DAS GROSSE BIBELLEXIKON

Band 1: A – D

Herausgegeben von
Helmut Burkhardt
Fritz Grünzweig †
Fritz Laubach
Gerhard Maier

R. BROCKHAUS VERLAG WUPPERTAL
BRUNNEN VERLAG GIESSEN

DAS GROSSE BIBELLEXIKON
Band 1–6

Herausgegeben von:
Dr. Helmut Burkhardt
Dr. h.c. Fritz Grünzweig †
Dr. Fritz Laubach
Dr. Gerhard Maier

Fachberater:
Prof. Dr. Otto Betz
Prof. Dr. Martin Metzger
Prof. Dr. Siegfried Mittmann
Prof. Dr. Hans-Peter Rüger

Redaktion:
Klaus Günther M.A.
Dr. Uwe Swarat

1. Taschenbuchauflage 1996

Umschlaggestaltung:
Dietmar Reichert, Dormagen

Satz: Breklumer Druckerei
Manfred Siegel KG

Druck und Einband:
Egedsa, Spanien

ISBN 3-417-24614-8
(R. Brockhaus Verlag Wuppertal)
ISBN 3-7655-5424-3
(Brunnen Verlag Gießen)

VORWORT
zur ersten Auflage

Die Bibel ist Gottes Wort an uns. Sie ist die kraftvolle Offenbarung der Güte und des Ernstes Gottes gegenüber allen, die nach dem Sinn und Ziel der Welt und ihres persönlichen Lebens fragen. Daher verdient sie es, nicht nur ausschnittweise gelesen, sondern intensiv studiert zu werden. Ihre Kernbotschaft, daß Gott allen, die an Jesus glauben, aus Gnaden ein neues Leben schenkt, kann zwar jedes Kind verstehen. Die Bibel öffnet uns aber zugleich die Tür in eine geistige Welt, an der Generationen großer Forscher und Denker den Stoff für eine lebenserfüllende Tätigkeit gefunden haben.

Es schien uns an der Zeit, allen Freunden der Bibel, aber auch allen jenen, die ihr skeptisch gegenüberstehen, ein neues Lexikon als möglichst umfassende und anschauliche Verstehens- und Arbeitshilfe anzubieten. Dabei war es uns eine große Hilfe, daß wir auf das bekannte und bewährte Illustrated Bible Dictionary (Inter-Varsity Press, Leicester) zurückgreifen konnten, zu dessen Herausgebern so bedeutende Gelehrte wie F.F. Bruce, D. Guthrie, K.A. Kitchen, A.R. Millard, J.I. Pakker und D.J. Wiseman zählen. Ihm verdanken wir eine Anzahl fundierter Artikel, die wir teils in Übersetzung, teils in Anlehnung übernehmen konnten, vor allem aber die überwiegende Zahl der Abbildungen, Zeichnungen und Diagramme, die wichtige zusätzliche Informationen enthalten und anschauliches Begreifen ermöglichen. Die Illustrationen dienen also nicht einfach nur der Verschönerung des Lexikons, sondern wollen echte Verstehenshilfen geben.

In der Auswahl und Gestaltung der Artikel kam es darauf an, dem Leser sowohl das Verständnis der biblischen Geschichte und Umwelt zu erleichtern als auch ihn in die eigentümliche biblische Denk- und Sprachwelt einzuführen. Eine besondere theologische Vorbildung wird nicht vorausgesetzt; dennoch sind die Artikel unter Berücksichtigung der wissenschaftlichen Fachdiskussion abgefaßt und machen den Leser mit deren wesentlichem Ertrag vertraut. Der Glaube, daß die Bibel als ganze Gottes heiliges Wort an uns ist, braucht die wissenschaftliche Auseinandersetzung und die historische Forschung nicht zu scheuen. Vielmehr zeigt sich gerade im Vollzug intensiver Verstehensbemühungen, daß die Wahrheit und Wirklichkeit des göttlichen Redens und Tuns sich immer wieder durchsetzt.

Wir danken allen, die uns mit ihrem fachlichen Rat zur Seite gestanden und oft erhebliche Opfer an Zeit und Kraft gebracht haben. Möge dieses Bibellexikon bei vielen Menschen neue Freude an der Bibel wecken, so daß sie das Gebet des Psalmisten (Ps 119,105) mitsprechen können:

»Dein Wort ist meines Fußes Leuchte und ein Licht auf meinem Wege.«

Die Herausgeber — Die Verlage

BENUTZUNGSHINWEISE

Das Lexikon enthält zwei Arten von *Querverweisen:* Ein Sternchen vor einem Wort zeigt an, daß es zu diesem Stichwort einen eigenen Artikel gibt. Weitere Begriffe, die keinen eigenen Artikel haben, aber unter einem anderen Stichwort mit behandelt werden, sind mit einem Balken vor dem Stichwort und einem Hinweis auf das entsprechende Verweisstichwort versehen.

Die *Autoren* sind durch ihre Initialen jeweils am Ende des Artikels genannt. Nach diesen Initialen, also nicht nach den Nachnamen, ist auch das Register der Autoren am Ende von Band 6 alphabetisch geordnet. Namentlich nicht gezeichnete Artikel wurden aus dem Lexikon zur Bibel, hrsg. von F. Rienecker, übernommen und für das vorliegende Lexikon redaktionell überarbeitet.

Die *Literaturlisten,* die die meisten der größeren Artikel abschließen, sind als Hinweise auf zusätzliche Informationsquellen gemeint und enthalten auch Titel, die abweichende Meinungen vertreten.

Die Quellen und Rechtsinhaber der *Fotos* werden durch Initialen in Klammern am Ende der betreffenden Bildlegende genannt. Eine ausführliche Liste der Quellen, auf die sich die Initialen beziehen, befinden sich am Ende von Band 6.

Als deutscher *Bibeltext* wurde gewöhnlich die 1984 revidierte Lutherbibel zugrunde gelegt. Wo andere Übersetzungen benutzt wurden, ist dies ausdrücklich vermerkt. Gelegentlich haben die Autoren auch eigene Übersetzungen verwandt.

ABKÜRZUNGEN

Die Abkürzungen folgen weitgehend dem von S. Schwertner für die Theologische Realenzyklopädie (TRE) zusammengestellten Abkürzungsverzeichnis.
Die Schreibweise der bibl. Bücher und – mit wenigen Ausnahmen – der bibl. Orts- und Personennamen folgt der LÜ 1984; die Schreibung außerbibl. Namen orientiert sich am Handbuch der Archäologie (HdArch I), Vorderasien I.

1. Allgemeine Abkürzungen

a.a.O.	am angegebenen Ort
Abb.	Abbildungen
ad loc.	ad locum (zu der Stelle)
ägypt.	ägyptisch
akkad.	akkadisch
allg.	allgemein
amorit.	amoritisch
Anm.	Anmerkung
apostol.	apostolisch
arab.	arabisch
aram.	aramäisch
Art.	Artikel
asiat.	asiatisch
assyr.	assyrisch
AT	Altes Testament
äthiop.	äthiopisch
atl.	alttestamentlich
babylon.	babylonisch
Bd./Bde.	Band (Bände)
bes.	besonders
bibl.	biblisch
byzantin.	byzantinisch
bzgl.	bezüglich
bzw.	beziehungsweise
ca.	circa
christl.	christlich
cm	Zentimeter
d.h.	das heißt
d.i.	das ist
ders.	derselbe
dt./im Dt.	deutsch/im Deutschen
dies.	dieselbe
edomit.	edomitisch
eds.	(engl.) Herausgeber
Ep.	Epistula(e)
et al.	et alii (und andere)
etc.	et cetera
Ev./Evv.	Evangelium/-lien
evang.	evangelisch
evtl.	eventuell
fem.	feminin
f(ff)	folgende(r)
Frag.	Fragment
franz.	französisch
FS	Festschrift
g	Gramm
geb.	geboren
ggf.	gegebenenfalls
GN	Gute Nachricht. Das NT in heutigem Deutsch
griech.	griechisch
ha	Hektar
hebr.	hebräisch
hellen.	hellenistisch
hl.	heilig
Hrsg.	Herausgeber
hrsg.	herausgegeben
Hs(s).	Handschrift(en)
ibid.	ibidem
i.e.	id est
israelit.	israelitisch
Jh.	Jahrhundert(e)
Jt.	Jahrtausend(e)
jüd.	jüdisch
kanaan.	kanaanäisch/-itisch
Kap.	Kapitel
kg	Kilogramm
klass.	klassisch
km	Kilometer
latein.	lateinisch
Lit.	Literatur
LXX	Septuaginta (griech. Übersetzung des AT)
m	Meter
Mio.	Millionen
mm	Millimeter
Ms(s).	Manuskript(e)
MT	Masoretische Text
N	Norden
n.Chr.	nach Christus
ND	Nachdruck
neubearb.	neubearbeitet
NF	neue Folge
nördl.	nördlich
Nr.	Nummer
NS	New Series (Neue Reihe)
NT	Neues Testament
ntl.	neutestamentlich
O	Osten
o.g.	oben genannt
op.cit.	opere citato (im zitierten Werk)
östl.	östlich
palästin.	palästinisch
par.	und Parallelstelle(n)
paulin.	paulinisch
pers.	persisch
phöniz.	phönizisch
Pl.	Plural
P.Oxyr.	Papyrus Oxyrhynchos
rel.	religiös
röm.	römisch
S	Süden
S.	Seite(n)
s.	siehe

s.a.	siehe auch
semit.	semitisch
Sg.	Singular
sog.	sogenannte(-r, -s)
Sp.	Spalte
s.u.	siehe unten
südl.	südlich
sumer.	sumerisch
syr.	syrisch
Tab.	Tabelle
türk.	türkisch
u.a.	unter anderem (-n)
u.a.m.	und andere mehr
u.ä.	und ähnliche
usw.	und so weiter
u.W.	unseres Wissens
Übers.	Übersetzung
u.ö.	und öfter
V.	Vers(e)
v.a.	vor allem
v.Chr.	vor Christus
Verf.	Verfasser
vgl.	vergleiche
Vulg.	Vulgata
W	Westen
westl.	westlich
wörtl.	wörtlich
Z.	Zeile(n)
z.B.	zum Beispiel
zeitl.	zeitlich
z.T.	zum Teil
z.Zt.	zur Zeit

2. Abkürzungen der biblischen Bücher

Am	Amos
Apg	Apostelgeschichte
1Chr	1. Chronik
2Chr	2. Chronik
Dan	Daniel
Eph	Epheser
Esr	Esra
Est	Ester
Gal	Galater
Hab	Habakuk
Hag	Haggai
Hebr	Hebräer
Hes	Hesekiel
Hiob	Hiob
Hld	Hoheslied
Hos	Hosea
Jak	Jakobus
Jer	Jeremia
Jes	Jesaja
Joel	Joel
Joh	Johannes
1Joh	1. Johannes
2Joh	2. Johannes
3Joh	3. Johannes
Jona	Jona
Jos	Josua
Jud	Judas
Klgl	Klagelieder
1Kön	1. Könige
2Kön	2. Könige
Kol	Kolosser
1Kor	1. Korinther
2Kor	2. Korinther
Lk	Lukas
Mal	Maleachi
Mi	Micha
Mk	Markus
Mt	Matthäus
1Mo	1. Mose (Genesis)
2Mo	2. Mose (Exodus)
3Mo	3. Mose (Levitikus)
4Mo	4. Mose (Numeri)
5Mo	5. Mose (Deuteronomium)
Nah	Nahum
Neh	Nehemia
Obd	Obadja
Offb	Offenbarung
1Petr	1. Petrus
2Petr	2. Petrus
Phil	Philipper
Phlm	Philemon
Pred	Prediger
Ps	Psalm(en)
Ri	Richter
Röm	Römer
Rut	Rut
Sach	Sacharja
1Sam	1. Samuel
2Sam	2. Samuel
Spr	Sprüche (Sprichwörter)
1Thess	1. Thessalonicher
2Thess	2. Thessalonicher
1Tim	Timotheus
2Tim	Timotheus
Tit	Titus
Zef	Zefania

3. Außerkanonische Schriften, rabbinisches sowie urchristliches Schrifttum

a. neben dem Alten Testament

ApkAbr	Abraham-Apokalypse
ApkEl	Elia-Apokalypse
ApkMos	Mose-Apokalypse
ApkSedr	Sedrach-Apokalypse
Arist	Aristeasbrief
AscJes	Ascensio Jesaiae
AssMos	Assumptio Mosis
grBar	griechische Baruch-Apokalypse
syrBar	syrische Baruch-Apokalypse
EpJer	Epistula Jeremiae
3-4Esr	3.-4. Esrabuch
äthHen	äthiopisches Henochbuch
grHen	griechisches Henochbuch

hebrHen	hebräisches Henochbuch
slHen	slawisches Henochbuch
Jdt	Judit
JosAs	Josef und Asenat
Jub	Jubiläenbuch
LibAnt	Liber Antiquitatum Biblicarum (Pseudo-Philo)
1-4Makk	1.-4. Makkabäerbuch
MartJes	Martyrium des Jesaja
OdSal	Oden Salomos
OrMan	Gebet Manasses
PsSal	Psalmen Salomos
Sib	Sibyllinen
Sir	Jesus Sirach
TestAbr	Testament Abrahams
TestHiob	Testament Hiobs
TestXII	Testamente der Zwölf Patriarchen
TestRub	Ruben
TestSim	Simeon
TestLev	Levi
TestJud	Juda
TestIss	Issaschar
TestSeb	Sebulon
TestDan	Daniel
TestNaph	Naphtali
TestGad	Gad
TestAss	Asser
TestJos	Josef
TestBenj	Benjamin
Tob	Tobit
VitAd	Vita Adae et Evae
Weish	Weisheit Salomos
ZusDan	Zusätze zu Daniel
ZusEst	Zusätze zu Ester

b. neben dem Neuen Testament

ActAndr	Andreas-Akten
ActJoh	Johannes-Akten
ActPaul	Paulus-Akten
ActPetr	Petrus-Akten
ActThom	Thomas-Akten
ApkPaul	Paulus-Apokalypse
ApkPetr	Petrus-Apokalypse
Barn	Barnabasbrief
1/2Clem	1./2. Clemensbrief
Did	Didache
Diog	Diognetbrief
EpJac	Apokrypher Jakobusbrief von Nag Hammadi
EvÄg	Ägypter-Evangelium
EvEb	Ebioniten-Evangelium
EvHebr	Hebräer-Evangelium
EvPetr	Petrus-Evangelium
EvPhil	Philippus-Evangelium
EvThom	Koptisches Thomas-Evangelium von Nag Hammadi
Herm	Hirt des Hermas
Herm mand	Hermas, mandata
Herm sim	Hermas, similitudines
Herm vis	Hermas, visiones
IgnEph	Brief des Ignatius an die Epheser
IgnMagn	- an die Magnesier
IgnPhld	- an die Philadelphier
IgnPol	- an Polykarp
IgnRöm	- an die Römer
IgnSm	- an die Smyrnäer
IgnTrall	- an die Trallianer
KOHipp	Kirchenordnung des Hippolyt
Laod	Laodicenerbrief
MartPol	Martyrium des Polykarp
Pap	Papias
Polyk	Polykarpbrief
Protev	Protevangelium des Jakobus
PsClem	Pseudoklementinen
Tert.praescr.	Tertullian: De praescriptione haereticorum
Tert.pudic.	Tertullian: De pudicitia

c. Mischna-, Tosefta-, Talmudtraktate

Ar	Arakhin
Av	Avot
AZ	Avoda Zara
BB	Baba Batra
Bekh	Bekhorot
Ber	Berakhot
Bes	Besa (Yom Tov)
Bik	Bikkurim
BM	Baba Mesiʿa
BQ	Baba Qamma
Dem	Demai
Ed	Eduyot
Er	Eruvin
Git	Gittin
Hag	Hagiga
Hal	Halla
Hor	Horayot
Hul	Hullin
Kel	Kelim
Ker	Keritot
Ket	Ketubbot
Kil	Kilayim
Maas	Maasrot
Mak	Makkot
Makh	Makhshirin
Meg	Megilla
Meil	Meila
Men	Menahot
Mid	Middot
Miq	Miqwaot
MQ	Moed Qatan
MSh	Maʿaser Sheni
Naz	Nazir
Ned	Nedarim
Neg	Negaʿim
Nid	Nidda
Ohal	Ohalot

Orl	ʿOrla
Par	Para
Pea	Pe'a
Pes	Pesahim
Qid	Qiddushin
Qin	Qinnim
RHSh	Rosh HaShana
San	Sanhedrin
Shab	Shabbat
Sheq	Sheqalim
Shevi	Sheviʿit
Shevu	Shevuʿot
Sot	Sota
Suk	Sukka
Taan	Taʿanit
Tam	Tamid
Tem	Temura
Ter	Terumot
TevY	Tevul Yom
Toh	Toharot
Uq	ʿUqsin
Yad	Yadayim
Jev	Yevamot
Yom	Yoma
Yom Tov	s. Bes (Besa)
Zav	Zavim
Zev	Zevahim

d. Midraschim, Targumim

AgAg	Aggadat Aggadot. Qoves midrashim qetanim
AgBer	Aggadat Bereshit
AgEst	Aggadat Ester
AgShir	Aggadat Shir HaShirim
ARN	Avot deRabbi Natan
b	Talmud Bavli (babylonischer Talmud)
BatM	Bate Midrashot
BemR	Bemidbar Rabba
BerR	Bereshit Rabba
BerRbti	Bereshit Rabbati
BerZ	Bereshit Zuta
BHM	Bet HaMidrash
CN	Codex Neofiti
DER	Derekh Eres Rabba
DevR	Devarim Rabba
DEZ	Derekh Eres Zuta
EkhaR	Ekha Rabba
EkhaZ	Ekha Zuta
EstR	Ester Rabba
Evel Rabbati	s.Sem (Semahot)
LeqT	Leqah Tov
m	Mischna
MegTaan	Megillat Ta'anit
MekhSh	Mekhilta deRabbi Shimʿon b. Yohai
MekhY	Mekhilta deRabbi Yishma'el
MHG Bam	Midrasch HaGadol Bamidbar
MHG Ber	Midrasch HaGadol Bereshit
MHG Dev	Midrasch HaGadol Devarium
MHG Shem	Midrasch HaGadol Shemot
MHG Wa	Midrasch HaGadol Wayiqra
Midrash Zuta	s. EkhaZ, QohZ, RutZ, ShirZ
MMish	Midrasch Mishle
MShem	Midrasch Shemu'el
MShir	Midrasch Shir HaShirim
MTann	Midrasch Tanna'im
MTeh	Midrasch Tehilim
OsM	Osar Midrashim
Pesiqta Zutarta	s. LeqT (Leqah Tov)
PesK	Pesiqta deRav Kahana
PesR	Pesiqta Rabbati
PRE	Pirqe deRabbi Eliʿezer
QohR	Qohelet Rabba
RutR	Rut Rabba
RutZ	Rut Zuta
SAME	Sifre deAggadta Megillat Ester
SekhT	Sekhel Tov
Sem	Semahot (Evel Rabbati)
SER	Seder Eliyyahu Rabba
SEZ	Seder Eliyyahu Zuta
ShemR	Shermot Rabba
ShirR	Shir HaShirim Rabba
ShirZ	Shir HaShirim Zuta
Shoher Tov	s. MTeh (Midrasch Tehillim)
SifBam	Sifre Bamidbar
SifDev	Sifre Devarim
SifZ	Sifre Zuta
Sof	Soferim
SOR	Seder ʿOlam Rabba
SOZ	Seder ʿOlam Zuta
t	Tosefta
Tan	Tanhuma
Tanna deBe Eliyyahu	s. SER, SEZ
TFrag	Fragmenten-Targum (Targum Jerusalem II)
TJI	s. TPsJ
TJII	s. TFrag
TJon	Targum Jonathan
TO	Targum Onqelos
TPsJ	Targum Pseudo-Jonathan (Targum Jerusalem I)
WaR	Wayiqra Rabba
y	Talmud Yerushalmi
Yalq	Yalqut Shimʿoni
YalqM	Yalqut Makhiri

4. Abkürzungen der Werke antiker Autoren und der Fachliteratur

AASOR	Annual of the American Schools of Oriental Research
ABBA	Abhandlungen der bayerischen Benedectiner-Akademie

ABR	Australian biblical review
AcOr	Acta orientalia, Havania, Leiden
ADAJ	Annual of the Department of Antiquities of Jordan
AEHL	The Archaeological Encyclopedia of the Holy Land, Jerusalem 1986
AfO	Archiv für Orientforschung
AJA	American Journal of Archaeology (1,1885–11,1896) and of the History of Fine Arts
AJPh	American Journal of Philology
AJSL	American Journal of Semitic Languages and Literatures
AKG	Arbeiten zur Kirchengeschichte
AnBib	Analecta biblica
ANEP	Ancient Near East in Pictures relating to the Old Testament
ANET	Ancient Near Eastern Texts relating to the Old Testament
ANRW	Aufstieg und Niedergang der römischen Welt
AnSt	Anatolian Studies
ANT	Apocrypha Novi Testamenti. Assen
AOAT	Alter Orient und Altes Testament
AOT	Altorientalische Texte zum Alten Testament, (hrsg. von H. Greßmann)
AOTS	D.W. Thomas (ed.): Archaeology and Old Testament Study, 1967
APG	Abhandlungen zur Philosophie und ihrer Geschichte, hrsg. von B. Erdmann
Apost. Const.	Apostolicae Constitutiones
ARAB	Ancient records of Assyria and Babylonia
ARE	Ancient records of Egypt
ARW	Archiv für Religionswissenschaft
AS	Assyriological Studies
ASAE	Annales du Service des Antiquités de l'Égypte, Cairo 1, 1900ff
ATA	Alttestamentliche Abhandlungen
ATD	Altes Testament Deutsch. Neues Göttinger Bibelwerk, hrsg. von O. Kaiser, L. Perlitt
Athanasius ep.fest.	Athanasius epistulae festalis
AThANT	Abhandlungen zur Theologie des Alten und Neuen Testaments
Augustin c.Fel.	Augustin: De actis cum Felice Manichaeo
AVTRW	Aufsätze und Vorträge zur Theologie und Religionswissenschaft
AzK	s. AKG
AzTh	Arbeiten zur Theologie
b	Talmud Bavli – babylonischer Talmud
BA	Biblical Archaeologist
BANE	G.E. Wright (ed.): The Bible and the Ancient Near East, 1961
BAr	Bulletin archéologique du Comité des Travaux Historiques et Scientifiques
BARev	Biblical Archaeology Review
BASOR	Bulletin of the American Schools of Oriental Research
BAT	Botschaft des Alten Testaments
BBW	Brockhaus Biblisches Wörterbuch
BC	F. J. Foakes-Jackson, K. Lake: The Beginnings of Christianity, 5 vols., 1920–33
BCAT	Bibl. Commentar über das Alte Testament, hrsg. von K.F. Keil und F. Delitzsch
BCH	Bulletin de correspondance hellénique
BDB	F. Brown, S.R. Driver, C.A.Br. Diggs: Hebrew and English Lexicon of the Old Testament, 1906
BeO	Bibbia e oriente
BE(T)	Bibliotheca ecclesiastica Torino
BEvTh	Beiträge zur evangelischen Theologie
BHH	Biblisch-historisches Handwörterbuch, hrsg. von B. Reicke, L. Rost, Bde. 1–3, 1963–1966, Bd. 4, 1979.
BHTh	Beiträge zur historischen Theologie
Bib	Biblica, Commentarii Periodici . . ., Roma 1, 1920
BiBe	Biblische Beiträge
BiBl	Biographische Blätter
BiKi	Bibel und Kirche
BiLe	Bibel und Leben
Bill.	H.L. Strack, P. Billerbeck: Kommentar zum Neuen Testament aus Talmud und Midrasch. Bd. 1, ^{8}1982; Bd. 2, ^{8}1983; Bd. 3, ^{8}1985; Bd. 4, ^{8}1986; Bd. 5/6, ^{5}1979

BFChTh	Beiträge zur Förderung christlicher Theologie
BJRL	Bulletin of the John Rylands Library
BKAT	Biblischer Kommentar AT, Hrsg. von S. Herrmann, H.W. Wolff
BKB	Brockhaus Kommentar zur Bibel. Bde. 1–4, 1980–1985
BL	Bibel-Lexikon
BNB	British national bibliography
BNTC	Black's New Testament commentaries
BO	Beiträge zur Orientalistik
BR	Biblical Research
BRL	Biblisches Reallexikon, hrsg. von K. Galling, ²1977
BS	Bibliotheca sacra
BSOAS	Bulletin of the school of Oriental and African studies
BT	Bibliothèque de théologie, Paris u.a.
BTAVO	s. TAVOB
BU	Biblische Untersuchungen
BW	Biblical world
BWAT	Beiträge zur Wissenschaft vom Alten Testament
BZ	Biblische Zeitschrift
BZAW	Beihefte zur Zeitschrift für die alttestamentliche Wissenschaft
BZNW	Beihefte zur Zeitschrift für die neutestamentliche Wissenschaft
CAH	Cambridge Ancient History
CAT	Commentaire de l'Ancien Testament
Cath(M)	Catholica. Münster
CBQ	Catholic biblical quarterly
CChr	Corpus Christianorum
CCL	Corpus Christianorum Serie Latina
CD	Damaskusschrift (Qumran)
CGT	Cambridge Greek Testament
CIG	Corpus inscriptionum Graecarum
CIJ	Corpus inscriptionum Judaicarum
CIL	Corpus inscriptionum Latinarum
CIS	Corpus inscriptionum Semiticarum
Clem.Strom.	Clemens von Alexandria: Stromateis
Clem.Hypot.	Clemens von Alexandria: Hypotyposeis
CNFI	Christian News from Israel
CNT	Coniectanea neotestamentica
COT	Commentar op de Oude Testament
CP	Classical Philology
CPJ	Corpus papyrorum Judaicorum
CSCO	Corpus scriptorum Christianorum orientalium
CSEL	Corpus scriptorum ecclesiasticorum Latinorum
DAC	J. Hastings (ed.): Dictionary of the Apostolic Church, 2 vols., 1915–1918
DBS	Dictionnaire de la Bible, Supplément, 1928ff
DCG	J. Hastings (ed.): Dictionary of Christ and the Gospels, 2 vols., 1906–1908
Decret. Gelas.	Decretum Gelasianum
DHGE	Dictionnaire d'historie et de géographie ecclésiastiques
Ditt.Syll.	W. Dittenberger, Sylloge inscriptionum Graecarum, ³1915–1924
DJD	Discoveries in the Judaean Desert
DOTT	D.W. Thomas (ed.): Documents of Old Testament Times, 1958
EA	Martin Luther, Sämtliche Werke, Erlangen
EAEHL	M. Avi-Jonah (ed.): Encyclopaedia of Archaeological Excavations in the Holy Land, 1975–78
EAT	El Amarna Texte
EB	Die Heilige Schrift in deutscher Übersetzung, »Echter Bibel«
EBB	Elenchus bibliographicus biblicus
EBr	Encyclopaedia Britannica
EdF	Erträge der Forschung
EGL	Evangelisches Gemeindelexikon, Wuppertal 1978
EGT	W.R. Nicoll: The Expositor's Greek Testament, ⁶1910
EH	Eastern Horizon
EHS.T	Europäische Hochschulschriften. Reihe 23: Theologie
EJ	Encyclopaedia Judaica, Jerusalem 1–16, 1971
EKG	Evangelisches Kirchengesangbuch
EKK	Evangelisch-katholischer Kommentar zum NT, hrsg. von J. Blank, R. Schnackenburg, E. Schweizer, U. Wilckens, 1969ff
EKL	Evangelisches Kirchenlexikon. Kirchlich-theologisches Handwörterbuch, hrsg. von H. Brunotte, O. Weber, ²1962

EKL^{3}	Evangelisches Kirchenlexikon. Internationale Theologische Enzyklopädie, hrsg. von E. Fahlbusch u.a., ^{3}1985ff
ELS	D. Baldi: Enchiridion Locorum Sanctorum, Jerusalem, 1955
ENT	Einführung in das NT
EQ	Evangelical Quarterly
ERE	Encyclopaedia of religion and ethics
ESI	Excavations and Surveys in Israel, Jerusalem
ET	s. ExpT
EtB	Etudes Bibliques
EÜ	Einheitsübersetzung
Eus.onom.	Eusebias: Onomasticon de Locis
Eus.h.e.	Eusebius: Historia Ecclesiastica
EvQ	Evangelical Quarterly
EvTh	Evangelische Theologie
EWNT	Exegetisches Wörterbuch zum NT, hrsg. von H.R. Balz, G. Schneider. Bde. I–III, 1980–1983
ExpT	Expository Times
FGLP	Forschungen zur Geschichte und Lehre des Protestantismus
FHG	Fragmenta historicorum Graecorum
FKGG	Forschung zur Kirchen- und Geistesgeschichte
FolOr	Folia orientalia, Krakau, 1, 1959ff
FRLANT	Forschungen zur Religion und Literatur des Alten und Neuen Testaments
FT	Forum theologicum
FThSt	Freiburger theologische Studien
FzB	Forschungen zur Bibel
GBL	Das Große Bibellexikon, Bde. I–III, 1987–1989
GN	Gute Nachricht. Das NT in heutigem Deutsch
GNT	Grundrisse zum Neuen Testament
GTT	J. Simons: Geographical and Topographical Texts of the Old Testament, 1959
HDAC	J. Hastings: Dictionary of the Apostolic Church, 1915–18
HdArch I	Handbuch der Archäologie, Vorderasien I, hrsg. von B. Hrouda, 1971
HdArch II/1	Handbuch der Achräologie, Vorderasien II/1, hrsg. von H. Weippert, 1988
HDB	J. Hastings (ed.): Dictionary of the Bible. 5 vols., 1898–1904
Hdt.Hist.	Herodot: Historien
HES	Harvard Expedition to Samaria
Hesp.	Hesperia. Princeton N.J.
HIL	Das Heilige Land
Hippolyt: ref.omn.haer.	Hippolyt: Refutatio omnium haeresium
HKAT	Handkommentar zum Alten Testament
HNT	Handbuch zum Neuen Testament
HSS	Harvard Semitic Series
HThK	Herders theologischer Kommentar zum NT, hrsg. von A. Wikenhauser u.a., 1953ff
HThR	Harvard Theological Review
HThSt	Harvard Theological Studies
HTR	s. HThR
HUCA	Hebrew Union College Annual
HZ	Historische Zeitschrift
IB	Introduction à la bible
IBA	D.J. Wiseman: Illustrations from Biblical Archaeology, 1958
IBD	The Illustrated Bible Dictionary, hrsg. von D. Guthrie, D.J. Wiseman u.a., 1980
ICC	International Critical Commentary of the Holy Scriptures
IDB	G.A. Buttrick et al. (eds.): The Interpreter's Dictionary of the Bible, 4 vols., 1962
IDBS	G.A. Buttrick et al. (eds.): Interpreter's Dictionary of the Bible, Supplement vol., 1976
IEJ	Israel Exploration Journal
INT	Introduction to the New Testament
IOT	Introduction to the Old Testament
IP	Instrumenta patristica
Iraq	Iraq. British School of Archaeology in Iraq, London 1934–1940
ISBE	International Standard Bible Encyclopedia, 5 vols. 1930
ISS	Ismaili society series
JAOS	Journal of the American Oriental Society
JbAC	Jahrbuch für Antike und Christentum
JBL	Journal of Biblical Literature
JBR	Journal of Bible and religion
JCS	Journal of cuneiform studies

JEA	Journal of Egyptian Archaeology
JESHO	Journal of (the) economic and social history of the orient
JET	Jahrbuch für evangelikale Theologie
JHS	Journal of Hellenic Studies
JJS	Journal of Jewish Studies
JNES	Journal of Near Eastern Studies
Jos.ant.Jud.	Josephus (Flavius): Antiquitatum Judaicarum libri XX
Jos.bell.Jud.	Josephus (Flavius): De bello Judaico
Jos.c.Ap.	Josephus (Flavius): Contra Apionem
Jos.vita	Josephus (Flavius): De vita sua
JPOS	Journal of the Palestine Oriental Society
JQR	Jewish Quarterly Review
JRS	Journal of Roman studies
JSHRZ	Jüdische Schriften aus hellenistisch-römischer Zeit
JSJ	Journal of the study of Judaism in the Persian, Hellenistic and Roman period
JSNT	Journal for the Study of the New Testament
JSOR	Journal of the society of oriental research
JSOT	Journal for the Study of the Old Testament
JSSt	Journal of Semitic Studies
JThS	Journal of Theological Studies
JTVI	Journal of the Transactions of the Victory Institute
Juv.Sat.	Juvenal: Satiren
KAT	Kommentar zum Alten Testament
KBL	L. Köhler, W. Baumgartner: Lexicon in Veteris Testamenti libros
KD	K. Barth: Die kirchliche Dogmatik, 1932ff
KEK	Kritisch-exegetischer Kommentar über das NT. Begr. von A.W. Meyer; hrsg. von F. Hahn
KIP	Der Kleine Pauly. Lexikon der Antike in 5 Bd., 1979
KNT	Kommentar zum Neuen Testament, hrsg. von Th. Zahn, u.a. 1–18, 1903–1926
KuD	Kerygma und Dogma
Kyrill von Jerusalem: cat.	Kyrill von Jerusalem: catecheses
LÄ	Lexikon der Ägyptologie, begründet von W. Helc, E. Otto, hrsg. von W. Helck, W. Westerndorf, Bde. I–VI, 1975–86
LDB	Y. Aharoni: Das Land der Bibel, 1984
LingBibl	Linguistica Biblica
LSI	E.G. Liddell, R. Scott, H.S. Jones: Greek-English Lexicon, [9]1940
LSJ	H.G. Liddell: R. Scott, H.S. Jones: Greek-English Lexicon, 1940
LThK	Lexikon für Theologie und Kirche. Hrsg. von J. Höfer, K. Rahner, [2]1957–1968
LÜ	Die Bibel nach Martin Luthers Übersetzung, neu bearbeitet 1984
LXX	Septuaginta
MAMA	Monumenta Asiae minoris antiqua
MB	Le Monde de la Bible, Paris
MD	Maison-Dieu
Mid	Mischna Middot
MM	Miscellanea mediaevalia
MS	Mediaeval studies
MT	Masoretischer Text
MUSJ	Mélanges de l'université Saint-Joseph
NA	Neues Archiv der Gesellschaft für ältere deutsche Geschichtskunde
NB	nihon bukkyo
NBCR	D. Guthrie et al. (eds.), The New Bible Commentary Revised, 1970
NHC	Nag Hammadi Codices
NIDBA	E.M. Blaiklock, R.K. Harrison (eds.): The New International Dictionary of Biblical Archaeology, Grand Rapids, Michigan, 1983
NJB	Neue Jerusalemer Bibel
NKZ	Neue Kirchliche Zeitschrift
NovTest	Novum Testamentum, Leiden
NTApo	E. Hennecke, W. Schneemelcher (Hrsg.): Neutestamentliche Apokryphen, 2 Bde.
NTD	Das Neue Testament Deutsch. Neues Göttinger Bibelwerk, hrsg. von G. Friedrich, P. Stuhlmacher
NTS	New Testament Studies, London
OBO	Orbis biblicus et orientalis
ÖTKNT	Ökumenischer Taschenkommentar zum NT
OLB	O. Keel, M. Küchler, C. Uehlinger: Orte und Landschaften der Bibel, Bd. 1, 1984; Bd. 2, 1982
Orig.comm.in Joann.	Origenes: Johanneskommentar

OTMS	H.H. Rasley (ed.): The Old Testament and Modern Study, 1951
OTS	Oudtestamentische Studien
PEF	Palestine Exploration Fund
PEFA	Palestine Exploration Fund Annual
PEFQS	Quarterly statement. Palestine exploration fund
PEQ	Palestine Exploration Quarterly
PG	Patrologiae cursus completus. Accurante Jacques-Paul Migne. Series Graeca
Philo.Vit. Mos.	Philo (Alexandrinus): De Vita Mosis
PJ	Palästinajahrbuch des deutschen evangelischen Institutes
PL	Patrologiae cursus completus. Accurante Jacques-Paul Migne. Series Latina
Plin.epist.	Plinius (der Jüngere): epistulae
Plin.nat.	Plinius (der Ältere): Naturalis historia
PLO	Porta linguarum orientalium
PO	Patrologia orientalis
POC	Proche-Orient chrétien
POTT	D.J. Wiseman (ed.): Peoples of Old Testament Times, 1973
PQ	Philological quarterly
PRE	Paulys Real-Enzyklopädie der classischen Alterthumswissenschaft, 1894–1963
PRU	Le Palais royal d'Ugarit
PTR	Princeton Theological Reviews
QD	Quaestiones disputatae
QDAP	Quarterly of the department of antiquities in Palestine
QS	Qirjat sefer
RA	Revue d'assyriologie et d'archéologie orientale
RAC	Reallexikon für Antike und Christentum, 1941ff
RB	Revue biblique
RE	Realencyklopädie für protestantische Theologie und Kirche
RevEB	Revidierte Elberfelder Bibel
REJ	Revue des études juives
RG	Religion und Geisteskultur
RGG^3	Religion in Geschichte und Gegenwart. Handwörterbuch für Theologie und Religionswissenschaft, ^{3}1957–1965
RH	Revue historique, Paris
RHLR	Revue d'histoire et de littérature religieueses
RHPhR	Revue d'histoire et de philosophie religieuses
RHR	Revue de l'histoire des religions
RLA	Reallexikon der Assyriologie
RNT	Regensburger Neues Testament
ROL	Revue de l'Orient latin
RQ	Römische Quartalschrift für christliche Altertumskunde
RSEHA	Revue sémitique d'épigraphie et d'histoire ancienne
RSR	Recherches de science religieuse
SB	s. Bill
SBF	Studium biblicum Franciscanum
SBFLA	Studii biblici Franciscani liber annuus
SBS	Stuttgarter Bibelstudien
SC	Sources chrétiennes
ScrHie	Scripta Hierosolymitana, Jerusalem, 1954ff
Sen.epist.	Seneca: Epistulae Morales ad Lucilium
SJT	Scottish Journal of Theology
SOC	Studia orientalia Christiana
SPTR	W.M. Ramsay: St. Paul the Traveller and Roman Citizen, 1920
SSN	Studia semitica Neerlandica
StTh	Studia theologica, Lund u.a.
StUNT	Studien zur Umwelt des Neuen Testaments
Tac.ann	Tacitus: Annales
Tac.hist.	Tacitus: Historiae
TARWPV	Theologische Arbeiten aus dem rheinischen wissenschaftlichen Prediger-Verein
TAVO(B)	Tübinger Atlas des Vorderen Orients (Beiheft)
TB	Theologische Bücherei
TBLNT	Theologisches Begriffslexikon zum NT. Studienausgabe in 2 Bd., Wuppertal, ^{4}1986
TCL	Textes cunéiformes. Musée du Louvre. Departement des antiquités orientales, Paris 1, 1910ff
TDNT	s. ThWNT
TDOT	s. ThWAT
Tert.praescr.	Tertullian: De praescriptione haereticorum
Tert.pudic.	Tertullian: De pudicitia
Tert.res.carn.	Tertullian: De resurrectione carnis
TGI	K. Galling (Hrsg.): Textbuch zur Geschichte Israels, ^{3}1979
THAT	Theologisches Handwörterbuch zum AT, hrsg. von E. Jenni, C. Westermann, Bd. I, ^{4}1984; Bd. II, ^{3}1984

THB Tyndal House Bulletin
ThBeitr. Theologische Beiträge, Wuppertal
ThGL Theologie und Glaube
ThHK Theologischer Handkommentar zum NT, hrsg. von E. Fascher, J. Rohde, Chr. Wolff
ThL Theologische Lehrbücher
ThLZ Theologische Literaturzeitung
ThQ Theologische Quartalsschrift, Tübingen
ThR Theologische Rundschau
TrThZ Trier theologische Zeitschrift
ThWAT Theologisches Wörterbuch zum AT, hrsg. von G.J. Botterweck, H. Ringgren, 6 Bde., 1973–1989
ThWNT Theologisches Wörterbuch zum NT. Begründet von G. Kittel, hrsg. von G. Friedrich. 1933–1979
ThZ Theologiche Zeitschrift, Basel
TNBC F. Davidson (ed.): The new Bible Commentary, 1953
TOTC Tyndale Old Testament commentaries
TR Tempelrolle (Qumran)
TRE Theologische Realenzyklopädie, hrsg. von G. Müller, Bde. I–XIIX, 1977–1989
TSAJ Texte und Studien zum Antiken Judentum, hrsg. von M. Hengel und P. Schäfer, Tübingen
TSF Théologie sans frontières
TWBR A. Richardson (ed.): A Theological Word Book of the Bible, 1950
TynB Tyndale Bulletin
UF Ugarit-Forschungen
UTS Untersuchungen zur Theologie der Seelsorge
VD Verbum domini
VF Verkündigung und Forschung
VGT J.H. Moulton, G. Miligan: The Vocabulary of the Greek Testament illustr. from the Papyri and other Nonliterary Sources, 1930
VigChr Vigiliae Christianae
VT Vetus Testamentum
WA M. Luther: Werke. Kritische Gesamtausgabe, (Weimarer Ausgabe)
WB Welt der Bibel
WCh Wörterbuch des Christentums, hrsg. von V. Drehsen, H. Häring, K.-J. Kuschel, H. Siemers, M. Baumotte, 1988
WDB Westminster Dictionary of the Bible, 1944
WM Wörterbuch der Mythologie
WMANT Wissenschaftliche Monographien zum Alten und Neuen Testament
WStB Wuppertal Studienbibel
WThJ Westminster Theological Journal
WuA Wort und Antwort, Salzburg
WuD Wort und Dienst
WUNT Wissenschaftliche Untersuchungen zum Neuen Testament
WzM Wege zum Menschen
Xen.an. Xenophon: Anabasis
Xen.Kyr. Xenophon: Kyrupaideia
y Talmud Jerushalmi
YOS Yale Oriental Series
ZA Zeitschrift für Assyriologie
ZAW Zeitschrift für die Alttestamentliche Wissenschaft
ZBK Zürcher Bibelkommentar
ZDMG Zeitung der Deutschen Morgenländischen Gesellschaft
ZDPV Zeitung des Deutschen Palästina-Vereins
ZKG Zeitschrift für Kirchengeschichte
ZNW Zeitschrift für die Neutestamentliche Wissenschaft
ZPE Zeitschrift für Papyrologie und Epigraphik
ZPEB Zondervan Pictorial Encyclopedia of the Bible
ZThK Zeitschrift für Theologie und Kirche
ZÜ Zürcher Bibel

UMSCHRIFT

Hebräisch:

Aleph	= ʾ
Bet	= b
Gimel	= g
Dalet	= d
He	= h
Waw	= w
Zajin	= s
Chet	= ch
Tet	= th
Jod	= j
Kaph	= k
Lamed	= l
Mem	= m
Nun	= n
Samek	= ŝ
Ajin	= Σ
Pe	= p(h)
Sade	= z
Qoph	= q
Resch	= r
Sin	= ś
Schin	= sch
Taw	= t
Patach	= a
Kamatz	= ā
Kamatz Chatuf	= o
Segol	= ä
Sere	= ē
Chirik	= i
Cholem	= ō
Kabutz	= u
Segol mit Jod	= ä
Sere magnum	= ē
Chirik magnum	= ī
Cholem magnum	= ō
Schuräk	= ū
Schwa	= e
Chatef Patach	= a
Chatef Segol	= ä
Chatef Kamatz	= o

Griechisch:

α	= a
β	= b
γ	= g
δ	= d
ε	= e
ζ	= z
η	= ē
ϑ	= th
ι	= i
ϰ	= k
λ	= l
μ	= m
ν	= n
ξ	= x
ο	= o
π	= p
ϱ	= r
σ, ς	= s
τ	= t
υ	= y
φ	= ph
χ	= ch
ψ	= ps
ω	= ō
ῥ	= rh
῾	= h
γξ	= nx
γγ	= ng
αυ	= au
ευ	= eu
ου	= oy [ū]
υι	= yi

AARON. (Hebr. *'aharōn*). Aaron war einer der zwei Söhne Amrams und Jochebeds (und Bruder Moses), der dritte in der Abstammungslinie von Levi her: Levi – Kehat – Amram – Aaron (vgl. das Geschlechtsregister 2Mo 6,14ff). Laut 2Mo 7,7 war er drei Jahre älter als *Mose. *Mirjam, seine Schwester, war die Älteste, wenn sie Moses nicht mit Namen genannte Schwester von 2Mo 2,4.7ff ist.

A. erscheint zum ersten Mal im Exodusbericht als »Aaron der Levit«, der seinem Bruder Mose entgegenging, als dieser nach der Theophanie am brennenden Busch nach Ägypten zurückkehrte. Aufgrund seiner Redegewandtheit sollte er Moses Sprecher gegenüber den Israeliten und vor dem Pharao sein (2Mo 4,14ff). Verglichen mit seinem dynamischen Bruder war A. keine Führerpersönlichkeit. Als er einmal eigenmächtig handelte, beging er prompt einen Fehler (2Mo 32,1-6). Neben seiner Rolle als Sprecher Moses wirkte er auch als Wundertäter: er warf den Stab zu Boden, der zu einer Schlange wurde und die »Stab-Schlangen« der ägypt. Magier verschlang (2Mo 7,8ff); er streckte den Stab aus, wodurch das Wasser des Nil zu Blut wurde und die Frosch- und Stechmückenplage ausgelöst wurde (2Mo 7,19; 8,5f.16f).

Nach der Durchquerung des Schilfmeers unterstützten A. und *Hur Mose während der Amalekiterschlacht (2Mo 17,8ff). Zusammen mit seinen Söhnen *Nadab und *Abihu und 70 Ältesten Israels folgte A. Mose auf den Berg *Sinai (2Mo 19,24); sie hatten dort eine Vision des Gottes Israels und aßen zusammen in seiner Gegenwart (2Mo 19,24). Als Mose jedoch zum zweiten Mal den Berg Sinai bestieg - diesmal nur von Josua begleitet (2Mo 24,12ff) – wurde A. vom Volk überredet, ein Bildnis der göttlichen Gegenwart zu machen; er stellte ein goldenes Kalb (Stier) her, was großes Mißfallen bei Mose erregte (2Mo 32,1ff). Die Worte, die A. bei der Vorstellung des goldenen Kalbs sprach (»Das ist dein Gott, Israel, der dich aus Ägyptenland geführt hat«, 32,4), übernahm *Jerobeam I., als er die goldenen Stiere in *Bethel und *Dan installierte (1Kön 12,28).

In der priesterlichen Gesetzgebung des Pentateuch werden A. als Hoherpriester und seine Söhne als Priester eingesetzt, um in der Stiftshütte Dienst zu tun (2Mo 28,1ff; 3Mo 8,1ff). A. wird mit heiligem Öl gesalbt und ist fortan »der gesalbte Priester« (3Mo 4,3 u.a.; vgl. Ps 133,2). Er erhält besondere Kleider: das Kopfband seines Turbans trägt die Aufschrift »Heilig dem Herrn« (2Mo 28,36); sein Skapulier (Efod) – ein Überwurf über Brust und Rücken – enthält ein *Brustschild mit zwölf Juwelen (für jeden Stamm einen) und Platz für die Aufbewahrung der *Urim und Thummim, Gegenstände, mit deren Hilfe das heilige Los zur Ermittlung von Jahwes Willen geworfen wurde (2Mo 28,15ff).

Der herausragende Tag des Jahres war für A. (und für jeden »gesalbten Priester«, der ihm folgte) der Tag der Versöhnung (10. Tishri): er ging durch den Vorhang, der die äußere Abteilung des Heiligtums (das Heilige) von der inneren (dem Allerheiligsten) trennte, und brachte das Blut eines Sühneopfers im Allerheiligsten für die Sünden des Volkes dar (3Mo 16,1ff). Bei dieser Gelegenheit trug er nicht seine farbenprächtigen Kleider der »Ehre und Schönheit«, sondern eine weiße leinene Robe.

A.s Frau war *Elischeba vom Stamm Juda. Ihre beiden ältesten Söhne *Nadab und *Abihu starben in der Wüste, nachdem sie »fremdes Feuer« für das Räucheropfer genommen hatten (3Mo 10,1ff); von ihren beiden anderen Söhnen *Eleasar und *Itamar leiten später rivalisierende Priesterfamilien ihre Abstammung her (1Chr 24,3).

Trotz A.s Stellung blieb Mose Jahwes Prophet für *Israel und Israels maßgebender Fürsprecher vor Jahwe. Das erregte den Neid A.s und Mirjams (3Mo 12,1ff). A. und Mose wiederum wurde ihre Stellung von anderen levitischen Familien geneidet, die sich *Korach anschlossen (4Mo 16,1ff). Ihre Zweifel an A.s Privilegien wurden durch das Zeichen von *Aarons Stab beantwortet.

A. wurde, wie Mose, vom Einzug in Kanaan am Ende der Wüstenwanderung ausgeschlossen. Er starb und wurde auf dem Berg *Hor an der edomitischen Grenze begraben. Seine Funktionen und seine priesterlichen Kleider gingen an Eleasar über (4Mo 20,22ff).

Die Priesterschaft Israels bezeichnete man später als »die Söhne Aarons«. Die »Söhne Zadoks«, die im Jerusalemer Tempel von seiner Einweihung unter Salomo bis 171 v.Chr. (von der Unterbrechung des babylon. Exils abgesehen) als Priester dienten, sind in der Familie A.s eingeschlossen (sie gehören nach 1Chr 6,1ff zu den Nachkommen Eleasars). Zehn Jahre nach der Abschaffung der zadokitischen Priesterschaft wurde Alkimus, der von den seleukidischen Herrschern als Hoherpriester eingesetzt worden war, von den Hasidäern als »Priester der Linie Aarons« anerkannt (1Makk 7,12ff); sein Stammbaum dürfte auf Itamar zurückgeführt worden sein. Ben Sira hält in Sir 45,6ff eine Lobrede auf A. Die Qumrangemeinde bestand aus »Israel und Aaron«, d.h. aus jüd. Laien und Priestern (CD 1,7); die Priester bildeten das »aaronitische Allerheiligste« (QS 8,5f. 8f) und warteten auf das Kommen eines aaronitischen (priesterlichen) *Messias sowie eines (Laien-) »Messias Israels« (QS 9,11; CD 12,23f; 20,1).

Im NT wird A. als Vorfahr Elisabeths, der Mutter *Johannes des Täufers, genannt (Lk 1,5). *Stephanus' Rückblick auf die Geschichte Israels erwähnt A. am Rande (Apg 7,40). Der Brief an die *Hebräer stellt dem begrenzten und erblichen Priestertum A.s den vollkommenen und ewigen Dienst Jesu im himmlischen Heiligtum gegenüber (Hebr 5,4; 7,11 u.a.).

Literatur: R. de Vaux: Ancient Israel, [2]1965, S. 345-401. F.F.B.

Mandelbaum (Prunus dulcis) in Blüte. Aarons Stab könnte ein Zweig von solch einem Baum gewesen sein. (FNH)

AARONS STAB. Die Rebellion *Korachs und seiner Gefährten (4Mo16,1ff) machte deutlich, daß der sakrale Status des Stammes *Levi sowie der priesterliche Status Aarons und seiner Nachkommen innerhalb dieses Stammes öffentlich festgesetzt werden mußte. So ließ der Anführer eines jeden Stammes seinen Namen auf den Stab (Zepter) schreiben, der seinem Stamm gehörte – Aarons Name wurde auf den Stab des Stammes Levi geschrieben. Die 12 Stäbe wurden in das »Zelt der Zusammenkunft vor dem Zeugnis« (d.h. zu den Gesetzestafeln in der *Bundeslade) gelegt. Am nächsten Morgen hatte der Stab, der Aarons Namen trug, Sprossen getrieben, Blüten gebracht und Mandeln getragen – ein Zeichen dafür, daß Aaron Gottes erwählter Priester war. Sein Stab wurde zurückgelegt »vor die Lade« als Warnung vor weiterer Rebellion (4Mo 17,16-25). Nach Hebr 9,4 wurde der Stab zusammen mit den »Tafeln des Bundes« in der Bundeslade aufbewahrt. Dies war offensichtlich der Stab, mit dem der Felsen in *Kadesch geschlagen wurde (4Mo 20,7-11); vgl. auch den »Stab Gottes« (2Mo 4,20; 17,9). F.F.B.

AAS.

I. IN BUCHSTÄBLICHER BEDEUTUNG.

1. Aas bezeichnet den toten Körper eines Tieres, das nicht durch Schlachtung zum *Opfer oder zur Mahlzeit getötet worden ist, sondern eines natürlichen Todes gestorben oder ohne Blutverlust umgekommen ist; Apg 15,20 steht dafür »Ersticktes«. 1Mo 15,11 bezeichnet ausnahmsweise das Opfertier Abrahams als A., das schon längere Zeit auf dem Altar lag.

2. Das israelit. Zeremonialgesetz enthielt in bezug auf A. folgende Bestimmungen: Das A. reiner Tiere war unrein, und seine Berührung oder sein Genuß schloß jeden Israeliten aus der Gemeinschaft mit Gott und dem Volk bis an den Abend des betreffenden Tages aus. Der Unreine verunreinigte auch das, was er bis zum Abend berührte. Erst wenn er sich gebadet und seine Kleider gewaschen hatte, war er wieder rein (2Mo 22,30; 3Mo 11,39-40; 17,15; 22,8). Das Fett von A. durfte nicht gegessen, wohl aber sonst verwendet werden (3Mo 7,24). Das A. unreiner Tiere, auf welche Weise sie auch verendet sein mochten, verunreinigte den Israeliten in jedem Falle (3Mo 5,2; 11,8.24.36). Auch wer unbewußt das A. eines unreinen Tieres berührte, wurde unrein und mußte ein Schuldopfer darbringen (3Mo 5,2ff).

3. Aber nicht nur der Israelit und das, was er berührte, sondern auch jeder Gegenstand, auf den A. fiel, wurde bis an den Abend unrein. Zerbrechliche Gefäße, die mit A. in Berührung gekommen waren, mußten zerbrochen, hölzerne Gefäße, Kleider usw. ins Wasser gelegt werden. Jedes Getränk aus einem solchen Gefäß, je de Speise daraus verunreinigte. Die Brunnen, die Gruben und Wasserbehälter, in die A. hineingeriet, blieben rein; ebenso Saatgut, wenn es mit A. in Kontakt geraten war. Den zum Säen bestimmten Samen verunreinigte A. aber dann, wenn der Same bereits in Wasser eingeweicht worden war (3Mo 11,32-38). *Fremdlinge dagegen durften A. essen oder weiterverkaufen (5Mo 14,21). Sonst warf man es den Hunden vor (2Mo 22,30). Die *Heidenchristen der urchristl. Gemeinden sollten um der brüderlichen Gemeinschaft mit den *Judenchristen willen sich des Erstickten enthalten (Apg 15,20ff).

4. Als Grund dieser Verbote wurde angegeben: »Denn du bist ein heiliges Volk dem Herrn, deinem Gott« (5Mo 7,6). Der Tod jeder Kreatur ist wegen seines Zusammenhangs mit der Sünde des Menschen etwas Verunreinigendes und Befleckendes. Die Bestimmungen des Zeremonialgesetzes über das A. sollen also im Volk Gottes das Bewußtsein seiner Trennung von Gott durch die *Sünde und deren Schuld lebendig erhalten. Sie geben Zeugnis davon, daß Gott kein Gefallen an der Sünde und am Tod hat. In diesen Gesetzen nur gesundheitspolizeiliche Vorschriften zu sehen, heißt, das ganze Wesen des mosaischen Gesetzes verkennen.

II. IN BILDLICHER VERWENDUNG. Hier steht das den Feldtieren und Vögeln zum Fraß hingeworfene A. für das dem Gericht Gottes verfallene Ägypten (Hes 32,3-5). Die Schnelligkeit, mit der sich die Geier (LÜ: Adler) am A. sammeln, dient Hab 1,8 als Bild der zum Gericht nahenden *Chaldäer. In der Form eines Sprichworts: wo ein A. ist, da sammeln sich die Geier (Mt 24,28; Lk 17,37), wendet Jesus das gleiche Bild auf seine Wiederkunft an, die wie das Eintreffen der Raubvögel am gefallenen Tier sicher, unvermittelt und offenbar sein wird. Vgl. *Rein/Unrein sowie *Leichnam.

AB s. Kalender

ABADDON. »Vernichtung, Untergang«. Name des »Engels des Abgrunds« (Offb 9,11), der auf griech. *Apollyon,* »Verderben«, heißt. Im AT bezeichnet dieser Ausdruck (Hiob 31,12 LÜ. Abgrund) auch das Totenreich, das Hiob 26,6; Ps 88,12 neben dem Grab, Hiob 28,22 neben dem *Tod und Spr 15,11; 27,20 neben der *Hölle genannt wird. Auch in der rabbinischen Literatur kommt das Wort für den untersten Raum der Hölle vor.

ABARIM. »Die Jenseitigen«. Gebirgiges Hochland östl. des Toten Meeres (Jer 22,20), das den Westrand der moabitischen Hochebene bildet und dessen steile Hänge vom Westufer des Toten Meeres aus als das »Jenseitige« bezeichnet wurden. Es erstreckt sich über moabitisches Gebiet und das Erbland *Rubens. Seine höchsten Erhebungen sind der *Nebo (5Mo 32,49), von dem aus Mose das verheißene Land schauen durfte, die Höhen des *Pisga (5Mo 34,1) und der *Peor (4Mo 23,28). Auf dem Gebirge A. hatten die Israeliten ihren vorletzten Lagerplatz vor dem Einzug ins Land Kanaan, von hier aus stiegen sie in die Jordanebene, um nach Abel-Schittim im Wadi Kefren zu kommen (4Mo 33,47).

ABBA. Ein aram. Wort, das in dieser betonten Form »Vater« bedeutet. Es kommt häufig im babylon. Talmud vor, wo es von einem Kind als Anrede des Vaters, aber auch allgemein als Anrede der Rabbinen gebraucht wird. Der Ausdruck vermittelt das Gefühl enger Vertrautheit sowie kindlichen Respekts, wurde jedoch in jüd. Kreisen nie als Anrede Gottes gebraucht.

Im NT kommt das Wort dreimal in griech. Transliteration vor; es erscheint jeweils als Vokativ, als eine an Gott gerichtete Anrede, unter Hinzufügung der griech. Entsprechung (Mk 14,36; Röm 8,15; Gal 4,6). Der Doppelausdruck scheint in griech. sprechenden Gemeinden – vielleicht in ihrer Liturgie – üblich gewesen zu sein (das Vaterunser begann im Aram. wahrscheinlich mit *ʾabbā*).

*Jesus scheint als erster diese Anrede für *Gott gebraucht zu haben. Seine Jünger ermächtigt er, sie ebenso zu benutzen. *Paulus sieht darin ein Symbol für die *Adoption des Christen als Kind Gottes sowie für den Besitz des Heiligen Geistes.

Literatur: J. Jeremias: Abba. Studien zur ntl. Theologie und Zeitgeschichte, 1966; TBLNT II, S. 1241ff; ThWNT I, S. 4f; TRE I, S. 7ff. D.F.P.

ABBILD s. Bild

ABDI. Kurzform für »Diener des Herrn« oder »Mein Diener«.

1. Levit aus dem Geschlecht Meraris, der Großvater Etans, eines der Tempelsänger z.Zt. Davids (1Chr 6,29).

2. Vater des Leviten Kisch z.Zt. Hiskias (2Chr 29,12).

3. Mann aus dem Geschlecht Elams (Esr 10,26).

ABDON. »Untertänig, Knecht des.../Knecht Gottes«.

1. Sohn Hillels, aus Piraton in Ephraim, der acht Jahre Richter über Israel war. Seine 40 Söhne und 30 Enkel besaßen jeder einen Esel als Reittier, was zu seiner Zeit, als die Israeliten noch keine Pferde hatten, ein Zeichen für den Reichtum und die Bedeutung der Familie war (Ri 12,13-15).

2. Sohn Schaschaks, ein Benjaminit in Jerusalem (1Chr 8,23-25.28).

3. Ältester Sohn des Jeïël in Gibeon, ein Vorfahr *Sauls (1Chr 8,30; 9,35.36).

4. Levitenstadt der Gerschoniter im Stam-

me *Asser (Jos 21,30; 1Chr 6,59), heute Chirbet Abde (neuhebr. Kefar Avdon), 17 km nordöstl. von Akko.

ABED-NEGO. Babylon. Name des *Asarja, *Daniels Freund (Dan 1,7), mit der Bedeutung »Diener des Gottes *Nebo«; Nego dürfte eine absichtliche Entstellung des Namens der babylon. Gottheit sein. A. erhält mit Schadrach und Meschach zusammen die Verwaltung der Landschaft Babel (Dan 2,49). Wegen ihrer Weigerung, das goldene Bild anzubeten, werden sie in den Feuerofen geworfen und durch den Engel Gottes gerettet (Dan 3,12-30).

ABEL. Der zweite Sohn von *Adam und *Eva und Bruder (evtl. der Zwilling, 1Mo 4,1-2) von *Kain. Der Name wird manchmal mit akkad. *aplu*, sumer. *ibila*, »Sohn«, oder mit akkad. *ibilu* »Kamel« in Verbindung gebracht, was aber Spekulation bleiben muß. A. war ein gerechter Mann (*dikaios* Mt 23,35); als Hirte (1Mo 4,2) brachte er die Erstlinge seiner Herde als Opfer dar, das von Gott angenommen wurde (1Mo 4,4; Hebr 11,4). A. wurde von Kain ermordet und hinterließ, soweit wir wissen, keine Nachkommen. Für Jesus Christus war A. eindeutig eine historische Person (Mt 23,35; Lk 11,51).

Literatur: KBL^3 S. 227; vgl. S. Landersdorfer: Sumerisches Sprachgut im Alten Testament, 1916, S. 67-68. T.C.M.

ABEL. Bestandteil verschiedener Ortsnamen. Die traditionelle Interpretation »Wiese« ist nicht gesichert; Baumgartner (KBL S. 7) zieht »Bach, Wasserlauf« vor und vergleicht mit hebr. *ūbāl, jūbāl, jābāl.*

In 2Sam 20,18 steht »Abel« für »Abel (von) Bet-Maacha« (V. 14-15); Abel-Majim in 2Chr 16,4 (korrumpierter Text?) scheint derselbe Ort zu sein (vgl. 1Kön 15,20). Die genaue Lage von Abel-Mizraim »jenseits des Jordan« (1Mo 50,11) und von Abel-Keramim (Ri 11,33: irgendwo in Ammon) ist unbekannt; vgl. EÜ und RevEB zu 1Mo 50,11 und LDB S. 110, 280 im Blick auf die mögliche geographische Lage. G.I.D.

ABEL-BET-MAACHA. »Wiese des Hauses der Unterdrückung«. Stadt im N Naftalis, in der Joab Scheba, den Sohn Bichris, belagerte (2Sam 20,14); von den Syrern unter Ben-Hadad erobert (ca. 879 v.Chr., 1Kön 15,20; 2Chr 16,4, wo A. Abel-Majim genannt wird), von den Assyrern unter Tiglat-Pileser III. erobert (ca. 733 v.Chr., 2Kön 15,29). Möglicherweise war A. Teil des syr. Staates *Maacha. A. wurde mit Tell Abil 20 km nördl. vom Hulesee identifiziert. Daß in den ägypt. Ächtungstexten und in 2Sam 20,18 nur Abel steht, in 2Sam 20,14 aber zwischen Abel und Bet-Maacha ein »und« steht (vgl. RevEB), zeigt, daß es sich um zwei alternative Namen handelt und nicht um einen aus drei Teilen bestehenden Namen. D.W.B.

ABEL-MEHOLA. Eine Stadt, die im Zusammenhang mit der Flucht der Midianiter vor *Gideon erwähnt wird (Ri 7,22). Sie gehörte zu Salomos fünftem Distrikt (1Kön 4,12) und

Abel-Bet-Maacha, identifiziert mit Tell Abil, 20 km nördl. vom Hule-See

war Geburtsort *Elisas (1Kön 19,16). Ihre Lage ist unbekannt, wird aber gewöhnlich im Jordantal südl. von *Bet-Schean angenommen. D.W.B.

ABEL-SCHITTIM s. Schittim

ABEND s. Tag

ABENDMAHL.

A. Das letzte Mahl Jesu.

I. DIE BERICHTE.

Die älteste datierbare Quelle, die das A. beschreibt, stammt von Paulus (1Kor 11,23-26). Vokabular und Stil zeigen, daß Paulus eine Tradition zitiert, die sehr wahrscheinlich auf griech. sprechende Christen in Jerusalem zurückgeht, welche diese aus dem Bericht hebr. bzw. aram. sprechender Christen über das letzte Mahl Jesu übersetzt hatten (vgl. J. Jeremias, R. Pesch. L. Goppelt). Paulus muß diese Tradition der Gemeinde in *Korinth bei deren Gründung um 51 n.Chr., d.h. ca.20 Jahre nach dem Tod Jesu, weitergegeben haben. Unterschiede zwischen dem paulin. Bericht und den synoptischen Berichten (Mt 26,26-29; Mk 14,22-25; Lk 22,15-20) sind auf eine unterschiedliche Intention zurückzuführen: Paulus überliefert uns die »Einsetzungsworte«, die der Gemeinde sagen, was sie bei der Feier des A.s tun soll; die Evangelien liefern einen historischen Bericht vom Geschehen beim letzten Mahl Jesu.

Die oft diskutierte Frage, ob die A.stradition einen liturgischen Ursprung hat, d.h. ob es sich um eine sog. Kultätiologie handelt, die als Erklärung des aus einer anderen Quelle übernommenen A.srituals gedacht war (R. Bultmann, W. Marxsen), ist zu verneinen. Exegetische, besonders formkritische Erwägungen zeigen, daß die A.sberichte in den Evangelien keine grundsätzlich liturgischen Züge aufweisen und keine späteren Einfügungen sind, sondern als historische Berichte angesehen werden müssen, aus denen sich die bei Paulus zu findende liturgische (aber deshalb nicht weniger historische) Formulierung entwickelte (R. Pesch, H. Patsch, I.H. Marshall).

Die Frage, welcher der vier Berichte der ursprüngliche ist, und in welcher Beziehung sie zueinander stehen, ist äußerst komplex und ohne großen technischen Aufwand kaum darzustellen. Grundsätzlich sind vier Positionen möglich: 1. Der paulin. Bericht ist der ursprüngliche (dieser Auffassung war bis vor kurzem die Mehrzahl der Forscher; vgl. G. Bornkamm, E. Schweizer, P. Neuenzeit); 2. die Perikope bei Markus bewahrt den ursprünglichen Bericht (J. Jeremias, H. Patsch, R. Pesch); 3. der lukanische Bericht ist von Mk und Paulus unabhängig und sehr wahrscheinlich die ursprüngliche Form (H. Schürmann, mit Vorsicht I.H. Marshall); 4. die älteste Form ist aus allen vier Berichten zu rekonstruieren (vgl. G. Delling: Urchristliches Mahl-Verständnis, in: TRE I, S.47ff). Ohne in Einzelheiten gehen zu können (für eine gut lesbare, detaillierte Diskussion vgl. I.H. Marshall: Lord's Supper, S. 35-56), ist festzuhalten: Bei Lk ist der längere Text authentisch (der kürzere Text läßt 22,19b.20 aus); Jesus sprach beim A. aram. oder hebr., der griech. Text ist in jedem Fall Übersetzung; der Lk-Bericht kann nicht, wie viele Forscher dies tun (vgl. auch B. Klappert), dem Text von Mk und Paulus untergeordnet oder ignoriert werden, da er unabhängig und authentisch ist; die Berichte sind in ihrer Schilderung des Geschehens nicht widersprüchlich; was immer die ursprüngliche, exakte Form der Worte Jesu war, die vier Texte stimmen in ihrer Substanz miteinander überein, der theologische Gehalt der A.sworte wird von den geringfügigen Differenzen praktisch nicht beeinflußt.

II. DER HINTERGRUND.

Die Synoptiker weisen in der Rahmenerzählung übereinstimmend darauf hin, daß das letzte Mahl Jesu mit seinen Jüngern das *Passamahl war (Mt 26,17-20; Mk 14,12-16; Lk 22,7-13). Mehrere Merkmale des Mahlberichts bestätigen, daß es sich um ein Passamahl handelte (vgl. J. Jeremias): 1. Das Mahl wird konkret auf das Passafest datiert (vgl. Mk 14,12); 2. obwohl Jesus und die Jünger in *Betanien wohnten und für eine normale A.szeit bzw. für ein Abschiedsmahl ohne weiteres dorthin zurückkehren konnten, feierten sie das Mahl in Jerusalem, wie beim Passafest gefordert; 3. das Mahl fand am Abend statt (Mk 14,17; Joh 13,30; 1Kor 11,23), was angesichts der sonst bei den Juden üblichen Essenszeiten am Vormittag oder am Mittag von Bedeutung ist; 4. nach Mk und Lk wurde das Brot nicht am Anfang, sondern in der Mitte des Mahls gegessen, was ungewöhnlich war, was aber der Reihenfolge der Elemente der Passafeier entspricht; 5. die Tatsache, daß Judas während des Mahls fortging, und die Jünger dachten, er wolle etwas für das Fest kaufen oder etwas den Armen geben (Joh 13,29), weist auf das Passafest hin: ein hastiger Einkaufsgang während einer Passafeier ist sehr gut verständlich, weil man an den folgenden zwei Tagen keine Einkäufe tätigen konnte, und es üblich war, in der Nacht der Passafeier den Armen etwas zu geben; 6. nach Mk 14,26 endete das Mahl mit einem Lobgesang: da dies nach unserem Kenntnisstand bei keiner anderen jüd. Mahlzeit vorkam, ist dieser Hinweis auf den zweiten Teil des Hallel (Ps 114-118) zu beziehen, das nach dem Schlußtischgebet des Passamahls gesungen wird; 7. Jesus interpretierte den Jüngern während des Mahls die Bedeutung von Brot und Wein, was nicht mit der üblichen Danksagung für Brot und Wein, sondern mit dem traditionellen Passaritual übereinstimmt, das die symbolische Bedeutung der verschiedenen Bestandteile des Mahls hervorhebt und Bezug nimmt auf Gottes Heilstat in der Herausführung des Volkes Israel aus Ägypten. Ob Jesus mit seinen Jüngern auch das Passa*lamm* gegessen hat, muß offen bleiben; in Lk 22,15 wird zwar der Ausdruck »das Passa essen« gebraucht, das Lamm aber nicht eigens erwähnt. Die Einwände der Forscher, die das Passamahl als Hintergrund für das A. ablehnen (z.B. H. Lietzmann, E. Schweizer), lassen sich überzeugend widerlegen (so J. Jeremias, I.H. Marshall). Das letzte Mahl Jesu ist folglich auf dem Hintergrund des jüd. Passamahls zu verstehen, das sich auf 2Mo 12 stützte, und dessen Ritual im Mischnatraktat Pesahim, das in den Grundzügen für die ntl. Zeit vorauszusetzen ist, beschrieben wird (vgl. Bill., IV. 1, S. 41-76).

III. DIE DATIERUNG.

Verschiedene Formulierungen im JohEv. werden als Haupteinwand gegen die Annahme der Passafeier als Kontext des A.s angeführt: Jesus hatte das Mahl beendet und wurde von *Pilatus verhört, bevor die Juden das Passamahl gegessen hatten (Joh 18,28); die Kreuzigung fand am *Rüsttag des Passafestes (14. Nisan) statt (19,14.31.42; vgl. 13,1). Die Prophezeiung des Verrats durch Judas sowie die Stellung des Mahls in bezug auf die Verhaftung Jesu machen jedoch deutlich, daß Joh dasselbe Mahl wie die Synoptiker beschreiben will. Nach den Synoptikern wurde Jesus jedoch am Tag des Passafestes (Freitag, 15. Nisan) gekreuzigt.

Es gibt mehrere Vorschläge, diesen Zeitunterschied zu erklären: 1. Die Anklänge an das Passamahl sind sekundär; Jesus feierte mit seinen Jüngern ein Gastmahl oder Abschiedsmahl. 2. Jesus feierte mit seinen Jüngern 24 Stunden vor der üblichen Zeit ein privates, irreguläres Passamahl (z.B. F.F. Bruce). 3. Die Identifizierung des A.s mit dem Passamahl wird für alle vier Evangelien festgehalten, wobei die Stellen in Joh, die Schwierigkeiten bereiten, reinterpretiert und mit dem Befund in den Synoptikern in Übereinstimmung gebracht werden (J. Jeremias). In Joh 18,28 wird z.B. das »Passamahl« auf das während der Festzeit täglich, und besonders am 15. Nisan, im Tempel dargebrachte Opfer bezogen; und der »Rüsttag« von 19,14 wird als »Rüsttag (Vortag) des Sabbats, der in die Zeit des Festes fiel«, verstanden. 4. Sowohl Joh als auch die Synoptiker haben recht; die Differenz ist durch einen unterschiedlichen chronologischen Ansatz zu erklären. Bill. argumentiert (a.a.O., II, S. 812-853), daß infolge der im Mondkalender notwendigen Schaltmonate oft Ungewißheit über die Datierung eines Tages bestand; Jesus folgte dem pharisäischen *Kalender, nach dem der 15. Nisan ein Feiertag war, und die Synoptiker schildern das A. von diesem Standpunkt aus; die Priester folgten dem sadduzäischen Kalender, nach dem der 15. Nisan im Fall eines vorausgehenden Schaltmonats (der hier angenommen wird) auf den Sabbat (Samstag) fiel, und Joh berichtet das Geschehen von diesem Standpunkt aus. A. Jaubert (La Date de la Cène, 1957) schlägt vor, daß Jesus dem Sonnenkalender, der in *Qumran in Gebrauch war, folgte und das Passamahl am Dienstagabend (dem 15. Nisan nach dem Sonnenkalender) feierte; die Priester hielten das Passamahl erst am Freitagabend, dem »offiziellen« 15. Nisan nach dem Mondkalender, nachdem Jesus schon tot war (so auch E. Ruckstuhl, M. Black). H. Hoehner (Chronological Aspects of the Life of Christ, 1977, S. 85-90) schlägt eine dritte chronologische Lösung vor: Jesus folgte der galiläischen (und pharisäischen) Berechnung der Tage von Sonnenaufgang zu Sonnenaufgang und aß das Passamahl am Donnerstagabend (14. Nisan), während die Bewohner Judäas (und die Sadduzäer) die Tage (traditionell) von Sonnenuntergang bis Sonnenuntergang rechneten und das Passamahl am Freitagabend (15. Nisan) feierten. Keiner dieser Lösungsvorschläge läßt sich von den Quellen her historisch einwandfrei nachweisen, alle sind bis zu einem gewissen Grad spekulativ. Auf Grund der Historizität von allen vier Berichten und auf Grund ihrer ausdrücklichen Passachronologie sind die ersten drei Lösungsvorschläge abzulehnen. Am wahrscheinlichsten scheint Billerbecks Vorschlag zu sein (so I.H. Marshall). Das heißt: Jesus feierte das Passamahl einen Tag vor dem offiziellen jüd. Datum, was auf Grund der Differenzen unter den Juden im Blick auf den Kalender möglich war.

IV. DIE EINSETZUNGSWORTE.

Zum einen ist die Bedeutung der Handlung und der Worte des A.s vor dem Hintergrund der Tischgemeinschaft zu verstehen, die Jesus mit den Seinen hatte und von der auch der Sünder nicht ausgeschlossen war (nach Lk

22,21 – vgl. das adversative *plēn* – hat Jesus den Verräter ausgeschlossen; so J. Jeremias); das A. ist Aktualisierung der Heilszeit, Vorweggabe der Vollendung (vgl. Mk 14,25; Lk 22,16; s.a. Lk 13,28; 14,15). Zum anderen ist die Bedeutung des A.s vor dem Hintergrund des jüd. Passamahls zu verstehen mit dessen Erinnerung an die rettende Wirkung, die das Schlachten der Lämmer in Ägypten hatte, an Gottes Herausführung des Volkes aus der Knechtschaft, an Gottes *Bund mit Israel; hinzu kommt die mit dem Fest verbundene Absicht des Lobens und Dankens, sein Charakter als Familienfest sowie sein Ausblick auf die zukünftige Erlösung Israels beim Kommen des *Messias.

Das jüd. Passamahl hatte vier Teile, die folgendermaßen abliefen (nach J. Jeremias: Abendmahlsworte, S. 79f; R. Pesch: Markusevangelium, II, ^{2}1980, S. 348f): 1. Vorspeise: Weihespruch (Festtagssegen und Bechersegen) des Hausvaters über dem ersten Becher (Kidduschbecher); Vorspeise aus (u.a. Bitter-) Kräuter- und Fruchtmustunke. Das Mahl wird aufgetragen, aber noch nicht gegessen. Der zweite Becher wird vorgesetzt, aber noch nicht getrunken. 2. Passafeier: Passahaggada des Hausvaters. Erster Teil des Passahallels. Trinken des zweiten Bechers (Haggadabecher). 3. Hauptmahl: Tischgebet des Hausvaters über dem ungesäuerten Brot. Mahl aus Passalamm, Mazzen, Bitterkräutern, dazu Fruchtmus und Wein. Tischgebet über dem dritten Becher (Segensbecher). 4. Abschluß: Einschenken des vierten Bechers (Hallelbecher). Zweiter Teil des Passahallels. Lobspruch über dem vierten Becher.

Das *Brotwort* wird von Jesus in das traditionelle Ritual eingefügt, nachdem er zu Beginn des dritten Teils der Feier das Tischgebet gesprochen und das Brot gebrochen, d.h. für jeden Teilnehmer ein Stück vom Mazzafladen abgerissen hatte. Es liegt in den folgenden Fassungen vor: »Nehmet; das ist mein Leib« (Mk 14,22); »Nehmet, esset; das ist mein Leib« (Mt 26,26); »Das ist mein Leib, der für euch gegeben wird, das tut zu meinem Gedächtnis« (Lk 22,19); »Das ist mein Leib, der für euch gegeben wird; das tut zu meinem Gedächtnis« (1Kor 11,24). Das Wort »ist«, das in dem ursprünglichen aram. oder hebr. Satz gefehlt hat, kann im Griech. sowohl »bedeuten« als auch »identisch sein mit« meinen. Christliche Exegeten gehen hier auseinander. Um eine befürchtete Veräußerlichung des Abendmahlsverständnisses zu verhindern, betonen vor allem lutherische Exegeten die wirkliche Gegenwart Christi in den Elementen: Die Austeilung von Brot und Kelch sei »ein reales, wirkkräftiges Geschehen« (J. Roloff: Art. Abendmahl, EKL 3. Aufl. I.Bd. 1985, S. 10-13; G. Delling: Art. Abendmahl II, TRE I, 1977, S. 47-58). Exegeten, die in reformierter Tradition stehen, vertreten die Auffassung, »ist« habe hier den Sinn von »bedeutet«. Es macht sachlich wenig Unterschied, ob hinter griech. *soma*, »Leib«, aram. *gūphā*, »Leib, im Sinne des Ich, der Person«, oder *bisrā*, »Fleisch«, stand. Es ist unwahrscheinlich, daß das Brechen des Brotes Symbol für das »Brechen« des Leibes Jesu am Kreuz sein will: »Brechen« ist keine geeignete Metapher für »Töten«; es geht hier lediglich der Verteilung voraus. Das Deutewort will im Kontext der Passafeier und angesichts des Todes Jesu, desssen Nähe ihm bekannt war, sagen: »Dieses Brot stellt meine Person dar, mit diesem Brot gebe ich mich selbst«. Das heißt: Jesus sagt seinen unmittelbar bevorstehenden Tod voraus, bei dem er sich als stellvertretendes (griech. *hyper*) Opfer (vgl. die Anklänge an die Opferterminologie von 2Mo 30,14; 3Mo 22,14; Hes 43,21) für alle Menschen (griech. *pollon*, »viele«, hier inklusive im Sinn von »die unübersehbar vielen, alle« gebraucht), als stellvertretend und sühnend in den Tod gehenden Gottesknecht von Jes 53 weiß (J. Jeremias u.a.); Jesus versteht sich als Märtyrer, der für das Volk als ganzes stirbt (vgl. 4Makk 6,28f; 17,21f; so H. Schürmann, J. Jeremias); Jesus sieht sich als Quelle von Segen und Heil, als Heilsmittler, der den Seinen Anteil gibt an der Gemeinschaft mit ihm als dem Messias (vgl. 1Kor 10,16; so R. Pesch; L. Goppelt).

Das *Kelch- bzw. Becherwort* wird von Jesus am Schluß des Herumgehens des dritten Bechers (Segensbecher) gesprochen, bei dem Gott traditionell um das Gedenken des Messias angefleht wird. Es lautet: »Trinket alle daraus; das ist mein Blut des Bundes, das vergossen wird für viele zur Vergebung der Sünden« (Mt 26,27-28); »Das ist mein Blut des Bundes, das für viele vergossen wird« (Mk 16,24); »Dieser Kelch ist der neue Bund in meinem Blut, das für euch vergossen wird« (Lk 22,20); »Dieser Kelch ist der neue Bund in meinem Blut; das tut, sooft ihr daraus trinkt, zu meinem Gedächtnis« (1Kor 11,25). Blut (griech. *haima*) galt im AT als Lebensträger, bezeichnet aber auch, wenn der Tod im Blickpunkt ist, die Person, d.h. das dem Sterben ausgelieferte Leben. »Blut des Bundes« spielt eindeutig auf 2Mo 24,8 an: mit den Worten »Seht, das ist das Blut des Bundes, den der Herr mit euch geschlossen hat« besprengte Mose das Volk mit dem Blut des geschlachteten Opfertieres. Zur Zeit Jesu wurde diese Stelle als Sühnehandlung verstanden (vgl. die Targume). Daß der Gedanke der Sühne vorliegt, wird durch die Wendung »das für viele vergossen wird« ausdrücklich bestätigt: sie spielt auf den Gottesknecht an, der sein Leben für die Vielen in den Tod gibt (Jes 53,12). Und die Bestimmung »mein Blut« macht deutlich, daß es sich um einen neuen Bund (so ausdrücklich Lk und Paulus) handelt: das neue Bundesblut zielt auf den in Jer 31,31-34 verheißenen neuen Bund. Das Deutewort will also sagen: »Der Wein im Becher repräsentiert mein Blut; mit meinem Blut, das vergossen werden wird, gebe ich mein Leben hin.« Das heißt: Jesus deutet den Wein, den er im Becher austeilt, auf sich selbst, der in den Tod geht. Er weiß sich in seinem Opfer- und Sühnetod als der Gottesknecht, der für »euch« bzw. für die »vielen«, d.h. für die Seinen, für ganz Israel, ja für die ganze Menschheit, stellvertretend (griech. *hyper*) und deshalb sühnend, sündenvergebend, heilbringend stirbt. Das Blut Jesu, das in seiner »stellvertretenden Lebenshingabe mit universal geltender Sühnewirkung« (R. Pesch) vergossen wurde, ist das »Bundesblut« des Messias, durch das Gott seinen neuen *Bund aufrichtet; durch den in Jesu Tod vermittelten, von Gott gestifteten neuen Bund (griech. *diathēke*, hebr. *berīt*) ist die Sündenvergebung, die Israel und die Heiden zu einem neuen Volk machen kann (vgl. Jes 42,6; 49,5f; 52,14f; Jer 31,34), Wirklichkeit geworden. Jesus weiß sich als Heilsmittler, als *Mittler des neuen Bundes Gottes mit Israel; er gibt den Jüngern mit dem Wein die Segensgemeinschaft mit sich selbst, Anteil an der durch seinen Tod geschenkten *Sühne und *Vergebung, neue Gemeinschaft mit Gott im neuen Bund (R. Pesch).

Im Anschluß an das Brotwort (Lk, Paulus) und das Becherwort (Paulus) finden wir den sog. Wiederholungs- bzw. Anamnesisbefehl, d.h. die Aufforderung, das A. in Zukunft zu wiederholen und sich dadurch an Jesus und an die Bedeutung seines Todes zu erinnern.

Auf das Becherwort folgt nach Mt/Mk und Paulus ein eschatologischer Ausblick (bei Lk geht er den Deuteworten voraus): Jesus sagt den Jüngern die Verheißung der Vollendung des Heils zu und erklärt, daß dieses sein letztes Mahl mit ihnen vor seiner Wiederkunft und dem Mahl der Vollendung ist (zum Mahl der Gottesherrschaft vgl. Mt 8,11f; 22,11-14; Lk 13,28f; 14,15.16-24; 22,29f; Offb 3,20f; 19,7.9; vgl. auch äthHen 62,14). Die Tischgemeinschaft Jesu im A. ist das Unterpfand der zukünftigen Gemeinschaft mit ihm im vollendeten Reich Gottes (I.H. Marshall). Die Jünger werden durch die Gaben Jesu in Brot und Wein, d.h. durch die mittels seines Sühnetodes geschenkte Gemeinschaft mit Gott im neuen Bund und in Gemeinschaft mit ihm, Jesus selbst, schon vorweg zu Teilhabern am messianischen Festmahl erklärt.

Jesus hatte vor und/oder nach dem Mahl vorausgesagt, daß einer der Jünger ihn verraten würde (Mt 26,21-25; Mk 14, 18-21; Lk 22,21-22), was bei diesen dazu führte, daß sie einer nach dem anderen fragten: »Herr, bin ich's?«. Das A. ist somit zugleich Anlaß für eine ernste Selbstprüfung (vgl. 1Kor 11,27-29).

Schließlich ist noch auf den Tatbestand zu verweisen, daß Joh das A. nicht erwähnt, obwohl er vom letzten Mahl Jesu mit seinen Jüngern ausführlich berichtet (Joh 13). Im Blick auf Joh 6,51-58 wurde oft auf die »sakramentale« Sprache hingewiesen; eine genaue Untersuchung zeigt, daß zwar Anklänge an die Worte Jesu beim A. vorliegen, die Stelle als solche jedoch ausschließlich als Bezugnahme auf den tatsächlichen Tod Jesu am Kreuz auszulegen ist (»essen« bedeutet glauben, vgl. V. 47 mit V. 51; und nach V. 35 ist »zu Jesus kommen« gleichbedeutend mit Essen, und Glauben kommt dem Essen gleich; vgl. H. Schürmann).

B. Das Abendmahl in der Frühen Kirche.

I. DAS BROTBRECHEN.

Nach Apg 2,42.46; 20,7 (vgl. 1Kor 10,16) gehörte das »Brotbrechen« zu den Strukturelementen der Lebensgemeinschaft und des Gottesdienstes der ersten Christen. Der Begriff ist an diesen Stellen (im Unterschied zu Lk 24,30; Apg 27,35) *pars pro toto* (oder *sub una*, so J. Jeremias) auf die Feier des A.s zu beziehen, das oft im Zusammenhang der regelmäßig stattfindenden Gemeindemahlzeiten gehalten wurde. Der Kontext des Brotbrechens ist die Entfaltung und Zurschaustellung von Gottes Heilsmacht in Jesus (vgl. Apg 2,37-41). Ein neues Element ist hier die Betonung der Freude und der Aufrichtigkeit des Herzens (2,46), die sich in diesen Zusammenkünften erwiesen. Im Licht der nachösterlichen Tischgemeinschaft des Auferstandenen mit seinen Jüngern (Lk 24,30f.35.43; Joh 21,13; Apg 10,41) sind manche Forscher der Auffassung, daß der bestimmende Faktor der in der Apg erwähnten Mahlzeiten, zusammen mit der diese begleitenden apostol. Belehrung, die Erfahrung der Gegenwart des auferstandenen Herrn war (O. Cullmann). Die Argumente, die das Brotbrechen vom eigentlichen A. absetzen wollen, sind nicht schlagkräftig. Die Apg beschreibt das A. somit als freudige Feier der Heilserfahrung in der Gegenwart des auferstandenen Herrn (I.H. Marshall).

II. DAS LIEBESMAHL.

Das nur in Jud 12 (vgl. 2Petr 2,13) erwähnte »Liebesmahl« (griech. *agape*) steht mit dem urchristl. Gemeinschaftsmahl in Verbindung

(*Liebesmahl) und kann mit dem Herrenmahl identifiziert werden (I.H. Marshall). Das Mahl des Herrn war Anlaß der Gemeinschaft und der Liebe unter den Gemeindegliedern.

III. DAS HERRENMAHL IN KORINTH. Das »Herrenmahl« (griech. *kyriakon deipnon;* 1Kor 11,20) bezieht sich auf das auch in *Korinth regelmäßig, wahrscheinlich an jedem ersten Tag der Woche (vgl. 1Kor 16,2) im Rahmen des gemeindlichen Zusammenkommens und des Gemeinschaftsmahles gefeierte A. Das ungeistliche Verhalten einiger (reicher) Gemeindeglieder (1Kor 11,17-22.30-34) bei diesem Gemeinschaftsmahl ist der Anlaß, weshalb Paulus auf das Herrenmahl eingeht (11,23-29). Brot und Wein wurden wahrscheinlich am Anfang der gemeinsamen Mahlzeit gereicht; das Problem bestand darin, daß einige mit dem Essen früher begannen. Paulus weist die korinthischen Christen auf den ihnen bereits bekannten, auf den Herrn zurückgehenden Wortlaut der A.shandlung hin: wenn die Christen sich an die A.sworte erinnerten, würden sie sich nicht derart ungeistlich verhalten. Paulus betont: der Akt des Essens und Trinkens beim Mahl des Herrn ist ein Akt der *Verkündigung. Verkündigt wird (durch das Empfangen wie durch das Sprechen) der Tod des Herrn Jesus als Mittel der Erlösung und als Vermittlung des neuen Bundes, d.h. das *Evangelium; verkündigt wird denen, die Brot und Kelch empfangen und Zeugen der Handlung sind, ihnen wird gesagt, daß Jesus »für euch« gestorben ist (11,24). Der eine Leib und der eine Kelch symbolisieren die Gemeinschaft in dem Leib Christi, der Gemeinde (10,16-17). Gleichzeitig weist Paulus darauf hin, daß das Mahl des Herrn auf die Zeit vorausblickt, wenn er wiederkommt (11,26). Schließlich kommt Paulus auf die Wichtigkeit der Selbstprüfung vor dem Mahl zu sprechen: Essen und trinken soll nur derjenige, der den Leib und das Blut des Herrn »achtet« (LÜ), bzw. »unterscheidet« (11,29), d.h. die Elemente des A.s von normaler Nahrung unterscheidet, was in einem entsprechenden Verhalten zum Ausdruck kommt (vgl. G. Dautzenberg, EWNT I, 1980, S. 733f).

Es ist möglich, daß der am Ende von 1Kor erwähnte Gebetsruf um das Kommen des Herrn zur Parusie (hebr. *maranata,* 16,22; vgl. Phil 4,5; Offb 22,20), der Fluch über die, die den Herrn nicht lieben, die Segenssprüche (1Kor 16,22-24) sowie der Bruderkuß (16,20) Teile der A.sliturgie waren.

Literatur: A.J.B. Higgins: The Lord's Supper in the NT, 1952; H. Schürmann: Der Paschamahlbericht Lk 22, (7-14) 15-18, 1953; ders.: Der Einsetzungsbericht Lk 22,19-20, 1955; E. Schweizer: Das Herrenmahl im NT (1954), Neotestamentica, 1963, S. 344-370; P. Neuenzeit: Das Herrenmahl, 1960; E. Ruckstuhl: Die Chronologie des letzten Mahles und des Leidens Jesu, 1963; H. Lietzmann: Messe und Herrenmahl, 1967; J. Jeremias: Die Abendmahlsworte Jesu, 1967; H. Haag: Vom alten zum neuen Pascha, 1971; R. Feneberg: Christliche Passafeier und Abendmahl, 1971; H. Patsch: Abendmahl und historischer Jesus, 1972; F. Hahn: EvTh 35/1975, S. 553-563; H. Feld: Das Verständnis des Abendmahls, 1976; B. Klappert: Art: Herrenmahl, TBLNT I, 1977, S. 667-678; R. Pesch: Wie Jesus das Abendmahl hielt, 1977; ders.: Das Abendmahl und Jesu Todesverständnis, 1978; J. Jeremias: Neutestamentliche Theologie, I, [3]1979, S. 274-277; I. H. Marshall: Last Supper and Lord's Supper, 1980; H.-J. Klauck: Herrenmahl und hellenistischer Kult, 1982; F. Chenderlin: »Do This As My Memorial«, 1982.
E.J.S.

ABENDOPFER s. Opfer

ABERGLAUBE s. Magie/Zauberei

ABFALL/APOSTASIE. Im klass. Griech. meint *apostasia* politischen Aufstand oder Abfall. In der LXX bezieht sich der Begriff stets auf Rebellion gegen Gott (Jos 22,22; 2Chr 29,19), die im Ursprung von *Satan, dem abgefallenen Drachen (Hiob 26,12f) angestiftet wurde.

Das griech. Wort kommt zweimal im NT vor. Nach Apg 21,21 wurde Paulus in böswilliger Weise angeklagt, die Juden durch seine Lehre zum Abfall von Mose zu bewegen, indem sie die *Beschneidung und andere traditionelle Vorschriften aufgeben sollten. 2Thess 2,3 beschreibt den großen A. der Prophetie während oder vor der Offenbarung des Menschen der Bosheit (vgl. Mt 24,10-12). Hier geht es weder um die politische noch um die rel. Untreue der Juden, sondern um eine eschatologische »letzte katastrophale Revolte gegen die Autorität Gottes, die in den apokalyptischen Schriften ein Zeichen für das Weltende ist« (E.J. Bicknell). Dieser A. kann als irdisches Gegenstück zu der Rebellion im Himmel (Offb 12,7-9) gelten.

A. ist eine ständige Gefahr für die Gemeinde, weshalb im NT wiederholt davor gewarnt wird (vgl. 2Thess 2,3; 1Tim 4,1-3; 2Petr 3,17). Ihrem Wesen nach ist Apostasie Abfall vom Glauben (1Tim 4,1) und Abfall vom lebendigen Gott (Hebr 3,12). In Zeiten besonderer Prüfungen nimmt A. zu (Mt 24,9-10; Lk 8,13). Irrlehrer (Mt 24,11; Gal 2,4), die die Gläubigen mit einem »anderen Evangelium« von der Reinheit des Wortes Gottes abbringen wollen (Gal 1,6-8; vgl. 2Tim 4,3-4; 2Petr 2,1-2; Jud 3-4) tragen zum A. bei. Die Unmöglichkeit der Rückkehr nach bewußtem A. wird nachdrücklich vor Augen geführt (Hebr 6,4-6; 10,26).

Literatur: TBLNT I,301ff; I.H. Marshall: Kept by the Power of God. A Study of Perseverance and Falling Away, 1969. A.S.W.

ABGABE/-N.

I. ABGABEN ANS HEILIGTUM.
Die ältesten Abgaben im Volk Israel waren sämtlich A. ans Heiligtum. Freiwillig gegeben wurden vor allem die Spenden für die Herstellung der *Stiftshütte (2Mo 25,1-9; 35,4-29; 36,4-7; 38,24.29) und den Bau des ersten und zweiten Tempels (1Chr 29,2-9; Esr 2,68.69; 7,16; Neh 7,70–72).

Eine Geldabgabe wurde zuerst in Höhe von einem halben Taler (*Geld) bei der Volkszählung in der Wüste von jedem gezählten, also jedem wehrfähigen Mann über 20 Jahren, erhoben (2Mo 30,11–16). Sie sollte erhoben (2Mo 30,11-16). Sie sollte verhindern, daß um der Zählung willen eine Plage über das Volk käme (vgl. 2Sam 24). Das Silber, das dabei zusammenkam, wurde mit bei der Herstellung der Stiftshütte verwendet (2Mo 38,25-28). Nach der Zeit des Baalsdienstes unter *Atalja wurde durch *Joasch die A. zur Ausbesserung des Tempels neu festgelegt und jährlich eingesammelt (2Kön 12,5f; 2Chr 24,5.6.9.27). Als das Volk sich unter *Nehemia verpflichtete, das Gesetz zu halten, übernahm es die jährliche A. von einem Drittel Schekel Silber, die nun für die Kosten der Opfer im Tempeldienst bestimmt wurde (Neh 10,33f). Der geringere Ansatz wird nicht begründet; später kehrte man zur alten Höhe zurück, in der die Tempelsteuer auch z.Zt. Jesu von jedem erwachsenen Israeliten jährlich erhoben wurde (Mt 17,24). Man bezeichnete sie jetzt mit dem entsprechenden griech. Münzwert als die »Doppeldrachme« (Zinsgroschen). Das V. 27 genannte Zweigroschenstück galt so viel wie vier Drachmen und entsprach dem Wert des Schekels (vgl. *Geld).

Als Naturalabgaben waren im Gesetz festgelegt: die *Erstgeburt, die zum Teil gelöst werden konnte oder mußte (2Mo 13,11-16; 4Mo 3,44-51), die Erstlinge (2Mo 23,19; 5Mo 26,1-11) und der *Zehnte (3Mo 27,30-33; 5Mo 14,22-29), den schon Abraham und Jakob gekannt hatten (1Mo 14,20; 28,22). Neh 12,44 benennt die Gaben an den Tempel: Abgaben, Erstlinge und Zehnten.

II. STAATLICHE ABGABEN.
Diese wurden in Israel erst erhoben, als nach der Einsetzung eines Königs neben die Stammesorganisation eine davon unabhängige Verwaltung trat.

1. In der *Königszeit* kam es zu Enteignungen, durch die der Herrscher seine Beamten versorgte (1Sam 8,14); sowohl Israeliten (V. 12.16; 1Kön 5,27) wie Kanaaniter (1Kön 9,20.21) waren zu ausgedehnten Dienstleistungen (*Fronarbeit) gezwungen. Als ständige A. forderte der König den Zehnten von Korn, Wein und Vieh (1Sam 8,15.17), für dessen Einziehung waren die 12 Statthalter zuständig, die Salomo eingesetzt hatte (1Kön 4,7-19). Amos 7,1 scheint sich auf ein Recht des Königs auf die erste Grasmahd zu beziehen. Weiter hören wir von A. der Kaufleute (1Kön 10,15), also wohl Waren- und Straßenzöllen. Dazu kamen noch die Tribute, die die israelit. Könige von unterworfenen Völkern erhielten (2Sam 8,12; 1Kön 5,1; 2Kön 3,4; 2Chr 17,11), bzw. selber an die fremden Eroberer Assyrien, Babylonien und Ägypten zahlen mußten. Menahem erhob bei solcher Gelegenheit von den begüterten Israeliten »ein Geld« (2Kön 15,20) von je 50 Schekeln Silber, um die geforderte Summe zusammenzubringen.

2. Nach der Rückkehr aus der Verbannung wurden unter der *Perserherrschaft* auch in Judäa die in pers. Provinzen üblichen Steuern erhoben (Esr 6,8; Neh 5,4). Dabei werden Esr 4,13.20; 7,24 drei Arten von A. unterschieden (Steuern, Abgaben und Zoll), worunter möglicherweise direkte Besteuerung, indirekte Steuern auf Verbrauchsgüter und Straßen- und Brückenzölle zu verstehen sind. Priester, Leviten und Tempelknechte waren von diesen A. befreit (Esr 7,24). Aus den Einkünften, die jede Provinz in bestimmter Höhe abzuführen hatte, wurde außerdem der Unterhalt des Statthalters bestritten, wozu in Judäa noch eine Summe von 40 Schekel Silber täglich gehörte. Nehemia verzichtete darauf und erleichterte damit dem Volk die Steuerlast (Neh 5,14.15). Aus dem Steueraufkommen der Provinzen jenseits des Euphrats wurden auch die Lieferungen für den Tempel in Jerusalem angewiesen (Esr 6,8; 7,21.22). Daß ihr pünktliches Eingehen damit noch keineswegs gesichert war, ist verständlich und hat wohl wesentlich zur Verzögerung des Tempelbaues beigetragen. Zu besonderen Anlässen, wie der Hochzeit mit *Ester (Est 2,18), ließ der Perserkönig die Länder ruhen, d.h. er bewilligte ihnen einen Steuererlaß.

3. Schon unter den ägypt. Ptolemäerkönigen und dann unter den syr. Seleukiden waren die Steuern in Palästina verpachtet worden, was sich in der *Römerzeit* fortsetzte. Der Steuerpächter verpflichtete sich zu einer festgesetzten Zahlung an die Staatskasse, über die hinaus er dann seinen eigenen Gewinn aus dem Lande herauspreßte. Die röm. Besteue-

rung (Mk 12,14: Lk 20,22; 23,2; Röm 13,6.7) setzte sich zusammen aus einer Grundsteuer und einer Kopfsteuer, die wieder eine eigentliche Kopfsteuer (Mt 22,17-21) und eine Einkommensteuer umfaßte. Die Steuermünze (V. 19), in der die Steuern gezahlt wurden, war der röm. Denar (*Geld). Ferner wurden Ein- und Ausfuhrzölle sowie Straßen- und Brükkenzölle erhoben. Diese Zölle wurden ebenfalls verpachtet; die vielfach jüd. Zollpächter und Einnehmer waren unter der Bevölkerung verhaßte Leute.

Zur Festsetzung der Steuerbeträge ließ der Kaiser Volkszählungen und Vermögensaufnahmen durchführen. Die Schätzung z.Zt. der Geburt Jesu (Lk 2,1-3) erfaßte das gesamte röm. Reich. Eine weitere fand in Judäa ebenfalls unter *Quirinius 6 n.Chr. statt, als das Gebiet des Archelaus in eine röm. Provinz umgewandelt wurde, und dürfte den Aufstand des Galiläers Judas (Apg 5,37) verursacht haben.

ABGÖTTEREI s. Götze/-ndienst

ABGRUND.

1. Im AT bezeichnen A. (hebr. *tehōm*, griech. *abyssos*; Ps 107,26) oder Tiefe die Meerestiefe (1Mo 1,2; Hiob 28,14; 38,16) und nach israelit. Vorstellung die Orte unter der Erde, aus denen die Brunnen und Wasser emporsteigen (1Mo 7,11; 8,2; Spr 8,28).

2. Vgl. *Abaddon

3. In der Offb. bezeichnet A. den Aufenthaltsort und Ausgangspunkt der Verderbensmächte (Offb. 9,1.2; 11,7) und das Gefängnis, in dem der *Satan für 1000 Jahre gebunden wird (Offb 20,1-3).

ABIASAF. »(Mein) Vater hat gesammelt« oder »Vater hat hinzugefügt«.

Levit aus dem Geschlecht *Korachs (2Mo 6,24). In 1Chr 9,19, wo sein Sohn Kore erwähnt wird, steht im hebr. Text Ebiasaph. 1Chr 26,1 ist sein Name zu Asaf verkürzt.

ABIB s. Kalender

ABIËL. »Gott ist (mein) Vater«.

1. Benjaminit, Vater des *Kisch und Großvater *Sauls (1Sam 9,1.2) und *Abners (1Sam 14,51).

2. Einer der Helden *Davids (1Chr 11,32), er heißt 2Sam 23,31 Abialbon.

ABIËSER. »Mein Vater ist Hilfe«.

1. Mann aus dem Stamm *Manasse (Jos 17,2; 1Chr 7,18). 4Mo 26,30 steht die Kurzform Ieser. In Ri 8,2 ist mit A. das ganze Geschlecht gemeint, zu dem auch *Gideon gehört (Ri 6,11).

2. Einer der Helden Davids, ein Benjaminit aus Anatot (2Sam 23,27; 1Chr 11,28) und Führer der neunten Heeresabteilung (1Chr 27,12).

ABIGAJIL. »Mein Vater ist Freude« (?).

1. Die kluge und schöne Frau Nabals, den sie vor der Rache Davids bewahrte (1Sam 25). Nach dem Tode ihres Mannes wird sie Davids Frau. Beim Überfall der *Amalekiter auf *Ziklag wird sie geraubt und wieder befreit (1Sam 30,5.18). Sie schenkt David einen Sohn Kilab (2Sam 3,3) oder Daniel (1Chr 3,1).

2. (Abigal) Die Frau des Jeter (2Sam 17,25; 1Kön 2,5; 1Chr 2,17), des Ismaeliten, und Mutter des Amasa. Sie war eine Tochter des Nahasch (2Sam 17,25) oder des *Isai (1Chr 2,13-16), somit eine Halbschwester oder eine Schwester Davids.

ABIHAJIL. »Mein Vater ist Macht«.

1. Levit aus dem Geschlecht Meraris (4Mo 3,35).

2. Frau des Judäers Abischur (1Chr 2,29).

3. Gaditer (1Chr 5,14).

4. Tochter von Davids Bruder Eliab und Frau von Davids Sohn Jerimot (2Chr 11,18). Ihre Tochter Mahalat wurde die Frau *Rehabeams.

5. Vater *Esters und Onkel Mordechais (Est 2,15).

ABIHU. »Mein Vater ist er«, (d.h. Gott). Zweiter Sohn *Aarons (2Mo 6,23); A. und sein Bruder *Nadab begleiteten Mose mit Aaron und 70 Ältesten zum feierlichen Bundesschluß auf dem *Sinai (2Mo 24,1.9). Als sie am Tage ihrer Priesterweihe eigenmächtig ein Feueropfer darbrachten, das Gott nicht geboten hatte, verzehrte Feuer vom Herrn Nadab und A. (3Mo 10,1.2), und sie starben kinderlos (4Mo 3,4).

ABIJA. »Mein Vater ist Jahwe« oder »Jahwe ist mein Vater«. Diesen Namen trugen mehrere Männer und Frauen im AT, u.a. der zweite Sohn *Samuels (1Sam 8,2; 1Chr 6,13), ein Nachkomme von *Eleasar, welcher der achten der 24 Abteilungen von Priestern seinen Namen gab (1Chr 24,10; vgl. Lk 1,5); der Sohn von *Jerobeam I. (1Kön 14,1-18), und der Sohn und Nachfolger von *Rehabeam, König von Juda (1Chr 3,10: Abia; 1Kön 14,31; 15,1.7-8; 2Chr 11,20; 13,1).

A. regierte drei Jahre über Juda (1Kön 15,2; 2Chr 13,2). Die Berichte über seine Herrschaft in Kön und Chr sind deutlich verschieden, können aber in Einklang gebracht werden. Wegen seines Festhaltens an der gottlosen Politik seines Vaters wird A. getadelt (1Kön 15,3). Der Bericht in 2Chr 13 beschäftigt sich fast ausschließlich mit dem entscheidenden Sieg, den er mit Jahwes Hilfe über die zahlenmäßig überlegene Armee von Jerobeam I. errang. Vor der Schlacht verurteilte A. den Abfall des Nordreiches und bekräftigte die göttliche Sanktion der Dynastie Davids und des Kultus im Tempel zu Jerusalem. J.C.J.W.

ABILENE. Eine Region des Anti-Libanon, verbunden mit der Stadt Abila (vgl. hebr. *'abēl*, »Wiese«), am Fluß Abana (heute Barada), ca. 29 km nordwestl. von Damaskus (ihre Ruinen stehen noch bei Es-Suk). A. gehörte zum ituräischen Reich des *Ptolemaios Mennaios (ca. 85-40 v.Chr.); es wurde später abgetrennt und zur Tetrarchie eines jüngeren *Lysanias, der in Lk 3,1 erwähnt wird, umgebildet. 37 n.Chr. gab Kaiser Gaius (*Caligula) A. dem Herodes Agrippa I., 53 empfing *Herodes Agrippa II. A. von *Claudius. Vgl. Jos. bell. Jud. 2.215,247; Jos. ant. Jud. 18.237; 19.275; 20.138. F.F.B.

ABIMELECH. »Der (göttliche) König ist mein Vater«.

1. König von *Gerar z.Zt. Abrahams. A. nimmt Sara zu sich, die Abraham in Gerar aus Furcht als seine Schwester ausgegeben hat, gibt sie ihm aber auf Gottes Geheiß zurück (1Mo 20). Später schließen Abraham und A. einen Bund miteinander (1Mo 21,22-32). Auch *Isaak lebt für einige Zeit bei einem Philisterkönig A. von Gerar und bezeichnet ihm gegenüber seine Frau als seine Schwester. Sie schließen ebenfalls einen Vertrag miteinander (1Mo 26). Es ist wahrscheinlich, daß es sich hier nicht um denselben König A. handelt, sondern um seinen Nachfolger. Dann wäre A. kein persönlicher Name, sondern ein Titel der Philisterkönige, wie die ägypt. Könige den Titel Pharao trugen. Dafür spricht ferner, daß *Achisch, der König von Gat (1Sam 21,11f), in Ps 34,1 auch A. genannt wird.

2. Sohn *Gideons von seiner Nebenfrau, die in *Sichem lebte (Ri 8,31). Mit Hilfe seiner Verwandten tötet A. seine 70 Brüder in *Ofra und läßt sich zum König von Sichem machen. Nur der jüngste Sohn Gideons, Jotam, entkommt dem Blutbad. Mit dem Gleichnis vom Dornbusch flucht er A. und den Einwohnern von Sichem. Der Fluch geht in Erfüllung, als die Leute von Sichem nach drei Jahren mit A. unzufrieden werden und sich von Gaal gegen ihn aufhetzen lassen. Die Empörung endet mit der Zerstörung der Stadt und dem Tod ihrer Bewohner. A. fällt kurz darauf bei der Eroberung von Tebez, als ihm eine Frau von der Mauer aus einen Mühlstein (den oberen Teil einer Handmühle) auf den Kopf wirft (Ri 9).

3. Ein Priester, Sohn des *Abjatar (1Chr 18,16); der Name A. könnte an dieser Stelle ein Schreibfehler sein (vgl. 2Sam 8,17: Ahimelech).

ABINADAB. »Der Vater hat sich freigebig gezeigt«.

1. Mann aus *Kirjat-Jearim, in dessen Haus die Bundeslade nach ihrer Rückkehr aus dem Philisterland gebracht wurde. Sein Sohn Eleasar wurde geweiht, die Lade zu hüten (1Sam 7,1). Als David sie dann aus Kirjat-Jearim abholte, um sie nach Jerusalem zu bringen, führten A.s Söhne Achjo und Usa den Wagen. Dabei kam Usa ums Leben, als er die Lade vor dem Umstürzen bewahren wollte (2Sam 6,3.4.6.7; 1Chr 13,7.9.10). Es wird nicht ausdrücklich berichtet, ist aber doch wahrscheinlich, daß A. und seine Söhne Leviten waren.

2. Zweiter Sohn *Isais und Davids älterer Bruder (1Sam 16,8; 17,13).

3. Sohn *Sauls, der mit seinem Vater auf dem Gebirge Gilboa fiel (1Sam 31,2).

4. Vater von Salomos Schwiegersohn und Statthalter über *Dor (1Kön 4,11).

ABIRAM. »Mein Vater ist erhaben«.

1. A. und Datan, die Söhne des Rubeniten Eliab, empörten sich mit *Korach gegen Mose (4Mo 16).

2. Erstgeborener des Hiël, der Jericho wieder aufbaute (1Kön 16,34); mit dem Tod A.s erfüllte sich der erste Teil des Fluches Josuas (Jos 6,26).

ABISCHAG. »Der Vater ist gewandert«(?). Eine junge Schunamitin, die den alten *David pflegen sollte. Nach Davids Tod wollte sein ältester Sohn *Adonija sie heiraten; *Salomo sah dies als Versuch, ihm die Königsherrschaft streitig zu machen – der Harem eines Königs war offensichtlich vererbbar (vgl. R. de Vaux: Das Alte Testament und seine Lebensordnungen) – und ließ seinen Bruder töten (1Kön 2,13-25). D.W.B.

ABISCHAI. Bedeutung ungewiß, evtl. »Mein Vater ist Isai«.

Sohn der Zeruja, Bruder Joabs und Asaëls und Neffe Davids (1Chr 2,15.16). Seit der Flucht vor Saul war A. Davids Gefährte und hielt ihm auch während der Aufstände *Absaloms und *Schebas die Treue (2Sam 16; 20). Er nahm eine hervorragende Stellung unter Davids Helden ein (2Sam 23,18; 1Chr 11,20). Bei dem gefährlichen Gang ins Lager Sauls war er Davids Begleiter (1Sam 26,6-9) und rettete dem König im Kampf mit dem Riesen (RevEB: Jischbi) zu Gob das Leben (2Sam 21,16.17).

Seine innere Haltung war aber, wie bei Joab, anders als die Davids. Schonung eines Feindes war ihm fremd. So wollte er Saul (1Sam 26,6-8) und Schimi (2Sam 16,9; 19,22) das Leben nehmen und verstand Davids Entscheidung nicht, der er aber gehorchte. An *Abner rächte er sich gemeinsam mit *Joab (2Sam 3,30) mitten im Frieden dafür, daß er ihren Bruder *Asaël im offenen Kampf erschlagen hatte. Bei solcher Gelegenheit betont David die Grenze ihrer Gemeinschaft: »Was habe ich mit euch zu schaffen, ihr Söhne der *Zeruja;« (2Sam 16,10; 19,23; vgl. 3,39).

In der Zweifrontenschlacht gegen die Syrer und Ammoniter vertraute Joab A. den Oberbefehl über einen Heeresteil an (2Sam 10,10). Nach 1Chr 18,12.13 hat A. auch den Sieg über die *Edomiter im Salztal erfochten. Daß 2Sam 8,13-14 als Sieger in diesem Kampf nicht der Feldherr, sondern der König David genannt wird, bedeutet keinen Widerspruch und rechtfertigt keine Änderung des Chronika-Textes.

ABJATAR. »Vater des Überflusses«, »Gott gibt reichlich«. Sohn *Ahimelechs, ein Priester aus der Nachkommenschaft *Elis. Als Saul die Priester zu Nob durch *Doëg ausrotten ließ, entkam A. als einziger. Er floh zu David und nahm den *Efod mit (1Sam 22,20; 23,6). David befragte wiederholt den Herrn durch A. (1Sam 23,9-12; 30,7.8). Nach Davids Thronbesteigung teilten sich A., der von *Itamar, dem jüngsten Sohn Aarons, abstammte, und der von Saul inzwischen eingesetzte *Zadok, ein Nachkomme von Aarons älterem Sohn *Eleasar (1Chr 24,3), in das Amt des Hohenpriesters (2Sam 15,24.35; 1Chr 15,11; vgl. 1 Kön 4,4). An einer Reihe von Stellen (2Sam 8,17; 1Chr 18,16; 24,3.6.31) erscheint aber statt A. sein Sohn *Ahimelech als Priester neben Zadok. Es ist anzunehmen, daß Ahimelech, der den Namen seines Großvaters trug, seinem Vater A. in dessen Alter in der Ausübung des Priesteramtes beistand. Das gleiche finden wir bei *Hofni und Pinhas, die auch schon zu Lebzeiten ihres Vaters *Eli Priester waren und so genannt wurden (1Sam 1,3; 2,11). A., der David sein Leben lang und auch während des Aufstandes *Absaloms die Treue gehalten hatte, unterstützt dann aber doch mit *Joab zusammen den älteren Königssohn *Adonija, der sich gegen Salomos Nachfolge auflehnt (1Kön 1,7). Als Adonija nach Davids Tod erneut versucht, sein Anrecht auf den Thron zu sichern (1Kön 2,22), macht Salomo der Verschwörung ein Ende. Allein A. behält als Davids Priester und Schicksalsgefährte das Leben, wird aber nach *Anatot verbannt. Damit verlieren er und seine Söhne das Amt des Hohenpriesters (V. 26.27), das nun ganz auf die Linie des Salomo treugebliebenen Zadok übergeht (V. 35). So erfüllt sich das Gerichtswort Gottes über das Haus Elis (1Sam 2,27-36).

Man vermutet in A. oder seinem Sohn *Jonatan auch den Verfasser oder Gewährsmann der Geschichte Davids in 2Sam – 1Kön 2 und nimmt an, daß der Prophet *Jeremia von dem nach Anatot verbannten A. abstammen könne (Jer 1,1).

ABNER. »Vater ist eine Leuchte«. Vetter *Sauls und Oberbefehlshaber seiner Armee (1Sam 14,50); einer der wenigen mit Namen genannten Staatsbeamten Sauls. Als Saul starb, sicherte A. dessen überlebendem Sohn Eschbaal (*Isch-Boschet, 1Chr 8,33; 9,39; bzw. Jischwi, 1Sam 14,49) die Gefolgschaft aller Stämme außer Juda (2Sam 2,8-10) und setzte ihn in der neuen Hauptstadt (*Mahanajim) auf der Ostseite des Jordan zum König ein. In dem darauffolgenden Kampf zwischen dem Haus Sauls und dem Haus Davids (vgl. 2Sam 3,1) unterstützte A. loyal seinen Schützling, bis dieser andeutete, A. würde selbst Anspruch auf den Thron erheben, indem er Sauls Konkubine zu sich nahm. A. versuchte daraufhin, sich David anzuschließen; er versprach, ganz Israel hinter den rechtmäßigen König zu bringen. *Joab jedoch traute A. nicht und – auch um den Tod seines Bruders *Asaël zu rächen (2Sam 2,18-23) – ermordete ihn im Tor Hebrons (2Sam 3,27).
R.P.G.

ABRAHAM. Stammvater des Volkes Israel (im 2.Jt. v.Chr.), im NT auch Vater aller Gläubigen.

I. QUELLENLAGE.

Grundlegend sind die A.sgeschichten 1Mo 12-25 (deren Entstehung und Einzelcharakter hier nicht dargestellt werden kann). Zu ihnen

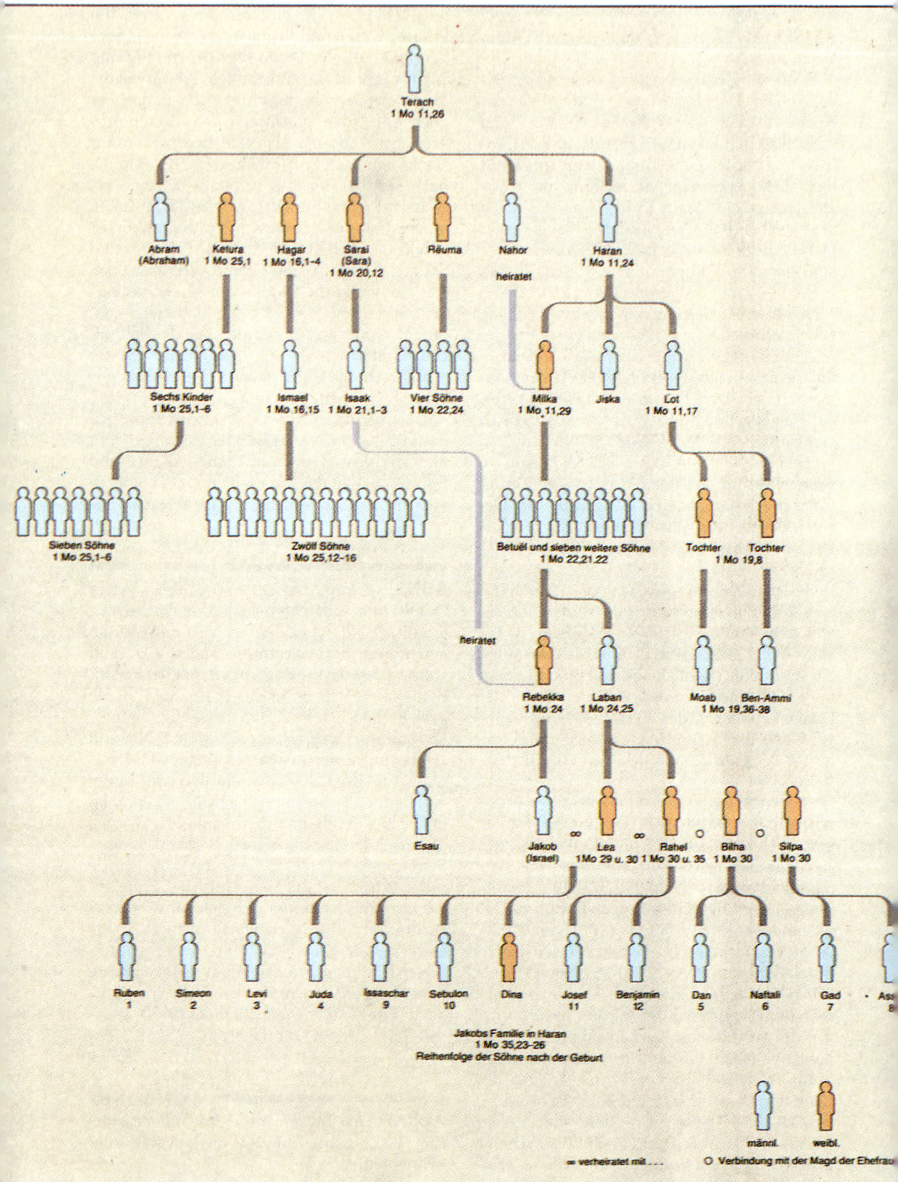

Genealogie Abrahams und seiner Nachkommen

treten Abschnitte aus den Propheten und dem NT. Zeugnisse der *Archäologie beleuchten lediglich A.s Umwelt des Alten Orients und seine halbnomadische Lebensform im 2.Jt. v.Chr. Literarische Quellen außerhalb des Kanons ab ca. 300 v.Chr., die schriftgelehrte A.stradition im Talmud und die A.spekulation im Koran müssen eher aus dem Geiste ihrer Zeit verstanden werden.

II. ABRAHAM IN 1MO 11,27-25,11.

1. A. steht in durchgehender Linie mit *Adam, *Noah und deren Nachkommen (1Mo 11,27-32). Für A. als geschichtliche Persönlichkeit spricht hier u.a.: Der Name »Abram« (bzw. die Veränderung »Abraham« um die Sonderform *raham* des Partizips *ram* ab 1Mo 17,5) entspricht der Grundform *abiram,* »Gott ist hoch«, »Gott ist erhaben« und ist im 2.Jt. im Alten Orient belegt. Der Name A. ist daher kein Kunstname, er kann aus den A.sgeschichten mit ihren Verheißungen nicht abgeleitet werden. Ebenfalls unableitbar ist daher der Einsatz der neuen Offenbarungsperiode gerade mit A. und nicht mit seinem Vater *Terach (Tara) oder, noch naheliegender, mit Jakob/Israel, vgl. die Rede vom »Gott Abrahams« (2Mo 3,6.15f u.ö.). Gott unterbricht sein Schweigen nach der Sintflut (1Mo 8,21) erst mit seiner *Offenbarung an A. (1Mo 12,1-3): Sie stellt das gewichtige Eingangstor zur gesamten A.sgeschichte (1Mo 12-25) dar. Gott ruft A. heraus aus seinem Land (Haran-Gegend im Zweistromland, heute im türk.-syr. Grenzgebiet, durch gemeinsamen Mondkult mit Haran verbunden ist Ur Kasdim in Südmesopotamien), heraus aus Sippe und engerer Familie des Terach (beides bedeutet den Wegfall des Familienschutzes und somit den sicheren Untergang) in ein unbekanntes Land, das Gott A. erst zeigen wird (1Mo 12,7). An die Stelle der bergenden Großfamilie tritt die Verheißung Gottes. Das Urdatum der eigentlichen Offenbarungs- und *Heilsgeschichte gründet wesentlich auf dem Auszugsbefehl, der bewußten Trennung A.s und seiner Nachkommen von der damit geschiedenen Heidenwelt (Jos 24,2f). 1Mo 12,4 nimmt 1Mo 12,1 auf: A. gehorcht der Weisung Gottes.

2. Die folgenden Texte (1Mo 12,6ff; 13ff) erweisen A. entsprechend der Eingangsverheißung als Vater des späteren *Israel. Ist der Vater in alter Zeit selbstverständlich eine positive Figur, dem man alles, was man gelernt und ererbt hat, verdankt, so kann der Sohn qualitativ nicht »mehr« als der Vater sein, alles muß schon in seinem Vater gelegen haben. In A.s Weg liegt also die Geschichte des späteren Volkes beschlossen: A. zieht zunächst rasch durch das verheißene Land und findet die später zentralen Heiligtümer *Sichem (Ziel der »Land-nahme«, vgl. Jos 24, die spätere Hauptstadt des Nordreiches) und *Bethel (das spätere Hauptheiligtum im Nordreich). Die jeweilige Notiz des Altarbaus erweist A. als Begründer besagter Heiligtümer (1Mo 12,6-8), auch wenn *Jakob später nichts von Bethel weiß (1Mo 28,16). A.s Weg nach Ägypten (1Mo 12,9-13,4) aufgrund einer Hungersnot (vgl. 1Mo 41,56f; 42; 43,1), seine und Sarais dortige Not, seine Errettung im Zusammenhang mit Plagen (vgl. 2Mo 7-12; 11,1), v.a. sein Auszug aus Ägypten mit einer Eskorte des Pharao (1Mo 12,20; vgl. 2Mo 14) in die Wüste (1Mo 13,1f; vgl. 2Mo 15,22ff) zeichnen die das spätere Israel einenden Ereignisse vor. Erst nach Exodus und Wüstenwanderung kann A. richtig in das Land einziehen, A. kehrt nach Bethel zurück (1Mo 13,3ff). Auch das Ziel des Auszuges aus Ägypten als konstitutiven Ereignisses für Israel, die Offenbarung Gottes auf dem Berg *Sinai, erfährt A.: Gottes Bundesschluß mit A. (1Mo 15; s. *Bund) trägt mit Feuer und Rauch (1Mo 15,17) die Kennzeichen der Erscheinung Gottes auf dem Sinai (2Mo 19,18f). Die Namensoffenbarung Gottes (2Mo 20,2) erscheint entsprechend in 1Mo 15,7. Die Bundesbeschreibung 1Mo 17 (*Bund) berichtet über die verhüllte (vgl. 2Mo 6,3) Namensoffenbarung als *El Schaddaj* (LÜ: »der Allmächtige«, eigtl.: »der Berghafte«, vgl. akkad. *schadu*) hinaus die Weisung einer sakralen Vorschrift, der *Beschneidung, als Zeichen (vgl. 2Mo 31,12-17). In prophetischem Empfang (1Mo 15,1) erfährt A. den geschichtlichen Inhalt, der in den Büchern 1-4Mo aufgezeichnet ist (1Mo 15,12-15). Als wahrer Vater Israels gelangt A. in 1Mo 15; 17 nicht nur an den Sinai, er erreicht in 1Mo 14 und 22 auch das Ziel der Geschichte Israels ab der Zeit *Davids, *Jerusalem. In 1Mo 14 baut er keinen Altar, gründet kein Heiligtum, sondern verpflichtet sich durch Darbringung des *Zehnten dem althergebrachten Kult des Priesterkönigs *Melchisedek (Ps 110; Hebr 6f): Jerusalem ist nicht die Stadt der Frühzeit, sondern die der Endzeit (vgl. Hes 40ff; Hebr 11,10; 12,22ff). Wird A. in 1Mo 22 aufgefordert, seinen einzigen Sohn und Verheißungsträger *Isaak Gott gerade im Lande *Morija darzubringen, so ist hier im Sinne von 2Chr 3,1 (Ps 24; 87) der *Zion gemeint. Alles, was die Gläubigen des Alten und Neuen Israel einmal empfangen dürfen, vom *Auszug aus Ägypten bis hin zum Karfreitags- und Ostergeschehen, liegt in A., ihrem Vater (s.u.).

3. Der dramatische Bogen der A.sgeschichten ist darüberhinaus von Gottes *Verheißungen und deren Erfüllungen bestimmt. Ob-

wohl die Verheißungen, die an A. ergehen, nicht an Verdienste gebunden sind, und es A. allein von Gott als »Rechtstat« angerechnet wird, daß er die Verheißungen für gültig hält (1Mo 15,6), wird durchgehend die Untadeligkeit A.s herausgestellt (besonders 1Mo 18) bzw. zu solcher weiterhin aufgerufen (1Mo 12,1b; 17,1b; vgl. die komplementäre Sicht in Röm 4 und Jak 2,17-24). Das Eingangstor zu den A.sgeschichten (1Mo 12,1-3) wird in den folgenden Verheißungen variiert, so daß sich in der Zusammenschau der Abschnitte von 1Mo 12-25 das ganze Bild ergibt. A.s wachsender Reichtum (1Mo 12,16; 13,2. u.ö.) ist in alter Zeit positiv ein Zeichen von Gottes Segen und führt zur Trennung von *Lot (1Mo 13,5ff). Die Sohnesverheißung (1Mo 15,4; 17,16; 18,10.14) erhöht die bereits durch die Unfruchtbarkeit (1Mo 11,30; 16,2) bzw. das hohe Alter (1Mo 17,17; 18,12) Saras bestehende gespannte Situation. Das Aussterben einer Familie war seinerzeit mehr als unser individuell empfundener *Tod (1Mo 15,2f). Insofern steht eher Sara im Mittelpunkt von Gottes Handeln: Man könnte bei 1Mo 12-23 durchaus auch von »Sarageschichten« sprechen. Die Sohnesverheißung erscheint zunächst erfüllt durch die auf Saras Initiative zurückzuführende legitime Verbindung A.s mit ihrer Magd *Hagar, aus der *Ismael hervorgeht (1Mo 16), welcher samt seinen Nachkommen auch Verheißungen erhält (1Mo 17,20ff; 21,13.18; nach späterer Lehre Stammvater der Araber), doch führt die Hauptlinie über A.s und Saras Sohn Isaak weiter (1Mo 21,1ff; 17,16ff; 25,11). Das Bundeszeichen der männlichen *Beschneidung (1Mo 17) ist wohl als Fruchtbarkeitsopfer zu deuten (als solches wird es im NT zu einer untragbaren Konkurrenz zum einmaligen Opfer Jesu; vgl. Gal 3; Röm 4) und steht daher in inhaltlichem Bezug auch zu der Sohnesverheißung und deren Erfüllung. Die Namensänderung Abrams in Abraham und Sarais in Sara im Rahmen des Bundes (1Mo 17,5.15) zeigt das Schutzverhältnis, unter das sich A. und Sara stellen. Über den Horizont seiner Familie und seines Lebens hinaus erhält A. eine Mehrungsverheißung zu einem Volke, z.T. in staatlicher Form, bzw. zu einem Völkergetümmel (1Mo 12,2; 13,16; 15,5; 17,2.4ff), mit Erfüllungsberichten erst außerhalb der A.sgeschichten (z.B. 4Mo 24,3-9.15-18; 2Sam 7,9; vgl. 1Mo 1,28; 17,2b.6; 2Mo 1,7). Einander bedingend sind naturgemäß Mehrungsverheißung und Landverheißung (1Mo 12,1.7; 13,15f; 15,7; 17;8). A. konnte wenigstens zeichenhaft das verheißene Land in Besitz nehmen (1Mo 12,7; 13,3f.17), vor allem durch den ehrlichen Kauf des Erbgrabes *Machpela mit dem darüberliegenden Grundstück bei *Hebron anläßlich des Todes Saras (1Mo 23): Wo die Ahnen begraben sind, da hat man seine Heimat. Nachdrücklich betont werden muß neben der A.skindschaft »nach dem Fleische« der in den A.sgeschichten des AT enthaltene Aspekt einer geistig-geistlichen A.skindschaft und Segensteilhabe: Auch die nicht im Hause A.s geborenen, gekauften Knechte haben Anteil am Segen des A.bundes (1Mo 17, bes. V. 12b.13). Nicht die Tatsache der Beschneidung und nicht die abrahamitische Abstammung sind Garanten des Heils, sondern das geistliche Bekenntnis zu den A.sverheißungen (1Mo 15,6). Gottes Segen für A. kann daher letztlich allen Geschlechtern des Landes gelten (1Mo 12,3; vgl. Ps 47,10). A. ist eingesetzt zum Vater, ja zum König eines Getümmels von Völkern (1Mo 17,4f) – eine endzeitliche Perspektive der atl. A.sgeschichten (1Mo 12-25), deren dramatischer Bogen mit der Notiz von A.s Tod und Begräbnis in Machpela schließt (1Mo 25,7-11).

III. ZUM STELLENWERT DER ARCHÄOLOGIE.
Gegen die uneingeschränkte Befürwortung der Archäologie als Beweisgrundlage für die Historizität der A.sgeschichten (v.a. W.F. Albright) wendet sich J.van Seters, teilweise vermittelnd argumentiert C.Westermann. Hinter dem Streit um die Aussagekraft sog. archäologischer Beweise scheint der klassische Gegensatz zwischen angelsächsischem Pragmatismus und kontinentalem Idealismus zu stehen, der heute Seminare und Gemeinden beiderseits des Ozeans durchzieht. Die vorwiegend literarisch orientierte Forschung nahm neuere archäologische Erkenntnisse auf: Die Texte von *Ugarit erweisen z.B. die versuchte Isolation einer »Erzväterreligion« (A.Alt u.a.) als Konstruktion.

IV. ABRAHAM BEI DEN PROPHETEN.
Die erneute Geschichtsreflektion nach der Katastrophe von 587 v.Chr. (*Exil) warnt zunächst vor einem Heilsanspruchsdenken durch bloße A.skindschaft (Hes 33,24ff). Erst bei Ernstnehmen der geistig-geistlichen Dimension A.s kann das Gedenken an A., den Freund Gottes (Jes 41,8), wahre Hoffnung wecken (Jes 41,8-10; 51,1f; 29,22 u.ö.).

V. ABRAHAM IM NEUEN TESTAMENT (vgl. oben II.).
Im Sinne des AT ist A. auch im NT der Vater Israels (Joh 8,33.39; Röm 4,1 u.a.m.). Von A.s Lenden ging ganz Israel aus, daher sehnt sich der Einzelne nach seinem Tode in *A.s Schoß zurück (Lk 16,22ff). Das NT vertieft dabei be-

Mögliche Routen für den Zug Abrahams von Ur nach Kanaan

sonders die Bedeutung A.s als des geistlichen Vaters eines geistlichen Israel. Der Reiche (Lk 16) hat sich trotz abrahamitischer Abstammung zu Lebzeiten nicht als wahres A.skind im Sinne der fünf Mosebücher und der Propheten erwiesen (Lk 16,29-31; Joh 8,39) und kehrt daher auch nicht nach seinem Tode in A.s Schoß zurück wie *Lazarus (Lk 16,19-31; vgl. Joh 3,18). Jesus warnt daher (s.o. Hes 33,24ff), sich allein auf die fleischliche A.skindschaft als Heilsgarantie zu verlassen (Mt 3,9; Joh 8,39ff; vgl. Röm 9,6ff; Jak 1,17-24), solch falsche Sicherheit ist Teufelskindschaft (Mt 8,12; Joh 8,44ff), obwohl die A.skindschaft »ganz Israel(s)« ihre endzeitliche Bedeutung nicht verliert (Röm 11). Dadurch, daß Jesus Hoherpriester war nach der Ordnung *Melchisedeks (Hebr 7), und v.a. dadurch, daß Jesus eher war als A. (Joh 8,58; 1,1ff), kann einzig Jesus »mehr« sein als A. (Joh 8,53ff). Jesu Sammlung des Neuen Israel mit Überschreitung der Grenze zu den Heiden bedeutet daher die nunmehr rein geistliche A.skindschaft der Gotteskinder (Joh 1,12; 3,3-8 u.a.m.) aus dem Glauben allein (Gal 3,1-14) und deren Sehnsucht nach der endzeitlichen Gemeinschaft mit A. (Mt 8,10f). Ihnen ist daher in geistlicher Hinsicht A.s Glaube und Weg Vorbild (Hebr 11,8-20), dessen Ziel für sie aus der Fremde der Welt heraus das himmlische Jerusalem (V. 10) und die verheißene himmlische Heimat ist (V. 13ff).

Literatur: O. Michel: Der Brief an die Hebräer (KEK 13), [7]1975 ([1]1935), S. 247ff. S. 368ff; G.v.Rad: Das erste Buch Mose (ATD 2-4), [10]1976 ([9]1972; vgl. [1]1949); W.F. Albright: Abraham the Hebrew. A New Archaeological Interpretation: BASOR 163/1961, S. 36-54; H. Seebaß: Art. Abraham, TBLNT Bd.I,1967, S. 1-4; J. van Seters: Abraham in History and Tradition, New Haven 1975; O. Betz: Die heilsgeschichtliche Rolle Israels bei Paulus, ThBeitr 9/1978, S. 1-21; C. Westermann: Im Anfang. 1Mose. Teil 1: Die Urgeschichte. Abraham, 1986. T.P.

ABRAHAMS SCHOSS. Bezeichnung für die Geborgenheit, die die verstorbenen Gerechten im Jenseits erwartet (Lk 16,22). Zugrunde liegt die Vorstellung eines Festmahls. Dabei ist Abraham der Gastgeber, und der höchstgeehrte Gast liegt in seinem *Schoß oder an seiner *Brust (vgl. Mt 8,11). Vgl. *Paradies, *Hölle.

ABRONA. Lagerplatz der Israeliten während des Wüstenzugs (4Mo 33, 34). Heute wohl die Oase En Defije, neuhebr. En Avrona, etwa 14 km nördl. von Ezjon-Geber am Golf von Akaba.

ABSALOM. (Hebr. *'abschālōm,* »Vater ist Frieden/Vater des Friedens«).

1. Dritter Sohn *Davids, von einer ausländischen Mutter, *Maacha, Tochter *Talmais, des Königs von *Geschur (2Sam 3,3). A.s Schönheit stand der seiner Schwester *Tamar nicht nach. Als A. von der Schändung Tamars durch *Amnon, seinen ältesten Bruder hörte, veranlaßte er den Tod Amnons; dies trug ihm den Unwillen seines Vaters ein, worauf er nach Geschur floh (2Sam 13,19-39). Der erste Teil von *Nathans Prophetie hatte sich erfüllt

(2Sam 12,10). Nach drei Jahren Exil und weiteren zwei Jahren der Verbannung vom Königshof wurde A. von David gnädig wieder aufgenommen, schmiedete jedoch sogleich ein Komplott gegen seinen Vater (2Sam 15,1-15). (Die »vierzig Jahre« von V. 7 scheinen im Widerspruch zu 18,5 zu stehen, und so wurde die Lesart »vier« vorgeschlagen.) Der zweite Teil von Nathans Prophetie erfüllte sich jetzt (2Sam 12,11a). Der dritte Teil (V. 11b) bewahrheitete sich ebenfalls bald (2Sam 16,20-23). A.s Ende ist bekannt. David konnte ihn mit Hilfe von *Huschai (2Sam 15,32-37; 17,1-16) und *Joab (2Sam 18,1-21; vgl. auch 19,1-7) schlagen. 2Sam 18,9-17 beschreibt A.s unehrenhaften Tod. Psalm 3 dürfte während der Rebellion A.s entstanden sein.

2. *Rehabeams Schwiegervater (2Chr 11,20-21; vgl. 1Kön 15,2.10).

3. In den Apokryphen ein Abgesandter von Judas Makkabäus, dem Vater von Mattatias und Jonatan (1Makk 11,70; 13,11; 2Makk 11,17). T.H.J.

ABSCHIEDSREDEN. Der Begriff A. stammt aus der Literaturwissenschaft. Die Theologie benutzt ihn, um damit vor allem die letzten Reden Jesu an seine Jünger zu bezeichnen. Atl. Parallelen sind die letzten Worte der Erzväter und Moses (1Mo 27,27ff; 49,1ff; 5Mo 33,1ff).

1. Nach der üblichen Ausdrucksweise gehören die A. vor allem ins *Joh-Ev. Dort handelt es sich um die Kapitel 13,31-16,33, die man unter dem Namen »Abschiedsreden Jesu« zusammenfaßt. Manchmal nimmt man noch das sog. Hohepriesterliche Gebet (Joh 17) hinzu. Jedoch finden sich Abschiedsreden Jesu auch in den anderen Evangelien, allerdings in verschiedenem Umfang.

2. Im *Mt-Ev. kann man folgende größere Redestücke als A. Jesu bezeichnen: Mt 16,24-28 (Worte über die Nachfolge im Leiden); 18,1-35 (Worte zur Jüngerschaft im Neuen Bund); 19,27-20,16 (Worte über den Lohn der Nachfolge); 23,1-39 (Gerichtsrede gegen die rel. Führer Israels); 24,1-25,46 (Worte über die Zukunft). Umfangmäßig und auch thematisch weisen die A. im Mt-Ev. die größte Nähe zu den A. im Joh-Ev. auf.

3. Bei Mk handelt es sich um folgende Abschnitte: 8,34-9,1 (Worte über die Nachfolge im Leiden); 9,42-48 (Warnung vor Abfall); 13,1-37 (Worte über die Zukunft). Auf den ersten Blick erkennt man schon, daß hier die A. weniger umfangreich sind als im Mt-Ev. oder im Joh-Ev. Das hängt mit dem ganzen Charakter des *Mk-Ev. zusammen, das ja mehr auf die Taten als auf die Worte Jesu konzentriert ist. Zweitens fällt auf, daß Mk nur an solchen Stellen A. Jesu berichtet, wo sie auch von Mt berichtet sind.

4. Bei *Lk kommen zwei größere Redestükke in Frage: 21,5-36 (Worte über die Zukunft) und 22,24-38 (Gespräche im Abendmahlssaal). Lk steht in der Mitte zwischen den übrigen Evangelisten. Was die Länge der betreffenden Redeabschnitte angeht, so ist er näher bei Mt und Joh als bei Mk. Was die Lokalisierung und zeitliche Einordnung angeht, so ist er näher bei Joh als bei Mt und Mk (Abendmahlssaal!). Und was die Häufigkeit der A. angeht, so ist er näher bei Mk als bei Mt und Joh.

5. Von welchem Begriff der »Abschiedsreden« haben wir überhaupt auszugehen? Faßt man A. im strengen Sinne auf, dann kann man nur solche Aussagen in Betracht ziehen, die unmittelbar vor dem Tode gemacht sind. Das wären bei Lk und Joh die Worte Jesu im Abendmahlssaal (Lk 22,24-38; Joh 13,31-17,26). Das wären evtl. auch die Worte über die Zukunft bei den Synoptikern (Mt 24,1-25,46; Mk 13,1-37; Lk 21,5-36). Da aber Jesus den letzten Gang nach Jerusalem bewußt im Hinblick auf sein baldiges Sterben angetreten hat (vgl. die Leidensweissagungen), müssen wir den Begriff der A. bei Jesus erweitern und alle größeren Redestücke einbeziehen, die nach unserem Wissen zu diesem Gang nach Jerusalem gehören. Davon sind wir oben in Ziffer 1-4 ausgegangen.

6. Die A. im Joh-Ev. haben in der Literatur besondere Beachtung gefunden. Aufgrund von Joh 18,1 muß man annehmen, daß sie im Abendmahlssaal gehalten wurden. Da ihre Themen einprägsam und zahlreiche Zeugen vorhanden waren, stellt ihre gedächtnismäßige Überlieferung kein allzu großes Problem dar. Umstritten sind die A. im Joh-Ev. insofern, als überhaupt das ganze Joh-Ev. in der historisch-kritischen Betrachtungsweise umstritten ist. Folgende Themen tauchen in Joh 13,31-17,26 auf: das neue Gebot (13,31-35); die Ankündigung der Verleugnung des Petrus (13,36-38); der Gang zum Vater (14,1-14); die Verheißung des Heiligen Geistes (14,15-26); die Verheißung des Friedens (14,27-31); der Weinstock und die Frucht (15,1-17); der Haß der Welt (15,18-16,4a); das Wirken des Heiligen Geistes (16,4b-15); Jesu Weggang und Kommen (16,16- 33); das Hohepriesterliche Gebet (17,1-26).

7. Gemeinsam sind bei den A. in allen Evangelien zunächst eine Reihe Themen. Dazu gehören die Nachfolge im Leiden bzw. der Haß der Welt (vgl. Mt 16,24ff par; Joh 15,18ff), die Worte über die Jüngerschaft im Neuen Bund (vgl. Mt 18,1-35; Mk 9,42ff; Lk 22,24ff; Joh 13,31ff) oder die Worte über die

Zukunft (vgl. Mt 24,1-25,46; Mk 13,1-37; Lk 21,5-36; Joh 14,1-31; 16,4-33). Hinzu kommen in diesem Bereich überraschend viele Parallelen zwischen Johannes und den Synoptikern in Einzelheiten (vgl. Joh 14,31 mit Mt 26,46 par; Joh 15,2 mit Mt 15,13; Joh 15,6 mit Mt 13,30.40ff.48.50; Joh 15,7 mit Mt 7,7ff; 18,19; Joh 15,8 mit Mt 5,16; Joh 15,13 mit Lk 12,4; Joh 15,18 mit Mt 10,22; Joh 15,20f mit Mt 10,24; 5,11; 10,22; Joh 15,26 mit Mt 10,19f; Joh 16,2 mit Mt 10,17f.21; 23,34; 24,9; Joh 16,20f mit Mt 9,15; Joh 16,24 mit Mt 7,8; Joh 16,32 mit Mt 26,31; Joh 17,2 mit Mt 28,18; Joh 17,10 mit Lk 15,31; Joh 17,19 mit Mt 20,28; Joh 17,20 mit Lk 10,16). Insgesamt kann man sagen, daß die A. in allen vier Evangelien um zwei Kernpunkte kreisen: um die Gründung des Neuen Bundes und um die Zukunft von *Gemeinde und Welt. Das also ist es, was Jesus am Ende am meisten bewegt hat.

8. Die Historizität der A. Jesu wird verschieden beurteilt. Gegen die Geschichtlichkeit wird z.B. geltend gemacht, daß Heroen der Antike von den Schriftstellern gerne in A. konzentriert dargestellt werden; daß im Joh-Ev. *gnostische oder *gnosisartige Einflüsse vorliegen; daß die Zukunftsreden aus der jüd. *Apokalyptik stammen (Mt 24/Mk 13/Lk 21). Andererseits kann man geltend machen, daß die frühen Christen auf die Worte des Messias so viel Wert legten, daß sie sie genau überlieferten; daß man von frühesten Zeiten an zwischen den eigenen Worten Jesu und den Worten der Apostel bzw. der Gemeinde sorgfältig unterschied; daß das Joh-Ev. keinen gnostischen, sondern atl.-jüd. Hintergrund hat. Berücksichtigt man, daß das Joh-Ev. die übrigen Evangelien ergänzen will, und daß die Evangelisten in der Wortwahl eine apostolische Freiheit hatten, dann wird man an der Geschichtlichkeit der A. Jesu festhalten müssen.

9. Eine A. des Paulus stellt Apg 20,17ff dar.

Literatur: K. Berger: Formgeschichte des Neuen Testaments, 1984, S. 75ff (dort auch weitere Literatur); E. Stauffer: Art. Abschiedsreden, RAC, 1, 1950, S. 29-35. Vgl. auch die Kommentare zum JohEv. G.M.

ABSTAMMUNG s. Genealogie

ACHAJA. Eine Region *Griechenlands an der Südküste des Golfes von *Korinth. Bei Homer werden die Griechen häufig Achäer genannt. In der Zeit der hellen. Könige verteidigte die achäische Konföderation die Freiheit der Republiken; nach der Niederwerfung durch die Römer (146 v.Chr.) benutzten diese den Namen für Griechenland als ganzes. Das Gebiet wurde zuerst zusammen mit *Mazedonien verwaltet, doch auch nach seiner Organisierung als separate Provinz (27 v.Chr.) wird A.

Achaja, die röm. Provinz in Südgriechenland

gewöhnlich mit Mazedonien in Verbindung gebracht (Apg 1,21; Röm 15,26; 1Thess 1,8). Die Provinz wurde von einem durch das Los bestimmten senatorischen Prokonsul (*anthypatos*, Apg 18,12) regiert, von zwei Ausnahmen abgesehen: von 15-44 n.Chr. war A. unter kaiserlich-konsularischen Legaten (Moesia), und ab 67 n.Chr. wurde die röm. Aufsicht einige Jahre aufgrund von Neros Wohlwollen ganz suspendiert.

Die alte Konföderation bestand unter den Römern weiter, die Hauptstadt war Argos, Sitz des Kaiserkultes. Die größere Provinz wurde jedoch von Korinth aus regiert. Im NT kommt A. immer in Verbindung mit Korinth vor (vgl. 2Kor 1,1; 9,2; 11,10). Es ist bekannt, daß in *Kenchreä eine Gemeinde bestand (Röm 16,1), daneben gab es auch in *Athen Gläubige (Apg 17,34). Wenn Paulus das Haus des Stephanas als »Erstlinge in A.« bezeichnet (1Kor 16,15), können wir annehmen, daß er hier Korinth, entsprechend seiner Stellung als röm. Provinzhauptstadt meint und nicht die übrige Provinz vor Augen hat.

Literatur: Pausanias 8.16.10-27.4; Strabo 8; J. Keil: CAH, 11, S. 556-565. E.A.J.

ACHAN. Sohn *Karmis aus dem Stamm Juda. Er vergriff sich bei der Eroberung von *Jericho an gebanntem Gut. Darum stand Israel unter dem Zorn des Herrn und wurde vor *Ai geschlagen. Das Los bezeichnete A. als den Schuldigen, er gestand und wurde mit seiner ganzen Familie gesteinigt, samt seinem Besitz verbrannt und unter aufgehäuften Steinen im Tal Achor begraben (Jos 7).

ACHAT s. Edelsteine

ACHISCH. Sohn des Maoch und König von *Gat. David suchte bei diesem *Philister zweimal Zuflucht vor Saul (1Sam 21,11; 27,2). In Ps 34,1 wird er wohl mit seinem Titel *Abimelech genannt. Zu Anfang der Regierung Salomos ist A., der Sohn *Maachas, König von Gat (1Kön 2,39). Eine Regierungszeit von über 50 Jahren ist denkbar; und der geringe Unterschied im Namen des Vaters erlaubt auch, in ihm den gleichen Herrscher zu sehen. Er hätte dann seinen Zeitgenossen David um mindestens drei Jahre überlebt.

ACHMETA s. Ekbatana

ACHOR. Tal in der Nähe Jerichos, wo *Achan gesteinigt wurde. Nach jüd. und christl. Überlieferung (Eus. Onom. 18,19f) ist A. im N von Jericho zu suchen (Wadi Nu'eima), auf der Achse Jordan-Jericho-Ai, die der Schauplatz der Überlieferungen von Jos 2-8 ist. Die prophetischen Bezugnahmen auf A. (Jes 65,10; Hos 2,17) stützen die Identifikation von A. mit Wadi Nu'eima. Die Stelle Jos 15,7, die den »Talgrund von Achor« mit der judäisch-benjaminitischen Grenze in Verbindung bringt, gibt hingegen Probleme auf bei der Identifikation von A. Die benjaminitische Oase von Jericho wäre dann nur durch das Wadi Nu'eima mit dem Gebiet des Stammes Benjamin verbunden. Wenig wahrscheinlich ist eine Identifikation von A. mit der Buqea (westl. von *Qumran; vgl. OLB II, S. 554f).

Literatur: OLB II, S. 554f, 597f; AEHL; NIDBA.

ACHSCHAF. Königsstadt in *Kanaan (Jos 11,1), die von *Josua erobert wurde (Jos 12,20). Danach fiel sie dem Stammesgebiet *Assers zu (Jos 19,25). A. ist wahrscheinlich der heutige Tell Kesan, neuhebr. Tel Kison, in der Ebene von Akko, südöstl. dieser Stadt. Das fast gleichnamige Chirbet Iksaf kommt nicht in Frage, da es nicht zu Asser gehört. A. wird schon unter den von Thutmosis III. (1490-1436 bzw. 1479-1425 v.Chr.) eroberten Städten genannt.

ACHSIB.

1. Stadt in Juda zwischen Keïla und *Marescha (Jos 15,44), der gleiche Ort wie Kesib (1Mo 38,5). Eusebius nennt einen Ruinenhügel bei Adullam als Stätte des alten A. Man sucht A. heute entweder im Hügel Tell el-Beda 7 km nordöstl. von Marescha oder in Ain el-Kezbe (Kesib) nördl. von *Adullam. Mi 1,14 spielt auf die Bedeutung des Namens an.

2. Stadt an der Küste im Gebiet Assers (Jos 19,29), die die Israeliten jedoch nicht erobern konnten (Ri 1,31). Heute Ez-zib, neuhebr. Akhziv, 14 km nördl. von Akko.

ACHT s. Zahl

ACKER s. Maße und Gewichte

ACKERBAU. Die Ausgrabungen des atl. *Jericho zeigen, daß Palästina eines der frühesten landwirtschaftlichen Zentren war, die bisher entdeckt wurden. Intensive Bodenbearbeitung kann man etwa ab 7500 v. Chr. feststellen. Jericho repräsentiert eine Bewässerungskultur, die in vorgeschichtlicher Zeit im Jordantal nicht am *Jordan selbst, aber an seinen Nebenflüssen gebräuchlich war. Zur gleichen Zeit zeigt das Hügelland ebenfalls Zeichen

Schöpfvorrichtung (shaduf) einer Bewässerungsanlage. Relief vom Palast Sanheribs, Ninive, ca. 690 v.Chr. (BM)

von Landwirtschaft, denn die Natuf-Kultur (ca. 10000-8000 v.Chr.), eine nach dem Fundort Wadi en Natuf (ca. 30 km südöstl. von Tel Aviv) benannte Kulturstufe, die der Neusteinzeit (8000-3600 v. Chr.) vorausgeht, kennt Sicheln und Hacken aus Flint. Die Bewässerungstechnik des Altertums erreicht ihren Höhepunkt in Ägypten und Babylon. Zu Abrahams Zeit jedoch verliert die Bewässerung in *Palästina an Bedeutung, und die trockene Bodenbearbeitung wie im Negeb hält Einzug.

Nach der Landnahme in Palästina treibt das Volk Israel in erster Linie A. Schon die Gesetzgebung ist typisch auf ein Bauernvolk zugeschnitten (*Sabbat, *Sabbatjahr). Das 5. Buch Mose mit der Erwähnung des Halljahres als Schutz des Grundeigentums und des Verbotes, die Marksteine zu verrücken (5Mo 19,14; 27,17), macht dies deutlich. Selbst der König ist am Anfang Bauer (1Sam 11,5), und die drei Hauptfeste des Volkes stehen im Zusammenhang mit der Ernte.

I. KLIMA UND BODENBEARBEITUNG. In bibl. Zeit dürfte das Klima dem heutigen sehr ähnlich gewesen sein. Die Niederschlagsmenge hat sich wohl kaum wesentlich verändert, und so ist der A. durch die Regenperiode von Oktober bis April bestimmt. Schwer feststellen lassen sich die Grenzen des landwirtschaftlich genutzten Gebietes; durch Rodung der Wälder und Abweiden des Buschwerkes durch das Vieh haben sich diese immer wieder verschoben. Die Niederschlagsmengen sind in den höheren Gebirgsschichten des nördl. Westens am höchsten, in der südl. und östl. Wüste am geringsten; schwach sind sie an den Osthängen des westl. Gebirges und über dem syr. Graben (*Regen). Weil der Bodenbestand sehr ungleichmäßig ist, gibt es kaum geschlossene landwirtschaftlich bebaute Gebiete. Für den landwirtschaftlichen Anbau kommen in erster Linie die Talflächen und Ebenen infrage; aber auch an den Abhängen der Gebirge bildet sich durch den verwitterten roten Kalkstein fruchtbares Land, ebenfalls durch die Lavaverwitterung im Ostjordanland. Verbessert wurde der Boden vor allem durch Entsteinung, aber auch die Brache in jedem 7. Jahr trug zu seiner Kräftigung bei. Von einer planmäßigen Düngung ist aus der vorröm. Zeit so gut wie nichts bekannt.

In der Regel befinden sich die Höfe im Familienbesitz, Großbesitz ist selten; dieser hat allerdings wohl später zugenommen, wie die damit zusammenhängenden Gerichtsworte der Propheten (Jes 5,8-10; Mi 2,2) zeigen. Auf solchen größeren Höfen kennt man Sklaven und Lohnarbeiter, aber auch sie stehen von vornherein unter dem Schutz des Gesetzes (2Mo 21,2ff; 3Mo 25,39-46; 5Mo 15,12ff). Zum Auflockern des Bodens hat man anfangs wohl die Hacke benutzt, ein Gerät mit einem am hölzernen Stiel befestigten und von diesem spitz abgewinkelten Metallblatt (Jes 5,7;

7,25). Sie findet später nur noch im Gemüseanbau (s.u.) Verwendung. Kennzeichen des A.s im eigentlichen Sinne ist erst der Pflug, der sich in Palästina z.Zt. der Landnahme Israels schon findet. Wurde der Boden zunächst mit einem angespitzten harten Holzstab aufgelockert, an dem in einem bestimmten Winkel starr ein Jochstab befestigt war, der von zwei Rindern oder zwei Eseln gezogen wurde, so erhält das Pflugholz schon bald eine eiserne Spitze, die die Israeliten wohl von den Philistern übernommen haben. Der Pflüger lenkte den Pflug mit entsprechendem Druck auf das Lenkholz, den Sterz, während er die Tiere, die paarweise mit Stricken unter das Joch gebunden waren, mit dem Stachel antrieb. Wahrscheinlich sind auch Eggen, die den unseren ähnlich sehen, verwendet worden.

II. ANBAU.
Landwirtschaftlich angebaut wurde Getreide, und zwar von den uns bekannten Getreidearten vor allem Weizen in Galiläa und im fruchtbareren Ostjordanland, Gerste in Judäa. Dazu hören wir auch vom Spelt (Jes 28,25; Hes 4,9) und vor allem von der aus Afrika stammenden Hirse, die sich auch schon im Hackbau findet und besonders ertragreich ist. Unbekannt sind hingegen Hafer und Roggen. Weizen gilt als bestes Brotgetreide, doch verwendet man auch Spelt, Hirse und Gerste als Beimischung, namentlich unter den ärmeren Bevölkerungsschichten. Neben dem ländlichen Getreideanbau wird in Gartenkultur abgesehen von Feigenbäumen, Wein, Ölbäumen und Granatäpfeln auch Gemüse angebaut (1Kön 21,2; 2Kön 4,39); wir hören von Linsen (1Mo 25,34), Bohnen (2Sam 17,28), Gurken, Zwiebeln, Lauch und Melonen (4Mo 11,5) sowie Koloquinten (2Kön 4,39).

Nach dem Pflügen im Herbst wird haupt-

Hölzernes Modell eines ägypt. Kornspeichers (Grabbeigabe). Die Behälter entlang den Wänden wurden durch Öffnungen in der Decke gefüllt. Über den Luken, durch die Korn entnommen wurde, waren Art und Menge des Getreides notiert. Aus Assuan. 6. Dynastie, ca. 2250 v.Chr. (BM)

sächlich im November und Dezember ausgesät, und zwar zunächst die Hülsenfrüchte, im Dezember der Weizen, während die Sommerfrucht im Januar und Februar in den Boden gebracht wird. Dabei wirft der Sämann aus einer beutelartigen Tasche den Samen breit aus; nur hin und wieder wird er in die verhältnismäßig niedrigen Pflugfurchen eingestreut. Niemals darf zweierlei Samen auf ein Feld gebracht werden (3Mo 19,19), ebensowenig wie zwei verschiedene Tiere unter dem gleichen Joch laufen dürfen. Das dem Israeliten vertraute Bild der Aussaat dient Jesus als Gleichnis in Mt 13,3ff.24ff; Mk 4,26ff u.ö., wo er den Samen mit dem göttlichen Wort vergleicht, das je nach der Beschaffenheit des Bodens und den widrigen Einflüssen von außen Frucht bringt.

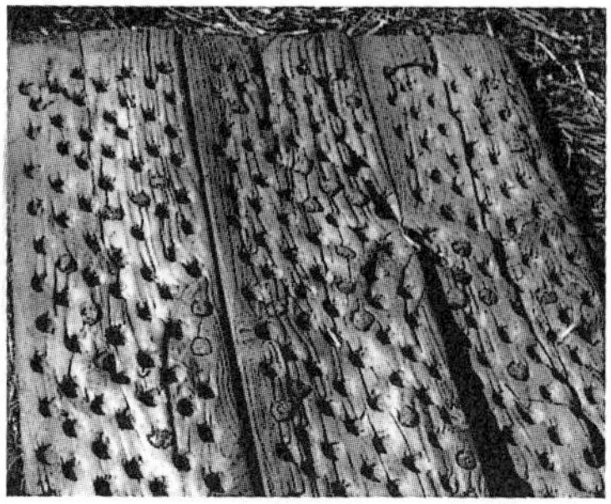

Hölzerner Dreschschlitten, an dessen Unterseite Steine befestigt sind. (FNH)

III. ERNTE.

Die harte Arbeit der Feldbestellung und Aussaat und das bange Warten auf den *Regen zur rechten Zeit (vgl. 3Mo 26,19; 1Kön 17,1 wird sein Ausbleiben als Strafe gesehen) wie die Furcht vor dem versengenden Ostwind (5Mo 28,22f) finden nach dem Spätregen im April/Mai ihren Lohn in der Freude der Erntezeit (vgl. das Bild Ps 126,5f). Sie beginnt mit der Gerste etwa Anfang April je nach Witterung und Lage des Feldes und erstreckt sich über rund zwei Monate, wobei der Weizen am spätesten geerntet wird. Der Ertrag pflegt am reichsten bei der Hirse zu sein, dann folgt die Gerste, bei der man mit fünfzigfachem Ertrag rechnen kann, und schließlich der wertvolle Weizen, bei dem der im Gleichnis (Mt 13,8) genannte dreißig- bis hundertfache Ertrag im Vergleich zur Aussaat durchaus im Bereich des Möglichen lag.

Gemäht wird mit einer Handsichel, wobei man in ältester Zeit scharfe Feuersteinstücke an einem gebogenen Holz befestigte, seit Eingang der Eisenzeit jedoch eine eiserne Sichel benutzte. Während die rechte Hand die Halme etwa auf halber Höhe schneidet, also wesentlich höher als mit der Sense, umgreift der Schnitter mit der linken die Ähren und legt sie ab. Sammler bzw. Binder (auch Frauen, vgl. Rut 2,8) folgen und binden die geschnittenen Ähren, um dann die Garben zum Schutze vor Nachttau hochzustellen, sie meist aber direkt zur Tenne zu tragen. Manchmal werden auch die losen Ähren zur Tenne gebracht und aufgeschichtet. Erntewagen finden sehr selten, dann aber auch erst in späterer Zeit und nur im westl. flachen Gebirgsvorland Verwendung; sie sind wohl von den Philistern übernommen (1Sam 6,7ff).

In der Erntezeit verlassen die Bauern häufig die Wohnung und wohnen in Zelten oder Höhlen in der Nähe des Feldes. Als Tenne findet ein ebener Platz Verwendung, dessen harter Boden manchmal noch planiert und verbessert wird, dessen Ränder man oft mit Steinen befestigt und der vor allem wegen des Worfelns unter dem Westwind liegen muß. Nur selten gehört die Tenne einem einzelnen (Rut 3,2; 2Sam 24,18), meist der Bauernschaft des Ortes gemeinsam. Die einzelnen Fruchtstapel werden rings um den Platz niedergelegt. Hülsenfrüchte und vielleicht auch etwas Getreide für den Familienbedarf drischt man zunächst mit dem Stock, sonst geschieht das Dreschen durch Tiere (5Mo 25,4; Hos 10,11), die man zu mehreren im Kreis über das auf der ganzen Tenne ausgebreitete Getreide treibt, dann aber auch mit Dreschschlitten (Am 1,3). Bei den Schlitten handelt es sich um zwei oder mehrere miteinander verbundene und vorne aufgebogene Bretter, unter denen meist noch Flintsteine, später auch Eisenmesser befestigt sind, um die Körner herauszulösen und die Halme zu zerschneiden. Später haben auch Dreschwagen (Jes 28,27f) Verwendung gefunden: ein Gestell mit mehreren teilweise gezackten Steinrädern oder Walzen, das wie der Schlitten von den Außenrändern her über den Getreidehaufen gefahren wird. Der Bauer steht dabei auf dem Schlitten bzw. Wagen. Nach dem Dreschen, wegen des dann stärkeren Windes gegen Abend, wird zunächst mit der mehrzinkigen hölzernen Wurfgabel die Spreu herausgenommen; dann wirft man Häcksel und Körner mit der Wurfschaufel hoch, wobei der Wind alles, was zu leicht ist, fortträgt. Den Rest siebt man (Am 9,9) mit einem Sieb aus Darmseiten, um auch noch die Steine zu entfernen, bevor man die Körner bis zum Mahlen (*Mühle) in Krügen oder Speichern aufbewahrt. Um solche Ge-

Ägypt. Ernteszene aus dem Grab der Menna. Zwei Männer mit Worfel-Gabeln, Korn aufhäufend. Themen, ca. 1400 v.Chr. (Kopie). (RS)

Ägypt. Modell eines mit einem Joch Ochsen pflügenden Mannes. Länge 40 cm. Mittleres Reich, ca. 2000 v.Chr. (BM)

treidespeicher, nicht also um Scheunen in unserem Sinne, handelt es sich wohl auch bei dem Gleichnis Lk 12,15ff.

Die Gesetze in 3Mo legen bestimmte Prinzipien der Landwirtschaft fest, ökonomische und ökologische Grundsätze, die nach wie vor Bedeutung haben, bzw. neu entdeckt werden. Dazu gehören praktische Vorschläge zur Schonung des Bodens, z.B. das Brachfeld im siebten Jahr (3Mo 25) oder soziale Regelungen, z.B. das Überlassen von Restgetreide, das die Armen sammeln konnten (3Mo 23,22). Wenn Gottes Grundsätze nicht beachtet wurden, waren Saat und Ernte bedroht (3Mo 26,14ff).

ADAJA. (Bedeutung evtl. »Jahwe hat geschmückt, als Schmuck angelegt«).

1. Mann aus Bozkat, der Großvater König *Josias (2Kön 22,1).

2. Levit aus dem Geschlecht *Gerschons (1Chr 6,26).

3. Priester aus dem Geschlecht Malkijas (1Chr 9,12; Neh 11,12).

4. Benjaminit, Sohn *Schimis (1Chr 8,21).

5. Zwei israelit. Männer, die ihre heidnischen Frauen verstießen (Esr 10,29.39).

6. Judäer, Sohn Jojaribs (Neh 11,5).

7. Vater des Obersten Maaseja (2Chr 23,1).

ADAM. (hebr. *'ādām*). Eine Stadt 29 km nördl. von Jericho in der Nähe von *Zaretan, die die Jordanfurten unterhalb der Einmündung des Jabbok kontrollierte. Die Blockierung des Jordan an dieser Stelle ermöglichte es den Israeliten, nach Jericho überzusetzen (Jos 3,10ff). J.P.U.L.

ADAM.

I. IM ALTEN TESTAMENT.

Der erste Mensch, den Gott nach seinem Bild (*zelem*) am 6. Tag schuf (*bārā'*, 1Mo 1,27), indem er ihn aus Staub von der Erde (*'adāmā*) formte (*jāzar*, wie ein Töpfer formt, 1Mo 2,7) und in seine Nase den Odem des Lebens einhauchte (*nischmat chajjīm*; vgl. B.). So wurde »der Mensch« ein lebendiges Wesen (*näphäsch chajjā*).

1. Etymologie. Der Name A. (*'ādām*) ist nicht nur ein Eigenname, sondern hat auch die Bedeutung »Menschheit« (so 500 mal im AT); wenn das Substantiv mit dem bestimmten Artikel vorkommt (*hā'ādām*), ist es mit »Menschheit« und nicht mit dem Eigennamen zu übersetzen. Das Wort *'adm* kommt auch im Ugaritischen mit der Bedeutung »Menschheit« vor. Im Schöpfungsbericht 1Mo 1 und 2 kommt *'ādām* außer in drei Fällen immer mit Artikel vor: in 1,26 ist offensichtlich generell »der Mensch« gemeint; in 2,5 gibt »der Mensch« (oder »kein Mensch«) eindeutig den besten Sinn; und in 2,20 haben wir die erste Stelle, die den Eigennamen zuläßt. Manche übersetzen schon in 2,19 mit dem Eigennamen, während andere erst in 1Mo 4,25 das erste Vorkommen des Eigennamens sehen (z.B. Westermann). In 2,20; 3,17.21 kommt *'ādām* ohne Artikel, aber mit der Präposition *le* vor, die so gedeutet werden kann, daß sie den Artikel einschließt, ohne den Konsonantenbestand zu ändern (*le hā* wird zu *lā*). Manche nehmen an, daß die Masoreten den Text falsch punktiert haben; das ist jedoch nicht notwendig (Gunkel, Westermann). Versuche, die Etymologie des Namens zu bestimmen, haben zu keinem Konsens geführt. In 1Mo 2,7 wird das Wort *'adāmā* »Erdboden« jedoch sicher bewußt neben den Namen *'ādām* gestellt (vgl. 1Mo 3,19). Der aus fruchtbarer Erde gebildete Mensch behält insofern den Bezug zu der ihn ernährenden Erde, als er nach seinem Tod zur Erde zurückkehrt, ja wieder zu Erde wird (Ps 139,15; Hiob 10,9; 33,6).

2. Adams ursprüngliche Bestimmung. A. unterscheidet sich von den Tieren nicht deshalb, weil die Begriffe *näphäsch* und *rūach* für ihn gebraucht werden – sie werden bei Gelegenheit auch auf die Tiere angewandt –, sondern weil er zu Gottes Bild geschaffen und ihm Gewalt über die Tiere gegeben worden ist, vielleicht auch deshalb, weil Gott ihm individuell den Odem (*neschāmā*) des Lebens in seine Nase gehaucht hat (VT 11, 1961, S. 177-187). Gott machte für A. einen Garten in *Eden (1Mo 2,8-14), setzte ihn in den Garten und gab ihm die Aufgabe, diesen zu bearbeiten und zu bewachen (1Mo 2,15). Das Wort »bearbeiten« (*'ābad*) wird sonst für (schwere) Arbeit gebraucht (vgl. 2Mo 20,9), d.h. die Bibel kennt Arbeit in erster Linie als körperliche Arbeit im Bereich der Landwirtschaft. Einen untätigen Menschen kennt 1Mo 1 und 2 nicht (vgl. 2Mo 20,9). Er sollte sich offenkundig von den Früchten der Bäume (1Mo 2,9.16), von Beeren und Nüssen der Sträucher (*śīach*) und von Samen der Kräuter (*'ēseb*; 2,5) ernähren. Erst nach der Sintflut nennt die Bibel Tierfleisch zur Ernährung der Menschen. Gott brachte alle Tiere samt den Vögeln zu A., damit er ihnen Namen geben und sich mit ihren Eigenschaften vertraut machen sollte (2,19-20). Will der Mensch seinem Auftrag nachkommen, die Welt wie ein König in Ordnung zu halten (»herrschen«, 1Mo 1,28), so muß er erst ihre Ordnung erkennen (vgl. 1Kön 5,9–14).

3. Der Sündenfall. Gott sprach: »Es ist nicht gut, daß der Mensch allein sei« (1Mo 2,18), und erschuf eine Frau (2,22), die dem Mann eine Hilfe, ein Gegenüber sein sollte (*Eva). Von der Schlange überredet, brachte Eva A. dazu, von der Frucht des Baumes zu essen, was von Gott verboten worden war (3,1-7) (*Sündenfall); infolgedessen wurden der Mann und die Frau aus dem Garten verbannt (3,23-24). Bis zu diesem Zeitpunkt hatte A. direkt mit Gott verkehrt. Als aber A. und die Frau ihre Nacktheit erkannten, nahmen sie Feigenblätter und machten sich einen Lendenschurz (*chagōrā*, 3,7). Die Bestrafung A.s bestand in der Austreibung aus dem Garten und der Notwendigkeit, von jetzt an seinen Lebensunterhalt durch harte Arbeit im Schweiß seines Angesichts verdienen zu müssen, da der Erdboden (*'adāmā*), zu dem er bei seinem Tod zurückkehren wird, verflucht war und Dornen und Disteln hervorbringen würde. A. blieb Landwirt, aber seine Arbeit war mühsamer als zuvor (3,17-19.23). Im Unterschied zu außerbiblischen Mythen erfolgt der Sündenfall in der Bibel nicht aufgrund eines tragischen Schicksals oder Zufalls.

Gott gab dem Mann und der Frau Fellkleider (3,21); das zeigt, daß sie auch nach dem Sündenfall mit Gottes Fürsorge rechnen durften.

A. hatte zwei Söhne, *Kain und *Abel; nachdem Kain Abel getötet hatte, wurde A. ein weiterer Sohn, *Set, geboren, der Abels Stelle einnehmen (1Mo 4,25) sollte. A. war 130 (LXX: 230) Jahre alt, als Set geboren wurde, und lebte weitere 800 (LXX: 700) Jahre, wurde also insgesamt 930 Jahre alt (5,2-5 in Übereinstimmung mit LXX und dem samaritanischen Pentateuch, wobei letzterer mit MT im Blick auf alle drei Zahlen übereinstimmt) (*Genealogie). Man vergleiche damit Alulim, den ersten König vor der Flut in der sumer. Königsliste, dem eine Regierungszeit von 28 000 Jahren (eine Variante gibt 67 200 Jahre an) eingeräumt wird; nach der *Babyloniaka* von Berossos, soll Aloros 36 000 Jahre regiert haben.

Literatur: H.W. Wolff: Anthropologie des Alten Testaments, 1973, S. 141–175. 190–209; G. von Rad: Das erste Buch Mose (ATD 2–4); H.W. Beck: Genesis. Aktuelles Dokument vom Beginn der Menschheit, 1983; H. Thielicke: Mensch sein – Mensch werden, 1976, S. 394–431.

II. IM NEUEN TESTAMENT.

Lukas führt Jesu Stammbaum bis auf A. zurück (3,38) und betont dadurch Jesu Verwandtschaft mit der Menschheit; in Jud 14 wird A. ebenfalls als Ursprung der Menschheit erwähnt. Einige Stellen berufen sich auf die Verbindung von A. und Eva als Beweis dafür, daß Gott die Vereinigung von Mann und Frau als »ein Fleisch« gewollt hat (Mt 19,4-6; Mk 10,6-9 mit Bezug auf 1Mo 1,27; 2,24). Für Markus folgt daraus, daß Scheidung verboten ist; Mt 19,9 läßt sie im Fall von Ehebruch als Ausnahme zu. In der paulin. Literatur wird die Vereinigung von A. und Eva ebenfalls als Grundlage für die Verbindung der Geschlechter angeführt: 1Mo 2,24 wird in 1Kor 6,16 zitiert, um zu zeigen, daß Geschlechtsverkehr niemals trivial oder ethisch belanglos ist, sondern immer eine tiefe personale Vereinigung der beiden Partner darstellt; in Eph 5,31f wird 1Mo 2,24 im Blick auf die Verbindung von Christus mit der *Gemeinde zitiert. 1Kor 11,7-9 führt die Reihenfolge der Erschaffung von A. und Eva und die A. von Gott gegebene Würde an, um Paulus' Forderung zu stützen, daß Frauen sich ihren Männern unterordnen sollen (trotz V. 11-12): die Männer sollen ihr Haupt nicht bedecken, denn sie sind Gottes »Bild und Abglanz«, während die Frauen »des Mannes Abglanz« sind und ihr Haupt (buchstäblich, oder vielleicht auch bildlich für ihren Mann, vgl. V. 3-4) entehren, wenn sie es nicht bedecken. Ähnlich betont 1Tim 2,12-14, daß Eva erst nach A. erschaffen wurde, um die Weisung zu stützen, daß die Frauen in den Zusammenkünften der Christen schweigen sollen; als zusätzliche Begründung wird angeführt, daß es Eva war, die getäuscht und in die Sünde geführt wurde (vgl. Sir 25,24). Das Verhalten, das hier den Frauen angewiesen wird, kann deshalb nicht einfach als Anpassung an Verhaltensnormen der damaligen Zeit abgetan werden. Man muß vielmehr gleichzeitig die Exegese der Schrift und die Lehre von der Schöpfung berücksichtigen, die solchen Anweisungen zugrunde liegen.

Vor allem jedoch wird A. in der paulin. Literatur *Jesus Christus gegenübergestellt. Dieser Zug ist evtl. auch in den Synoptikern zu finden: Markus' Darstellung der *Versuchung Jesu (1,13) könnte den Gedanken vermitteln, daß Jesus den Zustand des Menschen im Paradies wiederherstellt, indem er die Versuchung überwindet, unter wilden Tieren wohnt und von *Engeln bedient wird (vgl. J. Jeremias: Art. Adam in ThWNT I, S. 141-143).

Lk 3,38 bezeichnet A. als »(Sohn) Gottes«, ein Ausdruck, den Lukas vorher schon für Jesus gebraucht hat (1,35). Dies wäre eine positive Anwendung der Geschichte A.s: Christus wird mit A. vor dem Sündenfall verglichen.

Bei aller Gleichheit von A. und Christus betont Paulus mehr ihre Verschiedenheit: dies trifft sowohl für 1Kor 15 als auch für Röm 5,12-21 zu. Die Traditionen, die Paulus in Phil 2,6-11 verwendet, stehen evtl. ebenfalls mit dieser Gegenüberstellung in Verbindung; A. wird hier jedoch nicht ausdrücklich erwähnt, und der Schöpfungsbericht wird ebenfalls nicht zitiert; man kann im Höchstfall sagen, daß Gedanken wie z.B. der Gehorsam, die Aufgabe der Gottgleichheit, einen Gegensatz zu A. implizieren (vgl. R.P. Martin: Carmen Christi, 1967, S. 161-164).

1Kor 15 erwähnt den Gegensatz A.-Christus zweimal: in V. 21-23 benutzt Paulus ihn, um zu zeigen, daß die von den Korinthern akzeptierte *Auferstehung Jesu das Unterpfand dafür ist, daß »alle« an der Auferstehung teilhaben werden, genauso wie »in A.« alle sterben (Präsens); d.h. nicht, daß alle Menschen starben, als A. starb, sondern daß jetzt alle sterben, wie A. gestorben ist. Dieselbe Gegenüberstellung wird noch einmal in V. 45-49 angeführt: der physischen Natur A.s, an der wir alle teilhaben, wird der geistliche Leib gegenübergestellt, der uns aufgrund der Auferstehung Jesu am Ende zugesagt ist. Einige Gläubige in Korinth waren wegen ihrer Geistesgaben zu selbstsicher und mußten deshalb daran erinnert werden, daß sie immer noch einer Zeit und einer Menschheit angehören, die unter dem Zeichen des *Todes stehen (V. 26).

Paulus führt aus, daß die Schrift beweist (1Mo 2,7), daß der Mensch eine stofflich-körperliche Natur hat (V. 45; erst der letzte A. ist geistlich) und daß »der geistliche Leib nicht der erste, sondern der natürliche (der erste), danach der geistliche« ist (V. 46); sie werden an der Auferstehung Christi teilhaben und ein verwandeltes, aber immer noch leibliches Wesen bekommen, allerdings nicht, während sie noch »Fleisch und Blut« sind (V. 50). Der Begriff »der letzte Adam« (V. 45) und der Austausch von »Adam« und »Mensch« zeigen, daß Paulus sich sehr wohl bewußt war, daß »Adam« »Mensch« bedeutet.

Letzteres läßt verstehen, weshalb Paulus die andere Stelle über A. mit einer bloßen Anspielung einleitet (Röm 5,12: »durch *einen* Menschen«). In den folgenden Versen kontrastiert er A., der durch sein Sündigen eine Kettenreaktion von Sünde und Tod (in einer von Gott bestimmten Konsequenz) in Gang setzte, mit Christus, der durch seinen Gehorsam einen Rettungsprozeß einleitete, in dem der Mensch Gottes gnädiges Geschenk der *Gerechtigkeit erhalten und im Leben »herrschen« kann (V. 17). V. 19 klingt deterministisch, aber man beachte die Tempora: das Gerechtwerden der Vielen geschieht jetzt schon, so wie sich das Sünder-Werden der Vielen auch jetzt vollzieht. V. 12 macht deutlich, daß der Tod sich nicht automatisch als Resultat von A.s Sünde auf alle Menschen ausgedehnt hat, sondern »weil sie alle gesündigt haben« und deshalb aus eigenem Verschulden das Todesurteil verdient haben. Es besteht eine Solidarität aller Menschen im Blick auf die *Sünde, derzufolge wir in das sündige Handeln anderer verwickelt sind und diesem Vorschub leisten. Sünde ist jedoch eine Macht, die mehr ist als der individuelle Akt der Übertretung oder die Summe individueller Vergehen. In V. 13ff kommt Paulus auf das Problem von Menschen zu sprechen, die im Gegensatz zu A. kein ausdrückliches Gebot Gottes erhalten haben. Aus der kontinuierlichen Herrschaft des Todes von A. bis Mose und der Gabe des Gesetzes geht hervor, daß sie trotzdem gesündigt haben. A. ist »ein Bild (Typus) dessen, der kommen sollte« (V. 14); die Entwicklung dieser Typologie zeigt, daß sie zum großen Teil antithetisch und kontrastierend ist (V. 15-19), d.h. daß die Geschichte A.s negativ gebraucht wird. A.s Sünde und ihre Nachwirkungen bilden eine nur allzu menschliche Geschichte (vgl. Röm 1,24.26.28), während die andere Seite des Vergleichs ein Element enthält, das mehr als nur menschlich und viel gewichtiger ist als der negative Aspekt; deshalb das zweifache »um wieviel mehr« (5,15.17).

Die Ursprünge des A.-Christus-Themas wurden viel diskutiert; manche vermuten nahöstl. Mythologie, andere – in jüngerer Zeit - gnostische Urmensch-Spekulationen. Seine unmittelbare Herkunft ist jedoch eher in den vielerlei Anschauungen des zeitgenössischen Judentums sowie in der Lehre Jesu zu suchen: die Wiederherstellung des Urzustandes am Ende, der Vergleich A.s mit verschiedenen Gestalten der Geschichte Israels und mit dem Messias (vgl. syr. Bar 73-74 mit 56,6), und die Erwartung, daß Gottes »Mann/ Mensch« (oder »Menschensohn«) am Ende kommen werde. Aus diesem Material entwikkelte Paulus und/oder das frühe Christentum die A.-Christus-Typologie.

Welcher Ansicht man auch immer im Blick auf die Ursprünge des Menschen ist, so steht doch fest, daß die Menschheit eine Geschichte und einen Anfang hat. Paulus führt aus, daß die Sünde die gesamte Geschichte von Anfang an kennzeichnet, daß der Mensch für diese sündhafte Geschichte verantwortlich ist und daß die Sünde eines Menschen andere Menschen und seine Umwelt mitbetrifft.

Literatur: O. Betz, P. Schäfer, A. Hultgard, F. Mildenberger: Art. Adam in TRE I, 414–437; H. Seebaß: Art. Adam in TBLNT, S. 4-6; B. Schaller: Art. Adam in EWNT I, 65-67; J. Jervell: Art. Adam in EKL(85) I, 40-41; C. Westermann: Genesis, BKAT I/1, 1974; E. Brandenburger: Adam und Christus, 1962

T.C.M./A.J.M.W.

ADAR s. Kalender

ADLER s. Tiere

ADMA. Eine der Städte der Ebene (1Mo 14,2.8; 5Mo 29,22), die besonders mit *Zebojim verbunden ist (Hos 11,8). Ihre Erwähnung zusammen mit *Gaza (1Mo 10,19) läßt die Lokalisierung der Pentapolis (Gebiet der fünf kanaan. Stadtstaaten Sodom, Gomorra, Adma, Zebojim, Bela = Zoar) unter Wasser im Südteil des Toten Meeres als zutreffend erscheinen. J.A.M.

ADONIJA. »Mein Herr ist Jahwe«.

1. Der vierte Sohn Davids, von seiner Frau Haggit (2Sam 3,4). Nach dem Tod der drei ältesten Söhne hielt A. sich für den mutmaßlichen Erben. Amnon war von seinem Bruder Absalom ermordet worden; dieser kam in der Rebellion gegen seinen Vater ums Leben. Da Kileab nicht mehr erwähnt wird, nimmt man an, daß er gestorben war, als die Frage der Thronnachfolge aktuell wurde. David scheint *Batseba versprochen zu haben (1Kön 1,17), daß ihr Sohn Salomo sein Nachfolger werden

sollte. Vielleicht war es das Wissen um dieses Versprechen, das A. den vergeblichen Versuch unternehmen ließ, noch zu Lebzeiten seines Vaters die Krone zu erhalten. Unter denen, die ihn unterstützten, befanden sich zwei der wichtigsten Männer seines Vaters: *Joab, der Oberkommandierende des Heeres, und *Abjatar, der Priester. A. hoffte darauf, daß sie ihm die Unterstützung des Heeres und die Billigung der Priesterschaft sichern würden. Bevor diese Hoffnung sich erfüllen konnte, traten *Nathan, der Prophet und Ratgeber Davids, *Zadok, der Priester, und *Benaja, der Befehlshaber der königlichen Leibwache, die dem König treu ergeben waren, in Aktion. Während A. seinen Anhängern ein Festmahl gab, wurde Batseba angewiesen, zu David zu gehen und ihn an seinen Eid zu erinnern; als sie noch mit ihm sprach, kam Nathan herein und machte dem König Vorwürfe, weil er ihm seine (angeblichen) Pläne für A. noch nicht mitgeteilt habe. David bestätigte Batseba seinen Eid und stellte die Thronnachfolge Salomos sicher. Die Nachricht von der Ernennung Salomos zum Thronfolger erreichte A. und seine Gäste, die daraufhin in Panik gerieten, in *En-Rogel. Der Thronbewerber suchte beim Altar Zuflucht; Salomo versprach, A.s Leben zu schonen, wenn dieser sich ihm gegenüber künftig loyal verhalten werde (1Kön 1). Kaum war David tot, traten A.s frühere Ambitionen wieder zutage. So interpretierte wenigstens Salomo seine Bitte um *Abischag, die junge Konkubine seines Vaters, die diesen im Alter gepflegt hatte. Der Vorwurf, daß A. doch wieder an die Macht kommen wollte, war angesichts orientalischer Gebräuche wahrscheinlich nicht ohne Grundlage (vgl. 2Sam 3,7; 16,21). Das Todesurteil über den ehrgeizigen und taktlosen A. wurde rasch vollstreckt (1Kön 2,13-25).

2. Einer der Leviten, den *Joschafat in die Städte Judas sandte, um zu lehren (2Chr 17,8).

3. Einer der Männer, die den Bund besiegelten (Neh 10,17: Hadonia), identisch mit Adonikam (Esr 2,13). M.A.M.

ADOPTION.

I. IM ALTEN TESTAMENT.

A. kommt im AT relativ selten vor. Das Hebr. besitzt keinen speziellen Ausdruck für diesen Rechtsakt, der in den atl. Gesetzen auch sonst nicht vorkommt. Das ist wohl dadurch zu erklären, daß die jüd. Gesetzgebung Möglichkeiten einräumt, einer unfruchtbaren Ehe zu Kindern zu verhelfen. Polygamie und Leviratsehe (*Ehe) verringerten die Notwendigkeit der A., und das Prinzip, Eigentum möglichst innerhalb der Sippe zu erhalten (3Mo 25,23ff; 4Mo 27,8-11; Jer 32,6ff), beschwichtigte manche Ängste kinderloser Ehepaare.

Das Problem der A. im AT wird durch Vergleichsmaterial aus Mesopotamien und Syrien erhellt. Im Alten Orient war A. ein Rechtsakt, durch den eine Person in eine neue Familienbeziehung mit allen Rechten und Pflichten desjenigen hineingenommen wurde, der an dieser Beziehung von Geburt an Anteil hatte. Wenn man diese Beschreibung auf das AT überträgt, kann man an einigen Stellen A. rekonstruieren (vgl. 1Mo 12-50). Eine Bevorzugung der A. innerhalb der Sippe ist zu erkennen; es scheint, daß das AT in Übereinstimmung mit anderen altorientalischen Texten die *Arrogation* (Annahme eines Mündigen an Kindes Statt) und die *Legitimation* (Ehelich – Erklärung) als Einheit behandelt, während das röm. Gesetz zwischen diesen Begriffen klar unterscheidet.

Nach babylon. Rechtsbrauch wäre eine A. erforderlich gewesen, bevor *Eliëser Abrahams Erbe werden konnte (1Mo 15,3) und die Söhne *Hagars, *Bilhas und *Silpas am Erbe von Abraham und Jakob Anteil haben konnten (1Mo 16,1-4; 30,1-13; vgl. 21,1-10). Obschon Eliësers Ausschluß vom Erbe untypisch ist (1Mo 24,36; 25,5-6), gibt es für seinen Fall eine Parallele: ein altbabylon. Brief von Larsa (TCL 18,153) enthält den Hinweis, daß ein Mann ohne Söhne seinen Sklaven adoptieren konnte. Der Adoptivstatus der Söhne von Konkubinen wird durch die Aussagen *Saras und *Rahels (»durch sie zu einem Sohn, zu Kindern komme«, 1Mo 16,2; 30,3) sowie Rahels Erklärung »Gott ... hat *mir* einen Sohn gegeben« (1Mo 30,6) gestützt. Für eine A. Jakobs durch *Laban gibt es keinen Hinweis (vgl. 1Mo 31,3.18.30; 32,3ff). Jakob selbst adoptierte wahrscheinlich *Ephraim und *Manasse. Die A. eines Enkels kam auch in Ugarit vor (PRU 3, 70-71). *Mose (2Mo 2,10) und *Ester (Est 2,7.15) dürften nach heidnischem Recht adoptiert worden sein; im Fall von Genubat (1Kön 11,20) ist eine A. hingegen unsicher.

Eine Adoptionsformel scheint in Ps 2,7 vorzuliegen: »Du bist mein Sohn«; vgl. 1Mo 48,5: »... sollen nun deine beiden Söhne ... mein sein ...«. Ein ähnlicher Satz kommt in einem Adoptionsvertrag von Elephantine vor (E.G. Kraeling: The Brooklyn Museum Aramaic Papyri, 1953, N. 8); Entsprechendes in negativer Form findet sich in mehreren altbabylon. Texten. Das AT enthält jedoch keinen Hinweis auf Adoptionsriten; der Brauch des »Auf-dem-Schoß-Gebärens« (1Mo 30,3; 50,23; Hiob 3,12) hängt mit der Anerkennung durch das Familienoberhaupt zusammen.

Die A. weist auch einen theologischen

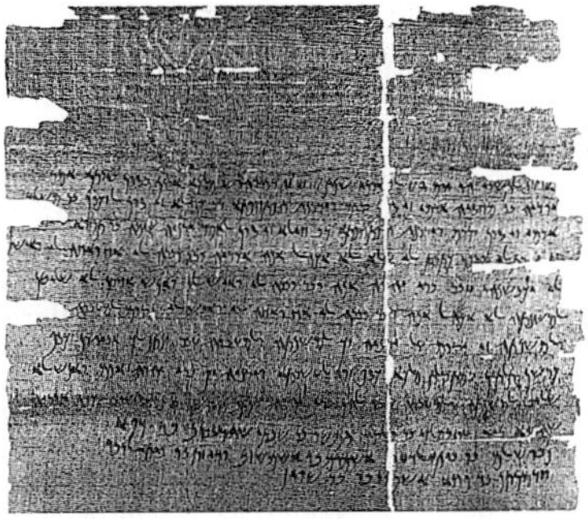

Zakkur überträgt das Adoptionsrecht für den Sklaven Yedonia auf Uria. 36,3 cm × 30,8 cm. 416 v.Chr. (BrM)

Aspekt auf. Das Volk Israel galt als Kind/Sohn Gottes (Jes 1,2f; Jer 3,19; Hos 11,1), als sein Erstgeborener (2Mo 4,22; Jer 31,9); der davidische König besaß ähnliche Vorrechte, auch wenn seine Menschlichkeit und seine Verantwortlichkeit gleicherweise hervorgehoben werden (2Sam 7,14; 1Chr 28,6f; Ps 89,19ff). Die Aussage des Paulus, daß den Israeliten die Kindschaft gehört (Röm 9,4), geht auf diese göttliche Wahl zurück.

II. IM NEUEN TESTAMENT.

Der Hintergrund der A. im NT ist nicht röm. Recht, das auf die Fortsetzung der Linie der Adoptiveltern abzielt, sondern jüd. Brauch, welcher die Vergünstigungen der Familie auf den Adoptierten überträgt. Der Begriff A. kommt nur bei Paulus vor und bezieht sich auf eine durch Gottes Akt der freien Gnade verliehene Beziehung, durch welche die, die unter dem Gesetz waren, erlöst werden (Gal 4,5). Ihr Ziel und Resultat ist eine von Ewigkeit her geplante und von Jesus Christus vermittelte (Eph 1,5) Änderung der Rechtsstellung von der Knechtschaft zur Sohnschaft (Gal 4,1ff). Der Ruf »Abba, lieber Vater« (Röm 8,15; Gal 4,6 im Kontext der A.) war womöglich die Form, in der adoptierte Sklaven ihre Herren anredeten. Das adoptierte Kind Gottes besitzt alle Familienrechte, einschließlich des Zugangs zum Vater (Röm 8,15) und der Teilhabe am göttlichen Erbe mit Christus (Röm 8,17). Die Gegenwart des Geistes Gottes bewirkt diese Sohnschaft (Röm 8,14; Gal 4,6). So vollständig der Status dieser Sohnschaft auch sein mag, er muß in der Befreiung der Schöpfung von der Knechtschaft (Röm 8,21ff) noch endgültig realisiert werden.

A. begegnet als gnadenhafte Beziehung in den johanneischen Aussagen »Gottes Kinder werden« (Joh 1,12; 1Joh 3,1-2), in der (Wieder-) Aufnahme des Verlorenen Sohns in die vollen Familienrechte (Lk 15,19ff) und in der von Jesus oft wiederholten Anrede Gottes als des Vaters (Mt 5,16; 6,9; Lk 12,32).

Literatur: G. Braumann: Art. Kind in TBLNT II, S. 781-783; C. Westermann: Genesis, BKAT I/2, S. 85; H. Barion: Art. Adoption, in RGG³ I, 100. F.H.P.

ADRAMMELECH. »(Der Gott) Adar (Hadad) ist König«.

1. Gott der Leute von Sefarwajim, die der König von *Assyrien in *Samarien angesiedelt hatte. Zur Verehrung dieser wohl syr. Gottheit gehörte auch das Verbrennen von Kindern als Opfer (2Kön 17,24.31).

2. Sohn des Königs Sanherib von Assyrien. A. und sein Bruder Sarezer erschlugen ihren Vater 681 v.Chr. und flohen dann nach Armenien (2Kön 19,36.37; Jes 37,38).

ADRAMYTTION. Hafen in *Mysien, in der röm. Provinz *Asia, gegenüber Lesbos; der heute etwas landeinwärts gelegene Ort Edremid bewahrt den Namen. A.s einstmals große wirtschaftliche Bedeutung ging zur Zeit des NT zurück. Paulus und Julius verließen Cäsarea auf einem »Schiff aus A.« (Apg 27,2), das sich auf der Heimreise befand und unterwegs die »Küstenstädte der Provinz Asien« anlief. Von A. aus wollten Paulus und Julius nach Rom weiterreisen (V. 5f).

Literatur: Strabo, 13.1.51,65-66; Plin. nat. 13.1.2 (erwähnt lokale Exportgüter).

A.F.W.

Eine Höhle bei Adullam, Zufluchtsort für Flüchtlinge. (DJW)

ADULLAM. Eine kanaan. Stadt in Juda (Jos 12,15), die von *Rehabeam befestigt wurde (2Chr 11,7). A. wird von Micha erwähnt (Mi 1,15) und war nach dem Exil bewohnt (Neh 11,30). Identifiziert wird A. mit Tell esh-Sheikh Madhkur (Horvat ʿAdullam), etwa auf halbem Weg zwischen Jerusalem und Lachisch, und mit der Höhle in Verbindung gebracht, in der David sich auf der Flucht vor Saul versteckte (1Sam 22,1). J.W.M.

AFEK, AFEKA. »Festung«. Name mehrerer Stätten in Palästina.

1. Bezeichnung des Landes, das im N noch einzunehmen war (Jos 13,4). Damit könnte Afqa im NO von Beirut, an der Quelle des Nahr Ibrahim gemeint sein (Abel: Géographie de la Palestine, S. 247; LDB, S. 248ff). Andere identifizieren A. mit Ras el-ʿAin (vgl. GTT, S. 110).

2. Jos 12,18; 1Sam 4,1; 29,1: A., später *Antipatris, heute Ras el-Ain; hebr. Tel Afeq, an der Quelle des Nahr el-Auga (Jarkon, Jos 19,46) an der Hauptstraße nach Ägypten. Von Thutmosis III., Amenophis II., Ramses II. und III. und wahrscheinlich den Verwünschungstexten erwähnt. *Asarhaddon erwähnt »*Apku* im Gebiet Samarias«; in dem aram. Brief von Adon um 600 v.Chr. angeführt (vgl. ANET, 242, 246, 292, 329). Ausgrabungen der Universität von Tel Aviv (seit 1972) förderten Gegenstände aus der Späten Bronzezeit und der Zeit der Philister zutage.

3. Jos 19,30 und Ri 1,31 bezeichnen A. in *Asser, das heutige Tell Kurdaneh, hebr. Tel Afeq, an der Quelle des Nahr Na'aman, der in die Bucht von Haifa fließt.

4. 1Kön 20,26.30; 2Kön 13,17. Fīq oder Afīq am oberen Ende des Wadi Fīq, östl. des Galiläischen Meeres, gibt möglicherweise den ursprünglichen Namen wieder; heute ʿEn-Gev, ein Tell am Ufer (LDB, S. 355, Karte S.357).

5. Jos 15,53 (Afeka). Im SW von *Hebron, entweder Khirbet ed-darrame (A. Alt: Palästinajahrbuch, 28, S. 16f) oder Khirbet Kanaʿan (Abel: op.cit., S. 247). A.R.M.

AFRIKA.

I. FRÜHE KENNTNIS UND BEZEICHNUNG.

Die Griechen bezeichneten den Kontinent als »Lybien«, waren aber im Zweifel, was seine Ausmaße und seine Beziehung zu Asien betraf. Herodot (5. Jh. v.Chr.) ist davon überzeugt, daß A. fast ganz vom Meer umgeben ist und zitiert eine angebliche Umsegelung durch ein phönizisches Schiff in Diensten des Pharao *Necho (Hist. 4,42). Die Übersetzung eines punischen Dokuments (Periplus maris Erythraei) berichtet von einer Seereise, die vor 480 v.Chr. von Karthago bis nach Sierra

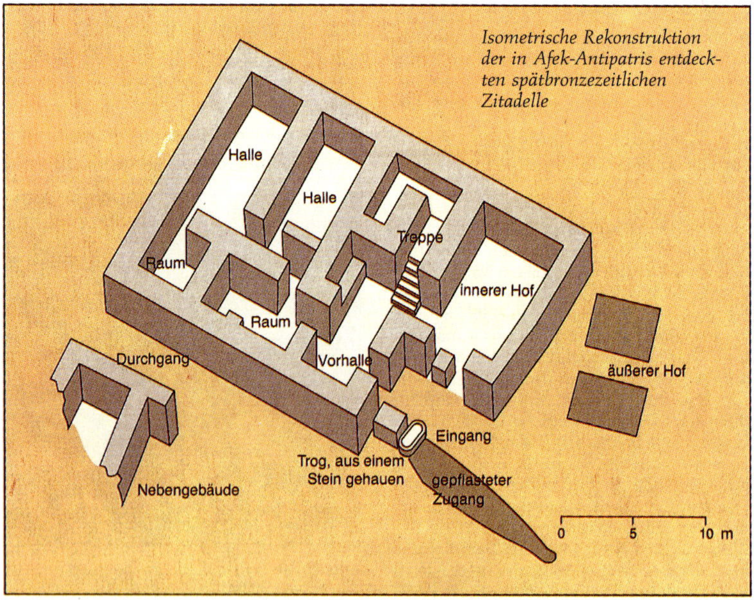

Isometrische Rekonstruktion der in Afek-Antipatris entdeckten spätbronzezeitlichen Zitadelle

Leone führte. Die Römer nannten den ganzen Kontinent »Africa« (Pomponius Mela 1.4), verstanden darunter aber in erster Linie das Gebiet, das sie 146 v.Chr. von Karthago annektiert hatten (ungefähr das heutige Tunesien), sowie die numidischen und mauretanischen Gebiete, die später dazukamen. Obwohl anzunehmen ist, daß die Karthager mehr über die transsaharischen Regionen wußten als uns überliefert ist, scheint sich das Wissen der antiken Völker über A. in erster Linie auf die Gebiete zu beschränken, die am Kulturraum des Mittelmeers Anteil oder zumindest Zugang dazu hatten, und überschreitet kaum die Barriere des Atlasgebirges, der Sahara und des Oberlaufs des Nil.

II. AFRIKA IM ALTEN TESTAMENT. Auch Israels Interesse war hauptsächlich auf seinen mächtigen Nachbarn in A., Ägypten, gerichtet. Die wechselnden Rollen Ägyptens – Kornkammer der Patriarchen, Unterdrükker während der Knechtschaft, »zerbrochener Rohrstab« während des Vordringens der Assyrer – konnten nicht ignoriert werden. Trotz grauenvoller Erinnerungen an dieses Land finden sich auch positive Erwähnungen (5Mo 23,8).

Als weitere Länder A.s werden noch *Libyen, *Put und Kusch (*Äthiopien) erwähnt, wobei letzteres häufig als allgemeine Bezeichnung für die Länder im S und W Ägyptens angeführt wird. Die charakteristische Hautfarbe und Körperbeschaffenheit der Bewohner werden angemerkt (Jer 13,23; Jes 45,14; und wahrscheinlich Jes 18,2.7).

Ägypten und Äthiopien waren in den Augen der Israeliten durch historische Umstände einige Male miteinander verbunden; sie werden, manchmal mit anderen afrikanischen Völkern zusammen, als repräsentative Nationen hervorgehoben, auf die Gottes gerechtes Gericht fallen wird (Jes 43,3; Hes 30,4ff; Nah 3,9), die aber eines Tages die wahre Stellung des Volkes Gottes erkennen (Jes 45,14) und schließlich Israels Gott annehmen werden (Ps 87,4; und besonders Ps 68,32). Das Bild Äthiopiens, Symbol des großen, unbekannten A. jenseits des Nil, das seine Hände zu Gott ausstreckt, wirkte in der Erneuerung der Mission im 18. und 19. Jh. wie ein Trompetenstoß. Noch in bibl. Zeit wurden diese Prophezeiungen zu einem gewissen Grade erfüllt: es gab jüd. Siedlungen in A. (vgl. Zef 3,10), ein Äthiopier in jüd. Diensten tat mehr für Gottes Propheten als die Israeliten (Jer 38), und der hohe äthiopische Beamte von Apg 8 war offensichtlich ein frommer *Proselyt.

Trotz ihrer langen Tradition ist die Exegese unhaltbar, die die Verfluchung *Hams (1Mo 9,25) mit einer permanenten göttlichen Verwünschung der negroiden Völker in Verbindung zu bringen sucht; der Fluch wird ausdrücklich auf die Kanaanäer bezogen.

III. AFRIKA IM NEUEN TESTAMENT. Jesus selbst war einige Zeit in A. (Mt 2,13ff). Die jüd. Siedlungen in A. und *Kyrene boten offensichtlich fruchtbaren Boden für die frühe Kirche (Jes 19,18f könnte darauf hindeuten). Simon, der das Kreuz trug, war von Kyrene; seine Beziehung zu Christus hörte mit dieser

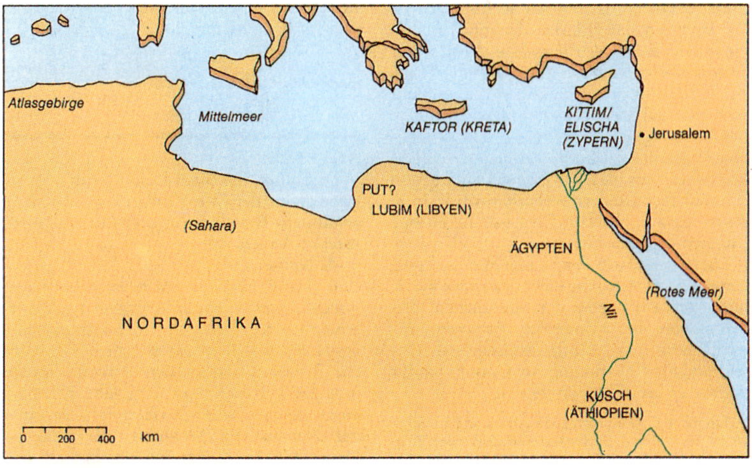

Das alttestamentliche Afrika

Das neutestamentliche Afrika

Tat nicht auf – seine Kinder waren unter den ersten Christen gut bekannt (Mk 15,21). Juden von Ägypten und Kyrene waren am Pfingstfest zugegen (Apg 2,10); der gelehrte *Apollos war ein Jude von *Alexandria (Apg 18,24); Gläubige aus Kyrene – möglicherweise zusammen mit dem Propheten Lucius – waren an der vollmächtigen Evangelisierung der heidnischen Bewohner von *Antiochia beteiligt (Apg 11,20f). Über die Gründung der Gemeinden in Ägypten und Nordafrika, die am Ende des 2. Jh. zum Teil zu den prominentesten gehörten, wissen wir nichts Sicheres. Die Tradition, daß *Markus der erste Evangelist in Alexandria war (Eus. h. e. 2.16), stützt zwar in Verbindung mit 1Petr 5,13 die Theorie, daß Petrus dort war, läßt sich aber nicht sehr weit zurückverfolgen. Lukas' lebendige Beschreibung des Vordringens des Evangeliums in den nördl. Mittelmeerländern schließt keineswegs aus, daß das Evangelium auch in den südlichen Ländern verbreitet wurde. In A. dürfte es zur gleichen Zeit wie in Europa Christen gegeben haben.

Lukas zeigt, wie das Evangelium auf eine von der apostol. Kirche nicht erwartete Weise noch vor dem Beginn der eigentlichen Heidenmission das Königreich Äthiopien erreicht hatte (Apg 8,26ff), sozusagen als Unterpfand für die Erfüllung von Gottes Plan für A., wie er im AT prophezeit ist.

Literatur: G. Dammann: Art. Afrika, in EKL(85) I, 48-55; H. v. Sicard, H. Tegnacus, C. P. Grover, T. H. Ohm: Art. Afrika, in RGG³ I, 147-165; A. Schindler, E. Dammann: Art. Afrika, in TRE I, 640-747. A.F.W.

AGABUS. Ableitung unsicher; atl. Entsprechungen könnten Hagab, Hagabah sein (vgl. Esr 2,45.46). Ein Prophet von Jerusalem, dessen Vorhersage einer »großen Hungersnot« sich während der Herrschaft des Kaisers Claudius erfüllte (Apg 11,27-28). Suetonius, Dio Cassius, Tacitus und Eusebius erwähnen Hungersnöte für diese Zeit. In Cäsarea (Maritima) prophezeite A. mit symbolischer Handlung das Schicksal, das Paulus in Jerusalem erwartete (Apg 21,10–11). Nach späten Traditionen war A. einer der »Siebzig« (Lk 10,1) und starb als Märtyrer. G.W.G.

AGRIPPA s. Herodes

ÄGYPTEN.

Das durch die Sinai-Halbinsel mit Westasien verbundene alte Königreich, die heutige »Arabische Republik Ägypten« in der Nordostecke Afrikas.

A. Name.

I. ÄGYPTEN. Das Wort leitet sich von griech. *Aigyptos*, latein. *Aegyptus* her. Wahrscheinlich ist dies eine Transkription von ägypt. *H(wt)-k'-Pt(h)*, das, wie die keilschriftliche Transkription in den Amarna-Briefen (um 1360 v.Chr.) zeigt, ungefähr *Hikuptah* ausgesprochen wurde. »Hakuptah« ist einer der Namen von Memphis, der altägypt. Hauptstadt am linken Nilufer oberhalb von Kairo (das schließlich an seine Stelle trat).

Wenn diese Erklärung zutrifft, dann müssen die Griechen den Namen der Stadt generell für Ä. benutzt haben, ähnlich wie heute Kairo und Ä. im Arab. beide *Misr* heißen.

II. MIZRAJIM. Das gewöhnliche hebr. (und gemeinsemit.) Wort für Ä. ist *mizrajim*. Es begegnet erstmals im 14. Jh. v.Chr. in außerbibl. Quellen: als *mzrm* in den (nordkanaan.) Ugarittexten und als *mizri* in den Amarna-Briefen. Im ersten Jt. v.Chr. tauchen in den assyr.-babylon. Texten *Muzur* und *Muzri* auf; leider benutzen sie diesen Ausdruck aber nicht nur für Ä., sondern auch für ein Gebiet in Nordsyrien/Südkleinasien und (sehr fraglich) für einen Teil von Nordarabien (s. die von Oppenheim in ANET, S. 279, Anm. 9, angeführte Literatur). Für die zweifelhafte Möglichkeit, daß das nordsyr. *Muzri* in 1Kön 10,28 gemeint ist, s. *Mizrajim. Man vermutet, daß der Ausdruck *Muzri* »Sumpf(land)«, »Grenzgebiete« bedeutet und daher jedes Randgebiet (Ä.s, Syriens, Arabiens; vgl. Oppenheim, a.a.O.) meinen kann. Diese Annahme mag den militärischen Blickwinkel der Assyrer treffen, reicht aber kaum zur Erklärung der hebr./kanaan. Form *mizrajim/mzrm* des 2.Jt. oder für deren Gebrauch aus. Daß *mizrajim* ein Dual ist, der die Zweiheit Ä.s spiegelt (s. unten, B.), ist möglich, aber ganz ungewiß. Spiegelberg (in: Recueil de Travaux 21/1899, S. 39-41) suchte *mzr* von ägypt. *(i)mdr*, »(Festungs-)Mauern«, herzuleiten, unter Hinweis auf die seit ca. 2000 v.Chr. an der ägypt. Grenze nach Asien existierenden Sperrforts, mit denen semit. Besucher jener Zeit zuerst konfrontiert waren. Die Tatsache, daß der Ausdruck dem semit. *māzōr*, »Festung«, angeglichen sein könnte, gibt dieser Annahme zusätzliches Gewicht. Eine endgültige und vollständige Erklärung von *mizrajim* ist derzeit jedoch nicht möglich.

B. Natürliche Gegebenheiten und Grenzen.

I. ALLGEMEINES.
Die heutige »Arabische Republik Ägypten« bildet ungefähr ein Viereck, das sich von der afrikanischen Mittelmeerküste im N zum 22. Grad nördl. Breite (1100 km von N nach S) und vom Roten Meer im O zum 25. Grad östl. Länge im W erstreckt. Seine Gesamtfläche umfaßt ca. 1.000.250 km^2. Davon sind jedoch 96% Wüste und nur 4% kulturfähig, und 99% der Bevölkerung Ä.s leben auf diesen 4% Kulturboden.

Das eigentliche Ä. ist das vom Nil durchströmte Land, das »Geschenk des Nils« (Herodot). Ä. gehört der Zone des heißtrockenen, regenarmen Klimas an: Alexandria hat kaum 190 mm jährlichen Niederschlag, Kairo 300 mm, und in Assuan regnet es praktisch nicht. Lebenspendendes Wasser liefert Ä. allein der Nil.

II. DIE BEIDEN ÄGYPTEN.
Historisch betrachtet, besteht das alte Ä. aus dem lang und schmal sich erstreckenden Niltal vom ersten Katarakt bei Assuan (nicht vom zweiten, wie heute) bis zum Bezirk Memphis/Kairo sowie dem breiten, flachen Dreieck (daher sein Name) des Deltas von Kairo bis zum Meer. Aus dem Kontrast zwischen Niltal und Delta resultiert die Doppelnatur Ä.s.

König Amenophis IV. (Echnaton, 1364–1347 v.Chr.) und Königin Nefert-Iti bringen dem Sonnengott Aton Opfer dar. Höhe 43 cm. Tell-el-Amarna. (PAC)

1. Oberägypten. An beiden Seiten von felsigen Abhängen eingefaßt (Kalkstein im N und Kreidesandstein im S von Isna, ca. 530 km südl. von Kairo), ist das Niltal nirgendwo mehr als ca. 19 km breit und verengt sich bisweilen auf ein paar hundert Meter (so bei Gebel Silsile). Durch seine Überflutungen schuf der *Nil jedes Jahr ein fruchtbares Schwemmland, bis die Staudämme von Assuan in heutiger Zeit die Ablagerungen aufstauten. Soweit das Wasser reicht, gedeihen Grünpflanzen; unmittelbar dahinter erstreckt sich bis zu den Felshängen die Wüste.

2. Unterägypten. Etwa 20 km nördl. von Kairo teilt sich der Nil in zwei Hauptarme. Der westl. Arm erreicht das Meer bei Rosetta und der östl. 145 km davon entfernt bei Damiette; von Kairo zum Meer sind es etwa 160 km. Zwischen den beiden großen Nilarmen und über ein beträchtliches Gebiet im O und

W jenseits derselben erstreckt sich das flache, sumpfige Delta, das ganz aus Nilablagerungen besteht und von Kanälen und Entwässerungsgräben durchzogen ist. Unterä. hat seit dem Altertum außer dem Delta immer auch den nördlichsten Teil des Niltals von der Gegend unmittelbar südl. von Memphis/Kairo an umschlossen. Im Altertum galt die Überlieferung, der Nil habe sieben Mündungen an der Deltaküste (Herodot), doch werden in den altägypt. Quellen nur drei davon als wichtig angesehen.

Die riesige Statue Ramses' II. (1290–1224 v.Chr.) an seinem Tempel in Abu Simbel, Unterägypten (ca. 20 m hoch). (KAK)

III. DAS ALTE ÄGYPTEN.

Im W. des Niltals erstreckt sich die Sahara, eine flache, felsige Sanddünenwüste, und parallel zum Tal liegt eine Reihe von Oasen - große, natürliche Senken, in denen artesisches Wasser Pflanzenwuchs und Besiedlung ermöglicht. Im O erstreckt sich zwischen Niltal und Rotem Meer die Arab. Wüste, ein gebirgiger Landstrich mit Vorkommen von Gold und Mineralien. Jenseits des Golfs von Suez liegt die felsige Sinai-Halbinsel.

Ä. lag zwischen seinen Wüsten genügend abgeschlossen, um eine eigenständige Kultur entwickeln zu können, war gleichzeitig aber von O her über die Sinai-Halbinsel, das Rote Meer und das Wadi Hammamat, von N und S her über den Nil hinreichend zugänglich, um Anregungen von außen empfangen (und selbst der Außenwelt solche vermitteln) zu können.

Die Geographie des pharaonischen Ä. ist ziemlich komplex. Die historischen Gaue treten erstmalig im 3.Jt., im Alten Reich (4. Dynastie), deutlich in Erscheinung, doch entstanden einige von ihnen wahrscheinlich früher als Gebiete ursprünglich eigenständiger, kleiner vorgeschichtlicher Kommunitäten. Nach der zur griech.-röm. Zeit gebräuchlichen Aufzählung, aus der die umfänglichsten geographischen Angaben vorliegen, bestanden in Oberä. 22 und in Unterä. 20 solche Gaue.

C. Volk und Sprache.

I. DAS VOLK.

Die frühesten Zeugnisse menschlicher Tätigkeit in Ä. sind altsteinzeitl. Feuersteingeräte von den Nilterrassen. Die ersten wirklichen Ägypter, die sich als Bauern im Niltal niederließen - Ausgrabungen liefern Belege hierfür – sind die Tasa- und Badari-Leute, die Träger der ersten vordynastischen (prähistorischen) Kultur. Sie scheinen ebenso wie die beiden aufeinanderfolgenden, um 3000 v.Chr. oder kurz danach endenden prähistorischen Kulturstufen Negade I und II afrikanischen Ursprungs zu sein.

II. SPRACHE.

Das Altägypt. ist eine Mischsprache und hat eine sehr lange Geschichte. Es gehört zur hamitosemitischen Sprachfamilie und war im Grunde eine hamitische (d.h. mit den lybisch-berberischen Sprachen Nordafrikas verwandte) Sprache, die schon in früher (vorgeschichtlicher) Zeit von einer semit. Sprache überschwemmt wurde. Ein Großteil des ägypt. Wortschatzes ist unmittelbar mit dem Semit. verwandt, auch die Syntax weist Analogien auf. Da uns aus der Frühzeit keine Schriftzeugnisse vorliegen, ist ein eingehender Vergleich mit dem Hamitischen nicht möglich.

Die Geschichte der ägypt. Sprache läßt sich anhand der Schriftzeugnisse in fünf Hauptstadien gliedern: *Altägypt.* war eine archaische, gedrängte Sprachform des 3.Jt. *Mittelägypt.* war vielleicht die Volkssprache der 9./11. Dynastie (2200-2000 v.Chr.). Es wurde während des Mittleren Reiches und des frühen Neuen Reiches (bis um 1300 v.Chr.) allgemein für schriftliche Aufzeichnungen benutzt und in etwas modifizierter Form bis in die griech.-röm. Zeit hinein weiterhin in amtlichen Urkunden verwandt. Das *Neuägypt.* war die Volkssprache des Neuen Reiches und der Spätzeit (16.-8.Jh.v.Chr.), kam aber schon zwei Jh. vor dieser Zeit als Umgangssprache in Gebrauch (1800-1600 v.Chr.). Von der 19. Dynastie an ist es auch die Sprache der Urkunden und der Literatur sowie der amtlichen

Gerichtsszene, dargestellt auf einem Papyrus des Ani, eines königlichen Schreibers und Verwalters der Kornspeicher. Das Herz des Menschen wird in Gegenwart des Osiris gegen eine Feder aufgewogen. Höhe 38 m, Länge insgesamt 23 m. Theben. Ca. 1300 v.Chr. (BM)

Schriftstücke des Neuen Reiches. Das Alt-, Mittel- und Neuägypt. wurde in hieroglyphischer und hieratischer Schrift geschrieben (*Schrift). *Demotisch* ist eine weiter entwikkelte Schriftform des Ägypt., die in den Urkunden vom 8.Jh. v.Chr. bis zur Römerzeit begegnet. Das *Koptische,* das letzte Stadium des Ägypt. und die Sprache des röm. und byzantin. Ä., weist mehrere Mundarten auf und wurde von den ägypt. Christen (Kopten) literaturfähig gemacht. Es wurde nicht nach dem ägypt. Alphabet, sondern nach dem um sieben demotische Buchstaben vermehrten griech. Alphabet geschrieben. Das Koptische hat sich als liturgische Sprache der Koptischen (Ägypt.) Kirche bis in die Jetztzeit erhalten. Sein Gebrauch entspricht dem des Latein in der röm.-katholischen Kirche.

D. Geschichte.

Von der langen Geschichte Ä.s werden hier nur die Hauptzüge und die für die Beschäftigung mit bibl. Texten unmittelbar bedeutsamen Perioden behandelt.

I. ÄGYPTEN VOR 2000 V.CHR.

1. Vordynastische Zeit. Während der drei aufeinanderfolgenden Stadien der vordynastischen Besiedlung wurden die Grundlagen für das historische Ä. gelegt. Es entstanden Dörfer und Kultstätten. Die Bestattungsbräuche zeugen vom Glauben an ein Leben nach dem Tode. Gegen Ende des letzten vorgeschichtlichen Stadiums (Negade II) bestanden feste Kontakte zum sumer. Mesopotamien, und mesopotamische Einflüsse und Ideen waren so stark, daß sie der sich herausbildenden ägypt. Kultur ihren Stempel aufdrückten. Zu dieser Zeit tritt die Hieroglyphenschrift in Erscheinung, bildet die ägypt. Kunst ihre charakteristischen Formen aus und werden erstmalig monumentale Bauwerke geschaffen.

2. Frühzeit. Der erste Pharao von ganz Ä. war offenbar Narmer von Oberä., der das gegnerische Deltareich eroberte; er dürfte der Menes der späteren Überlieferung und Begründer der 1. Dynastie gewesen sein. Die ägypt. Kultur erlebte unter den ersten beiden

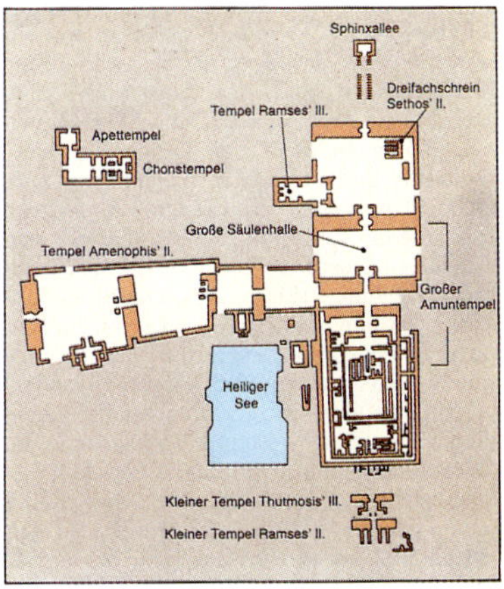

Plan des Tempels in Karnak. Die große Säulenhalle, erbauten Sethos I. und Ramses II. (ca. 1300–1220 v.Chr.). Die beiden Pharaonen ließen auch die Hauptstadt des Nildeltas bauen (Ramses, 2Mo 1,11).

Dynastien einen raschen Aufschwung und gelangte zur Reife.

3. Altes Reich. In der Zeit der 3.-6. Dynastie erlebte Ä. einen glanzvollen Aufstieg seines wirtschaftlichen und kulturellen Lebens. König Djosers Stufenpyramide mit den dazugehörigen Kultanlagen ist das erste monumentale Steinbauwerk der Welt (um 2650 v.Chr.). Während der 4. Dynastie herrschte der Pharao absolut, nicht nur in der Theorie, sondern auch tatsächlich, was vorher oder nachher nie der Fall war. Dem Gottkönig nachgeordnet war der Wesir, und unter diesem rangierten die Leiter der verschiedenen Verwaltungszweige. Anfänglich waren solche Ämter den Prinzen des königlichen Hauses vorbehalten. Während dieser Zeit erreichte die materielle Kultur in der Baukunst (gipfelnd in der großen Cheopspyramide, 4. Dynastie), Bildhauerei und bemalten Reliefplastik wie auch im Mobiliar und Schmuck ein hohes Niveau. Während der 5. Dynastie büßten die Könige an Wirtschaftskraft ein, und die Priesterschaft des Sonnengottes Re trat hinter den Thron. Während der 6. Dynastie erforschten die Ägypter Nubien (später Chus) und trieben dort Handel. Die Macht des Königs verfiel inzwischen immer mehr. Seinen Tiefpunkt erreichte dieser Niedergang gegen Ende der 94jährigen Regierungszeit Phiops' II. Die Literatur der Zeit weist mehrere Weisheitslehren auf: die des Imhotep und des Kaïrsu (»Vater«) für Kagemni und die besonders bemerkenswerte des Ptahhotep.

4. Erste Zwischenzeit. Im Deltagebiet, wo die bestehende Ordnung gestürzt worden war, war diese Zeit durch tiefgreifende soziale Umwälzungen und das Einsickern asiat. Stämme gekennzeichnet. Dann übernahmen neue Könige in Mittelä. die Herrschaft (9./10. Dynastie) und versuchten, die Ordnung im Deltagebiet wiederherzustellen. Sie gerieten im Laufe der Zeit indes mit den Fürsten von Theben in Oberä. in Konflikt, die sich dann für unabhängig erklärten (11. Dynastie), ihre nördl. Rivalen schließlich besiegten und Ä. unter einem starken Zepter (dem der Könige mit Namen Antef und Montuhotep) wiedervereinigten. Die einschneidenden Ereignisse dieser unruhigen Zeit erschütterten die Selbstzufriedenheit, die das Alte Reich gekennzeichnet hatte, und riefen eine Reihe pessimistischer Schriften hervor, die zu den besten und bemerkenswertesten der ägypt. Literatur zählen.

II. DAS MITTLERE REICH UND DIE ZWEITE ZWISCHENZEIT.

1. Mittleres Reich. Auf die 11. Dynastie folgte schließlich Amenemhat I., der Begründer der 12. Dynastie und starke Mann seiner Zeit. Er war ebenso bemerkenswert wie sein Herrscherhaus (ca. 1991 v.Chr.). Von seinen auf ihre örtliche Autonomie bedachten Standesgenossen auf einen wackeligen Thron erhoben, suchte Amenemhat I. das Königtum durch ein Reformprogramm wiederherzustellen, das er in als königliches Propagandamaterial gestalteten Schriftwerken verkündete und begründete (s. G. Posener: Littérature et Politique dans l'Égypte de la XIIe Dynastie, 1956). Er erklärte sich darin zum (politischen) Retter Ä.s., betrieb demgemäß den Wiederaufbau der Verwaltung, förderte die Landwirtschaft und sicherte durch Schaffung eines Festungsgürtels die Grenzen gegen Asien. Sitz der Regierung war nicht mehr wie zur Zeit der 11. Dynastie das zu weit südlich gelegene Theben, sondern jetzt wieder das strategisch günstigere memphitische Gebiet, wo in Ittaui ein neues Zentrum entstand. Räuberische Einfälle Sesostris' III. in Palästina führten ihn bis nach Sichem (»Sekmem«). Das Ausmaß des ägypt. Einflusses in Palästina, Phönizien und Südsyrien während der 12. Dynastie wird in den Ächtungstexten (19.Jh.v.Chr.) offenbar, die neben Nubiern und Ägyptern die Namen potentiell feindlicher semit. Fürsten und ihrer Gebiete mit einer entsprechenden magischen Verfluchungsformel verzeichnen (s. W.F. Albright: JPOS 8/1928, S. 223-256;

Liste palästin. und syr. Städte, die von Scheschonk I. (»Schischak«, 945–924 v.Chr.) erobert wurden (Relief auf der Südmauer des Amun-Tempels in Karnak). Die Namen geben Aufschluß über den in 1Kön 14,25 und 2Chr 12,2–4 erwähnten Einmarsch der Ägypter in Palästina. (KAK)

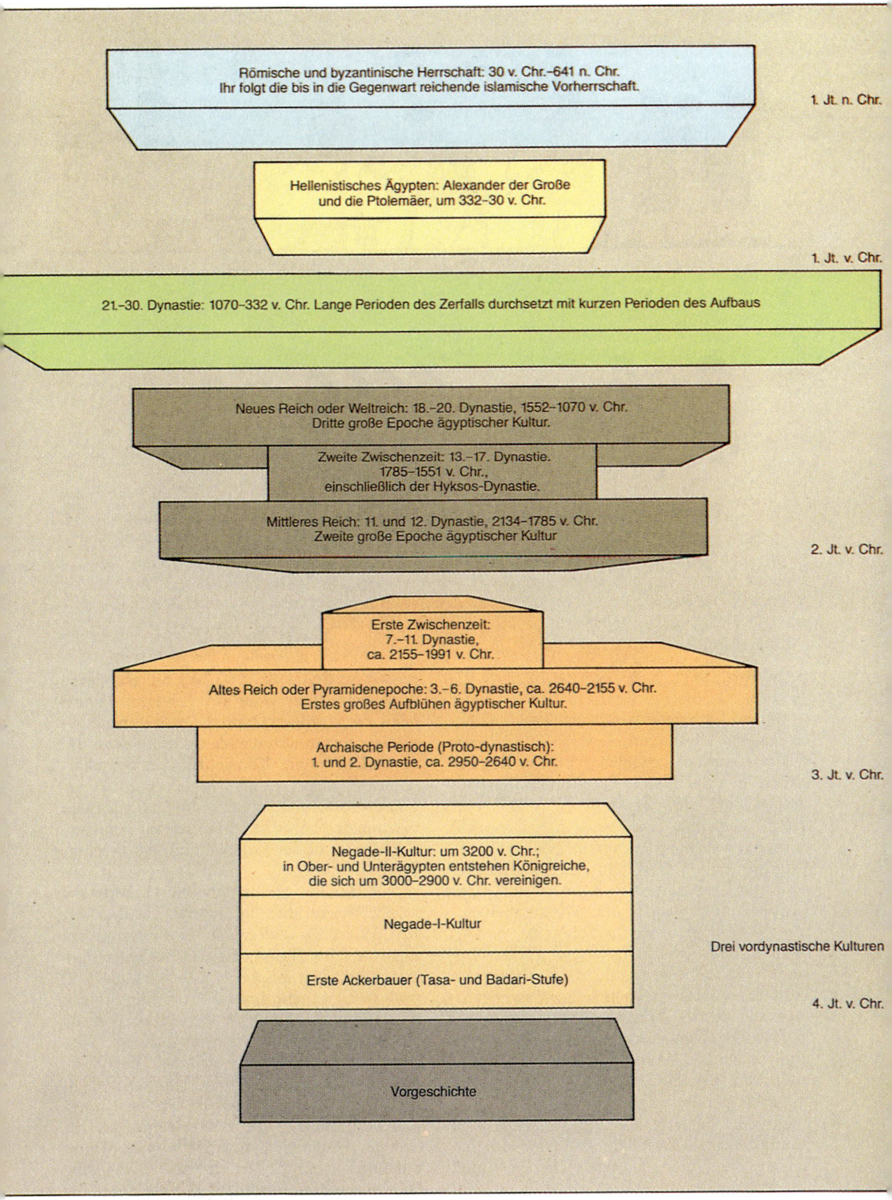

Die wichtigsten Epochen der ägypt. Geschichte

Gemälde aus dem Grab Chnumhoteps III. in Beni-Hasan. Es stellt die Ankunft Ibschas, eines fremden Herrschers, in Ägypten dar, der 37 »Asiaten« (Semiten) mit sich führt, evtl. reisende Schmiede. Die Szene erinnert an Abrahams Reise nach Ägypten bzw. an die der Söhne Jakobs (s. 1Mo 43,11). Höhe der Figuren ca. 50 cm, 1890 v.Chr. (PAC)

BASOR 81/1941, S. 16-21, und BASOR 93/1941, S. 30-36).

Diesem wohlgeordneten, seine asiat. Grenze sorgsam hütenden Ä. der 12. Dynastie dürfte Abraham begegnet sein. Der Begleitschutz, den der Pharao für Abraham anordnete (1Mo 12,20), als dieser Ä. verließ, entspricht dem, der dem aus dem Exil zurückkehrenden Ägypter Sinuhe (ANET, S. 21, Z. 240-250) und – nach dem Zeugnis einer berühmten Grabmalerei in Beni-hasan – einer Gruppe von 37 Asiaten, die Ä. besuchten, zuteil wurde (IBA, Abb. 25, S.28-29).

2. Zweite Zwischenzeit und Hyksoszeit. Nach 1786 v.Chr. herrschte, nach wie vor von It-taui aus, ein knappes Jh. lang ein neues Königshaus, die 13. Dynastie, über den größten Teil Ä.s. Die Regierungszeiten waren meistens nur von kurzer Dauer, so daß ein Wesir oft mehreren Königen diente. Der ständigen, strengen, persönlichen Kontrolle des Königs entzogen, begann die Staatsmaschinerie zwangsläufig zu zerfallen. Zu dieser Zeit begegnete man in Ä. bis nach Theben hinauf vielen semit. Sklaven, die einflußreiche Positionen innehatten (*Josef) und – womöglich durch einen Staatsstreich – den Thron in It-taui an sich rissen (ägypt. *hkꜣw-hꜣswt*, Hyksos: fremdländische Herrscher; die 15. und 16. Dynastie: ca. 1650 – 1551 v.Chr.). Sie gründeten auch eine Hauptstadt im Ostdelta, Avaris (südl. des heutigen Qantir). Diese semit. Pharaonen formulierten ihre Thronnamen mit der vollen ägypt. Königstitulatur. Sie übernahmen anfangs die bestehende ägypt. Staatsverwaltung, um dann im Laufe der Zeit die hohen Ämter mit Semiten zu besetzen. Von diesen ist der Kanzler *Chūr* der bekannteste.

Vor diesem geschichtlichen Hintergrund ist der Bericht über *Josef (1Mo 37-50) zu sehen. Wie viele andere war er als semit. Bediensteter im Haushalt eines hochgestellten Ägypters tätig gesesen (1Mo 41,14; 43,32) und rasch in ein hohes Amt aufgestiegen (wohl ähnlich wie zu einem etwas späteren Zeitpunkt Chūr). Die eigentümliche und mühelose Mischung ägypt. und semit. Elemente, wie sie die Josefsgeschichte widerspiegelt, fügt sich (unabhängig davon, daß es sich um eine in Ä. spielende hebr. Geschichte handelt) bestens in die Hyksoszeit. Überdies nimmt das Ostdelta unter den Hyksos (Avaris) eine Vorrangstellung ein bis zur Mosezeit (d.h. der 19. Dynastie oder frühestens den letzten Jahren der 18.), in der ägypt. Geschichte dann aber nicht wieder.

Es dürften thebanische Gaufürsten gewesen sein, die im N mit den Hyksos in Konflikt gerieten. König Kamose entriß laut seiner kürzlich entdeckten Stele dem Apopi III. (Aauserre) ganz Ä. mit Ausnahme von Avaris im Ostdelta (s. L. Habachi: The Second Stela of Kamose, 1972). Kamoses Nachfolger, Ahmose I. (Begründer der 18. Dynastie und des Neuen Reiches), vertrieb die Hyksos und ihre (sowohl ägypt. wie asiat.) treuesten Anhänger schließlich aus Ä. und besiegte sie in Palästina.

III. NEUES REICH – AUFSTIEG ZUR WELTMACHT.
Während der nächsten fünf Jh. von ca. 1552 bis ca. 1070 v.Chr. befand sich Ä. auf dem Gipfel seiner politischen Macht, ein Zeitalter, in dem es im höchsten Glanz stand und seine größte Pracht entfaltete, dessen Ende aber durch den Niedergang des altägypt. Geistes und den schließlichen Zerfall der ägypt. Lebensweise und Kultur gekennzeichnet ist.

1. 18. Dynastie. Die ersten Könige dieses Herrscherhauses (ausgenommen Thutmosis I.) gaben sich offenbar damit zufrieden, die Hyksos zu vertreiben und Ä. und Nubien auf die von der 12. Dynastie überkommene Weise zu regieren. Doch der tatkräftige Thutmosis III. nahm die von seinem Großvater Thutmosis I. vorbereitete Politik wieder auf, die darauf abzielte, Palästina-Syrien zu erobern und zur Verhinderung jeglicher Wiederholung der Hyksos-Fremdherrschaft die nationale Grenze soweit wie möglich vom eigentlichen Ä. weg zu verlegen. Die Fürsten der kanaan. und amoritischen Stadtstaaten wurden zu tributpflichtigen Vasallen gemacht. Dieser Zustand dauerte fast ein Jh. bis zum Ende der Regierung Amenophis' III. (ca. 1360 v.Chr.); während dieser kurzen Zeit war Ä. die dominierende Macht im Alten Orient.

Theben war damals nicht die einzige Hauptstadt; das nördl. Memphis lag für die Verwaltung (besonders der asiat. Gebiete) günstiger. Amenophis III. zeigte eine besondere Vorliebe für den Gott Aton, das ist die Sonnenscheibe, suchte dabei aber das Machtstreben der Priester zu dämpfen und verehrte offiziell Amūn. Sein Sohn, Amenophis IV., brach indes völlig mit Amūn und dann mit fast allen alten Göttern, untersagte ihre Verehrung und tilgte sogar ihre Namen von den Denkmälern. Amenophis IV. verkündete den alleinigen Kult Atons, änderte seinen eigenen Namen in Echnaton und gründete in Mittelä. eine neue Residenz (Achet-Aton), das heutige Tell el Amarna. Nur er und die königliche Familie verehrten Aton unmittelbar; seine Untertanen verehrten den Gott in der Person des göttlichen Pharao Echnaton selbst.

Inzwischen hatte sich Ä.s Herrschaft über Syrien-Palästina ein wenig gelockert. Wie die berühmten Amarna-Briefe zeigen, bekämpften sich dort die von Ehrgeiz getriebenen Kleinfürsten gegenseitig, denunzierten ein-

Ein Paar Armreifen, die der ägypt. König Scheschonk I. (»Schischak«, der in Jerusalem einfiel, s. 1Kön 14,25) für seinen Sohn, Prinz Nemareth, anfertigen ließ. Höhe ca. 7 cm. Gold und Lapislazuli. Ca. 940 v.Chr. (BM)

ander vor dem Pharao und ersuchten ihn um militärische Hilfe bei der Durchführung ihrer eigensüchtigen Pläne. Innenpolitisch mußte Echnaton sich schließlich mit den oppositionellen Kräften vergleichen, und spätestens drei Jahre nach seinem Tod waren Amūs Kult, Besitzungen und Ansehen voll und ganz wiederhergestellt.

General Haremhab ergriff nunmehr die Gewalt und begann, Ä.s gestörte Ordnung wiederherzustellen. Nach seinem Tod ging der Thron auf seinen Offizierskollegen Paramessu über, der als Ramses I. die 19. Dynastie begründete und ein Jahr regierte. 2. 19. Dynastie, ca. 1300-1200 v.Chr. Nach der Wiederherstellung der inneren Ordnung Ä.s durch Haremhab ging Ramses' I. Sohn Sethos I. an die Wiederaufrichtung der Herrschaft über Syrien. Sein Feldzug gegen die Hetiter verlief recht erfolgreich, und die beiden Mächte schlossen einen Vertrag. Sethos I. setzte ein großes Bauprogramm im Nordostdelta ins Werk (das erste seit der Hyksoszeit) und hatte dort eine Residenz. Vielleicht gründete er die Deltahauptstadt, die sein Sohn, Ramses II., prächtig ausbaute und nach sich selbst »Pi-Ramessē«, »Ramsesstadt«, benannte (das *Ramses* von 2Mo 1,11). Ramses II. trat als der imperiale Pharao schlechthin auf und beeindruckte spätere Geschlechter derart, daß neun Könige nach ihm seinen Namen führten (Ramses III.-XI.). Während seiner langen Regierungszeit von 66 Jahren baute dieser König nicht nur die Deltaresidenz aus, sondern entfaltete auch in ganz Ä. und Nubien eine ausgedehnte Bautätigkeit. In Syrien unternahm er 20 Jahre lang Kriegszüge (gewöhnlich gegen die Hetiter; u.a. Schlacht bei Kadesch), bis er, des Kampfes müde und angesichts anderer Feinde, mit dem Hetiterkönig Hattusilis III. schließlich einen Dauerfriedensvertrag abschloß. Sein Nachfolger Merenptah unternahm einen kurzen Raubzug nach Palästina (die Einnahme von Gezer wird außer durch die berühmte Israel-Stele auch durch eine Inschrift in Amada bezeugt), bei dem er offenbar u.a. mit ein paar Israeliten zusammenstieß. Außerdem mußte er einen gefährlichen Einfall von Libyen her (den der »Seevölker«) abwehren. Seine Nachfolger waren unfähig.

In die erste Hälfte der 19. Dynastie ist offenbar Israels Bedrückung und Auszug aus Ä. zu datieren (*Chronologie des AT). Die Wiedererrichtung einer festen Ordnung unter Haremhab und der kräftige Anstoß, den Sethos I. als auch Ramses II. der Bautätigkeit im Ostdelta gaben, mit dem daraus resultierenden Erfordernis eines großen und rationellen Arbeitskräftepotentials, bilden den Hintergrund für die Unterdrückung der Hebräer, die in den in 2Mo 1,8-11 beschriebenen Fronarbeiten beim Bau von Pitom und Ramses gipfelte. Ramses war die große Deltaresidenz des Pharao und *Pitom eine Stadt im Wadi Tumilat. 2Mo 1,12-22 enthält einige Einzelheiten über diesen Sklavendienst der Hebräer, daneben auch Informationen zur Lehmziegelherstellung (s. *Ziegel; *Mose).

Was die Erziehung des Mose betrifft, so erscheint das Aufwachsen eines Westsemiten in ägypt. Hofkreisen, vielleicht im *harim* eines Landsitzes im Delta, von denen die Pharaonen mehrere besaßen, keineswegs unglaubhaft und war durchaus nichts Ungewöhnliches (vgl. J. Yoyotte in: G. Posener: Dictionary of Egyptian Civilization, 1962). Zumindest von Ramses' II. Zeit an wurden zu Beamten ausersehene Asiaten im königlichen *harim* erzogen (s. S. Sauneron und J. Yoyotte: Revue d'Égyptologie 7/1950, S. 67-70). Der durch und durch semit. Ben-'Ozen aus Zūr-Bāschān (»Fels von Baschan«) war königlicher Mundschenk (*wbꜣ-nsw*) des Merenptah (J.M.A. Janssen: Chronique d'Égypte 26/1951, Nr. 51, S. 54-57, und Abb. 11), und ein anderer semit. Mundschenk hieß Pen-Chau(ri): »der aus Hazor« (vgl. Sauneron und Yoyotte: a.a.O., S. 68, Anm. 6). Auf einer niedrigeren Ebene schilt ein Ägypter von ca. 1170 v.Chr. seinen Sohn, weil er mit Asiaten im Delta Blutsbrüderschaft geschlossen hatte (J. Cerny': JNES 14/1955, S. 161ff). Der ägypt. Werdegang des Mose nach 2Mo 2 ist daher durchaus glaubhaft. Es ist anzunehmen, daß Mose die damals denkbar beste ägypt. Erziehung genossen hat. Im Blick auf die Flucht des Mose (2Mo 2,1)

Kopf einer massiven Statue Amenophis' III. (ca. 1400 v.Chr.), der Pharao gewesen sein könnte, als Israel aus Ägypten auszog. West-Theben. Höhe ca. 1,2 m. 18. Dynastie. (BM)

findet sich Vergleichbares von zwei entlaufenen Sklaven im Papyrus Anastasi V (ANET, S. 259), daneben stehen die Klauseln über die Auslieferung von Flüchtlingen in dem Vertrag zwischen Ramses II. und den Hetitern (ANET, S. 200-203). Für die Bewegungen von Völkern und Großgruppen vgl. das in dem Artikel *Auszug aus Ä. angeführte Beispiel der Hetiter, und für die Zahl der Israeliten beim Auszug s. *Wüstenwanderung. Zwischen Ä. und Kanaan herrschte damals ein ständiges Kommen und Gehen (vgl. die Grenzberichte in ANET, S. 258- 259). Die Zeit der 19. Dynastie war die am stärksten kosmopolitisch geprägte der ägypt. Geschichte. Hebr.-kanaan. Lehnworte drangen in weit größerer Zahl als während der 18. Dynastie in die ägypt. Sprache und Literatur ein, und ägypt. Beamte brüsteten sich mit ihren kanaan. Sprachkenntnissen (Papyrus Anastasi I, s. ANET, S. 477b). Semit. Gottheiten (Baal, Anat, Reschef, Astarte oder Aschterot) wurden in Ä. verehrt und hatten dort sogar Tempel. Die Hebräer dürften daher schon längere Zeit vor ihrem Auszug aus dem Nilland Kenntnis von Kanaan und Vorstellungen von kanaan. Kultur gehabt haben.

3. 20. Dynastie. Ein Fürst namens Sethnacht stellte schließlich die Ordnung wieder her. Sein Sohn, Ramses III., war Ä.s letzter großer imperialer Pharao. Im ersten Dezennium seiner Regierung (ca. 1184-1153 v.Chr.) fegten gewaltige Völkerstürme im östl. Mittelmeerraum das Hetiterreich in Kleinasien hinweg, zerschlugen die alteingewurzelten kanaan.-amorit. Stadtstaaten Syrien-Palästinas und bedrohten Ä. von Libyen sowie von Palästina her. Ramses III. schlug diese Angriffe in drei Feldzügen zurück und drang sogar kurzzeitig in Palästina ein. Da seine Nachfolger, Ramses IV.-XI., größtenteils persönlich unfähig waren, wurde die Staatsmaschinerie immer unwirksamer und korrupter; eine chronische Inflation untergrub die Wirtschaft und brachte das einfache Volk in große Not. Die berühmt-berüchtigten Ausraubungen der Königsgräber von *Theben erreichten damals ihren Höhepunkt.

IV. SPÄTZEIT ÄGYPTENS UND GESCHICHTE ISRAELS.

Von dieser Zeit an steht die Geschichte Ä.s im Zeichen eines nur hin und wieder kurzzeitig durch herausragende Könige aufgehaltenen Verfalls. Die Erinnerung an Ä.s einstige Größe lebte indes weit über seine Grenzen hinaus fort und gereichte Israel und Juda sehr zum Nachteil, als sie so töricht waren, sich von dem »zerbrochenen Rohrstab« abhängig zu machen.

1. Die 21. Dynastie und das vereinigte

Ein syr. Krieger mit seiner ägypt. Frau. Er trinkt mit Hilfe eines Schilfrohrs aus einem mit zwei Griffen versehenen Gefäß. Tell-el-Amarna. Z.Zt. der Herrschaft Amenophis' IV. (Echnaton, 1364–1347 v.Chr.). (SMB)

Reich. Gegen Ende der Regierung Ramses' XI. herrschten der General (und jetzt auch Hoherpriester des Amūn) Herihor über Oberä. und der Fürst Nesbanebded I. (Smendes) über Unterä.; dies wurde als »Erneuerung« (*wchm-mswt*) bezeichnet. Nach dem Tode Ramses' XI. (ca. 1070 v.Chr.) wurde Smendes in Tanis Pharao; seine Nachkommen bekamen die Thronfolge zugesichert (21. Dynastie), während Herihors Nachfolger dafür als erbliche Hohepriester des Amūn in Theben und in der Herrschaft über Oberä. unter den Tanitenkönigen bestätigt wurden. Somit herrschte zur Zeit der 21. Dynastie die eine Hälfte Ä.s nur mit der Erlaubnis der anderen Hälfte über den Gesamtstaat.

Aus diesen besonderen Umständen dürfte die vorsichtige Asienpolitik dieser Dynastie zu erklären sein: eine Politik der Freundschaft und der Bündnisse mit den benachbarten Staaten Palästinas, die militärische Aktionen auf »polizeiliche« Maßnahmen zur Sicherung der Grenze innerhalb der Ä. nächst gelegenen Südwestecke Palästinas beschränkte. Wirtschaftliche Motive dürften ebenfalls eine große Rolle gespielt haben: Tanis war ein bedeutender Hafen. Alles dies fügt sich zu den zeitgenössischen atl. Zeugnissen.

Als König David *Edom eroberte, wurde Hadad, ein Kind aus der edomit. Königsfamilie, nach Ä. in Sicherheit gebracht. Er wurde dort überaus freundlich aufgenommen und

Die Pyramiden von Gisa/Giseh, die während der 4. Dynastie des Alten Reiches erbaut wurden (ca. 2575–2465 v.Chr.). (MH)

heiratete später sogar eine ägypt. Prinzessin (1Kön 11,18-22). Ein anschauliches Beispiel für die Außenpolitik der 21. Dynastie gibt es aus der Anfangszeit der Regierung Salomos. Ein *Pharao eroberte *Geser und fügte es dem Reich Salomos bei dessen Eheschließung mit seiner Tochter als Mitgift ein (1Kön 9,16; vgl. 3,1; 7,8; 9,24; 11,1). Die Verknüpfung einer »Polizeiaktion« in Südwestpalästina (Geser) mit einem Bündnis mit dem mächtigen Staat Israel verschaffte Ä. Sicherheit an seiner asiat. Grenze und brachte zweifellos beiden Staaten kommerziellen Nutzen. In Tanis hat man ein Relieffragment entdeckt, auf dem der Pharao Siamun einen Fremdling niederschlägt, offenbar einen Philister – nach der Axt ägäischen Typs zu schließen, die dieser in der Hand hält. Diese Einzelheit legt die Vermutung nahe, daß Siamun derjenige war, der eine »Polizeiaktion« in Philistäa durchführte (in deren Verlauf er zu dem kanaan. Ort Geser gelangte) und Salomos Verbündeter wurde. (s. für diese Szene P. Montet: Das alte Ägypten und die Bibel, dt. 1960, S. 65, Abb. 5).

2. Die libyschen Dynastien und das geteilte Reich.

*a. Scheschonk/*Schischak.* Nach dem Tode des letzten Tanitenkönigs 945 v.Chr. gelangte ein mächtiger libyscher Stammeshäuptling (aus Bubastis/Pibeseth) als Scheschonk I. (bibl. Schischak) gewaltlos auf den Thron und begründete damit die 22. Dynastie. Während Scheschonk I. im Innern seine Herrschaft befestigte, leitete er gleichzeitig eine neue, aggressive Asienpolitik ein. Er sah in Salomos Israel nicht einen Verbündeten, sondern einen politischen und wirtschaftlichen Rivalen an seiner Nordostgrenze und betrieb daher die Auflösung des Hebräer-Reiches. Bei Salomos Lebzeiten unternahm Scheschonk nichts, außer daß er politische Flüchtlinge, darunter Jerobeam, den Sohn Nebats, bei sich aufnahm (1Kön 11,29-40). Nach Salomos Tod beschleunigte Jerobeams Rückkehr nach Palästina die Teilung der Doppelmonarchie in die beiden Kleinstaaten des *Rehabeam und des *Jerobeam. Wenig später, in Rehabeams »fünftem Jahr«, 925 v.Chr. (1Kön 14,25-26; 2Chr 12,2-12), drang Scheschonk, offenbar unter dem Vorwand eines Grenzzwischenfalls mit Beduinen (Fragment einer Stele; s. Grdseloff: Revue de l'histoire juive en Ägypte, S1, 1947, S. 95-97), in Palästina ein und unterwarf Israel als auch Juda, was aus einer in *Megiddo entdeckten Stele dieses Pharaos hervorgeht (C.S. Fisher: The Excavation of Armageddon, 1929, S. 13 und Abb.). In der Aufzählung, die Scheschonk dem von ihm am Amūn-Tempel (Karnak) in Theben angebrachten Siegesrelief anfügte, begegnen viele bibl. Ortsnamen (s. ANEP, S. 118 und Abb. 349). Scheschonk verfolgte ein begrenztes, fest umrissenes Ziel: Ä. durch Unterwerfung seiner unmittelbaren Nachbarn politisch und kommerziell abzusichern. Er unternahm keinerlei Versuch, das Reich des Thutmosis oder Ramses wiederaufzurichten.

*b. Osorkon I./*Serach.* 2Chr 14,8-14; 16,8 lassen vermuten, daß Scheschonks Nachfolger, Osorkon I., es seinem in Palästina so erfolgreichen Vater gleichtun wollte, aber zu träge war, um sich selbst dorthin zu begeben. Statt dessen beauftragte er Serach, den Kuschiter, der ca. 897 v.Chr. von *Asa von Juda vernichtend geschlagen wurde. Diese Niederlage bedeutete das Ende der ägypt. Aggressionspolitik in Asien. Osorkon I. unterhielt jedoch, wiederum gleichwie Scheschonk I., Beziehungen zu Byblos in *Phönizien, wo man Statuen beider Pharaonen gefunden hat (Syria 5, 1924, S. 145-147 und Tafel 42; Syria 6, 1925, S. 101-117 und Tafel 25).

c. Ägypten und die Dynastie des Ahab. Osorkons I. unfähigem Nachfolger, Takeloth I., zerrann die Regierungsgewalt zwischen den Fingern. Der nächste König, Osorkon II., erbte somit ein Reich, dessen Einheit bereits gefährdet war: die libyschen Provinzstatthalter machten sich in zunehmendem Maße unabhängig, und in Theben traten separatistische Tendenzen zutage. Osorkon II. kehrte daher zu der früheren »bescheidenen« Außenpolitik der (ähnlich schwachen) 21. Dynastie zurück, die sich auf ein Bündnis mit den palästinischen Nachbarn gestützt hatte. Darauf deutet eine in *Omris und *Ahabs Palast in *Samaria gefundene Alabastervase Osorkons II. von der Art hin, wie sie die Pharaonen anderen Herrschern als Geschenk zu überreichen pflegten (Abb. in: Reisner et al.: Harvard Excavations at Samaria, 1, 1924, S. 247). Dies legt die Vermutung nahe, daß Omri oder Ahab Beziehungen zu Ä. und mit *Tyrus unterhielten (vgl. Ahabs Vermählung mit Isebel). Osorkon II. ließ auch in Byblos eine Statue von sich überreichen.

d. Hoschea und »So, der König von Ägypten«. Die von Osorkon II. wiederaufgenommene »bescheidene« Politik wurde von seinen zunehmend schwächeren Nachfolgern fortgesetzt. Unter ihrer Regierung zerfiel Ä. nach und nach in Teilstaaten, und neben der in Tanis/Zoan residierenden 22. Hauptdynastie regierten auch noch andernorts Könige (23. Dynastie). Der (möglicherweise auf gegenseitiger Duldung beruhenden) Doppelherrschaft gingen heftige, auf Theben zentrierte Bürgerkriege voraus, die Ä. wohl kaum eine andere Außenpolitik gestattet hätten.

All dies zeigt, warum der letzte König des Reiches Israel, *Hoschea, sich 725/24 v.Chr. so spontan an »So, den König von Ä.«, um Hilfe gegen Assyrien wandte (2Kön 17,4) und wie unangebracht sein Vertrauen auf ein derart schwaches und uneiniges Ä. war. Von dort kam keine Hilfe, um Samaria vor dem Fall zu bewahren. »So« konnte man lange Zeit nicht identifizieren. Er ist wahrscheinlich Osorkon IV., der letzte Pharao der 22. Dynastie, ca. 730-715 v.Chr. Die wirklichen Machthaber in Unterä. waren Tefnacht und sein Nachfolger Bocchoris (24. Dynastie); sie residierten in Sais im westl. Delta. Osorkon IV. war derart machtlos, daß er den die Grenzen Ä.s bedrohenden *Sargon von Assyrien 716 v.Chr. mit einem Geschenk von zwölf Pferden bestach (H. Tadmor: JCS 12/1958, S. 77-78).

3. Äthiopien – der »zerbrochene Rohrstab«. In Nubien (*Kusch) war inzwischen ein Reich entstanden, das von völlig ägyptisierten Fürsten regiert wurde. Von ihnen beanspruchten Kaschta und Pianchi als Verehrer des Amūn von Theben das Protektorat über Oberä. Zur Sicherung von Theben unterwarf Pianchi Tefnacht von Unterä., kehrte aber nach diesem Feldzug sogleich wieder nach Nubien zurück.

Sein Nachfolger, Schabaka (ca. 712-698 v.Chr.), eroberte das ganze Land jedoch wieder und stürzte Bocchoris. Schabaka nahm gegenüber Assyrien eine freundschaftlich-neutrale Haltung ein; 712 v.Chr. lieferte er auf Sargons II. Ersuchen einen Flüchtling aus, und in Ninive wurden Siegel des Schabaka (möglicherweise von diplomatischen Urkunden) gefunden. Zweifellos hatte Schabaka in Ä. genug zu tun, um von Kriegszügen Abstand zu nehmen, doch seine Nachfolger in der 25. Dynastie waren nicht so klug. Als *Sanherib von Assyrien 701 v.Chr. *Hiskia von Juda angriff, beauftragte der unbesonnene neue äthiop.

Die Gisa-/Giseh-Pyramiden sind aus massiven Granitblöcken erbaut, und waren ursprünglich mit Kalksteinplatten bedeckt. (KAK)

Pharao Schebitku seinen ebenso jungen und unerfahrenen Bruder Taharqa/ *Tirhaka, sich den Assyrern entgegenzuwerfen (2Kön 19,9; Jes 37,9), was mit einer schweren Niederlage für Ä. endete. Die äthiop. Pharaonen hatten keine Ahnung von Assyriens militärischer Übermacht – nach diesem Rückschlag wurde Tirhaka noch zweimal von Assyrien besiegt (ca. 671 und 666/65 v.Chr. als König) und Tanutamun einmal -, und ihre Einmischung in die Angelegenheiten Palästinas wirkte sich für Ä. und Palästina gleichermaßen verheerend aus. Sie waren ohne jeden Zweifel der »zerbrochene Rohrstab«, über den der Assyrerkönig höhnische Bemerkungen machte (2Kön 18,21; Jes 36,6). Ihrer wiederholten Einmischung leid, verwüstete *Assurbanipal 664/63 v.Chr. schließlich die alte heilige Stadt Theben und plünderte die in 14 Jh. angehäuften Tempelschätze. Der Prophet Nahum

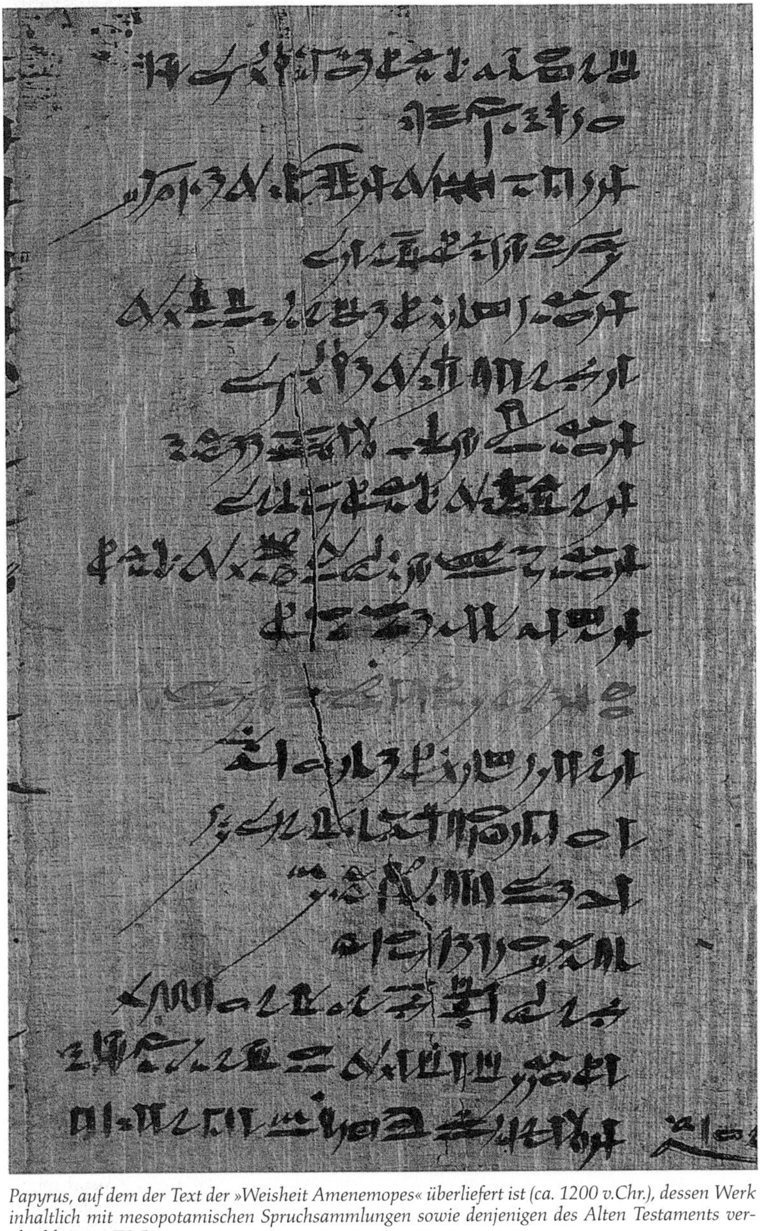

Papyrus, auf dem der Text der »Weisheit Amenemopes« überliefert ist (ca. 1200 v.Chr.), dessen Werk inhaltlich mit mesopotamischen Spruchsammlungen sowie denjenigen des Alten Testaments vergleichbar ist. (BM)

konnte keinen deutlicheren Vergleich als den Fall dieser Stadt finden (3,8-10), als er verkündete, daß Ninive demnächst seinerseits untergehen werde. Assyrien konnte Ä. jedoch nicht besetzen und errichtete nur Stützpunkte.

4. Ägypten, Juda und Babylon. In dem nunmehr zerrütteten Ä. gelang es dem sehr geschickt agierenden Stadtfürsten von Sais (westl. Delta), das ganze Land unter seinem Zepter zu einigen. Es war dies Psammetich I., der damit die 26. (Saïtische) Dynastie begründete. Er und seine Nachfolger stellten Ä.s innere Einheit und wirtschaftliche Prosperität wieder her. Um eine Kerntruppe von griech. Söldnern stellten sie ein schlagkräftiges Heer auf, weiteten durch Förderung griech. Kaufleute den Handel aus und schufen starke Flotten auf dem Mittelmeer und Roten Meer. Gleichsam als Ersatz für den Mangel an wirklicher innerer Lebenskraft ließ man sich von den Ruhmestaten der Vorfahren inspirieren, kopierte Kunstwerke der Vergangenheit und führte veraltete Amts- und Hoftitel wieder ein.

Außenpolitisch war die 26. Dynastie soweit wie möglich auf Wahrung des Machtgleichgewichts in Westasien bedacht. So griff Psammetich I. Assyrien nicht an, sondern bekämpfte im Bündnis mit ihm das wiedererstarkende Babylon. Desgleichen wollte Necho II. (610-595 v.Chr.) dem von Babylon bedrängten Assyrien zu Hilfe kommen (2Kön 23,29), doch verlegte ihm *Josia von Juda bei Megiddo den Weg und besiegelte derart Assyriens Schicksal; Josia fiel freilich dabei. Ä. betrachtete sich als Erben der palästinischen Besitzungen Assyriens, erlitt indes 605 v.Chr. bei *Karkemisch eine vernichtende Niederlage, so daß ganz Syrien-Palästina an Babylon fiel (Jer 46,2). Jojakim von Juda tauschte somit für drei Jahre seine ägypt. Vasallität gegen die babylon. ein. Nach Auskunft der babylon. Chronik brach 601 v.Chr. zwischen Ä. und Babylon ein offener, für beide Seiten sehr verlustreicher Konflikt aus; *Nebukadnezar blieb dann anderthalb Jahre in Babylonien, um sein Heer neu auszurüsten. Zu dieser Zeit empörte sich Jojakim von Juda gegen ihn (2Kön 24,1f), zweifellos in der Hoffnung auf ägypt. Hilfe, die jedoch ausblieb. Necho II. blieb neutral. Nebukadnezar konnte deshalb Jerusalem 597 v.Chr. ungehindert einnehmen. Psammetich II. hielt Frieden; sein Staatsbesuch in Byblos sollte in der Hauptsache Ä.s wohlbekannten kommerziellen Interessen in Phönizien dienen. Er kämpfte lediglich in Nubien. Apries/ *Hophra (589-570 v.Chr.) gab jedoch die von seinen Vorgängern geübte Zurückhaltung auf und eilte dem gegen Babylon rebellierenden *Zedekia zu Hilfe (Hes 17,11-21; Jer 37,5); Sals Nebukadnezar daraufhin seine (zweite) Belagerung Jerusalems vorübergehend aufhob, um ihn zurückzuschlagen, trat er jedoch überstürzt den Rückzug an und ließ Jerusalem 587 v.Chr. dem Babylonier in die Hände fallen. Nach weiteren Katastrophen wurde Apries/Hophra 570 v.Chr. schließlich durch Amasis (Ahmose II., 570-526 v.Chr.) ersetzt. Wie Jeremia zuvor prophezeit hatte (46,13ff), zog Nebukadnezar jetzt gegen Ä. (aufgezeichnet auf einer beschädigten babylon. Tafel), um jede weitere Einmischung von jener Seite zu verhindern. Nebukadnezar und Amasis müssen sich dann irgendwie arrangiert haben, denn von da an waren Ä. und Babylon Verbündete gegen die wachsende Bedrohung durch *Medien, bis beide Länder von Medien-Persien erobert wurden. 525 v.Chr. geriet Ä., wie zuvor schon seine Verbündeten, ebenfalls unter persische Herrschaft (Kambyses). Vgl. zu dieser Periode *Babylonien und *Persien.

5. Das »kleine Königreich«. Die Perserherrschaft in Ä. (Darius I.) zeichnete sich anfänglich durch Gerechtigkeit und Festigkeit aus, doch führten wiederholte Erhebungen zu einer Verhärtung der pers. Politik. Die Ägypter betrieben persienfeindliche Propaganda, die in Griechenland Anklang fand (vgl. Herodot): man hatte einen gemeinsamen Feind. Kurzzeitig, von ca. 404-343 v.Chr., erlangten die letzten einheimischen Pharaonen Ä.s (28.-30. Dynastie) wieder ein gewisses Maß an Unabhängigkeit. Dann unterwarf Persien Ä. noch einmal für neun Jahre, bis Alexander der Große 332 v.Chr. als »Befreier« einzog. Danach war Ä. zuerst eine hellen. Monarchie unter den *Ptolemäern und kam dann unter röm. und byzantin. Herrschaft. Vom 3.Jh.n.Chr. an war Ä. ein überwiegend christl. Land mit seiner eigenen, schließlich schismatischen (koptischen) Kirche. 641/42 kündigte die islamische Eroberung das Mittelalter und die Neuzeit an.

E. Literatur.

I. LITERATURGATTUNGEN.

1. Das 3. Jahrtausend v.Chr.

Die bekanntesten Hervorbringungen des Alten Reiches und der 1. Zwischenzeit sind rel. Texte und Lebenslehren. Die großen Weisen Imhotep, Djedefhor, Ptahhotep, Cheti verfaßten »Unterweisungen« oder »Lehren« (ägypt. *sb'yt*) und leiteten mit diesen Sammlungen von Regeln der Lebensklugheit, besonders für aufstrebende junge Männer (Kaïrsu für Kagemni) eine sehr lange Tradition in Ä. ein. Die besterhaltene ist die Sammlung des Ptahhotep (s. Z. Zába: Les Maximes de Ptahhotep, 1956; zu den Pyramidentexten und der memphitischen Theologie vgl. F.).

In der 1. Zwischenzeit dokumentieren die *Mahnworte des Ipuwer* wohl den Zerfall der ägypt. Gesellschaft und der alten Ordnung, während das *Gespräch eines Lebensmüden mit seiner Seele* die Qual dieser Zeit in einem persönlichen Konflikt widerspiegelt, der den Verfasser an den Rand des Selbstmordes treibt. Die *Ratschläge an König Merikare* enthalten bemerkenswerte Staatsmaximen, während die *Erlebnisse des beredten Bauern* den Rahmen für neun Bittreden (vgl. Hiob) bilden, in denen soziale Gerechtigkeit gefordert wird.

2. Frühes 2. Jahrtausend v.Chr.
Das Mittlere Reich sticht durch Erzählungen und Propagandaschriften hervor. Sein bedeutendstes Literaturwerk ist die *Geschichte des Sinuhe*, eines Ägypters, der lange Zeit in Palästina im Exil lebte. Die *Geschichte des Schiffbrüchigen* ist eine nautische Phantasie. Von den Propagandaschriften seien genannt: Die *Weissagung des Neferti* (ältere Schreibweise »Neferrohu«), eine Pseudoprophetie, die Ä.s Rettung durch Amenemhat I. ankündigt. (Über Weissagungen in Ä. s. Kitchen: Tyndale House Bulletin 5/6/1960, S. 6-7); ferner zwei vom Hofe inspirierte »Lehrschriften«, *Sehetepibrē* und *Ein Vater an seinen Sohn*, die den herrschenden bzw. den arbeitenden Schichten nahelegen sollten, daß allein der dem Thron treu Ergebene ein gutes Leben führe, sowie die *Hymnen auf Sesostris III.*, die dieser Treue gleichfalls Ausdruck geben. Angehenden Administratoren preist die *Lehre des Cheti* den Beruf des Schreibers als den erstrebenswertesten und schildert in düsteren Farben alle anderen (handwerklichen) Tätigkeiten. Daneben finden sich noch Magie- und Zaubereigeschichten.

3. Spätes 2. Jahrtausend v.Chr.
Während dieser Periode brachte das Pharaonenreich Erzählungen hervor, darunter bezaubernde Märchen (z.B. *Der verwunschene Prinz; Märchen von den beiden Brüdern*), historische Abenteuererzählungen (*Die Einnahme von Joppe*, ein Vorläufer von *Ali Baba und die vierzig Räuber*) und biographische Berichte wie die *Reise des Wenamūn*, der in der unheilvollen Zeit Ramses' XI. im Libanon Zedernholz besorgen sollte. Die Poesie formte Lyrik, Hymnen an den König und rel. Dichtung. In der erstgenannten Gattung findet man einige reizende Liebeslieder, deren Stil auf die zarten Kadenzen des Hohenliedes vorausweist. Die Weltmachtpolitik des Neuen Reichs regte die Komposition von Siegeshymnen an, unter denen die des Thutmosis III., Amenophis III., Ramses II. und Merenptah (Israel-Stele) die kunstvollsten sind. Die Weisheitsliteratur tritt demgegenüber etwas zurück, ist aber immer noch reichlich vertreten; neben den »Lehren« des Anii und Amennacht begegnet eine bemerkenswerte Ode auf die Unsterblichkeit der Schreibkunst. (Zu Amenemopes Weisheitslehre s.u. II.)

4. Das 1. Jahrtausend v.Chr. Aus dieser Epoche ist uns bisher weniger neue Literatur bekannt geworden. Die in demotischer Schrift geschriebene »Lehre« des Anch-Scheschonki datiert aus den letzten Jh. v.Chr. und die *Geschichten der Hohenpriester von Memphis* (Zauberer) stammen aus den ersten Jh. n.Chr. Das koptische (christl.) Schrifttum besteht größtenteils aus Übersetzungen griech. Kirchenliteratur. Der einzige herausragende Schriftsteller der koptischen Sprache und Kirche ist Shenante.

II. ÄGYPTISCHE LITERATUR UND DAS ALTE TESTAMENT.
Aus der vorstehenden, sehr unvollständigen Überschau geht hervor, wie umfangreich, inhaltsvoll und vielfältig die altägypt. Literatur ist; außer den unten aufgeführten rel. Texten liegt ein Korpus von Annalen, Wirtschafts- und Verwaltungsdokumenten vor: Ä. findet nicht nur im bibl. Kontext Erwähnung; auch die Nachbarländer bieten eine Fülle von Schriftzeugnissen (*Assyrien; *Kanaan; *Hetiter). Diese Literaturen sind in zweifacher Hinsicht relevant: erstens in bezug auf Fragen einer unmittelbaren Berührung mit den hebr. Schriftwerken und zweitens, weil sie datiertes, aus erster Hand stammendes zeitgenössisches Vergleichsmaterial für eine objektive Beurteilung der atl. Formen und Gattungen wie der textkritischen Verfahren liefern.

1. Die Frage nach unmittelbaren Bezügen ägypt. Literatur zu bibl. Zeugnissen.

a. 1Mo 39; Ps 104. Man hat gelegentlich behauptet, die Geschichte von der Untreue der Frau des Potifar in 1Mo 39 basiere auf einem ähnlichen Geschehnis in der Volkssage *Die beiden Brüder*. Eine treulose Ehefrau ist indes der einzige gemeinsame Zug. *Die beiden Brüder* ist ein frei nach der Phantasie gestaltetes Werk (der Held wird in einen Stier, einen Aguacatebaum usw. verwandelt), der Bericht von Josef dagegen ist eine Lebensbeschreibung, die durchweg aktuelle Bezüge aufweist. Daß treulose Ehefrauen nicht nur in der Mythologie – in Ä. und anderwärts – vorkommen, belegt ein einschlägiges ägypt. Beispiel (s. JNES 15/1955, S. 163).

Die Ägyptologen vertreten heute im allgemeinen nicht mehr die Ansicht, Echnatons großer Atonhymnus habe Teile von Ps 104 inspiriert (vgl. J.H. Breasted: Die Geburt des Gewissens, dt. Ü. 1950, S. 352-354). Der gleiche Universalismus und die gleiche Verehrung des Gottes als Schöpfer und Erhalter finden sich in Hymnen an Amūn zeitlich sowohl vor als auch nach dem Atonhymnus, was diese Vorstellungen bis in die Zeit der hebr. Psalmendichtung fortführen könnte (so z.B. J.A. Wilson: Burden of Egypt/Culture of Ancient Egypt, S. 224-229). Doch selbst dieses dünne Bindeglied ist ohne Bedeutung, denn der gleiche Universalismus begegnet genauso früh in Westasien (vgl. die in W.F. Albright: From Stone Age to Christianity, ²1957, S. 12-13, 213-223, angeführten Beispiele) und ist daher zu allgemein verbreitet, um für eine unmittelbare Beziehung als Beleg dienen zu können. Gleiches ließe sich hinsichtlich der sogenannten Bußpsalmen der thebanischen Nekropolenarbeiter der 19. Dynastie sagen. Ein Unzulänglichkeits- oder Sündenbewußtsein ist Ä. nicht eigentümlich (ja dort sogar ganz untypisch), und man sollte die ägypt. Psalmen mit dem von dem Hetiterkönig Mursilis II. abgelegten Bekenntnis der Sündhaftigkeit des Menschen (ANET, S. 395b) sowie mit den babylon. Bußliedern vergleichen. Die letzteren erweisen abermals die weite Verbreitung einer allgemeinen Vorstellung (wenn diese sich auch örtlich verschieden ausgeprägt haben mag) und eignen sich nicht zur Herstellung einer direkten Beziehung (vgl. G.R. Driver: The Psalmists, hrsg. v. D.C. Simpson, 1926, S. 109-175, bes. 171-175).

b. Das Weisheitsbuch des Amenemope und die *Sprüche Salomos. Aufgrund der auffallenden Ähnlichkeiten zwischen verschiedenen Passagen in der ägypt. »Unterweisung« des Amenemope (ca. 1100 v.Chr., s.u.) und den von Salomo zitierten »Worten der Weisen« (Spr 22,17-24,22) (bei Gleichsetzung von »meiner Lehre« von 22,17 mit der Salomos von 10,1) haben viele im Gefolge von Erman angenommen, daß die Sprüche Salomos sich auf Amenemope gründeten; nur Kevin und McGlinchey wagten, die gegenteilige Meinung zu vertreten. Andere entschieden sich (mit W.O.E. Oesterley: Wisdom of Egypt and the Old Testament, 1927) für die mittlere Linie, daß möglicherweise Amenemopes »Unterweisung« als auch »die Worte der Weisen« aus einem gemeinsamen Fundus altorientalischer Spruchweisheit geschöpft sein könnten, insbesondere aus einem älteren hebr. Werk. Die angebliche Abhängigkeit der Sprüche Salomos von Amenemope wird zwar immer noch angeführt, ist aber nicht haltbar (z.B. P. Montet: Das alte Ä. und die Bibel, dt. 1959, S. 186-207). Neuere, eingehende Untersuchungen der »Unterweisung« Amenemopes wie der Sprüche Salomos auf dem Hintergrund der gesamten altorientalischen Weisheitsliteratur haben ergeben, daß sich die Annahme eines wie immer beschaffenen Sonderverhältnisses zwischen beiden Werken auf keinerlei zureichende Fakten stützen kann. Zwei weitere Punkte sind zu bemerken. Erstens: Im Blick auf die Abfassungszeit erwähnt Plumley (DOTT, S. 173) ein Kairoer Ostrakon des Amenemope, das sich »mit ziemlicher Sicherheit in die zweite Hälfte der 21. Dynastie datieren läßt«. Der ägypt. Amenemope ist daher nicht später als 945 v.Chr. (Ende der 21. Dynastie) anzusetzen, und die Ägyptologie tendiert jetzt dazu, die Abfassung der »Unterweisung« in die Zeit der 18.-20. Dynastie zu datieren. Jedenfalls spricht nichts gegen eine Datierung der hebr. Worte der Weisen in die Ära Salomos, d.h. in das 10.Jh. v.Chr. Der zweite Punkt betrifft das in Spr. 22,20 begegnende Wort *schilschōm*, das Erman und andere mit »dreißig« übersetzen, womit sie die Sprüche Salomos die »dreißig Kapitel« des Amenemope nachahmen lassen. Spr 22,17-24,22 enthält indes nicht 30, sondern 33 Ermahnungen, und die einfachste Interpretation von *schlschwm* ist die, es als Ellipse für *'etmōl schilschōm*, »früher«, »schon«, aufzufassen.

2. Literaturwissenschaft und alttestamentliche Textkritik. Bedauerlicherweise berücksichtigt die atl. Textkritik bei ihren im Laufe des 19. Jh. entwickelten Methoden zu wenig die Charakteristika des zeitgenössischen Schrifttums der bibl. Welt, neben dem die hebr. Schriften ins Dasein traten und mit dessen Ausprägungen sie beträchtliche äußere, formale Ähnlichkeiten aufweisen. Die Anwendung solcher äußerer und unbestreitbar objektiver Kontrollen zieht zwangsläufig schwerwiegende Folgen für diese literarkritischen Methoden nach sich. Während ägypt. Texte eine besonders reichhaltige Quelle für solche äußeren Kontrolldaten darstellen, liefern mesopotamische nordkanaan. (ugaritische), hetitische und andere Schriftzeugnisse wertvolle Bestätigungen. (Einen Überblick bietet K.A. Kitchen: Alter Orient und Altes Testament, 1966, S. 48ff.)

F. Religion.

I. GOTTHEITEN UND THEOLOGIE.
Die ägypt. Religion bildete zu keiner Zeit ein geschlossenes Ganzes. Es gab immer eine Fülle von Lokalgottheiten, darunter Ptah, den Schöpfergott von Memphis, Thoth, den Mond- und Weisheitsgott in Hermopolis, Amūn, »der Verborgene«, Gott von Theben, der den dortigen Kriegsgott Mentu überschattete und im 2. Jt. v.Chr. zum Staatsgott Ä.s wurde, Hathor, die Göttin der Freude in Dendera, und viele andere. Weiter gab es die Weltgötter: zunächst Re oder Atum, den Sonnengott, dessen Tochter Maat die Wahrheit, das Recht, die Gerechtigkeit und die Weltord-

Statuette der Göttin Isis, die ihren Sohn Horus stillt. Ca. 7. Jh. v.Chr. (MH)

nung verkörperte; sodann die Himmelsgöttin Nut, den Luftgott Schu, den Erdgott Geb und den Gott der unterirdischen Wasser, Nu. Einer wirklichen Nationalreligion am nächsten kam der Kult des Osiris und seines Zyklus (mit Isis, seiner Frau, und seinem Sohn Horus). Die Geschichte des Osiris sprach die Menschen in hohem Grade an: Der von seinem bösen Bruder Seth ermordete gute König wurde zum Herrscher des Totenreichs und triumphierte in der Person seines ihm postum geborenen Sohnes und Rächers Horus, der mit Hilfe seiner Mutter Isis als König der Menschen den Thron seines Vaters bestieg. Der ägypt. Mensch konnte sich mit dem zu neuem, freilich nicht mehr irdischem Leben erweckten Osiris identifizieren; Osiris' Funktion als Vegetationsgott in Anknüpfung an die jährlichen Nilüberschwemmungen und die nachfolgende Wiedergeburt des Lebens ging in der Vorstellung der Ägypter eine machtvolle Verbindung mit seiner Eigenschaft als Herrscher des Totenreichs ein.

II. DER ÄGYPTISCHE KULTUS.
Der ägypt. Kultus war dem hebr. Kultus im besonderen und dem semit. im allgemeinen diametral entgegengesetzt. Der Tempel lag isoliert in einem von einem hohen Wall umgebenen Bezirk. Allein die amtierende Priesterschaft vollzog in solchen Tempeln den Kult, und das Volk nahm an der Ehrung der großen Götter nur an großen Festtagen teil, wenn die Gottheit während glanzvoller Prozession in Erscheinung trat. Sonst suchte es bei Haus- und kleineren Göttern Trost. Der Kult der großen Götter wurde nach einem feststehenden Muster vollzogen, wobei der Gott genauso wie ein irdischer König behandelt wurde. Er (d.h. sein Bild) wurde jeden Morgen mit einem Hymnus geweckt, gewaschen und angekleidet, er frühstückte (Morgengabe), ging vormittags seiner Tätigkeit nach, aß zu Mittag und zu Abend (entsprechende Opfer) und hielt dann Nachtruhe. Ein größerer Gegensatz als der zwischen dem unablässig wachenden, selbstgenügsamen Gott Israels und dem didaktischen Opferwesen, das die Notwendigkeit der Sühne und der Sündenvergebung für alle versinnbildlicht, wenn in der Stiftshütte oder im Tempel Opfer gebracht wurden, und jenen irdischen Naturgottheiten Ä.s scheint kaum denkbar.

III. RELIGIÖSE LITERATUR.
Aus dem 3. Jt. v.Chr. datieren die sogenannten Pyramidentexte (Inschriften in den Pyramiden der 6. Dynastie), ein umfangreiches Korpus kurzer Texte, die komplizierte königliche Bestattungsrituale wiedergeben, sowie die memphitische Theologie, die den Gott Ptah als Schöpfer feiert, der im Geist (»Herz«) erkennt und durch sein Machtwort (»Zunge«)

Brustschmuck mit Gold und Einlegearbeiten, der einen geflügelten Skarabäus zeigt (das Sinnbild neuen Lebens). Er hält die Sonnenbarke, das heilige Auge und andere Symbole. Aus dem Grabschatz des Tutanchamun. Ca. 1340 v.Chr. (RH)

erschafft. Zu allen Zeiten begegnen Hymnen und Gebete an die Götter, gewöhnlich voller mythologischer Anspielungen. Im Neuen Reich veranschaulichen gewisse Hymnen auf Amūn und Echnatons berühmter Aton-Hymnus in bemerkenswerter Weise den damaligen Universalismus (s.o. **E.** II.). Von den bisher auf uns gekommenen Götterepen existieren nur Auszüge. Ein zweideutiger Teil des Osiris-Zyklus ist in dem *Streit zwischen Horus und Seth* erhalten. Die (damals gewöhnlich auf die Innenwände der Holzsärge geschriebenen) Sargtexte des Mittleren Reiches und das »Totenbuch« des Neuen Reiches und der Spätzeit sind Sammlungen von Zaubersprüchen zum Schutz und Nutzen der Verstorbenen im Jenseits; auf den Wänden der Königsgräber des Neuen Reiches finden sich Jenseitsbeschreibungen.

IV. JENSEITSGLAUBE.

Der vielgestaltige Jenseitsglaube der Ägypter fand seinen Ausdruck in konkreten, materiellen Vorstellungen eines prächtigeren, unirdischen, von Osiris beherrschten Ä. Man stellte sich das Jenseits u.a. als Begleitung des Sonnengottes Re auf seiner täglichen Reise quer über den Himmel und durch die Unterwelt oder als Wohnen bei den Sternen vor. Der Körper war ein stoffliches Anhängsel der Seele; die Einbalsamierung sollte lediglich verhindern, daß die Sonnenstrahlen den Leichnam austrockneten, wie es bei den vorgeschichtlichen Flachbestattungen der Fall gewesen war. Beigaben für die Toten lockten gewöhnlich Räuber an. Der Totenkult der Ägypter war nicht morbid; pragmatisch und materialistisch, wollten sie die guten Dinge dieser Welt mitnehmen und bedienten sich dazu magischer Mittel. Das Grab war die ewige materielle Wohnstatt des Verstorbenen.

Goldener Brustschmuck mit Einlegearbeiten: die Geiergöttin Nechbet hält ein Symbol der Ewigkeit in ihren Klauen. Aus dem Grabschatz des Tutanchamun. Ca. 1340 v.Chr. (RH)

Hölzerne Figur des Osiris, des ägypt. Herrschers der Verstorbenen. Er trägt die Atef-Krone und hält die königlichen Insignien (Krummstab und Geißel) in den Händen. (MH)

Die Pyramiden waren nichts weiter als Königsgräber, die dem heiligen Stein des Sonnengottes Re in Heliopolis nachgebildet waren (s. I.E.S. Edwards: The Pyramids of Egypt, 1961). Die geheimen Felsgräber der Pharaonen des Neuen Reiches im Königsgräbertal auf der thebanischen Westseite sollten die Räuber täuschen, was jedoch ebensowenig wie bei den Pyramiden gelang, an deren Stelle sie traten.

Literatur: Allgemeines, Einführungen: L. Cottrell: Das Geheimnis der Königsgräber, 1952; ders: Das Volk der Pharaonen, 1956; P. Montet: So lebten die Ägypter vor 3000 Jahren, 1960; G. Posener: Knaurs Lexikon der ägyptischen Kultur, 1960; W. Helck: Die Beziehungen Ägyptens zu Vorderasien im 3. und 2. Jahrtausend v.Chr., 1962; H. Kees: Kulturgeschichte des Alten Orients, 1: Ägypten, in: Hb. der Altertumswissenschaften, 1933; ders: Das alte Ägypten, 1955, [2]1958. Die vor dem Krieg erschienene Literatur ist nahezu vollständig aufgeführt in: I.A. Pratt: Ancient Egypt, 1925, und Ancient Egypt (1925-41), 1942; die der Jahre 1939-47 in acht Verzeichnissen nach W. Federn in: J.M.A. Janssen, Orientalia 17-19 (1948-50), und die ab 1947 in: Annual Egyptological Bibliography, 1948ff, sowie B.J. Kemp, Egyptology Titles (jährlich); S. auch Porter-Moss: Topographical Bibliography, 7 Bd. Das Ägyptische Museum Kairo. Offizieller Katalog, 1986.

Geographie: J. Ball: Contributions to the Geography of Egypt, 1939. Für neuere statistische Daten s.: The Middle East, 1958; K. Baedeker: Ägypten und der Sudan, [8]1928; W.C. Hayes: Most Ancient Egypt = INES 22/1964. Für die Geographie Altä.s: Sir A.H. Gardiner: Ancient Egyptian Onomastica, 3 Bd., 1947.

Sprache: Sir A.H. Gardiner: Egyptian Grammar, [3]1957. Für das Koptische: W.C. Till: Koptische Grammatik, 1955; A. Mallon: Grammaire Copte, 1956; C.C. Walters: An Elementary Coptic Grammar, 1972.

Geschichte: É. Drioton/J. Vandier: L'Égypte (Sammlung »Clio«), [4]1962; J.A. Wilson: The Burden of Egypt, 1951, ND The Culture of Ancient Egypt, 1956; Sir A.H. Gardiner: Geschichte des alten Ägypten, 1965; I.B. Bury u.a. (Hrsg.): The Cambridge Ancient History, Bd. 1-2, [3]1970ff; H. Kees: Das Priestertum im ägypt. Staat, 1953, S. 78-88 und 62-69, sowie Nachträge, 1958; J.A. Wilson: Burden of Egypt/Culture of Ancient Egypt, Kap. IX; K.A. Kitchen: The Third Intermediate Period in Egypt (1100-650 BC), 1972; E. Hornung: Grundzüge der ägyptischen Geschichte, [2]1978.

Zur Perserzeit: F.K. Kienitz: Die politische Geschichte Ägyptens vom 7. bis zum 4. Jh. vor der Zeitwende, 1953. Für die babylon. Chroniken: D.J. Wiseman: Chronicles of Chaldaean Kings, 1956; R.A. Parker, Mitteilungen des Deutschen Archäologischen Instituts, Abt. Kairo, 15/1957, S. 208-212.

Für das hellen. und röm. Ä.: CAH, Bd. 10ff; Sir H.I. Bell: Egypt from Alexander the Great to the Arab Conquest, 1948; ders.: Cults and Creeds in Graeco-Roman Egypt, 1953 u.ö.; W.H. Worrell: A Short Account of the Copts, 1945.

Literatur: W.K. Simpson (Hrsg.): The Literature of Ancient Egypt, 1972; M. Lichtheim: Ancient Egyptian Literature, 1-2, 1973-76; J.H. Breasted: Ancient Records of Egypt, 5 Bd., 1906-07. Umfangreiche, doch gekürzte Auswahlen erscheinen in ANET. T.E. Peet: A Comparative Study of the Literatures of Egypt, Palestine and Mesopotamia, 1931; W. Rölling: Neues Handbuch der Literaturwissenschaft, Bd. 1, Orientalische Literaturen, 1978.

Religion: J. Černý: Ancient Egyptian Religion, 1952; H. Kees: Der Götterglaube im alten Ägypten, 1956; S. Morenz: Ägyptische Religion, [2]1977; H. Brunner: Grundzüge der altägyptischen Religion, 1983.

K.A.K.

AHAB. »Der (göttliche) Bruder ist Vater«.

1. Sohn und Nachfolger *Omris, des Begründers der Dynastie. A. regierte als siebter König Israels 22 Jahre lang von 874-852 v.Chr. (1Kön 16,28ff). Er heiratete *Isebel, Tochter Etbaals, des Königs von Sidon und Priester der *Astarte.

a. Politische Geschichte. A. ließ israelit. Städte befestigen (1Kön 16,34; 22,39) und führte in seiner Hauptstadt *Samaria viele Bauvorhaben durch (1Kön 16,32), was durch Ausgrabungen bestätigt wird. Sein Palast war mit Elfenbein geschmückt (1Kön 22,39; vgl. Am 3,15). Während seiner Herrschaft gab es ständig Krieg mit Syrien (vgl. 1Kön 22,1), vor allem gegen *Ben-Hadad, der mit seinen Verbündeten Samaria belagerte, aber abgeschlagen wurde (1Kön 20,21). In einer späteren Schlacht bei *Afek schlug A. Ben-Hadad schwer, verschonte aber sein Leben (1Kön 20,26-30), vielleicht als Gegenleistung für wirtschaftliche Konzessionen in *Damaskus, wie sie syr. Händlern in Samaria gewährt wurden. Durch seine Heirat hatte A. wirtschaftliche Verbindungen mit phönizischen Häfen.

Historische Berichte aus Assyrien zeigen, daß A. 853 v.Chr. in der Schlacht von Qarquar am Orontes Ben-Hadad mit 2000 Wagen und 10000 Männern in der erfolgreichen Abwehr des südwestl. Vormarsches von *Salmanassar III. unterstützte (vgl. ANET, S. 278-281). Diese Intervention A.s war einer der Gründe für das spätere Vorrücken der Assyrer gegen Israel. Die fast ausschließliche Beschäftigung mit syr. Angelegenheiten ermöglichte es *Moab, einem Vasallen A.s, zu revoltieren (*Mescha-Stele). Später führte A. zusammen mit *Joschafat von Juda wieder Krieg gegen Syrien (1Kön 22,3). Obwohl er durch den Propheten Micha vor den verhängnisvollen Folgen gewarnt worden war, beteiligte er sich an der entscheidenden Schlacht in Ramot in Gilead, allerdings verkleidet. A. wurde durch einen Pfeil tödlich verwundet; in Samaria wurde er begraben. Sein Sohn *Ahasja wurde nach ihm König (1Kön 22,28-40).

b. Religiöse Angelegenheiten. *Elia war der wichtigste Prophet während A.s Herrschaft. A. war von seiner Frau Isebel beeinflußt, der er gestattete, einen *Baal (von Tyrus) geweihten Tempel – mit heidnischem Altar, Aschera und Wärtern – in Samaria zu errichten (1Kön 16,32). Sie förderte eine große Gruppe falscher Propheten sowie die Anhänger Baals (1Kön 18,19-20) und stiftete schließlich offenen Widerstand gegen Jahwe an. Die wahren Propheten wurden umgebracht, die Altäre Jahwes abgerissen; Elia mußte unter Lebensgefahr fliehen. Obadja, ein gottesfürchtiger Minister A.s, versteckte jedoch 100 Propheten (1Kön 18,3-4).

A.s mangelndes Eintreten für Recht und Gesetz zeigt sich an dem auf Falschaussagen beruhenden Todesurteil über Nabot, dessen Weinberg neben dem Palast in Jesreel lag und annektiert wurde (1Kön 21,1-16). Dieser Vorfall veranlaßte Elia zu offenem Widerstand; sein Standpunkt wurde von Jahwe durch die Entscheidung auf dem Karmel bestätigt, die die Ansprüche der falschen Propheten als nichtig erwies. Elia prophezeite das Schicksal A.s, seiner Frau und der ganzen Dynastie (1Kön 21,20-24). A.s Herrschaft, von Götzendienst und dem schlechten Einfluß Isebels gekennzeichnet (1Kön 21,25-26), wirkte auf nachfolgende Generationen negativ und wurde von *Hosea (1,4) und *Micha (6,16) verurteilt.

2. A., Sohn Kolajas; einer der zwei falschen Propheten, deren Gebrauch des Namens Jahwe von Jeremia gerügt wurde. Dieser prophezeite A.s Tod durch Verbrennen auf Befehl des Königs von Babylon (Jer 29,21). D.J.W.

AHAS. »Er hat ergriffen«.

1. König von Juda (732-715 v.Chr.), Sohn Jotams. Der Name A. ist eine Abkürzung von Joahas; dies wird durch eine Inschrift von Tiglat-Pileser III. bestätigt (ANET, S. 282). Sowohl sein Alter bei der Thronbesteigung als auch seine Regierungsdauer (2Kön 16,2; 2Chr 28,1) führen zu chronologischen Problemen (vgl. *Chronologie des AT).

In den Anfangsjahren seiner Regierung versuchten Pekach, der König Israels, und Rezin, der König Syriens, A. zum Anschluß an ihr antiassyr. Bündnis zu zwingen. Weil dies mißlang, marschierten die Alliierten in Juda ein (2Kön 16,5). Die Judäer hatten große Verluste, und viele gerieten in Gefangenschaft. Die Intervention des Propheten Oded stellte die Rückführung der Gefangenen sicher (2Chr 28,5-15). *Jesaja bemühte sich auf dem Höhepunkt der Krise vergeblich, A. zum Vertrauen in Jahwe zu bewegen (Jes 7,1-12) – der ungläubige König zog es vor, Assyrien um Hilfe zu bitten. Der Preis, der für die assyr. Hilfe gezahlt werden mußte, war neben der schweren finanziellen Belastung eine jahrhundertelange Abhängigkeit Judas. Die *Philister und *Edomiter nutzten die Schwäche Judas zu Überfällen aus (2Chr 28,17-28).

Diese Notlage wurde als göttliches Gericht über A. wegen seiner flagranten Abtrünnigkeit verstanden. Er verbrannte sogar seinen Sohn als Opfer, förderte die korrupte Gottesanbetung auf den Höhen, stellte einen assyr. Vorbildern entsprechenden *Altar in den Hof des Tempels, benutzte den an eine andere Stelle versetzten Bronzealtar Salomos im Zusammenhang mit Wahrsagerei und schloß das Heiligtum des Tempels (2Kön 16,3-4.10-16; 2Chr 28,2-4.23-25).

2. A. war auch der Name eines Sohnes von Micha, eines Urenkels von König Saul (1Chr 8,35f; 9,41f). J.C.J.W.

AHASJA. »Jahwe hat ergriffen«.

1. Sohn und Nachfolger *Ahabs, des Königs von Israel, dessen Religionspolitik er in zweijähriger Herrschaft unverändert fortführte (1Kön 22,52-2Kön 1,18). Im Mittelpunkt des bibl. Berichts steht A.s Konflikt mit *Elia, zu dem es gekommen war, weil A. *Baal-Sebub, den Gott Ekrons, konsultieren ließ. Bei A.s Thronbesteigung wurde die Revolte *Moabs, die nach Auskunft der *Mescha-Stele bereits während der letzten Jahre der Regierung Ahabs ihren Anfang genommen hatte, erfolgreich abgeschlossen (2Kön 1,1; 3,5). Auch A.s Versuch, mit *Joschafat, dem König von Juda, ein Schiffahrtsbündnis einzugehen, war zum Scheitern verurteilt (2Chr 20,35f; 1Kön 22,48-49). Er starb infolge eines Sturzes; da er keinen Sohn hatte, wurde sein Bruder *Joram nach ihm König.

2. A., auch Joahas genannt (2Chr 21,17), jüngster Sohn Jorams, des Königs von Juda. 2Kön 8,25-29; 9,16-29 und 2Chr 22,1-9 sind sich ergänzende Berichte von A.s Thronbesteigung und Ermordung, die sich auf voneinander unabhängige Quellen mit unterschiedlichen Interessen stützen. A. wurde von den Einwohnern Jerusalems als einzig überlebender Erbe zum König gemacht. Seine Regierungszeit von weniger als einem Jahr war gekennzeichnet von einer engen Verbindung zu seinem Onkel Joram, dem König von Israel, die auf den Einfluß seiner Mutter *Atalja zurückzuführen war. A. wurde während der Säuberungsaktion von Jehu getötet, als er Joram besuchte, der sich in Jesreel von einer Krankheit erholte. H.G.M.W.

AHASVEROS. (Hebr. *'achaswērōs* entspricht dem pers. *khshayarsha.*) In den aram. Papyri von Elephantine lautet der Konsonantenbestand chsy'rs, was dem griech. Xerxes stark ähnelt; die babylon. Version von Xerxes' Namen in der Behistun-Inschrift ähnelt der hebr. Lesart. Xerxes I. war König Persiens (485-465 v.Chr.). Der Name kommt in dreifachem Kontext vor:

1. Esr 4,6: Es liegt nahe, daß der Autor in Esr 4,6-23 bewußt zwei spätere Beispiele von Opposition während der Herrschaft von Xerxes I. und seinem Nachfolger, *Artaxerxes I., angeführt hat. Im Kontext ist von Opposition gegen den Bau der Stadtmauern, nicht gegen den Tempelbau die Rede; so auch in 4,1-5.25 (vgl. J. Stafford Wright: The Date of Ezra's Coming to Jerusalem, 1958). Eine andere, jedoch unwahrscheinliche Theorie nimmt an, daß es sich hier um den König Kambyses, den Nachfolger von *Kyrus, handelt (529-522 v.Chr.).

2. Im Buch *Ester handelt es sich mit großer Wahrscheinlichkeit um Xerxes I., auch wenn die LXX durchweg »Artaxerxes« liest; manche identifizieren A. hier mit Artaxerxes II. (404-359 v.Chr.).

3. Dan 9,1: A. ist der Vater des Meders *Darius. J.S.W.

Alabastervase aus den Ruinen des Mausoleums von Halikarnassos. Vermutlich hat sie Ahasveros (Xerxes), der König von Persien (485–465 v.Chr.), einem Fürsten überreicht. Name und Titel des Königs sind auf altpersisch in babylonischer Keilschrift und in ägyptischen Hieroglyphen eingraviert. Höhe ca. 29 cm. (BM)

AHIJA. »Bruder ist der Herr«.

1. Ein Prophet von *Silo, der gegen den Götzendienst *Salomos protestierte. A. teilte sein Gewand symbolisch in zwölf Teile, von denen er zehn *Jerobeam gab, einem untergeordneten Beamten aus Salomos Regierung (1Kön 11,28ff). A. erklärte, daß Salomos Reich geteilt und zehn Stämme Jerobeam untertan werden würden (1Kön 11,30-40). Jerobeam floh vor Salomos Zorn nach Ägypten, wo ihm Pharao *Schischak Asyl gewährte. Nach dem Tod Salomos erfüllte sich die Prophezeiung A.s: die zehn Stämme im N rissen sich von Rehabeam, dem Sohn Salomos, los, und Jerobeam wurde König von Israel (922-901 v.Chr.). Jerobeam führte Israel jedoch in den Götzendienst und wurde ebenfalls von A. angeklagt. Der Prophet weissagte den Tod von Jerobeams Sohn, das Aussterben seines Geschlechts und die zukünftige Gefangenschaft Israels (1Kön 14,6-16).

2. In 1Sam 14,3.18 ist A. der Name des Enkels von *Eli, der an anderer Stelle *Ahimelech, Priester von Nob und Vater Abjatars, genannt wird (1Sam 21,2ff; 22,9ff).

3. Andere Männer dieses Namens werden kurz erwähnt: ein Sekretär Salomos, Ahia (1Kön 4,3); der Vater *Baschas (1Kön 15,27.33); der Sohn Jerachmeels (1Chr 2,25 – der Wortlaut ist unsicher); der Sohn *Ehuds (1Chr 8,7); einer der Helden Davids (1Chr 11,36); ein Wächter des Temppelschatzes (1Chr 26,20 – nach unsicherer Überlieferung, vgl. RevEB); einer der Männer, die mit Nehemia den Bund unterschrieben (Neh 10,27).

C.F.P.

AHIKAM. »Mein Bruder hat sich erhoben«. Sohn Schafans, ein Hofbeamter König *Josias

Kronprinz Ahasveros (Xerxes) hinter dem thronenden König Darius I. von Persien (521–486 v.Chr.), seinem Vater. Persepolis, Iran. Höhe ca. 2,50 m. (OIUC)

(2Kön 22,12.14; 2Chr 34,20). A. schützte Jeremia vor König *Jojakim und dem Volk (Jer 26,24). Sein Sohn ist *Gedalja.

AHIMAAZ. »Mein Bruder ist erzürnt«.

1. Vater von Sauls Frau *Ahinoam (1Sam 14,50).

2. Sohn des Priesters *Zadok. Während Absaloms Aufstand übernahmen er und Abjatars Sohn *Jonatan die gefährliche Aufgabe der Nachrichtenübermittlung zwischen *Huschai, der in Jerusalem geblieben war, und König David (2Sam 15,27.36; 17,17-21). Nach der Entscheidungsschlacht erreichte A. den König zuerst mit der Siegesbotschaft. Den Tod Absaloms meldete aber Joabs Bote *Chusi (2Sam 18,19-32).

3. Salomos Statthalter in Naftali, der die Königstochter *Basemat zur Frau hatte (1Kön 4,15); vielleicht derselbe wie der Sohn Zadoks.

AHIMELECH. »Bruder eines Königs«, »mein Bruder ist König«. Der Name findet sich auf den Ostraka von Samaria und auf einem alten hebr. Siegel.

1. Sohn *Ahitubs, Vater *Abjatars, Priester in Nob; er gab David die Schaubrote und das Schwert Goliats, weshalb er von Saul getötet wurde (1Sam 21-22; s. *Ahija).

2. Sohn *Abjatars, ein Priester unter David, vielleicht der Enkel von 1. (2Sam 8,17).

3. Ein Hetiter in den Diensten Davids, ehe dieser König wurde (1Sam 26,6). A.R.M.

AHINOAM. »Mein Bruder ist Huld«.

1. Tochter des *Ahimaaz und Sauls Frau (1Sam 14,50).

2. Jesreeliterin und Frau Davids. Sie zieht mit ihm zu *Achisch, wird in *Ziklag von den *Amalekitern gefangengenommen, aber wieder befreit und schenkt David in *Hebron seinen ältesten Sohn *Amnon (1Sam 25,43; 27,3; 30,5.18; 2Sam 3,2).

AHITOFEL. »Bruder törichten Redens«(?). A. stammte aus Gilo und war ein geachteter Ratgeber Davids (2Sam 15,12; 16,23). Als er sich am Komplott *Absaloms beteiligte, betete David, daß sein Rat unbrauchbar gemacht werde (2Sam 15,12.31ff; impliziert vielleicht Wortspiel mit seinem Namen). A. hatte Absalom vorgeschlagen, seine Autorität durch die Inbesitznahme des Harems seines Vaters geltend zu machen. Sein Plan, David anzugreifen, ehe dieser seine Streitkräfte sammeln konnte, wurde durch *Huschai, den Freund des Königs, vereitelt. A. erkannte, daß Absalom einen verhängnisvollen Kurs eingeschlagen hatte, ging nach Hause und erhängte sich, um nicht in die Hand seines vormaligen Herrn zu fallen (2Sam 16-17). *Jojada und *Abjatar nahmen seine Stelle als Ratgeber Davids ein (1Chr 27,33-34). A.s Sohn Eliam war offensichtlich David treu geblieben; er war einer der 30 Helden (2Sam 23,34). A.R.M.

AHITUB. »Mein Bruder ist Güte«.

1. Sohn des *Pinhas, Enkel *Elis (1Sam 14,3) und Vater des Priesters *Ahimelech (1Sam 22,9).

2. Sohn *Amarjas und Vater des Priesters *Zadok (2Sam 8,17; 1Chr 5,33.34).

3. Ein späterer Priester aus der gleichen Familie, ebenfalls der Sohn eines Amarja und Vater eines Zadok (1Chr 5,37f; Neh 11,11).

AI. Der Name wird im Hebr. immer mit dem bestimmten Artikel geschrieben: *hāʿay,* »der Haufe«, »die Ruine«. Die Stadt lag im O von *Bethel und dem Altar, den Abraham gebaut hatte (1Mo 12,8), bei *Bet-Awen (Jos 7,2) und im N von *Michmas (Jes 10,28). Der israelit. Angriff auf die Stadt, der unmittelbar auf die Plünderung Jerichos folgte, wurde zuerst abgeschlagen; nachdem die Sünde *Achans bestraft worden war, führte eine Kriegslist jedoch zum gewünschten Erfolg. Die Bewohner Ais wurden getötet, ihr König hingerichtet, ihre Stadt niedergebrannt und zu einem »Haufen« gemacht (hebr. *tēl;* Jos 7,1-8,29). Ai wurde eine Stadt Efraims (1Chr 7,28: »Aja«), wurde jedoch nach dem Exil von Benjaminiten bewohnt (Neh 11,31). Jesaja schildert den Vormarsch der assyr. Heere auf Jerusalem über Ai (Jes 10,28: »Ajat«).

Ai wird gewöhnlich mit dem heutigen Et-Tell (arab. *tall* »Haufe«, »Erdhügel«) ca. 3 km südöstl. von Bethel (Tell Beitin) aufgrund der Topographie und der Übereinstimmung der Bedeutung des antiken und des modernen Namens identifiziert. Die Ausgrabungen von Mme J. Marquet-Krause (1933-35) und J.A. Callaway (1964-72) legten eine Stadt frei, die im 3.Jt. v.Chr. geblüht hatte. Sie hatte eine starke Stadtmauer und einen Tempel, in dem man Steinschalen sowie aus Ägypten importierte Gegenstände aus Elfenbein fand. Die Stadt wurde um 2400 v.Chr. zerstört, vielleicht von amoritischen Eindringlingen. Man fand keine Spuren einer später bewohnten Stadt, abgesehen von einer kleinen Siedlung, die um 1200-1050 v.Chr. die Ruinen der früheren Stadt benutzte. Die Forscher, die diese

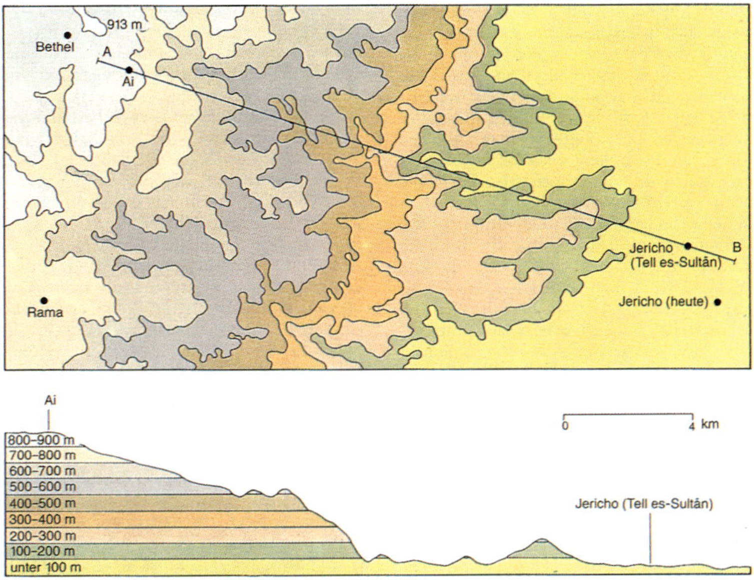

Die Lage von Ai (Et-Tell) und Jericho zum Vergleich.

Identifizierung akzeptieren, versuchen die Diskrepanz zwischen dem bibl. Bericht von Josuas Eroberung und den archäologischen Gegebenheiten auf verschiedene Weise zu erklären. Ein Vorschlag lautet, der Bericht könnte sich ursprünglich auf Bethel bezogen haben, später aber auf Ai umgearbeitet worden sein; ein anderer möchte den Bericht für erfunden erklären, um die eindrucksvolle Ruine als Resultat eines Angriffs durch den

Reste eines aus der Eisenzeit stammenden Hauses in Ai (vermutlich das heutige Et-Tell). Die gehauenen Stein-Pfeiler stützten die Dachbalken. Ca. 1200–1050 v.Chr. (AIA)

Helden Josua darzustellen. Diese Hypothesen lassen sich nicht beweisen. Eine Erklärung könnte man darin sehen, daß Ai mit seinen massiven alten Stadtmauern von der Bevölkerung der Umgegend als provisorische Festung benutzt wurde; der Bericht weist allerdings auf eine bewohnte Stadt mit eigenem König hin. Da bislang noch keine völlig befriedigende Lösung vorgeschlagen werden kann, besteht auch noch die Möglichkeit, Ai mit einer anderen Stelle zu identifizieren (vgl. D. Livingston: WThJ 33, 1970, S. 20-44; A.F. Rainey: WThJ 33, S. 175-188; D. Livingston: WThJ 34, 1971, S. 39-50). Die spätere Stadt (Esr 2,28; Neh 7,32) ist vielleicht mit einer anderen Stelle in der Umgebung zu identifizieren. Zu den Ergebnissen der Ausgrabungen und den vorgeschlagenen Lösungen der von ihnen aufgeworfenen Probleme s. J.A. Callaway: EAEHL 1, S. 36-52; J.M. Grintz: Bib 42, 1961, S. 201-216.

Ai heißt auch eine Stadt in *Moab (Jer 49,3), deren Standort unbekannt ist. A.R.M.

AJALON.

1. Eine Stadt auf einem Hügel, der den Eingang zum Tal Ajalon vom S her kontrolliert. Die frühesten Spuren (2000 v.Chr.) wurden in Tell el-Qopʿa bei Yalo gefunden. Im Laufe der Geschichte Israels wurde die Stadt von Daniten (die die *Amoriter nicht vertreiben konnten), Efraimiten und Benjaminiten bewohnt (Jos 19,42; Ri 1,35; 1Chr 6,54; 8,13). Als levitische Stadt wurde A. von *Rehabeam befestigt, um den nordwestl. Zugang zu Jerusalem zu bewachen; von den Philistern während der Regierung von *Ahas besetzt (2Chr 11,10; 28,18).

2. Eine Stadt in *Sebulon (Ri 12,12), in welcher der Richter *Elon (im Hebr. dieselben Konsonanten wie A.) begraben wurde; LXX liest Ailom. Möglicherweise Chirbet el-Lōn. J.P.U.L.

AJIN.

1. Nach der Grenzbeschreibung *Kanaans ein Ort nordöstl. vom See Genezareth (4Mo 34,11). Seine Lage ist unbekannt. Möglicherweise ist mit dem Namen die Jordanquelle gemeint.

2. 1Chr 4,32 kommt Ajin in Verbindung mit Rimmon vor, Jos 15,32 spricht neben Bet-Lebaot und Schilhim von *En-Rimmon (vgl. Neh 11,29). Dieser Ort entspricht dem heutigen Chirbet um er-Ramāmīm, ca. 17 km nördl. von Beerscheba.

AKAZIE s. Pflanzen

AKKAD. Mit *Babylon und *Erech war A. eine der bedeutendsten Städte, die *Nimrod gründete (1Mo 10,10). Sie trug den semit. Namen *Akkadu*, sumer. *Agade*. Die genaue Lage bei Sippar oder Babylon ist unsicher; manche identifizieren A. mit den Ruinen von Tell Scheschubār oder sogar mit Babylon selbst.

Inschriften belegen, daß eine von *Sargon I. (ca. 2350 v.Chr.) begründete frühsemit. Dynastie hier herrschte. Während dieser Zeit kontrollierte Syrien *Elam und Südanatolien. Aufgrund des umfangreichen Handels und des Wohlstandes, die sich mit der Herrschaft Sargons und seines Nachfolgers Naram-Sīn eingestellt hatten, galt diese Dynastie als Symbol eines »Goldenen Zeitalters«. Als Babylon später Hauptstadt wurde, bezeichnete man weiterhin in den Berichten der Könige von *Assyrien und *Babylonien bis in die spätpers. Zeit hinein ganz Nordbabylonien als A.

»Akkadisch« ist heute der Begriff, der für die semit., assyr. und babylon. Sprachen gebraucht wird; der Dialekt der berühmten Dynastie von Agade wird als »Alt-Akkadisch« bezeichnet. D.J.W.

AKKO s. Ptolemais

AKKUB. (Bedeutung unsicher: »bewacht, beschützt«, dieselben Konsonanten hat auch das hebr. Wort für »Ferse« und »betrügen«; s. *Jakob).

1. Levit, Familienoberhaupt unter den Torhütern am Tempel (1Chr 9,17; Esr 2,42; Neh 7,45; 12,25).

2. Stammvater einer Familie der Tempelknechte, die aus der babylon. Gefangenschaft zurückkehrte (Esr 2,45).

3. Levit, der dem Volk das Gesetz erklärte, das Esra verlas (Neh 8,7).

4. Sohn des Eljoënai aus der jüd. Königsfamilie (1Chr 3,24).

AKRABBIM. »Skorpione«. Ein Gebirgspaß am Südende des Toten Meeres (4Mo 34,4; Jos 15,3; Ri 1,36 »Skorpionensteig«) zwischen der *Araba und dem judäischen Hügelland; identifiziert mit dem heutigen Naqb eṣ-ṣāfā. J.D.D.

ALALAH. (Akkad., horitisch *a-la-la-aḫ;* ägypt. *ʾirrh*). Hauptstadt eines Stadtstaates am Orontes in der Amq-Ebene in Nordsyrien; aus der Zeit von ca. 1900-1750 v.Chr. und ca. 1500-1470 v.Chr. fand man 468 Texte, deren

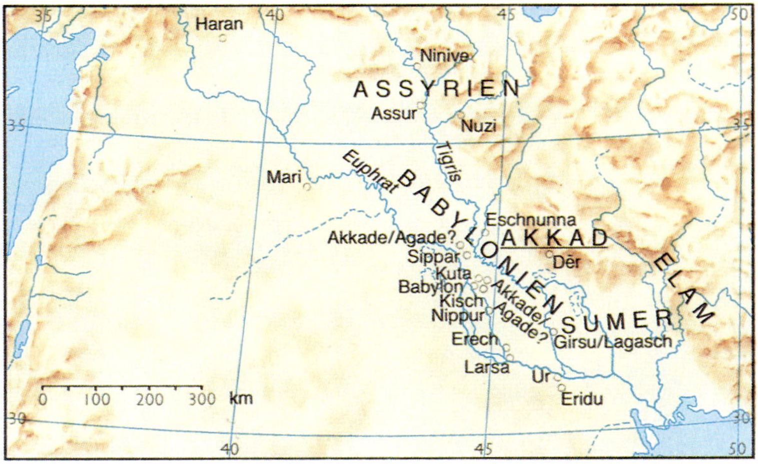

Akkad, der nördl. Teil von Babylonien mit zwei Stellen, die für die ursprüngliche Lage der Stadt Agade/Akkad in Frage kommen.

Bronzekopf aus Ninive, der vermutlich Naram-Sin von Agade/Akkad darstellt. Höhe 36,6 cm. Ca. 2350 v.Chr. (SAOB)

Sandstein-Stele aus Susa in Süd-West-Persien. Es zeigt Naram-Sin von Agade/Akkad: der triumphierende König steht vor einem stilisierten Berg. Die Hörner an seinem Helm symbolisieren göttliche Kraft. Höhe 2 m. Ca. 2250 v.Chr. (MC)

Tafel aus Alalah (Nr. 7). Einzelheiten eines vor König Niqmepa gebrauchten Rechtsfalls, bei dem es um die Aufteilung des Besitzes zwischen Abba'el und seiner Schwester geht. Der Text wird auf dem Umschlag wiederholt, welcher auch die Siegel der Zeugen enthält. 10 × 5 cm. (DJW)

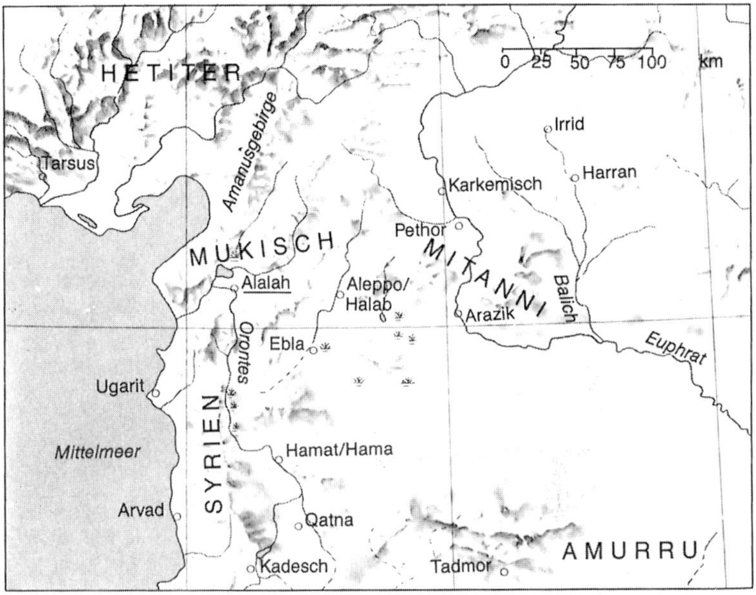

Alalah, Hauptstadt eines Stadtstaates am Orontes.

Detailangaben mit den Berichten über die Patriarchen in 1Mo verglichen werden können (vgl. *Ebla, *Mari, *Ugarit). Die Stätte von Tell Atsana (türk. Acana) wurde von Sir Leonard Woolley ausgegraben, der von 1937-39 und 1946-49 16 Siedlungsschichten von ca. 3100 bis ca. 1200 v.Chr. freilegte, die frühe Beziehungen zu *Palästina und *Mesopotamien aufweisen.

Die 172 Texte aus dem Palast von Yarimlim (ca. 1900-1750 v.Chr.) enthalten vor allem Verträge und Lebensmittellisten. Die Stadt wurde von einer westsemit. Familie, die Aleppo (Halab) regierte, kontrolliert, deren Gouverneur Abbaʿel (oder Abban) eine Revolte in Irrid bei *Karkemisch niedergeschlagen und Alalah um 1720 v.Chr. seinem Bruder Yarimlim gegeben hatte (Wiseman: A. Tablets 1). Dieser frühe Bundes-/Vertragstext beschreibt zusammen mit den angegliederten Vereinbarungen die historische Situation, die Vertragsklauseln, die göttlichen Zeugen und die Flüche, wie sie in den späteren Bundesformularen üblich sind (*Bund). Ein separates Dokument von demselben Schreiber führt die rel. Verpflichtungen auf (A.Tablets 126). Yarimlim vermachte die Stadt in seinem Testament, das von Staatsbeamten beglaubigt wurde, seinem Sohn (A.Tablets 6), um so Rivalität nach seinem Tod möglichst zu verhindern (vgl. 1Kön 1,17-36). Ein anderer Sohn, Irkabtum, übernahm jedoch die Macht und schloß mit den halbnomadischen Hapiru (*Hebräer, *Abraham) Frieden. Die Stadt fiel an den Hetiter Mursilis I., als dieser Aleppo eroberte (ca. 1600 v.Chr.).

Im Anschluß an eine Überlieferungslücke ist die Rede von Idrimi, dem jüngsten Sohn eines Königs von Aleppo, der laut seiner Autobiographie, die auf seinem Standbild aufgezeichnet ist, ins Exil vertrieben wurde. Nachdem er sieben Jahre unter den Hapiru in Kanaan gelebt hatte, erhielt er göttliche Gewißheit, eine militärische Aktion zur Rückgewinnung von Mukisch zu starten. Er zog unter dem Beifall der Bevölkerung in der Hauptstadt A. ein und wurde zum König gemacht; mit der im Krieg eroberten Beute ließ er einen Palast und einen Tempel (ca. 1470 v.Chr.) bauen. Man hat diesen Bericht mit den Erfahrungen Davids verglichen (1Sam 22,3ff). Idrimi schloß mit den Nachbarstaaten Verträge, die die Auslieferung entlaufener Sklaven regulierten (A.Tablets 3; ANET 3, S. 532; vgl. *Schimi, der in das Gebiet der Philister ging, um nach seinen beiden Sklaven zu suchen, und sie auf sein Verlangen hin von *Achisch ausgeliefert bekam; 1Kön 2,39-40). Dieser

König Idrimi von Alalah auf seinem Thron. Die autobiographische Inschrift in Form einer Rede beginnt bei seinem Mund. Höhe 1,4 m, ca. 1490 v.Chr. (BM)

Vorfall läßt auf einen ähnlichen Vertrag – vielleicht zwischen Salomo und Gat – im Anschluß an Davids Aufenthalt dort (1Sam 27,5ff) schließen. Dieser Vertrag wirft auch Licht auf die Bestimmung, welche die Auslieferung hebr. Sklaven verbietet (5Mo 23,15-16; vgl. IEJ 5, 1955, S. 65-72). Ein anderer Vertrag macht die Ältesten der Stadt für die Rückgabe von Flüchtlingen verantwortlich (A.Tablets 2, ANET 3, S. 531ff; 5Mo 23,15-16).

A. wurde später von den Hetitern kontrolliert, wie es schon im 20.-19. Jh. v.Chr. von Mächten aus dem N regiert worden war. Als sicher kann angenommen werden, daß *Hetiter in den Tagen Abrahams im S Palästinas gewohnt haben (1Mo 23,5-7; JTVI, 1956, S. 124). A. wurde schließlich von »Seevölkern« zerstört, die evtl. mit den *Philistern verbündet waren.

Die Texte der Tontafeln von A. sind für das AT vor allem für den Vergleich mit den Berichten von 1Mo im Blick auf Brauchtum und Sprache von Bedeutung. In den Heiratsurkunden (A.Tablets 91-94) wurde der zukünftige Schwiegervater um die Braut »gebeten« (vgl. 1Mo 29,18), die Verlobungsgeschenke erhielt (A.Tablets 17). Einige Verträge setzen fest, daß der Ehemann beim Ausbleiben eines Sohnes innerhalb von sieben Jahren eine Konkubine heiraten kann (vgl. 1Mo 29,18-21); wenn jedoch die Frau später einen Sohn gebären sollte, würde dieser der Erstgeborene sein (A.Tablets 92; vgl. 1Mo 21,10).

Der König hatte alle Schichten der Einwohner in rechtlicher wie wirtschaftlicher Hinsicht unter Kontrolle, einschließlich der

Tafel aus Alalah (Nr. 11). Vertrag, mit dem Abba'el von Aleppe Yarimlim die Stadt Alalah überschreibt. 11 × 6,4 cm, ca. 1720 v.Chr. (DJW)

maryanu, der Elitekrieger (die auch rel. Verpflichtungen hatten; A.Tablets 15), der Freigelassenen und der halbfreien ländlichen Gefolgsleute, unter denen die *hupschu* (hophschī, 5Mo 15,12-18) aufgeführt werden.

Manche Personen wurden gezwungen, ihre Schulden abzuarbeiten; sie wurden in den Palast geschickt, um »im Haus des Königs zu wohnen« (A.Tablets 18-27,32; vgl. Ps 23,6). Sklaven waren nicht zahlreich; man erhielt sie als Kriegsgefangene oder als Geschenk (A.Tablets 224). Ihr Wert war ca. 25 Silberschekel. Manche Verträge enthielten eine Klausel, daß diese Sklaven bei einer königlichen Amnestie nicht freigelassen wurden (A.Tablets 65). Fronarbeit wurde in A. wie im späteren Israel erzwungen (A.Tablets 246; Jos 17,13). Samuel dürfte all dies vor Augen gestanden haben, als die Israeliten ihn aufforderten, einen König einzusetzen (1Sam 8).

Ein anderer Brauch, der in der Bibel erwähnt wird, ist der Austausch von Dörfern zur Erhaltung von innerstaatlichen Grenzen entlang natürlichen und verteidigungsfähigen Linien. Diesem Brauch zeigt sich Salomo verpflichtet mit dem »Geschenk« von 20 Dörfern an Hiram von Tyrus als Gegenleistung für Holz und Gold (1Kön 9,10-14; JBL 79, 1960, S. 59-60). Bei Vertragsabschlüssen wurden u.a. Schafe geschlachtet, über denen die Parteien erklärten: »Wenn ich jemals zurücknehme, was ich gegeben habe..., dann sollen die Götter mein Leben abschneiden« – eine Vorstellung, die mit der impliziten Drohung atl. Schwüren ähnlich ist (vgl. 1Sam 3,17). Bei manchen Verträgen wurden Kleider als zusätzliche Bezahlung gegeben; so auch später in Syrien nach 2Kön 5,5-27. *Ahab könnte versucht haben, seine Konfiszierung von Nabots Eigentum aufgrund des Brauchs zu rechtfertigen, nach dem das Eigentum eines Rebellen gegen den König nach der Hinrichtung des Übeltäters vom Palast eingezogen wurde (A.Tablets 17, ANET 3, S. 546, No. 15). Die Praxis des *mischtannu*, »Äquivalent« (A.Tablets 3, ANET 3, S. 532) bei der Freilassung von Sklaven (vgl. *mischneh*, 5Mo 15,18) widerlegt die Meinung, Jer 16,18 brandmarke Gott als unbillig und ungerecht (HUCA 29, 1958, S. 125f).

Die bereits von ca. 1900 v.Chr. an gemischte semit. und horitische Bevölkerung der Gegend liefert wichtige horitische (*Horiter) Parallelen für Namen wie Ana, Oholibama, Aja, Dischon, Ezer (1Mo 36), Anah und Schamgar (Ri 3,31), Toī (2Sam 8,9), Age (2Sam 23,11), Eljachba (2Sam 23,32) (JTVI 82, 1950, S. 6).

Literatur: C.L. Woolley: A Forgotten Kingdom, 1953; ders.: Alalakh, 1955; D.J. Wiseman: The Alalakh Tablets, 1953; S. Smith: The Statue of Idrimi, 1949. D.J.W.

ALEMET.

1. Sohn des Benjaminiten *Becher (1Chr 7,8).

2. Nachkomme Sauls (1Chr 8,36; 9,42).

3. Levitenstadt im Stamm Benjamin (1Chr 6,45). Nach Jos 21,18 scheint der Ort auch Alelemet zu heißen. Man sucht A. auf dem Ruinenhügel Chirbet Almit, nordöstl. von Jerusalem.

ALEXANDER. Ein geläufiger hellen. Name. Seine weitverbreitete Übernahme durch Juden mißfiel den strengen Rabbinen. Die Häufigkeit des Namens spiegelt sich im NT wieder.

1. Der Sohn *Simons von Kyrene (Rufus).

2. Ein Glied der hohenpriesterlichen Familie, das nur in Apg 4,6 genannt wird.

3. Der Mann, der während des Aufruhrs in *Ephesus für die jüd. Interessen sprechen wollte (Apg 19,33f). Er hatte anscheinend vor, die reguläre jüd. Gemeinde von den christl. Unruhestiftern abzusetzen; der antisemit. Pöbel ließ ihn jedoch nicht zu Wort kommen.

4. Ein gefährlicher Vertreter unmoralischer Lehre (1Tim 1,20), den Paulus »dem Satan übergeben« hat (*Hymenäus).

5. Ein erbitterter Gegner des Paulus und des Evangeliums (2Tim 4,14f), der offensichtlich in der Gegend zwischen Ephesus und *Troas tätig war – *Timotheus wird vor ihm gewarnt. A. war Kupferschmied (eine allg. Bezeichnung für alle metallverarbeitenden Berufe); manche lesen in V.14 jedoch einen Eigennamen, »Alexander Chalcäus«. Wenn Paulus sagt: »der Herr wird ihm vergelten nach seinen Werken«, ist dies vom Satzbau her als Weissagung zu verstehen, nicht als Fluch.

Den Forschern, die 3. und 5. miteinander identifizieren, bieten sich folgende Anhaltspunkte: Ort des Geschehens ist jeweils Ephesus; der Aufruhr geht von den Handwerksgilden aus; A. wird in Apg 19,33 als bekannt vorausgesetzt. In diesem Zusammenhang deutet jedoch nichts auf eine Opposition hin, wie sie nach 2Tim 4,14 vorauszusetzen ist. Für eine Identität von 4. und 5. bieten sich kaum Anhaltspunkte; 3. und 4. dürften deswegen nicht identisch sein, weil 4. von sich behaupten würde, Christ zu sein. A.F.W.

ALEXANDER DER GROSSE. Der jugendliche König von *Mazedonien vernichtete mit

Münze von Lysimachus; man nimmt an, daß sie den Kopf Alexanders des Großen darstellt. 297 v.Chr. (RG)

seiner panhellenistischen Expedition von 336 v.Chr., die der Befreiung der Griechen in Kleinasien dienen sollte, überraschend das Perserreich. Durch den Aufstand seiner Truppen in Indien wurde er gezwungen, umzukehren. A. starb 323 v.Chr. bei der Planung von Eroberungen im W. Seine Generäle gründeten die hellen. Diadochenreiche, deren Ausklang die Herodes-Dynastie bildete. Weniger aus Idealismus als vielmehr aus Notwendigkeit dürfte A. die kulturelle und politische Abgrenzung der Griechen gegenüber anderen Völkern aufgegeben haben. Der Hellenismus wurde zur internationalen Norm der Zivilisation. Von daher sind das Ringen der Juden zur Zeit der Makkabäer, die spannungsvollen Begleitumstände der Kreuzigung und die Inspiration der kosmopolitischen Philosophien, die christl. Idealen beipflichten, zu betrachten.

Dan 8,21 und 11,3 lassen auf A. schließen.

Literatur: H. Bengtson: Griechische Geschichte, ^{4}1968 (Lit.); C.B. Welles: Alexander and the Hellenistic World, 1970; R.L. Fox: Alexander the Great, 1973; J.R. Hamilton: Alexander the Great, 1973; P. Green: Alexander of Macedon, 1974. E.A.J.

ALEXANDRIA.

I. DIE STADT.

1. Geographische Lage. Eine große Hafenstadt Ägyptens im Nildelta, an der Landenge zwischen Mittelmeer und Mareotis-See. Sie wurde 332 v.Chr. von *Alexander dem Großen von Mazedonien gegründet und nach ihm benannt. Ursprünglich lag an A.s Stelle die kleine ägypt. Siedlung Rhakotis, die vom W-Teil der neuen Stadt absorbiert worden ist. In der Sprache der einheimischen Ägypter wurde nach späteren koptischen Belegen der Name Rhakotis auf Alexandria übertragen.

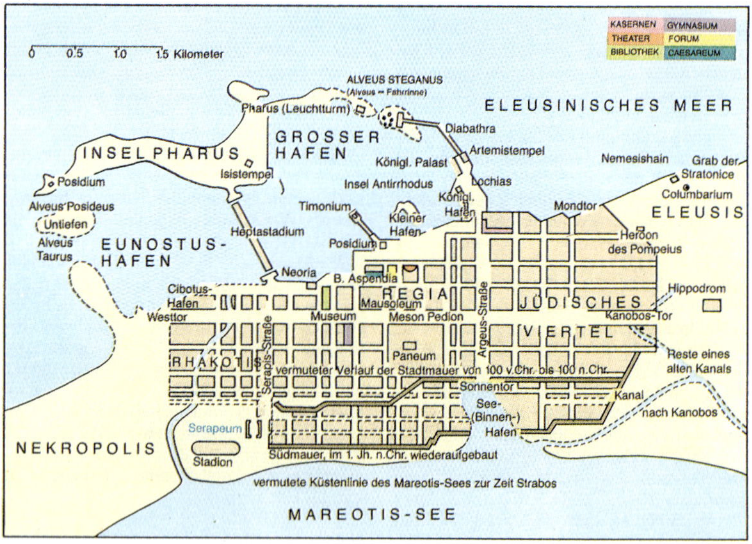

Stadtplan von Alexandria, nach literarischen Quellen rekonstruiert, da die Altstadt niemals ausgegraben wurde.

Die Straßen und *insulae* (Häuserblocks) der Stadt waren allem Anschein nach rechtwinklig angelegt. Reste der alten Siedlung von A. sind unter der modernen Stadt begraben; jeder Versuch einer Rekonstruktion ihrer Anlage sowie ihrer berühmten Gebäude in großem Maße wäre von nicht allzu genauen literarischen Hinweisen abhängig und kann deshalb nicht exakt sein. A. erreichte erst unter Ptolemaios II. (ca. 285-246 v.Chr.) die architektonische Pracht, für die sie nach den Berichten späterer Schriftsteller berühmt ist. Zwischen dem Ufer und der Insel Pharos erstreckte sich ein ca. 1300 m langer Damm (Heptastadion: 7 Stadien), der den Ankerplatz in einen W- und einen O- (oder Großen) Hafen teilte; am O-Hafen befand sich der königliche Palast mit eigenem Hafen. Überragt wurde die gesamte Hafenanlage von dem Leuchtturm von Pharos. Das Stadtgebiet von A. erstreckte sich von der Küste zum Mareotis-See hin.

2. Einwohner. A. war von Anfang an eine kosmopolitische Stadt. Neben griech. Einwohnern und zahlreichen mittellosen Zuwanderern gab es eine bedeutende jüd. Gemeinde (vgl. Apg 6,9; 18,24), die ihren eigenen Ethnarchen und ihr eigenes Stadtviertel hatte (auf das sie allerdings bis 38 n.Chr. nicht beschränkt war); daneben gab es eine relativ große ägypt. Einwohnerschaft vor allem im Rhakotis-Distrikt im W. Dort lag das Serapeion, der Tempel der ägypt.-hellen. Göttin Sarapis, deren Kult besonders von Ptolemaios I. gefördert wurde, möglicherweise, um ein einigendes Band für die Griechen und Ägypter zu schaffen.

3. Die Bedeutung der Stadt. A. war unter den Ptolemäern, den griech.-mazedonischen Königen Ägyptens, von ca. 330-323 v.Chr. Hauptstadt Ägyptens. Unter den ersten tatkräftigen Königen wurde sie zur größten hellen. Stadt der damaligen Zeit. Bis in die röm. und byzantin. Zeit hinein war A. die administrative Hauptstadt Ägyptens, das Bankenzentrum des Landes, hatte viele Betriebe der Leinen-, Glas- und Papyrusherstellung sowie einen bedeutenden Hafen. Hier wurden die exotischen Produkte Arabiens, Indiens und des Ostens umgeladen, und von hier segelten zur Zeit des röm. Reiches die großen Getreideschiffe (vgl. Apg 27,6; 28,11) nach Rom, um den Plebejern billiges Getreide zu bringen. A. war nicht zuletzt über längere Zeit hinweg eine Stätte brillanter Gelehrsamkeit. Unter Ptolemaios I. (323-285 v.Chr.) oder unter Ptolemaios II. (285-246 v.Chr.) wurde das Museion gegründet, in dem Künste und Wissenschaften gelehrt wurden, sowie die Bibliothek, die zu ihrer Blütezeit 900.000 Bände (Papyrusrollen) enthalten haben soll.

II. JUDENTUM UND CHRISTENTUM. A.s große jüd. Gemeinde konzentrierte sich auf den Ostteil der Stadt, hatte aber in der ganzen Stadt Gotteshäuser (Philo: Legatio ad Gaium 132). Eine berühmte, prächtig ausgestattete Synagoge war so riesig, daß man das Amen mit Fahnen signalisieren mußte. (F.J.Foakes-Jackson, K. Lake: The Beginning of Christianity, 1920–33, I, S. 152f, zitiert nach dem babylon. Talmud). A. war ferner das intellektuelle und literarische Zentrum der jüd. *Diaspora. Hier wurden das AT ins Griech. übersetzt (Septuaginta, *Texte und Übersetzungen) und Werke wie das Buch der Weisheit (*Apokryphen) mit seiner platonischen Modifikation atl. Theologie und seinem griech. Interesse an Kosmologie und Unsterblichkeit geschrieben. A. war die Heimat von *Philo. Wie kritisch man die von den alexandrinischen Juden angestrebte Synthese von Athen und Jerusalem auch beurteilen mag, so zeugt der literarische Nachlaß jedenfalls von intellektueller Energie, missionarischem Interesse und – trotz kühner Abweichung von traditioneller Form – großem Ernst im Blick auf die Schrift.

Diese Merkmale hatten einen beträchtlichen, wenn auch indirekten Einfluß auf das frühe griech. Christentum. Es ist bezeichnend, daß der wortgewandte Reiseprediger *Apollos, der eine wichtige Persönlichkeit in der apostol. Kirche wurde, ein alexandrinischer Jude, »gelehrt in der Schrift«, war (Apg 18,24). Der *Hebräerbrief wurde aufgrund seiner an A. erinnernden Terminologie und seiner cha-

Säule, die der römische Präfekt Pompeius im Jahre 302 n.Chr. in Alexandria aufrichten ließ. (RS)

rakteristischen Zitate aus dem AT mit Apollos selbst oder doch zumindest mit alexandrinischem Hintergrund in Verbindung gebracht - ebenso andere ntl. Bücher, allerdings mit weniger Berechtigung (vgl. J.N. Sanders: The Fourth Gospel in the Early Church, 1943; S.G.F. Brandon: The Fall of Jerusalem and the Christian Church, 1951). Von unzuverlässigen Traditionen über die Tätigkeit des Evangelisten Markus abgesehen (die ursprünglich vielleicht mit der Aufnahme seines Evangeliums in A. in Beziehung standen), wissen wir nichts über den Ursprung und die frühe Entwicklung der Kirche in A. (vgl. *Afrika).

Die Hypothese, die Verkündigung des Evangeliums habe am Anfang wenig Fortschritte gemacht, weil das alexandrinische Judentum die messianische Hoffnung wegphilosophiert hätte, kann nicht bewiesen werden. Es ist allerdings unverkennbar, daß das alexandrinische Christentum, als es voll entwickelt war, offenkundiger Erbe des alexandrinischen Judentums war. Der missionarische Eifer, die philosophische Apologetik, die allegorische Exegese, der Fleiß bei der Kommentierung der Bibel und die für die Wahrheit der Lehre oft problematische Leidenschaft für intellektuelle Synthese, sind beiden gemeinsam. Zwischen Philo und Klemens von A. besteht eine noch nicht vollständig geklärte Verbindung; man darf jedoch annehmen, daß diese Verbindung mit der Bekehrung einer größeren Anzahl von Juden oder deren Verehrern in A. in apostol. oder nachapostol. Zeit zu tun hat.

Literatur: I.H. Bell: Cults and Creeds in Graeco-Roman Egypt, 1953; J.E.L. Oulton, H. Chadwick: Alexandrian Christianity, 1954; L.W. Barnard: St Mark and Alexandria, HThR 57, 1964, S. 145-150; P. Fraser: Ptolemaic Alexandria, 3 Bde, 1972; K. Michalowski: Alexandria, 1970; C.D.G. Müller: Art. Alexandria in: J. Aßfalg, P. Krüger: Kleines Wörterbuch des christl. Orients, 1975, 8f.

A.F.W.

ALLERHEILIGSTES

s. Stiftshütte; Tempel

ALLMÄCHTIG/ALLMÄCHTIGER. Diese Bezeichnung (hebr. *schaddai*, griech. *pantokrator*) findet sich im AT (31 mal bei Hiob) für Gott. Frühe jüd. Kommentatoren sprechen vom »Allgenügsamen«, was die jüd.-griech. Übersetzung des AT vom 2.Jh.n.Chr. mit *hikanos* wiedergibt. Vorschläge, die Umschreibung für diesen »Wesenszug« Gottes herzuleiten, bleiben unverbindlich. Außerhalb des AT kommt der Name – in der Pluralform - in dem aram. Text von Tell Deir Alla von ca. 700 v.Chr. vor: *sdyn* als Bezeichnung für übernatürliche Wesen. Im AT impliziert *schaddai* die Vorstellung von Macht, zu verletzen und zu beschützen (Ps 68,15; 91,1; Jes 13,6; Joel 1,15). Der Name kommt sechsmal in Verbindung mit den Patriarchen vor (vgl. 2Mo 6,3), manchmal als Kompositum *ʾēl schaddai*, »Gott der Allmächtige«. Den Kontext bildet jeweils die Verheißung von Segen für Abraham und seine Nachkommen, die durchaus eine Assoziation von Macht nahelegt. Im Buch Hiob ist »der Allmächtige« eine poetische Parallele für »Gott«, ebenso in Rut 1,20f, was als Indiz dafür zu werten ist, daß diese Bezeichnungen für die Verfasser der jeweiligen Bücher identisch waren.

Griech. *pantokrator* (»allmächtig«) kommt in 2Kor 6,18 und neunmal in Offb vor, wo jeweils die Macht Gottes betont wird (1,8; 4,8; 11,17; 15,3; 16,7.14; 19,6.15; 21,22).

Literatur: N. Walter: ZNW 72/1960, S. 64-66; K. Koch: VT 26/1976, S. 299-332; W. Michaelis in: ThWNT III, S. 913ff.; ThWAT I,62.

A.R.M.

ALMON-DIBLATAJIM. Lagerplatz der Israeliten zwischen dem Fluß *Arnon und dem Berg *Nebo, östl. des Toten Meeres (4Mo 33,46). A.-D. ist wohl identisch mit Bet-Diblatajim (Jer 48,22). Man sucht es im heutigen Deleileth el-Garbije, das etwa 18 km nordöstl. von *Machärus liegt.

ALMOSEN, ALMOSENGEBEN.
(Von griech. *eleēmosynē* über kirchenlatein. *eleemosyna* und althochdeutsch *alamuosa* abzuleiten). Das griech. Wort bedeutet Mitleid, das Fürsorge für die Armen in Form von Geld oder Sachwerten veranlaßt.

Im AT kommt A.geben implizit vor als Ausdruck des Erbarmens in der Gegenwart Gottes. Man kann eine zweifache Entwicklung unterscheiden: *a.* das mosaische Gesetz sieht Mitleid als ein Empfinden an, das sich in fürsorglichem Verhalten niederschlägt (vgl. 5Mo 15,11); *b.* die Propheten weisen auf die Rechtsverbindlichkeit des A.gebens hin, auf das die Bedürftigen Anspruch erheben können.

Aus der Verbindung dieser beiden Gedanken entwickelte sich in intertestamentarischer Zeit die Auffassung, daß die durch A. gewährleistete Gerechtigkeit Schuld und Sünde wirksam tilgen und das Wohlwollen Gottes in Zeiten der Not garantieren könne. Gerechtigkeit und A.geben wurden zum Teil als synonyme Begriffe aufgefaßt (wie z.B. in der LXX), was jedoch im Blick auf den hebr. Text des AT oder im Blick auf das NT nicht zu rechtfertigen ist.

Nach der Einstellung der Opfer scheint A.geben unter den Juden als erste unter den rel. Pflichten rangiert zu haben. In jeder Stadt gab es Beauftragte, die zweierlei A. zu verteilen hatten: das jeden Sabbat in der Synagoge für die Armen der Stadt gesammelte Geld und die in einer Schüssel zusammengelegten Nahrungs- und Geldmittel. »Deshalb soll kein Jünger in einer Stadt leben, in der es keinen Almosenkasten gibt« (Mischnatraktat Sanhedrin 17b). Im AT finden sich bezeichnenderweise kaum Hinweise auf Bettler und Betteln auf der Straße (vgl. jedoch 1Sam 2,36; Ps 109,10). Ps 41,1 ist nicht nur eine Ermutigung zum A.geben, sondern auch eine dringende Bitte, sich persönlich der Armen anzunehmen.

Jesus lehnte das A.geben bei der Suche nach der rechten Stellung zu Gott nicht als nutzlos ab, betonte aber die Notwendigkeit, die richtigen Motive zu haben. Er tadelte die ostentative Wohltätigkeit seiner Zeit (Mt 6,1-4) und wies auf den Segen des Gebens (vgl. Apg 20,35) hin.

Die ersten Christen wählten zum ersten Mal Amtsträger, als die gerechte Verteilung von A. an die Bedürftigen sicherzustellen war (Apg 4,32.34). Jeder Christ wurde ermuntert, am ersten Tag jeder Woche einen Teil seines Einkommens beiseite zu legen, um die Bedürfnisse der Notleidenden zu lindern (Apg 11,29f; Röm 15,25-27; 1Kor 16,1-4).

A. werden nicht deshalb mit »Gerechtigkeit« identifiziert, weil sie den Menschen rechtfertigen (Röm 3-4), sondern weil sie eine richtige Handlung darstellen, auf die unser Nächster in den Augen Gottes, der uns zu diesem Zweck Vermögen gibt (Eph 4,38), mit Recht einen Anspruch hat.

(s.a. *Arm, Arme, Armenversorgung; *Gemeinschaft; *Gerechtigkeit.). J.D.D.

ALOË. Im bibl. Altertum scheint A. ein Sammelbegriff für wohlriechende Holzarten gewesen zu sein, besonders für das harzreiche Holz der Aquilaria Agallocha (Lignum Aloes). Mit der botanischen Gattung A. hat die bibl. A. nichts zu tun.

Es handelt sich vielmehr um einen Baum aus der Familie der Thymelaceen, der in Hinterindien heimisch ist. Er hat ein dunkelbraunes, hartes und sprödes Holz, das ein wohlriechendes, jedoch bitteres Harz enthält. Auf den großen Handelsstraßen konnte A. bereits im Altertum nach Palästina und Ägypten importiert werden, wo es sehr geschätzt war. A. wurde als Räuchwerk (Ps 45,9; Spr 7,17) und als Zusatz bei Leicheneinbalsamierungen (Joh 19,39) verwendet. Hld 4,14 erwähnt A. neben anderen wohlriechenden Stoffen.

Alpha und Omega, die griech. Buchstaben, wie sie in Dokumenten des 1. Jh. n.Chr. geschrieben wurden, der Zeit, in der die Offenbarung des Johannes aufgezeichnet wurde.

ALPHA UND OMEGA. (A und O., Alpha und Omega) sind der erste und letzte Buchstabe des griech. Alphabets und stehen für »Anfang und Ende«.

Im NT kommt die Redeweise mehrfach in Offb. vor (von Gott 1,8; 21,6; von Jesus 22,13, vgl. 1,17; 2,8). Der Satz »Ich bin das A und das O, spricht Gott, der Herr, der da ist und der da war und der da kommt, der Allmächtige« (Offb 1,8) bedeutet im Zusammenhang, daß Gott, der Herr, dafür einsteht, daß der auferstandene Jesus Christus, der Herr der Welt (V. 5), die Seinen erhört hat (V. 6) und wiederkommen wird (V. 7). Gott steht am Anfang der Welt und der *Heilsgeschichte, und er vollendet auch unbeirrt seine Pläne. Den gleichen Sinn hat auch Offb 21,6: Gott bringt sein Erlösungswerk in Jesus zum Ziel. Auch im Munde Jesu ist das Symbolwort auf seine Wiederkunft bezogen. Vom Anfang bis zum Ende ist Jesus (Joh 1,1ff) als der Heilsbringer tätig (Offb 22,13). Darum ist das Bildwort tröstlich: a. Durch das Gericht hindurch begleitet Jesus die Seinen (Offb 1,17f). b. Er hat als Mensch das Leben nicht nur durchlebt, sondern ist als der Auferstandene der Erste und wird als Letzter Gott alles zu Füßen legen. Er kennt darum die Not der Seinen und ist bei ihnen vom Anfang bis zum Ende (Offb 2,6). Gott und Jesus sind als Schöpfer und Vollender für die Welt tätig.

Im AT kommt zwar das Bildwort nicht vor, wohl aber der Gedanke: Jes 44,6; 48,12; vgl. 41,4. Gott ist als der Allumfassende nicht nur der Erlöser, sondern auch der schlechthin Einzige, der niemand mit göttlichem Rang und göttlicher Ehre neben sich duldet (Jes 44,6). Gott als der Schöpfer und Erwähler seines Volkes ist auch heute noch mächtig, seine Feinde zu benutzen, um sein Volk zu retten (Jes 48,12). Auch in der Gerichtsrede (Jes 41,1ff) betont Gott, als Erster und Letzter der Welt sich und seinen Verheißungen treu zu bleiben. So bedeutet das Bildwort im AT und NT bei verschiedenen Nuancen das Gleiche.

Um das Alphabet rankte sich früh die Zahlenmystik. So wurden die 24 Buchstaben des griech. Alphabets mit den 24 Stunden des

Tages und den 12 Tierkreiszeichen in Verbindung gebracht, um damit das All, den gesamten Kosmos zu umschreiben. Die Kabbala, die jüd. Mystik des Mittelalters, hat diese Gedanken aufgenommen. »Von Aleph bis Taw«, vom ersten bis zum letzten Buchstaben des hebr. Alphabets, umschreibt die Gesamtheit. So lehrten z.B. Rabbinen: »Adam hat das ganze Gesetz von Aleph bis zum Taw übertreten«. Rabbi Levi deutet das hebr. Wort *amat* (Treue) als Gottes Wesen, weil Aleph der erste, Mem der mittlere und Taw der letzte Buchstabe des hebr. Alphabets ist und *amat* folglich das ganze Wesen Gottes als Anfang, Mitte und Ende alles Seins darstelle.

Diese Gedanken wirkten auf den christl. Glauben ein, so daß die Worte: »Ich bin das A und O« im Munde Gottes den allmächtigen Weltenherrscher und im Munde Jesu seine Gottheit umschreiben sollen. Vater und Sohn sind Bürgen für das volle Heil, das von der Schöpfung bis zur Wiederkehr Jesu reicht.

Seit dem 4. Jh. n.Chr. wird in der christl. Kunst das Symbol A und O ausschließlich für Jesus Christus verwendet. M.H.

ALPHABET s. Schrift

ALPHÄUS.

1. Der Vater *Levis, des Zöllners (Mk 2,14), den man allg. mit dem Apostel Matthäus identifiziert. Über A. ist weiter nichts bekannt.

2. Der Vater des *Jakobus, des Apostels, der »Sohn des A.« genannt wird, um ihn von Jakobus, dem Sohn des Zebedäus, zu unterscheiden (Mt 10,3; Mk 3,18; Lk 6,15; Apg 1,13). Es besteht kein Grund, ihn mit dem Vater Levis zu identifizieren, ebensowenig mit Kleopas (Lk 24,18) oder Klopas (Joh 19,25). Unwahrscheinlich ist zudem, daß *Kleopas und Klopas identisch sind und gleichzeitig A. heißen. Im Aram. lautet Alphäus *Halphai*, was als *Klōpas* transkribiert werden könnte; aber selbst wenn es sich um dieselbe Person handeln sollte, ist die Annahme (aufgrund von Joh 19,25) falsch, daß dieser Jakobus in irgendeiner Weise mit Jesus verwandt oder gar sein Bruder war. R.E.N.

ALT, DER ALTE.

Alt kommt, abgesehen vom Gegensatz zu jung (*Alter), namentlich in drei Bedeutungen vor.

1. A. bezeichnet das zeitlich *Vergangene*, die a. Zeit (Ps 77,6) und a. Geschichten (Ps 78,2); Menschen, die früher gelebt haben: die a. Propheten (Lk 9,8.19), die A. (Mt 5,21.33). »Ellen nach a. Maß« (2Chr 3,3) unterscheidet die auch bei Hes 40-43 für die Ausmessung des Tempels verwendete Elle (52,5 cm) von der gewöhnlichen (45 cm).

Das a. Getreide (3Mo 25,22) ist das der letzten Ernte vor dem Sabbatjahr, von dem bis in das dritte Jahr gegessen werden sollte.

2. Das *Unveränderte*, das in seinem Wert und Wesen stets sich gleich Bleibende: Neues und A. (Mt 13,52); das a. Gebot (1Joh 2,7); den a. Gott (wörtl. den Gott der Urzeiten) oder den A. (5Mo 33,27; Dan 7,9.13.22); aber auch die a. Schlange: den Teufel (Offb 12,9; 20,2).

Der a. Jünger Mnason (Apg 21,16) wird im Hinblick auf die Dauer seiner Jüngerschaft so genannt oder auch nach seinem wohl schon hohen Lebensalter.

3. A. bezeichnet schließlich das *Überholte* im Sinne von Hebr. 8,13: Indem er sagt: »einen neuen Bund«, erklärt er den ersten für veraltet. »Was aber veraltet und überlebt ist, das ist seinem Ende nahe.« So nennt das NT den a. Menschen (Röm 6,6; Eph 4,22; Kol 3,9), den a. Sauerteig (1Kor 5,7.8), das A. Testament (2Kor 3,14; Hebr 8,13) und das a. Wesen des Buchstabens, des Gesetzes (Röm 7,6), das A. überhaupt (2Kor 5,17; vgl. Jes 43,18) bzw. das *Verbrauchte: das a. Kleid und die a. Schläuche (Mt 9,16.17).*

ALTAR.

I. IM ALTEN TESTAMENT.

Das Wort »Altar« gibt, von vier Fällen abgesehen, im AT den hebr. Begriff *mizbēach* wieder, d.h. »Stelle, wo das Schlachtopfer vollzogen wird« (*zābach*: »zum Zweck des Opfers schlachten«); eine der vier anderen Stellen (Esr 7,17) führt das verwandte aram. Wort *madbach* auf. Obwohl die Etymologie des Wortes den Vorgang einer Schlachtung einschließt, wurden Opfer in der Praxis nicht immer strikt auf den Schlachtopferaltar bezogen, sondern auch auf den A., auf dem man Weihrauch räucherte (2Mo 30,1). Für weitere Vorkommen des Wortes vgl. unter 6.

1. Zur Zeit der Patriarchen. Die Patriarchen bauten A.e und brachten Opfer dar, ohne daß es eine Priesterschaft gegeben hätte. Noah baute einen A. nach der Sintflut und brachte Brandopfer auf ihm dar (1Mo 8,20). Abraham baute A.e für Jahwe in *Sichem, zwischen *Bethel und *Ai, in *Hebron und auf dem Berg *Morija, wo er einen Widder anstelle von *Isaak opferte (1Mo 12,6-8; 13,18; 22,9). Isaak baute einen A. in *Beerscheba (1Mo 26,25), *Jakob in Sichem und Bethel (1Mo 33,20; 35,1-7) und Mose in Refidim, nachdem die Israeliten über die Amalekiter gesiegt hat-

Mit einem Tuch bedeckter Bronzealtar, auf dem Teile eines geopferten Tieres und andere Naturalien liegen. Ausschnitt aus einer Szene, die König Assurbanipal von Assyrien zeigt, der im Anschluß an eine Löwenjagd eine Weihehandlung vornimmt. Ninive, ca. 650 v.Chr. (BM)

ten (2Mo 17,15). A.e wurden offensichtlich in erster Linie zur Erinnerung an ein Ereignis errichtet, in welchem die Hauptperson mit Gott zu tun gehabt hatte.

2. Vorisraelitische Altäre in Palästina. In der Frühzeit der Erforschung Palästinas hielt man Objekte für A.e, die man heute als häusliche, landwirtschaftliche oder handwerkliche Gegenstände erkannt hat. An verschiedenen Stellen hat man jedoch richtige A.e aus verschiedenen Perioden ausgegraben. In Ai fand man einen kleinen Tempel der Frühen Bronzezeit, in dem sich ein an die Wand angebrachter A. aus übertünchten Steinen befand, auf dem Tier- und Speisopfer dargebracht worden waren. Im *Megiddo der Mittleren Bronzezeit fand man zwei Tempel mit rechtwinkligen A.en; einer bestand aus Lehmziegeln, der andere aus mit Kalk übertünchten Steinen. Ähnliche A.e wurden in Tempeln der Späten Bronzezeit in *Lachisch, *Bet-Schean und *Hazor gefunden. In Hazor fand man einen in diese Zeit datierenden großen, behauenen Steinblock mit zwei Mulden auf einer Seite, in denen wohl das Blut der geopferten Tiere aufgefangen wurde. In Megiddo und Nahariya legte man große Steinterrassen frei, die wahrscheinlich als Opferstätten benutzt wurden.

In Megiddo fand man mehrere A.e aus behauenen Kalksteinen mit vier Hörnern an den Ecken der Oberseite, die in die Zeit der Landnahme zu datieren sind. Aufgrund ihres kleinen Formats (der größte ist ca. 70 cm hoch) ist anzunehmen, daß es sich hier wohl um Räuchera.e handelt. In Megiddo, Bet-Schean und Lachisch wurden aus Ton gefertigte A.e der Bronze- und Eisenzeit entdeckt, auf denen Weihrauch geräuchert worden sein könnte.

Bei den kanaan. Bewohnern Palästinas waren A.e bekannt und in Gebrauch. Von daher sind die detaillierten Vorschriften zu sehen, die dem Volk Israel hinsichtlich der Opferpraxis gegeben wurden. Entdeckungen in Eridu, *Ur, Khafajah und *Assur in Mesopotamien zeigen, daß es nicht nur in Palästina A.e gab; die Errichtung von sieben A.en durch *Bileam (4Mo 23) ist vielleicht vor diesem Hintergrund zu verstehen.

3. Errichten von Altären. Die Vorschriften 2Mo 20,24f, den A. aus Erde bzw. aus unbehauenen Steinen zu errichten, weisen auf die inhaltliche Bedeutung des A.s als Kultgegenstand hin: Er symbolisiert die Erde. Auf ihn schaut Gott und von dort nimmt er die Opfer der Menschen an. In keinem Fall sollte der A. Stufen haben, damit die »Blöße« des Opfernden nicht aufgedeckt wurde. Die Fassung dieser Stelle legt die Annahme nahe, daß diese Anweisung wie die Zehn Gebote am Beginn des Kapitels nicht nur an Mose als Repräsentanten des Volkes (wie in 2Mo 27), sondern an jeden einzelnen Israeliten gerichtet war. Nach dieser Bestimmung könnte es dem Laien gestattet gewesen sein, den A. selbst zu bauen; vielleicht sind die A.e, die *Josua auf dem Berg *Ebal (Jos 8,30-31; vgl. 5Mo 27,5), *Gideon in *Ofra (Ri 6,24-26), David auf der Tenne von Arauna (2Sam 24,18-25) und *Elia auf dem *Karmel (1Kön 18) errichtet haben, sowie die Ereignisse von Jos 22,10-34 und 1Sam 20,6.29 vor diesem Hintergrund zu sehen (vgl. 2Mo 24,4).

4. Der Altar im Tempel Salomos. Salomo war beim Bau des Tempels von seinen phönizischen Mitarbeitern beeinflußt. Obgleich David bereits einen Brandopfera. gebaut hatte (2Sam 24,25), errichtete Salomo wahrscheinlich einen neuen (vgl. 1Kön 8,22.54.64;

9,25; in der großen Beschreibung von 1Kön 6-7 nicht erwähnt). Die A.e dieser Periode werden gut durch die Funde in *Arad veranschaulicht, wo im Tempelhof ein aus Ziegelsteinen und Schotter gebauter A. für Brandopfer (vgl. 2Mo 20,25) stand, der wie der A. in der Stiftshütte (2Mo 27,1; vgl. 2Chr 6,13) 2,5 m im Quadrat maß. Auf den Stufen zum »Allerheiligsten« fand man zwei Räuchera.e aus Stein, deren Tisch schalenförmig vertieft war. Andere israelit. Räuchera.e dieser Periode wurden u.a. in Beerscheba gefunden.

5. Prophetische Kritik und die Reform von König Josia 622 v.Chr.

Die Propheten des 8.Jh.v.Chr. griffen die gleichgültige Haltung falscher Sicherheit der Israeliten an. Einen Kult einschließlich der Gebete (Jes 1,15) und der Lieder (Am 5,23) in dieser Haltung konnte Gott nicht annehmen (Am 4,4f; 5,4f.21ff; 6,1–6; Jes 1,10–17 u.ö.). Daraus folgt zweierlei: Die von Gott eröffnete persönliche Gottesbeziehung des Einzelnen (Am 5,4 Hos 6,6 Jes 1,16f) im Gegensatz zur falschen Sicherheit im Massenkult steht in Konkurrenz zu jeder Religionsvermischung (Synkretismus, vgl. 2Kön 16 mit der Errichtung eines A.s nach assyr. Vorbild in Jerusalem anstelle des alten salomonischen A.s!). Zweitens sind daher Verschleppung der Israeliten (*Exil; Am 5,5.27; 7,11.17 Hos 12,10) und Zerstörung der Heiligtümer der im Lande eingenisteten Mischreligion mit den A.en als Zentren (Am 3,14f; 9,1–4) das einzige Mittel der Sammlung der Gläubigen mit der geforderten persönlichen Gottesbeziehung. Nachdem es 722 v.Chr. zur Verschleppung des Nordreiches gekommen war (2Kön 17), führte im Südreich König *Josia 622 v.Chr. eine Kultreform durch (Maßnahmen von König *Hiskia als Vorläufer, 2Kön 18): Er zerstörte die Heiligtümer mit ihren A.en im Lande und machte damit Jerusalem zum einzigen und wahren Heiligtum im Sinne von 5Mose 12. Davon zeugt möglicherweise auch die Archäologie (Arad, Hörneraltar von Beerseba; vgl. V. Fritz, S. 41–75).

6. Die Vision Hesekiels. Hesekiel hatte während des Exils eine Vision vom wieder-

Steine dieses Altars wurden benutzt, um die Ecke eines Vorratshauses in Beerscheba auszubessern, vermutlich während des assyr. Angriffs im Jahre 701 v.Chr. Der Altar dürfte für Brandopfer verwendet worden sein. Höhe ca. 1,57 m (einschließlich der Hörner). (TAU)

Altar in Pfeilerform aus dem kanaan. Hazor; das Emblem des Sonnengottes ist als Relief eingemeißelt. Höhe 1,40 m. 13. Jh. v.Chr. (YY)

Altar aus hervorstehenden Hörnern. Höhe 0,54 m. Megiddo, 10.–9. Jh. v.Chr. (RS)

hergestellten Israel und einem wieder erbauten Tempel (Hes 40-44); sie knüpft an die Schau des entweihten Tempels und des Auszugs Gottes an (Hes 8–11). Ein Räuchera. wird nicht erwähnt, aber der Brandopfera. wird im einzelnen beschrieben (43,13-17). Er bestand aus drei Stufen und erreichte eine Höhe von 11 Ellen; sein Fundament maß 18 Ellen im Quadrat. Der A. erinnerte in seiner Form an die sog. Tempeltürme (*Ziggurat) *Babyloniens; dieser Eindruck wird von dem Namen, den einige seiner Bestandteile tragen, unterstützt. Die Bezeichnung des Fundaments, *chäq hā 'ārez* (Hes 43,14, »Sockel auf der Erde«, wörtl. »Schoß der Erde«) erinnert an akkad. *irat irziti* mit derselben Bedeutung; und die Begriffe *har'ēl* und *'ariēl* in V. 15-16 (mit »Opferherd« übersetzt) könnten hebraisierte Formen von akkad. *arallu* sein, einem der Namen für die Unterwelt, der als sekundäre Bedeutung »Berg der Götter« hatte. Nach langen Jahren des Exils in Babylonien wäre es nicht verwunderlich, wenn Hesekiel vom babylon. Vokabular geborgt hätte, ohne gleich die entsprechende Etymologie zu implizieren. Man stieg zum A. über mehrere Stufen hoch, und die vier Ecken der Altarplatte waren als Hörner geformt.

7. Die Altäre der Stiftshütte. Gott offenbarte Mose auf dem Sinai die Baubeschreibung für zwei A.e, die in der *Stiftshütte benutzt werden sollten: den Brandopfera. und den Räuchera.

8. Der zweite Tempel. Als der Tempel nach der Rückkehr aus dem Exil wiederaufgebaut wurde, stattete man ihn vermutlich auch mit A.en aus. Solche werden von Josephus (c. Ap. 1.198) und im Aristeasbrief erwähnt, aber beiden Autoren kann man im Blick auf diese Periode nicht unkritisch folgen. Im Jahre 169 v.Chr. entfernte Antiochus Epiphanes den »goldenen Altar« (1Makk 1,23) und zwei Jahre später bedeckte er den Brandopfera. mit einem »Greuelbild der Verwüstung« (1,57), d.h. wahrscheinlich mit einer Zeusstatue. Die Makkabäer bauten einen neuen A. und setzten den Räuchera. wieder instand (1Makk 4,44-49). Diese A.e müssen noch in Gebrauch gewesen sein, als Herodes den *Tempel gegen Ende des 1.Jh.v.Chr. vergrößerte. Zu jener Zeit bestand der Brandopfera. aus einem Haufen unbehauener Steine, zu dem eine Rampe hochführte.

II. IM NEUEN TESTAMENT.

Im NT werden zwei Begriffe für A. gebraucht. Der häufigste ist (griech.) *thysiastērion*, der in der LXX oft für (hebr.) *mizbēach* steht. Damit wird der A. bezeichnet, auf dem Abraham Isaak opfern wollte (Jak 2,21), aber auch der Brandopfera. im Tempel (Mt 5,23-24; 23,18-20.35; Lk 11,51; 1Kor 9,13; 10,18; Hebr 7,13; Offb 11,1) und der Räuchera. des irdischen (Lk 1,11) und des himmlischen Tempels (Offb 6,9; 8,5; 9,13; 14,18; 16,7; vgl. auch Röm 11,3; Hebr 13,10). Der andere Begriff, (griech.) *bāmos*, kommt einmal vor (Apg 17,23). Er wurde in der LXX sowohl für (hebr.) *mizbēach* als auch für (hebr.) *bāmā* (*Höhe) gebraucht und bezeichnete in erster Linie eine erhöhte Stelle.

Literatur: R. de Vaux: Das Alte Testament und seine Lebensordnungen, Bd II, 1962, S. 248–258; K. Galling: Der Altar in den Kulturen des alten Orients, 1925; G. Fohrer/K. Galling: Ezechiel, 1955, S. 237ff; J. Braun SJ: Der christliche Altar in seiner geschichtlichen Entwicklung, 2 Bde, 1924. Th. A. Busink: Der Tempel von Jerusalem von Salomo bis Herodes, Bd I, 1970, II, 1980; A. Reichert: Art. Altar in: BRL^2; V. Fritz: Tempel und Zelt. Studien zum Tempelbau und zu dem Zeltheiligtum der Priesterschrift (WMANT 47), 1977; O. Michel: Der Brief an die Hebräer (KEK 13), ^{7}1975, S. 498–506.

T.C.M./T.P.

ALTER.

I. LEBENSALTER. Langes Leben und hohes A. sind ein Geschenk Gottes (Ps 21,5), das im allgemeinen denen zuteil wird, die nach seinem Willen leben (Hiob 36,11; Spr 3,2; 16,31). Gottes Verheißungen (2Mo 20,12; 23,25.26; 5Mo 30,20) verknüpfen es immer wieder mit dem Halten seiner Gebote; und die Erfüllung bleibt aus, wo diese Voraussetzung fehlt (1Kön 3,14). Wo Gott aber Gehorsam findet wie bei *Mose und *Kaleb, da behält der Mensch trotz vorgeschrittener Jahre die ungebrochene Kraft (5Mo 34,7; Jos 14,10.11; Ps 92,15), während Gottes Gericht bewirkt, daß kein A. im Hause ist (1Sam 2,31.32). Daher wird es dem Frommen zur Anfechtung, wenn die Gottlosen »bei guten Tagen« alt werden (Hiob 21,7.13).

Von diesen Zusammenhängen her gesehen werden auch die sehr langen, häufig angezweifelten Lebenszeiten sinnvoll, die uns von *Adam bis *Noah (1Mo 5: zwischen 969 und 365 Jahren) und weiter bis zu *Abraham (Kap 11: zwischen 600 und 148 Jahren) berichtet werden. Andererseits geben diese Zahlen schwerlich eine Handhabe, genau auszurechnen, wann Adam gelebt hat (vgl. *Zeitrechnung). Das höchste in der Bibel überlieferte A. hat Metuschelach mit 969 Jahren erreicht (1Mo 5,27). Von Abraham bis Josua umfaßt die Lebensdauer, soweit sie uns mitgeteilt wird, zwischen 180 und 110 Jahren (1Mo 35,28; 50,26: Jos 24,29). Aber auch viel später noch erreicht *Jojada ein A. von 130 Jahren (2Chr 24,15). Wir dürfen hier keine Durchschnittszahlen suchen, da ja nur die Lebenslängen bestimmter Menschen mitgeteilt werden, die alle in der Geschlechterfolge standen, in der Gottes Verheißungen weitergegeben wurden. Die allg. Lebenserwartung setzt Ps 90,10 mit 70-80 Jahren an; mit mindestens 100 Jahren rechnet die Weissagung des Jesaja für die kommende Heilszeit (Jes 65,20.22; vgl. Sach 8,4).

Innerhalb der ganzen Zeitspanne des Lebens bezeichnet A. auch den gerade erreichten Abschnitt oder das Verhältnis zu anderen (2Mo 28,10; Dan 1,10). Bei Paulus ist das neue Leben in Christus so stark, daß die Sehnsucht, »aus der Welt zu scheiden und bei Christus zu sein« (2Kor 5,8; Phil 1,23), den Wunsch nach langem Erdenleben ablöst. Und *Henochs Leben, das er in besonderer Gemeinschaft mit Gott führte, dauerte nur etwa halb so lange wie das seiner Vorfahren und Nachkommen, weil »Gott ihn hinwegnahm« (1Mo 5,23).

II. GREISENALTER. A. bezeichnet den letzten Abschnitt des Lebens, in dem die Zeit des Zeugens und Gebärens vorbei ist, obwohl Gott auch noch im A. (1Mo 21,2.7; 24,36; 1Mo 37,3; 44,20; Lk 1,36; Hebr 11,11) Kinder schenken kann. Die Frucht des ganzen Lebens zeigt sich jetzt in der erfahrungsreichen Weisheit der Alten (Ps 37,25). Wer ihren Rat ohne weiteres verwirft wie *Rehabeam, handelt töricht und schändlich (1Kön 12,6-8). *Joasch und *Usija gehen nach dem Tode ihrer alten Ratgeber eigene Wege (2Chr 24,17; 26,5). Daneben stehen aber auch Warnungen vor Überschätzung der bloßen Erfahrung. Gott kann den Verstand der Alten fortnehmen (Hiob 12,20); dann wird ihr Anspruch auf weise Überlegenheit zum Spott (V. 12), denn allein Gottes Geist macht verständig (Hiob 32,6-9), und wer seine Befehle schon in der Jugend hält, ist klüger als die an sich kundigeren Alten (Ps 119,100). An erster Stelle aber steht das Gebot des Herrn, die Eltern (2Mo 20,12) und die Betagten zu ehren, insbesondere die altgewordene Mutter nicht zu mißachten (Spr 23,22) und vor einem grauen Haupte aufzustehen (3Mo 19,32). Das oft erwähnte graue Haar (1Sam 12,2; Hiob 15,10; Ps 71,18) ist ein natürlicher Schmuck, eine Art Krone (Spr 16,31; 20,29). Das gilt nicht für den, der es nicht wahrhaben will, daß er »alt und grau« geworden ist (Hos 7,9). Wie Vätern und Müttern soll Timotheus den Alten begegnen (1Tim 5,1.2); aber diese müssen auch Vorbild sein (Tit 2,2-5) und Kindern und Kindeskindern mit ihrem Verhalten die Kraft Gottes verkündigen (Ps 71,18).

Eine zahlreiche Nachkommenschaft bis in die dritte und vierte Generation (1Mo 50,23; Hiob 42,16) wird als Segen des A.s gepriesen (Spr 17,6) und verheißen (Ps 128,6). Von ihnen erwartet man Freude und Fürsorge im A. (Rut 4,15; 1Tim 5,4.8.16). Wer solch ein A. erlebt, der sinkt ins Grab wie Garben, die nach voller Reife eingebracht werden (Hiob 5,26); der stirbt »in gutem A.« (1Mo 15,15; Ri 8,32; 1Chr 29,28), alt und lebenssatt (1Mo 25,8; 35,29; 2Chr 24,15; Hiob 42,17) und »fährt in Frieden dahin« (Lk 2,29).

Doch schon »des Lebens satt sein« (1Chr 23,1) schließt die Last des A. mit ein, und oft werden graue Haare mit Herzeleid und Jammer ins Grab gebracht (1Mo 42,38; 44,29), nicht im Frieden, sondern mit Blut (1Kön 2,6.9). Daher die flehentliche Bitte zu Gott: »Verwirf mich nicht, verlaß mich nicht im Alter« (Ps 71,9.18) und seine rettende Antwort: »Ich will euch tragen bis ins A., und bis ihr grau werdet« (Jes 46,4).

Der alte Mensch verliert häufig die Fähigkeit zur Entscheidung und zum Handeln: *Eli seinen Söhnen gegenüber (1Sam 2,22-25); *David bei *Adonijas Versuch, sich zum König zu machen (1Kön 1); *Salomo, als er seinen heidnischen Frauen nachgibt (1Kön 11,4). Ein alter König kann auch zum Narren werden (Pred 4,13). Die letzte Zeit der Altersschwäche wird ohne Beschönigung geschildert (2Sam 19,36; 1Kön 1,1-4; Pred 12,1-5): Den Greis quälen oft Mißmut und Unzufriedenheit; er weiß vielfach nicht mehr klar, was gut und böse ist. Die Glieder werden zittrig und krumm, Steigen und Gehen fallen schwer, selbst mit Hilfe des Stocks (Sach 8,4). Die Zähne fallen aus, die Augen werden matt oder erblinden (1Mo 27,1; 48,10; 1Sam 3,2; 1Kön 14,4; Pred 12,3; vgl. jedoch 5Mo 34,7). Das Gehör läßt nach, die Stimme wird schwach, Essen und Trinken schmecken nicht mehr, und der Schlaf flieht. Der Körper wird nicht mehr richtig warm und die Zeit des Liebens ist endgültig vorbei. Dann ist es Zeit zum Sterben, zur Rückkehr zu Gott, der das Leben geschenkt hat (Pred 12,6.7).

ALTES TESTAMENT s. Bibel; Chronologie des AT; Kanon des AT

ÄLTESTER.

In der Frühgeschichte der meisten Kulturen wurde die Führung von denen wahrgenommen, die sich durch Alter und Erfahrung besonders auszeichneten. Für diese Gruppe gibt es verschiedene Begriffe. Bei Homer sind es die *gerontes*, in Sparta der *presbys*, in Rom der *senatus* und bei den Arabern der *sheikh*. Das AT kennt für diese Gruppe den Begriff *zāqēn* und das NT spricht von *presbyteros*. Alle diese Worte haben als Grundbedeutung »älterer Mann«. In diesem Sinn wird zāqēn in 1Mo

25,8; Ps 148,12; Spr 17,6; Jer 31,13 und presbyteros in Apg 2,17; 1Tim 5,1 verwendet. Mit »Ältesten« sind also zunächst einmal Männer im fortgeschrittenen Alter gemeint, denen man mit Respekt begegnen soll. Es wird vorausgesetzt, daß sie durch ihr Alter Weisheit erlangt haben (Pred 4,1). Sie führen in der Frühgeschichte Israels die Sippenverbände. Sie stellen die »Ältesten des Volkes«, auf die Mose, die Richter, Samuel und die Könige zurückgreifen (2Mo 3,16.18; 3Mo 4,15; Ri 21,16; 1Sam 4,3; 2Sam 3,17; 1Kön 8,1.3; 2Kön 23,1; 1Chr 11,3; Esra 5,5.9 u.a.). Aus ihnen wählt Mose die 70 aus, die ihn bei seiner Führungsaufgabe entlasten sollen (4Mo 11,16-30). Aus dieser Gruppe stammt der Ältestenrat der Könige Israels. Zusammen mit den Priestern sind sie vertraut mit dem Gesetz Gottes; sie machen das Volk damit bekannt (5Mo 31,9-13). Nach der Landnahme wirken die Ältesten der Städte als Richter (5Mo 19,12; 21,19f; 22,15-18; Jos 20,4; Rut 4,2.4.9.11; 1Kön 21,8.11; 2Kön 10,1.5). Sie sind zuständig für einfachere juristische Fragen. Daneben gibt es eine Berufungsinstanz, die sich aus Ä. und Priestern zusammensetzt (5Mo 17,8-13; 2Chr 19,8-11). Allerdings qualifiziert Alter allein nicht für das Amt eines Ä. in Israel. Nach 2Mo 18 und 5Mo 1 sind Weisheit, Frömmigkeit und persönliche Verläßlichkeit wichtige Maßstäbe für die Wahl in dieses Amt. Im AT finden wir auch den Hinweis, daß ein weiser junger Mann besser ist als ein törichter alter König, der sich nicht raten läßt (Pred 4,13). Nach dem Aristeasbrief (32.121f.321) waren die Ä. aus jedem Stamm, die die fünf Bücher Mose ins Griechische übersetzen sollten, weniger durch ihr Alter qualifiziert als durch ihr vorbildliches Leben, ihre Kenntnisse und ihr Verständnis des Gesetzes. In Übereinstimmung mit 5Mo 31 gehörten dazu Laien und Priester, wobei die Laien in der Mehrzahl waren. Diese alte Verbindung von Ä. und Priestern setzt sich später in Jerusalem fort und begegnet vor allem im NT an vielen Stellen: Mt 21,23; 26,3.47; 27,1.3.12.20; 28,11f; Apg 4,23; 23,14; 25,15. Das ist der geschichtliche Hintergrund für den Sanhedrin, der unter dem Vorsitz des Hohenpriesters eingeschränkte Regierungsgewalt über das jüd. Volk und die Rechtsprechung in ihm ausübt.

Zu den 71 Mitgliedern des Sanhedrin gehören die Ä. und Hohenpriester (Mt 27,1; Mk 8,31; 14,53; 15,1; Lk 22,66; Apg 4,5.8.23; 22,5) zusammen mit den »Schriftgelehrten« und »Obersten«.

Da die Priester und Ä. die Aufgabe haben, das Volk Israel nach Gottes Gesetz zu richten, brauchen sie genaue Kenntnis des *Gesetzes. Darum ist es die Pflicht der Priester, im Gesetz zu unterweisen (3Mo 10,10f; 5Mo 33,10; Mal 2,6f). In Palästina scheint sich diese Verpflichtung auf die Ä. verlagert zu haben, die in Lk 7,3 ausdrücklich erwähnt werden, ebenso in der rabbinischen Literatur. Es scheint so, daß der gleiche Personenkreis im übrigen NT mit Begriffen wie »Schriftgelehrte«, »Gesetzeslehrer«, »Rabbi« beschrieben wird. Diese Leute lehren gelegentlich im Tempel (Lk 2,46), haben aber ihren stärksten Einfluß in den *Synagogen (Mt 23,6; Mk 1,21f; Lk 5,17; 6,6f; 7,3-5). Nach der rabbinischen Literatur besteht ihre Hauptaufgabe darin, in rel. Fragen Recht zu sprechen. Sie lassen Bestrafungen ausführen (Mt 23,34; Mk 13,9; Apg 22,19; 26,11) bis hin zum Ausschluß aus der Synagoge (Joh 9,22; 12,42; 16,2). Zusätzlich zu den Ä. gibt es den Synagogenvorsteher, der für den Ablauf des Gottesdienstes zuständig ist (Lk 13,14; Apg 13,15), unterstützt von einem »Diener« (Lk 4,20). Aber während diese Personen stärker mit äußeren Ordnungsfragen befaßt sind, haben die Ä. eine höhere Autorität in Fragen der Lehre und des Lebens. Ein Ä. wird von seinem Lehrer in sein Amt eingesetzt. Er setzt dann wieder seine eigenen Schüler in das gleiche Amt ein. Oft wird er dabei durch zwei weitere Ä. unterstützt. Gewöhnlich erfolgt die Diensteinführung durch Handauflegung. So wird die Lehrtradition und die Gesetzesinterpretation gesichert. Auf diesem Hintergrund wurde das christl. Ältestenamt eingerichtet. Jesus wird von seinen Jüngern als der eine große Rabbi angesehen (Mt 23,8). Seine Schüler geben seine Lehre weiter und überliefern sie an andere (1Kor 11,23; 15,1.3; 2Thess 2,15; 3,6; 2Tim 2,2). Diejenigen, denen sie ihre Botschaft anvertrauen, werden oft Ä. genannt (Apg 14,23; Tit 1,5). Sie werden durch Handauflegung in ihr Amt eingeführt (1Tim 4,14; 5,22; 2Tim 1,6). Sie haben die Aufgabe, die Gemeinde zu belehren (1Tim 5,17; Tit 1,5.9), sie zu führen und in ihr Entscheidungen zu treffen (Apg 6,22-29; 15,2; 16,4). Sie haben seelsorgerliche Verantwortung einschließlich des Gebetes für die Kranken (Apg 20,17.28; 1Tim 5,17; 1Petr 5,1-4; Jak 5,14). Wegen der hohen Verantwortung für die Gemeinde werden an einen Ä.n strenge Maßstäbe angelegt: 1Tim 3,1-7; Tit 1,5-9. Sie betreffen seinen vorbildlichen Lebenswandel, seine Bewährung im Glauben, seinen Ruf in der Öffentlichkeit und seine Lehrfähigkeit. Die Parallelen zum Ältestenamt im Judentum und besonders in den jüd. Synagogen sind unverkennbar.

Deswegen liegt es nahe, davon auszugehen, daß das jüd. Ältestenamt Vorbild für die Leitungsstruktur in der Urgemeinde in Jerusalem war. Zwar waren zu Beginn die Apostel und vor allem Petrus für die Führung der Gemeinde verantwortlich. Aber schon bald müssen Ä. an der Leitung der Gemeinde beteiligt gewesen sein: Apg 11,30. Die Ä. sind nach Apg 15 zusammen mit den *Aposteln verantwortlich für eine Lehrentscheidung von grundlegender Bedeutung.

Dieses Muster der Gemeindeleitung hat Paulus in Jerusalem kennengelernt und auf die von ihm gegründeten Gemeinden übertragen (Apg 14,23). Allerdings fällt auf, daß er in seinen Briefen mit Ausnahme der Pastoralbriefe den Begriff *presbyteros* nicht verwendet. Stattdessen finden sich andere Bezeichnungen: »die an euch arbeiten« (1Thess 5,12), »Vorsteher« (Röm 12,8; 1Thess 5,12), »Lehrer« (1Kor 12,28) und »Bischöfe« (Phil 1,1). Mit diesen Begriffen werden Aufgaben beschrieben, die denen der Ä. entsprechen. Apg 20,17.28 zeigt, daß die Begriffe »Ältester« und »Bischof« austauschbar sind. Die Pastoralbriefe setzen diese Linie fort: Tit 1,5-9. Daß Paulus in seinen frühen Briefen den Begriff »Ältester« durch andere ersetzt, hängt sicher damit zusammen, daß im hellen. Umfeld nicht ohne weiteres verständlich gewesen wäre, welche Aufgabe ein Ä. hat. Die Auffassung, die z.T. in der Forschung vertreten wird, daß sich eine Entwicklung vollzogen habe von einer paulin. charismatischen Leitungsstruktur zu einer mehr am Judentum orientierten Führung der Gemeinden in nachapostol. Zeit durch Ä., kann daher nicht geteilt werden. Das zeigt vor allem Phil 1,1: In einer von Paulus gegründeten Gemeinde gibt es »Bischöfe« und »Diakone«, wie sie auch in den Pastoralbriefen vorausgesetzt werden. Daß »Bischöfe« und »Älteste« austauschbare Begriffe sind, wurde bereits ausgeführt. Paulus hat also den von ihm gegründeten Gemeinden die Führungsstruktur gegeben, die aus dem Judentum in die Urgemeinde übernommen wurde: das Amt der Ä.

Literatur: L. Coenen: Art. Bischof u. Presbyter in: TBLNT, S.123ff, 1003ff; H.Frost: Art. Älteste in EKL (1985) I, 117f; S. Hartman, D. Michel, C. Thoma, J. Roloff, K. Schäferdiek, H. Fagerberg, C.H. Ratschow: Art. Amt, Ämter, Amtsverständnis in: TRE II, S. 500-622.

R.T.B./G.H.

ALUSCH. Lagerplatz der Israeliten zwischen der Wüste *Sin und der Wüste *Sinai, vor Refidim. Hier gebrach es dem Volk an Trinkwasser (4Mo 33,13.14).

AMALEK, AMALEKITER. Amalek (hebr. *ʿamālēq*) war der Sohn *Elifas' und der Enkel *Esaus (1Mo 36,12.16). Sein Name wird als Sammelbegriff für seine Nachkommen, die Amalekiter, gebraucht (2Mo 17,8; 4Mo 24,20; 5Mo 25,17; Ri 3,13 u.ö.).

Manche unterscheiden zwischen den nomadischen A., die im *Negeb und *Sinai lebten, und den Nachkommen Esaus; als Grund wird der Bericht in 1Mo 14,7 angegeben, der in die Zeit vor Esau zu datieren ist und von dem »Land der Amalekiter« (hebr. *ʿamālēqī*) redet. Eine solche Unterscheidung ist unnötig, wenn man den Ausdruck als spätere redaktionelle Erklärung betrachtet.

Israel begegnete den A. zum ersten Mal in Refidim in der Wüste Sinai (2Mo 17,8-13; 5Mo 25,17-18). Wegen ihres Angriffs kamen die A. unter einen ständigen Bann und sollten vernichtet werden (5Mo 25,19; 1Sam 15,2-3). In jener Schlacht hielten *Aaron und *Hur die Hände Moses empor, worauf Israel siegte. Ein Jahr später ignorierte Israel auf den Bericht der Kundschafter hin den Befehl Moses und wollte in Südpalästina eindringen. Es wurde von den A. bei *Horma geschlagen (4Mo 14,43.45).

Aus der Richterzeit werden zwei Zusammenstöße berichtet. Die A. halfen *Eglon, dem König der *Moabiter, israelit. Territorium anzugreifen (Ri 3,13); später schlossen sie sich den *Midianitern und »denen aus dem Osten« an, um Israels Ernten zu vernichten und seine Herden zu überfallen; *Gideon vertrieb sie (Ri 6,3-5.33; 7,12; 10,12).

Die A. lebten traditionell im Negeb, faßten aber für kurze Zeit in *Ephraim Fuß (Ri 12,15). *Bileam, der fremde Prophet, schaute von seinem Aussichtspunkt in Moab aus auf ihr Land hinunter und beschrieb die A. als »das erste unter den Völkern« (4Mo 24,20), was sich auf ihren Ursprung oder auf ihren Status beziehen kann.

*Samuel befahl *Saul, die A. in dem Gebiet südl. von *Telem zu vernichten; es sollte keine Beute genommen werden. Saul verfolgte die A. von Hawila bis Schur und nahm ihren König Agag gefangen. Daraufhin tötete Samuel Agag und wies Saul zurecht (1Sam 15).

*David kämpfte gegen die A. im Gebiet von *Ziklag, das *Achisch, der König von *Gat, ihm gegeben hatte (1Sam 27,6; 30,1-20). Die A. wurden schließlich schwächer; in den Tagen *Hiskias griffen die Söhne *Simeons jene an, »die übriggeblieben waren von den Entronnenen der Amalekiter« und auf dem Gebirge Seïr ihre Wohnsitze hatten, und erschlugen sie (1Chr 4,43).

Literatur: F.A. Abel: Géographie de la Paléstine, 2, 1933, S. 270-273; D. Baly: Geographisches Handbuch zur Bibel, 1973.

J.A.T.

AMARJA. »Der Herr hat gesprochen«.

1. Sohn Merajots, ein Nachkomme Aarons aus dem Geschlecht *Eleasars (1Chr 5,33; 6,37).

2. Priester, Nachkomme des A. (1.) und Vorfahr *Esras (1Chr 5,37; Esr 7,3).

3. Levit, der zweite Sohn Hebrons (1Chr 23,19; 24,23).

4. Priester z.Zt. *Joschafats, den der König als obersten Richter für alle kultischen Rechtsfragen einsetzte (2Chr 19,11), vielleicht identisch mit A. (2.).

5. Einer der Leviten, die unter *Hiskia mit der Versorgung ihrer Brüder in den Priesterstädten beauftragt waren (2Chr 31,15).

6. Sohn des Hiskia und Vorfahr des Propheten *Zefanja (Zef 1,1).

7. Judäer aus dem Geschlecht Perez (Neh 11,4).

8. Priester, der mit *Serubbabel aus Babylon zurückkehrte (Neh 12,2). Seine Familie wird unter dem Hohenpriester *Jojakim genannt (V. 13).

9. Priester, der z.Zt. Nehemias die Verpflichtung auf das Gesetz unterschrieb (Neh 10,4), wohl Nachkomme des A. (8.).

10. Mann z.Zt. Esras, der seine heidnische Frau verstieß (Esr 10,42).

AMARNA. (Tell) el-Amarna ist der heutige Name von Akhetaten, der Hauptstadt Ägyptens unter Amenophis IV. (Echnaton, ca. 1364 – 1347 v.Chr.) und seinen unmittelbaren Nachfolgern. Das z.T. ausgegrabene Ruinenfeld liegt 320 km südl. von Kairo am Ostufer des Nils und bildet ein Rechteck von etwa 8 km Länge und 1 km Breite. Unter den eindrucksvollen Überresten befinden sich Tempel, Verwaltungsgebäude, Gräber mit Wandmalereien sowie eine Reihe ungewöhnlich großzügiger Gebäude, die oft einen einheitlichen Grundriß aufweisen.

Die Bedeutung von A. für die Bibel hängt mit einer Reihe von Briefen zusammen, die in Keilschrift auf Tontäfelchen geschrieben sind und im Jahre 1887 gefunden wurden. Zusammen mit späteren Funden liegen jetzt ca. 380 Dokumente vor. Die Mehrzahl der Briefe wurde von verschiedenen asiat. Herrschern an die Pharaonen Amenophis III. und IV. in der Zeit von 1385-1360 v.Chr. geschrieben; fast die Hälfte kommt von Palästina und Syrien. Sie liefern wichtige Informationen über die Geschichte jener Gebiete und zeichnen ein lebhaftes Bild von den Intrigen und dem Streit der Städte, die aus der Schwächung der ägypt. Herrschaft resultierten (kurz bevor die Israeliten ins Land kamen).

Beschriebene Tontafel aus Amarna, Teil der Korrespondenz des Tuschratta, König von Mitanni, mit Amenophis II. von Ägypten. Die Keil-Inschrift dokumentiert seinen Sieg über die Hetiter, außerdem enthält sie eine Aufstellung von Geschenken, die er dem ägypt. Herrscher macht: Pferde und Wagen sowie Juwelen für Tuschrattas Schwester, Amenophis' Frau. Daneben stehen Anmerkungen des ägypt. Schreibers in hieratischer Schrift. Höhe 4,1 m, ca. 1400–1360 v.Chr. (BM)

In Südsyrien beteuerten Abdi-ashirta und sein Sohn Aziru ihre Loyalität gegenüber ihren ägypt. Oberherren, vergrößerten jedoch ihr Gebiet unter stillschweigender Duldung der Hetiter von Nordsyrien; sie bereiteten somit den Weg für die spätere Eroberung ganz Syriens durch den Hetiter Suppiluliuma. Ribhaddi von Byblos, loyal eingestellt gegenüber Ägypten, sandte 53 Briefe an den ägypt. Hof, in denen er die Unsicherheit und das Chaos beschreibt, die auf seine unbeantworteten Gesuche um militärische Hilfe folgten. Er berichtet die Eroberung einer Nachbarstadt durch Aziru, wobei der ägypt. Gesandte getötet worden war, sowie den Angriff auf Byblos, der ihn selbst zur Flucht zwang.

Ähnlich ist der Fall von Lab'ayn von *Sichem, der trotz seiner Beteuerungen, unschuldig zu sein (Knudtzon: Die El-Amarna-Tafeln, 254), seine Macht in den zentral gelegenen Hügeln im Bunde mit den ʿApiru vergrößerte. Letztere werden in den Texten öfter erwähnt; sie gelten in der Hauptsache als halbnomadische, kleine, bewaffnete Banden (*Hebräer). Die Aktivitäten dieser ʿApiru werden von vielen Städten berichtet. Als Lab'ayn

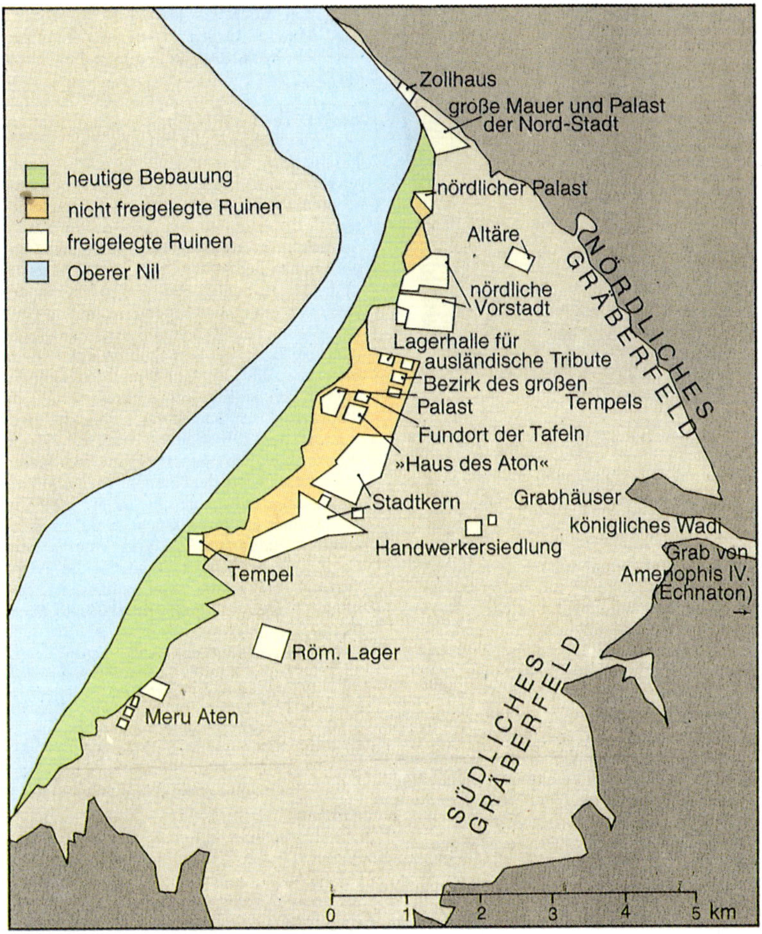

Faustskizze von Amarna und den umliegenden Ausgrabungsstätten

*Megiddo bedrohte, bat dessen Herrscher Biridiya Ägypten dringend um Hilfe.

Abdi-heba von Jerusalem beschwert sich in seinen häufigen Berichten über Milkilu von *Geser und andere, die Überfälle machen. Er kann deshalb nicht verstehen, weshalb der Pharao Geser, *Lachisch und *Aschkelon aus der Verpflichtung, der ägypt. Garnison Nahrungsmittel zu liefern, entlassen hat, obwohl sie Überfluß haben. Er selbst ist von ägypt. Truppen beraubt worden und macht den Pharao darauf aufmerksam, daß sein Tribut und die Sklaven, die auf dem Weg nach Ägypten sind, wahrscheinlich nicht ankommen, da Lab'ayn und Milkilu einen Hinterhalt geplant haben. Der letzte Hinweis kann auch eine List sein, mit deren Hilfe er es vermeiden möchte, überhaupt Geschenke zu senden; in einem anderen Brief warnt Shuwardata von *Hebron den Pharao vor Abdi-heba von Jerusalem, der ein Spitzbube sein soll.

Unsere Kenntnis der politischen Geographie vom Palästina dieser Zeit vergrößert sich durch Hinweise auf verschiedene lokale Herrscher, wie z.B. Ammunira von Beirut, Abimilki von *Tyrus, Akizzi von Qatna und Abditirzi von *Hazor. Einige dieser Namen können auf zeitgenössische Texte von *Ugarit (Ras

Eine ägypt. Königin bietet dem König einen Blumenstrauß an; wahrscheinlich handelt es sich um Merit-Aton und Smenkh-ka-Re. Bemalter Kalkstein, Höhe 23 cm. Ca. 1360 v.Chr. (PAC)

Schamra) bezogen werden. Ferner haben die Briefe Bedeutung für die weiteren Konsequenzen der Bündnisse zwischen Ägypten und den Herrschern von Mitanni und *Babylonien, die oft durch Ehen zwischen den herrschenden Familien geschlossen oder gestützt wurden.

Hinweise auf einen ägypt. Beamten namens Yanhamu, der eine hohe Stellung erreichte, erinnern an die Position von *Josef, auch wenn die beiden nicht miteinander identifiziert werden können. Der Name Yanhamu ist semit. Ursprungs; zu den Aufgaben dieses Mannes gehörte die Überwachung des Getreidevorrats unter den syr. Untergebenen des Pharao während einer Zeit der Knappheit.

Die Tontafeln haben auch eine große linguistische Bedeutung. Außer zweien sind alle in Akkadisch geschrieben, der Verkehrssprache des gesamten Alten Orients während dieser Zeit. Das Vorhandensein von mesopotamischer Literatur (Mythen von Nergal und Adapa, eine Geschichte über Sargon von Akkad) und lexikalischen Texten (einschließlich einer Liste mit ägypt. und akkad. Wörtern) in A. deutet den Einfluß des Akkad. an, der durch die Entdeckung eines Fragments des Gilgamesch-Epos' (ca. 1400 v.Chr.) in Megiddo im Jahre 1946 bestätigt wird. Die Briefe von Palästina und Syrien sind meist in lokalen westsemit. Dialekten des Akkad. geschrieben und liefern wertvolle Information über die kanaan. Sprache in ihren verschiedenen lokalen Formen für die Zeit vor der Ankunft der Israeliten. Briefe von dem König Tushratta von Mitanni tragen zu unserer Kenntnis der nicht-semit. horitischen Sprache (*Horiter) bei.

Es gibt Ansätze, die ʿApiru dieser Texte mit den Hebräern unter Josua zu identifizieren, trotz der Indizien, die auf eine Zeit vor der Landnahme hindeuten. Folgende Aspekte sollten im Blick auf diese Theorie beachtet werden. Die *hab/piru* hatten von jenen Gebieten Besitz ergriffen, die von den größeren Städten nicht kontrolliert wurden; dies wird auch in den Texten von Ras Schamra (*Ugarit) und *Alalah angedeutet. Sie operierten gewöhnlich mit einer kleinen Anzahl von Leuten in ganz Palästina und Syrien und treten nicht als Belagerer von Städten auf. Außerdem lassen die Texte eine Situation erkennen, die sich von der Zeit Josuas unterscheidet: die Städte Lachisch und Geser sind nicht etwa zerstört (Jos 10), sondern unterstützen die ʿApiru aktiv. Die Namen der Herrscher sind auch verschieden: der König Jerusalems ist zu dieser Zeit Abdi-heba; obwohl die ʿApiru in dem Gebiet um Jerusalem sehr aktiv waren, kam die Stadt erst z. Zt. Davids unter israelit. Herrschaft. Schließlich benutzten die ʿApiru Wagen, während die Israeliten diese Methode der Kriegführung erst unter David übernahm.

Literatur: J.A. Knudtzon: Die El-Amarna-Tafeln, 2 Bde., 1907; A.F. Rainey: El Amarna Tablets 359-379, ²1978; W.F. Albright: The Amarna Letters from Palestine, CAH 2/2, 1975, S. 98-116; F.F. Bruce in: AOTS, S. 1-20; K.A. Kitchen: Suppiluliuma and the Amarna Pharaohs, 1962.

M.J.S.

AMASA.

1. Ein Ismaelit, Sohn von *Jeter (Jetra) und Abigal, Davids Schwester; er befehligte das Rebellenheer *Absaloms (2Sam 17,25) und wurde von *Joab geschlagen (18,6-8); David vergab ihm und ersetzte Joab als Befehlshaber des Heeres durch A. (19,13). Dieser wurde von Joab beim »großen Stein bei Gibeon« ermordet (20,9-12). Er könnte mit dem *Amasai von 1Chr 12,19 identisch sein.

2. Ein Ephraimiter, der mit anderen zusammen dem Propheten *Oded gehorchte und sich dem Einzug der jüd. Gefangenen in Samaria widersetzte, die *Pekach, dem König von Israel, bei seinem Heerzug gegen *Ahas in die Hände gefallen waren (2Chr 28,9-15).

J.D.D.

AMASAI. Kurzform von Amazja.

1. Levit, Sohn des *Elkana und Vorfahr *Samuels (1Chr 6,20). Der V. 10 genannte A.

scheint ein anderer Vertreter desselben Geschlechtes zu sein.

2. Hauptmann unter den 30 Helden *Davids. Er kam mit einer Gruppe von Judäern und Benjaminiten zu David nach *Ziklag (1Chr 12,16-19). Vielleicht identisch mit *Amasa (1.).

3. Einer der Priester, die bei der Heimholung der Bundeslade nach Jerusalem die Trompete bliesen (1Chr 15,24).

4. Vater des Leviten Mahat z.Zt. *Hiskias (2Chr 29,12).

AMAZJA. »Jahwe ist mächtig«.

1. Sohn und Nachfolger von *Joasch, dem König von Juda (2Kön 14,1-20; 2Chr 25). Er brachte *Edom, das kurz zuvor von Juda unabhängig geworden war (2Kön 8,20-22), eine schwere Niederlage bei, ohne es jedoch vollständig zu unterwerfen (vgl. 2Kön 14,22). In gehobener Stimmung wegen seines Erfolgs und vielleicht auch ärgerlich wegen der Überfälle einiger entlassener israelit. Söldner, forderte er *Joasch von Israel zu einer Schlacht heraus, die ihm zum Verhängnis wurde. Er wurde vernichtend geschlagen, worauf ein Teil der Verteidigungsanlagen von Jerusalem niedergerissen, Tempel und Palast geplündert wurden. A. selbst wurde gefangengenommen (2Kön 14,13). Sein Sohn *Asarja könnte zu dieser Zeit als Mitregent geherrscht haben; diese Annahme würde einige der Schwierigkeiten, mit denen die Chronologie seiner Herrschaft belastet ist, mindern. A. wurde schließlich aus unbekannten Gründen ermordet.

2. Der Priester von *Jerobeam II., der den Propheten *Amos in *Bethel zum Schweigen bringen wollte (Am 7,10-17).

3. Ein Simeoniter (1Chr 4,34).

4. Ein Levit der Familie *Merari (1Chr 6,30). H.G.M.W.

AMEN. Hebr. *'āmēn*, »gewiß!«; von der Wurzel *'mn* mit der Bedeutung »fest, zuverlässig, sicher sein« abzuleiten; vgl. *'ǝmūnā*, »Zuverlässigkeit«, *emet*, »Wahrheit«. Das Wort wird im AT als liturgische Formel gebraucht, mit der eine Versammlung oder eine Einzelperson die Gültigkeit eines Schwures oder Fluches und deren Konsequenzen akzeptiert (4Mo 5,22; 5Mo 27,15ff; Neh 5,13; Jer 11,5). Es war auch die Antwort auf eine Segnung (1Chr 16,36; Neh 8,6) und findet sich in den Doxologien, die die ersten vier Bücher der Psalmen abschließen (Ps 41,14; 72,19; 89,53; 106,48). Andere Stellen, an denen das Wort vorkommt, sind *Jeremias ironische Antwort auf *Hananjas Prophezeiung eines kurzen Exils (Jer 28,6) und *Benajas willige Entgegennahme von Davids Befehl, Salomo zum König zu machen (1Kön 1,36); in beiden Fällen leitet es ein *Gebet um Gottes Segen ein. Die Verbindung des Wortes A. sowohl mit Segen als auch mit Fluch ist Erklärung genug für die Beschreibung Gottes als »wahrhaftiger Gott« (wörtl. »Gott des Amen«) in Jes 65,16. Außerhalb des AT findet sich das Wort in einem Text aus dem 7.Jh.v.Chr. als Einleitung einer eidlichen Unschuldigkeitserklärung: »Amen, ich bin frei von Schuld ...«

In ntl. Zeit wird A. regelmäßig am Schluß von *Gebeten und Doxologien gebraucht und ist eine natürliche Erwiderung, die im öffentlichen Gottesdienst zu erwarten ist (1Kor 14,16). Jesu Gebrauch des Wortes in der einleitenden Formel »Wahrlich (Amen), ich sage euch« war wahrscheinlich eine Besonderheit; es gibt keinen Hinweis, daß die *Apostel seinem Beispiel folgten; die Wendung gab den Worten Jesu eine besondere messianische Autorität. Deshalb steht der Ausdruck auch mit den Verheißungen Gottes in Verbindung, die in einzigartiger Weise in Jesus erfüllt wurden (2Kor 1,20), und deshalb wird ihm auch der Titel »der Amen heißt« gegeben (Offb 3,14).

Literatur: H. Bietenhard: Art. Amen in TBLNT I, S. 12f; G. Dalman: Die Worte Jesu, Bd. I, ²1930, ND 1960; J.Jeremias: Art. Amen I in TRE II, S. 386 – 391.

J.B.Tr.

AMETHYST s. Edelsteine

AMME. Da die israelit. Mutter ihre Kinder für gewöhnlich selber nährte (1Mo 21,7; 1Sam 1,23), werden A.n nur selten erwähnt. Wir hören von A.n in der Königsfamilie (2Kön 11,2; 2Chr 22,11), die die Kinder auch weiterhin betreuten (2Sam 4,4). Das besondere Vertrauensverhältnis zwischen A. und Kind sowie der Familie des Kindes bleibt für das ganze Leben bestehen (1Mo 24,59; 35,8). Indem die Tochter des Pharao Mose seiner eigenen Mutter als A.n übergab, hielt sie ihn in der Verbindung mit seinem Volk und mit dem Gott Israels (2Mo 2,7-11). Im Hebr. heißen auch Pflegemütter A.n (Rut 4,16; LÜ: Wärterin). Als Bild für die Sorge des Mose um das Volk oder des Paulus um die Gemeinde wird das Verhältnis der A. zum Kind 4Mo 11,12 verwendet; vgl. Jes 49,23; 60,16.

AMMIËL. »(Mein) Familienangehöriger, Verwandter (wörtl. Volk) ist Gott«.

1. Sohn Gemallis, der Daniter unter den

Kundschaftern, die Mose nach Kanaan sendet (4Mo 13,12).

2. Vater des *Machir von Lo-Dabar aus dem Stamm *Manasse (2Sam 9,4.5; 17,27).

3. Sechster Sohn *Obed-Edoms, ein Torhüter des Tempels (1Chr 26,5).

AMMIHUD.

1. Vater *Elischamas, ein Vorfahr *Josuas (4Mo 1,10; 1Chr 7,26).

2. Simeonit, Vater des Schemuël (4Mo 34,20).

3. Mann des Stammes Naftali, Vater des Pedahel (4Mo 34,28).

4. Vater des Königs *Talmai zu *Geschur, des Großvaters *Absaloms (2Sam 13,37).

5. Judäer aus dem Geschlecht des *Perez (1Chr 9,4).

AMMINADAB. »Mein Verwandter hat sich freigebig gezeigt«.

1. Vater des *Nachschon (4Mo 1,7) und der *Elischeba, der Frau *Aarons (2Mo 6,23). Er ist Vorfahr Davids (Rut 4,19) und Jesu Christi (Mt 1,4; Lk 3,33).

2. Sohn Kehats und Vater *Korachs (1Chr 6,7). Er wird sonst im Stammbaum der Leviten stets Jizhar genannt (1Chr 6,23; 2Mo 6,21; 4Mo 16,1).

3. Levit aus dem Geschlecht *Usiëls, der mit seinen 112 Brüdern die Bundeslade nach Jerusalem geleitete (1Chr 15,10.11).

AMMON, AMMONITER.

A. ist der Name der Nachkommen von *Ben-Ammi, *Lots jüngerem Sohn, der ihm von seiner Tochter in einer Höhle bei Zoar geboren worden war (1Mo 19,38). Die A. wurden als Verwandte der Israeliten angesehen, welche den Befehl erhalten hatten, sie wohlwollend zu behandeln (5Mo 2,19).

Die A. besetzten zu einem frühen Zeitpunkt das Gebiet der Samsummiter zwischen den Flüssen *Arnon und *Jabbok (5Mo 2,20.21.37; 3,11). Die *Amoriter nahmen ihnen später einen Teil dieses Gebietes ab, worauf sie auf die Gegend östl. vom Jabbok beschränkt waren (4Mo 21,24; 5Mo 2,37; Jos 12,2; 13,10.25; Ri 11,13.22). Archäologische Funde zeigen, daß die A. ihr Territorium mit kleinen Festungen umgaben (4Mo 21,24).

In der Zeit des Exodus wurde A. von Israel nicht erobert (5Mo 2,19.37; Ri 11,15). Die A. wurden jedoch verurteilt, weil sie mit den *Moabitern zusammen *Bileam gedungen hatten; es war ihnen bis zur 10. Generation verboten, in die Versammlung Israels zu kommen (5Mo 23,3-6).

Rabbat-A., das heutige Amman (*Rabba), war ihre Hauptstadt; dort befand sich der aus Eisenstein angefertigte Sarkophag Ogs, des Königs von *Baschan (5Mo 3,11). In der Richterzeit unterstützten die A. *Eglon von Moab darin, israelit. Territorium zu unterjochen (Ri 3,13). Zur Zeit Jeftahs drangen sie wieder in israelit. Gebiete östl. des Jordan ein (Ri 11), wurden jedoch vertrieben. Einige Israeliten wurden von der Religion der A. beeinflußt (Ri 10,6); daraus resultierte die Unterdrückung durch die A. in Gilead, die schließlich zum Feldzug Jeftahs führte (Ri 10). Später belagerte Nahasch, der König der A., Jabesch in Gilead kurz bevor Saul König wurde. Saul sammelte Israel und vertrieb Nahasch (1Sam 11,1-11; 12,12; 14,47). Einige Jahre später war Nahasch ein Freund Davids (2Sam 10,1-2); sein Sohn Hanun wies einen Freundschaftsbesuch von Davids Gesandten ab und beleidigte sie. Er heuerte syr. Söldner an und zog in den Krieg, wurde aber von *Joab und *Abischai, den Generälen Davids, geschlagen (2Sam 10; 1Chr 19). Ein Jahr später eroberten die Israeliten Rabba, die ammonit. Hauptstadt (2Sam 12,26-31; 1Chr 20,1-3) und ließen die Bevölkerung Fronarbeit leisten. Einige A. befreundeten sich mit David, so z.B. Schobi, der Sohn des Nahasch, der für David sorgte, als dieser vor *Absalom floh (2Sam 17,27.29), und Zelek, der zu den 30 mächtigen Männern Davids zählte (2Sam 23,37; 1Chr 11,39).

Salomo hatte ammonit. Frauen in seinem Harem und verehrte Milkom (Molech), den Gott der A. (1Kön 11,1.5.7.33). Naama, die Mutter *Rehabeams (1Kön 14,21.31; 2Chr 12,13) war eine Ammoniterin.

In den Tagen Joschafats schlossen sich die A. den Moabitern und Edomitern zu einem Überfall auf Juda an (2Chr 20,1-30). Um 800 v.Chr. verschworen sich Josachar, Sohn einer Ammoniterin und Josabad, *Joasch, den König von Juda, zu ermorden (2Chr 24,26). Später erhielten *Usija und *Jotam, Könige von Juda, Tribut von den A. (2Chr 26,8; 27,5). Josia verunreinigte die Höhen, die Salomo errichtet hatte (2Kön 23,13). Die A. bedrängten mit anderen Völkern zusammen *Jojakim (2Kön 24,2). Nach dem Fall Jerusalems im Jahre 586 v.Chr. provozierte Baalis, ihr König, weitere Konflikte (2Kön 25,25; Jer 40,11–14). Die A. wurden von den Propheten als unverbesserliche Feinde Israels heftig gebrandmarkt (Jer 49,1-6; Hes 21,25; 25,1-7; Am 1,13-15; Zef 2,8-11). Nach der Rückkehr aus dem Exil hinderte Tobija, der Gouverneur von Ammon, *Nehemia am Bau der Stadtmauern (Neh

Das Gebiet der Ammoniter, im östl. Einzugsgebiet des Flusses Jabbok

2,10.19; 3,35; 4,1). Mischehen zwischen Juden und A. wurden sowohl von *Esra als auch von Nehemia getadelt (Esr 9,1-2; Neh 13,1.23-31). Die A. existierten mindestens bis ins 2. Jh. v.Chr., da Judas Makkabäus gegen sie kämpfte (1Makk 5,6).

Nachdem das Gebiet der A. einige Jh. fast ganz unbewohnt war, wurden um den Beginn des 13. Jh. v.Chr. hier wieder Leute seßhaft. Einige Gräber aus der Mittleren Bronzezeit (17.-16. Jh. v.Chr.), ein Heiligtum bei Amman und Anzeichen von Bewohnern der Stadt in den Schichten der Späten Bronzezeit deuten auf eine begrenzte Besiedlung vor dem 13. Jh. v.Chr. hin. Am Beginn der Eisenzeit finden wir eine vitale Wiederbelebung städtischen Lebens: aus dieser Zeit existiert eine Reihe von kleinen, aus großen Steinen gebauten, kreisförmigen Turmfestungen. Andere Bauwerke aus dieser Periode hatten einen quadratischen oder rechteckigen Grundriß. Mehrere Siedlungen wurden untersucht: sie bestanden jeweils aus mehreren Steinhäusern und einem oder mehreren Türmen (z.B. Chirbet Morbat Bedran). Während der Eisenzeit II (ca. 1000-580 v.Chr.) dürfte die ammonit. Okkupation lebhaft gewesen sein. Während des 7. Jh. v.Chr. blühte A. unter assyr. Kontrolle, wie zahlreiche Hinweise in assyr. Dokumenten zeigen. A. zahlte *Assyrien hohen Tribut. Im Gebiet von Amman gefundene Gräber zeugen von einer hoch entwickelten handwerklichen Kultur (Keramik, Särge, Siegel, Statuen, Figuren, etc.). Verschiedene Siegel

Statue eines ammonitischen Königs, der eine schwere Krone und ein feierliches Quastengewand trägt. Höhe 80 cm. Amman, ca. 800 v.Chr. (DAA)

(7. Jh. v.Chr.), eine beschriftete Kupferflasche von Siran (ca. 600 v.Chr.) sowie eine achtzeilige fragmentarische Inschrift von der Zitadelle in Amman (9. Jh. v.Chr.) zeigen, daß die ammonit. Sprache dem Hebr. ähnlich ist, die Schrift jedoch vom Aram. beeinflußt wurde. Die Kupferflasche enthielt Spelt- (Emmer-) und Brotweizensamen und sechsreihige Graupen, drei von den A. im 6. Jh. v.Chr. angebaute heimische Gräser. Aus verschiedenen Quellen sind heute elf ammonit. Könige bekannt.

Archäologische Hinweise lassen darauf schließen, daß die Besiedlung des Gebiets durch die babylon. Feldzüge im 6.Jh. unterbrochen und erst im 3. Jh. v.Chr. fortgesetzt wurde. Beduinen kontrollierten das Gebiet bis in die Zeit der Tobiaden (4.-2. Jh. v.Chr.), der Nabatäer (1. Jh. v.Chr.) und der Römer (1. Jh. v.Chr. – 3. Jh. n.Chr.).

Literatur: W.F. Albright: Miscellanea Biblica B. Ubach, 1953, S. 131ff; N. Glueck: The Other Side of Jordan, 1940; J.Aharoni: Das Land der Bibel, 1984; M. Clauss: Geschichte Israels, 1986. J.A.T.

AMNON. »Zuverlässig, treu«.

1. Ältester Sohn Davids, den ihm die Jesreeliterin *Ahinoam in Hebron schenkte. A. tat seiner Halbschwester *Tamar Gewalt an und wurde dafür zwei Jahre später von ihrem Bruder *Absalom erschlagen (2Sam 3,2; 13). Damit beginnt das Gericht an David für seinen Mord an *Uria: daß nämlich das Schwert nicht von seinem Hause lassen soll (2Sam 12,10).

2. Judäer, der Sohn Schimons (1Chr 4,20).

AMON. Sohn *Manasses, regierte zwei Jahre über Juda (2Kön 21,19-26; 2Chr 33,21-25), seine Herrschaft wurde durch Meuchelmord beendet. A. akzeptierte den Götzendienst, den sein Vater getrieben hatte. Es ist nicht ganz klar, welche Motive A.s Mörder hatten. Die Tatsache, daß diese ihrerseits von dem »Volk des Landes« getötet wurden, deutet an, daß A. Opfer einer Hofintrige und nicht einer Revolution des Volkes wurde. J.C.J.W.

AMON/AMUN. (Ägypt. *Amūn*, »Der Verborgene«). Eine ägypt. Gottheit, deren Wesen unklar ist wie ihr Name. A. wurde oft mit dem Wind in Verbindung gebracht und mitunter als Verkörperung der Zeugungskraft angesehen; A. war zuerst als lokaler Gott *Thebens prominent, der Stadt, aus der die mächtigen Pharaonen der 12. Dynastie (1991-1785 v.Chr.) stammten. Durch Vereinigung mit

Eine silberne, zum Teil mit Gold belegte Statuette, die den ägypt. Gott Amun-Re darstellt. Ca. 900 v.Chr. (BM)

dem kosmischen und königlichen Sonnengott Rē wurde Amun-Rē Hauptgott. Als die thebanischen Pharaonen der 18. Dynastie später das ägypt. Reich begründeten (seit 1552 v.Chr.), wurde A. als »König der Götter« Staatsgottheit, indem er die Macht und die Attribute der lokalen Götter zum großen Teil auf sich vereinigte. Seine Priester häuften Reichtümer und riesigen Landbesitz an. Der Fall von Theben (No) und die Beschlagnahmung der Reichtümer der Priester durch die Assyrer im Jahre 663 v.Chr. wurde von dem Propheten *Nahum als Präzedenzfall im Blick auf seine Prophezeiung des Zusammenbruchs des ebenso mächtigen *Ninive angeführt (Nah 3,8). A. und seine ihm heilige Stadt Theben gewannen ein gewisses Maß an Wohlstand zurück, aber der Prophet *Jeremia kündigt ihren Untergang an (Jer 46,25). (*Ägypten). K.A.K.

AMORITER. Ein kanaan. Volk (1Mo 10,16), das oft mit den Hetitern, Perisitern u.a. zu den Feinden Israels gerechnet wird (2Mo 33,2). Die A. lebten verstreut im Hügelland zu beiden Seiten des *Jordan (4Mo 13,29). *Abraham hatte ein Bündnis mit den A. von *Hebron geschlossen und schlug mit ihrer Hilfe die vier Könige, welche die Ebene des Toten Meeres einschließlich der amorit. Stadt Hazezon-Tamar angegriffen hatten (1Mo 14,5-7). Der Name A. wurde auch als allg. Bezeichnung der Bewohner *Kanaans gebraucht (1Mo 48,22; Jos 24,15). Wenn *Hesekiel Jerusalem einen Abkömmling der A. und Hetiter nennt (Hes 16,3.45), wirft er damit ein bezeichnendes Licht auf die Bevölkerung Palästinas, die sich über längere Zeit hinweg mit den aus den östl. gelegenen Steppengebieten vordringenden Völkern vermischt hatte.

Während der letzten Hälfte des 3. Jt. v.Chr. nehmen sumer. und akkad. Inschriften auf die A. (sumer. *mar-tu*, akkad. *amurru*) Bezug als ein Wüstenvolk, dem zivilisiertes Leben, Weizen, Häuser, Städte und Regierung unbekannt ist. Das Zentrum der A. befand sich auf dem Berg Basar, wahrscheinlich Dschebel Bischri im N von Palmyra. Um 2000 v.Chr. zogen diese Leute nach jahrhundertelanger Infiltration in großer Zahl nach *Babylonien. Sie waren z.T. für den Zusammenbruch der mächtigen 3. Dynastie von *Ur verantwortlich; einige Städte wurden von ihnen regiert (z.B. Larsa). In *Babylon wurde eine »amoritische« Dynastie begründet, deren mächtigster König, Hammurabi, die beiden anderen wichtigen »amoritischen« Staaten *Assur und *Mari eroberte (um 1750 v.Chr.). Die A. können durch linguistische, in erster Linie onomastische Spuren nachgewiesen werden. Dies ist zwar nicht immer zuverlässig oder schlüssig möglich, man kann jedoch sagen, daß jene Dynastien westl. Ursprungs waren: Hammurabi wird in einem zeitgenössischen Text als A. bezeichnet. Die 20000 in *Mari gefundenen Texte sind zum größten Teil in Akkad., mit vielen westsemit. Merkmalen, geschrieben. Die Form der Personennamen, die in den Texten vorkommen, zeigt, daß die Namen der *Patriarchen einem weithin bekannten Stil folgen. Die Mari-Texte informieren über nomadische Stämme in Syrien, vor allem über

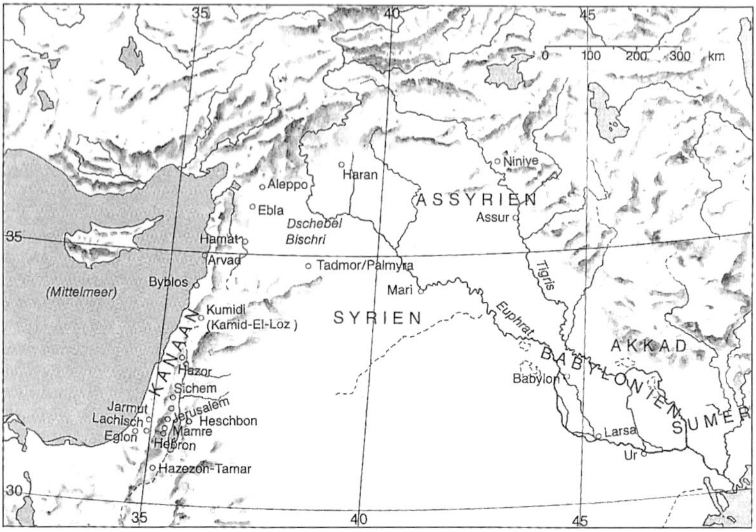

Amoritische Städte und Siedlungsgebiete

die *Mare-Yamina* (oder vielleicht *Bene-Yamina*), die mit der Gegend des Berges Basar in Verbindung gebracht werden. Eine andere Gruppe hatte sich im Libanon niedergelassen und Pferdehandel betrieben. Dieses Königreich existierte bis zur 19. Dynastie *Ägyptens und bis zur Zeit der *Amarna-Texte, die von Tributleistungen des Staates Amor berichten. Die Hauptstadt war wohl der Hafen Sumur (heute Tell Kazel) südl. von Arvad. Dieses Land wird in Jos 13,4 erwähnt.

Die allgemeine Unruhe der Jahre 2100-1800 v.Chr. in Mesopotamien und in Palästina war eng mit vermehrten Bewegungen der A. verbunden. Die Besiedlungslücke in mehreren palästin. Städten zwischen der Frühen und der Mittleren Bronzezeit wurde durch das Eindringen von Nomaden verursacht, die viele Gräber, aber kaum eine Spur von Gebäuden zurückließen. Die Keramik dieser Leute weist deutliche Ähnlichkeiten mit der Keramik Syriens auf, was vielleicht andeutet, daß es sich um verwandte »Amoriter« handelte (vgl. K.M. Kenyon: Amorites and Canaanites, 1966; W.G. Dever: HThR 64, 1971, S. 197-226). Die Züge Abrahams ließen sich mit dem letzten Abschnitt dieser Periode in Verbindung bringen.

Zur Zeit der israelit. Landnahme in Palästina beherrschten amorit. Könige (Sihon von Heschbon und Og von Baschan) den größten Teil Transjordaniens (Jos 12,1-6; Ri 1,36). Die Unterwerfung dieser beiden Könige war der erste Schritt zur Inbesitznahme des Gelobten Landes und wurde in der israelit. Geschichte als ein äußerst wichtiges Ereignis angesehen (Ps 135,11; 136,19; Am 2,9). Gad, Ruben und der halbe Stamm Manasse besetzten dieses Gebiet (4Mo 32,33); später bildete es eine der zwölf Regionen, die Salomos Hof unterhielten (1Kön 4,19). Die Bewohner *Ais werden A. genannt (Jos 7,7), und *Jerusalem, *Hebron, *Jarmut, *Lachisch und *Eglon waren amorit. Fürstentümer, die von Israel überwältigt wurden (Jos 10,1-27). A. aus dem N standen dem König von *Hazor bei (Jos 11,1-14). Nach der Landnahme waren die A. Knechte und wurden allmählich absorbiert (1Kön 9,20). Die Erinnerung an ihre Verderbtheit blieb und diente als Vergleich für die Abgötterei *Ahabs und *Manasses (1Kön 21,26; 2Kön 21,11; vgl. 1Mo 15,16).

Um 1000 v.Chr. wurde die Macht der A. durch Invasionen anderer Völker, der Kassiten, Horiter und Indoeuropäer in Mesopotamien, der Israeliten in Palästina und der Aramäer in Syrien geschwächt. Ihr Name überlebte im Akkad. als Bezeichnung für Syrien-Palästina, bis er durch *Hatti* (Hetiter) ersetzt wurde, und war auch eine Bezeichnung für »Westen«.

Literatur: S. Moscati: The Semites in Ancient History, 1959; J.R. Kupper: Les Nomades en Mesopotamie au temps des Roi de Mari, 1957; M. Liverani in:

POTT, S. 100-133; Y. Aharoni: Das Land der Bibel, 1984. A.R.M.

AMOS.

I. INHALT.
Der hebr. Text der Prophezeiungen des A. ist im großen und ganzen gut erhalten. Die chronologische Abfolge seiner Niederschriften macht es möglich, das Buch klar zu gliedern. Es ergeben sich vier Abschnitte.

1. 1,1-2,16. Nach einer schlichten Einleitung (1,1-2), in der A. darlegt, wer er ist, wann er prophezeit hat und worauf seine Autorität zur Predigt beruht, kündigt er Gericht über die Nachbarvölker (1,3-2,3), über seine Heimat *Juda und über *Samaria (2,4-16) an. Das Gericht trifft die heidnischen Nationen wegen Vergehen gegen die Menschheit und wegen Verletzung der vom Gewissen gelehrten Normen, die menschliches Zusammenleben ermöglichen. Juda und Israel werden gerichtet, weil sie sich von der göttlichen Offenbarung abgewandt haben (2,4.11-12), worauf moralischer und gesellschaftlicher Niedergang folgte.

2. 3,1-6,14. Die verschiedenen Ansprachen dieses Abschnittes werden jeweils mit einer genau festgelegten Formel eingeleitet (3,1; 4,1; 5,1; 6,1). Die Betonung liegt hier auf den Privilegien Samarias; die Sündhaftigkeit des Volkes ließ die Privilegien jedoch zur Grundlage für A.' Lehre vom Gericht werden. Privilegien erfordern auch Strafe; deshalb besteht A. darauf, daß Status nicht retten kann (3,1-2), daß der »Tag Jahwes« Dunkelheit bringt und nicht Licht (5,16-20).

3. 7,1-9,10. Dieser Abschnitt besteht aus einer Reihe von fünf Gerichtsvisionen, in denen das Gericht je unter einem Symbol angekündigt wird: Heuschrecken (7,1-3), Feuer (7,4-6), Bleilot (7,7-9), Sommerobst (8,1-14) und ein geschlagenes Heiligtum (9,1-10). In 7,10-17 legt A. dar, weshalb er berechtigt ist, auf diese Weise das Volk Gottes anzusprechen.

4. 9,11-15. Ein Epilog, in dem die Wiederherstellung des davidischen Königtums beschrieben wird.

II. AUTORENSCHAFT UND ZEIT DER ABFASSUNG.
Von dem Propheten A. wissen wir nur durch seine Schriften. Er stammte aus *Tekoa (1,1; vgl. 2Sam 14,2; 2Chr 11,6), ca. 16 km südl. von Jerusalem. Die Gegend bestand aus Weideland; A. war selbst Hirte (1,1) und außerdem Obst- (Feigen-) Bauer (*Bäume; 7,14). A. hatte keinen prophetischen Hintergrund: Er war in keiner der Prophetenschulen ausgebildet worden und hat sich nicht als Berufspropheten angesehen (7,14f). Aus 1,1 wissen wir, daß er während der Herrschaftszeit von *Usija, König von Juda (779-740 v.Chr.) und von *Jerobeam II., König von Samaria (783-743 v.Chr.) lebte. Usija und Jerobeam II. herrschten 36 Jahre lang gleichzeitig (779-743). Das genaue Datum des Erdbebens (1,1) ist unbekannt; A.' Wirken läßt sich nur durch allgemeine Hinweise einordnen. Das Maß an Wohlstand und Sicherheit in Israel, das aus den Worten des Propheten erkennbar wird, deutet wohl auf die Zeit um die Mitte der Herrschaft Jerobeams II. hin, d.h. um 760 v.Chr.

III. GESCHICHTLICHE EINORDNUNG.
Das Wirken und die Botschaft eines hebr. Propheten waren immer eng mit den Zuständen verbunden, die unter den Menschen, denen er predigte, herrschten; auch A. hatte den Auftrag, diese Zustände aus der Sicht Gottes aufzudecken.

1. Politische und gesellschaftliche Verhältnisse. *Assyrien hatte über 40 Jahre vor dem Auftreten A.' Syrien, Samarias Nachbarn im N, unterdrückt. Dies erlaubte Jerobeam II., seine Grenzen auszudehnen (2Kön 14,25) und einen lukrativen Handel aufzubauen, der in Samaria eine mächtige Kaufmannsschicht hervorbrachte. Der Reichtum, der sich in Samaria anhäufte, war nicht gleichmäßig verteilt. Er verblieb in den Händen der Kaufherren, die den neuen Reichtum zur Hebung ihres eigenen Lebensstandards verwandten (3,10.12.15; 6,4) und die Bauernschicht völlig vernachlässigten, die bis dahin das Rückgrat der Wirtschaft gebildet hatten. Allmählich zeigten sich die unverkennbaren Symptome einer moralisch kranken Gesellschaft. Zur Zeit von A. war die Unterdrückung der Armen durch die Reichen an der Tagesordnung (2,6f); die Reichen zeigten sich der Not der Hungernden gegenüber gleichgültig (6,3-6). Recht bekam, wer am meisten bot (2,6; 8,6). Während Zeiten der Trockenheit (4,7-9) blieb den Armen nichts anderes übrig als beim Geldverleiher Zuflucht zu suchen (5,11f; 8,4-6), der sie oft zwang, Grund und Boden, ja sogar sich selbst zu verpfänden.

2. Die religiöse Situation. Die gesellschaftlichen Zustände in Samaria beeinflußten natürlich auch die rel. Gewohnheiten. Die Religion wurde nicht vernachlässigt, sondern verfälscht. In den nationalen Heiligtümern (5,5) wurde das Ritual aufrechterhalten (4,4f), ging aber Hand in Hand mit Gottlosigkeit und Sittenlosigkeit. Die Gottesdienste fanden bei Jahwe kein Gefallen, sondern forderten sein Gericht heraus (3,14; 7,9; 9,1-4); die Übertretungen wurden nicht gestraft, sondern ver-

mehrt (4,4). Gott war in den Heiligtümern nicht gegenwärtig (5,4f), weil er die Gottesdienste nicht annehmen konnte (5,21-23); die Menschen beschäftigten sich mehr mit anderen Göttern (8,14).

IV. DAS OPFERSYSTEM.
A. kannte geschichtliche (2,9ff; 3,1.13; 4,11; 5,6.25; 7,16), rel. (4,4ff; 5,22; 8,5) und rechtliche Überlieferungen seines Volkes (2,8 vgl. 2Mo 22,25f; Am 8,5 vgl. 3Mo 19,35; Am 2,4 vgl. 5Mo 17,19). Diese Tatsache hilft uns, seine feindliche Haltung gegenüber der Religion, die er bei seinen Zeitgenossen sah, besser zu verstehen, gerade auch seine anscheinend ablehnende Haltung gegenüber einem Opfersystem, das der göttlichen Autorisierung entbehrte (5,25). Wir haben es hier jedoch – wie auch bei ähnlichen Stellen bei den vorexilischen Propheten (vgl. Jes 1,10-17; Jer 7,21f; Hos 6,1-6; Mi 6,7f) – nicht mit einer Verdammung des Opfersystems als solchem zu tun, sondern mit einer Verurteilung der Art und Weise, wie es durchgeführt wurde (*Prophetie). Die Zeitgenossen von A. konnten aus dem Pentateuch (dessen Entstehung vor der Zeit A.' wir hier annehmen) entnehmen, daß Opfer immer ein Bestandteil des Gottesdienstes des Volkes Gottes und von Gott anerkannt waren. In 5,25 formuliert A. keine Behauptung, sondern eine rhetorische Frage, die nur mit Ja beantwortet werden kann. Der hebr. Wortlaut deutet jedoch darauf hin, daß A.' Frage nicht auf die Institution des Opfers zielt, sondern auf die herausragende Bedeutung, die man dem Opfer beimaß. Die Frage »Habt ihr mir geopfert ...?« meint: »Waren Opfer damals – als reine Rituale – der ganze Inhalt eures Gottesdienstes?« In den V. 22-24 geht es nur anscheinend um die Alternative entweder – oder (eine häufige Methode in der Bibel, die Priorität einer Sache zu unterstreichen; vgl. Spr 8,10; Lk 14,26). Diese Verse enthalten im Grunde einen Appell, das der mosaischen Norm entsprechende Gleichgewicht wieder herzustellen, bei dem die Opfer Gottes Vorkehrung für die Vergehen eines Volkes darstellen, das sich auf ein Leben des Gehorsams gegenüber Gottes Gesetz festgelegt hat.

V. DIE BOTSCHAFT.
1. A.' Gottesbegriff ist für das Verständnis seiner Botschaft an Samaria grundlegend. Der Herr ist der Schöpfer der Welt (4,13) und ist als ihr Erhalter immer noch wirksam. Er läßt es Tag und Nacht werden und beherrscht die Wellen des Meeres (5,8; 9,6). Er bestimmt, ob Hungersnot (4,6-11) oder Überfluß (9,13) herrscht. Angesichts dieser Gotteslehre besteht keine Notwendigkeit, 4,13; 5,8-9; 9,5-6 als spätere Einschübe abzulehnen. Diese Verse sind weder theologisch verfrüht, wie manche behauptet haben, noch im Blick auf den Kontext an die falsche Stelle gesetzt: jeder dieser Verse bezieht die vorausgegangene Gerichtsankündigung auf ein Verständnis des Wesens und des Vermögens Gottes. Der Herr bestimmt auch die Zukunft der Völker. Er gebietet einem Volk Einhalt (1,5), erweckt ein anderes (6,14), vertilgt ein drittes (2,9). Er kontrolliert die Verteilung der Völker (9,7). Er ist ihr Richter (1,3-2,3), wenn sie sein Moralgesetz übertreten.

2. Die Botschaft A.' beschäftigt sich natürlich besonders mit Israel. Es war Jahwes Wille, Israel zu erwählen und einen Bund mit ihm zu schließen (3,2). Durch seine Diener hat er Israel seinen Willen kundgetan (2,11; 3,7). Dieses Vorrecht bringt für Israel aber auch eine schwere Verantwortung mit sich; wenn das Volk sie nicht akzeptiert, zieht es ein viel schwereres Gericht auf sich als das, das die heidnischen Völker treffen wird. Als Israel die Gebote Jahwes mißachtete (2,4), gab es nur noch ein ängstliches Warten auf Gericht (4,12). Auf keinen Fall darf Israel aus der bloßen Tatsache des Exodus und der Erwählung einen Heilsanspruch ableiten (9,7).

3. A. hatte deutlich zu machen, daß das durch Ungerechtigkeit gebrochene Gesetz nicht durch Rituale, Feste oder Opfer allein wieder in Ordnung gebracht werden kann. Jahwe stand schon am Altar, um ihn zu zerschlagen (9,1-4). Auch das kunstvollste Ritual war für ihn so lange ein Greuel, wie es von einem Volk vollzogen wurde, das nicht die Absicht hatte, den in seinen heiligen Gesetzen festgehaltenen ethischen Normen zu entsprechen. Eine solche, von richtigem moralischem Verhalten getrennte Religion der Zeremonien und Rituale konnte Jahwe nur hassen (5,21ff).

4. In erster Linie forderte A. im Namen des Herrn, daß das Volk des Herrn sich gerecht verhält (5,24). Gerechtigkeit war für A. das wichtigste moralische Attribut des göttlichen Wesens. Jedes Vergehen am Moralgesetz, durch heidnische Völker (1,3-2,3) oder Israel (2,4-16) begangen, ist ein Vergehen am Wesen Gottes und eine Provokation göttlicher Gerechtigkeit. Wenn Jahwe gerecht ist, kann er Ungerechtigkeit, Unehrlichkeit, Sittenlosigkeit nicht tolerieren, sondern muß Vergeltung üben.

5. Das letzte Wort von A. an Samaria ist jedoch nicht Gericht (5,4). Er schließt mit der Verheißung besserer Zeiten (9,11-15). Die Meinung mancher Forscher, A. habe diese Verse nicht geschrieben, ist abzulehnen. Es ist für einen Mann aus Juda nicht fehl am Platz, für die davidische Hoffnung einzustehen, und

trotz der Betonung des Gerichtes die Absage an ein endgültiges Verworfensein (7,1-6) mit einer entsprechenden positiven Aussage über die Herrlichkeit am Ende zu krönen.

Literatur: G. von Rad: Theologie des Alten Testaments, Bd. II. Die Theologie der prophetischen Überlieferungen Israels, [6]1975, S. 137–145; H. W. Wolff: Dodekapropheton 2.Joel und Amos (BK XIV/2), [2]1975; ders.: Das unwiderstehliche Wort. Amos und das verschuldete Ende, in: ders.: Prophetische Alternativen. Entdeckungen des Neuen im Alten Testament (KT 70), 1982, S. 9–23 (allgemeinverständlich); H. Gese: Komposition bei Amos: Vetus Testamentum Supplementum 32, ed. J. A. Emerton, 1981, S. 74–95; H.-J. Zobel: Prophet in Israel und Juda. Das Prophetenverständnis des Hosea und Amos: ZThK 82/1985, S. 281–299. J.G.S.S.T./J.A.M.

Die Lage von Amphipolis

AMPHIPOLIS. Griech. »Rings umschlossene Stadt«. Befestigte Handelsstadt in Thrakien, die 436 v.Chr. durch die Athener nahe der Strymonmündung (heute Struma) gegründet wurde. Sie liegt an einer Krümmung des Flusses, wird fast vollständig von ihm umströmt und erhielt davon ihren Namen. Unter den Römern war A. die Hauptstadt Ostmazedoniens. A. war ein bedeutender Straßenknotenpunkt an der Via Egnatia, rund 50 km südwestl. von *Philippi. Paulus berührt A. auf seiner Reise von Philippi nach *Thessalonich (Apg 17,1). Heute heißt der Ort Neokhori.

AMRAM. »Das Volk (der Verwandte) ist erhaben«.

1. Levit, Sohn des Kehat, Mann der *Jochebed und Vater von *Mirjam, *Aaron und *Mose (2Mo 6,18; 4Mo 26,59). Er wurde 137 Jahre alt. Seine Nachkommen sind die Amramiter (4Mo 3,27; 1Chr 26,23).

2. Sohn des *Bani. Er verstieß die nichtisraelit. Frau, die er im Exil genommen hatte (Esr 10,34).

AMT s. Dienen/Dienst/Amt

AMTMANN, AMTLEUTE.

I. ÜBERSETZUNG.
Der Begriff des Amtmanns oder der Amtleute ist in der Bibel nicht fest umrissen. Luther übersetzt damit verschiedene hebr. Ausdrükke und gibt andererseits denselben hebr. Begriff durch verschiedene deutsche Wörter wieder, z.B. Knecht, Männer, Vorsteher u.a.

II. AUFGABE.
Im allg. ist ein A. ein Aufsichtsbeamter im zivilen, kultischen oder militärischen Bereich. Je nach den Umständen ist er Fürsorger oder auch Strafbevollmächtigter.

III. AMTLEUTE IN AUSSERISRAELISCHEN KULTURBEREICHEN.

1. **Ägypten* war außerordentlich reich an Beamten. Das geht aus den Berichten über *Josef und die Fronarbeit Israels in Ägypten hervor. Als A. werden bezeichnet: Gefängnisdirektoren (1Mo 40,3.4), höfische Versorgungsbeamte (»Kämmerer«, 1Mo 40,2), Verwalter der Kornmagazine (1Mo 41,34). Zu nennen wären hier auch die ägypt. Fronvögte (2Mo 1,11ff) und ihre israelit. Unteraufseher (2Mo 5,13-19), die für das Tagessoll der Bausklaven verantwortlich waren. Nach ägypt. Nachrichten handelt es sich bei diesen Aufsehern um schreibkundige Leute. Darum werden gelegentlich auch Schreiber unter den A. aufgeführt.

2. In **Babylonien* (um 550 v.Chr.) scheinen die A. nach der Notiz in Dan 3,2.3 die unterste Stufe einer stark gegliederten Beamtenhierarchie gebildet zu haben.

3. Zur *pers. Zeit* (um 400 v.Chr.) handelte es sich bei den A. um hohe Distriktbeamte, die Esr 8,36 neben den Landpflegern genannt werden. Von *Ahasveros (Xerxes, um 470 v.Chr.) wird berichtet, daß er durch A. (LÜ: Männer) Frauen für seinen Harem suchen ließ (Est 2,3).

4. Die *syr.* A. (um 170 v.Chr.), von denen in den Makkabäerbüchern mit Abscheu berichtet wird, waren Steuereintreiber (1Makk 9,25).

IV. AMTLEUTE IN ISRAEL.

1. Als die ersten israelit. A. sind wohl die *70 Männer um *Mose* anzusprechen, die neben ihrer betont geistlichen Aufgabe, mit Mose

»die Last des Volkes zu tragen« (4Mo 11,16), auch richterliche Funktionen hatten (5Mo 1,15.16; vgl. 2Mo 18). 5Mo 20,5.9 hingegen ist von A. die Rede, denen die Aushebung der Truppen für den Kriegsdienst oblag (*Älteste, *Stamm).

2. Unter *Josua* waren die A. vorwiegend Militärs, was sich aus der besonderen Lage des Volkes ergab (Jos 1,10). Nach anderen Stellen zu urteilen (Jos 8,33; 24,1), mögen sie ähnliche Befugnisse gehabt haben, wie ihre Kollegen um Mose. Nicht viel anders wird es z.Zt. der *Richter* gewesen sein (Ri 9,28).

3. Unter der Regierung *Davids* (um 1000 v.Chr.) stellte die Gruppe der *Leviten ein Viertel ihrer Leute als A. ab. Darin zeigt sich die starke kultische Bindung dieses Amtes (1Chr 23,4; vgl. 2Chr 19,8-11, Regierung Joschafats um 860 v.Chr.).

4. Unter *Salomo* (um 950 v.Chr.) versorgten zwölf A. in monatlichem Wechsel den Hofstaat mit Lebensmitteln. Während ihrer monatlichen Amtszeit unterstanden sie wahrscheinlich einem Neffen des Königs (1Kön 4,5-19; *Asarja). Aber auch Salomos Fronvögte wurden A. genannt (1Kön 5,30).

5. Aus der Zeit der Könige *Joasch* (um 800 v.Chr.) und *Hiskia* (um 700 v.Chr.) ist belegt, daß A. die Tempelkasse verwalteten (2Chr 24,11; 31,13).

6. *Jeremia* (um 600 v.Chr.) bezeichnet den Oberpriester des Tempels als A. (Jer 20,1; LÜ: Vorsteher). Dieser hatte auch beschränkte richterliche Gewalt. Bei der Eroberung Jerusalems im Jahre 586 v.Chr. wird ein A. gefangengenommen, der – eigentlich Kämmerer – den Oberbefehl über die Verteidiger hatte (2Kön 25,19; Jer 52,25).

7. Häufig verwendet *Nehemia* (um 440 v.Chr.) diesen Begriff, um damit den Vorgesetzten bestimmter Priester-, Leviten- und Tempelsängergruppen zu kennzeichnen (Neh 11,9.14.22; 12,42; LÜ: Vorsteher).

V. GÖTTLICHE LEGITIMATION. Wichtig erscheint eine Stelle aus dem apokryphen Buch der Weisheit (vermutlich um 100-50 v.Chr. geschrieben), wo alle Könige der Erde als »A. unter Gott« bezeichnet werden (Weish 6,5). Damit wird die Überzeugung ausgesprochen, daß jedes Amt – auch das in Händen von Heiden – von Gott kommt und deshalb vor ihm zu verantworten ist.

VI. AUTORITÄT.
So verschieden die Funktionen des zu verwaltenden Amtes in Israel und anderswo gewesen sein mögen, seine *Autorität und seinen Auftrag hatte es immer von einer höheren Instanz. Auch Israel leitete es, wo es das Amt recht verstand, von Gott ab. Das wird deutlich bei den 70 Ältesten und überall dort, wo enge kultische Bindungen vorlagen. Die vielfältige Entartung des Amtes hat diese Überzeugung niemals umstoßen können, wie das Beispiel aus dem Buch der Weisheit zeigt. Dem widerspricht auch nicht, daß der A. bestimmte Fähigkeiten und Vorkenntnisse in sein Amt mitbrachte.

VII. IM NEUEN TESTAMENT.
Im NT kommt der Ausdruck A. nicht vor, wenn er auch der Sache nach häufig in bürgerlichen und politischen Zusammenhängen erscheint (LÜ: Diener u.ä.). Allerdings kennt die Gemeinde des NT den Begriff des Aufsehers (griech. *episkopos*, LÜ: Bischof), der aber nur formal an den atl. A. erinnert (Apg 20,28; Phil 1,1; 1Tim 3,2; Tit 1,7). Es handelt sich hierbei niemals um eine Bestallung im juristischen Sinn, sondern um ein durchaus geistliches Amt, das sich auf den »Hirten und Bischof« Christus gründet (1Petr 2,25). Vgl. *Dienen, Dienst, Amt.

AMTSCHILD s. Brusttasche des Hohenpriesters

AMULETT. Das Tragen eines kleinen symbolischen Gegenstandes als Zauber oder als Schutz vor Bösem war im Alten Orient allgemeiner Brauch. Solche A.e bestanden gewöhnlich aus kleinen Schmuckgegenständen, Juwelen, Steinen, Siegeln, Perlen, Spangen oder Emblemen, die manchmal mit einem Zauberspruch oder einem Gebet beschriftet waren. Die Hebräer mißbilligten das Tragen von A.en; in Jes 3,18-23 finden wir eine Liste solcher von Frauen getragenen Schmuckstücken. Das hebr. Wort für A., *lehāschīm*, bedeutet »Flüstern«, und bezeichnet die Beschwörung (von Schlangen?) (Jes 3,20; vgl. Ps 58,5; Pred 10,11; Jer 8,17). Das Vorhandensein von A.en kommt vielleicht auch in dem Ausdruck »Zauberstein« (Spr 17,8) zum Ausdruck: man nahm von den meisten Steinen an, daß sie magische Eigenschaften haben. Deshalb wurden alle Steine und Ringe, die man als *Siegel benutzte, als A.e angesehen (vgl. Jer 22,24; Hag 2,23); dasselbe trifft auf den größten Teil der persönlichen Schmuckgegenstände zu, wie z.B. jene, aus denen das Goldene Kalb gemacht wurde (2Mo 32,2), oder die Gegenstände, die von Jakob vergraben wurden (1Mo 35,4). Wie jene Menschen verurteilt wurden, die A.e benutzten (vgl. Jes 3,3), so wurde die von Mose gemachte eherne Schlange vernichtet, als sie Gegenstand abergläubischer Verehrung wurde (2Kön 18,4).

Archäologische Funde zeigen, daß die Schmuckgegenstände, die allg. getragen wur-

Goldamulette in Mondform, die als Ohrringe oder Anhänger getragen wurden. Aus Tell-el-Addschul, Palästina, 14.–13. Jh. v.Chr. (BM)

den, die Form der Sonnenscheibe oder einer umgekehrten Mondsichel hatten – ein Symbol der Göttin Ischtar-Astarte – und von Frauen zur Steigerung ihrer Fruchtbarkeit getragen wurden (Ri 8,21). Figurinen ägypt. Stils und Tier- und Obstsymbole (*ankh* »Leben, heiliges Auge«) wurden im allg. ebenfalls mit Fruchtbarkeit und Schutz assoziiert. In Israel sollten die Stirnbänder zwischen den Augen (*tōtāpōt*, 2Mo 13,16; 5Mo 6,8; 11,18) und die Quasten an den Kleidern (*zizit*, 4Mo 15,38-39; Mt 23,5) zur Erinnerung an das Gesetz sowie als Abschreckungsmittel gegenüber Aberglauben und Götzendienst dienen, die das Gesetz verdammte (2Mo 13,9; 5Mo 6,8ff; Spr 3,3). Solche karmesinfarbenen Kordeln wurden mit den blauen und roten Kordeln verglichen, die die Hetiter als Amulett-Quasten trugen; manche nehmen auch an, daß die Schellen am Besatz des hohenpriesterlichen Gewandes (2Mo 28,33) eine ähnliche Funktion erfüllten wie die Schellen der assyr. Pferde (vgl. Sach 14,20). Judas Makkabäus fand an den Leichnamen seiner gefallenen Soldaten A. (2Makk 12,40), die vermutlich als Phylakterien (griech. *phylaktērion*, »Vorsichtsmaß-

Drei vielfarbige Glasamulette phönizischen Ursprungs, die vermutlich an einer Halskette getragen wurden. 5.–4. Jh. v.Chr. (AMO)
rechts: durchbrochene Einlegearbeit aus Ägypten. Wahrscheinlich Neues Reich, ca. 1600–1000 v.Chr. (MC)

nahme«) gebraucht wurden. Ähnlich wurde das Kästchen, das eine kleine Rolle mit einem Bibeltext enthielt und am Türpfosten befestigt war (hebr. *mezuza,* 5Mo 6,9), von den Juden später eingeschätzt. D.J.W.

ANA.

1. Sohn des *Horiters Zibon und Vater *Oholibamas, der Frau *Esaus (1Mo 36,2.14), wohl derselbe A., der die heißen Quellen in der Wüste entdeckte (V. 24; 1Chr 1,40).

Im hebr. Text steht 1Mo 36,2.14 wörtl.: Oholibama, Tochter des A., *Tochter* Zibons. LÜ folgt LXX, samaritanischer und syr. Überlieferung, die lesen: Oholibama, die Tochter des A., des *Sohnes* (hebr. *ben*) Zibons. A. läßt sich also in jedem Fall als männlicher Name auffassen.

2. A. und Zibon erscheinen 1Mo 36,20.29 auch unter den Nachkommen des Horiters Seïr. Möglicherweise sind sie mit den oben genannten identisch, dann müßte man in den *Hiwitern eine Untergruppe der *Horiter sehen.

ANAK, ANAKITER. Die Anakim (hebr. *ʿanāqīm*), Nachkommen eines Anak, gehörten zu der vorisraelit. Bevölkerung Palästinas. Der Name A. kommt ohne Artikel nur in 4Mo 13,33 und 5Mo 9,2 vor, sonst immer in der Form »der Anak« (*hāʿanāq*), die vermutlich als Kollektiv, d.h. als »Anakiter« zu verstehen ist. Die Wendung »die Stadt Arbas (*qiryatʾarbaʿ*, *Kirjat-Arba), des Vaters Anaks« (Jos 15,13) deutet wohl darauf hin, daß ein Mann namens Arba der eigentliche Stammvater der A. ist, es sei denn, das Substantiv »Vater« wird als Charakterisierung der Stadt angesehen; in diesem Fall wäre die Stadt – es handelt sich um *Hebron – als Stammsitz der A. zu betrachten.

Die eindrucksvolle Körpergröße der A. war fast sprichwörtl.; bei Vergleichen mit anderen Völkern wurde sie als Norm genommen, um die Größe z.B. der Emiter (5Mo 2,10) und der Refaiter (5Mo 2,21) hervorzuheben. Ein Sprichwort lautete: »Wer kann wider die A. bestehen?« (5Mo 9,2). In dem Bericht, den die zehn kleinmütigen Kundschafter vom Gelobten Land erstatteten, wurde die Anwesenheit der A. betont (5Mo 1,28; die LXX übersetzt hebr. *ʿanāqīm* hier mit griech. *gigantes*; vgl. *Riese). Man hielt sie für die Nachkommen der Nefiliter, die ebenfalls als Kinder A. angesehen wurden; die Kundschafter erzählten, daß sie sich neben den A. wie Heuschrecken vorgekommen wären (4Mo 13,33). Die A. wohnten im Hügelland, vor allem bei Hebron (4Mo 13,22), wo sich Ahiman, Scheschai und Talmai, »die Kinder Anaks« befanden. Josua vernichtete die A., die im Hügelland wohnten (in Hebron, *Debir und Anab), aber einige blieben in *Gaza, *Gat und *Aschdod übrig (Jos 11,21f); *Kaleb mußte sie aus Hebron, das ihm zugeteilt worden war, endgültig vertreiben. Außerhalb der Bibel erfahren wir nichts über diese Menschen; manche Forscher nehmen allerdings an, daß sie zu den Völkern gehören, die in einem ägypt. Verwünschungstext des 18.Jh.v.Chr. erwähnt werden, oder daß ihr Name ein früher, »philisterähnlicher« Titel ist.

Literatur: ANET, S. 328; VT 15, 1965, S. 468-474. T.C.M.

ANAMMELECH. Eine Gottheit, die zusammen mit *Adrammelech von Kolonisten aus Sefarwajim, die von den Assyrern in *Samaria angesiedelt worden waren, verehrt wurde (2Kön 17,31). Wenn *Sefarwajim als das babylon. Sippar interpretiert wird, bedeutet der Name »Anu ist König«. Da der Name jedoch den Anlaut ʿ *(ha)* hat, ist die Verbindung mit Anu unwahrscheinlich, da akkad. Götternamen, die mit einem Vokal beginnen, in aram.

Abschriften mit Lautverschiebung erscheinen (aus Anu wird im 3.Jh.v.Chr. im Aram. Uruk, s. *Erech). Wahrscheinlicher ist die Identifizierung A.s mit *'An,* dem männlichen Gegenstück zu *'Anat,* Namen, die aus dem Ugaritischen und Phönizischen bekannt sind. (F. Gröndahl: Die Personennamen der Texte aus Ugarit, 1967, S. 83. 110). D.J.W.

ANATHEMA.

1. Griech. *anathēma* bedeutet ursprünglich »etwas (in einem Tempel) Aufgestelltes«, daher Weihgeschenk; nach Form und Bedeutung in Lk 21,5 erhalten (vgl. RevEB).

2. Griech. *anathema* (mit kurzem *e*) ist späteren Datums; die Formen werden von Lexikographen wie Hesychius unterschieden, sind jedoch in ihrer Bedeutung verwandt und werden in der Praxis oft miteinander verwechselt.

Die LXX übersetzt mit *anathēma* oft hebr. *hērem,* »der geweihte Gegenstand«, »Bann«, »Gebanntes« (*Fluch, *Bann), was z.T. völlige Vernichtung einschloß (vgl. 3Mo 27,28f; 4Mo 21,3 im Blick auf Horma; 5Mo 7,26; vgl. die bemerkenswerte Stelle Jdt 16,19). Heidnische Verwünschungstexte zeigen, daß das Wort außerhalb des Judentums als Fluchformel gebraucht wurde.

Im Zusammenhang mit dem hellen. Synkretismus wäre es vorstellbar, daß Christen von angeblich inspirierten Predigern die schreckliche Blasphemie »Anathema Jesus« gehört haben (1Kor 12,3); dies könnte als feierliche Abschwörung der Gefolgschaft gesagt worden sein (Plin. epist. 10.96 und andere Quellen belegen, daß man verfolgten Christen befahl, Christus zu »verfluchen«), oder als Verunglimpfung des irdischen Jesus im Gegensatz zum erhöhten Christus. Wie auch immer die Verfassung des Sprechers gewesen sein mag, vom Heiligen Geist konnte keine Botschaft kommen, die Jesus degradierte. Paulus konnte sich wünschen, für seine unbekehrten Brüder »verflucht«, d.h. »unter dem Bann« zu sein, was Trennung von Christus einschließt (Röm 9,3), und er konnte über den Verkündigern eines »anderen Evangeliums« den Bann ausrufen, was die Aufhebung der Anerkennung durch die Christen mit einschloß (Gal 1,8-9). In allen vier Fällen lautet die Übersetzung (LÜ) »verflucht«.

Für 1Kor 16,22 wurde vorgeschlagen, *anathēma* zu dem folgenden *maranata* zu ziehen, was sinngemäß lauten würde: »möge der Herr seine Gerichte schnell ausführen« (vgl. C.F.D. Moule: NTS 6, 1960, S. 307ff). **Maranata* ist jedoch als selbständiger Satz zu sehen (vgl. LÜ u.a.). Im Hinblick auf den Inhalt von 1Kor sind diese Worte auch im Zusammenhang der herzlichen Schlußgrüße durchaus angemessen, ohne daß man eine besondere Verbindung zwischen A. und Ausschluß vom Abendmahl sehen müßte (so G. Bornkamm: ThLZ 75/1950, S. 227ff; J.A.T. Robinson: JThS 4/1953, S. 38ff).

Die Verschwörer in Apg 23,14 setzten sich selbst unter ein A. (»Eid«, RevEB: »Fluch«); d.h. sie wollten verflucht sein, wenn ihr Plan scheitern sollte (vgl. den atl. Satz »Der Herr tue mir dies und das, wenn...«).

Die kirchliche Bedeutung der Exkommunikation ist eine Erweiterung des bibl. Sachverhaltes, kein Beispiel für denselben. Es kann jedoch sein, daß die Praxis der Synagoge (vgl. Bill 4, S. 293ff) in diesem Zusammenhang von Bedeutung ist.

Das entprechende Verbum kommt in Mk 14,71; Apg 23,12.14.21 vor.

Literatur: H. Aust, D. Müller: TBLNT 1, S. 348; J. Behm: ThWNT 1, S. 354f. A.F.W.

ANATOT. Eine Stadt im Gebiet Benjamins, die den Leviten zugewiesen worden war (Jos 21,18). Heimatort von *Abjatar (1Kön 2,26), *Jeremia (Jer 1,1; 11,21), *Abiëser (2Sam 23,27; 1Chr 11,28; 27,12) und *Jehu (1Chr 12,3). Von Sanherib erobert (Jes 10,30), nach dem Exil neu bevölkert (Neh 11,32). Der heutige Ort, Ras el-Charrūbeh, ca. 5 km nördl. von Jerusalem, befindet sich in der Nähe des Dorfes Anata. D.J.W.

ANBETEN s. Gebet

ANBRUCH s. hebe

ANDREAS. Einer der zwölf *Apostel. Der Name ist griech. und bedeutet »männlich«, aber er mag ein »Vorname« wie »Petrus« gewesen sein. A. war der Sohn des Jonas oder Johannes und kam aus *Betsaida in *Galiläa (Joh 1,44), zog aber später zu seinem Bruder Simon Petrus nach *Kapernaum (Mk 4,18). Als Jünger von *Johannes dem Täufer (Joh 1,35-40) wurde A. von diesem auf Jesus als das Lamm Gottes hingewiesen. A. führte seinen Bruder Simon zu Jesus (Joh 1,42). Später wurde er dazu berufen, seinen Beruf aufzugeben und Jesus nachzufolgen (Mt 4,18-20; Mk 1,16-18); A. wurde somit einer der zwölf Apostel (Mt 10,2; Mk 3,18; Lk 6,14). Sein praktischer Glaube wird in Joh 6,8.9; 12,21.22 aufgezeigt. Er war einer von denen, die nach dem göttlichen Gericht fragten, das auf Jerusalem zukam (Mk 13,3.4). Zuletzt wird erwähnt, daß A. nach der Himmelfahrt Jesu mit den anderen Aposteln zusammen war (Apg 1,13).

Wahrscheinlich wurde er in *Achaja gekreuzigt. Die synoptischen Evangelien sagen wenig über ihn aus, aber Johannes zeigt ihn als ersten Missionar in der Heimat (1,40-42) und für Ausländer (12,20-22). R.E.N.

ANFANG s. Alpha und Omega

ANFECHTUNG s. Versuchung

ANGEL s. Fisch/Fischfang

ANGENEHM/WOHLGEFÄLLIG. Die Bibel bezeichnet Dinge, Eigenschaften und Personen als a., die zu Gott in einem rechten Verhältnis stehen: Aufrichtigkeit (1Chr 29,17); das Gebet der Frommen (Spr 15,8: »wohlgefällig«); Brandopfer der Fremden, die den Bund halten (Jes 56,7: »wohlgefällig«); Fürbitte (1Tim 2,3); geistliche Opfer sind Gott a. durch Jesus Christus (1Petr 2,5). Gott a. bzw. wohlgefällig zu sein wird möglich durch Gottes *Gnade, die er allen Menschen zuwendet (»in jedem Volk, wer ihn fürchtet und recht tut, der ist ihm a.« Apg 10,35), als auch durch die Gnade, die in Jesus Christus Wirklichkeit geworden ist (Eph 1,6).

ANGESICHT.

I. BEDEUTUNG.

Das hebr. Wort *pānīm* hat die Grundbedeutung: wenden, kehren. Es bezeichnet die nach außen gekehrte, einem Objekt zugewandte Seite einer Person oder Sache. Griech. *prosōpon* meint darüber hinaus auch Oberfläche, äußere Gestalt, Anblick, Antlitz, Miene, Züge usw.

Der Hebräer spricht vom A. (der Außenseite) der Erde (LÜ: Erde; RevEB: die ganze Oberfläche des Erdbodens: 1Mo 2,6), des Wassers (LÜ: Wasserspiegel, RevEB: Fläche: Hiob 38,30). Er nimmt A. als Präposition und meint »vor« (Mose legte die Stäbe vor den Herrn: 4Mo 17,22), auch im Sinne unseres »angesichts« (3Mo 14,53). In Verbindung mit Vor- und Nachsilben wandelt er das Wort beständig um, immer aber, um die erfahrbare oder erkennbare Seite dessen auszudrücken, von dessen A. er spricht.

II. IM BIBLISCHEN KONTEXT.

1. In der Bibel ist an vielen Stellen und in unterschiedlichen Zusammenhängen vom A. des *Menschen* die Rede: vom schönen A. der *Rebekka (1Mo 24,16), des *Josef (1Mo 39,6), der *Abigajil (1Sam 25,3). Vor Angst wird das A. bleich (Nah 2,11); heimliches Reden macht das A. sauer (Spr 25,23); Jeremia klagt über das harte A. seines Volkes (Jer 5,3). Bei mangelhafter Speise wird das A. jämmerlich (LÜ: Aussehen, Dan 1,10), Scham spiegelt sich im A. wider (Ps 44,16). Kühnheit gibt dem A. einen löwenhaften Ausdruck (1Chr 12,9), Weisheit erleuchtet des Menschen A. (Pred. 8,1), Freundlichkeit und Huld machen es licht (Hiob 29,24).

2. Das *A. gegen jemanden kehren* bedeutet Widerstand (3Mo 20,5); wer *auf sein A. fällt,* beugt sich vor Hoheit und unterwirft sich auf orientalische Weise (3Mo 9,24). *Ins A. speien* ist Ausdruck völliger Verachtung (4Mo 12,14; Mt 26,67), *ins A. geschlagen werden* wird als äußerst schmachvoll empfunden (2Kor 11,20). In Scham, in Demut und Leid wird das *A. verhüllt* (1Mo 24,65; 2Mo 3,6; 2Sam 19,5).

3. Das A. als der persönlichste Teil des Menschen steht manchmal für die *Person* selbst (2Sam 17,11 im Urtext).

III. DAS ANGESICHT GOTTES.

1. Im AT ist das A. Gottes der lebendige *Ausdruck seiner Gegenwart,* und es ist Zeichen und Anfang schwerer Gerichte, wenn Gott sein A. verbirgt (Jes 54,8; 59,2; 64,6) oder wenn er sein strafendes und zürnendes A. gegen einen Menschen oder ein Volk richtet (Jer 44,11; 1Petr 3,12; Offb 6,16).

2. Bisweilen steht Gottes A. für *Gott selbst* (2Mo 33,14f; Hiob 1,11.12 Urtext; Ps 31,21 im Urtext: »im Schutze – eigentlich: im Verborgenen – deines Angesichts«). Das A. Gottes wird allezeit von den Engeln Gottes geschaut (Mt 18,10).

3. Gott offenbart sich dem Menschen, der ihn nicht schauen kann ohne zu sterben, in der *Offenbarung* seines A.s durch die Zuwendung der Fülle dessen, was dem Menschen von Gott erfahrbar ist. Als Mose für sein Volk die Gegenwart Gottes erfleht, läßt Gott sein A. vorangehen (2Mo 33,14). Er läßt sein A. über seinem Volk leuchten und erfüllt damit den von ihm selbst gestifteten aaronitischen Segen (4Mo 6,25). Das A. Gottes führt Israel aus Ägypten (5Mo 4,37). So hat sich Gott dem *Mose genaht, als er mit ihm von A. zu A., wie mit einem Freunde sprach, und so hat ihn *Jakob gesehen (1Mo 32,31; 2Mo 33,11).

IV. DAS ANGESICHT JESU.

Im A. Jesu war auf Erden die Herrlichkeit Gottes verhüllt. Er war so verachtet, daß man das A. vor ihm verbarg. Er jedoch verbarg sein A. nicht vor Schmach und Speichel (Jes 50,6; 53,3; Mt 26,67; Mk 14,65; Lk 22,64). Nur einmal, auf dem Berge der Verklärung, leuchtete sein A. wie die Sonne (Mt 17,2). Doch im A. des Auferstandenen strahlt die Herrlichkeit Gottes unverhüllt (2Kor 4,6), und so ist der erhöhte Herr auch Johannes im Gesicht erschienen (Offb 1,16).

Während aber Mose, als sein A. im Widerschein der Herrlichkeit Gottes glänzte, das Vergehen dieses Glanzes mit einer Decke vor den Israeliten verbergen mußte (2Mo 34,29-35; 2Kor 3,13), spiegelt sich jetzt die Herrlichkeit des Herrn in dem aufgedeckten A. der Gläubigen, die dadurch in sein Bild verwandelt werden (2Kor 3,18), bis sie schließlich zum Schauen von A. zu A. gelangen (1Kor 13,12; Offb 22,4).

ANGST. Wenn die Bibel von Angst spricht (dem griech. *theipsis* »Bedrängnis« entsprechend), liegt die Betonung vielfach auf den äußeren Ursachen der A. und nicht in erster Linie auf dem dadurch ausgelösten beengenden Gefühl des Menschen. Unter einer oft unbestimmten Bedrohung, der Vorstellung von Gefahren, denen man sich, gerade weil sie in ihrem Ausmaß nicht klar erfaßbar erscheinen, nicht gewachsen fühlt, werden Lebensmut und Lebensfreude gelähmt. A. hat oft physische Auswirkungen (erhöhter Blutdruck, erschwertes Atmen, Schweißausbrüche). Die Bibel kennt verschiedene Arten von Ängsten:

1. Die Geburtsängste einer Frau (Ps 48,7; Jer 13,21), die A. vor den Feinden (vgl. u.a. Ps 18,7; 31,10), die A. vor dem Tode (Ps 116,3), die A. vor der Hölle (Jes 53,8), die Ängste als ständige Begleiter derer, die Böses tun (Röm 2,9), und schließlich die A. vor dem Tage des Gerichts (Zef 1,15).

2. Der Apostel Paulus kennt besondere Arten der A., die mit seiner Berufung zusammenhängen, etwa die A. um die ihm anvertrauten Seelen (2Kor 2,4) oder die Ängste für Christus (2Kor 12,10).

3. Weiter gibt es die A., die Gerechtigkeit Gottes zu verlieren (vgl. Ps 51,13), sie hängt mit der Frage der Heilsgewißheit zusammen. Daneben kennt die Bibel eine Furcht, die der Volksmund mit »Galgenreue« bezeichnet (vgl. 2Mo 8,4.24; 1Kön 21,27; Apg 8,24).

4. Da A. oft mit dem Gefühl der Isolierung, des Alleingelassenseins verbunden ist, vermag das Bewußtsein der Gemeinschaft mit und in Jesus auch davon zu befreien. In der Welt steht der Gläubige immer in Bedrängnis, aber Christus hat die Welt überwunden (Joh 16,33). Darum weiß Paulus von der sieghaften Überwindung der A. vor Feinden, Hölle, Tod und Gericht (Röm 8,35). Damit ist jedoch der Schrecken des Todes für den Menschen als Geschöpf nicht aufgehoben, auch Jesus hat diese Bangigkeit gekannt (Lk 12,50).

ANKER s. Schiff/Schiffahrt

ÄNON. (Griech. *Ainōn* von hebr. *ʿejnōn* »Quelle«). Ort in der Nähe von Salim, wo *Johannes wegen des Wasserreichtums taufte (Joh 3,23). Aufgrund von Hochwasser war das Taufen im *Jordan manchmal zu gefährlich, doch galten auch seine Zuflüsse als Jordanwasser. Der modernen Identifizierung mit ʿaīn fārʿāh, 12 km nordöstl. von *Sichem, ist die byzantin. Tradition (ELS 214ff) vorzuziehen, nach der Salim 12 km südöstl. von Skythopolis (*Bet-Schean) lag. Die Ruinen auf dem *tel schech salim* und bei den reichen Quellen von *eddēr* sind noch nicht ausgegraben. Ä. lag bei *Elisas Heimatort *Abel-Mehola (1Kön 19,17ff) und nahe einer Hauptverkehrsstraße nach *Samaria, wo es später Täufergemeinden gab.

Literatur: C. Kopp: Die heiligen Stätten der Evangelien, ²1964, S. 166-172; M.-É. Boismard: RB 80 (1973), 218-229.

R.R.

ANSEHEN. Das Wort hat als Verb und als Substantiv jeweils verschiedene Bedeutungen:

1. Eine Sache oder eine Person ansehen heißt, sich ihr interessiert zuwenden, sie in Augenschein nehmen (1Mo 1,31; 2,9; 3,6; 9,16; Mt 5,28; Lk 22,61).

2. A. als äußeres Erscheinungsbild: Johannes beschreibt das A. dessen, der auf dem Stuhl saß, »wie der Stein Jaspis und Sarder« (Offb 4,3).

3. A. als Akt glaubenden Gehorsams: Wer die eherne Schlange in der Wüste ansieht, wird geheilt (4Mo 21,4f; vgl. Joh 3,8f).

4. A. im Sinne von Partei ergreifen: Bei Gott ist kein A. der Person (2Chr 19,7; Röm 2,11; Gal 2,6; Eph 6,9; Kol 3,25 u.ö.). Nach dem A. richten (Joh 7,24: nach dem äußeren Schein) war eine schwere Anklage gegen den Richter (5Mo 1,17; Spr 24,23), und in der Gemeinde soll nicht nach dem A. geurteilt werden (vgl. 2Kor 5,12; 10,7).

5. Wenn Gott das Elend eines Menschen ansieht, nimmt er an seinem Ergehen teil. Bei ihm sind A. und barmherziges Helfen identisch (1Sam 1,11; Ps 9,14; vgl. Jes 57,18).

ANTICHRIST. Das Wort A. kommt nur 1. und 2. Joh fünfmal vor: 1Joh 2,18a und b; 2,22; 4,3; 2Joh 7. Unter anderen Bezeichnungen dagegen wird der A. im AT und im NT oft erwähnt.

A. Der Antichrist in der Bibel unter dieser Bezeichnung.

I. Johannes meint in den genannten Briefen mit A. entweder den, der noch vor der Wiederkunft Jesu kommen soll, oder eine Mehrzahl von A., die bereits in der Gegenwart als Vorläufer des eigentlichen A. in Erscheinung treten (1Joh 2,18; 2Joh 7). Diese schon jetzt auftretenden A. sind vom »Geist des A.« bestimmt, so daß vom A. gesagt werden kann, er sei jetzt schon dem Geist nach in der Welt (1Joh 4,3). Der A. und vor ihm die A. werden Lügner und Verführer genannt (1Joh 2,22; 2Joh 7).

II. Die Irrlehre der A. besteht in der doppelten Aussage: 1. Jesus sei nicht der Christus, d.h. der im AT verheißene Messias (1Joh 2,22), 2. Christus sei nicht – in Jesus – ins Fleisch gekommen (2Joh 7), d.h. ein wirklicher Mensch geworden. Beides würde bedeuten, daß mit Jesus Christus nicht die Brücke über den Abgrund der Sünde geschlagen wäre, die auf beiden Ufern ruht, auf dem göttlichen und auf dem menschlichen, und die Menschen nicht darüber auf ewig zu Gott heimkommen könnten (Joh 14,6; vgl. Joh 1,29; 3,16). – Diese Irrlehrer bzw. A. sind nicht etwa geistlich ahnungslose Menschen, sondern vom Glauben abgefallene, untreu gewordene Christen (1Joh 2,19).

B. Der Antichrist in der Bibel unter anderen Bezeichnungen.

I. Bereits der Prophet Daniel schaut das »kleine Horn«, einen König, der den Höchsten lästert und das Volk Gottes vernichten will (Dan 7,8.24.25; vgl. 11,21-35). Unmittelbar wird hier das Kommen des »Antichrists des AT«, Antiochus IV. Epiphanes (175-164 v.Chr.) geschaut. Zugleich aber geht bereits der Blick auf das letzte dunkle Wegstück der Weltgeschichte, kurz bevor Gott seinen Sohn Jesus Christus als den Herrn über alle Welt offenbart und die Toten auferstehen (Dan 7,9-15.27; 12,2.3). Der »Antichrist des AT« ist Vorausabbildung, Modell des endzeitlichen A. Besonders an diesen atl. Schriftstellen knüpfen die ntl. Aussagen über den A. an, voran 2Thess 2 und Offb 13.

II. Jesus Christus selbst spricht von »falschen Christussen« (Mt 24,24; Mk 13,22). Diese unterscheiden sich von den in den Johannes-Briefen genannten A., den gnostischen Irrlehrern, insofern, als sie sich selbst als Christus ausgeben (vgl. auch Mt 24,26), d.h. als Erfüllung der atl. Messias-Verheißung.

III. Um den endzeitlichen A., um den »Gegenchristus«, den »Anstelle-Christus«, handelt es sich insbesondere bei der Gestalt, von der Paulus in 2Thess 2 redet:

1. Vor dem »Tag des Herrn« (V. 2), dem Tag, an dem sich Jesus in der Macht und Hoheit Gottes enthüllt, »muß« nach göttlicher Anordnung der »Mensch der Bosheit offenbart werden«. Weil diese Gestalt unmittelbar vor Jesu Wiederkunft erscheint, hat sie für die Gemeinde Jesu den Charakter des Vorzeichens, der »Vorortstation« für das große Ziel der Geschichte, und ist Grund, die Häupter voller Hoffnung zu erheben (Lk 21,28). Auch diese Gestalt muß dazu beitragen, daß gegen Ende der Weltgeschichte, vor dem großen Erntetag (Mt 13,39-43; Offb 14,14-20), das Gute und das Böse ausreift.

2. Paulus kennt für diese Gestalt verschiedene Bezeichnungen und damit Charakterisierungen ihres Wesens:

a. Er ist der »Mensch der Bosheit«, wörtl. der »Gesetzlosigkeit« (2Thess 2,3). Er will die Gebote und Ordnungen Gottes, die hilfreichen »Leitplanken« für uns Menschen, nicht nur übertreten, sondern abschaffen. Und »die Ungerechtigkeit«, wörtl. »Gesetzlosigkeit«, »wird (unter vielen) überhand nehmen« (Mt 24,12).

b. »Der Sohn des Verderbens« und damit des Verderbers. Das bedeutet nach semit. Sprachgebrauch, daß er ganz und gar vom Feind bestimmt ist; der A. ist der »Christus des Teufels«; der Satan will Gott »nachäffen«.

c. »Er ist der Widersacher, der sich erhebt über alles, was Gott oder Gottesdienst heißt, und vorgibt, er sei Gott« (2Thess 2,4). Er ist die letzte Zuspitzung allen menschlichen Aufruhrs gegen Gott, reife Frucht des Geistes, mit dem der Teufel den Menschen infiziert hat (1Mo 3,5). Das kann durchaus auch so geschehen, daß der Mensch Gott ignoriert und für tot erklärt und sich selbst als »sein eigener Herrgott« aufführt, sich »selbst seine Tafeln haut« und sich zum »Maß aller Dinge« macht.

3. Der A. und die Gemeinde: Er will »sich in den Tempel Gottes setzen« (2Thess 2,4). Seit Pfingsten ist der »Tempel Gottes« die Gemeinde Jesu (1Kor 3,16.17; Eph 2,21.22; 1Petr 2,5). Nichts ist dem A. und seinem satanischen Auftraggeber so wichtig wie das eine, die Gemeinde Jesu in den Griff zu bekommen und zu verwüsten. Das gelingt ihm auch bei einem Teil von ihr. Als Gegenbild zu der wahren, ihrem Herrn treu bleibenden Gemeinde, der »Braut« (Offb 19,7; 21,2.9), schaut Johannes die »Hure«, den abgefallenen, zum Feind übergelaufenen Teil der Gemeinde (Offb 17,1ff). Schon im AT wird das zu den Götzen der Heiden übergelaufene Gottesvolk als

»Hure« bezeichnet; es geht auch da um die Übertretung nicht des sechsten, sondern des ersten Gebots (vgl. Jes 1,21; Hes 16; 23; Hos 2; 3; 4; 5; 9). Paulus redet von dem »Abfall« der Endzeit (2Thess 2,3). Was nicht in Christus »gewurzelt« ist, wer nicht in persönlicher Lebensgemeinschaft mit Christus steht, der fällt in der letzten großen Versuchung ab (Lk 8,13; Kol 2,7; Offb 3,10).

4. Dieser Abfall ist insbesondere verursacht durch die großartigen, bezaubernden Zeichen und Wunder, die der A. in der Kraft Satans vollbringt, mit denen er alle Schau- und Sensationslust der Massen befriedigt (2Thess 2,9-12; Offb 13,13.14; vgl. Mt 24,24), und mit denen er die meist bescheidenen Zeichen, die der Gemeinde Jesu in dieser Weltzeit, während ihrer Prüfung des Nicht-Sehens und Doch-Glaubens (Joh 20,29; 2Kor 5,7; 1Petr 1,8), von ihrem Herrn geschenkt werden, bei weitem in den Schatten zu stellen scheint.

5. Während Eroberer und Machthaber immer wieder durch neue Eroberer beseitigt oder durch den Tod dahingerafft werden, wird dieser letzte, größte und schillerndste von dem wiederkommenden Herrn selbst beseitigt »mit einem Hauch seines Mundes« (2Thess 2,8), d.h. mit seinem Wort und Befehl.

IV. Ähnlich schaut Johannes nach Offb 13 den A.:

1. Er sieht ihn als das »Tier«, die »Bestie«; schon Daniel schaute die Weltmächte als Raubtiere (Dan 7). Satan, der »Drache«, ruft den A. aus dem Völkermeer (Offb 12,18; 13,1; vgl. Dan 7,2ff). Der A. kommt also aus den Völkern, nicht aus Israel, allenfalls aus dem unter die Völker zerstreuten Israel. Der Teufel stattet den A. als seinen »Christus« mit aller ihm gegebenen Macht aus (Offb 13,2); der A. nimmt also das verlockende Angebot des Feindes, das Jesus so entschieden abgewiesen hat (Mt 4,8-10), mit gierigen Händen an. Dadurch verwirklicht der A. Weltherrschaft nicht nur regional wie frühere Gestalten, sondern universal (Mt 4,8.9; Offb 13,2b.7b). Die Bibel redet für diese Weltzeit nur zweimal von Welteinheit: für die Vergangenheit in der Turmbaugeschichte (1Mo 11) und für die Zukunft in Offb 13. Beide Male handelt es sich um eine Einheit im Trotz gegen Gott, die jeweils zum Untergang führt.

2. Durch eine Krise hindurch kommt es zu einer Nachahmung des Auferstehungswunders Jesu, worauf alle Völker sich aufs höchste verwundern und den A. bewundern, ja anbeten (Offb 13,3.4).

3. Die Stellung des A. zur Gemeinde Jesu: Er verfolgt sie in unversöhnlicher Feindschaft (Offb 13,7.17; vgl. Mt 24,9). Die Gemeinde wird vor dem Martyrium nicht bewahrt (Offb 13,7).

4. Die Stellung der Gemeinde Jesu zum A.: Die wirklich Glaubenden fallen nicht auf ihn herein. Durch Gottes Geist sind sie »versiegelt«, verschlossen, verriegelt, gegen den Geist der Verführung immun gemacht und als Kinder Gottes in das »Buch des Lebens«, ins »Familienbuch« Gottes eingetragen (Eph 1,13.14; Offb 13,8). In Geduld und Vertrauen sollen und können sie während der beschränkten Zeit des A. ausharren (Offb 13,10b).

5. Der A. ist nicht nur eine Einzelgestalt, so wie auch die »Hure« keine Einzelgestalt ist. Er ist eine geistig-revolutionäre, Gebot und Ordnung Gottes zerbrechende Weltbewegung, ein Weltreich, das aus einer Vormacht und zehn Satelliten besteht (Offb 17,12). Doch schließlich wird alles in einer faszinierenden Gestalt gipfeln; wie der Christus Gottes eine Person ist, so wird auch der »Christus« des Satans eine sein.

6. Offb 13, 18 sagt von der »Zahl« des A.: »Es ist die Zahl eines Menschen, und seine Zahl ist sechshundertundsechsundsechzig.« Unter der »Zahl eines Menschen« verstand man zur Zeit der frühen Christenheit die Summe der Zahlwerte, die die Buchstaben eines Namens hatten. Damals besaß man noch keine besonderen Zahlzeichen, sondern im Hebr., Griech. und Latein. dienten manche Buchstaben zugleich als Zeichen für bestimmte Zahlen, so z.B. im Latein.: I = 1, X = 10, C = 100, M = 1000. In jener Zeit wurden oft Namen durch die Nennung der entsprechenden Zahl verschlüsselt weitergegeben. Wer den Namen vermutete, erhielt gegebenenfalls durch die Nennung der Zahl eine Bestätigung. Wer dagegen den Namen nicht kannte, konnte von der Zahl aus kaum auf den Namen kommen, da es viele Möglichkeiten der Lösung gab. Bemerkenswert ist, daß die Worte »Kaiser Nero«, mit hebr. Buchstaben geschrieben, im Hebr. eine Zahlenwertsumme von sechshundertsechsundsechzig ergeben. Das kann bedeuten: Der letzte widergöttliche, die Gemeinde Jesu verfolgende Weltenherrscher ist von derselben Art wie der erste Herrscher, der die Gemeinde Jesu verfolgt hat; der erste ist für den letzten ein Modell. Doch wird die Zahl sechshundertsechsundsechzig über den konkreten A. und seinen Namen noch mehr aussagen. In der entscheidenden Stunde wird die Gemeinde Jesu durch Gottes Geist auch über diese Schriftstelle Licht erhalten, damit sie um so klarer den A. erkennen und um so gewisser vor seiner Verführung bewahrt werden kann.

7. Wenn das Reich des A. in eine letzte

schwere Krise gerät (Offb 16), wiegelt er viele aus den Völkern zu der trotzigsten, größten widergöttlichen Demonstration gegen den wiederkommenden Herrn auf (Offb 16,16; 17,14; 19,19). Er will dem Wiederkommenden selbst Widerstand leisten. Doch er wird bei der Wiederkunft Jesu von einem Engel kurzerhand »verhaftet« und bereits endgültig verdammt (Offb 19,20). Dann richtet Jesus Christus in einer ersten Phase der Zielerreichung noch auf dieser alten Erde, auf der also er das letzte Wort hat, sein Reich des Friedens und der Gerechtigkeit auf (Offb 19,15.16; 20,1-6.11; 21,1). Und er gibt den Seinen teil an dem, was er ist, hat und tut (Röm 8,17; Offb 3,21). – So ist es die Aufgabe der wahren Gemeinde Jesu heute, unbeirrt in der Nachfolge ihres Herrn und bei seinem einladenden Zeugnis mit Wort und Tat zu bleiben und auch Anfechtung und Leiden in Kauf zu nehmen (Lk 12,32; Offb 12,11; 14,4).

Literatur: W. de Boor: Die Briefe des Paulus an die Thessalonicher, [7]1982; A. Pohl: Die Offenbarung des Johannes, 1.Teil [7]1984, 2.Teil [7]1985; W. Bousset: Der Antichrist, 1985; R. Rigaux: L'Antichrist, 1932; Th. Zahn: Die Offenbarung des Johannes, 1924/26, ND 1986; F. Grünzweig: Johannesoffenbarung Teil 1, [2]1983, Teil 2, [2]1983. F.G.

ANTILOPE s. Tiere

ANTIOCHIA (PISIDIEN). Diese Stadt in Kleinasien, in *Phrygien gegen *Pisidien hin gelegen, war laut Strabo eine von mehreren Städten namens A., die der mazedonische Kavallerieanführer Seleukos I. Nikator (312-280 v.Chr.) wahrscheinlich an der Stelle eines phrygischen Tempeldorfes errichtet hat. Da die Stadt sich an einer Haupthandelsroute zwischen *Ephesus und *Zilizien befand, wurde sie ein führendes Zentrum des Hellenismus in vorchristl. Zeit. Die Seleukiden brachten aus politischen und kommerziellen Gründen Juden nach Phrygien; deren Nachfahren nahmen Paulus auf seiner ersten Missionsreise freundlich auf (Apg 13,14ff). Die Römer zählten das pisidische A. zu der Provinz Galatia; *Augustus machte die Stadt zu einer der röm. Kolonien in Pisidien.

In Phrygien waren die Frauen hoch angesehen und hatten manchmal städtische Ämter inne. Die Gegner des Paulus bedienten sich solcher Frauen, um seine Ausweisung aus A. zu erreichen (Apg 13,50). Die Ruinenstadt liegt bei Yalvac in der heutigen Türkei; hier wurden Inschriften und beschädigte Stelen gefunden sowie Kunsterzeugnisse, die mit dem Kult des Gottes Men zu tun hatten, der im 1. Jh. n.Chr. im pisidischen A. verehrt wurde.

Literatur: B. Levick: JHS 91/1971, S. 80-84.
R.K.H.

ANTIOCHIA (SYRIEN). Antiochia am Orontes, das heutige Antakija im SO der Türkei, ca. 500 km nördl. von Jerusalem, wurde um 300 v.Chr. von Seleukos I. Nikator nach seinem Sieg über Antigonos bei Ipsos (310 v.Chr.) gegründet. A. war die berühmteste der 16 Städte namens A., die Seleukos zu Ehren seines Vaters Antiochus gründete. Am Fuß des Berges Silpius gelegen, überblickte die Stadt den schiffbaren Fluß Orontes und rühmte sich eines guten Hafens: Seleukeia Pieria. Die Einwohnerschaft A.s war schon immer gemischt; Josephus berichtet, daß die Seleukiden die Juden ermutigten, in großer Zahl dorthin zu emigrieren, und ihnen volle Bürgerrechte gaben (ant.Jud. 12,119).

Pompeius eroberte im Jahre 64 v.Chr. A. und machte es zu einer freien Stadt. A. wurde die Hauptstadt der röm. Provinz Syria und war die drittgrößte Stadt des Reiches. Die Seleukiden und die Römer errichteten prächtige Tempel und andere Bauwerke.

Bereits unter den Seleukiden hatten die Einwohner den Ruf erlangt, energisch, anmaßend und unzuverlässig zu sein, was sich in mehreren Aufständen gegen die Römer manifestierte. A. war wegen seiner Kultur berühmt und wurde von keinem geringeren als Cicero in dieser Hinsicht gelobt (Pro Archia 4). In der Nähe der Stadt waren die berühmten Haine der Daphne und ein dem Apollo geweihtes Heiligtum, wo orgiastische Riten gefeiert wurden. Trotz der schlechten moralischen Verfassung dort entwickelte sich im 1.Jh.n.Chr. in A. ein blühendes Gemeindeleben.

Abgesehen von Jerusalem war keine Stadt so sehr mit den Anfängen des Christentums verbunden wie A. Nikanor, einer der sieben »*Diakone« (Apg 6,5) stammte aus A.; er war ein zum Judentum bekehrter Heide. Während der Verfolgung, die dem Tod des *Stephanus folgte, gingen einige Jünger in Richtung N bis A. (Apg 11,19) und predigten dort den Juden.

Später brachte man auch der griech. Bevölkerung das Evangelium; als sich viele Menschen bekehrten, schickte die Gemeinde in Jerusalem *Barnabas nach A. Nachdem dieser die Lage eingeschätzt hatte, ging er nach Tarsus und brachte Paulus mit sich zurück; beide lehrten ein ganzes Jahr lang in A. Hier wurden die Jünger zuerst »Christen« genannt (Apg 11,26).

Das energische Wesen der Christen in A. zeigte sich in der Art und Weise, wie sie Gaben an die Mutterkirche in Jerusalem schick-

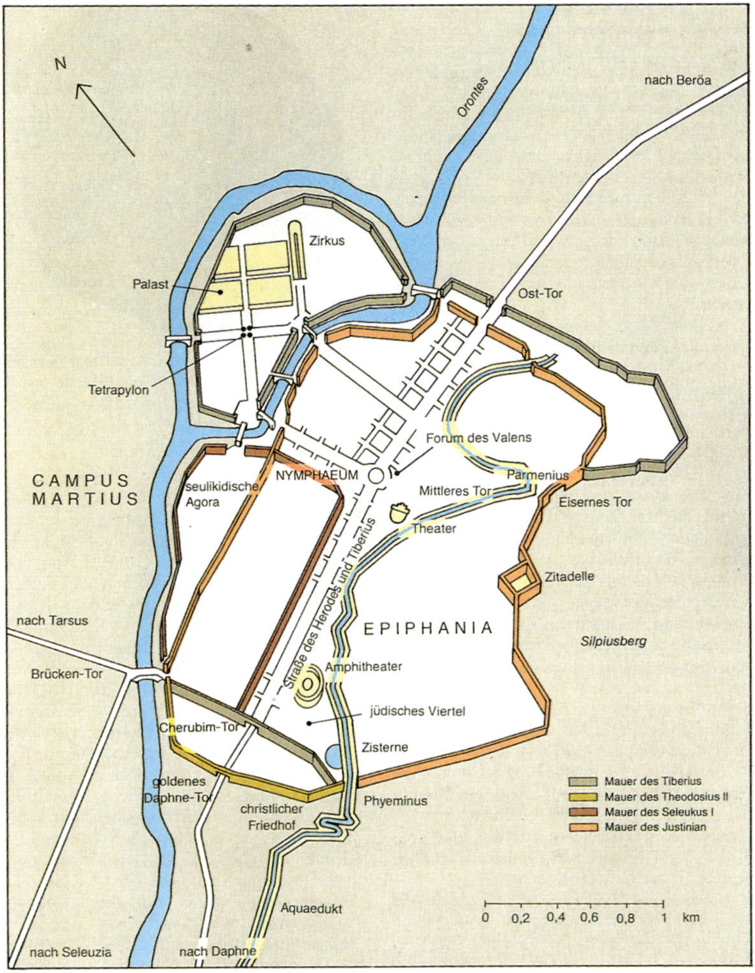

Plan der Stadt Antiochia in Syrien im 1. Jh. n.Chr.

ten, als eine Hungersnot ausbrach (Apg 11,27-30). Die Stadt, in der die erste aus *Heidenchristen bestehende Gemeinde gegründet worden war, und in der die Christen ihren möglicherweise despektierlich gemeinten Namen erhielten, ist als Geburtsort der Außenmission anzusehen (Apg 13,1-3). Paulus und Barnabas begannen ihre Reise im Hafen A.s und segelten nach *Zypern. Diese erste Reise nach Kleinasien kam zum Abschluß, als Paulus und Barnabas nach A. zurückkehrten und der versammelten Gemeinde Bericht erstatteten.

Einige der Flüchtlinge aus der Verfolgung wegen Stephanus waren evangelistisch unter den Heiden und Juden in A. tätig (Apg 11,20). Das Problem der Heidenchristen spitzte sich zu, als einige Juden A. besuchten und verkündeten, die Heiden müßten sich beschneiden lassen, um Christen werden zu können. Die Gemeinde dort widersetzte sich diesem Grundsatz und sandte eine von Paulus und Barnabas geleitete Delegation nach Jerusalem, um diese Frage zu klären (Apg 15,1-2; vgl. *Apostelkonzil).

Die Frage, ob die *Beschneidung für Heidenchristen obligatorisch sein sollte, wurde unter dem Vorsitz von *Jakobus gründlich diskutiert. *Petrus war den Schwierigkeiten, die sich aus der Beziehung zwischen Juden und Heiden – und zwar nicht nur im kommerziellen Bereich – ergaben, bereits begegnet (Apg 10,28). Obgleich er solchen Kontakten wohlwollend gegenüberstand, war er von der Jerusalemer Gemeinde kritisiert worden, weil er in Gesellschaft unbeschnittener Menschen gegessen hatte (Apg 11,3; vgl. Gal 2,12). Er erkannte, daß Gott nach *Pfingsten keinen Unterschied zwischen Juden und Heiden macht.

Nachdem Paulus von dem Segen berichtet hatte, den die Heiden empfingen, legte Jakobus seine Meinung dar: von den aus dem Heidentum Bekehrten sollte nur erwartet werden, daß sie sich von Blut, von Ersticktem, von Götzendienst und von Unzucht enthalten. Diese Bestimmungen wurden in dem apostol. Brief festgehalten, der an die Gemeinden von A. und seiner Provinz gesandt wurde. Paulus kehrte als anerkannter Apostel unter den Unbeschnittenen nach A. zurück (Apg 15,22-26). Es gibt gute Gründe für die Annahme, daß der *Galaterbrief kurz vor diesem Apostelkonzil geschrieben wurde, möglicherweise in A. Durch das Konzil dürften die Streitpunkte grundsätzlich beigelegt worden sein, um die Paulus im Galaterbrief zu ringen hatte.

Paulus begann und beendete seine zweite Missionsreise in A. Die Stadt war auch der Ausgangspunkt seiner dritten Reise. Der große evangelistische Eifer der antiochenischen Christen gab A. eine bedeutende Stellung in der folgenden Geschichte der Kirche. Archäologische Ausgrabungen förderten hier über 20 Kirchen (-ruinen) zutage, deren Bau nach dem 4. Jh. n.Chr. anzusetzen ist.

Literatur: Vgl. G. Downey: Ancient Antioch, 1963; F.W. Norris, B. Drewery: Art. Antiochien in TRE III, 99ff; K. Deppe: Art. Antiocheia in: Kleines Wörterbuch des Christlichen Orients, hrsg. von J. Aßfalg, Paul Krüger (†), 1975, S. 16f. R.K.H./C.J.H.

ANTIOCHUS. Name von 13 Königen der seleukidischen Dynastie, die nach dem Tod Alexanders des Großen 323 v.Chr. 40 Jahre lang Kleinasien, Syrien und den westl. Teil der Herrschaftsgebiete Alexanders im O beherrschten. Die hellen. Könige suchten ihre Gewalt über dieses riesige Reich durch die Gründung oder Umsiedlung einer Reihe von griech.-mazedonischen Städten im ganzen Reichsgebiet zu sichern. Die Hauptstadt war *Antiochia am Orontes, Seleuzia am Tigris

Diese Münze (»Lilie von Judäa«) wurde in einer Jerusalemer Werkstatt geschlagen, nachdem Antiochus VII. per Dekret den Juden gestattet hatte, ihr eigenes Geld zu prägen (132–131 v.Chr.). (BM)

war eine zweite Hauptstadt, welche die östl. Provinzen verwaltete.

Antiochus I. war der Sohn von Seleukos I., dem Gründer der Dynastie, und der Apama I. Ab 292 v.Chr. war er Mitregent seines Vaters; im Frühjahr 280 v.Chr. wurde er nach dessen Tod König und regierte bis 261 v.Chr. Um 275 v.Chr. wurde A. mit dem Titel *Sōtēr*, »Retter«, geehrt, weil er mehrere kleinasiat. Städte vor den Kelten bewahrt hatte. A. gründete eine Anzahl hellen. Städte. Während seiner Regierung gab es zahlreiche Konflikte mit der ptolemäischen Dynastie Ägyptens.

Antiochus II., der jüngere Sohn von A. I. und Stratonike, wurde 261 v.Chr. König. Er befreite Ephesus, Ionien, Kilikien und Pamphylien aus ägypt. Herrschaft; die Städte Kleinasiens gaben ihm als Gegenleistung für ihre Autonomie den Titel *Theos*, »Gott«. Er verbannte seine erste Frau, seine Cousine Laodike mit ihren zwei Söhnen und zwei Töchtern und heiratete 252 v.Chr. Berenike, die Tochter von Ptolemaios II. Philadelphus von Ägypten. A. II. starb 246 v.Chr.

Antiochus III., der jüngere Sohn von Seleukos II. und Enkel von A. II. und Laodike, folgte seinem älteren Bruder Alexander Seleukos III. Soter 223 v.Chr. auf dem Thron, als dieser ermordet wurde. Während A. III. Südsyrien und Palästina unterwarf, wurde er 217 v.Chr. von Ptolemaios IV. Philopator von Ägypten bei Raphia geschlagen; ein Sieg bei Paneion (das ntl. Cäsarea Philippi) im Jahre 198 v.Chr. sicherte ihm die Kontrolle über diese Gebiete, die zuvor zum Reich der Ptolemäer gehört hatten. Nachdem A. zwei Aufstände im eigenen Reich niedergeschlagen hatte, führte er ein siegreiches Heer nach O bis Baktrien, um das alte seleukidische Reich zurückzugewinnen. Aus diesem Grund wurde er von den Griechen »der Große« genannt; er trug den achämenidischen Titel »der große König«. Bei Feldzügen in Kleinasien und Griechenland wurde er mehrmals von Rom geschlagen; nach der Niederlage in der Schlacht von Magnesia (189 v.Chr.) verzichtete er im Frieden von Apameia auf Kleinasien nördl. und westl. des Taurus. Er starb 187 v.Chr.; sein Sohn Seleukos IV. Philopator wurde nach ihm König.

Antiochus IV., der jüngste Sohn von A. III. und Laodike III., folgte 175 v.Chr. seinem Bruder Seleukos IV. auf dem Thron. Bis 170/169 v.Chr. regierte er zusammen mit seinem Neffen A., dem unmündigen Sohn des Seleukos, der in Abwesenheit von A. IV. von Andronikus ermordet wurde; letzterer arrangierte auch die Ermordung Onias' III., des gesetzwidrig abgesetzten Hohenpriesters, und wurde dafür von A. mit dem Tode bestraft (2Makk 4,32-38). Während A.'s Herrschaft intrigierten *Jason und Menelaus um die Hohenpriesterwürde; deswegen kam A. 169 v.Chr. nach Jerusalem und bestand darauf, in das Allerheiligste zu gehen. Er nahm einen Teil der Gold- und Silbergefäße mit sich. Politischer Druck von seiten Ägyptens bewegte A. dazu, Palästina zu hellenisieren; er setzte durch, daß die Opfer im Tempel eingestellt wurden; an der Stelle, an der der Altar stand, wurde am 25. Dezember 167 v.Chr. ein griech. Altar errichtet. Der von Mattathias vom Haus Hasmon und seinen fünf Söhnen geführte Aufstand führte schon drei Jahre später zur Wiedereinweihung des Tempels. A., der sich auf Münzen in den letzten Jahren seiner Herrschaft (*Theos*) *Epiphanēs*, »offenbarer Gott« nannte, starb während eines Feldzugs in Medien im Jahre 164 v.Chr.

Antiochus V. Eupator, Sohn des Epiphanes und der Laodike, wurde 162 v.Chr. vom Militär getötet, als sein Neffe Demetrios I. Soter, der jüngere Sohn von Seleukos IV. und rechtmäßiger Nachfolger des Epiphanes, in Syrien landete.

Antiochus VI. Ephiphanes Dionysos, minderjähriger Sohn des Thronprätendenten Alexander Balas (der von 150–145 v.Chr. herrschte), wurde von Diodotos (Tryphon) 143 v.Chr. zum König ausgerufen, 142 v.Chr. von ihm abgesetzt und 138 v.Chr. von ihm ermordet.

Antiochus VII. Sidetes, Sohn von Demetrios I. Soter, setzte Tryphon im Jahre 139 v.Chr. ab und herrschte bis 130/129 v.Chr. Nach seinem Dekret, das den Juden gestattete, zum ersten Mal ihre eigenen Münzen zu prägen (1Makk 15,1-9), fiel er in Judäa ein und unterwarf es im Jahre 134 v.Chr.; dem Volk wurde Religionsfreiheit zugestanden.

Die weitere Geschichte der Dynastie ist von ständiger Rivalität um den Thron geprägt. Antiochus VIII. Grypos (Neffe von Sidetes) herrschte von 125 bis 115 v.Chr.; er wurde von Antiochus IX. Philopator (Kyzikenos), Sohn der Kleopatra Thea, der Mutter von Grypos, und des Sidetes, vertrieben. Grypos kehrte 111 v.Chr. zurück und gewann die Herrschaft über das ganze Gebiet außer Koilesyrien zurück, das von Kyzikenos bis zu seinem Tod im Jahre 95 v.Chr. regiert wurde. Grypos starb im Jahre 96 v.Chr.; zu den Thronbewerbern, die seinen Namen trugen, gehörten seine beiden Söhne (Antiochus XI. Epiphanes Philadelphos und Antiochus XII. Dionysos) sowie ein Sohn und ein Enkel von Kyzikenos (Antiochus X. Eusebes Philopator und Antiochus XIII. Asiaticus). Letzterer herrschte von 69-65 v.Chr.; er war der letzte der seleukidischen Monarchen. Als Pompeius im Jahre 64 v.Chr. die röm. Herrschaft im O neu ordnete, annektierte er Syrien für das röm. Reich.

Literatur: D.J. Wiseman: Iraq 16/1954, S. 202-211; W. Sontheimer: Art. Antiochos in: KlP I, 388ff; J. Bright: Geschichte Israels, 1966.

D.H.W.

ANTIPAS s. Herodes

ANTIPATER s. Herodes

Einmündung der Hauptstraße in das Forum im herodianischen Antipatris. (MK)

ANTIPATRIS. Stadt am Südostrand der *Saron-Ebene auf halbem Weg zwischen *Jerusalem und *Cäsarea (Maritima). *Herodes d. Große erbaute sie an der Stelle des alten *Afek als wichtigen Militärstützpunkt und nannte sie nach seinem Vater Antipater (Jos.ant.Jud. XVI, 143; bell.Jud. I, 417). Bei den

Unruhen nach dem Tod des Archelaos wurde A. zerstört, aber rasch wieder aufgebaut. Bei A., dem am weitesten im NW gelegenen Ort von *Judäa, begann Vespasian 68 n.Chr. seinen Feldzug (Jos.bell.Jud. II, 513-555). 419 n.Chr. verwüstete ein Erdbeben A., das erst am Ende der byzantin. Zeit wieder als kleine Stadt erstand. Danach trug der Ruinenhügel nur noch Festungen der Kreuzfahrer, Mameluken und Türken. Während des mit Ortskenntnis geschilderten Gefangenentransports (M. Hengel: ZDPV 99, 1983, S.173-175) von Jerusalem nach Cäsarea übernachtete Paulus in A. (Apg 23,31). Wegen der zelotischen Gefahr in Judäa (23,12-22) reiste er bis A. unter schwerer Infanteriebewachung (23,23), während für den Weitermarsch durch samaritanisches Gebiet Reiterei genügte (23,32). Beim heutigen Rosch Ha-Ain (Quelle des Jarkon) sind eindrucksvolle Reste einer herodianischen Ladenstraße von 8 m Breite zu sehen.

Literatur: M. Kochavi: BA 44 (1981), 75-86; J. Murphy-O'Connor: Das heilige Land, 1981, S. 158-160. R.R.

ANTONIA. Zur Zeit *Nehemias lag an der Nordwestecke des Jerusalemer Tempelbezirks eine Festung (hebr. *bīrāh,* Neh 2,8 vgl. 7,2), die unter *Antiochus Epiphanes IV. eine syr. Garnison beherbergte (2Makk 4,12.27; 5,5). Die Festung wurde unter den Hasmonäern erneuert (Jos.ant.Jud. XV, 403: griech. *baris;* XVIII, 90), von *Herodes dem Großen ausgebaut und zu Ehren des römischen Feldherren Antonius A. genannt (Jos.ant.Jud. XV, 292; 409; XVIII 92; bell.Jud. I, 75. 401; V, 238). Die A. diente dann unter den röm. Prokuratoren zur Überwachung des Tempelplatzes, und als politisches Druckmittel waren hier auch die meiste Zeit die hohepriesterlichen Gewänder aufbewahrt (Jos.ant.Jud. XV, 404-408; XVIII, 93-95). 66 n.Chr. wurde die Festung von den jüd. Aufständischen erobert und 70 n.Chr. von *Titus zerstört. Die archäologische Rekonstruktion der A. ist schwierig, da auf dem Tempelplatz keine Ausgrabungen möglich sind. Gesichert ist aber, daß jenes berühmte Kalksteinpflaster im Kloster der Zionsschwestern nicht der Lithostrotos von Joh 19,13 (*Gabbata) sein kann. Das Pflaster, das bis unter das Franziskanerkloster Flagellatio reicht, wurde erst unter Kaiser Hadrian nach 135 n.Chr. über dem bis 70 n.Chr. offenen Doppelteich Struthion (Jos. bell.Jud. V, 467) angelegt, der dem Schutz der A. diente. Auch aus anderen Gründen scheidet die A. als *Prätorium des Pilatus und damit als Ort des Prozesses Jesu aus. Die Tradition dafür ist auch nicht älter als das 12. Jh. (ELS 588ff). Der Doppelteich kann unter dem Kloster der Zionsschwestern besichtigt werden, und in ihrem Museum befinden sich wahrscheinliche Architekturteile der A. Das Alter des teilweise in die Kirche der Schwestern einbezogenen Ecce-Homo-Bogens, der erst seit dem 16. Jh. als Ort von Joh 19,5 gilt, ist umstritten. Es handelt sich entweder um ein Stadttor der Mauer des *He-

Modell der Burg Antonia in Jerusalem, erbaut von König Herodes vor 31 v.Chr. Diese Rekonstruktion nach Vincent und Marie-Aline schreibt jedoch fälschlicherweise Reste der von Hadrian um 135 n.Chr. erbauten Aelia Capitolina Herodes zu. (JPK) (HC)

rodes Agrippa I. (41-44 n.Chr.) oder einen Triumphbogen des Hadrian (Y. Blomme: RB 86, 1979, 244-271). Die Festung nahm mindestens den Felsen ein, auf dem heute die mohammedanische Al-Omarija-Schule steht. Doch dürfte der Festungsfelsen noch weiter nach S gereicht haben und erst in späterer Zeit abgeschlagen worden sein. Möglicherweise zur A. gehörige Pflasterplatten (Bagatti, S. 33 und Abb. IV) sind jetzt wegen der Anlage eines Parks im Nordteil des *haram es-scharif* nicht mehr sichtbar. *Paulus wurde durch die Besatzung der A. unter Führung des Obersten der Kohorte vor dem Lynchmord gerettet (Apg 21,27ff). Der Bericht zeigt eine gute Ortskenntnis (M. Hengel: ZDPV 99, 1983, 158-160). *Lukas weiß, daß man von der Festung (griech. *parembolē* (21,34.37; 22,24; 23,10.16); LÜ: »Burg«) den Tempelplatz überblicken (21,31f) und über Treppen rasch dorthin hinabgelangen konnte (21,35 vgl. 21,32; 22,30; 23,10.20). Diese Angaben werden durch die Schilderung des Josephus bestätigt (bell.Jud.V, 242–245). Bis zu seiner Verschikkung nach *Cäsarea (M.) war Paulus Gefangener in der A. (Apg 22,24-23,24).

Literatur: B. Bagatti: Recherches sur le site du Temple de Jérusalem, 1979, S.32-72; P. Benoit: Exégese et théologie IV, 1982, S. 311-346; E.W. Cohn: PEQ 111 (1979) 41-52. R.R.

ANTWORT/ANTWORTEN.

I. ALLGEMEIN.

1. Die Bibel schenkt den zwischenmenschlichen Beziehungen große Beachtung, weil sie weiß, daß Gott den Menschen zum Mitmenschen hin geschaffen hat. Zu diesen zwischenmenschlichen Beziehungen gehört das Antworten. Eine richtige A. ist eine Freude (Spr 15,23) oder wie ein *Kuß (Spr 24,26), kommt aber nicht nur aus der Überlegung, sondern das Herz des Gerechten bedenkt, was zu antworten ist (Spr 15,28). Eine linde A. stillt den Zorn, während das harte Wort Grimm erregt (Spr 15,1), eine Erfahrung, die sich in der A. *Rehabeams an die zehn Stämme Israels und ihren Folgen bewahrheitete (1Kön 12,6.9.13.16). Auch die Vorschrift über die Behandlung gegnerischer Städte durch die Israeliten berücksichtigt die Art ihrer A. (5Mo 20,11). In der A. eines Menschen offenbart sich seine Wesensart (Spr 18,23). Töricht ist es, zu a., ehe man gehört hat (V. 13). Die Furcht aber kann zum A. unfähig machen (2Sam 3,11).

2. Auch das NT betont, wie wichtig es ist, daß man jedem recht zu a. weiß (Kol 4,6), und den Jüngern, die angeklagt werden, wird der Heilige Geist im rechten Augenblick geben, was sie a. sollen (vgl. Lk 12,11f). Hier bedeutet a. wie auch an anderen Stellen (2Mo 23,2; vgl. 1Sam 12,3): vor Gericht aussagen, bezeugen, sich verantworten.

II. IN DER BEZIEHUNG ZU GOTT.

1. Die Bibel weiß nicht nur um die zwischenmenschlichen Beziehungen, sondern auch – und das zuerst und vor allem -, daß der Mensch zu Gott hin bestimmt ist. Darum muß der Mensch hören und a., wenn Gott ihn ruft (vgl. 1Sam 3,10), und im Gehorsam muß die Tat dem Wort folgen (Mt 21,28-32). Aber oft ruft Gott zu *Buße und Umkehr, und die Menschen wollen nicht a. (Jes 50,2; 65,12; 66,4; Jer 7,13; 35,17). Dann macht auch der *Prophet, der im Auftrag des Herrn spricht, die gleiche Erfahrung (1Kön 18,21; Jer 7,27). Aber wenn der Mensch schweigt, werden seine Taten A. geben, Zeugnis gegen ihn ablegen (vgl. Jes 59,12), die Steine in der Mauer werden schreien (Lk 19,40). Selbst auf Gottes Verheißung und die Zusage seiner Hilfe kann die menschliche A. Zweifel und Unglaube sein, der dann dem Gericht (2Kön 7,2.19) oder der Strafe verfällt (Lk 1,18-20).

2. Gott, der vom Menschen A. fordert, erwidert auch selber das Rufen seiner Knechte mit Wort und Tat (Ps 34,5; Jes 58,9; Jer 33,3), während der Götze auf alles Schreien keine A. gibt (1Kön 18,24; Jes 46,7). Der Herr a., sobald er es hört (Jes 30,19), ja er verheißt: ehe sie rufen, will ich a. (Jes 65,24). Der Prophet fragt und erhält A. (Hab 2,1.2), manchmal völlig unerwartete (Röm 11,2-4). In der Wüste gab Gott seinem Volk durch Mose klare A. (3Mo 24,12.13), dann sprach er durch Träume, durch Licht und Recht (*Urim und Tummim), und durch seine Propheten (1Sam 28,6). Simeon hat durch den Heiligen Geist A. erhalten (Lk 2,26). Ausdruck seines Gerichtes aber ist es, wenn Gott nicht mehr a., den Menschen, der auf sein Rufen nicht hören wollte, nun auch seinerseits allein läßt (1Sam 28,6.15; 2Sam 22,42; Spr 1,28). Vor allem Götzendienst löst solches Schweigen Gottes aus (Hes 14,3; vgl. Kap. 20).

3. Unter den bibl. Büchern beschäftigt sich das Buch Hiob mit dem Suchen nach A. Hiob fragt nach dem Sinn seines Leidens und läßt nicht ab, obgleich er weiß, daß er mit Gott nicht rechten, ihm als Mensch auf tausend nicht eins a. kann (Hiob 9,3.14.15.32). Die Versuche seiner Freunde, Gott zu verteidigen, bleiben erfolglos und unbefriedigend, bis sie am Ende verstummen müssen (Hiob 21,34; 32,1). Zwar hat *Zofar ausgerufen: Darauf muß ich a., der Geist meines Verstandes soll für mich a. (Hiob 20,2f). Doch schon *Elihu wurde zornig, daß die drei Männer trotzdem

keine A. fanden (Hiob 32,2.5), und Gott urteilt über sie: Ihr habt nicht recht von mir geredet (Hiob 42,7). Schließlich a. der Herr selber Hiob aus dem Wetter (Hiob 38,1). Das ist die gültige A., der Hiob sich beugt (Hiob 40,4f), obschon ihr Inhalt dem menschlichen Verstand mit der Frage Hiobs wenig zu tun zu haben scheint. Echte A. vollzieht sich in einem anderen Bereich als dem des logischen Denkens.

4. Z.Zt. Jesu spielte sich alles Lernen und Lehren im Wechsel lebendiger Frage und A. ab. Der Lehrer fragte, und der Schüler a., und schon der zwölfjährige Jesus setzte im Tempel die Schriftgelehrten durch seine A. in Verwunderung (Lk 2,47). Wer umgekehrt den Lehrer fragte, mußte selber bereit sein, sich fragen zu lassen und Rede zu stehen (Lk 20,1-8), denn in Glaubensdingen zählt nur die eigene und nicht die übernommene A. So weckte die Frage Jesu das Bekenntnis des Petrus (Mt 16,16f; Joh 6,67-69), und auch Jesu Schweigen (Mt 15,23) war keine abweisende Härte, sondern wartete wie die wiederholte Frage (Joh 21,15-17) auf die A. des anderen, die nur aus Selbsterkenntnis, Umkehr und Glauben kommen konnte. Von der rechten A. wies er weiter auf das Tun (Lk 10, 28). Ein anderes Schweigen aber stand oft am Ende der Gespräche Jesu mit den Pharisäern, wenn sie nicht mehr zu fragen wagten, noch antworten wollten (Mt 22,46; Lk 14,6; 20,26). Wie in einem allerletzten Versuch hält Jesus ihnen das nach seiner Gefangennahme noch einmal vor (Lk 22,68). Danach hat alles Reden seinen Sinn verloren, und der, der das Wort Gottes ist, hat keine A. mehr auf Anklagen und Fragen des Hohenpriesters (Mt 26,62), des Pilatus (Mk 15,4.5; Joh 19,9) und des Herodes (Lk 23,9).

ANZIEHEN.

I. IM WÖRTLICHEN SINN.

Für anziehen, bekleiden, anlegen, auch bedecken steht im Hebr. fast immer *labasch*, im Griech. *endyein*. In seiner wörtlichen Bedeutung meint a. ein Überkleidetwerden des menschlichen Körpers (1Mo 3,21).

II. IM ÜBERTRAGENEN SINN.

Viel häufiger werden *labasch* und *endyein* im übertragenen Sinn angewandt. Wo im Hebr. und Griech. das gleiche Wort im übertragenen Sinn gebraucht wird, übersetzt LÜ auch mit erfüllt, ergriffen, angetan werden u.a.

1. Die Art, wie Gott sowohl als Richter als auch in seiner *Barmherzigkeit sich dem Geschaffenen zuwendet, wird durch Psalmisten und Propheten veranschaulicht, indem sie vom A. des Rockes der *Gerechtigkeit sprechen und von Kleidern des Heils (Jes 61,10); Gott zieht Gerechtigkeit an wie einen Panzer (Jes 59,17), er ist bekleidet mit Hoheit (Ps 93,1, LÜ: herrlich geschmückt), mit Macht und Majestät (Ps 104,1f).

2. David und Salomo bitten darum, daß Gott die Priester des Tempels mit Heil bekleide (2Chr 6,41; Ps 132,16) und sie Gerechtigkeit a. lasse (Ps 132,9).

3. Die Feinde Gottes ziehen Schande (Ps 35,26), Schmach und Fluch an (Ps 109,29).

4. Die Vorstellung, daß der Mensch, dem Gott Heilsgüter zueignet, diese anzieht, sich in sie einhüllt, deutet darauf hin, daß hier Irdisch-Menschliches unter göttlichem Schutz, in göttlicher Kraft, ja, eingehüllt in Christus selbst, in der Welt lebt, ihr entgegentritt und ihr im Auftrag Gottes diese gleichen Heilsgüter anbietet. Im Schutz eines solchen Angezogenseins braucht sich der Mensch nicht zu fürchten. So wird er aufgefordert, die Waffen des Lichts anzuziehen (Röm 13,12), die ganze Waffenrüstung Gottes (Eph 6,11), herzliches Erbarmen, . . ., Liebe (Kol 3,12.14). Der Begriff steigert sich: Das Verwesliche soll Unverweslichkeit a. (1Kor 15,53). Paulus nennt den Ephesern und Kolossern die Voraussetzung zu alledem: sie sollen den nach Gott in Gerechtigkeit und Heiligkeit geschaffenen neuen Menschen a. (Eph 4,24; Kol 3,10), ja, nach Röm 13,14 Christus selbst, der nach Gal 3,27 von denen, die auf ihn getauft worden sind, angezogen wurde.

5. Wenn der Heilige Geist einen Menschen erfüllt, sagt das AT: der Geist Gottes »bekleidete« Amasai (1Chr 12,19; LÜ: ergriff) und Secharja (2Chr 24,20; LÜ: ergriff). Dem entspricht im NT die Wendung (nach dem Urtext): bis ihr »bekleidet« werdet mit Kraft aus der Höhe (Lk 24,49; LÜ: bis ihr ausgerüstet werdet...).

ÄON s. Zeitalter

APFEL s. Ernährung

APOKALYPTIK.

I. Das griech. Fremdwort »Apokalyptik« wird oft unpräzise gebraucht; der Begriff und die damit gemeinte Sache müssen von der Heiligen Schrift her bestimmt werden.

1. Der Begriff »Apokalyptik« ist von dem überschriftartigen ersten Vers der Johannesoffenbarung abgeleitet. Er bezeichnet eine frühjüd. und frühchristl. Frömmigkeitsrichtung und deren Literatur, in der man auf die »Offenbarung« (*apokalypsis*) der Ereignisse achtet, die »in Bälde geschehen« (Offb 1,1; vgl.

1,19; 22,6). Dabei wird der Begriff *apokalypsis* »Enthüllung dessen, was nicht im Bereich menschlicher Erfahrung liegt«, auf die Endgeschichte eingeschränkt, deren geheimnisvolle Zukunft von Gott gezeigt (1,1; vgl. Dan 2,19; 7,1.15), im Geist geschaut und gehört (Offb 1,10.12) oder in Traumvisionen und durch deren Deuten erfahren wird (Dan 2,1; 4,1.19; 7,1.15-27). Der Seher Johannes erhebt den Anspruch, seine Botschaft sei Prophetie (1,3; 22,9.18); die A. ist somit Fortsetzung der atl. Prophetie.

2. Was die A. in formaler und inhaltlicher Hinsicht kennzeichnet und von der klassischen Prophetie unterscheidet, war vor allem im Buch Daniel vorgegeben, das im frühen Judentum eine Schlüsselstellung besaß und auch die Gesichte des Johannes auf Patmos beeinflußt hat, so besonders den Wechsel von Schau und gehörtem Gotteslob, dazu den Gegensatz zwischen himmlischem Menschensohn-Messias und der heidnischen Weltmacht auf Erden.

3. Bei Daniel findet sich (1) die Offenbarung der als Geheimnis geltenden Weltgeschichte durch Traumgesichte und deren dazu gegebene Deutung (vor allem in Kap. 2 und 7), (2) die Gliederung der Geschichte in zwei Epochen, nämlich die Zeit der Drangsal und die Zeit der Erlösung (12,1); später erscheinen die Termini »dieser Äon«, d.h. die gegenwärtige, vergängliche und von Sünden befleckte Weltzeit, und »der kommende Äon«, die zukünftige Weltzeit des Gerichts und der Volloffenbarung des Heils (4Esr 7,31.45-61; 8,1; syrBar 44,8-15; 48-50; 85). Das Geschichtsverständnis der A. ist somit dualistisch-eschatologisch. (3) Die Erlösung ist als Akt des göttlichen Gerichts mit der Auferstehung der Toten zu ewigem Leben oder zu ewiger Schmach verbunden (Dan 12,2). (4) Das Geschick Israels wird in einen weltgeschichtlichen, ja kosmischen Horizont einbezogen (Dan 2; 7; 11). Jedoch wird das Volk Gottes nun von den »Heiligen des Höchsten« gebildet, d.h. als Rest der Gott treu Verbliebenen bestimmt (7,18.22.25-27); in der A. ist die Haltung des einzelnen ausschlaggebend. (5) Der Gott Israels gilt als Herr und Lenker der Weltgeschichte (2,21; vgl. Am 9,7). Die entscheidende Wende wird von einem himmlischen Thronrat beschlossen und in die Wege geleitet (7,9-12). (6) Für den Seher ist das Geheimnis der Geschichte ihre von Gott eingestiftete Gesetzmäßigkeit (vgl. 4Esr 4,36ff); die Wahrheit der Zukunftsansage wird durch die Einsicht in die Vergangenheit, die sich in Perioden einteilen läßt, bekräftigt. Der Zeitpunkt der großen Wende wird berechnet und ein Kalender für den Ablauf der endgeschichtlichen Ereignisse geboten (Dan 9,24-27). Bei Daniel beruht er auf einer neuen Deutung der in Jer 29,10 angegebenen 70 Jahre Dauer des Exils, die als 70 Jahrwochen = 490 Jahre bis zur Erlösung gedeutet werden. (7) Der Apokalyptiker macht somit Anleihen bei der bibl. Tradition. Seine Gesichte enthalten Einzelzüge, die ähnlich in den Visionen früherer Propheten erscheinen (vgl. Dan 7 mit Hes 1, dazu den Einfluß dieser Kap. auf die Joh.-Offb.). Der Seher ist seelisch so sehr von der prophetischen Überlieferung erfüllt, daß sie bei der Schau und Niederschrift des Geschauten auftaucht, freilich auch modifiziert wird. (8) Die als Geheimnisse bezeichneten geschichtlichen Sachverhalte werden manchmal allegorisch verschlüsselt (vgl. die Weltreiche erscheinen in Dan 2,31-45 als Gußbild, in Dan 7,2-8 als Chaostiere; äthHen 85-90 bietet eine Tiervision). (9) Gottes geschichtliche, aller Welt sichtbar werdende Offenbarung findet in der nahen Zukunft statt und betrifft die gegenwärtige Generation. Diese Einsicht und das mit ihr vermittelte Endzeitbewußtsein können den Seher dazu bewegen, ein Sündenbekenntnis abzulegen und einen Bußruf an sein Volk zu richten (Dan 9,14–19; vgl. äthHen 90,6). (10) Als für die A. einflußreiche Einzelgrößen erscheinen bei Daniel die Herrschaft Gottes (2,44) und der messianisch gedachte Menschensohn (7,13f), ferner die Engel als Diener vor Gottes Thron (7,10), als Deuter der Visionen (7,16) und als himmlische Repräsentanten der Völker (Kap.10 und 11); dabei wird Michael als der Engel Israels zu einem Werkzeug der Erlösung (10,13; 12,1). (11) Da in der frühjüd. A. auch lebend zum Himmel entrückte Fromme wie Henoch oder Elia als Deuter der Zukunft eingesetzt werden, so kann neben den Motiven Traumgesicht und Wachvision auch das der Himmelsreise dazu dienen, wichtige Geheimnisse Gottes zu erkennen, z.B. die Stätten für die Seelen der guten und bösen Menschen (äthHen 22) oder den Gang der Gestirne und die davon bestimmte Zeitordnung (äthHen 72-82).

II. Historische Ursache und Voraussetzung für die Entstehung der A. und ihrer Literatur war jeweils eine Glaubenskrise, die durch eine Katastrophe des Gottesvolkes, seine Unterwerfung durch eine heidnische Weltmacht und die damit verbundene Verfremdung des Gottesdienstes verursacht worden war. So entstanden nach der Zerstörung des ersten Tempels (587 v.Chr.) a. Vorformen der A. in der Prophetie, etwa die Ansage eines neuen Exodus in Jes 40; 43; 45; 48 und die Visionen Hesekiels vom Thron Gottes und dessen Abkehr und erneuter Zuwendung zu Israel (1-3;

10; 36-39; 40-48). Den schwierigen Jahren von Aufbau und Neuordnung in der nachexilischen Zeit verdanken wir etwa die Visionen Sacharjas (bes. in Kap. 9-14). b. Die Ausbildung der eigentlichen A. vollzog sich ab Mitte des 3.Jh.v.Chr. als Reaktion auf die Assimilation der jüd. Oberschicht an die Kultur des Hellenismus und vor allem gegen die aufgezwungenen Reformen des Antiochus IV. (ab 175 v.Chr.), und zwar in der »Versammlung der Frommen« (Asidäer, vgl. 1Makk 2,42). Damals entstanden die Kap. äthHen 85-90; 91,12-17; 93,3-10. c. Einen weiteren schweren Anstoß gab die Zerstörung des zweiten Tempels im Jahre 70 n.Chr. sowie die antijüd. Religionspolitik des Kaisers Hadrian (4Esra; syrBar; slHen; Sibyllinen). In solchen Notzeiten, in denen sich Gott ganz von seinem Volk abgekehrt zu haben schien, mußte die Heilsgeschichte neu gedeutet werden und der Fromme sich ganz »auf den himmlischen Vater stützen« (Mischna Sota 9,15); ihm wurden die tröstenden Gesichte mit der Gewißheit einer baldigen Erlösung geschenkt, die ganz im Gegensatz zur hoffnungslosen Lage der Gegenwart stand.

1. Als geistige Heimat der A. werden in der Forschung die spätere atl. Prophetie und die israelit. Weisheit geltend gemacht. Ein entschiedenes Entweder-Oder ist m.E. nicht berechtigt, denn beider Einfluß wirkte von Anfang an auf die Ausgestaltung der A. ein. Daniel wird als ein Weiser verstanden (1,4.17; 2,21.23; vgl. Hes 28,3), obwohl er sich mit seinen auf die Zukunft bezogenen Traumvisionen wesentlich von der Weisheit der Sprüche Salomos und der Weisheitspsalmen unterscheidet, die den frommen Wandel im Alltag fördern. Im äthHen wird viel von dem Wissen über Gott vermittelt, das in der Weisheit Salomos gerühmt wird (vgl. 7,35-44). Dagegen erscheinen in den Gesichten der Joh.-Offb. viele prophetische Traditionen, während dort so gut wie nichts an weisheitliches Denken erinnert. Deshalb ist die Beziehung der A. zur Prophetie besonders zu beachten, zumal auch das Geschichtsbild der frühjüd. Apokalypsen eng mit den späten Propheten verwandt ist. Dagegen darf der Einfluß babylon. und iranischer Vorstellungen (Astrologie, Engellehre, *Dualismus) oder auch griech. Überlieferung (etwa von Hesiods Weltalterlehre, erga 1,109201, vgl. dazu Dan 2) nicht überbewertet werden. Das gleiche gilt vom pauschalen Vorwurf einer Mythologisierung der Zukunftserwartung, einer krassen Ausmalung von Lohn und Strafe im Endgericht und dem vergeblichen Bemühen, die Zeit des Endes zu berechnen. Denn die Vergegenwärtigung der Zukunft in einer »eschatologischen Existenz«, wie sie die apokalyptischen Kreise versuchten, verdient große Hochachtung.

2. Die Pseudonymität vieler apokalyptischer Schriften, der künstlich gewählte Standort in der Vergangenheit und die dadurch bedingte rückwärts gewandte Prophetie hat den Apokalyptikern den Vorwurf einer welt- und gemeindefremden Schreibtischgelehrsamkeit und frommen Täuschung eingetragen: Sie hatten sich in den Mantel von Propheten gehüllt und ihr enzyklopädisches Wissen für das Wagnis einer eher gelehrten als inspirierten Zukunftsschau benutzt. Aber die Tatsache, daß in den Höhlen von *Qumran auch aram. bzw. hebr. Fragmente des äthHen und des ihm verwandten Jub gefunden wurden, denen der qumranische Festkalender zugrundeliegt, verrät die Verbundenheit der Apokalyptiker mit einer endzeitlich ausgerichteten Gemeinde, genau so wie der Dienst, den der Seher Johannes an den Christen Kleinasiens vollzog. In den uns bekannten Qumrantexten wird die Zukunftserwartung allerdings nicht in Visionen, sondern durch eine aktualisierende Exegese, vor allem der prophetischen Schriften, geboten.

3. Eine Schulbildung innerhalb der A. läßt sich nicht erkennen. Dagegen ist die von ihr gehegte Erwartung des Menschensohns, von Lohn und Strafe für die Seelen der Verstorbenen, von der *Auferstehung der Toten und vom Endgericht sowohl von den *Pharisäern als auch von Jesus und den ersten Christen geteilt worden. Auch die Erwählung des einzelnen und die Sammlung eines heiligen Rests hat die A. mit den Qumranfrommen und den Christen gemeinsam.

III. Von den Schriften der frühen A. ist an erster Stelle das für sie alle mehr oder minder maßgebliche Danielbuch zu nennen. Nach ihm verschlechtert sich die von aufeinander folgenden Weltreichen beherrschte Geschichte immer mehr, ehe sie mit dem gotteslästerlichen Gebaren des Seleukidenherrschers *Antiochus IV. (10. Horn des 4. Tieres) und dessen Krieg gegen die Heiligen des Höchsten ihren Tiefpunkt erreicht und die vom himmlischen Thronrat beschlossene, entscheidende Wende notwendig macht (Kap. 7). Im Buch Daniel kann diese Wende sowohl durch die Herrschaft Gottes (2,44) als auch durch das Regiment des messianischen Menschensohns (7,13f) herbeigeführt werden. Beide, auch in der Botschaft Jesu nebeneinander erscheinende Traditionen bilden ebensowenig einen Gegensatz wie die oft behauptete Verschiedenheit von himmlischem Menschensohn und irdischem *Messias. Die Herrschaft Gottes wird ohne menschliche Mitwirkung aufgerichtet

(2,34.44; 8,25) und der Menschensohn im Himmel als der von Gott bestimmte König der Endzeit eingesetzt (7,14). Die *Erlösung ist allein die Sache Gottes; die Makkabäer leisten nach Daniel allenfalls eine kleine Hilfe (11,34).

1. Die nicht-kanonischen Schriften der frühjüd. A. wurden größtenteils erst im 10. Jh. n.Chr. entdeckt und ediert. Im äthiopischen Henochbuch sind verschiedene Apokalypsen gesammelt. Aus dem Kreis der Asidäer stammt die allegorisierende Tiervision (äthHen85-90), in welcher die Geschichte Israels von Anbeginn geschaut und deren Scheitern festgestellt wird (90,41).

Die Erlösung wird durch den Erzengel Michael ermöglicht, der Judas Makkabäus hilft (90,6-15). Dann folgt das Ende mit dem Gericht Gottes (90,20-36), bei dem die getöteten Gerechten auferstehen (90,33). In der Zehnwochenapokalypse (äthHen 91,12-17; 93,1-10) wird die Geschichte in zehn Epochen eingeteilt, wobei die Gegenwart zur siebenten Woche gehört und die letzten Epochen das Gericht, einen neuen Himmel und eine neue Erde bringen (vgl. Jes 65,11; Offb 21,1f). Im ersten Teil des äthHen, dem »Buch der Wächter«, sind Fragmente von Henochs Visionen (12-16) und Teile eines Noahbuches enthalten, die aus vormakkabäischer Zeit stammen (6-11; 106f. 60.65-69). In diesem Noahbuch wird u.a. der Fall der Engel geschildert (6-11; vgl. 86,1-87,1), der den Einbruch von Gewalttätigkeit und Gottlosigkeit in die Welt bringt. Essenisch ist das astronomische »Buch der himmlischen Lichter« (72-82). Zeitlich später entstanden die »Bilderreden« (37-71), zumal sie nicht unter den in Qumran gefundenen Fragmenten des Henochbuches vertreten sind. In diesen Reden steht die Schau des im Himmel verborgenen Menschensohnes und dessen endzeitliche Offenbarung im Mittelpunkt.

2. Gegen Ende des 1.Jh. bzw. am Anfang des 2.Jh.n.Chr. ist wohl das 4. Esrabuch entstanden (in Latein. erhalten, ursprünglich wohl in Griech. abgefaßt). Es bietet sieben Visionen Esras, die ein vierhundertjähriges Regiment des messianischen Menschensohnes, dazu die Wiederherstellung des zerstörten Jerusalem vorhersagen. Mit dem 4. Esrabuch verwandt ist das vom Griech. ins Syr. übersetzte Baruchbuch, das nur zum Teil eine Vision bietet. In dieser Zeit entstanden die jüd. Teile der Sibyllinischen Bücher (2,154-176, vielleicht auch 2,214-237) und die griech. Baruchapokalypse, eine Himmelsreise, und der in slawischer Sprache erhaltene 2. Henoch. Später ist der hebr. 3. Henoch, in dem die Schau des himmlischen Thronwagens mit Metatron im Mittelpunkt steht (5.-6.Jh.n.Chr.). Weniger wichtig sind das Martyrium und die Himmelfahrt Jesajas (Kap. 6-11), die Apokalypse Abrahams, eine Himmelsreise (1.-2. Jh. n.Chr.) und andere kleinere, spätere Schriften; die fragmentarisch erhaltenen Qumranschriften: 1 Q 27 (Mysterienbuch) sowie 11 Q Melchisedek und 4 Q Ps Daniel könnte man auch als apokalyptisch bezeichnen. »Apokalypse« werden einige Werke aus dem Fund gnostischer, in koptischer Sprache erhaltener Codices in Nag Hammadi (Oberägypten) genannt, so die »Apokalypse des Paulus« (V, 2), die 1. und 2. »Apokalypse des Jakobus« (V, 3 und 4), die »Apokalypse Adams« (V, 5) und die »Apokalypse des Petrus« (VII, 3). Aber die meisten von ihnen genügen den hier aufgestellten Kriterien für apokalyptisches Schrifttum nicht; nur die Paulusapokalypse bietet eine Himmelsreise und die Adamsapokalypse eine Geschichtsschau.

IV. Als apokalyptisch im engeren Sinn kann im NT nur die Offenbarung des Johannes bezeichnet werden. Sie unterscheidet sich von den meisten frühjüd. apokalyptischen Schriften dadurch, daß sich ihr Verfasser nicht etwa pseudonym, unter dem Namen eines Großen der bibl. Vergangenheit, einführt, sondern sich als ein Christ der Gegenwart mit seinem wirklichen Namen vorstellt. Zwar setzt er das Christusgeschehen, die Kreuzigung, die Auferstehung und Erhöhung Jesu voraus, aber seine Gesichte bieten stets echte Zukunft, auch in Kap.11 und 12. Sie schildern die Vollendung der Geschichte des Gottessohnes, dessen Sieg über das gottfeindliche Weltreich Rom und die übermenschlichen Mächte Teufel und Tod, dazu das Kommen eines neuen Himmels und einer neuen Erde sowie die Herabkunft des himmlischen Jerusalem und mit ihm das Ende der Werke Gottes. Dadurch wird die Gemeinde Christi aus Not und Verfolgung erlöst, so wie sie in den mancherlei Weltkatastrophen, den Vorboten des Endgerichts, und im Gericht selbst bestehen kann. Die Gesichte des Johannes offenbaren vor allem die himmlische Welt und deren Mitte, den Thron Gottes, von dem aus die den ganzen Kosmos erfassende Endgeschichte in all ihren Einzelheiten beschlossen, angekündigt und in Gang gesetzt wird. Der Triumph des Lammes und der endliche Sieg der Sache Gottes werden in den Lobliedern der himmlischen Gemeinde vorweggenommen.

1. Dagegen sollte man weder Jesus noch Paulus als Apokalyptiker bezeichnen und deshalb auch nicht in der A. die »Mutter der christl. Theologie« sehen. Jesus hat die von ihm verkündigte Endgeschichte, das Kom-

men der Gottesherrschaft, nicht in Visionen und Traumgesichten geschaut; auch Markus 13 ist nicht etwa eine »Kleine Apokalypse«. Die Gewißheit vom Kommen und vom Wesen der neuen Zeit stammt vom Sendungsbewußtsein Jesu und von seiner Einsicht in die Heilige Schrift; vor allem hat er die Zukunft Gottes durch sein messianisches Wirken und seine Siege über die Dämonen in der Gegenwart sichtbar gemacht (Mt 12,28). Als visionär erlebt könnte man allenfalls die bei der Taufe Jesu erfolgte Zusage der Gottessohnschaft und die Salbung mit dem Heiligen Geist vom Himmel her bezeichnen (Mk 1,9-11), ferner die Himmelsstimme bei der *Verklärung (Mk 9,2-8) sowie den Sturz des *Satans vom Himmel (Lk 10,18). Aber diese Ereignisse werden im NT nicht als apokalyptische Zukunftsschau, sondern als gegenwärtiges, von Gott in Gang gesetztes, messianisches Geschehen verkündigt. Die Vollmacht des von Danielgeschauten Menschensohnes wurde von Jesus nicht wie im Henoch und 4Esra in einer neuen Vision aktualisiert, sondern im messianischen Dienst am Menschen vergegenwärtigt (Mk 2,10; 10,45; Mk 14,24; Lk 19,10).

2. Ferner hat der Apostel Paulus sein Damaskuserlebnis nicht als apokalyptische Geschichtsschau, sondern als Berufung zum *Apostel wie die der atl. Propheten, etwa des *Jesaja (Kap. 6), verstanden. Auch bedeutete seine Entrückung zum dritten Himmel (2Kor 12,2-4) keine Offenbarung himmlischer Geheimnisse und des zukünftigen Geschehens; denn er hörte dort unsagbare Worte, die man Menschen nicht mitteilen kann. Das Wissen um die zukünftige Vollendung des Christusgeschehens war ihm durch die Schrift, vor allem durch das Buch Daniel, gegeben (vgl. 1Kor 15,23-28), dazu auch durch die Worte Jesu (1Thess 4,15f; vgl. Mt 24,30f).

Literatur:

a. Ausgaben apokalyptischer Werke: E. Kautzsch: Die Apokryphen und Pseudopigraphen des Alten Testaments, 1900, 1921, 1962; P. Riessler: Altjüdisches Schrifttum außerhalb der Bibel, [2]1966; W.G. Kümmel: Jüdische Schriften aus hellenistisch-römischer Zeit, 1970ff; J.H. Charlesworth: The Old Testament Pseudopigrapha 1983, 1985.

b. Werke zur Apokalyptik: W. Bousset, H. Gressmann: Die Religion des Judentums im neutestamentlichen Zeitalter, [3]1926; P. Volz: Die Eschatologie der jüdischen Gemeinde im neutestamentlichen Zeitalter, [2]1934; M. Hengel: Judentum und Hellenismus, WUNT 10, 1969, S. 319-394; Anonymität, Pseudopigraphie und Literarische Forschung in der jüd.-hellenistischen Literatur. Entretiens sur l'antiquit classique XVIII, 1972; K. Koch: Ratlos vor der Apokalypse, 1970; K. Koch und J.M. Schmidt (Hrsg.): Apokalyptik, Wege der Forschung CCCLXV, 1982; D. Hellholm: Apocalypticism in the Mediterranean World and the Near East, 1983; W. Grimm: Jesus und das Danielbuch I, 1984; O. Betz: Jesus und das Danielbuch II, 1985. O.B.

APOKRYPHEN (DES ALTEN TESTAMENTS).

I. DEFINITION.

Im Verlauf der »Kanonsgeschichte« haben sowohl Judentum wie christl. Kirche lange darum gerungen, welche Schriften zur *Bibel gehören. Schriften, denen eine Zeitlang oder von einzelnen Gruppen bibl. Autorität zuerkannt wurde, die im Verlauf dieser langen Geschichte aber aus der *Kanon-Liste gestrichen wurden, nennt man in den reformatorischen Kirchen »Apokryphen« (griech.: *verborgen*), während die röm.-katholische Kirche sie als *deuterokanonische Schriften* bezeichnet.

Das Problem stellte sich schon mit der griech. Übersetzung des AT (Septuaginta: LXX), die zu einzelnen bibl. Büchern griech. Zusätze enthält (Ester, Daniel, Jeremia, Chronik), ja sogar eigenständige Bücher weisheitlichen, poetischen, prophetischen und historischen Inhalts überliefert, die in der hebr. Bibel nicht enthalten sind. Die Festsetzung des hebr. Kanons durch das Judentum nach der Zerstörung des Tempels, die man mit der sog. »Synode von Jamnia (Jabne)« (um 90 n.Chr.) in Verbindung bringt, war ein längerer Prozeß. Er führte zur Aussonderung aller damals nicht auf hebr. vorhandenen Schriften sowie aller Schriften, die irgendwie im Verdacht standen, häretisch mißbraucht zu werden. In der Zwischenzeit waren aber die LXX, bald auch ihre Tochterübersetzungen, in der ganzen damaligen Welt bekannt und vor allem vom frühen Christentum verwendet worden; ja, einzelne Kirchen (die syrische, die äthiopische, die slawische usw.) fügten noch weitere Schriften »ihrer« Bibel hinzu.

II. UMFANG.

Die griech. Kirche hat 1672 zusätzlich zum hebr. Kanon noch die Weisheit Salomos, Sirach, Tobias und Judit als kanonisch anerkannt. Die röm.-katholische Kirche faßte 1442 und endgültig 1546 im Verlauf des Tridentinischen Konzils den Kanon weiter. Sie anerkannte die Zusätze zu Daniel und Ester, Baruch, den Brief des Jeremia, 1. und 2. Makkabäer, Judit, Tobias, Sirach und Weisheit Salomos als kanonisch. Darüber hinaus hat sie 3. und 4. Esra sowie das Gebet Manasses dem NT als Anhang beigegeben (und in der Folge »Apokryphen« genannt). Die reformatorischen Kirchen haben sich auf den hebr. Kanon berufen und ihn allein anerkannt. Dabei hat Luther die vom Tridentinum später als kanonisch erklärten Zusätze zum AT als »Apokryphen« bezeichnet und mit dem Vermerk »...das sind Bücher, so nicht der Hl. Schrift gleichgehalten und doch nützlich und gut zu lesen sind« seiner Bibelübersetzung hinzugefügt, während die reformierten Kirchen sie bald wegließen.

Wir halten uns hier an die im (protestantischen) deutschsprachigen Raum verbreitete Benennung. Schriften, die zwar in der LXX überliefert werden, jedoch weder von Luther als A. noch von der röm.-katholischen Kirche als kanonisch anerkannt wurden, sind mit + bezeichnet.

1. Historische Bücher: 3. Esra + (1 Esdras), 1. 2. 3. Makkabäer +;

2. Religiöse Erzählungen: Tobias und Judit;

3. Weisheitliche Literatur: Baruch, Brief Jeremias (Epistula Jeremiae), Sirach (Jesus Sirach; Siracides; Ecclesiasticus) und Weisheit Salomos (Sapientia Salomonis);

4. Ergänzungen zu den kanonischen Büchern: Zusätze zu Daniel: Gebet Asarjas, Gesang der drei Männer im Feuerofen, Susanna, Bel und der Drache; Zusätze zu Ester; Gebet Manasses + (Oratio Manassis).

III. INHALT DER APOKRYPHEN.

1. Historische Bücher. Bei *3Esr* (so nach der Vulgata; in LXX und von daher im engl. Sprachraum meist 1 Esdras) handelt es sich um eine gegenüber der LXX eigenständige, an drei Stellen erweiterte (1,21-22; 3,1-5; 3; 5,4-6) griech. Übersetzung des Schlusses von 2Chr, des kanonischen Esr und eines kleinen Teiles aus Neh: 1,1-20.23-55 = 2Chr 35,1-36,21; 2,1-22 = Esr 1,1-11; 2,15-26 = Esr 4,7-24; 5,7-71 = Esr 2,1-4,5; 6,1-9,36 = Esr 5,1-10,44; 9,37-55 = Neh 7,72-8,13a. Der Bericht setzt mit der Passafeier und dem Ende *Josias ein, nennt die letzten Könige von Jerusalem, berichtet von der Eroberung der Stadt Jerusalem und der Zerstörung des Tempels, vom Erlaß des Kyros-Ediktes und der ersten Heimkehr unter Scheschbazar (1,1-2,14). Wichtig ist die Erzählung vom Bau der Mauer und des Tempels, der von Kyrus zwar befohlen und begonnen, jedoch bis auf Darius verschoben wurde (2,15-26; andere Reihenfolge der pers. Könige). Das große Sonderstück 3,1-5,6 verarbeitet ein pers. Märchenmotiv. Die drei Leibpagen des pers. Königs Darius halten einen Wettstreit vor ihrem König ab: Wer ist am mächtigsten: der Wein, der König oder die Frauen und die Wahrheit; *Serubbabels Rede über die Wahrheit beeindruckt den König so, daß er den Bau des Tempels beschließt. Erst mit Serubbabel, darin liegt wohl das Ziel des Buches, beginnt also die Erneuerung des nachexilischen Judentums. Mit der Heimkehr der Exilierten unter Serubbabel, dem Neubau von Altar und Tempel und dem glücklichen Abschluß des Baus durch das *Passafest (5,4-7,15), der Ankunft Esras und sein Vorgehen gegen Mischehen (8,1-9,36) und der Gesetzesvorlesung durch Esra (9,37-55) schließt das Buch. Der letzte abgebrochene Satz scheint eine sekundäre Hinzufügung (vgl. Neh 8,13ff) zu sein.

Schwierig ist das Verhältnis zum kanonischen Bericht. Hat der Verfasser von 3Esr die Reihenfolge der pers. Könige aufgrund guter Überlieferung »korrigiert«? Auf jeden Fall scheint der Bericht gegenüber der Übersetzung der LXX von Chr-Esr-Neh selbständig zu sein. Wahrscheinlich hat Josephus (ant. Jud. X und XI) 3Esr benutzt und historisch dem bibl. Bericht vorgezogen. Sprachliche Eigenheiten verweisen die Entstehung des Buches an das Ende des 2.Jh.v.Chr.

Verschiedene Bücher sind mit den Namen der **Makkabäer* verbunden. Davon zählen zwei oder drei (manchmal vier) zu den A. Das *1. Makkabäerbuch* stellt die Familie der Makkabäer, der späteren Hasmonäer, als wahre Helden und offensichtliche Vorbilder des Judentums dar. Der Bericht umfaßt vor allem die Ereignisse zwischen 175 und etwa 134 v.Chr.: die Maßnahmen des *Antiochus IV. Epiphanes, der Aufstand gegen ihn und die Kriege der Hasmonäer (Mattatias aus Modein, Judas, Jonatan und Simon, endlich von Johannes Hyrkanus) gegen verschiedene seleukidische Herrscher. Er endet mit einer Lobrede auf Johannes. Der Bericht verwertet eine Reihe von authentischen Briefen und Urkunden (5,10-13; 8,23-32; 10,3-6; 10,18-20; 10,25-45; 11,30-37; 12,6-18; [12,20-23?;] 13,36-40; 14,20-23; 14,27-45; 15,2-9; 15,16-24), die wohl aus einem Jerusalemer Archiv stammen (vgl. 14,46-49), sowie weitere chronikartige Quellen. Das Buch ist ursprünglich hebr. abgefaßt, wohl in Jerusalem gegen Ende 2.Jh. oder Anfang 1.Jh.v.Chr. Die uns erhaltene griech. Übersetzung wird nicht viel später entstanden sein.

Das *2. Makkabäerbuch* setzt mit zwei Schreiben ein, die das Jerusalemer Tempelweihfest empfehlen. In seinem Vorwort (2,19-32) teilt der Verfasser mit, daß er ein fünf Bücher umfassendes Werk des Jason von Kyrene, eines Historikers, der mit dem Verfasser des 1Makk zeitlich etwa parallel angesetzt werden muß, gekürzt darbiete. Die ersten vier Kap. berichten von Ereignissen, die zeitlich noch vor dem Bericht von 1Makk liegen: die wunderbare Bestrafung des Heliodor, den Seleukos IV. (187-175 v.Chr.) zur Plünderung des

Tempelschatzes nach Jerusalem entsandt hatte (Kap. 3), die Verdrängung und Ermordung des frommen Hohenpriesters Onias (Kap. 4). Kap. 5 und 15 gehen dann mit 1Makk 1,10 bis 7 parallel und berichten am Ende von Judas Sieg über Nikanor und der Einsetzung des Nikanortages. Die parallelen Ereignisse werden jedoch in anderer Reihenfolge als im 1. Buch erzählt. Auffallend ist, daß die Tempelweihe in Jerusalem dem Tod des Antiochus IV. folgt. Fanden sich die unterschiedlichen Angaben bereits bei Jason von Kyrene, stammen sie aus späteren Erweiterungen des Buches? Die Briefe, die dem Auszug aus Jason vorangestellt sind, stellen wohl eine Erweiterung des Grundbestandes dar. Da sie das Tempelweihfest dem Tod des Antiochus IV. folgen lassen, könnte die geänderte Reihenfolge im erzählenden Teil des Buches eine (spätere?) Anpassung an diese Dokumente darstellen. Auffällig ist das Interesse an kultischen Fragen sowie die Betonung der Strafwunder (Kap. 3: Heliodor; Kap. 9: Antiochus). Wirkungsgeschichtlich bedeutend ist die Schilderung der Gesetzestreue durch die Mutter und ihre sieben Söhne, die durch den Auferstehungsglauben die Kraft zum Martyrium erhalten (Kap. 7; vgl. auch 14,37-46). Oft erkannte man hier den Ursprung des jüd. und christl. Märtyrerbildes und der Auferstehungshoffnung. Jason von Kyrene wird sein Werk etwa Ende des 2.Jh.v.Chr. geschrieben haben. Der Grundstock von 2Makk lag etwa um die Mitte des 2.Jh. vor. Mit einigen Zusätzen und Umstellungen war das Buch wohl etwas später in der uns vorliegenden Gestalt vollendet.

Das 3. *Makkabäerbuch* berichtet von König *Ptolemäus IV. Philopator, der 217 v.Chr. nach seinem Sieg über den seleukidischen Herrscher Antiochus III. den Tempel in Jerusalem betreten will. Er wird durch ein Strafwunder gehindert und versucht darauf, die Juden in *Alexandria (in Ägypten) zum Götzendienst zu zwingen. Auch das mißlingt, worauf er die Juden in einer Rennbahn durch Elefanten töten lassen will. Aber die Juden werden dreimal im letzten Augenblick bewahrt. Darauf kehrt der König um, stiftet ein jährlich zu wiederholendes siebentägiges Freudenfest und stellt den Juden einen Schutzbrief aus. Das Freudenfest findet über Alexandria hinaus auch in *Ptolemais Verbreitung. Historisch ist die Schilderung der verbreiteten antijüdischen Stimmung in Ägypten sehr ernst zu nehmen. Wie im O im Andenken an die Errettung aus großer Gefahr ein Freudenfest gestiftet wurde (Purim; s. *Ester, Buch; *Feste), so auch im W. Entstanden ist das Buch gegen Ende des 1. Jh. v.Chr.

2. Religiöse Erzählungen. Das Buch *Tobias* (oder Tobit) erzählt eine Familiengeschichte. Der 721 v.Chr. exilierte Jude Tobias aus dem Stamm Naftali, ein Vorbild in jeder Hinsicht, erblindet in Ninive. Sein Verwandter Raguel in Ekbatana hat eine Tochter Sara. Ihr sind der Reihe nach sieben Verlobte am Abend der Hochzeit gestorben, umgebracht durch den bösen Geist Aschmodai. Sara und Tobias beten zu Gott, der ihnen durch den *Engel Rafael (»Gott heilt«) hilft. Der Engel wird gesandt, begleitet unerkannt den jungen Tobias zu Raguel und nennt ihm unterwegs ein Heilmittel (Herz, Leber und Galle eines Fisches). Tobias heiratet Sara, verscheucht durch Verbrennen von Herz und Leber des Fisches den Geist und kann endlich auch seinen Vater durch die Fischgalle von Blindheit heilen. Endlich gibt sich Rafael als Engel zu erkennen. Das Buch schließt mit Dankgebet, Ermahnungen und dem Bericht der Bestattung des Vaters. Wichtig ist das Gottesbild des Buches: Gott ist nahe, seine Vorsehung kann erkannt werden. In der Gestalt des Engels kommt Gott den Menschen nahe als der, der sich verbirgt, der sich aber auch zu seiner Zeit zu erkennen gibt. Großen Raum nehmen die Pflicht gegenüber den Toten und der Rat zum *Almosengeben ein. Bedeutend ist der Einblick in die Geister- und Engelanschauung, das Verständnis von *Krankheit und Heilung sowie die besondere Hochschätzung von *Ehe und *Familie. Das Buch gibt ein anschauliches Bild des Judentums in der östl. *Diaspora um ca. 200 v.Chr. In dieser Zeit wird das Buch entstanden sein. Seine Ursprache ist wahrscheinlich Aramäisch. Ob es im O oder in Palästina entstanden ist, ist weiterhin unsicher. Es war sehr beliebt und weit verbreitet.

Die *Judit*-Legende berichtet von der Entstehung eines Freudenfestes, das später mit dem Chanukka-Fest (s. *Feste) verbunden wurde. Die jüd. Gemeinde ist noch nicht lange aus dem Exil nach Jerusalem zurückgekehrt und fürchtet eine neuerliche Entweihung des Heiligtums in Jerusalem. Das assyr. (!) Heer unter Holofernes belagert die Festung Betulia. Die Einwohner beschließen die Kapitulation, wenn Gott nicht innerhalb von fünf Tagen eingreift. Judit, eine angesehene, fromme und junge jüd. Witwe begibt sich unter Gebet ins feindliche Lager, gewinnt das Vertrauen des Holofernes, der sie bedrängt. Nach einem Gastmahl enthauptet sie ihn und kehrt unbemerkt mit seinem Kopf nach Betulia zurück. Die verwirrten Assyrer werden in die Flucht geschlagen. Lobgesang und Siegesfest beschließen dieses Ereignis. Der Bericht enthält eine ganze Reihe historischer Unglaublichkeiten. Als Abfassungszeit des ursprünglich wohl hebr. geschriebenen Buches nimmt man die Makkabäerzeit an.

3. Weisheitliche Literatur. Das Buch *Baruch* soll vom Sekretär des *Jeremia (vgl. Jer 36,4) nach der Eroberung Jerusalems durch die *Chaldäer verfaßt worden sein. Es hat vier Teile: Der Einleitung (1,3-14) folgt ein Bußgebet Baruchs um Vergebung und Erlösung (1,15-3,8). Dem folgt ein Preislied auf die göttliche »Weisheit«, die mit dem Gesetz des Mose identifiziert wird (vgl. Spr 8,1-31; Hiob 28 und Sir 24). In Ermangelung dieser Weisheit wurden die Heiden vernichtet, Israel aber wurde durch sie gerettet (3,9-4,4). Eine Sammlung von Klageliedern, die von Trostliedern gerahmt sind, beschließt das Buch (4,5-5,9). Auffallend sind die Parallelen von 1,15-2,19 mit Dan 9,5-19 und 5,5-9 mit Ps 11,2-7. Das Buch ist eine Sammlung ursprünglich selbständiger Teile. Die Datierung ist schwierig. Der erste Teil könnte aus vormakkabäischer Zeit stammen, der Abschluß vielleicht aus der Mitte des 1.Jh.v.Chr. Der erste Teil war ursprünglich hebr. geschrieben. Für den Rest nimmt man eher eine griech. Urschrift an.

Der *Brief Jeremias* will die Abschrift eines Briefes sein, den Jeremia an die Gefangenen richtet, die zur Deportation nach Babylon bestimmt sind. Er enthält schroffe Warnungen vor dem babylon. Götzendienst (Götterprozessionen, kultische Prostitution), die anhand von Jer 10,1-16 gestaltet sind. Sprachliche Details verweisen auf ein hebr. Original aus etwa Mitte des 2.Jh.v.Chr.

Sirach (Ben Sira, Jesus Sirach, Siracides, Ecclesiasticus) war priesterlicher *Schriftgelehrter, der sein Wissen durch Studium der Überlieferung vertieft hat. Neben die exklusive Bildung von Schriftgelehrten stellt er eine Art Volksbildungsprogramm, das die Weisheit Israels an alle Lernbereiten weitergeben soll. Das Buch beginnt mit einem Weisheitsgedicht (1,1-20). Dem fügen sich weisheitliche Ratschläge für berufliche, familiäre und kultische Lebensführung an. Beobachtung des Gesetzes und der konkreten Lebensvollzüge sind miteinander verbunden. Das Buch schließt mit einem »Lob Gottes in der Natur« (42,15-43,33) sowie dem »Lob der Väter« (44,1-50,26), das mit dem Hohenpriester Simon (Simon II.; ca. 200 v.Chr.) endet. In der Mitte steht der Lobpreis der »Weisheit« (24,1-34), in dem die »Weisheit« erstmals ausdrücklich mit dem Gesetz des Mose gleichgesetzt wird (24,23). Geschrieben wurde das Buch auf hebr. etwa um 190 v.Chr. Es war lange nur in der griech. Übersetzung durch den Enkel Ben Siras (132 v.Chr.) bekannt. Von 1896 bis heute sind zwei Drittel des hebr. Textes bekannt geworden (Kairoer Geniza; Qumran und Massada).

Dem breiten Strom jüd. Weisheitsliteratur entstammt auch die *Weisheit Salomos*, die in der Auseinandersetzung mit dem griech. Denken ihre besondere Formung und gedankliche Präzision erhielt. Zentrales Thema des Buches ist die Ermahnung, Weisheit zu suchen. Es hat drei Teile: Auf den Vergleich des ewigen und zeitlichen Ergehens des Weisen mit dem des Gottlosen (1-5) folgt ein großes Lob der Weisheit, die als weibliches Himmelswesen dargestellt wird. Sie ist die erste unter den Geschöpfen (vgl. Spr 8,22-31) und Dienern Gottes (6-9). Dem folgt eine Geschichtsbetrachtung, die der Bedeutung der »Weisheit« von Adam bis Mose nachgeht (10-19). Eine Polemik gegen den Götzendienst (13-15) weist auf die Zielrichtung des ganzen Buches. Der Verfasser scheint über eine profunde hellen. Bildung zu verfügen. Er verwendet Begriffe der platonischen und der stoischen Philosophie (Welt-Elemente, Vorsehung, Gewissen), verbindet die jüd. Weisheitslehre mit der griech. Tugendlehre und reflektiert die jüd. Schöpfungslehre im griech. Kontext. Originalsprache ist das Griech. Das auf griech. abgefaßte Original dürfte in der ersten Hälfte des 1.Jh.v.Chr. in *Alexandria entstanden sein.

4. Ergänzungen zu den kanonischen Büchern. Drei *Zusätze zu Daniel* finden sich in LXX und in der Übersetzung Theodotions. An Dan 3,23 ist das *Gebet des Asarja* (Volksklagelied mit Anrufung Gottes, Sündenbekenntnis und Bitte um Rettung) und der *Gesang der drei Männer im Feuerofen* angeschlossen. Diese beiden Zusätze entstammen einem hebr. Original, dessen Entstehungszeit unsicher ist. Die *Geschichte der Susanna* (in LXX nach, bei Theodotion vor dem Danielbuch) erzählt, wie die schöne und gottesfürchtige Susanna von zwei Ältesten verführt werden soll. Als sie sich weigert, wird sie des Ehebruchs angeklagt. Daniel als Richter überführt die Ältesten der Falschaussage und läßt sie hinrichten. Entstehungsort und -zeit sind unsicher. Der Bericht von *Bel und vom Drachen zu Babel* haben das Ziel, den Götzendienst lächerlich zu machen. Die Speisen, die dem Gott Bel dargebracht werden, werden von dessen Priestern verzehrt. Nachdem Daniel auch den Drachen zerstört, wird er in die Löwengrube geworfen, in der ihn der Prophet *Habakuk wunderbar speist. Das Buch endet mit dem Bekenntnis des heidnischen Königs zum Gott Israels. Auch hier sind Ort, Zeit und Sprache der Entstehung sehr unsicher.

Der Text der LXX enthält *Zusätze zu Ester:* den Traum Mordechais und die Verschwörung gegen Artaxerxes (1); das königliche Edikt zur Vernichtung aller Juden (3); die Gebete Mordechais und *Esters (4); Esters Audienz bei Artaxerxes (5); das Edikt zugunsten der Juden (8); die Deutung von Mordechais Traum und eine historische Anmerkung (10). Die Zusätze entstammen wohl der bearbeitenden griech. Übersetzung. Die Entstehungszeit ist unklar. Man nimmt sie zwischen 130 und 77 v.Chr. an.

Das *Gebet *Manasses* ist ein individuelles Klagelied mit Anrufung Gottes, Sündenbekenntnis, Bitte um Vergebung und Dank für die Erhörung. Es will das Gebet des *Manasse in 2Chr 33,18f wiedergeben. Zeit, Ort und Originalsprache sind umstritten. Allgemein nimmt man ein griech. Original aus vorschriftl. Zeit an.

Literatur: L. Rost: Einleitung in die alttestamentlichen Apokryphen und Pseudepigraphen einschließlich der großen Qumran-Handschriften, [2]1979; H.-P. Rüger: Art. Apokryphen in: TRE III, S. 289-316 (Literatur!). W.B.-S.

APOKRYPHEN UND PSEUDEPIGRAPHEN (DES NEUEN TESTAMENTS).

I. NAME UND ABGRENZUNG.

1. Ntl. Apokryphen sind nach heutigem Sprachgebrauch frühchristl. Schriften, die in Anspruch und Anlage ntl. Büchern oder Überlieferungsstücken entsprechen, etwa unter apostol. Verfassernamen verbreitet wurden, aber nicht in die christl. Bibel, den kirchlichen Kanon aufgenommen sind. Ihren Ursprung hat diese Benennung wahrscheinlich in der Berufung gnostischer Kreise oder Lehrer des 2.Jh. auf geheime, insofern »verborgene« (griech. *apokryphos*) Traditionen (z.B. Hippolyt: ref. omn. haer. 7,20,1; 4,42,1; 5,28,1 u.a.), wie es ihrem Selbstverständnis als Träger esoterischer, aber eben authentischer und deshalb wirklich rettender Einsicht unter den Christen entsprach. Jedenfalls war dort ein Buchtitel möglich wie »Apokryphon Johannis« (gnost. Schrift d. 2.Jh.; NHC II,1; III,1; IV,1 u.a.) oder »Apokryphon des Jakobus« (I,2). Demgegenüber sah die Großkirche, die um die christl. Bibel neu gesammelte Kirche des ausgehenden 2.Jh. (*ecclesia catholica*), den Kanon des NT als schriftlichen Niederschlag der öffentlichen Missionspredigt der Apostel an. Schon bei Irenäus (haer. 1,20,1) und Tertullian (de res. carn. 63,6; de pud. 10,12; 20,2; vgl. Decret. Gelas. 59) ist »apokryph« dann »unkanonisch« mit dem Ruch des Häretischen. Apokryphe Schriften liest man in der Kirche nicht, lehrt Kyrill von Jerusalem im 4.Jh. seine Katechumenen (cat. 4,35). A. des Alten Testaments sind deshalb nach altkirchlichen Kanonsverzeichnissen Schriften wie die Henochbücher oder die »Testamente der XII Patriarchen« (ps. Athan., synops. 75; Apost. Const. VI 13,3). Das ist der Sprachgebrauch der griech. Kirche bis heute. Er hat sich in der westl. Christenheit, zumindest im Protestantismus, seit dem 16.Jh. verschoben aufgrund des humanistisch-reformatorischen Rückgriffs auf die Wertung des Kirchenvaters Hieronymus vom Vorrang der »hebräischen Wahrheit«. Die im griech. und – nicht ganz übereinstimmend – latein. AT gegenüber dem rabbinischen hebr. Kanon überschießenden Schriften rücken damit ins Zwielicht. Martin Luther hat sie in seiner Übersetzung der ganzen Heiligen Schrift, wie sie 1534 zuerst vorlag, »Apokryphen« genannt und als Bücher bezeichnet, »so der Heiligen Schrift nicht gleich gehalten, und doch nützlich und gut zu lesen sind« – eine Wertung, die weitgehend Athanasius (ep. fest. 39) entspricht; die griech. Kirche nennt diese Teile des AT »Anaginoskomena«, Leseschriften. Diese Bücher werden in den verschiedenen konfessionellen Traditionen bis heute unterschiedlich gewertet. Aber jedenfalls ist »apokryph« dann nicht häretisch. Der moderne wissenschaftliche Sprachgebrauch im Bereich evangelischer Theologie unterscheidet zwar zwischen A. des AT im Sinne der Lutherbibel und Pseudepigraphen, die den A. der Alten Kirche entsprechen, kann aber beide Kategorien eng zusammen sehen. Heute spricht man dafür gern von zwischentestamentarischer Literatur. Bei den A. des NT ist die altkirchliche Verwendung des Wortes weitgehend erhalten geblieben. Deshalb handelt es sich bei den A. des AT, auch zusammen mit den Pseudepigraphen, um eine klar definierte und relativ abgeschlossene Gruppe von Texten; die Abgrenzung der A. des NT ist dagegen schwierig. Die Unterscheidung scheint einfach zu sein: Atl. A. und Pseudepigraphen gehören zur vor- oder zumindest außerchristl. Literatur, ntl. A. sind dann christl.

2. Tatsächlich ist die Beziehung aber komplizierter, denn weder der jüd. Kanon noch die Produktion von Schriften, die für die Gattungen der zwischentestamentarischen Literatur typisch sind, waren in apostol. und der ihr folgenden frühchristl. Zeit abgeschlossen. Auch Christen haben Adamsbücher und pseudepigraphische Apokalypsen produziert. Die *Syrische Schatzhöhle* und die verwandten orientalischen Adamsschriften mögen im 3.Jh. zuerst unter Judenchristen literarisch fixiert worden sein, sie führen die Darstellung der Urgeschichte in der Art jüd. Pseudepigraphen fort. Diese Geschichte zielt aber jetzt auf die Erlösung Adams durch den gekreuzigten Christus: Die Urväter trugen den Leib Adams (und

Evas) aus der »Schatzhöhle« am Fuße des Paradiesberges mit, auch auf die Arche, die kreuzförmig über die Wasser fährt und sich so als Urbild der *Taufe erweist (1Petr 3,20f), bis sie Adam am Erdmittelpunkt beisetzen konnten, auf Golgatha, dort wo das Kreuz Christi stehen wird. Mit entsprechender Tendenz sind in den in armenischer Überlieferung erhaltenen Adamsschriften vorchristl.-jüd. Texte weitergeschrieben, d.h. interpoliert worden. Auch gnostische Lehrer haben ihre Theologie an der Gestalt Adams festgemacht; neue Belege hierfür hat die in Nag Hammadi gefundene gnostische Bibliothek erbracht.

Bei einer in christl. Gestalt vorliegenden Schrift wie den *Testamenten der XII Patriarchen* ist es umstritten, ob ein jüd. Text im 2. Jh. christl. interpoliert worden ist (so J. Becker) oder ob erst ein Christ das an sich ältere und zum Teil schon fest gewordene Material redigiert hat (so M. de Jonge), was zusätzliche spätere christl. Interpolationen nicht ausschließen muß. Ähnlich wird diskutiert, ob die Bilderreden des *äthiopischen Henoch* nicht christl. sind (so zuletzt Milik; kritisch Uhlig S. 483). Man pflegt die einheitlich überlieferte *Himmelfahrt des Jesaja* in ein ursprünglich jüd. Martyrium und eine angehängte christl. Vision zu zerlegen. Aber jedenfalls gehört diese Vision, die ohne das Martyrium nicht existiert haben kann, zur christl. *Apokalyptik des 2.Jh. (Pesce; Acerbi). Auch bei der *Elia-Apokalypse* bereitet es Schwierigkeiten, die vorchristl.-jüd. Schicht und die christl. Gestalt der Endfassung literarisch klar voneinander zu scheiden (Schrage).

Es hat offenbar Gruppen in der frühen Christenheit gegeben, die ihren Glauben zumindest teilweise so zum Ausdruck bringen konnten, daß sie Pseudepigraphen im Stil der intertestamentarischen Literatur verfaßten oder fortschrieben. Diese Einsicht steht hinter dem Vorschlag, von »christlichen Apokryphen« statt von »Apokryphen und Pseudepigraphen des NT« zu sprechen. Will man am eingebürgerten Sprachgebrauch festhalten, dann empfiehlt es sich, die zu Anfang gegebene Definition zu verengen: »Neutestamentliche Apokryphen sind Schriften, die nicht in den Kanon aufgenommen sind, die aber durch Titel und sonstige Aussagen den Anspruch erheben, den Schriften des Kanons gleichwertig zu sein, und die formgeschichtlich die im NT geschaffenen und übernommenen Stilgattungen weiterbilden und weiterformen, wobei nun allerdings auch fremde Elemente eindringen« (Schneemelcher, I,6).

II. DIE WICHTIGSTEN TEXTE.

Auch in dieser Präzisierung ist die Zahl der einschlägigen Texte sehr groß, und entsprechend der Pluriformität (Vielgestaltigkeit) des Christlichen im 2. und teilweise auch 3. Jh. bieten sie ein buntes Bild. Sie sind uns teils aus der patristischen Literatur, teils durch Funde vor allem in Ägypten zugänglich. Besonders die Veröffentlichung der Reste der schon genannten gnostischen Bibliothek des 4. Jh. von Nag Hammadi hat uns viele bis dahin völlig unbekannte Schriften in koptischer Sprache beschert. Auch sonst sind die ursprünglich meist griech., bisweilen auch aram.-syr. abgefaßten Texte uns häufig nur in Übersetzung in eine der Sprachen der verschiedenen orientalischen Nationalkirchen erhalten: armenisch, georgisch, äthiopisch, auch arabisch oder lateinisch, selbst altslavisch. Ein Überblick über die wichtigsten dieser Schriften, nach Literaturformen geordnet, wird den Eindruck einer ungebändigten Fülle bestätigen.

1. Evangelien.

a. Die eigentümlichste literarische Prägung der Frühen Kirche ist die Darstellung des Lebens Jesu als *Evangelium. In diese *Evangelien sind ältere, wohl anonyme Überlieferungen von Herrenworten integriert. Daß einige solcher Logien auch außerhalb der zur Literatur gewordenen Evangelien einzeln erhalten sind (»Agrapha«), macht sie an sich noch nicht zu A. im negativen Sinn. Bemerkenswerter ist, daß wir heute in der Letztgestalt gnostische Evangelien von einer Struktur kennen, wie sie früher von der exegetischen Forschung für die postulierte gemeinsame Quelle des Matthäus- und Lukas-Evangeliums über Markus hinaus angenommen worden war (»Q«), als Aufreihung von nur kurz gerahmten Herrenworten. Das gilt für das *Thomas-Evangelium* (NHC II,2) und teilweise das *Philippus-Evangelium* (II,3). Während das EvPhil eindeutig gnostisch ist, den Valentinianern nahestehend, läßt sich die Geschichte des EvThom über Spruchsammlungen auf Papyrus (P.Oxyr. 654-655) in vorgnostische Zeit zurückverfolgen. Ob und wieweit aus ihm eine hinter die Synoptiker zurückreichende Fassung von Gleichnissen oder Sprüchen Jesu eruiert werden kann, ist in der Forschung umstritten. Jedenfalls ist es für die ntl. Wissenschaft ein wichtiges Dokument geworden, um die Geschichte der Überlieferung der Herrenworte zu verstehen. Seit kurzem kennen wir auch ein Bruchstück einer anderen, erweiterten Fassung des Mk-Ev., die im 2. Jh. in Alexandria umlief (M. Smith). Sie ist sicher sekundär (Merkel). Aber diese Funde lassen doch erkennen, daß die Grenzen zwischen der Jesus-Überlieferung in den kanonischen Evangelien und in den Apokryphen fließender waren, als wir früher gewußt haben.

b. Es gab eine Reihe von *judenchristlichen Evangelien* (Nasoräer-, Ebionäer-, Hebräer-Ev.), von denen uns Kirchenväter Fragmente überliefert haben. Die Abgrenzung dieser Evangelienschriften voneinander ist teilweise schwierig. Hier ist uns eine aram. Fassung der Vaterunserbitte um das tägliche Brot (*maher*: Brot für morgen) erhalten – daran war schon Hieronymus interessiert -, die bei dem Versuch, die aram. Urform des Gebetes zu eruieren, Berücksichtigung verdient und, selbst wenn sie nur Restübersetzung aus dem Griech. sein sollte, doch Einsicht in den Glauben dieser judenchristl. Gemeinschaft vermittelt.

Von dem *Evangelium nach Petrus* wußte man schon lange (s.u. III.4.), seit 100 Jahren kennen wir ein Bruchstück aus der Leidens- und Auferstehungsgeschichte aus dem 8.Jh. Es stellt durch legendäre Ausschmückungen die Verantwortung der »Juden«, ihrer »Ältesten und Priester« für den Tod Jesu, ihres Königs, stärker heraus als die kanonischen Ev. und schildert die Auferweckung des Gekreuzigten, wie die Soldaten und Ältesten sie gesehen haben: Zwei lichte Gestalten steigen vom Himmel zum Grab, der Stein rollt von selbst zur Seite. Dann schauen sie »drei Männer aus dem Grab herauskommen und die zwei den einen stützen und ein Kreuz ihnen folgen und das Haupt der zwei bis zum Himmel reichen, dasjenige des von ihnen an der Hand geführten aber die Himmel überragen. Und sie hörten eine Stimme aus den Himmeln rufen: ›Du hast den Entschlafenen gepredigt‹, und es wurde vom Kreuz her die Antwort laut: 'Ja'« (36-42). Geglaubte Wahrheit wird hier geschaut und erzählt. Das Kreuz wird in den Himmel mit entrückt, weil es bei der Parusie Christi wieder am Himmel erscheinen wird (vgl. Did 16,6, vgl. äth. Apk. Petr. 1; Apk. Eliae 32; Epist. Apost. 16,27 u.a.) als beglaubigendes Zeichen der Identität des Gekreuzigten, Auferstandenen und Wiederkommenden und als Anklage gegen die, die seinen Tod verschuldeten (vgl. dazu etwa Sach 12,10 in Joh 19,37 und Offb 1,7).

Auch vom *Ägypter-Evangelium* gibt es nur Fragmente; darin verwirft der Herr meist in geheimnisvollen Bildworten die Ehe.

Der bruchstückhafte Überlieferungszustand macht bei allen diesen A. eine Gesamtbeurteilung kaum möglich. Aber sie folgten anscheinend sämtlich dem Duktus der Synoptiker.

Einen völlig anderen Typ von Evangelienschrift haben die Gnostiker entwickelt. Das (valentinianische) *Evangelium der Wahrheit* ist eine theologische Abhandlung über den Grund für die Verborgenheit der Wahrheit in der Welt und den Weg der erlösenden Offenbarung vom Vater durch Jesus Christus zu den Menschen, die nun »die Unwissenheit abgeworfen haben wie den Schlaf« (29,33f). Die trügenden und so versklavenden Mächte enthüllen sich als böser Traum und schwinden. Das ist Befreiung zum Lobpreis des Namens, der allein »Name« ist, des Vaters, der ihn dem Sohn gab, im Geist (38-43). Gerade für diesen Text ist es bezeichnend, wie er immer wieder bibl. Bilder und Aussagen aufgreift und ins Gnostische kehrt.

Auch das *Lebendige Evangelium Manis* aus dem 3.Jh., dessen Anfang kürzlich gefunden worden ist, gehört wohl in diese Kategorie. Hier spricht der Prophet selbst: »Ich, Mani, der Apostel Jesu Christi durch den Willen Gottes, des Vaters der Wahrheit, aus dem ich auch geboren bin« (CMC 66,4-7). Im Leben der manichäischen Gemeinden spielte dieser Evangelientext eine zentrale Rolle. Den Ansatz zu diesem Typ mag man im JohEv. sehen. Aber die Unterschiede sind gravierend; das gilt für die literarische Form wie den Inhalt: Evangelium ist nicht mehr das Leben Jesu und damit Jesus selbst, sondern eine Betrachtung über die Erlösung, denn das Verhältnis zwischen der Wahrheit Gottes und der Geschichte Jesu hat sich verschoben.

Dem ägypt. Wüstensand verdanken wir die Kenntnis noch anderer gnostischer Evangelienschriften verschiedener Provenienz, unter vielen Namen, mit unterschiedlicher Nähe zur ursprünglichen literarischen Form des »Evangeliums«.

c. Weitere der Gattung Evangelium nahestehende Literaturtypen, die erst in nachapostolischer Zeit entwickelt wurden, sind die »Gespräche des Auferstandenen mit seinen Jüngern« und die »Kindheitsevangelien«.

Das älteste Beispiel der zuerst genannten Art ist ein Text, der noch aus der Mitte des 2.Jh. stammen wird, ein Brief der elf Jünger an die ganze Christenheit über Offenbarungen, die sie vom Herrn nach seiner Auferstehung erhalten haben; die *Epistula Apostolorum* ist äthiop. und koptisch erhalten. Sie spiegelt eine syr. christl. Gemeinschaft wider (äth. 33/kopt. 44), die aus jüd. Tradition kam; das zeigen die liturgischen Bräuche (christl. Passa, tägliches himmlisches Morgengebet am Altar Gottes) und doch wohl auch die erstaunliche Meditation über das Gleichnis von den klugen und törichten Mädchen (Mt 25, hier in einer Sonderüberlieferung), daß doch die geretteten Klugen nicht fröhlich sein könnten wegen der Schwestern, die vom Reich ausgeschlossen sind (43-45/54-56), wenn damit ursprünglich das Verhältnis zwischen Kirche und Synagoge angesprochen sein sollte. In unserem Text hat die Deutung eine klar antignostische Tendenz (Staats), die auch sonst die Schrift durchzieht. Der knappe Aufriß des Weges Jesu von der Inkarnation zur Auferstehung setzt Kenntnis der kanonischen Evangelien und christl. apokalyptischer Überlieferungen voraus. Die Fragen der Jünger haben es mit eschatologischen Problemen zu tun wie der Fleischesauferstehung, mit ihrem Missionsauftrag zu den Heiden und ihrem Amt als »Väter, Diener und Meister« (so kopt. 52f) aufgrund ihrer Verkündigung des Reiches, der Taufe und der Bußpredigt, schließlich der Praxis des Umgangs mit Sündern und Irrlehrern. Die Lehre ist abgeschlossen, ja in einem »Katechismus« mit fünf Themen formuliert: der allmächtige Vater - Jesus Christus, unser Heiland – der Heilige Geist, der Paraklet – die heilige Kirche – Vergebung der Sünden (5/16); aber es gibt noch keinen ntl. Kanon, die Überlieferung ist flüssig, die Fragen der Jünger haben es gerade mit neuen, durch die Tradition so noch nicht beantworteten Problemen zu tun. Dies Schema sollte sich vor allem in gnostischen Zirkeln als sehr ausbaufähig erweisen.

Die *Epistula Apostolorum* enthält einen kurzen Abschnitt von der wundersamen Weisheit schon des Kindes Jesus (4/15), ein Thema das bereits Lk 2 aufklingt, hier profaner ausgeführt, es geht um das Buchstabenlernen; in späteren Kindheitsevangelien wird es breit und mirakulös entfaltet. Die älteste Erbauungsschrift dieser Gattung hat aber einen anderen Charakter. Das *Protevangelium Jacobi* (moderner Name) entstammt einem ähnlichen Milieu wie die Epistula, wohl der 2. Hälfte des 2.Jh. - unser ältestes Ms. ist noch im 3.Jh. geschrieben (P. Bodmer V); es ist außerhalb Palästinas verfaßt (Ägypten? eher Syrien, so Smid) und schildert die wunderbare Entstehung Marias, der Mutter des Herrn, und ihren Weg bis zur Ermordung des Zacharias, des Vaters des Täufers (vgl. Mt 23,35; Lk 11,51 mit Lk 1 identifiziert), unter Berufung auf *Jakobus, den Bruder Jesu. Man hat von einer »midraschartigen« Auslegung der kanonischen Kindheitsgeschichten gesprochen (Laurentin) zur Verherrlichung der Jungfrau Maria (Smid). Aber das letztere trifft den Sachverhalt nur bedingt. Es geht um Maria als die neue Eva; sie wuchs als Tempeljungfrau auf (7f; Gegenstück zum Garten Eden); wurde trotz des gegenteiligen Anscheins nicht verführt (13,1); an ihr offenbart Gott die Aufhebung des Fluches über die erste Frau, daß sie unter Schmerzen Kinder zu gebären habe (1Mo 3,16), und ihr »Verlangen« ist auch nicht mehr »nach ihrem Mann«. Damit verlagert sich der Schwerpunkt der theologischen Aussage von der wundersamen Entstehung Jesu auf die wunderbare Geburt ohne Verletzung und Schmerzen (19-20); selbst die Engelsbotschaft nach Lk 1,34f wird auf diese Aussage hin modifiziert (11). Man wird auch von einem Zurücktreten, ja Schwinden der Sexualität sprechen können. Die Ausweitung des paulin. Themas Adam-Christus auf die Typologie Eva-Maria hin ist ein wichtiger Aspekt der heilsgeschichtlichen Verknüpfung von Urgeschichte und Christusgeschehen in der Theologie des 2. Jh. gegen die gnostische Antithese zwischen *Schöpfung und *Erlösung. Im Protevangelium Jacobi ist diese theologische Einsicht zur Geschichtserzählung, zur Legende geworden.

Kein anderes Apokryphon hat so tiefe Furchen in die Geschichte der christlichen Frömmigkeit und Theologie vor allem im O gegraben durch den Lobpreis der immerwährenden Jungfräulichkeit der Mutter Gottes. Die Akzente haben sich dabei von der Soteriologie zur Mariologie verschoben. Szenen der Erzählung sind vor allem in das orthodoxe Kirchenjahr eingegangen (21.11.: Mariä Eintritt in den Tempel; 9.12.: Empfängnis der hl. Anna, in der röm.-kath. Kirche heute 8.12.: Fest der Unbefleckten Empfängnis) und haben ihren festen Platz in der christlichen Ikonographie gefunden.

d. Ein weiterer apokrypher Text, der sich mit Stoffen des Lebens, Sterbens und der Auferstehung Jesu befaßt, sind die *Pilatusakten*, auch Nikodemusevangelium genannt; die Grundschrift dürfte ins 2.Jh. zurückreichen; die älteste heute greifbare Rezension entstand 425. Auch dieser Text hat noch die mittelalterliche Ikonographie beeinflußt.

e. Im weiteren Sinne gehört zu den Pseudepigraphen des NT auch die *Abgar-Legende*. Euseb berichtet in seiner Kirchengeschichte (I 13; II 1,6-8), ihm seien aus dem königlichen Archiv in Edessa die Urkunden eines Briefwechsels zwischen dem Toparchen Abgar - gemeint ist Abgar V. Ukkama, 9-46 n.Chr. – und Jesus zugegangen. Dem Text dieser offenbar griech. geschriebenen Briefe fügte er einen aus dem Syr. übersetzten Bericht von der Bekehrung Edessas an, die auf den Apostel Thaddäus zurückgeführt wird, den Judas Thomas gesandt habe als Erfüllung der Zusage Jesu. Thaddäus ist Eusebs griech. Wiedergabe des syr. Addai, der in Texten wie der »Lehre des Addai« um 400 auftaucht. Die Hstorizität dieses Namens ist äußerst zweifelhaft. Wahrscheinlich ist diese ganze Legende eine gezielte Erfindung aus dem Kreis der orthodoxen Gemeinde in Edessa zur Legitimation im Abwehrkampf gegen zahlenmäßig mächtige Häresien. Das Schreiben Jesu, nun mit dem Zusatz: »Deine Stadt soll gesegnet sein, und kein Feind sie beherrschen«, galt schon am Ende des 4. Jh. als eine Art himmlischer Schutzbrief für Edessa. In der »Lehre des Addai« ist dann auch von einem Porträt Jesu die Rede, das damals in diese Stadt gekommen sei. Beides, Brief und Bild, wurden noch Jahrhunderte in Edessa verehrt.

2. Apostelakten.

a. Zu den von der Forschung in den letzten Jahren besonders intensiv untersuchten frühchristl. Texten gehören die apokryphen Apostelakten. Die Manichäer kannten zumindest im 4.Jh. ein festes Corpus von fünf derartigen Schriften (Petrus, Johannes, Andreas, Thomas, Paulus), »Wanderungen der Apostel« genannt (kritisch dazu Junot und Kaestli). Im 9.Jh. schrieb der Patriarch Photius die Abfassung dieser (aller?) Akten einem Leucius Charinus zu; er wird die Angabe in seinem manichäischen Manuskript gefunden haben. Augustin scheint eine solche Tradition zu bestätigen (c.Fel. II 6); daher spricht man bisweilen von »leucianischen« Akten. Wie dieser Name bei den Manichäern mit dem Corpus in Verbindung kam, bleibt dunkel. Aber es ist überhaupt zweifelhaft, ob die Fünfersammlung schon vormanichäisch ist. Erkennbar ist dagegen, daß die syr. Thomasakten für Manis Selbstdeutung und in seiner Biographie eine wichtige Rolle gespielt haben: Er weiß sich durch seinen himmlischen »Zwilling« (*attaum*) oder den Parakleten des Johannesevangeliums berufen, und er ist nach dieser Berufung anläßlich des Passafestes 240 auf den Spuren des Apostels dieser Schrift als Missionar nach Indien gegangen. Auch die Theologie des Religionsstifters ist von diesem Text beeinflußt. Umgekehrt wird die These vertreten, daß Elemente des überlieferten Textes eine manichäische Redaktion seien (Nagel; Poirier). Die Thomasakten müssen also am Anfang des 3. Jh. existiert haben; sie gehören anscheinend in die erste Phase der Ausformung der christl.-syr. Literatur im Bereich Edessas um 200 (Drijvers), unabhängig davon, ob sie selbst aus dieser Stadt stammen oder nicht. Offenbar sind sie nach dem Modell anderer, griech. Apostelakten konzipiert worden. Ähnliches ist aber von den Paulusakten zu sagen: Tertullian schreibt um 200, daß sie von einem Presbyter in Asien »aus Liebe zu Paulus« geschrieben worden seien, der deshalb sein Amt verloren habe (de bapt. 17); das führt auf eine Entstehungszeit um 185 bis 195. Die Begründung des Autors wird am besten verständlich, wenn er ein Gegenstück zu anderen, bereits bekannten Apostelakten schaffen wollte; zumindest von den Petrusakten sind sie auch unbestritten abhängig. Die Hypothese einer judenchristl. Vierzahl solcher Akten, die berichtet hätten, daß die Apostel in alle Himmelsrichtungen ausgezogen seien (Peterson), scheitert schon an Alter und Herkunft der Thomasakten und an der Geographie: Keiner dieser Apostel zieht nach S. Aber die Akten weisen doch so gewichtige Gemeinsamkeiten auf, daß die Frage nach einer gemeinsamen Herkunft unabweislich ist. Zu diesen Zügen gehören insbesondere asketische Praktiken wie die Verwerfung der Ehe und des Weingenusses, deshalb wird auch das Herrenmahl mit Wasser gefeiert (Enkratismus).

b. Von den *Petrusakten* sind nur ein koptisches Bruchstück, indirekte Informationen und – in einer alten latein. Übersetzung (actus Vercellenses) – der Bericht vom Wirken in Rom und dem Martyrium erhalten. Zu den Leitlinien der Erzählung gehört der Kampf gegen den Zauberer *Simon (vgl. Apg 8), der offenbar in Jerusalem begann (act. Verc. 7) und in Rom in einem öffentlichen Disput vor dem Präfekten auf dem Forum seinen Höhepunkt findet (23-29). Simon kann sich in die Lüfte erheben, aber das Gebet des Petrus läßt ihn abstürzen, was zu seinem Tode führt (32). Der Konflikt mit den röm. Machthabern entsteht an der die Ehe auflösenden Predigt des Apostels. Auf der Flucht aus Rom begegnet ihm der Herr (»Quo vadis«); da geht Petrus in sich und läßt sich mit dem Kopf nach unten kreuzigen. Der Text ist nicht antipaulin., beide Apostel stehen gegen Simon zusammen (23). Simon erscheint nicht als Haupt einer gnostischen Häresie, sondern als Wundertäter, den Petrus durch noch eindrücklichere Krafttaten überwindet (sprechender Hund und Säugling; ein geräucherter Thunfisch schwimmt wieder u.ä.). Noch sterbend am Kreuz predigt der Apostel Christus, einen Christus, der die Umkehr aller bisherigen Weltordnungen gebracht hat; deshalb ruft er zur Abkehr vom Sichtbaren, das doch nicht wirklich ist (37.38). Dieser Schluß ist fast gnostisch; im ganzen ist die Schrift »erbaulich, belehrend und zugleich unterhaltend« (Schneemelcher II, 186); über den Abfassungsort kann man nur spekulieren.

c. Auch die *Johannesakten* müssen aus verschiedenen Bruchstücken rekonstruiert werden. Der erhaltene Erzählungsfaden beginnt mit der Reise von Milet nach Ephesus (18); die Vergangenheit wird im Sterbegebet des Apostels angesprochen: Mehrfach hat der Herr ihn zurückgerufen, als er heiraten wollte (113). Die enkratitische Predigt führt auch hier zu Konflikten. Zu den Wundertaten des Johannes gehören Totenerweckungen, die Zerstörung des Artemistempels in *Ephesus, die Bekehrung eines Vatermörders; selbst die Wanzen gehorchen dem Apostel. Der Christus, der ihn dazu ermächtigt, wird als vielgestaltig, das Irdische transzendierend geschildert; auf Erden hinterließ er nicht einmal eine Fußspur (93). Wenn man Kap. 94-102 und 109 ausschließt, kann man schreiben: »Keinerlei Unterscheidung zwischen dem Vater und dem Sohn, keinerlei Verweis auf die Inkarnation, auf das Erdenwirken, auf die Passion und die Kreuzigung sind in den AJ präsent« (Junot-Kaestli: CChr.SA 2,680). Die genannten Abschnitte halten diese Gelehrten für einen erst im 3. Jh. zugewachsenen Einschub gnostischer, genauer valentinianischer Herkunft. Sicher handelt es sich hier um ein eigenes Traditionsstück, das sich an Elemente einer alten Jerusalemer Ortstradition angerankt hat: der Lobpreis nach dem - in den ActJoh nicht mehr genannten – Abendmahl wird zum Tanz, in dem der Herr einen Hymnus singt, an Vater, Logos und Geist (94-96). Während der Kreuzigung am Karfreitag erscheint der Herr als Lichtgestalt Johannes in einer Höhle auf dem Ölberg und offenbart ihm das wahre Kreuz, das kosmische, erlösende Lichtkreuz, das er, der Herr selbst, ist (97-102). Zu diesem Traditionsstrang gehört auch ein Eucharistie-Gebet (109), das an die Epiklesen der ActThom erinnert. Wenn man allerdings die Einfügung dieses Überlieferungsstückes bereits dem Verfasser der Akten zuschreibt, erhält die Christologie einen noch stärker doketischen Charakter. Junot und Kaestli halten die ActJoh für den ältesten dieser Texte, nach 150, vor 200 entstanden, eben weil sie dem *Kanon des NT noch so fern sind. Die kleinasiat. Johannestradition wird vorausgesetzt; als Ursprungsort komme am ehesten Ägypten, sonst auch Syrien in Frage.

d. Die *Andreasakten* sind gleichfalls erst aus kopt., griech. und latein. Überlieferungsfragmenten zurückzugewinnen, das Martyrium geradezu in Mosaikarbeit. Für das Gesamtverständnis wichtige Abschnitte sind z.Zt. noch nicht ediert (J.M. Prieur). Wirkungsraum des Apostels ist *Achaja. Das Kreuz für ihn wird am Meer aufgerichtet, zuvor spricht Andreas eine Doxologie auf das (kosmische) Kreuz, vom Kreuz herab predigt er auch. Aber diese Theologie des Kreuzes bleibt sehr ungeschichtlich. Man hat die ActAndr nahe an Tatian herangerückt, einen griech. gebildeten Syrer, der als Stammvater des Enkratismus gilt (Peterson), aber auch die Nähe zu den ActJoh hervorgehoben (Junot-Kaestli: CChr.SA 2.688f). Sie werden derselben Zeit entstammen; über den Herkunftsort läßt sich allein aufgrund der Akten nichts sagen.

e. Bei den *Paulusakten* sind wir hier auf sichererem Grund; allerdings ist es möglich, daß die Angaben Tertullians sich nur auf die »Taten des Paulus und der Thekla« beziehen, die selbständig überliefert sind und die Keimzelle des ganzen Buches sein könnten, das wie die anderen bisher genannten Akten aus verschiedenen Traditionsstücken (griech., kopt., syr. u.a.) rekonstruiert werden muß. Besondere Bedeutung hat dabei ein erst 1936 edierter griech. Papyrus der Hamburger Staats- und Universitätsbibliothek aus der Zeit um 300. Auf der Reiseroute des Apostels kommen die aus den kanonischen Briefen und dem lukanischen Bericht bekannten Orte vor, aber es ist nur eine Reise, die von Damaskus nach Jerusalem führt und von Jerusalem über Antiochia, Kleinasien, Philippi, Korinth nach Italien und Rom. Das Thema der apostol. Predigt wird aus der knappen Schilderung eines Gottesdienstes im Hause des Onesiphorus in Ikonium deutlich: »Die Knie wurden gebeugt, das Brot gebrochen und das Wort Gottes von der Enthaltsamkeit und der Auferstehung (verkündigt)« (act. Pauli et Theclae 5). Thekla erscheint hier als von Paulus bekehrte junge Frau, die um ihrer Weigerung willen, eine Ehe einzugehen, zum Verbrennungstod und zum Tierkampf verurteilt wird, sich in der Arena in einer Wassergrube selbst tauft, am Ende doch gerettet wird und in *Seleuzia stirbt; ob es sich bei ihr um eine historische Reminiszenz handelt, ist nicht mehr zu klären; Seleuzia war im 4.Jh. jedenfalls Zentrum eines Thekla-Kultes. Auch von Paulus werden Wundertaten berichtet; einmal tauft er sogar einen Löwen – der danach auch keine Löwin mehr anblickt. Der Martyriumsbericht stellt den Apostel vor Nero selbst, dem er nach der Hinrichtung wieder erscheint. Bestandteil der Akten war auch ein Briefwechsel zwischen den Korinthern und Paulus.

f. Nur die *Thomasakten* sind uns vollständig erhalten, in einer griech. und einer syr. Fassung. Obgleich Syr. als Ursprache gesichert ist, bietet die griech. Übersetzung bisweilen die ältere Überlieferung, die im Syr. orthodox überarbeitet worden ist. Diskutiert wird auch, ob einzelne Abschnitte, insbesondere das »Perlenlied« (108-113) erst manichäischer Einschub sind (Poirier). In diesen Akten erscheint Judas dem Thomas als (irdischer) Zwillingsbruder seines himmlischen Herrn, Jesus. Dieser verkauft ihn an einen Abgesandten des Königs Gudnaphar als Zimmermann; so kommt Thomas in das ihm zugeteilte Missionsgebiet Indien. Dort soll er dem König einen Palast bauen, gibt aber das dafür erhaltene Geld den Armen. Gudnaphar will ihn dafür bestrafen, als er aber erfährt, daß der Apostel ihm so einen Palast im Himmel gebaut hat, läßt er sich taufen. Zum Konflikt kommt es auch hier, weil Frauen aufgrund der Predigt des Apostels und als Konsequenz der Taufe ihre Männer verlassen. Unter König Mazdai erleidet Thomas das Martyrium. Bemerkenswert sind die in dem Bericht eingefügten Lieder, das Brautlied (6-7) – in griech. Sprache offenbar an die himmlische Weisheit gerichtet, eine aus gnostischen Texten bekannte mythische Gestalt, in syr. Sprache an die Kirche – und das bereits genannte Perlenlied, eine Beschreibung der Erlösung der in Vergessen und Sünde versunkenen Seele, die im Bilde eines Königssohns gezeichnet ist, der nach Westen auszieht, nach Ägypten, um die eine Perle aus der Mitte des Meeres zu holen. Ein königlicher Brief der Großen des Partherlandes weckt ihn wieder auf, er holt die Perle und der Brief führt ihn nach Hause zurück. Dies ist sicher ein eigenes Traditionsstück, das in vormanichäische Zeit zurückreicht, mag es nun ein ursprünglicher Bestandteil der Akten sein oder nicht. Weiter gehört zu den Eigentümlichkeiten dieses Textes, daß er breite liturgische Partien aufweist; vor allem wird die Taufe geschildert, die nach syr. Ordnung Salbung, Tauchbad und Kommunion umfaßt, samt den epikletischen Gebeten, in denen in fremdartiger Bildersprache der Heilige Geist über dem Öl und dem Brot angerufen und herabgerufen wird. Im Unterschied zu den älteren Apostelakten, die in dieser Hinsicht eher farblos sind, stehen wir hier also in einer bestimmten kirchlichen Tradition, eben dem syr. Christentum des 3.Jh. In dieser östl. Welt konnte auch die Bekehrung und Taufe eines Königs geschildert werden – undenkbar im Rahmen der Petrus- oder Paulusakten –, weil der christliche Glaube hier längst hoffähig war. Man hat die Thomasakten früher gern als gnostisch gewertet. Heute sehen wir, daß ein solches Schablonendenken dieser Tradition unangemessen ist (Klijn). Die Wundertaten des Apostels haben in diesem Text eine stärker ausgeprägte Zeichenfunktion, sie fordern Deutung und sind nicht nur Mirakel.

g. Alle diese Akten haben einerseits so ihr eigenes Gesicht – das spricht gegen eine gemeinsame Entstehung auch nur einiger unter ihnen als Corpus – sie stimmen aber andererseits in der enkratitischen Tendenz so weitgehend überein, daß sie auf eine gemeinsame Schicht des Christlichen zurückweisen. Wir haben es im Grunde mit einem eigenen Literaturtyp zu tun, der Elemente des zeitgenössischen Reiseromans aufgenommen hat, weil ein spezifisches christl. Konzept universaler Mission vorausgesetzt ist, und der Analogien zum Lebensbild antiker Wundermänner aufweist, weil in dem Apostel Gottes Kraft mächtig ist. Sie sind für einen breiten Kreis gedachte Erbauungsschriften: Heiden werden zur Bekehrung eingeladen, Christen erkennen den tieferen Sinn der Wundertaten. Theologisch sind die einzelnen Gedanken – abgesehen von den Act Thom – im allgemeinen wenig entwickelt. Nirgends wird die Intention erkennbar, die lukanische Apostelgeschichte zu ersetzen oder zu ergänzen. Mit dieser Ausrichtung mögen die Texte einem verbreiteten Bedürfnis entgegengekommen sein. Aber eine spontane Entstehung der einzelnen Akten unabhängig voneinander ist kaum vorstellbar. Nach Abzug der Akten, bei denen literarische Abhängigkeit anzunehmen ist, bleibt doch in den ActPetr, Joh und Andr ein Grundstock zurück, für den ein gemeinsamer Wurzelboden anzunehmen ist, ein nichtgnostisches, hoch spiritualistisches, enkratitisches Christentum ohne deutliche Gemeindestrukturen. Das würde – trotz Junot und Kaestli – am besten in Syrien anzusiedeln sein. Verbindung mit jüd.-hellen. Missionsliteratur läßt sich aufzeigen (Berger); daß diese Akten von Frauen verfaßt seien, Asketinnen (»Witwen«), die für Frauen schrieben (Davies), ist eine These, die Fingerzeige für das Milieu des Enkratismus gibt, literarisch aber nicht überzeugt.

h. Als Beispiel späterer Erzählungen von den Wanderungen und Wundertaten der Apostel nach dem Vorbild der bis jetzt genannten sei auf die *Philippus-Akten* verwiesen, wohl aus dem 5. Jh., auch nur in Bruchstücken erhalten: Jetzt steht die Askesepredigt des Apostels im Kontext des Mönchtums und seiner Theologie.

i. Ein anderer Typus des apostol. Reiseberichtes begegnet in den *Pseudoklementinen*. Es handelt sich vor allem um zwei Schriften, die vom Schicksal des röm. Klemens und seiner Familie berichten. Die eine hat als Gliederungsprinzip Predigten des Petrus, dessen Begleiter Klemens geworden ist (*Homilien*), samt einem Brief des Petrus und Klemens an Jakobus und einer Anleitung zum rechten Schriftgebrauch (*Contestatio*) und ist, arianisch redigiert, im griech. Originaltext erhalten; die andere schildert die Wiedererkennungsszenen zwischen Klemens und seiner in alle Welt zerstreuten Familie, sie ist nur in der latein. Übersetzung Rufins bekannt (*Recognitionen*). Nach übereinstimmender Ansicht der Forschung gehen beide auf eine Grundschrift zurück; sie wird um 260 in Zölesyrien, etwa dem heutigen Libanon anzusetzen sein. Diese Grundschrift war selbst wohl orthodox, enthält aber klar judenchristl. Züge. Strittig ist, wie weit sich aus ihr judenchristl. Quellenschriften erheben lassen wie die *Kerygmata*

Petrou. Die einen halten die ebionitischen Abschnitte in den Homilien für spätere Interpolationen (so zuletzt Rius-Camps), andere rekonstruieren judenchristl. Vorlagen (bes. wichtig: Strecker), und selbst, wer gegenüber literarischen Quellen skeptisch bleibt, kann doch traditionsgeschichtlich das Nachwirken ebionitischen Gedankengutes feststellen (Lüdemann), vor allem für den Anti-Paulinismus der Pseudoklementinen. Jedenfalls spielt diese Schriftengruppe eine wichtige Rolle für die Rekonstruktion - einer bestimmten Gestalt – des Judenchristentums, schon seit F.C. Baur im 19. Jh. Die Lehrpredigten sind in diesen Texten sehr viel wichtiger als in den zuvor genannten Akten. Der Apostel ist nicht primär Wundertäter, sondern predigt die rechte Christologie vom wahren Propheten, der in Christus erschienen ist, und von den Gegensatzpaaren in der Heilsgeschichte seit Kain und Abel, einer Antithese, die in apostol. Zeit im Streit zwischen Simon (Magus) und Petrus wieder heraustrat. Einfluß der Petrusakten ist anzunehmen, nur verschmilzt in den Pseudoklementinen Simon mit Paulus. Nicht die Wirklichkeit des Geistes bestimmt das Leben der Christen, sondern das Warten auf die Zukunft, die Parusie Christi; die *Ethik ist nicht asketisch. Die Grundschrift setzt die stabilisierte kirchliche Ordnung des 3. Jh. voraus, sie berichtet von der Ordination des Zachäus zum *Bischof von Cäsarea mit einem Weihegebet, das der Amtstheologie der Zeit entspricht (Hom. III 72), und der Ordination und Inthronisation des Klemens als Bischof von Rom.

Auch die Pseudoklementinen lassen sich als erbaulicher Reiseroman lesen, wenn auch mit breiten lehrhaften Abschnitten und aus dem Rahmen fallenden Theologumena (theologische Begriffe und Gedanken). Aber eben die Unterschiede zu den apokryphen Apostelakten im engeren Sinn erweisen diese als eigene Gruppe.

3. Apostelbriefe.

Zu den A. des NT gehören auch einem der Apostel zugeschriebene Briefe. Bisweilen sind sie Bestandteile von Apostelakten, so der genannte pseudoklementinische Brief des Petrus und Klemens an Jakobus. Innerhalb der Acta Pauli steht der *III. Korintherbrief*, der in Teilen Syriens eine Zeitlang als Teil des Kanons galt. Er ist auch durchaus orthodox, eine Darstellung des Heilswerkes Gottes in der Inkarnation des Sohnes: »durch seinen eigenen Leib hat Jesus Christus alles Fleisch gerettet und zum ewigen Leben geführt durch den Glauben« (16). Dementsprechend werden Leugner der Auferstehung des Fleisches bekämpft (24f). Der Brief greift ständig paulin. Wendungen auf. Weder das Thema noch die Sprache, in der es abgehandelt wird, entstammen zwar paulin. Überlieferung, aber falls der Presbyter, der die Acta Pauli schrieb, auch Verfasser des III. Korintherbriefs war, hatte er Paulus doch gelesen.

Umgekehrt greift der lange latein. »*Brief des Paulusschülers Titus über die Keuschheit*« auf apokryphe Apostelakten – und andere asketische Texte – zurück, z.T. in wörtlichen Zitaten, und liefert so Material für deren Rekonstruktion. Er dürfte im 5. Jh. in priszillianistischen Kreisen entstanden sein (de Santos Otero).

4. Inwieweit es angemessen ist, die Gattung der *Apostolischen Kirchenordnungen* zu den Apokryphen und Pseudepigraphen zu rechnen, ist später anzusprechen.

5. Apokalypsen.

Zur apokalyptischen Literatur der Frühen Kirche gehört neben der kanonischen Offenbarung des Johannes eine *Petrus* zugeschriebene Apokalypse. Ein griech. Fragment wurde 1887 zusammen mit dem Bruchstück des PetrusEv. gefunden, vollständig ist der Text in einer anderen Rezension äthiop. erhalten. Die ApkPetr war weit verbreitet, stand bisweilen im Kanon und stammt sicher noch aus der ersten Hälfte des 2. Jh. Zum Inhalt gehören breite Schilderungen der Strafen für die Sünder.

Die meisten christl. älteren Apokalypsen sind aber atl. Gestalten in den Mund gelegt wie Jesaja oder Elia (vgl. I.1.); hierher gehören auch das *5. und 6. Esrabuch.* 5Esra ist ein ursprünglich griech., vollständig nur latein. in Verbindung mit dem jüd. 4Esra (1,4 bis 2,9) erhaltener apokalyptischer Traktat über das alte und das neue Gottesvolk (Oepke), wohl aus der Zeit um 200. 6Esra ist ein Anhang zu der genannten jüd. Apokalypse (15-16) aus erheblich späterer Zeit, weil eine Verfolgung im ganzen O vorausgesetzt ist. Mit 4Esra zusammen gehören diese Schriftchen zum Anhang der latein. Bibel.

Weiter sind hier die *Sibyllinischen Bücher* zu nennen. Die heidnische Sibylle war wohl in Ägypten längst zur Prophetin des Gottes Israels geworden. Nun gibt es auch christl. Sibyllen, deren Zukunftsschau noch die mittelalterliche Apokalyptik beschäftigt hat. Eine größere Zahl gnostischer Schriften, die den Titel einer Apokalypse tragen, sind uns durch die Nag Hammadi-Funde bekannt.

III. MOTIVE, PSEUDONYMITÄT, AUSGRENZUNG.

1. Die Gemeinsamkeit aller dieser Texte besteht darin, daß sie unter Berufung auf Jesus Christus selbst oder seine Apostel die besondere Lehre oder Praktiken ihrer Gemein-

schaft legitimieren wollen oder anleiten, Gottes Heilshandeln in Jesus Christus tiefer zu verstehen. Insofern ist die gemeinchristl. Überzeugung vorausgesetzt, daß Jesus selbst samt den Aposteln der Schlüssel zum Verständnis der Schrift – die zum AT der Kirche wird – und sonstiger Traditionen über Ursprung und Zukunft der Menschheit ist und die Weisungen Jesu oder der Apostel die letzthin gültige Autorität unter Christen sind. Das heißt nicht, daß es keine sonstigen Lehrer oder keine Propheten mehr gäbe. Aber wenn Lehrer, welcher Richtung auch immer, unter ihrem eigenen Namen schreiben oder Propheten unter Berufung auf den Geist sprechen, entstehen eben keine Apokryphen oder Pseudepigraphen des Neuen Testamentes.

2. Diese zunächst banale Überlegung soll verdeutlichen, daß es nicht möglich ist, die Entstehung solcher Texte gegenüber der sonstigen literarischen Produktion wie Lehre und Praxis der jeweiligen Gruppen zu isolieren. Deshalb weisen sie auch auf die besondere Form, Theologie zu betreiben, hin, die ihren Kreis charakterisiert. Das ist am deutlichsten bei den gnostischen Texten.

Für diese Lehrer und ihre Schulen ist die Einheit von Schöpfung und Erlösung zerbrochen und damit die Einheit Gottes und der Geschichte; immer wieder scheint auf, daß dieses Zerbrechen letztlich am Kreuz offenbar geworden ist. Damit ist auch die am Sichtbaren hängende Sprache zerstört, Wahrheit ist nur noch in Bildern und Symbolen aussagbar (vgl. EvPhil. NHC II,1, Spr. 10f; 67). Besonders intensiv ist diese Überzeugung bei den Valentinianern reflektiert. Theologie besteht dann darin, Mythen zu konstruieren, in denen jene heilbringende, erlösende Wahrheit aufscheint. Neue Einsichten oder Akzentuierungen schlagen sich in Veränderungen des Schulmythos nieder. Bei einer intellektuell so anspruchsvollen Form gnostischer Theologie wie bei Valentin oder Basilides und ihren Schülern werden diese Mythen als Geheimlehre der jeweiligen Meister formuliert. Die schlichteren Formen des Gnostizismus legen sie dem Auferstandenen als geheime Offenbarung für die Jünger oder auserwählte Jünger in den Mund, so im »Apokryphon des Johannes«. Solche Offenbarungen können durchaus die Auslegung strittiger Schriftaussagen enthalten, der Schöpfungsgeschichte, bestimmter Herrenworte, Wendungen der Paulusbriefe. Sie werden nun alle in einen gnostischen Rahmen gestellt. Formal ist das Schema aber der jüd. Apokalyptik entnommen. An die Stelle der Himmelsschau oder Himmelsreise des Sehers ist die Offenbarung Christi an den oder die Apostel getreten.

Nun ist das Motiv der Belehrung noch unverständiger Jünger durch Jesus ja bereits tief in den kanonischen Evangelien verankert, besonders bei der Gleichnisdeutung des Markus (4,10-12). Dann können Herrenworte und vor allem Gleichnisse Jesu in besonderer Weise zum Ausdruck dieser gnostischen Esoterik werden. Die Aufreihung von Logien Christi, die einmal zu den ältesten Formen der mündlichen oder schriftlichen Jesustradition gehört hat, gewinnt im Thomas-Evangelium und z.T. im Philippus-Evangelium eine neue Funktion, sie ist jetzt Ausdruck dieses gnostischen Offenbarungsverständnisses. Auf so verstandene Geheimüberlieferung Jesu oder apostolischer Zeugen haben sich aber auch Valentinianer wie Basilidianer berufen, um die Grundlage ihrer Lehre autoritativ abzustützen.

Aber nicht alle christl. Apokryphen und Pseudepigraphen des 1. bis 3.Jh. sind gnostisch. Hymnen wie die »Oden Salomos« oder die Lieder und Gebete der syr. Thomasakten arbeiten gleichfalls mit festen Bildern, die zwischen Symbol und Poesie schillern und leicht gnostizierbar waren. Die Chiffren der Sprache der palästin.-syr. Tradition sind in den letzten Jahrzehnten intensiv untersucht worden (bes. Murray) und gelten uns heute als eine gegenüber dem begrifflichen Denken der Griechen eigenständige Weise, Wahrheit zu formulieren. Charakteristisch hierfür ist schon das EvHebr, wenn der Heiland den in vielen semit. Sprachen grammatisch femininen Heiligen Geist als seine Mutter bezeichnet: »Sogleich ergriff mich meine Mutter, der Heilige Geist, an einem meiner Haare und trug mich weg auf den großen Berg Tabor« (fragm. 3). Das Thema wird in den Oden Salomos (19,1-7; vgl. 24,1-2; 36,1-3) und den syr. Thomasakten weitergesponnen. Die Perle von Mt 13,45f wird zur in legendäre Erzählungen einfügbaren Chiffre für die Erlösung (vgl. EvThom Spr. 76; »Taten des Petrus und der 12 Apostel«, NHC VI, 1; Perlenlied der Thomasakten). Der künftige Siegeskranz, die um die Stirn geflochtene Binde (vgl. Offb 2,10 u.a.; 1Kor 9,25 u.a.), ist der Herr selbst, der sich den Seinen schon heute in der Taufe geschenkt hat (Od. Sal 1,1; 5,12; vgl. 9,8f; 11; 17,1; 20,7f).

Die Methode, theologische Einsichten in Legenden zu verschlüsseln und zu enthüllen, in jedem Fall aber zu erzählen, ist charakteristisch schon für das »Protevangelium Jacobi«; sie bestimmt vor allem die apokryphen Apostelakten und steht auch hinter den Adamstraditionen der »syr. Schatzhöhle«. Immer geht es darum, daß die Macht der Zukunft, die Christus eröffnet hat, schon heute mitten in unserer Welt in Erscheinung tritt, die Erlösung Adams am Kreuz Christi auf Golgatha, die Aufhebung des Fluches über Eva oder die Befreiung von der Sexualität und der Ehe. Theologisch gehören die hier angesprochenen Texte gewiß nicht einer einzigen Richtung oder Schule an. Aber diesem Ansatz, die Gegenwart der Zukunft auszusagen, entspricht die Legende in besonderem Maße. Die Einheit von Schöpfung und Erlösung ist hier nicht zerbrochen, im Gegenteil, sie wird betont: Gott führt seinen Willen zum Ziel. Dies neue Heil durchbricht die natürlichen Erwartungen und Möglichkeiten; Gott setzt damit Wirklichkeit der Erlösung mitten in der vergänglichen Welt.

Es gibt A., die anderen Gruppierungen entsprechen; die Pseudoklementinen etwa entstammen einem Judenchristentum, das eine andere Eschatologie vertritt als die der sonstigen Apostelakten. Auch hier wäre der Zusammenhang zwischen theologischem Programm und literarischer Form zu untersuchen.

Schließlich gibt es Texte, die sich vielleicht bestimmten Gemeindetraditionen oder Schichten zuordnen lassen, aber nicht eigentlich einen theologischen Gesamtentwurf herausarbeiten, sondern an Einzelfragen orientiert bleiben. Ferner soll diese Zuweisung von Texten an christl. Gemeinschaften nicht bedeuten, daß sie nur in einem engen Kreis Verbreitung fanden. Die Wundertaten der Apostel wurden auch außerhalb des enkratitischen Entstehungsmilieus dieser Akten gelesen. Wunder können Glauben stärken oder zumindest beeindrucken, auch ohne tiefergehende theologische Reflexion. Apokalyptische Visionen hatten offenbar ebenfalls einen festen Platz in der Volksfrömmigkeit. Wie sehr Traditionen sich miteinander vermischen können, belegen gerade wieder die Nag-Hammadi-Funde. Als Faustregel wird dabei gelten können, daß wir uns mit diesen Literaturresten in anderen Ebenen bewegen als in den Schriften der Kirchenväter. Gnostische Traktate konnten spitzfindiger sein als der bibl. Realismus eines Irenäus aufnehmen konnte. Volkstümliche Erzählungen vom Leben Jesu und der Apostel lagen gleichsam unter dem Niveau eines Origenes. Die Bildersprache der palästin.-syr. Tradition ist allerdings in den Hymnen Efräms (gest. 373) in so genialer Weise aufgenommen und verarbeitet worden, daß sie auch heute noch dort lebendig ist, wo diese Hymnen gesungen werden.

3. Die *Pseudonymität* dieser literarischen Produktion hängt ebenfalls eng mit der Vielgestalt des Christlichen in der genannten Zeit zusammen, allerdings wird man unterscheiden müssen.

In der Literaturgattung der *Apostolischen Kirchenordnungen* ist zumindest ursprünglich Apostolizität als qualitative Sachaussage zu verstehen, nicht im Sinne literarischer Verfasserschaft; das gilt für die *Didache* (in Schichten gewachsen, Texte z.T. Ende des 1. Jh., Schlußredaktion 2. Jh.) ebenso wie für die *Apostolische Tradition* Hippolyts von Rom (um 200), die sich ja selbst als Schrift dieses röm. Lehrers darstellt. Seit dem 3. Jh. finden wir dann allerdings Texte, die bewußt eine Ursprungssituation in apostol. Zeit fingieren und die tatsächliche Entstehung verschleiern, so die syr. *Didaskalia* (Mitte 3.Jh., wohl südl. Syrien), oder gar einzelne Bestimmungen jeweils einem Apostel zuschreiben, so die sog. *Apostolische Kirchenordnung* (wohl 3. Jh., auch Syrien). Noch im 4. Jh. entsteht – analog – die Legende, daß zum röm. Taufsymbol, der Vorform unseres Apostolischen Glaubensbekenntnisses, jeder der 12 Apostel eine Klausel beigetragen habe; zuerst bei Ambrosius belegt. Die Kompilation der *Apostolischen Konstitutionen* (Ende 4. Jh., wohl in arianischen Kreisen entstanden), folgt noch dem gleichen Muster. Das *Testament unseres Herrn Jesus Christus* (5. Jh., Ostjordanland) nennt gar den Auferstandenen selbst als Autor der hier fixierten Kirchen- und Gottesdienstordnung. Allerdings ist schwer zu entscheiden, wie weit wir es hier mit echter Pseudonymität zu tun haben oder einer der Gattung angemessenen und als solche in der Regel verstandenen Fiktion. Die Verschiebung im 3. Jh. setzt jedenfalls die Rezeption des ntl. Kanons voraus. Apostolisch kann jetzt nicht mehr eine historisch nicht fixierte Autoritätsinstanz bezeichnen, aber es gibt auch im Bereich der Kirchenordnung noch keine andere anerkannte Normgröße als eben den Herrn und seine Apostel. Erst die Entwicklung der Konzile hat die Kirche aus diesen Zwängen herausgeführt, aber eben auch die Aufgabe heraustreten lassen, im Bereich des Kirchenrechtes zwischen dem vorgegebenen Grund und anpassungsbedürftigen kirchlichen Setzungen zu unterscheiden.

Die Zuschreibung des ältesten bekannten christl. Hymnenbuches, der Oden Salomos an den Sohn Davids, des Sängers der Psalmen, ist kaum als Pseudonymität im strengen Sinn zu verstehen und steht zudem bereits in jüd. Tradition (Psalmen Salomos).

Diese Beobachtung weist darauf hin, daß Pseudonymität überhaupt ein Charakteristikum der zwischentestamentlichen Literatur war, für die Weisheitstradition allerdings aus anderen Gründen als in der Apokalyptik. Der Versuch, den Ursprung christl. Pseudonymität weitgehend in diesen vorgegebenen jüd.

Strukturen zu finden (Meade), ist durchaus hilfreich. In der literarischen Ausformung der Jesustradition wird es sicher Stadien anonymer Überlieferung gegeben haben. Ferner gehört es zum Stil antiker Geschichtsschreibung, daß der Historiker Entscheidungen der von ihm dargestellten Personen in der literarischen Form von Reden berichten kann, die nicht überliefert, sondern vom Verfasser gestaltet sind. Das ist für das Verständnis des lukanischen Werkes wichtig. Aber diese Anonymität oder schriftstellerische Gestaltungsfreiheit ist doch an zwei Stellen grundlegend durchbrochen, im Apostel, der nach Paulus (bes. Gal 1) für das ihm vom Auferstandenen offenbarte Evangelium als Person einzutreten hat – in dieses apostol. Evangelium wird dann auch die Jesustradition integriert, deshalb sind die Evangelien als Literaturform im Kanon auch nicht anonym überliefert – und im vom Geiste Christi getragenen Propheten, deshalb spricht in der Johannesoffenbarung nicht ein fiktiver Seher der Urzeit, sondern ein christlicher Apokalyptiker, der seinen eigenen Namen nennt. Allerdings standen die großen apostol. Gestalten wie Petrus, Jakobus, Paulus, der geliebte Jünger des johanneischen Kreises eben auch für bestimmte Konkretionen frühchristl. Gemeinschaftsbildung und Theologie, die nicht mit dem Tod dieser Männer endeten. Im Bereich der paulin. Gemeinde ist es für uns historisch am deutlichsten greifbar, daß die Frage nach dem paulin. Evangelium und seiner Bewahrung in nachapostol. Zeit lebendig blieb. So entstanden deuteropaulin. Briefe, die mit solcher sachlichen Notwendigkeit Bestandteil des paulin. Erbes geworden sind, daß sie auch in den Kanon des Neuen Testamentes kamen. Christl. Pseudonymität ist insofern nicht erst ein Phänomen der Apokryphen.

Diese Pseudonymität nimmt aber im 2.Jh. in den hier zu verstehenden Texten zunehmend einen anderen Charakter an. Es gibt Beispiele, daß ein Traktat, der ursprünglich einem paganen Autor zugeschrieben war, nun, nur leicht überarbeitet, zur christl. Offenbarungsschrift geworden ist, so der *Brief des gesegneten Eugnostos* (NHC III,3 und IV,1) und die *Weisheit des Jesus Christus* (III,4 auch schon vorher bekannt), die Worte des Auferstandenen an die zwölf Jünger und sieben Frauen in Galiläa enthalten will. Eine Schrift, die ganz in der Tradition jüd.-hellen. Weisheitsliteratur steht, die *Lehren des Silvanus* (VII,4), soll anscheinend von dem gleichnamigen Schüler des Paulus und Gefährten des Petrus (1Thess 1,2 u.a.; 1Petr 5,12) stammen. Den pseudonymen Verfassernamen haftet anscheinend ein sehr hohes Maß an Beliebigkeit an. Es geht nicht um das gültige Erbe des Apostels Paulus und seine Anwendung in den paulin. Gemeinden oder die bleibende Norm des Ursprunges im johanneischen Kreis, sondern, zumindest in der Regel, um die bloße Behauptung, daß eigene Überzeugungen oder auch eben irgendwo gefundene Wahrheit apostol. legitimiert seien. Dies ist der Eindruck, den die Nag-Hammadi-Texte generell vermitteln. Da in dieser Bibliothek andererseits Schriften unterschiedlichster Herkunft zusammengetragen waren, eben weil sie alle für gnostische Theologie ausgewertet werden konnten, bleiben Verallgemeinerungen doch problematisch. Eine Ausnahme von der genannten Regel stellt jedenfalls die Thomas-Gestalt dar. Sie weist in vielen der Apokryphen, die seinen Namen tragen, doch auf eine bestimmte syr. Sondertradition (bes. Drijvers). Historisch läßt sie sich noch nicht sicher einordnen, sie mag ansatzweise bereits in sehr frühe Zeit zurückreichen. Den symbolträchtigen Namen dieses Jüngers (»Zwilling«), der zu so vielen Spekulationen Anlaß geben sollte, finden wir innerhalb des NT auch nur in einer Schicht, im JohEv. Ihre charakteristische Prägung hat diese Gestalt aber doch erst um 200 erhalten, und dieser Thomas verhält sich anders zu den – allerdings nicht sehr prägnant gezeichneten - Zügen des Jüngers dieses Namens im vierten Evangelium als der Paulus der Pastoralbriefe zu dem Apostel, von dem die literarisch authentischen Paulusbriefe stammen.

4. Das führt zur Frage nach den Kriterien für die *Ausgrenzung* der A. Sie ist nur die Kehrseite des Themas der Entstehung des ntl. Kanons. Die immer wieder erörterte Alternative, ob er eine der Kirche vorgegebene Größe sei oder das Ergebnis kirchlicher Lehrentscheidung, führt historisch und dogmatisch nicht weiter; denn nach patristischer Überzeugung setzt Kirche nie gültige Wahrheit, sie kann sie auch auf einem Konzil nur anerkennen und ausformulieren. Im Kanon erkennt die Kirche die ihr vorgegebene apostol. Wahrheit an, wie sie sich in geistgewirkten Schriften niedergeschlagen hat. Darüber hat es keine Konzilsentscheidung gegeben, weil die Kirche des 2.Jh. noch gar nicht über ein derartiges Instrumentarium verfügte, wohl aber immer neue Entscheidungen in den einzelnen Gemeinden oder anders strukturierten Gemeinschaften (Schule, Asketenkreis, Wanderlehrer o.ä.), welche Schrift als apostol. und deshalb autoritativ zu gelten hat – also im Gottesdienst gelesen werden kann und dann auch soll – und von welchen Schriften dies nicht gilt. Das bekannteste Beispiel einer solchen Klärung ist die Stellungnahme des Bi-

schofs Serapion von Antiochia (2. Hälfte 2. Jh.) auf die Information hin, daß in Rossus ein Petrusevangelium gebraucht würde. Zuerst hatte er zugestimmt, daß man es liest, da schließlich Petrus einer der Apostel war; als er das Buch dann selbst studieren konnte, stellte er einige doketische Abweichungen von der wahren Lehre Christi fest; also ist es Petrus nur untergeschoben und darf natürlich nicht verlesen werden (Euseb, h.e. VI, 12). Der Kanon ist nicht die Sammlung der ältesten Urkunden des Christentums, sondern nach altchristl. Überzeugung der Niederschlag der authentischen apostol. Verkündigung. Deshalb gehören das historische und dogmatische Kriterium zusammen. Das Problem der literarischen Fälschung reicht bis in die kanonischen Schriften zurück (2Thess 2,2). Und wenn im letzten Drittel des 2. Jh. ein Presbyter in Kleinasien sich unterfängt, Paulusakten zu schreiben, dann verliert er sein Amt, auch wenn er »aus Liebe zu Paulus« gehandelt hat. Wie die Grenze zwischen literarischer Fiktion und Fälschung in der Antike und im frühen Christentum gesehen wurde, ist in der Forschung in letzter Zeit intensiv und kontrovers untersucht worden (Aland, Speyer, Brox, Meade). Die faktische Antwort der alten Kirche war pragmatischer, als man erwarten könnte: Die apostol. Zeit ist abgeschlossen, insofern gibt es natürlich eine zeitliche Grenze. Aber der Begriff des »Apostolischen« ist doch primär qualitativ bestimmt; deshalb konnten die Evangelien unter dem Namen des Markus und Lukas als apostol. anerkannt werden. Der pseudonyme Barnabasbrief aus der Zeit um 135 wird auch heute nicht unter die Pseudepigraphen, sondern die »*Apostolischen Väter« gerechnet. Das ist zwar eine erst neuzeitliche Kategorie, aber sie ist nicht unsachgemäß. Die Ränder des Kanons eben zu diesen sog. »Apostolischen Vätern« hin, nicht zu den Apokryphen, blieben noch einige Zeit unscharf. Das zeigt doch, in welchem Maße das sachlich-dogmatische Kriterium immer mitbeteiligt war und daß die Gemeinden die ihnen vorgegebene Wahrheit als Maßstab bei der Sammlung des Apostolischen hatten. Historisch heißt das aber, daß die Ausgrenzung der Apokryphen ein fundamentaler Aspekt der Selbst-Definition der Kirche im 2.Jh. gewesen ist. Die Grenze des Kanons aufzuheben hieße, eine andere Kirche bauen.

IV. BEDEUTUNG.

Zur Erweiterung oder gar Korrektur unserer Kenntnisse vom Leben und Wirken Jesu oder der Apostel aufgrund der kanonischen Schriften des NT tragen die Apokryphen fast nichts bei. Damit ist ihre große Bedeutung für unsere historische Kenntnis der frühen Kirche nicht bestritten. Sie helfen uns, verschiedene Gestalten des Christl. und unterschiedliche Möglichkeiten der Theologie vom Ursprung her zu sehen und zu vergleichen. Die Chancen einer nicht-intellektuellen Sprache, poetischer Kreativität und die besonderen Denkmöglichkeiten nicht-griech. Kulturen sind für uns heute wichtige Themen. In der sog. »Feministischen Theologie« sind die über die Sprache das Denken prägenden Ausdrucksformen semit. Theologie, wie sie sich gerade in den A. niedergeschlagen haben, neu aktuell geworden. Wir lernen auch wieder, das Urchristentum und den Kanon des NT als Einheit in und unter Christus in der Spannung verschiedener Theologien und Kirchenstrukturen zu verstehen. Diese Pluriformität setzt sich in den A. fort. Aber die Grenze des Kanons weist auch auf die Grenze der Pluralität hin: Das eine Evangelium, das eine Christusbekenntnis in verschiedenen Theologien kann nicht in jeder theologischen Konzeption festgehalten werden. Erlösung durch Christus im Heiligen Geist ist nicht Befreiung aus der Schöpfung, sondern von der Macht der Sünde in der Sammlung der Kirche. Darin sind Kriterien für die rechte Christologie eingeschlossen und auch für die Methoden theologischer Arbeit.

Literatur: 1. *Texte:* E. Hennecke (†): Neutestamentliche Apokryphen in deutscher Übersetzung, 3. völlig neubearb. Aufl. hrsg. von W. Schneemelcher, Bd. I-II, 1959/64; W. Michaelis: Die apokryphen Schriften zum NT, übersetzt und erläutert, 1958²; E. Weidinger: Die Apokryphen. Verborgene Bücher der Bibel, 1985; neue Serie kritischer Textausgaben in den Orginalsprachen: Corpus Christianorum. Series Apocryphorum, cur. Association pour l'Etude de la Litterature Apocryphe Chrétienne, 1983ff.

Zu den Nag Hammadi-Texten: The Facsimile Edition of the Nag Hammadi codices, 1972/84 – eine kritische Ausgabe aller Bände erscheint in der Reihe: Nag Hammadi Studies 4 ff, 1975 ff. – Deutsche Übers. einzelner Schriften: Die Gnosis, hrsg. von W. Foerster, Bd. II: Koptische und mandäische Quellen, übers. usw. von M. Krause und K. Rudolph (Bibliothek der Alten Welt), 1971; K. Rudolph: Die Gnosis 1977, S. 39-57.

2. *Gesamtüberblick:* R. McLachan Wilson: Art. Apokryphen II. Apokryphen des Neuen Testaments, TRE III, S. 316-362 – K. Beyschlag: Die verborgene Überlieferung von Christus, 1969.

Zu I:

s. Literatur zu *Apokryphen des Alten Testaments.

Syr. Schatzhöhle und andere Adamsbücher: C. Bezold: Die Schatzhöhle, 1988; A.-M. Denis: Introduction aux Pseudépigraphes grecs d'Ancien Testament (SVTP 1), 1970, S. 8 ff.

Testamente der XII Patriarchen: dt. Übers. J. Becker in: JSHRZ III, 1, 1974 (Lit.!); M. de Jonge (Ed.): Studies on the Testaments of Twelve Patiarchs (SVTP 3), 1975.

Äth. Henoch: dt. Übers. S. Uhlig: JSHRZ V,6, 1984; J.T. Milik: Turfan et Qumran. Livre des Géants juifs et manichéens, in: Tradition und Glaube. FS K.G. Kuhn, hrsg. von G. Jeremias, H.-W. Kuhn und H. Stegemann, 1971, S. 117-127.

Apc. Eliae: dt. Übers. W. Schrage: JSHRZ V,3, 1980.

Himmelfahrt des Jesaja: M. Pesce (Hrsg.): Isaia, il Diletto e la Chiesa. Visione ed esegesi profetica cristiano-primitiva nell'Ascensione di Isaia, 1983; A. Acerbi: Serra Lignea. Studi sulla fortuna della Ascensione di Isaia, 1981.

Oden Salomos: The Odes of Salomon, ed. with transl. and notes by J. Charlesworth, 1973; M. Lattke: Die Oden Salomos in ihrer Bedeutung für NT und Gnosis, Bd. I-II, 1979.

Zu II:

Agrapha: A. Resch: Agrapha. Außerkanonische Schriftfragmente (1889) 1906², ND 1967; E. Klostermann: Apocrypha III (KlT 11), 1911² – J. Jeremias: Unbekannte Jesusworte (1948), 1965⁴.

Thomas-Ev.: dt. Übers. in: Evangelium nach Thomas, kopt. Text hrsg. und übers. von A. Guillaumont, H.-C. Puech, G. Quispel, W. Till: Yassah 'Abd al Masih, 1959; W. Schrage: Das Verhältnis des Thomas-Evangeliums zur synoptischen Tradition und zu den kopt. Evangelienübersetzungen (BZNW 29), 1964; R. McLachlan Wilson in: TRE 3, S. 323-326 (Lit.).

Philippus-Ev.: dt. Übers. von W.C. Till: Das Evangelium nach Philippos (PTS 2), 1963.

Mk in Alexandria: M. Smith: Auf der Suche nach dem historischen Jesus (1971), dt. 1974; H. Merkel: Auf den Spuren des Urmarkus? Ein neuer Fund und seine Beurteilung, ZThK 71, 1974, S. 123-144.

Judenchristliche Evv. und Ägypter-Ev.: E. Klostermann: Apocrypha II (KlT 8), 1929³.

Petrus-Ev.: M.G. Mara: Evangile de Pierre (Sources Chrétiennes 201), 1973 – A. Fuchs: Das Petrusevangelium (Studien z. NT und seiner Umwelt B 2), 1978 (Konkordanz und ausführliche Bibliographie).

Evangelium der Wahrheit: dt. Übers. M. Krause: Gnosis I, S. 63-84.

Mani: A. Henrichs, L. Koenen: Ein griechischer Mani-Codex (P.Colon.inv.nr.4780), in: ZS für Papyrologie und Epigraphik 5/1970, S. 97-216, hier 189-202; Edition von CMC 66,4-7,10 ebenda Bd. 19, 1975, S. 66-71.

Epistula Apostolorum: dt. Übers. H. Duensing (KlT 152), 1925 und in: Schneemelcher I, 126-155.

Protevangelium Jacobi: A. Fuchs: Konkordanz zum Protevangelium des Jakobus (Studien zum NT und seiner Umwelt B 3), 1978.

Abgar-Legende und Lehre des Addai: H.J.W. Drijvers: Art. Edessa in: TRE IX, S. 277-288.

Apostelakten: F. Bovon et alii: Les Actes apocryphes des Apotres. Christianisme et monde païen (Publ. de la Faculte de Theologie 4), 1981; K. Berger: Jüdisch-hellenistische Missionsliteratur und apokryphe Apostelakten, in: Kairos 17, 1975, S. 232-248; P. Nagel: Die apokryphen Apostelakten des 2. und 3.Jh. in der manichäischen Literatur, in: K.-W. Tröger (Hrsg.): Gnosis und Neues Testament, 1973, S. 149-182; E. Peterson: Einige Beobachtungen zu den Anfängen der christlichen Askese (1948), in: ders.: Frühkirche, Judentum und Gnosis, 1959, S. 209-220; E. Plümacher: Art. Apokryphe Apostelakten in PRE Suppl. 15 (1978), S. 11-70.

Johannesakten: Acta Iohannis, cura E. Junot et J.-D. Kaestli (CChr.SA 1-2), 1983.

Thomasakten und das Problem des syrischen Christentums: The Acts of Thomas. Introduction – Text – Commentary by A.F.J. Klijn (NovTest. S 5), 1962; O. Betz, T. Schramm: Perlenlied und Thomasevangelium. Texte aus der Frühzeit des Christentums, 1985; A. Adam: Die Psalmen des Thomas und das Perlenlied als Zeugnisse vorchristlicher Gnosis (BZNW 24), 1959; P.H. Poirier: L'hymne de la Perle des Actes de Thomas, in: Homo religiosus 8, 1981, S. 310-317; H.J.W. Drijvers: Facts and Problems in Early Syriac-Speaking Christianity, in: The Second Century 2, 1982, S. 157-176; A.F.J. Klijn: Edessa. Die Stadt des Apostels Thomas, 1965; R. Murray: Symbols of Church and Kingdom. A study in early Syriac Tradition, 1975.

Pseudoklementinen: Die Pseudoklementinen I: Homilien, ed. B. Rehm (GCS 42), (1953) 1969²; II: Rekognitionen in Rufins Übers., ed. B. Rehm (GCS 51), 1965 – J. van Amersfoort: Het Evangelie van Thomas en de Pseudo-Clementinen, 1984; G. Lüdemann: Paulus, der Heidenapostel 2: Antipaulinismus im frühen Christentum (FRLANT 130), 1983; J. Rius-Camps: Las Pseudoclementinas, in: Revista Catalana de teologia 1, 1976, S. 79-158; G. Strecker: Judenchristentum in den Pseudoklementinen (TU 70), (1958) 1981².

Apostelbriefe: A. de Santos Otero: Der Apokryphe Titusbrief, in: ZKG 74, 1963, S. 1-14.

Apokalypsen: A. Oepke: Das neue Gottesvolk, 1950 (zum 5Esra).

Apostolische Kirchenordnungen: Vgl. B. Altaner, A. Stuiber: Patrologie, 1981⁹, 6 und 7.

Zu III:

E.H. Pagels: The Gnostic Paul. Gnostic exegesis of the Pauline Letters, 1975; Jewish and Christian Self-Definition I: The Shaping of Christianity in the Second and Third Centuries, ed. E.P. Sanders, 1980.

Pseudepigraphie: K. Aland: Das Problem der Anonymität und Pseudonymität in der christlichen Literatur der ersten beiden Jahrhunderte (1961), in: ders.: Studien zur Überlieferung des NT und seiner Texte (ATF 2), 1967, S. 24-34; N. Brox: Zum Problemstand in der Erforschung der altchristlichen Pseudepigraphie, in: Kairos 15, 1973, S. 78-96; Ders.: Falsche Verfasserangaben. Zur Erklärung der frühchristlichen Pseudepigraphie (SBS 79), 1975; ders. (Hrsg.): Pseudepigraphie in der heidnischen und jüdisch-christlichen Antike (WdF 484), 1977; D.G. Meade: Pseudonymity and Canon (WUNT 39), 1986; W. Speyer: Die literarische Fälschung im heidnischen und christlichen Altertum. Ein Versuch ihrer Deutung (Hdb. der klassischen Altertumswissenschaft I 2), 1971.

Eugnostos-Brief: dt. Übers. M. Krause in: Gnosis II, S. 32-45; ders: in: Mullus. FS Th. Klauser (JbAC Erg.1), 1964, S. 215-223. G.K.

APOLLOS. Kurzform von Apollonius, Apollodorus oder Apollonidas.

A. ist ein alexandrinischer Jude, gelehrt, redegewandt und erfahren in den Schriften des AT. Er kannte die Botschaft der Christen und lehrte richtig über Jesus, wußte aber nur um die Johannestaufe. In *Ephesus empfing A. von *Aquila und Priszilla, die ihn in der *Synagoge gehört hatten und bei sich aufnahmen, genauere Unterweisung (Apg 18,24-26). Von dort ging er mit einem Empfehlungsschreiben der Gemeinde nach *Achaja (Griechenland) und setzte in *Korinth die Arbeit des Paulus erfolgreich fort (Apg 18,27-19,1; 1Kor 3,6). Bei seinem Dienst entstanden aber Schwierigkeiten in der Gemeinde; eine Gruppe berief sich ausschließlich auf A. und nannte sich nach ihm (1Kor 1,12; 3,4-7.22; 4,6). Als Paulus von Ephesus aus zu den Vorgängen Stellung nimmt, ist A. bei ihm. Anscheinend haben die Korinther um seine Rückkehr gebeten, und Paulus hat das unterstützt (1Kor 16,12). Jahre später erwähnt Paulus A. noch einmal und legt *Titus die Sorge für ihn und seinen Reisegefährten Zenas ans Herz (Tit 3,13).

APOSTASIE s. Abfall

APOSTEL. Mehr als 80 mal begegnet uns das griech. Wort *apóstolos* im NT, vor allem in den lukanischen und paulin. Schriften. Es ist von dem sehr geläufigen Verb *apostéllo*, »senden«, abzuleiten. Im vorchristl. Griech. finden sich seit Herodot (5. Jh. v.Chr.) einige Stellen, wo es eine gesandte Person meint, oft aber »Flotte« oder gelegentlich »Admiral« bedeutet. Die Bedeutung »Gesandter, Botschafter« mag in volkstümlicher Sprache überlebt haben; jedenfalls lassen einzelne Belege in der LXX und bei Josephus vermuten, daß diese Bedeutung in jüd. Kreisen geläufig war. Besondere Bedeutung erlangt *apóstolos* aber erst in der christl. Literatur. Im NT wird es auf Jesus als den von Gott Gesandten angewendet (Hebr 3,1), auf jene, die Gott gesandt hat, damit sie Israel predigen (Lk 11,49), und auf jene, die von Gemeinden ausgesandt werden (2Kor 8,23; Phil 2,25). Ohne nähere Erläuterung oder Ergänzung bezeichnet es vor allem jene Männer, die in der Urgemeinde das höchste Ansehen genossen. Weil *apostéllo* in vielen Fällen die Bedeutung »mit einem bestimmten Auftrag aussenden« hat im Unterschied zum allgemeinen Wort *pémpo* (in den johanneischen Schriften werden beide freilich synonym gebraucht), ist die Bedeutung von *apóstolos* vermutlich »Bevollmächtigter« (nämlich von Christus bevollmächtigt).

Man hat darüber nachgedacht, ob es zu *apóstolos* im NT nicht einen jüd. Parallelbegriff mit ähnlicher Bedeutung gibt. Besonders K.H. Rengstorf hat die Meinung entwickelt, daß hinter dem Apostelbegriff das jüd. *Schaliach*-Institut steht, also ein offiziell beglaubigter Repräsentant der jüd. Religionsbehörden in Jerusalem, dem man Botschaften und Gelder anvertraut hat, und der aufgrund dieser Autorität auch zu handeln ermächtigt ist (vgl. dazu etwa sinngemäß Apg 9,2). Andere Forscher haben Einzelzüge des jüd. Botenrechts auf das Apostolat und teilweise sogar auf kirchliche Strukturen der Gegenwart ausgedehnt (so z.B. den Satz: »Der *Schaliach* eines Mannes ist wie der Mann selbst«). Dieser Weg ist aber voll von Hindernissen, nicht zuletzt, weil wir keine eindeutigen Belege dafür besitzen, daß *Schaliach* vor der nachapostol. Zeit schon in diesem bestimmten Sinn gebraucht wurde. *Apóstolos* könnte in dieser Bedeutung sogar der ältere Begriff sein, so daß es angemessener ist, die charakteristische Bedeutung von *apostéllo* her zu suchen und vom jeweiligen Kontext seines Vorkommens im NT.

I. DIE HERKUNFT DES APOSTOLATS. Grundlegend für das Verständnis des Apostolats ist die Auswahl einer Gruppe von 12 Männern aus dem größeren Kreis der Nachfolger Jesu mit dem Zweck, daß sie bei ihm sein sollten, predigen und in Vollmacht heilen und Dämonen austreiben (Mk 3,14f). Markus benutzt das Wort A. nur noch ein weiteres Mal, und zwar bei der Rückkehr der Zwölf von ihrer Wanderung (Mk 6,30; vgl. Mt 10,2ff). Hier wird dem Wort gewöhnlich unterstellt, es bezeichne noch nicht die Institution des christl. A., sondern einfach »jene, die zu diesem bestimmten Auftrag ausgesandt worden waren«, doch ist es unwahrscheinlich, daß Markus es gebraucht haben könnte, ohne weitere Assoziationen hervorzurufen. Diese vorbereitende Sendung ist ein Vorbild für ihre zukünftige Aufgabe in der weiten Welt. Von diesem begrenzten Übungsauftrag kehren sie als »Apostel« zurück. Ist das richtig, dann weicht der lukanische Wortgebrauch davon nicht ab (Lk 9,10; 17,5; 22,14; 24,10), da doch Lukas erklärt, Jesus selbst habe diesen Titel verliehen (Lk 6,13).

II. DIE AUFGABEN DER APOSTEL. Die erste nähere Bestimmung bei der Auswahl der Zwölf ist, »daß sie bei ihm sein sollten« (Mk 3,14). Nicht zufällig bildet das Bekenntnis der Apostel zu Jesus als dem *Messias den Mittelpunkt des MkEv. (8,29), und ebenso sinnvoll folgt bei *Mt darauf das Wort vom »Felsen« *Petrus (Mt 16,18f). Die wichtigste Funktion der A. war die der Bekenner Christi, und dieses Bekenntnis wurzelte in jahrelanger enger Kenntnis Jesu, daraus gewonnener Erfahrung und intensivem Einüben.

Hinzu kommt ihre Funktion als Zeugen der *Auferstehung (vgl. etwa Apg 1,22; 2,32; 3,15; 13,31). Die besondere Bedeutung der Auferstehung liegt hierbei nicht in dem Ereignis selbst, sondern in seiner Verkündigung, darin, daß sich Prophetie erfüllt hat, und darin, daß bekanntgemacht wird, wer der hingerichtete Jesus eigentlich war und ist (vgl. Apg 2,24ff. 36; 3,26; Röm 1,4). Ihr Zeugnis von der Auferstehung Jesu machte die A. zu wirkungsvollen Zeugen seiner Person; er selbst gab ihnen ja den Auftrag zu weltweitem Zeugnis (Apg 1,8).

Derselbe Auftrag schließt in sich einen weiteren wesentlichen Teil der Funktion des Apostolats, nämlich Empfänger und Vermittler des Heiligen Geistes zu sein. Eigenartigerweise wird dieser Aspekt am ausführlichsten in Joh 14-17 dargestellt, einem Abschnitt, in dem das Wort »Apostel« überhaupt nicht vorkommt. In dieser großen Abschiedsrede Jesu werden die griech. Wörter *apostéllo* und *pémpo* nicht unterschieden. Jesus sagt, daß die *Sendung der A. durch ihn ihre Parallele in der Sendung Jesu durch den Vater hat (vgl. Joh 20,21). Wegen ihrer langen Bekanntschaft mit Jesus sollen sie Zeugnis von ihm ablegen, wie der Geist von ihm zeugt (vgl. Joh 15,26f). Der Heilige Geist wird sie an Jesu Worte erinnern (Joh 14,26) und in alle Wahrheit leiten und ihnen das kommende Zeitalter, die Zeit der Kirche, samt der Herrlichkeit Christi zeigen (Joh 16,13-15). Beispiele für diesen Vorgang finden wir im vierten Ev. dort, wo die eigentliche Bedeutung der Worte und Taten Jesu erst nach seiner Verherrlichung erkannt wurde (Joh 2,22; 12,16; vgl. 7,39). Das Zeugnis der A. von Jesus beruht also nicht einfach auf ihren Eindrücken und Erinnerungen, sondern auf der Leitung des Heiligen Geistes – ein Umstand, der bei der Beurteilung des in den Evv. niedergeschriebenen Zeugnisses der A. berücksichtigt werden muß.

Aus diesem Grunde sind die A. der Maßstab für Lehre und Leben der ntl. Kirche (Apg 2,42; vgl. 1Joh 2,19). Noch zu ihren Lebzeiten galten sie als »Säulen« (Gal 2,9) der Gemeinde. Diese ist »auf dem Fundament der Apostel und Propheten« erbaut (Eph 2,20). Die A. sind die »Beisitzer« beim Jüngsten Gericht (Mt 19,28), ihre Namen finden sich eingraviert auf den Grundsteinen der Heiligen Stadt (Offb 21,14).

Die »Lehre der Apostel«, deren Ursprung also der Heilige Geist ist, ist das gemeinsame Zeugnis der A., nicht das persönliche jedes einzelnen von ihnen. Einer von ihnen verstieß gegen grundlegende Prinzipien, die er selbst eigentlich akzeptiert hatte, und einer seiner Mitapostel mußte ihn zur rechten Lehre zurückrufen (Gal 2,11ff bei Petrus und Paulus).

Die Synoptiker sehen also die Begebenheit von Mk 6,7ff par. als ein Vorbild für die Sendung der Apostel an. Heilungen und Dämonenaustreibungen gehörten ebenso dazu wie die Predigt. Die Gabe der Heilung und andere außerordentliche Geistesgaben wie Prophetie und Zungenrede sind uns aus der apostol. Gemeinde vielfach bezeugt. Jedoch sind sie – wie das Zeugnis der A. selbst – an ihren Geber, den Heiligen Geist, gebunden. Sie fehlen im 2. Jh., dessen kirchliche Schriftsteller von ihnen wie von etwas Vergangenem sprechen. Aber auch im NT selbst finden wir diese Gaben nur da, wo auch die A. am Werk waren. Selbst wo vorher schon echter Glaube war, treten die Geistesgaben erst in Gegenwart der A. in Erscheinung (vgl. Apg 8,14ff; 19,6, wo die Zusammenhänge zeigen, daß es hier um sichtbare und hörbare Phänomene geht). Andererseits sagt das NT weniger, als man erwarten möchte, über die A. als die Leiter der Gemeinde. Sie sind die »Prüfsteine« der guten Lehre, die Garanten der zuverlässigen Jesustradition: A.gruppen visitieren solche Gemeinden, in denen neue Wege beschritten werden (Apg 8,14ff; 11,22ff). Aber die Zwölf berufen nicht die sieben Armenpfleger von Apg 6; und das *Apostelkonzil von Jerusalem bestand ebenso aus einer großen Zahl von *Ältesten, wie aus den A. (Apg 15,6.22). In *Antiochia rangierten zwei A. unter den »Propheten und Lehrern« der Gemeinde (Apg 13,1). Das »Amt der Gemeindeleitung« war dagegen eine besondere Gabe (1Kor 12,28); es wurde in der Regel von den jeweiligen Ältesten einer Gemeinde ausgeübt. Die A. aber waren dank ihres besonderen Auftrags beweglich, nicht ortsgebunden. Auch im Blick auf die Sakramentsverwaltung nahmen sie keine herausragende Stellung ein (vgl. 1Kor 1,14). Die Behauptung, daß die Aufgaben der A. mit denen der *Bischöfe des 2.Jh. identisch gewesen seien, läßt sich kaum überzeugend begründen.

III. VORAUSSETZUNGEN DES APOSTOLATS.

Grundvoraussetzung des Apostolats ist das Berufensein von Gott und die Sendung durch Christus. Was die Zwölf angeht, geschah beides durch den irdischen Jesus. Aber selbst für *Matthias gilt: Gott hatte den A. schon längst erwählt (Apg 1,24), wenn auch diese Wahl noch nicht offenkundig war. Keine Handauflegung wird erwähnt. Matthias war wohl einer der Nachfolger Jesu von der Taufe durch *Johannes an bis zur *Auferstehung. Mit dem Wirken Jesu wird er daher vertraut gewesen sein (Apg 1,21f). Vor allem aber wird er ein zuverlässiger Zeuge der Auferstehung gewesen sein.

Auch *Paulus legt großen Wert darauf, von Christus selbst gesandt zu sein (Röm 1,1; 1Kor 1,1; Gal 1,1; 1,15ff). Er leitet sein Apostelamt nicht von einem anderen A. her. Wie *Matthias wurde er von den übrigen A. anerkannt, aber nicht etwa eingesetzt. Die Anforderungen von Apg 1,21f konnte er nicht erfüllen, doch muß man sein Damaskuserlebnis als Erscheinung des Auferstandenen ansehen (vgl. 1Kor 15,8). Er konnte sich darauf berufen, den »Herrn gesehen« zu haben (1Kor 9,1). Dabei war er sich immer bewußt, daß sein Vorleben – Feind und Verfolger der Gemeinde - sich von dem der übrigen A. wesentlich unterschied. Dennoch zählt er sich zu ihnen und weiß sich in Übereinstimmung mit ihrer Botschaft (1Kor 15,8-11).

IV. DIE ZAHL DER APOSEL.
»Die Zwölf« ist eine regelmäßige Bezeichnung der A. in den Evv., die auch Paulus kennt (1Kor 15,5). Ihr Symbolcharakter ist offensichtlich (vgl. Offb 21,14). Die Nachwahl des *Matthias hatte ja nur den einen Grund, die Zwölfzahl wieder voll zu machen. Das hinderte Paulus jedoch nicht, sich in gleicher Weise als A. zu verstehen. Auf den ersten Blick will es an manchen Stellen im NT so scheinen, als werde noch weiteren Personen der Titel eines A.s beigelegt. Der Herrenbruder *Jakobus gehört zu ihnen (Gal 1,19; 2,9), der zwar in Jesu Erdentagen kein Jünger war, aber dennoch eine Erscheinung des Auferstandenen erlebte (1Kor 15,7). *Barnabas wird als A. bezeichnet (Apg 14,4.14) und von Paulus als Beispiel dafür angeführt, daß kein qualitativer Unterschied zwischen seinem eigenen Apostolat und dem der Zwölf besteht (1Kor 9,1-6). Die uns sonst nicht weiter bekannten Andronikus und Junias galten vermutlich in *Rom als A. (Röm 16,7), und mit sich zusammen bezeichnet Paulus seinen Begleiter *Silas als A. (1Thess 2,7). Aber auch die Gegner des Paulus in *Korinth nehmen offenbar für sich in Anspruch, sie seien »Apostel Christi« (2Kor 11,13).

Es gibt eine Reihe von Theorien, die versuchen, den A.titel streng auf Paulus und die Zwölf zu begrenzen, mit der Konsequenz, daß dann für die eben genannten Personen ein Amt von untergeordneter Bedeutung angenommen werden muß. So wurde vermutet, daß der Herrenbruder Jakobus den Zebedäussohn Jakobus ersetzt habe wie Matthias den Verräter *Judas, oder daß die Nachwahl des Matthias von den Zwölfen voreilig vorgenommen wurde, während in Gottes Plan eigentlich Paulus diesen Platz einnehmen sollte. Für alle diese Theorien bietet das NT keine hinreichende Begründung. Mithin scheint festzustehen, daß es in der frühesten Zeit neben den Zwölfen noch andere A. gegeben hat. Das Beispiel des Paulus beweist es, und in 1Kor 15,5.7 scheint ein Hinweis darauf versteckt zu sein, daß es damals noch Raum für andere, von Gott selbst berufene A. gab. Alles deutet aber darauf hin, daß ein A. ein Auferstehungszeuge oder genauer ein Zeuge des Auferstandenen war, und daß die Erscheinung des Auferstandenen vor Paulus eine deutliche Ausnahme darstellt. Außer Frage steht freilich die hervorragende Bedeutung der Zwölf für das Zustandekommen der Kirche.

V. DIE BEDEUTUNG DES APOSTOLATS FÜR DEN KANON.
Das Apostolat hat den Auftrag, durch Wort und zeichenhafte Tat den auferstandenen Christus und sein Versöhnungswerk zu bezeugen. Dieses auf einzigartige Erfahrung mit dem menschgewordenen Gottessohn gegründete und durch besondere Begabung mit dem Heiligen Geist geleitete Zeugnis stellt das richtige Verständnis Christi sicher und ist seit jeher für die gesamte Kirche bestimmend gewesen. Es liegt in der Natur der Sache, daß dieses Amt nicht wiederholt oder auf andere Personen übertragen werden konnte, denn ihnen fehlte ja die Gemeinschaft mit dem irdischen Jesus ebenso wie die Begegnung mit dem Auferstandenen. So haben die A. zwar Sorge dafür getragen, daß in den örtlichen Gemeinden Amtsträger eingesetzt wurden; sie haben aber nicht den Versuch unternommen, ihr eigenes Amt in die Kirchengeschichte hinein zu verlängern. Das war auch gar nicht nötig. Das Zeugnis der A. blieb der Nachwelt erhalten in Gestalt des für die Christen normativen Neuen Testaments. Bei dem Ausleseverfahren, das schließlich zu unserem Kanon führte, war die Frage der »Apostolizität« von entscheidender Bedeutung. Auf diese Weise ist das Apostolat als kirchliches Amt zwar vergangen, sein Inhalt aber blieb erhalten: die Botschaft von Jesus, dem Auferstandenen.

Literatur: K.H. Rengstorf: Art. *apostéllo (pémpo)* in: ThWNT I (1933), S. 397-448; J. Roloff: Art. Apostel/Apostolat/Apostolizität, in: TRE Bd. 3 (1978), S. 430-445. H.-W.N.

APOSTELGESCHICHTE.
(Griech. *praxeis apostolōn*). So lautet seit Ende des 2.Jh.n.Chr. der Titel des zweiten Bandes einer Geschichte der Anfänge des Christentums, deren ersten Band wir als »Lukasevangelium« kennen.

I. INHALT.
Das Buch fährt fort, wo das LkEv. (das »erste Buch« von Apg 1,1) endet, nämlich mit den Erscheinungen des auferstandenen Jesus, berichtet von seiner Himmelfahrt, vom Kom-

men des Heiligen Geistes und von der Entstehung und frühen Entwicklung der Gemeinde in Jerusalem (1-5). Weiter geht es um die Zerstreuung der hellen. Mitglieder dieser Gemeinde, die auf die Hinrichtung des *Stephanus folgte, um die Evangelisierung von weiter entfernten Regionen bis zu dem im N gelegenen *Antiochia und um den Beginn der Heidenmission dort. Im Verlauf dieses Berichts wird auch die Bekehrung von Paulus und die Evangelisierung der Scharonebene durch Petrus berichtet, die in der Bekehrung der ersten Heidenfamilie in *Cäsarea (M.) gipfelt. Dieser Abschnitt der A. endet mit der Ankunft Pauli in Antiochia, der dort in der Heidenmission mitarbeiten wird, und mit dem Weggang von Petrus aus Jerusalem, nachdem er der Hinrichtung durch *Herodes Agrippa I. entronnen war (6-12). Danach ist der apostol. Dienst Pauli das Hauptthema der A.: mit *Barnabas evangelisiert er *Zypern und Südgalatien (13-14), nimmt am *Apostelkonzil in Jerusalem teil (15), geht mit *Silas nach Europa hinüber und evangelisiert *Philippi, *Thessalonich und *Korinth (16-18), mit anderen Kollegen die Provinz Asia von deren Zentrum *Ephesus aus (19), stattet Palästina einen Besuch ab, wo er vor der Gewalt des Pöbels gerettet und zwei Jahre lang gefangen gehalten wird (20-26); schließlich wird er auf eigenen Wunsch nach Rom gesandt, damit der Kaiser seinen Fall anhört; Paulus verbringt dort zwei Jahre unter Hausarrest, wobei er völlige Freiheit hat, seine Besucher mit dem *Evangelium bekanntzumachen (27-28). Obwohl das Evangelium ohne Zweifel auf allen Straßen vorangetragen wurde, die von seinem Ursprungsland Palästina hinausführten, konzentriert sich die A. auf die Straße von Jerusalem nach Antiochia und von da nach Rom.

II. URSPRUNG UND ZWECK.

Das Vorwort des »ersten Buches« (Lk 1,1-4) bezieht sich auf beide Teile des Werkes: das gesamte Werk wurde verfaßt, damit ein gewisser *Theophilus einen fortlaufenden und zuverlässigen Bericht von der Entstehung und Weiterentwicklung des Christentums erhielte – ein Thema, über welches er bereits einige Informationen besaß.

Das Datum der Abfassung wird nicht genau angegeben; die A. kann nicht vor dem letzten festgehaltenen Ereignis – der zweijährigen Gefangenschaft Pauli in Rom (Apg 28,30) – geschrieben worden sein, d.h. nicht vor 60-61, aber wieviel später das Buch verfaßt wurde, ist nicht sicher. Man kann an eine Zeit denken, als verantwortliche Mitglieder der röm. Gesellschaft, zu der man Theophilus zählen kann, ein besonderes Interesse am Christentum gewannen. Eine solche Zeit war der letzte Abschnitt der Herrschaft Domitians (81-96 n.Chr.), als der christl. Glaube in die Familie des Kaisers eingedrungen war. Man hat sogar vorgeschlagen, Theophilus könnte ein Pseudonym für Flavius Clemens, den Neffen Domitians, gewesen sein. Eine andere Möglichkeit wären die späten sechziger Jahre, als der Zeitpunkt günstig erschien, das Christentum von der jüd. Revolte in Palästina abzusetzen, oder noch früher in den sechziger Jahren, als einer der bekanntesten Vertreter des Christentums, Paulus, als römischer Bürger nach Rom kam, um vor dem kaiserlichen Gerichtshof Berufung einzulegen. Der optimistische Ton, mit dem die A. endet – Paulus verkündet in Rom völlig unbehindert das Reich Gottes – könnte auf eine Abfassung vor dem Ausbruch der Verfolgung im Jahre 64 hindeuten. Wenn man jedoch der Ansicht ist, daß das Werk, so wie es jetzt vorliegt, in die Zeit nach 70 zu datieren ist, sollte man in Erwägung ziehen, ob das »erste Buch« von Apg 1,1 nicht »Proto-Lukas« (vgl. Lk-Ev.) sein könnte (so C.S.C. Williams). Die Überweisung von Pauli Prozeß an Rom würde die kaiserlichen Beamten sicherlich gezwungen haben, sich ernsthafter als bisher mit dem Charakter des Christentums zu befassen; der Autor der A. mag es wohl für angeraten gehalten haben, solchen Beamten einen Bericht zu liefern.

Der Autor wurde seit dem 2. Jh. (aller Wahrscheinlichkeit nach zu Recht) mit *Lukas, dem Arzt und Reisegefährten des Paulus, identifiziert (Kol 4,14; 2Tim 4,11; Phlm 24). Nach dem anti-marcionitischen Prolog zum LkEv., der aus dem späten 2.Jh. stammt, war Lukas ein Grieche aus Antiochia (die sog. westl. Lesart von Apg 11,28 impliziert ebenfalls eine antiochenische Herkunft). Seine Anwesenheit bei einigen der von ihm berichteten Ereignisse wird unauffällig dadurch angedeutet, daß er von der 3. Person zur 1. Person Plural übergeht; die drei »Wir-Berichte« finden sich in 16,10-17; 20,5-21,18; 27,1-28,16. Abgesehen von diesen »Wir-Berichten« hatte er reichlich Gelegenheit, dem Lauf der Ereignisse von Anfang an nachzugehen: ihm standen Informationen aus erster Hand von Leuten zur Verfügung, die er von Zeit zu Zeit traf, nicht nur in Antiochia, sondern auch in Kleinasien und *Mazedonien, in Jerusalem und *Cäsarea und schließlich in Rom. Unter diesen Informanten ist zweifellos seinen Gastgebern in verschiedenen Städten ein wichtiger Platz einzuräumen; z.B. Philippus und seine Töchter in Cäsarea (21,8f) und Mnason, einem Gründungsmitglied der Gemeinde in Jerusalem (21,16). Die Briefe Pauli scheint Lukas nicht als Quelle benutzt zu haben.

III. HISTORISCHER CHARAKTER.
Die historische Zuverlässigkeit des lukanischen Berichtes wurde durch archäologische Entdeckungen reichlich bestätigt. Wenn Lukas auch gewiß apologetische und theologische Interessen hat, so schmälern sie doch seine bis in Einzelheiten gehende Genauigkeit nicht, auch wenn sie seine Auswahl und Darstellung der Tatsachen bestimmen. Er stellt seinen Bericht in den Rahmen zeitgenössischer Geschichte; die vielen Bezugnahmen auf städtische Beamte, Provinzgouverneure, Vasallenkönige u.ä. erweisen sich immer wieder als zutreffend für den jeweiligen Ort und Zeitpunkt. Mit einem Minimum an Worten vermittelt er die richtige lokale Eigenart der sehr unterschiedlichen Städte, die er in seinem Bericht erwähnt. Und seine Beschreibung der Reise Pauli nach Rom (27) ist bis heute eines der wichtigsten Dokumente der antiken Seefahrt.

IV. APOLOGETISCHE INTERESSEN.
Lukas bemüht sich in beiden Teilen seines Werkes zu zeigen, daß das Christentum keine Bedrohung für das kaiserliche Recht und die Ordnung im Reich darstellt. Er zitiert zu diesem Zweck die Urteile von Gouverneuren, Magistraten und anderen Autoritäten in verschiedenen Teilen des Reiches. Im Ev. erklärt Pilatus Jesus dreimal für nicht schuldig (Lk 23,4.14.22); als in der A. ähnliche Vorwürfe gegenüber seinen Anhängern erhoben werden, lassen sie sich nicht aufrecht erhalten. Die Prätoren von Philippi werfen Paulus und Silas mit dem Vorwurf ins Gefängnis, sie hätten sich an Privateigentum schuldig gemacht, müssen sie aber wieder freilassen und sich für ihre illegale Aktion entschuldigen (16,19ff. 35ff). Die Politarchen (städtische Verwaltungsbeamte) von Thessalonich, vor denen man Paulus und seine Begleiter der Aufwiegelung gegen den Kaiser beschuldigt, geben sich damit zufrieden, Bürger der Stadt zu finden, welche das gute Verhalten der Missionare garantieren (17,6-9). Gallio, der Prokonsul von Achaja, trifft eine noch bedeutsamere Entscheidung: er weist den Vorwurf der Propagierung einer gesetzeswidrigen Religion zurück, den die Anführer der Juden in Korinth gegen Paulus erheben; diese Entscheidung führt praktisch dazu, daß das Christentum in Korinth unter dem selben Schutz steht, der dem jüd. Glauben nach röm. Gesetz zustand (18,12ff). In Ephesus genießt Paulus die Freundschaft der Asiarchen (jährlich gewählte, hohe Verwaltungsbeamte) und wird durch den Stadtschreiber (Kanzler) vom Vorwurf, er habe den Kult der *Artemis von Ephesus beleidigt, entlastet (19,31.35ff). In *Judäa stimmen der Gouverneur *Festus und der Vasallenkönig Agrippa II. überein, daß Paulus nichts getan hat, was eine Hinrichtung oder auch nur die fortdauernde Einkerkerung rechtfertigen könnte; er wäre vielleicht freigelassen worden, wenn er sich nicht auf den Kaiser berufen und ihnen dadurch die juristische Zuständigkeit genommen hätte (26,32).

Man kann nun die Frage aufwerfen, weshalb die Ausbreitung des Christentums so oft von öffentlichen Tumulten gekennzeichnet war, wenn die Christen so ordnungsliebend waren, wie Lukas behauptet. Seine Antwort lautet, daß die Tumulte, die die Verkündigung des Evangeliums begleiteten, immer von den jüd. Gegnern angestiftet wurden, von dem Vorfall in Philippi und der von der Zunft der Silberschmiede in Ephesus entfesselten Demonstration einmal abgesehen. Wie nach dem Bericht des Lk-Ev.s die führenden sadduzäischen Priester Pilatus dazu bewegen, Jesus zum Tode zu verurteilen, so sind es in der A. Juden, die in den Städten, die Paulus besuchte, zu erbitterten Feinden seiner Botschaft und seiner Person werden. Indem die A. das stetige Vordringen des Evangeliums in die großen heidnischen Zentren der röm. Zivilisation berichtet, beschreibt sie gleichzeitig die fortschreitende Ablehnung des Evangeliums seitens der Mehrheit der jüd. Gemeinden des Reiches.

V. THEOLOGISCHES INTERESSE.
Das beherrschende Thema der A. ist das Wirken des Heiligen Geistes. Die Verheißung der Ausgießung des Geistes, die der auferstandene Christus in 1,4ff ausspricht, wird in Kap. 2 für die jüd. Jünger und in Kap. 10 für die (ehemals) heidnischen Gläubigen erfüllt. Die Apostel erfüllen ihren Auftrag in der Kraft des Heiligen Geistes, die sich in übernatürlichen Zeichen manifestiert; die Annahme des Evangeliums durch die Neubekehrten wird ebenfalls von sichtbaren Erweisungen der Kraft des Geistes begleitet. Man könnte das Buch in der Tat »Geschichte des Heiligen Geistes« nennen: der Geist lenkt das Vordringen des Evangeliums; er führt die Prediger auf ihren Reisen, z.B. *Philippus (8,29.39), Petrus (10,19f), Paulus und seine Begleiter (16,6ff); er beauftragt die Gemeinde in Antiochia, Barnabas und Paulus zu dem umfangreicheren Dienst auszusondern, zu dem er sie berufen hatte (13,2); in dem Brief, der die Entscheidung des Apostelkonzils von Jerusalem mitteilt, nimmt er eine Vorrangstellung ein (15,28); er spricht durch Propheten (11,28; 20,23; 21,4.11) wie zur Zeit des AT (1,16; 28,25); er ist es in erster Linie, der die *Ältesten einer Gemeinde ernennt (20,28); er ist

der Hauptzeuge für die Wahrheit des Evangeliums (5,32).

Die übernatürlichen Manifestationen, die die Ausbreitung des Evangeliums begleiten, tun nicht nur das Wirken des Geistes kund, sondern auch den Beginn des neuen Zeitalters, in dem Jesus als Herr und *Messias regiert. Wie zu erwarten, steht das wunderhafte Element im ersten Teil der A. mehr im Vordergrund als im letzten: »Die Betonung des wunderhaften Aspekts des Wirkens des Geistes nimmt immer mehr ab; dies entspricht der Entwicklung in den paulin. Briefen« (W.L. Knox: The Acts of the Apostles, 1948, S. 91).

VI. DIE APOSTELGESCHICHTE IN DER FRÜHEN KIRCHE.

Im Unterschied zu der Mehrzahl der ntl. Bücher scheinen die beiden Teile des lukanischen Geschichtswerkes ursprünglich nicht an christl. Gemeinden gebunden gewesen zu sein, d.h. sie sind nicht primär an diese adressiert oder innerhalb der Gemeinden weitergereicht worden. M. Dibelius kann recht haben, wenn er meint, daß das Werk durch den zeitgenössischen Buchhandel unter der heidnischen Leserschaft, für die es verfaßt worden war, verbreitet wurde. So kann einige Zeit zwischen der ersten Publikation des Werkes und seiner allgemeinen Zirkulation in den Gemeinden als autoritatives christl. Dokument verstrichen sein.

Im frühen 2. Jh. wurden die 4 Evv. gesammelt und als Vierergruppe weitergegeben; in diesem Zusammenhang wurden die zwei Teile des lukanischen Werkes getrennt. Die Zukunft von Lk war durch die Vereinigung mit den drei anderen Evangelien gesichert; aber auch die A. erwies sich in zunehmendem Maße als ein so wichtiges Dokument, daß A. von Harnack sie zurecht als Drehpunkt des NT bezeichnet hat.

Die weite Verbreitung der A. in den Gemeinden am Ende des 1. Jh. hat wahrscheinlich auch zur Sammlung der paulin. Briefe in ein Gesamtkorpus beigetragen. Wenn Paulus in der Generation, die nach seinem Tod folgte, immer mehr vergessen wurde, so rief die A. ihn unter den Christen sicherlich ins Gedächtnis zurück, indem sie u.a. betont, welch interessanter und außerordentlich wichtiger Mann er war. Die A. betont dabei zwar die Bedeutung der Rolle von Paulus, legt aber auch von dem Werk anderer Apostel Zeugnis ab, besonders dem des Petrus.

Die letztgenannte Tatsache führte auch dazu, daß der Ketzer Marcion (ca. 140 n.Chr.) die A. in seinen Kanon nicht aufnahm, obwohl er seine Ausgabe des LkEv. dem paulin. Korpus als Vorwort beigab. Die A. bezeugt in beredter Weise die Apostelschaft Pauli, widerspricht aber ebenso eindeutig der Behauptung Marcions, die ursprünglichen Apostel Jesu hätten sich als untreu gegenüber der Lehre ihres Meisters erwiesen. Der Vorwurf Tertullians, daß jene Häretiker inkonsequent handeln, die sich zuversichtlich auf die einzigartige apostol. Autorität von Paulus berufen, das eine Buch jedoch, das in unabhängiger Weise seine Apostelschaft bezeugt, mehr als alle anderen ablehnen, dürfte in erster Linie gegen Marcion und seine Anhänger (*De praescriptione* 22f) gerichtet sein.

Vertreter des katholischen Glaubens nach Marcion hielten den Wert der A. für größer als je zuvor. Sie bewies ja nicht nur den Status und die Leistungen Pauli als Apostel, sondern sicherte auch die Position der anderen Apostel und rechtfertigte die Aufnahme von nicht-paulin. apostol. Schriften zusätzlich zu der paulin. Sammlung in die Heilige Schrift. Aus dieser Zeit stammt der Name »A.« bzw. »Taten der Apostel«, oder »Taten *aller* Apostel« (so im Kanon Muratori mit anti-marcionitischer Übertreibung).

VII. BLEIBENDER WERT.

Die traditionelle Stellung der A. zwischen den Evv. und den Briefen ist berechtigt. Einerseits ist sie die allg. Fortsetzung des vierfachen Ev.s (wie sie schon die spezielle Fortsetzung eines der vier Evv. ist); andererseits liefert sie den historischen Hintergrund der früheren Briefe und bezeugt die Apostolizität der meisten Personen, deren Namen sie tragen.

Ferner ist die A. als Dokument für die Anfangszeit des Christentums von unschätzbarem Wert. Wenn wir in Betracht ziehen, wie wenig wir über die Ausbreitung des Evangeliums in anderen Gebieten aus den Jahrzehnten nach 30 n.Chr. wissen, können wir richtig einschätzen, wie sehr wir der A. für den relativ detaillierten Bericht über das Vordringen des Evangeliums von Jerusalem nach Rom zu danken haben. Unser Studium der Entstehung und Ausbreitung des Christentums stößt immer noch auf Probleme; einige dieser Probleme wären jedoch weitaus größer, wenn wir die Informationen der A. nicht besäßen. Zum Beispiel: Wie kam es dazu, daß eine Bewegung, die im Herzen des Judentums begonnen hatte, schon nach ein paar Jahrzehnten als charakteristische »Heidenreligion« angesehen wurde? Wie kam es dazu, daß ein Glaube, der seinen Ausgang von Asien nahm, jahrhundertelang, wenn auch mit wechselnder Gewichtung, mit europäischer Zivilisation und Kultur verbunden wurde? Die Antwort liegt zu einem großen Teil, wenn auch nicht ausschließlich, in der Missionstätigkeit des Paulus, des Apostels der Heiden, der röm. Bürgerrecht hatte; und für diese Tätigkeit ist Lukas in seiner A. der Geschichtsschreiber. Sein Bericht bildet in der Tat eine Quelle von unschätzbarem Wert für einen entscheidenden Abschnitt der Weltgeschichte.

Literatur: F.F. Bruce: The Acts of the Apostles, 1951; Ders.: The Book of the Acts, 1954; M. Dibelius: Aufsätze zur Apostelgeschichte, 1951, [5]1968; M. Hengel: Zur urchristlichen Geschichtsschreibung, 1979; W.W. Gasque: A History of the Criticism of the Acts of the Apostles, 1975; H.W. Neudorfer: Die Apostelgeschichte des Lukas I, 1986. F.F.B.

APOSTELKONZIL. Die in Apg 15, 2-29 berichtete Zusammenkunft einer von *Paulus und *Barnabas geleiteten Delegation der Gemeinde von *Antiochia am Orontes, der damals drittgrößten Stadt des Röm. Weltreichs und ersten heidenchristl. Gemeinde, mit den Jerusalemer *Aposteln und den *Ältesten der Urgemeinde. Dabei wurden anstehende Fragen nach der Integration bekehrter Heiden in die christl. Gemeinden besprochen. Die Mehrzahl der deutschsprachigen Neutestamentler vertritt die Auffassung, es handle sich hier um dieselben Gespräche, von denen Paulus in Gal 2,1-10 berichtet. Dagegen spricht freilich, daß Paulus an dieser Stelle die ergangenen Beschlüsse teilweise anders interpretiert und gewichtet, als *Lukas es in seiner *Apostelgeschichte tut. Gewöhnlich gibt man der paulin. Version den Vorzug, was die historische Zuverlässigkeit angeht, weil er – so sagt man – im Unterschied zu Lukas keine bestimmte »Tendenz« verfolgt. Weniger kompliziert erscheint die hier vertretene Meinung, daß Paulus im *Galaterbrief eine bereits früher erfolgte Konferenz mit den eigentlichen Leitern der Urgemeinde, also mit den sog. »Säulen« *Petrus, *Jakobus dem Gerechten und *Johannes beschreibt, bei der es um die Berufung des Paulus und Barnabas zur Heidenmission und um ihre Legitimität ging (für die gegenteilige Ansicht vgl. neuerdings etwa J. Roloff: Die Apostelgeschichte, NTD Bd. 5, Göttingen 1981, S. 225ff).

I. DER ANLASS DES APOSTELKONZILS.

Lukas schildert in seiner Apg die schrittweise, aber stetige Entwicklung von der judenchristl. zur heidenchristl. Gemeinde, den Weg, wie das *Evangelium zu den Heiden kam. War dieser Aspekt schon in der Pfingstpredigt des Petrus angeklungen (Apg 2,17) und damit als Verheißung des AT vergegenwärtigt, so wurde er in Apg 6,1ff in Gestalt der Witwen der Hellenisten ganz konkret, zumal wenn man annimmt, daß es sich dabei um nichtjüd. Witwen jüd. Männer gehandelt hat. Die Missionserfolge des *Philippus und Petrus in *Samaria und der Küstenebene im W (Apg 8; 9) sowie die Bekehrung des *Kornelius (Apg 10) ließen die Frage des Heilswegs für die *Heiden aktuell werden. Petrus wird sogleich in Jerusalem zur Rede gestellt, weil er als Jude mit einem Heiden Gemeinschaft gepflegt hatte (Apg 11,1ff). Die für manche *Judenchristen naheliegendste Lösung, nämlich die bekehrten Heiden einfach wie jüd. *Proselyten zu behandeln, sie zu beschneiden und ihnen das Einhalten des *Gesetzes aufzuerlegen, ist offenbar nirgends praktiziert worden. Lediglich einige judaisierende Galater neigten dem wohl zu, wodurch sie Paulus' heftige Reaktion im Gal hervorriefen. Jedenfalls führte die praktizierte Gleichstellung der *Heidenchristen mit den Judenchristen zum Vorpreschen kleinerer, radikaler Gruppen (vgl. Apg 15,1.5; Gal 2,4.12). Die dadurch entstandene Rechts- bzw. Heilsunsicherheit sollte auf höchster Ebene besprochen und beendet werden. Dazu wurde das A. nach Jerusalem einberufen (vermutlich im Jahr 48 n.Chr.).

II. VERHANDLUNGSVERLAUF UND SCHLUSSDOKUMENT.

Die antiochenische Delegation berichtet der Jerusalemer Gemeinde vom Gemeindewachstum am Orontes. Da treten pharisäische Christen auf und fordern, die bekehrten Heiden müßten beschnitten und auf das *Gesetz des Mose verpflichtet werden. Im engeren Kreise werden nun die Beratungen fortgesetzt. Nach heftiger Debatte weist Petrus darauf hin, daß Gott selbst ja den Heiden die Tür zum Glauben geöffnet habe. Er erinnert daran, daß selbst die Juden das Gesetz nicht halten konnten, und daß die Gemeinde aus den Juden die Errettung durch Gottes Gnade erhofft und glaubt (Apg 15,10f). Die Antiochener können nun ausführlicher berichten, und Jakobus untermauert das Gehörte mit einem Prophetenwort. Er rät, den Heiden den direkten Weg zu Gott nicht durch den Umweg über die Zugehörigkeit zum atl. Bundesvolk zu verbauen. Er empfiehlt lediglich einige Auflagen, die den Umgang von Juden- und Heidenchristen miteinander erleichtern. So kommt es zur Abfassung des sog. »Aposteldekrets« (Apg 15,23b-29), eines Briefs an die Heidenchristen in *Antiochia, *Syrien und *Zilizien, in dem die von den Judaisten gestiftete Verwirrung ausdrücklich verurteilt, Barnabas und Paulus ausdrücklich rehabilitiert und vier Auflagen für die Heidenchristen festgehalten werden. Sie sollen sich vor Götzenopfer, Blut, nichtgeschächtetem Fleisch und außerehelicher sexueller Freizügigkeit in acht nehmen.

Daß diese Bestimmungen vor allem für jene Situation und Gegend galten, zeigt schon die Weise, wie Paulus der Gemeinde in *Korinth ihre Fragen wegen Götzenopferfleisch beantwortet. Dort, wo auf dem Markt praktisch nur im Götzentempel geschlachtetes Fleisch zu haben war, gibt er den Genuß unter bestimmten Voraussetzungen frei (1Kor 8). Vehement wendet er sich aber gegen sexuellen Libertinismus (1Kor 6) und die Teilnahme am Götzendienst (1Kor 10,14-22). In manchen Kirchen dagegen beachtete man das »Aposteldekret« noch bis ins 2. Jh. hinein (Gallien, Nordafrika).

H.-W.N.

APOSTOLISCHE VÄTER.
Unter den »Apostolischen Vätern« versteht man die Gruppe der ältesten kirchl. Schriften außerhalb des NT. Der Name geht zurück auf J.B. Cotelier, der 1672 fünf dieser Schriften unter der Bezeichnung »*Patres aevi apostolici*« herausgegeben hat. Da die kirchliche Literatur der Zeit von etwa 140-190 n.Chr. sich hauptsächlich an Nichtchristen wendet, um das Christentum gegen religiöse, philosophische und politische Angriffe zu verteidigen, und man sie deshalb unter dem Titel »Die Apologeten« als eigene Literaturgruppe behandelt, umfassen die A.V. die Zeit von etwa 90-140 n.Chr. Sie tragen nach Inhalt und Form ein sehr altertümliches, den ntl. Schriften recht ähnliches Gepräge. Einige von ihnen wurden mancherorts vorübergehend als Bestandteil der Hl. Schrift angesehen. Für das Verständnis der Anfänge der Kirchengeschichte sind die A.V. deshalb von unschätzbarem Wert. Nicht hierher gehörig, obwohl teilweise auch sehr alt, sind die ntl. *Apokryphen; es handelt sich bei ihnen um literarische Fälschungen zumeist häretischen Ursprungs.

I. DIE EINZELNEN SCHRIFTEN

1. Der sog. I. Clemensbrief. Nachdem die domitianische Verfolgung eben aufgehört hatte, also im Jahre 96/97, richtete die Christengemeinde zu Rom ein langes, predigtartiges Schreiben an die Gemeinde in *Korinth, um in einen dort schwelenden Konflikt ordnend einzugreifen. In Korinth war es durch das Anstiften einzelner, wohl jüngerer Gemeindeglieder dazu gekommen, daß die von den Aposteln und ihren Nachfolgern eingesetzten kirchlichen Vorsteher abgesetzt wurden. Die röm. Gemeinde ruft nun zu ihrer Wiedereinsetzung auf und bekräftigt unter Hinweis auf das röm. Heer, den menschlichen Leib und das atl. Priestertum die Notwendigkeit einer hierarchischen Ordnung der Gemeinde. Obwohl als Absender nur »die Gemeinde Gottes in der Fremdschaft zu Rom« genannt wird, ist doch durch Dionysius von Korinth (um 170) Clemens als Name des Verfassers bezeugt (Eus. h.e. IV, 23,11). Irenäus (gest. um 195) überliefert (haer. III, 3,3), daß Clemens noch mit den Aposteln Petrus und Paulus persönlich verkehrt hat. In Ägypten und Syrien ist der Brief zeitweise zum NT gerechnet worden; er steht zusammen mit dem sog. II. Clemensbrief (s. Nr. 8) auch in der Bibelhandschrift *Codex Alexandrinus*.

2. Ignatius von Antiochia. Zur Zeit des Kaisers *Trajan (98-117) wurde Ignatius in seiner Bischofsstadt Antiochia zum Tod durch Tierkampf in Rom verurteilt. Auf dem Weg dorthin hatte er in Kleinasien Gelegenheit, mit verschiedenen Christengemeinden (*Ephesus, Magnesia, Tralles, *Philadelphia, *Smyrna) Kontakt aufzunehmen und Briefe an sie zu richten. Er mahnt darin zur Wachsamkeit gegenüber der gnostischen Irrlehre und zur Unterordnung unter den Bischof der Ortsgemeinde. Anders als im I. Clemensbrief wird hier das dreigliedrige Leitungsamt (Einzelbischof, Presbyter, Diakone) vorausgesetzt. In einem besonderen Schreiben an Polykarp, den Bischof von Smyrna, ermuntert er diesen zur Treue in seinem Amt, und in einem Brief an die Gemeinde in Rom fleht er darum, daß nichts unternommen werde, um ihn vor dem Martyrium zu retten. Die sieben Briefe sind um 110 in Smyrna und in Troas geschrieben und wurden (außer dem an die Römer) noch vor Ignatius' Tod von Polykarp gesammelt und verbreitet.

3. Polykarp von Smyrna. Als Ignatius von Kleinasien über *Philippi nach Rom abgeführt worden war, wandten sich die Christen aus Philippi an Polykarp, um Abschriften der Ignatiusbriefe zu erbitten. Polykarp entsprach ihrer Bitte und richtete in seinem Antwortschreiben zugleich allerlei Mahnungen zu rechtem Glauben und christl. Lebenswandel an die Philipper. Dieser, wie die Ignatiusbriefe um 110 zu datierende Brief, der durch und durch von ntl. Sprache und auch vom I. Clemensbrief geprägt ist, stellt die einzige literarische Hinterlassenschaft des bedeutenden kleinasiat. Bischofs dar. Die weitverbreitete Annahme, daß in dem vorliegenden Text zwei ursprünglich selbständige Briefe nachträglich zusammengearbeitet worden seien, ist nicht in ausreichendem Maße begründet worden. Polykarp starb als Märtyrer am 22. Februar 156. Noch im selben Jahr verfaßte seine Gemeinde darüber einen Bericht, den sie als Brief an die phrygische Gemeinde Philomelium sandte – neben dem Stephanusmartyri-

um Apg 6f die älteste uns erhaltene, im wesentlichen zuverlässige Erzählung über den Tod eines christl. Märtyrers. Polykarp bekannte vor seinem Richter, seit 86 Jahren Christus zu dienen; er muß also im Jahr 70 getauft worden sein. Da eine Säuglingstaufe aus mehreren Gründen ausgeschlossen ist, ergibt sich daraus ein Geburtsdatum um das Jahr 55. Von Irenäus, der als junger Mann noch zu seinen Füßen saß, wissen wir, daß Polykarp ein Schüler des *Johannes und anderer Apostel war (Eus. h.e. V, 20,5f; s.a. Tertullian, praescr. 32,2).

4. Papias von *Hierapolis. Ein Freund Polykarps war laut Irenäus (haer. V, 33,4) Papias, Bischof des kleinasiat. *Hierapolis. Er schrieb das fünfteilige Werk »Auslegungen von Herrenworten«, das leider nur noch in ganz wenigen Bruchstücken erhalten ist. Darin hatte er auch Nachrichten über Worte und Taten Jesu aufbewahrt, die ihm auf mündlichem Wege durch Apostel und Apostelschüler zugekommen waren. Sein wichtigster Gewährsmann war der Apostel Johannes (Eus. h.e. III, 39,4.7.14; Irenäus haer. V. 33,4), den er »den Ältesten« nennt (vgl. 2Joh 1; 3Joh 1). Nachdem schon Eusebius († 339) auf Grund seiner Abneigung gegen den von Papias vertretenen Chiliasmus (*Tausendjähriges Reich) und im Widerspruch zum ausdrücklichen Zeugnis des Irenäus zu der Behauptung gegriffen hatte, »der Älteste Johannes« sei eine vom Apostel zu unterscheidende Person, wird dem Papias heute gewöhnlich jede nähere Beziehung zur apostol. Generation abgesprochen, weil seine Überlieferungen stark legendarischen Charakter trügen. Diese Skepsis ist historisch jedoch nicht gerechtfertigt; besonders den Nachrichten über die Herkunft des Markus- und des Matthäusevangeliums (Eus. h.e. III, 39,15f) kommt eine hohe Bedeutung zu. Für die Abfassungszeit des Werkes ist ein Zitat bei Philippus Sidetes, das an die Regierung Hadrians (117-138) denken läßt, weniger zuverlässig als die von Eusebius in seiner »Kirchengeschichte« befolgte relative Chronologie, die auf ca. 110 führt.

5. Der Hirt des Hermas. Die in apokalyptischen Formen gestaltete Bußschrift, die der röm. Christ Hermas an die Christenheit richtete, trägt ihren Titel »Hirt« nach dem darin hauptsächlich auftretenden Offenbarungsmittler, einem Engel in Hirtengestalt. Sie teilt sich in 5 Gesichte (*visiones*), 12 Gebote (*manteta*) und 10 Gleichnisse (*similitudines*). Einer immer stärker in alte Sünden zurückfallenden Kirche verkündet Hermas die baldige Wiederkunft Christi und damit das nahe Ende jeder Bußmöglichkeit: Weil Gott nicht unbegrenzt Geduld hat, darf man mit Sinnesänderung und Sühneleistung nicht länger warten. Nach dem Canon Muratori (um 200) hat Hermas den Hirten »erst kürzlich zu unseren Zeiten« in Rom geschrieben, als dort sein Bruder Pius Bischof war (ca. 142-155). Da diese Angabe aber zum Zweck einer Distanzierung des »Hirten« vom NT gemacht wurde, Hermas selber den Clemens (s. Nr. 1) als seinen Zeitgenossen nennt (vis. II, 4,3), der Montanismus noch unbekannt, der *Gnostizismus unbedeutend und das Einzelbischofsamt in Rom noch nicht entwickelt war, empfiehlt es sich, für die Entstehung die Zeit von 96-140 offen zu halten. Möglicherweise ist der »Hirte« literarisch auch gar nicht einheitlich, sondern hat drei verschiedene Verfasser. Von allen A.V. ist er am engsten mit dem NT verbunden gewesen: In *Alexandria und in der abendländischen Kirche galt er am Ende des 2. Jh. als Hl. Schrift; auch in der berühmten Bibelhandschrift *Codex Sinaiticus* ist er enthalten.

6. Die Didache. Als »Lehre (griech. *didachē*) der Apostel« ist die älteste uns erhaltene Kirchenordnung überschrieben. Sie enthält zunächst eine ethische Unterweisung über den Weg zum Leben und den Weg zum Tod, die aus einer jüd. Grundschrift übernommen und in die Taufliturgie eingefügt wurde. Dann folgen Anweisungen über den rechten Vollzug der Taufe sowie über Fasten und Beten, Formulierungen von Eucharistiegebeten, die erkennen lassen, daß die Gemeinde das *Abendmahl noch in Verbindung mit einer Sättigungsmahlzeit (Liebes-, Agapemahl) feierte, Bestimmungen über Lehrer, Wanderapostel, Propheten, die Sonntagsfeier und die Wahl von Bischöfen und Diakonen sowie Mahnungen zur Wachsamkeit angesichts des baldigen Kommens des Herrn. Die Form der Gebete und die Christologie (Jesus als »*Knecht Gottes«) machen einen sehr altertümlichen Eindruck, ebenso die vorausgesetzten Gemeindeverhältnisse: Ein Einzelbischofsamt gibt es nicht; dagegen haben die Propheten einen enorm hohen Rang. Als Entstehungszeit kommen die Jahre 70-140 in Betracht; als Heimat spricht gleich viel für Syrien/Palästina wie für Ägypten. In Alexandria war die Didache um 200 als Hl. Schrift anerkannt, und noch Athanasius († 373) hat sie neben dem Hirten des Hermas als deuterokanonische Vorleseschrift für den Katechumenenunterricht bestimmt.

7. Der Barnabasbrief. Diese mit allegorischer Schriftauslegung arbeitende erbaulich-lehrhafte Abhandlung über Wert und Bedeutung des AT (kein eigentlicher Brief!) wurde von Clemens von Alexandria († um 210), Origenes († 254) und in der handschriftlichen

Überlieferung irrtümlicherweise dem Apostel *Barnabas zugesprochen; sie selber nennt weder ihren Verfasser noch die Adressaten mit Namen. Hauptanliegen der Schrift ist die Begründung der radikal judenfeindlichen These, daß das atl. Gesetz von vornherein in einem höheren, geistigen Sinn gemeint gewesen sei; ein böser Engel habe die Juden verleitet, es wörtlich zu verstehen und zu befolgen. Das AT ist für »Barnabas« ein ausschließlich christl. Buch. Aus dem Hinweis auf den Tempelbau Hadrians in Jerusalem Kap. 16,3ff ergeben sich die Jahre 130-132 als Abfassungszeit. Als Entstehungsort bleibt Ägypten am wahrscheinlichsten. In Alexandria stand der Barnabasbrief um 200 im Ansehen eines katholischen Briefes des NT; auch der *Codex Sinaiticus* enthält ihn.

8. Der sog. II. Clemensbrief. Auch er ist in Wahrheit kein Brief, sondern die älteste uns erhaltene christliche Predigt. Ihren falschen Titel erhielt sie durch die enge handschriftliche Verbindung mit dem Korintherbrief des Clemens (s. Nr. 1). Obwohl sie die Verlesung eines Bibeltextes voraussetzt, legt sie ihn nicht aus, sondern behandelt in allgemeiner Form das Problem der Christensünde. Es wird zur Buße, Reinheit und Absage an die Welt aufgerufen. Als Herkunftsort erscheint Korinth naheliegend wegen der Verbindung mit 1Clem; die Entstehungszeit läßt sich nicht näher als auf die erste Hälfte des 2. Jh. bestimmen.

II. GESCHICHTLICHE STELLUNG.
Seit F. Overbeck ist es weithin üblich geworden, die A.V. mit den ntl. Schriften unter dem Oberbegriff »Christl. Urliteratur« zusammenzufassen und die »Patristische Literatur« mit den Apologeten beginnen zu lassen. Diese Aufteilung läßt nicht nur die kirchliche Kanonsgrenze als willkürliche Auswahl und die A.V. als epigonalen Anhang zum NT erscheinen, sie mißachtet auch wesentliche Unterschiede zwischen den ntl. Schriften und den A.V. Das 1. Jh. ist nicht einfach der erste Teil der Kirchengeschichte, sondern die Geschichte der Gestaltwerdung der Kirche und ihrer Botschaft. Die Lehre der A.V. stellt dementsprechend nicht eine Fortsetzung der apostol. Verkündigung dar, sondern einen ersten Versuch ihrer geistigen Aneignung und Verarbeitung. Zum ersten Mal in der Geschichte ergreifen hier die christl. Gemeinden, ihre Bischöfe und Lehrer das Wort, um sich untereinander zu dienen. Keiner der A.V. nimmt für sich apostol. Autorität in Anspruch (auch der Titel »Didache der Apostel« bezieht sich nicht auf die Verfasser, sondern auf den Inhalt); sie ordnen vielmehr ihr Wort dem der Apostel unter. »Das Evangelium« gilt ihnen als schriftliche Autorität wie das AT (Barn. 4,14; 2Clem. 2,4; Did. 8,2 u.ö.; Ign. Smyrn. 5,1 u.ö.). Daß einige von ihnen hier und dort selbst als Hl. Schrift galten, erklärt sich zur Genüge aus ihrem hohen Alter und aus dem Umstand, daß es vor dem 4.Jh. noch keine festen Kanonsgrenzen gab. Vor allem sind die inhaltlichen Unterschiede zwischen NT und A.V. nicht zu übersehen. Während im ganzen NT die Christusbotschaft im Zentrum steht, und die kirchlichen Themen den Rand bilden, dominieren bei den A.V. gerade umgekehrt die Fragen nach dem kirchlichen Amt und der Häresie, nach Predigt und Kirchenordnung, Askese und Martyrium, Schriftauslegung und Christenbuße. Während im NT die notwendige Spannung zwischen Geist und Institution der Kirche auch in den jüngeren Schriften aufrecht erhalten bleibt, ordnen die A.V. den Geist weitgehend der Institution unter. Die Theologie der A.V. erwächst aus einer Verschmelzung der urchristl. Christusverkündigung mit der hellen. Weltanschauung des Diasporajudentums. Der jüd. Glaube an den einen Gott und Schöpfer, an das *Gesetz als Mittlerinstanz und den Offenbarungscharakter des AT sowie an die endzeitliche Totenauferstehung und das Endgericht wurde aufgenommen und zugleich umgewandelt in den Glauben an die wesenhafte Gottheit Christi als des Schöpfungs- und Offenbarungsmittlers, an das AT als christl. Bibel und die Notwendigkeit einer gesetzesfreien Moral (»das neue Gesetz«) sowie an *Taufe, *Abendmahl und *Bekenntnis als gegenwärtige Gestalten des endzeitlichen Heils. Obwohl die A.V. das apostol. Zeugnis nur in judaistisch-legalistischer Verkürzung aufzunehmen in der Lage waren, haben sie es doch als korrigierende Instanz bewahrt und dadurch den Untergang der Kirche im antiken Synkretismus verhindert.

Literatur: Schriften des Urchristentums, Erster Teil (I. Clem., Ign., Polyk., Quadratus) von J.A. Fischer, [7]1976; Zweiter Teil (Did., Barn., 2Clem., Schrift an Diognet) von K. Wengst, 1984; Handbuch zum Neuen Testament, Ergänzungsband Die Apostolischen Väter: I) Die Lehre der zwölf Apostel, Die zwei Clemensbriefe (von R. Knopf 1920); II) Die Briefe des Ignatius von Antiochia und der Polykarpbrief (von W. Bauer 1920; [2]1985 von H. Paulsen); III) Der Barnabasbrief (von H. Windisch 1920); IV) Der Hirt des Hermas (von M. Dibelius 1923); U. Körtner: Papias von Hierapolis, 1983 (vgl. dazu U. Swarat, ZKG 95/1984, 402-405); K. Beyschlag: Grundriß der Dogmengeschichte I, 1982; L. Goppelt: Die apostolische und nachapostolische Zeit, Die Kirche in ihrer Geschichte 1 A, [2]1966; F. Overbeck: Über die Anfänge der patristischen Literatur, HZ 48/1882, 417-472 (ND Darmstadt 1984); O. Bardenhewer: Geschichte der altkirchlichen Literatur I, [2]1913; B. Altaner/A.

Stuiber: Patrologie, [9]1978; Th. Zahn: Grundriß der Geschichte des Neutestamentlichen Kanons, [3]1985.
U.S.

AQUILA UND PRISZILLA. (Latein. »Adler«; »alt, ehrwürdig«.) Aus Pontus im nördl. Kleinasien gebürtiger Jude, von Beruf Zeltmacher. Als Kaiser *Claudius alle Juden aus Rom ausweist, verläßt A. mit seiner Frau Priska (Paulusbriefe) oder P. (Apg) die Stadt und zieht nach *Korinth. Dort wohnt und arbeitet Paulus, der denselben Beruf ausübt, während der ersten Zeit seines Aufenthaltes bei dem Ehepaar (Apg 18,1-3), ehe er in das Haus des Titius Justus neben der Synagoge umzieht (V. 7). A. und seine Frau sind sicher in Korinth noch Christen geworden. Sie begleiten Paulus bei seiner Abreise bis nach Ephesus und bleiben dort (V. 18f). Hier nehmen sie Apollos bei sich auf und unterrichten ihn genauer über Glauben und Lehre (V. 26). Als Paulus wieder nach Ephesus kommt, versammelt sich die Gemeinde regelmäßig im Haus des Ehepaars, und sie senden gemeinsam mit dem Apostel Grüße nach Korinth (1Kor 16,19). Paulus bezeichnet sie als seine Mitarbeiter, die ihr Leben für ihn eingesetzt haben (Röm 16,3). Wahrscheinlich geschah das bei der Bedrängnis in *Ephesus (1Kor 15,32; 16,9; 2Kor 1,8f); sie mögen dann zugleich mit Paulus die Stadt verlassen und sich nach Rom gewandt haben, wo ihr Haus wieder Versammlungsort der Gemeinde ist (Röm 16,5), und wohin Paulus ihnen nun von Korinth aus seinen empfehlenden Gruß sendet. Später finden wir sie noch einmal in Ephesus (2Tim 4,19).

Im Dienst des Herrn sind A. und P. als Ehepaar in ihrem Leben und Handeln so eins geworden, daß sie immer nur gemeinsam genannt werden, wobei in vier von sechs Fällen (nach dem griech. Text) der Name der Frau voransteht.

AR. Die bedeutendste Stadt *Moabs, östl. des Toten Meeres in der Nähe der Flusses Arnon. Nach den Berichten im »Buch von den Kriegen des Herrn« (4Mo 21,15) und volkstümlichen Sprichwörtern (4Mo 21,28) zu urteilen war den Hebräern die Frühgeschichte der Stadt bekannt. Jesaja hatte anscheinend zu ähnlichen Quellen Zugang (Jes 15,1). Am Ende der Wüstenwanderung wurde den Israeliten verboten, die moabitischen Bewohner aus der Stadt zu vertreiben und sich dort niederzulassen, da sie nicht zu dem Land gehörte, das Gott ihnen gegeben hatte (5Mo 2,9.18.29; LXX: »Seir«).

R.J.W.

ARABA. Das Wort kommt im hebr. Text häufig vor, wird aber in den Übersetzungen nicht immer in dieser ursprünglichen Form wiedergegeben.

1. Die Wurzel *ʿrb* bedeutet »trocken«, »verbrannt«, daher »Ödland« und wird als Ausdruck für Wüste bzw. Steppe gebraucht (Hiob 24,5; 39,6; Jes 33,9; 35,1.6; Jer 51,43; oft mit »Wüste« oder »Steppe« übersetzt).

2. Mit dem Artikel verbunden (*hā-ʿarābā*), bezeichnet der Name A. den Senkungsgraben, der sich vom See Tiberias bis zum Golf von Aqaba erstreckt. Die Kommentatoren ignorierten früher die topographische Bedeutung des Wortes, das in vielen Stellen des AT einen präzisen Begriffsinhalt aufweist. A. wird mit dem Jordantal in Verbindung gebracht (5Mo 3,17; Jos 11,2; 12,3) und auf die südl. Gebiete bis zum *Roten Meer und *Elat bezogen (5Mo 1,1; 2,8). Das *Tote Meer wird auch »Meer der Araba« genannt (»Salzmeer«: Jos 3,16; 12,3; 2Kön 14,25; »Meer«: 5Mo 4,49). Das Jordantal bis zum Toten Meer wird heute *el-gōr*, die »Senkung« genannt; die eigentliche Araba beginnt südl. der Skorpionensteige und endet im Golf von Aqaba. Im Blick auf die geographischen Merkmale vgl. *Jordan.

3. Der Plural von A. ohne bestimmten Artikel (*ʿarābōt*) wird in der primären Bedeutung für bestimmte Wüstengebiete innerhalb der A. gebraucht, vor allem um *Jericho (»Jordantal« Jos 5,10; 2Kön 25,5; Jer 39,5) und im Blick auf die Wüste Moab. Die »Arabot Moab« (»Ebenen Moabs«) werden deutlich von den Weide- und Anbaugebieten auf dem Plateau oberhalb der Jordansenke, den »Sede Moab« unterschieden (vgl. »Jordantal« 4Mo 22,1; 4Mo 26,3.63; 31,12; Jos 4,13; 5,10; »Jordantal der Moabiter« 4Mo 33,48-50; 5Mo 34,1.8).

4. Bet-Araba (Haus von A.) bezieht sich auf eine Siedlung bei Ain el-Gharba (Jos 15,6.61; 18,22).

Literatur: D. Baly: Geographisches Handbuch zur Bibel, 1973; OLB Bd. 2, S. 257-264; LDB, S. 36f u.ö.
J.M.H.

ARABIEN.

I. IM ALTEN TESTAMENT.

1. Der geographische Raum.

Die Unterlage der Arab. Halbinsel bildet altkristallines Grundgebirge, das im W eine bis zu Höhen von über 3000 m ansteigende Bergkette bildet, während seine O-Seite von einer Reihe jüngerer Gesteinsschichten bedeckt wird. Im westl. Bergland und vor allem in der Südwestecke der Halbinsel, wo die jährliche Niederschlagsmenge stellenweise über 500 mm beträgt, ist eine auf Bewässerungskultur

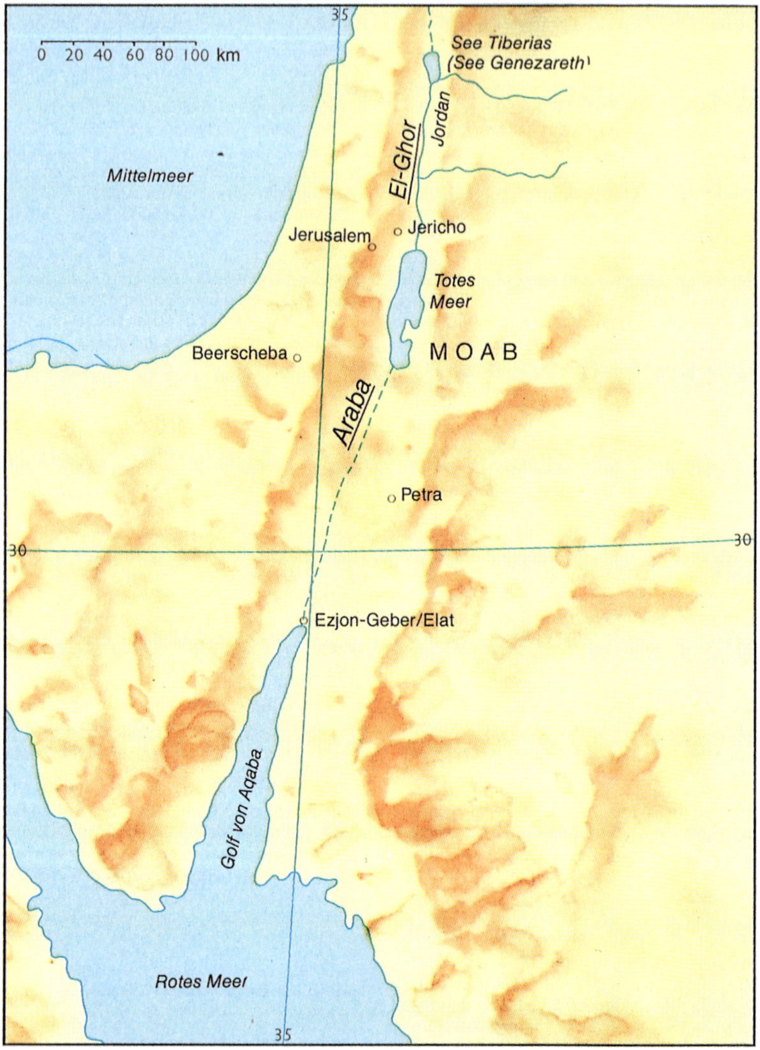

Die Araba: im Senkungsgraben, der sich vom See Genezareth bis zum Golf von Aqaba erstreckt.

basierende seßhafte Lebensweise möglich. Die Reiche von Alt-Südarabien blühten hauptsächlich in diesem Gebiet, der heutigen Arab. Republik Jemen und der Demokratischen Volksrepublik Jemen. Die Hauptstädte von drei Reichen, *Qarnāwu* (von *Ma'īn*), *Marib* (von *Saba'*) und *Timnâ* (von *Qatabān*), lagen an den östl. Abhängen des Gebirgszuges, an Wasserläufen, die nach O ablaufen, und *Shabwat*, die Hauptstadt von *Hadramōt* weiter südöstl. an einem von der Hochfläche *Hadramōt* nach NW abfließenden Wasserlauf. Ein Gebiet mit 100-250 mm Niederschlägen/Jahr erstreckt sich längs der Berge im W nach

Ausgetrocknetes Wadi (Flußbett) in der Araba. (FNH)

N und längs der Küste nach O, und dort ist gleichfalls feste Besiedlung möglich. Auf der gesamten übrigen Halbinsel ist die jährliche Niederschlagsmenge gleich Null; Leben ist nur in Oasen und in der Nähe von Brunnen möglich.

Zwischen den von den aufgefalteten Schichten gebildeten Stufen und der O-Küste umrahmen Steppen, Sand- und Felswüsten das steil sich absenkende Hochland. Die Wüstenzonen in diesem Gebiet und zwischen den Schichtstufen im Innern des Landes erweitern sich im S zu der öden Sandwüste *er-Rub ʿel-Chāli* («leerer Raum») und im N zu der kleineren Wüste *An-Nafūd*. Längs dem Fuß der Stufen ermöglichen Quellen an verschiedenen Stellen Oasenkultur, und hier entstanden Handelsstraßen. Abgesehen von den Fels- und Sandwüstengebieten besteht die Halbinsel großenteils aus Steppen, in denen gelegentliche Niederschläge Graswuchs ernähren, und vor allem im N, zwischen Syrien und Mesopotamien, nomadisierende Stämme ein knappes Auskommen finden (*Nomaden). Wo diese Zone allmählich in die besiedelten Gebiete Syriens übergeht, blühten Metropolen wie Petra, Palmyra und *Damaskus.

2. Forschungsgeschichte.

Als erster europäischer Forschungsreisender auf der arab. Halbinsel trat der dänische Orientalist C. Niebuhr hervor, der 1763 den Jemen besuchte. Im N entdeckte J.L. Burckhardt 1812 Petra neu, doch als J.R. Wellsted 1837 erstmals in Europa altsüdarab. Inschriften veröffentlichte, konzentrierte sich das Interesse auf den S. Jene – von W. Gesenius und E. Rödiger 1841 entzifferten – Inschriften erhielten die Bezeichnung «himjaritisch», nach dem Namen des Reiches, das in den letzten vorchristl. Jahrhunderten den ganzen SW der Halbinsel beherrschte und daher von späteren Historikern für ihre Quelle gehalten wurde. In Wirklichkeit stammten sie aber aus den früheren Reichen. Einige tausend dieser Inschriften sind heute bekannt, hauptsächlich dank den Forschungen von J. Halévy und E. Glaser in der zweiten Hälfte des 19.Jh., aber auch zahlreicher einzelner Gelehrter und neuerdings der *American Foundation for the Study of Man* in Aden und Jemen. In Süda. wurden bisher nur wenige Ausgrabungen durchgeführt. 1928 gruben C. Rathjens und H. v. Wissmann in Hugga nahe Sa'na im Jemen, und 1937/38 legte Miss G. Caton Thompson in el-Hureida (Hadramōt) einen Tempel des Mondgottes (*syn*) frei. Nach dem 2. Weltkrieg grub die *American Foundation for the Study of Man* in Timnaʿ und Umgebung (1950/51), in Marib, wo der Tempel des sabäischen Mondgottes *'Imqh* aufgedeckt wurde (1952), und später in Oman. In jüngster Zeit hat eine französische Expedition Shabwat unter den Spaten genommen.

In anderen Teilen A.s sind viele Grabungen durchgeführt worden. Besonders erwähnenswert sind die des tschechischen Orientalisten A. Musil, der auf langen Reisen Mittel- und Norda. erforschte (1909-14), die von N.

Glueck, der umfangreiche Untersuchungen im Ostjordanland und auf der Sinai-Halbinsel vornahm (1932-71), und die von G. Ryckmans und H. St. J. Philby, die 1951/52 einige tausend arab. Inschriften aus Saudi-A. sammelten, sowie die in kleinerem Rahmen von Burton, Hurgronje, Doughty, Rutter und Thomas unternommenen Forschungsreisen. Unter den Inschriften aus dem N ist der von Huber 1883 entdeckte Tema-Stein besonders bemerkenswert, der eine aus dem 5. Jh. v.Chr. stammende aram. Inschrift trägt (*Tema).

3. Geschichte und Kultur.

Sieht man von den *Nomaden der Steppenlandschaften A.s ab, deren Lebensweise jahrtausendelang kaum Änderungen erfahren hat, so lagen die historischen Kulturlandschaften hauptsächlich in der Südwestecke der Halbinsel und in der nördl. Zone, wo die Steppe in die besiedelten Regionen Syriens übergeht.

Im 2. Jt. v.Chr. tauchten verschiedene semitischsprachige Stämme aus dem N im Gebiet des heutigen Jemen und West-Adens auf und gründeten die Siedlungen, aus denen später die Königreiche Saba (*Seba), Ma'īn (*Minäer), Qatabān und Madramōt (Hazarmawet, 1Mo 10,26) hervorgingen. Ihre Blüte beruhte hauptsächlich auf ihrer Mittellage an den Handelsstraßen, die von den Weihrauchländern der Südküste und Äthiopiens (*Kräuter, Weihrauch) zu den Kulturländern des N führten. Als erstes dieser Königreiche trat Saba in Erscheinung: einheimische Inschriften des 8. Jh. v.Chr. deuten auf ein wohlgeordnetes Staatswesen unter einem Herrscher (*mkrb*), der offensichtlich auch bestimmte priesterliche Aufgaben wahrnahm. Sabas Wohlstand geht aus der Tatsache hervor, daß es Sargon und Sanherib Tribut leistete. Um 400 v.Chr. rückte das Nachbarreich Ma'īn in den Vordergrund und machte Saba auf vielerlei Weise die Herrschaft streitig. Im 4. Jh. v.Chr. wurde das Königreich Qatabān gegründet, und im letzten Viertel des 1. Jt. v.Chr. dominierten Saba, Ma'īn, Qatabān und Hadramōt in mehrfachem Wechsel, bis das Gebiet unter die Herrschaft der Himjariter kam. Auf dem Gipfel ihrer Macht besaßen die südarab. Königreiche bis nach Norda. hin Kolonien, und Inschriften mit ihren Schriftzeichen sind am Persischen Golf und in Mesopotamien (Ur, Uruk) gefunden worden. Die Alphabete der thamudischen, lihjanischen und safaitischen Inschriften zeigen gleichfalls ihren Einfluß im N. Die äthiopische Sprache und Schrift liefert ein ähnliches Zeugnis aus Afrika.

Im N ist der Geschichtsverlauf durch Kon-

Zwei Araber, auf einem Kamel reitend, fliehen vor Assyrern, ein dritter Araber scheint bereits getötet zu sein. Ausschnitt eines Reliefs, das den Wüstenfeldzug Assurbanipals darstellt. Aus dem Königspalast in Ninive, ca. 640 v.Chr. (BM)

takte von Nomaden mit den seßhaften Völkerschaften Mesopotamiens und Syriens gekennzeichnet. Im Ostjordanland ist der Vorgang des Einsickerns und der Besiedlung deutlich erkennbar, wenn diese zeitweise auch sehr spärlich war. In der Mittleren Bronzezeit (3000-1750 v.Chr.) war das ganze Ostjordanland mit Siedlungen besät (*Abraham), doch von ca. 1900 v.Chr. an folgte ein Rückgang der Besiedlung, der erst im 13. Jh. v.Chr. ein Ende fand. In den zeitgenössischen Inschriften erscheint der Name «Araber» erstmalig in den Annalen Salmanassers III.: 853 v.Chr. kämpfte ein gewisser Gindibu *(m) gin-in-di-bu-' (māt) ar-ba-a-a* (Kurkh-Stele 2, 94) bei Karkar (853 v.Chr.) gegen ihn, und danach begegnen sie häufig in den assyr. Inschriften als nomadisierende, plündernde Kamelreiter. Als solche sind sie auch auf den Reliefplatten des Palastes Assuranipals in Ninive dargestellt. Zu den ungewöhnlichen Episoden in der Geschichte Mesopotamiens zählt der Aufenthalt des Nabonid, des Königs von Babylon (556-539 v.Chr.), in der im N gelegenen Oase *Tema. Er blieb dort zehn Jahre lang, während sein Sohn Belscharussur (*Belsazar) die Regentschaft in *Babylon ausübte.

In der zweiten Hälfte des 4. Jh. v.Chr. begann das aram.-sprachige arab. Reich der *Nabatäer mit der Hauptstadt Petra ins Dasein zu treten; es blühte vom 2. Jh. v.Chr. an bis weit in die Römerzeit hinein als Handelsstaat. Weiter südl. bildeten zur gleichen Zeit Araber, die sich in einer alten minäischen Kolonie seßhaft machten, das lihjanische Königreich *Dedan. Im 1. Jh. v.Chr. begann in Palmyra (*Tadmor) ein weiterer Araberstaat, der Aram. zu seiner Amtssprache machte, in Erscheinung zu treten; er stellte in den ersten nachchristl. Jahrhunderten Petra als Handelsstaat weitgehend in den Schatten und wurde für Rom zu einem ernstzunehmenden Rivalen.

4. Arabien in der Bibel.

Der Name A. findet sich in der Bibel selten, da seine Bewohner im allg. unter den politischen Bezeichnungen oder Stammesnamen der kleineren Gruppen bekannt waren, denen sie angehörten. Die *Völker-Tafel in 1Mo 10 führt eine Anzahl südarab. Stämme als Nachkommen Joktans und Kuschs auf. Mehrere in der Hauptsache nordarab. Stämme sind als Nachkommen Abrahams von der *Ketura und *Hagar verzeichnet (1Mo 25). Auch unter den Nachkommen des *Esau (1Mo 36) erscheinen mehrere arab. Völkerschaften. In der Zeit Jakobs begegnen zwei Gruppen von Nachkommen Abrahams, die Ismaeliter (*Ismael) und die *Midianiter, als Karawanenhändler (1Mo 37,25-36). Eine Rolle beginnen Kontakte mit A. im atl. Bericht jedoch zur Zeit Salomos zu spielen, hauptsächlich aufgrund seiner ausgedehnten, besonders von seinem Hafen Ezjon-Geber (*Elat) am Roten Meer aus gepflegten Handelsbeziehungen. Sie akzentuieren sich in dem berühmten Besuch der Königin von *Saba (1Kön 9,26.28; 10) und, seinem Reich näher, dem Tribut, den er von den *malekē̆ arab* (2Chr 9,14) empfing, was LÜ mit «Könige der Araber» übersetzt. Der Name *ʿarāb, ʿarabī* scheint ursprünglich «Wüste» oder «Steppe» und durch Bedeutungserweiterung «Steppenbewohner» bedeutet zu haben; im bibl. Kontext meinte er daher hauptsächlich die Bewohner der nahezu wüstenhaften Gebiete im O und S Palästinas. Es ist jedoch nicht möglich zu sagen, ob das Wort stets als Eigenname «Araber» oder als Kollektivum «Steppenbewohner» aufzufassen ist. Die Frage wird weiterhin dadurch kompliziert, daß eine etymologisch davon verschiedene Wurzel *ʿrb*, «vermischt sein», existiert, von der eine Form zu *ʿēreb* vokalisiert ist, was in einigen Kontexten als «fremdes Volk» interpretiert wird, wobei die unterschiedliche Bedeutung gänzlich von der masoretischen Vokalisation abhängt.

Im 9. Jh. v.Chr. empfing *Joschafat von Juda von den *ʿarābī* (2Chr 17,11) Tribut, doch sein Nachfolger *Joram wurde Opfer eines räuberischen Einfalls, bei dem die *ʿarābī* seine Frauen und seine Söhne wegführten (2Chr 21,16f) und ihm nur *Joahas/*Ahasja, der Jüngste, blieb (2Chr 22,1). Im 8.Jh.v.Chr. gewann dann Asarja Elat wieder zurück (2Kön 14,22).

Obschon die südarab. Reiche bekannt waren (vgl. Joel 4,8), erfolgten die meisten Kontakte Israels zu A. über die Nomadenstämme des N. Zu *Hiskias Zeit waren diese wohlbekannt (Jes 13,20; 21,13), und einige dienten sogar als Söldner bei der Verteidigung Jerusalems gegen Sanherib (*[amēl] ur-bi*; Taylor-Prisma 3,31). Zur Zeit *Josias (Jer 3,2) und in der Endphase des Staates Juda traten die Araber nach und nach als Händler hervor (Jer 25,23f; Hes 27; *Kedar).

Die zunehmende Neigung der Araber, sich seßhaft zu machen und Handelszentren zu errichten, wird durch Geschem veranschaulicht, den Araber, der Nehemia am Wiederaufbau Jerusalems zu hindern versuchte (Neh 2,19; 6,1), vermutlich, weil er wirtschaftliche Konkurrenz befürchtete. Das Königreich der Nabatäer sollte dann folgen, und in den *Apokryphen meint der Ausdruck «Araber» gewöhnlich diese letzteren (1Makk 5,39; 2Makk 5,8). «Arabien», wohin Paulus sich zurückzog (Gal 1,17), dürfte zu ihrem Herrschaftsbereich gehört haben.

Das alte Arabien

Literatur: J. Bright: Geschichte Israels, 1966; I. Eph'al: JAOS 94 (1974), S. 108-115; W.C. Brice: South-West-Asia, 1966, S. 246-276; W.B. Fisher: The Middle East. A Geography, [6]1971, S. 441-478; H. Field: Ancient and Modern Man in Southwestern Asia, 1956, S. 97-124, und Faltkarte; P.K. Hitti: History of the Arabs, [6]1956, S. 1-86; J.A. Montgomery: Arabia and the Bible, 1934, ND 1969 mit Einleitung von G.W. van Beek; A. Grohmann: Arabien, 1963; G.W. van Beek in G.E. Wright (Hrsg.): The Bible and the Ancient Near East, 1961, S. 229-248; A.K. Irvine in: POTT, S. 287-311.

Südarabien: A.F.L. Beeston: A Descriptive Grammar of Epigraphic South Arabian, 1962; B. Doe: Southern Arabia, 1971; über die amerikanischen Ausgrabungen in Südarabien: R. le B. Bowen/F.P. Albright: Archaeological Discoveries in South Arabia, 1958; R.L. Cleveland: An Ancient South Arabian Necropolis, 1965.

Nordarabien: W. Wright: A. Grammar of the Arabic Language, 2 Bde., [3]1896-98; A. Musil: Oriental Explorations and Studies, 1-6, 1926-28; N. Glueck: Explorations in Eastern Palestine, I-IV (AASOR 14, 15, 18, 19, 25, 28), 1934-51; B. Dee: Southern Arabia, 1977; F.V. Winnett/W.L. Reed: Ancient Records from North Arabia, 1970;

zu Tema: R.P. Dougherty: Nabonidus and Belshazzar, 1929, S. 105-166; C.J. Gadd in: Anatolian Studies 8 (1958), S. 79-89. T.C.M.

II. IM NEUEN TESTAMENT.

»Arabien« bezeichnete nicht, wie heute, das Gesamt der großen Halbinsel zwischen dem Roten Meer und dem Persischen Golf, sondern nur das Gebiet unmittelbar östl. und südl. von Palästina. Dieses war von den *Nabatäern bewohnt, einer arab. Stammesgruppe, die dort während des 3. Jh. v.Chr. ansässig geworden war und ihre Herrschaft im 1. Jh. v.Chr. über ein Gebiet ausgedehnt hatte, das sich von Damaskus im N bis Gaza im S und im O weit in die Wüste hinein erstreckte. Ihre Hauptstadt war Petra.

A. wird im NT nur zweimal erwähnt. Paulus berichtet, er sei nach seiner Bekehrung nach A. gegangen (Gal 1,17). Im NT findet man sonst keine weitere Nachricht über dies Geschehnis. Wo Paulus sich aufhielt, ist sehr ungewiß. Da A. für Griechen und Römer das Nabatäerreich bedeutete, begab er sich wahrscheinlich dorthin, möglicherweise nach der Hauptstadt Petra. Warum er das tat, erfahren wir nicht. Vielleicht wollte er allein sein, um Gott zu begegnen (vgl. F.F. Bruce: Zeitgeschichte des NT, 1986, S. 43). K. Lake schlägt vor, Paulus habe dort den Heiden gepredigt, da es im Galaterbrief, wo er dieses Geschehnis erwähnt, nicht darum gehe, ob er sich den Christen in Jerusalem oder Gott in der Wüste stellen solle, sondern ob er seinen Auftrag, den Heiden zu predigen, unverzüglich ausführen oder erst nach Jerusalem gehen solle, um sich dazu bevollmächtigen zu lassen (The Earlier Epistles of St. Paul, 1914, S. 320f).

An der anderen Stelle, an der das Wort »Arabien« im NT vorkommt (Gal 4,25), wird es im engeren Sinn zur Bezeichnung der Sinaihalbinsel oder des unmittelbar östl. davon auf der anderen Seite des Golfes von Aqaba gelegenen Gebiets verwandt.

Literatur: G.A. Smith: The Historical Geography of the Holy Land, 1931, S. 547f.649; HDAC; IDB; J.A. Montgomery: Arabia and the Bible, 1934. W.W.W.

ARAD.

1. Eine kanaan. Stadt in der Wüste Juda, deren König die Israeliten während der Wüstenwanderung vergeblich angriff. A. wurde zerstört und in *Horma umbenannt (4Mo 21,1-3; 33,40). Jos 12,14 nennt einen König von A. und einen König von Horma unter den Besiegten; Ri 1,16f erwähnt *Keniter, die in diesem Gebiet wohnten, und die Zerstörung von Zefat – in Horma umbenannt - durch Juda und Simeon. Das heutige Tell Arad, ca. 30 km im NO von Beerscheba, wurde von 1962 bis 1974 von Y. Aharoni und R.B.K. Amiram ausgegraben. In der Frühen Bronzezeit (ca. 3150-2200 v.Chr.) existierte eine große befestigte Stadt (die Untere Stadt); die Stelle war bis zur Eisenzeit (ca. 1200-1000 v.Chr.) unbesiedelt; anschließend war eine Seite des Hügels wieder bewohnt. Hier wurde im 10. Jh. v.Chr. eine Festung gebaut, die bis zum 6. Jh. v.Chr. in Gebrauch war. Während mehrerer Umbauphasen bestand in einer Ecke der

Zwei steinerne Räucheraltäre, die am Eingang zum Allerheiligsten des Tempels in Arad standen. Spätes 9. Jh. v.Chr. (ZR)

Festung ein Heiligtum mit Steinaltären und -pfeilern. Hier aufgefundene Scherben waren u.a. in Hebr. mit den Namen der Priesterfamilien Paschur und Meremot beschriftet. In anderen Teilen der Festung fand man weitere Texte, die von militärischen Aktionen und Fragen des Nachschubs in den unruhigen Jahren um 600 v.Chr. handeln. Ein Text erwähnt »das Haus von YHWH«. Das A. der Späten Bronzezeit (ca. 1150-1200 v.Chr.) – das kanaan. Arad – ist vielleicht das heutige Tell Malhatah, das 12 km weiter südwestl. liegt. *Schischak erwähnt zwei Orte namens A. nach seiner Invasion: Arad Rabbat und Arad von Yeruham. Vgl. EAEHL, I, Ketuvot ʿArad, 1975.

2. Einen Benjaminiter, einen Sohn Berias namens A., nennt 1Chr 8,15f. A.R.M.

ARALOT. »Vorhäute« nennt Jos 5,3 einen Hügel in der Nähe des ersten Lagerplatzes der Israeliten, nachdem sie den Jordan überschritten hatten (*Gilgal). Hier holte Josua die Beschneidung der jungen Israeliten nach, die erst auf dem Wüstenmarsch geboren waren.

ARAM/ARAMÄER.

I. ABSTAMMUNG UND NAME.

1. Der Sohn des *Sem, der als solcher mit *Elam, *Assur und anderen sowie mit seinen vier Söhnen in 1Mo 10,22f und 1Chr 1,17 aufgeführt wird. Über diese Verbindung Arams mit den östl. und nordöstl. Teilen des Alten Orients s. unten Abschnitt II. 1.

Skizze von Arad mit der Zitadelle aus der Eisenzeit (spätes 8. Jh. v.Chr.) und der etwas tiefer gelegenen Stadt aus der Frühen Bronzezeit II.

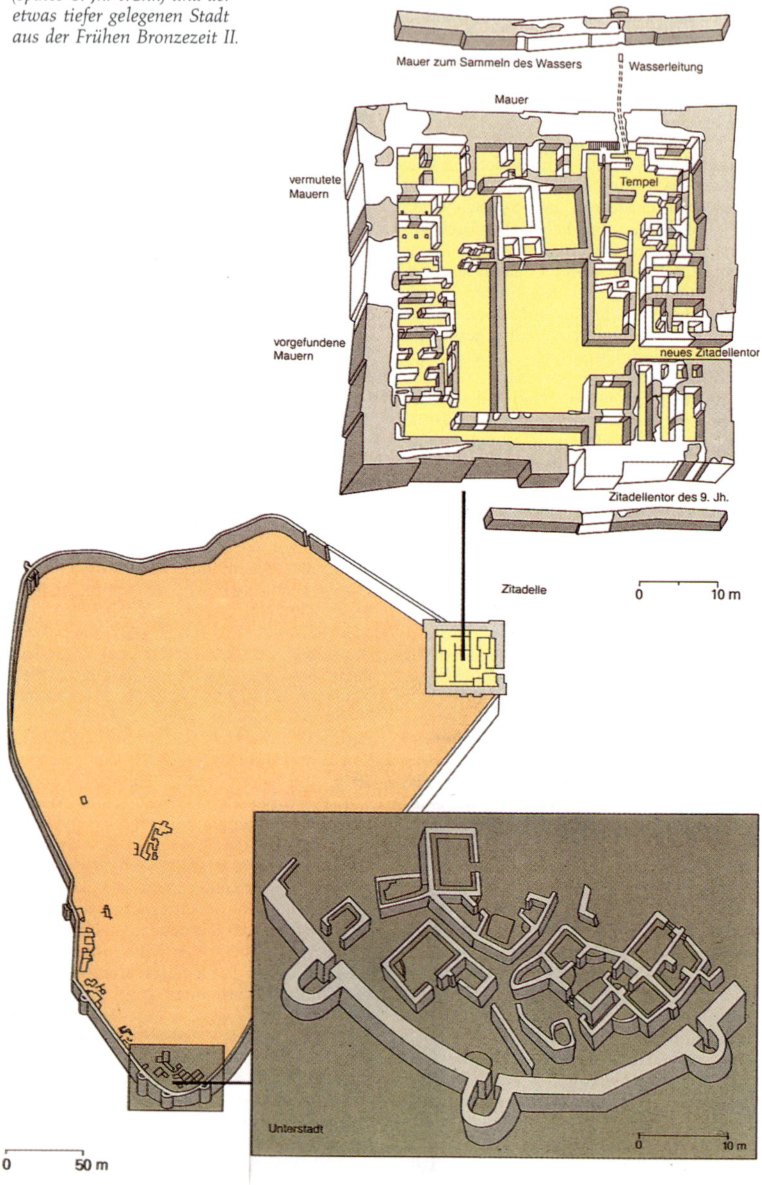

Eine Rekonstruktion des israelitischen Tempels (aus der Zeit Salomos, 10. Jh. v.Chr.), der in Arad ausgegraben worden ist.

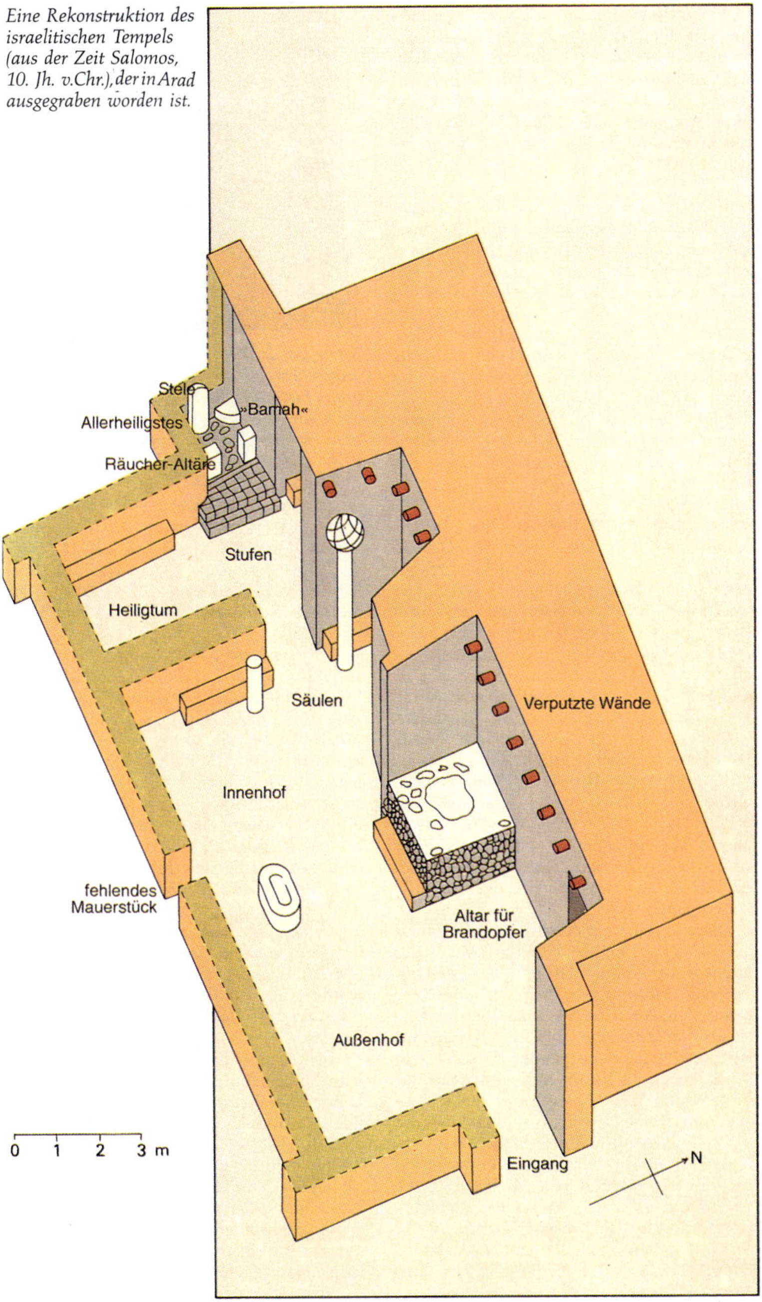

2. Ein Personenname von Einzelpersonen und Oberhäuptern späterer Sippen der Patriarchenzeit und der Zeit danach: Aram hieß der Enkel des *Nahor, des Bruders von Abraham (1Mo 22,20); eine »Aramäerin« gebar *Manasse den Machir (1Chr 7,14); ein weiterer Aram wird als Nachkomme *Assers erwähnt (1Chr 7,34).

II. VOLK, LÄNDER UND SPRACHE.

1. Ursprünge. Aus keilschriftlichen Quellen weiß man, daß westsemit. halbnomadische Völkerschaften vom 3. Jt. v.Chr. an von fast dem gesamten Rand der Arab. Wüste unablässig nach Syrien und Mesopotamien einsickerten. In Mesopotamien drangen diese »Westler« (im Sumer. *MAR.TU*, im Babylon. *Amurru*) zur Zeit der Könige von Akkad und der 3. Dynastie von Ur schließlich über den Tigris in die weiter östl. gelegenen Steppengebiete vor und gelangten bis ins iranische Bergland, wo sie Niederlassungen gründeten. (Für eine eingehende Erörterung dieser Einwanderung siehe J.-R. Kupper: Les Nomades en Mēsopotamie au Temps des Rois de Mari, 1957, S. 147f.166.177f.196). Diese nordöstl. Gebiete waren indes kein Niemandsland. In den Steppen und den dahinter liegenden Bergregionen waren die Horiter ansässig, und die beiden Völkerschaften vermischten sich zweifellos. Diese Tatsachen bilden einen anschaulichen Hintergrund für die Ursprünge der in bibl. und außerbibl. Quellen erscheinenden A.

Zu dieser Zeit wird eine Aram(e'i) genannte Siedlung im Gebiet östl. des Tigris, nördl. von *Elam und östl./nordöstl. von Assur, erwähnt. Wenn man diese Tatsache mit der Anwesenheit westsemit. sprechender Ansiedler dort verknüpft, so kann man diese mit gutem Grund als Protoaramäer ansehen. Kupper verwirft diese Deutung, doch ist ihm offenbar die Bedeutung einiger einschlägiger atl. Stellen entgangen.

Diese Verbindung der frühesten »Aramäer« mit dem O und NO wird in 1Mo 10,22f offenbar, wo Aram, Elam und *Assyrien zusammen erscheinen – ein Zeugnis aus sehr früher Zeit. Am 9,7 führt diese Überlieferung in späterer Zeit fort: Gott führte Israel aus Ägypten (S), die Philister aus Kaftor (W) und die Aramäer aus Kir (NO). Kir erscheint nur noch einmal (Jes 22,6) – es steht dort für Assyrien zusammen mit Elam, so daß Amos auf einer Linie mit 1Mo 10 liegt sowie mit dem feststellbaren Vorkommen von Protoaramäern im NO. Aufgrund der Keilschrifttexte (doch ohne Heranziehung der hier angeführten Bibelstellen) sind diese frühesten A. akzeptiert worden von: A. Dupont-Sommer: VT Supp, I (1953), S. 40-49; S. Moscati: The Semites in Ancient History, 1959, S. 66f, und in früheren Werken, sowie von M. McNamara: Verbum Domini 35 (1957), S. 129-142; verworfen wurden sie dagegen von (z.B.) I.J. Gelb: JCS 15 (1961), S. 28, Anm. 5; D.O. Edzard: Die zweite Zwischenzeit Babyloniens, 1957, S. 43, Anm. 188.

König Bar Rakab von Sam'al (Zincirli) auf seinem Thron, vor ihm ein Schreiber. Die aram. Inschriften lauten: »Ich bin Bar Rakab, Sohn des Panammu« und »Mein Herr ist Baal Harran«. Höhe 1,12 m. Ca. 800–750 v.Chr. (SMB) (AMM)

Als Person ist Aramu in der 3. Dynastie von *Ur (ca. 2000 v.Chr.) und in *Mari (18. Jh. v.Chr.) bezeugt; in *Alalah in Nordsyrien kommt um diese Zeit die Form *Aramm* vor: für das verdoppelte »m« vgl. hebr. *'ărammī*, »Aramäer«. Dies stimmt mit A. als ntl. Personennamen um diese Zeit überein. Der Name A. ist vielleicht sogar horitisch; in Alalah und in *Nuzi erscheint eine Reihe von Namen des horitischen Typs, die mit Aram – oder Arim - zusammengesetzt sind (Kupper: Nomades, S. 113). Möglich, daß A. der Name einer Gruppe von Stämmen war, die als erste über den Tigris in die horitischen Gebiete eindrang, und ihr Name von den *Horitern auf alle westsemit. Eindringlinge und Kolonisten angewandt wurde (vgl. den Gebrauch der Ausdrücke *MAR.TU* und *Amurru* im Sumer. und Babylon.), woraus sich sein Vorkommen in Ortsnamen erklären würde. A. könnte sogar ein horitischer Beiname gewesen sein, was sein Vorkommen in Personennamen noch besser erklären würde. Als sich die Horiter zu Beginn des 2. Jt. v.Chr. über Ober-Mesopotamien und nach Syrien hinein ausbreiteten, benutzten sie diesen Ausdruck dann womöglich zur Bezeichnung der vielen in diesen Gebieten ansässig gewordenen Westsemiten, die uns aus nichthoritischen Keilschrifttexten bekannt sind (z.B. Mari), der Hanäer, Sutäer und anderer. Diese Annahme läßt sich jedoch nicht belegen.

2. Frühzeit (19.-12. Jh. v.Chr.). Die hebr. Patriarchen ließen sich nach dem Auszug von Ur zuerst in dieser Gegend NW-Mesopotamiens nieder, in *Haran (1Mo 11,28-32), in »Aram-Naharaim« (s. unten). Ein Teil der Familie blieb dort (*Nahor, Bethuel, *Laban) als »Aramäer« (d.h. nach ihrem Wohnort benannt), während der andere Teil (Abraham) nach Kanaan weiterzog. Die Frauen *Isaaks und *Jakobs entstammten indes dem aram. Zweig der Familie (1Mo 24,28ff) und rechtfertigten vollauf das spätere israelit. Bekenntnis der Herkunft von einem »umherirrenden Aramäer« (Jakob; 5Mo 26,5 nach ZÜ). Die Sprache der Familien Jakobs und Labans zeigte bereits mundartliche Unterschiede (»Kanaanäisch« und »Aramäisch«), siehe 1Mo 31,47; man beachte die Frühform dieses aram. Ausdrucks, die den direkten Genitiv (»*status constructus*«) und nicht die Umschreibung mit *dī* zeigt.

Aram-Naharaim (»Aram der zwei Flüsse«) oder Paddan-Aram war im wesentlichen das Gebiet innerhalb des großen Euphrat-Bogens, das im W von Karkemisch und im O vom Habor-Fluß begrenzt wurde. In diesem Gebiet entstand das horitische Reich Mitanni (16.-14. Jh. v.Chr.). In den *Amarna-Briefen (um 1360 v.Chr.) erscheint es als *Nahrima* mit kanaan. Dual »*m*« (wie im Hebr.), während in ägypt. Texten aus der Zeit von ca. 1520-1170 v.Chr. die Form *Nhrn* erscheint, die eindeutig einen – anders als in den Amarna-Briefen – nicht dem Kanaan. angeglichenen Dual in »*n*« vom aram. Typus zeigt. Die im Ägypt. erscheinende Form weist zweifellos auf dort seit dem 16. Jh. v.Chr. vorkommende aram. Dialektformen hin, die unmittelbar aus militärischen Berührungen der Ägypter mit Aram-Naharaim resultierten. Die Formen *Nahrima/Nhrn* sind kurz erwähnt in: I.J. Gelb: Hurrians and Subarians, 1944, S. 74 und Anm. 208. Weitere Hinweise auf (proto-)aram. Formen im frühen 2.Jt.v.Chr. in diesem Gebiet sind aufgeführt von Albright: AfO 6/1930/31, S. 218, Anm. 4.

In Ugarit (14.-13. Jh. v.Chr.) begegnen sodann die Personennamen Armeja und B(e)n-Arm(e)j(a) sowie ein Stück Land namens »Aramäerfelder« (Kupper: Nomades, S. 114). Eine ägypt. Erwähnung A. findet sich unter Amenophis III. (um 1370 v.Chr., vgl. E. Edel: Die Ortsnamenlisten aus dem Totentempel Amenophis III., 1966, S. 28f). So steht der Ortsname »das Aram« oder »Pa-Aram« im ägypt. Papyrus Anastasie III. (13. Jh. v.Chr.) wahrscheinlich für Aram, nicht für Amurru. Es geschah im 13. Jh. v.Chr., daß Bileam aus *Petor am Euphrat in Aram (-Naharaim) und dem »Gebirge im Osten« gedungen wurde, um Israel zu verfluchen (4Mo 22,5; 5Mo 23,5).

In dem Chaos, in das der westl. Teil des Alten Orients nach 1200 v.Chr. versank, als die Seevölker das Hetiterreich zerstörten und das Staatensystem Syrien-Palästinas über den Haufen warfen (*Kanaan; *Ägypten: D. Geschichte), war einer der Unterdrücker Israels der Opportunist Kuschan-Rischatajim, König von Aram-Naharaim. Seine ausgedehnte, aber brüchige Herrschaft währte nur acht Jahre (Ri 3,7-11). Noch später in der Zeit der Richter konnte Ri 10,6 (hebr.) die Götter des eigentlichen Syrien bereits als »Götter von Aram« (um 1100 v.Chr.?) bezeichnen; dies fügt sich zu dem immer stärkeren Einstrom von A. nach Syrien und Mesopotamien im späteren 12. und 11.Jh.v.Chr. und der Seßhaftwerdung dort, die in der Gründung von Aramäerstaaten gipfelte. Zu eben dieser Zeit suchte Tiglatpileser I. von Assyrien (1100 v.Chr.) vergeblich, das Vordringen von »Achlammu, Aramäern« über den ganzen mittleren Euphrat (ANET, S. 275) zu hemmen. Die Achlammu begegnen im 13., 14. und (als Personenname) im 18.Jh.v.Chr. als Menschen des aramäischen Typs und bezeugen damit gleichfalls eine Kontinuität des Aramäertums über einen längeren Zeitraum hinweg. S. zu diesem Abschnitt auch Kupper: Nomades; R.T. O'Callaghan: Aram Naharaim, 1948; A. Malamat: The Aramaeans in Aram Naharaim and the Rise of Their States, 1952 (hebr.); M.F. Unger: Israel and the Aramaens of Damascus, 1957; ANET, S. 259 und Anm. 11.

3. Israel und die Aramäerstaaten (ca. 1000-700 v.Chr.).

a. Saul (ca. 1050-1010 v.Chr.). Der erste König Israels mußte gegen viele Feinde seines Reiches kämpfen: gegen *Moab, *Ammon und *Edom im O, die *Philister im Südwesten und die »Könige *Zobas« im N (1Sam 14,47; oder »König«, wenn man der LXX folgt). Dies dürfte geschehen sein, als er sich auf der Höhe seiner Macht befand (um 1025 v.Chr.?), vor den Katastrophen am Ende seiner Herrschaft.

b. David (ca. 1010-970 v.Chr.). David kam mit dem Aramäertum offenbar erstmalig in Gestalt des *Talmai, des Sohnes Ammihuds, des Königs von *Geschur, in Berührung, dessen Tochter er heiratete, als er in *Hebron als König von Juda (1010-1003 v.Chr.) residierte (sie gebar ihm *Absalom), 2Sam 3,3.5. Talmai herrschte noch gegen Ende der Regierung Davids über Geschur, als Absalom sich für drei Jahre dorthin flüchtete (2Sam 13,37-39). In der zweiten Hälfte seiner Regierungszeit bekriegte David *Hadad-Eser, den Sohn *Rehobs, des Königs von Zoba (nördl. von Damaskus). Dieser hatte seine Herrschaft bereits bis zum Euphrat ausgedehnt (und den ihm feindlichen Toï, König von *Hamat, besiegt, 2Sam 8,10), doch seine Untertanen im N müssen sich gegen ihn empört haben. Als nämlich David ihn angriff, war Hadad-Eser im Begriff, »seine Macht« dort »wieder aufzurichten« (2Sam 8,3). Möglicherweise hielten David und Toï Hadad-Eser für zu gefährlich, jedenfalls annektierte David *Damaskus, und Toï von Hamat wurde sein (von ihm abhängiger) Verbündeter, 2Sam 8,5-12. Der Aufstand gegen Hadad-Eser dürfte auf die beiden schweren Niederlagen erfolgt sein, die David ihm als Verbündeten Ammons (2Sam 10; 1Chr 19) und anderer Aramäerstaaten beibrachte (s. Unger, S. 42-46). Über die zeitliche Reihenfolge von 2Sam 8,3 und 2Sam 9-12 wird nichts ausgesagt, doch ging der Kampf mit den Ammonitern vermutlich dem von 2Sam 8 voraus. Von da an war David zweifellos Herr über Hadad-Eser und ganz Syrien. Hadad-Esers frühere, ausgedehnte, aber nur kurzlebige Machtstellung mag sich in späteren assyr. Texten spiegeln, die berichten, wie unter Assur-Rabi II. (ca. 1012-972 v.Chr.) »der König von Aram« die Herrschaft über Petor (Pitru) und Mutkinu zu beiden Seiten des Euphrat gewann; vielleicht ist damit die Gründung des dortigen Aramäerstaates Bit-Adini gemeint – von wo Hadad-Eser möglicherweise seine Truppen von jenseits des Euphrat bezog. S. hierzu Landsberger: Sam'al I, 1948, S. 35, Anm. 74, und Malamat, BA 21 (1958), S. 101-102.

c. Salomo (ca. 970-930 v.Chr.). Salomo dürfte »Hamat-Zoba« in der ersten Hälfte seiner Regierungszeit erobert haben; vermutlich schlug er einen Aufstand im südl. Teil des Landes Hamat nieder, der an Zoba angrenzte – womöglich einen Aufstand gegen Hamats Status als abhängigen Verbündeten? Salomo ließ dort Städte ausbauen und mit Vorratshäusern ausstatten (2Chr 8,3f). Doch in Davids letzten Regierungszeiten, nach der Besiegung Hadad-Esers von Zoba, zog ein junger Mann, Reson, aus und sammelte eine Streifschar um sich. Dieser war wahrscheinlich zunächst, bis in Salomos erste Regierungsjahre hinein, wenig mehr als ein kleiner, umherschweifender Aufwiegler. Er gewann indes in der zweiten Hälfte von Salomos Regierungszeit die Herrschaft über Damaskus, wurde dort König und überlebte Salomo, den er stets bekämpft hatte (1Kön 11,23-25); kurz, es scheint, daß Reson sich bis ca. 955 v.Chr. als Bandit betätigte, dann von ca. 955-925 v.Chr. in Damaskus regierte, bis er schließlich – lebenssatt – verschied, und ein neuer »starker Mann«, Hesjon, den Thron von Damaskus an sich riß.

d. Die Dynastie Hesjons. Der neue Herrscher (925-915 v.Chr.?) begründete eine Dynastie, die ein Jahrhundert Bestand hatte. Nach dem Zeugnis von 1Kön 15,18 folgten auf ihn sein Sohn Tabrimmon (ca. 915-900 v.Chr.?) und sein Enkel *Ben-Hadad I. (ca. 900-860 v.Chr.?). (Die Melkart-Stele, die nach allgemeiner Annahme diese Linie gleichfalls

Ein aram. Prinz, sitzend, die Füße auf einem Fußschemel; um den Hals trägt er eine Kette mit Emblemen der Sonne und des Mondes, an der Seite einen Dolch. Fundort: Ain et-Tell bei Aleppo, Höhe ca. 2 m, ca. 800 v.Chr. (ARM)

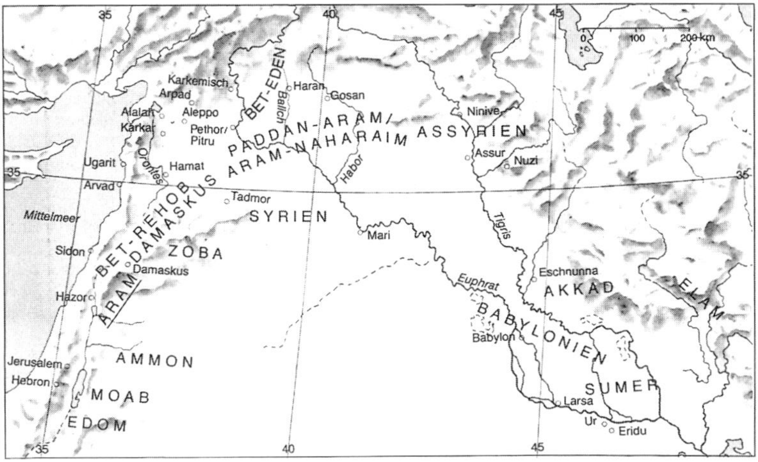

Zentren aram. Besiedlung

bezeugt [DOTT, S. 239-41; ANET, S. 501], gibt jedoch keinen Anhaltspunkt.) Diese Könige verschafften Damaskus rasch eine dominierende Stellung im eigentlichen Syrien, die ihm nur Hamat streitig machte. Als *Bascha von Israel den *Asa von Juda angriff, bat dieser Ben-Hadad I. um Hilfe (1Kön 15,18ff). Unsicher ist, ob dieser Ben-Hadad mit jenem, der *Ahab bekriegte (1Kön 20) und zur Zeit *Jorams, um 843 v.Chr., von *Hasaël ermordet wurde (2Kön 6,24ff; 8,7-15), identisch ist, doch wäre eine lange Regierungszeit ca. 900-843 v.Chr. nicht ohne Parallele. Dieser Ben-Hadad dürfte der Adadidri (»Hadad-Eser«) von Damaskus sein, den Salmanasser III. 853, 849, 848 und 845 v.Chr. angriff und auf dessen Ermordung und Ersetzung durch *Hasaël der Assyrer gleichfalls anspielt. Doppelnamen sind bei den Herrschern des Alten Orients häufig; Ben-Hadad von Damaskus und Urileni von Hamat standen an der Spitze des Widerstands gegen Assyrien und stellten die größten Truppenkontingente, wenngleich Ahab von Israel es ihnen bei Karkar 851 v.Chr. durchaus gleichtat (ANET, S. 278-281; Wiseman in: DOTT, S. 47).

e. Hasaël bis Rezin. Der Usurpator *Hasaël (ca. 843-796 v.Chr.) kam sehr bald schon mit Joram von Israel in Konflikt (842/41 v.Chr.), vgl. 2Kön 8,28f; 9,15. Dann wurde *Jehu auf den Thron Israels erhoben, doch leisteten er und andere Assyrien Tribut (ANET, S. 280; DOTT, S. 48; IBA, S. 57, Abb. 51), so daß Hasaël von Damaskus 841 und 837 v.Chr. allein gegen Assyrien kämpfen mußte (Unger: a.a.O., S. 76-78). Anschließend führte Hasaël schwere Angriffe gegen Israel unter Jehu, die zum Verlust der ostjordanischen Gebiete führten (2Kön 10,32-33) und während der ganzen Regierungszeit des *Joahas, ca. 814/13-798 v.Chr., andauerten (2Kön 13,22). Vorübergehend bekam Israel Entlastung; der damals von Gott gesandte »Retter« (2Kön 13,5) war möglicherweise Adadnirari III. von Assyrien, der um 805-802 v.Chr. gegen Hasaël (»Mari«) vorging.

In der ersten Zeit der Regierung Joaschs hielt Hasaëls Sohn Ben-Hadad III. den Druck auf Israel zunächst aufrecht (2Kön 13,3). Doch wie Gott durch Elia verheißen hatte, vermochte Joasch (ca. 798-782/81 v.Chr.) ihm die von Hasaël zuvor eroberten Gebiete wieder zu entreißen (2Kön 13,14-19; 22-25). Ben-Hadad kam ca. 796 v.Chr. auf den Thron und regierte nach Ausweis der Stele Zakirs bis etwa 770 v.Chr. (s. Unger: a.a.O., S. 85-89; DOTT, S. 242-250). Ben-Hadad stand an der Spitze einer mächtigen Koalition gegen Zakir von Hamat, einen Usurpator aus Laasch, der die Herrschaft über den ganzen Staat Hamat-Laasch an sich gerissen hatte. Doch Zakir und seine Verbündeten besiegten Ben-Hadads Koalition und machten damit der Hegemonie des Aramäerstaates von Damaskus in Syrien ein Ende.

Kurz danach geriet das geschlagene Damaskus unter die Oberherrschaft *Jerobeams II. von Israel (2Kön 14,28). Späterhin, vielleicht nach Jerobeams II. Tod 753 v.Chr., erschien ein König *Rezin (assyr. *Rahianu*) in Damaskus, bedrohte Juda als den Verbündeten Israels und eroberte (wie Hasaël) erneut die ostjordanischen Gebiete. Doch Ahas von Juda wandte sich an Tiglatpileser III. von Assyrien, der dann 732 v.Chr. Rezin besiegte und tötete (2Kön 16,5-9; ANET, S. 283) und die unglücklichen Aramäer, wie von Amos geweissagt (1,4f), nach *Kir, ironischerweise ihre alte Heimat, deportierte.

f. Andere Aramäerstaaten werden nur selten in der Bibel erwähnt. *Sanherib machte sich 701 v.Chr. *Hiskia gegenüber über die Machtlosigkeit der Könige und Götter von *Arpad, *Hamat, *Gosan, *Haran, Rezef (assyr. *Rasappa*) und der »Leute von Eden, die zu Telassar waren« (2Kön 18,34; 19,12f), lustig. Letztere sind die Einwohner der aram. Provinz (des einstigen Staates) Bit-Adini, des »Hauses Edens« oder »Bet-Edens« (Am 1,5).

Literatur: M.F. Unger, R.T. O'Callaghan, A. Malamat (die am Ende von II, 2. aufgeführten Werke); A. Dupont-Sommer: Les Araméens, 1949. Einzeluntersuchungen: R. de Vaux: RB 43 (1943), S. 512-518, und A. Jepsen: AfO 14 (1941/44), S. 153-172, und ebda. 16 (1952/53), S. 315-317; B. Mazar: BA 25 (1962), S. 98-120, für Aram-Damaskus und Israel: E.O. Forrer in: Ebeling und Meissner: Reallexikon der Assyriologie I, 1932, S. 131-139 (Aramu), und B. Landsberger: Sam'al I, 1948; W.F. Albright in: AS 6 (1956), S. 75-85, über Assyriens Eindringen in die aramäische Politik und Kunst; A. Malamat in: POTT, S. 134-155. Inschriften vgl. J.C.L. Gibson: Textbook of Syrian Semitic Inscriptions, 2, 1975.

4. Sprache. (Vgl. *Sprache des AT). Man muß sich darüber im klaren sein, daß das Vorkommen von Aramaismen im atl. Hebr. oft nicht auf ein spätes, sondern ein *frühes* Datum deutet. Bemerkenswert sind die Anzeichen aram. Formen aus dem 2. Jt. v.Chr. (s.o. II. 2.). Aramäerstaaten in Syrien, die zumindest von *Sauls Zeit an existierten, und Eheschließungen zur Zeit Davids (Talmai) brachten sprachliche Einflüsse des Aramäertums im damaligen Palästina mit sich. Schließlich sind einige »Aramaismen« in Wahrheit Hebraismen (oder Kanaanismen) im Aram. (vgl. K.A. Kitchen: Alter Orient und Altes Testament, 1965/66, S. 60f; A. Hurwitz: IEJ 18 (1968), S. 234-240).

5. Die aramäische Kultur. Der einzige größere Beitrag der A. zur Kultur des Alten Orients war ihre Sprache: zuerst im Handel und in der Diplomatie, dann als weitverbreitetes Kommunikationsmittel (s.o.), aber auch als Literatursprache (siehe R.A. Bowman: Aramaic, Arameans and the Bible, JNES 7/1948, S. 65-99). Der Achiqar-Roman spielt im Assyrien des Sanherib, und sein Ursprung läßt sich sicher fast bis in jene Zeit zurückverfolgen. Aus dem 5. Jh. v.Chr. stammen die rel. Texte in demotischer (ägypt.) Schrift (Bowman: JNES 3/1944, S. 219-231) und die Papyri Blacassiani (G.A. Cooke: A Textbook of North-Semitic Inscriptions, 1903, S. 206-210, Nr. 76). Aus noch späterer Zeit sind magische Texte überliefert, darunter einer in Keilschrift aus der Seleukidenzeit (C.H. Gordon: AfO 12/1937/39, S. 105-117). Im christl. Zeitalter erlangte das Syr. als Literatursprache große Bedeutung. Die Hauptgötter der Aramäer waren Baal-Schamajim und andere Ausprägungen des Baal, *Hadad, der Sturmgott, kanaan. Gottheiten wie Ischtar und mesopotamische, darunter Marduk, Nebo, Schamasch usw. (J.A. Fitzmyer: The Aramaic Inscriptions of Sefire, 1967, S. 33ff; Dupont-Sommer: Les Araméens, S. 106-119; Dhorme und Dussaud: Religions, Babylonie ..., 1949, S. 389ff). K.A.K.

ARARAT.

I. BIBLISCHES ZEUGNIS.

Der Name A. kommt viermal im AT vor. A. hieß die gebirgige oder hügelige Gegend (*hārē 'arārāt*, »Berge von Ararat«), in der Noahs Arche landete (1Mo 8,4). Berichte, nach denen im Kop-See auf dem Berg A. gefundene Holzreste mit der Arche Noahs aus der Zeit der *Sintflut in Verbindung zu bringen seien, konnten archäologisch nicht bestätigt werden

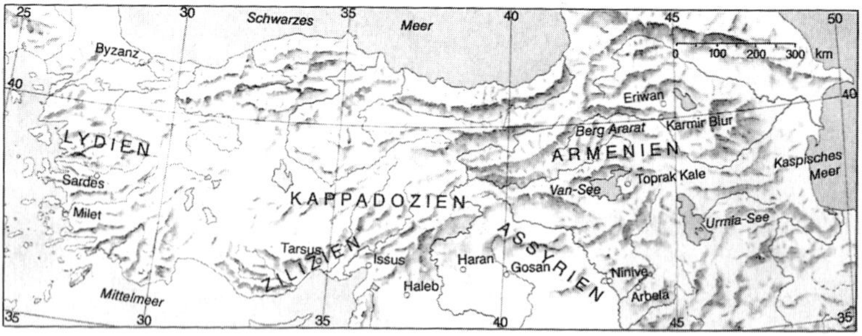

Die Lage des Ararat in Armenien

und datieren auch nicht in die Zeit vor ca. 2500 v.Chr. (vgl. *Flut). A. heißt weiter das Land (*'äräs*), in dem *Adrammelech und Sarezer Asyl suchten, nachdem sie ihren Vater *Sanherib getötet hatten (2Kön 19,37 = Jes 37,38). Als A. wird schließlich ein Königreich (*mamlāchā*) bezeichnet, das Jeremia in einem prophetischen Aufruf, Babylonien zu vernichten, mit Minni und Aschkenas zusammen nennt (Jer 51,27). LXX liest in der Jesajastelle »Armenien«.

II. AUSSERBIBLISCHE BELEGE.
Es bestehen kaum Zweifel, daß das bibl. A. mit dem *Urartu* assyr. Inschriften identisch ist, einem Reich, das z.Zt. des assyr. Reiches in der Nähe des Van-Sees in Armenien bestand. Es wird von den assyr. Königen häufig als lästiger Nachbar im N erwähnt. Urartu war stark von der Zivilisation *Mesopotamiens beeinflußt; im 9. Jh. v.Chr. übernahm es die Keilschrift und modifizierte diese, um Urartäisch (oder Chaldisch, nicht zu verwechseln mit Chaldäisch) zu schreiben, eine mit Akkadisch nicht verwandte Sprache. Fast 2000 urartäische Inschriften sind bekannt, in denen das Land mit *Biainae* und die Bewohner als »Kinder von Haldi«, d.h. der Landesgottheit, bezeichnet werden. Ausgrabungen in Toprak Kale (Teil der alten Hauptstadt *Tuschpa* in der Nähe des Van-Sees), in Karmir Blur (bei Erivan in der UdSSR) und in Alting Tepe (bei Erzincan) vermitteln einen Einblick in die Kunst und Architektur Urartus.

III. URARTU.
Im 13. Jh. v.Chr. wird Urartu zum ersten Mal in Inschriften von Salmanassar I. erwähnt. Es erscheint als kleines Fürstentum zwischen dem Van- und dem Urmia-See, ist aber in den folgenden Jh. mächtiger geworden, als Assyrien zeitweise schwächer war. Im 9. Jh. v.Chr. erscheinen Berichte, nach denen Assyrien mit Urartu, dessen Gebiet sich inzwischen weit nach N und W erstreckte, Krieg führte. Um 830 v.Chr. begründete Sardur I. eine neue Dynastie; er hatte seine Hauptstadt in Tuschpa. Das Reich wurde im 8. Jh. v.Chr. durch die Invasion der Kimmerier (*Gomer) schwer erschüttert. Es erholte sich erst in der Mitte des 7. Jh. v.Chr. unter Rusa II. kurz; dieser könnte der König gewesen sein, der den Mördern Sanheribs Asyl gewährte. Das Ende Urartus liegt im Dunkeln; die indoeuropäisch sprechenden Armenier müssen sich gegen Ende des 6. Jh. v.Chr. dort festgesetzt haben (vgl. die Behistun-Inschrift, die *arminiya* in der altpers. Fassung wiedergibt, wo das Babylon. *uraschtu* und das Aram. von Elephantine *'rrt* liest). Urartu verschwand als Staat wohl im frühen 6. Jh. v.Chr., ungefähr um die Zeit von Jeremias prophetischem Aufruf.

Literatur: A. Goetze: Kleinasien, ²1957, S. 187-200.215f; F.W. König: Handbuch der chaldischen Inschriften (AfO Beiheft 8), I, 1955, II, 1957; M.N. van Loon: Urartian Art, 1966. T.C.M.

ARAUNA. (Hebr. *'arawnā*, auch *hā'awarnā*, *'aranjā*). In 2Sam 24,16ff ein Jebusiter, dessen Tenne David kaufte. An der Stelle, an der dem Engel des Verderbens von Gott geboten wurde, aufzuhören, wollte David einen Altar bauen und Opfer darbringen, damit der Pest Einhalt geboten werden könnte, die nach seiner Volkszählung ausgebrochen war. Nach 1Chr 21,18ff kaufte David auch die Umgebung der Tenne als Platz für den zukünftigen Tempel, den Salomo schließlich dort baute (1Chr 22,1; 2Chr 3,1). Manche leiten den Namen A. vom Hetitischen *arawanis*, »freier Mann«, »Edelmann« ab. H.A. Hoffner schlägt vor, *'wrnh* (vgl. Chr und LXX) mit hurritisch *ewri-ne*, »der Herr« gleichzusetzen (POTT S. 225). Im Ugaritischen finden sich sowohl *iwrn* (hurritisch) und *arwn* (hetitisch) als Personennamen (F. Gröndahl: Die Personennamen der Texte aus Ugarit, 1967, S. 224.272). In 2Sam 24,16 geht dem Namen der bestimmte Artikel voraus und wird in V. 23 durch *hammäläch* (»der König«) erklärt; manche vermuten deshalb, daß es sich hier um den letzten König des jebusitischen Jerusalem handelt (vgl. *Hetiter). F.F.B.

ARBEIT. In der Bibel wird A. mit hebr. *ma'aśeh* (181 mal), »Tun«, »Arbeit«, »Werk« (vgl. 1Mo 5,29; 2Mo 5,4 etc., und in den Psalmen oft bei den Taten Gottes, vgl. Ps 8,3; 19,1, etc.); *melā'kā (117 mal; vgl. 1Mo 2,2f; 2Mo 20,9); po'al* (30 mal), »Tat« (vgl. 5Mo 32,4, etc.) ausgedrückt; griech. *ergon* (142 mal) findet sich häufig in Joh, Hebr, Jak und Offb. Weniger häufig ist das abstrakte *energeia*, wörtl. »Energie«, d.h. »Kraft«, das besonders bei Paulus vorkommt (Eph 1,19; 3,7; 4,16; Phil 3,21; Kol 1,29; 2Thess 2,9). Man vgl. auch hebr. *jegi'ā*, »Mühe«, »Arbeit«, »Arbeitsertrag«, und *'āmāl*, »Mühsal«, »Arbeit«; vgl. griech. *kopiaō, »müde werden«, »sich mühen« (vgl. Mt 11,28; Joh 4,38 etc.) und ergatēs*, »Arbeiter« (Mt 9,37f; 20,1f; Lk 10,2.7; Jak 5,4).

Im klass. Griech. bezeichnet das Verb *kopiaō* die Müdigkeit als »Produkt« der Arbeit; im NT bezieht es sich auf die Mühe der Arbeit selbst (vgl. Mt 6,28; 11,28; Lk 5,5; 12,27; Joh 4,38). Das Wort *ergatēs* bezieht sich auf das Geschäft oder Gewerbe, durch das die Menschen ihren Lebensunterhalt verdienen (Apg

19,25), ebenso auf den Gewinn, den ihre Arbeit abwirft (Apg 16,16.19), sowie auf die Mühe, die die Ausübung ihrer Beschäftigung mit sich bringt. In Eph 4,19 kommt *ergasia* in ethischer Bedeutung vor und bezeichnet den »Vollzug« sexueller Ausschweifung; vgl. *ergatēs* in Lk 13,27; 2Kor 11,13; Phil 3,2 und in gutem Sinn Mt 10,10; 2Tim 2,15. Die an einen Latinismus erinnernde lukanische Wendung *dos ergasian*, »gib dir Mühe!« (Lk 12,58), mit der die Warnung Jesu im Blick auf die Versöhnung mit einem Gegner betont wird, hat Lukas nach der Meinung mancher Forscher aus seiner Tätigkeit als Arzt übernommen, wo sich der Ausdruck auf die Herstellung einer Mixtur selbst, auf die »Arbeit« der Verdauung und auf die Lungen bezog. Die Wendung kommt jedoch auch in der LXX vor (vgl. Weish 13,19), die Lukas kannte.

I. ALLGEMEINE BEDEUTUNG. Der auswechselbare Gebrauch von Wörtern, die die Tätigkeit Gottes und des Menschen beschreiben, zeigt, daß A. eine von Gott verfügte Sache ist. A. war von Anfang an Gottes Absicht für den Menschen und wird in Ps 104,19-24; Jes 28,23-29 als Einrichtung der göttlichen Weisheit deklariert. Die Schöpfung selbst »arbeitet« (vgl. Spr 6,6-11). Die Tatsache der A. ist im 3. Gebot als integraler Bestandteil des Planes Gottes für den Menschen eingeschlossen. Die Sünde veränderte jedoch die A.: Sie ist nun keine Freude mehr, sondern Mühe (vgl. 1Mo 3,16-19). Die A. wurde eine Last, anstatt ein Segen zu sein; obwohl sie an sich nicht schlecht ist, hat sie doch ihren wahren Wert verloren. Sie wurde zum Anlaß für Sünde, und wenn sie zum Selbstzweck wird, endet sie in Götzendienst (vgl. Pred 2,4-11.20-23; Lk 12,16-22). Bei manchen wurde sie sogar zum Instrument der Ausbeutung und Unterdrückung (vgl. 2Mo 1,11-14; 2,23; Jak 5,4).

Die Erlösung verwandelt nun die A. und macht aus ihr wieder ein Instrument des Segens. Die Christen haben von Anfang an den Müßiggang verurteilt, auch wenn man ihn religiös zu rechtfertigen suchte (vgl. 1Thess 4,11; auch Eph 4,28; 1Tim 5,13). Jesus arbeitete als Zimmermann (Mk 6,3) und hat so die gewöhnliche A. gesegnet. Paulus ging ehrlicher A. nach und gab dadurch ein Beispiel (Apg 18,3). In seiner Erklärung in 2Thess 3,10 – »als wir bei euch waren, geboten wir euch: Wer nicht arbeiten will, der soll auch nicht essen« – stellt er praktisch ein Gesetz der Volkswirtschaft auf. Zugleich bildet ein von Jesus verkündetes Prinzip die Grundlage einer gerechten Gesellschaft: »Ein Arbeiter ist seines Lohnes wert« (Lk 10,7).

Dieses positive Verständnis der A., das die frühe Christenheit bestimmte, steht in auffälligem Kontrast zu der Verachtung der Handarbeit, wie sie in ihrer Umwelt verbreitet war. In der außerchristl. Antike standen diejenigen am höchsten, die andere für ihren Lebensunterhalt arbeiten lassen konnten. Daher wurde die Sklaverei zu einem tragenden Element der Wirtschaftsordung.

In der Erfahrung der Gnade Gottes bekommt die A. des Menschen einen neuen Wert. Sie wird um Gottes willen getan. Der Mensch, der arbeitet, wird selbst gesegnet, indem er Gottes Gnade zur Ausübung seiner A. zur Ehre Gottes empfängt. Diejenigen, die das Ergebnis solcher in einem neuen Geist geleisteten A. empfangen, haben auch einen Nutzen; und in allem wird Gott selbst verherrlicht. Solche A. geschieht »im« und »für« den Herrn (vgl. Röm 14,7f; Eph 6,5-9; Kol 3,23f). Auf diese Weise wird der Mensch ein Verwalter von Gottes Reichtum (vgl. 1Kor 4,1f; Mt 25,14-30) und ein Diener seines Nächsten (Mt 25,40; Gal 5,13; 1Petr 4,10). Die Echtheit des Glaubens eines Menschen zeigt sich am Ende in der Qualität seiner Werke (vgl. Mt 16,27, griech. *praxis*). Und doch wird die Annahme des Arbeiters am Ende ein Akt göttlicher Gnade sein (vgl. 1Kor 3,8-15; beachte besonders V. 10).

II. DER GEISTLICHE UND ETHISCHE BEZUG.
Der Begriff der A. nimmt Bezug auf Gottes Schöpfung. Dies wird besonders in den Psalmen betont. Gottes Werke sind groß und mannigfaltig (vgl. Ps 92,5; 104,24; 111,2 etc.). Sie preisen ihn unaufhörlich (145,4.9f), erklären seine Gerechtigkeit (145,17) und erfreuen ihn (104,31). Ähnliche Aussagen finden sich im NT (vgl. Joh 1,3; Apg 13,41; Hebr 4,10; Offb 15,3). Der Begriff wird auch für das Werk der Erlösung, das der Vater dem Sohn anvertraut hat, gebraucht, besonders bei Johannes.

Der Sohn kam, um das Werk des Vaters zu tun (vgl. Joh 4,34; 5,36; 9,4; 10,25.37 etc.). Er hat dieses Werk vollbracht (15,24; 17,4). Das heißt, daß dem Werk, das er getan hat, nichts hinzugefügt werden kann; es ist ein für allemal vollendet. Das Heil gründet sich deshalb nicht auf Werke oder auf Verdienst, sondern auf *Gnade. Aber der erlöste Mensch wird arbeiten, dienen, sich abmühen und sich dadurch dem Herrn empfehlen. Er wird »in jedem guten Werk« Frucht bringen (Kol 1,10; vgl. Gal 6,4; 2Thess 2,17; 2Tim 2,21 etc.). Wer besondere A. für Gott übernimmt, soll um seiner A. willen geachtet werden (vgl. 1Thess 5,13; auch Phil 2,29). Keine A. für Gott kann jedoch unabhängig vom Wirken seiner Gnade im Innern des Menschen getan werden (vgl.

Eph 2,10; 3,20; Phil 2,13; Kol 1,29 etc.). Dies ist das »Werk im Glauben« und die »Arbeit in der Liebe« (1Thess 1,3; vgl. 2Thess 1,11).

Literatur: F. Hauck: Die Stellung des Urchristentums zu Arbeit und Geld, 1921; G. Dautzenberg: Biblische Perspektiven zu Arbeit und Eigentum, in: Handbuch der christlichen Ethik 2, 1978, S. 342-362; W. Zimmerli: Mensch und Arbeit im AT, in: J. Moltmann: Recht auf Arbeit, 1979, S. 40-58; W. Bienert: Die Arbeit nach der Lehre der Bibel, 1954; H. Cremer: Arbeit und Eigentum in christlicher Sicht, 1907/[2]1984; M. Hengel: Die Arbeit im frühen Christentum, ThBeitr 17/1986, S. 174-212. H.D.McD.

Dieser Bronzelöwe aus Toprak Kale (dem alten Tuschpa am Ostufer des Van-Sees, Osttürkei) könnte Teil der Lehne eines königlichen Thrones gewesen sein. Ursprünglich war er vergoldet und mit bunten Steinen geschmückt. Höhe ca. 10 cm. 9.–8. Jh. v.Chr. (BM)

ARCHÄOLOGIE.

I. ALLGEMEINES.

Innerhalb der Wissenschaft der A. erforscht die Bibl. A. als Teildisziplin diejenigen Realien Palästinas und seiner Nachbarländer, die Bezug zu den Zeiten und Schriften der Bibel haben. Das wissenschaftliche Interesse gilt Überresten von Bauten, Kunstdenkmälern, Inschriften und sonstigen Gegenständen, die zum Verständnis der Geschichte, des Lebens und der Gewohnheiten der Hebräer und derjenigen Völker beitragen, die wie die Ägypter, Phönizier, Syrer, Assyrer und Babylonier mit ihnen in Berührung kamen und sie beeinflußten. Das Interesse an Orten und Zeiten, die in der Bibel erwähnt werden, gab den ersten Anstoß zu vielen der früheren Ausgrabungen, und das aufgrund der archäologischen Entdeckungen heute verfügbare, abgerundete Bild des historischen, rel. und ethischen Hintergrundes der Bibel hat in starkem Maße zur Erklärung, Veranschaulichung und Bestätigung bibl. Aussagen wie auch zur Widerlegung von nicht hinreichend auf Tatsachen gegründeten Theorien beigetragen.

Die Begrenzungen der A. resultieren aus den riesigen Zeiträumen und Flächen, die es zu erforschen gilt, und der Zufälligkeit der Erhaltung. Gegenstände aus Holz, Leder oder Tuch bleiben selten erhalten, und ihr Vorhandensein kann dann nur vermutet werden. Keine bibl. Stätte ist jemals vollständig ausgegraben worden, und wahrscheinlich wird das auch nie gelingen. Erst in jüngster Zeit haben exakte stratigraphische Verfahren Wissenschaftler in die Lage versetzt, detaillierte Vergleiche zwischen Ruinenstätten anzustellen. Dies hat zur Revision einiger früherer Annahmen geführt, wie z.B. der Kenyonschen Datierung der Mauern von Jericho auf einen um etliche Jahrhunderte früheren als den von Garstang angesetzten Zeitpunkt. Darüber hinaus besagt der Mangel an Inschriften aus Palästina selbst, daß unmittelbare außerbibl. Einblicke in die Gedankenwelt und Lebensweise der frühzeitlichen Menschengruppen selten sind. Da die A., ein Zweig der Geschichtswissenschaft, es in der Hauptsache mit Realien zu tun hat, vermag sie niemals grundlegende bibl. Wahrheiten wie z.B. die der Existenz und des Heilswerkes Gottes und Christi, des fleischgewordenen Wortes, zu »beweisen«.

In Palästina (d.h. den heutigen Staaten Israel und Jordanien) wurde die archäologische Technik der Staffeldatierung erstmalig entwickelt. 1890 erkannte Sir Flinders Petrie in Tell el-Hesi, daß man dort anhand der keramischen Erzeugnisse und anderer Kleinfunde verschiedene Besiedlungsschichten unterscheiden konnte. Dieses Datierungsverfahren nach typologisch-stratigraphischen Gesichtspunkten wird heute weltweit angewandt; in Palästina wurde es von späteren Ausgräbern verbessert, besonders in Beit Mirsim, *Samaria, *Lachisch und *Jericho. Durch Vergleiche zwischen Ruinenstätten innerhalb Palästinas und in seinem weiteren Umkreis wurde ein Netz von zueinander in Beziehung stehenden Funden erstellt, das in Verbindung mit den Schriftzeugnissen eine bemerkenswert engmaschige Chronologie vom 4. Jt. v.Chr. an liefert. Zeitlich höher hinaufreichende Daten sind immer noch ungenau, wenn der Radiokarbonmethode auch einige Aufschlüsse zu verdanken sind. Die Tabelle (S. 100) enthält die derzeit gültigen Bezeichnungen für diese archäologischen Perioden.

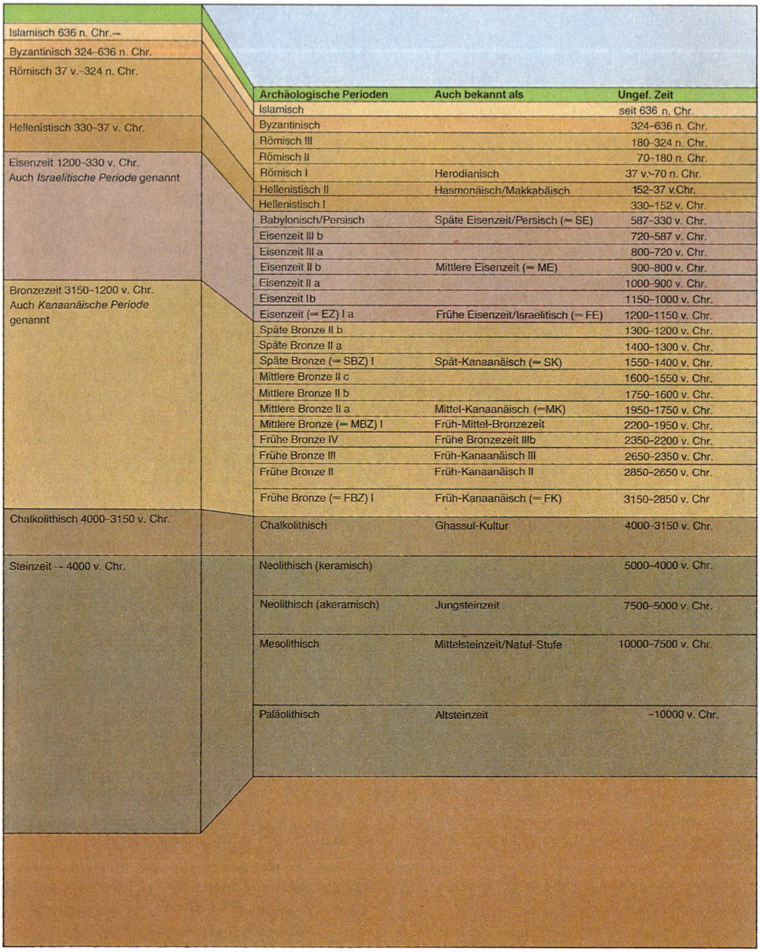

Archäologische Perioden	Auch bekannt als	Ungef. Zeit
Islamisch		seit 636 n. Chr.
Byzantinisch		324–636 n. Chr.
Römisch III		180–324 n. Chr.
Römisch II		70–180 n. Chr.
Römisch I	Herodianisch	37 v.–70 n. Chr.
Hellenistisch II	Hasmonäisch/Makkabäisch	152–37 v.Chr.
Hellenistisch I		330–152 v. Chr.
Babylonisch/Persisch	Späte Eisenzeit/Persisch (= SE)	587–330 v. Chr.
Eisenzeit III b		720–587 v. Chr.
Eisenzeit III a		800–720 v. Chr.
Eisenzeit II b	Mittlere Eisenzeit (= ME)	900–800 v. Chr.
Eisenzeit II a		1000–900 v. Chr.
Eisenzeit I b		1150–1000 v. Chr.
Eisenzeit (= EZ) I a	Frühe Eisenzeit/Israelitisch (= FE)	1200–1150 v. Chr.
Späte Bronze II b		1300–1200 v. Chr.
Späte Bronze II a		1400–1300 v. Chr.
Späte Bronze (= SBZ) I	Spät-Kanaanäisch (= SK)	1550–1400 v. Chr.
Mittlere Bronze II c		1600–1550 v. Chr.
Mittlere Bronze II b		1750–1600 v. Chr.
Mittlere Bronze II a	Mittel-Kanaanäisch (=MK)	1950–1750 v. Chr.
Mittlere Bronze (= MBZ) I	Früh-Mittel-Bronzezeit	2200–1950 v. Chr.
Frühe Bronze IV	Frühe Bronzezeit IIIb	2350–2200 v. Chr.
Frühe Bronze III	Früh-Kanaanäisch III	2650–2350 v. Chr.
Frühe Bronze II	Früh-Kanaanäisch II	2850–2650 v. Chr.
Frühe Bronze (= FBZ) I	Früh-Kanaanäisch (= FK)	3150–2850 v. Chr
Chalkolithisch	Ghassul-Kultur	4000–3150 v. Chr.
Neolithisch (keramisch)		5000–4000 v. Chr.
Neolithisch (akeramisch)	Jungsteinzeit	7500–5000 v. Chr.
Mesolithisch	Mittelsteinzeit/Natuf-Stufe	10000–7500 v. Chr.
Paläolithisch	Altsteinzeit	–10000 v. Chr.

Einteilung archäologischer Epochen.

II. VORGESCHICHTE.
Im Vorderen Orient trat der Mensch erstmalig in der Altsteinzeit als Jäger und Sammler in Erscheinung. Überreste dieser Epoche wurden in den Höhlen des Karmelgebirges (*Wādi mugāra*), Ekron und Nahal Oren gefunden. Später ist er als Jäger und Sammler wieder in der sog. »neolithischen Revolution« nachweisbar. Viele Forscher konstatieren frühzeitliche Verbindungen mit dem vorgeschichtlichen Europa eher als mit Afrika und Verwandtschaftsbeziehungen zur Gruppe des europäischen Neandertalers. Um 9000 v.Chr. datierte Freilandsiedlungen mit Behausungen begegnen in Shanidar (Irak), Eynan (Hule-See), Jericho und Beidha (bei Petra). Diese leiten zum präkeramischen Neolithikum über, in dem die produzierende Wirtschaftsweise entwickelt wurde. In Jericho finden sich zu dieser Zeit (ca. 7500 v.Chr.) massive Fortifikationen sowie aus Lehm zu Gesichtern ausgeformte Schädel und Figurinen von unbekannter Bedeutung. Jungsteinzeitliche Fundstätten wurden in Jarmuk und Galiläa (*schʿar haggōlān*) entdeckt. Diese datieren aus der gleichen Zeit

wie Siedlungen im Niltal, auf Zypern und im Tigristal (Jarmo).

Aus der Kupfersteinzeit wurden im Jordantal, bei Teleilat Gassul, Jesreel bei Gaza, im nördl. Negeb, auf dem Golan und in ʿEn Gidi Wandmalereien, Buntkeramik und einfache Kupferäxte entdeckt. Der Gebrauch von Metall breitete sich allmählich immer weiter aus, und Tonmodelle zeigen, daß unterirdische Speicher (Abu Matar), ausgehauene Zisternen und einige Behausungen gewölbte Dächer aufwiesen.

Der Übergang zur Frühbronzezeit ist in Palästina nicht deutlich erkennbar. Einige konstatieren ihn in einer Anzahl Siedlungen, die sich später zu Stadtstaaten entwickelten (*Megiddo, *Jericho, *Bet-Schean, Bet-Jerach und Tell el-Fara bei Sichem) oder zeitweilig verlassen wurden (*Samaria und Tell en-Nasbe). Eindringlinge, vermutlich frühere Nomaden aus dem N oder O, brachten einen neuen Keramiktyp mit und bestatteten ihre Toten in Massengräbern, die in Felsen gehauen wurden. In diesen Gräbern befanden sich bisweilen vom vorangehenden Spätchalkolithikum her bekannte Keramiktypen, polierte Jesreel-Ware und Buntkeramik, wie sie später in großen Mengen vorkommen (Frühe Bronzezeit I). Zur Bezeichnung dieser, der protoliterarischen (Dschemdet-Nasr-)Zeit im Irak (ca. 3200 v.Chr.) entsprechenden Periode, hat man den Ausdruck protourban gewählt.

III. KANAANÄISCHE (BRONZE-)ZEIT. Städte mit Lehmziegelmauern erscheinen erstmalig in der Frühbronzezeit I. Gleichzeitig unterscheidet sich die Keramik des N (Bet-Jerach, Stratum II; Bet-Schean, Stratum XI) von der auf dem *Ofel (Jerusalem), in *Geser, *Ai, *Jericho (VI-VII) und Tell en-Nasbe gefundenen des S. Die Städte im N blühen in der Frühbronzezeit II, ca. 2900 v.Chr., (Megiddo, Str. XVI-XVII; Bet-Jerach, Str. III; Bet-Schean, Str. XII); im S wird ägypt. Einfluß sichtbar (Jericho, Str. IV). Die gut entwickelte Unterstadt von *Arad (Str. IV-I) mit ihren Zwillingstempeln zeigt Ähnlichkeiten mit den nordkanaan. Städten (vgl. *Ai). Texte aus *Ebla (Syrien), ca. 2300 v.Chr., erwähnen bereits aus späterer Zeit bekannte Orte, z.B. *Lachisch, *Hazor, *Megiddo, *Gaza. Bemerkenswerte Entwicklungen vollziehen sich, unter denen eine feine neue »Khirbet Kerak«-Ware besondere Erwähnung verdient, die die allmähliche Verbesserung der keramischen Technik in Palästina und Syrien belegt.

Um 2000 v.Chr. begannen Menschen mit spezifischen Bestattungssit- ten, keramischen Erzeugnissen und Waffen einzuwandern, wahrscheinlich die halbnomadischen *Amoriter (z.B. Tell el-Ajjul, Jericho, Megiddo). Diese waren nomadisierende Gruppen, deren Anwesenheit im palästinischen Bergland später von den eindringenden Israeliten (4Mo 13,29; Jos 5,1; 10,6) und von den ägypt. Ächtungstexten (*Ägypten.E.) konstatiert wurde.

Andere Keramiktypen, Waffen und Bestattungssitten zeigen, daß dort Menschen lebten, die mit den Stadtstaaten Syriens und Phöniziens in Verbindung standen, und bald beginnen dann die zahlreichen typisch kanaan. Stadtstaaten in Erscheinung zu treten. Unter ihren Königen dürften die asiat. »Fürsten der Fremdländer« (Hyksos) gewesen sein, die Ägypten um 1730 v.Chr. überrannten. Es war eine Zeit des Wohlstands, freilich auch häufiger Kriege zwischen den Städten. Die größeren Städte hatten eine Zitadelle und eine von hohen Wällen umschlossene Unterstadt (z.B. Karkemisch, Qatna, Hazor, Tell el-Jehoudijeh in Ägypten).

In der Mittelbronzezeit sickerten halbnomadische Gruppen wie die Chabiru, unter denen sich vielleicht auch die bibl. Patriarchen befanden, in das mit Buschwerk bewachsene Land zwischen den befestigten Städten ein (*Patriarchen). Die Gräber solcher Leute wurden in Jericho entdeckt. Die Städte und ihre Häuser (z.B. Beit Mirsim, Megiddo und Jericho) blieben klein und erfuhren bis zu ihrer gewaltsamen Zerstörung (Sp Br-Zeit), wahrscheinlich durch die die Hyksos zurückschlagenden Ägypter (Thutmosis III., ca. 1450 v.Chr.), wenig Änderungen. Trotz Handelsbeziehungen zum östl. Mittelmeer (mykenische Keramik) waren die Bergstädte Palästinas jetzt ärmer als die ihnen benachbarten phönizischen Städte.

Die größeren Städte wurden wieder besiedelt, doch nur, um später, im 13.Jh.v.Chr., erneut verwüstet zu werden. In den ausgebrannten Ruinen von Hazor, Bethel, Beit Mirsim (Debir?) und Lachisch hat man Spuren des israelit. Angriffs unter Josua sehen wollen, doch ist diese Hypothese nicht nachprüfbar. Nach dem AT steckte Josua nicht viele Ortschaften in Brand. In Jericho hat man festgestellt, daß die Stadt ca. 1325 v.Chr. verlassen wurde, doch weiß man jetzt, daß die früher in die Sp Br-Zeit datierten eingefallenen Mauern (Garstang) in der Fr Br-Zeit zerstört wurden (Kenyon).

In den spbrzeitl. Fundstätten Kanaans hat man Beispiele von mindestens sechs verschiedenen *Schriftsystemen gefunden: der babylon. Keilschrift, der ägypt. hieroglyphischen und hieratischen Schrift, des kanaan. linearen Alphabets, von dem das hebr. und das griech. Alphabet abstammen, sowie eines mit dem von *Ugarit verwandten Alphabets von 25 bis

30 Keilschriftzeichen, der Silbenschrift von Byblos und Schriften des zyprisch-mykenischen Typs.

Streiflichter auf die rel. Handlungen der Kanaaniter werfen die Überreste von Tempeln und Heiligtümern in *Hazor, *Lachisch, *Megiddo, *Arad und an anderen Orten mit *Altären, Opfertischen und Kultobjekten. Metallfigurinnen, die *Baal, und Tonfigurinen, die *Astarte darstellen, begegnen überall. Roll-*Siegel zeigen ebenfalls Götter und Göttinnen; eines aus Bethel trägt den Namen Astarte in ägypt. Schrift.

(Für eine neue Darlegung der archäologischen und sonstigen Zeugnisse für eine Datierung des Auszugs aus Ägypten ins 15.Jh.v.Chr. siehe J.J. Bimson: Redating the Exodus and Conquest, 1978.)

IV. ISRAELITISCHE (EISEN-)ZEIT.
Im 12. Jh. v.Chr. bezeugt eine neue, von spätmykenischen Formen inspirierte, jedoch mit örtlichen palästin., zyprischen und ägypt. Elementen durchsetzte Buntkeramik die Seßhaftwerdung der Philister im südwestl. Kanaan. Das Fehlen von Belegen für diese philistäische Ware an den bisher als *Gat identifizierten Orten stellt ein Problem dar, kommt sie sonst doch in ganz Philistäa, der Niederung von *Debir bis *Geser und bis hin nach *Joppe im N vor. An von anderen Seevölkern bewohnten Plätzen fehlt sie und wird, von kleinen, auf Handel zurückzuführende Mengen abgesehen, zunächst auch im zentralen Bergland (*Gibea, *Jerusalem, Bet-Zur, Tell en-Nasbe) nicht angetroffen. Doch hat man Spuren philistäischen Vordringens nach *Silo und *Bet-Schean um 1050 v.Chr. entdeckt. Diese Philister waren die ersten, die in Palästina Eisen verwendeten (ein Eisendolch und -messer in einem Grab in Tell el-Fara), und die Israeliten konnten dieses Monopol und ihre sich daraus ergebende wirtschaftliche Überlegenheit nur langsam brechen (1Sam 13,19-22). Prosperierende und gut konstruierte kanaan. Festungen hielten sich noch mindestens ein Jh. lang (Bet-Schean). Die Israeliten bauten in der Richterzeit entweder bescheidene Häuser (*Bethel), wohnten im Erdgeschoß eroberter kanaan. Gebäude (Beit Mirsim) oder hausten in primitiv gebauten eigenen Dörfern (Gat, Rakkath). Ihre Keramik war im Vergleich zu der der Kanaanäer gleichfalls primitiv und dürftig.

Sauls Zitadelle in *Gibea (Tell el-Ful) zeigt, wie die Israeliten sich im N durch ein entwickeltes System von Kasemattenmauern schützten, die ein charakteristisches Merkmal dieser Stilepoche (*Festungsbau und Belagerungstechnik) waren. Der Lebenszuschnitt dort war einfach, wenn auch schon durch ein paar importierte Waffen aus Eisen gekennzeichnet. Ähnliche Kasemattenmauern in *Sichem wurden vielleicht von *Abimelech aufgeführt (Ri 9), während die von Beit Mirsim und *Bet Schemesch möglicherweise Judas Befestigung gegen die Philister durch David widerspiegeln. Sonst konnte bisher mit Ausnahme der Mauern und Befestigungswerke auf dem SO-Hügel von Jerusalem kein Gebäude mit Sicherheit der Regierungszeit Davids zugeschrieben werden.

Freilegen von Elfenbeingegenständen bei Ausgrabungen in Kalach/Nimrud. (DJW)

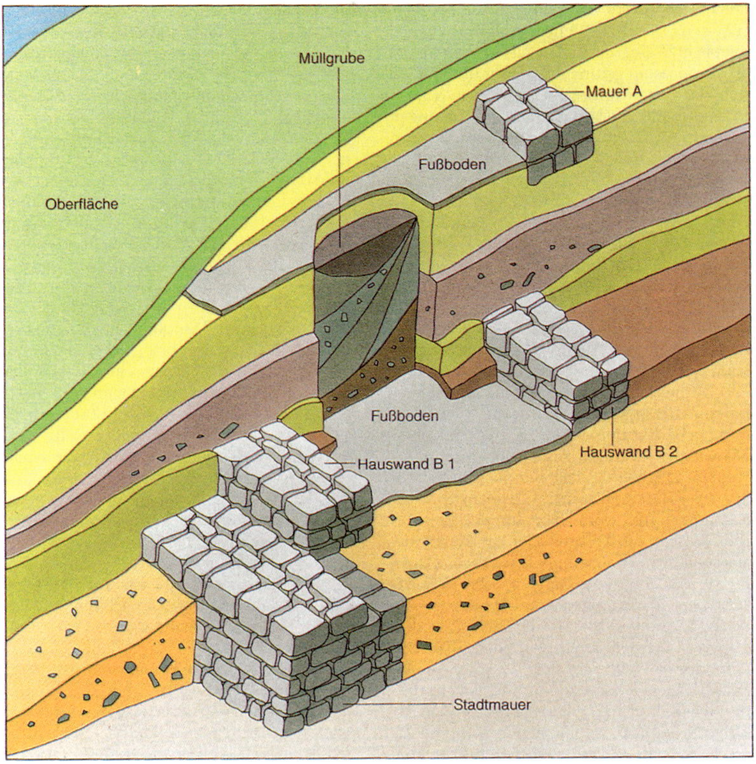

Schematischer Schnitt durch einen Teil (Ruinen-Hügel). Von dem jüngsten Gebäude sind noch Mauer A und der Boden erhalten: die ursprünglich gegenüberliegende Mauer wurde durch Erosionsbewegungen am Rand des Hügels zerstört. Eine Müllgrube ist eingesenkt in den Schutt eines älteren, danebenliegenden Hauses (Mauern B 1 und B 2) und reicht bis zu dessen Boden.

Das Zeitalter Salomos zeigt eine Zunahme des Gebrauchs von Eisen und verbesserte Bauverfahren. Die Torbauten in Hazor, Geser und Megiddo ließ er nach dem gleichen Plan anlegen (1Kön 9,15). In Megiddo und Hazor wurden Residenzen für Bezirksstatthalter errichtet, desgleichen in Lachisch und Bet Schemesch, dort mit großen Speichern zur Aufnahme der Naturalabgaben. Außerdem liegen Zeugnisse für ein ausgedehntes Programm zum Bau regionaler Verwaltungsämter vor. Der materielle Wohlstand der Regierungszeit Salomos muß großenteils auf der Schaffung und dem Ausbau einer Vielzahl von *Bergbauanlagen für Kupfer- und Eisengewinnung beruht haben. Über Ezjon-Geber (*Elat) am Golf von Aqaba wurden viele Verbrauchsgüter auf dem Wasserwege (*Schiffe) eingeführt. Ein in Tell Qasile gefundener Topf mit der Inschrift »Gold aus Ophir« bezeugt diesen Handel.

Die Niederwerfung der Philister öffnete einer unbestrittenen Ausdehnung des Handels mit Phönizien den Weg. Diese spiegelt sich im Bau des Salomonischen Tempels wider. Der Plan orientierte sich, wie zuvor schon in Hazor und Hattina, an syr.-phönizischen Vorbildern. Der Eingang war von zwei freistehenden Säulen (vgl. *Jachin und Boas) flankiert und führte durch eine Vorhalle unmittelbar in das Heilige (*hekāl*) und weiter in das kleine Allerheiligste (*d*e*bir*). Eine Besonderheit des Salomonischen Tempels war ein Umbau mit geräumigen Magazinen, die als Schatzkammern dienten. Eine Parallele zur Ausschmückung des *Tempels mit seinen *Cherubim, Palmen, dem Blumenwerk und den Goldblechen bieten zeitgenössische Elfenbeinschnitzereien, wie sie in *Samaria, Arslan Tasch (Syrien) und *Nimrud (Irak) gefunden wurden und aus einer früheren *Kunst-Epoche auch in *Ugarit bezeugt sind. Im Verlauf der Ausgrabungen wurden außerdem *Altäre, Ständer, Zangen und Gerätschaften gefunden.

Der Einfall *Schischaks I. von Ägypten, ca. 926 v.Chr., hatte Zerstörungen bis nach Tell Abu Huwam im N hin sowie in Beit Mirsim und Bet Schemesch (Str. IIa) zur Folge. Die Zeit nach der Reichsteilung ist durch eine Anzahl Ausgrabungen erhellt worden. Für *Tirza (Tell el-Fara) konnte de Vaux nachweisen, daß die Stadt nach dem 10. Jh. v.Chr. verödete, nachdem *Omri (1Kön 16,23f) die Hauptstadt nach *Samaria verlegt hatte, wo er bessere Verbindungen zu den phönizischen Seehäfen hatte. In Samaria wurde die Anhöhe als königliche Residenz angelegt und mit einer Mauer aus sorgfältig zugehauenen Quadersteinen umgeben. Viele der in Omris und *Ahabs Palast gefundenen Elfenbeinschnitzereien stammten womöglich von den Einlegearbeiten für die Wände oder die Innenausstattung des »Elfenbeinhauses« Ahabs (1Kön 22,39; Am 6,4), und einige weisen phönizische Zeichen auf, wie sie bei *Elfenbein-Arbeiten häufig vorkommen. Die Schrift ist dieselbe wie die der Inschrift auf dem in Dibon gefundenen Denkstein des *Mescha, die die Beziehungen zwischen ihm und Israel schildert (ca. 825 v.Chr.; *Meschastein). Im Palasthof von Samaria befand sich eine offene Zisterne oder ein »Teich«, vielleicht der, an dem das Blut von Ahabs Wagen abgewaschen wurde (1Kön 22,38). Dreiundsechzig Ostraka als Begleitschreiben zu Wein- und Öllieferungen an den Hof legen von dem Verwaltungsapparat, wahrscheinlich unter *Jerobeam II., Zeugnis ab. Amtsgebäude ähnlich denen von Samaria (Str. I) wurden in *Bet-Schean (Str. V) und *Megiddo (Str. V) entdeckt. In Megiddo, Hazor und Beerscheba wurden große Getreidesilos aufgedeckt, in denen die Naturalabgaben gespeichert wurden. Die Stadt Hazor (Str. VIII) scheint Ahab durch Umwallung der ganzen Anhöhe um die Zitadelle erweitert zu haben. Dort sollten ebenso wie in Samaria (Str. II = Zeit Jehus) die nun aufgeführten soliden Wehrmauern bis zu den hellen. Umbaumaßnahmen, ca. 150 v.Chr., Bestand haben. Um 800 v.Chr. wurde Tell el-Fara als örtliche Residenz eines Statthalters mit luxuriösen Privathäusern in der Nähe neubesiedelt. Die dort gefundene Keramik ähnelt der von Samaria (Str. IV), wo Jerobeam II. residierte.

Tell en-Nasbe (*Mizpa) und *Gibea wurden nach der Reichsteilung als Grenzstädte neu befestigt. Beide Orte wurden nach demselben Plan und mit ähnlichem Material wiederaufgebaut, was vielleicht zeigt, daß dies das Werk des *Asa war, nachdem er die nahegelegene Feste des *Bascha in *Rama zerstört hatte (1Kön 15). Der Einfall Tiglatpilesars III. von Assyrien, ca. 734 v.Chr., führte zur gründlichen Zerstörung von Hazor (Str. V) und Megiddo (Str. IV). Eine in den Trümmern von Hazor gefundene Tonscherbe mit der Inschrift *lpah* (»dem *Pekach gehörig«) erinnert daran, daß nach 2Kön 15,29; 16,5-8 und den assyr. Annalen Pekach zu dieser Zeit dort regierte. Derselbe Assyrerkönig erwähnte (Jo)-ahas, dessen Tribut in 2Kön 16,8 verzeichnet ist.

722 v.Chr. schloß Sargon II. die Belagerung von Samaria ab und führte, wie er angibt, 27 290 Gefangene »und ihre Götter« aus der Stadt und dem Bezirk weg, um an ihrer Stelle Ausländer anzusiedeln (2Kön 17,24). Archäologisch läßt sich dies durch die armselige und nur teilweise Besiedlung der Ortslage nachweisen, wo sich auch importierte assyr. und ausländische Keramiktypen fanden. Von da an war Israel Assyrien untertan und seinem Einfluß ausgesetzt. Als Juda das assyr. Vordringen nach Ägypten bedrohte, zog Sanherib mit seinem Heer südwärts und plünderte 701 v.Chr. auf dem Marsch nach Juda Megiddo (Str. IV), Samaria und Gibea. Der auf einem assyr. Wandrelief dargestellte Fall von *Lachisch ist durch die Funde von Rüstungen, Waffen und Helmen gefallener Assyrer unweit des Wegs zum Haupttor der Stadt bestätigt worden. Ein Gemeinschaftsgrab für 1500 Gefallene ließe sich in diese Zeit datieren. Hiskia, den »wie einen Käfigvogel in seiner Hauptstadt Jerusalem eingeschlossen« zu haben Sanherib sich rühmt, konnte der assyr. Belagerung seiner Hauptstadt u.a. deshalb standhalten, weil er in kluger Voraussicht einen 500 m langen Tunnel hatte bauen lassen, der das Wasser der Gihonquelle in die Stadt leitete (2Kön 20,20; 2Chr 32,30). Die 1880 n.Chr. im *Siloah-Tunnel entdeckte Inschrift ist eine der längsten überlieferten Monumentalinschriften auf hebr. (DOTT, S. 209-211). Von anderen hebr. Schriftzeugnissen jener Zeit ist eine Grabinschrift für *Schebna (?) bemerkenswert.

Die Heftigkeit, mit der *Josia sich Ägypten widersetzte, wird in der Zerstörung von Megiddo (Str. II, 609 n.Chr.) durch den auf dem Marsch nach *Karkemisch begriffenen *Necho offenbar. Ausgrabungen zeigen, daß Megiddo bald darauf durch Feuer zerstört wurde. Dies geschah während der Schlacht 605 v.Chr., in deren Verlauf *Nebukadnezar II. die Stadt einnahm. Er überrannte ganz Syrien und Palästina, die dann den Babyloniern untertan wurden (so die Babylonische Chronik). Als Juda sich empörte, wurde eine strenge Bestrafung unvermeidlich. Die Babylonische Chronik schildert die Einnahme von Jerusalem am 16. März 597 v.Chr. Viele Städte und Festungen in Juda, aber nicht im N, zeigen die Spuren der Verheerungen, die die angreifenden Babylonier damals anrichteten. Nach *Zedekias Aufstand während des Krieges 589/587 v.Chr. wurden einige Orte zerstört und nie wiederbesiedelt (*Bet-Schemesch, Tell Beit Mirsim). 21 in *Lachisch (Str. III) gefundene beschriftete Tonscherben geben von den Ängsten der Verteidiger Kunde (DOTT, S. 211-217).

Archäologische Bestandsaufnahmen zeigen, daß das Land während des Exils stark verarmte, wenngleich die königlichen Güter in Juda weiterhin im Namen *Jojachins verwaltet wurden, der in Texten aus seinem Gefängnis in Babylon genannt wird. Stempel-Siegel des Eljakim, des Ministers des Jaukin, *Siegel des Jaasanja aus Tell en-Nasbe und des Gedalja aus Lachisch (2Kön 25,22-25) legen Zeugnis von der Tätigkeit dieser verantwortlichen Staatsmänner ab.

Die Wiederbesiedlung Judas ging langsam vor sich, und Ausgrabungen zeigen, daß es erst im 3. Jh. v.Chr. wieder dieselbe Bevölkerungsdichte aufwies wie in früheren Zeiten. Samaria, Bethel, Tell en-Nasbe, Bet-Zur und Geser waren jedoch fast ständig bewohnt, und Grabanlagen in *ʿatlīt* (Karmel) und Tell el-Fara (Negeb) erbrachten Keramik- und pers. Kleinfunde aus der Eisenzeit III. Die Perser ließen ein gewisses Maß an lokaler Selbstverwaltung zu, und im 5. Jh. v.Chr. tauchen erstmalig Eigenmünzen der Städte auf, die im 3. Jh. v.Chr. dann in Fülle vorkommen. Die meisten sind Nachahmungen attischer Drachmen, doch einige weisen hebr.-aram. Inschriften auf (*jehud*, »Juda«), ähnlich jenen, die man auf der jüd. Münze fand, die außerdem eine männliche, auf einem Streitwagen sitzende und

Das Luftbild zeigt Tell Beerscheba mit Ausgrabungsstätten. (TAU)

einen Falken haltende Gottheit zeigt (frühes 4.Jh.v.Chr.; siehe IBA, Abb. 96). Dies ist möglicherweise ein frühes Beispiel für den Gebrauch des *Geldes. Viele Krughenkel dieser Zeit tragen Siegelaufschriften, wie z.B. »Juda« (*yhd*), »Jerusalem« (*yrsim*) oder den Ortsnamen »Mosa«. Der Einfluß der Griechen wuchs ständig durch die Einfuhren, die sie über ihre Handelskolonien an der Küste tätigten. Attische rotfigurige und später ionische und attische schwarzfigurige Ware findet man in wachsender Zahl. Seit der Errichtung des »idumäischen« Reiches blühte der Handel von *Arabien her. Über Südpalästina herrschte ein Araber, Geschem (Neh 6,1); der Name dieses »Königs von Kedar« erscheint auf Silberschalen, und es ist möglich, daß die in Lachisch vermutete, dem parthischen Palast im babylon. Nippur ähnelnde pers. Residenz eines seiner Verwaltungszentren war. Pers. Silbergefäße wurden in Geser und Saruhen ausgegraben. In Tell Jemme, Lachisch und anderen Grabungsplätzen hat man geschmückte Räuchervasen aus Kalkstein gefunden, die die gleiche Form wie Funde aus Babylonien und Südarabien haben.

V. FORSCHUNGSGESCHICHTE.
Nach der Reformation lebte das Interesse an den traditionellen bibl. Orten wieder auf, und es erschienen viele Berichte von Palästinareisenden. Doch erst 1838 untersuchten die Amerikaner E. Robinson und E. Smith erstmalig planmäßig Oberflächenreste und identifizierten mehrere alte Ortslagen mit in der Bibel genannten Stätten. Die erste Ausgrabung wurde von dem Franzosen de Saulcy 1863 in der Nähe von Jerusalem durchgeführt, und daran schloß sich 1865-1914 eine Reihe von Geländeaufnahmen im Auftrag des Palestine Exploration Fund an. Folgende Gebiete wurden bereist und kartographiert: Westpalästina, *Kadesch (Conder), *Galiläa und die *Araba (Kitchener), die Wüste des Auszugs aus Ägypten (Palmer) sowie einige Ortslagen, darunter *Kapernaum, *Samaria und *Cäsarea (Wilson). Das Interesse konzentrierte sich auf Jerusalem selbst, wo man durch Ausheben von Schächten und Stollen die Fundamente von Mauern aufdeckte, und zwischen 1876 und 1928 wurden Felsgründe und Teile der Südmauer sowie Tore und der *Ofel erforscht. Im Anschluß an die 1890 durch Sir Flinders Petrie vorgenommene Ausgrabung des *Tell el-Hesi*, die auf der Basis von Vergleichen mit Ägypten die erste relative Keramikchronologie und den ersten Schichtungsbefund erbrachte, haben unter Leitung von amerikanischen, britischen, deutschen, französischen und israelischen Gelehrten viele wissenschaftliche Expeditionen an verschiedenen Grabungsplätzen gearbeitet, und zwar hauptsächlich in *Geser, *Taanach, *Megiddo, *Samaria, *Sichem und *Bet-Schemesch. Die von N. Glueck in Jordanien (ab 1933) und den Israelis im Negeb durchgeführten Aufnahmen noch freistehender Baureste haben die Erstellung detaillierter archäologischer Karten ermöglicht.

1920 regte die Antikenverwaltung der Mandatsregierung Palästinas die Ausarbeitung sorgfältiger Techniken und Interpretationsverfahren an, und bald schon wurde der Keramikschatz in ein chronologisches System eingeordnet (besonders von Albright in Gibea und auf dem *Tell Beit Mirsim*, später verfeinert). Vergleiche mit an anderen Plätzen des Alten Orients gemachten ähnlichen Funden wurden angestellt. Während die Arbeiten an den Grabungsplätzen der Zeit vor dem 1. Weltkrieg fortgesetzt wurden, nahmen andere *Aschkelon, *Bet-Schean, *Gibea, Ofel, *Silo, *Ai, *Bethel, Bet-Eglaim, *Bet-Zur und, besonders intensiv, *Jericho, *Lachisch, Ghassul, Tell en-Nasbe, Tell Beit Mirsim (Kirjat-Sepher oder *Debir) und *Tirza unter den Spaten. Nach dem 2. Weltkrieg wurden die Arbeiten an den meisten dieser Ortslagen wieder aufgenommen und mit der Ausgrabung von *Bethel, *Cäsarea, Der ʿAlla, *Dotan und *Gibeon begonnen. Die neuere israelische archäologische Forschungsrichtung, darunter Gelehrte wie Mazar, Yadin und Aharoni, hat u.a. in Akko (*Ptolemais), *Arad, *Aschdod, *Beerscheba, *Dan, *En-Gedi, *Masada, Tell es-Serīʿa, Tell Mor, Tell Qasile, Rās el-Ēn (*Afek?) und auf der Sinai-Halbinsel Grabungen durchgeführt.

Außerdem sind in Buseira (*Bozra), *Heschbon, Madeba, Petra und Ezjon-Geber (*Elat) wichtige Ausgrabungen vorgenommen worden. Die Ergebnisse aller dieser Forschungen sind regelmäßig in Fachzeitschriften (für einige s. die Literaturhinweise), archäologischen Handbüchern und Monographien über einzelne Grabungsplätze veröffentlicht worden. Eine kontinuierliche Erweiterung unserer Kenntnisse über die bibl. Länder und Zeiten ist zu erwarten.

VI. INSCHRIFTEN (AT).
Viele Ausgrabungen haben zur Entdeckung von Schriftzeugnissen in Archiven und als Einzelfunde geführt. Diese zeigen auf unterschiedlichen Materialien verschiedene Schriftformen. Von einem Vergleich solcher Inschriften, besonders der genau datierbaren aus *Ägypten, *Assyrien und *Babylonien, mit den im AT auf uns gekommenen Urkunden sind wertvolle Aufschlüsse zu erwarten.

Der 50 m hohe Ruinen-Hügel von Sultan Tepe, Türkei, nahe Harran, wurde aufgrund von Oberflächenfunden identifiziert. (DJW)

Einige enthalten direkte Hinweise, andere veranschaulichen die weite Verbreitung des Schriftbesitzes und der literarischen Formen im gesamten Alten Orient. Hervorbringungen dieser literarischen Schulen finden sich in Palästina ebenso wie einheimische und örtliche Schriftzeugnisse auf *Papyri und Ostraka, *Siegeln und Münzen (*Geld), Steinen, Holz und anderen Oberflächen.

Einige Urkundensammlungen und Archive sind für Vergleiche mit dem AT von besonderer Bedeutung. Für *Ägypten gilt dies von den Ächtungstexten (ca. 1800 v.Chr.) und für Syrien von den Texten aus *Ebla (ca. 2300 v.Chr.), *Mari und *Ugarit (Ras Schamra). Während diese und die Texte aus *Nuzi (15. Jh. v.Chr.) und *Amarna (14. Jh. v.Chr.) die Frühgeschichte bis zur Patriarchenzeit veranschaulichen, erhellen spätere Ostraka aus *Samaria und *Lachisch den Hintergrund der späteren Königreiche Israel und Juda. Andere Inschriften veranschaulichen die Entwicklung der *Schrift während der ganzen atl. Zeit.

Wer auf dem Gebiet der bibl. (palästin.) A. forscht, muß Vergleiche anstellen sowohl mit den allg. Zeugnissen der Nachbarländer *Ägypten, *Syrien, *Assyrien und *Babylonien als auch mit den besonderen Aspekten, z.B. *Kunst und *Architektur, und deren spezifischen Aspekten wie Bauweise, *Palast, *Haus und Artefakte (z.B. *Altar, *Amulette, *Glas, *Töpferei, *Geld) und Ortslagen (z.B. *Jerusalem usw.).

Literatur: Ausgrabungsorte: E.K. Vogel: Bibliography of Holy Land Sites, 1972; Einzelheiten veröffentlichen laufend u.a. folgende Fachzeitschriften: The Biblical Archaeologist (American Schools for Oriental Research); Israel Exploration Journal, Iraq, Levant, Palestine Exploration Quarterly. Texte: ANET, ANEP, DOTT. Ausgewählte Literatur: W.F. Albright: Archäologie in Palästina, 1962; E. Anati: Palestine before the Hebrews, 1962; M. Avi-Yonah: Encyclopedia of Archaeological Excavations in the Holy Land, 1976/77; H. Nissen: Grundzüge einer Geschichte der Frühzeit des Vorderen Orients, 1983; V. Fritz: Einführung in die biblische Archäologie, 1986; S. Lloyd: Die Archäologie Mesopotamiens, 1981; G.L. Harding: Auf biblischem Boden, Die Altertümer in Jordanien, 1961; K.M. Kenyon: Archaeology in the Holy Land, [4]1979; K.A. Kitchen: Alter Orient und Altes Testament, o.J. (1966); A.R. Millard: The Bible BC; What can archaeology prove?, 1977; P.R.S. Moorey: The Bible Lands, 1975; S.M. Paul/W.G. Devers: Biblical Archaeology, 1973; D. Winton Thomas (Hrsg.): Archaeology and Old Testament Study, 1967; D.J. Wiseman: Illustrations from Biblical Archaeology, 1962; Peoples of Old Testament Times, 1973; G.E. Wright: Biblische A., 1958; E. Yamauchi: The Stones and the Scriptures, 1973. D.J.W.

VII. DIE HELLENISTISCHE UND RÖMISCHE ZEIT.

Als der Mazedonier Alexander der Große 332 v.Chr. Palästina als Teil des früheren Perserreiches eroberte, wurde das Land dem hellen. Einfluß noch stärker als bisher ausgesetzt. Nach Alexanders Tod bremsten Zwistigkeiten unter seinen Generälen diese Entwicklung jedoch. Den von 332 bis 200 v.Chr. herrschenden Lagiden kann man nur einzelne keramische Erzeugnisse und Münzen mit Sicherheit zuschreiben. In *Marescha in *Idumäa hat man eine sorgfältig angelegte Griechenstadt freigelegt. Die parallelen und rechtwinklig sich schneidenden Straßen führten unweit des Stadttors zu einem an drei Seiten von Läden gesäumten Marktplatz (*agora*). In der Nähe der Stadt fand man Gräber von griech., phönizischen und idumäischen Händlern (ca. 250-200 v.Chr.).

Die bewegte Zeit, in der die *Makkabäer für einen unabhängigen jüd. Staat fochten (165-137 v.Chr.), bezeugen Flüchtlingslager und Höhlen (*Wadi Habsa*) sowie Forts wie das von Simon Makkabäus in *Geser errichtete. Spuren des laut Josephus (bell.Jud. VII, 170) von Alexander Jannaeus geschaffenen nördl. Festungsgürtels wurden nahe Tel Aviv-Jaffa entdeckt. In dem die Straße von *Hebron nach Jerusalem beherrschenden *Bet-Zur hatte Judas (165-163 v.Chr.) über einer früheren pers. Anlage ein Fort errichtet, das später wiederum von dem Feldherrn Bakchides neu ausgebaut wurde. Läden, Häuser, Befestigungsanlagen (Mauern auf dem SO-Hügel sowie Teile der westl. Altstadtmauer von Jerusalem), rhodische Krughenkel und Münzen veranschaulichen das Leben unter den Hasmonäern, deren einer, Hyrkan I. (134-104 v.Chr.), die heidnischen Griechenstädte Samaria und Marescha zerstörte.

Herodes der Große (37-4 v.Chr.), ein fähiger und ehrgeiziger Herrscher, entfaltete eine großzügige Bautätigkeit. In Jerusalem hat man die Massivmauern, die er um den erweiterten und verschönerten Tempelbezirk errichtet hatte, in situ auf dem natürlichen Felsen entdeckt; sie erheben sich über dem heutigen Bodenniveau zu beträchtlicher Höhe. Der obere Teil der Mauer war durch Pilaster gegliedert und dürfte genauso wie die – noch stehende – Mauer in Hebron (*Machpela) ausgesehen haben. Letztere umschloß ebenfalls ein Heiligtum: die Grabstätten Abrahams und seiner Frau Sara. Bei den jüngsten Ausgrabungen um den Tempelberg in Jerusalem wurden überdies ein Straßen- und Terrassenkomplex lokalisiert und Ornamentteile von Toren und Säulengängen entdeckt (Rekonstruktionen und Pläne in: Jerusalem Revealed, S. 26-31.34-35). In der Oberstadt grub Avigad Überreste von aus luxuriösen Häusern der Oberschicht stammenden Wandmalereien und vielfarbigen Mosaiken aus (a.a.O., S. 41-51; Farbtafel vor S. 41) sowie verschiedene Einrichtungsgegenstände, Tafelgeschirr usw. Der vor langer Zeit von Johns ausgegrabene sogenannte Davidsturm in der Oberstadt ist gleichfalls herodianischen Ursprungs. Auf hasmonäischen Mauern errichtet, war er einer von drei herodianischen Türmen, die die NW-Ecke der Stadt schützten. Hier schloß sich von innen her der Palast des Herodes (in der Oberstadt) an; seine Substruktionen wurden ebenfalls unlängst ausgegraben. Vor dem Palast lag das Steinpflaster, **Gabbata* genannt, auf dem der Richterstuhl des Pilatus stand. Auf der anderen Seite der Stadt, am Nordende des Tempelplatzes, lag die Burg *Antonia. Die verschiedenen Überreste im Kloster der Schwestern Zions befinden sich nach heutiger Auffassung zu weit nördl. als daß sie von der Antonia stammen könnten, sie sind wahrscheinlich der von Hadrian neugegründeten Stadt Aelia Capitolina zuzuschreiben. Der *Betesda-Teich lag zur Zeit Jesu außerhalb der Stadtmauer an der Nordseite des Tempelplatzes; er wurde ca. 41/44 n.Chr. durch die Mauer des Herodes Agrippa (Jerusalems 3. Nordmauer) in die Stadt einbezogen. Der Verlauf der 2. und 3. Nordmauer von Jerusalem ist in der Wissenschaft umstritten, doch gleich, ob man die Sukenik/Mayer-Linie oder die der British School annimmt, steht doch fest, daß die unweit der heutigen Grabeskirche als *Golgatha und Jesu Grab gedeuteten Stätten außerhalb der 2. Nordmauer lagen. Die Annahme, daß dies die Stätten der Kreuzigung und Grablegung Jesu sind, kann sich auf eine mindestens bis zur Zeit Hadrians zurückgehende Tradition stützen. Die Form der Grabkammer mit ihrem trogförmigen Arkosolium, wie sie der Pilger Arculf beschreibt, ist indes für diese Zeit untypisch und gibt Probleme auf. Die andere Stätte, zu der die Pilger strömen, das Gartengrab, erscheint einleuchtend, kann aber keinerlei Anspruch auf Echtheit erheben. Man hat eine sehr große Anzahl von Gräbern aus dem 1. Jh. v. und n.Chr. in Jerusalem entdeckt, darunter einige monumentale. Interessant sind die Gräber an der Stätte Dominus Flevit (Ölberg) und die Sanhedrin-Gräber; neben den Gräbern der Herodier ist das Grab der zum Judentum konvertierten Königin Helena von Adiabene sicher das eindrucksvollste. Die Ossuare (Kästchen zum Aufbewahren der Gebeine) aus diesen Gräbern tragen häufig Inschriften. In jüngster Zeit fand man ein Ossuar, das die Gebeine eines gekreuzigten Mannes enthielt; ein Nagel durchbohrte noch zwei der Knochen. Es wurden verschiedene Versuche gemacht, die Stellung des Körpers bei der Kreuzigung zu rekonstruieren (z.B. IEJ 1970, Taf. 24).

Außerhalb von Jerusalem hat man die bedeutendsten herodianischen Baureste in von König Herodes gegründeten Städten (Sebaste, *Cäsarea am Meer), in seiner Winterresidenz (Jericho) und in seinen Festungen (*Masada, Herodium) entdeckt. Im samaritan. Bergland gründete Herodes die alte Stadt Samaria neu und gab ihr zu Ehren des röm. Kaisers *Augustus den Namen Sebaste (*Sebastos* ist die griech. Entsprechung für latein. *Augustus*). Alte israelit. Mauern wurden wiederaufgebaut und mit Rundtürmen verstärkt. Ein Tempel wurde dem Augustus geweiht und ein Stadion erbaut; alle diese Stätten wurden durch Ausgrabung lokalisiert. Im Stadion entdeckte man bemalte Paneele, die Wandmalereien in Jericho, Masada und Herodium gleichen. In Cäsarea haben Unterwasserarchäologen die große herodianische Hauptmole erforscht; auf Luftaufnahmen ist ihr Verlauf deutlich erkennbar. Italienische Archäologen haben einen Teil der Stadtmauer von Stratonsturm und das herodianische Theater mit seinen Sitzreihen und der Bühne sowie einer Reihe (fast einzigartiger) bemalter Gipsestriche bloßgelegt. In Jericho steht der herodianische Palast zu beiden Seiten des Wadi Qelt mit einem Garten und einem Wasserbecken zwischen den beiden Flügeln – eine großartige Schöpfung. Noch ungewöhnlicher ist die Verbindung der bodenständigen Lehmziegel-Bauweise mit besonderen röm. Zementbauverfahren, wie sie für das augusteische Italien kennzeichnend sind. Diese röm. Technik fand man nur in Jericho; soweit wir wissen, verwandte Herodes sie nirgendwo sonst. In Jericho waren sogar die Blumentöpfe aus dem Garten noch vorhanden! Im Innern waren die herodianischen Paläste u.a. mit bemalten Paneelen, eingelegten Fußböden und Mosaiken ausgestaltet. Viele herodianische Bauten weisen offene oder überwölbte Wasserbecken, verputzt und mit Stufen versehen, auf. In Verbindung damit begegnen die röm. Technik der Fußboden-Strahlungsheizung und Warmlufträume. Solche Badeanlagen findet man in den Burgen des Herodes, die zudem luxuriöse Wohnräume aufweisen. Die farbigen Mosaiken sind vielleicht der interessanteste Teil des Verwaltungspalastes in Masada. Die kleine Palastvilla am Nordende von Masada steht am Rande steiler Felsen auf Terrassen; auch hier findet man die bemalten herodianischen Paneele. Israelische Archäologen wollen in den Festungen von Masada und Herodium endlich die Überreste von Synagogen aus dem 1. Jh. n.Chr. gefunden haben (die frühesten uns bekannten werden sonst gewöhnlich ins späte 2. oder ins 3. Jh. datiert). Unlängst fand M. Broschi nahe dem Zionstor in Jerusalem erstmalig auf herodianischen Kunstdenkmälern auch menschliche und tierische Motive.

VIII. ANDERE INSCHRIFTEN (NT). Bestimmte in Jerusalem gefundene Inschriften haben Beziehung zu dem Tempel des Herodes. Einige davon findet man auf den kleinen Kalksteinkästen (Ossuarien), die zur Aufnahme menschlicher Gebeine für eine Zweitbestattung dienten (1.Jh.v./n.Chr.). Ein solches Ossuar enthielt die Gebeine des »Simon, der den Tempel erbaut hat«, vermutlich eher ein Maurer als der Baumeister des Herodes. Auf einem anderen Ossuar steht: »Gebeine der Söhne des Nikanor aus Alexandria, der die Tore gemacht hat«; dies muß sich auf den für seine Frömmigkeit berühmten Juden beziehen, der die Kosten für das prächtigste Tor am neuen Tempel bestritt. Man hat eine wichtige Inschrift entdeckt, die im äußeren Hof des herodianischen Tempels angebracht war. Zwei Exemplare davon, beide in griech., sind uns erhalten, eines als Bruchstück. Der Text (1. Jh. v./n.Chr.) lautet: »Kein Fremdvölkischer soll hineingehen in die um das Heiligtum gezogene Schranke und Umfriedung. Wer aber (darin) ergriffen wird, der soll selbst schuld sein, weil darauf der Tod folgt.« Josephus erwähnt diese Warnungstafeln, die in griech. und latein. Sprache an den Schranken zwischen dem äußeren Hof und dem inneren Tempelbezirk angebracht waren; er gebraucht fast dieselben Worte, wie sie die Inschriften aufweisen (bell.Jud. V, 194; ant.Jud. XV, 417). Die Geschehnisse von Apg 21,26-29, müssen mit diesem Verbot in Zusammenhang stehen. Der Tumult, von dem dort die Rede ist, wurde von frommen Juden entfesselt, die glaubten, Paulus habe einen Griechen in den verbotenen Bezirk geführt.

Andere Ossuar-Inschriften verdienen ebenfalls Beachtung. Die angeblich »Jesus! Wehe!« lautenden Worte, die viele mit der Kreuzigung in Zusammenhang gebracht haben, gehören jedoch nicht dazu. Diese auf dem Ossuar eines Juden in seinem Familiengrab verzeichneten Worte sind tatsächlich nur sein Name »Jesus, Sohn des Judas« (die übliche Kennzeichnung der Gebeine des Toten). Es ist vielleicht von Interesse, die Verbindung »Jesus, Sohn des Josef« zu bemerken, die auf einem anderen Ossuar vorkommt; beide Namen waren damals häufig. Ja, eine Aufzählung der auf diesen Ossuaren verzeichneten Namen entspricht ganz den Erwartungen eines Lesers des NT: Johannes, Judas, Lazarus (Eliëser), Jesus, Maria, Martha usw. Schließlich seien noch das Grab und die Ossuarien des »Alexander, Sohn des Simon von Kyrene« und seiner Schwester Sara aus Ptolemais in der Kyrenaika erwähnt. Es scheint durchaus möglich, daß der Vater dieses Mannes der Mann »mit Namen Simon von Kyrene« war, »der Vater des Alexander und des Rufus« (Mk 15,21).

Man findet in Palästina die Ruinen vieler alter Synagogen; die (gewöhnlich ins späte 2./

frühe 3. Jh. n.Chr. datierten) in *Kapernaum, *Chorazin und Kefar Baram galten lange Zeit als die ältesten. Heute wird behauptet, daß Versammlungshäuser aus dem 1. Jh. n.Chr. in Masada und Herodium Synagogen waren, und franziskanische Archäologen haben die Ruinen in Kapernaum später angesetzt (spätes 4./frühes 5. Jh. n.Chr.) als bisher angenommen. Wie dem auch sei, der früheste sichere Beleg für eine Synagoge in Palästina findet sich in Jerusalem und ist eine griech. Inschrift aus dem 1. Jh. v./n.Chr. Sie besagt, daß ein gewisser Theodotus, ein Priester, einen Teil der Kosten für den Bau eines Versammlungshauses (Synagoge) bestritt, dem er als »Archisynagogos« vorstand. Es war dies eine Art Familientradition: sein Vater und sein Großvater waren schon Vorsteher derselben Synagoge gewesen. Die Inschrift besagt weiter, der Bau sei »zur Verlesung des Gesetzes und zur Unterweisung in den Geboten« errichtet worden, und ihm sei ein Gasthaus mit Räumen und Wasseranlagen für unterkunftbedürftige Wallfahrer aus der Fremde angeschlossen.

In Cäsarea (M.), der herodianischen Neugründung des alten phönizischen Kastells Stratonsturm, stellten italienische Archäologen fest, daß das dortige Theater verschiedene Bau- und Wiederaufbauphasen durchgemacht hat. Als die Überreste des ursprünglich herodianischen Baus in spätröm. Zeit als »Bruchsteine« weiter verwendet wurden, fand sich darunter auch ein beschrifteter Stein, dessen Aufschrift sich auf Pontius *Pilatus bezieht. Er wird als »Präfekt von Judäa« bezeichnet, und der Wortlaut besagt, daß er ein Heiligtum zu Ehren des röm. Kaisers *Tiberius errichtet hat. Die Bezeichnung »Präfekt« kam damals als Titel der (aus dem Ritterstand gebürtigen) Statthalter kleiner Grenzprovinzen wie Judäa allmählich außer Gebrauch und wurde durch den (zuvor den Verwaltern der kaiserlichen Einkünfte vorbehaltenen) Titel »Prokurator« ersetzt.

Die bisher erwähnten Inschriften haben hauptsächlich zu den Evangelien Bezug. Andere – aus Griechenland, der Türkei usw. - sind mit Geschehnissen verknüpft, die in der Apostelgeschichte oder den paulin. Briefen geschildert werden. Ein in Delphi (Griechenland) gefundener Erlaß des Kaisers *Claudius führt Gallio als Prokonsul von *Achaja im Jahre 51 n.Chr. an und stellt so einen Bezug zum Aufenthalt des Paulus in *Korinth (Apg 18,12) her. In Korinth weist womöglich eine Türinschrift – »Synagoge der Hebräer« – auf den Ort hin, wo Paulus predigte (Apg 18,4). Bei Ausgrabungen wurde dort ein Text gefunden, der einen Wohltäter namens *Erastus, womöglich den Stadtkämmerer von Röm 16,23, erwähnt; daneben Werkstätten ähnlich jener, in der Paulus tätig war (Apg 18,2f), und eine Inschrift »Lucius, der Metzger«, die vermutlich die Stätte des »Fleischmarkts« (*makellon*) bezeichnet, den Paulus in 1Kor 10,25 erwähnt.

In *Ephesus wurden Teile des Tempels der *Artemis, der »Diana der Epheser«, freigelegt sowie die Agora und das über 25 000 Personen Platz bietende Freilichttheater. Aus einem Votivtext des Salutaris, der die Errichtung einer silbernen Bildsäule der Artemis »im Theater während einer öffentlichen Sitzung der *ekklesia*« bestimmt, geht hervor, daß die Bürgerversammlung, wie Apg 19,29-40 andeutet, dort zusammentrat. Eine Anzahl Inschriften bezeugt die historische Glaubwürdigkeit des Lukas. Die »Politarchen« (»Obersten«) von *Thessalonich (Apg 17,6.8) waren Stadthauptleute und werden in fünf städtischen Inschriften aus dem 1.Jh.n.Chr. genannt. Desgleichen wird Publius korrekt als *prōtos* (»erster Mann«) oder Statthalter (»Oberster«) von *Malta (Apg 28,7) bezeichnet. Unweit *Lystra verzeichnen Inschriften die Weihung einer Hermesstatue an Zeus durch Einwohner der Stadt *Lykaonien, und in der Nähe befand sich ein steinerner Altar für den »Gebetserhörer« (Zeus) und Hermes. Dies erklärt die dortige Identifizierung des *Barnabas und *Paulus mit Zeus (Jupiter) bzw. Hermes (Merkur; Apg 14,11). *Derbe, Paulus' nächste Station, wurde 1956 von Ballance als Kaerti Hüyük bei Karaman identifiziert (AnSt 7, 1957, S. 147ff). Lukas' Erwähnungen des *Quirinius (Cyrenius) als Statthalter von Syrien vor dem Tode Herodes I. (Lk 2,2) und des *Lysanias als Tetrarch (»Vierfürst«) von *Abilene (Lk 3,1) konnten gleichfalls durch Inschriften belegt werden.

Literatur: Y. Yadin: Masada, Der letzte Kampf um die Festung des Herodes, 1967; K.M. Kenyon: Jerusalem, Die heilige Stadt von David bis zu den Kreuzzügen, 1968 (Kap. 6-11); P. Benoit: HThR 1971, S. 135-167 (Antonia); Inscriptions Reveal, 1973, Nr. 169-170, 182, 216 (veröffentlicht vom Israel Museum, Jerusalem); K.M. Kenyon: Digging Up Jerusalem, 1974 (Kap. 1-3, 10-15); B. Mazar: The Mountain of the Lord, 1975; L.I. Levine: Roman Caesarea: an Archaeological-Topographical Study, 1975; Y. Yadin: Jerusalem Revealed: Archaeology in the Holy City, 1968-74, S. 1-91; E. Otto: Jerusalem, die Geschichte der Heiligen Stadt, 1980. J.P.K.

ARCHE.

1. Die Arche Noahs (hebr. *Aēbā*, wahrscheinlich von ägypt. *db't*, »Kasten«, »Sarg«, 1Mo 6-9; im NT *kibōtos*, »Kasten«) sollte offensichtlich nichts weiter sein als ein schwimmendes Behältnis, das, wenn man die Elle mit

ca. 46 cm ansetzt (*Maße und Gewichte) ungefähr 150 x 25 x 15 m maß (1Mo 6,15). Es ist möglich, *qānīm,* »Schilfrohr« anstatt *qinnīm* »(Nester)Kammern« in 1Mo 6,14 zu lesen, ohne den Konsonantenbestand zu ändern: der Vers besagt dann, daß die Tannenholzteile mit Schilfrohr zusammengebunden und kalfatert wurden und das Ganze mit Bitumen fertig bearbeitet wurde (vgl. C. Westermann: Genesis I/1, 1974). Die Aussage in 6,16 (wörtl. »mit einem unteren, zweiten und dritten sollst du es machen«) kann in traditioneller Weise als Beschreibung von drei Stockwerken verstanden werden (so auch Westermann); es ist jedoch möglich, die Wendung als Hinweis auf drei Lagen von kreuzweise gelegten Stämmen zu verstehen, was mit einer Konstruktion aus Holz, Schilfrohr und Bitumen gut übereinstimmt. Die Arche hatte eine Öffnung (*petach*) an der Seite und ein *zōhar* – ein schwer zu erklärendes Wort, das von den meisten Kommentatoren jedoch als eine Lichtöffnung verstanden wird, die knapp unter dem Dach um das ganze Schiff lief.

Die Arche landete »auf einem der Berge von *Ararat« (1Mo 8,4), oder, nach den Babyloniern, auf dem Berg Nisir (»Heil«) in NWPersien. Versuche, die Reste der Arche Noahs zu finden und deren Existenz anhand von im O der Türkei gefundenen Holzfragmenten zu beweisen, sind noch unverbürgt (vgl. J.A. Montgomery: The Quest for Noah's Ark, 1972).

2. Das Kästlein für Mose (hebr. *Aēbā,* 2Mo 2,3-6) kann man sich vielleicht als Miniaturausgabe der Arche Noahs vorstellen, die gerade groß genug war, einen Säugling aufzunehmen. Es war aus Schilfrohr (*gōme',* *Papyrus) gemacht und mit Bitumen (*chēmār*) und mit Pech (*zephet*) versiegelt. Aus der Tatsache, daß man es aufmachen mußte (2Mo 2,6), ist abzuleiten, daß es wohl, wie wahrscheinlich auch Noahs Arche, ganz verschlossen war.

Literatur: A. Heidel: The Gilgamesh Epic and Old Testament Parallels, ²1949, S. 232-237; E. Ullendorff: VT 4, 1954, S. 95f.

T.C.M.

ARCHELAUS s. Herodes

ARCHIPPUS. Nach Vermutungen der Kirchenväter (Theodor von Mopsuestia, vgl. Kol 4,17) könnte A. der Sohn der Eheleute Philemon und Aphia (Phlm 2) gewesen sein. Paulus bezeichnet A. wie *Epaphroditus (Phil 2,25) als seinen Mitstreiter, was wohl bedeutet, daß A. sich im Einsatz für Christus und das Evangelium besonders hervorgetan und bewährt hat.

ARCHITEKTUR. Im Vergleich zu vielen anderen Kulturkreisen der Alten Welt sind die Bauwerksreste Palästinas fast durchweg wenig beeindruckend. Zum Teil ist dieser Mangel in der leichten Zersetzbarkeit der gewöhnlich verwandten Baustoffe begründet wie auch in dem häufigen Fehlen eines Wohlstandsniveaus, wie es die Errichtung von Monumentalbauten voraussetzt. Während die meisten Bauten in Palästina von Nichtfachleuten ausgeführt wurden, ragen einige wenige Perioden durch stattliche Prachtbauten hervor: die Mittlere Bronzezeit II (2000-1750 v.Chr.), die salomonische, die herodianische und die Omajjaden-Zeit. Der bibl. Bericht schließt Ägypten, Mesopotamien, Persien und die griech.-röm. Welt ein, die zusammen die imposantesten Bauten der Alten Welt aufweisen.

1. Baumaterialien und Konstruktion. Wegen der erforderlichen Mengen war es nicht üblich, Baumate- rialien über größere Entfernungen zu transportieren. Dies gilt von den Steinen, nicht freilich von Marmor, der während der Römerzeit bis zu 1500 km weit befördert wurde. Die Hauptmasse des palästinischen Berglandes (*Palästina) besteht aus Kalkstein; dieser ist daher dort der gängigste Baustein. Es kam sogar vor, daß er am Bauplatz selbst abgebaut wurde, wie zum Beispiel in *Samaria und *Rāmat Rāchēl* (BASOR 217, 1975, S. 37). In den Küstengebieten Palästinas verwandte man Sandstein, während in Südsyrien als Baustein oft Basalt begegnet. Das verhältnismäßig feuchte Klima Palästinas machte das Legen von aus Bruchsteinmauern bestehenden Fundamenten notwendig, die bis über die Bodenoberfläche aufgeführt wurden, um den Lehmziegelbau vor aufsteigender Feuchtigkeit zu schützen. Einige *Festungsbauten wurden fast gänzlich aus Bruchsteinen errichtet; das früheste bekannte Beispiel ist ein neolithischer Turm in *Jericho (ca. 7000 v.Chr.). Doch erst ab ca. 1400 v.Chr. benutzte man in Palästina zum Bauen Quadersteine. Salomo verwendete bei vielen seiner Bauten rechteckige Läufer und Binder; Beispiele hierfür sind die Tore von *Megiddo und Geser. Die Herstellung dieser Bausteine war kostspielig und erforderte ein großes Angebot an Arbeitskräften (2Chr 2,17). Spätere Beispiele für sorgfältige Steinmetzarbeit wurden in Samaria und *Rāmat Rāchēl* gefunden, und ein besonderes ist die von *Herodes dem Großen erbaute »Klagemauer« in Jerusalem. In der israelit. Königszeit wurden Steine zu verschiedenartigen Bauteilen verarbeitet wie z.B. den protoäolischen *Säulen (PEQ 109, 1977, S. 39-52) und der Balustrade von *Rāmat*

Statue aus Gudea, Südbabylonien. Der Bauplan auf den Knien der Figur zeigt mit Zinnen und Türmen bewehrte Mauern, links ist vermutlich ein Altar mit zwei Hörnern eingezeichnet. Höhe 73 cm. Frühes 21. Jh. v.Chr. (MC)

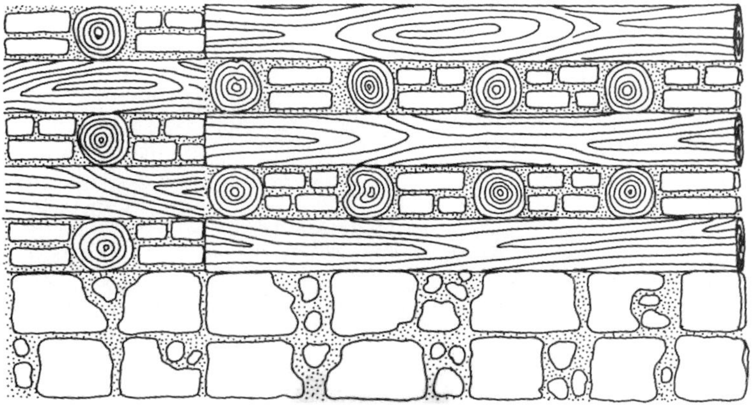

Die syrische Technik des Mauerns mit Stein, Holz und Lehmziegeln. (PS)

Rāchēl, die wahrscheinlich das Unterteil eines Fensters bildete (*Handwerk und Kunsthandwerk).

Fast alle Gesteinsarten wurden irgendwo in der Alten Welt zum Bauen verwandt. Marmor war seit der klass. Antike einer der meistgeschätzten Bausteine, und die Ruinen von *Korinth, *Ephesus, *Pergamon und *Athen vermitteln einen guten Eindruck von der Pracht der Architektur, die während der ntl. Zeit mit Marmor baute.

Bauholz war in Palästina gleichfalls reichlich vorhanden (Jos 17,15.18). Die königlichen Bauten wurden mit teuren Hölzern wie Zedern- und Zypressenholz (1Kön 5,20.22) vom Libanon, Sandelholz (1Kön 10,11-12) aus Ophir und dem örtlichen Ölbaumholz (1Kön 6,23.31.33) konstruiert und ausgeschmückt (*Bäume). Für die übrigen Bauwerke verwandte man in der Regel die geeignetste lokale Holzart wie Maulbeerbaum (Jes 9,9), Tanne oder Eiche. Die Ausgrabung einer kleinen, um 1000 v.Chr. errichteten Festung in *Gibea ergab, daß man dafür anfangs Zypressen- und Tannenholz, bei einem späteren Wiederaufbau aber, vielleicht wegen Kahlschlags, Mandelbaum verwandte. Die große Menge von verkohltem Holz, die man fand, deutet vielleicht darauf hin, daß der Aufbau überwiegend aus Holz bestand. Holz ließ sich wegen seiner Zugfestigkeit für wichtige Bauteile wie Dachwerk, Mauerwerk, Tür- und Fensterflügel (1Kön 6,31.34), Türen sowie zur Abstützung hervorstehender Türme verwenden. Riedgras ist der einzige andere Baustoff, der Zugfestigkeit besitzt, und wurde vielleicht deshalb zur Verstärkung von Lehmziegelmauern benutzt. Vor allem hat es sich jedoch bei der Dachkonstruktion bewährt, wo es als feste Grundlage für den Verputz auf die Sparren gelegt wird. Diese konnte man unschwer entfernen (vgl. Mk 2,4).

Die am häufigsten verwandten Baustoffe der Alten Welt waren Erdaufbereitungen. Frühe Versuche, Mauern aus kompakten Lehmmassen zu bauen, dürften fehlgeschlagen sein, da sich beim Schrumpfen des trocknenden Lehms beträchtliche Risse bilden. Stattdessen wurde es üblich, den Lehm zu Schlägen oder *Ziegeln zu formen und diese vor der Verwendung als Baustoff zum Trocknen an die Sonne zu legen. Eine Ziegelei mit zum Trocknen ausgelegten Ziegeln wurde auf dem Tell el-Kheleifeh unweit des Roten Meeres entdeckt und auf ca. 850 v.Chr. datiert. Der gefeuchtete Lehm wurde mit geschnittenem Stroh vermengt, das nicht nur Zusammenhalt garantierte, sondern auch den Trocknungsprozeß beschleunigte und verhinderte, daß der Lehm an den Formkästen haften blieb. Rechteckige hölzerne Formkästen wurden seit ca. 4000 v.Chr. in Mesopotamien und etwas später in Palästina benutzt.

Lehmziegel wurden im allgemeinen miteinander verklebt und dann mit Lehm verputzt. Das ganze Gebäude wurde jedes Jahr außen und vielleicht auch innen neu verputzt, damit es wasserundurchlässig blieb. Ohne solche Pflege verfallen Lehmziegelbauten bald. In *Sichem fand man in dem Schutz eines um 730 v.Chr. datierten Hauses ein Stück Bedachungsmaterial, das die aufeinanderfolgenden Neubewürfe erkennen ließ (G.E. Wright: Shechem, 1965). Bei Ausgrabungen auf dem Tell Gemme wurde eine auf ca. 700 v.Chr. datierte assyr. Residenz mit einem ge-

Palast mit einem kleinen Tempel an der Rückwand, der Ähnlichkeiten mit dem salomonischen Tempel hat. Der niedrige Treppenaufgang und die mit drei Säulen versehene Vorhalle des Palastes sind charakteristisch für syrische Archirektur. Tell Tainat, Syrien. Ca. 743 v.Chr., erbaut von Tiglat-Pileser III.

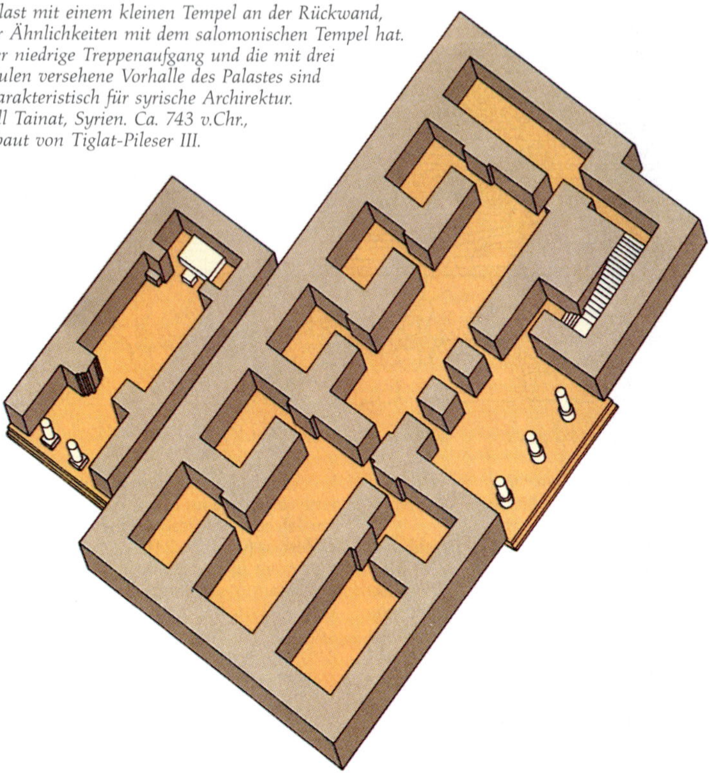

wölbten Lehmziegeldach freigelegt. Diese Bauform war seit dem 3. Jt. v.Chr. in Mesopotamien und Ägypten häufig, doch ist in Palästina kein früheres Beispiel bekannt.

Feuergebrannte Ziegel und Dachziegel wurden vor der Römerzeit in Palästina nur in besonderen Fällen verwandt und auch dann nur von Wohlhabenden.

2. Überblick. Das Gemeinschaftsleben produzierte durch seine Wirtschaftlichkeit Wohlstand, den es zu schützen galt, und sobald der Mensch in festen Siedlungen zu leben begann, wurden *Festungsbauten notwendig. Die früheste Verteidigungsform war die Verstärkung der Hausmauern an der Peripherie des Dorfes. Das Tor blieb immer der empfindlichste Teil der Befestigungsanlage, und die besondere Aufmerksamkeit, die man ihm zuwandte, tritt in Jawa in der Syr. Wüste zutage, wo alle später in Palästina verwandten Tortypen schon um 3200 v.Chr. vorhanden waren. Seit 3000 v.Chr. wiesen die Städte gewöhnlich Zweitmauern zur Sicherung der Basis der Hauptmauer auf sowie Türme an allen strategisch wichtigen Punkten längs derselben. Erdwälle trugen seit 2000 v.Chr. ebenfalls zur Sicherung der Städte bei, indem man außerhalb der Stadtmauern steile Abhänge aufschüttete und diese mit kompakten Kalksteinbrocken stabilisierte.

Die damaligen Städte waren groß. Die Mauern von *Hazor umfaßten ca. 700 000 m^2; darin eingeschlossen war eine von einer zweiten Hauptmauer umgebene Oberstadt. Die Städte wiesen auch weiterhin gewöhnlich eine Anzahl von Verteidigungslinien auf, die entweder, wie in *Lachisch (ca. 700 v.Chr.), das ganze Stadtareal umschlossen oder, wie im ntl. *Jerusalem, verschiedene Stadtteile schützten. Während der Expansion Assyriens (nach ca. 850 v.Chr.) wurden die Stadttore zur Abwehr fahrbarer Rammböcke durch Torhäuser erweitert. In der Römerzeit war Palästina Grenzgebiet und durch viele Forts abgesichert; ein solches war die Burg *Antonia (*Praetorium) in Jerusalem, in der Jesus möglicherweise gefangengehalten wurde (Mt 27,27; Mk 15,16).

Architektonisch sind *Tempel und Kultstätten oft schwer von *Palästen oder größeren Häusern zu unterscheiden, und wenn die darin gefundenen Gegenstände nicht auf rel. Betätigungen deuten, ist eine Identifizierung schwierig. Nach 2000 v.Chr. findet sich in Palästina eine Vielzahl verschiedenartiger Kultbauten. Allein in *Hazor fand man vier verschiedene Tempel und Heiligtümer. Andere wichtige kanaan. Tempel wurden in *Megiddo ausgegraben sowie in *Sichem, wo ein Bau des »Migdal«(Turm)-Typs von einigen als der Tempel des *Baal-Berit (Ri 9,46) gedeutet wird. Dieser hatte dicke Mauern (5,1 m) und eine Vorhalle. In *Bet-Schean wurden zwei Tempel freigelegt, die, obwohl den kanaan. Gottheiten *Dagon und *Aschtaroth geweiht, in Anlage und Konstruktion ägypt. Vorbilder

Rekonstruktion eines in Ur ausgegrabenen Privathauses. Die Wohnräume waren in der ersten Etage, während das Parterre von den Dienstboten und als Lagerraum benutzt wurde. Ca. 1900 v.Chr.

erkennen lassen. Kultbauten wurden auch außerhalb der Städte entdeckt, so z.B. in Naharijja, wo ein Altar (*Höhen) und Tempel ausgegraben wurden. Die kanaan. Tempel sind nicht einheitlich angelegt. Dies mag ihre rel. Vielfalt widerspiegeln, die die Israeliten bekämpfen sollten (5Mo 7,1-5). Ein sehr wahrscheinlich von Israeliten benutzter Tempel wurde in *Arad freigelegt. Dieser bestand aus einem Breitraum-Heiligtum mit einer Nische und einem Hof, in dem sich ein Altar (2,5 x 2,5 m) befand. Zu den wenigen Ähnlichkeiten mit dem (in 1Kön 6 und 7 beschriebenen) Salomonischen Tempel, die er aufwies, zählten die wie *Jachin und Boas (1Kön 7,15-22) an beiden Seiten vor dem Eingang zum Heiligtum befindlichen Sockel für zwei Säulen. Der einzige bekannte Tempel, dessen Grundriß dem des Salomonischen Tempels ähnelt, ist ein mit einem Palast hetitischen Stils verbundener Tempel aus dem 8.Jh.v.Chr., der auf dem Tell Taʿyīnāt in Nordsyrien entdeckt wurde. Man nahm oft an, die Anlage sei phönizischen Ursprungs, doch ist ein in Kition auf Zypern ausgegrabener phönizischer Tempel ganz andersartig angelegt. Ein auf dem Tell Qasile entdeckter phönizischer Tempel (ca. 1000 v.Chr.) wies hölzerne Säulen auf, auf denen das Dach ruhte (vgl. Ri 16,29), sowie eine Plattform. Den Tempel des *Herodes hat Josephus beschrieben, und anhand der heutigen Überreste kann man ihn einigermaßen rekonstruieren. An der gewaltigen Plattform Haram Esch Scherif läßt sich noch heute das massive Mauerwerk des herodianischen Unterbaus aufzeigen (vgl. Mk 13,1f).

Größere *Paläste sind in Palästina nicht häufig. In Megiddo wurde nahe dem Tor ein Gebäude freigelegt, das vielleicht die Residenz eines örtlichen Herrschers war. Es wies eine Anzahl Geschosse auf, die um einen Hof angeordnet waren; zwischen ca. 1500 und 1200 v.Chr. war es benutzt und damals mindestens einmal umgebaut worden. Salomos Jerusalemer Paläste hat man nicht entdeckt, und von den Palästen *Omris und *Ahabs in *Samaria ist nur wenig erhalten geblieben. Der Palast des *Jojakim in *Rāmat Rāchēl*, den wahrscheinlich Jeremia (22,13-19) meint, ist ausgegraben worden, doch konnte kein genauer Plan erstellt werden. Die riesigen Paläste der assyr. und babylon. Könige in *Ninive, Nimrud, Khorsabad und *Babylon sind weitgehend ausgegraben worden. Es waren dies weiträumige Gebäudekomplexe mit großen, reich mit Reliefplatten geschmückten Prunksälen und außerdem zahlreichen Ämtern und Residenzen. Der großartige nördl. Terrassenpalast Herodes' des Großen in *Masada wurde freigelegt, wobei seine Ausschmückung mit Marmorimitationen zutage trat.

Der Normaltyp des palästinischen *Hauses war von jeher das Innenhofhaus. In *Arad bestanden die Häuser (ca. 2800 v.Chr.) aus einem ummauerten Hof, um den in verschiedener Weise ein Hauptraum und ein oder zwei kleinere Räume gelagert waren. Bei dem israelit. Innenhofhaus gruppierten sich regelmäßig eine Anzahl Räume von drei Seiten um einen rechteckigen Hof. An der vierten Seite führte ein Türeingang auf die Straße. Diese Anlage zeigte eine geschickte Raumaufteilung und bot den im palästinischen Bergland erforderlichen Schutz und genügend Wärme. Im Bedarfsfall baute man Obergeschosse hinzu (2Kön 4,10). Einige der größten und komfortabelsten Häuser der Alten Welt wurden in *Ur ausgegraben. Diese waren um 1900 v.Chr. bewohnt und bestanden aus zwei um einen Hof gruppierten Geschossen.

Ein in israelit. Städten häufig vorkommendes Gebäude ist das Vorratshaus. Als man in Megiddo erstmalig solche Magazine ausgrub, hielt man sie zunächst für Ställe. (vgl. *Mörtel, *Schmuck)

Literatur: H.J. Franken/C.A. Franken-Battershill: A Primer of Old Testament Archaeology, 1963; S.M. Paul/W.G. Dever: Biblical Archaeology, 1973; H.v.R. Leacroft: The Buildings of Ancient Mesopotamia, 1974. C.J.D.

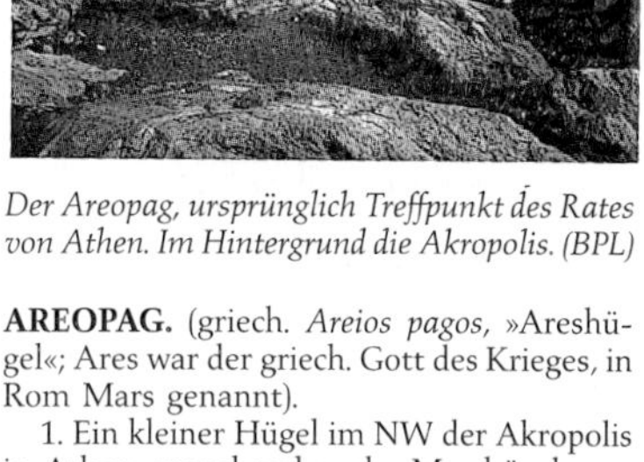

Der Areopag, ursprünglich Treffpunkt des Rates von Athen. Im Hintergrund die Akropolis. (BPL)

AREOPAG. (griech. *Areios pagos*, »Areshügel«; Ares war der griech. Gott des Krieges, in Rom Mars genannt).

1. Ein kleiner Hügel im NW der Akropolis in Athen, manchmal auch »Marshügel« genannt (Apg 17,22).

2. Der Rat des Areopag wurde so bezeichnet, weil der Areshügel sein ursprünglicher Versammlungsort war. In ntl. Zeit traf sich der Rat, von der Untersuchung von Mordfällen abgesehen, in der »Königlichen Säulen-

halle« (*stoa basileios*) auf dem athenischen Marktplatz (*agora*); wahrscheinlich wurde Paulus hier vor den Areopag gebracht (Apg 17,19). Der Rat der Areopagiten war die ehrwürdigste Institution Athens, die bis in legendäre Zeiten zurückreichte und trotz der Beschneidung eines großen Teils seiner alten Macht immer noch großes Ansehen genoß. Er war besonders für sittliche und rel. Angelegenheiten zuständig. Es war daher selbstverständlich, daß ein »Verkünder fremder Götter« (Apg 17,18) seinem Urteil unterworfen wurde.

Die von Paulus bei dieser Gelegenheit gehaltene Areopagrede (Apg 17,22-31) ist ein Vortrag über die wahre Gotteserkenntnis. Er setzt bei einer Altarinschrift ein, die »Einem *unbekannten Gott« (RevEB) lautete, und sagt seinen Zuhörern, er sei gekommen, ihnen den Gott bekanntzumachen, dessen Wesen sie offensichtlich nicht kennen. Der wahre Gott ist der Schöpfer und Herr des Universums; er wohnt nicht in von Menschen gemachten Heiligtümern; er ist von den Opfern seiner Geschöpfe nicht abhängig, sondern gibt ihnen Leben und alles, was sie brauchen. Er ist der Schöpfer aller Dinge im allgemeinen und der Schöpfer der Menschheit im besonderen. Paulus fährt fort, indem er bestimmte Aussagen über den Menschen in bezug auf Gott macht. Die Menschheit ist in ihrem Ursprung eins; die bewohnbaren Zonen der Erde und die Jahreszeiten wurden zu ihrem Nutzen festgesetzt. Gottes Absicht war dabei, daß die Menschen ihn suchen und finden, um so mehr, als sie von ihm abstammen. Während der Wortlaut und die Zitate der Rede hellen. sind, sind die Akzente durch und durch bibl. Am Schluß der Rede ruft Paulus seine Zuhörer auf, Buße zu tun und sich der Erkenntnis Gottes zu unterwerfen, weil dieser nicht nur der Schöpfer, sondern auch der Richter aller Menschen ist. Das Unterpfand des kommenden Gerichtes Gottes besteht in der durch Gott bewirkten Auferweckung seines Sohnes, der die Macht erhalten hat, dieses Gericht auszuführen. Als der Rat diesen Hinweis auf die Auferstehung hörte, entließ er Paulus als ernsthafter Beachtung nicht wert.

Literatur: N.B. Stonehouse: Paul before the Areopagus, 1957; M. Dibelius: Aufsätze zur Apostelgeschichte, 1951, S. 29-70; B. Gärtner: The Areopagus Speech and Natural Revelation, 1955; H. Conzelmann: »The Address of Paul on the Areopagus«, in L.E. Keck, J.L. Martyn (Hrsg.): Studies in Luke-Acts, 1966, S. 217-230; T.D. Barnes: »An Apostle on Trial«, JThS 20, 1969, S. 407-419; C.J. Hemer: »Paul at Athens: A Topographical Note«, NTS 20, 1973-74, S. 341-349; (vgl. *Apostelgeschichte).

F.F.B.

ARETAS. 2Kor 11,32 erwähnt Aretas IV. Philopatris, den letzten und berühmtesten König der *Nabatäer dieses Namens (ca. 9 v.Chr. – 40 n.Chr.). Er wurde in seinem von Rom abhängigen Reich von *Augustus als König anerkannt, allerdings etwas zögernd, weil er seine Herrschaft ohne Erlaubnis angetreten hatte. Seine Tochter heiratete *Herodes Antipas, der sich von ihr trennte, als er *Herodias heiraten wollte (Mk 6,17). Aretas erklärte Herodes den Krieg und besiegte ihn 36 n.Chr. Rom ergriff für Herodes Partei; die Strafexpedition, die unter Vitellius, dem Gouverneur von Syrien, abgesandt worden war, hatte eben Jerusalem erreicht, als sie wegen der Nachricht vom Tod des Kaisers *Tiberius im Jahr 37 abgebrochen werden mußte.

2Kor 11,32 deutet überraschenderweise an, daß Aretas zu einem bestimmten Zeitpunkt Damaskus, die alte Hauptstadt Syriens, besessen haben muß. Man nimmt an, daß er die Stadt von Gaius *Caligula (37-41 n.Chr.) erhalten hatte, der eine Politik der Ermutigung seiner von ihm abhängigen Reiche verfolgte. Zwischen 34 und 62 n.Chr. wurde, soweit bekannt ist, in Damaskus kein römisches Münzgeld geprägt. Diese Lücke könnte bedeutsam sein, insofern als Aretas die Stadt zwischen 34 (oder 37) und 40 in Besitz gehabt haben könnte; die Tätigkeit seines »Ethnarchen« ließe sich vielleicht auch auf andere Weise erklären. Der Hinweis auf Aretas ist für die paulin. Chronologie möglicherweise von Bedeutung; die uns zur Verfügung stehenden Informationen lassen aber noch keine gültigen Schlußfolgerungen zu. Wenn es möglich ist, den Vorfall von 2Kor 11,32 mit den Ereignissen von Gal 1,17f und Apg 9,23-29 zu identifizieren, kann man ihn drei Jahre nach der Bekehrung Pauli ansetzen. Dieser Vorschlag würde mit der Frühdatierung der Bekehrung des Apostels, die aus anderen Gründen wahrscheinlich ist, übereinstimmen.

E.M.B.G./C.J.H.

ARG s. Böse

ÄRGERNIS, ÄRGERN (hebr. *mikschōl,* griech. *skandalon,* »Anstoß«).

1\. Dem Begriff Ä., ärgern liegt die Vorstellung von einem Hindernis auf dem Wege zugrunde, das beirrt, aufhält oder zu Fall bringt. Stellen, an denen mehrere gleichbedeutende Worte stehen, machen das deutlich: Stein des Anstoßes, Fels des Ä., Strick, Fall (Jes 8,14); Strick, Berückung, Ä., Vergeltung (Röm 11,9); sich stoßen, ärgern, schwach werden (Röm 14,21).

2. Dies Bild betrifft in der Bibel immer die Beziehung zu Gott. Was den Menschen vom Wege des Glaubens und Gehorsams abbringt, ist Ä.: der Anlaß zur Sünde (Mt 5,29.30) und die Sünde selber (Mt 13,41; 1Joh 2,10), vor allem der Götzendienst (Jer 18,15; Hes 14,7; Zef 1,3; Offb 2,14). Hier spielt auch die andere Seite mit, daß Gott an der Sünde Anstoß nimmt und daß sie sein Gericht hervorruft.

3. Sünde ist aber auch darin Ä., daß sie andere von Gott fernhält und abstößt (Mal 2,8). Darum warnen Jesus und Paulus so eindringlich davor, den Kleinen oder den (schwachen) Bruder zu ärgern, ihn auf seinem Glaubensweg zu hindern (Mt 18,6f; Mk 9,42-45; Lk 17,1f; Röm 14,13.21; 1Kor 8,13; 10,32).

4. Es gibt aber noch ein anderes Ä., das verborgenen Ungehorsam offenbar macht. Hier werden Gott (Jes 8,14), der Knecht des Herrn (Jes 52,14), Jesus (Mt 11,6; 15,12; Joh 6,61) und sein Kreuz (1Kor 1,23; Gal 5,11) zum Anstoß für Menschen, die in ihrer Blindheit und Selbstsicherheit Gottes Wege nicht verstehen. Dieser Gefahr sind auch die Jünger Jesu ausgesetzt (Mt 26,31.33). Darum sagt ihnen der Herr Verfolgung und Not voraus (Joh 16,1), damit sie vor dem in solchen Zeiten besonders leichten Anstoß und Abfall (Mt 13,21.57; 24,10) bewahrt bleiben.

Literatur: G. Stählin: Skandalon. Untersuchungen zur Geschichte eines biblischen Begriffs, 1930; ders.: Art. Skandalon in ThWNT VII, S. 338.358.

ARGOB. Ein Gebiet in Transjordanien, das von Og, dem König von *Baschan, vor der israelit. Eroberung unter Mose beherrscht wurde (5Mo 3,3-5). Es umfaßte sechzig stark befestigte Städte, die von Mauern umgeben waren, und eine Reihe unbefestigter Städte. Die genaue Lokalisierung der Gebiete war eine Streitfrage. Eine Ansicht, die von jüd. Tradition unterstützt wurde und zusätzliches Gewicht durch eine – allerdings wenig wahrscheinliche – Etymologie von A. gewann, identifizierte das Gebiet mit dem vulkanischen Landstrich, der als el-Leja bekannt ist (*Trachonitis). Diese Ansicht wird inzwischen nicht mehr vertreten. Der Name deutet wahrscheinlich auf ein fruchtbares Stück Ackerland hin (*ʾargōb* wahrscheinlich von *regeb* »eine Scholle«; vgl. Hiob 21,33; 38,38). Seine westl. Ausdehnung wird mit der Grenze der Kleinkönigreiche Geschur und *Maacha angegeben (5Mo 3,14), d.h. die *Golan-Höhen. Schwierigkeiten bereitet der Hinweis auf die Umbenennung der Städte von A. durch Jaïr den Manassiter (*Dörfer Jaïrs). In 1Kön 4,13 werden die Städte Jaïrs in *Gilead lokalisiert (vgl. Ri 10,3f). J.C.J.W.

ARIËL. »Herd Gottes«.

1. Bezeichnung des Hes 43,15f beschriebenen Brandopferaltars. Sein Name läßt sich unterschiedlich übersetzen: »Opferherd« (LÜ und RevEB), »Berg Gottes«, »Löwe Gottes«. In letzterer jedoch weniger wahrscheinlichen Form wird der Name (*ʾrʾl*) auf dem *Meschastein wiedergegeben.

2. In Jes 29,1f erscheint A. als dichterischer Name für Jerusalem, weil dort der Opferaltar Gottes steht.

3. Einer der sieben Söhne *Gads, der 1Mo 46,16 Areli heißt (4Mo 26,17).

4. Abgesandter *Esras, der Diener für das Haus Gottes in Jerusalem werben soll (Esr 8,16).

ARIMATHÄA. (Griech. *Arimathaia*). Der vorwiegend jüd. Ort (Lk 23,51) war Heimat des Ratsherrn *Josef von A. (Mt 27,57; Mk 15,43; Lk 23,50f; Joh 19,38). Die byzantin. Tradition (Euseb. onom. 32,21) identifiziert A. mit Ramatajim-*Zofim (1Sam 1,1). Wahrscheinlich ist A. auch mit der samaritan. Toparchie Ramathaim gleichzusetzen, die unter dem Makkabäer Jonatan jüd. wurde (1Makk 11,34; Jos.ant.Jud. XIII 127). Der Ort ist bei Rentis, 15 km nordöstl. von *Lydda, zu suchen, wo byzantin. Mosaiken auf frühchristl. Verehrung hinweisen. Wertlos sind die aus dem 13. Jh. stammende Identifizierung mit Ramleh südöstl. von Lydda und die moderne Vermutung *Rama in Benjamin.

Literatur: L. Heidet: DBS I, 1928, 613-619; G. Dalman: Orte und Wege Jesu, [4]1967, 239f. R.R.

ARISTARCH. »Ausgezeichneter Herrscher«. Mazedonischer Christ aus *Thessalonich, Reisegefährte des Paulus. Beim Aufruhr der Goldschmiede in Ephesus wurden er und Gajus von der wütenden Menge ergriffen, es scheint ihnen aber nichts geschehen zu sein (Apg 19,29). A. begleitete Paulus weiter nach Griechenland, kehrte mit ihm nach Kleinasien zurück (Apg 20,4) und befand sich auf der Reise nach Rom (Apg 27,2) und auch dort (Phlm 24) unter seinen Gefährten. Im *Kolosserbrief (4,10) nennt ihn der Apostel seinen Mitgefangenen.

ARJOCH.

1. Name des Königs von *Ellasar, eines Verbündeten des Kedor-Laomer von *Elam und des Amrafel von Schinar, die gegen Sodom und Gomorra Krieg führten (1Mo 14,1.9) und von Abraham geschlagen wurden. Die Person

A. ist nicht identifiziert worden; der Name kann jedoch mit Arriwuk, dem Namen eines Sohnes von Zimrilim, verglichen werden, der in den Maribriefen erwähnt wird (um 1770 v.Chr.), oder mit dem späteren horitischen Ariukki der Nuzitexte (15. Jh. v.Chr.).

2. Der Leibwächter des babylon. Königs (Dan 2,14f; 588 v.Chr.). Er erhielt den Befehl, die »Weisen« zu töten, weil sie den Traum des Königs nicht interpretieren konnten, umging diesen aber dadurch, daß er *Daniel zu König *Nebukadnezar II. brachte. D.J.W.

ARM, ARME, ARMENVERSORGUNG.

1. Armut wird im AT nicht als Ideal, sondern als ein Übel betrachtet, meist als Folge von Sünde (Spr 6,9-11; 10,4; 21,17 u.ö.). Das Ideal umschreibt die Bitte Agurs: »Armut und Reichtum gib mir nicht, laß mich aber mein Teil Speise dahinnehmen, das du mir beschieden hast. Ich könnte sonst, wo ich zu satt würde, verleugnen und sagen: Wer ist der Herr? Oder wenn ich zu arm würde, könnte ich stehlen und mich an dem Namen meines Gottes vergreifen« (Spr 30,8f).

Obwohl die Verheißungen Gottes an die Erzväter (1Mo 13,15; 26,3; 28,13) einen Reichtum an materiellen Gütern einschließen, sieht die Bibel doch auch Armut als von Gott kommend an (1Sam 2,7) und den A. als von Gott gemacht (Spr 17,5; 22,2). In der Gesetzgebung an Mose und das Volk nahm darum der Herr den A. unter seinen Schutz. So gebietet er seinem Volk, das Recht des A. nicht zu beugen (2Mo 23,6) und die Hand dem bedrängten und a. Bruder weit aufzutun (5Mo 15,11; vgl. das *Sabbat- und das Jubeljahr und Bestimmungen wie 3Mo 19,9f; 23,22; 5Mo 23,25f; 24,19-21). Selbst bei den Opfergesetzen wurde mit dem geringeren Vermögen der A. gerechnet (vgl. 3Mo 1,14-17; 12,8; 14,21; 27,8). Besonders das fünfte Buch Mose nimmt sich in seinen Bestimmungen der Hilfsbedürftigen, der Witwen und Waisen, der Fremdlinge und A. an. Unter allen bibl. Büchern trägt gerade dieses Buch den sozialen Umständen des Volkes Israel Rechnung. So kommt es, daß das jüd. Volk ursprünglich die Armut kaum gekannt hat. Bei aller Fürsorge soll aber ein Richter den Geringen nicht vorziehen, um dadurch den Namen eines milden Richters zu erhalten (2Mo 23,3; 3Mo 19,15; vgl. 2Sam 15,2-4).

Das Volk Israel hat sich jedoch nicht an diese Bestimmungen gehalten. Durch die zunehmende Verweltlichung, besonders seit der Zeit Davids und Salomos, mit dem Aufkommen der Stadtkulturen, brach der Gegensatz zwischen Reich und A. auf. Gegen die ausbeutenden Reichen sind besonders *Amos, *Jesaja und *Jeremia, aber auch andere Propheten im Namen des Herrn aufs schärfste aufgetreten (Am 2,6; 3,10.15; 4,1; 5,11; Jes 5,8; Jer 34,8ff). Da dieser gesetzlos erworbene *Reichtum nicht mehr als Ausdruck des Segens Gottes verstanden werden konnte, andererseits aber auch die Abhängigkeit vom Beistand Gottes (selbst seine Freunde hassen den A. nach Spr 14,20; 19,4) den A. in die Nähe Gottes treibt, wird Armut häufig zu einem Kennzeichen des Frommen (Ps 9,10f; Spr 19,1.22; 28,6) und Gerechten, dem voller Trost und Ersatz für das hier um der Gerechtigkeit Gottes willen Entbehrte verheißen wird (Ps 37; 72; Jes 29,19).

2. So sieht auch das NT den A. Es zeigt am Beispiel und im Gleichnis, wie nah er dem Himmelreich ist (Mt 11,5; Mk 12,42ff; Lk 14,13; Lk 16,19ff). Dabei kennt es aber auch eine Armut, die nicht mehr materiell zu verstehen ist, sondern als Einfalt, *Demut, Niedrigsein. Einen solchen A. preist Jesus glückselig (Mt 5,3). Trotzdem vergißt Jesus auch die materielle Not des A. nicht (Joh 13,29), und das NT gebietet auf verschiedene Weise, für ihn zu sorgen. Die Glieder der Urgemeinde verkauften Land und übergaben das Geld an die Apostel, damit sie es an die A. austeilen. Sie schufen so eine Art Armenversorgung (Apg 2,44f; 4,3ff, vgl. *Hananias), die auch darum notwendig wurde, weil die Glieder der jungen Christengemeinde z.T. ihren Arbeitsplatz, auch den Rückhalt in ihren Familien verloren hatten und aus aller jüd. Wohltätigkeit ausgeschlossen waren. Als die Witwen der griech. sprechenden Christen übersehen worden waren (Apg 6,1f), wählten die Apostel Armenpfleger (oder auch Almosenpfleger), die den karitativen Dienst in der Gemeinde zu versehen hatten. Dies mußten Männer voll Heiligen Geistes und Weisheit sein, die einen guten Ruf hatten – was deutlich macht, wie dieser Dienst in der Urgemeinde verstanden worden ist. Auch Paulus hat es sich stets angelegen sein lassen, die A. der Muttergemeinde in Jerusalem durch die heidenchristl. Gemeinden zu versorgen. Mit Beispiel (2Kor 8,1-5) und durch Anreiz im Hinblick auf das im übrigen gute Gemeindeleben der Korinther (V. 7f), auch durch den Hinweis auf Jesus (der, obwohl er reich ist, doch a. wurde um unseretwillen, damit wir durch seine Armut reich würden, V. 9), wirbt er bei den Korinthern um Kollekten für Jerusalem (vgl. weiter Röm 15,26;Gal 2,10; Jak 2,2f). Sehr schwer ist die Frage zu beantworten, ob das NT den materiell A. geistlich einen gewissen Vorzug einräumt. Es gibt bestimmte Stellen in der Bibel, die darauf hinzudeuten scheinen (Mt 19,23f;

Lk 1,53; 6,24; 12,16; 18,23; 1Tim 6,17). Dabei ist die Frage berechtigt, ob mit den Reichen nicht solche gemeint sind, die ihren Reichtum mißbrauchen, um A. und Bedürftige zu unterdrücken, da das NT sehr wohl den Reichtum kennt und ihn nicht schlechthin verurteilt und verdammt. Vgl. *Reich, Reichtum.

Literatur: G. Maier: Reich und arm, Der Beitrag des Jakobusbriefes, 1980; K.-H. Michel: Zeichenhaft leben. Biblische Leitlinien zu Arbeit und Besitz, 1980; F. Hauck, E. Bammel: ThWNT VI, S. 885–915.

ARNON. Ein Wadi, das von O her, gegenüber von En-Gedi, ins Tote Meer mündet. Zur Zeit der Landnahme bildete es die Südgrenze des Gebietes von Ruben (5Mo 3,12.16) und hatte zuvor die Grenze zwischen *Moab im S und *Ammon im N markiert (Ri 11,18-19). Die sich auf dem Einmarsch befindenden Hebräer überquerten den A. von S nach N und besetzten die ersten Gebiete im N (5Mo 2,24). Der *Mescha-Stein erwähnt jedoch Moabiter, die in *Atarot leben (Zeile 10), das im N des Wadi liegt; dies bedeutet entweder, daß die Israeliten das Gebiet nicht vollständig eroberten, oder daß später Moabiter infiltrierten. Die Bedeutung des Flusses wird durch die Anzahl der Festungen und Furten unterstrichen, die man hier findet; letztere werden später von Jesaja erwähnt (Jes 16,2). R.J.W.

AROËR.

1. Eine Stadt in Transjordanien, am Nordufer des *Arnon (Wadi Mōgib), die dessen tiefe Schlucht überblickt an der Stelle des heutigen ʿAraʿit ca. 22 km östl. des Toten Meeres (5Mo 2,36; 3,12; 4,48; Jos 12,2). Die Stadt symbolisierte die Südgrenze a. des amoritischen Königreichs von *Sihon, b. des Stammesgebietes von *Ruben (Jos 13,9.16; Ri 11,26 und wahrscheinlich V. 33), als Sitz einer rubenitischen Familie (1Chr 5,8), und c. der transjordanischen Eroberungen von *Hasaël von Damaskus zur Zeit *Jehus (2Kön 10,33). Ungefähr in dieser Zeit wird von *Mescha, dem König von Moab, berichtet: »er baute Aroër und machte die Straße beim Arnon« (Mescha-Stein, Zeile 26); A. blieb bis in die Zeit Jeremias moabitisch (Jer 48,18-20). Nach 4Mo 32,34 half anscheinend *Gad, neu eroberte Städte, einschließlich A., zu reparieren, bevor Mose Ruben und Gad formal ihr Gebiet zuwies. Nach 2Sam 24,5 begann die von *Joab auf Befehl Davids durchgeführte Volkszählung wahrscheinlich in A. und in der Stadt im Tal gegen Gad, bis nach Jaser hin. Die »Stadt im Bachtal« (5Mo 2,36; Jos 13,9.16; 2Sam 24,5) ist vielleicht das heutige Chirbet el-Medeiyine, ca. 11 km im SO von A.

2. A. in Transjordanien, »östlich von Rabba« (Jos 13,25), könnte das heutige es-Sweiwinā, ca. 3,5 km im SW von Rabba, sein. Eine Unterscheidung zwischen diesem A. und dem unter 1. beschriebenen A. ist unsicher. Jos 13,25 könnte auch so wiedergegeben werden: »... die Hälfte des Landes der Ammoniter bis A., das (sich ausdehnt) bis/nach Rabba« (Glueck: Explorations in Eastern Palestine, AASOR III, 18,19, S. 249).

3. Stadt im Negeb von Juda, 19 km im SO von Beerscheba, das heutige Chirbet Arʿareh (N. Glueck: Rivers in the Desert, 1959, S. 131-132.184-185). Unter den Judäern, die in Ziklag von David Geschenke erhielten (1Sam 30,26-28), befanden sich »die zu Aroër«; unter seinen Helden waren zwei Söhne »Hotams, des Aroëriters« (1Chr 11,44). K.A.K.

ARPACHSCHAD. Ein Sohn *Sems (1Mo 10,22; 1Chr 1,17.24), der zwei Jahre nach der Sintflut geboren wurde (1Mo 11,10). Nach dem MT war er der Vater von Schelach, der geboren wurde, als A. 35 Jahre alt war (1Mo 10,24; 11,12; 1Chr 1,18; LXX und Samaritanischer Pentateuch lesen 135); einige Mss. der LXX setzen jedoch einen Kenan zwischen A. und Schelach, eine Anordnung, der anscheinend Lk 3,36 folgt. A. lebte insgesamt 438 Jahre (1Mo 11,13; LXX gibt 430 an, aber der Samaritanische Pentateuch stimmt trotz Unterschieden in den Teilzahlen in der Gesamtzahl überein). Man hat verschiedene Theorien im Blick auf die Identifikation des Namens vorgeschlagen; die üblichste ist die Gleichsetzung mit *Arraphu* von Keilschrifttexten, griech. *Arrapachitis,* wahrscheinlich das moderne Kirkuk. Andere Theorien sehen den Schluß des Namens *-chschad* als Entstellung von *kesed, kasidīm,* *»Chaldäer«, und somit als Verweis auf Südmesopotamien. Auch eine iranische Etymologie wurde vorgeschlagen, bei der festzuhalten ist, daß nach den Apokryphen (Jdt 1,1) ein gewisser Arphaxad in *Ekbatana über die Meder herrschte. Dieses Buch ist jedoch zum größten Teil Fiktion, und da ein hebr. Original fehlt, gibt es keine Garantie, daß es sich um denselben Namen handelt. Der Name ist also im außerbibl. Bereich weiter unbekannt.

Literatur: W.F. Albright: JBL 43/1924, S. 388f; W. Brandenstein in: Sprachgeschichte und Wortbedeutung. FS Debrunner, 1954, S. 59–62; KBL, S. 87.

T.C.M.

ARPAD. Name einer Stadt und einer aram. Provinz in Nordsyrien; heute Tell Rif'at, ca. 30 km im NW von Aleppo, das 1956-64 ausgegraben wurde. Seit ca. 1000 v.Chr. widersetzte sich Arpad (Akkad. *Arpaddu*, Altaram. *'rpd*), Hauptstadt eines aram. Stammesgebietes, das als Bit Agūsch bekannt war, Assyrien als Verbündetem von Hamat, Damaskus und 743 v.Chr. Urartu (*Ararat). Nach zweijähriger Belagerung 740 v.Chr. von Tiglat-Pileser III. annektiert, rebellierte die Stadt zusammen mit *Hamat, *Damaskus und *Samaria im Jahre 720 v.Chr., wurde aber von *Sargon II. wieder erobert. Dies ist der Hintergrund der Prahlerei des *Rabschake gegenüber Jerusalem (2Kön 18,34; Jes 36,19; 37,13). Die Zerstörung der Stadt symbolisierte die überwältigende Macht Assyriens (Jes 10,9; Jer 49,23). Der letzte Herrscher A.s, Mati'el unterzeichnete unter Assur-nirari V. von Assyrien im Jahre 754 v.Chr. einen Vasallenvertrag, der in Assyrisch erhalten ist, sowie einen Vertrag mit einem nicht identifizierten König »Bar-Ga'yah von KTK«, der auf einer bei Sefire gefundenen Steinstele geschrieben war (vgl. Jos 8,32).

Literatur: Ausgrabungen: V.M.S. Williams: Iraq 23, 1961, S. 68-87; ders.: AASOR 17, 1967, S. 69-84;

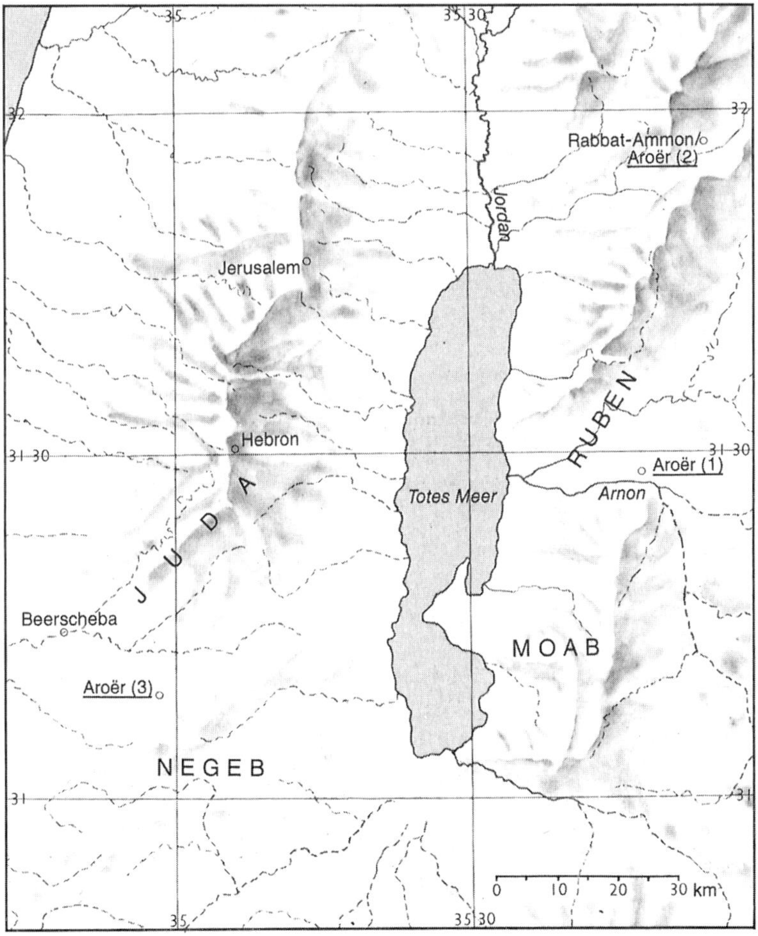

Lage der drei atl. Orte mit dem Namen Aroër.

Iraq 29, 1967, S. 16-33; Vertrag: ANET, S. 532f.659-661; J.A. Fitzmyer: The Aramaic Inscriptions of Sefire, 1967. D.J.W.

ARTAXERXES. (Hebr. *'artachschasta'*, mit unterschiedlichen Vokalisierungen, Altpers. *arta-xschasra*, »Königreich der Gerechtigkeit«). Name mehrerer pers. Könige.

1. A. I. (Longimanus), 464-424 v.Chr. Nach Esr 7,1; Neh 2,1 etc. kamen *Esra und *Nehemia während seiner Herrschaft nach Jerusalem.

Esr 4,7 dürfte ebenfalls auf Artaxerxes I. Bezug nehmen; das Ereignis ist kurz vor Neh 1,1-2 anzusetzen, als der König den Erlaß von Esr 4,21 rückgängig machte.

2. A. II., ältester Sohn von 1.), regiert von 404 – ca. 358 v.Chr.(die Angaben über sein Todesjahr schwanken zwischen 363 und 357 v.Chr.).

Literatur: A.T. Olmstead: History of the Persian Empire, 1948. J.S.W.

ARTEMAS. Kurzform von Artemidoros, »Geschenk der Artemis«. Gefährte des Paulus, der evtl. den Titus in seinem Amt auf Kreta ablösen sollte, damit dieser zu Paulus nach Nikopolis in Griechenland kommen konnte (Tit 3,12).

ARTEMIS. Griech. Name der mit der latein. Diana der klass. Mythologie identifizierten Göttin. Der Name A. ist vorgriech. A. erscheint in der griech. Literatur zuerst als Herrin und Beschützerin der wilden Tiere. In Griechenland wurde sie als Tochter Zeus' und Letos und als Zwillingsschwester Apollos verehrt. Das Entsetzen vor den Schmerzen, die ihre Mutter bei ihrer Geburt erduldete, soll sie bewogen haben, nicht zu heiraten. A. war die Göttin des Mondes und der Jagd und wurde gewöhnlich als Jägerin mit sie begleitenden Hunden dargestellt. Ihr Tempel in *Ephesus gehörte zu den sieben Weltwundern; hier scheint die Verehrung der »jungfräulichen Göttin« mit einem Fruchtbarkeitskult der Muttergöttin Kleinasiens verschmolzen worden zu sein. Der Tempel wurde von 100 wuchtigen Säulen getragen, die z.T. gemeißelt waren. A.s Bildnis ist nach einer Tradition hier vom Himmel gefallen (vgl. Apg 19,35), was man auf einen Meteoriten bezieht; Plinius berichtet von einem riesigen Stein über dem Eingang, der von Diana selbst dorthin gesetzt worden sein soll. Ihr Kultus wurde von Priestern geleitet, die Eunuchen waren und *megabyzoi*

Statue der Fruchtbarkeitsgöttin Artemis, aus Ephesus. (BPL)

genannt wurden (Strabo, Geographie 14.1.23). Archäologen fanden Statuen, die A. mit vielen Brüsten darstellen. Goldschmiede, die kleine geweihte Schreine, welche die Göttin, von ihren Löwen begleitet, darstellten, oder auch Nachbildungen des Artemistempels anfertigten, verursachten den Aufruhr, als Paulus in Ephesus tätig war (Apg 19,23–20,1). Ihr Ruf »Groß ist die Diana der Epheser« (Apg 19,28.34) wird von in Ephesus gefundenen Inschriften bestätigt, die sie »Artemis die Große« nennen (CIG, 2963c).

Literatur: W. Fauth: Art. Artemis in: KIP I, 618-625 (Lit.); R. Fleischer: Artemis von Ephesos und verwandte Kultstatuen, 1973; R. Oster: RAC 19, 1976, S. 24-44; M.P. Nilsson: Geschichte der griechischen Religion. Teil I, ^{3}1967, S. 307ff, Teil II, ^{3}1974, S. 368. D.H.W.

ARWAD. Hes 27,8.11; 1Makk 15,23 (Arados). Das heutige Ruad, eine kleine Insel 3 km vor der syr. Küste (dem alten Phönizien) und ca. 80 km nördl. von Byblos. A. ist die nördlichste der vier großen phönizischen Städte, sie leistete mehreren assyr. Königen Tribut. Die Arwaditer (1Mo 10,18; 1Chr 1,16) waren für ihre seefahrerischen Leistungen bekannt.

*Nebukadnezar beendete die von 627 v.Chr. an bestehende Unabhängigkeit. A., als Hafenstadt nicht so bedeutend wie Tyrus und Sidon, erlebte unter den Persern und Seleukiden eine wirtschaftliche Blüte, wurde jedoch in römischer Zeit von Antaradus (heute Tartus) verdrängt.

K.G.

ARZT. *Krankheit und ärztliches Handelnstehen in Israel immer unter dem Vorzeichendes Wortes: Ich bin der Herr, dein A. (2Mo15,26). *Ahasja, der das heidnische Orakelnach dem Ausgang seiner Krankheit befragt(2Kön 1,6), und *Asa, der »auch in seinerKrankheit den Herrn nicht suchte, sonderndie Ärzte« (2Chr 16,12), sterben. Dagegen gehören zum Wirken der Propheten und Jesuund seiner Jünger untrennbar auch Krankenheilung und Totenauferweckung.

Eine eigenständige Medizin, wie Ägypten(vgl. 1Mo 50,2), Babylonien, Assyrien undGriechenland sie besaßen, hat Israel nichtentwickelt. Doch werden Ärzte mehrfach genannt. Daß sie bezahlt wurden, geht aus 2Mo21,19 hervor. Häufiger ist die bildliche Verwendung des Wortes. Hiob vertraut Gottmehr als den »unnützen Ärzten«, wie er seineFreunde nennt (Hiob 13,4). Jesaja prophezeit,daß dem hoffnungslos darniederliegenden Israel keiner mehr A. sein will (Jes 3,7), und Jeremia findet keinen A., der die Wunden Israels heilen wollte (Jer 8,22).

Mit der griech. Kultur gelangte auch diegriech. Medizin nach Palästina, wir hören vonvielen Ärzten (Mk 5,26; Lk 8,43). Jesus führtdas Sprichwort an vom A., der sich selber helfen soll (Lk 4,23). Er nennt sich selbst imGleichnis A. (Mt 9,12). Er ist A. in einer eigentümlichen Bezogenheit zum Kranken:»Durch seine Wunden sind wir geheilt worden« (Jes 53,5). Lukas, der Begleiter des Paulus und Evangelist, ist von Beruf A. (Kol 4,14).Als Helfer des A., die ihn sicher weithin ersetzt haben, werden *Hebammen und Salbenbereiter (*Handwerk) genannt.

Obgleich in der Bibel von manchen*Krankheiten berichtet wird, sind doch dieAngaben über Heilmittel nur spärlich. Wunden wurden gereinigt und verbunden (Jes 1,6;30,26). Öl diente zum Lindern und Erweichen, Wein zur Desinfektion (Lk 10,34). Dazukam die Behandlung mit Salben oder Balsam(Jer 8,22; 46,11; 51,8); auch Augensalbe wirderwähnt (Offb 3,18). Bei Knochenbrüchenwird von Bandagen gesprochen (Hes 30,21),die wohl um den geschienten Arm angelegtwurden. Pflanzliche Heilmittel sind Pflasteraus Feigen bei Geschwüren (Jes 38,21) und dieFrüchte der Mandragora (Liebesäpfel), die gegen Unfruchtbarkeit helfen sollen (1Mo30,14); Blätter als Arznei werden Hes 47,12genannt. Wein wurde als Stärkungsmittel fürden Magen gebraucht (1Tim 5,23), mit Myrrhe vermischt diente er als Betäubungstrank(Mk 15,23). Bei Gemütskrankheiten versprach man sich von der Musik heilende Wirkung (1Sam 16,16), und Spr 16,24 wird auf die Hilfe des freundlichen Zuspruchs im Umgang mit Kranken hingewiesen. Bei tobsüchtigen Geisteskranken und Besessenen versuchte man wenigstens, sie mit Ketten zu binden und so daran zu hindern, sich und anderen zu schaden (Dan 4,12.20; Mk 5,3f; Lk 8,29).

Literatur: A. Oepke: ThWNT III, S. 194–215.

ASA.

1. Dritter König des unabhängigen Staates Juda; er regierte 41 Jahre (ca. 911-870 v.Chr.). Die Frage, wie seine Herrschaftszeit mit der von *Bascha in Übereinstimmung gebracht werden kann (1Kön 16,8 – Bascha starb im 26. Jahr von Asa; 2Chr 16,1 – Bascha griff im 36. Jahr Asas Juda an), dürfte durch die Annahme zu beantworten sein, daß die *Chronikbücher von der Spaltung der geeinten Monarchie ab rechnen. Der Beginn von Asas Herrschaft war von rel. Eifer gekennzeichnet: die heidnischen Götter und die kultische Prostitution wurden abgeschafft. Das Ausmaß seines Glaubenseifers und die allgemeine Verbreitung heidnischer Kulte zeigen sich darin, daß er seine (Groß-)Mutter *Maacha von ihrer offiziellen Stellung entfernte (1Kön 15,13). Er zerstörte nicht alle Opferhöhen in Israel, aber es heißt, daß seine Hingabe der Grund für eine Friedensperiode im Land war (2Chr 15,15.19). Der Chronist stellt Asas bemerkenswertem Sieg über den Äthiopier *Serach (2Chr 14,9), der auf seinen Glauben an Jahwe zurückgeführt wird, sein Vertrauen auf die Hilfe Syriens im Krieg gegen Bascha gegenüber. Dieser Krieg könnte dadurch ausgelöst worden sein, daß eine beträchtliche Anzahl von Israeliten zu Asa überliefen (2Chr 15,9). Asa konnte durch seine Siege die Städte *Mizpa und *Geba befestigen; hier verlief fortan die Nordgrenze Judas. Der letzte Teil seiner Herrschaft war durch Krankheit (2Chr 16,12) und ständige Kämpfe beeinträchtigt, die in den Augen des Chronisten auf sein mangelndes Vertrauen auf Jahwe zurückzuführen waren (2Chr 16,7ff).

2. Ein Levit, Sohn von *Elkana, der zu den ersten Israeliten gehörte, die aus dem Exil zurückkehrten und sich wieder in Palästina niederließen. W.O.

ASAËL. »Gott hat gemacht«.

1. Sohn von Davids Schwester *Zeruja, und Bruder *Joabs und *Abischais (1Chr 2,16). Er war für seine erstaunliche Geschwindigkeit bekannt; als er allerdings *Abner nach dem Zusammenstoß bei *Gibeon verfolgte, sah dieser sich gezwungen, seine größere Kampf-

erfahrung auszunützen und ihn zu töten (2Sam 2,18ff). Dies war der Anlaß einer Blutfehde, in der Abner von Joab in verräterischer Weise umgebracht wurde (2Sam 3,27ff). A. gehörte zu Davids 30 ausgewählten Kriegern (2Sam 23,24) und war für 24 000 Männer verantwortlich, die David im vierten Monat zu dienen hatten (1Chr 27,7). Diese Liste könnte schon zu Beginn der Herrschaft Davids in Umrissen aufgestellt worden sein, so daß A. dann von seinem Sohn Sebadja vertreten wurde.

2. Einer von neun Leviten, die *Joschafat zusammen mit Priestern und Beamten durch die Städte Judas sandte, um zu lehren (2Chr 17,8).

3. Ein Aufseher, der zur Zeit *Hiskias bei der Überprüfung der *Zehnten für den Tempel half (2Chr 31,13).

4. Vater von *Jonatan, der sich der Wahl von Repräsentanten der aus dem Exil Zurückgekehrten widersetzte; jene sollten in der Frage der Trennung von den heidnischen Frauen eine Entscheidung treffen (Esr 10,15). W.O.

ASAF. Ein Nachkomme *Gerschons, des Sohnes *Levis (1Chr 6,24), wurde von den obersten Leviten zum führenden Sänger bestimmt und spielte mit Zimbeln, als die Bundeslade nach Jerusalem gebracht wurde (1Chr 15,17.19). David ernannte ihn zum Leiter des Gottesdienstes mit Chorgesang (16,4f). Die »Söhne Asafs« waren bis in die Zeit nach dem Exil die führende Musikerfamilie (1Chr 25; 2Chr 20,14; 35,15; Esr 3,10; Neh 11,17.22; 12,35), vor allem Sänger und Zimbelspieler. A. selbst war auch als Seher sowie als Verfasser von Psalmen anerkannt, als *Hiskia den Gottesdienst im Tempel wieder einführte (2Chr 29,30; vgl. die traditionellen Überschriften in Ps 50; 73-83; vgl. auch die Prophetie von Jahasiël, 2Chr 20,14ff). Es ist nicht klar, ob A. den eingeweihten Tempel noch gesehen hat, oder ob 2Chr 5,12 im Sinne von »die Familien von Asaf...« zu verstehen ist.

2. Aufseher von Wäldern in Palästina unter dem Perserkönig *Artaxerxes (Neh 2,8). J.P.U.L.

ASAJA. »Der Herr hat gemacht«.

1. Simeonitischer Fürst (1Chr 4,36).

2. Levit, Nachkomme Meraris und Familienoberhaupt z.Zt. Davids (1Chr 6,15; 15,6.11).

3. Sohn *Baruchs, ein Judäer aus dem Geschlecht der Selaniter. Er wohnte nach der Gefangenschaft in Jerusalem und wurde auch mit dem gleichbedeutenden Namen Maaseja genannt (1Chr 9,5; Neh 11,5).

4. Hofbeamter des Königs *Josia, der mit anderen zusammen den Herrn über das wieder aufgefundene Buch des Gesetzes befragen sollte (2Kön 22,12.14; 2Chr 34,20).

ASAREL. Viell. »Gott hat mit Freude erfüllt«.

1. Sohn Jehallelels aus dem Stamme Juda (1Chr 4,16).

2. Levit, der zu David nach Ziklag kam (1Chr 12,7).

3. Sänger z.Zt. Davids (1Chr 25,18), Sohn *Hemans. In V. 4 wird er Usiël genannt.

4. Sohn Jerohams, Fürst des Stammes *Dan z.Zt. Davids (1Chr 27,22).

5. Israelit, Nachkomme des *Bani, der sich unter *Esra von seiner nichtjüd. Frau trennte (Esr 10,41).

6. Sohn des Achsai aus der Nachkommenschaft des Immer und Vater des Amaschsai (Neh 11,13f). Wahrscheinlich derselbe, der unter Esra bei der Einweihung der Mauer Jerusalems als priesterlicher Musiker mitwirkte (Neh 12,36).

ASARHADDON. (Hebr. *ʾesarhaddōn*, assyr. *Assur-ah-iddin*, »Aschur hat einen Bruder gegeben«). A. war 681-669 v.Chr. König von *Assyrien und *Babylonien. Er war Nachfolger seines Vaters *Sanherib, der 681 v.Chr. in Tebet ermordet wurde (2Kön 19,37; Jes 37,38). Seine erste Handlung war, die Mörder bis nach Hanigalbat (Südarmenien) zu verfolgen und den Aufstand in Ninive niederzuschlagen, der sechs Wochen andauerte. Es gibt wenig Unterstützung für die Theorie, daß A. Kopf einer pro-babylon. Fraktion war oder »der Sohn«, der in der babylon. Chronik als Mörder erwähnt wird (DOTT, S. 70-73). Seine eigenen Inschriften erzählen, wie er zu Anfang des Jahres von seinem Vater zum Kronprinzen ernannt worden war. Obwohl er in Babylon Vizekönig war, galt seine Aufmerksamkeit dem rel. Zentrum nur insofern, als er sich um alle alten Heiligtümer kümmerte. Seine frühen militärischen Operationen dienten dem Schutz der Nordgrenze und der Handelswege gegen die kriegerischen Teuschpa und die Einfälle der Kimmerier (*Gomer), die er besiegte. Im S wiegelten die *Elamiter, die von seinem Vater besiegt worden waren, wieder die Stämme Südbabyloniens auf, und A. war gezwungen, gegen die »Seeländer« zu ziehen, wo er Na'id-Marduk, den Sohn *Merodach-Baladans, als örtlichen Scheich 678 v.Chr. einsetzte. Seine Zusammenstöße mit Elam und den Babyloniern führten zur Ver-

Asarhaddon (König von Assyrien 681–669 v.Chr.) hält zwei Fürsten an einer Leine: Tirhaka, den König von Ägypten und Äthiopien, und den bärtigen Ba'ali, König von Tyrus (?). Über Asarhaddon finden sich die Symbole der assyrischen Hauptgottheiten. Stele aus Diorit, Höhe ca. 3,2 m. Aus Zincirli. (SMB)

schleppung vieler Gefangener, von denen einige in *Samaria angesiedelt wurden (Esr 4,2).

Im W führte A. die Politik seines Vaters fort. Er erzwang hohe Tributzahlungen von den Vasallenkönigen Syriens und Palästinas und führte in seinen Steuerlisten *Manasse (Menasī) von Juda (Yaudi) nach Ba'ali von Tyrus auf, mit dem er einen Vertrag schloß, da er es versäumt hatte, den Hafen abzuriegeln und so zu unterwerfen. Die Herrscher *Edoms, *Moabs und *Ammons wurden nach einer Reihe von Streifzügen durch ihr Gebiet zu Vasallen; so versuchte A., dem Einfluß von Tirhaka von Ägypten entgegenzuwirken, der eine Anzahl von Philisterstädten dazu angestachelt hatte, sich zu erheben. A. plünderte 676 v.Chr. nach dreijähriger Belagerung *Sidon und schloß Teile seines Gebietes einer vergrößerten assyr. Provinz an (wahrscheinlich einschließlich Samaria). Einige der Flüchtlinge aus der Stadt wurden in einer neuen Stadt untergebracht, Kār-Asarhaddon, die in der Nähe errichtet wurde. Ungefähr zu dieser Zeit zählten *Gaza und *Aschkelon zu seinen Vasallen.

Die untergeordneten Königreiche in Syrien und Palästina wurden aufgefordert, Material für A.s Bauarbeiten in Assyrien und Babylon zu liefern, die er jetzt nach früheren Wechselfällen seines Glücks wieder zu beleben suchte. Dies mag die vorübergehende Festnahme Manasses in Babylon erklären (2Chr 33,11-13). Assyr. Briefe, die auf Tributzahlungen in Silber aus Juda, Moab und Edom hinweisen, könnten aus dieser Zeit stammen.

Im Mai 672 v.Chr. brachte A. alle Vasallenkönige zusammen, damit sie sein Abkommen anerkannten, mit dem er sicherstellen wollte, daß die Thronfolge weniger unruhig als seine eigene sein würde. *Assurbanipal wurde zum Kronprinzen oder Erben von Assyrien ernannt und Schamasch-schum-ukin entsprechend von Babylonien. Kopien des Vertrages, der bei dieser Gelegenheit den medischen Stadtoberhäuptern auferlegt wurde, und die in *Kalach/Nimrud gefunden wurden, zeigen die Maßnahmen, denen alle, einschließlich Manasse, zustimmen mußten. Sie erklärten

Stele mit einem Bericht, wie die Götter ein Strafgericht über Babylon verhängten, dann aber Erbarmen zeigten und Asarhaddon (681–668 v.Chr.) erlaubten, die Stadt wieder aufzubauen. Höhe ca. 22 cm. (BM)

ihre Loyalität dem assyr. Nationalgott Aschur gegenüber und ihren Willen, Assyrien ewig zu dienen. Die Geschichte hat jedoch gezeigt, wie schnell alle Vasallenkönige ihren Eid brachen.

Nachdem A. die Kontrolle über den W gewonnen hatte, unterwarf er Ägypten, besiegte Tirhaka, belagerte Memphis und zählte das Land zum assyr. Schutzgebiet unter Necho. Sobald die Armee des Siegers abgezogen wurde, entwickelten sich örtliche Intrigen zum offenen Aufstand. Als A. 669 v.Chr. zum Gegenschlag unterwegs war, starb er in Harran. Er hinterließ fünf Söhne und eine Tochter. Seine Mutter, die mächtige Frau Sanheribs (Naqi'a-Zakuta), überlebte ihn ebenfalls.

Literatur: E. Cassin, J. Bottéro, J. Vercoutter (Hrsg.): Fischer Weltgeschichte Bd. 4, Die Altorientalischen Reiche III, 1967; B. Hrouda: Vorderasien I, HdArch, 1971. D.J.W.

ASARJA. (Hebr. *ʿasarjāhū, ʿasarjā*, »Jahwe hat geholfen«).

1. Ein Minister Salomos, Sohn *Zadoks (1Kön 4,2; vgl. 1Chr 5,35).

2. Sohn von Nathan; ein anderer Minister Salomos, der für die Offiziere verantwortlich war (1Kön 4,5).

3. Anderer Name für König *Usija (2Kön 14,21 etc.). Montgomery (Kings, ICC, S. 446) bezeichnet A. als den »Thronnamen«, während Usija der volkstümliche oder angenommene Name sei.

4.+5. Sohn von *Etan (1Chr 2,8) und Sohn von *Jehu (1Chr 2,38) im Stammbaum von Juda.

6.-8. Sohn von *Johanan (1Chr 5,36; vgl. Esr 7,3), Sohn von *Hilkija (1Chr 5,39; vgl. 9,11; Esr 7,1) und Sohn von *Zefanja (1Chr 6,21) im Stammbaum von Levi.

9. Der Prophet, Sohn *Odeds, der den König *Asa im Blick auf seine Reform ermutigte (2Chr 15,1-8).

10.+11. Zwei von *Joschafats Söhnen, die von *Joram bei seiner Machtübernahme getötet wurden (2Chr 21,2.4).

12. Schreibfehler für *Ahasja (2Chr 22,6).

13.+14. Zwei der Hauptleute, die halfen, *Joasch auf den Thron zu bringen (2Chr 23,1).

15. Hoherpriester, der sich Usijas Versuch, im Tempel Weihrauch zu räuchern, widersetzte (2Chr 26,16-20).

16. Eines der Oberhäupter Ephraims, der Odeds Bitte um Milde unterstützte (2Chr 28,12).

17.+18. Zwei Leviten, die mit *Hiskias Reinigung des Tempels in Verbindung standen (2Chr 29,12).

19. Ein Hauptpriester zur Zeit Hiskias (2Chr 31,10).

20. Ein Arbeiter, der die Stadtmauer instand setzte (Neh 3,23).

21. Ein Begleiter *Serubbabels (Neh 7,7; vgl. Esr 2,2: »Seraja«).

22. Ein Ausleger des Gesetzes nach *Esras Lesung (Neh 8,7).

23. Ein Priester, der mit *Nehemia zusammen den Bund besiegelte (Neh 10,3; vgl. 12,33).

24. Sohn von Hoschaja und Anhänger *Gedaljas, der den Rat Jeremias, in Palästina zu bleiben, ablehnte (Jer 43,2).

25. Hebr. Name von *Abed-Nego (Dan 1,6f.11.19; 2,17). J.G.G.N.

ASASEL.

I. BEGRIFF.

1. Was der Ausdruck bedeutet, hat bis heute niemand mit Sicherheit sagen können. Auf verschiedenen Wegen kam man z.B. zu folgenden sprachlichen Deutungen: a. verlassener Ort, b. der sich Entfernende oder Fortgeschickte (gemeint ist der Ziegenbock, s.u.), c. der abgefallene, der trotzige oder starke Geist (von Satan oder einem seiner Engel).

2. Immer mehr scheint sich die Auffassung durchzusetzen, daß es sich um einen Eigennamen handeln muß, der einen Wüstendämon bezeichnet (vgl. Jes 13,21; 34,14; Mt 12,43; Lk 11,24). Für diese Auffassung spricht auch, daß in 3Mo 16,8 »A.« dem Namen des Herrn gegenübergestellt ist.

II. ASASEL UND DER GROSSE VERSÖHNUNGSTAG.

1. An diesem Tage (10. Tag des 7. Monats, September/Oktober) wurde über zwei Ziegenböcke das Los geworfen, wodurch der eine zur Opferung für die Sünden des ganzen Volkes, der andere aber zur Entsendung in die Wüste bestimmt wurde. Der erste Bock galt »dem Herrn«, der zweite »dem A.« (3Mo 16,8).

2. War der Bock »für den Herrn« geschlachtet und sein Blut im Heiligtum und Allerheiligsten versprengt worden, so »stemmte« der Hohepriester dem Bock »für A.« beide Hände auf den Kopf, sprach für das versammelte Volk das Sündenbekenntnis und ließ ihn durch einen gelosten Mann hinaus in die Wüste führen, damit er die Sünde des Volkes hinwegtrage (3Mo 16,20-22). Hinterher mußte sich der Mann besonderen Waschungen unterziehen (V. 26).

3. Über den Bock als Zwischenträger wird also die Sünde, nachdem sie von dem Volk genommen ist, dem überantwortet, der sie ver-

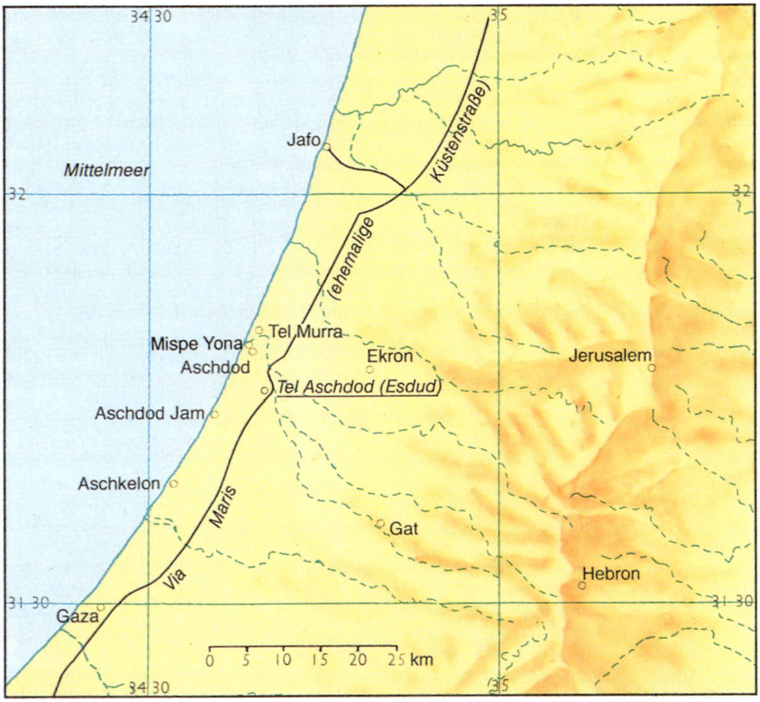

Lage der philistischen Stadt Aschdod.

Teil einer Ausgrabungsstätte der Philisterstadt Aschdod. (JLH)

Darstellung einer Muttergottheit in Form eines Sessels/Hockers. Aus Aschdod, 12. Jh. v.Chr. (ZR)

ursacht hat, verkörpert oder symbolisiert: A. Die Sünde wird so aus dem Volk entfernt und soll in ihm keinen Platz mehr haben. Man darf den Vorgang jedoch nicht so deuten, als brachte man mit dem Bock »für A.« dem Wüstendämon A. ein Opfer dar. Es gibt im AT nur noch eine kultische Handlung, die an diese hier erinnert (3Mo 14,50.53), aber auch stark von ihr unterschieden ist.

III. ASASEL UND DAS NT.

1. Das NT bezieht sich niemals auf diesen Brauch und hat auch nichts Entsprechendes aufzuweisen. Das hat seine Hauptgründe wohl darin, daß die Sünde nicht als eine Summe von Taten, sondern als eine Grundhaltung des Menschen verstanden wird und daß Christus eindeutig an die Stelle aller anderen *Mittler getreten ist.

2. Es verbietet sich schon mit Rücksicht auf Hebr 13,11f, den Bock »für A.« typologisch auf Christus zu deuten. Außerdem ist nach 3Mo 16 nicht der Bock »für A.« der Sühner, sondern der Bock »für den Herrn«. Nur er und sein Schicksal werden somit in Hebr 13 auf Christus gedeutet.

3. Eine Stelle im NT wird allerdings gelegentlich zum Vergleich herangezogen: 1Kor 5,5, wonach Paulus einen Blutschänder im Namen Jesu dem Satan übergibt. Der große Unterschied liegt aber darin, daß hier der Sünder selbst ausgeliefert wird, und zwar, wie Paulus zuversichtlich hofft, nicht für immer.

ASCHAN. »Rauch«.

1. Ort, der in den Niederungen des Stammes Juda zu suchen (Jos 15,42) und nach 1Chr 6,44 als Levitenstadt den Kindern Aaron übereignet worden ist. Es könnte mit Bor-A. (1Sam 30,30) identisch sein, vielleicht auch mit A. (2), wenn A. später an Simeon gekommen wäre. Es ist möglicherweise das heutige Chirbet-Asan, etwa 10 km nordwestl. von Beerscheba.

2. Ort des Stammes Simeon, dessen Lage unbekannt ist (Jos 19,7; 1Chr 4,32).

ASCHDOD. Tel Aschdod, 6 km südöstl. des heutigen Dorfes, war eine bedeutende Stadt der *Philister, die zuerst in Texten der Späten Bronzezeit (Jos 11,22) erwähnt wird. Versuchen des Stammes Juda, A. zu erobern und sich dort niederzulassen, scheint die Stadt widerstanden zu haben (Jos 13,3; 15,46f). Es gab dort einen bedeutenden Hafen (Aschdod-Yam; in akkad. Quellen *Asdudimmu*; vgl. ANET, S. 286) und einen *Dagontempel, in den die Bundeslade gebracht worden war (1Sam 5,1ff). A. wurde von Usija von Juda angegriffen (2Chr 26,6). Als die Stadt gegen die Assyrer, die König Azuri durch seinen Bruder ersetzt hatten, rebellierte, wurde *Asdudu* nach assyr. Inschriften von *Sargon II. im Jahre 711 v.Chr. geplündert. Diese Katastrophen erwähnen Amos (1,8) und Jesaja (20,1). Später wurde die Stadt von Psammetich I. von Ägypten 29 Jahre lang belagert (Herodot Hist. 2.157); sie wurde babylon. Provinz und war schwach (Jer 25,20) und hilflos (Zef 2,4; Sach 9,6). Nach dem Exil wurde A. teilweise neu besiedelt (Neh 13,23f). Der Götzendienst der Stadt, jetzt Azotus genannt, provozierte Angriffe der *Makkabäer (Johannes der Hasmonäer und Johannes Hyrkanus, 1Makk 5,68; 10,84). Pompejus trennte die Stadt von Judäa (Jos.bell.Jud. 1.156), sie wurde von Gabinius wieder erbaut und dann von Augustus an Salome, der Schwester des Herodes, gegeben. A. blühte, bis sie sich Titus ergab.

Ausgrabungen (1962-72) bestätigen diese Geschichte und weisen kanaan., philistäische (Tempel) und möglicherweise salomonische (Tor) Besiedlung nach.

Literatur: EAEHL, 1, S. 103-119; F.M. Cross, Jr. und D.N. Freedman: BASOR 175, 1964, S. 48f (zum Namen). D.J.W.

ASCHE.

1. Hebr. *'ēpher*. Dieser Ausdruck wird am häufigsten für pulvrige Asche gebraucht. Er kommt allein oder in Verbindung mit *Sack als Symbol des Trauerns vor (2Sam 13,19; Est 4,3; Jes 58,5; Jer 6,26; Dan 9,3). Er bezeichnet auch wertlose oder minderwertige Gegenstände oder Gedanken (Ps 102,10: Jes 44,20); in diesem Zusammenhang ist A. mit *Staub (*'āphār*) verbunden (1Mo 18,27; Hiob 13,12; 30,19). *'āphār*, »Staub«, wird in 4Mo 19,17; 2Kön 23,4, wo es sich auf die A. eines verbrannten Sündopfers bzw. auf die A. verbrannter heidnischer Gefäße bezieht, mit »Asche« übersetzt.

2. Hebr. *däschän*, »Fett«, bezieht sich auf die Mischung aus dem Fett von Opfern und dem Brennstoff, mit dem diese verbrannt wurden, und ist mit »Fettasche« zu übersetzen (3Mo 1,16; 6,3f; 1Kön 13,3.5). Das Wort bezeichnet auch verbrannte Leichname.

3. Griech. *spodos* ist der ntl. Ausdruck für »Asche«, die beim Trauern (Mt 11,21; Lk 10,13) oder bei der Reinigung (Hebr 9,13) gebraucht wurde. W.O.

ASCHERA. Eine kanaan. Muttergottheit; in den Texten von Ras Shamra (*Ugarit) als Meeresgöttin und Gemahlin Els erwähnt, im

Gußform aus Stein; der damit hergestellte Bronzeabguß stellt eine Fruchtbarkeitsgöttin mit gehörntem Kopfschmuck dar, wahrscheinlich Aschera. Höhe 22 cm. Mittlere Bronzezeit, ca. 1900 v.Chr. (ZR)

AT jedoch mit Baal in Verbindung gebracht (z.B. Ri 3,7). Das AT erwähnt A. manchmal als Göttin (z.B. 1Kön 18,19; 2Kön 23,4; 2Chr 15,16), gebraucht diesen Namen aber auch für das Bild dieser Göttin (z.B. 1Kön 15,13), das sie folglich repräsentierte. Den Israeliten war befohlen worden, die *ascherīm* der Kanaanäer umzuhauen (z.B. 2Mo 34,13) oder zu verbrennen (5Mo 12,3), und es war ihnen verboten, neben dem Altar Gottes eine A. aus Holz zu errichten (5Mo 16,21). Aus diesen Stellen scheint hervorzugehen, daß der Gegenstand aus Holz gefertigt und wahrscheinlich ein Bildnis war. Ein ca. 1,2 m langes verkohltes Stück Holz, das in dem Heiligtum der Frühen Bronzezeit in Ai gefunden wurde, ist als mögliche A. interpretiert worden; viele Forscher lehnen heute jedoch die Ansicht ab, daß der Gegenstand ein Pfahl war, und übersetzen an allen Stellen mit »Aschera-Bild«.

Literatur: W.L. Reed: The Asherah in the Old Testament, 1949; A. Caquot, M. Sznycer, A. Herdner: Textes Ougaritiques, 1, 1974, S. 68-73; J.C. de Moor: ThWAT I; R. Patai: JNES 24, 1965, S. 37-52; W.F. Albright: Archaeology and the Religion of Israel, [3]1953, S. 77-79; J. Marquet-Krause: Les Fouilles de ›Ay (et-Tell) 1933-1934, 1949, S. 18. T.C.M.

ASCHKELON. Die Stadt liegt an der Südküste Palästinas zwischen Jaffa (*Joppe) und *Gaza. Die Stelle war vom Neolithikum bis ins 13.Jh.n.Chr. besiedelt (IEJ, 1955, S. 271). A. wird in ägypt. Texten (19.-15.Jh.v.Chr.) und in den *Amarnabriefen (14.Jh.v.Chr.) erwähnt, als Widiya, der Herrscher der Stadt, den *Habiru* half. 5Mo 2,23 könnte auf eine Besiedlung in vorphilistäischer Zeit hindeuten. A. wurde von Ramses II. geplündert (ANET, S. 256; vgl. die Stele von Merenptah, ANET, S. 378).

Von Juda zwar erobert (Ri 1,18), erlangte A. jedoch seine Unabhängigkeit wieder und war eine der fünf wichtigsten Städte der *Philister (Jos 13,3), zusammen mit *Gaza, *Aschdod, *Ekron (Am 1,1-7) und *Gat (2Sam 1,20). *Tiglat-Pileser III. machte *Asqaluna* im Jahre 733 v.Chr. zum Vasallen Assyriens; die Stadt wurde später von *Sanherib von Assyrien erobert, der den Aufstand von Sidka niederwarf und Scharruludar auf den Thron setzte (701 v.Chr.).

A. kam ca. 630 v.Chr. wieder unter ägypt. Herrschaft, wurde aber von den Babyloniern angegriffen, als sie sich 604 v.Chr. *Nebukadnezar widersetzte (Babyl. Chronik). Ihr König Aga' wurde 598 v.Chr. getötet, Gefangene wurden nach Babylonien gebracht (Melanges Dussaud 2, 1939, S. 298). Dieses Ereignis, das von Jeremia (47,4-7) und Zefanja (2,4-7) prophezeit worden war, machte einen großen Eindruck auf Jerusalem, das einige Jahre später ein ähnliches Schicksal erleiden sollte (Jer 52,4-11). In der Perserzeit war A. Tyrus unterworfen; 104 v.Chr. wurde sie eine freie hellen. Stadt und huldigte den Makkabäern aus diplomatischen Erwägungen. *Herodes der Große verschönerte die Stadt, die sein Geburtsort war. Ausgrabungen (1921-76) förderten kanaan., philistäische, pers., hellen. und überwiegend röm. Überreste zutage.

Literatur: EAEHL, 1975, S. 121-130. D.J.W.

ASCHTEROT-KARNAJIM. Eine von den Refaïtern bewohnte Stadt, die von Kedor-Laomer in den Tagen Abrahams geplündert wurde (1Mo 14,5). Manche Gelehrte interpretieren A. mit »Astarte der zwei Hörner« und identifizieren damit Darstellungen einer Frau mit zwei Hörnern, wie sie in Palästina – in *Geser und *Bet-Schean - gefunden wurden. Wahrscheinlicher hingegen ist, daß A. »Aschterot bei Karnajim« bedeutet, ein Ort, der dann mit der Stadt A. (*Astarte/Astarot 3.), die in der Nähe von Karnajim liegt (in 1Makk 5,43-44 erwähnt), zu identifizieren wäre.

Literatur: F.M. Abel: Géographie de la Palestine, 2, 1938, S. 255; D. Baly: Geographisches Handbuch zur Bibel, 1973; H. Tadmor: IEJ 12, 1962, S. 121 und Anm. 30; W.C. Graham, H.G. May: Material Remains of the Megiddo Cult, 1935, S. 12. T.C.M.

ASCHURITER. Die Übersetzung von Aschuri (2Sam 2,9 LÜ: Asser) als Aschuriter, als Sammelbegriff eines Volkes verstanden, hat Probleme aufgeworfen. Es scheint klar, daß keine Verbindung mit den Aschuritern in 1Mo 25,3 besteht. Einige lasen Ascheriter und verbanden es mit Ri 1,32 (LÜ: Asser), da das Targum von Jonatan Bet-Ascher liest. Einige Gelehrte verbesserten zu Geschuriter und werden dabei von syr. Text und Vulg. unterstützt (vgl. POTT, S. 26, Anm. 45). Der Ein-

Aschkelon wird von ägypt. Truppen belagert, die zum entscheidenden Angriff ihre Waffen erheben und Leitern in Stellung bringen. Relief aus Karnak, Ägypten. 13. Jh. v.Chr. (KAK)

wand bei dieser Lesart ist, daß *Geschur seinen eigenen König, *Talmai, hatte (vgl. 2Sam 13,37), dessen Tochter David geheiratet hatte (1Chr 3,2). Die LXX hat *thaserai*, möglicherweise aufgrund der falschen Lesart des bestimmten Artikels *h* als *t*.

Der Gebrauch der Präposition *'el* in 2Sam 2,9 mit den Namen Gilead, Aschuri und Jesreel deutet eher auf Ortsnamen hin, da diese Präposition die Bedeutung »in« haben kann. Dies würde bedeuten, daß jene die Namen dreier Verwaltungszentren sind. Bei der Wahl solcher Zentren würde die geographische Erreichbarkeit beachtet werden. Im Fall von Aschuri, das sonst unbekannt ist, könnte dies entscheidend gewesen sein. Bei den drei folgenden Namen wird das präpositionale *'al* verwendet, wie häufig bei »Volk« in dem Begriff »beherrschen«, so »und über Ephraim und über Benjamin und selbst über ganz Israel«. Der Gebrauch des bestimmten Artikels bei Aschuri ist bei Eigennamen nicht ungewöhnlich (vgl. Gilead), und es gibt andere Beispiele für Ortsnamen mit der Endung i (z.B. Edreï, Ophni). Wenn die drei Städte ein Dreieck bildeten, wäre Aschuri der südl. Punkt, Jesreel im N und Gilead im O. So wäre eine Identifikation mit Ascher (Jos 17,7) geographisch möglich. W.J.M.

Der Ruinenhügel von Aseka. (AIA)

ASEKA. Bis hierhin jagte Josua die amoritischen Stadtkönige von Jerusalem, Hebron, Jarmut, Lachisch und Eglon, die Gibeon belagert hatten (Jos 10,10f). A. war dem Stamm Juda zugewiesen worden (Jos 15,35). Zwischen A. und Socho hatten die *Philister ihr Lager, aus dem der Riese *Goliat hervortrat und Israel verhöhnte (1Sam 17,1). A. war von *Rehabeam zur festen Stadt ausgebaut worden (2Chr 11,9). Später wurde A. von Nebukadnezar als eine der letzten Städte (neben Lachisch) belagert und erobert (Jer 34,7). Nach der Rückkehr der Juden aus der Gefangenschaft wurde sie neu besiedelt (Neh 11,30). A. lag gegenüber der Stadt Socho, südl. des Tales Ajalon und etwa 27 km nordwestl. von Hebron. Man vermutete, daß der Hügel Tell Zakarije, neuhebr. Tel Azeqa, das alte A. verborgen hielt. Bei Ausgrabungen fand man dort eine größere Stadt, umgeben von einer Innenmauer und befestigt mit acht wuchtigen Türmen. Erstaunlich sind die unterirdischen Gänge und Räume, die wohl in Kriegszeiten Zufluchtsorte und Vorratskammern waren. Hier fand man auch Krüge und Scherben aus israelit. Zeit.

ASENAT. (Ägypt. *ns-n(j)t*, »der Neith«,der Kriegsgöttin der Stadt Sais im Nildelta, »angehörig«).

Tochter des Potifera, eines Priesters zu On. Der Pharao gab sie *Josef zur Frau. Sie wurde die Mutter von *Manasse und *Ephraim (1Mo 41,45.50; 46,20).

ASIA. Bei den Griechen ist A. der Name des Kontinents oder, häufiger, der Region um Ephesus in Kleinasien. Diese Region umfaßte mehrere griech. Staaten, die im 3.Jh.v.Chr. unter die Kontrolle der Könige von *Pergamon gerieten. 133 v.Chr. wurden die königlichen Besitztümer Rom vermacht; das gesamte Gebiet wurde daraufhin als Provinz organisiert, die die ganze Westküste Kleinasiens zusammen mit den angrenzenden Inseln umfaßte und sich landeinwärts bis zum anatolischen Plateau erstreckte. Eine Reihe wohlhabender griech. Staaten litt anfangs unter der Ausbeutung durch die Römer, hatte sich jedoch in ntl. Zeit erholt und war zu einem Zentrum des Hellenismus in der Welt geworden. Die röm. Jurisdiktion wurde durch neun oder mehr Gerichtstage (*agoraioi*, Apg 19,38) ausgeübt, deren Vorsitz der senatorische Prokonsul oder seine Legaten (*anthypatoi*, ebd.) führten. Die griech. Republiken bildeten eine Konföderation, deren sichtbares Zeichen der in Pergamon eingerichtete Kaiserkult bildete. Es ist nicht sicher, ob die »Asiarchen« (Apg 19,31) die früheren Oberpriester des Kaiserkults oder die Mitglieder des Landtags waren. Sie stellen jedenfalls eine politische, proröm. Elite dar (J.A.O. Larsen: Representative Government in Greek and Roman Antiquity, 1955, S. 117-120).

Zunächst wurden in den drei großstädtischen Zentren – Pergamon, *Smyrna und *Ephesus – christl. Gemeinden gegründet. Darüber hinaus ist bekannt, daß in zwei der näheren Städte, die Sitz der Gerichtstage

Die von einem Statthalter verwaltete röm. Provinz Asia. (nach 133 n.Chr.)

waren, Gemeinden bestanden: in *Sardes im Hermus-Tal (*Thyatira und *Philadelphia waren in diesem Gebiet wichtige Städte) und in *Laodizea (am Fluß Lycus) am Eingang des Mäander-Tals (*Kolossä und *Hierapolis befanden sich in der Nähe).

Literatur: Plinius, nat. 5.28-41; Strabo, Geographie 12-14; J. Keil: CAH, 11, S. 580-589; A.H.M. Jones: Cities of the Eastern Roman Provinces, ²1971, S. 28-94; D. Magie: Roman Rule in Asia Minor, 2 Bde., 1950. E.A.J.

ASMAWET. Bedeutung ungeklärt. Name einer der *Aristida plumosa* verwandten Pflanze (Kamelfutter).

1. Benjaminit, dessen Söhne zu David nach Ziklag kamen (1Chr 12,3).

2. Einer der Helden Davids (2Sam 23,31; 1Chr 11,33).

3. Vermögensverwalter Davids (1Chr 27,25).

4. Nachkomme Sauls (1Chr 8,36; 9,42).

5. Bet-A. etwa 7 km nördl. von Jerusalem (Esra 2,24; Neh 7,28). 42 seiner Einwohner kehrten aus dem Exil zurück. In Bet-A. wohnten Tempelsänger aus Jerusalem (Neh 12,29). A. ist wohl das heutige Hizma, wo man ausgehauene Zisternen und Getreidespeicher fand.

ASNA/ASCHNA.

1. Einer der Tempelknechte, dessen Nachkommen unter Serubbabel aus dem Exil zurückkehrten (Esr 2,50).

2. Stadt in Juda, die nach Eschtaol und Zora genannt wird (Jos 15,33), vielleicht Chirbet Hasan 4,5 km südsüdwestl. von Latrun und 3 km nordwestl. von Zora.

3. Judäischer Ort weiter südl. (Jos 15,43), vielleicht Idna zwischen Hebron und Lachisch.

ASNAPHAR/ASENAPAR

s. Assurbanipal

ASRIËL.

I. Vielleicht »(Gegenstand) jubelnder Freude ist Gott«. Nachkomme *Manasses, von dem die Asriëliter abstammen (4Mo 26,31; Jos 17,2; 1Chr 7,14).

II. »Meine Hilfe ist Gott«.

1. Vater *Jeremots, ein Naftaliter z.Zt. Davids (1Chr 27,19).

2. Fürst des Stammes Ostmanasse (1Chr 5,24).

3. Vater des *Seraja z.Zt. Jeremias (Jer 36,26).

ASSER. (Hebr. *'āschēr*, »glücklich, gesegnet«).

1. Achter Sohn *Jakobs, zweiter von *Silpa, *Leas Magd (1Mo 30,12; 35,26). A. hatte vier Söhne und eine Tochter (1Mo 46,17; 4Mo 26,46).

Der Wohlstand seiner Nachkommen wurde in Jakobs letztem Segen angekündigt (1Mo 49,20). A. ist ein authentischer nordwestsemit. Eigenname, der gerade für die Zeit Jakobs belegt wird; und zwar als Name einer Sklavin (ca. 1750 v.Chr. auf einer ägypt. Papyrusliste; vgl. W.C. Hayes: A Papyrus of the Late Middle Kingdom in the Brooklyn Museum, 1955, S. 88,97, und besonders W.F. Albright: JAOS 74, 1954, S. 229, 231: *'ischr, 'schra*). Diese spezielle philologische Entdeckung schließt die gewöhnlich angeführte Gleichsetzung des bibl. A. mit dem in ägypt. Texten des 13. Jh. v.Chr. vorkommenden *'ischr* - ein Ortsname Palästinas – aus: *'ischr* würde für *'tr* stehen, nicht für *'schr* (vgl. Albright, ebd.). Dies widerlegt die Annahme, daß das ägypt. *'ischr* von 1300 v.Chr. (Sethos I.) auf eine »Asser«-Siedlung in Palästina vor der israelit. Invasion im weiteren Verlauf des 13. Jh. v.Chr. hindeute.

2. Ein von A. (1.) herkommender israelit. Stamm und sein Territorium. A. bestand aus fünf Hauptfamilien oder Clans (4Mo 26,44-47) und teilte die Organisation und das Schicksal der Stämme auf der Wüstenwanderung (4Mo 1,13; 2,27; 7,72; 13,13 etc.), hatte aber auch Anteil am Segen Moses (5Mo 33,24). Das A. von Josua zugewiesene Gebiet bestand hauptsächlich aus der Akko-Ebene, den sich anschließenden Westhängen der galiläischen Berge und der Küste von der Spitze des *Karmel bis *Tyrus und *Sidon (Jos 19,24-31.34). Im S grenzte A. an Manasse, wobei einige Grenzstädte nicht zum Gebiet gehörten (Jos 17,10f). Die gerschonitischen Leviten besaßen in A. vier Städte (1Chr 6,59f). A. unterließ es jedoch, die Kanaanäer zu vertreiben, und besiedelte nur Teile des ihm zugeteilten Landes (Ri 1,31f). Zur Topographie und den Ressourcen von A.s Gebiet vgl. D. Baly: Geographisches Handbuch zur Bibel, 1973. In der Richterzeit stand A. *Debora nicht bei, schloß sich jedoch *Gideon an (Ri 5,17; 6,35; 7,23). A. stellte David Krieger (1Chr 12,37) und war Teil eines Verwaltungsdistrikts Salomos (1Kön 4,16). Nach dem Fall des Nordreiches kamen einige Asseriten dem Aufruf *Hiskias nach, das *Passa in Jerusalem wieder zu beleben (2Chr 30,11). Die bejahrte Prophetin *Hanna, die sich freute, Jesus als Säugling zu sehen, gehörte zum Stamm A. (Lk 2,36).

3. Möglicherweise eine Stadt an der Grenze zwischen Manasse und Ephraim, die nicht sicher zu lokalisieren (Jos 17,7) ist. K.A.K.

ASSOS. Hafenstadt in *Mysien (Kleinasien). Sie liegt auf einem Felsen am Golf von *Adramyttion (heute Edremit), 25 km südöstl. von Troas. Von Behramköy, wie dieser Ort heute heißt, fuhr Paulus mit dem Schiff nach Palästina (Apg 20,13f).

Die Agora (Marktplatz) von Assos, von Süden her gesehen. (FNH)

Mit Goldstreifen verzierter Silberbecher. Aus der Burg Salmanassars in Kalach (Nimrud). 7. Jh. v.Chr. (BM)

ASSUR.

I. 1. Sohn *Sems und Stammvater der Assyrer (1Mo 10,22; 1Chr 1,17).

2. Südlichste und älteste der großen Städte des Reiches *Assyrien, die als einzige auf dem rechten oder Westufer des Tigris lag (1Mo 2,14; LÜ: Assyrien). Sie war ursprünglich eine babylon. Kolonie im Gebiet der *Horiter. Der Stadtgott A., den man vor allem als Kriegsgott betrachtete und der später zum Nationalgott Assyriens aufstieg, hatte hier sein Hauptheiligtum. Den Namen des Gottes trugen auch die Stadt, das Land und Reich (1Mo 10,11; 4Mo 24,22; Jes 7,18 u.ö.). Im ganzen barg die Stadt 34 Heiligtümer. Bei den Ausgrabungen in A., die schon 1840 begonnen wurden, kam auch eine Urkunde ans Licht, die all diese Tempel aufzählt und daher als Götteradreßbuch bezeichnet wird. Weitere Funde von Bedeutung waren die Annalen Tiglat-Pilesers I. (um 1100 v.Chr.) und die unter dem großen Palast entdeckten Königssarkophage, u.a. der Sarkophag *Sanheribs, der 681 v.Chr. in Ninive ermordet wurde (2Kön 19,37).

3. Von A./Assyrien zu unterscheiden ist eine Landschaft in NW-Arabien (Ps 83,9), die vielleicht mit *Sur gleichzusetzen ist.

II. Asur »Helfer, hilfreich«.

1. Vater des falschen Propheten *Hananja von Gibeon (Jer 28,1).

2. Vater des *Jaasanja z.Zt. Hesekiels (Hes 11,1).

3. Israelit, der z.Zt. Nehemias die Verpflichtung auf das Gesetz unterzeichnete (Neh 10,18).

König Assurbanipal und die Königin bei einem Festessen im Garten. Relief aus dem Palast von Ninive. Ca. 640 v.Chr. (RS)

ASSURBANIPAL. (Assyr. *aschur-bān-aplt,* »Assur hat einen Sohn gemacht«). A. wurde von seinem Vater *Asarhaddon im Mai 672 v.Chr. zum Kronprinzen gemacht und folgte ihm 669 v.Chr. als König von *Assyrien auf

Zwei Botschafter des Königs Rusa von Uratu (mit Quasten-Kappen) am Hof des Königs Assurbanipal von Assyrien. Flachrelief aus Ninive, ca. 640 v.Chr. (BM)

den Thron. Er führte in der Anfangszeit seiner Herrschaft Krieg mit Ägypten und eroberte *Theben im Jahre 663 v.Chr. (vgl. Nah 3,8); um sein sich weit ausdehnendes Reich zu halten, mußte er mehrere Strafexpeditionen gegen die Syrer, Phönizier und Araber unternehmen. A. dürfte der König sein, der Manasse aus dem Exil in Ninive befreite (2Chr 33,13) und in ihm einen Vasallenkönig in Juda hatte. Um 645 v.Chr. plünderte A. *Susa, die Hauptstadt *Elams; aus diesem Grund wird er als der »große und berühmte Asenappar« angesehen, der nach Angabe der Samaritaner Leute aus Susa und Elam in ihre Stadt gebracht hatte (Esr 4,9f). Da sich dieser Beleg in einem aram. Brief findet, der 200 Jahre nach dem Ereignis geschrieben wurde, ist die Wiedergabe des assyr. Königsnamens als *'as[rb]npr* (LXX Asennaphar; Lucian interpretiert als *Salmanassar) nicht unwahrscheinlich.

Von 652-648 v.Chr. befand sich der letzte der großen assyr. Könige im Krieg mit seinem Zwillingsbruder Schamasch-schum-ukin von *Babylonien; in dieser Zeit wurde der assyr. Einfluß in Palästina schwächer. Um 629 v.Chr. ernannte A. seinen Sohn Assuretililâni zum Mitregenten; um 627 v.Chr. ist er gestorben. A.s Bibliothek akkadischer Literatur in Ninive ist berühmt.

Literatur: CAH, 3, 1978. D.J.W.

ASSYRIEN. Das altorientalische Land lag in der obermesopotamischen Ebene und wurde im W von der Syrischen Wüste, im S vom Dschebel Hamrin und Babylonien und im N und O von den urartischen (armenischen) und persischen Bergregionen begrenzt. Der fruchtbarste und am dichtesten besiedelte Teil A.s, lag östl. des zentralen Flusses Tigris (1Mo 2,14). Das hebr. *'aschūr* (assyr. *aschur*) bezeichnet sowohl dieses Land wie auch seine Bewohner. Der Terminus A. wurde bisweilen auf den Herrschaftsbereich seiner in den Hauptstädten *Ninive, *Assur und *Kalach residierenden Könige angewandt. Auf dem Gipfel seiner Macht im 8. und 7. Jh. v.Chr. schloß dieser *Medien und Südanatolien, *Zilizien, *Syrien, *Palästina, *Arabien, *Ägypten, *Elam und *Babylonien ein.

Im AT galt Assur als der zweite Sohn des Sem (1Mo 10,22) und wurde von Aschuram (»Aschuriter«), einem von Abraham und Ketura abstammenden arab. Stamm (1Mo 25,3), wie auch vom Stamm *Asser (2Sam 2,9) unterschieden. A., das immer sorgsam von Babylonien unterschieden wird, steht für die Weltmacht, deren Einfälle in Israel und Juda Gott zuließ, obschon sie später wegen ihrer

König Assurbanipal (669–629/27 v.Chr.) nimmt am Wiederaufbau des Tempels Esagila in Babylonien teil, er trägt einen Korb mit Baumaterial. Höhe 36,8 cm. (BM)

Gottlosigkeit ebenfalls der Zerstörung anheimfiel. Auf das Land A. (Jes 7,18; Hos 11,5) und seine Könige (2Kön 15-19; Jes 8,4) wird häufig Bezug genommen.

I. GESCHICHTE.

1. Frühzeit bis 900 v.Chr. A. war schon in vorgeschichtlicher Zeit bewohnt (z.B. Jarmo, ca. 5000 v.Chr.), und man hat in mehreren Fundstätten, darunter Assur, Ninive und Kalach, die laut 1Mo 10,11f von Einwanderern aus Babylonien gegründet wurden, Töpferwaren der Hassuna-, Samarra-, Hala- und Obed-Tradition gefunden. Obwohl die Ursprünge der Assyrer nach wie vor umstritten sind, steht fest, daß die Sumerer um 2900 v.Chr. in Assur ansässig waren, und die assyr. Sprache und Kultur verdankt den Leuten aus dem O viel. Nach der assyr. Königsliste »lebten« die ersten siebzehn Könige von Assur »in Zelten«. Einer von diesen, Tudija, schloß um 2300 v.Chr. einen Vertrag mit *Ebla und kann daher kein bloßer »namengebender Stammvater« sein.

Die Könige von Babylonien, darunter *Sargon von Akkad, ließen in A. (Ninive) um 2350 v.Chr. Bauten errichten, und in Assur hat man eine Gebäudeinschrift des Amarsuéna von Ur (um 2040 v.Chr.) gefunden. Nach der Eroberung von *Ur durch die *Amoriter wurde Assur der assyr. Königsliste zufolge von unabhängigen Fürsten regiert. Diese knüpften Handelsbeziehungen mit Kappadozien an (um 1920-1870 v.Chr.). Schamschi-Adad I. (1813-1781 v.Chr.) erweiterte seinen Herrschaftsbereich nach und nach, und seine Söhne Jasmach-Adad und Zimrilim residierten in *Mari bis zur Zerstörung der Stadt durch *Hammurabi von Babylon. Nach dem Erscheinen der Mitanni sowie horitischer Gruppen im Gebiet des oberen Euphrat ging der Einfluß A.s zurück, wenngleich es eine blühende Agrargesellschaft blieb, über deren Leben und Gepflogenheiten die in *Nuzi gefundenen Tafeln wichtige Aufschlüsse geben. Unter Assuruballit I. (1365-1330 v.Chr.) begann A., etwas von seiner einstigen Größe wiederzugewinnen. Er trat mit Amenophis IV. von Ägypten in Briefwechsel, wogegen Burnaburiasch II. von Babylonien mit der Begründung, er sei sein Vasall, Einspruch erhob (*Amarna-Briefe). Der Niedergang der Mitanni ermöglichte jedoch die Wiedereröffnung der Handelswege nach dem N, und unter der Regierung Arik-dēn-ilu (1319-1308 v.Chr.) und Adadnararis I. (1307-1275 v.Chr.) wurden seit der Zeit des Schamschi-Adads verlorene westl. Gebiete bis Karkemisch wiedergewonnen.

*Salmanassar I. (1274-1245 v.Chr.) führte ständig Kriegszüge gegen die Stämme in den östl. Bergländern und gegen neue Feinde in *Urartu. Außerdem suchte er durch Unternehmungen im nordwestl. Hanigalbat die horitischen Streitkräfte zu binden. Er baute *Kalach als neue Hauptstadt wieder auf. Sein Sohn, Tukulti-Ninurta I. (1244-1208 v.Chr.), mußte seine Aufmerksamkeit hauptsächlich auf Babylonien richten, dessen König er ebenfalls sieben Jahre lang war, bis er von seinem Sohn Assurnādinapli ermordet wurde. Bald danach wurde Babylonien erneut unabhängig, und unter Tiglatpilesar I. (1115-1077 v.Chr.) erlebte A. einen kurzzeitigen Wiederaufstieg. Tiglatpilesar I. bekriegte die Muschki (*Meschech) und die Subaräer, drang außerdem nach N bis zum Van-See sowie zum Mittelmeer vor, wo er von Byblos, *Sidon und *Arwad Tribut empfing, und unternahm in dem Bemühen, die (Achlamo-)aram. Wüstenstämme zu unterwerfen, Kriegszüge bis nach *Tadmor (Palmyra). Die Aktivitäten dieser Stämme banden A.s Kräfte von ca. 1100 bis 940 v.Chr. derart, daß David und Salomo nach Syrien (Aram) vordringen konnten.

2. Das neuassyr. Weltreich (900-612 v.Chr.). Unter Tukulti-Ninurta II. (890-884 v.Chr.) begannen die Assyrer, schärfer gegen die sie bedrängenden Stämme vorzugehen.

Sein Sohn, Assurnasirpal II. (883-859 v.Chr.), unterwarf in mehreren glänzenden Feldzügen die Stämme am mittleren Euphrat und drang bis zum Libanon und nach Philistäa vor, wo ihm die Küstenstädte Tribut zahlten. Er unternahm auch Kriegszüge nach Nordbabylonien und in die östl. Bergländer. Unter seiner Regierung begann A., beständig Druck nach W hin auszuüben, was zum Konflikt mit Israel führen sollte. Über 50 000 Gefangene wurden bei der Erweiterung von Kalach eingesetzt, wo Assurnasirpal eine neue Zitadelle, einen Palast und Tempel errichtete und mit der Aufführung der Ziggurat begann. Künstler mußten seine Audienzräume mit Skulpturen schmücken und Fachkräfte seine botanischen und zoologischen Gärten und den Park in Ordnung halten.

Assurnasirpals Sohn *Salmanassar III. (858-824 v.Chr.) setzte die Politik seines Va-

Bronzefigur eines assyrischen Dämons (Pazuzu), der angeblich Krankheiten übertrug. Höhe 15 cm. Ca. 800 v.Chr. (MC)

ters fort, dehnte A.s Grenzen beträchtlich aus und machte sich zum Herrscher über ein Gebiet, das von Urartu bis zum Persischen Golf und von Medien bis zur Küste Syriens und nach Zilizien (Tarsus) reichte. 857 v.Chr. eroberte er Karkemisch, und sein Angriff auf Bit-Adini (*Eden) alarmierte die größeren Stadtstaaten im SW. Irhuleni von Hamat und Hadad-Eser von Damaskus bildeten eine antiassyr. Koalition von zehn Königen, die das assyr. Heer 853 v.Chr. in der Schlacht bei Karkar aber nicht zu schlagen vermochten. Nach den assyr. Annalen führte »Ahab von Israel (*sirla'aia*)« dabei 2000 Streitwagen und 14 000 Mann ins Feld. Drei Jahre später führte Salmanassar eine Reihe weiterer Feldzüge, hauptsächlich gegen Hadad-Eser (wahrscheinlich *Benhadas I). 841 v.Chr., im 18. Regierungsjahr des Salmanassar, war die Koalition auseinandergebrochen, so daß sich das assyr. Heer mit ganzer Kraft gegen *Hasaël von Damaskus werfen konnte, der sich nach einem Rückzugsgefecht in den Bergen des Antilibanon nach Damaskus absetzte. Nach vergeblicher Belagerung dieser Stadt zog Salmanassar durch den Hauran zum Vorgebirge Nahr el-Kelb, wo er von den Königen von Tyrus und Sidon Tribut empfing wie auch von »Jehu (*Ya-u-a*) vom Hause Omris«, ein Geschehnis, das im AT nicht erwähnt, aber auf Salmanassars »schwarzem Obelisken« in Nimrud (Kalach) geschildert wird. Auf den bronzenen Türbeschlägen des Tempels von Imgur-Bel (Balawat) ließ er Szenen von den anderen Feldzügen darstellen. (Diese befinden sich heute im Britischen Museum).

Schamschi-Adad V. (824-811 v.Chr.) sah sich gezwungen, Vergeltungsschläge in den Nairi-Ländern zu führen, um die Pläne des aufrührerischen Ispuini von Urartu zu durchkreuzen. Außerdem unternahm er drei Feldzüge gegen Babylonien und die Festung Dēr an der Grenze gegen Elam. Schamschi-Adad starb jung, und bis zum Regierungsantritt ihres Sohnes, Adadnararis III., übte seine einflußreiche Witwe, Sammuramat (Semiramis), die Regentschaft aus. Unterdessen führte das Heer im N und W Feldzüge, und Guzana (*Gosan) wurde A. als Provinz angegliedert. 804 v.Chr. kam Adadnarari Hamat durch einen Angriff auf Damaskus zu Hilfe, wo *Hasaël, der Sohn Ben-Hadads II. – den er mit seinem aram. Titel *Mari'* nannte -, regierte. Dies verschaffte Israel vorübergehend Ruhe vor den Angriffen von Aram her (2Kön 12,18; 2Chr 24,23f), und viele Herrscher brachten dem Assyrer zum Dank für seine Hilfe Geschenke. Er behauptet, unter denen, von welchen er Tribut empfing, seien »Hatti (Nordsyrien), Amurru (Ostsyrien), Tyrus, Sidon, das Haus Omris (Israel), Edom und Philistäa bis zum Mittelmeer« gewesen. Eine Stele aus Rimach (A. ca. 796 v.Chr.) nennt unter diesen »Joasch von Samarien« (*Ya'usu samerinaia*). Die assyr. Unternehmung befähigte Joasch anscheinend, von Hasaël eroberte Städte an seiner Nordgrenze zurückzugewinnen (2Kön 13,25). Im Innern herrschte offenbar Ruhe, ließ der Assyrerkönig doch außerhalb der Mauern der Zitadelle von Kalach einen neuen Palast aufführen.

Salmanassar IV. (782-773 v.Chr.) hielt ungeachtet der Störangriffe Argistis' I. von Urartu an seiner Nordgrenze den Druck auf Damaskus aufrecht und befähigte dadurch zweifellos Jerobeam II., die Grenzen Israels bis zur Beq'a (»Hamat«, 2Kön 14,25-28) auszudehnen. Doch A. wurde jetzt durch innere Zwietracht geschwächt, denn Salmanassar war jung und kinderlos gestorben, die Thronfolge war umstritten. Eine schwere Niederlage im N war von einem »schlimmen Vorzeichen«, einer Sonnenfinsternis, begleitet. Das Jahr 763 v.Chr., in dem sie sich ereignete, wurde zu einem wichtigen Datum in der assyr. Chronologie. Der W konnte sich dadurch abermals zur Abwehr weiterer Angriffe neu gruppieren, wie aus dem aram. Vertrag des Mati'el von Bit-Agusi (Arpad) mit Barga'ajah hervorgeht.

Die Annalen Tiglatpilesars III. (744-727 v.Chr.) sind bruchstück- haft, und die Abfolge der Ereignisse während seiner Regierung ist ungewiß. Er war jedoch ein tatkräftiger Herrscher, der daranging, die dem Staatsgott Assur Treue schuldenden Gebiete wiederzugewinnen und noch zu erweitern. Zu Beginn seiner Regierung wurde er unter seinem Geburtsnamen Pul(u) (2Kön 15,19; 1Chr 5,26) zum König von Babylon ausgerufen. Im N kämpfte er gegen Sarduri II. von Urartu, der mit den syr. Staaten intrigierte. Unermüdlich bekriegte Tiglatpilesar die Aufständischen in den Städten längs der Gebirge des Antitaurus (Kaschiari) bis hin nach Kummuch und gliederte das unterworfene Gebiet in mehrere Provinzen, die dem König Treue schuldeten. *Arpad wurde zwei Jahre lang belagert (742-740 v.Chr.), und während dieser Zeit leisteten Rezin von Damaskus und andere benachbarte Fürsten A. Tribut. Während Tiglatpilesars Abwesenheit in den nördl. Bergländern zettelte der mit Hamat verbündete »Azrija'u Ja'udi« 738 v.Chr. einen Aufstand an. Ja'udi war ein kleiner Stadtstaat in Nordsyrien, obschon auch *Asarja von Juda gemeint sein könnte. Tiglatpilesar behauptet, zu dieser Zeit von Menahem (*Meni himmu*) von Samaria und Hiram von Tyrus Tribut empfangen zu haben. Dieses Geschehnis ist im AT nicht erwähnt,

Rekonstruierte Fassade des dem Mondgott Sin geweihten assyr. Tempels in Chorsabad (Dur-Scharru-kin). 8. Jh. v.Chr. (AP)

dort wird aber eine spätere Zahlung verzeichnet. Aus zeitgenössischen assyr. Verträgen geht hervor, daß der den führenden Israeliten zur Erfüllung dieser Forderung abgepreßte Betrag von 50 Silberschekeln pro Mann damals der Preis für einen Sklaven war. Es war dies offenbar ein Lösegeld zur Vermeidung der Deportation (2Kön 15,20).

Eine Reihe von zwei Jahre später geführten Feldzügen endete mit der Einnahme von Damaskus 732 v.Chr. Tiglatpilesar ersetzte laut seinen Annalen *Pekach, den Mörder *Pekahiachs, des Sohnes von *Menahem, durch 'Ausi (Hoschea). Vgl. 2Kön 15,30. Dies geschah wahrscheinlich 734 v.Chr., als die Assyrer die phönizische Küste hinunter und über »die Grenze Israels« bis nach Gaza zogen, dessen König, Hanunu, über den »*Bach Ägyptens« floh. Dieser Zug nach Palästina erfolgte zumindest teilweise auf die Bitte um Hilfe gegen Rezin von Damaskus und Pekach von Israel, die von seiten des *Iauhazi* (Jeho-Ahas) von Juda erging (2Kön 16,5-9), dessen Tribut zusammen mit dem von Ammon, Moab, Aschkelon und Edom aufgeführt wird. Israel (*Bit-Humria*) wurde angegriffen, Hazor in Galiläa zerstört (2Kön 15,29) und eine Vielzahl von Gefangenen deportiert. Ahas kam seine Bitte gleichfalls teuer zu stehen: er mußte rel. Verpflichtungen auf sich nehmen (2Kön 16,10ff), wobei der nach Jerusalem gesandte Altar nur *ein* Symbol seines Vasallentums war: ein weiteres war ein Standbild des Königs, das Tiglatpilesar im eroberten Gaza aufstellen ließ.

Salmanassar V. (726-722 v.Chr.), der Sohn Tiglatpilesars III., führte ebenfalls im W Krieg. Als der assyr. Vasall Hoschea ihm auf Hilfsangebote Ägyptens (2Kön 17,4) hin den jährlichen Tribut verweigerte, belagerte Salmanassar Samaria (V. 5). Nach drei Jahren »brach er« der babylon. Chronik zufolge »den Widerstand der Stadt ...« (Samaria?). Der »König von A., [der] Samaria eroberte« (V. 6) und die Israeliten zum oberen Euphrat und nach Medien deportierte, ist daher möglicherweise dieser assyr. König. Da jedoch sein Nachfolger, Sargon II., die Einnahme von Samaria später für sich selbst in Anspruch nimmt, war der ungenannte König von V. 6 möglicherweise Sargon, der die Belagerung gemeinsam mit Salmanassar durchgeführt und sie beim Tode des letzteren abgeschlossen haben könnte.

Sargon II. (722-705 v.Chr.) war ein tatkräftiger, Tiglatpilesar III. ähnlicher Herrscher. Er berichtet, daß er, als die Einwohner von Samaria sich von Jau-bi'di von Hamat dazu hatten überreden lassen, ihm die Steuern zu verweigern, 27 270 Einwohner »mitsamt den Göttern, denen sie vertrauten«, aus dem Gebiet von Samaria deportierte. Das genaue Datum dieses Exils, das das Ende Israels als unabhängiger Nation bedeutete, läßt sich aus assyr. Quellen derzeit noch nicht bestimmen. Als Hanunu von Gaza mit militärischer Unterstützung aus Ägypten zurückgekehrt war, zog Sargon gegen Raphia, wo der erste Zusammenstoß der Heere der beiden Großreiche mit einer Niederlage der Ägypter endete. Dessen ungeachtet lehnten sich die Herrscher und Völker Palästinas weiterhin eng an Ägypten an. Die Geschichte dieser Zeit bildet einen wesentlichen Hintergrund für die Weissagungen des Jesaja. 715 v.Chr. griff Sargon erneut ein, plünderte Aschdod und Gat und rühmte sich, »Juda unterworfen« zu haben, doch geht aus dem AT nicht hervor, daß er zu dieser Zeit dort einfiel. 717 v.Chr. besiegte er Pisiris von Karkemisch und drang nach Zilizien vor. Er setzte die assyr. Streifzüge gegen die Männäer und gegen Stämme im Gebiet des Van-Sees fort (714 v.Chr.), die unter dem Druck der Kimmerier in Unruhe geraten waren. Im S fiel Sargon in Elam ein, plünderte Susa und trieb Marduk-apla-iddina II. (*Merodach-Baladan) in das Sumpfland an der Nordküste des Persischen Golfes zurück.

Darstellung auf einem glasierten Ziegelstein: Ein assyr. König trägt eine Trankopfer-Schale, hinter ihm geht sein Gefolge, mit Pfeil und Bogen bewaffnet. Kalach (Nimrud). 23 cm × 30 cm. Frühes 9. Jh. v.Chr. (BM)

Sargon starb vor der Vollendung seines Palastbaus in Dur-Scharrukin (Chorsabad).

*Sanherib (705-681 v.Chr.) mußte in den ersten Jahren seiner Regierung Aufstände unterdrücken, die nach dem Tode seines Vaters ausgebrochen waren. Als Kronprinz war er für die Sicherung der Nordgrenze zuständig gewesen und verfügte daher über Erfahrungen, die ihm nicht nur bei seinen Beziehungen zu Urartu und Medien zustatten kamen, sondern auch bei seinen Feldzügen, die sich bis nach Zilizien erstreckten, wo er 698 v.Chr. Tarsus eroberte. Marduk-apla-iddina bemächtigte sich des Thrones von Babylon (703-701 v.Chr.), und es bedurfte beträchtlicher militärischer Anstrengungen, ihn wieder zu entthronen. Es geschah vermutlich während dieser Zeit, daß der Chaldäer Hiskia um Hilfe bat (2Kön 20,12-19). Jesajas Mißbilligung dieses Bündnisses war gerechtfertigt, denn gegen 689 v.Chr. hatten die Assyrer Merodach-Baladan aus dem Land getrieben und Babylon zerstört. Die geplante Verfolgung des Aufrührers mit Seestreitkräften quer über den Golf wurde beim Empfang der Nachricht von seinem Tod in Elam abgebrochen. Sanherib war darüber hinaus 701 v.Chr. in Syrien einmarschiert, hatte Sidon belagert und war nach S gezogen, um das aufrührerische Aschkelon anzugreifen. Wahrscheinlich ist die erfolgreiche Belagerung von Lachisch durch die Assyrer (2Kön 18,13f), ein auf den Flachreliefs in Sanheribs Palast in Ninive dargestellter Sieg, in dieser Zeit anzusetzen. Anschließend schlug das Heer die Ägypter bei Elteke. Während dieser Operationen in Juda leistete Hiskia Tribut (2Kön 18,14-16). Diese Handlung ist in den assyr. Annalen verzeichnet. Die meisten Forscher neigen der Auffassung zu, daß die »Einschließung des Judäers Hiskia« durch Sanherib »in Jerusalem wie einen Vogel in einen Käfig« und die Aufforderung an ihn, sich zu ergeben (2Kön 18,17-19,9), gegen Ende eben dieses Feldzugs und Jahres erfolgten. Wie dem auch sei, die Assyrer hoben die Belagerung plötzlich auf und zogen ab (2Kön 19,35f, vgl. Hdt.Hist. 2,141). Eine andere Forschungsrichtung verknüpft die Belagerung von Jerusalem mit einem späteren Feldzug, vielleicht dem gegen die Araber 686 v.Chr. Sie setzt keinen Zwischenraum an, wie er doch zwischen der Rückkehr nach Ninive und der Ermordung Sanheribs durch seine Söhne im Monat Tebet 681 v.Chr. liegen dürfte (2Kön 19,37; Jes 37,38). Nach der Babylon. Chronik wurde Sanherib von »seinem Sohn« ermordet, und Asarhaddon, sein jüngerer Sohn und Nachfolger, behauptet, er habe seine aufrührerischen Brüder, vermutlich die Mörder, bis nach Südarmenien verfolgt (für eine ausführlichere Erörterung der scheinbaren Diskrepanz zwischen den atl. und den assyr. Angaben über Ort und Zahl der Mörder siehe DOTT, S. 70-73).

*Sanherib baute Ninive, seine Paläste, Torwege und Tempel, zusammen mit seiner westsemit. Frau Naqia-Zakutu im großen Stil wieder auf und schuf zur reichlicheren Wasserversorgung Aquädukte (Dscherwan) und Dämme. Diese dienten auch zur Bewässerung großer Parks rings um die Stadt. Kriegsgefangene, darunter auch Juden, wurden bei diesen Bauprojekten eingesetzt und sind auf den Reliefs seines Palastes dargestellt.

*Asarhaddon (681-669 v.Chr.) war zwei Jahre vor seiner Thronbesteigung von seinem Vater zum Kronprinzen bestimmt worden und hatte als Vizekönig in Babylon regiert. Als die Südbabylonier sich empörten, genügte ein einziger Feldzug, um sie wieder botmäßig zu machen, und 678 v.Chr. wurde Na'id-Marduk zu ihrem neuen Herrscher ernannt. Mehrere Feldzüge waren indes erforderlich, um die Machenschaften ihrer Nachbarn, der Elamiter, zu durchkreuzen. Auch in den weiter nördl. gelegenen Bergländern wurden die Stammeskämpfer von Zamua und der medischen Ebene durch periodische Kriegszüge unter assyr. Oberherrschaft gehalten. Infolge der Intrigen Teuschpas und der Kimmerier waren die nördl. Stämme aufsässiger. Asarhaddon kam auch mit skythischen Stämmen (*Ischguzai*) in Konflikt.

Im W setzte Asarhaddon die Politik seines Vaters fort, von den Stadtstaaten, darunter denen in Zilizien und Syrien, Tribut zu fordern. Baal von Tyrus, der die Zahlung verweigerte, wurde angegriffen, und Abdi-Milki von 676 v.Chr. an drei Jahre lang in Sidon belagert. Dieser Widerstand gegen die assyr. Hegemonie wurde von Tirhaka von Ägypten angestachelt und löste eine scharfe Reaktion aus. Asarhaddon erhöhte seine Tributforderungen und trieb überdies Holz, Steine und andere Materialien für seinen neuen Palast in *Kalach und für den Wiederaufbau Babylons ein. Möglich, daß Manasse in Zusammenhang mit letzterem dorthin gebracht wurde (2Chr 33,11). »Manasse (*Menasi*) von Juda« zählt zu denjenigen, von welchen Asarhaddon zu dieser Zeit Tribut forderte. Darunter waren »Baal von Tyrus, Qausch-(Chemosh)-gabri von Edom, Musuri von Moab, Sili-Bel von Gaza, Metinti von Aschkelon, Ikausu von Ekron, Milki-aschapa von Gebel, Ahi-Milki von Aschdod sowie 10 Könige von Zypern (*Iadnana*)«.

Nun, da diese Staaten zumindest nominell seine Vasallen waren, konnte A. darangehen, seinen auf Beherrschung des ägypt. Deltas,

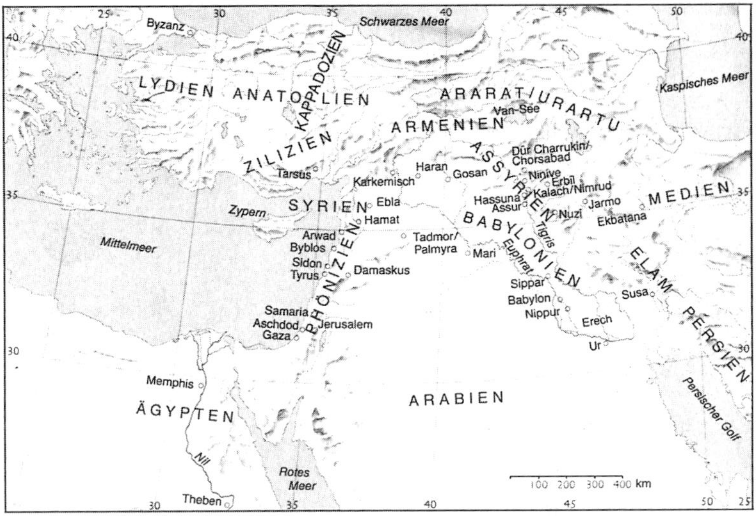

Assyrien und umliegende Gebiete

von dem so viel Widerstand ausging, abzielenden Plan zu verwirklichen. Dies geschah 672 v.Chr. durch eine Großaktion, die zur Einsetzung assyr. Statthalter in Theben und Memphis führte. Im selben Jahr ließ Asarhaddon vor großer Versammlung Assurbanipal zum Kronprinzen von A. und Schamasch-schum-ukin zum Kronprinzen von Babylon erklären. Auf diese Weise hoffte er, Wirren vorzubeugen, wie sie seine eigene Thronbesteigung begleitet hatten. Abschriften der bei dieser Zeremonie geleisteten Eide sind ein interessantes Zeugnis für die Form des *Bundes zwischen einem Oberherrn und seinen Vasallen und bieten viele interessante Parallelen zur Terminologie des AT (D.J. Wiseman: Vassal-Treaties Esarhaddon, 1958). Es zeigt sich, daß Manasse gleichwie alle anderen Herrscher Assur, dem Staatsgott seines Oberherrn, ewige Treue schwören mußte (2Kön 21,2-7.9). Am Ende von Asarhaddons Regierungszeit begannen jene Aufstände aufzuflammen, denen diese »Bünde« entgegenwirken sollten. Pharao Tirhaka überredete die Fürsten Unterägyptens zum Abfall. Asarhaddon machte sich dorthin auf, um diesen Aufstand zu unterdrücken, starb aber unterwegs in Haran. Seine Söhne folgten ihm, wie geplant, auf den Thron.

*Assurbanipal (669-ca.627 v.Chr.) fiel als erstes die Aufgabe zu, den geplanten Angriff gegen *Tirhaka (*Tarqu*) zu führen, konnte die Herrschaft über Ägypten indes erst nach drei aufreibenden Feldzügen und der Zerstörung Thebens 663 v.Chr. (Nah 3,8: No-Amon) wiedergewinnen. Während seiner Regierung erreichte A. seine größte Gebietsausdehnung. Bei Strafexpeditionen gegen die Aufständischen in Tyrus, Arwad und Zilizien kam A. mit einer anderen aufstrebenden Macht in Kontakt: *Lydien, dessen König Gyges durch Emissäre in Ninive ein Bündnis gegen die Kimmerier vorschlug. Die Züge gegen die arabischen Stämme und die Wiedereinsetzung Manasses von Juda, den Assurbanipal *Minse* nennt, zielten wahrscheinlich einzig darauf ab, den Weg nach Ägypten freizuhalten. Dennoch war A. zum raschen Untergang verurteilt. Die *Meder gewannen zunehmend Macht über benachbarte Stämme und bedrohten das assyr. Kerngebiet. Gegen 652 v.Chr. hatte Schamasch-schum-ukin sich erhoben; der daraus resultierende Kampf gegen Babylonien, der das Heer von anderen wichtigen Operationen abhielt, endete mit der Zerstörung der südl. Hauptstadt 648 v.Chr. Da Elam diesen Aufstand unterstützt hatte, drang Assurbanipal dort ein, zerstörte 645 v.Chr. *Susa und machte aus dem Land eine assyr. Provinz. Der häufigen Streifzüge ledig, die das assyr. Heer zur Unterstützung seiner örtlichen Beamten und Steuereinnehmer unternommen hatte, lösten sich die westl. Stadtstaaten nach und nach von A.; in Juda sollte diese wiedergewonnene Freiheit sich in den von Josia eingeleiteten Reformen widerspie-

Neuassyr. Rollsiegel mit Abdruck: der König und ein vogelköpfiges Wesen neben einem heiligen Baum. Die doppelte Abbildung des Königs soll möglicherweise auf den politischen und religiösen Aspekt seiner Autorität hinweisen. Die Inschrift nennt den Besitzer des Siegels (den Priester Muschezib-Ninurta), seinen Vater und Großvater. Höhe 4,9 cm. (BM)

geln. Ägypten wurde wieder unabhängig und intrigierte erneut in Palästina.

Assurbanipals Todesdatum ist nicht genau bekannt (ca. 631-627 v.Chr.), und man hat bisher nur sehr wenige historische Texte über diesen Zeitabschnitt gefunden. Skythenschwärme (Umman-manda) begannen, das Gebiet des mittleren Euphrat zu beherrschen,

Assyr. Siegel mit Abdruck. Es zeigt Ischtar, die Göttin des Kriegs und der Liebe, auf einem Löwen stehend. Höhe 4,3 cm. 7.–6. Jh. v.Chr. (BM)

und Kyaxares von Medien belagerte Ninive. Möglich, daß Assurbanipal seinen Söhnen Assuretililāni (632-628 v.Chr.) und Sinscharischkun (628-612 v.Chr.) Regierungsaufgaben übertrug. Assurbanipal selbst war kunstsinnig. Er entfaltete in Ninive eine ausgedehnte Bautätigkeit und legte dort im Palast und im Nabu-Tempel Keilschriftbibliotheken an (siehe Abschnitt III. Literatur).

625 v.Chr. vertrieben die *Chaldäer unter Nabupolassar die Assyrer aus Babylonien. Die Babylonier eroberten gemeinsam mit den Medern Assur (614 v.Chr.) und im Juli/August 612 v.Chr. erlag Ninive, wie von Nahum und Zefanja vorausgesagt, deren Übermacht. Die Babylon. Chronik gibt einen ausführlichen Bericht über diese Feldzüge. Die Mauern wurden durch Überflutung zum Einsturz gebracht (Nah 1,8; Xen.an. 3,4), und Sinscharischkun (Sardanapal) kam in den Fluten um. Zwei Jahre lang hielt die Regierung unter Assuruballit in Haran aus, doch von Ägypten kam keine Hilfe. *Necho setzte sein Heer zu spät in Marsch und konnte die Einnahme der Stadt durch die Babylonier und Skythen 609 v.Chr. nicht mehr verhindern. A. hörte auf zu bestehen, und sein Gebiet fiel an die Babylonier.

In späterer Zeit bildete »Assyrien« nacheinander einen Teil des Perser-, Seleukiden- und Partherreiches, und der Name (pers. *Athura*) wurde weiterhin als allg. geographische Bezeichnung für A.s frühere Kerngebiete benutzt (Hes 16,28; 23,5-23).

II. RELIGION.

Der König von A. war der Stellvertreter des Staatsgottes *Assur auf Erden, dem er regelmäßig über seine Tätigkeit berichtete. Die Assyrer faßten ihre Feldzüge daher als Heiligen Krieg gegen diejenigen auf, die seine Souveränität nicht anerkannten oder die Grenzen seines Landes verletzten, und bekämpften Aufständische rücksichtslos. Assurs Haupttempel befand sich in der Hauptstadt Assur, und verschiedene Gottheiten wahrten die Belange der anderen Städte. Anu und Adad residierten in Assur, wo sie ihre Tempel und dazugehörigen Ziggurats besaßen, während Ischtar, die Göttin des Krieges und der Liebe, zwar in Ninive verehrt wurde, als »Ischtar von Arbela« aber auch in Erbil herrschte. Nabu, der Gott der Weisheit und Schutzherr der Wissenschaften, besaß Tempel in Ninive als auch in *Kalach (Nimrud), wo sich von königlichen Beamten angelegte und teilweise im Tempel des Nabu (*Nebo) untergebrachte Bibliotheken befanden. Sin, der Mondgott, und seine Priester und Priesterinnen hatten in Ehulhul in Haran einen Tempel und Klöster und hielten enge Verbindung zu ihrem Gegenstück in Ur. Die Gatten und Gattinnen der Götter und die weniger bedeutenden Gottheiten hatten im allgemeinen in den großen Tempeln Heiligtümer; so gab es z.B. in Kalach, wo man die Tempel Ninurtas, des Kriegs- und Jagdgottes, der Ischtar und Nabus entdeckt hat, Plätze für Gottheiten wie Schala, Gula, Ea und Damkina. In den meisten Punkten unterschied sich die assyr. Religion nur wenig von der *Babyloniens, von der sie sich herleitete. Für die Rolle der Religion im täglichen Leben s. den nächsten Abschnitt.

III. LITERATUR.

Über das Alltagsleben und die Gedankenwelt der Assyrer geben Hunderte von Briefen, Wirtschafts- und Verwaltungsurkunden sowie literarische Texte Aufschluß, die bei Ausgrabungen entdeckt wurden. So veranschaulicht uns die Korrespondenz von *Mari und Schuscharra das frühe 2. Jt. v.Chr. und die von *Nuzi die Zeit um 1500 v.Chr., in der die *Horiter einflußreich waren. Am besten kennen wir jedoch die Zeit des neuassyr. Reiches, aus der uns viele Texte, darunter Abschriften von mittelassyr. Urkunden, eine genaue Rekonstruktion der Verwaltung und des Beamtenapparats ermöglichen. So lassen sich die auf Tonprismen, -zylindern und -tafeln aufgezeichneten Annalen, die ursprünglich als Einleitungen zu Bauinschriften gedacht waren, durch Texte ergänzen, die die an eine Gottheit (häufig Schamasch) gerichteten Bitten des Königs um Orakelerteilung als Anweisung zu politischen und militärischen Entscheidungen verzeichnen. Einige der Briefe und Rechtsurkunden wie auch der Annalen nehmen auf Israel, Juda und die westl. Stadtstaaten Bezug (DOTT, S. 46-75; Iraq 17, 1955, S. 126-154).

Assurbanipal, ein Mann von Bildung, legte durch Übernahme oder Abschrift von Texten aus den Archiven von Ninive, Assur und Kalach und aus rel. Zentren Babyloniens eine Bibliothek an. So entdeckten Layard und Rassam 1852/53 in seinem Palast in Ninive und im dortigen Nabu-Tempel 26 000 Tontafelfragmente, die etwa 10 000 verschiedene Texte enthalten. Dieser Fund und seine anschließende Veröffentlichung legten den Grund zum Studium der zum semit. Sprachstamm gehörigen assyr. Sprache und ihrer dialektalen Variante Babylonisch. Die 600 oder mehr Zeichen als Ideogramme, Silben oder Deutezeichen verwendende Keilschrift wurde von den Sumerern, ihren Erfindern, übernommen. Das Assyr.-Babylon. (Akkadische) bildet jetzt die Hauptmasse der altsemit. Inschriften. Da einige Texte sumer. Interlinearübersetzungen aufwiesen, ist dieser Fund auch für

Der Gott Assur in der Sonnenscheibe neben stilisierten Regenwolken. Fragment einer Darstellung auf glasiertem Ziegelstein. Aus Assur. Ca. 890–884 v.Chr. (BM)

das Studium dieser nichtsemit. Sprache bedeutsam geworden, die, wie das Lateinische in Europa, für rel. Zwecke weiter verwandt wurde.

Die Entdeckung einer babylon. Variante der Sintflutsage (Gilgamesch 11) in der heute im BrM befindlichen (Kujundschik-)Bibliothek von Ninive, die 1872 von George Smith veröffentlicht wurde, regte zu weiteren Ausgrabungen an. Es existiert darüber eine reiche Literatur, die den Zusammenhang dieser Funde mit dem AT besonders berücksichtigt. Die Bibliothek weist neben wissenschaftlichen Handbüchern, philologischen Listen und Wörterbüchern in gebundener Sprache verfaßte mythologische Texte auf, darunter auf zwölf Tafeln das sog. »Gilgamesch-Epos«. Dieses schildert Gilgamesch' Suche nach dem ewigen Leben und berichtet, wie ihn Ut-napischtim von seinem Überleben der *Sintflut in einer Arche in Kenntnis setzt. Das Weltschöpfungsepos (s. *Schöpfung), nach den Anfangsworten *Enuma elisch* genannt, hat hauptsächlich Marduks Erhebung zum Oberhaupt des babylon. Pantheons zum Inhalt. Ein altbabylon. Epos (*Atra-hasīs*) schildert die Erschaffung des Menschen nach einem Angriff auf die Götter und ebenfalls die Sintflut. Dieses weist engere Parallelen zum AT als *Enuma elisch* oder der *Gilgamesch*-Zyklus auf. Ein anderes Epos behandelt den Abstieg der Ischtar in die Unterwelt auf der Suche nach ihrem Gatten Tammuz. Entgegen vielen gegenwärtigen Theorien wurde bisher noch kein Text gefunden, der Tammuz' Auferstehung schildert. Legenden, darunter die von Sargon von Akkad, der als Neugeborener von einem Gärtner in einem Kästchen aus Binsen gefunden, gerettet und dem König gebracht wurde, hat man mit atl. Geschehnissen verglichen. Diese akkad. Literaturdenkmäler enthalten auch die Legende von Etana, den ein Adler zum Himmel emportrug, und von dem Pestgott Era, der gegen Babylon stritt. Die Weisheitsliteratur umschließt die Dichtung vom leidenden Gerechten *(Ludlul bēl nēmigi)*, dem sogenannten »babylonischen Hiob«, die babylon. Theodizee, Vorschriften und Ermahnungen, darunter weise Ratschläge, Redensarten, Dialoge mit einem Pessimisten und Ratschläge an einen Fürsten, zeigt aber im Unterschied zur atl. Weisheitsdichtung keinerlei Spiritualisierung. Außerdem finden sich Sammlungen von Lobgesängen, Fabeln, volkstümlichen Redewendungen, Parabeln, Sprichwörtern und Erzählungen (»Der arme Mann aus Nippur«), die auf spätere Literaturformen vorausweisen.

Die rel. Literatur ist – in Serien von bis zu 90 Tafeln angeordnet, wobei Nummer und Titel jeweils am Schluß erscheinen - ebenfalls stark vertreten. Sie besteht größtenteils aus der Deutung von Vorzeichen, die durch Beschauen der Leber oder anderer Eingeweide von Opfertieren oder des Gebarens und der Gestalt von Menschen, Tieren, Gegenständen und Planeten gewonnen wurden. Viele Tafeln enthalten Instruktionen für Rituale, die das Wohlergehen des Königs und seines Landes gewährleisten sollen. Mit diesen Texten eng verknüpft sind die sorgfältig aufgezeichneten Beobachtungen, die die Grundlage der akkad. Wissenschaft bildeten, besonders der Heilkunde, Botanik, Geologie, Chemie, Mathematik und Rechtslehre. Zu chronologischen Zwecken verzeichneten Listen für einen Großteil der Jahre von ca. 1100 bis 612 v.Chr. die Namen der Beamten (*limmu*), nach denen die einzelnen Jahre benannt wurden. Diese ermöglichen zusammen mit den Königslisten und astronomischen Daten sichere Datierungen mit einem möglichen Fehler von jeweils nur ein paar Jahren.

IV. VERWALTUNG.
Alle Regierungsgewalt ging vom König aus, der auch Oberster Priester und Oberkommandierender der Streitkräfte war. Er übte seine Macht unmittelbar aus, delegierte die örtliche Gerichtsbarkeit aber auch an Provinzstatthalter (z.B. *Rabschake, *Rabsaris) und Bezirkshauptleute, die die – größtenteils in Naturalien zu entrichtenden – Tribute und Steuern einnahmen und weiterleiteten. Zu ihrer Unterstützung griff das assyr. Heer ein, dessen Kern eine vorzüglich ausgebildete und gut ausgerüstete reguläre Streitmacht, bestehend aus Streitwagen, Belagerungstruppen, Bogenschützen, Speerbewaffneten und Schleuderern, bildete. Unterworfene Herrscher wurden zu Vasallen gemacht. Sie mußten den Eid auf den Gott Assur ablegen und A. als politische und rel. Führungsmacht anerkennen. Abtrünnige wurden mit Vergeltungsmaßnahmen und militärischen Aktionen bestraft, in deren Verlauf ihre Städte geplündert und zerstört, die Führer der Aufständischen getötet und beruflich qualifizierte Einwohner versklavt und deportiert wurden. Der Rest wurde dann proassyr. Beauftragten unterstellt. Hieraus erklärt sich u.a. die Haltung der hebr. Propheten zu A. und die Furcht der Kleinstaaten Israel und Juda vor dem »von N her überkochenden siedenen Kessel« (vgl. Jer 1,13).

V. KUNST.
Ausgrabungen legten viele Zeugnisse assyr. Kunst frei: Wandmalereien, farbige Ziegelreliefs, Relieffriese, Standbilder, Schmuckstükke, Siegelzylinder, Elfenbeinschnitzereien sowie Bronze- und Metallarbeiten. Einige der Reliefs sind für die Geschichte Israels von besonderem Interesse. So erwähnen die Stele und der Obelisk Salmanassars III. aus Nimrud Israel und bilden vielleicht Jehu ab. Sanherib ließ auf den Mauern seines Palastes zu Ninive in Reliefs die Belagerung von Lachisch und den Einsatz judäischer Gefangener bei seinen Bauvorhaben darstellen, und die bronzenen Türbeschläge von Balawat zeigen das assyr. Heer auf Kriegszügen in Syrien und Phönizien. Andere Reliefs Assurnasirpals II. (Nimrud) und Assurbanipals (auf der »Löwenjagd«, Ninive) geben uns wichtige Aufschlüsse über die Kleidung, das Aussehen und die militärischen und zivilen Aktionen der Assyrer vom 9. bis zum 7. Jt. v.Chr.

Eine der Tonfiguren, die anläßlich der Einweihung eines assyr. Tempels oder Palastes in Behältern unter den Fußboden gelegt wurden. Ninive. Höhe 11,4 cm. 7. Jh. v.Chr. (BM)

VI. AUSGRABUNGEN.
Die Forschungsreisenden des frühen 19.Jh. suchten nach dem bibl. *Ninive (Kujundschik und Nebi Junus) gegenüber Mossul. Es wurde 1820 von C.J. Rich lokalisiert und 1842/43 von Botta, 1846/47, 1849/51 und 1853/54 von Layard und Rassam, 1903/05 vom Britischen Museum und 1927/32 und seither von irakischen Archäologen ausgegraben. Weitere Hauptstädte, die ausgegraben wurden, sind: *Assur (Qala'at Schergat) von deutschen Expeditionen, 1903-1914; *Kalach (Nimrud) von den Briten Layard, 1842-52, Loftus, 1854-55, Mallowan und Oates, 1949-63, sowie von Irakern und Polen, 1969-76; Dur-Scharrukin (Chorsabad) von Franzosen,

Geflügelter Stier mit Menschenkopf. Zwei solcher Figuren bewachten den Eingang des Palastes in Kalach (Nimrud). Höhe 3,15 m. Ca. 870 v.Chr. (BM)

1843-45, und Amerikanern, 1929-35. Außerdem seien noch folgende vorgeschichtlichen Ruinenstätten erwähnt: Jarmo, Hassuna, Thalathat, Umm Dabaghijah, Arpachijah und Tepe Gawra. Unter den freigelegten Siedlungen der mittelassyr. Zeit sind neben Assur Tell Rimah und Billa (Schibaniba) hervorzuheben. Eine wichtige Ruinenstätte der Spätzeit ist Balawat (ImgurBēl).

Für die 1842-1939 ausgegrabenen Ruinenstätten s. S.A. Pallis: The Antiquity of Iraq, 1956; für 1932-56 s. M.E.L. Mallowan: Twenty-Five Years of Mesopotamian Discovery, 1956, und für die Zeit danach die Berichte in den Zeitschriften *Iraq* und *Sumer* .

Literatur: Geschichte: CAH, 1, 1971, S. 729-770; 2, 1975, S. 21-48.274-306.443-481; 3, 1978. Inschriften: A.K. Grayson: Assyrian Royal Inscriptions 1975/76; W.W. Hallo, W.K. Simpson: The Ancient Near East, A History, 1971; A.L. Oppenheim: Letters from Mesopotamia, 1967; W. von Soden: Herrscher im Alten Orient, 1954; E. Cassin, J. Bottéro, J. Vercoutter (Hrsg.): Fischer Weltgeschichte Bd. 2, (1965) 1986, Bd. 3, (1966) 1984, Bd. 4, (1967) 1982; B. Hrouda: Vorderasien I. HdArch, 1971; S. Lloyd: Die Archäologie Mesopotamiens, 1981. Beziehungen zum AT: ANET, DOTT. Allgemeines: Reallexikon der Assyriologie, 1932-78. Kunst: R.D. Barnett: The Assyrian Palace Reliefs, 1976; The Sculptures of Ashurbanipal, 1976. D.J.W.

ASTARTE, ASTAROT.

1. Hebr. *ʿaschtōrät, ʿaschtārōt,* eine Muttergottheit, Göttin der Fruchtbarkeit, der Liebe und des Krieges; den Israeliten durch die Kanaanäer bekannt (1Kön 11,5). Viele der semit. sprechenden Völker der Antike kannten ihren Namen in der einen oder anderen Form. In Mesopotamien wurde Ischtar mit der sumer. Muttergöttin Inanna identifiziert. In den Ugarit-Texten kommt ihr Name in der Form *ʿttrt* vor, in (späteren) phönizischen Inschriften als *ʿschtrt;* im Griech. wird er mit *Astarte* wiedergegeben. Das hebr. *ʿaschtōrät* könnte eine aus *ʿschtrt* analog der Vokalisation von *bōschät,* »Schande«, gebildete Form sein, die die Haltung der Israeliten gegenüber dieser Göttin zum Ausdruck bringt, deren Kult, wie er von den Kanaanäern praktiziert wurde, bis ins Extreme entartet war. Die Israeliten übernahmen die Anbetung der A. bald nach der Landnahme (Ri 2,13; 10,6); zur Zeit Samuels weit verbreitet (1Sam 7,3f; 12,10), erfuhr der Astartekult durch Salomo königliche Sanktion (1Kön 11,5; 2Kön 23,13). Als Saul von den Philistern getötet worden war, brachte man seine Rüstung in den Astartetempel in Bet-Schean (1Sam 31,10); Ausgrabungen deuten darauf hin, daß der Nordtempel im Stratum V (Grabungsschicht) damit gemeint sein könnte.

Gold-Anhänger, auf dem die Bedeutung der Astarte im Fruchtbarkeitskult betont dargestellt ist. Aus Tell el-Ajjul. Höhe 10 cm. Ca. 1600 v.Chr. (RS)

In bronze- und eisenzeitlichen Städten Palästinas fand man zahlreiche Schmuckplatten aus Ton mit dem Bild einer nackten Frau; einige dieser Bilder dürften die Göttin A. darstellen.

Literatur: J.B. Pritchard: Palestinian Figurines in Relation to Certain Goddesses Known through Literature, 1943, bes. S. 65-72; W.F. Albright: Mélanges Syriens ... Dussaud, 1, 1939, S. 107-120; Archaeology and the Religion of Israel, 1953, S. 74ff; A. Caquot, M. Sznycer, A. Herdner: Textes Ougaritiques, I, 1974, S. 92-95; H. Ringgren: Die Religionen des Alten Orients, 1979; A. Rowe: The Four Canaanite Temples of Beth-Shan, I, 1940, S. 31-34.

2. *ʿaschterōt zōʾnekā;* diese Wendung kommt in 5Mo 7,13; 28,4.18.51 vor und bezeichnet den »Zuwachs des Kleinviehs« oder die »Muttertiere« (KBL III, S. 851). Es kann sein, daß die Kanaanäer A. als Fruchtbarkeitsgöttin mit der Schafzucht in Verbindung brachten und »Astarte« die Bedeutung von »Mutterschaf« annahm. Dann hätten die Israeliten diese Wendung ohne die kultische Bedeutung übernommen.

Literatur: W.F. Albright: Archaeology and the Religion of Israel, 1953, S. 75. 220 (Literatur); M. Delcor: Ugarit-Forschungen, 1974, S. 7-14.

Terrakottaform, daneben eine darin gegossene Figur, die möglicherweise Aschtarot-Astarte darstellt. (BM)

3. *ʿaschtarōt.* Eine Stadt, vermutlich ein Zentrum des Astartekultes, die mit Tell Aschtara ca. 30 km östl. des Galiläischen Meeres zu identifizieren wäre. Die Stadt, möglicherweise das *Aschtarot-Karnajim der Zeit Abrahams, war die Hauptstadt von Og, des Königs von *Baschan (5Mo 1,4). Sie befand sich in dem Manasse zugeteilten Territorium (Jos 13,31), wurde aber trotz Ogs Gefangennahme durch Josua (Jos 9,10) und Einnahme Aschtarots (12,4) nicht in Besitz genommen. Als Josua ein alter Mann war (13,12), gehörte sie immer noch zu den Gebieten, die noch einzunehmen waren. Später wurde A. eine levitische Stadt (1Chr 6,56; Jos 21,27, *beʿäschterā,* ist möglicherweise eine Verkürzung aus *bēt ʿaschtārā,* das manchmal als »Beëschtera« wiedergegeben wird) und wird in der Bibel sonst nur noch als Heimatort Usijas erwähnt, eines der Helden Davids (1Chr 11,44). A. ist womöglich mit dem *ʿs(tʾ)rtm (ʿas(ta)rtum?)* der ägypt. Verwünschungstexte aus dem 18. Jh. v.Chr. zu identifizieren, sicher jedoch mit dem *strt* der Urkunden von Thutmosis III. und dem *asch-tar-te* der Amarnabriefe sowie dem *as-tar-tu* assyr. Inschriften. Auf einem

Die Festungsmauer von Astartu, vielleicht das bibl. Aschtarot, das Tiglatpilesar III. (745–727 v.Chr.) von Assyrien eroberte. Kalach (Nimrud). (BM)

Basrelief von Tiglatpilesar III., das in Nimrud entdeckt wurde, kann man eine stilisierte Darstellung einer Stadt, die Türme und Zinnen hat und auf einem Erdhügel steht, unterhalb des Namens *as-tar-tu* sehen (BrM 118908; ANEP, Nr. 306). G. Pettinato (BA 39, 1976, S. 46 und Anm. 7) berichtet, daß die *Eblatexte aus dem 3. Jt. v.Chr. wiederholt einen Ort namens Aschtarot erwähnen.

Literatur: N. Glueck: AASOR 18-19, 1937-9, S. 265; F.M. Abel: Geographie de la Palestine, 2, 1938, S. 255; W.F. Albright: BASOR 83, 1941, S. 33; J.A. Knudtzon: Die el-Amarna Tafeln, 1, 1907, S. 726.816; 2, 1915, S. 1292; Honigman: Reallexikon der Assyriologie, 1, 1932, S. 304; R.D. Barnett, N. Falkner: The Sculptures of Tiglatpilesar III. (745-727 v.Chr.), 1962, T. LXIX, S. 30. T.C.M.

ATALJA. »Jahwe ist erhöht«.

1. Die Tochter *Ahabs und Enkelin *Omris (2Kön 8,26). Ihre Vermählung mit *Joram, dem König von Juda, markiert das Bündnis des N- und S-Reiches und deutet die Überlegenheit Israels an. Nach dem Tod ihres Sohnes *Ahasja, der nach einjähriger Regierungszeit von Jehu in der »prophetischen Revolution« umgebracht worden war (2Kön 8,25-10,36), wird ihre Gottlosigkeit offenbar (2Chr 24,7). Um die Macht, die sie als Königinmutter gehabt hatte, beizubehalten, brachte sie die gesamte königliche Familie um (2Kön 11,1) und herrschte (ca. 842 v.Chr.) sechs Jahre lang unangefochten; dann brachte *Jojada, der Priester, das Kind *Joasch auf den Thron. A. stellte sich ihren Gegnern und wurde außerhalb des Tempels getötet.

2. Eine Person im Stammbaum Benjamins (1Chr 8,26).

3. Einer der Exulanten, der mit Esra aus Babylon zurückkehrte (Esr 8,7). M.B.

ATAROT. »Kronen«.

1. Eine Stadt östl. des Jordan im Gebiet Rubens (4Mo 32,3.34), das heutige Chirbet ʿAttarus; vgl. *Arnon. In 4Mo 32,35 wird eine Stadt namens Atrot-Schofan erwähnt, deren Lage unbekannt ist.

2. Eine Stadt in Ephraim, die vielleicht identisch ist mit Atrot-Addar (Jos 16,2.5.7; 18,13).

3. »Atrot-Bet-Joab« wird in einer jüd. Genealogie erwähnt (1Chr 2,54). Dieser Ausdruck kann im Sinne von »die Kronen (Sprößlinge, Häupter) des Hauses Joab« verstanden werden, d.h. als Beschreibung von Bethlehem und Netofa, deren Namen unmittelbar vorausgehen. R.J.W.

ATHEN. Hauptstadt Attikas in Griechenland, nach der Göttin Athene benannt.

Als Paulus nach A. kam (Apg 17,15f), besuchte er eine der berühmtesten Stätten der Weisheit und Kunst des Altertums. Obwohl es schon den Höhepunkt seines Ruhms hinter sich hatte – Handelszentrum war *Korinth, zur Metropole der Wissenschaften war *Alexandria geworden, A. war seit 146 v.Chr. Freistadt, doch politisch ausgeschaltet –, verursachte die allg. hellen. ausgerichtete Geisteshaltung jener Zeit, daß A. seinen Namen weit über seine politische Geltung hinaus behielt. Z.Zt. des Paulus gab es in A. vier philosophische Lehrrichtungen, deren Interessengebiete von ihren verschiedenen philosophischen Grundlagen abhängig waren. Die Platoniker trieben vor allem Mathematik, die Aristoteliker oder Peripatetiker beschäftigten sich mit den Naturwissenschaften im allg., die Stoiker waren Juristen, und den Epikureern ging es um die Allgemeinbildung. Die letzten beiden Gruppen waren darüber hinaus auch rel. interessiert (Apg 17,18).

Die Stadt wird von der Akropolis (156 m) überragt, einem Hügel, der schon im 3.Jt.v.Chr. (Steinzeit) besiedelt war und um 1500 v.Chr. eine Burg trug, von der noch Reste erhalten sind. Um 600 v.Chr. standen dort die ersten Steintempel, und später reihte sich ein griech. Heiligtum an das andere, der Athene, der Artemis und anderen Göttern geweiht: das Hekatompedon, der Parthenon-Tempel, das Erechtheion, auf einem freien Platz das riesenhafte bronzene Standbild der Athene Promachos, dessen vergoldeter Helmkamm und Speer die heimkehrenden Seeleute grüßte, Propyläen führten zum Tempelbezirk. – Die Unterstadt umfaßte Tempel, Märkte, Gymnasien und Schulen, in denen die Philosophen lehrten. An die Akropolis lehnen sich Theater im S, der *Areopag im W, im N die Agora an, der von Säulenhallen, Tempeln, Basaren und Regierungsgebäuden umgebene Marktplatz, auf dem sich die Athener gern aufhielten und wo jeder frei reden konnte. Hier predigte der Apostel Paulus zuerst, als er auf seiner 2. Missionsreise nach A. kam (Apg 17,17). Die Schriftsteller des Altertums berichten von vielen Göttern und Götterbildern in A. Nach Plinius gab es deren etwa 3000. Pausanias berichtet von einem Altar, der »unbekannten Göttern« geweiht war und am Wege lag, der vom Hafen an der Phaleronbucht zur Stadt führte. Auch in *Pergamon hat man eine solche Inschrift gefunden.

A. hatte auch eine Synagoge, in der sich Paulus vor seiner Rede an die Athener an die Juden gewandt hatte (Apg 17,17).

Athen: Blick auf die Akropolis mit dem alles überragenden Parthenon (erbaut zwischen 447 und 438 v.Chr.). (MH)

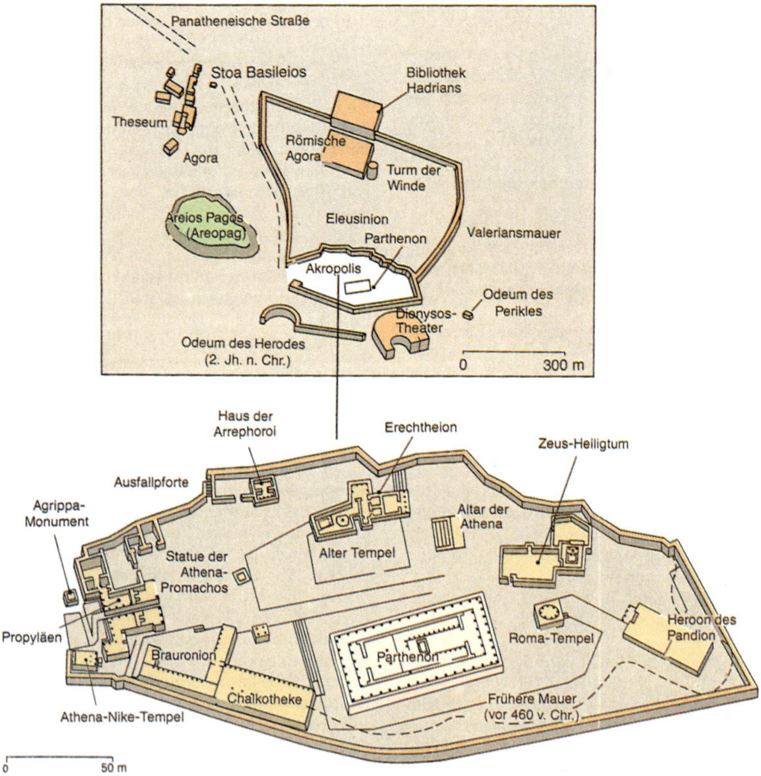

Das antike Athen mit der Akropolis.

Die von Attalos II. (159–138 v.Chr.) in Athen erbaute Stoa (überdachter Säulengang) mit Blick über die Agora (Marktplatz). (RP)

In A. gewann Paulus nur wenige Menschen für den Glauben an Christus: *Dionysius, den Areopagiten, Damaris »und andere mit ihnen« (Apg 17,34).

ÄTHIOPIEN. Von den Nachkommen *Kuschs besiedelt (1Mo 10,6), gehört das bibl. Äthiopien (griech. *Aithiops*, »verbranntes Gesicht«; vgl. Jer 13,23) zum nubischen Reich, das sich von Assuan (*Syene) nach S bis zur Gabelung des Nil beim heutigen Khartum erstreckte. Ä. wurde in prähistorischer Zeit von Hamiten aus *Arabien und Asien überlaufen und später ab der 18. Dynastie (ca. 1500 v.Chr.) fast 500 Jahre lang von Ägypten dominiert; das Land wurde von einem Vizekönig (»der Sohn des Königs von Kusch«) regiert, der das afrikanische Reich unter sich hatte, das Heer in Afrika kontrollierte und die nubischen Goldminen verwaltete.

Im 9. Jh. v.Chr. unternahmen die Äthiopier, deren Hauptstadt Napata in der Nähe des vierten Nil-Katarakts lag, mindestens einen Streifzug nach Palästina, der von *Asa abgeschlagen wurde (2Chr 14,8.14). Ä.s Blüte begann um 720 v.Chr., als Pianchi die internen Streitigkeiten Ägyptens ausnutzte und das Land zum ersten Mal nach 1000 Jahren eroberte. Ca. 60 Jahre lang kontrollierten äthiopische Herrscher (25. Dynastie) das Niltal. Einer von ihnen, *Tirhaka, scheint Hiskias Verbündeter gewesen zu sein, der versuchte, die Invasion Sanheribs zu vereiteln (2Kön 19,9; Jes 37,9; vgl. J. Bright: Geschichte Israels, 1966). Nah 3,9 spielt auf den Glanzpunkt dieser Zeit an: »Ä. war ihre (d.h. Ägyptens) Stärke« (RevEB). Invasionen *Asarhaddons und *Assurbanipals machten das äthiopisch-ägypt. Reich tributpflichtig; die Zerstörung Thebens (ca. 663 v.Chr.; Nah 3,8-10) bedeutet den endgültigen Niedergang und die Erfüllung von Jesajas prophetisch-symbolischer Handlung (Jes 20,2-6).

Äthiopische Truppen kämpften vergeblich im Heer von Pharao Necho bei Karkemisch (605 v.Chr.; Jer 46,2.9). Die Eroberung Ägyptens durch Kambyses brachte Ä. unter pers. Herrschaft; Est 1,1; 8,9 erwähnt Ä. als am weitesten entfernte südwestl. Provinz. Ä. wird in der Bibel manchmal als Symbol der uneingeschränkten Souveränität Gottes erwähnt

Soldaten Assurbanipals (669–629/27 v.Chr.) führen äthiopische Gefangene ab. Ninive. (BM)

(Ps 87,4; Hes 30,4ff; Am 9,7; Zef 2,12). Die Wendung »jenseits der Ströme von Kusch« (Jes 18,1; Zef 3,10) bezieht sich vielleicht auf Nordabessinien, wo sich jüd. Kolonisten zusammen mit anderen Semiten aus Südarabien niedergelassen hatten. Der Chronist weiß um diese enge Beziehung zwischen Ä. und Südarabien (2Chr 21,16).

In Apg 8,27 ist mit Ä. das Reich der *Kandake am Nil gemeint, die in Meroë regierte, wo sich seit der Perserzeit die Hauptstadt befand. Die heutigen Äthiopier (Abessinier) beziehen die bibl. Verweise auf sich und betrachten die Bekehrung des äthiopischen *Eunuchen als Erfüllung von Ps 68,32.

Literatur: E.A.W. Budge: History of Ethiopia, 1928; E. Ullendorf: The Ethiopians, 1960; ders.: Ethiopia and the Bible, 1968; F. Heyer: Art. Äthiopien in: TRE I, S. 572–596. D.A.H.

ATTAI. Kurzform von Athaja oder Athalja.

1. Sohn des ägypt. Knechtes Jarha und der Tochter des Judäers Scheschan (1Chr 2,34.36).

2. Einer der Gaditer, die zu David nach Ziklag kamen (1Chr 12,12).

3. Sohn *Rehabeams und *Maachas, der Enkelin Absaloms (2Chr 11,20).

ATTALIA. Das heutige Antalya, ein Seehafen an der Küste *Pamphyliens am gleichnamigen Golf, südl. von *Perge. Die Stadt wurde von König Attalus Philadelphus von Pergamos (um 145 v.Chr.) gebaut. Paulus und Barnabas besuchten sie auf der ersten Missionsreise (Apg 14,25). Sie kamen von Perge und fuhren mit dem Schiff von A. nach Antiochia.

AUFERSTEHUNG. Zu den zentralen Inhalten des christlichen Glaubens gehört die Überzeugung, daß einst Jesus von Nazareth am Kreuz gestorben und »am dritten Tage auferstanden (ist) von den Toten« (2. Glaubensartikel), sowie die Hoffnung auf die »Auferstehung der Toten« (3. Glaubensartikel). Mit beidem steht das Christentum im Vergleich mit den Weltreligionen zwar nicht völlig isoliert, aber doch sehr exponiert da.

I. RELIGIONSGESCHICHTLICHES. So alt wie die Menschheit ist die Frage nach dem Tod und nach dem, was nach dem Tode mit dem Menschen geschieht. Begräbnissitten und vor allem die bei vielen Völkern üblichen Grabbeigaben sind Ausdruck der Hoffnung auf eine Existenzfortsetzung jenseits des Grabes. Der den Tod schlechthin ignorierende Satz des Epikur: »Solange wir sind, ist der Tod nicht da, und wenn der Tod da ist, sind wir nicht mehr« wird zwar faktisch heute von vielen Menschen übernommen, ist aber keineswegs repräsentativ für die Menschheit insgesamt. Neben der altröm. Apotheose (Vergöttlichung) steht der Grieche mit seiner Bewunderung des Schönen am Menschen, für den der dennoch vergehende Leib aber nur hindernde Hülle für die unsterbliche Seele (Plato) ist. Schon früher waren im Orient die Fruchtbarkeitskulte entstanden, die im Wechsel der Jahreszeiten, im Kommen und Gehen der Vegetation das Geschick des Menschen beispielhaft vorgebildet sahen. Schließlich erwägt man die Möglichkeit der Reinkarnation (Wiederfleischwerdung) in den östlichen Religionen (Hinduismus u.a.), die derzeit auch im Westen begeistert aufgenommen werden. Insgesamt muß aber zwischen der Vorstellung einer Rückkehr in die Welt der Lebenden und einer Fortexistenz im Jenseits unterschieden werden. »Im allgemeinen hatte der Glaube an den von bestimmten Göttern berichteten Sieg über den Tod keine Konsequenzen für die Anschauungen über das jenseitige Geschick der sterblichen Menschen«, schreibt Hans Wißmann (TRE IV, S. 443, Z.7ff).

Für das NT sind von der sprachlichen Nähe her zweifellos die griech. Denker bedeutsam. Für sie gilt aber allgemein, daß die A. der Toten als unmöglich angesehen wird (Homer, Ilias 24,551), daß sie höchstens als vereinzeltes Wunder denkbar ist (Plato, Symposion 179c) und daß der Gedanke an eine allgemeine A. aller Toten am Ende der Geschichte zum Gericht den Griechen im ganzen fremd ist.

Dagegen erstaunt es nicht, daß im Islam als einer nachchristl., christl.-jüd. beeinflußten Religion der Jenseitsgedanke Fuß fassen konnte. In der 56. Sure des Koran wird die Totenauferstehung offenbar gegen deren Bestreiter verteidigt (Sure 56,48ff). Die ganze

Sure schildert recht drastisch die Wonnen des Paradieses und die Qualen der Hölle.

II. ZUR TERMINOLOGIE.
Während sich entsprechend dem Gesamtbefund (vgl. unten III.) im AT keine spezielle Terminologie ausgebildet zu haben scheint, sind für das NT die griech. Termini *anistánai* und *egeirein* für unseren Begriff maßgeblich. Beide können bedeuten: (einen Liegenden) »aufrichten«; (einen Schlafenden) »aufwecken« und (jemanden) »in eine Funktion erheben«. Neben diese transitiven Bedeutungen treten die intransitiven: »aufstehen«, »sich erheben« und »auftreten«. Mit dieser terminologischen Entscheidung ist bereits die Entscheidung für das Bild des »Schlafs« für den Tod gefallen, das tatsächlich für das bibl.-ntl. Todesverständnis eine bedeutende Rolle gespielt hat (vgl. nur Joh 11,11-14 und Mt 9,24 sowie 1Kor 15,20 u.ö.).

III. AUFERSTEHUNG IM ALTEN TESTAMENT.
Wir unterscheiden die Berichte über Auferweckungen von den mehr dogmatisch-theologischen Aussagen über A.

1. Auferweckungsberichte. Die atl. Berichte über Totenauferweckungen sind mit den beiden Prophetengestalten *Elia und *Elisa verbunden. Die Berichte über die Erweckung des Sohnes der Witwe von Zarpat durch Elia (1Kön 17,17ff) und des Sohnes der Schunemitin durch Elisa (2Kön 4,18ff) haben trotz mancher ähnlicher Züge doch auch ihre Charakteristika, die ihre Eigenständigkeit sichern. Von ihnen hebt sich der Bericht über die Wiederbelebung eines Toten, als er mit dem Leichnam Elisas in Berührung kommt, deutlich ab (2Kön 13,20f). Ihnen allen ist jedoch gemeinsam, daß die Auferweckung jeweils nur eine Lebensverlängerung unter Einschluß des späteren Todes bedeutete. Alle drei sind später gestorben. Immerhin wird an den Berichten, die Ereignisse im 9. Jh. v.Chr. reflektieren, deutlich, daß Jahwe, der Schöpfer, das Leben nehmen und auch wieder geben kann. Dazu bedient er sich seiner Boten bzw. erhört gnädig ihr fürbittendes Gebet.

2. Die theologische Reflexion. Von den Auferweckungsberichten zu unterscheiden sind die auf einer anderen Ebene stattfindenden theologischen Aussagen zu diesem Thema im AT. Es wurde oft genug betont, welch geringe Rolle der Gedanke an ein Weiterleben nach dem Tode im AT spielt, genauer gesagt, wie selten er explizit vorkommt. Im Vordergrund steht im AT vielmehr der Glaube an Jahwe als den in der Geschichte mächtig Wirkenden, der das Geschick des einzelnen ebenso wie das des ganzen Volkes leitet. Entsprechend lassen die im alten Israel üblichen Grabbeigaben vermutlich nicht auf Jenseitsspekulationen schließen (vgl. H. Gese: Tod, S. 39). Auch die Vorstellung vom »Totenreich« (*scheol*) ist nicht einheitlich und voll entfaltet. Obwohl Jahwe auch dort waltet (Am 9,2), sind die dort Weilenden (also immerhin auch irgendwie Seienden!) vom Kult und von Jahwes Handeln ausgeschlossen (Ps 6,6; Jes 38,18). Andererseits aber wirft das Totenreich in Gestalt von Krankheit, Not, Gefangenschaft u.a. seine Schatten schon über dieses Leben. Es ist eine Wirklichkeit, die man fürchtet (vgl. aber Stellen wie 1Mo 25,8 dagegen!). Einige Stellen freilich bringen ein wenig Licht in dieses Dunkel. Sie reflektieren das Wissen um Jahwes Lebensmächtigkeit auch über das Sterben hinaus theologisch und sprechen ganz selbstverständlich die Gewißheit aus, daß der Tod nicht das Ende der Existenz darstellt.

Hos 6,1-3 (nach 733 v.Chr.) geht von der Wiederzusammenführung des sich im syrisch-ephraimitischen Krieg eben noch feindlich gegenüberstehenden Volks (Ephraim gegen Juda) aus und spricht davon anhand des Bildes der Auferweckung. Wir haben hier zugleich einen Hinweis auf Jesu Totenzeit (V. 2). In Jes 26 (Ende 8. Jh. v.Chr.) finden wir im Rahmen der sog. »Apokalypse« Jesajas sowohl die Bestreitung der A. (»Tote werden nicht lebendig, Schatten stehen nicht auf« V. 14a) als auch ihre Behauptung (»Aber deine Toten werden leben, deine Leichname werden auferstehen«), ein Sachverhalt, der schon früh auf eine unterschiedliche Behandlung der Toten in ihrer Gesamtheit hinweisen könnte. Unterscheidungskriterium ist schon hier die Zugehörigkeit zu Gott (»*deine* Toten, *deine* Leichname«). In messianischem Zusammenhang steht Jes 53,10, wo von dem sterbenden Gottesknecht gesagt wird, er werde »in die Länge leben«, nachdem er sein »Leben zum Schuldopfer gegeben hat«. In Hes 37,1-14, der bekannten Totengebeinvision, ist die Auferweckung wiederum Offenbarung der Neubelebung des (durch das Exil) toten Gottesvolks. Auferweckung des Toten ist nicht nur Wiederbelebung, Reparatur des Alten, sie ist totale Neuschöpfung aus dem Alten heraus (vgl. Gese: Tod, S. 50). Etwa in dieselbe Zeit (6. Jh. v.Chr.) gehört eine weitere Stelle: Dan 12,2 spricht von einer allgemeinen A. (hebr. *rabbim* kann »viele« oder »alle« bedeuten), die zu einer Trennung zwischen den Auferweckten führt. In dem schwer datierbaren Buch Hiob schließlich beobachten wir, wie Hiob selbst in größter persönlicher Leiderfahrung zur Gewißheit durchdringt, daß außerhalb dieser Existenz ihm ein persönlicher Erlöser beistehen wird, den er sehen wird, der Gott selbst ist (Hiob 19,25-27). Auch in den Psalmen, die es ja oft mit dem Leiden und Sterben zu tun haben, finden wir gelegentlich ein Licht in dem Todesdunkel (Ps 16,10; 49,14-16; 73,23-28). Ps 49,15f belegt wieder die Annahme einer unterschiedlichen Existenzweise der Auferweckten.

Insgesamt bleibt es erstaunlich, wie wenig sich Israels Glaube von den umfangreichen Jenseitsvorstellungen der Babylonier und Ägypter und anderer Völker seiner Umwelt beeinflussen ließ. Seine A.shoffnung ist fest gebunden an Jahwe, seinen Gott, der allein vom Tode erretten kann. Sie ist aber auch mit der Gewißheit verknüpft, daß Auferweckung Scheidung bedeutet.

Mit dem Aufblühen der *Apokalyptik in Israel geht auch die Ausbreitung des A.sglaubens einher. Damit ist freilich keine allgemeinjüd. Einheitlichkeit im Blick auf diesen Topos gemeint. Träger der Erneuerung waren die *Pharisäer, die von etwa 75 v.Chr. an in Glaubensfragen tonangebend wurden. Ihnen standen aber noch bis etwa 70 n.Chr. die *Sadduzäer gegenüber, die – wie auch die *Samaritaner – den Glauben an ein Jenseits ablehnten, weil er nach ihrer Auffassung in der Tora keinen Anhaltspunkt hat. So war Israel beim Kommen Jesu zwar auf die Botschaft von der A. vorbereitet, es war aber insgesamt nicht bereit, sie mit Begeisterung anzunehmen.

IV. AUFERSTEHUNG IM NEUEN TESTAMENT.

1. Die Auferweckungen Jesu. Von Jesus werden in den kanonischen Evangelien drei Totenauferweckungen berichtet: Jesus erweckte den Sohn der Witwe in Nain (Lk 7,11-15), die Tochter des Jaïrus (Mt 9,18-25) und seinen Freund *Lazarus (Joh 11,43f). Wie bei Elia und Elisa sind die Auferweckten aber später gestorben. Jesus zeigte durch sein lebenschaffendes Handeln im Ansatz, daß unter der Herrschaft Gottes, die er verkündigte, die Mächte, die die Menschen in Schrecken versetzen, keine letzte Bedrohung mehr darstellen. Sünde, Krankheit, Dämonen, Naturgewalten und selbst der Tod müssen vor seiner Vollmacht weichen. Es fällt zudem auf, daß Jesu Wunder (auch die Auferweckungen) stets Glauben fordern und fördern. Jedoch entzog Jesus seine Wirkkraft menschlicher Verfügbarkeit. Letzte Hilfe konnte eine Auferwekkung auf Zeit und in der Zeit nicht bringen. Diese Vorläufigkeit verwies die Menschen auf Gottes vollendendes Handeln am Ende der Zeit. Bei zwei der drei berichteten Totenauferweckungen spricht Jesus ausdrücklich davon, daß die Toten »schlafen« (Mt 9,24; Joh 11,11-13), und beide Male stößt er auf das Unverständnis der Menschen bei dem Versuch, die Endgültigkeit des Todes so in Zweifel zu ziehen (Mt 9,24b; Joh 11,39b). Das Verständnis des Todes als eines »Schlafens« soll also wohl zuerst die Möglichkeit, ja die Wahrscheinlichkeit des Wiederaufweckens betonen. Die atl. Geschichte von König Saul und der Totenbeschwörerin in En-Dor, die Samuel aus dem Todesschlaf hervorruft, ist ein guter Beleg dafür (vgl. 1Sam 28). Der Tod wird in seiner Vorläufigkeit entlarvt.

2. Weitere Totenauferweckungen im NT. Neben der allg. Beauftragung der Jünger, Tote aufzuwecken (Mt 10,8 – bei der Aussendung der Jünger), interessieren in diesem Zusammenhang die von Petrus und Paulus berichteten Auferweckungen, über die die Apostelgeschichte informiert. Es sind zwei Gemeindeglieder: Tabita wird durch Petrus (Apg 9,40), Eutychus durch Paulus (Apg 20,10) auferweckt. Petrus tut dies allein aufgrund seiner Fürbitte, Paulus dagegen »warf sich über ihn«. Die Parallelen zu 1Kön 17 und 2Kön 4 sind unübersehbar, jedoch können wir über die Gründe für das jeweilige Verhalten nur spekulieren. Lukas führt diese Ereignisse beispielhaft an, um zu zeigen, wie in den Aposteln Jesu Vollmacht am Werk ist, und daß Paulus dem Petrus hierin nicht nachsteht.

3. Die Auferstehung Jesu. Die Bedeutung der A. Jesu von den Toten ist für den christl. Glauben schlechterdings unüberschätzbar. Nicht Jesu Predigten oder Wunder, nicht einmal sein Leiden und Sterben hat die Jünger als Verkündiger auf den Plan gerufen, sondern die Nachricht seiner A., von deren Zuverlässigkeit sie sich persönlich überzeugten. Sie traf eine Jüngerschar, die im Begriff war, sich wieder in alle Himmelsrichtungen zu zerstreuen. So enttäuscht und mutlos waren Jesu Anhänger nach dem Tod ihres Herrn. Die Kargheit der Berichte über die A., aber auch die schiere Unglaublichkeit eines solchen Geschehens hat es mit sich gebracht, daß Historiker und Theologen seit langem von verschiedenen Standpunkten aus um die Einordnung in den geschichtlichen Rahmen bemüht sind.

a. Hypothesen.

Es ist längst bekannt, daß die Menschen der Antike bei weitem nicht einfach als »wundergläubig« bezeichnet werden können. Schon früh entzündete sich an den Berichten und an der literarischen Eigenart der Wunderberichte des NT die Kritik.

Einen *Betrug der Jünger* wollten schon die Jerusalemer Autoritäten darin sehen (Mt

28,13–15). Demnach hätten die ergebenen Anhänger Jesu die Leiche ihres Meisters entwendet, um auf diese Weise seinen Andeutungen über die A. am dritten Tag doch noch zur Erfüllung zu verhelfen und der Jüngergemeinschaft eine gemeinsame Hoffnung zu geben. Allein lassen die ntl. Berichte, die die Bewachung des Grabes betonen und die Vermutung des Leichenraubs mehrfach (vgl. auch Joh 20,15) unbefangen aussprechen, dies nicht zu.

Alt ist auch die Vermutung, Jesus sei nach der Kreuzigung nur *scheintot* gewesen, dann aber durch die Kühle des Felsengrabs und die Erschütterungen des Erdbebens wieder zum Bewußtsein gelangt. Auch dies ist an den Texten nicht zu verifizieren. Ausdrücklich wird mehrfach hervorgehoben, daß Leute, die etwas davon verstanden, den Tod festgestellt haben (Joh 19,34), und daß Pilatus eine Nachprüfung angeordnet hat (vgl. Mk 15,44). Die spätere Kirche hat sich ausdrücklich von Gruppen getrennt, die wie die Doketen den wirklichen Tod Jesu leugneten.

Neben diesen immerhin auf objektiven Tatbeständen basierenden Hypothesen wurde auch versucht, das A.swunder *psychologisch* zu erklären. Man vermutete dann, daß in den Jüngern auch nach Karfreitag noch ein derartiges Potential an Hoffnung und Begeisterung gesteckt habe, das zu subjektiven (eingebildeten, psychologisch erklärbaren) oder zu objektiven (tatsächlich geschehenen) Visionen geführt habe. Die Realität am Ostermorgen sah aber völlig anders aus: Die Jünger hatten sich verkrochen, fürchteten, selbst noch verhaftet zu werden, waren dabei, in ihren früheren Alltag zurückzukehren. Das war gewiß nicht die Atmosphäre, in der psychische Phänomene dieser Art heranreifen.

Nach 1945 trat unter dem Einfluß der sog. »Kerygmatheologie« die Ansicht in den Vordergrund, Jesus sei »ins Kerygma«, in die Verkündigung der Jünger hinein auferstanden, entscheidend sei nicht das *Ereignis* der A., sondern der Oster*glaube* der Jünger gewesen. Sie hätten erkannt, daß die Art, wie Jesus seine Existenz verstand und wie er seinen Weg bis zur letzten Konsequenz des Todes ging, für die Menschen von entscheidender Bedeutung sei. Seine »Auferstehung« sei nichts anderes als ein Zeichen der Hoffnung in einer sonst hoffnungslosen Welt. Diese Meinung läßt sich nur aufrechterhalten, wenn man zugleich wesentliche Stücke der Evangelientradition als historisch unzuverlässig unberücksichtigt läßt. Solcher »Jetzt-erst-recht-Glaube« begegnet dem unbefangenen Bibelleser nämlich nirgends. Auch diese Hypothese kann einer gründlichen Nachprüfung an den Texten nicht standhalten. Für die Texte gilt, was der Philologe W. Schadewaldt sagte, daß die A. Jesu das am besten bezeugte Ereignis der ganzen Antike sei.

b. Argumente.
Inzwischen hat sich bei einem Teil der Forscher die Überzeugung durchgesetzt, daß die Evangelien tatsächlich historische Fakten berichten wollen und es auch tun. Nicht umsonst betonen sie die Tatsache des Todes Jesu, des leeren Grabes und der Zuverlässigkeit der Erscheinungsberichte so deutlich. H. Hempelmann hebt drei Faktoren hervor, die beim Verstehen der A.sberichte berücksichtigt und sinnvoll erklärt werden müssen: den Tod Jesu, das leere Grab und die Erscheinungen des Auferstandenen (H. Hempelmann: Auferstehung, S. 15). Er kommt zu dem Ergebnis, daß alle drei Faktoren als gesichert angesehen werden müssen, soweit historische Arbeit sie erheben kann. Innerbiblisch ist es besonders Paulus, der sich im Gespräch mit den Korinthern argumentierend damit befassen mußte. Entgegen einer weitverbreiteten Meinung liegt ihm daran, den historischen, mehr noch, den juristisch hieb- und stichfesten Beweis für die A. Jesu zu erbringen (1Kor 15). Um jeden Zweifel auszuschließen, verzichtet er darauf, die Frauen als A.szeugen aufzuführen, da ja Frauen im jüd. (und allg. antiken) Prozeßrecht nicht als Zeugen fungieren durften. Statt dessen führt Paulus aber das Alter der A.stradition (1Kor 15,3a) und die große Zahl derer an, die Jesus vor seiner Kreuzigung gekannt und ihn nach der A. gesehen und wiedererkannt haben, und unterstreicht, daß sich dieses Ereignis der Nachprüfung nicht entzieht, indem er auf die vielen damals (50-60 n.Chr.) noch lebenden Zeugen hinweist. Diese an den »Heilstatsachen«, also am Historisch-Faktischen orientierte Sicht der Dinge bildet nun gerade keinen Gegensatz zu einer die Existenz des Menschen berührenden (existentiellen) Sicht, die danach fragt, was uns das alles angeht. Gerade in 1Kor 15 verknüpft Paulus beide Gesichtspunkte in kaum zu überbietender Weise: Ist Christus nicht tatsächlich (historisch) auferstanden, dann nützt uns der Glaube nichts. Damit schließt er die bloßen »Existenzialien« als Inhalt christl. begründeten Glaubens aus. Die Historizität der Heilstatsachen muß festgehalten werden, weil und solange unsere Heilserwartung geschichtlichen und also nicht metaphysischen, mystischen oder intellektuell-geistigen Charakter hat.

4. Die Bedeutung der Auferstehung Jesu.
Damit ist die zentrale Bedeutung der A. Jesu schon deutlich geworden: »Ist Christus aber nicht auferstanden, so ist euer Glaube nichtig, so seid ihr noch in euren Sünden« (1Kor

15,17). Mit ihr steht und fällt das Christentum, wie Paulus und die früheste Kirche es vertreten haben. Denn auch bei den übrigen Hauptzeugen des NT wird ihr diese Bedeutung beigemessen (vgl. etwa Apg 1,22; 4,2.33; 1Petr 1,3; Hebr 6,2). Das bedeutet aber eine unübersehbare Aufwertung der Christologie. Denn hinter der Heilstatsache steht ja wieder Christus selbst, der sie in persona ist (Joh 11,25). Nicht das Wie und Warum des Vorgangs steht im Mittelpunkt unseres Glaubens, sondern Jesus selbst, der die A. und bleibendes Leben bringt.

Daß die Zeitgenossen der ersten Christen diesen Sachverhalt sofort erkannt haben, zeigen ihre Reaktionen (vgl. für die Juden: Apg 24,21; für die Heiden: Apg 17,32). Sie sahen dadurch ihr Denk- und Lebenssystem grundsätzlich in Frage gestellt und reagierten entsprechend.

5. Die allgemeine Auferstehung.

a. Auferstehung zum Gericht. Was bereits im AT angelegt war (Dan 12,2), wird im NT häufiger angesprochen: daß nämlich beim Wiederkommen des Messias *alle Menschen,* die jemals gelebt haben, vom Tode auferweckt und gerichtet werden sollen (Mt 25,31ff; Offb 20,5ff u.ö.). Hier ist noch zwischen der »ersten Auferstehung«, die nur die Gläubigen betrifft (1Thess 4,16; Offb 20,5f), und der allgemeinen A. zu unterscheiden. Der doppelte Ausgang der Menschheitsgeschichte in Erlöste und Verworfene ist fester Bestandteil der Verkündigung Jesu und der Apostel (vgl. Joh 5,28f).

b. Die Auferstehung der Gläubigen. Die A. Jesu hat bahnbrechende Bedeutung für die Gläubigen. Er wird als der »Erstling unter denen, die entschlafen sind« bezeichnet (1Kor 15,20.23). Im Gefolge seiner A. ereignet sich die A. »vieler Leiber der entschlafenen Heiligen« in Jerusalem (Mt 27,52f). Auch sie hat wohl eher symbolischen Charakter. Ob ihre Auferweckung endgültig oder nur vorläufig war, bleibt offen (vgl. G. Maier: Matthäus, z.St.). Möglicherweise sollte der tatsächlichen Bezwingung des Todes in Jesu A., einem Sonderfall der Geschichte, die Hoffnung auf die allgemeine A. im Anbruch an die Seite gestellt werden. An verschiedenen Stellen finden sich Angaben über die Umstände der A. (vgl. Mk 12,25ff; 1Kor 15,20ff; 1Thess 4,13ff; Offb 20) sowie über die Beschaffenheit der Auferstandenen, deren andersartige Leiblichkeit betont wird (vgl. 1Kor 15,35ff; Joh 20,17.19 im Vergleich mit Joh 20,26ff).

c. Die Taufe als Zeichen der Auferstehung. In Röm 6,1ff interpretiert Paulus das Untergetauchtwerden bei der Taufe als Mitsterben, das Aufstehen aus dem Wasser als Mitauferstehen mit Christus. So kann die Taufe als Zeitpunkt des Herrschaftswechsels im Leben des Menschen angesehen werden, wobei freilich der Glaube selbstverständlich vorausgesetzt ist (vgl. Röm 6,8). Sie bekommt durch dieses Verständnis ihre entscheidend neue, christl. Akzentuierung im Unterschied zur jüd. Proselytentaufe und zur Bußtaufe des Johannes, obwohl deren Sinngehalte (Reinwaschen von Sünde und Zeichen der Buße) damit nicht ausgelöscht sein sollen. Vielleicht hat das Mißverständnis mancher Christen, die A. sei schon geschehen (2Tim 2,18), hier ihre Ursache, indem sie ein Geschehen »vor Gott« (*coram Deo*) mit dem Geschehen »vor aller Welt« (*coram publico*) verwechselten.

d. Wiedergeburt und Auferstehung. Schließlich ist noch auf die Beziehung zwischen der A. Jesu und der Wiedergeburt der Christen hinzuweisen. Nach 1Petr 1,3 sind die Gläubigen »wiedergeboren zu einer lebendigen Hoffnung durch die A. Jesu Christi von den Toten«. Dies paßt gut mit dem eben geschilderten Taufverständnis zusammen. Zu beachten ist allerdings, daß die Taufe die Wiedergeburt nicht einfach durch ihren Vollzug (*ex opere operato*) bewirkt. Der Glaube muß hinzukommen (Mk 16,16) und die Wiedergeburt sozusagen »in Kraft treten lassen«.

e. Konsequenzen. Das geschilderte bibl. Verständnis der A. hat Konsequenzen für den Glauben (Dogmatik) und das Leben (Ethik) der Christen. In Röm 4,25 stellt Paulus das Sterben Jesu »um unserer Sünden willen« und seine Auferweckung »um unserer Rechtfertigung willen« nebeneinander. Der Auferstandene »vollstreckt« das Werk des Gekreuzigten, die »Auferstehung offenbart die Rechtfertigung als die an uns sich vollziehende« (O. Weber: Dogmatik II, S. 89).

Andererseits muß sich der vollzogene »Herrschaftswechsel«, das Mitauferstandensein mit Christus, auf die Lebensführung auswirken (Kol 3,1ff). So schafft die A. Jesu schon jetzt für den Christen eine neue Wirklichkeit, in der er lebt und der er in seinem Leben Gestalt geben soll (vgl. *Leben).

Literatur: A. Oepke: Art. anistemi in: ThWNT I, S. 368ff; G. Gerleman: Art. Totenreich in: THAT II, Sp. 837-841; H. Wißmann, G. Stemberger, P. Hoffmann: Art. Auferstehung in: TRE IV, S. 441ff; H. Gese: Der Tod im Alten Testament, in: Zur biblischen Theologie, S. 31ff; H. Hempelmann: Die Auferstehung Jesu Christi – eine historische Tatsache, 1982; B. Klappert: Diskussion um Kreuz und Auferstehung, [5]1981; G. Maier: Der Prophet Daniel, 1982; ders.: Matthäusevangelium 2. Teil, 1980.

H.W.N.

AUFFAHREN.

1. A. drückt im Dt. wie im Hebr. eine plötzliche, ungestüme, ja leidenschaftliche Bewegung aus (vgl. 4Mo 14,1; Dan 3,24). Furcht, Zorn, Freude können a. lassen und in höchste Aktivität versetzen.

2. Etwas völlig anderes ist das A. Jesu gen Himmel (*Himmelfahrt). Es hat seine Vorbilder in *Henochs Weggenommenwerden (1Mo 5,24) und *Elias Himmelfahrt (2Kön 2). Wenn auch Christi Himmelfahrt nach einigen Stellen (Joh 3,13; 6,62; 29,17, Eph 4,8-10; 1Petr 3,22; Hebr 4,14; 6,20; 12,2) eigenes, selbstmächtiges Tun zu sein scheint, so macht doch bes. Phil 2,9 deutlich, daß Gott handelt. So ist der Vorgang auch Apg 1,9 beschrieben: Er »wurde aufgehoben«. Die Auffahrt des Herrn – Ausdruck höchster Majestät und tiefer Demut – ist als Inthronisation bereits im AT geweissagt (vgl. Ps 47,6). Bei der Himmelfahrt war Jesus König, und die Engel, die Gewaltigen und die Kräfte waren ihm untertan (1Petr 3,22). Er ist aufgefahren als der, dem wesensmäßig schon alles unter die Füße gelegt war (1Kor 15,24f). Davor ist er hinuntergefahren und hat die Mächte der Finsternis besiegt (Eph 4,9ff). Als der Aufgefahrene ist Christus nun der Siegeskönig, der im Triumphzug das »Gefängnis gefangen führt« und den Seinen die Siegesgaben austeilt (Eph 4,8), die in ihrer überwältigenden Fülle erstmals zu *Pfingsten offenbar werden.

AUFGANG.

1. Der A. als Himmelsrichtung bezieht sich auf den Sonnenaufgang, also den O, und wird verschiedentlich auch für die Länder, die von Palästina aus in dieser Richtung liegen, angewendet (vgl. 1Mo 25,5; 4Mo 21,11; Ri 11,18; 1Chr 6,63; Jes 2,6; 46,11).

2. »Vom A. der Sonne bis zu ihrem Niedergang« ist darum der häufig vorkommende Ausdruck für die ganze Ausdehnung der Erde (Ps 50,1; 75,7; 107,3; 113,3).

3. Der »Aufgang aus der Höhe«, von dem *Zacharias in seinem Lobgesang spricht (Lk 1,78 nach der LÜ 1912 und 1964), ist das aus der LXX übernommene *anatolae*, hebr. *sämach*, »Sproß« (Jer 23,5; Sach 3,8; 6,12) und bezieht sich auf den verheißenen *Messias, mit dem das Reich Gottes auf diese Erde herniederkam. Die LÜ 1984 übersetzt Lk 1,78 mit »das aufgehende Licht aus der Höhe«, nimmt also Jes 60,1f als atl. Bezugspunkt an.

AUFRUHR s. Abfall/Apostasie

AUGE. Das hebr. Wort für Auge, *ʿajin*, das Parallelen in anderen orientalischen Sprachen hat, wird für das Sehorgan des Menschen (1Mo 3,6) oder des Tieres (1Mo 30,41), anthropomorphisch von Gott (Ps 33,18) und auch von Gegenständen (Hes 1,18; vgl. Offb 4,6) gebraucht. Vom griech. Wort *ophthalmos* leiten sich im Dt. gebräuchliche Fremdworte ab.

Nach hebr. Verständnis werden die körperlichen Organe z.T. unabhängig vom Organismus gesehen und besitzen psychische und ethische Eigenschaften. So kann das Auge nicht nur sehen, sondern ist überdies stolz (Jes 5,15), hat Freude (Hes 24,16), schläft (1Mo 31,40) usw. Paulus betont dagegen die gegenseitige Abhängigkeit der Körperteile (1Kor 12,14ff); Mt 5,29 bewahrt den hebr. Gedanken der fast unabhängigen Funktion des Organs.

Der Brauch, besiegten Feinden die A. auszustechen (Ri 16,21; 2Kön 25,7), war im Orient üblich.

Der Satz »Des Herrn Auge achtet auf alle, die ihn fürchten« (Ps 33,18) bezeichnet die aufmerksame Fürsorge Gottes.

Andere Redewendungen sind: »Auge um Auge« (3Mo 24,20); »Auge in Auge« (4Mo 14,14); »vor ihren Augen« (1Mo 42,24; vgl. Jer 32,13); »zwischen deinen Augen« (2Mo 13,9, bei den Phylakterien).

Literatur: E. Jenni, D. Vetter: THAT II, 1976, S.259-268. B.O.B.

Büste des Kaisers Augustus (63 v.Chr. bis 14 n.Chr.). (MuC)

AUGUSTUS. Der Ehrentitel, den der röm. Senat 27 v.Chr. Gaius Julius Caesar Octavianus verlieh, signalisierte moralische Autorität, die mit seiner überragenden Stellung in der röm. Republik verbunden war (Augustus: Res Gestae 34). Der Name ging auf seine Nachfolger als Amtstitel – also nicht als Eigenname – über, und wurde ins Griech. übersetzt (*sebastos*, »Seine Majestät«, Apg 25,21.25: »der Kaiser«), wenn er als Bezugnahme auf die Kaiser gedacht war; wenn Octavianus selbst gemeint ist, kommt der Name in der Transkription vor (Lk 2,1).

A. verkörperte das röm. Ideal: persönliches Verdienst führt zu Ehre und Macht. Sein Erfolg setzte jedoch der Konkurrenz ein Ende und überließ ihm die Last universaler Verantwortung. Die 57 Jahre seiner Herrschaft (43 v.Chr. bis 14 n.Chr.) begründeten eine neue Friedenszeit für das *Römische Reich.

Literatur: A.H.M. Jones: Augustus, 1970; H. Bengtson: Kaiser Augustus, Sein Leben und seine Zeit, 1981. E.A.J.

AUSGANG. Der hebr. Text hat zwei Ausdrücke für A.:

1. *acharit* meint das äußerste Ende, auch den Abschluß einer Sache. So bezeichnet es das Ende eines Jahres (5Mo 11,12 LÜ: Ende), einer Herrschaft (Dan 8,23 LÜ: Ende), des menschlichen Lebens (4Mo 23,10 LÜ: Ende) und des göttlichen Zorns (Dan 8,19).

2. *mosa* bedeutet herausgehen, hervorsprossen. Der Aufgang der Sonne wird als A. aus ihrem Zelt verstanden (Ps 19,6). Das Erscheinen des Herrn vergleicht Hos 6,3 (RevEB) mit dem Aufgang der Morgenröte; das Schöpferwort Gottes findet in seinem Munde seinen A. d.h. Ursprung (5Mo 8,3). A. in Mi 5,1 (hebr. Ausgänge) bezieht sich auf Christus. Das kann sowohl die Herkunft des Sohnes Gottes aus dem Wesen des Vaters als auch seinen Ursprung vor der Zeit bedeuten (vgl. Spr 8,22; Joh 1,1; Joh 17,24).

3. A. wird auch sprichwörtl. gebraucht: A. und Eingang (2Sam 3,25; Ps 121,8), und zwar immer in dieser Reihenfolge als Hinweis darauf, daß Existenz aus Gottes Schöpfermacht hervorgeht und das Ende dieser irdischen Existenz den Eingang in die andere Welt bedeutet, auch, daß Leben in der Gegenwart Gottes den sündigen Menschen ausgehen heißt aus der Welt des Todes, der Sünde, und eingehen in das Reich Gottes.

AUSGIESSEN. Beim A. wird eine Menge Wasser oder Flüssigkeit aus einem Gefäß gleichzeitig auf ein bestimmtes Ziel hingegossen. Nach 1Mo 24,20 schüttet Rebekka das Wasser ihres Kruges in die Tränkrinne (vgl. Ri 6,20), und die Israeliten gossen in 1Sam 7,6 (Opfer-?) Wasser aus »vor dem Herrn«.

Ähnlich schüttet Gott (1Mo 7,11) aus den Fenstern des Himmels das Wasser der Sintflut oder (Mal 3,10) Segen in Fülle auf diejenigen, die willig den *Zehnten aus ihrem Einkommen geben. Wenn Gott seinen Geist ausgießt, empfangen ihn nicht nur einzelne, sondern ganze Gruppen, wie die 70 Ältesten bei Mose (4Mo 11,25), oder die Propheten samt Saul (1Sam 10,5.10). Nach schwerem Gericht wird (Jes 32,15) der »Geist aus der Höhe« über Israel ausgegossen, (vgl. Hes 39,29). Sach 12,10 wird er dem Haus Davids verheißen, und Joel 3,1f wird Gottes Geist »über alles Fleisch«, über Söhne, Töchter, Älteste, Knechte und Mägde ausgegossen. Diese Verheißungen erfüllen sich in der Gemeinde Jesu. Joel 3 sieht Petrus (Apg 2,17f) ausdrücklich im Geschehen von Pfingsten erfüllt. Was die Hörer sehen und hören, hat Jesus im Auftrag des Vaters ausgegossen (Apg 2,33). Gott hat durch Jesus Christus den »heiligen Geist reichlich über uns ausgegossen« (Tit 3,6).

Ähnlich wie an Pfingsten die Jüngerschar und die Tausende, so empfangen in der Apostelgeschichte auch andere Versammlungen von Gläubigen zusammen den Heiligen Geist: das Haus des Kornelius (Apg 10,45), die in Samaria gläubig Gewordenen (Apg 8,17), die Johannesjünger in Ephesus (Apg 19,6). Bei den beiden letzten Gruppen geschieht der Empfang des heiligen Geistes auf die fürbittende Handauflegung der Apostel hin. Es handelt sich bei diesen »Ausgießungen« um geistliche Gesamtvorgänge, die zur Gründung von Gemeinden führten. In die Herzen der Christen ist »die Liebe Gottes ausgegossen durch den heiligen Geist« (Röm 5,5).

AUSLEGUNG. Die Antwort auf die wichtige, immer neu zu bedenkende Frage, wie die Bibel recht auszulegen sei, muß an ihr selbst orientiert sein: Auch für den Ausleger gilt, daß die Hl. Schrift ihr eigener Interpret und die Norm für das Verstehen sein muß. Man hat deshalb primär darauf zu achten, wie Jesus und die Apostel mit der Bibel umgegangen sind, um ihre Aussagen »schriftgemäß« erklären zu können.

1. Zum Wortbestand. Die bibl. Begriffe für das »Auslegen« werden noch nicht in einem fachlichen Sinne gebraucht; sie haben meist eine »vorhermeneutische« Bedeutung.

a. Das dem deutschen »Auslegen« sprachlich nahestehende *exegeisthai* meint nicht etwa »Exegese treiben«, sondern ein engagiertes *Erzählen*: Es wird das selbst-erfahrene wunderbare Wirken Gottes bezeugt. Die Emmausjünger berichten von ihrer Begegnung mit dem Auferstandenen (Lk 24,35), der

Hauptmann Kornelius von der Engelserscheinung (Apg 10,8), Barnabas und Paulus vom Handeln Gottes an den Heiden (15,12), desgleichen Petrus (15,14) und Paulus (21,19); der eingeborene Sohn bezeugt die von ihm geschaute Gotteswirklichkeit (Joh 1,18). Durch solche A. wird demnach nicht das überlieferte Zeugnis der Schrift erklärt, sondern ein Erleben, das von der Schrift her bestätigt und erhellt werden kann (Apg 15,15). Dieses *exegeisthai* entspricht dem hebr. Wort *higgīd*, »offenbarend erzählen« (Jes 42,9; 44,7f; 48,5; 66,19; vgl. 41,26).

b. Das Verbum *hermeneúo* bedeutet (bis auf eine Ausnahme) das *Übersetzen* eines Wortes in eine andere Sprache, so aus dem Hebr. bzw. Aram. in das Griech. (z.B. die Anrede »Rabbi« [Joh 1,38] oder die Namen Kephas [1,42], Siloah [9,7], Tabita [Apg 9,36]). Paulus gebraucht *hermeneúo* für das von ihm geforderte »Deuten« der Zungenrede, die den Eindruck einer fremden Sprache machen kann (1Kor 14,13). In der Gemeindeversammlung braucht man einen »Übersetzer« (14,28), der die Zungenrede auslegt (14,5.13.27). Diese »Deutung« ist eine Geistesgabe wie das Zungenreden selbst (1Kor 12,10; 14,26), da nur der Geist den Geist versteht (2,11). Das Äquivalent für das »Übersetzen« ist das aram. *targemi* (Esr 4,7, vgl. LXX).

2. Das Ziel der Auslegung. Wichtig sind die V. Lk 24,25-27.44-47, nach denen der auferstandene Herr den Jüngern die Schrift »auslegte« (*dihermeneusen* V. 27). Im Blick auf das Ziel des Auslegens läßt sich aus Lk 24 folgendes entnehmen:

a. Der am Evangelium orientierte Ausleger erschließt die Schrift, indem er die Verschlossenheit des menschlichen Verstandes überwindet. Jesus hat die Emmausjünger als unverständig bezeichnet (V. 25) und dann dem in Jerusalem verbliebenen Kreis den Sinn geöffnet, damit sie die Schriften verstehen könnten (V. 45).

b. Der Ausleger kann das erlebte Handeln Gottes erhellen. Jesus hat die Jünger als Augenzeugen eines Geschehens angesprochen, dessen Sinn er ihnen von der Schrift her erschloß (V. 45).

c. Der Ausleger bezeugt die Wahrheit der Schrift und führt andere zum Glauben, weil er sich selbst zur Tora, den Propheten und zur *Auferstehung Jesu bekennt (vgl. Apg 24,14f). Als Ausleger ermahnte Jesus die Jünger, an all das zu glauben, was die Propheten gesagt hatten (V. 25).

d. Der Ausleger will zur *Verkündigung führen und die Umkehr zu Gott herbeiführen helfen. Die von Jesus belehrten Jünger sollen in seinem Namen bei allen Völkern Buße verkündigen zur Vergebung der Sünden (V. 47).

3. Inhalt und Methode der Auslegung.

a. Der am Evangelium orientierte Exeget verfährt nicht eklektisch, sondern achtet auf das organische Ganze der Schrift und ordnet jede Einzelaussage in den heilsgeschichtlichen Zusammenhang ein. Nach Lk 24,27 hat Jesus bei Mose und allen Propheten angefangen; nach V. 44 hat er erklärt, es müsse alles erfüllt werden, was im Gesetz Moses, bei den Propheten und in den Psalmen von ihm geschrieben stehe. Jesus und die Apostel bauten ihre Lehre und ihr Handeln auch da auf der Bibel auf, wo sie diese nicht ausdrücklich zitierten; sie setzten eine gründliche Kenntnis der Hl. Schrift voraus.

b. Der Ausleger des NT soll das Christusgeschehen als sinngebendes Ziel der heilsgeschichtlichen Offenbarung ausweisen. Jesus zeigte den Jüngern, daß bei Mose, den Propheten und den Schriften von ihm geschrieben stehe (Lk 24,44), und zwar, daß der *Messias leiden müsse und in seine Herrlichkeit eingehen (V. 26).

c. Die Sonderstellung Jesu als eines Auslegers wird von Lk 24,44 her deutlich. Als der Messias und Sohn Gottes hat er durch seinen Dienst, der von der Hingabe des Lebens gekrönt wurde, das Gesetz und die Propheten nicht nur ausgelegt, sondern auch »erfüllt« (Mt 5,17; vgl. Mk 10,45), und zwar so, daß die Gnade und Wahrheit Gottes geschichtliches Ereignis wurden (Joh 1,17). Deshalb wurde Jesus auch als Gegenstand der prophetischen Weissagung verstanden und als Inhalt des apostol. *Evangeliums bezeugt: Die Jünger verkündigten, daß Kreuz und Auferstehung des Christus »schriftgemäß« seien (1Kor 15,3-5), und Paulus betonte, das Evangelium vom Sohn Gottes sei von den Propheten im voraus verkündigt worden (Röm 1,2), die rettende Gerechtigkeit Gottes sei schon im Gesetz und durch die Propheten geoffenbart (Röm 3,21).

d. Die dem Evangelium dienende A. hatte vor allem den Anstoß zu überwinden, den die Juden an dem schimpflichen, ja gotteslästerlichen (vgl. 5Mo 21,22f) Tod des so sehnlichst erwarteten Messias am Kreuz nahmen. Nach Apg 17,2f hat Paulus in der Synagoge von Thessalonich an drei aufeinanderfolgenden Sabbaten mit den Juden von den Schriften her argumentiert und dargelegt, daß der Messias leiden und auferstehen müsse und daß der von ihm verkündigte Jesus der Messias sei. Zu diesen »Schriften« gehört vor allem das Lied vom leidenden Gottesknecht, Jes 53, (vgl. Apg 8,28-35), das für den Weg Jesu (Mk 9,31; 10,45; 14,24), für das Bekenntnis der Urgemeinde (1Kor 15,1-5) und für das Evangelium des Paulus (Röm 10,16; vgl. 1,16f; 4,25 u.a.) vorbildlich war.

e. Der Ausleger hat stets zu bedenken, daß Mose, die Propheten und die Psalmen die Bibel Jesu und seiner Jünger darstellten. Diese Tatsache verlangt das Reflektieren, »Zusammendenken« (*symballein* Lk 2,19) dessen, was durch Christus geschah, mit dem Zeugnis des Alten Testaments. Wie der jüd. Exeget hat der christl. Ausleger synthetisch zu denken und sich nicht allein auf analytische Methoden zu verlassen. Das Evangelium von Christus ist das Ergebnis solcher Reflexion. Für Jesus waren Mose und die Propheten ausreichende Zeugen des göttlichen Willens: Sie zeigen den Weg zum ewigen Leben (Mk 10,17-22, vgl. Lk 16,29), wenn das Gebot der Gottes- und Nächstenliebe als Summe des Gesetzes und als Norm der A. anerkannt wird (Mk 12,28-34; Röm 13,8-10).

f. Evangeliumsgemäße A. der Heiligen Schrift ist auf die Hilfe des Heiligen Geistes angewiesen. Da die Propheten Gottes nicht eigenem Wunschdenken gefolgt sind, sondern, vom Heiligen *Geist getrieben, das Wort verkündigt haben (2Petr 1,21, vgl. 5Mo 18,15-22), kann nur der Geist den Ausleger in alle Wahrheit führen und ihm das Christuszeugnis des AT erschließen.

4. Jüdische und christliche Schriftauslegung.

a. Obwohl das Wort Gottes zu allen Zeiten gilt, wurde es doch in die Geschichte hinein gesprochen. Deshalb muß der Ausleger dessen Sitz in der Geschichte Israels, im Leben Jesu und in den apostol. Gemeinden zu ermitteln suchen. Das eigene Vorverständnis, zeitgebundene Vorurteile und besondere kirchliche Interessen sind zunächst so weit wie möglich zu verdrängen. Das geschieht durch ein Sich-Vertiefen in den ursprünglichen Text, dessen Sprache, geschichtliche Situation und theologische Intention.

b. Obwohl die hebr. Bibel beiden, Juden und Christen, als Wort Gottes gilt, gibt es doch zwischen beiden beträchtliche Unterschiede in der A. Ihre Schwerpunkte differieren: Dem jüd. Volk bot das Gesetz Moses eine Weisung dafür, wie es seiner Berufung würdig leben und in einer heidnischen Welt sich unbefleckt erhalten könne. Jesus und seine Jünger achteten besonders auf das prophetische Wort, das auf die Offenbarung von Gerechtigkeit, Gnade und Wahrheit am Ende der Zeiten hinweist.

c. Dennoch kann der christliche Ausleger von der jüdischen Exegese lernen, zumal er nicht wie Jesus und dessen Jünger eine natürliche Beziehung zur Sprache und Denkart der hebr. Bibel und zum Geist des Frühjudentums besitzt. Freilich werden die rabbinischen A.sregeln (*Middoth*) im NT noch nicht ausdrücklich angewendet. Nur gelegentlich erscheinen dort der Analogieschluß vom Leichten zum Schweren oder Stichwortverbindungen. Aber kraft seines messianischen Selbstbewußtseins schuf Jesus sich eine eigene vollmächtige A., die etwa in den Antithesen zum Gesetz Moses zum Ausdruck kommt (Mt 5,21-48) oder in seinem Sich – Orientieren an der Schöpfungsordnung (Mt 19,8), im Verkündigen von Seligpreisungen, im Erzählen tiefsinniger Gleichnisse oder im Gebet zu dem himmlischen Vater. Manche Wunder Jesu erinnern an solche der Zeit Moses (Mk 4,35-41; 6,35-44; 8,1-9), an *Elia und *Elisa (Lk 4,25-27), an Stellen wie Jes 35,3-5; 61,1f (Mt 11,4f), oder sie bekunden die Autorität des an der Stelle Gottes unter den Menschen wirkenden Menschensohns (Mk 2,10f, vgl. Ps 103,3). Jesus war ein Jude, der unter Juden gewirkt hat; er ist »ein Diener der Beschneidung geworden für die Wahrheit Gottes, um die Verheißungen für die Väter zu bekräftigen« (Röm 15,8).

Literatur: B. Gerhardsson: Die Anfänge der Evangelientradition, 1977; I.H. Marshall (Hrsg.): New Testament Interpretation, 1977; G. Maier: Wie legen wir die Schrift aus?, 1978; M. Hengel: Zur urchristlichen Geschichtsschreibung, 1979; P. Stuhlmacher: Vom Verstehen des Neuen Testaments, 1979; K. Haacker: Neutestamentliche Wissenschaft, 1981; O. Betz: Wie verstehen wir das Neue Testament?, 1981; H. Stadelmann (Hrsg.): Glaube und Geschichte, 1986. O.B.

AUSSATZ s. Krankheit

AUSSCHLAG s. Krankheit

AUSSCHLIESSUNG s. Bann

AUSZUG AUS ÄGYPTEN. Dieses Ereignis markiert die Geburt Israels als Nation und – durch den unmittelbar folgenden Bundesschluß am Sinai – als Theokratie.

I. DAS EREIGNIS.

Nachdem die Hebräer 430 Jahre lang im O des Nildeltas in Ägypten gewohnt hatten (2Mo 12,40f) und schließlich während der 18. und 19. Dynastie im staatlichen Frondienst Ägyptens standen, wurde *Mose, mit *Aaron als Sprachrohr, von Gott beauftragt, die hebr. Sklaven – die Nachkommen Abrahams, Isaaks und Jakobs – aus Ägypten herauszuführen, damit sie in Palästina, dem Land der Verheißung, zu einer Nation würden (2Mo 3-4). Dies geschah trotz Feindschaft und irdischer Gewalt des Pharao und trotz der Untreue Israels selbst (Jos 24). Den bibl. Bericht des Auszugsereignisses finden wir in 2Mo 14.

Es gibt in der Antike Parallelen, daß eine große Gruppe von Unterjochten aus einem bedeutenden Staat auszieht. Im späten 15. Jh. v.Chr. zogen Menschen aus ca. 14 »Ländern« oder »Gebirgsregionen« und aus Stadtgebieten im hetitischen Reich aus und verlagerten ihre Wohnsitze nach Isuwa (Prolog des Bündnisses von Suppiluliuma und »Mattiwaza«, Weidner: Politische Dokumente aus Kleinasien, 1923, S. 5); sie wurden später allerdings von dem mächtigen hetitischen König Suppiluliuma zurückgeholt. Der Versuch des Pharao, die Hebräer zurückzuhalten und dann zurückzuholen, wurde von Gott zunichte gemacht, indem er die Naturgewalten in Form von neun Plagen sowie eine übernatürliche Strafe als zehnte Plage gegen den Pharao zu Felde führte und seine die Israeliten verfolgenden Streitwagen im *Roten (Schilf-)Meer untergehen ließ. Daß ein Volk auf diese Weise herausgerufen wurde, speziell um einem Gott zu dienen und einen direkt mit seinem Gott geschlossenen *Bund im Leben zu verwirklichen, ist einzigartig. Damit die Israeliten sich bewußt sein konnten, welcher Gott sie aus Ägypten rettet, wurde ihnen, die *Offenbarung auf dem Sinai vorwegnehmend, der Name Gottes in Ägpyten geoffenbart (2Mo 3; 6; Hes 20,5–10). Der Weg der Israeliten führt vom Auszug zum Berg Sinai (2Mo 19ff): Gottes Geschichtshandeln und sein rettendes Wort gehören nach Darstellung des 2. Mosebuches eng zusammen. Die Prophetie des Mirjamliedes schaut sogar auf den *Zion als Ziel der Rettungsgeschichte voraus (2Mo 15,14–17).

Die Völker, die nach Isuwa flohen, hielten sich zweifellos ebenfalls für unterdrückt, hatten jedoch weder einen positiven Auftrag noch eine göttliche Berufung hinsichtlich ihrer Zukunft. Mit Israel zog eine bunte Menschenmenge aus, die im Blick auf ihre Her-

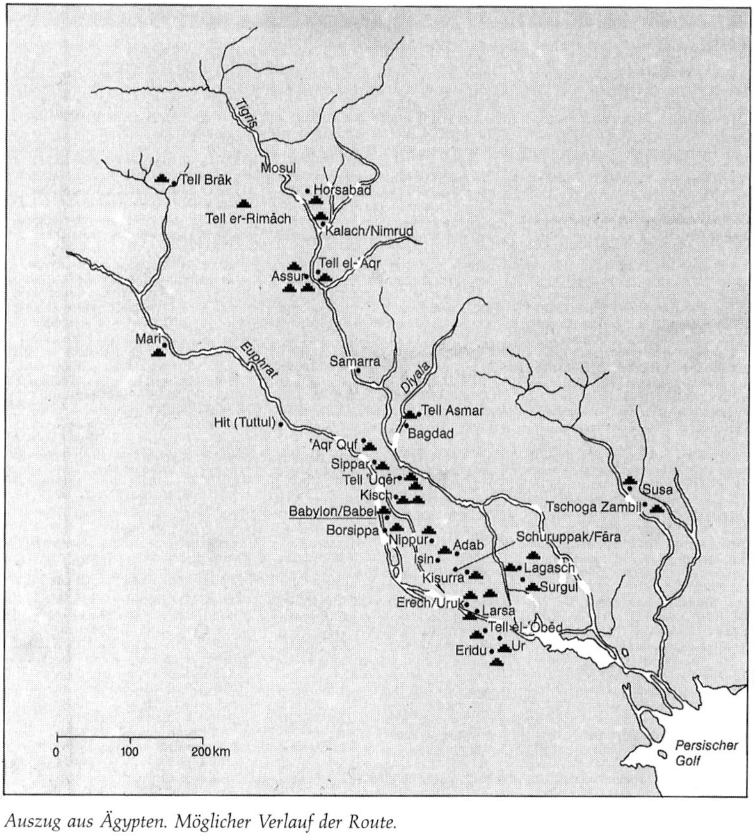

Auszug aus Ägypten. Möglicher Verlauf der Route.

Berg Sinai. Auf der Ebene von Rafah dürften die Israeliten gelagert haben. (PAJ)

kunft wie im Blick auf ihre Motive sehr gemischt war (»fremdes Volk«, 2Mo 12,38; hebr. *ʿeräb rab,* »Pöbel«). Diese Leute bevorzugten Fleisch statt Manna (4Mo 11,4; hebr. *ʾasaphsuph,* »Minderwertige, hergelaufene Leute«).

Weitere spezifische Aspekte des A.s werden in anderen Artikeln behandelt: zum Datum des A.s vgl. *Chronologie des AT; zur Reiseroute der Israeliten vgl. *Baal-Zefon, *Pitom, Ramses, *Sukkot, *Migdol, im Blick auf die Wüstenwanderung vgl. *Wüstenwanderung, *Sinai und einzelne Orte wie *Elim, *Refidim etc. Zum ägypt. Hintergrund der Unterdrückung und den Begleitumständen des A.s vgl. *Ägypten (IV), *Mose, *Plagen.

II. DER AUSZUG IN DER GESCHICHTE ISRAELS.

Die Propheten späterer Generationen, die Israel ermahnen, zu seinem Gott zurückzukehren, sowie die Psalmisten, die über Gottes Handeln mit seinem Volk meditieren, greifen wiederholt auf den A. zurück – d.h. auf die rettende Gnade Gottes, die sich zeigte in der Herausrufung seines Volkes aus ägypt. Knechtschaft als Erfüllung seiner Verheißungen an die Patriarchen mit dem Ziel, ihm zu dienen und seine Wahrheit zu veranschaulichen. Die große Erlösung soll demnach immer mit Dankbarkeit und daraus folgendem Gehorsam im Gedächtnis behalten werden. Weil Israel mit dem Auszug als Nation geboren wird, identifizieren sich alle Israeliten in der Passafeier mit jener ersten Auszugsgeneration (2Mo 12,24–27). Der A. ist somit Urdatum der Geschichte Israels und grundlegend für das Selbstverständnis des Gottesvolkes. Vgl. dazu in den historischen Büchern: Ri 6,8f.13; 1Sam 12,6.8; 1Kön 8,51; 2Chr 7,22; Neh 9,9ff; in den Psalmen: Ps 77,14-20; 78,12-55; 80,9; 106,7-12; 114,1; in den Propheten: Jer 7,21-24; 11,1-8; 34,13; Dan 9,15; Hos 11,1. Auch Gottes neues Handeln kann nur in Treue zu seinem alten Handeln stehen: Jes 43,16–20; 51,9ff; 52,11ff; 55,12ff; Hes 20,34ff. Nach ntl. Zeugnis kann auch der Angehörige des neuen Gottesvolkes nur durch die todbringenden Wasser der Taufe hindurch »geboren« bzw. »wiedergeboren« werden als Rettung Gottes zum neuen Leben (Mk 10,38–40; Röm 6,3f). Durch die Taufe hat er Anteil an Tod und Auferstehung Jesu. Jesus Christus bewirkte den endgültigen, letzten »Auszug«, die volle Erlösung (vgl. Hebr 13,13).

Literatur: J.J.Bimson: Redating the Exodus and Conquest, 1978; D. Daube: The Exodus Pattern in the Bible, 1963; R.E. Nixon: The Exodus in the New Testament, 1963; H. Donner: Geschichte des Volkes Israel und seiner Nachbarn in Grundzügen (ATD Ergänzungsreihe 4/1), 1984, S. 84–97; M. Metzger: Grundriß der Geschichte Israels, [5]1979, S. 30–36; W. H. Schmidt: Exodus, Sinai und Mose. Erwägungen zu Ex 1–19 und 24 (EdF 191), 1983, S. 20–70 (Forschungsbericht); G. von Rad: Theologie des Alten Testaments, Bd. 1: Die Theologie der geschichtlichen Überlieferungen Israels, [6]1969, S. 189–200; B. S. Childs: Exodus. A Commentary (OTL), [5]1984, S. 215–253 (mit ntl. Wirkungsgeschichte); W. Zimmerli: Der »neue Exodus« in der Verkündigung der beiden großen Exilspropheten, in: Gottes Offenbarung (ThB 19), [2]1969, S. 192–204; H. Gese: Zur biblischen Theologie, [2]1983, S. 198–201; O. Michel, Der Brief an die Hebräer (KEK 13), [7]1975, S. 510ff. K.A.K./T.P.

AUTORITÄT. Das NT kennt für A. zwei Begriffe: *exousia*, rechtmäßige, tatsächliche, ungehinderte Macht zu handeln, über eine Person oder Sache zu verfügen, zu herrschen oder zu bestimmen; *dynamis* bezeichnet dagegen in erster Linie physische Macht oder Gewalt (vgl. aber auch Röm 1,16). Die Betonung liegt bei *exousia* entweder auf der Rechtmäßigkeit der Macht, die jemand wirklich besitzt, oder auf der Wirklichkeit der Macht, die jemand rechtmäßig besitzt. Im letzteren Fall wird oft mit »Vollmacht« übersetzt. *Exousia* hat manchmal eine allg. weltliche Bedeutung (z.B. in 1Kor 7,37 von der Selbstbeherrschung; Apg 5,4 von der Veräußerung von Einkünften), wird aber in den meisten Fällen theologisch gebraucht.

Die bibl. Schriften erklären übereinstimmend, daß die einzige rechtmäßige Macht innerhalb der Schöpfung die des Schöpfers ist. A., die Menschen besitzen, ist von Gott delegierte A., dem sie für ihren Umgang mit ihr Rechenschaft ablegen müssen (Joh 19,11). Weil alle A. letztlich Gott gehört, ist die Unterordnung unter A. in allen Lebensbereichen rel. Pflicht, Teil des Dienstes für Gott.

I. DIE AUTORITÄT GOTTES.

Gottes A. ist ein Aspekt seiner unabänderlichen, universalen und ewigen Herrschaft über seine Welt (vgl. 2Mo 15,18; Ps 29,10; 93,1f; 146,10; Dan 4,34f etc.). Dieses universale Königtum unterscheidet sich von seiner Bundesbeziehung mit Israel (obgleich es die Grundlage für diese bildet), durch die Israel sein Volk und Königreich (vgl. 2Mo 19,6) und somit der Erbe seines Segens wurde. Seine königliche A. über die Menschheit besteht in seiner unanfechtbaren Berechtigung und Macht, über den Menschen nach seinem Gutdünken zu verfügen (von Paulus mit der *exousia* des Töpfers über den Ton verglichen, Röm 9,21; vgl. Jer 18,6), sowie in seinem unbestreitbaren Anspruch, daß der Mensch ihm untertan sein und zu seiner Ehre leben soll. Gottes A. wird in der ganzen Bibel dadurch erwiesen, daß alle, die diesen Anspruch ignorieren oder verhöhnen, sich das Gericht Gottes zuziehen. Der königliche Richter hat das letzte Wort; darin bestätigt sich seine A.

Zur Zeit des AT übte Gott die A. über sein Volk durch die Vermittlung des Familienvaters und von Propheten, Priestern und Königen aus, die die Aufgabe hatten, seine Botschaft zu proklamieren (Jer 1,7ff), seine Gesetze zu lehren (5Mo 31,11; Mal 2,7) und in Übereinstimmung mit diesen Gesetzen zu herrschen (5Mo 17,18ff). Sie sollten bei der Ausführung ihrer Aufgabe als Gottes Repräsentanten, die ihre A. von ihm verliehen bekamen, respektiert werden. Auch die »Schrift« wurde als von Gott gegeben und (somit) autoritativ anerkannt – sowohl in ihrer Form als Unterweisung (*tōrā*), die die Israeliten Gedanken und Absichten ihres Königs lehren sollte (vgl. Ps 119), als auch in ihrer Form als Gesetzessammlung, durch die er sie regierte und richtete (vgl. 2Kön 22-23).

II. DIE AUTORITÄT JESU CHRISTI.

Die A. Jesu Christi hat ebenfalls mit Königtum zu tun. Sie ist hier sowohl persönlich als auch amtlich, denn Jesus ist sowohl Sohn Gottes als auch Sohn des Menschen (d.h. der messianische Mensch). Seine A. als Mensch und Messias hat er von Gott delegiert bekommen hat, auf dessen Befehl er seine Aufgabe erfüllt. (Jesus lobte den Zenturio, weil er dies erkannte; Mt 8,9f). Seine A. als Sohn ist vollmächtig, weil er selbst Gott ist. Die A. zu richten wurde ihm gegeben, damit er als Sohn Gottes geehrt würde (denn das *Gericht ist das Werk Gottes), und weil er der Sohn des Menschen ist (denn das Gericht ist das Werk des Messias; Joh 5,22f.27). Kurzum, seine A. ist die A. eines göttlichen Messias, d.h. eines Gottmenschen, der den Willen seines Vaters tut in seiner doppelten Eigenschaft a. als menschlicher Diener, in dem die Ämter des Propheten, des Priesters und des Königs zusammenfließen, und b. als göttlicher Sohn, Mitschöpfer und Teilhaber an den Werken des Vaters (Joh 5,19ff).

Die über das menschliche Maß hinausgehende A. Jesu zeigte sich während seines irdischen Wirkens auf verschiedene Weise: in der Entschiedenheit und Unabhängigkeit seines Lehrens (Mt 7,28f), in seiner Vollmacht, Dämonen auszutreiben (Mk 1,27), in seiner Gewalt über Stürme (Lk 8,24f), in seinem Anspruch, Sünden zu vergeben (was nur Gott tun kann, wie die Zuschauer richtig anmerken) und in dem Beweis dieses Anspruchs, nachdem man ihm widersprochen hatte (Mk 2,5-12; vgl. Mt 9,8). Nach seiner *Auferstehung erklärte er, daß ihm »alle *exousia* im Himmel und auf Erden« gegeben ist – eine kosmische, messianische Herrschaft, deren Ausübung die Erwählten in sein Königreich des Heils bringen wird (Mt 28,18ff; Joh 17,2; vgl. Joh 12,31ff; Apg 5,31; 18,9f). Das NT proklamiert den erhöhten Jesus als »Herrn und Christus« (Apg 2,36), d.h. als göttlichen Herrscher über alle Dinge und als Erlöser-König seines Volkes. Das Evangelium ist zuallererst Aufforderung, dieser Einschätzung seiner A. zuzustimmen.

III. APOSTOLISCHE AUTORITÄT.
Apostol. A. ist delegierte messianische A.: die *Apostel waren die bevollmächtigten Zeugen, Boten und Stellvertreter Jesu (vgl. Mt 10,40; Joh 17,18; 20,21; Apg 1,8; 2Kor 5,20), denen er die *exousia* gab, seine universale Gemeinde zu bauen und zu ordnen (2Kor 10,8; 13,10; vgl. Gal 2,7ff). Dementsprechend gaben die Apostel im Namen Jesu Befehle und ordneten Disziplinarmaßnahmen an (1Kor 5,4; 2Thess 3,6). Sie ernannten *Diakone (Apg 6,3.6) und *Älteste (Apg 14,23). Sie vertraten ihre Lehre als Wahrheit Christi, in Inhalt und Ausdrucksform vom Geist gegeben (1Kor 2,9-13; vgl. 1Thess 2,13), Norm des Glaubens (2Thess 2,15; vgl. Gal 1,8) und des Verhaltens (2Thess 3,4.6.14). Sie erwarteten, daß ihre *ad hoc.* Entscheidungen als »des Herrn Gebot« angenommen werden (1Kor 14,37). Weil ihre A. von der direkten, persönlichen Bevollmächtigung Jesu abhängig war, hatten sie streng genommen keine Nachfolger. Jede Generation von Christen muß jedoch ihre Kontinuität mit der ersten Generation und ihre Bindung an Christus dadurch zum Ausdruck bringen, daß sie ihren Glauben und ihr Leben der Gestalt der Lehre unterordnen, die von den durch Christus ernannten Delegierten geschaffen und in den Schriften des NT für alle Zeit bezeugt wurden. Durch das NT wurde die apostol. *exousia* über die Gemeinde Jesu zu einer dauerhaften Wirklichkeit.

IV. AN DEN MENSCHEN DELEGIERTE AUTORITÄT.
Abgesehen von der Kirche, in der »Leiter« (Älteste, Presbyter) Gehorsam beanspruchen können, weil sie Diener Christi sind und unter seiner A. seine Herde weiden (Hebr 13,17; 1Petr 5,1f), erwähnt die Bibel zwei weitere Bereiche delegierter göttlicher A.:

a. Ehe und Familie. Die Männer haben A. über ihre Frauen (1Kor 11,3; vgl. 1Tim 2,12) und die Eltern über ihre Kinder (vgl. 1Tim 3,4.12). Deshalb haben die Frauen sich ihren Männern (Eph 5,22; 1Petr 3,1-6) und die Kinder sich ihren Eltern (Eph 6,1ff) unterzuordnen. Dies entspricht dem Willen Gottes.

b. Staat und Regierung. Weltliche (röm.) Gouverneure werden *exousiai* genannt und als Diener Gottes beschrieben, die Übeltäter bestrafen und friedliche Bürger unterstützen (Röm 13,1-6). Christen sollen die Regierung als von Gott verfügt ansehen (vgl. Joh 19,11) und sich pflichtgemäß ihrer A. unterwerfen (Röm 13,1; 1Petr 2,13f; vgl. Mt 22,17-21), soweit dies mit dem Gehorsam gegenüber Gottes direkten Geboten vereinbar ist (Apg 4,19; 5,29). (Zur Übertragbarkeit dessen auf den Christen in moderner Demokratie vgl. die Ethiken.)

V. SATANISCHE MACHT.
Die Machtausübung *Satans und seiner Heerscharen wird manchmal mit *exousia* bezeichnet (z.B. Lk 22,53; Kol 1,13). Dies deutet darauf hin, daß die Macht Satans zwar von Gott usurpiert und ihm feindlich gesinnt ist, Satan diese Macht jedoch nur mit der Erlaubnis Gottes und als Instrument Gottes besitzt.

Literatur: O. Betz: Art. Macht, in: TBLNT 2, S. 922-929; W. Foerster: ThWNT II, 557-572; O. Michel: Art. Vollmacht, in: EGL, 521-523; G. von Rad: Theologie des Alten Testaments, Bd. 1: Die Theologie der geschichtlichen Überlieferungen Israels, [6]1969, S. 193–200 (Die Offenbarung des Jahwenamens); H. Gese: Der Messias, in: Zur biblischen Theologie. Alttestamentliche Vorträge, [2]1983, S. 128–151; H. Thielicke: Mensch sein – Mensch werden. Entwurf einer christlichen Anthropoligie, 1976, S. 299–310 (Christ und Politik, Ideologiekritik, Demokratisierung, Das antiautoritäre Prinzip). J.I.P.

AWA. Stadt des assyr. Reiches. Ihre Einwohner (»die von Awa.«) sind zur Kolonisierung Samariens herangezogen worden (2Kön 17,24; 18,34; 19,13; Jes 37,13). Man vermutet A. im heutigen Tell Kafr Aja bei *Ribla oder in Ammia, dem heutigen Enfi, 26 km nördl. von Byblos (*Gebal), das schon in den Amarnabriefen erwähnt wird.

AWEN.

1. Abkürzung (Hos 10,8) für *Bet-Awen, Beiname von Bethel (Hos 4,15 etc.).

2. Am 1,5, meint wahrscheinlich das Beqaʿ-Tal zwischen dem Libanon und dem Antilibanon im aram. Reich von Damaskus.

3. Zu Hes 30,17 vgl. *On. K.A.K.

AXT s. Handwerk/Werkzeug; Waffen, Rüstung

BAAL. Das hebr. Substantiv *baʿal* bedeutet »Herr«, »Besitzer« oder »Ehemann«. In Genitiv-Verbindungen, z.B. Baal-Peor oder Baal-Berit, behielt es etwas von seiner ursprünglichen Bedeutung, doch im allgemeinen ist Baal im AT ein Eigenname und meint eine bestimmte Gottheit, nämlich Hadad, den westsemit. Wettergott, die wichtigste Gottheit im kanaan. Pantheon. Es wird nicht deutlich, in welchem Ausmaß lokale B. mit Hadad in eins gesetzt oder von ihm unterschieden wurden. Der B. der Karmelszene (1Kön 18) war vermutlich Melkart, der Stadtgott von Tyrus. Der atl. Gebrauch des Plurals (vgl. 1Kön 18,18) läßt erkennen, daß man deutlich zwischen mehreren B. unterschied.

Die B.skulte wirkten im Verlauf der israelit. Geschichte auf die Verehrung Jahwes ein und bildeten eine ständige Herausforderung für

Baal als Sturmgott, eine Keule schwingend, mit einem Blitzstrahl in der Hand. Vor ihm steht der König von Ugarit. Kalksteintafel aus Ras Schamra (Ugarit). Höhe 1,5 m. Mitte des 2. Jt. v.Chr. (MC)

sie. Die begrenzten atl. Angaben über B. lassen sich jetzt durch die in den Ras Schamra-Texten enthaltenen Einzelheiten ergänzen. Eine der Gemahlinnen B.s war *Aschtarot, eine andere *Aschera, und B. wird als Sohn des *Dagon bezeichnet. Er erscheint in den Texten als Naturgottheit; Mythen schildern seine Kämpfe gegen Tod, Unfruchtbarkeit und Überschwemmungen, bei denen er sich als Götter-»König« siegreich behauptet.

Jahwe war Israels »Herr« und »Ehemann« und wurde deshalb ganz arglos »Baal« genannt. In der Praxis führte dies begreiflicherweise aber zu einer Vermischung der Jahwe-Verehrung mit den B.-Ritualen, und es erwies sich bald als erforderlich, Gott mit einem anderen Namen anzurufen; Hosea (2,18) schlug *ʾīsch* vor, ein anderes Wort mit der Bedeutung »Ehemann«. Nachdem die Bezeichnung »Baal« auf Jahwe nicht mehr angewandt wurde, konnten dieses Wort enthaltende Personennamen leicht mißverstanden werden. An die Stelle von *baʿal* trat daher bei solchen Namen immer öfter *bōschet* (»Schande«). Eschbaal und Merib-B. sind daher besser als Isch-Boschet (2Sam 2,8) und Mefi-Boschet (2Sam 9,6) bekannt.

B. kommt auch als Personen- und Ortsname vor (vgl. 1Chr 4,33; 5,5).

Literatur: H. Ringgren: Die Religionen des Alten Orients im Umkreis Israels, 1979; A.S. Kapelrud: B. in the Ras Shamra Texts, 1952; W.F. Albright: Yahweh and the Gods of Canaan, 1968; N.C. Habel: Yahweh versus B., 1964. D.F.P.

BAALA. »Herrin, Besitzerin«.

1. Die unter dem Namen Kirjat-Jearim bekannte Stadt (Jos 15,9), die auf der Grenze zwischen Juda, Benjamin und Dan liegt.

2. Berg (Jos 15,11), der zwischen Ekron und Jabneel liegt.

3. Stadt im Süden des Stammes Juda (Jos 15,29; 19,3; 1Chr 4,29). Die genaue Lage ist unbekannt. Man vermutet B. in der Gegend von El-Mutalla, ca. sieben km südöstl. von Beerscheba.

BAAL-BERIT. (Hebr. *baʿal berīt*, »Herr des Vertrages/Bundes«). Die ursprünglich in Sichem verehrte (Ri 9,46), kanaan. Baal-Gottheit (Ri 8,33; 9,4). Die Eroberung von Sichem durch Josua wird nirgendwo berichtet; es kam im 14.Jh.v.Chr. unter die Herrschaft der Habiru und wurde wahrscheinlich durch Vertrag in Israel eingegliedert. Die Abimelech-Episode (Ri 9) veranschaulicht die Spannung zwischen den echten Israeliten und dieser im Grunde kanaan. Enklave. Die Sichemiter wer-

Die Lage von Baal-Hazor, nahe Bethel

den als »die Leute Hamors« bezeichnet (»Eselssöhne«), was gleichbedeutend mit »Söhne des Vertrags« ist, da bei den Amoritern mit der Ratifizierung eines Vertrags die Opferung eines Esels einhergehen mußte. A.E.C.

BAAL-GAD. Ort an der nördl. Grenze der israelit. Landnahme, westl. am Fuß des Hermon (Jos 11,17; 13,5). Es könnte sich um Hasbeiyah (so F.M. Abel: Géographie de la Palestine, 2, 1938, S. 258) oder um den 19 km weiter nördl. gelegenen Tell Hausch (so GTT, 509) handeln, beide im Wadi et-Teim. Der archäologische Befund spricht eher für das letztere. A.R.M.

BAAL-HAZOR. Ein 1016 m hoher Berg, neun km nordnordöstl. von Bethel, der heutige Dschebel el-ʿAzur. Absalom lud seine Halbbrüder zur Zeit der Schafschur dorthin ein, wohl zu einer gleichnamigen Ansiedlung am Fuß des Bergs, und tötete Amnon (2Sam 13,23ff). Vgl. *Ofra. A.R.M.

BAAL-HERMON. »Herr des Hermon«.

1. Stadt in der Nähe des Berges Hermon (1Chr 5,23), wohl der gleiche Ort wie Baal-Gad (Jos 11,17).

2. Berg, der östl. vom Libanon lag (Ri 3,3). Israel vermochte die dort wohnenden Hiwiter nicht zu besiegen. Bei B. verlief die nordwestl. Grenze des Stammesgebiets von Manasse (1Chr 5,23). Ob B. einen dem Baal geheiligten Platz des Hermon bezeichnet oder einen Ort an dessen Osthang, bleibt unsicher.

BAAL-MEON. »Herr des Verstecks«, »des Aufenthaltsorts«. Alte Amoriterstadt an der Grenze Moabs (4Mo 32,38; Hes 25,9), die dem Stamm Ruben zugewiesen und von den Rubenitern wieder aufgebaut worden war. B. wurde auch Beon (4Mo 32,3) oder Bet-Baal-Meon (Jos 13,17) genannt. Wie der *Meschastein berichtet, gehörte B. eine Zeitlang dem König von Moab, auch in der Zeit der großen Propheten war es Eigentum der Moabiter (Jer 48,23; Hes 25,9), die den Ort Bet-Meon nannten. B. heißt heute Maīn und liegt etwa 17 km südwestl. von Heschbon und sechs km südwestl. von Medeba.

BAAL-PERAZIM. »Herr der Risse«. Ort unweit Jerusalems, in der Nähe der Ebene Refaīm, wo David die Philister schlug (2Sam 5,17-20; 1Chr 14,9-11). Die Höhe des Eliasklosters zwischen Jerusalem und Bethlehem könnte dieser Ort (2Sam 5,20) und der Berg Perazim von Jes 28,21 sein, wo Gott sich vor David her gegen seine Feinde erhob: »wie

Wasser«, wenn es seinen Damm zerrissen hat, unaufhaltsam »das Land überschwemmt« und alles mit sich fortreißt. Als die Philister in der Refaïmebene lagerten, war es für David, der von Adullam aus dem Hügelland kam, am günstigsten, auf der großen Straße der *Schefela auf die Höhe des Gebirgslandes hinaufzuziehen, um zuerst den Philisterposten bei dem Eliaskloster zu überrumpeln und dann von der Anhöhe aus über das Philisterlager in der Ebene hereinzubrechen.

BAAL-SEBUB, BEELZEBUL.

1. Im atl. Hebr. erscheint *baʿal sebūb* (»Herr der Fliegen«) wahrscheinlich als eine spöttische Entstellung von *baal sebūl* (»Fürst *Baal«), des Namens des Gottes von Ekron, dessen Rat König Ahasja von Israel während seiner letzten Krankheit einzuholen versuchte (2Kön 1,1-6.16).

2. Im ntl. Griech. ist *beelzeboul, beezeboul* der Oberste der bösen Geister (Mt 12,24.27; Mk 3,22; Lk 11,18f) und wird mit Satan in eins gesetzt (Mt 12,26; Mk 3,23.26; Lk 11,18). Im zeitgenössischen Semit. könnte B. »Herr des Hauses« bedeutet haben; falls das zutrifft, wäre diese Wendung in Mt 10,25b mit doppeltem Sinn gebraucht. F.F.B.

BAAL-ZEFON. »Herr des Nordens«. Von der Bezeichnung der kanaan. Gottheit B. abzuleitender Name eines Ortes im Ostdelta Ägyptens, in dessen Nähe das Volk Israel bei seinem Auszug lagerte. Nach 2Mo 14,2.9 und 4Mo 33,7 liegt B. in der Umgebung von *Migdol und *Pi-Hahirot.

Ein phönizischer Brief aus dem 6.Jh.v.Chr. erwähnt »Baal-Zefon sowie alle Götter von Tachpanhes«. Daraufhin versuchte man, B. mit dem etwa 43 km südsüdwestl. von Port Said gelegenen Tell Defnech zu identifizieren.

Eißfeldt und Cazelles betrachten B. und Baal-Hasi (so ugaritisch, später: Zeus Kasius) als identisch und lokalisieren das ägypt. Zefon/Kasius etwa 70 km östl. von Port Said, bei Ras Qasrun nahe dem Sirbonischen See.

Die Gottheit B. bzw. Kasius wurde jedoch an verschiedenen Orten Unterägyptens, im Süden bis Memphis, verehrt, was eine eindeutige Lokalisierung von B. erschwert.

Literatur: R.A. Caminos: Late-Egyptian Miscellanies, 1954; N. Aimé-Giron: Annales du Service des Antiquités de l'Égypte 40/1940/41, S. 433-460; W.F. Albright, in: BASOR 109/1948, S. 15-16, und in: Festschrift Alfred Bertholet, 1950, S. 1-14; RB 62/1955, S. 332ff. C.D.W.

BAANA.

1. Benjaminit, Sohn Rimmons des Beerotiters und Bruder Rechabs. Die Brüder waren Führer der Streifscharen Isch-Boschets. Vielleicht dadurch ermutigt, daß Joab für den Mord an Abner straflos ausging, drangen sie zur Mittagszeit in das Haus Isch-Boschets ein, erschlugen ihn auf seinem Bett und brachten seinen Kopf zu David nach Hebron. Doch statt sie zu belohnen, ließ David sie als Mörder hinrichten (2Sam 4).

2. Vater des Netofatiters Heled, eines der Helden Davids (2Sam 23,29; 1Chr 11,30).

3. Sohn des Ahilud und Bruder des Kanzlers Joschafat. Er war Salomos Statthalter über den Südteil der Ebene Jesreel von Megiddo bis zum Jordan (1Kön 4,3.12).

4. Statthalter Salomos über Asser und Bealot. Sein Vater Huschai war vermutlich der Freund und Ratgeber Davids (1Kön 4,16).

5. Israelit, der mit Serubbabel aus der babylon. Gefangenschaft zurückkehrte (Esr 2,2; Neh 7,7).

6. Vater des Zadok, der sich zu Nehemias Zeit am Mauerbau in Jerusalem beteiligte (Neh 3,4). Vielleicht derselbe, der die Verpflichtung auf das Gesetz unterzeichnete (Neh 10,28).

BABEL. (Hebr. *bābäl*). Eine der von Nimrod im Land Schinar (Sumer), dem alten Babylonien, gegründeten großen Städte. Es wird zusammen mit Erech und Akkad genannt (1Mo 10,10). Nach der babylon. Tradition wurde B. von dem Gott Marduk gegründet und ca. 2350 v.Chr. von Sargon zerstört, der von dort Erde mitnahm, um seine neue Hauptstadt Agade (*Akkad) zu gründen. Die Geschichte des Baues der Stadt und ihres hohen Turms ist in 1Mo 11,1-11 überliefert, wo der Name Babel volksetymologisch mit der ähnlichen hebr. Wurzel bālal (»Verwirren«, »Vermischen«) in Zusammenhang gebracht wird. Babel wurde somit sprichwörtlich für die durch Sprachunterschiede verursachte Verwirrung, die zum Gericht Gottes über die menschliche Anmaßung gehörte, die in dem Bau des Turms zum Ausdruck gekommen war.

Es liegen bisher noch keine archäologischen Zeugnisse vor, die die Existenz einer Stadt an der Stelle Babylons vor der 1. Dynastie (ca. 1800 v.Chr.) bestätigen. Aus der babylon. Überlieferung und aus einem Text des Schar-kali-scharri, des Königs von Akkad (ca. 2250 v.Chr.), der den Wiederaufbau des Tempelturms (*Zikkurat*) von Babylon erwähnt, geht jedoch hervor, daß an der Stätte vorher eine heilige Stadt existiert hatte, was Sargons

Isometrische Zeichnung des Tempelturms, den König Urnammu aus Ur für den Mondgott Nanna errichtet hatte. (BM)

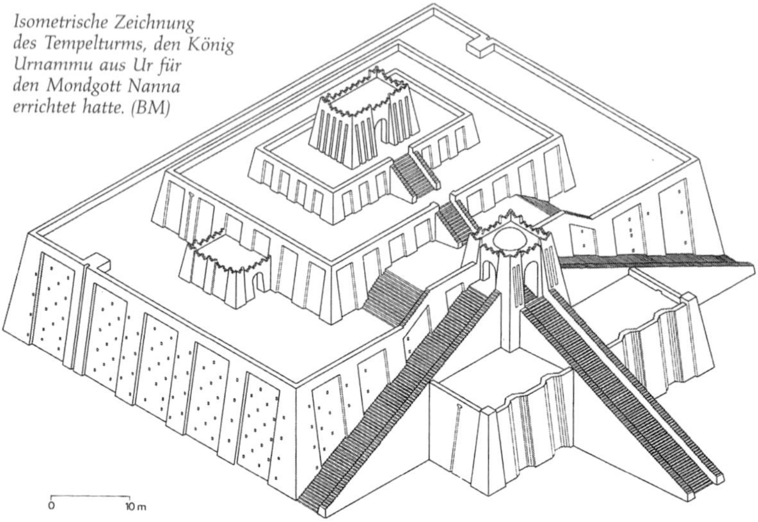

Vorgehen bestätigen würde. Der Gebrauch von gebranntem Ton für Ziegel und von Bitumen (LÜ: »Erdharz«) für Mörtel (1Mo 11,3) ist aus früher Zeit bezeugt. Letzteres wurde wahrscheinlich von Hit den Euphrat abwärts geflößt.

Der (im AT nicht vorkommende) Ausdruck »Turmbau zu Babel« wird gewöhnlich zur Bezeichnung des Turms (*migdōl*) benutzt, der ein hochragendes Wahrzeichen der Stadt und der dort praktizierten Religion sein sollte. Man nimmt allgemein an, daß der Turm ebenso wie die Stadt unvollendet blieb (V. 8) und daß es sich um einen abgestuften Tempelturm, eine mehrgeschossige *Zikkurat* handelte, wie sie erstmalig im frühen 3. Jt. v.Chr. in Babylonien aus der niedrigen, einen Götterschrein tragenden Plattform entwickelt wurde, die (wie in Erech und 'Uqair) neben den städtischen Haupttempeln errichtet wurde. Nach Schar-kalischarri wird die Zikkurat von Babylon erstmalig wieder bei Anlaß ihres Wiederaufbaus durch Asarhaddon 681-669 v.Chr. erwähnt. Diese hieß auf Sumerisch »Etemenanki« – »Haus, das das Fundament von Himmel und Erde ist«, dessen »Spitze bis in den Himmel reicht« – und war mit dem Tempel des Marduk Esagila, dem »Haus, dessen Spitze (im) Himmel ist« verbunden. Es ist sehr wahrscheinlich, daß solch einem Sakralbau ein älterer Plan zugrunde lag. Der Turm erlitt während des Krieges 652-648 v.Chr. schwere Schäden, wurde aber von Nebukadnezar II. (605-562 v.Chr.) wiederhergestellt. Dies ist das Bauwerk, dessen Reste Koldewey 1890 wiederentdeckte, das Herodot bei seinem Besuch ca. 460 v.Chr. beschrieben hat und das im Text einer Tontafel aus dem Jahr 229 v.Chr. (Louvre, AO 6555) erörtert wird. Danach kann man sich ein ungefähres Bild von dem Turm machen. Das unterste Stockwerk maß 90 x 90 m und war 33 m hoch. Darauf folgten fünf je 6-18 m hohe, aber nach oben an Umfang abnehmende Stockwerke. Die Gesamtanlage war von einem Tempel gekrönt, zu dem der Gott, so glaubte man, vom Himmel herabstieg. Der Zugang erfolgte durch Rampentürme oder Treppen. Ein spätbabylon. Plan einer siebenstöckigen Zikkurat zeigt eine Bauform, bei der Breite und Höhe des Untergeschosses gleich waren und die oberste Plattform ein würfelförmiges Heiligtum trug. Zikkurats wurden u.a. in *Ur, *Erech, *Ninive

Reste der Zikkurat (Tempelturm) von Nanna in Ur, erbaut von König Urnammu. (DJW)

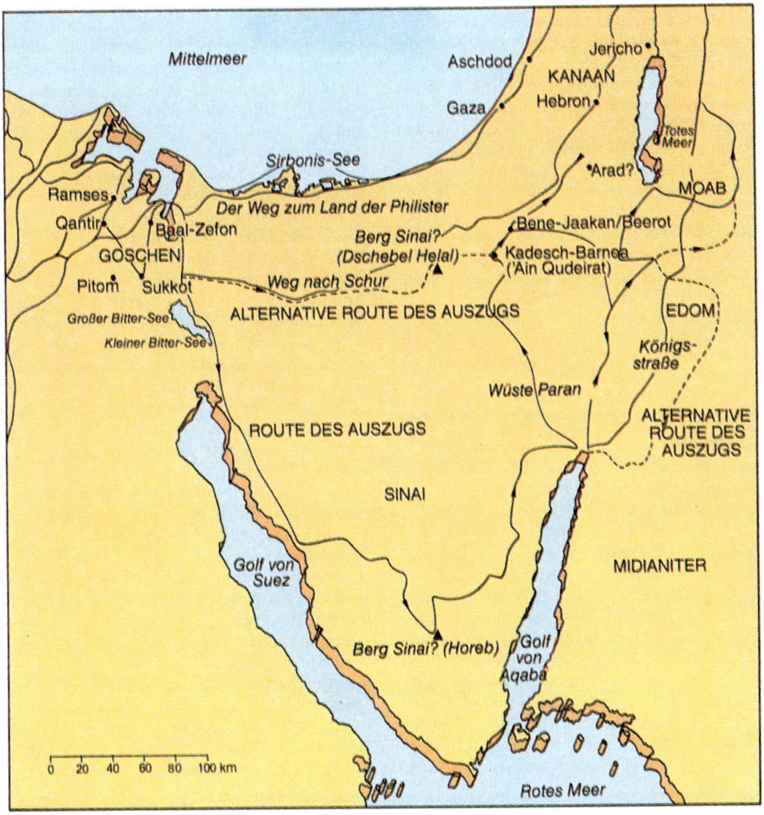

Tempeltürme in Mesopotamien.

und anderwärts in *Assyrien und *Babylonien entdeckt.

Die Zikkurat von Babylon wurde 472 v.Chr. von Xerxes zerstört. Alexander d.Gr. wollte sie neu errichten und ließ die Trümmermassen beseitigen, starb dann jedoch. Die Ziegel wurden nach und nach von den Bewohnern in der Umgebung weggetragen, und heute ist die Stätte von Etemenanki eine Grube (Es-Sahn), die ebenso tief ist wie der ursprüngliche Bau hoch war.

Zu allen Zeiten haben Reisende den zerstörten Turm von Babel zu lokalisieren versucht. Einige identifizieren ihn mit der oben beschriebenen Stätte, andere mit den in Borsippa (Birs Nimrūd), 11 km südsüdwestl. von Babylon, noch vorhandenen Resten einer Zikkurat, die vermutlich aus neubabylon. Zeit stammt. Wieder andere legen den bibl. Turm nach Dūr-Kurigalzu (AqarQuf) westl. von Bagdad, einer Stadt, die jedoch erst um 1400 v.Chr. erbaut wurde. Was wir sagen können, ist nur dies, daß der atl. Bericht 1Mo 11 alle Anzeichen einer zuverlässigen historischen Erwähnung von Gebäuden aufweist, die es so nicht mehr gibt.

Einige Gelehrte bringen Jakobs Vision einer Leiter und einer »Pforte des Himmels« (1Mo 28,11-18) in Verbindung mit einer Zikkurat, wie sie einst in Babel gebaut wurde.

Nach 1Mo 11,9 führte das Eingreifen Jahwes beim Turmbau zu Babel zu der Sprachverwirrung und der darauf folgenden Zerstreuung der Menschheit in alle Winde, möglicherweise z.Zt. des Peleg (1Mo 10,25) (*Völkertafel).

Babel wurde wie *Babylon im Verlauf seiner Geschichte zum Inbegriff der Anmaßung des Menschen und seines unvermeidlichen Falls. Es wurde zum Symbol dafür, daß die Gemeinschaft zwischen Menschen und Völkern verwirrt und zerbrochen wird, wenn sie sich von Gott entfernen. Alle diese Auswirkungen aber sollen in Gottes kommendem Reich aufgehoben werden. Ungeklärt ist, ob die *Zungenreden oder Glossolalien von Apg 2,4 (vgl. die Bezugnahme auf Joel 3,1-5 in Apg 2,16-21), die sich auf Juden und Proselyten und größtenteils aram.- und griech. sprechende Völkerschaften beschränkten, etwas anderes als bekannte »Fremdsprachen« waren (JThS, NF 17 [1966], S. 299-307).

Literatur: A. Parrot: Sintflut und Arche Noah. Der Turm von Babel, 1955; D.J. Wiseman: AS 22, 1972, S. 141ff; HdArch, B. Hrouda: Vorderasien I, 1971.
D.J.W.

BABYLON.

I. IM ALTEN TESTAMENT. Die Stadt am Euphrat (80 km südl. vom heutigen Bagdad im Irak), die zur politischen und religiösen Hauptstadt Babyloniens und der auf ihr fußenden Großmacht und Kultur wurde.

1. Name. Hebr. *Bābäl* und griech. *Babylōn* geben babylon. *bāb-ili* wieder, eine Übertragung des sumer. Namens *kà-dingir-ra*, »Gottespforte«. Die Ägypter schrieben den Namen *b-bī-rˀ* (*bbr* oder *bbl*), im Altpersischen lautet er *babirusch*. Andere Namen der Stadt finden sich in babylon. Texten: *tin-tir (ki)*, »Leben der Bäume«, was als »Sitz des Lebens« erklärt wird, und *e-ki*, »Ort der Kanäle«. *Scheschach* (Jer 25,26; 51,41) gilt allgemein als chiffrierte Wiedergabe von Babel (»Atbasch«), doch könnte es sich auch um einen selten vorkommenden alten Namen *schesch-kī* handeln.

2. Gründung. Laut 1Mo 10,10 gründete Nimrud (*Nimrod) B. als seine Hauptstadt, nach der rel. Überlieferung B.s hingegen der Gott Marduk. (Sonst liegen außer der Erwähnung des Turmbaus zu *Babel keine Zeugnisse für seine Gründung vor.)

3. Geschichte. Sargon I. von Akkad (ca. 2400 v.Chr.) und sein Nachfolger Scharkalischarri errichteten Tempel für die Götter Anunitum und Amal und bauten der Überlieferung zufolge den Tempelturm wieder auf. Es ist möglich, daß ihre Stadt Akkad teilweise auf den Trümmern der früheren Stadt B. errichtet wurde. Zur Zeit des Schulgi von Ur (ca. 2000 v.Chr.) wurde B. erstürmt und dann von durch Ur ernannten Statthaltern (*patensi*) regiert. Der Begründer der amorit. 1. Dynastie von B., Sumu-abum, ließ die Stadtmauern wieder aufbauen; Hammurabi und seine Nachfolger erweiterten die Stadt, die als Metropole blühte, bis sie ca. 1595 v.Chr. dem Ansturm der Hetiter unterlag. Gegen die Kassiten, die die Stadt eine Zeitlang beherrschten, empörte sich B. schließlich und wurde dann mehrfach angegriffen, besonders von Tiglatpilesar I. von Assyrien, ca. 1100 v.Chr. B. suchte sich wiederholt unabhängig zu machen; zu diesem Zweck ließ ein chaldäischer Fürst, Marduk-apla-iddina II. (722-710, 703-702 v.Chr.), durch Gesandte in Juda um Hilfe nachsuchen (2Kön 20,12-18). Jesajas Schilderung des Untergangs B.s (Jes 13) ist ganz ähn-

Reste der Zikkurat in Borsippa, aus der Regierungszeit Nebukadnezars II. (DJW)

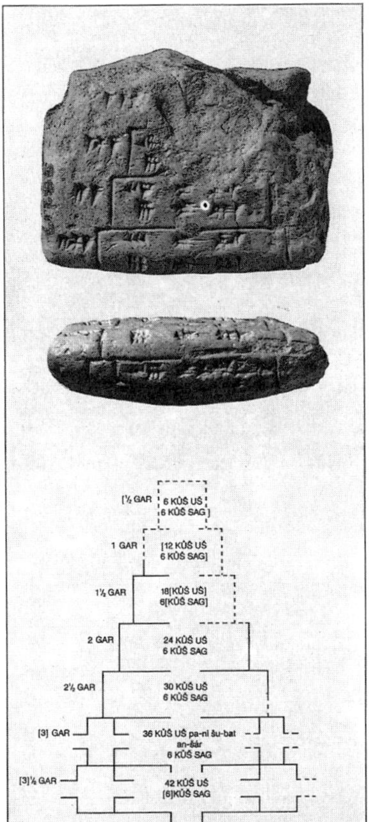

Babylon. Plan mit Maßangaben für eine siebenstufige Zikkurat. Vorder- und Unterseite der Tafel (DJW)
Zeichnung nach den Angaben auf der Tafel. (DJW)

lich abgefaßt wie der Bericht *Sargons II. von Assyrien über seine Plünderung der Stadt. In dem Bemühen, sich der Hauptaufrührer zu entledigen, ließ er einige hochgestellte Einwohner nach Samaria deportieren, die dort den babylon. Götterkult einführten (2Kön 17,24-30). *Sanherib setzte seinen Sohn auf den babylon. Königsthron, doch wurde dieser 694 v.Chr. von probabylon. Elamitern getötet. Um diesem Ausbruch babylon. Nationalismusses ein Ende zu machen, ließ Sanherib die Stadt 689 v.Chr. plündern und die Götterstatuen entführen. Sein Sohn *Asarhaddon versuchte, die heilige Stadt neu aufzubauen; er ließ *Manasse als Gefangenen dorthin bringen (2Chr 33,11). Er machte B. zu einer Vasallenstadt und setzte seinen Sohn, Schamasch-schum-ukin, als König ein. Dieser geriet jedoch mit seinem Bruder *Assurbanipal von Assyrien in Streit. In dem darauffolgenden Krieg, 652-648 v.Chr., richtete ein Großbrand schwere Schäden in B. an, und die Assyrer versuchten erneut, einen örtlichen Fürsten, Kandalanu, als Unterkönig einzusetzen.

Der Zusammenbruch des assyr. Weltreichs setzte Nabopolassar, einen Chaldäerfürsten, in den Stand, sich zum Herrn in B. zu machen und 626 v.Chr. eine neue Dynastie zu gründen. Sein Wiederaufbauwerk wurde von seinen Nachfolgern, besonders von seinem Sohn *Nebukadnezar II., König von Babylonien (2Kön 24,1), umsichtig fortgesetzt. Dieser rühmte sich, »das große Babel zur Königsstadt erbaut« zu haben (Dan 4,27). Nach den Kriegen gegen Juda führte das siegreiche babylon. Heer die judäischen Gefangenen nach B. Zu ihnen zählte *Jojachin, dessen dortige Gefangenschaft durch Inschriften bestätigt wird, die in den Ruinen von B. selbst gefunden wurden. Die aus dem Jerusalemer Tempel geraubten Geräte, die zusammen mit dem geblendeten König *Zedekia dorthin gebracht worden waren (2Kön 25,7-13), wurden im Haupttempel, vermutlich dem des Gottes Marduk (2Chr 36,7), aufbewahrt. Später herrschte Amēl-Marduk (*Ewil-Merodach) über die Stadt. Dem letzten Chaldäerkönig, *Belsazar, dem Mitregenten des Nabonid, diente Daniel.

Wie von Jesaja (14,1-23; 21,1-10; 46,1-2; 47,1-5) und Jeremia (50-51) geweissagt, sollte B. untergehen, nur noch Trümmer sollten übrigbleiben (s. 4.). Im Oktober 539 v.Chr. nahmen die Perser unter *Kyrus die Stadt ein, und Belsazar wurde getötet (Dan 5,30). Die Hauptgebäude wurden geschont, die Tempel und Statuen wurden aufgrund eines königlichen Erlasses wiederhergestellt. Es existiert kein außerbibl. Bericht über die Regierung der Stadt, die jetzt eine pers. Nebenkapitale mit einem Achämenidenpalast wurde. Die Tempelgeräte wurden Scheschbazar zur Rückführung nach Jerusalem übergeben, und die Entdeckung des Berichts hierüber, wahrscheinlich im Archiv von B., hatte zur Folge, daß eine weitere, von *Esra (8,1) in B. gesammelte Exulantengruppe zurückkehren durfte unter der Regierung *Darius' I. (Esr 5,16ff). B. war, wie seit jeher, so auch in der pers. Zeit der Ausgangspunkt etlicher Aufstände, des Nidintu-Bēl 522 v.Chr. und des Araka (521 v.Chr.), des Bel-schimanni und Schamasch-eriba 482 v.Chr. Letzteren schlug Xerxes nie-

Stier, der den Gott Marduk darstellen könnte. Über 200 solcher Bilder schmückten das Ischtar-Tor in Babylon. 7.–6. Jh. v.Chr. (SMB) (AMM)

der und verwüstete dabei die Stadt (478 v.Chr.); Alexander wollte sie neu aufbauen, starb dort jedoch, ohne seinen Plan ausgeführt zu haben. Als die Seleukidenherrscher nach der Einnahme B.s 312 v.Chr. Seleukia am Tigris als ihre Hauptstadt gründeten, verfiel die Stadt abermals, wenngleich der Tempel des Bel Keilschrifttexten zufolge mindestens bis 75 n.Chr. fortbestand.

4. Ausgrabungen. Seit Herodot von Halikarnassos ca. 460 v.Chr. (Hdt. Hist. I. 178-188; ca. 460 v.Chr.) haben viele Orientreisende Berichte über ihren Aufenthalt in B. verfaßt, u.a. Benjamin von Tudela (12. Jh.), Rauwolf (1574), Niebuhr (1764), C.J. Rich (1811/21) und Ker Porter (1818). Ihnen folgten wissenschaftlich orientierte Forschungsreisende, die Sondierungen durchführten und topographische Aufnahmen der Ruinenstätten erstellten. Nach Vorarbeiten von Layard (1850) und Fresnel (1852) erfolgte die systematische Ausgrabung der Innenstadt im Auftrag der Deutschen Orient-Gesellschaft unter Leitung von Koldewey (1899-1917), später von Lenzen (1956/58), und seit 1962 durch die Iraker (u.a. Rettung und Restaurierung des Ninmach-Tempels).

In Verbindung mit dem Zeugnis von über 10 000 beschrifteten Tontafeln, die von nach Ziegeln grabenden Einheimischen entdeckt wurden, ermöglicht die moderne Grabungstätigkeit eine zuverlässige Rekonstruktion der Stadt zur Zeit Nebukadnezars. Infolge der jahrhundertelangen Schuttablagerung, den mehrmaligen Zerstörungen mit anschließendem Wiederaufbau, ferner der Änderung des Euphratlaufs und eines Anstiegs des Grundwasserspiegels konnte jedoch das altbabylon. B., einige wenige Bauwerksreste ausgenommen, nicht freigelegt werden.

Die Ortslage ist heute von einer Anzahl weit verstreut liegender Ruinenhügel bedeckt. Der größte, Qasr, bedeckt die Zitadelle, Merkes ein Wohnviertel, Bāwit im N den Sommerpalast Nebukadnezars II., Amran ibn 'Ali den Marduktempel und Sachn den Standort der Zikkurat (des Tempelturms).

Die Stadt war von einem komplizierten System von Doppelmauern umgeben. Die Außenmauern hatten eine Länge von 27 km, waren hinreichend stark und groß, so daß sie von Streitwagen befahren werden konnten, waren durch Türme geschützt und wiesen acht Tore auf. An der Nordseite begann bei dem monumentalen Ischtar-Tor die Prozessionsstraße, die nach S zur Zitadelle, zum Marduktempel Esagila und zur Zikkurat Etemenanki führte. Diese gepflasterte Straße war ca. 920 m lang; die Mauern zu beiden Seiten waren mit 120 Löwen (Symbol der Ischtar) und 575 *muschruschu*-Drachen (Marduk) und Stieren (Bel) aus farbig emaillierten Ziegeln geschmückt. Von dieser Straße zweigte eine andere nach W ab, die den am Westufer des Euphrat gelegenen neueren Stadtteil durch eine Brücke mit der Altstadt verband. Als Bei-

Die Ruinen von Babylon. (DJW)

spiel für die von mehreren Königen mit verschwenderischer Pracht ausgestatteten Hauptpaläste kann der Gebäudekomplex in der Zitadelle genannt werden, dessen Thronsaal (52 x 17 m) zur Zeit Daniels in Gebrauch gewesen sein könnte. An der NO-Seite des Palastes finden sich Reste von Gewölben, die Koldewey als Stützen der terrassenförmig angelegten »hängenden Gärten« deutete, die Nebukadnezar für seine medische Frau Amytis, als Erinnerung an ihre Heimat, hatte anlegen lassen.

Der Tempelturm von B. erlangte als Turm zu *Babel Berühmtheit.

Viele Einzelteile der Wohnviertel und ihrer Tempel, von denen heute 53 bekannt sind, wurden ausgegraben. Die Namen dieser Viertel wurden gelegentlich zur Bezeichnung der Stadt als ganzer verwendet: Schu'ana (JCS 23 [1970], S. 63), Schuschan, Tuba, Tintir, Kullab. Infolge der häufigen Zerstörungen der Stadt blieb wenig von dem Inhalt der Tempel in situ. Der Besitz des im Zentralheiligtum Esagila befindlichen Marduk-Standbilds galt als Siegeszeichen, deshalb ließ der Eroberer es in seine Hauptstadt bringen. Die Religion und Kultur B.s stimmte größtenteils mit der von *Assyrien und *Babylonien überein.

Rekonstruiertes Modell der Prozessionsstraße, die zum Ischtar-Tor von Babylon führte. (SAOB)

Literatur: R. Koldewey: Das wiedererstehende B., [4]1925; E. Unger: Babylon, die heilige Stadt. Nach der Beschreibung der Babylonier, 1931; Art. Babylon in: Reallexikon der Assyriologie, 1932, S. 330-369; A. Parrot: B. and the Old Testament, 1958; O.E. Ravn: Herodotus' Description of Babylon, 1932; I.J. Gelb: Journal of Inst. of Asian Studies I (1955), über den Namen Babylons; HdArch, B. Hrouda: Vorderasien I, 1971. D.J.W.

II. IM NEUEN TESTAMENT.

1. B. am Euphrat mit besonderer Bezugnahme auf die babylon. Gefangenschaft (Mt 1,11.12.17; Apg 7,43).

2. In Offb 14,8; 18,2, »Sie ist gefallen, sie ist gefallen, B., die große Stadt«, klingt Jes 21,9 (vgl. Jer 51,8) wider, doch ist hier nicht mehr die Stadt am Euphrat, sondern Rom gemeint, wie aus der Erwähnung von sieben Bergen in Offb 17,9 hervorgeht (vgl. auch Offb 16,19; 17,5; 118,10.21). Das auf dem siebenköpfigen Tier sitzende scharlachrote Weib, dessen Name, »das große Babylon«, eine geheime

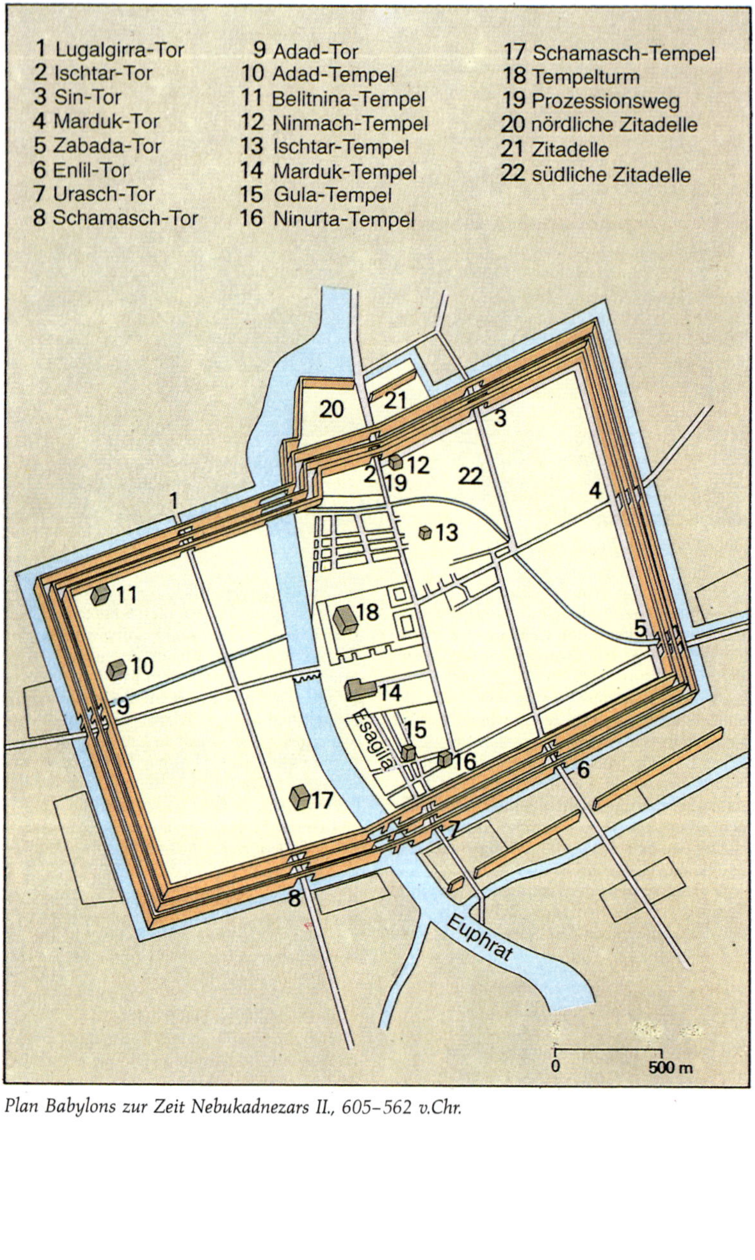

Plan Babylons zur Zeit Nebukadnezars II., 605–562 v.Chr.

Bedeutung hat, meint die Stadt Rom und das von ihr ausgehende Röm. Reich. Die sieben Häupter des Tieres werden nicht nur auf die sieben Hügel Roms gedeutet, sondern auch auf sieben röm. Kaiser – die fünf bereits gefallenen würden sich somit auf *Augustus, *Tiberius, Gaius, *Caligula, *Claudius und *Nero beziehen, das sechste auf den regierenden Vespasian (Offb 17,10).

3. In 1Petr 5,13 sind die »aus Babylon« Grüßenden, »die samt euch auserwählt sind«, aller Wahrscheinlichkeit nach eine christliche Gemeinde. Man hat »Babylon« hier mit der Stadt am Euphrat zu identifizieren versucht, aber auch mit einem röm. Militärstützpunkt am Nil (dem heutigen Kairo), doch spricht die Wahrscheinlichkeit für die Identifizierung B.s mit Rom.

Literatur: E.G. Selwyn: The First Epistle of St. Peter, 1946, S. 243.303ff; O. Cullmann: Petrus, Jünger-Apostel-Märtyrer, 1952, S. 88ff u.ö.; R.E. Brown, K.P. Donfried, J. Reumann: Peter in the New Testament, 1973; I.T. Beckwith: The Apocalypse of John, 1919, S. 284ff; 690ff; G.B. Caird: The Revelation of St. John the Divine, 1966, S. 211ff; C.P. Thiede: Babylon, der andere Ort. Anmerkungen zu 1Petr 5,13 und Apg 12,17 in ders. (Hrsg.): Das Petrusbild in der neueren Forschung, 1987. F.F.B.

BABYLONIEN. Gebiet in Vorderasien, heute Südirak, dessen Name von der Hauptstadt *Babylon abgeleitet ist. B. wurde auch *Schinar/Schinear (1Mo 10,10; 11,2; Jes 11,11; Dan 1,2) und später »der Chaldäer Land« (Jer 24,5; Hes 12,13) genannt. In älterer Zeit hießen seine nördl. Gebiete Akkad (1Mo 10,10, *Akkad), das südl. Schwemmland und die an den Persischen Golf angrenzenden Sümpfe Sumer. Letzteres hieß später »Chaldäa«, eine Bezeichnung, die nach der Errichtung der Dynastie der Chaldäer das ganze Land einschloß (s.u. I.8.). Die Babylonier *(benē bābäl,* »Söhne Babylons«) werden daher auch als Chaldäer bezeichnet (Hes 23,14f.17.23). Das von den Flüssen Tigris und Euphrat bewässerte B. dürfte das Gebiet sein, in dem der Garten *Eden (1Mo 2,14) und der Turm zu *Babel lagen. Hierher wurden die Juden ins Exil geführt.

Dieses flache Land von rund 20 000 km² wurde im N von *Assyrien (Samarra – Dschebel Hamrin als Grenze) begrenzt, im O vom Hochland von *Elam, im W von der Arabischen Wüste und im S vom Persischen Golf. Umstritten ist, ob sich diese Küstenlinie seit dem Altertum beträchtlich gewandelt hat (Geographical Journal 118/1952, S. 24-39; vgl. JAOS 95/1975, S. 43-57). Die Hauptstädte – Babylon, Warka (Erech) und Akkad werden als erste im AT erwähnt (1Mo 10,10) – lagen ebenso wie Nippur, Ur, Eridu und Lagasch sämtlich am Euphrat oder in dessen Nähe.

I. GESCHICHTE.

1. Vorgeschichte. Die Beziehung zwischen frühen Funden in Südmesopotamien zu solchen im N ist noch immer umstritten. Keramik aus der untersten Schicht von Eridu (Schicht XV-XVII) weist auf sehr frühe Besiedlung hin, während darüberliegende Funde (Hadschi Muhammad) einem von der Gegend nahe Kisch und Erech her bekannten Typ angehören, der Ähnlichkeit mit der Halaf- und Hassuna-Keramik des N zeigt. Die Prä-Obed-Kultur ist um 4000 v.Chr. zu datieren. Die ebenfalls im N begegnende Obed-Kultur geht anscheinend auf Neueinwanderer zurück. Die Herkunft der Bewohner von Sumer (möglicherweise das bibl. Schinar/Schinear) ist noch ungeklärt, wenngleich in der darauffolgenden »protoliterarischen Periode« (um 3100-2800 v.Chr.) in Tontafeln geritzte piktographische Schriftzeichen begegnen (Uruk, Schicht III-IV). Da es sich bei der Sprache anscheinend um ein frühes, nichtsemit., agglutinierendes Sumerisch handelt, das zur Bezeichnung älterer Städte und für technische Ausdrücke eine andere, vielleicht semit. Sprache benutzt, ist es wahrscheinlich, daß Semiten und Sumerer die ersten Siedler, zumindest unter den frühen Siedlern waren. Die hochentwickelte Kunst - Keramik, Siegel und Bauten – wird im allgemeinen auf den Einfluß der Sumerer zurückgeführt, so daß die derzeit vorliegenden Zeugnisse auf die Besiedlung des Landes sowohl durch Semiten als auch durch Sumerer von früher Zeit an schließen lassen.

2. Frühdynastische Zeit (ca. 2800-2400 v.Chr.). Zu dieser Zeit entstand das Königtum, und große Städte wurden gegründet. Nach der sumer. Königsliste regierten vor der Sintflut in den Städten Eridu, Badtibirra, Larak, Sippar und Schuruppak acht oder zehn Könige. Der Herrscher (Statthalter) von Schuruppak war der Held der sumer. Sintflutsage (vgl. *Noah). Die von Woolley in Ur entdeckte »Sintflut«-Ablagerung wird in die Obed-Zeit datiert und entspricht daher nicht ähnlichen Schichten, die in Kisch und Schuruppak gefunden wurden (protoliterarisch-frühdynastisch I; vgl. Iraq 26/1964, S. 62-82). Es existierte jedoch eine starke literarische Tradition einer *Sintflut in B. von ca. 2000 v.Chr.

Nach der Sintflut »stieg das Königtum wieder vom Himmel herab«, und die Herrscher in Kisch und Uruk (Erech) schließen Gilgamesch und Agga ein, die Helden einer Reihe von Legenden, bei denen es sich sehr wohl um historische Gestalten handeln mag. Stadtstaaten

Ruinen Babylons, im Hintergrund der rekonstruierte Ninmach-Tempel. (DJW)

blühten, deren Zentren sich in Uruk, Kisch, Ur (Königsgräber), Lagasch, Schuruppak, Abu Salabīkh und im N in Mari befanden. Oft suchten mehrere mächtige Herrscher gleichzeitig B. zu beherrschen, was häufig zu Zusammenstößen führte. So endete die von Urnansche begründete 1. Dynastie von Lagasch, als Urukagina, ein sozialer Reformer (ca. 2351 v.Chr.), Enannatum besiegte und bald darauf Lugalzagesi von Umma, der die Städte Lagasch, Ur und Uruk unterworfen hatte, die erste, »proto«-imperiale, bis zum Mittelmeer reichende Herrschaft Sumers aufbaute.

3. Die Akkader (um 2400-2200 v.Chr.). Eine tatkräftige semit. Familie gründete in Akkad eine neue Stadt und baute vielleicht zu dieser Zeit Babylon wieder auf. Diese von *Sargon begründete Akkad-Dynastie (2371-2191 v.Chr.) entwickelte eine neue Kriegstechnik mit Pfeil und Bogen, besiegte alsbald den Despoten Lugalzagesi von Umma, Kisch und Uruk und gewann ganz Sumer. Der König übernahm Kriegszüge bis zum Mittelmeer und nach Anatolien. Sein Enkel Naramsin konnte seinen ausgedehnten Herrschaftsbereich zunächst behaupten. Doch dann fielen die Gutäer aus den östl. Bergregionen in Nordb. ein (2230-2120 v.Chr.) und beherrschten das Wirtschaftsleben, bis sie schließlich von einer Koalition unter Führung Utuchengals von Uruk besiegt wurden. Ihre Herrschaft war jedoch örtlich begrenzt und am stärksten östl. des Tigris. Lagasch blieb unter seinem *ensi* (Herrscher) Gudea (um 2150 v.Chr.) unabhängig und beherrschte Ur und die südl. Städte. Gudea erweiterte sein Gebiet nach und nach und mehrte den Wohlstand seiner Stadt durch Feldzüge bis nach Syrien (*Ebla) zur Gewinnung von Bauholz, Edelsteinen und Metallen. Die darauffolgende Renaissance Sumers, sein »Goldenes Zeitalter«, war durch materiellen Wohlstand und reiches künstlerisches Schaffen gekennzeichnet.

4. Dritte Dynastie von Ur (2113-2006 v.Chr.). Nach der Regierungszeit des Utuchengal von Uruk und des Nammachani, des Schwiegersohns Gudeas, in Lagasch wurde *Ur abermals Machtzentrum. Ur Nammu (2113-2096 v.Chr.) baute dort die Zitadelle mit ihrer Zikkurat und den Tempeln wieder auf und ließ in den Tempeln von Uruk, Isin und Nippur Statuen seiner selbst aufstellen. Ur dehnte seinen Einfluß nach und nach bis nach Assur und Byblos aus. Seine Nachfolger ließen sich, wie offenbar zuvor schon Naramsin, eine Zeitlang göttliche Ehren erweisen und auf Denkmälern und Siegeln mit der gehörnten Tiara der Götter abbilden (C.J. Gadd: Ideas of Divine Rule in the Ancient Near East, 1944). Viele tausend Urkunden geben Aufschluß über die Verwaltung und Religion dieser Zeit, in der sich die Handelstätigkeit Urs bis nach Indien erstreckte. Das Ende kam nach schweren Hungerkatastrophen, und Eindringlinge aus Elam sowie semit. Halbnomaden aus den westl. Wüstengebieten ver-

drängten die sumer. Herrscher. Es ist möglich, daß Terachs und Abrahams Zug nach Haran (1Mo 11,31) in dieser Zeit des Umbruchs stattfand.

5. Die Amoriter (2000-1595 v.Chr.). Die zuvor von Ur beherrschten Gebiete wurden unter den örtlichen Herrschern von Assur, Mari am oberen Euphrat und Eschnunna aufgeteilt. Ischbi-Erra, der eine neue Dynastie in Isin, und Naplanum, der eine weitere in Larsa begründete, spalteten das zuvor geeinte Sumerertum. Dann machte Kudurmabug von Jamutbal östl. des Tigris seinen Sohn Warad-Sin zum König von Larsa. Dessen Nachfolger Rimsin herrschte auch über Isin, vermochte aber gegen die wachsende Macht Babylons nichts auszurichten, wo eine Reihe tatkräftiger Herrscher der 1. (amoritischen) Dynastie (1894-1595 v.Chr.) regierte. Ihr sechster König, *Hammurabi (1792-1750 v.Chr. nach der heute wahrscheinlichsten Chronologie), besiegte Rimsin schließlich und herrschte während des letzten Dezenniums seiner Regierungszeit vom Persischen Golf bis *Mari, wo er Zimrilim schlug, einen Semiten, der zuvor Jasmach-Adad, den Sohn Schamschi-Adads I. von Assyrien, vertrieben hatte. Trotz dieses Sieges war Hammurabi nicht so mächtig wie sein Namensvetter in Aleppo, und die Korrespondenz von Mari, die wichtige Einblicke in die Diplomatie, Handelstätigkeit, Geschichte und Religion jener Zeit gewährt, zeigt, daß er Assyrien, Eschnunna und andere Städte in B. (*Archäologie) nicht unterwarf. Die damaligen Beziehungen zwischen Babylon, Elam und dem W machten eine Koalition wie die in 1Mo 14 beschriebene möglich. Der Niedergang des sumer. Einflusses und die wachsende Macht der Semiten wurden in der Erhebung Marduks (*Merodach) zum Staatsgott offenbar. Dies veranlaßte Hammurabi, die babylon. Gesetze zu revidieren, um beide Überlieferungen zu verschmelzen. Sein 282 Paragraphen umfassendes »Gesetzbuch« basiert auf den früheren Reformen Urukaginas, Urnammus und Lipit-Ischtars.

6. Die Kassiten (1595-1174 v.Chr.). Babylon fiel dann, wie so oft in seiner Geschichte, durch einen plötzlichen Angriff von N her. Um 1595 v.Chr. eroberte der hetitische König Mursili I. die Stadt, und dann machten sich die Kassiten aus den östl. Bergländern nach und nach zu Herren im Lande, über das sie später von einer neuen, von Karigalzu I. (um 1450 v.Chr.) erbauten Hauptstadt (Dur-Kurigalzu) aus herrschten. In den darauffolgenden Jahrhunderten war B. zwar, mit Ausnahme kurzer Perioden unter unmittelbarer assyr. Herrschaft (z.B. Tukulti Ninurta I., 1244-1208 v.Chr.), unabhängig, aber schwach. Aram. Übergriffe waren häufig, und diese Raubzüge könnten es den Israeliten ermöglicht haben, sich in Südpalästina ansässig zu machen und später, unter Salomo, ihre Grenzen ohne größeren Widerstand von seiten dieser Wüstenvölker auszudehnen (*Assyrien). Nationalhelden gewannen zwar kurzfristig politische und wirtschaftliche Macht, so z.B. als Nebukadnezar I. (1124-1103 v.Chr.) Elam besiegte, doch Tiglatpilesar I. stellte schon bald die assyr. Oberherrschaft wieder her.

7. Unter assyrischer Herrschaft (745-626 v.Chr.). Zur Zeit des Nabu-nasir (Nabonassar), dessen Regierung (747-735 v.Chr.) den Beginn einer neuen Ära bezeichnete, setzte ein langandauernder Kampf um die Unabhängigkeit von *Assyrien ein. Tiglatpilesar III. von Assyrien rief sich zum »König von Sumer und Akkad« aus, ergriff die Hände Bels (Marduks) und beanspruchte unter seinem anderen Namen Pul(u) den Thron Babylons (1Chr 5,26). 15 Jahre später mußte er das assyr. Heer gegen den Rebellen Ukin-zēr von Bīt-Amukkani aufbieten. Er besiegte ihn in Sapia und deportierte viele Gefangene. Ein gegnerischer Fürst des Südens, Marduk-apla-iddina II. von Bit-Jakin, leistete Tiglatpilesar zu dieser Zeit Tribut (Iraq 17/1953, S. 44-50). *Salmanassars V. und *Sargons II. Inanspruchnahme durch die Belagerung von *Samaria gab Marduk-apla-iddina (*Merodach-Baladan) jedoch 726-722 v.Chr. Gelegenheit, gegen sie zu intrigieren. Zehn Jahre lang (721-710 v.Chr.) behauptete er den Thron in Babylon, bis das assyr. Heer Der berannte, Humbanigasch von Elam besiegte und Babylon besetzte. Als es dann südwärts zog, durfte Merodach-Baladan dort indes weiter regieren. Es spricht für Sargons Diplomatie, daß er ihn bis zum Ende seiner Regierungszeit auf seiner Seite zu halten wußte.

Nach Sargons Tod 705 v.Chr. konspirierte Merodach-Baladan jedoch abermals gegen seine Oberherren, und vermutlich ging mehr von ihm als von Hiskia die Initiative aus, ein Bündnis gegen Assyrien zu schließen (2Kön 20,12-19; Jes 39). Jesajas Widerstand war wohlbegründet, denn die Babylonier selber setzten 703 v.Chr. ihren Mitbürger Marduk-zakir-schum auf den Thron. Merodach-Baladan bekam dadurch freie Hand und ließ sich selbst zum König von Babylon ausrufen, residierte allerdings in der ihm freundlicher gesinnten Stadt Borsippa. Sanherib rückte gegen ihn vor, besiegte die Rebellen und ihre elamitischen Anhänger bei Kutha und Kisch und besetzte Babylon, wo er den Assyrien zuneigenden Bel-ibni auf den Thron setzte. Bit-Jakin wurde verwüstet, doch Merodach-Baladan war bereits nach Elam geflohen, wo er

694 v.Chr. starb, ehe Sanherib eine phönizische Seestreitmacht gegen ihn aufstellen konnte.

Eine Zeitlang regierte Sanheribs Sohn Asarhaddon, mit besonderen Vollmachten ausgerüstet, als Vizekönig in B., und als er 681 v.Chr. auf den Thron kam, tat er viel für den Wiederaufbau der Tempel und der Stadt. Möglicherweise im Zusammenhang hiermit ließ er Manasse zeitweilig dorthin deportieren (2Chr 33,11). Da die Elamiter fortfuhren, die babylon. Stämme aufzuwiegeln, unternahm Asarhaddon 678 v.Chr. einen Kriegszug in das »Meerland« und setzte Na'id-Marduk als Statthalter ein. Im Mai 672 v.Chr. ließ Asarhaddon alle seine Vasallen schwören, daß sie seinen Sohn Assurbanipal als Thronfolger von Assyrien und seinen Sohn Schamasch-schum-ukin als Thronfolger von B. unterstützen würden (Iraq 20/1958). Nach seinem Tode 669 v.Chr. trat diese Regelung in Kraft und funktionierte auch dank des Einflusses der Königinmutter. Als sich der Zwillingsbruder in Babylon aber 652 v.Chr. gegen die Zentralregierung empörte, wurde die Stadt 648 v.Chr. geplündert, wobei der König getötet wurde. Assurbanipal griff auch Elam an und eroberte Susa. Gefangene von dort wurden zusammen mit babylon. Empörern in Samaria angesiedelt (Esr 4,2). Kandalanu wurde zum Vizekönig von B. ernannt (648-627 v.Chr.), während *Assurbanipal das rel. Zentrum in Nippur weiterhin direkt überwachte. Infolge seiner Inanspruchnahme im S war Assyrien außerstande, sich um den W zu kümmern, so daß die Stadtstaaten in Palästina unter *Josia Schritte zu ihrer Loslösung einleiten konnten. Das Ende von Assurbanipals Regierung liegt im Dunkeln, mag aber schon bald nach dem Tode des Kandalanu eingetreten sein. In dem darauffolgenden Interregnum eilten die örtlichen Stämme dem Chaldäer Nabopolassar gegen den Assyrer Sinscharischkun zu Hilfe.

8. Das Neubabylonische (Chaldäische) Reich (626-539 v.Chr.). Nabopolassar, Regent des »Meerlandes« nahe dem Persischen Golf,

◄
Palast von Nabopolassar (626–605 v.Chr.), wiederaufgebaut durch Nebukadnezar II. Rekonstruktion (z.T. mit glasierten Ziegeln des Originals) eines Wandabschnitts des Thronsaals, der dem Haupthof gegenüberlag. Höhe 12,40 m, ca. 600 v.Chr. Die Dekoration enthält Motive, die auch an anderen Stellen der Stadt vorkommen (z.B. die Prozession der Löwen, die am Ischtar-Tor und entlang der Prozessionsstraße zu finden ist). (SMB)

Blick auf einen Teil der Ruinenfelder von Babylon: im Vordergrund der Tempelkomplex Etemenanki, im Hintergrund der Euphrat. (JLH)

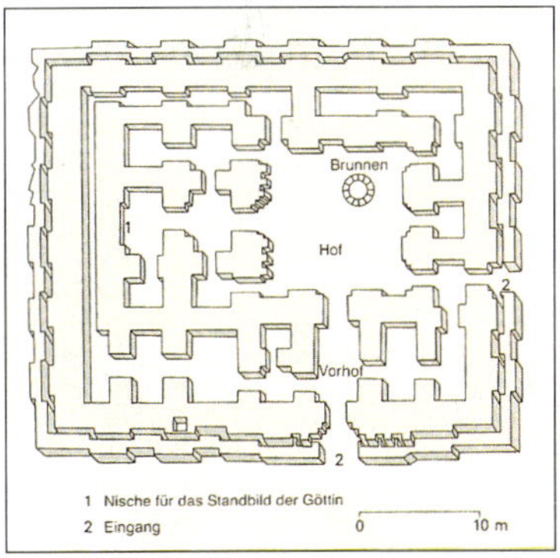

Grundriß des Ischtar-Tempels in Babylon. Einer der Räume, die den Innenhof umgaben, führte in das »Allerheiligste«, in dem sich das Standbild der Göttin befand.

Wiederaufgebauter Innenhof des Tempels der Göttin Ninmach (Ischtar) in Babylon. (DJW)

ein Chaldäer (*kaldu*, davon *Chaldäa), bestieg am 22. November 626 v.Chr. den Königsthron von Babylon und schloß sogleich Frieden mit Elam. Im folgenden Jahr besiegte er die Assyrer bei Sallat, und 623 v.Chr. hatte Der ihr Joch abgeschüttelt. Die Babylon. Chronik, die wichtigste verläßliche Quelle für diese Zeit, schweigt sich über die Jahre 623-616 v.Chr. aus, nach deren Ablauf Nabopolassar die Assyrer von Euphrat und Tigris zurückgedrängt hatte. 614 v.Chr. vereinigten sich die Meder mit den Babyloniern zum Angriff auf Assur, und im Sommer 612 v.Chr. eroberten die Meder, vielleicht mit skythischer Unterstützung, Ninive, während die Babylonier die Verfolgung der nach W Flüchtenden aufnahmen. Babylon. Kriegszügen nach Syrien folgten 609 v.Chr. der Angriff auf Haran und 609-606 v.Chr. Züge gegen die nördl. Bergstämme. Der altgewordene Nabopolassar vertraute das babylon. Heer seinem Kronprinzen Nebukadnezar an, der bei Kummuchi und Quramati (am oberen Euphrat) gegen die Ägypter kämpfte.

Im Mai/Juni 605 v.Chr. unternahm Nebukadnezar einen Überraschungsangriff auf Karkemisch, zerstörte die Stadt und vernichtete das ägypt. Heer bei Hamat. Die Babylonier überrannten jetzt ganz Syrien bis zur ägypt. Grenze, scheinen aber in das Bergland von Juda nicht eingedrungen zu sein (2Kön 24,7; Jos. ant.Jud. 10,6; vgl. Dan 1,1). Jojakim, ein Vasall Nechos II., unterwarf sich Nebukadnezar, der eine Anzahl Geiseln, darunter Daniel, nach Babylon deportierte. Während seines Aufenthaltes in Palästina empfing Nebukadnezar die Nachricht vom Tod seines Vaters (15. August 605 v.Chr.). Er kehrte zurück, um am 6. September 605 v.Chr. »die Hände Bels zu ergreifen«, d.h. mit dieser Geste den Thron für sich zu beanspruchen.

604 v.Chr. empfing Nebukadnezar von »allen Königen des Hatti-Landes (Syrien-Palästina)«, unter denen sich auch Jojakim befunden haben muß, Tribut. Aschkelon weigerte sich jedoch und wurde zerstört, ein Ereignis, das auf Juda tiefen Eindruck machte (Jer 47,5-7). Ein aram. Brief an den Pharao mit der Bitte um Hilfe gegen das vorrückende babylon. Heer dürfte in diese Zeit zu datieren sein (vgl. DOTT, S. 251-255). 601 v.Chr. kämpfte B. gegen Ägypten, wobei beide Seiten schwere Verluste erlitten. Während des nächsten Jahres rüstete B. sein Heer neu aus. Wahrscheinlich war dies der Grund, weshalb Jojakim sich entgegen der Aufforderung Jeremias (Jer 27,9-11) Necho II. unterwarf, nachdem er drei Jahre Nebukadnezar untertan gewesen war (2Kön 24,1).

Zur Vorbereitung weiterer Expeditionen führte das babylon. Heer 599/98 v.Chr. Züge gegen die arab. Stämme (Jer 49,28-33). Im Monat Kislew (Dezember 598 v.Chr.), in seinem siebten Regierungsjahr, führte Nebukadnezar sein Heer erneut ins Feld und »belagerte« laut der Babylon. Chronik »die Stadt Juda und eroberte sie am zweiten Adar. Er nahm den König gefangen, setzte einen Herrscher seiner Wahl ein und sandte reiche Beute nach Babylon« (BrM 21946). Der Fall Jerusalems am 16. März 597 v.Chr., Jojakims Gefangennahme, die Einsetzung des Mattanja-Zedekia und der Beginn des jüd. Exils sind dort

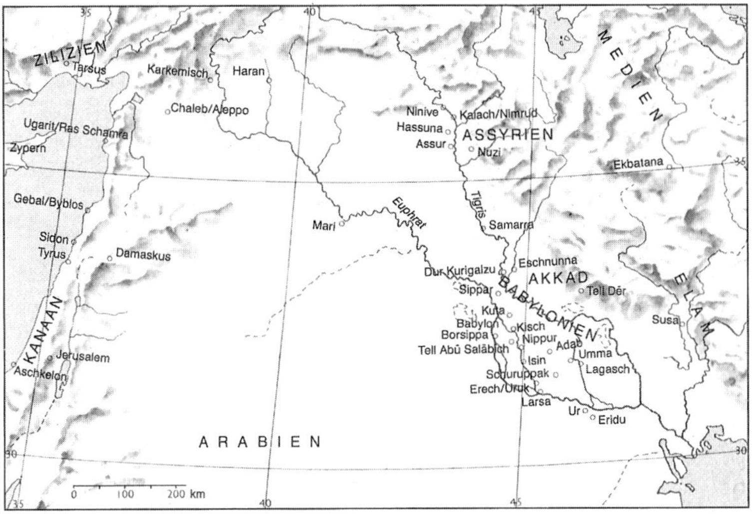

Der Einflußbereich Babyloniens.

also genauso wie im AT verzeichnet (2Kön 24,10-17; 2Chr 36,8-10).

Im darauffolgenden Jahr scheint Nebukadnezar einen Feldzug gegen Elam geführt zu haben (vgl. Jer 49,34-38). Die Babylon. Chronik bricht bis 595 v.Chr. ab, doch berichtet Jeremia (52,3ff; 2Kön 25,7) von weiteren babylon. Aktionen gegen Juda, als Zedekia abfiel. Jerusalem wurde 587 v.Chr. zerstört; 581 v.Chr. erfolgte eine weitere Deportation (2Kön 25,8-21), und Juda wurde eine abhängige Provinz unter Gedalja (V. 22-26). Ein babylon. Text wirft ein Streiflicht auf einen Einfall in Ägypten 568/67 v.Chr. (Jer 46). Der deportierte Jojachin, der auf babylon. Proviantlisten (aus den Jahren 595-570 v.Chr.) genannt wird, wurde von Nebukadnezars Nachfolger, Amēl-Marduk, wohlwollend behandelt (*Ewil-Merodach, 562-560; 2Kön 25,27). Dieser König wurde von Nebukadnezars Schwiegersohn Neriglissar (*Nergal-Sarezer, 560-556 v.Chr.) ermordet, der, um die wachsende Macht Lydiens einzudämmen, einen Feldzug nach Zilizien unternahm. Sein Sohn, Labaschi-Marduk, wurde nach nur neunmonatiger Regierung von Nabonid entthront. Dieser zog sogleich nach Zilizien, wo er laut Herodot zwischen Lydien und Medien vermittelte. Die letzteren bedrohten nunmehr B., das Nabonid wegen des Widerstandes der Bevölkerung gegen seine Reformen verlassen mußte. Er unternahm Kriegszüge nach Syrien und Nordarabien, wo er zehn Jahre lang in Tema lebte, während sein Sohn *Belsazar als Mitregent in Babylon amtierte. Um 544 v.Chr. konnte Nabonid in seine Hauptstadt zurückkehren, da sein Volk und die Könige von Arabien und Ägypten wie auch die Meder ihm nun wohlwollend gegenüberstanden (AnSt 8/1958), doch war das Land jetzt schwach und gespalten.

Nabonid von Babylonien steht vor den Symbolen des Mondgottes Sin, des Sonnengottes Schamasch und der Ischtar, der Göttin des Kriegs und der Liebe. (BM)

9. Die Achämeniden (539-332 v.Chr.). Kyrus, der die Herrschaft über Medien, Persien und Lydien angetreten hatte, zog am 16. Oktober 539 v.Chr. in das von seinem General Gobryas eroberte Babylon ein. Damit die vorrückenden Truppen die Verteidigungsanlagen längs des Flußbettes leichter überwinden konnten, hatte man bei Opis den Lauf des Euphrat umgeleitet. Belsazar wurde getötet (Dan 5,30) und Nabonid nach Karmanien verbannt. Man hat vorgeschlagen, *Darius den Meder mit Kyrus (Dan 6,29) oder mit Gobryas zu identifizieren.

Den jüd. Exulanten in B. begegnete Kyrus (539-530 v.Chr.) mit Wohlwollen und Großmut und förderte ihre Heimkehr (Esr 1,1-11; vgl. Jes 44,24-28; 45; 13; Mi 5). Für kurze Zeit amtierte sein Sohn Kambyses als Mitregent, bis sein Vater in den nordöstl. Bergregionen im Kampf fiel. Er drang in Ägypten ein, doch sein Tod (522 v.Chr.) löste einen Aufstand aus, und Prätendenten rissen die Macht an sich (AJSL 58/1941, S. 341ff), bis Darius I. (522-486 v.Chr.) im Dezember 522 v.Chr. Ordnung und Recht wiederherstellte. Dieser gestattete den Juden die Fortsetzung des Tempelbaus unter Serubbabel (Esr 4,5; Hag 1,1; Sach 1,1).

Fortan wurde B. von den Königen von *Persien regiert: Xerxes (*Ahasveros, 486-470 v.Chr.), Artaxerxes I. (464-423 v.Chr.) und Darius II. (423-408 v.Chr.), der möglicherweise der »Darius der Perser« ist, der in Neh 12,22 zwecks Unterscheidung von »Darius der Meder« so genannt wird.

Im Anschluß an die Eroberung von Babylon, das er wiederaufbauen wollte, herrschte Alexander III. (der Große) über die Stadt (331-323 v.Chr.). Ihm folgten sein Halbbruder Philipp Arrhidaios (323-316 v.Chr.) und Alexander IV. (316-312 v.Chr.). Das Land ging dann nacheinander in die Hände der Seleukiden (312-64 v.Chr.), Parther (Arsakiden) und Sassaniden über, bis es 641 n.Chr. von den Arabern erobert wurde.

Von der neubabylon. Zeit an gab es eine Anzahl jüd. Siedlungen in B., die Kontakte mit Judäa unterhielten (Apg 2,9) und nach dem Fall Jerusalems 70 n.Chr. Einfluß in der Diaspora erlangten.

II. RELIGION. Vom 3.Jt.v.Chr. an wurden die Namen der Gottheiten, ihre Titel, Epitheta und Tempel in Listen erfaßt. Obwohl ihre Zahl in der endgültigen Aufstellung der Bibliothek von Ninive aus dem 7.Jh.v.Chr. über 2500 beträgt, lassen sich viele als frühere sumer. Gottheiten identifizieren, die von den Semiten nach der Zeit der 1. Dynastie von Babylon (ca. 1800 v.Chr.) übernommen wurden, so daß die wirkliche Zahl der jeweils verehrten Gottheiten sehr viel geringer war.

1. Die Götterwelt. Die Hauptgötter waren Anu (sumer. *An*), der Himmelsgott, mit dem Haupttempel Eanna in Uruk (*Erech). Er entsprach dem semit. ʾEl, und seine Gemahlin Innana oder Innin wurde später mit Ischtar in eins gesetzt. Ähnliche synkretistische Tendenzen werden bei Enlil, dem Luftgott, offenbar, dessen Eigenschaften später dem Bel (Baal) oder Marduk (*Merodach) zugeschrieben wurden. Seine Gattin Ninlil oder Ninhursag wurde später ebenfalls mit Ischtar identifiziert. Die dritte Gottheit der kosmischen Göttertriade war Ea (sumer. *Enki*), »der Herr der Tiefe«. Als Gott der Weisheit der Menschheit besonders wohlgesinnt, offenbarte er ihr, wie man durch Beschwörung in den Geist der Götter eindrang, und trat für sie ein. Sein Tempel Eabzu befand sich in Eridu, und seine Gattin hieß Dam-gal, Nin-mah oder Damkina, die große Gemahlin der Erde und des Himmels.

Unter den anderen Hauptgottheiten war die semit. Ischtar, anfänglich vielleicht eine männliche Gottheit (vgl. arab. *ʿAthtar*). Doch später wurde Ischtar, indem sie, ebenfalls im Wege synkretistischer Vermischung, die Funktionen der Innana in sich aufnahm, in erster Linie die Göttin der Liebe. Überdies von kriegerischem Charakter, galt sie als Tochter des Sin. Sin, der babylon. Mondgott (sumer. *suʾen*), und seine Gattin Ningal wurden in Tempeln in Ur und Haran verehrt. Es hieß, Sin sei der Sohn Anus oder Enlils. Schamasch, der Sohn des Sin, war die Sonne mit all ihrer Macht (sumer. *utu*), gleichzeitig war er der Gott der Kraft, der Gerechtigkeit und des Krieges. Seine Gattin Aja galt später als eine Form der Ischtar. Schamaschs Haupttempel (Ebabbar, »Haus der Sonne«) befanden sich in Sippar und Larsa, obschon er wie alle Hauptgötter auch in anderen Städten kultisch verehrt wurde.

Adad, der große Wettergott, war westsemit. Ursprungs und entsprach dem kanaan.-aram. Addu oder *Hadad. Nergal und seine Gattin Ereschkigal herrschten über die Unterwelt, er war daher der Herr der Pest (Irra), des Fiebers und der Krankheiten. Mit dem Emporkommen der Amoriter wurde der Kult des Marduk (sumer. *amar.utu*, »der Sonnenstier«?), des ältesten Sohnes Enkis, in B. vorherrschend. Das Weltschöpfungsepos (*enuma elisch*) preist Marduk als Neuordner des Kosmos und führt seine 50 Namen auf. Nabu (*Nebo), dem Gott der Wissenschaft und der Schreibkunst, waren in vielen Städten, darunter *Ninive, *Kalach und Borsippa Tempel geweiht. Eine Reihe von Gottheiten war an bestimmten Orten von Bedeutung. So wurde Assur (*an schar*) der Staatsgott von Assyrien. Der mit Anu, Sin und Adad identifizierte Amurru (*mar.tu*, »der Westen«) war ebenso wie *Dagon (*Tammuz) eine westsemit. Gottheit. Dumuzi war ein Vegetationsgott, dessen Tod, aber nicht Auferstehung, Gegenstand eines Ischtar-Mythos ist. Ninurta war der babylon. und assyr. (vielleicht mit dem bibl. Nimrud (*Nimrod) zu identifizierende) Kriegs- und Jagdgott.

Der Himmel wurde von Igigu-Göttern, die Unterwelt von Annunaku bevölkert. Das gesamte materielle wie auch das geistige Leben war durch göttliche Gesetze (*me*) geregelt, von denen über hundert bekannt sind. Die Götter waren unsterblich, aber ihre Macht war begrenzt. Die Mythen, in denen nur wenige der Hauptgottheiten vorkommen, veranschaulichen ihren anthropomorphen Charakter und die Vorstellung, daß jeder Gegenstand (z.B. ein Stein) von »Leben« erfüllt ist. Es wimmelt von Geistern und Dämonen. Die Sumerer suchten die ihrem polytheistischen System innewohnenden Probleme durch verschiedene theologische Kunstgriffe zu lösen. So befassen sich die Mythen in erster Linie mit dem Ursprung des Universums, der Erschaffung und Regierung der Welt, der Erschaffung des Menschen und der Suche nach Unsterblichkeit, wie in der Sintflut-Erzählung, und der Beziehung des Menschen zur spirituellen Welt.

Dem in seinem Schrein thronenden Gott Schamasch wird König Nabuapla-iddina vorgestellt. Die babylon. Tafel berichtet von der Stiftung des Sonnentempels von Sippar (Abu Habba) durch den König. Ca. 870 v.Chr. (BM)

Babylon. Siegel mit Abdruck. Utu-Schamasch, der Sonnengott, steigt zwischen zwei Bergen empor. Neben ihm sind einige Gottheiten zu sehen, z.B. Ea, die Göttin der Tiefe, Weisheit und Zauberkunst. Diese Szene könnte auf ein antikes Epos oder einen Mythos Bezug nehmen. Höhe 3,8 cm. Akkadische Zeit. Ca. 2360–2180 v.Chr. (DJW)

Babylon. Chronik der Jahre 616–609 v.Chr. mit dem Bericht, wie Assur von den Medern (614 v.Chr.) erobert wurde und Ninive an die Meder, Skythen und Babylonier fiel. 13,6 cm × 7,1 cm. (BM)

2. Priesterschaft. Es gab verschiedene Klassen von Tempeldienern. Bei bestimmten Festen trat der König oder Herrscher als Oberster Priester auf. In der Frühzeit Sumers zentrierte sich das gesamte Wirtschaftsleben um den Tempel, wo der oberste Amtsträger (*ēnū*) der »Lehnsherr« war. Die Hohepriesterin (*entu*) des Sin war gewöhnlich eine Prinzessin. Den Oberpriestern (*machchu*) standen eine Vielzahl von körperlich gesunden, häufig verheirateten Priestern (*schangu*) zur Seite und dem Oberliturgen (*urigallu*) ein Heer von Unterbeamten, die Zugang zum Tempel hatten (*ēreb bīti*). Beim Zeremoniell spielten Vor-, Psalm- und Klagesänger sowie Musiker eine wichtige Rolle.

Die Beziehung des Menschen zu Gott vollzog sich unter Mitwirkung einer Vielzahl von Spezialisten. Der Beschwörungspriester *(aschipu)* konnte den bösen Geist oder Zauber mit den in den Texten vorgeschriebenen Formeln oder rituellen Handlungen *(schurpu; maglu)* bannen, auch mit symbolischen Substitutionen (*kuppuru*). Reinigung geschah durch *maschmaschu*-Priester oder durch diejenigen, »die mit Wasser reinigten« (*ramku*). In vielen Urkunden ist beschrieben, wie gegen böse Geister (*utukki limnūti*), Schicksalsdämonen (*namtaru*), Dämonen, die den Frauen zusetzen (*lamaschtu*), oder Tabus vorzugehen ist. Die umfangreiche medizinische Literatur der Frühzeit war eng mit der Religion verknüpft, ebenso bei der späteren Dynastie der »Chaldäer« die Sternkunde und Sterndeutung. Diese basierte auf der Gleichsetzung von Gottheiten mit Planeten oder Sternen (z.B. Nabu = Merkur) oder Teilen des Himmels (»Weg des Anu« = Fixsterne).

Andere suchten den Willen des Gottes durch Leberschau (der *barū*-Priester oder »Seher«), Orakel *(schaʾilu)* oder Gebete zu erfahren. Viele Frauen, darunter auch Kultdirnen, waren den Tempeln zugeteilt (H.A. Hoffner: Orient and Occident, 1973, S. 213-222), und in Ur hat man örtliche Heiligtümer entdeckt, wo Reisende zu beten pflegten (Iraq 22/1960).

Beim täglichen Kultdienst (*dullu*) wurde den Göttern Speise und Trank dargereicht, ihre Statuen wurden bekleidet und geschmückt, daneben stellte man Votivfiguren auf. Die dargebrachten Opfer wurden ganz oder teilweise an die Priester verteilt. Den Göttern standen eigene Sessel, Wagen und Boote bei Prozessionen zur Verfügung.

3. Feste. Die meisten Städte und Tempel hatten ihre eigenen Feste und Feiertage. In Babylon, Erech und Ur ragte ebenso wie in Assur, Ninive und Kelach das Neujahrsfest (*akitu*) hervor, das, zumeist im Frühjahr, auf verschiedene Weise gefeiert wurde. In Babylon dauerten die Feierlichkeiten zwei Wochen und schlossen zahlreiche Riten ein, darunter eine Götterprozession zum Marduk-Tempel, die Demütigung und Wiedereinsetzung des Königs, der später »die Hand des Bel ergriff«, um ihn in feierlichem Umzug in das außerhalb der Stadt gelegene *akitu*-Haus zu geleiten, wo die Götterversammlung und die Weltschöpfungsdebatte und -schlacht (in rituellem Kampf?) neu inszeniert und die Schicksale für das kommende Jahr bestimmt wurden. Im Anschluß daran fanden zuweilen eine »heilige Hochzeit« (König und Priesterin als Vertreterin der Gottheit) und mehrtägige Lustbarkeiten statt. Das Weltschöpfungsepos wurde bei diesem Anlaß, aber auch im Verlauf des Jahres bei anderen Gelegenheiten rezitiert.

Königliche Feste waren die Krönung des Königs (Texte von Ur-Nammu, Nabopolassar usw. sind überliefert), Siegesfeste und die Einweihung einer Stadt oder eines Tempels. Familienfeste wurden bei einer Geburt, Hochzeit und der Einsetzung von Mädchen als Priesterinnen gefeiert.

4. Literatur. Die babylon. Literatur weist in den Abū Salabīkh-Tafeln (ca. 2800-2500 v.Chr.) bereits einen beachtlichen Entwicklungsstand auf, und es zeigt sich, daß semit. Schreiber ältere sumer. Texte kopierten und die gemeinhin in Schulen gelehrten Techniken (Schlußformeln usw.) benutzten. Während ihrer langen Geschichte (bis 100 n.Chr.) war diese Literatur im gesamten Alten Orient einflußreich; Abschriften finden sich in Anatolien (*Hetiter), Syrien (*Ebla, *Ugarit), Palästina (Megiddo, Hazor usw.), Ägypten (*Amarna) und später sogar in Griechenland. Die Originale wurden in die königlichen Bibliotheken *Assyriens in Assur, Ninive und Kelach gebracht, oder es wurden Abschriften für sie angefertigt.

Insgesamt kennen wir etwa 50 Heldenepen und Mythen in akkad. Sprache (darunter einige von der Weltschöpfung, der Sintflut und dem Werden der Kultur handelnde Übersetzungen aus dem Sumer.). Zur »Weisheitsliteratur« zählen Werke über den »Menschen und seinen Gott«, der babylon. »Hiob« (ludlul bēl nēmeqi), Theodizeen, Disputationen, Dialoge, Fabeln und Volkssagen, Sprichwörter, Parabeln, kleine Essays und Liebeslieder. Diese Werke dienten auch als Schulmaterialien neben den Handbüchern, die ein guter Schreiber brauchte (Zeichenlisten, Alphabete, grammatische Musterbeispiele, Sammlungen von Redewendungen, Wörterbücher und zahlreiche Verzeichnisse, z.B. von Personen- und Ortsnamen).

Das »religiöse« Schrifttum umfaßt Psalmen, Lobgesänge und Gebete (an Gott und

Babylon. Chronik der Jahre 605–594 v.Chr. mit Berichten über die Schlacht von Karkemisch im Jahre 605 v.Chr., die Inthronisation Nebukadnezars II., die Ernennung Zedekias zum König von Juda nach der Eroberung Jerusalems am 16. März 597 v.Chr. sowie die Wegführung der Judäer ins babylonische Exil. Höhe 8 cm. 6. Jh. v.Chr. (BM)

einige Könige), Rituale und Zaubersprüche sowie Kataloge solcher Literatur, von der ein Großteil immer noch verloren ist. Das »wissenschaftliche« Schrifttum umfaßt Heilkunde (Prognose, Diagnose, Rezepte, Leitfäden, chirurgische und tierheilkundliche Texte), Chemie (hauptsächlich Parfüm und Glasherstellung), Geologie (Verzeichnisse von Steinen mit Angabe der Farbe und Härte), Alchemie, Botanik (Drogen- und Pflanzenverzeichnisse) und Zoologie (Liste von Tierarten). Die Mathematik (Geometrie und Algebra) ist durch Problem- und Aufgabentexte vertreten und eng mit der Sternkunde mit ihren Astrolabien, Tabellen, Ephemeriden, Verfahrenstexten, Almanachen und Diarien verknüpft. Zu den Texten zählen auch Vorausberechnungen für das Einschieben von Schaltmonaten zur Aufrechterhaltung der Zeitrechnung (s. *Kalender).

Einen hohen Entwicklungsstand zeigte in B. die Chronistik; Auszüge aus den Chroniken erscheinen in vielerlei Texten (Epen, »dynastische Weissagungen« und astronomische Tabellen). Bekannt sind Gesetzessammlungen (aber keine Kodifizierungen) aus dem 2. Jt. v.Chr. (z.B. Eschnunna, Hammurabi), die einen Vergleich mit der Praxis in über 250 000 Texten – Briefen juristischen, wirtschaftlichen und administrativen Inhalts – aus der Zeit von ca. 3000 bis 300 v.Chr. ermöglichen. Vom 4. Jh. v.Chr. an begegnen auch Horoskope, Tierkreiszeichen und Texte in griech. Buchstaben auf Tontafeln und anderen Schreibmaterialien.

III. STAND DER FORSCHUNG. Seit Herodot (5.Jh.v.Chr.) haben viele Orientreisende über ihren Aufenthalt in B. berichtet. Im 19. Jh. steigerten die von Forschungsreisenden wie C.J. Rich (1811/25), Ker Porter (1818) und Costin und Flandin (1841) nach Europa gebrachten Fundstücke und Zeichnungen das Interesse an der Lokalisierung Babylons und des »Turms von Babel«. Schon bald folgten Ausgrabungen in Babylon, Erech und Borsippa (Layard, Loftus), deren gute Resultate ab 1850 zu weiteren wissenschaftlichen Expeditionen, besonders nach Erech (Warka), *Kisch, *Babylon, *Ur, Lagasch und Nippur führten. Die jüngsten Ausgrabungen haben den Kenntnisstand beträchtlich erweitert, so z.B. hinsichtlich der frühdynastischen Periode – Erech (Warka), Abū Salabīkh, Girsu (Telloh), Lagasch (Tell Hiba) –, der 3. Dynastie von Ur (Adab, Drehem und Ur), der altbabylon. Periode – Tell Harmal, Dēr, Sippar (Abu Habbah), Larsa, Eschnunna, Umma –, der Kassiten (Dur Kurigalzu), des Neubabylon. Reiches (Erech, Nippur, Kutha, Sippar) und späterer Perioden (Dilbat, Seleukia). Berichte und Texte erscheinen regelmäßig in den Zeitschriften: *Archiv für Orientforschung, Orientalia, Iraq, Sumer, Journal of Cuneiform Studies.*

Das Weltbild der Menschen zur Zeit Sargons von Akkad, ca. 2300 v.Chr.: eine von Wasser umgebene Scheibe, deren Mittelpunkt Babylon ist. Dies dürfte die älteste bisher aufgefundene »Weltkarte« sein. 8,2 cm × 11,7 cm. 7.–6. Jh. v.Chr. (BM)

Literatur: Allgemeines und Geschichte: B. Hrouda: Vorderasien I, HdArch, 1971; S. Lloyd: Die Archäologie Mesopotamiens, 1981; S.N. Kramer: Geschichte beginnt mit Sumer, 1959; H.W.F. Saggs: Mesopotamien, 1966; D.J. Wiseman: Chronicles of Chaldaean Kings, 1956; A.L. Oppenheim: Ancient Mesopotamia, 1964; J.A. Brinkman: A Political History of Post-Kassite Babylonia, 1968; W.W. Hallo und W.K. Simpson: The Ancient Near East, 1971; CAH, 1/2, 1971/72; 2, 1975; 3, 1978. Texte: A.K. Grayson: Assyrian and Babylonian Chronicles, 1975; Babylonian Historical-Literary Texts, 1975; Übersetzungen historischer, religiöser, juristischer und anderer Texte: ANET Religion: J. Bottéro: La religion babylonienne, 1952; T. Jacobsen: Treasures of Darkness, 1976; H. Ringgren: Die Religionen des Alten Orients im Umkreis Israels, 1979. Kunst: ANEP; H. Frankfort: The Art and Architecture of the Ancient Orient, 1954; Sonstiges: R.S. Ellis: A. Bibliography of Mesopotamian Sites, 1972.
D.J.W.

BABYLONISCHE GEFANGENSCHAFT s. Exil

BACH ÄGYPTENS. Eine zuverlässige Identifikation des »Bachs Ägyptens« ist noch nicht gelungen; man muß verschiedene hebr. Begriffe sorgfältig unterscheiden, *ye 'ōr misrayim,* »Bach (= Nil) Ägyptens« bezieht sich ausschließlich auf den Nil: sein jahreszeitliches Ansteigen und Abnehmen wird in Am 8,8 erwähnt und seine Ausdehnung in Oberägypten in Jes 7,18. Der Begriff *nehar misrayim,* »(fließender) Bach Ägyptens«, erscheint nur an einer Stelle (1Mo 15,18), nach der das Gelobte Land zwischen den zwei großen Flüssen, Nil und Euphrat, liegt. Diese beiden Begriffe (*ye'ōr/nehar misrayim*) sind völlig verschieden vom und irrelevant zum sog. eigentlichen »Bach Ägyptens«, dem *nahal misrayim* oder »Strom-Wadi Ägyptens«. Die Identifizierung dieses Begriffes ist jedoch mit der des Schihor verbunden, wie aus dem folgenden hervorgeht.

Im AT ist klar ersichtlich, daß der Schihor ein Arm des Nil ist; s. die Parallele von Schihor und *ye'ōr* (Nil) in Jes 23,3 und Schihor als Ägyptens Nil, entsprechend dem großen Fluß Assyriens (Euphrat) in Jer 2,18. Schihor ist die äußerste südwestl. Grenze des noch zu besetzenden Gebiets in Jos 13,3, von der aus Israeliten kommen konnten, um die Bundeslade in Jerusalem (1Chr 13,5) willkommen zu heißen; Jos 13,3 »östlich Ägyptens« sieht diese Grenzlinie. Also meint Schihor die Ausläufer des am weitesten im O verlaufenden Mündungsarms des Nil (des pelusischen), der etwas westl. von Pelusium ins Mittelmeer mündete (Tell Farameh). Schihor ist dem Ursprung nach ägypt. *sch-hr,* »Wasser des Horus«; die ägypt. Hinweise stimmen insofern mit dem bibl. Ort überein, als sie erwähnen, daß Schihor der nahen Delta-Hauptstadt Pi-Ramesse (Tanis oder Quantir) Salz und Binsen brachte, und daß es der »Bach« der 14. Provinz Unterägyptens war (s. R.A. Caminos: Late-Egyptian Miscellanies, 1954, S. 74. 78 [seine Menzalah-Identifikation ist falsch] und besonders A.H. Gardiner: JEA 5, 1918, S. 251-252).

Wadi el-'Arisch und der Schihorfluß: Beide können mit dem »Bach Ägyptens« identifiziert werden.

Zu fragen ist jedoch, ob *nahal misrayim*, »Bach (Strom-Wadi) Ägyptens«, identisch ist mit Schihor, dem östlichen Mündungsarm des Nil, oder nicht.

Der Identifizierung steht die Tatsache entgegen, daß an allen anderen Stellen der Schrift der Nil als *nahal* bezeichnet wird. Der Fluß in Jes 11,15 wird oft als der Euphrat angesehen (hier ist der assyro-ägypt. Zusammenhang zu beachten, besonders Vers 16), und die Drohung, ihn in sieben *nehālīm* zu zerschmettern (Wadis, die zu Fuß zu durchqueren sind), deutet auf eine Umwandlung des betreffenden Flusses hin (nicht auf seine normale Beschreibung), egal ob es sich um den Nil oder den Euphrat handelt.

Wenn das »Wadi Ägyptens« nicht der Nil ist, bietet sich das Wadi el-ʿArisch als beste Alternative; es verläuft nach N aus dem Sinai heraus zum Mittelmeer, 145 km östl. Ägyptens (Suez-Kanal) und 80 km westl. von *Gaza in Palästina. Für diese Identifizierung spricht die wahrnehmbare Veränderung des Gebiets westl. und östl. von el-ʿArisch: westl., in Richtung Ägypten, findet man unfruchtbare Wüste und lichtes Buschwerk, östl. davon gibt es Wiesen und Ackerland (A.H. Gardiner: JEA 6, 1920, S. 115). Daher wäre das Wadi el-ʿArisch eine brauchbare Grenze, entsprechend der Abgrenzung von 4Mo 34,5 und Jos 15,4.47 (vgl. auch Hes 47,19; 48,28). Diese Angaben werden wiederholt in 1Kön 8,65 (vgl. 2Chr 7,8), 2Kön 24,7 und Jes 27,12. Jos 13,3 und 1Chr 13,5 würden dann die äußerste südwestl. Grenze (Schihor) israelit. Aktivität andeuten. *Sargon II. und *Asarhaddon von Assyrien erwähnen ebenfalls das Wadi oder den Bach Ägyptens. 716 v.Chr. erreicht Sargon den »Bach Ägyptens« *(nahal musur)*, »öffnet den versiegelten Hafen Ägyptens«, knüpft wirtschaftliche Kontakte zwischen Assyrien und Ägypten und spricht von der »Grenze der Stadt am Bach Ägyptens«, in der er einen Statthalter ernennt. Alarmiert durch die assyr. Aktivität, sandte der Schatten-Pharao Osorkon IV. ein diplomatisches Geschenk von »12 großen Pferden« an Sargon (H. Tadmor: JCS 12/1958, S. 34.78).

All dies stützt die Annahme, daß *nahal musur* das Wadi el-ʿArisch ist und die »Stadt«, die Siedlung ElʿArisch, assyr. Arzā (Tadmor: a.a.O., S. 78, Anmerk. 194, mit weiterer Bibliographie zum »Bach Ägyptens«).

Gegenargumente, die dafür sprechen, daß das »Wadi Ägyptens« der pelusische Nilarm (Schihor) ist, dürfen jedoch nicht übersehen werden. Setzt man die Bezeichnungen von 4Mo 34,5, Jos 13,3, Jos 15,4.47 (ebenso 1Kön 8,65 und 1Chr 13,5) gleich, dann macht man aus dem Wadi Ägyptens nur einen anderen Namen für Schihor und unterschlägt die unterschiedlichen Nuancen in den betreffenden Texten der Schrift, wie sie oben dargelegt wurden. Außerdem hätte durchaus Sargon II. den pelusischen (östl.) Nilarm erreichen können, die »Stadt« wäre dann Pelusium, was den von ihm erwähnten Osorkon IV. bestimmt alarmiert hätte. Nach den Überlieferungen Asarhaddons ist mit der »Stadt« aber Arza(ni) gemeint (ANET, S. 290-292, u.ö.), was gut auf ʿArisch paßt, jedoch nicht auf Pelusium (ägypt. *sinw, swn*).

Die Ägypter und die 19. Dynastie scheinen das pelusische Gebiet tatsächlich als den Rand des eigentlichen Ägypten betrachtet zu haben: nach dem Papyrus Anastasi III, 1,10 erstreckt sich Churu (Palästina) »von Silē nach ʿUpa (= Damaskus)«; Silē (ʿThelʾ) ist das heutige Quantara, einige km südöstl. von dem früheren pelusischen Nilarm entfernt (R.A. Caminos: Late-Egyptian Miscellanies, S. 69. 73 und Hinweise). Dies sagt jedoch nichts Endgültiges über Israels Grenzen aus; wie bereits erwähnt, erstreckt sich zwischen Quantara und ʿArisch Wüste. Das Ägypten der 19. Dynastie erhob Anspruch auf den Küstenstreifen Quantara-ʿArisch-Gaza und unterhielt Brunnen dort (siehe A.H. Gardiner: JEA 6/1920, S. 99-116). Die Schihor/Nil-Identifizierung des Wadis Ägyptens befürwortet H. Bar-Deroma: PEQ 92, 1960, S. 37-56, aber er zieht nicht die zeitgenössischen ägypt. und assyr. Quellen in Betracht, das zitierte nachbibl. Material ist ungenau und zu späten Datums.

Die Frage der Identifizierung ist damit nicht endgültig geklärt, wenngleich nach den vorliegenden Belegen das Wadi el-ʿArisch eher als »Bach Ägyptens« in Frage kommt als der östl. Mündungsarm des Nil. K.A.K.

BACKEN s. Brot

BAD, BADEN. (Hebr. *rāhas*, »waschen«, »abreiben«; griech. *lauō/niptō*, in Joh 13,10 unterschieden). In den Ländern des Orients machen Hitze und Staub Waschungen zur Erfrischung und Erhaltung der Gesundheit unerläßlich. Das B., das die Töchter des Pharao im Nil nahmen (2Mo 2,5), war vermutlich typisch für ein Volk, dessen Priester laut Herodot (Hist. II, 27) täglich viermal badeten. Von einem Gastgeber erwartete man, daß er seinen Gästen Wasser zum Waschen der Füße zur Verfügung stellte (1Mo 18,4; 19,2; 1Sam 25,41; vgl. Joh 13,1-10). *Batseba badete, als David sie zum ersten Mal sah (2Sam 11,2); Noomis Aufforderung an Rut (3,3) deutet darauf hin, daß es üblich war, vor dem Besuch bei einem Höhergestellten zu baden, und eine

Tonfigur einer badenden Frau. 8,3 × 10,8 cm. Achzib, 8.–7. Jh. v.Chr. (IM)

Anspielung auf Waschungen begegnet in 1Kön 22,38.

Gleichwohl wird B. in dem uns geläufigen Sinne in der Bibel nur selten erwähnt. Die körperliche Sauberkeit wurde jedoch in starkem Maße durch die Vorschriften des Gesetzes gefördert, und die meisten bibl. Bezugnahmen auf Waschungen erfolgen in Verbindung mit rel. Riten (*Rein und Unrein). Waschungen zu Heilzwecken werden erwähnt (2Kön 5,10ff; vgl. Joh 9,11), wenngleich der Glaube hierbei einen unerläßlichen Bestandteil bildet.

Josephus erwähnt Thermalquellen in *Tiberias, *Gadara usw. zu Beginn der christl. Zeitrechnung (ant.Jud. 17, 171; 18, 36) wie auch öffentliche Badeanstalten (19, 336), doch liegen keine zuverlässigen Belege dafür vor, daß solche schon vor der griech.-röm. Zeit in Palästina existierten. J.D.D.

BAHURIM. Das heutige Ras et-Tmim östl. des Berges Skopus bei Jerusalem. Paltiël begleitete seine Frau *Michal bis nach Bahurim, als sie zu David ging, um dessen Frau zu werden (2Sam 3,14-16). *Schimi aus Bahurim fluchte David, als dieser auf der Flucht vor Absalom von Jerusalem hierher gelangte (2Sam 16,5), und Davids Soldaten verbargen sich in Bahurim in einem Brunnen, als Absaloms Leute sie verfolgten (2Sam 17,17-21). R.J.W.

BALAK. Der König von *Moab, der *Bileam zur Verfluchung der Israeliten rufen ließ (4Mo 22-24). Er wurde zu einem Beispiel für die Torheit jener, die Gottes Willen zu durchkreuzen suchen (Jos 24,9; Ri 11,25). N.H.

BALSAM s. Kräuter

BAMOT/BAMOT-BAAL. Bamot (wörtl. »Höhen«) wird als eine Station auf Israels Wüstenzug erwähnt (4Mo 21,19-20). B. war als Höhenheiligtum bekannt (4Mo 22,41), und die Siedlung wird später unter den Städten des Stammes Ruben aufgeführt (Jos 13,17). B. läßt sich nicht genau lokalisieren, doch lag es unweit des *Arnon und beherrschte die ganze Landschaft, denn *Bileam konnte von dort aus »das ganze Volk Israel überblikken«. *Baal steht hier wahrscheinlich im allg. Sinne von »Herr«, bezogen auf den moabitischen Gott Kemosch. Bileam richtete, um Gott anzurufen, eigene Altäre auf. Der *Mescha-Stein erwähnt ein weiteres moabitisches »Höhenheiligtum« (»bamak«). J.T.W.

BANI. (Kurzfom von Benaja).

1. Gaditer, einer der Helden Davids (2Sam 23,36).

2. Meraritischer Levit (1Chr 6,31).

3. Judäer, Nachkomme des *Perez (1Chr 9,4).

4. Rückkehrer aus Babylon aus dem Geschlecht B.s finden wir unter *Serubbabel (Esr 2,10; Neh 7,15 steht Binnui für B.) und nach der LXX auch unter *Esra (Esr 8,10). Mehrere Nachkommen B.s hatten fremde Frauen genommen (Esr 10,29.34), unter ihnen kommt auch wieder ein B. vor (V. 38). Das Oberhaupt des ganzen Geschlechts unterschreibt die Verpflichtung auf das Gesetz zur Zeit *Nehemias (Neh 10,15).

5. Levit, der an der Verlesung des Gesetzes durch Esra und dem öffentlichen Gebet beteiligt war (Neh 8,7; 9,4.5) und die Verpflichtung auf das Gesetz unterschrieb (Neh 10,14). Neben ihm wird noch ein zweiter Levit gleichen Namens genannt (Neh 9,4). Die Leviten *Rehum, B.s Sohn (Neh 3,17), und B.s Sohn *Usi aus den Nachkommen *Asafs (Neh 11,22) sind wohl die Söhne eines (oder je eines) von ihnen.

BANN. Bannen bedeutet, eine Person, ein Tier oder eine Sache dem Verfügungsbereich des Menschen zu entziehen und der Gottheit zur Verfügung zu stellen oder zu weihen. Das geschieht in der Regel durch Vernichtung. Gebanntes gilt darum als heilig oder unheilig. Möglicherweise bedeutete B. (*cheräm*) im Hebr. ursprünglich ein- oder ausschließen (vgl. arab. *Harem*).

I. IM ALTEN TESTAMENT. B. kommt dort vornehmlich im Zusammenhang mit Kriegen vor und bezieht sich auf die totale Vernichtung von Städten, Menschen, Tieren und Gütern (4Mo 21,2f; 5Mo 13,13-19; Jos 10,28-40; Ri 1,17; 21,11f; 1Sam 15,3; 1Kön 20,42). Gelegentlich wurden vom B. bestimmte Menschengruppen oder Sachwerte ausgenommen (5Mo 2,34f; 20,14ff; Jos 6,17.19.21; 8,2; 11,14). In milderer Form bedeutete Bannen, Sachwerte oder Beute dem Heiligtum zur Verfügung zu stellen (4Mo 18,14; Hes 44,29; Mi 4,13; *Erstgeburt). Nach 3Mo 27,28 werden freiwillige Abgaben an das Heiligtum als B. bezeichnet; als solche – und das ist typisch für den B. – konnten sie nicht ausgelöst werden (Ausnahme: an die Stelle der auszuliefernden Erstgeburt trat das Erstgeburtsopfer). In der Regel wurde der B. von Gott selbst verfügt, gelegentlich mit der Begründung, daß es sich bei den Gebannten um Götzendiener handle, die für das Verhältnis Israels zu seinem Gott gefährlich werden könnten (2Mo 34,12-16; 5Mo 7,2.26; 20,17.18). Wer den B. mißachtete, den traf dasselbe Schicksal wie den Gebannten (Jos 7,1.15.24-26). Im erweiterten Sinn bedeutet B. soviel wie Strafe oder Gericht Gottes (2Mo 22,19; 3Mo 27,29; 5Mo 13,13ff; Ri 21,11). In demselben Sinne wird der Begriff oft bildlich verwendet (Jes 34, 2-5; 43,28; Jer 50,21.26; 51,3; Sach 14,11; Mal 3,24). In Esr 10,8 handelt es sich um die zwangsweise Einziehung der Habe, die mit der Ausstoßung der betreffenden Person aus der Volks- und Kultgemeinde Hand in Hand ging. So entwickelte sich der Begriff B. zum Ausdruck für Exkommunikation. Im späteren Judentum bezeichnete der B. unter drei Stufen der Exkommunikation die zweitschwerste, die aber, falls der Ausgestoßene Reue zeigte, wieder aufgehoben werden konnte.

II. IM NEUEN TESTAMENT.
Hier findet sich der entsprechende griech. Ausdruck (*anathēma*) in unterschiedlicher Bedeutung. Nach Lk 21,5 bezeichnet B. Gott oder dem Tempel geweihte Gaben (ZÜ: Weihgeschenke). In der Regel wird der griech. Begriff *anathema* mit »verfluchen« wiedergegeben. Nach Paulus ist gebannt, wer ein falsches Evangelium verkündigt oder Christus nicht lieb hat (1Kor 16,22; Gal 1,8.9). Paulus denkt dabei an Gemeindeglieder. Wir wissen aber nicht sicher, welche praktischen Folgen dieser B. gehabt hat, also auch nicht, ob B. gleichbedeutend mit Exkommunikation war. Ein eigenartiger Gebrauch des Begriffes liegt in Röm 9,3 vor. Paulus wünscht hier von Christus getrennt zu sein (*anathema*), wenn das die Rettung seiner Volksbrüder bewirken könnte, und gibt damit dem Maß seiner Liebe zu ihnen stärksten Ausdruck. In der *Vollen-

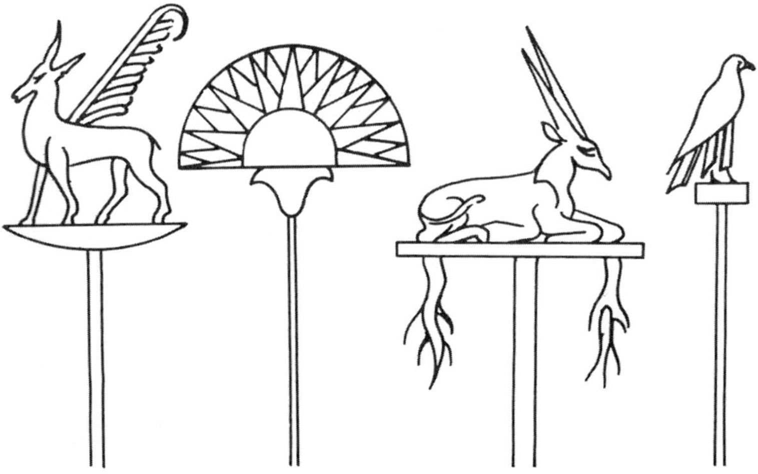

Drei ägyptische und ein assyrisches (zweites von rechts) Banner. Der Federfächer diente bisweilen auch als Standarte. 9.–8. Jh. v.Chr.

dung wird es kein Verbanntes und darum auch keinen B. mehr geben (Offb 22,3; vgl. Sach 14,11). In Apg 23,12 (LÜ: verschwören) handelt es sich um eine Art Selbstverfluchung für den Fall des Eidbruches. Ähnlich, aber in abgeschwächtem Sinne, ist von B. in Mt 26,74 (LÜ: verfluchen) die Rede.

BANNER.
1. Zur Bezeichnung der »Fahnen« bestimmter militärischer Einheiten verwendet das Hebr. zwei Wörter. *Dägäl* wird für die Standarten der vier Abteilungen Israels aus je drei Stämmen gebraucht (4Mo 1,52; 2,2; 10,14; vgl. Ps 20,6;Hld 2,4). Daneben werden in 4Mo 2,2 die Standarten der einzelnen Stämme erwähnt (hebr. *ot*, das allg. Wort für »Zeichen«). Im Aussehen ähnelten diese wohl den Feldzeichen, die wir aus Ägypten und Assyrien kennen.

2. Das hebr. *nes* bezeichnet ein Signal oder Feldzeichen (2Mo 17,15; Ps 60,6; Jes 31,9), vielfach an weithin sichtbarer Stelle auf Bergen und Hügeln aufgerichtet, (Jes 13,2; 18,3; 30,17), auch auf der Mauer (Jer 51,12). Über deren Aussehen ist nichts bekannt.

3. Rauch- (Ri 20,38.40) oder Licht- bzw. Feuersignale (Jer 6,1 LÜ: Fluchtzeichen) heißen hebr. *maset*, ein Wort, das auch im Lachischbrief IV vorkommt (TGI S. 77).

4. Wo hebr. *nes* in Verbindung mit Schiffen gebraucht wird, ist es als Segel bzw. Flagge aufzufassen (Jes 33,23; Hes 27,7).

Das Zeichen der Zwillinge (Apg 28,11) an dem Schiff, mit dem Paulus von Malta nach Puteoli fuhr, war das Bild der Dioskuren, der Zeussöhne Kastor und Pollux, das wohl als Gallionsfigur am Bug angebracht war. Diese Zwillingsgottheiten galten als Schutzgötter der Seeleute.

BÄR s. Tiere

BARABBAS. Ein Räuber (Joh 18,40), der als Aufrührer und wegen Mordes festgenommen worden war (Mk 15,7; Lk 23,18f). Markus' Worte könnten auf einen weithin bekannten Fall deuten und das Beiwort »berüchtigten« (Mt 27,16) auf Barabbas' Ruf als eine Art Held. Möglicherweise gingen die Priester auf eine Forderung der Anhänger von Barabbas ein (vgl. Mk 15,8), als sie eine Bewegung für dessen Freilassung organisierten, um dadurch Pilatus' Angebot, Jesus freizugeben, zu unterlaufen (Mt 27,20; Mk 15,11). Barabbas wurde so zu einem Beispiel für die Wirkung der stellvertretenden Sühne.

Der Name B. ist ein Patronymikum (»Sohn des Abba«). Er erscheint in Mt 27,16f bei einigen Textzeugen als »Jesus Barabbas«, und Origenes bezeichnet diese Lesart als alt. Sie gibt der Frage des Pilatus eine überraschende Wendung: »Jesus Barabbas oder Jesus Christus?«.

Assyrische Militärstandarte mit einer Darstellung Assurs oder Nimrutas als Kriegsgott.

Markus und Johannes bezeugen unabhängig voneinander die Sitte einer Passaamnestie. Genaues ist darüber aber nicht bekannt. Blinzler bringt sie mit einer Notiz im Mischna-Traktat Pesachim 8.6 in Zusammenhang, wonach das Passalamm »für einen, dem man versprochen hat, ihn aus dem Gefängnis herauszulassen«, geschlachtet werden darf.

Literatur: Deißmann in: G.K.A. Bell und A. Deißmann: Vom Mysterium Christi, 1931, S. 33ff (dagegen: M.J. Lagrange: S. Matthieu, S. 520ff); C.E.B. Cranfield: St. Mark, S. 449ff; J. Blinzler: Der Prozeß Jesu, ^{3}1960, S. 220ff; F.F. Bruce: Zeitgeschichte des Neuen Testaments, 1986, S. 208ff. A.F.W.

BARAK. (Hebr. *bārāq*, »Blitz«, vgl. karthagisch *Barka*). Nach Ri 4,6ff der Sohn des Abinoam aus Kedesch in Naftali, der von der

Prophetin *Debora aufgefordert wurde, die Stämme Israels aufzubieten und in den Kampf gegen *Sisera, den Oberbefehlshaber der verbündeten kanaan. Streitkräfte, zu führen. Er erklärte sich dazu unter der Bedingung bereit, daß Debora ihn begleite, weshalb ihm bedeutet wurde, daß nicht ihm, sondern einer Frau die Ehre zuteil werden würde, Sisera zu töten. Im Deboralied werden die Einzelheiten des Sieges, den B. errang, als ein Platzregen den *Kischonbach anschwellen ließ und Siseras Streitwagen bewegungsunfähig machte, sehr plastisch geschildert (Ri 5,19-22). Hebr. 11,32 führt B. unter den »Vorfahren« auf, deren Glaube die Heilige Schrift bezeugt. F.F.B.

BARBAR. Ein von den Griechen auf alle nicht griech. sprechenden Völker angewandter Ausdruck. Er war weder ursprünglich noch notwendigerweise herabsetzend: Lukas lobt die »Barbaren« von *Malta wegen ihrer außergewöhnlichen Freundlichkeit (Apg 28,2-4). Inschriften zeigen, daß auf Malta ein phönizischer Dialekt gesprochen wurde. Möglicherweise erinnert sich Lukas an die anfängliche Enttäuschung darüber, daß die Schiffbrüchigen sich dort nicht in den kosmopolitischen Sprachen Latein. und Griech. verständigen konnten. In 1Kor 14,11 wird der Gebrauch von nicht verdolmetschten Sprachen ironisch als Schaffung von Sprachbarrieren hingestellt. Die Ausdrucksform »Griechen und Nichtgriechen« (Nichtgriechen = Barbaren; Röm 1,14) steht für die Gesamtheit der damals bekannten Völker (vgl. Kol 3,11).

Literatur: M. Hengel: Juden, Griechen und Barbaren, 1976. C.J.H.

BARFUSS. Das Ablegen der Schuhe und B.gehen ist Zeichen der Trauer und Buße (2Sam 15,30), auch der Ehrfurcht und Anbetung in der Gegenwart Gottes (2Mo 3,5; Jos 5,15). B. wurden Gefangene in die Verbannung geführt (Jes 20,2-4). Wer die Schwagerehe nicht eingehen wollte, dem sollte die Witwe seines Bruders einen Schuh ausziehen und ihn anspucken. Seine Familie wurde dann mit dem Spottnamen »des Barfüßers Haus« belegt (5Mo 25,5-10).

BARMHERZIG/BARMHERZIGKEIT.

1. Verschiedene hebr. und griech. Begriffe werden im Deutschen mit Barmherzigkeit wiedergegeben.

a. Hebr. *chäsäd* bedeutet in seiner verbalen Wurzel »mild, sanft, rein« und dementsprechend »sich beschämen lassen«. Das Hauptwort »Barmherzigkeit« ist also die geduldige Haltung dessen, der vom anderen schlecht behandelt wird und sich nicht von ihm trennen läßt (Mi 7,18). Es ist die Gesinnung, mit der Gott treu zu seinem Bund steht (2Mo 34,6; 2Sam 2,6 vgl. Jes 55,3; Hos 2,21). – Weil Gott so mit den Seinen verfährt, sollen auch sie b. sein (Sach 7,9).

Das hebr. Wort *chäsäd* wird in der LXX mit *eleos* übersetzt (ca. 400 mal). Im NT findet sich das Wort meist in atl. Zitaten, die von Gottes Bundestreue sprechen. Es bezeichnet die B. Jesu, mit der er Leidenden begegnet (Mk 5,19), und die Gesinnung, die der Jude vom Messias (»dem Sohn Davids«) erwartet (Mk 10,47f). Wie Gott b. ist, sollen es auch die Seinen sein (Mt 5,7; 18,33). Paulus steht vor der Frage, ob Gott nicht seine Bundestreue zu Israel bricht, wenn er den Heiden barmherzig ist (Röm 9,15f.18). Die Antwort darauf lautet, daß Gott in Freiheit jedem b. sein kann, dem er will; jetzt den Heiden (Röm 9,23f; 11,30; 15,9), dann den Juden (Röm 11,31) und schließlich beiden (Röm 11,32).

b. Hebr. *rächäm* bezeichnet ursprünglich den »Mutterleib« (Hos 9,14), in dem das ungeborene Kind monatelang geborgen heranwächst. B. bezeichnet die subjektiv empfundene Liebe der Mutter zu ihrem Kind (Jes 49,15), aber auch die Liebe Gottes, der mit dem Bundesschluß sein Volk zu lieben versprochen hat (5Mo 13,18; Hos 2,21), und die objektive Geborgenheit, die sich in der Vergebung auswirkt (Ps 51,3).

Die LXX übersetzt das hebr. Wort *rächäm* mit (griech.) *oiktirmos* (80 mal). Weil Gott b. ist (Röm 12,1; 2Kor 1,3), soll auch der Jünger Jesu b. sein (Phil 2,1; Kol 3,12; Hebr 10,28).

c. Im NT kommt auch das (griech.) Wort *splanchna* vor (ursprünglich »Eingeweide« als Sitz des Gefühls entsprechend dem deutschen Wort »Herz«). »Der persönliche Gott hat ein Herz« (K. Barth). Seine B. überträgt sich auch auf den Menschen bis dahin, daß der Gerechte sich seines Viehs erbarmt (Spr 12,10). Gottes B. zeigt sich am deutlichsten, wie er dem Verlorenen Sohn, dem Schuldiggewordenen, die Treue hält (Lk 15,20). Wer B. empfangen hat, wird sie dem weitergeben, der an ihm schuldig geworden ist (Mt 18,27).

d. Über das latein. Wort *misericordia* entstand die deutsche Lehnübertragung *Barmherzigkeit*: von Herzen sich dem Armen zuwenden, sich seiner erbarmen.

2. Die B. Gottes ist seine Liebe zu den von ihm Erwählten, die ihnen trotz ihrer Schuld die Treue hält. In seiner Bundestreue vergibt Gott die Schuld. Die katholische Kirche kennt (nach Mt 25,35ff) die sieben leiblichen Werke der B.; hinzukommen die sieben geistigen

(Gebet, Sühne, Trost, Rat, Verzeihung, Belehrung, Zurechtweisung). B. ist ein »Herzwort« (Friso Melzer), das ins Zentrum des Glaubens weist: die unbegreifliche Hingabe Gottes zum Sünder. – Umstritten ist, ob die B. Gottes bedingungslos ist oder ob die Bitte um Vergebung vorausgehen muß. Nach Lk 15,18f und Mt 18,29 ist sie nötig; in Hos 14,3 ist sogar das Bußgebet vorgesprochen (vgl. Jes 55,7; Eph 2,3ff). Die erfahrene B. ist die Quelle für B. gegenüber anderen.

Literatur: H.Heßer: Art. Barmherzigkeit in: TBLNT I, S. 52-59. M.H.

BARNABAS. Beiname des Josef, eines bedeutenden urchristl. Missionars. Lukas (Apg 4,36) übersetzt »Sohn des Beistandes«, »einer der ermutigt oder ermahnt« (vgl. »Kind des Friedens« in Lk 10,6). Während *Bar* »Sohn« bedeutet, könnte *Nabas*, aram. *newahā*, »Befriedung«, »Trost«, widerspiegeln (wobei sich die normwidrige griech. Transkription aus der damaligen weichen Aussprache des *b* erklären würde), aber auch abgeleitet sein von der Wurzel *nb'*, »weissagen«. Der Name B. bedeutete somit »Sohn eines Propheten« oder »Sohn der Weissagung«, zählten doch die Ermahnung und der Trost zu den vornehmsten Aufgaben des Propheten (Apg 15,32; 1Kor 14,3). Lukas will jedoch nicht die Etymologie seines Namens angeben, sondern den Charakter des Mannes kennzeichnen. In Apg 11,23 übt B. *paraklēsis* (»Trost, Beistand«) aus.

B. entstammte einer auf Zypern ansässigen jüd. Priesterfamilie, der Jerusalemer Johannes Markus war sein Vetter (Kol 4,10), und B. selber ein frühes Mitglied der christl. Tempelgemeinde von Jerusalem, zu deren Gunsten er sein Grundstück (auf Zypern?) veräußert hatte (Apg 4,36ff). Clemens von Alexandria nennt ihn einen der Siebzig (hypot. 7; strom. 2, 20, 116). Der »westliche« Text von Apg 1,23 verwechselt B. mit Josef-Barsabbas, doch sehen Lukas (Apg 14,4.14) und Paulus (1Kor 9,6 im Zusammenhang) in B. einen *Apostel.

»Ein bewährter Mann«, so beschreibt ihn Lukas, »voll heiligen Geistes und Glaubens« (Apg 11,24). Seine Warmherzigkeit und sein geistliches Verständnis sowie die Achtung, die B. genoß, zeitigten in mindestens vier Fällen bedeutsame Ergebnisse:

a. Als der bekehrte Saulus bei seinem Eintreffen in Jerusalem feststellen mußte, daß die Christen in ihm einen Spion sahen, war B. derjenige, der ihn den Aposteln vorstellte und sie von seiner Bekehrung und Aufrichtigkeit überzeugte (Apg 9,27; vgl. Gal 1,18).

b. B. vertrat die Apostel in *Antiochia, als Heiden erstmals in größerer Anzahl für das Evangelium gewonnen wurden; zypriotische Landsleute von ihm hatten dort eine herausragende Rolle gespielt (Apg 11,19ff). B. sah in der Bewegung ein Werk Gottes – und eine passende Umgebung für Saulus, den er mitgebracht hatte, um ihn in seine Arbeit mit einzubeziehen. Bei ihrem Besuch in Jerusalem mit einer Kollekte für die »Armen« der Stadt erreichten B. und Paulus die offizielle Anerkennung der Heidenmission (Gal 2,9; *Chronologie des Neuen Testaments). B. war aber nicht imstande, sich Petrus zu widersetzen, als dieser sich dem Druck der *Judenchristen beugte: »selbst Barnabas« zog sich zeitweilig von der Tischgemeinschaft mit den antiochenischen *Heidenchristen zurück (Gal 2,13).

c. B.' weiteres Verhalten zeigt jedoch, daß er uneingeschränkt bereit war, christusgläubige Heiden anzunehmen (vgl. Apg 13,46). Die Reise mit Paulus (Apg 13-14), die in seiner Heimat Zypern begann, ließ eine Reihe von vorwiegend heidenchristl. Gemeinden bis weit nach Kleinasien hinein entstehen, zog aber auch eine jüd. Oppositionsbewegung nach sich.

Für die Gemeinde und für B. war diese Reise noch in anderer Hinsicht ein Wendepunkt. Bisher war B. der Leiter und Paulus sein Schützling gewesen. Bis zur Abreise von Zypern heißt es bei Lukas stets: »Barnabas und Paulus«, danach gewöhnlich: »Paulus und Barnabas« (Apg 13,43.46.50; 15,2.22.35; die Reihenfolge in 14,14 erklärt sich wahrscheinlich aus der der Gottheiten). Dies spiegelt zweifellos die Abfolge der Ereignisse wider.

d. B. hatte aber noch eine andere wichtige Aufgabe zu lösen. Nach ihrer Rückkehr nach Antiochia spitzte sich die Frage der *Beschneidung derart zu, daß B. und Paulus den Auftrag bekamen, diese Angelegenheit der Apostelversammlung in Jerusalem vorzutragen. Dort wurde ihr Verhalten vollauf gebilligt (Apg 15,1-29). Bezeichnenderweise wird B. in dem Brief der Versammlung (V. 25, dagegen V. 12 u. V. 22) vor Paulus aufgeführt; wahrscheinlich wogen die Worte des ursprünglichen Vertreters der Apostel in Antiochia bei vielen Versammlungsteilnehmern schwer. B. bestand nun darauf, den Markus, der sie seinerzeit in *Pamphylien verlassen hatte, auf eine geplante zweite Reise mitzunehmen. Da Paulus sich weigerte, trennten sie sich, und B. fuhr nach Zypern (Apg 15,36–40). Paulus' anerkennende Worte für Markus zu einem späteren Zeitpunkt (z.B. 2Tim 4,11) deuten darauf hin, daß dieser aus der Arbeit unter Leitung seines Vetters B. großen Gewinn gezogen hat. Die enge Zusammenarbeit bestand nicht mehr, die Freundschaft aber nach wie vor. »Jedesmal, wenn Paulus den B.

erwähnt, lassen seine Worte Sympathie und Achtung erkennen« (Lightfoot). Im Grundsätzlichen wie in der Praxis glichen sie einander, und wir werden nie erfahren, wieviel Paulus dem B. verdankte. Zur Zeit der Abfassung des 1. Korintherbriefes lebte B. noch und bestritt seinen Lebensunterhalt ebenso wie Paulus und im Unterschied zu den meisten ihrer Gefährten selbst, ohne die Gemeinden in Anspruch zu nehmen (1Kor 9,6). Danach hört man nur von vagen Überlieferungen, die B. mit *Rom und *Alexandria in Verbindung bringen.

Ein um 131-132 entstandenes Sendschreiben aus Alexandria, das keinen Verfasser nennt, wurde B. irrtümlich zugeschrieben (*Apostolische Väter), ebenso – zumindest seit Tertullians Zeit - der *Hebräerbrief (Tert.pudic. 20; vgl. Th. Zahn: Einleitung in das NT II, S. 117-119) und der 1. Petrusbrief (A.C. McGiffert: Christianity in the Apostolic Age, 1897, S. 593ff). Aus späterer Zeit ist eine zypriotische Märtyrererzählung überliefert (s. James: ANT, S. 470). Das Barnabas-Evangelium ist eine muslimische Tendenzschrift aus dem Mittelalter.

Literatur: A. Klostermann: Probleme im Apostel- text neu erörtert, 1883; A. Deißmann: Bibelstudien, S. 175ff; H.J. Cadbury, in: Amicitiae Corolla (Rendel Harris Festschrift), 1933, S. 45ff; BC, 4; F.F. Bruce: Zeitgeschichte des Neuen Testaments, 1986; ders.: Apostelgeschichte in: BKB IV, 1985.

A.F.W.

BARSILLAI. »Mann von Eisen«.

1. Der »Gileaditer von Roglim« (2Sam 17,27; 1Kön 2,7), ein treuer Gefolgsmann Davids.

2. Ein angeheirateter Verwandter des Obengenannten, der den Familiennamen annahm (Esr 2,61; Neh 7,63).

3. B. »aus Mehola«, dessen Sohn Adriël Sauls Tochter *Merab (1Sam 18,19; 2Sam 21,8; LXX und zwei hebr. Mss.) oder *Michal (2Sam 21,8, EÜ) heiratete. G.W.G.

BART.

1. Hebr. *zāqān*. Die Israeliten und ihre Nachbarn trugen im allgemeinen runde Vollbärte, die sie sorgfältig pflegten. Der Bart zeugte von Lebenskraft und männlicher Schönheit (Ps 133,2; vgl. 2Sam 19,25); ihn abzuscheren oder zu bedecken war ein Zeichen des Schmerzes oder der Trauer (Jes 15,2; Jer 48,37 usw.; vgl. 3Mo 19,27; 21,5, eine vermutlich gegen götzendienerische Bräuche erlassene Vorschrift) oder des Aussatzes (3Mo 14,9). Den Bart eines anderen abscheren, hieß ihn entehren (2Sam

Kopf eines Assyrers mit typisch gelocktem Bart und Haar. Relief aus Chorsabad. 721-705 v.Chr. (BM)

10,4; Jes 50,6). Jeremia tadelt diejenigen, die den Haarrand stutzen (Jer 9,25 usw.). (*Haar; *Begräbnis- und Trauersitten).

2. Hebr. *sāpām* (2Sam 19,25) bezeichnet den Schnurrbart. J.D.D.

BARTHOLOMÄUS. »Sohn des Talmai« oder in griech.-röm. Zeit »Sohn des Ptolemaios«. Der Träger dieses Patronymikums erscheint in jeder Liste der »Zwölf« (Mt 10,3; Mk 3,18; Lk 6,14; Apg 1,13), wird im NT sonst aber nicht erwähnt. Die Tatsache, daß er in allen Listen außer der letzten zusammen mit *Philippus genannt wird, hat seit dem 9. Jh. viele vermuten lassen, daß B. möglicherweise mit Philippus' Freund *Nathanael aus Kana identisch ist (Joh 1,45ff; vgl. 21,2); Gewißheit ist darüber nicht zu erlangen. F.F.B.

BARTIMÄUS. Ein blinder Bettler, den Jesus heilte (Mk 10,46-52). Der Name bedeutet »Sohn des Timäus« und wurde von Markus wohl deshalb überliefert, weil er eine bekannte Erscheinung in der Urgemeinde war. Die Heilung geschah, als Jesus von Jericho zu seiner letzten Reise nach Jerusalem aufbrach, und wird auch von den anderen Synoptikern berichtet, wenngleich mit einigen Unterschieden. Nach Mt 20, 29-34 heilt Jesus zwei Blinde, während nach Lk 18,35-43 die Heilung in der Nähe von Jericho stattfindet. Man hat den Bericht auf verschiedene Weise rekonstruiert, und es mag sein, daß bei Mat-

thäus und Markus von Alt-Jericho und bei Lukas von dem südl. davon gelegenen Neu-Jericho die Rede ist. Das Geschehnis ist bemerkenswert wegen der Entschiedenheit, mit der Bartimäus an Jesus als den Messias glaubt.
R.E.N.

Tonstück (3fach vergrößert) mit dem Abdruck eines Siegels: »Berechja (Baruch), Sohn Nerijas, der Schreiber« (lbrkyhw bn nryhw hspr). Spätes 7. Jh. v.Chr. (NA)

BARUCH. »Der Gesegnete«.

1. Sohn Nerijas (Jer 36,4) und Bruder *Serajas, des obersten Quartiermeisters König *Zedekias (Jer 51,59). Er war ein treuer Gehilfe des Propheten *Jeremia (36,10), dessen Botschaft er nach Diktat aufschrieb (36,4.32) und dem Volk vorlas (V. 14-15). Als der damals internierte Prophet von seinem Vetter ein Feld bei *Anatot erwarb, fungierte B. als Zeuge (Jer 32). Nach der Zerstörung Jerusalems soll er mit Jeremia in Masphata (Mizpa, Jos.ant.Jud. X, 6,2) gelebt haben, doch wurde er nach der Ermordung *Gedaljas in Haft gesetzt, weil er sich gegen eine Flucht ausgesprochen hatte (43,3). Er wurde mit Jeremia nach Ägypten gebracht (43,6), wo einer Überlieferung zufolge beide gestorben sein sollen (Hieronymus zu Jes 30,6). Nach Josephus (ant.Iud. X, 6,2) sollen sie indes nach Nebukadnezars Einfall in Ägypten 583 v.Chr. nach Babylon deportiert worden sein. Josephus gibt auch an, daß B. einer einflußreichen Familie entstammte (Baruch 1,1). Seine Verbindung mit Jeremia hatte zur Folge, daß man eine Anzahl apokrypher Schriften unter seinen Namen stellte: die *Apokalypse des Baruch,* ein ursprünglich wohl hebr. oder aram. abgefaßtes, in griech. (2. Jh. n.Chr.) und syr. Sprache erhaltenes Werk; das *Buch des Baruch,* ein deuterokanonisches Buch, das in der LXX zwischen dem Jeremiabuch und den Klageliedern Jeremias steht, von dem verschiedene (latein. und gnostische) Fassungen bekannt sind, und den *Rest der Worte Baruchs.* Die jüd. Tradition (Midrasch Rabba zu Hld 5,5) nennt Baruch den Lehrer Esras.

2. Ein Priester, Sohn des Sabbai, der Nehemia bei Wiederaufbauarbeiten (Neh 3,20) und als Zeuge bei einem Vertragsabschluß (10,7) half.

3. Sohn des Kolhose, ein Judäer, Vater des *Maaseja (Neh 11,5).
D.J.W.

BASCHA. Der Begründer der kurzlebigen, zweiten Dynastie N-Israels (ca. 900-880 v.Chr.). Obwohl von niedriger Geburt (1Kön 16,2), bemächtigte B. sich des Thrones, nachdem er während der Belagerung der philistäischen Stadt *Gibbeton (1Kön 15,27ff) *Nadab, den Sohn *Jerobeams I., ermordet hatte. Seine Ausrottung des ganzen Hauses Jerobeams war von *Jehu geweissagt worden (1Kön 16,5ff). Die Feindseligkeiten zwischen Israel und Juda dauerten während der 24 Jahre seiner Regierung unablässig an (1Kön 15,32). Seine in provokatorischer Absicht unternommene Befestigung von *Rama, 6 km nördl. von Jerusalem, veranlaßte Asa, Syrien um Hilfe zu bitten. B. setzte die Religionspolitik Jerobeams fort und zog sich einen schweren Tadel des Propheten Jehu zu (1Kön 16,1ff).
J.C.J.W.

BASCHAN. Ein Gebiet östl. des Jordan im N von *Gilead, von dem es durch den Jarmuk getrennt war. Seine Fruchtbarkeit war berühmt: Jes 2,13; Jer 50,19; Hes 27,5f; Hes 39,18 und Am 4,1 (EÜ). Der Name, der fast immer mit dem Artikel geschrieben wird *(habbāschān),* hatte unterschiedliche Bedeutungen. Im weitesten Sinn erstreckte B. sich nördl. bis zum Hermon und östl. bis nach *Salcha; im engeren Sinn umfaßte B. ungefähr die heute en-Nuqra genannte Gegend. Es enthielt die Städte *Aschtarot, *Golan und *Edreī sowie die Landschaften *Argob und die *Dörfer Jaïrs. Zur Zeit der Landnahme herrschte Og über B.; seine Hauptstadt war Aschtarot. Er wurde von den Israeliten bei Edreī geschlagen (5Mo 1,4; 3,1-3), und das Gebiet fiel *Manasse zu. Es gehörte zum Herrschaftsgebiet Davids und Salomos und lag in dessen sechstem Verwaltungsbezirk (1Kön 4,13). In den syr. Kriegen ging B. verloren, wurde von *Jerobeam II. zurückerobert (2Kön 14,25), um dann von Tiglatpilesar III. besetzt zu werden (2Kön

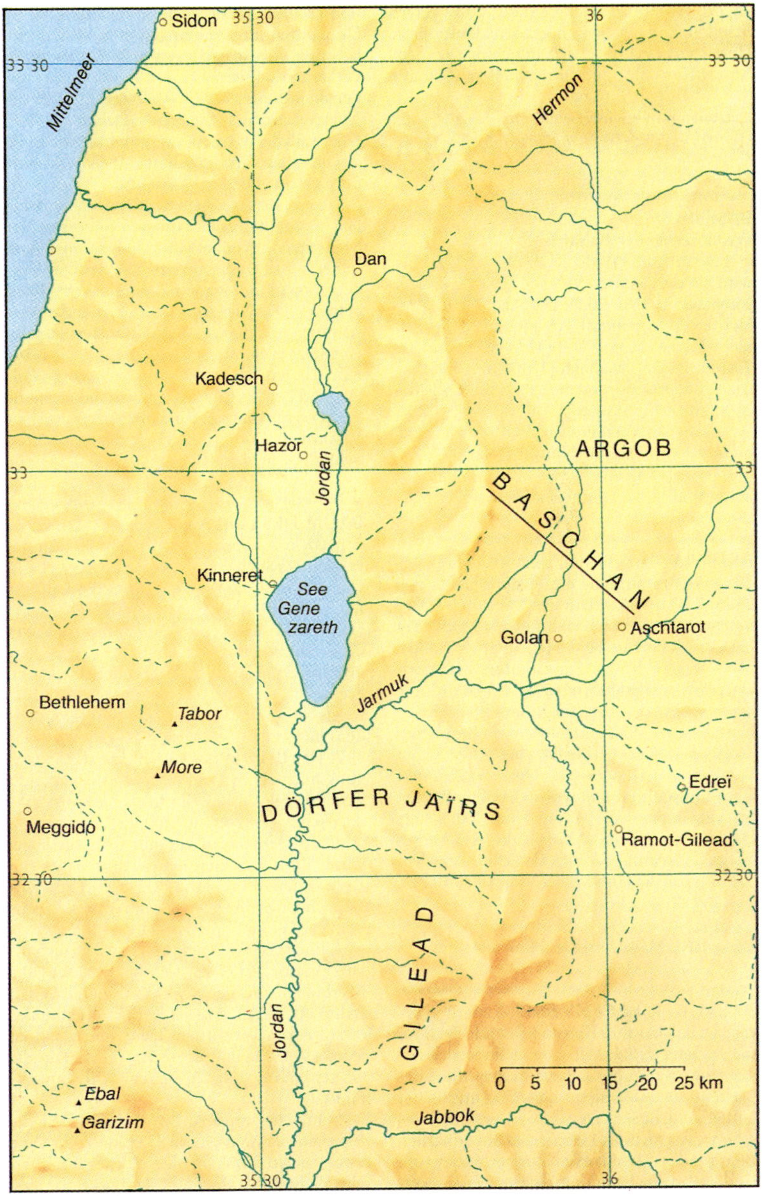

Die Lage Baschans

15,29), worauf es nacheinander zum assyr., babylon. und pers. Reich gehörte. Unter pers. Herrschaft deckte es sich ungefähr mit dem Bezirk Karnajim und in der hellen. Zeit mit der Landschaft Batanäa.

Literatur: M. Clauss: Geschichte Israels. Von der Frühzeit bis zur Zerstörung Jerusalems (587 v.Chr.), 1986. T.C.M.

BASEMAT
»Wohlriechender Balsam«

1. Frau Esaus (1Mo 36,3.4.10. 13.17). Hier wird sie die Tochter *Ismaels und Schwester Nebajots, in 1Mo 26,34 aber die Tochter des Hetiters Elon genannt. An anderer Stelle aber heißt Elons Tochter Ada (1Mo 36,2) und die Tochter Ismaels Mahalat (1Mo 28,9). Eine befriedigende Auflösung dieser Schwierigkeiten ist noch nicht gelungen.

2. Salomos Tochter und Frau seines Statthalters *Ahimaaz in *Naftali (1Kön 4,15).

BAT s. Maße und Gewichte

BATSEBA. Die Tochter Eliams (1Chr 3,5; 2Sam 11,3) und, falls dieser der »Held« von 2Sam 23,34 ist, Enkelin des *Ahitofel. David brach mit ihr die Ehe, während ihr Mann, der Hetiter *Uria mit dem Heer Davids Rabba, die Hauptstadt der Ammoniter, belagerte. Davids Vorgehen führte zu Urias Ermordung, dem Eintritt der Batseba in den königlichen Harem und der Strafrede des Propheten *Nathan (2Sam 12). In Davids Alter setzte Batseba im Bunde mit Nathan Salomos Thronfolge durch und wurde Königinmutter. Sie bat Salomo für *Adonija um *Abischag, Davids Nebenfrau (1Kön 2,19-21). Dieses Vorgehen wurde Adonija als Griff nach dem Thron ausgelegt und kostete ihn das Leben. M.B.

BAUM/BÄUME s. Pflanzen

BAUM DER ERKENNTNIS. 1Mo 2,9 berichtet, daß Gott im Garten Eden allerlei Bäume wachsen ließ. Unter ihnen befand sich außer dem *Baum des Lebens in der Mitte des Gartens auch der Baum der *Erkenntnis des Guten und Bösen. Den beiden ersten Menschen gab Gott das Gebot, daß sie von allen Bäumen des Gartens essen dürften außer vom B., damit sie nicht sterben (V. 16f). *Eva unterlag der Versuchung der Schlange, die ihr dieses Gottesgebot in Frage stellte (1Mo 3,5). Sie sah, daß der Baum begehrenswert war, weil er klug machte, darum nahm sie seine Frucht und aß und gab sie auch ihrem Mann (V. 6). Da wurden ihre Augen geöffnet, und sie erkannten, daß sie nackt waren (V. 7). Deswegen verbargen sie sich vor Gott, mußten aber mit der Begründung für ihr Verstecken selber die Übertretung des Gebotes zugeben (V. 10f). Nun weiß der Mensch, was gut und böse ist (V. 22), aber die Gemeinschaft mit Gott ist darüber zerbrochen.

Aus diesen Aussagen der Schrift geht deutlich hervor, daß es hier um den Gehorsam der Menschen gegenüber Gott ging, der nicht erst selber wissen und entscheiden wollte, sondern Gottes Gebot allein um des Herrn willen befolgte. Der Mensch aber unterlag der Versuchung, unabhängig und selber Herr zu werden. Jetzt erkannte er das Gute und das Böse, nämlich den Gehorsam mit seinen guten Folgen und den Ungehorsam mit seinen schlimmen Folgen. Daß sie sich dann ihrer Nacktheit schämten, war das Zeichen des erwachten Schuldbewußtseins.

BAUM DES LEBENS.

1. 1Mo 2,9 spricht neben dem *Baum der Erkenntnis auch von einem Baum des Lebens. Dieser Baum stand in der Mitte des Gartens Eden. Damit aber nun der Mensch »seine Hand nicht ausstrecke und breche auch von dem Baum des Lebens und esse und lebe ewiglich« (1Mo 3,22), trieb der Herr den Menschen aus dem Garten Eden und »lagerte« davor »die *Cherubim mit dem flammenden, blitzenden Schwert« (V. 24).

2. Der B. ist in der Geschichte der Auslegung auch als Symbol auf Christus gedeutet worden (vgl. Offb 2,7). Offb 22,2.14 ist eine deutliche Erinnerung an die Paradiesgeschichte. Denjenigen, die mit Christus überwinden, wird am Ende der Zeit zuteil, was am Anfang dem Menschen nach seinem Sündenfall von Gott verwehrt wurde; denn Christus ist die Überwindung der Sünde.

3. Einen Lebensbaum kennen wir auch als alte orientalische Vorstellung der babylon. Mythologie. Danach wächst irgendwo ein Baum oder ein Gewächs, dessen Früchte das ewige Leben vermitteln. Dem Menschen ist jedoch der Zugang dazu verwehrt, nur die Götter dürfen davon essen (Gilgamesch-Epos).

4. Im übertragenen Sinn gebrauchen die *Sprüche Salomos diese Wendung für eine Gabe, einen Vorzug oder eine Kostbarkeit (Spr 3,18; 11,30; 13,12; 15,4).

BECHER. »Junges Kamel«. Zweiter Sohn *Benjamins (1Mo 46,21f; 1Chr 7,6.8), einer

König Urmansche von Lagasch trinkt aus einem Becher. Hinter ihm, kleiner dargestellt, sein Mundschenk Anita. Aus Tello (Girsu). Weißer Kalkstein. Ca. 15 × 12 cm. Mitte des 3. Jt. v.Chr. (MC)

König Assurnasirpal II. (884–858 v.Chr.) mit einem Trinkgefäß in der Hand. Relief am Nordwestpalast von Kalach/Nimrud. (BM)

der 14 Söhne und Enkel *Rahels, die mit Jakob nach Ägypten kamen. Seine Nachkommen umfassen später neun Familien mit 20 200 Männern (1Chr 7,9), werden aber weder 1Chr 8,1-6 noch bei der Volkszählung im Ostjordanland 4Mo 26,38.39 genannt. Hier finden wir jedoch einen B., Stammvater der Becheriter, unter den Ephraimitern (V. 35). Man hat daher vermutet, daß der Benjaminit B. nach dem Tod der Söhne Ephraims vor Gat (1Chr 7,20.21) in den Stamm Ephraim einheiratete und nun dort aufgeführt sei. Die Nachkommen B.s könnten aber auch anfangs nicht zahlreich genug gewesen sein, um eine eigene Familie zu bilden. Dann wären der Benjaminit und der Ephraimiter B. zwei verschiedene Personen.

BECHER/KELCH. Der antike Becher war eine Schale, weiter und flacher als eine heute gebräuchliche Kaffeetasse. Er war gewöhnlich aus Ton, bisweilen aber auch aus Metall (Jer 51,7) gefertigt.

1. Hebr. *kōsch* bezeichnet gewöhnlich ein Trinkgefäß, sowohl das des Pharao (1Mo 40,11) als auch das des einfachen Menschen (2Sam 12,3). Dieses konnte handgroß oder auch größer (Hes 23,32) und mit einem Rand versehen sein (1Kön 7,26). Am Hofe Salomos waren B. aus Gold.

2. Hebr. *gābiā*: mit diesem Wort wurden *Josefs silberner Becher (1Mo 44,2ff) und die wie Mandelblüten geformten (2Mo 25,31ff) Kelche des goldenen Leuchters in der Stiftshütte bezeichnet. In Jer 35,5 steht es für einen Krug, der möglicherweise blumen- oder kelchartig geformt war.

3. Hebr. *saph*: beim Passafest wurde in dieser Schüssel das Blut aufgefangen (2Mo 12,22, LÜ: »Becken«). Es war dies auch ein Haushaltsgerät, das unter den David zur Verfügung gestellten Materialien (möglicherweise aus Metall, im Gegensatz zu Töpferware, 2Sam 17,28) und als großer Weinbecher (Sach 12,2) vorkommt.

4. Hebr. *qubbaʿat* (Jes 51,17.22) war offensichtlich ein großer Weinbecher; vgl. 1. hebr. *kōsch*.

5. Hebr. *'aggan* entspricht der in der altsemit. Welt üblichen Bezeichnung für eine große Schale, wie sie bei heiligen Handlungen (2Mo 24,6) oder für die Darreichung von Wein bei einem Festmahl benutzt wurde (Hld 7,3).

Im NT bezeichnet griech. *potērion* ein Trinkgefäß. Im allgemeinen wurden Tongefäße benutzt (Mk 7,4), doch konnten sich Reiche sowohl Glas- als auch Metallbecher in Pokalform leisten. Der Kelch, den Jesus mit seinen Jüngern beim letzten *Abendmahl benutzte, war vermutlich eine irdene Schale, die groß genug war, daß alle daraus trinken konnten (Mt 26,27).

In allen Teilen der Bibel wird »Kelch« in übertragenem Sinne gebraucht als das Gefäß, das den einem Menschen oder einem Volk zugemessenen Anteil an Segnungen oder Leid enthält (Ps 116,13; Jes 51,17; Mt 26,39ff; Joh 18,11). A.R.M.

BECKEN.

1. Kleines, schalenförmiges Gefäß (hebr. *'aggān*), das zur Aufnahme von Flüssigkeiten diente (2Mo 24,6). In Jes 22,24 wird dieses Wort mit »Trinkgefäße«, in Hld 7,3 mit »Becher« wiedergegeben.

2. Flache Schale (hebr. *saph*), die als Haushaltsgegenstand (2Sam 17,28) und zum Auffangen des Opferblutes diente (2Mo 12,22). Solche Becken gehörten zum Tempelinventar (Jer 52,19; 2Kön 12,14).

3. Große Schüssel (hebr. *mizraq*), die in der Stiftshütte und im Tempel für den Altardienst (4Mo 4,14), zum Aufnehmen des Speisopfers (4Mo 7,13; LÜ: Schale) und des Opferblutes (Sach 9,15; 14,20) gebraucht wurde. Dieses Becken war aus poliertem Gold, Silber oder Kupfer gemacht (2Mo 27,3; 4Mo 7,84; LÜ: Schale; 1Kön 7,45-50). – Übermütige Zecher tranken aus solchen Gefäßen Wein (Am 6,6, LÜ: Schalen).

4. Jesus wusch in einem Becken (griech. *niptēr*) den Jüngern die Füße (Joh 13,5).

5. Ehernes Becken s. *Handfaß.

6. Becken oder Zimbel s. *Musik/-Instrumente.

BEDECKEN.

1. Das B. oder Decken der Sünden und Übertretungen ist Bild der Vergebung (Ps 32,1; 85,3; Spr 10,12; Röm 4,7; Jak 5,20; 1Petr 4,8). Vgl. aber Hiob 31,33, wo das Verbergen der Sünden gemeint ist, das der Vergebung entgegensteht.

2. Mit dem Schatten seiner Hand b. heißt in seinen Schutz nehmen (Jes 49,2; 51,16).

3. Unter bedeckten Wagen (4Mo 7,3) werden wir Planwagen zu verstehen haben; die bedeckte Sabbathalle (2Kön 16,18) ist ein überdachter Raum oder Gang im Tempel.

4. Am Versöhnungsfest soll die Weihrauchwolke vom Räucheropfer des Hohenpriesters den Gnadenstuhl, den Deckel der *Bundeslade, b., d.h. darüber hinziehen (3Mo 16,13).

5. Von den beiden *Cherubim auf der Bundeslade (2Mo 37,7-9) und von den Cherubim im Allerheiligsten des salomonischen Tem-

pels (1Kön 6,23-28) wird gesagt, daß sie den Deckel der Lade bzw. die Lade und ihre Stangen mit ausgebreiteten Flügeln von oben her decken oder b. (1Kön 8,7; 1Chr 28,18; 2Chr 5,8). Von den Einzelheiten dieser Gestalten und ihrer Haltung können wir uns jedoch kein ganz klares Bild mehr machen.

BEELJADA. »Der Baal (oder Herr) hat gewußt, weiß«. Sohn Davids, der ihm in Jerusalem geboren wurde (1Chr 14,7). Er heißt auch *Eljada, »Gott weiß« (2Sam 5,16; 1Chr 3,8). Es scheint, daß die Israeliten anfangs auch Jahwe als Baal (»Herr«) bezeichnet haben, was aber mit dem Eindringen des heidnischen Götzendienstes mißverstanden werden konnte und zu Namensänderungen Anlaß gab (vgl. die in anderer Richtung geänderten Namen *Isch-Boschet, Mefi-Boschet). Der Sohn Davids mag den zweiten Namen aber schon zu Lebzeiten geführt haben.

BEER. (Hebr. *beēr*, »Brunnen, Zisterne«).

1. 4Mo 21,16. Eine Station auf dem Wüstenzug Israels, die es kurz nach dem Verlassen des *Arnon erreichte. Dieser Vers enthält einen sonst unbekannten Bericht über Wasserversorgung – ein wichtiges Ereignis, aus dem hervorgeht (V. 18b), daß Beer in einer Wüste (EÜ, RevEB) lag. Die Ortslage ist unbekannt.

2. Ri 9,21. Der Ort, zu dem *Jotam flüchtete, nachdem er den Staatsstreich seines Bruders *Abimelech öffentlich gebrandmarkt hatte. Die Ortslage ist unbekannt. R.J.W.

BEER LAHAI ROI. Eine genaue Übersetzung des Namens selbst und gewisser Elemente von 1Mo 16,13-14, wo er erstmalig begegnet, ist nicht möglich. In der vorliegenden Fassung bedeutet er vielleicht »Der Brunnen des Lebendigen, der mich sieht«, oder »Brunnen: 'Wer mich sieht, lebt'«. Es mag jedoch sein, daß der ursprüngliche Name im Laufe der Zeit derart entstellt wurde, daß er sich nicht mehr rekonstruieren läßt. Die genaue Ortslage ist nicht bekannt, doch setzt 1Mo 16,7.14 sie in die Nähe der ägypt. Grenze. Dorthin flüchtete die ägypt. Sklavin *Hagar vor dem Zorn ihrer Herrin Sarai. Gott erschien der Hagar hier und kündigte ihr die Geburt *Ismaels an. Isaak passierte Beer Lahai Roi, als er auf Eliëser wartete, der ihm eine Frau aus Mesopotamien zuführen wollte (1Mo 24,62), und ließ sich nach Abrahams Tod dort nieder. R.J.W.

BEEROT. Die am weitesten im N gelegene der vier gibeonitischen Städte (Jos 9,17). Sie lag etwa 14 km nördl. von Jerusalem und wurde (Jos 18,25; 2Sam 4,2) zum Stammesgebiet Benjamins gerechnet. El-Bire ist nach Abel der arabische Name für B. (Alt, Galling und Noth halten dagegen ed-Dschib für das alte B.). Aus B. stammten die Mörder *Isch-Boschets (2Sam 4,2ff) *Baana und Rechab, ebenso Nachrai, einer der Helden Davids, *Joabs Waffenträger (1Chr 11,39). Nach B. kehrte ein Teil der Einwohnerschaft aus der babylon. Gefangenschaft zurück (Esr 2,25; Neh 7,29).

BEERSCHEBA. Der Name eines wichtigen Brunnens wie auch der nahen Stadt und des Bezirks (1Mo 21,14; Jos 19,2). Die heutige Stadt liegt 72 km südwestl. von Jerusalem und ungefähr auf halbem Wege zwischen dem Mittelmeer und der S-Spitze des Toten Meeres.

Ausgrabungen auf dem Tell es-Seba, 5 km westl. der Stadt, haben eine planvoll angelegte, befestigte Stadt aus der judäischen Königszeit ans Licht gebracht. Es gibt in der umliegenden Gegend mehrere Brunnen, von denen der größte einen Durchmesser von 3,75 m hat. Beim Bau desselben mußte man 5 m Naturfelsen durchbohren. Auf einem Stein des Mauerwerks, mit dem der Schacht ausgekleidet war, fand man ein Datum, aus dem hervorgeht, daß im 12. Jh. n.Chr. Reparaturen ausgeführt worden waren. Im Jahre 1874 maß man im Zuge von archäologischen Arbeiten 11 m bis zur Wasseroberfläche. Ein Brunnen vor dem Torweg wird ins 12. Jh. v.Chr. datiert und mit Abraham assoziiert, was bedeutet, daß die Patriarchenerzählungen nach der israelit. Landnahme anzusetzen wären. Diese Annahme ist rein spekulativ. Man hat dort keinerlei bronzezeitliche Keramik gefunden noch irgendeinen Beleg für den alten Namen der Ortslage. In der heutigen Stadt (Bir es-Seba), die in der Römerzeit Berosaba hieß und sich vielleicht noch als die Stadt der Erzväter erweisen wird, hat man eisenzeitliche Keramik gefunden.

Die Bedeutung des Namens gibt 1Mo 21,31 an: »Der Brunnen von Sieben« (d.h. Lämmern). Eine andere Interpretation (»Der Schwurbrunnen«) kam durch ein falsch verstandenes hebr. Wort für »deshalb« zustande, das sich nur auf eine vorhergehende Angabe beziehen kann. Die Erklärung für den zweiten Bericht über die Benennung des Brunnens durch Isaak (1Mo 26,33) wird in V. 18 geliefert: »und [Isaak] ließ die Wasserbrunnen wieder aufgraben, die sie zur Zeit Abrahams, sei-

Ausgrabungen in Beerscheba: Lagerhäuser mit dem Stadttor im Hintergrund. (AIA)

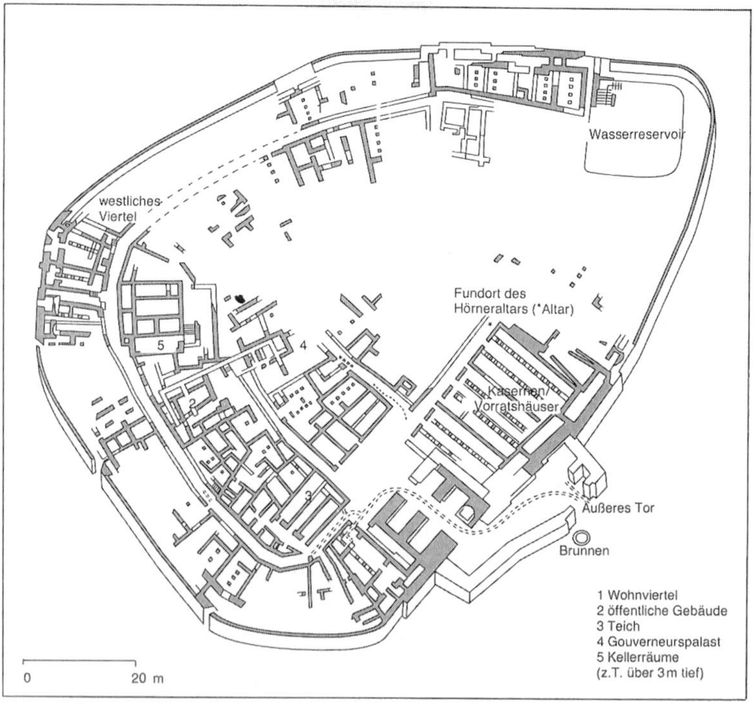

Skizze der ausgegrabenen Stadtteile von Beerscheba (Tell es-Seba').

nes Vaters, gegraben hatten, und die die Philister verstopft hatten nach Abrahams Tod, und nannte sie mit denselben Namen, mit denen sein Vater sie genannt hatte«. Da das Graben eines Brunnens oft eine bedeutende Leistung darstellte, gebot ihm schon die Achtung vor seinem Vater, dessen Werkes in dieser Weise zu gedenken.

B. kommt mehrmals in den Patriarchengeschichten vor. *Abraham hielt sich lange dort auf (1Mo 22,19). B. gehörte wahrscheinlich zu einem Teil Palästinas, der keine Stadtbevölkerung aufwies, da der dort erforderliche Wechsel von Winter- und Sommerweide feste Siedlungsformen nicht begünstigte. Von B. machte Abraham sich auf, um *Isaak zu opfern. Hier wohnte Isaak, als *Jakob sich auf den Weg nach *Haran machte (1Mo 28,10). In B. hielt Jakob auf seinem Zug nach Ägypten zu Josef an, um zu opfern (1Mo 46,1). Bei der Verteilung des Landes fiel B. an den Stamm *Simeon (Jos 19,2).

In der bekannten Formel »von Dan bis nach Beerscheba« (Ri 20,1 u.ö.) bezeichnet B. den südl. Grenzpunkt des Landes. Die Bedeutung der Stadt resultiert aus ihrer Lage an der Handelsstraße nach Ägypten.

Die Bezugnahme hierauf in Am 5,5 und 8,14 deutet darauf hin, daß B. zu einem Zentrum für unerwünschte rel. Betätigungen geworden war.

Nach der Babylon. Gefangenschaft wurden B. und seine Dörfer (hebr. »Töchter«) wieder besiedelt (Neh 11,27).

Literatur: W. Zimmerli: Geschichte und Tradition von Beersheba im A.T., 1932; Y. Aharoni: Beer-sheba, 1, 1973; Tel-Aviv, 1, 1974, S. 34-42; 2, 1975, S. 146-168. W.J.M./A.R.M.

BEGIERDE. In zahlreichen Bezugnahmen auf »Begierde« vermitteln das AT und NT viele treffende und durchdringende psychologische Einsichten. Durch die Vielfalt ihrer Bezeichnungen für B. und die Art und Weise, wie sie sie verwendet, verdeutlicht die Bibel einen wichtigen Teil ihres Menschenbildes.

Im AT meint »begehren« sehr viel mehr als bloß »ersehnen«, »erbitten« oder »fordern«. Nach dem Menschenbild der Hebräer ist die ganze Person von B. durchdrungen. B. kann daher leicht zu »Habsucht« werden und zu »Neid« und »Eifersucht« führen. Bei den Hebräern ist B. das Ersuchen, das die *nephesch* (die »Seele« oder das »Herz«) an das Individuum richtet (5Mo 14,26). B. ist der »Hang« der *nephesch* (2Sam 3,21). Und wenn die ganze »Seele« hinter einer sündhaften Neigung oder B. steht, dann heißt es, sie sei »lüstern geworden« (s. 4Mo 11,4.6). Gegen diese Art von Gier richtet sich das zehnte Gebot (2Mo 20,17), denn ließe man solch einer sündhaften B. die Zügel schießen, so gefährdete man das Wohlergehen des ganzen Gemeinwesens (Jer 6,13-15).

Im NT wird sündhafte B. durch den Wunsch, reich zu werden, angereizt (1Tim 6,9), und zwar in solchem Grade, daß sie mit »Geldgier« gleichgesetzt wird (V. 10). Sie kann aber auch in unerlaubtem geschlechtlichem Begehren zum Ausdruck kommen (Mt 5,28) oder in dem, was Paulus den »Willen des Fleisches und der Sinne« nennt (Eph 2,3). Das NT bezeugt auch eine der menschlichen Erfahrung bekannte Tatsache, daß diese sündhaften B.n, wenn sie nicht abgetötet, sondern befriedigt werden, zu einem verzehrenden Feuer werden (Kol 3,5f). Wo dagegen das Ziel des Begehrens Gott ist (Röm 10,2a) und seine größeren Gaben (1Kor 12,31), da wird der Leib zum Werkzeug der Gerechtigkeit (Röm 6,12f).

Literatur: TBLNT I, S. 64–69; THAT II, 74. J.G.S.S.T.

BEGRÄBNIS- UND TRAUERSITTEN.

I. IM ALTEN TESTAMENT.

1. Trauersitten.

Zeugnisse frühester menschlicher Religiosität begegnen gerade im Zusammenhang mit den B. (H. Wißmann: TRE V, 1980, S. 730-734). Dabei treten vor allem abergläubische Angst vor dem *Tod, aber auch die Hoffnung auf ein Weiterleben der Verstorbenen hervor. Auch in Israel beobachteten die Angehörigen eines Toten und alle am B. Beteiligten bestimmte Gebräuche, die zum Teil ebenfalls bei öffentlicher Trauer (1Sam 4,12; 2Sam 15,32) und *Buße (vgl. Jona 3,5-10; Mt 11,21) eingehalten wurden.

Man zerriß bei der Todesnachricht seine Kleider (1Mo 37,34; 2Sam 1,11; 3,31; 13,31; Hiob 1,20), zog ein Sackgewand an (1Mo 37,34; 2Sam 3,31; Jes 3,24; Jer 48,37; Am 8,10; Joel 1,8; vgl. 2Kön 6,30) und legte Schuhe (2Sam 15,30; Mi 1,8; Hes 24,17.23) und Kopfbedeckung (Hes 24,17.23) ab. Dagegen verhüllte man den Bart (Hes 24,17.23) oder das ganze Gesicht (2Sam 19,5 vgl. 15,30). Auch über dem Kopf zusammengelegte Hände galten wohl als Trauergeste (2Sam 13,19; Jer 2,37). Man schor sich kahl (Hiob 1,20; Jes 22,12; Jer 7,29; 16,6; 41,5; 47,5; 48,37; Hes 7,18; Am 8,10; Mi 1,16) und unterließ Waschen wie Salben (2Sam 12,20f; 14,2; Jdt 10,3; doch vgl. 2Sam 14,2). Auch streuten sich manche Erde auf den Kopf (Jos 7,6; 1Sam 4,12; Neh 9,1; Hiob 2,12; Hes 37,20; 2Makk 10,25; 14,15), wälzten sich im Staub (Mi 1,10 vgl. Hiob 16,15), legten oder setzten sich in Asche (Jer 6,26; Hes 27,30; Jes 58,5; Est 4,3). Beim Tod frommer Könige wurden Feuer entzündet (Jer 34,5; 2Chr 16,14; 21,19).

Die Zeit strenger Trauer dauerte in der Regel sieben Tage (1Mo 50,10; 1Sam 31,13; Jdt 16,24; Sir 22,12), bei wichtigen Personen (wie Aaron und Mose) aber auch dreißig Tage (4Mo 20,28f; 5Mo 10,6; 34,5-8) und in Einzelfällen noch länger (Jdt 8,5f). Das pentateuchische Gesetz erlaubt kriegsgefangenen Frauen vor der Eheschließung mit ihren Erbeutern, einen Monat lang ihre Eltern zu betrauern (5Mo 21,11-13). Da das Totenhaus als unrein galt, konnten dort keine Speisen zubereitet werden. Nachbarn und Freunde brachten deshalb den Angehörigen des Verstorbenen »Trauerbrot und Freudenbecher« (Jer 16,7; Hes 24,17.22; vgl. Hos 9,4). Doch hielt man aus Trauer auch Fasten (Ps 35,13). Am wichtigsten von allen Trauergebräuchen war die Totenklage. Sie begann im Trauerhaus und zog sich über den Leichenzug hin (2Sam

Ägyptische Klageweiber, abgebildet im Grab des Wesirs Ramose in Theben. Ca. 1400 v.Chr. (PAC)

3,31f). Die Totenklage reichte von unartikulierten, gellenden Schreien (Mi 1,8), Wehlauten wie »Ach« (Am 5,16), Nennung des Namens (2Sam 19,1.5) oder Verwandtschaftsgrades (1Kön 13,30) bis zu geprägten Formeln bei hochgestellten Persönlichkeiten (Jer 22,18; 34,5). Verpflichtet zur Klage waren die nahen Verwandten (2Sam 11,26), denen sich die Umstehenden anschlossen (1Sam 25,1; 28,3; 2Sam 1,11f; 3,31 u.ö.). Man klagte auch in nach Männern und Frauen geteilten Gruppen (1Sam 12,11-14), und oft geschah das berufsmäßig (2Chr 35,25; Am 5,16; Pred 12,5). Es gab für den Anlaß gedichtete Klagelieder (vgl. 1Makk 9,21), zu deren bekanntesten die Klage des David auf *Saul und *Jonatan (2Sam 1,19-27) sowie auf *Abner (2Sam 3,33f) zählen. Da zu dieser Zeit das schattenhafte Existieren im Totenreich noch nicht als heilvolles Geschick galt (vgl. 1Sam 28,19; Ps 115,17; Jes 38,18f), war die Klage vor allem Lobpreis des Toten. Die Klage, hebr. *qinah* (2Sam 1,17; Am 8,10), ist oft in einem bestimmten Versmaß gedichtet, das den Ruf der Klageweiber (Jer 9,17f) nachklingen läßt (3 und 2 Hebungen). Manchmal wurde die Klage offenbar von Flötenspiel begleitet (Jer 48,36). Die Propheten ahmten in ihrer Gerichtsverkündigung die Totenklage nach (Jer 9,9-21; Am 5,1f; Hes 19,1-14 u.ö., s. *Klagelieder Jeremias).

Zu vielen der israelit. Trauersitten lassen sich Parallelen bei den umgebenden Völkern finden (L. Koep: RAC I, 1954, 194-198), doch führte der Glaube an den einen, lebendigen Gott auch zu Abgrenzungen. Ausdrücklich verboten waren den Priestern (3Mo 21,5) und dem Volk (3Mo 19,27f; 5Mo 14,1) Verstümmelungen wie blutig Ritzen (doch vgl. Jer 16,6; 41,5; 47,5; 48,37) oder heidnisch-beschwörende Praktiken wie Bartstutzen am Rand, Kahlscheren nur zwischen den Augen oder kreisförmiges Abschneiden des Haupthaares am Rand. Stärker eingeschränkt waren die Trauergebräuche für solche, die Gott als dem Geber des Lebens besonders nahestanden. So waren lautes Schreien, Zerreißen des Obergewandes und Lösen des Kopfbundes zwar den aaronitischen Priestern gestattet (3Mo 21,1-4), aber nicht dem *Hohenpriester (3Mo 21,10f) oder dem *Nasiräer (4Mo 6,7). Da Gott ganz auf der Seite des Lebens steht, machte alle Berührung mit Totem kultisch *unrein (H.W. Wolff: Anthropologie des AT, ^{3}1977, S. 158-160). Besonders streng wurde die Grenze gegen die Beschwörung der Toten sowohl vom Gesetz (3Mo 19,27f.31; 20,6.27; 5Mo 14,1f; 18,11) wie von den Propheten (Jes 8,19f; 28,15-18) gezogen. Dauernder Aufenthalt bei Gräbern galt deshalb als typisch heidnisch (Jes 65,4; vgl. Mk 5,3). Das Opfer für Tote war verboten (5Mo 26,14), und entsprechende heidnische Bräuche werden in der späteren jüd. Literatur ironisierend dargestellt (Bar 6,26; Sir 30,18 LXX). Die reichliche Spende von Brot und Wein in Tob 4,17 ist wohl als Almosen gedacht, das beim B. ausgeteilt wurde (de Vaux, S. 105).

Literatur: P. Heinisch: Die Totenklage im AT, 1931; ders.: Die Trauergebräuche bei den Israeliten, 1931; H. Schmid: RGG^{3} I, 1957, 961f; R. de Vaux: Das AT und seine Lebensordnungen I, 1960, S. 103-107; P. Welten: TRE V, 1980, S. 734-738.

2. Begräbnis.
Nicht würdig begraben zu werden bedeutete einen schweren Fluch (1Kön 13,22; 14,11; Jer 16,4.6; 22,19; Hes 29,5). Das B. wurde deshalb in der Regel selbst Feinden (Jos 8,29; 10,26f; 2Sam 21,12-14 u.ö.) und Verbrechern (5Mo 21,23; 1Kön 13,22ff) gewährt. Als schwere Schmach für Verbrecher (3Mo 20,14; 21,9) oder Feinde (Am 2,1) galt dagegen die Verbrennung. Nur aus der schwierigen Situation (1Sam 31,11-13) ist zu erklären, daß von den Leichen Sauls und seiner Söhne die Weichteile verbrannt wurden, um wenigstens die Gebeine ordentlich zu bestatten (RGG^{3} I, 962). Die Pflicht zum B. hatten die Angehörigen, vor allem der Erbsohn (1Mo 50,1ff; 2Sam 21,10). Auf standesgemäße Bestattung wurde Wert gelegt (Sir 38,16), und in späterer Zeit galt Tote zu begraben als gutes Werk (Tob 1,18; 14,13; 2,3ff; 12,12). Man schloß dem Toten die Augen (1Mo 46,4) und küßte ihn nochmals (1Mo 50,1). Das unverzügliche B. von Verbrechern wird in 5Mo 21,22f angeordnet, aber auch sonst dürfte es wegen der klimatischen Verhältnisse schnell, möglichst wohl noch am selben Tag, vollzogen worden sein. Die Toten wurden vielleicht in ihren Kleidern begraben (vgl. 1Sam 28,14), später wohl auch in Leintücher gehüllt (vgl. Tob 12,13; Hes 29,5 LXX). Den Leichnam hat man nicht in einem Sarg (vgl. 2Kön 13,21), sondern auf einer Bahre hinausgetragen (2Sam 3,31). Die Einbalsamierung Jakobs und Josefs sowie die Verwendung eines Sarges für Josef werden als besondere ägypt. Sitte gekennzeichnet (1Mo 50,1-3.26). Die Mumifizierung erforderte das Entfernen der Eingeweide zu besonderer Beisetzung und das Einlegen des Leichnams in Salz. Danach wurde er mit fäulnishemmenden Binden umwickelt und ganz in Leinen eingehüllt. Einbalsamierung und Trauerzeit währten in Ägypten gewöhnlich siebzig Tage, konnten aber wie im Fall von Jakob (1Mo 50,3) auch kürzer sein. Zumindest bei israelit. Königen wurden wohlriechende Spezereien ins Grab beigegeben (2Chr 16,14).

Literatur: s.o. I.1.

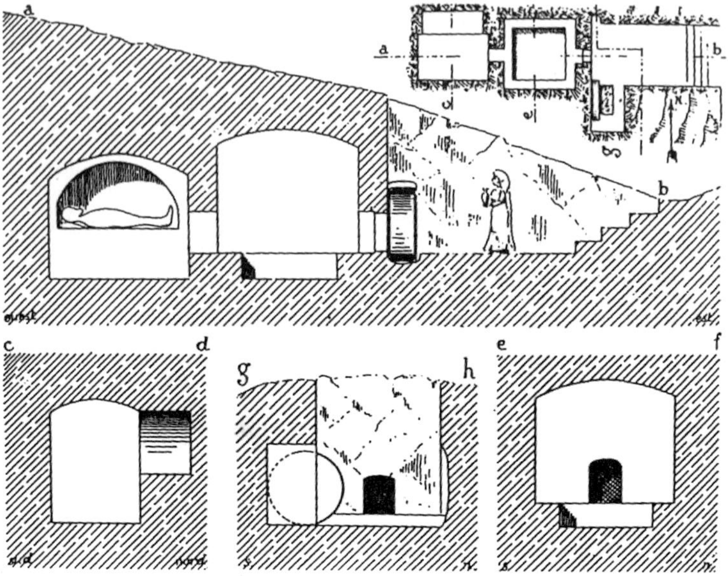

Rekonstruktion des Grabes Christi nach H. Vincent: Felsgrab mit Rollstein (Mk 16,3)

3. Gräber.
Auch über die Steinzeit (vor 4000 v.Chr.) hinaus dienten in Palästina natürliche Höhlen, wie etwa *Machpela für die Patriarchen (1Mo 23), als B.stätten. Aus dem 3.-4. Jt. v.Chr. haben sich in *Galiläa und im Ostjordanland (besonders im Golan) Dolmen (oberirdische Steinstubengräber) und Kromlechs (Steineinfriedungen um einen Grabhügel) erhalten. Vielleicht handelte es sich beim »Bett« des Königs *Og von Baschan (5Mo 3,11) um einen Dolmen (H. Schmid: RGG³ I, 1957, 961). In der Mittleren und Späteren Bronzezeit (2000 bis 1200 v.Chr.) benutzte man Schachtgräber. Eine unterirdische Grabkammer wurde verschlossen und der senkrechte Zugangsschacht mit Geröll aufgefüllt. Während der Eisenzeit (1200 bis 600 v.Chr.) herrschte das in den Felsen gehauene Bankgrab vor. Ein meist mit Stufen versehener Eingangsschacht führt in eine runde oder trapezförmige (bis ca. 10. Jh. v.Chr.) bzw. rechteckige oder quadratische Hauptkammer. Die Toten legte man auf Bänke, die an zwei oder drei Seiten ausgehauen waren. Bei erneuter Belegung wurden die Überreste entweder in einer Ecke oder in einer Grube unter den Grabbänken gesammelt. Es sind, gerade auch aus *Jerusalem, Anlagen mit bis zu vier Hauptkammern bekannt. Solche Bankgräber dürften in 2Kön 13,20; 23,17 vorausgesetzt sein.

Nicht ausgeraubte Gräber enthalten in der Regel reiche Beigaben, so besonders auch die in der Mitte des 7. Jh. v.Chr. begonnene Anlage am Südwesthang des *Hinnomtales (R. Riesner: ThBeitr 18,1987, S.104-108). Dort fand man neben verschiedenen Arten von Gefäßen vor allem auch Schmuck, wie ihn Jes 3,18-24 nennt. Der Hintergrund dieses B.brauches ist unklar. Nach Hes 32,27 scheint man Soldaten mit ihren Waffen beigesetzt zu haben. Gering ist bisher die bekannte Anzahl von Grabinschriften, die meist nur den Namen des Bestatteten nennen (P. Welten: TRE V, 735). Eine Inschrift (K. Galling: TGI², 1968, 65f) aus dem Dorf Silwan im *Kidrontal läßt sich vielleicht mit dem von Jesaja (22,15f) für sein prunkvolles Felsgrab kritisierten Minister Schebna verbinden (N. Avigad: IEJ 3, 1953, 137-147). Die Felsgräber waren seit der Patriarchenzeit (vgl. 1Mo 23,19; 25,8-10; 35,29; 49,31; 50,13) für Familien bestimmt (vgl. Ri 8,32; 16,31; 2Sam 2,32; 17,23 u.ö.). Auch die Wendung »sich zu seinen Vätern legen« (1Kön 14,31; 16,28 u.ö.) hat Familiengräber im Blick. Einzelbestattungen konnten sich jedoch aus besonderen Umständen ergeben (1Mo 35,8.19f).

Allerdings vermochten sich nur Wohlhabende Felsgräber zu leisten. Die meisten Gräber waren Erdbestattungen, wie sie jetzt vereinzelt in Tel Zeror belegt sind (TRE V, 734). Auch die Ruhestätte des einfachen Volkes im Hinnomtal (2Kön 23,6; Jer 26,23) bestand wohl aus Erdgräben. Außer den *Königsgräbern in *Jerusalem kennen wir keine Bestattungen innerhalb von Orten, was sich durch die Reinheitsgesetze (s.o.) erklären läßt. Wenn gelegentlich vom B. »im Haus« (1Sam 25,1; 1Kön 2,34) die Rede ist, so könnte damit der Grundbesitz gemeint sein. Gelegentlich wird aber auch das Grab selbst »Haus« genannt (Ps 49,12; Pred 12,5). Gräber von Verbrechern und Feinden wurden manchmal durch einen Steinhaufen bezeichnet (Jos 7,26; 8,29; 10,27; 2Sam 18,17). Eine Steinsäule hingegen sollte die Erinnerung an einen bekannten Mann wachhalten (2Sam 18,18).

Literatur: G. Barkay: Ketef Hinnom, 1986; J.A. Callaway: BA 26 (1963), S. 74-91; K.M. Kenyon: Archäologie im Heiligen Land, [2]1976, 135-153.181-186; A. Kuschke: BRL 1977, 122-129; S. Loffreda: SBFLA 18 (1968), 244-287; D. Ussishkin: BA 33 (1970), 34-46.

II. IM NEUEN TESTAMENT.

1. Trauersitten.

Die jüd. Trauersitten der ntl. Zeit schlossen sich eng an das AT an. Besonders erwähnen die Evangelien Klageweiber (Lk 23,27), An-die-Brust-Schlagen (Mt 11,17; Lk 8,52; vgl. 18,13; 23,48), Flötenspiel (Mt 9,23; Mk 5,38; vgl. Jos. bell. Jud. III, 435-437) und *Fasten (Mt 9,15). Vom Trauerhaus beginnend zog sich die Totenklage über den Leichenzug hin, der in späterer Zeit immer reichere Ausgestaltung fand (Bill I 521f; IV 582f). Das B. wurde von den engsten Angehörigen ausgerichtet, aber alle, die einem Leichenzug begegneten, waren ihm zu folgen verpflichtet (Jos.c.Ap. II, 20,5; vgl. Lk 7,12). Am Grab oder in der Synagoge hielt ein bezahlter Redner einen Lobpreis auf den Toten (Bill IV 482-490). Nach dem B. wurde das Trauerhaus gereinigt (Jos.c.Ap. II, 205). Die Trauerzeit betrug gewöhnlich sieben Tage (Jos.bell.Jud. II, 1; MSem 7).

Die frühen Christen übernahmen jüd., aber auch manche griech.-röm. Trauersitten (E. Stommel: RAC II, 1954, 200-207). So hielten streng- gläubige Judenchristen um Stephanus eine Totenklage (Apg 8,2). Paulus wandte sich wohl gegen hoffnungsloses (1Thess 4,13f), nicht aber gegen mitfühlendes Trauern (Röm 12,15). Das hatte zur Folge, daß beim christl. B. die ungezügelte Klage durch gefaßtes Gebet, vor allem von Psalmen, ersetzt wurde (Hieronymus, VitPaul 16). Während es im Judentum schon Vereine zur Bestattung von Toten ohne Angehörige gab (Bill I 580f), wurde das B. für die Christen überhaupt stark eine Angelegenheit der ganzen Gemeinde (Tertullian, Apol 39; Origenes, Cels 8,30; vgl. Apg. 5,6.10). Der Apologet Aristides schrieb zu Beginn des 2.Jh. über ein christl. B.: »Wenn ein Gerechter von ihnen aus der Welt scheidet, so freuen sie sich und danken Gott und geben seiner Leiche das Geleit, als zöge er nur von einem Ort zum anderen« (Apol 15,11).

Literatur: M. Brocke: TRE V, 1980, 738-743; J. Kollwitz: RAC II, 1954, 208-219; S. Krauss: Talmudische Archäologie II, 1911, 54-82. 473-491; M. Lamm: The Jewish Way in Death and Mourning, 1969; F. Merkel: TRE V, 1980, 743f.

2. Begräbnis.

Der spätere rabbin. Grundsatz (A. Guttmann: HUCA 60, 1969/70, 251-257), einen Toten noch am selben Tag zu bestatten, dürfte auch schon früher befolgt worden sein. Nach dem Sterben hat man dem Toten die Augen geschlossen und das Kinn hochgebunden (MSem 1,2-4). Der Leichnam wurde gewaschen und mit wohlriechenden Essenzen gesalbt (TestAbr 20; MSem 12,9; vgl. Mt 26,12; Mk 14,8; Joh 12,7). Die Toten wurden in der Regel in voller Bekleidung beigesetzt, wobei meist Leinengewandung üblich war. Gewaltsam Umgekommene wusch man allerdings nicht, sondern bestattete sie in ihren blutigen Kleidern, über die aber ein Tuch gelegt werden konnte (M. Brocke: TRE V, 1980, 740f). Als Bahre (Lk 7,14: griech. *soros*) für den Verstorbenen diente oft ein Bett (RAC II, 210).

Das harte Wort Jesu an einen bestimmten Nachfolger, »die Toten ihre Toten begraben zu lassen« (Mt 8,22; Lk 9,60), bedeutete keineswegs ein grundsätzliches Verbot angemessener Bestattung. Tabitas Leichnam wurde gewaschen und im Gottesdienstraum (*hyperōon*) der Gemeinde von Lydda (*Lod) aufgebahrt (Apg 9,39; vgl. 1,13; 20,8). Die würdige Bestattung armer Gemeindeglieder galt sogar als besonders kennzeichnend für Christen (Aristides, Apol 15,8).

3. Das Begräbnis Jesu.

Die Auffindung (1968) von Knochen eines Gekreuzigten in einem Jerusalemer Familiengrab (*Kreuzigung) zeigt, daß man Verurteilte nicht unbedingt in einem Massengrab beisetzte. Das B. Jesu wurde »nach jüd. Brauch vorbereitet« (Joh 19,40) und sein Leichnam darum wahrscheinlich nicht gewaschen (B.B. Lavoie: BA 45, 1982, 5f). Da Gekreuzigte höchstens einen Lendenschurz trugen (vgl. Mt 27,35; Mk 15,24; Lk 23,34; Joh 19,23f), hüllte *Josef von Arimathäa Jesus in ein »reines Leinentuch« (Mt 27,59; vgl. Mk 15,46; Lk 23,53, griech. *sindōn*, [auch Mk 14,51f]).

Vielleicht folgt der aus den röm. Katakomben (RAC II, 209) bekannte Brauch, Christen in Leinentücher gehüllt beizusetzen, diesem Vorbild. Schwierig zu bestimmen ist die Rolle

Grabkammer im Norden der Jerusalemer Altstadt mit einer bogenförmig gestalteten Nische (Bankbogengrab), darunter ein weitaus häufiger vorkommender Grab-Stollen. Die Abbildung zeigt die 7. Kammer der in Fels gehauenen, monumentalen Sanhedrin-Gräber. (JPK)

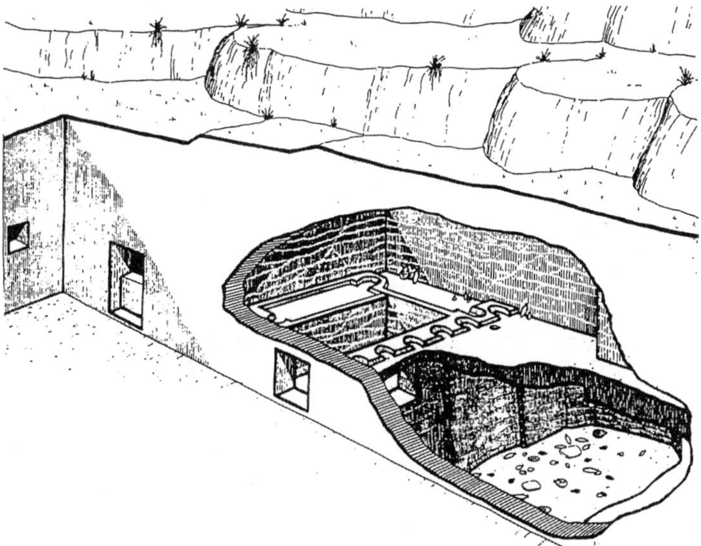

Grabanlage im Tal Hinnom.

des »*soudarion*, das auf (Jesu) Kopf war« (Joh 20,7). Wie bei *Lazarus (Joh 11,44) könnte es sich um ein »Schweißtuch« (vgl. Lk 19,40; Apg 19,12) gehandelt haben, mit dem das Kinn hochgebunden war. Aber das aram. Lehnwort *sudarā* bezeichnet auch ein sehr großes Tuch (z.B. TgJon zu Rut 3,15). Das »Binden mit Leinentüchern« (Joh 19,40, *othonia*) könnte wie bei Lazarus (Joh 11,44, dort aber *keiriai*) auf das Zusammenhalten von Beinen und Händen gezielt haben. Eine mumienartige Bandagierung, wie sie in späteren christl. Darstellungen auftaucht, war dem Judentum jedenfalls unbekannt (W. Bulst: BZ 28, 1984, 33f). Vielleicht meinen die *othonia* (besonders Lk 24,12; vgl. Joh 20,5f) aber auch alle beim B. Jesu verwandten Leinenstücke. Wenn *Nikodemus »hundert Pfund (ca. 33 kg) Myrrhe und Aloe« mitbrachte (Joh 19,39), um sie im Grab zu verstreuen, so ist das nach Funden in den Katakomben durchaus glaubhaft (Fasola, 60-62). Jesu B. war aber noch nicht vollständig, da die Frauen seinen Leichnam noch salben wollten (Mk 16,1; Lk 24,1). Bei den klimatischen Bedingungen eines Jerusalemer Felsengrabes zur Passazeit war ihre Absicht sinnvoll, so daß von hier aus kein Grund besteht, in der Auffindung des leeren Grabes eine Legende zu sehen.

Literatur: U.M. Fasola, in: La Sidone e la Scienza, ²1979, 59-81; A. Feuillet: ebd. 239-263; G. Ghiberti: La Sepoltura di Gesu, 1982; J.A.T. Robinson: Twelve More New Testament Studies, 1984, 81-94.

4. Das Turiner Grabtuch.
Es handelt sich um ein 4,36 x 1,10 m großes Leinentuch, das heute im Turiner Dom aufbewahrt wird. Es zeigt Vorder- und Rückansicht eines unbekleideten Mannes in Leichenstarre. Seine Hände sind, wie aus *Qumran bekannt (R. de Vaux: Archaeology and the Dead Sea Scrolls, 1973, 46), über dem Unterleib gekreuzt. Der Leichnam weist durchbohrte Handwurzeln und Fußflächen, einen postmortalen Stich in die rechte Herzkammer, Spuren einer Geißelung sowie am Kopf viele punktförmige Wunden auf. Durch vor allem seit 1978 durchgeführte Untersuchungen ist ausgeschlossen, daß es sich um ein künstlich hergestelltes Bild handelt. Dagegen sprechen schon die Fülle zutreffender medizinischer Details, der erst durch die moderne Fotografie erkannte Negativ-Charakter des Bildes sowie die dreidimensionalen Informationen, die mit einer Computeranalyse aus den Helligkeitswerten gewonnen wurden. Das Körperbild entsteht durch eine nur mikroskopisch nachweisbare Vergilbung von Flachsfasern, über deren Grund es noch keine widerspruchsfreie Erklärung gibt. Auch Aloe- und Myrrhe-Spuren wurden nachgewiesen, die Wundmale enthalten tatsächlich menschliches Blut. Auf den Augen des Toten könnten Münzen aus der Zeit des *Pilatus gelegen haben (N. Heutger: BZ 29, 1985, 105f). Die Geschichte des Tuches ist seit 1357 bekannt, verschiedene Hypothesen versuchen es mit einem Christusbild zu identifizieren, das 544 n.Chr. in Edessa auftauchte und bis zum 13. Jh. in Byzanz ausgestellt war. Die älteste Nachricht über die Aufbewahrung des Grabtuches Jesu findet sich im apokryphen judenchristl. Hebräerevangelium (Hieronymus, Vir Ill. 2). Pollenfunde weisen tatsächlich auf einen Aufenthalt des Grabtuches in Palästina, Kleinasien und Konstantinopel (W. Bulst: BZ 29, 1985, 104f). Der Radiokarbontest von 1988 (Alter zwischen 1260 und 1390) ist in seiner Seriosität umstritten (W. Bulst, Betrug am Turiner Grabtuch?, 1990), eine erneute Prüfung wird gefordert. Manche Exegeten (z.B. A. Feuillet, J.A.T. Robinson) halten das Grabtuch mit den Angaben der Evangelien für vereinbar.

Literatur: W. Bulst: Das Turiner Grabtuch, 1987; BZ 28 (1984), S. 22-42; 30 (1986), 70-91; L. Coppini (Hrsg.): La Sindone – Scienza e Fede, 1983; J.H. Heller: Report on the Shroud of Turin, 1983; O. Scheuermann: Das Tuch, ²1983; I. Wilson: Eine Spur von Jesus, 1980.

5. Gräber.
Das Judentum hielt an der atl. Ablehnung der Leichenverbrennung fest (vgl. Plin. nat. 5,5). Die frühen Christen folgten diesem Beispiel, wobei wohl auch das Vorbild der Grablegung Jesu sowie das Gleichnis vom Weizenkorn (Joh 12,24; vgl. 1Kor 15,35-39) Einfluß hatten. Gleichwohl wußte man, daß die Art der Bestattung nicht über die *Auferstehung entscheidet, wie ja auch viele Märtyrer verbrannt wurden (Eus. h. e. V, 1,62).

Auch in ntl. Zeit dürften die meisten Juden in Erdgräbern bestattet worden sein, wie sie jetzt für *Qumran nachgewiesen sind (R. de Vaux: Archaelogy and the Dead Sea Serolls, 1973, S. 45-48). Das wahrscheinlich echte Grab des *Petrus unter dem Petersdom in *Rom war ein einfaches Erdgrab (M. Guarducci: Petrus, 1975). Oft sind Christen mit dem Gesicht nach Osten bestattet worden (F.J. Dölger: Sol salutis, 1925, 261-272), weil man aus dieser Richtung den wiederkommenden Herrn erwartete (vgl. Mt 24,27).

Nur reiche Juden konnten sich Felsgräber leisten, von denen natürlich die *Königsgräber am prächtigsten gestaltet sind. Wir kennen nun eine Fülle von jüd. Felsgräbern, besonders in *Jerusalem (N. Avigad: EAEHL II, 1976, 628-641), aber auch aus *Jericho (R. Hachlili: BARev 5/4, 1979, 28-35). Wohlhabendere Gräber verfügten über einen Vorhof, eine gestaltete Fassade sowie eine Vorkam-

In Fels gehauenes Grab (dorischen Stils) im Kidron-Tal bei Jerusalem. Eine Inschrift (Anfang bis Mitte des 1. Jh. v.Chr.) besagt, daß zwei Generationen von Priestern aus der Linie Hesirs (2Chr 24,15) hier begraben wurden. Spätes 2. – frühes 1. Jh. v.Chr. (JPK)

mer. Der häufigste Verschluß bestand in einer Steinplatte, seltener sind Rollsteinvorrichtungen oder Türen. Der Eingang zur Hauptgrabkammer ist immer so niedrig, daß man sich bücken muß (vgl. Lk 24,12; Joh 20,5). Vom 2. Jh. v.Chr. bis zum 2.Jh.n.Chr. bestanden die Grablegen meist aus waagrechten Stollen (hebr. *kokīm*), in welche die Toten geschoben wurden (Stollen- oder Schiebegrab). Die Stollen sind in der Regel über einer Bank, die an drei Seiten um die Hauptkammer läuft, in den Felsen getrieben. Trotz des Zweifels einiger Forscher existieren in Palästina seit dem 1. Jh. v.Chr. auch schon Bogenbankgräber. Über der Grabbank, die oft von einem Bord umgeben ist, wurde ein Bogen in das Gestein gehauen. Manchmal ist die Bank auch trogartig ausgeschlagen. Solche Bogentroggräber kommen aber wie die beweglichen und festen Steinsarkophage besonders seit dem 2. Jh. n.Chr. auf. Auch in ntl. Zeit stehen wir vor dem Rätsel reicher Grabbeigaben, die vor allem persönliche Gegenstände des Toten umfassen (Puech, S. 52f).

Seit dem 1. Jh. v.Chr. wurden oft nach der Verwesung die Knochen des jeweiligen Toten in einem kleinen Steinbehälter (*ossuarium*) zweitbestattet. Vielleicht hängt dieser Brauch mit einer stärker individualisierten pharisäischen Auferstehungshoffnung zusammen. Auf den Ossuarien findet man häufig Inschriften, meist den Namen des Verstorbenen und manchmal auch eine Berufsbezeichnung (CIJ II, 245-320). Unhaltbar ist die Ansicht, alle Ossuarien seien judenchristl. Herkunft (J.P. Kane: JSS 23, 1978, 268-282). Bei den im südl. Jerusalemer Stadtteil Talpioth gefundenen Ossuarinschriften handelt es sich nicht um Anrufungen Jesu (J.P. Kane: PEQ 103, 1971, 104-108). In oberhalb von *Gethsemane entdeckten Grabanlagen (Dominus Flevit) könnten einige Symbole auf Judenchristen hinweisen (B. Bagatti: The Church from the Circumcision, 1971). Eine Ossuarinschrift aus dem *Kidrontal dürfte tatsächlich Alexander, den Sohn des *Simon von Kyrene (Mk 15,21), nennen (G. Kroll: Auf den Spuren Jesu, [10]1987, 358f).

In Rom sind seit etwa 200 n.Chr. unterirdische christl. Gemeinschaftsfriedhöfe (Katakomben) erhalten (J. Stevenson: Im Schattenreich der Katakomben, 1980). Ihr reicher Symbol- und Bilderschmuck, der sich teilweise an Vorbilder aus den noch älteren jüd. Katakomben anschließt (L. Pitigliani: BARev 6/3, 1980, 32-43), steht am Beginn christl. Kunst (F. Mancinelli: Katakomben und Basiliken, 1981). Vereinzelte Beispiele jüd. Grabmalerei aus ntl. Zeit kennen wir jetzt auch aus Palästina (R. Hachlili: PEQ 117, 1985, 112-127). Wie heute noch auf dem *Ölberg sichtbar, waren jüd. Gräber durch Kalktünche bezeichnet, um Verunreinigungen zu vermeiden (Mt 23, 27; vgl. Lk 11,44). Auffällig an christl. Gräbern war ihr Blumenschmuck, der auf die Schönheit des ewigen Lebens hinweisen sollte, so, wie Öllampen auf das ewige Licht (RAC II, 217).

Literatur: P. Connolly: Das Leben zur Zeit des Jesus von Nazareth, 1984, 60f; R. Hachlili: PEQ 115 (1983), 109-132; E.M. Meyers: Jewish Ossuaries, 1971; E. Puech: Les quatres fleuves 15/16 (1982), 35-55; L.T. Rahmani: BA 44 (1981), 171-177. 229-235; 45 (1982), 43-53. 109-119.

6. Das Grab Jesu.

Das seit Ende des 19.Jh. nördl. des Damaskustors gezeigte Grab (Garden Tomb) stammt aus vorexilischer Zeit (G. Barkay: BA Rev 12/2, 1986, 40-57; *Königsgräber) und kann schon allein deshalb nicht das neue Grab des *Josef von Arimathäa (Mt 27,60; Joh 19,41) sein. Das Grab Jesu lag nahe bei *Golgatha (Joh 19,41f), das sich nach zuverlässiger Überlieferung unter der heutigen Grabeskirche befindet. Auch das traditionelle Grab hat Anspruch auf Echtheit. Während andere jüd. Gräber beim Bau der konstantinischen Basilika zerstört wurden, isolierte man es vom umgebenden Felsen, weil man aufgrund judenchristl. Überlieferung und vielleicht auch durch Pilgerinschriften seine Lage kannte (R. Riesner: BiKi 40, 1985, 21-26).

Die ältesten Pilgerberichte (ELS 619ff) lassen sich mit den ntl. Angaben vereinbaren. Das in den Felsen gehauene Grab (Mt 27,60; Mk 15,46; Lk 23, 53) besaß eine Vorhalle (vgl. Joh 20, 1-8), einen Rollstein (Mt 27,60; Mk 15,46; Mt 28,2; Mk 16,3; Lk 24,2) sowie die Grablege auf der rechten Seite (Mk 16,5). Das Grab Jesu war also von vornehmerer Art, wie es der Stellung des Josef von Arimathäa (Mt 27,57; Mk 15,43; Lk 23,5 0) entsprach. Für die Grablege selbst werden sowohl Bankbogengrab (Puech: S. 53-55), Banktroggrab (W. Bulst: BZ 28, 1984, 38f), ein unbeweglicher Steinsarkophag (Fasola: S. 69f) wie auch ein Schiebegrab (D. of the Cross) vorgeschlagen. Im letzteren Fall müßte der Leichnam Jesu rechts auf der umlaufenden Steinbank und noch nicht im Schiebegrab gelegen haben. Die Pilgerberichte und vor allem auch das apokryphe Petrusevangelium (XIII 55) scheinen eine Schiebegrabanlage allerdings auszuschließen. Entscheiden läßt sich diese Frage erst, wenn der vorhandene Grabfelsen von den Marmorverkleidungen befreit und archäologisch untersucht würde. Auffällig ist, daß nach den Pilgerberichten nur eine Grablege vorhanden war, was mit dem noch unfertigen Zustand zusammenhängen könnte (J. Jeremias: Golgotha, 1926, 5). Gleich beabsichtigt war ein solches Einzelgrab wohl beim Mariengrab (*Gethsemane). Dagegen wurde *Johannes der Täufer in einem Gemeinschaftsgrab beigesetzt (*Samaria). Das Urchristentum überlieferte Jesu kritisches Wort (Mt 23, 29-31; Lk 11,47f) über die Verehrung der Prophetengräber (J. Jeremias: Heiligengräber in Jesu Umwelt, 1958). Die frühen Christen bewahrten aber auch für sie wichtige Gräber, um an das reale Handeln Gottes in der Geschichte zu erinnern, so vor allem natürlich das leere Grab des Herrn (W.L. Craig: NTS 31, 1985, 39-67; vgl. Mt 27,61; Mk 15,47; Lk 23,55).

Literatur: F.M. Abel, L.H. Vincent: Jérusalem Nouvelle II, 1914, 89-300; D. of the Cross: Shroud Spectrum International 17, 1985, 3-22; G. Dalman: Orte und Wege Jesu, [4]1967, S. 264-305; G. Kroll: Auf den Spuren Jesu, [10]1988, 368-373; W. H. Smith: BA 30, 1967, 74–90. R. R.

BEIL s. Handwerkszeug

BEKEHRUNG.

I. BEDEUTUNG.

Das Wort bedeutet »Hinwendung« oder »Umkehr« zu Gott. Im AT wird dieser Gedanke in erster Linie mit hebr. *schūb* ausgedrückt, das grundlegend die »Rückkehr zum Ausgangspunkt« bezeichnet. Im NT haben wir die griech. Verben *strephomai* (Mt 18,3; Joh 12,40) und *epistrephō* (in der LXX regelmäßig Übersetzung von *schūb*) und das Substantiv *epistrophē* (nur in Apg 15,3). *epistrephō* kommt im NT im Passiv nur an einer Stelle vor (1Petr 2,25 und zwar im Aorist Passiv: *epestraphēte*), *schūb* und *epistrephō* werden sowohl transitiv als auch intransitiv gebraucht: im AT ist davon die Rede, daß Gott Menschen zu sich wendet; das NT spricht von Verkündigern, die andere Menschen zu Gott hinwenden (Lk 1,16f; Jak 5,19f; wohl auch Apg 26,18). Die mit *strephō* verbundene Wortgruppe bezeichnet, analog zum atl. *schūb*, die »Rückkehr« (vgl. Lk 2,39; Apg 7,39), die »Umwendung« (vgl. Mk 5,30; Offb 1,12), das »Zurückkehren« (vgl. Mt 12,44). Wenn diese Begriffe mit theologischer Bedeutung gebraucht werden, beschreiben sie die Beziehung des Menschen zu Gott. Synonym zu dieser Wortgruppe wird im NT häufig *metanoeō*, »umkehren«, »sich bekehren«, »Buße tun« gebraucht, um den Gedankeninhalt von *schūb* wiederzugeben (*Buße).

II. IM ALTEN TESTAMENT.

Im AT lesen wir in erster Linie von nationaler B., einmal eines heidnischen Volkes (Ninive: Jona 3,7-10), sonst Israels. B.en einzelner kommen an einigen Stellen jedoch auch vor (Naaman, 2Kön 5; Josia, 2Kön 23,25; Manasse, 2Chr 33,12f; vgl. Ps 51,13). Schließlich finden wir noch Prophezeiungen weltweiter B.en (vgl. Ps 22,28). B. im AT ist die Umkehr und Rückkehr zu Jahwe, dem Bundesgott Israels. Für die Israeliten, die durch ihre Geburt Glieder des Bundesvolkes waren, bedeutete B., nach einer Zeit der Untreue gegenüber den Bundesbestimmungen ernsthaft und aufrichtig zu Jahwe zurückzukehren (vgl. 5Mo 4,30; 30,2.10). B. ist in Israel im wesentlichen die Rückkehr der Abgefallenen zu Gott. Einzelne oder das ganze Volk mußten zu Jahwe um- bzw. zurückkehren, weil sie sich von ihm entfernt und seine Wege verlassen hatten. Bei einer Umkehr des ganzen Volkes zu Gott machte man häufig einen *Bund, d.h. man versicherte in einem feierlichen Akt, sich in Zukunft Jahwe gegenüber wieder völlig loyal zu verhalten (so unter *Josua, Jos 24,25; *Jojada, 2Kön 11,17; *Asa, 2Chr 15,12; *Hiskia, 2Chr 29,10; *Josia, 2Chr 34,31). Die theologische Grundlage dieser öffentlichen Bekenntnisse einer B. ist in dem Konzept des Bundes zu finden. Gottes Bund mit Israel war eine beständige Beziehung; Rückfall in Götzendienst und Sünde trugen Israel die gebührende Strafe ein (vgl. Am 3,2), konnten den Bund als solchen jedoch nicht zerstören. Wenn Israel sich Jahwe wieder zuwandte, wollte Jahwe sich dem Volk wieder zukehren (vgl. Sach 1,3) und es wiederherstellen und heilen (5Mo 4,23-31; 29,1-30,10; Jes 6,10).

Das AT betont, daß B. nicht nur in den äußerlichen Anzeichen von Reue und verbessertem Verhalten besteht, sondern, wenn sie echt ist, in jedem Fall eine innere Selbstdemütigung, eine wirkliche Veränderung des Herzens und ein aufrichtiges Begehren der Gemeinschaft mit Gott einschließt (5Mo 4,29f; 30,2.10; Jes 6,9f; Jer 24,7) und von einer erneuerten Erkenntnis seines Wesens und seiner Wege begleitet wird (Jer 24,7; vgl. 2Kön 5,15; 2Chr 33,13).

Zu solcher ganzen, inneren Hinkehr zu Gott aber erwies sich selbst das Bundesvolk als nicht bereit (Jer 5,3; 8,5; vgl. 25,3-7 als rückblickendes Urteil über die ganze Geschichte Israels) und auch nicht in der Lage; unheilbar ist der durch die Sünde verursachte Schaden im Menschen (Jer 13,23; 30,12). Dieser Tatbestand kommt insbesondere darin zum Ausdruck, daß bei den Schriftpropheten durchgehend das Motiv der Umkehr nicht mehr in der paränetischen Aufforderung steht, sondern nur noch in der Begründung des Gerichts die Verweigerung der Umkehr festgestellt wird (H.W. Wolff).

III. IM NEUEN TESTAMENT.

Im NT wird *epistrephō* nur einmal für die Rückkehr eines in Sünde gefallenen Jüngers gebraucht (Petrus, Lk 22,32). Sonst werden rückfällig gewordene Christen nicht zur B., sondern zur Buße, d.h. zur Rückkehr zum ursprünglichen, von Christus bestimmten Tun aufgerufen (vgl. 2Kor 12,21; Hebr 6,1.6; Offb 2,5.16.21f; 3,3.19). Die Begriffe für B., *epistrephō* und *metanoeō*, beziehen sich nur auf jene entscheidende Hinwendung zu Gott, durch die ein Sünder – Jude oder Heide - durch Glauben an Christus gegenwärtigen Eintritt in das eschatologische Königreich Gottes erlangt und den eschatologischen Segen der Sündenvergebung erhält (Mt 18,3; Apg 3,19; 26,18).

Johannes der Täufer predigte die angesichts des bevorstehenden Zorngerichts dringend gebotene Umkehr als prinzipielle Abkehr von den Sünden (Mk 1,4f) und als Neuanfang (Mt 3,8). Jesus nahm die Umkehrbotschaft des Täufers wörtlich auf (Mt 4,17). Was Jesus unter B. verstand, kommt sehr deutlich in den Gleichnissen zum Ausdruck. Umkehr, B. impliziert Bejahung und Bekenntnis der Schuld vor Gott und den Menschen (Lk 15,18), die sich in der Bitte um Vergebung (Mt 5,23f; Lk 17,4) äußert; sie ist Abkehr von der Sünde (Mt 6,1-18; Mk 10,17-31; Lk 19,8), Bekenntnis zu Jesus (Mt 10,32f) und Nachfolge (Mk 8,34-38). Sie umfaßt, wenn sie echt ist, den ganzen Menschen (Mt 12,43-45); sie bedeutet, *Abba sagen lernen (Mt 8,3; vgl. Lk 15,11-32). Sie ist letztlich ein »Sichverlassen auf die Gnade Gottes« (J. Jeremias). Die Umkehr ist auch bei Jesus durch das drohende Gericht (Lk 13,1-5), vor allem aber durch die Erfahrung der großen, unbegreiflichen, durch Jesus den Menschen zugesprochenen Güte Gottes motiviert (vgl. Lk 8,41-43; 19,5.9f). Deshalb ist Umkehr Freude (Lk 15,7.10.24f.32; Mk 2,15f).

In der Apg ist die B. Voraussetzung für die Erfahrung der Sündenvergebung (Apg 2,38; 3,19; 5,31; 8,22; 26,18.20) bzw. für Taufe und den Empfang des Geistes (2,38; 11,18). Sie ist ein einmaliger Akt (daher die Zeitform des Aorist), in dem sich der Mensch von der Finsternis des Götzendienstes, der Sünde und der Herrschaft Satans ab- und der Anbetung und dem Dienst Gottes zuwendet (14,14; 26,18). Sie schließt *Buße (3,19; 26,18) und *Glauben (11,21; 20,21) ein und führt zu rechtschaffenen *Werken (27,20).

Auch Paulus lehrte die B. als grundlegende Abkehr von der Sünde und Hinkehr zu dem »lebendigen und wahren Gott«, ihm zu dienen (1Thess 1,9). Entscheidende Motivation ist die im Evangelium verkündete Güte Gottes (Röm 2,4). Im übrigen tritt in den an bereits glaubende Christen gerichteten Briefen die B.sterminologie zurück zugunsten des

Glaubensbegriffs (Röm 13,11; Gal 2,16 Aorist) oder der Begriffe Rechtfertigung (Röm 5,1) und Heiligung (1Kor 1,2), deren Beginn mit dem Akt der B. zusammenfällt.

Nach dem 1Petr ist die B. Kehrtwendung zum Hirten Jesus, der stellvertretend für die Schafe gestorben ist (2,24f).

Die Apg berichtet von einigen B.serfahrungen, die zum Teil heftig und dramatisch (z.B. bei Paulus, 9,3ff; Kornelius, 10,44ff; dem Gefängnisaufseher in Philippi, 16,29ff), zum Teil ruhig und unspektakulär waren (z.B. bei dem Kämmerer, 8,30ff; Lydia, 16,14). Ein besonderes Interesse an der Psychologie der B. tritt dabei aber nicht zutage. Lukas schildert die B. des Paulus und des Kornelius je dreimal (Apg 10,5ff; 22,6ff; 26,12ff; und 10,44ff; 11,15ff; 15,7ff), weil diese für die Geschichte der Urgemeinde von höchster Bedeutung waren, und nicht wegen der äußerlichen Manifestationen, die diese beiden B.en begleiteten. Für die Schreiber des NT ist die B. weniger eine Erfahrung, die man fühlt, als vielmehr ein dynamisches Geschehen, eine Aktion, etwas, das man tut. Die B. ist für sie die zustimmende Antwort des Bekehrten auf das Evangelium. B. bedeutet die Bereitschaft eines Menschen zur Vereinigung mit Christus, die in der Taufe symbolisiert wird: Vereinigung mit ihm im Tod als Gericht über die Sünde und Vereinigung mit ihm in der Auferstehung aus dem Tod, um durch ihn für Gott zu leben und durch die Kraft des innewohnenden Heiligen Geistes mit ihm in einem neuen Leben zu wandeln. Die B. eines Christen ist Verpflichtung auf Jesus Christus und Bindung an ihn als den göttlichen Herrn und Erlöser; und diese Verpflichtung bedeutet, die Vereinigung mit Christus als Tatsache zu betrachten und entsprechend zu leben (Röm 6,1-14; Kol 2,10-12.20ff; 3,1ff).

IV. SCHLUSSFOLGERUNG.
Psychologisch gesehen ist in jedem Fall die Hinwendung zu Gott die bewußt bedachte, frei gewählte und unmittelbar ausgeführte Handlung des Menschen selbst. Die Bibel macht jedoch deutlich, daß B. in einem fundamentalen Sinn Gottes Werk im Menschen ist. Das AT sagt, daß sich Sünder nur dann zu Gott wenden, wenn sie von Gott selbst bekehrt werden (Jer 31,18f; Klgl 5,21). Das NT beschreibt die B. von Ungläubigen zu Gott als das Resultat des Wirkens Gottes in ihnen, zu dem sie von sich aus nichts beitragen konnten; denn bei diesem Wirken geht es im wesentlichen um die Heilung einer geistlichen Unfähigkeit, die eine Hinwendung zu Gott bis zu diesem Zeitpunkt unmöglich gemacht hatte (Phil 2,12f); die B. schließt ein Auferstehen vom Tod (Eph 2,1ff), eine neue Geburt (Joh 3,1ff), eine Öffnung des Herzens (Apg 16,14), eine Öffnung und Erleuchtung verblendeter Augen (2Kor 4,4-6), die Gabe einer Erkenntnis (1Joh 5,20) ein. Der Mensch antwortet auf das Evangelium nur deshalb, weil Gott zuerst auf diese Weise in ihm gewirkt hat. B. ist also ein Geschenk (vgl. Apg 5,31; 11,18; 16,14; 2Tim 2,25). Die Berichte von der B. des Paulus und verschiedene Hinweise auf die vom Heiligen Geist dem bekehrenden Wort verliehene Kraft und Überzeugung (vgl. Joh 16,8; 1Kor 2,4f; 1Thess 1,5) zeigen, daß Gott Menschen in dem starken, ja überwältigenden Bewußtsein göttlicher Nötigung zu sich zieht. Deshalb ist das im Deutschen reflexive »sich bekehren« nicht in der Hinsicht mißzuverstehen, als ob der Mensch von sich aus, mit eigener Kraft und aus eigenem Antrieb, sich (selbst) bekehren könnte (*Wiedergeburt).

Literatur: E. Würthwein, J. Behm: ThWNT IV, S. 976-1001; G. Bertram: ThWNT VII, S. 722-728; J.A. Soggin: THAT II, 884-891; J. Becker: TRE VII, S. 446-451; E.K. Dietrich: Die Umkehr im AT und Judentum, 1936; J. Schniewind: Das biblische Wort von der Bekehrung, [2]1948; W.L. Holladay: The Root subh in the OT, 1958; J. Jeremias: Neutestamentliche Theologie, I, [3]1979, S. 150-156; H. Burkhardt: Die biblische Lehre von der Bekehrung, [2]1985, bes. S. 9-29; O. Michel: Die Umkehr nach der Verkündigung Jesu, EvTheol 1938, S. 403-413; H.W. Wolff: Das Thema »Umkehr« in der alttestamentlichen Prophetie, ZThK 1951, S. 137-148; H. Burkhardt: The experience of conversion, in: H. Marshall (Hrsg.): Christian Experience in Theology and Life, 1986. J.I.P./H.B.

BEKENNTNIS. Im Deutschen kann »Bekenntnis« sowohl Glaubensb. als auch Sündenb. bedeuten. Als Glaubensb. bezieht sich der Begriff auf die öffentliche Erklärung – der Gemeinde oder des einzelnen – einer persönlichen Beziehung zu Gott. Als Sündenb. ist es die Anerkennung von Sünde und Schuld im Licht der Offenbarung Gottes und somit ein äußeres Zeichen der *Buße und des *Glaubens.

I. IM ALTEN TESTAMENT.
Im AT lassen sich zwei große Bedeutungsbereiche unterscheiden.

1. Hebr. *jādā* in der Bedeutung von »loben, preisen, danken, bekennen«. Die am häufigsten gebrauchte Wendung lautet »ich will Jahwe preisen« (29 mal im Singular: vgl. 1Mo 29,35; Ps 7,18; 9,2; 18,50; Jes 12,1; 25,1; im Plural in Ps 44,9; 75,2; 79,13; 95,2). Dieses Lobbekenntnis ist auf eine Tat Gottes an dem Sprechenden bezogen (z.B. Ps 118,21; 139,14) oder in der Gewißheit ausgesagt, daß die

Stunde des Gotteslobes kommen wird (z.B. Ps 42,6.12; 43,4.5). B. ist hier Lob Gottes als Antwort auf das rettende, erhörende, befreiende Handeln Gottes, das Einstimmen des einzelnen in das Gotteslob, hinter dem der aus der eigenen Erfahrung kommende Entschluß steht (Westermann). Der imperativische Lobruf »preiset« (*hōdū*), mehr oder weniger gleichbedeutend mit *hallelū* (Ps 30,5; 97,12; 100,4; 105,1, etc.), weitet das Gotteslob aufgrund einer bestimmten Tat aus in das Lob der Güte Gottes, aus der diese Tat erwächst. Schließlich bezeichnet hebr. *tōdā* das Lobopfer (3Mo 7,12–15; 22,29; Jes 17,26; Ps 100,1) bzw. das Loblied (Ps 26,7; 42,5; 50,14.23; 107,22; Jes 51,3; Jer 30,19; Jona 2,10).

2. *jādā* und *tōdā* bedeuten auch »(die Sünden) bekennen« (vgl. 2Mo 5,5; Jos 7,19; 1Kön 8,33.35; Esr 10,1; Ps 32,5; Spr 28,13; Dan 9,4.20). Die beiden Bedeutungsbereiche treffen sich in der Bedeutung »anerkennen« oder »bekennen«: das Lobb. ist die Anerkennung von Gottes rettendem Wirken, das Sündenb. besteht im Anerkennen des eigenen Versagens, der eigenen Schuld.

Neben dem B. des einzelnen gibt es das B. des ganzen Volkes, der Gemeinde. Dieses B. ist ebenfalls zweischichtig. Am Anfang steht das B. zu Gott, das z.B. in der einfachen Form »Jahwe ist unser Gott« gesagt wird (vgl. 5Mo 6,4). Es war im Ursprung mit der Herausführung des Volkes aus Ägypten verbunden. Manche Forscher stellen in diesen Zusammenhang das sog. »geschichtliche Credo« (von Rad), das die wesentlichen Heilstaten Gottes aufzählt (5Mo 6,20-24; 26,5-9; Jos 24,2-13; Ps 105; 136). Das B. des Volkes zu Gott geht über in das Lob der großen Taten Gottes. Das B. zu Gott schließt nun auch die Absage an andere Götter (vgl. 2Mo 20,2f; Jos 24,23; Ri 10,16; 1Sam 7,3f; Hes 20,7) und das Sündenb. ein, das häufig von einem Stellvertreter gesprochen wird (von Mose, 2Mo 32,32; vom Hohenpriester am Versöhnungstag, 3Mo 16,21; von Esra, Esr 10,1; von Nehemia, Neh 1,6; von Daniel, Dan 9,4.20).

Lobb. (als Glaubensb.) und Sündenb. waren Bestandteil des Gebetes des einzelnen wie des Gottesdienstes der Gemeinde. Man kann das B. auf dem Hintergrund der altorientalischen Vasallenverträge sehen (*Bund), in denen der Vasall den ihm von seinem Oberherrn vorgelegten Bedingungen zustimmt und unter Eid seine Loyalität erklärt, und mit dem Eingeständnis der Schuld vor Gericht vergleichen.

In der Qumrangemeinde wurde die *tōdā* zu den *Hodajoth*, den sog. »Dankliedern«, fortgebildet, die Lob Gottes und Glaubensb. verbinden. Die Psalmen beginnen häufig mit den Worten: »Ich will dich, Herr, preisen, denn ...«

In dem wohl im Exil entstandenen Gottesdienst der Synagoge stand das B. des Glaubens zusammen mit dem Lob Gottes und dem Sündenb. im Mittelpunkt und wurde mit 5Mo 6,4-9 gesprochen (*Schema Jisrael*).

II. IM NEUEN TESTAMENT.

Das ntl. *homologeō* bzw. die *homologia* bezeichnet im Profangriech. das Übereinstimmen mit einer Aussage und im juristischen Kontext das Eingestehen einer Beschuldigung. In der LXX steht der Begriff für hebr. *jādā*, »preisen, loben«. Im NT wird der Begriff in fünffacher Bedeutung gebraucht: a. im gemeingriech. Sinn von »offen gestehen« (Apg 24,14), »anerkennen, bejahen« (Apg 23,8), »(offen) erklären« (Mt 7,23; Hebr 11,13), »versprechen« (Mt 14,7); b. im semit. Sinn von »sich zu jemandem bekennen« (Mt 10,32; Lk 12,8); c. im spezifisch christl. Sinn von »(Christus) bekennen« (vgl. Joh 9,22; Röm 10,9; 1Tim 6,12; 1Joh 2,23; 4,2f; vgl. Phil 2,11: *exhomologeō*); d. im atl. Sinn von »(Sünde) bekennen« (1Joh 1,9; so besonders das Kompositum *exhomologeō*: Mk 1,5; Apg 19,18; Röm 14,11; Jak 5,16); e. im atl. Sinn von »preisen, lobpreisen« (Hebr 13,15; vgl. Mt 11,25par.).

Die Anerkennung und Bejahung Jesu äußert sich in »Titelbekenntnissen« die den Namen Jesu mit einem Hoheitstitel verbinden: Jesus ist der Messias (Christus; Mt 16,16; Mk 4,29; Joh 1,41; 9,22), der Sohn Gottes (Mt 8,29; Joh 1,34.49; 1Joh 4,15), der Fleischgewordene (1Joh 4,2; 2Joh 7), der Herr (Kyrios, Röm 10,9; 1Kor 12,3; Phil 2,11). Das in allen vier Evv. aufgezeichnete Petrusb. (Mt 16,13-20; Mk 8,27-33; Lk 9,18-21; Joh 6,67-69) mit seiner Messiasprädikation knüpft an die prophetischen Traditionen vom Gesalbten Gottes an, mit denen Jesus als vollmächtiger, mit dem Geist Gottes gesalbter Lehrer, Prophet und Offenbarer gewürdigt werden kann (Pesch). Das Urkerygma 1Kor 15,3-5 ist frühchristl. B.tradition: Christen bekennen sich zum wirklichen Tod und zur leiblichen Auferstehung Jesu Christi.

Das B. zu Jesus Christus schließt das Sündenb. (1Joh 1,5-10) ein. So rief Johannes der Täufer die Menschen auf, als Vorbereitung auf das Kommen des Messias ihre Sünden zu bekennen (Mt 3,6). Im Wirken Jesu und der Apostel war das so verstandene B. ein wichtiges Element (vgl. Mt 6,12; Lk 5,8; 15,21; 18,13; 19,8; Joh 20,23). Wenn das Sündenb. zum Nutzen der Gemeinde öffentlich, in der Gegenwart der Gemeinde, erfolgt (vgl. Apg 19,18; Jak 5,16), soll dies immer in erbauender Weise geschehen (Eph 5,12). Wahre Buße bedeutet unter Umständen, daß man dem Bruder seine Schuld eingesteht (Mt 5,23f).

Das B. zu Jesus Christus ist das Werk des Heiligen Geistes und als solches das Kennzeichen der wahren Gemeinde (Mt 10,20; 16,16-19; 1Kor 12,3). Deshalb wird auch bei der Taufe bekannt (vgl. Apg 8,37; 10,44-48): mit dem öffentlichen B. antwortet der Glaubende - wie die Gemeinde – auf Gottes Heilstat in Jesus Christus. Aus der Praxis des Taufb. entstanden sehr wahrscheinlich die ersten Glaubensb. der frühen Christenheit. Nach Johannes leugneten christl. Irrlehrer die Realität der *Inkarnation, d.h. die wahre Menschheit und den Tod des Gottessohnes; Johannes grenzt sich deshalb von ihnen ab mit dem B. zu Jesus als dem Messias (1Joh 2,22; 5,1) und fleischgewordenen Sohn Gottes (4,2.15; 5,5); (2,23; 4,2.3.15; 2Joh 7).

Von Jesus wird gesagt, daß er vor Pilatus »das gute Bekenntnis« bezeugt hat (1Tim 6,13); er bekannte, daß er der Messias (Mk 14,62) und ein König (Joh 18,36) ist. Er bekannte vor den Menschen gegen das falsche Zeugnis seiner Feinde (Mk 14,56) und angesichts der Verleugnung seines Jüngers (Mk 14,68).

Jesus weist darauf hin, daß das B. zu ihm bzw. gegen ihn die Entscheidung über das ewige Heil oder ewige Verderben fällt (Mt 10,32f; Lk 12,8f; vgl. 2Tim 2,11-13). Wer angesichts der Feindschaft der Welt gegen Jesus öffentlich seine Zugehörigkeit zu Jesus bekundet, den wird er im Endgericht vor dem himmlischen Gerichtshof als zu ihm gehörig anerkennen; wer sich von ihm distanziert, wird für immer vom Heil geschieden werden (Hofius). Unser B. ist ein vorlaufendes Handeln im Blick auf jenen Tag, an dem alle Zungen bekennen werden, daß Jesus Christus der Herr ist (Röm 14,11f; Phil 2,11; Offb 4,11; 5,12; 7,10). Deshalb ist unser B. ein B. der Hoffnung (Hebr 10,23; vgl. 3,1), das auf die Vollendung, auf das Ziel des Glaubens, blickt.

Literatur: O.Michel: ThWNT V, S. 199-220 (Lit.); C. Westermann, E. Kamlah: RGG^3, I, 989-993; C. Westermann: THAT I, 674-682; D. Fürst: TBLNT I, S. 76-79; O. Hofius: EWNT II, 1981, 1255-1263 (Lit.); O. Cullmann: Die ersten christlichen Glaubensbekenntnisse, [2]1949; H. Frh. von Campenhausen: »Das Bekenntnis im Urchristentum«, ZNW 63, 1972, S. 210-253; V.H. Neufeld: The Earliest Christian Confessions, 1963. E.J.S.

BEL. Name oder Titel der babylon. Hauptgottheit Marduk (*Merodach), deren Sturz gleichbedeutend mit dem Ende *Babylons und seiner Herrschaft war (Jer 50,2; 51,44). B. wird in diesem Zusammenhang mit dem Gott Nabu (*Nebo) genannt, der als sein Sohn galt (Jes 46,1). Bēl (sumer. *en*, »Herr«; hebr. *Baʿal*) gehörte mit Anu und Enki zu der ursprünglichen sumer. Göttertrias; sein Name war ein Titel oder Epitheton (Beiname) des Wind- und Sturmgottes Enlil. Als Marduk im 2. Jt. v.Chr. zum Hauptgott von Babylon aufstieg, erhielt er den Zusatznamen Bēl. Das goldene Bild, das *Daniel und seine Gefährten anbeten sollten, war die Statue dieses Gottes (ZusDan 2). D.J.W.

BELA. »Beredt« (nach Noth) oder »Verschlungenes, Verwirrung, Verleumdung« (nach Köhler).

1. König zu *Edom, Sohn des Beor aus der Stadt Dinhaba (1Mo 36,32).

2. Ältester Sohn *Benjamins (1Mo 46,21). Von ihm kommen die Belaiter (4Mo 26,38).

3. Oberster aus dem Stamme *Ruben, Sohn *Asas, der mit seiner Familie ein großes Gebiet im Lande *Gilead bewohnte (1Chr 5,8).

4. Ursprünglicher Name Zoars im Tale *Siddim am Südostende des Toten Meeres (1Mo 14,2).

BELAGERUNG s. s. Festungsbau und Belagerungstaktik

BELIAL. Der Sinn dieses Wortes geht im allgemeinen deutlich aus dem Zusammenhang hervor: »Belialssohn« oder »-mensch« meint offenkundig einen besonders niederträchtigen Menschen. Das Wort kommt im hebr. Urtext von Ps 18,5 parallel zu dem Wort »Tod« vor, daher sagt LÜ: »Verderben«. In den intertestamentarischen Schriften und im NT ist B. ein Synonym für *Satan (oft »Beliar« geschrieben). Die Etymologie ist jedoch nicht eindeutig. Die masoretische Schreibung *belīyaʿal* ist abzuleiten von *belī* (»ohne«) und *yaʿal* (»Gewinn«) und meint folglich »Wertlosigkeit«: diese Ableitung scheint einleuchtend zu sein, wenngleich schwer zu erklären ist, wie B. ein Eigenname wurde. Von einigen Gelehrten wird ein mythologischer Hintergrund, z.B. Baal-yam (»Herr Meer«), postuliert, doch vermag im Grunde keiner dieser Vorschläge zu überzeugen. Eine dritte Möglichkeit wäre, die masoretische Schreibung zu ignorieren und das Wort von einem hebr. Verbum *bālaʿ* (»verschlingen, sich einverleiben«) abzuleiten; der Name würde dann in erster Linie den Scheol als den »Verschlinger« bezeichnen (die Etymologie von »infernalisch« wäre damit vergleichbar). D.F.P.

BELSAZAR. Der Herrscher Babylons, der bei der Kapitulation der Stadt 539 v.Chr. getötet

Dieses Rollsiegel berichtet von Belsazar, dem Sohn Nabonids, daß er den Tempel des Mondgottes Sin in Ur wiederhergestellt hat. 9,5 cm × 4,8 cm. Ca. 550 v.Chr. (BM)

wurde (Dan 5). *Bēl-schar-usus* (»Bel schützt den König«) wird in babylon. Urkunden von seinem Vater Nabonid, König von Babylon 556-539 v.Chr., erwähnt. Andere Texte überliefern Einzelheiten über B.s Administration und rel. Betätigungen in Babylon und Sippar bis zum 14. Regierungsjahr seines Vaters. B. war möglicherweise ein Enkel *Nebukadnezars II., und nach der Chronik des Nabonid »vertraute« sein Vater »ihm das Heer und die Regierung an« (ca. 555 v.Chr.), während Nabonid einen Zug nach Innerarabien unternahm, wo er sich zehn Jahre aufhielt. B. regierte in Babylonien selbst. Es ist möglich, daß Daniel die Ereignisse nach den Jahren dieser Mitregentschaft datierte (Dan 7,1; 8,1), obschon die offizielle Urkundendatierung weiterhin nach den Regierungsjahren des Nabonid erfolgte. In das 12. und 13. Regierungsjahr des Nabonid datierte Gesetzestexte enthalten den Namen des Bēl-schar-usur, des Kronprinzen, in Eidesformeln. Da Nabonids Exil einer Inschrift aus Haran (AS 8/1958, S. 35-92; ANET^3, S. 562f) zufolge zehn Jahre dauerte, würde dies andere Quellen bestätigen, denn der »König«, der im Oktober 539 v.Chr. starb, war B. (Dan 5,30), dessen Vater bei seiner späteren Rückkehr in die Hauptstadt gefangen wurde (Xen.Kyr. 7.5.29f nennt keine Namen). Belsazar (aram. *Bēlscha'ssar*) wird auch Balthasar (grBar 1,11-12; Hdt. Hist. 1,188) oder Baltasar (Jos.ant.Jud. 10, 254) genannt.

Literatur: R.P. Dougherty: Nabonidus and Belshazzar, Yale Oriental Series 15/1929; A.K. Grayson: Assyrian and Babylonian Chronicles, 1975, S. 104-111 (Nabonid-Chronik). *D.J.W.*

BELTSCHAZAR. (Hebr. *Bēltesa'assar*; griech. *Balthasar*). Der Name, den man Daniel in Babylon gab (Dan 1,7; 2,26; 4,8f.19; 5,12; 10,1). Der hebr. Name ist möglicherweise eine Transliteration des häufigen babylon. *Belet/Belti-schar-usur* (»Die Herrin [Gemahlin des Gottes *Bel] schütze den König«). Zur Namensform vgl. *Belsazar (A.R. Millard: EvQ 49/1977, S. 72). D.J.W.

BENAJA. »Jahwe hat aufgebaut«.

1. Sohn des *Jojada aus Kabzeel in Südjuda (2Sam 23,20). Als Befehlshaber der aus ausländischen Söldnern bestehenden Leibgarde Davids (2Sam 8,18; 20,23) war er der dritte Heerführer für den dritten Monat (1Chr 27,5f). Er »war berühmt unter den dreißig Helden« Davids (2Sam 23,20-23; 1Chr 11,22-25) und stand beim Aufstand *Absaloms wahrscheinlich auf Davids Seite (2Sam 15,18). Mit B.s Hilfe wurde *Adonijas Plan durchkreuzt und Salomo zum König gekrönt (1Kön 1); er exekutierte später Adonija, *Joab und *Schimi (1Kön 2,25.29ff.46) und wurde anstelle von Joab zum Oberbefehlshaber bestellt (1Kön 2,35).

2. Einer der »Dreißig«, die die zweite Gruppe der Helden Davids bildeten, aus Piraton in Ephraim (2Sam 23,30; 1Chr 11,31). Er befehligte die Heeresabteilung für den elften Monat (1Chr 27,14).

Zehn weitere Träger dieses Namens werden an folgenden Stellen erwähnt: 1Chr 4,36; 15,18.20.24; 16,5-6; 2Chr 20,14; 31,13; Esr 10,25.30.35.43 (vgl. 3 Esra 9,26.34-35); Hes 11,1.13. J.G.G.N.

BEN-AMMI. »Sohn meines Verwandten«. Name des aus Lots blutschänderischer Verbindung mit seiner jüngeren Tochter (1Mo 19,38) hervorgegangenen Sohnes, von dem die Söhne *Ammons abstammten. Mose anerkannte ihre Verwandtschaft mit den Kindern Israel durch Lot und gab daher Anweisung, daß sie in dem Land, das »ihnen zum Besitz gegeben war« (5Mo 2,19), unbehelligt bleiben sollten. Trotzdem wurden »die Söhne Ammon« (RevEB) später zu Israels Feinden (2Chr 20,1; Ps 83,7-9). G.T.M.

BENE-JAAKAN. Ein Lagerplatz der Israeliten (4Mo 33,31-32; 5Mo 10,6). Formal betrachtet ist B. ein Stammesname und bezeichnet eine der Sippen Seïrs (1Chr 1,42, Akan); gleichzeitig bezeichnet B. das Bergland im W des *Araba. Eine genauere Lagebestimmung ist nicht möglich, da sich der Abschnitt des Itinerars von 4Mo 33, in dem B. vorkommt, auf eine von mehreren Wegstrecken beziehen kann. G.I.D.

BEN-HADAD. Hebr. Form von aram. *Bar-* oder *Bir-Hadad,* »Sohn des Hadad«, Name von zwei oder drei Herrschern des Aramäerreichs von Damaskus.

1. B. I. wird in 1Kön 15,18 »Sohn Tabrimmons, des Sohnes Hesjons, König von Aram« genannt. In seinem 15. Regierungsjahr (dem 35. nach der »Reichstrennung«) besiegte *Asa von Juda den Äthiopier *Serach und veranstaltete in Jerusalem ein großes Dankfest, zu dem er auch Israeliten einlud (2Chr 14,8-14,19); als Bascha von Israel Juda deshalb im 16. (36.) Jahr angriff (2Chr 16,1-10), wandte Asa sich an B. I. von Aram um Hilfe (1Kön 15,18ff). B. I. regierte folglich bereits um 895 v.Chr. (Vgl. E.R. Thiele: Mysterious Numbers of the Hebrew Kings, 1951, S. 58-60; [2]1965, S. 59-60).

2. B. (ca. 874/3-853 v.Chr.), der Gegner *Ahabs (1Kön 20), wurde zur Zeit *Jorams (ca. 851-845 v.Chr.) und Elisas (2Kön 6,24ff.; 8,7-15) von *Hasaël ermordet. Hasaël folgte B. ca. 843 v.Chr. in der Regierung (Salmanassar III. von Assyrien erwähnt Hasaël 841 v.Chr.; M.F. Unger: Israel and the Aramaeans of Damascus, S. 75). Zwei Probleme stellen sich hier.

Zeichnung auf einer Stele: Der Gott Melkart mit seiner Streitaxt. Die Inschrift erwähnt Ben-Hadad, den König von Aram. Ca. 860 v.Chr.

a. Ist B. zur Zeit Ahabs und Jorams der B. I. zur Zeit Asas (was eine lange, doch nicht beispiellose Regierungszeit von 57 Jahren, ca. 900 bis 843 v.Chr., bedeuten würde), oder ist er ein anderer B. II.? Albright (BASOR 87/1942, S. 23-29) sieht nur einen einzigen B. (I.), vermag dies aber allein mit einer möglichen Datierung der Melkart-Stele auf ca. 850 v.Chr. aufgrund des Stils ihrer Inschrift zu begründen (Datierung zwischen ca. 875 und 825 v.Chr.). Die nächstliegende Interpretation von 1Kön 20,34 ist jedoch, daß *Omri früher von B. I., dem Vater B.s II., des Zeitgenossen Ahabs, besiegt worden war; Albrights Deutung dieser Stelle vermag keineswegs zu überzeugen, und zum Verschweigen der Niederlage Omris im AT kann man die unerwähnt bleibende Tributleistung Jehus an Salmanassar III. als Parallele anführen.

b. Salmanassars III. Annalen nennen 853 v.Chr. (Wiseman, in: DOTT, S. 47) und 845 v.Chr. (ANET, S. 280a; ARAB, 1, §§658, 659) den König von Damaskus *[d]IM-idri,* was vermutlich als Adad-idri (»Hadadeser«) zu lesen ist: dies muß fast sicher ein anderer Name für B. (I./II.), Ahabs Zeitgenossen, sein; (vgl. Michel: Welt des Orients, 1, 1947, S. 49, Anm. 14). Wenn man von zwei Herrschern namens B. ausgeht, dann kann B. I. ungefähr von 900-860 v.Chr. und B. II. auf ca. 860-843 v.Chr. datiert werden. Die sog. Melkart-Stele datiert aus dieser Periode; von ihr auf einen spezifischen B. zu schließen ist wegen der Unlesbarkeit seiner Ahnenreihe auf dem Denkmal trotz etlicher Lösungsvorschläge (z.B. Gross: BASOR 205/1972, S. 36-42) nicht möglich.

3. B. III., ca. 796-770 v.Chr., der Sohn Hasaëls, setzte die von seinem Vater begonnene Bedrängung Israels zur Zeit des *Joahas (ca. 818/7-802/1 v.Chr., 2Kön 13,22) bis in die Regierungszeit *Joaschs (ca. 802/1-787/6 v.Chr.) fort. Joasch erfüllte die Weissagung des sterbenden Elisa, indem er B. abzuwehren vermochte (2Kön 13,14-19.25). Dieser Aramäerkönig ist auch auf der zeitgenössischen Stele Zakirs, des Königs von Hamat und Laasch (vgl. Black, in: DOTT, S. 242-250), erwähnt. Der ungenannte »Befreier« im damaligen Kampf gegen Syrien (zu Israels Vorteil) mag auf das Eingreifen Adad-nararis III. von Assyrien gegen *Aram hindeuten; (vgl. W. Hallo: BA 23/1960, S. 42, Anm. 44, im Anschluß an H. Schmökel: Geschichte des Alten Vorderasien, 1957, S. 259, Anm. 4). Amos (1,4) prophezeite die Zerstörung der »Paläste Hasaëls und Ben-Hadads«, und in seiner Weissagung gegen die Provinz »Damaskus« ruft sie Jeremia (49,27) in Erinnerung. K.A.K.

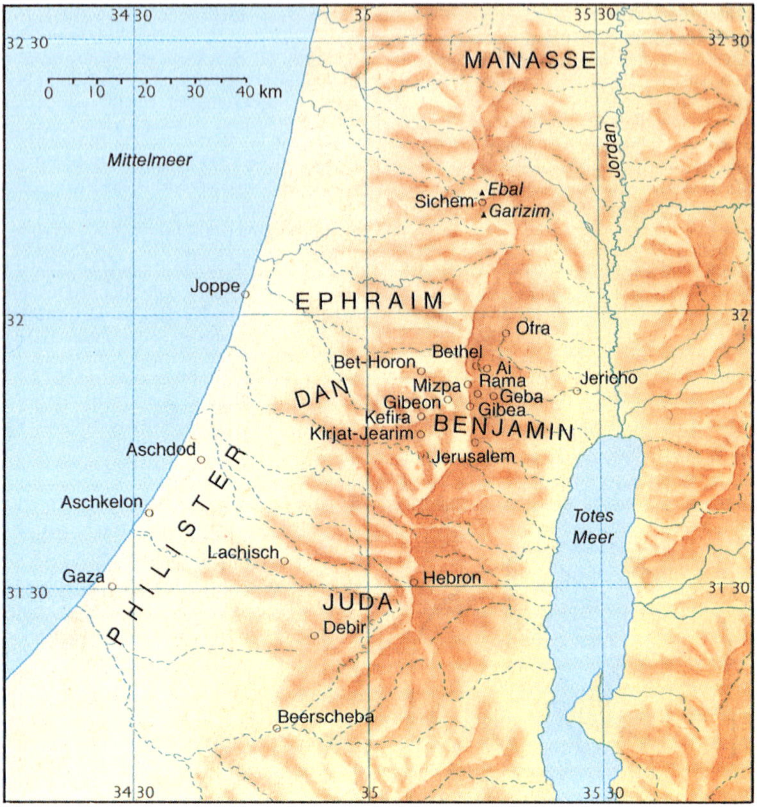

Das dem Stamm Benjamin zugeteilte Gebiet.

BENJAMIN.
1. Jakobs jüngster Sohn, von seinem Vater *binyāmīn* (»Sohn der rechten Hand«, d.h. »Glückskind«) genannt, obwohl seine bei der Geburt verstorbene Mutter ihn *ben-ʿōnī* (»Unglückssohn«) genannt hatte (1Mo 35,18.24). Nach dem Verlust Josefs wurde B. als der überlebende Sohn der Rachel der Lieblingssohn Jakobs.

2. Der von Benjamin herkommende Stamm: hebr. *binyāmīn* als Sammelname oder pl. *benē binyāmīn*; auch *benē yemīnī*, (Ri 19,16; 1Sam 22,7,) und sing. *ben yemīnī* oder *ben hayyemīnī* (vgl. *ʾīsch yemīnī*, 1Sam 9,1; *ʾeres yemīnī*, V. 4). Ein ähnlicher Name, *bīnū (oder mārū) yamina*, der möglicherweise »Südsöhne« bedeutet, kommt in den Texten von Mari (18. Jh. v.Chr.) vor, und einige Gelehrte, z.B. Alt und Parrot, haben hier die Vorläufer des bibl. Stammes gesucht. Der Unterschied von Zeit und Herkunft läßt dies jedoch sehr ungewiß erscheinen.

Wir erfahren viele Einzelheiten über benjaminitische Geschlechterfolgen, doch sind sie nirgendwo vollständig; in 1Mo 46,21 werden zehn Familien aufgezählt, das chronistische Werk nennt lediglich drei Sippen (1Chr 7,6ff), von denen Jediaël nicht im Pentateuch erscheint. Die vor der Landnahme existierenden »Vaterhäuser« werden in 4Mo 26,38ff aufgeführt; Einzelheiten für die Zeit der Könige verzeichnet 1Chr 8.

Der Stamm besetzte einen Landstreifen zwischen dem Gebirge Ephraim und dem judäischen Bergland. Die Grenze gegen Juda wird genau angegeben (Jos 18,15ff; vgl. 15,5ff). Sie verlief südl. von Jerusalem – das jedoch eine Jebusiterstadt wurde, bis David es eroberte – und von dort nach *Kirjat-Jearim, das zeitweilig zu Benjamin gehörte (Jos 18,28). Jos 15,9 stützt diese Angabe, setzt die Stadt freilich mit dem judäischen *Baala gleich; M. Noth (Josua², ad loc.) sieht darin eine Glosse, doch wird die Angabe in Jos 15,60; 18,14; Ri 18,12; 1Chr 13,6 wiederholt; vgl. 1Chr 2,50ff. Die N-Grenze verlief von Jericho aus bis nördl. von *Ofra, dann südwestl. zu den Bergrücken südl. von *Bet-Horon, wobei Lus im Gebiet von Ephraim blieb (das Heiligtum von *Bethel aber vielleicht ursprünglich nicht; Jos 18,13). Nach der »Reichsteilung« gehörten Bethel und ein Tal des östl. Gebiets von B. zu »Ephraim« (d.h. dem Nordreich), doch schwankte die Grenze; vgl. 2Chr 13,9. Die W-Grenze wird als gerade Linie von Bet-Horon bis Kirjat-Jearim angegeben, doch bestanden auch weiter westl. Siedlungen von B. (1Chr 8,12f).

»Benjamin ist ein reißender Wolf« heißt es in Jakobs Segen über seine Söhne (1Mo 49,27). Seine Tapferkeit und militärische Tüchtigkeit trugen dem Stamm einen großen Ruf ein; seine von jeher linkshändigen Schleuderer waren berühmt (Ri 3,15; 20,16; 1Chr 8,40). *Ehud, der Israel von den Moabitern befreite, war Benjaminit, desgleichen Saul, der erste König (1Sam 9,1), Königin Ester (Est 2,5) und der Apostel Paulus (Röm 11,1). Dem philistäischen Expansionsdrang unmittelbar ausgesetzt, spielte der Stamm in der Geschichte Israels die größte Rolle unter der Führung Sauls und hielt ihm durchweg die Treue, wenn auch einige nach Davids Bruch mit Saul zu jenem übergingen (1Chr 12,2-7.29). Man erinnerte sich des Zerwürfnisses noch lange danach (2Sam 16,5; 20,1). Sippenloyalität solcher Art wurde viele Jahre vor der Königszeit (Ri 20,26f) in B.s unheilvollem Widerstand gegen die nationale Forderung nach Gerechtigkeit in der Angelegenheit der Nebenfrau des Leviten (Ri 20-21) offenbar.

Durch die Einrichtung der Hauptstadt in Jerusalem rückte B. näher an Juda heran (1Chr 8,28), und nach der »Reichsteilung« blieb der Stamm *Rehabeam treu (1Kön 12,21; 2Chr 11; 1Kön 11,32: »um der Stadt Jerusalem willen«). Die Stadt hatte zwei »Benjamin«-Tore, davon eins am Tempel (Jer 20,2); das andere war vielleicht mit dem »Schaftor« in der N-Mauer identisch (Jer 37,12; Sach 14,10). Trotz der Kriegswirren blieb B. ein Teil von Juda (1Kön 15,16ff; 2Kön 14,11ff; vgl. 2Kön 23,8, »Geba«). Nach der Rückkehr aus dem Exil wird zwischen Juda und B. nicht mehr nach den Stammesgebieten unterschieden, sondern nur noch nach der genealogischen Abstammung (vgl. Neh 7 mit 11,7ff).

In der Vision Hesekiels liegt das Stammesgebiet von B. genau südl. der Stadt (Hes 48,22ff).

3. Ein Nachkomme des Jediaël (1Chr 7,10).

4. Ein Benjaminit, der während des Exils eine nichtjüd. Frau genommen hatte (Esr 10,32); vielleicht identisch mit der in Neh 3,23; 12,34 erwähnten Person.

Literatur: Mari-Texte: M. Noth: JSSt 1/1956, S. 322-333; J. Gibson: JSSt 7/1962, S. 57f. Topographie: Z. Kallai: IEJ 6/1956, S. 180–187; GTT, S. 164ff.170ff; Allgemein: J. Bright: Geschichte Israels, 1966; K.D. Schunck: ZAW Suppl. 86/1963 (Rezension in: JBL 83/1964, S. 207); M. Noth: Geschichte Israels, ⁶1966; LDB; M. Clauss: Geschichte Israels, 1986. J.P.U.L.

BEOR.

1. Vater des *Bela, des ersten Königs von *Edom (1Mo 36,32; 1Chr 1,43).

2. Vater *Bileams (4Mo 22,5).

BERACHA. »Segen«.

1. Einer der Krieger, die sich David in Ziklag anschlossen, als dieser wegen der Feindschaft Sauls in Bedrängnis war (1Chr 12,1-3).

2. Ein Tal, in dem *Joschafat und seine Leute Gott für den Sieg dankten, den sie über die Ammoniter, Moabiter und Edomiter errungen hatten (2Chr 20,26). Es wird mit dem zwischen Jerusalem und Hebron und westl. von *Tekoa gelegenen Wadi Bereikūt gleichgesetzt. Der heutige Name weist auf eine frühere Form, die etwas anders als die im hebr. Text erscheinende ausgesprochen wurde und »Wasserlache« *(berēkā)* bedeutete. R.J.W.

BERENIKE. Die älteste Tochter *Herodes Agrippas I., Schwester der *Drusilla, geboren 28 n.Chr. Sie war bereits verlobt, wenn nicht vermählt gewesen, als sie im Alter von 13 Jahren ihren Onkel Herodes von Chalkis heiratete. Nach dessen Tod im Jahre 48 lebte sie mit ihrem Bruder Herodes Agrippa II. zusammen (ein blutschänderisches Verhältnis mit ihm wird in Iuv.Sat. 156-160 behauptet). B. heiratete dann König Polemon von Zilizien, verließ ihn aber wieder und kehrte zu ihrem Bruder zurück, in dessen Gesellschaft sie Paulus zuhörte (Apg 25,13). Sie wurde die Mätresse des späteren Kaisers *Titus. Josephus zeigt sie in einem günstigeren Licht: Im Jahre 66 schritt sie in Jerusalem mutig ein, um ein Massaker an den Juden durch den Prokonsul Florus zu verhindern (Jos.bell.Iud. 2, 309-314).

E.M.B.G./C.J.H.

BERG/GEBIRGE. Die topographischen Begriffe *gibʿā* und *hār* im Hebr. und *bounos* und *oros* im Griech. übersetzt man am besten mit »Hügel« bzw. »Berg« oder »Gebirge«. Der Ausdruck *gibʿā*, »Hügel«, ist spezifisch und meint einen erhöhten Ort, Abhang oder Anstieg. Ursprünglich bedeutet er »Schale« oder »bucklig« und bezeichnet treffend die gerundeten Hügel aus hartem Kalkstein, die das Rückgrat von Mittelpalästina bilden. Ihre erodierte Form kontrastiert mit den das judäische Gebirge flankierenden, tiefen Tälern aus weichem Kalkstein, die in der LÜ plastisch als »glatte Wege« bezeichnet werden.

Der Ausdruck *hār*, der in modernen Übersetzungen gewöhnlich durch »Berg« wiedergegeben wird, ist allgemeiner und wird unterschiedslos zur Bezeichnung eines einzelnen Berges, eines Gebirges oder einer Bergregion verwandt. Er begegnet auch beim Land der Amoriter (5Mo 1,7.19-20), der Ammoniter (5Mo 2,37), des Stammes Naftali (Jos 20,7) und bei Gilead (5Mo 3,12).

Die Identifizierung bestimmter Stätten ist deshalb nicht immer möglich, so im Falle des hohen Berges der Versuchung (Lk 4,5), der Stelle, von der aus Jesus die »Bergpredigt« hielt (Mt 5,1), und des Berges der Verklärung (Mt 17,1; Mk 9,2; Lk 9,28). Der Berg *Sinai kann ebenfalls nicht identifiziert werden.

Der in Jes 14,13 erwähnte Berg der Versammlung kommt in der Prahlerei des Königs von Babylon vor und bezeichnet unter Anspielung auf eine babylon. Legende den Sitz der Götter (Hes 28,14f).

Mit hebr. Harmagedon (Offb 16, 16) könnte die Bergregion von *Megiddo gemeint sein, d.h. der Berg *Garizim, der die Ebene von Megiddo überblickt, den Schauplatz apokalyptischer Szenen (vgl. Sach 12,11).

Da in der Geographie und Geschichte Palästinas Berge eine große Rolle spielen, ist in der Hl. Schrift oft von ihnen die Rede. Sie bieten Ausblick – »Steige auf den Gipfel des Gebirges Pisga und hebe deine Augen auf« (5Mo 3,27; vgl. Lk 4,5). Ihr Einfluß auf reichliche Niederschläge macht sie zu einem Symbol der Fruchtbarkeit (5Mo 33,15; Jer 50,19; Mi 7,14), von Weideland (Ps 50,10) und Jagdrevieren (1Sam 26,20). Sie sind im Zusammenhang mit heidnischen Kultstätten zu sehen (1Kön 18,17-46; Jes 14,13; 65,7; Hes 6,13). Ihre Unwegsamkeit macht sie zu Zufluchtsstätten (Ri 6,2; 1Sam 14,21-22; Ps 68, 16.23; Mt 24,16).

Berge versinnbildlichen Beständigkeit (Jes 54,10) und ewige Dauer (5Mo 33,15; Hab 3,6). Sie gelten als die ältesten von Gott geschaffenen Dinge (Hiob 15,7; Spr 8,25), als uralt (Ps 90,2), als Zeugnisse der Macht des Schöpfers (Ps 65,7) und seiner Erhabenheit (Ps 68,16). Sie sind Schauplätze von Gotteserscheinungen, wanken und zerschmelzen vor Jahwe (Ri 5,5; Ps 97,5; Jes 64,2; Mi 1,4) und erschauern vor seinem Gericht (Ps 18,8; Mi 6,1f). Sie sollen die Schuldbeladenen vor seinem Angesicht bedecken (Hos 10,8; Lk 23,30). Wenn Gott sie anrührt, so rauchen sie (Ps 104,32; 144,5). Sie jauchzen auch über Israels Erlösung (Ps 98,8; Jes 44,23; 49,13; 55,12), hüpfen zum Lobpreis des Herrn (Ps 114,4.6) und werden als Zeugen seines Handelns an seinem Volk angerufen (Mi 6,2).

Berge versinnbildlichen auch schwere Lebenswege (Jer 13,16), Hindernisse (Mt 21,21) und Schwierigkeiten (Sach 4,7), die die Glaubenden zu überwinden vermögen (Mt 17,20).

J.M.H.

BERGBAU UND METALLGEWINNUNG. Den historischen Schauplatz des AT bildet der sogenannte »Fruchtbare Halbmond« – d.h. Mesopotamien, Syrien, Palästina und Nil-Delta. Das ebene Schwemmland der Täler von Euphrat/Tigris und Nil ist gesteinsarm. Ein Großteil des assyr. Gipses entstammt Steinbrüchen bei Mosul; auch nahe Ur findet sich eine ausgebeutete Gesteinsader. In der Regel jedoch wurden die Bauwerke in diesen Tälern aus Tonziegeln errichtet (1Mo 11,3; 2Mo 1,11-14; 5,7-19).

Der »Halbmond« wird im N und O von hochaufgeworfenen Bergketten aus diversen Gesteinsarten unterschiedlichen Alters umschlossen, die reich an Erzen wie Gold, Silber, Kupfer, Zinn, Blei und Eisen sind. Im S erhebt sich ein frühgeschichtliches Felsmassiv, das Granit, Diorit und Porphyr enthält. Dieses Massiv erstreckt sich von der Wüste zwischen Nil und Rotem Meer quer über die südl. Hälfte der Sinai-Halbinsel und nach O bis in die arab. Hochebene hinein. In einigen Felsformationen sind Gold, Silber, Eisen, Türkise und Halbedelsteine zu finden, aber auch mehrere Arten von Baugestein.

Nördl. der Sinai-Halbinsel und der arab. Hochebene liegen die Wüste, Transjordanien und Palästina, deren geologische Struktur hauptsächlich von Kreidegestein (Kalk- und Sandstein) bestimmt wird. Gebiete jüngerer Basaltlava finden sich nördl. und östl. vom Oberlauf des Jordan.

I. NICHT-METALLHALTIGES GESTEIN.

1. Flint. Im Kalkstein und den daraus resultierenden Kiesvorkommen des Gebietes findet sich Flint (Feuerstein) in großen Mengen. Flint ist ein fein gemasertes, hartes Gestein, dem selbst eine Stahlklinge nichts anhaben

Schmelztiegel zum Schmelzen und Läutern von Bronze. Durchmesser 19 cm, Höhe: 15 cm, Fundort: in der Nähe der Kupferminen von Sarbut-el-chadem. Ca. 1500 v.Chr. (UC)

kann. Durch Behauen oder starken Druck läßt es sich zu scharfen Klingen verarbeiten. Die ersten Schneidewerkzeuge der Menschen waren aus Flint hergestellt. Die Menschen der Steinzeit stellten Pfeilspitzen, Meißel, Spachtel und Messer daraus her; bis weit in die Bronzezeit hinein wurde Flint verwendet. Zippora, Moses Frau, beschnitt ihren Sohn mit einem Messer aus Feuerstein (2Mo 4,25). In der Bibel ist Flint ein Bild für Härte, Unwandelbarkeit, Standhaftigkeit (5Mo 8,15; Ps 114,8; Jes 50,7; Hes 3,9).

2. Baugestein. Mit Ausnahme des ebenen Schwemmlandes von Mesopotamien und Unterägypten waren die Vorkommen reichhaltig. Kalk- und Sandstein sind in den Flußklippen Ägyptens vorzufinden, Granit, Diorit und anderes Vulkangestein liegt offen zutage. In Palästina sind Kalk- und Sandstein im gesamten Bergland und Basalt östl. des oberen Jordantals zu finden. Der Abbau und die Aufschichtung großer, feststehender Steine im Neolithikum schuf die Erfahrungsgrundlage für spätere Steinbrüche und Bergwerke. Der relativ weiche und leicht zu bearbeitende Kalkstein kam dem Bau von Zisternen und Gewölben sowie der Produktion von Gegenständen wie etwa Wasserkrügen (Jer 2,13; Mt 27,60; Joh 2,6) entgegen. Der in Mt 26,7 verwendete Ausdruck »Glas« (»Alabasterfläschchen« RevEB) bezeichnet wahrscheinlich Kalzit (Kalziumkarbonat), ein wesentlich härteres Gestein als gewöhnlicher Alabaster (Kalziumsulfat).

3. Marmor. Marmor ist ein kompakter, kristalliner Kalkstein, gewöhnlich von weißer oder milchig-grauer Farbe, aber auch Rosatöne und rote oder grüne Äderungen kommen vor. Der für die Bildhauerei bestgeeignete Marmor des Nahen Ostens kam von Paros (Minoa), aber auch an der W-Küste des Golfs von Suez, in S-Griechenland und östl. des Tigris in Assyrien lagen Vorkommen. »Marmorsteine die Menge« werden in 1Chr 29,2 erwähnt, worunter auch polierter Kalkstein der Region fallen kann; bedenkt man jedoch, daß zu Davids und Salomos Zeiten ein lebhafter und ausgedehnter Handel betrieben wurde, können die »Marmorsteine« auch über das Meer oder aus dem NO herangeschafft worden sein.

II. METALLE UND BERGBAU.
In der Reihenfolge Gold, Kupfer (Bronze) und Eisen kamen Metalle zur Verwendung. Das erste in der Bibel erwähnte Metall ist Gold (1Mo 2,11); als weiteres edles Metall der Antike ist Silber zu nennen. Beide können im Reinzustand vorkommen, weshalb sie auch als erste verwendet wurden. Silber findet sich oft von Gold durchsetzt. Im Anschluß an die Ära, in der reine Metalle hauptsächlich zu Schauzwecken verwendet wurden (vgl. *Kunst; *Handwerk), begann die Gewinnung von Kupfererzen im Tagebau, aber auch Abbau unter Tage setzte frühzeitig ein. Mehr als 1000 Jahre vor Abraham hatte die Bearbeitung (nicht der Abbau) von Metall in Ur bereits eine hohe Stufe erreicht. Nach R.J. Forbes (Metallurgy in Antiquity, 1950, S. 297) »ist mit Sicherheit festgestellt, daß vom Tagebau bis zum Treiben von Stollen in Bergflanken, um den Kupferadern zu folgen, jede Form des Bergbaus in der Antike praktiziert wurde. Genaue Angaben zu antiken Bergwerken sind jedoch rar«.

Der Abbau von Türkisen und Kupfer dürfte um 3000 v.Chr., zur Zeit der 1. Dynastie Ägyptens, bei Maghara und Serabit el-Khadim in W-Sinai begonnen haben. Zeugnisse einer großangelegten Kupferverarbeitung der Ägypter in der Ramses-Periode (13. Jh. v.Chr.) wurden bei *Timna in der *Araba (ca. 30 km nördl. von Elat; »Kupfertal«) gefunden. Schächte von mehr als 35 m Tiefe entdeckte man in ägypt. Bergwerken. Tunnels, durch Wetterschächte belüftet, wurden in Bergflanken getrieben, wobei in weiträumigen Ausschachtungen Pfeiler stehen blieben, um die Decke abzustützen.

Anfangs benutzte man Steinwerkzeuge, später wurden Werkzeuge aus Bronze und Stein parallel verwendet. Keile und Feuer dienten dazu, den Fels zu spalten, und durch Zerstampfen, Waschen und Handverlesen wurde das Erz vom Stein getrennt. Für den Schmelzvorgang beschickte man in der Regel einen Schmelzofen über einem Holzkohlefeu-

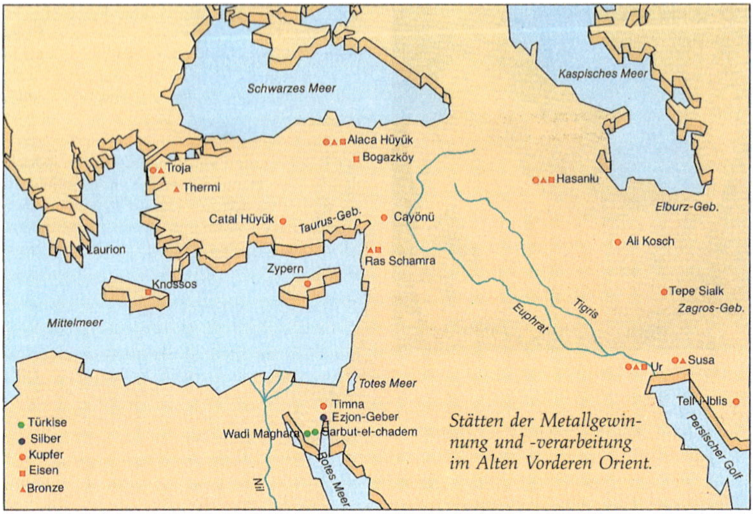

Stätten der Metallgewinnung und -verarbeitung im Alten Vorderen Orient.

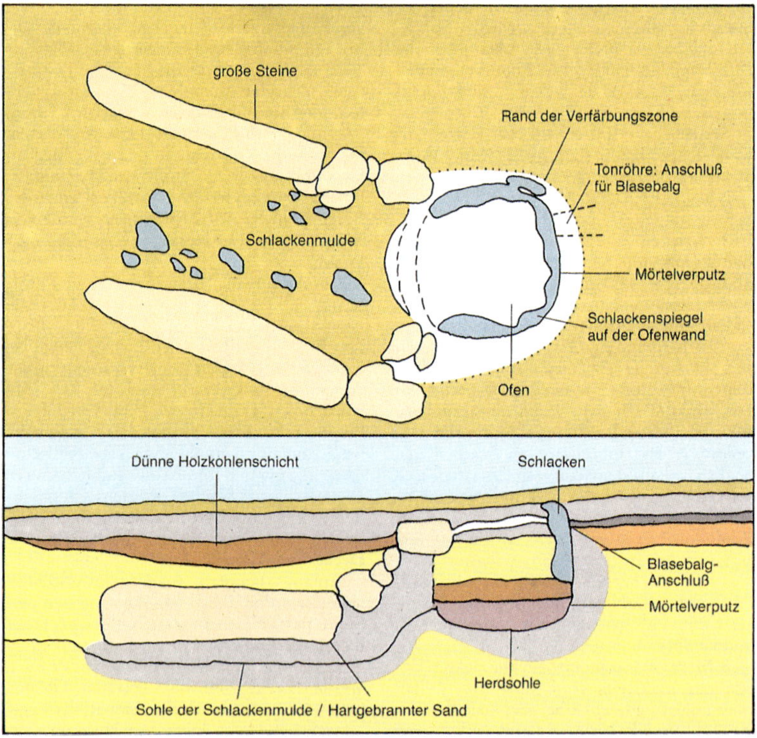

Ägyptische Schmiede bei der Läuterung von Kupfer. Zwei Männer (Obere Bildhälfte, links und rechts außen) treten Blasebälge, damit das Holzkohlenfeuer durch Luftzufuhr die für den Schmelzvorgang nötige Temperatur erreicht. Wandbild aus dem Grab von Rekh-mi-re, Theben. Ca. 1470 v.Chr. (SAOS)

er mit feingemahlenem Kupfererz zusammen mit einem Gemisch aus Fließmitteln (Eisenoxyd, Kalkstein oder Muscheln) und Holzkohle. Wenn das Erz zusammenschmolz, sanken die Kupferteilchen auf den muldenförmigen Boden des Schmelzofens. Die sich oberhalb des Kupfers absetzende Schlacke wurde in noch flüssigem Zustand in eine Schlackengrube abgeschöpft, den Kupferbarren entfernte man, sobald er sich verfestigt hatte. Der Barren mußte ein weiteres Mal eingeschmolzen werden, damit er in eine Form gegossen werden konnte. Schmelztiegel und Schlackenhaufen finden sich in vielen alten Ortschaften. Körbe dienten zum Transport des Erzes, Tunnels zur Drainage überschüssigen Wassers. Hiob 28,1-11 vermittelt einen Eindruck vom Bergbau, wie er in der Antike betrieben wurde.

Holzkohle
gelber Sand, Holzkohle und Schlacken
Sand, grau-weiß
Schlacken
gelblicher Sand
roter Sand
rot-grauer Sand
grauer Sand

Grundriß und Aufschnitt eines Kupferschmelzofens bei Timna (13.–12. Jh. v.Chr.). Flüssige Schlacke wurde durch eine 10 cm über der Herdsohle befindliche Öffnung in die Schlackenmulde abgeleitet, geschmolzenes Kupfer blieb auf der Herdsohle zurück.

1. Gold. Gold kommt in reiner Form vor, für gewöhnlich ist es von unterschiedlichen Mengen an Silber durchsetzt. Es ist extrem geschmeidig und formbar und läuft nicht an. Diese Eigenschaft machte es bereits für die Menschen der Steinzeit zu einem beliebten Material für Schmuck wie etwa Ringe. Seine Verwendung wurde in erster Linie für wesentliche Einrichtungsgegenstände der Stiftshütte (2Mo 25) und des Tempels Salomos angeordnet (1Kön 6). Vor allem im Schwemmland der Wüste im östl. Ägypten war Gold reichlich zu finden, und die Israeliten müssen auf ihrem Exodus große Mengen davon mitgeführt haben. Andere bekannte Fundstätten der antiken Welt waren die W-Küste *Arabiens, die Berge von Armenien und Persien, das westl. Kleinasien und die ägäischen Inseln. Schon früh wurde Gold zu einem bedeutenden Zahlungsmittel.

2. Silber. In der Rangfolge edler Metalle kommt Silber nächst dem Gold, mit dem es in

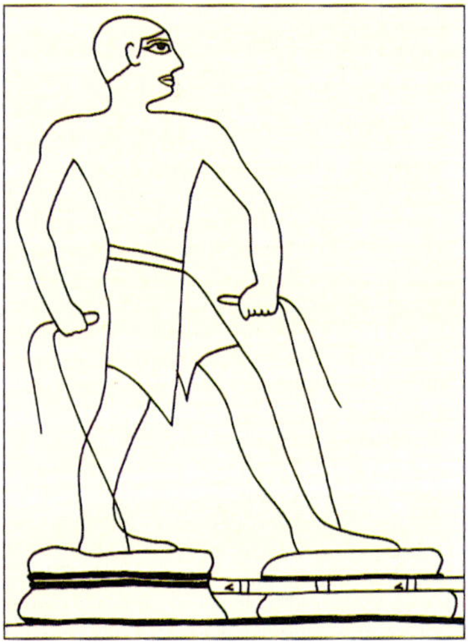

Unterteil eines Blasebalgs, Durchmesser: 44 cm, Höhe: 18 cm (Irak, ca. 1750 v.Chr.). Eine Membran wurde am oberen Rand (Einkerbung) befestigt; Pumpbewegungen (vgl. Abb. unten) schafften die für den Schmelzvorgang nötige Luftzufuhr.

der Bibel häufig verbunden wird. In reiner Atmosphäre läuft es nicht an und nimmt einen spiegelnden Glanz an. Für gewöhnlich wird es aus Bleisulfid (Bleiglanz) gewonnen, kommt aber auch in reiner Form vor. Silber war in bibl. Zeit so reichlich vorhanden, daß die Verfahren zu seiner Gewinnung und Läuterung seit langem bekannt sein mußten. Jeremia (6,29-30) benutzt das Mißlingen des Läuterungsprozesses von Gold und Silber zur Illustration der Weigerung des Volkes, sich Gott zu unterstellen. Die Fundstätten dieses Metalls sind die gleichen wie die des Bleis, nämlich Kleinasien, die Inseln der Ägäis, Laurion in S-Griechenland, Armenien, Persien und drei oder vier Orte in der ostägypt. Wüste.

3. Blei. In der Bibel taucht Blei in einigen Listen von Metallen auf. Bleitafeln wurden zuweilen für Inschriften verwendet (Hiob 19,24).

4. Kupfer (Bronze, Messing). Das hebr. *nehōschet* ist in Esr 8,27 mit »goldglänzendem Kupfer« übersetzt (LÜ), ansonsten wird es jedoch mit »Messing« wiedergegeben. Bronze

wird in der Bibel nicht erwähnt, war jedoch schon vor den Erzvätern gebräuchlich (Abraham lebte in der mittleren Bronzezeit). Das »Messing« der Bibel kann demnach jedes der drei Metalle sein, mit der Einschränkung, daß das eigentliche Messing, eine Legierung aus Kupfer und Zink, erst spät auftrat. Das hebr. *haschmal* in Hes 1,4 (LÜ: »blinkendes Kupfer«; RevEB: »glänzendes Metall«) kann auf echtes Messing hinweisen. Das erste allg. genutzte Metall war mehr oder weniger reines Kupfer, wobei eine gewisse Unreinheit durch die Produktionsmethode vorgegeben war. Die Legierung von Kupfer und Zinn (Bronze) könnte mit Bedacht entwickelt worden sein, nachdem Zinn oft in Verbindung mit Kupfer vorkommt. Auch für Messing (Kupfer und Zink) sind Beispiele bekannt, die aber möglicherweise zufällig produziert wurden, bis die Römer um 20 v.Chr. die Messingproduktion für das Prägen von Münzen und andere Zwecke aufnahmen. Die an der Erdoberfläche auftretenden Kupfererze sind farbintensive blaue und grüne Karbonate, die als Lidschatten oder zur Färbung von Glasuren verwendet wurden. Versehentliches Erhitzen dieser Erze könnte zur Produktion von Kupfer geführt haben. Es gibt keinen Nachweis zum Gebrauch reinen Kupfers in Ägypten, obwohl es bereits in einer frühen Phase von der Kupferindustrie Palästinas verwendet wurde. Die Erze waren über den »Fruchtbaren Halbmond« auf der Sinai-Halbinsel, in Midian, O-Ägypten, Armenien, Syrien und Persien weit verbreitet, und natürlich auch auf *Zypern, das seinen Namen von diesem Metall erhalten hat. Man benutzte Kupfer auf vielerlei Weise. Neben seiner Verwendung in der Stiftshütte und im Tempel wurden Haushaltsgeräte wie Becken, Kannen, aber auch Götzenbilder, Musikinstrumente, Rüstungen, Spiegel, usw. daraus hergestellt.

5. Zinn. Erwähnt wird Zinn in der Bibel lediglich in Listen von Metallen. Man verwechselte es in der Antike oft mit Blei. Ein kleiner Anteil Zinn in Kupfer ergibt Bronze. Das schwere, dunkle Oxyderz wurde hauptsächlich aus Flußsand gewonnen und bis in röm. Zeit nicht wie die anderen Metalle abgebaut.

6. Eisen. Nur seltene und gelegentliche Verwendung von Eisen ist aus frühester Zeit bekannt, jedoch nur in seiner Reinform, deren Ursprung die Überreste von »Sternschnuppen« oder Meteoriten sind. Dies erklärt womöglich seine frühe Erwähnung in 1Mo 4,22, die einer Zeit lange vor Beginn der eigentlichen Eisenzeit angehört. Lange bevor Werkzeuge daraus gefertigt werden konnten, dürfte mit Eisen experimentiert worden sein, Grundlage für die erfolgreiche Produktion eines Metalls mit den Eigenschaften von Stahl. Die Hetiter waren das erste Volk, das für den konsequenten Gebrauch vom Eisen bekannt ist, wenn auch in begrenztem Umfang. Das Wissen darüber breitete sich aus, als ihr Reich niederging. Mit den Philistern kam die Kunst der Eisenverarbeitung nach Palästina, und die Israeliten fanden sich in dieser Hinsicht im Nachteil (Ri 1,19; 1Sam 13,19-22). Unter David und Salomo wurde das Gleichgewicht wiederhergestellt (1Chr 29,7). Reiche Vorkommen an Eisen wie auch an Kupfer gab es in der Araba zwischen Totem Meer und dem Golf von Akaba. In ganz Palästina kam Eisenerz reichlich vor; es konnte nahe dem Karmel, dem Hermon, in SW-Midian und der ostägypt. Wüste, in Syrien, auf Zypern und den ägäischen Inseln sowie an der Pontos-Küste Kleinasiens gefunden werden. Die Tatsache, daß sowohl Kupfer als auch Eisen im Herrschaftsbereich Salomos bei Ezjon-Geber abgebaut werden konnte, war eine wörtliche Erfüllung von 5Mo 8,9. A.S./J.Ru.

BERGPREDIGT. Traditionelle Bezeichnung der in Mt 5-7 aufgezeichneten Lehre Jesu. Ob Lk 6,20-49 (oft als »Feldrede« bezeichnet) als Parallelstelle zu betrachten ist, hängt davon ab, wie man die literarischen Beziehungen der beiden Stellen zueinander interpretiert. Die Ortsangaben in Mt 5,1 und Lk 6,17 schließen jedenfalls nicht aus, daß es sich um dieselbe Rede handelt.

Die B. enthält ganz offensichtlich *didachē* (Lehre), nicht *kerygma* (Verkündigung), vgl. Mt 5,2. Es ist unmöglich, die B. als »Evangelium« an Menschen zu verstehen, die ihre Forderungen als Einlaßbedingungen für das Reich Gottes erfüllen müssen. Die B. ist als »kurzes Handbuch der Lehre Jesu« (G. Maier) eine grundlegende Skizze des Charakters derjenigen, die bereits Teilhaber des Reiches Gottes sind, und eine Beschreibung der Qualität ihrer Lebensweise. Sie ist als »Königswort des Sohnes Gottes« die »neue Ordnung der Christengemeinde« (J. Schniewind); sie ist »Befehlsausgabe« an den engeren Kreis der Christen als der »kleinen Leibgarde« (K. Heim).

I. KOMPOSITION. Früher galt es als selbstverständlich, daß die B. eine Rede wiedergibt, die Jesus bei einer ganz bestimmten Gelegenheit gehalten hat. Nach dem Bericht bei Mt scheint dies in der Tat der Fall gewesen zu sein. Jesus setzte sich, und die Jünger traten zu ihm (5,1); Jesus »tat seinen Mund auf« und lehrte sie (V. 2); nach der Rede staunte das Volk über seine Lehre (7,28), und Jesus stieg vom Berg herab (8,1). In der Forschung hat sich weithin die Auffassung durchgesetzt, daß es sich bei Mt 5-7 um eine Sammlung verschiedener Worte Jesu handelt. Verschiedene Gründe legen dies nahe.

1. Für eine einzige Predigt enthält die B. sehr viel konzentriertes Material.

2. Das Spektrum der Themen scheint den Rahmen einer einzigen Rede zu sprengen.

3. Einige Themen (z.B. das Gebet in Mt 6,5-13) werden ziemlich abrupt angeschnitten.

4. Mehrere Abschnitte (34 Verse) kommen bei Lk in jeweils einem anderen Kontext vor (so wird z.B. das Vaterunser in Lk 11,1 durch die Bitte der Jünger eingeleitet, sie das Beten zu lehren).

5. Matthäus hat auch an anderen Stellen Lehrmaterial unter bestimmten Themen zusammengestellt und in seinen Bericht vom Leben Jesu eingefügt (vgl. 9,35-10,42 über Jüngerschaft; Kap. 13 über das Reich Gottes; Kap 18 über wahre Größe; Kap. 24-25 über die Endzeit).

Diese Erwägungen zwingen jedoch nicht, die B. als willkürliche Komposition anzuschauen. Der historische Hintergrund in Mt 4,23-5,1 deutet darauf hin, daß Jesus bei einer bestimmten Gelegenheit eine wichtige Rede gehalten hat. In der B. finden sich mehrere Gedankenreihen, die man als »Kurzpredigten« Jesu verstehen kann; die B. ist keine thematische Sammlung verschiedener Einzelworte. Die B. weist genug Ähnlichkeiten mit der Feldrede in Lk auf (Seligpreisungen am Anfang, Gleichnis vom Hausbau am Schluß; Lk 6,27ff. 36ff, hat dieselbe Reihenfolge wie Mt), um hinter den beiden Berichten einen gemeinsamen Anlaß anzunehmen, d.h. eine tatsächlich von Jesus gehaltene Rede.

II. SPRACHE. Selbst in der Übersetzung lassen sich die verschiedenen Arten des Parallelismus erkennen, welche die semit. Poesie (vgl. die Psalmen) kennzeichnen. Mt 7,6 ist ein gutes Beispiel für synonymen Parallelismus: »Ihr sollt das Heilige nicht den Hunden geben, und eure Perlen sollt ihr nicht vor die Säue werfen«. Das Vaterunser besteht aus zwei »Strophen« zu je drei Zeilen. Der Ausleger, der mit solchen poetischen Grundzügen, mit Bildrede etc. rechnet, wird den Text nicht mit einer starren Buchstäblichkeit interpretieren (z.B. Mt 5,29f). Im Zusammenhang der zahlreichen Anklänge der B. an die Formen und Inhalte der Weisheitsliteratur ist festzuhalten, daß Proverbien (Sprüche) »in Extremen ausgedrückte Prinzipien« sind (A.M. Hunter).

In diesem Zusammenhang ist auch auf die Eigenschaft der Absolutheit in den ethischen Imperativen Jesu einzugehen. Verse wie »Darum sollt ihr vollkommen sein, wie euer Vater im Himmel vollkommen ist« (5,48) sind nicht als »neue Gebote«, sondern als umfassende Grundprinzipien zu verstehen. Sie gehören in die Kategorie der prophetischen Verfügung, die immer tiefer war und mehr gefordert hat als der bloße Buchstabe des Gesetzes. Und sie enthalten die Ethik des neuen Äons, d.h. Anordnungen für jene, die in der Nachfolge Jesu ein neues Herz haben und durch die neue Kraft des Geistes leben.

III. UMSTÄNDE. Sowohl Mt als auch Lk weisen die B. der Frühzeit des Wirkens Jesu zu. Lukas bringt die »Feldrede« direkt im Anschluß an die Berufung der zwölf Apostel und versteht die Rede Jesu somit als eine Art »Ordinationspredigt«. Jesus hielt die Rede zu einer Zeit, als der Widerstand seiner Gegner noch nicht allzu groß und er doch schon im ganzen Land bekannt war. Während der ersten Monate seines Wirkens in Galiläa predigte er in den Synagogen; die Begeisterung der Menschenmengen machte es aber bald notwendig, daß er seine Predigten im Freien hielt. Der Charakter der Botschaft Jesu entspricht diesem Wechsel. Während Jesus früher verkündigt hatte: »Tut Buße, denn das Himmelreich ist nahe herbeigekommen« (Mt 4,17), legt er jetzt denen, die mit Ernst lernen wollten, das Wesen des Reiches Gottes aus.

Die B. ist primär an die Jünger gerichtet. Dies geht aus Mt 5,1f und Lk 6,20 deutlich hervor. Auch der Gebrauch der zweiten Person in den Seligpreisungen bei Lk und bei Mt in Stellen wie »Ihr seid das Salz der Erde« (5,13) sowie überhaupt die ganze Ethik der Rede machen deutlich, daß die B. nur für jene gedacht sein kann, die im Reich Gottes leben. Und doch wird am Ende der Rede die Anwesenheit des »Volkes« vermerkt (Mt 7,28f; Lk 7,1). Man hat sich die Situation wohl so vorzustellen, daß Jesus von einer Menschenmenge gehört wurde, die Rede als solche jedoch primär an den Kreis der Jünger gehalten wurde. Einige Wendungen, wie z.B. die Weherufe bei Lk (6,24-26), scheinen, wenn sie nicht rhetorisch zu verstehen sind, Nebenbemerkungen an solche zu sein, die mithören und entsprechende Ermahnungen brauchen.

IV. ANALYSE. Die B. in Mt 5-7 ist unabhängig davon, ob man sie als Zusammenfassung einer einmal gehaltenen Rede oder als Mosaik verschiedener ethischer Worte Jesu ansieht, eine Einheit, die sich durch die logische Entwicklung eines grundlegenden Themas auszeichnet. Dieses Thema wird in den Seligpreisungen vorgestellt: es geht um die Lebensqualität und die Lebensweise im Reich Gottes.

1. Situationsangabe (5,1-2).

2. Die Herrlichkeit des Lebens im Reich Gottes (5,3-16).

a. Die Seligpreisungen: Das Wesen der Jüngerschaft (5,3-12).

b. Das Gleichnis vom Salz und Licht: Die Aufgabe in der Jüngerschaft (5,13-16).

3. Das wahre Verständnis des Willens Gottes (5,17-48).

a. Die Grundsatzerklärung Jesu zum Gesetz (5,17-20).

b. Die Antithesen: Die erfüllte Gerechtigkeit im Reich Gottes (5,21-48). - Die Jünger vor dem 5. Gebot: Vom Töten (21-26). - Die Jünger vor dem 6. Gebot: Vom Ehebrechen (27-30). - Die Jünger vor dem 6. Gebot: Von der Ehescheidung (31-32). - Die Jünger vor dem Gebot der Vollkommenheit in der Wahrheit: Vom Schwören (33-37). - Die Jünger vor dem Gebot der Vollkommenheit im Dulden: Von der Wiedervergeltung (38-42). - Die Jünger vor dem Gebot der Vollkommenheit in der Liebe: Von der Feindesliebe (43-48).

4. Der Erweis wahrer Frömmigkeit (6,1-7,12).

a. Wahre und falsche Frömmigkeit in ihren jüdischen Hauptäußerungen (6,1-18).

a.a. Das Helfen ohne Zuschauer: Vom Almosengeben (1-4).

a.b. Das Beten ohne Zuschauer (5-15). - Das Gebet als Zwiesprache mit Gott: Vom Beten (5-8). - Das Gebet der Kinder Gottes: Das Vaterunser (9-15).

a.c. Das Gegenteil religiöser Schauspielerei: Vom Fasten (16-18).

b. Die Freiheit vom Besitz (6,19-34).

b.a. Der Griff nach Garantien: Gott ist wichtiger als Reichtum (19-24).

b.b. Die Güte des himmlischen Vaters: Vertrauen überwindet Sorgen (25-34).

c. Das Verbot der Überheblichkeit: Warnung vor dem Richten (7,1-5).

d. Die Grenze der Evangelisation: Warnung vor nutzlosem Eifer (7,6).

e. Die Ermutigung zum Bitten: Die Verheißung der Gebetserhörung (7,7-11).

f. Die Verpflichtung zum richtigen Handeln: Die Goldene Regel (7,12).

5. Die Ermahnung zu einem Leben der konsequenten Hingabe (7,13-27).

a. Die Existenz in der Minorität als Konsequenz der Jüngerschaft: Die Pforte und der Weg (7,13f).

b. Die Gefährdung der Jüngerschaft: Die falschen Propheten (7,15-20).

c. Die Versuchung der Jüngerschaft: Die Notwendigkeit, Gottes Willen zu tun (7,21-23).

d. Die Anfechtung und Probe der Jüngerschaft: Das Gleichnis vom Hausbau (7,24-27).

6. Nachwort: Reaktion der Hörer (7,28f).

V. INTERPRETATION. Die B. hat eine lange, wechselvolle Auslegungsgeschichte. Augustin verstand die B. als »vollkommenen Maßstab des christlichen Lebens« (*De sermone Domini in monte*). Im Mittelalter unterschied man in der B. »Gebote« (*praecepta*), die von allen Christen zu erfüllen sind, und »Ratschläge« (*consilia*), die dem Stand einer besonderen Vollkommenheit vorbehalten sind (Ordensleuten, Bischöfen). Luther betonte gegenüber dieser Auslegung, daß die B. allgemein verbindlich und allen zugesprochen ist; die B. ist Gesetz, das den Menschen zur Erkenntnis der Sünde führt, und zugleich Evangelium, vor allem in den Seligpreisungen (Wochenpredigten über Mt 5-7, WA 32, S. 299-544). Luther stellte die Weichen für die die folgenden Jh. bestimmende Auslegung der B. im Sinne der »Zwei Reiche«. Die Täufer faßten das Gebot der B. als wörtl. erfüllbare Regel für das Leben auf, gerade auch im Blick auf jene Aspekte, die als Angriff auf den Staat empfunden wurden (vor allem die Gebote vom Nicht-Schwören und Nicht-Widerstehen).

Im 19. Jh. vertrat Leo Tolstoi die Auffassung, daß mit der Anerkennung und Befolgung der Gebote der B., vor allem der Forderung der Gewaltlosigkeit, paradiesische Zustände einkehren würden (Mein Glaube, 1885).

In der liberalen Theologie verstand man die B. als Gesinnungsethik im Gegensatz zur Tatethik. So vertrat W. Herrmann die Auffassung, die Gebote der B. seien nicht wörtl., sondern nur als Appell an das Gewissen mit dem Ziel der Begründung eines neuen Bewußtseins zu verstehen (Die sittlichen Weisungen Jesu, 1904).

Andere verstanden die B. als Produkt der Religionsgeschichte: J. Weiss und A. Schweitzer waren der Ansicht, Jesus sei von dem Gedanken des nahen Reiches so beeinflußt gewesen, daß er eine reine Ethik des Vollkommen-Werdens aufstellte, die auf das Wirken verzichtet und deshalb aus so radikalen Forderungen besteht. Diese sog. »Interimsethik« weist die B. ganz der Vergangenheit zu; da sie eine »Anweisung für die letzten Kampfzeiten« war, läßt sie sich erst nach einer »Umdeutung und Verschiebung« für eine moderne Sozialethik verwenden (J. Weiss: Die Predigt Jesu vom Reiche Gottes, 1892).

In der Lutherrenaissance nach dem 1. Weltkrieg betont G. Kittel die B. als Gesetz: sie ist Offenbarung unserer »Ohnmacht zum Guten«, sie will letzten Endes nur »die große Not des empirischen Menschentums« bloßlegen (Die Bergpredigt und die Ethik des Judentums, 1925). Nach H. Windisch ist streng zwischen historischer und theologischer Exegese der B. zu unterscheiden; die Gebote der B. sind gemeint als »Einlaßbedingungen für das Himmelreich« (Der Sinn der Bergpredigt, 1929).

Andere betonen die B. als Evangelium im Sinn der Unterscheidung von Indikativ und Imperativ, von Gabe und Aufgabe: nach J. Jeremias geht den Forderungen der B. Jesu die Predigt vom Reich Gottes und der Zuspruch der Kindschaft an die Jünger voran (Die Bergpredigt, 1959).

Für die dialektische Theologie, die nach den von Gott her begründeten Möglichkeiten des Seins des Menschen fragt, ist die B. die »Ortsangabe« für dieses Sein: dieser Ort ist »das Reich, Jesus, der neue Mensch« (K. Barth, KD II/2, S. 764.768); nach E. Thurneysen geht es nicht um die tatsächlichen Inhalte der B., sondern um Jesus als ihren Hauptinhalt (Die Bergpredigt, 1936).

R. Bultmann als Vertreter der existentialen Theologie versteht die Ethik Jesu als »radikale Gehorsamsethik«: bei der Entscheidung, in die der Mensch durch sie gestellt wird, kommt es nicht auf das »Was des Tuns«, sondern auf das »Wie des Tuns« an; der radikale Gehorsam realisiert sich in der Erfüllung des Liebesgebots, ohne daß konkrete Weisungen noch nötig sind (Jesus, 1926).

Der Formgeschichtler M. Dibelius will die »ursprünglichen Worte Jesu« in der B. als »eschatologischen Stimulus« verstehen: die B. ist, weil sie unerfüllbar ist, kein Gebot, was zu tun sei, sondern nur ein Maßstab, wie zu handeln sei (Die Bergpredigt, 1937).

D. Bonhoeffer legt die B. ganz auf den einzelnen und die Gemeinde aus, die in der Nachfolge stehen: Nachfolge Christi ist Leben in Kompromißlosigkeit, Entscheidung für Jesus und Bindung in Gehorsam an ihn (Nachfolge, 1937).

In der gegenwärtigen, von J. Moltmann und D. Sölle ausgehenden politischen Rezeption der B. wird das Schwergewicht auf die Seligpreisungen als wesentlichen Inhalt der B. verlagert: es gehe um das Reich Gottes nicht als überweltliche, geistliche Realität, sondern als innerweltliche, politische, sozial-ökonomische Wirklichkeit: die Armen, die Weinenden, die Trauernden, die nach (gesellschaftlicher) Gerechtigkeit Dürstenden werden »selig« gepriesen. H. Gollwitzer meint, die B. sei Anleitung, im Blick auf die hereinbrechende Gottesherrschaft »eine herrschaftsfreie Bruderschaft« zu gestalten und »ein brüderliches Verhalten im Dienste des bedrängten Nächsten« hervorzurufen (in: Nachfolge und Bergpredigt, hrsg. von J. Moltmann, 1981). K. Scharf erklärt, die B. sei »Regierungserklärung Jesu«; für die Gemeinde Jesu als Leib Christi gelte das »unbedingte Ja zur politischen Diakonie« (in: Christen im Streit um den Frieden, hrsg. von W. Brinkel, 1982).

Folgende Grundsätze sind jedenfalls bei der Auslegung der B. zu beachten:

1. Die B. richtet sich nicht an Unbekehrte, sondern an Jünger, an solche, die zu Gott »Vater« sagen, an die Gemeinde Jesu. Sie ist folglich kein allgemeines Programm zur Regierung oder Reformierung der Welt.

2. Jesus richtet kein neues Gesetz auf, das als Einlaßbedingung für das Reich Gottes zu erfüllen wäre: dem Imperativ der Gebote geht der Indikativ der Bürgerschaft im Reich Gottes, der Zusage der Kindsschaft, der Neuschaffung des menschlichen Herzens voraus. Die B. ist nicht Gesetz, sondern Beschreibung des Charakters eines Jüngers Jesu.

3. Die Forderungen der B. sind nicht in übertragenem Sinn, sondern wörtlich zu verstehen; ihre für den »natürlichen Menschen« feststehende Unerfüllbarkeit erweist die Notwendigkeit der Bindung an Jesus und sein Werk in Tod und Auferstehung. Um mit Paulus zu sprechen: Jesus starb, damit ich in seiner Gerechtigkeit, die mir zugesprochen ist, nach der B. leben kann.

Literatur: Neben den oben erwähnten Werken vgl. die Studien zur Auslegungsgeschichte von W.S. Kissinger: The Sermon on the Mount, 1975; U. Berner: Die Bergpredigt, ^{2}1983; sowie J. Dupont: Les Béatitudes, 2 Bde., 1958/1969; H.T. Wrege: Die Überlieferungsgeschichte der Bergpredigt, 1968; W.D. Davies: Die Bergpredigt, 1970; D.M. Lloyd-Jones: Studies in the Sermon on the Mount, ^{2}1976; D.A. Carson: The Sermon on the Mount, 1978; G. Bornkamm: Der Aufbau der Bergpredigt, NTS 24/1978, S. 419-432; G. Barth: Art. Die Bergpredigt I (im NT), TRE V, 1980, S. 603–618; G. Eichholz: Auslegung der Bergpredigt, ^{5}1982; E. Schweizer: Die Bergpredigt, 1982; R.A. Guelich: The Sermon on the Mount, 1982; G. Strecker: Die Bergpredigt, 1984; M. Hengel: Die Bergpredigt im Widerstreit, ThBeitr 14/1983, S. 53-67; R. Riesner: Der Aufbau der Reden im Matthäus-Evangelium, ThBeitr 9/1978, S. 172-182.

R.H.M./E.J.S.

BERIA. »Hervorragend«.

1. Sohn *Assers und Vater von *Heber und Malkiël (1Mo 46,17). Seine Nachkommen heißen Beriter (4Mo 26,44f).

2. Sohn *Ephraims (1Chr 7,23). Die Anspielung bezieht sich auf das ähnlich klingende hebr. Wort für »unglücklich« (*bera'ā*).

3. Benjaminit; von ihm und seinem Bruder Schema stammen die Bewohner von Ajalon ab (1Chr 8,13). B. hatte neun Söhne (V. 14-16).

4. Sohn des Leviten *Schimi aus dem Geschlecht *Gerschons. Seine Kinder und die seines Bruders Jëusch galten nur als eine Familie (1Chr 23,10f).

BERÖA.

1. Das heutige Verria, eine wahrscheinlich im 5. Jh. v.Chr. gegründete Stadt in S-Mazedonien. In ntl. Zeit existierte in dieser wohlhabenden Stadt eine jüd. Kolonie. Als Paulus und Silas *Thessalonich verlassen hatten, um der jüd. Oppositionsbewegung zu entgehen (Apg 17,5-11), zogen sie in das etwa 80 km entfernte B., wo sie zunächst aufgeschlossene Zuhörer fanden. Doch bald begann man auch hier gegen sie zu hetzen. B. war die Heimat des *Sopater (Apg 20,4).

2. B. ist der hellen. Name von Aleppo (2Makk 13,4).

Literatur: Strabo 7; BC, 4, S. 188f, 206f. J.H.P.

BERUFUNG/RUF. Die hebr. Wurzel *qr'* kommt im AT ca. 760 mal vor und hat die Grundbedeutung: »Mit dem Laut der Stimme die Aufmerksamkeit einer Person auf sich ziehen, um mit ihr in Kontakt zu kommen.«. Im NT wird *kaleō*, »rufen«, »berufen« mit seinen Derivaten *klēsis*, »Berufung«, *klētos*, »berufen« (vgl. *epikaleō*, »[be]nennen«, »[an]rufen« und *proskaleomai*, »herbeirufen«) insgesamt ca. 230 mal gebraucht.

I. IM ALTEN TESTAMENT.

Folgende wichtige Bedeutungsnuancen lassen sich bei *qr'* unterscheiden.

a. »Zurufen«, d.h. Kommunikation mit dem Laut der Stimme (vgl. 5Mo 20,10; 1Sam 17,8; 2Kön 18,28). Es kann sich dabei um einen Schrei (1Mo 41,43; 3Mo 13,45; Ri 7,20), eine Ankündigung (Est 6,9.11), eine feierliche Erklärung (Ps 89,27) oder um eine Proklamation (die »ausgerufen« wird; vgl. 2Mo 32,5; 3Mo 23,21; 1Kön 21,9.12; Jes 1,13) handeln.

b. »Verkündigen«, d.h. als *terminus technicus* der prophetischen Proklamation (vgl. 1Kön 13,32; Jes 40,2.6; Jer 2,2; Jona 1,2). Bedeutsam ist Sach 7,7, wo Jahwe Subjekt ist, der sich seiner Propheten bedient, wörtl.: »durch die Hand der früheren Propheten«. Hierher gehören auch die Stellen, in denen von der Verkündigung der Bedeutung des Jahwenamens die Rede ist (vgl. 2Mo 33,19: »den Jahwenamen verkündigen«; 5Mo 32,3; Ps 105,1; Jes 12,4: »vom Namen Jahwes Kunde geben«).

c. »Aufrufen« im Sinn von »zu sich berufen«, oft in Fällen, wo der Kontakt über eine gewisse Entfernung hinweg geknüpft wird (vgl. 1Mo 12,18; 20,8; 2Mo 9,27). Wenn es sich um eine Mahlzeit handelt, ergibt sich die Bedeutung »einladen« (vgl. 2Mo 2,20; 1Sam 16,3). In juristischem Kontext bedeutet das Wort »jemand vor die Schranken des Gerichts rufen« (vgl. 1Sam 22,11; Jes 44,7; 59,4), in militärischem Zusammenhang »einberufen«, »anmustern« (vgl. Ri 8,1; Jer 4).

d. »Berufen«, mit Jahwe als Subjekt (vgl. 2Kön 3,10.13; Jes 13,3; 41,9; Hos 11,1). In diesem Zusammenhang wird die Wendung »namentlich berufen« gebraucht, wobei Jahwe als Berufender in eine intensive Beziehung zum Berufenen tritt (vgl. 2Mo 31,2: Bezalel; Jes 43,1: Israel). Diese Berufung schließt Dienst für Gott ein.

e. »Jemandem einen Namen geben«, in Verbindung mit *schēm*, »Name«, ist *terminus technicus* der Namensgebung (vgl. 1Mo 1,5; 2,20; Rut 4,17; Jes 65,15; auch 1Mo 3,20; 4,25f). Die Wendung »der Name jemandes wird ausgerufen über« hat juristische Bedeutung: im Falle des Eigentumswechsels wird der Name des neuen Besitzers offiziell ausgerufen (vgl. 2Sam 12,28; Jes 4,1). Auf den Namen Jahwes bezogen bringt die Wendung Gottes Herrschaft z.B. über Israel (5Mo 28,10; Jes 63,19), über den Tempel (1Kön 8,43; Jer 7,10f) und über die Völker (Am 9,12) zum Ausdruck.

f. »Rufen zu«, mit Jahwe als Objekt (89 mal im AT, davon 47 mal in den Psalmen; vgl. Ps 17,6; 18,4.7 etc.), oft auch in der Wendung »den Namen des Herrn anrufen« (vgl. 1Mo 4,26; 12,8; 1Kön 18,24; Jes 64,6); der Sinn ist je nach Kontext loben, danken, klagen, schreien, um Hilfe rufen, beten.

II. IM NEUEN TESTAMENT.

Im NT finden wir dem atl. Befund entsprechende Bedeutungsvarianten.

a. »Jemanden rufen«, im Sinn von »zu sich rufen«, »einladen« (Mt 2,7; Mk 3,31; Lk 14,7-11; 1Kor 10,27).

b. »Einen Namen geben«, »nennen« (Lk 6,15; Apg 10,1; 15,37). Nach welchem Namen jemand »genannt« wird, d.h. wie jemand heißt, ist für die heilsgeschichtliche Stellung und Rolle des Betreffenden aufschlußreich (vgl. Lk 1,13ff: Johannes der Täufer; Mt 1,21; Lk 1,32.35: Jesus; vgl. Mt 22,41.46; s. Mt 5,9; Hebr 2,11; 1Joh 3,1).

c. »Herbeirufen«, im Sinn von »zu sich rufen (lassen)«; in den Evv. überwiegend von Jesus gebraucht, der seine Jünger zu sich ruft (vgl. Mt 10,1; 15,32; 20,25); s. aber auch Mt 18,32; Mk 15,44; Lk 7,18.

d. »Rufen« im Sinn von »berufen« an den Stellen, wo Jesus der Rufende ist und z.B. die Jünger die Empfänger des Rufes sind (vgl. Mt 10,5ff; Mk 1,16-20; 6,7-13; Lk 9,1-6; 10,1-17). Charakteristisch für den Ruf Jesu sind seine Vollmacht, die den Adressaten trifft, der Rigorismus, der bedingungslos fordert, und die Adressierung an einzelne, die in Dienst genommen werden. Was Sinn und Ziel der Berufung betrifft, so muß man beachten, daß Berufung und *Sendung, *Nachfolge und Mission stets miteinander verknüpft sind.

e. »Anrufen«, »benennen« (*epikaleō*) wird gemäß atl. Vorbild im Zusammenhang mit der Zuteilung eines Eigennamens (Mt 10,25) oder eines Beinamens (Mt 10,3; Apg 4,36; 12,25) gebraucht. An anderen Stellen liegt die juristische Bedeutung der *appellatio* (Apg 25,11.12.21.25) oder der Anrufung Gottes als Zeugen (2Kor 1,23) vor. Schließlich wird das Wort häufig für das Anrufen Gottes bzw. seines Namens im gemeinschaftlichen Bekenntnis gebraucht (Apg 7,59; Röm 10,12ff). Die Übertragung dieser Aussageform auf Jesus (Apg 22,16; 1Kor 1,2) weist ihn als Sohn Gottes und Messias aus.

f. »Berufen« zur Bezeichnung des souveränen göttlichen Rufs findet sich vor allem bei Paulus. »Berufung« und »berufen« sind bei ihm Kernbegriffe in der Beschreibung des Existenz- und Heilsverständnisses des Christen. Paulus wurde selbst durch Gottes Gnade berufen und (gleichzeitig) mit der Verkündigung seines Evangeliums betraut (Gal 1,15f; vgl. Röm 1,1). Berufen ist jedoch nicht nur der Apostel, sondern sind alle an Christus Glaubenden (Röm 1,6f; 9,24; 1Kor 1,2.24). Gottes Berufung ist schaffendes Wort (Röm 4,17) und alleinige Ursache für die Existenz der Gemeinde, die aus »berufenen Heiligen« besteht; sie bilden *einen* Leib, berufen zum Frieden Christi, der sie regiert (Kol 3,15; vgl. Eph 4,4). Paulus unterstreicht die Berufung der Erwählten zum Heil als Kern des Heilsratschlusses Gottes in Röm 8,28-30: im Ruf Gottes stehen heißt, gerecht gesprochen zu sein und teilzuhaben an der Herrlichkeit Christi (vgl. auch 1Kor 1,9; 1Thess 2,12; 5,24). Die Berufung zum Reich Gottes (1Thess 2,12) enthält für die Glaubenden ein neues Leben in Freiheit (Gal 5,13) und in der Heiligung (Eph 4,1; 1Thess 4,7; 2Thess 1,11); der Bewährung ist der Empfang des »Kampfpreises der Berufung« verheißen (Phil 3,14; vgl. auch Eph 1,18; 1Tim 6,12). Der Glaubende kann den Ordnungen dieser Welt gelassen gegenüberstehen, da der Zustand, in dem der Ruf ihn traf, für ihn nicht mehr höchster Wert ist (1Kor 7,20-22).

Petrus erklärt in ähnlicher Weise, daß die von Gott in Christus Berufenen (1Petr 1,15; 5,10) und aus der Finsternis Geretteten die Taten Gottes verkündigen sollen (2,9), indem sie Christus im Leiden, zu dem sie auch berufen sind, nachfolgen (2,21), um schließlich den Segen zu ererben (3,9). Vgl. ferner Hebr. 3,1; 9,15; Offb 17,14; 19,9.

Zum Sprachfeld von *kaleō* gehören die zentralen Begriffe *eklegomai*, »erwählen« (*Erwählung) und *ekklēsia* »*Gemeinde«.

Literatur: K.L. Schmidt: ThWNT III, S. 488-502; L. Coenen: TBLNT I, S. 86-92; C.J. Labuschagne: THAT II, 666-674; I. Daumoser: Berufung und Erwählung bei den Synpotikern, 1954; W. Bieder: Die Berufung im NT, 1961; D. Wiederkehr: Die Theologie der Berufung in den Paulusbriefen, 1963; J. Ekkert: EWNT 2, 1981, 592-601; M. Hengel: Nachfolge und Charisma, 1968.
E.J.S.

BERUFUNG AN DEN KAISER.

Als *Festus als röm. Prokurator von Judäa 59 n.Chr. (Apg 24,27) Nachfolger von *Felix wurde und Paulus' Fall, den Felix unerledigt hinterlassen hatte, wiedereröffnete, hatte Paulus bald Grund zu fürchten, die Unerfahrenheit des neuen Statthalters könnte von dem Hohenpriester zu seinem Schaden ausgenutzt werden. Daher machte er von seinem Privileg als röm. Bürger Gebrauch und legte »Berufung an den Kaiser« ein – d.h. er bat darum, seinen Fall von dem Provinzgerichtshof an das oberste Tribunal in Rom zu übergeben (Apg 25,10f).

Das Recht des Bürgers, an den Kaiser Berufung (*provocatio*) einzulegen, scheint sich aus dem früheren Berufungsrecht in republikanischen Zeiten an das souveräne röm. Volk entwickelt zu haben. Nach Dio Cassius (Hist. 51.19) wurde Octavian 30 v.Chr. das Recht gewährt, bei Berufung zu richten. Ebenfalls in dieser Zeit wurde die *lex Iulia de vi publica* (das Julianische Gesetz, öffentliche Gewalt betreffend) erlassen, die es jedem Beamten, der mit dem *imperium* oder der *potestas* (Amtsgewalt) ausgestattet war, verbot, einen röm. Bürger zu töten, zu geißeln, in Ketten zu legen oder zu foltern oder ihn *adversus provocationem* (»trotz einer Berufung«) zu verurteilen oder ihn daran zu hindern, nach Rom zu gehen, um dort seine Berufung innerhalb einer festgesetzten Zeit einzureichen. A.H.M. Jones (Studies in Roman Government and Law, 1960, S. 96) schließt daraus, daß vom Zeitpunkt dieses Erlasses an ein röm. Bürger überall im Reich vor behördlicher Bestrafung *(coercitio)* geschützt war, obwohl der Provinzmagistrat Fälle abhandeln konnte, bei denen es sich um ein einfaches Vergehen gegen bestehendes Gesetz handelte (was auf Paulus' Fall offenbar nicht zutraf). Zu Beginn des 2. Jh. n.Chr. wurden röm. Bürger, die eines Vergehens *extra ordinem* angeklagt waren (Fälle, die nicht vom normalen Verfahrenskodex abgedeckt waren), fast automatisch aus den Provinzen nach Rom gesandt, ohne daß sie sich formell auf den Kaiser berufen hatten. In dieser wie auch in anderer Hinsicht ist das Bild röm. Rechtspraxis, das in der Apg wiedergegeben wird, authentisch. Der Fall von Paulus'

Berufung paßt zu den Zuständen der späten fünfziger Jahre des ersten christl. Jahrhunderts, wie wir sie kennen, und Lukas' Bericht ist ein wesentlicher Beitrag zu den vorhandenen Belegen.

Mit einiger Erleichterung hörte Festus von Paulus' Berufung an den Kaiser: er selbst trug nun nicht mehr die Verantwortung, in einem Fall zu urteilen, in dem er ratlos war. Eine Verantwortung blieb jedoch: er mußte zusammen mit dem Angeklagten eine Erklärung (*litterae dimissoriae*) nach Rom senden, die das Wesen des Falles und seine Geschichte bis dato darlegte. Beim Abfassen dieser Erklärung konnte er sich glücklich schätzen, den Rat eines Mannes zu haben, der den Ruf genoß, ein Experte für jüd. Religionsfragen zu sein: Agrippa der Jüngere, der zu dieser Zeit mit seiner Schwester Berenike nach Cäsarea kam, um den neuen Repräsentanten des Kaisers willkommen zu heißen.

Nach dem üblichen Austausch von Höflichkeiten machte Festus Agrippa mit seinem Problem bekannt. Die Anklage gegen Paulus schien sich um einen »verstorbenen Jesus« zu drehen, »von welchem Paulus sagte, er lebe« (Apg 25,19). Agrippas Interesse war sofort geweckt, und er wünschte, Paulus zu treffen. Festus war nur allzu erfreut, eine Unterredung zu arrangieren. Nachdem Agrippa Paulus zugehört hatte, stimmte er mit Festus darin überein, daß er wegen keiner der Anklagen, die gegen ihn vorgebracht wurden, verurteilt werden könne. Der König sagte sogar, daß Paulus auf der Stelle hätte entlassen werden können, wenn er sich nicht auf den Kaiser berufen hätte. Aber Festus hätte seine Kompetenzen überschritten (*ultra vires*), wenn er die Angelegenheit im voraus beurteilt hätte, indem er Paulus freiließ (Apg 26,30-32). Wahrscheinlich aber gab Agrippa Festus die Hilfe beim Abfassen der *litterae dimissoriae*, die er wünschte.

Paulus berief sich nicht auf den Kaiser, solange Felix im Amt war, nur weil Felix faktisch von seiner Unschuld überzeugt war und seinen formalen Freispruch und seine Freilassung verschob. Eines Tages (wird Paulus gehofft haben) würde Felix' Prozeßverschleppung ein Ende haben und er entlassen werden. Dann könnte er seinen langgehegten Plan, nach Rom und in den Westen zu reisen, verwirklichen. Aber mit der Ersetzung Felix' durch Festus entwickelte sich eine neue und gefährliche Situation für Paulus; daher dürfte er sich entschlossen haben, B. einzulegen.

Die vorrangige Erwägung in Paulus' B. war nicht seine eigene Sicherheit, sondern die Verkündigung des Evangeliums. Sieben oder acht Jahre vorher hatte er die wohlwollende Neutralität des röm. Gesetzes in der stillschweigenden Entscheidung des *Gallio, des Prokonsuls von *Achaja, erfahren, die sein Predigen nicht für illegal erklärte (Apg 18,12-16). Paulus konnte daher ein ähnlich vorteilhaftes Urteil vom obersten Gerichtshof in Rom erwarten. Gallio hatte im wesentlichen entschieden, daß das, was Paulus predigte, eine Variante des Judentums war, und daher vom röm. Gesetz nicht verboten. Aufgrund der Aktivität des Paulus würde es bald nicht mehr möglich sein, das Christentum als eine Variante des Judentums zu betrachten, da es offenbar eher nichtjüd. als jüd. war. Eine Verhandlung vor dem Kaiser in Rom würde dem Christentum möglicherweise Anerkennung verschaffen, wenn nicht als wahrer Erfüllung der alten Religion Israels (was es nach Paulus' Meinung war), dann doch wenigstens als einer erlaubten, rechtmäßigen Versammlung *(collegium licitum)* aus eigenem Recht. Agrippa der Jüngere hatte es höflich abgelehnt, auf die Logik der Schlußfolgerung des Paulus einzugehen, aber Nichtjuden waren normalerweise dem Evangelium zugänglicher als Juden, und ein röm. Kaiser schien leichter zu gewinnen zu sein als ein abhängiger jüd. König.

Die Tatsache, daß Paulus sich auf den Kaiser berief, bedeutete jedoch nicht notwendigerweise, daß der Kaiser den Fall auch persönlich verhandeln würde. Nach Tacitus (ann. 13.4.2) gab Nero zu Beginn seines Prinzipats bekannt, daß er Fälle nicht *in propria persona* (persönlich) richten würde, wie es sein Vorgänger *Claudius getan hatte; und tatsächlich delegierte er sie in den ersten acht Jahren seiner Herrschaft an andere.

Zum Ausgang der Berufung haben wir keine Informationen – ob Paulus angehört und verurteilt oder freigelassen wurde. Wir wissen nicht einmal, ob seine Berufung überhaupt verhandelt wurde. Die Nachtvision, in der Paulus erfährt, daß er vor dem Kaiser stehen wird (Apg 27,23f), könnte ein Hinweis darauf sein, daß die Berufung des Paulus zur Verhandlung kam. F.F.B.

BESCHNEIDUNG.

I. IM ALTEN TESTAMENT.

Das AT gibt eine Darstellung des Ursprungs und der Praxis der B. in Israel.

1. Ursprung und Vorkommen.

1Mo 17; 2Mo 4,24ff und Jos 5,2ff nehmen auf den Ursprung des Ritus Bezug, wobei 2Mo 4,24ff nur so zu erklären ist, daß B. im Säuglings- und Kindesalter seit langem geübt wurde, und aus Jos 5,2ff hervorgeht, daß die aus Ägypten Ausgezogenen beschnitten waren. 1Mo 17 stellt mithin den bibl. Bericht über den Ursprung der israelit. B. dar. Sie wurde im Zusammenhang mit dem *Passa in das mosaische System eingefügt (2Mo 12,44) und anscheinend während der ganzen atl. Zeit fortgesetzt (z.B. Jer 9,24-25). Sie ist ein Grundzug des ntl. Judentums und rief den »Judaistenstreit« der apostol. Zeit hervor. Die Juden des NT hatten die Beschneidung derart mit Mose verknüpft, daß sie ihren fundamentalen Zusammenhang mit Abraham praktisch vergessen hatten (Apg 15,1.5; 21,21; Gal 5,2-3). Jesus mußte sie daran erinnern, daß die B. »von den Vätern« stammt (Joh 7,22); Paulus betont nachdrücklich, daß das Christentum gerade an dem damaligen Verständnis ihrer Verknüpfung mit Mose Anstoß nehme (Gal 5,2-3.11 usw.), und verweist seine Leser unablässig auf Abraham zurück (Röm 4,11; 15,8 u.ö.).

2. Das Wesen der Beschneidung. In 1Mo 17 wird der göttliche Bund zuerst als eine Reihe von Verheißungen dargelegt: persönliche (V. 4b-5: Abram wird der mit neuen Kräften ausgestattete neue Mensch), nationale (V. 6, die vorhergesagte Entwicklung zu einem Volk und die Einsetzung von Königen) und geistliche (V. 7, das verbürgte Verhältnis Gottes zu Abraham und seinen Nachkommen). Wenn dann der Bund in einem Zeichen, der B., seinen Ausdruck findet (V. 9-14), dann werden diese göttlichen Verheißungen in ihrer Gesamtheit versinnbildlicht und auf ihre von Gott benannten Empfänger angewandt. Dieses Verhältnis der B. zu den vorhergehenden Verheißungen zeigt, daß der Ritus das Gnadenhandeln Gottes am Menschen zum Ausdruck bringt und nur in abgeleiteter Weise, wie noch zu zeigen sein wird, die Übereignung des Menschen an Gott. Diese Wahrheit liegt Jos 5,2ff zugrunde: während das ungehorsame Volk in die Wüste zurückgeworfen wurde (vgl. 4Mo 14,34), harrte der Bund gewissermaßen der Neubelebung, und die B. erlosch. Als Mose sich als »unbeschnitten« an den Lippen bezeichnete (2Mo 6,12.30 nach RevEB; vgl. Jer 6,10), konnte allein das Geschenk des Wortes Gottes diesen Mangel beseitigen. Weiter spricht das NT von der B. als einem »Siegel« (Röm 4,11) auf das göttliche Geschenk der Gerechtigkeit. Die B. ist daher das Zeichen jenes Gnadenhandelns, durch das Gott Menschen auserwählt und als sein Eigentum bezeichnet.

Der Beschneidungsbund vollzieht sich nach dem Grundsatz der geistigen Einheit in der Leitung des Hauswesens. Der Bund wird aufgerichtet »zwischen mir und dir und deinen Nachkommen von Geschlecht zu Geschlecht« (1Mo 17,7), und V. 26-27 bringen dieselbe Wahrheit auf eindrückliche Weise zum Ausdruck: »...wurden sie alle beschnitten, Abraham, sein Sohn Ismael, und was männlich in seinem Hause war«. Von Anfang an war die B. der männlichen Kleinstkinder also der Israel kennzeichnende Brauch, der nicht auf eine Gepflogenheit der Ägypter oder anderer zurückging und sich grundlegend von den Pubertätsriten anderer Völker unterschied: die letzteren weisen auf die gesellschaftliche Anerkennung des Erwachsenenstatus, die erstere auf einen Status vor Gott und ein Vorauswirken der göttlichen Gnade.

Von denen, die derart Glieder des Bundes wurden, wurde erwartet, daß sie es nach außen hin durch Gehorsam gegenüber Gottes Gesetz zeigten, wie es in seiner allgemeinsten Form dem Abram verkündet worden war: »Wandle vor mir und sei fromm« (1Mo 17,1). Die Beziehung zwischen B. und Gehorsam bleibt eine bibl. Konstante (Jer 4,4; Röm 2,25-29; vgl. Apg 15,5; Gal 5,3). Insofern schließt B. den Gedanken der Übereignung an Gott ein, doch nicht als ihren wesentlichen Bestandteil. Die B. verkörpert Bundesverheißungen und ruft zu einem Leben des Bundesgehorsams auf. Das Blut, das bei der Beschneidung vergossen wird, bringt nicht die verzweifelten Anstrengungen zum Ausdruck, denen sich ein Mensch bei der Selbstübereignung unterziehen muß, sondern die Forderung, die an jene ergeht, die Gott zu sich ruft und mit dem Zeichen seines Bundes kennzeichnet.

Dieser ihm entsprechende Gehorsam wurde nicht immer bezeigt, und obwohl Zeichen und Bezeichnetes in 1Mo 17,10.13-14 einander gleichgesetzt werden, räumt die Bibel offen ein, daß es möglich ist, das Zeichen zu besitzen und weiter nichts, in welchem Falle es geistlich erloschen und in der Tat verdammend ist (Röm 2,27). Das AT lehrt dies ohne jeden Zweifel, fordert es doch die dem Zeichen entsprechende Wirklichkeit (5Mo 10,16; Jer 4,4), warnt, daß, wenn die Wirklichkeit ihm nicht entspricht, das Zeichen nichts ist (Jer 9,25), und sieht die Beschneidung des Herzens durch Gott voraus (5Mo 30,6).

II. IM NEUEN TESTAMENT.

Das NT läßt keinen Zweifel daran aufkommen, daß ohne Gehorsam die Beschneidung zum Unbeschnittensein wird (Röm 2,25-29); das äußere Zeichen sinkt zur Bedeutungslosigkeit herab, wenn man es mit der Realität der Erfüllung der Gebote vergleicht (1Kor 7,18-19), mit dem durch die Liebe tätigen Glauben (Gal 5,6) und einer neuen Schöpfung (Gal 6,15). Dennoch steht es dem Christen nicht frei, das Zeichen zu verachten. Wenngleich der Christ es insoweit meiden soll, als es die Erlösung durch Werke des Gesetzes ausdrückt (Gal 5,2ff), bleibt es doch, was seinen verborgenen Sinn angeht (Kol 2,13; vgl. Jes 52,1), für ihn lebensnotwendig. Folglich gibt es eine »Beschneidung Christi«, das »Ablegen des fleischlichen Wesens«, ein geistlicher, nicht mit Händen gewirkter Vorgang, eine durch die Taufe des neuen Bundes besiegelte Beziehung zu Christus in seinem Sterben und seiner Auferstehung (Kol 2,11-13).

In Phil 3,2 gebraucht Paulus bewußt das anstößige griech. Wort *katatomē*, »Zerschneidung«. Das dazugehörige Verb (*katatemnō*) wird auf verbotene heidnische Verstümmelungen angewendet (3Mo 21,5, LXX). Für Christen, die »die Beschneidung« sind (Phil 3,3), kommt die Aufzwingung des veralteten Zeichens einer heidnischen Verstümmelung des Leibes gleich.

Literatur: L. Koehler: Der hebräische Mensch, 1956/1980; G.A.F. Knight: A Christian Theology of the Old Testament, 1959, S. 238f; G.R. Beasley-Murray: Taufe im Neuen Testament, 1968; P. Marcel: The Biblical Doctrine of Infant Baptism, 1953, S. 82ff; J.P. Hyatt: Circumcision, in: IDB; J. Sasson: JBL 85/1966, S. 473ff; TBLNT, S. 92-98. J.A.M.

BESCHWÖRUNG s. Magie/Zauberei

BESESSENHEIT s. Satan

BESPRENGEN. Man kann drei Arten des B.s unterscheiden:

1. mit Öl (*Salbe, salben): 3Mo 14,16;
2. mit Wasser: 3Mo 14,51; 4Mo 8,7; Hes 36,25 u.a.;
3. mit Blut: 2Mo 29,16.20.21; 3Mo 1,5.11; 16,14; 4Mo 19,4; 2Kön 16,13.

Diese drei Arten des B.s haben kultische Bedeutung. Das B. mit Öl steht in enger Verbindung mit dem Sündopfer (*Opfer): 3Mo 14,16ff.

Das B. mit Wasser geschieht zunächst zur Reinigung, z.B. bei einem Aussätzigen: 3Mo 14,1ff (V. 7), nach der Berührung eines Toten: 4Mo 19,11-13. Das B. mit Wasser versinnbildlicht auch die Reinigung von Sünde. Menschen und Sachen können so gereinigt werden (3Mo 14,52: ein Haus wird durch das Wasser »entsündigt«). Man wußte in Israel, daß Wasser allein nicht von Sünden reinwaschen kann, sondern nur *Blut. Darum ist das B. mit Opferblut eine wichtige kultische Handlung. Am großen Versöhnungstag mußte der Hohepriester beim zweiten Gang ins Allerheiligste siebenmal mit seinem Finger das Blut eines geopferten Stiers an den Gnadenstuhl, den goldenen Deckel der *Bundeslade, sprengen, damit er selbst von Sünden frei und zugleich fähig würde, die Sünde der anderen priesterlich vor Gott zu bringen (3Mo 16,11ff).

Der *Hebräerbrief zieht die Linie von der atl. Praxis des B.s mit Opferblut zum NT: der große Hohepriester Jesus hat sein Sühnopfer Gott dargebracht, das ein für allemal gilt und das B. mit dem Blut von Opfertieren hinfort überflüssig macht. Damit ist den Gläubigen (nicht nur wie im AT dem Hohenpriester) der Weg ins Allerheiligste zu jeder Stunde (nicht nur einmal im Jahr, vgl. 3Mo 16,1ff; Hebr. 10,20) freigemacht. Wer sich bußfertig und im Glauben dem Kreuz Jesu naht, wird in seinem Herzen »besprengt«, d.h. durch das Blut Jesu von Sünde reingewaschen (Hebr. 10,22; 1Joh 1,7).

BET-ANAT. »Tempel des Anat«. Mit B. könnte Safed el-Battih, nordwestl. von Galiläa, und das von Seti I. und Ramses II. aufgeführte *bt ʿnt* gemeint sein. Die Stadt wurde dem Stamm Naftali zugeteilt (Jos 19,38); die kanaan. Einwohner wurden nicht vertrieben, sondern tributpflichtig gemacht (Ri 1,33).

Literatur: LDB, S. 187f,197. A.R.M.

BETANIEN I. (Griech. *Bēthania*, hebr. *bejt ʿani*, »Haus des Armen«, oder *bejt ʿananijah*, »Haus des Ananja«). Wahrscheinlich ist das benjaminitische Ananja gemeint (Neh 11,32), das nach dem babylon. Exil besiedelt wurde. Vielleicht auch einer der drei Orte östl. von *Jerusalem, an denen nach der Tempelrolle von *Qumran (11QMiqd 46,16-18) Aussätzige wohnen sollten (Y. Yadin: The Temple Scroll I, 1983, S. 305). Eine Erwähnung von B. bei den Rabbinen ist höchst unsicher (Bill I 855f).

B. war der Heimatort der offenbar unverheirateten Geschwister *Lazarus, *Maria und *Marta, die Jesus gastlich aufnahmen (Joh 11,1 vgl. Lk 10,38-42). In B. erweckte Jesus den Lazarus von den Toten (Joh 11,1-44), und hier wurde er selbst im Haus *Simons des Aussätzigen vor seinem Tode gesalbt (Mt 26,6-13; Mk 14,3-9; Joh 12,1-8 vgl. Lk 7,36-50). In den Gefährdungen der letzten Tage scheint Jesus in B. relativ sicher gewesen zu sein (Mt 21,17; Mk 11,11 vgl. Lk 21,37). Nach Lukas fand die *Himmelfahrt auf dem Weg nach B. statt (Lk 24,50), das für ihn auf dem *Ölberg liegt (vgl. Apg 1,12). Das Dorf (griech. *kōmē*) B. (Joh 11,1.30) ist nach Mk 11,1; Lk 19,29 auf dem Ostabhang des Ölberges unweit der Römerstraße nach Jericho und nahe dem Ort *Betfage zu suchen. Joh 11,18 nennt als Entfernung von Jerusalem 15 Stadien und Eusebius (Onom 58,15) 2 röm. Meilen, was beides ca. 3 km ergibt.

Mit diesen Angaben stimmt die Lage des arab. Dorfes *el-ʿazārīje* überein, in dessen Namen sich das byzantin. Lazarium (ELS 362f) »Lazarus(ort)« erhalten hat. Das heutige Dorf ist um das traditionelle Lazarus-Grab herum erbaut worden. Der alte Ort, der vom 6. Jh. v.Chr. bis zum 14.Jh.n.Chr. besiedelt war, lag etwas weiter bergan nach W. Für die Echtheit des Grabes (O. Michel: ThWNT IV, 685) spricht, daß es in einem Gräberfeld der ntl. Zeit liegt und schon im 4.Jh. durch eine Kirche bezeichnet wurde. Die byzantin. Kirche wurde durch ein Erdbeben zerstört und im 5.Jh. wieder aufgebaut. Sie hatte eine Nachfolgerin in der Kreuzfahrerzeit. Heute liegt das Grab unter einer Moschee, ist aber ohne Schwierigkeiten von außen zugänglich. Kreuzfahrergemäuer verdeckt allerdings größtenteils den Naturfelsen. Auf eine judenchristl. Lazarus-Verehrung schon in vorbyzantin. Zeit könnten Inschriften und Symbole in einer Grotte auf dem Gelände des Vinzentinerinnen-Klosters hinweisen (P. Benoit – M. Boismard: RB 58, 1951, 200-251). Es handelt sich um ein (in eine christl. Taufkapelle?) umgewandeltes jüd. Ritualbad (hebr. *miqwä*).

Literatur: C. Kopp: Die heiligen Stätten der Evangelien, [2]1964, 332-338; G. Kroll: Auf den Spuren Jesu, [10]1988, 278-287; J. Murphy-O'Connor: Das Heilige Land, 1981, S. 128-131; S.J. Saller: Excavations at Bethany, 1957; E. Testa: Les Dossiers d'Archéologie 10 (1975), 98-106. R.R.

BETANIEN II. In »B. jenseits (d.h. östl.) des Jordan« (griech. *en Bēthania peran tou Iordanou,* Joh 1,28), wirkte *Johannes der Täufer und wurde hier von einer Jerusalemer Gesandtschaft nach seinem Selbstanspruch gefragt (1,19-28). Bei B. berief Jesus aus dem Umkreis der Täuferbewegung seine ersten Jünger (Joh 1,35-51 vgl. Apg 1,21f). Vor der Passion hielt er sich, offenbar um Nachstellungen zu entgehen, in B. auf und gewann dort nochmals eine größere Anzahl von Anhängern aus Täuferkreisen (Joh 10,40-42).

Da Origenes Anfang des 3.Jh. keinen Ort B. auf dem Ostufer des *Jordan finden konnte, entschied er sich für die Minderheitslesart *Bēthabara* (Comm in Ioann VI 204). Damit ist vermutlich eine Jordanfurt (vgl. Madaba-Mosaikkarte aus dem 6.Jh.) in der Nähe der Taufstelle Jesu gemeint. Diesen Ort sucht die Überlieferung wahrscheinlich zuverlässig auf der Höhe von *Jericho im ostwärts vom Jordan wegführenden *wādi el-charrār* (C. Kopp: Die heiligen Stätten der Evangelien, [2]1964, 153-166). Da hier eine ältere, jüd. Tradition (vgl. ELS 171) die Himmelfahrt des *Elia (2Kön 2,5-14) lokalisiert, dürfte schon der Täufer selbst diesen Wirkungsort gewählt haben, um auf sich als den endzeitlichen Elia (vgl. Mt 11,14; 17,11-13; Mk 9,12f; Lk 1,17) hinzuweisen. Byzantin. Ruinen bezeugen die frühchristl. Verehrung der ganzen Gegend (W. Wiefel: ZDPV 83, 1967, 72-81).

Die älteste (Papyrus 66 und 75 aus dem 2. bzw. 3.Jh.n.Chr.) und auch zuverlässige Textüberlieferung bietet aber B. Der Übergang von Joh 10,40-42 zu 11,1f zeigt, daß dem Evangelisten der Gleichklang zwischen den Namen B. jenseits des Jordan (Joh 1,28 vgl. 10,40) und *B. I nahe Jerusalem (Joh 11,1.18) bewußt war. B. auf dem *tell el-medesch* (A. Barrois: DBS I, 1928, 968-970) am Ausgang des *wādi nimrīn* oder bei Betonim (Jos 13,26) zu suchen (T. Zahn: NKZ 18, 1907, 290-294), hat keinen Anhalt in der Ortstradition. Die Synoptiker setzen deutlich eine Taufe Jesu im südl. Jordantal voraus (Mt 3,1 vgl. Mt 3,5; Mk 1,5). Johannes nennt keinen Ort, denn in Joh 1,32-34 wird bloß indirekt auf die Taufe angespielt. Die Entfernungsverhältnisse in Joh 1-2 und 10-11 lassen B. auch näher an Galiläa als an Judäa suchen (K. Elliger: BHH I, 1962, 230f). Joh 1,35-51 ist eine Parallele zu den synoptischen Jüngerberufungen in der Umgebung des Sees von *Genezareth (Mt 4,18-22; Mk 1,16-20 vgl. Lk 5,1-11). Da B. ein Fluchtort Jesu war (Joh 10,40; vgl. Mt 19,1; Mk 10,1), kann es aber kaum in Galiläa (vgl. Lk 13,31-33) liegen. Die früher verbreitete Annahme, der Ort meine die Jordanfurt *ʿabarā* 5 km nordöstl. der heidnischen *Dekapolisstadt Skythopolis (*Bet Schean), würde die politischen Verhältnisse erklären (C.R. Conder: PEF 1875, 72-74). Doch weil *Bēthabara* im S lag (s.o.), scheitert dieser Vorschlag. – Eine befriedigende Erklärung besteht darin, in B. die Landschaft Batanäa (griech. *Batanaia*), das *Baschan des AT (vgl. 4Mo 32,32f; 5Mo 3,8; 4,47 in der LXX: *peran tou Iordanou*), zu sehen (C.R. Conder: PEF 1877, 184-187; W.H. Brownlee; K.A. Eckhardt; R. Riesner). Der Übergang von einer Namensform zur anderen ist nicht erstaunlich, wenn man die verschiedenen Schreibweisen in den Targumim und in der rabbinischen Literatur vergleicht. Batanäa liegt im nördl. Transjordanien und gehörte zur Tetrarchie des nach Josephus (ant.Jud. XVIII 106f) duldsamen *Philippus. Hier war Jesus sicher. In diesem Gebiet lebten *Essener und andere Täuferkreise. Auf eine Mission unter solchen jüd. Randgruppen könnten Joh 10,16 und 11,52 hindeuten. Batanäa gehörte gerade für derartige Kreise zu jenem Teil des heiligen Landes, wo sie den Beginn der Endzeit erwarteten (*Damaskus II, *Hermon). Das könnte erklären, warum der Täufer hier sein Wirken begann (Joh 10,40).

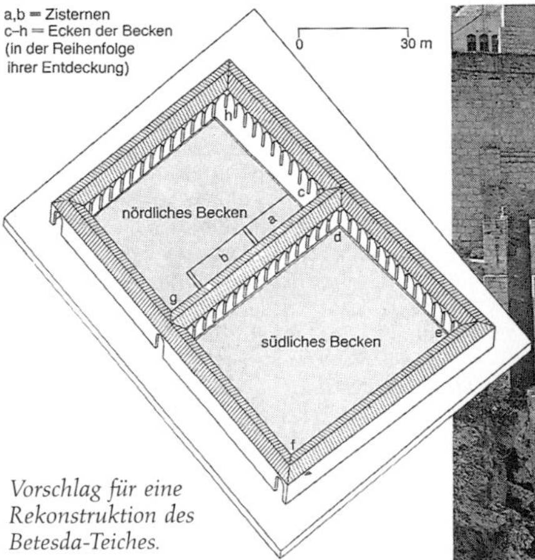

Vorschlag für eine Rekonstruktion des Betesda-Teiches.

Blick auf das Nordende des südl. (größeren) Teichbeckens. Rechts unten kann man den Naturfelsen sehen, der beide Becken trennt. Die Säulen und Mauern im Teichbecken gehören zur byzantin. Kirche. Durch den Mauerbogen sind die Felsstufen sichtbar, die in den ntl. Teich führten.

Literatur: W.H. Brownlee in: J. Charlesworth: John and Qumran, 1972, 167-173; K.A. Eckhardt: Der Tod des Johannes, 1961, 168-171; K. Erbes: Die Tauforte des Johannes, TAWPRV 24/1928, 71-106; OLB 2, 1982, 527-532; R. Riesner: TynB 38 (1987), 29-63 R.R.

BET-AWEN. »Haus des Unheils«. Westl. von Michmas (1Sam 13,5) gelegen und von dem Bet-Awen, das nach Jos 7,2 östl. von Bethel lag, zu unterscheiden. Handelt es sich um zwei verschiedene Orte, so läßt sich unmöglich feststellen, welcher von beiden als nördl. Grenzpunkt des Erbteils Benjamins bezeichnet wird (Jos 18,12). Bei Hosea (4,15; 5,8; 10,5) könnte der Name ein abfälliges Synonym für *Bethel sein: »Haus des Falschen (Gottes)«. R.J.W.

BET-EDEN s. Eden

BETESDA. Außer Joh 5,2 nennt noch eine weitere zeitgenössische Quelle diese Stätte in *Jerusalem. Nach der Kupferrolle von *Qumran waren in der Nähe und »bei *bejt 'eschdatajin* (aram. «Haus der beiden Abhänge»?) im

Teich, wo man in sein kleineres Becken geht« (3Q15 11,11-14), Schätze der *Essener versteckt. Es muß sich um einen Doppelteich, und zwar in der Nähe des *Tempels, handeln. Der griech. Name in Joh 5,2 ist in mehreren Lesarten überliefert, deren wichtigste sind:

1. *Bēthesda* (Codex Alexandrinus und Syri Ephraemi rescriptus [5. Jh.] sowie die altsyr. Evangelienübersetzung). Entweder Wiedergabe der aram. Singularform *bejt 'eschda* (vgl. Kupferrolle) oder nachträgliche, symbolträchtige Angleichung an aram. *bejt chäsda* »Haus der Barmherzigkeit«.

2. *Bē(th)zata* (Codex Sinaiticus und Eus.Onom. 58, 21f [4.Jh.]). Entweder verkürzte Wiedergabe der aram. Dualform (DJD III 271) oder eher eine nachträgliche Angleichung an den bei Josephus (bell.Jud. II 328.530; V. 149.151) gebräuchlichen Namen des nordöstl. Stadtteils von Jerusalem, in dem B. lag.

3. *Bēthsaida* (nicht nur in Codex Vaticanus [4.Jh.], sondern auch in Papyrus 75 [3.Jh.], Papyrus 66 [2.Jh.] und in den ältesten Pilgerberichten [ELS 456]). Die auf griech. ähnlich wie 2. klingende Form ist entweder ein früher Schreibfehler oder eine vom Evangelisten bewußt vollzogene Angleichung an den Namen des galiläischen *Betsaida »Fischerhausen« (Joh 1,44). Dann würde wohl Taufsymbolik vorliegen (D.J. Wieand: NTS 12, 1966, 400-403). Die LÜ (ähnlich die ZÜ) gibt Joh 5,2 wieder: »Es ist aber in Jerusalem beim Schaftor ein Teich, der heißt auf hebr. Betesda. Dort sind fünf Hallen ...«. Die Ergänzung des Tores (nach Neh 3,1.32; 12,39) ist grammatisch und sachlich nicht möglich (Jeremias, 5f), und daher muß übersetzt werden: »Es ist aber in Jerusalem beim Schafteich die auf hebr. (d.h. aram.) B. genannte (Stätte) mit fünf Hallen«. Der Teich und B. sind also zu unterscheiden, müssen aber unmittelbar nebeneinander gelegen haben.

Die älteste christl. Ortsüberlieferung (4.Jh.) suchte B. immer im Gebiet der modernen Ausgrabungen. Erst am Ende der Kreuzfahrerzeit (12. Jh.) wanderte der Name etwas weiter südl. zum Teich *beni israīn* (ELS 460ff). Beide Teichanlagen liegen nördl. des Tempelberges in einem Tal, das in den *Kidron einmündet. Seit 1888 bis heute haben Ausgrabungen auf dem Gelände der Weißen Väter folgende Ergebnisse erbracht:

1. Schon in vorexilischer Zeit war das nördl. Teichbecken, vielleicht der »obere Teich« von Jes 7,3 (POC 31, 1981, 31-33), in den Felsen geschlagen worden, um Regenwasser zu sammeln, das zum Tempel geleitet wurde.

2. Um 200 v.Chr., wohl unter dem Hohenpriester Simon, Sohn des Onias (Sir 50,3), wurde das südl., größere Becken angelegt.

3. Seit der hasmonäischen Zeit (Mitte des 2. Jh. v.Chr.) bis zur Zerstörung Jerusalems (70 n.Chr.) existierte an der Ostseite des Doppelteichs (mit über 5000 m^2 Oberfläche) eine

Reste der jüd. Bäderanlagen aus ntl. Zeit. Die Säule gehört zur byzantin. Kirche. (RR)

Anlage aus um eine Zisterne angeordneten Bädern, die jüd. Reinigungsbädern gleichen.

4. An dieser Stelle wurde unter Kaiser Hadrian (nach 135 n.Chr.) in der nunmehr heidnisch-röm. Stadt Aelia Capitolina ein Serapis-Asklepios-Heiligtum errichtet, das offenbar ein älteres jüd. Heilungsheiligtum verdrängen sollte.

5. Die Byzantiner erbauten im 5. Jh. über Teilen des Doppelteiches eine Basilika, deren Apsis über der jüd. Bäderanlage errichtet war. Die der Herrenmutter Maria geweihte Kirche wurde 614 von den Persern zerstört.

6. Die Kreuzfahrer erbauten an ihrer Stelle eine viel kleinere Kirche, etwas weiter südöstl., aber eine größere zu Ehren von Anna (nach der Tradition die Mutter Marias).

Jesus heilte laut Joh 5,1-18 in B. an einem Sabbat einen 38 Jahre lang Gelähmten. Auch der Evangelist setzt ein jüd. Heilungsheiligtum voraus (5,3a). Die Verse 5,3b-4 fehlen in den besten Handschriften und gehören nicht zum ursprünglichen Text des Evangeliums. Sie dürften aber auf eine mit dem jüd. Heiligtum verbundene Ortsüberlieferung zurückgehen. Vielleicht hefteten sich an diesen Ort besonders Legenden (sog. Testament des Salomo) von der Heilkraft des Königs Salomo (B. Bagatti RSR 60, 1972, 151-160). Die Stätte B. ist wohl mit den fünf Hallen zu identifizieren, die den Doppelteich an seinen vier Seiten sowie auf der mittleren Trennungsmauer umgaben. Weniger wahrscheinlich ist die Gleichsetzung von B. mit der jüd. Bäderanlage. Allerdings wurden bisher keine Säulen gefunden, die sich unbestreitbar der ntl. Zeit zuordnen lassen, doch muß der griech. Ausdruck *stoa* (Joh 5,2) nicht unbedingt »Säulenhalle« heißen (Duprez 37f). Über die Ursache des aufwallenden Wassers (Joh 5,7) lassen sich nur Vermutungen anstellen (eine inzwischen versiegte, intermittierende Quelle?, Wasserbewegung im Südteich bei Öffnen des Verbindungskanals?). Jedenfalls war der Südteich durch Stufen zugänglich. Vielleicht stehen die alten judenchristl. Legenden über die Geburt Marias durch die unfruchtbare Anna in der Gegend von B. mit dem jüd. (essenischen?) Heilungsheiligtum in Zusammenhang (Testa 6f).

Literatur: A. Duprez: Jésus et les dieux guérisseurs, 1970; J. Jeremias: Die Wiederentdeckung von Bethesda, 1949; G. Kroll: Auf den Spuren Jesu, [10]1988, 248-253; M.J. Pierre – J.M. Rousée: POC 31 (1981), 23-42; E. Testa: Maria Terra Vergine, II, 1985, 1-20. R.R.

BETFAGE. (Griech. *Bēthphagē*; aram. *bejt pha'gej* »Feigenhausen«). Aus diesem Dorf (griech. *kōmē*) ließ Jesus den Esel für den Einzug in *Jerusalem holen (Mt 21,1f; Mk 11,1f; Lk 19,28-30). Den Rabbinen galt B. als entlegenster Stadtteil von Jerusalem (Bill I, 839f). Nach Mt 21,1 lag B. auf dem *Ölberg, offenbar etwas von der aus *Jericho heraufführenden (Lk 19,28) Römerstraße entfernt (Mt 21,2; Mk 11,2; Lk 19,30). Den Namen B. trägt heute ein Franziskaner-Kloster auf dem Sattel zwischen der russischen Kuppe des Ölbergs und dem *rās es-schija.* Auf dem Klostergelände wurden landwirtschaftliche Anlagen und Gräber aus der Zeit zwischen dem 2.Jh.v.Chr. und dem 8. Jh. n.Chr. gefunden. Ein Grab mit Rollstein aus dem 3.Jh.n.Chr. scheint wegen seiner millenaristischen (das tausendjährige Reich Christi betreffenden) Symbole judenchristl. zu sein. Der ntl. Ort muß in der Nähe des Klosters gelegen haben. Mk 11,1 führt B. vor *Betanien I auf, weil die Römerstraße näher an B. als an Betanien vorbeiführt (R. Beguvery: RB 64, 1957, Pl. I), dessen Lagebeschreibung die spätere Erwähnung (Mk 11,11f; 14,3) vorbereiten soll.

Literatur: G. Kroll: Auf den Spuren Jesu, [10]1988, 300-303; J. Murphy-O'Connor: Das Heilige Land, 1981, 127f; S. Saller, E. Testa: The Archaeological Setting of the Shrine of Bethphage, 1961. R.R.

BET-HARAM. Der in 4Mo 32,36 erwähnte Ort ist identisch mit B. in Jos 13,27. B. gehörte zum Stammesgebiet von *Gad und lag somit östl. des Jordan. B. war vermutlich ein Grenzstützpunkt, den die Gaditer errichteten (4Mo 32,36), oder eine schon bestehende Siedlung, die sie zu ihrem Schutz und dem ihres Viehs befestigten (Jos 13,27). Die Siedlung hatte gute Weiden (4Mo 32,1), lag aber im Tal (Jos 13,27) und mußte auf die Sicherheit der Bergfesten westl. des Jordan verzichten. B. wird mit dem heutigen, 12 km nordöstl. der Jordanmündung gelegenen Tell Iktanū identifiziert. R.J.W.

BETHEL. Von den meisten Gelehrten mit dem *Tell Bētīn* an der Wasserscheide 19 km nördl. von Jerusalem gleichgesetzt. Wenngleich man Spuren einer früheren Besiedlung gefunden hat, wurde die Stadt doch anscheinend zu Beginn der Mittleren Bronzezeit gegründet. Während dieser Zeit lagerte Abram östl. von Bethel, wo er Jahwe einen Altar baute (1Mo 12,8). Nach seinem Aufenthalt in Ägypten kehrte er zu dieser Stätte zurück (1Mo 13,3). Für Jakob war B. der Ort seiner Gotteserkenntnis (1Mo 31,13; 35,7). Im Anschluß an seine Vision Jahwes nannte er den Ort »Gotteshaus« (hebr. *bēt 'ēl*) und errichtete einen Gedenkstein (hebr. *massēbā,* 1Mo

28,10-22). Bei der Rückkehr von Haran wurde er nach B. gerufen, wo er unter Wiederholung des Namens, den er der Stätte zuvor gegeben hatte (1Mo 35,1-15), einen Altar baute und einen Gedenkstein aufstellte. Diese Stelle könnte Burg Beitīn entsprechen, südöstl. vom Tell Beitīn, der »Abhang südwärts von Lus« (Jos 18,13).

Grabungen förderten einige frühbronzezeitl. Spuren zutage, darunter dem Ausgräber zufolge ein auf den gewachsenen Fels gegründetes, blutbesudeltes Höhenheiligtum. Diese Deutung erscheint unwahrscheinlich, und die Behauptung, daß eine Kultstätte aus der Mittleren Bronzezeit an seine Stelle getreten sei, ist gleichfalls zweifelhaft. Die in der mittleren Bronzezeit prosperierende Stadt wurde um 1550 v.Chr. zerstört; das gleiche Schicksal traf solide angelegte spätbronzezeitl. Bauwerke. Die nachfolgenden eisenzeitl. Bauten lassen einen völligen kulturellen Wandel erkennen, den die Archäologen zur israelit. Landnahme in Beziehung setzen (Jos 12,16; Ri 1,22-26). B. wurde dem Stamm Josef zugeteilt, der es erobert hatte, z.T. auch Ephraim (1Chr 7,28); es grenzte an das Gebiet Benjamins (Jos 18,13). Die Israeliten besiedelten die Stadt bald wieder und benannten das einstige *Lus mit dem Namen, den Jakob dem Schauplatz seiner Vision gegeben hatte (Ri 1,23). Als Israel sich genötigt sah, Benjamin zu bestrafen, holte sich das Volk im Blick auf den Kampf Rat in B. und brachte Opfer dar, denn »die Lade ... [war] dort« (Ri 20,19-28; 21,1-4). B. war auch zur Zeit *Samuels ein Heiligtum, das dieser alljährlich aufsuchte (1Sam 7,16; 10,3). Die Überreste aus dieser Zeit deuten auf ein einfaches und ungesichertes Gemeinwesen hin. Die Siedlung war zweimal in Brand gesteckt worden, möglicherweise durch die Philister.

In der frühen Königszeit blühte die Stadt und wurde bald zum Zentrum des – von einem Mann Gottes aus Juda verdammten - Gegenkults *Jerobeams (1Kön 12,28-13,32). Der Judäer *Abija eroberte B. (2Chr 13,19), und sein Sohn *Asa hat die Stadt möglicherweise zerstört (2Chr 14,8). *Elisa begegnete einer Gruppe von »Prophetenjüngern« aus B., aber auch den Burschen, die ihn verspotteten (2Kön 2,3.23). *Amos verdammte die Riten des israelit. Staatsheiligtums (Am 4,4; 5,5-6; 7,12; vgl. Hos 10,15), und Jeremia wies auf ihre Sinnlosigkeit hin (Jer 48,13). Der zur Unterweisung der assyr. Ansiedler in Samaria entsandte Priester ließ sich in B. nieder (2Kön 17,28), und der Kult bestand dort offensichtlich fort, bis *Josia sich die Schwäche Assyriens zunutze machte, um in Israel einzudringen und seine Heiligtümer zu zerstören. Von Jerobeams Heiligtum sind keinerlei Spuren gefunden worden; es ist denkbar, daß es sich außerhalb der eigentlichen Stadt an der Stätte der Erzväteraltäre befand. Im 6.Jh.v.Chr. wurde die Stadt durch Brand zerstört. Zurückkehrende Exulanten ließen sich in B. nieder (Neh 11,31), aber das kultische Zentrum war Jerusalem (Sach 7,2-3). B. wuchs während der hellen. Zeit; ca. 160 v.Chr. wurde es von Bakchides befestigt (1Makk 9,50). 69 n.Chr. eroberte Vespasian die Stadt und ließ sie später als röm. Stadt wieder aufbauen. Sie blühte dann bis zur arab. Eroberung. (Vgl. *Bet-Awen.)

Literatur: W.F. Albright, J.L. Kelso: The Excavation of Bethel (1934-60), AASOR 39/1968; D.L. Newlands: Sacrificial Blood at Bethel?, PEQ 104/1972, S. 155. Für eine Gleichsetzung mit dem heutigen Bire s. D. Livingston: WThJ 33/1970, S. 20-44; 23/1971, S. 39-50; kritisiert von A.F. Rainey: WThJ 33/1971, S. 175-188. A.R.M.

BETHLEHEM. (Hebr. *bejt-lehem*; griech. *Bēthleem*).

1. Ein Ort in *Sebulon (Jos 19,15) und vielleicht Heimat und Begräbnisort des Richters *Ibzan (Ri 12,8-10). Heute Bejt Lehem HaGelilit, 11 km westnordwestl. von *Nazareth.

2. Eine Stadt in Juda (Jos 19,59 LXX vgl. 1Chr 2,50ff; 4,4.22), die wohl schon in den Amarna-Briefen erwähnt (14. Jh. v.Chr.) und dort vielleicht nach der assyr. Göttin Lachama genannt wird (ANET 489). Möglich ist auch die Bedeutung »Haus des Kampfes« (OLB 2, 613f). Hebräer konnten »Haus des Brotes« heraushören, was gut zur Lage bei reichen Getreidefeldern (Rut 2) am Rande der Wüste Juda passen würde (Mittmann 759). – B. wurde vom Geschlecht *Efrata besiedelt (1Chr 2,51; 4,4; vgl. Rut 1,2) und deshalb auch im Unterschied zu B. in Sebulon B. Efrata genannt (Mi 5,1; Rut 4,11; 1Chr 2,24 ; vgl. 1Mo 35,19; 48,7). Aus B. stammte ein von *Micha für sein Privatheiligtum bestellter Levit (Ri 17,7-9) und jene Nebenfrau, deren Ermordung in *Gibea Grund für eine schwere Bestrafung des Stammes Benjamin war (Ri 19,1ff). In B., wohl vor seinem Osttor, befand sich eine Opferstätte (1Sam 16,1-5; 20,6.29). Bedeutung erhielt B. dadurch, daß *Davids Familie (1Sam 16,18; 20,6; 2Sam 2,32) und Freunde (2Sam 21,19; 23,24) von dort stammten. Er selber wurde hier zum König gesalbt (1Sam 16,4-13), und B. hieß fortan »Stadt Davids« (1Sam 20,6; Lk 2,4). B. spielt auch eine große Rolle in der Erzählung von Davids Stammutter *Rut (Rut 1,22; 2,4; 4,11). In Davids Frühzeit eroberten die Philister B. (2Sam 23,14ff), später wurde es von *Rehabeam be-

festigt (2Chr 11,6). Zur Zeit des Propheten Micha (8. Jh. v.Chr.) war B. nur ein kleiner Ort, erhielt aber die Verheißung, daß in ihm der Endzeitherrscher aus dem Davidshaus geboren würde (Mi 5,1ff). Nach der Ermordung *Gedaljas 587 v.Chr. rasteten hier in der Herberge Kimhams Israeliten auf ihrer Flucht nach Ägypten (Jer 41,17). B. gehörte dann zu den Orten, in denen sich Rückkehrer aus dem babylon. Exil niederließen (Esr 2,21; Neh 7,26). Das NT sieht die Micha-Weissagung mit der Geburt Jesu in B. (Mt 2,1; Lk 2,4) als erfüllt an (Mt 2,3-8; vgl. Joh 7,42). Wahrscheinlich stammte der Davidide *Josef, der Pflegevater Jesu, aus B. (T. Zahn: Das Evangelium des Lucas, [4]1920, 125-128). Wenn er sich wegen der *Schätzung nach B. begab (Lk 2,1-5), dann hat er dort Land, vielleicht sogar ein Haus (vgl. Mt 2,11) besessen.

B., heute die arab. Stadt Bet Lahm mit zwischen 15 000 und 30 000 Einwohnern, liegt ca. 10 km südl. von *Jerusalem, etwas östl. der Hauptwasserscheide. Der bibl. Ort lag auf dem Hügel östl. der Geburtskirche (S. Gutman, A. Berman: RB 72, 1970, 583-585) und war im NO sowie im SW durch steile Täler geschützt. In unmittelbarer Nähe der Stadt gibt es keine Quelle, bei 2Sam 23,15 geht es um eine Zisterne. Noch innerhalb des alten B. befindet sich die Höhle, in welcher der Geburt Jesu gedacht wird. Für diesen Ort spricht, daß er schon von Judenchristen verehrt wurde, bevor nach 135 n.Chr. Kaiser Hadrian über der Grotte ein Adonis-Heiligtum errichten ließ (ELS 83ff). Die Geburtsgrotte und die angrenzenden Höhlen wurden im 1. Jh. n.Chr. als Vorratskammern oder Ställe genutzt, und es finden sich auch mögliche Spuren judenchristl. Verehrung (B. Bagatti: SBFLA 18, 1968, 181-237). Die Kaiserinmutter Helena folgte deshalb offenbar einer festen Überlieferung, als sie hier ab 325 n.Chr. eine der ersten Kirchen des heiligen Landes errichten ließ. Die konstantinische Basilika wurde während des samaritanischen Aufstandes (521-528) schwer beschädigt und danach unter Justinian neu ausgebaut. Diese Kirche überstand als einzige das Jahr 614, weil die pers. Soldaten ein Mosaik mit den *Weisen (aus dem Morgenland) in pers. Tracht entdeckten. In der byzantin. Kirche wies ein Oktogon auf den besonders verehrten Ort, eine Höhle von 12 x 3 m hin. In deren Südwand befindet sich eine 3 x 3 m große Seitenhöhle. Hier zeigte man noch in frühbyzantin. Zeit eine Felsenrinne mit schlichter Lehmmauer (Hieronymus: ELS 91) als die *Krippe von Lk 2,7. Das von LÜ, ZÜ, EÜ mit »Herberge« wiedergegebene griech. Wort *katalyma* (Lk 2,7) bedeutet einfach den größten Raum eines Hauses. Es wäre denkbar, daß sich *Maria aus einem überfüllten Raum zur Geburt Jesu in eine angrenzende Stallhöhle zurückzog.

Die Hirten der Geburtsgeschichte (Lk 2, 8ff) vertreten nicht die verachteten Volkskreise (das ist erst spätere rabbinische Polemik), sondern den Beruf des königlichen Messiasahnen (vgl. 1Sam 17,34ff). Vielleicht wohnten sie (vgl. Lk 2,8) auf den an die Steppe grenzenden Feldern östl. von B. (Rut!) bei einem »Herdenturm« (hebr. *migdal eder*) genannten Ort, an den sich anscheinend auf Grund von 1Mo 35,21; Mi 4,8 jüd. Erwartungen vom Erscheinen des Messias knüpften (Kopp 56f). Auf dem sog. latein. Hirtenfeld hat man Reste einer kleinen, bescheidenen Hirten-Siedlung aus ntl. Zeit gefunden, über welcher Ende des 4. Jh. ein Kloster errichtet wurde (V. Corbo: SBF.CMa 11, 1955). Etwa 1 km davon entfernt baute man im 5.Jh. über einer schon früher verehrten Höhle eine Kirche (V. Tsaferis: SBFLA 25, 1975, 2-52).

Mindestens schon in ntl. Zeit lokalisierte man wegen 1Mo 35,19 das Grab *Rahels bei B. (*Efrata), wohl schon an seinem heutigen Ort an der Abzweigung der Straße von Jerusalem nach B. (J. Jeremias: Heiligengräber in Jesu Umwelt, 1958, 75f). Mt 2,16-18 dürfte darauf anspielen (A. Schlatter: Der Evangelist Matthäus, [6]1963, 43). Wenn apokryphe Evangelien (Hennecke-Schneemelcher I, 286) die Geburtshöhle in der Nähe des Rahel-Grabes lokalisieren, so handelt es sich dabei um eine auf Grund von 1Mo 35,16-20 gebildete, spätere Konkurrenztradition (W. Foerster: ZDPV 57, 1934, 1-7).

Literatur: B. Bagatti: Gli antichi edifici sacri di Betlemme, 1952; P. Benoit: Les dossiers de l'Archéologie 10 (1975), 58-63; OLB 2, 1982, 606-650; C. Kopp: Die heiligen Stätten der Evangelien, [2]1964, 10-85; G. Kroll: Auf den Spuren Jesu, [10]1987, 34-51; S. Mittmann: TRE V (1980), 759-763; E. Testa: Maria Terra Vergine II, 1985, 45-52; A. Strobel: EWNT I, 1980, 513-515. R.R.

BET-HORON. Ein kanaan. Ortsname, der »Sitz des Hauron« (einer kanaan. Unterweltsgottheit) bedeutet. Das obere B. (Jos 16,5), heute Bēt-ʿŪr el-Fōqā, liegt 617 m über dem Meeresspiegel, 16 km nordwestl. von *Jerusalem, und das untere B. (Jos 16,3), heute Bēt ʿUr et-Tachtā, 400 m über dem Meeresspiegel und 2 km weiter nordwestl. Beide Ortschaften wurden von Scheera aus dem Stamm Ephraim erbaut (1Chr 7,24). Sie lagen im Gebiet dieses Stammes, und eine von ihnen fiel der levitischen Sippe der *Kehatiter zu (Jos 21,22). Beide Orte wurden von Salomo wiederaufgebaut (2Chr 8,5) und von den aus dem

Exil zurückgekehrten Juden (Jdt 4,4f) wie auch von dem syr. Feldherrn Bakchides (1Makk 9,50) befestigt. Das obere und untere B. beherrschten das Tal Ajalon, durch das in alter Zeit eine der wichtigsten Straßen von der Küste ins Bergland verlief. In bibl. Zeit durchzogen daher viele Heere diese Orte, z.B. die *Amoriter und die sie verfolgenden Israeliten unter Josua (Jos 10,10f), die *Philister (1Sam 13,18), das ägypt. Heer des *Schischak (laut seinem Siegesbericht in Karnak), die Syrer unter Seron (1Makk 3,16.24) und unter Nikanor (1Makk 7,39), die hier beide von Judas besiegt wurden, sowie die Römer unter Cestius (Jos.bell.Jud. 2, 516).

Sanballat war vielleicht aus B. gebürtig (Neh 2,10). Pseudo-Epiphanius (Leben der Propheten) gibt an, *Daniel sei im oberen B. geboren.

Literatur: E. Robinson: Biblical Researches in Palestine, 2, 1874, S. 250-253; G.A. Smith: Historical Geography of the Holy Land, 1931, S. 248-250, 287-292; F.M. Abel: Géographie de la Palestine, 2, 1938, S. 274-275. J.T.

BET-KEREM s. Kerem

BET-NIMRA. »Haus des reinen Wassers« oder »Haus des Leoparden«. Eine Stadt in *Gad (4Mo 32,36), wahrscheinlich mit Nimra (4Mo 32,3) und Nimrim (Jos 15,6; Jer 48,34) gleichzusetzen. Eusebius nennt sie Betham-Naram und lokalisiert sie 8 km nördl. von Livias. Möglicherweise entspricht B. dem heutigen Tell Nimrin neben dem Wadi Shuʿayb oder dem nahegelegenen Tell el-Blebil, ca. 20 km östl. von *Jericho. G.W.G.

BET-PEOR. Wörtl. »Tempel des Peor«. Ein Ort in den Bergen des Landes *Moab (Jos 13,20) oder des Amoriterlandes (5Mo 4,46), östl. des Jordan, das zum Territorium des Stammes *Ruben gehörte. Die deuteronomistische Geschichtsdarstellung schildert, wie sich die Hebräer am Fuße des Gebirges *Pisga nahe B. versammelten, um vor dem Einzug ins Gelobte Land ihre letzten Anweisungen zu empfangen (5Mo 3,29; 4,44-46). Nachdem er Israel abermals das Bundesgesetz übermittelt hatte, starb Mose und wurde nahebei begraben (5Mo 34,5f). B. könnte nahe jenem Peor liegen, wo *Bileam sieben Altäre baute (4Mo 23,28), oder gar damit identisch sein. 4Mo 25,1-5 erwähnt den Kult eines Gottes Baal Peor (Herr von Peor) bei den Moabitern. Die Ortslage von B. ist ungewiß. R.J.W.

BETRUG s. Lüge

BETSAIDA. (Griech. *Bēthsaida[n]*). Einer der Orte am Nordwestufer des Sees *Genezareth, auf welche Jesus eine Zeitlang sein Wirken konzentrierte und über die er wegen ihrer Unbußfertigkeit das Wehe ausrief (Mt 11,21; Lk 10,13). Hier heilte er einen Blinden (Mk 8,22-26) und in die Nähe von B. verlegt Lk 9,10 (vgl. Mk 6,45) die Speisung der Fünftausend (*Kapernaum IV). B. war der Herkunftsort der Jünger *Petrus, *Andreas und *Philippus (Joh 1,44; 12,21).

Nach Josephus lag B. auf dem Ostufer des *Jordan nahe seiner Einmündung in den See und damit in der Landschaft Gaulanitis (Jos.bell.Jud. III, 515). Um 3 v.Chr. wurde das jüd. Dorf vom Tetrarchen *Philippus (vgl. Lk 3,1) zur Stadt erhoben (Jos.ant.Jud. XVIII 28), in deren Nähe er später begraben wurde (XVIII 108). Nach der Tochter des Kaisers *Augustus erhielt B. den Namen Julias. Auf eine stärkere Hellenisierung weist auch hin, daß Philippus Kontaktmann zwischen Jesus und den »Hellenen« (Griechen?, ausschließlich griechischsprachige Juden?) war (Joh 12,20-22). In späteren rabbinischen Quellen erscheint B. als *sajjdan* (Kopp 235f). Der Name kommt von aram. *bejt sajda'* »Jagdhausen« oder eher *bejt sajjadah* »Fischerhausen«, was auf den Wild- bzw. Fischreichtum der Gegend deutet. Hinter Lk 9,12 könnte aber auch eine Ableitung von *bejt sajdah* »Proviantstelle« stehen (E. Nestle, ZNW 7, 1906, 185f). Der Ort war den ältesten christl. Pilgern bekannt, galt auch als Heimat der Zebedaiden *Johannes und *Jakobus und wurde durch eine Kirche ausgezeichnet (ELS 266ff). Erst seit dem 13.Jh. verlegte man B. fälschlich nach *khirbet el-minje* südl. des Ruinenhügels von *Kinnereth (Kopp 239-243). Wegen Joh 1,44 fand diese Annahme auch moderne Vertreter (doch s.u.).

Die Stadt Julias lag auf dem etwa 2 km vom Seeufer entfernten Ruinenhügel *et-tell*, auf dem seit 1987 bedeutende Siedlungsspuren der ntl. Zeit sicher nachgewiesen werden konnten (R. Arav, IEJ 38, 1988, 187f). Für diese Lage spricht vor allem auch der Bericht des Josephus über die Schlacht bei B. 66 n.Chr. (Jos.vita 398-407). Es scheint, als sei in ntl. Zeit der Jordan weiter östl. geflossen, so daß die heutige Lagune *es-saki* bis nahe Julias reichte und einen Hafen ermöglichte (vgl. Jos.vita 407). Bei der Mündung des vermutlichen alten Jordanlaufs, und zwar auf seinem Westufer, liegt die kleinere Ruinenstätte von *el-aradsch*, die wohl ebenfalls zur Zeit Jesu besiedelt war. Hier könnte ein zu B. gehöriges Fischerdorf existiert haben, das nach dem Tod *Herodes des Großen (4 v.Chr.) an den Tetrarchen Antipas fiel und im Gegensatz zur gaulanitischen Stadt B.-Julias »B. in Galiläa« (Joh 12,21) genannt wurde. Dann wäre der Begriff »Stadt« (griech. *polis*) in Joh 1,44 nicht im strengen Sinn gebraucht. Oberflächenuntersuchungen weisen für die Gegend der Jordanmündung auf röm. Bautätigkeit hin (J.F. Strange: IEJ 32, 1982, 255). Säulenfragmente und Mosaikreste könnten in *el-aradsch* auf eine byzantin. Kirche oder Synagoge hindeuten.

Literatur: D. Baldi: LA 10 (1959/60), 120-146; G. Dalman: Orte und Wege Jesu, ^{4}1967, 172-180; C. Kopp: Die heiligen Stätten der Evangelien, ^{2}1964, 230-243; B. Pixner: BA 48 (1985), 207-216. R.R.

Der Ruinenhügel von Bet-Schean (Tel el-Hösn). Höhe 80 m. (BLS)

BET-SCHEAN. Eine Stadt an dem wichtigen Schnittpunkt des *Jesreel-Tals mit dem Jordantal. Der Name, der in der Bibel als *bēt-seʾān* begegnet (Jos 17,11.16; Ri 1,27; 1Sam 31,10.12; 2Sam 21,12; 1Kön 4,12; 1Chr 7,29), ist in dem der heutigen Nachfolgesiedlung Besan erhalten, an das der Tell *el-hösn* angrenzt, die Stätte des alten Bet-Schean, die unter Leitung von C.S. Fisher (1921-23), A. Rowe (1925-28) und G.M. Fitzgerald (1930-33) ausgegraben wurde.

Wenngleich eine Sondierung die untersten Schichten erreichte und Siedlungen des 4. Jt. v.Chr. sowie eine bedeutende Kanaaniterstadt der Frühen Bronzezeit nachwies, galten die hauptsächlichen Ausgrabungen den neun oberen Schichten, die sich vom 14. Jh. v.Chr. bis in die islamische Zeit erstrecken. Während dieser Periode war B. zunächst lange Zeit hindurch ein befestigter Stützpunkt der Ägypter. Bereits im 15. Jh. v.Chr. erwähnt Thutmosis III. B. als zu seinem Herrschaftsbereich gehörig (man hat dort Skarabäen mit seinem Namen gefunden), und im nächsten Jh. ist in einem der *Amarna-Briefe von Verstärkungen die Rede, die im Interesse Ägyptens in *bit-sa-a-ni* in Garnison gelegt worden seien. Das früheste Hauptstratum (Grabungsschicht) IX gehört wahrscheinlich dieser Zeit an (die Straten wurden aufgrund der Keramik-Abfolge neu datiert, da die ursprünglichen Daten der Ausgräber auf weniger sicheren Kriterien basierten), und es wurde darin eine dem »Mekal, dem Herrn (Baʿal) von Beth-Sean» geweihte ausgedehnte Tempelanlage freigelegt, in der man die Überreste eines geopferten dreijährigen Stiers fand (*Opfer).

Das ungefähr vom Ende des 14. Jh. v.Chr. datierende Stratum VIII war vergleichsweise unwichtig, doch strebte Sethos I. damals nach Wiederherstellung der ägypt. Einflußsphäre in Asien, die unter den späteren Königen der 18. Dynastie großenteils verlorengegangen war, und eroberte in seinem ersten Regierungsjahr B. zurück. Man hat dort zwei seiner Stelen gefunden, deren eine einen Zusammenstoß des Königs mit den *ʿpr.w* (*Hebräer) unweit der Stadt verzeichnet. Stratum VII (ca. 13. Jh. v.Chr.) enthielt einen Tempel, in dem man eine Stele mit der Darstellung einer mit einer Doppelhornkrone geschmückten Göttin fand (*Aschterot-Karnajim), und in Stratum VI wurde ein ähnlicher Tempel freigelegt. Dieses Stratum ist wahrscheinlich ins 12. Jh. v.Chr., die Zeit Ramses' III., zu datieren, von dem dort eine Statue gefunden wurde. Die Entdeckung anthropoider Tonsarkophage in der Nekropole, wie sie für die *Philister charakteristisch sind, deutet darauf hin, daß Ramses philistäische Söldner in B. garnisonierte. Nicht lange zuvor waren die Israeliten in Palästina eingewandert, und Manasse, dem B. zufiel (Jos 17,11), erschien es uneinnehmbar (Jos 17,16; Ri 1,27), so daß es bis zur Zeit Davids in Feindeshand blieb. B.s damalige Bedeutung geht aus der Tatsache hervor, daß die Bibel von ihm als von B. «und seinen Töchtern» (d.h. abhängigen Dörfern) spricht. Es war noch zur Zeit Sauls in philistäischer Hand, denn an seinen Mauern wurden die Leichname Sauls und seiner Söhne aufgehängt, um dann von den Einwohnern von Jabesch in Gilead abgenommen zu werden (1Sam 31,10.12).

Das israelitische Tor (aus der Zeit Salomos?) von Bet-Schean. (AIA)

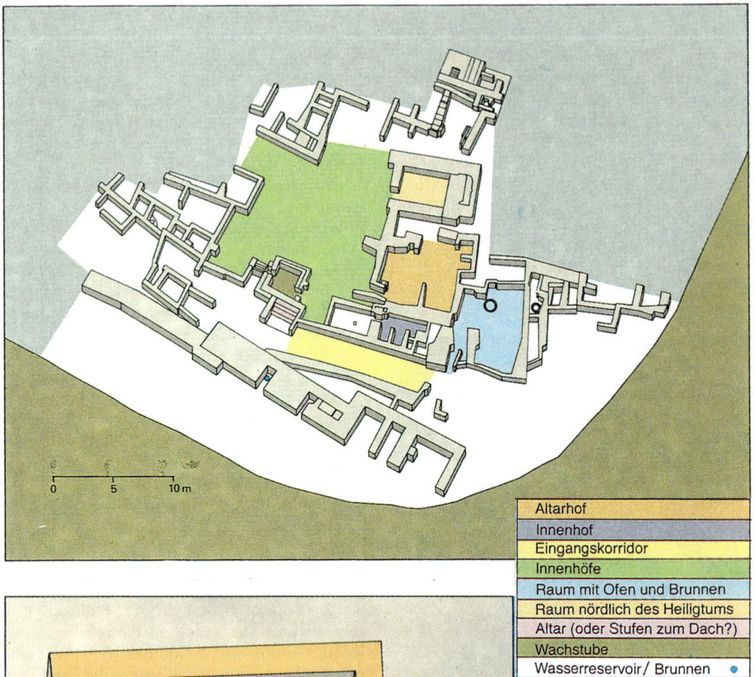

Grundriß des Tempels, der »Mekal, dem Herrn von Bet-Schean« geweiht war (Grabungsschicht IX des Schutthügels von Bet-Schean).

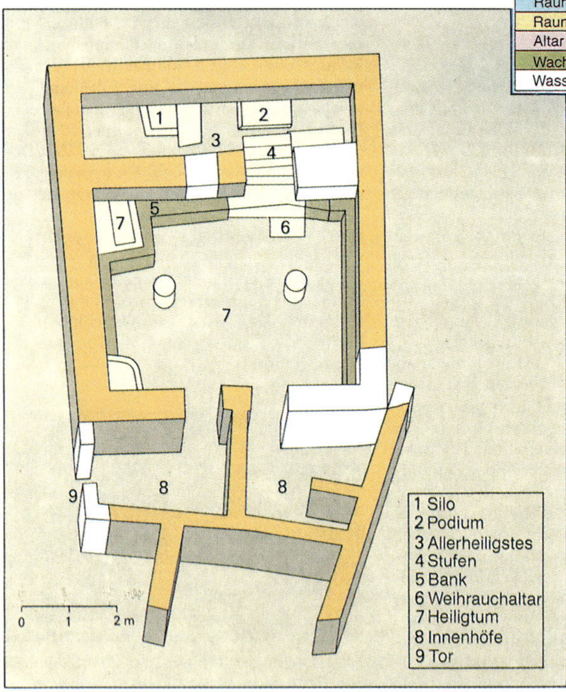

Grundriß des Tempels aus Grabungsschicht VII.

Diese in Bet-Schean gefundene Stele zählt die militärischen Erfolge von König Seti I. auf, die er gegen eine Koalition asiatischer Prinzen errang. Das Relief zeigt den König, der eine Opferhandlung vollzieht, vor dem falkenköpfigen Gott Re-Harakhti. Höhe 2,42 m. Ca. 1300 v.Chr. (ZR)

In Stratum V (ca. 11. Jh. v.Chr.) wurden zwei Tempel freigelegt; der südl. gelegene war dem Gott Rescheph und der andere der Göttin Antit geweiht. Nach Rowe soll es sich dabei um die Tempel des *Dagon und der *Astarte handeln, in denen die Philister Sauls Schädel und Rüstung zur Schau stellten (1Sam 31,10: 1Chr 10,10). Die Stadt muß schließlich zur Zeit Davids in die Hände der Israeliten übergegangen sein; Ausgrabungen haben wenig Besiedlungsreste (Stratum IV) von da ab bis zur hellen. Zeit (Stratum III) erbracht. Während dieser Zeit wird B. zusammen mit der Umgebung («ganz Bet-Schean», *kol-bēt schèān*) als dem fünften Verwaltungsbezirk Salomos zugehörig erwähnt (1Kön 4,12), und in der Regierungszeit *Rehabeams (1Kön 14,25) führt *Schischak es unter seinen Eroberungen auf. In der hellen. Zeit wurde die Stadt unter dem Namen Skythopolis neu gegründet und zählte später zur *Dekapolis.

Literatur: A. Rowe: Beth-shan 1, The Topography and History of Beth-shan, 1930; ders.: Beth-shan 2, I, The Four Canaanite Temples of Beth-shan, 1940; G.M. Fitzgerald: Beth-shan 2, II, 1930; 3, 1931; ANET, S. 242, 249, 253; J.A. Knudtzon: Die El-Amarna-Tafeln 1, 1907, S. 874f, Nr. 289. 20; 2, 1915, 1343 (= ANET, S. 489); W.F. Albright: The Smaller Beth-Shan Stele of Sethos I (1309-1290 BC), BASOR 125 (1952), S. 24-32; G. Posener, in: J. Bottéro: Le problème des Habiru, 1954, S. 168 (= ANET, S. 255); G.E. Wrigth: BA 22/1959, S. 53-56.65; G.M. Fitzgerald: AOTS, S. 185-196 (über anthropoide Sarkophage); EAEHL 1, S. 207-229; BRL S. 46f; LDB, S. 94f u.ö.; M. Clauss: Geschichte Israels, 1986; G. Kroll: Auf den Spuren Jesu, [8]1979. T.C.M.

BET-SCHEMESCH. (Hebr. *bēt schēmēsch*, »Haus/Tempel der Sonne«), Name von vier bibl. Orten.

1. Eine bedeutende Stadt in Juda (2Kön 14,11; 2Chr 25,21) an der N-Grenze gegen Dan (Jos 15,10) erbaut, ca. 24 km westl. von Jerusalem. B. beherrschte eine das Hochland mit der Küstenebene verbindende Durchgangsstraße. Die Ortslage ist vermutlich mit dem heutigen Tell er-Rumēle auf dem Sattel eines Hügels im W der späteren Siedlung ʿĒn Schems identisch. Ausgrabungen wurden dort 1911-12 und umfassender 1928-32 durchgeführt. B. wurde erstmals gegen Ende der Frühen Bronzezeit vor 2000 v.Chr. besiedelt, blühte dann während der Mittleren und Späten Bronzezeit als stark befestigte Kanaaniterstadt und erreichte ihren Höhepunkt z.Zt. der ägypt. Oberhoheit unter den Pharaonen der 19. Dynastie. Daß Verbindungen zum N bestanden, geht aus der Entdeckung einer mit ugaritischer Keilschrift beschriebenen Tontafel in den spätbronzezeitlichen Schichten hervor. Das Ende der Bronzezeit wird durch Mengen philistäischer Tonwaren gekennzeichnet, die zeigen, daß die *Philister, die anfänglich längs der Küste siedelten, sich auch weiter im Landesinnern seßhaft machten, wo sie zu den Hauptgegnern der neu eingewanderten Israeliten wurden.

Die Israeliten müssen die Stadt in der Zeit der Richter erobert haben, da B. zur Levitenstadt bestimmt wurde (Jos 21,16; 1Chr 6,44).

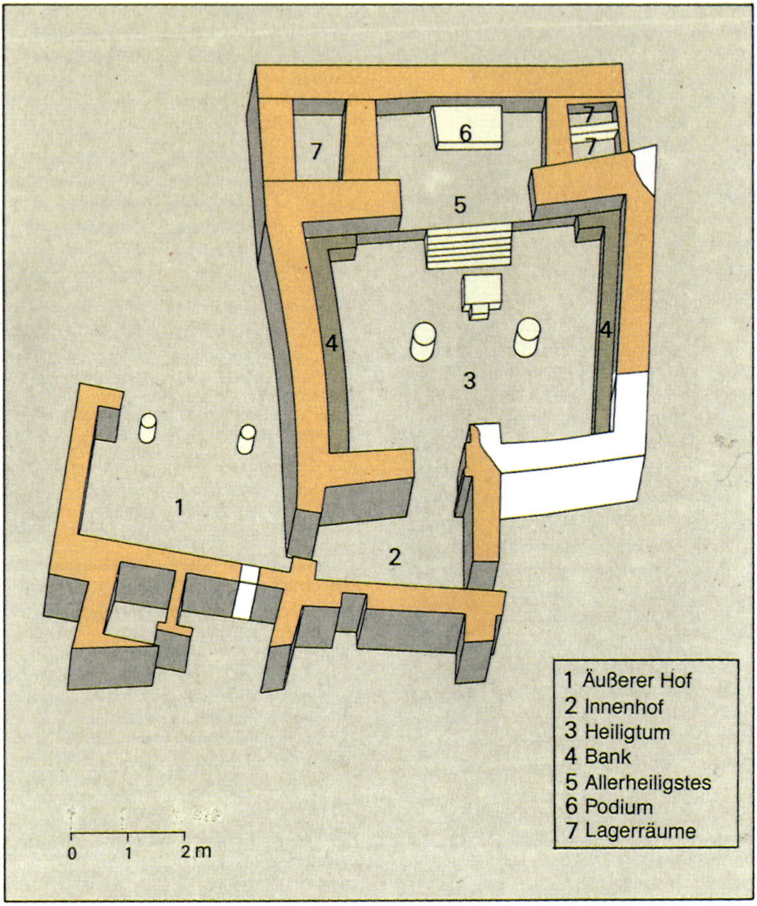

Grundriß des Tempels aus Grabungsschicht VI

Sie war sicherlich zur Zeit Samuels in Israels Besitz, die von den Philistern geraubte Bundeslade wurde nämlich dorthin zurückgesandt (1Sam 6). Vermutlich baute David B. in den späteren Phasen seines Kampfes gegen die Philister aus; die dort entdeckten Kasematten-Mauern dürften aus dieser Zeit stammen. Im 10. Jh. v.Chr. wurde die Stadt nachweislich zerstört, wahrscheinlich durch Pharao *Schischak, der in *Rehabeams fünftem Jahr in Juda eindrang (1Kön 14,25-28). Etwa ein Jh. danach war B. Schauplatz des großen Sieges *Joaschs von Israel über *Amazja von Juda (2Kön 14,11-13; 2Chr 25,21-23). In der Regierungszeit des *Ahas wurde B. wie andere Städte abermals von den Philistern erobert (2Chr 28,18), doch Tiglatpilesar III., den Ahas um Hilfe angerufen hatte und dessen Vasall Juda nunmehr wurde, vertrieb sie wieder. In das Leben der Stadt während der Königszeit gibt die Entdeckung einer Olivenöl-Raffinerie und von Einrichtungen für Kupferverarbeitung, welche bereits in der Bronzezeit existiert hatten, Einblick. Die Stadt befand sich damals jedoch im Niedergang, und im 6. Jh. v.Chr. zerstörte Nebukadnezar sie endgültig.

Ir-Schemesch («Sonnenstadt»; Jos 19,41) ist wahrscheinlich mit B. gleichzusetzen.

Literatur: D. Mackenzie: Excavations at Ain

Shems, in: PEFA 1/1911, S. 41-94; 2/1912-13, S. 1-100; E. Grant (und G.E. Wright): Ain Shems Excavations, 1-5, 1931-39; G.E. Wright: EAEHL, 1, S. 248-253; J.A. Emerton: AOTS, S. 197-206; OLB 2, S. 805–817.

2. Eine Stadt an der Grenze von *Issaschar (Jos 19,22), deren kanaan. Einwohner von den Israeliten nicht vertrieben, sondern tributpflichtig gemacht wurden (Ri 1,33). B. ist möglicherweise mit dem modernen el-ʿAbēdīye gleichzusetzen, das etwa 3 km südl. des Sees Genezareth eine Furt über den Jordan beherrschte.

Literatur: A. Saarisalo: The Boundary between Issachar and Naphtali, 1927, S. 71-73, 119f.

3. Eine dem Stamm *Naftali zugewiesene befestigte Stadt (Jos 19,38), deren Lage nicht bekannt ist, es sei denn, daß sie mit 2. gleichzusetzen ist.

4. Eine Stadt in Ägypten (Jer 43,13), die wahrscheinlich mit Heliopolis gleichzusetzen ist (*On). T.C.M.

BETT. Im AT werden für B. mehrere hebr. Worte gebraucht, die in ihrem Bedeutungsumfang etwa dem Wort «Ruhelager» entsprechen.

Arme Menschen schliefen, in ihr Oberkleid gewickelt, auf dem Boden (2Mo 22,26). Der gewöhnliche Reisende tat das ebenfalls (1Mo 28,11), und selbst *Sisera mußte im Zelt der *Jaël auf dem Boden schlafen, zugedeckt mit einer Decke (Ri 4,18). Dennoch war das B. kein ausgesprochener Luxusartikel. Die Totenbeschwörerin zu En-Dor hatte ein B. (1Sam 28,23) wie auch die Witwe zu Zarpat (1Kön 17,19). Meistens wurde das Ruhebett, auf dem man am Tage liegen konnte, durch das Auflegen von Matratzen für die Nacht hergerichtet. Die Vornehmen in Juda und Israel z.Zt. des Amos schliefen auf elfenbeingeschmückten Betten und Ruhelagern (Am 6,4). Der pers. König *Ahasveros hatte in seiner Burg aufwendig verzierte Ruhebänke (Est 1,6); im Königspalast zu Jerusalem gab es eine B.kammer (2Kön 11,2; 2Chr 22,11), wohl zur Aufbewahrung von B.zeug. In Ägypten, Syrien und Mesopotamien war das B. von altersher bekannt (1Mo 47,31; 49,33; 2Mo 7,28). Bei Ausgrabungen wurden sowohl Abbildungen wie Überreste von Betten gefunden, in Keilschrifttexten werden B. erwähnt.

Im NT wird u.a. in Mt 9,6; Lk 5,18; Apg 5,15; 9,34 eine Matratze bzw. Schlafmatte erwähnt. Arme Leute schliefen darauf in ihrem Oberkleid. Auffällig ist, daß auf Bildern in den Katakomben, die die Heilungen Gelähmter darstellen, meist eine Art B.gestell gezeigt wird.

BETTLER s. Arm, Arme, Armenversorgung

BET-ZUR. Eine Stadt in Juda (Jos 15,58), die im Bericht über die Landnahme nicht erwähnt wird, sondern von den Nachkommen *Kalebs, des Sohnes Hezrons, besiedelt wurde (1Chr 2,45). Sie wurde im 10.Jh.v.Chr. von *Rehabeam befestigt (2Chr 11,7), war in der Zeit *Nehemias von einiger Bedeutung und während der Makkabäerkämpfe eine strategisch wichtige Festung (1Makk).

Den Namen bewahrt die *Burj es-Sur* genannte Stätte, doch die einstige Stadt wird heute durch den benachbarten, ca. 6 km nördl. von *Hebron gelegenen Ruinenhügel Chirbet et-Tubēqa repräsentiert. Die Ortslage wurde 1924 identifiziert, und 1931 führte eine amerikanische Ausgrabungsmannschaft unter Leitung von O.R. Sellers und W.F. Albright vorbereitende Untersuchungen durch; wegen der politisch unruhigen Zeiten konnten erst 1957 weitere Grabungen unter Leitung von Sellers aufgenommen werden.

Die Ortslage war bis zur Mittleren Bronzezeit II (ca. 19.-16. Jh. v.Chr.), in deren zweiter Hälfte die Hyksos Palästina beherrschten, nur wenig besiedelt: die mächtigen Abwehrmauern auf dem Hügelabhang sind wahrscheinlich den Hyksos zuzuschreiben. Als die Ägypter sie schließlich aus Ägypten vertrieben und bis weit nach Palästina hinein verfolgten, wurde B. zerstört und großenteils verlassen. In diesem Zustand blieb es offensichtlich während der ganzen Späten Bronzezeit (ca. 1550-1200 v.Chr.) und setzte, da es in den Landnahmetraditionen nicht erwähnt wird, den Heeren Josuas wohl auch keinerlei Widerstand entgegen. Die Israeliten wurden dort seßhaft, denn im 12. und 11. Jh. v.Chr. blühte die Stadt; gegen Ende des 10. Jh. v.Chr. scheint die Bevölkerung dann allerdings abgenommen zu haben. Rehabeams Befestigungsanlagen konnten nicht sicher nachgewiesen werden: möglicherweise benutzte er die Mauern aus der Mittleren Bronzezeit und stationierte in B. nur eine kleine Garnison. Der Ort war während der ganzen Königszeit bewohnt, während des Exils verlassen und in der Perserzeit wieder besiedelt; seine größte Bedeutung erlangte er aber erst in der hellen. Zeit. B. war damals, an der Grenze zwischen Judäa und Idumäa gelegen, eine Garnisonstadt, die die Straße von Jerusalem nach Hebron beherrschte, und spielte in den Makkabäerkämpfen eine wichtige Rolle. Auf dem Gipfel entdeckte man eine große Festung, die zahlreiche Münzen, darunter viele des *Antiochus IV. Epiphanes, sowie mehrere rhodische

Krugstempel barg, was besagt, daß dort griech. Truppen in Garnison lagen. Das Fort hatte drei Hauptphasen erlebt, deren zweite wahrscheinlich Judas Makkabäus zu verdanken war, der es, nachdem er Antiochus' Regenten Lysias dort besiegt hatte (1Makk 4,26-34.61), ausbaute; die dritte Phase ist wohl dem mazedonischen General Bakchides zuzuschreiben, der B. um 161 v.Chr. befestigte (1Makk 9,52).

Literatur: O.R. Sellers: The Citadel of Bethzur, 1933; W.F. Albright: Archäologie in Palästina, 1962; F.M. Abel: Géographie de la Palestine, 2, 1938, S. 283; R.W. Funk: EAEHL, 1, S. 263-267; BRL S. 47; OLB 2, S. 718-724. T.C.M.

BEULE s. Krankheit

BEUTEL. In Israel dienten B. zur Aufbewahrung des *Geldes (2Kön 5,23; Spr 7,20; Lk 10,4; 12,33; 22,35), das man allerdings auch im Gürtel bei sich hatte (Mt 10,9). Ferner bezeichnet B. die gemeinsame Kasse (Spr 1,14), deren Verwaltung unter den Jüngern *Judas Iskariot hatte (Joh 12,6; 13,29). Außerdem führte man im B. Waage und Gewichtsteine mit.

BEZALEL. »Im Schatten (Schutz) Gottes«.

1. Ein Judäer aus der Familie *Hezrons im Sippenverband der Kalebiter, Uris Sohn, Hurs Enkel. Von Gott zur kunstfertigen Herstellung von Holz- und Metallgegenständen und zum Schneiden und Fassen von Edelsteinen befähigt, wurde B. mit der Anfertigung der Stiftshütte beauftragt; er bildete auch weitere Handwerker aus (s. 2Mo 31,1-11; 35,30-34).

2. Ein Sohn des Pahat-Moab, der sich auf Esras Rat von seiner nichtjüdischen Frau trennte (Esr 10,30). D.W.G.

BEZER. »Golderz«.

1. Frei- und Levitenstadt »in der Wüste« (5Mo 4,43; Jos 21,36; 1Chr 6,63) im Ostjordanland. Der Meschastein erwähnt ihren Ausbau und die Neubesiedelung durch Leute von Dibon. Vielleicht ist B. das heutige Chirbet Um el-Amad, 14 km nordöstl. von *Medeba. Vgl. auch *Bozra.

2. Sohn des Zofach aus dem Stamme *Asser (1Chr 7,37).

BIBEL. Aus dem griech. Wort für »Bücher« (*biblia*) abgeleitete Bezeichnung für die von der christl. Kirche als kanonisch anerkannten Schriften. Der früheste christl. Gebrauch von

Der Papyrus Nash. Das Fragment stammt aus dem 2. Jh. v.Chr. und enthält die Zehn Gebote sowie das »Schema Jisrael« (»Höre Israel«) aus 5Mo 6,4f. (W)

ta biblia (»die Bücher«) in diesem Sinne findet sich in 2Clem 14,2 (um 150 n.Chr.): »Die Bücher und die Apostel erklären ...« Vgl. auch Dan 9,2: »Achtete ich, Daniel, in den Büchern ...« (hebr. *basse pārim*). Diese Aussage bezieht sich auf die Sammlung der prophetischen Schriften des AT. Das griech. *biblion* (Pluralform: *biblia*) ist eine Verkleinerungsform von *biblos*, ein Wort, das praktisch jede Form eines geschriebenen Dokuments bezeichnete, ursprünglich aber nur solche, die auf Papyrus geschrieben waren (griech. *byblos*; vgl. den phönizischen Hafen von Byblus, über den in der Antike Papyrus aus Ägypten importiert wurde).

Synonym mit »Bibel« sind die Begriffe »die Schrift« oder »die Schriften« (griech. *hai graphai, ta grammata*). Sie werden im NT oft benutzt, um auf das AT insgesamt oder auf einzelne Schriften hinzuweisen; vgl. Mt 21,42: »Habt ihr nie gelesen in der Schrift?« (*en tais graphais*, wörtl.: »in den Schriften«); in der Parallelstelle Mk 12,10: »Habt ihr nicht dieses Schriftwort gelesen?« steht *tēn graphēn tautēn* und in 2Tim 3,15 »die heilige Schrift« (*ta hiera grammata*). 2Tim 3,17 »alle Schrift ist von Gott eingegeben« lautet im Griech. *pasa graphē theopneustos*. 2Petr 3,16 spricht von »allen Briefen« des Paulus zusammen mit »den anderen Schriften« (*tas loipas graphas*), womit die atl. Schriften und vielleicht auch Evangelien gemeint sind.

Das AT und das NT – *tawrat* (von dem hebr. *tōrā*) und *injīl* (von dem griech. *euangelion*) – werden sogar im Koran (3. Sure) als frühere göttliche Offenbarungen anerkannt. Das hebr. AT ist die jüd. Bibel. Der hebr. Pentateuch - die fünf Bücher Mose – bildet die samaritanische Bibel.

I. INHALT UND AUTORITÄT.
In der weltweiten Christenheit, für die die Bibel aus dem AT und dem NT besteht, gibt es bezüglich des Inhalts der Bibel keine völlige Übereinstimmung. Einige Zweige der syr. Kirche klammern den 2. Petrusbrief, den 2. und 3. Johannesbrief, den Judasbrief und die Offenbarung aus. Die röm. und griech. Kirche rechnen noch eine Reihe von Büchern zu denen der hebr. Bibel hinzu. Diese zusätzlichen Bücher bildeten einen Teil der Septuaginta (LXX), der griech. Übersetzung des AT aus dem 2. und 3. Jh. v.Chr.

Die äthiopische Bibel schließt auch noch das 1. Henoch-Buch und das Buch der Jubiläen mit ein. In den reformatorischen Kirchen gelten die *Apokryphen als »gut und nützlich zu lesen« (Luther), haben aber keine verbindliche Autorität.

In den röm., griech. und anderen alten Kirchen stellt die Bibel zusammen mit der lebendigen Tradition der Kirche die letzte Autorität dar. In den Kirchen der Reformation dagegen ist die Bibel allein die letzte Instanz in Fragen der Dogmatik und der Ethik.

II. DIE BEIDEN TESTAMENTE.
Das Wort »Testament« in der Aufteilung »Altes Testament« und »Neues Testament« ist hergeleitet von dem latein. *testamentum*, der Übersetzung des griech. *diathēkē*. Bei den meisten Zitaten in der griech. Bibel bedeutet es eher »Bund« als »Testament«. In Jer 31,31ff wird ein neuer *Bund (hebr. *berīt*, LXX: *diathēkē*) vorhergesagt, der den aufheben wird, den Jahwe mit Israel in der Wüste geschlossen hat (vgl. 2Mo 24,7f). Und Hebr 8,13: »Indem er sagt: *einen neuen Bund*, erklärt er den ersten für veraltet«. »Bund« und »Testament« werden aber in Hebr 9,15-17 fest miteinander verknüpft. Die Schreiber des NT sehen die Erfüllung dieser Prophetie des neuen Bundes in der neuen Ordnung, die durch das Erlösungswerk Christi ins Leben gerufen wurde. Jesu eigene Einsetzungsworte des *Abendmahls (1Kor 11,25) berechtigen zu dieser Interpretation. Die Bücher des AT werden so wegen ihrer engen Beziehung zur Geschichte des »alten Bundes« benannt; die Bücher des NT werden so bezeichnet, weil sie die grundlegenden Dokumente des »neuen Bundes« sind. Den Begriff »Altes Testament« finden wir in 2Kor 3,14 im Sinne von »alter Bund«, obwohl Paulus wahrscheinlich nur das *Gesetz als Basis für den alten Bund gemeint hat und nicht alle hebr. Schriften des AT. Die Begriffe »Altes Testament« (*palaia diathēkē*) und »Neues Testament« (*kainē diathēkē*) als Bezeichnungen für die beiden Büchersammlungen traten im allgemeinen christl. Sprachgebrauch erstmals im späten 2.Jh. auf; Tertullian übersetzte *diathēkē* ins Latein. einmal mit *instrumentum* (ein gesetzliches Dokument) und ein andermal mit *testamentum*; das letztere Wort hat überlebt.

III. DAS ALTE TESTAMENT.
In der hebr. Bibel sind die Bücher des AT in drei Bereiche aufgeteilt – das Gesetz (*tōrā*), die Propheten (*nebī'īm*) und die Schriften (*ketūbīm*). Das Gesetz umfaßt den Pentateuch, also die fünf »Bücher Mose«. Die Propheten sind unterteilt in die »frühen Propheten« (*nebī'īm rī'schōnīm*) – sie umfassen Josua, Richter, Samuel und Könige – und die »späteren Propheten« (nebī'īm 'aharōnīm) – zu ihnen gehören Jesaja, Jeremia, Hesekiel und die zwölf »kleinen« Propheten. Die Schriften enthalten den Rest der AT-Bücher: die Psalmen, Sprüche, Hiob und die fünf »Rollen« (*megillōt*), nämlich Hoheslied Salomos, Rut, Klagelieder Jeremias, Prediger und Ester; daneben stehen noch Daniel, Esra-Nehemia und die Chroniken. Diese Zusammenstellung ergibt 24 Bücher, die aber unserer üblichen Zählung von 39 Büchern entspricht, da wir die Kleinen Propheten als zwölf, Samuel, Könige, Chroniken als jeweils zwei Bücher rechnen und Esra und Nehemia trennen. Es gab in der Antike auch noch andere Zählformen für dieselben 24 Bücher. Laut Josephus wurde einmal alles auf die Zahl 22 gebracht und laut Hieronymus ein andermal auf die Zahl 27 erhöht.

Der Ursprung dieser Anordnung der Bücher der hebr. Bibel kann nicht zurückverfolgt werden; oft wird angenommen, daß die Dreiteilung den drei Stadien entspricht, in denen die Bücher ihre kanonische Anerkennung erhielten, aber dafür gibt es keinen exakten Beweis.

In der Septuaginta (LXX) sind die Bücher nach der Gleichartigkeit des Stoffes zusammengestellt. Dem Pentateuch folgen die historischen Bücher, diesen folgen die Bücher

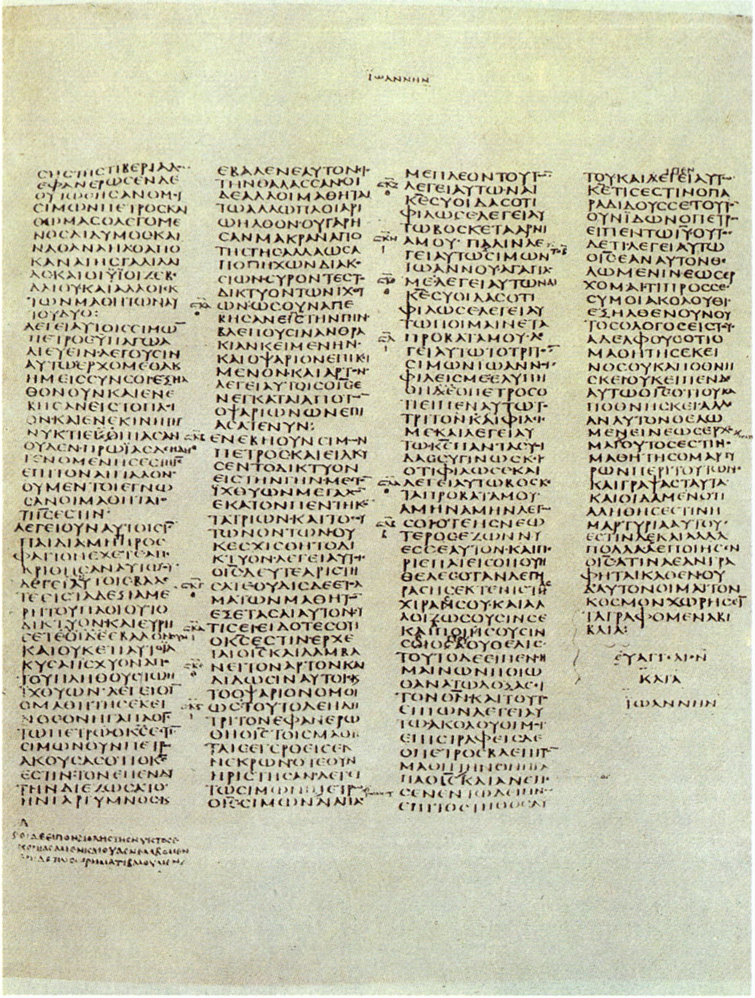

Die letzte Seite des Joh.Ev. aus dem Codex Sinaiticus, einem der frühen wichtigen Manuskripte der ganzen Bibel. Griechische Unziale auf Pergament. Sinai, 4. Jh. n.Chr. (BL)

der Poesie und der Weisheit und dann kommen die Propheten. Diese Reihenfolge hat sich (durch die Vulgata) in den meisten christl. Bibelausgaben durchgesetzt. In mancher Hinsicht kommt diese Reihenfolge der chronologischen Abfolge des Berichteten näher als die der hebr. Bibel. So erscheint z.B. Rut unmittelbar nach Richter (da Rut von Dingen berichtet, die geschahen »in den Tagen, als die Richter richteten«) und die Chroniken erscheinen in der Reihenfolge Chr, Esr, Neh.

Die Dreiteilung der hebr. Bibel spiegelt sich in Lk 24,44: »das Gesetz des Mose ..., die Propheten ..., die Psalmen«; häufiger bezieht sich allerdings das NT auf »das Gesetz und die Propheten« (s. Mt 5,17 usw.) oder »Mose und die Propheten« (Lk 16,29 usw.).

Die im AT enthaltene göttliche Offenbarung kam vor allem auf zweierlei Weise zustande – durch mächtige Werke und durch prophetische Worte. Diese beiden Offenbarungsformen sind unlöslich miteinander verbunden. Gott hat zu seinem Bundesvolk in der Geschichte durch Gericht und Gnade gesprochen. Diese Botschaft war für das Gottesvolk aber nur deshalb verständlich, weil sie durch die Propheten interpretiert wurde, die als Gottes »Sprachrohre« fungierten. So hätten z.B. die Ereignisse des Exodus für die Israeliten nicht ihre bleibende Bedeutung erhalten, wenn Mose ihnen nicht gesagt hätte, daß in diesen Ereignissen der Gott ihrer Väter zu ihrer Erlösung handelt gemäß seinen uralten Verheißungen, daß sie hinfort sein Volk sein sollen und er ihr Gott ist. Andererseits wären Moses Worte fruchtlos geblieben ohne die Erfüllung in Form des Exodus. Dasselbe können wir bei Samuel zur Zeit der Bedrohung durch die Philister beobachten, auch bei den großen Propheten des 8.Jh.v.Chr., als die Assyrer das Gottesvolk vor sich her trieben, und ebenso bei Jeremia und Hesekiel, als das Königreich von Juda seinem Ende entgegenging.

Dieser Wechsel zwischen mächtigen Taten und prophetischem Wort erklärt, warum Geschichte und Prophetie auf den Seiten des AT so vermischt sind; zweifellos führte diese Erkenntnis auch dazu, daß die Juden die Hauptgeschichtsbücher zwischen die prophetischen Bücher plazierten.

Das AT spiegelt aber nicht nur diese zweifache Offenbarung Gottes wider; es zeigt gleichzeitig die allgemeine Reaktion des Menschen auf Gottes Offenbarung: wenig Gehorsam, viel Ungehorsam – in Worten wie in Taten. Aus den Berichten des AT über die Reaktion des Gottesvolkes auf das Reden und Handeln Gottes leitet das NT praktische Belehrung für die Christen her. Über die Rebellion der Israeliten in der Wüste und deren Folgen schreibt Paulus: »Dies widerfuhr ihnen als ein Vorbild. Es ist aber geschrieben uns zur Warnung, auf die das Ende der Zeiten gekommen ist« (1Kor 10,11).

In der christl. Bibel hat das AT hinführenden Charakter: »Nachdem Gott vorzeiten vielfach und auf vielerlei Weise geredet hat zu den Vätern durch die Propheten, hat er in diesen letzten Tagen zu uns geredet durch den Sohn« (Hebr 1,1f). Das AT war die Bibel, die die Apostel und andere Boten des Evangeliums in den frühesten Tagen der Christenheit zugrunde legten, wenn sie Jesus als den von Gott gesandten *Messias, den Herrn und Erlöser proklamierten; in ihm fanden sie ein klares Zeugnis auf Christus hin (Joh 5,39) und eine deutliche Grundlegung des Erlösungsweges durch Glauben an ihn (Röm 3,21f; 2Tim 3,15). Für den Gebrauch des AT hatten sie die Autorität und das Beispiel Christi selbst; und die Kirche hat gut daran getan, wenn sie diesem Beispiel gefolgt ist und auch das AT als christl. Schrift anerkannt hat.

IV. DAS NEUE TESTAMENT.
Das Verhältnis des NT zum AT wird oft als das der Erfüllung zur Verheißung beschrieben. Während das AT enthält, was »Gott von altersher zu unseren Vätern durch die Propheten gesprochen hat«, enthält das NT das Schlußwort, das er in seinem Sohn gesprochen hat, in dem alle früheren Offenbarungen zusammengefaßt, bestätigt und übertroffen werden. Die atl. Offenbarung findet ihren Höhepunkt im Erlösungswerk Christi, und die Aussagen der Propheten des AT finden in ihm ihre Erfüllung. Wenn das AT das Zeugnis derjenigen festhält, die den Tag Christi voraussahen, bevor er angebrochen war, dann enthält das NT das Zeugnis derjenigen, die Jesus in den Tagen seines Erdenlebens sahen und hörten und die Bedeutung seines Kommens nach seiner Auferstehung von den Toten durch die Kraft des Heiligen Geistes noch umfassender erfuhren und proklamierten.

Das NT wird von der großen Mehrheit der Christen als eine Sammlung von 27 Büchern akzeptiert. Sie gliedern sich ganz organisch in vier Bereiche: a. die vier Evangelien, b. die Apostelgeschichte, c. 21 Briefe, die von Aposteln und »apostolischen Männern« verfaßt wurden, d. die Offenbarung.

Die ältesten Dokumente des NT sind die frühen Briefe des Paulus. Diese wurden (ebenso wie wahrscheinlich der Jakobusbrief) zwischen den Jahren 48 und 60 geschrieben. Die vier *Evangelien entstanden in den Jahren zwischen 50 und 90. In dieser Zeit dürften auch nahezu alle anderen ntl. Schriften verfaßt worden sein. Während sich die Entstehungsgeschichte des AT über einen Zeitraum von mehr als 1 000 Jahren erstreckt, wurde das NT innerhalb eines halben Jahrhunderts geschrieben.

Die Schriften des NT wurden nicht schon unmittelbar nach ihrer Niederschrift in der Form gesammelt, in der wir sie heute kennen. Zuerst hatten die einzelnen Evangelien eine lokale und selbständige Bedeutung in dem Kreis, für den sie ursprünglich verfaßt worden waren. Zu Beginn des 2. Jh. wurden sie zusammengetragen und kamen als vierfacher Bericht in Umlauf. Zu diesem Zeitpunkt dürfte die Apostelgeschichte des Lukas von seinem Evangelium getrennt worden sein. Stellte die Apg bis dahin zusammen mit dem Evangelium ein Werk in zwei Bänden dar, wurde sie

וְהַמֶּלֶךְ

ספר מלכים אשר הוא שלישי אצל
חלושים

דָּוִד זָקֵן בָּא בַּיָּמִים א
וַיְכַסֻּהוּ בַּבְּגָדִים וְלֹא יִחַם לוֹ ׃
2 וַיֹּאמְרוּ לוֹ עֲבָדָיו
יְבַקְשׁוּ לַאדֹנִי הַמֶּלֶךְ נַעֲרָה בְתוּלָה
וְעָמְדָה לִפְנֵי הַמֶּלֶךְ וּתְהִי־לוֹ סֹכֶנֶת וְשָׁ
כְבָה בְחֵיקֶךָ וְחַם לַאדֹנִי הַמֶּלֶךְ ׃
3 וַיְבַקְשׁוּ נַעֲרָה יָפָה
בְּכֹל גְּבוּל יִשְׂרָאֵל וַיִּמְצְאוּ אֶת־אֲבִישַׁג ה
שּׁוּנַמִּית וַיָּבִאוּ אֹתָהּ לַמֶּלֶךְ ׃
4 וְהַנַּעֲרָה יָפָה עַד־מְאֹד וַתְּהִי לַמֶּלֶךְ
סֹכֶנֶת וַתְּשָׁרְתֵהוּ וְהַמֶּלֶךְ לֹא יְדָעָהּ ׃
5 וַאֲדֹנִיָּה בֶן־חַגִּית
מִתְנַשֵּׂא לֵאמֹר אֲנִי אֶמְלֹךְ וַיַּעַשׂ לוֹ רֶכֶב
וּפָרָשִׁים וַחֲמִשִּׁים אִישׁ רָצִים לְפָנָיו ׃
6 וְלֹא־עֲצָבוֹ אָבִיו מִיָּמָיו
לֵאמֹר מַדּוּעַ כָּכָה עָשִׂיתָ וְגַם־הוּא טוֹב־
תֹּאַר מְאֹד וְאֹתוֹ יָלְדָה אַחֲרֵי אַבְשָׁלוֹם ׃
7 וַיִּהְיוּ דְבָרָיו עִם יוֹאָב
בֶּן־צְרוּיָה וְעִם אֶבְיָתָר הַכֹּהֵן וַיַּעְזְרוּ אַחֲרֵי
אֲדֹנִיָּה ׃
8 וְצָדוֹק הַכֹּהֵן וּבְנָיָהוּ בֶן־יְהוֹיָדָע וְנָתָן
הַנָּבִיא וְשִׁמְעִי וְרֵעִי וְהַגִּבּוֹרִים אֲשֶׁר ל
דָוִד לֹא הָיוּ עִם־אֲדֹנִיָּהוּ ׃
9 וַיִּזְבַּח אֲדֹנִיָּהוּ צֹאן וּבָקָר
וּמְרִיא עִם אֶבֶן הַזֹּחֶלֶת אֲשֶׁר־אֵצֶל עֵין ר
גֵל וַיִּקְרָא אֶת־כָּל־אֶחָיו בְּנֵי הַמֶּלֶךְ ו
לְכָל־אַנְשֵׁי יְהוּדָה עַבְדֵי הַמֶּלֶךְ ׃
10 וְאֶת־נָתָן הַנָּבִיא וּבְנָיָהוּ וְאֶת־הַגִּבּוֹרִים
וְאֶת־שְׁלֹמֹה אָחִיו לֹא קָרָא ׃
11 וַיֹּאמֶר נָתָן אֶל־

LIBER REGVM TER
TIVS, QVI APVD HE
bræos primus est Regum.

REx uero Dauid senu- 1
it & uenit in dies: & cũ
operirent eũ uestibus,
non calefiebat. Dixerũt
igitur ad eum serui sui:
*quærant domino meo
regi puellam uirginem,
quæ stet coram rege & foueat eum, dormi-
atq; in sinu tuo, ut calescat dominus meus
rex. Quærentes itaq; puellam pulchrã per
omnes terminos Israel, inuenerũt Abisag
Sunammitem, & adduxerũt eã ad regem.
Erat uero puella illa ualde elegãs, regi pro
uoto obsequens & illi ministrans: rex uero
non cognouit eam. Porrò Adonija filius
Haggith exaltãs se, dicebat: ego regnabo:
fecitq; sibi currus & equites, atq; quinqua-
ginta erant uiri qui faciem eius præcurre-
bant. Nec uoluit cõtristare eum pater eius
à diebus suis, ut diceret ad eũ: cur sic facis?
eratq; ualde pulchro aspectu, & peperit eũ
(mater eius) post Absalom. Fuerunt uero
consilia eius cum Ioab filio Zeruia & cum
Aebiathar sacerdote, fuitq; auxiliũ eorum
post Adoniam. Zadoc autem sacerdos, &
Benaiahu filius Iehoiada, Nathan prophe
ta, Simei atq; Rei, & potiores quiq; quos
habuit Dauid, non fuerunt cum Adonija.
Et mactans Adonija oues & boues (pa-
scuales) & saginata pecora, [b] iuxta lapidem
Zehæleth, qui est iuxta fontem Rogel,
uocauit omnes fratres suos filios regis, at-
que cunctos uiros Iehuda, seruos regis.
Nathan uero prophetam & Benaiahu &
alios potentes atque Salomonem fratrem
suum nõ uocauit. Dixit igitur Nathan ad
Gg Bathsæ-

Polyglottenbibel: mehrsprachige Bibelausgabe, hier hebräisch und lateinisch. (W)

von nun an ein wichtiges, eigenständiges Werk.

Die Briefe des Paulus wurden zuerst von den Gemeinden oder Einzelpersonen aufbewahrt, an die sie gerichtet waren. Es gibt Hinweise, daß gegen Ende des 1. Jh. der Teil der Korrespondenz, der nicht verloren gegangen war, in einer paulin. Sammlung zusammengetragen wurde, die dann sehr schnell in den Gemeinden zirkulierte – zuerst in Form einer kürzeren Sammlung von zehn Briefen, später in einer umfangreicheren von 13 Briefen, die durch die Einbeziehung der drei Hirtenbriefe zustande kam. Innerhalb der paulin. Sammlung waren die Briefe offenbar nicht in chronologischer Reihenfolge geordnet, sondern nach ihrer Länge. Dieses Prinzip findet heute noch in den meisten Ausgaben des NT seinen Niederschlag: die Briefe an Gemeinden rangieren vor den Briefen an Einzelpersonen, und innerhalb dieser beiden Unterteilungen sind die Briefe so angeordnet, daß die längsten zuerst und die kürzesten zuletzt kommen. (Die einzige Abweichung von diesem Schema besteht darin, daß der Galaterbrief vor dem Epheserbrief steht, obwohl der Epheserbrief etwas länger ist.)

Die Evangeliensammlung und die Sammlung der paulin. Briefe mit der Apostelgeschichte als Bindeglied zwischen beiden waren die Anfänge des NT-Kanons, wie er heute bekannt ist. Die frühe Kirche, die die hebr. Bibel (oder deren griech. Version: LXX) als heilige Schriften hatte, zögerte nicht lange, die neuen Evangelien und apostol. Schriften neben das Gesetz und die Propheten zu setzen und sie für die Verbreitung des Evangeliums und für den Gottesdienst zu nutzen. So

Der Codex Vaticanus enthält fast vollständig die Schriften des AT und NT. Er wurde um 350 in griech. Sprache auf Pergament geschrieben. (W)

schreibt Justin um die Mitte des 2. Jh., daß die Christen in ihren Zusammenkünften am Sonntag »die Erinnerungen der Apostel neben den Schriften der Propheten« lesen.

Die Ausbreitung des Christentums in nicht griech. sprechende Gebiete brachte es mit sich, daß das NT zum Nutzen der Neubekehrten aus dem Griech. in deren Sprachen übersetzt wurde. So gab es um das Jahr 200 n.Chr. latein. und syr. Übersetzungen und im folgenden Jh. auch eine koptische.

V. DIE BOTSCHAFT DER BIBEL.
Die Bibel hat von Anfang an einen beachtlichen Einfluß auf die Kultur ausgeübt. In vielen Sprachen mußte erst eine schriftliche Sprachform geschaffen werden, damit die Bibel ganz oder teilweise übersetzt werden konnte. Dies ist nur ein Beispiel für den kulturschaffenden Einfluß der Bibel.

Dieser Einfluß ist eine Nebenwirkung der zentralen Botschaft der Bibel. Es mag überraschen, daß Schriften, in denen sich die Geschichte des Nahen Ostens über mehrere Jahrtausende hin spiegelt, eine zentrale Botschaft haben. Aber die Erkenntnis dieser zentralen Botschaft hat dazu geführt, daß man die Bibel als ein Buch und nicht als eine Sammlung von Schriften ansieht. So wurde aus dem griech. Plural *biblia* (»Bücher«) der latein. Singular *biblia* (»das Buch«).

Die zentrale Botschaft der Bibel ist die Geschichte der Erlösung. Durch beide Testamente zieht sich eine dreifache Aussage wie ein roter Faden hindurch: Die Botschaft vom *Mittler der Erlösung*, von dem *Weg der Erlösung* und von den *Erben der Erlösung*. Man kann auch hier wieder den Gedanken vom *Bund aufgreifen und sagen, daß die zentrale Botschaft der Bibel der Bund Gottes mit den Menschen ist. Gott selbst ist der Erlöser seines Volkes; er ist es, der seine Bundesgnade bestätigt. Der Überbringer der Erlösung – der *Mittler des Bundes – ist *Jesus Christus, der Sohn Gottes. Der Weg der Erlösung, die Grundlage des Bundes, ist die Gnade Gottes, die von seinem Volk eine Antwort des Glaubens und des Gehorsams erwartet. Die Erben der Erlösung sind das Israel Gottes, die Gemeinde Gottes.

Die Kontinuität des Bundesvolkes vom AT zum NT ist für den Leser der allg. üblichen Übersetzungen verhüllt, weil dort das Wort »Gemeinde« ein ausschließlich ntl. Begriff ist, und der Leser daraus schließt, daß die Gemeinde auch erst in der Periode des NT begonnen hat. Der Leser der griech. Bibel wurde aber mit keinem neuen Wort konfrontiert, wenn er im NT *ekklēsia* fand. Dieses Wort war ihm schon in der LXX begegnet, und zwar in einem Kontext, der Israel als die »Versammlung« Jahwes bezeichnet. Das Wort *ekklēsia* hat im NT allerdings eine neue und umfassendere Bedeutung bekommen. So sagt Jesus in Mt 16,18: »Ich will meine Gemeinde bauen.«. Dabei besteht aber eine lebendige Kontinuität zwischen dem alten Israel und der Gemeinde als dem neuen, und Jesu treue Nachfolger sind beides: der gerechte Rest des alten Bundes und der Same des neuen Bundes. Der Bundesherr und sein Bundesvolk verbinden die beiden Testamente miteinander.

Literatur: S.Z. Leiman: The Canonization of Hebrew Scripture, 1976; Th. Zahn: Grundriß der Geschichte des neutestamentlichen Kanons, [2]1904/1985; H.v. Campenhausen: Die Entstehung der christlichen Bibel, 1968; H. Ridderbos: Begründung des Glaubens, 1963; R. Riesner, H. Burkhardt: Art. Bibel, EGL 64-73; F.F. Bruce: The Books and the Parchments, 1953; The Cambridge History of the Bibel, 1-3, 1963-1970. F.F.B.

BIBELKRITIK BIBELWISSENSCH.
s. Schriftauslegung, moderne Methoden

BIENE s. Tiere

BIGWAI. (Sanskrit *bhagavan* »glücklich, froh«). Einer der führenden Israeliten, die mit *Serubbabel aus der babylon. Gefangenschaft heimkehrten (Esr 2,2; Neh 7,7). Seine Sippe zog ebenfalls mit (Esr 2,14; Neh 7,19), ein Rest folgte unter *Esra (Esr 8,14). Der Vertreter des Geschlechts B. unterzeichnete die Verpflichtung auf das Gesetz z.Zt. Nehemias (Neh 10,17).

BILD/ABBILD/EBENBILD.
I. Im ALTEN ORIENT repräsentiert das Bild die abgebildete Sache oder Person in materieller Gestalt. Es erscheint als Statue oder Plastik, aber auch als Reliefschnitzerei oder Malerei in verschiedener Größe und in verschiedenen Räumlichkeiten und wird von kunstfertigen Handwerkern erstellt. In der Regel aus Ton gebildet, aus Holz geschnitzt oder aus Bronze, Gold oder Silber gegossen, ist es mit Elfenbein, Edelmetallen und -steinen überzogen und verziert (vgl. Jes 40,19f; 44,9-15; Jer 10,3-5.8f). Im Unterschied zum heutigen Gebrauch in Kunst und Fotografie stehen Bilder in bibl. Zeit gewöhnlich in Zusammenhang mit der Verehrung von Gottheiten.

Es handelt sich um Andachts- (für die individuelle Frömmigkeit) und Kultbilder (für den öffentlichen Gottesdienst) in Tier- und/oder Menschengestalt. Die Gestalt ist Symbol für

Der ägyptische Mondgott der Weisheit, Thot, wurde als ein Ibis dargestellt. Säitisch-ptolomäische Zeit, ca. 664–30 v.Chr. (BM)

Wesen und Macht der dahinterstehenden Gottheit. So begegnet im kanaan. Bereich typischerweise der Stier als Symbol für Macht und Fruchtbarkeit (vgl. 2Mo 32,4; 1Kön 12,28f).

Keineswegs werden die Bilder mit der Gottheit gleichgesetzt (so könnte die prophetische Bildpolemik mißverstanden werden, z.B. Jes 42,17; 44,19), sondern als deren Wohnung oder Körper angesehen. Wer vor dem Bild betet oder Opfer bringt, meint also nicht das Bild selbst. Die immaterielle Existenz der Gottheit nimmt in den Bildern am jeweiligen Ort Gestalt an.

II. Das ALTE TESTAMENT nimmt in der Bilderfrage eine doppelte Stellung ein: 1. Es kennt ein grundlegendes Bilderverbot (2Mo 20,4f), mit dem jeder Fremdgötterkult ausgeschlossen wird; 2. es würdigt den Menschen als Abbild des ihn erschaffenden Gottes (1Mo 1,26f).

Zu 1. »Bild« wird im AT in einem allgemeinen, beschreibenden Sinn gebraucht (hebr. *zelem,* von »behauen, schnitzen«) und funktional für ein Götzenbild (hebr. *pesel,* »behauen« oder *masseka,* »gießen«). Trotz des Bilderverbots und der Polemik der Propheten ist die Existenz von Andachts- wie Kultbildern und der damit verbundene Kult in Israel durch das AT selbst wie auch durch archäologische Funde belegt. Die prophetische Kritik setzt den Bildermißbrauch voraus (vgl. Ri 6,25; 1Kön 11,5-8; 16,31-33; Jer 19,4f; Hes 8,5ff; Hos 11,2) und führt zu einer Normverschärfung. In der späten Königszeit weisen archäologische Funde weniger bildhafte Darstellungen nach.

Auch die Jahweverehrung konnte, wohl unter kanaan. Einfluß, vergegenständlicht werden (2Mo 32,1ff; 4Mo 21,8f; Ri 8,26f; 1Kön 12,28; umstritten ist die Bedeutung von Inschriften, die »Jahwe und seine Aschera« nennen). Die später als Gedenksäulen interpretierten Steinmale der Patriarchen (*mazzebot,* 1Mo 28,18.22; 35,14; vgl. Jos 4,4-9; ein Zusammenhang mit den Bethylen der Edomiter/Nabatäer in Petra ist nicht auszuschließen) sind ursprünglich wohl als Bilder verstanden worden. Deshalb wird ihr späteres Vorkommen bekämpft (1Kön 14,23; 2Kön 18,4; 23,14; Hos 3,4; Mi 5,12). Israels bildlose Gottesverehrung war zwar nicht Realität, als theologische Forderung aber nahezu einzigartig und eine notwendige Konsequenz aus der Einzigkeit und Ausschließlichkeit Jahwes.

Zu 2. Die Bezeichnung des Menschen als Gottes Abbild (Imago Dei) findet sich ausschließlich in 1Mo 1,26f; 5,1; 9,6; anklingend auch in Ps 8,6f und in Übertragung auf das

Eine Bronzekatze mit goldenen Ohrringen, die Bastet, die ägyptische Göttin der Sonnenwärme und Freude, verkörpert. Römische Epoche ab 30 v.Chr. (BM)

Assyrische Soldaten tragen die Götterbilder einer eroberten Stadt. Zeichnung nach einer in Nimrud (Kalach) entdeckten Skulptur. Ca. 730 v.Chr.

menschliche Vater-Sohn-Verhältnis in 1Mo 5,3. Die auffällige Parallele zur ägypt. Königsideologie legt nahe, daß der Mensch damit funktional als Repräsentant Gottes gegenüber der übrigen Schöpfung verstanden wird (*zelem*). Dazu hat ihm der Schöpfer gottähnliche Fähigkeiten (*demut*) gegeben, die ihm auch qualitativ eine Vorrangstellung in der Schöpfung verschaffen. Nicht zuerst der aufrechte Gang, der Verstand, die Anlage zur Religion, das Personsein usw. machen die Gottabbildlichkeit aus. Damit sind nur Wesensmerkmale genannt, die zum gottabbildlichen und gottähnlichen Sein des Menschen gehören.

Im Unterschied zur ägypt. Vorstellung ist allerdings nicht der König, sondern der Mensch als solcher Gottes Abbild. Er ist Gottes Hoheitszeichen auf der Erde und hat Teil an dessen Macht. Dafür trägt er, dem Schöpfungsauftrag entsprechend (1Mo 1,28), vor Gott volle Verantwortung. Insofern beinhaltet die Gottabbildlichkeit auch seinen »Charakter als ein von Gott anzuredendes Du und als ein vor Gott verantwortliches Ich« (K. Barth). Die Gottabbildlichkeit des Menschen hat also im Schöpfer ihre bleibende Grenze. Der Mensch bleibt Geschöpf. Das Überschreiten dieser Grenze im Sündenfall (1Mo 3) führt zwar nicht zum Verlust der Gottabbildlichkeit – sie wird dem Menschen in 1Mo 9,6 nach wie vor zuerkannt -, aber zu ihrer Verzerrung.

III. IM NEUEN TESTAMENT spielt das allgemeine Bilderverständnis nur eine geringe Rolle.

1. Im Unterschied zum zeitgenössischen Judentum sind Jesus und die urgemeindlichen Christen in der Bilderfrage auffällig unbekümmert. Da im Mittelpunkt ihres Glaubens nicht Bilder, sondern Christus und seine Botschaft stehen, findet sich im NT weder eine positive noch eine negative Stellungnahme zur Bilderfrage. Bei der Streitfrage um die Steuermünze (Mt 22,15-22; Mk 12,13-17; Lk 20,20-26) geht Jesus auf das für die Juden Ärgerliche des Kaiserbildes nicht ein. Der mit Bildern zu treibende Kult konnte und kann jedoch auch für Christen zu einer großen Herausforderung werden. Im apokalyptischen Zusammenhang der Offenbarung (13,14f; 14,9.11; 15,2; 16,2; 19,20; 20,4) wird die vom Antichristen geforderte Bildverehrung zum eschatologischen Scheidungsmerkmal, an dem das atl. Bilderverbot nochmals entscheidend zur Geltung kommt.

2. Der Mensch bleibt als Sünder allgemein Gottes Abbild (1Kor 11,7; Jak 3,9) und behält damit eine göttliche Würde. Diese steht nicht im Widerspruch zur Gottebenbildlichkeit Christi.

3. Ausführlich wird von Christus als dem Bild Gottes gesprochen (2Ko 4,4; Kol 1,15; Hebr 1,3; vgl. Phil 2,6). Bild (griech. *eikon*, vgl. *charakter, morphe, homoiosis, typos, doxa*) beschränkt sich hier nicht nur auf die repräsentative Funktion. Der unsichtbare, ewige Gott wird in Christus menschlich sichtbar. Gott offenbart sich in seinem Abbild. Im Unterschied zum sündigen Menschen ist Christus Gottes unmittelbare Entsprechung. An ihm ist abzulesen, wie Gott den Menschen ursprünglich gewollt hat. Christus als das Ebenbild Gottes ist nicht nur der Gottähnliche, sondern der Gottgleiche, der auf der Seite des Schöpfers steht.

4. In hauptsächlich paränetischen Texten wird von christusgläubigen Menschen als Gottes oder Christi Abbild im Sinne des »neu-

en Menschen« gesprochen (Röm 8,29; 1Kor 15,49; 2Kor 3,18; Eph 4,24; Kol 3,10; vgl. Röm 1,23). Mit der Anspielung auf 1Mo 1 in 1Kor 15 stellt Paulus dem alten *Adam Christus als den neuen gegenüber. Das wahre Gottesbild ist nicht der alte, sondern der neue Mensch. So sehr dieser einerseits und letztgültig eschatologisches Ziel ist, so sehr soll andererseits seine ethische Qualität schon jetzt im täglichen Christsein zur Geltung kommen und Christus darin Gestalt finden. Indem der Mensch sich mit Christus als dem Bild Gottes verbinden läßt, findet er zu seiner gottgewollten, ursprünglichen Gottabbildlichkeit. Dieses Verständnis entspricht auch der atl. Sicht, wonach die Gottabbildlichkeit des Menschen nicht von seiner – durch den Sündenfall verzerrten – ethischen Verantwortung in der Schöpfung zu lösen ist.

Literatur: K.-H. Bernhardt: Gott und Bild, 1956; H. Brunner, R. Kannicht, K. Schwager: Wort und Bild, 1979; W. Gross: Die Gottesebenbildlichkeit des Menschen, ThQ 161, 1981, S. 244-264; O.Keel: Die Welt der altorientalischen Bildsymbolik und das Alte Testament, 1977; A. Lemaire: Who or what was Yahwe's Ashera? BAr X.6, 1984, S. 42-51; B. Ockinga: Die Gottebenbildlichkeit im alten Ägypten und im Alten Testament, 1984; C. Westermann: Genesis, BK AT I/1, 1974, S. 203-214. C.D.St.

BILDAD. Einer der drei Freunde Hiobs aus Schuach in Nordarabien (Hiob 2,11), wahrscheinlich ein Nachkomme Abrahams und der Ketura (1Mo 25,2). Aus falschem Eifer für die Sache Gottes hält er drei längere Reden (Hiob 8; 18; 25), muß aber erleben, wie Gottes Zorn darüber ergrimmt und sich erst nach seinem Opfer und Hiobs Fürbitte wendet (Hiob 42,7-10).

BILEAM. Der Name kommt in 4Mo 22-24 50mal vor und wird auch in 4Mo 31,8.16; 5Mo 23,5f; Jos 13,22; 24,9f; Neh 13,2; Mi 6,5 erwähnt. Im griech. Urtext des NT wird der Name *Balaam* geschrieben (2Petr 2,15; Jud 11; Offb 2,14). Während Albright, der Bileams Sprüche in das 12.Jh.v.Chr. zu datieren sucht, den Namen als von amoritisch *Yabilammu*, »der (göttliche) Oheim bringt«, abgeleitet erklärte,leiten ihn die meisten Gelehrten von hebr. *bala*, »verschlingen«, ab und weisen zum Vergleich auf arab. *balam*, »Schweiger«, hin. In Offb 2,6.15 wurde der Name mit *Nikolaos, »der Volksbesieger«, übersetzt, in der Annahme, daß die beiden Buchstaben *am*, »Volk«, bedeuten. B.s Vater heißt Beor, doch lassen sich gegen seine Gleichsetzung mit Bela, dem Sohn Beors, einem König von *Edom (1Mo 36,32), schwerwiegende Einwände vorbringen: der eine ist ein Seher, der andere ein König; der eine lebt in Dinhaba, der andere in Petor (akkad. *Pitru* am Euphrat, 20 km südl. von Karkemisch); der eine ist mit *Edom verbunden, der andere mit *Moab und *Midian.

Der Bericht in 4Mo 22 ist ziemlich verwikkelt. König Balak von Moab läßt B. aus dem Land Amaw oder Amae herbeirufen (BASOR 118/1950, S. 15). Die Ältesten der Midianiter in V. 4.7 könnten erwähnt sein, um auf 4Mo 31,16 vorauszuweisen; sie spielen im weiteren Verlauf der Geschichte keine Rolle. Gott verbietet B. zuerst, der Aufforderung Folge zu leisten, um es ihm später zu erlauben; noch später widersetzt sich der Engel Gottes seinem Aufbruch, und nach der Kraftprobe zwischen dem Menschen, dem Tier und dem Engel darf B. seine Reise erneut fortsetzen.

Die Herauslösung verschiedener Stränge aus der Handlung beruht auf einer falschen Auffassung altorientalischer Erzählkunst. Der Verfasser will die Spannung seiner Zuhörer steigern, für die die Ankunft eines Wahrsagers (Jos 13,22), dessen Fluchsprüche verhängnisvolle Auswirkungen auf Israels Zukunft haben konnten, eine tödliche Gefahr darstellte. Ein solcher Glaube an die magische Wirkung von Fluchsprüchen (vgl. die ägypt. Ächtungstexte, ANET, S. 328ff) war weitverbreitet, doch stand ihm die Überzeugung derer, die an Gott glaubten, gegenüber, daß Gott einen menschlichen Fluch in einen Segen verwandeln kann (Ps 109,28; vgl. 2Sam 16,12; 1Chr 4,9f; Spr 26,2). Nach 5Mo 23,5f und Neh 13,2 geschah ebendies mit B.s Flüchen, und der Bericht in 4Mo 22-24 veranschaulicht Israels Glauben, daß es unter dem Schutz des Herrn keinen menschlichen Fluch oder sonstige Magie zu fürchten brauchte. Das ist auch der Grund, weshalb Balak und auch B. verspottet werden, letzterer besonders wegen der Esel-Episode.

In ihrer dichterischen Form an 2Sam 23,1-7 erinnernde Sprüche B.s sagen Israels künftige Größe unter David voraus, der mit dem Stern gemeint ist, der aus Jakob aufgehen soll (4Mo 24,17).

Wenngleich 4Mo 24,25 anscheinend besagt, daß B. in seine Stadt zurückkehrte, finden wir ihn später (4Mo 31,8.16) unter den Midianitern, denen er riet, die Israeliten zum Kult des Baal-Peor zu verführen (vgl. 4Mo 25). Aus diesem Grund wurde B. zusammen mit den Königen der Midianiter von den Kindern Israels getötet. Im NT ist B.s Name ein Sinnbild der Habsucht (2Petr 2,15; Jud 11) und der Teilnahme an heidnischen Kulten und widergöttlicher Sittenlosigkeit (Offb 2,14).

Ein auf dem Tell Deir ʿAlla im Jordantal

entdeckter, ca. 700 v.Chr. auf Wandverputz geschriebener, bruchstückhaft erhaltener aram. Text enthält eine weitere Bileamerzählung. Darin ist B. mit mehreren Göttern und Göttinnen verbunden, deren Willen er einer aufsässigen Zuhörerschaft mitteilt. Dieser Text läßt erkennen, wie weit der Ruf des Sehers reichte.

Literatur: M. Burrows: The Oracles of Jacob and Balaam, 1938; O. Eißfeldt: Die Komposition der Bileam-Erzählung, ZAW 57/1939, S. 212-241; W.F. Albright: The Oracles of Balaam, JBL 63/1944, S. 207-233; A.H. van Zyl: The Moabites, 1960, S. 10-12, 121-125; J. Hoftijzer, G. van der Koolj: Aramaic Texts from Deir ʿAlla, 1976; L. Rost: Fragen um Bileam: Beiträge zur atl. Theologie. FS W. Zimmerli, 1977, S. 377-387.

A. van S.

BILHA. «Sorglosigkeit»(?).

1. Sklavin *Rahels, die ihr von Laban geschenkt worden war (1Mo 29,29). Die kinderlose Rahel gab Jakob B. zur Nebenfrau. B.s Söhne Dan und Naftali galten dann als Rahels Kinder (1Mo 30,1-8). Später schlief *Ruben bei B. (1Mo 35,22) und verlor dadurch seine Stellung als ältester unter seinen Brüdern (1Mo 49,4).

2. Ort in Simeon (1Chr 4,29, ZÜ, RevEB), wohl identisch mit *Baala (Jos 15,29; 19,3).

BINDE s. Gurt, Gürtel

BINNUI.

1. Stammvater eines Geschlechts, das unter *Serubbabel aus Babylon zurückkehrte (Neh 7,15). Esr 2,10 steht *Bani für B.

2. Zwei Männer aus den Geschlechtern Pahat-Moabs und Banis, die heidnische Frauen genommen hatten (Esr 10,30.38).

3. Levit zur Zeit Serubbabels (Neh 12,8) und Levit, Sohn Henadads, zur Zeit Nehemias (Neh 3,24; 10,10). Welcher von ihnen der Vater des Leviten Noadja ist (Esr 8,33), läßt sich nicht entscheiden.

BISCHOF.

I. ZUR VERWENDUNG DES BEGRIFFS. Im klass. Griech. können Götter wie auch Menschen als *episkopoi*, «Aufseher», bezeichnet werden. Inschriften und Papyri gebrauchen das Wort in weiter geographischer Streuung zur Bezeichnung von Beamten, die in einigen Fällen mit der Verwaltung der Einkünfte heidnischer Tempel betraut waren. Plutarch nennt den röm. Oberpriester der Vestalinnen «episkopos» (De numa 9). Das Wort kann aber auch auf Philosophen, besonders auf Kyniker, Anwendung finden, sofern sie sich von der Gottheit zur Prüfung und Beaufsichtigung der Menschen gesandt wissen (Epiktet, Dissertationes III,22). Die LXX benutzt den Begriff für Aufseher und Beamte (Neh 11,9; Jes 60,17). Mit *episkope* bezeichnet sie die positiv verstandene Heimsuchung durch Gott (1Mo 50,24; vgl. Lk 19,44). Im NT wird das Wort außer für Christus selbst (1Petr 2,25) und im Psalmzitat für das Apostelamt (Apg 1,20) vor allem für die Leiter einer örtlichen Gemeinde gebraucht (Phil 1,1).

II. BEDEUTUNG UND FUNKTION. Viel spricht dafür, daß die Christen das Wort *episkopos* nicht einfach aus dem heidnischen oder jüd. Sprachgebrauch übernommen haben. Es war bei ihnen nicht einfach ein Oberbegriff für wichtige Ämter, sondern wurde auch inhaltlich definiert im Blick auf die Anforderungen, die die Kirche an den B. stellte. Diese Merkmale sind in 1Tim 3,1ff und Tit 1,7ff listenartig aufgezählt: ein untadeliger Charakter, Lehrgabe, Gastfreundlichkeit, Geduld, Erfahrung, Nüchternheit, Führungsqualität und Integrität. Das sind Eigenschaften, die man von einem guten Lehrer, Seelsorger und Verwaltungsmann erwarten mußte. Vielfach wird «Bischof» und «Presbyter» im NT gleichbedeutend benutzt. So nennt Paulus die *Ältesten von *Ephesus in Apg 20,17.28 *episkopoi*, die der Heilige Geist zu Aufsehern der Herde gemacht hat. Dahinter könnte der Gedanke stehen, daß sie nur während der Abwesenheit des Paulus die bischöflichen Pflichten wahrzunehmen hatten, die er vorher selbst erfüllt hatte. Dies ist aber unwahrscheinlich, weil das NT den Gedanken eines zeitlich begrenzten B.dienstes sonst nicht kennt. Titus wird (Tit 1,5) angewiesen, Älteste einzusetzen, und unmittelbar danach (V. 7) werden, offensichtlich mit Blick auf dieselben Personen, die Merkmale eines Bischofs beschrieben. Zudem beschreibt das Verbum *episkopein* in 1Petr 5,2 die Funktion der Ältesten. Hinzu kommt, daß in 1Tim 3 nur von Bischöfen und Diakonen die Rede ist, die Erwähnung von Ältesten in 1Tim 5,17 aber nahelegt, daß «Ältester» nur eine andere Bezeichnung für «Bischof» ist. In *Philippi gab es mehrere B. innerhalb einer einzigen Gemeinde (Phil 1,1). Wir können daraus schließen, daß sie gemeinsam als deren Leitungsgremium handelten.

III. DIE ENTWICKLUNG ZUM MONARCHISCHEN BISCHOFSAMT. Im NT gibt es keinen eindeutigen Hinweis darauf, daß ein einzelner B. eine Gemeinde geleitet hätte. Die Stellung des Herrenbruders

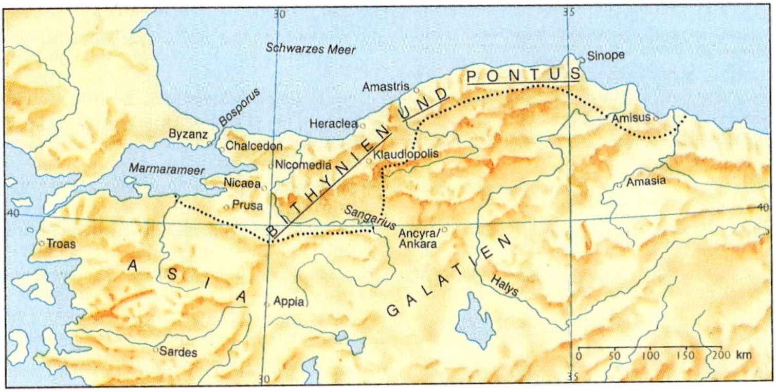

Die römische Provinz Bithynien und Pontus.

*Jakobus in Jerusalem (vgl. Apg 15,13; 21,18; Gal 2,9.12) fällt aus der Reihe und gründet sich auf die persönliche Beziehung zu Jesus. Jakobus hatte Einfluß, aber kein B.samt. Erst Ignatius (um 110 n.Chr.), einer der *Apostolischen Väter, hebt das monarchische B.samt hervor, ohne es jedoch als eine göttliche Einrichtung zu bezeichnen – was er sicher getan hätte, wenn ihm dieser Gedanke geläufig gewesen wäre. Hieronymus (4./5.Jh.) bemerkt zu Tit 1,5, die Vorrangstellung eines einzelnen B.s sei «eher durch Gewohnheit als durch eine tatsächliche Einsetzung des Herrn» zustandegekommen, und zwar als Mittel zur Abwehr der Häresie. Daraus hatte man früher gefolgert, daß das B.samt neben dem Kanon der Schrift und der Glaubensregel als dritte «katholische Norm» im Kampf gegen die Irrlehrer erst ziemlich spät entstanden sei. Neuere Forschungen haben aber ergeben, daß der B. damals nicht als gottgegebener Garant der Wahrheit angesehen wurde, sondern viel eher als zuverlässiger Tradent der ntl. Botschaft. Wahrscheinlich entstand das monarchische B.samt, indem einzelne fähige Männer auf Dauer den Vorsitz des Ältestengremiums erlangten, als im Zuge der Ausbreitung der Gemeinden die Ältesten Leitungsaufgaben in Filialgemeinden übernahmen, und nur ein leitender Ältester, eben der B., in der Muttergemeinde blieb. Andere Vermutungen erscheinen derzeit als unwahrscheinlich. Jedenfalls hatte die Entstehung des monarchischen B.samts die Folge, daß sich Aufgaben und Merkmale des Amts auf B. und Älteste verteilten. Die Einsetzung ins B.samt geschah vermutlich im Wahlverfahren und unter Handauflegung und Gebet (vgl. Apg 6; 1Clem; Did).

Literatur: H. von Campenhausen: Kirchliches Amt und geistliche Vollmacht in den ersten Jahrhunderten [2]1963; K. Beyschlag: Grundriß der Dogmengeschichte I, S. 168ff, 1982.

R.T.B./H.W.N.

BITHYNIEN. Ein Territorium auf der asiat. Seite des Bosporus, das sein letzter König 74 v.Chr. testamentarisch an die Römer übertrug, die es mit Teilen von Pontus zu einer Provinz vereinigten. Das Gebiet wurde unter eine Anzahl blühender griech. Republiken aufgeteilt. Es erregte frühzeitig die Aufmerksamkeit des Paulus (Apg 16,7), der seine Absicht, dort zu predigen, aber anscheinend nicht verwirklichen konnte. Andere taten dies jedoch (1Petr 1,1), und im Jahre 111 n.Chr. bestand dort eine festgefügte, auf die Umgebung ausstrahlende Gemeinde, der beträchtlicher lokaler Widerstand entgegengebracht wurde (Plin.epist. 10,96). E.A.J.

BITTER/BITTERKEIT.

1. Als Geschmacksbezeichnung: Mose hatte dem Volk Israel aufzutragen, zum Passalamm b. Kräuter zu essen, die wohl an die b. Zeit in Ägypten erinnern sollten (2Mo 12,8).

2. Im Sinne von Ungenießbarkeit: b. waren die Wasser zu *Mara, die das Volk auf der Wüstenreise nicht trinken konnte (2Mo 15,23ff).

3. In der Rechtsprechung: «Unheilbringend» für die Schuldige war das «bittere und verfluchte Wasser» (4Mo 5,18), das eine des Ehebruchs verdächtige Frau aus der Hand des Priesters trinken mußte (s. *Ehe).

4. Das Wesen des Menschen betreffend: Die harte und grausame Gesinnung eines Menschen (Kol 3,19; Jak 3,14), der danach trachtet, Schaden zu stiften, wird als b. bezeichnet. Eine solche Gesinnung soll in der Gemeinde im Keim erstickt werden, damit sie nicht b. Früchte bringt (Hebr 12,15) und die Gemeinde verunreinigt.

BLASPHEMIE.

I. IM ALTEN TESTAMENT.

Die Grundbedeutung des Wortes bezeichnet eine Schmähung der Ehre Gottes durch den Menschen. Das eigentliche Objekt des Verbums ist der Name Gottes, der, anstatt geehrt zu werden, verflucht oder gelästert wird. (Man vergleiche die häufige bibl. und rabbinische Formel »Gelobet seist du, Herr«.) Das Verbrechen der Gotteslästerung wird mit dem Tod durch Steinigung bestraft (3Mo 24,10-23; 1Kön 21,9ff; Apg 6,11; 7,58). An der erstgenannten Stelle sündigt ein Mischling, Sohn einer Israelitin und eines Ägypters derart; im allgemeinen wird Gotteslästerung von Heiden begangen (2Kön 19,6.22; Ps 44,17; 74,10.18; Jes 37,6.23; 52,5), die manchmal durch das schlechte Beispiel und moralische Entgleisungen des Gottesvolkes dazu angeregt werden (2Sam 12,14). Wenn das Gottesvolk *Götzendienst treibt, wird ihm vorgeworfen, es lästere Gott gleichwie die Heiden (Jes 65,7; Hes 20,27). Der Name Jahwes, den zu heiligen Israel auserwählt ist, wird durch das ungläubige und ungehorsame Volk entweiht.

II. IM NEUEN TESTAMENT.

Hier finden wir eine Bedeutungserweiterung: Gott wird auch in seinen Repräsentanten gelästert. In diesem Sinne wird Mose erwähnt (Apg 6,11), Paulus (Röm 3,8; 1Kor 4,12f; 10,30) und besonders Jesus, als er Sünden vergab (Mk 2,7 und Parallelstellen), bei seinem Prozeß (Mk 14,61-64) und am Kreuz (Mt 27,39; Lk 23,39). Weil diese Repräsentanten die Wahrheit Gottes selbst verkörpern – Jesus auf einzigartige Weise – richtet sich ein gegen sie und ihr Lehren geäußertes Schmähwort in Wirklichkeit gegen Gott, in dessen Namen sie sprechen (so Mt 10,40; Lk 10,16). Saulus von Tarsus tobte gegen die Anhänger Jesu und wollte sie zwingen, zu lästern, d.h. den Namen des Erlösers zu verfluchen (Apg 26,11) und damit ihr Taufgelöbnis zu widerrufen, in dem sie bekannt hatten, daß »Jesus Herr ist« (vgl. 1Kor 12,3; Jak 2,7). Sein irregeleiteter Eifer richtet sich jedoch nicht bloß gegen die Gemeinde, sondern gegen den Herrn selbst (1Tim 1,13; vgl. Apg 9,4).

Der Ausdruck wird in abgeschwächter Bedeutung auch von Lästerreden gegen Menschen gebraucht (z.B. Mk 3,28; 7,22; Eph 4,31; Kol 3,8; Tit 3,2). Hier lautet die treffende Übersetzung »Verleumdung, Beschimpfung«. Diese Verse verdammen ein weitverbreitetes Laster, doch im Blick auf Jak 3,9 mag die darin ausgesprochene Warnung ebenso in einem theologischen wie in einem ethischen Kontext wurzeln. Man darf die Menschen nicht verfluchen, weil ihnen als Menschen das Ebenbild Gottes aufgeprägt ist und der Mensch in gewissem Sinn Gottes Repräsentant auf Erden ist (vgl. 1Mo 1,26; 5,1; 9,6).

Zwei Texte bereiten Schwierigkeiten: In 2Petr 2,10-11 ist von »frechen und eigensinnigen« Irrlehrern die Rede, die »himmlische Mächte« lästern; Engel hingegen, obgleich sie ihnen an Macht und Stärke überlegen sind, bringen kein lästerndes Urteil vor Gott vor (vgl. Jud 8). Von der Lästerung des Heiligen Geistes (Mt 12,32; Mk 3,29) gilt das furchtbare Wort, daß der Sünder niemals Vergebung finden wird, »weder in dieser Welt noch in der kommenden«. Der Vers ist eine feierliche Warnung vor beharrlicher, bewußter Ablehnung der Aufforderung des Geistes zur Rettung in Christus. Menschliche Verstocktheit hat unvermeidlich moralische Stumpfheit und sittliche Blindheit im Gefolge, wobei das Böse angenommen wird, als ob es das Gute wäre (vgl. Jes 5,18-20; Joh 3,19). Ein Beispiel für diese Haltung ist die der *Pharisäer, die Jesu Wundertaten dem *Satan zuschrieben. Bei solch einer Einstellung vermag das verhärtete Herz keine Reue zu empfinden, da die Erkenntnis der Sünde unmöglich geworden ist und Gottes Gnadenangebot zurückgewiesen wird. Sich in diesem gefahrvollen Zustand befinden, heißt, sich von der Quelle der Vergebung abschneiden.

Literatur: K. Goldammer: Art. Gotteslästerung in RGG[3], II, 1804f; H.W. Beyer: ThWNT I, S. 620-624; H. Währisch, W. Mundle: Art. Schmähen/Lästern in: TBLNT, S. 1069-1073. R.P.M.

BLATT.

1. Nach 1Mo 3,7 dienten Blätter eines Feigenbaumes den ersten Menschen als Bekleidung; das B. eines Ölbaumes war für Noah das Zeichen, daß die Gewässer der Sintflut gefallen waren (1Mo 8,11). Seither gilt das Ölblatt als Sinnbild für Heil und Frieden.

2. Das »goldene Stirnblatt« des Hohenpriesters (3Mo 8,9) trug die Aufschrift »Heilig dem Herrn« (2Mo 28,36; 39,30).

BLATTERN s. Krankheit

BLEI s. Bergbau und Metallgewinnung

BLENDEN. Gefährliche (Ri 16,21) oder aus politischen Gründen wichtige Gefangene (2Kön 25,7), die man nicht töten wollte, wurden geblendet. Auf assyr. Darstellungen sieht man den König mit einem Speer die Augen gefangener Gegner durchbohren. Die Drohung des Ammoniters Nahasch, er wolle allen Männern von Jabesch in Gilead das rechte Auge ausstechen, nimmt Rücksicht darauf, daß er von völlig geblendeten Menschen keinen Nutzen mehr haben würde (1Sam 11,2).

BLIND/BLINDHEIT s. Krankheit

BLITZ.

1. Der den *Donner begleitende Blitz ist in Palästina eine wohlbekannte Erscheinung, besonders in der Regenperiode (November/ Dezember). »Blitz« wird aber auch als bildlicher Ausdruck für ein glänzendes Antlitz (Dan 10,6; Mt 28,3) und Gewand (Lk 24,4, ZÜ) gebraucht. An einigen Stellen sind mit dem Ausdruck »Feuer« B.e gemeint (z.B. 2Mo 9,23; 1Kön 18,38; 2Kön 1,10.12.14; 1Chr 21,26; Hiob 1,16; Ps 148,8). B.e werden dichterisch im Kontext mit Gewittern beschrieben (2Sam 22,15; Ps 18,14; 97,4; 135,7; Jer 10,13; 51,16).

2. Der B. ist eine Begleiterscheinung von Theophanien wie am Sinai (2Mo 19,16; 20,18), in Hesekiels Vision (Hes 1,13f) und mehrmals in der Johannesoffenbarung (Offb 4,5; 8,5; 11,19; 16,18). Er gilt als Werkzeug des Gerichtes Gottes (Ps 144,6; Sach 9,14; Lk 10,18). J.M.H.

BLÖSSE s. Entblößen

BLUME/-N s. Pflanzen

BLUT.

I. DIE BEDEUTUNG DES BLUTES IN DER BIBEL.

1. Nach 5Mo 12,23 ist das B. der Sitz des Lebens, der *Seele. Im B. ist das Leben: 3Mo 17,11. Weil B. Leben hat, kann es zum Himmel schreien: 1Mo 4,10. B. wird auch in der Bedeutung »Geblüt, Art, Gattung« gebraucht (vgl. Apg 17,26 RevEB, Fußnote).

2. Wie Gott über das Leben wacht, das er gegeben hat (1Mo 2,7), so wacht er auch darüber, daß das B. des Menschen nicht angetastet wird. Nicht einmal das B. von Tieren darf genossen werden (1Mo 9,4; 5Mo 12,16; vgl. Apg 15,20). Gegen Menschenopfer (5Mo 18,10) und Kannibalismus hält die Bibel die Heiligkeit und Unantastbarkeit des B.es und Lebens. Wer Menschenb. vergießt, vergreift sich an dem Schöpfer des Lebens, an Gott selbst, der alles vergossene B. rächen wird (1Mo 9,5f; vgl. Jes 1,15).

II. DIE BEDEUTUNG DES BLUTES IM OPFER.

Wer sich gegen Gott versündigt, hat sein Leben verwirkt. Gottes Gerechtigkeit und Heiligkeit fordert Strafe (1Mo 3,8-24: die Schlange wird verflucht, Adam und Eva werden bestraft). Die Tatsache des kurzen Menschenlebens (Ps 90,7-10) und des bitteren Todes (Röm 6,23) steht in ursächlichem Zusammenhang mit der *Sünde des Menschen (5Mo 24,16). Es ist Gnade, wenn Gott trotzdem das stellvertretende Darbringen des B.es eines Opfertieres gelten läßt. So steht der ganze Opferkult des AT unter dem Vorzeichen der göttlichen Gnade. Andererseits läßt Gott keine andere Sündenvergebung gelten als die durch B.vergießen erwirkte: Hebr 9,22.

Das B. der Opfertiere (*Opfer) wurde entweder auf den Altar gesprengt, auf die Hörner des Altars gestrichen oder am Altar ausgegossen (3Mo 5,9). Der Sünder, der das Opfertier zum Priester brachte, mußte bei der Schlachtung seine Hand auf den Kopf des Opfertieres legen und damit dokumentieren: Eigentlich sollte ich sterben, aber dieses Tier stirbt an meiner Statt – für mich (3Mo 1,4).

III. DAS BLUT CHRISTI.

Auf dem Hintergrund des oben angedeuteten Verständnisses von B. ist die Bedeutung des B.es Christi erst recht zu erkennen und zu würdigen (vgl. Hebr 10,29; 12,24; 13,20). Durch das Vergießen seines B.s, das Darbringen seines Lebens, hat Jesus die Versöhnung gestiftet (3Mo 17,11). Das B. ist der Preis, durch den Jesus den Menschen von der Sünde losgekauft hat (1Petr 1,18f). So wie der Alte Bund auf das B. von Opfertieren gegründet war, so beruht der Neue Bund auf Jesu B. (Mt 26,28 par.). Im *Abendmahl feiert die Gemeinde das Gedächtnis des sühnenden B.vergießens des Gottessohnes und nimmt an der Gemeinschaft des B.s Jesu (1Kor 10,16) teil. Diese Gemeinschaft überwindet Grenzen des Vorurteils und der Tradition zwischen den Menschen (Gal 3,28; Eph 2,13).

So wird durch das B.vergießen Jesu am Kreuz Gemeinschaft zwischen Gott und dem Menschen (denn die Vergebung macht der Feindschaft zwischen Gott und dem Menschen ein Ende) und zwischen Mensch und Mensch gewirkt. Kaum ein Wort der Heiligen Schrift drückt das treffender aus als 1Joh 1,7.

Als *pars pro toto* (Teil fürs Ganze) wird B. im NT, vor allem von Paulus, für die ganze Heilstat und das Wirken Jesu gebraucht (Eph 1,7; Kol 1,14). Paulus hat Gottes Handeln in Christus recht verstanden, wenn er es in die Formel »Wort vom Kreuz« zusammenfaßt und darin den wesentlichen Inhalt seiner Verkündigung sieht (1Kor 1,18). Mit seiner Theologie des Kreuzes hat er der Bedeutung des Kreuzesgeschehens für alle Zeiten den ihr gebührenden Platz eingeräumt.

Literatur: J. Behm: Art. *haima* in: ThWNT I, S. 171-176; H. Wißmann, O. Böcher, W. Michel, H. Schneider: Art. Blut in: TRE VI, S. 727-742; F. Laubach, G.R. Beasley-Murray, H. Bietenhard: Art. Blut in: TBLNT I, S. 131–136.

BLUTACKER s. Hakeldama

BLUTFLUSS/-GANG s. Krankheit

BLUTRACHE/BLUTRÄCHER. (Hebr. *gōʾēl haddām*, wörtl. »Bluteinlöser«). Das Prinzip der Blutrache bei Körperverletzung wird schon vor Moses Zeit als ein Grundzug des Rechtsempfindens in 1Mo 9,5f erwähnt. Alle Sippenangehörigen galten als eines Blutes, doch oblag der Vollzug der Rache für vergossenes Blut in erster Linie den nächsten Verwandten des Opfers, denen unter Umständen auch die Aufgabe zufallen konnte, den Besitz eines armen oder in Schuldsklaverei geratenen Verwandten oder diesen selber zurück- bzw. freizukaufen (3Mo 25,25.47-49; Rut 4,1ff). Das Mosaische Strafgesetz befugte den Rächer, aber niemanden sonst, den Mörder zu töten (5Mo 24,16; 2Kön 14,6; 2Chr 25,4), und enthielt eine Bestimmung über Totschlag aus Versehen. Blutrache scheint bis in die Regierungszeit Davids (2Sam 14,7-8) und Joschafats (2Chr 19,10) hinein geübt worden zu sein. (*Rache, *Freistadt). J.D.D.

BLUTSCHULD. Durch Vergießen menschlichen Blutes entsteht Blutschuld (hebr. *dämim* 1Mo 9,6). Daher dankt David *Abigajil, die ihn am Begehen einer B. gehindert hat (1Sam 25,32ff). Propheten und Psalmen führen über B. Klage (Hos 1,4; 4,2; 6,8; Hes 7,23; 9,9; 5Mo 19,10; Ps 106,38). Man bittet um Befreiung von B. (Ps 51,16) und erwartet sie für die Endzeit (Jes 4,4). Im deutschen Text des NT fehlt das Wort; für die Sache vgl. z.B. Mt 27,24f: Pilatus will frei sein von B., das Volk dagegen nimmt sie auf sich.

BOANERGES. Der Name, den Jesus den Söhnen des Zebedäus verlieh, ist nur in Mk 3,17 verzeichnet. Seine Herkunft ist ungewiß, möglich erscheint eine Ableitung aus dem hebr. *benē regesch* (»Söhne der Verwirrung oder des Donners«), aber auch aus dem hebr. *benē regaz* (»Söhne des Zorns«; vgl. Hiob 37,2). Die Transliteration von hebr. *benē* zu griech. *boane* mutet seltsam an; es könnte sich jedoch um eine Dialektvariante handeln.

Der Name B. scheint nicht sehr geläufig gewesen zu sein. Verschiedentlich wurde er mit dem Temperament der beiden Männer in Zusammenhang gebracht (Lk 9,54-56). R.E.N

BOAS. Der Held des Buches *Rut, ein wohlhabender Grundbesitzer aus Bethlehem und gütiger Landmann, der sich um das Wohlergehen seiner Arbeiter kümmerte und einen starken Familiensinn bekundete. Dieser veranlaßte ihn, Rut, die Witwe eines entfernten Verwandten, gemäß dem Leviratsehegesetz an Stelle ihres nächsten Verwandten als »Löser« zur Frau zu nehmen. B. wurde dadurch der Urgroßvater Davids (Rut 4,17-22; vgl. Mt 1,5). M.B.

BOCK. Der Ziegenbock war ein Opfertier, das vor allem zum Sündopfer geschlachtet wurde (3Mo 4,24; 9,15; 10,16 u.a.); Sein Fleisch durfte gegessen werden. Schafe und Ziegen weideten häufig zusammen, daher ergab sich die Notwendigkeit, die Herden immer wieder zu scheiden. Darauf wird in der Bibel gelegentlich Bezug genommen. Nach Mt 25,32.33 repräsentieren die B. die Ungerechten, die am Tage des Gerichtes zur Linken des Richters stehen werden. Nach Hes 34,17 repräsentieren sie gottlose und ungetreue Führer des Volkes. Eine besondere Rolle spielten die B. am großen Versöhnungstag. Während das eine Tier für die Sünden des Volkes geopfert wurde, wurde der andere B., mit der Sünde des Volkes »beladen«, in die Wüste gejagt (3Mo 16,15-22; s. *Asasel).

Der Ziegenb. in Dan 8,5-14.21.22 ist ein Sinnbild des griech. mazedonischen Reiches Alexanders des Großen, das nach dessen Tod im Jahre 323 v.Chr. in die vier Reiche Ägypten, Syrien, Thrazien und Mazedonien zerfiel (301 v.Chr.), was durch die vier nachwachsenden Hörner des Ziegenb.s veranschaulicht wird.

BOGEN s. Waffen

BOOTE s. Schiffe/Schiffahrt

BÖSE/BOSHEIT. Diese Begriffe stehen weniger für eine Eigenschaft, als vielmehr für eine innere, gottfeindliche Haltung, die sich auf allen Gebieten des Lebens auswirkt. Gut und B. sind die beiden Pole, zwischen denen der Mensch bei seinen Entscheidungen zu wählen hat. Das Wissen um Gut und B. hat er sich am Anfang der Menschheitsgeschichte (1Mo 3,1ff) im Ungehorsam gegen Gott erworben, ohne jetzt jedoch fähig zu sein, aus eigener Kraft das Gute zu tun.

1. Gott schuf eine Welt der vollkommenen Harmonie, des Friedens und der Freiheit in der Einordnung unter seinen allein gültigen Willen. In dieser Ordnung war die Schöpfung nach Gottes eigenem Urteil sehr gut (1Mo 1,31). Gott hat das B. in der Welt nicht gewollt und nicht geschaffen. Dieser Tatsache entsprechen die Aussagen der Bibel über die Endlichkeit alles B. (vgl. Ps 5,5; 34,17; 37,9; 140,12; Spr 24,20; Hes 36,29-33) sowie die Vernichtung des B.wichtes und die endgültige Scheidung des B. vom Guten (Mt 13,49.50; Offb. 20,10.14.15).

2. Zur vollen Harmonie gehörte, daß der Mensch als oberstes und verantwortliches Wesen der Schöpfung nicht durch naturgesetzliche Zwangsläufigkeit in seiner Bahn gehalten wurde, sondern durch freiwilligen Gehorsam (1Mo 2,17), damit er ein Bild Gottes sei (1Mo 1,27). Zu diesem Zweck wurde dem Menschen die Möglichkeit zum Ungehorsam gegeben, durch Setzung eines Verbotes, zu dessen Übertretung für ihn keine Nötigung und keine Lust vorlag. Da trat in der Welt ein Wesen auf, das später als »der Böse« bezeichnet wird (Mt 13,19; Eph 6,16; 1Joh 2,13f; 5,18), ein Wesen aus der Welt der Geister, das Zutritt zu dieser Welt erhielt. Der Ursprung des B. liegt also nicht in unserer Welt.

3. Der B. (*Teufel) ist der Diabolos, der Durcheinanderwerfer, Entzweier. Damit ist das Wesen des B. aufgedeckt. B. ist in der Tat alles, was die Ordnung und die Pläne Gottes stört, und Bosheit als Gesinnung ist der Trieb zu solcher Störung, die Auflehnung gegen Gott. B. ist dann jedes Wesen oder Ding, von dem eine solche Störung ausgeht (2Mo 32,22; 5Mo 1,34f; Jer 13,10; Phil 3,2; 2Thess 2,3f). Sie ist jedoch nicht nur Störung des Heilsplanes Gottes, Bosheit ist Rebellion gegen Gott, Anschlag des B. gegen die göttliche Alleinherrschaft. B. ist dann nicht nur ein statisches »Entgegen-Sein«, sondern der ständige Übergriff der b. Mächte zur Besitzergreifung göttlichen Eigentums. Dabei strebt das B., die b. Geister (Eph 6,12) nach Verkörperlichung (Lk 8,32; 11,24-26; *Satan). Entsprechend der Leibwerdung des Geistes Gottes in Form der Gemeinde will auch der B. leibhaftig werden (Ps 64,3). Hier steht dasselbe Wort, das sonst zur Bezeichnung des Gottesvolkes (Hes 13,9), der »Versammlung« der Heiligen (Ps 89,8), ja des »Rates« des Herrn (Jer 23,18.22) gebraucht wird; Ps 111,1 ist der »Rat« der Frommen mit der Gemeinde identisch und wird im gleichen Atemzug mit ihr genannt.

4. Das B. hat den Trieb, sich auszubreiten. Dem B. (Satan) wie den b. Menschen genügt es nicht, die Ordnung Gottes für ihre Person zu verneinen, sie wollen sie in jedem Bereich untergraben, so im Bereich des Leibes (Mk 9,20-22; Lk 13,16), der Ehe (1Kor 7,5), des Eigentums (Mi 2,1), der Ehre des Menschen (Spr 15,28; 17,4), des Vertrauens und der Liebe (5Mo 15,9) und der Aufrichtigkeit unter den Menschen (Jes 9,16). Jeder sichtbar werdende Plan Gottes ist ihnen ein Ärgernis, das sie bekämpfen soweit ihre Macht reicht (Hiob 1-2; Mt 5,10; 1Thess 2,14-16). Über den Menschen ist das B. auch in die Welt eingedrungen (Röm 5,12) und möchte seitdem dem Schöpfer das Eigentum dieser Welt streitig machen. In diesem Zusammenhang spricht die Bibel von der argen Welt (Gal 1,4; vgl. 1Joh 5,19), dem von der Bosheit verunreinigten b. Land (Jer 3,2; vgl. 4Mo 13,19), den b. Tieren (1Mo 37,20; 3Mo 26,6) und der b. Zeit (1Mo 47,9; Ps 37,19; Eph 5,16). Diese Rebellion hat den Menschen aus der Gemeinschaft mit Gott gebracht, und damit ist er der Krankheit und dem Tode preisgegeben (Röm 7,24).

5. In der Welt vor dem Sündenfall hatte der B. keine Macht, von sich aus die Ordnung Gottes unmittelbar zu stören. Auch in der Jüngerschaft Jesu und in seiner Gemeinde ist das Handeln des B. durch die Gegenwart Jesu gebunden. Er erreicht nur dort sein Ziel, wo er Glieder dieser Gemeinschaft zum Ungehorsam, d.h. zur Auflehnung gegen Gott verführen kann (vgl. Röm 5,14; Mt 4,1 par.). Darum warnt die Bibel immer wieder vor dem Versucher.

6. Bosheit will nicht als solche erkannt werden, darum tarnt sie sich (Ps 28,3; 2Kor 11,13-15) und handelt im Verborgenen (Jes 29,15; Hes 8,12; Joh 3,19.20). Jesus Christus wird jedoch bei seinem Wiederkommen diese Tarnung offenbar machen (2Thess 2,8).

7. Damit der Mensch böse wurde, genügte es nicht, daß er aus Unkenntnis ein Gebot Gottes übertrat; darum machte Satan Eva darauf aufmerksam, daß ein Verbot Gottes vorliegen könnte (1Mo 3,1). Um den Verführten schuldig zu machen, wird in ihm die Lust geweckt, die ihn zum Ungehorsam gegen Gott reizt (Röm 7,7f; Jak 1,14).

8. Die Erkenntnis des B. kommt nicht durch theoretische Überlegungen und Belehrungen, sondern durch die Sprache des Gewissens nach begangener böser Tat (1Sam 15,24; 2Sam 12,13; Mt 27,4). Das »belastete« Gewissen wird zum Mahner des Menschen.

9. Der Sitz des B. ist im Menschen selbst (1Mo 6,5; 5Mo 15,9; Mt 24,48). Die Angst ist der Ausdruck seines Sündenbewußtseins (Röm 2,9). Das Herz des Menschen ist mit dem B. eine enge Beziehung eingegangen (Mk 7,21). Nur eine grundsätzliche Abkehr vom B. (Ps 119,101; 139,24; Jer 25,5; Apg 8,22), eine Totalreinigung (Jer 4,14) durch das Blut Christi (Hebr 9,14), die Auswechslung des steinernen Herzens (Hes 36,26) durch ein lebendiges, von Gott neu geschaffenes Herz (Ps 51,12) vermag den Menschen aus der Bindung an das B. zu lösen und ihn vom B. zu trennen (Spr 24,1). Andernfalls geht der Mensch im Gericht Gottes über das B. schon heute (Jer 1,16), spätestens jedoch am Ende der Tage unter (Mt 13,49). Es gibt eine Zeit, in der eine Trennung vom B. unmöglich wird, von der die Bibel sagt: »Wer Böses tut, der tue weiterhin Böses...« (Offb 22,11).

10. Die Überwindung des B. durch Christi Tod und Auferstehung bewirkt nicht nur den Straferlaß des Menschen von seiner Verschuldung (Kol 1,20), sondern auch Befreiung von der Herrschaft des B. und seinen Wirkungen. Darum fordern die Apostel von den Nachfolgern Christi, sich von der Bosheit (1Petr 2,1; Jak 1,21) zu distanzieren und das B. durch das Gute zu überwinden (Röm 12,21). Dem ständigen Zunehmen der Bosheit im Leben des Sünders (2Tim 3,13) soll auf seiten der Christen die Übung zum Guten (Hebr. 5,14) und der Sieg über das B. gegenüberstehen.

Bis zur endgültigen Bannung des B. (Offb 20,10) hat der Jünger Jesu gegen die (bereits besiegten) Mächte des B. in der Kraft des Glaubens zu kämpfen (Eph 6,16). Im Bewußtsein, daß seine Feinde übermenschliche, widergöttliche Mächte, die Fürsten der Bosheit und Gewaltigen der Geisterwelt sind (Eph 6,12), wird er sich immer wieder zu Gott flüchten mit der Bitte: »Erlöse uns von dem Bösen« (Mt 6,13), und im Glauben an »sein Reich« inmitten des Kampfes die Kraft und die Herrlichkeit Gottes erfahren.

Literatur: K. Barth: KD III, 3, 1950; E. Schlink: Art. Gott VI. Dogmatisch, in: RGG³ II, S. 1732–1741; E. Stauffer: Die Theologie des NT, 1948; W. Grundmann: ThWNT III, 1938, S. 470–487; E. Brunner: Der Mensch im Widerspruch, 1937; J.M. Lochman: EKL I, ³1985, 533–536; E. Achilles, L. Coenen: Art. Böse, in: TBLNT I, S. 137–142.

BOTE s. Gesandter

BOZRA.

1. Eine Stadt in *Edom, die Heimat des Königs Jobab (1Mo 36,33; 1Chr 1,44). *Amos prophezeite ihren Untergang (Am 1,12) und wies damit symbolisch auf den Verfall Edoms hin, der als ein Gericht Gottes über alle seine Feinde aufgefaßt wurde (Jes 34,6; 63,1). B. wird gewöhnlich mit dem heutigen El-Busera gleichgesetzt. Die befestigte Stadt auf einem Felsvorsprung an der Spitze des Wadi el-Hamayide, ca. 16 km nördl. von Petra und ca. 40 km südsüdöstl. des Toten Meeres, beherrschte die Königsstraße von Elat her und war somit imstande, den Israeliten den Durchzug zu verweigern (4Mo 20,17). Bei Ausgrabungen in El-Busera wurden 1971-76 drei Hauptbesiedlungsschichten ab dem 8.Jh.v.Chr. freigelegt, bisher aber noch keine älteren.

2. Eine Stadt in *Moab (Jer 48,24), die vielleicht mit Bezer gleichzusetzen ist. B. wurde von König Mescha ca. 830 v.Chr. wiederaufgebaut (möglicherweise Umm al-ʿAmad, nordöstl. von Medeba), und war eine levitische *Freistadt.

3. Eine Stadt im südöstl. Hauran, ca. 120 km südl. von Damaskus am Ende der Königsstraße, die von Judas Makkabäus erobert wurde (165-160 v.Chr.; 1Makk 5,26-28; Jos.ant.Jud. 12, 336). B., heute Bosra eski Sam und wahrscheinlich das Busruna Bosra der *Amarna-Briefe (14.Jh.v.Chr.), wurde in ntl. Zeit Hauptstadt der röm. Provinz Arabia.
D.J.W.

BRANDOPFER s. Opfer

BRANDOPFERALTER s. Altar

BRAUT/BRÄUTIGAM. Diese beiden Wörter ergänzen einander naturgemäß (Joh 3,29) und begegnen zusammen in Jes 62,5; Jer 7,34; 16,9; 25,10; 33,11; Offb 18,23. »Die Stimme des Bräutigams und der Braut« ist an diesen Stellen dem »Jubel der Freude und Wonne« parallel und veranschaulicht den inhaltsreichen Begriff des ehelichen Glücks, von dem die Bibel häufig spricht (z.B. Ps 128; Spr und Hld). Jes 62,5 erweitert dies zu einem Vergleich zwischen menschlichen Beziehungen und der Freude Gottes an seinem Volk Israel, das als seine Braut dargestellt wird (vgl. Jes 54,6; Jer 2,2; 3,20; Hes 16,8; 23,4; Hos 2,16). Diese Metapher weist auf die ntl. Bezugnahmen auf die Gemeinde als die Braut Christi voraus, die vor allem in den Briefen begegnen (2Kor 11,2; Eph 5,25-27.31f; vgl. Offb 19,7; 21,2; 22,17). Nach diesem Bild ist Christus der göttliche Bräutigam, der seiner Braut liebevoll zugetan ist und ein Bundesverhältnis mit ihr eingeht.

Ob diese Allegorie Christi und der Gemeinde auf die Lehre Jesu zurückgeführt werden kann, ist umstritten. Einige lehnen die allegorische Ausdeutung von Mt 25,1-13 mit der Begründung ab, der *Messias werde im AT und im rabbinischen Schrifttum nicht als Bräutigam dargestellt (so J. Jeremias: ThWNT IV, S. 1094f; ders.: Die Gleichnisse Jesu, 1956, S. 44). Andererseits haben wir aber das Zeugnis von Mk 2,19-20 (vgl. Mt 9,15; Lk 5,34f), aus dem hervorgeht, daß der Ausdruck Bräutigam von Jesus als Messiasbezeichnung verwendet wurde in der Form, in der er von sich selbst in der dritten Person als dem »Menschensohn« spricht. Ein weiterer Anhaltspunkt hierfür ergibt sich, wenn man die abweichende Lesart von Mt 25,1, »dem Bräutigam und der Braut entgegen«, annimmt, für die ein frühes wichtiges Zeugnis vorliegt (s. A.H. McNeile: The Gospel according to St Matthew, 1915, ad coc. F. C. Burkitt: JThS 30/1929, S. 267-270; T.W. Manson: The Sayings of Jesus, 1949, S. 243f., der einen interessanten und einleuchtenden Vorschlag zur Erklärung der Identität der Braut macht). S. auch Joh 3,29b für Johannes den Täufer als den »Freund des Bräutigams«, d.h. dessen Beistand (aram. *schōschebīn*), der als Brautführer fungierte (vgl. 1Makk 9,39). Er richtete als Beauftragter des Bräutigams die Hochzeit aus und spielte bei den Festlichkeiten eine wichtige Rolle, ebenso wie auch die Begleiter des Bräutigams, die in Mk 2,19 als »die Hochzeitsleute« (ZÜ) in Erscheinung treten. R.P.M.

BRAUTPREIS s. Ehe

BRIEF. Im ursprünglichen Sinn eine schriftliche Mitteilung (griech. *epistolē*, latein. *epistula*) persönlicher, geschäftlicher oder amtlicher Art. Briefe sind ein Teil des Vermächtnisses aller schriftbesitzenden Völker; man findet Beispiele im AT (2Sam 11; 1Kön 21; 2Kön 5; 10; 20; 2Chr 30; 32; Esr 4-5; 7; Neh 2; 6; Est 1; 3; 8-9; Jes 37; 39; Jer 29) und in griech. Papyri aus Ägypten.

I. BRIEF ALS LITERARISCHE FORM.
Die frühesten Sammlungen griech. B.e, die zumindest teilweise als echt anzusehen sind – die des Isokrates und Platon – lassen bereits die Tendenz erkennen, B. oder die B.form für größere Zwecke als bloß private oder amtliche Mitteilungen zu benutzen. So begegnen unter den B. des Isokrates (368-338 v.Chr.) einige Kunstreden und Einleitungen zu Reden; Platons siebter B. (ca. 354 v.Chr.) ist eine Widerlegung häufiger Mißdeutungen seiner Philosophie und seines Verhaltens. In beiden Fällen zielen die B. auf andere Leser als die Angeredeten ab und stellen somit eine – heutigen Leserbriefen an Zeitungen vergleichbare – Publikationsform dar.

Ungeachtet eines häufig angedeuteten und manchmal zum Ausdruck gebrachten Gefühls, daß solche B. weder den Umfang noch den Inhalt wirklicher B. aufweisen, sondern eher »Schriftwerke mit angefügten Grüßen« sind, bediente man sich für philosophische, wissenschaftliche und literarische Veröffentlichungen weiterhin der B.form (vgl. Epikurs Briefe und die drei literarischen Briefe des Dionysios von Halikarnassos). Die Rhetoriklehrer behandelten die Theorie und Praxis des B.schreibens (z.B. Demetrios: Über den Ausdruck und Typoi epistolikoi), und in den Rhetorikschulen wurden im Rahmen der Prosopopöie genannten Aufsatzübung B. berühmter Männer ersonnen. Die Zunahme von Sammlungen fiktiver B. in hellen. und röm. Zeit mag auf solche Übungen zurückgehen wie auch auf das Bestreben der großen Bibliotheken, weitere Werke, besonders von berühmten Männern, zu erwerben.

Zu unterscheiden ist also zwischen »wirklichen« B., deren Charakter eher persönlich, unmittelbar und unliterarisch ist und »Episteln«, die, weniger persönlich gehalten, für eine breitere Öffentlichkeit gedacht, auf Erhaltung und weiteren Gebrauch hin konzipiert sind und literarische Merkmale aufweisen.

II. BRIEFE IM NEUEN TESTAMENT
Von den an Gemeinden adressierten B. des Paulus enthalten die an die Korinther, Galater, Philipper und Thessalonicher die meisten, der Römerbrief weniger, der Epheser- und der Kolosserbrief die wenigsten persönlichen Elemente. Der Galater- und der Epheserbrief sind nach den Regeln der Rhetorik verfaßt, und alle B. weisen beträchtliche rhetorische Elemente auf. In den Pastoralbriefen sind die persönlichen Bezugnahmen ziemlich zahlreich, rhetorische Elemente verhältnismäßig selten. Der Philemonbrief, der mit Recht als der persönlichste B. des NT zu betrachten ist, ist nichtsdestoweniger sehr geschickt abgefaßt und enthält rhetorische Elemente. Der Hebräerbrief ist das kunstvollste Schriftwerk im NT, ist er doch von Anfang bis Ende nach dem von griech. Rhetorikern aufgestellten Muster (Proömium, These, Diegesis, Apodeixis, Epilog) komponiert und in rhythmischer, wohlgefügter Prosa abgefaßt. Im Jakobusbrief, im 1. und 2. Petrusbrief und im Judasbrief findet man nur sehr wenig persönliche

Bezugnahmen; an literarischen Kriterien ist der 1. Petrusbrief orientiert, der 2. Petrusbrief und der Judasbrief an eindeutig rhetorischen. Der 2. und 3. Johannesbrief erscheinen als Privatmitteilungen, während der 1. Johannesbrief in der uns vorliegenden Form nicht als B. abgefaßt ist. Die meisten ntl. B. zeigen eine mehr oder weniger ausgeprägte Ähnlichkeit mit Predigten. Einige kann man als Sendpredigten bezeichnen, während in anderen die Briefelemente eine sehr literarische Form aufweisen.

Literatur: O. Roller: Das Formular der Paulinischen Briefe, 1933; M. Dibelius: Geschichte der urchristlichen Literatur, ND 1975. J.H.H.

BROT. Brot war das wichtigste Produkt des Alten Orients, und der Getreidepreis ist ein untrügliches Indiz für die jeweiligen wirtschaftlichen Verhältnisse. Im frühen Babylonien bildete das Korn die Grundeinheit des Gewichtssystems, Getreide nahm im Handel die Stelle des Geldes ein. *Hosea erbrachte den Preis für seine Frau zum Teil in Korn.

Während wir über Getreidepreise recht gut informiert sind, kommen Hinweise auf den Brotpreis äußerst selten vor, da B. gewöhnlich von den Hausfrauen selbst hergestellt wurde. Nach einer Angabe aus der Zeit Hammurabis (18.Jh.v.Chr.) kosteten rund 2,5 Liter (4 *sila*) B. 10 *sche* (etwa ein Zwanzigstel Schekel), die Hälfte dieser Menge entsprach der Tagesration für einen Mann (B. Meissner: Warenpreise in Babylonien, S. 7). Der in 2Kön 7,1 genannte Getreidepreis scheint abnorm hoch, war aber zweifellos niedriger als während der vorhergehenden Hungersnot. In Offb 6,6 geben die Preise eine plastische Vorstellung von der Hungerkatastrophe.

Eines der Grundnahrungsmittel dürfte Gerstenb. gewesen sein. Die Tatsache, daß Gerste auch an Pferde verfüttert wurde (1Kön 5,8), muß nicht bedeuten, daß sie als minderwertig galt. Trotz seines höheren Preises ist anzunehmen, daß Weizenb. geschätzt und häufig gegessen wurde. Emmer fand ebenfalls Verwendung, Roggen dagegen scheint nicht angebaut worden zu sein. Gelegentlich mischte man verschiedene Getreidearten und fügte, wie Hes 4,9 anzeigt, neben Hirse auch Linsen- und Bohnenmehl hinzu.

Der allgemeine Ausdruck für Korn war *dāgān*. Nach dem Dreschen und Worfeln wurde das Korn entweder mit einem Stößel in einem *Mörser zerstoßen oder in einer *Mühle durch Zerreiben mit einem Oberstein auf einem Unterstein gemahlen. Der Ausdruck für Weizenmehl oder Mehl allgemein war *qemach*; er wurde erforderlichenfalls durch Hinzufügung des Namens des Getreides verdeutlicht (4Mo 5,15). *sōlet* dürfte die Bezeichnung für eine feinere Qualität (vgl. 1Kön 5,2) gewesen sein, doch vermuten einige Gelehrte, daß dieses Wort »Grütze« bedeutet. *Sōlet* war das Mehl, das bei den Opfern verwandt wurde (2Mo 29,40; 3Mo 2,4 usw.).

Das Wort *qali* bezeichnet geröstete Körner, die ohne weitere Zubereitung gegessen wurden.

Das mit Wasser vermischte und mit Salz gewürzte Mehl wurde in einem Backtrog geknetet. Ihm wurde Sauerteig in Form einer kleinen Menge alten, gegorenen Teigs hinzu-

Ein ägyptisches Dienstmädchen trägt einen Korb voller Brotlaibe, um den Verstorbenen in seinem neuen Leben mit Nahrung zu versorgen. Hölzernes Modell (eine Grabbeigabe). Höhe 38 cm. Mittleres Königtum, ca. 1900 v.Chr. (BM)

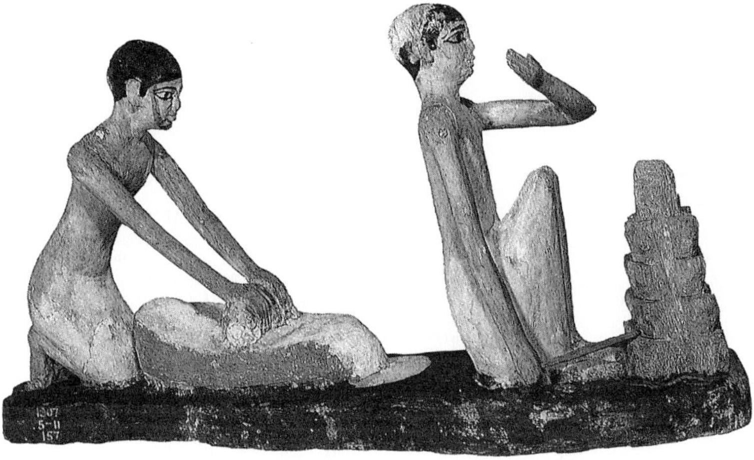

Brotbacken in Ägypten: Ein Diener knetet den Teig, während der andere das Feuer schürt. Modell aus Asyut. Mittleres Reich, ca. 1900 v.Chr. (BM)

Tonmodell eines Teig Knetenden. Fundort: Friedhof Buqbaq, es-Zib (Achsib). Eisenzeit II, 9. – frühes 6. Jh. v.Chr. (ZR)

Fladenbrot auf einem vorgeheizten Ofen. Iran. (RH)

gefügt, bis das Ganze durchsäuert war. Man backte daneben auch ungesäuertes B. Für die Feueropfer wurde kein Sauerteig verwendet (3Mo 2,11 usw.), und in der Passawoche war seine Verwendung untersagt. Gebacken wurde entweder über einem Feuer auf erhitzten Steinen oder einer Platte oder aber in einem Backofen. Gesäuertes B. wurde gewöhnlich zu runden, flachen Laiben geformt, ungesäuertes zu dünnen Fladen. Das *ʿugā* genannte B. war wahrscheinlich der Plattenfladen (Kuchen), der beim Backen umgewendet werden mußte (Hos 7,8).

Wenn B. zu lange aufbewahrt wurde, wurde es trocken und zerbröckelte (Jos 9,5 und 12). Im Gilgamesch-Epos (11,225-229) finden sich interessante Ausführungen über den Verderb von B. (ANET, S. 95). (Vgl. *Nahrungsmittel).

Daß solch ein lebensnotwendiges Produkt Spuren in Sprache und Symbolik hinterläßt, ist nicht verwunderlich. Seit ältesten Zeiten wird das Wort »Brot« für Nahrung im allgemeinen verwandt (1Mo 3,19 und Spr 6,8). Da B. das Hauptnahrungsmittel war, hielt man einen gewissen Vorrat davon (3Mo 26,26). Die für den B.vorrat Verantwortlichen waren wichtige Amtsträger, z.B. in Ägypten (1Mo 40,1), und in Assyrien wurde ein Oberbäcker dadurch geehrt, daß ein Jahr nach ihm datiert wurde (Eponymie). B. wurde schon früh bei heiligen Mahlen verwandt (1Mo 14,18) und gehörte zu bestimmten Opfern (3Mo 23,17). Vor allem hatte B. als »Speise Gottes« einen besonderen Platz im Heiligtum. Das Manna wurde später als »Himmelsbrot« bezeichnet (Ps 105,40). Christus sprach von sich selbst als von »Gottes Brot« und »Brot des Lebens« (Joh 6,33.35) und bestimmte das Passabrot zum symbolischen Gedenkzeichen seines gekreuzigten Leibes. W.J.M.

BROTBRECHEN s. Abendmahl

BRUDER.

I. IM ALTEN TESTAMENT begegnet das Wort B. mit verschiedener Bedeutung:

1. Im Sinn von leiblichem B., der von den gleichen Eltern (z.B. 1Mo 4,8), von dem gleichen Vater (z.B. 1Mo 42,15) oder von der gleichen Mutter abstammt.

2. Im Sinn der weiteren Blutsverwandtschaft. So wird Abrahams Neffe Lot in 1Mo 14,16 sein B. genannt.

3. Auch Volksgenossen und Stammesangehörige heißen manchmal Brüder (2Mo 2,11; 4Mo 8,26).

4. B. heißen Glieder eines verwandten Volkes (5Mo 23,8);

5. auch der Freund (2Sam 1,26; 1Kön 20,32) bzw. der Nächste (3Mo 19,17) kann B. genannt werden.

6. Schließlich weist B. auf verwandtes Geschick oder verwandte Art hin (Hiob 30,29; Spr 18,9).

II. IM NEUEN TESTAMENT bezeichnet B. den Mitchristen. Die Verwandtschaft der einzelnen Glieder der christl. Gemeinde durch die gemeinsame Zugehörigkeit zu Christus, durch das gemeinsame Erfülltsein mit dem Heiligen Geist und als Kinder des gleichen himmlischen Vaters wird am treffendsten mit dem Wort B. ausgedrückt (Mt 23,8; 1Petr 2,17). Doch gibt es auch falsche Brüder (2Kor 11,26). – Nach Hebr 2,11 schämt Christus sich nicht, die, die ihm nachfolgen, d.h. an ihn glauben, Brüder zu nennen.

BRÜDER JESU. Vier Männer werden in den Evv. als »Brüder« Jesu bezeichnet, nämlich Jakobus, Josef bzw. Joses, Simon und Judas (Mt 13,55; Mk 6,3). Die Zeitgenossen Jesu gaben ihrem Erstaunen darüber Ausdruck, daß einem Bruder dieser Männer soviel Weisheit und Macht eigne (Mk 6,2f). Andererseits stellte Jesus seinen Brüdern und seiner Mutter, die durch Blutsbande mit ihm verknüpft waren, seine Jünger gegenüber, in denen er aufgrund ihres Gehorsams gegenüber dem Willen Gottes, seines Vaters, seine geistlichen »Brüder« und seine geistliche »Mutter« sah (Mt 12,46-50). Über das verwandtschaftliche Verhältnis zwischen den »Brüdern« Jesu und

Jesus selbst sind drei Ansichten vertreten worden.

1. Die »Brüder« waren die jüngeren leiblichen Kinder *Josefs und *Marias. Diese Auffassung stützt sich auf Lk 2,7: »ihren ersten Sohn«, sowie auf die naheliegende Folgerung aus Mt 1,25, Josef und Maria hätten nach der Geburt Jesu in ehelicher Gemeinschaft gelebt. Helvidius vertrat diese Auffassung im 4.Jh.n.Chr. mit Entschiedenheit, doch wurde sie für ketzerisch erklärt, weil die gegenseitige Lehre von der immerwährenden Jungfräulichkeit Marias durch die Ausbreitung der asketischen Bewegung zunehmend Anklang fand. Seit der Reformation ist jene von Helvidius vertretene Auffassung im Protestantismus die vorherrschende.

2. Die »Brüder« waren die Kinder Josefs aus einer früheren Ehe. Diese erstmalig im 3.Jh.n.Chr. aufgestellte und im 4.Jh. von Epiphanius verfochtene These wurde zur herrschenden Lehre der Orthodoxen Kirche. Sie findet im NT keine Stütze. Ihre Verfechter haben jedoch angenommen, daß sich die oppositionelle Haltung der Brüder Jesu während seines Erdenlebens großenteils aus Neid auf die Leistungen ihres jüngeren Halbbruders erkläre.

3. Die »Brüder« waren in Wirklichkeit die Vettern Jesu. Diese von Hieronymus zur Begründung des Dogmas von der immerwährenden Jungfräulichkeit der Mutter Jesu vorgebrachte These ist nach wie vor amtliche Lehre der röm.-katholischen Kirche. Sie basiert auf folgenden Annahmen:

a. Die richtige Auslegung von Joh 19,25 sei, daß nicht vier, sondern drei Frauen beim Kreuz standen, nämlich Maria, die Mutter Jesu, ihre mit »Maria, die des Klopas«, gleichgesetzte Schwester und Maria von Magdala;

b. Die zweite Maria aus Joh 19,25 sei mit der in Mk 15,40 als »die Mutter Jakobus' des Kleinen und des Joses« bezeichneten Maria identisch;

c. Dieser »Jakobus der Kleine« sei der in Mk 3,18 »Sohn des Alphäus« genannte Apostel;

d. Die zweite Maria in Joh 19,25 sei mit Alphäus verheiratet gewesen. Hieronymus gab zu, er wisse nicht, warum sie als »die des Klopas«, was vermutlich »die Frau des Klopas« bedeutet, bezeichnet werde. Seine Theorie setzt voraus, daß entweder Klopas ein anderer Name für Alphäus ist, oder daß diese Maria zweimal verheiratet war. Durch diese scharfsinnige, aber wenig überzeugende Exegese verminderte Hieronymus die Zahl der im NT den Namen Jakobus tragenden Männer auf zwei – den Sohn des Zebedäus und Jakobus, den Herrenbruder, der gleichfalls Apostel war und zur Unterscheidung von dem Sohn des Zebedäus als »der Kleine« bekannt war. Es ist anzunehmen, daß sich »meine Brüder« in Mt 28,10 auf eine größere Gruppe als die bereits erwähnten »Brüder« bezieht.

Literatur: S. den Exkurs von J.B. Lightfoot: The Brethren of the Lord, in: Saint Paul's Epistle to the Galatians, ²1866, S. 247-282; J.J. Gunther: The Family of Jesus, EvQ 46/1974, S. 25ff; J.W. Wenham: The Relatives of Jesus, EvQ 47/1975, S. 6ff; Th. Zahn: Brüder und Vettern Jesu in: ders.: Forschungen zur Geschichte des ntl. Kanons und der altkirchlichen Literatur, 6. Teil, Erlangen 1900; (Vgl. *Jakobus, Brief: Literatur). R.V.G.T.

BRUDERLIEBE s. Liebe

BRUNNEN.

I. BRUNNEN ZUR WASSERVERSORGUNG.

1. Bei der Wasserarmut Palästinas, die der regenlose Sommer mit sich bringt, spielt Wasser für den Israeliten eine lebenswichtige Rolle. Die Wasserversorgung ist die entscheidende Frage bei der Besiedlung. Daher sind viele Orte nach dem B. benannt, der dort zuerst gegraben wurde, so etwa *Beerscheba, »Siebenbrunnen« (1Mo 21,30). Neben dem Grundwasserb. (hebr. *beer*) gibt es den durch eine Quelle gespeisten B. (*ajin*); beide Worte werden gelegentlich für denselben B. gebraucht (1Mo 24). Eine dritte Form des B.s ist die *Zisterne, die das Regenwasser speichert (Jer 2,13).

2. Der ausgegrabene B.schacht wurde nach unten weiter und war manchmal über 20 m tief, innen meist ausgemauert und weiß getüncht. Bei geringer Tiefe konnte man auf einer Treppe hinabsteigen und das Wasser direkt mit Krügen schöpfen (1Mo 24,16), sonst mußte es im Eimer hochgezogen werden. Zum Schutz vor Unfällen wurde die B.öffnung mit einer Steinplatte geschlossen (1Mo 29,2f; 2Mo 21,33; vgl. Hld 4,12), die eine kleinere Öffnung hatte, durch die man Wasser schöpfen konnte. Auch dieses Loch wurde wieder mit einem Stein verschlossen. Als Viehtränken stellte man am B. lange Holz- oder Steintröge auf, in die Wasser gefüllt wurde (1Mo 24,19f).

3. Wegen der Wichtigkeit der B. in den Weidegebieten (Ri 1,15) stritten die Hirten oft darum (1Mo 21,25; 26,17-22). Das Graben und Aushauen des B.schachtes war eine schwere Arbeit; in Kanaan sollte Israel B. besitzen, die es nicht selber hatte aushauen müssen (5Mo 6,11). 4Mo 21,17f erwähnt die Mitarbeit der Stammesfürsten beim B.bau. Den durch eine Quelle gespeisten B. schätzte man besonders hoch und nannte ihn einen B. lebendigen Wassers (1Mo 26,19; Jer 2,13). Da-

her erklärt sich das Mißverständnis der Samariterin im Gespräch mit Jesus (Joh 4,10f).

II. IN BIBLISCHER VERWENDUNG.

1. Der »Brunnen lebendigen Wassers« bezeichnet Jesus (Jer 2,13) und das Leben aus Gott (Joh 4,14; Offb 7,17; 21,6). Auch der Mund des Gerechten (Spr 10,11) oder die Klugheit (Spr 16,22) werden ein B. des Lebens genannt.

2. Andererseits wird die Bosheit Jerusalems mit einem B. verglichen (Jer 6,7), und Irrlehrer sind B. ohne Wasser (2Petr 2,17).

3. Weiter dient B. als Bild für die Braut (Hld 4,12.15), die Frau (Spr 5,15-18) und die Dirne (Spr 23,27). Auch die Monatsblutung (3Mo 20,18) und krankhafte Blutung der Frau wird als B. bzw. Quelle bezeichnet (Mk 5,29).

4. Wasser trinken aus dem eigenen B. ist ein Bild für Frieden und ruhiges Leben (Jes 36,16).

5. Zum B. des Abgrunds (Offb 9,1) vgl. *Abgrund.

BRUNNENTOR s. Jerusalem

BRUST. Vier Bedeutungen des Wortes lassen sich unterscheiden:

1. Hebr. *dad* oder *schad* (Hiob 3,12; Hes 23,21 usw.), griech. *mastos*, bezeichnet die weibliche Brust als Geschlechtsmerkmal und nimmt Bezug auf das Stillen eines Säuglings bzw. Säugen eines Jungtiers (Klgl 4,2; Lk 11,27).

2. In übertragenem Sinne (Jes 60,16; 66,11) stehen dieselben Begriffe für Reichtum.

3. Hebr. *chāzeh* (2Mo 29,26; 3Mo 8,29 usw.) bezeichnet das oft als Schwingopfer dargebrachte Bruststück eines Tieres.

4. Aram. *hadī* (Dan 2,32) meint die Brust als Körperteil, gleichbedeutend mit dem griech. *stēthos* im NT, wo das Schlagen an die Brust ein Zeichen des Schmerzes (Lk 18,13), das Sichlehnen an die Brust ein Zeichen der Zuneigung ist (Joh 13,23.25). Das Wort »Busen«, hebr. *hēq* (Mi 7,5, Kautzsch; LÜ: »Arme«), bildet in diesem Sinne eine Parallele.
B.O.B.

BRUSTTASCHE DES HOHENPRIESTERS.

Hebr. *chōschen*, wird deutend mit »Brustschild«, »Brusttasche« (2Mo 28,4.15-30; 39,8-21; vgl. LXX, *peristēthion*, 2Mo 28,4) übersetzt, doch ist die Etymologie des Wortes unsicher. Die früher angenommene Beziehung zu verwandten arab. Wörtern mit der Bedeutung »Schönheit« wird jetzt gewöhnlich

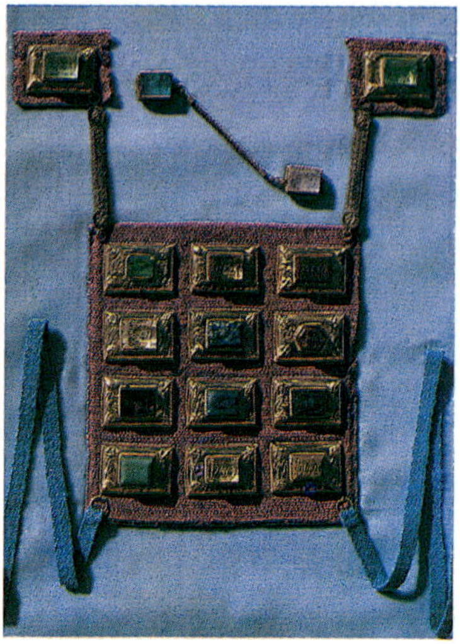

Nachbildung von Aarons Brustschild. Auf den Edelsteinen sind die Zeichen der zwölf Stämme Israels eingraviert. (CLCW)

ebenso verneint wie die zu anderen Wörtern gleichen Ursprungs. Die meisten Kommentatoren neigen zu der kontextuellen Übersetzung »Tasche«. Die Brusttasche war eine aus denselben Materialien wie der *Efod (2Mo 28,15) hergestellte viereckige Tasche (V. 16) mit Goldringen an den vier Ecken (V. 23.26). Die unteren Ringe waren durch blaue Schnüre mit Ringen an der Efodschärpe angebunden (V. 28). Auf der Brusttasche befanden sich 12 Edelsteine mit den Namen der 12 Stämme Israels (V. 17-21). Goldene Schnüre verbanden die oberen Ringe mit zwei ähnlich beschrifteten Edelsteinen auf den Schulterstücken des Efods (V. 9-12.22-25). Symbolisch ruhte somit einerseits das Volk vor Gottes Antlitz auf der Person und dem Dienst eines Hohenpriesters, andererseits war es die Pflicht des Priesters, beständig das Volk in die Gegenwart Gottes zu bringen (V. 29). Gleichermaßen versinnbildlicht die Brusttasche, die die beiden Steine *Urim und Tummim zum Losentscheid enthält (V. 30) – daher die Bezeichnung »Brusttasche für die Losentscheidungen« (V. 15; vgl. LXX: *logion tēs kriseōs*, »Schiedsspruchorakel«) - den Priester als den Verkünder des göttlichen Willens an die Menschen (vgl. Mal 2,6f).

Literatur: Jos.ant.Jud. 3, 162; B.S. Childs: Exodus, 1974, S. 526; U. Cassuto: A Commentary on the Book of Exodus, 1967, S. 375. J.A.M.

BUCH.

1. Wenn die Bibel von Büchern spricht ist vor allem in der Frühzeit (z.B. 2Mo 17,14) an Papyrus- oder Lederrollen zu denken. Zweifellos gab es zu dieser Zeit in Israel auch Tontäfelchen (vgl. die Gesetzestafeln des Mose), die das Hebr. dann aber nicht B. sondern Tafel nennt. »Tafeln« ist auch die Bezeichnung für die zwei steinernen Gesetzestafeln des Mose (2Mo 31,18 u.ö.). Z.Zt. Moses sind Lederrollen weniger wahrscheinlich, da diese in Ägypten schon lange vorher durch Papyrus ersetzt worden waren. Das zeigen älteste Pyramidentexte, in denen die Papyrusrolle bereits ein eigenes Hieroglyphenzeichen hatte. Der älteste uns heute bekannte ägypt. Papyrus ist ein Brief aus Saqqära, aus der 6. Dynastie (um 2325-2155 v.Chr.).

2. Papyrus als Schreibmaterial wurde aus dem Mark der Papyruspflanze gewonnen, das man in lange Streifen zerteilte. Diese wurden kreuzweise übereinandergelegt, oft noch mit Leim bestrichen und zu Blättern gepreßt. Die Papyrusblätter fügte man zu Rollen von rund 25 cm Höhe und normalerweise wohl 20 Blättern Länge zusammen. Die längste bekannte Rolle mißt 41 m. Aus den großen Rollen schnitt man nach Bedarf kleinere. Die Papyrusrolle wurde nur auf einer Seite beschrieben (Ausnahmen: Hes 2,9f; Offb 5,1), wobei der Text durch Anfeuchten und Abwischen der Tinte wieder gelöscht werden konnte. Später wurde Papyrus als Schreibmaterial wieder von *Pergament verdrängt.

3. Im AT kommt das Wort B. oder B.rolle häufig vor. Auch Titel bestimmter Bücher, die von bibl. Autoren als Quellen benutzt wurden, werden vermerkt, z.B. »das Buch des Redlichen« (Jos 10,13; 2Sam 1,18), »das B. der Kriege des Herrn« (4Mo 21,14). Dieses »Buch der Kriege des Herrn« ist wohl eine alte Liedsammlung, aus der das erwähnte Brunnenlied entnommen ist (4Mo 21,17ff), verbunden mit (auch geographischen) Beschreibungen von Kriegszügen Israels. Das »Buch des Redlichen« (Jos 10,13; 2Sam 1,18) – beiden Übersetzungen liegt das gleiche hebr. Wort zu Grunde – dem das Bogenlied entnommen ist, enthielt wohl gleichfalls eine Sammlung von Heldenliedern mit Schlachtbeschreibungen.

Weiter erwähnt die Bibel ein »Buch des Lebens«. Wahrscheinlich geht dieser Ausdruck auf die genealogischen Listen zurück (vgl. 1Mo 5,1; Neh 7,5.64; 12,22; Hes 13,9). Wie dort die Namen der Stammesglieder verzeichnet sind, so hält Gott die Namen aller Lebenden (Ps 139,16) und vor allem aller Gerechten (Ps 69,29) und dem Herrn Treuen (Ps 87,6) auf einer Liste fest. Sie erhalten von Gott ihren Lohn (Lk 10,20; Phil 4,3), werden das Gericht Gottes überdauern und dürfen an der Vollendung, die Gott einmal schaffen wird, teilhaben (Jes 4,3; Dan 12,1). Wer sündigt, wird aus dem B. des Lebens gestrichen, d.h. er muß sterben (2Mo 32,32f; Ps 69,29). Im NT sind es die Glieder der Gemeinde Jesu, deren Namen aufgeschrieben sind (Hebr. 12,23), vor allem die Namen derer, die in Zeiten der Verfolgung nicht abfielen (Offb 3,5). Wer Christus, dem Gekreuzigten und Erhöhten, angehört, der wird zum ewigen Leben erhalten. Sein Name ist eingetragen in das Lebensbuch des Lammes von Anfang der Welt (Offb 13,8; 17,8; 21,27).

Weiter hören wir noch vom »Buch mit den sieben Siegeln« (Offb 5,1ff) sowie den Büchern, nach deren Inhalt am jüngsten Tage gerichtet wird (Offb 20,12; vgl. Dan 7,10).

4. Auch in der Zeit des NT hat das B. vielfach die Form der B.rolle (vgl. Lk 4,17.20; wörtl. »aufgerollt« und »zugerollt«). Nach der Entdeckung der Chester-Beatty-Papyri aus dem 3.Jh.n.Chr. wird man jedoch die Möglichkeit offen lassen müssen, daß Schriften des AT und NT schon viel früher in der heutigen B.- (oder Kodex-)Form verbreitet waren als man bisher angenommen hatte. Die einzelnen Seiten des Kodex aus Papyrus oder Pergament waren beidseitig beschrieben.

Das NT nennt beim Zitieren öfter die einzelnen atl. Bücher: Das »Buch des Mose« (Mk 12,26), das »Psalmbuch« (Lk 20,42), das »Buch des Propheten Jesaja« (Lk 4,18), das »Buch der (kleinen) Propheten« (Apg 7,42). Das B. ohne erklärenden Zusatz (Hebr. 10,7) ist Zitat aus Ps 40,8 und meint das Gesetz des AT. Apg 19,19 erwähnt heidnische Bücher mit Zaubersprüchen und Beschwörungsformeln.

BUCHSTABE s. Schrift

BUND.

I. TERMINOLOGIE.
Die beiden in der Bibel für »Bund« gebrauchten Schlüsselwörter sind hebr. *berīt* und griech. *diathēkē*.

berīt bezieht sich gewöhnlich auf den Akt oder Ritus, durch den ein Bund geschlossen wird, sowie auf den Vertrag zwischen zwei Partnern. *diathēkē* ist die griech. Übersetzung (LXX) des atl. *berīt*. Im außerbibl. Griech. bedeutet es »Testament« (so auch in Gal 3,15; Hebr. 9,16f), im NT wird es jedoch fast immer in der Bedeutung »Bund« gebraucht. Im AT werden im Kontext des Bundes neben *berīt* noch andere Begriffe gebraucht. Die wichtigsten sind *'āhēb*, »lieben«, *chesed*, »(Bundes-) Treue, Güte, Solidarität«, *tōbā*, »Güte,

Freundschaft«, *schalōm*, »(Bundes-)Friede, Wohlstand«, und *yāda'*, »kennen, anerkennen«.

II. VERTRAGSRITEN.
Über alte Vertragsriten sind wir aufgrund fehlenden Materials nicht besonders gut unterrichtet. In den zur Verfügung stehenden Texten sind aber immerhin Anhaltspunkte für Vertragsriten zu finden. Die *Mari- und *Alalah-Texte und das AT beschreiben die Schlachtung eines Tieres (Schaf, Esel, Stier, etc.). Man teilte das Tier in zwei oder drei Teile. Ein Teil wurde zu Ehren der Gottheit verbrannt, ein Teil wurde in einem (Bundes-) Mahl gegessen.

Ein solches B.esmahl finden wir für Israel an zentraler Stelle in 2.Mo 24,9–11, dem Mahl der Siebzig von den Ältesten Israels auf dem Sinai vor Gott. Dieses B.esritual als Mahl kennen wir auch aus 1 Mo 31,44–54: Der künstlich aufgeschichtete Berg bleibt als Zeugenmal stehen. Das B.esmahl wird bis in die Nacht hinein gefeiert, denn der B. soll gerade in Zeiten der Anfechtung beständig sein. Ein völlig anderer Ritus begegnet uns jedoch in 1Mo 15: Abraham hälftet in Gottes Auftrag ein Kalb, eine Ziege, einen Widder, zwei Tauben (ungehälftet) und legt sie einander gegenüber. Der B. wird geschlossen, indem Gott mit Feuer und Rauch, den Erscheinungen des Sinai (2Mo 19), durch den von den Tierhälften abgegrenzten heiligen Raum hindurchzieht (1Mo 15,17), so daß der Abrahamsb. den Sinaib. (s.u.) schon vorwegnimmt. Denn auch auf dem Sinai findet ein mit 1Mo 15 vergleichbarer Bundesschluß statt: In 2Mo 24,4–8 zieht Gott jedoch nicht durch den Raum der Tierhälften hindurch, sondern in den von der Hälftung des Blutes eröffneten zeitlichen Raum fällt hier die feierliche Verlesung des »Buches« des B.es (s.u.) als B.esurkunde, so daß hier Gott in seinem Wort im Mittelpunkt der Zeremonie steht. Der B.esschluß in Form der Beschneidung Abrahams und seiner männlichen Nachkommen (1Mo 17) ist wohl ebenfalls ein Opferritus hinsichtlich der menschlichen Fruchtbarkeit und steht in 1Mo 17 in Zusammenhang mit der Sohnes- und Mehrungsverheißung an Abraham. Gerade die Beschneidung als Opfer wurde in ntl. Zeit untragbar neben dem Opfer Christi (*Hebräerbrief), so daß Paulus scharf gegen die Beschneidung vorgehen mußte (*Galaterbrief).

In manchen Vasallenverträgen des Alten Orients findet sich die Bestimmung, daß der Vasall jährlich den Großen König besuchen mußte, um den Vertrag zu erneuern. Es ist möglich, daß es in Israel diesen Brauch ebenfalls gab: der Bund mit Jahwe wurde eventuell am Neujahrsfest, zu dem die Israeliten zusammenkamen, erneuert.

III. BUND/BÜNDNIS/ALLIANZ.

1. Im Alten Orient: Fast die gesamte Geschichte des Alten Orient ist von Vertragsabschlüssen bestimmt. Über einige altorientalische Verträge sind wir gut informiert, so über die Verträge der Hetiter, über die Verträge von *Asarhaddon und über den aram. Vertrag von Sefire. Eine Analyse der Mari- und *Amarnatexte zeigt, daß verschiedene Völker und Gruppen durch Bündnisse miteinander verbunden waren. Wenn die Beziehung freundschaftlich war, wurde der Große König gewöhnlich »Vater« und der Vasallenkönig »Sohn« genannt. Wenn die Beziehung eher streng war, hieß der König »Herr« und sein Vasall »Sklave«. Die Verträge lassen sich in zwei Haupttypen unterteilen (vgl. *Deuteronomium, II.):

a. Verträge von Gleichgestellten, in denen die beiden Partner »Brüder« genannt werden (z.B. der Vertrag zwischen Hattuschili III. und Ramses II.); die Einzelbestimmungen in einem solchen Vertrag beschränken sich hauptsächlich auf die Anerkennung von Grenzen und die Rückgabe entlaufener Sklaven;

b. Vasallenverträge, die von einem Großen König (Eroberer) mit seinen Vasallen geschlossen wurden.

Die Vasallenverträge folgten mehr oder weniger folgendem Schema:

a. Präambel mit Namen und Titel des Oberherrn;

b. historische Einleitung, in der die Geschichte der Beziehung zwischen dem Oberherrn und den Vorfahren des Vasallen und diesem selbst erzählt wird; es handelt sich hier nicht um eine stereotype Geschichte, sondern um tatsächliche historische Ereignisse, die unter Betonung der Güte des Oberherrn gegenüber dem Vasallen und seinem Land geschildert werden;

c. Grundsatzerklärung, welche die Absicht der folgenden Einzelbestimmungen zusammenfaßt;

d. Einzelbestimmungen, die z.B. folgendes enthalten können: Verbot, mit einem Land außerhalb der Einflußsphäre des Großen Königs Beziehungen zu unterhalten; Verbot, anderen Vasallen feindlich entgegenzutreten; Versprechen, dem Oberherrn in einem Krieg beizustehen; Verbot, auf Verleumdungen, die gegen den Oberherrn ausgesprochen werden, zu hören, und Versprechen, diese dem König sofort zu melden; Verbot, entlaufene Sklaven oder Flüchtlinge zu verstecken; Versprechen, daß der Vasall jährlich vor dem König erscheint, um seine Steuern zu bezahlen und das Bündnis zu erneuern; Versprechen, den schriftlichen Vertrag im Tempel (des Vasallen) aufzubewahren und von Zeit zu Zeit zu verlesen;

e. eine Liste von Göttern, die als Zeugen angerufen werden; die Götter des Oberherrn erscheinen an prominenter Stelle; auch Naturphänomene wie Himmel, Erde, Berge, Meer und Flüsse werden als Zeugen angerufen;

f. Flüche und Segen bei Ungehorsam bzw. Befolgung des Bündnisses; die Flüche sind sehr unterschiedlich und werden offensichtlich z.T. als von der Gottheit, z.T. vom Heer des Oberherrn zu vollstreckend betrachtet; der Segen besteht z.B. in dem Versprechen ewiger Herrschaft der Nachkommen des Vasallen.

2. Im Alten Testament: Das Vertragsverhältnis mit fremden Völkern war Israel nicht unbekannt. Beide oben erwähnten Vertragstypen finden sich im AT. Es gibt Hinweise auf einen Paritätsvertrag zwischen den Israeliten und den Midianitern (2Mo 18; die Beziehung zwischen den Midianitern und den Kenitern und die spätere Feindschaft zwischen den Midianitern und den Israeliten sind noch nicht geklärt). Das beste Beispiel eines Paritätsvertrags haben wir in dem Bündnis zwischen Israel und den Phöniziern, das wahrscheinlich von David und Hiram geschlossen (vgl. 1Kön 5) und dann in umfassender Weise von Salomo und Hiram erneuert wurde (sie werden »Brüder« genannt; eine ihrer Transaktionen – der Tausch bestimmter Städte für Bauholz – hat in einem Vertrag der Alalahtexte eine Parallele). Diese Bündnisbeziehung geht dann nach der Teilung Israels auf das Nordreich über. Die guten Beziehungen zwischen Omri und seinen Nachkommen und den Phöniziern gründeten sich auf dieses Bündnis. Wir wissen, daß z.B. der Paritätsvertrag zwischen Hattuschili III. und Ramses II. durch die Verheiratung der Tochter Hattuschilis mit Ramses besiegelt wurde. Die Heirat von *Isebel und *Ahab ist als teilweise Erfüllung der Vertragsbestimmungen zu sehen.

Das beste Beispiel eines Vasallenvertrags im AT ist der Vertrag zwischen den Israeliten und den Gibeonitern (Jos 9;10). Der Charakter des Vertrags zeigt sich deutlich in der Terminologie (9,8: »wir sind deine Sklaven/Knechte«; 9,15: »Frieden«; 10,1ff: militärischer Beistand der Israeliten, der vom Oberherrn gefordert war, was z.B. aus den in *Ugarit gefundenen Vasallenverträgen deutlich hervorgeht).

Da die Formen der zeitgenössischen Verträge schon in der Zeit vor Israel bekannt waren, und die Struktur von 1Mo 17,1-22 in auffallender Weise mit Verträgen der Umwelt übereinstimmt, kann dies u.U. als ein Argument betrachtet werden, das eine Frühdatierung dieser Stelle nahelegt. (Külling.)

IV. BUND IM ALTEN TESTAMENT.

1. Der Jahwebund.

Der Gedanke einer Bundesbeziehung zwischen einem Gott und einem König oder seinem Volk ist für den Alten Orient gut bezeugt. Er war deshalb auch den Israeliten nicht fremd, und es ist nicht überraschend, daß Gott diese Form der Beziehung gewählt hat, um sein Verhältnis zu seinem Volk auszudrücken. Da der Gedanke eines Bundes mit Gott im Alten Orient schon im 3.Jt.v.Chr. bekannt war, kann er in der Geschichte Israels durchaus schon in früher Zeit verwirklicht worden sein.

2. Der noachitische Bund.

Gottes Bund mit *Noah wird zweimal erwähnt (1Mo 6,18; 9,8-17). Er enthält bestimmte Verpflichtungen Noahs und bestimmte Verheißungen Gottes. Diese reichen über Noah hinaus und erstrecken sich auf die gesamte Menschheit (vgl. 9,13.17).

3. Der Abrahamsbund.

Gottes Bund mit dem Patriarchen *Abraham wird in 1Mo 15 und 17 erwähnt. Bei diesem Bundesschluß liegt die Betonung auf der Verheißung (bes. in 1Mo 17). Verheißen wird einmal die Vermehrung der Nachkommen Abrahams, zum anderen das Erbteil des Gelobten Landes. Die Verheißung zahlreicher Nachkommen wird in 2Mo als erfüllt betrachtet (vgl. 1,7-22). Die Schilderung der Eroberung des Gelobten Landes enthält die Erfüllung der Verheißung des Erbteils (doch vgl. 1Mo 23). Der Abrahamsbund hat somit hauptsächlich Verheißungscharakter (vgl. den Davidsbund). Bei der Schilderung des entstehenden Sinaibundes wird die Bedeutung des Bundes mit den Patriarchen betont; die Verletzung des Sinaibundes (2Mo 32) zeigt, daß der mit den Patriarchen geschlossene Bund immer noch in Kraft ist (33,1). Der Abrahamsbund wurde also durch den Sinaibund nicht abgelöst, sondern bestand weiter.

4. Der Sinaibund.

Dieser Bund wurde mit *Mose als Mittler am Berg Sinai geschlossen, nachdem Jahwe sein Volk auf wunderbare Weise aus der ägypt. Knechtschaft erlöst hatte. In 2Mo 24 ist der Ritus der Bundesschließung analog zu zeitgenössischen Formen beschrieben. Jahwe wurde ein Opfer dargebracht; das Blut der Opfertiere wurde zum Teil auf den Altar gesprengt. Es wird auch ein »Buch« des Bundes erwähnt, über dessen Inhalt aber nichts mitgeteilt wird.

Eine der neun Kopien des Vertrages, den Asarhaddon, der König von Assur, im Mai 672 v.Chr. mit seinen Vasallen schloß. Das Dokument trägt das Siegel des assyr. Staatsgottes und das der herrschenden Dynastie. Auf der Rückseite stehen die Flüche, die denjenigen treffen sollen, der diese Abmachungen nicht beachtet. Nimrud. (BSAI)

Manche meinen, es handle sich um den Dekalog, andere identifizieren es mit dem vorhergehenden *Bundesbuch. Dies ist ein neuer Bund. Auf die Lesung des Gesetzes folgt die Antwort des Volkes, das Opfer, die Besiegelung durch einen Schwur und schließlich das (Bundes)-Mahl. Der Bundesschluß ist deutlich mit den Einzelbestimmungen des Bundesgesetzes verbunden. Auf die Beschreibung der Theophanie am Sinai in 2Mo 19 folgt in Kap. 20 der Dekalog als Urkunde des Gebotes Gottes für sein Volk, in Kap. 21-23 die Einzelbestimmungen und in Kap. 24 der eigentliche Ritus des Bundes. Die Tatsache, daß der Bund eine detaillierte Beschreibung von Einzelbestimmungen besitzt, ist bedeutsam. Wir sahen am Beispiel der hetitischen Vasallenverträge, daß Einzelbestimmungen ein wesentlicher Bestandteil der Vertragsform sind (vgl. III. 1.). Hier handelt es sich jedoch um einen israelit. Bund, der in manchen Aspekten den zeitgenössischen Bundes- oder Vertragsformen folgen, in anderen Punkten aber von der beschränkten Zahl der altorientalischen Vertragsformen auch abweichen konnte. Die Einzelbestimmungen des Bundesgesetzes unterscheiden sich in ihrem Inhalt völlig von anderen Vertragsbestimmungen. Die besonderen Umstände und der unterschiedliche rel. Hintergrund sind dafür verantwortlich. Am Ende des Bundesgesetzes wird in einer Art Epilog der Verheißungscharakter des Bundes deutlich, wenn auf das Gelobte Land Bezug genommen wird (2Mo 23,27–33).

5. Der Davidsbund.

Dieser Bund hat hauptsächlich Verheißungscharakter. Die Gelehrten, die ihn in engem Zusammenhang mit dem Sinaibund sehen, dürften recht haben. Es handelt sich nicht um einen neuen Bund, sondern um eine Ausweitung des Sinaibundes. Der Davidsbund wurde durch die Herausbildung einer neuen historischen Situation notwendig. Jetzt war der König Israels der Mittler zwischen Gott und seinem Volk. So wurde ein Bund mit dem König notwendig. Der Davidsbund ist auch mit dem Abrahamsbund eng verknüpft. Beide Bundesschlüsse haben Verheißungscharakter. Die den Patriarchen gegebenen Verheißungen wurden im Wachstum der israelit. Bevölkerung und in der Landnahme Palästinas erfüllt. Deshalb mußten in der neuen Situation neue Verheißungen gegeben werden. In 2Sam 7 ist der Bundesschluß in die fortlaufende Erzählung eingebettet, aber verschiedene Begriffe weisen deutlich darauf hin, z.B. die Aussage, daß Gott der Vater von Davids Sohn sein will, und der König ein Sohn Gottes sein wird (V. 14). Der »ewige Königsthron« der Nachkommen Davids entspricht in den hetitischen Vasallenverträgen der Verheißung, daß die Söhne des treuen Vasallen ewig herrschen werden. Ps 2 und Ps 110 zeigen, daß der Davidsbund einen tiefgreifenden Einfluß auf spätere Erwartungen im AT und im NT hatte.

6. Bundesbruch. Der neue Bund. Bestätigung des Bundes. Der Bund bei den Propheten.

Wenn der Bund gebrochen wurde, mußte er, um wieder Gültigkeit zu erlangen, erneuert werden. Das beste Beispiel hierfür haben wir in 2Mo 32-34: der Sinaibund war von Aaron und dem Volk Israel gebrochen worden, als sie ein goldenes Kalb machten und es anbeteten. Mose ging als Vermittler auf den Berg zurück, um für den erneuerten Bund noch einmal Gesetze zu erhalten. Die Flüche, die für den Fall der Untreue gegenüber den Vereinbarungen angedroht waren, hatten sich durch den Tod einer Reihe von Israeliten erfüllt (32,26–28).

Auch die Propheten des 8.Jh. (besonders *Hosea, *Jesaja) und in ihrer Nachfolge *Jeremia und *Hesekiel klagen den Bundesbruch Israels an: Für sie erscheint von *Amos bis *Hesekiel mit zunehmender Schärfe die ganze bisherige Geschichte Israels als Kette von Bundesbrüchen. Das Ehebild in Hos 1–3 verdeutlicht zusammen mit der Ablehnung der Bundesformel (»Ich will euer Gott sein und ihr sollt mein Volk sein«) in Hos 1,9 (»Nicht mein Volk . . .«) das durch Israel gebrochene Bundesverhältnis. Dem entspricht Gottes Auftrag an Jesaja »geh und sprich zu diesem Volk da« (6,9) und die Anrede Judas als Sodom und Gomorrha (1,10). *Hesekiel stellt Israels Weg als Unheilsgeschichte von Anfang dar (Hes 20, vgl. Hes 16.23). Die Propheten von *Amos bis *Jeremia kündigen in diesem Zusammenhang die Verschleppung (*Exil) an – Israel hat die Gabe des Landes verspielt. *Hosea und *Hesekiel sehen das Exil im Zweistromland als Rückführung in die Wüstenzeit Israels (Hos 12,10ff; Ez 20,23.35ff). Dort wird Gott wie in der ersten Wüstenzeit sich offenbaren, und so kündigen die Propheten auch einen »neuen Bund« an, analog zum früheren Sinaib. bzw. Abrahamsb. (Hos 1,18ff; Jes 55,1ff; 59,21; 68,1; besonders Jer 31,31ff). Bei Jeremia und Hesekiel ist der verheißene »neue Bund« im Unterschied zum früheren Sinaib. mit der Neuwerdung des Menschen verbunden (Jer 31,31ff; Hes 36,26f). Damit bedeutet die Verheißung eines neuen Bundes die Eröffnung einer qualitativ neuen Zukunft, die so verlaufen soll, wie die Geschichte Israels nach Gottes Willen hätte verlaufen sollen.

Bestätigung des Bundes im AT bedeutet, daß der Bund erneuert wird, ohne notwendigerweise zuvor gebrochen worden zu sein. Das beste Beispiel hierfür ist Jos 23;24: Kap.

23 verzeichnet die letzten Mahnungen Josuas, in denen er die Israeliten auffordert, den Bund zu halten; nach Kap. 24 versammelte sich das Volk Israel in Sichem, um den Bund mit Jahwe zu erneuern.

Der Bundesgedanke (nicht jedoch der Bundesbegriff) ist durchgehend in den meisten Schriften der Propheten zu finden, wenn man auf die verschiedenen Elemente des Bundes – z.B. Fluch, Segen und die Verletzung des Bundes durch Verstoß gegen die Bundesbestimmungen – achtet. Die Verletzung von Bundesbestimmungen hat einen (Bundes-)Rechtsstreit zur Folge.

Das Fehlen des hebr. Wortes für B. *(berīt)* in manchen frühen Abschnitten des AT hat zu der These geführt, der Bundesbegriff sei erst spät in Israel entstanden (L. Perlitt u.a.). Doch sicherlich wird man den Texten gerechter, wenn man nach dem Gedanken fragt und nicht nur nach dem Begriff, bei Hosea etwa nach der Bedeutung des Ehebildes (vgl. H.-D. Neef). Auch die These, *berīt* sei als »Verpflichtung« zu verstehen (E. Kutsch), faßt den Bundesbegriff zu formal: B. und Erwählung, B. und Gottes Liebe lassen sich nicht trennen.

Ein weiteres Problem ist die Kombination von Drohung und Segen bei den Propheten. Eine Analyse der Drohungen zeigt, daß sie oft mit zeitgenössischen Flüchen in den Vasallenverträgen verglichen werden können (z.B. in den Verträgen von Asarhaddon und Sefire). Der Fluch eines Vertrags weist bestimmte Kennzeichen auf, die auch in der prophetischen Drohung auftreten. Es ist naheliegend, daß die Propheten den Bund als gebrochen betrachteten und mit dem Eintreten der Wirkung von bestimmten »Flüchen« rechneten. Dies schließt ein, daß den Propheten der Bundesgedanke bekannt war. Wenn das Gesetz (des Bundes) gebrochen war, verkündeten sie Drohungen; wenn das Gesetz (des Bundes) gehalten wurde, verkündeten sie Segen und Wohlstand. Das Problem des Nebeneinanders von Drohung und Segen kann somit im Kontext des gebrochenen bzw. gehaltenen Bundes erklärt werden.

Der (Bundes-)Rechtsstreit, der für den Alten Orient gut bezeugt ist, läßt sich von einer Quelle wie 5Mo 32 bis zu den frühen und den späteren Propheten verfolgen (Jes 1,2f.10-20; Jer 2,4-13; Mi 6,1-8). Im Rechtsstreit werden die Israeliten des Götzendienstes angeklagt. Das bedeutet, daß sie eine der Bundesbestimmungen – keinen anderen Gott anzubeten – verletzt haben. Folglich wird Gericht in Form von Drohungen oder Verfluchungen verkündet.

V. BUND IM NEUEN TESTAMENT.

Im NT begegnen wir zwei großen Aussagekreisen vom Bund.

1. Der Bund ist durch Verheißung und Verpflichtung Gottes unverbrüchlich geltender Heilsbund für Israel (Apg 3,25; Röm 9,4; 11,29; Offb 11,19; vgl. Apg 7,8), der nun im neuen Heilsgeschehen in Jesus Christus bestätigt ist (Lk 1,72-74; Apg 3,25; Gal 3,16f).

2. *diathēkē* ist zugleich der im Christusgeschehen gegebene neue Heilsbund für Israel und für die Heiden. Dies kommt einmal in dem Deutewort zum Becher im *Abendmahl zum Ausdruck (Mt 26,28; Mk 14,24): Jesus bezeichnet sich als das endzeitliche Passalamm, dessen stellvertretender Tod den »neuen Bund« in Kraft setzt, der im Sinaibund vorgebildet (vgl. 2Mo 24,8) und für die Heilszeit geweissagt war (Jer 31,31-34; vgl. Lk 22,20; 1Kor 11,25). Dieser »neue Bund« ist nach Jeremia ein Verheißungsbund: Jahwe vergibt die Sünden, schenkt ein neues Herz und übernimmt selbst die Erfüllung der Verpflichtung des »neuen Volkes«, den Gotteswillen zu tun (vgl. Jer 32,38-42). Paulus versteht sich als »Diener des neuen Bundes« (2Kor 3,6), eines Bundes, der Leben und Gerechtigkeit vermittelt (V. 6.9). Nach Paulus ist Vergebung der Sünde und Rechtfertigung des Gottlosen, d.h. Befreiung vom Fluch des (Bundes-)Gesetzes (Gal 3,13), durch Christus ermöglicht und verwirklicht worden. Somit ist auch der in der atl. Prophetie verheißene endzeitliche (Heils-)Bund Wirklichkeit geworden (Röm 11,26f; vgl. Gal 4,21-28). Der Hebräerbrief schließlich, der an 17 Stellen vom »Bund« spricht, sieht die Bedeutung des Todes Jesu in der Inkraftsetzung des in Jer 31 verheißenen neuen Bundes (Hebr 8,8-12; 10,16f): Jesus ist durch sein hohepriesterliches Selbstopfer, das die Vergebung der Sünden erwirkte, Bürge (7,22) und Mittler (8,6; 9,15; 12,24; vgl. 10,14-18) des neuen Bundes.

VI. DER BUND IN DER THEOLOGIE DES ALTEN TESTAMENTES.

J. Coccejus nahm zwischen Orthodoxie und Pietismus den Gedanken vom »foedus dei« (Bund Gottes) als Erbe der reformierten Tradition auf und entwarf eine Geschichte der Bundesschließungen Gottes (Föderaltheologie). W. Eichrodt machte in seiner »Theologie des AT« (1933) den Bundesgedanken zur beherrschenden theologischen Idee des AT. Das rel. Denken Israels gründete sich auf den Bundesgedanken. Auch die oben gegebene Darstellung hat gezeigt, wie verbreitet und bedeutsam der Bundesgedanke für Israel war. Andere Weisen, die Beziehung zwischen Jahwe und seinem Volk auszudrücken, sind dadurch nicht ausgeschlossen. Der Bund eröffnet mit seinen Bestimmungen die Möglichkeit der Übertretung und der Sünde mit der Konsequenz des Gerichts und der Strafe. Ein weiteres wichtiges Merkmal des Bundes bilden Verheißung und Erwartung. Der Davidsbund führte mit der Verheißung eines ewigen Thrones zu der Erwartung des in Herrlichkeit kommenden *Messias, des Sohnes Davids. Diese Erwartung ist die wichtige Verbindung zwischen AT und NT. Der Bund ist also die wichtigste Verbindung zwischen den beiden Testamenten. Mit dem neuen Bund des NT – im AT angekündigt – ist eine neue Erwartung gegeben: die Erwartung der *Wiederkunft (*parousia*) des Messias.

Literatur: Bibliographie bis 1977: D.J. McCarthy: Old Testament Covenant, ²1978.

G. Quell, J. Behm: ThWNT 2, S. 106-137; ThWNT 10, S. 1041-1046 (Lit.); M. Weinfeld: ThWAT I, S. 781-808 (Lit.); H. Hegermann: EWNT I, 1980, 718-725 (Lit); W. Eichrodt: Theologie des Alten Testaments, 1933; ders.: Darf man heute noch von einem Gottesbund mit Israel reden?, ThZ Jg 30/1974, S. 193-206; K. Baltzer: Das Bundesformular, 1960; P.J. Calderone: Dynastic Oracle and Suzerainty Treaty, 1966; D.R. Hillers: Treaty Curses and the OT Prophets, 1964; ders.: Covenant: The History of a Biblical Idea, 1968; A. Jaubert: La notion d'alliance dans le judaisme aux abords de l'ère chrétienne, 1963; K.A. Kitchen: Egypt, Ugarit, Qatna and Covenant. Festschrift C.F.A. Schaeffer, 1980; S. Külling: Zur Datierung der »Genesis-P-Stücke«, 1964, S. 228-277; E. Kutsch: Verheißung und Gesetz, 1974; G.E. Mendenhall: Recht und Bund in Israel und dem Alten Vorderen Orient, (1955) 1960; J. Muilenburg: VT 9/1959, S. 74-79; L. Perlitt: Bundestheologie im AT, 1969; L. Rost: Sinaibund und Davidsbund, ThL 72, 1947, S. 129-134; R. Smend: Die Bundesformel, 1963; W. Zimmerli: Sinaibund und Abrahambund. Ein Beitrag zum Verständnis der Priesterschrift, in: Gottes Offenbarung. Gesammelte Aufsätze zum Alten Testament, ²1969, S. 25–216; H. Gese: Der Davidsbund und die Zionserwählung, in: ders.: Vom Sinai zum Zion. Alttestamentliche Beiträge zur biblischen Theologie (BEvTh 64), ²1984, S. 113–129; H.-D. Neef: Die Heilstraditionen Israels in der Verkündigung des Propheten Hosea (BZAW 169), 1987, S. 120–174; O. Betz: Der Alte und der Neue Bund. Eine Betrachtung zu 2.Kor 3, in: Mission an Israel in heilsgeschichtlicher Sicht, hrsg. von H. Kremers und E. Lubahn, 1985, S. 24–36. F.C.F./E.J.S./T.P.

BUNDESBUCH. In 2Mo 24,7 wird von Mose das »Buch des Bundes« (*sēphär habberīt*) bei dem Bundesschluß Jahwes mit Israel am Fuß des Berges Sinai als Grundlage dieses Bundes vorgelesen. Bei diesem »Buch« könnte es sich um den Dekalog von 2Mo 20,2-17 handeln. Die Bezeichnung »Buch des Bundes« oder »Bundesbuch« wird jedoch gewöhnlich dem Abschnitt 2Mo 20,22-23,33 gegeben (der möglicherweise einmal an einer anderen Stelle des Berichts stand). In 2Kön 23,2.21; 2Chr 34,30 ist das »Buch des Bundes« das deuteronomische Gesetz (5Mo).

2Mo 20,22-23,33 stellt in jedem Fall die früheste Kodifizierung israelit. Rechts dar. Unter den »Geboten, Satzungen und Rechten« lassen sich folgende Haupttypen unterscheiden:

a. kasuistische Rechtssätze (*mischpātīm*, »Rechtsentscheidungen«) mit der Form: »Wenn ein Mann dieses oder jenes tut, soll er so viel bezahlen«;

b. kategorische oder apodiktische Rechtssätze: »Du sollst dieses oder jenes (nicht) tun«;

c. Partizipialgesetze (wegen ihrer Formulierung mit dem hebr. Partizip so genannt), die eine Zwischenstellung einnehmen: »Wer dieses oder jenes tut, soll gewißlich sterben« (ersetzt häufig a., wenn die Todesstrafe vorgeschrieben wird).

Das Anordnungsprinzip der Gebote dieses Kodex liegt nicht klar zutage; einige Forscher haben jedoch in überzeugender Weise argumentiert, daß die Abschnitte des Bundesbuches den verschiedenen Verfügungen der Zehn Gebote entsprechen; das Bundesbuch könnte somit als »fortlaufender Midrasch zum Dekalog« gedeutet werden (E. Robertson: The OT Problem, 1950, S. 95; vgl. A.E. Guilding: »Notes on the Hebrew Law Codes«, JThS 49, 1948, S. 43ff).

I. KULTISCHE VERORDNUNGEN.
Der Kodex beginnt mit zwei kultischen Verordnungen: es ist verboten, Götter aus Silber oder Gold zu machen (2Mo 20,22f); ein »Altar von Erde« aus unbehauenen Steinen sowie ohne Stufen (wie sie die großen Altäre der Nachbarn Israels hatten) soll gebaut werden (20,24-26).

II. KASUISTISCHE RECHTSSÄTZE.
In 2Mo 21,1-22,17 haben wir eine Reihe von kasuistischen Rechtssätzen. Folgende Punkte des Zivil- und Strafrechts werden behandelt: die Behandlung hebr. Sklaven (21,2-6), der Verkauf der Tochter als Sklavin (21,7-11), Mord und Totschlag (21,12-14), den Eltern zugefügte Verletzungen (21,15.17), Entführung (21,16), tätlicher Angriff und Körperverletzung (21,18-27; mit der *lex talionis* [Entsprechung von Tatfolge mit Strafe] in 21,23-25), stößiges Rind (21,28-32), Unfälle bei Tieren (21,33f), Tötung eines Rindes durch ein anderes Rind (21,35f), Diebstahl (22,1-4), Beschädigung der Saat (22,5f), Guthaben und Leihgaben (22,8-14), Verführung (22,15f).

Dieser Teil des Bundesbuches weist Ähnlichkeiten mit anderen Gesetzestexten des Alten Orients auf, z.B. mit den Gesetzescorpora von Urnammu von Ur, von Isin und Eschnunna, und von *Hammurabi von Babylon. Der hetitische Kodex hat im Blick auf manche Einzelheiten und Elemente der Anordnung ebenfalls Ähnlich- keiten mit diesen israelit. Gesetzen. Die generelle Grundhaltung des hetitischen Kodex unterscheidet sich jedoch von den anderen orientalischen Corpora. Sie reflektiert das indo-europäische Prinzip der Kompensation für zugefügten Schaden, während die semit. Texte die vergeltende Strafe (*lex talionis*) betonen.

Die kasuistischen Rechtssätze Israels lassen sich mit den erwähnten Gesetzestexten zwar vergleichen, spiegeln aber eine einfachere Lebensweise wider. Sie setzen eine seßhafte, Akkerbau betreibende Gemeinschaft voraus, von der im Kodex Hammurabi vorausgesetzten kunstvollen urbanen Organisation und sozialen Schichtung ist nichts zu finden. In der israelit. Gemeinschaft sind die erwachsenen Männer entweder Bürger oder Leibeigene, im Kodex Hammurabi dagegen ist z.B. die Strafe für Körperverletzung je nach Rang der verletzten Person abgestuft – man unterscheidet Ranghöhere, Ranggleiche, Vasallen, Leibeigene.

Folglich ist als Datierung die Frühzeit der (landwirtschaftlichen) Niederlassung in Israel anzunehmen, die vor der Überquerung des Jordan begann: wenn nicht in Kadesch-Barnea, dann jedenfalls in Transjordanien, als die Israeliten die Reiche Sihons und Ogs samt ihren Städten eroberten (4Mo 21,25.35).

In 2Mo 18 haben wir ein Beispiel, wie sich das kasuistische (Fall-)Recht herausbildete: Mose und seine Mitarbeiter urteilen über Fälle, die vor sie gebracht werden. Der zweite Name für Kadesch, En-Mischpat (d.h. die Quelle, wo Recht gesprochen wird; 1Mo 14,7) ist wohl mit diesem Vorgang in Zusammenhang zu bringen.

III. APODIKTISCHE RECHTSSÄTZE.
Die apodiktischen Gesetze, die den Rest des Bundesbuches ausmachen, haben die Form der von Gott durch seinen Sprecher (vgl. die Funktion der Priester in Mal 2,7) meist im Heiligtum gegebenen Weisungen (*tōrā*), hier zuerst durch Mose am Sinai oder in Kadesch. Sie haben im Vergleich mit den alten Gesetzestexten Westasiens keine Parallele; man hat jedoch auf die großen stilistischen Ähnlichkeiten hingewiesen, die sie mit altorientalischen Verträgen haben, besonders mit jenen Verträgen, in denen ein Oberherr einem Vasallen Bedingungen diktiert. Der Dekalog, ebenfalls im apodiktischen Stil verfaßt, ist die Konstitution des Bundes Jahwes mit Israel; die anderen apodiktischen Gesetze sind Folgesätze des grundlegenden Bundesgesetzes. Viele der Verordnungen von 2Mo 22,18-33 haben mit religiösen Handlungsweisen zu tun: Darbringung der Erstlinge (22,29f; 23,19a), Sabbatjahre und -tage (23,10-12), die drei Wallfahrtsfeste (23,14-17). In 23,15 haben wir den Anfang der Neuinterpretation dieser Feste als Gedenkfeiern der Heilstaten Gottes in der Geschichte Israels. 2Mo 23,10-19 wird bisweilen als selbständiger Ritualkodex angesehen (vgl. den sog. Keniterkodex in 34,17-26). Die Rechtssätze dieser Perikope umfassen jedoch auch ethische und humanitäre Verfügungen: diejenigen, die keinen Beschützer haben, werden geschützt (22, 21-24); übermäßige Härte gegenüber Schuldnern wird verboten (22,25-27); richterliche Unparteilichkeit wird betont, besonders für den Fall, daß eine der Prozeßparteien ein Fremder ist und sich deshalb benachteiligt fühlen könnte (23,6-9). Es ist daran zu erinnern, daß die Israeliten das Zivilrecht von den religiösen Gesetzen nicht so klar unterschieden, wie wir das heute für selbstverständlich halten.

IV. SCHLUSSFOLGERUNG.
Das Bundesbuch schließt mit Jahwes Zusicherung, Israel Erfolg und Wohlergehen zu geben, wenn sein Bundesgesetz gehalten wird; gleichzeitig wird vor einer Verbrüderung mit den Kanaanäern gewarnt.

Die apodiktischen Rechtssätze sind der Form nach direkte Aussprüche Gottes; die kasuistischen Rechtssätze leiten ihre Autorität ebenfalls von Gott ab (2Mo 18,19; 21,1).

Literatur: H. Cazelles: Études sur le Code de l'Alliance, 1946; G.E. Mendenhall: Recht und Bund in Israel und dem Alten Vorderen Orient, 1960; A. Alt: Die Ursprünge des israelitischen Rechts, in: Kleine Schriften, I, 1953, S. 278-332; K. Baltzer: Das Bundesformular, 1960; B.S. Childs: Exodus, 1974, S. 440-496. F.F.B.

BUNDESLADE. Auch als »Lade des Herrn« (Jos 3,13), »Lade Gottes« (1Sam 3,3), »Lade des Bundes des Herrn« (5Mo 10,8) und »Lade mit dem Gesetz« (2Mo 25,22: hebr. *ēdūt*) bezeichnet. Die B. war ein rechteckiger Kasten (*'ārōn*) aus Akazienholz und maß 2,5 x 1,5 x 1,5 Ellen (ca. 122 x 76 x 76 cm). Sie war mit Gold überzogen und wurde an zwei Stäben getragen, die durch jeweils zwei Ringe an den Längsseiten gesteckt wurden. Der Deckel (*kappōrät*, LÜ: »Gnadenthron«) bestand aus einer Goldplatte, auf der sich zwei einander gegenüberstehende *Cherubim mit ausgebreiteten Flügeln befanden.

Die B. diente als Behältnis für die beiden Tafeln des Dekalogs (2Mo 25,16.21; 40,20; 5Mo 10,1-5), für den Krug mit Manna sowie den Stab Aarons (Hebr 9,4f; 4Mo 17,25), aber auch als Stätte der Begegnung im Allerheilig-

Tutenchamuns Zedernholz-Truhe, mit Ebenholz und Elfenbein verziert. Getragen wird sie an vier Stangen, die durch Bronzeringe gesteckt werden, die an der Unterseite der Truhe befestigt sind. Auf diese Weise wurde auch die Bundeslade transportiert. 63,5 cm × 83 cm × 60,5 cm. 18. Dynastie, ca. 1400 v.Chr. (GIO)

sten, an der Jahwe seinen Dienern seinen Willen kundtat (Mose: 2Mo 25,22; 30,36; Aaron: 3Mo 16,2; Josua: Jos 7,6). Die B. war Symbol der Gegenwart Gottes. Sie wurde am Sinai von *Bezalel nach der von Mose erhaltenen Vorlage (2Mo 25,8ff) gefertigt und als Aufbewahrungsort für das geschriebene Gesetz gebraucht (5Mo 31,9). Sie spielte eine wichtige Rolle bei der Überquerung des Jordan (Jos 3-4), beim Fall Jerichos (Jos 6) und bei der Feier auf dem Berg *Ebal, bei der man sich an den Bund Jahwes mit Israel erinnerte (Jos 8,30ff).

Die B. wurde von Gilgal nach Bethel gebracht (Ri 2,1; 20,27) und in der Richterzeit schließlich nach Silo verlegt (1Sam 1,3; 3,3), wo sie verblieb, bis sie in der Schlacht bei Eben-Ezer von den Philistern erbeutet wurde (1Sam 4). Weil sie unter den Philistern sieben Monate anhaltende Plagen auslöste, wurde die B. nach Kirjat-Jearim zurückgeschickt, wo sie 20 Jahre lang blieb (2Sam 5,1-7,2).

David brachte die B. in einem Zelt in Jerusalem unter (2Sam 6,17); er lehnte es ab, sie auf die Flucht während der Rebellion Absaloms mitzunehmen (2Sam 15,24-29). Während der Herrschaft Salomos wurde die B. in einer feierlichen Handlung in den Tempel gebracht (1Kön 8,1ff) und im Zuge der Reformen *Josias wieder an ihrem alten Platz aufgestellt, nachdem sie wohl von den gottlosen Königen *Manasse und/oder *Amon entfernt worden war (2Chr 35,3). Jeremia sah eine Zeit ohne B. voraus (Jer 3,16). Die B. ging wahrscheinlich im Verlauf der Zerstörung Jerusalems durch die Babylonier im Jahre 587 v.Chr. verloren. Im zweiten Tempel gab es keine B. (Jos.bell.Jud. V, 219).

Die B. des alten Tempels wird im NT nur in Hebr 9,4 erwähnt (zu den Gegenständen im Allerheiligsten vgl. *Stiftshütte). Die B. im himmlischen Tempel (Offb 11,19) zeugt von der endzeitlichen Gnadengegenwart Gottes.

Mit Gold überzogene Behältnisse aus Holz und tragbare Schreine sind für den Alten Orient vormosaischer Zeit bekannt. Die B. als Aufbewahrungsort der Bundestafeln, d.h. der die Klauseln des Bundes (*ʿēdūt*) enthaltenden Dokumente, ist jedoch einzigartig. K.A.K./E.J.S.

BURG s. Festungsbau und Belagerungstechnik; Palast/Schloß

BÜRGE/BÜRGSCHAFT. Im AT ist mehrfach von Bürgschaft die Rede (vgl. 1Mo 43,9; 44,32), im Buch der Sprüche wird eindringlich vor dem Eingehen einer Bürgschaft gewarnt (Spr 6,1-5; 11,15; 20,16; 22,26f). Jede Bürgschaft, als deren Bestätigung wohl allgemein der Handschlag galt (Spr 17,18), bleibt für beide Teile unsicher, weil die Zukunft nicht in der Gewalt des Menschen steht. Darum kann nur Gott wirklich Bürge sein (Hiob

17,3). Der Mensch aber soll jetzt demjenigen helfen, der in Not ist und um Hilfe bittet (Mt 5,42).

BÜRGERRECHT. (Griech. *politeia*).

1. Nach dem Gesetz des AT genoß der Israelit als freier Vollbürger (hebr. *esrach*) des erwählten Gottesvolkes das B. Israels (Eph 2,12). Das schloß neben politischen auch rel. Rechte ein. Das B. wurde erlangt durch Geburt und *Beschneidung (2Mo 12,48) und berechtigte zur Stimmabgabe in der Volksgemeinde und zur Teilnahme an der Passafeier (2Mo 12,43). Ferner schützte es den Israeliten vor lebenslänglicher Leibeigenschaft innerhalb des eigenen Volkes (2Mo 21,1; 3Mo 25,39f). Der ihm zugeteilte Grundbesitz war nicht für immer verlierbar (V. 25ff). Den Gegensatz zum Bürger bildete der *Fremde/Fremdling.

2. Zu den Vorrechten des röm. Bürgers vgl. *Römisches Reich.

3. Das B. des Christen (Phil 3,20), d.h. der Staat, nach dessen Gesetzen er lebt, in dem er Bürger ist und seine Heimat hat, ist im Himmel. Auf Erden ist er rechtlich und wesensmäßig Fremdling (1Petr 1,1; Hebr 11,13).

BUS. »Geringschätzung«.

1. Sohn des Aramäers *Nahor, des Bruders Abrahams (1Mo 22,21). Bus' Nachkommen bilden einen nordarab. Stamm (Jer 25,23), zu dem auch Elihu, ein Freund Hiobs, gehörte (Hiob 32,6).

2. Vater des Jachdo aus dem Stamm Gad (1Chr 5,14).

BUSSE. Das in der LÜ und den meisten anderen deutschen Übersetzungen gebrauchte Wort »Buße« ist in seiner Bedeutung nicht in dem modernen, dem Strafrecht zuzuordnenden Sinn von Strafe, Entschädigung, Schadenersatz (vgl. die Begriffe »Geldbuße«, »büßen«) zu verstehen, sondern auf dem Hintergrund der atl. und ntl. Begriffe, die allg. mit »Buße« übersetzt werden.

I. IM ALTEN TESTAMENT.

Im AT werden zwei Wörter mit »Buße tun« übersetzt: hebr. *nācham* mit der Bedeutung »über etwas Leid empfinden, etwas bereuen, anderen Sinnes werden«, und *schūb*, »umkehren, zurückkehren«.

nācham wird nur selten vom Menschen (2Mo 13,17; Hiob 42,6; Jer 8,6; 31,19), häufig (30 mal) jedoch von Gott gebraucht: oft heißt es, daß Gott sich das Übel gereuen läßt, das er als Strafe beabsichtigt oder bereits zugelassen hat. Diese Ausdrucksweise deutet keineswegs an, daß Gott launenhaft oder willkürlich handelt; sie ergibt sich vielmehr aus Israels Verständnis der Haltung Gottes den Menschen gegenüber. Ausgesagt wird somit, daß die Beziehung sich ändert. Es gilt: wenn sich der Mensch durch seinen Eigensinn der Leitung und Fürsorge Gottes entzieht, muß er feststellen, daß die gottgewollte Konsequenz seiner Sünde weiteres Übel ist (vgl. 1Mo 6,6f; 1Sam 15,11.35; 2Sam 24,16; Jer 18,10). Wer jedoch B. tut (auch wenn dies in letzter Minute geschieht), d.h. wer zu Gott zurückkehrt, dem wendet sich Gott als Gott der Barmherzigkeit und Liebe und nicht als Gott des Gerichts zu (Jer 18,8; 26,3.13.19; Jona 3,9f; vgl. 2Mo 32,12-14; Am 7,3.6 wo die Bedeutung des Fürsprechers, der für sein Volk vor Gott steht, betont wird). Auch wenn über Gottes Entschlossenheit zum Gericht über die *Sünde kein Zweifel besteht (4Mo 23,19; 1Sam 15,29; Ps 110,4; Jer 4,28; Hes 24,14; Sach 8,14), so hat er sich doch immer wieder als gnädiger Gott erwiesen, der seinem Volk treu ist, selbst wenn dies untreu ist - d.h. als ein Gott, den das Unheil »gereut« (2Mo 32,14; 5Mo 32,26; Ri 2,18; 1Chr 21,15; Ps 106,45; 135,14; Jer 42,10; Joel 2,13f; Jona 4,2).

Der Ruf zur B. ist für den Menschen ein Aufruf, zur schöpfungsmäßigen (und dem *Bund entsprechenden) Abhängigkeit von Gott zurückzukehren (*schūb*). Solche Aufrufe sind vor allem bei den vorexilischen Propheten zu finden, aber auch bei Sacharja, Maleachi und Hesekiel (Kap 3 und 33). Am 4,6-11 macht deutlich, daß der Gott Israels nicht böswillig oder rachsüchtig Unheil vorsieht, sondern Israel dadurch zur B. führen will. Wer Böses tut, dem wird von Gott mehr Böses zugeteilt. Wer über seinem Unheil B. tut, findet einen Gott, den *sein* »Unheil« gereut. Bewegend sind die Hoffnungen Jesajas, die im Namen seines Sohnes Schear-Jaschub (»ein Rest wird sich bekehren«, Jes 7,3) zum Ausdruck kommen (10,21f; 30,15; vgl. 19,22), und die flehenden Bitten Jeremias (Jer 3,1-4,4; 8,4-7; 14,1-22; 15,15-21); beide Propheten deuten böse Vorahnungen und Verzweiflung an (Jes 6,10; 9,13; Jer 13,23).

Andere eindrückliche Äußerungen finden sich in 5Mo 30,1-10; 1Kön 8,33-40.46-53; 2Chr 7,14; Jes 55,6f; Hes 18,21-24.30-32; 33,11-16; Joel 2,12-14. Vgl. besonders auch 1Sam 7,3; 2Kön 17,13; 2Chr 15,4; 30,6-9; Neh 1,9; Ps 78,34; Hes 14,6; Dan 9,3; Sach 1,3f; Mal 3,7. Das klassische Beispiel nationaler B. ist die unter *Josia vollzogene Umkehr (2Kön 22-23; 2Chr 34-35).

Im frühen Judentum zwischen den Testamenten wird dem Gedanken der B. große Beachtung geschenkt. Die Qumrangemeinde bezeichnet sich selbst als »die Umkehrenden Israels« (CD 4,2). Gott erlegt nicht dem Gerechten, sondern dem Sünder B. auf (Or. Man. 8), er läßt die Sünden der Menschen unbeachtet, damit sie B. tun (Weish 11,23). Die Rabbinen schärfen tägliche B. ein, damit ein überraschender Tod den Frommen als Umkehrenden finde. Dabei ist die B. grundsätzlich Gottes gnädige Gabe (Weish 12,10.19f).

II. IM NEUEN TESTAMENT.

Im NT werden griech. *metanoeō, metanoia* und *metamelomai*, die zusammen 62mal vorkommen, meist mit »Buße (tun)«, »sich reuen« übersetzt. Im Griech. stehen diese Begriffe für die Sinnesänderung und bedeuten auch »bedauern«, »leid tun«, »Gewissensbisse haben« (im Bezug auf die zuvor vertretene Anschauung). Die Bedeutung der Reue bzw. der Gewissensnot liegt wahrscheinlich in Mt 21,29.32; 27,3; Lk 17,4 (vgl. der Sache nach auch Lk 18,13) und deutlich in 2Kor 7,8-10 vor. Der ntl. Gebrauch dieser Begriffe ist jedoch viel stärker durch das atl. *schūb* beeinflußt: B. heißt nicht bloß, daß einem etwas leid tut oder man seinen Sinn ändert, sondern bezeichnet eine Kehrtwendung, eine Veränderung der Motivation und Richtung seines Lebens. Deshalb ist *metanoeō* oft am besten mit »sich bekehren«, »umkehren« zu übersetzen (*Bekehrung). Diese Deutung des Begriffs erklärt auch, warum Johannes der Täufer die *Taufe als Ausdruck der B. nicht nur von den offensichtlichen Sündern, sondern auch von den »gerechten« Juden forderte. Seine Taufe war ein entscheidender Akt, in dem man sich von der alten Lebensweise abwandte und sich dem nach Johannes Kommenden auf Gnade und Ungnade ergab (Mt 3,2.11; Mk 1,4; Lk 3,3.8; Apg 13,24; 19,4).

Jesu Aufruf zur B. wird in Mk (1,15; vgl. 6,12) und Mt (4,17; 11,20f; 12,41) nur knapp erwähnt, aber von Lk betont (5,32; 10,13; 11,32; 13,3.5; 15,7.10; 16,30; 17,3f; vgl. 24,47). Verschiedene Worte Jesu und bestimmte Ereignisse in allen drei synoptischen Evv. bringen jedoch den Charakter der B., wie die Predigt und das Wirken Jesu sie verlangte, klar zum Ausdruck.

1. Echte B. ist radikal: sie besteht in einer vollständigen Kehrtwendung und Rückkehr (vgl. das Gleichnis vom verlorenen Sohn, Lk 15,11-24).

2. Sie ist bedingungslos: B. umfaßt die Anerkennung der Tatsache, daß man an Gott keinerlei Ansprüche stellen kann und sich Gottes Barmherzigkeit ohne Entschuldigung oder Rechtfertigung anheimstellt (vgl. das Gleichnis vom Pharisäer und Zöllner, Lk 18,13).

3. B. bedeutet eine Kehrtwendung im Blick auf frühere sittliche Werte und den Lebensstil (vgl. Jesu Begegnung mit dem reichen Jüngling und mit Zachäus, Mk 10,17-22; Lk 19,8).

4. B. tun heißt wie ein Kind werden, d.h. die eigene Unreife vor Gott, die Unfähigkeit, das Leben ohne Gott führen zu können, einzugestehen und seine völlige Abhängigkeit von Gott zu akzeptieren (Mt 18,3).

5. B. ist ermöglicht durch den Beginn der Herrschaft Gottes in Jesus Christus (Mk 1,15). B. ist deshalb Freude (Schniewind).

Im lukanischen Bericht von der Predigt der ersten Christen kommt der Aufruf zur B. (und die Verheißung der Vergebung) regelmäßig vor (Apg 2,38; 3,19; 5,31; 8,22; 17,30; 20,21; 26,20). *Metanoeō* steht hier zusammen mit *epistrephō*, »umkehren« (3,19; 9,35; 11,21; 14,15; 15,19; 26,18.20; 28,27); *metanoeō* meint dabei mehr die Abkehr von der Sünde, während *epistrephō* die Hinkehr zu Gott bezeichnet (vgl. 3,19; 26,20); beide Ausdrücke können jedoch für beide Bedeutungen gebraucht werden (wie in 11,18; 1Thess 1,9). In der Apg ist B. eng mit der Sündenvergebung und dem Empfang des Heiligen Geistes verbunden. Aus Apg 5,31; 11,18 geht hervor, daß man in der Beschreibung der B. als Gabe Gottes und als etwas, das in die Verantwortung des Menschen fällt, keine Schwierigkeit sah.

Die Unterlassung der B. wird an einigen Stellen mit Jes 6,9f erklärt (Mt 13,14f; Mk 4,12; Joh 12,40; Apg 28,26f).

Der Schreiber des Hebräerbriefs weist ebenfalls auf die Wichtigkeit der am Anfang des Christenlebens stattfindenden B. hin (6,1; *Bekehrung). Während er die Möglichkeit einer zweiten B. in Frage stellt (6,4-6; 12,17), wird an anderen Stellen betont, daß auch Christen B. tun können und müssen (2Kor 7,9f; 12,21; 1Joh 1,5-2,2; Jak 5,19f; Offb 2,5.16.21f; 3,3.19).

Sonst wird B. noch in Röm 2,4; 2Tim 2,25; 2Petr 3,9; Offb 9,20f; 16,9.11 erwähnt. Das relativ seltene Vorkommen des Begriffes bei Paulus (fünfmal) erklärt sich dadurch, daß die gemeinte Sache in dem umfassenden Begriff des *Glaubens aufgegangen ist (H. Merklein). Dasselbe gilt für Johannes, für den das Christenleben ebenfalls mit der positiven Verpflichtung des Glaubens beginnt.

Literatur: G. Bertram: ThWNT 7, S. 722-728; O. Michel: ThWNT 4, S. 630-633; E. Würthwein, E. Behm: ThWNT 4, 976-1001; F. Laubach, J. Goetzmann: TBLNT 1, S. 69-74; H. Merklein: EWNT 2, 1981, 1022-1031; J. Schniewind: Die Freude der Buße, 1956; J. Jeremias: Neutestamentliche Theologie, I. ³1979, S. 150-156; J. Jeremias: Die Reue Gottes, 1975; H. Burkhardt: Die biblische Lehre von der Bekehrung, 1978. J.D.G.D./E.J.S.

Goldmünze mit der Büste des Kaisers Augustus. 27 v.Chr. – 14 n.Chr. (RG)

CAESAR. Beiname eines Zweiges des röm. Adelsgeschlechts der Julier (gens Iulia), der durch den Sieg des Augustus über Antonius und Kleopatra (Actium, 31 v.Chr.) die Herrschaft über das röm. Reich gewann und sie bis zu Neros Tod innehatte (68 n.Chr.). Diese »Hegemonie« (wie sie in Lk 3,1 – Grundtext – treffend bezeichnet wird) gründete auf einer Verbindung von legalen und gesellschaftlichen Kräften. Ein Novum in der röm. Geschichte war nicht so sehr die Form oder die Legitimierung dieser Herrschaft als viel mehr das Monopol der Führerschaft. Formal gesehen war es keine Monarchie. Jedoch erfolgte im Laufe der Zeit eine so gründliche Veränderung der Herrschaftsstrukturen, daß beim Untergang der caesarischen Familie ihre Vorrangstellung bereits institutionalisiert war und ihr Name von den folgenden Amtsinhabern übernommen wurde. Grundlegend für die Macht eines C. war die dauernde Oberhoheit über bestimmte Provinzen und damit die Befehlsgewalt über den größten Teil der römischen Grenztruppen. Judäa z.B. lag immer innerhalb dieses Gebietes. Verständlich ist von daher Paulus' *Berufung an den Kaiser gegenüber dem Prokurator (Apg 25,10f), die nicht möglich gewesen wäre, wenn dieser im Rang eines Prokonsuls und damit dem C. gleichgestellt gewesen wäre. Die Juden bezeichneten den C. auch als König (Joh 19,12.15). Für sie war die Macht dieser dynastischen Familie faktisch monarchisch (Apg 17,7; 1Petr 2,13.17). Der Caesarenkult entwickelte sich zu einem großen Problem für die Christen (Plin.epist. 10,96f; evtl. Offb 13). S. auch *Kaiser.

Literatur: Sueton: Leben der Caesaren; Tacitus: Annalen; I. Leipoldt, W. Grundmann: Umwelt des Urchristentums I, 61982, S. 30-61.

E.A.J.

Das Römische Reich zu Beginn der Herrschaft des Kaisers Tiberius 14 n.Chr. Die Ausdehnung der röm. Herrschaft im O führte zu Änderungen bei den Provinzen in Kleinasien (z.Zt. des Paulus).

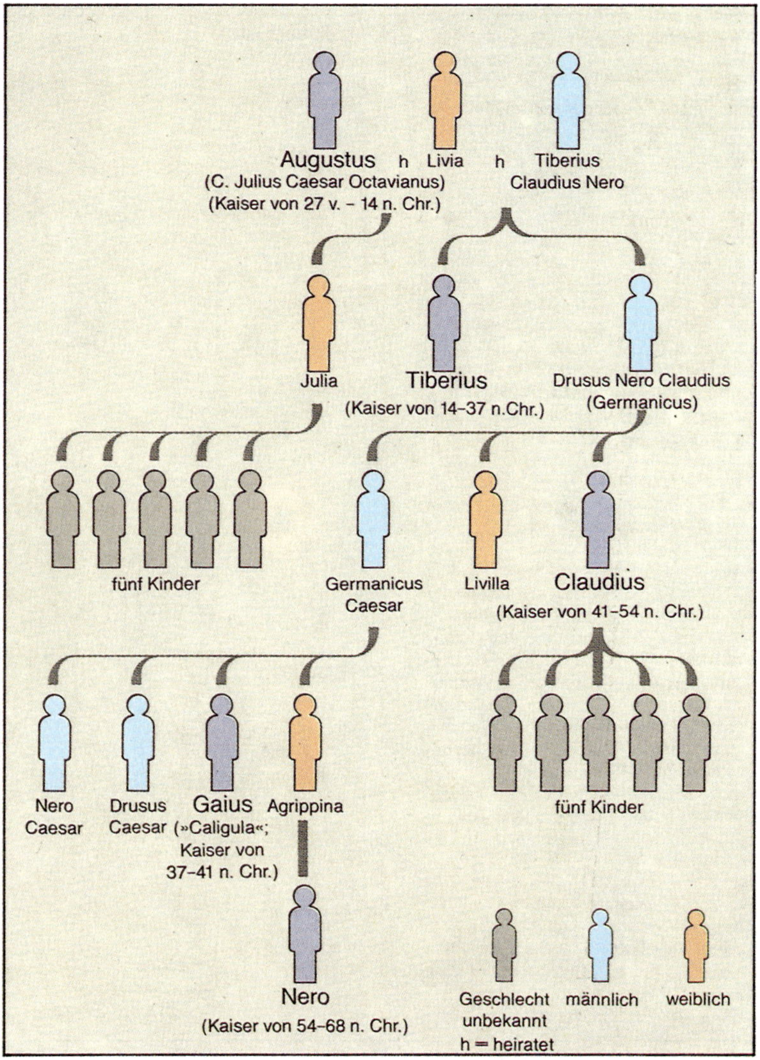

Stammbaum der Julier-Claudier (Vereinfacht).

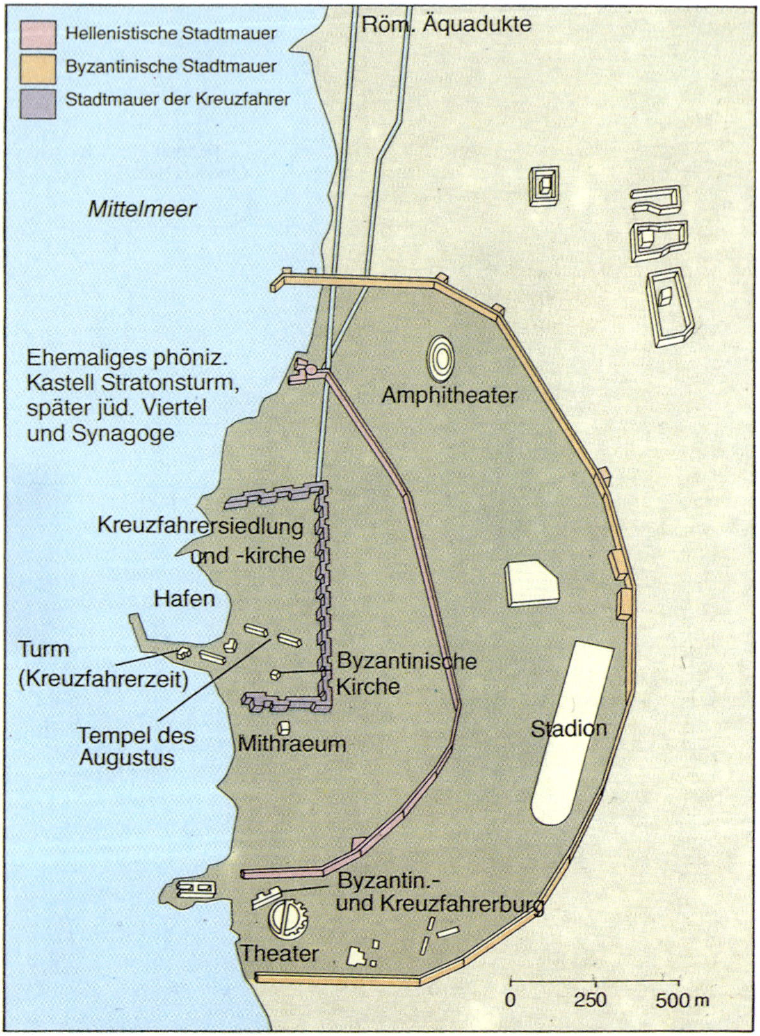

Die Ausdehnung von Caesarea (Maritima) zu verschiedenen Epochen.

CAESAREA. (Griech. *Kaisareia,* »die Kaiserliche«). Name von Städten, die nach *Augustus oder *Tiberius benannt waren.

CAESAREA MARITIMA. C. am Meer wurde nach vorherrschender Meinung im 4.Jh.v.Chr. unter dem Namen Stratonsturm von den Phöniziern in der nördl. *Saron-Ebene als kleiner Hafen gegründet. 31 v.Chr. gab *Augustus das Gebiet an *Herodes d.Gr., der hier zwischen 22 und 10/9 v.Chr. eine völlig neue Stadt erbaute, von deren Glanz Flavius Josephus eine anschauliche Schilderung gegeben hat (Jos.ant.Jud. XV, 331-341/bell.Jud. I,

Teil des von König Herodes erbauten Aquäduktes in Caesarea. (M) (JPK)

Der Hafen von Caesarea. Blick von Süden auf den Kreuzfahrerturm. (SH)

408-415). Der große Hafen, der an der bedeutenden Handelsstraße von Ägypten nach Damaskus lag, verband Palästina mit den entfernten Teilen des Römerreiches. Seit 6 v.Chr. war C. Sitz der röm. Prokuratoren, die allerdings zu den großen Festen nach *Jerusalem zogen (vgl. Mt 27,11ff par.). 44 n.Chr. starb hier *Herodes Agrippa I. (Apg 12,23; vgl. Jos.ant.Jud XIX, 350-352). C. war auch Legionslager, seine Zivilbevölkerung (ca. 50000) bestand meist aus syr. Griechen, aber auch einer starken jüd. Minderheit. Spannungen zwischen den Bevölkerungsgruppen führten 66 n.Chr. zum Ausbruch des Jüd. Krieges (Jos.bell.Jud. II, 285ff), während dessen C. das Hauptquartier des *Vespasian war. Da er hier 69 n.Chr. (Jos.bell.Jud. IV, 592-604) zum Kaiser ausgerufen wurde, gab er der Stadt den Status einer Kolonie und Steuerfreiheit. Das führte zu weiterer Blüte und ließ C. über die herodianischen Mauern hinauswachsen.

Aus ntl. Zeit ist neben Resten dieser Mauern im N eine eindrucksvolle Wasserleituung erhalten, die sich über mehrere km nach N zieht. Auf einem künstlich aufgeschütteten Podium von 15m Höhe fand man Reste des auch von Josephus (bell.Jud. I, 414) erwähnten Augustustempels. In diesem Gebiet muß auch der königliche Palast gelegen haben, der dann zum Sitz (griech. *praitōrion*) der röm. Prokuratoren wurde (Apg 23,35 »*Prätorium des Herodes«). Südl. der Stadt liegt ein gut erhaltenes, ebenfalls von Herodes d.Gr. erbautes Theater. Bei einer Erneuerung hat man hier auch einen Stein eingemauert, der eine fragmentarische Inschrift mit dem Namen des *Pilatus trägt. Diese erste inschriftliche Erwähnung des Prokurators wurde 1961 entdeckt.

Erst die moderne Unterwasserarchäologie läßt erkennen, welch großartige Anlage der herodianische Hafen war (R.L. Hohlfelder: BA 46, 1983, 133-143). Von der seit dem 3.Jh.n.Chr. wieder starken jüd. Präsenz zeugen die Ruinen mehrerer übereinander gebauter Synagogen. Ebenfalls aus dem 3.Jh. stammen Reste eines Mithrasheiligtums, aus byzantin. Zeit dagegen ein großes Archivgebäude. Damals wurde auch noch eine weitere, 2km lange Ringmauer gebaut, während die eindrucksvolle Mauer der Kreuzfahrer ein kleineres Territorium als das des ntl. C. umschloß.

Die herausragende Bedeutung von C. spiegelt sich auch im NT wieder. Nach der Apg erfolgte hier, vorbereitet vom Wirken des Evangelisten *Philippus (Apg 8,40 vgl. 21,8), durch *Petrus ein entscheidender Durchbruch zur Heidenmission, als er den röm. Centurio *Kornelius taufte (Apg 10). Paulus verließ Palästina bei seiner Rückkehr nach *Tarsus (Apg 9,30) über C., hier landete er wieder am Ende der 2. und 3. Missionsreise (Apg 18,22; 21,8). In C. fiel auch der Entschluß zur letzten Reise nach Jerusalem, die zu seiner Gefangenschaft führte (Apg 21,13). Um Mordanschlägen aus dem Weg zu gehen, hat man Paulus von Jerusalem nach C. gebracht (Apg 23,23-35). Im Prätorium wurde er vom Statthalter *Felix verhört (Apg 24) und dort stand er vor dessen Nachfolger *Festus sowie dem jüd. König Agrippa II. (Apg 25-26). Manche Forscher verlegen einige oder alle Gefangenschaftsbriefe (*Phil, *Kol, *Eph, *Phlm) in die zwei Jahre (Apg 24,27) des Aufenthalts in C. (J.A.T. Robinson: Wann entstand das Neue Testament?, 1986, 81-91). Schon im 2.Jh. war C. ein herausragender Bischofssitz (Metropolitie), und im 3.Jh. wirkten hier so bedeutende christl. Gelehrte wie Origenes und Eusebius. Nach der Zerstörung der Kreuzfahrerstadt durch die Araber im 13.Jh. existierte bis 1948 nur noch ein kleines Dorf Kaisarije. Heute ist C. ein gut erschlossenes archäologisches Weltdenkmal.

Literatur: R.J. Bull: BARev 8/3,1982, 24-40; C.T. Fritsch (Hrsg.): Studies in the History of Caesarea, 1975; A. Frova: Scavi di Caesarea Maritima, 1965; G. Kroll: Auf den Spuren Jesu, [10]1987, 148–153; L.I. Levine: Caesarea under Roman Rule, 1975; ders.: Roman Caesarea, 1975; J. Murphy-O'Connor: Das heilige Land, 1981, 201-207; A. Negev: Archäologisches Lexikon zur Bibel, 1972, 115-119. R.R.

CAESAREA PHILIPPI. Die griech. *Kaisareia hē Philippou* genannte Stadt lag an der Quelle des *nahr banyas*, eines der drei Quellflüsse des *Jordan. Die Grotte, aus der früher der Fluß entsprang, war in hellen. Zeit dem griech. Quellgott Pan geweiht. Aufgrund von Erdbebentätigkeit entspringt die Quelle heute unterhalb der Höhle. Polybios (XVI 18,2; XXVIII 1,3) nennt Paneas (davon arab. *banyas*) an der strategisch wichtigen Straße nach *Damaskus als den Ort jener Schlacht, in der die syr. Seleukiden Palästina von den ägypt. Ptolemäern eroberten (200 oder 198 v.Chr.). 20 v.Chr. erhielt *Herodes d.Gr. dieses Gebiet und errichtete in der Nähe des Pan-Altars einen Marmortempel zu Ehren des Kaisers *Augustus (Jos.ant.Jud. XV 360.364; bell. Jud. I 404). Der Tetrarch *Philippus (vgl. Lk 3,1) erbaute hier ab 3/2 v.Chr. seine hellen. Hauptstadt und nannte sie Kaisareia (Jos.ant.Jud. XVIII 28; bell.Jud. II 168). Die Juden bildeten darin nur eine Minderheit (Jos.vita 74). Zum Unterschied von *Caesarea (Maritima) nennt Josephus (Jos.ant.Jud. XX 211; bell.Jud. III 443; VII 23) ebenso wie das NT den Ort »Caesarea des Philippus«. Auf das Alter der ntl. Berichte

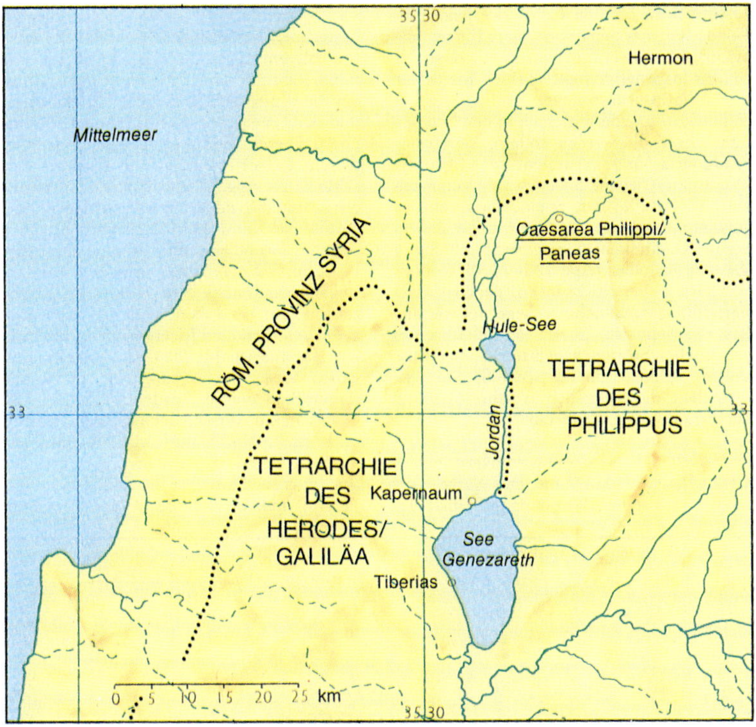

Caesarea Philippi, nahe der Hauptquelle des Jordan. Die Stadt ist nach Caesar (Kaiser) Augustus und dem Tetrarchen Philippus benannt.

weist auch, daß nicht der Name *Neronias* gebraucht wird, den erst Agrippa II. der Stadt 68 n.Chr. beilegte. *Titus feierte in C. 70 n.Chr. mit blutigen Schauspielen seinen Sieg über die Juden (Jos.bell.Jud. VII 24ff).

Hier im Gebiet südwestl. des *Hermon erwarteten jüd. Gruppen den Anbruch der Endzeit. Nach den Evv. bekannte sich *Petrus stellvertretend für den Jüngerkreis in dieser Gegend zum Messiasanspruch Jesu (Mt 16,13-20; Mk 8,27-30 vgl. Lk 9,18-21; Joh 6,67-71). Vielleicht geschah das noch in den jüd. Dörfern südl. von C. (vgl. Mk 8,27). So erscheint Jesus im Gegensatz zur vergöttlichten Naturmacht (Pan) und Staatsmacht (Kaiserkult) als Erfüllung der jüd. Hoffnung. Nach Eusebius (Eus.h.e. VII 17f) stammte die blutflüssige Frau (Mt 9,20-22; Mk 5,25-34; Lk 8,43-48) aus C. und später soll dort sogar eine Christus-Statue zum Gedächtnis an ihre Heilung errichtet worden sein. Im Jüdischen Krieg (66-70 n.Chr.) flohen Judenchristen auch nach C. (Epiphanius, Panarion 30,18; 53,1). Ausgrabungen im Quelltopf wurden 1973 durch den Jom-Kippur-Krieg unterbrochen, aber 1981 erneut aufgenommen. Die herumliegenden Trümmer bezeugen die Bedeutung der Stadt im 1.Jh.n.Chr.

Literatur: C. Kopp: Die heiligen Stätten der Evangelien, [2]1964, 291-294; G. Kroll: Auf den Spuren Jesu, [10]1988, 261–263; R. Leconte: Bible et Terre Sainte 111/1969, 8-16; J. Murphy-O'Connor: Das Heilige Land, 1981, 172f; Excavations and Surveys in Israel 4, 1985, 7–9. R.R.

CALIGULA. Gaius Julius *Caesar Germanicus, röm. Kaiser 37-41. Als jüngster Sohn des Germanicus 12 n.Chr. zu Antium geboren, erhielt C. im Lager seines Vaters den Kosenamen »Stiefelchen« (latein. *caligula*). Nach dem Tod seines Großonkels, des strengen und menschenscheu gewordenen *Tiberius, wurde C. zum Kaiser ausgerufen und mit großen

Erwartungen begrüßt. C. zog sich jedoch die Feindschaft des Senats zu, als er für sich das »Gottkaisertum« durchzusetzen versuchte und als Inkarnation Jupiters einen Tempel auf dem Palatin beanspruchte.

Da Statuen von ihm auch in den Synagogen aufgestellt werden sollten, kam es in Alexandria und Jerusalem zu Unruhen. Durch übertriebene Spenden und Veranstaltungen hatte C. den Staatsschatz bald erschöpft. Im O des Reiches wurden zunehmend Klientelkönige eingesetzt, z.B. Julius Agrippa in Judäa. (Apg 12,1–23, *Herodes).

Mehrere Verschwörungen, denen C. mit harten Gegenmaßnahmen begegnet war, ließen zwischen dem Kaiser, der zuletzt unter psychischen Störungen gelitten haben dürfte, und der Opposition im Senat Spannungen entstehen, die schließlich im Jahre 41 n.Chr. zur Ermordung C.s führten. K.G.

CHALDÄA/CHALDÄER. Der Name eines Landes und seiner Bewohner in Südbabylonien, später benutzt, um ganz Babylonien zu bezeichnen, insbesondere während der letzten babylon. Dynastie (626-539 v.Chr.).

C. steht für einen Halbnomadenstamm, der die Wüstenstriche zwischen Nordarabien und dem Persischen Golf (s. Hiob 1,17) einnahm. Dieser Stamm siedelte schon früh in diesem Gebiet, nahm »Ur in Chaldäa« ein (1Mo 11,28; Apg 7,4) und ist von den Aramäern zu unterscheiden. Die vorgeschlagene Ableitung von *Kesed* (1Mo 22,22) entbehrt einer sicheren Grundlage; doch könnte das hebr. Wort für C. *Kasdīm* eine vorassyr. Form darstellen. Mindestens vom 10.Jh.v.Chr. an bezeichnet das Land »Kaldu« in den assyr. Annalen das »Land am Meer« früherer Inschriften. Assurnasirpal II. (884-858 v.Chr.) unterschied dessen Bevölkerung von den nördlicheren Babyloniern. Adadnarari III. (811-781 v.Chr.) nennt verschiedene Chaldäerfürsten unter seinen Vasallen. Als Marduk-apla-iddina II. (»*Merodach-Baladan«), der Fürst des chaldäischen Distrikts Bit-Yakin, sich von 721-710 und von 703-702 v.Chr. des babylon.

Chaldäa: der Name eines Teils von Babylonien, später (etwa ab dem 8. bis 7. Jh. v.Chr.) bezeichnete man damit ganz Babylon.

Geflügelte Sphinxe (Cherubim?). Elfenbeinschnitzerei im phönizischen Stil, aus Nimrud (Kalach). Höhe 8,2 cm. 9. bis 8. Jh. v.Chr. (BM)

Thrones bemächtigte, suchte er im W Hilfe gegen Assyrien (Jes 39). Der Prophet Jesaja warnte Juda (wahrscheinlich nach der ersten Invasion durch Sargon, 711 v.Chr.) vor der Gefahr, die chaldäischen Rebellen zu unterstützen (Jes 23,13) und sah ihre Niederlage voraus (43,14). Weil Babylon zu dieser Zeit einen chaldäischen König hatte, wird »Chaldäer« als Synonym für »Babylonier« gebraucht (Jes 13,19; 47,1.5; 48,14.20); Hesekiel dehnte diese Bezeichnung später auf alle babylon. Gebiete aus (Hes 23,23).

Als Nabopolassar, ein chaldäischer Herrscher, 626 v.Chr. den babylon. Thron bestieg, gründete er eine Dynastie, die die C. berühmt machte. Unter seinen Nachfolgern waren *Nebukadnezar, Amel-Marduk (»*Evil-Merodach«), Nabonidus und *Belsazar, »König der Chaldäer« (Dan 5,30). Die robusten Südländer stellten in der babylon. Armee, die Juda angriff, große Kontingente (2Kön 24f).

Zur Zeit Daniels wurde der Name C. wieder für ganz Babylonien gebraucht (Dan 3,8); und *Darius der Meder regierte das »Reich der Chaldäer« (Dan 9,1). Die »Sprache der Chaldäer« (Dan 1,4) war vermutlich ein semit.-babylon. Dialekt. Die Bezeichnung »chaldäisch«, heute selten angewendet, wurde fälschlich für »aramäisch« gebraucht (Targume).

Das hohe Ansehen der Priesterschicht, die in Babylon und anderen Zentren die alten Traditionen der Astrologie und Philosophie in den klass. babylon. Sprachen pflegte, führte dazu, daß die Bezeichnung »Chaldäer« allg. für Priester, Astrologen und Gebildete verwendet wurde (Dan 2,10; 3,8; 4,4; 5,7.11).

Literatur: D.J. Wiseman: Chronicles of Chaldaean Kings, 1956; A.R. Millard: EvQ 49/1977, S. 69-71.

D.J.W.

CHARISMA s. Gaben des Geistes

CHENOBOSKION s. Nag Hammadi

CHERUBIM. Der Plural von *cherub*, einem Begriff, der im AT himmlische Wesen bezeichnet. Nach 1Mo wurden sie dazu bestimmt, den Baum des Lebens im Garten Eden zu bewachen (1Mo 3,24). Eine ähnliche symbolische Funktion hatten die goldenen Ch., die auf dem Deckel der Bundeslade (»*Gnadenstuhl«) angebracht waren (2Mo 25,18-22; vgl. Hebr 9,5). Sie wurden als Beschützer der heiligen Geräte, die die Bundeslade enthielt, angesehen, und mit ihren ausgestreckten Flügeln stellten sie die sichtbare Basis des unsichtbaren Thrones Gottes dar (s. 1Sam 4,4; 2Sam 6,2; 2Kön 19,15; Ps 80,2; 99,1 u.ö.). Nach Hes 1; 3; 10 wird der Wagenthron Gottes, durch Ch. emporgehoben, beweglich. Darstellungen dieser Flügelwesen waren eingewebt in die Vorhänge des Allerheiligsten und fanden sich als Schnitzerei an den Tempelwänden (2Mo 26,31; 2Chr 3,7).

Ch.figuren gehörten zum Schmuck des salomonischen Tempels (1Kön 6,26ff). Zwei davon, die aus Olivenholz geschnitzt und mit Gold überzogen waren, standen im inneren Heiligtum. Ihre Höhe betrug fünf Meter und die Spannweite ihrer Flügel fast genauso viel. Wenn sie nebeneinandergestellt wurden, bedeckten sie eine ganze Wand. Ein Fries mit Darstellungen von Ch. war ringsherum in die Mauer eingearbeitet. Ch. waren zusammen mit Tierfiguren auf den Schmuckplatten abgebildet, die den Sockel des großen Kupferbeckens bildeten (»ehernes *Meer«), das das rituelle Reinigungswasser enthielt.

An anderen atl. Stellen, insbesondere in den poetischen Büchern, tauchen sie als symbolische Darstellungen himmlischer Sturmwinde auf. So wird von Gott in 2Sam 22,11 (Ps 18,11) gesagt, daß er auf einem Cherub daherflog (ein Ausdruck, zu dem der darauf folgende Satz: »Er schwebte auf den Fittichen des Windes« eine Entsprechung bildet).

Das AT beschreibt weder das Aussehen noch die Eigenart der Ch. genauer. Sie werden allgemein als geflügelte Wesen mit Füßen und Händen dargestellt. In Hesekiels Vision des wiederhergestellten Jerusalem hatten die geschnitzten Ch. zwei Gesichter, das eines Menschen und das eines jungen Löwen (Hes 41,18f). Demgegenüber hatten die Ch., die er in der Vision von der Herrlichkeit Gottes gesehen hatte, vier Gesichter und vier Flügel (Hes 10,21; vgl. 1,6.10). Die Ch. standen in unveränderlich enger Verbindung zu Gott und hatten eine erhöhte, himmlische Stellung inne.

Durch archäologische Funde kennen wir alte Abbildungen, die Ch. darstellen könnten. Elfenbeintafeln aus Samaria zeigen eine Figur, die aus einem menschlichen Gesicht besteht, einem Tierkörper mit vier Beinen und zwei eindrucksvollen Flügeln. Ausgrabungen in der antiken phönizischen Stadt *Gebal (das griech. Byblos) haben geschnitzte Darstellungen von zwei ähnlichen Ch. zutage gebracht, die den Thron von König Achiram von Gebal stützen (der ca. 1000 v.Chr. regierte).

Symbolische Flügelwesen waren ein häufiger Bestandteil sowohl der Mythologie als auch der Architektur des Nahen Ostens. Abbildungen dieser Art waren im ägypt. Animismus ganz verbreitet, und in Mesopotamien wurden wichtige Gebäude von geflügelten Löwen und Stieren flankiert. Durch die Hetiter wurde der Vogel Greif bekannt, ein Wesen mit einem Löwenkörper, dem Kopf und den Flügeln eines Adlers und in seiner Gesamterscheinung einer Sphinx ähnelnd.

Literatur: B. Janowski: Sühne als Heilsgeschehen. Studien zur Sühnetheorie der Priesterschrift und zur Wurzel KPR im Alten Orient und im Alten Testament (WMANT 55), 1982, S. 281–294.339–354.

R.K.H.

CHISLEV s. Kalender

CHOR s. Musik

CHORAZIN. Vermutlich identisch mit dem *kerazīm* der Mischna (Bill. I 605), die dort Weizenanbau erwähnt. Ch. gehörte zu den Orten am Nordwestufer des Sees *Genezareth, auf die Jesus anfänglich sein Wirken konzentrierte. Der Weheruf über ihre ausgebliebene Umkehr (Mt 11,20-24; Lk 10,12-15) markiert das Ende seiner öffentlichen Verkündigung in *Galiläa (die sog. »galiläische Krise«).

Die Ruinenstätte *Chirbet keräze* in der Nähe einer guten Quelle liegt 3 km nordwestl. von *Kapernaum. Frühere und neue Ausgrabungen (Z. Yeivin) haben bisher nur geringe Reste des ntl. Ortes ans Licht gebracht, dafür aber umfangreiche Ruinen der jüd. Siedlung aus der Zeit zwischen dem 2. und 7.Jh.n.Chr. Laut Eusebius (Onom. 174,23) lag Ch. am Beginn des 4.Jh. zerstört da. Arabische Dörfer gab es dort vom 13. bis 15. und im 19. und 20.Jh. Die teilweise rekonstruierte Synagoge aus schwarzem Basalt gehört wahrscheinlich ins 4.Jh. In ihrer unmittelbaren Nähe fand man ein Ritualbad. Wichtige Einzelfunde sind der steinerne Ehrensitz der Synagoge, der sog. »Stuhl des Mose« (Mt 23,2 *kathedra Mōyseōs*), sowie ein Pfeiler, der offenbar zum Tora-Schrein (*Synagoge II) gehörte (Z. Yeivin, BARev 9/1, 1983, 75f).

Literatur: P. Kaswalder: Terre Sainte 3/1985, 118-120; C. Kopp: Die heiligen Stätten der Evangelien, [2]1964, 243-246; G. Kroll: Auf den Spuren Jesu, [10]1988, 235f; Z. Yeivin, N. Avigad: EAEHL I, 1975, 299-303; Z. Yeivin: Excavations and Surveys in Israel, 1/1982, 64-67; 3/1984, 66-71. R.R.

CHRISTEN. Das dreimalige Vorkommen des Wortes (Apg 11,26; 26,28; 1Petr 4,16) setzt voraus, daß es zur ntl. Zeit eine allgemein anerkannte Bezeichnung war. Man weiß aber, daß die Ch. selbst sich auch andere Namen gegeben haben und diese vielleicht sogar vorzogen.

1. Herkunft des Namens. Er scheint latein. Herkunft zu sein, wo Pluralendungen auf -iani die Soldaten eines bestimmten Generals bezeichnen können (z.B. »Galbiani«: Galbas Männer; Tacitus, hist. 1,51), von daher auch die Parteigänger einer einzelnen Person. Beide Elemente finden sich in dem halbmilitärischen »Augustiani« (s.u.). Spätestens am Ende des 1.Jh.n.Chr. wurde »Caesariani« gebraucht für Caesars Sklaven und Schutzbefohlene. In den Evv. treffen wir auf die »Herodianoi«, die Parteigänger oder Schutzbefohlene des Herodes gewesen sein können (*»Herodianer«).

Von daher könnte der Ausdruck »Christiani« (lat.) oder »Christianoi« (griech.) als »Soldaten Christi« (Souter) gemeint sein, oder als »zum Haushalt Christi gehörig« (Bickermann) oder aber als »Anhänger Christi« (Peterson). H. Mattingly hat einen originellen Beitrag zu Gunsten der letzteren Deutung geliefert. Er schlägt vor, daß »Christiani« eine witzige Anspielung auf »Augustiani« sein sollte, eine organisierte Gruppe von singenden Verehrern, die bei den öffentlichen Lobhudeleien für Nero Augustus mitwirkte. Durch diesen Vergleich würde sowohl der Enthusiasmus der Gläubigen als auch die lächerliche Huldigung der kaiserlichen Beifallsklatscher parodiert. Aber die Bezeichnung »Christ« kann sehr wohl älter sein als die Einrichtung der »Augustiani«.

2. Erste Belege. Lukas, der die dortige Ortsgemeinde sicher gut kannte, berichtet von dem ersten Gebrauch der Bezeichnung »Christen« in dem syr. Antiochia (Apg 11,26). Die lateinisierende Form widerspricht dem nicht. Der Kontext beschreibt Ereignisse der vierziger Jahre des 1.Jh.n.Chr. Peterson ist dafür eingetreten, daß durch die zeitweilige Verfolgung durch *Herodes Agrippa I. (Apg 12,1) der Name »Christian(o)i« als Parallele zu ihren Feinden, den »Herodian(o)i«, aufkam. Falls die Bezeichnung auf »Augustiani« zurückgeht, kann sie nicht vor 59 n.Chr. geprägt worden sein. Apg 11,26 würde in diesem Fall nichts über die Datierung des Begriffes aussagen. Es gibt jedoch gute Gründe, diese Stelle mit der besonderen Situation der antiochenischen Gemeinde in Verbindung zu bringen: Lukas stellt gerade Antiochia als erste Gemeinde dar, die einen bedeutenden heidenchristl. Anteil in ihren Reihen hatte. D.h. hier konnten Heiden zum ersten Mal erkennen, daß das Christentum etwas anderes war als eine jüd. Sekte. Eine entsprechende Bezeichnung für die Bekehrten wird nicht lange auf sich haben warten lassen.

Jedenfalls war der Ausdruck »Christen« in den sechziger Jahren bereits fest eingebürgert. Herodes Agrippa II. (Apg 26,28) gebraucht ihn gegenüber Paulus zweifellos ironisch (Mattingly: »Demnächst wirst du mich noch überreden, mich als *Christianus* anwerben zu

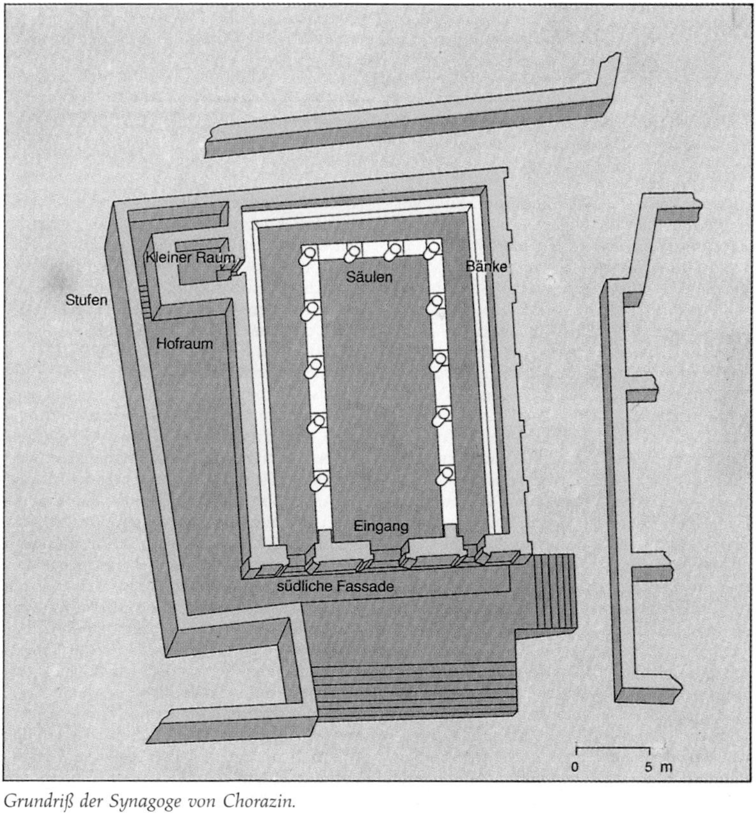

Grundriß der Synagoge von Chorazin.

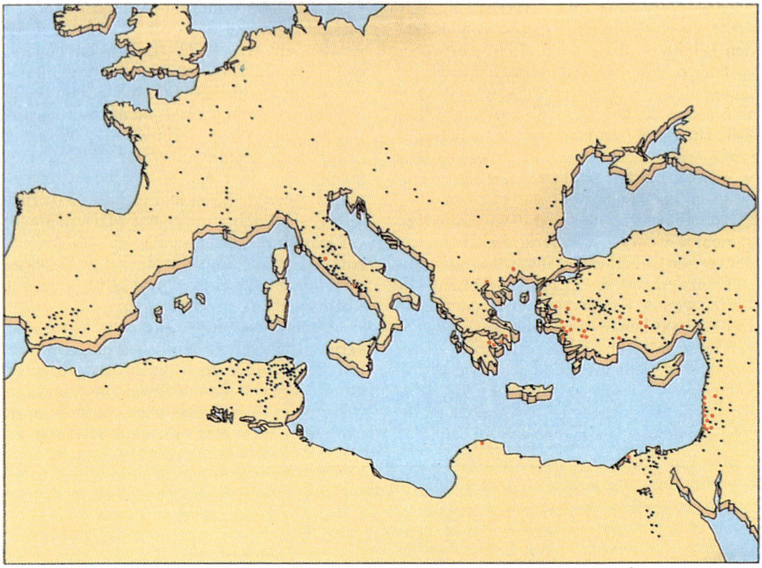

Christliche Gemeinden im 1. Jh. n.Chr. (rote Punkte) und vor der Verfolgung durch Diokletian im Jahre 304 n.Chr. (schwarze Punkte).

lassen«). Wahrscheinlich aus Rom, kurz vor der neronischen Verfolgung, ermahnte Petrus die »Auserwählten« in Kleinasien, daß niemand sich schämen soll, wenn er als Christ leiden muß (1Petr 4,16 – eine Gerichtsverhandlung muß damit nicht gemeint sein). Nach Tacitus (ann. 15,44) konstruierte Nero eine Anklage gegen eine Sekte, »die das Volk als Christen bezeichnete« (latein. *appellabat* – die Zeitform drückt etwas Übliches, Wiederkehrendes aus).

3. Der Ursprung des Namens. Der griech. Ausdruck *chrēmatisai* (LÜ: »wurden genannt«) in Apg 11,26 wird unterschiedlich gedeutet. Bickermann, der es mit »sie nannten sich selber« übersetzt, meint, daß »Christen« eine Wortschöpfung der antiochenischen Gemeinde war. Seine Übersetzung ist möglich, aber nicht zwingend, und es ist wahrscheinlicher, daß antiochenische Heiden das Wort prägten. Sicher ist, daß es an anderen Orten von Nichtchristen verwendet wurde: von Agrippa, den Anklägern in 1Petr und »dem Volk« bei Tacitus. Das Verb wird häufig übersetzt mit »wurden öffentlich genannt« (vgl. Röm 7,3), was sich auf die öffentliche Registrierung der neuen Sekte unter dem Namen »Christen« bezieht. (Die Registrierung würde erklären, warum es sich um eine latein. Bezeichnung handelt.) Aber das Verbum könnte auch freier gebraucht worden sein. Vielleicht will Lukas nicht mehr sagen, als daß der Name »Christen« eben in derjenigen Stadt öffentlich gebraucht wurde, wo ein spezieller Name für diese Gruppe notwendig geworden war. Von daher könnte er früh und allgemein geläufig gewesen sein.

4. Seine Verwendung in der Folgezeit. Falls »Christen« ursprünglich ein Spitzname war, wurde er dennoch, wie später z.B. »Methodisten« und »Pietisten«, von den so Titulierten selber angenommen. Wahrscheinlich wurden die Gläubigen in zunehmendem Maße gefragt: »Bist du ein Christ?«. Es war im Grunde keine Schande, dieses Wort, das als Schimpfwort gedacht war, zu akzeptieren, weil es ja den Namen des Erlösers enthielt (1Petr 4,16). In gewisser Weise war es sogar sehr passend. Es lenkte die Aufmerksamkeit auf das Eigentümliche dieser neuen Religion, deren Mittelpunkt ja in der Person Christi lag. Der Name »Christos« war für die meisten Heiden unverständlich. Sie verwechselten ihn manchmal mit dem geläufigeren Namen »Chrestos«, was »nützlich«, »gut« oder »freundlich« heißt. Dieser positive Gleichklang mag die Annahme des Namens erleichtert haben.

So wird das Wort »Christen« schon in der Literatur des frühen 2.Jh. von dem christl. Bischof Ignatius von Antiochia (*Apostolische Väter) und von dem heidnischen Statthalter Plinius (in dem Gebiet, an das der 1Petr gerichtet war) mit einer gewissen Selbstverständlichkeit gebraucht.

Literatur: Th. Zahn: Einleitung in das NT II, ³1907, S. 35f.41-43; E. Peterson: Frühkirche, Judentum und Gnosis, 1959, S. 64-87; E.I. Bickermann: HThR 42/ 1949, S. 109ff; H.B. Mattingly: JThS n.s. 9/1958, S. 26ff. A.F.W.

CHRISTUS s. Jesus Christus

CHRONIK.

1. Bei der Ch. der Könige von Medien und Persien (Est 10,2) handelt es sich um die laufenden Geschichtsaufzeichnungen (Annalen), die amtlich angelegt wurden (Esr 4,15; Est 2,23; 6,1).

2. Das gleiche kann bei den Ch. Davids (1Chr 27,24), Salomos (1Kön 11,41), der Könige Judas (1Kön 14,29; 15,7; 2Kön 8,23 u.ö.) und Israels (1Kön 14,19; 15,31; 2Kön 1,18 u.ö.) der Fall sein, man hat aber auch halb- oder nichtamtliche Geschichtswerke darunter vermutet. Neh 12,23 wird eine Ch. genannt, die die levitischen Geschlechtsregister enthält.

CHRONIKBÜCHER.

I. INHALT. Die Ch. erzählen die Geschichte Israels bis zur Rückkehr aus dem Exil. Sie konzentrieren sich auf bedeutsame Ereignisse, die das rel. Leben betreffen.

1. Einleitung (1Chr 1-9): Genealogien, die den Stammbaum mit Adam beginnen lassen; sie gehen über die Patriarchen (1-2,2) zum Stamm Juda (einschließlich seiner Königslinie) (2,3-4,23) und den anderen Stämmen (4,24-8,40) bis hin zu den aus dem Exil Zurückgekehrten (9).

2. Die Taten Davids (1Chr 10-29): Seine Machtübernahme (10-12), sein Transport der Bundeslade nach Jerusalem und sein Plan eines ortsfesten Tempels (13-17), seine militärischen Erfolge (18-20) und seine Vorkehrungen zum Bau des Tempels (21-29).

3. Die Taten Salomos (2Chr 1-9): Bau und Einweihung des Tempels und seine weiteren Leistungen.

4. Die Geschichte Judas von der Empörung der Nordstämme bis zum Exil (2Chr 10-36): Der Bericht über das Südreich geht von Regierung zu Regierung, wobei besonderer Nachdruck auf die rel. Reformen Hiskias und Josias gelegt wird. Der Schluß (36,22f) leitet bereits die Rückkehr aus dem Exil ein.

II. HERKUNFT. Der Talmud (Baba Bathra 15a) schreibt die Ch. Esra zu. Wie die meisten atl. Bücher nennen die Ch. selbst jedoch keinen Verfasser, und Rückschlüsse auf den Autor sind ebenfalls nicht möglich. Das besondere Interesse des Buches an den Leviten wurde als Hinweis auf seinen Ursprung in dieser Gruppe gewertet. Das ist aber nicht zwingend.

Die Datierung dagegen läßt sich präziser fassen. Das letzte berichtete Ereignis ist die Rückkehr aus dem Exil (2Chr 36,22f). Von daher könnten die Ch. kurz danach in Jerusalem geschrieben worden sein. Andererseits scheint die Liste der Nachkommen Jechonjas/ Jojachins (1Chr 3,17-24) sechs Generationen nach dem Exil zu umfassen. Dies führt auf ca. 400 v.Chr. als Zeitpunkt, zu dem das Buch frühestens abgeschlossen sein konnte. Es ist jedoch möglich, daß die Genealogien später ergänzt worden sind und der grundlegende Teil der Arbeit in eine Zeitperiode kurz nach dem Exil gehört. Da es keine sicheren Hinweise auf die griech. Periode gibt, dürften der Beginn und das Ende des persischen Reiches (537-331 v.Chr.) die Grenzen darstellen, innerhalb derer die Ch. entstanden sind.

Der Erzählfaden der Ch. wird im Buch Esra fortgesetzt. Ihre abschließenden Verse sind fast identisch mit den Eingangsversen von Esra. Von daher wird allgemein angenommen, daß Esra 1-6 die ursprüngliche Fortsetzung der Ch. ist. Es könnte aber auch sein, daß ein späterer Verfasser eine solche Verbindung herstellen wollte.

III. LITERARISCHE BESONDERHEITEN. Der Hauptteil des Werkes, 1Chr 10-2Chr 36, stellt eine stellenweise wörtlich übereinstimmende Parallele zu 1Sam 31-2Kön 25 dar. Das könnte ein Hinweis darauf sein, daß die Ch. und 1/2Sam/1/2Kön unabhängig voneinander ein früheres, verlorengegangenes Werk benutzten. Wahrscheinlicher ist es jedoch, daß 1/2Sam/1/2Kön selber die Hauptquelle für die Ch. darstellten. So können die Ch. im Prinzip als überarbeitete Neuausgabe des früheren Werkes angesehen werden. (Die »Chroniken«, die in den Königsbüchern zitiert werden – z.B. 2Kön 20,20 – sind frühere Königsannalen und nicht die bibl. Ch.; vgl. *Chronik).

Die Ch. haben jedoch offenbar eine andere Ausgabe von 1/2Sam/1/2Kön benutzt, als die, die in der hebr. Bibel erscheint. Dies macht es schwierig, mit Sicherheit die Stellen zu erkennen, an denen sie von 1/2Sam/1/2Kön abweichen (W.E. Lemke in: HThR 58/ 1965, S. 349-363). Offensichtlich wurde in manchen Fällen früheres Material wortgetreu übernommen (z.B. in 1Chr 19), in anderen Fällen abgewandelt (z.B. in 1Chr 21) oder aber durch einen neuen Wortlaut ersetzt (z.B. in 2Chr 24). Manchmal wurden umfangreiche Passagen ausgelassen (z.B. die das Königtum des Nordreiches betreffenden) und andere Informationen eingefügt (z.B. Davids Vorkehrungen für den Tempelbau). Altes und neues Material wurde zu längeren Abschnitten geformt, die die theologische bzw. historische Situation einer bestimmten Zeit darlegen (z.B. die Regierung Hiskias), und in einen neuen Rahmen eingebunden. Den neuen Gesamtrahmen bildet die Geschichte des Handelns Gottes mit seinem Volk von der Schöpfung an bis zur Rückkehr aus dem Exil.

Diese Verfahrensweise zeigt, daß der Chronist 1/2Sam/1/2Kön als autoritativen rel. Text respektierte, den er auf seine eigene Zeit anwenden wollte. Man hat ihn deshalb als Exegeten des älteren Werkes bezeichnet und seine Schrift als interpretierenden Midrasch. Andererseits wollte der Autor aber eine eigene Botschaft von Gott bringen, die ihre Anwendung auf die Menschen seiner Tage finden sollte. Dieses Anliegen führte ihn zu einer umfassenden Umarbeitung seines Textes. Er läßt weg, was für seine Zeit irrelevant ist, fügt Material ein, was neuerlich wichtig geworden ist, und verändert, was in seiner Zeit mißverständlich sein mußte.

Die Ch. sind zu Unrecht als gegenüber 1/2Sam/1/2Kön dürftigere Geschichtsschreibung bezeichnet worden. Ihre stärkere Berücksichtigung rel. Angelegenheiten gegenüber politischen läßt sie noch weniger dem Ideal eines modernen Historikers entsprechen als z.B. 1/2Sam/1/2Kön. Einige Abweichungen von 1/2Sam/1/2Kön werfen historische Probleme auf: finanzielle und militärische Zahlenangaben scheinen z.T. stark überhöht. Dies könnte die antike Umschreibung einer Inflation sein. Überwiegend werden jedoch Textverderbnis oder Mißverständnisse vermutet (s. R.K. Harrison: Introduction to the OT, 1970, S. 1163-1165). Rel. Bräuche wie etwa die Opferhandlungen werden so dargestellt, daß sie eindeutig dem mosaischen Gesetz und den Sitten zur Zeit des Verfassers entsprechen. Hier ähnelt der Autor einem Künstler, der die Menschen früherer Zeiten im Gewand seiner eigenen Zeit zeichnet. Diese Besonderheiten haben dazu geführt, daß man das Sondergut der Ch., das nicht mit 1/2Sam/1/2Kön übereinstimmt, kritisch hinterfragt. Aber dort, wo der Stoff (etwa durch archäologische Funde) überprüfbar ist, scheint er durchaus von historischem Wert zu sein.

IV. SCHWERPUNKTE.

In der Auswahl und Darbietung ihres Inhaltes setzen die Ch. ihre besonderen Schwerpunkte. Sie haben ein spezielles Interesse an gewissenhaftem Gottesdienst, Reinheit und Glaubensgehorsam (s. J.E. Goldingay: »Biblical Theology Bulletin« 5/1975, S. 99-126).

1. Gewissenhafter Gottesdienst. Ein Vergleich zwischen 1/2Sam/1/2Kön und den Ch. über die Regierung von David und Salomo zeigt, daß die Ch. nicht so sehr an deren politischen oder militärischen Leistungen interessiert sind. Sie erscheinen vielmehr als die Gründer des Tempelgottesdienstes, der den Mittelpunkt der Gottesherrschaft auf Erden darstellt. Ähnlich konzentriert sich der Dienst der Propheten, wie sie in den Ch. vorgestellt werden, auf den wahren Gottesdienst und auf ihre Beziehungen zum Tempel; und der Dienst der Leviten besteht in dem großen Privileg, die Tempelgottesdienste zu leiten; natürlich erfüllen die Priester auch ihre Aufgaben im Opferwesen des Tempels. Die Ch. erwähnen mehrfach, daß das Gesetz in Bezug auf die Durchführung des Gottesdienstes genau gehalten wurde.

2. Reinheit. Für die eingehende Schilderung der Person Davids in den Ch. gibt es einen weiteren Grund. Die Ch. vertreten die Überzeugung, daß Juda, Davids Stamm, das wahre Israel ist. Gott erwählte Juda als Anführer der Stämme (das kommt durch seine besondere Stellung in den Genealogien zum Ausdruck) und erkor David aus Juda zur Königsherrschaft über Israel. In Judas Hauptstadt wurde der Tempel errichtet und der Gottesdienst für Jahwe in richtiger Form gefeiert. Durch ihre Auflehnung haben sich die Nordstämme selber aus der Sphäre der Gnade Gottes und seines Handelns ausgeschlossen. Der Herr ist nicht mit ihnen. Juda sollte sich von ihnen distanzieren – jedoch nur solange, wie sie in ihrer Auflehnung verharrten. Die Tür zur Umkehr stand für sie jederzeit offen. Sie werden daher in den Genealogien, den Namenslisten des vollständigen Reiches Gottes, immer noch genannt.

3. Glaubensgehorsam. Viele der Berichte, die der Autor dem Erzählrahmen des 1/2Sam/1/2Kön-Werkes hinzufügt, betonen die Macht Gottes. Gottes Volk ist aufgerufen, in den Krisen, die über es hereinbrechen, an diese Macht zu glauben. Zahlreiche Ergänzungen zu 1/2Sam/1/2Kön wollen die Gerechtigkeit Gottes, die sich in der Geschichte seines Volkes wirksam erweist, hervorheben. Diejenigen, die Gott vertrauen (bzw. die sich von ihrer Sünde abkehren) erfahren Segen, während Unheil diejenigen trifft, die sich von Gott abwenden (s. die Darstellung von Rehabeam, Joasch, Manasse und Josia).

V. KONTEXT UND BEDEUTUNG IHRER GEDANKENWELT.

Die Ch. gehören zu den späteren atl. Büchern. Sie zeigen sich mit vielen Teilen des AT vertraut. Ihre Genealogien sind abhängig von 1Mo, Jos usw. Ihre Kernstücke sind, wie wir gezeigt haben, im wesentlichen dem 1/2Sam/1/2Kön-Werk entnommen. Die Ch. spiegeln sowohl Stil und Denkweise von 5Mo wider als auch die besonderen Akzentsetzungen der »priesterlichen« Gesetze in 3Mo. Häufig wird aus dem bibl. Psalter zitiert. Die Lehrpredigten, die die Ch. enthalten, nehmen oft Formulierungen der Propheten auf (vgl. G. von Rad: »Die levitische Predigt in den Büchern der Chronik« in: Gesammelte Studien zum AT, [4]1971, S. 248-261).

Die Chronikbücher repräsentieren eine wichtige nachexilische Denkrichtung, aber natürlich nicht die einzige. Ihr Blickwinkel muß verglichen werden mit der Weisheitstradition und ihren tiefgründigen Fragen oder der prophetischen bzw. apokalyptischen Anschauung mit ihrer endzeitlichen Orientierung. Der Gegensatz zu diesen Richtungen sollte nicht überbetont werden, aber es gibt doch Unterschiede in der Akzentuierung. Der Beitrag der Ch. besteht in der Aussage, daß nicht alle Dinge rätselhaft sind. Gott hat sich auch nicht aus der Geschichte zurückgezogen, um zu irgendeinem künftigen Zeitpunkt wieder in sie einzubrechen. Er kann vielmehr erfahren werden im Tempel und im Gottesdienst. Man soll ihm vertrauen und ihm gehorsam sein im täglichen Leben. Dazu verhilft die zuversichtliche Hoffnung, daß seine gnädige Herrschaft in der Volksgemeinschaft erfahren wird. Gegenüber den Kreisen, die nur allzu geneigt waren, sich dem Heidentum ringsumher anzupassen, oder denen, die streng auf der Absonderung von jedem bestanden, der nicht reinsten jüd. Blutes war, fordern die Ch. dazu auf, auf den Wegen Jahwes zu bleiben, sind zugleich aber auch offen gegenüber denen, die bereit sind, sich dieser Verpflichtung ebenfalls zu unterstellen.

Literatur: B.S. Childs: Introduction to the OT as Scripture, 1979, S. 639-655; H. Gese: Zur Geschichte der Kultsänger am zweiten Tempel, in: ders.: Vom Sinai zum Zion (BEvTh 64), 1974, S. 147-158; J. Goldingay: The Chronicler as a Theologian, BT.B 5/1975, S. 99-126; G. von Rad: Das Geschichtsbild des chronistischen Werkes (BWANT 54), 1930; ders.: Die levitische Predigt in den Büchern der Chronik, in: ders.: Gesammelte Studien zum AT (TB 8), [4]1971, S. 248-260; P. Welten: Geschichte und Geschichtsdarstellung in den Chronikbüchern (WMANT 42), 1973; ders.: Die Chronikbücher (ATD), erscheint voraussichtl. 1988. J.E.G.

CHRONOLOGIE DES ALTEN TESTAMENTS.

Ziel der Chronologie ist es, die Daten von Ereignissen und Personen des AT so genau wie möglich zu bestimmen. Sie bedeutet eine Hilfe zum besseren Verständnis des AT.

I. QUELLEN UND METHODEN DER CHRONOLOGIE.

1. Die ältere Methode.

Noch bis zum Anfang des 19.Jh. wurden atl. Daten fast gänzlich nach bibl. Aussagen errechnet. Diesem Vorgehen stehen jedoch zwei Schwierigkeiten entgegen. Erstens liefert das AT nicht alle notwendigen Details, um feststellen zu können, ob bestimmte Ereignisabläufe eher gleichzeitig oder aufeinander folgend stattfanden. Zweitens weisen alte Übersetzungen, z.B. die LXX, streckenweise erhebliche Varianten auf. Tatbestände dieser Art verursachen eine erhebliche Unsicherheit.

2. Zeitgenössische Methoden.

Moderne Forschung versucht Daten, die sie in der Bibel findet, mit solchen aus archäologischen Quellen in Beziehung zu setzen, um so absolute Daten über die Hebräer und ihre Nachbarn zu erhalten. Von der Zeit um 620 v.Chr. an bieten der Kanon des Ptolemaios und andere klass. Quellen (z.B. Manetho, Berossus) für Äypten und Mesopotamien ein Rahmenwerk, das in seinen Details durch zeitgenössische babylon. Tafeln und ägypt. Papyri ergänzt und verbessert werden kann. Die Irrtumsspanne beträgt oft weniger als ein Jahr, in manchen Fällen nur eine Woche oder besteht gar nicht mehr.

Von etwa 1400 v.Chr. an aufwärts existieren gute Datierungen, die sich auf mesopotamische Daten gründen. Die Assyrer ernannten jedes Jahr einen Beamten zum *limmu* oder Eponym, dessen Name auf sein jeweiliges Dienstjahr übertragen wurde. Sie führten Listen mit diesen Namen und schrieben häufig Ereignisse zu den Jahren auf, z.B. die Thronbesteigung eines Königs oder eine Schlacht im Ausland. Wenn also auch nur ein Jahr errechnet werden kann, steht damit die ganze Reihe fest. Die Sonnenfinsternis im Jahr des Eponyms *Bur-Sagale* fand am 15. Juni 763 v.Chr. statt, so daß daran eine ganze Reihe von Jahren und Ereignissen von 892 bis 648 v.Chr. anhand von Material, das bis ins Jahr 911 v.Chr. reicht, festgemacht werden kann. Neben diesen *limmu*-Listen existieren Königslisten mit Namen und Regierungszeiten,

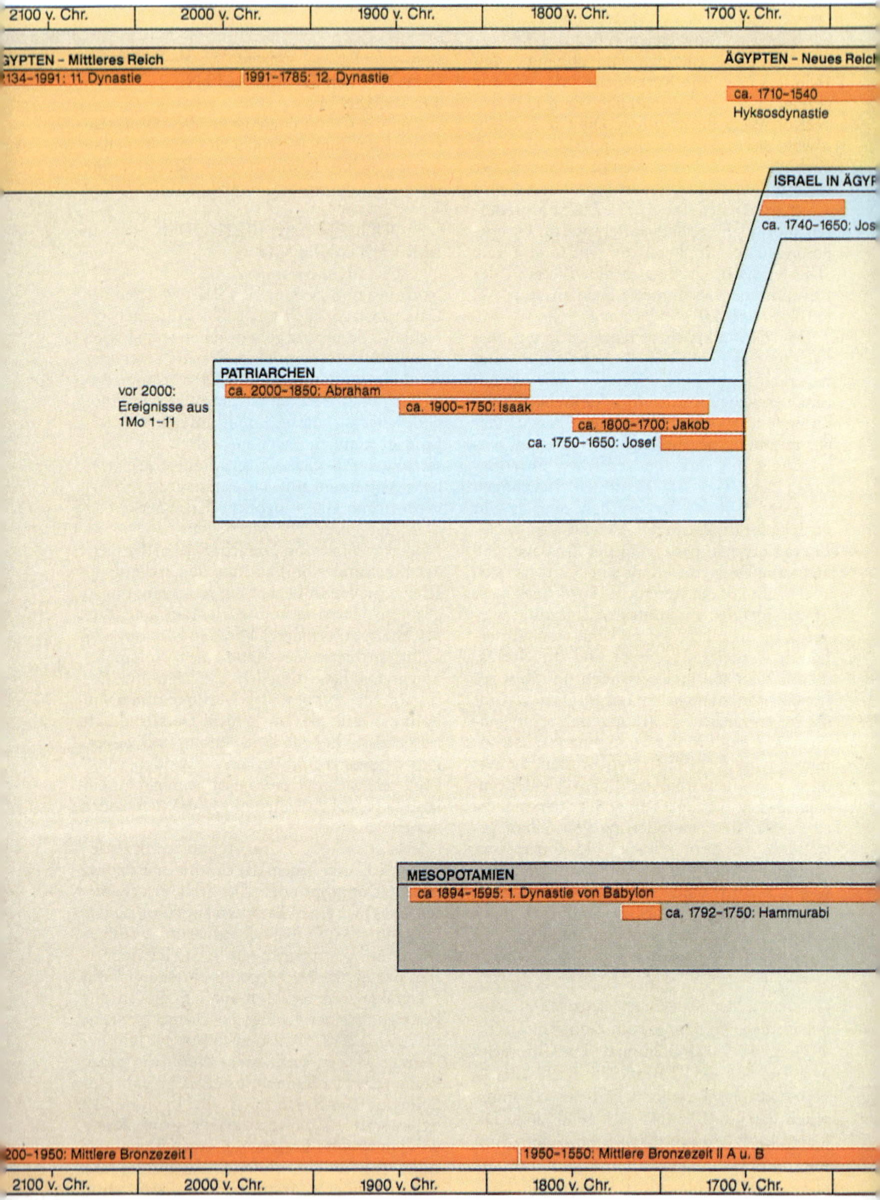
2100 v. Chr.
2000 v. Chr.
1900 v. Chr.
1800 v. Chr.
1700 v. Chr.
ÄGYPTEN - Mittleres Reich
2134-1991: 11. Dynastie
1991-1785: 12. Dynastie
ÄGYPTEN - Neues Reich
ca. 1710-1540
Hyksosdynastie
ISRAEL IN ÄGYP
ca. 1740-1650: Jos
vor 2000:
Ereignisse aus
1Mo 1-11
PATRIARCHEN
ca. 2000-1850: Abraham
ca. 1900-1750: Isaak
ca. 1800-1700: Jakob
ca. 1750-1650: Josef
MESOPOTAMIEN
ca 1894-1595: 1. Dynastie von Babylon
ca. 1792-1750: Hammurabi
200-1950: Mittlere Bronzezeit I
1950-1550: Mittlere Bronzezeit II A u. B
2100 v. Chr.
2000 v. Chr.
1900 v. Chr.
1800 v. Chr.
1700 v. Chr.

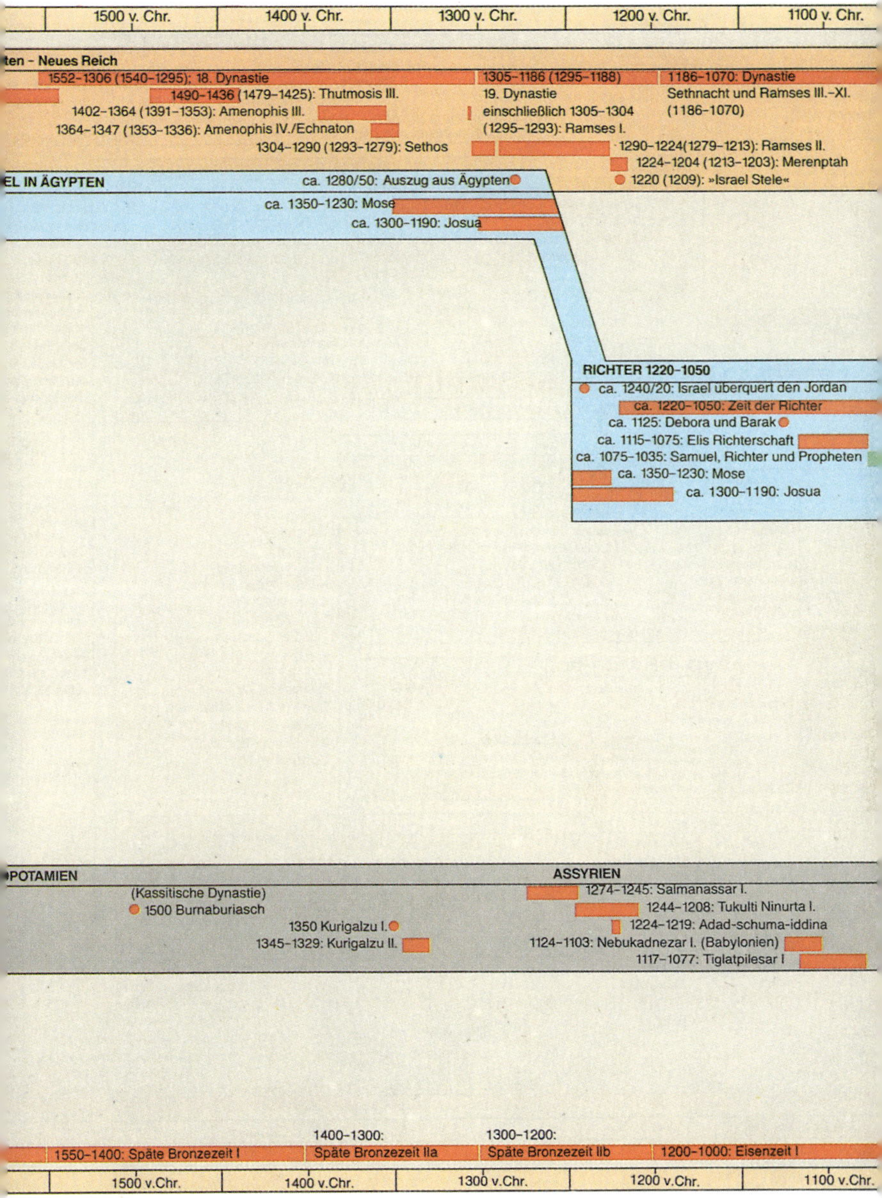
1500 v. Chr.
1400 v. Chr.
1300 v. Chr.
1200 v. Chr.
1100 v. Chr.
ten – Neues Reich
1552–1306 (1540–1295): 18. Dynastie
1305–1186 (1295–1188)
1186–1070: Dynastie
1490–1436 (1479–1425): Thutmosis III.
19. Dynastie
Sethnacht und Ramses III.–XI.
1402–1364 (1391–1353): Amenophis III.
einschließlich 1305–1304
(1186–1070)
1364–1347 (1353–1336): Amenophis IV./Echnaton
(1295–1293): Ramses I.
1304–1290 (1293–1279): Sethos
1290–1224(1279–1213): Ramses II.
1224–1204 (1213–1203): Merenptah
1220 (1209): »Israel Stele«
EL IN ÄGYPTEN
ca. 1280/50: Auszug aus Ägypten
ca. 1350–1230: Mose
ca. 1300–1190: Josua
RICHTER 1220–1050
ca. 1240/20: Israel überquert den Jordan
ca. 1220–1050: Zeit der Richter
ca. 1125: Debora und Barak
ca. 1115–1075: Elis Richterschaft
ca. 1075–1035: Samuel, Richter und Propheten
ca. 1350–1230: Mose
ca. 1300–1190: Josua
POTAMIEN
(Kassitische Dynastie)
1500 Burnaburiasch
1350 Kurigalzu I.
1345–1329: Kurigalzu II.
ASSYRIEN
1274–1245: Salmanassar I.
1244–1208: Tukulti Ninurta I.
1224–1219: Adad-schuma-iddina
1124–1103: Nebukadnezar I. (Babylonien)
1117–1077: Tiglatpilesar I
1550–1400: Späte Bronzezeit I
1400–1300: Späte Bronzezeit IIa
1300–1200: Späte Bronzezeit IIb
1200–1000: Eisenzeit I
1500 v.Chr.
1400 v.Chr.
1300 v.Chr.
1200 v.Chr.
1100 v.Chr.

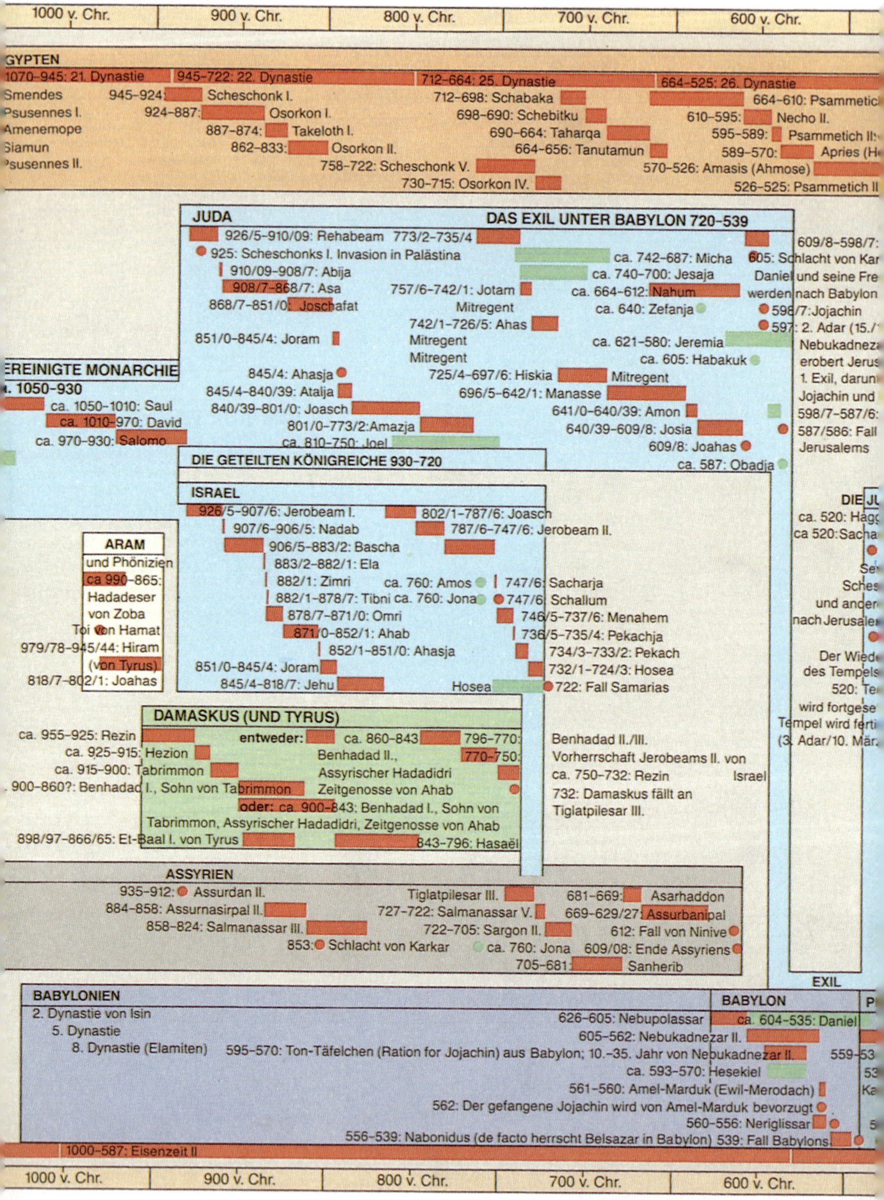
1000 v. Chr.
900 v. Chr.
800 v. Chr.
700 v. Chr.
600 v. Chr.
GYPTEN
1070–945: 21. Dynastie
945–722: 22. Dynastie
712–664: 25. Dynastie
664–525: 26. Dynastie
Smendes
Psusennes I.
Amenemope
Siamun
Psusennes II.
945–924: Scheschonk I.
924–887: Osorkon I.
887–874: Takeloth I.
862–833: Osorkon II.
758–722: Scheschonk V.
730–715: Osorkon IV.
712–698: Schabaka
698–690: Schebitku
690–664: Taharqa
664–656: Tanutamun
664–610: Psammetic
610–595: Necho II.
595–589: Psammetich II.
589–570: Apries (H
570–526: Amasis (Ahmose)
526–525: Psammetich II
JUDA
DAS EXIL UNTER BABYLON 720–539
926/5–910/09: Rehabeam
773/2–735/4
925: Scheschonks I. Invasion in Palästina
910/09–908/7: Abija
908/7–868/7: Asa
868/7–851/0: Joschafat
851/0–845/4: Joram
845/4: Ahasja
845/4–840/39: Atalja
840/39–801/0: Joasch
801/0–773/2:Amazja
ca. 810–750: Joel
757/6–742/1: Jotam
Mitregent
742/1–726/5: Ahas
Mitregent
Mitregent
725/4–697/6: Hiskia
Mitregent
696/5–642/1: Manasse
641/0–640/39: Amon
640/39–609/8: Josia
609/8: Joahas
ca. 587: Obadja
ca. 742–687: Micha
ca. 740–700: Jesaja
ca. 664–612: Nahum
ca. 640: Zefanja
ca. 621–580: Jeremia
ca. 605: Habakuk
609/8–598/7:
605: Schlacht von Kar
Daniel und seine Fre
werden nach Babylon
598/7: Jojachin
597: 2. Adar (15./
Nebukadnez
erobert Jerus
1. Exil, darun
Jojachin und
598/7–587/6:
587/586: Fall
Jerusalems
VEREINIGTE MONARCHIE
ca. 1050–930
ca. 1050–1010: Saul
ca. 1010–970: David
ca. 970–930: Salomo
DIE GETEILTEN KÖNIGREICHE 930–720
ISRAEL
926/5–907/6: Jerobeam I.
907/6–906/5: Nadab
906/5–883/2: Bascha
883/2–882/1: Ela
882/1: Zimri
882/1–878/7: Tibni
878/7–871/0: Omri
871/0–852/1: Ahab
852/1–851/0: Ahasja
851/0–845/4: Joram
845/4–818/7: Jehu
ca. 760: Amos
ca. 760: Jona
802/1–787/6: Joasch
787/6–747/6: Jerobeam II.
747/6: Sacharja
747/6: Schallum
746/5–737/6: Menahem
736/5–735/4: Pekachja
734/3–733/2: Pekach
732/1–724/3: Hosea
Hosea
722: Fall Samarias
ARAM
und Phönizien
ca 990–865:
Hadadeser
von Zoba
Toi von Hamat
979/78–945/44: Hiram
(von Tyrus)
818/7–802/1: Joahas
DIE JU
ca. 520: Hagg
ca 520: Sachar
Sch
Sches
und ander
nach Jerusale
Der Wied
des Tempels
520: Te
wird fortgese
Tempel wird ferti
(3. Adar/10. Mär
DAMASKUS (UND TYRUS)
ca. 955–925: Rezin
ca. 925–915: Hezion
ca. 915–900: Tabrimmon
900–860?: Benhadad I., Sohn von Tabrimmon
entweder:
ca. 860–843
Benhadad II.,
Assyrischer Hadadidri
Zeitgenosse von Ahab
oder: ca. 900–843: Benhadad I., Sohn von
Tabrimmon, Assyrischer Hadadidri, Zeitgenosse von Ahab
898/97–866/65: Et-Baal I. von Tyrus
843–796: Hasaël
796–770:
770–750:
Benhadad II./III.
Vorherrschaft Jerobeams II. von Israel
ca. 750–732: Rezin
732: Damaskus fällt an
Tiglatpilesar III.
ASSYRIEN
935–912: Assurdan II.
884–858: Assurnasirpal II.
858–824: Salmanassar III.
853: Schlacht von Karkar
Tiglatpilesar III.
727–722: Salmanassar V.
722–705: Sargon II.
ca. 760: Jona
705–681: Sanherib
681–669: Asarhaddon
669–629/27: Assurbanipal
612: Fall von Ninive
609/08: Ende Assyriens
EXIL
BABYLONIEN
2. Dynastie von Isin
5. Dynastie
8. Dynastie (Elamiten)
626–605: Nebupolassar
BABYLON
ca. 604–535: Daniel
605–562: Nebukadnezar II.
595–570: Ton-Täfelchen (Ration for Jojachin) aus Babylon; 10.–35. Jahr von Nebukadnezar II.
ca. 593–570: Hesekiel
561–560: Amel-Marduk (Ewil-Merodach)
562: Der gefangene Jojachin wird von Amel-Marduk bevorzugt
560–556: Neriglissar
556–539: Nabonidus (de facto herrscht Belsazar in Babylon) 539: Fall Babylons
559–53
53
Ka
P
1000–587: Eisenzeit II

400 v.Chr. | 300 v.Chr. | 200 v.Chr. | 100 v.Chr.

ÄGYPTEN

305–282: Ptolemäus I. Soter
320: Judäa wird von Ptolemäus I. annektiert
285/2–246: Ptolemäus II. Philadelphus
246–222: Ptolemäus III. Euergetes
222–204: Ptolemäus IV. Philopator
204–180: Ptolemäus V. Epiphanes
198: Palästina gerät aus ägyptischer Oberhoheit unter syrische bis 63

EXIL UNTER PERSISCHER HERRSCHAFT 539–331

DIE ZEIT ZWISCHEN DEN TESTAMENTEN
MAZEDONISCHE HERRSCHAFT 331–320
ÄGYPTISCHE HERRSCHAFT 320–198
SELEUKIDISCHE HERRSCHAFT UND MAKKABÄER 198–63
RÖMISCHE HERRSCHAFT 63–

ca. 460 Maleachi
458: Esra kommt nach Jerusalem
445–433: Nehemia in Jerusalem

167–40: Makkabäer/Hasmonäer in Judäa
167: Mattathias zettelt einen Aufstand in Modin an
166–160: Judas Makkabäus
160–143: Jonatan Makkabäus
142–134: Simon Makkabäus
134–104: Johannes I. Hyrkanus
104: Aristobul I.
103–77: Alexander Jannäus
76–67: Salome Alexandra und Hyrkanus II.
67–63: Aristobul II.
63: Römische Besetzung durch Pompejus
40: Herodes wird von Rom zum König Judäas ernannt
37–4: Herodes der Große
150–70 n.Chr.: Zeit der Entstehung der Schriftrollen vom Toten Mee

ca. 7: Geburt Johannes des Täufer
ca. 7: Geburt Jesu Chris

SYRIEN

312–281: Seleukos I. Nikator
281–261: Antiochus I. Soter
261–246: Antiochus II. Theos
246–225: Seleukos II.
225–223: Seleukos III. Soter
223–187: Antiochus III. der Große
187–175: Seleukos IV.
175–164: Antiochus IV. Epiphanes
164–162: Antiochus V.
162–150: Demetrius I.
138–129: Antiochus VII. Sidetes

SCHES REICH

465: Xerxes I. (Ahasveros)
464–424: Artaxerxes I.
424–404: Darius II. Nothus
404–358: Artaxerxes II. Mnemon
38: Artaxerxes III. Ochus
337–336: Arses
336–331: Darius III. Codomanus
331–323: Alexander der Große
30: Eisenzeit III

400 v.Chr. | 300 v.Chr. | 200 v.Chr. | 100 v.Chr.

durch die die assyr. Geschichte bis etwa 2000 v.Chr. zurück verfolgt werden kann, in dieser Zeit mit Irrtumsspannen von maximal einem Jh., die sich aber zwischen 1400 und 1100 v.Chr. bis auf ein Jahrzehnt annähern. Babylon. Königslisten und Geschichten aus der gleichen Zeit, die von Kontakten zwischen assyr. und babylon. Königen berichten, helfen, die Geschichte der beiden Königreiche zwischen 1400 und 800 v.Chr. festzustellen. Schließlich bieten vereinzelte Informationen aus Tafeln und Annalen verschiedener Regierungszeiten für einige Perioden ein Zeugnis aus erster Hand.

Von etwa 1200 v.Chr. bis zurück um 2100 v.Chr. sind aus ägypt. Quellen gute Daten zu gewinnen. Dazu gehören Königslisten, Jahresdaten auf Monumenten, Berichte über die Kontrolle Mesopotamiens und anderer Orte sowie Aussagen über astronomische Erscheinungen, die exakt in eine bestimmte Regierungszeit datiert sind. So können die 11. und 12. Dynastie von 2134-1785 v.Chr. datiert werden, mit einer größtmöglichen Irrtumsspanne von 10 Jahren. Dazwischen liegen die 13. – 17. Dynastie, die bis auf eine Abweichung von höchstens 15 bis 20 Jahren errechnet werden können. Mesopotamische Daten zwischen 2000 und 1500 v.Chr. hängen meist von der Datierung des *Hammurabi von Babylon ab. Gegenwärtig variiert diese zwischen 1850 und 1680 v.Chr. Zwischen 3000 und 2000 v.Chr. geben alle Datierungen aus dem Nahen Osten Anlaß zu großer Unsicherheit; da sie häufig ungenau mit späteren Datierungen verbunden werden, irren sie oft um 2 Jh. Vor 3000 v.Chr. sind alle Daten lediglich vernünftige Schätzwerte mit einer Irrtumsspanne von mehreren Jh., die mit der zeitlichen Entfernung noch wächst. Die »Carbon 14«-Methode zur Berechnung des Alters antiker organischer Stoffe leistet gute Dienste für die Zeit vor 3000 v.Chr. Solche Daten weisen eine Irrtumsspanne von ca. 250 Jahren auf. So ist diese Methode für eine bibl. Chronologie wenig brauchbar; wegen der mit ihr verbundenen Fehlerquote müssen »C 14«-Datierungen stets mit Vorsicht betrachtet werden.

Ein solches Datenraster für Mesopotamien und *Ägypten hilft, die Daten von Ausgrabungen in Palästina und von Ereignissen und Personen der Bibel festzulegen. Ebenso zeigt die Geschichte des hebr. Königtums Querverbindungen mit *Assyrien und *Babylonien. Aufeinander folgende Schichten menschlicher Ansiedlungen wurden in den Stadthügeln (Tells) des alten Palästina entdeckt. Sie enthalten oft datierbare Gegenstände, durch die die Reihenfolge der Schichten auf Daten aus der ägypt. Geschichte bis ins 12.Jh.v.Chr. bezogen werden kann. Wichtig ist dabei vor allem die nach Epochen und Lokaltraditionen einteilbare Keramik. Dadurch kann der Wechsel bei der Besiedlung manchmal direkt mit der israelit. Geschichte in Verbindung gebracht werden, etwa bei *Samaria, *Hazor und *Lachisch. Die Datierungen Israels können für die Zeit *Salomos bis auf eine Abweichung von etwa 10 Jahren festgesetzt werden, z.Zt. der Eroberung *Jerusalems 587 v.Chr. ist die Abweichung praktisch null. Verursacht werden die Abweichungen durch kleine Unterschiede bei Namen und Personen in parallelen Königslisten, Brüche in den Listen, Regierungszeiten von noch unbekannter Dauer und die begrenzte Aussagekraft gewisser astronomischer Daten. Diese Unsicherheiten können nur durch künftige Entdeckungen genauerer Daten ausgeräumt werden.

Weitere Komplikationen für die C. erwachsen aus der unterschiedlichen Weise der Kalenderführung, die die Alten zum Zählen der Regierungsjahre ihrer Monarchen gebrauchten. Beim Thronbesteigungsjahr-System wurde der Zeitraum, der zwischen der Thronbesteigung des Königs und dem nächsten Neujahrstag verging, nicht als das erste Jahre gerechnet, sondern als Thronbesteigungsjahr (wobei dieses Jahr noch dem vorigen Regenten zugerechnet wurde). Das erste Regierungsjahr wurde vom ersten Neujahrstag an gerechnet. Nach einem anderen System wurde die Zeit zwischen der Thronbesteigung des Königs und dem nächsten Neujahrstag als erstes Regierungsjahr gerechnet, so daß das Jahr nach dem ersten Neujahrstag schon das zweite Regierungsjahr war. Die Art der Berechnung – von wem, über wen und wann sie gebraucht wurde – ist wichtig für das richtige Verständnis der chronologischen Daten in Kön und Chr.

II. DAS URZEITLICHE ALTERTUM VOR ABRAHAM.

Die Zeitspanne zwischen *Adam und *Abraham wird in 1Mo überbrückt durch *Geschlechtsregister (1Mo 5,10f) und in der Mitte unterbrochen durch den Sintflutbericht (1Mo 6-9). Versuche, aus diesen Genealogien Daten für die Periode zwischen Adam und Abraham zu erhalten, scheitern jedoch, weil eine richtige Interpretation unsicher ist. Eine im abendländischen Verständnis »wörtliche« Interpretation der Zahlen, so wie sie dastehen, ergibt für die berichteten Ereignisse ein zu niedriges Alter z.B. für die Sintflut. Wenn nämlich die Geburt Abrahams auf etwa 2000 v.Chr. festgesetzt wird (die frühestmögliche Zeit), würden die Zahlen aus 1Mo 11,10-26 für die Sintflut ein Datum nach 2300 v.Chr. ergeben. Dieses Datum liegt um einige Jahrhunderte nach dem von Sir L. Woolley errechneten Zeitpunkt der Flut von Ur, der selbst schon zu spät ist, um mit den hebr. und babylon. Flutberichten übereinzustimmen. Gleiche Schwierigkeiten ergeben sich, wenn die Datierung Adams nach 1Mo 5 auf dieser Basis errechnet würde.

So muß der Deutungsversuch einen anderen Weg gehen. Die alten nahöstl. Dokumente müssen dabei zunächst so verstanden werden wie ihre Schreiber und Leser sie verstanden haben. In bezug auf die Genealogien bedeutet dies, daß sie möglicherweise verkürzt sind, da Namen in einer Auflistung fehlen können. Ziel der Genealogien aus 1Mo 5 und 11 ist es primär nicht, eine quantitative C. zu liefern, sondern eine Verbindung vom ersten Menschen bis zur großen Krise der Sintflut zu knüpfen, um sie dann von der Sintflut aus über den Stamm Sems bis hin zu Abraham, dem Urvater des hebr. Volkes, weiterzuführen. Dieser Wert der Genealogien als Verbindungsstücke wird durch ihre Unvollständigkeit nicht beeinträchtigt; das zeigen auch Analogien anderer Quellen des Nahen Ostens. So müssen Genealogien wie die aus 1Mo 5 und 11 stets mit großer Zurückhaltung gebraucht werden, da sie mehr als eine Interpretationsmöglichkeit zulassen.

III. DATEN VOR DER KÖNIGSZEIT.

1. Die Patriarchen.

Für die Datierung der Patriarchen bieten sich drei Möglichkeiten an: die Erwähnung äußerer Ereignisse zu ihrer Zeit, Berichte über die Zeit zwischen ihrem Leben und einem späteren geschichtlichen Zeitpunkt und das Zeugnis der sozialen Umstände, in denen sie lebten.

Die einzigen nennenswerten äußeren Ereignisse, die berichtet werden, sind der Krieg der vier Könige gegen die fünf in 1Mo 14 (Amraphel, *Arjoch, Kedor-Laomer) und die Zerstörung von *Sodom und Gomorra in 1Mo 19; beide fallen in die Zeit Abrahams.

Keiner der Könige aus 1Mo 14 konnte bisher sicher mit einer bestimmten Person aus dem 2.Jt.v.Chr. identifiziert werden, aber ihre Namen ähneln bekannten Namen dieser Zeit, besonders aus der Zeit von 1900-1500 v.Chr. Machtbündnisse unter rivalisierenden Gruppen von Königen in Mesopotamien und Syrien sind typisch für die Periode von 2000-1700 v.Chr. Ein berühmter Brief aus *Mari am mittleren Euphrat sagt: »Es gibt keinen König, der aus sich allein Macht hat: Zehn oder fünfzehn Könige folgen Hammurabi von Babylon, ebensoviele folgen Rim-Sin von Larsa, ebensoviele folgen Ibal-pi-El von Eschnunna, ebensoviele folgen Amut-pi-El von Quatna, und zwanzig Könige folgen Yarim-Lim von Yamchad«. So war in dieser Zeit auch *Elam eines von verschiedenen führenden Königreichen.

Glueck versucht, den Krieg aus 1Mo 14 nach ungesicherten archäologischen Ergebnissen zu datieren: er behauptet, daß die Reihe der Stadtansiedlungen entlang der späteren »Königsstraße« schon zu Beginn des 2.Jt. besiedelt wurde (nach neueren Datierungen bis zum 19.Jh.v.Chr.). Diese Besiedlung war offensichtlich unterbrochen bis zum 13. Jh., als die eisenzeitlichen Königreiche *Edom, *Moab und *Ammon gegründet wurden. Ähnliche Schlüsse zog man bezüglich der Datierung vom Fall Sodoms und Gomorras, obwohl deren Überreste nicht mehr aufdeckbar sind (möglicherweise liegen sie unter dem Wasserspiegel des Toten Meers).

Der Gedanke eines Besiedlungsstillstandes zwischen dem 19. und dem 13.Jh.v.Chr. wurde von L. Harding kritisiert aufgrund neuer Funde aus dem Transjordanland, die Grabstätten aus der Mittleren Bronzezeit und einen Tempel aus der Späten Bronzezeit enthielten. Jedoch darf man weder die Sicht Gluecks noch die Hardings bis zur letzten Konsequenz zwingen. Aller Wahrscheinlichkeit nach ist es richtig, daß die Bevölkerungsdichte zwischen dem 19. und dem 13.Jh. zurückging, insbesondere in den Städten an der Königsstraße, während die Besiedlung möglicherweise an einzelnen isolierten Orten weiterbestand.

Zwei Hauptaussagen verbinden die Zeit der *Patriarchen mit der späteren Zeit. Nach 1Mo 15,13-16 wird Abraham vorhergesagt, daß seine Nachkommen vier Jh. lang in einem Land wohnen werden, das ihnen nicht gehört. Die »vier Menschenalter« von V. 16 sind schwierig zu verstehen. Wollte man ein Menschenalter mit einem Jh. gleichsetzen (vgl. 2Mo 6,16-20), wäre dies ungewöhnlich. Eine mögliche, aber zweifelhafte Alternative wäre, in V. 16 eine prophetische Anspielung auf *Josefs Reise nach *Kanaan, um *Jakob zu begraben, zu sehen. (Josef wäre das vierte Menschenalter, wenn Abraham das erste ist.) Mit der Ankunft Jakobs in Ägypten begannen sowohl die vier Jh. von 1Mo 15,13 als auch die genauer angegebenen 430 Jahre von 2Mo 12,40. Der MT von 2Mo 12,40 muß der LXX vorgezogen werden. Er redet von Israels 430 Jahren in Ägypten, während in der LXX die 430 Jahre den Aufenthalt in Kanaan mit umfassen. 2Mo 12,41 zeigt aber, daß mit »eben diesem Tage« nach 430 Jahren der Jahrestag jenes Tages gemeint war, an dem der Patriarch Israel und seine Familie in Ägypten angekommen waren. So scheint ein Zeitraum von 430 Jahren zwischen Jakobs Ankunft bis zum Auszug von Mose und Israel sicher zu sein.

Die Genealogie in 2Mo 6,16-20 kann kaum 430 Jahre umspannen, wenn man sie im abendländischen Sinne »buchstäblich« liest. Sie stellt jedoch mit gleicher Wahrscheinlichkeit eine Auswahl dar wie die Genealogie in 1Mo 5 und 11, bietet also diesbezüglich keine wesentlichen Schwierigkeiten. Drei Dinge sollten bedacht werden. Erstens: Obwohl Mose vom Patriarchen Jakob her nach *Levi, Kehat und *Amram (2Mo 6,20; 1Chr 6,1-3) in der vierten Generation erscheint, steht sein Zeitgenosse *Bezalel von Jakob her in der siebten Generation nach *Juda, *Perez, *Hezron, *Kaleb, *Hur und Uri (1Chr 2,18-20) und sein jüngerer Zeitgenosse *Josua steht von Jakob her sogar in der 12. Generation nach Josef, *Ephraim, *Beria, Refach, Reschef, Telach, Tahan, Ladan, *Ammihud, *Elischama und Nun (1Chr 7,23-27). Es ist also möglich, daß die Genealogie des Mose im Vergleich mit der des Josua oder des Bezalel gekürzt wurde. Zweitens gründeten Moses Vater Amram und seine Brüder die Stämme der Amramiten, Jizhariten usw., die bereits innerhalb eines Jahres nach dem Exodus allein 8600 männliche Mitglieder zählten (4Mo 3,27f), eine unwahrscheinliche Situation, es sei denn, Amram und seine Brüder hätten sich schon deutlich früher als Mose auszubreiten begonnen. Drittens muß die Bemerkung, daß *Jochebed dem Amram Mose, *Aaron und *Mirjam gebar (2Mo 6,20; 4Mo 26,59), ebensowenig wie der Begriff »zeugte« in 1Mo 5 und 11 direkte Elternschaft bedeuten, sondern kann einfach die Nachkommenschaft bezeichnen. Man vergleiche 1Mo 46,18, wo die vorhergehenden Verse zeigen, daß unter denen, die *Silpa dem Jakob gebar, auch Enkel aufgezählt sind.

Die sozialen Bedingungen, die in den Patriarchenerzählungen erwähnt werden, liefern keine näheren Daten, aber sie fügen sich ein in die allgemeinen Datierungen nach 1Mo 14 und 19 und passen zur Voraussetzung einer 430-Jahres-Spanne bis zum Exodus. So zeigen die sozialen Bräuche von *Adoption und Erbschaft in 1Mo 15f; 21 u.ö. große Ähnlichkeit mit denen, die z.B. aus Keilschriftdokumenten in *Ur zu entnehmen sind und aus dem 18. bis 15. Jh.v.Chr. stammen. Die Freiheit, auch sehr weite Strecken zu reisen – Abrahams Weg ging von Ur bis Ägypten – war in diesem Zeitalter recht verbreitet. Gesandte aus Babylon durchreisten auf ihrem Weg nach oder von Hazor in Palästina auch Mari. Im 20. und besonders im 19.Jh.v.Chr. erlebte der Negeb (der Süden) des späteren Judäa zeitweilige Besiedlungen, wie sie durch Abrahams gelegentliche Reisen in den Süden veranschaulicht werden.

Unter Berücksichtigung der traditionellen Zahlen für Leben, Geburt und Tod der Patriarchen kann Abraham daher in die Zeit um 2000 – 1850 v.Chr. gesetzt werden, Isaak um 1900 – 1750, Jakob um 1800 – 1700 und Josef um 1750 – 1650. Diese Daten sind bewußt als runde Zahlen angegeben, um eine spätere Berichtigung zu ermöglichen. Andere Forscher datieren die Väterzeit später, in die zweite Hälfte des 2.Jt.

Die Datierung der Ankunft Jakobs und seiner Familie in Ägypten um 1700 v.Chr. würde dieses Ereignis sowie Josefs Ministeramt in die Hyksoszeit der Geschichte Ägyptens setzen. In dieser Zeit saßen Regenten semit. Abstammung auf dem Pharaonenthron; damit stimmen die eigentümlichen Überschneidungen semit. und ägypt. Elemente in 1Mo 37ff überein.

2. Exodus und Landnahme.

Nach 2Mo 1,11 bauten die Hebräer zur Zeit Moses die ägypt. Städte Pitom und Ramses auf. Ramses war Ägyptens Deltahauptstadt, benannt nach und zum großen Teil erbaut von Ramses II. (ca. 1290 - 1224 v.Chr.), der damit das Werk seines Vaters Sethos' I. (ca. 1304 – 1290 v.Chr.) ablöste. (Für die ägypt. Geschichte gibt es auch eine abweichende C., deren Daten man in der Zeittafel vergleichen kann.) Ramses I. (ca. 1306 – 1304 v.Chr.) regierte nur etwa ein Jahr und braucht hier nicht berücksichtigt zu werden. Vor Sethos I. und Ramses II. hatte seit der Hyksoszeit (der Zeit Josefs) kein Pharao eine Deltahauptstadt gegründet. Die Stadt Ramses ist tatsächlich das Werk dieser beiden Könige und nicht nur von ihnen umbenannt oder von einem anderen Regenten übernommen worden, wie bisweilen angenommen wird. Nach diesem Zeugnis muß der Exodus nach 1300 v.Chr. stattgefunden haben, vorzugsweise nach 1290 v.Chr. (Thronbesteigung Ramses' II.). Eine Obergrenze für die Datierung des Exodus wird möglicherweise nachgewiesen auf der sogenannten Israel-Stele, einer Triumphinschrift des Merenptah, datiert auf dessen fünftes Jahr (etwa 1220 v.Chr.). Sie erwähnt die Niederlage verschiedener Städte und Völker in Palästina, einschließlich Israels. Andere bestreiten jedoch, daß Merenptah je in Palästina einmarschiert sei. Nach Drioton (La Bible et l'Orient, 1955, S. 43-46) waren die Völker Palästinas lediglich durch Merenptahs großen Sieg in Libyen, an den die Stele in der Hauptsache erinnern soll, eingeschüchtert. Die Erwähnung Israels sei eine Anspielung auf das Verschwinden der Hebräer in die Wüste und, wie die Ägypter dachten, in den sicheren Tod. Der Exodus fiele dann in die ersten fünf Jahre des Merenptah (etwa 1224 – 1220 v.Chr). Dieser Ansicht stehen jedoch einige Einwände entgegen. Eine Inschrift des Merenptah in einem Tempel in Amada in Nubien nennt ihn in zwei parallelen Sätzen »Bezwinger von Geser« und »Eroberer von Libyen«. Ohne Zweifel bezieht sich »Eroberer von Libyen« auf Merenptahs großen Sieg über Libyen in seinem fünften Jahr, von dem ausführlich auf der Israel-Stele berichtet wird. Der eigentümliche, dazu parallel stehende Titel »Bezwinger von Geser« muß sich dann auf einen erfolgreichen Einmarsch des Merenptah in Palästina beziehen, selbst wenn dieser nur begrenzten Umfang hatte. Damit stimmt überein, daß auf der Israel-Stele *Aschkelon, *Geser, Jenoam, Israel und Khuru mit »erobert«, »bezwungen«, »vernichtet«, »ihre Ernte ist nicht mehr« und »verwitwet« bezeichnet werden. Die Formulierung »Israel, ihre Ernte (wörtl. *Saaten*) ist nicht mehr« könnte auf die ägypt. Praxis hinweisen, die wachsende Saat der Feinde niederzubrennen. Damit wäre ein Bezug auf ein Israel, das beginnt, sich in Palästina anzusiedeln, geschaffen, nicht aber auf ein Israel, das hinauszieht in die Wüste. Nach der wahrscheinlicheren Deutung der Israel-Stele, die hier vertreten wird, muß Israel vor 1220 v.Chr. in Palästina angekommen sein, so daß der Exodus 40 Jahre zuvor auf etwa 1260 v.Chr. fallen würde. Das mögliche Datum des Exodus kann also auf die Periode 1290 – 1260 v.Chr. festgesetzt werden. Eine brauchbare mittlere Datierung für den Exodus und die Wüstenwanderung wäre dann die Periode von rund 1280 – 1250 v.Chr.

Die Zahl von 40 Jahren für die Wüstenwanderung der Hebräer wird oft vorschnell als runde Zahl mit besonderer Bedeutung abgelehnt. Diese 40-Jahr-Periode muß jedoch aufgrund folgender Belege ernsthaft so genommen werden, wie sie dasteht: Israel brauchte etwas mehr als ein Jahr, um von Ramses nach *Kadesch-Barnea zu gelangen; es verließ Ramses am 15. Tag des »ersten Monats« (4Mo 33,3) und den Berg *Sinai am 20. Tag des zweiten Monats im zweiten Jahr (4Mo 10,11). Zu dieser Zeitspanne müssen mindestens hinzugezählt werden: drei Tage (4Mo 10,33), möglicherweise ein weiterer Monat (4Mo 11,21) und sieben Tage (4Mo 12,15), was zusammen eine Reise von einem Jahr und 2 1/2 Monaten ergibt. Es folgen die 38 Jahre von Kadesch-Barnea bis zur Überquerung des Baches *Sered (5Mo 2,14 und 4Mo 21,12) mit der Moserede an Israel in der Ebene von *Moab im elften Monat des 40. Jahres (5Mo 1,3). Daß durch die Zeit von 40 Jahren die erste aufständische Generation durch eine neue ersetzt werden sollte, geht klar aus 5Mo 2,14 hervor.

Die Notiz, daß *Hebron sieben Jahre vor *Zoan in Ägypten gegründet wurde (4Mo 13,22), ist bisweilen mit der gleichzeitigen Ära der Stadt Pi-Ramesse in Ägypten in Verbindung gebracht worden, die 400 Jahre von etwa 1720/1700 bis etwa 1320/1300 v.Chr. andauerte. Diese Ära verliefe dann parallel zu den 430 Jahren hebr. Tradition. Allerdings ist ein solcher Gedanke eher interessant als überzeugend.

Die Belege aus Palästina stimmen im wesentlichen mit den ägypt. Daten überein. Auch wenn es bereits vorher blühende Siedlungen gab, sind die intensiven Besiedelungen der eisenzeitlichen Königreiche *Edom und *Moab, die von starken Grenzfestungen und Massivbauten geschützt wurden, zeitlich von 1300 v.Chr. an anzusetzen. So können diese Königreiche Israel kaum vor etwa 1300 v.Chr. ernsthaft angegriffen haben (vgl. 4Mo 20,20). Der Exodus ist daher auch unter diesem Aspekt eher nach 1300 v.Chr. als vorher zu datieren.

Verschiedene palästin. Stadtlagen zeigen klare Spuren von Zerstörung in der zweiten Hälfte des 13.Jh. v.Chr., was mit Angriffen durch die Israeliten, die etwa ab 1240 v.Chr. stattfanden, übereinstimmen würde. Solche Orte sind Tell Beit Mirsim (möglicherweise das bibl. *Debir/Kirjat-Sefer), *Lachisch, *Bethel und *Hazor. Lediglich zwei Lagen gaben Anlaß zu kontroversen Diskussionen: *Jericho und *Ai.

Was Jericho anbelangt, scheint die einfache Wahrheit die zu sein, daß Josua und Israel ihr Werk so gründlich verrichteten, daß die Ruinen Jerichos fünf Jh. lang bis zur Zeit *Ahabs offen der Zerstörung durch Natur und Mensch preisgegeben waren (vgl. 1Kön 16,34), so daß die Spätbronzezeitl. Schichten, die zuoberst lagen, vollständig abgetragen und sogar ältere Schichten deutlich angegriffen wurden. So sind an einigen Stellen des Walles die obersten Schichten, die erhalten blieben, bis weit zurück in die Frühe Bronzezeit zu datieren (3.Jt.v.Chr.). Aber die Fundstücke von anderen Stellen sowie die Grabstätten zeigen deutlich, daß es eine große Siedlung in der Mittleren Bronzezeit gegeben hat, die in der Folge durch Erosion abgetragen wurde. Die Überreste des Jericho der Späten Bronzezeit (also der Zeit Josuas) sind so spärlich, weil sie eine noch längere Zeit, nämlich von Josua an bis zur Regierungszeit Ahabs offenlagen. So sind sämtliche Gebiete, die nicht im Zuge der Besiedlungen zur Zeit Ahabs (Eisenzeit) besiedelt wurden, bis heute der Erosion ausgesetzt gewesen. Das spätbronzezeitl. Jericho aus dem 14.Jh.v.Chr. muß als beinahe völlig verloren gelten, und es ist wahrscheinlich, daß auch die Besiedlungen aus dem 13.Jh.v.Chr. nicht mehr auffindbar sind. Daß die ägypt. Königsskarabäen in Jericho offensichtlich mit denen des Amenophis III. (der um 1364 v.Chr. starb) enden, ist kein Beweis, daß Jericho zu diesem Zeitpunkt gefallen ist, sondern bezeugt lediglich das kurzfristige Schwinden des direkten ägypt. Einflusses auf Palästina z.Zt. dieses Königs und seiner Nachfolger, wie es auch aus anderen Quellen ersichtlich ist. Was die mykenische Töpferei anbetrifft (die im 14. und 13.Jh.v.Chr. nach Syro-Palästina importiert wurde), so beweist ihr geringes Vorkommen in Jericho nicht, daß Jericho eher im 14.Jh. als im 13.Jh. gefallen ist. Bis jetzt wurde übersehen, daß diese berühmten Gefäße in inländischen syro-palästin. Städten teilweise sehr rar, in Siedlungen jedoch, die an der Küste liegen oder wenigstens Zugang zu ihr haben, zur gleichen Zeit sehr verbreitet sind. So wurde etwa Hama, eine Stadt im Inland Syriens, während des 13.Jh.v.Chr. besiedelt, enthielt jedoch nur zwei späte mykenische Topfscherben, also noch weniger als Jericho. Das Endergebnis ist, daß eine Einnahme Jerichos durch die Israeliten im 13.Jh. durch das zur Zeit verfügbare archäologische Material nicht bewiesen, aber auch nicht ausgeschlossen werden kann.

Das Problem der Stadt *Ai erfordert noch weitere Felduntersuchungen, bevor man etwas dazu sagen kann. Die Teile des Walls von Et-Tell, die bis jetzt ausgegraben sind, weisen eine Besiedlung auf, die etwa 2300 v.Chr. endet. Möglicherweise muß eine spätbronzezeitl. Siedlung in der Nachbarschaft angenommen werden, aber bis jetzt gibt es kein sicheres Ergebnis.

Die Habiru/Apiru, von denen die Tell-el-*Amarna-Tafeln berichten, daß sie um 1350 v.Chr. in Palästina aktiv waren, werden manchmal mit den einwandernden Israeliten (»Hebräern«) unter Josua gleichgesetzt. Jedoch ist 1350 v.Chr., wie bereits gezeigt wurde, ein zu frühes Datum für die Landnahme. Außerdem wird der Terminus Habiru/Apiru in Dokumenten aus der Zeit zwischen 1800 und 1150 v.Chr. vielen anderen Stämmen neben den bibl. Hebräern beigelegt und taucht in so weit entfernten Gegenden auf wie Mesopotamien, Ägypten, Syrien und Kleinasien. Es ist gut möglich, daß die Israeliten den Habiru/Apiru zugerechnet wurden, aber ohne zusätzliche Beweise können sie nicht mit einer dieser Gruppen identifiziert werden. (Für eine Datierung des Auszugs und der Landnahme ins 15.Jh.v.Chr. trat neuerdings J.J. Bimson ein: Redating the Exodus and Conquest, 1978).

3. Von Josua bis zur Thronbesteigung Davids.
Dieser Zeitabschnitt stellt ein Problem dar, das ohne weitere Informationen nicht befriedigend gelöst werden kann. Werden die 40 Jahre der Wüstenwanderung, die 40 Jahre der Regierungszeit Davids und die ersten drei Jahre Salomos abgezogen von den 480 Jahren vom Exodus bis zum vierten Jahr des Salomo (1Kön 6,1), bleibt eine Zahl von 397 Jahren für die Zeit Josuas, der Ältesten, der Richter und Sauls. Archäologische Funde lassen den Beginn der Landnahme etwa 1240 v.Chr. vermuten (s.o.) und rechnen nur 230 Jahre bis 1010 v.Chr., dem wahrscheinlichen Datum für die Thronbesteigung Davids. Zählt man jedoch die in Josua, Richter und Samuel berichteten Zeitabschnitte zusammen, kommt man weder auf eine Zahl von 397 noch auf eine von 230 Jahren, sondern auf 470 + x + y + z. X steht dabei für die Zeit Josuas und der Ältesten, y für die Jahre, die *Samuel Richter war, eine Zahl unter 20, und z für die Regierungszeit Sauls, Zahlen, die alle unbekannt sind. Aber die Behandlung dieser Angaben wird weniger schwierig, wenn man sie vor den Hintergrund der üblichen altorientalischen Rechenweise stellt, die hier allein relevant ist. Nirgendwo wird ausdrücklich gesagt, daß die 397 Jahre aus 1Kön 6,1 oder die mehr als 470 Jahre von Josua bis Samuel als zeitliches Nacheinander gesehen werden müssen. Bestimmte Richter und Bedrängnisse folgen klar aufeinander (»nach ihm kam«), von allen wird dies jedoch nicht ausgesagt. Wenigstens drei Gruppen fallen möglicherweise in die gleiche Zeit. So kann die Differenz von mehr als 240 Jahren zwischen den archäologisch belegten 230 Jahren und den mehr als 470 Jahren, die zwar genannt werden, aber vielleicht doppelt gezählt sind, außer acht gelassen werden. Die 397 Jahre wären dann lediglich eine Auswahl aus dieser größeren Zahl von mehr als 470 Jahren nach Prinzipien, die noch nicht klar sind (vielleicht das Fehlen von Bedrängnis oder ähnliches).

Es ist wichtig zu wissen, daß diejenigen antiken Schreiber, die chronologische Werke verfaßten, keine synchronen Listen gestalteten, wie es heute getan wird. Sie listeten einfach getrennt die Reihen von Königen und Regierungszeiten in ihrer Abfolge auf Papyrus oder Tafeln auf. Synchronismen müssen daher aus speziellen historiographischen Werken gewonnen werden, nicht aus Königslisten oder Erzählungen, die ganz anderen Zwecken dienten. Ein hervorragendes Beispiel ist der Turiner Papyrus von ägypt. Königen. Er listet in großer Ausführlichkeit alle fünf Dynastien von der 13. bis zur 17. in aufeinander folgenden Gruppen auf, was insgesamt eine Liste von über 150 Regenten über eine Zeitspanne von mindestens 450 Jahren hinweg ergibt. Aus anderen Quellen ist jedoch bekannt, daß alle fünf Dynastien – die 150 Regenten mit ihren 450 Regierungsjahren – in die 234 Jahre zwischen 1785 und 1551 v.Chr. fallen. Dabei haben immer zwei Gruppen, manchmal wohl auch drei, gleichzeitig regiert. Das Fehlen von Querverweisen (z.B. bei den Richtern) hat, wie eben gezeigt, seine Parallelen im Fehlen solcher Verweise auch im größten Teil der ägypt. Geschichte.

Eine ähnliche Situation ist in den Königslisten und in der Geschichte der sumer. und altbabylon. Stadtstaaten von Mesopotamien zu erkennen. Es gibt also keinerlei Gründe, weshalb solche Methoden nicht auch in einem Werk wie dem Richterbuch angewandt worden sein sollten. Dabei muß betont werden, daß es sich hier keinesfalls, weder bibl. noch außerbibl., um Ungenauigkeit handelt, sondern eben um im Altertum übliche Methoden. Alle Zahlen können an sich korrekt sein, ihre Interpretation jedoch erfordert große Sorgfalt. Der auswahlweise Gebrauch von Daten durch Auslassung, wie es für die 397 (der 480) Jahre zutrifft, ist sowohl von ägypt. Listen wie auch aus mesopotamischen Annalen und anderswoher bekannt. Die bibl. Zahlen ergeben in ihrer Kombination mit archäologischen Daten erst dann einen Sinn, wenn die wesentlichen antiken Gebräuche mit bedacht werden. Eine letztgültige detaillierte Lösung erfordert noch weitere Informationen.

IV. DIE HEBRÄISCHEN KÖNIGREICHE.

1. Das Großreich.

Daß *Davids Regierungszeit tatsächlich 40 Jahre dauerte, zeigt sich daran, daß die Zahl zusammengesetzt ist: sieben Jahre in *Hebron, 33 Jahre in *Jerusalem (1Kön 2,11). *Salomos Regierung von 40 Jahren Dauer begann mit einer kurzen Mitregentschaft mit seinem Vater, die vielleicht nur einige Monate dauerte (vgl. 1Kön 1,37-2,11; 1Chr 28,5; 29,20-23.26-28). Wenn also die Regierung Salomos um 931/30 v.Chr. endet, liegt seine Thronbesteigung um 971/70 und diejenige Davids um 1011/10 v.Chr. Die Regierungszeit des *Saul kann nur geschätzt werden, da der hebr. Text von 1Sam 13,1 unvollständig ist, aber die 40 Jahre, die Apg 13,21 nennt, können in etwa stimmen, denn Sauls vierter Sohn *Isch-Boschet war beim Tod seines Vaters nicht jünger als 35 Jahre und starb im Alter von 42 Jahren, etwa sieben Jahre später (2Sam 2,10). Wenn also *Jonatan als ältester Sohn Sauls bei seinem Tode etwa 40 Jahre alt war, kann Saul bei seinem Tod nicht viel jünger als 60 Jahre alt gewesen sein. Als er König wurde, kurz nachdem er als junger Mann gesalbt worden war (1Sam 9,2; 10,1.17ff), war er wahrscheinlich nicht jünger als 20 und nicht viel älter als 30 Jahre, so daß ihm praktisch eine Regierungszeit von 30-40 Jahren sicher war. Wird seine Thronbesteigung auf ein mittleres Alter von 25 Jahren festgelegt, und mit einer Regierungszeit von 35 Jahren gerechnet, paßt dies zu seinen Lebensdaten und zu der Zahl aus Apg 13,21, gleich, ob diese Zahl abgerundet ist oder exakt. So liegt die Thronbesteigung Sauls etwa um die Jahre 1045 oder 1050 v.Chr.

2. Das geteilte Reich.

a. Die Zeit bis zum Fall Samarias.

Aus dem Vergleich zwischen assyr. *limmu*- oder Eponymen-Listen, Königslisten und historischen Texten kann das Datum 853 v.Chr. als festes Datum für die Schlacht von Karkar, den Tod *Ahabs und die Thronbesteigung *Ahasjas in Israel angesehen werden. Ebenso fest steht *Jehus Thronbesteigung bei *Jorams Tod im Jahr 841 v.Chr. Die dazwischenliegenden Regierungen von Ahasja und Joram füllen exakt die Lücke, wenn nach den Methoden der üblichen Königszählung gerechnet wird. Ein sorgfältiges Rechnen mit antiken Methoden ergibt eine völlige Harmonie der Zahlen für die Regierungszeiten beider Königreiche bis zurück zur Thronbesteigung *Rehabeams von Juda und *Jerobeams von Israel im Jahr 931/30 v.Chr.

Ebenso können die Daten von beiden Königsgruppen bis hin zum Fall Samarias, der nicht später als 720 v.Chr. stattfand, ausgerechnet werden. Dies wurde klar bewiesen durch E.R. Thiele (Mysterious Numbers of Hebrew Kings, ²1965). Nach ihm ist es möglich, Doppelregentschaften aufzuzeigen zwischen *Asa und *Joschafat, Joschafat und *Joram, *Amazja und *Asarja (*Usija), Asarja und *Jotam, Jotam und *Ahas. Jedoch ist Thieles Ablehnung des Synchronismus in 2Kön 17,1 (das 12. Jahr des Ahas wird gleichgesetzt mit der Thronbesteigung des Hoschea von Israel), in 2Kön 18,1 (das dritte Jahr des Hoschea fällt zusammen mit der Thronbesteigung von *Hiskia von Juda) und in 2Kön 18,9f (die Gleichsetzung von Hiskias viertem und sechstem Jahr mit Hoscheas siebtem und neuntem) nicht überzeugend. Thiele nahm hier Einzelregentschaften an und eine Irrtumsspanne von 12/13 Jahren. Tatsache ist jedoch, daß die oben genannten Beispiele das System der Doppelregentschaft fortsetzen: Ahas war für 12 Jahre Mitregent von Jotam,

Hiskia Mitregent von Ahas. Diese Doppelregentschaften in Juda müssen maßgeblich zur Stabilität des Königreiches beigetragen haben, David und Salomo hatten hier ein wertvolles Beispiel gegeben.

b. Juda bis zum Fall Jerusalems.

Von der Regierungszeit Hiskias bis zu der *Jojachins können die Daten bis aufs Jahr genau errechnet werden, gipfelnd in dem Jahr der Eroberung Jerusalems durch Babylon 597 v.Chr., die nach babylon. Zeittafeln ganz genau am 15./16. März (2. Adar) 597 v.Chr. geschah. Doch von diesem Zeitpunkt an bis zum endgültigen Fall von Jerusalem herrscht eine gewisse Unsicherheit über die genaue Weise der hebr. Jahresberechnung und die verschiedenen Regierungszeiten von *Zedekia und *Nebukadnezar in 2Kön und Jer. Demzufolge gibt es zwei verschiedene Daten, die für den Fall Jerusalems in Betracht kommen: 587 und 586 v.Chr. Mit Wiseman und Albright (gegen Thiele) soll hier das Jahr 587 v.Chr. vorgezogen werden.

V. DAS EXIL UND DIE ZEIT DANACH.

Viele Daten der Regierungszeiten der babylon. und pers. Könige, die in den Bibeltexten über diese Zeit erwähnt werden, lassen sich genau bestimmen. Über ein halbes Jh. lang gingen die Meinungen über die Zuordnung von *Esra und *Nehemia in Jerusalem auseinander. Die bibl. Anordnung der Ereignisse, nach denen Esra Jerusalem 458 v.Chr. erreichte und Nehemia dort 445 v.Chr. ankam, erweist sich bei näherer Untersuchung als widerspruchsfrei (vgl. J.S. Wright). Die zwischentestamentliche Zeit ist hinreichend geklärt; zu den Hauptdaten vgl. die Zeittafel.

Literatur: W.C. Hayes, U.B. Rowton, F.Stubbings: CAH^3, 1970, VI: Chronology; T. Jacobsen: The Sumerian King List, 1939 (behandelt die frühen mesopotamischen Herrscher); R.A. Parker, W.H. Dubberstein: Babylonian Chronology 626 BC-AD 75, 1956; A. Parrot: Archéologie Mésopotamienne II, 1953 (behandelt Hammurabi und verwandte Probleme und diskutiert die assyr. Königslisten); S. Smith: Alalakh and Chronology, 1940 (behandelt Hammurabi und den kritischen Gebrauch der assyro-babylon. Königslisten); E.R. Thiele: Mysterious Numbers of the Hebrew Kings, ^{2}1965; A. Jepsen, A. Hanhart: Untersuchungen zur Israelitisch-Jüdischen Chronologie, 1964; I. Finegan: Handbook of Biblical Chronology, 1964; V. Pavlovsky, E. Vogt: Bib 45/1964, S. 321-354; A. Ungnad: Eponymen, in: Reallexikon der Assyriologie II, 1938, S. 412-457 (vollständige Darstellung und Texte der assyr. Eponymenlisten).

Ägypten: E. Drioton, I. Vandier: L'Egypte, 1962 (Standardwerk für Belege zur ägypt. Geschichte und Chronologie); A.H. Gardiner: IEA 31/1945, S. 11-28; R.A. Parker: The Calendars of Ancient Egypt, 1950 (Standardwerk); R.A. Parker: INES 16/1957, S. 39-43 (über Thutmosis III. und Ramses II.); W.G. Waddell: Manetho, 1948 (Standardwerk); R.I. Williams: DOTT, S. 137-141 (Text der Israel-Stele).

Palästina: W.F. Albright: Archäologie in Palästina, 1962; N. Glueck: Rivers in the Desert, 1959 (über die Negeb-Besiedelung im 20.Jh.v.Chr.); N. Glueck: The Other Side of the Jordan, ^{2}1970 (zur Frage der transjordanischen Siedlungen der Mittleren Bronze- und Eisenzeit, betrifft die Datierung Abrahams und des Exodus); G.L. Harding: PEQ 90/1958, S. 10-12 (gegen Glueck über die transjordanischen Siedlungen); H.H. Rowley: The Chronological Order of Esra and Nehemiah, in: The servant oft the Lord and Other Essays on the Old Testament, 1952, S. 129ff; I.S. Wright: The Building of the Second Temple, 1958; Ders.: The Date of Ezra's Coming to Jerusalem, ^{2}1958. Die Niederlage Judas: D.J. Wiseman: Chronicles of Chaldaen Kings 626-556 BC, 1956; S. Kreuzer: 430 Jahre, 400 Jahre oder 4 Generationen. Zu den Zeitangaben über den Ägyptenaufenthalt der »Israeliten«, in: ZAW 98/1986, S. 199-210; A. Jepsen: Zur Chronologie des Priesterkodex, ZAW 47 (N.F.6)/1929, S. 249-255.

K.A.K./T.C.M./T.P.

CHRONOLOGIE DES NEUEN TESTAMENTS.

Die ersten Christen zeigten wenig Interesse an Chronologie. Mangelhafte Daten in den ntl. Schriften und Unsicherheiten bei ihrer Interpretation machen daher eine C. des NT zu einem mühseligen Unterfangen. Sie ist auch eine bisher unerledigte Aufgabe, so daß wir heute zumeist nur Möglichkeiten abwägen können.

I. DIE CHRONOLOGIE DES LEBENS JESU.

1. Seine Geburt.

Die Geburt Jesu fand vor dem Tode Herodes' des Großen statt (Mt 2,1; Lk 1,5), also nicht später als 4 v.Chr. (Jos.ant.Jud. XVII, 191.389.487). Nach Lk 2,1-7 wurde Jesus zur Zeit einer »Schätzung« (Volkszählung) unter *Quirinius, dem Statthalter von Syrien geboren. Quirinius kann Syrien nicht vor dem Ende seines Konsulats 12 v.Chr. verwaltet haben, und weder bei Josephus noch bei röm. Geschichtsschreibern wird berichtet, daß er in der Zeitspanne von 11-4 v.Chr. Statthalter war. Dies war er aber 6/7 n.Chr., und in dieser Zeit veranlaßte er nach Josephus die Volkszählung von Judäa, die zum Aufstand von Judas dem Galiläer führte (Jos.ant.Jud. XVIII,1ff). Manche Historiker nehmen deshalb an, die Volkszählung zur Zeit der Geburt Jesu sei verwechselt worden mit dieser späteren und besser bekannten »Schätzung«. Es gibt verschiedene Versuche, die Geschichtlichkeit der lukanischen Angabe zu verteidigen (s. *Quirinius, *Schätzung).

Der Halley'sche Komet, der 12 v.Chr. auftauchte, lieferte ein großartiges Schauspiel, das gut zu der Tatsache passen würde, daß in Bethlehem das Licht der Welt erscheinen sollte. Jedoch galten in der Antike Kometen gewöhnlich als Unheilskünder. Die Meinung des italienischen Astronomen Argentieri, daß dieser Komet der Stern der Weisen gewesen sei, beruht auf zwei zweifelhaften Annahmen: daß Jesus an einem Sonntag und daher am 25. Dezember geboren sei. Gegenwärtig wird die Geburt Jesu öfter mit einer dreifachen Konjunktion der Planeten Saturn und Jupiter im Jahr 7 v.Chr. verbunden (*Stern von Bethlehem).

2. Der Beginn des Wirkens Jesu.
Zwischen der Geburt Jesu und dem Beginn seines Wirkens liegt eine Zeit von ungefähr 30 Jahren (Lk 3,23). Aber der Beginn, der hier erwähnt wird, muß nicht der Anfang seines Wirkens überhaupt gewesen sein, und es ist auch unsicher, wie weit das »ungefähr« ausgedehnt werden kann. Die Erklärung »Du bist noch nicht fünfzig Jahre alt« (Joh 8,57) läßt vermuten, daß Jesus im Laufe seines Wirkens über 40 Jahre alt wurde. Unter den Ältesten in der Provinz Asia, von denen Irenäus (Iren.haer. II,22,5f) berichtet, gab es tatsächlich eine Tradition, die diese Ansicht vertrat. Aber die Erklärung der Juden kann auch auf das Amtsende der Leviten (4Mo 4,3) anspielen. Sie bemerken demnach zu Jesus: »Wenn du, wie du behauptest, noch im Dienst Gottes stehst, kannst du kaum 50 Jahre alt sein«.

Jesus begann sein Wirken später als Johannes der Täufer, also nicht früher als im 15. Jahr der Regierung des Tiberius (Lk 3,1). Die Meinung, dieses Jahr werde von dem Zeitpunkt an gerechnet, an dem Tiberius Mitregent des Augustus wurde, wird heute meist abgelehnt. Da Augustus am 19. August 14 starb, begann das zweite Regierungsjahr des Tiberius nach dem syr. Kalender am 1. Oktober und nach dem jüd. Kalender am 1. Nisan 15. So bedeutet folglich das 15. Regierungsjahr in Lk 3,1 entweder das Jahr 27 (1. Oktober)-28 oder 28 (1. Nisan)-29. Letzteres ist wahrscheinlicher, weil Lukas wohl eine Quelle aus Täuferkreisen verwendet; in vielen frühen Schriften, heidnischen wie auch jüd. oder christl., umfaßt das 15. Jahr des Tiberius einen Teil des Jahres 29.

Lk 3,21 deutet an, daß zwischen dem Ruf des Täufers und der Taufe Jesu ein zeitlicher Zwischenraum lag, dessen Länge jedoch nicht bestimmt werden kann. Der Taufe Jesu folgten die 40 Tage in der Wüste, die Berufung der ersten Jünger, die Hochzeit von Kana und ein kurzer Aufenthalt in Kapernaum. Nach diesen Ereignissen, die mindestens zwei Monate dauerten, zog Jesus nach Jerusalem zum ersten Passa während seines Wirkens (Joh 2,13). Die Bemerkung der Juden: »Dieser Tempel ist in 46 Jahren erbaut« könnte das Datum dieses Passa andeuten (Joh 2,20), wenn man sie auf den Hinweis in Jos.ant.Jud. XV, 380 bezieht, daß Herodes in seinem 18. Regierungsjahr (20/19 v.Chr.) begann, diesen Tempel zu erbauen. Doch bevor der Bau begann, sammelte er zunächst reichlich Materialien, und diese Zeit ist möglicherweise in den 46 Jahren nicht eingeschlossen. Außerdem kann in der Feststellung der Juden eingeschlossen sein, daß der Tempel schon einige Zeit vor diesem Passafest, an dem Jesus teilnahm, fertiggestellt worden war.

3. Das Ende des Wirkens Jesu.
Jesus wurde gekreuzigt, als Pontius Pilatus Prokurator von Judäa war (so alle vier Evv; Tacitus, ann. 15,44 und möglicherweise Jos.ant.Jud. XVIII, 63f), also in einem der Jahre zwischen 26 und 36. Verschiedene Versuche wurden unternommen, um herauszufinden, welches Jahr das wahrscheinlichste ist.

a. Aus Lk 13,1 und 23,12 kann man folgern, daß Pilatus bereits einige Zeit vor der Kreuzigung Prokurator war, so daß die Kreuzigung kaum im Jahr 26 oder 27 stattgefunden hat.

b. Viele alte Autoritäten ordnen die Kreuzigung dem Konsulat der Gemini zu, also dem Jahr 29. Diese Datierung wurde jedoch in der frühen Kirche nicht allgemein akzeptiert, und es gibt keine Beweise, daß sie einer glaubwürdigen Tradition entspringt. Ihre Vertreter, von denen Tertullian (um 200 n.Chr.) der früheste ist, gehören zumeist dem latein. W an. Der 25. März, das Datum, das Hippolyt, Tertullian und einige andere nennen, fiel zwar im Jahr 29 tatsächlich auf einen Freitag. Die Kreuzigung fand jedoch zur Zeit des Passa-Vollmondes statt, der im Jahr 29 erst im April lag.

c. Pilatus erregte als Prokurator bei den Juden Anstoß, indem er Votivtafeln im Palast von Jerusalem aufstellte (Philo, LegGai 299-305). Herodes Antipas unterstützte nachdrücklich die Bitte an Tiberius, diese wieder zu entfernen. Dies erklärt nach Ansicht einiger Gelehrter die Feindseligkeit zwischen Pilatus und Herodes, von der in Lk 23,12 die Rede ist. Tiberius gab der Bitte statt, was er nach Ansicht eben dieser Gelehrten nicht hätte tun können, wenn er noch unter dem Einfluß seines Vertrauten Seianus gestanden hätte, der ein Erzfeind der Juden war. Demnach müßte die Kreuzigung nach dem Tod des Seianus im Oktober 31 stattgefunden haben, also nicht früher als 32. Die Feindschaft zwischen Herodes und Pilatus kann aber ebenso durch die Metzelei verursacht worden sein, auf die sich Lk 13,1 bezieht, oder durch eine Auseinandersetzung, von der die Geschichte nichts sagt.

40 v. Chr.	30 v. Chr.	20 v. Chr.	10 v. Chr.		10 n. Chr.	20 n. Chr.

ÖMISCHE HERRSCHER

30 v. Chr. –14 n. Chr.: Augustus

14–37 v. Chr.: Tiberi

ALÄSTINISCHE HERRSCHER

37–4 v. Chr.: Herodes der Große, König von Judäa

4 v. Chr.–6 n. Chr.: Archelaus, Ethnarch von Judäa

4 v. Chr.–39 n. Chr.: Herodes Antipas, Tetrarch von Ga

4 v. Chr.–34 n. Chr.: Herodes Philippus, Tetrarch von It

26–36 n. Chr.: Pontius Pilatus, römischer Prokurator

AS LEBEN CHRISTI

ca. 8/7 v. Chr.: Geburt Johannes des Täufers

ca. 8/7 v. Chr.: Geburt Jesu Christi

ca. 29 n. Chr.: Taufe

ca. 29 n. Chr.: Tod Johannes des Tä

APOSTELGESCHICHTE UND FRÜHE KIRCHE

40 v. Chr.	30 v. Chr.	20 v. Chr.	10 v. Chr.		10 n. Chr.	20 n. Chr.

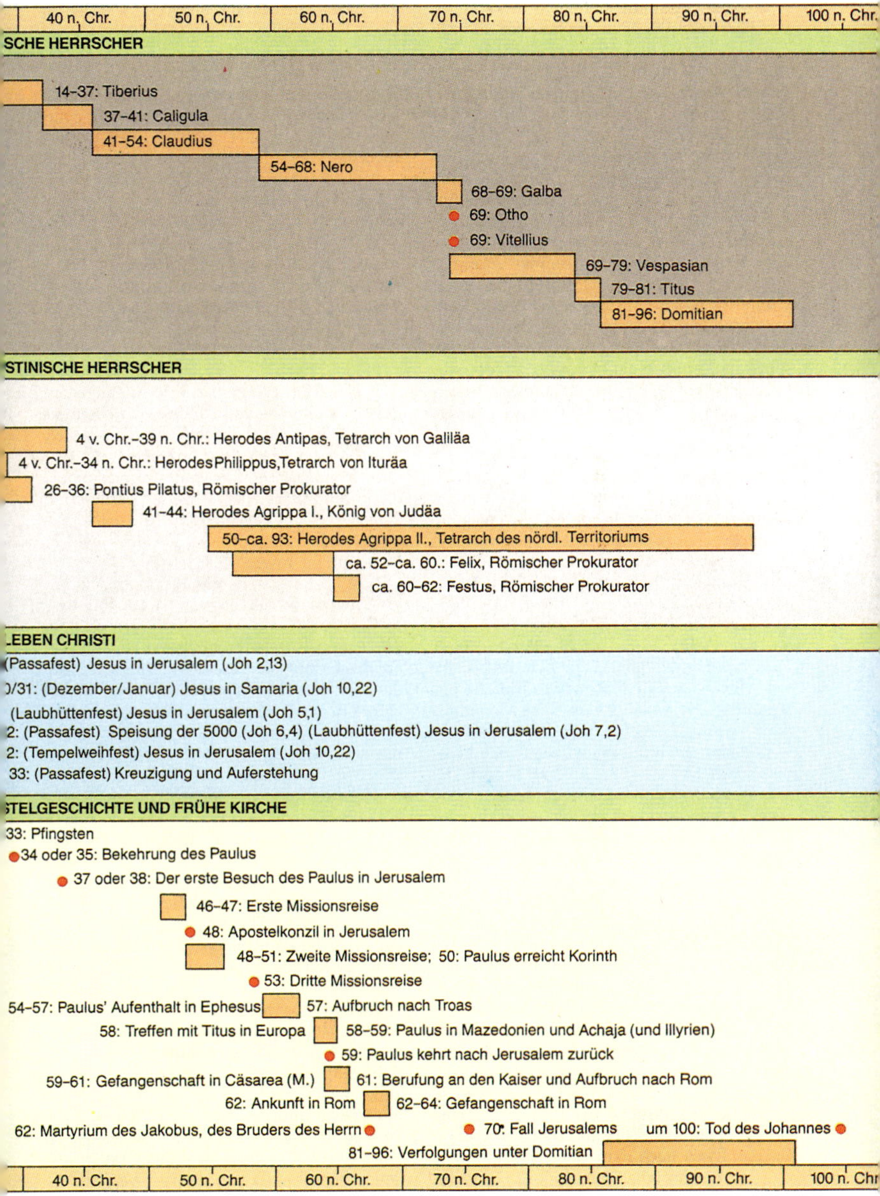
40 n. Chr.
50 n. Chr.
60 n. Chr.
70 n. Chr.
80 n. Chr.
90 n. Chr.
100 n. Chr.
SCHE HERRSCHER
14–37: Tiberius
37–41: Caligula
41–54: Claudius
54–68: Nero
68–69: Galba
69: Otho
69: Vitellius
69–79: Vespasian
79–81: Titus
81–96: Domitian
STINISCHE HERRSCHER
4 v. Chr.–39 n. Chr.: Herodes Antipas, Tetrarch von Galiläa
4 v. Chr.–34 n. Chr.: Herodes Philippus, Tetrarch von Ituräa
26–36: Pontius Pilatus, Römischer Prokurator
41–44: Herodes Agrippa I., König von Judäa
50–ca. 93: Herodes Agrippa II., Tetrarch des nördl. Territoriums
ca. 52–ca. 60.: Felix, Römischer Prokurator
ca. 60–62: Festus, Römischer Prokurator
LEBEN CHRISTI
(Passafest) Jesus in Jerusalem (Joh 2,13)
0/31: (Dezember/Januar) Jesus in Samaria (Joh 10,22)
(Laubhüttenfest) Jesus in Jerusalem (Joh 5,1)
2: (Passafest) Speisung der 5000 (Joh 6,4) (Laubhüttenfest) Jesus in Jerusalem (Joh 7,2)
2: (Tempelweihfest) Jesus in Jerusalem (Joh 10,22)
33: (Passafest) Kreuzigung und Auferstehung
STELGESCHICHTE UND FRÜHE KIRCHE
33: Pfingsten
34 oder 35: Bekehrung des Paulus
37 oder 38: Der erste Besuch des Paulus in Jerusalem
46–47: Erste Missionsreise
48: Apostelkonzil in Jerusalem
48–51: Zweite Missionsreise; 50: Paulus erreicht Korinth
53: Dritte Missionsreise
54–57: Paulus' Aufenthalt in Ephesus
57: Aufbruch nach Troas
58: Treffen mit Titus in Europa
58–59: Paulus in Mazedonien und Achaja (und Illyrien)
59: Paulus kehrt nach Jerusalem zurück
59–61: Gefangenschaft in Cäsarea (M.)
61: Berufung an den Kaiser und Aufbruch nach Rom
62: Ankunft in Rom
62–64: Gefangenschaft in Rom
62: Martyrium des Jakobus, des Bruders des Herrn
70: Fall Jerusalems
um 100: Tod des Johannes
81–96: Verfolgungen unter Domitian
40 n. Chr.
50 n. Chr.
60 n. Chr.
70 n. Chr.
80 n. Chr.
90 n. Chr.
100 n. Chr

d. Keim bestimmt in seinem Werk »Jesus von Nazara« 2, S. 379ff das Jahr der öffentlichen Wirksamkeit Jesu nach einer Aussage des Josephus (ant. Jud. XVIII, 116). Dieser sagt, daß die Niederlage des *Herodes Antipas gegen *Aretas im Jahr 36 von einigen als gerechtes Gottesgericht angesehen wurde, als Strafe für das, was er Johannes dem Täufer angetan hatte. Die Hinrichtung des Johannes muß nach Keim etwa zwei Jahre vorher stattgefunden haben, also 34, so daß die Kreuzigung auf das Jahr 35 anzusetzen sei. Jedoch folgt ja auch sonst die Strafe nicht immer unmittelbar dem Verbrechen, und obwohl die Feindschaft zwischen Antipas und Aretas sehr wohl durch die Scheidung des Antipas von der Tochter des Aretas verursacht worden sein kann, müssen die Hinweise bei Josephus beachtet werden, daß zwischen dieser Scheidung und dem Krieg von 36 einige Zeit verstrichen ist.

e. Der erfolgreichste Versuch, das Jahr der Kreuzigung zu bestimmen, wurde mit Hilfe der Astronomie unternommen. Alle vier Ev. stimmen darin überein, daß die Kreuzigung an einem Freitag stattfand, aber während bei den Synoptikern dieser Freitag auf den 15. Nisan (*Kalender) fällt, ist es bei Johannes der 14. Nisan. Daher muß mit Hilfe der Astronomie versucht werden zu bestimmen, in welchem der Jahre 26-36 der 14. oder 15. Nisan auf einen Freitag fiel. Da zur Zeit des NT der jüd. Monat nach dem Stand des Mondes bestimmt wurde, wobei der jeweilige Monat mit dem Neumond begann, folgt daraus die Notwendigkeit zu bestimmen, wann der Neumond auftrat. Fotheringham und Schoch, die sich dieses Problems annahmen, fanden beide eine Formel, nach der der 15. Nisan nur im Jahr 27 auf einen Freitag fiel und der 14. Nisan im Jahr 30 und 33. Da 27 als Kreuzigungsjahr nicht in Frage kommt, bleibt die Auswahl zwischen den Jahren 30 (7. April) und 33 (3. April). In der synoptischen Chronologie der Passionswoche werden für den 15. Nisan Ereignisse verzeichnet, die kaum an diesem heiligen Versammlungstag stattgefunden haben können. Die johanneische Chronologie ist daher die wahrscheinlichere, und spätestens seit Beginn des 3.Jh. scheint sie innerhalb der Kirche auch allgemein akzeptiert worden zu sein. Ein Harmonisierungsversuch, der gewisse Aufmerksamkeit hervorrief, geht vom Kalender der *Qumran-Sekte aus. Danach hätte Jesus das Passa nach dem essenischen Termin gefeiert, der im Jahr 30 n.Chr. auf Dienstag/Mittwoch lag, wie es auch eine alte christl. Tradition behauptet (A. Jaubert; E. Ruckstuhl). Bemerkenswerterweise geben die Berechnungen der Astronomen kein Kreuzigungsjahr an, das aus anderen Gründen in Frage käme, bei dem etwa der 14. Nisan auf einen Donnerstag fiele.

4. Die Dauer des Wirkens Jesu.
Die Dauer des Wirkens Jesu zu kennen, ist wesentlich wichtiger als die seines Beginns oder Endes. Es gibt darüber drei Haupttheorien:

a. Die 1-Jahres-Theorie: Ihre ersten Anhänger sahen sie vor allem dadurch bestätigt, daß Jesus das Jesajawort von dem »Gnadenjahr des Herrn« auf sich bezieht (Jes 61,2; Lk 4,19). In der vornicänischen Zeit wurde diese Theorie allgemein anerkannt. Neues Interesse fand sie seit dem 17.Jh. Am eindrücklichsten dargelegt wurde sie von van Bebber: »Zur Chronologie des Lebens Jesu«, 1898 und Belser in: BZ 1/1903; 2/1904.

b. Die 2-Jahres-Theorie: Ihre Anhänger, zu denen Apollinaris von Laodizea als einer der ersten gehörte, behaupten, daß in der Zeit zwischen der Taufe Jesu und seiner Kreuzigung lediglich die drei Passafeste stattfanden, die in Joh ausdrücklich erwähnt werden (Joh 2,13; 6,4; 11,55). Diese Theorie, die im Mittelalter kaum Zuspruch fand, hat heute wieder viele, die ihr folgen.

c. Die 3-Jahres-Theorie: Ihr erster bekannter Vertreter war Melito von Sardes. Ihre weite Beachtung von nachnicänischer Zeit an durch das Mittelalter hindurch geht jedoch auf den Einfluß des Eusebius zurück. Er lehnte die wörtliche Interpretation des Wortes »Jahr« in der Formulierung »das Gnadenjahr des Herrn« ab und zeigte überzeugend, daß nur eine Wirksamkeit von vollen drei Jahren den Voraussetzungen des 4. Ev entspricht. Auch heute hat diese Theorie eine große Anhängerschaft.

Die 1-Jahres-Theorie muß aufgrund der Erwähnung eines Passafestes 6,4, eines textlich sehr gut bezeugten Verses, verworfen werden. Um sich nun zwischen der 2-Jahres- und der 3-Jahres-Theorie entscheiden zu können, muß der Zeitraum zwischen den Passafesten in Joh 2,13 und 6,4 sorgfältig untersucht werden.

Da normalerweise zwischen Saat und Ernte sechs Monate lagen, darf das Wort »Es sind noch vier Monate, dann kommt die Ernte« (Joh 4,35) nicht nur als Redewendung angesehen, sondern muß auf die Umstände, in die hinein es gesprochen wurde, bezogen werden. So muß Jesu Rückkehr nach Galiläa, die in Joh 4,43 erwähnt wird, im Winter stattgefunden haben. Daß das nicht näher bezeichnete Fest von Joh 5,1 das Purimfest war – so nach Kepler viele Vertreter der 2-Jahres-Theorie – ist unwahrscheinlich. Purim wurde im Februar/März, also kurz nach Jesu Rückkehr gefeiert. Das Wort »danach« deutet aber an, daß zwischen seiner Rückkehr und der nächsten Reise nach Jerusalem ein beträchtlicher Abstand lag. Das unbenannte Fest ist viel wahrscheinlicher das folgende Passa im März/April oder das folgende Wochen- oder Laubhüttenfest gewesen. Einige Vertreter der 2-Jahres-Theorie, die anerkennen, daß es das folgende Passafest war, identifizieren es mit dem Passa von Joh 6,4 und behaupten, die Worte »Es war aber nahe« hätten hier die Bedeutung »war gerade vorüber«. Andere wollen Joh 6 vor Joh 5 stellen. Doch kann das »es war aber nahe« von Joh 6,4 nicht die Bedeutung von »war gerade vorüber« haben, da zwischen den Ereignissen von Kap. 5 und 6 ein beträchtlicher Zeitabstand lag, wie das »danach« in Joh 6,1 anzeigt. Außerdem gibt es keinen Textbeleg, der die vorgeschlagene Umstellung der Kapitel stützt. Man kann also folgern, daß zwischen den Passafesten von Joh 2,13 und 6,4 ein weiteres Passafest lag, so daß Jesus volle drei Jahre lang wirkte.

Nach der ersten Theorie liegt dann das erste und letzte Passafest während des Wirkens Jesu in den Jahren 29 und 30, nach der zweiten in den Jahren 28 und 30 und nach der dritten in den Jahren 30 und 33.

II. DIE CHRONOLOGIE DES APOSTOLISCHEN ZEITALTERS.

1. Von Pfingsten bis zur Bekehrung des Paulus.

Als Paulus drei Jahre nach seiner Bekehrung (Gal 1,18) aus Damaskus floh, bewachte der »Statthalter des Königs Aretas« die Stadt der Damaszener, um ihn gefangenzunehmen (2Kor 11,32f). Nach Ansicht einiger Gelehrter war dieser »Statthalter« der Scheich einer Gruppe von Arabern, Untertanen des *Aretas, die außerhalb der Stadtmauern lagerte. Die Bemerkung des Paulus läßt jedoch einen Beamten vermuten, der innerhalb der Stadt wirkte. Nach Meinung anderer stand Damaskus unter direkter röm. Verwaltung, so daß dieser Beamte ein Vertreter der arab. Volksgruppe gewesen wäre, die in der Stadt lebte (vgl. den Statthalter der Juden in Alexandria, Jos.ant.Jud. XIV, 117). Ein solcher Volksvertreter hätte jedoch nicht die Macht gehabt, eine Stadt zu überwachen. Offensichtlich regierte Aretas zu dieser Zeit über die Stadt Damaskus, und der Beamte war somit sein Vizekönig. Münzen zeigen, daß Damaskus bis zum J. 33 in röm. Hand war.

Es gibt keine klaren Anzeichen dafür, daß zwischen Pfingsten und der Bekehrung des Paulus eine lange Zeit verstrichen ist. Die Steinigung des Stephanus war, wie einige betonen, ein illegaler Akt, den die Juden unter der Prokuratur des Pilatus niemals gewagt hätten, und der daher nicht vor dem Jahr 36 stattgefunden haben könne. Jedoch kann niemand sagen, wann ein solcher fanatischer Ausbruch stattfinden kann und wann nicht.

Andere bemerken, daß das Christentum sich noch vor der Bekehrung des Paulus bis nach Damaskus ausgebreitet hatte. Jedoch gab es bis dahin offensichtlich noch keine geordneten Christengruppen außerhalb Jerusalems. Rasche Ausbreitung in den frühen pfingstlichen Zeiten ist aber wahrscheinlich, und selbst wenn eine Tradition bei Irenäus und in der apokryphen Schrift »Himmelfahrt des Jesaja« eine Zeitspanne von 18 Monaten nennt, was zweifelhaft erscheint, so ist die Bekehrung des Paulus doch eher zwischen 34 und 35 geschehen als zwischen 36 und 37.

2. Vom ersten Jerusalembesuch des Paulus nach seiner Bekehrung bis zu seinem Besuch zur Linderung der Hungersnot.

Im Jahr 37 oder 38 besuchte Paulus Jerusalem zum ersten Mal nach seiner Bekehrung, hielt sich dort 15 Tage lang auf, reiste anschließend nach Syrien und Zilizien (Gal 1,18-21) und blieb dort, bis Barnabas ihn um Unterstützung in Antiochia bat (Apg 11,25f). Ein Jahr später besuchten beide Jerusalem, um dort während der Hungersnot Hilfe zu leisten, wie es Apg 11,29f und 12,25 berichtet wird. In Apg 12,1-24 unterbricht Lukas seine Erzählung von diesem Besuch, um die Geschichte der Jerusalemer Urkirche bis in diese Zeit hinein nachzuzeichnen. Daraus folgt, daß der Besuch nach dem Tod von Agrippa I. anzusetzen ist. Hinweise bei Josephus (ant.Jud. XIX, 350-352) zeigen, daß dieser im Jahr 44 starb, vor dem 1. Nisan. Seine Verfolgung der Kirche, die zur Zeit des Passafestes stattfand, könnte dann in das Jahr 43 datiert werden, kaum früher, weil zwischen ihr und seinem Tod offensichtlich keine lange Zeit verstrichen ist.

Die Hungersnot, von *Agabus vorausgesagt, brach in Judäa zur Zeit des Prokurators Tiberius Julius Alexander (46-48) aus (Jos.ant.Jud. XX, 97-104). Die Bedingungen spitzten sich in dem Jahr zu, in dem die Vorjahresernte fehlte und die nächste erst bevorstand. Gerade da kam die Königin von Adiabene, Helena, nach Jerusalem und brachte den Einwohnern Getreide aus Ägypten. Wie Papyri zeigen, herrschte in der zweiten Hälfte des Jahres 45 auch in Ägypten eine Hungersnot. So können die Diener der Helena dort kaum vor der Ernte im Jahr 46 Getreide gefunden haben. Die schlechte Ernte in Palästina muß demnach 46 oder 47 gewesen sein. Die Geldsammlung in Antiochia lief wahrscheinlich erst richtig an, als sie für die Judenchristen spürbar notwendig geworden war, also gegen Ende 45 oder 46. Da das frühere Datum mehr Raum läßt für nachfolgende Ereignisse, ist es vorzuziehen.

3. Die erste Missionsreise.
Nach Antiochia zurückgekehrt, begannen Paulus und Barnabas sofort die erste Missionsreise, wahrscheinlich Anfang 46. Nachdem sie bis Salamis auf Zypern gesegelt waren, durchquerten sie die Insel bis Paphos, wo sie den Prokonsul Sergius Paulus trafen (Apg 13,4-12). Ob es sich bei ihm um denselben Sergius Paulus handelt, den Plinius in seiner »Historia naturalis« nennt, ist unsicher. Eine röm. Inschrift erwähnt einen L. Sergius Paulus als Curator Tiberis zur Zeit des *Claudius, doch daß dieser anschließend Zypern verwaltete, ist nicht bekannt. Eine Inschrift, die in Soloi auf Zypern gefunden wurde, endet mit der Datierung »Im 13. Jahr, am 25. des Monats Demarchousios« und trägt als Zusatz den Hinweis »Er (Apollonius, von dem diese Inschrift handelt) überprüfte auch den Senat, als Paulus Prokonsul war«. Dieser Paulus ist möglicherweise der Sergius Paulus der Apg. Unsicher ist jedoch nicht nur, ob diese »Überprüfung des Senats« im Jahr 13 stattfand, sondern auch, welche Zeit mit dem 13. Jahr überhaupt gemeint ist. Da eine andere Inschrift zeigt, daß das Prokonsulat des Paulus weder in das Jahr 51 noch in das Jahr 52 fiel, kann aus den Informationen, die die Inschriften liefern, das genaue Jahr nicht erschlossen werden.

Während die Missionare von Salamis aus nach W in die Insel vordrangen, werden sie in den Städten, in die sie kamen, sicher auch gepredigt haben. So erreichten sie Paphos wohl erst im Herbst und haben, nachdem sie Perge hinter sich ließen, noch vor Einbruch des Winters ihre Mission in Pisidien und Lykaonien begonnen (Apg 13,13ff). Da 12 Monate für diese Mission als ausreichend erscheinen, kann ihre Rückkehr nach Antiochia in den Herbst 47 gesetzt werden.

4. Das Apostelkonzil.
Früh im Jahr 48, 14 Jahre nach seiner Bekehrung, erschien Paulus mit Barnabas auf dem Apostelkonzil (Apg 15).

Manche identifizieren dieses Konzil mit der Versammlung von Gal 2,1-10. Den Einwand, Paulus hätte im Gal den Jerusalembesuch von Apg 11,30 nicht unerwähnt lassen dürfen, weisen sie mit der Begründung zurück, daß der Besuch von Gal 1,18 aus einem bestimmten Grund genannt wird und der von Gal 2,1 aus einem anderen. Um zu zeigen, daß er nicht von Menschen her und durch Menschen Apostel ist, weist Paulus darauf hin, daß er in den drei Jahren nach seiner Bekehrung mit den Aposteln keinen Kontakt hatte. Zweck seines Hinweises auf einen späteren Besuch Jerusalems ist es, den Galatern zu versichern, daß damals sein Apostelamt für die Heiden von den Kirchenführern anerkannt worden sei (*Apostelkonzil, *Galaterbrief).

Einige setzen den Besuch in Apg 11,30 vor die Christenverfolgung durch Agrippa und behaupten, das Konzil in Apg 15 (= Gal 2,1-10) habe zu jener Zeit stattgefunden. Dies ist jedoch zeitlich schwierig, weil dann die Bekehrung des Paulus nicht später als ins Jahr 30 datiert werden kann. Andere vermuten, daß das Konzil nach der ersten Missionsreise stattgefunden habe, und daß zu diesem Zeitpunkt und nicht früher die Geldsammlung von Antiochia wegen der Hungersnot nach Jerusalem gebracht wurde. Lukas, so vermutet man, hatte von diesem Besuch zwei Berichte, von denen einer aus Antiochia stammte und der andere aus Jerusalem; er habe dadurch angenommen, daß es sich um zwei verschiedene Besuche handelte.

5. Die zweite Missionsreise.
Paulus begann seine zweite Reise anscheinend im Spätfrühling 48. Nachdem er die Gemeinden in Syrien und Zilizien sowie die in Kleinasien bereits gegründeten Gemeinden besucht hatte (Apg 15,36-16,5), begab er sich auf ein neues Arbeitsfeld; er zog durch »Phrygien und das Land Galatien« (Apg 16,6). Über seine Missionsarbeit dort wird nichts berichtet; sie muß jedoch die Gründung derjenigen Gemeinden eingeschlossen haben, an die später der Galaterbrief ging, falls diese Gemeinden (nach der bis ins 19.Jh. allgemeingültigen Meinung) tatsächlich im ethnographischen Sinn nach Galatien gehörten. Ihre Gründung hat Paulus wohl bis zum Frühjahr 49 beansprucht. Die darauf folgende Mission in Mazedonien und Achaja endete kurz nach der Episode mit Gallio (Apg 18,12-17), deren Datierung mit Hilfe einer Inschrift ziemlich genau festgelegt werden kann. In dieser Inschrift, einem Erlaß des Claudius an die Delphier, der auf die 26. Bestätigung seiner Herrscherwürde datiert ist, wird Gallio als Prokonsul genannt. Inschriften zeigen (CIL 3,476 und 6,1256), daß Claudius nach dem 25. Januar 51 zum 23. Mal und vor dem 1. August 52 zum 27. Mal bestätigt wurde. So ist wahrscheinlich, daß er in der ersten Hälfte des Jahres 52 zum 26. Mal bestätigt wurde und folglich den Erlaß in diesem Jahr schrieb. Zuvor hatte Gallio die Grenzfrage, mit der sich der Erlaß befaßte, untersucht und sich mit Claudius beraten. Der Erlaß muß daher in die zweite Hälfte des Jahres fallen, in dem Gallio als Prokonsul amtierte. Dieses Jahr muß im Sommer 51 begonnen haben. Apg 18,12 deutet an, daß Gallio schon einige Zeit im Amt

war, bevor die Juden handelten, doch haben sie wahrscheinlich nur wenige Monate gewartet. Da Paulus vor dieser Begebenheit 18 Monate in Korinth war, muß er dort im Frühjahr 50 angekommen sein, und da er danach »noch eine Zeitlang« (Apg 18,18) in Korinth verweilte, womit wohl nicht mehr als ein oder zwei Monate gemeint sind, ist er wahrscheinlich vor dem Winter 51/52 nach Syrien zurückgekehrt.

Bei seiner Ankunft in Korinth traf Paulus Priska und Aquila, die unlängst aus Rom angekommen waren, nachdem Claudius allen Juden angeordnet hatte, die Stadt zu verlassen (Apg 18,2). Diese Vertreibung wird von Orosius in das neunte Jahr des Claudius gesetzt, d.h. 49 (25. Januar)-50. Auch wenn unsicher ist, wie Orosius an dieses Datum gelangte, ist es wohl beweiskräftig. Es stimmt gut mit oben gewonnenem Ergebnis überein, daß Paulus im Frühjahr 50 in Korinth ankam.

6. Vom Beginn der dritten Missionsreise des Paulus bis zu seiner Ankunft in Rom. Paulus' dritte Reise kann kaum früher als 52 begonnen haben. Da sie einen dreijährigen Aufenthalt in Ephesus (Apg 20,31) und drei Monate Aufenthalt in Griechenland (Apg 20,3) einschließt, endete sie frühestens im Jahr 55. Der Übergang des Prokuratoramtes von Felix auf Festus (Apg 24,27) kann frühestens auf das Jahr 57 datiert werden. Da der Nachfolger des Festus beim Laubhüttenfest 62 in Palästina weilte (Jos.bell.Jud. VI,300ff), muß Festus, der im Amt starb, spätestens 61 Prokurator geworden sein. Von diesen möglichen Jahren 57-61 halten die meisten Wissenschaftler die Jahre 57 und 58 für zu früh und nehmen deshalb das Jahr 59 oder 60 an; die Ankunft des Paulus in Rom muß dann in das Jahr 60 oder 61 gelegt werden. Der Prokurator Festus gestattete einer Delegation, eine Bittschrift nach Rom zu überbringen, wo man ihr gewährte, Poppaea Sabina, die Gattin Neros zu treffen (Jos.ant.Jud. XX, 195). Da Nero Poppaea im Mai 62 heiratete, lebte Festus im April dieses J. wohl noch. Ein neues provinziales Münzsystem, das 59 in Judäa eingeführt wurde (das letzte vor dem Aufstand 66), mag auf seinen Amtsantritt in diesem Jahr hinweisen.

Die Rückkehr des Paulus von Korinth nach Syrien war wohl durch Krankheit verursacht; er wird daher seine dritte Reise nicht vor 53 begonnen haben. Er kehrte in das Gebiet von Phrygien und Galatien zurück, indem er den Weg zunächst über Galatien nahm (Apg 18,23), und kam nach Missionsarbeiten im Zentrum Kleinasiens (Apg 19,1) wahrscheinlich im Herbst 54 nach Ephesus. Nach dem Aufstand 57 verließ er Ephesus, um nach Troas zu reisen. Auf dem Weg nach Europa traf er im Frühjahr 58 Titus, der ihn in seiner Angst um die Gemeinde von Korinth beruhigte. Er arbeitete dann in Mazedonien und Achaja, vielleicht auch in Illyrien (Röm 15,19) und kehre 59 nach Jerusalem zurück. Im Jahr 61, nach zwei Jahren Gefangenschaft in Cäsarea, appellierte er an den Kaiser (*Berufung an den Kaiser) und segelte im Herbst (Apg 27,9) nach Rom, wo er 62 ankam.

Nach Josephus entging Felix bei seiner Rückkehr nach Rom nur dank der Vermittlung seines Bruders Pallas, der bei Nero in großen Ehren stand, einer Bestrafung für seine in Palästina begangenen Untaten. Tacitus berichtet, daß Nero kurz nach seiner Thronbesteigung Pallas aus seinem Amt entfernte. In der »Chronik« des Euseb (nach der Übersetzung des Hieronymus) wird der Beginn des Prokuratoramtes des Festus auf das zweite Jahr Neros gesetzt. Gelehrte, die diese Daten heranziehen und den in Apg 24,27 genannten Zeitraum von zwei Jahren als die Zeit des Prokuratoramtes des Festus betrachten, kommen zu dem Ergebnis, daß Festus im J. 55 oder 56 der Nachfolger des Felix wurde. Gegenargumente gegen diese Frühdatierung sind, daß sie zu wenig Zeit läßt für die Ereignisse der dritten Reise des Paulus, daß sie eine gekünstelte Deutung von Apg 24,27 voraussetzt, und daß Josephus selbst die Ereignisse während des Prokuratoramtes des Felix in die Regierungszeit Neros setzt.

7. Von der Ankunft des Paulus in Rom bis zum Ende des apostolischen Zeitalters.
Für mindestens zwei Jahre, also bis 64, dem Jahr der neronischen Verfolgung, blieb Paulus als Gefangener in Rom. Was dann mit ihm geschah, ist nicht sicher bekannt.

Petrus wurde auf wunderbare Weise aus der Hand des Agrippa befreit (Apg 12,3ff). Später kam er zum Apostelkonzil hinzu und besuchte Antiochia (Gal 2,11ff). Hinweise auf eine Kephas-Partei in Korinth (1Kor 1,12) sind kein sicherer Beweis, daß Petrus dort war. Es gibt hinreichend Belege, daß er schließlich nach Rom gelangte; von seiner Verbindung mit dieser Stadt ist jedoch nur sein Martyrium sicher.

Jakobus, der Herrenbruder, wurde im J. 62 zu Tode gesteinigt, wie Jos.ant.Jud XX,200 berichtet, ein Abschnitt, der jedoch eine Einschiebung sein könnte. Kurz vor dem Jüdischen Krieg (66-70) flohen die Jerusalemer Christen nach Pella. Die Christenverfolgungen unter Domitian (81-96) entsprangen offensichtlich persönlicher Feindschaft oder dem Volkszorn, sie waren keine Staatsaktionen. Es gibt nur geringe Hinweise, daß der Apostel Johannes zusammen mit seinem Bruder Jakobus den Märtyrertod erlitt (Apg 12,2). Wahrscheinlicher ist, daß er, wie Irenäus berichtet (haer. II,22,5), bis in die Zeit Trajans weiterlebte. Sein Tod (um 100) markiert das Ende des apostolischen Zeitalters. Zur Datierung der Bücher des NT vgl. die Artikel zu den jeweiligen Büchern.

Literatur: G.B. Caird: The Apostolic Age, 1955, Appendix A; J. Dupont: Les Problèmes du Livre des Actes, 1950; J. Finegan: Handbook of Biblical Chronology, 1964; J.K. Fotheringham: The Evidence of Astronomy and Technical Chronology for the Date of the Crucifixion, in: JTS 35/1934, 146ff; L. Girard: Le Cadre chronologique du Ministre de Jésus, 1953; J.J. Gunther: Paul, Messenger and Exile. A Study in the Chronology of his Life and Letters, 1972; U. Holzmeister: Chronologia Vitae Christi, 1933; ders.: Historia Aetatis Novi Testamenti, 1938; A. Jaubert: La Date de la Cène, 1957; R. Jewett: Paulus-Chronologie, 1982; G. Lüdemann: Paulus, der Heidenapostel, 1980; G. Ogg: The Chronology of the Public Minister of Jesus, 1940; ders.: The Chronology of the Life of Paul, 1968; D. Plooij: De Chronologie van het Leven van Paulus, 1918; J.A.T. Robinson: Wann entstand das Neue Testament?, 1986; E. Ruckstuhl: Die Chronologie des Letzten Mahles und des Leidens Jesu, 1963; A. Strobel: Art. Zeitrechnung in: BHH III, 2211-2230; ders.: Ursprung und Geschichte des frühchristlichen Osterkalenders, 1977; A. Suhl: Paulus und seine Briefe, 1975; E.F. Sutcliffe: A Two Year Public Ministry, 1938; Th. Zahn: Die syrische Statthalterschaft und die Schätzung des Quirinius, NKZ 4/1893, S. 633-654; Ders.: Zur Lebensgeschichte des Apostels Paulus, NKZ 15/1904, 23-41.189-200; Einleitung in das NT II (³1907), S. 639-652.668: Evangelium des Johannes (⁵/⁶1921, ND 1983), S. 719-723.

G.O.

CHRYSOLITH s. Edelsteine

CHRYSOPRAS s. Edelsteine

CLAUDIUS. (Tiberius C. Caesar Augustus Germanicus). Röm. Kaiser 41-54, geboren 10 v.Chr. in Lugdunum (Lyon), Sohn des Drusus und der Antonia minor (Apg 11,28).

Nach der Ermordung *Caligulas von der Prätorianerpartei auf den Thron gehoben, konnte C. allmählich die Anerkennung des Senats gewinnen. Obgleich kränklich, nervös und in hohem Maß von seinen Ehefrauen abhängig (von denen er nacheinander vier hatte), hat C. politisch durchaus erfolgreich agiert.

Innenpolitisch ist sein Ausbau der zentralen kaiserlichen Verwaltung zu nennen, die die Besetzung einflußreicher Ressorts (Finanzen, Kasse) mit fachkundigen Freigelassenen vorsah. C. verbesserte das Straßen- und Postwesen; die Anlage von Alpenstraßen, die Erweiterung des Hafens von Ostia und die Tiberregulierung gehen auf seine Initiative zurück.

Marmorbildnis des Kaisers Claudius (Apg 11,28; 18,2). Höhe ca. 21 cm. (RG)

Auf religiösem Gebiet ist C. ebenfalls in Erscheinung getreten: wiederholt schritt er gegen die Juden in Rom ein (Sueton: Claudius 25: »*Iudaeos impulsore Chresto assidue tumultuantis Roma expulit.*« – Juden, die auf Betreiben eines gewissen Chrestus für erhebliche Unruhe gesorgt hatten, vertrieb er aus Rom; vgl. Apg 18,2). Er versuchte aber auch, zwischen Juden und Griechen in Alexandria zu vermitteln; aus Italien verbannte C. die Astrologen.

Goldmünze mit dem Bild des Kaisers Claudius (41–54). (BM)

Außenpolitisch hielt C. die Sicherung der Randgebiete für vorrangig und führte daher z.B. Mauretanien, Lykien, Judäa und Thrazien in den Provinzialstatus über. An der oberen Donau ließ er eine Reihe von befestigten Lagern errichten, den Südosten Britanniens, den er erobert hatte, sicherten vier Legionen.

Um ihrem leiblichen Sohn, dem späteren Kaiser *Nero, die Thronfolge gegenüber Britannicus, C.' Sohn aus früherer Ehe, zu sichern, vergiftete seine vierte Gemahlin Agrippina C. mit einem Pilzgericht.

Literatur: A. Momigliano: Claudius, [2]1961; Suetonius: De Vita Caesarum Libri, Vol. I, 1978. K.G.

Modell der Burg Antonia in Jerusalem. Claudius Lysius war der Kommandant einer hier um 59 n.Chr. stationierten Garnison. (HC)

CLAUDIUS LYSIAS. Der Militärtribun (griech. chiliarchos; LÜ: »Oberst der Abteilung«), der nach Apg. 21,31ff die röm. Garnison der Festung *Antonia in Jerusalem befehligte, die Paulus in Gewahrsam nahm. Er hatte seine röm. Saatsbürgerschaft durch Kauf erworben (Apg 22,28). Sein Name Claudius legt die Vermutung nahe, daß er sie während der Vorherrschaft des Kaisers *Claudius (41-54 n.Chr.) gekauft hatte, als die röm. Staatsbürgerschaft zunehmend gegen Bargeld erhältlich war. Sein Beiname Lysias zeigt, daß er als Grieche geboren war. Sein Schreiben an *Felix über Paulus (Apg 23,26-35) stellt die Fakten so dar, daß sein eigenes Verhalten in einem besonders guten Licht erscheint. F.F.B.

CLEMENSSCHRIFTEN s. Apostolische Väter

CYRENIUS s. Quirinius

DABERAT. Eine levitische Stadt von Issachar (1Chr 6,57; Jos 21,28), vermutlich an der Grenze von Sebulon (Jos 19,12). Es wird gewöhnlich mit den Ruinen in der Nähe des heutigen Dorfes Daburiye, am W-Fuß des Tabor, identifiziert. J.D.D.

DACH s. Haus

DAGON. Im AT ist D. eine philistäische Hauptgottheit, die in *Gaza zur Zeit Simsons (Ri 16,21-23), in *Aschdod (zur Makkabäerzeit, 1Makk 10,83-85; 11,4) und in *Bet-Schean zur Zeit Sauls und Davids (1Sam 5,2-7; vgl. 1Chr 10,10 mit 1Sam 31,10) verehrt wurde.

Die Kenntnis der Herkunft dieses Gottesnamens ging im Altertum verloren. Es ist auch ungewiß, um welche Art von Gottheit es sich handelt. Die allgemeine Ansicht, daß D. ein Fischgott war, scheint keine Grundlage zu haben. Sie wurde von Hieronymus angedeu-

Bronzelöwe, der den Eingang des Dagan (= Dagon-)Tempels in Mari, Syrien bewachte. Länge ca. 70 cm. Babylonien, 18. Jh. v.Chr. (MC)

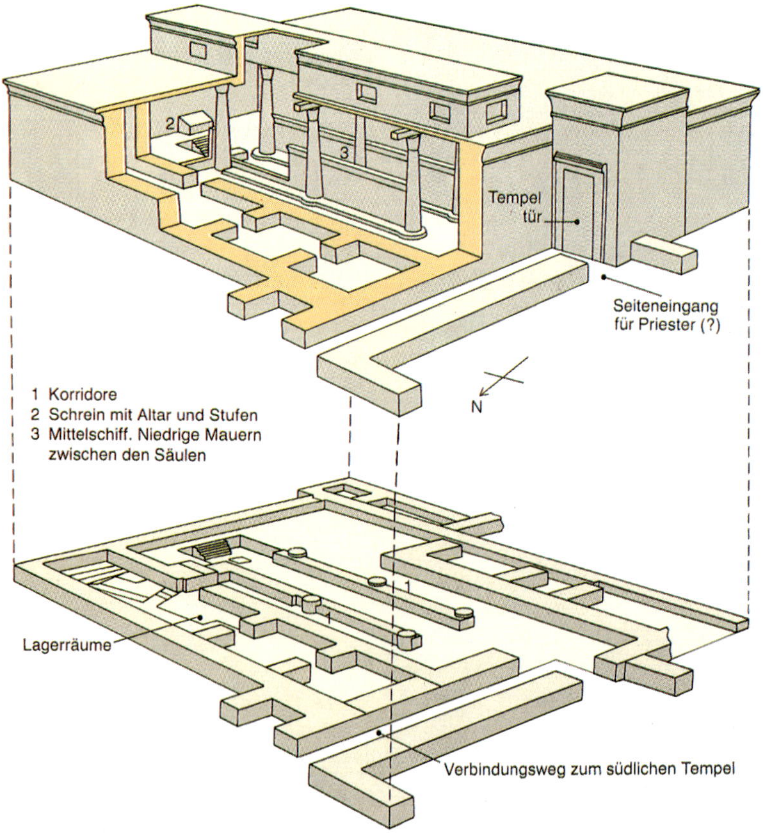

tet, von Kimhi im 13.Jh.n.Chr. zum ersten Mal klar ausgedrückt (Schmökel) und beruht ausschließlich auf der äußeren Ähnlichkeit zwischen »Dagon« und dem hebr. *dāg*, »Fisch«. Die Gottheit mit dem Fischschwanz auf Münzen aus Arwad und Aschkelon wird mit Atargatis in Verbindung gebracht und hat keine gesicherte Verbindung zu Dagon (Dhorme und Dussaud). Das hebr. Wort *dāgān*, »Korn«, rührt vielleicht von dem Namen des Gottes Dagon oder Dagan her oder ist seine Wurzel; es ist daher möglich, daß D. ein Pflanzen- oder Korngott war (vgl. W.F. Albright: Archeology and the Religion of Israel, [3]1953, S. 74 und 220, Anm. 15).

D. wurde zumindest ab 2500 v.Chr. in ganz Mesopotamien verehrt, besonders im mittleren Euphratgebiet, wo er in Mari einen Tempel hatte (18.Jh.v.Chr.), der mit bronzenen Löwen geschmückt war. Viele Personennamen wurden mit D. gebildet.

Im 14.Jh.v.Chr. und davor hatte D. einen Tempel in Ugarit in N-Phönizien. Das ergibt sich aus zwei Stelen, die seinem Namen geweiht sind (abgebildet in: Syria 16/1935, Tafel 31,1-2, gegenüber S. 156; übersetzt von Albright: op.cit. S. 203, Anm. 30). Dieser Tempel hatte einen Vorhof (?), ein Vorzimmer und vermutlich einen Turm (Grundriß in C.F.A. Schaeffer: The Cuneiform Texts of Ras Shamra-Ugarit, 1939, Tafel 39). Das Ganze sah vermutlich so aus wie das alte Modell, das C.L. Woolley erläuterte (A Forgotten Kingdom, 1953, S. 57, Abb. 9). In den ugaritischen (nordkanaan.) Texten ist D. der Vater von Baal. Ein in Bet-Schean entdeckter Tempel könnte der aus 1Chr 10,10 sein (s. A. Rowe: Four Canaanite Temples of Beth Shan, I, 1940, S. 22-24). Daß D. weitere Heiligtümer in Palästina besaß, geht aus zwei Ansiedlungen mit dem Namen Bet-Dagon (Jos 15,41; 19,27) in den Gebieten von Juda und Asser hervor. Ramses II. erwähnt in seinen palästinischen Listen (etwa 1270 v.Chr.) ein B(e)t-D(a)g(o)n und Sanherib ein Bit-Dagannu 701 v.Chr.

Literatur: H. Schmökel: Der Gott Dagan, 1928; ders. in: Reallexikon der Assyriologie, hrsg. von Ebeling und Meissner, II, 1938, S. 99–101; W.F. Albright: Die Religion Israels im Lichte der Archäologie, 1956. K.A.K.

DALMANUTA. Ein sonst unbekannter Ort im Gebiet des Sees von *Genezareth. Nach der zweiten Speisung kam Jesus mit einem Boot »in die Gegend von D.« (Mk 8,10). Die Parallele Mt 15,39 bietet stattdessen den ebenfalls unbekannten Namen Magadan. Man hat vorgeschlagen, in beiden Bezeichnungen Verschreibungen von *Magdala zu sehen (J. Jeremias: Abba, 1966, 87-90), aber diese Lesart begegnet nur in wenigen späteren Handschriften. Eusebius (onom. 134,20) nennt ein Magedanē in der Nähe von *Gerasa und denkt damit offenbar an das Ostufer des Sees. Man hat auch D. in Transjordanien finden wollen (ELS 261, Anm. 1). Die Fortsetzung Mt 16,1-4/Mk 8,11-13 weist aber doch wohl auf das Westufer (Th. Zahn). Zu erwägen ist die Annahme, daß D. die Wiedergabe eines aram. Ausdrucks darstellt, der nur im Jüngerkreis gebräuchlich war: *dalma ʾnutha* »Gegend seines (d.h. Jesu) Aufenthalts«. Dann wäre an Kapernaum (vgl. Mt 9,1) zu denken (Hjerl-Hansen, 374-376) oder an die nahegelegene Bucht von *et-tabgha* (*Kapernaum IV). Im zweiten Fall könnte es sich bei Magadan um den alten semit. Namen der Quellen von Kapernaum (»Wasser des [kanaanäischen Gottes] Gad«?) handeln (B. Pixner: CNFI 1985, 25).

Literatur: B. Hjerl-Hansen: RB 53, 1946, 372-384; Th. Zahn: Das Evangelium des Matthäus, [4]1922; ND 1984, 529. R.R.

DAMASKUS

I. ZUR ZEIT DES ALTEN TESTAMENTS.

1. Lage.

Syriens Hauptstadt (Jes 7,8) liegt östl. des Antilibanongebirges, im SW überragt vom Hermon (Hld 7,5), im NW der Ghuta-Ebene, 700 m über dem Meeresspiegel und westl. der syr.-arab. Wüste. Die Gegend ist berühmt wegen ihrer Obstkulturen und Gärten, die vom klaren Wasser des Abanaflusses (heute Barada) und des Parparflusses bewässert werden. D. ist ein natürlicher Knotenpunkt. Es verbindet den Karawanenweg zur Mittelmeerküste (etwa 100 km nach W) über Tyrus (Hes 27,18) nach Ägypten mit den Wegen nach O durch die Wüste nach *Assyrien und *Babylonien, in den S nach *Arabien und in Richtung N nach Aleppo. Als Hauptstadt eines aram. Staates erlangte die Stadt im 10.-8.Jh.v.Chr. besondere Bedeutung.

Das Zentrum der heutigen Stadt liegt am Barada und schließt teilweise auch das Gebiet der alten, ummauerten Stadt ein. Einige Straßen haben noch denselben Verlauf wie zur Römerzeit, so z.B. die Gerade Straße (*Darb al-mustaqim*) oder Lange Straße (*Sūq et-Tawilēh*) (vgl. Apg 9,11). Die große, im 8.Jh. gebaute Moschee soll über dem Tempel Rimmons (2Kön 5,18) errichtet worden sein.

2. Name.

Die Bedeutung des Namens D. (griech. *Damaskos*; hebr. *Dammāśāq*; aram. *Darmāśāq*) ist unbekannt. Das *ʾaram darmāśāq* aus 1Chr 18,6 entspricht dem heutigen (Dimaschk-)

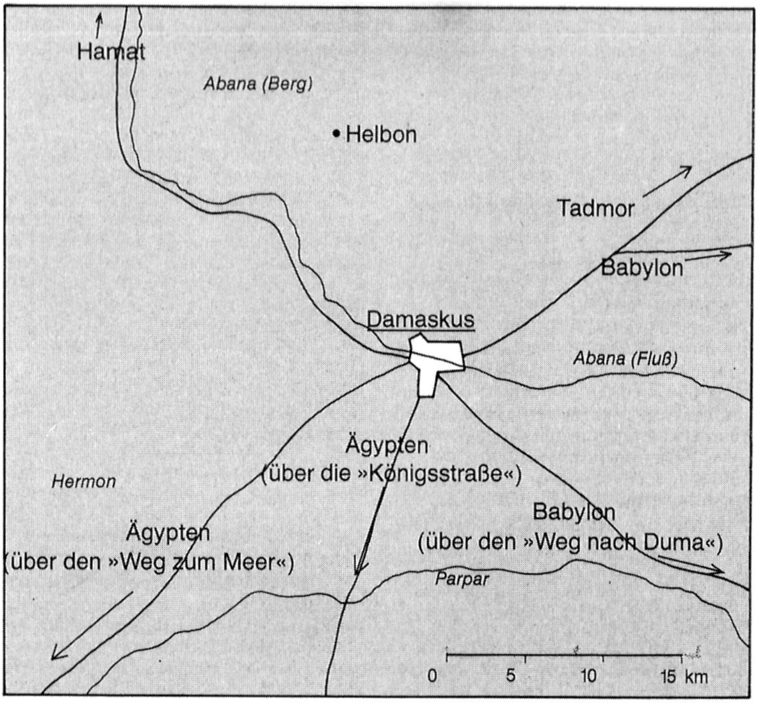

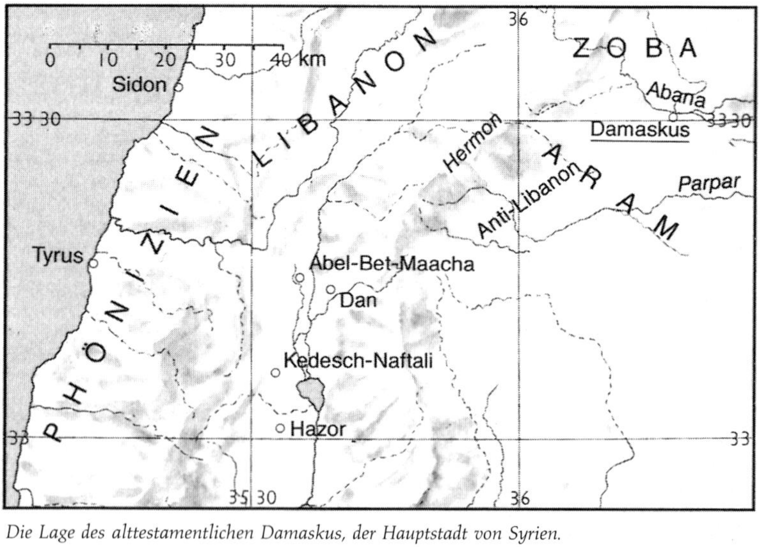

Die Lage des alttestamentlichen Damaskus, der Hauptstadt von Syrien.

esch-schām als »Damaskus des Nordens (Syriens)«. Man findet den Namen in ägypt. *Tjmschqw* (Thutmosis III.) und in den Amarna-Briefen (14.Jh.v.Chr.) sowie in Keilinschriften als *Dimaschqi.* Andere Namen in späteren Texten sind *scha imerischu* (vielleicht »Karawanenstadt«) und *Bīt-Hazaʾ-ili* (»Haus von Hasaël«) im 8.Jh.v.Chr. (DOTT, S. 57). S. ANET, S. 278, Anm. 8.

3. Geschichte.

D. scheint seit vorgeschichtlicher Zeit bewohnt gewesen zu sein. Im 2.Jt.v.Chr. war es eine sehr bekannte Stadt. Nahe D. schlug Abraham einige miteinander verbündete Könige (1Mo 14,15), sein Diener Eliëser stammte möglicherweise aus dieser Stadt (1Mo 15,2). David eroberte und besetzte D., nachdem er zuvor schon die Truppen besiegt hatte, die aus D. zur Unterstützung von Hadad-Eser von Zoba geschickt worden waren (2Sam 8,5f; 1Chr 18,5f). Reson von Zoba, der aus der Schlacht entkommen war, rückte später in die Stadt ein und machte sie zur Hauptstadt eines neu gegründeten aram. Stadtstaates *Aram (Syrien; 1Kön 11,24). Unter Resons Nachfolgern Hesion und seinem Sohn Tabrimmon gewann die Stadt an Einfluß. Als Tabrimmons Sohn *Ben-Hadad I. (etwa 900-860 v.Chr.) den Thron bestieg, war D. der dominierende Partner bei dem Vertrag mit Asa von Juda, der sich mit Ben-Hadads Hilfe der Bedrängnis durch Bascha von Israel erwehren wollte (2Chr 16,2f). Derselbe König (oder Ben-Hadad II.?, vgl. *Chronologie) räumte Aliab in einem Vertrag das Recht ein, Handelsniederlassungen in D. einzurichten (1Kön 20,34). Das Ziel dieses Bundes war, Israels Unterstützung für die Koalition der Stadtstaaten gegen die Assyrer zu erlangen. Ben-Hadad (assyr. Adad-idri) von D. stellte in der Schlacht von Karkar im Jahre 853 v.Chr. das größte Truppenkontingent (20 000 Mann). Ben-Hadad könnte der nicht namentlich erwähnte »König Arams« sein, gegen den Ahab kämpfte und dabei den Tod fand (s. 1Kön 22,29-35).

In D. salbte der Prophet Elia Hasaël zum künftigen König von Syrien (1Kön 19,15). Elisa, der den Hauptmann Naaman von D. geheilt hatte, wurde dort von Hasaël um eine Prophezeiung gebeten über den Ausgang der Krankheit von Ben-Hadad (2Kön 8,7f). 841 v.Chr. wurde Hasaël wiederholt von den Assyrern unter Salmanassar III. angegriffen. Eine Zeitlang hielt er den Paß über das Libanongebirge, aber nach dem Verlust von 16 000 Mann, 1121 Wagen und 470 Reitern war er gezwungen, sich nach D. zurückzuziehen. Dort wurde er belagert, hielt jedoch stand. Vor ihrem Abzug verbrannten die Assyrer die Obstgärten und Anpflanzungen rund um die Stadt (DOTT, S. 48; ANET, S. 280). Von 805-803 v.Chr. griffen sie unter Adad-nirari III. erneut an. Ein weiterer Angriff durch Adad-nirari im Jahre 797 v.Chr. schwächte D. so, daß Joasch von Israel die Städte an seiner N-Grenze, die sein Vater zuvor an Hasaël verloren hatte, zurückgewinnen konnte (2Kön 13,25).

Unter Rezin (assyr. Rahianu) unterdrückte Aram Juda erneut (2Kön 16,6), wurde aber im Jahre 738 n.Chr. gemeinsam mit Menahem von Israel ein Vasall von Tiglatpilesar III. von Assyrien. Bald darauf erhob sich Rezin, nahm Elat ein und brachte viele Judäer gefangen nach D. (2Chr 28,5). Ahas von Juda wandte sich daraufhin an die Assyrer um Hilfe. Diese antworteten mit einer Reihe von Strafexpeditionen (734-732 v.Chr.), die in der vorhergesagten Eroberung von D. (Jes 17,1; Am 1,3-5) und dem Tode Rezins gipfelten. Die Plünderung und Zerstörung der Stadt (Jes 8,4) und der Abtransport ihrer Bewohner nach Kir (2Kön 16,9) waren zugleich Anschauungsunterricht für Juda (Jes 10,9f). Für seine Hilfe mußte Ahas dem assyr. König in D. Tribut zahlen. Den Altar, den er dort sah, ließ er kopieren (2Kön 16,10f); das führte schließlich zur Anbetung der syr. Gottheiten im Tempel von Jerusalem (2Chr 28,23). D. nahm jetzt nur noch eine untergeordnete Stellung in der assyr. Provinz Hamat ein und verlor seine politische, aber nicht völlig seine wirtschaftliche Macht (vgl. Hes 27,18). Judäische Kaufleute wohnten weiterhin in der Stadt. D. galt als nördl. Grenze des idealen jüd. Staates (Hes 47,16-18; 48,1; Sach 9,1).

Literatur: M.F. Unger: Israel and the Aramaeans of Damascus, 1957; A. Jepsen: Israel und Damaskus, AfO 14, 1941–44, 153-172; Pinceton Encyclopedia of Classical Sites, 1976, 256 f.

D.J.W.

II. IM NEUEN TESTAMENT.

Nach *Alexander dem Großen gehörte D. zum *Seleukidenreich und war dann Schauplatz von Kämpfen der Makkabäer-Zeit (1Makk 11,62; 12,32). Die Stadt verlor durch *Antiochia am Orontes viel von ihrer Bedeutung (Strabo XVI 2,20), war aber von ca. 96-84 v.Chr. nochmals Hauptstadt des Reiches. Danach stand D. unter der Schutzherrschaft der Nabatäer (Jos.ant.Jud. XIII, 392; bell.Jud. I, 103), wurde aber 64 v.Chr. durch Pompejus der röm. Provinz Syria einverleibt (Jos.ant.Jud. XIV, 29; bell.Jud. I, 127). *Herodes der Große baute in D. ein Theater und ein Gymnasium (Jos.bell.Jud. I, 422). Nach dem Tod des *Tiberius (37 n.Chr.) wurde die Stadt nach Ansicht mancher Forscher wieder an den Nabatäerkönig *Aretas IV. verliehen, kam aber spätestens um 61/2 n.Chr. unter di-

Teil der Geraden Straße (al-Salheya, Apg 9,11) in Damaskus. (RH)

rekte röm. Herrschaft zurück. Zeitweise gehörte D. im 1. und 2.Jh.n.Chr. zur *Dekapolis.

Das »Land Damaskus« in der auch in *Qumran gefundenen Damaskusschrift (CD 6, 5.19; 7,15.19; 8,21; 19,34; 20,12) dürfte nicht bloß symbolisch gemeint sein, sondern auf Siedlungen essenischer Gruppen hindeuten (F.M. Strickert: RQ 12, 1986, 334-337). An die Gegend um D. knüpften manche jüd. Kreise besondere messianische Hoffnungen (N. Wieder: The Judean Scrolls and Karaism, 1962, 1-51; *Hermon). Eine alte Tradition (Justin, Dial. 78), die manche für zuverlässig halten (H. Bietenhard: ANRW II, 8, 1978, 252f), läßt die Magier (Mt 2,1-12) aus *»Arabien«, d.h. der Gegend um D., stammen. Früh, vielleicht von *Galiläa aus, kam das Christentum nach

Eine typische Hauskonstruktion auf der Stadtmauer von Damaskus. Aus einem ähnlichen Haus dürfte Paulus aus der Stadt geflohen sein. (DJW)

D., das damals eine starke jüd. Bevölkerungsgruppe in mehreren Synagogengemeinden mit großer Proselytenwerbung besaß (Jos.bell.Jud. II, 561; VII, 368; Apg 9,2). Der Jerusalemer Sanhedrin versuchte durch die Entsendung des *Paulus die neue Bewegung zu unterdrücken (Apg 9,1f). Aber auf dem Weg nach D. begegnete Paulus der auferstandene Herr (Apg 9,2-8; 22,5-11; 26,12-20; Gal 1,13-17). Durch den frommen Judenchristen *Hananias bekam Paulus Anschluß an die Gemeinde in D. (Apg 9,10-19; 22,12-16). Nach einem Aufenthalt in »Arabien« (Gal 1,16f) kehrte er nach D. zurück, mußte aber wegen seiner Verkündigung fliehen (Apg 9,23-25; Gal 1,17f). Der dabei erwähnte Ethnarch des *Aretas (2Kor 11,32f) war sehr wahrscheinlich der Vertreter der nabatäischen Volksgruppe, die im O von D. ein Viertel besaß. In der Gegend südl. von D. lebten bis ins 4.Jh. hinein starke judenchristl. Gruppen, die sich teilweise, wohl aufgrund essenischen Einflusses, zu Vertretern der *Gnosis entwickelten (J. Daniélou: Primitive Christian Symbols, 1964, 102-123). In derselben Region lagen auch mindestens zwei Orte mit Namen *Kochaba (»Sterndorf« vgl. 4Mo 24,17), wo vielleicht ein Zweig der Familie Jesu wohnte (H.J. Schoeps: Das Judenchristentum, 1964, 26-31). Ab dem 4.Jh. war D. selbst ein wichtiger Bischofssitz der heidenchristl. Kirche. Aber erst die Omajjaden machten D. zu einem rel. Hauptzentrum, indem sie die aus dem 5.Jh. stammende riesige Kirche Johannes des Täufers in die berühmte »Große Moschee« umwandelten (705 n.Chr.).

Da sich D. als Stadt kontinuierlich weiterentwickelte, sind nur wenige Reste aus ntl. Zeit erhalten. Die als Aufenthaltsort des Paulus genannte »Gerade Straße« (Apg 9,11) war eine monumentale Säulenstraße in W-O-Richtung. Ihr Verlauf wird heute noch durch den allerdings viel schmaleren Suk et-Tawil bezeichnet. Am Darb es-Sultanieje sieht man Reste der Doppelkolonnade. Das Osttor wurde in neuerer Zeit ausgegraben und teilweise rekonstruiert. Das im N-O-(*Nabatäer)viertel am Ort einer byzant. Basilika gezeigte »Haus des Hananias« (J. Nasrallah, POC 35, 1985, 266–268) kann genuine Überlieferung bewahrt haben. Legendär ist die Lokalisierung der Flucht des Paulus beim S-O-Tor der mittelalterlichen Stadtmauer.

Literatur: H. Bietenhard: ANRW II 8, 1978, 256-258; G.H. Livingston, in: R.K. Harrison: Major Cities of the Biblical World, 1985, 96-106; W.H. Mare, in: E.M. Blaiklock: Dictionary of Biblical Archaeology, 1983, 147f; B. Reicke: BHH I, 1962, 313f; R. Rosenthal in: A. Negev: Archäologisches Lexikon zur Bibel, 1972, 126-128. R.R.

Quelle im Gebiet von Dan. (RS)

DÄMON/BESESSENHEIT s. Satan

DAN. (Hebr. *dān,* ableitbar von *dīn,* »richten«).

1. Einer der zwölf Söhne Jakobs, der ältere der beiden von Rahels Sklavin Bilha (1Mo 30,1-6) geborenen Söhne, namengebender Vorfahr des Stammes Dan.

2. Einer der zwölf Stämme Israels. Seine erste Ansiedlung lag zwischen den Gebieten von Ephraim, Benjamin und Juda (Jos 19,40ff). Von den Amoritern, die selber vom W her von den Philistern und anderen Seevölkern bedrängt wurden, in das Bergland zurückgedrängt, wanderte die Mehrzahl der Daniter nach N, wo sie nahe der Jordanquelle eine neue Heimat fanden (Jos 19,47; Ri 1,34; 18,1ff). Einige Stammesmitglieder blieben jedoch in ihrem früheren Gebiet; dort waren die Philister ihre westl. Nachbarn. In diesem Gebiet spielen die Geschichten von Simson, einem danitischen Helden (Ri 13,1ff). Möglicherweise ist es auch dieser Teil des Stammes, der im Lied der Debora (Ri 5,17) beschrieben wird als »dienend auf fremden Schiffen« – wie immer man auch das Wort »Schiffe« verstehen will (verschiedene nicht gesicherte Textberichtigungen wurden vorgeschlagen). M. Noth erklärt dies so, daß Dan seine Ansiedlung im N durch Frondienste in den südphönizischen Seehäfen erkaufen mußte. Der Rest des Stammes D. scheint schließlich in Juda aufgegangen zu sein; die nördl. Daniter wurden 732 v.Chr. von Tiglatpilesar III. verschleppt (2Kön 15,29). Die kämpferischen Eigenschaften der Daniter werden in den Segensworten von 1Mo 49,16f und 5Mo 33,22 herausgestellt.

D. fehlt in der Liste der in Offb 7,5-8 aufgezählten Stämme, entweder absichtlich oder durch eine frühe Textverderbnis. Irenäus (haer. 5,30,2) erklärt die Auslassung durch die Behauptung, der Antichrist komme aus dem

Stamm Dan – eine Annahme, die er auf Jer 8,16 (»man hört ihre Rosse schnauben von Dan her«) gründet.

3. Eine Stadt im norddanitischen Gebiet, heute Tell el-Quadi oder Tell Dan, nahe einer der Jordanquellen. Ihr früherer Name Lajisch (Ri 18,29; Leschem in Jos 19,47), erscheint als Lus(i) in ägypt. Texten aus der Zeit von etwa 1850-1825 v.Chr. D. war die nördlichste israelit. Stadt; daher die Redewendung »von Dan bis nach Beerscheba« (z.B. Ri 20,1). Das hier errichtete Heiligtum unter der Priesterschaft von Moses Enkel Jonatan und dessen Nachkommen (Ri 18,30) wurde zusammen mit

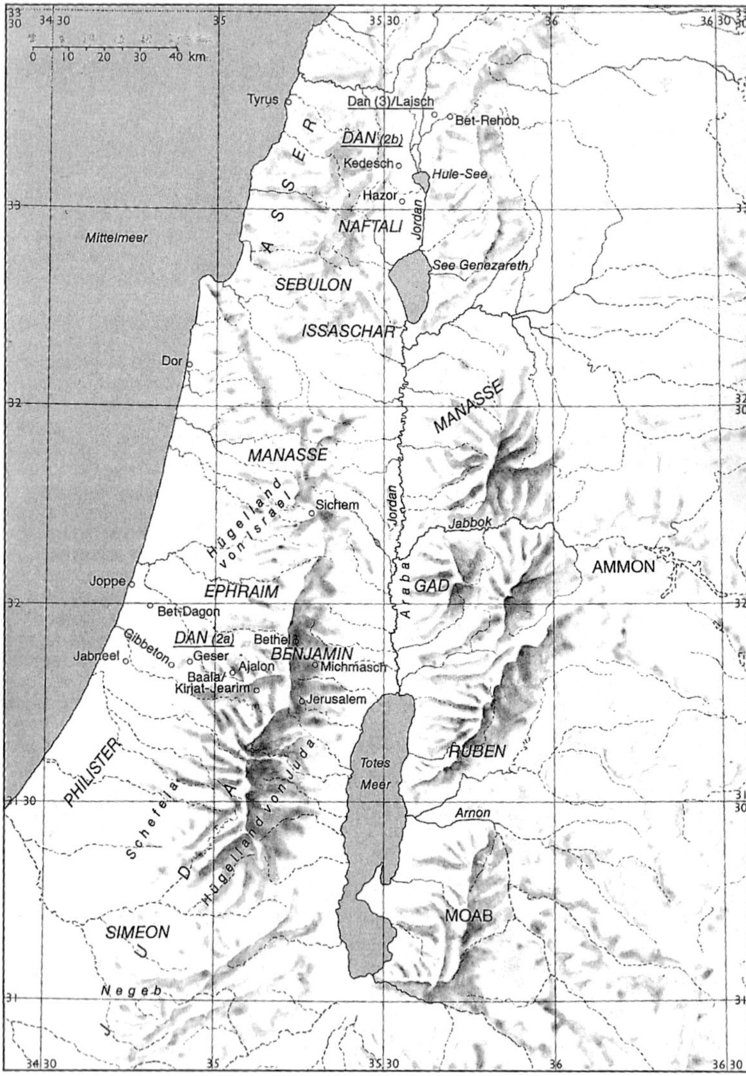

Die Lage der Stadt Dan und das Siedlungsgebiet des Stammes Dan.

Bethel von Jerobeam I. (1Kön 12,29f) zu einem nationalen Heiligtum erhoben und blieb es bis zur Eroberung des Landes unter Tiglatpilesar III.

Literatur: H.H. Rowley: The Danite Migration to Laish, ExpT 51/1939-40, S. 466-471; M. Noth: Geschichte Israels, [10]1986.

F.F.B.

DANIEL. »Gott ist mein Richter«.

1. Zweiter Sohn Davids (1Chr 3,1). Seine Mutter war Abigajil. Obwohl er älter als seine Brüder Absalom und Adonija war, hört man von ihm im folgenden nichts mehr. Er ist womöglich jung gestorben.

2. Ein Nachkomme Itamars, der Esra begleitete (Esr 8,2) und ein Mitunterzeichner des Bundes war (Neh 10,1.7).

3. Ein Mann von außergewöhnlicher Weisheit und Rechtschaffenheit, dessen Name mit Noah und Hiob in Verbindung gebracht wird (Hes 14, 14.20; 28,3), der aber nicht mit dem *Dan'el* aus der ugaritischen Mythologie identisch sein muß (vgl. ANET[3], S. 149-155), obwohl Hesekiels Schreibweise (*Danî'ēl*) sich nur geringfügig von der seines Zeitgenossen, des bibl. D. (*Danijē'l*) unterscheidet. In Eigennamen konnten die Vokale frei miteinander variiert werden; so wird *Do'ēg*, der Name des Edomiters (1Sam 21,8; 22,9), in 1Sam 22,18.22 *Dōjēg* geschrieben. Zudem war D.s Weisheit schon 603 v.Chr. sprichwörtlich (Dan 2,1ff), einige Jahre bevor Hesekiel davon berichtete (Hes 28,3). Es könnte sich daher um die gleiche Gestalt wie 4. handeln.

4. Der vierte der sogenannten »großen« Propheten, von dessen früher Laufbahn nur bekannt ist, was in dem Buch, das seinen Namen trägt, berichtet wird. D. war ein Israelit königlicher oder adliger Herkunft (vgl. Jos.ant.Jud. 10,188), der von Nebukadnezar im dritten Jahr Jojakims als Gefangener nach *Babylon gebracht und mit mehreren Gefährten für den Dienst am Hof des Königs ausgebildet wurde (Dan 1,1-6). Gemäß der Sitte jener Zeit wurde ihm der babylon. Name Beltschazar gegeben (V. 7). D. war befähigt, Träume und Visionen anderer Menschen zu deuten (Kap. 2-5), dann auch seine eigenen, in denen er den zukünftigen Triumph des messianischen Königreichs vorhersagte (Kap. 7-12).

Berühmt für seine Weisheit, bekleidete er unter *Nebukadnezar, *Belsazar und *Darius erfolgreich führende Regierungsämter. Seine letzte Vision, von der berichtet wird, hatte er am Ufer des Tigris im dritten Jahr des Kyrus (557/56 v.Chr.).

Mt 24,15 (vgl. Mk 13,14) enthält einen Hinweis auf »den Propheten Daniel« (s. *Daniel, Buch). J.D.D./J.C.W.

DANIEL, BUCH.

I. INHALT.

Das D.buch enthält Teile aus der Geschichte (Kap. 1-6) und aus den Gesichten D.s (Kap 7-12).

Im 1. Kap. wird die Treue D.s und seiner Freunde zu Gott und Gottes Treue zu ihnen geschildert. Das 2. Kap. enthält *Nebukadnezars Traum von den vier Weltreichen und den Nachfolgern des vierten sowie vom kommenden Gottesreich, außerdem die Deutung des Traumes. Im 3. Kap. begegnen wir D.s Freunden als Märtyrern im glühenden Ofen, befreit durch den Engel Gottes. Kap. 4 berichtet vom Wahnsinn Nebukadnezars, seiner Heilung und D.s vorausgehender Warnung. In Kap. 5 erleben wir den Untergang des neubabylon. Reiches, Belsazars Gelage, das Menetekel auf der Wand und D.s Deutung. Mit dem 6. Kap. kommen wir schon in die pers. Zeit. D. als hoher Staatsmann wird von Neidern bekämpft, aber wunderbar aus der Löwengrube gerettet. Kap. 7 schildert vier Weltreiche in Tiergestalt und das ewige Reich des Menschensohnes. In Kap. 8 schaut D. den Sieg Alexanders d.Gr. über die Perser und die anschließende Zeit der Griechenherrschaft. Kap. 9 enthält D.s Bußgebet und die Ankündigung der 70 Jahrwochen. Von Kap. 10-12 erstreckt sich das letzte große Gesicht, das vom Perserreich bis zum Auferstehungsleben nach dem Ende der irdischen Geschichte reicht. In Kap. 12 sammeln sich noch einmal wesentliche Themen: letzte Trübsal, Rettung des Gottesvolkes, Auferstehung, Gericht, ewiges Leben. D. versiegelt das Buch und erhält eine persönliche Verheißung über seine Auferstehung zum ewigen Leben.

Dan 1-2,3 ist hebr. geschrieben, 2,4-7,28 aram. und Kap 8-12 wieder hebr. Der Sprachwechsel ist bis heute nicht genügend erklärt (persönliche Notizen oder Archivstücke in verschiedenen Sprachen?).

II. DIE ZUSÄTZE ZUM DANIELBUCH.

Die LXX und die katholische Bibel enthalten fünf Stücke über den hebr. Text des D.buches hinaus: Das Gebet Asarjas und der Lobgesang der Jünglinge im Feuerofen zwischen Dan 3,23 und 3,24; Susanna, Bel und der Drache als zusätzliche Kap. 13 und 14. Diese Zusätze sind als spätere Erweiterungen zu betrachten, und zwar aus folgenden Gründen: a. Sie sind nur griech. überliefert, aber nicht hebr. oder aram.; b. In den D.texten aus Qumran fehlen sie.

III. ZUR GESCHICHTE DER AUSLEGUNG.
Ob das um 175 v.Chr. entstandene Sirachbuch D. schon benutzte, bleibt unsicher (bejahend u.a. Eberharter, Keil, Tatford). Auf jeden Fall aber hat die Qumrangemeinschaft D. ausgelegt. In Qumran fand man sieben Fragmente des D.buches, deren Alter vom 2.Jh.v.Chr. bis in die herodianische Zeit reicht. Vermutlich hielten sich die Angehörigen der Gemeinschaft für den Menschensohn und die Heiligen des Höchsten (Dan 7). D. galt in Qumran als Prophet.

Nach 1Makk (ca. 100-60 v.Chr. entstanden) ist D. in erster Linie Gotteszeuge und Märtyrer. 1Makk 2,59f nimmt Bezug auf Dan 1,6f; 3,17; 6,21f. Glaubt man dem Bericht des 1Makk, dann hat schon Mattatias, das Haupt der Makkabäerfamilie, um 166 v.Chr. D. als ein Vorbild zitiert. Als standhafte Zeugen werden D. und seine Freunde auch im 3. und 4. Makkabäerbuch gerühmt (3Makk 6,6f; 4Makk 13,9; 16,3; 18,12f).

Um die Zeitenwende beziehen sich u.a. folgende jüd. Schriften auf das D.buch: Weish (3,4ff), äth Hen (14,18ff; 40,1; 46,1ff; 60,1ff), Bar (1,15-3,8).

Die Auslegung des D.buches im NT wird später gesondert dargestellt.

Der jüd. Schriftsteller Josephus, Zeitgenosse des Paulus und des Lukas, nennt D. »einen der größten Propheten« (ant.Jud. X, 266). Für Josephus ist ganz klar, daß D. im 6.Jh.v.Chr. lebte, daß das D.buch wirkliche Geschichte enthält und daß D. im Namen Gottes die Zukunft weissagte (ant.Jud. X, 186-281). Interessant ist, daß die Juden nach dem Bericht des Josephus im Jahre 332 v.Chr. das D.buch Alexander dem Großen zeigten, als dieser durch Palästina zog. Alexander habe sich selber als Erfüllung von Dan 8,21 erkannt (ant.Jud. XI, 337). Das vierte Weltreich deutete Josephus auf die Römer (ant.Jud. X, 276).

Nach dem babylon. Talmud wurde das D.buch von den »Männern der großen Synagoge« niedergeschrieben (b Baba bathra 15a). Das wäre am Ende des 5.Jh.v.Chr. gewesen. Vielleicht ist damit die Aufnahme unter die heiligen Schriften gemeint. Zu Dan 10,7 wird angemerkt, die Männer, die bei D. waren, seien Haggai, Sacharja und Maleachi gewesen (b Sanhedrin 93a). Im Zentrum des Interesses steht Dan 3 mit den Wundern, die sich hier ereigneten (vgl. b Sanhedrin 92b). Der Talmud würdigt D. als Propheten, als Weisen und als gesetzestreues Glaubensvorbild.

Die frühe Kirche hat sich gründlich mit dem D.buch beschäftigt. Ausgelegt wurde es z.B. von Irenäus, Hippolyt, Origenes, Chrysostomus und Hieronymus. Im Mittelalter

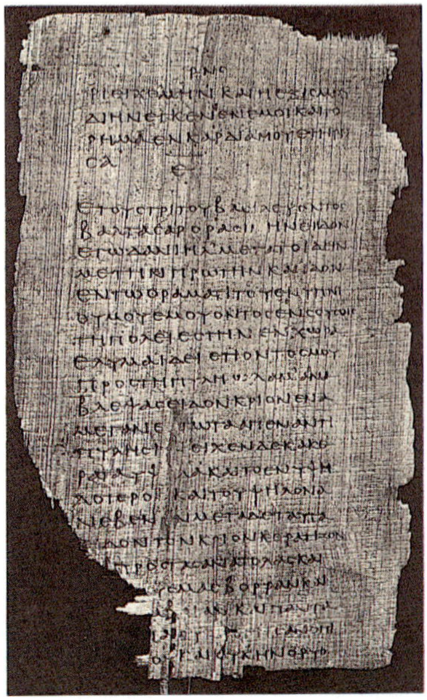

Ein Teil des Buches Daniel (7,28 – 8,48) auf einem griechischen Papyrus-Manuskript aus dem Jahre 250 n.Chr., das ursprünglich Hesekiel, Daniel und Ester in der LXX Übersetzung enthielt. Eines von elf Büchern einer christlichen Bibliothek, die in Memphis, Ägypten, entdeckt wurde. (CBL)

folgten u.a. Walafried Strabo von der Reichenau, Joachim v. Fiore, Albertus Magnus, Thomas v. Aquin, Nikolaus v. Lyra und Paul von Burgos. Irenäus (2. Hälfte des 2.Jh.n.Chr.) stellt das D.buch neben den 2Thess und die Offb des Johannes und schafft so ein Grundmuster für die christliche D.auslegung. Er deutet das Horn von Dan 7,8.20ff auf den Antichrist, das Greuelbild, das Verwüstung anrichtet (Dan 9,27), auf die Zeit des Antichristen, den Stein von Dan 2,34ff auf Christus und das vierte Weltreich auf die Zeit vor der Wiederkunft Jesu. Irenäus' Schüler Hippolyt schreibt zwischen 202 und 217 n.Chr. den ersten christl. D.kommentar. Hippolyt deutet das vierte Weltreich auf die Römer – wie Josephus. Der wohl einflußreichste frühchristl. Kommentar stammt von Hieronymus (ca. 345-420 n.Chr.). Für Hieronymus steht fest, daß D. im 6.Jh.v.Chr. lebte, ein göttlich inspirierter Prophet war, die D.geschichte ein zuverlässiger Bericht und die Zukunftsweissagung echt ist.

Dagegen griff der heidnische Gelehrte Porphyrius (aus Tyrus oder aus dem Ostjordanland, † ca. 304 n.Chr.) das D.buch scharf an: Das Buch stamme nicht von D. und auch nicht aus dem 6.Jh.v.Chr., sondern aus dem 2.Jh.v.Chr., und sei von einem unbekannten Juden zur Zeit Antiochus' IV. Epiphanes geschrieben; es stimme nur bis zur Zeit des Antiochus, weil es bis dahin im Rückblick erlebte Geschichte erzähle; über Antiochus hinaus stimme es nicht mehr, sei vielmehr »gelogen«, weil man ja als Mensch »das Künftige nicht wissen könne«. Es gibt also nach Porphyrius keine echte Prophetie der Zukunft. Die historisch-kritische Forschung der Neuzeit hat Porphyrius im wesentlichen zugestimmt.

Der Koran nimmt auf Dan 3 Bezug und lobt in der 85. Sure den Glaubensmut der Märtyrer.

Wie hat man das D.buch in der Reformation ausgelegt? Nach Luthers Urteil aus dem Jahre 1530 »ist unter allen Abrahams Kindern keiner so hoch in der Welt erhöht als Daniel«. Für Luther stand außer Frage, daß D. im 6.Jh.v.Chr. lebte und weissagte. Wie die altkirchliche Tradition deutet Luther das vierte Weltreich auf die Römer. Die Zehen von Dan 2,41 sind – nach Luther – Spanien, Frankreich, England u.a. Der Antiochus Epiphanes von Dan 8 und 11 ist »eine Figur des Antichrists«. Der Antichrist selbst verkörpert sich für Luther im Papsttum. D.s Leben bildet »des Glaubens Kampf . . . durch Gottes Gnade« ab.

Stärker noch als Luther betont Calvin die Inspiration und das prophetische Amt D.s. Nach den 70 Jahrwochen von Dan 9 komme Christus und schaffe dann die Opfer ab (Dan 9,24ff).

Die Aufklärung des 17. und 18.Jh. bedeutet einen starken Bruch mit der bisherigen christl. Auslegungsgeschichte. Für die Aufklärung und die ihr folgenden modernen Ausleger gibt es im Grunde keine Prophetie im Sinne der echten Zukunftsweissagung. So setzte sich weithin die Meinung durch, das D.buch sei erst im 2.Jh.v.Chr. von einem unbekannten Juden zusammengestellt worden. Es erzähle bis 11,39 lediglich vergangene Geschichte. Wo es mit 11,40ff in die Zukunft umschlage, habe es sich geirrt. Eine Konsequenz daraus ist, daß das vierte Weltreich nicht das römische sein kann – es sei ja den Juden des 2.Jh.v.Chr. noch kaum bekannt gewesen -, sondern nur das griechische.

Seit der Aufklärung vollzog sich eine Konzentration auf die historischen Fragen, die das Prophetische zurückdrängte. Infolgedessen »sank« im Vergleich zum früheren Christentum und Judentum »die Wertschätzung des D.buches rapide« (Klaus Koch).

IV. DIE GESCHICHTLICHE ZUVERLÄSSIGKEIT.
Die geschichtliche Glaubwürdigkeit und Zuverlässigkeit des D.buches ist äußerst umstritten. »Wenige Bücher haben mehr Diskussionen verursacht als Daniel« (H.H. Rowley).

Doch jedes Argument, das man gegen die Zuverlässigkeit der geschichtlichen Angaben vorbrachte, hat ein Gegenargument gefunden (vgl. dazu G. Maier: Der Prophet Daniel, 1982). Darüberhinaus läßt sich eine Reihe von Gründen nennen, die die geschichtliche Zuverlässigkeit D.s unterstreichen, u.a. die folgenden: Nach Dan 1,1ff wurden gleich nach der Schlacht von Karkemisch im Jahre 605 v.Chr. jüd. Geiseln und Tempelgeräte nach Babel gebracht, also noch vor den beiden Deportationen 597 bzw. 587 v.Chr. Diese Angabe wird durch babylon. Quellen unterstützt und erweist sich als korrekt. Nebukadnezars Frömmigkeit wird in babylon. Quellen ganz ähnlich dargestellt wie bei D. Träume und Vorzeichen hatten für die neubabylon. Könige eine hervorragende Bedeutung. Bei ihrer Deutung spielten Priesterklasse und Wahrsagerzünfte eine entscheidende Rolle. Es gab sogar so etwas wie politische Zukunftsweissagungen. Das alles stimmt mit Dan 2-5 ausgezeichnet überein. Musik (vgl. Dan 3,5.7.10.15) spielte bei Feiern tatsächlich eine wichtige Rolle. Der Feuertod (Dan 3) ist eine typisch babylon. Strafe. Die äußere Form von Dan 4,1ff entspricht dem Stil der Königsinschriften im Nahen Osten (L.F. Hartman). Wenn Nebukadnezar sich als den Erbauer des »großen Babel« rühmt, trifft dies sachlich zu. Nur ein wirklicher Kenner der Geschichte konnte von Belsazar als dem »Zweiten« = dem Kronprinzen und dem Inhaber der königlichen Gewalt sprechen (vgl. Dan 5,7.16.29). Die Erforschung der babylon. Geschichte mußte hier dem D.buch recht geben. Das Ende des neubabylon. Reiches, wie es D. in Kap. 5 schildert, wird in anderen Geschichtsquellen ähnlich geschildert. Die Perser ließen den babylon. Beamtenapparat weitgehend intakt. So konnte D. auch bei den Persern eine hervorgehobene Position einnehmen (vgl. Dan 6). Im Gegensatz zu den babylon. Herrschern waren die pers. Herrscher streng an die Gesetze gebunden (vgl. das »Gesetz der Meder und Perser«, Dan 6,9.13.16). Der Tod durch die Löwen (Dan 6) war eine typisch pers. Strafe. Wie in anderen Geschichtsquellen sind Medien und Persien auch im D.buch als eine Doppelmonarchie und nicht als aufeinanderfolgende Reiche dargestellt.

Insgesamt wird man sagen müssen, daß der Verfasser des D.buches über eine erstaunlich gute Kenntnis der Geschichte des 6.Jh.v.Chr.

verfügt, und das D.buch sich immer wieder auf überraschende Weise als geschichtlich zuverlässig erweist.

V. ABFASSUNGSZEIT UND VERFASSER.
Die meisten deutschen Forscher der Gegenwart vertreten die makkabäische Datierung, d.h. sie datieren das D.buch in die Zeit der makkabäischen Kämpfe im 2.Jh.v.Chr., genauer: in die Zeit zwischen 166 und 164 v.Chr. Das Hauptargument der makkabäischen Datierung lautet: Es ist unmöglich, daß ein Mensch den Gang der Geschichte so genau voraussagen kann, wie dies in Dan 11 geschieht. Hinzu kommen weitere Argumente wie z.B.: Das D.buch enthalte geschichtliche Irrtümer; im hebr. Kanon stehe es nicht bei den Propheten, sondern bei den »Schriften« am Schluß der Bibel, was ein Zeichen später Entstehung sei; die Sprache gehöre ebenfalls einer späteren Zeit an. Demgegenüber mußten wir feststellen, daß das D.buch geschichtlich zuverlässig und nicht etwa falsch berichtet. Daß D. nicht bei den Propheten steht, kann sich daraus erklären, daß er von Beruf nicht Prophet, sondern Staatsmann war und deshalb eine Sonderrolle spielte. Die Sprache läßt nach neuesten Forschungen (Kutscher, Rabinowitz, Rosenthal u.a.) durchaus auch eine Datierung im 6.Jh.v.Chr. zu. Schließlich ist im Blick auf Dan 11 zu sagen, daß Gottes Geist ohne weiteres eine solche Prophetie hervorbringen kann.

Die Selbstaussagen des Buches lassen keinen Zweifel, daß es auf einen D. zurückgehen will, der im 6.Jh.v.Chr. gelebt hat. In Qumran ist das Buch D. schon um ca. 150 v.Chr. eine heilige Schrift. Dann aber kann es nicht erst 166-164 v.Chr. entstanden sein. Josephus und der Talmud legen D. ins 6.Jh.v.Chr., die Niederschrift des Buches spätestens ins 5.Jh.v.Chr. Sollten sie schlechter informiert sein als die Forschung des 19. und 20.Jh.n.Chr.? Alle diese Erwägungen lassen uns eine Abfassungszeit im 6. oder 5.Jh.v.Chr. annehmen.

Wer ist der Verfasser? Möglicherweise ein Schüler D.s (vgl. 6,29), der Aufzeichnungen seines Lehrers benutzte. Besser aber ist es, D. selbst als den Verfasser zu betrachten. Dan 7,1.2ff.28; 8,1.15.26f; 9,2ff; 10,2ff; 12,4f.9.13 zeigen, daß er zumindest Kap. 7-12 selbst geschrieben hat. Zu Kap. 1-6 konnte er die königlichen Archive verwerten. Sein Buch hat er dann nach 12,4 und 12,9 offensichtlich Freunden und Schülern anvertraut.

VI. DIE BEZIEHUNG ZUM NEUEN TESTAMENT.
D.buch und NT hängen engstens zusammen. Nach dem Register des Novum Testamentum Graece von Nestle-Aland (26. Aufl.) sind über 100 D.zitate im NT aufgenommen. Ausdrücklich zitiert werden Dan 3,6; 7,13; 9,27; 11,31; 12,11. Das D.buch wird also im heutigen Umfang vorausgesetzt. Das NT zitiert D. als einen »Propheten« (Mt 24,15). Damit ist das D.buch also Bestandteil der Hl. Schrift. Jesus entnahm dem D.buch seine bevorzugte Selbstbezeichnung, nämlich »Menschensohn« (vgl. Dan 7,13). Er empfahl es den Jüngern zur Lektüre (Mt 24,15). Die Vaterunserbitte »Dein Reich komme!« ist wohl in Anknüpfung an Dan 2 und 7 formuliert. Der Stein aus Dan 2 wird von Jesus in Mt 21,44; Lk 20,18 aufgegriffen. Vgl. weiter Dan 9,27 mit Mt 24,15 und Mk 13,14; Dan 12,1 mit Mt 24,21; Dan 7,13f mit Mt 24,30; Dan 12,2 mit Joh 5,28f; Dan 12,3 mit Mt 13,43. Im Prozeß legt Jesus ein Bekenntnis ab, das noch einmal in engster Beziehung zum D.buch steht: Er ist der Menschensohn, der »auf den Wolken des Himmels« kommen wird (Mt 26,64; Mk 14,62).

Bei den Paulusbriefen sticht der 2Thess wegen seiner Nähe zum D.buch hervor. Der Antichrist von 2Thess 2 erinnert uns besonders an Dan 11,21ff. So werden das Buch D., 2Thess und Johannesoffenbarung zu den Grundpfeilern der christl. *Eschatologie. Lk schlägt in 1,19.26 die Brücke zu Dan 8,16; 9,21ff; 10,11. Hebr 11,33f reiht D. und seine Freunde in die Wolke der Glaubenszeugen ein.

Schließlich erreicht die Beziehung zwischen D. und dem NT einen letzten Höhepunkt in der Johannesoffenbarung. Man vgl. nur Offb. 13 mit Dan 3,1.5ff; 7,8.11.20f.25; 11,36; 12,1 oder Offb 12 mit Dan 2,35; 7,7.24; 8,10; 10,13.21; 12.1.

Fazit: Ohne das D.buch wäre die ntl. Eschatologie nicht denkbar.

VII. ZUM THEOLOGISCHEN INHALT DES DANIELBUCHES.
Von besonderer Bedeutung sind die danielischen Zukunftsweissagungen. Sie umfassen den Zeitraum vom neubabylon. König Nebukadnezar II. (605-562 v.Chr.) bis zur Auferstehung. Sie bieten also einen Abriß der Heilsgeschichte vom babylon. Exil bis zur neuen Schöpfung. Diese Gesamtschau hat eine gewaltige Wirkung ausgeübt. Bis ins 18.Jh.n.Chr. beherrschte D. die abendländische Geschichtsschreibung. Man hat D. den ersten weltgeschichtlichen Entwurf genannt.

Grundlegend ist ferner die messianische Erwartung. In Dan 7 wird der kommende Erlöser als »Menschensohn« bezeichnet. Dabei ist dieser Menschensohn ein himmlisches Wesen! Jesus hat diese Bezeichnung auch deshalb für sich gebraucht, um das Mißverständnis seiner Person als eines nationalpolitischen Messias auszuschließen.

Die Auferstehungsankündigung hat innerhalb des AT in Dan 12,2f.13 ihre eindeutigste Formulierung gefunden.

Das D.buch ist nicht nur das Buch der universalgeschichtlichen Zusammenhänge, sondern auch das Buch des Glaubensgehorsams. Es stärkt das Vertrauen und mahnt zur Treue bis zur Hingabe des Lebens. Als Buch des Glaubensgehorsams hilft es zu Buße und Gebet, zu forschender und betender Schriftauslegung (Kap. 9). Es öffnet den Blick für die Zusammenhänge von irdischem und himmlischem Geschehen (vgl. die Engel in Kap. 3; 4; 6; 8-12), und wird so zu einem Buch des Trostes und der Hoffnung.

Literatur: W. Baumgartner: Ein Vierteljahrhundert Danielforschung, ThR, 11, 1939, S. 59-83; 125-144; 201-228; R.P. Dougherty: Nabonidus and Belshazzar, YOS, 15, 1929; A. Eberharter: Der Kanon des Alten Testaments zur Zeit des Ben Sira, ATA, III, 3, 1911; L.F. Hartman: The great tree and Nabuchodonosor's madness. The Bible in current catholic thought, ed. by John L. McKenzie, 1962, S. 75-82; C.F. Keil: Biblischer Commentar über den Propheten Daniel, BC, 3. Teil, 5. Bd., 1968; K. Koch: Das Buch Daniel (EdF 144), 1980; E.Y. Kutscher: Aramaic, Current Trends in Linguistics, 6, 1970, S. 347-412; G. Maier: Der Prophet Daniel, [2]1986; A.R. Millard: Daniel 1-6 and History, EvQ, 49, 1977, S. 67-73; A.T. Olmstead: History of the Persian Empire, 1948; J.J. Rabinowitz: Grecisms and Greek Terms in the Aramaic Papyri, Bib., 39, 1958, S. 77-82; W. Röllig: Erwägungen zu neuen Stelen Königs Nabonids, ZA, NF, 22 (Bd 56), 1964, S. 218-260; F. Rosenthal: Die aramaistische Forschung seit Th. Nöldekes Veröffentlichungen, 1939; H.H. Rowley: Darius the Mede and the Four World Empires in the Book of Daniel, 1964; J.W. Swain: The theory of the four monarchies, CP, 35, 1940, S. 1-21; F.A. Tatford: The Climax of the Ages, 1953; V. Tcherikover: Hellenistic Civilization and the Jews, 1959; G.J. Wenham: Daniel: the basic issues, themelios, 1977, Vol. 2, Nr. 2, S. 49-52; D.J. Wiseman: Some Historical Problems in the Book of Daniel, 1965, S. 9-18; E.M. Yamauchi: The Greek Words in Daniel in the Light of Greek Influence in the Near East, New Perspectives on the Old Testament, ed. J. Barton Payne, 1970, S. 170-200. G.M.

DAN-JAAN. *Joab und seine Begleiter kamen nach Dan-Jaan, um die Volkszählung durchzuführen, die David befohlen hatte (2Sam 24,6-9; so nach dem hebr. Text in der RevEB, nicht jedoch in der LÜ). Ausgehend von *Aroër, östl. vom Toten Meer, lagerten sie südl. der Stadt im Tal der *Gaditer (Arnon-Becken), zogen dann in Richtung N nach Jaser durch *Gilead und anderes Gebiet bis nach Dan-Jaan und dessen Umgebung und schließlich nach Sidon (vermutlich ist die Landesgrenze gemeint). Von da zogen sie nach S, vorbei an einem tyrischen Außenposten, bis nach Beerscheba. Da Beerscheba auch in Davids Anweisungen zusammen mit Dan erwähnt wird (V. 2), setzen manche Forscher D. mit dem bekannten Dan gleich. Es ist aber eher anzunehmen, daß D. eine im N des Gebietes von Dan gelegene Siedlung ist, vielleicht Ijon aus 1Kön 15,20. Jaan könnte ein Eigenname sein (vgl. Janai 1Chr 5,12 für einen verwandten Namen); ein Ortsname *yʿny* ist aus dem Ugaritischen bekannt.

W.J.M./A.R.M.

DANK/DANKEN/DANKSAGUNG.

1. In der Bibel spielt das »Danken« eine bedeutende Rolle. Der hebr. Stamm *jdh* bedeutet »danken, loben, preisen«. Das griech. *eucharistein* hängt mit dem wichtigen bibl. Begriff *charis* »Gnade« zusammen.

2. D. ist in der Bibel die Antwort, die der Mensch auf das Handeln Gottes zu geben schuldig ist: auf die Schöpfung der Welt und des Menschen, auf die Darreichung der Gaben für Leib und Seele (Mt 14,19). Auf die Güte Gottes, die sich vornehmlich in seiner *Barmherzigkeit gegenüber dem sündigen Menschen zeigt (Ps 106,1 u.a.), die Gebete (Ps 42,6) und das Seufzen aus der Tiefe (Ps 130,1f) erhört und alle Morgen neu ist (Klgl 3,23), soll der Mensch ebenso wie auf den Zorn und das Gericht Gottes als Hilfe zur Buße (Jes 12,1) mit seinem D. antworten.

Je mehr der Mensch über die Führung seines Lebens nachdenkt, desto mehr kommt er ins Staunen über die weisen Pläne Gottes, der an uns denkt, der im Gedenken an uns seinen Segen ausschüttet (Ps 115,12). Vom Denken (Ps 77,6ff) kommt es zum Danken.

Der Christ denkt auch über die Wege Gottes mit anderen Menschen nach, deshalb verbindet sich mit seiner Fürbitte der »Für-Dank« (2Kor 1,11; Eph 1,16; Phil 1,3).

3. Dankbarkeit ist die Herzensgesinnung, der der konkrete D. und das aktive D.en entspringt. Solche Dankbarkeit bringt den Menschen Gott näher und schließt ihm die Tür auf zu den Geheimnissen der himmlischen Welt (Ps 50,23).

4. Das in der Dankbarkeit des Herzens wurzelnde D.en kann sich in verschiedenen Formen äußern: So mannigfach wie die Gaben und Fähigkeiten des Menschen, so mannigfach sind auch die Formen, die sich der D. sucht, da der ganze Mensch nach Leib, Seele und Geist dabei beteiligt ist (vgl. M. Rinckart: »Nun danket alle Gott mit Herzen, Mund und Händen!« EKG Nr.228).

Die Tatantwort des Dankens ist der Gehorsam in der Nachfolge des Meisters (Joh 14,15).

Dan-Jaan. Die Identifizierung mit der Stadt Dan oder mit der etwas nördl. davon gelegenen Stadt Ijon ist ungewiß.
0 10 20 30 40 km
Mittelmeer
Sidon
Tyrus
Ijon/Dan-Jaan?
Dan/DanJaan?
Hazor
ASSER
NAFTALI
SEBULON
DÖRFER JAÏRS
Dor
ISSASCHAR
Megiddo
Ramot-Gilead
MANASSE
MANASSE
GILEAD
Jordan
Sichem
Joppe
GAD
Jaser
EPHRAIM
Geser
DAN
BENJAMIN
Jerusalem
Bethlehem
RUBEN
Hebron
Totes Meer
Arnon
Aroër
JUDA
SIMEON
Beerscheba

Das D.opfer (*Opfer) ist dann keine Sonderleistung, sondern schlichte Selbstverständlichkeit (Lk 17,10). Vgl. 2Mo 20,2: Warum sollen wir die Gebote halten? Weil wir Gott D. schuldig sind: »der ich dich aus Ägyptenland, aus der Knechtschaft, geführt habe«.

Die Tat bleibt nicht ohne das Wort, ohne das dankbare Auftun des Mundes, ohne das Opfer der Lippen (Ps 51,17; 63,4: Hos 14,3), ohne das D.gebet – das beim Beten nie fehlen sollte!

Tat und Wort des Dankens sind Bekenntnis zu dem, dem der D. gilt, d.h. auch Scheidung von denen, die sich nicht zum Danken aufrufen lassen (Ps 18,50).

5. Es gibt auch die Möglichkeit eines falschen Dankens. Hier sucht man den Grund zur Dankbarkeit in sich selbst, in dem, was man selbst geschafft hat, und nicht in dem, was Gott getan hat. Da verliert der D. den Antwort-Charakter: das ist der falsche D. des Pharisäers. Solcher D. kommt aus einem hochmütigen Herzen (Lk 18,11), und dem setzt Gott Widerstand entgegen (1Petr 5,5). Wer Gott mit seinem D. nicht preist, der verachtet den, von dem er alles hat und von dem er abhängig ist. Wer stolz auf seine Gaben und Fähigkeiten pocht, anstatt sie dankbar aus Gottes Händen zu nehmen (1Kor 4,7), vergißt und verachtet Gott (5Mo 32,6).

6. Danksagung hat in der Bibel oft die Bedeutung eines öffentlichen D.gebetes (Joh 6,23; 2Kor 4,15). Schon früh, um die Wende des 1./2.Jh. wird das *Abendmahl als *eucharistia* »Danksagung« bezeichnet. Das geschieht im Anschluß an das atl. Passamahl, das jede Generation neu an das Handeln Gottes beim Auszug aus Ägypten erinnern sollte (2Mo 12,26f; 5Mo 6,7.20ff). So soll das Bundesmahl des neuen Gottesvolkes an die »Rettungstat« Gottes in Christus, an das Leiden und Sterben des Herrn erinnern, damit das ganze Leben des Christen ein »lebendiges Opfer« als D. für das Opfer Jesu sei (Röm 12,1; 2Kor 5,15).

DANKOPFER s. Opfer

DARIUS. (Hebr. *Dārjāwäsch*; akkad.-elamitisch *Dariawusch*; alt-pers. *Darayavausch*; griech. *Dareios*).

1. Darius der Meder, Sohn des *Ahasveros (Xerxes; Dan 9,1), übernahm die Herrschaft nach dem Tode Belsazars (5,30; 6,1). Im Alter von 62 Jahren wurde er König der *Chaldäer und trug diesen Titel (6,7.9.13). Die Zeitrechnung orientierte sich an seinem Regierungsantritt (11,1). Er ernannte 120 Statthalter und unterstellte sie drei Fürsten; einer von ihnen war Daniel (6,2f), der in seiner Regierungszeit

Die in Felsen gehauene Szene zeigt Darius I., dem sich Rebellen ergeben. Die Inschrift in Altpersisch, Elamitisch und Babylonisch gab wertvolle Hinweise zur Entschlüsselung der Keilschrift. Bistun, bei Karkemisch, Iran. 521–485 v.Chr. (RH)

großen Erfolg hatte (6,29). Nach Josephus (ant.Jud. 1,249) wurde Daniel von D. nach Medien versetzt.

Da D. der Meder außerhalb des Buches Daniel nicht erwähnt wird, und die zeitgenössischen Keilschrifttexte keinen König von *Babylon zwischen Nabonidus (und Belsazar) und der Machtübernahme des Kyrus erwähnen, wurde seine Historizität geleugnet und der atl. Bericht über seine Herrschaft für eine Verschmelzung verworrener Traditionen gehalten (H.H. Rowley: Darius the Mede, 1935). Andererseits besitzt die Schilderung alle Merkmale einer echten Geschichtsschreibung. Daß aus jener Zeit nur wenige historische Berichte erhalten sind, ist kein Grund, diesen Bericht nicht anzuerkennen.

Man hat mehrfach versucht, D. mit in babylon. Texten genannten Personen gleichzusetzen. Es gibt zwei hypothetische Ansätze, ihn mit Gubaru bzw. mit Kyrus zu identifizieren. Gubaru war Statthalter von Babylon und der Gegend jenseits des Flusses (Euphrat). Es gibt jedoch keinen Beleg dafür, daß er ein Meder war, den Titel »König« trug, Darius genannt wurde, ein Sohn des Ahasveros und etwa 60 Jahre alt war. Kyrus, der mit den Medern verwandt war, wurde »König der Meder« genannt. Man weiß, daß er etwa 62 Jahre alt war, als er König von Babylon wurde. Nach den Inschriften berief er viele untergeordnete Beamte, und Dokumente wurden nach seinen Regierungsjahren datiert. Diese Theorie verlangt allerdings, daß man Dan 6,29 übersetzt mit »...im Königreich des Darius, das heißt im

Darius I. (521–485 v.Chr.) mit Zepter. Er sitzt auf seinem Thron und nimmt die Ehrerbietung seiner Vasallen entgegen. Schatz von Persepolis. Kalkstein. Höhe ca. 2,5 m. (OIUC)

Eine große goldene Schüssel, verziert mit Rillen und kugelförmigen Ausbuchtungen. Die Inschrift am Rand lautet auf den Namen Darius. Durchmesser 21 cm. Hamadan. 5. Jh. v.Chr. (Met NY)

Rollsiegel mit Abdruck, der Darius I. auf der Jagd zeigt. Die Inschrift gibt seinen Namen und Titel (»Der große König«) in altpersischer, elamitischer und babylonischer Keilschrift an. Achat, Höhe 4,5 cm. Theben, Ägypten. 521–485 v.Chr. (BM)

Königreich des Kyrus von Persien« und als Erklärung des Schreibers für den Gebrauch von Quellen versteht, die zwei Namen für eine Person verwenden. Die Schwäche dieser Theorie liegt darin, daß Kyrus nirgendwo als Sohn des Ahasveros bezeichnet wird (aber das könnte ein Ausdruck sein, der nur für königliche Personen gebraucht wird) oder als »vom Samen eines Meders« (Dan 9,1 hebr.).

2. Darius I., Sohn des Hystaspes, König von *Persien und *Babylon, war der Nachfolger von Kambyses (nach der Vertreibung von zwei Usurpatoren). Er herrschte von 521-485 v.Chr. und ermöglichte den heimgekehrten Juden den Wiederaufbau des Tempels in Jerusalem unter Jeschua und Serubbabel (Esr 4,5; Hag 1,1; Sach 1,1).

3. Darius II. (Nothos). Er regierte Persien und Babylon von 424-404 v.Chr., wird Neh 12,22 »Darius der Perser«, vielleicht, um ihn von »Darius dem Meder« zu unterscheiden. Da der Vater des bei Nehemia genannten Hohenpriesters Jaddua in den Papyri von Elephantine (um 400 v.Chr.) erwähnt wird, besteht kein Anlaß für die Annahme, daß dieser Jaddua der Hohepriester war, der Alexander 332 v.Chr. traf, und daß der hier gemeinte D. Darius III. (Kodomannos) ist, der etwa 336-331 v.Chr. regierte.

Literatur: I.C. Whitcomb: Darius the Mede, 1959; D.J. Wiseman: Notes on some Problems in the Book of Daniel, 1970, S. 9-16. D.J.W.

DATAN. D. und Abiram, die Söhne des Rubeniters Eliab, beteiligten sich mit ihrem Stammesgenossen On am Aufstand des Leviten Korach gegen Mose und Aaron. Sie warfen Mose vor, daß er sie bisher aus dem reichen Ägypten nur in die Wüste, statt in das verheißene Land geführt habe. Mit den anderen Empörern wurden sie von der Erde verschlungen (4Mo 16; 26,7-11; 5Mo 11,6; Ps 106,17).

DATTELPALME s. Pflanzen

DAUMEN. Bei der Priesterweihe wurde Blut (2Mo 29,20; 3Mo 8,22f), bei der Reinigung Aussätziger Blut und Öl u.a. auch auf den rechten D. gestrichen (3Mo 14,14.17.25.28).

Gefangene wurden wehrlos gemacht, indem man ihnen die D. und großen Zehen (LÜ: D. an Händen und Füßen, Ri 1,6f) abschlug.

DAVID. (Hebr. *dāwid*, manchmal *dāwīd*; Wurzel und Bedeutung ungewiß.)

Der jüngste Sohn Isais, vom Stamm Juda, zweiter König Israels. In der Bibel ist D. der einzige dieses Namens; darin drückt sich seine einzigartige Stellung als Stammvater, Vorläufer und Typus des Herrn Jesus Christus aus – »des großen Davids größerer Sohn«. Das NT bezieht sich 58 mal auf David, einschließlich des oft wiederholten Titels »Sohn Davids« für Jesus. Paulus sagt, daß Jesus »geboren ist aus dem Geschlecht Davids nach dem Fleisch« (Röm 1,3), und Johannes berichtet den Ausspruch des erhöhten Christus: »Ich bin die Wurzel und das Geschlecht Davids« (Offb 22,16).

Wenn wir zum AT zurückkehren, um festzustellen, wer der ist, der eine solch herausragende Stellung im Stammbaum Jesu und im Plan Gottes einnimmt, so ist das Material recht ergiebig. D.s Geschichte findet man zwischen 1Sam 16 und 1Kön 2. Ein Großteil des Materials wiederholt sich in 1Chr 2-29.

I. FAMILIENGESCHICHTE.
D. war ein Urenkel von Rut und Boas und der jüngste von acht Brüdern (1Sam 17,12ff). Er wurde zum Hirten erzogen. In diesem Beruf erwarb er den Mut, der sich später im Kampf zeigte (1Sam 17,34f), sowie – im Umgang mit seinen Herden – Freundlichkeit und Fürsorge, die er später als Eigenschaften Gottes besang. Wie Josef litt er unter seinen älteren Brüdern, vielleicht aufgrund seiner Fähigkeiten, mit denen Gott ihn ausgestattet hatte (1Sam 17,28). Ungeachtet seiner bescheidenen Abstammung (1Sam 18,18) sollte D. an der Spitze einer Reihe bedeutsamer Nachkommen stehen, wie der Stammbaum Jesu im Mt-Ev. zeigt (Mt 1,1-17).

II. SALBUNG ZUM KÖNIG UND FREUNDSCHAFT MIT SAUL.
Als Gott Saul als König von Israel verwarf, wurde D. dem Propheten Samuel als Sauls Nachfolger offenbart. Samuel salbte D. in einer schlichten Zeremonie in Bethlehem (1Sam 16,1-13). Die Verwerfung Sauls hatte u.a. zur Folge, daß der Geist Gottes von ihm genommen wurde; Sauls Verhalten zeigt daraufhin depressive Züge. Und die erstaunliche Vorausplanung Gottes wird darin sichtbar, daß D., der Saul in der Gunst und im Plan Gottes ersetzen sollte, auserwählt wurde, die Melancholie des gefallenen Königs zu mildern (1Sam 16,17-21). Saul freute sich an der Musikalität D.s und ernannte ihn zu seinem Waffenträger. Mit dem Sieg D.s über Goliat zeichnete sich der spätere Untergang der philistäischen Macht ab. D. konnte die von Saul versprochene Belohnung empfangen – die Hand der Königstochter und Steuerbefreiung für das Haus seines Vaters. Als D. aus dem Kampf mit Goliat zurückkehrte, begrüßten ihn die Frauen Israels mit dem Lied: »Saul hat tausend erschlagen, aber D. zehntausend«. Das erregte bei Saul Neid und Eifersucht, so daß er »David von dem Tage an und hinfort scheel ansah« (1Sam 18,7.9).

III. DIE FEINDSCHAFT SAULS.
Saul verhielt sich D. gegenüber immer feindseliger. So entkam der junge Nationalheld nur mit knapper Not einem Mordanschlag des Königs. D. wurde faktisch degradiert, um seine versprochene Braut betrogen und mit der anderen Tochter Sauls, Michal, verheiratet, nach einem Ehevertrag, der D.s Tod herbeiführen sollte (1Sam 18,25). 1Sam 24,10 legt nahe, daß es eine Gruppe am Hofe Sauls gab, die vorsätzlich Konflikte zwischen Saul und D. schürte. Einem weiteren Mordanschlag Sauls entging D. dadurch, daß seine Verhaftung durch eine List Michals, seiner Frau, vereitelt wurde (1Sam 19,8-17). Auffallend dabei ist, wie die beiden Kinder Sauls, Jonatan und Michal, sich mit D. gegen ihren eigenen Vater verbündeten. Dabei unterstreicht Davids enge Freundschaft mit Jonatan: Die Schwierigkeiten zwischen David und dem Hause Saul liegen nicht auf menschlicher, etwa familiärer Ebene, auch handelt es sich nicht um politische Rivalitäten zwischen zwei sich anbahnenden Dynastien. Saul kann als Gesalbter den Geist nicht einfach abgeben: An die Stelle des Geistes Gottes tritt ein »böser Geist«. Der macht David, dem wahren Gesalbten, zu schaffen.

IV. FLUCHT VOR SAUL.
Die nächsten Stationen in der Geschichte D.s sind von der Flucht vor seinem Verfolger Saul gekennzeichnet. Kein Ruheort war lange sicher; Prophet, Priester, Philister – keiner konnte D. bleibend Obdach gewähren. Wer D. unterstützte, mußte mit drakonischen Strafen rechnen (1Sam 22,6-19). In der Höhle Adullam suchte D. schließlich Zuflucht und sammelte eine Streifschar, zunächst eine bunte Ansammlung von Flüchtlingen, später eine bewaffnete Einsatztruppe, die das Getreide und die Herden abseits liegender israelit. Dörfer beschützte und von der Großzügigkeit deren Bewohner lebte. Die geizige Weigerung Nabals, eines reichen Schafzüchters, D. gegenüber irgendeine Verpflichtung anzuerkennen, wird in 1Sam 25 berichtet und ist besonders interessant durch die Einführung Abigajils, die später eine von D.s Frauen wurde. Kap. 24 und 26 desselben Buches berichten zwei Ereignisse, bei denen D. aus Frömmigkeit und aus Großmut Sauls Leben schonte. Schließlich verbündete sich D., als es nicht gelungen war, die Feindseligkeit Sauls einzudämmen, mit dem Philisterkönig Achisch von Gat und erhielt die Grenzstadt Ziklag als Gegenleistung für den gelegentlichen Einsatz seiner Streifschar. Als die Philister in den Krieg gegen Saul zogen, erhoben die Hauptleute Einwände gegen D.s Anwesenheit in ihren Reihen, da sie fürchteten, daß er in letzter Minute überlaufen könnte. So blieb D. die Tragödie von Gilboa erspart, die er später in einem ergreifenden Klagelied besingt (2Sam 1,19-27).

V. KÖNIG VON HEBRON.
Als Saul tot war, befragte D. den Herrn und kehrte dann auf dessen Weisung nach Juda, in

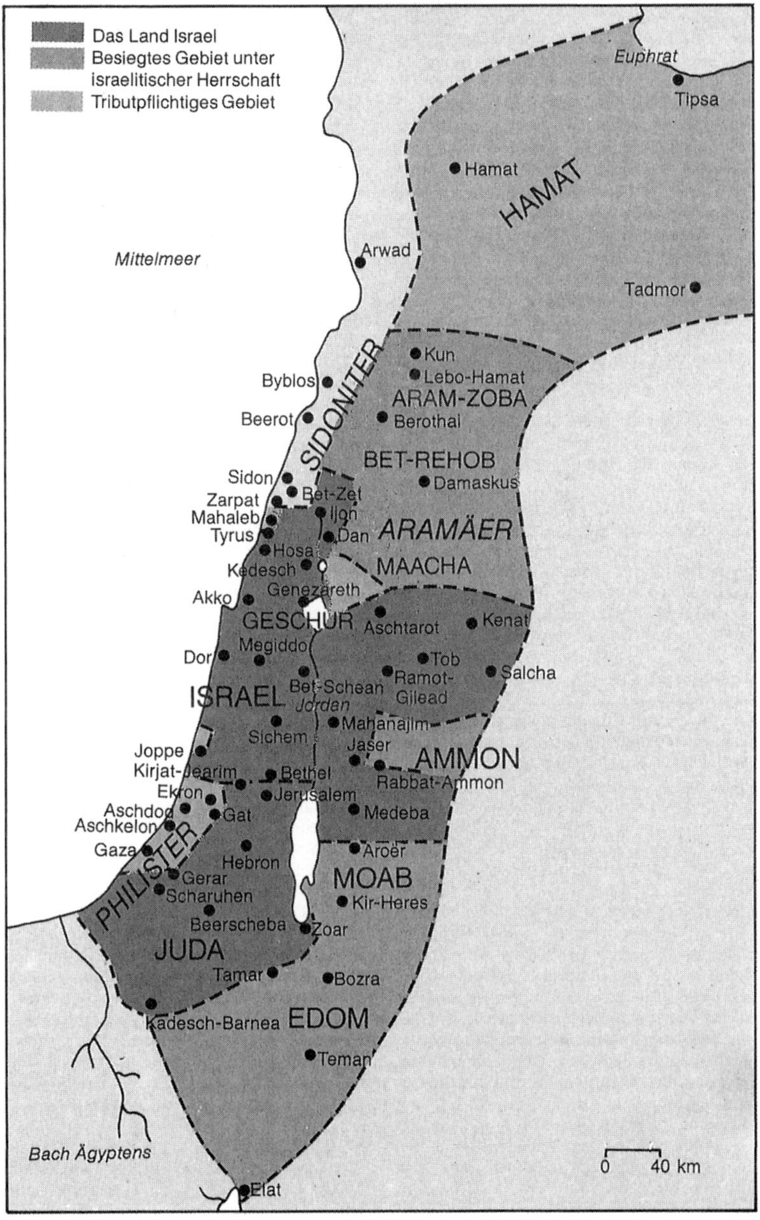

Das Königreich Davids.

das Gebiet seines Stammes, zurück. Hier salbten ihn seine Stammesgefährten zum König, und er erklärte Hebron zu seinem Königssitz. D. war damals 30 Jahre alt und regierte siebeneinhalb Jahre in Hebron. Die ersten zwei Jahre dieser Periode wurden geprägt durch den Bürgerkrieg zwischen den Anhängern D.s und den ehemaligen Höflingen Sauls, die in Mahanajim Sauls Sohn Eschbaal (Isch-Boschet) zum König ausgerufen hatten. Die Frage mag erlaubt sein, ob Eschbaal mehr war als eine Marionette in der Hand von Sauls treuem Hauptmann Abner. Mit der Ermordung dieser beiden endete auch der organisierte Widerstand gegen D. Er wurde in Hebron zum König über die zwölf Stämme Israels gesalbt. Seine Hauptstadt verlegte er bald nach Jerusalem (2Sam 3-5).

VI. KÖNIG IN JERUSALEM.

Jetzt begann der erfolgreichste Abschnitt in der langen Regierungszeit D.s, die noch 33 Jahre dauern sollte. Durch eine glückliche Kombination von persönlicher Tapferkeit und geschickter Strategie führte er die Israeliten zu einer systematischen und endgültigen Unterwerfung ihrer Feinde - Philister, Kanaaniter, Moabiter, Ammoniter, Aramäer, Edomiter und Amalekiter – so daß er, auch abgesehen von seiner Stellung im göttlichen Heilsplan, in die Geschichte eingegangen wäre. Die damalige Schwäche der Weltmächte an Nil und Euphrat ermöglichte es ihm, durch Eroberungen und Bündnisse seinen Einflußbereich von der ägypt. Grenze und dem Golf von Akaba bis zum oberen Euphrat auszudehnen. Nach der Eroberung der angeblich unüberwindlichen Jebusiterfestung Jerusalem machte D. sie zu seiner Hauptstadt, von der aus er die beiden Hauptteile seines Reiches, die späteren Königreiche Juda und Israel, regierte. Er ließ einen Palast bauen, Straßen anlegen, Handelswege wiederherstellen und den materiellen Wohlstand des Reiches sichern. Das konnte jedoch nicht das einzige oder hauptsächliche Ziel »eines Mannes nach dem Herzen Gottes« sein. In der Tat zeigte sich bald auch D.s rel. Engagement. Er brachte die Bundeslade aus Kirjat-Jearim zurück und stellte sie in ein speziell für sie errichtetes Heiligtum in Jerusalem. Während die Bundeslade zurückkehrte, ereignete sich der Vorfall, der zum Tode Usas führte (2Sam 6,6-8). Ein Großteil der rel. Organisation, die später den Tempeldienst prägte, hat ihren Ursprung in althergebrachten Ordnungen, die David mit der angestammten Zionspriesterschaft übernahm. Zusätzlich zu seiner strategischen und politischen Bedeutung erlangte Jerusalem so die rel. Bedeutung, mit der sein Name seither verbunden ist. Der Prophet Nathan verheißt David 2Sam 7 (vgl. Ps 132) zufolge in höchst feierlicher Sprache Gottes Schutz (2Sam 7,9-10; vgl. Jes 7,14), sein Auftrag ist, Hirte für das Volk zu sein (2Sam 7,8). Nicht er soll für Gott ein Haus bauen (2Sam 7,1ff; Ps 132), sondern Gott baut David ein Haus (2Sam 7,11), nämlich die ewig regierende Dynastie seiner Familie (2Sam 7,13), sie muß Gott natürlich treu bleiben (2Sam 7,14f; vgl. Jes 7,9). David antwortet auf diese gewaltige Verheißung in einem Gebet (2Sam 7,18ff). Die Nathansverheißung gewann besondere Geltung in der Zeit nach der assyrisch-babylonischen Überwältigung, ab der es keinen König aus Israels Mitte mehr gab: Die Hoffnung richtete sich auf den Messias aus Davids Dynastie. Daher sind viele messianische Weissagungen des AT auf 2Sam 7 bezogen (Jes 11,1-9; Mi 5,1-5; Jer 23,5f; Hes 34,23-31; Sach 9,9f; Sach 12f). Jesus verstand entsprechend seine Sendung im Sinne von 2Sam 7, und das messianische Verhör Jesu in Mk 14,53ff wird geradezu anhand von 2Sam 7,13-15 geführt (O. Betz).

In dieser Periode äußeren Reichtums und offensichtlichen rel. Engagements beging D. die Sünde, die die Bibel »die Sache mit Uria, dem Hetiter« nennt (2Sam 11). Diese Sünde ist nicht nur wegen ihrer Abscheulichkeit, sondern auch wegen ihrer Folgen für die Geschichte Israels von Bedeutung. D. bereute tief. Aber der Tod des Kindes (2Sam 12,15–18), auch später sein Schmerz über den Tod Absaloms waren nur ein Teil des Leides, das ihm und seinen Nachkommen als Konsequenz der Sünde angekündigt worden war (2Sam 12,10f).

Absaloms Rebellion, bei der das nördl. Königreich D. treu blieb, folgte bald ein Aufstand im N des Reiches, der von dem Benjaminiter Scheba angeführt wurde. Joab schlug diesen Aufstand ebenso wie den Absaloms nieder. Die letzten Tage D.s waren überschattet vom Ränkespiel Adonijas und Salomos um den Thron und von der Einsicht, daß das von dem Propheten Nathan vorausgesagte mörderische Blutvergießen noch eintreten mußte. Zusätzlich zum stehenden Heer, das von seinem Verwandten Joab geführt wurde, hatte D. eine persönliche Leibwache, die hauptsächlich aus philistäischen Kriegern bestand, die ihm immer treu ergeben waren.

VII. BEDEUTUNG.

Die Geschichtsbücher bezeugen wiederholt D.s Gabe, Lieder und Verse zu verfassen (siehe 2Sam 1,17-27; 3,33f; 22; 23,1-7). Eine frühe Tradition beschreibt D. als den »Liebling der Lieder Israels« (2Sam 23,1), während spätere atl. Schriften sich auf seine Anweisungen für

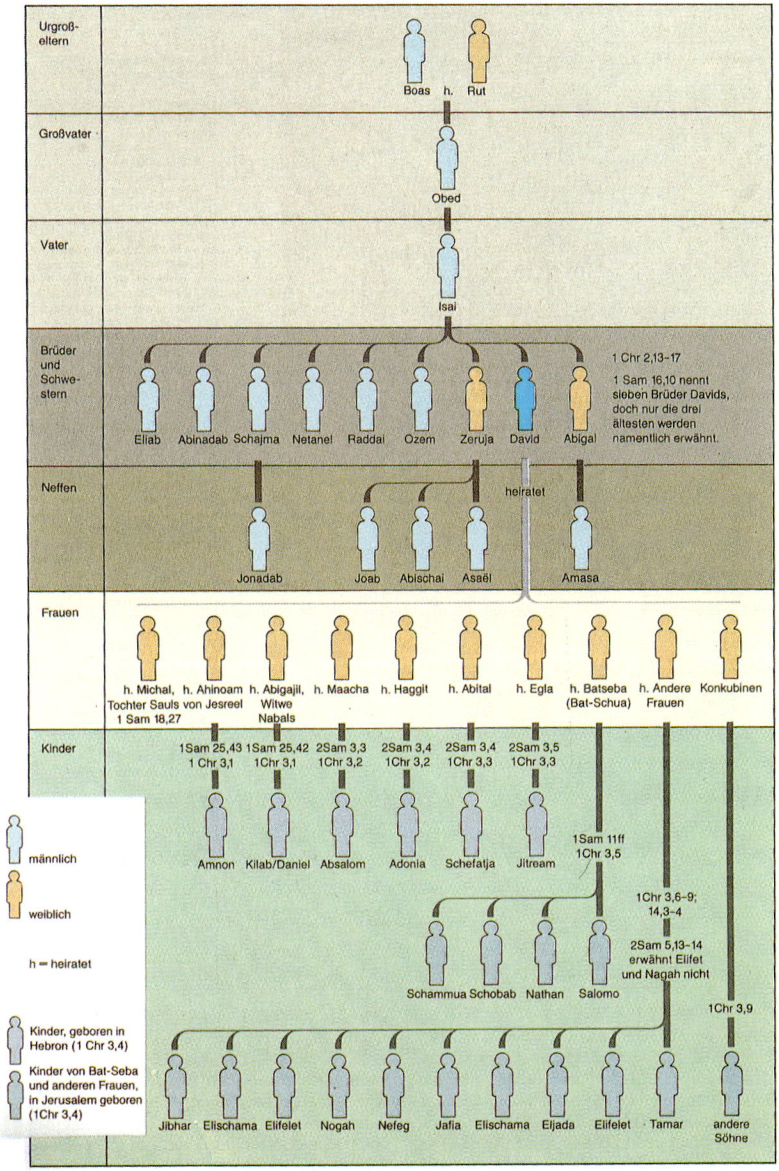

Die Familie Davids aus dem Stamm Juda.

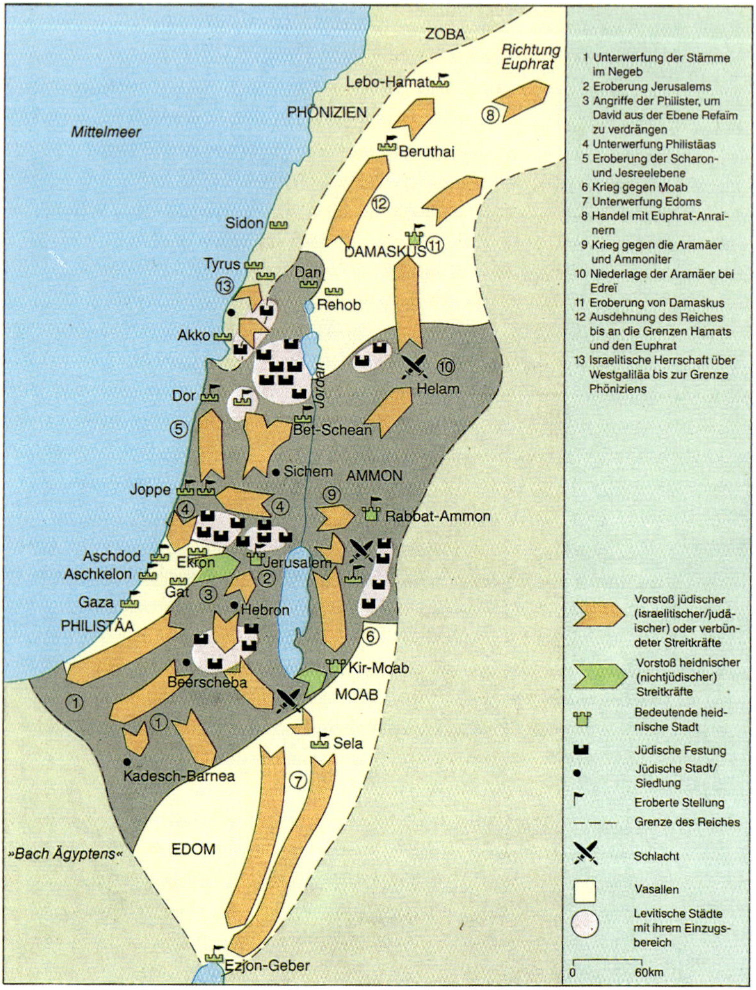

Die Feldzüge Davids.

die Musik im Gottesdienst, seine Begabung im Spielen von Musikinstrumenten und auf seine Dichtung beziehen (Neh 12,24.36.45f; Am 6,5). In der Bibel sind 73 Psalmen überschrieben mit »von David« oder »Davids«. Jesus selber zitiert D. als den Autor eines Psalmes (Lk 20,42), um das Wesen seiner Messianität deutlich zu machen.

Die Bibel beschönigt nirgendwo die Sünden der Kinder Gottes. »Denn was zuvor geschrieben ist, das ist uns zur Lehre geschrieben« (Röm 15,4). Die Aufgabe der Schrift besteht u.a. darin, durch Beispiele zu warnen, aber auch zu ermutigen. Die Sünde D.s im Falle Urias, des Hetiters, ist dafür exemplarisch: schuldhaftes Verhalten eines Menschen, der ansonsten Gott treu war und ihn verherrlichte. Diese Sünde im Leben D.s ist uns auch deshalb berichtet, um falscher Verehrung eines großen Menschen zu wehren. Sicher gibt es Elemente im Leben D.s, die den Kindern Gottes des Neuen Bundes fremd und sogar anstößig erscheinen. Dennoch hat »David zu seiner Zeit dem Willen Gottes gedient« (Apg 13,36). Mit Stolz und Zuneigung betrachten die Juden David – nicht Saul – als den Gründer ihres Königreiches. In D. sahen sie das königliche Ideal, das Abbild des von ihnen erwarteten Messias, der sein Volk befreien und ewig auf dem Thron D.s herrschen sollte. Das NT bestätigt die Vortrefflichkeit D.s, aus dessen Samen der Messias nach dem Fleisch kam.

Literatur: H. Gese: Der Davidsbund und die Zionserwählung, in: Vom Sinai zum Zion (BEvTh 64), ^{2}1984, S. 112-129; R. Freiherr v.Ungern-Sternberg: Das erste Buch Samuel, 1978; O. Betz: Wie verstehen wir das Neue Testament?, 1981, S. 39ff; H. Donner: Geschichte des Volkes Israel und seiner Nachbarn in Grundzügen. Teil 1: Von den Anfängen bis zur Staatenbildungszeit, 1984, S. 195-215. T.H.J.

DAVIDSSTADT s. Jerusalem

DEBIR.

1. Eine Stadt auf der S-Seite der judäischen Berge, vor der israelit. Invasion von Anakitern gehalten, dann von Kenasitern bewohnt (Jos 10,38; 11,21; 15,15 vgl. Ri 1,11). Eine Levitenstadt (Jos 21,15), die in Jos 15,49 auch Kirjat-Sanna genannt wird. Da Jos 15,15f Kirjat-Sefer als den kanaan. Namen der Stadt bezeichnet, hat man vermutet, daß »Sanna« eine falsche Schreibung oder »Debir« eine falsche Erläuterung (Glosse) sei. Die wahrscheinlichsten Identifizierungen sind: a. Tell beit Mirsim, 20 km westsüdwestl. von Hebron, ein die Gegend beherrschender Ort, der aber mehr nach N als nach S gelegen ist. Er war von der Hyksos-Periode bis zum Ende der Königszeit besiedelt; die Wissenschaftler sind sich jedoch sowohl hinsichtlich der Dauer wie der Bedeutung der Unterbrechungen in der Besiedlung uneinig. b. Chirbet Terramē, 8 km südwestl. von Hebron ist eine mögliche Lage, aber ziemlich nahe bei Hebron; hier fehlt der archäologische Beweis. c. Chirbet Rabud, 13 km südwestl. von Hebron, besiedelt seit der späten Bronzezeit bis 586 v.Chr., 1969 von M. Kochavi ausgegraben.

2. Ort an der N-Grenze von Juda (Jos 15,7); vermutlich oberhalb des Wadi Debr, das der untere Teil des Wadi Mukellik ist, oder in der Nähe von Tughret ed-Debr, südl. des Passes von Adummim.

3. Ort im N Gads (Jos 13,26; MT: *lidebir*; LÜ: *Lo-Dabar*); vermutlich Umm ed-Debar, 16 km südl. vom See Genezareth.

4. Der kanaan. König von *Eglon, der gegen Josua kämpfte (Jos 10,3). Die Könige werden nur in diesem Text genannt; es besteht kein Grund, diese Stelle als Beweis dafür anzusehen, daß die Stadt Debir dem Bündnis angehörte. J.P.U.L.

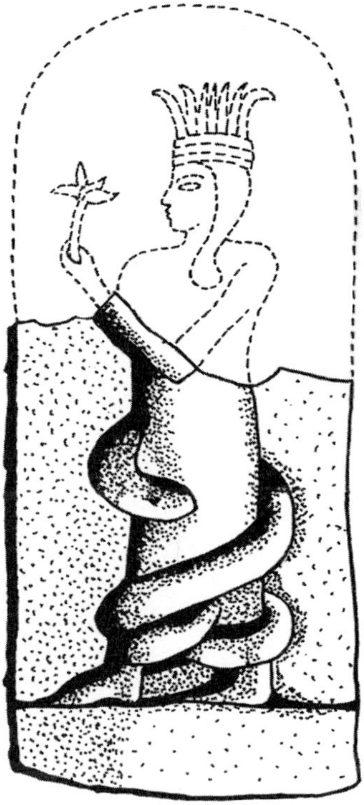

Die Rekonstruktion einer Stele, auf der eine Schlangengöttin dargestellt ist. Fundort: Tell beit Mirsim, unter dem sich möglicherweise Debir befand.

DEBORA. (Hebr. *debōrāh*, »Biene«).

1. Rebekkas Amme, deren Tod in Bethel 1Mo 35,8 berichtet wird; der Baum, unter dem sie begraben wurde, war bekannt als *allon-bachuth*, »Klageeiche« (oder »-terebinte«).

2. Eine Prophetin, die in der Liste der Richter von Israel erscheint (etwa 1125 v.Chr.). Nach Ri 4,4ff hatte sie ihren Sitz unter »der Palme Deboras« zwischen Rama und Bethel und wurde dort von Israeliten aus verschiedenen Stämmen aufgesucht, die ihre Streitfragen geklärt haben wollten – entweder Fragen, die sich als zu schwierig für ihre eigenen Richter erwiesen hatten, oder Streitfragen zwischen den Stämmen. Sie war also eine Richterin im üblichen, nicht-militärischen Sinne des

Mögliche Ortslagen von Debir

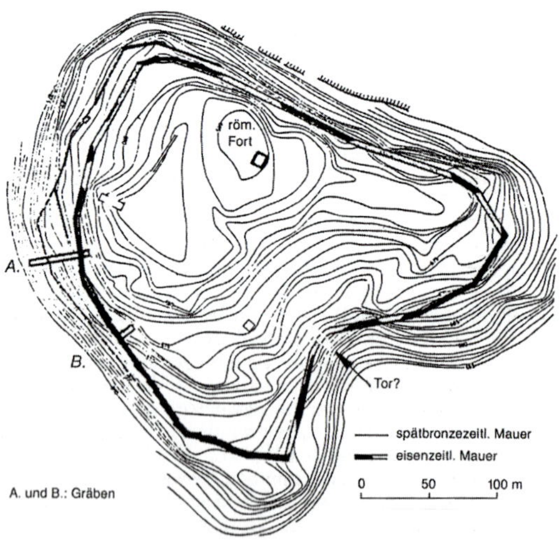

Archäologischer Gesamtplan von Chirbet er-Rabud (Debir). (OLB 2/487)

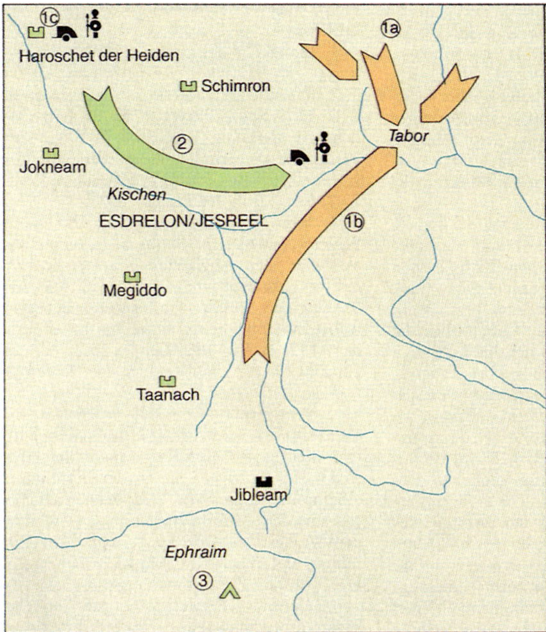

Deboras Sieg über Sisera
(1. Phase)
1a Barak zieht Truppen am Berg Tabor zusammen
1b Debora führt Verstärkung an den Berg Tabor heran
1c Siseras Ausgangslager bei Haroschet der Heiden
2 Siseras Vormarsch gegen die Israeliten
3 Weitere israelitische Streitkräfte am Berg Ephraim

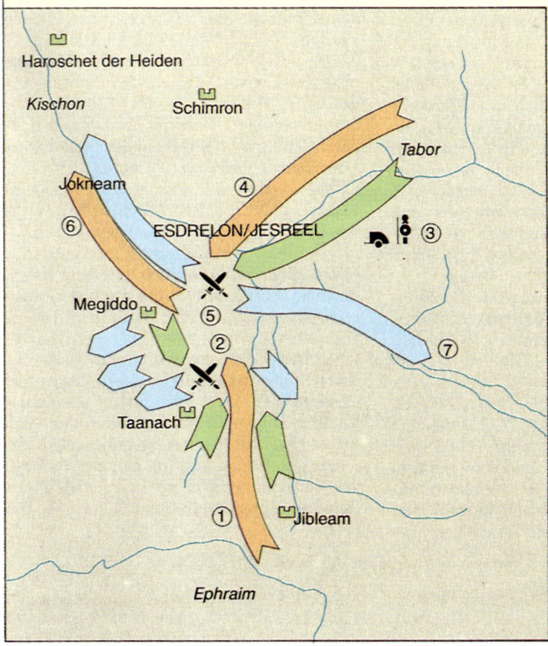

Deboras Sieg über Sisera
(2. Phase)
1 Weitere israelitische Streitkräfte rücken vor, um Siseras Aufmerksamkeit vom Berg Tabor abzulenken
2 Das zur Ablenkung manövrierende Heer wird von örtlichen kanaanäischen Verbänden angegriffen
3 Sisera rückt vor, um die kanaanäischen Verbände zu unterstützen
4 Debora und Barak verfolgen Sisera
5 Sie besiegen Sisera am Kischon
6 Siseras Truppen fliehen, verfolgt von Barak
7 Sisera selbst flieht zu Fuß und wird von Hebers Frau getötet

0 6 km

Wortes. Es lag wahrscheinlich an D.s richterlichem und charismatischem Ruf, daß die Israeliten sie um Rat fragten, als *Sisera zunehmend Druck auf Israel ausübte. D. befahl *Barak, dem israelit. Oberbefehlshaber, den Kampf gegen Sisera zu eröffnen, und erklärte sich auf sein Drängen hin bereit, ihn zu begleiten; Sisera erlitt eine vernichtende Niederlage in der Schlacht beim Bach Kischon (Ri 4,15; 5,19ff).

Debora wird die Frau Lappidots (wörtl. »Fackeln«) genannt (Ri 4,4) und als »eine Mutter in Israel« beschrieben (Ri 5,7). Man hat argumentiert, daß dieser letzte Ausdruck »eine Stadt in Israel« bedeute (vgl. 2Sam 20,19) und sich auf die Stadt Daberat beziehe (Jos 21,28; 1Chr 6,57), das heutige Dabburije am W-Fuß des Berges Tabor; aber weder in der Geschichte noch in dem Lied finden sich Anhaltspunkte dafür, diesem unbekannten Ort eine derartige Bedeutung beizumessen.

Das Lied der Debora (Ri 5,2-31a) ist uns aus dem 12.Jh.v.Chr. erhalten geblieben, wobei die Sprache praktisch nicht modernisiert wurde; daher ist es einer der ältesten Abschnitte im AT. Es wurde offensichtlich am Morgen nach dem Sieg, den es feiert, verfaßt und ist eine wichtige Informationsquelle im Blick auf die Stammesbeziehungen in Israel zu jener Zeit. Das Lied kann in acht Abschnitte aufgeteilt werden: eine Einleitung des Lobes (V. 2f); die Anrufung Jahwes (4f); das Elend der Unterdrückung (6-8); die Musterung der Stämme (9-18); die Schlacht am Kischon (19-23); der Tod Siseras (24-27); die Beschreibung, wie Siseras Mutter vergeblich seine Rückkehr erwartet (28-30) und der Epilog (31a). Man erfährt aus diesem Lied mehr über den genauen Hergang von Siseras Niederlage als aus der Erzählung in Kap. 4: Ein Wolkenbruch ließ den Wasserlauf des Kischon ansteigen und schwemmte die kanaan. Streitwagen fort (21), verwirrte die Armee und machte sie zu einer leichten Beute für die Männer Baraks.

Die lebendige und bewegende Beschreibung von Siseras Mutter (28ff) gilt als Beweis für die weibliche Verfasserschaft des Liedes; sollte es eine gewisse Sympathie verraten, so ist es doch keine mitleidsvolle Sympathie.

Debora wird in dem Lied nicht nur in V. 12, sondern vermutlich auch in V. 7 angeredet, wo das wiederholte hebr. *qamtī* nicht als die grammatikalisch übliche erste Person Einzahl (»ich stand auf«), sondern als eine altertümliche Form der zweiten Person Einzahl (»du standest auf«) verstanden werden kann (so LÜ).

Literatur: A.D.H. Mayes: Israel in the Period of the Judges, 1974. F.F.B.

DECKE.

1. Zu den D.n des heiligen Zeltes s. *Stiftshütte.

2. Bett- oder Schlafdecke (2Mo 22,26; Hiob 24,7; 31,19; Spr 31,22; Jes 28,20), auch in bildlicher Verwendung (Hiob 26,6; Ps 105,39; Jes 14,11) und als verhüllender Ausdruck für geschlechtliche Beziehungen gebraucht (5Mo 23,1; Rut 3,9 in der LÜ von 1912).

3. Mose verhüllte mit einer D., einem Schleier, sein Gesicht, damit die Israeliten das Vergehen des Abglanzes der Herrlichkeit Gottes nicht beobachten sollten (2Mo 34,33-35). Diese D., so führt Paulus weiter aus, verwehrt ihnen bis heute die rechte Erkenntnis des AT (2Kor 3,13-16). Auch Jes 25,7 ist die D. ein Bild für die Unwissenheit der Heiden.

DEDAN. Die Stadt im NW Arabiens spielte eine wichtige Rolle im Karawanenhandel (Jes 21,13; Hes 27,20), da sie an der berühmten »Weihrauchstraße« von S-Arabien nach Syrien und dem Mittelmeerraum lag. D. wird in der *Völkertafel (1Mo 10,7 – vgl. 1Chr 1,9) und an anderer Stelle (1Mo 25,3; 1Chr 1,32; Hes 38,13) im Zusammenhang mit *Saba genannt. Vermutlich spielt sie in den Handelsbeziehungen, die Salomo mit der Königin von Saba aufnahm, eine Rolle (1Kön 10). Von Bedeutung ist die Stadt aber erst in atl. Texten aus dem 7.Jh.v.Chr. (Jer 25,23; 49,8; Hes 25,13; 27,20), als sie möglicherweise eine Handelsniederlassung von Saba war (von Wissmann); das würde erklären, warum D. in den bibl. Stammbäumen sowohl mit nord- als auch südarab. Völkern in Verbindung gebracht wird. Der Babylonierkönig Nabonid (556-539 v.Chr.) erwähnt die Stadt in einer seiner Inschriften (ANET, S. 562). Offenbar hatte er sie zumindest zeitweise in Besitz genommen: Einige bei Tema gefundene arab. Inschriften, die D. erwähnen, könnten sich auf seine Kriege beziehen (POTT, S. 293). Die Stadt D. ist heute als Ula bekannt, etwa 110 km von Tema entfernt. Man kennt eine Reihe von dedanitischen Inschriften. Sie enthalten die Namen eines Königs und verschiedener Götter der Dedaniter (POTT, S. 294). Später scheint das Königreich in pers. Hand gefallen und noch später (3.–2. Jh.?) unter lihyanitische Herrschaft gekommen zu sein. Mit der Ankunft der Nabatäer wich D. als Hauptstadt dieses Gebietes der Nachbarstadt Egra (Medain Salih).

Literatur: POTT, S. 287–311, bes. S. 293–296; W.F. Albright: Geschichte und Altes Testament. FS A. Alt, 1953, S. 1–12; H. v. Wissmann: PRE Supp. Bd. 12, Sp. 947–969; M.C. Astour: IDBS, S. 222.G.L.D.

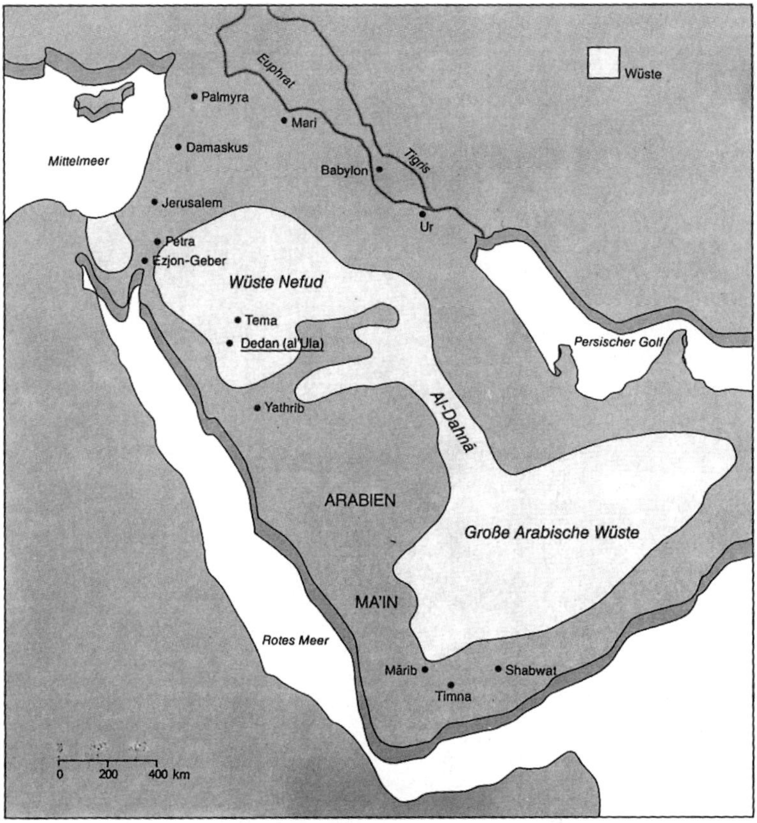

Die Lage von Dedan, dem heutigen al-Ula in Nordwest-Arabien.

DEKAPOLIS. Griech. »Zehnstadt«, ein Gebiet griech.-sprachiger Städte, die außer Skythopolis alle im Ostjordanland lagen. Welche Orte die Zehnzahl ausmachten, ist nicht ganz sicher, da Plinius (nat. V, 16,74) und Ptolemaeus (V, 7,14-17) zwei abweichende Listen bieten. Ursprünglich dürften Abila, Dion, *Gadara, *Gerasa, *Hippos, Kanatha (*Kenat), *Pella, Philadelphia (*Rabba), Raphana und Skythopolis (*Bet Schean) dazu gehört haben, später dann auch andere Städte, so z.B. *Damaskus. Orte wie Gadara und Philadelphia waren schon um 200 v.Chr. von Griechen bewohnt. Die meisten D.städte wurden vom hasmonäischen König Alexander Jannäus verwüstet (Jos.ant.Jud. XIII, 393ff). Pompejus befreite sie 63 v.Chr. aus jüd. Vorherrschaft. Meist nimmt man an, daß der röm. Feldherr die D. als griech. Städtebund gründete (vgl. Jos.bell.Jud. I, 155f; ant.Jud. XIV, 74f). Über gemeinsame politische oder gar religiöse Ordnungen ist uns allerdings nichts bekannt. Deshalb wird auch die Ansicht vertreten, daß es sich bei der D. lediglich um eine geographische Bezeichnung für Coelesyrien (*Syrien) handele (S.T. Parker: JBL 94, 1975, 437-441). Eine Inschrift aus der ersten Hälfte des 1.Jh.n.Chr. könnte aber darauf hinweisen, daß zumindest damals die D. als Verwaltungseinheit bestand (B. Isaac: ZPE 44, 1981, 67-74). *Herodes der Große erhielt einige D.städte wie Gadara und Hippos (Jos.bell.Jud. I, 396), aber das wurde nach seinem Tod von *Augustus wieder rückgängig gemacht (Jos.ant.jud. XVII, 317-320). Ab 44 n.Chr. scheinen alle D.-orte zur röm. Provinz Syria gehört zu haben, innerhalb derer sie wohl kommunale Auto-

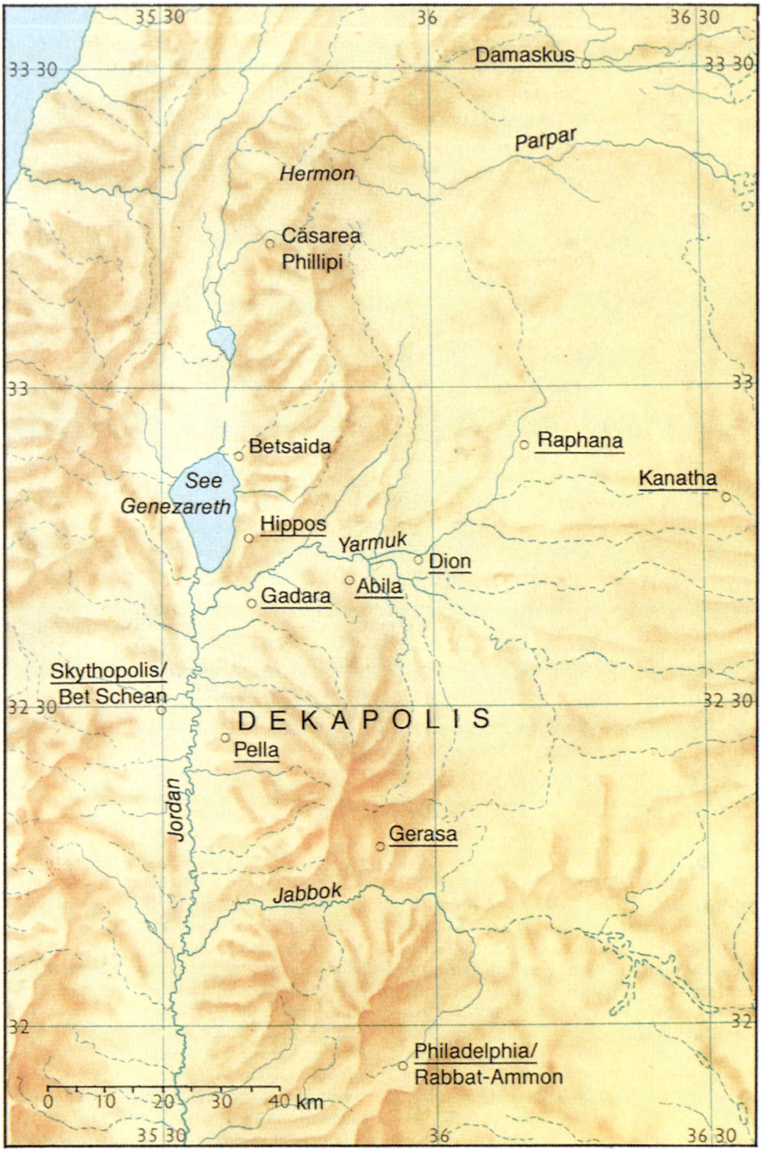

Die Dekapolis – ein Bund von zehn hellenisierten Städten – und die umliegenden Gebiete. Die unterstrichenen Städtenamen entsprechen der Aufzählung des Plinius.

Hippos, eine der Städte der Dekapolis am See Genezareth. (RP)

nomie besaßen. Ihren Reichtum verdankten sie der Lage an wichtigen Karawanenwegen. Mit einem entwickelten Bildungswesen waren die Städte griech. Kulturinseln innerhalb der semit. Landbevölkerung. In den meisten D.orten gab es eine jüd. Minderheit, die wohl eher zur Unterschicht gehörte. Auch aus der D. strömten Menschen zu Jesus (Mt 4,25). In die Region der Zehnstädte (Mk 5,20), und zwar ins Gebiet von *Hippos, führt die Heilung des besessenen *Gadareners (Mt 8,28) oder Geraseners (Mk 5,1/Lk 8,26). Die Angabe der Reiseroute Jesu »Er kam aus dem Gebiet von *Tyrus durch *Sidon an das Galiläische Meer mitten in das Gebiet der D.« (Mk 7,31) ist von den antiken Straßenläufen her durchaus sinnvoll (F.G. Lang: ZDPV 94, 1978, 145-160). Dann ist wohl auch die zweite Speisung (Mt 15,32-39; Mk 8,1-10; F. Neugebauer: KuD 32, 1986, 254-277) in der vorwiegend heidnischen (vgl. Mt 15,31) D. zu suchen, worauf auch die Symbolik der sieben Körbe (vgl. 5Mo 7,1; Apg 13,19) hindeutet (B. Pixner: BA 48, 1985, 199). Beim Ausbruch des Jüdischen Krieges (66 n.Chr.) floh ein Teil der Jerusalemer Urgemeinde ins Ostjordanland nach Pella.

Literatur: E. Bammel: BHH I, 1962, 332f; H. Bietenhard: ZDPV 79, 1963, 24-58; ders. in: ANRW II 8, 1977, 220-261; C. Möller, G. Schmitt: Siedlungen Palästinas nach Flavius Josephus, 1976, 79f.195. R.R.

DELAJA. viell. »Der Herr hat aus der Tiefe herausgeholt«.

1. Nachkomme Aarons und Leiter der 23. Priesterabteilung z.Zt. Davids (1Chr 24,18).

2. Sohn des Schemaja, einer der Fürsten, die Jojakim baten, die Weissagungen Jeremias nicht zu verbrennen (Jer 36,12.25).

3. Die »Kinder Delaja« waren eine Gruppe der Heimkehrer unter Serubbabel, die aber ihre Abstammung nicht nachweisen konnten (Esr 2,60; Neh 7,62).

4. Sohn des Mehetabel und Vater des Schemaja. Dieser riet Nehemia, sich vor seinen Feinden im Tempel zu verbergen (Neh 6,10).

5. Sohn Eljoënais und Nachkomme Serubbabels (1Chr 3,24).

DELILA. Frau, die im Tal Sorek wohnte. Die Philisterfürsten bestachen sie, dem Richter Simson, der sie liebgewonnen hatte, das Geheimnis seiner Kraft zu entlocken. Es gelang ihr, und sie lieferte ihn seinen Feinden aus (Ri 16,4-21).

DEMANT s. Edelsteine

DEMAS. Ein Mitarbeiter des Paulus während dessen erster Gefangenschaft, der in Phlm 24 und Kol 4,14 grüßen läßt. Im Kolosserbrief ist D. der einzige, der ohne Lob erwähnt wird. Später folgt die traurige Mitteilung seines Abfalls während der zweiten Gefangenschaft (2Tim 4,10). Pauli Worte »hat diese Welt liebgewonnen« legen nahe, daß persönliches Interesse, nicht Feigheit D. nach Thessalonich brachte: vielleicht stammte er von dort. Der Name ist nicht unüblich; es könnte eine Koseform von Demetrius sein. John Chapman (JThS 5/1904, S. 364ff) nimmt an, daß D. wieder zurechtkam und mit dem Demetrius aus 3Joh 12 identisch ist; Belege hierfür sind

ebensowenig vorhanden wie für das verzerrende Porträt, das die apokryphen Paulusakten von D. entwerfen (*Apokryphen des NT).
A.F.W.

DEMETRIUS. Ein gebräuchlicher griech. Name; im NT werden zwei Personen dieses Namens erwähnt.

1. Ein Christ, dessen Zeugnis in 3Joh 12 gelobt wird.

2. Der Silberschmied von Ephesus, der einen Aufruhr gegen Paulus anzettelte (Apg 19,24.38).

Der Name erscheint auch in den atl. Apokryphen, dort bezieht er sich auf drei Könige der seleukidischen Dynastie. D. I. Soter war von 162-150 v.Chr. König von Syrien. Als Sohn von Seleukus IV. Philopator erlangte er den Thron nach dem Tod seines Onkels Antiochus IV. Epiphanes, indem er dessen Sohn Eupator und seinen General Lysias tötete. Wie seine Vorgänger setzte er die Unterdrükkung der Makkabäer fort und wurde von Alexander Balas (1Makk 10,50) getötet. D.' Sohn D. II. Nikator rächte den Tod seines Vaters, indem er Balas 145 v.Chr. besiegte. Nach einer Regierungszeit, die durch Intrigen und Betrug gekennzeichnet war, wurde er 138 v.Chr. von Mithridates I. von Persien gefangengenommen. D. III. Eukairos, der Sohn von Antiochus Grypos, tritt 88 v.Chr. kurz in Erscheinung. Von Judäern zu Hilfe gerufen, besiegte er Alexander Jannäus, mußte diesem aber bald wieder weichen. D. III unterlag gegen Philippus und starb in parthischer Gefangenschaft.
D.H.W.

DEMUT.

I. WORTBEDEUTUNG.

Das deutsche Wort »Demut« ist ein aus »dio«, Knecht, Diener und »muot«, Gesinnung zusammengesetzter Begriff und bezeichnet die Gesinnung eines Dienenden oder den Mut zum Dienen. D. ist also ein durchaus aktiver Vorgang, keine passive Haltung. Hier ist treffend festgehalten, daß die »Gesinnung des Dienens« nichts mit passiver Unterwürfigkeit, sondern mit Mut und Kraft zu tun hat. Daß mit dem Wort »dienen« in unserer Welt (aber auch schon in der Welt der Bibel) oft »Niedrigkeit«, Unterdrückung verbunden wird, nimmt dem positiven Aspekt nicht sein Gewicht.

II. IM ALTEN TESTAMENT.

1. Der Begriff »Demut« hat im AT einen fast durchweg positiven Klang. In den Sprüchen Salomos kann es heißen: »Ehe man zu Ehren kommt, muß man Demut lernen« (15,33); so hoch wird diese Haltung veranschlagt. Wenn es dann an anderer Stelle heißt: »Bei den Demütigen ist Weisheit« (11,2; vgl. 13,10) oder sogar »Der Lohn der Demut ... ist Reichtum, Ehre und Leben« (22,4), dann ist angedeutet, welche Wertschätzung die Haltung der D. im Volk Israel hatte.

2. Gott der Herr selbst steht neben denen, die demütig sind, und erwartet die Haltung der D. ihm gegenüber. In großartiger Weise wird der erste Aspekt in Jes 57,15 zum Ausdruck gebracht: »Ich wohne ... bei denen, die zerschlagenen und demütigen Geistes sind, auf daß ich erquicke den Geist der Gedemütigten und das Herz der Zerschlagenen«. Der große heilige Gott weiß um die Not der Menschen, die D. lieben und über ihrer Gesinnung des Dienens leicht verachtet werden. Er kommt dem Menschen in seiner Niedrigkeit ganz nahe; je mehr Dienst, desto mehr Niedrigkeit, je mehr Niedrigkeit, desto mehr Kraft, weil Gott sich zu denen hält, die demütig bleiben.

Der zweite Aspekt wird nicht weniger deutlich beschrieben. »Es ist dir gesagt, Mensch, was gut ist und was der Herr von dir fordert, nämlich Gottes Wort halten und Liebe üben und demütig sein vor deinem Gott«, so ruft es der Prophet Micha dem Volk Israel entgegen (6,8). D. vor Gott, Gott die Ehre geben, ihm dienen, Mut haben zum Dienst vor Gott, das ist die Erwartung Gottes im AT (vgl. Jes 66,2; Hiob 22,23). Nicht Herrschen ist die Haltung des Lebens vor Gott, sondern Demut/Dienen.

III. IM NEUEN TESTAMENT.

1. Dieser Zusammenhang wird im NT aufgenommen. Nur daß Jesus selbst das Vorbild, ja das Urbild aller christl. D. wird. So kündigt der Prophet Sacharja das Kommen des Messias an (vgl. Sach 9,9).

2. Weil er »Knechtsgestalt annahm und den Menschen gleich wurde« (Phil 2,7), weil »er sich selbst erniedrigte und gehorsam war bis zum Tode, ja bis zum Tode am Kreuz«, – »darum hat ihn auch Gott erhöht und ihm einen Namen gegeben, der über alle Namen ist« (Phil 2,8-9). Jesu Lebensweg ist ein einziger Weg des Dienens (»... der Menschensohn ist nicht gekommen, daß er sich dienen lasse, sondern daß er diene und sein Leben gebe als Lösegeld für viele«; Mk 10,45). Sein hingebungsvoller und mutiger Dienst am Menschen hat die Strukturen dieser Welt verändert: Nicht mehr Herrschaft, Reichtum, Selbstruhm und Stolz regieren diese Welt. Seit Jesu Kreuz und Auferstehung ist ein anderer Weg vorgezeichnet, der Weg der Liebe

und des Dienens, der Hingabe und des Gehorsams.

3. So gibt es auch für Menschen in der Nachfolge Jesu keine andere Weisung als die der D. Das erste, was Paulus in seiner Abschiedsrede in Milet den Ältesten von Ephesus sagt, ist: »Ihr wißt ... wie ich dem Herrn gedient habe in aller Demut« (Apg 20,19). Der streitbare, dynamische Apostel Paulus stellt über alle Erfolge in seinen Missionsreisen die D. vor Gott. So kann er dann in seinen Briefen auch unermüdlich ermahnen: »Trachtet nicht nach hohen Dingen, sondern haltet euch herunter zu den geringen. Haltet euch nicht selbst für klug« (Röm 12,16). Oder: »In Demut achte einer den anderen höher als sich selbst« (Phil 2,3). Oder: »So ziehet nun ... Demut, Sanftmut, Geduld an« (Kol 3,12). Diese gering geachteten Tugenden bringt Paulus neu zum Leuchten, es schwingt etwas mit von der Verheißung Jesu: »Selig sind die Sanftmütigen; denn sie werden das Erdreich besitzen« (Mt 5,5).

Gerade die Lebenshaltungen, die so schnell als unbrauchbar hingestellt werden gegenüber Dynamik, Macht, Erfolg, Gewalt – die sind es, die letztlich zählen. Darum bezeichnet Paulus sie auch als das neue Kleid der Christen (Kol 3,12; vgl. auch 1Petr 5,5).

4. Natürlich gibt es auch die häßliche Form der Unterwürfigkeit, die überall buckelt und dienert, niemandem wehtun möchte, nirgends aneckt und im letzten auch niemandem dient. »Laßt euch den Siegespreis von niemandem nehmen, der sich gefällt in falscher Demut und Verehrung der Engel und sich dessen rühmt, was er geschaut hat ...« (Kol 2,18), kann Paulus seiner Gemeinde zurufen. Christliche D. hat mit Unterwürfigkeit und neuer sklavischer Abhängigkeit nichts zu tun. Wenn es in den Sprüchen heißt: »Den Demütigen wird er Gnade geben« (3,34), dann ist damit doch eine ganz neue Freiheit verbunden: Dienen ist kein schweres Los mehr, sondern freudiges Recht. D. hat mit Mut zu tun und nicht mit neuer Furcht.

Literatur: W. Bauder, H.H. Eßer, L. Coenen: Art. Demut, in: TBLNT I, S. 173-180; H.W.Wolff: Jesaja 53 im Urchristentum, [4]1984. H.Bd.

DENKEN/GEDANKEN.

1. Gottes G. sind höher als unsere (Jes 55,8f) und haben die Welt geschaffen und regieren sie (Jes 14,24; 46,11). G. Gottes sind groß und köstlich (Ps 40,6; 139,17) und sehr tief (Ps 92,6).

Vornehmlich beschäftigen sich die G. Gottes mit dem Heil der Menschen. So sind das D. und die G. Gottes im AT wie im NT oft mit den Worten Friede und Barmherzigkeit verbunden (vgl. Jer 29,11; Hab 3,2; Lk 1,54).

Doch auch die Missetat der Menschen ist Gegenstand der G. Gottes (Offb 18,5).

2. Zur Schöpfung des Menschen gehört als Gottesgabe auch das D. Mit dem Sündenfall verliert der Mensch jedoch die Möglichkeit, richtig und recht zu d. Dem natürlichen Wesen der Menschen entsprechen böse, sündige G. (Mt 9,4; 15,19). Aus den bösen G. gegen unsere Mitmenschen (Ps 41,8; Sach 7,10) wachsen böse Taten. Gott ergründet auch die verborgensten G. (Ps 94,11; 139,2).

3. Im engeren Sinn bedeutet D. in der Hl. Schrift bisweilen: etwas beabsichtigen, sich vornehmen (Jer 20,9; Mt 3,9 u.ö.).

DERBE. (Lykaonisch *delbeia*, »Wacholder«). Eine in Apg 14,6f erwähnte Stadt in *Lykaonien, der östlichste Ort, der von Paulus und Barnabas bei der Gründung von Gemeinden in S-Galatien besucht wurde. Paulus und Silas kamen nach D., als sie durch Kleinasien nach W reisten (Apg 16,1). Gajus, der Reisegefährte des Paulus, kam aus D. (Apg 20,4; nach dem »Westl. Text« stammte er aus Doberus in Mazedonien). 1956 identifizierte M. Ballance die Stadt mit Kerti Hüyük, 21 km nordnordöstl. von Karaman (Laranda), etwa 100 km von *Lystra entfernt (vgl. Apg 14,20b). 1964 versuchte M. Ballance die Ortslage noch genauer mit Devri Sehri, 4 km südsüdöstl. von Kerti Hüyük, zu bestimmen. D. könnte jenseits der O-Grenze des röm. Galatia, in dem abhängigen Königreich Kommagene, gelegen haben.

Literatur: M. Ballance: The Site of Derbe, A new Inscription, AnSt 7/1957, S. 147ff und: Derbe and Faustinopolis, AnSt 14/1964, S. 139ff; B. van Elderen: Some Archaeological Observations on Paul's First Missionary Journey, in: Apostolic History and the Gospel, hrsg. von W.W. Gasque und R.P. Martin, 1970, S. 156ff. F.F.B.

DEUTERONOMISTISCHES GESCHICHTSWERK. Die neuere atl. Wissenschaft bezeichnet die Schriften, die die Geschichte Israels vom Tod Moses um 1230 v.Chr. (Jos 1,1) bis zur Begnadigung des judäischen Königs Jojachin durch Ewil-Merodach um 560 v.Chr. (2Kön 25,27ff) nachzeichnen, Jos, Ri, Sam, Kön, zusammenfassend als D. G. Sie sind die Fortführung einer durchlaufenden Geschichtserzählung, die mit Abraham (Gen 12) bzw. mit der Schöpfung beginnt. Das Verbindungsstück zwischen beiden Erzählteilen, Tora und Vordere Propheten, ist das *Deuteronomium (5Mo). Der »eigentliche

Vater des deuteronomistischen Geschichtswerkes« ist M. Noth (Überlieferungsgeschichtliche Studien I, 1943; 1947, S. 4), »wohl der entscheidenste Vertreter« war Hölscher (so Eißfeldt: Einleitung in das AT, 1964, S. 323). Die Vorstellung eines D.G. gründet zum einen in der Beobachtung, daß die genannten Bücher sich z.T. gegenseitig überlappen (der Tod Josuas wird Jos 24,29; Ri 1,1; Ri 2,6 erwähnt), z.T. unmittelbar aneinander anschließen und ineinander verzahnt sind (vgl. Jos/1Sam; 2Sam/1Kön). Zum anderen finden sich gerade in den offensichtlich redaktionellen Teilen (z.B. Jos 23; Ri 2,11-19; 2Kön 17,7-23) an das Deuteronomium erinnernde Sprachformen und theologische Vorstellungen. Schließlich läßt sich feststellen, daß das zugrundeliegende Geschichtsverständnis durchgängig gleich bleibt. Nicht nur wird es an den oben genannten Stellen ausführlich erläutert, es prägt auch die gesamte Darstellung. Wegen der an das Deuteronomium erinnernden geschichtstheologischen Grundgedanken nennt Noth die Gesamtdarstellung deuteronomistisch. Man schloß daraus, daß der Verfasser mit dem des Deuteronomium identisch oder von seinem Gedankengut beeinflußt war. Heute nimmt man verschiedene bis weit in die nachexilische Zeit hineinreichende Bearbeitungen an. Doch besteht darüber keine einheitliche Meinung. Der Autor beruft sich selbst auf alte Quellen und Vorlagen (die Chronik der Könige Israels u.a.), die nach der Zerstörung Samarias und Jerusalems kaum noch zugänglich gewesen sein dürften. Eine bis 2Kön 17,23 reichende Erstfassung aus der Zeit Hiskias ist folglich nicht auszuschließen. In den Tagen Josias und nach dem Fall Jerusalems 586 v.Chr. wäre es dann zur Fortführung des Werkes gekommen, das in den Jahren zwischen 561 und 538 v.Chr. (dem Rückkehrjahr, das nächste nicht mehr erwähnte heilswichtige Ereignis) zum Abschluß kam. Näheres, s. *Josua, Buch.

Literatur: W. Roth: Art. Deuteronomistisches Geschichtswerk, TRE VIII, S. 543-552 (Lit.!); R. Smend: Art. Deuteronomistisches Geschichtswerk, EKL^3, I, S. 821-823. H.E.

DEUTERONOMIUM / 5.BUCH MOSE.

I. DER NAME.

D. ist die aus dem Griech. abgeleitete latein. Bezeichnung für das 5.Buch der Tora bzw. des Pentateuch in der LXX und heißt »das zweite bzw. wiederholte Gesetz«. Sie fand über die Vulg. den Weg ins Deutsche. Außerhalb des D.s begegnet sie erstmals Jos 9,2e (LXX) als Übersetzung des hebr. *mischnēh tōrat mōschäh* (8,32 MT) und bezieht sich auf die von

Fragment einer Leder-Rolle aus der 4. Qumran-Höhle, die 5Mo 33,8–11 auf Hebräisch enthält. (4Q Test). Erstes Jh. v.Chr. (RM)

Josua auf einem Gedenkstein vorgenommene »Abschrift des Gesetzes, das Mose vor den Augen der Israeliten geschrieben hatte«. Im D. erscheint das Wort 17,18, wo der König verpflichtet wird, »eine Abschrift dieses Gesetzes, wie es den levitischen Priestern vorliegt, in ein Buch schreiben zu lassen«. So scheint die Bezeichnung wenigstens so alt zu sein wie die LXX. Der Ausdruck D. wird als Titel des fünften Buches der Tora vermutlich deshalb verwandt, weil es die zweite Lesung des Gesetzes durch Mose vor der dem Tod in der Wüste entronnenen Generation »jenseits des Jordans im Lande Moab« zum Inhalt hat (5Mo 1,1-5). Vor dem Entstehen gedruckter Ausgaben im 16.Jh. hatten in hebr. Bibeln die fünf Teile der Tora keine besonderen Titel. Wird auf Einzelbücher Bezug genommen, so geschieht dies allgemein mit deren Anfangsworten. Die fünfte Torarolle wird folglich *'ēllä haddebārīm*, »Dies sind die Worte«, bzw., *debārīm* »Worte« genannt. Gelegentlich nennen rabbinische Schriften das Buch auch (*sēfär*) *mischnēh tōrāh*, (Buch) der Gesetzeswiederholung.

II. INHALT UND AUFBAU.

Die Schrift enthält drei Abschiedsreden Moses, mit denen er am ersten Tag des elften Monats im 40. Jahr nach dem Auszug beginnend die neue Generation auf die Inbesitznahme des verheißenen Landes vorbereitet, und die auf die Erneuerung des Bundes Jahwes mit seinem Volk hinzielen (29,9-14). Jede Rede beginnt mit einer ähnlich lautenden redaktionellen Situationsbeschreibung (1,1-5; 4,44-49; 28,69). Das Buch endet mit einer historischen Schlußerzählung, die mit der Beschreibung des Todes schließt (34,1-8). Die angedeutete Amtsübernahme Josuas und eine Mose aus der Reihe der Propheten heraushebende Würdigung seines Werkes (34,9-12) leiten zu Jos über.

Die erste Rede (1,6ff) ist ein geschichtlicher Rückblick auf die Wüstenzeit seit dem Aufbruch vom Horeb, der insonderheit Gottes Führen und Versorgen (1,30; 2,7) und Israels Versagen (1,32) zum Thema hat. Damit soll Israel im Hinblick auf die vor ihm liegende Einnahme des Landes (3,21f) ermutigt und zum Gehorsam gegen Gottes Gebot ermuntert werden (4,1-40), denn es gibt kein so gerechtes Gesetz wie das des Gottes Israel und kein Volk, dem sein Gott so nahe wäre wie Israel, damit es ihn anruft (4,6-8), und er es bei Widerspenstigkeit straft (4,24). Gottes Wille für sein Volk ist, daß es ihm wohl geht und es lange lebt in dem ihm für immer von Gott gegebenen Land (4,39f). Wie eine Gnadenerklärung mutet die abschließend erwähnte Aussonderung dreier Asylstädte im Ostjordangebiet an, in die ein Totschläger fliehen kann, »damit er am Leben bleibe« (4,41-43; vgl. 19,1ff).

Die zweite und längste Rede (5,1-28,68) ist in drei Teile gegliedert. Der erste Teil (Kap 5-11), einer Präambel ähnlich, erörtert grundsätzlich das Verhältnis Israels zu Jahwe. Die jetzige Generation wird in den mit den Vätern am Horeb geschlossenen Bund hineingezogen. In ihnen waren sie und alle folgenden Generationen am Horeb präsent (5,2-4; 29,13f); das Geschehen von damals wird jetzt vergegenwärtigt. So wird die jetzige Generation durch die Anrede »ihr« mit der damaligen gleichgesetzt (5,5.23 u.ö.). Der jetzigen Generation gilt deshalb der Zuspruch Jahwes, ihr Gott zu sein, (5,6) und ihr gilt Gottes Anspruch im Dekalog (5,7-21), damit sie »leben können und es ihnen wohlgeht« (22-31). Weil Gott allein Israels Gott sein will, deshalb soll Israel auch diesem Gott ganz dienen. Dem einen Gott das ganze Herz, das ganze Leben, die ganze Kraft (das *Schma'*, das Zentralbekenntnis Israels, 6,4)! Damit es dazu kommt und dabei bleibt, darf Israel nicht vergessen, was Gott ihm getan hat (4,9 vgl Ps 103,2), denn damit würde es bald auch den Gott vergessen, der es erlöst hat (6,12; 8,11.14.19) und seine Gebote und Satzungen mißachten. Vergessen der Wohltaten Gottes führt zu Ungehorsam, Überheblichkeit und Götzendienst (8,14.19f). Das Gegenmittel besteht im Gedenken des »Herrn deines Gottes« bzw. »des Weges, durch den dich der Herr dein Gott geleitet hat«, denn er ist's, »der dir Kraft gibt« zum Leben (8,2.18). Das Gedenken geschieht vor allem so, daß man von Generation zu Generation weitererzählt, was Gott getan hat (6,20ff; 11,18ff). Daneben darf Israel auch seine eigene Halsstarrigkeit nicht vergessen (9,7-29). So wird Israel deutlich bleiben, daß Gott es nicht erwählt hat, weil es besser als andere Völker wäre, sondern weil Gott es geliebt hat (7,6-11). Israels Gehorsam hat weder etwas mit Gesetzlichkeit noch mit Verdienstlichkeit zu tun, noch wird es zu Gottes Volk aufgrund seines Gehorsams. Aus Gnaden hat Gott es zu seinem Volk gemacht. Es ist ein »heiliges Volk« (vgl. 2Mo 19,6; 3Mo 19,2), weil »Gott es erwählt hat zum Volk des Eigentums aus allen Völkern, die auf Erden sind« (7,6). Und die Gebote und Satzungen sind Gottes gute Weisung (Tora), die zum guten Leben verhilft, weil sie die Verderbensmächte ausschließt und in der Gemeinschaft mit dem Gott des Bundes erhält, der seinem Volk alles zum Leben Nötige gibt (7,12ff; 11,8ff.26ff). Wenn Israel nur Gott liebt (10,12ff; 11,13ff), hat es alles, was es zum guten Leben braucht. Vergißt es ihn und wendet sich den Götzen zu, verliert es alles, selbst das eigene Leben (8,19f; 11,16f.28), und das Land, das Gott ihm gegeben hat (11,22-25.31; 8,7ff). Deshalb muß Israel alles ausrotten, was es von Jahwe, seinem Gott, abbringen könnte (7,1ff).

Im zweiten Teil werden dem Volk die einzelnen »Gebote und Rechte« vorgelegt. Eine logische bzw. eindeutige Ordnung läßt sich nicht feststellen. Doch ist die Voranstellung des sog. Kultzentralisationsgesetzes sicher nicht zufällig: dem einen Gott soll nur an einem Ort geopfert werden, »den Gott erwählen wird, daß er seinen Namen dort wohnen lassen wird« (12,5.11.21). Bei der »Kulteinheit« geht es vor allem um die »Kultreinheit«. Der Gottesdienst vor Jahwe ist Freudendienst (12,18). Alle anderen Kultstätten im Land sind auszurotten; Gott ist nicht nach der Weise der Völker des Landes zu dienen (30). Auch alle Falschpropheten, Träumer und Verführer zum Götzendienst (13,1ff.7ff) sind auszurotten. Weil Israel ein »heiliges Volk dem Herrn« ist, der es erwählt hat zu seinem Eigentum (14,2), folgt es weder heidnischen Trauersitten (V.1), noch entsprechenden Speisevorschriften (V.3ff). Das wirtschaftliche Gebaren des Volkes Gottes ist geprägt von Barmherzigkeit (14,22ff): mit dem Zehnten (14,22-29) wird für den Leviten, den Fremdling und den Armen gesorgt. Das Schuldrecht (15,1ff) sieht das Erlaßjahr vor, in dem Schulden verjähren. Dem Armen gegenüber ist Freigebigkeit geboten (7ff.10f). Das Sklavenrecht sieht Freilas-

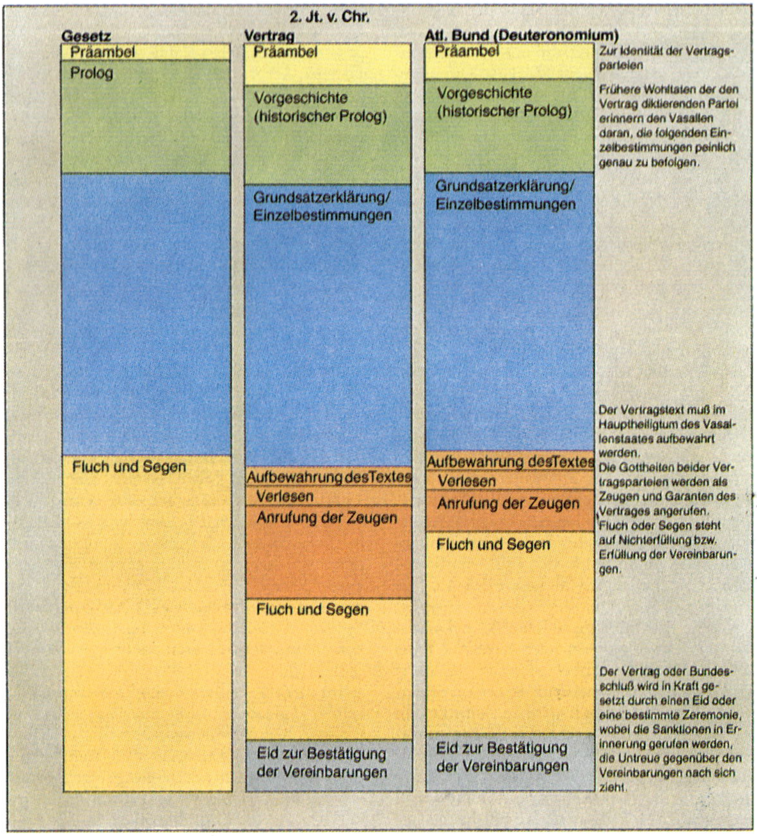

Inhaltliche und formale Unterschiede zwischen alttestamentlichen Gesetzestexten, Vasallenverträgen und dem Bundesschluß aus dem 5. Mosebuch

sung im siebten Jahr vor (15,12-18). Das Prozeßrecht verlangt ordentliche Gerichte, die ohne Ansehen der Person jedem sein Recht ermöglichen (16,18-20). In Zweifelsfällen ist ein Obergericht anzurufen, das sich aus Priestern und Richtern zusammensetzt und an »der Stätte, die der Herr erwählen wird«, tagt (17,8-13). Das Böse, d.h. das, was den Menschen verdirbt, soll aus Israel durch Einhaltung des Rechtes weggetan werden. Der Gottesdienst wird geordnet: die Erstgeburt gehört Gott (15,19-23); drei Wallfahrtsfeste – *Passa, Wochen- und *Laubhüttenfest – bestimmen den Rhythmus des Arbeitsjahres (16,1-17; vgl. *Feste). Da ruht die Arbeit; man ist fröhlich vor Jahwe (16,15) und gedenkt seiner großen Taten in der Geschichte seines Volkes. Heidnischen Göttern ist nicht zu opfern (16,21-17,7). Israel hat die Führung, die es braucht: Richter (17,8ff); einen König (17,14ff), der Gottes Weisung untersteht und Bruder unter Brüdern ist (V.20), Priester und Leviten (18,1-8) sowie Propheten, denen Gott immer wieder sein »Wort in seinen Mund geben« wird (18,9-22; V.18). Deshalb kann Israel auf alle Wahrsagerei verzichten (18,9-14; vgl. 4Mo 23,23). An diese größeren Blöcke schließen sich weniger erkennbar geordnete Stücke an wie die Aussonderung der Asylstädte (19,1ff), das Verbot von Landraub und Falschaussage (19,14ff),Kriegsgesetze (20,1ff), Sühneordnungen (21,1ff) u.ä. Bemerkenswert sind die Ordnungen, die ein besonderer Ausdruck der Barmherzigkeit sind, wie Armenrecht (24,6ff), Schutz der Vergewaltigten und Verleumdeten (22,13ff), doch auch Anweisungen wie 22,1-7; 20,5-7; 25,1-16 u.ä. Anschließend wird nochmals die Darbringung der Erstlingsfrüchte besprochen, bei der das sog. »kleine historische Credo« (26,5-10a) zu rezitieren ist. Gottes Recht ist Ausdruck seiner Barmherzigkeit, die zunächst darin besteht, daß er sich diesem Volk als Gott zusagt (26,17). Das ist Gottes Liebeserklärung, gehalten in der Sprache der Ehe. Das Volk kann darauf nur so reagieren, daß es Gottes Liebe annimmt, wirklich sein Volk wird und in seinen Wegen wandelt (26,16-19 vgl. 27,9f). Für eine vergleichende Auflistung der Satzungen des Bundesbuches und der des D.s s. G.von Rad: Deuteronomium, S.8.

Der dritte Teil dieser Rede wird durch zwei redaktionelle Bemerkungen eingeleitet (27,1a.11). Zunächst wird Vorsorge dafür getroffen, daß im Land die Worte für alle sichtbar aufgeschrieben werden (27,1-10). Der Ernst der Situation wird durch den sog. Fluchdodekalog unterstrichen, der in apodiktischer Form die Bundesweisung zusammenfaßt (27,12-26). Letztlich wird für den Fall des Gehorsams der ganze Segen Jahwes zugesprochen (28,1-14), für den der Gehorsamsverweigerung der umfassende Verlust der Gaben Jahwes einschließlich des Landes angedroht (V.15-68).

Die historisierende Schlußrede (29,1ff) umfaßt zunächst den Vollzug des Bundesschlusses mit der gegenwärtigen Generation (29,1-30,20). Auffallend ist die Betonung des Heute: »Ihr steht heute vor dem Herrn, eurem Gott, ... damit du tretest in den Bund ..., den der Herr dein Gott, heute mit dir schließt, damit er dich heute zu seinem Volk erhebt und er dein Gott ist, ... ich schließe diesen Bund ... mit euch, die ihr heute hier seid ... wie auch mit denen, die heute nicht mit uns sind« (29,9-14; vgl. 29,17; 30,15.18f; 31,1 u.ö.). Die heutige Generation war in den Lenden ihrer Väter am Horeb gegenwärtig (5,2-5); in ihr sind alle künftigen Generationen vertreten. Das Heute gilt im historischen und im bleibenden existentiellen Sinn. Wer in diesen Bund heute eintritt, kann sich seinen Ordnungen nicht ungestraft entziehen (29,15-28). Mit dem Bund wird dem Volk Segen und Fluch vorgelegt (30,1ff.15). Da man den Bund nicht in eigener Machtvollkommenheit halten kann, verheißt Gott: »Der Herr, dein Gott, wird dein Herz beschneiden, ... , damit du den Herrn ... liebst von ganzem Herzen ..., auf daß du am Leben bleibst« (V.6). Das Bundesschlußzeremoniell endet mit der Zeugenanrufung: »Ich nehme Himmel und Erde über euch zu Zeugen, ...« (V. 19); diese Zeugen werden wieder angerufen, wenn es gilt, den Bund aufzukündigen und den Bundesfluch zu vollstrecken (Jes 1,2; Mi 6,1f). Der zweite Teil der letzten Rede berichtet Moses Amtsniederlegung. Dazu gehört die Amtseinführung Josuas (31,1-8), die Anordnung über die Niederschrift »dieses Gesetzes«, seine Verwahrung (V. 24-27) und Neuverlesung im siebenjährigen Turnus (V. 9-13), das Lied Moses, das ebenfalls als »Zeuge« (V.19) aufzuschreiben ist (31,14-22.28–30; 32), sowie der Segen Moses über die Stämme Israels (Kap 33; vgl. 1Mo 49). Am Ende steht der Tod Moses (32,48-52; 34). Sein letzter Auftrag war es, dem Volk Gottes Wort ins Herz zu graben. Dies »ist nicht ein leeres Wort«, sondern »es ist euer Leben« (32,47; vgl 8,3).

Thema des D.s ist der Bund Gottes mit seinem Volk. In diesem Bund ist die einzigartige Bedeutung Israels begründet. Das Thema bestimmt nicht nur den Inhalt, sondern auch Aufbau und Form des Buches. Altorientalische, besonders hetitische Großkönige pflegten Verträge mit ihren Vasallen nach einem bestimmten Schema abzufassen. Dieses Vertragsschema bzw. Bundesformular läßt sich in Grundzügen auch im Aufbau des D.s nachweisen.

Das hetitische Bundesformular enthält folgende Teile: *1.* Präambel, *2.* Vorgeschichte (historischer Prolog), *3.* Grundsatzerklärung, *4.* Einzelbestimmungen, *5.* Anrufung der (Götter als) Zeugen, *6.* Fluch und Segen, *7.* Anweisung zum Deponieren und periodischen Verlesen des Buches.

Diesen entspricht im D.: *zu 1:* -, *zu 2:* 1,6 – 4,40, *zu 3:* 5,1 – 11,32, *zu 4:* 12,1 – 26,19, *zu 5:* 30,19; 32,1, *zu 6:* 27,11ff; 28, *zu 7:* 10,1-5; 31,21ff; 31,9-13.

G.von Rad bemerkt: »Selbst sporadisch auftretende Einzelheiten - so etwa die durchaus stereotype »Landbeschreibung« in 6,10f; 8,7-9 – erheben die Tatsache einer Anlehnung an die vorgegebene große Form über jeden Zweifel. Größere vom Bundesformular abhängige Zusammenhänge finden sich in 10,12-11,32 und in 28,69-30,20« (Deuteronomium, S.15). Selbst die Amtsniederlegung Moses ist »im Horizont der alten und doch immer neu zu verstehenden Bundesordnungen« zu sehen (ebd.). Zu bemerken ist noch, daß es sich dabei um »kein starres Schema« handelt. »Manche Elemente können ausgelassen oder in eine andere Reihenfolge gebracht werden. Die übliche Gliederung eines Vertrages sah aber offensichtlich so aus.« (A.R. Millard: Schätze aus alter Zeit, 1986, S.64). So ist es auch nicht verwunderlich, wenn es bei der Übertragung aus dem politischen Raum auf das Verhältnis Jahwes zu Israel zu gewissen Modifikationen kam (von Rad, a.a.O.). Eindeutig hingegen ist, daß sich Gott bei seiner Offenbarung an zeitgemäße, verständliche Formen hielt und das Verhältnis Gottes zu Israel einklagbaren Rechtscharakter hat.

III. DIE SPRACHE.

Diese wird in Kommentaren und Einleitungswerken kaum erörtert. Eindeutig ist die Verwandtschaft mit Hosea und Jeremia sowie mit redaktionellen Partien im *Deuteronomistischen Geschichtswerk (z.B. Jos 1,1ff; Ri 2,6ff; 2Kön 17,7ff). Wesentlicher ist der Sprachstil: breit, fast predigtartig, einladend, persönlich und herzlich. Das Herz ist zu erreichen und zur Liebe zu Jahwe zu bewegen. Dazu gehören auch die formelhaften Redeweisen wie: Jahwe lieben, nicht vergessen, erinnern, mit ganzem Herzen, am Leben bleiben, ich bezeuge heute, hüte dich, alle Gebote, sein Gesetz, seine Ordnungen, seine Rechte und seine Gebote, den Herrn deinen Gott fürchten, in allen seinen Wegen wandeln, ihn lieben und ihm dienen von ganzem Herzen und ganzer Seele u.ä. Diese formelhaften Wendungen sind nicht Ausdruck sprachlichen Unvermögens, sondern in ihrer Einprägsamkeit wollen sie aus pädagogisch-seelsorgerlicher Verantwortung das Wort des Bundes, von dem das Volk lebt, in die Herzen einprägen. Der immer wieder beobachtete, aber nie hinlänglich erklärte Wechsel von »du« und »ihr« (vgl. C.M. de Tilesse: Sections ›tu‹ et sections ›vous‹ dans le Deuteronome, VT 12, 1962, S. 29-87) liegt vielleicht gerade darin begründet, daß sowohl das ganze Volk als auch jeder einzelne persönlich gemeint ist. Sprache und Form stehen jedenfalls ganz im Dienst der Botschaft. Sie hinterlassen in Prophetie und Weisheit tiefe Spuren.

IV. DIE BOTSCHAFT.

Das D. ist ein in sich geschlossenes Werk: das Buch bzw. das Wort des Bundes; der Bund Gottes mit seinem Volk ist das zentrale Thema. Ein Bund ist allgemein »ein Verhältnis zwischen zwei ungleichen Partnern. Der Mächtige gewährt dem weniger Mächtigen das Bundesverhältnis« (M. Weinfeld: »*berith*«, ThWAT, I, Sp. 781-808, dort Sp.792). Wenn Gott Israel seinen Bund gewährt, so verbindet er sich mit ihm in Gnade (G. Wallis: »*ahab*«, ThWAT, I, Sp. 105-128, dort Sp. 122). Der Bund enthält als Rechtsverhältnis die denkbar stärkste Garantie für ein Gemeinschaftsverhältnis (vgl. G.von Rad: Theologie des AT I, S.144). Er ist also die rechtskräftige Gnadenverfügung Gottes; er läßt ihn verkündigen (4,13); er hat ihn am Horeb gemacht (5,2f; 9,9) und schließt ihn mit der gegenwärtigen Generation. Der Israel gewährte Bund ist Gnade und gewährt Gnade. Mit dem Eintritt in den Bund wird Israel zum heiligen Volk (7,6; 28,9 vgl. 2Mo 19,5f; 3Mo 19,2), zu Gottes Volk erhoben (27,9; 29,12). Israels Verhältnis zu Gott ist folglich nicht naturhaft-biologisch oder mythisch begründet, sondern in Gottes freier Liebeszuwendung und Erwählung, die sich in der Berufung der Väter und der Erlösung aus Ägypten im Bereich der Geschichte verwirklicht, so daß die geschichtlichen Darstellungen und Verweise nicht peripher, sondern zentral mit dem Anliegen des Buches verbunden sind (4,37; 5,6; 7,7ff; 26,5ff; u.ö.). Das bedeutet umgekehrt, daß Jahwe der Gott seines Volkes sein will (26,17; 29,12; vgl. 1Mo 17,7c; 28,21b). Israel: Jahwes Volk, Jahwe: Israels Gott, das ist die Grundbotschaft, deren Bedeutung im D. entfaltet wird. R. Smend erkannte darin sogar »die Mitte des AT« (Die Bundesformel, in: Die Mitte des AT. Beiträge zur evang. Theologie, Bd 99, 1986). Religionsgeschichtlich ist festzuhalten: »Die Vorstellung von einem Bund zwischen einer Gottheit und einem Volk ist uns in anderen Religionen und Kulturen unbekannt. ... (Sie) scheint ... der israelitischen Religion eigen zu sein, denn nur hier wurde absolute Loyalität gefordert und die Möglichkeit mehrfacher Loyalität ausgeschlossen, wie sie in anderen Religionen erlaubt war, wo der Gläubige zu mehreren Göttern in Beziehung treten konnte. So entspricht die Vorschrift von ausschließlicher Treue zu einem König in den politischen Verträgen dem religiösen Glauben an eine einzige Gottheit« (Weinfeld: a.a.O., Sp 807f). Die Hinweise auf die Einzigartigkeit dieses Volkes (4,7f), die Absolutheit und Einzigartigkeit Gottes und seines Handelns (4,32-35 u.ö.) bestehen folglich zu Recht.

Dem Bund eignet neben dem rechtlichen ein innig persönlicher Zug, der in der Aufforderung, Gott zu lieben, zum Ausdruck kommt (6,4 u.ö.). Voraus geht Jahwes Liebe, die das Urbild der Liebe überhaupt ist (7,8). Dieses Liebesverständnis ist von aller Sinnlichkeit gelöst. »JHWHs Liebe ist Handeln zugunsten seines erwählten Volkes. ... (Sie ist) die theologische Kennzeichnung des Urgrundes für JHWHs segenspendendes Tun an seinem Volk. ... Er schenkt aus eigenem Antrieb, will jedoch das geliebte Volk fest an sich allein binden. ... die für Israel einzig mögliche Haltung« ist die konsequente Gegenliebe, Treue und Ergebenheit. Diese Liebe ist nicht gefühlsorientiert, sondern äußert sich als entsprechendes Verhalten. »In diesem Sinn bedeutet JHWH lieben, sich in seinen Geboten aus Liebe zu ihm zu üben. ... Diese Liebe zum rechten und gehorsamen Handeln ist um so unausweichlicher, als JHWH selbst Recht und Gerechtigkeit walten läßt.« (Wallis: a.a.O., Sp. 124f). So war auch die Offenbarung des Gebotes Jahwes ein gnadenvolles »Heilsereignis ersten Ranges«. Dabei setzen alle Gebote den Bund und die Erwählung Israels voraus. In den Geboten wird Israel das Heilsgut des Lebens im Lande angeboten (30,15f; vgl. G.von Rad: Theologie des AT, I, S. 207ff). Kaiser beobachtet: »Von einer Gesetzlichkeit, die das Heil als geschuldeten Lohn für die eigenen Werke versteht, muß man D. schon deshalb freisprechen, weil die Erwählung aller Gesetzesbefolgung vorausgeht (und) Israel das Land nicht um seiner eigenen Gerechtigkeit willen gegeben wird, vgl. 9,4ff« (Einleitung, [5]1984, S. 137). Das Leben ist an keiner Stelle sog. »ewiges Leben«, sondern durchweg irdisches Leben im verheißenen Land. Das ist das Heilsgut. Wie das Leben im Gehorsam des Bundes gutes (irdisches) Leben gewährt, so führt der Bundesbruch zum Heils-, d.h. Landverlust, denn mit der Abkehr vom Gebot und von Jahwe verfällt man den Verderbensmächten (Kap 28). Damit ist der Grund der sog. Geschichtstheologie des D.s aufgezeigt, die in Kap. 30 nochmals zusammengefaßt und deren geschichtliche Verwirklichung im sog. *Deuteronomistischen Geschichtswerk dargestellt und von den sog. hinteren *Propheten erläutert wird. Grundlegend ist die Überzeugung, daß der Gott Israels den Verlauf der Geschichte lenkt, ohne daß die in der Geschichte wirkenden Mächte sich dessen bewußt sind (vgl. 7,8.24; Jes 8,18; 10,6; Hab 1,5ff u.ö.).

V. DIE HERKUNFT.

Kaiser folgert nach einem Forschungsüberblick: »Über Alter und Herkunft des D. sind die Akten jedenfalls nicht geschlossen« (a.a.O., S.134). Nur einige Fixpunkte der verwirrenden Diskussion seien angedeutet. Schon in der frühen Christenheit (Chrysostomus, Hieronymus, Athanasius) beobachtete man, daß das D. mit der josianischen Reform von 621 v.Chr. (2Kön 22, bes. V8.) in Verbindung steht. Die neuzeitliche D.forschung leitet de Wette (Dissertatio critica, 1805) mit der Beobachtung ein, daß das D. ein geschlossenes literarisches Werk, gegenüber den vorausgehenden Pentateuchschriften selbständig, doch mit den folgenden (Jos-2Kön) verwandt und mit der josianischen Reform verbunden ist. Für Wellhausen ist das D. der entscheidende Mittelpunkt in der Entwicklung der altisraelit. Religion, es enthält in Kap 12-26 den wesentlichen Teil des als priesterliches Reformprogramm entstandenen josianischen Gesetzbuches, dessen erzählender und erläuternder Rahmen später hinzukam. Bis heute geht man mit einigen Modifikationen von diesen Grundpositionen aus. Fraglich sind weiterhin die Herkunft der verarbeiteten Traditionen, die Entstehung des Rahmens, der Verfasser- bzw. Bearbeiter(kreis) und der Abschluß des kanonischen Bestandes.

Eine akzeptable Lösung muß die Selbstaussagen des D.s ernst nehmen. Es gibt kein anderes Buch des Pentateuch, das sich so ausdrücklich und wiederholt als Niederschrift der mosaischen Tora ausgibt, wobei Tora »die umfassende und von Gott bestätigte Unterweisung ist« (McBride: S.531). Vgl. 1,5; 4,8.44; 17,18f; 27,3.8.26; 28,58.61; 29,28; 31,9.11f.24; 32,46; dieses Buch der Tora: 29,20; 30,10; 31,26. Dem entspricht die verbreitete Einsicht, daß das D. Überlieferung vorstaatlicher Zeit, ja »uralte Überlieferungen aus der Väter- und Mosezeit« verarbeitet (G.von Rad: Deuteronomium, S.14.18.21 u.a.; ähnlich, Weiser: Einleitung in das AT, [6]1966, S. 123f). Bedenkt man weiter, daß der Aufbau des D.s, vor allem der historische Prolog, so nur in den hetitischen Verträgen des ausgehenden 2.Jt. zu finden ist (Millard, a.a.O.; Weinfeld, a.a.O., Sp. 794) und daß der Bund – »entweder auf Stein ..., auf Ton ... oder in einer Schriftrolle (Leder oder Papyrus) aufgezeichnet« – sorgfältig deponiert und periodisch vorgetragen werden mußte (Weinfeld, a.a.O., Sp. 793 u.a.), so ist eine Rückführung der Substanz auf Mose nicht unwahrscheinlich. So fehlen alle Hinweise auf die späteren Entwicklungen in der Geschichte Israels wie auf die Bedeutung Jerusalems und des Zion, den Tempel, die Teilung des Reiches usw. Die Schilderung des Königtums (5Mo 17) hat mit der späteren Ausgestaltung «der sakralen Königstraditionen Jerusalems« wenig gemein. Man wollte die primitiven Züge, etwa des Kriegsgesetzes, damit erklären, daß man in Zeiten Josias notgedrungen auf die alte, vorstaatliche Verfassung zurückgriff (G.von Rad: Deuteronomium, S. 18f); doch würde ein solcher Rückgriff sie ja gerade voraussetzen.

Umgekehrt machen die redaktionellen Einleitungen der Rede (s.o.) und der von Mose in der dritten Person sprechende Schluß deutlich, daß die jetzige Form nicht direkt auf Mose zurückgeht. Zudem fehlen lange Fluchlisten wie in 5Mo 28 in den Verträgen des 2.Jt., haben aber ihre Parallele in einem neuassyr. Vertrag Asarhaddons mit seinen östl. Vasallen aus dem Jahr 672 v.Chr. (Weinfeld: a.a.O., Sp. 796). Auffälligerweise ist im Zusammenhang mit dem Bundesschluß nicht vom Tiereschlachten (vgl. 1Mo 15), einem Bundesmahl (vgl. 1Mo 31, 54b; 2Mo 24,11b) oder Bundesblut (V.8b) – Elemente, die im 2.Jt. dazugehörten – die Rede; stattdessen wird der Bund durch einen Eid bekräftigt ähnlich den Verträgen der neuassyr. Zeit (5Mo 29,11.13; doch s. 1Mo 31,48-54). Auch die Sprachgestalt weist in die Zeit der großen Propheten Israels von Hosea bis Jeremia. Bedenkt man diese scheinbar konträren Elemente, so kann man zu dem Schluß kommen, daß Inhalt und Grundform auf Mose zurückgehen, daß es aber im Verlauf der Geschichte wie bei allen sich im Gebrauch befindlichen Texten zu sprachlichen Fortschreibungen (vgl. Lutherbibel) und in der Zeit zwischen dem Untergang des Nordreichs (723/22 v.Chr.) bzw. Hiskia (ca. 726-698 v.Chr.) und der josianischen Reform zur weitgehenden Ausgestaltung der uns vorliegenden Form kam. Eine letzte Fortschreibung in exilisch-nachexilischer Zeit ist nicht auszuschließen. Doch ist das D. die »Tora Moses«. Angesichts »fehlender Hinweise« begnügt sich deshalb auch R. Rendtorff (Das Alte Testament, 1983, S.165f) mit der Angabe: »vermutlich gegen Ende der Königszeit«.

VI. DIE BEDEUTUNG.

Die Bedeutung des D.s für die gesamtbibl. Botschaft, für Glauben und Theologie ist kaum zu überschätzen. Neben Ps und Jes gehört es zu den meistzitierten atl. Schriften im NT. Das sog. *schma*ʿ (»Höre« – 6,4) wurde zum Kurzbekenntnis jüd. Glaubens, das weder im Synagogengottesdienst noch im täglichen Gebet des Glaubenden fehlen darf und das als Trostbekenntnis zu dem »alleinigen Gott« viele Juden auf dem Weg in die Gaskammern der Konzentrationslager begleitete.

Doch auch im AT entfaltete das D. eine einmalige Wirkungsgeschichte. Propheten (Warnungen und Anklagen der Propheten sind z.B. oft in Prozeßform – *rib*-Gattung – gefaßt, Jes 1,2ff; Jer 2,4ff u.ö.; Gottes Recht als Schutz des Armen ist ein zentrales Anliegen ihrer Verkündigung) und Weisheit sind weithin von Sprache und Gedankengut des D.s geprägt, so daß man heute gern von einer deuteronomistischen Redaktion weiter Teile des AT spricht. Die Frage ist indes, ob nicht umgekehrt Schriften und Propheten weithin das D. voraussetzen. So kann McBride nicht umhin festzustellen: Die deuteronomistische Tora ist im Zusammenhang des Buches »die mit Autorität versehene, inspirierte ›Verfassung‹, die Mose, ... für das Volk als Richtschnur seines Lebens ... in Kraft gesetzt hat. (Sie) ist faktisch Ersatz für Mose selbst ... als der höchste Vermittler des göttlichen Wortes ... Dieses Verständnis von Dtn ist theologisch ungeheuer folgenreich. In der Sicht des hebräischen Kanons ist das Dtn so nicht nur der paränetische Anhang der pentateuchischen Erzählung von Israels Vorgeschichte und religiösem Werden unter Moses Führung. Als *die* mosaische Tora ist Dtn vielmehr der hermeneutische Schlüssel zum Pentateuch als Ganzem. ... In ähnlicher Weise bietet das Dtn auch dem entscheidenden Ansatz für das Verständnis der kanonischen Einheit der folgenden Sammlung ›Propheten‹ ... in der Hebräischen Bibel. Es ist bedeutsam, daß betonte, deuteronomisch formulierte Hinweise auf die mosaische Tora die Sammlung als Ganzes rahmen (Jos 1,7-8; Mal 3,22)« (a.a.O., S. 531). Wie Eichrodt (Theologie des AT, [1]1933; [7]1962) schon vor nahezu 70 Jahren erkannte, hat die im D. entfaltete Bundesvorstellung zentrale Bedeutung für die gesamte israelit. Religion. Der Sinaibund war für ihn Ausgangspunkt für jedes Verständnis israelit. Glaubens. Charakteristische Züge wie die Königsherrschaft Gottes, die *Offenbarung, das Fehlen der Mythologie, die persönliche Gottesbeziehung sind nach Eichrodt nur auf dem Hintergrund des Bundes zu erklären. Was viele Jahre umstritten war, hat »die Entdeckung des altorientalischen Vertragsmusters ... in gewisser Hinsicht ... bekräftigt.» Die neuere Erforschung der Bundesvorstellung hob vor allem die Bedeutung der Königsherrschaft Gottes hervor, so daß es jetzt klar ist, »daß die Idee von Gott als König in Israel nicht in der Königszeit entstanden ist, sondern einer der ursprünglichen Lehrsätze Israels ist.« Die Auffassung Israels von seiner Beziehung zu Gott wurzelt in der politischen »Lehnsherr-Vasallen-Psychologie«, wie sie im syr.-palästin. Raum z.Zt. der Einwanderung Israels gängig war (vgl. Weinfeld: a.a.O., Sp. 804f).

Letztlich gibt das D. so etwas wie eine Grundstruktur für den bibl. Glauben überhaupt ab. Gott macht sein Wort und damit sich selbst durch einen Bund fest; er bindet sich. Und «wie die Beziehungen zwischen dem Lehnsherrn und dem Vasallen in einer schriftlichen Urkunde vertraglich geregelt werden mußten, so sollte die Beziehung zwischen Gott und Israel in schriftlicher Form niedergelegt sein« (ebd.). Damit ist nicht nur die Voraussetzung für das Werden des Kanon gegeben, sondern Gott schafft eine Basis, auf die sich der Mensch im Glauben einlassen soll und kann. Auffallenderweise haben im Hebr. «fest machen bzw. sein» und »glauben« die gleiche Wurzel: *ʾaman*. So reicht die Bedeutung des D.s weit über die geschichtliche Situation und den bibl. Kontext hinaus bis in die Gegenwart des Glaubens.

Literatur: C.F. Keil: Leviticus, Numeri, Deuteronomium, BC, [3]1870, ND 1987; H. Lamparter: Aufruf zum Gehorsam. BAT 9, 1977; G.T. Manley, R.K. Harrison: 5.Mose, Brockhaus Kommentar zur Bibel I,

1980, S. 240-276; G.von Rad, Das fünfte Buch Mose/ Deuteronomium, ATD 8, [3]1978; D. Schneider: Das fünfte Buch Mose, Wuppertaler Studienbibel, 1977.

S. Herrmann: Die Konstruktive Restauration. Das Deuteronomium als Mitte biblischer Theologie, in: FS G.von Rad: 1971, S. 155-170; S.D. McBride Jr.: Deuteronomium, TRE IX, S.530-543; G.E. Mendenhall: Recht und Bund in Israel und dem Alten Vorderen Orient, ThSt(B) 64, 1960; M. Noth: Überlieferungsgeschichtliche Studien, 1943, [3]1967; Th. Oestreicher: Das deuteronomische Grundgesetz, BFChTh 27,4, 1923; H.-D. Preuss: Deuteronomium, Erträge der Forschung 164, 1982. H.E.

DIAKON. Das griech. Wort *diakonos* (»Diakon«, »Diener«) meint in seiner ursprünglichen Bedeutung jemanden, der am Tisch aufwartet oder zur Fürsorge für andere angestellt ist. Im NT ist das Wort untrennbar mit dem *Dienen und dem *Dienst überhaupt verbunden und nur von daher zu verstehen.

1. Die ursprüngliche Bedeutung im NT.
Von den 30 Belegen für »Diener« bieten nur wenige die ursprüngliche Bedeutung: Mt 22,13 und Joh 2,5 beziehen sich auf Diener bei einer Hochzeit, in Röm 13,4 nennt Paulus die Obrigkeit eine Dienerin. Allerdings geht der Aspekt der materiellen und persönlichen Fürsorge im ganzen NT nirgends völlig verloren, was für den Dienst allg. in noch stärkerem Maße gilt.

2. Nachfolge als Dienst.
Jesus ist das Vorbild des Dieners schlechthin (Joh 13,15), auch wenn dies nie mit dem Titel Diener ausgedrückt wird. (Nur Röm 15,8 nennt Jesus »Diener der Juden«, was seine Einordnung in das jüd. Leben beschreibt.) Dementsprechend wird das Dienen mit der Nachfolge Jesu gleichgesetzt: »Wer mir dienen will, der folge mir nach; und wo ich bin, da soll mein Diener auch sein. Und wer mir dienen wird, den wird mein Vater ehren« (Joh 12,26). Das Dienen des Christen wird dem Herrschen im weltlichen Bereich diametral entgegengesetzt (Mt 20,25f; 23,11; Mk 9,35; 10,43; vgl. 1Petr 5,2-4).

3. Besondere Diener.
Während so jeder Christ als Diener angesehen werden kann, kann doch auch eine jeweils besondere Aufgabe gemäß den Dienstgaben (*Charisma) zur Bezeichnung »Diener« führen. Paulus sieht sich - wobei er bisweilen andere Mitarbeiter einschließt – als Diener, durch den die Korinther gläubig wurden (1Kor 3,5), als »Diener des neuen Bundes« (2Kor 3,6), als »Diener Gottes« (2Kor 6,4), als »Diener Christi« (2Kor 11,23), als »Diener des Evangeliums« (Eph 3,7; Kol 1,23) und als »Diener der Gemeinde« (Kol 1,25). Denselben Titel legt er seinen Mitarbeitern zu: Tychikus ist »Diener im Herrn« (Eph 6,21) und »Diener und Mitknecht« (Kol 4,7), Epaphras ist »ein Mitknecht, der ein treuer Diener Christi für euch ist« (Kol 1,7), und Timotheus wird ermahnt, ein »guter Diener Christi Jesu« zu sein (1Tim 4,6).

4. »Diener« als gemeindeleitendes Amt.
Wenn sich nicht die eine oder andere der eben erwähnten Stellen auf ein festes Amt bezieht, so gibt es nur wenige ntl. Belege für die meist mit dem Begriff *Diakon* übersetzte *gemeindeleitende* Funktion. Phil 1,1 liefert mit seinem Gruß »an alle Heiligen ... samt den Bischöfen und Diakonen« den eindeutigen Beweis, daß es in den ntl. Gemeinden neben und unter dem eigentlichen Leitungsamt der *Bischöfe (»Aufseher«) bzw. *Ältesten (gleichgesetzt in Apg 20,17.28; 1Tim 3,1; Tit 1,5.7; vgl. 1Petr 5,1f) ein weiteres Amt der D.en gab, ohne daß es hier genauer beschrieben wird. In 1Tim 3,8-13 erscheint neben dem Katalog von Voraussetzungen für den Dienst des *Bischofs (1Tim 3,1-7) ein Katalog von Voraussetzungen für den D.endienst. In weitgehender Übereinstimmung mit der Qualifikation der Bischöfe wird von einem D. Bewährung im Dienst sowie in der Verantwortung für seine eigene Familie und ein untadeliger Lebenswandel erwartet. Eine Beschreibung der Aufgaben eines D.s läßt sich daraus jedoch nicht entnehmen. Ob in 1Tim 3,11 mit den »Frauen« die Ehefrauen der D.e oder weibliche D.e gemeint sind, muß offenbleiben. Daß es auch weibliche D.e gab, wird aus Röm 16,1 ersichtlich. Phöbe wird hier wörtl. als »Schwester..., die ein Diakon der Gemeinde in Kenchreä ist«, bezeichnet. Daraus, daß hier die männliche Form des Wortes gebraucht wird (also nicht »Dienerin«), ist zu schließen, daß es sich hier tatsächlich um das spezielle Amt und nicht um eine allg. Bezeichnung handelt und daß dieses Amt auch Frauen offenstand.

Um die spezielle Aufgabe der D.e und D.innen näher zu erfassen, wurde oft Apg 6 herangezogen. Die Aufgabe der Apostel, »beim Gebet und beim Dienst des Wortes zu bleiben« (Apg 6,4) wird von der Aufgabe »für die Mahlzeiten zu sorgen« (Apg 6,2f) unterschieden. Es werden auch gewisse Qualifikationen genannt, und eine Wahl wird vorgenommen. Aber wenn auch zwischen dem D.enamt und den Ämtern von Apg 6 eine enge Beziehung besteht, dürfen sie doch nicht ohne weiteres miteinander identifiziert werden. Zum einen werden nämlich die sieben Männer nirgends D.e genannt, und zum anderen üben Stephanus und Philippus, über die allein Näheres bekannt ist, auch weitere Funktionen, u.a. Evangelisation, aus, wobei offenbleibt, ob sie dies als D.e oder neben ihrem Gemeindeamt taten.

So ist allg. festzuhalten, daß das NT neben der eigentlichen Gemeindeleitung durch die Ältesten das Amt der D.e kennt, die wohl eher praktische Aufgaben hatten. Während sich in der Kirchengeschichte bei Klemens von Rom und Ignatius von Antiochia noch ein recht allg. Gebrauch des Titels findet, wurde er später weitgehend entweder auf den Armenfürsorger oder auf den Helfer bei der Eucharistie eingeengt. Erst in unserem Jh. wurde das D.enamt wieder zum Ausgangspunkt für die Erfüllung praktischer Gemeindeaufgaben. Vgl. *Dienen/Dienst/Diakonie.

Literatur: H.W.B. Beyer: ThWNT II, 81ff; P. Philippi: Das sogenannte Diakonenamt, 1968; K. Heß, TBLNT I, S. 185-192. T.Sch.

DIANA s. Artemis

DIASPORA. Mit D. (LÜ: »Zerstreuung«) kann sowohl die außerhalb Palästinas zerstreute Judenschaft bezeichnet (so Joh 7,35; 1Petr 1,1) werden, als auch die Gebiete, in denen sie lebte (so Jak 1,1; Judit 5,21).

I. DIE ENTSTEHUNG DER DIASPORA.
Wir wissen nicht genau, wann Juden zuerst freiwillig Israel verließen. Es gibt Spuren einer frühen Kolonie in *Damaskus (1Kön 20,34), und Salomos Expansionspolitik wird schon früh zur Bildung jüd. Niederlassungen im Ausland geführt haben. Die miteinander konkurrierenden Könige von *Assyrien und *Babylonien jedenfalls führten die zwangsweise Umsiedlung ganzer Bevölkerungsschichten, besonders aber der Führungsschicht und der Intelligenz, in andere Teile ihres Reichs als Element ihrer Besatzungspolitik ein (2Kön 15,29; 17,6; 24,14ff; 25,11ff). Viele dieser Gruppen verloren wohl ihre nationale und rel. Identität. Anders die jüd. Gemeinde in Babylon: Sie besaß ein ausgeprägtes prophetisches Amt, sie brachte es fertig, den Gottesdienst ohne Tempel und Opfer durchzuhalten, und sie brachte die Leute hervor, die den Wiederaufbau Jerusalems nach der Rückkehr einleiten konnten. Freilich kehrte nur ein Teil unter Kyros zurück, während ein ansehnlicher und sehr selbstbewußter Rest der Juden in Babylonien verblieb. Bis ins Mittelalter existierte diese jüd. Gemeinschaft, die sogar eine eigene Ausgabe des *Talmud besaß.

II. DIE AUSWEITUNG DER DIASPORA.
Im Stammland wurden die ausländischen Juden nicht vergessen. Prophetische Worte über Gottes gnädiges Eingreifen am Ende der Zeit schließen die glückliche Heimkehr der »Zerstreuten Israels« ein (Ps 147,2; Jes 11,12; Zef 3,10). Das Blickfeld der Propheten ist oft viel größer als das assyr. oder das babylon. Weltreich. Inzwischen hatte nämlich noch eine andere Art von »Zerstreuung« begonnen – zunächst wohl freiwillig, dann aber verstärkt durch Vertriebene (wie Jer 43,7; 44,1 zeigen): Juden ließen sich in *Ägypten und in noch weiter entfernten, weniger bekannten Gebieten nieder (Elephantine).

Alexander d.Gr. leitete dann eine neue Epoche der »Zerstreuung« ein. Der Zustrom jüd. Immigranten nahm an vielen Orten zu. Philo spricht im 1.Jh.n.Chr. von einer Million Juden in Ägypten (In Flaccum 43). Der Geograph Strabo schrieb schon vorher über die Judenschaft in *Kyrene als eigene Klasse: »Diese sind schon fast in jeder Stadt des Erdkreises verbreitet, und man kann nicht leicht einen Ort in der Welt finden, der dieses Volk nicht beherbergte und nicht in seiner Gewalt wäre« (nach Jos.ant.Jud. 14,115). Für die Richtigkeit dieser Behauptung gibt es genügend Belege. In Syrien lagen große jüd. Kolonien. Juster (1914) zählte 71 Städte nur in Kleinasien mit jüd. Bevölkerungsanteil. Heute könnte man die Liste zweifellos erweitern. Röm. Literaten wie Horaz bezeugen nicht gerade wohlwollend die Existenz und die Sitten der Juden in *Rom. Schon 139 v.Chr. gab es eine Vertreibung der Juden aus Rom, und sie sollte nicht die letzte gewesen sein (vgl. Apg 18,2). Doch kamen die Juden immer irgendwie zurück. Trotz all ihrer Unbeliebtheit (vgl. Apg 16,20; 19,34) gelang es ihnen, sich als Minderheit mit Sonderrechten zu etablieren. Ihre soziale Exklusivität und ihre anderen unverständlichen Tabus wurden ebenso toleriert wie ihre unbeugsame Religion. Sie allein waren von den öffentlichen Pflichtopfern und (weil sie am Sabbat nicht marschieren durften) vom Militärdienst befreit. Unter den Seleukiden, Ptolemäern und Römern konnte die D. trotz gelegentlicher Angriffe wachsen und gedeihen.

Diese Ausweitung der D. war nicht auf das röm. Reich begrenzt. Wie die Liste der Pfingstfestbesucher (Apg 2,9-11) zeigt, gab es auch im pers. Machtbereich Juden. Josephus erzählt manche Geschichte gerade aus diesem Bereich (ant.Jud. 18,310ff; 20,17ff).

III. DIE EIGENARTEN DER JÜDISCHEN DIASPORA.
Das Leben der meisten jüd. Gemeinschaften war fest im Gesetz und der *Synagoge verankert. Freilich ergaben sich für die Lebensweise dieser landsmannschaftlich organisierten Gemeinden manche Unterschiede zu palästin. Juden, die stets den Tempel in erreichbarer Nähe hatten. Die D. im W hatte in einer

griech. Welt zu leben und griech. zu sprechen (*Hellenisten; *Stephanus). Ein Hauptprodukt dieser Tatsache ist die *Septuaginta,* die Übersetzung der hebr. Bibel ins Griech. Sie ist auch ein Ausdruck des missionarischen Geistes der D. Alexandria mit seiner wohlhabenden und gebildeten Judenschaft, die in engem geistigen Kontakt mit der dortigen griech. Kultur lebte, war sicher ein Sonderfall, aber kein Einzelfall. Das Buch der Weisheit und das Werk Philos mit ihrer unmessianischen, aber doch irgendwie orthodoxen Haltung sind dafür charakteristisch. Ein etwas satirischer Kommentar zum Missionseifer des D.judentums ist vielleicht in Röm 2,17-24 erhalten geblieben.

Wir begegnen also beiden Tendenzen im D.judentum: Offenheit gegenüber dem Heidentum bis hin zur Angleichung (ein jüd. Mädchen konnte den röm. Götternamen »Diana« tragen; die Juden in der Kyrenaika besaßen als »Gemeindehaus« z.T. Amphitheater hellen. Stils), das Resultat menschlicher Verbundenheit mit den Heiden und daher Antrieb zur Mission unter ihnen, aber auch starres Festhalten an jüd. Tradition, an Gesetz und Volk (vgl. Phil 3,5f, das Bekenntnis eines D.juden). Die Gemeinden bezahlten ihre Tempelsteuer und unterhielten rege Kontakte untereinander und zu Jerusalem. Von dort wiederum konnte man mit rechtlicher Autorität in das Geschehen in der D. eingreifen (*Apostel). Fromme Juden reisten zu den Hauptfesten nach Jerusalem, wenn es eben ging (Apg 2,5ff; 8,27), für den Lebensabend ließen sie sich nicht selten in der heiligen Stadt nieder. Doch erzwang der kulturelle und vor allem der sprachliche Abstand zu den Einheimischen die Existenz eigener Synagogen der D.juden in Jerusalem (Apg 6,9). Wahrscheinlich war *Stephanus Repräsentant einer solchen Gemeinde.

Trotz seiner Unbeliebtheit zog das Judentum manche Heiden machtvoll an. Die einfache, aber doch eindrucksvolle Verehrung des einen Gottes, die strenge Ethik, das vorbildliche Familienleben führte nicht wenige, darunter auch Leute von Rang, in die Synagogen. Die Forderung der Beschneidung und die sozialen und wirtschaftlichen Nachteile hielten sicher manchen davon ab, ein echter *Proselyt zu werden, aber viele wurden doch »*Gottesfürchtige«. In den von dem Apostel *Paulus besuchten Synagogen treffen wir sie regelmäßig an (Apg 13,43ff; 16,13f; 17,4; 18,4ff). Weniger erfreulich ist, daß das Judentum auch aufgrund der verbreiteten Meinung attraktiv war, daß die Juden besondere magische Macht besäßen und daß ihre heiligen Worte besonders wirkungsvoll seien. Skrupellose Juden machten sich diesen Ruf zunutze (Apg 13,6ff). Manche heidnischen Kulte verbreiteten eifrig jüd. Zutaten zu ihren exotischen Bräuchen. Hier gibt es auch Verbindungen zu christl. Irrlehren der Frühzeit (*Gnosis). Einigkeit bestand aber in der gesamten D. hinsichtlich der Einzigkeit des Gottes Israels, seiner Offenbarung in der Tora und seines Volkes.

IV. IHRE BEDEUTUNG FÜR DAS CHRISTENTUM.

Unzweifelhaft ist der Einfluß der jüd. D. auf die Verbreitung des Evangeliums. Die Synagogen, die es in der ganzen damals bekannten Welt gab, waren die Anknüpfungspunkte der frühen Missionare. Wie die *Apostelgeschichte zeigt, begann Paulus sein Missionswerk regelmäßig so, daß er in der örtlichen Synagoge predigte. Ebenso regelmäßig kam es dann zum Bruch, indem die Mehrzahl der Juden »nach dem Fleisch« den Messias ablehnte, während die Heiden (Proselyten und Gottesfürchtige) ihn erfreut annahmen. Beispiele für Neubekehrte, die vorher Proselyten oder Gottesfürchtige waren, sind *Kornelius und der äthiopische Kämmerer. In der frühen Kirchengeschichte bildeten solche Leute einen wichtigen Faktor. Als sie zum Glauben kamen, hatten sie ja bereits gewisse Vorkenntnisse über Gott und die Schrift, sie waren bereits wachsam gegenüber Götzendienst und Unmoral. Auch die Septuaginta (AT in griech. Sprache) war für den Lebensweg solcher Leute wichtig.

In früher Zeit wurden Judentum und Christentum von Außenstehenden oft verwechselt, auch von heidnischen Schriftstellern. Andererseits läßt der jüd. Einfluß eher verstehen, warum die Gefahr des »Judaismus« damals für viele so groß war. Paulus hat sich im *Galaterbrief mit ihr auseinandersetzen müssen. Er, der selbst dem D.judentum entstammte, konnte die Sackgasse des Gesetzesgehorsams als Heilsweg besonders gut ermessen.

*Petrus und *Jakobus, zwei palästin. Judenchristen, haben an Christen in der D. geschrieben (Jak 1,1; 1Petr 1,1). Wie bei den früheren jüd. »Zerstreuten« handelt es sich auch bei ihnen um Leute, die nur begrenzte Zeit blieben, wo sie waren. Auch sie verbindet eine den Heiden unbekannte Gemeinschaft, nämlich die der »Bürger des himmlischen Jerusalems«.

Literatur: J. Juster: Les Juifs dans l'Empire Romain, Bd. I+II, 1914; E.R. Goodenough: Jewish Symbols in the Greco-Roman period, 1953-1968; M. Grant: The Jews in the Roman World, 1973; M. Hengel: Judentum und Hellenismus, [2]1973; ders.: Juden, Griechen und Barbaren, 1976. A.F.W./H.-W.N.

DIBON. D. von *Moab lag einst an der Stelle des heutigen Dorfes Diban, östl. vom Toten Meer, 6 km nördl. des Flusses Arnon. Ramses II. erwähnt die Stadt und behauptet, sie erobert zu haben (K.A. Kitchen: JEA 50/1964, S. 63-70). Ursprünglich gehörte D. zu Moab, wurde aber in vorisraelit. Zeit von dem Amoriterkönig *Sihon erobert (4Mo 21,26). Die Israeliten eroberten die Stadt zur Zeit des Exodus (4Mo 21,30), sie wurde den Stämmen Ruben und Gad gegeben (4Mo 32,1-5). Es war jedoch der Stamm *Gad, der D. aufbaute (4Mo 32,34), und seither wird es D.-Gad genannt (4Mo 33,45), obwohl es nach Jos 13,15ff zu Ruben gehört. D. war vermutlich einer der Rastplätze während des Zuges Israels; in 4Mo 33,45f wird darauf Bezug genommen. Später verlor Israel die Stadt. Omri eroberte sie zurück und verlor sie wieder an König Mescha von Moab, der auf dem *Meschastein, Zeile 21 und 28, davon spricht. Jesaja und Jeremia kannten D. als Moabiterstadt (Jes 15,2; Jer 48,18.22).

Die American Schools of Oriental Research führten von 1950-55 in D. archäologische Ausgrabungen durch. Man fand einige Hinweise auf Besiedlung in der Frühen Bronzezeit, einige Schichten Grundgestein, eine Mauer und Keramik aus der Frühen Bronzezeit III (2650-2350 v.Chr.). Die moabitische Besiedlung beginnt in der Eisenzeit I (1200-1000 v.Chr.) und ist durch mehrere große Gebäude vertreten. In der SO-Ecke stammen die Überreste aus der Eisenzeit II von der Mitte des 9.Jh.v.Chr. bis zur Zerstörung durch Nebukadnezar 582 v.Chr. Hier liegt ein königliches Quartier, vermutlich von Mescha erbaut. Spätere Überreste stammen aus der nabatäischen, byzantin. und arab. Periode. J.A.T.

DICHTUNG.

I. IM ALTEN TESTAMENT.

Dichtung, besonders in Gestalt von Liedern und Hymnen, nimmt in der hebr. Literatur einen wichtigen Platz ein. 701 v.Chr. entrichtete Hiskia als Tribut an Sanherib auch Musiker und Musikerinnen (d.h. Leute, die ihre Lieder mit Instrumenten begleiteten; DOTT, S. 67). Die Gefangenen in Babylon wurden zum Spott von ihren Aufsehern gezwungen, eines ihrer Lieder zu singen (Ps 137,3). Von der weltlichen Poesie Israels ist wenig erhalten geblieben, aber Hinweise im AT legen nahe, daß sie von beträchtlichem Umfang war. Das »Lied des Brunnens« (4Mo 21,17f) war vermutlich ein Arbeitslied, das am Brunnen oder beim Brunnengraben gesungen wurde. Auch Ernten (Jes 9,2) und Weinlese (Jes 16,10) hatten ihre eigenen Lieder. Laban hatte zu Jakobs Verabschiedung Lieder singen lassen (1Mo 31,27). Eine Hochzeit ohne Lieder war nicht denkbar (vgl. Jer 7,34). Die Totenklagen waren in Liedform gefaßt. Die Klagelieder Davids für Saul und Jonatan (2Sam 1,7-27) und Abner (2Sam 3,33f) stellen Dichtung von hohem Rang dar. Das kurze Klagelied über Absalom (2Sam 19,1) ist »ein Meisterstück des Rhythmus« genannt worden. Die hebr. Sprache ist sehr rhythmisch, so daß dieser Zug auch in Abschnitten auftreten kann, die nicht unbedingt Poesie sind. In den prophetischen Büchern findet man viele Weissagungen in poetischer Form. Das gleiche gilt für Spr, Pred, das Hld und Hiob.

Die Lieder wurden fast immer mit Instrumenten begleitet (2Mo 15,20; 1Chr 25,6; Jes 23,16, Am 6,5).

Unter den für poetische Kompositionen gebrauchten Begriffen finden sich: *schīr,* »Lied« (mit oder ohne Instrument); *mismōr,* »Psalm« oder »Hymne« (mit Instrumenten); *qīnāh,* »Klagelied« oder »Wehklage«; *tehillah,* »Loblied«. *Māschāl* ist zusätzlich zu seiner üblichen Bedeutung »Spruch« ein »satirisches Lied«.

Die größte Sammlung hebr. Lieder sind die *Psalmen, zugleich das reichhaltigste Material für das Studium der poetischen Formen. Die Gelehrten sind sich aber über das Wesen der hebr. Poesie nicht ganz einig. Manche vertreten die Ansicht, daß in einer Schriftensammlung wie den Psalmen, die viele Jh. überspannt, kein einheitliches System erwartet werden könne. Andere meinen, daß ohne Kenntnis der ursprünglichen Aussprache die Wiedererlangung der ursprünglichen Formen unmöglich sei. Manche glauben, daß die spätere Einführung von Vokalzeichen viele Neuerungen in der Aussprache mit sich gebracht haben könnte. Wieder andere weisen auf das Problem von möglichen Fehlern beim Abschreiben hin. Es wäre zweifellos gewagt, bei dem Fehlen jeglichen Hinweises auf Vokal- und Betonungswertungen irgendeine Theorie über die Prinzipien der hebr. Silbenmessung dogmatisch zu verteidigen.

Allgemein wird anerkannt, daß die hebr. Poesie keine Metrik nach unserem Verständnis besitzt. Nichts entspricht hier der Einheit des metrischen Maßes (dem »Fuß«), weder bei der Quantität der Vokale noch bei der Anordnung der Akzente. Eine gleichmäßige Aufeinanderfolge von betonten Silben kann man daher schwerlich erwarten. Ebenfalls wird anerkannt, daß die hebr. Poesie »betonender« Art ist, und daß der »Akzent« oder »Iktus« mit der grammatischen Betonung übereinstimmt. Da die Zahl und Stellung der unbetonten Silben keine wesentliche Rolle zu spielen scheint, werden sie bei der Skandierung nicht beachtet. An die Stelle eines starren Versmaßes tritt also ein wechselnder Rhythmus. Das Fehlen eines metrischen Versmaßes scheint auf eine Vielfalt von freien Versen hinzuweisen, aber eine willkürliche Mischung gibt es im Hebr. nicht. Auch der Vergleich mit dem logaödischen Versmaß, einer Kreuzung zwischen dem Rhythmus von Prosa und von Poesie, wie man sie manchmal in der griech. D. findet, ist irrig, denn es handelt sich um echte Poesie. Die beste Bezeichnung wäre vielleicht der Begriff »Sprung-Rhythmus«, den G.M. Hopkins prägte: »Er besteht aus der Skandierung anhand von Akzenten allein ohne Berücksichtigung der Silbenzahl, so daß ein Fuß aus einer starken Silbe oder aus vielen schwachen und einer starken Silbe bestehen kann.«

Bei der Skandierung der hebr. Poesie sollte man also nur die Anzahl der Versakzente zählen, wobei jeder von ihnen ungeachtet der Silbenzahl nur einen Taktschlag bildet. Anordnungen, die in etwa einem Dimeter, Trimeter usw. oder einer Kombination davon entsprechen, können gemacht werden. Die Natur der Sache bringt es aber mit sich, daß dieses Vorgehen zwangsläufig mehr oder weniger subjektiv ist. Nichtsdestoweniger scheint es etliche Beispiele von rhythmischen Mustern zu geben (z.B. in Ps 29). Es wäre freilich unbillig, in einer so subjektiven Poesie wie der hebr. eine starre Gleichförmigkeit zu erwarten. Vorschläge, den Text jeweils so zu verändern, daß ein regelmäßiges Muster entsteht, sollte man mit Skepsis betrachten.

Eine Poesieform, nämlich das Klagelied *(qīnāh)*, hat – so sagen viele Gelehrte – ein besonderes Metrum. Der Vers besteht hier aus fünf Anapästen mit einer Zäsur nach dem dritten. Wenn das stimmt, dann kann die Verwendung durch einen Chor, für den solch ein Gedicht ja gedacht war, sehr wohl die Form bestimmt haben. Bei anderen, auch beim Gemeindegesang gebrauchten Poesieformen hat man vielleicht »Rezitationstöne« verwendet.

Eine bekannte Eigenart der hebr. Poesie, besonders in den Psalmen, ist der »Parallelismus membrorum« – ein Begriff, den R. Lowth einführte (De sacra poesi Hebraeorum, 1753). In seiner einfachsten Form wiederholt die zweite Zeile eines Verspaares die erste Zeile. Die Beziehung der zweiten Zeile (»stichos«) des Verspaares (Distichon) zu der ersten mag synonymer, synthetischer, antithetischer oder sich steigernder Art sein. Gelegentlich ist die Strophe ein Tristichan, und dann können alle drei »stichoi« in den Parallelismus mit einbezogen sein. Das Hebr. kennt also nicht einen Endreim wie bei der europäischen Poesie, sondern im Parallelismus membrorum eine Art »Gedankenreim«.

Ein Beispiel für synonymen Parallelismus ist »Errette mich, mein Gott, von meinen Feinden, und schütze mich vor meinen Widersachern« (Ps 59,2). In Ps 104 gibt es zahlreiche Parallelismen dieser Art. Bei synthetischem Parallelismus ist die zweite Zeile eine Ausschmückung oder Ergänzung der ersten, z.B.: »O hätte ich Flügel wie Tauben, daß ich wegflöge und Ruhe fände« (Ps 55,7). Bei antithetischem Parallelismus bildet die zweite Zeile einen Gegensatz zur ersten, z.B. : »Der Herr kennt den Weg der Gerechten, aber der Gottlosen Weg vergeht« (Ps 1,6). Die zweite Zeile steigert stets die erste in Ausdrucksmitteln und Inhalt (vgl. Ps 55,13-15). Es gibt auch weniger bekannte Formen, wie z.B. der dimorphe Parallelismus, eine Zeile gefolgt von zwei unterschiedlichen Parallelen (Ps 45,2).

Den Reim ausgenommen, verwendet das Hebr. alle Spielarten literarischer Poesie. Assonanzen fehlen nicht. Vergleiche und Metaphern gibt es in großer Zahl. Alliteration kommt gewöhnlich in verdeckter Form vor. Anadiplose und Anaphora werden auf beeindruckende Weise verwendet (Ri 5,19.27). Die mnemotechnische Hilfe des Akrostichons wird herangezogen. Das bekannteste Beispiel ist Ps 119, der in Strophen von 8 Versen geordnet ist, und in dem jeder Strophe ein Buchstabe aus dem hebr. Alphabet zugeordnet ist und jeder Vers mit diesem Buchstaben beginnt.

Nirgendwo kommt der Geist des Hebr. so deutlich zum Ausdruck wie in seiner gewaltigen Bildersprache (vgl. etwa Ps 23; 104; Hld), die die ganze Schöpfung aufbietet, um Gott zu verherrlichen. Der Rhythmus der hebr. Poesie ist nicht der regelmäßige Takt des erdgebundenen Körpers. Es ist der majestätische Rhythmus des erhabenen Geistes, den nur derjenige spürt, dem die Musik des Himmels in der Seele klingt. Er steigt über das Metrische hinaus zu einer höheren Ebene und einer neuen Dimension – zu der Dimension des Geistes, wo man Gott im Geist und in der Wahrheit anbetet. Daher hatte das geistbegabte Dichten von Psalmen den Rang der Prophetie (1Chr 25,1).

Der ureigene Gegenstand der hebr. Poesie ist der Höchste, der Gott Himmels und der Erde; ihre Quelle und ihr Ursprung ist die Tiefe des nach Gott hungernden Herzens. Ihr größtes Thema ist die persönliche Begegnung mit dem lebendigen Gott.

Literatur: E. Sievers: Metrische Studien, 1901-07; G.B. Gray: The Forms of Hebrew Poetry, 1915, mit einem Überblick über neuere Arbeiten von D.N. Freedman nachgedruckt 1972; C.F. Burney: The Poetry of our Lord, 1925; P.W. Skehan (Ed.): Studies in Israelite Poetry and Wisdom, 1971; F.D. Cross/D.N. Freedman: Studies in Ancient Yahwistic Poetry, 1975.

W.J.M.

II. IM NEUEN TESTAMENT.

1. Psalmen.
Im LukEv. sind uns drei, vielleicht vier typisch hebr. Hymnen erhalten geblieben: das *Magnifikat* (Lk 1,46-55), das *Benediktus* (Lk 1,68-79), das *Nunc Dimittis* (Lk 2,29-32) und das *Gloria* (Lk 2,14). Alle diese Schriftstellen atmen Stil und Geist der Psalmen. Ihre Sprache ist majestätisch und baut auf dem Muster des Parallelismus membrorum auf, der der hebr. Poesie eigen ist.

2. Hymnen.
Bei frühen christl. Hymnen könnte es sich um Gedichte verschiedener Herkunft und Ausprägung (Eph 5,19) handeln, die Elemente des hebr. Psalms wie der griech. Lyrik aufweisen. Zahlreiche Abschnitte im NT sind als direkte oder indirekte Zitate aus diesem Corpus rel. Poesie aufzufassen: z.B. Eph 5,14 und 1Tim 3,16, wo die hebr. Struktur besonders deutlich ist. Vielleicht gehören Kol 1,15-20; 2Kor 5,17-20 und Phil 2,6-11 in dieselbe Kategorie.

3. Poetische Sprache.
Hier sind drei Aspekte zu beachten:

a. Es ist unmöglich, direkte Zitate rhythmischer Poesie von erhabener Prosa in poetischer Sprachform eindeutig zu unterscheiden. Bei dem warmen, gefühlsbetonten Stil des Hebr. ist eine strikte Trennung von Poesie und Prosa immer schwierig, und das NT nimmt in Abschnitten von besonderer sprachlicher Eindringlichkeit oft einen solchen Stil an. Vgl. kurze Lobpreisungen wie in Judas 24f und Offb 5,12.13; rhythmische Konstruktionen wie Joh 14,27; Röm 11,33f und 1Kor 15,54-57; oder Parallelismen mit Antithesen wie in Joh 3,20f oder Röm 2,6-10; oder Parallelismen chiastischer Form wie Phil 3,3-10 und Joh 10,14f. Neben diesen Schriftstellen zeigen noch viele andere in der Form wie auch im Klang den Einfluß der atl. Poesie auf die Sprache des NT. Weniger geprägt von der hebr. Sprechweise, aber immer noch poetischer Natur sind solche erhabenen Abschnitte wie Röm 12; 1Kor 13 und Phil 2.

b. Tropen (Wendungen) und Sprachfiguren sind Teil der poetischen Sprache und Tradition und wurden oben bereits erwähnt. Paronomasie (Zusammenstellung lautlich gleicher oder ähnlich klingender Wörter) und Alliteration (Stabreim) können jedoch gesondert betrachtet werden. In mehreren Abschnitten zeigt das Griech. des NT eine kunstvolle Assonanz (Gleichklang der Vokale am Versende), manchmal begleitet von einer Alliteration, z.B. Lk 21,11 (*limoi, loimoi*); Röm 1,29 (*phthonou, phonou*); Apg 17,25 (*zōēn, pnoēn*); Hebr 5,8 (*emathen, epathen*); Röm 12,3 (*hyperphronein, phronein, sōphronein*). Mt 16,18 (*Petros, petra*) und Phlm 10 und 20 (*Onēsimos, onaimēn*) enthalten Wortspiele.

c. Mt 24 und seine synoptischen Parallelen sowie die gesamte Apokalypse sind in der traditionellen Sprache der hebr. apokalyptischen Poesie oder Prophetie geschrieben, eine Literaturform, die man in Dan, Hes und Sach findet. Sie beruht auf einer symbolischen Bildersprache und ähnelt gewissen Formen der modernen Poesie, wie sie zuerst durch G.M. Hopkins gebräuchlich und dann von T.S. Eliot kunstvoll weitergeführt, geübt wurden. Daraus ergibt sich, daß die »poetische« Interpretation eine legitime und gewiß eine lohnende Betrachtungsweise der Apokalypse ist. Es muß aber auch gesagt werden, daß ein Teil der Bildersprache vielleicht gar nicht mehr interpretiert werden kann, weil der Schlüssel zu der Symbolik verlorenging.

4. Zitate.
Im NT sind ungewöhnlich viele Zitate aus der poetischen Literatur des AT enthalten. Einige Abschnitte des Hebräerbriefes sind weitgehend aus solchen Zitaten zusammengestellt. Ebenso verhält es sich mit Teilen des Römerbriefes. Schwerer bestimmbar und weniger häufig sind eingestreute wörtliche Zitate aus der griech. Literatur. Apg 17,28 »wir sind seines Geschlechts« ist die erste Hälfte eines Hexameters des Aratus von Soloi in Zilizien (315-240 v.Chr.). Derselbe Satz erscheint in einem erhaltenen Fragment von Kleanthes, der von 263 bis 232 v.Chr. der Stoa vorstand. Es gibt auch Anhaltspunkte dafür, daß der Passus auch ein Zitat des Epimenides sein könnte, eines kretischen Dichters, den Paulus in Tit 1,12 mit einem ganzen Hexameter zitiert. In 1Kor 15,33 wird ein jambischer Trimeter von Menander 342-293 v.Chr.), dem Komödiendichter aus Athen, zitiert (»Schlechter Umgang verdirbt gute Sitten«). Auch Jak 1,17 ist im griech. Text ein vollständiger Hexameter. Das Gleiche finden wir in Apg 27,34b (wenn man die Konjunktion *gar*, »denn«, außer Betracht läßt), und Hebr. 12,13 (bei der Lesart mit Aorist Imperativ). In Apg 23,5 steht ebenfalls ein jambisches Metrum. Man kann jedoch nicht feststellen, ob es sich in diesen Fällen um Zitate handelt. Metrischer Text kann auch zufällig entstehen, wie z.B. in dem deutschen Satz »Wen da dürstet, der komme und nehme das Wasser des Lebens«.

Literatur: C.F. Burney: The Poetry of our Lord, 1925; I.T. Sanders: The New Testament Christological Hymns, 1971; O. Hofius: Der Christushymnus

Philipper 2,6–11. Untersuchungen zu Gestalt und Aussage eines urchristlichen Psalms, 1976. E.M.B.

DIEB/DIEBSTAHL.

1. Nach dem Gesetz Moses gehört Diebstahl zu den Sünden, die im Auftrage Gottes bestraft werden sollen (2Mo 22,2ff). War das gestohlene Gut des anderen unbeschädigt, so sollte der D. es zweifach zurückerstatten (2Mo 22,3). War es aber bereits zu Schaden gekommen oder verkauft, so sollte bei Schafen das Vierfache, bei Rindern, die ja Arbeit leisteten, das Fünffache des Schadens ersetzt werden (2Mo 21,37ff). Wurde durch Nachlässigkeit und Unachtsamkeit in Verwahrung gegebenes Vieh gestohlen, mußte der Hüter es dem Eigentümer bezahlen (2Mo 22,11). Konnte der D. keinen Schadenersatz leisten, wurde er dem Bestohlenen leibeigen (2Mo 22,2), durfte jedoch nicht ins Ausland verkauft werden. Menschenraub wurde mit dem Tode geahndet (2Mo 21,16; 5Mo 24,7). Die Tötung eines nachts einbrechenden D.es blieb straflos (2Mo 22,1). Wer recht- oder unrechtmäßig in seinen Besitz gelangtes fremdes Eigentum ableugnete, sollte es zurückerstatten und ein Fünftel des Wertes Schadenersatz leisten (3Mo 5,21ff).

2. Im NT werden die atl. Verbote aufgenommen und bestätigt (Mk 10,19; Lk 18,20; 19,8; Röm 13,9; Eph 4,28; 1Petr 4,15 u.ö.). Doch auch dem D. steht der Weg zur Buße und zur Annahme des Evangeliums offen (1Kor 6,10f; Eph 4,28; 1Petr 4,15).

DIENEN, DIENST, AMT.

Im AT und NT gibt es dafür eine Reihe Worte, die in ihrer Grundbedeutung alle ähnlich sind, aber Dienen und Dienst unter verschiedenen Aspekten beschreiben.

A. Begriffserklärung.

I. IM ALTEN TESTAMENT.

Die im AT meistgebrauchten Worte sind *schērēt* und *ʿābad*. Beide können im profanen und rel. Sinn gebraucht werden.

1. *schērēt* bezeichnet einen ehrenvollen D., zu dem jemand berufen wird, den er vielleicht sogar freiwillig übernimmt. So setzt Potiphar den Josef zum Hausverwalter ein und läßt sich von ihm persönlich bedienen (1Mo 39,4). Josua dient dem Mose (2Mo 24,13; 33,11; 4Mo 11,28; das Partizip im Hebr wird meist mit »Diener« übersetzt). *schērēt* wird immer dort benutzt, wo der D. der Priester beschrieben wird (2Mo 28,35.43; 1Kön 8,11; Hes 44,17). Die Leviten dienen dem Hohenpriester Aaron (4Mo 3,6), den Priestern (4Mo 18,2), dem Heiligtum und der Gemeinde (4Mo 16,9). Elisa veranstaltet ein Festmahl für sein Haus und folgt dann dem Propheten Elia, um ihm zu dienen (1Kön 19,21). Immer ist diese Weise zu dienen Folge einer Berufung oder Einsetzung, das Dienen ist Vorrecht und Ehre.

2. *ʿābad* heißt arbeiten, ein Werk ausführen, als Knecht dienen. Es kann ebenso für Gottes Wirken (Jes 28,21 LÜ: Tat) wie für die *Arbeit der Menschen gebraucht werden (2Mo 20,9 par.). Jakob dient dem Laban um Rahel zweimal sieben Jahre (1Mo 29,18ff). Ein Sklave kann auf die Freilassung verzichten und aus Liebe zu seinem Herrn ihm lebenslänglich dienen (2Mo 21,5f). Israel dient verschiedenen Herrschern in der Zeit der Richter (Ri 3,8.14), dient heidnischen Gottheiten (2Kön 10,18) und fremden Königen (Jer 25,11). Fast immer bedeutet *ʿābad* einen D., der befohlen ist, der unfrei macht, in dem der Mensch nicht über sich selbst verfügt. Der Diener ist meist der Sklave. Das Substantiv *ʿäbäd*, *Knecht, Diener, wird Jes 53 in spezieller Bedeutung für den leidenden Gottesknecht gebraucht.

3. Selten wird für den D. gegenüber heidnischen Gottheiten das Wort *zāmad* gebraucht (4Mo 25,3.5; Ps 106,28). Weiter kann D. auch mit dem Begriff »vor jem. stehen« ausgedrückt werden (1Mo 41,46; 5Mo 1,38 u.ö.).

4. In der LXX wird *ʿābad* meist mit *douleuein* wiedergegeben; wo es aber im Sinne von »Gott dienen« gebraucht wird, steht in der LXX *latreuein*. 4Mo 16,9 werden die Worte *schērēt* und *ʿābad* synonym für dienen gebraucht und in der LXX mit *latreuein* und *leitourgein* übersetzt. Das zeigt, wie nahe die beiden meistgebrauchten Worte für dienen im Hebr. in ihrer Bedeutung beieinanderstehen. Der D. des *Priesters wird dagegen in der LXX immer mit *leitourgein* beschrieben. Obwohl es ursprünglich im Griech. in der Wortgruppe *douleuein* keine Beziehung zum religiösen Leben gab, steht Jes 53,11 LXX dies Wort für ʿābad. Während in LXX *douleuein, latreuein, leitourgein* die meistgebrauchten Worte für dienen sind, fehlt das Wort *diakonein*.

II. IM NEUEN TESTAMENT.

Im NT sind es sechs Begriffe und die ihnen verwandten Wortgruppen, die in unterschiedlicher Häufigkeit, aber mit gleichem theologischem Gewicht das Leben der Christen als »Dienst für Gott« umschreiben:

1. *douleuein* steht insgesamt 25mal, in ähnlicher Bedeutung *douloun* achtmal; gemeint ist der D. des Sklaven, der von ihm getan werden muß, ob er will oder nicht, weil der dem Willen seines Herrn untersteht (Mt 6,24; Lk 15,29; Apg 20,19; Kol 3,24).

2. Das Wort *diakonein* hat ursprünglich den Sinn von »zu Tisch dienen, den Lebensunterhalt besorgen« (Lk 10,40; 12,37; Joh 12,2; Apg 6,2). Während es im Griechentum eine Tätigkeit beschrieb, die als minderwertig und eines freien Mannes unwürdig galt, wird *diakonein* im NT für die Sendung Jesu (Mk 10,45 par.) gebraucht, für den D. des Apostels (2Kor 3,3 vgl. 6,3) und erhält so eine zentrale Bedeutung für den D. des Christen (1Petr 4,10). D. erhält durch Jesus eine ganz neue Würdigung. Das Verb *diakonein* (vgl. Mt 4,11) erscheint im NT 37mal, der Begriff »Dienst« 34mal (Lk 10,40; Apg 1,25; 6,4; 2Kor 4,1 u.a.), das Wort »Diener« 29mal (Mt 20,26; 23,11; Joh 12,26; Phil 1,1 u.a.).

3. *latreuein* (vgl. Apg 24,14) beschreibt das Leben des Christen als einen D. im umfassenden Sinn (wie 5Mo 10,12 LXX), als Opfer, Gebet und Anbetung, also ein D., das Gott allein gilt. Das Wort erscheint im NT 21 mal, das Substantiv *latreia* (vgl. Joh 16,2) insgesamt fünfmal.

4. Ihm inhaltlich verwandt ist *leitourgein,* durch das der Gedanke des priesterlichen D.s in das NT kommt. Wir finden es nur Apg 13,2; Röm 15,27 und Hebr 10,11. Das Substantiv (vgl. Lk 1,23) erscheint sechsmal, das Wort »Diener«, *leitourgos,* fünfmal. In diesem Wort schwingen die Gedanken von Berufung und Beauftragung zum D. mit. In Röm 15,27 wird das Wort jedoch im profanen Sinn von materieller Hilfeleistung gebraucht.

5. Das Wort *hierourgein* steht nur Röm 15,16 und bedeutet ursprünglich »als Priester dienen«. Paulus versteht hier seinen D. der *Verkündigung als priesterlichen D. Der Textabschnitt zeigt deutlich, wie nahe verwandt die verschiedenen Worte für dienen in Röm 15,16.25.27 *(hierourgein, diakonein* und *leitourgein)* in ihrer Bedeutung sind.

6. Das Wort *hypēretein* steht nur Apg 13,36; 20,34; 24,23, wogegen das Substantiv »Diener« (vgl. Mt 5,25) 20mal gebraucht wird. Im klass. Griech. ist der *hypēretēs* der Rudersklave, der möglicherweise an seinen Platz gekettet ist und im gleichen Takt mit anderen das Ruder schlagen muß. Der ursprüngliche Sinn ist erhalten geblieben, wenn er auch in ntl. Zeit erweitert wurde: zum Diener, der seinem Herrn zuarbeitet, z.B. zum Gefolgsmann eines Königs. Er ist immer zur Hilfe für seinen Herrn bereit.

7. Das im NT meistgebrauchte Wort für »Diener« im Sinn von Knecht, Sklave ist *doulos* (124mal), latein. *servus,* (Mt 13,27; Lk 2,29; Joh 15,15; Apg 16,17; Röm 1,1 u.a.). Das sinnverwandte Wort *diakonos* kommt nur 29mal vor, latein. *minister.* Mt 20,26f sind beide Worte gleichbedeutend.

B. Dienen und Dienst im Alten Testament.

Nach Gottes Willen ist der Mensch dazu geschaffen, um in der Gemeinschaft mit Gott zu leben und ihm zu dienen. Als Gottes Ebenbild soll er Gottes Willen in der Gestaltung des Lebens verwirklichen, d.h. die »Erde beherrschen«, sie »bebauen und bewahren«, das ist der ursprüngliche »Gottesdienst« (1Mo 1,27f; 2,15). Nachdem die Gemeinschaft mit Gott durch den Sündenfall zerbrochen ist, versuchen die Menschen, ihre eigenen Ziele zu verwirklichen. Mit der Berufung Israels als Volk Gottes (2Mo 19,5f) schafft Gott sich ein Volk, das ihm dienen soll. Die Zehn Gebote und die Ordnungen des *Gottesdienstes (Opfer, Festtage, Zehnter, Reinheitsgesetze) machen deutlich, daß alle Bereiche menschlichen Lebens in den D. Gottes gestellt werden. Priester und Leviten werden von Gott aus Israel ausgesondert, um ihm stellvertretend für das ganze Volk zu dienen, als »Ersatz für jeden Erstgeborenen« (4Mo 8,16), »als Geschenk sind sie dem HERRN gegeben« (4Mo 18,6 RevEB). Hohepriester, Priester und Leviten sollen dem Herrn »mit Freuden« (Ps 100,2) dienen, ihn »in heiligem Schmuck« anbeten (Ps 29,2; 96,9). Neben die Priester treten Könige und Propheten, die von Gott berufen werden, um ihm in besonderer Weise zu dienen. Weil Israel immer wieder der Gefahr erliegt, den heidnischen Göttern zu dienen, besteht der rechte D. des Königs darin, das Volk anzuleiten, Gott in ganzer Hingabe zu dienen (2Chr 29,1ff; 30,8). In gleicher Weise haben die Propheten den Auftrag, Gottes Volk immer wieder zu Gott zurückzurufen, damit Israel Gott im Gehorsam dient, »Gehorsam ist besser als Opfer« (1Sam 15,22). Die Propheten weisen nachdrücklich darauf hin, daß der Gottesdienst Israels nur dann Gott wohlgefällig ist, wenn die Glieder des Volkes Gottes einander in den sozialen Nöten dienen und praktische Nächstenliebe üben (Am 5,11ff.21ff; Jes 58,6ff vgl. 3Mo 19,13.18.33f).

Weil Israel in einer gefallenen Welt lebt, gelingt es dem Volk nicht, Gott allein als seinem Herrn zu dienen (Ri 8,22f). Sie wünschen sich einen König, »wie ihn alle Heiden haben« (1Sam 8,5). Zum Recht des Königs gehört, daß er den D. seines Volkes fordern kann. Dem König zu dienen, kann Ehre bedeuten (1Mo 41,39ff; 2Sam 8,15ff; Neh 2,1ff), kann aber auch Unterdrückung mit sich bringen (1Sam 8,11ff). Durch verschuldete oder unverschuldete Not kann es dahin kommen, daß Menschen sich als Sklaven verkaufen müssen. Nehemia erinnert Israel daran, daß die Hilfe des Stärkeren den Schwächeren in der Not durchtragen soll. Der D. aneinander und füreinander soll in Freiheit und Freiwilligkeit geschehen (Neh 5,1ff).

C. Dienen und Dienst im Neuen Testament.

I. DER DIENST JESU.

Aller D. im NT orientiert sich am Vorbild Jesu: »Ich bin unter euch wie ein Diener gewesen« (Lk 22,27). Er ist gekommen, »daß er diene und gebe sein Leben zum Lösegeld für viele« (Mk 10,45). Hier weist Jesus mit dem Wort *diakonein* über den Tischdienst und die Zuwendung zum notleidenden Nächsten hinaus auf die Hingabe seines Lebens am Kreuz. Damit erfüllt Jesus im *Gehorsam (Mt 26,39) den Willen Gottes, wie er im Wort vom leidenden Gottesknecht (Jes 53) offenbart ist. Indem Jesus Gott seinem Vater im Gehorsam dient (Joh 5,19), dient er zugleich den Menschen. In seiner irdischen Wirksamkeit wendet er sich der leiblichen und geistlichen Not des Menschen zu. Er hilft nicht nur in sozialen Nöten, heilt Kranke, speist Hungernde, gibt der Witwe ihren Sohn zurück (Lk 7,11-15). Er sieht zugleich die geistliche Not und hilft Menschen, aus ihrem gestörten Gottesverhältnis herauszukommen. Leibsorge und Seelsorge sind im D. Jesu unmittelbar verbunden. Jesu D. wächst aus dem Gebot der Nächstenliebe (3Mo 19,18; Lk 10,25ff). Er ist bereit, den Jüngern wie ein Sklave zu dienen, indem er ihnen die Füße wäscht (Joh 13,2ff). Seine Stellung zum D. bedeutet gegenüber dem Griechentum etwas völlig Neues. Jesus, der Herr und kommende Richter, wird selbst zum Diener (Lk 12,37; 22,26f). Damit gibt er dem D. eine bisher unbekannte Würde.

II. DIENEN UND DIENST IN DER NEUTESTAMENTLICHEN GEMEINDE.

1. Jeder Christ ist Glied am Leibe Jesu Christi (Röm 12,4ff; 1Kor 12,4ff). Die Gemeinde ist jeweils in ihrer Generation Dienstorgan Jesu Christi. In ihr setzt sich der Dienstauftrag ihres Herrn fort. Und jeder D. geschieht im organischen Zusammenhang des *Leibes Christi. Immer wieder weisen die Apostel in den Briefen des NT darauf hin, daß in einer lebendigen Gemeinschaft von Christen die Kraft zur Nächstenliebe geschenkt wird.

Menschen werden fähig, einander in der Liebe Jesu zu dienen. Sie lernen es, eigene Wünsche und Interessen zurückzustellen, um Kraft und Besitz zur persönlichen Hilfe für den Notleidenden einzusetzen (Hebr 13,16). Diakonie vollzieht sich nicht nur im Liebesdienst an kranken und leidenden Menschen, in sozialer Fürsorge und finanzieller Hilfeleistung. Auch der seelsorgerliche D. der Gemeindeglieder aneinander fällt unter den Begriff der *diakonia*. Jede Form gelebten Glaubens in der *Nachfolge, in der ein Mensch freiwillig Verzicht übt und Aufmerksamkeit, Zeit, Kraft und Fähigkeiten zur Hilfe für andere zur Verfügung stellt, wird im Sinne des NT zum *Gottesdienst.

2. *diakonia* wird in der LÜ an manchen Stellen – ebenso wie *oikonomia* (Lk 16,3; 1Kor 9,17), Haushalterschaft, Dienstamt – mit dem Begriff »Amt« wiedergegeben (Apg 20,24; Röm 12,7; 1Kor 12,5; 2Kor 3,7; 4,1; 5,18; 6,3; Kol 4,17; 1Tim 1,12; 2Tim 4,5;). Bei dem Begriff »Amt« ist im NT weder an eine Institution noch an die Ausübung von Macht gedacht. Wie im AT Priester, Propheten und Könige zu besonderem D. berufen und mit Gottes Geist begabt werden, so beruft der erhöhte Jesus Christus Menschen in besondere Verantwortung in seiner Gemeinde (Apg 14,23; 20,17.28; Röm 12,8; 1Kor 12,28; Phil 1,1). Wie im AT so gilt auch hier, daß mit der *Verantwortung für andere auch Autorität von Gott gegeben wird, die von der Gemeinde anerkannt werden soll (1Thess 5,12; Hebr 13,17). Leitungsverantwortung wird aber immer als D. aufgefaßt, nicht als Herrschaft (Mt 20,26; 23,11), sondern als Hilfe zur Freude (2Kor 1,24). Und wie jeder D. in der Gemeinde, so beruht auch der D. der Leitung auf einer *Gabe (*charisma*) von Gott und stellt den Dienenden nicht über die anderen, sondern ordnet ihn, zusammen mit den anderen Gliedern, als Glied in den Organismus der Gemeinde ein (1Kor 12,4-29). Das Ziel dieses besonderen D.es im NT ist die Vollendung der Gemeinde (Eph 4,11-13).

3. *diakonia* wird unter den Charismen als eine besondere Gabe und Berufung zum D. genannt (Röm 12,6; 1Petr 4,11 vgl. 1Kor 12,5.28). Einzelne Glieder der Gemeinde werden befähigt, sich der leiblichen und seelischen Not des Nächsten zuzuwenden. Vorbild und Gebot Jesu (Mt 9,35; Joh 20,21), Hungernde zu speisen, Kranke zu versorgen, Heimatlose aufzunehmen u.a. mehr (Mt 25,35ff vgl. Jes 58,6ff) werden zur Antriebskraft für praktische Nächstenliebe. Dabei geht es nicht nur um spontane Hilfe für Notleidende (Apg 28,8; Hebr 13,16). Wir finden im NT auch Anfänge organisierter Diakonie (Apg 6,1ff; 11,27ff; Röm 15,25ff; 2Kor 8,1ff; 9,1ff; Gal 2,10). Das Bewußtsein, daß Christus seiner Gemeinde gerade in diesem Bereich Gaben und Aufgaben gibt, ist in allen Jh. wach geblieben und hat in den pflegenden Orden des Mittelalters, in den sozialen D.en der Mission seit dem 18.Jh. und in der Inneren Mission und der Mutterhaus-Diakonie seit dem 19.Jh. vielfältige Gestalt gewonnen. F.L.

DIENER s. Knecht

DILL s. Kräuter und Gewürze

DINA. »Gericht« oder »gerichtet«. Tochter von Jakob und Lea (1Mo 30,21; 46,15). Während Jakob in der Nähe Sichems lagerte, ging D. aus, um die einheimischen Frauen zu besuchen (1Mo 34); Sichem, der Sohn Hamors, ein hiwitischer Prinz, vergewaltigte sie und bat Jakob dann um die Heiratserlaubnis. Aber Jakobs Söhne waren empört. Sie forderten die Beschneidung der Sichemiter, bevor einer Hochzeit zugestimmt werden konnte; dann überfielen Simeon und Levi (offenbar mit ihren Gefolgsleuten) die Sichemiter und ermordeten sie. Jakob lehnte das Vorgehen seiner Söhne ab (1Mo 34,30) und verurteilte es öffentlich (1Mo 49,5-7). K.A.K.

DIONYSIUS DER AREOPAGITE. Nach Apg 17,34 befand sich unter den wenigen, die durch die Predigt des Apostels Paulus in Athen (um 50 n.Chr.) zum Glauben an Christus kamen, auch ein D. Er war Mitglied des Areopag (LÜ: »einer aus dem Rat«), des wichtigsten griech. Gerichtshofes zur Aufsicht über Religion und Erziehung. Nach Bischof Dionysius von Korinth (um 170) wurde er zum ersten Bischof der Gemeinde von Athen gewählt (Eus. h.e. III, 4,10; IV, 23,3). Im 1.Jh.n.Chr. gab es in Griechenland allerdings noch kein Einzelbischofsamt; dennoch wird die hochgestellte und gebildete Persönlichkeit des Dionysius in den Anfängen der Athener Gemeinde sicher eine bedeutende Rolle gespielt haben. Als man ihm Ende des 5.Jh.n.Chr. die Urheberschaft an mehreren theologischen, stark vom Neuplatonismus geprägten Abhandlungen und Briefen zuschrieb, erlangte er sogar das Ansehen des ersten Kirchenvaters. Obwohl Bischof Hypatius von Ephesus diese Schriften schon 532 als Fälschungen erkannte, erzielten sie während des ganzen Mittelalters, besonders im Abendland, weitreichende Wirkungen. Anfang des 9.Jh. wurde der Areopagite mit dem Märtyrerbischof Dionysius von Paris identifiziert und kam dadurch in den Kreis der 14 Nothelfer der katholischen Heiligenverehrung. U.S.

DIOTREPHES. Eine widerspenstige Person voller Anmaßung, die den Ältesten Johannes nicht anerkannte, ihn öffentlich angriff, die Aufnahme seiner Anhänger verbot und, sei es durch formelle Exkommunikation, sei es durch physische Gewalt, jene ausschloß, die sie dennoch empfingen. Obwohl das persönliche Eingreifen des Ältesten schließlich die Entscheidung gebracht haben dürfte, hatte die Wirkung seiner Briefe unter dem gegenwärtigen Einfluß des D. stark zu leiden (3Joh 9-10). Es ist nicht klar, ob dieser Einfluß auf einem offiziellen Amt beruhte (vielleicht war D. einer der ersten monarchischen *Bischöfe, vgl. Th. Zahn: Einleitung in das NT II, ^{3}1907, S. 589) oder aus persönlicher Vormachtstellung unter seinesgleichen (vgl. J.V. Bartlet, JThS 6/1905, S. 204ff) erwuchs. A.F.W.

DISTEL s. Pflanzen

DODO. »Sein Geliebter«.

1. Nachkomme Issaschars, Vater des Puwa und Großvater des Richters Tola (Ri 10,1).

2. Sohn Ahoachs und Vater des Eleasar, der zu den besonderen Drei unter den Helden Davids gehörte (2Sam 23,9). Vielleicht derselbe wie Dodai (1Chr 27,4).

3. Vater des Elhanan aus Bethlehem, der zu den Helden Davids gehörte (2Sam 23,24; 1Chr 11,26).

DOËG. Viell. »Scheuend, sorgend, bangend«? Edomiter, Aufseher der Hirten Sauls. Er befand sich im Heiligtum in Nob, als David dort auf der Flucht vor Saul vom Priester Ahimelech Brot und Waffe erhielt (1Sam 21,8). Das berichtet D. später, nachdem David mit seiner Schar ins Land Juda gekommen war (1Sam 22,9f), dem König und fügt hinzu, Ahimelech habe den Herrn für David befragt. Saul zieht die Priester aus Nob zur Verantwortung und läßt sie, als seine Leibwächter sich weigern, von D. niederhauen, der dann auch Nob vernichtet. Allein Abjatar entkommt zu David (1Sam 22,6-23; vgl. Ps 52).

DOFKA. Viell. ägypt. *mafkat* »Türkis«. Lagerstätte des Volkes Israel auf der Wüstenwanderung (4Mo 33,12f) zwischen der Wüste *Zin und *Rafidim. Möglicherweise handelt es sich um das ägypt. Bergbauzentrum Serabit el-Khadim, andere denken an einen Ort im Wald Maghara nordwestl. vom Serbal.

DOLCH s. Waffen

DOMITIAN. (Titus Flavius Domitianus), röm. Kaiser 81-96. Geboren 51 als jüngster Sohn Vespasians und der Flavia Domitilla, folgte D. 81 seinem Bruder *Titus auf dem Thron. D.s Regierungszeit kennzeichnen die

Ämterhäufung auf seine Person sowie sein Anspruch, als *dominus et deus* (Kaiser und Gott) verehrt zu werden. D.s militärische Erfolge an der unteren Donau schufen die Voraussetzung für Trajans (98-117) Expansionspolitik in diesem Gebiet. Senatorischen Einfluß drängte D. systematisch zurück; Majestätsprozesse, Denunziantenunwesen und die Vertreibung von Philosophen gaben der senatorisch beeinflußten Geschichtsschreibung Anlaß, D. eine schwerlich nachzuweisende Christenverfolgung zur Last zu legen. Jüd. und christl. Apokalyptik erwartete D.s Vernichtung durch den Messias (4Esr 11ff; Offb 13ff). Am 18.9.96 erlag D. in Rom einem aus seiner nächsten Umgebung gegen ihn geschmiedeten Komplott.

Literatur: Sueton: De Vita Caesarum. K.G.

DONNER. In Hiob 37 und Ps 29 wird der D., der in Israel im Winter sehr häufig ist, anschaulich beschrieben. Auch die wenigen Regenstürme im Sommer werden gewöhnlich von D. begleitet (z.B. 1Sam 12,17). Das Zusammentreffen dieses Naturereignisses mit Samuels Botschaft unterstrich seine Warnung an Israel, als es nach einem König verlangte. Ein Wüstengewitter, das über der Ebene östl. des Tales Sered niedergegangen war, dürfte eine einleuchtende Erklärung für den Bericht von 2Kön 3,4-27 sein, als »das Land mit Wasser gefüllt war«. Ein Wüstengewitter entschied die Schlacht zwischen Israel und den Philistern (1Sam 7,10).

Der D. wird häufig mit der Stimme Gottes in Verbindung gebracht (Ps 77,18; 104,7). Die erschaffende Stimme Gottes, die den Wassern gebot, sich an besonderen Orten zu sammeln (1Mo 1,9) wird mit dem D. gleichgesetzt (Ps 104,7). Auch bei der Gesetzgebung am Sinai (2Mo 19,16; 20,18) trat D. auf. Die Stimme vom Himmel, die Christus antwortete (Joh 12,28f), hielten die Anwesenden für einen D.schlag. In der Offb (6,1; 14,2; 19,6) ist von Stimmen wie D. die Rede, die sogar einen verständlichen Sinn gehabt haben (Offb 10,3f). J.M.H.

DONNERSÖHNE s. Boanerges

DOR. Eine Stadt an der Mittelmeerküste Palästinas, genau südl. vom Karmel. Ihr König verbündete sich mit König Jabin von *Hazor in dessen Kampf gegen Israel und wurde ebenfalls geschlagen (Jos 11,1f; 12,23). Obwohl an der Grenze von Asser gelegen, wurde D. Manasse gegeben, der die kanaan. Einwohner nicht vertrieb (Ri 1,27; vgl. auch 1Kön 4,11; 1Chr 7,29). D. wird zusammen mit En-Dor aufgeführt, aber nicht damit gleichgesetzt (Jos 17,11). Der Reisebericht des *Wn-'mn* (Unamun) aus dem 11.Jh. v.Chr., erwähnt D. als »eine Stadt der Tkl« (TGI, S. 42). In griech.-röm. Zeit hieß die Stadt Dora (Neutrum Plural; vgl. Jos., ant. Jud. 5.87; 8.35; c.Ap. 2.114,116; Vita 31). G.T.M.

DORF. Das bibl. Dorf war ebenso wie das heutige eine kleine Siedlung und hatte im Unterschied zur Stadt (3Mo 25,29.31 u.ö.) keine Mauer und Befestigung (Hes 38,11). Jedoch ist diese Unterscheidung nicht überall festgehalten. Bethlehem wird z.B. in Lk 2,4 eine Stadt (griech. *polis*) und in Joh 7,42 ein D. (griech. *kōmē*) genannt. Ein Dorf konnte sich auch zu einer kleineren oder größeren Stadt entwickeln (1Sam 23,7).

Die Dörfer lagen oft als »Töchter« (so wörtlich im Hebr. 4Mo 21,25 u.ö.; RevEB: »Tochterstädte«) um die Stadt herum, von der sie als ländliche Gemeinschaften politisch und wirtschaftlich abhängig waren (Jos 15,13-63). Die Bewohner begaben sich in Kriegszeiten in den Schutz der nächstgelegenen Stadt. Das übliche semit. Wort für D. (hebr. *kāpār*; akkad. *kapru*) könnte sich auf diesen »Schutz« beziehen. Es könnte aber auch nur einen Flecken oder ein D. mitten im offenen Land bezeichnen (daher *prz*, LÜ: »Bauern«, RevEB: »Landbewohner« in Ri 5,7.11; vgl. Est 9,19), Gehöfte oder Siedlungen um eine Stadt. Auch Nomadensiedlungen wurden »Dorf« genannt (1Mo 25,16; Jes 42,11), und Namen wie *»Dörfer Jaīrs« (4Mo 32,41) könnten das widerspiegeln. Ein D. konnte von seinen eigenen D.ältesten verwaltet werden (Rut 4,2) und manchmal ein Heiligtum oder einen heiligen Platz haben. D.J.W.

DÖRFER JAÏRS. (Hebr. *hawwot yāīr*, »die Lagerplätze bzw. Zeltdörfer Jaīrs«). Diese Siedlungen dürften in der hügeligen Gegend zwischen den Bergen Gilead und dem Fluß Jarmuk gelegen haben, wo in größerer Zahl Dörfer verstreut lagen, die mit dem hebr. Begriff *'ayārīm* (Ri 10,4; 4Mo 32,41) bezeichnet wurden. Die D. gehörten zu Argob, im N des Jarmuk, einem Teil des Landes Baschan, dessen letzter König Og gewesen war. Jaīr war mit der Aufgabe betraut worden, das ganze Gebiet zu erobern (5Mo 3,14; 1Chr 2,22f), einschließlich Argob, auf das sich die »sechzig Städte« von Jos 13,30 und 1Chr 2,23 beziehen (vgl. 1Kön 4,13). J.P.U.L.

DORNEN s. Pflanzen

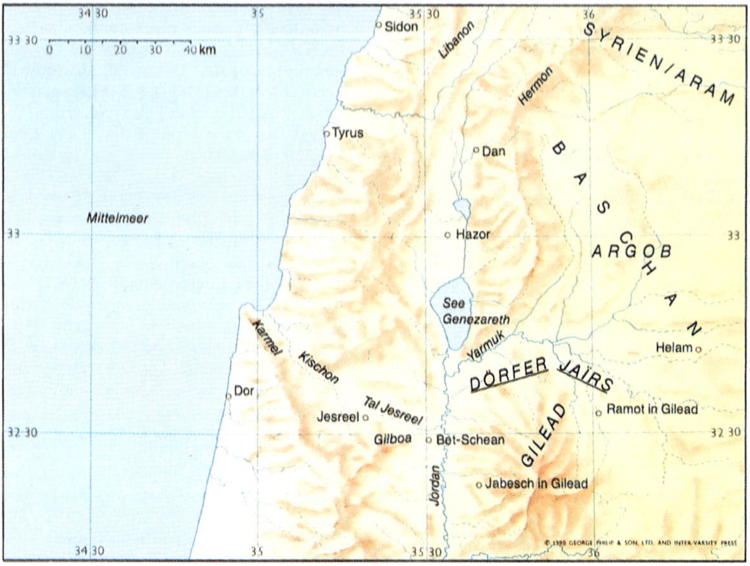

Die Dörfer Jaïrs

DOTAN. Die fruchtbare Ebene von D. trennt die Hügel von Samaria vom Karmelgebirge. Sie stellt für Reisende von Bet-Schean und Gilead nach Ägypten einen einfachen Weg dar. Hier entlang brachten die Ismaeliten Josef nach Ägypten. Die guten Weiden hatten Jakobs Söhne vom 22 km südl. gelegenen Sichem herbeigelockt. In der Nähe der Stadt (heute Tell Dotan) gibt es 3 m tiefe, rechteckige Zisternen, ähnlich dem Brunnen, in den Josef geworfen wurde (1Mo 37,17ff). *Elisa führte das syr. Heer, das ausgesandt worden war, um ihn zu fangen, entlang der Hügelstraße nach Samaria, 16 km südl. Sein Diener war durch das Schauen (Vision) der himmlischen Streitmächte auf dem Berg östl. der Stadt ermutigt worden (2Kön 6,13-23).

Ausgrabungen (1953-60) brachten eine ummauerte Stadt aus der Frühen und Mittleren Bronzezeit ans Licht sowie eine Siedlung aus der Späten Bronzezeit, die offenbar die ältere Mauer benutzte. Thutmosis III. führt D. unter seinen Eroberungen auf (etwa 1480 v.Chr.). D. war vermutlich eine jener Städte, die von den Israeliten beherrscht, aber nicht tatsächlich erobert worden waren (vgl. Ri 1,27). Freigelegte Abschnitte aus der Eisenzeit zeigen enge Straßen und kleine Häuser mit Vorratsgruben und Brotöfen aus der Zeit *Elias. Zu den Fundstücken zählen auch fünfzehn Silberstücke in einem Keramikgefäß, die Ersparnisse einer Person. Auch in der assyr. und griech. Zeit gab es hier Niederlassungen (vgl. Jdt 4,5; 7,3). A.R.M.

DRACHE. Dem deutschen Wort D. entsprechen zwei hebr. Begriffe:

1. *tan*, »Schakal« erscheint immer im Plural, ist normalerweise männlich (*tannīm*: Hiob 30,29; Ps 44,20; Jes 13,22; 34,13; 35,7; 43,20; Jer 9,10; 10,22; 14,6; 49,33; 51,37; Mi 1,8), aber einmal weiblich (*tannōt*: Mal 1,3). In Klgl 4,3 erscheint die Form *tannīn*; dies ist vermutlich *tan* mit der seltenen Pluralendung *-īn* und gehört nicht unter Punkt 2.

2. *tannīn*, ein Wort mit ungewisser Bedeutung, vermutlich nicht mit *tan* verwandt. Die LÜ gibt es mit »Walfisch«, »Drache« (1Mo 1,21; Hiob 7,12; RevEB: »Seeungeheuer«) und »Schlange« (2Mo 7,9f) wieder. In diesem Sinne scheint es jedenfalls in 5Mo 32,33; Ps 91,13 und Neh 2,13 gebraucht zu sein, wo die LÜ überall »Drache« hat. Die anderen Stellen sind weniger einfach zu bestimmen. 1Mo 1,21 meint offensichtlich große Meerestiere wie Wale. Das könnte auch die Bedeutung von Hiob 7,12 und Ps 148,7 sein, obwohl manche aufgrund eines verwandten arab. Wortes die Bedeutung »Wasserstrahlen« nahelegen. In Ps 74,13; Jes 27,1 und 51,9 könnte ein Krokodil

Dieses Tier mit Schlangenkopf, Löwenkörper und Adlerklauen (Musch-husch?) ist Teil eines Frieses am Ischtar-Tor in Babylon, das noch andere, ähnliche Figuren enthält (z.B. Bullen und schlangenähnliche Drachen). Ca. 600 v.Chr. (SAOB)

gemeint sein. Der Bezug zum Ägypt. legt in Hes 29,3; 32,2 und sogar in Jer 51,34 dieselbe Möglichkeit nahe. An manchen Stellen könnte der Begriff aber auch auf irgendein apokalyptisches Wesen hinweisen, so wie im NT griech. *drakōn*, »Drache«, bildlich für den Satan gebraucht wird (Offb 12-13; 16 und 20). Die LXX übersetzt hebr. *tannin* meistens mit *drakōn*. T.C.M.

DRACHME s. Geld

DRAUSSEN UND DRINNEN.

1. Die ganze Hl. Schrift durchzieht mit großem Ernst ein D. u. D. Obwohl die hebr. Gastfreundschaft weder den geehrten Gast noch den Wanderer, der eine Herberge zur Nacht brauchte, draußen stehen ließ (1Mo 24,31; Hiob 31,32), gab es im Alltagsleben doch schmerzliche Fälle, in denen jemand »draußen«, d.h. außerhalb eines »Drinnen«, bleiben mußte. So hatte der Totschläger auf der Flucht vor dem Bluträcher draußen vor dem Tor der Freistadt zu warten, bis über seinen Fall entschieden war (Jos 20,4). Besonders schwere Fälle von Besessenheit und Aussätzige hielten sich draußen, außerhalb der Volksgemeinschaft, in wüsten Örtern auf (Mk 1,45; 5,2-5); und Petrus befand sich, als er seinen Herrn verleugnete, draußen im Hof des hohenpriesterlichen Palastes, inmitten der Feinde Christi (Mt 26,69). Der Gläubiger mußte draußen vor dem Haus seines Schuldners warten, bis dieser ihm ein Pfand für seine Schuld herausbrachte (5Mo 24,10f).

2. Eine größere Bedeutung hatte das D. u. D. dort, wo es sich um das Heiligtum und das Volk selbst handelte. Draußen vor dem Lager, d.h. außerhalb der Wohnung der Volksgemeinde, wurde mit wenigen Ausnahmen das Sündopfer verbrannt (2Mo 29,14; 3Mo 9,11) und das Gericht am Gotteslästerer vollzogen (4Mo 15,35). Auch Jesus hat draußen vor dem Tor gelitten (Hebr. 13,12f).

3. Das ernsteste Draußen aber kennt das NT, nämlich das ewige Ausgeschlossensein vom Reiche Gottes. Schon auf dieser Erde vollzieht sich die Scheidung zwischen denen, die draußen sind, d.h., die in ihrem alten Wesen den menschlichen Neigungen nachgehen und nicht nach Gott fragen (Mk 4,11; Kol 4,5; 1Thess 4,12; 1Tim 3,7), und denen, die durch die Tür Jesus Christus (Joh 10,9) eingegangen sind, sich durch sein Blut von der Sünde reinwaschen ließen und nun das ewige Leben haben und damit »drinnen« sind. Diese Menschen stehen unter einem anderen Gesetz als bisher. Während die draußen einst im Gericht vor Gott zu stehen haben, stehen die Erlösten in der Zucht des Heiligen Geistes und der Gemeinde Jesu (1Kor 5,12f; vgl. 1Thess 5,23; 1Joh 3,3). – Es gibt jedoch einen Zeitpunkt, nach dem der Übergang von draußen nach drinnen unmöglich wird. Die Tür kann nicht mehr aufgetan werden (Mt 25,10-12), und das Draußen wird zum Ort der Qual, Angst, ewigen Gottesferne und Nacht (Lk 13,25; Offb 14,20; 22,15).

DREI s. Zahl

DREIEINIGKEIT s. Trinität

DREILING s. Maße und Gewichte

DRESCHEN s. Ackerbau

DROHEN. Ankündigung von Strafe (Apg 4,21.29), Rache (1Mo 27,42) oder Verfolgung (Apg 9,1). Das D. der Gottlosen braucht der Gerechte nicht zu fürchten, da er unter Gottes Schutz steht (Ps 37,12f). Gottes D. dagegen ist sehr ernst zu nehmen, denn dahinter steht sein Wille zur Ausführung des angekündigten Gerichts (Ps 38,4; 102,11; Jer 10,10; 11,17), wenn auch die Fürbitte es einmal abwenden kann (2Mo 32,11-14). Das D. kann auch Aufgabe der Diener Gottes sein (2Tim 4,2), aber im Leiden gilt für den Christen, nach Jesu Vorbild nicht zu d. (1Petr 2,23). Mit dem Hinweis auf Gott als Richter untersagt Paulus den Herren das D. ihren Sklaven gegenüber (Eph 6,9).

DROMMETE s. Musik

DRÜSE s. Krankheit

DRUSILLA. Die 38 n.Chr. geborene (Jos.ant.Jud. 19,354) jüngste Tochter von *Herodes Agrippa I. und Schwester von Agrippa II., der sie einem unbedeutenden syr. König, Azizus von Emesa, zur Frau gab. Der Prokurator *Felix überredete D. mit Unterstützung des zypriotischen Zauberers Atomos (den manche nach einer Minderheitenlesart von Josephus ant. Jud. 20,142 mit dem »Elymas« aus Apg 13,8 in Verbindung bringen), Azizus zu verlassen und ihn zu heiraten.

Der sog. Westliche Text berichtet, daß D. und nicht ihr Ehemann Felix Paulus treffen wollte (57 n.Chr.), aber es ist zweifelhaft, ob der Apostel in diesem blasierten jüd. Teenager einen aufnahmefähigen Zuhörer für seine Ausführung über »Gerechtigkeit, Enthaltsamkeit und das zukünftige Gericht« (Apg 24,24f) gefunden hat. J.D.D.

DUALISMUS. Verschiedene charakteristische Themen der Bibel versteht man besser, wenn man sie vor dem Hintergrund dualistischen Denkens sieht. Das Wort »Dualismus« ist in der Geschichte der Theologie und Philosophie unterschiedlich verstanden worden; die Grundvorstellung ist die der Unterscheidung zweier voneinander unabhängiger und manchmal einander entgegengesetzter Prinzipien. In der Theologie wird Gott einem geistlichen Prinzip des Bösen oder der materiellen Welt gegenübergestellt, in der Philosophie der Geist der Materie und in der Psychologie die Seele oder der Geist dem Körper.

I. GOTT UND DIE MÄCHTE DES BÖSEN.

Der Begriff »Dualismus« wurde zum ersten Mal in Hydes Historia Religionis Veterum Persarum (1700) verwendet. Obwohl es unter Sachverständigen umstritten ist, ob die pers. Religion im ganzen als dualistisch angesehen werden muß, ist es doch klar, daß in manchen Perioden des Mazdaismus der Glaube an ein Wesen existierte, das in sich böse und der Urheber des Bösen war und seine Existenz nicht dem Schöpfer des Guten verdankte, sondern unabhängig von ihm existierte. Dieses Wesen schuf Geschöpfe, die den von dem guten Geist geschaffenen Geschöpfen gegenüberstanden.

Durch pers. Einflüsse kamen die Israeliten mit diesen Sichtweisen in Kontakt. Aber jedweder Glaube an eine Existenz des Bösen von Ewigkeit her und an seine schöpferische Kraft, auch wenn er durch den Glauben an den letztendlichen Sieg des Guten modifiziert wurde, war für die bibl. Schreiber unannehmbar. *Satan und alle Mächte des Bösen sind Gott untertan, nicht nur bei dessen letztendlichem Sieg, sondern auch in ihrem gegenwärtigen Handeln und ihrem Wesen als seine gefallenen Geschöpfe (vgl. besonders Hiob 1-2; Kol 1,16f).

II. GOTT UND DIE WELT.

Viele altertümliche Kosmologien zeigen Gott oder die Götter, wie sie einer formlosen, aber bereits existierenden Materie Form und Gestalt geben. Wenn sie auch der göttlichen Hand verfügbar ist, so bedeutet doch jegliche Materie, die nicht von Gott geschaffen wurde, eine Begrenzung des göttlichen Werkes und läßt dieses dem menschlichen Handeln ähnlich werden, das immer an vorgegebenes Material gebunden ist.

In dem bibl. Konzept von der Schöpfung verdankt die Welt Gott nicht nur ihre Form, sondern auch ihr ganzes Sein, wobei zwischen Gott und der Welt genau unterschieden und Pantheismus sorgfältig vermieden wird (Hebr. 11,3; vgl. 2Makk 7,28).

III. GEIST UND MATERIE.

Der D. findet einen mehr philosophischen Ausdruck in der absoluten Unterscheidung zwischen Geist und Materie, verbunden mit einer starken Neigung, den Geist für gut und die Materie für ausgesprochen böse oder im besten Fall für eine Behinderung des Geistes zu halten.

Diese moralische Geringschätzung der Materie im Gegensatz zum Geist steht der christl. Schöpfungslehre und dem bibl. Sündenverständnis entgegen. Die Situation ist sowohl besser als auch schlechter, als der D. sie zeigt. Einerseits ist die Materie nicht schon an sich böse; der Schöpfer sah, daß alles, was er gemacht hatte, sehr gut war (1Mo 1,31). Andererseits berühren die negativen Folgen des Aufstandes gegen Gott nicht nur den materiellen, sondern auch den geistlichen Bereich. Es gibt geistliche Mächte des Bösen (Eph 6,12), und die abscheulichsten Sünden sind geistlicher Art. Auch akzeptiert die Bibel grundsätzlich nicht die metaphysische Unterscheidung zwischen Geist und Materie. Der hebr. Dynamismus sieht die Welt nicht so sehr als eine statische Substanz, sondern als ein ständiges Handeln der göttlichen Vorsehung, die ebenso materielle Kräfte wie rein geistliche Mächte gebraucht. Daher stehen die modernen wissenschaftlichen Vorstellungen von der Wechselbeziehung zwischen Energie und Materie der bibl. Vorstellung näher als ein platonischer oder idealistischer Dualismus. »Gott ist Geist« (Joh 4,24); aber »das Wort wurde Fleisch« (Joh 1,14).

IV. SEELE UND LEIB.
Ein besonderes Beispiel für die Vermeidung des D. im hebr. Denken ist die bibl. Lehre vom Menschen. Das griech. Denken – und in seinem Gefolge viele von dort beeinflußte jüd. und christl. Gelehrte – sah im Leib ein Gefängnis für die Seele: *sōma sēma*, »der Leib ist ein Grab«. Ziel des Weisen war es, Befreiung von all dem zu erlangen, was leiblich war, um so die Seele zu erlösen. Aber im bibl. Menschenbild gibt es keine Seele in einem Leib, sondern eine Einheit von Leib und Seele; das geht so weit, daß wir sogar in der Auferstehung einen Leib haben werden (1Kor 15,35ff), obwohl Fleisch und Blut das Reich Gottes nicht erben können. M.H.C.

DUFTOPFER s. Opfer

DUMA.

1. Sohn *Ismaels und Gründer einer arab. Sippe (1Mo 25,14; 1Chr 1,30). Diese Nachkommen gaben D., der Hauptstadt einer Gegend, die als Jawf bekannt ist und in N-Arabien etwa in der Mitte zwischen Palästina und S-Babylonien liegt, ihren Namen. D. ist das heutige arabische Dumat-al-Jandal, das Adummatu aus assyr. und babylon. königlichen Inschriften aus dem 7. bis 6.Jh.v.Chr. (Nachweise in Ebeling und Meissner: Reallexikon der Assyriologie, 1/1932, S. 39f).

2. Der Name wird in einer kurzen Weissagung Jesajas offenbar bildlich für das nahegelegene Halbwüstenland *Edom (Seïr) gebraucht (Jes 21,11f).

3. Ein Verwaltungsbezirk in Juda (Jos 15,52), normalerweise mit dem heutigen ed-Dome oder ed-Duma, etwa 18 km südwestl. von Hebron, gleichgesetzt. Auch der Name Ruma in 2Kön 23,36 könnte für D. in Juda stehen. K.A.K.

DÜRRE.

1. Übersetzung verschiedener hebr. Ausdrücke. Da in Palästina verhältnismäßig und gebietsweise wenig Regen fällt, gibt es jedes Jahr eine Zeit der D., eine Trockenzeit.

2. Daneben erscheint die längere, außergewöhnliche D. und das D.werden des Landes, verbunden mit Hungersnot und Krankheiten des Getreides und der Feldfrüchte, als eine Folge des Ungehorsams gegen Gott (5Mo 28,22; 1Kön 8,35.37; Ps 68,7; Hag 1,11; 2,17 u.ö.), während der Gottesfürchtige selbst in der D. gesättigt werden soll (Jes 58,11). Im kommenden Friedensreich Jesu Christi aber werden im vorher d. Land Brunnquellen sein, Ströme fließen und alles grünen und blühen (Jes 35,6f; 41,18). Im übertragenen Sinn gilt dies auch für Menschenherzen: das Volk Israel, bis heute noch verblendet, tot in Sünden und einem d. Lande gleichend, das keine Frucht bringt, soll, wenn seine Gerichtszeit beendet ist, durch den Heiligen Geist Gottes wie durch einen Strom neu belebt und fruchtbar werden (Jes 44,3).

3. D. im Blick auf Tiere (1Mo 41,19) oder Pflanzen (1Mo 41,23; 4Mo 6,3; Hiob 13,25; Jes 1,30; 34-4; 56,3; Mt 13,6; Lk 23,31) bedeutet soviel wie mager, bzw. trocken, welk sein.

DURST s. Hunger und Durst

DAS GROSSE BIBELLEXIKON

Band 5: Q – S

Herausgegeben von
Helmut Burkhardt
Fritz Grünzweig †
Fritz Laubach
Gerhard Maier

R. BROCKHAUS VERLAG WUPPERTAL
BRUNNEN VERLAG GIESSEN

QUARTUS. Latein. »der Vierte«, ein Christ in Korinth (Röm 16,23). Er wird von Paulus kurz als »Bruder« bezeichnet. Da er einen latein. Namen trägt, wird er der Gemeinde in *Rom bekannt sein, vielleicht stammt er selbst aus Rom.

QUASTE. (Hebr. *gādil* und *zīzīt*; griech. *kraspedon*). Nach 4Mo 15,38-41; 5Mo 22,12 trugen die Israeliten an den vier Zipfeln des Obergewandes mit einer Schnur aus blauem (d.h. violettem) *Purpur befestigte Q.n oder Troddeln. Diese Q.n sollten sie ständig an ihren Gehorsam gegen alle Gebote Gottes erinnern und bildeten damit zugleich ein äußeres Zeichen der Zugehörigkeit zum Gottesvolk. Auch Jesus trug solche Q.n (Mt 9,20; 14,36; LÜ: Saum). Wollte man sein Gewand unbemerkt berühren, wie die blutflüssige Frau es tat (Mk 5,25ff par.), boten die Q.n die beste Möglichkeit.

Rabbin. Vorschriften legten Material, Knüpftechnik und Mindestlänge dieser Q.n bis ins einzelne fest. Pharisäer trugen sie darüber hinaus gern bes. lang, um als eifrige Beobachter des Gesetzes zu gelten, eine Haltung, die Jesus kritisiert (Mt 23,5).

QUELLE s. Brunnen; s. Wasser; s. Zisterne

QUIRINIUS. (Griech. *Kyrenios*).

Publius Sulpicius Quirinius (Lk 2,2) wurde 12 v.Chr. röm. Konsul. Kurz darauf führte er einen Feldzug gegen die aufrührerischen Homonadenser in Zentralkleinasien. 3 v.Chr. war Q. Prokonsul der röm. Provinz Asia, in den Jahren 3-4 n.Chr. Ratgeber des Kaisersohns Gaius Caesar bei dessen armenischem Feldzug, von 6-9 n.Chr. kaiserlicher Legat (*legatus pro praetore*) in Syro-Zilizien. Damit scheint seine öffentliche Karriere beendet gewesen zu sein. Im Jahr 21 n.Chr. starb Q. in Rom. Zu Beginn seiner Statthalterschaft von Syro-Zilizien führte er eine Volkszählung in Judäa durch. Dieses Gebiet war mit der Absetzung von Archelaus (Herodes II.) zur röm. Provinz geworden. Auf die Volkszählung, von der Josephus berichtet (Jos.ant.Jud. 18,1-3.26), nimmt Apg 5,37 Bezug. Der Inschrift auf dem »Lapis Venetus« ist zu entnehmen, daß unter Q. nicht nur in Judäa eine Volkszählung angeordnet wurde (CIL, 3.6687). Die Inschrift berichtet von der Karriere eines Offiziers, der unter der Statthalterschaft des Q. in Syro-Zilizien diente und in dessen Namen in der syr. Stadt Apamea eine Schätzung durchführte. Die in Lk 2,1ff erwähnte Volkszählung muß mindestens neun Jahre früher stattgefunden haben.

Lk 2,2 hat man im Hinblick auf diese frühere Volkszählung meist in zweierlei Hinsicht verstanden, entweder: »Dies war die erste Schätzung dieser Art. Sie fand statt, als Quirinius Statthalter von Syrien war«; oder: »Das war die erste Schätzung die während der Statthalhalterschaft des Quirinius in Syrien durchgeführt wurde«. Daß Q. möglicherweise zu einem früheren Zeitpunkt schon einmal als Legat in Syrien war (*Chronologie des NT), gilt für eine Reihe von Gelehrten als wahrscheinlich (vor allem W.M. Ramsay) aufgrund der Bezeugung auf dem »Lapis Tiburtinus« (CIL, 14. 3613). Diese Inschrift, die sich auf die Laufbahn eines berühmten röm. Offiziers bezieht, ist leider nur unvollständig erhalten, so daß der Name des Offiziers nicht mehr entzifferbar ist. Von den Überresten her könnte er Q. geheißen haben. Die Inschrift besagt, daß dieser Offizier das Amt der Statthalterschaft von Syrien ein zweites Mal bekleidete (latein. *iterum*). Die Frage ist: Wurde er zum zweiten Mal kaiserlicher Legat in Syrien oder empfing er zum zweiten Mal ein solches Amt, wobei die erste Statthalterschaft eine andere Provinz betraf?

Der Wortlaut ist doppeldeutig. Ramsay ist der Meinung, daß Q. bereits zwischen 10 und 7 v.Chr. einmal kaiserlicher Legat in Syrien war, um den homonadensischen Krieg zu führen, während die zivile Verwaltung der Provinz in der Hand anderer Beamter lag, zu denen Sentius Saturnius gehörte (8-6 v.Chr.). Unter diesem fand nach Tertullian (Adv.Marc. 4,19) die Schätzung von Lk 2,1ff statt. Starke Anhaltspunkte ergaben sich für die Ansicht (besonders von R. Syme), daß die frühere Statthalterschaft des Q. nicht über Syrien, sondern über Galatien bestanden hätte, wodurch auch unmittelbare Nachbarschaft zu den Homonadensern gegeben wäre. Man hat angenommen, daß »Saturnius«, wie Tertullian in seiner Abschrift von Lk 2,2 gelesen zu haben scheint, eher die ursprüngliche Lesart war als »Quirinius« (s. B.S. Easton, The Gospel according to St Luke, 1926, S. 20; J.W. Jack, The Census of Quirinius, ExpT 40, 1928, S. 496ff). Eine andere Möglichkeit, den V. wiederzugeben, lautet: »Diese Registrierung fand früher statt als diejenige zur Zeit der Statthalterschaft des Quirinius über Syrien.« (s. M.J. Lagrange, RB n.s. 8, 1911, S. 60ff; F.M. Heichelheim, in: T. Frank (ed.), An Economic History of Ancient Rome, 4, 1938, S. 160ff; N. Turner, Grammatical Insights into the NT, 1965, S. 23f).

Literatur: H.U. Instinsky: Das Jahr der Geburt Christi, 1957; B. Reicke: Neutestamentliche Zeitgeschichte, [3]1982; F.F. Bruce: Zeitgeschichte des NT, 1986; G. Winkler: KIP V, 427 (7.) F.F.B.

QUMRAN. Arab. *chirbet qumrān* ist eine Ruine am NW-Ufer des Toten Meeres. Lange Zeit von den Gelehrten kaum zur Kenntnis genommen, geriet diese Stätte nach 1947, als in ihrer unmittelbaren Nähe in Höhlen alte Handschriften gefunden wurden (*Schriftenfunde vom Toten Meer), in den Mittelpunkt des Interesses der internationalen Bibelwissenschaft. Ausgrabungen führten zu dem Schluß, daß in Q. eine jüd. Sondergemeinschaft ansässig gewesen war, die offenbar kurz vor Ausbruch des jüd.-röm. Krieges ihre Schriften in den besagten Höhlen in Sicherheit gebracht hatte. Durch die archäologischen Untersuchungen in Q. und vor allem durch die Auswertung der Q.-Schriften ist unser Bild vom Judentum z.Zt. Jesu ungemein bereichert worden; auch auf die Anfänge des Christentums und das NT fällt in mancher Hinsicht ein neues Licht.

Die Entstehung der Q.-Gemeinschaft geht auf eine Auseinandersetzung in der 2. Hälfte des 2. vorchristl. Jh. in Jerusalem zurück. Der spätere Stifter der Gemeinschaft, ein Priester, der in den Q.-Texten »Lehrer der Gerechtigkeit« genannt wird (sein Name ist uns nicht bekannt), drängte zusammen mit seinen Anhängern auf eine strengere Erfüllung des Gesetzes. Insbesondere ging es darum, den für den Tempelkult maßgeblichen *Mondkalender durch einen Sonnenkalender zu ersetzen. Diese Neuordnung sollte eine strengere Heiligung des *Sabbats ermöglichen, denn nach dem Sonnenkalender fiel niemals ein anderer Festtag mit dem Sabbat zusammen. Mit solchen Reformvorschlägen stießen der Lehrer der Gerechtigkeit und seine Anhänger bei den Hasmonäern, die gleichzeitig das Amt des Hohenpriesters und des weltlichen Herrschers innehatten und stark politisch-prag-

Blick auf die Gegend von Qumran mit den Höhlen, in denen mehrere Schriftrollen gefunden wurden. (MEPhA)

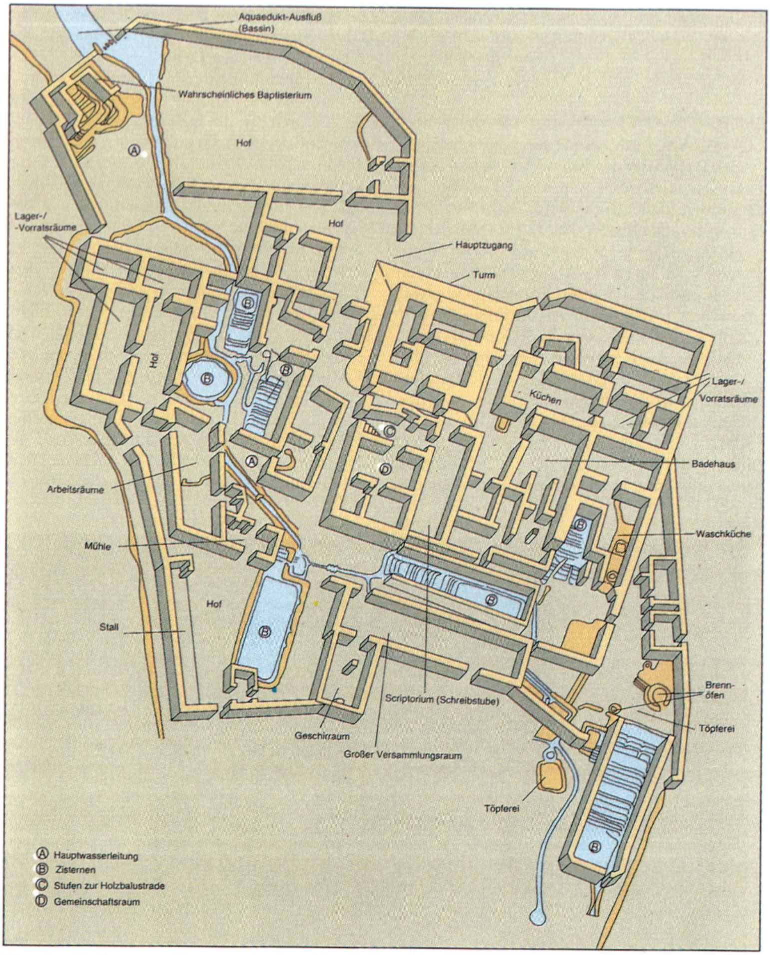

Plan der Siedlung von Qumran, 1. Jh. v.Chr.–1. Jh. n.Chr. (verlassen und von den Römern erobert).

matisch dachten, jedoch auf Unverständnis und Widerspruch. Daraufhin kam es zum Bruch. Der Lehrer der Gerechtigkeit zog mit seiner Schar gemäß Jes 40,3 (»In der Wüste bereitet den Weg des Herrn. . .«) in die Wüste und gründete dort (in Q.) eine klosterähnliche Siedlung, um hier in kultischer Reinheit dem bald erwarteten Ende der Welt entgegenzugehen. Den amtierenden Hohenpriester in Jerusalem nannte die Gruppe fortan nur noch Frevelpriester.

Im Jahre 31 v.Chr. wurde Q. durch ein Erdbeben mit einer anschließenden Feuersbrunst vernichtet. Damit fand die erste Siedlungsperiode ihr Ende. Erst nach einigen Jahrzehnten kehrten die Mönche zurück und begannen mit dem Neuaufbau. Endgültig zum Abschluß kam die Geschichte der Q.-Gemeinschaft im Jahre 68 n.Chr., als im Rahmen des jüd.-röm. Krieges die Siedlung durch die 10. Legion der Römer zerstört wurde. Die Ausgrabungen haben ergeben, daß die Klosteranlage aus einem zweistöckigen Hauptgebäude (37,5 × 37,5 m) und mehreren Nebengebäuden bestand; das Hauptgebäude war an der NW-Ecke mit einem massiven Verteidigungsturm versehen. Einzigartig stellt sich das Wasserversorgungssystem der Siedlung dar. Durch einen Damm fing man das Wasser auf, das ein- oder zweimal im Frühjahr das Wadi-Q. hinabfloß. Ein Aquädukt brachte das Wasser in die Siedlung, wo es durch einen Kanal auf mehr als 10 verschiedene, über den ganzen Gebäudekomplex verstreute Bassins von z.T. riesigen Ausmaßen verteilt wurde. Die gewaltigen Wasservorräte dienten nicht nur der Trinkwasserversorgung der relativ großen Gemeinschaft (der Friedhof von Q. weist immerhin 1100 Gräber auf), sondern auch kultischen Zwecken: die um rituelle Reinheit bemühten Q.-Leute nahmen regelmäßige Waschungen vor.

Ihren Lebensunterhalt bestritten die Mönche vielleicht z.T. durch das gewerbsmäßige Erstellen von Handschriften, möglicherweise verdingten sich einige auch als Lohnarbeiter. Im wesentlichen aber versorgte man sich selbst mit allem Notwendigen: in Q. gab es eine Gärtnerei, eine Töpferei, eine Schreinerei, eine Bäckerei, eine Färberei; in den umliegenden Oasen dürften Fische gefangen und Wildvögel gejagt worden sein. Zu identifizieren sind die Q.-Leute höchstwahrscheinlich als Essener; Q dürfte das Zentrum dieser jüd. Religionsgemeinschaft gewesen sein (vgl. zu diesem Fragenkreis *Essener). Die theologischen Vorstellungen der Q.-Gemeinschaft waren in starkem Maße apokalyptisch bestimmt. Man erwartete einen baldigen Beginn des eschatologischen Dramas, in dem die Söhne des Lichts gegen die Söhne der Finsternis kämpfen; die Grundstruktur des theologischen Denkens ist also ein schroffer Dualismus (Licht gegen Finsternis). Die kultische Reinheit und die strenge Gesetzesobservanz dienten dazu, für den endzeitlichen Kampf bereitzustehen. Man fühlte sich als auserwähltes Volk Gottes der letzten Zeit, als wahres, heili-

Reste von Gebäuden in Chirbet Qumran, die wahrscheinlich von Essenern bewohnt waren (2. Jh. v.Chr.–1. Jh. n.Chr.). (RS)

ges Israel, dem die göttlichen Geheimnisse kundgetan sind.

Durch dieses elitäre Selbstbewußtsein hatten sich die Q.-Essener zwar aus dem jüd. Gesamtvolk ausgegrenzt, aber dennoch dürfte ihr ernstes Streben um Heiligkeit nicht ohne Einfluß auf das rel. Leben des jüd. Volks gewesen sein. Und auch Jesus und das frühe Christentum konnten an diesen aufrichtigen Gottsuchern nicht achtlos vorübergehen. Jesu Bußpredigt könnte z.T. von Q. inspiriert sein (wohl durch Vermittlung *Johannes des Täufers), allerdings muß man beachten, daß die Aufforderung zur Buße, völlig anders begründet ist als in Q. (und beim Täufer): Buße ist bei Jesus Antwort, Reaktion auf Gottes schenkende Barmherzigkeit, und nicht Bedingung für das Heil. Von der Güte Gottes herkommend, kann sich Jesus auch den Zöllnern und Sündern zuwenden und mit ihnen Gemeinschaft haben, was für Q. undenkbar wäre.

Wie Jesus knüpfte auch das Urchristentum einerseits z.T. an Q. an, setzte sich aber andererseits entschieden von seinem Gedankengut ab. So ist z.B. im JohEv., das die meisten Anklänge an die Schriften von Q. enthält, ebenfalls ein schroffer Dualismus zu finden, der aber anders strukturiert ist als in Q. Er ist ein Entscheidungsdualismus, der die Wirklichkeit nicht seinsmäßig in zwei Hälften auseinanderfallen läßt, sondern den einzelnen aufruft, sich auf das einzulassen, was Gott in der Sendung des Sohnes anbietet; die Diastase verläuft hier zwischen denjenigen, die sich auf diese Herausforderung einlassen, und denen, die es nicht tun. – Insgesamt gesehen darf man den Einfluß, den Q. auf das NT hatte, nicht zu hoch veranschlagen; die Interpretation des NT ist durch die Q.-Funde jedoch insofern sehr bereichert worden, als der allg. Hintergrund des Urchristentums bedeutend plastischer geworden ist.

Literatur: H. Braun: Qumran und das Neue Testament, 1966 (2 Bde.); P.R. Davies: Qumran, 1982; E. Lohse: Die Texte aus Qumran, [4]1986; J. Maier, K. Schubert: Die Qumran-Essener. Texte der Schriftrollen und Lebensbild der Gemeinde, 1982; K.H. Schelkle: Die Gemeinde von Qumran und die Kirche des Neuen Testaments, [2]1965; Ph.R. Callaway: The History of the Qumran Community, 1988. W.R.

QUMRANHANDSCHRIFTEN s. Schriftenfunde vom Toten Meer; s. Essener

RABBA.

1. Stadt mit angegliederten Dörfern in der Hügellandschaft Judas (Jos 15,60), möglicherweise das in den *Amarna-Briefen und von Thutmosis III. erwähnte Rubute im Gebiet von Geser.

2. Die Hauptstadt von Ammon, heute Amman, die Hauptstadt Jordaniens, 35 km östl. des Jordan. Ihr vollständiger Name erscheint in 5Mo 3,11; 2Sam 12,26; 12,27; Jer 49,2; Hes 21,25 als »Rabbat-Ammon« (*rabbat benē ʿammōn*), und ist in 2Sam 11,1; 12,26; Jer 49,3 usw. auf Rabba (*rabbāh*) verkürzt. Der Name bedeutet offensichtlich »Hauptstadt« (LXX hat *akra*, »Zitadelle«, in 5Mo 3,11). Der eiserne Sarg Ogs, des Königs von Baschan, ruhte in R. (5Mo 3,11: »steinerner Sarg«). Die Macht der Ammoniter wuchs gleichzeitig mit der Israels, so daß *David in Hanun, dem Sohn Nahaschs, einen Rivalen hatte. Nach dem Sieg über Hanuns aram. Verbündete und die ammonitische Armee konnten David und *Joab Ammon überrennen. Joab belagerte R., ließ aber David die Ehre, die Zitadelle einzunehmen. Die Einwohner mußten Frondienst leisten (2Sam 10; 12,26-31; 1Chr 20,1). Nach Salomos Tod behauptete Ammon wieder seine Unabhängigkeit und machte den Israeliten in *Gilead schwer zu schaffen. Die Propheten weissagten gegen R. als Repräsentantin des Volkes von Ammon (Jer 49,2f; Hes 21,25; 25,5; Am 1,14).

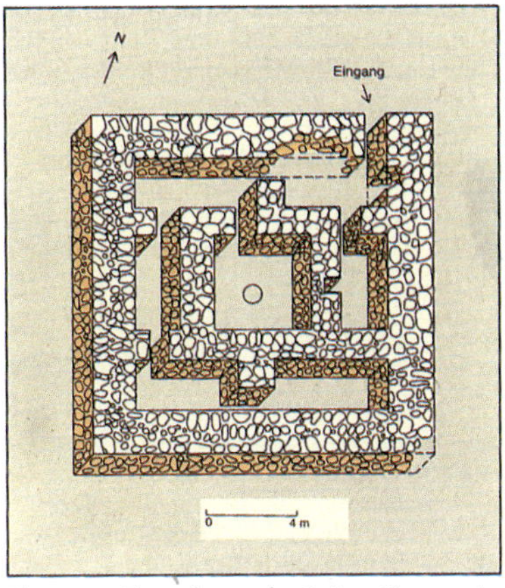

Plan eines Tempels aus der Späten Bronzezeit (ca. 1250 v. Chr.) in Rabba (Amman, Jordanien), in der Nähe des heutigen Flughafens.

R., wiederaufgebaut und von Ptolemäus Philadelphus (285-246 v.Chr.) in *Philadelphia umbenannt, zählte zu den *Dekapolis-Städten und war ein wichtiges Handelszentrum.

Bedeutende archäologische Spuren finden sich heute in der Umgegend von Amman. Im Bereich des modernen Flughafens wurde ein Gebäude aus dem 13. Jh.v.Chr. (Späte Bronzezeit) ausgegraben, in dem die Überreste ver-

Teil der Zitadellenmauer von Rabba (Amman), soweit ausgegraben. Eine Verbindung zwischen der Zitadelle und der Stadtmauer wird sichtbar. Mittlere Bronzezeit IIC, ca. 1600 v. Chr. (AN)

brannter Menschen, darunter auch vieler Kinder aufbewahrt wurden, die vielleicht dem Götzen *Moloch geopfert worden waren. Die Zitadelle umfaßt Ruinen mittelalterlicher, byzantin., röm. und hellen. Besiedlung; in ihnen fand man Skulpturen und Inschriften des 8. und 7. Jh. v.Chr. sowie Spuren einer Festung aus der Späten Bronzezeit.

Literatur: F.M. Abel: Géographie de la Palestine 2, 1933, S. 423-425; G.L. Harding: Antiquities of Jordan, 1967, S. 61-70; J.B. Hennessy: PEQ 98, 1966, S. 155-162; C.M. Bennett: Levant 10, 1978, S. 1-9; Hd Arch II/1; H. Weippert: BRL², 258f.

J.A.T./A.R.M.

RABBI/RABBUNI.

1. Rabbi.

Das hebr. Wort *rab* bedeutet »groß«. Es wurde zur respektvollen Bezeichnung für eine übergeordnete Respektsperson wie den Herrn über Sklaven (Ab 1,3), einen Bandenführer (b BM 84a), aber auch den Lehrer (Ab 1,6). Man hat den Ev. zu Unrecht einen anachronistischen Sprachgebrauch vorgeworfen (so S. Zeitlin, JQR 59, 1968/69, 158-160). Sie geben jedoch die sprachliche Situation vor der Tempelzerstörung getreu wieder: R. (*rab* plus Personalendung *i*), »mein Großer«, ist noch aktuelle Anrede und nicht formeller Titel wie dann seit der Wende vom 1. zum 2. Jh.n.Chr. Das zeigt besonders deutlich Joh 1,38, wo für R. die Vokativform des griech. Worts für *Lehrer (*didaskale*) als Übersetzung genannt wird. Der Übergang von der bloßen Anrede zum fixierten Titel wird durch Grab- und Sarginschriften illustriert. Nur eine sicher vor 70 n.Chr. datierbare trägt den Titel *rab* (CIJ II, 1218), während dann häufig auf solchen des 2. Jh. R. erscheint (N. Avigad, B. Mazar, EAEHL I, 1975, 244-246). Durch drei auf dem *Ölberg gefundene Ossuar-Inschriften aus der Zeit vor 70 n.Chr. (E.L. Sukenik, Jüdische Gräber Jerusalems, 1931, 17f) wird griech. *didaskalos* »Lehrer«, als Äquivalent für *rab* wahrscheinlich (Zimmermann, 70-76). Die ehrende Anrede R. war schon vor 70 n.Chr. vor allem auch für Schriftgelehrte gebräuchlich (Bill. I, 917). Eine Zusammenstellung der inschriftlichen Belege für R. aus den ersten vier Jh. zeigt, wie wenig verbreitet der Ausdruck außerhalb von Palästina gewesen ist (S.J.D. Cohen, JQR 72, 1982, 1-17; L.H. Kant, ANRW II 20,2, 1987, 697).

Wenn der Ausdruck R. nur bei Mt, Mk und Joh vorkommt, so weist das auf palästin. Überlieferung bei ihnen hin. Außerhalb der kanonischen Evv. gibt es lediglich noch einen einzigen christl. Beleg für R. im Fragment eines apokryphen Evangeliums (H. Lietzmann, ZNW 22, 1923, 153f). Lukas, der für Griechen schrieb, hat den Ausdruck ganz ausgelassen und bietet dafür meistens *epistata* (Lk 5,5; 8,24.45; 9,33.49; 17,13). Dieses Wort war einerseits auch als Lehreranrede üblich (WbNT, 594), klang andererseits aber noch etwas ehrender als *didaskale*. Bei Mt spricht nur der Verräter *Judas Iskariot Jesus mit R. an (Mt 26,25.49), und die Anrede *didaskale* fehlt ebenso wie bei Lk im Mund von *Jüngern. Mt bevorzugt als Anrede durch die Jünger *kyrie*, »Herr«, was zwar auch eine mögliche Entsprechung zu R. bildet, aber vor allem die Hoheit Jesu unterstreichen soll: für seine Anhänger ist er mehr als irgendein jüd. Lehrer. Dagegen geben Mk und Joh deutlich die vorösterliche Situation zu erkennen: Wie auch *Johannes der Täufer (Joh 3,26) wurde Jesus von Jüngern (Mk 9,5; 11,21; 14,45; Joh 1,38.49.; 4,31; 9,2; 11,8) und Außenstehenden (Joh 3,2; 6,25) als R. angeredet, weil beide als Lehrer wirkten. Wenn Jesus heute als R. bezeichnet wird, dann muß man sich allerdings vor anachronistischen Schlüssen hüten. Die Anrede mit R. setzte zu seiner Zeit weder ein akademisches Studium als Schriftgelehrter noch die Ordination durch einen anderen Lehrer voraus. Seinen Jüngern hat Jesus untersagt, sich selber R. nennen zu lassen, nicht so sehr wegen Titelsucht, sondern weil er ihr einziger autoritativer Lehrer war (Mt 23, 7f; vgl. 23,10).

2. Rabbuni.

Vermutlich waren *rab* und *rabban* ursprünglich gleichberechtigte Parallelformen (Hengel, 47). Weil es voller und damit hoheitlicher klang als *rab* scheint *rabban* dann bes. hervorragenden Schriftgelehrten als Ehrenbezeichnung beigelegt worden zu sein. Da es im palästin. Aram. eine Vorliebe für die Endung *on* gab, begegnet dort auch häufig die Nebenform *ribbon* (Dalman, 275). Die Anrede R., die sonst nirgendwo im rabbin. Schrifttum erscheint, ist jetzt durch das alte palästin. Pentateuch-*Targum belegt (Lohse, 962f, Anm. 15). Der blinde Bettler bei *Jericho rief Jesus nicht nur mit R. (Mk 10,51), sondern auch als Davidssohn an (Mk 10,48). Wenn außerhalb der Targumim *ribbon* hauptsächlich für Gott gebraucht wird (Bill. II, 25.176; III, 671f), könnte das eine spätere Sprachentwicklung darstellen. In Joh 20,16 gilt die Anrede Jesu mit R. durch *Maria Magdalena jedenfalls erst einmal dem Lehrer, wie die gleich folgende Übersetzung mit *didaskale* zeigt. Durch die Nähe zum *Thomas-Bekenntnis »mein Herr und mein Gott« (Joh 20, 28) könnte der Evangelist andeuten, daß die Jünger vor Ostern Jesus zwar mit Recht »Herr und Lehrer« (ähnlich der geläufigen hebr. Wendung *rabbi wemari* [Bill. II, 558]) nannten (Joh 13,13f), diese Anrede für den Auferstandenen aber nicht mehr ausreicht.

Literatur: G. Dalman: Die Worte Jesu, ²1930 [ND 1965], 272-276; J. Donaldson: JQR 63 (1972/73), 287-291; M. Hengel: Nachfolge und Charisma, 1968, 46-63; E. Lohse: ThWNT VI, 1959, 962-964; R. Riesner: Jesus als Lehrer, ³1988, 247-276.509f; H.P. Rüger: TRE III, 1982, 608; G. Schneider: EWNT III, 1983, 493-495; H. Shanks: JQR 53 (1962/63), 337-345; 59 (1968/69), 152-157; K. Wegenast: TBLNT II, ⁴1986, 857f; A. Zimmermann: Die urchristlichen Lehrer, ²1988, 69-91. R.R.

RABE s. Tiere

»Rabsaris« (aram. rbsrs), der »Oberste der Eunuchen«, ist auf diesem Tonkegel erwähnt. Ninive, 682 v. Chr. (BM)

RABSARIS. Titel (»Hoher Beamter«) folgender Personen:

1. Einer der drei Assyrer, die von *Sanherib nach Jerusalem gesandt worden waren, um mit *Hiskia zu verhandeln (2Kön 18,17; vgl. Jes 36,2, wo sein Name weggelassen ist).

2. Der Babylonier Nebuschasban, der Jeremia aus dem Gefängnis holen ließ und an Gedalja übergab, damit dieser ihn wieder freiließe (Jer 39,13).

3. *Nergal-Sarezer, einer der drei Babylonier, die nach der Einnahme Jerusalems 587 v.Chr. als Richter im Tor saßen (Jer 39,3). Das Amt des »obersten Hof-Eunuchen« (babylon. *rab scha rēschi*) hatte ein hoher Würdenträger des Palastes inne (vgl. Dan 1,7). Es erscheint häufig in assyr. Texten und wird auf einer aram. Prozeßliste aus Ninive bestätigt (*rbsrs*, B.M. 81-2-4, 147); (zu diesem Beamten s. J.V. Kinnier Wilson, The Nimrud Wine Lists, 1972, S. 47f). Ein assyr. Eponym, dessen üblicher Titel »*schaknu* des Landes von Marquasu«, in einem aram. Vertrag mit *rbsrs*, d.h. *rab scha rēschi*, erklärt wird (JAOS 87/1967, S. 523). D.J.W.

RABSCHAKE. Titel des assyr. Beamten, der mit dem *Tartan und dem *Rabsaris von Sanherib, dem König Assyriens, aus *Lachisch gesandt worden war, um den König *Hiskia zur Übergabe Jerusalems zu bewegen (2Kön 18,17.19.26-28.37; 19,4-8; Jes 36,2.4.11-13.22; 37,4.8). R. war der Sprecher der Delegation und redete vor den Bewohnern der Stadt im judäischen Dialekt, um ihnen die Machtlosigkeit ihres Königs vor Augen zu führen und sie zur Aufgabe ihres Widerstandes gegen Sanherib zu bewegen. Hiskias Vertreter baten ihn, aram. zu sprechen, um seinen Auftrag nicht zu enthüllen. Er weigerte sich und kehrte nach dem Scheitern seiner Mission nach Lachisch zurück. Sein Amt (*rab-schāqēh*) stand unter dem des Armeebefehlshabers (*Tartan), nach dem es aufgeführt ist. Ausgehend von dem assyr. *rab* (»Oberster«) *schāqē* nahm man an, daß er der »oberste Mundschenk« (hebr. *masqāh*) gewesen sei, aber heute weiß man, daß die Bezeichnung mit *schaqū*, »hoch sein«, verwandt ist. Der assyr. *rab schāqēh* ist unter den hohen Beamten aufgeführt, die die Provinzen regierten (vgl. *Rabsaris). D.J.W.

RACHE. Nach heutigem Rechtsempfinden ist R. eine unzulässige Form privater Vergeltung für tatsächlich oder vermeintlich erlittenes Unrecht. Wichtige Gründe sprechen für eine Ächtung der R.: in einem Rechtsstaat besteht kein Grund für private Deliktsahndungen (juristisch); mit R. verbinden sich unkontrollierte, aggressive Affekthandlungen (psychologisch); in einer jahrhundertelang vom Evangelium beeinflußten Gesellschaft steht das Liebesgebot dem Rachebegehren entgegen (christl.-ethisch).

I. IM ALTEN TESTAMENT.

Das bibl. Verständnis der R. muß im Zusammenhang mit der Rechtsordnung Gottes gesehen werden. Grundlegend für atl. Denken ist, daß es kein von der Gemeinschaft isoliertes Individuum gibt, sondern der einzelne grundsätzlich so in die Gemeinschaft eingebunden ist, daß sein persönliches Tun und Lassen zugleich das Gefüge der Gemeinschaft bewegt. – Ursprünglich bedeutet R. (hebr. *nāqām*), ein Unrecht durch Bestrafung ausgleichen und dadurch aufheben, d.h. die Ordnung wieder herstellen.

Da das höchste Gut in der Gemeinschaft das menschliche Leben ist, steht es unter dem unbedingten Schutz Gottes (1Mo 9,5f). Wer einen Menschen ermordet, zerstört nicht nur die Gemeinschaft, sondern auch sein eigenes Leben. Das erfordert Strafe (2Mo 21,20f). *Blutrache ist vom nächsten männlichen Verwandten des Opfers zu vollziehen (vgl. Ri 8,18ff). Diese Form der R. gehört in die vor staatliche Zeit Israels, wirkt aber in der Königszeit nach (vgl. 2Sam 3,27; 21,1ff). Das atl. Recht versucht durch Einrichtung von *Freistädten für unbeabsichtigt begangenen Totschlag den Vollzug der Blutrache zu beschränken (2Mo 21,12f; 4Mo 35,10ff; 5Mo 19,4ff). Für andere Delikte grenzt das Bundesbuch ungezügeltes Rachebegehren auf die Verhältnismäßigkeit zwischen Schaden und Strafe ein (2Mo 21,23ff; 3Mo 24,19ff). Im Heiligkeitsgesetz wird grundsätzlich das Recht zu privater R. nicht nur aufgehoben, sondern Liebe gegenüber dem Nächsten geboten (3Mo 19,17f). Schließlich setzt sich die Erkenntnis durch, daß die R. allein Gott zusteht (5Mo 32,35; Ps 94,1), auch wenn er sie durch Menschen vollziehen läßt (5Mo 25,17ff; 1Sam 15,1ff). Gott rächt das Unrecht der Feinde Israels (4Mo 31,3; 5Mo 32,41-43), aber auch den Bundesbruch seines Volkes (3Mo 26,21-25; Jes 1,24). Die R. Gottes wird schließlich am »Tag der Rache« (Jes 34,8; 63,4) das Unrecht strafen, die zerstörte Rechtsordnung wiederherstellen und sein Volk retten und trösten (Jes 35,4; 61,2).

II. IM NEUEN TESTAMENT.

Der Unterscheid zwischen AT und NT wird besonders deutlich in der Bergpredigt, wo Jesus seinen Jüngern nicht nur jede Form der R. verbietet (Mt 5,38ff) und Liebe nicht nur gegenüber dem Volksgenossen gebietet (vgl. 3Mo 19,18), sondern gegen jedermann, ja sogar gegenüber dem Feind (Mt 5,43ff). Auch Paulus untersagt dem Christen, sich selber zu rächen, weil Böses nicht durch Böses überwunden wird, sondern durch Gutes (Röm 12,19-21). Das Kreuz Jesu Christi macht offenbar, mit welchem Ernst Gott das Unrecht richtet. Gott setzt sein Recht durch, aber nicht so, daß er sich an den Sündern rächt, sondern so, daß er seinen Sohn als Sünder richtet und die Sünder rechtfertigt. Das Kreuz ist nicht Ausdruck der Machtlosigkeit Gottes und des Verzichts auf die Aufrichtung von Recht und Gerechtigkeit unter den Menschen. Im NT gibt es Hinweise, daß Gottes »Rache« die gestörte Ordnung unter Menschen wiederherstellt: der ungerechte Richter »rächt« (griech. *ekdikeō*) die bittende Witwe, indem er ihr zu ihrem Recht verhilft (Lk 18,1-8); der Staat ist Gottes »Rächer« (griech. *ekdikos*) an den Übeltätern (Röm 13,4), und die Gemeinde vollzieht Gottes »Rache« (griech. *ekdikēsis*) durch Gemeindezucht (2Kor 7,11). Diese Hinweise auf den Vollzug der »Rache« Gottes durch Menschen machen deutlich, daß Gott dem Unrecht als Störung der Gemeinschaft widersteht. Aber dabei geht es nicht um die Befriedigung von Rachegelüsten durch Privatjustiz, sondern um öffentliches Handeln der von Gott Beauftragten zur Wiederherstellung von Gottes Recht. Das kann nur geschehen in der Furcht Gottes, die darum weiß, daß alles menschliche Tun in Gottes Gericht verantwortet werden muß. Am Ende der Tage wird Gott seine R. vollziehen an seinen Feinden, die seinen Sohn verachtet und seine Knechte getötet haben (Hebr 10,29-31; Offb 6,10; 19,2).

Literatur: G. Sauer: THAT II, [3]1984, 106-109; U. Falkenroth: TBLNT II, [4]1986, 1185-1187; G. Quell, G. Schrenk: ThWNT II, 1935, 176ff, 440ff; EWNT I, 1980, 991-993; W. Dietrich: Rache. Erwägungen zu einem alttestamentlichen Thema, EvTh 5/1976, 450-472. K.S.

RAD s. Wagen

RÄFAN. (RevEB: Romphan). Name der Gottheit, die mit dem Planet Saturn identifiziert oder verknüpft wurde. In Apg 7,43 wird ihr Name nach der Übersetzung von Am 5,26 in der LXX zitiert. Die LXX-Lesart, Rhaiphan (Codex B,A; Rhemphan 239), wird für eine falsche Umschreibung der MT-Lesart *kijjun* (LÜ: Kewan; RevEB: Kiun) gehalten, von anderen für eine absichtliche Ersetzung von Repa, einem Namen Sebs, des ägypt. Gottes des Planeten Saturn. D.W.G.

RAHAB. (Hebr. *rachab,* möglicherweise auf die Wurzel *rchb,* »breit«, »weit«, »geläufig«, zurückzuführen). Name einer Hure, die in einem Haus lebte, das an die Stadtmauer des spätbronzezeitl. *Jericho gebaut war. Die beiden *Kundschafter Josuas wohnten bei ihr. Als sie verfolgt wurden, versteckte R. sie unter trockenem Flachs auf dem Dach. Die Verfolger wurden auf eine falsche Fährte gelockt. Die Kundschafter entkamen durch ein Fenster. R. erbat sich zum Lohn, daß sie und ihre Familie bei einer Eroberung Jerichos verschont blieben. Als Jericho zerstört wurde, wurde ihre Familie gerettet, und R. schloß sich den Israeliten an (Jos 2,1-21; 6,17.22-25). Im NT führt der Schreiber des Hebräerbriefes R. als Beispiel des Glaubens an (Hebr 11,31), Jak 2,25 nennt sie einen Menschen, der durch seine Taten gerechtfertigt wurde. Sie kann ziemlich sicher mit der Mutter des Boas, eines Vorfahren Davids, identifiziert werden, die in der Genealogie Jesu (Mt 1,5) genannt ist.

Literatur: D.J. Wiseman: Rahab of Jericho, THB 14, 1964, S. 8ff. M.B.

RAHAB. (Hebr. *rahab,* wörtl. »Stolz«, »Hochmut«), das weibliche Ungeheuer des Chaos (babylon. Tiamat), eng verwandt mit dem *Leviatan. Das Zügeln der Kräfte des Chaos (besonders des unbändigen Meeres) bei der Schöpfung wird poetisch als das Zerschmettern R.s durch Gott beschrieben (vgl. Hiob 26,12 und allgemeiner Hiob 9,13; 38,8-11). Dieses Bild wird im AT meistens von der Schöpfungsgeschichte auf die Erzählung von der Errettung Israels aus Ägypten übertragen, als Gott seine Überlegenheit über das Meer und andere Mächte, die sich seinem Willen widersetzten, zeigte; auf den *Auszug aus Ägypten wird durch Hinweise auf das Zerschmettern R.s in Ps 89,11; Jes 51,9 angespielt (vgl. Ps 74,13ff, wo der Sinn der gleiche ist, obwohl R. nicht ausdrücklich erwähnt wird). Von diesem Gebrauch her wird R. zum poetischen Synonym für Ägypten, wie in Ps 87,4 (»Ich will Rahab und Babel erwähnen bei denen, die mich kennen« Rev EB) und Jes 30,7 (»Rahab, die zum Schweigen gebracht ist«); ihr Drachengefährte wird zu einem Bild für den Pharao (vgl. Hes 29,3). F.F.B.

RAHEL. (Hebr. *rāchēl,* »Mutterschaf«). Sie zählt neben *Sara, *Rebekka und *Lea zu den Stammüttern Israels.

I. RAHEL, DIE TOCHTER DES ARAMÄERS LABAN.

R. war die zweite Tochter *Labans, des Bruders der Rebekka (1Mo 24,29f; 27,43). R. war schön von Gestalt und Gesichtszügen, ihre ältere Schwester Lea (»Kuh«) dagegen war nur durch die Feinheit ihrer Augen ausgezeichnet. Hebr. *rach* (LÜ »matt«, 1Mo 29,17) kann auch übersetzt werden mit »zart«. Auf seiner Flucht vor seinem Bruder *Esau nach *Haran traf *Jakob R. am Brunnen der Stadtgemeinde Haran (1Mo 29,1ff). Von der Anmut und Schönheit R.s fasziniert, bat Jakob nach Ablauf eines Monats Laban, ihm R. zur Frau zu geben. Da er selbst mittellos war, schlug er die damals übliche »Dienstehe« vor. Jakob erklärte sich bereit, sieben Jahre für R. zu arbeiten. Jedoch nach Ablauf von sieben Jahren wurden Jakob und R. von Laban betrogen. Zu den da-

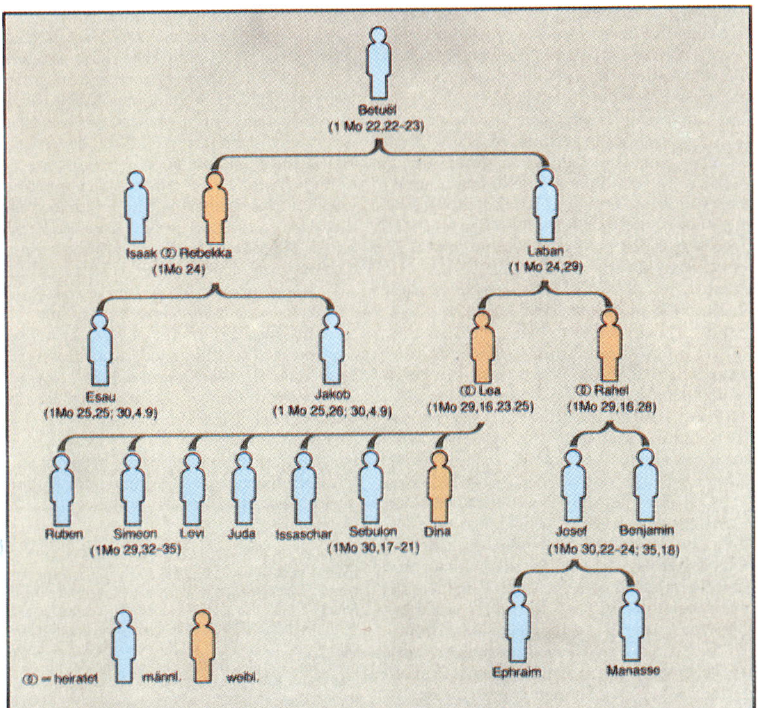

Rahels Familie.

maligen Hochzeitsbräuchen gehörte es, daß die Braut ihrem Bräutigam verschleiert zugeführt wurde. Erst am anderen Morgen erkannte Jakob, daß er nicht R., sondern Lea geheiratet hatte. Von Jakob wegen des Betrugs zur Rede gestellt, verteidigte sich Laban mit der Sitte des Landes, zuerst die ältere Tochter zu verheiraten (1Mo 29,26). Laban versprach Jakob, nach Einhalten der Brautwoche mit Lea ihm R. als Vorauszahlung zu geben, wenn dieser sich zu weiteren sieben Jahren Arbeit im Hause Labans verpflichtete. Laban zwang damit Jakob zu einer Ehe mit zwei Frauen (Polygynie). Jakobs Vater *Isaak hatte nur eine Frau gehabt: *Rebekka.

II. DIE KINDER RAHELS UND DER DIEBSTAHL DER TERAFIM.

R. mußte in der Spannung einer Doppelehe leben. Es kam zur Rivalität mit ihrer Schwester Lea, als diese mehrere Söhne zur Welt brachte, während sie kinderlos blieb. R. war auf ihre Leibmagd *Bilha angewiesen, um der Verachtung, die die Kinderlosigkeit damals mit sich brachte, zu entgehen (1Mo 30,1ff). Die von der Leibmagd geborenen Kinder, die diese zusammen mit dem Ehemann der Herrin bekam, galten als Kinder der Herrin (*Hagar und *Silpa). Bilha brachte für R. die Söhne *Dan und *Naftali zur Welt. Dadurch, daß R. den beiden Söhnen ihren Namen gab, legte sie sowohl den Stand der Magd als auch die rechtliche Stellung der Söhne fest. Mit der Namensnennung verfügte R., daß Bilha vom Sklavenstand befreit wurde und Dan und Naftali gleichberechtigte Söhne und Erben Jakobs waren (vgl. B.S. Jacobsen). Noch in *Paddan-Aram brachte R. einen eigenen Sohn zur Welt und gab ihm den Namen *Josef (1Mo 30, 24). Sechs Jahre nach der Geburt Josefs entschloß sich Jakob, aus Paddan-Aram zu fliehen (vgl. 1Mo 1,1ff; 37).

Der heimliche Aufbruch Jakobs und seiner Familie stand unter einer schweren Belastung, denn R. hatte die Terafim (*Hausgötzen) ihres Vaters gestohlen und mitgenommen (Terafim kann mit »Ahnengruppe« übersetzt werden). Es war eine Figurengruppe der Ahnengötter Labans von der Größe, daß sie in eine Satteltasche paßte (1Mo 31,34). Mit der Ahnengruppe wollte R. die Schutzgötter, »das Glück des Hauses« (F. Delitzsch), mitnehmen. Laban verfolgte Jakob und beschuldigte ihn des Diebstahls. Jakob hielt das Vergehen als der Todesstrafe würdig. Doch R. verstand es, die Hausgötter zu verbergen (1Mo 31,34). Nachdem Jakob die Hausgötter entdeckt hatte, vergrub er sie in der Nähe von Sichem (1Mo 35,2.4). Das Vergraben der Götzenbilder ist ein Zeichen der »Entwertung« (A. Dillmann). Seine Todesandrohung gegen den Dieb führte Jakob jedoch nicht aus. R. blieb seine Lieblingsfrau.

III. DER TOD RAHELS BEI DER GEBURT BENJAMINS.

Der Bericht von R.s Tod (1Mo 35, 16ff) ist ein Zeugnis für die Härte der Lebensweise Jakobs und seiner Familie. Auf dem Zug in Richtung *Hebron war R. hochschwanger. Da die Wehen einsetzten, mußte Jakob den Marsch unterbrechen. R. überlebte die Geburt nicht. Jakob begrub R. in *Efrata nördl. von *Jerusalem zwischen *Rama und *Gibea (1Sam 10, 2-5; Jer 31,15; Mt 2,18), im Gebiet des heutigen Wadi Fara. Das Gräberfeld mit seinen Ruinen trägt den Namen »Grab der Mutter der Söhne Israels« (Odelain/Séguineau). Die Vermutung, daß Jakob R. in der Nähe Bethlehems begraben hat, setzte sich erst im 5./4. Jh.v.Chr. durch. Vor ihrem Tod erfuhr R., daß sie einen Sohn zur Welt gebracht hatte. Es war der zwölfte Sohn Jakobs, der einzige, der im »verheißenen Land« geboren wurde. In ihrem Todeskampf gibt R. dem Neugeborenen den Namen »Schmerzenskind« (hebr. *bän ʾonī,* 1Mo 35,18). Jakob erkennt dieser Bedeutung »keine Existenz zu« (G. von Rad). Er ändert den Namen nicht grundsätzlich, gibt ihm aber einen positiven Sinn. Das Wort Schmerz deutet er, wie dies im Hebr. möglich ist, im Sinne von »meine Kraft« (vgl. 1Mo 49,3). Für Jakob heißt der Neugeborene: »Sohn der Kraft, der Macht, der rechten Hand« (hebr. *bin jāmīn*).

Im NT wird die Stammutter R. nur einmal erwähnt. Sie stimmt ein in die Totenklage und den Trauergesang der israelit. Mütter z.Zt. Jesu. Als die Mütter um die von *Herodes dem Großen ermordeten Kinder weinten, erfüllte sich ein Wort des Propheten Jeremia (Jer 31,15). R. verläßt ihr Grab und erhebt ihre Stimme (Mt 2,18). Damit ist R. nicht nur die Stammutter der atl., sondern auch der ntl. Gemeinde. Die von Gott erwählte Gemeinde ist von ihrem Anfang bis zu ihrem Ende eine fest verbundene Einheit. »Sie ist ein einheitlicher Leib von Anfang an bis heute, ein Lebenszusammenhang, der von Gott begründet und darum unzerstörbar ist und seine Kraft in allen Lagen bewährt« (A. Schlatter).

Literatur: H. Bräumer: Das erste Buch Mose, Kap. 12-36, WStB, 1987; F. Delitzsch: Genesis, 1887; A. Dillmann: Die Genesis, [6]1892; J.H. Hertz (Hrsg.): The Pentateuch and Haftorahs, [2]1961; S.R. Hirsch: Der Pentateuch, 1. Teil, Die Genesis, 1867; B. Jacob: Das erste Buch der Tora, 1934; B.S. Jacobsen: Bina Bamikra, Gedanken zur Tora, 1987; OLB II; O. Odelain, R. Séguineau: Lexikon der Biblischen Eigennamen, übersetzt und für die Einheitsübersetzung bearbeitet von F.J. Schierse, 1981; G. von Rad: Das erste Buch Mose, ATD, Bd. 2-4, [6]1961; A. Schlatter: Der Evangelist Matthäus, [5]1959; C. Westermann: BKAT I/3, 1982. H.Br.

RAKA. Wahrscheinlich ein aram. Wort, *rēqa'* oder *rēqā*, das »Schurke« oder »Narr« bedeutet. Nachdem ein Papyrus mit der griech. Form *rhachas* gefunden wurde (*Antiochon ton rhachan; rhacha* könnte eine Anredeform sein, die im negativen Sinn gebraucht wird), nahmen einige Gelehrte an, daß das Wort R. aus dem Griech. stamme. R. stammt jedoch aus dem Aram. und Hebr. Das hebr. *reqim* wird im AT für »Taugenichts« gebraucht. In Ri 11,3 werden die »losen Männer«, die sich *Jeftah anschlossen, *rēqīm* genannt; nach 2Sam 6,20 verachtete *Michal *David und nannte ihn einen der *rēqīm* (»losen Leute«). Das Wort wird auch in zadokitischen Dokumenten verwendet (CD X, 18), wo es mit *nābāl* verbunden ist (vgl. Mt 5,22, griech. *mōre*, »Narr«, für hebr. *nābāl*) als Adjektiv zu »Wort«. R. wird häufig in der rabbin. Literatur (vgl. Bill. 1, S. 278f) in der Bedeutung »Narr« verwendet. Der Begriff R. erscheint in NT in Mt 5,22 (LÜ: Nichtsnutz). R. drückt zwar Geringschätzung aus, ist jedoch ein eher harmloses Schimpfwort. Doch Jesus erklärt den Hohen Rat, den Obersten Gerichtshof, zuständig für die Festlegung der Strafe, d.h. wenn jemand seinen Bruder »Raka« nennt, ist er des Todes schuldig. Jesus denkt nicht vom beleidigten Menschen her, sondern von Gottes Gebot, das Zorn und Verletzung verbietet. Somit ist jedes Schimpfwort eine Handlung gegen Gottes Gebot. F.C.F./Red.

RAKKAT. (Hebr. *raqqath*, »Enge«, »steile Böschung« ?). Nach Jos 19,35 ein Ort in *Naftali zwischen *Hammat und *Kinneret, vielleicht der Tell Eklatije (M. Noth, Josua, [3]1971, 120), der während der ganzen Bronze- und Eisenzeit besiedelt war (F.M. Abel, Géographie de la Palestine II, [3]1967, 432f), nordwestl. von *Tiberias gelegen. Der Jerusalemer Talmud identifiziert sogar diese röm. Gründung fälschlich mit R. (j Meg I,1). Falls man R. mit *Kartan (Jos 21,32) gleichsetzt, wäre es allerdings im N des Stammesgebietes von Naftali zu suchen. R.R.

RAMA. Der hebr. Name *rāmāh* von der Wurzel *rūm*, »hoch sein«, wurde für mehrere Orte

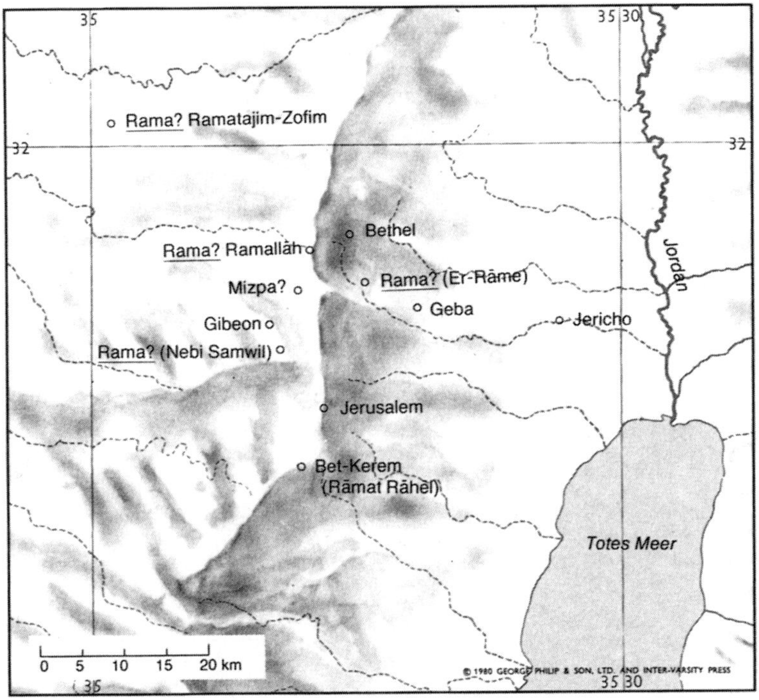

Mögliche Ortslagen von Rama.

gebraucht, die sich alle an erhöhten Standorten befanden.

1. R. in Benjamin, in der Nähe *Bethels, im Gebiet Gibeons und Beerots (Jos 18,25), war ein Rastplatz an der Straße nach N (Ri 19,13). Die Prophetin *Debora lebte in der Nähe von R. (Ri 4,5). Als Asa von Juda und Bascha von Israel Krieg miteinander führten, baute Bascha in R. eine Festung, aber als die Syrer Israel angriffen, zerstörte Asa sie und baute *Geba und *Mizpa aus diesen Materialien (1Kön 15,17.21f; 2Chr 16,1.5f).

In R. versammelte *Nebusaradan, der Oberste der Leibwache der Babylonier, die Gefangenen nach der Eroberung Jerusalems und ließ Jeremia frei (Jer 40,1ff). Die Stadt wurde von Heimkehrern aus dem babylon. Exil wiederbesiedelt (Esr 2,26; Neh 11,33). R. spielt eine Rolle in den Botschaften einiger Propheten (Jes 10,29; Jer 31,15; Hos 5,8). Es ist wahrscheinlich mit Er-Ram zu identifizieren, etwa 8 km nördl. von Jerusalem, oder mit Ramat Rahel (Bet Haccherem), wo nach der Überlieferung das Grab Rahels liegt (1Mo 35,19; Jer 31,15; 1Sam 10,2; Mt 2,18; Jos.ant.Jud. 8.303).

2. Der Geburtsort und die spätere Heimat des Propheten *Samuel, das auch Ramatajim-Zofim genannt wurde (1Sam 1,1.19; 2,11). Von R. trat er jährlich seine Rundreise an (1Sam 7,17). Hierher kamen die Ältesten Israels, um einen König zu fordern (1Sam 8,4ff). Nach seinem Streit mit *Saul ging Samuel nach R. (1Sam 15,34ff). David fand in R. Schutz (1Sam 19,18). Heute werden vier Standorte für R. vorgeschlagen: Ramallah, etwa 13 km nördl. von Jerusalem; Beit Rama, ca. 19 km nordwestl. von Bethel; Er-Ram, das R. in Benjamin, und Nebi Samwil.

3. R. begegnet als Ortsname bei der Grenzbeschreibung des Stammesgebietes von Asser (Jos 19,29);

4. als Name einer befestigten Stadt in Naftali (Jos 19,36);

5. einer Stadt in Simeon (Jos 19,8; 1Sam 30,27);

6. als Abkürzung für *Ramot in Gilead (vgl. 2Kön 8,28f; 2Chr 22,5f).

Literatur: F.M. Abel: Géographie de la Palestine II, 1933, S. 427; D. Baly: Geographisches Handbuch zur Bibel, 1973; OLB II, 596ff; LDB. J.A.T.

RAMOT IN GILEAD. Eine befestigte Stadt im Gebiet *Gads, östl. des Jordan, die häufig

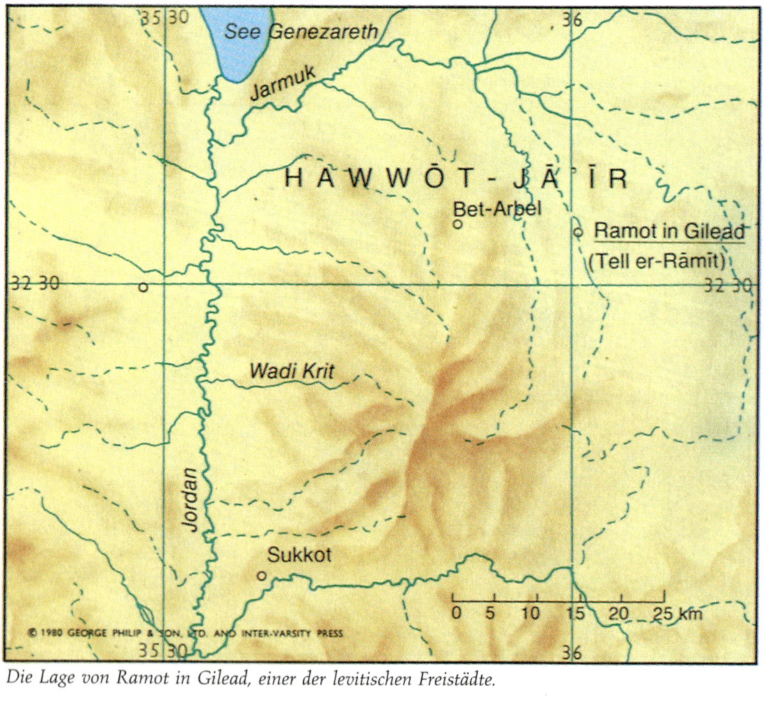

Die Lage von Ramot in Gilead, einer der levitischen Freistädte.

in Israels Kriegen mit Syrien eine Rolle spielte. R. war eine der *Freistädte (5Mo 4,43; Jos 20,8) und wurde den Leviten aus dem Geschlecht Meraris zugeteilt (Jos 21,38; 1Chr 6,65). R. wurde identifiziert mit Mizpe, Mizpe in Gilead (Ri 11,29) und Ramat-Mizpe (»Höhe von Mizpe«, Jos 13,26). Heute werden als Standorte vorgeschlagen: Husn-ʿAjlun und Remtheh, aber auch für den Vorschlag Nelson Gluecks (BASOR 92, 1943), daß es sich um Tell-Rāmīth handelt, spricht manches.

R. war wahrscheinlich die Heimat *Jeftahs (Ri 11,34). Ben-Geber, einer der zwölf Verwalter Salomos, lebte hier (1Kön 4,13). Nach Josephus (ant.Jud. 8.399) verlor Ben-Hadad I. die Stadt an *Omri. R. wechselte mehrmals zwischen Israel und Syrien hin und her. Nachdem *Ahab die Syrer besiegt hatte (1Kön 20), blieb R. in deren Händen, und Ahab forderte die Hilfe *Joschafats von Juda an, um R. wieder einzunehmen (1Kön 22,3f). Joschafat wurde im Kampf verwundet und starb (1Kön 22,1-40; 2Chr 18,1-19,3). Sein Sohn *Joram nahm den Angriff wieder auf, wurde aber ebenfalls verwundet (2Kön 8,28f). Während seiner Abwesenheit vom Lager in R. wurde *Jehu, der Befehlshaber der Armee, auf Betreiben Elisas zum König von Juda gesalbt (2Kön 9,1f; 2Chr 22,7). Jehu ermordete später alle königlichen Nachkommen. Josephus berichtet, daß die Stadt eingenommen wurde, bevor Jehu starb (ant.Jud.9.105).

Literatur: N. Glueck: Ramoth Gilead, BASOR 92/1943, S. 10ff; F.M. Abel: Géographie de la Palestine II, 1933, S. 430f; H. Tadmor: The Southern Border of Aram, IEJ 12, 1962, S. 144-122; D. Baly: Geographisches Handbuch zur Bibel, 1973; LDB.

J.A.T.

RAMSES, RAʿAMSES. (Ägypt. *Pr-Rʿmssw, Pi-Ramesse,* »Reich des Ramses«). Stadt in Ägypten, zusammen mit *Pitom erwähnt, wo die Hebräer durch Fronarbeit unterdrückt wurden (2Mo 1,11; 12,37; 4Mo 33,3). In R. im O-Delta stand die berühmte Residenz Ramses' II. (ca. 1290-1224 v.Chr.). Die Könige der 18. Dynastie bauten dort nicht. Die Forschung lokalisierte Pi-Ramesse zunächst in Pelusium, dann in Folge von Montets Ausgrabungen in Tanis (*Zoan). Aber alle Bauwerke in Tanis bestehen aus wiederverwendetem Material von anderer Stelle. Überreste eines Palastes, einer Glasurfabrik und eines Hauses für Prinzen und hohe Beamte (mit Spuren eines Tempels) in Qantir und Umgebung, 30 km südl. von Tanis, bezeichnen mit ziemlicher Sicherheit die wirkliche Ortslage von Raʿamses/Pi-Ramesse. Der *Auszug aus Ägypten begann in R. (2Mo 12,37). Jahrhunderte vorher hatte sich *Jakob in diesem Gebiet niedergelassen (1Mo 47,11).

Literatur: A.H. Gardiner: JEA 5/1918, S. 127-138, 179-200, 242-271; P. Montet: RB 39/1930, S. 5-28; L. Habachi: ASAE 52/1954, S. 443-562; J. van Seters: The Hyksos, 1966, S. 127-151; M. Bietak: Tell el-Dabʿa, 2, 1975, bes. S. 179-221; A. Alt: Kleine Schriften III, ²1968, 176ff.

C.D.W./K.A.K.

RAS-SCHAMRA
s. Ugarit/RasSchamra

RAT.

1. Wirkliche oder angebliche Hilfe, die einem Menschen seine Entscheidung erleichtern soll. R. kann gesucht (4Mo 27,21; 2Chr 10,6) oder ungesucht gegeben werden (2Mo 18,19), kann gut (Spr 2,11; 5,2) oder böse (Mt 16,22) sein je nach Wesen (Ps 1,1), Wissen (Spr 12,8; 15,7) oder Absicht des Ratgebers (Hiob 5,13; 2Chr 22,4), so daß er den Empfänger nicht von eigener Entscheidung (Spr 1,24.25.30) und dem Tragen ihrer Folgen entbindet. Nur Gott kann bei seinen Ratschlägen die volle Verantwortung für Befolgung und Ausgang übernehmen: er verbürgt sich dafür durch seine Verheißungen (2Mo 19,5; Spr 3,5.6; 19,17), und leitet dann auch nach seinem R. (Ps 73,24). Er hilft dem, der ihm vertraut, indem er bösen R. der Feinde zunichte macht (Spr 22,12) oder in seine Heilspläne einordnet (Apg 4,28).

2. R. als Ratschluß ist die Festlegung eines Zieles und des Weges dahin. Gottes Ratschluß hat die Rettung und das Heil der Menschen zum Ziel und gelangt ohne Änderung (Spr 19,21; Ps 33,11) zur vollen Durchführung (Apg 5,38; Jes 28,29) an allen, die sich auf sein Anraten (2Kor 5,20) freiwillig in diesen Weg hineinnehmen lassen (1Joh 2,17; Eph 5,17; 6,6), so daß Gott in Christus der einzig bestimmende Faktor ihres Lebens wird (Kol 4,12), dem sie ohne Vorbehalt folgen (Apg 26,19.20). Aber Gott vermag seinen R. auch den Unwilligen und Störrischen gegenüber durchzusetzen (vgl. Auszug der Israeliten aus Ägypten und die Haltung des Pharaos). Gott allein bedarf keines Ratgebers (Spr 11,14; Jes 40,14; Röm 11,34).

3. R. bezeichnet auch die Ratsversammlung, in Israel den Hohen Rat (*Sanhedrin), der das Volk nach Gottes Gesetz und Offenbarung (vgl. Joh 11,49-51) leiten sollte. Wo die zu solchem R. Gehörenden sich nicht der Erwählung Gottes bewußt waren und von Gottes Auftrag leiten ließen (Jes 1,26), konnte, was R. der Frommen (Ps 111,1) sein sollte, leicht zum R. der Gottlosen werden (Ps 1,1; 2,2; Jes 30,1; Lk 23,51).

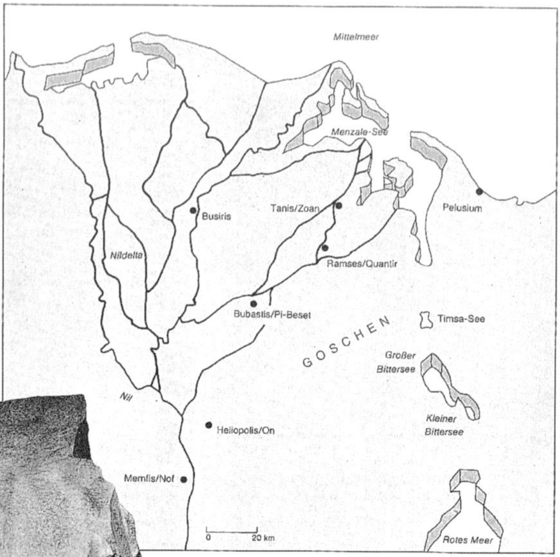

Die Lage von Ramses (Quantir) in Goschen.

Kolossale Granitbüste Ramses' II., Luxor, Höhe: ca. 2,36 m; 13. Jh. v. Chr. (BM)

Kartusche mit dem Namen Ramses' II. (1290–1224 v. Chr.) in Hieroglyphen. Relief aus dem Amun-Tempel bei Karnak. (WM)

4. Apg 25,12 bezeichnet mit Ratgebern offenbar röm. Beamte und Referenten des Prokurators *Festus, mit denen dieser über die *Berufung des Paulus auf den Kaiser beriet.

RAT, HOHER s. Sanhedrin

RÄTSEL. (Hebr. *chīdāh,* »Verdecktes, Verschlungenes«). Wie die meisten Orientalen liebt es der Israelit, R. zu stellen und zu lösen. In dieser Bedeutung kommt das hebr. Wort in Ri 14,12-19; 1Kön 10,1; 2Chr 9,1 vor. In Spr 1,6 (LÜ: Gleichnisse) und Hes 17,2 ist die dem R. verwandte Gleichnisrede (hebr. *melīzāh*) gemeint, in Ps 49,5 ein Lehrgedicht; Ps 78,2 (LÜ: Geschichte) meint wunderbare Geschehnisse und Hab 2,6 (LÜ: Sprichwort) die versteckten Anspielungen eines Spottgedichts.

In 4Mo 12,8 heißt es, daß der Herr mit Mose deutlich und nicht in R.n (LÜ: Gleichnisse) sprach. Darauf spielt Paulus an, wenn er davon spricht, daß wir Offenbarungen und Wissen um göttliche Dinge wie im R. (griech. *ainigma,* LÜ: dunkles Bild) empfangen, so daß sie geistlich ausgelegt werden müssen (1Kor 13,12).

RATSHERR.

1. Als R.en werden in der Bibel Männer bezeichnet, die bei wichtigen Entscheidungen der Volksgemeinde (4Mo 16,2, LÜ: Vorsteher; Esr 9,2; Neh 2,16; 4,8) oder des Herrschers (Hiob 3,14) und in der Rechtsprechung (Spr 8,15; Jes 1,26) als Leiter bzw. Ratgeber hinzugezogen wurden. Wie weit sie außer ihrer beratenden Funktion auch Entscheidungen fällen konnten, wird nicht deutlich. Dem Wort R. in der LÜ liegen verschiedene hebr. Ausdrücke zugrunde, die sonst mit »Fürst« (4Mo 1,16), »Oberster« (Neh 13,11), oder »Ratgeber« (2Sam 15,12; Esr 4,5) übersetzt werden.

2. Die sieben höchsten Beamten, der Ministerrat des Perserkönigs, die Est 1,14 »Fürsten« genannt werden, heißen Esr 7,14f.28 »Räte«.

3. In Mk 15,43; Lk 23,50 ist mit R. ein Mitglied des Hohen Rates (*Sanhedrin) gemeint.

RAUB, RAUBEN. R. ist kein Kavaliersdelikt, sondern Akt brutaler Gewalt. Die dt. Sprachwurzel führt zu »brechen«, »reißen«, der R. ist die dem Feind »entrissene Kriegsbeute«. Im Hebr. steht für R. oft *gāsal,* »mit Gewalt wegreißen« (Ri 21,23), aber auch *bāsas,* »ausplündern« (Jes 11, 14; Jer 20,5), und *thāraph,* »zerreißen« (Hes 29,29; Hos 5,14).

1. Im AT erscheint als feststehender Ausdruck »Raub austeilen« (2Mo 15,9), der in den Erzählungen der Seßhaftwerdung Israels auf die Unsicherheit der Lebensumstände hinweist. R. wird positiv als Bild für die Kraft des Stammes Juda im Jakobsegen (Löwe, der »vom Raub hochkommt«, 1Mo 49,9) und für die zeitweilige Macht Israels (4Mo 23, 24) erwähnt. Sieg oder Niederlage hängen für Israel vom Einssein mit dem Willen Gottes ab, der Recht fordert und R. haßt (Jes 61,8). R. erscheint deshalb häufig im Zusammenhang des Rechtslebens. 2Mo 21,16 wird Menschenraub unter Todesstrafe gestellt, 1Kön 21,19 wird der R. fremden Erbes verurteilt (Nabots Weinberg). Auch im Zusammenhang des gesellschaftlichen Lebens ist von R. die Rede, v.a. als prophetische Kritik an der Oberschicht (Ps 62,11; Jes 3,14; 10,2; Hes 22,25; 34,8). Die Folge ist Gottes Zorngericht, das ihn verachtende Volk wird »jedermanns Raub« (Jes 5,29; Jer 2,14).

Neben der prophetischen Gerichtssprache wird R. aber auch im Kontext der Heilsverkündigung gebraucht: Babylon und der »Räuber Ninive« müssen nach Gottes Willen ihre Beute Israel loslassen (Jer 50,10; Nah 2,13f). Von R. ist auch in Zusammenhang mit Personen (der Gottlose, der nach R. »lechzt«, Ps 17,12; der Prophetensohn »Raubebald-Eilebeute«, Jes 8,1) und in der Eschatologie die Rede (der leidende Gottesknecht hat »die Starken zum Raub«, Jes 53,12).

2. Im NT ist das griech. *harpazō* vorherrschend, das neben »rauben«, »mit Gewalt wegführen« auch »entrücken« bedeuten kann (Apg 8,39; 2Kor 12,2.4). Der Ausdruck R. begegnet in der Verkündigung Jesu bei seiner Kritik der Frömmigkeit der Schriftgelehrten (»innen voller Raub«, Mt 23,25) und der Führungsschicht (»Himmelreich leidet Gewalt«; wörtl.: die Gottesherrschaft wird – durch jene – »vergewaltigt« und »geraubt«, Mt 11,12), dann auch in den »Saat-Gleichnissen« vom *Reich Gottes (der Teufel »raubt« das an den Weg Gesäte, Mt 13,19; der Hausvater will Weizen und Unkraut nicht vorzeitig »ausjäten«, Mt 13,29f).

Auch in der Darstellung der besonderen Vollmacht Jesu gegenüber dem Dämonischen (Jesus kann den Teufel »berauben«, weil er der Stärkere ist, Mt 12,22ff) und gegenüber den Jüngern bzw. der Gemeinde (Jesus, der gute Hirte – vgl. Hes 34,8 –, aus dessen Hand niemand die Schafe »reißen« kann, Joh 10,12.28) wird von R. gesprochen. Schließlich dient im Christushymnus des *Philipperbriefes der Ausdruck R. zur Verherrlichung des präexistenten Herrn, der um der verlorenen Menschheit willen alles aufgibt, den Tod annimmt und von Gott verherrlicht wird. Jesus »hielt es nicht für einen Raub, Gott gleich zu sein. . .«, d.h. er nutzte seine göttliche Macht nicht für sich selbst aus und verbarg sie nicht wie eine »teure Beute« (Phil 2,6). W.Be.

RAUCH, RAUCHDAMPF.

1. Zu den Rauchzeichen (Jos 8,20; Ri 20,40) s. *Banner.

2. Vielfach wird R. als Bild der Vergänglichkeit genannt (Ps 37,20; 102,4; Jes 51,6; Hos 13,3).

3. In Ps 119,83 ist die Rede von einem leeren *Schlauch, der in der Küche trocken, brüchig und vom R. schwarz geworden ist.

4. Der R. aus der Nase des Behemot bezeichnet den sichtbaren Atem (Hiob 40,15; 41,11f); das Bild erscheint in der dichterischen Beschreibung gesteigert.

5. R. gehört zur Erscheinung der Herrlichkeit Gottes (2Mo 19,18; Jes 6,4; Offb 15,8); vgl. auch *Wolkensäule.

6. R. (1Mo 19,28; Jes 34,10; Offb 9,2.3; 14,11) und Rauchdampf (Joel 3,3; Apg 2,19) werden verschiedentlich als Zeichen von Gottes Handeln genannt.

RÄUCHERALTAR s. Altar

RÄUCHEROPFER s. Opfer

RÄUCHERWERK. Hebr. *qetorät* meint diejenigen Stoffe, die – in der Regel auf einem Räucheraltar – kultisch verbrannt werden. In vorexilischer Zeit verwendete man dafür im Rahmen eines Gemeinschafts- oder Schlachtopfers die Fettstücke eines Tieres (vgl. 1Sam 2,12-17; 3Mo 3,3 u.ö.) oder aber verschiedene Backwaren (Am 4,4f; Hes 16,19; Jer 7,18 u.ö.). Im Privatkult wurden daneben zumindest seit dem 10. Jh.v.Chr. auch Aromata, vornehmlich wohl Weihrauch, verwendet. In spätnachexilischer Zeit wurde für das R. ein Gemisch aus vier Aromata vorgeschrieben, denen zusätzlich Salz beigegeben werden sollte (2Mo 30,34-38). Die genaue botanische Bestimmung der Stoffe ist nicht völlig geklärt. Man geht jedoch heute meist von Staktetropfen, Räucherklaue, Galbanum und Weihrauch aus. Im 2. Jh.v.Chr. wurde die Zahl der Materialien auf sieben erweitert. Sir 24,15 nennt Zimt, Aspalath, Myrrhe, Galbanum, Onyx, Stakte und Weihrauch, während Jub 16,24 Weihrauch, Galbanum, Styrax, Narde, Myrrhe, aromatische Früchte und Kostwurz aufzählt. In ntl. Zeit (vgl. Lk 1,9-11; Hebr 9,4) hat sich die Zahl der verwendeten Spezereien bereits auf 13 ausgedehnt (vgl. Jos.bell. Jud. V, 5,5). Diese Zahl wird auch in den späteren jüd. Schriften vorausgesetzt (b Ker 6a; j Yom 4,41d; vgl. auch t Men 7,521,13; Ant Bib 12,9).

Literatur: K. Nielsen: Incense in Ancient Palestine, VT. S. 38, 1986; M. Zohary: Pflanzen der Bibel, 1983; V. Hurovitz: Salted Incense, Biblica 68/1986, S. 178-194. W.Z.

REBE s. Wein/-stock

REBEKKA. (Hebr. *ripqah*). Der Name entstand vermutlich durch eine Umstellung der Buchstaben und heißt »Kuh« (hebr. *birqah*, vgl. Köhler/Baumgartner). R. ist die zweite in der Reihe der Stammütter Israels (*Sara, *Rebekka, *Rahel, *Lea).

I. REBEKKAS HEIRAT UND EHE.

R. war eine Tochter *Betuëls, eines Aramäers in *Paddan-Aram (1Mo 24,15.24; 25,20). Sie war eine Schwester *Labans (1Mo 24,29.30; 28,5). Ahnherr der aram. Sippe war *Nahor, der Bruder *Abrahams (1Mo 22,20-24). Der Knecht Abrahams (*Eliëser) traf R. am Brunnen außerhalb der Stadt Nahors. R. fiel dem Knecht auf durch ihre Schönheit, Gewandtheit und Hilfsbereitschaft. Nach der Brautwerbung war R. entschlossen, dem Knecht Abrahams sofort zu folgen. Als sie *Isaak begegnete, stieg sie vom Kamel. Das Herabsteigen war Zeichen der Ehrerbietung (A. Dillmann). Außerdem verschleierte sie ihr Gesicht. Das Verhüllen des Gesichtes gehörte zu den Hochzeitsbräuchen. Das Verschleiern bedeutet: vor der Eheschließung kommt es zu keinem intimen Kontakt zwischen den Verlobten. Isaak führte R. in das Zelt Saras, das heißt, er machte sie zur Herrin seines Hauses. Die Frau ist die Fürstin im Haus. Nach der Eheschließung gewann Isaak R. lieb. Die Hochzeit ist nicht »der Blütengipfel, sondern der Wurzelkeim der Liebe« (S.R. Hirsch). Die ersten Ehejahre standen unter einer großen Belastungsprobe. R. blieb zwanzig Jahre kinderlos. Dennoch lebten Isaak und R. in einer Einehe. Isaak betete für seine Frau (1Mo 25,21) und erwies sich darin als Priester seines Hauses.

II. REBEKKA UND IHRE SÖHNE.

In ihrer Schwangerschaft wurde R. von Angst und Sorge befallen. Von den Zwillingen in ihrem Leib heißt es: »Der eine ließ den anderen nicht in Ruhe« (1Mo 25,22). R. klagte Gott ihr Leid. Sie entschloß sich, Jahwe zu befragen und bekam die Antwort: Gott hat *Jakob erwählt und *Esau an die zweite Stelle verwiesen (1Mo 25,23; Mal 1,1.2).

III. DER BETRUG REBEKKAS.

Da R. befürchtete, daß Isaak Esau nicht nur den Familien-, sondern auch den Abrahamssegen zusprechen würde, entschloß sie sich zum Betrug. Sie überredete Jakob, stiftete ihn zum Betrug an und unterstützte ihn durch Verkleidung und durch die Zubereitung eines besonderen Mahls, außerdem zerstreute sie die Bedenken Jakobs. Der Betrug war R. nichts Fremdes. Sie kannte ihn von ihrem Mann Isaak. Dieser hatte – wie vor ihm Abraham in Ägypten - seine Frau im Lande *Gerar als seine Schwester ausgegeben aus Angst, um der Schönheit seiner Frau und der Gier des Herrschers willen umgebracht zu werden (1Mo 26,7-11).

Den Kampf um den Segen hätte es nicht geben müssen. Weder der Esau noch der Jakob zugedachte Segen umfaßt den Abrahamssegen (vgl. 1Mo 27,28.29.39.40). Erst beim Auszug Jakobs nach Paddan-Aram übertrug Isaak Jakob den Abrahamssegen (1Mo 28,3.4). Der Betrug R.s wird mit keinem Wort gerechtfertigt. Vielmehr zeigt der Fortgang der Geschichte, »der sprechende Gang der Geschehnisse« (F. Rosenzweig), wie Gott den »wohlgemeinten« Betrug R.s beurteilt. Jakob war gezwungen, sein Elternhaus und seine Heimat zu verlassen. R. hat ihren Sohn nicht mehr wiedergesehen.

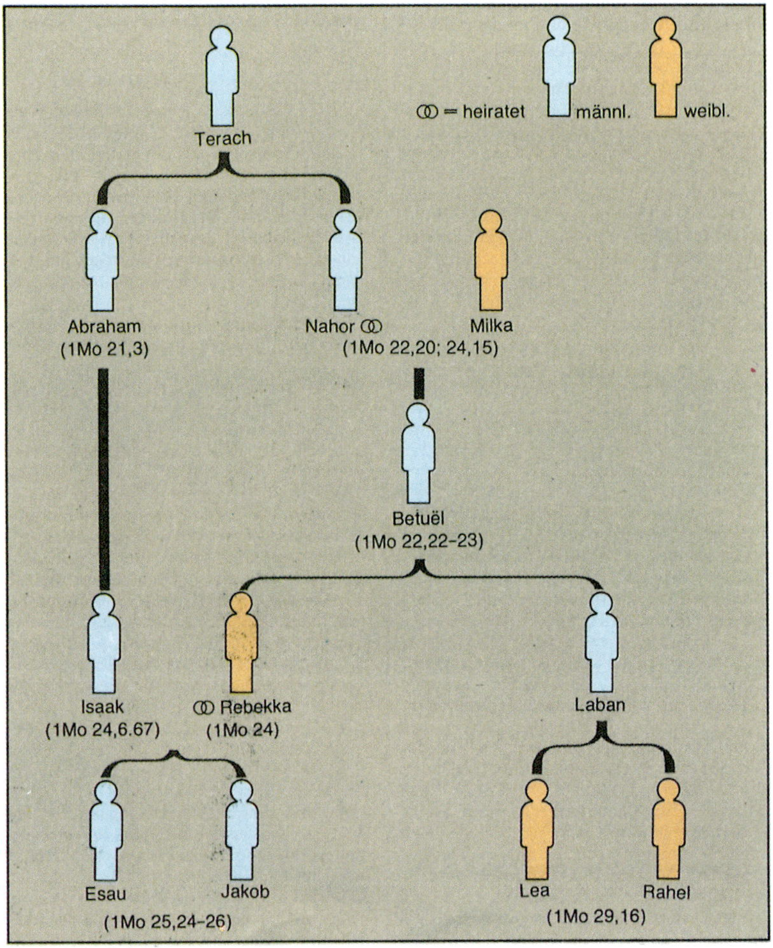

Die Familie Rebekkas.

Im NT wird R. nur von Paulus im Römerbrief erwähnt (Röm 9,10-13).

Literatur: H. Bräumer: Das erste Buch Mose, Kap. 12-36, WStB, 1987; F. Delitzsch: Genesis, 1887; A. Dillmann: Die Genesis, [6]1892; J.H. Hertz (Hrsg.): The Pentateuch and Haftorahs, [2]1961; S.R. Hirsch: Der Pentateuch, 1. Teil, Die Genesis, 1867; B. Jacob: Das erste Buch der Tora, 1934; B.S. Jacobsen: Bina Bamikra, Gedanken zur Tora, 1987; G. von Rad: Das erste Buch Mose, ATD, Bd. 2-4, [6]1961; F. Rosenzweig: Die Schrift, Aufsätze, Übertragungen und Briefe, 1984; C. Westermann: Genesis, BKAT I/3, 1982. H.Br.

REBHUHN s. Tiere

RECHABITER. *Jonadab, der Sohn Rechabs und Stammvater der R., hatte seinen Nachkommen verboten, Wein zu trinken, feste Häuser zu bauen, Getreide zu säen und einen Weinberg anzulegen oder zu besitzen. Sie sollten vielmehr ihr ganzes Leben in Zelten wohnen (Jer 35, 6.7). Die R. hielten sich gehorsam an dieses Gebot ihres Vorfahren, beim Anrücken *Nebukadnezars waren sie allerdings in die Stadt Jerusalem ausgewichen (V. 8-11). Dem Gehorsam der R., für den sie mitten unter den Gerichtsdrohungen gegen

Juda eine Verheißung empfingen (V. 18.19), stellte der Herr dem Ungehorsam der Judäer gegenüber (V. 12-17). In der Zeit *Ahabs mit ihrem zunehmenden Reichtum und Luxus und dem eindringenden Götzendienst hatte Jonadab am einfachen Leben der Wüstenzeit und am Dienst des Herrn festgehalten (vgl. 2Kön 10,15.16.23). Die Gruppe der R. bildete schon durch ihr Dasein eine Mahnung, einen Aufruf zur Umkehr zum Gott der Väter. Noch heute besteht eine Sekte der R. in Mesopotamien und Arabien, die behauptet, im Zusammenhang mit den R.n des AT zu stehen. Vgl. auch *Keniter.

RECHENSCHAFT. Das *Gericht Gottes setzt voraus, daß sich der Mensch vor ihm zu verantworten hat. Er wird »zur Rechenschaft gezogen« und muß »Rechenschaft ablegen«, so wie dem ungerechten Haushalter gesagt wird: »Gib Rechenschaft über deine Verwaltung« (Lk 16,2). Alle Menschen haben sich hierbei zu verantworten. Die Heiden, die, ohne nach Gott zu fragen, dahingelebt haben, werden dem Herrn R. geben müssen (1Petr 4,5). Diese R. erstreckt sich auf jedes unnütze Wort (Mt 12, 36) ebenso wie auf jedes zu Gottes Wort hinzugefügte (Spr 30,6). Aber auch die Glaubenden, denen Gaben und Aufgaben anvertraut waren, werden als Haushalter Gottes zur Verantwortung gezogen. Der wiederkommende Herr wird mit ihnen R. halten (Mt 25,19; vgl. Hebr 4,13; 1Kor 3,12-15). Dabei haben die leitenden Männer der Gemeinde nicht nur für sich selber (Röm 14,12), sondern auch für die ihnen anvertrauten Menschen R. abzulegen (Hebr 13,17). Gegenseitige Rechenschaftsverhältnisse unter Menschen veranschaulichen unsere R. vor Gott (Dan 6,3).

RECHNEN. Über das R. der Israeliten sind wir im einzelnen nicht unterrichtet. Wir wissen nur, daß sie im Alltag, etwa bei den Volkszählungen (4Mo 1,18ff), auch mit großen *Zahlen umzugehen wußten (2Mo 38,21-31) und kompliziertere Rechnungen auszuführen verstanden (3Mo 5,16. 24; 25,27.50; 27,16.18; 4Mo 15,4ff; Hes 4,11; 45,13ff). Vgl. *Geld, *Maße und Gewichte.

Weiterhin steht R. im Sinn von: zu einer bestimmten Gruppe »zählen« (4Mo 23,9; Jes 53,12; Mk 15,28; 2Kor 10,12); jemanden etwas »zurechnen« (1Mo 15,6; Röm 4,3.5).

RECHT.

I. RECHT IM ALTEN TESTAMENT.

1. Zu den Formen und Bezeichnungen atl. Rechtsbestimmungen s. *Gesetz (A.)

2. In der Erforschung der historischen Hintergründe des atl. Rechts und der institutionellen Gegebenheiten des altisraelit. Rechtslebens und seiner Beziehungen zur umgebenden Rechtskultur des Alten Orients ist z.Zt. vieles im Fluß und dementsprechend umstritten. Einige Grundtatbestände sind jedoch deutlich:

a. Entscheidender Grundpfeiler des Rechtslebens war die Rechtsprechung im Tor; hier, am Versammlungsplatz der eng gebauten Städte, verhandelten und entschieden die Bürger strittige bzw. öffentlich zu klärende Fälle aus ihrer Mitte. Eine plastische Schilderung dieses Vorgangs bietet Rut 4,1-12 (vgl. auch 1Mo 23,3-20; 34,20-24; 5Mo 21,18-21; 22,13-21; 25,5-10). Hier steht keine mit hoheitlichen Vollmachten ausgestattete Instanz den Bürgern gegenüber, sondern die Gemeinschaft der Bürger (unter führender Beteiligung der »Ältesten«) trägt die getroffenen Entscheidungen und Urteile und sorgt für ihre Einhaltung und Durchführung. In mancher Hinsicht hat diese Rechtspraxis damit den Charakter einer Schiedsgerichtsbarkeit, die in Streitsachen auch davon lebt und darauf angewiesen ist, daß die Parteien das ausgehandelte Urteil annehmen und sich auf seiner Basis tatsächlich im Frieden einigen.

b. In einer solchen Rechtspraxis sind die einzelnen Ortschaften zunächst selbständig; dabei bilden die Rechtsprechung und die Lenkung der Geschicke einer Stadt (also »Regierung«) ein einheitliches Ganzes, was sich auch sprachlich im Bedeutungsumfang des hebr. Wortes für »richten« (*schafath*, »Recht sprechen« und »regieren«, wovon auch das Substantiv *mischpath* abgeleitet ist, das – in einer Vielfalt von Bedeutungsnuancen – am ehesten dem deutschen »Recht« entspricht) und der Amtsbezeichnung des »Richters« (*schofeth*) niederschlägt (s.u.). Vielleicht kann man daher annehmen, daß diese Rechtspraxis sich im Zuge der Seßhaftwerdung im Kulturland aus der Art und Weise entwickelt hat, wie die Sippenältesten der nomadischen Stammesgruppen in gemeinschaftlichem Zusammenwirken Streitfälle zu schlichten und über die wichtigen Belange ihrer Gruppen zu entscheiden hatten.

c. Über das Amt des »Richters« in Israel erfahren wir nicht viel (Ri 10, 1-5; 12,7-15; vgl. 4,4f.; 1Sam 7,6; 7,15-8,3). Die spärlichen Anhaltspunkte lassen vermuten, daß in diesem

Amt ein übergreifendes, die örtliche Rechtsprechung ergänzendes Element gegeben war, das der Einheit diente und vor allem für die Geltung des von Gott gegebenen R.s in der Rechtsgemeinschaft einzutreten hatte. Nach dem Wunsch des Volkes (1Sam 8,5) soll diese Aufgabe »uns zu richten« von *Samuel auf einen *König übertragen werden(vgl. *Richter).

d. Die Priesterschaft war im Rahmen ihrer Funktion im Bereich des kultischen R.s – neben der Aufgabe, zwischen *Rein und Unrein zu entscheiden (3Mo 10,9-11; Hes 44,23; Hag 2,11ff.; bezüglich Aussatz 3Mo 13; 14,57; im Rahmen von Einlaß-Liturgien wie Ps 15; 24; vgl. Jes 33,14-16; Mi 6,6-8) und in diesen Dingen das Volk zu belehren (5Mo 33,10; 5Mo 24,8) – in unklaren Fällen beim Reinigungseid (2Mo 22,7.10; vgl. Ps 7,4-6 u. Hi 31,1-40) sowie bei Gottesurteilen durch Los (5Mo 33,8; Jos 7,14ff; 1Sam 14,36ff) oder durch andere Verfahren (4Mo 5,12-31; vgl. 2Mo 22,8) an der Rechtsfindung beteiligt. Ebenso kam der Priesterschaft die Aufgabe der Belehrung des Volkes über Gottes R. zu, auf konkrete Befragung hin, aber auch als Vortrag des Gottesrechtes bei wiederkehrenden Anlässen (5Mo 31,10-13).

e. Die Errichtung des Königtums führt nicht zur umfassenden Verankerung von Recht und Rechtspflege in einer staatlichen Gesetzgebung. Das überlieferte Recht und die örtliche Rechtsprechung bleiben in Geltung und sind nicht vom König abhängig. Es gibt keine eindeutigen Belege dafür, daß er als Berufungsinstanz gegenüber örtlichen Rechtsentscheidungen fungiert hätte. Andererseits wird vom König und seiner Amtsführung erwartet, daß er »Recht schafft« und den Bedrängten zu ihrem R. verhilft (Ps 72,1-4; Spr 29,14; 2Kön 15,5). Wie weit die R.e des Königs gehen und in andere R.e eingreifen, ist nicht leicht auszumachen und wird unterschiedlich gesehen; in jedem Fall hat er die Rechtshoheit in allem, was den Heerbann sowie Fron- und Abgabenpflichten betrifft (1Sam 8,11-18), im Bereich des Hofes und des Verwaltungsapparates und in der Königsstadt (Jerusalem, ähnlich wohl auch Samaria). Von *Joschafat wird berichtet, daß er Richter in allen befestigten Städten Judas bestellt sowie ein Richterkollegium in Jerusalem eingesetzt habe, das in schwierigen Fällen von den örtlichen Gerichten um Weisung angegangen werden sollte (2Chr 19,5-11; zur zweiten Sache vgl. 5Mo 17,8-13); beide werden darauf verpflichtet, ihr Amt strikt gemäß der Weisung Gottes auszuüben. Dabei könnte es sich einerseits um eine Ausweitung der königlichen Rechtshoheit handeln, andererseits werden damit die Funktionen des einstigen Richteramts weitergeführt, die ja in der Erwartung des »Recht Schaffens« auch zuvor mit dem Königtum verbunden waren.

3. Ihren Einheitspunkt hatte die Rechtspraxis Israels nicht in sich selbst: so vielfältig sie in sich sein mochte, als ganze stand sie unter dem unbedingten Anspruch des Gottesrechtes, das für alle Stämme Israels bindend war. Von dieser zentralen Bindung aus ist im AT alles R. betont auf den Gott Israels bezogen und ganz in die Beziehung zwischen Gott und seinem erwählten Volk hineingestellt. Von der Verpflichtung Israels auf den Willen seines Gottes aus wird hier die gesamte Sphäre des R.s durchdrungen und unter den Anspruch Gottes gestellt. So konnte auf der Grundlage des spezifischen Gottesrechtes, das das Verhältnis Israels zu seinem Gott regelt, immer wieder gestaltender Anspruch auf konkrete Rechtsvollzüge geltend gemacht werden, die man dem Herkommen und der allg. Übung nach ganz anders behandelte (in zugespitzter Weise in der Verkündigung der Schriftpropheten (z.B. Am 2,6; 5,10-15; Jes 10,1f; Sach 8,16f); aber auch die priesterliche Belehrung über das Gottesrecht wird man in solcher Perspektive sehen müssen, und wo sie nicht in diesem Sinne vollzogen wird, gerät die Amtsführung der Priester unter prophetische Kritik (Hos 4,1f.6; Mi 3,11; Zef 3,4). Ein immer wieder hervortretender inhaltlicher Grundzug dieser Art ist die Forderung, den rechtlich Schwachen, den Armen, Witwen, Waisen und Fremdlingen, R. zu schaffen (3Mo 19,9f.33-37; 4Mo 15,14-16; 5Mo 24,14-22; 27,18f; Jer 22,3; Mal 3,5); dies gilt als Kriterium des R.s überhaupt, aufgrund von dessen Nichterfüllung in Ps 82 die heidnischen Götter dem Gericht Gottes verfallen. Ebenso wird andererseits die Bevorzugung des Geringen abgewiesen (2Mo 23,3.6; 3Mo 19,15; 5Mo 16,19): die Rechtsausübung soll unbestechlich und ohne Ansehen der Person geschehen. Dabei haben freilich auch berechtigte Ansprüche ihre klare Grenze an dem, was der Geringe zum Leben braucht (5Mo 24,6.10-13.17).

4. a. Abgesehen vom kultischen Bereich stellen die uns im AT überlieferten Gesetzessammlungen (*Gesetz A.III) keine umfassenden und systematischen Regulierungen aller oder bestimmter Lebensgebiete dar. Sie sind vielmehr Markierungen bestimmter wesentlicher Punkte inmitten einer nicht kodifizierten Lebens- und Rechtspraxis (vgl. *Gesetz A.IV. und V.). So wollen die Rechtsbestimmungen in ihrer Konkretheit zwar durchaus pünktlich erfüllt werden, zugleich aber enthält das Recht einen ethischen Appell an das eigene Rechtsbewußtsein der Rechtsgenossen, und die einzelnen Vorschriften bleiben

stets dem umfassenden Horizont dieses Rechtsbewußtseins zugeordnet. Dies gilt umso mehr, als die Durchsetzung des R.s in den beschriebenen Verhältnissen nicht Sache einer formalen Staatsgewalt, sondern Sache der Gemeinschaft der Bürger und ihrer führenden Häupter war. Auch die Durchsetzung des Gottesrechts vollzieht sich wesentlich dadurch, daß es »eingeschärft« wird, also durch eine Belehrung, die die konkreten Gebote einprägt und dadurch zugleich das Bewußtsein von Recht und Unrecht insgesamt bildet und an das Wissen um den Rechtswillen Gottes bindet (5Mo 6,4-9; 11, 18-21; vgl. 30,11-14; Jer 31,31-34). Im letzten ruht die Durchsetzung dieses R.s allein auf Gottes eigenem Handeln als Richter, der über der Erfüllung seiner Gebote wacht und ihre Übertretung »heimsucht« (2Mo 20,5; 32,34; 34,7; 3Mo 18,25; 26,14-17; Jes 10,1-4; Jer 5,7-9.29).

b. Erfüllung des R.s ist so nie weniger, aber stets mehr als die Ausführung einzelner Vorschriften: die Ausrichtung des ganzen Lebens auf den Willen Gottes, und eine Handlungsweise, die dem Mitmenschen sein R. und seinen Lebensraum ungeschmälert einräumt, vorhandene Schmälerung nach Vermögen beseitigt oder lindert und so zu einem heilvollen Miteinander in der Gemeinschaft beiträgt. Dabei bleibt das Ganze, auch dieses »Mehr« gegenüber der Ausführung einzelner Vorschriften, in die Kategorie des R.s eingebunden und versinkt nicht in der Beliebigkeit subjektiver Haltungen oder einer vermeintlich dem Raum des R.s entnommenen Liebesethik. Nur auf dieser Grundlage eines so umfassenden Rechtsverständnisses sind viele der prophetischen Anklagen überhaupt möglich und in ihrem Sinn angemessen zu erfassen, nur so ist es als Anklage einer Rechtsverletzung zu verstehen, daß »dies Volk mir naht mit seinem Munde und mit seinen Lippen mich ehrt, aber ihr Herz fern von mir ist und sie mich fürchten nur nach Menschengeboten, die man sie lehrt« (Jes 29,13).

c. In diesen Grundstrukturen atl. R.s liegen die Grundlagen dafür, daß das jüd. Volk auch nach Verlust seiner staatlichen Existenz noch am Gesetz festhalten und verbindliche Rechtstraditionen pflegen konnte, ebenso dafür, daß in der ntl. Gemeinde ein eigenes Recht zur Geltung kommen konnte, und zwar als göttliches Recht und nicht nur als vereinsrechtliche Binnenregelung. Sie sind ein entscheidender Ansatzpunkt der Verkündigung Jesu, die konzentriert in der Bergpredigt greifbar wird, und sie durchziehen die ganze ntl. Verkündigung und prägen sie mit.

5. Dieser enge Zusammenhang von Recht und Gottesbeziehung ist auch in der umgekehrten Richtung wirksam: Israels Beziehung zu Gott ist grundlegend durch rechtliche Kategorien bestimmt. Dieser vielfältig im AT anzutreffende Sachverhalt konzentriert sich im Begriff des Bundes: Grundlage der Beziehung des Volkes zu Gott ist der *Bund, den Gott gestiftet hat, und in der Einhaltung oder Übertretung der in diesem Bund in Kraft gesetzten Rechtsbestimmungen bewahrt oder verfehlt das Volk sein Leben und sein Verhältnis zu Gott (2Mo 19,5f; 34,10-28; 3Mo 26,1-39; 5Mo 4,13f; 26,16-19); umgekehrt wird Gott sich an seine in der Stiftung des Bundes eingegangene Selbstverpflichtung – also an das von ihm gestiftete Rechtsverhältnis zwischen ihm und seinem Volk – gebunden halten, wenn das Volk seine Gebote befolgt (5Mo 7,9.12; 8,18).

6. So sind auch Recht und Verheißung miteinander verbunden. Mehr noch: das R. selbst ist ein Heilsgut, auf das die Hoffnung sich richtet. Schon im gegenwärtigen Leben ist ein Zustand des R.s ein hohes Gut (2Sam 8,15; 1Kön 10,9; 5Mo 4,6-8; Neh 9,13f); wer bedrängt ist, bittet Gott, ihm R. zu schaffen (Ps 7,9; 35,23; 43,1), der Tempel ist dazu da, daß man Gott darum anrufen kann (1Kön 8,31-59); vertrauend und lobend schaut der Mensch auf Gottes R.schaffendes Walten (Ps 9,5.8f; 10,17f; 33,5; 36,6-10; 37,5f.28; 67,5; 103,6). So richtet sich der Blick erst recht erwartungsvoll auf Gottes künftiges Handeln, in dem er umfassend R. schaffen wird (Ps 96; 98), und den gegenwärtigen Zuständen tritt die Verheißung von Gottes endgültigem Aufrichten des R.s gegenüber (Hos 2,21f; Jes 2,1-4; 33,5; Jer 31,31-34). Insbesondere wird dies zu einem zentralen Inhalt messianischer Verheißung und Hoffnung (Jes 9,6; 11,1-5; 32,1-4.16-18; 42,1-4; 51,1-8; Jer 23, 5f; 33,14-16).

II. RECHT IM NEUEN TESTAMENT.

1. a. Das NT benutzt zwar vielerlei Begriffe aus der Sphäre des R.s (Gerechtigkeit, rechtfertigen, urteilen, Urteil, richten, Gericht, Strafe, ausliefern, Gesetz, usw.) – vor allem handelt es sich dabei um die Wortstämme von griech. *dike* (»Recht«, »Prozeß«, »Strafe«; im NT aber in Nachfolge der LXX nicht für »Recht« verwendet und nur im Sinn von »Strafe« vorkommend) und *krinein* (»urteilen«, »richten«) sowie *nomos* (»Gesetz«) und ihre Ableitungen. Es spricht aber den allg. Sachverhalt »Recht« nicht sehr häufig explizit an und benutzt kein Standardwort dafür; verwendet werden: *krisis* (sonst »Gericht«; Mt 12,18.20 [=Jes 42,1.4]; Mt 23,23), *krima* (sonst »Streitfall«, »Urteil«; Mt 7,2), *exousia* (»Vollmacht«, das »Recht, das jemand hat«; 1Kor 9,3.5.6.12; 2Thess 3,9), *dikaioma* (sonst

auch »Rechtsgrund, Rechtsanspruch, Rechtstat«; Röm 1,32; 2,26), *to dikaion* (das »Rechte«; Mt 20,4; Lk 12,57; Apg 4,19; Eph 6,1; Phil 1,7; Kol 4,1; 2Thess 1,6; 2Petr 1,13), für »Recht schaffen« *ekdikein* (Lk 18,3.5) bzw. *poiein ten ekdikesin* (Lk 18,7.8). Zu *nomos* s. *Gesetz B.

b. Auf einen wichtigen sprachlichen Befund, der die Redeformen betrifft, hat vor allem E.Käsemann aufmerksam gemacht: Verschiedentlich begegnen im NT exakt im Stil formeller Rechtssätze formulierte Sätze, die auch der Sache nach tatsächlich als »Sätze heiligen Rechtes« anzusprechen sind (Mt 5,19; 6,14f; Mk 8,38; 1Kor 3,17; 14,38; 16,22; Gal 1,9; Offb 22,18f); 1Kor 5 zeigt einen vom Apostel geforderten Rechtsvollzug in der Gemeinde, von dem her man die Bedeutung solcher Rechtssätze für eine gemeindliche Rechtspraxis verstehen könnte.

2. Wie für das AT so ist auch für das NT das Verhältnis zwischen Gott und Mensch grundlegend als ein Rechtsverhältnis qualifiziert; dies gilt zunächst für das Bundesvolk des Alten Bundes, dem primär die Sendung Jesu gilt, dann aber entsprechend ebenso für alle Menschen, die ja Gottes Geschöpfe sind und an die er ein R. hat, das er als Richter geltend machen wird (Apg 10,34f; 14,15-17; 16,23-31; Röm 1-3; 1Kor 5,13; Eph 2,1-3; 5,3-6; 1Thess 1,9f); daneben kann auch davon gesprochen werden, daß Christus ein neues, vorher nicht bestehendes Rechtsverhältnis konstituiert hat, kraft dessen nun die zum Glauben gekommenen Heiden zu Gottes Bundesvolk gehören (Eph 2, 11-22). Nur von dieser Grundlage des Rechtsdenkens her sind Schlüsselworte der ntl. Verkündigung wie »Umkehr«, »Sünde«, »Vergebung«, »Gerechtigkeit Gottes«, »Rechtfertigung«, »Gericht«, »Zorn Gottes« usw. angemessen in ihrer Bedeutung zu erfassen.

3. Die wichtigsten Aspekte ntl. Rechtsdenkens könnte man vielleicht mit den folgenden Sachgruppen erfassen, zu denen hier jeweils nur einige knappe Andeutungen gemacht werden können.

a. Der Eingang ins Himmelreich und die Grundlegung des Evangeliums: Die Predigt des Täufers und Jesu vom Kommen des Himmelreichs und von der Umkehr setzt die aktuelle und umfassende Geltung der prophetischen Gerichtsbotschaft voraus (Mt 3, 7-12). Der Ruf zur Umkehr ist das Angebot an die, die von R.s wegen von der Teilhabe am Himmelreich ausgeschlossen sind, die gnädige Gewährung der Rückkehr in das zerbrochene Rechtsverhältnis (Lk 15,11-32). Dabei werden – ähnlich der priesterlichen Einlaßtora bei der Wallfahrt zum Heiligtum – verschiedentlich Ausschluß- und Einlaßbedingungen formuliert (Mt 5,20; 7,21; 18,3; Mk 10,15; Lk 9,62; 1Kor 6,9-11; Gal 5,19-21; Eph 5,5; vgl. auch Mt 5,3-10 u. Lk 6,20-26 sowie Röm 1-3). Dementsprechend erscheint auch die *Taufe als rechtskräftiger Eintritt in ein neues Rechtsverhältnis (Mt 28, 18-20; Röm 6), und an Taufe und *Glaube entscheidet sich rechtswirksam das Heil (Mk 16,16).

b. Die Bedeutung rechtlicher Kategorien in der Lehre Jesu: Hier geht es um die Verkündigung und Durchsetzung des wahren Gottesrechts gegen seine menschliche Verkürzung oder Außerkraftsetzung, konzentriert, aber nicht nur in der Bergpredigt (Mt 5, 17-20; 5,21-48; 15,1-9; Mk 7,1-13; Mt 19,1-9; Mk 10,1.9), darüberhinaus auch in einem weiteren Sinne um Feststellung des menschlichen Verhaltens, das dem Willen Gottes entspricht, und der damit verbundenen Rechtsfolgen (Mt 6,1-6.16-18; 6,14f; 7,1f; 7,12). Die Geltendmachung von »Recht, Barmherzigkeit und Glauben« (Mt 23,23) als oberster Richtlinie ist hier ebenso mitzubedenken wie die Abweisung des Gesuchs um Erbschlichtung als aus Habgier erwachsen (Lk 12,13-15). Daß bei einigen der Antithesen der Bergpredigt (Mt 5,38-48) der Inhalt - gemessen am üblichen Maß – auf einen produktiven Rechtsverzicht hinausläuft, ändert nichts an ihrem Rechtscharakter. Es sei noch einmal an die oben (I.4.) besprochenen Strukturen des R.s erinnert, die hier ganz im Blick zu behalten sind.

c. Der Gegensatz von göttlichem und menschlichem Recht: Grundlage dürfte auch hier der atl. Vorrang des Gottesrechts vor der allg. Rechtspraxis sein. Es sei hier nur auf Mt 15,1-9 und Mk 7,1-3 sowie auf Apg 4,19 hingewiesen.

d. Das Evangelium von Christus und das atl. Gesetz: s. *Gesetz B.IV. und V.

e. Der Raum des Heils als ein Raum des Rechts: Wie der Alte Bund dem Bundesvolk einen heilvollen Lebensraum unter der Zuwendung und Fürsorge seines Gottes gewährt und dieser Lebensraum gerade durch das Israel gegebene Gottesrecht erfüllt, geschützt und umgrenzt wird, so führt auch die Eingliederung in das Volk des Neuen Bundes in einen Raum des Heils hinein, der dadurch gekennzeichnet ist, daß in ihm die Rechtsgemeinschaft Gottes mit den Menschen und darum auch der Menschen untereinander hergestellt ist (Eph 2; Joh 8,31-36). Dieser Raum ist durch Rechtssätze umgrenzt (s.o. 1.b und 3.a); in ihm gilt der Wille Gottes, we er allg. und aus konkretem Anlaß in der ntl. Paränese geltend gemacht wird. Dieser Wille Gottes ist freilich kein nur für Christen gültiger Spezialwille, sondern der ganze Wille Gottes, wie er allen Menschen gilt; darum kann das Kennzeichen der diesem Heilsraum zugehörigen Menschen auch einfach das »Tun der Gerechtigkeit« sein (1Joh 3,7.10).

f. Die eschatologische Aufrichtung des Rechts: Das atl. Motiv, daß Gott den Seinen R. schaffen wird, sowie die Hoffnung auf die endgültige Aufrichtung seines R.s finden sich auch im NT (Lk 18,7.8; 2Thess 1,4-10; Mt 12,18-20 [=Jes 42,1.4]; 2Petr 3,13; Offb 21,27-22,5).

g. Amt und Gemeindeordnung: Im Blick auf das R. im NT ist nebst dem nachfolgenden Aspekt am meisten zu diesem geschrieben und gestritten worden; eine zusammenfassende Darstellung der Diskussion gibt U.Brockhaus (Charisma und Amt, 1972); ansonsten s. *Amt.

h. Christliche Gemeinde und staatliches Recht: Mit dem Hinweis auf das Kaiserbild auf dem Zinsgroschen (Mt 22,17-21; Mk 12,13-17; Lk 20, 20-26) redet Jesus nicht einer schiedlich-friedlichen Gebietsteilung zwischen Staat und Religionsgemeinschaft das Wort, sondern rückt die verdrehten Voraussetzungen der Fangfrage zurecht und macht den wahren Anspruch Gottes in seiner umfassenden Größe geltend. Das NT ordnet entsprechend die Gemeinde der gegebenen Ordnung des Staates ein – als einer von Gott gesetzten Ordnung (Röm 13,1-7; 1Tim 2,1-7; 2Tim 3,1-8; 1Petr 2,11-17). Dieser Sachverhalt muß freilich stets zusammengesehen werden mit der Priorität des im Evangelium gegebenen Gottesrechts und der dadurch gesetzten Eigenrechtlichkeit der Gemeinde. Ob inmitten dieses Spannungsfeldes die Gemeinde bzw. der Christ ihm zustehendes staatliches R. in Anspruch nimmt oder auf solche Inanspruchnahme zu verzichten hat, hängt jeweils von den Gegebenheiten unterschiedlicher Situationen ab (Apg 16, 37; 25,21; 1Kor 6,1-8; Mt 5,38-48); der Verzicht auf eigensüchtige Inanspruchnahme ist dabei freilich grundlegend vorausgesetzt und das Verhalten dem Staat und der Gesellschaft gegenüber unter den Gesichtspunkt des Zeugnisses gestellt.

Literatur: M.Luther: Von der Freiheit eines Christenmenschen, 1520; H.J.Boecker: Recht und Gesetz im Alten Testament und im Alten Orient, 1976; W.Schottroff: Zum alttestamentlichen Recht, VF 22, 1977, Heft 1, S. 3-29; F.Crüsemann: Recht und Theologie im Alten Testament, in: K.Schlaich (Hrsg.): Studien zu Kirchenrecht und Theologie I (Texte und Materialien der Forschungsstätte der Evangelischen Studiengemeinschaft, Reihe A, Nr. 26), 1987, S. 11-81; J.Roloff: Ansätze kirchlicher Rechtsbildungen im Neuen Testament, ibid., S. 83-142; E.Käsemann: Sätze heiligen Rechtes im Neuen Testament (1954/55), in: ders.: Exegetische Versuche und Besinnungen II, 1964, S. 69-82; U.Brockhaus: Charisma und Amt, 1972; A.Oepke: Das Recht im Neuen Testament, EvLuthKZ 4/1950, S. 341f.359-363; G.Quell, G.Schrenk: ThWNT II, 1935, 176-229; F.Büchsel, V.Herntrich: ThWNT III, 1938, 920-955; G.Sauer: BHH III, 1966, 1494f; C.A.Keller, B.Reicke: ibid., 1559-1563; E.Jenni: ibid. 1596-1598. H.Ha.

RECHTEN. In der Bedeutung »mit jemand streiten«, »von jemand sein Recht verlangen«, »mit jemand ins Gericht gehen« kommt R. in der Bibel in dreifacher Beziehung vor.

1. Gottes Rechten mit den Menschen. Wenn jemand überhaupt Anlaß zum R. hat, so ist es Gott. Mit der ganzen Völkerwelt (Jer 25,31; Joel 4,2) wie mit seinem unbußfertigen und undankbaren Volk (Mi 6,1f) geht er ins *Gericht. Dabei wird er stets recht behalten (Jer 12,1); und wenn er sein Volk zum Rechtsstreit auffordert: »Laßt uns miteinander rechten!« (Jes 1,18; 41,1; 43,26; Jer 2,35), so will er Israel damit alle menschliche Selbsttäuschung aus der Hand schlagen.

2. Das Rechten der Menschen mit Gott. So aussichtslos also auch dieses R. der Menschen ist – denn wer will mit Gott rechten (Röm 9,20) – versuchen sie es immer wieder. Eigenartigerweise wird das häufig gerade von den Frommen berichtet. Zweifel an Gottes Weltregierung werden den Gläubigen hier zur Versuchung. *Hiob ist das klassische Beispiel dafür (Hiob 13,3). In seiner Unbescholtenheit glaubt er sich zu diesem Rechtsstreit gerüstet: »Wer ist, der mit mir rechten könnte?« (V. 18f). Er muß aber einsehen, daß man mit dem Allmächtigen nicht r. darf (Hiob 40,2ff). Auch den Propheten lag das R. mit Gott nahe, obgleich sie seine Unsinnigkeit erkannten (Jer 12,1; Hab 2,1). Der Versuch des schuldigen Volkes jedoch, mit Gott zu r., ist ein Zeichen von Hochmut und Überhebung (Jes 58,2).

3. Das Rechten der Menschen untereinander. Da der Rechtende in der Regel eine harte, unnachgiebige Grundhaltung bezieht, tadelt Paulus das R. unter Gemeindegliedern (1Kor 6,7). Die Gemeinde sollte fähig sein, sachliche Fragen klar und verbindlich zu entscheiden (vgl. *Richten). Mt 5,40 bezieht sich auf das Verhältnis des Schuldners zum Gläubiger. Vgl. weiter *Recht, *Richter, *Richtstuhl, *Strafe/Straftat.

RECHTFERTIGUNG.

I. ZUR BEDEUTUNG DES BEGRIFFS.

Reformatorische Theologie sieht in der Rechtfertigungslehre den »höchsten fürnehmsten Artikel der ganzen christlichen Lehre und den Schlüssel zum Verständnis der ganzen Heiligen Schrift« (Confessio Augustana, Art. IV). In der Hervorhebung dieses Begriffs spiegelt sich die Tatsache wider, daß die Entstehung der evangelischen Kirche in theologischer Hinsicht die Frucht einer Neuentdeckung der Botschaft des Apostels Paulus war. Denn die Wörter vom Stamm *recht-* (griech. *dik-*) sind nur in seinen Schriften von zentraler Bedeutung für die Auslegung des Evangeliums: Das Substantiv »Rechtfertigung« findet sich im NT nur in Röm 4,25 und 5,18, das Verbum »rechtfertigen« 25 mal bei Paulus und nur 14 mal im übrigen NT, und von 92 Belegen für »Gerechtigkeit« liefern die Briefe des Paulus 50. Die hohe Einschätzung der Rechtfertigungslehre im Bekenntnis läuft somit auf die These hinaus, daß Paulus in der für ihn charakteristischen Begrifflichkeit der Botschaft des NT oder der Bibel im ganzen eine besonders treffende, zugespitzte Form gegeben hat. Das ist eine Wertung, in der ein rückhaltloses Einverständnis zum Ausdruck kommt.

II. PROBLEME.

In der heutigen Zeit kann das – auch im Raum der Kirche – nicht mehr als selbstverständlich vorausgesetzt werden. Die Heranziehung rechtlicher Kategorien zur Deutung der Beziehungen zwischen Gott und den Menschen liegt dem Lebensgefühl und auch der Frömmigkeit des modernen Menschen ferner. Was in der Reformationszeit vielen beglückend aufleuchtete, verlangt heute mehr Denkarbeit im Erfassen der bibl. Aussagen und im Bemühen um ihre treffende Weitergabe in heutiger Sprache. Denn schon das Wort »rechtfertigen« besagt in heutiger Allgemeinsprache etwas anderes als in der Theologie: eine Person oder Sache »rechtfertigen« bedeutet normalerweise, sie als unschuldig oder richtig erweisen; in der Botschaft des Paulus geht es aber um die nachdrückliche These, daß Gott den *Sünder* rechtfertigt, indem er ihm die Sünden *vergibt* (vgl. Röm 4,1-8). Unsere Bibelübersetzungen ziehen darum auch vielfach den Ausdruck »gerecht machen« vor, handeln sich damit aber ein neues Problem ein: Wer ist gerecht? Im allg. eine Person, die andere gleichmäßig oder jedenfalls je nach ihrem berechtigten Anspruch angemessen behandelt (z.B. als Richter, Erzieher, Arbeitgeber). »Gerecht machen« hieße dann, einem andern diese Fähigkeit oder Eigenschaft verleihen. Aber das ist nicht der Sinn der Rechtfertigungslehre als Auslegung des *Evangeliums, wie Paulus sie meint.

Derartige Übersetzungsprobleme stellen sich nicht erst in modernen Sprachen, sondern sie stellten sich bereits beim Übergang vom Hebr. zum Griech. in der Übersetzung des AT. Die Verständnisprobleme beim Lesen der Paulusbriefe, auf die schon in 2Petr 3,16 angespielt wird, gehen zum Teil darauf zurück, daß Paulus griech. schreibt, aber hebr. denkt (vgl. Phil 3,5). Darum ist seine Rechtfertigungslehre nur vor dem Hintergrund des AT zu verstehen.

III. ALTTESTAMENTLICHE GRUNDLAGEN.

Die ntl. Rechtfertigungslehre ist sprachlich durch bestimmte Redeweisen des AT vorgeprägt, und sie greift auch bewußt auf atl. Vorbilder (besonders aus der Abraham-Überlieferung) zurück. Sprachliche Grundlage ist das hebr. Adjektiv *zaddīq*, das nicht »gerecht« im oben erwähnten Sinne bedeutet, sondern besser mit »richtig« übersetzbar ist: es bezeichnet nicht ein bestimmtes Verhalten oder eine Person, sondern spricht nur eine positive Wertung aus. Die Maßstäbe, nach denen ein Mensch oder ein Verhalten »in Ordnung« ist, müssen jeweils aus dem Kontext erschlossen werden. Eine Aufzählung von Verhaltensweisen, die ein Israelit vermeiden muß, um »richtig« zu sein, findet sich in Hes 18,5-9. Als vergleichbare Texte sind Ps 15 und 24,3-5 anerkannt, obwohl die Vokabel *zaddīq* dort nicht vorkommt. Hes 18,9 stellt generell fest: »Wer nach meinen Gesetzen lebt und meine Gebote hält, daß er danach tut: das ist ein Gerechter, der soll das Leben behalten, spricht Gott der Herr.« Wichtig ist hier, daß das Urteil »gerecht« eine Verheißung begründet, daß Gott den »Gerechten« zu bewahren verspricht. Diese Verknüpfung von »Gerechtigkeit« und »Leben« gehört zu den Grundwahrheiten bibl. Theologie im AT wie im NT, wobei beide Begriffe auch durch Synonyme ersetzbar sind (vgl. 1Mo 6,9; 7,1 über Noah; Spr 11,19; Hab 2,4, zitiert in Röm 1,17; Gal 3,11; Hebr 10,38). In herausragenden Fällen spricht das AT davon, daß ein von Gott als »richtig« gewürdigter Mensch nicht nur persönlich, sondern mit seiner Familie und in seinen Nachkommen gesegnet wird (vgl. 1Mo 6,9 und Sir 44,17f über *Noah, 1Kön 3,6 über *David, Ps 106,30f über *Pinhas und – für das NT besonders wichtig – 1Mo 15,6 über Abraham). Für diese bleibende Zuwendung Gottes zu den Nachkommen eines Gerechten ist der Begriff des *Bundes belegt (vgl. 1Mo 6,18ff; 9,9ff; 15,18; 4Mo 25,12f; Jes 55,2). Am stärksten hat die Abraham-Tradition von 1Mo 15 nachgewirkt; denn einerseits hat das *Judentum in diesem ersten der Patriarchen das maßgebliche Leitbild seiner Frömmigkeit erkannt; andererseits bot sich das Wort über den Glauben Abrahams in 1Mo 15,6 der Urkirche als bibl. Kernstelle über den Glauben an (wobei über Verständnis und Bewertung des Glaubens gestritten werden mußte; vgl. Röm 4; Gal 3,6ff; Jak 2,21-26).

IV. BIOGRAPHISCHE ZUSAMMENHÄNGE.

Wenn sich eine durchdachte Lehre von der R. im NT nur bei Paulus findet, so ist nach den Faktoren zu fragen, die ihn und nur ihn in dieser Weise die bereitliegenden atl. Vorgaben aufgreifen ließen. Es zeigt sich dann, daß diese Lehre bei Paulus wie bei Luther mit der persönlichen Lebensgeschichte eng verwoben ist, ja deren entscheidenden Wendepunkt widerspiegelt. Für Paulus wird das v.a. in Phil 3,2-11 deutlich, wo er in der Auseinandersetzung mit judaistischen Gegnern den geistlichen Ertrag seiner Bekehrung ins Feld führt. Während diese die *Heidenchristen zu christl. Juden machen wollten (was für Männer die Beschneidung notwendig gemacht hätte), bekennt Paulus, daß ihm alle Vorzüge seiner jüd. Herkunft und Erziehung und alle seine Bemühungen, durch ein konsequentes Leben nach der Tora Gott zu gefallen, unwichtig geworden sind im Vergleich mit der Christuserkenntnis und Christusgemeinschaft, die der Glaube schenkt. Seine eigene frühere Verschlossenheit für das Evangelium, die ihn bis zur Verfolgung der Gemeinde trieb, lehrt ihn im Rückblick, daß die in Gott selbst, d.h. in seiner freien Gnade, begründete »Gerechtigkeit«, die dem Glaubenden zugesprochen wird, unvereinbar ist mit dem Anspruch, aus eigener Kraft durch Gesetzeserfüllung vor Gott und den Menschen zu bestehen. Wir können nicht nachprüfen, ob die Gegner des Paulus wirklich mit vollem Bewußtsein ein Leistungsprinzip an die Stelle der Gnade setzen wollten. Wahrscheinlicher ist, daß Paulus aus seinem eigenen inneren Weg Konsequenzen ihres Ansatzes erkannte, über die sie sich selbst nicht im klaren waren. Er hat es an sich selbst erlebt, daß der Versuch, Gottes Anerkennung durch ein vollkommenes Leben nach dem Gesetz zu verdienen, in Ungerechtigkeit, Unbarmherzigkeit oder gar Haß gegenüber anderen hineintreibt, die nicht denselben Weg gehen. Das Streben nach einem absolut »richtigen« Leben führt eben notwendig zu Kollisionen mit Verhältnissen, die das behindern, und mit Menschen, die dabei nicht »mitziehen«, und wenn das Heil von der eigenen »Richtigkeit« abhängt, ist für Kompromisse kein Raum. Wer dagegen seine eigene Unvollkommenheit eingesteht und auf die Gnade Gottes hofft oder der vergebenden Liebe Gottes gewiß ist, der wird auch anderen gegenüber barmherzig und kommt gerade so dem Willen Gottes für unser menschliches Zusammenleben näher.

V. DIE CHRISTOLOGISCHE GRUNDLAGE.

Überall, wo Paulus die Rechtfertigungslehre begründet oder verteidigt, kommt er auf die Heilsbedeutung des Todes Jesu zu sprechen (vgl. Röm 3, 21-30; 4,25; 5,6-11; 8,31-34; Gal 2,15-21; 3,1-14; 6,12-15; Phil 3,10.18). Jesus Christus mußte für uns sterben, weil kein Mensch durch ein gesetzestreues Leben gerecht werden kann (so Röm 3, 20; Gal 2,15; 3,11); wäre es anders, so hätte der Tod Jesu keinen Sinn gehabt (vgl. Gal 2,21).

Diese Lehre von der Heilsbedeutung des Todes Jesu ist für nicht wenige Menschen ein schwieriges Kapitel. Auch das NT zählt dieses Thema offenbar nicht zu den Predigtinhalten, die fernstehende Hörer gleich zu Beginn ihrer Begegnung mit dem Evangelium erfahren müssen und verstehen können; es fehlt wohl aus diesem Grunde in den Predigtbeispielen der Apostelgeschichte. Aber es gehört trotzdem zu den fundamentalen Wahrheiten des Evangeliums (vgl. 1Kor 15,3), die das Evangelium zur wirklichen frohen Botschaft, zum befreienden Wort machen.

Die Logik dieses Zusammenhangs zwischen der Rechtfertigungslehre und der Lehre vom stellvertretenden Tod Jesu erschließt sich vom Problem der *Sünde her. Wie kann Gott zum Sünder Ja sagen, ohne dabei die Sünde auf sich beruhen zu lassen, ihr das Feld zu überlassen? »Wer das Böse ohne Widerspruch hinnimmt, arbeitet in Wirklichkeit mit ihm zusammen!« (M.L. King) Nach dem, wie Gott sich in Israel offenbart hat – als Quelle alles Guten und als Feind alles Bösen –, ist es notwendig, seine vergebende Liebe mit seinem Kampf gegen alles Böse zusammenzudenken. Dieser Kampf aber sieht von Hause aus so aus, daß Gott das Böse durch sich selbst zugrundegehen läßt, daß alles böse Tun auf den Täter zurückfällt. Die Bibel versteht die Sünde als eine Macht, die das Menschenleben zuerst prägt und dann zerstört (vgl. Röm 5,12-21; 6,15-23). Die Botschaft von der vergebenden Liebe Gottes zum Sünder muß darum untermauert werden durch eine Antwort auf die Frage, wie denn der Fluch der Sünde gebrochen werden konnte, so daß der Sünder nicht mehr dem Gericht verfallen muß. Die Deutung des Todes Jesu als eines Sühnopfers (vgl. Röm 3,25f; 5,6-11; 8,3; 1Kor 15,3; 2Kor 5,21; Gal 3,13) gibt diese Antwort. Sie besagt, daß der eine, der sein Leben nicht verwirkt hatte, mit der Hingabe seines Lebens den Fluch der Sünde getragen hat, so daß er nicht mehr auf uns zurückfallen muß. Weil Gott dieses Opfer gewollt und angenommen hat (vgl. Röm 8,3.32; 2Kor 5,18-21), weil er unser verfehltes Tun und Christi unverschuldetes Leiden zusammenrechnet, darum schließt sein Ja zu uns Sündern das Nein zur Sünde mit ein; und wer sich dieses Ja Gottes gesagt sein läßt, muß auch in Gottes Nein zur Sünde mit einstimmen (vgl. Röm 6). Die Identifikation mit dem Tod Jesu am Kreuz führt zur Inspiration mit seinem Geist (Röm 8,1-11), zu dem Bekenntnis: »Christus lebt in mir« (Gal 2,20) und zum Aufleuchten einer neuen Schöpfung (Gal 6,14f; 2Kor 4,6; 5,17).

VI. DIE SCHRIFTGELEHRTE VERTEIDIGUNG DER RECHTFERTIGUNGSLEHRE.

Der Abschied vom Weg der Gesetzeswerke, der für Paulus die unmittelbare Konsequenz seiner Lebenswende (Phil 3,2ff) und wesentlicher Bestandteil der ihm geschenkten *Offenbarung (Gal 1,15f) war, mußte zugleich Gegenstand intensiver Denkarbeit werden. Zum einen, weil er sein Verständnis der Heiligen Schrift von diesem Schlüsselerlebnis her überprüfen und neu ordnen mußte, um die Kontinuität der Offenbarungsgeschichte zu begreifen, die ihm vorher verborgen geblieben war; zum andern, um die ihm geschenkte Erkenntnis im Zeugnis vor anderen Juden, die noch nicht an Jesus glaubten, zu begründen (vgl. Apg 9,22.28f; 13,16-40); und drittens zur Verteidigung seines Weges der »gesetzesfreien«, d.h. nicht ins Judentum hineinführenden Heidenmission gegenüber judenchristl. Kritikern (so v.a. im Galater- und im Römerbrief). Die Denkmuster, mit denen Paulus dabei argumentiert, entsprechen weitgehend den zu seiner Zeit üblichen exegetischen Methoden, mit denen das Judentum – nicht ohne Anleihen bei der zeitgenössischen hellen. Philologie – die heiligen Schriften auslegte. Sie unterscheiden sich von unserem heutigen Verständnis von *Auslegung vor allem dadurch, daß Gehalt und Tragweite bibl. Texte ziemlich unabhängig von der ursprünglichen Intention der Verfasser erfragt wurden.

Der entscheidende Ansatz zur bibl. Untermauerung der Rechtfertigungslehre ist (in Gal 3 wie in Röm 4) die Überlieferung von der Rechtfertigung Abrahams auf Grund seines Glaubens (1Mo 15,6). Dem hebr. Text zufolge geht es an dieser Stelle um die Grundhaltung der Zuversicht, mit der sich Abraham auf den Ruf und die Verheißungen Gottes einließ und an ihnen festhielt. Die z.Zt. des Paulus geläufige griech. Übersetzung von 1Mo 15,6, die er auch in Röm 4,3 und Gal 3,6 zitiert, verschiebt den Akzent ein wenig auf die gläubige Annahme einer Botschaft im Sinne einer punktuellen Reaktion auf die unmittelbar vorher gesprochenen Zusagen Gottes. Das erleichtert dem Apostel die Deutung Abrahams als Vorbild des Gläubigen, der der Frohen Botschaft Vertrauen schenkt. Trotzdem war die Berufung auf die Abrahamgeschichte für Paulus ein gewagter Schritt, den er vielleicht nur deshalb unternahm, weil auch seine Gegner mit Abraham argumentierten. Für das frühe Judentum galt es als ausgemacht, daß Abraham vor allem deshalb Gottes Wohlgefallen gefunden hatte, weil er, von Gott auf die Probe gestellt, bereit gewesen war, seinen eigenen Sohn Isaak als Brandopfer darzubringen (vgl. 1Mo 22,1-19). Diese Bewährung wurde als höchster Beweis dessen gesehen, was in 1Mo 15,6 mit Abrahams »Glauben« gemeint war (vgl. 1Makk 2,52; Sir 44,20; Jak 2,21-23; Hebr 11,17-19). Zugleich wurde Abraham dabei zum Vorbild der Rücksichtslosigkeit gegenüber den eigenen Verwandten und Volksgenossen, wo es in Konfliktsituationen um eine Entscheidung für oder gegen den Gott Israels ging (vgl. 1Makk 2). Gegen diese Auslegungstradition unterstreicht Paulus, daß im Kontext von 1Mo 15,6 als Korrelat des Glaubens nur Verheißungen stehen. Die Pflicht zur Beschneidung wird Abraham erst in 1Mo 17 auferlegt (vgl. Röm 4,9f), und die Bereitschaft zum Opfer des Sohnes wird erst in 1Mo 22 geprüft. Vor allem aber kannte Abraham noch nicht die Tora, die erst Jahrhunderte später (so Gal 3,17) am Sinai offenbart wurde (vgl. Röm 4,13ff). Wenn Gott den Abraham auf Grund seines Glaubens als »richtig« anerkennen konnte, so war damit für alle Zeiten der Glaube als die wichtigste Forderung Gottes erwiesen (vgl. Röm 4,11f.23-25).

Andere Schriftworte müssen diese Interpretation der Abraham-Überlieferung stützen und weiter ausbauen: In Gal 3,6ff ist es das Prophetenwort aus Hab 2,4, das die Lebensverheißung für den »Gerechten« an die Bedingung des Glaubens knüpft (»Der Gerechte wird kraft seines Glaubens das Leben haben.«). Es wird hier in einer schwer durchschaubaren Zitatenkombination dem Bibelwort aus 3Mo 18,5 gegenübergestellt, nach dem das Befolgen der Tora das Leben verbürgt. Diese auf die Bewahrung des irdischen Lebens unter dem Segen Gottes gemünzte Aussage der Schrift (vgl. 2Mo 20,12; 5Mo 4,1; 30,15ff) konnte Paulus unmöglich für die Frage nach dem ewigen Leben gelten lassen, um die es zu seiner Zeit ging und die im Pentateuch noch nicht angesprochen ist. Darum stellte er das Prophetenwort über das Zitat aus dem Gesetz. Auch die Verheißung, daß Abraham der Völkerwelt Segen vermitteln werde (vgl. 1Mo 12,3; 18,18), ist für Paulus ein

Hinweis in der Richtung seines Anliegens, daß Nichtjuden nicht Juden werden und das Gesetz übernehmen müssen, um ihren Platz in der Heilsgeschichte zu finden (vgl. Gal 3,6-9. 14.26-29). Nicht alle Argumente des Apostels in dieser Diskussion erscheinen uns zwingend, und vermutlich haben sie auch viele seiner Gegner nicht überzeugt. Darum ist es wichtig, im Gedächtnis zu behalten, daß die Grundaussage der Rechtfertigungslehre kein Produkt menschlicher Denkarbeit, sondern geschenkte Offenbarung ist (vgl. Gal 1,11f.15f), die durch exegetische Argumente nur gestützt und ausgebaut sowie aufgeschlossenen Bibellesern nahegebracht werden kann.

VII. ZUM VERHÄLTNIS ZWISCHEN PAULUS UND JAKOBUS.

Daß der *Jakobusbrief in Kap. 2,21-23 die vor Paulus übliche Deutung von 1Mo 15,6 vertritt und darüber hinaus das Verhältnis von *Glauben und *Werken komplementär versteht, während Paulus eine Antithese von Glauben und Werken vertritt, ist ein vieldiskutiertes Problem exegetischer Forschung – und für manche ein Beweis für die »Disparatheit« (Widersprüchlichkeit) der ntl. Theologie, die es angeblich verbietet, sich dogmatisch auf das Zeugnis der Schrift zu berufen. Martin Luther hat in seiner Vorrede zum Jakobus- und Judasbrief von 1522 den Gegensatz zu Paulus kräftig herausgestrichen, und viele Exegeten sind bis heute der Meinung, daß Jak 2, wenn nicht gegen Paulus selbst, so doch gegen ein Paulusbild vom Hörensagen oder gegen einen verflachten Paulinismus in der nachapostol. Generation polemisiert. Demgegenüber ist festzustellen, daß die Ausgangsfrage von Jak 2,14 durch nichts darauf hinweist, daß sie als Anfrage an Paulus gemeint ist: weder die Wendung »Glauben haben« noch die These »der Glaube rettet« findet sich bei Paulus im Zusammenhang der Rechtfertigungslehre. Wenn aber das so formulierte Thema nichts mit Paulus zu tun hat, dann kann auch das, was anschließend zu diesem Thema gesagt wird, keine Kritik an Paulus sein. Der unbestreitbare Unterschied zwischen Paulus und Jakobus liegt auf der Ebene des Sprachlichen: während griech. *pistis* bei Paulus »Glaube« im Sinne des dankbaren und hoffnungsvollen Vertrauens auf die Heilstat Gottes in Christus meint, ist *pistis* in Jak 2 das »theoretische Wissen«, daß Gott einer ist, – ein Wissen, das auch die Teufel haben (V. 19). Über einen so verstandenen »Glauben« lassen sich unmöglich dieselben Aussagen machen, die Paulus über den Glauben an das Evangelium macht; gerade die verbale Übereinstimmung hätte hier einen unüberbrückbaren Graben aufgerissen. Auch die Werke, an die Jakobus denkt, sind etwas anderes als die »Werke des Gesetzes«, gegen die Paulus den Glauben ausspielt. Jakobus spricht in V. 15f von Liebeswerken, während Paulus primär mit rituellen Forderungen der Tora beschäftigt ist, die den Heidenchristen als heilsnotwendig aufgezwungen werden sollen. Begrifflichkeit und Fragestellung von Jak 2 haben also nichts mit der Rechtfertigungslehre des Paulus zu tun; darum kann von einem Gegensatz in der Sache oder gar in der Intention nicht die Rede sein.

Freilich stellt sich die Frage, ob ein so flacher, intellektualistischer Glaubensbegriff und ein so traditionell jüd. Rückgriff auf 1Mo 15,6 im Lichte von 1Mo 22 möglich waren, wenn der Autor des Jakobusbriefes Lehre und Schriften des Paulus auch nur ungefähr kannte. Hier scheint eine Reflexion über Theorie und Praxis vorzuliegen, die aus weisheitlicher Tradition schöpft und von den Kontroversen um das Gesetz im Kontext der Heidenmission völlig unberührt ist. Dieser Eindruck verdient Beachtung in den Erwägungen zur Abfassungszeit und Verfasserschaft des Jakobusbriefes.

VIII. DIE HEUTIGE RELEVANZ DER RECHTFERTIGUNGSLEHRE.

Es wird vielfach behauptet, daß die Frage nach dem gnädigen Gott, die Luther bewegt hatte, für den heutigen Menschen kein Thema sei; dann hätte auch die Antwort auf diese Frage, die Luther in der Rechtfertigungslehre des Paulus fand, an Aktualität verloren. An dieser Einschätzung unserer geistig-geistlichen Lage ist richtig, daß eine wahrscheinlich noch zunehmende Zahl von Menschen sich nicht mehr vom Gedanken an Gott leiten oder in Frage stellen läßt. Damit ist das Problem der R. jedoch nicht vom Tisch; es nimmt nur andere, innerweltliche Formen an, wobei innerweltliche Instanzen die Rolle des Richters annehmen, vor denen der Mensch bestehen muß. Die Leidenschaft, mit der ein Paulus oder Luther danach strebte, *Gott* zu gefallen, verwandelt sich dann z.B. in ein verzweifeltes Ringen um Anerkennung durch *Mitmenschen*, sei es im beruflichen oder im privaten Leben. Berechtigte oder auch unbegründete Kritik wird dann als vernichtendes Urteil erfahren, weil der Sinn des Lebens in der gelungenen und von anderen anerkannten Leistung gesucht wird. Viele Menschen haben auch in ihrem Leben von früher Kindheit an so wenig Anerkennung und Zuwendung erlebt, daß sie zu sich selber nicht Ja sagen können, sondern unbarmherzig über die eigenen

Schwächen zu Gericht sitzen. All das deutet auf eine tiefgreifende Erschütterung im Selbstwertgefühl des modernen Menschen, die sich auch in der Häufigkeit von Selbstmorden und im achtlosen Umgang mit Leben und Gesundheit widerspiegelt. In diese kollektive Depression des modernen Menschen spricht die Botschaft von der R. des Sünders als eine immer noch befreiende Botschaft hinein: Wenn Gott, dem jeder einzelne seine Existenz verdankt, jeden einzelnen Menschen liebt und annimmt und dabei von unseren Fehlleistungen absieht, dann steht niemand unter dem Druck, seinen Wert als Person durch Leistungen zu konstituieren. Dann wird die Reduktion des Menschen auf die Rolle des Leistungsträgers durchbrochen und dem geschenkten Sein der Vorrang vor dem eigenen Tun wiedergegeben. Dann muß niemand mehr durch Erfolg und Nützlichkeit rechtfertigen, daß er geboren ist, sondern jeder darf in Dankbarkeit für die ihm geschenkte Existenz seine Gaben entfalten und kann dabei seine Grenzen akzeptieren.

Die Relevanz der Rechtfertigungslehre erschöpft sich aber nicht in individuellen Bezügen. Wenn Paulus mit dieser Lehre die Kluft zwischen Juden und Heiden überbrückt hat (vgl. Röm 3,28-30; Gal 3,28), so ist das ein Hinweis auf die verändernde Kraft des Evangeliums in weltgeschichtlichen Dimensionen. Es gab z.Zt. des NT und gibt wohl auch heute keinen tieferen politischen Gegensatz als den zwischen dem heidnischen röm. Reich und dem von Gott erwählten und auf sein Gesetz verpflichteten Volk Israel. Das Judentum, das sich in seiner Mehrheit dem Evangelium verschloß, unternahm es im 1. und 2. Jh., die Konfrontation mit der heidnischen Weltmacht militärisch auszutragen, und hoffte dabei bis zuletzt auf Gottes Beistand. Dieser Weg endete in der Katastrophe. Das Evangelium, das alle Menschen als Opfer der Sünde und dennoch von Gott geliebt hinstellt, erlaubt es von vornherein nicht, die Welt in eine fromme, gerechte und eine gottlose, böse Hälfte einzuteilen. Ein Kampf zwischen den »Kindern des Lichts« und den »Kindern der Finsternis«, wie ihn die Sekte von *Qumran sich für die Endzeit ausmalte, ist in Gottes Plan für die Welt nicht vorgesehen. Vielmehr hat Gott »alle eingeschlossen in den Ungehorsam, damit er sich aller erbarme« (Röm 11,32). Wenn die Kluft zwischen Juden und Heiden überbrückt werden konnte, dann gibt es keinen Gegensatz zwischen Völkern und »Lagern«, der dem Versöhnungswillen Gottes entzogen werden dürfte. Der am Kreuz gestiftete Friede mit Gott (vgl. Röm 5,1) will zwischenmenschlich versöhnend weiterwirken, im kleinen und auch im großen Maßstab. »Darum nehmt einander an, wie Christus euch angenommen hat zu Gottes Lob« (Röm 15,7).

Literatur: K. Berger: Abraham in den paulinischen Hauptbriefen, MThZ 17/1966, S. 47-89; K. Haacker: Die Berufung des Verfolgers und die Rechtfertigung des Gottlosen. Erwägungen zum Zusammenhang zwischen Biographie und Theologie des Apostels Paulus, Th Beitr.6/1975, S. 1-19; ders. TRE XIII/1984, S. 277-304; K. Kertelge: Rechtfertigung bei Paulus. Studien zur Struktur und zum Bedeutungsgehalt des paulinischen Rechtfertigungsbegriffs, [2]1966; P. Stuhlmacher: Versöhnung, Gesetz und Gerechtigkeit. Aufsätze zur biblischen Theologie, 1981; U. Wilckens: Rechtfertigung als Freiheit. Paulusstudien, 1974. K.H.

RECHTSCHAFFENHEIT

s. Gerechtigkeit; s. Rechtfertigung

RECHTS/LINKS. Rechts: hebr. *jamin,* griech.: *dexios;* links: hebr. *semol,* griech.: *aristerós, euōnymos.*

1. Ohne Wertung werden zwei Seiten unterschieden: nach r. oder l. gehen (1Mo 13,9).

2. R. und l. geben die Himmelrichtung an: Blickt man nach O, liegt S rechts (1Sam 23,19; Hes 16,46), N links (1Mo 14,15; Jes 54,3; vgl. Yemen, »Südland«, im S Arabiens; Schamal »links« als Bezeichnung eines Staates in N-Syrien.

3. R. als Glücksseite; so noch in Personennamen wie »Jamin« (= Felix, 1Mo 46,10; 1Chr 4,24) und Benjamin (1Mo 35,18).

4. Die rechte Seite: Der Platz r. neben dem König ist ein einzigartiger Ehrenplatz (1Kön 2,19; Ps 45,10; 80,18). bei seiner Inthronisation wird der König durch seine Ehrenstellung r. neben Jahwe in Gottes Machtsphäre hineingenommen und erhält Anteil an dessen Siegeskraft (Ps 110,1.5). – Mitregentschaft in Gottes Weltregiment meint das Sitzen Christi zur Rechten Gottes (Mt 26,24 par.; Apg 7,55; Röm 8,34; Kol 3,1; Hebr 1,3; 10,12), wo ihm »Engel und Mächte ... unterworfen sind« (1Petr 3,22). – Jahwe zur Rechten des Menschen erweist sich als Retter aus Kriegsbedrohung (Ps 110,5; Jes 63,11), als Beschützer in den Gefahren des Alltags (Ps 121,5), oder in Todesnot (Ps 16,8). Mit dem Bekenntnis: »du hast meine rechte Hand gefaßt«, macht sich der Beter das Wunder bewußt, daß Gott ihm auch im Leid seine Gegenwart nicht entzogen hat (Ps 73,23 ReVEB). Wenn Jahwe seinen im Exil entmutigten »Knecht Jakob« bei dessen rechte Hand ergreift (Jes 41,13), oder ihn gar mit seiner heilvollen Rechten hält (V. 10), so verheißt er seinem Volk damit eine neue Rettungstat. R. neben den Angeklagten tritt aber

auch der Ankläger im sakralen Rechtsverfahren (Ps 109,6), wenn er ein Gottesurteil anstrebt. Um so bedeutsamer ist es, wenn der zu unrecht Beschuldigte Jahwe als seinen Retter zu seiner Rechten sieht (V. 31; vgl. Ps 142,5; Sach 3,1).

5. Rechte Körperteile des Menschen: rechte Hand, (rechten) Arm und rechtes Auge gelten u.a. als die entscheidenden Organe (bösen) Tuns oder Wollens. Entsprechend werden sie von Jahwes Gericht getroffen (Sach 11,17), bzw. fordert Jesus seine Nachfolger auf, sie in Zucht zu nehmen, damit nicht der ganze Leib in die Hölle geworfen wird (Mt 5,29f). – Rechter Daumen, rechtes Ohrläppchen, rechter großer Zeh stehen für die Ganzheit der Person, die aus Anlaß der Priesterweihe (3Mo 8,25f) oder nach der Heilung von Aussatz (3Mo 14,14.25) durch die Reinigungszeremonie in den Lebensbereich Gottes hineingenommen wird. Die Zugehörigkeit des ganzen Menschen zum Machtbereich des endzeitlichen »Tieres« wird durch dessen Mal als dem kaiserlichen Hoheitsstempel an Stirn und rechte Hand signalisiert (Offb 13,16). Die Belege haben gezeigt, daß die rechte Seite als die für Handeln und Sein wesentliche Seite gilt, ja, daß die rechten Extremitäten den Menschen in seiner Gesamtheit vertreten können.

6. R. und l. als Gegensatzpaar, wobei r. positiv, l. negativ gewertet wird. So hat der Weise seinen Verstand zur Rechten, d.h. er benutzt ihn »recht« (vgl. deutsch: »rechts« als erstarrter Genitiv von »recht, richtig«), der Tor hingegen hat seinen Verstand zur Linken, gebraucht ihn »linkisch« (Pred 10,2).

R. als die Seite der Gesegneten, l. als die der Verfluchten begegnet in Mt 25,33f.41. Oft ist das Gegensatzpaar r. und l. im antiken Sinn Ausdruck einer durch zwei Pole markierten Totalität: Überall tötet das Gerichtsschwert, das sich in Hes 21,21 nach r. und l. wenden soll. Schlägt Jahwe Gog die Angriffswaffen aus der rechten und linken Hand (Hes 39,3), so bringt er ihm eine totale Niederlage bei. Das völlige Gewappnetsein mit den Waffen der Gerechtigkeit zur Rechten und Linken empfiehlt dagegen 2Kor 6,7.

Eine Totalität meint auch die Negation »weder rechts noch links«: als absolute Ausweglosigkeit im wörtlichen Sinn: 4Mo 22,26, im übertragenen Sinn: 2Sam 14,19; als Einschärfung, die Tora in nichts zu übertreten: 5Mo 5,32; Jos 1,7; Spr 4,27. Im Sinne einer umfassenden Negation ist auch Jon 4,11 zu verstehen. Werden die Niniviten als Menschen charakterisiert, die nicht r. und l. unterscheiden können, so weist das auf ihre völlige Unfähigkeit, ihr Leben verantwortlich vor Gott zu gestalten. B.Br.

RECHTSPFLEGE s. Recht; s. Richtstuhl; s. Strafe, Straftat

RECHTSPRECHUNG s. Recht; s. Richten; s. Strafe, Straftat

REFAÏM, REFAÏTER. (Hebr. *rephāʾîm*). Eines der vorisraelit. Völker Palästinas, die zusammen mit den Susitern und Emitern z.Zt. Abrahams erwähnt werden. R. wurde von Kedor-Laomer besiegt (1Mo 14,5). Die Refaïter sind auch unter den Einwohnern des Landes aufgeführt, das Gott Abrahams Nachkommen versprach (1Mo 15,20). Z.Zt. der *Landnahme scheinen die R. ein großes Gebiet bewohnt zu haben, waren aber unter verschiedenen Gebietsnamen bekannt. In *Moab nannten die Moabiter, die ihre Nachfolger dort waren, sie *Emiter (5Mo 2, 10f), und auch in Ammon, wo sie Vorgänger der Ammoniter waren, waren sie als Samsummiter bekannt (5Mo 2,20f). Die R. waren gewaltige Menschen, die von ihrer Statur her mit den Enakitern (*Enak, 5Mo 2,21) verglichen wurden, LXX gibt den Namen mit *gigas*, »Riese«, in 1Mo 14,5; Jos 12,4; 13,12 und 1Chr 11,15; 14,9; 20,4 wieder. In 2Sam 5,18.22 übersetzt LXX mit *Titanes*. Es ist möglich, daß die Formen *rāphāʾ* und *rāphā* (2Sam 21,16.18.20.22; 1Chr 20,6.8), die in der LÜ mit »Riesen« wiedergegeben werden (LXX: *gigas* in 2Sam 21,22; 1Chr 20,6), abweichende Spielarten des Namens *rephāʾîm* sind. Dem Kontext dieser Erscheinungen, in Verbindung mit einem Philister, wird man mit der Bedeutung *»Riese« am ehesten gerecht. Der Name ist in ethnischem Sinn außerhalb der Bibel unbekannt.

In Ps 88,11; Spr 2,18; 9,18; 21,16; Hiob 26,5; Jes 14,9; 26,14.19 erscheint das Wort *rephāʾîm* im Sinn von »Geister der Toten«, man nimmt daher an, daß der Name R. den frühen Einwohnern des Landes von den Israeliten gegeben wurde, weil sie schon lange tot waren. Das Wort erscheint im Ugaritischen (*rpum*), wo es sich auf eine Klasse niedriger Götter oder auf eine heilige Gilde beziehen könnte, (obwohl die Bedeutung ungewiß ist), und in phönizischen Grabinschriften (*rpʾm*) im Sinn von »Geist«.

Literatur: J. Gray: The Rephaim, REQ 81/1949, S. 127-139; REQ 84/1952, S. 39-41; H.W.F. Saggs: FT 90/1958, S. 170-172. T.C.M.

REFIDIM. Letzter Rastplatz der Israeliten beim *Auszug aus Ägypten, bevor sie den Berg *Sinai erreichten. Das AT verbindet mit diesem Ort drei Ereignisse:

1. Das durstige Volk rebelliert gegen Mose; er schlägt Wasser aus dem Felsen (*Massa und Meriba, 2Mo 17,1-7).

2. Kampf gegen Amalek, wobei der Erfolg von Mose abhängt, der seine Hände hochält (2Mo 17,8-16).

3. Mose setzt auf Anraten seines Schwiegervaters Jitro Richter ein (2Mo 18).

Die Lokalisierung R.s ist abhängig von derjenigen des Sinaiberges; am wahrscheinlichsten erscheint das Wadi Refayid im SW der Sinaihalbinsel. B.H.

REGEN. Die Wichtigkeit und der Charakter des R.s wird im AT durch den Gebrauch mehrerer Worte betont. Der allg. Begriff ist *māthār,* manchmal verbunden mit *gäschäm,* um einen starken Regenguß (1Kön 18,41; Esr 10,9.13) oder einen Wolkenbruch zu bezeichnen (Sach 10,1; Hiob 37,6); *säräm,* ein heftiger Regenguß (Jes 25,4; 28,2; 32,2; Hab 3,10; Hiob 24,8), der manchmal von Hagel begleitet wird (Jes 28,2; 30,30). Daneben gibt es die Bezeichnungen *rebībīm,* »Schauer« (5Mo 32,2; Ps 65,10; Jer 3,3; 14,22; Mi 5,6), und *resīsīm,* »Sprühregen« (Hld 5,2). Jahreszeitlicher R., *jōräh* und *mōräh,* »erste Regenfälle«, sowie *malqōsch,* »die späten Regen«, sind ein Hinweis auf den Anfang und das Ende der Regenzeit (5Mo 11,14; Hiob 29,23; Hos 6,3; Joel 2,23; Sach 10,1f; Jak 5,7).

Häufig zeigt der Begriff *māthār* an, daß R. als Quelle des Segens für den Menschen von Gott selbst kommt, vom Himmel. Die Baalim wurden früh mit Quellen, Brunnen und Strömen in Verbindung gebracht, aber Jahwe war der Regenspender (Jer 14, 22), denn »ist denn unter den Götzen der Heiden einer, der Regen geben könnte?« Diesen Anspruch machte *Elia gegenüber den Priestern Baals geltend (1Kön 18,17-40). Der Himmel wird daher um R. angefleht (Ps 72,6), und sein Segen wird mit den mechanischen Schöpfanlagen Ägyptens verglichen, die zur Bewässerung eingesetzt waren (5Mo 11,11). Das hebr. *schethäp,* »Wolkenbruch«, »Flutwasser« (Ps 32,6; Spr 27,4 RevEb: überflutend; Dan 9,26; 11,22; Nah 1,3), wird in Hiob 38,25 im Plural gebraucht, um die Bewässerungskanäle zu bezeichnen (normalerweise *päläg,* wie in Ps 1,3; 119,136; Spr 5,16; 21,2; Jes 30,24; 32,2; Klgl 3,48); ein starker Regenguß wird mit einem Wasserkanal verglichen, der sich aus dem Speicher des Himmels ergießt (vgl. »der *päläg* Gottes«, Ps 65,18 LÜ: »Gottes Brünnlein«; auch 1Mo 7,11, wo die *'arubbōt,* »Schleusen«, des Himmels geöffnet werden). Sanfter R. oder Sprühregen (*thal*) wird mit wohltätigen Gaben verglichen (5Mo 33,13). Er ist der erste

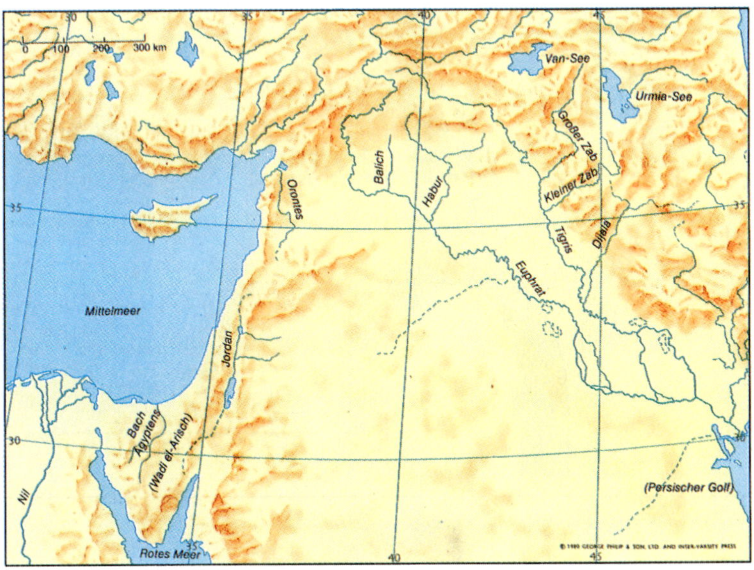

Die Hauptflüsse der biblischen Länder.

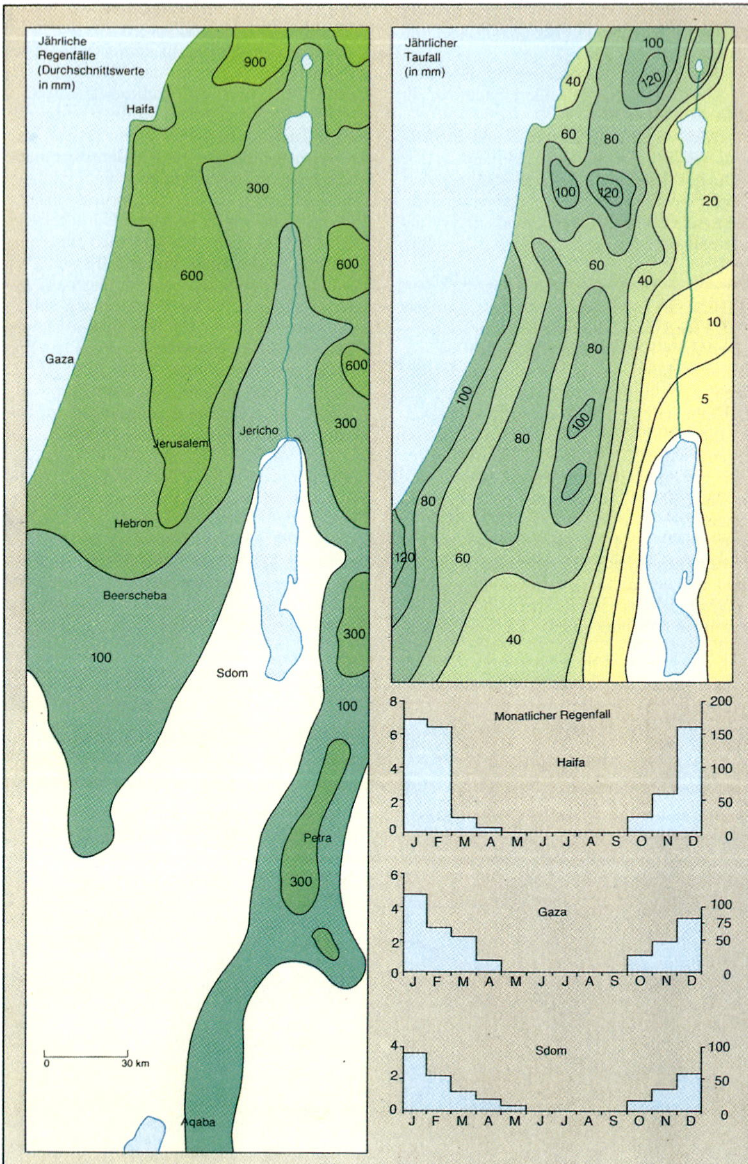

Niederschlagsmengen in Palästina.

Segen, der dem Land Jakobs (1Mo 27,28) und Israels (5Mo 28,12) verheißen wird. R. gehört zu den Segnungen des Friedensreichs (Ps 72,6f). Im Gegensatz dazu wird die Gegenwart von Wolken und Wind ohne R. mit einem Mann verglichen, der »Geschenke verspricht und hält's nicht« (Spr 25,14). R. steht in Palästina in so engem Zusammenhang mit der kalten Jahreszeit, daß das arab. Wort *schitā'* sich auf R. und Winter bezieht. Die gleiche Bedeutung findet sich Hld 2,11: »Siehe, der Winter ist vergangen, der Regen ist vorbei und dahin«. Genauso weist die Sommerzeit auf die heiße, trockene Periode hin (z.B. Ps 32,4): »daß mein Saft vertrocknet, wie es im Sommer dürre wird«. In der Zeit von Mitte September bis Mitte Oktober verursacht die feuchte Seeluft, die auf sehr heiße, trockene Luft vom Land trifft, Gewitter und unregelmäßige Verteilung des R.s. Dies wird in Am 4,7 lebendig beschrieben, »Ich ließ über eine Stadt regnen und über die andere ließ ich nicht regnen; ein Acker wurde beregnet, der andere, der nicht beregnet wurde, verdorrte«. Ergiebige Regenfälle setzen normalerweise Mitte oder Ende Oktober ein, aber sie können bis Januar auf sich warten lassen. Diese »ersten Regen«, die sehnsüchtig erwartet werden, verursachen einen Temperaturabfall, so daß Konvektionsströme verhindert werden und die feuchte Atmosphäre ein Leuchten am Himmel hervorbringt, das von *Elihu beschrieben wird: »Eben sah man das Licht nicht, das hinter den Wolken hell leuchtet, als aber der Wind daherfuhr, da wurde es klar« (Hiob 37,21). Die kühle Regenzeit ist der Hintergrund für die ländlichen Freuden, die vom Psalmisten beschrieben werden (Ps 65,11ff). Die »letzten Regenfälle« zwischen April und Mai sind die Schauer am Ende der Regenzeit (Am 4,7). Die Forschung geht heute davon aus, daß in der Vergangenheit kein Klimawechsel stattgefunden hat. (S. J.W. Gregory: The Habitable Globe: Palestine and the Stability of Climate in Modern Times, Geogr. Journ. 76/1947, S. 82ff: W.C. Lowdermilk: Palestine, Land of Promise, 1944, S. 82ff; A. Reifenberg: The Struggle between the Desert and the Sown, 1956, S. 20-24; N. Shalem: La Stabilité du Climat en Palestine, Proc. Desert Research, UNESCO, 1953, S. 153-175). Das heißt nicht, daß nicht kleinere Schwankungen im Klima stattgefunden hätten, aber sie waren nicht groß genug, um die Zivilisation wesentlich zu beeinflussen. Länger andauernde Dürrezeiten, wie in 1Kön 17,7; Jer 17,8; Joel 1,10-12.17-20 beschrieben, zeigen verheerende Wirkung, besonders dann, wenn kein Tau fällt, der ausbleibenden R. etwas ausgleicht (2Sam 1,21; 1Kön 17,1; Hag 1,10). J.M.H.

REGENBOGEN. Es gibt im Hebr. kein spezielles Wort für R. Man verwendet das normale Wort für Kriegsbogen (hebr. *qäschät*). Der im NT verwendete Ausdruck ist *iris*. In 1Mo 9,12-17 wird gesagt, daß Gottes Kriegsbogen, *qäschät*, in die Wolken gesetzt wurde, als Zeichen seines *Bundes mit *Noah, und Gott die Verheißung gab, nie wieder alles Leben durch eine Flut zu zerstören. Dadurch wird, was ursprünglich eine Waffe und ein Symbol der Rache ist, zum Zeichen des Friedens und der Gnade.

So erscheint auch in Hes 1,28 der R. der Gnade um den Thron göttlicher Herrlichkeit und göttlichen Richtens. In Offb 4,3; 10,1 hat Johannes eine ähnliche Vision wie Hesekiel. J.G.S.S.T.

REHABEAM. (Hebr. *rechab'ām*, »Ausbreitung des Volkes«). Der Sohn *Salomos und *Naamas, der nach dem Tod seines Vaters der letzte König eines vereinigten Israels wurde und der erste des Südreiches Juda. Die Chronologie von R.s Herrschaft ist umstritten. Nimmt man eine 17jährige Herrschaft an (1Kön 14,21; 2Chr 12,13), wären die Daten ca. 926-910 v.Chr. (*Chronologie des AT; W.F. Albright, BASOR 100, 1945, S. 16-22). Die Maßnahmen, die Salomo ergriffen hatte, um die Mittel für seinen öffentlichen Haushalt und den Unterhalt des Hofes zu sichern, bedrückten das Volk und führten zu einer Konfrontation zwischen R. und dem N seines Königreichs. R. folgte unbebedachtem Rat und vergrößerte die Last des Volkes, was die Bevölkerung vollends gegen ihn aufbrachte. Als R. seinen für den Frondienst zuständigen Beamten in den N sandte, wurde dieser gesteinigt, und *Jerobeam wurde zum König über die zehn Stämme Israels gemacht (1Kön 12,1-19; 2Chr 10). R.s Vorhaben, Truppen zu entsenden, um den Aufstand zu unterdrücken, verhinderte ein Prophet namens *Schemaja (1Kön 12,21-24).

Zum Schutz vor Übergriffen der *Philister (vgl. 1Kön 15,27; 16,15) und Ägyptens, wurden in Juda Städte befestigt. Zudem befand sich R. im Konflikt mit dem Nordreich (Israel) (1Kön 14,30); von dort waren die Priester und Leviten angesichts der heidnischen Praktiken *Jerobeams geflohen (2Chr 11,13-17). Der ägypt. Pharao *Schischak (Schoschenq) zog ca. 926 v.Chr. gegen Palästina, plünderte das Land (LDB, S. 283-290; K.A. Kitchen, The Third Intermediate Period in Egypt, 1972, S. 432-447) und raubte Jerusalem aus (1Kön 14,25-27). Heidnische Kultpraktiken tauchten in Juda auf (1Kön 14, 22-24), was auf den

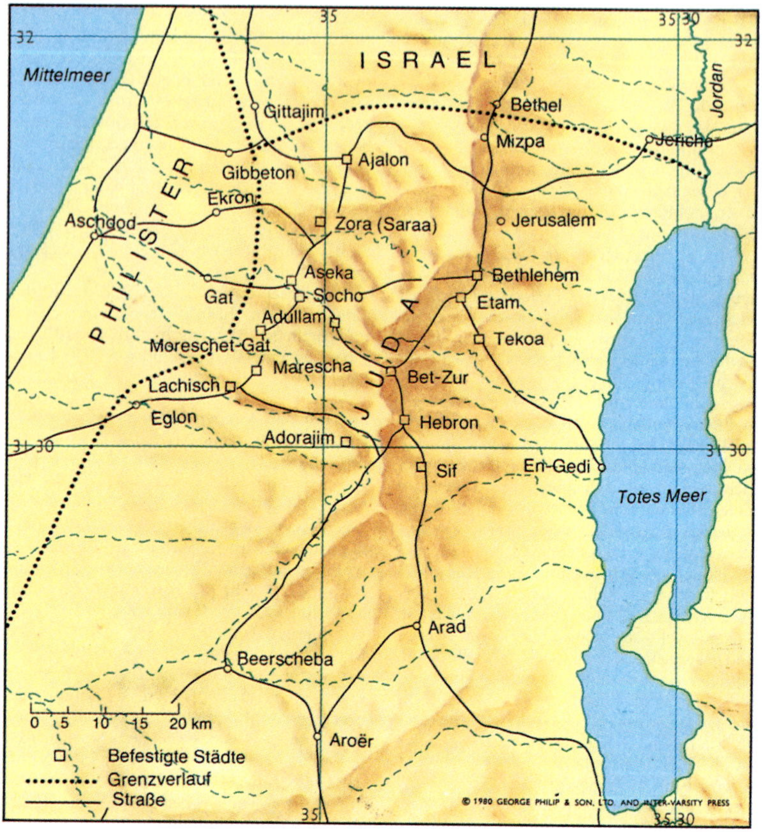

Juda zur Zeit Rehabeams (ca. 931–913 v. Chr.).

Einfluß der fremdländischen Frauen in wichtigen Positionen, wie der Mutter des Königs, Naama (1Kön 14, 21.31), und seiner Lieblingsfrau Maacha zurückzuführen sein dürfte (15,13; vgl. W.F. Albright, Archaeology and the Religion of Israel, 1968, S. 152f). Als der Prophet Schemaja darauf hinwies, daß der Feldzug Ägyptens göttliche Strafe für diese Abtrünnigkeit war, reute R. sein Tun (2Chr 12,5-8.12). R. wurde in Jerusalem begraben bei seinen Vätern »in der Stadt Davids« (1Kön 14,31; 2Chr 12,16). Sein Name erscheint in der Genealogie Jesu (Mt 1,7). D.W.B.

REHOB. Hebr. *rechōb*, »offener Platz, Marktplatz« (einer Stadt oder eines Dorfes).

1. Die nördlichste Stadt, die von den *Kundschaftern in *Kanaan durchstreift wurde (4Mo 13,21). Sie war ein aram. Zentrum, das den Ammonitern z.Zt. Davids Truppen schickte (2Sam 10,6-8). Der Name wird in 2Sam 10,6 und Ri 18,28 »Bet-Rehob« geschrieben, der letzte Beleg legt nahe, daß die Stadt in der Nähe der Jordanquelle lag, aber die genaue Ortslage ist unbekannt.

2. Eine Stadt in Kanaan, die nach der Eroberung Kanaans an den Stamm *Asser fiel (Jos 19,28.30) und zu einer Levitenstadt erklärt wurde (Jos 21,31; 1Chr 6,60), obwohl sie nicht unter den Städten war, die z.Zt. der Landnahme unter Josua eingenommen wurden (Ri 1,31). Die vorgeschlagene Identifizierung mit Tell es-Sarem südl. von *Bet-Schean ist unbegründet.

3. Der Vater *Hadad-Esers, des Königs von

Zoba z.Zt. Davids (2Sam 8,3.12). Evtl. gleichzusetzen mit Ruhubi, dem Vater Ba'sas, eines ammonitischen Verbündeten *Ahabs in der Schlacht von Qarqar 854 v.Chr. (Salmanassar III., Monolith-Inschrift 2.95, TGI, S.50).

4. Einer der Leviten, der z.Zt. Nehemias sich verpflichtete, das Gesetz zu beachten (Neh 10,12; *Rehobot; *Rehobot-Ir).

Literatur: W.F. Albright: BASOR 83, 1941, S. 33; H. Tadmor: Scripta Hierosolymitana 8, 1961, S. 245; LDB, S. 34.148f.245.311f. T.C.M.

REHOBOT. (Hebr. *rechōbōt*, »weite Plätze, Raum«; LXX: *eurychōria*).

1. Ein Brunnen, von *Isaak in der Nähe *Gerars gegraben (1Mo 26,22); so genannt, weil es nicht zu Streitigkeiten mit den Hirten Gerars kam.

2. Eine Stadt »am Fluß« (1Mo 36,37), wahrscheinlich neben dem Wadi el-Hesa, das *Moab von *Edom trennt.

Literatur: OLB II, S. 156-158. B.H.

REHOBOT-IR. (Hebr. *rechōbōt-ʿīr*). Eine von vier Städten, die Nimrod von Assur baute (1Mo 10,11f). Von diesen sind *Ninive und *Kelach berühmt, eine assyr. Entsprechung für den Ort R. ist bisher nicht bekannt. Da die große, alte Stadt Assur (80 km südl. von Ninive) in diesem Kontext erwartet würde, betrachten einige Forscher diesen Namen als Interpretation des sumer. ASCH.UR (ASCH = assyr. *rebātu*; UR = assyr. *ālu*; hebr. *'īr*). Ein Vorort von Ninive (*rebit* Ninua) wird in assyr. Texten erwähnt (Asarhaddon), und dieser mag zur gleichen Zeit gegründet worden sein. Der Name R. mit der Bedeutung »offene Plätze der Stadt« könnte hier auch eine Beschreibung für Ninive selbst sein. Der LXX liest R. als Eigenname (Rhoōbōth).

Literatur: S. G. Dossin: Le Muséon 47/1934, S. 108ff; W.F. Albright: Recent Discoveries in Bible Lands, 1955, S. 71; LDB, S.8. D.J.W.

REHUM. (Hebr. *rechūm*; von *rācham* »sich jemand erbarmen«). Name mehrerer Männer in der Zeit nach dem babylon. Exil.

1. »Befehlshaber« (RevEB) oder »Kanzler« (LÜ), der beim Schreiben des Beschwerdebriefes gegen Jerusalem an den König Artahsasta (vgl. *Artaxerxes) half (Esr 4,7ff), um den Wiederaufbau der Mauern Jerusalems zu verhindern. Sein Titel *beʿēl-theʿēhi* bedeutet »Herr des Urteils« (oder »Berichts«), und kann sich entweder auf die Verwaltung oder den Verkehr beziehen (A.H. Sayce schlägt »Postmeister« vor).

2. Israelit, der mit *Serubbabel aus der babylon. Gefangenschaft zurückkehrte (Esr 2,2; Neh 7,7).

3. Oberster der Priester, der mit Serubbabel aus der babylon. Gefangenschaft heimkehrte (Neh 12,3).

4. Einer der Leviten, die beim Mauerbau nach der Rückkehr aus der babylon. Gefangenschaft halfen (Neh 3,17).

5. Israelit, der mit Nehemia den Bund zur Beachtung des Gesetzes unterschrieb (Neh 10,26). J.S.W./Red.

REICH, REICHTUM.

1. Reichtum als über das lebensnotwenige Maß weit hinausgehender Besitz kann von Gott kommen als ein dem Frommen geschenkter Segen (Spr 10,22), als Antwort auf bestandene Prüfung (Hiob 42,10) oder als Ertrag des Fleißes (Spr 12,27); er kann jedoch auch durch den von keinem Gewissen gehemmten Gottlosen zusammengerafft werden (Ps 73,12). Reichtum ist also ebensowenig ein Maßstab für die Frömmigkeit des Besitzers wie Armut ein Zeichen für besondere Verschuldung vor Gott (vgl. Spr 28,6). Auch der in seinen Reden Fromme kann mit der Tat unrechten Reichtum aufhäufen (Mt 23,14). Der Weise bittet: »Armut und Reichtum gib mir nicht; laß mich aber mein Teil Speise dahinnehmen, das du mir beschieden hast. Ich könnte sonst, wenn ich zu satt würde, verleugnen und sagen: Wer ist der Herr? Oder wenn ich arm würde, könnte ich stehlen und mich an dem Namen meines Gottes vergreifen« (Spr 30,8.9).

2. Reichtum kann zur Gefahr werden. Auch wenn man ihn noch nicht hat, kann das Streben nach R. zur Gier und zur Verwischung der Grenze zwischen Recht und Unrecht führen (1Tim 6,9). Eine weitere Gefahr ist der durch den Reichtum hervorgerufne Hochmut: »Ein Reicher meint, weise zu sein« (Spr 28,11). Der Prophet warnt: »Ein Reicher rühme sich nicht seines Reichtums« (Jer 9,22). Hängt der Mensch sein Herz an den Reichtum, so ist das eine Gefahr für sein ewiges Leben: »Ein Reicher wird schwer ins Himmelreich kommen« (Mt 19, 24ff). Sogar ein Wehe wird über die Reichen ausgesprochen: »Weh euch Reichen! Ihr habt euren Trost schon gehabt« (Lk 6,24). Im Gleichnis vom reichen Mann und armen Lazarus (Lk 16,19ff), in der Geschichte vom reichen Jüngling (Lk 18,23ff), im Bericht vom reichen Zöllner Zachäus (Lk 19,1-10) wird deutlich, wie Reichtum Menschen in Schuld verstricken oder vom Himmelreich ausschließen kann. Darum die Warnung: »Ihr Reichen: Weint und heult über eu-

er Elend« (Jak 5,1). Der Reichtum erstickt den Samen des Wortes Gottes (Mt 13,22).

3. Wahrer Reichtum liegt allein in Christus. Paulus spricht von dem »unausforschlichen Reichtum Christi« (Eph 3,8). Dieser Reichtum macht den inwendigen Menschen stark (Eph 3,16). Er besteht neben der von Gott gegebenen *Weisheit und ihrer Frucht (Spr. 8,11.18.19) vor allem in dem Reichtum an Barmherzigkeit und *Gnade, die Gott uns zuwendet (Eph 1,7; 2,4; 1Tim 1,14) sowie in der Erkenntnis und Liebe, die er uns ins Herz gießt (Röm 5,5; Phil 1,9). Zur Eigenart dieses Reichtums gehört, daß er unaufhörlich wachsen muß (Phil 1,9); wer sich für reich, d.h. für ausreichend versorgt hält, verliert alles und fällt in eine Armut, die er nur wegen seiner Blindheit nicht erkennt (Offb 3,17; vgl. 1Kor 4,7f). Wer dagegen aus Gottes Gnade nimmt, erkennt den überschwenglichen Reichtum Gottes (Eph 2,7), wird »satt von den reichen Gütern seines Hauses« (Ps 36,9). Er kann und wird anderen Menschen weiterreichen und viele reich machen (2Kor 6,10), obwohl er selbst zu den Armen gehört, weil er nie aus dem Eigenen leben kann, sondern täglich aus der Fülle des Vaters nehmen wird.

REICH GOTTES, REICH DER HIMMEL.

I. BEGRIFF UND VORSTELLUNG.

Bereits im AT findet sich die Vorstellung, daß der eine Gott, den Israel als König verehrt (2Mo 15,18; Ri 8,23; 1Sam 8,7), auch der *König und Herrscher über die *Schöpfung ist (Ps 29,10; 74,12; 145,10-13; 1Chr 29,11f). Die sog. Thronbesteigungspsalmen (47; 93; 96-99) preisen die Herrschaftsergreifung Jahwes vom Tempel aus. Israel erwartet, daß der Bundesgott (5Mo 4,31.34) am Ende der Zeit seine Herrschaft durch Israel über alle Völker aufrichten und dadurch allen Menschen sein Heil schenken wird (Jes 24-27; 52,7-10; 60f; 65f; Sach 14; Mal 1,14b; Dan 7). Die Vorstellung vom gegenwärtigen bösen und dem künftigen guten Äon, in dem das *Paradies wiederkehrt und Jahwe allein herrscht über die geläuterte, vollendete Menschheit, ist charakteristisch für das Judentum z.Zt. Jesu. Das Volk Israel betet um dieses Kommen, bringt Opfer dafür und unterstellt sich bereits im gegenwärtigen Äon dem Willen Jahwes. *Johannes der Täufer und Jesus künden beide den unmittelbar bevorstehenden Anbruch des Reiches Gottes an (Mt 3,2; 4,17). Nach Johannes geht ihm ein Gericht voraus, das die Spreu vom Weizen trennt; wer auf den Umkehrruf des Täufers hört und sich die Bußtaufe zur Vergebung der Sünden spenden läßt, kann diesem entgehen (Mt 3,5-12).

Jesus hat die Botschaft vom R. zur Mitte seiner Verkündigung und seines Wirkens gemacht. Im Unterschied zum Täufer bereitet er nicht nur darauf vor (Joh 3,22-26), sondern durch seine Person und sein Wirken bricht es bereits an (Mt 12,28; Lk 11,20). Während *Markus und *Lukas durchgehend vom R. sprechen, begegnet bei Matthäus die Bezeichnung »Reich der Himmel«, »Himmelreich« (Himmel: Umschreibung des Gottesnamens). Es ist nicht eindeutig auszumachen, welche Bezeichnung Jesus gebrauchte; der Sinn ist aber bei allen Evangelisten gleich: Es ist der Zustand, wenn Gott seine heilstiftende Herrschaft über alle Bereiche dieser Welt aufrichtet und alles Böse daraus verbannt (*Satan, *Sünde, *Tod).

II. JESUS, DER ANSAGER UND BRINGER DES REICHES GOTTES.

Jesus macht bekannt, daß Gott als guter, barmherziger Vater sich entschlossen hat, die endzeitlichen Verheißungen des Alten Bundes zu erfüllen. Deshalb hat er den Sohn gesandt, um ganz Israel sein Heil anzubieten. Näherhin geschieht das durch Vergebung der Sünden, Befreiung von der Neigung zu Sünde, Furcht, Verzweiflung, Unfähigkeit zur Liebe, von leiblichen und seelischen Krankheiten und von frühem Tod, sowie durch die Herstellung vertrauender, familienhafter Gemeinschaft mit Gott. Durch ihn richtet Gott seine Herrschaft auf. Deshalb preist Jesus seine Jünger selig, weil sie die Heilszeit erleben dürfen (Mt 13,16f; Lk 10,23f). Den ihnen offenbart Gott, was er nun wirkt. »Mir ist von meinem Vater alles übergeben worden; niemand kennt den Sohn, nur der Vater, und niemand kennt den Vater, nur der Sohn und der, dem der Sohn es offenbaren will« (Mt 11,25-27; Lk 10,21f). Als der Sohn übertrifft Jesus alle vorhergehenden Heilbringer weit, so *David, *Salomo und *Jona (Mt 12,38-42; Lk 11,16.29-32), auch den Täufer, den größten und letzten Propheten des Alten Bundes (Mt 11,12f; Lk 16,16). Jesus ist der *Knecht Gottes, der in der Vollmacht des heiligen Geistes endgültiges Heil wirkt (Mt 12,15-21). Durch die Dämonenaustreibungen und Heilungen sowie durch die *Vergebung der Sünden bricht er die Herrschaft Satans über die Menschen und unterstellt sie der Herrschaft Gottes (Lk 11,20; Mt 12,28; vgl. Lk 10,17f; zu Sündenvergebung s. Mk 2,1-12; Lk 7,36-50; 19,1-10; Joh 7,53-8,19). Er wendet sich deshalb »den Verlorenen« zu, um ihnen Vergebung und Heil zu schenken (Mt 9,12f; 12,7; Lk 19,10).

III. ANBRUCH DER VERHEISSENEN HEILSZEIT.

Durch sein Wirken erfüllt Jesus alles, was bei Jesaja über die messianische Zeit gesagt ist: »Blinde sehen wieder und Lahme gehen; Aussätzige werden rein, und Taube hören; Tote stehen auf, und den Armen wird das Evangelium verkündet« (Mt 11,5; Lk 7,22; vgl. Jes 26,19; 29,18, 35,5f; 61,1). Bezeichnend ist, daß das bei Jesaja im Kontext der angegebenen Stellen den Sündern angedrohte Gericht Gottes von Jesus bewußt weggelassen wird. Der Inhalt der Herrschaft Gottes ist seine erbarmende Güte, nicht seine richtende Gerechtigkeit. Darum stellt das LkEv. die Predigt Jesu in der Synagoge von *Nazareth an den Anfang seines Wirkens, weil er darin seine messianische Heilssendung bekanntmacht: »Der Herr hat mich gesalbt. Er hat mich gesandt, damit ich den Armen das Evangelium bringe . . . Damit ich die Zerschlagenen in Freiheit setze und ein Gnadenjahr des Herrn ausrufe« (Lk 4,16-21; Jes 61,1f; 29,18; 58,6). Er ist der verheißene Heilbringer (Mt 8,16f: »Dadurch sollte sich erfüllen, was durch den Propheten Jesaja gesagt worden ist: Er hat unsere Leiden auf sich genommen und unsere Krankheiten getragen«, Jes 53,4). Dieses Sendungsbewußtsein bringt zuletzt das messianische Zeichen des Einzugs in Jerusalem auf einer Eselin deutlich zum Ausdruck (Mt 21,1-11: »Sagt der Tochter Zion: Siehe, dein König kommt zu dir! Er ist friedfertig« (Jes 62,11; Sach 9,9).

IV. DIE ORDNUNG UND WIRKLICHKEIT DES REICHES GOTTES.

Jesus interpretiert darum auch die Bundesbedingungen der Zehn *Gebote in der *Bergpredigt neu und weist seine Jünger an, der Liebe Gottes entsprechend, allen Menschen, auch den bösen, grundsätzlich in Liebe zu begegnen (Mt 5,21-48; 7,1-5.12; Lk 6,27-36; 6,31.41f): »Den Alten ist [am Sinai] gesagt worden . . ., ich aber sage euch!« Er will den Alten Bund nicht nur vollenden, sondern den verheißenen Neuen stiften (Lk 22,20; vgl. Jer 31,31; 2Mo 24,8; beachte auch Mk 2,21f: ». . .neuer Wein in neue Schläuche«).

V. DIE GLEICHNISSE VOM REICH GOTTES.

In den Gleichnissen vom R. deutet Jesus seine Sendung, sein Wirken und die neue Wirklichkeit des R.es. Gott lädt durch ihn zum endzeitlichen Mahl (Mt 22,1-10; Lk 14,15-24); jetzt bietet sich die Gelegenheit zum großen Glück (Schatz und Perle, Mt 13, 44-46); der Same des Neuen ist auf dem Akker der Welt und wird auf wunderbare Weise Frucht bringen (Mk 4,3-9.26-28.30-32; Mt 13,31-33; Lk 13,20f); die große Schuld wird vergeben (Mt 18,23-35; Lk 7,41-47), das Verlorene wird gefunden (Lk 18,10-14); der messianische Bräutigam ist da, die Hochzeit beginnt (Mk 2,19; vgl. Mt 22,1-10; Joh 2,1-11). Diese Gleichnisse zeigen zugleich an, daß es sich beim R. nicht um eine neue, rel.-politische Gesellschaftsform handelt, durch die Gott über seinen »Gesalbten« on Jerusalem aus über Israel und alle Menschen herrscht (messianische Theokratie, beachte die Absage Jesu, Mk 12,13-17: Gott – Kaiser), sondern um eine grundsätzlich neue, persönliche Zuwendung Gottes zu seinem Volk, durch die er allen, die sich daraufhin ihm ganz zuwenden, seine erlösende, ewiges Leben in sich schließende Liebe schenkt. Von der Entscheidung der rel. Führer Israels und jedes Juden wird es abhängen, ob dieses Angebot genützt wird, so daß daraus etwas grundsätzlich Neues, die neue Lebensgemeinschaft des Volkes Gottes hervorgehen wird, der sich dann die Völker anschließen können (zur Erwartung s. Jes 2,2-4; 9,1-6; 11,1-10). Insofern ist die Wirklichkeit des R.es etwas Personales, Prozeßhaftes, eine geschichtliche Bewegung, die von der Entscheidung des Volkes Israel zum »Mitspielen« abhängt (s. das Gleichnis von den spielenden Kindern, Mt 11,16-19; Lk 7,31-35). Deshalb eignet dem R. eine zeitliche Komponente, die Gegenwart und Zukunft umspannt im Verhältnis von gegenwärtigem Angebot und zukünftiger Vollverwirklichung. Aber im Angebot ist die Wirklichkeit des RG.es schon da und bringt in denen, die sich Jesus erschließen, das neue gottgeschenkte Leben hervor. Deshalb gilt es, die Zeichen der Zeit zu verstehen (Lk 12,54-57) und zu erkennen, daß »das Reich Gottes mitten unter euch [schon] da ist« (Lk 17,20f). Das ist »das Geheimnis des Reiches Gottes« (Mk 4,11), das die Jünger Jesu kennen und dem entsprechend sie handeln (Mk 4,21-25; Lk 8,16-18).

VI. GEFORDERTE UND ERMÖGLICHTE ENTSCHEIDUNG DES MENSCHEN.

Von der rechten Antwort auf die Heilsgnade Gottes spricht die Deutung des Sämannsgleichnisses (Mk 4,13-20 par.). Vor allem aber kommt es darauf an, daß die rel. Führer Israels sich richtig entscheiden und Jesus als endgültigen Heilbringer anerkennen. Wenn dies nicht geschieht, führt Gottes Heilsangebot zur Krisis. Davon sprechen die sog. Krisisgleichnisse, die sich an die Verwalter des Weinberges und Feigenbaumes Israel, des Hauses Gottes, richten (Lk 13,6-9: Feigenbaum; 16,1-8: Verwalter; Mk 12,1-12: Weinberg; Mt 22,1-14; Lk 14,15-24: Hochzeits- bzw. Gastmahl; Mt 24,45-51; Lk 12,42-46:

Hausverwalter). Die richtenden Worte über die blinden, selbstgerechten Schriftgelehrten gehören in diesen Zusammenhang (Mt 23; Lk 11,37-52; Mt 15,14; Lk 6,39; Joh 9,39-41). Da aber die Führer Israels Jesus als »Gesandten Satans« mißdeuten, wird das Gnadenangebot Gottes zum Gericht. Sie selbst werden verworfen; Jerusalem geht unter (Mt 23, 29-39; Mk 12,9-11; 13,1-23; Lk 13, 34f; 19,41-44; 21,5-24).

VII. DIE NEUE SITUATION NACH TOD UND AUFERSTEHUNG JESU.

Durch die Tötung Jesu wird aber – aufgrund seiner Hingabe im Tod als stellvertretendes Sühnopfer – das endgültige Gnadenangebot nicht zurückgenommen, sondern ergeht nun durch die Verkündiger des *Evangeliums an alle Menschen (Mk 13,10; Lk 24,44-49; Apg 1,6-8; Mt 28,18-20). Aber es hat sich auch nicht voll im von Gott beabsichtigten Sinn durchsetzen lassen. Israel wird von Gott »verstockt« und muß warten, bis die »Vollzahl der Heiden« in die Gemeinde Jesu Christi eingetreten ist. Dann kommt die Stunde des Heils für Israel neu (Mk 11,12-14; Mt 22,7; 23,38f; Lk 13,25-30.35; 21,23bf; Röm 9,11). Danach kommt die Zeit der endgültigen Aufrichtung der Heilsordnung des R.es durch den in göttlicher Vollmacht kommenden Jesus Christus.

VIII. DAS ENDGÜLTIGE REICH GOTTES UND DAS RECHTE VERHALTEN DER GLAUBENDEN.

Da dieser Zeitpunkt allein Gott vorbehalten ist, gilt es, immer wachsam zu sein (Mk 13,30-37; Mt 24,32-25,13; Lk 12,35-46; 17,20; 21,29-36). Jesus mahnt zur steten Bereitschaft; eindeutige Aussagen über die Wiederkunft z.Zt. der Generation Jesu lassen sich nicht nachweisen (trotz Mk 9,1; Mt 10,23). Deshalb gibt es in der Kirche der nachapostol. Zeit auch keine echte Naherwartungskrise (Mt 25,1-13; Joh 21,22f: Fehldeutung; 2Kor 5,1-10; 2Thess 2,1-12; 1Tim 6,15; 2Petr 3,1-13). Auf die mögliche Nähe seines Kommens in Herrlichkeit zur vollen Aufrichtung der Herrschaft Gottes hat er aber hingewiesen (Mt 24,48-51; Lk 12,45). Von diesem endgültigen Kommen und dem damit verbundenen *Gericht handeln zahlreiche Worte und Gleichnisse (Mt 13,47-50: Fischnetz; 13,36-43: Deutung des Unkrauts; 22,11-13: Gast ohne Festgewand; 24,29-31: Parusie; 24,44.50f; 25,31-46; Mk 12,35-37a; 13,24-27; Lk 21,25-28). Bis dorthin gilt es, mit den geschenkten Gaben des R.es zu arbeiten (Mt 20,1-16; 25,14-30: Talente; Lk 19,11-27: Minen), sich mitten unter dem Unkraut zu bewähren (Mt 13,24-30) und den Samen des Wortes Gottes auszustreuen (Mk 4, 14-20 par). Die Bewegung des R.es wird sich allen Widerständen zum Trotz siegreich durchsetzen (Mk 4,26-29). Mit der endgültigen Verwirklichung des R.es ist eine Verwandlung der Schöpfung, allgemeine Totenauferstehung, Bannung des Bösen und freudige Teilhabe am Leben Gottes verbunden (Mk 12,18-33; Mt 25,10. 21.23.34.46; Lk 14,14.21-23; 16,9; auch Mt 5,3-12; Lk 6,20-22). Um die Teilhabe am endgültigen R. gilt es zu ringen (Mt 7,13f; Lk 13,24; 16,16) und um sein Kommen zu beten (Mt 6,9f; Lk 11,2: Vaterunser). Die Sorge um die Teilhabe am R. ist die wichtigste Sorge für den Menschen (Mt 6,33; Lk 12,31).

IX. DIE AUFGABE DER JÜNGER CHRISTI.

Das R. ist eine personale, dynamische Wirklichkeit, die seit dem Wirken Jesu bereits in der Welt gegenwärtig ist, wenn auch noch verborgen und unscheinbar (Mt 13,31-33). Wie die »Wachstumsgleichnisse« andeuten, hat das R. eine gewisse Geschichte in dieser Weltzeit (Mt 13,1-9.24-30.31-33; Mk 4,26-29). Es ist im Kreis der Jünger Jesu bereits »mitten unter den Menschen da« (Lk 17,21), hat dabei auch eine gewisse Ordnung (Mt 19,28; Mk 10,42-45; Lk 22,25-30), ist nicht einfach eine innerseelische oder unweltliche Wirklichkeit. Das zeigt sich auch daran, daß Jesus den Jüngern die Aufgabe überträgt, das R. zu verkünden und ihnen dazu besondere Vollmachten überträgt (Mt 10; Lk 9,1-6; 10,1-20). Diese werden durch den Auferstandenen erweitert (universale Sendung, Sündenvergebung, Mitteilung des Heiligen Geistes, Aufnahme in die Familie Gottes, Heilungscharismen, Teilhabe am ewigen Leben, Mt 28,18-20; Apg 1,6-8; Joh 20,19-23; Lk 22,28-30; 1Kor 12). Die Menschen, die der Botschaft glauben und sich taufen lassen, treten in die Heilsgemeinschaft des Neuen Bundesvolkes ein.

X. REICH GOTTES UND KIRCHE.

Durch die Aussendung der Jünger, allen voran die zwölf *Apostel mit *Petrus an der Spitze (Mt 28,18-20; 16,13-20; Joh 20,21-23; 21,15-17; Apg 1,6-8), dazu *Paulus und andere Apostel (1Kor 15,7f; Gal 1,15f; 2,7-9), zu allen Völkern und ihre Bevollmächtigung mit den Heilsgaben des R.es schuf der Auferstandene eine Gemeinschaft, in der die Heilsgaben des R.es bereits anwesend sind und in der eine neue, brüderliche Ordnung alles prägen soll (Mk 3,33f; 10,28-30. 30–45; Lk 22.24–27; Mt 18). Man kann die Kirche Christi (Mt 16,18; 18,18; 1Kor 1,2) daher als eine Sammelbewegung und Vorform des R.es bezeichnen. Denn noch ist in ihr die Macht des Bösen und der Sünde wirksam (Mt 13,24-30.36-43: Unkraut; 6,12f: Versuchung, Böses), auch gilt es, die Kindschaft Gottes durch Liebe, Dienstbereitschaft, Gebet und Glaubenstreue zu bewähren (Mt 7,22f; Mk 4,13-20; 13,13.20-23) und in der Kraft des Glaubens und der Sakramente Taufe und Abendmahl zu leben (Lk 22,14-38.39-46; Apg 2,38; 1Kor 3,16; 6,18; 11-23-30). In der Deutung der Unkrautparabel wird daher zwischen dem Reich des Menschensohnes und des Vaters unterschieden (Mt 13,36-43; 16,27f). Dann, wenn am Ende alle Mächte dieser Welt dem auferstandenen Herrn unterworfen sind, wird der Herr seine Herrschaft dem Vater übergeben, so daß dann Gott selbst »herrscht über alles und in allem« (1Kor 15,20-28).

XI. REICH GOTTES: GABE GOTTES UND TAT DES MENSCHEN.

Das R. ist vor allem Geschenk, Angebot, Sache und Wirklichkeit Gottes durch Jesus Christus und seinen Geist (Lk 12,32; 22,29). Der Mensch erbt, empfängt (Mk 10,15; Mt 5,5; 6,10; 25,34; Lk 18,7f), muß darum beten, sich dafür entscheiden, kann mitwirken, wird die Teilhabe daran als Lohn empfangen (Mk 4,13-20; 8,34-38; 10,15.45; Mt 25,5-7.31-46; Lk 12,31; auch 1Kor 6,9f; Gal 5,19-21). Dem Angebot des R.es muß der Mensch durch ein Leben nach den Weisungen Jesu in der Bruderschaft der Kirche entsprechen. Insofern entspricht der Imperativ des christl. Lebens dem Indikativ des bereits geschenkten Heils, das Sollen dem Sein. Phil 2,12f drückt diese spannungsreiche Einheit überzeugend aus: »Müht euch mit Furcht und Zittern um euer Heil. Denn Gott ist es, der in euch das Wollen und Vollbringen bewirkt, noch über euren guten Willen hinaus!«

XII. WEITERGEBRAUCH UND ERSETZUNG DES REICH-GOTTES-BEGRIFFS.

Zwar hält Paulus den R.-Begriff mit seinen beiden Elementen: Schon jetzt – Noch Nicht, Gegenwart – Zukunft fest (vgl. Röm 14,17; 1Kor 4,20: Gegenwart – 1Kor 6,9f; 15,50: Zukunft), aber er gebraucht ihn selten und verwendet für die neue gegenwärtige und die künftige Heilswirklichkeit die Begriffe und Wendungen: Leben, Gerechtigkeit, Heiligkeit, Leben in Christus, Christus in uns, Leben im Geist, bei Christus sein, bei Gott sein. In den spätpaulin. Schriften wird R. für die jenseitige oder künftige Heilsgemeinschaft mit Gott und Christus gebraucht (Eph 5,5: Reich Christi und Gottes; Kol 1,13: Das Reich des Sohnes seiner Liebe; 2Tim 4,1.18: das künftige, das himmlische Reich; Hebr 12,28: das unerschütterliche (künftige) Reich). Im JohEv. wird der Begriff R. ganz selten gebraucht (3,3.5; daneben Joh 18,36: mein Reich), statt dessen die Wendungen: Licht, Leben, Wahrheit, wobei diese geistlichen Wirklichkeiten sowohl diesseitig wie jenseitig, gegenwärtig wie zukünftig sind. Jak 2,5 spricht den Armen das R. zu; 2Petr 1,11 spricht von dem »ewigen Reich unseres Herrn und Retters Jesus Christus«. Insofern zeigt sich darin eine Verschiebung des R.es auf die zukünftige Vollendung des Heils. Wer zum *Leib Christi gehört, kann leben in der Wirklichkeit des R.es und kann sich für dessen Durchsetzung und Vollendung einsetzen. Das R. bleibt das Ziel der Geschichte und die endgültige Hoffnung des Menschen.

Literatur: G. von Rad, K.G. Kuhn, K.L. Schmid: ThWNT I, 1933, 563-592; R. Schnackenburg: LThK 2, ²1958, S. 25-31; Bill I, 172-184; P. Volz: Die Eschatologie der jüdischen Gemeinde im ntl. Zeitalter, 1934; H.-J. Kraus: Die Königsherrschaft Gottes im AT, 1951; H. Widengren: Sakrales Königtum im AT und Judentum, 1955; M. Buber: Königtum Gottes, ³1956; W. Michaelis: Täufer, Jesus, Urgemeinde, 1928; J. Weiss: Die Predigt Jesu vom Reiche Gottes, ³1964; W.G. Kümmel: Verheißung und Erfüllung, ²1953; J. Jeremias: Die Gleichnisse Jesu, ⁴1956; ders.: Neutestamentliche Theologie I, 1971, S. 99––110. O. Knoch: Wer Ohren hat, der höre; Die Botschaft der Gleichnisse Jesu, ²1987; O. Cullmann: Königsherrschaft Christi und Kirche im NT, ²1946; H. Conzelmann: Die Mitte der Zeit, 1954; H. Flender: Die Botschaft Jesu von der Herrschaft Gottes, 1970; R. Schnackenburg: Gottes Herrschaft und Reich, 1959; K.H. Schelkle: Königsherrschaft Gottes, in: Theologie des NT, 4,1, § 2 (25-35), 1974; H. Perrin: The Kingdom of God in the Teaching of Jesus, 1963; H. Merklein: Jesu Botschaft von der Gottesherrschaft, 1983; ders.: Die Gottesherrschaft als Handlungsprinzip, ²1981; S. Ruager: Das Reich Gottes und die Person Jesu, 1979; R. Frick: Die Geschichte des Reich-Gottes-Gedankens in der Alten Kirche bis Origenes und Augustin, 1928; E. Staehelin: Die Verkündigung des Reiches Gottes in der Kirche. 7 Bde., 1951-1965; W. Pannenberg: Theologie und Reich Gottes, 1971;W. Lütgert: Das Reich Gottes nach den synoptischen Evangelien, 1895. O.B.K.

REIF. Gefrorener Tau (2Mo 16,14; Hiob 38,29; Ps 147,16), der aber in der Regenzeit des Winters nicht die große Bedeutung hat wie der Taufall im Sommer (vgl. *Regen).

REIGEN s. Tanz

REIHER s. Tiere

REIN, UNREIN, REINIGEN. Reinheit bzw. Unreinheit bezeichnet den Zustand, an dem sich entscheidet, ob der Mensch vor Gott erscheinen kann, sei es im Gottesdienst zu kultischer Handlung und zum Opfer (3Mo 7,20f; 4Mo 9,9-11; Jes 35,8; 52,1), sei es zu persönlicher Begegnung und zum Leben mit Gott (Ps 51,4-14; Jes 6,5; Hes 36,25-28). Im ersten Fall wird von kultischer (levitischer) Reinheit bzw. Unreinheit gesprochen, im zweiten Fall von Reinheit bzw. Unreinheit in bezug auf die *Sünde.

I. KULTISCHE REINHEIT/UNREINHEIT.

1. Entstehung.

Kultische Unreinheit entsteht durch den Verzehr des Fleisches bestimmter *Tiere (3Mo 11; 5Mo 14, 3ff), die Gott auch nicht als Opfer dargebracht werden durften (1Mo 8,20; 3Mo 27,27; 4Mo 18,15-17), und den Aussatz (3Mo 13; bes. V. 45f; 4Mo 5,2; 2Kön 15,5), der nicht nur als menschliche Krankheit bekannt ist, sondern auch Häusern anhaften kann (3Mo 14,33-53). Ferner galt die Wöchnerin nach der Geburt als unrein (3Mo 12). Auch verunreinigen bestimmte Absonderungen des menschlichen Körpers, der Eiterfluß (3Mo 15,1-5; 4Mo 5,2; *Krankheiten) und der Samenerguß des Mannes außerhalb der Scheide der Frau (3Mo 15,16-18) – wobei trotz V. 18 sicher nicht der Samenerguß beim Geschlechtsverkehr gemeint ist, wie ja auch der ähnliche Wortlaut von V. 24 nicht den Geschlechtsverkehr meint –, die Monatsblutung (V. 19-24) und die krankhafte Blutung der Frau (V. 25-27). Schließlich macht Totes unrein, das Aas unreiner Tiere (3Mo 11,8.11.24-28.31-38), der tote Körper eines gestorbenen oder unvorschriftsmäßig geschlachteten reinen Tieres (3Mo 11,39f; 22,8) und der menschliche Leichnam (4Mo 19,11). Dies alles ist selber unrein und macht zugleich den unrein, der es berührt, sich in seiner Nähe befindet oder es genießt. Die Art der Übertragung der Unreinheit ist also verschieden, unterschiedlich ist auch die Dauer des unreinen Zustandes bei Menschen und Dingen, die verunreinigt worden sind.

2. Reinigung.

Bei der durch Genuß oder Berührung übertragenen Unreinheit genügt zur Reinigung des betreffenden Menschen, der (nicht irdenen) Gefäße und der Geräte (3Mo 11,32f; 15,12.17) eine *Waschung, nach der der unreine Zustand am Abend desselben Tages beendet war. Das gleiche galt beim Samenerguß des Mannes (3Mo 15,16-18) und vermutlich auch bei der Monatsblutung der Frau (vgl. 2Sam 11,2.4). Die Verunreinigung durch einen Toten dauerte sieben Tage und erforderte eine zweimalige Besprengung mit dem dafür vorgesehenen *Sprengwasser (4Mo 19). Bei eigener Unreinheit (Wöchnerin, Aussatz, Eiterfluß und krankhafte Blutung) dagegen war nach dem Aufhören des verunreinigenden Zustands außer der Erfüllung anderer Vorschriften stets noch die Darbringung eines Sündopfers notwendig (3Mo 12,6-8; 14,19.49; 15,15.30).

3. Verhältnis der kultischen Unreinheit zur Sünde.

Die entsprechenden Vorschriften weisen darauf hin, daß bei der kultischen Unreinheit ein Zusammenhang mit der Sünde besteht. Das wird auch vom Gebrauch der hebr. Worte für »rein« (*thāhōr*) und »unrein« (*thāmē*) bestätigt. Hebr. *thāhōr* bedeutet ursprünglich: »zum Licht hervorbrechend, lichtglänzend«; *thāmē* hat die Grundbedeutung »untergetaucht, schlammig, schmutzig« und bezeichnet in 5Mo 23,13ff; Hes 4,12-14 zunächst etwas Ekelerregendes, Häßliches, Widerliches. In Jes 6,5; Hes 22,5 (LÜ: befleckt); Sach 13,2 meint dasselbe Wort aber die ethische, sündige Unreinheit, entsprechend steht *thāhōr* in Hiob 17,9; Ps 51,12 für die Reinheit von Sünde.

Trotzdem kann aber die kultische Unreinheit nicht mit Sünde gleichgesetzt werden. Denn Sünde überträgt sich nicht auf die besprochene äußerliche Weise, sie kann auch nur durch *Opfer beseitigt werden, nicht durch Waschungen.

Man hat nun die kultische Unreinheit in allen ihren Formen als entferntere oder nähere Wirkung des Todes aufgefaßt, der als Folge der Sünde in letztem Gegensatz zum lebendigen Gott steht (1Kor 15,26). Dazu paßt, daß Totes und Krankheit (Eiterfluß, krankhafte Blutung) verunreinigte, daß der Samenerguß Vernichtung von Lebenskeimen ist und sich die Monatsblutung als Verlust von Lebenskraft deuten läßt. In gleicher Weise kann man die Unreinheit der Wöchnerin verstehen, wobei nicht das neugeborene Kind, sondern die Mutter, die Lebenskraft verloren hat, unrein ist. Bei den unreinen Tieren trifft diese Erklärung nur noch z.T. zu, bei den Raubtieren (3Mo 11, 27), den Raub- und Aasvögeln (V. 13-16); vgl. auch die Art des Gerichts, daß ein Mensch nach seinem Tod von Hunden und Vögeln gefressen wird (1Kön 14,11; 16,4; 21,24). Der Aussatz aber, der zudem medizinisch gesehen keine schwere Krankheit darstellt (*Krankheiten: Aussatz), entzieht sich dieser Deutung, wenn der völlig Aussätzige für rein erklärt wird (3Mo 13,12f). So läßt sich einerseits sehen, daß bei der kultischen Unreinheit ein Zusammenhang mit Sünde und Tod besteht, die nach dem Fall die gesamte Schöpfung vergiftet haben, obwohl nirgends von einer persönlichen Schuld die Rede ist. Andererseits ist aber kein Grund anzugeben, warum gerade nur bestimmte Tiere und körperliche Vorgänge, nicht etwa sämtliche Krankheiten, zur Verunreinigung und zum Ausschluß des betreffenden Menschen vom Gottesdienst führen, womit ihm zugleich für die Dauer seiner Unreinheit die Möglichkeit genommen ist, durch ein Opfer die Versöhnung seiner Sünde zu erlangen.

Eins aber machen diese Vorschriften unübersehbar deutlich: wie ernst der reine und heilige Gott es meint, wenn er fordert: »Ihr sollt heilig sein, denn ich bin heilig« (3Mo 19,2; vgl. 1Petr 1,16).

4. Kultische Reinheit im Neuen Testament. Das NT bringt keine Fortsetzung der kultischen Reinigung. Jesus zeigt die Sinnlosigkeit äußerer Waschungen bei innerer Verunreinigung durch die Sünde (Mt 15,11; 23,25ff; Lk 11,39f), und Petrus wird ausdrücklich befohlen, das nicht für unrein zu halten, »was Gott gereinigt hat« (Apg 10,15). Kein Teil der Schöpfung darf mehr als unrein an sich gelten (Röm 14,14; 1Tim 4,4). Dem Reinen, d.h. innerlich von der Sünde Gereinigten, ist alles rein (Tit 1,15), soweit ihm nicht durch sein Gewissen (Röm 14,14.20) oder die Rücksicht auf den schwachen Bruder (V. 15.20.21; 1Kor 8,8-13) geboten ist, bestimmte Dinge zu lassen (vgl. *Apostelkonzil).

II. UNREINHEIT DURCH DIE SÜNDE.

1. Neben der kultischen Unreinheit, die vom atl. Gottesdienst ausschließt, steht die Unreinheit der Sünde. Sie verunreinigt den Menschen in seinem Innersten, macht sein Herz, die Quelle der Gedanken und Worte (Mt 12,34f), unrein, so daß daraus nur noch Unreines hervorgehen kann (Mt 15,19). Dadurch wird der persönliche Umgang mit dem heiligen Gott verwehrt, die Gemeinschaft mit ihm unmöglich gemacht. Diese Verunreinigung ist mit dem Geborenwerden und Leben als Mensch in einer Welt, in der die Sünde herrscht, untrennbar verbunden (Hiob 14,4; 15,14; 25,4; Spr 20,9; Jes 64,5f).

2. Die Reinigung davon ist nur möglich durch die *Versöhnung und *Vergebung Gottes (Hes 36,25), der allein das reine *Herz schenken kann (Ps 51,12; 73,1; vgl. Hiob 22,30). Im AT hat der Herr zur Reinigung von unbeabsichtigten Übertretungen das *Opfer eingesetzt (3Mo 4,1ff) und zugleich die Sünde unter seine göttliche Geduld gestellt (Röm 3,25), bis seine Verheißungen im Erlösungswerk Jesu Christi Erfüllung fanden. Nun reinigt er die Herzen und Gewissen durch den Glauben an die Sühnewirkung des Blutes Jesu Christi (Apg 15,9; 1Tim 39; Hebr 9,14), so daß der Mensch zur Liebe (1Tim 1,5; 1Petr 1,22) und zu guten Werken fähig wird (Tit 2,14; Hebr 9,14) und den Herrn aus reinem Herzen anrufen kann (2Tim 2,22). Dieses grundsätzliche, einmalige Gnadengeschenk Gottes schafft die Zugehörigkeit zu seinem Volk des Eigentums (Tit 2,14), seiner Gemeinde. Dem folgt die fortschreitende, wiederholte Reinigung durch den Herrn (Joh 15,2), die wachsende Frucht seines Geistes zum Ziel hat. Hier ist auch der Gläubige selber aufgerufen, sich ständig neu zu reinigen (1Joh 3,3), von aller Befleckung des Fleisches und des Geistes (2Kor 7,1), von falschen Lehren und Lehrern (2Tim 2,16-18.21) und durch das *Bekenntnis seiner Sünden, so daß ihn das Blut Jesu rein macht von aller Sünde und Ungerechtigkeit (1Joh 1,7-9). Der Ungläubige dagegen bleibt nicht nur selber im Sinn und Gewissen unrein, ihm ist auch alles unrein, womit er umgeht (Tit 1,15).

Literatur: H. Baltensweiler, H.-G. Link, J. Schattenmann: TBLNT II, [4]1986, 1036-42; R. Hink, R. Rendtorff, E. Lohse: RGG[3], V, 939ff; F. Maass: THAT I, [3]1978, 646-652; H. Thyen: EWNT II, 1981, 535-542; H. Ringgren: ThWAT III, 1982, 306-315; G. André: ibid., 352-366; H.-J. Fabry: »Reinheit«, in: F. König, H. Waldenfels: Lexikon der Religionen, 1987, 523-525.

REINIGUNG s. Rein/Unrein

REIS, REISER. Triebe, Schößlinge (Hiob 8,16; Jes 53,2; Hes 17,22), dünne Zweige (Jes 27,10), trockenes Holz, Reisig (Apg 28,3). Im Gleichnis ist das R. Bild für den verheißenen Messias (Jes 53,2; Hes 17,22).

REISEN.

I. ALLGEMEINES.

R. war im Altertum mit erheblichen Strapazen und Gefahren verbunden, zu Wasser naturgemäß weit mehr noch als zu Lande (vgl. Apg 27,1-44; 2Kor 11,25). Bei einer Landreise ging man gewöhnlich zu Fuß odeer ritt auf Eseln, Maultieren und Kamelen, die auch als Lasttiere mitgeführt wurden (1Mo 22,3; 37,25; Ri 19,3ff; 2Kön 5,17). Mit Wagen reisten Vornehme (2Kön 5,9.21; Apg 8,28) oder wurden Frauen, Kinder und Alte transportiert (BRL[2] Abb. 89; ANEP 167f.367). Die röm. Zeit kennt spezielle Reisewagen, und zwar offene Sessel- und geschlossene Plan- bzw. Kastenwagen mit gewölbtem Dach, letztere auch mit Schlafeinrichtung für lange Reisen (W. Treue, (Hrsg.), Achse, Rad und Wagen, 1986, S. 98-100, Abb.). Erst die Römer schufen ein Netz befestigter, mit Pferdewechsel- und Übernachtungsstationen (*mutatio* bzw. *mansio*) versehener Überlandstraßen. Den

Asiaten treiben in einer Karawane einen mit Tragkörben beladenen Esel. Aus einem Wandgemälde im Grab Beni Hasans, Ägypten, ca. 1890 v. Chr. (PAC)

Schutz der Straßen aber konnten sie nicht immer und überall garantieren. Neben wilden Tieren (1Kön 13,24; Spr 22,13) waren es vor allem Räuber, die den Reiseverkehr bedrohten und behinderten (Lk 10,30; 2Kor 11,26; Jos. bell.Jud. 2,57-65; ant.Jud. 17,270-284; 18,274; vgl. B. Isaac: Bandits in Judaea and Arabia, Havard Studies in Classical Philology 88, 1984, S. 171-203). Schon aus Sicherheitsgründen schloß man sich gern zu Karawanen oder Reisegruppen zusammen (1Mo 37,25; Hiob 6,19; Lk 2,44). Den außerhalb der Heimat fehlenden Rechtsschutz ersetzte bis zu einem gewissen Grade die häufig rel. und vertraglich abgesicherte Sitte der *Gastfreundschaft. Wer sich den Schwierigkeiten und Risiken einer Reise aussetzte, tat dies aus triftigen Gründen; und die Bibel nennt eine ganze Reihe solcher Reiseanlässe. Fernhandel bringt ismaelitische Händler nach Ägypten (1Mo 37,28) und hält den Kaufmann von Jak 4,13 ein Jahr in der Fremde fest. In Geldgeschäften reist Tobit vom assyr. *Ninive nach *Ekbatana in Medien (Tob 4ff), einer Brautwerbung wegen Abrahams Knecht mit 10 Kamelen zur »Stadt Nahors« (Harran) im oberen Euphratgebiet (1Mo 24,10). Nach Harran auch flieht *Jakob vor *Esau (1Mo 27,43). Mit dem edomitischen Prinzen *Hadad flüchten Getreue vor Davids Ausrottungskommando über die südl. Sinaihalbinsel nach Ägypten (1Kön 11,17-18), wie ähnlich später die Eltern Jesu mit ihrem Kinde vor den Häschern des Herodes (Mt 2,14). In politischer Mission schickt David eine Beileidsdelegation von Jerusalem an den ammonit. Hof in Rabba(t Bene Ammon), sendet Thou, der König von Hamat in Mittelsyrien, den Prinzen Hadoram mit Huldigungsgeschenken zu David nach Jerusalem (2Sam 8,10), zieht *Nehemia von der persischen Hauptstadt Susa nach Juda (Neh 2,5). Anläßlich der großen Feste wallfahren Pilger alljährlich nach Jerusalem (Ps 122,1; Joh 7,10). In missionarischer Absicht durchziehen Juden wie Christen »Meer und Land« (Mt 23,15).

Literatur: s. *Handel und Verkehr.

II. DIE REISEN DES APOSTELS PAULUS.

Die erste Missionsreise (46-47 n.Chr.; Apg 13,1-14,28) führte Paulus und seine Begleiter vom nordsyr. *Antiochia bzw. dessen Hafen *Seleuzia zunächst nach *Zypern, das sie in ganzer Länge durchzogen, von *Salamis bis *Paphos. Von dort setzten sie über zur kleinasiat. Süd-Küste, um die Hauptorte der Landschaften *Pamphylien (*Perge), *Pisidien (*Antiochia) und *Lykaonien (*Ikonion, *Lystra, *Derbe) zu missionieren. Der Rückweg verlief auf dem Lande über die genannten Stationen bis zum pamphylischen Hafen Attalia und dann über See direkt nach Antiochia in Syrien. - Die zweite Missionsreise (48-51 n.Chr.; Apg 15,36-18,22) – ihr ging noch eine Reise zum sog. *Apostelkonzil in Jerusalem voraus (48 n.Chr.; Apg 15,1-34; Gal 2,1-10) – nahm ihren Ausgang wiederum in Antiochia und führte quer durch Kleinasien (Zilizien, die Missionsgebiete der 1. Reise, *Phrygien, *Galatien, *Mysien) nach *Troas und weiter über *Samothrake nach Griechenland, zunächst nach *Mazedonien, wo Paulus von der Hafenstadt *Neapolis auf der Via Egnatia nach *Philippi, sodann über Amphipolis und Apollonia nach Thessalonich zog; die nächsten und letzten Stationen waren *Beröa, *Athen und *Korinth. Zurück ging es zunächst per Schiff mit einem Zwischenhalt in *Ephesus nach *Caesarea (Palaestinae), von dort zu Lande auf dem Umweg über *Jerusalem (?) nach Antiochia. – Die dritte Missionsreise (53-59 n.Chr.; Apg 18,23-21,14) verlief, ähnlich der vorausgehenden, durch die zentralanatolischen Landschaften Galatien (Gal 4,13) und Phrygien. Vorläufiges Ziel war diesmal aber Ephesus, von wo aus Paulus einen »Zwischenbesuch« in Korinth abstattete (2Kor 2,1; 12,14; 13,1f), ehe er, erneut über Troas, nach Mazedonien (Apg 20,1; 2Kor 2,12f) und vielleicht nach *Illyrien (Röm 15,19) ging und dann wieder nach Korinth zog. Über Philippi kehrte er zurück nach Troas, fuhr von dort übers Meer nach *Milet und weiter nach *Tyrus und *Ptolemaïs (Akko), um über Caesarea nach Jerusalem zu reisen. Von hier aus wurde er als Gefangener nach Caesarea überführt (59-61 n.Chr.; Apg 23,33-26,32). – Auf der Romreise schließlich (61/62 n.Chr.; Apg 27,1-28,16) segelte er an der kleinasiat. Küste entlang nach *Kreta und wurde

Die Appische Straße verlief südöstlich von Rom nach Capua. Die Christen von Rom kamen diese Straße entlang, um Paulus auf dem Forum Appii zu treffen und zu grüßen (Apg 28,15). (SH)

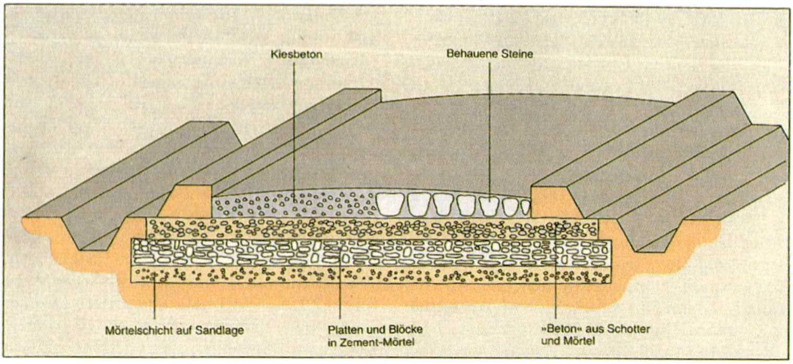

Querschnitt einer römischen Straße mit ihren typischen Konstruktionsmerkmalen.

dann durch einen Sturm zu einer Insel Melite verschlagen, wo man überwinterte. (Melite, gemeinhin mit Malta identifiziert, wird neuerdings [Warnecke] mit der westgriech. Insel Kephallenia in Verbindung gebracht, mit teils faszinierender, teils aber fragwürdiger Argumentation.) Die Weiterreise führte über *Syrakus und Rhegion nach *Puteoli, von dort auf dem Landweg nach *Rom.

Literatur: H. Metzger: Les routes de St. Paul, 1945; H. Warnecke: Die tatsächliche Romfahrt des Apostels Paulus, SBS 127, 1987.

III. DER »REISEBERICHT« DES LUKAS.

Der sog. »Reisebericht« des LkEvs., der Abschnitt Lk 9,51-18,14 (bzw. 19,27), erweckt auf den ersten Blick den Eindruck, als wolle er Jesu letzte Reise von Galiläa nach Jerusalem beschreiben. Von einer Jerusalemreise sprechen Lk 9,51-53; 13,22; 17,11 und 18,31, von einer Wanderung ohne Zielangabe 9,57; 10,1.38; 14,25. Nach Lk 18,35 und 19,1 ist Jesus bei oder in *Jericho, nach 19,11.28ff nahe bei Jerusalem. Doch entgegen der Meinung vieler Ausleger ist der »Reisebericht« an einer chronologisch und geographisch folgerichtigen Reiseroute offenkundig nicht interessiert: 9,52 befindet sich Jesus in *Samaria, 10,38 bereits im Haus der *Martha und *Maria (in *Bethanien bei Jerusalem), 13,22 aber zieht er wieder auf der Reise nach Jerusalem lehrend durch Dörfer und Städte und 17,11 gar durch das Grenzgebiet von Samaria und Galiläa. Diesen Schwierigkeiten sucht man bisweilen mit der Auskunft zu entkommen, Lukas berichte hier von zwei oder drei Jerusalemreisen. Aber Lukas spricht ausdrücklich nur von einer Reise und kennzeichnet sie bereits 9,51 als letzte. Nie deutet er eine Rückkehr nach Galiläa an und nie vor 19,28ff eine Ankunft in Jerusalem. Ebensowenig hat die Hypothese einer Predigtrundreise durch Samaria und Peräa einen Anhalt im Text. Die eigenwillige Ansicht schließlich, Lk 9,51-18,14 sei ein ursprünglich selbständiges Evangelium der

Das Lachisch-Relief zeigt Bürger, die ihre Stadt verlassen, ihre Habe transportieren sie auf Ochsenkarren und Kamelen. Ninive, Lachisch-Relief, ca. 700 v.Chr. (BM)

Wanderungen Jesu, sozusagen ein viertes synoptisches Evangelium, hat nicht mehr für sich, als daß Lukas in diesem Abschnitt den Aufriß der Markus-Vorlage verläßt und Stoffe aus der sog. Quelle Q sowie Sondergut einfügt. Diesem Einschub gab er mit den drei Hinweisen auf die Jerusalemreise einen historischen Rahmen, allerdings einen nur lockeren, der ihm zugleich die Freiheit ließ, seinen Stoff nach inhaltlichen und theologischen Gesichtspunkten systematisch zu ordnen. Mindestens ebenso wichtig wie die Suche nach dem literarischen Gestaltungsprinzip ist daher die Frage nach der theologischen Leitidee des Großabschnitts 9,51-18,14 (19,27), die nun freilich auch recht unterschiedlich beantwortet wird. Reise und Reisebericht sollen Jesu Leidensbewußtsein, die Heidenmission, die Jüngerschaft verdeutlichen, zeigen angeblich Jesus als Lehrer der Kirche, als zweiten, prophetischen Mose u.a.m.

Literatur: H.L. Egelkraut: Jesus' Mission to Jerusalem: A Redaction Critical Study of the Travel Narrative in the Gospel of Luke, Lk 9,51-19,48, Europäische Hochschulschriften, XXIII 80, 1976. S.M.

REIZEN. Jemanden zum Guten oder Bösen herausfordern, anspornen, lenken. Menschen r. oft zu Zorn und Streit (Spr 30,33), stacheln andere auf, um sie als Werkzeuge zu benutzen (Mk 15,11). Die eigenen Begierden (Jak 1,14) und das schlechte Beispiel anderer (2Petr 2,18) r., d.h. verlocken und verführen zur Sünde. Paulus warnt die Väter, ihre Kinder nicht durch falsche Erziehung in Zorn und Verbitterung zu treiben (Eph 6,4). Menschliche Sünde, bes. der *Götzendienst, reizt Gott, d.h. ruft seinen Zorn und sein Gericht hervor (Ps 78,58; Hes 8,17; 5Mo 32,16). In der Gemeinde Jesu Christi aber spornt man einander an zur Liebe und zu guten Werken (2Kor 9,2; Röm 11,14; Hebr 10,24).

REMET s. Jarmut

RENTMEISTER. Der Beamte, der unter *David und *Salomo für die Fronarbeiten (*Frondienst) verantwortlich war (hebr. *ʿal-hammas*, »über die Zwangsarbeiter gesetzt«; 2Sam 20,24; 1Kön 4,6; 5,28; 2Chr 10,18; LÜ: »Fronvogt«). Wir kennen in dieser Stellung nur Adoniram, der sich so verhaßt gemacht hatte, daß die Israeliten ihn in Sichem steinigten, als *Rehabeam ihn unklugerweise als Unterhändler zu den aufständischen zehn Stämmen sandte (1Kön 12,18; 2Chr 10,19). In Röm 16,23 bezeichnet R. (griech. *oikonomos*) den Beruf des *Erastus, des obersten Finanzbeamten (Stadtkämmerers) der Stadt *Korinth.

RESEN. (Griech. Dasen). Stadt zwischen *Ninive und *Kelach, gegründet von *Nimrod (1Mo 10,12). *re-sch-eni,* »Urquell«, hießen verschiedene Orte in *Assyrien, deren Lage jedoch nicht sicher zur geographischen Situation paßt, die in 1Mo 10 angegeben wird. Eine Möglichkeit, R. zu lokalisieren, bieten die Ruinen von Hamam Ali mit den angrenzenden Schwefelquellen am rechten Ufer des *Tigris, ungefähr 13 km südl. von Ninive. B.H.

REST.

1. Begriffe.

Im Hebr. stehen die bedeutungsgleichen Nomina *scheʾār* und *scheʾērīt,* die sich von dem Verb *schāʾar,* »übrigsein, übriglassen« ableiten. Nahezu gleichbedeutende Wechselbegriffe sind *pālath,* »entkommen«, *sārad,* »fliehen«, *iātar,* »übrigbleiben, einen Vorzug haben«. In dt. Übersetzungen finden sich vor allem »Rest« bzw. »Übriggebliebene« oder »Entronnene« und entsprechende Verbalumschreibungen. Im Griech. werden die Nomina *leimma, hypoleimma* sowie die Verben *leipō, dialeipō, kataleipō, perileipō* verwandt.

2. Gebrauch und natürliche Bedeutung.

Das Wort ist kein theologischer Begriff; im alltäglichen Gebrauch wird in verschiedensten Zusammenhängen von »Rest« als Übriggebliebenem oder Zurückgelassenem gesprochen: vom R. eines Mahles (1Sam 9,24), vom übriggebliebenen Holz bei der Götzenherstellung (Jes 44,17.19), von Bäumen, die übrigbleiben (Jes 10,19) oder vom R. der im Lande Zurückgebliebenen (Jer 40,11; 42,15.19 u.ö.). Wenn kein R. übrigbleibt, so ist das ein Zeichen umfassenden Gerichts (5Mo 7,20; 28,51; 2Sam 14,7; 2Kön 10,11.17). Wenn der R. so klein ist, daß nur noch einer übrigbleibt, so ist das ein Trost (1Mo 42,38), ein Zeichen dafür, daß das Gericht nicht umfassend war (1Mo 7,23) und Angeld für den Weitergang des Lebens.

3. Theologische Bedeutung.

a. Der Ursprung des theologisch geprägten Restgedankens ist nicht erhebbar.

Gressmann suchte die Wurzeln in der israelit. *Eschatologie, wo Heil und Unheil nebeneinanderstehen und der R. als Verknüpfung dient. Andere verbanden ihn mit der Erfahrung der Kriege Jahwes in Israels Frühzeit. Das Überleben eines Restes bedeutet Überlebensmöglichkeit für das Volk in seiner Gesamtheit. Wichtiger ist Israels eigene geschichtliche Erfahrung durch Gericht und

Gnade. Obwohl Israel durch die Erwählung Gottes bleibende *Treue zugesichert war, verfiel es beim Bruch der Bundessatzung dem *Gericht Gottes, das es bis an den Rand der Existenz treiben konnte. Der verbleibende R. Israels war Zeichen des durchlittenen *Zornes Gottes und der über das notwendige Gericht hinausreichenden göttlichen Treue, *Gnade und *Vergebung. So darf der R. weder einseitig der Heils- noch der Unheilssphäre zugeordnet werden, er ist Zeichen der Gnade im Gericht.

b. Geschichtliche Stationen.

Erstmals entsteht ein R. im theologischen Sinne, wenn durch das allumfassende Gericht der Flut hindurch allein *Noah übrig bleibt und was mit ihm in der Arche war (1Mo 7,23). Die Bewahrung dieses R.es ist Ausdruck der Gnade Gottes (1Mo 6,8) und gewährleistet den Fortbestand der Menschheit durch das Gericht hindurch. 1Mo 45,7 vermerkt ausdrücklich, daß Gott dafür gesorgt hat, daß die Brüder *Josefs als R. errettet werden, durch den auch der Welt Rettung zuteil werden soll. Der von Gott gesetzte R. und sein Rettungshandeln im Gericht sind nicht zu trennen. Bedeutsam wird diese Vorstellung in der Zeit der *Propheten. Israels Existenz ist gefährdet, weil es den falschen Göttern nachläuft. Angesichts des scheinbar umfassenden Abfalls und Gerichts erklärt Gott *Elia: »Ich will übriglassen siebentausend in Israel« (1Kön 19,10.14.18). Der von Gott bewahrte R. sind die Jahwetreuen, die zugleich den Kern des Gottesvolkes der Zukunft darstellen. Bei *Amos hat das Gericht eine solche Schärfe, daß mit einem R. nicht mehr zu rechnen ist (3,12; 9,1). Und doch glimmt ganz verborgen die Hoffnung, daß Gottes Gnade einen geringen R. übrigläßt (5,15). Bei *Jesaja ist R. nahezu ein Zentralbegriff seiner Verkündigung. Einer seiner Söhne trägt als sichtbare Verkörperung seiner Botschaft den Namen *Sche᾽ār-Jāschūb* (Jes 7,3), »ein Rest kehrt um«. Israel hat sich an dem Heiligen Israels versündigt und wird im Gericht aus dem Lande ausgerottet, das Land selbst wird verwüstet. Doch wie beim Fällen eines Baums ein Stumpf zurückbleibt, so soll dieser tote R. Same neuen Lebens sein (Jes 6,11-13; vgl. 11,1). Der übrigbleibende R. ist wie neues Leben aus den Toten. Jesaja und die Seinen werden so in dunkelster Stunde ein aufgerichtetes Zeichen der Treue und Gnade Gottes (Jes 8,18). Wenn es Israel nicht wie andern Völkern ergeht, die total ausgerottet werden (Jes 14, 22), geschieht das deshalb, weil Gott seiner Verheißung treu bleibt.

c. Wesentliche Kennzeichen.

Es wurde schon herausgestellt, daß der R.

ALLE VÖLKER

ISRAEL

DER REST

DER WAHRE KNECHT

†

IN IHM DAS GANZE GERICHT UND DAS GANZE HEIL

DIE ZWÖLF

ZU ISRAEL

AN ALLE VÖLKER

Gottes souveräne und unbegreifliche Gnadensetzung im Gericht ist (Jes 1,8f). Von menschlicher Seite gilt, daß die dem R. Zugehörigen sich nicht fremden Gottheiten zuwenden (1Kön 19,18), sondern sich zu Jahwe bekehren (Jes 10,21f) und auch in dunkelster Stunde auf Jahwe hoffen, auf ihn harren, an ihn glauben (7,9; 8,16-18). Wenn Glaube und Umkehr die entscheidenden Kennzeichen des R.es sind, so sind Strukturelemente genannt, die auch für die Zugehörigkeit zum ntl. Gottesvolk entscheidend sind, denn Jesu Botschaft ist zusammengefaßt in dem Ruf: Kehrt um und glaubt dem Evangelium (Mk 1, 14f). Nicht die Zugehörigkeit zu Israel gewährt Anteil am Heil, sondern Gott führt sein Werk mit der Restgemeinde weiter, die pars pro toto für Israel steht. Somit wird dem R. eine prophetisch-eschatologische Dimension eigen: Der R. ist Jahwe heilig – wie ursprünglich ganz Israel (2Mo 19,6) – und ist aufgeschrieben zum Leben (Jes 4,3; vgl. Hes 9,4.6). Er ist ihre Krone und Ehre (Jes 28,5). Gott wird den R. seines Volkes aus allen Völkern sammeln (Jer 23,3) und loskaufen (Jes 11,11) und wird ihn auf einer gebahnten Straße in sein Land führen, wie z.Zt. des Auszugs aus Ägypten (Jes 11,16; vgl. 40,4.10f). Die Übriggebliebenen werden zum Segen unter den Völkern und erlangen den Sieg (Mi 5,6f), denn Gott hat ihnen die *Sünde vergeben und die *Schuld erlassen als der Barmherzige (Mi 7, 18). Das Bild weitet sich bei *Zefanja ins Universale, wo der R. die Völker beherrschen wird: aus den wenigen Geretteten ist eschatologisch die unzählbare Schar geworden. Diese Vorstellung wirkt im NT in der Offenbarung weiter, wo die Gott gehörenden Versiegelten in der Vollendung zur unzählbaren Schar aus allen Völkern werden (7,3.9). Der R. reduziert sich schließlich auf den einen, der, nachdem alle abgefallen und in die Irre gegangen sind, sein Leben für alle als Schuldopfer dahingab und vielen Gerechtigkeit schaffte. Durch ihn, durch das göttliche Prinzip der Stellvertretung, gelingt Gottes Plan.

So ist der Restgedanke eng mit dem im Rechtsgrundsatz pars pro toto angelegten Stellvertretungsprinzip verbunden: Der R. steht für das Ganze. In ihm verwirklicht sich Gottes Verheißung und Treue. Im Blick auf die Zukunft ist im R. schon das Ganze enthalten. In der Geschichte engt sich Gottes Heils- und Offenbarungshandeln auf einen immer engeren Personenkreis ein, bis es sich auf den einen wahren Gottesknecht konzentriert, der allein gerecht ist und gerecht macht (Jes 53; vgl. Röm 3,25-31). Von ihm aus öffnet sich Gottes Offenbarung und Heil über die Apostel und den Rest Israels für alle Völker. (vgl. Skizze S. 1990).

4. Im Neuen Testament.

Im NT ist einerseits die durch Glaube und Umkehr zu Christus gekennzeichnete Gemeinde der R., den Gott in seiner Gnade in der dem Gericht verfallenen Welt bewahrt. Es ist die kleine Herde, die aus Gottes Gnade dem Gericht entrinnt und das Reich empfängt (Lk 12,32). Der Blick auf Israel zeigt, daß auch jetzt der Grundsatz des R.es gilt: Nur der R. wird gerettet, nicht aufgrund der eigenen Gerechtigkeit, sondern weil Gott einen R. übrigläßt »nach der Wahl der Gnade« (Röm 9,25-29; 11,1-6). In beiden Zusammenhängen beruft sich *Paulus auf Jesaja und auf Gottes Wort an Elia. Der jetzt gerettete R. Israels, für den der Heilsweg auch nur der Weg des Glaubens an den Christus Gottes sein kann (Röm 10,4-17), ist Zeichen dafür, daß Gott sein erwähltes Volk nicht verstoßen hat (Röm 11,1f). Die *Verstockung über Israel trifft nur einen Teil und ist zeitlich begrenzt (Röm 11,25). Letztlich soll ganz Israel selig werden, wenn Gott selbst Israels Sünde wegnehmen wird. So ist der glaubende R. Israels Angeld auf Errettung des ganzen.

5. Exegetische Hinweise.

Wie oben angedeutet sind die Ausdrücke für R. keine ursprünglich theologischen Begriffe. Gelegentlich ist nicht leicht zu unterscheiden, ob der profane oder theologische Gebrauch des Begriffes vorliegt (z.B. Jes 11,11.16; 21,17; Jer 40,11.15; 42,15. 19 u.ö.) Die Beachtung des Zusammenhangs und der oben genannten Kennzeichen des R.es ermöglichen meistens eine Entscheidung.

Literatur: V. Herntrich, G. Schrenk: ThWNT IV, 1943, S. 198, 221; G. von Rad: Theologie des AT, 61975, S. 171f; H. Wildberger: ThHWAT II, 1977, S. 844-855. H.E.

RETTEN/RETTUNG s. Erlösung

REUE s. Buße

REZIN.

1. Der letzte Syrerkönig von Damaskus. Inschriften Tiglatpilesars III. erwähnen R. als Razon, der zugleich mit Menahem von Israel dem Assyrerkönig Tribut zahlte (ca. 738 v.Chr.). Mit Pekach von Israel zusammen wollte R. Juda in ein Bündnis gegen Assyrien hineinzwingen; jedenfalls scheint dies das Ziel des syr.-ephraimitischen Krieges gewesen zu sein (2Kö 15,37; Jes 7,1.4.8; 8,6). Nachdem R. Elat erobert hatte (2Kö 16,6), rief *Ahas trotz Jesajas Warnung Tiglatpilesar zu Hilfe, der 732 v.Chr. Damaskus eroberte und R. tötete (V 9).

2. Stammvater einer Familie der Tempelknechte, die aus der babylon. Gefangenschaft zurückkehrten (Esr 2,48; Neh 7,50).

RHODOS. Die Hauptinsel des Dodekanes bildet an der S-Grenze der Ägäis mit Kythira, *Kreta und Karpathos die Landbrücke, die vom Peloponnes nach Kleinasien hinüberführt, dem es sich auf 18 km nähert. 80 km lang und bis zu 30 km breit durchzieht die Insel ein Gebirgsmassiv, das im Atáviros 1215 m erreicht. Das zu den Küsten abfallende wald- und wasserreiche Gelände wird vor allem in Küstennähe landwirtschaftlich genutzt. Schon in der Jungsteinzeit besiedelt, erlebte die Insel um das Jahr 1000 v.Chr. eine erste Blüte unter dorischen Griechen: so in Lindos, Jalysós und Kámeiros. Kolonisten aus Lindos gründeten um 700 v.Chr. Gela in Sizilien. Nach kurzer Inbesitznahme der Insel durch die Perser im 6. Jh.v.Chr. schloß sie sich im 5. Jh.v.Chr. dem Attischen Seebund an. Um 408 v.Chr.wurde nach dem Plan des berühmten Städtebauers Hippodamos von Milet an der Nordspitze der Insel die neue Hauptstadt Rhodos gegründet, die dann im 4. Jh.v.Chr. sogar *Athen als Handelsplatz überflügelte. Wahrzeichen des reichen und unabhängigen Inselstaates war der zu den sieben Weltwundern zählende Koloß von Rhodos, eine etwa 32 m hohe, auf 10 m hohen Steinsockeln stehende Bronzestatue des Sonnengottes Helios. Sie diente vermutlich als Leuchtturm am Hafeneingang. Im Jahre 85 v.Chr. wurde sie durch ein Erdbeben zerstört. Unter röm. Herrschaft verlor dann R. zwar seine Bedeutung als Handelszentrum, blieb aber weiterhin mit seiner, auch von Cicero und Caesar besuchten Rhetorenschule, ein wichtiges Kulturzentrum.

Im Jahre 58 n.Chr. landete der Apostel Paulus bei der Rückkehr von seiner dritten Missionsreise auf der Insel. Nach einer Legende soll das Schiff bei einem Sturm im Hafen

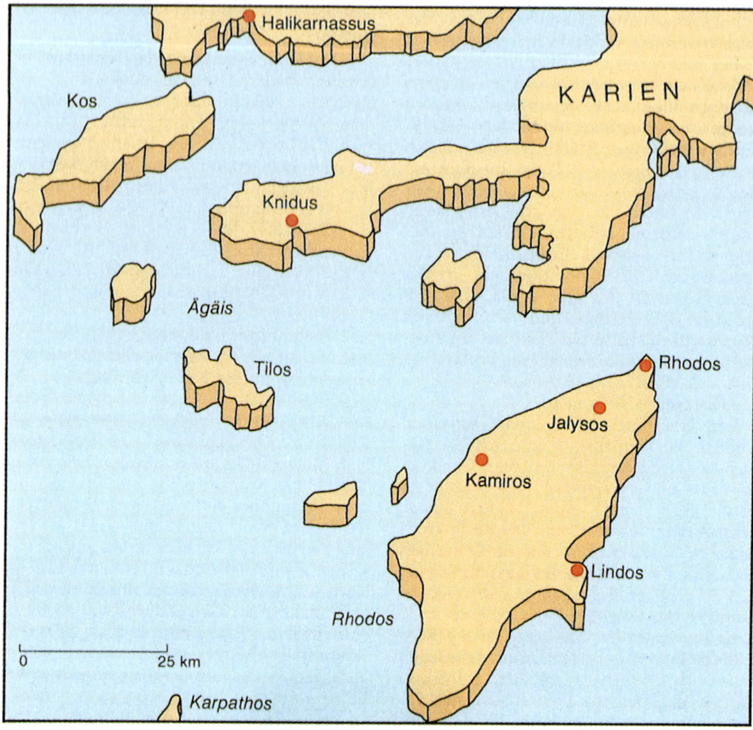

Die Insel Rhodos mit den wichtigsten Orten.

von Lindos Schutz gefunden haben. Eine christl. Gemeinde findet sich nachweislich erst im 3. Jh. auf R.; im Jahre 325 nimmt ihr Bischof am Konzil von Nizäa teil. Im Mittelalter war Rhodos Zankapfel zwischen Arabern, Byzantinern, Venezianern und Genuesen. Im Jahre 1309 wird die Insel von den Johannitern erobert und zu einer mächtigen Festung ausgebaut (Rhodos und Lindos!). Sie verteidigen sie über 200 Jahre hindurch erfolgreich gegen die Ägypter und Türken, mußten sie aber am 21. Dezember 1522 dem türkischen Sultan Suleiman dem Prächtigen überlassen. Im Jahre 1912 wurde die Insel nach fast 400jähriger Herrschaft der Türkei italienisch und kam nach dem zweiten Weltkrieg 1947 zu Griechenland. Die heutige Altstadt – in ihr durfte während der Türkenherrschaft kein Christ wohnen – mit den wiederhergestellten Bauten aus der Johanniterzeit: dem Großmeisterpalast und den nationalen Pilgerhospitälern, umgeben von einer 4 km langen, mit Türmen, Bastionen und Wallgraben bewehrten Stadtmauer, bietet ein eindrucksvolles Bild der abendländischen Kultur im Mittelmeerraum. An der Hafeneinfahrt begrüßen heute Hirsch und Hirschkuh, die symbolträchtigen Tiere, den Ankömmling.

Literatur: H. Jedin (Hrsg.): Handbuch der Kirchengeschichte, II/1, 1973; IV/1 1967; J. Lenzenberger u.a. (Hrsg.): Geschichte der Kath. Kirche, 1986. A.D.

RIBLA. (Lage vgl. Karte S. 1994)

1. Ein Ort im Gebiet von Hamat am Orontes in Syrien, an dessen rechtem Ufer Ruinen in der Nähe des heutigen Dorfes Riblah stehen, gut 100 km nördl. von Damaskus und ca. 12 km südl. von Kadesch. Der Standort war leicht zu verteidigen; er kontrollierte die Hauptstraße, die von Ägypten zum Euphrat führte; die benachbarten Wälder und Täler boten reichlich Nahrung und Brennmaterial. Diese Gründe dürften Pharao *Necho II. (609-593 v.Chr.) veranlaßt haben, nach seinem Sieg über *Josia bei Megiddo und der Plünderung

von Kadesch 609 v.Chr. R. als Standort des ägypt. Hauptquartiers zu wählen. Hier setzte er *Joahas von Juda ab, machte Juda tributpflichtig und ernannte *Jojakim zum König über Juda (2Kön 23,31-35). Als *Nebukadnezar (604-562 v.Chr.) von Babylonien die Ägypter bei *Karkemisch 605 v.Chr. besiegte, wählte auch er R. zu seinem Militärstützpunkt für die Unterwerfung Palästinas. Von hier aus leitete er Operationen gegen Jerusalem 589-587 v.Chr., und hierher wurde der von Babylon abgefallene *Zedekia von Juda gebracht, der geblendet wurde, nachdem er den Tod seiner Söhne und seiner Oberen hatte mit ansehen müssen (2Kön 25,6.20f; Jer 39,5-7; 52,9-27). Hes 6,14 dürfte den gleichen Ort meinen, da ein sonst unbekannter Standort in diesem Kontext unwahrscheinlich ist.

2. R. an der NO-Ecke der Grenzbeschreibung Israels (4Mo 34,11) mag der gleiche Ort sein wie 1., obwohl im allg. angenommen wird, daß die Grenze weiter südl. liegt (vgl. Hes 47,15-18). Der mehrfach gemachte Vorschlag, »nach Harbel« (LXX) zu lesen, würde das heutige »Harmel in der Beqa'« bezeichnen, das 13 km südwestl. von R. (1.) liegt. D.J.W.

RICHTEN s. Recht; s. Richter; s. Strafe/Straftat

RICHTER. Das hebr. Wort *schōphēt* hat eine umfassendere Bedeutung als das dt. Wort »Richter«. Es ist nicht auf eine entsprechende Amtsperson im juristischen Bereich beschränkt. Einsichtig wird dies, wenn man die geschichtlichen und rel. Zusammenhänge bedenkt. Auf der einen Seite gab es im Verlauf der Volkwerdung Israels zunächst kein spezi-

Kamiros an der Westküste war eine der drei alten Städte auf Rhodos. Die ausgegrabenen Reste stammen von hellenistischen Häusern, einem Tempel und einer Säulenhalle aus dem 2. Jh. n. Chr. (RH)

Ribla am Orontes.

fisches R.amt. Die *Patriarchen begegneten der Rechtsprechung in ihrer Umwelt als einem Gericht im *Tor, durch das alle wichtigen öffentlichen Angelegenheiten von den Ältesten eines Ortes geregelt wurden (1Mo 23,10f.17f). Dieselbe Praxis findet sich dann auch bei den Israeliten nach der *Landnahme bis in die späte Königszeit (Rut 4,1-12; Am 5,10.12). Auf der anderen Seite steht seit seinen Anfängen für Israel fest, daß hinter allem richterlichen Geschehen letztlich Gott selbst der Richter ist (1Mo 16,5; 18,25; 31,53; Ri 11,27; 1Sam 24, 13.16). Er bestimmt nicht nur, was *Recht (*mischpath*) ist (2Mo 21,1), vielmehr – wie sich an *Mose zeigt – erhält der von ihm Gesandte damit gleichzeitig richterliche Autorität (vgl. 2Mo 2,14; 18,13ff). Richten als ein übertragenes Amt deutet sich zum ersten Mal an, als Mose angesichts eigener Überlastung dem Rat seines Schwiegervaters *Jitro folgt und fähige Leute einsetzt, die einfache Fälle zu entscheiden haben (2Mo 18,13ff). In einem Rückblick auf jenes Geschehen (5Mo 1,9ff) wird deutlich, daß auch diese Delegierung an Gott rückgebunden bleibt (V. 17). Die Tora (*Gesetz) sieht schließlich ein eigentliches R.amt im Tor der einzelnen Städte für die Zeit der Seßhaftwerdung vor (5Mo 16,18). Dabei soll es an einem besonders von Gott erwählten Ort ein übergeordnetes R.amt in Verbindung mit den Priestern (als Bewahrern des *mischpath*) geben (5Mo 17,8ff). Vor der Verwirklichung dieser Vorschriften steht in Israel nach der Landnahme die Zeit der sog. »Richter«, die im Buch *Richter beschrieben wird. Anders als es der Name vermuten läßt, war dies eine Zeit zunehmend ungeordneter Rechtsverhältnisse (Ri 17,6; 21,25). Benannt ist sie nach einer Reihe von Gestalten, die im Rückblick zusammenfassend als »Richter« bezeichnet werden (Ri 2,16ff). Es ist jedoch nicht offensichtlich, in welchem Sinne dieser Titel verstanden ist. Weithin scheint die Aufgabe jener »Richter« in der Errettung der von Gott abgefallenen und von Feinden bedrängten *Stämme Israels bestanden zu haben. Sie werden deshalb z.T. auch »Retter« genannt (Ri 3,9.15). Von den meisten wird summarisch die Tätigkeit des Richtens überliefert, ohne daß dies im einzelnen ausgeführt ist (Ri 4,4f; 10,1-5; 12,7-15). So liegt es nahe, zum einen die Linie zu Mose zurückzuführen, bei dem ja ebenfalls die Berufung Gottes zur Errettung des Volkes am Anfang stand, und richterliche Aufgaben erst als Auswirkung des Führungsamtes zu verstehen, andererseits im atl. Begriff des Richtens neben der verurteilenden Komponente (5Mo 25,1; 1Sam 3,13; Jes 66,16) die aufrichtende (5Mo 25,1; 2Sam 15,4) und rettende (1Sam 24,13.16; Ps 72,7; Jes 1,17) zu betonen. Als letzte R. im Sinne des Richterbuches sind *Eli (1Sam 4,18) und *Samuel (1Sam 7,15-17) zu fassen, wobei beide zunächst mit priesterlichen Aufgaben betraut waren. Nach Jos 8,33; 23,2; 24,1 ist im übrigen anzunehmen, daß die einst von Mose den Stämmen vermittelte Gerichtsstruktur (2Mo 18,13ff) auch nach der Landnahme ihre Fortsetzung fand. Mit der Entstehung des Königtums gehen richterliche Befugnisse auf den König über, deutlich etwa in 2Sam 15,2-6; Ps 72,1-4. Sie scheinen besonders die Bereiche des Heeres (schon: Saul, 1Sam 14) und des Königshauses (2Sam 14;

1Kön 2), Angehörige der nichtisraelit. Bevölkerung (2Sam 1,1-16; 4,1-12; 21,1-9) und unklare Rechtsfälle betroffen zu haben (2Sam 14,4ff; 1Kön 3,16ff). Es ist *Salomos Gebet bei seinem Regierungsantritt, in diesem Bereich besonders befähigt zu werden (1Kön 3,9). Von einer besonderen Aufsicht über das Gerichtswesen ist weder bei *David noch bei Salomo die Rede. Dies ändert sich durch die Justizreform unter *Joschafat (2Chr 19,5ff). Vielleicht im Anschluß an frühere Vorkehrungen Davids (1Chr 23,4) werden die Verhältnisse offensichtlich in Entsprechung zu 5Mo 16,18ff; 17,8ff geordnet. Eben diese strukturellen Verhältnisse setzt schließlich der Prophet *Jesaja in seinen Anklagen voraus (Jes 1,26; 3,2). Die Korrumpierung des *mischpath* Gottes in Jerusalem, der Stadt der Gerechtigkeit, wird zum Anlaß des Gerichtshandelns des eigentlichen Richters Israels (Jes 1). Recht und Gerechtigkeit werden deshalb auch Kennzeichen der Heilszukunft sein, die Gott (durch seinen Auserwählten) bereiten wird (Jes 9,6; 11,3ff; 42,1-4). Auch für den einzelnen, der sich unschuldig bedrängt und verfolgt weiß, ist Gott der R., bei dem er sein Recht einklagen kann (Ps 7,9ff; 10; 26 u.ö.) und seine Sache geführt weiß (Ps 43, 1.5; 57,3).

Literatur: G.Ch. Macholz: Die Stellung des Königs in der israelitischen Gerichtsverfassung, ZAW 84/1972; ders.: Zur Geschichte der Justizorganisation in Juda, ZAW 84/1972. Vgl. *Richter, Buch. M.W.

RICHTER, BUCH. Es behandelt die Zeit zwischen *Landnahme und Staatswerdung Israels, d.h. zwischen *Josua und *Samuel. Seinen Namen trägt es nach den im Hauptteil handelnden Rettergestalten, die allg. *Richter genannt werden. Es ist nicht eine kontinuierliche Geschichtsdarstellung, sondern zeichnet ein Bild der Zeit, als »kein König in Israel war und jeder tat, was ihm recht dünkte« (17,6; 21,25). Doch was »in seinen Augen recht war«, war zugleich »was dem Herrn mißfiel«, bzw. »in den Augen Jahwes schlecht war« (so der hebr. Text 2,11; 3,7.12; 4,1; 6,1; 10,6; 13,1). Jene Zeit ist gekennzeichnet durch Bedrängnis von außen und chaotische Zustände im Innern. Wenn Israel dennoch erhalten bleibt, dann deswegen, weil Gott immer wieder »Retter erweckt« (2,16; 3,9.15 u.ö.). Die Richterzeit reicht über das Buch Ri hinaus bis Samuel, dem letzten Richter (1Sam 7,15-8,2), der das Königtum in Israel einführt.

I. AUFBAU UND INHALT.

Ri ist einerseits Teil eines größeren Ganzen, des sog. *deuteronomistischen Geschichtswerkes, andererseits ein in sich geschlossenes, auf eine bestimmte Phase der Geschichte Israels beschränktes Werk mit klarem Aufbau und ausgeprägter Botschaft. Im Gegensatz zum Buch Josua steht nicht eine Einzelgestalt im Mittelpunkt, sondern eine Vielzahl von Personen prägt das Geschehen.

1. Aufbau.

1,1-2,5: Vorbau: Die Situation der Stämme Israels in Kanaan.

2,6-16,31: Hauptteil: Israel und seine Retter.

2,6-3,6: Theologische Besinnung zur Richterzeit und Aufzählung der im Lande verbliebenen Völker.

3,7-11: *Otniel befreit Israel von Kuschan-Rischatajim.

3,12-30: *Ehud befreit Israel von *Eglon, dem Moabiter.

3,31: *Schamgar errettet Israel vom Druck der *Philister.

4,1-5,31: *Debora und *Barak erretten Israel von der Hand *Jabins.

6,1-8,35: *Gideon errettet Israel von der Bedrängnis durch die Midianiter.

9,1-57: *Abimelechs gescheiterter Versuch, das Königtum einzuführen.

10,1-5: *Tola und *Jair.

10,6-16: Zwischenstück – Israels Bedrängnis durch die Philister und seine Errettung.

10,17-12,7: *Jeftah errettet Israel von der Hand der *Ammoniter und opfert seine Tochter. Bruderkrieg mit Ephraim.

12,8-15: Die Richter *Ibzan, *Elon und *Abdon.

13,1-16,31: *Simsons Abenteuer im Kampf gegen die Philister.

17,1-21,25: Anhang: Chaos im Innern.

17,1-18,31: Das Gottesbild des Micha und der Wohnsitzwechsel des Stammes Dan.

19,1-21,25: Die Schandtat von *Gibea, Strafgericht an Benjamin und Hilfe für die Übriggebliebenen.

2. Inhalt.

Das Israel der Richterzeit ist ein loser Stämmebund ohne staatliche Organe, ohne Heer, ohne Hauptstadt, ohne staatliches Oberhaupt und ohne Administration. Es steht unter der direkten Gottesherrschaft, wie es Gideon ausdrückt: »Jahwe soll Herrscher über euch sein!« (8,23). Deshalb ist es nur so lange stark, wie es auf die Mitte seiner gemeinsamen Existenz, auf Jahwe selbst, ausgerichtet ist. Fallen die Stämme von Jahwe ab, so zerfallen sie untereinander und fallen ihren Feinden zum Opfer. Israel lebt in dem ihm von Gott zugesprochenen Land. Die Einleitung (1,1-2,5) ist nicht eine zweite, mit der Version im Buch Josua konkurrierende Darstellung der Landnahme, sondern eine Beschreibung der Lage Israels im Land, die für

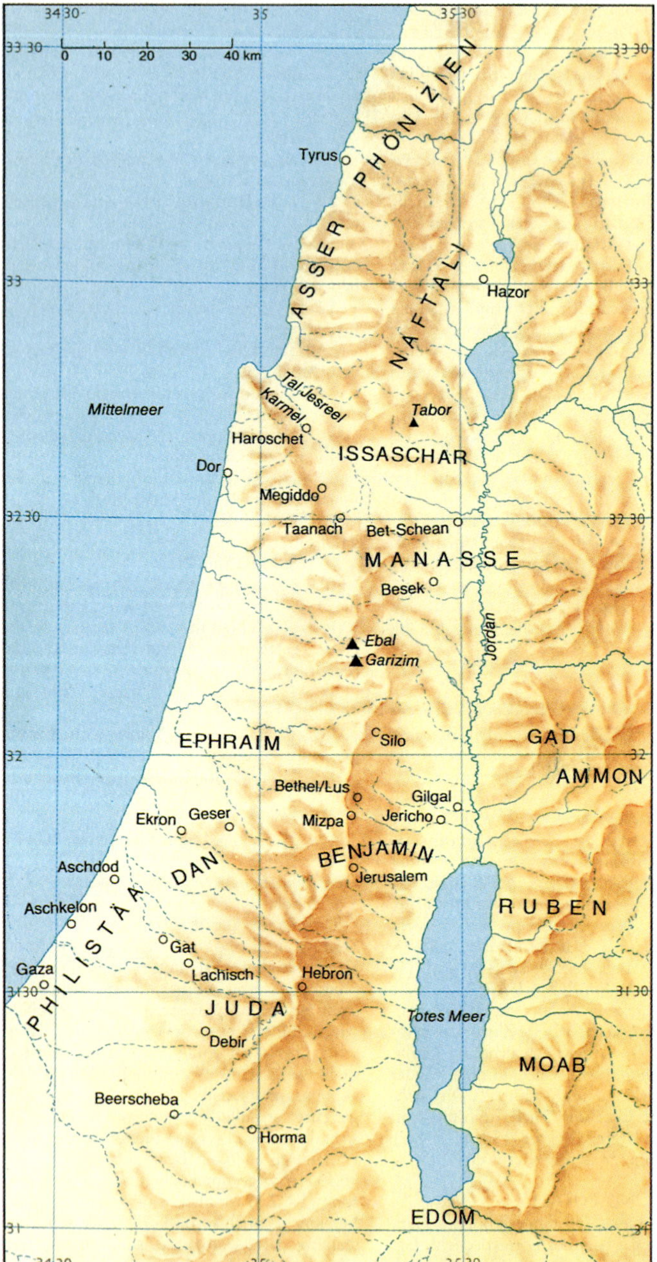

Palästina zur Zeit der Richter.

Richter	Herkunft (Ort/Stamm)	Beleg-stelle	Gegner	Jahre	Beleg-stelle
Otniël	Keniter (Simeon?)	Ri 3,7–11	Mesopotamien	8	Ri 3,8
			Kuschan-Rischatajim	40	3,11
Ehud	Benjamin	3,12–30	Eglon von Moab	18	3,16
Schamgar	–	3,31	Philister	80	3,30
Debora u.	Ephraim u.		Jabin/Sisera	20	4,3
Barak	Naftali	4; 4	Kanaaniter	40	5,31
Gideon	Manasse	6-8	Midianiter	7	6,1
				40	8,28
(Abimelech)		9		3	9,22
Tola	Issaschar	10,1.2		23	10,2
Jair	Gilead (Ruben?)	10,3ff		22	10,3
Jeftah	Gilead (Gad?)	10,6–12,7	Ammoniter	18	10,8
Ibzan	Bethlehem (Juda)	12,8–10		7	12,9
Elon	Sebulon	12,11.12		10	12,11
Abdon	Ephraim	12,13–15		8	12,14
Simson	Dan	13–16	Philister	40	13,1
				20	15,20; 16,31
				404	

Die Richter nach ihrer Stammeszugehörigkeit und ihre Gegner. Asser hat keinen Richter. Dafür fehlt bei Schamgar die Stammeszugehörigkeit. Abimelech wird als Richter nicht bestätigt. Die Zwölf ist eine nach der Zahl der Stämme vorgegebene Zahl. Der Eindruck entsteht, daß jeder Stamm einen Richter stellte. Der Verfasser von Ri war wohl der Überzeugung, »daß die wählende Hand Gottes nach einer bestimmten Ordnung verfahren ist« (Hertzberg, S. 42). Und doch war man aufgrund der vorgegebenen Überlieferung gehalten, nicht systematisch jedem Stamm einen Richter zuzuordnen. (H.E.)

das ganze folgende Geschehen grundlegend ist. Die wesentliche Feststellung ist: »Sie vertrieben die Kanaanäer nicht« (1,19.21.27.29–33), sondern »nahmen deren Töchter zu Frauen« (3,5f u.ö.). Israels Unvermögen, seine Feinde zu vertreiben, ist die Folge seines Ungehorsams (2,3 vgl. 2,20ff). Die Richterzeit ist durchgehend Prüfungszeit (3,4) für Israel: Es muß im Lande in unmittelbarer Nachbarschaft mit den Heiden heimisch werden, ohne den fremden Göttern zu verfallen. Da es der Versuchung nicht widersteht, ist es eine Geschichte fortgesetzten Versagens, die nur deshalb nicht zum Untergang Israels führt, weil Gott sich seines Volkes immer wieder erbarmt und ihm Retter sendet. Dieses sog. deuteronomistische Geschichtsschema, das sich in historisierender Kurzform 3,7-11, in theologischer Reflektion 2,6ff findet, durchzieht das ganze Buch: Israel tut, was dem Herrn mißfällt; Gottes Zorn entbrennt gegen sein Volk und er verkauft es unter seine Feinde. Israel schreit zum Herrn. Der Herr erweckt ihm einen Erretter. Darauf hat das Land 40 oder 20 oder 80 Jahre Ruhe. Die Wirkung der Befreiung hält nur so lange, wie die Generation lebt, die sie erfuhr. Dann beginnt der Abfall von neuem. Insgesamt treten zwölf Richter auf. Der eigentliche Richter Israels ist Jahwe selbst (11,27). Von den sog. »kleinen Richtern« (Tola, Jaïr, Ibzan, Elon, Abdon) erhielten sich keine Erinnerungen an ihre Taten. Wenn sie trotzdem einbezogen werden, dann wohl deshalb, damit auf jeden Stamm ein Richter kommt. Die Herleitung des Amtes und seine genaue inhaltliche Füllung sind nach wie vor umstritten. Die Richter sind schwerlich in erster Linie »Rechtssprecher« – obwohl Ibzan, Elon, Abdon, Debora (4,4) und vor allem Samuel (1Sam 7,15-8,3) Recht sprachen –, sondern Rettergestalten. Richten bedeutet eben, dem andern sein Recht verschaffen, ihn von seinen Bedrängern erretten (vgl. die Parallelität der Ausdrücke in Ps 72,2-4 und die Ausführungen bei G. von Rad, S. 343, Anm. 7). Ri nennt deshalb die Richter auch »Retter« und ihr Werk »Retten« (3,9.15.31; 10,1 u.ö.). Sie retten das Volk, indem sie die Feinde von außen abwehren und z.T. dem Chaos der Gesetzlichkeit im Innern entgegentreten.

Möglicherweise ist die Bezeichnung »Richter« (hebr. *schōphēt*) aus dem kanaan.-phöniz. Umfeld übernommen, wo ein *schapitu* (akkad.) bzw. *schupetim* (phöniz.) Führer eines Gemeinwesens ist. Sollte die Bezeichnung von dort übernommen sein, so wurde sie doch in Israel spezifisch gefüllt. So kann man in Israel nicht von einem »Richteramt« sprechen noch sind die Richter Amtsträger. Sie haben keine Nachfolger und gründen keine Dynastien (s. Ri 9; 1Sam 8,1ff). Sie werden persönlich von Gott in Notzeiten »erweckt« (Ri 2,16ff) bzw. berufen (6,11ff), und der Geist Jahwes ermächtigt sie zu ihrem Werk (3,10; 6,34; 11,29; 13,25; 14,6.19; 15,14.19). Weicht der Geist, das ist der Herr, von ihm, so ist er machtlos (16,20). Man kann deshalb die Richter als »Charismatiker« und als »Werkzeuge des Geschichtswillens Jahwes« (von Rad, S. 342) bezeichnen, wobei die Aufgaben der einzelnen sich nach der jeweils vorfindlichen Situation richteten. Doch werden sie gerade nicht als ethische Idealgestalten dargestellt. Die Geschichte Gideons, Jeftahs und Simsons hat ein auffallendes Gefälle zur Sünde; z.T. zerstören sie sogar ihr eigenes Werk (8,27 u.ö.). Auch das Vorgehen der anderen enthält anstößige Momente. So scheint hinter den Erzählungen unausgesprochen die Frage nach dem zu stehen, der nicht nur gelegentlich von äußeren Feinden rettet, sondern der frei von der Sünde die Sünde selbst überwindet (vgl. von Rad ebd.). Kap. 17-21 lassen sich zeitlich kaum einordnen. Literarisch gesehen mögen sie Anhang sein. Doch stehen sie keineswegs zufällig am Ende. Die Richter konnten zwar die äußeren Feinde abwehren, das innere Verderben aber konnten sie nicht aufhalten. Hier zeigt sich, wie weit Israel abgewichen war vom Weg des Bundes; Götzendienst (17,4; 18, 30f), Diebstahl und Menschenraub, Verweigerung der Bruderschaft, der Gastfreundschaft, Homosexualität, Vergewaltigung, Mord und Bruderkrieg greifen um sich. Der Vergleich mit Sodom drängt sich auf (19,22 vgl. 1Mo 19,5-8). So erschallt am Ende trotz vorheriger königskritischer Aussagen (Kap. 9) unüberhörbar der Ruf nach einem König, der dem Chaos Einhalt gebietet (18,1; 19,1; 21,25). Wenn man in Ri von Gesetz und Priester nichts hört, dann deshalb, weil auch die Priester ruchlose Männer waren (Kap. 17; vgl. 1Sam 2,12f) und des Herrn Wort selten war im Lande und es kaum noch Offenbarung gab (1Sam 3,1; vgl. Kap. 19-21). Die Richterzeit war eine dunkle Zeit. Nur Gottes Treue und Gnade bewahrten das Volk vor dem frühen Untergang in heidnischer Umwelt (vgl. Ps 44,2ff). Das Volk wäre wohl dem Götzendienst verfallen und – von innen und außen bedrängt – untergegangen, hätte Gott ihm nicht einen Propheten erweckt (1Sam 3,19ff) und dann beständige Führer gegeben, die über die schlimmste Not hinweghalfen (1Sam 9,16).

II. ÜBERLIEFERUNGEN UND QUELLEN, ENTSTEHUNGSZEIT UND ABFASSUNG.

Der Versuch, die mutmaßlichen Pentateuchquellen über Josua in Ri hinein zu verfolgen, ist gescheitert (s. *Josua, Buch). In Ri finden sich verschiedenartige Überlieferungen: Listen nicht eroberter Gebiete (Kap. 1), Siegeslieder (Kap. 5), breit angelegte Erzählungen über die Taten einzelner Richter (Kap. 6-9; 13-17) sowie Kurznotizen über andere (10,1ff; 12,8ff). Die Erzählungen machen einen sehr altertümlichen Eindruck und stammen aus unmittelbarer Ereignisnähe (vgl. G. von Rad, S. 341.345). Daß man den »kleinen Richtern« nicht Rettergeschichten hinzufügte, spricht für die Sorgfalt im Umgang mit der Überlieferung. Das Lied der Debora (Ri 5) zählt zu den ältesten literarischen Stücken der Bibel. Die Liste Kap. 1 weiß davon, wie Städte den Besitzer hin und her wechselten (V. 8; vgl. V. 21) und stammt aus der Zeit vor der Eroberung Jerusalems durch David (1,21; vgl. 2Sam 5,6f) um 996 v.Chr. Auch *Geser, das 930 zu Juda kommt (1Kön 9,16; vgl. Ri 1,29) ist noch in kanaan. Hand. Wann die verschiedenen Überlieferungen erstmals zusammengetragen wurden, läßt sich nicht sicher feststellen. Doch muß es geschehen sein, als man auf die Richterzeit als abgeschlossene Geschichtsperiode zurückschaute, d.h. in der frühen Königszeit. Auch Kap. 18,31 weist in diese Richtung (vgl. Ps 78,60; Jer 7,12), denn der Fall *Silos wird schon vorausgesetzt (1Sam 4). Mit dieser ersten Sammlung und Ordnung der Richtergeschichten ist indes der Abschluß des Buches noch nicht erreicht. 18,30 ist zu lesen, daß die Daniten eigene Priester hatten »bis auf die Zeit, da sie aus dem Land gefangen weggeführt wurden« (18,30). Das geschah erst 734/32, als Tiglatpilesar III. die israelit. N-Provinzen abtrennte und die Bewohner deportierte (vgl. 2Kön 15,29; Jes 8,23). Auch wenn es eine nachträgliche Notiz sein sollte, spricht sie dafür, daß bis dahin das Buch noch nicht abgeschlossen war. Zuletzt wäre die ausgeführte deuteronomistische Geschichtstheologie zu bedenken (2,1ff). Wie bei Josua ausgeführt, kann sie zu Zeiten *Hiskias vorgelegen haben. Während also die Überlieferungen weitgehend aus der Richterzeit selbst stammen und in der frühen Königszeit gesammelt und geordnet wurden, erhielt das Buch seine abschließende Gestalt wohl erst in der späteren Königszeit. Dafür spricht auch die Tatsache, daß es jetzt Teil des umfassenden deuteronomistischen Geschichtswerkes ist.

III. HISTORISCHES UMFELD UND ZEITLICHE EINORDNUNG.

Unter Josua hatten sich die israelit. Stämme in *Kanaan festgesetzt. Aufgrund der strategischen und technischen Überlegenheit der Kanaanäer gelang die Eroberung der Ebenen nicht (1,19). Israels Siedlungsraum war weitgehend auf das bergige Waldland beschränkt. In manchen Städten und deren Umgebung wohnten Israeliten unter Kanaanäern (z.B. 1,29ff); z.T. waren die Kanaanäer fronpflichtig (1,28.30.35). Damit waren die Voraussetzungen für die Probleme und Konflikte der Richterzeit gegeben. Weltgeschichtlich vollzogen sich zu jener Zeit enorme Umschichtungen. Aus SO-Europa einwandernde Völkerschaften zerstörten die minoische und mykenische Kultur im ägäischen Raum. Die sog. Seevölker verließen ihre angestammten Heimstätten in der Ägäis und auf Kreta, dem bibl. Kaftor (vgl. Am 9,7; Jer 47,4), stürmten durch Kleinasien nach O, rannten gegen das Hetiterreich an und brachten es für immer zum Einsturz. Andere Gruppen brandeten gegen die Küsten Ägyptens und erschütterten das Land so, daß es nie mehr eine Weltmacht wurde (gegen 1190 v.Chr.). Von dort abgewiesen, ließen sie sich schließlich in der Küstenebene Palästinas nieder, vereinigten sich mit den dort schon anwesenden nichtsemit. Stammesverwandten und bauten fünf Stadtkönigtümer auf, die über Jh. eine Bedrohung Israels darstellten: *Gaza, *Aschkelon, *Aschdod, *Gat und *Ekron. Das durch die Schwächung der alten Großreiche entstandene internationale Machtvakuum begünstigte die Festsetzung Israels in Kanaan, das früher dem ägypt. Machtbereich angehört hatte. Die sich in der Küstenniederung ansiedelnden Seevölker, u.a. die *Philister der Bibel, lieferten Israel seit der späten Richterzeit einen Kampf auf Leben und Tod (10,6ff). Kulturgeschichtlich fällt das Heimischwerden Israels im Lande mit dem Beginn der Eisenzeit zusammen. Die Seevölker hatten die im 14. Jh. v.Chr. im anatolischen Bereich entwickelte Technik nach S gebracht. Sie ermöglichte in der Bau-, Land- und Kriegstechnik wesentliche Fortschritte. Da die Philister zunächst das Monopol der Eisenbearbeitung hatten, brachte der technische Fortschritt für Israel vermehrte Abhängigkeit und Benachteiligung. Selbst für die Reparatur landwirtschaftlicher Geräte waren sie auf die Philister angewiesen (1Sam 13,20).

IV. DIE CHRONOLOGIE DER RICHTERZEIT.

Diese ist im Rahmen der gesamtatl. Chronologie zu bedenken. Setzt man den Exodus aufgrund inner- und außerbibl. Hinweise um 1280 v.Chr. an, so bleiben für die Richterzeit etwa die Jahre 1230-1050 v.Chr., d.h. rund 180 Jahre. Ri selbst enthält detaillierte Jahresangaben (s. Tab.). Addiert man sie, so ergeben sich insgesamt 404 Jahre. Die Diskrepanz erklärt sich zum einen damit, daß sich die Wirkzeiten der einzelnen Richter überlappen (z.B. Ehud und Schamgar, 3,30-4,1). Es ist kein Zufall, daß es ingesamt 12 Richter gibt, die sich auf die verschiedenen Stämme verteilen und allg. mit denjenigen feindlichen Nachbarn zu tun haben, die ihnen räumlich am nächsten liegen. So konnten etwa gleichzeitig an verschiedenen Orten Richter auftreten. Zum andern fällt auf, daß die Ruhezeiten entweder 40 (3,11; 5,31; 8,28) oder 80 (3,30) Jahre betragen. Vermutlich handelt es sich hier um runde Zahlen, die jeweils die Dauer einer bzw. zweier Generationen umschreiben sollen (vgl. 40 Wüstenjahre u.ä.). Während die runden Zahlen (20/40/80) dann eher einen Symbolwert hätten, können die anderen Zahlen sehr wohl die wirkliche Zahl der Jahre wiedergeben. Da auch angefangene Jahre wie volle gezählt werden, wäre auch hier noch etwas abzuziehen. Die 11,26 erwähnten »300 Jahre« sind entweder zu lesen als »im 3. Jh.« (so Bruce), d.h. etwa 150 Jahre nach den erwähnten Ereignissen, oder als Umschreibung einer langen Zeit. Dafür spricht die runde Zahl. Wer indes alle Zahlen in Ri als reale Werte versteht, kommt nicht umhin, sich für die Frühdatierung des Exodus zu entscheiden, wobei auch hier noch mit Zeitüberlappungen zu rechnen ist. Es fragt sich zudem, ob dieses neuzeitliche Zahlenverständnis dem bibl. entspricht.

V. DIE BOTSCHAFT.

Neben den einzelnen Geschichten hat Ri auch als ganzes eine Botschaft. Vor allem anderen bezeugt es die Treue Gottes, der sein erwähltes Bundesvolk selbst in den Zeiten des Abfalls nicht verläßt und seine »Gemeinde nicht ohne Männer läßt, die sein Heil ins Volk tragen, sein Königtum unter ihm vertreten« (Gutbrod zu 10,1ff). Sodann wird deutlich, daß Sünde und Abfall im Volke Gottes eine ständige Gefahr sind, und daß Gott der Sünde seines Volkes nicht gleichgültig gegenübersteht – damit würde er sein Gottsein verleugnen –, sondern sie mit ganzem Ernst richtet. Gericht und Heil bestehen zu dieser Zeit in der Preisgabe an äußere Feinde bzw. in der Bewahrung und Errettung vor ihnen. Wo indes sich Gottes Volk in Buße Gott zukehrt, wendet er sich nicht ab. Zum dritten besteht die Kraft des Volkes Gottes weniger in der politischen Einigkeit als in der Einheit des Glaubens. Wo die Glieder des Volkes Gottes Gott treu ergeben sind, finden sie auch zueinander und sind für ihre Feinde unüberwindlich. Weiter wird eindrücklich, wie Gott sich gerade fehlerhafter Menschen als Werkzeuge bedient. Es sind zugleich Menschen »ihrer Zeit« mit ihren Vorstellungen und Fehlern. Das Gelingen ihres Werkes ist nicht ihr Verdienst, sondern gründet in Gottes freier Gnade. Wo sie freilich das ihnen zuteil gewordene Charisma leichtfertig verspielen, gehen sie selbst an ihrer Sünde zugrunde, wie etwa Simson im »Konflikt zwischen Eros und Charisma« (von Rad, S. 346). Letztlich wird an den Richtern deutlich, daß irdische, sündige Heilande dem Volk das bleibende Heil nicht bringen können. So sind die Richter zwar »Gesandte Gottes«, sie sind aber zugleich Hinweis auf den eigentlichen Retter, den Gott am Ende der Zeiten sendet.

Literatur: Kommentare: F.F. Bruce: BKB I, 1980, S. 305-333; F.W. Greenspahn: The Theology of the Framework of Judges, VT 24/1986, S. 385-396. (These: Der Rahmen ist komplexer als bislang angenommen. Gott rettet Israel nicht, weil es Buße tut, sondern trotz fortgesetzter Sünde aus freier Gnade, weil er Israel liebt, vgl. 2Mo 2,24; Jes 43,24ff); K. Gutbrod: Das Buch vom Lande Gottes, BAT 10, 1965; W. Hertzberg: Richter, ATD 9, 1974. Zur Richterzeit s. Standardwerke zur Geschichte Israels. Zur Chronologie s. F.F. Bruce, S. 306f.; G. Sauer: »Die chronologischen Angaben in den Büchern Deut. bis 2. Kön.«, ThZ, 24/1968, S. 1-14. Zur Theologie: G.von Rad: Theologie des AT I, 1978, S. 340-346. H.E.

RICHTSTUHL. Im AT gibt es kein eigenes Wort für R. Der R. ist integriert in den Thron (*kissē*), auf dem der König sitzt, um zu richten (Ps 112,5; Spr 20,8). Das Wort für R. im NT (*bēma*) bedeutet »Schritt«, »Stufe«, »Stuhl«, »Tribüne«, es kann jeden erhöhten Platz bezeichnen, von dem aus man redet. Den Zusammenhang mit *bainō*, »schreiten«, findet man noch in Apg 7,5 (LXX Zitat), wo es soviel wie »Fußbreit« heißt. An allen übrigen Stellen ist R. als terminus technicus der hellen. Amts- und Rechtssprache verwendet. Im *Prozeß Jesu ist es *Pilatus, der sich auf den R. setzt (Mt 27,19; Joh 19,13), in Apg 12,21 kommt R. der Bedeutung *Thron nahe. Das Fundament des R.s in *Korinth, vor den Paulus gezogen wurde (Apg 18,12.16.17), ist auf der korinthischen Agora ausgegraben worden, es handelt sich in diesem Fall um eine Art Rednertribüne unter freiem Himmel, auf der auch Richter und andere Beamte vor das Volk traten. In Apg 25,10 appelliert Paulus an den kaiserlichen R. Die juridische Bedeutung von *bēma* überträgt Paulus auf das eschatologische Gericht, wobei das Gericht Gottes zugleich das Gericht Christi ist (Röm 14,10; 2Kor 5,10). Vor diesen R. werden alle gestellt, und alle werden davor offenbar werden.

Literatur: O. Broneer: BA 14/1951, S. 78-96; E. Dinkler: Signum Crucis, 1967, S. 118-133; W. Elliger: Paulus in Griechenland, S. 225f; B. Schaller: EWNT I, 1980, S. 517f. G.Le.

RIESE. Das dt. Wort R. bildet einerseits die Bezeichnung für einen Menschen von außergewöhnlichem Körperwuchs, andererseits steht es in der Welt von Sage, Märchen und Mythos für übermenschliche Wesen oder zumindest für Wesen mit übermenschlichen Kräften. Ein diesem Bedeutungsgehalt entsprechendes Wort kennt das Hebr. nicht und wird erst durch die LXX (*gigas*) eingebracht. Daher gilt es, nicht mit diesen Übersetzungen gleichzeitig ein bestimmtes Verständnis in das AT einzutragen.

1. Griech. *gigas* steht für das hebr. *gibbōr*, was Menschen von außergewöhnlichen (körperlichen) Fähigkeiten bezeichnet: »Helden« (z.B. 1Mo 6,4; Ps 33,16; Jes 3,2).

2. Mit *gigas* werden gewisse Völkerschaften und Abstammungslinien wiedergegeben:

a. Nachkommen des *rāpāh* (2Sam 21,16-22; 1Chr 20,6.8), die unter den Philistern leben. Diese sind mit den *rephaʾim* (*Refaïm/Refaïter) identisch (1Chr 20,4), die auch als Völkerschaft auftauchen (1Mo 14,5; 15,20, Jos 12,4; 13,12; in 5Mo 3,11.13 ist König Og von *Baschan als ein Nachkomme dieses Stammes bezeichnet).

b. Nachkommen des *ʿenaq* (*Anak) (4Mo 13,22.28), die *ʿanāqīm* (5Mo 1,28; 2,10f.21), wobei diese wie die *Emiter (5Mo 2,11) und die Samsummiter (V. 20) den Refaïtern zugeordnet werden, die offenbar als Oberbegriff gelten.

c. Diese Anakiter werden zudem mit der Gruppe der *nephilīm* identifiziert, die auch 1Mo 6,4 innerhalb eines schwierigen Abschnittes auftauchen. In diesen Zusammenhängen nun wird jeweils in den dt. Übersetzungen das Wort »Riese« eingebracht. Unumstrittener Anlaß ist dabei die außergewöhnliche Körpergröße jener Völkerschaft(en), konkret bezeugt für den Philister *Goliat (1Sam 17,2), welchem jedoch gerade keine jener hebr. Bezeichnungen beigelegt wurde! Umstritten ist, inwiefern zum anderen im AT die Welt von Sage, Märchen und Mythos hierbei den Hintergrund bildet (vgl. v.a. 1Mo 6,1-4). Überblickt man jedoch die Gesamtheit der angegebenen Belegstellen, dann wird deutlich, daß jedenfalls an keiner Stelle jenen »Riesen« übermenschliche Fähigkeiten zugesprochen werden. Ihre furchterregenden Eigenschaften sind rein natürlicher Art, schützen sie zudem keineswegs vor Niederlage und Untergang ihrer Völkerschaft. Im gesamtbibl. Zusammenhang scheint der etymologische Zusammenhang von *nephilīm*, »Riesen«, und *nāphal*, »fallen«, keineswegs zufällig! M.W.

RIMMON.

1. »Donnerer«, ein Titel des Sturmgottes Hadad (vgl. *Hadad-Rimmon), der in Damaskus verehrt wurde. Dankbar für seine Heilung von Lepra durch *Elisa, bat der syr. Armeebefehlshaber Naaman um zwei Maultierladungen Erde aus Israel, um den Gott Israels auf diesem Boden verehren zu können (2Kön 5,17f). Der Tempel R.s befand sich wahrscheinlich in Damaskus an dem Standort, an dem auch der röm. Tempel des Zeus war, dessen Zeichen, wie das R.s, ein Donnerkeil war. Die berühmte Umayyad-Moschee steht heute an der Stelle (s. J.C. Greenfield, IEJ 26, 1976, S. 195-198).

2. Ein Benjaminit aus Beerot, der Vater Baanas und Rechabs, der Isch-Boschet ermordete (2Sam 4,2.8f). Dieser Eigenname muß wahrscheinlich wie ähnliche Ortsnamen, wenn sie nicht Abkürzung einer Form sind, die das göttliche Element R. enthält, von dem hebr. *rimmōn*, »Granatapfel« abgeleitet werden (s.u.).

... – Rimmon (hebr. *rimmōn*, »Granatapfel«):

3. En(Ajin)-Rimmon, ein Ort im *Negeb nahe *Edom, war dem Stamm Simeon zugeteilt (Jos 19,7; 1Chr 4,32), aber in das *Beerscheba-Gebiet eingegliedert (Jos 15,32). *Sacharja stellte es sich als Südteil der Hochebene vor, von Jerusalem aus gesehen (14,10). Es wurde von Rückkehrern aus der babylon. Gefangenschaft besiedelt (Neh 11,29) und wird meistens mit Chirbet er-Ramamim ca. 15 km nördl. von Beerscheba gleichgesetzt. Einige identifizieren es mit dem Rimmon-Perez zwischen Hazerot und Moserot, wo die Israeliten lagerten (4Mo 33,19f).

4. Ein Ort in Sebulon (Jos 19,13), möglicherweise das heutige Rummaneh, ca. 10 km nördl. von Nazareth (das Romaneh der Kreuzfahrer). Die levit. Stadt Dimna (1Chr 6,62; Jos 21,35), in einigen Versionen als Remmon gelesen, könnte mit diesem Ort identisch sein, der von den Assyrern auf dem Weg nach Jerusalem eingenommen wurde (so Jes 10,27).

5. Ein Felsen mit Höhlen nahe *Gibea, zu dem die Benjaminiter vor dem Strafgericht der Stämme Israels flohen (Ri 20,45-47); vielleicht das heutige Rammon, ca. 8 km östl. von Bethel, ca. 18 km nördl. von Jerusalem. D.J.W.

RIND s. Tiere

RING s. Schmuck

RISS. R. bezeichnet neben dem Mauerriß (Jes 30,13; Am 6,11) und dem R. im Kleid (Mt 9,16) auch allg. ein Durchbrechen (1Mo 38,29) oder eine Lücke (Ri 21,15; 1Chr 15,13), die das Gericht Gottes durch den Tod eines oder vieler Menschen gerissen hat. In den R. treten Männer, die sich mit ihrer Fürbitte zwischen das Volk und das Gericht Gottes stellen (Ps 106,23; Hes 22,30). Hier wird das Bild vom Verteidiger aufgenommen, der zur Abwehr in die vom Feind in die Stadtmauer geschlagene Bresche tritt.

RISSA. Lagerplatz der Israeliten während der Wüstenwanderung (4Mo 33,21f); vermutlich el-Kuntilla, rund 60 km nordnordwestl. von Aqaba an der Hauptstraße nach Quseime (Azmon).

RITMA. »Ginsterstrauch«. Lagerplatz der Israeliten auf der Wüstenwanderung zwischen Hazerot und Rimmon-Perez (4Mo 33,18f). Möglicherweise Wadi Abu Retemat, rund 20 km westnordwestl. von Kadesch (Ain Kedesch-Barnea).

RITTER. Hebr. *schālīsch* (von *schālōsch*, »drei«?), usprüngl. vielleicht der dritte Mann auf dem Streitwagen, der Schildträger, dann in weiterer Bedeutung der Adjutant (2Kön 9,25; 15,25), auf dessen Arm sich der König stützt (2Kön 5,18; 7,2.17.19), schließlich allg. vornehme Krieger (Hes 23,15 LÜ: gewaltige Krieger oder hervorragende Krieger, Offiziere (2Mo 14,7; 15,4; 1Kön 9,22; 2Chr 8,9). In 2Sam 23,8; 1Chr 11,11 gibt LÜ das hebr. Wort mit »Drei« wieder.

RIZINUS s. Pflanzen

RIZPA. (Hebr. *rizpāh*, »heißer Stein«, »glühende Kohle«). Eine Tochter Ajjas und Nebenfrau *Sauls. Nach Sauls Tod versuchte *Abner sich einen Vorteil zu verschaffen, indem er R. zur Frau nahm (2Sam 3,7), was zum Streit mit *Isch-Boschet führte (2Sam 3,7f).

R. gebar Saul zwei Söhne, Mefi-Boschet und Armoni (2Sam 21,8). Als später David erfuhr, daß eine schwere Hungersnot im Land ein Gericht über das Volk für die blutigen Taten Sauls unter den Gibeonitern war (2Sam 21, 1) und die Gibeoniter den Tod von sieben Söhnen Sauls als Sühneopfer forderten, übergab er die beiden Söhne R.s zusammen mit den Söhnen Merabs (2Sam 21,1ff). Alle wurden erhängt und nicht begraben. R. wachte bei den Leichen mehrere Monate lang. Diese Hingabe bewegte David dazu, die Gebeine Jonatans und Sauls von den Bewohnern von Jabesch in Gilead zu holen und sie zusammen mit den Gehängten zu begraben (2Sam 21,10ff). J.A.T.

ROCK s. Kleidung

ROGEL. Hebr. *ʿen rogel* von *ragal,* »laufen, treten«, daher auch »walken«. Der vermutliche Name »Walkerquelle« dürfte damit zusammenhängen, daß dieses Gewerbe im S von *Jerusalem sein Gelände (2Kön 18,17; Jes 7,3; 36,2: »Walkerfeld«) besaß (G. Brunet, RB 71, 1964, 237). Es handelt sich um einen 38 m tiefen Grundwasserbrunnen südl. der Vereinigung von *Kidron- und *Hinnom- Tal, der heute Hiobsbrunnen (arab. *bir ʿajjūb*) heißt. Wegen seiner Tiefe trocknet der Brunnen nur höchst selten aus und bei normalen Witterungsverhältnissen können ihm bis zu 13 000 l pro Tag entnommen werden. Das Mauerwerk wurde nur einmal 1847 von G. Dalton untersucht (PEFQS 1923, 165-173), so daß die Zuweisung der untersten Steinlagen in israelit. Zeit (Vincent, Stève, 284-286) hypothetisch bleiben muß. Die R. lag auf der Grenze zwischen *Juda und *Benjamin (Jos 15,8; 18,6). Während des *Absalom-Aufstands diente der Schacht als Versteck für die *Kundschafter *Davids (2Sam 17,17). Weil es sich vermutlich um eine alte Kultstätte handelte (H.J. Stoebe, BHH III, 1606), versuchte sich *Adonija hier zum König ausrufen zu lassen (1Kön 1,9: *ʾeben ha-zochelet,* »Schlangenstein« ?). Manchmal wird die »Drachenquelle« mit der R. gleichgesetzt (Simons, 161f), aber Neh 2,13 läßt sich auch so verstehen, daß zwischen beiden unterschieden werden muß (Briend, 692). Ebenfalls umstritten ist, ob Josephus (ant.Jud. IX, 225) die Quelle nennt (Dalman, 164) oder nicht (A. Schalit, Concordance to Flavius Josephus. Suppl. I, 1968, 45f). Der heutige arab. Name hängt vermutlich mit der Erzählung des Korans (Sure 38,41f) zusammen, wonach *Hiob durch das Aufstampfen mit seinem Fuß eine Quelle entspringen ließ. Vielleicht knüpfte die legendäre Lokalisierung am alten semit. Ortsnamen an.

Literatur: J. Briend: DBS Fasc. 56, 1982, 691-695; G. Dalman: Jerusalem und sein Gelände, 1930, 163-167; J. Simons: Jerusalem in the Old Testament, 1952, 158-162; L.H. Vincent, M.A. Stève: Jérusalem de l'Ancien Testament I, 1954, 284-288. R.R.

ROM.

I. DIE ENTWICKLUNG ROMS.

1. Die Anfänge.

Die ältesten Spuren menschlicher Besiedlung im Gebiet des späteren R. reichen bis ins 11. Jh.v.Chr. zurück. Das 8. Jh., nach dem röm. Historiker Varro genau der 21. April 753 v.Chr., wird von den antiken Schriftstellern als legendäres Gründungsdatum angegeben. Im 8. Jh.v.Chr. hatte die Stadtwerdung aus Bewohnern des Palatin und des Quirinal begonnen, sie fand ihren vorläufigen Abschluß durch die Festsetzung einer sakralen Stadtgrenze, dem Pomperium, im 7. Jh.v.Chr. Von den sieben Hügeln Roms (Palatin, Kapitol, Aventin, Caelius, Esquilin, Viminal, Quirinal) waren zuerst der Palatin – von Latinern und dann Etruskern – und der Quirinal – von den Sabinern – bewohnt. Die Zusammenhänge zwischen frühesten Siedlungsspuren und späterer Stadtgründung sind allerdings umstritten. Der Sage nach wurde R. von Romulus, dem Zwillingsbruder des Remus, Sohn des Kriegsgottes Mars und der Rhea Silvia, einer Nachfahrin des Aeneas gegründet. Aeneas, der Urvater R.s, war, wie der röm. Dichter Vergil (70-19 v.Chr.) in der Aeneis berichtet, aus dem brennenden Troja (1184/83 v.Chr.) nach allerlei Irrfahrten nach Latium gekommen. Dort gründete er die Stadt Lavinium, sein Sohn Iulus die Stadt Alba Longa in den Albaner Bergen, dessen Nachfahre Romulus gründet R. an der Stelle, an der ihm 12 Geier erschienen.

2. Die Königszeit.

Mit Romulus begann die Reihe der sieben legendären Könige R.s. Jedem dieser Könige wird, sicherlich zum Teil anachronistisch, eine besondere Leistung zugeschrieben: Numa Pompilius soll sich um die Ackerverteilung, die Schaffung von Handwerkerkollegien, die Einführung eines neuen Kalenders mit festgesetzten heiligen und unheiligen Tagen (*fasti und nefasti*) und besonders um die Vergrößerung der Priesterschaften sowie die Festsetzung von Kultordnungen gekümmert haben. Tullus Hostilius wird eine beträchtliche Erweiterung des Stadtgebietes zugeschrieben. Der vierte König, Ancus Martius, soll vor allem durch innerstädtische Baumaßnahmen,

Teil des von Vespasian begonnenen und von Titus vollendeten Colosseums in Rom. (VI)

wie z.B. Brückenbau am Tiber berühmt geworden sein. Tarquinius Priscus, ein Etrusker, betrieb die Entwässerung und Bebauung des Gebietes, auf dem später das Forum Romanum, Marktplatz und politische Bühne, entstehen sollte. Servius Tullius werden zwei bedeutende Handlungen zugeschrieben: die Schaffung der Centurienordnung, einer militärischen und politischen Einteilung der röm. Bürger nach ihrem Vermögen, und der Bau der servianischen Mauer, durch die das Pomerium, der sakrale Stadtbezirk, in dem keine Beerdigungen sein durften, keine Waffengewalt und keine ausländischen Kulte erlaubt waren, ursprünglich bestimmt werden sollte. Die Mauer wurde allerdings zwischen 378 und 352 v.Chr. auf Befehl des republikanischen Senats gebaut, wobei die eingeschlossene Stadtfläche (462 Hektar) das Pomerium übertraf. Der letzte König, Tarquinius superbus (der Stolze), wurde um 510 v.Chr. durch eine aristokratische Verschwörung gestürzt, der Name König (*rex*), war in R. für alle Zukunft verhaßt. Als Quelle für Erzählungen aus der röm. Königszeit muß vor allem das erste Buch des gewaltigen Geschichtswerkes von Titus Livius (59 v.Chr. - 17 n.Chr.) herangezogen werden.

3. Die Zeit der frühen römischen Republik (510-287 v.Chr.).

Die Ausweitung der röm. Herrschaft in Italien und der innenpolitische Kampf (Ständekämpfe) zwischen Patriziern (Adel) und Plebejern (Volk) bestimmen diese Epoche. Die Amtsgewalt des Königs übernahmen zwei Konsuln, die die höchste Staatsgewalt innehatten. Dabei stand jedem der beiden volle Amtsgewalt zu, es gab aber ein Einspruchsrecht des Amtsgenossen (Prinzip der Kollegialität). Sie wurden von der Volksversammlung gewählt. Der jährliche Wechsel (Prinzip der Annuität) sollte unerwünschter Macht-

Marmorbüste des Kaisers Augustus, des römischen Imperators zur Zeit von Christi Geburt. Höhe: 53,3 cm; ca. 29 v.Chr.–14 n.Chr. (BM)

anhäufung entgegenwirken. Die Konsuln waren nicht staatsrechtlich aber gewohnheitsrechtlich an den Ältestenrat (Senat) gebunden und wurden durch untergeordnete Magistrate (Beamten) entlastet. (Zur Zeit Sullas, 81 v.Chr. gab es 8 Praetoren für die Rechtssprechung; 4 Aedilen für Polizeiangelegenheiten und Lebensmittelverteilung; 20 Quaestoren für Finanzen und Steuern.) So entstand eine Ämterlaufbahn. In Notzeiten konnte außerdem für die Zeit von sechs Monaten ein Diktator, der die volle Macht im Staate besaß, ernannt werden. Auf Grund militärischer Tüchtigkeit, kluger Außenpolitik und Sparsamkeit gelang es R., Italien zu unterwerfen und seinem Herrschaftsgebiet einzugliedern. Römer und Latiner als deren erste Bundesgenossen unterwarfen ihre Nachbarn (Aequer, Volsker, Aurunker, Veji, 396 v.Chr.). Die eroberten Städte wurden zu Bundesgenossen gemacht, die sich verpflichteten, im Kriegsfall Truppen zu stellen und den Konsuln zu gehorchen, weiter entfernte Gebiete wurden zu Provinzen gemacht, die R. unterstellt waren. Das Jahr 387 v.Chr. brachte einen schweren Rückschlag: R. wurde an der Allia von den Galliern besiegt und mußte ihren Abzug mit Gold erkaufen. R. erholte sich rasch und brachte 272 v.Chr. durch den Sieg über Tarent und dessen Verbündeten Pyrrhus von Epirus, der zunächst unter riesigen Verlusten gesiegt hatte (Pyrrhussieg), die Herrschaft über Süditalien an sich. Die Erfolge in der Außenpolitik waren von inneren Kämpfen begleitet. Das Volk (*plebs*) strebte nach einer politischen Gleichstellung mit dem Adel. Im Ständekampf wurde 494 das Amt der zwei Volkstribunen ertrotzt. Diese waren als Vertreter des Volkes gegenüber den Patrizieren sakrosankt (unantastbar), konnten also unbehelligt ihre Ansichten für das Volk durchsetzen und durch ihr Vetorecht jede Verfügung, selbst die der Konsuln und des Senates für ungültig erklären. Das Amt war nur Plebejern zugänglich. Das Eheverbot zwischen Plebejern und Patriziern wurde 445 v.Chr. aufgehoben, die Öffnung aller Ämter für die Plebejer wurde 356 v.Chr. erreicht, der Senat, politische Mitte des Staates, bestand aus 300 Mitgliedern, sowohl Plebejern als auch Patriziern. Somit entstand ein neuer Amtsadel aus beiden Schichten.

4. Die Zeit der klassischen römischen Republik und die Zeit der Bürgerkriege (287 v.Chr. – 30 n.Chr.).

Durch das hortensische Gesetz (*lex Hortensia*) hatte das Volk im Jahr 287 v.Chr. nach einem Auszug aus der Stadt und einer Dienstverweigerung im Heer seine wichtigsten politischen Ziele erreichen können: Die mittlerweile zehn Volkstribunen waren eine fest integrierte Institution, die Beschlüsse der eigenständigen Volksversammlungen hatten Rechtskraft für den Gesamtstaat R. R.s Expansion im Mittelmeerraum setzte sich fort. Die Auseinandersetzung mit Karthago, der damaligen Weltmacht im Mittelmeerraum mit Besitzungen in Nordafrika, Südspanien und Westsizilien, war durch die drei punischen Kriege gekennzeichnet (1. pun. Krieg 264-241 v.Chr.; 2. pun. Krieg 218-201 v.Chr.; 3. pun. Krieg 149-146 v.Chr.). 216 v.Chr. brachte Hannibal, der größte karthagische Feldherr, den Römern bei Cannae die größte Niederlage ihrer Geschichte bei, wußte seinen Sieg aber nicht zu nutzen und versäumte es, R. einzunehmen. Die Römer setzten auf Verzögerung des Kriegsgeschehens, bis es Scipio 202 v.Chr. gelang, Hannibal in Nordafrika vernichtend zu schlagen. Die Besitzungen Karthagos gingen an R. Griechenland wurde nach dem 2. mazedonischen Krieg 196 v.Chr. faktisch röm. Protektorat, nach einem unrühmlichen Massaker 168 v.Chr. unterworfene Provinz, von der durch viele gebildete griech. Sklaven eine große geistige Belebung der röm. Kultur ausging, die aber von konservativen Römern abgelehnt wurde. Durch testamentarische Übertragung entstand 129 v.Chr. die röm. Provinz Asia. Attalos III. von *Pergamon hatte R. zum Erben eingesetzt. Ein ausgesprochenes Sendungsbewußtsein, Streben nach Ruhm (*gloria*), die Betonung der Mannhaftigkeit (*virtus*) und der Sitten der Ahnen (*mores maiorum*) hatten diese Expansion möglich gemacht. Die Kehrseite der Entwicklung war das Ausbluten der italischen Bevölkerung, vor allem des Bauernstandes. Die Bauern, die ein gewisses Vermögen hatten, wurden zum Kriegsdienst eingezogen. Der jahrelange Kriegsdienst bedeutete Ruin für viele Höfe, Verkauf und Übersiedlung der Familien in Städte. Durch das Abnehmen selbständiger Bauern und die Zunahme des Großgrundbesitzes kamen einerseits Armut und andererseits Luxus und Reichtum auf. Das führte zu großen inneren Spannungen, die im Jahrhundert der Bürgerkriege (133-31 v.Chr.) ausgetragen wurden. Vergeblich hatten Tiberius und Gaius Gracchus 133-123 v.Chr. tiefgreifende Reformen für das Volk verlangt. Sklavenaufstände häuften sich. Außerdem meuterten die Bundesgenossen in Italien. Sie wurden im Bundesgenossenkrieg 91 v.Chr. von einem röm. Söldnerheer besiegt, treu gebliebene erhielten das volle röm. Bürgerrecht, das vor allem juristische Bedeutung hatte.

In den Jahren 88-82 v.Chr. kämpften Senatspartei und Volkspartei gegeneinander.

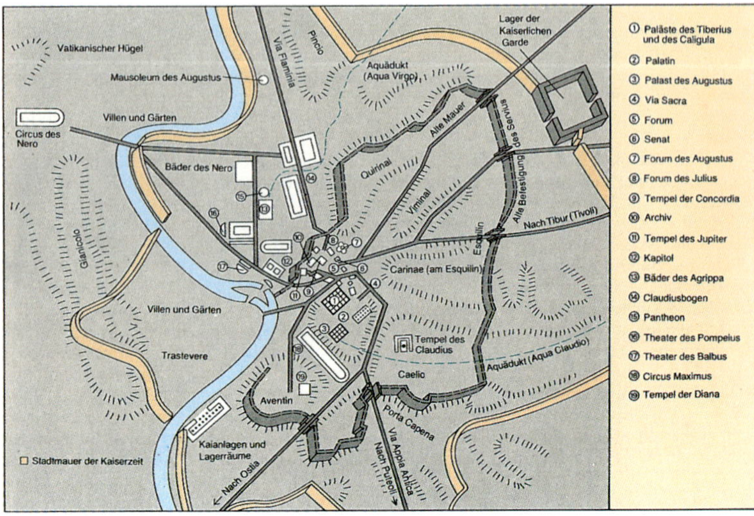

Die römischen Provinzen.

Der Diktator Sulla verschaffte auf blutigste Weise der Senatspartei (Optimaten) gegen Marius und die Volkspartei (Popularen) die Herrschaft. Im Jahre 63 v.Chr., dem Konsulatsjahr Ciceros, versuchte der verarmte Adlige Sergius Catilina mit Hilfe von allerlei zwielichtigen Gestalten eine Verschwörung anzuzetteln; sie wurde von Cicero aufgedeckt. Catilinas adelige Mitverschwörer wurden hingerichtet, er selbst starb auf dem Schlachtfeld. Cicero und Sallust berichten darüber. Der Aufstieg des Popularen Gaius Julius Caesar vollzog sich zunächst im Schatten von Gnaeus Pompeius, der nach Niederwerfung der Seeräuber im Mittelmeer, der Beendigung des Krieges gegen Mithridates von Pontos und der Ordnung der Lage im O (63 v.Chr. Einnahme Judäas und Besitznahme des Tempels nach der Eroberung Jerusalems) 61 v.Chr. in R. einen glänzenden Triumphzug feierte. Caesar, aus altem Patriziergeschlecht stammend, hatte die übliche Ämterlaufbahn durchlaufen, sich beim Volk durch Schenkungen und Feste beliebt gemacht und durch die Eroberung Galliens militärische Erfolge erreicht. Geschickt war sein Bündnis mit Crassus, dem reichsten Mann Roms, und Pompeius (1. Triumvirat), dem mächtigsten Militär. Nach Crassus' Tod und dem Tod der Julia, Caesars Tochter, die mit Pompeius verheiratet war, entfremdeten sich Caesar und Pompeius zunehmend. Politische Gründe waren ausschlaggebend. Pompeius verbündete sich mit dem aristokratischen Senat, der den Popularen Caesar politisch ausschalten wollte. Caesar handelte, überschritt am 10. Januar 49 das oberitalienische Grenzflüßchen Rubico (*alea iacta est,* »der Würfel ist gefallen«) und eroberte in zwei Monaten Italien. Pompeius floh nach Griechenland und wurde im Juli 48 v.Chr. von Caesar bei Pharsalos besiegt und bei seiner Flucht nach Ägypten ermordet. Caesar entschied in Ägyptens Hauptstadt Alexandria einen Thronstreit für Kleopatra, die ihn durch Klugheit und Schönheit fasziniert hatte. Er geriet im Winter 48/47 v.Chr. in große Gefahr, als alexandrinische Truppen die Königsburg belagerten und Caesar und Kleopatra sich mit geringen Streitkräften verteidigen mußten. Anitpater, der Vater Herodes des Großen, half Caesar durch Beziehungen und Truppen aus dieser mißlichen Lage. Nachdem mit Cato 46 v.Chr. der letzte große Gegner besiegt worden war, war Caesar Alleinherrscher geworden. Die Diktatur auf unbestimmte Zeit, Consulate, tribunizische Gewalt, Staatskasse, Heer, Vollmacht zur Ernennung von Beamten wurden ihm übertragen. Mit seinen Gegner verfuhr er sehr milde (*Clementia Caesaris*), er erhöhte die Zahl der Senatoren auf 900 und verlieh freigiebig das röm. Bürgerrecht. Der fade Beigeschmack einer Alleinherrschaft blieb dennoch. Seine Ermordung durch die radikalen Republikaner Brutus und Cassius am 15. März 44 v.Chr. im Senat, vor der Statue des Pompeius, war freilich ein Schock für ganz R. Der Kampf um Caesars Erbe entbrannte zwischen Marcus

Antonius und Caesars Großneffen und testamentarischen Erben Octavian (*Augustus ab 16.1.27 v.Chr.). Wieder kam es zum Bürgerkrieg, den Octavian nach langen Kämpfen mit Hilfe seines Schwiegervaters Agrippa durch den Sieg in der Seeschlacht von Actium 31 v.Chr. für sich entscheiden konnte. Antonius stürzte sich, nachdem ihm fälschlich Kleopatras Tod gemeldet worden war, in Alexandria ins Schwert. Mit dem Sieg Octavians begann sowohl eine neue Epoche des röm. Staates, der Principat, als auch eine lang ersehnte Friedenszeit, die *pax Augusta*, die für die urchristl. Mission sehr günstig war. Der Janustempel wurde geschlossen, der Krieg war darin eingesperrt, Gebietsvergrößerungen allerdings waren auf Grund des röm. Weltherrschaftsanspruches trotzdem möglich.

5. Die Prinzipatszeit (31 v.Chr. – 284 n.Chr.).

Der Prinzipat war zunächst dadurch begründet worden, daß der röm. Senat Octavian neben dem Oberfehl über etliche Provinzen, der Amtsgewalt eines Tribunen auf Lebenszeit, faktisch außerdem den Oberbefehl über das gesamte Heer übertragen hatte. Der neue Verwaltungsapparat des Prinzeps trat neben den der alten röm. Republik, wobei der republikanische Teil immer mehr vom Prinzeps bestimmt und durchdrungen wurde, daß es praktisch kein Konsul wagte, gegen Augustus zu regieren. Dynastisches Denken ermöglichte die Weitervererbung des Prinzipats auf den leiblichen oder adoptierten Erben. Augustus leitete strenge restaurative Reformen ein, um Luxus und Sittenverfall zu zügeln (Ehebruch wurde strengstens betraft, Ehegesetze verpflichteten Männer und Frauen zur Heirat, Nichtverheiratete waren bei der Ämterlaufbahn benachteiligt und ohne Erbrecht). Die alten Römertugenden sollten wieder hervortreten, die Religionsausübung wurde wieder belebt. Die Dichter Vergil (70-19 v.Chr.) und Horaz (65-8 v.Chr.) schufen durch ihre Werke den geistigen Hintergrund für die augusteischen Reformen und die neue Romideolgie, deren wichtigster Bestandteil der durch die Götter vermittelte Weltherrschaftsauftrag an R. war. R. wurde durch Augustus im Jahr 7 v.Chr. in 14 Regionen und 265 Stadtbezirke eingeteilt. Jeder Stadtbezirk wurde von vier Magistraten beaufsichtigt. In der 14. Region, im Orientalenviertel Trastevere, der einzigen Region jenseits des Tiber, wohnten später die ersten Christen Roms. Die Einwohnerzahl betrug z.Zt. des Augustus rund eine Million. Augustus betrieb eine erfolgreiche Außenpolitik: Ägypten, Nordspanien, die Alpenländer, Rätien und Noricum, Pannonien und Galatien kamen unter röm. Herrschaft. Seine Baupolitik war vom wirtschaftspolitischen und sozialen Aspekt her gesehen sehr sinnvoll, er förderte Bauvorhaben im ganzen Reich nach besten Kräften. Lediglich gegen Ende seiner Regierung kam es zu Geldknappheit und zu einer Krise, die erst durch die eiserne Sparsam-

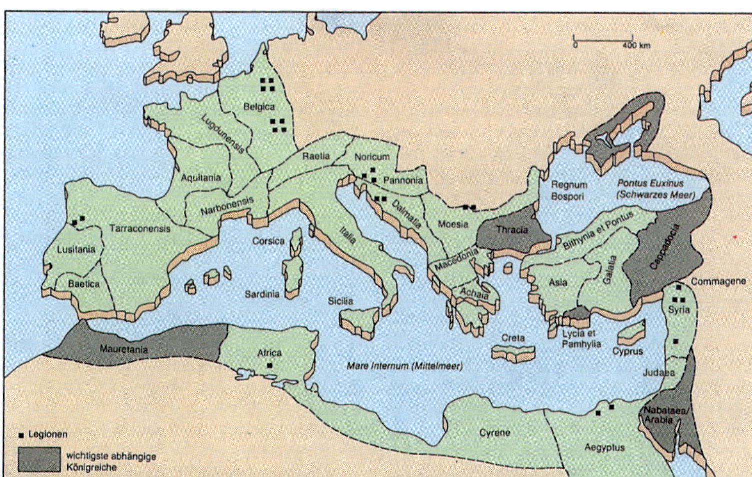

Plan der Stadt Rom im Jahr 64, dem Jahr der Christenverfolgung durch den Kaiser Nero.

keit des *Tiberius gemeistert werden konnte. Tiberius, ein erfolgreicher Feldherr, der nur auf Grund der Tatsache, daß alle anderen in Frage kommenden Thronfolger bereits tot waren, Prinzeps wurde, war bei Regierungsantritt 14 v.Chr. bereits 56 Jahre alt. Er regierte pflichtbewußt, sachlich und sparsam. Beim Umgang mit Menschen hatte er kein Glück: Die Auswahl seiner Mitarbeiter war unglücklich, sein Freund Seian mißbrauchte seine hohe Stellung und ermordete u.a. Drusus, den Sohn des Tiberius. Tiberius resignierte und zog sich auf die Insel Capri zurück. Seian führte bis zu seiner plötzlichen Hinrichtung 31 n.Chr., als Tiberius noch einmal durchgriff, ein Schreckensregiment in R. Pilatus scheint – nach antiker Überlieferung – ein Günstling Seians gewesen zu sein, der nach Seians Hinrichtung Angst bekam, in den Sog der Säuberungen des Tiberius hineingezogen zu werden und auch deshalb jeglichen Konflikt mit dem Kaiser in R., auch beim Prozeß Jesu (Joh 19,12), vermeiden wollte. Gaius *Caligula (37-41), Nachfolger des Tiberius, endete nach hoffnungsvollem Beginn im Caesarenwahn. *Claudius (41-54) regierte erfolgreich, indem er die Geschäfte größtenteils seinen Freigelassenen Narcissus und Pallas als allmächtigen Ministern und seinen Frauen überließ. Mit Domitius Ahenobarbus *Nero (54-68) endete die julisch-claudische Dynastie. Im Dreikaiserjahr 69 konnte sich Titus Flavius *Vespasianus (69-79) durchsetzen. Er begründete die flavische Dynastie, sein Sohn Titus zerstörte nach mehrmonatigem Kampf, von April bis September des Jahres 70, mit einem Heer von fünf Legionen Jerusalem.

II. DAS RÖMISCHE MILITÄRWESEN.

1. Herzstück der röm. Armee war die Infanterie. Deren oberste Einheiten waren die Legionen. Seit Marius (105 v.Chr.), der das Berufsheer eingeführt hatte, belief sich ihre Sollstärke auf 6000 Mann, die aber sehr oft unterschritten wurde. Caesars Legionen hatten eine Stärke von 4200 Mann. Die Legion war in 10 Cohorten unterteilt. Jede Cohorte war wiederum in 6 Centurionen mit je ca. 100 Mann gegliedert. Ein Centurio (*Hauptmann) war ein erfahrener, gut bezahlter Soldat, der die Centurie führte und dem Befehlshaber der Legion mit seinen sechs Militärtribunen unterstellt war. Bis z.Zt. Vespasians hatte jede Legion 120 Reiter; später, unter Hadrian (117-128), wurde die Kavallerie auf 726 Reiter verstärkt. Z.Zt. des Tiberius, 23 n.Chr., gab es ein stehendes Heer von 25 Legionen. Das Eintrittsalter in den Militärdienst betrug 17-20 Jahre, die Dienstzeit erstreckte sich über 20 Jahre. Die Veteranen wurden nach ihrer Dienstzeit mit Ackerland versorgt.

2. Die Legionen wurden von Hilfstruppen (*auxilia*) unterstützt. Es handelte sich dabei oft um ausländische Spezialwaffengattungen wie Bogenschützen, Schleuderer etc. Ihre Stellung wurde von Augustus ausgebaut. Jede Legion hatte eine Hilfstruppe von ca. 500 Mann. (vgl. Apg 10,1ff).

3. Die Praetorianergarde war eine Elitetruppe, die von Augustus eingeführt wurde und seit dem Jahre 2 v.Chr. von zwei Praefekten befehligt wurde. Es handelte sich dabei um 9 Kohorten mit je 500 Mann, die in R. und seiner Umgebung untergebracht waren. Sie wurde ein Machtfaktor im Staat, und seit der Ermordung Caligulas wurde ihr bei der Ausrufung des neuen Kaisers besondere Beachtung geschenkt.

III. DIE RÖMISCHE RELIGION.

1. Die Wichtigkeit der Religion.

Die Römer hatten ein außerordentlich hohes rel. Selbstbewußtsein. Sie waren davon überzeugt, daß eine kultisch richtige und intakte Götterverehrung ihren Staat so groß gemacht habe und sein Fortbestehen an die richtige Kultausübung gebunden sei. Niederlagen wurden mit Nichtbeachtung rel. Dinge erklärt, weil der Friede mit den Göttern dadurch eine Störung erlitten hatte. Ausländische Religionen, die die Ausübung der röm. Religion nicht integrieren konnten, galten als staatsgefährdend. Für die Juden gab es Ausnahmeregelungen.

2. Die Götter.

Die Römer versuchten den Willen ihrer Götter zu erkunden. Dazu waren Zeichen, Willenserklärungen und Machterweise von seiten der Götter notwendig. Die Römer bezeichneten dies als *numen*. Für jeden Lebensbereich, angefangen vom bäuerlichen Haus und Hof bis hin zum Krieg, gab es bestimmte Götter, die für den jeweiligen Bereich zuständig waren. Die wichtigsten Götter waren der Staatsschutz- und Wettergott Jupiter, der Kriegsgott Mars, die Ehe- und Geburtsgöttin Juno, die Liebesgöttin Venus und Vesta, die Göttin des häuslichen Herdes.

3. Der Kult.

a. Die Verrichtung des häuslichen Kultes oblag dem Familienvater. Drei Schutzgötter wurden im Haus verehrt: Zwei Laren als Schutzgötter für Haus und Grundstücke, die Penaten als Schutzgötter des Familienvaters und seiner Angehörigen und der Genius, der am Geburtstag des Familienvaters verehrt wurde. Bei den täglichen Mahlzeiten wurden diesen Göttern, deren Wohnstatt und Abbildung in einem kleinen häuslichen Heiligtum

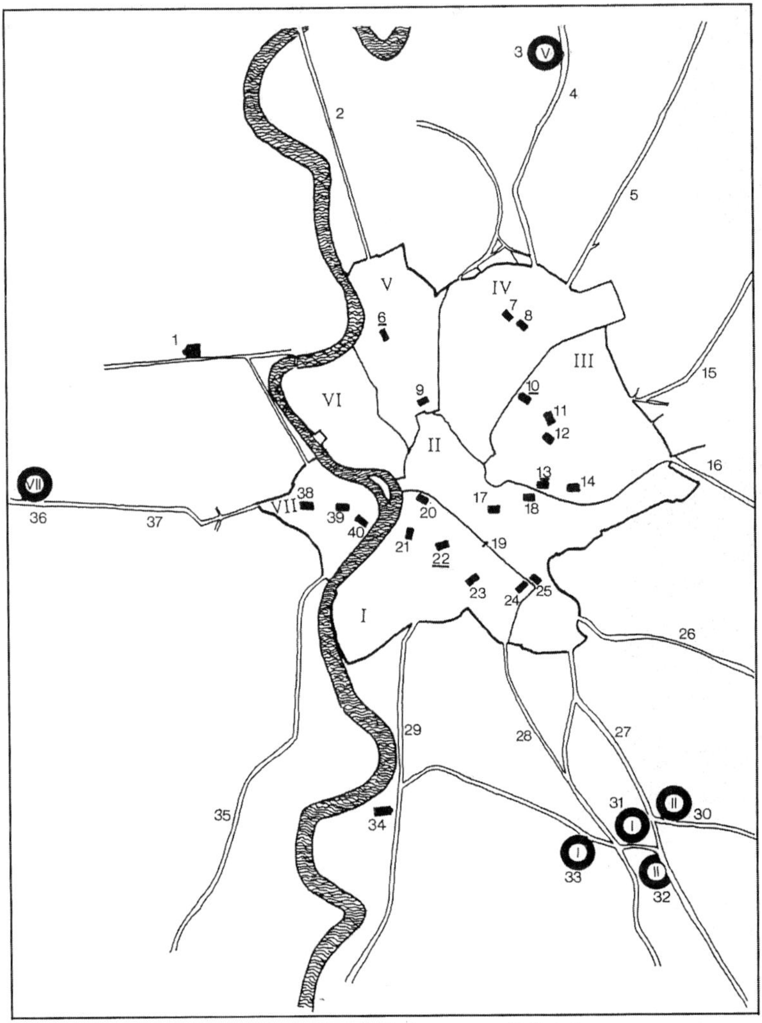

Die sieben Kirchenregionen und Tituli in Rom
1 *Vatikan (Petrus-Grab)*
2 *Via Flaminia/Via Lata*
3 *Priscilla-Katakombe*
4 *Via Salaria Nova*
5 *Via Nomentana*
6 *Titulus Lucinae*
7 *Titulus Gaii (S. Susanna)*
8 *Titulus Cyriaci*
9 *Titulus Marcelli*
10 *Titulus Pudentis (T. Romani)*
11 *Titulus Praxedis*
12 *Titulus Equitti (S. Silvestri / S. Martino ai Monti)*
13 *Titulus Clementis*
14 *Titulus Nicomedis (SS. Pietro e Marcellino?)*
15 *Via Tiburtina*
16 *Via Labicana*
17 *Titulus Byzantis (SS. Giovanni e Paolo)*
18 *Titulus Aemilianae (SS. Quattro Coronati)*
19 *Porta Capena*
20 *Titulus Anastasiae*
21 *Titulus Sabinae*
22 *Titulus Priscae*
23 *Titulus Balbinae (T. Tigridae)*
24 *Titulus Fasciolae (SS. Nero e Achille)*
25 *Titulus Crescentianae (T. Sixti in Via Appia)*
26 *Via Latina*
27 *Via Appia*
28 *Via Ardeatina*
29 *Via Ostiensis*
30 *Pretestato-Katakombe*
31 *Callisto-Katakombe*
32 *S. Sebastiano-Katakombe*
33 *Domitilla-Katakombe*
34 *San Paolo fuori le Mura (Paulus-Grab)*
35 *Via Portuensis*
36 *Calepodio-Katakombe*
37 *Via Aurelia*
38 *Titulus Callisti (S. Maria in Trastevere)*
39 *Titulus Chrysogoni*
40 *Titulus Caeciliae*

war, Speisen und Getränke gebracht, die in der Regel verbrannt wurden. An bestimmten Tagen wurden sowohl unblutige Speisopfer als auch Schlachtopfer dargebracht.

b. Für öffentliche Kulthandlungen waren Priesterkollegien zuständig. In Zusammenarbeit mit staatlichen Organen legten sie die Kulthandlungen fest, ihre Mitglieder trugen Trachten und waren von Steuerleistungen befreit. Besonders wichtig waren das Zehnmännerkollegium für heilige Handlungen sowie der Kult der Vesta, der durch die Vestalinnen verrichtet wurde. Der *Pontifex maximus*, der Oberpriester, wurde von der Volksversammlung gewählt. Caesar und alle Kaiser beanspruchten dieses Amt aus guten Gründen für sich selbst. Vogelschauer und Eingeweideschauer etruskischen Ursprungs, die durch Rückschlüsse aus der Leber geschlachteter Opfertiere die Zukunft vorhersagten und Blitzeinschläge deuteten, spielten bis ins 5. Jh.n.Chr. außerdem eine bedeutende Rolle.

c. Der Kult des lebenden Kaisers spielte, von einigen Ansätzen bei Caligula und Nero abgesehen, erst ab *Domitian (81-96 n.Chr.) eine Rolle und wurde für das junge Christentum mit der Zeit eine besondere Herausforderung. Die Christen weigerten sich, den Kaiser Herrn und Gott zu nennen. Plinius der Jüngere, 112 Statthalter in Bithynien, berichtet in einem Brief (X, 96) an *Trajan darüber, wie er Christen in seiner Provinz verhört hat und fragt beim Kaiser an, wie er zukünftig mit den Anhängern dieses »Aberglaubens« verfahren solle. Er habe die Christen aufgefordert, Christus zu verfluchen und dem Kaiser Weihrauch und Wein zu opfern. Sei dies gemacht worden, so seien sie frei gewesen, hätten sie sich geweigert, drohte ihnen die Todesstrafe. Trajan billigt dieses Verfahren, mahnt aber eher zur Milde und läßt anonyme Anklagen nicht zu.

Literatur: H.A. Stützer: Das antike Rom, 1979; Karl Christ: Die Römer, 1984; J. Carcopino: Rom, 1986; E. Meyer: Römischer Staat und Staatsgedanke, 1975. A.Re.

Rom, neutestamentliche Zeit (Archäologie).

Das Auftreten der ersten Christen in R. ist zeitlich nicht genau zu fixieren. Einige der aus R. kommenden Hörer der Pfingstpredigt des *Petrus (Apg 2,10) könnten schon kurz nach 30 n.Chr. die Nachricht vom neugefundenen Glauben brieflich oder persönlich in die Hauptstadt des Imperiums gebracht haben. Petrus traf 42 n.Chr. für einen etwa dreijährigen Aufenthalt in der Stadt ein, dann ein zweites Mal ca. 57 n.Chr. (s. *Petrus, III, IV). Während diese Informationen aus den spärsamen und z.T. verschlüsselten Angaben der Apg erschlossen werden müssen, wird die Existenz einer röm. Christengemeinde vor Paulus durch den *Römerbrief und Apg 28,15ff eindeutig vorausgesetzt. Daß sie zwischen diesen Eckdaten nicht kontinuierlich wachsen konnte, geht aus Apg 18,2 hervor: Wie *Aquila und Priszilla werden auch andere Christen R.s 49 n.Chr. durch *Claudius aus der Stadt vertrieben worden sein; spätestens mit dem Tode des Claudius 54 n.Chr. endete automatisch das Vertreibungsedikt und wurde der Wiederaufbau einer Gemeinde möglich. Die Formulierung in Apg 18,2 *tina Ioudaîon onómati Akúlan*, »einen Juden namens Aquila«, legt nahe, daß es sich bei den Vertriebenen vorwiegend um Judenchristen gehandelt haben dürfte. (Daß Aquila und Priscilla vor ihrer Begegnung mit Paulus bereits getauft waren, ist aus ihrem Fehlen in der paulin. Taufliste 1Kor 1,14-16 zu erschließen; daß *ioudaioi* terminologisch Juden*christen* umfassen kann, ergibt sich u.a. aus Apg 16,20f,39; Gal 2,13). Die Zahl der Juden R.s ging in dieser Zeit bis zu 50 000 (Juster; vgl. Leipoldt/Grundmann); die eher geringe Zahl der (Juden-)Christen wurde nicht immer sauber von ihnen unterschieden. Cassius Dio, der in seinem Bericht über ein Edikt des Claudius (Historia 60,6,6) mitteilt, daß die Juden nicht vertrieben wurden, sondern daß ihnen untersagt wurde, sich zu versammeln, hat wohl ein anderes, früheres Ereignis 41 n.Chr. vor Augen (Bruce). Der röm. Historiker Sueton (Claudius 25,4) bringt die Vertreibung (die er so nennt) mit einem Aufruhr in Verbindung, der durch einen *Chrestus* hervorgerufen wurde (*impulsore Chresto*). Das Gleichlauten von -e- und -i- (vgl. Tac.ann. 15,4, »Chrestianos« für die Christen; s.a. das Wortspiel »Christianus«/»Chrestianus« bei Tertullian, Apologeticum 3,5) läßt Versuche, hinter der Sueton-Stelle einen tatsächlich in Rom lebenden Juden namens Chrestus zu vermuten (Lambert, Koestermann), wenig überzeugend erscheinen; ein Römer wird »Christus« als den häufigen Eigennamen Chrestus verstanden haben, der in zahlreichen Inschriften belegt ist, so etwa auf der Via Appia Antica nahe dem Casal Rotondo und beim Grab der Caecilia Metella. Sueton will also sagen, daß die christusbezogene Verkündigung der röm. Judenchristen unter den Juden der Stadt für »Tumult« (*Ioudaeos ... assidue tumultantes*) gesorgt hatte. Ähnliches wissen wir aus Apg 6,9-7,60 für Jerusalem, Apg 13,50 für das pisidische *Antiochia, Apg 18,12-17 für *Korinth, u.a.m. Die Nähe zum Hof und die wohl größeren Ausmaße der Unruhe könnten die Maßnahme des Claudius (die dritte Judenvertreibung nach 139 v.Chr. und 19 n.Chr.) erklären. Spätestens z.Zt. des Römerbriefs hatte die Zahl der Heidenchristen bei der Neukonstituierung der Gemeinde an Bedeutung gewonnen: Röm 11,17-24 ist speziell an Heidenchristen gerichtet; auch die Grußliste 16,3-15 dürfte röm.-heidenchristl. Namen enthalten (Lightfoot). Den zweiten großen Einschnitt in das Leben der röm. Christen brachte die neronische Verfolgung im Anschluß an den Brand Roms; beide Ereignisse fanden erst nach dem von ntl. Schriften behandelten Berichtszeitraum statt (s. *Nero; *Petrus III., IV.). Archäologische Spuren der ersten röm. Christen in ntl. Zeit sind rar und teils umstritten. Frühkirchliche Überlieferung hat Lokaltraditionen bewahrt, deren Überprüfung noch nicht abgeschlossen ist. Gesichert ist der Ort des Petrusgrabes, dessen topographisches Umfeld in die Petruszeit verweist (s. *Petrus III., IV). Historisch sicher dürften auch das Grab des Paulus unter San Paolo fuori le Mura an der Via Ostiense und sein Hinrichtungsort (als röm. Bürger) bei Tre Fontane (Aquae Salviae) sein. Die Tatsache der Existenz von *Hauskirchen in petrinisch-paulin. Zeit (Röm 16,5: *kai tēn kat' oikon autōn ekklēsian*; auch die Wahrscheinlichkeit, daß die Namensliste Röm 16,3-15 nach Hauskirchen-Leitern gegliedert ist: s. Judge/Thomas) hat nach deren Spuren suchen lassen, zumal spätere Texte wie der Liber Pontificalis, die Akta der Praxedis und Pudentiana und die Notitia Ecclesiarum Urbis Romae (u.a.) konkrete Angaben machen und die röm. Kirche bis heute die Tradition der *tituli* in ihren Titelkirchen bewahrt hat (s. Kirsch). Direkt oder indirekt sind mindestens zwei von ihnen namentlich in ntl. Zeit zurückzuführen: Santa Pudenziana (Titulus Pudentis/Pudentianae, s. *Pudens) und Santa Prisca (Titulus Priscae, s. *Aquila und Priska/Priszilla). Nimmt man mit Origenes, Johannes-Kommentar 6,54 in Eus.h.e. 4,23,11, an, daß der Klemens in Phil 4,3 mit dem »dritten Bischof von Rom« und gegebenenfalls mit dem Verfasser zumindest des 1. Clemensbriefes identisch ist, ist als dritte Titularkirche noch San Clemente (Titulus Clementis) zu nennen. Santa Pudenziana steht in einer Senke bei der Via Urbana, dem antiken Vicus Patricius. Unter der heutigen Kirche wurde ein Privathaus entdeckt, das noch in republikanischer Zeit gebaut wurde, spätestens aber in der ersten Hälfte des 1. Jh.n.Chr. (vgl. Vanmaele). Hier kann man, obgleich christl. Inschriftenfunde aus dieser Zeit fehlen, den Hintergrund der Lokaltradition erkennen, die an dieser Stelle das Haus des (Senators) Pudens sehen will, jenes in 2Tim 4,21 erwähnten Mannes, der hier zusammen mit seinen Töchtern Praxedis und Pudentiana den Petrus (u.U. auch Paulus) beherbergt haben soll. Eine Badeanlage des 2. Jh., die nach Timotheus und Novatus benannt wird, schließt sich an; Teile sind noch heute in der Via Balbo von außen zu sehen. Die heute stehende Kirche geht auf das 4. Jh. zurück, spätestens für die Zeit des Papstes Damasus (366-384) ist sie sicher nachgewiesen. Das Apsismosaik aus dem späten 4. Jh., das bedeutendste der frühen Christenheit (es zeigt Christus, umgeben von Petrus und Paulus sowie anderen Aposteln, mit zwei Frauengestalten, die sowohl Praxedis und Pudentiana als auch »Ekklesia« und »Synagoge« symbolisieren können, vor dem Hintergrund Jerusalems) unterstreicht die große Bedeutung, die in der röm. Kirche der nachkonstantinischen Zeit gerade diesem Bau und seiner Lokaltradition beigemessen wurde. Santa Prisca, auf dem Aventin, wird mit der Hauskirche des Aquila und der Priszilla nach Röm 16,3-5 in Verbindung gebracht. Unter der heutigen Kirche wurden ein röm. Privathaus des 1. Jh. sowie ein Mithraeum des 2./3. Jh. gefunden. Wie das Haus unter Santa Pudenziana, so war auch dieses großräumig angelegt. Nach Harnack könnte hier im 3. Jh. der Verwaltungssitz der röm. Kirche gelegen haben. Die heute sichtbare Kirche wurde im 5. Jh. gebaut und in späteren Jahrhunderten erheblich

Ausgrabungen unter San Lorenzo in Lucina. Freskenbemalte Wand und Mauer. 1./2. Jh. n.Chr. (CPTh)

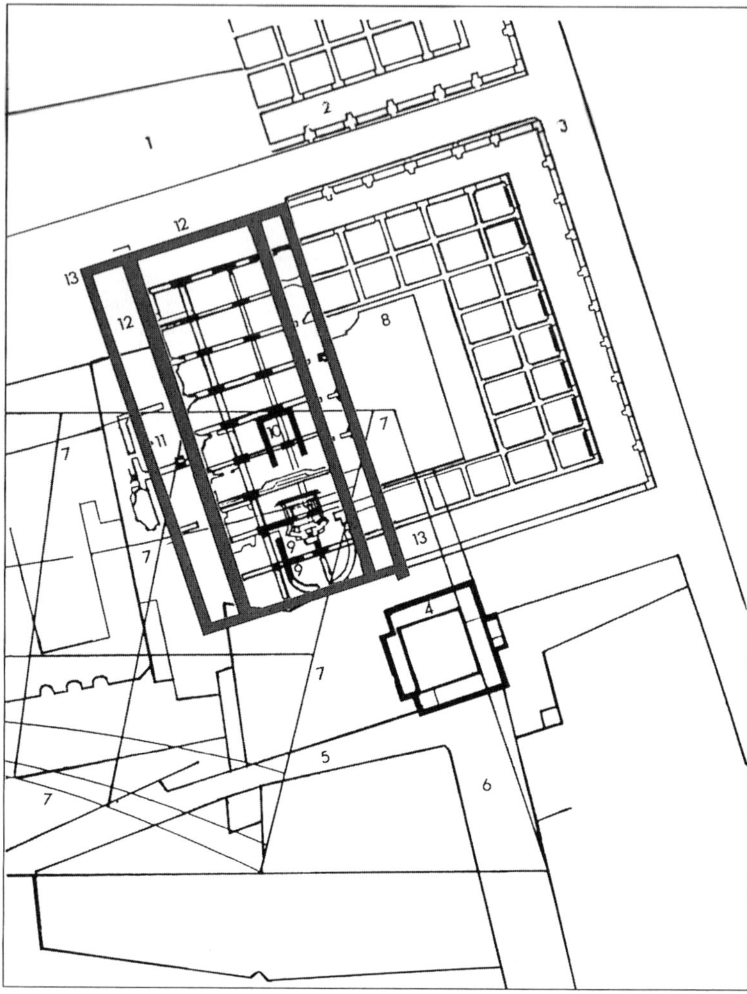

SAN LORENZO IN LUCINA
Lage und Entwicklung
C.P. Thiede, nach Buchner, Rakob und Bertoldi.
1 *Piazza San Lorenzo in Lucina*
2 *Insula*
3 *Via Flaminia*
4 *Ara Pacis*
5 *Via in Lucina*
6 *Via del Giardino Theodoli*
7 *westliche und nordwestliche Ausläufer der Sonnenuhr (Horologium) des Augustus*
8 *Insula*
9 *Haus des 1. Jahrhunderts*
10 *Haus des 1. Jahrhunderts?*
11 *»Pozzo«*
12 *schwarzes Rechteck: Basilika (Saalbau) des 2. Jahrhunderts*
13 *schraffiertes Rechteck: Umbau der Basilika, Ende des 2./Anfang des 3. Jahrhunderts; darin christliche Basilika des 4./5. Jahrhunderts*

verändert, die Existenz eines Kirchengebäudes ist auch literarisch jedoch schon für das späte 3. Jh. nachgewiesen. San Clemente steht am Fuße des Caelius, unweit des Kolosseums. Ausgrabungen haben auch hier eine großzügige Wohnhausanlage freigelegt, die bis in die zweite Hälfte des 1. Jh. zurückführt. In der Nähe, durch einen Gang aus der Zeit verbunden, befindet sich ein Mithraeum, das zu einer in Ziegelbauweise errichteten *insula* (mehrstöckiges Wohnhaus für mehrere Mietparteien) gehörte. Die genaue Datierung beider Bereiche ist schwierig und nicht unumstritten, doch ließen sich auch Reste von Bebauung nachweisen, die vor dem Brand Roms 64 n.Chr. existiert haben muß (Nolan; vgl. Guidobaldi, kritisch Nestori). Im 4. Jh. entstand der Vorläufer der heutigen Kirche, die noch sichtbare Unterkirche in Form einer dreischiffigen Säulenbasilika. Obwohl eine ntl. Namens-Verbindung auch indirekt nicht vorhanden ist, muß hier noch der Titulus Sancti Laurentii in Lucina erwähnt werden, die heutige Kirche San Lorenzo in Lucina, nahe beim Marsfeld und unmittelbar am Horologium (Sonnenuhr) des Augustus. Neueste Ausgrabungen haben hier ein Haus und eine *insula* der zweiten Hälfte des 1. Jh. zutage treten lassen, teils mit *opus reticulatum mixtum*, Fresken und Mosaikboden (Bertoldi). Während der heutige Hauptname auf Laurentius, den Märtyrer des 3. Jh., zurückgeht, ist die Lokalbezeichnung »in Lucinis« unabhängig belegt: *In Lucinis* wurde 366 Papst Damasus gewählt; die frühesten Spuren eines Saalbaus weisen jedoch in trajanische Zeit (nach 98 n.Chr.). Ob es sich bei Lucina um eine röm. Matrone oder um den Beinamen der röm. Göttin Juno (hier als »Geburtsgöttin«) handelt, mit der ein jüngst entdeckter »Pozzo« (Brunnen) in Verbindung gebracht wird (der jedoch auch ein Baptisterium sein könnte), ist noch ungeklärt. Für die letztgenannte Zuschreibung könnte die Ähnlichkeit mit dem Befund unter Santa Pudenziana, Santa Prisca und San Clemente sprechen: stets finden sich mit Hilfe der Lokaltradition als frühchristl. deutbare Spuren des 1. Jh., auf die, meist in Verfolgungszeiten des 2. Jh. datierbar, heidnische Kultstätten oder säkulare Nutzung folgen, bis dann in (nach)konstantinischer Zeit der erste eigentliche Kirchenbau entsteht. Ob San Lorenzo in Lucina definitiv in diese Titulus-Tradition der ntl. Zeit eingeordnet werden kann, muß noch abgewartet werden: gegen die Datierung auf die zweite Hälfte des 1. Jh. stehen Versuche, die zweite Hälfte des 2. Jh. anzunehmen (Rakob, Guidobaldi). Ein grundsätzliches Problem der Sicherung christl. Spuren des 1. (und 2.) Jh. mag damit zusammenhängen, daß die frühen Versammlungsorte auch in den Dachgeschossen von *insulae* lagen, die nicht erhalten blieben (s. Tertullian, adv. Val. 7; vgl. Apg 1,13;20,8f). Da die Katakomben in ihrer christl. Nutzung erst aus der Mitte des 2. Jh. und späterer Zeit stammen – für frühere Datierungen in das 1. Jh. (De Rossi und seine Schüler) gibt es kaum noch überzeugende Argumente – können sie hier nicht dargestellt werden. Für die ntl. Zeit ist der bisher zugängliche Gesamtbefund also spärlich, jedoch ausreichend, um die Angaben des NT und der frühchristl. Tradition nach Maßgabe des z.Zt. Möglichen für nicht unwahrscheinlich, wenn nicht gar für plausibel zu halten.

Literatur: A.S. Barnes: Christianity at Rome in the Apostolic Age, 1938; M.E. Bertoldi: unveröffentlichte briefliche und mündliche Mitteilungen (in loco) an Verf.; R.E. Brown, J.P. Meier: Antioch and Rome. New Testament Cradles of Catholic Christianity, 1983; F.F. Bruce: Zeitgeschichte des Neuen Testaments II, 1986, S. 96-101; E. Buchner: Die Sonnenuhr des Augustus, 1982; G.B. De Rossi: La Rome sotterranea cristiana, 3 Bde, 1864-1877; G. Edmundson: The Church in Rom in the First Century, 1913; U.M. Fosola: Ricordi archeologici die Pietro e Paolo a Roma, 1980 (dt.: Peter und Paul in Rom, 1980); L. Grazzi: Ricerche sui »Fideles«, ossia nomi e famiglie d'inchiesta archeologica nonché da fonti comparate sopra i primi Cristiani di Roma per gli anni 41-155, 1981; M. Guarducci: Pietro e Paolo sulla via Appia e la tomba di Pietro in Vaticano, 1983; F. Guidobaldi: Il complesso archeologica di S. Clemente, 1978; ders.: S. Lorenzo in Lucina, vecchie problematiche e nuovi scavi, unveröffentlichtes Referat in der École Française de Rome, 10. November 1988; A.v. Harnack: Die Mission und Ausbreitung des Christentums in den ersten drei Jahrhunderten, [4]1924, S. 838-840; E.A. Judge, G.S.R. Thomas: The Origin of the Church at Rome: A New Solution?, The Reformed Theological Review, 25 (1966), S. 81-94; J. Juster: Les Juifs dans l'Empire romain, I, 1914, S. 209f; J.P. Kirsch: Die römischen Titelkirchen im Altertum, 1918; E. Kirschbaum: Die Gräber der Apostelfürsten St. Peter und St. Paul in Rom, [3]1974; E. Koestermann: Ein folgenschwerer Irrtum des Tacitus, Historia 16 (1967), S. 456-469; A. Lambert (Hrsg.): Sueton, Leben der Cäsaren, 1960, S. 206; P. Lampe: Die stadtrömischen Christen in den ersten beiden Jahrhunderten, [2]1989 (Literatur!); J. Leipoldt, W. Grundmann (Hrsg.): Umwelt des Urchristentums I, [6]1982, S. 292-298; J.B. Lightfoot: The Epistle to the Philippians, 1868, S. 171-178; A. Nestori: Rez. von Guidibaldi, Il complesso (s.d.), Rivista Archeologica Cristiana 56 (1980), S. 187-190; L. Nolan: The Basilica of St. Clement's in Rome, [4]1934; F. Rakob: Die Urbanisierung des nördlichen Marsfeldes. Neue Forschungen im Areal des Horlogium Augusti, in: L'URBS. Espace urbain et Histoire (1er siècle av. J.-C. – IIIe siècle ap. J.-C.), École Française de Rome, 1987, S. 687-712; G.F. Snyder: Ante Pacem. Archaeological Evidence of Church Life before Constantine, 1985; C.P. Thiede: Simon Peter – From Galilee to Rome, [2]1988; B. Vanmaele: L'Église Pudentienne de Rome (Santa Pudenziana), 1965.

C.P.Th.

Zwei Seiten eines griech. Papyrus des Römerbriefs (Rö 10,12–11,2). 3. Jh. (CBL)

RÖMERBRIEF.

I. AUFBAU UND GEDANKENGANG.

1. Briefkopf (1,1-7) und Einleitung (1,8-17).

Innerhalb des für Paulus üblichen Schemas »Absender – Adressaten - Grußwort« ist die Absenderangabe zu einer ausführlichen Aussage über das Amt des Apostels und das ihm aufgetragene Evangelium ausgebaut (V. 1-6).

Nach antiker Sitte beginnt der Brief mit einigen Sätzen über das positive Verhältnis des Absenders zu den Adressaten und über den Wunsch nach persönlicher Begegnung. Paulus verbindet dabei Ausdrücke herzlicher Zuwendung mit theologischen Grundsatzfeststellungen, die sich am Ende thesenartig verdichten (V. 16f). Als Hauptthema zeichnet sich der Begriff »*Evangelium« ab (V. 1.9.16). Er wird als Botschaft von Jesus Christus, dem Sohn Gottes (V. 3f.9), und als Ruf zum Glauben (V. 5.8.12.16f) ausgelegt, wobei Paulus unterstreicht, daß dieser Ruf allen Menschen ohne Unterschied gilt (V. 5.14.16f).

2. Briefinhalt (1,18-15,13).

Da Paulus in 15,14ff den Faden von 1,8ff wieder aufnimmt und auf seine Beziehung zu den Adressaten und seine persönlichen Pläne zu sprechen kommt, erweist sich alles, was innerhalb dieser Klammer steht, als gegliederte, aber zusammenhängende Rede, gewissermaßen als der »Rumpf« des Briefes. Er wird traditionell in einen dogmatischen (1,18-11,36) und einen ethischen (12,1-15,13) Teil untergliedert.

a. Entfaltung und Verteidigung des Evangeliums als Heilsbotschaft für alle Menschen (1,18-11,36).

Hinführung und Entfaltung (1,18-5,21):

Als Voraussetzung der Heilsbotschaft zeichnet Paulus in 1,18-3,20 zunächst ein Bild von der Erlösungsbedürftigkeit aller Menschen, die er für die Heidenwelt als bekannt und anerkannt voraussetzen kann (1,18-32), für Israeliten jedoch begründen muß (2,1-3,20). Darauf folgt in gehobenen, wortreichen Sätzen als erster Höhepunkt des Briefes eine Verkündigung der Heilsbedeutung des Todes Jesu für Juden und Nichtjuden (3,21-30). Auf die Frage, ob die damit verbundene Relativierung des Lebens nach der Tora auf eine Aufhebung dieser Gottesoffenbarung hinauslaufe (3,31), antwortet Paulus mit einer Auslegung der Abrahamgeschichte, die bereits diesen Erzvater Israels als ein Beispiel für die *Rechtfertigung des Sünders aus Gnaden, allein auf den Glauben hin, erweist (4,1-25). In 5,1-11 wendet Paulus den Blick in die Zukunft und begründet die Gewißheit, daß die Glaubenden nicht mehr unter der Drohung des Zornes Gottes stehen, sondern in der Hoffnung auf Herrlichkeit leben dürfen. Eine geschichtstheologische Besinnung über Adam und Christus, Sünde und Gnade schließt diesen Hauptteil ab (5,12-21).

Verteidigung und Vertiefung (6,1-11,36):

– Das Verhältnis des Christen zur Sünde (6,1-23):

Auf die Frage, ob die Botschaft von der Versöhnung der Sünder mit Gott nicht den Kampf gegen die Sünde untergräbt (6,1), antwortet Kap. 6 mit dem Hinweis auf den – durch die Taufe signalisierten - Bruch mit dem alten Leben, den die Zugehörigkeit zu dem gekreuzigten Christus impliziert und fordert (V. 1-11). Versöhnung mit Gott führt in ein Dienstverhältnis zu Gott anstelle der Hörigkeit gegenüber der Sünde (V. 12-23).

– Funktion und Grenzen des Gesetzes (7,1-25):

Kap. 7 greift wie Kap. 6 ein Problem auf, das durch den Schluß von Kap. 5 gestellt ist (vgl. 5,20). Die in Kap. 2 nur als Faktum angesprochene Diskrepanz zwischen dem Wissen um Gottes Willen und dem sündigen Leben wird jetzt auf eine grundsätzliche Unterlegenheit des Gesetzes gegenüber der Macht der Sünde zurückgeführt (V. 7-13). Das Gesetz kann zwar gute ethische Einsichten vermitteln (jüd. und christl. Erfahrung stimmen hierin überein), kommt aber gegen die »eingefleischten«, körperlich eingefahrenen üblen Gewohnheiten nicht an. (V. 14-25: Die Auslegung schwankt hier zwischen einer Deutung auf den unerlösten Menschen und der von Luther vertretenen Beziehung auch auf das Christenleben, zu der die präsentische Redeweise besser paßt.)

– Christsein im Spannungsfeld zwischen Geist und Fleisch (8,1-17):

Der Abschnitt resümiert die Beantwortung von Einwänden: Wenn Christus an die Stelle des Gesetzes tritt (vgl. 7,1-6), so ist der Kampf gegen die Sünde damit nicht erledigt, sondern gerade intensiviert, weil er nun in der Kraft des Geistes Gottes, der die Glaubenden bewegt, geführt werden kann und muß.

– Bekräftigung der Hoffnung angesichts gegenwärtiger Leiden (8,18-39):

Vom Kampf gegen die Sünde geht Paulus über zu einer Besinnung auf alle Nöte menschlichen Daseins diesseits der Todesgrenze, in denen der Christ mit der ganzen Schöpfung verbunden ist und stellvertretend für sie hofft und betet (V. 18-27). Was Gott in Christus getan hat und tut (vgl. V. 32-34), kann nicht Zufall und Episode sein, sondern ist von ihm so seit Urzeiten gewollt (V. 28-30) und nicht wieder ungeschehen zu machen (V. 31-39).

– Gottes Wege mit Israel (9,1-11,36):

Die Verankerung der christl. Heilsgewißheit in Gottes ewiger Gnadenwahl und das jubelnde Bekenntnis zur Unüberwindlichkeit seiner Liebe (8,28-39) zwingen zu der Frage nach dem Weg Israels, das in seiner Mehrheit die Heilsbotschaft von Christus nicht angenommen hat – aber auch einmal von Gott erwählt und mit Verheißungen beschenkt worden war (vgl. 9,4f). Paulus stellt sich diesem Problem aus tiefer innerer Verbundenheit (vgl. 9,1-3; 10,1f; 11,1), aber nicht im Sinne eines bloßen Konflikts zwischen menschlichen Gefühlen und theologischer Wahrheit, sondern mit der Hoffnung für Israel. Für Israel ist die Treue Gottes, die Verläßlichkeit seines Wortes in Frage gestellt (vgl. 9,6). Mit diesem Problem ringt der Apostel in mehreren Anläufen, die erst in Kap. 11 zu einem Abschluß kommen, in dem gegensätzliche Anliegen miteinander versöhnt werden, so daß alles letztlich zum Lobe Gottes dient (vgl. 11,28-36).

– Persönliches Bekenntnis zu Israel (9,1-5).

– Die Grundlage: Gottes freie Wahl teilt Menschen ihre geschichtliche Rolle zu (9,6-29).

An mehreren Beispielen aus der bibl. Geschichte (in V. 7-13 aus der Väterzeit, in V. 14-18 aus der Exodusgeschichte) und anhand eines Gleichnisses (V. 19-21) erläutert Paulus die Freiheit Gottes, sich (in Christus) ein Volk aus Juden und Heiden zu berufen (V. 22-24), worin sich uralte Prophetenworte erfüllen (V. 25-29).

– Das Problem: Israels Irrtum und Widerstand (9,30-10,21).

Die in 9,27-29 zitierten Prophetenworte künden schon das Problem an, um das es in 9,30-10,21 geht: Israel hat in seiner Orientierung am Gesetz das Heil verfehlt, das nach Jesaja dem Glaubenden verheißen ist (9,30-33). Der jüd. Eifer um Gott verkennt, daß das Gesetz selbst auf Christus abzielt (10,4) und hinweist (10,5-8). Urchristl. Bekenntnis (V. 9) und prophetisches Zeugnis (V. 11-13) stimmen überein, aber schon Mose und Jesaja klagen über den Widerstand Israels gegen Gottes werbende Liebe (V. 14-21).

– Erster Schritt zur Lösung: Mindestens ein Teil Israels bleibt erwählt (11,1-10).

– Die gottgewollte Verschlossenheit (*Verstockung) der übrigen (vgl. V. 7-10) ist auch kein Zeichen von Verwerfung, sondern dient einem heilsgeschichtlichen Ziel, nämlich dem Heil der Völker (11,11-16), und ist darum nicht endgültig (V. 12 und 15).

– Warnung vor (heiden)christl. Überheblichkeit gegenüber (dem mehrheitlich ungläubigen) Israel durch die Bildrede vom Ölbaum (11,17-24): Israel ist der »Stamm«, in den die Heidenchristen künstlich eingepfropft wurden.

– Weissagung der Erlösung ganz Israels (11,25-27).

– Fazit: Das gegenwärtige Gegeneinander von Kirche und Israel wird überwunden werden, weil Gott Israels Erwählung nicht zurücknimmt. Israels Geschichte und die Weltgeschichte konvergieren im Zeichen der Barmherzigkeit Gottes (11,28-36).

b. Impulse für die christliche Lebensgestaltung (12,1-15,13).

Leben für Gott in einer vergehenden Welt (12,1-13,14):

Diese beiden Kap. enthalten allg. Ermahnungen für das Zusammenleben; sie stehen unter dem Vorzeichen der Dankbarkeit für Gottes Barmherzigkeit (12,1), der Nichtanpassung gegenüber der gegenwärtigen Welt (12,2) und der Hoffnung auf den kommenden Tag Gottes (13,11-14). Besonders angesprochen werden

– Gaben und Funktionen in der Gemeinde (12,3-8);

– Bruderliebe und Feindesliebe (12,9-21);

– Pflichten gegenüber dem Staat (13,1-7).

– Als Zusammenfassung aller Gebote (und als Ersatz für weitere konkrete Ermahnungen?) hebt Paulus das Gebot der Nächstenliebe hervor (13, 8-10).

Ratschläge für innergemeindliche Meinungsverschiedenheiten (14,1-15,13):

Paulus nimmt hier Stellung zu Streitfragen um die Beachtung von Feiertagen und Speisegeboten (d.h. wohl: um die Übernahme atl.-jüd. Traditionen) und plädiert vor allem für gegenseitige Rücksichtnahme und Achtung zwischen den Gruppen der »Starken« und der »Schwachen«.

3. Briefschluß (15,14-16,27).

a. Bisheriges Wirken und Zukunftspläne des Paulus als Hintergrund für die Abfassung des Briefes (15,14-33);

b. Empfehlung der Phöbe (Überbringerin des Briefes? 16,1-2);

c. Grüße an Einzelpersonen und einzelne Hausgemeinden (16,3-16);

d. Warnung vor Irrlehrern (16,17-20);

e. Grüße von Mitarbeitern des Paulus (16,21-23);

f. Liturgischer Abschluß (16,25-27).

II. DIE CHRISTLICHE GEMEINDE IN ROM.

Die Anfänge der röm. Christengemeinde liegen im Dunkeln, und auch die Verhältnisse zur Abfassungszeit lassen sich nur vermutungsweise aus dem Charakter der Stadt und aus Andeutungen im Röm erschließen. Bereits die in Apg 18,2 erwähnte Ausweisung von Juden aus der Hauptstadt könnte (nach einer Notiz bei Sueton, Leben der Kaiser, Claudius, 25,4) mit Streitigkeiten um Christus in röm. Synagogen zusammenhängen. Waren die ersten röm. Christen zugewanderte *Judenchristen, so mußte die Ausweisung aller Juden (wahrscheinlich im Jahre 49 n.Chr.) die Zusammensetzung der Gemeinde zugunsten der *Heidenchristen verschieben. Allg. wird damit gerechnet, daß das Aufenthaltsverbot mit dem Regierungsantritt *Neros im Herbst 54 aufgehoben wurde. Paulus spricht in 1,13 und 11,13 Heidenchristen direkt an; das schließt jedoch nicht aus, daß zu den Adressaten auch Judenchristen gehören (vgl. 16,3.7.11). Das Eingehen auf Einwände von jüd. Seite an verschiedenen Stellen des Briefes und die ausführliche Besprechung der Israelfrage sprechen für die Annahme, daß die Judenchristen zwar zahlenmäßig in der Minderheit sind, aber auf Grund ihrer Verwurzelung in der bibl. Tradition das Gemeindeleben stärker bestimmen. Ausdehnung und Bevölkerungsstruktur der Hauptstadt begünstigten die Entstehung von *Hausgemeinden sehr verschiedener Prägung. Vor diesem Hintergrund versteht sich der eher irenische (Frieden suchende) als polemische Charakter des Briefes, besonders im Vergleich zu dem thematisch verwandten *Galaterbrief.

III. SITUATION DER ABFASSUNG UND ZWECK DES BRIEFES.

Aus Röm 15,25-27 geht hervor, daß der Brief geschrieben wurde, bevor Paulus das letzte Mal nach Jerusalem reiste, wo er den Ertrag einer großangelegten Kollektenaktion überbringen wollte. Nach Apg 20-21 führte diese Reise von Griechenland (vermutlich Korinth) über Mazedonien (*Philippi) und die kleinasiat. Küste nach *Cäsarea am Meer und von dort nach Jerusalem. Der in Röm 16,23 erwähnte Gastgeber des Paulus könnte mit dem in 1Kor 1,14 genannten korinthischen Christen Gajus identisch sein, und auch die Empfehlung der *Phöbe aus *Kenchreä (einem Hafen-Vorort Korinths) sprechen für eine Abfassung des Briefes in Korinth (von wo auch die Überbringung des Briefes nach *Rom am besten erfolgen konnte). Eine Datierung ist nicht mit letzter Sicherheit möglich; doch spricht viel für die Abfassung im Frühjahr des Jahres 57 n.Chr.

Wichtiger für das Verständnis des Briefes ist der Hinweis von Röm 15,31 auf die Gefahren, die dem Apostel in Judäa drohen (vgl. Apg 20,3), und auf die zweifelhafte Haltung der Gemeinde von Jerusalem: Paulus ist sich nicht sicher, ob die Muttergemeinde die Liebesgaben der Heidenchristen überhaupt annehmen wird, – so groß ist dort offenbar das Mißtrauen gegenüber dem Missionswerk des Paulus. Dahinter steht eine Art »Rechtsruck« in der Kirche Judäas: Während ihr Leitungskreis noch beim »*Apostelkonzil« (vgl. Apg 15 und Gal 2,1-10) die Heidenmission der Antiochener (Paulus und Barnabas) anerkannte, hat nun der »Eifer für das Gesetz« die Gemeinden Judäas ergriffen (vgl. Apg 21,20f), wobei sie offenkundig von einer Bewegung mitgerissen werden, die zu dieser Zeit in Judäa auf dem Vormarsch war, wie wir aus den Schriften des Josephus wissen. Gerade zur Abfassungszeit des Röm standen Juden, die zur Zusammenarbeit mit den Römern und zur Verständigung mit Nichtjuden bereit waren, unter erheblichem Druck, bis hin zur Bedrohung von Leib und Leben (vgl. Jos.bell.Jud. 2, 254ff).

Vor diesem Hintergrund erklärt sich einerseits, daß Paulus im Röm die Grundlagen seines Missionswerkes besonders ausführlich darlegt (man hat ihn darum auch das »Testament« des Paulus genannt); andererseits wird verständlich, warum Paulus auf die Vorwürfe und Anfragen von jüd. und judenchristl. Seite besonders sorgfältig eingeht (so daß man schon Jerusalem als die »innere Adresse« des Briefes bezeichnet hat). Positionen, mit denen er in Jerusalem konfrontiert war, konnten angesichts der hohen Mobilität der damaligen Stadtbürger und der Anziehungskraft der Reichshauptstadt auch in Rom Eingang finden. Ob Paulus schon mit Gegnern seines Missionswerkes in Rom rechnen muß oder sich nur vorsorglich mit denkbaren Widerständen befaßt, ist schwer zu entscheiden. Auf jeden Fall wollte Paulus mit seinem Brief einem geplanten Besuch in Rom vorarbeiten (vgl. 1,9-15; 15,22-24.32), in der Hoffnung, dabei Unterstützung für eine ins Auge gefaßte Spanienmission zu finden (15,24.28). (Von einer Verwirklichung dieses Missionsplanes wissen wir nichts.) Nach 1,11.15 hoffte Paulus, auch in Rom selbst eine gewisse Aktivität zu entfalten (obwohl er sich grundsätzlich zur Pioniermission berufen sah, vgl. 15,20f), wofür er als röm. Bürger und gebildeter Mensch beste Voraussetzungen mitbrachte.

IV. TEXT- UND LITERARKRITISCHE FRAGEN.

Theorien, nach denen der Röm aus verschiedenen ursprünglich unabhängigen Teilen zusammengestellt wäre, blieben bisher auf einzelne Forscher beschränkt, die eine Vorliebe für derartige Konstruktionen haben. Ernstzunehmen ist jedoch der Befund, daß die Abschnitte 15,1-33; 16,1-23; 16,24 und 16,25-27 in Teilen der handschriftlichen Überlieferung des Briefes fehlen oder in veränderter Reihenfolge erscheinen. Hier hat offensichtlich ein Wechselspiel von Weglassungen und Hinzufügungen stattgefunden, ausgelöst durch die Streichung von Kap. 15-16 in der Edition der Paulusbriefe durch den Häretiker Marcion (um 150 n.Chr.). 16,25-27 wird heute weithin als hinzugefügter liturgischer Abschluß verstanden, 16,24 ebenso eingestuft, aber z.T. nicht einmal im Text unserer Bibelausgaben abgedruckt, wobei die Frage nach dem ursprünglichen Schlußgruß des Röm offenbleibt.

Auch ohne den Rückhalt handschriftlicher Befunde sind an verschiedenen Stellen des Briefes Eingriffe in den Text (v.a. Zusätze) behauptet worden, wo der vorliegende Wortlaut Verständnisschwierigkeiten bereitet (nach R. Bultmann z.B. in 2,1.16; 6,17b; 7,25b; 8,1; 10,17; 13,5). Wo alle anderen Erklärungsversuche versagen, ist das ernsthaft in Betracht zu ziehen. Bedenkt man aber, wie hartnäckig sich selbst sinnentstellende Fehler in den Abschriften des NT fortpflanzen konnten, dann fällt es schwer zu glauben, daß eine wesentlich kürzere Urform einer Stelle verschwunden sein soll, ohne Spuren in der handschriftlichen Überlieferung zu hinterlassen. Nicht wenige Forscher rechnen mit der Möglichkeit, daß Kap. 16 eigentlich nach Ephesus adressiert gewesen sei. In der Tat fällt auf, wie viele Glieder der dem Apostel eigentlich noch unbekannten röm. Gemeinde hier eines persönlichen Grußes gewürdigt werden. Andererseits enthalten gerade die Briefe an Gemeinden, mit denen Paulus eng verbunden war, keine Grußliste von vergleichbarer Länge. Ein durchschlagendes Argument für oder gegen diese Hypothese ist derzeit nicht in Sicht. Daß vereinzelte Textzeugen die Adressierung des ganzen Briefes nach Rom in 1,7.15 unterschlagen, ist textkritisch und historisch ohne Gewicht.

V. THEOLOGISCHER GEHALT UND BEDEUTUNG DES RÖMERBRIEFS.

1. Der Römerbrief als Auslegung des Evangeliums.

Als vorläufiger Ersatz für die von Paulus anvisierte, zu dieser Zeit aber noch nicht mögliche persönliche Predigt- und Lehrtätigkeit in Rom ist der Brief zunächst einmal als literarische Entfaltung der urchristl. Botschaft, des *Evangeliums, zu lesen und zu hören. Dieses eine, von den Propheten verheißene Evangelium ist dem Apostel aufgetragen (1,1.9.16) und darum auch Thema des Briefes. Inhaltlich ist es die Botschaft von Jesus als dem Sohn Gottes (1,3f.9), den Gott als Sühnopfer für die Sünde aller Menschen in den Tod gegeben hat (3,24-26; 4,25; 5,8-11; 8,32; 14,15), und der seit der paulin. Auferweckung durch Gott als der Herr angerufen wird (1,4; 4,24; 8,34; 10,9-13). Ziel der paulin. Verkündigung ist es, dieses Christusgeschehen als

Gottes Heilstat auszurufen, Glauben zu wekken (1,5; 10,8-17) und das Heil durch die Verkündigung wirksam zuzueignen (1,16f). So erfahren die Glaubenden Versöhnung mit Gott (5,1-11) und empfangen Zuversicht für ihr persönliches Schicksal und die Zukunft der Welt (8,18-39). Die Teilhabe am Erlösungswerk Christi und die Hoffnung auf seine Wiederkunft verändern auch das Verhalten in Abgrenzung gegen das Übliche und Bisherige (6,1-23; 12,1-13,14). Mit solchen Aussagen über Inhalt und Wirkung des Evangeliums bekräftigt Paulus das Zentrum und die Struktur der christl. Botschaft als solcher.

2. Der Römerbrief als persönliches Vermächtnis des Paulus.

Ausgehend von der gemeinsamen Basis des apostol. Kerygmas (vgl. 1Kor 15,11) hat Paulus in seiner theologischen Denkarbeit bestimmte Akzente gesetzt, mit denen er seine persönliche Herkunft und Geschichte verarbeitet (vgl. 1Kor 15,8-10; Gal 1,11-16; Phil 3,2-11) und auf Herausforderungen seiner missionarischen Aufgabe und Erfahrung antwortet. Im Röm kommt dieses besondere Profil des großen Heidenapostels am klarsten zum Vorschein.

a. Die Gerechtigkeit Gottes und die Rechtfertigung des Sünders.

Ein hervorstechendes Merkmal des Röm ist der intensive Einsatz von Begriffen und Wendungen, die einen juristischen Klang haben. Dabei entsteht das Problem, daß die ursprüngliche Bedeutung dieser Ausdrücke von späteren Rechtsauffassungen überlagert wird und heutiges Rechtsempfinden das Verständnis erschwert. Schon Martin Luther nahm lange Zeit innerlich Anstoß an der Aussage von Röm 1,17, daß im Evangelium Gottes Gerechtigkeit offenbar werde - bis er aus dem Kontext und aus atl. Vergleichsstellen erkannte, daß »Gerechtigkeit« hier ein Ausdruck für Gottes Heilshandeln sein muß. Während unser Wort »Gerechtigkeit« an die Gleichbehandlung von Bürgern durch Regierung und Rechtsprechung oder von Kindern durch ihre Eltern oder an die angemessene Entlohnung für geleistete Arbeit denken läßt, geht Paulus vom hebr. Begriff *zedāqāh* aus, der entweder die »Rechtschaffenheit« als Eigenschaft (abstrakt) oder auch die einzelne gute Tat (z.B. Almosen) bezeichnen kann. So erklärt sich, daß »Gerechtigkeit« in der Bibel öfter als sinnverwandter Ausdruck neben Wörtern wie »Rettung« oder »Hilfe« zu stehen kommt (vgl. neben Röm 1,17 v.a. Ps 40,11; 71,15; 98,2; Jes 45,8; 46,13; 51,5; 56,1; 59,17). Dieser nur vom AT her verständliche Begriff der »Gerechtigkeit« Gottes findet sich v.a. im Röm (1,17; 3,5.21.22.25.26; 10,3), im übrigen NT vergleichsweise selten (Mt 6,33; 2Kor 5,21; 2Petr 1,1; Jak 1,20). Er verbindet sich bei Paulus mit anderen Ausdrücken vom Stamm »recht«, die ebenfalls das Heilshandeln Gottes bezeichnen: »rechtfertigen« oder (in Anlehnung an 1Mo 15,6) »zur Gerechtigkeit anrechnen«. Auch »rechtfertigen« meint nicht das, was wir normalerweise darunter verstehen (»entschuldigen« oder »verteidigen«); denn Paulus betont ausdrücklich, daß Gott den Gottlosen, den Frevler, rechtfertigt (Röm 4,5). Alle haben gesündigt, und alle werden durch den Tod Christi gerechtfertigt (3,23-30). Dieses Sprechen von einer angerechneten, zugesprochenen Gerechtigkeit wird verständlich, wenn wir davon ausgehen, daß das Prädikat »richtig« von Hause aus keine Sachaussage beinhaltet, sondern nur eine Wertung, einen Akt der Anerkennung. Natürlich gehen wir bei unseren Wertungen von jeweils sich anbietenden Maßstäben aus; aber diese ergeben sich erst aus dem Zusammenhang und stehen nicht ein für allemal fest. Das Besondere und Befreiende an der Rechtfertigung des Sünders, die Paulus verkündigt, ist dies, daß Gott zu uns Menschen »Richtig!« sagt, d.h. uns anerkennt und annimmt, obwohl er zu unseren Taten immer wieder »Falsch!« sagen muß. Gott zieht eine Trennungslinie zwischen uns als Person und unseren Taten, er rechnet uns unsere schlechten Taten nicht zu (vgl. Röm 4,1-8). Die Grundlage dafür ist, daß Gott umgekehrt das von Jesus Christus ihm dargebrachte Sühnopfer zu uns rechnet, als ob wir es geleistet hätten (vgl. Röm 3,24-26; 2Kor 5,21). Daß dies ein Akt der *Gnade ist, wird Paulus nicht müde zu betonen (vgl. Röm 3,24; 4,4.16; 5,2.15.17.20.21; 6,1.14.15; 11,5.6).

b. Leben aus dem Glauben oder aus dem Gesetz.

Für die Reformatoren war der Gegensatz von Glauben und *Werken bei Paulus die entscheidende Hilfe zur Überwindung der spätmittelalterlichen Leistungsfrömmigkeit. Weder ihnen noch dem Apostel ging es dabei um eine Abwertung der Praxis oder um eine Relativierung der Ethik; vielmehr hatten sie bestimmte fromme Leistungen im Blick, mit denen man Schuld und Sündenstrafen abzudienen hoffte. Paulus spricht in diesem Sinne nicht von irgendwelchen Werken, sondern von Werken des Gesetzes. Die Gegner, mit denen er sich dabei auseinandersetzte, forderten insbesondere, daß Heidenchristen männlichen Geschlechts sich der Beschneidung unterziehen müßten, um wirklich gerettet zu werden (vgl. Apg 15,1.5; Gal 5,2.11; 6,12). Es ging ihnen nicht um soziale Gebote, sondern um kultische Forderungen der Tora (z.B. auch

Feiertage, vgl. Gal 4,10), deren Erfüllung als heilsnotwendig propagiert wurde (vgl. Gal 1,6-9). Daß Paulus diese Front auch bei der Abfassung des Röm noch im Auge hatte, geht aus der Behandlung des Themas »Beschneidung« in Röm 4,9-12 hervor. Der für sich genommen recht allg. Begriff »Werke des Gesetzes« ist darum vom Galaterbrief her zu konkretisieren. Von daher erklärt es sich, daß die Relativierung der Gesetzeswerke mit der Gleichstellung von Juden und Nichtjuden zusammenfällt (vgl. Röm 3,27-30): Heidenchristen sind eben nicht verpflichtet, ihre Hingabe an Gott in den gleichen Symbolhandlungen zum Ausdruck zu bringen, wie sie dem Judentum in der Tora (und ihrer traditionellen Auslegung) aufgetragen sind.

Dieser spezielle missionstheologische Hintergrund wird freilich bereits von Paulus selbst grundsätzlich anthropologisch interpretiert, indem er die Begegnung mit Geboten als menschliche Grunderfahrung voraussetzt und bedenkt (vgl. Röm 2,14-16; 7,7-13). Wenn ein frommer Jude hinter den Maßstäben zurückbleibt, die er theoretisch freudig bejaht (vgl. Röm 2,17-24), so zeigt sich an ihm nur eine allgemein-menschliche Schwachheit (für die Paulus den Begriff »Fleisch« gebraucht), die auch dem Christen noch zu schaffen macht (vgl. Röm 7,14-8,13; Gal 5,18-6,10). Darum darf überhaupt keine vorgeschriebene Leistung zur Eintrittskarte in das *Reich Gottes gemacht werden, von der die Heilsgewißheit und die Gewährung christl. Gemeinschaft abhängig gemacht wird. Der wirkliche, lebendige Glaube allerdings bleibt nicht ohne Frucht in der Lebensgestaltung (vgl. Röm 6), und die gegenseitige Bestärkung und Beratung in dieser Richtung (vgl. Röm 12ff) ist kein Rückfall in eine ängstliche oder selbstgerechte Orientierung an Gesetzen, sondern ein notwendiger Dienst der Vergewisserung auf dem gemeinsamen Weg (vgl. Röm 15,14f).

c. Gottes Weg mit Israel.

Vergleicht man den Röm mit dem thematisch verwandten Galaterbrief, so ist eine Weiterentwicklung vor allem im Verhältnis zum Judentum erkennbar. Sie besteht zum einen darin, daß Paulus jetzt klarstellt, daß er die Würde des Gesetzes als Gabe Gottes an Israel nicht antasten will, sondern ihm nur jegliche Kraft zur Rettung vor dem Gericht abspricht (vgl. v.a. Röm 7,7-14.22; 9,4). Darüber hinaus lehrt der Anschluß von Röm 9-11 an Kap. 8, daß Paulus sich der christl. Heilsgewißheit nicht ungetrübt freuen kann, so lange seine Hoffnung für Israel durch die ablehnende Haltung der Juden zum Evangelium in Frage gestellt ist (vgl. 9,1-3; 10,1). Schon die Breite, in der dieses Problem erörtert wird, und die Plazierung dieses Abschnitts am Schluß des lehrhaften Teils des Briefes deuten auf die Wichtigkeit dieses Themas. Am Ende steht die Erkenntnis, daß das historische Volk Israel weder untergehen noch sich in die Kirche hinein auflösen wird, sondern als eine von der Völkerwelt klar unterschiedene Gemeinschaft (die nach 9,4f durch Herkunft und Tradition definiert ist) »gerettet« wird, vom Fluch der Sünde erlöst (11,26f). Die Christusbotschaft, die allen Menschen Gottes Liebe, Erwählung und Berufung zuspricht (vgl. 8,28-39), hebt das Wort nicht auf, mit dem Gott dem Volk Israel Erwählung, Liebe und Berufung zugesprochen hat (vgl. 9,6; 11,28f). Christl. und jüd. Existenz haben ihren letzten Grund in der Barmherzigkeit Gottes (vgl. 11,30-32); das läßt für gegenseitige Verachtung oder Verurteilung keinen Raum (vgl. 15,7-9). Mit solchen Aussagen ist Paulus über polemische und pessimistische Aussagen über Israel in seinen früheren Briefen (vgl. Gal 4,21- 31; 1Thess 2,14-16) hinausgewachsen. Die Christenheit hat jedoch diesen Teil seines Vermächtnisses jahrhundertelang ignoriert. Erst unter dem Eindruck christl. Mitschuld an den furchtbaren Leiden Israels in unserem Jh. wird Röm 9-11 als der einzige ntl.»Traktat über Israel« und so als die einzige Richtschnur für das christl. Verhältnis zu Israel zunehmend ernstgenommen.

Literatur: Wichtige neuere Kommentare: C.E.B. Cranfield: A Critical and Exegetical Commentary on the Epistle to the Romans I, 1975, II, 1979; J.D.G. Dunn: Romans 1-8. Romans 9-16, 1988; E. Käsemann: An die Römer, 1973; O. Kuss: Der Römerbrief, (Röm 1-11), 1. Lfg., 1957, 2. Lfg. 1963, 3. Lfg. 1978; O. Michel: Der Brief an die Römer (1955) ^{5}1978; A. Nygren: Der Römerbrief, 1951; A. Schlatter: Gottes Gerechtigkeit. Ein Kommentar zum Römerbrief, 1935; H. Schlier: Der Römerbrief, 1977; W. Schmithals: Der Römerbrief. Ein Kommentar, 1988; P. Stuhlmacher: Der Brief an die Römer, 1989; U. Wilckens: Der Brief an die Römer, I, 1978, II, 1980, III, 1982; D. Zeller: Der Brief an die Römer, 1985; Zum Charakter der röm. Gemeinde: P. Lampe: Die stadtrömischen Christen in den ersten beiden Jahrhunderten, (1987) ^{2}1989. K.H.

ROST. Veränderung und Zerfall von Eisen durch chemische Verbindung mit Sauerstoff. Im Gleichnis (Hes 24,6.11f) ist der R. (hebr. *chäl'ah*) Bild für die Unreinigkeit, die Sünde Jerusalems. Griech. *ios* (Jak 5,3) bezeichnet den R. am Eisen, den Grünspan an Kupfer und Messing und das Anlaufen von Edelmetallen. Griech. *brōsis*, »Fraß«, in Mt 6,19f neben »Motten« erwähnt, wird meist ebenfalls mit R. übersetzt, könnte jedoch auch der Name eines Insekts sein.

ROT s. Farben

ROTES MEER. Die heutige Geographie bezeichnet damit das Meer, das NO-Afrika von Arabien trennt, sich etwa 1900 km von den Meerengen von Bab el-Mandeb nahe Aden nach N bis zur Südspitze der Sinaihalbinsel erstreckt – und mit dem Golf von Suez (ca. 300 km) und dem Golf von Aqaba (ca. 200 km) die W- bzw. O-Seite der Sinaihalbinsel umschließt. Im klassischen Altertum schloß der Name Rotes Meer (*erythra thalassa*) auch den Arabischen und Indischen Ozean bis zur NW-Küste Indiens ein. Im AT wird der Begriff *jam suph*, »Meer des Schilfes« (und/oder »Unkrauts«), verwendet, um zum einen das Bitterseengebiet im ägypt. Nildelta nördl. von Suez entlang dem heutigen Suezkanal und zum anderen den Golf von Suez und den Golf von Aqaba und möglicherweise darüber hinaus das eigentliche Rote Meer zu beschreiben.

1. Das Bitterseengebiet.

Nach 2Mo 13,18 wurden die Israeliten durch die Wüste und das *jam suph* aus Ägypten geführt. 2Mo 14 und 15 berichten detaillierter: nachdem die Israeliten Sukkot (Tell el-Maskhuta) und Etam verlassen hatten (2Mo 13,20), sollten sie umkehren und vor Pi-Hahirot zwischen Migdol und dem »Meer«, vor Baal-Zefon, lagern (2Mo 14,1.2.9). In der Nähe dieser Orte war das »Meer«, das Gott zurücktrieb und mit einem »starken Ostwind« teilte, damit Israel es trockenen Fußes durchqueren konnte; vor den es verfolgenden Ägyptern ließ Gott das Wasser wieder zusammenfließen (2Mo 14,16.21-31; 15,1.4.19.21). Vom »Schilfmeer«, *jam sūph*, aus zogen die Israeliten in die Wüste Schur (2Mo 15,22; 4Mo 33,8) und dann weiter zum Sinai. Verschiedene Anhaltspunkte legen nahe, daß der Zug durch das Meer, der Auszug im engen Sinn, im Bitterseengebiet stattfand, ungefähr zwischen Qantara (48 km südl. von Port Said) und gerade nördl. von Suez. Geographisch gesehen liegt die Wüste von Schur, die Israel direkt nach der Durchquerung des *jam sūph* betrat (2Mo 15,22), diesem Gebiet direkt gegenüber (*Schur). Geophysisch ist es möglich, daß die Schilfgewässer der Bitterseen und des Menzaleh-Sees von starken Ostwinden, genau wie in 2Mo 14,21 beschrieben, bewegt werden. Aly Shafel Bey erlebte dies in kleinem Ausmaß 1945/46 (Bulletin de la Société Royale de Géographie d'Égypte 21, August 1946, S. 231ff; vgl. auch JTVI 28, 1894-5, S. 267-280). Als philologischer Anhaltspunkt ist festzuhalten, daß das hebr. Wort *sūph* auf das ägypt. *twf(y)*, »Papyrus« zurückzuführen ist, und *p'twf*, »die Papyrussümpfe«, einen Ort im nordöstl. Teil des Deltas zwischen Tanis (Zoan), Qantir und der heutigen Linie des Suezkanals nördl. von Ismailia, an dem früheren pelusischen Flußarm des Nils, bezeichnet (Einzelheiten dazu s. A.H. Gardiner, Ancient Egyptian Onomastica, 2, 1947, S. 201*-202*; R.A. Caminos, Late-Egyptian Miscellanies, 1954, S. 79; Erman und Grapow: Wörterbuch der Aegyptischen Sprache, 5, 1931, S. 359: 6-10). Ps 78,12.43 verlegt die großen Ereignisse, die dem Auszug vorangehen, in das »Gefilde von Zoan«, d.h. ins Nordostdelta.

2. Der Golf von Suez und der Golf von Aqaba.

Die Israeliten gingen von Schur aus über Etam, Mara und Elim nach S und lagerten am *jam sūph*. Dann gingen sie weiter nach Sin und Dofka (4Mo 33,10-12). Dies scheint sich auf den Golf von Suez zu beziehen. Ob sich 2Mo 10,19 während der Plagen auf das Seengebiet bezieht, den Golf von Suez oder das R. ist nicht sicher (s. *Plagen von Ägypten – achte Plage – und G. Hort: ZAW 70, 1958, S. 51-52). Das *jam sūph* in 2Mo 23,31 ist nicht eindeutig zu bestimmen, möglicherweise ist der Golf von Aqaba gemeint. Nach ihrem ersten Aufenthalt in Kadesch-Barnea (*Kadesch) wurden die Israeliten auf dem Weg zum *jam sūph* in die Wüste geführt (4Mo 14,25; 5Mo 1,40; 2,1), d.h. durch die Araba zum Golf von Aqaba, wie die physikalischen Umstände nahelegen, als die Rotte Korach von der Erde verschluckt wurde (4Mo 16; s. *Wüstenwanderung; G. Hort: Australian Biblical Review 7, 1959, S. 19-26). Nach einem zweiten Aufenthalt in Kadesch ging Israel in Richtung auf das *jam sūph*, um Edom zu umgehen (4Mo 21,4; Ri 11,16), wieder unter Hinweis auf den Golf von Aqaba. Salomos Seehafen Ezjon-Geber oder *Elat befindet sich nach 1Kön 9,26 am *jam sūph*; Teman in Edom wird damit in Verbindung gebracht (Jer 49,21).

Daß der Begriff *jam sūph* im weiten Sinn für die zwei Arme des Roten Meeres sowie im engeren Sinn für die Schilfseen zwischen Suez, dem Menzaleh-See und dem Mittelmeer gebraucht wurde, ist nicht ungewöhnlich oder ohne Parallele. Etwa 1470 v.Chr. z.B. benutzen ägypt. Texte einer einzigen Epoche den Namen *Wadj-wer*, »großes grünes (Meer)«, für das Mittelmeer und das Rote Meer (Erman-Grapow, op.cit., 1, S. 269: 13f) sowie *Ta-neter*, »Gottes Land«, für Punt (Ostsudan?) speziell und für im O liegende Gebiete allg. (ibd., 5, S. 225: 1-4). K.A.K.

RUBEN. (MT: *re'ūbēn*; LXX: *Roubēn*; Peschitta: *Roubīl*; Josephus: *Roubēlos*; arab. *Ra'ubīn*; latein. *Rubin*).

Das Rote Meer – heute und (Ausschnitt) zur Zeit des Auszugs aus Ägypten.

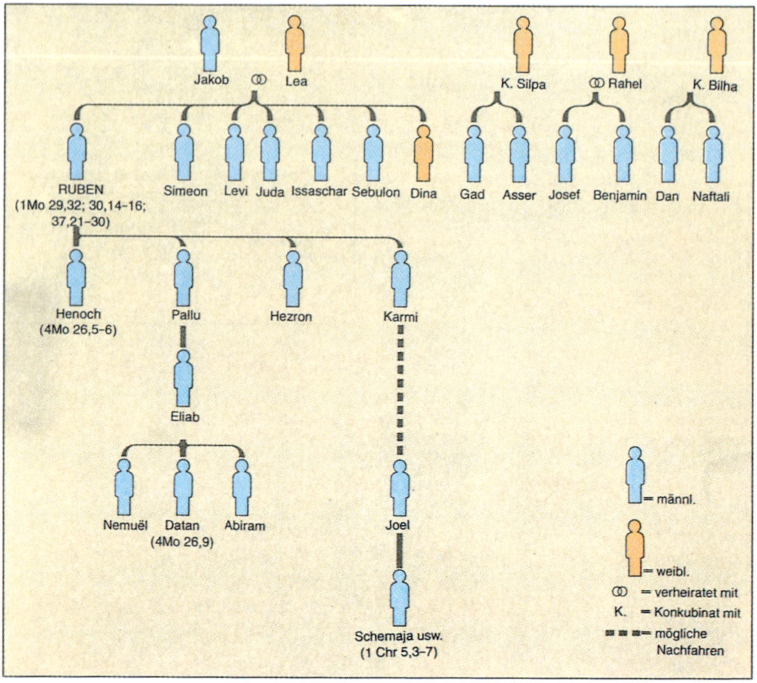

Rubens Stammbaum.

1. Der erstgeborene Sohn von *Jakob und *Lea (1Mo 29,32), dessen Namenwahl mit dem Satz, »der Herr hat angesehen mein Elend« (hebr. *rā'ah. . .be'onjī*), verbunden ist. Daß der Name diese Bedeutung hatte, wird von den anderen Namen dieses Abschnitts her deutlich: Simeon (»gehört«), ». . . der Herr hat gehört«, Levi (»zugetan«), ». . . mein Mann wird mir anhänglich sein«, Juda (»Dank«), ». . .will ich den Herrn preisen«, Dan (»Richter«), ». . .Gott hat mir Recht geschafft« usw.

Positive Charaktereigenschaften R.s werden überschattet von seinem Inzest mit *Bilha, der Nebenfrau seines Vaters (1Mo 35,22). So brachte R. seine Brüder davon ab, *Josef zu töten; (1Mo 37,21f.29). Als die Brüder später am ägypt. Hof als der Spionage Verdächtige festgehalten wurden, sah R. dies als Strafe für ihr Vergehen an Josef an (1Mo 42,22). Auch war es R., der seine beiden Söhne als Garantie für die Sicherheit Benjamins bei der Reise nach Ägypten anbot (1Mo 42,37).

Bei der Segnung der Söhne Jakobs wird R. nach dem Gesetz als Erstgeborener anerkannt. Der doppelte Anteil, der zum Erstgeburtsrecht gehörte (5Mo 21,17), fiel jedoch tatsächlich an Josef durch seine beiden Söhne *Efraim und *Manasse.

Nach dem Lob R.s folgt eine prophetische Äußerung Jakobs: »Weil du aufwalltest wie Wasser, sollst du der Erste nicht sein. . .«, d.h. R. verlor sein Erstgeburtsrecht wegen seines Vergehens an Bilha (s.o., 1Mo 49,3). Die rechtliche Anerkennung als Erstgeborener wird in 1Chr 5,1 aufrecht erhalten, wo wir erfahren, daß das Erstgeburtsrecht de facto Josef gehörte, aber nicht de jure, denn »er [Josef] wird nicht in die Genealogie nach dem Geburtsrecht aufgenommen« (vgl. Gesenius, 28, S. 349, 114k). Daher behält R. in 1Mo 46,8; 2Mo 6,14; 4Mo 26,5 seinen Status als Erstgeborener. R. hatte vier Söhne vor der Reise nach Ägypten.

2. Der Stamm R. gehörte mit Gad und Halbmanasse zu den Stämmen, die ihren Gebietsanteil im *Ostjordanland empfingen, dafür aber den anderen bei der Eroberung des eigentlichen Kanaan Waffenhilfe leisteten (4Mo 32,16-33.37f; Jos 4,12). Das Land R.s lag

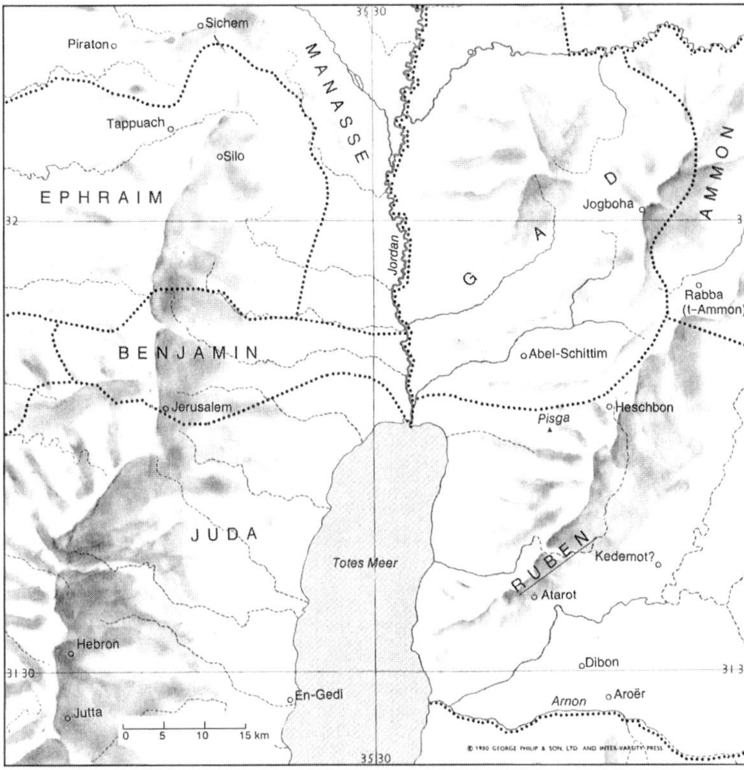

Das Stammesgebiet Rubens.

östl. vom Nordteil des Toten Meeres, die Südgrenze bildete der Arnon, die Ostgrenze die Wüste. Im N schloß sich das Gebiet Gads und das der Ammoniter an (Jos 13, 15-23). Vier Städte R.s wurden den Leviten zugewiesen, darunter Bezer als *Freistadt (Jos 21,7.36.37; 20.8). Nach der Rückkehr von der Eroberung Kanaans errichteten R., Gad und Ostmanasse einen Altar am Jordan als Zeichen ihrer Zugehörigkeit zum Bundesvolk des Herrn. Diese Tat fand erst nach anfänglichem Mißverständnis die Billigung der übrigen Stämme (Jos 22,1-6.10-34). Z.Zt. der Unterdrückung Israels durch Jabin und Sisera hielt sich R. abseits, wofür der Stamm getadelt wird (Ri 5,15.16). Dann erfahren wir von einem großen Sieg über die Hagariter z.Zt. Sauls (1Chr 5,10.18-22). Hart bedrängt wurde R. von den Moabitern, die zeitweilig den größten Teil seines Gebietes besetzt hatten (vgl. Jos 13,15-21 mit Jes 15,2.4; 16,8.9; Jer 48,1.2.18.19.21-23 und den Ortsnamen der *Mescha-Stele), ebenso hatte der Stamm unter den Einfällen der Syrer im Ostjordanland zu leiden (2Kön 10,32.33). Schließlich wurde R. von Tiglatpilesar III. von Assyrien in die Gefangenschaft geführt (1Chr 5,25.26). In der Weissagung des Hesekiel erhält R. seinen Anteil am verheißenen Land zwischen Ephraim und Juda (Hes 48,6.7), und unter den 144.000 Versiegelten werden auch 12.000 aus R. genannt (Offb 7,5). R.J.A.S./Red.

RUBIN s. Edelsteine

RUF, BERUFUNG. Die hebr. Wurzel *qr'* kommt im AT ca. 760 mal vor, mit der Grundbedeutung: »Mit dem Laut der Stimme die Aufmerksamkeit einer Person auf sich ziehen, um mit ihr in Kontakt zu kommen.« Im NT wird *kalein,* »rufen«, »berufen«, mit seinen

Derivaten *klēsis,* »Berufung«, *klētos,* »berufen« (vgl. *epikalein,* »(be)nennen«, »(an)rufen« und *proskaleomai,* »herbeirufen«) insgesamt ca. 230 mal gebraucht.

1. Im Alten Testament.

Folgende wichtige Bedeutungsnuancen lassen sich bei *qr'* unterscheiden:

a. »Zurufen«, d.h. Kommunikation mit dem Laut der Stimme (vgl. 5Mo 20,10; 1Sam 17,8; 2Kön 18,28). Es kann sich dabei um einen Schrei (1Mo 41,43; 3Mo 13,45; Ri 7,20), eine Ankündigung (Esr 6,9.11), eine feierliche Erklärung (Ps 89,27) oder um eine Proklamation (die »ausgerufen« wird; vgl. 2Mo 32,5; 3Mo 23,21; 1Kön 21,9.12) handeln.

b. »Verkündigen«, d.h. als terminus technicus der prophetischen Proklamation (vgl. 1Kön 13,32; Jes 40,2.6; Jer 2,2; Jona 1,2). Bedeutsam ist Sach 7,7, wo Jahwe Subjekt des Verkündigens ist. Hierher gehören auch die Stellen, in denen von der Verkündigung der Bedeutung des Jahwenamens die Rede ist (vgl. 2Mo 33,19: »den Jahwenamen verkündigen«; 5Mo 32,3; Jes 12,4; Ps 105,1: »vom Namen Jahwes Kunde geben«).

c. »Aufrufen« im Sinn von »zu sich berufen«, oft in Fällen, wo der Kontakt über eine gewisse Entfernung hinweg geknüpft wird (vgl. 1Mo 12, 18; 20,8; 2Mo 9,27). Wenn es sich um eine Mahlzeit handelt, ergibt sich die Bedeutung »einladen« (vgl. 2Mo 2,20; 1Sam 16,3). In juristischem Kontext bedeutet das Wort »jemand vor die Schranken des Gerichts rufen« (vgl. 1Sam 22,11; Jes 44,7; 59,4), in militärischem Zusammenhang »einberufen«, »anmustern« (vgl. Ri 8,1; Jer 4,5).

d. »Berufen«, mit Jahwe als Subjekt (vgl. 2Kön 3,10.13; Jes 13,3; 41,9; Hos 11,1). In diesem Zusammenhang wird die Wendung »namentlich berufen« gebraucht, wobei Jahwe als Berufender in eine intensive Beziehung zum Berufenen tritt (vgl. 2Mo 31,2: Bezalel; Jes 43,1: Israel). Diese Berufung impliziert Dienst für Gott in einer bestimmten Kapazität und mit einer bestimmten Absicht.

e. »Jemandem einen Namen geben«; in Verbindung mit *schēm,* »Name«, handelt es sich um einen terminus technicus der Namensgebung (vgl. 1Mo 1,5; 2,20; Rut 4,17; Jes 65,15; auch 1Mo 3,20; 4,25.26). Die Wendung »der Name jemandes wird ausgerufen über« hat juristische Bedeutung: im Falle des Eigentumwechsels wird der Name des neuen Besitzers offiziell ausgerufen (vgl. 2Sam 12,28; Jes 4,1). Auf den Namen Jahwes bezogen bringt diese Wendung Gottes Herrschaft z.B. über Israel (5Mo 28,10; Jes 63,19), über den Tempel (1Kön 8,43; Jer 7,10f) und über die Völker (Am 9,12) zum Ausdruck.

f. »Rufen zu«, mit Jahwe als Objekt (89 mal, davon 47 mal in den Psalmen; vgl. Ps 17,6; 18,4.7 etc.); oft auch in der Wendung »den Namen des Herrn anrufen« (vgl. 1Mo 4,26; 12,8; 1Kön 18,24; Jes 64,6). Der Sinn ist je nach Kontext loben, danken, klagen, schreien, um Hilfe rufen, beten.

2. Im Neuen Testament.

Im NT finden wir dem atl. Befund entsprechende Bedeutungsvarianten.

a. »Jemand rufen«, im Sinn von »zu sich rufen«, »einladen« (Mt 2,7; Mk 3,31; Lk 14,7-11; 1Kor 10,27).

b. »Einen Namen geben«, »nennen« (Lk 6,15; Apg 10,1; 15,37). Nach welchem Namen jemand »genannt« wird, d.h. wie jemand heißt, ist für die heilsgeschichtliche Stellung und Rolle des Betreffenden aufschlußreich (vgl. Lk 1,13ff: Johannes der Täufer; Mt 1, 21; Lk 1,32.35: Jesus; vgl. Mt 22,41f. 46; s.a. Mt 5,9; 1Joh 3,1; Hebr 2,11).

c. »Herbeirufen«, im Sinn von »zu sich rufen (lassen)«; in den Evv. überwiegend von Jesus gebraucht, der seine Jünger zu sich ruft (vgl. Mt 10,1; 15,32; 20,25; aber s. a. Mt 18,32; Mk 15,44; Lk 7,18.

d. »Rufen« im Sinn von »berufen« an den Stellen, wo Jesus der Rufende ist und z.B. die Jünger die Empfänger des Rufes sind (vgl. Mk 1,16-20; 6,7-13; Mt 10,5ff; Lk 9,1-6; 10,1-17). Charakteristisch für den Ruf Jesu sind seine Vollmacht, die den Adressaten trifft, der Rigorismus, der bedingungslos fordert, und die Adressierung an einzelne, die in Dienst genommen werden. Was Sinn und Ziel der Berufung betrifft, so sind die Motive Berufung und Sendung, Nachfolge und Mission stets verknüpft: »Die Nachfolge der Jünger diente der Intensivierung und Extensivierung der Gottesreichverkündigung Jesu« (R. Pesch: Das Markusevangelium I, [3]1980, S. 113).

e. »Anrufen«, »benennen« (*epikalein*) wird gemäß atl. Vorbild im Zusammenhang mit der Zuteilung eines Eigennamens (Mt 10,25) oder eines Beinamens (Mt 10,3; Apg 4,36; 12,25) gebraucht. An anderen Stellen liegt die juristische Bedeutung der *apellatio* (Apg 25,11.12.21.25) oder der Anrufung Gottes als Zeugen (2Kor 1,23) vor. Schließlich wird das Wort häufig für das Anrufen Gottes bzw. seines Namens im gemeinschaftlichen Bekenntnis gebraucht (Apg 7,59; Röm 10,12ff). Indem diese Aussageform auf die Hinwendung der Jünger zu Jesus übertragen wird (Apg 22,16; 1Kor 1,2), wird dieser als Gottes Gegenwart, als Sohn Gottes und Messias, charakterisiert.

f. »Berufen« zur Bezeichnung des souveränen göttlichen Rufs findet sich vor allem bei Paulus. Das Substantiv »Berufung« und das Adjektiv »berufen« sind bei Paulus Kernbegriffe in der Beschreibung des Existenz- und

Heilsverständnisses des Christen. Paulus wurde selbst durch Gottes Gnade berufen und (gleichzeitig) mit der Verkündigung seines Evangeliums betraut (Gal 1,15f; vgl. Röm 1,1). Berufen ist jedoch nicht nur der Apostel, sondern alle an Christus Glaubenden (Röm 1,6-7; 9,24; 1Kor 1,2.24). Gottes Berufung setzt Existenz (Röm 4, 17) und ist alleinige Ursache für die Existenz der Gemeinde, die aus »berufenen Heiligen« besteht; sie bilden einen Leib, weil sie zum Frieden Christi, der sie regiert, berufen wurden (Kol 3,15; vgl. Eph 4,4). Paulus unterstreicht die Berufung der Erwählten zum Heil als Kern des Heilsratschlusses Gottes in Röm 8,28-30 in radikaler Weise: im Ruf Gottes stehen heißt, gerechtgesprochen zu sein und teilzuhaben an der Herrlichkeit Christi (vgl. auch 1Kor 1,9; 1Thess 2,12; 5,24). Die Berufung zum Reich Gottes (1Thess 2,12) impliziert für die Glaubenden ein neues Leben in Freiheit (Gal 5,13) und in der Heiligung (Eph 4,1; 1Thess 4,7; 2Thess 1,11); der Bewährung ist der Empfang des »Kampfpreises der Berufung« verheißen (Phil 3,14; vgl. auch Eph 1,18; 1Tim 6,12). Der Glaubende kann den Ordnungen dieser Welt gelassen gegenüberstehen, da der Stand, in den er berufen wurde, seinen letzten Wert verloren hat (1Kor 7,20-22). Petrus erklärt in ähnlicher Weise, daß die von Gott in Christus Berufenen (1Petr 1,15; 5,10) und aus der Finsternis Geretteten (2,9) die Taten Gottes verkündigen sollen, indem sie Christus im Leiden, zu dem sie berufen sind, nachfolgen (2,21), um schließlich den Segen zu ererben (3,9; vgl. ferner Hebr 3,1; 9,15; Offb 17,14; 19,9). Zum Wortfeld von *kalein* gehören die zentralen Begriffe *eklegomai*, »erwählen« (*Erwählung), und *ekklēsia*, »*Gemeinde«.

Literatur: K.L. Schmidt: ThWNT III, 1938, S. 488-502; L. Coenen: TBLNT I, [4]1986, S. 86-92; C.J. Labuschagne: THAT II, [3]1984, 666-674; I. Daumoser: Berufung und Erwählung bei den Synoptikern, 1954; W. Bieder: Die Berufung im NT, 1961: D. Wiederkehr: Die Theologie der Berufung in den Paulusbriefen, 1963; J. Eckert: EWNT II, 1981, 592-601; M. Hengel: Nachfolge und Charisma, 1968. E.J.S.

RÜGOPFER s. Opfer

RUHE.

I. IM ALTEN TESTAMENT.

Während im rel. Umfeld des alten Israel – wie in fast allen Religionen der Erde – die Vorstellung vom »Deus otiosus«, vom jenseitigen ruhenden Gott, verbreitet ist, kennt Israel diese Vorstellung nicht. Der Hüter Israels »schläft und schlummert nicht« (Ps 121,4), er hat »Arbeit mit unseren Sünden« (Jes 43,24), und er »hat geruht und Atem geschöpft« (2Mo 31,17 RevEB) von der unermeßlichen Anstrengung seines Schöpfungswerkes. Jahwes liebende Unruhe steht in einem dialektischen Verhältnis zur R. des Menschen: Der Mensch darf und soll ruhen, weil Gott für ihn sorgt. Am deutlichsten wird diese hohe Bedeutung der R. für den Menschen im Sabbatgebot. Aber auch in der weisheitlichen Tradition Israels spielt die R. von der Arbeit eine große Rolle (vgl. Ps 127,1-2; Pred 2,23; Spr 3,24). Der gute Schlaf ist Merkmal der Freunde Gottes. In der R. zeigt sich die Weisheit, deren Anfang die Furcht des Herrn ist. Auch in der Prophetie ist die R. (*haschqēth*) ein Charakteristikum des Gottvertrauens. »Wenn ihr umkehrtet und stille bliebet, so würde euch geholfen«, sagt Jesaja (30,15; vgl. 32,17). Angesichts der Bedrohung Jerusalems mahnt er König *Ahas zur R. (7,4). Er knüpft damit an 2Mo 14,13f an, wo Mose das Volk am Schilfmeer angesichts der Verfolgung durch die Ägypter zur R. und zum Vertrauen auf Gottes Rettungstat aufruft. Nach Jesaja besteht andererseits ein Hauptmerkmal der Sünde in einer ruhelosen Aktivität, »in einer Betriebsamkeit, die an Gott vorbeilebt« (Keller). Umkehr zur R. bildet so ein Hauptthema der Predigt des Jesaja. »R. folgt aus der Gewißheit, daß Jahwe handelt« (Wolff). Das *Deuteronomium (5Mo) und die deuteronomistische Geschichtsschreibung reden von der R. (*menūchāh*) als dem großen Heilsgut, das Gott seinem Volk verheißt. Gemeint ist die R. nach der Wanderung in der Wüste, aber auch die R. vor allen Feinden ringsum (5Mo 12,9; 25,19; Jos 21,43ff; 2Sam 7,1.11; 1Kön 8,56; vgl. auch Ps 95,7-11). Die verschiedenen Schichten des AT bezeugen demnach jede in ihrer eigenen Sprache, daß die R. des Menschen ein hohes Gut und eine von Gott geschenkte Form des Loslassens ist, die im Vertrauen auf Jahwe ihren Grund hat.

II. IM NEUEN TESTAMENT.

Im NT wird das dialektische Ineinander von Gottes Aktivität und vertrauensvoller R. des Menschen wohl am deutlichsten in den Gleichnissen Jesu (etwa Mt 13). Besonders das Gleichnis von der selbstwachsenden Saat (Mk 4,26-29) knüpft an Ps 127 und vergleichbare Texte aus dem AT an. In den Briefen des NT ist es vor allem der *Hebräerbrief, der das Thema der von Gott verheißenen R. – in Anknüpfung an die deuteronomistische Tradition – aufgreift. Hebr. 3,7-4,11 spricht in Anlehnung an Ps 95,7-11 von der R., die dem Volk Gottes noch vorhanden ist. Nur durch Glaubensgehorsam, durch das Hören auf die Stimme Gotts kommt der Mensch in diese R.

hinein: es ist die R. von den eigenen Werken, die R. der Erlösung. Der Hebräerbrief nennt diese Ruhe nicht – wie im NT meist - *anapausis* (vgl. etwa Mt 12,43; Mk 6,31; Lk 12,19; Offb 4,8; 14,11), d.h. »ein Aufatmen«, sondern *katapausis*, d.h. »ein Ausruhen«: Die Erlösten dürfen ausruhen in der Geborgenheit des lebendigen Gottes.

Literatur: C.A. Keller: Das quietistische Element in der Botschaft des Jesaja, ThZ 11/1955, S. 81-97; G.von Rad: Es ist noch eine R. vorhanden dem Volke Gottes, Gesammelte Studien zum AT, [4]1971, S. 101-108; H.W. Wolff: Anthropologie des AT, [2]1973, § 15; R. Hensel: TBLNT II, [4]1986, 1050f. S.Ku.

RUHM.

I. IM ALTEN TESTAMENT.

Das Rühmen, das mit dem hebr. Verbum *hillēl* bzw. dem Nomen *tehillāh* ausgedrückt wird, bedeutet zunächst ganz profan das Rühmen von Eigenschaften. So wird etwa 1Mo 12,15 die Schönheit der *Sara gerühmt (ähnlich 2Sam 14,25; Hld 6,9). Auch Klugheit kann gerühmt werden (Spr 12,18), eine tüchtige Frau wird von ihrem Mann und ihren Söhnen gerühmt (Spr 31,28), und Spr 31,30 fordert dazu auf, eine Frau, die den Herrn fürchtet, zu rühmen. Auch ein Sprichwort ist uns überliefert: Wer den Harnisch anlegt, soll sich nicht rühmen wie der, der ihn abgelegt hat (1Kön 20,11). Ähnlich wie unser Sprichwort: »Man soll den Tag nicht vor dem Abend loben«, ist wohl Spr 27,1 zu verstehen: Sich dessen zu rühmen was morgen sein wird, ist töricht, denn das Morgen ist uns nicht verfügbar, es ist Gott vorbehalten. Das Zentrum dessen, was das AT zum Rühmen zu sagen hat, darf man in Jer 9,22f sehen: Der einzig wahre R. besteht in der Klugheit, die Erkenntnis Jahwes heißt und ein Leben aus und in Gottes Gnade und Gerechtigkeit meint. Gott ist es, dem der R. gebührt (Ps 105,3; Jes 42,8.12; 60,6 u.ö.), sein R. ist unvergleichlich (2Mo 15,11), sein R. soll nicht verschwiegen, sondern erzählt und verkündigt, ja vermehrt werden (Ps 71,14; 78,4; 79,13). Weil Gott der zu Rühmende ist, wird er auch sein Volk zum R. machen (5Mo 26,19; Jes 60,18; 62,7; Zef 3,19f), Israel soll sein R. sein (Jer 13,11; 33,9); die *Seele soll sich Gottes rühmen (Ps 34,3), ja die ganze Erde ist voll vom R. des Herrn (Hab 3,3).

II. IM NEUEN TESTAMENT.

Die Wortgruppe *kauchaomai* kommt im NT 59 mal vor, davon 55 mal in den Paulusbriefen. Paulus ist es, der diesen Begriff im NT mit Inhalt gefüllt hat, ja, dieser Begriff führt ins Zentrum paulin. Theologie. Jeglicher R. vor Gott ist ausgeschlossen, weil Gott das Unedle und Verachtete erwählt hat (1Kor 1,29), weil alles, was wir haben, empfangen ist (1Kor 4,7), weil wir nicht durch Werke gerecht werden (Röm 4,2; Eph 2,9). Der R. ist durch die *Rechtfertigung allein aus Glauben zunichte gemacht (Röm 3,27). Es gibt aber dennoch einen R., wenn auch auf eine andere Art. So wird Paulus für die Korinther und die Korinther werden für Paulus ein R. sein am *Tag des Herrn (1Kor 15,31; 2Kor 1,14); das Festhalten der Philipper am Wort wird für Paulus ebenfalls R. sein am Tage Christi (Phil 12,16); und von den Thessalonichern sagt Paulus (1Thess 2,19), daß sie am Tage des Herrn seine *Hoffnung, seine *Freude und sein R. sein werden. *Apostel und *Gemeinde sind einander so wechselseitiger Grund des eschatologischen R.s. Wer sich im übrigen aber rühmt, der rühme sich nicht eines Menschen (1Kor 3,21), sondern Gottes. Damit hat Paulus Jer 9,22f aufgenommen und gleichzeitig verändert: Wer sich rühmt, der rühme sich im Herrn (1Kor 1,31; 2Kor 10,17). Auf dieser Basis ist R. möglich, wenn im Auge behalten wird, daß dieser R. allein durch Gott ermöglicht wird. So mag etwa der R. des Paulus in 1Kor 9,14f; 2Kor 11,10 zu verstehen sein. (Hierher gehört möglicherweise auch die schwierige Stelle Gal 6,4.) Von dieser Art des Rühmens abzuheben und ihr auf der anderen Seite doch oft wohl zum Verwechseln ähnlich, ist das Rühmen nach dem Fleisch (2Kor 11,17f), das eine Torheit ist. Wenn Paulus es dennoch tut, um den Korinthern zu zeigen, daß er den Überaposteln gleichwertig ist, so ist das eine »Narrenrede« (2Kor 11,16) und zu nichts nütze (2Kor 12,1), aber die Korinther zwingen ihn dazu. In der Auseinandersetzung mit den Gegnern in Korinth (in der sog. »Narrenrede«, 2Kor 11,16-12,10) kommt Paulus auf das Paradox des R.s zu sprechen: Der Grund zum R. ist die eigene Schwachheit, denn durch sie kommt die Kraft Gottes zur Vollendung (2Kor 11,30; 12,9f). Damit hängt aufs engste zusammen, daß das Kreuz Christi (Gal 16,4) das einzige ist, dessen sich Paulus rühmen will. Zusammenfassend läßt sich sagen, daß der Begriff R. eine zentrale Rolle sowohl in der *Rechtfertigungs- wie in der Kreuzestheologie spielt. Auch der *Jakobusbrief kennt den Begriff. Ein Rühmen im Vollgefühl der eigenen Möglichkeiten und im Glauben, das Morgen sei unserem Schalten und Walten voll verfügbar, ist böse (Jak 4,10; vgl. Spr 27,1). Jak 1,9f meint den armen Bruder, der aber Grund zum Rühmen hat, weil er (Jak 2,5) im Glauben reich und Erbe des Reiches ist.

Literatur: R. Bultmann: ThWNT III, 1938, S. 646ff; H.Chr. Hahn: TBLNT II, [4]1986, S. 1051ff;

H. Hübner: Das Gesetz bei Paulus (FRLANT 119), 1978, S. 81-104; O. Kuss: Der Römerbrief I, 1957, S. 219-224; F. Mußner: HThK XIII, 1, S. 72-84; H. Schlier: HThK VI, S. 143f; J. Schreiner: Jeremia 9,22.23 als Hintergrund des paulinischen »Sich-Rühmens«, in: Neues Testament und Kirche (FS R. Schnackenburg), 1974, S. 530-542; C. Westermann: THAT I, [4]1984, 493-502; S.H. Travis: Paul's Boasting in 2 Corinthians 10-12, TU 112/1973, S. 527-532; J. Zmijewski: EWNT II, 1981, S. 680-690. G.Le.

RÜSTTAG. Der R. (griech. *paraskeuē*) oder Vorsabbat (Mk 15,42) ist der Tag vor dem Wochen- oder einem Festsabbat (Mt 27,62; Lk 23,54; Joh 19,14.31.42), in der Regel ein Freitag, an dem man die nötigen Vorbereitungen für den Ruhetag trifft (s.a. *Sabbat).

RÜSTUNG s. Waffen und Geräte

RUT. (Hebr. *rūt*, vielleicht verkürzt aus *re'ūt*, »Kameradin«). R. ist die Hauptperson des Buches, das ihren Namen trägt (s. *Rut, Buch). R. war eine Moabiterin, die z.Zt. der *Richter lebte. In ihrem eigenen Land hatte R. Mach-

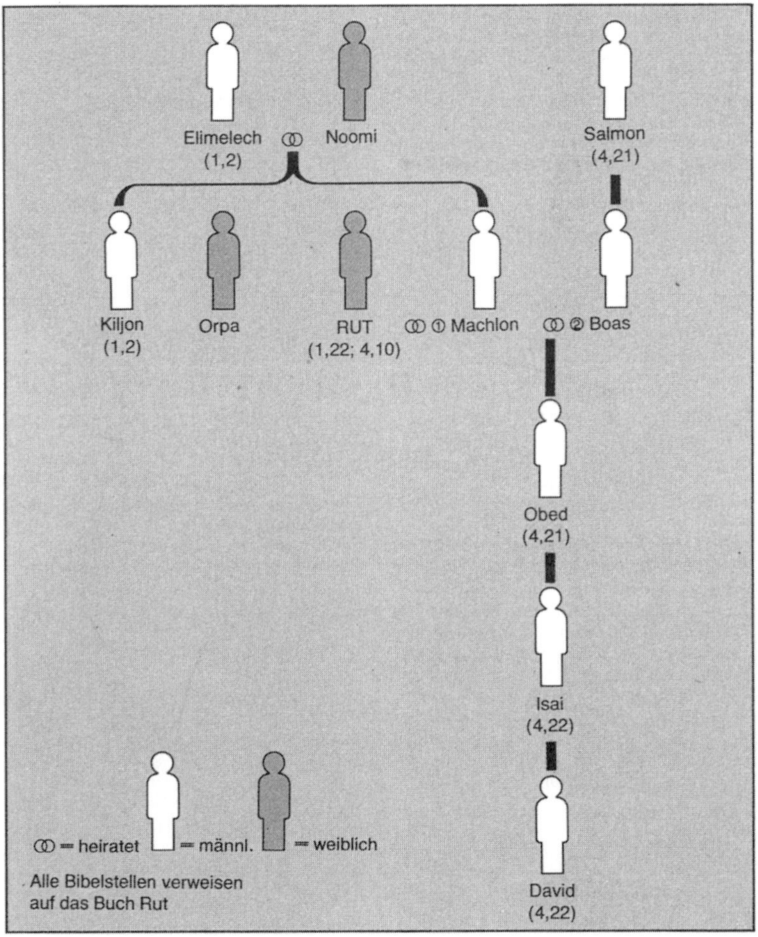

Ruts Familie.

lon, einen Sohn der Israeliten Elimelech und *Noomi aus Bethlehem-Juda, die während einer Hungersnot nach Moab gekommen waren, geheiratet (Rut 1,1ff). Noomi wurde Witwe, und auch ihre beiden Söhne starben ohne Erben. Sie beschloß, in ihre Heimat zurückzukehren, woraufhin R. sie begleitete und sich zum Volk und Gott ihrer Schwiegermutter bekannte; nur durch den Tod wollte sie von Noomi geschieden werden (Rut 1,17). Während der Getreideernte in *Bethlehem ging R. zum Ährensammeln auf die Felder *Boas', eines reichen Verwandten Elimelechs. Boas bemerkte sie und gewährte ihr Schutz um ihrer Treue zu Noomi willen. Sie wurde eingeladen, mit den Schnittern zu essen und wurde während der ganzen Gersten- und Weizenernte bevorzugt. Als alles geerntet war und das Dreschen begann, ging R. auf Anweisung Noomis nachts zur Tenne und bat Boas um Schutz. Er sandte sie, sobald es hell war, nach Hause zurück mit einem Geschenk von sechs Maß Gerste und der Zusicherung, daß er, wenn ihr nächster Verwandter nicht bereit war, sie gemäß dem levitischen Ehegesetz zu heiraten, als Löser des Verwandten eintreten würde (vgl. 3Mo 25, 25.47-49). Mit zehn Stadtältesten als Zeugen bat er Noomis Verwandten, ein Stück Land einzulösen, das Elimelech gehört hatte. Dieses Land war ein heiliges Pfand, und die Familie durfte es nicht verlassen (vgl. 3Mo 25,23). Mit der Einlösung des Landes war die Verpflichtung einer Leviratsehe mit R. verbunden (Rut 4,5). Der Verwandte hatte nicht die Mittel zum Einlösen und verzichtete auf sein Recht zugunsten Boas. R. heiratete Boas; ihr erstes Kind *Obed wurde der Großvater *Davids (1Chr 2,12) und erscheint im Stammbaum Jesu (Mt 1,5). M.B.

RUT, BUCH. Das nur vier Kap. zählende Buch ist ein Meisterwerk hebr. Erzählkunst. In der hebr. Bibel steht es als eine der Festrollen (Megillot) im dritten Teil des Kanons, den »Schriften«. Die LXX und in ihrem Gefolge die Vulgata und die dt. Bibel bringen es nach dem Richterbuch, da es inhaltlich in die Richterzeit hineingehört. Josephus zählt es nicht (c.Ap. 1,8) als Einzelschrift; er rechnet es anscheinend Ri zu. Im jüd. Gottesdienst wird Rut am Wochenfest gelesen. Zum Inhalt s. *Rut.

I. AUFBAU, GATTUNG UND STIL.

Der Aufbau ist klar und durchsichtig. Nach Gunkel sind vier, mehrere Einzelszenen enthaltende Hauptstücke, die jeweils an einem andern Ort spielen, durch Zwischenstücke verbunden und mit Einleitung und Schluß gerahmt:

Teil einer ledernen Schriftrolle mit dem Text aus Rut 2,13–19, gefunden bei Qumran (MS2Q 16). Höhe der Buchstaben: ca. 3 mm. Mitte 1. Jh. n.Chr. (RM)

1,1-5: Einleitung – Noomis Lage.

1,6-18: 1. Hauptstück – Noomis Heimkehr und Ruts Entscheidung.

1,19-22: Zwischenstück – Ankunft in Bethlehem.

2,1-17: 2. Hauptstück – Begegnung Ruts mit Boas.

2,18-23: Zwischenstück – Gespräch zwischen Noomi und Rut.

3,1-15: 3. Hauptstück – Noomis Plan und Ausführung.

3,16-18: Zwischenstück – Gespräch zwischen Noomi und Rut.

4,1-12: 4.Hauptstück – Boas erwirbt den Acker und Rut.

4,13-22: Schluß – Heirat, Geburt des Nachkommen; Ende des Elends Noomis; Genealogie Davids.

Das Büchlein ist eine historische Novelle bzw. Kurzgeschichte in gehobener, fast rhythmisch anmutender Prosa, kunstvoll aufgebaut und mit lehrhafter Absicht, so daß man vom Inhalt her ähnlich der Josefserzählung von einer weisheitlichen Lehrerzählung oder Führungsgeschichte reden könnte.

II. ABFASSUNG UND ZEIT DER ENTSTEHUNG.

Das Buch spielt in der Richterzeit, hat seinen Titel von der Hauptheldin und ist wie die meisten atl. Schriften anonym. Der Rückblick auf die Richterzeit als abgeschlossene Epoche (1,1-5), die Erläuterung alter Sitten (4,7) und die bis David reichende Genealogie (4,18-22) lassen erkennen, daß zwischen Geschehen und Abfassung ein längerer Zeitraum liegt. Mit der Abfassung ist frühestens in der spätsalomonischen Zeit zu rechnen, wohin auch die weisheitlichen Elemente deuten und das Wissen darum, daß Gott durch Lenkung menschlicher Herzen führen kann. Sprachlich steht die Schrift etwa auf einer Ebene mit den *Samuel-Büchern und hebt sich merklich von Spätschriften wie *Ester, *Chronik oder *Nehemia ab. Von den früher häufig vermuteten Aramaismen sind nur noch vier übriggeblieben (Rudolph, 28). Der Platz unter den sog. »Schriften« beweist nicht eine späte Abfassung; er könnte darin begründet sein, daß Rut inhaltlich nicht zu den Propheten paßte. Die kritische Auslegung ordnete die Schrift allen möglichen Epochen von der späten nachexilischen bis zur früheren Königszeit zu. Die Indizien sprechen am stärksten für die frühere Königszeit, wobei eine genauere Festlegung zwischen Salomo und Hiskia kaum möglich ist.

III. GLAUBWÜRDIGKEIT UND ABSICHT.

Der Symbolcharakter der Namen (Noomi, »Liebliche«; Orpa, »Widerspenstige«; Rut, »Kameradin«; Machlon, »Krankheit«; Kiljon, »Schwindsucht«) spricht nicht gegen die Echtheit der Personen. Das friedliche Geschehen kann sehr wohl in der Richterzeit stattgefunden haben, in der es auch Ruheepochen gab. Und die Verbindung mit David, die angesichts 4,17 auch dann ursprünglich ist, wenn 4,18ff Nachtrag sein sollte, spricht für die Glaubwürdigkeit, denn wer würde David später eine moabitische Großmutter »andichten« (Gerleman)? Eine alte Überlieferung wurde in der Blütezeit israelit. Erzählkunst kunstvoll gestaltet (Rudolph, 30). Das geschah nicht nur aus Freude am Erzählen; dahinter verbirgt sich Absicht. Man hat in Rut ein antiseparatistisches, gegen die Mischehen- und Fremdengesetzgebung Nehemias gerichtetes Traktat sehen wollen. Doch Rut propagiert nicht rel. Mischehen, sondern zeigt, wie eine Frau Heimat, Eltern und Glauben verläßt, zu »dem Herrn, dem Gott Israels« kommt, damit sie »unter seinen Flügeln Zuflucht hätte« (2,11f). Neben dem, daß ein Stück der Ahnengalerie Davids dargestellt wird (4,17) – und nicht gerade das völkisch vorzüglichste – ist dies die zentrale Aussage des Buches. Es ist ein Lob dessen, was das Hebr. unter Güte *(chäsäd)* und Treue *(ämäth)* bzw. Gerechtigkeit versteht: Da ist die Treue und Gerechtigkeit Ruts, die Noomi nicht verläßt, und die Treue Noomis, die sich um Rut sorgt; da ist die Gemeinschaftstreue des Boas, der das alte Bundesrecht ernst nimmt, den Acker des entfernten Verwandten auslöst und ihm einen Nachkommen zeugt (3Mo 25; 5Mo 25,5ff). So sind die Hauptgestalten Vorbilder eines Lebens in der Furcht Jahwes. Letztlich geht es aber um Gott, der tötet und lebendig macht, arm und reich macht (1,20f; 4,14), und dessen Gnade und Treue nicht vergehen. Er beschämt den Kleinglauben. Diese so menschliche Erzählung, die weder Opfer noch übernatürliche Offenbarung erwähnt, in der Gott verborgen handelt, zeigt – ähnlich wie die Josefs- oder die Thronfolgegeschichte Davids (2Sam 11ff), wie Gott durch alles menschliche Irren und Wirren hindurch die Seinen führt und beschenkt, und eine schlichte Familiengeschichte unversehens in Gottes große Heilsgeschichte einmünden kann. Der großherzige »Löser« Boas ist für den Christen Hinweis auf den Erlöser, der in seinem Geschlecht geboren wird.

Literatur: J.G. Baldwin: Ruth, BKB, 1980, 334-341; G. Gerleman: Ruth/Hoheslied, BKAT XVIII, ²1981; H.W. Hertzberg: Die Bücher Josua, Richter, Ruth, ATD 9, ⁵1974; H. Lamparter: Das Buch der Sehnsucht, BAT 16/II, ²1977; W. Rudolph: Das Buch Ruth, KAT XVII 1-3, 1962; E. Würthwein: Ruth, HAT 18, ²1969; E. Zenger: Das Buch Ruth, ZBK AT 8, 1987. H. Gunkel: »Ruth«, Reden und Aufsätze, 1913, S. 65-92. H.E.

RUTE s. Maße und Gewichte

SAAT s. Ackerbau

SABA.

Das Land (*schbā̄*), dessen Königin (*Saba, Königin von) *Salomo besuchte (1Kön 10,1ff; 2Chr 9,1ff), war aller Wahrscheinlichkeit nach die Heimat der Sabäer im SW Arabiens. Während J.A. Montgomery (ICC, Kings, 1951, S. 215f) behauptet, daß die Sabäer noch im 10. Jh.v.Chr. in N-Arbabien zu suchen seien, obgleich sie die Handelswege S-Arabiens kontrollierten, räumt J. Bright (History of Israel, ^{2}1972, S. 211) zwar ein, daß die Sabäer ursprünglich wohl Kamelnomaden waren, geht jedoch davon aus, daß sie mit großer Wahrscheinlichkeit im O. des heutigen Yemen ansässig waren (s.a. G.W. van Beek, IDB IV, S. 145). Die Beziehung zwischen den Sabäern und den drei in 1Mo 10,7; (vgl. 1Chr 1,9); 1Mo 10,28; (vgl. 1Chr 1,22); 1Mo 25,3; (vgl. 1Chr 1,32); erwähnten Personen namens S. ist ungeklärt. Es mögen selbständige Stämme gewesen sein, aber die Ähnlichkeiten der Gruppierungen sind bemerkenswert: Ragmas Söhne (1Mo 10,7), Hamiten, tragen die gleichen Namen wie Abrahams Enkel: S. und Dedan (25,3); Kusch, der Hamit (10,7), und Joktan, der Semit, haben beide Nachkommen namens S. und Hawila (10,28f). Die *Völkertafel in 1Mo 10 spiegelt möglicherweise den semit. Ursprung der Sabäer wider, wie auch die Tatsache, daß sie sich ganz in der Nähe von hamitischen Gruppen, d.h. Ägyptern und Äthiopiern, niederließen. In der Tat bestätigt die abessinische Kultur eine Vermischung hamitischer und semit. Elemente, und die Rolle, die Südaraber, die als Händler und Ansiedler den Bab al-Mandab überquerten, bei der Gestaltung der Kultur spielten, ist unübersehbar.

Das AT erwähnt das Volk von S. häufig als Händler und Räuber (Hiob 1,15), obwohl E. Dhorme (Job, E.T., 1967, S. xxv) S. mit einem Gebiet in der Nähe von Tema und Dedan identifiziert, Oasen, die wesentlich weiter nördl. als die Heimat der Sabäer lagen. Gold (1Kön 10,2; Ps 72,15; Jes 60,6), Weihrauch (Jes 60,6; Jer 6,20), Gewürze und *Edelsteine (1Kön 10,2; Hes 27,22) wurden von sabäischen Karawanen zu den Märkten weiter im N transportiert (Hiob 6,19). Als geschäftliche Opportunisten beteiligten sie sich nach Joel 3,8 sogar am Sklavenhandel. Dieser ausgedehnte Handel scheint die Sabäer angeregt zu haben, Kolonien in verschiedenen Oasen N-Arabiens zu gründen. Diese dienten als Karawanenstützpunkte und gaben den Kolonisten wahrscheinlich eine gewisse Kontrolle über das nördl. Gebiet. Eine Verbindung zwischen S. und *Kanaan wird durch einen südarab. Tonstempel bezeugt (ca. 9. Jh.v.Chr.), der in *Bethel ausgegraben wurde (BASOR 151, 1958, S. 9-16). Als bekanntester der arab. Staaten (zu denen Hadramaut, Ma'īn und Qatabān zählten) in der ersten Hälfte des 1. Jt.v.Chr. wurde S. von *mukarribs*, Priesterfür-

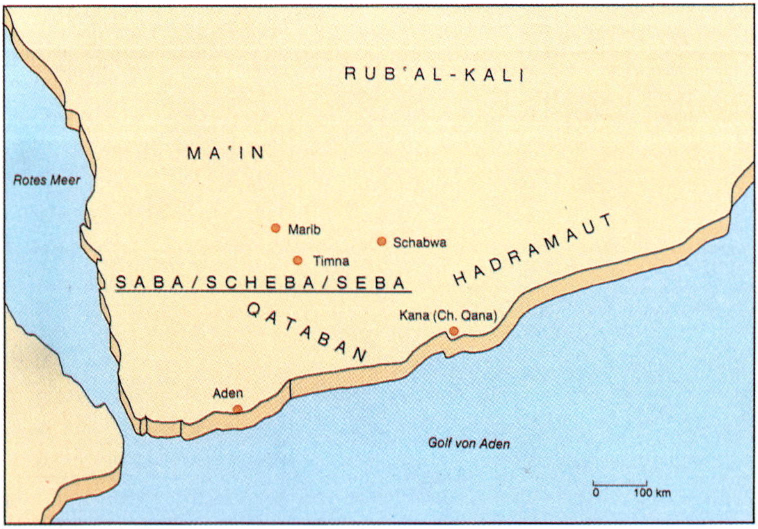

Das Land Saba.

sten, regiert, die die politischen Geschäfte und die polytheistische Anbetung der Sonnen-, Mond- und Sterngottheiten überwachten. Expeditionen der Universität von Louvain unter Leitung von H.St.J. Philby (1951-52) und der American Foundation for the Study of Man (1950-53) fanden einige hervorragende Beispiele sabäischer Kunst und Architektur, besonders den aus dem 7. Jh.v.Chr. stammenden Tempel des Mondgottes in Marib, der Hauptstadt, und die in den Fels gehauenen Schleusen des Damms in Marib (ca. 6. Jh.v.Chr.).

Literatur: R.L. Bowen, Jr.,F.P. Albright: Archaeological Discoveries in South Arabia, 1958; GTT; S. Moscati: Ancient Semitic Civilizations, 1957, S. 181-194; G. Ryckmans: Les religions arabes préislamiques, [2]1951; ders.: L'institution monarchique en Arabie méridionale avant l'Islam, 1951; G.W. van Beek: BA 15/1952, S. 2-18; ders.: South Arabian History and Archaeology, in: G.E. Wright (ed.): The Bible and the Near East, 1961; A.K. Irvine: POTT, S. 299ff; E. Cassin, J. Bottéro, J. Vercoutter (Hrsg.): Fischer Weltgeschichte Bd. 4, Die Altorientalischen Reiche III, 1967, S. 204ff. D.A.H.

SABA, KÖNIGIN VON. Eine namenlose sabäische (*Scheba) Monarchin, die nach Jerusalem reiste, um *Salomos Weisheit auf die Probe zu stellen (1Kön 10,1-10.13; 2Chr 9,1-9.12). Ein Hauptzweck ihres aufwendigen (1Kön 10,10), aber auch erfolgreichen (1Kön 10,13) Besuchs war ein Handelsabkommen mit Salomo, dessen Kontrolle über die Handelswege das Einkommen der Sabäer gefährdete, das diese in Form von Wegzoll von Karawanen forderten, die ihr Gebiet durchquerten – Einnahmen, auf die Saba trotz bedeutender Leistungen in der Landwirtschaft aufgrund ausreichender Regenfälle und eines leistungsfähigen Bewässerungssystems angewiesen war. Die Gewürze, das Gold und die Edelsteine, mit denen die Königin von S. Salomos Gunst zu erwerben suchte (1Kön 10,2.10), waren typische Luxusgüter, die von Karawanen zwischen den Märkten Ostafrikas, Indiens und Südarabiens mit denen von Damaskus und Gaza über die Oasen von Mekka, Medina und Tema transportiert wurden. Assyr. und südarab. Inschriften bezeugen Königinnen in Arabien schon im 8.Jh.v.Chr. (s. N. Abbot: »Pre-Islamic Arab Queens«, AJSL 58, 1941, S. 1-22). Der Einsatz von Kamelen, die bereits vor Salomos Zeit domestiziert waren, ermöglicht eine Reise von ungefähr 2000 km (1Kön 10,2). Ihrer Bereitschaft, die Strapazen einer solchen Reise auf sich zu nehmen, stellt Christus in Mt 12,42 die Selbstgefälligkeit der Juden gegenüber. Hier wird sie »Königin vom Süden« genannt, ein Titel, der eine semit. Konstruktion wie *malkat sebā'* oder *malkat jamīn* widerspiegelt: Königin von Saba oder Jemen. Diese Königin wird in äthiop. Legenden, bes. der Kebra Nagast (»Ruhm der Könige«), als Königin Äthiopiens verehrt, die, von Salomo geschwängert, den ersten König Äthiopiens gebar. Diese Legende zeigt die enge Verbindung, die im Altertum zwischen S-Arabien und O-Afrika bestand; Josephus nennt diese Herrscherin »Königin von Ägypten und Äthiopien« (Jos.ant.Jud. 8.165-175; vgl. auch Gregor von Nyssa, Predigten über das Hohelied 7). Arab. Legenden erinnern sich ihrer als Bilqis.

Literatur: S. Abramsky: EJ 15, S. 96-111; J. Gray: 1 and 2 Kings, [2]1970, S. 258-262; J. B. Pritchard (ed.): Salomon and Sheba, 1974. D.A.H.

SABBAT.

1. Das entsprechende hebr. Verb zum Substantiv S. wird mit »aufhören« oder »ruhen« übersetzt. Es findet Verwendung, wenn man z.B. das Ende einer menschlichen Tätigkeit (Hos 7,4) oder von Vorgängen (1Mo 8,22) bezeichnen will. Ihre eigentliche Bedeutung aber erhalten die Begriffe in rel. Zusammenhängen.

2. Eine gewisse religionsgeschichtliche Analogie ist aus der babylon. Religion bekannt: In den Monaten Elul und Marcheschwan gelten der 7., 14., 21., und 28. Tag als »böse Tage«, an denen deshalb bestimmte Handlungen unterbleiben sollen. Außerdem gibt es am 15. Tag jeden Monats einen *schapattu* genannten Unglückstag, an dem die Arbeit eingestellt und die Götter mit Buße und Gebet besänftigt werden sollen. Es ist nicht auszuschließen, daß rein sprachlich ein Zusammenhang mit dem hebr. *schabbat* besteht. Anders als jener babylon. Tag wird der israelit. S. völlig unabhängig vom Mondlauf im regelmäßigen 7-Tage-Turnus gefeiert. Vor allem aber sind Ursprung und Sinn völlig verschieden. In der Bibel ist der Ausgangspunkt für den S. ohne Zweifel der Abschluß der Schöpfungsgeschichte nach 1Mo 2,2f. Das Ruhen Gottes am siebten Tag ist nicht zu verwechseln mit einem erschöpften Innehalten oder einer besinnlichen Muße nach vollbrachter angestrengter Schöpferarbeit. Die Vollendung der Schöpfung ist die Voraussetzung des Ruhens Gottes, d.h., Gott stellt ausdrücklich das Zum-Ziel-gekommen-Sein seiner Schöpfung fest. Ihr ist jetzt nichts mehr hinzuzufügen; sie hat ihre Bestimmung und Zuordnung zu Gott, ihrem Schöpfer, insbesondere durch die Erschaffung des Menschen erreicht. Das Ruhen Gottes ist somit ein »Feststellungsakt«, gleichsam eine »Rechtfertigung« der vorlie-

genden Schöpfung. Nichts kann jetzt mehr in Frage gestellt oder fundamental geändert werden.

3. Dieses so zu beschreibende Ruhen Gottes will aber nicht von diesem alleine vollzogen werden. 1Mo 2,3 sagt, daß Gott diesen Tag segnet und heiligt. Wenn er diesen Tag segnet, so verleiht er ihm die Qualität einer Kraft, an der auch seine Geschöpfe Anteil haben: auch sie dürfen die Vollendung der Schöpfung zu dem Zweck konstatieren, daß dadurch ihrem Dasein eine besondere Würde und ein besonderer Glanz zukommt. Das Segnen wird durch das Heiligen erläutert: was geheiligt ist, gehört Gott allein. Vor allem kreatürlichen Entspannungsverlangen hat das Wahrnehmen und darum das Feiern der Vollendung der Werke Gottes zu stehen.

4. Das Sabbatgebot, keimhaft in der Schöpfungsordnung angelegt, wird als Gabe erst im Zusammenhang der Sinai-Gesetzgebung erkennbar (2Mo 20,8-11). Weil Gott mit der Herausführung aus Ägypten angefangen hat, seine Geschichtswerke zu vollenden, soll die Volksgemeinde samt der mit ihr verbundenen Kreatur und den nicht zum Volk gehörenden Ausländern die Sabbatruhe halten. Daß der S. nicht nur das Schöpfungs-, sondern auch das Erlösungswerk Gottes dankbar als abgeschlossen feiern soll, wird noch deutlicher aus der Wiederholung der Sinai-Gesetzgebung in 5Mo 5,15: Weil Israel Gottes Erlösungstat im Gedächtnis behalten soll, ist der S. zu halten.

5. Weil im Halten des S.s Gott, der Schöpfer, und Gott, der Erlöser, geehrt wird, muß sich die Ruhe auch auf die Schöpfung außerhalb des Menschen übertragen. 2Mo 23,10-12 geben hierzu die Bestimmungen. Jedes siebente Jahr hat der Acker zu ruhen und darf nicht bestellt werden. Obwohl die Erholung des Bodens nicht ausdrücklich genannt wird als Sinn und Zweck dieses Gebotes, darf man aber davon ausgehen, daß auch diese im Blick ist. Ausdrücklich soll das Ruhenlassen des Ackers im siebenten Jahr den Armen und Mittellosen zugute kommen, aber auch dem »Wild auf dem Felde«. Menschliche Kulturarbeit darf nicht auf Kosten der außermenschlichen Kreatur vollzogen werden.

6. Besonders eindrücklich ist in 2Mo 16 das Miteinander von Arbeit und Sabbatruhe beschrieben (im Vorgriff auf die Gesetzgebung am Sinai): Gott versorgt sein wanderndes Volk durch eine wunderbare Speise, die aus dem Himmel kommt; die Arbeit am sechsten Tag ist derart ergiebig, daß sich ein Einsammeln des Manna am siebenten Tag erübrigt. Wer es dennoch tut, muß erkennen, daß er nichts findet. Das Halten des S.s läßt also das menschliche Werk nicht verkümmern.

7. In den prophetischen Schriften werden S.feiern erwähnt (Jes 1,13; Hos 2,13; Am 8,5; vgl. auch 2Kön 4,23; Ps 92), die offensichtlich regelmäßig abgehalten wurden (wie die ebenfalls regelmäßig durchgeführten Neumondfeste). Hier zeigt sich, daß man am S. durchaus der Werke Gottes liturgisch gedenken kann, obwohl man die praktische Auswirkung des S.s im Alltag, nämlich das Gewähren der »Ruhe« für die Benachteiligten unterläßt. Andererseits hat es an S.en auch ein geschäftiges Treiben gegeben, das für Jeremia (17,19-27) der Inbegriff eines auf pure Daseinssicherung ausgerichteten Lebensstils ist, den er im Namen Gottes verurteilen muß. Die prophetische Kritik der Sabbatentehrung meint eigentlich das Übersehen der großen Geschichtstaten Gottes samt den sich daraus ergebenden praktischen Konsequenzen (vgl. Hes 16,21.24; 20,13; 22,8.26 u.ö.).

8. Das Jesaja-Prophetenbuch, das auch einen Neuentwurf für das aus dem babylon. Exil heimgekehrte Gottesvolk kennt, sieht im Halten des S.s ein Ernstnehmen der Gnade Gottes, die Israel durch die Befreiung aus der babylon. Gefangenschaft zuteil wurde (Jes 56,2; 58,13). Letztere Stelle zeigt, daß die Heiligung des S. eine neue Freude an Gott bringen wird und Israel den Segen der Väter aufs neue zueignet. Offensichtlich ist sich Israel während des Exils in Babylon neben der Beschneidung auch des Wertes des S.s wieder bewußt geworden, wodurch auch nach erfolgter Rückkehr beides – Beschneidung und S. – in zunehmener Weise zum Kennzeichen des Judentums wurde.

9. Da sich das nachexilische Judentum infolge der politischen Ohnmacht allen von außen kommenden Versuchungen ausgesetzt sah (vgl. die Erlaubnis der bewaffneten Verteidigung auch am S. im makkabäischen Freiheitskampf, 1Makk 2,41), meinte das nun aufkommende Schriftgelehrtentum die S.vorschriften verschärfen zu müssen, um das Besondere des Judentums wahren zu können. Die nach unserem Empfinden strenge Gesetzlichkeit hatte aber letztlich den Sinn, das S.gebot praktikabel zu machen und damit die Freude an der Feier zu ermöglichen. Doch ist man sich immer bewußt geblieben, daß das vollkommene Halten des S.s sehr schwer sei. »Wenn auch nur ein S. gehalten würde, dann würde der Messias kommen«, lautete ein Ausspruch eines Rabbi. Schließlich sehnt man sich im zwischentestamentarischen Judentum auch nach dem »Weltensabbat«, einem Zeitraum von tausend Jahren (daraus entwikkelte sich die Vorstellung vom Tausendjähri-

gen Reich!), in dem die Schöpfung (der man eine Frist von 6000 Jahren zugemessen hatte) zur Ruhe kommen soll , bevor mit dem neuen Jahrtausend die neue Schöpfung Gottes anbricht.

10. In der vorntl. Zeit bildet sich auch nach und nach der Ritus der S.feier heraus. Der Grundzug der S.feier sollte immer die Freude sein; am »Rüsttag« wurden die Speisen gerichtet, und am Freitagabend begann gegen 18 Uhr der S., angezeigt durch ein Posaunensignal der Priester bzw. – auf dem Lande – der Synagogendiener. Der Hausvater sprach vor der festlich gekleideten Hausgemeinde einen Segen über zwei Weinbecher, aus denen man trank. Am nächsten Morgen war im Tempel eine besondere Opferfeier, überall auf dem Lande und in der Diaspora fanden Synagogengottesdienste statt, bei denen aus der Tora (5 Bücher Mose) und u.U. aus den Prophetenschriften gelesen wurde. Gegebenenfalls konnte im Anschluß an die Prophetenlesung noch ein Predigtvortrag erfolgen. Das »Höre Israel. . .«-Gebet (5Mo 6,4ff) wurde mit Erweiterungen rezitiert, das Bittgebet wurde gekürzt. Wichtig für die S.feier war das ausführliche Essen am Mittag des S.s, zu dem man auch Freunde einlud. Fasten am S. war nicht erlaubt. So nahm Israel durch das Hören des Gotteswortes und durch das dankbare Essen und Trinken am S. Gottes Werk in der Schöpfung und in der Geschichte wahr und vergegenwärtigte es sich.

11. Jesu Verhalten am S. ist nicht von vornherein auf den Konflikt angelegt: Er besucht »nach seiner Gewohnheit« (Lk 4,16) am S. den Synagogengottesdienst und will den S. auch nicht abschaffen durch sein bekanntes Wort: »Der Sabbat ist um des Menschen willen da, nicht der Mensch um des Sabbats willen. So ist der Menschensohn auch ein Herr über den Sabbat« (Mk 2,27f). Jesus möchte aber dem S. seine ursprüngliche Struktur zurückgeben: daß er nämlich zu einem »Barmherzigkeitstag« werde, der die Vollendung der Werke Gottes preist. Darum sollten auch Kranke am S. teilnehmen können, indem Jesus sie gerade an jenem Tage heilte. Das aber brachte ihn in unausweichlichen Konflikt mit denen, die das S.gebot als solches über die Tat der Barmherzigkeit stellten. Wenn Jesus - nicht die Jünger! – Herr ist über den S., dann führt er ihn als Tag des Gedenkens an die Barmherzigkeit Gottes in seine ursprüngliche Bestimmung zurück.

12. Für die judenchristl. Gemeinden war das Halten des S.tages offensichtlich eine Selbstverständlichkeit, worauf Mt 24,20 hindeutet; für die heidenchristl. Gemeinden war er durch die gesetzesfreie Verkündigung des Evangeliums durch Paulus nicht mehr gültig. Zwar gibt es nun nicht mehr ein Gebot, einen bestimmten Wochentag als heilig anzusehen, doch zog die sich allmählich einbürgernde Feier des ersten Wochentages der neuen Woche (Apg 20,7; 1Kor 16,2; vgl. Offb 1,10; »Tag des Herrn«) vieles von dem an sich, was an guten Inhalten die Feier des jüd. S.tages geprägt hatte. Nach Hebr 4,9 (griech. *sabbatismos*) steht am Ziel der irdischen Glaubenswanderung der Christen eine »Ruhe« von allen Werken, die das letzte Ziel des S.gebotes ist.

Literatur: E. Lohse: ThWNT VII, 1964, 1-35; R. de Vaux: Das Alte Testament und seine Lebensordnungen, Bd. II, 1960, S. 330-336; E. Jenni: Die theologische Begründung des Sabbatgebotes im Alten Testament, 1956; W. Rordorf: Der Sonntag, 1962. D.Sch.

SABBATJAHR UND JOBELJAHR.

I. SABBATJAHR.

1. Wie der Sabbattag die 7tägige Woche abschließt, so das S.jahr (hebr. *schanā ha-schebīʿit; schabbat ha-ʾāres*) einen Zyklus von jeweils 7 Jahren (2Mo 23,10f; 3Mo 25,1-7.18-22; 5Mo 15,1-11; vgl. Jos.ant.Jud. 3,280f), und wie jener stellt auch das Sabbatjahr eine alte Ordnung des Volkes Israel dar. Denn seine Einhaltung wird schon im Bundesbuch befohlen (2Mo 23,10f), und zwar unmittelbar vor dem Sabbatgebot (V. 12), und es wird ähnlich wie dieses eingeführt und begründet: Am 7. Tag ruhen Mensch und Tier von der Arbeit und holen Atem (V. 12). So soll im 7. Jahr das Land nach 6jähriger Bearbeitung in Ruhe »gelassen werden« (*schamat*, V. 11), d.h. brach liegen; man darf weder säen noch ernten. Dementsprechend muß auch mit Weinberg und Ölbaum verfahren werden, so daß die Armen des Volkes und nach ihnen die Tiere des Feldes dort ihre Nahrung finden (2Mo 23,10f; vgl. Jos.ant.Jud. 3,281). Diese alte Bestimmung, die auf die späteren, ausführlicheren Weisungen in 5Mo 15 und 3Mo 25 stark eingewirkt hat, verrät auch den ursprünglichen – theologischen und sozialen – Sinn des S.s: Das Land soll in jedem 7. Jahr seine Ruhe haben und zu seinem schöpfungsgemäßen Zustand zurückkehren dürfen; was es von sich aus bietet, soll primär nicht seinen Besitzern und Bearbeitern, sondern den bedürftigen und »arbeits-losen« Kreaturen zugute kommen. Denn Gott ist der eigentliche Herr des Landes, der Mensch nur ein Fremdling und Beisasse, der bei ihm Wohnrecht genießt (vgl. 3Mo 25,23). Das S. ist deshalb ein Erlaßjahr »dem Herrn« (5Mo 15,2, vgl. 3Mo 25,4), so wie der Sabbat Gott gehört und das Jobeljahr den Israeliten als heilig gelten soll (3Mo

25,12). Was aber Gott als seinen Besitz und seine Zeit beansprucht, dürfen diejenigen nutzen, die unter seiner bes. Obhut stehen, nämlich die Armen und die Tiere.

2. Das seltene Verbum *schamat*, »erlassen«, »Verzicht leisten« (2Mo 23,11), wird auch in einer zweiten (späteren) Weisung zum S. in 5Mo 15,1-11, gebraucht (V. 2.3). In V. 1f erscheint zudem das Nomen *schemittā*, »Erlaß«, und zwar als Bezeichnung für das befreiende Handeln im 7. Jahr: »Am Ende von 7 Jahren sollst du einen Erlaß machen« (V. 1), es soll das Erlaßjahr sein (*schenat ha-schemittā*, V. 9); man ruft den »Erlaß für den Herrn« aus (V. 2). In 5Mo 15,1-11 werden Ausführungsbestimmungen zur »Sache des Erlassens« (V. 2) gegeben. Diese gilt dort nicht dem Land – obwohl dessen Stilllegung und Brache sicher vorausgesetzt ist –, sondern dem Nächsten im Volke, der eine »Schuldenlast« abzutragen, ein Darlehen zurückzuzahlen hat: Solche Schuld darf im 7. Jahr nicht zurückgefordert werden (V. 2); man hat sie vielmehr dem Bruder zu erlassen (V. 3b). Der Fremde ist allerdings von diesem Schulderlaß ausgenommen (V. 3a). Die Rücksicht auf den Armen wird im Abschnitt 5Mo 15 bes. eingeschärft (vgl. den Schlußsatz V. 11). Das S. soll daran erinnern, daß es nach Gottes Willen im Volk überhaupt keine Armen geben soll (V. 4); ein gehorsames Israel wird kraft des göttlichen Segens stets als ein Geldgeber für die Völker auftreten können und nie selbst einen Kredit aufnehmen müssen (V. 5f). Faktisch freilich wird es immer Arme geben im Lande (V. 11). Ihnen gegenüber soll man das Herz nicht verschließen und auch dann noch Geld leihen, wenn das S. unmittelbar bevorsteht (V. 7-11). Wichtig ist auch die Stelle 5Mo 31,10-13: Im Erlaßjahr - und zwar am Laubhüttenfest – soll vor der versammelten Volksgemeinde das Gesetz vorgelesen werden; die dabei beabsichtigte Einschärfung der Gottesfurcht (V. 12) läßt also gerade deren soziale Konsequenzen erkennen (vgl. auch die Gesetzesverlesung durch Esra: Neh 8,1ff).

3. Die 3. Weisung zum S. erscheint im Heiligkeitsgesetz (3Mo 25,1-7.18-22). Dort steht wieder das Ruhen des Landes, die Brache der Felder, im Vordergrund (vgl. 3Mo 25,3f mit 2Mo 23,10f). Als Name für das S. wird deshalb auch »Ruhezeit« (*schabbat schabbatōn*, V. 4f) und »Ruhe des Landes« (*schabbat hā-'ares* V. 6) verwendet (vgl. Jos.ant.Jud. 4,206: *to sabbatikon*). Und wie in 2Mo 23,11 wird die soziale Komponente des S.s stark betont: Alle Bewohner des Landes und nach ihnen auch die Tiere sollen frei von Feld und Weinberg essen dürfen (V. 6f). Die Sorge um ausreichende Nahrung während des S.s ist unangebracht, da Gott für das voraufgehende 6. Jahr einen dreifachen Ertrag verheißt (V. 21f). Nichts wird an dieser Stelle vom Schuldenerlaß gesagt, und in der eigentlichen Priesterschaft fehlt das S. ganz.

4. Gelegentlich wird die Ansicht vertreten, das S. sei eine utopische Erfindung priesterlicher Kreise. Denn einmal findet es sich nur in den gesetzlichen Texten, zum andern habe die Felderbrache einen individuell bestimmten Rhythmus gehabt, so wie die Freilassung des hebr. Sklaven, die nach 6jähriger Dienstzeit erfolgen soll; sie wird in 5Mo 15,12-18 unmittelbar nach der Weisung für das S. verfügt. Aber der in der Josefsgeschichte erwähnte 7-Jahre-Zyklus (1Mo 41,25-27), dann die frühe Bezeugung des S.s und schließlich dessen Bedeutung im frühen Judentum lassen solche Skepsis als unbegründet erscheinen; freilich wurde diese Ordnung wohl in vorexilischer Zeit als allzu schwere Belastung empfunden (3Mo 26,34f). Die Makkabäer waren wegen eines »Sabbats für das Land« zur Übergabe der Festung Bet-Zur an die Syrer gezwungen (1Makk 6,49.53); Josephus bezeugt für das »untätige Jahr« die sofortige Einstellung von Kriegshandlungen in der Makkabäerzeit (Jos.bell.Jud. 1,60; vgl. ant.Jud. 13,234). Andererseits waren die Juden für dieses Jahr von Abgaben und Tributzahlungen an fremde Herrscher befreit (Jos.ant.Jud. 11,343; 14,206). In den Qumrantexten wird die Jahrwoche in der Liste für die Gebetszeiten erwähnt (1QS 10,7), und zwar zusammen mit der »Zeit der Freilassung« (*mo'ed derōr*), d.h. dem Jobeljahr; als »Erlaßjahr« ist das S. in der Kriegsrolle von Qumran bezeichnet (1QM 2,6). Nach dem Jubiläenbuch hatte schon Henoch die Jubiläen und S. den Menschen bezeugt (4,18). Mose erfuhr sie auf dem Berg Sinai von einem Engel (Michael), und zwar als Ordnungen für das Land Kanaan (Jub 50,1-4; vgl. Jos.ant.Jud. 3,280). Die Einhaltung des S.s in der ntl. Zeit geht vor allem aus dem Mischnatraktat *Schebi'īt* hervor. In ihm wird das S. thematisch behandelt, wobei die mit der Brache der Felder entstehenden Probleme ausführlich zur Sprache kommen. Im 10. Kapitel ist der von Rabbi Hillel, einem Zeitgenossen Jesu, erlassene »Prosbul« besprochen: Der Kreditgeber kann bei einem Gerichtshof (*pros boulē bouleutōn*) seine Absicht erklären, daß er jederzeit sein Darlehen zurückfordern wolle; dieses bleibt damit von der Erlaßpflicht des S.s ausgenommen. Auf solche Weise wurde die hemmende Wirkung, die das S. auf den Kapitalmarkt und den Handel haben mußte, etwas eingeschränkt. Nach der rabbin. Berechnung der Weltzeit, die sich an der Schöpfungswoche orientiert, aber für jeden der 7 Tage eine tausendjährige Dauer annimmt (vgl. Ps 90,4),

bricht der Weltensabbat nach der 2000-jährigen Herrschaft des Messias an (b San 97 a); dieses letzte Jahrtausend konnte auch als Weltenbrachjahr aufgefaßt werden (Seder Elijahu r. 2; 6,31).

II. JOBELJAHR.

1. Jobeljahr (hebr. *jōbel;* Jos.ant.Jud. 3,282: *jobelos,* Luther: Halljahr) ist das 50. Jahr nach dem Zyklus von 7 mal 7 Jahren (3Mo 25,10; Jos.ant.Jud. 3,282); ursprünglich wurde wohl das letzte der 7 Sabbatjahre als solches gefeiert (so das Jubiläenbuch). Im Unterschied von Sabbat und Sabbatjahr wird das J. erst in nachexilischen Texten erwähnt; in den geschichtlichen Berichten fehlt es ganz. Hauptquelle für das J. ist das Heiligkeitsgesetz (3Mo 25,8-17.23-25), ebenso auch die Priesterschrift (3Mo 27,16-25 vgl. 4Mo 36,4 und Hes 46,16-18). Der Name *jōbel* (bzw. *schenat ha-jōbel,* Jubeljahr, 3Mo 25,10.12f; 27,16.23f) wird vom Widderhorn (*jōbel,* vgl. 2Mo 19,13; Jos 6,5) hergeleitet: Mit dem Blasen dieses Horns am Großen Versöhnungstag wurde der Beginn dieses bes. Jahres angekündigt (3Mo 25,9) und Freiheit (*derōr*) für das ganze Land und dessen Bewohner ausgerufen (V. 10). Diese Freiheit galt wie im S. zunächst dem Land, das nicht bearbeitet und abgeerntet werden durfte (V. 11), sowie dem Schuldner, darüber hinaus aber auch dem israelit. Sklaven, der frei zu seiner Familie zurückkehren durfte (ibid.). Vor allem betraf sie auch den durch Verkauf oder Schenkung abgetretenen Besitz an Feldern oder Häusern, der wieder an den ursprünglichen Eigentümer zurückging (ibid.; 3Mo 27,34; Hes 46,17). Die Preise für Grundstücke, die man verkaufen wollte, wurden unter Berücksichtung des J.s festgelegt (3Mo 25,14-16; Jos.ant.Jud. 3,283.285). Nach der Mischna (Bekh 8,10) fiel allerdings das Erbe für den Erstgeborenen oder das eines Mannes von seiten der Ehefrau nicht unter die Bestimmungen des J.s.

2. Diese Bestimmungen scheinen dem vorexilischen Gebot der Freilassung eines hebr. Sklaven in 2Mo 21,2-6; 5Mo 15,12-18 zu widersprechen; denn es sieht dessen Dienst nach 6 Jahren als beendet an. Auch gibt es sonst keine Weisung zur Rückgabe gekaufter oder geschenkter Grundstücke nach einer bestimmten Zeit. Aber wie beim S. werden auch hier die Aktualität und der Sinn dieser einzigartigen Einrichtung durch die Literatur des frühen Judentums (Jubiläenbuch, Qumran, Josephus, Mischna) bestätigt, wirksam wurden Jubiläum und J. vor allem als Zähleinheit und als Ausdruck für die eschatologische Hoffnung. Das in der Mitte des 2.Jh.v.Chr. entstandene Jubiläenbuch, eine midraschartige Wiedergabe der Genesis und der ersten Kapitel von Exodus, wird in der Damaskusschrift von Qumran als »Buch der Teilung der Zeiten nach ihren Jubiläen und Jahrwochen« bezeichnet (16,3f; vgl. Jub 50,13). Die ganze in ihm berichtete Geschichte von Adam bis Mose wird in Jubiläen von jeweils 49 Jahren eingeteilt. Dabei sind die jüd. Feste nach dem in Qumran geltenden Sonnenkalender datiert, außerdem werden viele – meist kultische – Gebote in die Urgeschichte und die Zeit der Patriarchen zurückdatiert. Nach Jub 50,4 sind von Adam bis zur Sinai-Offenbarung insgesamt 49 Jubliäen, eine Jahrwoche und 2 Jahre = 2400 Jahre vergangen; nach der altsynagogalen Chronologie fällt das Jahr 3760 mit dem Jahr 0 der christl. Zeitrechnung zusammen.

3. Die Jubiläen sollen in der Zeit der eschatologischen Vollendung und mit der völligen Befreiung von der Macht des Bösen aufhören (Jub 50,5); aber schon nach der Zerstörung des Zweiten Tempels hatte das J. nur noch theoretische Bedeutung. Es wird jedoch nicht nur von Josephus (ant.Jud. 3,282ff), sondern auch von der Mischna und dem Talmud behandelt (Qid 1,2 Ar 7,1ff; Bekh 8,10, vgl. b Bekh 52 a u.ö.). Deutlicher noch als das S. verrät die Institution des J.s, daß das Land Israel als Eigentum Gottes anzusehen ist (3Mo 25,23). Mit ihr sollte auch die Anhäufung von Grundbesitz und Kapital in den Händen von wenigen und somit die Verarmung der Bevölkerung verhindert werden, was freilich infolge der Verwaltung Palästinas durch die Ptolemäer, Seleukiden und Römer nicht mehr gelingen konnte.

III. IM NEUEN TESTAMENT.

Die Erwartung eines von Gott heraufgeführten Weltensabbats bzw. eines endzeitlichen J.s hat wohl auch das messianische Wirken Jesu geprägt, der Israel auf das Kommen der Gottesherrschaft vorbereiten wollte. Bei seiner Antrittspredigt in *Nazareth verkündigte er, durch seine Sendung und sein erlösendes Handeln werde die Weissagung Jes 61,1f vom »Gnadenjahr des Herrn« (*schenat rasōn*) erfüllt. Das Mk 6,1 berichtete Kommen Jesu zu seiner Vaterstadt erinnert an die Rückkehr zur Familie im J. (3Mo 25,10; LXX bietet dort die Begriffe *patris* und *eniautos apheseōs*). Auch die endzeitliche Existenz, die nach der Weisung Jesu angesichts der Gottesherrschaft angemessen ist, erinnert in manchen Einzelzügen an Warnungen und Weisungen für die Zeit vor dem S. bzw. J. Das betrifft vor allem das ängstliche Sorgen im Blick auf die zu erwartende ungewöhnliche Zeit. Nach 3Mo 25,29 soll man vor dem S. nicht sorgend fragen: »Was sollen wir essen? Denn wir säen nicht!« Ähnliche Fragen verwehrt Jesus nach Mt 6,25f: Man soll nicht sagen: »Was sollen wir essen, womit sollen wir uns kleiden?«, sondern auf die Vögel unter dem Himmel sehen, die nicht säen und nicht ernten und doch vom himmlischen Vater ernährt werden. Abfall von Gott und Verrat am Nächsten bedeute das Sammeln von Schätzen (Mt 6,19-24) oder die Vorratswirtschaft des reichen Kornbauern (Lk 12,19-21; 3Mo 25,20). Dem Gottesreich vergleichbar ist das »automatische« Aufgehen derSaat und das Reifen der Ernte (Mk 4,28); vgl. dazu die Tatsache, daß man im S. von dem lebt, was die Erde »automatisch« geben wird (Jos.ant.Jud. 3,281). An die Mahnungen für die Zeit vor dem S. und an den Prosbul Hillels erinnert die Weisung Jesu, dem Bittenden zu geben und sich nicht von dem abzuwenden, der Geld borgen will (Mt 5,42; vgl. 5Mo 15,7f). Der Hinweis darauf, daß es allezeit Arme bei uns geben wird (Mk 14,7) erscheint in 5Mo 15,11 im Zusammenhang mit dem S.

Literatur: A. Alt: Die Ursprünge des israelitischen Rechts, Kleine Schriften I, S. 278-292; D. Correns: BHH II, 1964, 868; ders.: BHH III 1966, 1635; J. Morgenstern: Year of Jubilee, JDB II, 1001f; Sabbatical Year 141-144; A. Strobel: Die Ausrufung des Jobeljahres in der Nazarethpredigt Jesu, in: Jesus in Nazareth (W. Eltester ed.), BZNW 40, 1972, S. 38-51; M. Weise: BHH II, 1964, 897f. O.B.

SABBATWEG s. Maße und Gewichte

SACHARJA/ –, BUCH.

I. ZUR PERSON DES PROPHETEN.

Der Name S. bedeutet im Hebr. »Der Herr hat an uns gedacht« oder »Der Herr ist ruhmreich«. Die Tatsache, daß Eltern ihrem Sohn einen Namen gaben, der ein Bekenntnis zu Gott enthält, zeigt deutlich, daß in der Namensgebung eine Absicht lag. Vielleicht war es nur ein Dank der Eltern Gott gegenüber. Oft haben Namen in der Bibel aber einen besonderen Sinn. Sie deuten auf ein bestimmtes Ereignis (1Mo 30,8; 2Mo 2,10; Jes 8,3f) oder drücken das Wesen eines Menschen aus (1Mo 32,29; Apg 13,9). S. war ein Enkel des Priesters *Iddo. Sein Großvater war Haupt einer der zwölf Priesterfamilien, die mit einer zweiten Rückwanderergruppe unter *Serubbabel und dem Hohenpriester *Jeschua aus *Babylon nach *Jerusalem zurückkehrten. Später, als *Jojakim, der Sohn Jeschuas, Hoherpriester wurde, trat S. an die Stelle seines Großvaters Iddo als Haupt seines priesterlichen Geschlechts (Neh 12,1-16). Daraus läßt sich schließen, daß *Berechja, der Vater des S. (Sach 1,1), verhältnismäßig jung starb, so daß er nicht in der Lage war, die Stellung seines Vaters Iddo in der Priesterschaft einzunehmen. Das mag auch der Grund sein, warum S. in Esr 5,1 und 6,14 als »Sohn des Iddo« bezeichnet und der Name seines Vaters ausgelassen wird. Ob S. selbst als Priester tätig gewesen ist, wissen wir nicht. Im Buch wird er nur als Prophet bezeichnet, der gleichzeitig mit anderen Propheten in Israel wirkt (Sach 7,3; 8,9). Unter diesen Propheten ragen *Haggai und S. als »Schriftpropheten« besonders hervor. Die genaue Datierung einzelner Prophetensprüche beweist die gemeinsame Wirksamkeit beider Propheten (vgl. *Haggai, Buch).

Ein Berufungserlebnis des Propheten ist uns nicht bekannt; er selbst schweigt darüber. Daß er in der Gewißheit lebte und verkündigte, von Gott beauftragt zu sein, geht aus der mehrfach wiederholten Bestätigungsformel hervor: »Ihr sollt erkennen, daß mich der Herr Zebaoth (zu dir/euch) gesandt hat« (Sach 2,13.15; 4,9; 6,15). Ohne Zweifel wirkten im Leben S.s Erlebnisse und Erfahrungen der »70 Jahre babylon. Gefangenschaft« (Sach 1,12 vgl. Jer 25,11; 29,10; Dan 9,2) nach, die wie eine Art geistliches Erbe sein Denken prägten und Ansatzpunkte für seine Verkündigung gaben. Auch ist S. mit der mündlichen und schriftlichen Tradition der großen Propheten gut vertraut gewesen. Über das Leben S.s wissen wir nichts.

II. DIE ZEIT DES SACHARJA.

558 v.Chr. kam *Kores/Kyrus als König von *Persien an die Macht (bis 529) und erlangte 553 die Herrschaft über *Medien. Im Jahre 539 v.Chr. eroberte er *Babylon und führte dadurch den Sturz der babylon. Weltmacht herbei. Kurz darauf, im Jahre 538, erließ er ein Edikt, das den Juden die Rückkehr nach Israel und den Wiederaufbau des Tempels erlaubte. Eine kleine Gruppe von Juden unter Führung des Statthalters *Scheschbazar (Esr 1,7f; 5,14-16) kehrte heim und begann im Jahr 536 v.Chr., den Tempel in Jerusalem wiederaufzubauen (Esr 3), und zwar an der Stelle, wo der alte Tempel gestanden hatte. Man nimmt an, daß Scheschbazar ein Sohn *Jojachins war, der als junger Königssohn bei der Deportation 597 v.Chr. in die Gefangenschaft geführt worden war. Er beanspruchte als rechtmäßiger Erbe den Thron von Juda. Ihm folgte später sein Neffe Serubbabel als Statthalter.

Der Bau ging offensichtlich nur langsam voran. Die Heimkehrer mußten mit der Armut und dem täglichen Existenzkampf fertig werden; der Wiederaufbau der zerstörten

Stadt war eine mühselige Arbeit. Die Hilfe aus dem pers. Schatz reichte nicht weit. Den alten Feinden aus den angrenzenden Gebieten gelang es, den Wiederaufbau des Tempels zu verhindern (Esr 4,24). So ruhte die Arbeit mehr als zehn Jahre. Im Jahre 521 v.Chr. wurde *Darius I. König von Persien (bis 486). Gleich zu Anfang seiner Regierung kam es zu Unruhen in Babylon, von denen eine Signalwirkung auf die unterdrückten Völker des Vorderen und Mittleren Ostens ausging. Jetzt schien es so, als würde die machtpolitische Szene in Bewegung geraten. Aber der Putsch wurde rasch niedergeschlagen, und die Machtverhältnisse blieben unverändert bestehen. Diese sich andeutende Schwächung der Macht des Perserkönigs kann äußerlich ein Anlaß für die Juden gewesen sein, neu mit dem Wiederaufbau des Tempels zu beginnen. Entscheidend aber für den Beginn der zweiten Aufbauphase war offensichtlich die Wirksamkeit der Propheten Haggai und S. (Esr 5,1).

III. AUFBAU DER PROPHETENSCHRIFT.

Erster Teil:

Die Visionen in der Nacht: 1,1-6,15;

1. Sacharjas erste Beauftragung:
Ruf zur Umkehr: 1,1-6;

2. Die erste Vision:
Das Heer der Engel: 1,7-17;

3. Die zweite Vision:
Vier Hörner und vier Schmiede: 2,1-4;

4. Die dritte Vision:
Der Mann mit der Meßschnur: 2,5-9;

5. Ausblick auf die kommende Herrlichkeit: 2,10-17;

6. Die vierte Vision:
Der Hohepriester vor Gericht: 3,1-10;

7. Die fünfte Vision:
Der goldene Leuchter und zwei Ölbäume: 4,1-14;

a. Die Vision und das Gespräch mit dem Engel: 4,1-5;

b. Die Verheißung für Serubbabel: 4,6-10;

c. Die Bedeutung der Ölbäume: 4,11-14;

8. Die sechste Vision:
Die fliegende Schriftrolle: 5,1-4;

9. Die siebte Vision:
Die Frau in der Getreidetonne: 5,5-11;

10. Die achte Vision:
Die Ausfahrt der vier Wagen: 6,1-8;

11. Die Krone für Jeschua: 6,9-15;

Zweiter Teil:

Der prophetische Ruf zur Heiligung und zum Gehorsam: 7,1-14;

12. Vom falschen Fasten und den guten Ordnungen Gottes: 7,1-14;

a. Die Anfrage aus Bethel: 7,1-3;

b. Gottes Antwort durch den Propheten: 7,4-14;

Dritter Teil:

Der endgeschichtliche Weg der Völker und des Volkes Israel im Zeichen des messianischen Heils: 8,1-14,21;

13. Heilsworte für Israel: 8,1-23;

14. Gottes Gericht über die Nachbarstaaten Israels, sein Schutz für Jerusalem: 9,1-8;

15. Verheißung des messianischen Friedensreiches: 9,9-17;

16. Gott als Hirte und Richter – Sammlung und Heimführung der Herde: 10,1-12;

17. Der Zusammenbruch heidnischer Macht: 11,1-3;

18. Der Hirtendienst des Propheten – messianisches und endgeschichtliches Zeichen: 11,4-17;

19. Der Kampf der Völker gegen Jerusalem und Gottes Hilfe für sein Volk: 12,1-9;

20. Ausgießung des Geistes – Erscheinung des Messias – Israels Buße: 12,10-14;

21. Beginn der geistlichen Erneuerung Israels: 13,1-6;

22. Gericht und Gnade für Israel: 13,7-9;

23. Entscheidungsschlacht um Jerusalem und der Sieg des Messias: 14,1-5;

24. Der Anbruch der Heilszeit: 14,6-21.

Die Datierungen in Sach 1,1; 1,7; 7,1 lassen deutlich erkennen, daß der Ruf zur Umkehr (1,1-6), die acht Visionen (1,7-6,8) und die Antwort des Propheten an die Boten von Bethel (7,1-14) in zeitl. Reihenfolge einander zugeordnet sind. Die Herstellung der Krone für den Hohenpriester Jeschua (6,9-15) ist sicher zeitl. im Anschluß an die Visionen erfolgt. Das war eine zeichenhafte prophetische Handlung nach den vorausgegangenen Weissagungen über Jeschua und Serubbabel. So gehören inhaltlich die Kap. 1-6 zusammen; Kap. 7 setzt sich als eine spezielle ethische Anweisung dagegen von den vorausgehenden Kapiteln ab. Sach 8 ist eine Sammlung von zehn Offenbarungsworten über die Zukunft Israels. Man muß nicht davon ausgehen, daß diese Offenbarungen dem S. - wie die Visionen – an einem einzigen Tag gegeben wurden. Die Weissagungen stammen sicher aus verschiedenen Zeiten. Die einzelnen Prophetensprüche umfassen nicht die ganze Botschaft des S. Es sind programmatische Thesen, in denen die Offenbarung Gottes zusammengefaßt ist, die von S. in der Verkündigung ausgelegt und entfaltet wurden. Sicher ist Sach 8 nicht als Fortsetzung der Antwort des Propheten an die Boten von Bethel (7,1-3) zu verstehen. Sach 8 stellt eine Sammlung von Weissagungen für die Wiederherstellung Israels in der Endzeit dar und verbindet sich inhaltlich mit den Kap. 9-14, die das gleiche große Thema haben. In ihnen wird gewissermaßen ausführlich dargestellt, was in Kap. 8 nur angedeutet ist. In den Kap. 9-14 wird in Einzelheiten geschildert, was von Gott in den Ablauf der Ereignisse hineingeordnet ist, die in Kap. 8 themenhaft angesprochen werden und dazu dienen, Gottes Plan seiner Vollendung entgegenzuführen. Auf die Visionen als dem ersten Teil folgt als zweiter Teil die prophetische Antwort auf die Anfrage aus Bethel, und in einem dritten Teil zeigt S. den endgeschichtlichen Weg der Völker und des Volkes Israel im Zeichen des messianischen Heils.

IV. DIE BOTSCHAFT SACHARJAS IM ZUSAMMENHANG ALTTESTAMENTLICHER PROPHETIE.

S. spricht nicht nur von historischen Ereignissen, er zeigt auch eschatologische Perspektiven auf. Zum Selbstverständnis atl. Prophetie gehört, daß einzelne prophetische Aussagen weit über die Generation hinausreichen, der der Prophet selber angehört (vgl. Jes 7,8; 13,17ff), also möglicherweise über Jh. hinweg auf Ereignisse in ferner Zukunft zielen. Zu solchen Aussagen gehören die Ankündigung des Gerichtes über die *Amoriter (1Mo 15,13-16), die Verheißung des Friedenskönigs aus dem Hause David (2Sam 7,10ff.19), die Ankündigung der Rückkehr aus babylon. Gefangenschaft (Jer 29,10) und die Voraussage der »Endzeit« (Dan 12,4). Wollten wir diese Worte nur als »vaticinia ex eventu« (sog. »Weissagungen«, die erst nach dem Eintritt der Ereignisse formuliert und älteren Propheten in den Mund gelegt wurden) verstehen, würden wir die für die atl. Zeugen selbstverständliche Denkweise verfälschen. Das gilt auch für alle messianischen Weissagungen des AT. Dabei ist es sogar möglich, daß der Prophet den Erwartungshorizont seiner prophetischen Rede selbst nicht voll übersehen kann. Daß diese Auffassung von Prophetie sich bis in die Zeit des NT erhalten hat, dafür liefert die prophetische Rede des Hohenpriesters Kaiphas den Beweis (Joh 11,50-52). Gerade an Beispielen messianischer Weissagungen wie 5Mo 18,15 und 2Sam 7,12-16 wird greifbar, wie Zeitgeschichte transparent wird für endzeitliche Heilsgeschichte. Die Botschaft des S. ist stark seelsorgerlich geprägt. Nicht zufällig geht der Bußruf den Visionen und Weissagungen voraus. Umkehr zu Gott – stille werden vor ihm (Sach 2,17) – ist nötig, um seine Gedanken und Pläne für die Zukunft der Welt zu verstehen. Gott will, daß sein Volk zukunftsorientiert lebt, daß auch unter Bedrängnis der Blick für Gottes großes Ziel offen bleibt. Das bedeutet aber nicht, über die Zukunft zu spekulieren, auf jede offene Frage von Gott eine Antwort zu fordern, sondern das Leben im Alltag nach Gottes Ordnungen einzurichten. Trost, Hoffnung, Heiligung – das sind geistliche Elemente der Verkündigung des S., die in der apostol. Botschaft des NT ihre Fortsetzung gefunden haben (vgl. 1Thess 4,13-18; 1Joh 3,2f). Geradezu vorbildlich für die ntl. Verkündigung sind bei S. Prophetie und Seelsorge, Hoffnung des Glaubens und Bewährung des Glaubens miteinander verbunden.

Literatur: H. Frey: Buch der Kirche in der Weltwende – Die kleinen nachexilischen Propheten, 1941; H. Brandenburg: Die kleinen Propheten II, ²1982; F. Laubach: Der Prophet Sacharja, WStB, 1984; W. Rudolph: Haggai, Sacharja, Maleachi, KAT XIII. 4., 1976. F.L.

SACK/SACKLEINEN. (Hebr. *saq*, griech. *sakkos*). Wie heute wurden im Alten Orient Säcke zum Aufbewahren und Transportieren von Waren verwendet (1Mo 42,25; Jos 9,4). Daneben wurde der S., ein Gewand aus dunklem, grobem Stoff, meist Ziegenhaar, getragen, um Trauer, Buße oder Unterwerfung auszudrücken.

1. Zum Zeichen der Trauer zerreißt man die Kleider und zieht einen Sack an (1Mo 37,34; 2Sam 3,31). Dazu kommen oft das Bestreuen des Kopfes mit Asche oder Staub (Est 4,1) bzw. das Sitzen oder sich Wälzen im Staub (Jer 6,26), Fasten und Weinen (Est 4,3), das Scheren von Kopf- und Barthaar (Jer 48,37; Am 8,10), lautes Klagen und Heulen (Jer 4,8). Als Bild für Trauer findet sich das Wort »Sack« häufig in der prophetischen Gerichtsansage (Jes 3,24; 22,12; Jer 4,8; 6,26; 48,37; 49,3; Hes 7,18; 27,31; Am 8,10; vgl. Offb 6,12). Umgekehrt ist der bildhafte Ausdruck »den Sack ausziehen« (Ps 30,12) gleichbedeutend mit »wieder froh machen bzw. werden«.

2. Buße/Umkehr wird äußerlich durch das Tragen eines Sacks und durch Fasten (Jona 3,5.6.8) und Asche (Mt 11,21) ausgedrückt.

3. Unterwerfung und Bitte um Milde sind darin angedeutet, daß im Krieg Besiegte ihre Verhandlungsdelegation Säcke anziehen und Stricke um den Kopf binden lassen (1Kön 20,31.32).

Literatur: G. Dalman: Arbeit und Sitte in Palästina V, 1937, S. 165.176.202; H.F. Lutz: Textiles and Costumes among the Peoples of the Ancient Near East, 1923, S. 25-26, 176-177; P. Heinisch: Die Trauergebräuche bei den Israeliten, in: Biblische Zeitfragen 13, 7-8, S. 16-17. J.T./B.Hu.

SADDUZÄER. Über die S., eine der großen rel. Gemeinschaften des Frühjudentums, liegen uns nur spärliche Informationen vor. Wir wissen deshalb über sie bedeutend schlechter Bescheid als etwa über die *Pharisäer und *Essener. Die einschlägigen Quellen (Josephus, rabbinisches Schrifttum, NT) sind zudem von antisadduzäischen Tendenzen bestimmt, so daß mit Verzeichnungen ihres Bildes zu rechnen ist; über Selbstzeugnisse der S. verfügen wir nicht. Die Herkunft des Namens S. ist unklar und sehr umstritten. Am wahrscheinlichsten ist es immer noch, S. etymologisch von *Zadok abzuleiten, der unter dem König *Salomo Hoherpriester war (vgl. 1Kön 2,35) und späteren Priestern als ihr Ahnherr galt. Entstanden sein dürfte die Gemeinschaft der S. in der 1. Hälfte des 2. vorchristl. Jh., in der Makkabäerzeit (*Makkabäer), als das *Judentum sich gegen die aus Syrien vordringende hellen. Überfremdung zur Wehr setzte. Die S. waren wohl ursprünglich ein Teil der Bewegung der Chassidim, jener Frommen, die zusammen mit den Makkabäern diesen Abwehrkampf führten.

Von ihrer sozialen Herkunft her waren die S. Aristokraten. Sie stammten aus dem geistlichen und weltlichen Adel; vornehme Priester standen an der Spitze der Gemeinschaft. Schon dieser Umstand brachte es mit sich, daß die S. zur Masse der Bevölkerung ein recht distanziertes Verhältnis hatten und ihrerseits wenig beliebt waren. Ferner war das Verhältnis zur Bevölkerung durch ihre äußerst konservative rel. Haltung belastet. Während die Pharisäer mit Hilfe ihrer Kasuistik das Gesetz »lebbar« zu machen versuchten, hielten die S. sich ausschließlich an die schriftlich fixierte Tora und wandten sich schroff gegen jede mündliche Ausdeutelei des Gesetzestextes. Diese unterschiedliche Einstellung zur Tora und zum Umgang mit ihr macht die Hauptdifferenz zwischen Pharisäern und S.n aus. Hinzu treten gewichtige Lehrunterschiede: In ihrer konservativen Haltung verwarfen die S. jede dogmatische Weiterentwicklung der jüd. Lehre und glaubten daher nicht an eine Totenauferstehung (vgl. Mk 12,18–27; Apg 4,1f), von der das AT in seinen frühen Schichten noch nichts weiß, und nicht an Engel und Geister (vgl. Apg 23,8). Überhaupt hielten sie nichts von dem ganzen apokalyptischen Denkgebäude (*Apokalyptik), durch welches das Frühjudentum stark bestimmt war und das gegenüber dem atl. Denken weiterentwickelte eschatologische Vorstellungen aufwies; sie vertraten statt des apokalyptischen Zwei-Äonen-Modells eine innergeschichtliche Heilsverwirklichung. Im politischen Bereich verhielten sich die S. opportunistisch. Sie bemühten sich, mit der jeweiligen Regierung auszukommen, und versuchten, der im Volk anwachsenden Römerfeindschaft entgegenzuwirken. Dennoch konnten sie den jüd.-röm. Krieg (66-74 n.Chr.) nicht verhindern, und der Fall Jerusalems bedeutete auch ihren Untergang. Sie waren in ökonomischer und kultisch-rel. Hinsicht so eng mit dem Tempel verknüpft (d.h. sie bekleideten dort die hohen Ämter), daß ihnen mit der Zerstörung des Tempels auch ihre eigene Existenzgrundlage entzogen war. Die Beziehung zwischen den S.n und Jesus bzw. den ersten Christen war sehr spannungsreich (vgl. Apg 5,17f u.ö.). Beim *Prozeß Jesu dürften die S. die entscheidende Rolle gespielt haben. Jesus stieß durch seine Tätigkeit keineswegs mit der röm. Herrschaft zusammen, denn er war kein politischer Revolutionär, sondern zog den Zorn der jüd. Priesterhierarchie auf sich, also der S., die ihn dann mit Hilfe der Römer beseitigten.

Literatur: G. Baumbach: EWNT III, 1983, 530f; ders.: Der sadduzäische Konservativismus, in: J. Maier, J. Schreiner (Hrsg.): Literatur und Religion des Frühjudentums, 1973, S. 201-213; J. Le Moyne: Les Sadducéens, 1972; J. Maier: Geschichte der jüdischen Religion, 1972, S. 45-48; E. Schürer: Geschichte des jüdischen Volkes im Zeitalter Jesu Christi, 2. Bd., 1970 (1907), S. 475-489. W.R.

SAF. Ein *Riese, den der Huschatiter Sibbechai in den Philisterkämpfen zu Gob erschlug (2Sam 21,18; 1Chr 20,4). Er gehört wohl zu den Resten der Anakiter, die sich u.a. nach *Gat gerettet hatten (Jos 11,22).

SAFRAN s. Kräuter und Gewürze

SÄGE s. Handwerk

SAITE s. Musik

SAKKUR. Kurzform von *Sacharja.

1. Vater des Kundschafters *Schammua aus dem Stamm *Ruben (4Mo 13,4).
2. Simeoniter, Nachkomme Mischmas (1Chr 4,26).
3. Levit, Nachkomme Meraris, Sohn Jaasijas (1Chr 24,27).
4. Levit, Sohn Asafs, Leiter der 3. Sängerabteilung z.Zt. Davids (1Chr 25,2.10; Neh 12,35).
5. Sohn Imris, der half, die Mauer Jerusalems wiederaufzubauen (Neh 3,2).
6. Levit, der mit Nehemia den Bund unterschrieb (Neh 10,13).
7. Vater des Leviten Hanan, z.Zt. Nehemias (Neh 13,13).

SAKRAMENTE s. Abendmahl; s. Taufe

Säulen umgaben den Innenhof des Gymnasiums in Salamis, Zypern. Frühes 2. Jh. (PP)

SALAMIS. Stadt an der O-Küste der Zentralebene von *Zypern, nicht zu verwechseln mit der gleichnamigen Insel an der Küste Attikas. Die Stadt stand im Wettstreit mit *Paphos, der röm. Hauptstadt der Insel, und übertraf sie schließlich an Bedeutung. Der Hafen, der S. zu einem großen Handelszentrum machte, ist heute völlig verschlammt. Im 1. Jh.n.Chr. war die jüd. Gemeinde dort groß genug, um mehrere Synagogen zu haben; *Paulus und seine Mitarbeiter besuchten sie zu Beginn der ersten Missionsreise (Apg 13,5). Im 4. Jh. wurde die von Erdbeben zerstörte Stadt als Hauptstadt Constantia wiederaufgebaut. Die Ruinen sind 6 km von Famagusta entfernt.

Literatur: E. Meyer: KlP IV, 1505f. B.H.

SALBE. Das im AT dafür am häufigsten verwendete Wort ist *semen,* es bedeutet eigentlich »Fett«, »Öl«, im besonderen das »Olivenöl«. Es kann dann aber auch die Bedeutung »wohlriechendes Öl«, »Salbe«, haben. Im Griech. entspricht dem *elaion* (und *nardos*). Basis der S. ist in den allermeisten Fällen Olivenöl. Dieses kann durch verschiedene Techniken mit Aromastoffen angereichert werden. Die Salbung mit Öl hat im Alten Orient gerade auch im Alltag eine große Rolle gespielt. Das Salböl gehört neben Nahrung, Kleidung und Wohnung zum Bedarf des täglichen Lebens. Wichtig ist das Salböl zum Einreiben der Haut, besonders nach dem Waschen und Baden, um diese vor dem Austrocknen zu schützen (vgl. 2Sam 12,20; Rut 3,3). Aber auch für ärztliche Zwecke, etwa Wundbehandlung, verwendet man S. (vgl. Jes 1,6). Eine Rolle spielt das Einreiben mit Salböl auch im Zusammenhang mit (Fest-)Essen. Darauf deuten etwa Ps 23,5 und Lk 7,46. S. und Salböl dienen der Mehrung der Lebensfreude, und sind gleichzeitig Ausdruck derselben (Ps 104,15). So finden wir S. und Salböl naturgemäß häufig in der Liebesdichtung des AT. Die Geliebte wird gepriesen, weil ihre S.n köstlich duften (Hld 14,10), ebenso der Geliebte (Hld 1,3). Im Hohenlied wird auch häufig Myrrhe bzw. aus Myrrhe bereitete S. erwähnt (Hld 1,3.6; 4,14; 5,5; 5,13). Eine große Rolle spielt die S. in der *Kosmetik am Königshof, was uns in Est 2,12 sehr deutlich vor Augen gestellt wird (die für den König bestimmten Frauen müssen sich einer langen Kosmetikbehandlung unterziehen, bevor sie zum König kommen dürfen). Spr 27,9 heißt es: Das Herz freut sich an S. und der Prediger ruft zu einer Haltung der Freude an den Schöpfungsgütern auf, die unter anderem in dem Satz zum Ausdruck kommt: Laß deinem Haupte Salbe nicht mangeln (Pred 9,8). Daraus ist es auch zu verstehen, daß zum Fasten und Trauern (Selbstminderungsriten) das Unterlassen der Salbung gehört (2Sam 12, 16.20; 2Sam 14,2). Ein Kennzeichen des neuen Zeitalters, das der Messias bringt, ist, daß an die Stelle des Trauerkleides das Freudenöl treten wird (Jes 61,3). Es gibt aber auch weisheitliche und prophetische Kritik an der Verwendung von S. So heißt es Spr 21,17: Wer Wein und S. liebt, wird nicht reich; und Pred 7,1 stellt lakonisch fest, daß ein guter Ruf besser als gute S. ist. Gegen die Reichen, die es sich gut gehen lassen, sich mit dem besten Öl salben, aber auf den Schaden des Volkes nicht achten, wendet sich Amos (Am 6,6); und öfter kommt die S. als Ausstattung zum Bild Israels, das als untreue Frau dargestellt wird (Hes 16,9; Jes 57,9). Wichtig ist die Verwendung von Salböl im kultischen Bereich. Eine eigene S. wird zubereitet zur Salbung der Stiftshütte und ihrer Geräte, ebenso Aarons und seiner Söhne (2Mo 30,22-33). Diese S. bewirkt Heiligung, also Absonderung für Gott (vgl. auch 3Mo 10,7). Ähnliches gilt für die Salbung des Königs. Durch die »Weihe« mit dem Salböl ist der Betreffende von Jahwe in Anspruch genommen. Im NT begegnen wir der vielfältigen Bedeutung der S. bzw. des Salböls wieder. So wird es etwa Offb 18,13 unter andere Köstlichkeiten und Kostbarkeiten gereiht. In Mk 6,13 und Jak 5,14 (vgl. auch Lk 10,34) begegnet es uns im Zusammenhang mit Heilung. Klar ist, daß bei der eigentlichen Heilung die S. eine untergeordnete Rolle spielt. Was durch die Salbung aber eigentlich bewirkt wird, ist umstritten. Mt 26,6-13; Mk 14,3-9; Joh 12,1-8 wird Jesus von einer Frau mit kostbarem Nardenöl gesalbt. Diese S. wurde in einem Alabastergefäß aufbewahrt (vgl. Plin.nat. 13,3: »Beste Salben werden in Alabastergefäßen aufbewahrt«). Der in Mk 14,5 angegebene Wert entspricht etwa dem Jahreseinkommen eines Arbeiters (der Tageslohn eines Arbeiters betrug etwa einen Denar). Die Salbung wird an den angegebenen drei Stellen von Jesus als für sein Begräbnis geschehen gedeutet. Anders in der Erzählung Lk 7,36-50, wo er die erfolgte Salbung als Ausdruck der großen Liebe dessen bezeichnet, dem viel vergeben wurde – und sie der »kleinen« Liebe seines Gastgebers gegenüberstellt.

Literatur: G. Dalman: Arbeit und Sitte in Palästina, Bd. IV, S. 255-268; E. Kutsch: Salbung als Rechtsakt, BZAW 87, 1963; P. Welten: BRL², 260-264.

G.Le.

SALBUNG s. Weihe

SALCHA. Ort im äußersten O *Baschans an der Grenze zwischen den Stämmen *Manasse und *Gad (1Chr 5,11). Er wurde unter Mose erobert und fiel dem halben Stamm Manasse zu (5Mo 3,10.13; Jos 12,5; 13,11). Zahlreiche griech., röm. und nabatäische Inschriften sind erhalten; der größte Teil der alten Siedlung wurde jedoch beim Bau des Drusendorfes Salhad zerstört. B.H.

SALEM.

1. Nach 1Mo 14,18 war S. (hebr. *schālem*, LXX: Salēm) der Residenzort des kanaan. Stadtkönigs und Priesters *Melchisedek (vgl. Hebr 7,1), der *Abraham bei dessen Rückkehr von *Hoba bei *Damaskus (1Mo 14,15) nach *Mamre bei *Hebron (1Mo 14,13) vor seiner Stadt begrüßte. Ps 76,3 steht S. parallel zu *Zion und meint *Jerusalem. Dieselbe Identifizierung vertritt das Genesis-Apokryphon (11QapGen 22,13) aus *Qumran (J.A. Fitzmyer, The Genesis Apocryphon, ²1971, 153-155). Josephus versteht S. (griech. *Solyma*) als den alten Namen von Jerusalem (ant.Jud. I, 180) und verlegt auch den in 1Mo 14,17 genannten *Königsgrund in die Nähe der heiligen Stadt (ant.Jud. VII, 243f). Ein Teil der christl. Tradition ist dieser Ansicht ebenfalls gefolgt (z.B. Theophilos von *Antiochia, Ad Autolycum II 26; Hieronymus, Ep. 108,9). Wahrscheinlich wird diese Identifizierung schon im Pentateuch vorausgesetzt (U. Cassuto, Biblical and Oriental Studies I, 1973, 71-78) und S. als Kurz- oder Deckname für Jerusalem gebraucht. Zugunsten der Gleichsetzung spricht auch, daß den *Davididen ein Priestertum

nach der Ordnung des Melchidsedek zugesagt wurde (Ps 110,4). Der Name S. geht wahrscheinlich auf den semit. Mondgott Schalem zurück, doch ist die volksetymologische Deutung von hebr. *schālōm*, »Frieden«, schon sehr alt (Ps 76,3 LXX; Philo, All III, 79; Lk 19,42; Hebr 7,2).

2. Um 383 n.Chr. will die Pilgerin Egeria in S. 12km südöstl. von Skythopolis (*Bet Schean) noch die Mauern des Palastes von Melchisedek gesehen haben (ELS 215f), und auch Hieronymus kennt diese Ansicht (Ep 73,7). Es handelt sich hier kaum um eine christl. Erfindung, sondern wahrscheinlich um eine jüd. Konkurrenztradition. Diese Annahme wird dadurch gestärkt, daß offenbar eines der Schatzverstecke der Kupferrolle aus Qumran (3Q15 12,6f) bei diesem S. lag (DJD IV 262). Durch das Melchisedek-Fragment aus der 11. Höhle von Qumran (11QMelch) wissen wir (M. de Jonge – A.S. van der Woude, NTS 12, 1965/66, 301-326), welche wichtige Rolle diese Gestalt in der Endzeiterwartung der *Essener spielte (vgl. auch Hebr 5,10; 6,20ff). Die älteste, wahrscheinlich zutreffende Überlieferung (Eus. onom. 40f) bezeichnet dieses S. auch als den Ort, an dem *Johannes nach Joh 3,23 *(Sal[e]im)* taufte (A. Alt, PJB 25, 1929, 52f; Kopp, 170-172). Mehrere Gründe können den Täufer zu dieser Ortswahl geführt haben. Die starken Quellen von Ed-Dēr (wohl das *Änon von Joh 3,23) beim Tell Er-Ridscha (F.M. Abel, RB 10, 1913, 220-223; B. Manzano, TSF 5-6, 1987, 124-130) boten Gelegenheit für seine Tauftätigkeit. Vielleicht fand er erste Anhänger in einer dort ansässigen essenisierenden Taufgruppe (B. Pixner, RQ 11, 1983, 357). Von S. aus konnte er nach *Samarien und *Galiläa hineinwirken. Nicht weit entfernt lagen die beiden *Elia-Stätten *Abel-Mehola (Berufung des *Elisa, 1Kön 19,17ff) und der Bach *Krit (1Kön 17,5, Wadi el-Jabīs). Dieser geographische Zusammenhang mochte auf die Mission des Täufers als eschatologischer Elia (M. Hengel, Nachfolge und Charisma, 1967, 39f) hinweisen. S. lag im Gebiet der heidnischen *Dekapolis-Stadt Skythopolis und bot so Schutz vor Nachstellungen durch *Herodes Antipas. Deshalb könnte sich hier auch später eine Täufergemeinde gesammelt und die Ortstradition bewahrt haben (K. Kundsin, Topologische Überlieferungsstoffe, 1928, 26).

3. Ein weiteres S. lag östl. von *Sichem (Jub 30,1). Es erscheint auch in der LXX zu 1Mo 33,18 (MT: *schālem*, »wohlbehalten«) als Ortsname (vgl. Hieronymus, In Gen 33,18 [PL 23,989f]). Die LXX zu Jer 41 [48],5 dürfte sogar ursprünglicher sein als der MT mit *Silo, da diese Stadt zur Zeit des Propheten schon längst zerstört war und auch der geographische Zusammenhang (zwischen Sichem und *Samaria) für einen samaritanischen Ort spricht. Eusebius hat S. sogar mit Sichem gleichgesetzt (onom. 150.152). Die Samaritaner verlegten schon in vorchristl. Zeit die Begegnung von Abraham und Melchisedek auf den *Garizim (H.W. Hertzberg, JPOS 8, 1928, 173). Der Ortsname des sichemitischen S. könnte Anlaß für diese Konkurrenztradition zum judäischen S. gewesen sein (D.J. Wiseman, IBD III, 1970, 1370), doch wird auch die umgekehrte These vertreten (C. Mackay, PEQ 80, 1948, 121-130). Bereits der jüd. Historiker Eupolemos (um 150 v.Chr.) scheint die Tradition von samaritanischen S. als Stadt des Melchisedek gekannt zu haben (Eusebius, PraepEv IX 17,5f), und diese Ansicht findet sich noch bei Epiphanius (Pan 55,22) sowie aufgrund älterer Tradition in einer Weltchronik vom Jahr 334 n.Chr. (Erbes, 92-95). Die Ortslage bezeichnet heute das arab. Dorf Salim 5km östl. von Nablus (Sichem), in dessen Nähe eine kleine Ruinenstätte mit bis in die Eisenzeit zurückreichenden Siedlungsspuren liegt (L. Wächter, ZDPV 84, 1968, 63-72). Einige Forscher sehen aufgrund der angenommenen Reiseroute Jesu in Joh 3-4 dieses S. als den Ort von Joh 3,23 an, (W.F. Albright, HThR 17, 1924, 193f; M.É. Boismard, 223-229; B. Schwank, EA 57, 1981, 429), doch gibt es dafür keine Überlieferung.

4. In einer alten Passa-Chronik (PG 92,117) findet sich die wahrscheinlich auf Julius Africanus am Beginn des 3. Jh. zurückgehende Angabe (H. Gelzer, S.J. Africanus I, 1880, 10f), das S. des Melchisedek habe sich »jenseits des *Jordan« (vgl. Joh 3,25) befunden. C. Erbes (S.96-98) hat diese Nachricht mit dem Solyme verbinden wollen, das Josephus (Vita 187) als einen Grenzort der Gaulanitis nennt, dessen Lage uns aber unbekannt ist (C. Möller, G. Schmitt, Siedlungen Palästinas, 1976, 177) und über das wir auch sonst nichts wissen. Da das ganze nördl. Transjordanien ein Rückzugsgebiet jüd. und judenchristl. Randgruppen war (Riesner, 53-62), ist eine sekundäre Übertragung von Melchisedek-Traditionen in dieses Gebiet gut denkbar.

5. Im 4. Jh.n.Chr. begegnet die Ansicht, Melchisedek sei dem Abraham auf dem *Tabor begegnet. Obwohl dafür gelegentlich eine alte kanaan. Tradition angenommen wird (H.W. Hertzberg, JPOS 8, 1928, 177f), geht diese Lokalisierung doch sehr wahrscheinlich auf eine judenchristl. Gruppe zurück, die bereits andere evangelische Ortsüberlieferungen auf dem Berg vorfand.

6. Der MT von Jos 15,32 nennt im S von *Judäa nebeneinander »Schilchim [LXX: *Sa-*

leeim] und En-Rimmon«. T. Zahn (S. 606-608) hat deshalb Änon und S. bei Umm er-Ramamim 28km südwestl. von *Hebron suchen wollen. Aber dafür gibt es weder eine Überlieferung noch konnte dort der Name S. nachgewiesen werden. Vermutlich muß in Jos 15,32 nach Jos 19,6 die graphisch im Hebr. zum Verwechseln ähnliche Namensform Schirchon gelesen werden (M. Noth, Josua, ^{3}1971, 88), so daß jeder mögliche Bezug zu Joh 3,23 entfällt. Ein Wirken des Täufers derart weit vom *Jordan entfernt wäre auch ganz außergewöhnlich.

7. Das Tal (griech. *aulōn*) von S. (Jdt 4,4) an der Grenze von Samarien ist entweder das Wadi Er-Ridscha bei S. (2.) oder in der Umgebung von S. (3.) zu suchen. Literatur: F.M. Abel: Géographie de la Palestine II, ^{3}1967, 441f; M.É. Boismard: RB 80 (1973) 218-229; A. van den Born, W. Baier: BL, ^{3}1982, 1506; G. Dalman: Orte und Wege Jesu, ^{4}1967, 98f.250f; K. Elliger, B. Reicke: BHH III, 1966, 1647-1649; C. Erbes: TARWPV 24, 1928; G. Fohrer: ThWNT VII, 1964, 297f; C. Kopp, Die heiligen Stätten der Evangelien, ^{2}1964, 166-172; C. Mommert: Aenon und Bethania, 1903; R. Riesner: TynB 38 (1987) 31f; P. Winter: NT 2 (1957) 151f; T. Zahn: NKZ 18 (1907) 593-608. R.R.

SALIM s. Salem

SALMANASSAR. (Hebr. *schalman ᾽äsär;* griech. *Salmennasar;* assyr. *Schulmanu-ascharidu,* »der Gott Schulman ist das Oberhaupt«). Das Hebr. dürfte *slmn᾽sr* gelesen worden sein (JSS 21, 1976, S. 8). S. war der Name mehrerer Herrscher *Assyriens. Der König Assyriens, dem Hoschea von Israel untertan wurde (2Kön 17,3), war Salmanassar V. (727-722 v.Chr.), der Sohn Tiglatpilesars III. Als Hoschea seiner Tributpflicht in seinem 7. Herrschaftsjahr nicht nachkam, begann S. eine 3jährige Belagerung der israelit. Hauptstadt *Samaria. Über S.s Königszeit berichten keine Annalen, aber die assyr. Eponym-Liste führt die Belagerung auf, und die babylon. Chronik sagt, daß S. »(den Widerstand der) Stadt von Schamara᾽ in brach«. Es ist möglich, daß der »König von Assyrien«, an den die Stadt fiel (2Kön 17,6), der gleiche S. war, obwohl die endgültige Einnahme der Stadt 722/1 v.Chr. sein Nachfolger *Sargon II. für sich beansprucht. Es ist möglich, daß Sargon den Thron während der Belagerung an sich riß und den Feldzug fortsetzte (TGI, S. 60f). Salmanassar III., König von Assyrien 859-824 v.Chr., überfiel häufig das Gebiet im W, und der erste aufgezeichnete assyr. Kontakt mit den Israeliten

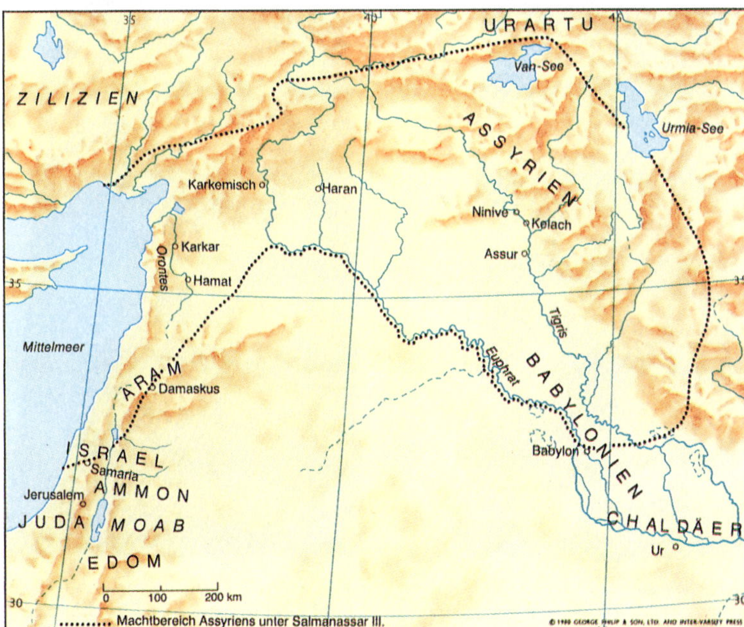

Die Gebiete, über die Salmanassar III. von Assyrien herrschte.

Statue Salmanassars III., des Königs von Assyrien, mit Inschrift. Nimrud, Höhe: 1,03 m; 839/8 v. Chr. (MELM)

»Jehu, der Sohn Omris«, kniet vor Salmanassar III., dem König von Assyrien. Schwarzer Obelisk, Nimrud. Höhe: 2,02 m. 841 v. Chr. (BM)

findet sich in seinen Annalen. 853 v.Chr. bekämpfte er eine Koalition syr. Könige unter Irhuleni von Hamat und Hadad-Eser von Damaskus in Qarqar. Unter den Verbündeten war »*Ahab der Israelit«, der, den Assyrern zufolge, 2000 Streitwagen und 10 000 Männer als seinen Beitrag zur Verfügung stellte. Der assyr. Vorstoß war von kurzer Dauer, und S. kehrte drei Jahre lang nicht zurück (1Kön 16,29; 20,20; 22,1 werden nur die Aramäer als Gegner erwähnt). In seinem Bericht der Angriffe gegen Syrien 841 v.Chr. behauptet Salmanassar III., Hasaël von Damaskus besiegt zu haben (1Kön 19,15). Er nahm jedoch die Stadt nicht ein und zog über den Hauran zum Libanon, wo er Tribut von »*Jehu, dem Sohn Omris« erhielt, ein Ereignis, das nicht im AT erwähnt wird, aber auf dem Schwarzen Obelisken von *Kelach/Nimrud dargestellt ist.

Literatur: CAH, 3, ³1978; HdArch I, 219ff.237.239. Tafel 100. D.J.W.

SALOME. (Hebr. *schalōm*, »Frieden«, mit griech. Nachsilbe).

1. Nach Mk 15,40 und 16,1 wurden zwei der drei Frauen, die bei der Kreuzigung zusahen und am Ostermorgen zum Grab gingen, Maria genannt, die dritte S. Mt 27,56 nennt zwei Frauen, die Maria hießen, und die Mutter der Söhne des Zebedäus, die wahrscheinlich mit S. gleichzusetzen ist. Joh 19,25 bezieht sich auf zwei Frauen, die Maria genannt werden, und die Mutter Jesu und ihre Schwester, die in der Nähe des Kreuzes stand. Wenn die Schwester seiner Mutter mit S. gleichgesetzt wird, dann wären Jakobus und Johannes, die Söhne des Zebedäus, Jesu Vettern. Es ist jedoch genausogut möglich, daß Johannes eine andere Auswahl an Namen aus den »vielen anderen Frauen« traf, die nach Mk 15,41 bei der Kreuzigung anwesend waren.

2. Die Tochter der *Herodias und ihres ersten Mannes *Herodes Philippus (Jos.ant.Jud. 18.136f). Obwohl sie in den Berichten der Evv. nicht genannt wird, wird sie meistens mit dem Mädchen identifiziert, das vor Herodes tanzte (Mk 6,22ff; Mt 14,6). Sie heiratete den Halbbruder ihres Vaters, den Tetrarchen Philippus. D.R.M.

SALOMO.

I. NAME.

Salomo war der zweite Sohn *Davids mit *Batseba (2Sam 12,24). Er wurde der dritte König des israelit. Königreichs. Im Hebr. heißt er *Schelōmōh,* was soviel wie »friedfertig, friedevoll« bedeutet (1Chr 22,9) und von *schalom,* »Friede« abgeleitet wird. Über die Lesart der LXX (A und B) *salomon* kam es zur deutschen Schreibweise, obwohl das NT und auch Josephus *solomōn* lesen. S.s Erzieher, der Prophet *Nathan, nannte ihn Jedidja (*jedīdjāh*), »Geliebter des Herrn«. Hieraus schließen manche, daß S. der Thronname und Jedidja der Privatname war.

In der bibl. Erzählung über David wird S. nur bei seiner Geburt und offenbar auch beim Bund Gottes mit David, jedoch ohne Namensnennung, erwähnt (2Sam 7,12-15). Erst in den letzten Tagen Davids, als es um die Thronnachfolge ging, taucht der Name S. wieder auf.

II. SALOMOS THRONBESTEIGUNG.

S. war nicht der älteste lebende Sohn Davids. Obwohl die Thronfolge nach Alter und Geschlecht zu der Zeit in Israel noch nicht offiziell geregelt war, schien es doch ein ungeschriebenes Gesetz gegeben zu haben, daß immer der älteste Sohn die Thronfolge antrat. So versuchte *Adonija, trotz der Ankündigung Davids, daß S. sein Nachfolger werden würde (1Chr 28,5ff), die Altersschwäche seines Vaters zu seinen eigenen Gunsten auszunutzen. Er veranstaltete ein Festmahl an der Quelle *Rogel, an der Vereinigung von Kidron- und Hinnom-Tal, zu dem fast der gesamte Hofstaat erschien und mit ihm einflußreiche Persönlichkeiten wie der Priester *Abjatar und der General *Joab. Auch waren alle Brüder Adonijas eingeladen mit Ausnahme von S., ebensowenig der Prophet Nathan und die Leibwache Davids mit ihrem Offizier *Benaja (1Kön 1,9-10). Scheinbar fehlten der Priester Zadok und die Männer Schimi und Reï (1Kön 1,8), die später wahrscheinlich Stadtvögte wurden (1Kön 4,18). Während Adonija dabei war, seine Krönungsfeier vorzubereiten, erfuhren die Freunde S.s in Jerusalem von diesem Vorhaben. S.s Mutter Batseba und kurz danach der Prophet Nathan gingen zum König David und erinnerten ihn an sein öffentliches Versprechen, daß S. der Thronerbe werden sollte (1Kön 1,16-27). Daraufhin unternahm David die entscheidenden Schritte. Er befahl dem Priester Zadok und dem Propheten Nathan, S. an der Gihon-Quelle zum König zu salben.

Der Sohn Batsebas ritt auf dem Maultier Davids zur Gihon-Quelle, die nicht so weit wie Rogel von der sicheren Stadtmauer lag. Dort wurde er von Zadok zum König gesalbt. Das Schofar wurde geblasen und S. zum König ausgerufen. Adonija und seine Gruppe wunderten sich, als sie das laute Rufen, Schreien und Flötenspielen hörten. Erst durch den Sohn des Priesters Abjatar erfuhren sie von der Tatsache der Thronfolge

Salomos Verwaltungsbezirke nach 1 Kön 4,7–19.

(1Kön 1,43.48). Da wußten sie, daß ihr Plan mißlungen war. Adonija rettete sich vorerst vor der Rache S.s, indem er die Hörner des Altars ergriff (1Kön 1,50-51), eine Sitte, die in der antiken Welt weit verbreitet war und auch im AT belegt ist (2Mo 21,13f). Es war allerdings nur derjenige dort sicher, dessen Unschuld erwiesen wurde. S. entließ seinen Gegenspieler Adonija ungestraft in das Privatleben, mit der Ermahnung, sich künftig einwandfrei zu verhalten (1Kön 1,52f). Eine Zeit lang schien alles gut zu gehen. S. regierte als Koregent bis zum Tod seines Vaters (1Kön 2,1-12). Nach dem Ableben Davids meldete Adonija erneut seinen Anspruch auf den Thron an. Durch die Fürsprache Batsebas bat er um die Hand der Konkubine des Königs, Abischag von Schunem. Der gesamte Harem war ein Erbteil des Königs; aus den Söhnen dieser Frauen wurde der Kronprinz bestimmt. Somit machte Adonija deutlich, daß er seine Ambitionen auf den Thron nicht gänzlich aufgegeben hatte (1Kön 2,22; vgl. 2Sam 12,8; 16,21f). S. sah hinter dieser Bitte eine versteckte Revolte, die zudem noch von dem Priester Abjatar und dem Heeresgeneral Joab unterstützt wurde. Daraufhin ergriff der junge König harte Maßnahmen. Adonija wurde hingerichtet (1Kön 2,24f), der Priester Abjatar in seinen Heimatort Anatot entlassen und unter Hausarrest gestellt. So erfüllte sich die Weissagung eines unbekannten Propheten (1Kön 2,26f; 1Sam 2,31f). Joab eilte zum Altar, um der Todesstrafe zu entgehen. Aber da er zwei unschuldige Menschen, *Abner und *Amasa, ermordet hatte, konnte er das Recht nicht für sich in Anspruch nehmen (2Mo 21,14). Auch er wurde von Benaja getötet (1Kön 2,28-34). Damit war S.s Thron gefestigt (1Kön 2,46b).

III. SALOMOS REGIERUNGSZEIT.

1. Seine diplomatischen Ehebündnisse.

Der Spruch der Habsburger Herrscher: *Bella gerant alii! Tu felix Austria nube!* »Laßt die Anderen Kriege führen! Du, glückliches Österreich, heirate!«, wurde auch schon im Altertum angewandt. Bevor S. zum König ernannt worden war, heiratete er *Naama, eine Ammoniterin, deren Sohn *Rehabeam später sein Nachfolger wurde (1Kön 14,21; S. regierte 40 Jahre lang, sein Sohn Rehabeam war 41 Jahre alt, als er sein Amt antrat). Außer ammonitischen Frauen heiratete S. auch edomitische, moabitische, sidonische und hetitische. Diese Ehen brachten gute Kontakte, die dem Handel und der Sicherheit seines Landes dienten. Ferner trugen sie zur Festigung der Staatsverträge (z.B. mit Tyrus und Ägypten) bei und waren eine gute Gewähr für regelmäßige Tributzahlungen der unterworfenen Völker. Eigenartig ist die Hochzeit S.s mit einer Tochter des Pharaos (1Kön 3,1). Soweit man weiß, ist dieses Ereignis in der Geschichte Ägyptens einmalig. Es ist nur bekannt, daß ägypt. Könige ausländische Frauen heirateten (A. Malamat, The Kingdom of David and Salomon in its Contact with Egypt and Aram Naharaim, BA Reader 2, 1975, S. 91-92). Der wissenschaftliche Konsens sagt, daß S.s ägypt. Schwiegervater der tanitische Pharao Siamun der 21. Dynastie war (ca. 978-960 v.Chr.). Diese Hochzeit fand wohl am Anfang von S.s Regierungszeit statt.

2. Salomos Traum.

In den ersten Jahren als Herrscher zog S. mit seiner gesamten Administration nach *Gibeon, um zu opfern (1Kön 3,4). Laut Bericht der Chronik (2Chr 1,3-5) standen zu dieser Zeit dort noch die *Stiftshütte und der große Brandopferaltar aus Moses Zeiten. Die Bundeslade hatte David schon nach Jerusalem bringen lassen. S.s Absicht, Jahwe in Gibeon zu opfern, verstieß nicht gegen Gottes Gebot, denn der Herr erschien ihm in einem Traum und erfüllte S.s Wunsch nach Weisheit und Erkenntnis von Gott, mit denen er in jeder Situation die richtige Entscheidung treffen würde (1Kön 3,9-11).

3. Salomos Prüfung.

Der König merkte schon bald nach der Erscheinung Gottes in Gibeon, daß er tatsächlich erhalten hatte, worum er gebeten hatte. Ein moderner Richter hätte den Fall des Kindtausches der beiden Prostituierten abgewiesen, da Beweismaterial fehlte und keine Zeugen anwesend waren. S. erdachte sich mit Hilfe seiner von Gott geschenkten Weisheit einen Plan, durch den die Wahrheit ans Licht kam. Aufgrund seines Befehls, das Kind zu teilen, ermittelte er die wahre Mutter, die ihren Säugling lieber der anderen Frau überlassen als ihn töten lassen wollte (1Kön 3,16-28).

4. Salomos Reichsgrenzen.

Von seinem Vater David hatte der König ein Reich geerbt, das im N teilweise bis an die Ufer des Euphrat reichte. Als es in diesem nördl. Teil Schwierigkeiten gab, zog er ins Feld und eroberte das Gebiet der Aramäer von Hamat. Er befestigte einige Ortschaften und baute Vorratsstädte (2Chr 8,3-4). Man nimmt an, daß er durch diese Aktionen den Handel mit den neo-hetitischen Ländern, bes. mit dem Land Koe (Que) in Südanatolien (1Kön 10,28f), gefahrloser gestalten wollte. Im W reichte seine Herrschaft vom südl. Tyrus bis an das Land der *Philister. Die am weitesten im SW gelegene Stadt seines Reiches war *Geser an der Grenze zu den Philistern (2Chr 9,26). Dann verlief die Grenze entlang der Mittelmeerküste bis hin zum *Bach Ägyptens, dem Wadi-el-ʿArisch. Die am weitesten im S gelegene Stadt unter salomonischer Herrschaft war *Elat. Von hier aus segelte die phönizische Handelsflotte S.s nach *Ofir (2Chr 8,17-18). Im O gehörte das transjordanische Gebiet zum Reich. Die nördl. und südl. Bereiche gehörten unter S. jedoch nicht zum israelit. Kernland, sie waren Vasallenstaaten. Das eigentliche Territorium Israels reichte nur von Dan im N bis Beerscheba im S (1Kön 5,5).

5. Salomos Verwaltung.

S. entwickelte die Verwaltungsform seines Vaters weiter. Die Beamten des salomonischen Reiches waren in zwei Kategorien eingeteilt: gehobene Beamte, die, heutigen Ministern gleich (hebr. *sar*, 1Kön 4,2-6) dem König direkt unterstanden. Zu ihnen gehörte der Priester Asarja, der Sohn Zadoks, der wegen seines Priesteramtes vermutlich nicht nur Hofgeistlicher war, sondern auch Ratgeber des Königs. Elihoref und Ahia, die Söhne Schischas – dem Namen nach zu schließen ein Ägypter –, waren die Schreiber, was in Ägypten eines der obersten Staatsämter war. Sie waren für die gesamte in- und ausländische Korrespondenz und das Aktenwesen (Annalen, Edikte, etc.) zuständig. Joschafat bekleidete das Amt des Regierungssprechers und Protokollführers. Er gab die Wünsche des Königs an das Volk weiter und erklärte diese. Er unterrichtete aber auch den Herrscher über die Stimmung dort (H.J. Boecker, Erwägungen zum Amt des Mazkir, ThZ 17/1961, S. 216). Benaja war der oberste Heeresgeneral. Zadok und Abjatar waren die Priester. Asarja, der Sohn des Propheten Nathan, amtierte als der Oberste der Statthalter. Sabud, ein anderer Sohn Nathans, war auch ein persönlicher Ratgeber des Königs. Ahischar war der Verwalter des königlichen Eigentums (Ländereien und Gebäude). Hadoniram war Aufseher über die Fronarbeit.

Zur zweiten Kategorie zählten die Provinzgouverneure (1Kön 4,7-19), die im Namen des Königs über zwölf eingeteilte Bezirke herrschten, die ungefähr den zwölf Stammesgebieten entsprachen. Jedoch wurden die alten Stammesgrenzen oft nicht zu Gunsten der kanaan. Stadtstaaten berücksichtigt, was sicherlich aus der Absicht heraus geschah, die kanaan. Bevölkerung mehr in die Pflichten des israelit. Staates einzubinden. Aufgabe der Gouverneure war, den königlichen Hof einen Monat im Jahr mit Nahrungsmitteln zu versorgen und Hafer und Stroh für die Pferde S.s zu liefern (1Kön 5,7-8). Für seine Bautätigkeit im Kernland und in den Vasallenstaaten zog S. die nichtisraelit. Bevölkerung zur Fronarbeit heran (2Chr 8,7-19; 1Kön 9,15-23). Seine Volksgenossen aber bildeten vorwiegend die Oberschicht. Für die Beschaffung des Baumaterials aus dem Libanon verpflichtete S. jedoch eine begrenzte Anzahl von Israeliten (1Kön 5,27-28). Das Heereswesen wurde neu geordnet. Statt der Volksmiliz, die nur zu bestimmten kriegerischen Auseinandersetzungen einberufen wurde, hatte man jetzt ein Heer. Dieses wurde in befestigten Garnisonsstädten einquartiert. Die Flexibilität der Armee wurde auch durch Streitwagen und Kavallerie wesentlich verbessert (1Kön 5,6; 10,26; 2Chr 1,14; 9,25).

6. Salomos Handelsbeziehungen.

Die Handelsbeziehungen des salomonischen Reiches waren international. Durch die handelspolitisch günstige Lage des Landes, das die Hauptkarawanenwege in N-S-Richtung kontrollierte, konnte S. der Bevölkerung einen relativ hohen Lebensstandard ermöglichen (1Kön 4,20; 5,5). Die Völker, die im unmittelbaren Einflußbereich S.s lebten, wurden zu Tributzahlungen herangezogen (1Kön 5,4; 10,25; 2Chr 9,24). S. erhielt z.B. von *Hiram aus *Tyrus, mit dem er einen Staatsvertrag abgeschlossen hatte (1Kön 5,26), Ze-

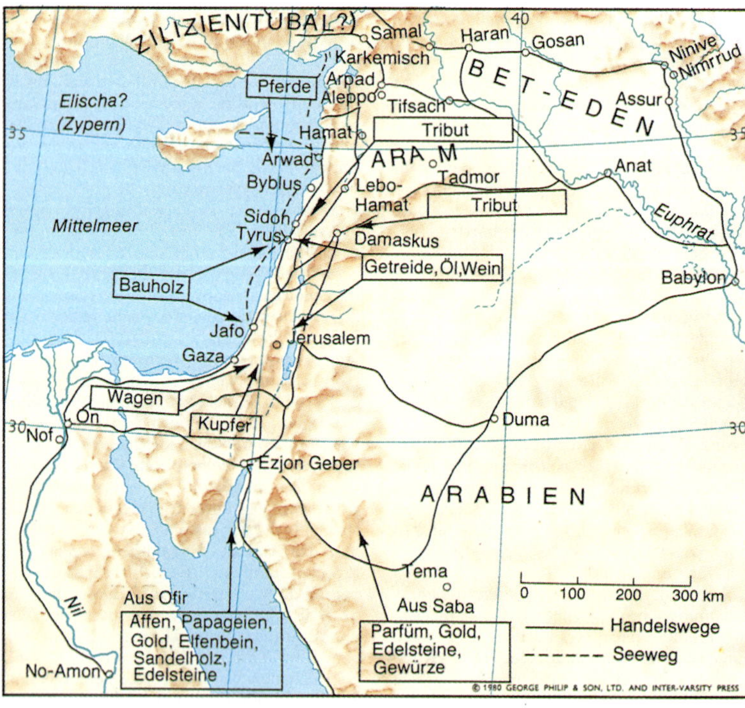

Handelsrouten zur Zeit Salomos mit den wichtigsten Importgütern und deren Ursprungsgebieten.

dern-, Zypressen- und Sandelholz, dazu Gold (1Kön 5,24; 9,11; 2Chr 2,7), einen bes. vielseitigen und außerordentlich geschickten Handwerker, der die israelit. Arbeiter anleitete (2Chr 2,6.12-13), und tüchtige Seeleute (1Kön 9,27). Als Gegenleistung bekam Hiram Weizen, Gerste, Öl und Wein (1Kön 5,25; 2Chr 2,9). Dieser Vertrag mußte später neu ausgehandelt werden (1Kön 9,10-14), vermutlich, weil S. durch ausgedehnte Bauprojekte in Zahlungsschwierigkeiten geraten war. Der maritime Handel wurde vor allem durch die in der Seefahrt sehr erfahrenen Phönizier betrieben (1Kön 9,27; 2Chr 8,18). Die Schiffe segelten von Ezjon-Geber nach Ofir und *Tarsis. Es scheinen unterschiedliche Flotten gewesen zu sein. Diejenige, die nach Ofir (latein. *Aphir-ica*, »Afrika«) segelte, brachte Gold (1Kön 9,28; 2Chr 8,18), Sandelholz und Edelsteine zurück (1Kön 10,11; 2Chr 9,10). Die andere Flotte segelte nach Tarsis und kam alle drei Jahre mit Gold, Silber, Elfenbein und Affen wieder nach Elat zurück (1Kön 10,22; 2Chr 9,21). Die von Albright vertretene Lösung (BASOR 83, 1941, S. 21f), daß die Tarsisschiffe verhüttetes Erz transportiert hätten, erscheint unwahrscheinlich. Herodot (hist. IV, 42) beschreibt, daß z.Zt. Pharao Nechos II. eine phönizische Flotte in drei Jahren um Afrika gesegelt sei (R.R. Stieglitz, Long-distance Seafaring in the Ancient Near East, BA 47, 1984, S. 141). Der frühere Seehandel Ägyptens sowie die Maße der Schiffe zeigen deutlich, daß es damals schon seetüchtige Schiffe gegeben hat (s.a. ANET, S. 227). Ein weiterer, sehr lukrativer Handelszweig wurde mit Ägypten und Koë, einem kleinen neo-hetitischen Staat im nördl. Syrien und südl. Anatolien, betrieben (A. Goetze, Cilicians, JCS 16, 1962, S. 48-58). Man hat noch bis vor kurzem versucht, den Pferdehandel mit Ägypten zu leugnen (M. Noth, BKAT IX 1, 1968, S. 235). Statt MT *mimmizrajim*, »von Ägypten«, las man *mimmuzrī*, »von Muzri«. Letzteres liegt in der Nähe von Koë. Diese Textänderung wird weder durch andere Manuskripte unterstützt, noch ist sie sachlich gerechtfertigt (s.a. Y. Ikeda, Salomo's Trade in Horses and Chariots in it's International Setting, The Period of David and Salomon, 1982, S. 215.223-231). Die Pferde und Streitwagen wurden von den königlichen Händlern aufgekauft und dann an die Hetiter und Aramäer weiter verkauft. Demnach schaltete S. den Zwischenhandel aus und hatte dadurch einen großen Gewinn (1Kön 10,28-29; 2Chr 9,28). S. unterhielt auch Handelsbeziehungen zu arab. Völkern (1Kön 10,15; 2Chr 9,14). Möglicherweise war das auch ein Grund, warum die Königin von *Saba zu S. nach Jerusalem kam, denn der Wert ihrer mitgebrachten Waren und Güter überstieg bei weitem das, was man als adäquates Geschenk betrachten würde (1Kön 10,10; 2Chr 9,9). Auch die Dinge, die sie mit zurücknahm, waren mehr als nur Geschenke (1Kön 10,13).

IV. SALOMOS BAUTÄTIGKEIT.

1. Der Tempel.

Im vierten Jahr seiner Regierungszeit begann S. mit dem Bau des *Tempels (1Kön 6,1; 2Chr 3,2), für den sein Vater schon Material gesammelt hatte. Dort, wo heute der Felsendom steht, wurde damals das Tempelgebäude errichtet. Der Eingang zeigte gen O, so daß die aufgehende Sonne zwischen den beiden Pfeilern, *Jachin und Boas, sichtbar wurde. Was auf der ehemaligen Tenne des Jebusiters *Arauna entstand (2Chr 3,1), ist von der Größe her in keiner Weise mit den heutigen Kathedralen oder Domkirchen zu vergleichen. Es war kein Versammlungsraum, sondern eine Behausung Gottes. Trotz der Beschreibung des Tempels in 1Kön 6,2-36; 7,13-50 und 2Chr 3,1-4,22 bleibt es unmöglich, ihn bis ins Detail zu rekonstruieren (C.L. Meyers, The Elusive Temple, BA 45, 1982, S. 33-41). Nach siebenjähriger Bauzeit war er fertiggestellt (1Kön 6,38). Die Priester und Leviten brachten die Bundeslade, die Stiftshütte und die Geräte des alten Heiligtums in das neue Gebäude (1Kön 8,3; R.E. Friedman, The Tabernacle in the Temple, BA 43, 1980, S. 241-248). Zur Einweihung des Tempels wurden unzählige Opfer dargebracht. Es wurde musiziert und gesungen. Der Herr bekannte sich zu dem Bau, indem er in Gestalt einer dicken Wolke von ihm Besitz nahm (1Kön 7,10-11; 2Chr 5,12-14). S. sprach das Weihegebet, das immer wieder auf den Bund Gottes mit seinem Volk und David hinwies, danach segnete er das Volk und verkündetet ein 14tägiges Fest.

2. Der Palast.

Man nimmt an, daß S. nach der Einweihung des Tempels mit dem Bau des *Palastes anfing. Dabei konnte er wiederum auf die tatkräftige Unterstützung durch Hiram von Tyrus zählen. Wenn es schon schwierig ist, den Bau des Tempels anhand der Beschreibung zu rekonstruieren, so ist es noch weitaus komplizierter, die Schilderung der Architektur des Palastes (1Kön 7,1-22) zu verstehen (D. Ussishkin, King Salomon's Palaces, BA 36, 1973, S. 78-105). Er bestand aus dem Libanon-Waldhaus, in dem wahrscheinlich der Audienzsaal und die Waffenkammer untergebracht waren, aus der Säulen-, Thron- und Gerichtshalle. Die Privatquartiere für seine ägypt. Frau und für ihn befanden sich in einem separaten Gebäude (1Kön 7,8). Die Bauarbeiten für den gesamten Palast dauerten 13 Jahre.

3. Andere Bauten.

S. verstärkte die Verteidigungsanlagen in Jerusalem (K. Kenyon, Jerusalem, 1967, S. 56-58) und baute die Städte *Hazor, *Megiddo und *Geser zu Garnisonsstädten aus. Die Ortschaften Bet-Horon, nordwestl. von Gibeon, und Baalat, südwestl. von Geser, wurden ebenfalls befestigt, um es den Philistern zu erschweren, in das Innere des Landes vorzudringen. Das südl. vom Toten Meer gelegene Tamar wurde ebenfalls verstärkt, um das südl. Einfallstor zu sichern. Außer den genannten Städten baute S. auch noch andere zu Wagenstädten aus und versah sie mit Kornspeichern (1Kön 9,15-19; 2Chr 8,2-6). Abgesehen von diesen säkularen Bauten errichtete er Heiligtümer für Gottheiten seiner zahlreichen ausländischen Frauen (1Kön 11,7-8).

V. SALOMOS WEISHEIT.

S. war das Bindeglied zwischen den charismatischen, d.h. den von Gott bestimmten Regenten – wie es seine Vorgänger gewesen waren, und den dynastischen Monarchen (1Chr 28,5; 29,22f). Als Bestätigung seiner Erwählung zum König über Israel erhielt er ein weises und verständiges Herz (1Kön 3,12). Mit dieser *Weisheit übertraf er seine Zeitgenossen in Mesopotamien, Ägypten, Arabien, Kanaan und Edom (1Kön 5,10-11). Weisheit beinhaltet nicht nur ein richtiges Denken, sondern auch praktische Fähigkeiten und Können sowie Überlegen und Urteilen, das zu einem vernünftigen Handeln führt (H.D. Preuß, Einführung in die alttestamentliche Weisheitsliteratur, 1987, S. 11). Dieses wurde bei S. sichtbar (1Kön 3,16-28), als er die einzig richtige Entscheidung traf. Er war weise in einem judiziellen Sinn. Des Königs Weisheit zeigte sich auch beim Lösen von Rätseln (1Kön 10,2-4; 2Chr 9,1f) und bei der Beobachtung der Gesetzmäßigkeiten der Flora und Fauna, was er dann auf das menschliche Leben übertrug. Viele seiner Beobachtungen sind in den *Sprüchen festgehalten. Dort wird dreimal ausdrücklich betont, daß dies die Sprüche des Königs S. sind (Spr 1,1; 10,1; 25,1). Die Tradition sieht in ihm auch den Autor des *Hohenliedes und des *Prediger-Buches. Außerdem werden ihm noch zwei Psalmen (72 und 127) zugeschrieben. In den genannten Bibelteilen scheint ein Teil der von S. gedichteten dreitausend Sprüche und eintausendundfünf Lieder erhalten geblieben zu sein (1Kön 5,12).

VI. SALOMOS FALL UND TOD.

Bei all seiner Weisheit, seinem Reichtum, Ruhm und bei seiner Erziehung durch den Propheten Nathan heißt es von S., daß er viele ausländische Frauen liebte (1Kön 11,1-4,8), obwohl der Herr gesagt hatte, daß man sich nicht mit ihnen verbinden sollte (2Mo 34,15-16). »Sein Herz war nicht ungeteilt bei dem Herrn, seinem Gott, wie das Herz seines Vaters David« (1Kön 11,4). Möglicherweise hat er aus Liebe und Rücksicht gegenüber seinen Frauen aktiv an heidnischen Götzendiensten teilgenommen, die Jahwe ein Greuel waren. Dieser Bruch des Bundes mußte von Gott geahndet werden (2Sam 7,14; 1Kön 11,9-14). Dazu gebrauchte der Herr den edomitischen Prinzen *Hadad, den Aramäer *Reson und den Ephraimiter *Jerobeam (1Kön 11,14-27). Hadad kehrte in den ersten Regierungsjahren S.s nach Edom zurück (1Kön 11,21). Zu der Zeit schien er für die Südflanke des salomonischen Reiches noch keine ernsthafte Gefahr darzustellen, denn S.s maritime Unternehmungen von Elat aus verliefen ohne Schwierigkeiten. Möglicherweise wurde er aber gegen Ende der Regierungszeit S.s zu einer Bedrohung für die südöstl. Flanke. Weitaus schwerwiegender waren dagegen die Guerillaangriffe Resons im äußersten N des Reiches. *Damaskus, Davids ehemals nördlichste Bastion (2Sam 8,6), lag strategisch gesehen sehr günstig und war für den Handel von großer Bedeutung. Der Verlust dieser Stadt schwächte S.s Kontrolle des nördl. und zentralen Syriens sehr. S.s dritter Widersacher war Jerobeam. Er war ihm schon während des Baus der Befestigungsanlagen in Jerusalem durch seinen Fleiß aufgefallen. Deshalb setzte ihn der König damals als Fronvogt über das Gebiet Ephraim (1Kön 11,27f). Eines Tages begegnete Ahija von Silo Jerobeam und verhieß ihm im Namen Jahwes das Nordreich nach dem Tode S.s. Diese Verheißung scheint Jerobeam zu Kopf gestiegen zu sein, so daß er sich noch zu des Königs Lebzeiten gegen diesen erhob (1Kön 11,27). Als S. ihn daraufhin töten wollte, floh er nach Ägypten und kehrte erst nach dem Tode S.s wieder zurück (1Kön 11,40). S.s vierzigjährige Regierungszeit über das gesamte Israel war äußerlich von Reichtum und Erfolg gekennzeichnet (2Chr 9,22-24), innerlich jedoch zerfiel das Volk, weil es nicht mehr das war, wozu Gott es ursprünglich bestimmt hatte: sein Volk zu sein. Der Anfang der salomonischen Herrschaft stand unter dem offensichtlichen Segen Gottes. Er gab dem König die nötige Ausrüstung, damit dieser das Volk im Sinne Jahwes richtig führen konnte. S. mißbrauchte im Laufe seines Lebens diese Gaben Gottes, indem er nur für die Erfüllung seiner eigenen Wünsche lebte. Am Ende seiner Regierungszeit war das Imperium, das er von seinem Vater geerbt hatte, kleiner geworden. Unter seinem Sohn und Nachfolger Rehabeam setzte sich diese negative Entwicklung fort und führte schließlich zur Reichsteilung (1Kön 12,1-19).

Literatur: P.R. Ackroyd: The Succession Narrative (so-called), Int 35, 1981, S. 383-396; G.W. Ahlström: Der Prophet Nathan und der Tempelbau, VT 11, 1961, S. 113-127; A. Alt: Die Weisheit Salomos, ThLZ 76, 1951, S. 139-144; ders.: Israels Gaue unter Salomo, Kleine Schriften II, 1953, S. 76-89; J. Bright: A History of Israel, 31981; T.A. Busink: Der Tempel von Jerusalem. Von Salomo bis Herodes, Bd. 1, Der Tempel Salomos, 1970; R. de Vaux: Das Alte Testament und seine Lebensordnungen, Bd I, 21964; L. Delekat: Tendenz und Theologie der David-Salomo-Erzählung. Das ferne und das nahe Wort, FS L. Rost, BZAW 105, 1967, S. 26-36; S.J. de Vries: 1 Kings, WBC 12, 1985; R.B. Dillard: The Literary Structure of the Chronicler's Solomon Narrative, JSOT 30, 1984, S. 85-93; H. Donner: The Interdependence of Internal Affairs and Foreign Policy during the Davidic-Solomonic Period (with special Regard to the Phoenician Coast). Studies in the Period of David and Salomon. International Symposium for Biblical Studies, Tokyo 1979, 1982, S. 205-214; ders.: Geschichte des Volkes Israel und seiner Nachbarn in Grundzügen. I, 1984; ders.: Israel und Tyrus im Zeitalter Davids und Salomos. Zur gegenseitigen Abhängigkeit von Innen- und Außenpolitik, JNSL 10, 1982, S. 43-52; J. Gray: I & II Kings, 21970; D.M. Gunn: The Story of King David, JSOT Suppl. 6, 1978; C. Hauer: The Economics of National Security in Solomonic Israel. JSOT 18, 1980, S. 63-73; E.W. Heaton: Solomon's New Men: The Emergence of Ancient Israel as a National State, 1974; Y. Ikeda: Solomon's Trade in Horses and Chariots in It's International Setting. Studies in the Period of David and Solomon. International Symposium for Biblical Studies, Tokyo 1979, 1982, S. 215-238; T. Ishida: Solomon's Succession to the Throne of David – A Political Analysis. Studies in the Period of David and Solomon. International Symposium for Biblical Studies, Tokyo 1979, 1982, S. 175-187; ders.: The Royal Dynasties in Ancient Israel, BZAW 142, 197; C.F. Keil: Die Bücher der Könige, (21876) 1988; A. Malamat: Organs of Statecraft in the Israelite Monarchy, BA Reader 3, 1970, S. 163-198; ders.: Das davidische und salomonische Königreich und seine Beziehungen zu Ägypten und Syrien. Zur Entstehung eines Großreiches. Österreich. Akademie der Wissenschaften. Philosophisch-hist. Klasse, Sitzungsberichte 407, 1983; ders.: A Political Look at the Kingdom of David and Solomon and It's Relations with Egypt. Studies in the Period of David and Solomon. International Symposium for Biblical Studies, Tokyo 1979, 1982, S. 189-204; ders.: The Kingdom of David and Solomon in it's Contact with Egypt and Aram Naharaim, BA Reader 2, 1975, S. 89-98; E.M. Merrill: Kingdom of Priests. A History of Old Testament Israel, 1987; T.N.D. Mettinger: Solomonic State Officials: A Study of the Civil Government Officials of the Israelite Monarchy, 1971; J.M. Myers: II. Chronicles, AB 13, 1965; M. Noth: Geschichte Israels, 71969; M. Noth: Könige I. BKAT IX/1, 1968; D.B. Redford: Studies in Relations Between Palestine and Egypt During the First Millennium B.C.: I – The Taxation System of Solomon. Studies in the Ancient Palestinian World, 1972, S. 141-156; L. Rost: Die Überlieferung von der Thronnachfolge Davids. Das kleine Credo und andere Studien zum AT, 1965, S. 119-253; C.L. Seow: The Syro-Palestinian Context of Solomon's Dream. HTR 77, 1984, S. 141-152; J.A. Soggin: Compulsory Labor under David and Solomon. Studies in the Period of David and Solomon. International Symposium for Biblical Studies, Tokyo 1979, 1982, S. 259-268; ders.: The Davidic-Solomonic Kingdom. Israelite and Judean History (J.H. Hayes, J.M. Miller eds.), 1977, S. 332-380; D. Ussishkin: King Solomon's Palaces. BA Reader 4, 1983, S. 227-248; G.E. Wright: The Provinces of Solomon, EI 8, 1967, S. 58-68; Y. Yadin: New Light on Solomon's Megiddo. BA Reader 2, 1975, S. 240-247. H.Pe.

SALZ. (Hebr. *mēlach*; griech. *hálas*). S. gehört zu den für das Leben notwendigen Dingen; Sir 39,26 zählt es neben Wasser, Feuer, Eisen und Weizen auf, und Hiob 6,6 fragt, ob man denn Fades ohne S. ißt. S. gehört also zu den »Grundnahrungsmitteln« und spielt bei der Zubereitung von Brot, aber auch bei der Konservierung (etwa von Fisch) durch Wasserentzug, eine unersetzliche Rolle. Durch glückliche Umstände herrschte in Palästina kein Mangel an S. S. wurde ohne großen Aufwand aus dem Toten Meer und seinen südl. Küstenbereichen gewonnen. Das Wasser im Toten Meer hat einen Salzgehalt von durchschnittlich 31 %; das verdunstende Wasser läßt deshalb am Ufer eine weiße Salzkruste zurück. Dieser natürliche Prozeß kann noch beschleunigt werden, wenn man das Wasser in kleine flache Tümpel ausleitete damit es schneller verdunstet. Steinsalz gewinnt man am Dschebel Usdum am SW-Ende des Toten Meeres.

S. spielte im AT auch im kultischen Bereich eine Rolle. So wird etwa dem Opfer S. zugesetzt (3Mo 2,13). In diesem Zusammenhang ist vom S. des Bundes die Rede. Dieser Ausdruck begegnet uns ähnlich in 4Mo 18,19, wo von einem Salzbund Jahwes mit Aaron und seinen Nachkommen, und in 2Chr 13,5 mit David und seinen Nachkommen als Besitzer des Königtums die Rede ist. Es scheint, als stünde hier eine im Nahen Osten übliche Form des Bundesschlusses im Hintergrund – nämlich das gemeinsame Essen von S. (in Verbindung mit Brot o.ä.), das Gemeinschaft bewirkte (etwa bei Verträgen und Abkommen etc.) – welche auch auf das Verhältnis Jahwes zum Volk bzw. auf einzelne Personengruppen übertragen wurde. Wie weit diese Hinweise als Bilder zu fassen sind, oder ob diese Art von Bund tatsächlich kultisch vollzogen wurde (etwa nach der Zusage des Königtums für David und seine Dynastie durch den Propheten Nathan), ist nicht klar. Die großen Salzwüsten sind ein immer wieder gebrauchtes Bild für Zerstörung, Unfruchtbarkeit und Öde (Zef 2,9; Jer 17,6; Hiob 39,6; Ps 107,34). Mit S. und Schwefel verbranntes Land ist unfruchtbar (5Mo 29,22). Diesen Zustand, nach Einnahme und Zerstörung einer Stadt, augenfäl-

Der Strand des Toten Meeres mit Salzablagerungen. (RS)

lig herbeizuführen, dient der Ritus in Ri 9,45. Von daher ist die Großartigkeit des wunderbaren Tempelstromes (Hes 47) zu ermessen, der das Tote Meer »heil« und damit fruchtbar macht (ohne doch die Salzgewinnung zu gefährden, da Tümpel für dieselbe übriggelassen werden). Bis in die heutige Zeit bekannt ist die Sitte, ein Neugeborenes mit S. einzureiben (vgl. Hes 16,4). Ob dieses Verfahren auch andere als der Gesundheit dienende Gründe hat, ist nicht klar.

S., bildhaft gebraucht, spielt im NT an mehreren Stellen eine Rolle. So in drei Bildworten Jesu (Mt 5,13; Mk 9,50; Lk 14,34) und einmal bei Paulus (Kol 4,6). Die Interpretation dieser Texte ist nicht unumstritten. So ist es etwa eine Frage, was Jesus meint, wenn er sagt: Wenn aber das S. kraftlos (bzw. salzlos) wird, womit soll man es salzen? Es taugt nur noch weggeworfen zu werden. Früher war man oft geneigt, hier eine Unmöglichkeit ausgedrückt zu sehen: So wie S. seinen Charakter nicht verlieren könne, so vermöge auch ein Jünger Jesu nicht aufzuhören, ein Jünger Jesu zu sein (hierbei stützte man sich vor allem auf eine Parallele aus dem Talmud, bBekh8b; s. Bill. I, 236).

Wahrscheinlicher ist es aber, daß hier von einem S. die Rede ist, das in der Gegend des Toten Meers gewonnen wurde, und das neben S. noch andere Bestandteile enthielt (etwa Kalk, Magnesia, Pflanzenreste). Wurde dieses »Salz« naß, so konnte das tatsächliche S. ausgeschwemmt werden, während die unbrauchbaren Reste zurückblieben. Es ist anzunehmen, daß Jesus auf einen solchen Vorgang anspielt. »Mit Feuer gesalzen werden« (Mk 9,50), ist wohl auf dem Hintergrund des atl. Opfers zu verstehen, und hier übertragen auf die Existenz der Jünger bezogen: Durch Leid und Opfer werden sie geläutert, gereinigt, bewahrt, – für die Welt (Mk 5,13). In Kol 4,6 meint das Wort wohl ähnliches: nicht bloß treffende Rede, sondern geläuterte, gereinigte und reinigende Rede (hier ist wohl primär an das Zeugnis gegenüber Außenstehenden gedacht).

Literatur: O. Cullmann: Das Gleichnis vom Salz, in: Aufsätze und Vorträge, S. 192-201; G. Dalman: Arbeit und Sitte in Palästina IV, S. 49-51.56-58; M. Weippert: BRL^2, S. 264f; U. Luz: EKK I. 1., 1985, S. 219-227; R. Pesch: HThK II, 2, ^{3}1984, S. 112-119 (Literatur). G.Le

SALZMEER s. Totes Meer

SALZSÄULE s. Lot; s. Städte der Ebene

SALZSTADT. Hebr. *ʿîr ha-melach,* einer der in Jos 15,61f erwähnten, zum Stamm *Juda gehörigen Orte in der Wüste: »Bet-Araba, Middin, *Sechacha, *Nibschan und die Salzstadt und *En-Gedi. Das sind sechs Städte mit ihren Gehöften«. Eine Errichtung von solchen befestigten Orten in der Wüste wird unter König *Usija erwähnt (2Chr 26,10). Nach der Entdeckung der Schriftrollen und den archäo-

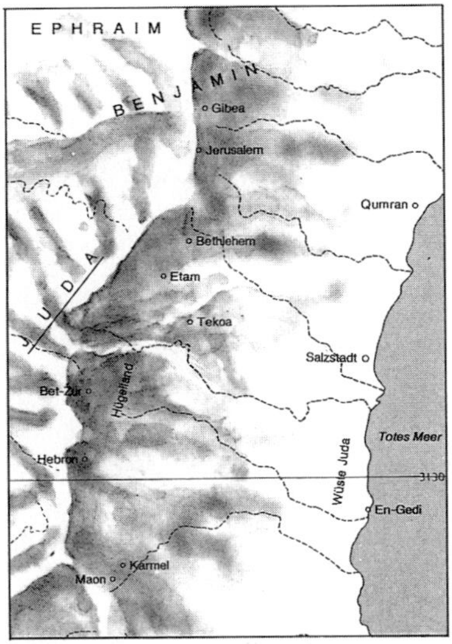

Die Lage der Siedlung »Salzstadt« am Westufer des Toten Meers.

logischen Ausgrabungen in und um *Qumran glaubte man, daß diese *Essener-Siedlung mit der S. zu identifizieren sei (M. Noth, ZDPV 71, 1955, 111ff; R. de Vaux, RB 63, 1956, 537). Aber aus weiteren archäologischen Untersuchungen (I. Blake, RB 73, 1966, 565f; P. Bar-Adon: RB 77, 1970, 399f; EI 10, 1971, 72-89) geht klar hervor, daß zwischen Qumran und En-Gedi noch zwei eisenzeitliche Siedlungen lagen, 'En el-Ghuwēr (neuhebr. 'Enōt Qānā) = Nibschan und 'En et-Turabe (neuhebr. 'Enōt Samar) = S. In der S. wurden zwei israelit. Gebäude und eine lange Schutzmauer entdeckt, in Nibschan ein herodianischer Rechteckbau. Die Anlage des Friedhofs an letzterem Ort weist darauf hin, daß es sich um eine Zweigsiedlung von Qumran handelte (P. Bar-Adon: 2ASOR 227, 1977, 1-25).

Literatur: P. Bar-Adon, RB 77 (1979) 399; OLB II,451f.577; B. Pixner: RQ 11 (1983) 336; R. de Vaux: Archaeology and the Dead Sea Scrolls, 1973, 93. B.P.

SALZTAL. Das S. (hebr. *gē'melach*) war wiederholt Schauplatz von Kämpfen zwischen Israel und *Edom. So etwa unter *David (2Sam 8,13), der nach diesem Sieg Edom als Provinz dem Reich eingliederte. (Widersprüchliche Angaben finden sich über die Heerführer bei diesem Kampf, möglicherweise gab es aber auch mehrere Kämpfe; 1Chr 18,12: *Abischai, Ps 60,2: *Joab). Später hat hier *Amazja von Juda den Kampf gegen die Edomiter siegreich wieder aufgenommen und Sela erobert (2Chr 25,11). Umstritten ist allerdings die Lokalisation des Salztales. Es gibt im Grunde genommen zwei Möglichkeiten: Die eine findet das S. in dem Wadi gleichen Namens (*Wadi el milch*), das sich östl. von *Beerscheba (etwa auf halbem Wege zwischen Beerscheba und dem Toten Meer) befindet. Sie geht davon aus, daß dieses Tal seinen Namen bis heute bewahrt hat. Die andere Möglichkeit sucht das S. in der großen Ebene am Südrand des Toten Meeres. Entscheiden läßt sich die Frage nicht. Die Lokalisation im S des Toten Meeres hat allerdings einige Wahrscheinlichkeit für sich, nachdem es bei einem Offensivkrieg, der von David bzw. von dem König Judas ausging, schwer vorstellbar ist, daß die entscheidende Schlacht nicht auf edomitischem Territorium stattgefunden haben soll. G.Le.

SAMARIA. Name der Hauptstadt des Nordreichs Israel und des sie umgebenden Gebietes.

I. IM ALTEN TESTAMENT

Nachdem *Omri sechs Jahre in *Tirza regiert hatte, baute er für das N-Reich eine neue Hauptstadt auf einem Hügel 11 km nordwestl. von *Sichem, die die Haupthandelsrouten durch die Ebene von *Jesreel beherrschte. Er kaufte die Gegend für zwei Zentner Silber und benannte sie nach ihrem Besitzer Schemer (1Kön 16,24). Der Ort ist ansonsten unbekannt, es sei denn, daß er mit Schamir, der Heimat von Tola, zu identifizieren ist (Ri 10,1; F.M. Abel, Géographie de la Palestine, 2, S. 444). Der Hügel, der etwa 100 m hoch ist und einen Überblick über die Ebene bietet, war allenfalls durch eine Belagerung einnehmbar (2Kön 6,24). Der Name (*schōmerōn*) steht möglicherweise in Zusammenhang mit dem hebr. Wort für »Wachposten«. Omri erlaubte den Syrern von Damaskus, in seiner neuen Stadt Märkte einzurichten (1Kön 20,24). Sechs Jahre lang arbeitete er an der Errichtung von Samaria. *Ahab setzte seine Arbeit fort und baute ein Haus, verziert oder getäfelt mit Elfenbein (1Kön 22,39). In einem Tempel für Baal von Sidon (Melkart), der Gottheit, deren Anbetung *Isebel förderte (1Kön 18,22) errichtete Ahab nahe des Altars eine Säule (*'āscherā*), die *Joram später entfernte (2Kön 3,2). Andere Heiligtümer und Bauwerke, die von den Götzenpriestern benutzt wurden, müssen seit dieser Zeit bis zur Reform *Jehus (2Kön 10,19) in Gebrauch gewesen sein. S. selber wurde lange von den Propheten für das Zentrum des Göt-

Elfenbeinkunst in ägyptischem Stil. Dargestellt ist der Gott Horus als Kind, auf einer Lotosblüte sitzend. Ursprünglich mit farbigem Glas ausgelegt und mit Blattgold überzogen. Aus dem Palast von Samaria. 9. Jh. v.Chr. (IM)

zendienstes gehalten (Jes 8,4; 9,8; Jer 23,13; Hes 23,4; Hos 7,1; Mi 1,6). *Ben-Hadad II. von Syrien belagerte S. zunächst erfolglos (1Kön 20,1-21). Später hungerten die Syrer die Stadt aus (2Kön 6,25). Nur der panikartige und plötzliche Rückzug der Belagerer, der von vier Leprakranken entdeckt und gemeldet wurde, befreite die Stadt davon (2Kön 7). Ahab wurde in der Stadt begraben, wie auch eine Reihe anderer Könige, die sie zu ihrer Residenz gemacht hatten (1Kön 22,37; 2Kön 13,9.13; 14,16). Ahabs Nachkommen wurden dort erschlagen (2Kön 10,1), einschließlich Ahasja, der sich vergeblich in der überfüllten Stadt zu verbergen versuchte (2Chr 22,9). S. wurde z.Zt. *Elisas erneut belagert und wunderbar gerettet (2Kön 6,8ff). Menahem bewahrte die Stadt vor einem Angriff durch Tributleistung an *Tiglatpilesar III. (2Kön 15,17-20). Menahems Sohn *Pekachja gab jedoch der assyr. Armee mit seinem Angriff auf Juda Anlaß zurückzukehren, da Juda zu jener Zeit ein Vasall Assyriens war. S., in den assyr. Annalen *Samerina* oder *Bit-Humri* (»Haus Omris«) genannt, wurde 725-722 v.Chr. von Salmanassar V. von Assyrien belager. 2Kön berichtet in Übereinstimmung mit der babylon. Chronik, daß er die Stadt eroberte, aber offensichtlich starb, bevor er sie Assyrien ganz anschließen konnte. Von Jaubi'di von Hamat aufgehetzt, verweigerten die Einwohner die Zahlung der ihnen auferlegten Abgaben. Im folgenden Jahr (721 v.Chr.) veranlaßte Sargon II. eine Massendeportation aus dem ganzen Gebiet. Nach seinen Annalen führte Sargon 27 270 oder 27 290 Gefangene fort. Er bezweckte damit die Beseitigung des Nordreiches als eines homogenen, selbständigen Staats. Die Verbannten wurden an unterschiedliche Orte in *Syrien, *Assyrien und *Babylonien geschickt und durch Kolonisten aus anderen unruhigen Teilen des assyr. Reiches ersetzt (2Kön 17,24). Infolgedessen wurde unterlassen, die entlegenen Gebiete zu kultivieren. Das führte zu einer Zunahme der Raubtiere (V. 25). Einige Israeliten, Samaritaner genannt (V. 29), bewohnten noch stets einen Teil der Stadt und beteten weiter in Jerusalem an (Jer 41,5). Nach einer Keilinschrift (HES, 247) und anderen Berichten stand die Stadt unter assyr. Herrschaft und sowohl *Asarhaddon (Esr 4,2) als auch *Assurbanipal (Esr 4,9f) brachten zusätzlich Menschen aus Babylon und Elam dorthin. Der Streit zwischen S. und Juda aus früherer Zeit eskalierte, obwohl S. selber an Bedeutung verlor. Die Entdeckung von Papyri aus S. in einer Höhle des Wadi Dalijah, 14 km nördl. von Jericho, scheint die Berichte alter Historiker zu bestätigen, daß S. *Alexander dem Großen, der die Stadt 331 v.Chr. eroberte, anfänglich gefiel. Doch während seines Aufenthaltes in Ägypten wurde sein Präfekt über Syrien ermordet. Bei seinem Rückmarsch zerstörte Alexander die Stadt, machte die Obersten der Stadt in der Höhle, in die sie geflohen waren, nieder und besiedelte das Gebiet neu mit Mazedoniern. Die in den Papyri enthaltene Information ermöglicht die Erstellung einer Liste samaritanischer Gouverneure, beginnend mit Sanballat I., etwa 445 v.Chr.

S. wurde um 111-107 v.Chr. von Johannes Hyrkanus belagert, das umliegende Land wurde zerstört. Pompeius und Gabinius begannen mit dem Wiederaufbau (Jos.ant.Jud. 14. 75), aber es blieb Herodes überlassen, die Stadt zu verschönern, die er zu Ehren des Kaisers in Rom in Sebaste (Augusta) umbenannte. Er siedelte dort 6000 Veteranen an. Nach seinem Tod gehörte S. zum Gebiet des Archelaus, unter Septimus Severus wurde es röm. Kolonie.

II. ARCHÄOLOGIE.

Die Gegend war in der Frühen Bronzezeit bewohnt, dann verlassen bis zur Eisenzeit. Archäologen der Harvard University stellten zunächst (1908-10) allein, später zusammen mit der Hebräischen Universität und der British School of Archaelogy in Jerusalem (1931-35) sechzehn Besiedlungsperioden fest. Weitere Ausgrabungen führten das Department of Antiquities of Jordan 1965 und die British School of Archaeology in Jerusalem 1968 durch. Die Arbeiten vor Ort sind schwierig wegen der dichten, ununterbrochenen Besiedlung mit konstantem Wiederaufbau. Von den freigelegten Besiedlungsperioden werden sieben den Israeliten zugeschrieben: Schicht I-II: Omri-Ahab (28 Jahre). Die innere (1,5 m dikke) und äußere (6 m dicke) Befestigungsmauer, fertiggestellt von Ahab, umschloß die Kuppe des Hügels. Ein Haupttor hatte anscheinend einen Eingangshof mit Säulen. Der Palast, der von Jerobeam II. umgebaut wurde, besaß einen großen Hof mit einem Wasserreservoir oder Teich (10 x 5 m), vermutlich derjenige, in dem Ahabs blutbefleckter Streitwagen gewaschen wurde (1Kön 22,38). In einem angrenzenden Lagerraum entdeckte man mehr als 200 Platten oder Fragmente aus Elfenbein. Diese zeigen phöniz. sowie pseudoägypt. Stil und Einfluß und könnten Einlagen für die Möbel in Ahabs Elfenbeinhaus gewesen sein (1Kön 22,39; *Elfenbein). 65 Ostraka in altem Hebr. – vermutlich aus der Regierungszeit Jerobeams II. – verzeichnen die Füllmenge und die ursprünglichen Besitzer der Weinkrüge sowie das Abfülldatum (DOTT, S. 204-208; *Schrift).

Schicht III kennzeichnet die Periode Jehus mit Umbauten älterer Bauwerke. Nach einer Zwischenschicht folgen dann die Schichten IV-VI: die israelit. Periode *Jerobeams und des 8. Jh.v.Chr. Die Stadt wurde ausgebessert in den letzten Jahrzehnten vor ihrer Einnahme durch die Assyrer 722 v.Chr., wie die Zerstörungen in Schicht VII anzeigen. Die Überreste der hellen. Bauwerke sind gut erhalten: ein runder Turm mit einer Höhe von 19 Steinreihen, eine Festung, die Stadtmauer (nahe dem Westtor), Münzen, gestempelte Krughenkel und griech. Keramikreste.

Die röm. Stadt des Herodes ist erwähnenswert wegen ihres großen, Augustus geweihten Tempels, der über israelit. Palästen erbaut wurde.

Literatur: A. Parrot: Samaria, 1958; J.W. Crowfoot, K. Kenyon et al.: Samaria, 1, The Buildings at Samaria, 1943; 2, Early Ivories at Samaria, 1938; 3, The Objects from Samaria, 1957; J.B. Hennessy: Excavations at Samaria-Sebaste, 1968; P.W. und N.L. Lapp: Discoveries in the Wadi ed-Daliyeh, AASOR 41, 1974; N. Avigad: EAEHL IV, 1978, 1032-1050 (Literatur); H. Weippert: BRL², 265-269. D.J.W.

III. IM NEUEN TESTAMENT.

Obwohl die kürzeste Pilgerroute von *Galiläa nach *Jerusalem über den Kamm des Gebirges von S., die auch an der Stadt S. vorbeiführte (G. Dalman, Orte und Wege Jesu,

[4]1967, 222-234), für Juden gefährlich sein konnte (Lk 9,51-56 vgl. Jos.bell.Jud. XX, 118; StB I, 538-560), wurde sie auch von Jesus benützt (Lk 17,11; Joh 4,3-5). Mit »einer Stadt Samarias« in Joh 4, ist allerdings nicht S., sondern *Sychar (vgl. Joh 4,5) in der Nähe von *Sichem gemeint. Fragen wirft die Formulierung auf, daß der *Hellenist *Philippus »in die Stadt Samarias (griech. *eis [tēn] polin tēs Samareias*) kam« (Apg 8,5), um dort zu evangelisieren (Apg 8,6-8). Auch wenn der bestimmte Artikel in den wichtigsten Handschriften steht, ist es unwahrscheinlich, daß die ehemalige Hauptstadt S. gemeint sein sollte, da sie nach der Umbenennung durch *Herodes den Großen fast nur noch als Sebaste erscheint und weitgehend heidnisch besiedelt war. Möglicherweise meint der Ausdruck den damaligen rel. Hauptort der Samaritaner (J. Boehmer, ZNW 9, 1908, 216-218) und dafür käme am ehesten *Sychar in Betracht. Vielleicht hatte Lukas auch keine genaue Vorstellung mehr davon, was seine Quelle meinte. In diesem Ort stieß *Petrus mit *Simon dem Magier zusammen (Apg 8,9-24), einer rätselhaften Gestalt der Religionsgeschichte, den

Die Rundtürme des Westtors von Samaria wurden auf älteren Grundmauern von Herodes 40–4 v.Chr. gebaut. (MEPhA)

Möbelverzierung aus Elfenbein in einem für Samaria typischen Stil: Ein Löwe reißt einen Stier. Höhe: 4,2 cm, Länge: 11,4 cm; Samaria, 9. Jh. v. Chr. (IM)

die Kirchenväter am Beginn der *Gnosis sahen. Tatsächlich scheint der Dualismus dieser Irrlehre seine Wurzeln außer in jüd. (essenischen) auch in samaritan. Gruppen gehabt zu haben (J.E. Fossum, The Name of God and the Angel of the Lord, 1985), auch wenn auf diesem für die Geschichte des Urchristentums so wichtigen Gebiet noch viele Fragen offen sind.

Seit dem 4. Jh. ist die Verehrung des Grabes von *Johannes dem Täufer in S. nachweisbar (Hieronymus, Ep 43,13; 108,13; Comm in Abdiam 1). Diese durch kein Wort der Evangelien nahegelegte Lokalisierung dürfte wohl doch auf eine zutreffende Überlieferung aus Täuferkreisen zurückgehen (J. Jeremias, ZNW 52, 1961, 96-98). Neben der politischen Sicherheit spielte für diesen Begräbnisort wohl auch eine Rolle, daß die Predigt des Täufers in *Änon (Joh 3,23) nahe *Bet Schean/Skythopolis bis ins samaritan. Gebiet hinein gewirkt hatte. Offenbar wurde auch schon damals an der Stelle, wo man Johannes bestattete, das Grab des Propheten *Elisa verehrt (J. Jeremias, Heiligengräber in Jesu Umwelt, 1958, 30). Eine solche Ortswahl könnte damit zusammenhängen, daß der Täufer auch sonst in *Elia-Elisa-Traditionen lebte (*Betanien II; *Jericho II; *Salem). Das heute gezeigte Grab kann aus ntl. Zeit stammen (Bagatti, Saint Jean, 72-80). Über dem Grab wurde im 4. Jh. eine Kirche errichtet, von der nur noch wenig erhalten ist, im Gegensatz zur Kreuzfahrerkirche des 12. Jh., die in eine Moschee umgewandelt wurde. Völlig legendär ist die Nachricht von der Auffindung des Hauptes von Johannes, an die Ruinen einer kleinen Kirche aus dem 6. Jh. erinnern, die im 11. Jh. völlig umgewandelt wurde. Unter Kaiser Aurelian (270-275) erlitt nach einem allerdings zweifelhaften Bericht eine Christin namens Eudokia in S. das Martyrium. Nach Epiphanius von Salamis hatte die judenchristl.- gnostische Sekte der Melchisedekianer in S. einen Kultort (PG 41, 974). Das zeigt, daß Samarien in den ersten Jahrhunderten des Christentums tatsächlich ein schwieriges rel. Mischgebiet war. Obwohl S. Bischofssitz wurde, ging seine Bedeutung schon in byzantin. Zeit stark zurück. Heute bewahrt das arab. Dorf Sebastije noch die Erinnerung an den herodianische Namen.

Literatur: B. Bagatti: Antichi villaggi cristiani di Samaria, 1979, 60-72; ders.: Saint Jean Baptiste, 1980, 69-81; E. Gorys: Das Heilige Land, [4]1985, 261-267; M. Hengel: ZDPV 99 (1983) 175-183; G. Kroll: Auf den Spuren Jesu, [10]1988, 237-242; J. Murphy-O'Connor: Das Heilige Land, 1981, 335-339. R.R.

SAMARITANER. Im AT werden S. nur in 2Kön 17,29 erwähnt, ein Abschnitt, der die synkretistische Religion jener Völker beschreibt, die der König von Assyrien in das Nordreich Israel brachte, um die von dort verbannte einheimische Bevölkerung nach dem Fall *Samarias (722/721 v.Chr.) zu ersetzen. Mehrere Gründe sprechen gegen die von *Josephus und seither von vielen anderen vorgebrachte Identifikation dieser Siedler mit jenen S.n, die aus dem NT bekannt sind (Mt 10,5; Lk 9,52; 10,33; 17,16; Joh 4,9.39.40; 8,48; Apg 8,25) und deren Nachkommen noch heute in zwei kleinen Gemeinden in Nablus und Holon leben: zum einen scheint das verwendete Wort (*haschschōmrōnīm*) nur »Einwohner der (Stadt oder Provinz) Samaria (*schōmrōn*)« zu bedeuten, dies paßt auf den Text in 2Kön 17 am besten; zum andern gibt es keine Belege, daß die späteren S. Samaria bewohnten. Die frühesten Belege deuten alle klar auf ihren Aufenthalt in Sichem hin (Sir 50,26: Si-

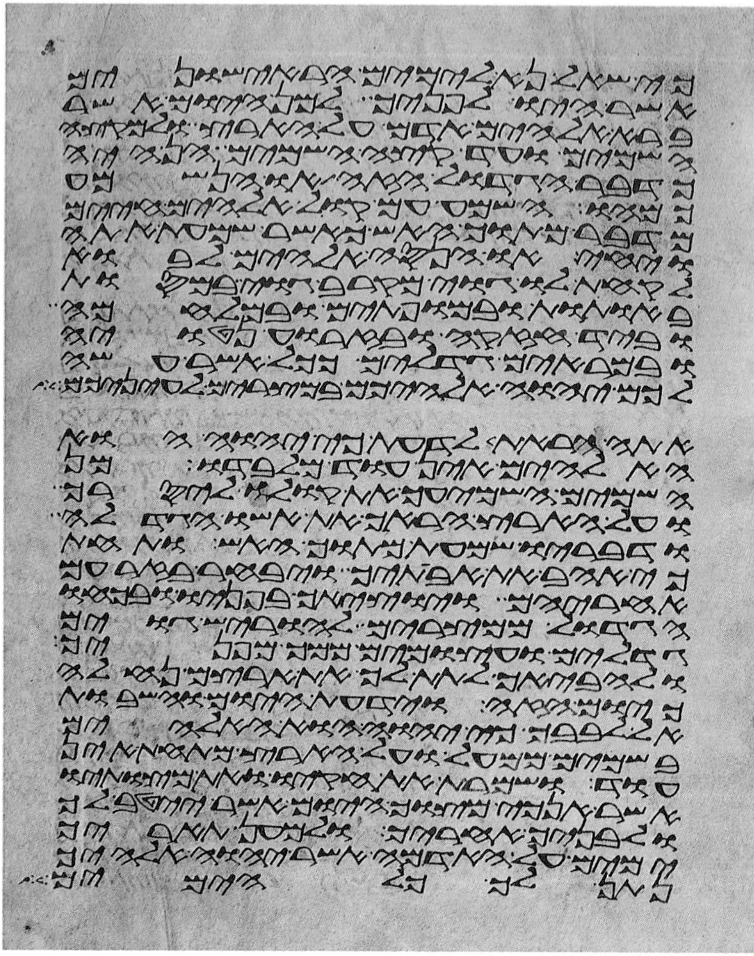

Ausschnitt aus dem samaritanischen Pentateuch: 5 Mo 4,32–40. 1362/63. (BL)

chem; 2Makk 5,22ff; 6,2: Garizim; vgl. Joh 4,4ff.20), während eine von Josephus' Quellen sich auf sie als »Sichemiter« bezieht (vgl. Jos.ant.Jud. 11.340-347; 12,10); schließlich läßt nichts, was von der späteren samaritanischen Religion bekannt ist, auf den heidnischen Einfluß nach 2Kön 17 oder Esr 4 schließen.

Der Ursprung der S. des NT als eigener Gruppe sollte wahrscheinlich nicht vor dem Beginn der hellen. Zeit gesucht werden (Ende des 4. Jh.v.Chr.), als Sichem nach einer langen Zeit der Verwüstung wieder aufgebaut wurde. Die Feinde der jüd. Gemeinde in der früheren pers. Zeit, die Esr und Neh erwähnen, wären dann Bewohner der Nordprovinz, deren Opposition zum Wiederaufbau Jerusalems hauptsächlich durch politische Motive hervorgerufen wurde. Daß einige am israelit. Glauben festhielten (Esr 4,2) ist nicht überraschend, da das AT selbst bestätigt, daß nicht alle Bewohner des alten N-Reiches 721 v.Chr. verbannt wurden (2Chr 30), und einige der

Neuankömmlinge können sich denen, die verblieben waren, angepaßt haben. Die Faktoren, die zur Wiederbesiedlung Sichems und zur Bildung der samaritan. Gemeinde führten, sind nicht bekannt. Ein bedenkenswerter Vorschlag ist, daß nach den Eroberungen Alexanders des Großen eine Gruppe rel. Puristen (möglicherweise zusammen mit einigen Priestern, deren Heirat mit Frauen aus dem N ihren weiteren Aufenthalt in Jerualem unmöglich machte) beschloß, dort neu anzufangen, wo sie ihre Religion ungehindert ausüben konnten. Der Fund von über 200 Skeletten (zusammen mit Papyrusrollen, die aus *Samaria stammten) in einer entlegenen Höhle in Wādi ed-Dālijeh, etwa 14 km nördl. von Jericho, legt nahe, daß Flüchtlingsgruppen umgekommen sind. Als die Gemeinde eine bestimmte Identität angenommen hatte und ein Tempel auf dem Berg *Garizim errichtet worden war (Jos.ant.Jud. 11.321ff), blieb es nicht aus, daß sich die Standpunkte zwischen den Juden Jerusalems und den S.n verhärteten. So betrachtete Ben Sirach (ca. 180 v.Chr.; Sir 50,26) die S. als Gruppe für sich, und dafür spräche auch ihre Kapitulation in der Zeit des Makkabäeraufstandes, als ihr Tempel dem Zeus Xenios geweiht wurde. Womöglich wurde der Bruch endgültig, als etwa 128 v.Chr. Johannes Hyrkanus die hasmonäische Vorherrschaft des Gebietes ausdehnte, indem er Sichem einnahm und den Garizim-Tempel zerstörte.

Dies bedeutete jedoch durchaus nicht das Ende der Spannungen. Aus den spärlich vorhandenen Quellen ersehen wir, daß zwischen 6 und 9 n.Chr. einige S. im Tempel von Jerusalem bei einem bestimmten Passafest Knochen verstreuten. 52 n.Chr. metzelten S. eine Gruppe galiläischer Pilger in Engannim nieder, obwohl in dem sich daraus entwickelnden Streit vor Claudius, der einem jüd. Vergeltungsschlag folgte, die Entscheidung zugunsten der Juden fiel. Außerdem litten die S. unter den röm. Herrschern: 36 n.Chr. versammelte ein fanatischer S. eine Volksmenge auf dem Berg Garizim und versprach, die heiligen Gefäße, die Mose dort versteckt haben soll, zu enthüllen; einen Teil der Menge ließ Pilatus niedermetzeln. Ein Jahr nach Beginn des jüd. Krieges (66-70 n.Chr.) wechselte eine Gruppe der S. die Seite, um die Revolte zu unterstützen, mit dem Ergebnis, daß sie auf dem Berg Garizim von Vettulenus Cerealis hingeschlachtet wurden. Da die wichtigsten theologischen Schriften der S. (z.B. Memar Marqah, die samaritische Liturgie, die als Defter bekannt ist, und eine Anzahl von Chroniken) erst aus dem 4. Jh.n.Chr. stammen und oft auch viel später entstanden sind, ist es fast unmöglich, den Glauben der S. z.Zt. des NT in allen Einzelheiten zu rekonstruieren. Aus diesem Grund sollten Versuche, die (z.B.) für Joh, Apg 7 oder Hebr einen ausgesprochen samaritan. Hintergrund annehmen wollten, mit Vorsicht behandelt werden. Bei den S.n wurden nur die fünf Bücher des Pentateuch in ihrer samaritan. Revision (2. Jh.v.Chr.) als kanonisch betrachtet, und dies spiegelt sich in ihrem Glauben wieder, dessen Elemente auf frühe Zeiten datiert werden müssen: der Glaube an einen Gott, die Autorität des Propheten Mose, der Berg Garizim als von Gott bestimmte Opferstätte (was zum 10. Gebot bei den S.n wurde), den Tag des Gerichts und der Vergeltung und die Wiederkehr Moses als *Taheb* (»Wiederhersteller« oder »Wiederkehrender«). Die Haltung der jüd. Mischna und des Talmud gegenüber den S.n ist, wie die des Josephus, doppeldeutig. Dies mag eine bejahende Haltung widerspiegeln, die eine rel. Verwandtschaft mit den S.n erkannte, die aber zunehmend von Polemik überlagert wurde, gefördert von der sich entwickelnden Feindschaft, die auf 2Kön 17 und Esr 4 zurückzuführen ist. Es ist daher bemerkenswert, daß das NT den S.n fast ständig bejahend gegenübersteht (s. o.) und daß die S. als solche dargestellt werden, die begeistert auf Jesus selbst und auf die Lehre der frühen christl. Kirche reagierten.

Literatur: J. Macdonald: The Theology of the Samaritans, 1964; J.A. Montgomery: The Samaritans, (1907), 1968; G.E. Wright: Shechem, 1965; J.D. Puvis: The Samaritan Pentateuch and the Origin of the Samaritan Sect, 1968; ders.: Nov Test 17, 1975, S. 161-198; R.J. Bull: BA 31, 1968, S. 58-72; H.G. Kippenberg: Garizim und Synagoge, 1971; C.H.H. Scobie: NTS 19, 1972-3, S. 390-414; R. Bergmeier: Journal for the Study of Judaism 5, 1974, S. 121-153; R.J. Coggins: Samaritans and Jews, 1975; K. Haacker: NIDNTT 3, S. 449-467 (Literatur!); F. Dexinger, R. Pummer: Die Samaritaner, 198; A. D. Crown (ed.): The Samaritans, 1988. H.G.M.W.

SAME. S. (hebr. *sera'*, griech. *sperma*) bedeutet wörtl. den pflanzlichen S.n, aus dem ein neues Gewächs hervorgeht (vgl. 1Mo 1,11f), wie auch das menschliche, männliche Sperma, das Nachkommen hervorbringt (vgl. etwa 3Mo 15,16f). Dem S.n, der oft auch Saat und ähnliches bedeuten kann, kommt in der landwirtschaftlichen Kultur Palästinas naturgemäß einige Bedeutung zu. So wird etwa in Jes 55,10 ein Bild der Fruchtbarkeit gezeichnet: Regen und Schnee fällt vom Himmel, feuchtet die Erde und macht sie fruchtbar, daß sie wachsen läßt und Samen zu säen gibt, und Brot zu essen. Umgekehrt die gefürchtete Situation: Du wirst viel S.n streuen, aber wenig ernten (5Mo 28,38). Gott ist es, der verspricht, solange die Erde steht, den Wechsel von Saat und Ernte zu gewähren (1Mo 8,22). Die Heilszeit wird mit Worten geschildert wie: man wird zugleich keltern und säen (Am 9,13: dem Kelterer wird der Sämann auf dem Fuß folgen, d.h. große Fruchtbarkeit wird herrschen).

Der S. im Sinne von Sperma meint meist übertragen die »Nachkommen« (vgl. 1Mo 15,3). In der Erzählung vom Sündenfall wird am Ende festgestellt, daß Gott zwischen der Frau und der Schlange und deren Nachwuchs Feindschaft setzt, mit dem Ergebnis, daß der menschliche S. ihr den Kopf zertritt, und die Schlange ihm nach der Ferse schnappen wird (1Mo 3,15). Daß die Nachkommen *Abrahams sein werden wie Sand am Meer ist einer der zentralen Punkte des *Bundes zwischen Gott und Abraham und in der Folge mit *Isaak und *Jakob. Bestandteil dieses Bundes ist auch, daß durch seinen S.n alle Völker der Erde gesegnet werden sollen (1Mo 22,18). Israel ist dieser S. Abrahams (vgl. Jes 41,8). Weil es aber abgefallen ist, können die Propheten in ihren Gerichtsworten auch von dem bösen S.n (= Geschlecht) sprechen (Jes 1,4; 57,4). Über Israel wird das Gericht hereinbrechen, aber ein *Rest wird übrigbleiben, dieser Stumpf des umgehauenen Baumes (bzw. die Triebe) wird ein heiliger S. sein (Jes 6,13).

Im NT finden wir einen Schwerpunkt im Reden vom S.n darin, daß der *Messias, Jesus, aus dem S.n Davids gekommen ist (Apg 13,23; Röm 1,3; 2Tim 2,8; Joh 7,42). Für Israel, das der S. Abrahams ist, ist Jesus zuerst gekommen (Apg 3,25). Paulus ist es, der aus der weitgehenden Ablehnung der Messianität Jesu im jüd. Volk Konsequenzen zieht: nicht alle, die Abrahams S. sind, sind deshalb auch seine Kinder (Röm 9,6f); wer Christus angehört, ist Abrahams S., ein Kind der Verheißung (Röm 9,8). Zugleich ist Christus der eine Nachkomme Abrahams (Gal 3,16), der Erbe der Verheißung. In zwei Gleichnissen der Königsherrschaft Gottes ist der S. ein Vergleichspunkt. In Mt 13,24 gleicht die Königsherrschaft Gottes einem Menschen, der ausgeht und guten S.n in den Acker sät, und in Mk 4,31 ist die Königsherrschaft Gottes wie ein Senfkorn, das kleinste unter den Samenkörnern, wenn es ausgesät wird, aus dem doch ein stattlicher Strauch entsteht.

Literatur: G. Quell, S. Schulz: ThWNT VII, 1964, S. 537-546. G.Le.

SAMMLUNG s. Kollekte

SAMOS. Eine der größeren Inseln im Ägäischen Meer vor der Küste Kleinasiens, südwestl. von *Ephesus. Als ionische Niederlassung hat S. bedeutenden Seehandel getrieben.

Die Insel Samos, vom Festland (Türkei) durch einen Sund getrennt. (Apg 20,15). (RS)

Die Inseln Samos und Samothrake, die beide von Paulus besucht wurden (Apg 20,15; 16,11).

Unter den Römern war S. Teil der Provinz Asia, bis Augustus sie 17 v.Chr. zu einem freien Staat machte. Auf dem Rückweg von seiner dritten Missionsreise segelte Paulus auf dem Weg nach Judäa zwischen S. und dem Festland entlang (Apg 20,15). K.L.Mck.

SAMOTHRAKE. (Heute Samothraki). Eine kleine bergige Insel im N der Ägäis vor der Küste Thraziens mit einer Stadt gleichen Namens an der Nordseite. Einer der Berggipfel ragt 1700 m auf und bildet ein deutlich sichtbares Wahrzeichen. Als Paulus von *Troas aus auf seinem Weg nach *Neapolis nach NW segelte, muß er einen günstigen Wind gehabt haben, um S. in einem Tag und Neapolis in einem weiteren Tag zu erreichen (Apg 16,11; vgl. 20,6). S. war bekannt als Zentrum eines Geheimkultes der Kabeiroi, alten Fruchtbarkeitsgottheiten, die Menschen in Gefahr, besonders auf See, beschützen sollten. K.L.Mck.

SAMUEL.

1. Fürst des Stammes *Simeon (4Mo 34,20).

2. Enkel *Issaschars (1Chr 7,2). In den neueren Übersetzungen jeweils – entsprechend der hebr. Lautung, mit *Schemuel* wiedergegeben. Die Bedeutung des Namens ist ungewiß, vgl. jedoch die volkstümliche Herleitung in 1Sam 1,20.

3. Sohn *Elkanas und *Hannas, nach welchem die beiden Bücher Samuel benannt sind. Als eine der großen Gestalten des AT prägte er die Zeit des Umbruchs zum Königtum in Israel. Die Tradition stellt ihn wohl aufgrund von 1Sam 7; 15,11 als Fürbitter in eine Reihe mit Mose (Ps 99,6; Jer 15,3). In der Regel wird seine Stellung als die eines Propheten aufgefaßt (Apg 3,24; 13,20). In der Person S.s sind jedoch eine Vielzahl besonderer Ämter und Aufträge vereinigt. Schon vor seiner Geburt ist sein Weg durch ein Gelübde seiner (zuvor unfruchtbaren) Mutter vorgezeichnet: In eine levitische Familie mit Wohnsitz im Gebiet *Ephraims hineingeboren, wird S. nach seiner Entwöhnung an das Heiligtum nach *Silo gebracht und dort erzogen (1Sam 1,24; 3). In einer Zeit geistlichen Niedergangs beruft Gott ihn schon als Knaben zu seinem Propheten, und S.s Autorität wurde offenbar trotz seiner Jugend in weiten Kreisen Israels anerkannt (1Sam 3,19ff). Durch den Untergang Silos (Jer 7,12.14) und der Priesterfamilie *Elis im Zusammenhang mit den Philisterkriegen (1Sam 4-6), verlagert sich S.s Wirkungsort nach Rama, das wohl mit seinem Geburtsort identisch ist (1Sam 1,19; 2,11; vgl. die ausführliche Bezeichnung in 1,1); – Rama (1Sam 7,17-25,1). Von dort aus führt er die Aufgaben der Richter Israels fort, wobei der durch seine Fürbitte errungene Sieg über die *Philister an die großen Rettergestalten des Richterbuches erinnert (1Sam 7). Eine entscheidende Rolle spielt S. schließlich bei der Entstehung des israelit. Königtums: in der Tatsache, daß S., der Eli aufgrund des Ungehorsams seiner Söhne das Gericht anzusagen hatte (1Sam 3,11ff), nun selbst durch das Fehlverhalten seiner Söhne den Anlaß zur Forderung nach einem König gibt (1Sam 8), liegt eine gewisse Tragik. Nach alter Tradition ist Jahwe der König Israels (2Mo 15,18; 5Mo 33,5; Ri 8,23). Deshalb ist jene Forderung für S. zutiefst problematisch (1Sam 8,6ff; 10,19; 12,11ff). Gegen seinen Willen und seine Vorstellungen beauftragt ihn jedoch Gott, diese entscheidende Wende in der Geschichte Israels durch die Salbung *Sauls einzuleiten (1Sam 9). Nachdem der so durch Gott designierte Saul auch öffentlich in einem von S. durchgeführten Losverfahren eingesetzt (1Sam 10,17-27) und schließlich vom Volk anerkannt worden ist (1Sam 11,14f), tritt S. als politische Größe in den Hintergrund, wobei ihm vom Volk abschließend seine absolute Unbestechlichkeit öffentlich bestätigt wird (1Sam 12). Im Verlauf des Niedergangs Sauls zeigt sich jedoch, daß S. seine Aufgaben als Prophet und geistliche Autorität weiterhin wahrnimmt (1Sam 13,8ff; 15,10ff; 16,4).

Eine weitere Tragik in S.s Leben stellt die Verwerfung Sauls durch Gott dar. S. hatte diese Saul anzukündigen, obwohl er sich in seinem Herzen nicht von jenem ersten König lösen konnte (1Sam 15,11.35; 16,1.6f). Zum ersten Mal wird das Leiden der Propheten unter ihrem Auftrag deutlich: Es ist gewiß nicht nur eine bedenkliche Bindung an Menschen, die S. bestimmt, sondern die Begegnung mit Gott in der Unergründlichkeit seiner Wege (2Mo 33,19; 2Sam 7,14f; Jes 55,8f; Ri 11,33), die einem Saul die Gnade entzieht und sie David beläßt. Kennzeichnend ist jedoch, daß S. – wie schon zuvor – im Gehorsam gegen Gott handelt, die Salbung Davids vollzieht und ihn unterstützt (1Sam 19,18ff). Die Bedeutung S.s wird nochmals nach seinem Tod deutlich: In typischer bibl. Nüchternheit wird in einem Halbvers berichtet, daß dieser in Israel Anlaß zur Volkstrauer war (1Sam 25,1). Die Traditionsvielfalt bezüglich der Person S.s als Geweihter, Richter, Retter, Priester, Prophet hat in der Forschung oft Anlaß gegeben, diese Vielfalt zu bezweifeln und dahinter den historischen Kern durch die Ermittlung verschiedener Quellen oder Gestalten zu suchen. Dies kann jedoch immer nur gegen die vorliegenden Texte geschehen. Es liegt näher, die Gestalt S.s aus jener besonderen Krisenzeit heraus als besonderes Eingreifen Gottes in die Geschichte – ähnlich wie etwa bei Mose – zu verstehen.

Literatur: S. *Samuel, Bücher. M.W.

SAMUEL, BÜCHER.

I. PLATZ IM KANON UND BEZEICHNUNGEN.

Die Bücher Sam sind das 9. und 10. Buch der dt., das 3. und 4. der Vorderen Propheten in der hebr. Bibel. Sie berichten aus der Zeit der Geschichte Israels, die mit der Geburt *Samuels in der späten *Richterzeit beginnt und mit der Festigung des Reichs in der Spätzeit *Davids endet, umfassen also einen Zeitraum von ca. 100-120 Jahren. Sie tragen in der hebr. Bibel den gleichen Namen wie in der dt., bildeten dort aber ursprünglich ein Buch. Die Teilung des hebr. Textes wurde erst in der

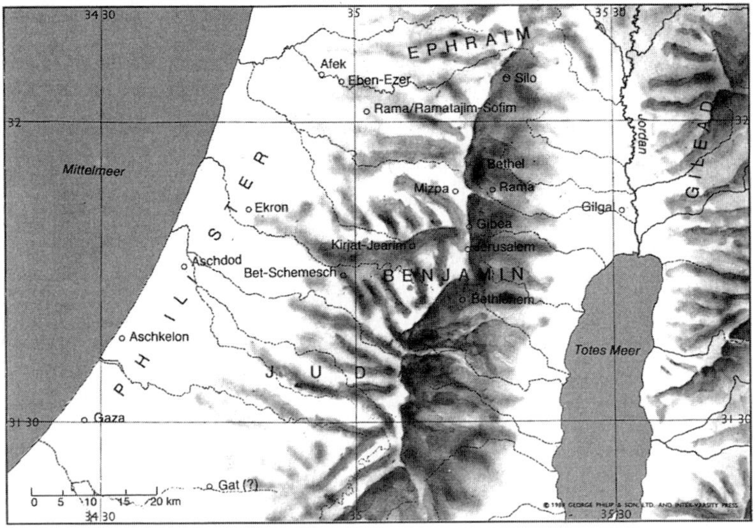

Orte, die im Leben Samuels einen Rolle spielen.

Frühzeit des Buchdrucks, im 15. Jh. vorgenommen. So erklärt sich, daß auch das 2. Buch den Namen Samuels trägt, obwohl er darin nicht vorkommt. Schon die Übersetzer der LXX hatten eine Unterteilung des Werkes vorgenommen, es zugleich aber mit den *Königsbüchern verbunden, indem sie den so entstandenen vier Schriften die Titel 1.-4. Buch von den »Königtümern« (griech. *basileion*) gaben. Die Vulgata übernahm diese Unterteilung, änderte den Titel indes ab in 1.-4. Könige.

II. INHALT UND AUFBAU.

Das durchgehende Thema ist die Entstehung und Festigung des Königtums in Israel. Die zentralen Gestalten sind Samuel, *Saul und David. In der Darstellung überlappen sie sich jeweils, wodurch die enge geschichtliche Verbundenheit ausgedrückt wird. Daß Sauls Tod zwar 1Sam 31, Davids Totenklage über Saul indes erst in 2Sam 1, der Anfang der Königsherrschaft Davids über Juda erst 2Sam 2 berichtet wird, obwohl die Salbung schon 1Sam 16 stattfand, unterstreicht die Zusammengehörigkeit von 1Sam und 2Sam. Der Schatten Sauls begleitet David als ständige Warnung nahezu bis ans Ende.

Im einzelnen bietet sich folgende Gliederung an:

1. Samuel als Richter: 1Sam 1,1-7,17.

a. Samuels Geburt und Berufung als Prophet (1,1-3,21);

b. Philisterkriege und Gericht über das Haus Eli (4,1-22);

c. Verlust und Rückkehr der Lade (5,1-7,1);

d. Samuel als Richter und Priester (7,2-17).

2. Samuel und Saul: 1Sam 8,1-15,35.

a. Saul wird König (8,1-10,27);

b. Ammoniterkrieg und Erneuerung des Königtums (11,1-12,25);

c. Philisterkrieg und Gefährdung des Königtums (13,1-14,52);

d. Amalekiterkrieg und Verwerfung Sauls als König (15,1-35).

3. Saul und David: 1Sam 16,1-2Sam 1,27.

a. Davids Salbung und sein Weg an Sauls Hof (16,1-17,58);

b. David und Sauls Sohn Jonatan (18,1-21,1);

c. David auf der Flucht vor Saul in der Wüste und bei den Philistern (21,2-28,2);

d. Sauls Ende und Davids Sieg über die Amalekiter sowie Davids Totenklage über Saul und Jonatan (1Sam 28,3-2Sam 1,27).

4. Die Errichtung und Festigung der Macht und Ausweitung des Königtums Davids: 2Sam 2,1-10,19.

a. David wird König über Juda und Israel zu Hebron (2,1-5,5);

b. David erobert Jerusalem, besiegt die Philister und holt die Lade nach Jerusalem (5,6-6,23);

c. Gott bestätigt Davids Königtum auf ewig; Ausweitung und Absicherung des Reiches nach außen sowie Ordnung und Befriedung im Innern (7,1-10,19).

5. Die Gefährdung und erneute Festigung des Königtums Davids (Thronfolgegeschichten): 11,1-20,26.

a. Davids Sünde und Gefährdung des Königtums (11,1-12,31);

b. Aufstand der potentiellen Thronfolger Amnon und Absalom sowie Davids Flucht und Rückkehr nach Jerusalem und Abfall der Nordstämme (13,1-20,26).

6. Rückblick und Ausblick: 21,1-24,25.

a. Davids Sühne für die Schuld Sauls (21,1-14);

b. Taten aus den Philisterkriegen (21,15-22);

c. Lobpreis für die Errettung und Erwählung Davids (22,1-23,7);

d. Helden aus den Philisterkriegen (23,8-39);

e. Davids Schuld und Sühne sowie Erwählung des Tempelplatzes (24,1-25).

Durch den letzten, sichtlich symmetrisch geformten Abschnitt, allg. als Anhang be-

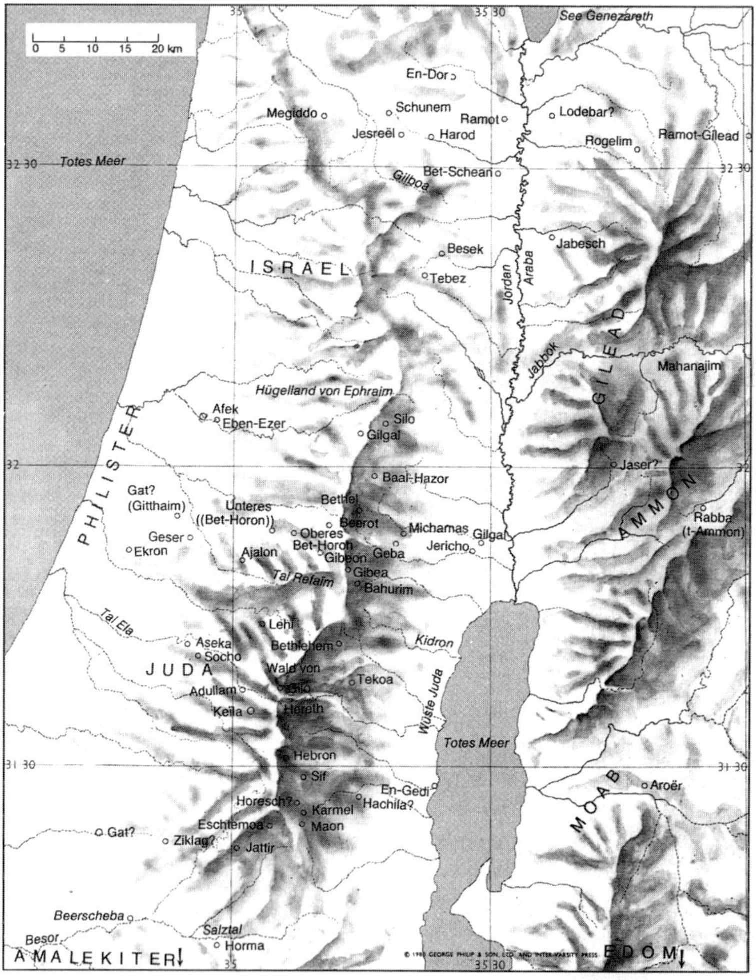

Israel und Juda zur Zeit Samuels.

zeichnet, werden Saul und David nochmals nebeneinandergestellt. Die beiden Sam-Bücher haben ein auffällig offenes Ende: Der Bestand des Königtums Davids ist von Gott zugesagt, doch der Nachfolger noch nicht in Sicht; der Tempelplatz ist erwählt, doch der Bau des Hauses Gottes steht noch aus. Die Geschichte muß also um der Zusagen Gottes willen weitergehen; die Zusammengehörigkeit mit den Königsbüchern ist offensichtlich.

III. ENTSTEHUNG UND ABFASSUNG.

Die Sam- und Königsbücher stellen eine zusammengehörende Geschichte dar: Entstehung und Scheitern des Königtums in Israel. Die abschließende Bearbeitung fand folglich nicht vor dem letzten berichteten Ereignis, der Begnadigung und Freilassung Jojachins (2Kön 25,27-30) im Jahre 561 v.Chr. statt. Da das nächste heilsgeschichtlich wichtige Ereignis, die Rückkehr aus dem Exil (538) nicht mehr berichtet wird, darf man die Endredaktion dieser Schriften in die 40er oder 50er Jahre des 6. Jh.v.Chr. verlegen. Manches spricht dafür, daß eine Erstfassung dieser Geschichte mit dem Untergang des Nordreichs (723/2) endete, der sich ein theologischer Kommentar anschließt (2Kön 17,7-23). So darf man davon ausgehen, daß ein Großteil des verarbeiteten Materials schon z.Zt. *Hiskias (716/5-687 v.Chr.) miteinander verbunden war und der jetzigen Form ähnlich vorlag (vgl. *Deuteronomistisches Geschichtswerk). Die jüd. Überlieferung (Tb baba batra 14b) bezeichnet Samuel als Verfasser und beruft sich dabei auf 1Chr 29,29f. Das kann aber nicht einmal für 1Sam zutreffen, das noch über Samuels Tod hinausführt. Wie alle atl. Geschichtswerke werden auch 1 und 2Sam anonym überliefert.

Der oder die Verfasser bediente(n) sich mancher Vorlagen. Dabei nimmt die Auslegung heute kaum noch an, daß die sog. Pentateuchquellen ursprünglich einmal bis in die Königsbücher hineinreichten (so früher etwa Eißfeldt und andere). Von wenigen Ausnahmen abgesehen sind die Vorlagen nur ungenau abgrenzbar und lediglich hypothetisch rekonstruierbar. Dennoch ist es berechtigt, von Vorlagen zu sprechen, nicht zuletzt deshalb, weil die Bibel selbst solche erwähnt. So stand Davids Totenklage über Saul und Jonatan ursprünglich im »Buch des Redlichen« (2Sam 1,18) und fand von dort ihren Weg in 2Sam. Davids Danklied (2Sam 22) ist mit Ps 18 weitgehend identisch und mag ursprünglich in einer Sammlung von Davidspsalmen seinen Platz gehabt haben. 2Chr 29,29 spricht von einer »Geschichte des Königs David«, einer »Geschichte Samuels, des Sehers«, einer »Geschichte des Propheten Nathan« und einer »Geschichte Gads, des Sehers«. Diese »Geschichten« waren umfangreicher als 1 und 2Sam und weit verbreitet (s. V. 30). Die noch in die Richterzeit zurückreichenden Geschichten über Samuel (1Sam 1-4;7) wurden wahrscheinlich zunächst mündlich tradiert, ähnlich der Psalm Hannas (1Sam 2,1-10). Da aber alle Überlieferungen Samuel mit der Einführung des Königtums in Israel verbinden, darf man mit einer frühen schriftlichen Erfassung derselben rechnen, vielleicht noch in der Zeit Davids, auf jeden Fall vor der Reichsteilung. Doch lagen auch schriftliche Überlieferungen von Samuel vor (1Sam 10,25; vgl. 8,11). Ob die von L. Rost herausgearbeitete Ladeerzählung (1Sam 4,1b-7,1 und 2Sam 6), in der Samuel nicht vorkommt, je isoliert tradiert wurde, oder wenigstens in ihrem ersten Teil von Anfang an mit den Samuelsgeschichten verbunden war, muß offenbleiben, doch setzt Rost, da sie für die Zeltwohnung der Lade eintrete, ihre Entstehung noch vor der Errichtung des salomonischen Tempels an. Die in den Berichten über die Entstehung des Königtums (1Sam 8-12) vorhandenen Spannungen – Kap. 8 und 12 stehen dem Königtum kritisch gegenüber; Kap. 9-11 erwecken hingegen den Eindruck, daß das Königtum von Jahwe voll bejaht wird – deuten nicht nur an, wie gegensätzlich das Königtum in Israel beurteilt wurde. Sie weisen auch darauf hin, daß diese Geschichten unterschiedliche Entstehungsorte haben. Sie wurden indes offensichtlich schon in so früher Zeit miteinander verbunden, daß spätere Bearbeiter nicht mehr wagten, in die heilige Überlieferung glättend oder korrigierend einzugreifen (vgl. Rendtorff, Das Alte Testament, 1983, S. 181). Zugleich spiegelt diese Spannung die ganze Zwiespältigkeit wider, die das Königtum in der Geschichte Israels auszeichnet: Durch die Könige erfährt Israel Heil und Rettung; durch die Könige kommt es zum Untergang von Tempel, Hauptstadt und Staat.

Mit David entsteht eine bislang nicht dagewesene Situation: Israel wird ein geeintes Reich mit Hauptstadt und geordneter Verwaltung, zu der auch Schreiberschulen gehören (s. die Kabinettslisten 2Sam 8,15-18; 20,23-26). Die Berichte von den Anfängen der Geschichte Davids sind noch von manchen Spannungen gezeichnet (etwa die verschiedenen Berichte darüber, wie David an Sauls Hof kam, 1Sam 16,14ff; 17), die aber auch bewußt nicht geglättet werden, weil eben unterschiedliche Überlieferungen im Umlauf waren. Die zunächst von L. Rost herausgearbeiteten Geschichten vom Aufstieg Davids (1Sam 15-2Sam 7 oder 10) und von der

Thronfolge Davids (2Sam 11-20 und 1Kön 1,1-2,12) entstanden wohl im engsten Zusammenhang mit den Ereignissen. Vor allem in der Geschichte von der Thronfolge Davids erkennt Rost in Übereinstimmung mit der Forschung seit der Jahrhundertwende die Erzählung eines Mannes, der weithin Augenzeuge der von ihm berichteten Geschehnisse war. Ob sie je getrennte Erzählungen waren, muß offenbleiben. Die Frage nach dem Thronfolger stellt sich mit dem Hinweis auf die Kinderlosigkeit Michals schon in den sog. Aufstiegsgeschichten (2Sam 6,23), während die eindeutige Antwort erst am Ende der Thronfolgegeschichten gegeben wird: »Und Salomo saß auf dem Thron seines Vaters David, und seine Herrschaft hatte festen Bestand« (1Kön 2,12).

Diesem unbekannten Erzähler – vielleicht war es Nathan – ist eine große sprachgestalterische Kraft eigen. Er geht den Ereignissen in fast epischer Breite nach. »Er schreibt eine Kunstprosa, die sich der Häufung von Verben und Adjektiven, der Verwendung von Zwischenwörtern und Nebensätzen reichlich bedient. Anschauliche, teilweise weisheitlich beeinflußte Vergleiche beleben und vertiefen seine Darstellung (vgl. 2Sam 9,8; 14,14; 17,8.10). Die erzählerische Kunst zeigt sich besonders in der vielfältigen Gestaltung und Verwendung der Reden« (O. Kaiser: Einleitung in das Alte Testament, 1984, S. 157). Zugleich fällt auf, wie zurückhaltend die Ereignisse theologisch kommentiert werden, etwa durch die kurze Bemerkung: »Aber dem Herrn mißfiel die Tat, die David getan hatte« (2Sam 11,27), oder durch den Hinweis: »Und der Herr liebte ihn« (12,24). Hier wird Geschichte als normales menschliches Geschehen beschrieben. Und doch umfaßt Gottes Walten alles Geschehen. Das Wirken Gottes tritt nicht im Wunderhaften hervor, sondern darin, daß er der Menschen Herzen und Entschlüsse lenkt, etwa 2Sam 17,14: »So schickte es der Herr, daß der kluge Rat Ahitofels verhindert wurde, damit der Herr Unheil über Absalom brächte« (vgl. dazu G.von Rad, Theologie des AT, I, S. 328f). Durch diese kurzen Hinweise wird offensichtlich, daß Gott selbst hinter dieser teilweise so dunklen Geschichte steht und sie trotz allem menschlichen Wirken und Wollen zu dem von ihm gesetzten Ziel bringt. Aufgrund der großen zeitlichen Nähe der Abfassung der Vorlagen zu den Ereignissen – z.T. stammen sie von Zeitgenossen und Augenzeugen – sind die Sambücher von hohem historischem Wert. Sie bieten eine Menge ausgezeichneter Informationen zur historischen Situation der Zeit um 1000 v.Chr. Um so einen langen Zeitraum auf so engem Raum darzustellen, bedurfte es der gezielten Auswahl aufgrund einer klaren Thematik. Das Geschick des oder der Verfasser(s) zeigt sich dabei im Weglassen des Unwesentlichen. So können Jahre übersprungen werden (1Sam 7,2: »Aber von dem Tage an, da die Lade des Herrn zu Kirjat-Jearim blieb, verging eine lange Zeit; es wurden zwanzig Jahre. Dann wandte sich das ganze Haus Israel zum Herrn«). Summarien wie 1Sam 14,47-52 oder 2Sam 8,1-14 werden eingeschaltet. Mit einer wohl den Hofarchiven entstammenden Kabinettsliste werden das Entstehen einer geordneten Verwaltung und die Durchsetzung des Rechts im Innern angedeutet (2Sam 8,15-18; vgl. 20,23-26).

Von der Regierungszeit Davids in Jerusalem nach der Affäre mit Batseba werden nur die Ereignisse ausgewählt, die mit dem Ausscheiden der potentiellen Thronfolger zu tun haben. Alles andere bleibt im Dunkeln. Doch auch in der Zuordnung der Ereignisse zeigt sich hohes Geschick. So wird unmittelbar vor der vernichtenden Niederlage Sauls in den Philisterkriegen (1Sam 31) Davids Sieg über die Amalekiter berichtet (1Sam 30): Die Aufgabe, an der Saul scheiterte, weil er sich nicht an Gottes Weisung hielt (1Sam 14), wird von David übernommen, der sich dazu in dem Herrn, seinem Gott, stärkte (1Sam 30,6). Gleiches kompositorisches Geschick tritt im sog. »Anhang« (2Sam 21-24) zutage, wo durch die symmetrische Anordnung David und Saul nochmals einander gegenübergestellt werden. Die Forschung über die Entstehung der Sam-bücher ging nach Rost weiter, doch kam sie nicht wesentlich über ihn hinaus. Betreffs der Datierung der Aufstiegsgeschichte votiert die Mehrheit der Forscher nach wie vor für die Zeit vor der Reichsteilung, und in der Geschichte von Davids Aufstieg sieht vor allem Rendtorff ein »Dokument für den Versuch einer Geschichtserzählung über eine Zeit des Übergangs von der vorstaatlichen Epoche zur Staatlichkeit und von den im Dunkeln liegenden Anfängen ihres Helden bis zu seinem auf Jahwes Mitsein zurückgeführten Weg zu den Thronen von Juda (Jerusalem) und Juda« (Kaiser, S. 160). Im Gegensatz dazu rechnet Veijola damit, daß es erst innerhalb einer deuteronomistischen Schule zu einem Zusammenwachsen der Einzelerzählungen zu einem Erzählzusammenhang gekommen sei, der dann eine wenigstens dreimalige deuteronomistische Redaktion durchlief. Nachdem man im Anschluß an Eißfeldt, Hölscher und andere eingestehen mußte, daß die literarkritische Methode nicht ausreicht, um dem in sich recht verschiedenartigen Material gerecht zu werden (Hertz-

In diesem aramäischen Papyrus, gefunden in Elephantine, werden der Statthalter von Samaria, Sanballat, und seine Söhne Delaja und Schelemja erwähnt. Kopie eines Briefes, den der Oberpriester Jedonja an den persischen Vizekönig von Judäa schrieb, um ihn zu bitten, Anweisungen für den Tempel zu erteilen. 408 v. Chr. (SMB)

berg, S. 10), drängt sich eine ähnliche Schlußfolgerung hinsichtlich der strikten redaktionsgeschichtlichen Methode auf, die mehr Unbekannte einführen muß als sie Fragen löst.

IV. DER TEXT.

Der Text ist ausgesprochen schlecht überliefert; der LXX-Text ist um einiges kürzer als der MT. Oft muß man beim Übersetzen auf den LXX-Text, auf die *Chronikbücher oder auf hebr. Textfragmente aus Qumran zurückgreifen, um den Sinn zu klären. Die qumranischen Textfragmente unterstützen die LXX, wo sie vom MT abweicht. Von daher drängt sich die Schlußfolgerung auf, daß seit sehr früher Zeit zwei hebr. Textrezensionen im Umlauf waren.

V. THEOLOGISCHE AKZENTE.

1. Das Königtum in Israel ist die umfassende Thematik. Die Beurteilung ist durchweg zwiespältig. Unter realpolitischen Gesichtspunkten führte wahrscheinlich kein Weg am Königtum vorbei. Durch den König läßt Jahwe seinem Volk Hilfe und Rettung gegen seine Feinde zuteil werden. Aber einen König, wie ihn alle Völker haben (1Sam 8,5), soll Israel gerade nicht haben, denn es darf nicht sein wie alle Heiden (V. 20). Schon die Bezeichnung »König« (*mäläch*) war mit falschen Vorstellungen belegt: Die Könige der Völker waren allg. Gottkönige bzw. Priesterkönige und anbetungswürdig. Der König Israels ist und bleibt ein Mensch, das Königtum politische und nicht rel. Institution. Der König ist folglich dem Recht unterstellt. Samuel tut dem Volk das »Recht des Königtums kund und schrieb's in ein Buch« (1Sam 10,25). Seine Herrschaft darf nicht zu einer erneuten Versklavung seiner Untertanen führen (1Sam 12). Entzieht er sich dem Auftrag Gottes, so kann er nicht bestehen (1Sam 15), überhebt er sich über Gottes Recht, verfällt er dem Gericht (2Sam 11; 12). Aufgabe des Königs ist es, den Geringen, Armen und Rechtlosen Recht zu verschaffen (vgl. Ps 72 und 2Sam 15,1-4). Das Königtum ist nur insoweit eine Hilfe, wie der König sich selbst zu Gott hält. Für König und Volk gilt: »Werdet ihr aber Unrecht tun, so werdet ihr und euer König verloren sein« (1Sam 12,25). Von rel. Seite her steht das Kö-

nigtum in Gefahr, sich priesterliche Rechte anzumaßen (vgl. 1Sam 13,8ff) oder sich gar göttliche Potenzen zuzulegen. Wenn Saul nach dem Opferrecht greift, widersteht ihm der Prophet; er gefährdet damit sein Königtum (1Sam 13,14). Und dadurch, daß deutlich gemacht wird, daß das Königtum in Israel »im hellen Licht der Geschichte entstanden« und nicht wie »das babylonische 'am Anfang vom Himmel herabgestiegen'« ist, wird ihm von Anfang an jede mythische Dignität abgesprochen (G.von Rad: Theologie des AT, I, S. 320). Die Geschichtsschreibung in Israel steht also u.a. im Dienst der De-mythisierung des Königtums. Und dem dient nicht zuletzt die biographische Gestaltung der Erzählungen, die die Könige in ihrer ganzen Menschlichkeit, Sündhaftigkeit und Schwachheit zeigen und denen jeder Zug zur Glorifizierung oder gar Deifizierung der Könige abgeht. Das ganze Dilemma zeigt sich darin, daß Israel anscheinend einen König haben muß, um als Volk überleben zu können. Und zugleich geht Israel an seinen Königen zugrunde. Wenn Saul auf dem Schlachtfeld stirbt, steht Israel genau wieder an dem Punkt, über den er es hinausführen sollte (1Sam 31). Auch die Herrschaft Davids bringt nicht Frieden, sondern viel Aufruhr (2Sam 13ff). Am Ende der Königsherrschaft ist alles verloren, was Gott seinem Volk gegeben hat (2Kön 25). Damit stellt sich die Frage, die fortan das AT beschäftigt: Kann ein menschlicher König über Gottes Volk herrschen? Wer ist der König, der Gottes Volk recht regiert, der es nicht zugrunde richtet, sondern zum Heil und Frieden führt? Wie muß er beschaffen sein? Die Antwort gibt erst das NT, das den König mit der Dornenkrone aus dem Davidshaus zeigt, dessen Macht nicht in irdischer Gewalt besteht (Mt 11,28-30; Joh 18,36), der herrscht, indem er dient und sein Leben für die Seinen dahingibt (Mt 20,28) und dessen Königsrecht Sklavenrecht ist (Phil 2,5-9).

2. Jerusalem und Zion werden unter David zum Zentrum des Reiches (2Sam 5; 6). Durch die Überführung der Lade dorthin verbindet sich die alte Überlieferung von der Offenbarung Gottes und seiner bisherigen Führung mit diesem Ort. Hier findet die Lade und damit auch Gott selbst die Ruhestätte, die Zeit der Wanderung ist zu Ende, die *Landnahme endgültig abgeschlossen. Zugleich entsteht ein neuer Fixpunkt für Gottes heilsgeschichtliches Handeln. Der Zion wird zum Symbol der Gegenwart Gottes, Jerusalem gilt als Stadt Gottes. Hier soll den Völkern das Heil bereitet werden (Jes 2,1ff). So stark wirken die hier entstehenden Vorstellungen, daß selbst die Vollendung der *Heilsgeschichte Gottes hinführt zu einem »neuen Jerusalem«, dessen Proprium darin besteht, daß es die Herrlichkeit Gottes beleuchtet und Gott und sein Volk in ihr vereint sein werden (Offb 21,3.23).

3. Die Davidsdynastie wird zum Ansatzpunkt der Messiaserwartung. In der Nathansverheißung (2Sam 7) bindet sich Gott in seinem weiteren Heilshandeln an das Haus David. Damit wird ihm keine göttliche Qualität zuteil, die Könige aus dem Hause David bleiben sündige Menschen (V. 14) wie David selbst (Kap. 11). »Eine straff gespannte Kette von Sünde und Leid zieht an dem Beschauer vorüber« (G. von Rad: Theologie des AT, I, S. 326). Doch »aus Gnaden« (V. 15) sagt Gott diesem Geschlecht ewigen Bestand zu, schließt einen »ewigen Bund«, d.h. »eine wohltätige Abmachung« (G. von Rad, S. 323) mit David. In dem Maße, wie deutlich wird, daß der menschliche König weder der erhoffte Friedens- noch der erwartete Heilsbringer ist, konzentriert sich im AT die Erwartung auf den am Ende der Zeiten kommenden König aus dem Hause Davids, der Gottes Herrschaft aufrichten wird (vgl. z.B. Jes 9,5f; 11,1ff; Jer 23,5ff; Hes 34,23ff; Mi 5,1ff; Sach 9,9ff; Lk 1,32; Röm 1,3). Und wenn die Hoffnung durch den Fall Jerusalems und den vermeintlichen Untergang des Königtums in äußerste Bedrohung gerät, kommt es gerade aufgrund der Zusage Gottes zur tiefen Anfechtung der Glaubenden (vgl. Ps 89). Kaum eine andere Stelle des AT hat so eine nachhaltige Wirkungsgeschichte wie 2Sam 7.

4. Erwählung und Verwerfung werden nicht als theologische Prinzipien abgehandelt, sondern in Gestalt der beiden ersten Könige Israels. Saul ist scheinbar der ideale König: Ein Haupt größer als alles Volk, »ihm ist keiner gleich im ganzen Volk«, großzügig selbst gegenüber seinen Verächtern (1Sam 10,23-27), »errettete er Israel aus der Hand aller, die es ausplünderten« (14,48), und rottet selbst die Zeichendeuter und Geisterbeschwörer aus dem Lande aus (28,9). Jeder Zoll ein König – und doch scheitert Saul. Er scheitert daran, daß er die ihm gesetzten Grenzen mißachtet, nach dem Opferdienst greift (1Sam 14) und die Befehle Jahwes nicht erfüllt, das Volk und nicht Gott fürchtet (15,11.24). So kommt es zur Verwerfung Sauls, und der Verworfene endet in tiefer Finsternis (1Sam 28;31). Israel muß von Anfang an erkennen, daß äußere Qualifikationen nicht ausreichen, König über Gottes Volk zu sein. In David wendet sich Gott einem Geringen zu (16,11ff). Vergleicht man die Sünde der beiden, steht David kaum besser da (vgl. 2Sam 11;24). Auch von David gilt, daß er das Wort des Herrn verachtet hat und tat, was Jahwe nicht gefiel (2Sam 12,9).

Wenn David etwas auszeichnet, dann die Gabe, sich rückhaltlos unter seine Sünde zu beugen (V. 13), Gottes Gericht widerspruchslos hinzunehmen (16,10f) und in allem mit der Gnade Gottes zu rechnen (24,14). Gerade das Staunen über die Erwählung, das aus der Demut kommt und zur Demut führt, kennzeichnet den Erwählten (7,18-29), ist aber nicht der Grund der Erwählung, die letztlich allein aus der Souveränität Gottes kommt. So wird an diesen beiden Gestalten dargestellt, was es heißt, erwählt und verworfen zu sein, damit die Erwählten in Dank und Demut leben und sich vor der Vermessenheit wahren, denn der Verworfene ist ja niemand anders als der ursprünglich Erwählte, der sich aber der Hand Jahwes entwunden, Gott verlassen hat und dann als der »von Gott Verlassene, als der von einem Wahn in den andern Getriebene und als der Verzweifelte ... zuletzt von einer gnadenlosen Finsternis verschlungen wird« (G.von Rad, Theologie des AT, I, S. 337). So führt der Glaube hinsichtlich der Erwählung gerade nicht zur überheblichen Sicherheit, sondern zur Gottesfurcht (vgl. Röm 11,20: »Du aber stehst fest durch den Glauben. Sei nicht stolz, sondern fürchte dich!«)

5. Das biographische Interesse an den gezeichneten Gestalten darf nicht unterschätzt werden. Sie sind ja nicht nur von historischem und politischem Interesse. Die sich hier abzeichnende Frühgeschichte der Reiche Israel und Juda enthält ja ein wesentliches Stück der Geschichte des Reiches Gottes. »Samuel und David, beide die dunkle, schwere Gestalt des Königs Saul einrahmend, sind markante Gestalten im Sinne dieser Reichsgeschichte, an deren Leben und Kampf ein gutes Stück der biblischen Botschaft zum Vorschein kommt; und alle drei sind, je in ihrer Art, Wegbereiter und Weiterführer, dem eigentlichen König entgegen« (H.W. Hertzberg, Die Samuelbücher, S. 12).

Literatur: F. Crüsemann: Der Widerstand gegen das Königtum, WMANT 49, 1978; K. Gutbrod: Das Buch vom König (1.Samuel), BAT 11./1., [4]1975; ders.: Das Buch vom Reich (2.Samuel), BAT 11./2., [2]1973; H.W. Hertzberg: Die Samuelbücher, ATD 10, 1973; D.F. Payne: 1./2.Samuel, BKB I, 1980, S. 342-384; O. Kaiser: Einleitung in das Alte Testament, 1984; G.von Rad: Theologie des Alten Testaments I, 1987; W. Dietrich: David in Überlieferung und Geschichte VF, 22/1977, S. 44ff; R. Rendtorff: Beobachtungen zur altisraelitischen Geschichtsschreibung anhand der Geschichte vom Aufstieg Davids, in FS G.von Rad, S. 428-439, 1971; L. Rost: Die Überlieferung von der Thronfolge Davids, BWANT III, 6, 1926; ders.: Das kleine Credo und andere Studien zum Alten Testament, S. 199ff, 1965; H.J. Stoebe: Der Widerstand gegen das Königtum, WMANT 49, 1978; T. Veijola: Die ewige Dynastie. David und die Entstehung seiner Dynastie nach der deuteronomistischen Darstellung, AASF 198, 1977; ders.: Das Königtum in der Beurteilung der deuteronomistischen Historiographie, AASF 198, 1977; A. Weiser: Samuel. Seine geschichtliche Aufgabe und religiöse Bedeutung, FRLANT 81, 1962; E. Würthwein: Die Erzählung von der Thronfolge Davids - theologische oder politische Geschichtsschreibung?, ThSt(B) 1974. H.E.

SANBALLAT. Der Name kommt vom akkad. *sīn-uballith*, »Sin gibt Leben«, hebr. *sanballath*, aram. *sn-blth*; griech. *Sanaballétēs*.

1. Pers. Statthalter der Provinz *Samaria z.Zt. *Nehemias (ca. 445/4-433/2 v.Chr.). Sein Name ist aus einer der Urkunden von Elephantine (408 v.Chr.) bekannt, in der die »Söhne des Sanballat, Statthalters von Samaria« genannt werden. Dieser S. ist höchstwahrscheinlich identisch mit dem samarischen Statthalter gleichen Namens, der in der Denkschrift Nehemias mehrfach und stets sehr unfreundlich als Gegner Nehemias erwähnt wird (Neh 2,10.19; 3,33; 4,1; 6,1f.5.12.14; 13,28). S. stammt vermutlich aus *Bet-Horon, da Nehemia ihn nur den Horoniter nennt. Nehemia stößt wegen des Wiederaufbaus Jerusalems bei S. auf Widerstand, weil dieser von seiten Jerusalems eine Konkurrenz befürchtet. S. plant, unterstützt durch den Ammoniter Tobia und den Araber Geschem, einen Überfall auf die Stadt, der von Nehemia vereitelt wird (Neh 4,1-3). S. wird in der Folge territorial beschränkt und in seinen Beziehungen zur Priesterschaft und zum Tempel gestört (Neh 13,28f).

2. 1962/63 wurden im Wādi dālije, 14 km nordwestl. von Jericho, Papyri aus Samaria aus dem 4. Jh.v.Chr. gefunden, die es möglich machen, eine Liste der pers. Statthalter in Samaria zu vervollständigen. Darunter sind zwei weitere pers. Statthalter mit Namen S. bekannt geworden.

Literatur: F.M. Cross jr.: BA 26/1963, S. 110-121; B. Reicke: BHH III, 1966, 1666f; A. van den Born / W. Baier: BL [2]1968, S. 1520; B. Reicke: Neutestamentliche Zeitgeschichte, [3]1982, S. 18-22.24-27. W.Bm.

SAND. (Hebr. *chōl*; griech. *ammos*). Das hebr. Wort stammt von dem Verb *chūl* (»wirbeln, tanzen«), zweifellos ein Hinweis auf die Leichtigkeit, mit der die leichten Teilchen aus Quarz, Glimmer, Feldspat usw. vom Wind hochgehoben und umhergewirbelt werden. Man findet S. in großen Mengen an der Mittelmeerküste Südpalästinas und Ägyptens und in Wüstengebieten, er bietet daher ein eindrucksvolles Bild für eine unzählbare Menge (z.B. 1Mo 22,17; Jes 10,22; Offb 20,8). Vom S. wird auch gesprochen, um eine Vorstellung von einem Gewicht zu geben (Hiob

6,3), um Langlebigkeit zu verdeutlichen (Hiob 29,18) oder Unbeständigkeit (Mt 7,26). Eine etwas unverständliche Anspielung im Segen des Mose (5Mo 33,19) spricht von den »verborgenen Schätzen im Sand«; eine Quelle des Reichtums würde man vielleicht im Meer (Fischerei, Seehandel) und an den Küsten finden (Schalentiere; Farbstoff aus Schalentieren; Glas aus Sand; vgl. Jos.bell.Jud. 2.190; Plin.nat. 5.17; 36.65). Die Zusage gilt wahrscheinlich nur für *Sebulon, den Stamm, der im Segen Jakobs mit dem Meer in Verbindung gebracht wird (1Mo 49,13-15). J.D.D.

SANDALEN s. Schuhe

SANFTMUT.

1. Im Deutschen.

Das dt. Wort S. wird wie *Demut oft als bloßer Moralbegriff mißverstanden, weil die Zusammengehörigkeit von Sanft- und -mut zu wenig beachtet wird. Die ursprüngliche Bedeutung von Mut als Übersetzung der latein. Wörter *anima* und *spiritus*, dazu *animus*, »Wille, Tatkraft«, *cor*, »Herz, Gemüt«, und *mens*, »Denkkraft, Verstand«, macht deutlich, daß es hier um eine fundamentale Charakter- und Willensäußerung geht. Paul Gerhardt kann darum singen: »nimm hin, es ist mein Geist und Sinn, Herz, Seel und Mut, nimm alles hin« (EKG 28,1), und so den Menschen in seiner ganzen Vitalität und Leidenschaftlichkeit umfassen. Dem entspricht es, wenn im Griech. das Adjektiv *praÿs*, »freundlich, milde, sanftmütig«, verbunden wird mit starken Ausdrücken der Leidenschaft. Im griech. AT erscheint es zusammen mit *thymos*, »Zorn, Leidenschaft«, in Spr 14,30; 16,19 zur Bezeichnung für ein sich Gott überlassendes Herz (im AT die Personmitte des Menschen!) oder einen demütigen Geist (*schephal ruach*, vgl. außer Spr 16,19 auch Spr 29,23 und bes. Jes 57,15, wo Menschen dieser Gesinnung verheißen wird, daß Gott in ihnen wohnen werde). In 1Tim 6,11 ist *praÿs* verbunden mit *pathos*, »Leidenschaft«. Dadurch wird deutlich, daß S. nichts mit Trägheit oder ohnmächtiger Nachgiebigkeit zu tun hat, sondern eine bewußte Entschließung des so Handelnden voraussetzt. Es ist die willentliche Bereitschaft, auf Gewalt im Umgang mit anderen zu verzichten im Vertrauen auf Gottes gerechtes Handeln.

2. Im Hebräischen.

Es gibt kein dem dt. S. oder dem griech. *praÿtēs*, »Freundlichkeit, Bescheidenheit, Milde, Sanftmut«, genau entsprechendes Wort im Hebr., so daß S. sehr selten in dt. Übersetzung des AT vorkommt. Inhaltlich nahe kommt *ʿanāwāh/anwāh*, »Demut, Herablassung« (gebildet von der Wurzel *ʿnh* II, »elend sein«, was sich sowohl auf materielle Güter und soziale Stellung als auch auf Armut vor Gott beziehen kann), als Parallelbegriff dazu erscheint Spr 15,33; 22,4 die Jahwefurcht, als Gegenteil der Stolz (Spr 18,12). Zef 2,3 ruft die Elenden des Landes (*ʿanwē haʾaräz*) angesicht des Kommens des Tages des Zornes Jahwes auf, *Gerechtigkeit (*zädäq*) und Demut (*ʿanāwāh*) zu suchen. Näher beschrieben werden die Angeredeten als solche, die Jahwes Gebote halten. So ist *ʿanāwāh* am besten zu verstehen als »die Anerkennung seines eigenen Ranges« ohne »frömmelnde Tiefstapelei« in bezug auf Gott, Welt und Gesellschaft. Es ist »die menschliche Qualität, die die Einfügung in die Weltordnung ermöglicht und verwirklicht« (ThWAT VI, 258) - einer Weltordnung wohlgemerkt, deren Ursprung, Erhaltung und Zurechtbringung im Gericht in Gottes Händen liegt. Auch darin wird deutlich, daß demütiges und sanftmütiges Verhalten eine Entscheidung des Glaubens ist, die darauf vertraut, daß Gott und seine Gerechtigkeit sich auch ohne eigensüchtige Gewalt durchsetzen. Darum sind gerade die so Armen und Elenden die besonderen Schützlinge Jahwes (Jes 11,4; 14,30.32; 26,2-6; 49,13; 57,15; 61,1; Zef 3,12). Zu den »Armen« im Psalter vgl. H.J. Kraus, BKAT XV/1, S. 108-111: »Armut (in allen ihren Ausdrucksformen) ist Bedürftigkeit des Lebens, das nur als Leben vor Jahwe verstanden werden kann« (S. 111). In Sach 9,9 wird der messianische König als *ʿanī*, »arm, elend«, bezeichnet. Die LXX übersetzt den eigentlichen Sinn erfassend mit *praÿs*, »freundlich, milde, sanftmütig«, und diese Vokabel wird im NT dann bedeutsam.

3. Im Griechischen.

a. Jesus.

Matthäus beschreibt den Einzug Jesu in Jerusalem, in dem er Sach 9,9 zitiert (Mt 21,5). Jesus ist der sanftmütige messianische König, dessen Reich nicht durch Gewalt, sondern durch Hingabe des eigenen Lebens errichtet wird. Ohne daß das Bild vom sich nicht wehrenden Lamm hier genannt wird, dürfte es doch im Hintergrund stehen (vgl. Apg 8,32f, Zitat aus Jes 53,7f). Jesus selbst bezeichnet sich in Mt 11,29 als von Herzen sanft und demütig. Er entläßt die Eingeladenen aus ihrem zu schweren Joch und legt ihnen statt dessen sein eigenes, leichtes und angenehmes Joch auf. Dies erinnert an Hos 11,4, wo Hosea Gottes Verhalten gegenüber Ephraim beschreibt als sanftes Zurückschieben des Joches von den Kinnbacken der Ochsen, so daß sie unbeengt fressen können (vgl. J. Jeremias, ATD ad loc.; G. Dalman, Arbeit und Sitte in Palästina II,

S. 113). Paulus redet von der Sanftmut (*praÿtēs*) und Milde (*epieikeia*) Christi (2Kor 10,1), wenn er seine Stärke betonen will. Die Kraft, durch die das Reich Gottes besteht, ist Liebe (*agape*) und die Gesinnung der Sanftmut (1Kor 4,20f). Das atl. Ideal, wonach Herrschen in S. und Gerechtigkeit zugunsten der Armen und Elenden geschieht (Ps 45,5), ist erfüllt in der messianischen Königsherrschaft.

b. Sanftmut als Kennzeichen der Jesusnachfolge.

Jesus preist die Sanftmütigen selig (Mt 5,5) und verheißt ihnen die Erde zum Erbteil (unter Rückgriff auf Ps 37,11). Gerade weil die S. der christl. Weg ist, fordert Paulus sie in den paränetischen Teilen seiner Briefe als Verhalten innerhalb der Gemeinde (Gal 6,1; Eph 4,2; Kol 3,12; 1Tim 6,11; 2Tim 2,25, vgl. 1Petr 3,4; Jak 1,21; 3,13), aber auch gegenüber allen Menschen (Tit 3,2, vgl. 1Petr 3,16). Dabei ist er sich bewußt, daß dies die Fähigkeiten des Menschen übersteigt. Sanftmut erfordert Glaubensmut und Geistesstärke: darum nennt er sie Gal 5,23 eine Frucht des Geistes. Damit ist vermieden, daß es zu einer gesetzlichen Bestimmung wird. Mit dem Geist beschenkt folgen die Christen ihrem Herrn, der ihnen vorlebte, was S. ist. So ist es nicht verwunderlich, wenn *praÿs* eines der häufigsten Wörter in der christl. Literatur des 2. Jh. ist. Nahe verwandt ist *epieikes*, »mild, gütig« (Phil 4,5; 1Tim 3,3; Tit 3,2; 1Petr 2,18; Jak 3,17). Das Substantiv kommt nur Apg 24,4 und 1Kor 10,1 vor. Da in der LXX das Wort v.a. von Gott (1Kön 12,22; Ps 85,5 u.ö.), oder einem König (Est 3,13; 8,12 u.ö.) gebraucht wird, ist eine Nähe zur Huld/Milde des Herrschers unverkennbar. Auch hier gilt: die Macht der Christen liegt in ihrer Milde, die sie allen Menschen schuldig sind (Phil 4,5). Zusammen mit *tapeinophrosynē*, »Demut«, entsteht so die spezifisch christl. Trias von Sanftmut, Milde und Demut, die der Trias Glaube, Hoffnung, Liebe korrespondiert. Diese Trias galt in ntl. Zeit schrankenlos allen, auch den Feinden. Sie zu bewahren war nötig, um die Heiden zu gewinnen. Der Märtyrerbischof Ignatius von Antiochia schreibt um 108/9 an die Gemeinde von Ephesus: »Doch auch für die andern Menschen betet ohne Unterlaß! Denn es besteht bei ihnen Hoffnung auf Umkehr, auf daß sie Gottes teilhaftig werden. Gewährt ihnen darum, wenigstens aus den Werken von euch belehrt zu werden! Gegenüber ihren Zornesausbrüchen sollt ihr sanftmütig sein, gegenüber ihren Prahlereien demütig, ihren Lästerungen sollt ihr die Gebete entgegensetzen, gegenüber ihrem Irrwahn sollt ihr feststehen im Glauben, gegenüber ihrer Wildheit sollt ihr zahm sein, nicht bestrebt, mit ihnen in nachahmenden Wettbewerb zu treten« (Ign.Eph. 10,1f). In dieser Haltung haben die frühen Christen das röm. Reich besiegt. Der »Löwe aus Juda« (Offb 5,5) hat sich selber zum Lamm gemacht (Offb 5,6), damit fortan das Lamm die Völker regiere (Offb 5,9-13).

Literatur: W. Bauder: TBLNT I, [4]1986, S. 174f; Bill. I, S. 197-200.842-844; H. Frankemöller: EWNT III, 1983, S. 351,353; E.S. Gerstenberger: ThWAT VI, 1989, S. 247-270; H. Giesen: EWNT I, 1980, S. 66; A.v. Harnack: »Sanftmut, Huld und Demut« in der alten Kirche, FS J. Kaftan, 1920, S. 113-129; F. Hauck, S. Schulz: ThWNT VI, 1959, S. 645-651; M. Hengel: Zur matthäischen Bergpredigt und ihrem jüdischen Hintergrund, ThR 52/1987, S. 327-400, bes. S. 353-357; R. Martin-Achard: THAT II, [3]1984, S. 341-350; F. Melzer, in: Das Wort in den Wörtern, 1965; S. 65-69. R.D.

SÄNGER.

1. Überblick.

Die außerordentlich große Bedeutung von Musik und Gesang im nationalen und rel. Leben des alten Israel (vgl. *Lied, *Musik) führte konsequenterweise zur Ausbildung des Berufsstandes der Sänger und Sängerinnen z.Zt. Davids und Salomos. Von älteren Berufssängern erfahren wir nichts, wohl aber von großen Gestalten der Frühzeit, die als Sänger hervortraten. So werden *Mose (2Mo 15,1; 5Mo 31,19.30; 32,1ff; vgl. Ps 90,1), Mirjam (2Mo 15,21: Mirjam als Vorsängerin), *Debora und *Barak (Ri 5,1) genannt. Dazu kommt, daß Israel durch die Ansiedlung in *Kanaan in Berührung mit der führenden Musikkultur der alten Welt kam. Im 2. Jt. v.Chr. übernahmen die Ägypter kanaan. Lyren und andere Musikinstrumente unter Beibehaltung ihrer semit. Namen. Kanaan. Musiker waren ein wichtiges Export- und Handelsgut. Noch die griech. Musik Jahrhunderte später entlehnt wichtige Bestandteile und Instrumente aus dem kanaan.-phönizischen Raum. »Es kann folglich kaum bezweifelt werden, daß die phönizische Musik, gespeist aus allen wichtigen früheren orientalischen Quellen, die ganze zeitgenössische Musik übertraf und daß die Israeliten, welche sie übernahmen, z.Zt. der Monarchie an der Spitze des damaligen Musiklebens standen« (W.F. Albright, a.a.O., S. 25). Dichter und Sänger waren in dieser Frühzeit weitgehend identisch, da *Dichtung und Musik engstens zusammengehörten. Der Vortrag eines poetischen Textes geschah in der Regel singend mit instrumenteller Begleitung. Die enge Zusammengehörigkeit der verschiedenen Bereiche ist exemplarisch an David zu erkennen: er ist ein begabter Leierspieler (1Sam 16,14-23), Dichter und Sänger des Klageliedes über Saul und Jonatan (2Sam

1,17), inspirierter Verfasser von Psalmen (2Sam 22,1; 23,1f, dazu die Überschriften der Psalmen), sowie kultischer Tänzer und Musikant (2Sam 6,5.14). Aus Qumran ist ein Werkverzeichnis Davids bekanntgeworden, nach dem er 4050 Lieder verfaßt haben soll (11Q Ps[a] XVII, vgl. 1Kön 5,12: *Salomo als Dichter von 3000 Sprüchen und 1005 Liedern). Auch die Erfindung und Herstellung von Musikinstrumenten wird von ihm berichtet (Am 6,5; Ps 151,2 LXX; Sir 47,9, vgl. 1Chr 28,13). Entsprechend gilt David in den Chronikbüchern als Organisator des Tempels und seines Kultes, den sein Sohn Salomo nach des Vaters Plänen baute (vgl. 1Chr 22-26; 28,11-29,10). Zuvor schon hatte David im Anschluß an die Überführung der Lade nach Jerusalem ihren Kult eingerichtet (vgl. 1Chr 6,16f; 13,15f). In beiden Fällen wird der Dienst der Sänger eigens hervorgehoben. Als Anführer der Sänger werden *Heman, *Asaf und *Etan genannt (1Chr 6,18.24.29; 15,17.19), die jeweils eines der drei levitischen Geschlechter der Gerschoniter, Kehatiter und Merariter (vgl. 2Mo 6,16) vertreten.

2. Schwierigkeiten der chronistischen Darstellung.

Problematisiert wird die chronistische Darstellung durch die seit Wellhausen in der atl. Wissenschaft vertretene Auffassung, daß deren hist. Angaben Rückprojektionen der eigenen Gegenwart in die Vergangenheit seien (vgl. *Chronik, Bücher). Nach der üblichen historisch-kritischen Rekonstruktion der Geschichte Israels sind erst nach dem Exil Priester- und Levitenamt abhängig von der Abstammung von Aaron bzw. Levi (vgl. *Priester und Leviten). Eine weitere Schwierigkeit entsteht aus der Tatsache, daß in den atl. Texten aus der Zeit vor dem Exil die Tempelsänger als eigene Gruppe innerhalb des Tempelpersonals nirgends deutlich in Erscheinung treten. Einige Hinweise sind jedoch vorhanden, die wegen ihrer Knappheit hier vollständig angegeben werden: Die Ekstase der frühen Prophetengruppen ist von Musik begleitet (1Sam 10,5) und auch Samuel scheint zeitweilig mit ihnen zusammen gewesen zu sein (1Sam 19,20). Die Überführung der Lade nach Jerusalem war von Liedern, Musik und Tanz begleitet (2Sam 6,5). Auf die mehrfache Betonung der umfassenden musikalischen Begabung Davids wurde schon verwiesen. Auch von Salomo wird berichtet, daß er Instrumente bauen ließ (1Kön 10,12) und Lieder dichtete (1Kön 5,12; Ps 72,1; 127,1). Weltliche Sänger und Sängerinnen gehörten spätestens seit David zum Hofstaat (2Sam 19,36; Hiskia mußte als Tribut an Sanherib Sängerinnen und Sänger liefern, vgl. W.F. Albright, a.a.O., S. 141; auch Esr 2,65/Neh 7,67 nimmt wahrscheinlich Bezug auf Nachkommen von Palastsängern und -sängerinnen). In der prophetischen Überlieferung geben Am 5,23; Jes 30,29-32; 38,20; Jer 33,10f Hinweise auf Musik und Gesang bei kultischen Feiern. Auch die Psalmen ergeben, unabhängig von den umstrittenen Überschriften, einige Hinweise für eine Verbindung von Chorgesang und Tempelmusik. Besonders die Hymnen (von denen einige unbestreitbar sehr alt sind, z.B. Ps 29, aber auch die Königs- und Thronbesteigungslieder) und die damit verbundenen Feste und Zeremonien sind ohne großen Chor kaum zu denken (zu Ps 47,7f schreibt H.J. Kraus, BK AT XV/1 ad loc: »Wahrscheinlich richtet sich dieser Appell an die Tempelchöre und Spielleute«). Dasselbe gilt für die verschiedenen Prozessionen, die am Zion stattfanden (vgl. Ps 24; 48). Hes 40,44 erwähnt im MT »Gemächer der Sänger« (Text unsicher; vgl. die Rekonstruktion bei J. Köberle, a.a.O., S. 17-19; zu den alten Übersetzungen s. W. Zimmerli, BK AT XIII/2 ad loc), die sich in Seitenhallen des vorexilischen Tempels befanden. Außerdem belegen die in den Heimkehrerlisten Esr 2,41; Neh 7,44 genannten Sänger unter dem Tempelpersonal, daß es sie schon vor der Verbannung gegeben haben muß. Aus dem Überblick ergibt sich immerhin soviel, daß die Angaben der Chronik diesen Hinweisen nicht widersprechen, sondern sie verdeutlichen und ergänzen. Das besondere Interesse der Chronik an den Leviten und der durch sie garantierten Kultreinheit könnte mit ihrer Herkunft aus diesen Kreisen zusammenhängen (vgl. W. Rudolph, HAT I/21, S. XVf), wogegen die prophetisch-deuteronomistisch geprägten Samuel- und Königsbücher eine ganz andere Absicht verfolgten.

3. Die Tempelsänger als Leviten.

Eine weitere Schwierigkeit ergibt sich daraus, daß die Bezeichnung Levit in der vorexilischen Zeit sowohl eine genealogische als auch eine funktionale Bezeichnung gewesen ist: Levit war, wer von Levi abstammte oder den Dienst verrichtete, der den Leviten aufgetragen war (vgl. 1Mo 29,34; 4Mo 18,2.4: der Name Levi wird abgeleitet von dem Verb *lāwāh* I, »begleiten, anhangen«). W.F. Albright hat wahrscheinlich gemacht, daß Levit eine »durch eine Schuld oder ein Gelübde« (a.a.O., S. 124, vgl. ThWAT IV, 506) verpflichtete Person bezeichnet. So kann Samuel als Levit angesehen werden (1Chr 6,18f), obwohl er genealogisch aus dem Stamm Ephraim kam (1Sam 1,1). In Ri 17,7 amtiert ein Levit aus Juda mit einer auffallenden Stimme (18,3). Dies könnte ein Hinweis auf Gesang beim privaten Opferdienst sein. Von einem Leviten mit einer

Nebenfrau aus Juda wird Ri 19,1 berichtet, und 1Kön 12,31 erzählt von Nichtleviten als Priestern in Bethel und Dan (vgl. Hes 44,7ff: auch am Jerusalemer Tempel gab es in vorexilischer Zeit nichtlevitische Priester). Von diesem Phänomen her, daß man als Glied des Stammes Levi geboren oder als Vollmitglied darin aufgenommen werden konnte, erklären sich z.T. die Schwierigkeiten, die mit den Stammbäumen der Leviten verbunden sind. Dazu kommt die Möglichkeit der Einheirat in ein levitisches Geschlecht bzw. die Aufnahme durch Adoption. Bedeutsam wurde diese Integration aber erst durch die rel.-kultische Erneuerung während und nach dem Exil, so daß erst in damaliger Zeit ein Interesse an den Genealogien (die als solche viel älter sind) im Hinblick auf die verschiedenen Tempelämter dringlich wurde (vgl. Neh 7,63f).

4. Rekonstruktion der Geschichte der Tempelsänger.

Mit den genannten Voraussetzungen läßt sich in etwa die Geschichte der Tempelsänger folgendermaßen beschreiben: Das Entstehen des davidischen Großreiches mit der neuen politischen und rel. Hauptstadt Jerusalem führte zu einschneidenden Veränderungen in der Verwaltung und im Kult. Die dadurch entstehende Zentralisierung wurde von David und seinen Nachfolgern gezielt gefördert. Jerusalem sollte das einende Band für die Stämme sein. Durch die Überführung der Lade des alten Stammesheiligtums wurde sie auch zum rel. Mittelpunkt des neuen Staates. Die kulturelle Blüte dieser Zeit bereicherte auch den Kultus, wobei das musikalische Genie Davids besonders wirksam war. Dazu kamen die kanaan. Elemente, die seit der Landnahme auf Israel einwirkten. Wenn die Deutung des Beinamens »der Esrachiter« richtig ist, die Albright gegeben hat (a.a.O., S. 142), handelt es sich bei den so Bezeichneten um »Ureinwohner«, d.h. Kanaanäer, die sich Israel angeschlossen hatten (zu *'äsrach* vgl. 4Mo 9,14). In 1Kön 5,11; Ps 88,1 und 89,1 werden Etan (*Jedutun) und Heman als Esrachiter bezeichnet, d.h. von den drei Vorstehern der Sängergilden (1Chr 15,17-19) waren zwei ursprünglich kanaan. Herkunft. Dennoch besitzen sie einen levitischen Stammbaum, d.h. wegen ihrer Funktion oder einer Einheirat in ein levitisches Geschlecht galten sie mit diesen verbunden. Vollständig scheint aber nur die Genealogie Hemans zu sein: 1Chr 6,18-23 nennt 21 Generationen von Levi bis Heman. Von *Korach, dem Zeitgenossen Moses bis Heman sind es 18 Generationen, was bei einer Generationsdauer von 25 Jahren einem Zeitraum von 450 Jahren entspricht. Damit stimmt die Angabe von 1Kön 6,1 überein, nach der mit dem Bau des Tempels 480 Jahre nach dem Auszug aus Ägypten begonnen wurde. Die Vollständigkeit der Hemangenealogie dürfte auch der Grund sein, warum er in 1Chr 6 an erster Stelle vor Asaf genannt wird (so nur noch 1Chr 15,17), obwohl später die Dominanz von Asaf immer deutlicher wird. Doch weist seine Genealogie (1Chr 6,29-32) nur 15, die Etans (1Chr 6,29-32) nur 14 Glieder auf. Eine weitere wichtige Einzelheit berichtet 1Chr 16. Demnach bestellte David den Asaf mit seinem Chor zum Dienst an der Bundeslade in Jerusalem, wobei der Lobgesang für Gott im Vordergrund stand (vgl. Esr 3,10f), während der Heman- und Jedutunchor bei der Stiftshütte amtierte, die auf der Kulthöhe von *Gibeon stand. Diese Regelung galt auch noch z.Zt. Salomos (vgl. 2Chr 1,3.4; 1Kön 3,4-15). Da nicht anzunehmen ist, daß alle Nachkommen dieser Männer immer als Sänger Dienst tun konnten, ist es nicht verwunderlich, wenn gelegentlich Söhne von ihnen zu anderen Funktionen herangezogen wurden. 1Chr 25 wird noch einmal die Einteilung der Sänger im Hinblick auf den geplanten Tempelbau erwähnt. Hier ist Asaf an erster Stelle genannt, doch Heman trägt den Titel »Seher des Königs« (2Chr 29,25 wird Gad, 2Chr 29,30 Asaf und 2Chr 35,15 werden Asaf, Heman und Jedutun so bezeichnet). Demnach gab es immer wieder prophetisch begabte Sänger, die für den König Orakel erteilten (vgl. 2Kön 3,15: *Elisa fordert einen Musikanten, um weissagen zu können; 2Chr 20,14-19: Jahasiël, ein Nachkomme Asafs, weissagt dem König im Tempel; das hebr. Wort für »prophezeien, weissagen«, *nibbā'* [Nifal von *nb'*] wird in 1Chr 25,1-3 für das begeisterte Lobsingen der Sänger gebraucht). Die Funktion der Hofpropheten (Kultpropheten) ist nicht unabhängig vom gottesdienstlichen Leben des Tempels vorzustellen, in dem die Sänger von Anfang an eine wichtige Stellung innehatten. Bei der Einweihung des Tempels wirkten alle drei Sängergruppen mit (2Chr 5,12f) und von da an ist die Asafgilde eng mit dem Tempel verbunden. Die Asaf-Psalmen (50;73-83) gehen auf diese Gruppe zurück, während die Korachiten-Psalmen (42-49.84f.87f) mit der Hemangilde zu verbinden sind (vgl. Ps 88,1; die Heman-Genealogie weist ihn als Nachkommen Korachs aus). Erst z.Zt. Hiskias werden Sänger wieder erwähnt (2Chr 29,12-15) im Zusammenhang mit Reformmaßnahmen. Da in dieser Zeit die Höhenheiligtümer vorübergehend abgeschafft wurden (2Chr 31,1 vgl. 2Kön 21,3), kamen die Sängergruppen von Gibeon (und evtl. anderen Orten) an den Jerusalemer Tempel, ohne allerdings am Vorrang der Asafiten noch etwas ändern zu können (vgl. 2Chr 29,30). Bei der Reform des Josia werden als Sänger nur noch die Söhne Asafs erwähnt (2Chr 35,15). Die anderen Sängergruppen waren wohl mit ihnen verschmolzen oder wurden wegen ihrer kanaan. Herkunft bzw. ihrem früheren Dienst an den Höhenheiligtümern verschwiegen. Bei Esra und Nehemia werden nur noch die Asafiten als Sänger erwähnt (vgl. Esr 2,41; 3,10; Neh 7,44; 11,17 werden zwar drei Gruppen erwähnt, doch ist die Asafgilde dominierend, vgl. Neh 11,22; 12,8,27-35.46). In der nachexilischen Zeit verlieren die Leviten gegenüber den Priestern stark an Einfluß. Nur vergleichsweise wenige waren überhaupt aus dem Exil zurückgekehrt (Esr 8,15). Die Volkszählung in Jerusalem z.Zt. Nehemias ergab, daß 1192 Priester, aber nur 456 Leviten (davon 284 Sänger und 172 Torhüter) in der Stadt wohnten. In der intertestamentaren Literatur wird über die Tempelsänger wenig berichtet, obwohl sie bei den täglichen Opfern im Tempel sangen. Auch die großen Wallfahrtsfeste sind ohne Gesang der levitischen Sänger undenkbar (vgl. Sir 50,18). In einigen rabbin. Texten finden sich sogar Hinweise darauf, daß die Opfer erst durch den levitischen Gesang ihre volle Sühnekraft erhielten. Es entstand in dieser Zeit, neben einer Vielzahl von Liedsammlungen, auch eine einzigartige jüd. Theologie der Musik und des Gesanges. Musik und Gesang gelten »als Medium der Beziehung und der Begegnung zwischen Macht und 'Ohnmacht', zwischen Herrscher und Untertan, zwischen Schöpfer und Geschöpf, und zwar derart, daß Musik und Gesang zu des Herrschers Ehre gehören, Zeichen seiner Herrlichkeit und Macht sind und dem Untertan die Verpflichtung auferlegt ist, seinem Herrn diese Ehre zu erweisen. Wo immer der Mensch oder das Geschöpf der Herrlichkeit Gottes ansichtig wird, wo er sie erkennt und anerkennt, muß er ihr mit Musik und Gesang die Ehre geben. Die Musik ist so zum einen Zeichen und Merkmal der Herrschaft und Herrlichkeit und zum andern Zeichen der Anerkennung und Unterwerfung unter sie« (K.E. Grözinger, a.a.O., S. 332). Diese Bewertung des Gesanges führte zu einer Aufwertung der Leviten und kurz vor der Tempelzerstörung wurden sie den Priestern gleichgestellt (Jos.ant.Jud 20,216ff). Die Sänger durften von da an dieselben leinenen Gewänder wie die Priester tragen. Zugleich wurde den niederen Tempelbeamten erlaubt, sich für die gehobene Sängerklasse ausbilden zu lassen. Dieses Statussymbol wurde bedeutungslos, als mit der Zerstörung des Tempels 70 n.Chr. auch das Amt der Tempelsänger erlosch. Nur das theologische Element blieb bewahrt, denn das Singen wurde fester Bestandteil des jüd. Haus- und Synagogengottesdienstes und gehörte von Anfang an auch zum urchristl. Gottesdienst dazu (vgl. *Lied, *Lobgesang).

Literatur: W.F. Albright: Die Religion Israels im Lichte der archäologischen Ausgrabungen, 1956; A. Alt: Die Weisheit Salomos, Kleine Schriften II, 1953, 90-99; H. Gese: Zur Geschichte der Kultsänger am zweiten Tempel, Vom Sinai zum Zion, BevTh 64, [2]1984, S. 147-158; K.E. Grözinger: Musik und Gesang in der Theologie der frühen jüdischen Literatur, TSAJ 3, 1982; A.H.J. Gunneweg: Leviten und Priester, FRLANT 89, 1965; M. Haran: Temples and Temple-Service in Ancient Israel, 1978; D. Kellermann, ThWAT IV, 1984, S. 499-521; J. Köberle: Die Tempelsänger im Alten Testament, 1899; R. Meyer: ThWNT IV, 1942, S. 245-247; H. Schulz: Leviten im vorstaatlichen Israel und im Mittleren Osten, 1987. R.D.

SANHEDRIN. Der S. war die höchste politische und rel. Institution des palästin. Judentums z.Zt. des zweiten Tempels. S. ist ein aram. Lehnwort von griech. *synedrion* (Synedrium, »Ratsversammlung«). Die Quellen, die über den S. Auskunft geben, sind zahlreich: *talmudische Literatur, *apokryphe Schriften zum AT, *Josephus, das NT. Trotz der Fülle an Informationen, die uns über den S. zur Verfügung stehen, ist das Bild, das wir uns von ihm machen können, sehr lückenhaft. Viele Einzelheiten, die etwa seine geschichtliche Entwicklung und seine Kompetenzen betreffen, bleiben unklar.

I. GESCHICHTE DES SANHEDRIN.

Ausgebildet haben dürfte sich eine Jerusalemer Ratsversammlung in pers. Zeit, und zwar in einem allmählichen Prozeß; mit Sicherheit nachweisbar ist sie dann in griech. Zeit. Falsch ist die Annahme der rabbin. Exegese, eine solche Ratsversammlung habe kontinuierlich seit der Mosezeit existiert, sie datiere seit der Einsetzung jener 70 Ältesten durch Jahwe, die Mose zur Unterstützung bei seiner Leitungstätigkeit zugeteilt wurden (4Mo 11,16). Nicht bestritten sei jedoch, daß diese Einsetzung der 70 die spätere Idee einer Jerusalemer Ratsversammlung maßgeblich beeinflußt hat; das zeigt bereits die Zahl der Sanhedristen, die ebenfalls 70 betrug (hinzu kam der Hohepriester als Vorsitzender).

Die Notwendigkeit eines aristokratischen Jerusalemer Senats erwuchs aus den Bedürfnissen der nachexilischen Gemeinde, die ohne eine solche Einrichtung führungslos dagestanden hätte. Der Priesteradel und die Häupter der angesehenen Familien schlossen sich in dieser Situation zusammen, um ein Leitungsgremium zu bilden. Erstmals erwähnt wird dieses, zunächst *gerousia*, »Ältestenrat«, genannt, in einem Erlaß Antiochus'III. (syr. König 223-187 v.Chr.; vgl. Jos.ant.Jud. XII, 138.142). In der Zeit Hyrkans II. (63-40 v.Chr.) erscheint dann der Terminus *synedrion* (vgl. Jos.ant.Jud. XIV, 167ff). Wenn die Stellung der Jerusalemer Ratsversammlung zunächst unangefochten war, so stellten sich naturgemäß Probleme ein, als Israel unter den Hasmonäern (*Makkabäer) wieder zu einem Königreich wurde (durch Aristobul I., 104-103 v.Chr.). Die Rechte der Ratsversammlung wurden nun erheblich eingeschränkt. Weitreichend war die Veränderung, welche die Ratsversammlung unter Salome Alexandra (76-67 v.Chr.) erfuhr. Die Königin söhnte sich mit den *Pharisäern, die bisher dem Königshaus kritisch gegenübergestanden hatten, aus und ließ auch sie in die Ratsversammlung einziehen, die bisher nur aus (sadduzäischen) Priestern und Ältesten (d.h. den Häuptern der angesehen Familien) bestanden hatte. Enorm beschnitten wurden die Rechte des S. unter *Herodes dem Großen (37-4 v.Chr.). Er ließ jene Sanhedristen umbringen, die ihm nicht genehm waren, und ersetzte sie durch Leute, die nicht zu widersprechen wagten. Er ließ den S. zwar weiterbestehen, übte aber de facto königliche Rechtsprechung. Als im Jahre 6 n.Chr. die Herrschaft über Judäa an einen röm. Prokurator fiel, änderten sich die Rechtsverhältnisse dergestalt, daß der Amtsbereich des S. auf Judäa beschränkt wurde. Faktisch bedeutete die Tatsache, daß Judäa direktes Mandatsgebiet der Römer wurde, eine Steigerung der Einflußmöglichkeiten des S.; denn die Römer kümmerten sich – wie in all ihren Provinzen – keineswegs um die kommunalen politischen Angelegenheiten, die Routinegerichtsbarkeit, den Kultus usw., sondern wollten diese Dinge von den einheimischen Behörden geregelt wissen. Ihr Ende fand die Institution des S. im Jahre 70 n.Chr. mit der Zerstörung Jerusalems im jüd.-röm. Krieg. Allerdings konnte sich im Rahmen der Reorganisation des *Judentums in *Jabne ein neuer S. konstituieren, der sich durchaus als Nachfolgeinstitution des Jerusalemer S. verstand, aber keine Priester und Ältesten mehr als Mitglieder hatte, sondern nur noch Schriftgelehrte, und der auch keine politischen Aufgaben mehr wahrnahm, sondern sich nur noch mit der Auslegung der Tora beschäftigte.

II. AUFGABEN UND KOMPETENZEN DES SANHEDRIN.

Die Aufgaben des S. erstreckten sich auf fast alle Lebensgebiete des Volkes. Was die weltlichen Angelegenheiten anging, übte er nicht nur innenpolitische, sondern auch außenpolitische Funktionen aus. Der diplomatische Verkehr mit anderen Staaten lief über den Hohenpriester und den S. Auch für die Beziehungen zur röm. Besatzungsmacht war der S. zuständig. Für die Regelung der inneren Angelegenheiten war er ausgestattet mit legislativer Gewalt (er konnte Gesetze erlassen), mit Judikative (er war der höchste Gerichtshof im Lande) und – in gewissem Ausmaß – auch mit Exekutive (er verfügte z.B. über eine Polizeitruppe). Als maßgebliche rel. Instanz wachte der S. über die Reinheit der Lehre. So mußte er sich etwa mit den vielen rel. Bewegungen der damaligen Zeit und ihren z.T. absonderlichen Ansichten auseinandersetzen. Wichtig war auch die Aufsicht über den liturgischen Kalender; Neumondsdatum und Schaltjahre waren festzulegen, um dem Judentum in aller Welt eine einheitliche Feier der rel. Feste zu ermöglichen. Neben dem S. in Jerusalem gab es in einigen größeren Städten lokale Gerichtshöfe. Vgl. dazu Mt 5,21f, wo zwischen *krisis* und *synedrion* unterschieden wird, wobei unter *krisis* ein solcher lokaler Gerichtshof außerhalb Jerusalems zu verstehen ist. Die Bezeichnung *krisis* für ein Lokalgericht ist allerdings als Ausnahme zu werten, in der Regel wird auch dieses »Synedrium« bzw. »Sanhedrin« genannt. Im Unterschied zum Jerusalemer S. bestanden die Lokalgerichte nur aus 23 Mitgliedern. Ernannt wurden diese vom S. in Jerusalem. Gericht gehalten wurde in den lokalen Gerichtshöfen zweimal in der Woche, am Montag und Donnerstag. Zum geographischen Zuständigkeitsbereich des Jerusalemer S. ist bereits bemerkt worden, daß er auf Judäa beschränkt war. Das bedeutet, daß der S. über Jesus keine Gewalt hatte, solange dieser in Galiläa wirkte. Jesus hätte deshalb, wenn er nicht in Jerualem bewußt die Konfrontation mit dem jüd. Establishment riskiert hätte, in Galiläa noch lange Zeit ungehindert seiner Tätigkeit nachgehen können. Möglicherweise hat der S. zwar auch außerhalb Judäas Einfluß zu nehmen versucht (vgl. in diesem Zusammenhang seinen Auftrag an *Paulus, in *Damaskus gegen Christen vorzugehen: Apg 9,1f; 22,5; 26,12), aber der Erfolg solcher Bemühungen um Einfluß hing vom guten Willen der jeweiligen jüd. Gemeinden ab, die ja den Weisungen des S. nicht unbedingt Folge leisten mußten. Umstritten ist in der Forschung, ob der S. das Recht besaß, Todesurteile zu fällen und zu vollstrekken. Dagegen spricht Joh 18,31, wo die Juden zu Pilatus sagen, daß sie über dieses Recht nicht verfügten, das also offensichtlich allein in röm. Hand lag. Fest steht aber andererseits, daß in den Jahren 6-70 n.Chr. durchaus einige

Hinrichtungen auf Anordnung des S. durchgeführt worden sind. Doch wird es sich hier um Ausnahmefälle handeln; die Juden bestanden auch weiterhin auf ihrem angestammten Recht der Kapitalgerichtsbarkeit, und gelegentlich ließen die Römer - entgegen ihrer üblichen Praxis – die Juden in dieser Hinsicht frei gewähren. Unklar ist, welche Rolle der S. beim *Prozeß Jesu gespielt hat. Das Verhör Jesu vor dieser Institution, wie es von den Evv. geschildert wird, ist von mehreren Irregularitäten gegenüber der jüd. Strafprozeßordnung gekennzeichnet (so durfte z.B. ein Kapitalprozeß nicht während der Nacht verhandelt werden). Am besten löst man dieses Problem so, daß man annimmt, es habe gar keine ordentliche Sitzung des S. stattgefunden, sondern Jesus sei nur einem informellen Verhör unterzogen worden. Dabei wurde er wahrscheinlich als Volksverführer gebrandmarkt und anschließend *Pilatus übergeben, wobei dem Statthalter gegenüber als (falsche) Folgerung aus dem Verhör der Verdacht des politischen Hochverrats geäußert wurde.

III. EINZELHEITEN DER PRAKTISCHEN ARBEIT DES SANHEDRIN.

Es ist unserer Kenntnis entzogen, auf welche Weise die Mitglieder des S. gewählt oder ernannt wurden. Wahrscheinlich war es so, daß die Ratsherren dem Gremium auf Lebenszeit angehörten und notwendige Ergänzungen durch Kooptation vorgenommen wurden. Wie oft der S. zusammentrat, wissen wir ebenfalls nicht. Vielleicht hat man von zwei Sitzungen in der Woche auszugehen (dieser Rhythmus ist jedenfalls für die Lokalgerichte bezeugt, vgl. oben). Nicht getagt wurde an Feiertagen und am *Sabbat. Keineswegs alle Fragen wurden übriens im Plenum behandelt, sondern ein Großteil der alltäglichen Routinearbeit war an Kommissionen delegiert. Versammlungsort des S. war die Quaderhalle des Tempels. Genau Bescheid wissen wir über die Sitzordnung des S. Die Versammlung war angeordnet in Halbkreisen, ähnlich wie in einem Theater. Vorn in der Mitte befand sich der Platz des Hohenpriesters, neben ihm saßen die Vornehmen. Bekleidet waren die Ratsherren mit Talaren, der Beklagte trug Trauerkleider. Die Anwesenheit aller 71 Mitglieder war nicht unbedingt nötig, zur Beschlußfassung reichten 23 Personen. Zwei oder drei Gerichtsschreiber nahmen an den Sitzungen teil; sie mußten das Protokoll führen. Junge Priester hatten das Recht, den Verhandlungen als Hospitanten beizuwohnen und konnten sich u.U. an den Vernehmungen beteiligen. Nach den Vernehmungen wurden die Beklagten hinausgeführt, verhandelt wurde in ihrer Abwesenheit (vgl. Apg 5,34).

Literatur: P. Benoit: Jésus devant le Sanhédrin, in: ders.: Exégèse et Théologie I, 1961, S. 290-311; J. Blinzler: Das Synedrium von Jerusalem und die Strafprozeßordnung der Mischna, ZNW 52/1961, S. 54-65; U. Kellermann: EWNT III, 1983, 717-721; E. Lohse: Der Prozeß Jesu Christi, in: Ecclesia und Res Publica. FS K.D. Schmidt, 1961, S. 24-39; ders.: ThWNT VII, 1964, S. 858-869; H. Mantel: EJ 14, ³1974, S. 836-839; F.E. Meyer: Einige Bemerkungen zur Bedeutung des Terminus »Synhedrion« in den Schriften des NT, NTS 14/1967-68, S. 545-551; S. Safrai: Das jüdische Volk im Zeitalter des Zweiten Tempels, ²1980, S. 63-65.67-72; G. Stemberger: Das klassische Judentum, 1979, S. 54-60. W.R.

SANHERIB. S. (hebr. *sanchērīb* [möglicherweise *snhrib* ausgesprochen, wie in aram. Papyri; JSS 21, 1976, S. 9]; *assyr. Sin-ahhē-eriba*, »Sin [der Mondgott] hat die Brüder vermehrt«) herrschte 705-681 v.Chr. über *Assyrien. Als sein Vater *Sargon II., dem er als Statthalter an der N-Grenze des Reiches gedient hatte, ermordet wurde, marschierte S. erst nach Babylonien, wo Marduk-apla-iddina II. (*Merodach-Baladan) revoltierte. Dieser hatte seinen Gegenkandidaten Marduk-zakir-schum 703 v.Chr. vertrieben und sammelte Unterstützung gegen Assyrien. Es war wahrscheinlich zu dieser Zeit, daß Merodach-Baladan Abgesandte zu Hiskia von Juda schickte (2Kön 20,12-19; Jes 39). Gegen Ende des Jahres 702 v.Chr. besiegte S. den Chaldäer und dessen elamitischen und arab. Verbündeten in Schlachten in Kuta und Kisch. Er wurde dann in Babylon willkommen geheißen, wo er Bel-ibni auf den Thron setzte. Die Assyrer verwüsteten Bit-Jakin und kehrten mit vielen Gefangenen nach Ninive zurück, während Merodach-Baladan selbst nach Elam fliehen konnte. S. hatte wenig Schwierigkeiten, die N-Grenze seines Territoriums zu kontrollieren, ein Gebiet, das er aus seiner Zeit als Kronprinz gut kannte. Nach einer Reihe von Feldzügen gegen die Bergvölker im O wandte er sich nach W, wo sich eine von Ägypten unterstützte anti-assyr. Koalition gebildet hatte. Deren Anführer, *Hiskia von Juda, hatte Padi, den pro-assyr. Herrscher von Ekron, festgenommen (2Kön 18,8), die Befestigungen verstärken lassen und die Wasserversorgung Jerusalems durch den Bau des *Siloah-Tunnels verbessert (2Kön 20,20) und sich schließlich der Hilfe Ägyptens versichert (Jes 30,1-4). S.s dritter Feldzug in Hiskias 14. Herrschaftsjahr (701 v.Chr.) war gegen diese Koalition gerichtet. Er marschierte entlang der phönizischen Küste, nahm Groß- und Kleinsidon, Zarpat,

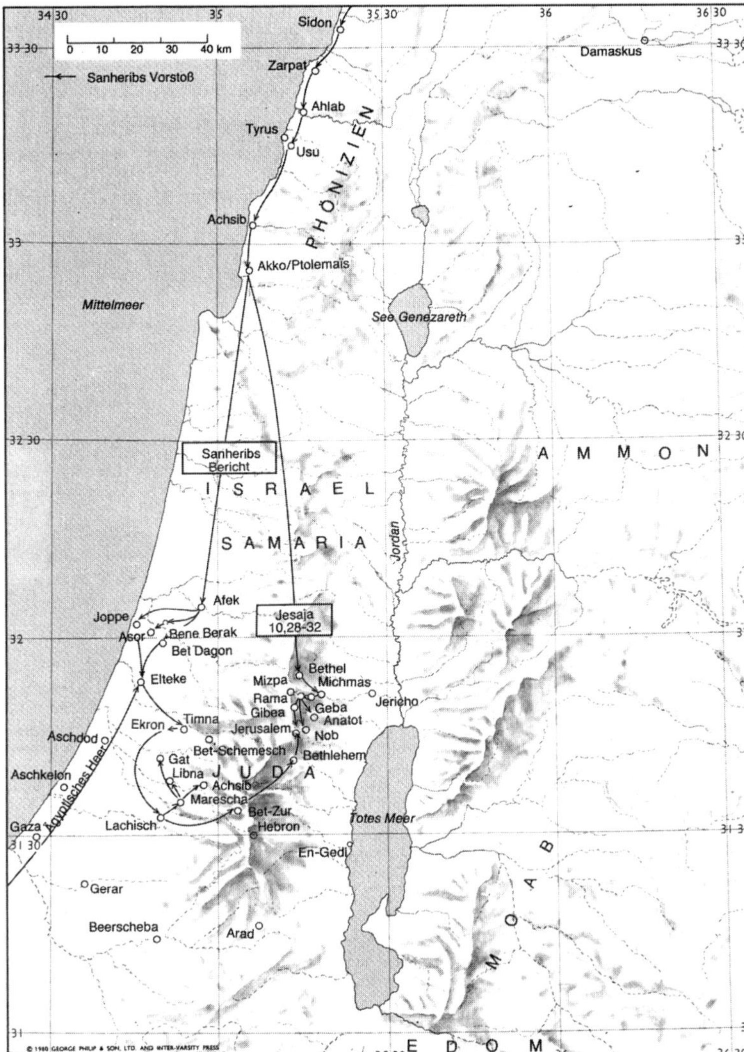

Der Feldzug Sanheribs gegen Hiskia (701 v. Chr.).

Machaleb, Uschu, Achsib und Akko ein, versuchte jedoch nicht, Tyrus zu belagern. Er ersetzte Lulī (Elulaeus), den König von Sidon, der floh und im Exil starb, durch Etbaʿal (Tubaʿal). Die Könige von Sidon, Arwad, Byblos, Bet-Ammon, Moab und Edom unterwarfen sich, aber Aschkelon weigerte sich und wurde zusammen mit den Nachbarstädten, zu denen Bet-Dagon und Joppe zählten, geplündert. S. behauptet, nach Elteke marschiert zu sein, und dort eine ägypt. Armee besiegt zu haben. Die Vornehmen von Ekron ließ er hinrichten, weil sie Padi an Hiskia übergeben hatten, und sandte Abteilungen, um 46 befestigte Städte

König Sanherib von Assyrien mit der Krone in seinem königlichen Wagen. Relief aus dem Palast in Ninive, ca. 690 v.Chr. (BM)

zu zerstören, daneben viele Dörfer in Juda, aus denen er 200 150 Gefangene und viel Beute nahm. Er selbst nahm teil an der Belagerung und Einnahme von *Lachisch und wird auf Palastreliefs dargestellt, wie er die Beute begutachtet. Von hier aus sandte er Befehlshaber, um die Kapitulation Jerusalems zu fordern (2Chr 32,9). Nach S.s eigenem Bericht über diesen Feldzug (Annalen) beansprucht er Tribut von Hiskia und beschreibt, wie er »Hiskia, den Judäer« gleich einem Käfigvogel in seiner Residenz Jerusalem einschloß und ihm »das Hinausgehen aus seinem Stadttor verleidete«. (TGI, S.69) Hiskia leistete den ihm auferlegten Tribut (2Kön 18,13-16; Jes 36,1f), der nach Ninive gesandt wurde 691 v.Chr. und ließ Padi frei, dem nun einige der früheren judäischen Gebiete gegeben wurden. S.s Bericht erwähnt kein Ende der Belagerung (vgl. 2Kön 19,32-34) oder eine Niederlage der assyr. Armee durch die Hand Jahwes, vielleicht durch eine Plage (V. 35), die von Herodot (hist.2.141) als »Unmenge von Feldmäusen« beschrieben wird, »die bei Nacht alle Köcher und Bogen des Feindes fraßen und alle Gurte, mit denen sie ihre Schilder hielten. . . am nächsten Morgen begannen sie den Kampf, und viele fielen, da sie keine Waffen hatten, um sich zu verteidigen«. Die Mehrzahl der Gelehrten ist der Meinung, daß die Erwähnung der anrückenden ägypt. Streitkräfte unter *Tirhaka, dem König von Kusch (2Kön 19,9; Jes 37,9), ein Anachronismus sei (s. aber K.A. Kitchen: Third Intermediate Period in Egypt, 1972). Weiter nehmen sie an, daß 2Kön 19,37 aussage, daß der Tod S.s bald nach seiner Rückkehr nach Ninive eingetreten sei. Sie setzen daher einen zweiten, erfolglosen assyr. Feldzug gegen Jerusalem voraus, der dem Angriff auf die Araber 689-686 v.Chr. gefolgt sein müßte. Weder die vorhandenen assyr. Annalen noch die babylon. Chroniken erwähnen einen solchen Feldzug, und V. 36f geben nicht unbedingt die Zeitspanne zwischen S.s Rückkehr aus Palästina und seinem Tod 681 v.Chr. an, sie muß bei aller Interpretation einige Jahre betragen haben. Daher kann an der Theorie eines einzigen Feldzugs 701 v.Chr. vernünftigerweise noch immer festgehalten werden. 700 v.Chr. marschierten die Assyrer noch einmal nach Babylon, wo Bel-ibni rebelliert hatte. S. setzte seinen eigenen Sohn, Aschschur-nadinschum, auf den Thron, und dieser herrschte, bis er von den Elamitern gefangen genommen wurde. In weiteren Feldzügen ging S. nun gegen die Elamiter vor und richtete 694 v.Chr. am Persischen Golf einen Angriff gegen die Staaten, die Merodach-Baladan Schutz gewährt hatten. Nach der Eroberung Erechs wurde schließlich 689 v.Chr. Babylon geplündert. Außerdem fiel S. in Zilizien ein, nahm *Tarsus ein und plünderte arab. Siedlungen südl. und östl. von Damaskus. Im eigenen Land wurde S. von seiner energischen westsemit. Frau Naqi'a-Zakutu beim Wiederaufbau Ninives unterstützt, wo er einen »Palast ohnegleichen« baute, einen Rüstungsbetrieb, neue Stadtmauern und Tore. Mit dem Bau der Wasserversorung vom Gomel (Bavian), die über einen Äquadukt (Jerwan) zu einem Damm (Ajeila) östl. der Stadt führte, bot sich die Möglichkeit, Parks und größere Ländereien zu bewässern, aber auch die natürlichen Verteidigungsanlagen Ninives zu verbessern, die die Flüsse Tigris und Khosr bildeten. Auch in Assur und Kakzi entfaltete S. eine große Bautätigkeit und führte eine Reihe technischer Neuerungen ein.

S. wurde von seinen Söhnen ermordet, als er im Tempel des Gottes Nisroch anbetete (2Kön 19,37). Die Flucht der Söhne, möglicherweise *Adrammelech und *Sarezer, dürfte sich in einem Bericht über die Unruhen widerspiegeln, die S.s Tod im Dezember 681 v.Chr. folgten; der Bericht stammt von S.s Sohn Asarhaddon, der 687 v.Chr. zum Kronprinzen gewählt worden war und nun seinem Vater auf dem Thron folgte (V. 37). Es spricht wenig für die Theorie, daß Asarhaddon der ungenannte »Sohn« ist, der von den babylon. Chroniken als Mörder erwähnt wird, oder daß sich der Tod S.s in Babylon ereignete.

Literatur: D.D. Luckenbill: The Annals of Sennacherib, 1924; D.J. Wiseman: DOTT, S. 64-73; E. Cassin, J. Bottéro, J. Vercoutter (Hrsg.): Fischer Weltgeschichte Bd.4, Die Altorientalischen Reiche III, 1967; S. Lloyd: Die Archäologie Mesopotamiens, 1981; HdArch I. D.J.W.

SANOACH. (Hebr. *sānōach*).

1. Eine Stadt in der *Schefela (Jos 15,34; Neh 3,13; 11,30); Chirbet Zanu', 3 km südl. von *Bet-Schemesch, westl. des heutigen S.

2. Eine Stadt auf dem Gebirge Juda in der Nähe von *Jutta (Jos 15,56); vielleicht Chirbet Beit Amra, von dem aus Wadi el-Halil zu überblicken ist (westl. von Hebron), von dem ein Teil Wadi Abu Zenah genannt wird; in Frage kämen auch Chirbet Zanuta, südwestl. von Eschtemoa (Rudolph: Chronikbücher, 1955, ad loc.; Israeli Survey) oder Chirbet Jaqin, 6 km südöstl. von Hebron (Noth: Josua, ad loc., der LXX mit der Lesart »Sanoach Kains« zitiert; aber die Lesarten sind nicht sicher). Auch 1Chr 4,18 meint wohl S. auf dem Gebirge Juda. J.P.U.L.

SAPHIR s. Edelstein

SARA. S. (hebr. *sarah*) heißt »Prinzessin, Herrin«. Bis zu ihrem neunzigsten Lebensjahr wurde sie nicht S., sondern Sarai genannt. »Sarai ist nur eine archaische Form gegenüber der jüngeren Bildung Sara« (von Rad). Die Namensänderung von Sarai in S. kann nicht mehr mit Sicherheit erklärt werden. Durch den Vergleich der beiden Namen mit ähnlich lautenden und verwandten hebr. Wörtern folgern jüd. Ausleger: Aus Sarai, der überragenden Fürstin, wird Sara, die maßhaltende, maßgebende und maßsetzende Herrin (S.R. Hirsch). S. ist die erste in der Reihe der Stammmütter Israels (S., *Rebekka, *Rahel, *Lea).

1. Sara – eine Halbschwester Abrahams.

S. war *Abrahams Halbschwester. Dies geht schon daraus hervor, daß von S. nicht berichtet wird, wer ihr Vater war (1Mo 11,29.31; 20,12). S. begleitet Abraham von *Ur nach *Haran und von da nach *Kanaan (1Mo 11,31; 12,5). Zweimal gibt Abraham seine Frau S. als seine Schwester aus, einmal bei Pharao, einem der Herrscher in Ägypten (1Mo 12,10-20), und bei Abimelech, einem der Könige von Gerar (1Mo 20,1-18). »Abimelech« war wie »Pharao« ein Würdetitel. In beiden Fällen war Abraham ein Fremder ohne jeden Rechtsanspruch. Nach damaligem Recht konnten die Mächtigen sich schöne Frauen, die sie begehrten, einfach aneignen. War eine Frau verheiratet, mußte ein Herrscher, wollte er sie besitzen, zuerst ihren Ehemann töten. »An die Ehefrau kam man auch bei einem Fremden nicht ohne Blut« (Procksch). Abraham befürchtete den Übergriff auf seine Frau, da S. von besonderer Schönheit war. Sie stand in der Mitte ihres Lebens (1Mo 12,4; vgl. 17,17; 23,1), hatte die Figur einer Frau, die noch keine Kinder zur Welt gebracht hatte, und als semit. Asiatin hatte sie einen helleren Teint als etwa die

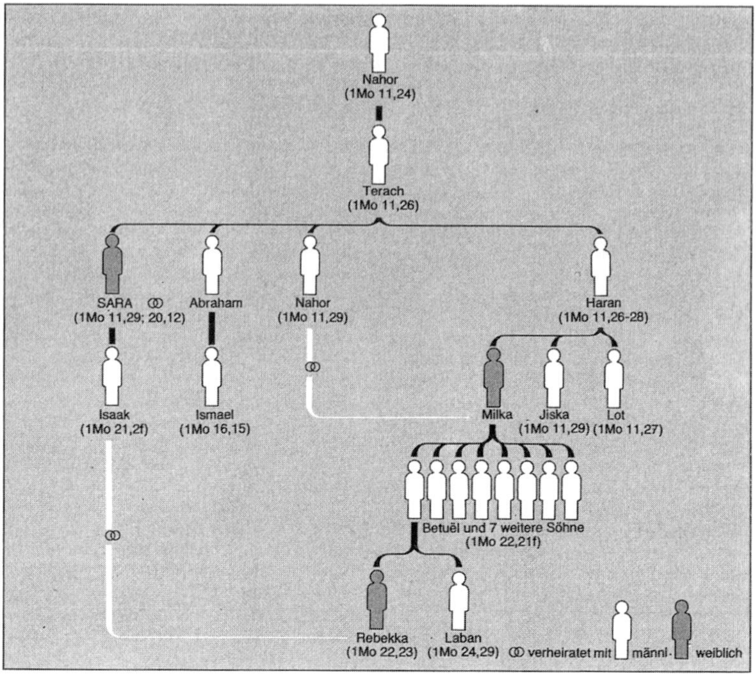

Saras Familie.

Ägypterinnen. Abraham greift, um sein eigenes Leben zu retten, zu einer List und gewinnt auch seine Frau dafür. So gibt sich S. zweimal als seine Schwester aus. Die List war keine nackte Lüge, sondern eine geschickt gewählte Halbwahrheit. In ihrem Kleinglauben blieben Abraham und S. aber nicht bei der ganzen Wahrheit. Sie mußten in beiden Fällen erfahren, daß der Glaube nirgends gefährdeter ist als in sittlichen Fragen. Trotz ihres Versagens griff Gott ein und bewahrte und rettete S.

2. Sara in der Zerreißprobe zwischen Verheißung und Erfüllung.

Die kinderlose S. gibt ihrem Mann Abraham ihre ägypt. Magd *Hagar, um durch sie Nachkommenschaft zu erhalten (1Mo 16,1-7; vgl. 25,12). In der Väterzeit konnte eine Frau nur Glied einer Familie sein, indem sie Kinder zur Welt brachte, »eine andere Art Gliedschaft oder Zugehörigkeit für eine Frau« gab es nicht (Westermann). Ihr kinderloses Leben hatte für S. keinen Sinn. Sie sah nur noch den damals »legitimen Weg« (von Rad), um ihrem Leben einen Sinn zu geben und gleichzeitig die Verheißung Gottes zu ermöglichen. Sie mußte ihren Mann mit ihrer Magd teilen. Im Alter von neunzig Jahren bekommt S. die Verheißung eines Sohnes mit zahlreicher Nachkommenschaft (1Mo 17,15-22; vgl. Röm 4,19). In *Mamre verkündet Jahwe S., daß sie übers Jahr einen Sohn gebären wird, und sie lacht (1Mo 18,6-15; Röm 9,9). S. bringt *Isaak zur Welt (1Mo 21,1-8; 24,36). Auf *Ismael eifersüchtig, verlangt sie von Abraham, daß er Hagar und ihren Sohn verstößt (1Mo 21,9-12). S. stirbt im Alter von hundertsiebenundzwanzig Jahren in *Hebron und wird von Abraham in der Höhle von *Machpela begraben (1Mo 23,1-20).

3. Sara, die Mutter des gesamten Israel.

Jesaja vergleicht S. mit einem Steinbruch, aus dem alle Glaubenden ausgebrochen wurden. Sie ist die Urmutter, »die euch unter Schmerzen geboren hat« (Jes 51,1.2). Die Entstehung Israels aus der Jahrzehnte kinderlos gebliebenen Ehe von Abraham und S. war ein Wunder göttlicher Macht und Gnade. Der Mutterschoß S.s war wie ein Steinbruch, aus dem Israel ausgebrochen wurde, »wie man etwa Torf aus einer Grube aussticht oder Erz aus einem Schacht lossprengt« (Delitzsch, Jesaja). Stammütter und Stammväter sind »Wahrzeichen des Glaubens« (Jacobson). Das gilt auch für Paulus und damit für die ganze christl. Gemeinde. Paulus sieht in S., der Freien, das Vorbild des himmlischen Jerusalem, der Mutter aller freien Gotteskinder (Gal 4,22-31). In die Lebensgeschichte der Stammütter und Stammväter sind Spuren eingeritzt, die den Weg im Glauben zeigen. Im Hebräerbrief wird der Glaube S.s gelobt (Hebr 11,11), und Petrus rühmt den Gehorsam der durchaus selbstbewußten S. gegenüber ihrem Ehemann (1Petr 3,6).

Literatur: H. Bräumer: Das erste Buch Mose, Kapitel 1-11, 1983; ders.: Das erste Buch Mose, Kapitel 12-36, 1987; F. Delitzsch: Genesis, 1887; ders.: Jesaja, 1879; J.H. Hertz (Hrsg.): The Pentateuch and Haftorahs, [2]1961; S.R. Hirsch: Der Pentateuch, 1. Teil, Die Genesis, 1867; B. Jacob: Das erste Buch der Tora, 1934; B.S. Jacobson, Bina Bamikra: Gedanken zur Tora, 1987; O. Odelain, R. Séguineau: Lexikon der Biblischen Eigennamen, übersetzt und für die Einheitsübersetzung bearbeitet von F.J. Schierse, 1981; OLB II; O. Procksch: Die Genesis, 1924; G.von Rad: Das erste Buch Mose, ATD, Bd. 2-4, [6]1961; C. Westermann: Genesis 12-36, BKAT, Bd I/2, 1981. H.Br.

SARDER s. Edelsteine

SARDES. Eine Stadt in der röm. Provinz Asia, im W der heutigen asiat. Türkei. S. war die Hauptstadt des alten Königsreichs *Lydien, des mächtigsten Reichs, dem die Griechen während ihrer frühen Kolonisierung Kleinasiens begegneten. Der Wohlstand der Stadt, besonders unter Krösus, galt als Inbegriff für Reichtum; z.T. soll der Reichtum neben dem Handel mit Wollwaren, Stoffen, Teppichen auf das Gold zurückzuführen sein, das aus dem Fluß Paktolos gewonnen wurde, der die Stadt durchfloß. Die ursprüngliche Stadt war eine nahezu uneinnehmbare Zitadelle, die über dem weiten Tal des Hermos thronte ca. 80 km östl. von *Smyrna. Der Perserkönig *Kores belagerte 546 v.Chr. das Zentrum lydischer Macht. Seine Soldaten erstiegen im Schutz der Dunkelheit die Klippen und drangen an einer schwach verteidigten Stelle in die Stadt ein. Mit der gleichen Taktik gelang es 214 v.Chr. Antiochus dem Großen, die Stadt einzunehmen. Obwohl sie an einem wichtigen Handelsweg durch das Hermos-Tal lag, erlangte sie die große Bedeutung nicht wieder, die sie in früheren Jh. gehabt hatte. 26 n.Chr. wurde ihr Anspruch auf den Bau eines klassischen Tempels zugunsten ihrer Rivalin *Smyrna zurückgewiesen. Heute findet sich ein kleines Dorf (Sart) nahe der Ortslage der alten Stadt. Von der Christengemeinde in S. spricht Offb 1,11; 3,1ff. Der Brief an »den Engel der Gemeinde in Sardes« (Offb 3,1-6) legt nahe, daß die christl. Gemeinde dort von dem gleichen Geist erfüllt war wie die Stadt, die

Die Zitadelle von Sardes über dem Hermostal. (SH)

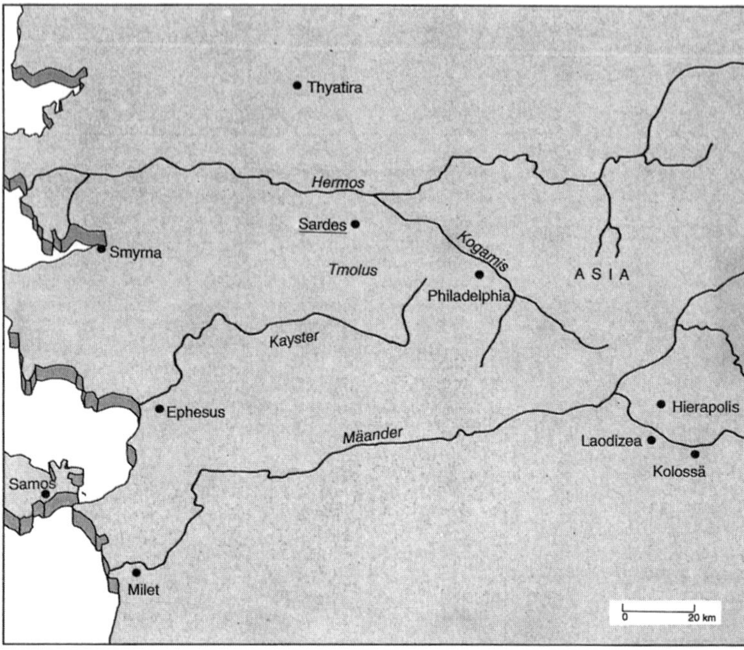

An die Gemeinde in Sardes ist eines der »Sendschreiben« adressiert (Offb 3,1–6).

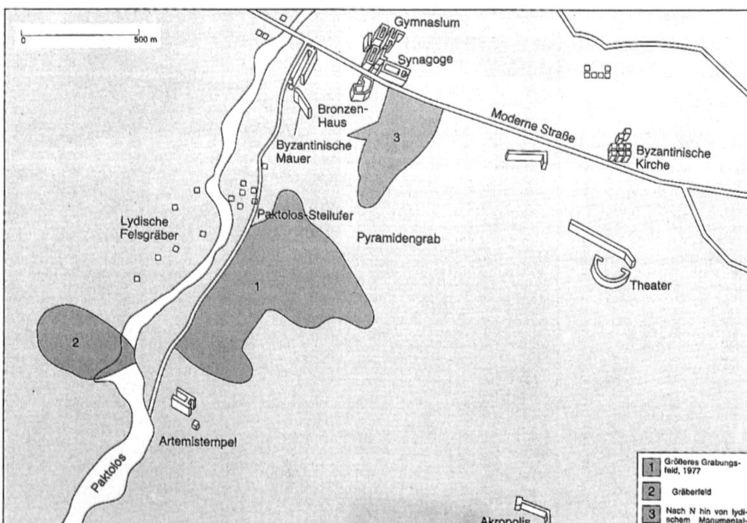

Das Stadtgebiet von Sardes mit den wichtigsten Ausgrabungsfeldern.

Die prächtige Synagoge von Sardes, die aufgrund von Inschriften identifiziert werden konnte, wurde wohl im 3. Jh. n.Chr. erbaut und um 400 erneuert. (MBr)

sich auf ihren früheren Ruf verließ und gegenwärtig kaum mehr Bedeutung hatte, und die Gemeinde es versäumte (wie die Stadt es zweimal versäumt hatte), aus der Vergangenheit zu lernen und wachsam zu sein. Nicht nur das Bild der »weißen Gewänder« war bedeutsam in einer Stadt, die bekannt war für ihren Handel mit Wollwaren und Stoffen: auch der Aufruf zur Wachsamkeit erinnert an die Geschichte der Stadt, die nachts eingenommen worden ist (s.o.). Ausgrabungen haben viel von S. ans Licht gebracht, u.a. auch eine prächtige Synagoge. S. war offenbar jahrhundertelang ein Zentrum der jüd. Diaspora gewesen, möglicherweise das Sefarad in Obd 20.

Literatur: W.M. Ramsay: The Letters to the Seven Churches of Asia, 1904, Kap. 25,26; E.M. Blaiklock: The Cities of the NT, 1965, S. 112-119; D.G. Mitten: BA 29, 1966, S. 38-68; C.J. Hemer: NTS 19, 1972-3, S. 94-97; ders.: Buried History 11, 1975, S. 119-135; s.a. Kommentare zur *Offenbarung d. Johannes.

E.M.B.G./C.J.H.

SAREPTA s. Zarpat

SARGON. S. II. (hebr. *sargōn*; LXX: *Arna*; assyr. *Scharru-ūkīn*, »[der Gott] hat das Königtum errichtet«) herrschte in Assyrien 722-705 v.Chr. Seine Herrschaft ist in vielen Einzelheiten aus Inschriften in seinem Palast in Chorsabad, den er 717-707 v.Chr. erbauen ließ und aus historischen Texten und Briefen, die in *Ninive und *Kelach/Nimrud gefunden wurden, bekannt. Obwohl er nur einmal im AT erwähnt wird (Jes 20,1) sind seine Feldzüge in Syrien-Palästina wichtig für das Verständnis des historischen Hintergrunds der Prophezeiungen Jesajas. S. behauptet, die Stadt Samaria, die sein Vorgänger Salmanassar V. (727-722 v.Chr.) drei Jahre lang (2Kön 17,5ff) bis zu seinem Tod am 20. Dezember 722 v.Chr. oder 18. Januar 721 v.Chr. belagert hatte, schließlich eingenommen zu haben. Es ist anzunehmen, daß S. diese Operation zu Ende führte, nach Assyrien zurückeilte und den Thron beanspruchte (TGI, S.60). Auch wenn er den gleichen königlichen Namen wie der heldenhafte Sargon I. von Akkad (ca. 2350 v.Chr.; *Akkad; *Nimrud) trägt, besteht kein Zweifel, daß er der legale Tronfolger war und kein Usurpator. Während der ersten Monate seiner Herrschaft stand er einer größeren innenpolitischen Krise gegenüber, die nur durch die Gewährung von Privilegien für die Bewohner Assurs überwunden wurde. Im Frühjahr 720 v.Chr. zog S. nach S, gegen den Chaldäer Marduk-apla-iddina II. (*Merodach-Baladan), der den babylon. Thron an sich gerissen hatte. Eine unentschiedene Schlacht in Der hielt den Vormarsch der verbündeten elamitischen und arab. Stämme auf, aber durch Unruhen im W war S. gezwungen, Marduk-apla-iddina als König in Babylon zu belassen (721-710 v.Chr.). Im W bildete Jaubi'di von Hamat mit Damaskus, Arpad, Simirra, Samaria und möglicherweise Hatarikka eine anti-assyr. Koalition. Im Jahr 720 v.Chr. besiegte S. diese Koalition syr. Für-

Sargon II., König von Assyrien (721–705 v.Chr.); Chorsabad, Höhe des Bildes: 89 cm.

sten in der Nähe von Qarqar in N-Syrien, machte die teilnehmenden Städte wieder zu Vasallen und zog weiter, um Raphia zu zerstören und so den Rebellen Hanun von Gaza von der ägypt. Streitmacht abzuschneiden, die er ebenfalls besiegte (TGI S. 62). Diese Interpretation folgt der Identifikation von *So oder Sib'e (2Kön 17,4) als hebr. Wiedergabe des Begriffs für Führer (*re'e*) und nicht als Eigenname eines nichtidentifizierten ägypt. Königs (JNES 19, 1960, S. 49-53; so LÜ; RevEB) oder eines Königs von Sais (*s'w* = So; BASOR 171, 1963, S. 64-67). Während dieser Operationen warnte Jesaja die Juden, nicht teilzunehmen oder auf ägypt. Hilfe zu vertrauen, wobei er seine Botschaft durch das Schicksal Karkemischs, Hamats, Arpads, Samarias und Damaskus' illustrierte (Jes 10,9). Auf seinem Rückmarsch von der ägpyt. Grenze ließ S. einen großen Teil der Bevölkerung Samarias deportieren, die Stadt selbst sollte als Hauptstadt einer neuen assyr. Provinz Samarien wiederaufgebaut werden. Die Durchführung des Plans, Samaria wieder mit Fremden zu bevölkern, nahm mehrere Jahre in Anspruch und scheint bis zur Herrschaft *Asarhaddons gedauert zu haben (Esr 4,2). 716 v.Chr. führte S. Krieg gegen die Araber im Sinai und machte den Pharao Schilkanni (Osorkon IV.) von Ägypten und Samsi, die Königin der Araber tributpflichtig (TGI S. 62). Trotz dieser militärischen Erfolge Assyriens ersetzte das Volk von Aschdod seinen von Assyrien ernannten Herrscher, Ahimetu, durch den Usurpator Iadna (oder Iamani), der eine weitere syro-palästin. Koalition gegen Assyrien anbahnte, wobei er zweifellos mit ägypt. Hilfe rechnete. 712 v.Chr. schickte S. sein Heer, das Aschdod einnahm (Jes 20,1) und die Stadt zu einer assyr. Provinz machte (TGI S.63); *Afek (Tell es-Zakarije) an der judäischen Grenze nahe *Lachisch ergab sich im Verlauf dieses Feldzugs; das unabhängige Juda entging knapp einer Invasion. Iamani floh nach Nubien, wurde jedoch von dem Herrscher Schabaka an Ninive ausgeliefert. S. machte 717 v.Chr. Karkemisch zur Provinz und unterwarf anschließend ganz SO-Anatolien. 714 v.Chr. fand der in einem »Gottesbrief« beschriebene Feldzug gegen Rusa I. von Urartu statt, der mit dem Selbstmord dieses Königs und der Plünderung seiner Hauptstadt endete. 710-707 rückte S. – nach Streifzügen gegen Medien zur Sicherung der O-Grenze – wieder gegen Merodach-Baladan vor, der nach Elam floh, worauf S. fünf Jahre über Babylonien herrschte. Im Kampf gegen Tabal fiel S. auf feindlichem Territorium und blieb unbestattet. Sein Sohn *Sanherib wurde sein Nachfolger am 12. Ab, 705 v.Chr.

Literatur: H. Tadmor: The Campaigns of Sargon II. of Assur, JCS 12, 1958, S. 22-40, 77-100; H.W.F. Saggs: Iraq 17, 1955, S. 146-149; 37, 1975, S. 11-20; D.J. Wiseman: DOTT, S. 58-63, TGI S. 60-65; AOT S. 348-352. D.J.W.

SATAN, DÄMON, BESESSENHEIT.

I. DIE BEGRIFFE SATAN/DÄMON.

Der hebr. Wortstamm *stn* bedeutet »anfeinden, anklagen«. S. ist der übersinnliche Widersacher Gottes und der Ankläger der Menschen (Hiob 1,6-12; 2,1-7; Sach 3,1f;

Babylonische Bronzefigur eines Dämons mit einer Votivinschrift über dem Rock. (BM)

1Chr 21,1). In der griech. Übersetzung des AT (LXX) wird die Bezeichnung S. mit *Diabolos* widergegeben. Das Verb *diaballō* heißt: »auseinanderbringen, anklagen, verleumden, täuschen«. Das Substantiv *Diabolos* begegnet fast nur im NT und der LXX. Vor allem im NT wird eindeutig von dem personalen Gegenspieler Gottes geredet; 37 mal unter dem Begriff *Diabolos*, 36 mal *Satanas* und 7 mal *Beelzebūl*. Der S. kann von seinem widergöttlichen Wesen her als Feind (*Echtros*) Gottes und der Menschen beschrieben werden (Mt 13,24-30; Lk 10,19) oder als der Verführer bzw. Versucher (*Peirazōn*; Mt 4,3; 1Thess 3,5) oder auch als der schlechthin Böse, Arge (*Poneros*; Mt 13,19; 1Joh 3,12; 5,18; Eph 6,16). Im Zusammenhang der Bezeichnung *Beelzebūl* wird deutlich, daß S. als der Oberste im Reich der Dämonen herrscht, das damit eine in sich geschlossene Macht darstellt. Im NT wird außer in Mt 8,31 immer (63 mal) die Diminutivform von *daimon*, nämlich *daimonion*, gebraucht. In der antiken Umwelt gilt der Dämon als ethisch und rel. neutrale, das Schicksal bestimmende Macht. Im NT bezeichnet Dämon dagegen immer die gottferne und gottfeindliche Wirklichkeit.

II. DAS WESEN SATANS.

1. Raub an Gottes Macht und Herrlichkeit.

Bezeichnenderweise findet sich in der Bibel keine ausgeführte, systematische Lehre über den S. bzw. die Dämonen. Auch wird über den Ursprung des S.s nicht spekuliert. Dennoch ergeben sich aus der Schrift Grundzüge zum Verständnis jener finsteren Mächte, um so realistisch die Situation der gefallenen Welt zu durchschauen und in der Versuchung zu widerstehen. Obwohl vereinzelt wie z.B. im Vater Unser (*Gebet des Herrn, Mt 6,13) sprachlich offen bleibt, ob von dem Bösen personal oder neutral die Rede ist, zeigt der exegetische Gesamtbefund eindeutig, daß S. und seine Dämonen willentlich handelnde und zudem intelligente Wesen sind, die Gott entschlossen entgegenstehen. Der S. und die Dämonen gehören offensichtlich zu den »Engeln, die gesündigt«, d.h. sich in Hochmut gegen Gott aufgelehnt haben (2Petr 2,4; Jud 6).

Die Macht S.s liegt zunächst in der Verstellung und bewußten Irreführung. Paulus weist darauf hin, daß die Attraktivität und Faszination des Bösen durch Verblendung zustande kommt: »Satan verstellt sich als Engel des Lichts« (2Kor 11,14). Er existiert aus dem Raub an Gott, d.h. aus der ihm schöpfungsmäßig geschenkten Teilhabe am Glanz und der Macht des Schöpfers, die er nun gegen Gott wendet. Der Prolog zum *Hiobbuch macht deutlich, daß S. Zugang zur himmlischen Wirklichkeit Gottes hat (Hiob 1,6-12 und 2,1-7). Aus dieser Teilhabe an der göttlichen Welt erwächst die verführerische Kraft S.s, der sich verstellt und so den Menschen betrügt. In der Gestalt der *Schlange lockt er bereits die ersten Menschen zum Unglauben und Ungehorsam gegen Gott, indem er den Willen Gottes verdreht und den Schöpfer gegenüber dem Geschöpf verleumdet (1Mo 3). Johannes charakterisiert deshalb den Teufel als Lügner: »Wenn er Lügen redet, so spricht er aus dem Eigenen; denn er ist ein Lügner und der Vater der Lüge« (Joh 8,44). Wobei klar ist, daß die Lüge ihre Überzeugungskraft aus der Wahrheit bezieht, die in ihr steckt und die sie ins Gegenteil verkehrt. Die ntl. Bezeichnung der irdischen Manifestation des S.s, nämlich des Anti-Christen, bringt die urgeschichtliche Verführung endgeschichtlich zum Ausdruck. Die griech. Vorsilbe *anti* bedeutet sowohl »gegen« als auch »anstatt«. S. stellt sich gegen Gott, indem er sich an seine Stelle zu setzen sucht; der Antichrist stellt sich gegen Christus, indem er dessen Platz beansprucht.

2. Macht der Sünde und des Todes.

Auflehnung gegen Gott aber kennzeichnet das Wesen und die Dynamik der *Sünde. Der Teufel ist deshalb nicht nur ein »Lügner von Anfang an«, sondern er »sündigt (auch) von Anfang an« (1Joh 3,8). Als *Diabolos*, d.h. »Durcheinanderwerfer«, bewirkt er zwischen Schöpfer und Geschöpf das Zerwürfnis der Sünde. Gott und Mensch werden getrennt, und der von Gott schlechthin abhängige Mensch verliert mit seinem Schöpfer auch seine Existenzgrundlage als Geschöpf. Gott ist Ursprung und Ursache des Lebens; Gottlosigkeit führt somit zum *Tode. Indem S. den Menschen seines Gottes beraubt, ihn also gottlos macht, nimmt er ihm das Leben. Der johanneische Hinweis, daß S. von Anfang an sündigt, weil er von Anfang an lügt, führt mithin zu der Konsequenz: Der Teufel »ist ein Mörder von Anfang an und steht nicht in der Wahrheit, denn die Wahrheit ist nicht in ihm« (Joh 8,44). Neben der subtilen Verführung der »Schlange« auf der intellektuellen und emotionalen Ebene steht die brutale Gewalt des S.s zur Vernichtung der physischen Existenz: »Der Teufel geht umher wie ein brüllender Löwe und sucht, wen er verschlinge« (1Petr 5,8). Was sich in bezug auf das Gottesverhältnis zunächst verborgen als Sünde ereignet, wird durch den Tod nach außen hin offenbar. Da vom S. in einem unmittelbaren und ursprünglichen Sinn die Verführung zur Sünde ausgeht, ist die Macht des Todes seine wesensmäßige Domäne. Der Teufel hat kein Mandat des Lebens, keine schöpferische

Kreativität, wohl aber die Potenz zur Zerstörung und Vernichtung von Leben. Mit der Sünde ist der Tod unlösbar verbunden. Der Teufel ist wie »ein brüllender Löwe« weil er mit dem Tod schrecken kann und als der, der die »Gewalt über den Tod« hat (Hebr 2,14), dieses Terrormittel uneingeschränkt einsetzt. Daß der Tod der genuine Herrschaftsbereich S.s ist, wird auch aus der Tatsache ersichtlich, daß Israel jeder Totenkult und alle okkult-spiritistische Totenbeschwörung untersagt ist (Jes 8,19). Die Totenbeschwörung Sauls in Endor bezeichnet den endgültigen Abfall des Königs von Gott und damit das Ende seiner Herrschaft (1Sam 8,3-25).

3. Hintergründige Macht des Götzendienstes.

Der Zusammenhang von Sünde und S. ist zudem für das bibl. Verständnis der Religionen von großer Bedeutung. Alle Gebote wurzeln in der unantastbaren Gottesbezeichnung, die das erste Gebot fordert. Gottesdienst, Lehre und Praxis der heidnischen Religionen sind Götzendienst und geben damit Raum für dämonische Machteinflüsse, die gegen die wahre Gotteserkenntnis und den wahren Gottesdienst gerichtet sind. In dem Kampf der Propheten gegen den Götzendienst geht es im letzten um den Gegensatz von Gott und S., und das verleiht dieser Auseinandersetzung ihre Radikalität und Schärfe. Das Gottesurteil auf dem *Karmel, das *Elia im Auftrag Gottes herbeiführt, dokumentiert diesen Vorgang eindrücklich (1Kön 18). Die gesamte Eroberungsgeschichte Kanaans unter der Führung Josuas bis in die wechselvollen Geschicke der israelitischen und jüd. Herrscherhäuser hinein ist geistlich vom Kampf gegen die dämonischen Einflüsse der Fremdreligionen und ihrer Kulte bestimmt; die Einführung des Höhenkultes durch *Rehabeam ist dafür ein Beispiel (2Chr 11,13-16). Auch *Paulus rechnet mit Dämonen, die hinter und in der Praxis heidnischer Kulte wirksam sind. Die äußeren, materialen Kultbilder des Götzendienstes sind zwar als solche nichtig, aber als Einfallstor dämonischer Mächte gefährden und verführen sie die Gemeinde (1Kor 10,19-22); vgl. auch die Auseinandersetzung des Paulus mit dem Zauberer Elymas in Zypern (Apg 13,8-12) sowie die Hinweise 2Kor 6,16 und Offb 9,20f.

4. Verkläger des Volkes Gottes.

Die abgründige Verlogenheit S.s manifestiert sich in der Art, wie er mit der Sünde des verführten Menschen umgeht. Die Sünde wird unversehens zur Anklage gegen den Menschen vor Gott. S. ist der Verkläger des Gottesvolkes (in Sach 9,1f wird dieses z.B. durch den Hohenpriester Jeschua repräsentiert). Schuld vor Gott und Menschen wird zum Rechtstitel, den S. einklagt und dadurch die Verfügung über den Menschen beansprucht. Deutlich wird dieser Vorgang an der Volkszählung Davids. S. reizt die Eitelkeit und das Machtbewußtsein des Königs (1Chr 21,2) und verführt ihn so zu einer eigenwilligen, selbstherrlichen Zählung des Volkes und beschwört damit Gottes Gericht herauf (1Chr 21,7). Was zunächst vom S. als legitimes Interesse des Volkes ausgegeben wird, erweist sich schließlich als Instrument zur Vernichtung des Volkes. Ebenso zeigt sich S. im Hiobprolog als Ankläger gegen die besten und elementarsten Interessen des Menschen (Hiob 1,1-6; 2,1-7). Diese Darstellung S.s als Ankläger gegen das Volk Gottes bzw. die Gemeinde des Christus wird in der Heiligen Schrift bis zur Johannesoffenbarung durchgezogen, wo es in dem Gerichtswort über S. und seine Dämonen heißt: »denn der Verkläger unserer Brüder ist verworfen, der sie verklagte Tag und Nacht vor unserem Gott« (Offb 12,10).

III. MACHT UND OHNMACHT SATANS.

Die Existenz eines übernatürlichen, personalen Wesens, das sich gegen Gott empört, wirft notwendig die Frage nach der Gottheit Gottes auf. Dabei hält die Bibel zwei Aspekte zusammen, die im Horizont der formalen Logik nicht mehr vermittelt und in ihrer Spannung aufgelöst werden können. Einerseits ist S. eine Wirklichkeit, die gegen Gott steht und das Böse, das sie ist und das von ihr ausgeht, selbst verantworten muß; insofern stehen sich Gott und S. in je eigener Souveränität gegenüber. Gott hat als Schöpfer an der dämonischen Wirklichkeit weder Anteil noch Schuld. Andererseits hat der S. mitsamt seinen Dämonen als Geschöpfen keine göttliche Macht, sie bleiben in ihrem Wirken auf die Zulassung Gottes angewiesen; insofern ist der Teufel »Gottes Teufel«. Die Bibel lehnt damit die im pers. Dualismus begegnende Gegenüberstellung zweier gleichstarker und gleichberechtigter metaphysischer Mächte ab. Es gibt keine zwei Götter, die je das gute und das böse Weltprinzip verkörpern.

1. Die Abhängigkeit Satans von Gott.

In der Versuchung Jesu präsentiert sich S. Christus gegenüber zwar als Weltherrscher, aber diese Machtstellung hat er nicht aus eigenem Vermögen, sondern sie ist ihm »übergeben« (Lk 4,6). Er kann zwar gegen den Gottesknecht Hiob vorgehen, weil ihm Gott Zutritt zur himmlischen Wirklichkeit gewährt, aber Gott setzt ihm auch die unüberschreitbaren Grenzen seiner Handlungsfreiheit (Hiob 1,12 und 2,6). S. wird offensichtlich von Gott in spezifischen Zusammenhängen geradezu als Exekutor göttlicher Strafgerichte gebraucht; so soll nach 1Kor 5,5 der korinthische Blutschänder »dem Satan übergeben werden zum Verderben des Fleisches, damit der Geist gerettet werde am Tage des Herrn«. Der S. hat zwar Macht, die gesamte Ökumene, d.h. den Erdkreis, zu verführen (Offb 12,9), aber Gott selbst begrenzt die Versuchung, so daß die Gemeinde sie ertragen und sich in ihr bewähren kann (1Kor 10,13). Die souveräne Überlegenheit Gottes über den S. findet in dem Hinweis der Apokalypse auf das *Tausendjährige Reich, in dem der Teufel gebunden und eingekerkert wird (Offb 20,2) eine deutliche Bestätigung.

2. Der heilsgeschichtliche Aspekt.

a. Das Ringen zwischen Christus und Satan.

Dem Bekenntnis zur absoluten Herrschaft Gottes über den S. steht in unauflöslicher Hochspannung die Tatsache gegenüber, daß S. Macht hat, sich gegen Gott aufzulehnen, wie dies kein irdisches Geschöpf tun könnte. Die Geschichte Jesu kann ohne den satanischen Gegenwillen überhaupt nicht sachgemäß verstanden werden. Nach dem Bericht der Evangelien rang Jesus unablässig mit dämonischen Mächten. Und weil die heilsgeschichtliche Bedeutung des Satanischen erst in der Auseinandersetzung mit Christus voll erkennbar wird, finden sich auch erst im NT zahlenmäßig und inhaltlich umfassendere Aussagen über den S. und die Dämonen. Die Versuchungsgeschichte zeigt die Herrschaft des S.s über die Welt. Er kann über materiellen Reichtum, Ehre und Ansehen sowie politische Macht frei verfügen: »ich gebe sie, wem ich will« (Lk 4,6). Darin erweist er sich als »Fürst dieser Welt« (Joh 14,30). S. hintertreibt ferner die Verkündigung Jesu, indem er das Wort aus den Herzen wegnimmt (Mk 4,16) und als Feind Unkraut zwischen den Weizen einsät (Mt 13, 38f). Der Kampf zwischen Christus und S. erreicht in der Passionsgeschichte ihre äußerste Zuspitzung und ihren endzeitlichen Höhepunkt: »Jetzt ergeht das Gericht über die Welt; nun wird der Fürst dieser Welt ausgestoßen werden« (Joh 12,31; vgl. Joh 16,11). Ziel des Weges Jesu ist die Entrechtung und die Entmächtigung S.s. Der S. verliert auf Grund der am Kreuz von Christus erworbenen *Rechtfertigung des Sünders jedes Recht, den an Christus Glaubenden weiter vor Gott anzuklagen. Christus ist Mensch geworden, »damit er durch seinen Tod die Macht nähme dem, der Gewalt über den Tod hatte, nämlich dem Teufel« (Hebr 2,14). Kreuz (*Kreuz/Kreuzigung. Theologisch) und *Auferstehung Jesu vernichten somit das Zerstörungswerk S.s (1Joh 3,8) und schaffen Raum für eine neue Schöpfung, in der »Gerechtigkeit wohnt« (2Petr 3,13).

b. Der endzeitliche Kampf der Gemeinde Jesu Christi.

Mit dem Sieg Christi über den S. ist dieser endgültig entrechtet, ist die Schuldfrage gelöst. Aber bis zur öffentlichen Erscheinung Jesu bei seiner *Wiederkunft und der damit verbundenen Machtübernahme durch Christus, bleibt die Machtfrage noch ungelöst. So entsteht ein Zeitraum, in dem Christus sein *Evangelium verkündigen läßt und durch sein Wort seine Gemeinde aus allen Völkern sammelt. Diese Zeitspanne der *Heilsgeschichte zwischen der Entrechtung und Entmächtigung S.s hat das Ziel, den Heiden die Augen zu öffnen, »daß sie sich bekehren von der Finsternis zum Licht und von der Gewalt des Satans zu Gott« (Apg 26,18). Damit ist ein Kampf angesagt, der die gesamte Kirchengeschichte bestimmt. Es ist ein Streit gleichermaßen nach außen gegen Widerstände und Verfolgung sowie nach innen gegen *Verführung und *Irrlehre (Apg 4,1-22; 5,1-11; 7,1-8,25; 1Thess 2,18; Gal 1,6-10; Offb 2,9; 3,9). Offensichtlich findet der S. Anknüpfungspunkte auch bei den Christen, wie dies an Hananias und Saphira (Apg 5,3.9) und – schon vor der Passion – an den Jüngern *Petrus (Mt 16,22f; Lk 22,31) und Judas (s. *Judas Iskariot; Lk 22,3; Joh 13,27) deutlich wird. Aus dieser Perspektive beschreibt das NT die Weltgeschichte als Fortschritt satanischer Machtentfaltung. Vor der Machtübernahme durch Christus muß das Böse ausreifen und die Gottlosigkeit ihr wahres Wesen enthüllen: Es muß zuvor »der Mensch der Bosheit offenbar werden, der Sohn des Verderbens« (2Thess 2,3). Im *Antichristen als satanischem Mandatsträger auf Erden kommt auch die 1Mo 3 begonnene Sünden- und Abfallsgeschichte der Menschheit zu ihrer radikalsten Auswirkung. »Er ist der Widersacher, der sich erhebt über alles, was Gott oder Gottesdienst heißt, so daß er sich in den Tempel setzt und vorgibt, er sei Gott« (2Thess 2,4; vgl. Offb 13,1-8). Die Gemeinde Jesu vermag in diesem zermürbenden Kampf nur durchzuhalten, weil sie weiß, daß der Teufel »nur wenig Zeit hat« und die »Erlösung sich naht« (Lk 21,28; Röm 16, 20). Das heilsgeschichtliche Ziel ist die strafende Vernichtung S.s und aller seiner Dämonen (Mt 25,41; Offb 20,10) sowie die Aufrichtung der Gottesherrschaft.

IV. SEELSORGERLICHE ORIENTIERUNG.

Die Bibel redet über die satanische Wirklichkeit nicht, um Neugierde oder gar Nervenkitzel des Menschen zu befriedigen. Es geht vielmehr um seelsorgerliche Wegweisung durch *Trost und Ermahnung. Die entscheidende Hilfe besteht im Hinweis auf Christus und sein Leiden. Er ist wie wir versucht worden und ohne Sünde geblieben, deshalb kann er allen, die versucht werden, beistehen und sie bewahren (Hebr 4,15). Der Teufel hat sein Recht an denen verloren, für die Jesus gestorben ist und die seine Vergebung in Anspruch nehmen (Offb 12,10f). Paulus weist Eph 6,10-17 auf die geistliche Waffenrüstung hin, durch die Christen übermächtigen, weil übermenschlichen dämonischen Mächten begegnen und sie überwinden können (vgl. auch 1Petr 5,9; Jak 4,7). Der geforderte offensive Widerstand gegen den S. im Glauben nimmt je nach der praktischen Situation verschiedene Formen an. Die Gläubigen sollen dem Versucher keine Angriffsflächen bieten. So warnt Paulus vor Unversöhnlichkeit im Umgang miteinander, was den S. veranlassen könnte, die Gemeindeglieder zu »übervorteilen« (2Kor 2,11). In eine ähnliche Richtung weist die Mahnung, nicht am Zorn festzuhalten und dadurch »dem Teufel Raum zu geben« (Eph 4,27). Bedenkenswert ist auch die Nüchternheit, mit der der Apostel Eheleute vor einer übersteigerten sexuellen Askese warnt, durch die der S. die Möglichkeit zur Versuchung erhält (1Kor 7,5). Ein weiteres Einfallstor für dämonische Einflüsterungen und Verstrickungen ist der Hochmut. Dies unterstreicht Paulus in seinen Anweisungen zur Übernahme des Bischofsamtes, also einer in der Gemeinde hervorgehobenen Stellung (1Tim 3,6f). Er selbst spricht sich nicht frei von der Gefährdung, sich auf Grund besonderer Offenbarungen und Gnadenerweise zu überheben. Deshalb muß er einen »Pfahl im Fleisch« erdulden, indem ihn des »Satans Engel mit Fäusten schlagen soll« (2Kor 12,7).

V. DÄMONENAUSTREIBUNG ALS BESONDERE AUFGABE DER SEELSORGE.

1. Besessenheit.

Die Bibel unterscheidet klar zwischen dem allg. Machtbereich S.s, als Fürst dieser Welt zu herrschen und Menschen zu verführen und dämonischer Besessenheit im speziellen Sinne. Bei Besessenheit handelt es sich um eine Art teuflischer Inspiration; sie ist das satanische Gegenteil zu der tiefen Gemeinschaft Christi mit den Gliedern seines Leibes und der *Inspiration durch den Heiligen *Geist. Im dämonisch Besessenen wirkt ein fremder, satanischer Wille. Dieser satanische Wille bestimmt dann das Handeln des betreffenden Menschen. Ein erschütterndes Beispiel solcher Besessenheit ist die satanische Eingebung an Judas Iskariot, Jesus zu verraten (Joh 13,2). Im AT läßt sich an der Gestalt des verworfenen Königs *Saul zeigen, wie der ehemals geistbegabte Gesalbte Gottes von einem bösen Geist zunehmend besetzt und beherrscht wird (1Sam 16,14; 19,9). In den synoptischen Evv. begegnen mehrfach Hinweise auf Besessene, deren Situation eindeutig von *Krankheit im allg. Sinn unterschieden wird (Mt 4,24). Die Zustände und die Intensität dämonischer Bindung und Einwirkungen können im Leben eines Besessenen schwanken. In jedem Fall wirken sie sich auf den Betroffenen und seine Umgebung verheerend aus (Mk 9,18; Lk 8,26-34). Die völlige Fremdbestimmung durch die Dämonen wird an Anomalitäten ersichtlich; so reden z.B. aus dem Gequälten fremde Stimmen (Lk 8,30f). Wer mit der Gefahr dämonischer Besessenheit spielt, kommt darin um. Deshalb verbietet Gott schon im AT strikt jede okkulte oder spiritistische Praxis und bedroht die Übertretung dieses Gebotes mit der Todesstrafe (3Mo 20,6.27). Weil gerade im rel. Bereich viele Kraftwirkungen von Geistern bezeugt werden, ist die Unterscheidung der Geister notwendig, die sich am Bekenntnis zur uneingeschränkten Herrschaft Jesu Christi festmachen läßt (1Kor 12,1-3; 1Joh 2,18-29).

2. Dämonenaustreibung.

Exorzismus (Dämonenaustreibung) ist keine menschliche Möglichkeit, da die Macht der Dämonen über das menschliche Vermögen weit hinausgeht. Den Starken kann nur der Stärkere binden (Lk 11,21f). Damit ist die Frage nach der Vollmacht gestellt. Jesus erweist sich durch seine Vollmacht, Dämonen auszutreiben, als Herr über den S. (Mt 10,8; Mk 6,13; Lk 13,16.32; Apg 8,7; 19,12). Sein Machtwort, das den Dämonen auszufahren gebietet, beweist, daß das *Reich Gottes angebrochen und daß er der *Messias ist. Aus sich heraus sind die *Jünger ohnmächtig und unfähig (Mk 9,18). Jeder angemaßte Vorstoß des Menschen gegen Dämonen fällt schwer auf ihn selbst zurück. Jeder nur menschliche Versuch, Dämonen zu überwinden, scheitert und endet im Chaos. Der Exorzist wird selbst zum Besessenen (Apg 19,13-17). Deshalb ist auch die Warnung des Paulus, mit Götzen und bösen Geistern nicht leichtfertig umzugehen (1Kor 10,22) wichtig. Dämonen auszutreiben erfordert vielmehr eine besondere Berufung und Bevollmächtigung durch Christus (Lk 9,1; 10,17). Soll ein Mensch wirklich von Besessenheit befreit werden, so genügt es schließlich seitens des Besessenen nicht, »leer zu sein« (Mt 12,44f). Das entstehende geistliche Vakuum muß vielmehr durch einen grundlegenden Herrschaftswechsel unter die gute Führung Christi überwunden werden.

Der Heilige Geist kann allein die Leere und das Chaos, das die Dämonen zurücklassen, ausfüllen und von Gott her gestalten.

VI. BIBLISCHER REALISMUS ANGESICHTS DES NEUERWACHTEN OKKULTISMUS.

Die europäische Aufklärung hat mit dem antiken Dämonenglauben und dem mittelalterlichen Hexenwahn radikal aufgeräumt, indem sie jede Rede von S. und den Dämonen als »mythologisch« abgetan hat. Soweit es durch Jahrhunderte der Kirchengeschichte hindurch schlimme Verirrungen und Entgleisungen gegeben hat, die nicht an bibl. Maßstäben orientiert waren, ist die Kritik berechtigt und notwendig gewesen. Andererseits zeigt nicht zuletzt die Geschichte des 20. Jh. in erschütternder Weise, daß die tiefen Abgründe der Sünde und des Bösen ohne Verständnis des satanischen Hintergrundes zu gefährlichen Verharmlosungen führen. Die aufgeklärten Reduktionen auf »den liebenden Vater im Himmel«, »den unendlichen Wert der Menschenseele« und »die vorbildliche Humanität Jesu von Nazareth« berauben die bibl. Botschaft einer wesentlichen Tiefendimension. Die Ungeheuerlichkeit des Kampfes Christi mit dem satanischen Gegenspieler und die Abgründe des apokalyptischen Ringens, in dem die Gemeinde Jesu steht, werden nicht mehr wahrgenommen. Der aufgeklärte Spott über Teufel und Dämonen hat dem Glauben an Gott und seine Macht den letzten Ernst genommen und dadurch ein Vakuum erzeugt, in das der Aberglaube einströmt. Dieser ist aber kein harmloses Spiel, sondern ein äußerst bedrohliches Einfallstor für Okkultismus und Spiritismus mit allen furchtbaren Folgen der Besessenheit. Kraft zur Überwindung des Bösen und zur Abkehr vom »Teufel und allen seinen Werken« ist nur durch bibl. Realismus möglich. Solcher Realismus weiß um die Existenz und Macht des S.s und stellt sich deshalb bewußt unter die Herrschaft Jesu Christi.

Literatur: exegetisch: E. Achilles, L. Coenen: TBLNT I, [4]1986, 137-142; H. Bietenhard, L. Coenen: ibid, 166-171; H. Bietenhard: TBLNT II, [4]1986, 1057-1064;

kirchen- und theologiegeschichtlich: G. Tavard: TRE VIII, 1981, 286-300;

systematisch-theologisch: K. Heim: Jesus der Herr, [5]1977; ders.: Jesus der Weltvollender, [6]1985; O. Michel: Gestaltwandel des Bösen, 1975;

praktisch-theologisch; K. Koch: Seelsorge und Okkultismus, [26]1985. R.H.

SATT, SÄTTIGEN.

1. Im AT ist das hebr. Wort *sāba'* über 130 mal belegt - allein fast 50 mal in Psalmen und Sprüchen – in der Bedeutung von »satt werden«, »satt sein«, »Sättigung«, »sattmachen« (vgl. Hiob 31,31; Hes 7,19). An den meisten Stellen bezieht sich *sāba'* ähnlich wie essen und trinken auf ein grundlegendes Bedürfnis des geschöpflichen Lebens (5Mo 8,12; Rut 2,14) und wird häufig ergänzt durch das, was sättigen kann (z.B. Brot, Korn, Wein, Öl). Das Subjekt des Sättigens ist immer Gott, auf ihn sind »alle Augen« gerichtet (Ps 145, 15), er ist die »Quelle des Lebens« (Ps 36,9). Nur wenn er »seine Hand« öffnet, wird Leben in jeder Form gesättigt (Ps 145,16). Diese schöpfungstheologische Aussage wird von Israel ganz handgreiflich erfahren durch die Versorgung mit Manna und Wachteln in der Wüste (2Mo 16,12) und auch als Glaubenserfahrung unter Hiskia überliefert (2Chr 31,10; Neh 9,25; Ps 78,29). Doch die Seßhaftwerdung im Land, in dem nichts mangelt (5Mo 8,10), im Land mit »Milch und Honig« (5Mo 31,20), soll nicht verführen zum selbstverständlichen Genuß. Sattwerden ist zugleich Verpflichtung gegenüber denen, die am Rande des Wohlstandes leben, d.h. beispielsweise, daß jedes dritte Jahr als Zehntjahr bestimmt war, damit Leviten, Fremdlinge, Witwen und Waisen satt werden (5Mo 26,12). Auch darin zeigt sich die Verpflichtung gegenüber solchen, die am Rande der Gesellschaft stehen, daß Mundraub zugelassen war (5Mo 23, 29). Die feststehende Redewendung »essen und satt werden« leitet das Lob des Schöpfers ein (5Mo 6,11; 8,10). »Essen und nicht satt werden« ist ein feststehender Ausdruck für das Gerichtshandeln Gottes bei Untreue des Volkes (Hos 4,10), bei unrechtem Tun (Mi 6,14), bei Rechtsverletzungen (Jes 9,19). »Essen und nicht satt werden« kann auch stehen, wenn ein Fluch ausgesprochen wird (3Mo 26, 26). In übertragenem Sinn kann *sāba'* »genug haben«, »erfüllt sein« ausdrücken mit gleichzeitigem Bezug auf materielle und ethische Güter und Werte, und zwar in positiver wie in negativer Hinsicht, z.B. mit Gutem (Ps 104,28; Jer 31,14), mit dem Bild Gottes (Ps 17,15), durch Gottesfurcht (Spr 19,23) und an Leben (1Chr 29,28; Ps 91,16); dagegen aber auch ein Nicht-satt-Werden an Hurerei (Hes 16,28) und an Geld (Pred 5,9) bzw. ein Sattsein an den Gütern der Welt (Ps 17,14). *Sāba'* bedeutet – von Gott ausgesagt – manchmal auch »überdrüssig sein«, »verabscheuen« (Ablehnung der Brandopfer, Jes 1,11; »Ekel« an Israel, 3Mo 26,30). Zum ursprünglichen »sättigen«, nun aber mit Heilsgaben, wird *sāba'* in der Spätzeit prophetischer Verkündigung (»Neuer Bund«: Jes 49,26; 55,2; 58,10f; Jer 31,25; 50,19; Hes 39,20). Die Elenden sollen »satt werden« (Ps 22,27).

2. Das NT verwendet an den wenigen Stellen, bei denen LÜ mit »satt, sättigen« übersetzt, verschiedene griech. Ausdrücke. *Chortazō*, »sättigen«, »Genüge finden«, findet sich in den Speisewundern (Mt 14,20; 15,37) und in bezug auf Heilsgüter (Hunger nach Gerechtigkeit, Mt 5,6). Neben dem Verb *korennymi*, »satt essen« (Apg 27,38; Phil 4,12), findet sich *pimplēmi*, »anfüllen« (Lk 6,21; 6,25) und *perisseuō*, »Überfluß haben« (Phil 4,12). Theologisch bedeutsam ist die Bestätigung der Heilshoffnung der Nichtjuden (»Brosamen für die Hunde«, Mk 7,27) und Armen (Lobgesang der Maria, Lk 1,53; Lazarus, Lk 16, 21f). Wichtig ist auch Jesu Entzauberung irdischer Nahrung durch den Verweis auf das Wort Gottes und auf Gottes Fürsorge (Mt 4,4; 6,33). Besonders aber die Rede Jesu über das Brot des Lebens (Joh 6,33ff) zeigt ihn als den, der die Bedürfnisse des Menschen kennt, stillt und zur Vollendung bringen wird. Das, was den Menschen satt macht, kommt vom Himmel, vom Vater, ist umsonst (Joh 6,32; vgl. Erfüllung von Jes 55,1f).

Literatur: G. Gerleman: THAT II, [3]1984, 819ff; G. Delling: ThWNT VI, 1959, 127-134. W.Be.

SATTEL. Unter dem S. (3Mo 15,9) des Reitesels (vgl. 4Mo 22,21; 2Sam 17,23; 19,27; 1Kön 2,40; 14,13.23.27; 2Kön 4,24) hat man im AT meist wohl nur eine Decke zu verstehen, die auch heute noch vielfach den S. ersetzt. Packsättel waren jedoch bekannt; LÜ übersetzt bei Lasteseln auch »gürten« (1Mo 22,3) oder »beladen« (Ri 19,10) statt »satteln« (2Sam 16,1). Der in 1Mo 31,34 erwähnte Kamelsattel bestand offensichtlich aus einem mit Stoff oder Leder bespannten Gestell, unter dem *Rahel die *Hausgötzen ihres Vaters *Laban versteckte.

SATZUNG s. Gesetz

SAUERTEIG.

1. Beim Brotbacken setzt man dem Teig aus frischem Mehl ein Stück alten, gesäuerten Teiges hinzu, das man vom letzten Backen her in Wasser aufbewahrt hat. Dadurch wird der ganze Teig durchsäuert und gelockert. Diese Wirkung des S.s wird zum Bild für unauffällige, doch gründliche und durchdringende Einflüsse im bösen (Mt 16,6.11.12; Mk 8,15; Lk 12,1; Gal 5,9), aber auch im guten Sinn (Mt 13,33; Lk 13,21: Bild für die Ausbreitung des Reiches Gottes).

2. S. war in Israel für alle Speisopfer, die auf dem Altar verbrannt wurden, verboten (3Mo 2,11), für Dankopfer (3Mo 7,13f) und Erstlingsopfer (3Mo 23,17) aber erlaubt. Beim *Auszug aus Ägypten hatten die Israeliten keine Zeit mehr gehabt, den Brotteig säuern zu lassen (2Mo 12, 39), in Erinnerung daran durften sie während des Festes der Ungesäuerten Brote weder S. essen noch in ihren Häusern haben (2Mo 12,17-20; 5Mo 16,3f). Im Spätjudentum entwickelte man aus dieser Vorschrift eine umständliche Zeremonie, bei der das ganze Haus sorgfältig ausgefegt wurde, worauf es der Hausvater auf vielleicht noch vergessene Reste von S. genau durchsuchen mußte. Paulus nimmt die Tradition auf (1Kor 5,6-8) und verwendet sie als Bild. Für ihn ist der alte S. das alte sündigende Wesen, das im Leben der Christen keinen Platz mehr beanspruchen kann und daher »weggeschafft« werden muß.

SAUL.

1. Saul von Rehobot, König *Edoms (1Mo 36,37; 1Chr 1,48).

2. Sohn *Simeons und einer Kanaaniterin (1Mo 46,10; 2Mo 6,15; 4Mo 26,13).

3. Levit aus dem Geschlecht *Kehats (1Chr 6,9) – in neueren Übersetzungen dem hebr. *schā'ūl*, »erbeten«, entsprechend mit »Schaul« wiedergegeben.

4. Erster König Israels, Sohn des Kisch (1Sam 9,1); ein Benjaminit aus *Gibea (1Sam 10,26), daher wird der Ort, wahrscheinlich der durch Ausgrabungen bekannt gewordene Tell el-Ful, auch Gibea Sauls genannt (1Sam 11,4 u.ö.). Wie S.s Geschichte könnte ein Märchen beginnen und eine Tragödie enden. In der Mitte steht der unauslotbare Satz aus Gottes Mund: »Es reut mich, daß ich Saul zum König gemacht habe« (1Sam 15,11). Der in 1Sam 9-31 beschriebene Weg S.s läßt sich in drei Teile gliedern:

- S.s Erwählung (1Sam 9-12),
- S.s Verwerfung (1Sam 13-15),
- S.s Abstieg und Untergang (1Sam 16-31),

wobei der letzte Teil unlösbar mit der Geschichte des Aufstiegs seines Nachfolgers *David verwoben ist. Man hat deshalb in der theologischen Wissenschaft oft vermutet, die negative Charakterisierung S.s sei Tendenz davidischer Geschichtsschreibung. Dieser Auffassung widerspricht jedoch die in der Tradition durchgängig positiv berichtete Anfangszeit S.s.

a. Sauls Erwählung.

Auch wenn über dem Begehren des Volkes nach einem König von vornherein ein dunkler Schatten liegt (1Sam 8), so wird doch gleichzeitig S.s Weg zum Königtum dreifach von Gott beglaubigt: Nach 1Sam 9-10,16 wird S. durch den Propheten *Samuel im Auftrag

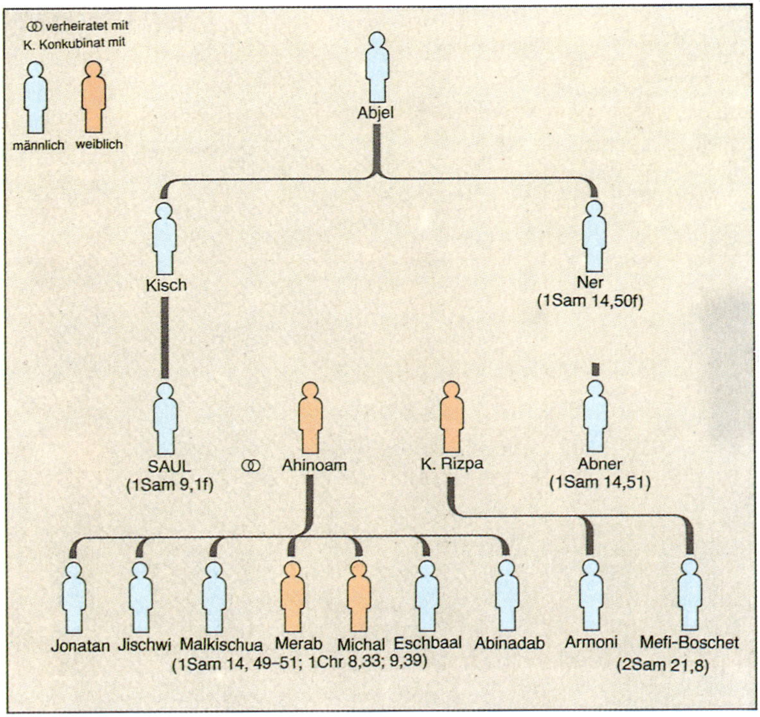

Sauls Familie.

Gottes zum König gesalbt. Diese Salbung geschieht unter Ausschluß irgendwelcher Zeugen und stellt S. in ein exklusives Verhältnis zu dem an ihm handelnden Gott: Der Geist Gottes ergreift ihn, und er erhält ein anderes Herz. Nach 1Sam 10,17-27 wird die verborgene Erwählung S. offenbar durch ein von Samuel anläßlich einer Volksversammlung im Namen Jahwes durchgeführtes Losverfahren. Bei beiden Gelegenheiten ist es die Bescheidenheit des im wahrsten Sinne des Wortes hervorragenden S. (1Sam 10,23; 9,2), die betont wird (1Sam 10,16; 10,22). Schließlich erfolgt die allg. Anerkennung des Königtums S.s im Volk durch den Sieg über die *Ammoniter und die Errettung des belagerten *Jabesch in Gilead (1Sam 11). Der durch den Geist Gottes eingeleitete Kampf (1Sam 11,6) zeigt die Nähe des Königtums S.s zu der Zeit der großen Rettergestalten des Richterbuches. Bei beiden letzteren Gelegenheiten wird der Großmut S.s hervorgehoben (1Sam 10,27; 11,12f).

b. Sauls Verwerfung.

Über den Charakter des Königtums S.s läßt sich nur indirekt einiges erschließen. Nicht einmal Alter und Regierungszeit sind gewiß, da die Textüberlieferung und -übersetzung von 1Sam 13,1 problematisch ist (vgl. auch 1Sam 18,21; 27,7; Apg 13,21). Berichtet werden v.a. S.s Aufgaben und Taten in der Auseinandersetzung mit den Nachbarvölkern Israels, so daß man sein Königtum als ein Heerkönigtum bezeichnen könnte (vgl. 1Sam 14,47-52); auf die inneren Angelegenheiten Israels scheint er weniger Einfluß gehabt zu haben. Der Niedergang dieses Königtums beginnt durch dreifachen, scheinbar geringfügigen Anlaß: ein Eingriff in Samuels Opferamt aus Ungeduld (1Sam 13), ein übereiltes Gelübde (1Sam 14), und ein - vielleicht durch das Volk veranlaßt (1Sam 15,24) – nicht genau ausgeführter Auftrag Gottes (1Sam 15). Menschlich gesehen zwar jeweils nur zu verständlich, handelt der Auserwählte Gottes doch in seinem *Amt nicht gemäß seiner *Erwählung, so daß den erwählenden Gott seine Wahl reut. S. wird in seinem Amt - zumindest zunächst nicht als Person! – von Gott verwor-

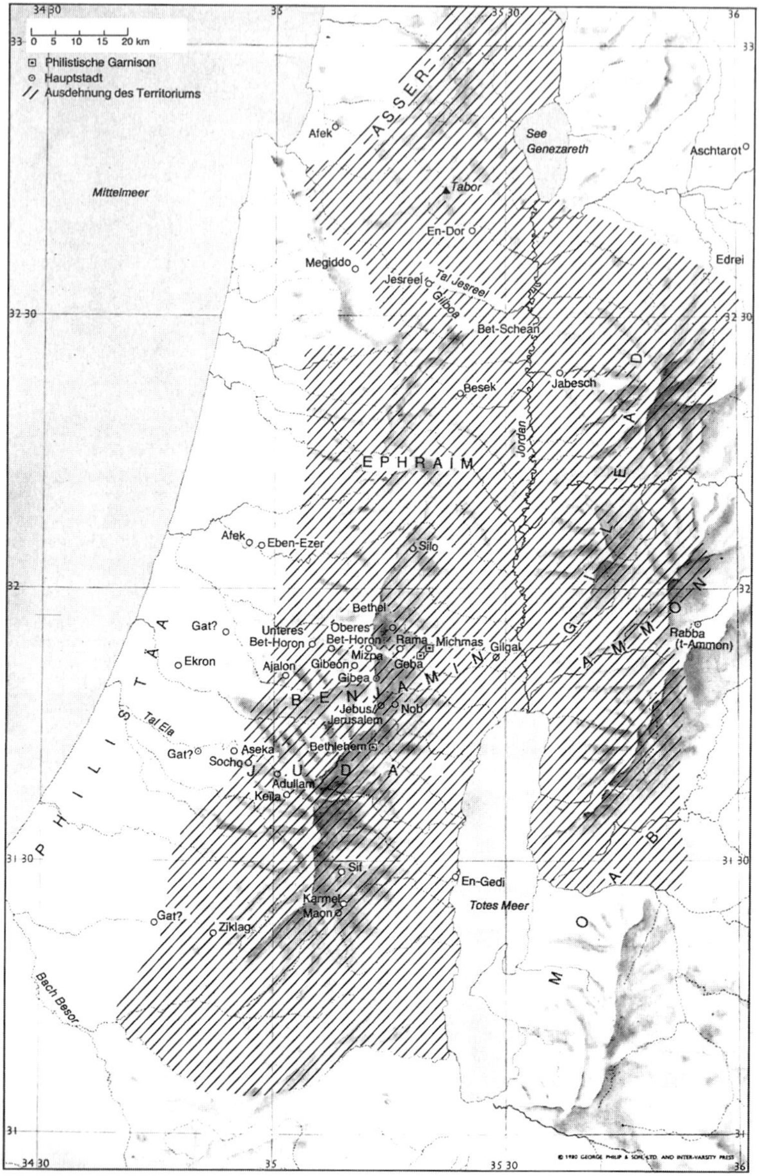

Sauls Königreich.

fen (1Sam 13,13f; 15,26). Zu Beginn des von ihm gewünschten Königtums erfährt Israel, daß dieses nicht aus sich selbst, sondern nur aus der Gnade Gottes bestehen kann (2Sam 7,14-16).

c. Sauls Abstieg und Untergang.

Wie die Erwählung zunächst ein Vorgang zwischen Gott, seinem Propheten und S. blieb, so auch die Verwerfung. Samuel gibt S. weiterhin die ihm zustehende öffentliche Ehre 1Sam 15,30f). Erst im Gegenüber zur Person Davids gewinnt das an ihn ergangene Wort von der Verwerfung seines Königtums für S. nach und nach geschichtlich-konkrete Gestalt (1Sam 18,12; 20,31). Die Tragik in S.s Leben liegt wohl letztlich darin, daß er den, der ihm als Gericht und Heil(ung) (1Sam 16,14ff) gegeben ist, im Laufe der Zeit nur noch als seinen Feind begreift (1Sam 20,33) und trotz *Jonatans erstaunlicher Fürsprache (1Sam 19,4ff; 20,32), trotz Davids Großmut (1Sam 24,26) und wider eigene bessere Erkenntnis (1Sam 24, 18ff; 26,21.25) am Ende in seiner Ablehnung dieser Wege Gottes verbleibt. In einer großen Schlacht gegen die *Philister fallen drei Söhne S.s; von allen Seiten in die Enge getrieben, stürzt er sich in sein Schwert (1Sam 31). Es bleibt ein letztes Rätsel über dem Leben S., wenn es Gott selbst zu sein scheint, der ihn zu seinem Unheil hin beeinflußt (1Sam 16,14.23; 18,10), und wenn andererseits S. bis zum Ende seines Lebens im Fragen nach diesem Gott bleibt (1Sam 28,3ff). Das spitzt sich darin zu, wenn er in seiner Verzweiflung gerade den Weg beschreitet, den er selbst als Verstoß gegen Gottes Gebot (5Mo 18,9ff) verworfen hatte (1Sam 28,3): die Befragung einer Geisterbeschwörerin. Bemerkenswert im Zusammenhang mit S.s Leben ist die Treue der Leute aus Jabesch in Gilead zu ihrem einstigen Retter (1Sam 31, 11ff), die Treue Davids angesichts eines Versprechens, das er S. gegeben hatte (1Sam 24,22f; 2Sam 9), die Sühnung einer Schuld S.s gegenüber den Gibeonitern (2Sam 21), in deren Gefolge schließlich die Gebeine S.s im Grab seines Vaters Kisch beigesetzt werden.

5. Jüd. Name des Apostels *Paulus (Apg 7,58; 13,9). M.W.

SÄULE. 1. Als konstruktive und/oder dekorative Elemente.

Säulen aus Holz, Stein oder Lehmziegel wurden von frühester Zeit an verwendet, um die Dächer großer Räume abzustützen. Von der zweiten Hälfte des 2. Jt. an trugen rechtekkige Steinsäulen oder hölzerne Pfosten auf Steinsockeln in größeren palästin. Häusern die oberen Stockwerke oder Balkone an einer oder allen Seiten des zentralen Hofes (*Haus). Philistäische Funde legen nahe, daß die S., gegen die sich *Simson stemmte, aus Holz waren (Ri 16,23-30; vgl. R.A.S. Macalister: Bible Sidelights from the Mound of Gezer, 1906, S. 135-138).

Aus der frühen Königszeit sind mehrere Beispiele öffentlicher Lagerhäuser mit Säulenreihen erhalten (vgl. die sieben Säulen des Hauses der Weisheit, Spr. 9,1). In *Megiddo dienten diese Säulen auch als Pfosten zum Anbinden (s. ANEP, Nr. 741-742, und für offizielle Gebäude, Z. Herzog in Y. Aharoni: Beer-Sheba, 1, 1973, S. 23-30). Von feinerer Qualität sind die an verschiedenen Fundorten entdeckten (proto-äolischen oder ionischen) Kapitelle, die mit Palmenmotiven verziert sind. Während die Mehrzahl für rechteckige Säulen gemacht wurden (z.B. jene aus dem Palast in Samaria, vgl. W.F. Albright: Archaeology of Palestine, 1960, S. 127, Abb. 35), gehörten einige zu freistehenden S.n. Die S.n an Salomos Tempel könnten ähnliche Kapitelle, hebr. *timorā*, getragen haben, (1Kön 6, 29ff; 7,36; vgl. Hes 40,22ff; 41,18ff; 2Chr 3,5; s. Y. Shiloh: PEQ 109, 1977, S. 39-52). Diese einfache Form wurde verfeinert, bis schließlich die komplizierten Kapitelle in den pers. Palästen von Persepolis und Susa entstanden (Est 1,6; s. R. Ghirshman: Iran, 1954, Tafel 17b). Einfache zylindrische S.n aus dieser Zeit wurden in *Lachisch gefunden (PEQ 69, 1937, S. 239) und möglicherweise auch in Bethel (BASOR 137, 1955, Tafel 3). Während der hellen. und röm. Zeit wurden S.n häufig zur Verzierung verwendet, z.B. säumten sie die Hauptstraßen von Städten wie Gerasa (G.L. Harding: Antiquities of Jordan, 1959, Tafel 10). Der Eingang zu Salomos Tempel wurde von zwei gigantischen Bronzesäulen flankiert, deren Bedeutung nicht bekannt ist (1Kön 7,15; s. *Jachin und Boas). Offenbar stand der König zu zeremoniellen Anlässen bei einer dieser S.n (2Kön 11,14; 23,3; 2Chr 23,13; vgl. die Krönung Abimelechs, Ri 9,6).

2. Als kultische Elemente.

Aufrechtstehende Steine fand man überall im Altertum, oft in Verbindung mit einem Schrein oder Tempel (z.B. enthielt ein Schrein aus der frühen Jungsteinzeit in Jericho eine Nische, in der sich ein Steinzylinder befand, s. PEQ 84, 1952, S. 72, Tafel XIX.1) oder allein stehend (vgl. die keltischen Menhire). Eine Betrachtung aller Abschnitte des AT, in denen eine solche S. (hebr. *mazzēbā*, etwas »Aufgerichtetes«, s. *Massebe) erwähnt wird, zeigt, daß sie im Grunde Denkmäler waren. *Rahels Grab wurde so markiert (1Mo 35,20), und der kinderlose *Absalom ließ eine solche Säule, der er seinen Namen gab, als sein Denkmal

Korinthisches Kapitell aus dem nabatäischen Syrien (Suweda), 1. Jh. (JPK)

aufstellen (2Sam 18,18). Der *Name, der auf dem Stein eingetragen war, identifizierte ihn mit der Person gleichen *Namens. Wichtiger Ereignisse wurde auf die gleiche Weise gedacht. *Jakob richtete den Stein, wohl eine Platte, die er als Kopfstütze benutzt hatte, nach der ersten Erscheinung Gottes in Bethel als Gedenkstein auf, einen weiteren Stein

Gedenksäulen (Massebot) in einem Tempel in Byblos, die größte ist ca. 2 m hoch. Ca. 1900 v. Chr. (ARM)

Teile korinthischer Kapitelle aus dem Nord-Palast von Masada, den König Herodes errichten ließ. (JPK)

Ionisches Kapitell, das der Stoa in Athen zugeordnet wird. (PR)

Gemeißeltes Kapitell einer proto-äolischen (ionischen) Säule von einer jüdischen Fürstenzitadelle in Ramat Rahel nahe Jerusalem. ca. 600 v. Chr. (ZR)

Kapitell in Form eines doppelköpfigen Stiers über Voluten (»Schnecken«) aus der Audienzhalle (apadana) *des Palastes in Susa, Persien. Höhe der Säule: 6 m; 4. Jh. v. Chr.* (MC)

Darstellung ionischer Kapitelle, geschmückt mit einer Palmette. Babylon, 7.–6. Jh. v. Chr. (SMB) (AMM)

Korinthische Säulen anstelle der ursprünglich ionischen säumen die Hauptstraße von Gerasa nach 130 n. Chr. (SH)

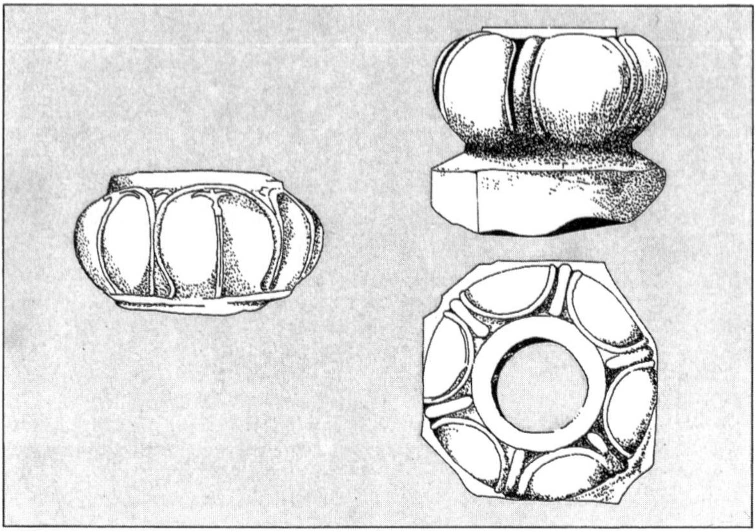

Säulensockel aus Stein. Die Säulen selbst könnten aus Holz gewesen sein. Ausgegraben in Karkemisch (links) und Dan (rechts).

nach der zweiten Erscheinung. Trankopfer wurden beide Male auf die Platte gegossen und grenzten sie so von anderen Steinen ab. Indem er die Steine »Haus Gottes« (hebr. *bēt-'el*) nannte, verlieh ihnen Jakob damit die Bedeutung, die sie für ihn hatten (1Mo 28,18-22; 35,13-15). Bundesschlüsse zwischen Jakob und *Laban und zwischen Jahwe und Israel wurden auch auf diese Weise anschaulich gemacht (1Mo 31,45-54; 2Mo 24,4; Jos 24,25f). Vergleichbares geschah auch bei der Überquerung des Jordan unter *Josua (Jos 4,1-9) und nach dem Sieg über die *Philister bei *Mizpa (1Sam 7,12, »Stein der Hilfe«, hebr. *'äbän hā'äsär*). Die Verheißung für die Glieder der Gemeinde in *Philadelphia, die »Überwinder«, nimmt dieses Bild auf (Offb 3,12). In der kanaan. Religion war die S. soweit mit Gottheiten (bes. männlichen Gottheiten) identifiziert worden, daß sie ein Objekt der Verehrung wurde. Diese kultische Verehrung war daher den Israeliten verboten, die alle S.n, die sie fanden, zerstören sollten (2Mo 23,24; 5Mo 16,22; vgl. *Aschera). Von den vielen aufgerichteten Steinen, die in und um Palästina gefunden wurden (z.B. in *Geser, Lejjun, Byblos, Ras Schamra) sind jene in *Hazor am eindrücklichsten (s. *Massebe). Ein aufrechter Stein, dessen Spitze abgebrochen ist, wurde am Eingang eines wichtigen Gebäudes der kanaan. Zitadelle entdeckt, mit einem Opfer davor (BA 22/1959, S. 14, Abb. 12). In der unteren Stadt lag ein kleiner Schrein, der eine Reihe mit mehreren Platten von etwa 45 cm Höhe enthielt und noch viel mehr, die in einem Nebenraum aufgestapelt waren (BA 19,1956, S. 10, Abb. 7). Es mag sich um Denkmäler der Vorfahren handeln, die von den Israeliten zerstört wurden (vgl. ANEP, Nr. 630, 635). Diese Praxis setzte sich in benachbarten Ländern fort, und Jesaja sagte voraus, daß die Ägypter eine S. für Jahwe auf ihrer Grenze errichten würden, wenn sie sich ihm zuwenden (Jes 19,19). S. C.F. Graesser, Standing Stones in Ancient Palestine, BA 35, 1972, S. 34-63.

3. Im weiteren Sinne.

Als »Säule« wird Lots Frau bezeichnet, die von Salz eingehüllt wurde (1Mo 19,26); Säulenförmig waren Wolke und Feuer, die dem Lager Israels voranzogen (2Mo 13,21), – von einer palmenförmigen Rauchsäule, die oben breiter wurde (hebr. *tīmārā*; vgl. *timorā*, s.o.) spricht Hld 3,6 RevEB. Die stützende Funktion der S. findet sich im Bild der Säulen von Himmel und Erde, über die Gott allein Macht hat (1Sam 2,8; Hiob 9,6; 26,11; Ps 75,4); als S.n werden die Beine des Geliebten (Hld 5,15) und die Füße eines Engels (Offb 10,1) bezeichnet; die Gemeinde, die die Wahrheit aufrechterhält, wird eine S. genannt (1Tim 3,15); in der Jerusalemer Gemeinde gelten als S.n (Gal 2,9) Jakobus, Kephas und Johannes. A.R.M.

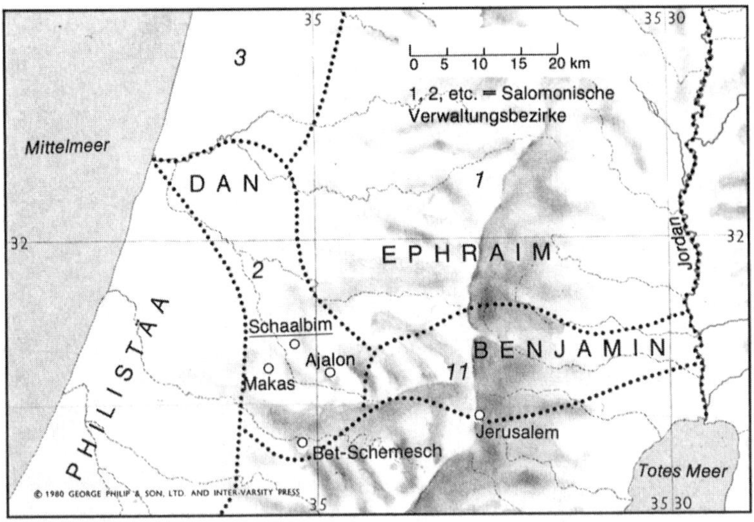

Schaalbim, eine amoritische Siedlung im Stammesgebiet von Dan.

SCHAALBIM. (»Fuchsgrube«). Amoriterdorf im Stammesgebiet von *Dan (Jos 19,42, Schaalabbim), das vom Stamm Josef unterworfen wurde (Ri 1,35). S. gehörte im Königreich Salomos zum zweiten Verwaltungsbezirk (1Kön 4,9). Schaalabbin (Jos 19,42) und Schaalbon (2Sam 23,32; 1Chr 11,33) sind höchstwahrscheinlich Varianten desselben Namens. Das moderne Selbit, 5 km nordwestl. von Ajalon und 13 km nördl. von Bet-Schemesch, paßt gut zu den geographischen Angaben, obwohl der Name von anderer sprachlicher Herkunft ist. B.H.

SCHÄDELSTEINE s. Golgatha

SCHAF s. Tiere

SCHAFAN. (»Klippdachs«). Sohn Azaljas, Schreiber, d.h. hoher Hofbeamter König Josias (2Kön 22,3-14; 2Chr 34,8-21). Er ist vermutlich der Vater Ahikams (Jer 26,24; 39,14), Elasas (Jer 29,3), Gemarjas (Jer 36, 10.25) und Jaasanjas (Hes 8,11). Der Sohn Ahikams war Gedalja (2Kön 25,22), der Gemarjas Michaja (Jer 36,11-13). Alle Genannten gehörten zu den führenden Männern in Juda; und bis auf Jaasanja, der am Götzendienst teilnahm, standen sie offenbar auf der Seite des Propheten *Jeremia.

SCHAFAT. Zur Bedeutung vgl. *Schefatja.

1. Simeoniter, der von Mose als *Kundschafter nach Kanaan gesandt wurde (4Mo 13,5).

2. Gaditer aus Gilead in Baschan (1Chr 5,12).

3. Sohn Adlais, Aufseher der Rinderherden Davids in den Tälern des Gebirges Juda (1Chr 27,29).

4. Vater des Propheten *Elisa aus Abel-Mehola (1Kön 19,16).

5. Sohn Schechanjas, Nachkomme *Serubbabels (1Chr 3,22).

SCHAFSKLEID. Mt 7,15 bezeichnet den rauhen Mantel aus Schafsfell (s.a. 2Kön 1,8; Hebr 11,37; vgl. Sach 13,4), der den Propheten kennzeichnet als S. Die Warnung Jesu bezieht sich also nicht nur auf die scheinbare Harmlosigkeit der falschen Propheten, sondern auch auf ihr äußerlich echt wirkendes Auftreten. Die Unterscheidung zwischen Falsch und Echt fordert demnach geistliche Urteilsfähigkeit von der Gemeinde.

SCHAKAL s. Tiere

SCHALE. Mit S. werden mehrere hebr. Worte übersetzt, wobei z.T. für dieselben Worte auch *Becher, *Becken oder *Schüssel stehen

Ein charakteristisches Chirbet Kerak Tongefäß. Beth Jerah (Chirbet Kerak, Galiläa). Frühe Bronzezeit III, ca. 2500 v. Chr. (IM)

◀ *zu Seite 2100*
Ein silbernes Trinkgefäß (rhyton) *mit Vergoldungen. In der Brust des kauernden, gehörnten Greifs befindet sich ein kleines Gießloch. Aus Erzincan, Iran. Höhe: 25 cm. Achämenidische Zeit, 5. Jh. v. Chr.* (BM)

Eine goldene Schüssel mit Inschrift in persischer Keilschrift: Name und Titel Darius', »des großen Königs«. Der gerillte, bossierte Stil ist typisch für einige Metallgefäße aus dieser Zeit, die in Palästina und im Vorderen Orient gefunden wurden. Hamadan. Durchmesser: 21 cm. 5. Jh. v. Chr. (MetNY)

kann. Hebr. *sephäl* wird (Ri 5,25; 6,38) gebraucht für eine S., die als prächtig und kostbar bezeichnet wird. Es scheint sich dabei um Geschirr für nichtkultischen Gebrauch zu handeln. Hebr. *'aggān* ist nach 2Mo 24,6 ein Gefäß zum Aufnehmen des Opferbluts; Hld 7,3 nimmt diese Beziehung für den Schoß oder den Nabel; nach Jes 22,24 (LÜ: Trinkgefäß) wird es unter die kleinen Gefäße gerechnet. Hebr. *minqit* erscheint unter den Kultgeräten der Stiftshütte (2Mo 25,29; 37,15; 4Mo 4,7 RevEB: Opferschale). Nach der Zerstörung des Tempels nahmen die Babylonier u.a. dieses Gefäß aus dem Tempel mit (Jer 52,19). Hebr. *kaph* (2Mo 25,29; 4Mo 7,84; 1Kön 7,50; Jer 52,19) bezeichnet u.a. eine S. für kultischen Gebrauch; *mizrāq* meint die volle Sprengschale (Sach 9,15 s.a. *Becken); *käsäph* (nur Spr 25,11) bezeichnet wohl eine Prunkschale; *gūllāh* (Pred 12,6; Sach 4,2) meint ein Ölgefäß; *saph* ist gleichbedeutend mit Becken; *qe'ārāh* ist wohl mit Schüssel treffend wiederzugeben.

SCHALLUM. (Hebr. *schallūm*).

1. Ein Jerachmeeliter durch die Linie seiner Vorfahren mütterlicherseits, die einen ägypt. Sklaven heiratete (1Chr 2,40.41; vgl. V. 26.34.35).

2. Nachkomme *Korachs, der unter David Vorsteher der Torhüter am Königstor im Heiligtum war (1Chr 9,17-19). Offenbar war dies eine ererbte Stellung von Bedeutung. Seine Nachkommen kehrten unter *Serubbabel aus der babylon Gefangenschaft zurück (vgl. Esr 2,42; Neh 7,45). Möglicherweise ist S. hier eine Kurzform für Meschelemja (1Chr 26,1.14; 9,21).

3. Sohn Jabeschs und 16. König des Nordreiches Israel (ca. 745 v.Chr.). Durch die Ermordung *Secharjas, des Sohnes *Jerobeams II., machte er der Dynastie *Jehu ein Ende (2Kön 15,10). So wurde die Ankündigung Jahwes an *Jehu erfüllt (10,30; vgl. 15,12). S. wiederum wurde in Samaria von *Menahem nach einer Regierungszeit von nur einem Monat getötet (15,13-15).

4. Sohn Tikwas, Mann der Prophetin *Hulda, der »Hüter der Kleider« (2Kön 22,14; 2Chr 34,22).

5. Sohn *Josias und der Hamutal (ca. 609 v.Chr.), dessen Herrschername *Joahas war. Pharao *Necho setzte ihn nach dreimonatiger Herrschaft ab (2Kön 23,31) und machte Josias Sohn *Jojakin zum König (2Kön 23,34).

6. Aaronitischer Vorgänger *Esras (Esr 7,2). S. könnte eine abgekürzte Form für Meschullam sein (1Chr 9,11; Neh 11,11; 12,13).

7. Sohn *Sauls aus dem Geschlecht *Simeon (1Chr 4,24f).

8. Sohn Sismais aus dem Geschlecht *Juda (1Chr 2,40f).

9. Vater des Ephraimiters Jehiskija, der z.Zt. des Königs *Ahas Sippenoberhaupt war (2Chr 28,12).

10. Onkel des Propheten *Jeremia und Vater des Hanamel (Jer 32,7f).

11. Israeliten, die z.Zt. Esras heidnische Frauen genommen hatten (Esr 10,24.42).

12. Sohn des Lohesch, Vorsteher eines halben Bezirks von Jerusalem (Neh 3,12).

D.W.B/Red.

SCHALMAN. S. zerstörte Bet-Arbeel (Hos 10,14). Diese Tat sollte Israel eine Warnung sein. Es wird allg. angenommen, daß dies ein Hinweis auf *Salmanassar V. sein könnte, den assyr. König, der Samaria 725-723 v.Chr. belagerte. In diesem Zusammenhang könnte Arbeel Arbela sein, westl. von Galiläa (1Makk 9,2). Dem ist entgegenzuhalten, daß Salmanassars Name sonst voll ausgeschrieben wird und daß das galiläische Gebiet 734-732 v.Chr. an Tiglatpilesar III. fiel. Alternativ könnte sich S. auf Salamanu beziehen, den König von *Moab, der in den Annalen *Tiglatpilesars erwähnt wird. Die Identifizierung von S. bleibt somit ungewiß. D.J.W.

SCHAM. Ein menschliches Grundempfinden, das sich bei Schädigung einer Beziehung einstellt, etwa wie Freude beim Gelingen und Trauer im Verlust einer Beziehung. S. signalisiert die Beziehungsstörung, reguliert sie unter der Störung und schützt sie so vor Zerstörung. Indem sie durch sog. »Zurückhaltung« einen Schutzraum schafft, kann sie zur Heilung helfen. Die notwendige emotionale Orientierungsfunktion der S. ist aber zugleich gefährdet und umkämpft: als »falsche«, weil unnötige, als kranke (z.B. »verklemmte«) oder überzogene S. (»Prüderie«) wird das Signal der Störung selbst zur Störung der Beziehung. - Wird S. mißachtet, unterdrückt oder gar gebrochen und bekämpft, kann es zur Verunsicherung und Schädigung der Schamreaktion bis zum Verlust der Schamfähigkeit (als Schamlosigkeit; Unverschämtheit) kommen. Für den richtigen Umgang mit S. ist es daher nötig, das Wesen der S. zu verstehen. Dazu dient das Wahrnehmen ihrer Bereiche, Funktionen und Normen, um aus der Klärung ihres Ursprunges zu deuten, was S. ist, und so zur Heilung der S. zu finden.

I. BEREICHE DER SCHAM.

S. wird komplex in dreifacher Richtung empfunden:

- mir selbst gegenüber (ich schäme mich);
- einem anderen gegenüber (ich schäme mich vor. . .);
- eines Sachverhaltes wegen (ich schäme mich wegen. . .). S. kann auch von außen her bewirkt werden (schäme dich!), und nach außen hin wirken (ich schäme mich für dich; für mein Volk). S. äußert sich in drei elementaren Bereichen:
- im geistigen Bereich (wegen Worten, Taten, Gedanken, Willen, Schuld);
- im seelischen Bereich (wegen Empfindungen, Gefühlen, Phantasie);
- im körperlichen Bereich (v.a. in bezug auf die Geschlechtsregion, die sog. »Scham«). Hier liegt der Grund der S. nicht im Körper selbst, sondern primär in der gedanklichen bzw. empfindungsmäßigen Beziehungsstörung zu ihm. Das schamerweckende Gegenüber zeigt sich sowohl in vertikaler Richtung (Gott oder Götter; Mächte; sog. »Überwelt«) als in horizontaler Richtung (Mitmenschen; Natur; sog. »Umwelt«).

II. FUNKTIONEN DER SCHAM.

Die schamweckende Störung der Beziehung ereignet sich im sog. »Sehen« als Ausdruck geistiger Beziehung. Hier drängt S. auf Schutz im »Verbergen« (Bedecken, Verstekken, Verschweigen, Verdrängen etc.), um zu verhüten, daß »es ans Licht« bzw. »vor die Augen« kommt. Die Signalfunktion der S. zeigt sich unwillkürlich körperlich (Senken der Augen; Bedecken des Gesichtes; Erröten), sozial (z.B. in Gesten; in der Mode) und spirituell (z.B. in Riten und Umgangsformen). – Die Form des Signals kann stark variieren, ohne daß sich dessen Funktion verändert (bei Nacktgeherstämmen kann z.B. als ganze »Bedeckung« eine Leibschnur gelten, deren Entfernung schamlos bzw. beschämend wirkt).

III. NORMEN DER SCHAM.

Schamempfinden wird primär durch Verhaltensnormen bestimmt. Sie ergeben sich weithin unbewußt und »selbstverständlich« mit der jeweiligen Kultur (Grundempfinden für Sitte, Moral, Takt und Anstand in Verbindung mit Erziehung, Bildung etc.). Als Normen wirken Werte (z.B. Ideale) und Unwerte (z.B. Tabus). Sie erzeugen eine »Hemmschwelle« und damit einen »Zaun« der Zurückhaltung, der vor allem den innersten Bereich menschlicher Beziehung schützt, um dort einen »Freiraum« zu bewahren, »selbst« zu sein bzw. zu werden. Dieser sog. »Intimbereich« – im körperlichen, seelischen und geistigen, ja rel. Sinne – erweist sich als »Personkern« hoch verletzlich und gefährdet. Sein Schutz durch S. ist bes. im Jugendalter zur Ichfindung wichtig, die den Weg zu Integrität und Identität öffnet. Hier stehen Ehre und Würde des Menschen und damit der Mensch selbst als »*Person« auf dem Spiel. Die regelnden Normen der S. treten empfindungsmäßig ins »Gewissen«, das sie bewußt als Verletzung registriert und so - etwa als Reue über Schuld – zur verantwortlichen Regulierung hinleitet. S. wie Gewissen reagieren normorientiert auf Abweichung von der jeweils gültigen Norm (etwa bei Mängeln, Fehlern und sog. Abnormitäten im geistigen, seelischen und körperlichen Bereich). Dabei unterscheidet man zwischen schamorientierten Kulturen (als Norm gilt, was »man« denkt und tut) und schuldorientierten Kulturen (auch was »man« tut, kann als »falsche Moral« zur Schuld werden). Christl. beeinflußte Kulturen sind wegen der Bindung an Gottes Gebot eher schuldorientiert. Da die schamwirkenden Normen nicht nur von Kultur zu Kultur stark variieren, sondern auch offensichtlich durcheinandergekommen sind, kann das Schamempfinden auch falsch und krank, ja bis zu seiner Zerstörung geschädigt sein. Da dies die Person und die Gesellschaft im Kern trifft, ist eine Gesundung der S. nötig. Um sie zu finden, gilt es zu klären, was S. in ihrem Wesen ist. Das wird aber erst deutlich, wenn geklärt ist, was die schamauslösende Störung in der menschlichen Beziehung verursacht. Über diese Ursache – den Ursprung der S. – handelt die bibl. Urgeschichte (1Mo 1-3).

IV. URSPRUNG DER SCHAM.

Die Bibel zeigt den Menschen im (vertikalen) Ur-Bezug – zwischen Gott und Mensch – und im (horizontalen) Grund-Bezug – vor allem zwischen Mann und Frau. Im Ur-Bezug ist er Mensch: Gott, der Lebendige, ist Liebe und rief den Menschen aus Liebe ins Leben. Dem Ur-Bezug zu Gott entspricht der zwischenmenschliche Grund-Bezug: Der Mensch wird aus Liebe ins Leben gerufen. Die Form dieser elementaren Entsprechung ist das »Bild« (1Mo 1,26f): unser Bezug zu Gott ist wie der zwischen Ur-Bild und Ab-Bild. Das Abbild ist, was es ist, nur von seinem Urbild her, durch das Urbild und auf das Urbild hin. Dieser lebendige Urbezug ist die Liebe zu Gott. Von ihr her ergibt sich der Grundbezug zum Mitmenschen. In diesem lebendigen, ungebrochenen Bezug war der Mensch »nackt und schämte sich nicht« (1Mo 2,25). Er war »unschuldig«, »rein« und »in der Einfalt« (wörtlich: die Verbindung zweier zu einer Einheit, z.B. in Liebe). Die Versuchung (1Mo 3) zielt darauf, diese Verbindung zu brechen (»Sollte Gott gesagt haben. . .? – Mitnichten!«) und sie durch eine andere Verbindung zu ersetzen (»Ihr werdet sein wie Gott...«). Dies sollte im Bereich des »Sehens« erfolgen: das leibliche Auge wird geistig »geöffnet« in den Selbstbezug hinein. Nun »sieht« und »(be)findet« der Mensch »wie Gott«, – also von sich aus, durch sich und für sich selbst – was »gut und böse« ist. Die Einheit zwischen Gott und Mensch ist damit ent-zwei und der Mensch damit im Kern gebrochen. Das wirkt sich als »Entzweiung« (D. Bonhoeffer) zwischen Mann und Frau aus. Sie zentriert sich in dem Organ, mit dem die zwei die Verbindung zur Einheit in Liebe – den menschlichen Grundbezug - am elementarsten vollziehen. Nun »sehen« sie die Geschlechtsregion nicht mehr dankbar von Gott, durch Gott und vor Gott in geschenkter Liebe, sondern als Objekt egozentrierter Ausbeutung, im »unreinen« Blick und Griff nach dem innersten Kern des anderen (vgl. Lk 11,34-36). Da bricht erstmalig S. auf: »Und sie sahen, daß sie nackt waren.« Sie hatten nun teil am »listigen« Charakter der Schlangenverführung (listig, d.h. egozentrisch; im Hebr. stammverwandt mit »nackt«, »gleißend«; »machtgeladen«; »Haut«). In dieser von Grund auf gestörten Beziehung ist Distanz durch schützendes Verbergen nötig (durch die sog. »Feigenblätter«), um ihrer Zerstörung zu wehren. Ebenso verstecken sie sich in S. vor Gott, der sie sucht. Er deckt den Ursprung ihrer S. auf, bestätigt sie aber auch, indem er ihnen »Felle macht«. Aus solcher Ur-Scham des Menschen deutet sich die Schamempfindung in ihren unterschiedlichen Bereichen und Funktionen als Gottes bewahrende Erhaltungsordnung. Weil sie Sünde und Zerstörung zurückhält, greift die Sünde an mit dem Ziel, S. zu verfälschen und zu beseitigen. Das geschieht durch Einschleusen schädlicher Normen (als Ideale und Tabus) wie durch Brechen und Auflösen des Empfindens und Gewissens durch schamlos-unverschämte Enthüllung, unreiner (griech. *pornos*) Bloß- und Zur-Schau-Stellung – im geistigen, seelischen wie im körperlichen Bereich. Dies verschärft sich, nach 2Thess 2, in der Endzeit vor Jesu Wiederkunft, wenn »der (das) Zurückhaltende« hinweggenommen wird. Zur Erlösung des Menschen wie zur Heiligung des Christen gehört darum das Bewahren bzw. Wiedergewinnen und Heilwerden der S.

V. HEILUNG DER SCHAM.

Die Bibel spricht von S. auch dort, wo das Wort nicht ausdrücklich vorkommt, wohl aber der Tatbestand gestörter Beziehung. Im NT bezeichnet griech. *aidōs* vor allem die vertikale Richtung (Scheu und Ehrfurcht, vgl. Hebr 12,28; 1Tim 2,): *aischros* eher die horizontale (unrein, häßlich, entstellt, schändlich). Diese ist vorherrschend (26 mal). Im AT ist die Grundbedeutung der Wortgruppe *bōsch*, »zuschanden werden«, am Bruch von Bund und Bindung (vgl. z.B. Jes 6,1-7), die Bezeichnung gestörter Beziehung. Darum wird »Schande« (*bōschät*) zur Götterbezeichnung. Durch Aufdeckung der Ursache der S. leitet die Bibel zu ihrer Heilung an.

1. Heilung zur Scham.

Da der Mensch ohne Gott »tot ist in seinen Übertretungen« (Eph 2,1ff; Jer 3,3.6), sündigt er ohne S. Erst mit der Bekehrung bricht die Urscham vor Gott auf (vgl. Hes 16,62f; 36,22; Jer 3,21-25; Ps 97,1-7). Als Christ schämt er sich im Rückblick auf sein voriges Leben (Röm 6,21).

2. Heilung der Scham.

Das Gewissen der Christen soll nicht mehr von den Idealen und Tabus der gefallenen »Mächte und Gewalten« normiert werden, denn in Christus haben sie alles in vollendeter Fülle (vgl. Kol 1,15-2,15). So werden sie »Salz und Licht« gegenüber der verkehrten S. bzw. Schamlosigkeit ihrer Umwelt. Ebenso wäre es verkehrt, sich des Evangeliums vor ihr zu schämen (Mk 8,38; Röm 1,16; 2Tim 1,8.12.16; 1Petr 4,16). So hat auch Christus sich nicht geschämt, sie Brüder zu nennen, und Gott schämt sich nicht, ihr Gott genannt zu werden (Hebr 2,11; 11,16). Von daher heilt auch ihr Empfinden für Takt und das, was Nichtchristen gegenüber schicklich ist und Gottes Erhaltungsordnung dient (vgl. Röm 12,2; Kol 2,5; Phil 4,8) zu gesundem Schamempfinden. Dies eröffnet dem Menschsein, wie Gott es schuf, durch Schutz Freiraum (nicht durch Entfernung des Schutzes in sog. Freikörperkultur). Auf geheilte S. reagiert die gestörte bzw. zerstörte S. mit Befremden und Verachten (als »prüde«, »verklemmt«), ja mit Bekämpfen (z.B. als »psychisch krank«). Darauf stellen sich Christen in der zunehmenden Entmenschung der Endzeit ein (vgl. 1Petr 4 und Jud).

3. Heilung von Scham.

S. schwindet, wenn ihre Ursache, die »Entzweiung«, zur »Einfalt« heilt. Der Mensch, der Gottes Vergebung fand, beugt sich wohl wegen seiner Sünde vor Gott und Menschen, er darf aber jetzt frei zu ihm aufschauen (2Kor 3,18; 11,3; Hebr 10,19; 1Mo 32,11). In der Ehe schwindet die S. voreinander in der heilenden Liebe. Jegliche S. wird von Gott erst in der ewigen Vollendung aufgehoben.

Literatur: D. Bonhoeffer: Ethik (hrsg. von E. Bethge), ^{4}1984, S. 22-29; 195ff; ders: Schöpfung und Fall, 1968, S. 88-104; H. Bräumer: Liebe und Leidenschaft, Schönheit und Scham; Verlobung und Trauung, 1985; J. Illies: Schöpfung, Scham und Menschenwürde, ^{2}1980. S.F.

SCHAMGAR. (Hebr. *schamgar,* wahrscheinlich aus dem hurritischen *schimiqari*), ein Richter Israels, der keinem der zwölf Stämme zugeordnet wird, genannt »der Sohn Anats« (Ri 3,31; 5,6), d.h. ein Bewohner Bet-Anats (vermutlich Süd-Bet-Anat; vgl. Jos 15,59). Der Personenname kommt in den Nuzi-Texten wiederholt vor (vgl. R.H. Pfeiffer, E.A. Speiser: AASOR 16, 1936, S. 161). S.s Mord an 600 *Philistern muß sich auf die früheste Zeit philistäischer Besiedlung in *Kanaan beziehen, da der Hinweis auf ihn im Debora-Lied (Ri 5,6) zeigt, daß er vor der Schlacht von *Kadesch tätig war (ca. 1125 v.Chr.). Der Ochsenstecken (hebr. *malmād*), mit dem er solche Zerstörung anrichtete, hatte wahrscheinlich eine Metallspitze, die womöglich scharf geschliffen war (*Stecken).

Literatur: G.F. Moore: Shamgar and Sisera, JAOS 9, 1898, S. 159f; F.C. Fensham: JNES 20, 1961, S. 197-198; B. Maisler: Shamgar ben Anath, PEQ 66, 1934; S. 192ff; E. Danelius: JNES 22, 1963, S. 191-193.
F.F.B.

SCHAMMA.

1. Stammesfürst *Edoms, ein Nachkomme *Esaus (1Mo 36,17).

2. Bruder *Davids und Sohn Isaīs (1Sam 16,9). Andere Formen des Namens sind Schammot, Schima und Schimam.

3. Einer der drei Helden Davids (2Sam 23,11), der als Harariter beschrieben wird.

4. Anderer Krieger Davids, ein Haroditer (2Sam 23,25). 1Chr 11,27 gibt seinen Namen mit Schammot wieder (eine Pluralform des Namens). Schamhut aus 1Chr 27,9 dürfte die gleiche Person gewesen sein. D.F.P.

SCHAMMUA. Kurzform von Schemaja.

1. Sohn *Sakkurs, *Kundschafter des Stammes *Ruben (4Mo 13,4).

2. Sohn *Davids und *Batsebas (2Sam 5,14; 1Chr 3,5).

3. Levit, Nachkomme *Jedutuns (Neh 11,17).

4. Oberster des Priestergeschlechts Bilga z.Zt. des Hohenpriesters *Jojakim (Neh 12,18).

SCHANDE, SCHÄNDEN, SCHÄNDLICH.

S. ist das erschütternde Ergebnis eines vor Gott und Menschen verfehlten Lebens. Dort, wo Menschen sich frech und eigenmächtig über Gottes gute Weisungen hinwegsetzen (Spr 11,2), verfallen sie als Strafe für ihr Tun der *Schmach und S. Tiefster Grund solchen Ungehorsams gegen Gottes Gebote ist der schreckliche Abfall der Menschheit von Gott, an dem jeder einzelne durch aktives Sündigen teilhat. Schon die atl. Weisheitsliteratur mahnt deshalb eindringlich, die von Gott gegebenen Lebensregeln zu beachten. Wer diese Mahnung leichtfertig in den Wind schlägt, ist ein Tor (Spr 3,35), wird mit seinem Leben scheitern und nichts als S. davontragen. Für das auserwählte Volk Gottes ist es göttliche Pflicht, S. in seiner Mitte nicht zu dulden. Dies gilt im Besonderen für alle geschlechtlichen Verirrungen, wie Inzucht, Vergewaltigung und Hemmungslosigkeit (1Mo 34,5; 3Mo 18), wie auch für grobe Verstöße gegen andere Gebote. Ein Mörder z.B. schändet das Gottesvolk so sehr, daß diese S. nur durch seinen Tod getilgt werden kann (4Mo 35,33). Für die Propheten Israels ist die innere Abkehr des Volkes von seinem Bundesgott, trotz funktionierendem Tempelkult, der eigentliche Grund für das Unglück und Verderben Israels, für den politischen Niedergang und die Unterjochung durch fremde Völker. Die Vernachlässigung der Bundespflichten und Bundesgesetze durch die Angehörigen dieses Volkes hat ebenso wie eine falsche, gegen Gottes Willen gerichtete Bündnispolitik nationale S. zur Folge. Doch schon im AT wird der Blick weg vom Ergehen in dieser Welt hin zu der endgültigen Beurteilung eines Menschenlebens durch den richtenden Gott gelenkt. Entscheidend ist, ob hier ein Mensch zum ewigen Leben oder zur ewigen Schmach und S. erwacht (Dan 12,2). Was in den Psalmen anfänglich als Bekenntnis des Beters sichtbar wird, entfaltet sich im NT im Blick auf Jesus Christus in wunderbarer Weise: Keiner wird zuschanden, der auf Gott harrt (Ps 25,3; Jes 54,4). Wer glaubend seine Hoffnung auf den gekommenen Gottessohn setzt, wälzt damit die S. seines Lebens auf Christus und wird mit dessen *Gerechtigkeit geschmückt. In dieser neuen Gerechtigkeit gründet auch die Möglichkeit eines Lebens in der *Heiligung, d.h. eines Lebens ohne S. Es ist deshalb folgerichtig, daß ein Jünger Jesu alles, was ihn vor seinem Herrn in S. führen könnte, meiden soll (Eph 5,11f), wie z.B. weltliche Lust und Begierden (Kol 3,5), Habsucht (1Petr 5,2; 1Tim 3,3) dazu auch alles, was im Geheimen an S. geschehen könnte (2Kor 4,2). Bei Christus ist es offenbar und kann keinen Gefallen finden. Anders verhält es sich mit den Schmähungen und der S., die Nichtchristen um des Bekenntnisses zu Jesus willen über die Gemeinde bringen. Diese sollen wir, wie Jesus Christus auch (Hebr 12,2), willig und mit Freuden tragen (2Kor 6,8). Wer hier überwindet, dem wird als Belohnung die Krone des Lebens zuteil (Hebr 11,26). Die S. seiner Blöße ist bedeckt mit dem weißen Kleid, das Christus seinen Jüngern schenkt (Offb 3,18; s.a. *Schmach). J.Kn.

SCHARLACH. S. oder Karmesin ist der leuchtend rote Farbstoff (Jes 1,18), der im Altertum aus dem Körper und den Eiern der Kermesschildlaus (*Coccus ilicis*) gewonnen wurde, die an Zweigen und Blättern der Kermeseiche (*Quercus ilicis*) lebt. Neben dem *Purpur ist auch der S. (hebr. meist *tōlaʿat schānī*, vielleicht »Glanzwurm« oder »Farbwurm«; griech. *kokkinos*) in der Bibel die Farbe wertvoller Stoffe und Gewänder (2Sam 1,24; Klgl 4,5; vgl. Offb 17,4; 18,12.16), er wird vor allem beim Heiligtum und seinen Geräten (2Mo 25,4; 26,1.31,36; 36,8.35.37; 38,18.23; 4Mo 4,8 u.ö.), bei der Priesterkleidung (2Mo 28,5f.8.15.33; 39,1ff) und im Zusammenhang der Reinigungsvorschriften (3Mo 14,4.6.49.51f; vgl. Hebr. 9,19) erwähnt und bezeichnet dabei meist weniger die Farbe als den gefärbten Stoff. Das Wort, das LÜ Est 1,6 mit S. übersetzt, bezeichnet eigentlich den roten Purpur. Das rote Gewand, das man Jesus bei seiner Verspottung anlegte, wird in Mt 27,28 als scharlachfarben bezeichnet, während es in Mk 15,17.20; Joh 19,2.5 purpurn genannt wird (LÜ an allen Stellen: Purpur). Wahrscheinlich handelte es sich um einen gewöhnlichen roten Soldatenmantel.

SCHARON. Im AT sind uns zwei Gegenden mit dem Namen S. (hebr. *schārōn*, griech. *Sáron*) bekannt.

1. Der S. umfaßt eine Fläche von 710 km^2. Seine Grenzen sind im N das Karmelgebirge, im O das samaritanische Bergland, im S der nördl. Nebenfluß des Jarkon und im W das Mittelmeer. Mit Ausnahme der röm.-byzantin. Epoche (1. Jh.v.Chr. – 6. Jh. n.Chr.) galten die weitausgedehnten Dünenhügel, durchsetzt von zahlreichen Sumpfniederungen, nur als extensives Weideland. Die Ebene war in atl. Zeit mit Eichenwäldern besetzt. Vielleicht weist der Name S., der mit dem griech. *saronis*, »Eiche«, zusammenhängen könnte, darauf hin. Das Wort kann aber auch zur Wurzel *jäschār* gehören, »Flachland«, oder man denkt an die Wurzel *schārāh*, arab. *scharā*, »naß sein, triefen«.

Es fällt auf, daß der S. im AT kaum erwähnt wird. Jes 35,2 (vgl. 33,9) spricht von der »Majestät« des S. und denkt wohl an die baumreiche Gegend. In diese von Sümpfen durchsetzte Landschaft paßt auch die Hld 2,1f erwähnte prächtige Lilienart (evtl. *Pancratium maritimum L.*). 1Chr 27,20 nennt Rinder in der S.-Ebene (vgl. auch Jes 65,10). Die Landschaft weist eine wechselnde Siedlungsgeschichte auf. In vorgeschichtlicher Zeit bot der S. ein ideales Gelände für Weiden und für die Jagd. Eine dichte Besiedlung von der frühen Steinzeit bis zur chalkolithischen Epoche ist durch zahlreiche Fundstellen erwiesen. Mit der Einführung der Landwirtschaft wird v.a. das östl. Gebiet bevorzugt (vgl. 1Chr 27,19; Jes 65,10). Durch die in der pers. Periode entwickelte Technik der Dränage von Sümpfen nahmen die Siedlungen in der Küstenebene stark zu. Ebenso wurden in der hellen. Epoche zwei Häfen gebaut, der eine in Apollonia, 17 km nördl. von *Joppe/Japho, und der zweite als

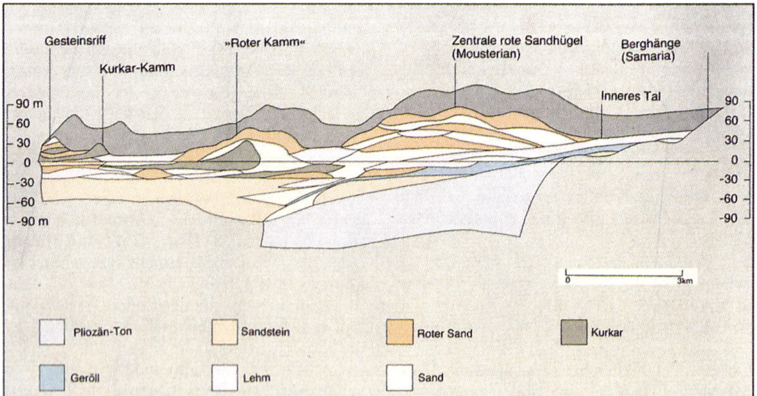

Geologisches Profil der Scharon-Ebene.

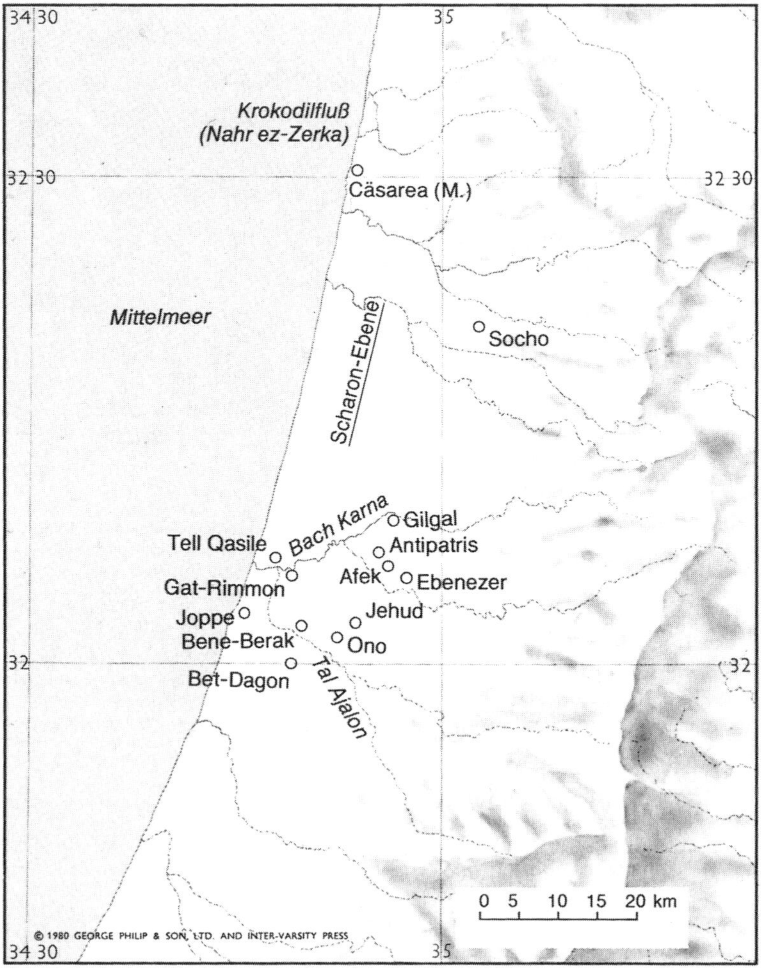

Die Scharon-Ebene.

»Stratonsturm«, eine Küstenfestung an der Stelle des späteren *Cäsarea (Maritima), das in den Jahren 22-10 v.Chr. von Herodes dem Großen vergrößert wurde und von der röm. bis byzantin. Epoche zu den bedeutendsten Häfen des Mittelmeeres zählte. Seit der arab. Zeit setzte im S. ein Niedergang ein, der erst mit der Neubesiedlung des 20. Jh. endete. Heute gehört die vorwiegend mit Citrus-Hainen bepflanzte Ebene zu den am dichtesten besiedelten Regionen (außerhalb der Großstädte) des Staates Israels.

2. In 1Chr 5,16 wird noch eine Gegend im südl. *Ostjordanland erwähnt. Dieses Gebiet scheint mit dem in der Mescha-Stele (Z. 13) erwähnten S. identisch zu sein.

Literatur: F.M. Abel: Géographie de la Palestine, I, 1933, S. 414-416; A. Alt: Kleine Schriften zur Geschichte des Volkes Israel, II, 1953, S. 221f; Y. Karmon: IEJ 6, 1956, S. 33-50; ders.: PEQ 93, 1961, S. 43-60; ders.: Israel. Eine geographische Landeskunde, 1983, S. 167-174K. Elliger: BHH III, 1966, 1673f: H. Haag: BL ^{2}1968, S. 1526. W.Bm.

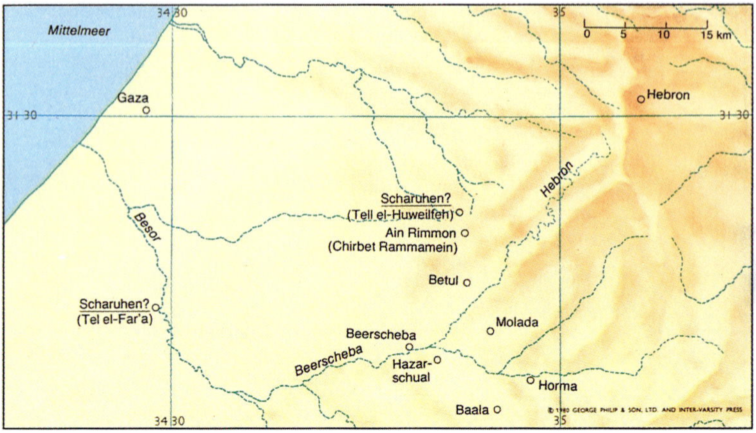

Mögliche Ortslagen von Scharuhen.

SCHARUHEN. Eine simeonitische Siedlung (Jos 19,6). Ägypt. Quellen erwähnen *Schrchn*, eine Befestigung der Hyksos, die Ahmose ca. 1550 v.Chr. drei Jahre lang Widerstand leistete und ihm den Weg für weitere Eroberungen versperrte; meistens mit Tell el Far'a, ca. 24 km südl. von *Gaza identifiziert (Albright: BASOR 33, 1929, S. 7; LDB, S. 156). Petries Ausgrabung weist eine vornehmlich philistäische Besiedlung nach. Der Josua-Text würde auch für Tell el-Huweilfeh, 1/2 km nördl. von Chirbet Rammamein (Ain Rimmon ?) zutreffen, eine Identifikation, die früher von Albright vorgeschlagen wurde (JPOS 4, 1924, S. 135; s.a. A. Alt, JPOS 15, 1935, S. 311ff; vgl. E.K. Vogel: Bibliography of Holy Land Sites, 1974, S. 84). J.P.U.L.

SCHATTEN. Unter den Bedeutungen, welche der S. in der Bibel hat, nimmt die Heilsbedeutung den breitesten Raum ein. Da die Sonne in Licht und Wärme nicht nur Segen bringt, sondern die Übersteigerung dieser Gaben verderblich ist (2Kön 4,18-20; Jes 49,10; Jona 4,8; Offb 7,16), wird der S., der Schutz gegen solches Übermaß bietet, zum Bild des Schutzes überhaupt (1Mo 19,8; Ri 9,15; Jes 30,2f; 32,2; Mk 4,32), bes. des Schutzes Gottes (Ps 121,5), der Geborgenheit unter dem S. seiner Flügel (Ps 17,8; 36,8; 57,2; 63,8) oder seiner Hand (Jes 49,2; 51,16). Wer unter dem S. Gottes sitzt, wird durch seine Kraft beschirmt (Ps 91,1). Vergleichbar zeigt sich die den *Aposteln gegebene Heilkraft in der schon durch ihren S. gewirkten Heilung der Kranken (Apg 5,15).

Andererseits kann man aus dem S. kein genaues Bild dessen gewinnen, das den S. wirft. So ist die schattenhafte Erkenntnis die ungenaue Umrißerkenntnis (Kol 2,17; Hebr 8,5; 10,1). Sieht man dieses Ungewisse auf sich zukommen, so wird der S. zur furchterregenden Drohung, wie der S. des herankommenden Todes über allem Lebenden liegt (Mt 4,16; Lk 1,79; vgl. *Finsternis). Daneben ist der S. oder Schemen (Ps 39,7) Sinnbild der Vergänglichkeit, und zwar in dem besonderen Sinn des Vergehens ohne Hinterlassen einer Spur (1Chr 29,15; Hiob 14,2; Ps 102,12; 144,4).

SCHATZ. Jeder wertvolle Besitz (Spr 21,6; Jer 15,13; Lk 12,21; Hebr 11,26), vor allem Edelmetall (Pred 2,8; Jes 2,7) und *Edelsteine (vgl.1Chr 29,2.8), aber auch Weihrauch, Myrrhe (Mt 2,11), Spezerei, Öl und Salben (2Kön 20,13; Spr 21,20; Jes 39,2) kann als S. gelten. Der Tempelschatz, der S. des Herrn (Jos 6,19) oder des Hauses des Herrn (1Chr 29,8) bzw. Gottes (2Chr 5,1) bestand aus der Kriegsbeute (Gold, Silber, bronzene und eiserne Gefäße), die *Josua, *David und andere Heerführer geheiligt hatten (Jos 6,24; 2Sam 8,11f; 1Kön 7,51; 1Chr 26,28), weiter aus freiwilligen Gaben (1Chr 29,1-8) und auch *Abgaben. Die Aufsicht über den Tempelschatz hatten die Leviten (1Chr 9,26; 26,20-28; s. *Tempeldiener; *Türhüter).

Im übertragenen Sinn steht S. für das, was der Mensch im Herzen trägt, Gutes oder Böses (Mt 12,35). Der S. des Frommen ist sein Gehorsam Gott gegenüber (Ps 119,56), die Furcht des Herrn (Jes 33,6), ja Gott selbst (Jer

10,16), in dem alle Schätze der Weisheit und Erkenntnis verborgen liegen (Kol 2,3). Einen »Schatz im Himmel« sammelt derjenige, der seinen Reichtum allein im Gehorsam gegenüber Gott sucht (Mt 6,20f; 19,21; Lk 12,33f; 18,22). Vgl. *Reich/Reichtum.

SCHÄTZUNG/ZENSUS.

I. SCHÄTZUNG IM ALTEN TESTAMENT.

1. Das vierte Buch Mose, latein. *Numeri (Zahlen, Zählungen), berichtet von zwei Zählungen: Alle zum Krieg tüchtigen israelit. Männer ab zwanzig Jahren werden sowohl vor der Einwanderung nach Kanaan (4Mo 1,1-46) als auch vor der Landverteilung (4Mo 26,1-5) nach ihren Stämmen und Familien gezählt. Der Stamm Levi war von der Zählung ausgenommen (4Mo 1,47) und wurde eigens gezählt (4Mo 3,15ff). Israel erscheint als eine heilige, bestimmte und geordnete Gemeinde. Zwischen beiden von Gott angeordneten Zählungen liegen Gericht und Führung.

2. 2Sam 24,1-9 par.; 1Chr 21,1-6: *David unternimmt, der Versuchung auf eigene Macht zu vertrauen nachgebend, eine Volkszählung, die er alsbald bereut und vor Gott als Sünde bekennt. Weil *Joab sich geweigert hatte, wurde die Zählung nicht vollständig durchgeführt. Deshalb und da in 2Sam 24 auch über die Erfassung fremder Völker berichtet wird, liegen über das Ergebnis der Zählung unterschiedliche Angaben vor.

3. Esra 2,1-65 und Nehemia 7,6-72: Eine Heimkehrerliste mit Geschlechternamen und Ortsverbänden dient Nehemia 445 v.Chr. als Grundlage, um das Zusammenleben nach der babylon. Gefangenschaft neu zu ordnen.

II. SCHÄTZUNG IM NEUEN TESTAMENT.

1. Der Inhalt und die Bedeutung einer Schätzung.

Augustus berichtet in seinem Rechenschaftsbericht, dem *Monumentum Ancyranum,* daß er mehrmals, mindestens dreimal, einen *census* in seinem Reich angeordnet hat. Dabei wurde zwischen dem *census populi Romani,* d.h. der Schätzung der mit Bürgerrecht versehenen Bürger des röm. Volkes und dem Provinzialcensus unterschieden, der seit 13 v.Chr. eingeführt worden war und alle vierzehn Jahre durchgeführt werden sollte. »Augustus schickte die einen dahin, die anderen dorthin, um den persönlichen Besitz und den der Städte aufzuschreiben« (Dio Cassius 56,28). Aus Ägypten, Spanien und Syrien liegen Belege für diese Art von *census* vor, in Gallien und Dalmatien kam es deshalb 12 bzw. 11 v.Chr. zu Aufständen. Ein ägypt. Papyrus aus dem Jahre 104 n.Chr. enthält die Verordnung für einen solchen Provinzialcensus. »Gaius Vivius Maximus, Statthalter von Ägypten sagt: Da die Haushaltsschätzung bevorsteht, ist es nötig, allen, die etwa aus irgendeiner Ursache außerhalb der Bezirke sind, zu gebieten, daß sie zurückkehren zu ihrem heimatlichen Herd, damit sie das übliche Schätzungsgeschäft erledigen und dem ihnen obliegenden Feldbau sich hingeben.« (Papyrus Lond. III, 904, p. 125; vgl. Deissmann, Licht vom Osten, 1923, S. 231; Kroll, Auf den Spuren Jesu, [8]1979, S. 16 mit weiteren Belegen) Wie Lukas berichtet, muß der Steuerzahler in seine Heimatstadt, in der er Grund und Boden hat, zurückkehren. Der röm. Jurist Ulpian (Digesten 50,15,1-4) schreibt dazu: *Is vero, qui agrum in alia civitate habet, in ea civitate profiteri debet, in qua ager est. . .,* »Wer Grundbesitz in einer anderen Bürgerschaft hat, muß seine Erklärung in derjenigen Gemeinde abgeben, auf deren Markung der Grundbesitz liegt.« Dabei unterlagen auch die Familienmitglieder der Meldepflicht am Zuständigkeitsort. Dies würde auf die Richtigkeit der in der Forschung umstrittenen These hinweisen, daß es nämlich auch ein *tributum capitis,* d.h. eine vom Eigentum unabhängige Kopfsteuer gab. (P. Lond. II,261)

Nach den uns zur Verfügung stehenden Angaben war der Provinzialcensus in zwei Teile gegliedert:

a. Die *Apographe,* d.h. die Aufschreibung und Aufnahme des Personalstandes. Damit verbunden war die Eintragung in die amtlichen Steuerlisten und die Erfassung des Grundeigentums.

b. Die *Apotimesis,* d.h. die eigentliche Schätzung der Vermögenswerte und die Festlegung des jeweiligen Steuersolls. Beide Verwaltungsmaßnahmen lagen zeitlich auseinander. Nach der Aufschreibung folgte oft erst später die amtliche Steuerveranlagung.

2. Lukas 2,1ff.

»Es begab sich aber zu der Zeit, daß ein Gebot vom Kaiser Augustus ausging, daß alle Welt geschätzt würde. Und diese Schätzung war die allererste und geschah zur Zeit, als Quirinius den Oberbefehl in Syrien hatte« (Lukas 2,1-2).

a. Quirinius.

Publius Sulpicius *Quirinius (Vorname-Geschlechtsname-Beiname), der in der latein. Vulgata-Übersetzung Cyrinus genannt wird, gelangte, obwohl von niederer Herkunft (Tac.ann III, 23), durch seine militärische Tüchtigkeit zu hohen politischen Stellungen. 12 v.Chr. war er Konsul. Er besiegte danach (11-7 v.Chr.) einen äußerst kriegerischen Stamm im Taurusgebirge, blieb in Syrien, mit außerordentlicher Stellung versehen, und begleitete darauf den designierten Thronfolger Gaius Caesar bei einer Orientreise (1 v. – 3 n.Chr.). Ein archäologischer Fund bezeugt die Stellung des Quirinius in Syrien und bestätigt somit den lukanischen Bericht:

Auf einer 1674 in Venedig entdeckten Grabplatte, die als Ballast eines Schiffes in die Handelsstadt gekommen war, steht: »Auf Befehl des P. Sulpicius Quirinius, des kaiserlichen Legaten von Syrien, nahm Aemilius Palatinus als Centurio den Zensus in Apamea vor, einem Stadtstaat von 117 000 Vollbürgern, und bekriegte die Ituräer im Libanon.« (CIL III, Suppl. 6687).

Quirinius war *legatus Augusti pro praetore*, d.h. Stellvertreter des Kaisers in der Provinz Syrien. Als sicher muß gelten, daß die Proconsuln Sentius Saturninus und der bekannte Quintilius Varus den Titel »Statthalter« in den Jahren 8 v. – 4 v.Chr. innehatten. Quirinius könnte in den Jahren 11 v. – 8. v.Chr. den Titel Statthalter gehabt haben. Die Schätzung fiele dann ebenfalls in diesen Zeitraum. Allerdings ist es ebenso gut möglich, vielleicht sogar wahrscheinlicher, daß Quirinius zwei Mal in führender Position in Syrien war, einmal als offizieller Statthalter, das andere Mal über längere Zeit als außerordentlicher Vertrauter des Kaisers. Solche Leute wurden ebenfalls als Legaten (Statthalter) bezeichnet. Der in der Forschung heftig diskutierte tiburtinische Grabstein (nach dem Fundort Tivoli bei Rom) wird als Indiz für einen zweimaligen Aufenthalt des Quirinius angesehen. Das Verhältnis des Augustus zu Herodes hatte sich vor allem deshalb drastisch verschlechtert, weil Herodes 8 v.Chr. gegen die *Nabatäer, die zu Rom im Bundesgenossenverhältnis standen, ohne Erlaubnis des Augustus einen Blitzkrieg geführt hatte. Augustus reagierte darauf empört und entzog dem Herodes den Titel »Freund«. (Jos.ant.Jud. XVI,9,3). Im Jahre 7 v.Chr., vielleicht im Zusammenhang mit der Schätzung, mußten die Untertanen des Herodes dem Kaiser Augustus den Treueid schwören. (Jos.ant.Jud. XVII,2,4) Augustus konnte also ohne irgendwelche Rücksichten auf seinen Vasallen Herodes in Judäa eine Schätzung durchführen lassen.

Quirinius starb im Jahre 21 n.Chr. Tac.ann. III,48 berichtet darüber: »Um diese Zeit bat Tiberius den Senat, der verstorbende Sulpicius Quirinius möge durch ein Staatsbegräbnis geehrt werden. ... Er war ein tüchtiger Kriegsmann und hatte durch vielfachen Diensteifer das Konsulat unter dem göttlichen Augustus, dann nach der Eroberung der Kastelle der Homonadenser in Zilizien die Triumphinsignien erhalten; als Berater dem Gaius Caesar beigegeben, der den Oberbefehl in Armenien führte, hatte er auch Tiberius während dessen Aufenthalt in Rhodos seine Aufwartung gemacht.«

b. Der Zeitpunkt der Schätzung.

- Einleitung.

David Friedrich Strauß hat durch seine Kritik an der Glaubwürdigkeit des Evangelisten Lukas (Das Leben Jesu, kritisch bearbeitet, 1835) eine bis heute lebendig gebliebene Auseinandersetzung hervorgerufen. Strauß leugnet, daß es eine Schätzung z.Zt. des Augustus gegeben habe, er behauptet, daß Quirinius zu jener Zeit nicht Statthalter gewesen sei und außerdem eine Schätzung Josefs in Bethlehem als unsinnig anzusehen sei. Mittlerweile hat sich herauskristallisiert, daß der Bericht des Lukas die Anfrage auf die historische und chronologische Glaubwürdigkeit nicht zu scheuen braucht. Das Problem ist darauf zurückzuführen, daß ein Großteil der Forscher in »... einem geradezu blinden Glauben an die Zuverlässigkeit des jüdischen Historikers Flavius Josephus ...« (Kroll), der ebenfalls von einer Schätzung in jener Zeit berichtet, den Bericht des Lukas ablehnte.

- Flavius Josephus.

Flavius *Josephus, der jüd. Geschichtsschreiber, ohne den die Abfassung einer ntl. Zeitgeschichte unendlich schwieriger wäre, schreibt im 18. Buch seines Alterswerkes, den Jüdischen Altertümern (ant.Jud.) auch über Quirinius und den Zensus:

»Quirinius also, einer von den römischen Senatoren, der übrigens alle öffentlichen Ämter bekleidet hatte und wegen seiner ehrenvollen Stellung großen Einfluß besaß, kam auf den Befehl des Kaisers mit wenigen Begleitern nach Syrien, teils um Gerichtssitzungen abzuhalten, teils um die Vermögensschätzung [*Apotimesis*] vorzunehmen. ... Bald fand sich Quirinius auch in Judäa ein, das mit Syrien verbunden war, um hier ebenfalls das Vermögen zu schätzen und die Güter des Archelaus zu verkaufen. Die Juden wollten zwar anfangs von der Schätzung [*Apographe*] nichts wissen, gaben jedoch allmählich auf Zureden des Hohenpriesters Joasar, des Sohnes des Boethos, ihren Widerstand auf und ließen nach seiner Weisung die Schätzung ihres Vermögens [*Apotimesis*] ruhig geschehen. Der Gaulaniter Judas [vgl. Apg 5,37] dagegen, ... reizte in Gemeinschaft mit dem Pharisäer Zadok das Volk durch die Vorstellung zum Aufruhr, die Schätzung bringe nichts anderes als offensichtliche Knechtschaft mit sich, und so forderten sie das ganze Volk auf, seine Freiheit zu schützen ...« (ant.Jud. XVIII,1,1). Das Problem nun besteht darin, daß Josephus die Schätzung eindeutig auf das Jahr 6 n.Chr. datiert: »Als Quirinius die Zwangsverwaltung der Güter des Archelaus angeordnet hatte und die Schätzung, die in das 37. Jahr nach dem Sieg des Augustus über Antonius bei Actium fiel, zu Ende geführt hatte, setzte er den Hohenpriester Joazar, der mit dem Volk in Streit geraten war, von Amt und Würden ab ...«. (ant.Jud. XVIII,2,1)

c. Lösungsvorschläge.

- Josephus hat mit seiner Chronologie Recht. Die Schätzung war demnach 6 n.Chr. mit der *Apotimesis* zu Ende. Eine Harmonisierung (vgl. Grundmann, a.a.O., S. 78) zwischen Josephus und Lukas ist möglich, wenn man annimmt, daß bei Lukas nicht zwischen *Apographe* und *Apotimesis* unterschieden wird. Daher beginnt für ihn die Schätzung mit der *Apographe* unter dem außerordentlichen Oberkommando des Quirinius, in Palästina 8 v.Chr.

Lukas bezeichnet diesen Vorgang durch das Attribut »erste [Schätzung]« und meint damit den ersten Teil des Census. Eine Angabe bei dem Apologeten Tertullian (160-220 n.Chr.) gehört in diesen Zusammenhang: Er erwähnt in seiner Kampfschrift gegen den Irrlehrer Marcion den Legaten Saturninus als offiziellen Statthalter Syriens zu Beginn der Schätzung. (Tertullian, adv. Marc. IV,19) Dieser war nachweislich in den Jahren 8 v.Chr. bis 6 v.Chr. Statthalter Syriens. Der zweite Teil der Schätzung, die *Apotimesis*, zog sich bis zum Jahr 6 n.Chr. hin. Dabei kam es im Zusammenhang mit der Absetzung des Archelaus zu Unruhen (Apg 5,37). Der Zeitraum von 14 Jahren für eine Schätzung muß aber als zu lang angesehen werden.

- Es gab zwei Schätzungen. Die erste Schätzung war im Jahre 8 v.Chr., eine zweite Schätzung, wie gesetzlich festgelegt, vierzehn Jahre später, im Jahre 6 n.Chr. Josephus und Lukas sind somit in Einklang zu bringen. Lukas kennzeichnet die Schätzung in Kap. 2 durch »erste« und erwähnt in Apg 5,37 die Schätzung 6 n.Chr., die auch von Josephus beschrieben wird. Quirinius war, was auch archäologisch bestätigt werden kann, zwei Mal in Syrien, entweder beide Male als Statthalter oder ein Mal in außerordentlicher übergeordneter Mission (vgl. dazu Kroll, a.a.O., S. 20)

- Josephus irrt sich bei seiner Chronologie. Kein Geringerer als Th. Zahn versucht dies aufzuzeigen. Es fällt auf, daß Josephus im 18. Buch der Jüd. Altertümer Ereignisse kurz vor und nach dem Tode Herodes des Großen doppelt geschehen sein läßt, so z.B. die Absetzung des Hohenpriesters Joazar im Jahre 4 v.Chr. (XVII, 13,1) und im Jahre 6 n.Chr. (XVIII, 2,1). In Wirklichkeit wurde Joazar natürlich nur ein Mal abgesetzt. Auch bei der Datierung der Schätzung kann Josephus ein Fehler unterlaufen sein. Lukas hat lediglich darauf verzichtet zu differenzieren, daß Quirinius ab 8 v.Chr. in außerordentlicher Mission in Syrien bzw. Judäa war. Die Schätzung fand somit unter Berücksichtigung der Tertullianstelle (s.o.) 8 oder 7 v.Chr. statt.

Literatur: Th. Zahn: Das Evangelium des Lukas, (1920) 1988; G. Kroll: Auf den Spuren Jesu, [8]1979; W. Grundmann: Das Evangelium nach Lukas, 1978; H. U. Instinsky: Das Jahr der Geburt Christi, 1957; H. Braunert: Der römische Provinzialzensus und der Schätzungsbericht des Lukasevangeliums, in: Historia VI, 2, 1957, S. 192-214; A. Strobel: BHH III, 1966, 2211-2230; E. Stauffer: Jesus, Gestalt und Geschichte, 1957; E. Bammel: Die Rechtsstellung des Herodes, in: ZDPV 84 (1968), S. 73-79; L. Neesen: Untersuchungen zu den direkten Abgaben der römischen Kaiserzeit (27 v. – 284 n.Chr.), Diss. Tübingen 1980; G. Firpo: il problema cronologico della nascita di Gesù, 1983. A.Re.

SCHAUBROTE, SCHAUBROTTISCH.

1. Die S., wörtl. »Brot des Angesichts«, auch »beständiges Brot« (4Mo 4,7) genannt, waren zwölf Brote, die in zwei Stapeln zu je sechs Stück auf einem besonderen Tisch im Heiligtum mit Weihrauch zusammen aufgeschichtet lagen (3Mo 24,5f). Ihre Zwölfzahl bezog sich auf die zwölf Stämme Israels. An jedem *Sabbat wurden sie gegen frische, von den Leviten gebackene Brote ausgewechselt, während die alten Brote von den Priestern im Heiligtum gegessen wurden (2Mo 25,30; 3Mo 24,5.9). Nach 1Chr 9,32 hatten einige *Kehatiter die Aufsicht über die S. und waren für ihre Zubereitung verantwortlich (vgl. 1Chr 23,29; 2Chr 13,11). Auf seiner Flucht vor *Saul erhielt *David in Nob S. vom Priester (1Sam 21,3ff). Daran erinnert Jesus die Pharisäer, als er ihre starre Gesetzlichkeit angreift (Mt 12,1-4).

2. Der Schaubrottisch, auf dem die Brote lagen, stand in der *Stiftshütte auf der Nordseite im Heiligen, dem Leuchter gegenüber (2Mo 40,22). Der Tisch war zwei Ellen lang, eine Elle breit und eineinhalb Ellen hoch, aus Akazienholz gefertigt und mit reinem Gold überzogen. Um den Rand der Tischplatte lief ein goldener Kranz, während sich eine Leiste, vermutlich in der Mitte oder unten, um die Tischbeine herumzog. Unter ihr waren dort, wo sie mit den Tischbeinen zusammentraf, goldene Ringe befestigt, durch die vergoldete Tragstangen aus Akazienholz gezogen wurden (2Mo 25,23-40). Auf dem Wüstenzug hatten die Leviten den S.tisch nach genauen Vorschriften zu transportieren (4Mo 4,7f). Während in 1Kön 7,48; 2Chr 29,18 nur von einem S.tisch für den Salomonischen *Tempel

die Rede ist, werden 1Chr 28,16; 2Chr 4,19 mehrere S.tische, anscheinend 10 (V. 8) entsprechend den 10 Leuchtern (V. 7), genannt. Vermutlich diente aber nur einer davon zum Auflegen der S. Im Tempel wurde der S.tisch unter Judas Makkabäus neu angefertigt (1Makk 4,49), nachdem er von Antiochus IV. Epiphanes geraubt worden war (1Makk 1,23). Der S.tisch des herodianischen Tempels wurde von *Titus nach *Rom gebracht und ist auf seinem Triumphbogen abgebildet. Zum S.tisch gehörten noch folgende Geräte: *Schüsseln und *Schalen, in denen vermutlich die Brote aufgetragen wurden; Räucherpfannen (*Pfanne) zum Aufstellen des *Weihrauches; *Kannen für den Trankopferwein und Gefäße zum Ausgießen des Trankopfers (2Mo 25,29; 4Mo 4,7; s.a. *Becher/Kelch).

SCHEALTIËL. (Babylon. *schalt-ilu*; hebraisiert *sch'altî'ēl*, »Gott ist meine Bitte«?).

1. Sohn *Jechonjas, des vorletzen Königs von Juda (598/97 v.Chr.; 1Chr 3.17). S. wird als Onkel *Serubbabels bezeichnet (1Chr 3,19) und – möglicherweise auf Grund einer Leviratsehe – auch als dessen Vater (Esr 3,2; 5,2; Neh 12,1; Hag 1,1 u.ö.).

2. S. ist ein Beiname *Esras (4Esr 3,1).

3. Ein S. begegnet im Stammbaum Judits (Jdt 8,1).

4. Im Stammbaum Jesu kommt S. (identisch mit 1.) vor (Mt 1,12); nach der Genealogie des LkEv.s stammt dieser S. aus einer Seitenlinie des Hauses *David (Lk 3,27).

SCHEBA.

1. Eine Stadt (hebr. *schäba*) in dem Gebiet, das dem Stamm *Simeon in S-Palästina nahe *Beerscheba und Molada zugeteilt wurde (Jos 19,2 folgt LXX: »Schema«; MT in 1Chr 4,28 läßt es in der Parallel-Liste aus; LXX B liest »Samaa«, vgl. Jos 15,26: »Schema«; LXX A liest »Sabee«). S. Cohen (IDB, 4, S. 311) nimmt an, daß »Schema« (hebr. *schäba*ʿ, »sieben«) nach den sieben Lämmern benannt wurde, die Abraham bei einem Bundesschluß mit Abimelech »besonders gestellt hatte« (1Mo 21,28f); S. wäre somit ein alter Teil der Siedlung *Beerscheba.

2. Ein Benjaminit (*schäbaʿ*), der sich vergeblich nach Absaloms Tod gegen David erhob (2Sam 20,1f.10.21f).

3. Ein Führer (*schebaʿ*) des Stammes Gad (1Chr 5,13). S. *Saba; *Seba.

SCHEBNA. Ein hoher Beamter unter *Hiskia (716-687 v.Chr.) als Minister (*ʿal-habājit*, »Hofmeister«, Jes 22,15), Sekretär (*sōphēr*, »Schreiber«, 2Kön 18,18; 19,2; Jes 36,3) und Staatsbeamter (*sōkēn*, »Schatzmeister«, Jes 22,15). Er war reich und wurde vom Propheten *Jesaja getadelt, weil er sich ein großes Felsengrab vorbereiten ließ; Jesaja kündigte seinen Untergang an (Jes 22,15-19). Ein Teil des Türsturzes eines solchen Grabes wurde gefunden (N. Avigad: IEJ 3, 1953, S. 137-152; D.J. Wiseman: IBA, 1958, S. 59). Die volle Namensform dürfte Schebanjah(u) sein, ein Name, der auf zeitgenössischen Inschriften und hebr. Siegeln erscheint (IEJ 18, 1968, S. 166-167). U.a. trägt diesen Name ein levitischer Priester unter David (1Chr 15,24); levitische Priester z.Zt. der Rückkehr aus der babylon. Gefangenschaft nannten sich Schebanja (Neh 9,4f) und *Schechanja (Neh 10,10). D.J.W.

SCHECHANJA. (»Der Herr hat genommen«).

1. Leiter der 10. Priesterabteilung z.Zt. *Davids (1Chr 24,11).

2. Levit z.Zt. *Hiskias (2Chr 31,15).

3. Priester, der mit *Serubbabel aus der babylon. Gefangenschaft heimkehrte (Neh 12,3). Neh 10,5; 12,14 gibt den Namen des entsprechenden Priestergeschlechtes mit Schebanja wieder (vgl. *Schebna).

4. Nachkomme Serubbabels (1Chr 3,21f; Esr 8,3: Secharja).

5. Sohn Jahasiëls, Nachkomme Sattus. Er kehrte mit Esra aus Babylon zurück (Esr 8,5).

6. Sohn Jehiëls aus dem Geschlecht Elam z.Zt. Esras. Er gab den Rat zur Trennung der Israeliten von den heidnischen Frauen (Esr 10,2f).

7. Levit, Vater des Torhüters Schemaja z.Zt. Nehemias (Neh 3,29).

8. Sohn Arachs, Schwiegervater des Ammoniters Tobija z.Zt. Nehemias (Neh 6,18).

SCHEFATJA. (»Der Herr hat Gericht gehalten, Recht verschafft«).

1. Harufiter aus dem Stamm *Benjamin, der zu *David nach *Ziklag kam (1Chr 12,6).

2. Sohn Davids, der ihm von Abital in *Hebron geboren wurde (2Sam 3,4; 1Chr 3,3).

3. Sohn Maachas, ein Stammesfürst der Simeoniter z.Zt. Davids (1Chr 27,16).

4. Sohn des Königs *Joschafat (2Chr 21,2).

5. Sohn Mattans, Fürst in Juda z.Zt. *Zedekias (Jer 38,1).

6. Judäer, der vor dem Exil lebte (Neh 11,4).

7. Israelit, dessen Nachkommen mit *Serubbabel und *Esra aus der babylon. Gefangenschaft heimkehrten (Esr 2,4; 8,8; Neh 7,9).

8. Einer der Knechte *Salomos, dessen

Nachkommen mit Serubbabel aus der babylon. Gefangenschaft heimkehrten (Esr 2,57; Neh 7,59).

9. Vater des Benjaminiten Meschullam (1Chr 9,8).

SCHEFELA. (»Niedrigland«).

1. Geographische Bezeichnung für das niedrige Hügelland, das sich zwischen der südl. Küstenebene Palästinas und dem judäischen Bergrücken in nordsüdl. Richtung erstreckt. Die LÜ gibt den hebr. Namen durchweg als »Hügelland« wieder (2Chr 26,10; 28,18; Jer 17,26 u.ö.). Dieses Gebiet war im Altertum dicht besiedelt und berühmt für seine Fruchtbarkeit (1Chr 27,28; 1Kön 10,27).

2. In Jos 11,2.16 bezieht sich S. auf das Hügelland rund um den *Karmel, das tektonisch eine Fortsetzung des südl. Hügellandes (1.) darstellt.

Literatur: OLB II, 568.790ff; LDB 25ff. B.Hu.

SCHEFFEL s. Maße und Gewichte

SCHEKEL s. Geld; s. Maße und Gewichte

SCHELEMJA. (»Der Herr hat ersetzt, wieder erstattet«).

1. Sohn Kuschis (Jer 36,14).

2. Sohn Abdeels, der zusammen mit dem Königssohn *Jerachmeel und Seraja im Auftrag des Königs *Jojakim den Propheten *Jeremia und seinen Schreiber Baruch verhaften sollte (Jer 36,26).

3. Vater Jirijas, des Wachhabenden, der Jeremia am Benjamintor gefangennahm (Jer 37,13).

4. Vater Juchals (Jer 38,1).

5. Zwei Israeliten, die heidnische Frauen genommen hatten und sich von ihnen trennten (Esr 10,39.41).

6. Vater des Hananja, der z.Zt. *Nehemias half, die Stadtmauer wieder aufzubauen (Neh 3,30).

7. Priester, der unter Nehemia über die Vorräte im Tempel zu wachen hatte (Neh 13,13).

SCHELLEN s. Musik

SCHELOMIT. (»Der Herr ist Gedeihen, Frieden«).

1. Tochter Dibris aus dem Stamme Dan, Frau eines Ägypters. Ihr Sohn wurde auf das Gebot des Herrn hin für seine Gotteslästerung gesteinigt (3Mo 24,11).

2. Levit, Nachkomme Rehabjas, Aufseher über die Weihgaben im Heiligtum z.Zt. Davids (1Chr 26,25f).

3. Sohn oder Tochter König *Rehabeams (2Chr 11,20).

4. Sohn des Josifja, eines Nachkommen Banis. Er kehrte mit *Esra aus Babylon zurück (Esr 8,10).

5. Tochter *Serubbabels (1Chr 3,19).

SCHELTEN/SCHELTWORT. S. bezeichnet im allg. verschärften Tadel (1Mo 31,36; Rut 2,16; Mt 11,20; Mk 16,14). Das S. der Menschen miteinander ist sinnloser Wortkrieg (vgl. Spr 27,17), auf welchen der Christ sich nach dem Vorbild seines Herrn nicht einlassen soll (1Petr 2,23; 3,9). Das Gescholtenwerden von der Welt aber ist für den Christen Hinweis auf seine *Seligkeit, da es ihm seine Andersartigkeit bezeugt (Lk 6,22). So kann ihr S. von ihm mit *Segen beantwortet werden (1Kor 4,12). Vom S. Gottes dagegen geht eine Wirkung aus. Es greift in die Natur ein, läßt das Schilfmeer sich teilen (Ps 106,9) und die Säulen des Himmels beben (Hiob 26,11). Sein richtendes S. ist nicht erst Gerichtsdrohung, sondern bereits Gerichtsvollzug (Jes 17,12-14; 51,20; 66,15; vgl. Sach 3,2).

SCHEMAJA. »Der Herr hat gehört«.

1. Mann aus dem Stamm *Simeon (1Chr 4,37).

2. Rubeniter, Sohn *Joels (1Chr 5,4). Schema, der Sohn Joels (V. 8), scheint derselbe zu sein.

3. Levit und Familienoberhaupt aus dem Geschlecht Elizafan z.Zt. Davids (1Chr 15,8.11.12).

4. Sohn Netanels, Levit und Schreiber z.Zt. Davids (1Chr 24,6).

5. Erstgeborener Sohn Obed-Edoms, des levitischen Torhüters z.Zt. Davids (1Chr 26,4.6.7).

6. Prophet, der *Rehabeam von Juda von dem Versuch abhielt, die abgefallenen 10 Stämme zu unterwerfen (1Kön 12,22-24; 2Chr 11,2-4). Er trat noch einmal bei einem militärischen Übergriff des Pharaos *Schischak in Erscheinung (2Chr 12,5-8) und schrieb die Geschichte Rehabeams (V. 15).

7. Einer der Leviten, die *Joschafat aussandte, damit das Volk im Gesetz unterrichtet würde (2Chr 17,8).

8. Levit aus dem Geschlecht *Jedutuns z.Zt. *Hiskias (2Chr 29,14).

9. Levit z.Zt. Hiskias (2Chr 31,15).

10. Oberster der Leviten z.Zt. *Josias (2Chr 35,9).

11. Vater des Propheten *Uria aus *Kirjat-Jearim, eines Zeitgenossen *Jeremias (Jer 26,20).

12. Vater Delajas, eines der höchsten Beamten *Jojakims (Jer 36,12).

13. S. von Nehelam, ein falscher Prophet z.Zt. Jeremias. Er schrieb aus der Verbannung einen Brief an Volk und Priester in Jerusalem, um sie zum Auftreten gegen Jeremia zu bewegen. Jeremia kündigte ihm daraufhin das Gericht des Herrn an (Jer 29,24-32).

14. Priester, der mit *Serubbabel aus der Verbannung zurückkehrte (Neh 12,6). Seine Familie wird unter dem Hohenpriester Jojakim wieder genannt (V. 18).

15. Familienoberhaupt aus dem Geschlecht Adonikam. Er kehrte mit *Esra aus der Verbannung zurück (Esr 8,13).

16. Einer der Männer, die Esra nach Kasifja sandte, um Leviten für den Zug nach Jerusalem zu gewinnen (Esr 8,16).

17. Ein Priester und ein Israelit, die heidnische Frauen genommen hatten (Esr 10,21.31).

18. Sohn Schechanjas aus der Nachkommenschaft Serubbabels (1Chr 3,22).

19. Sohn Schechanjas z.Zt. Nehemias (Neh 3,29). Er war offenbar levitischer Torhüter am Osttor des Tempels.

20. Levit aus dem Geschlecht *Meraris z.Zt. Nehemias (1Chr 9,14; Neh 11,15).

21. Sohn Delajas, ein falscher Prophet, der im Auftrag Tobijas und Sanballats Nehemia Furcht einjagen sollte (Neh 6,10-13).

22. Priester, der die Verpflichtung auf das Gesetz unter Nehemia unterzeichnete (Neh 10,9).

23. An der Einweihung der Mauern Jerusalems nahmen drei Männer dieses Namens teil: ein Fürst Judas (Neh 12,34), ein Levit aus dem Geschlecht *Asafs (V. 35f) und ein Priester (V. 42).

SCHEOL. Dieses Wort wird im AT für den Ort der Toten verwendet. Die Ableitung des hebr. Wortes *sche'ōl* ist unsicher:

a. Eine Theorie besagt, daß es von einer abgeschwächten Form der Wurzel *schā'al* stammt, von der die Worte für eine »hohle Hand« (Jes 40,12) und einen »hohlen Weg« (zwischen Weinbergen, 4Mo 22,24) abgeleitet werden. Im nachbibl. Hebr. bedeutet *schā'al* die »Tiefe« des Meeres. Wenn diese Ableitung richtig ist, ist die ursprüngliche Bedeutung der hohle oder wahrscheinlicher der tiefe Ort.

b. Die wohl von der Mehrzahl der Gelehrten vertretene Ansicht geht dahin, es von der Wurzel *schā'al* abzuleiten, die »fragen«, »erbitten« oder »erkundigen« bedeutet. In diesem Fall mag es ursprünglich ein Ort der Erkundigung gewesen sein, an dem man Orakel erhielt. Die Wurzel *schā'al* wird häufig im AT gebraucht, um Orakel zu befragen, wobei diese Vorstellung bei dem Begriff S. sicher nicht dominierend ist. Es besteht eine Verbindung dieser Wurzel mit »Denken« in der Personifizierung der S. als eines klaffenden Mauls eines gierigen Ungeheuers (Jes 5,14; vgl. Hab 2,5 usw.). Delitzsch (in der Auslegung von Jes 5,14) meinte, daß ein entsprechendes assyr. Wort in der Form *schualu* zu finden sei, Jensen und andere bestritten jedoch die Existenz dieses Wortes (vgl. Transactions of the Society of Biblical Archaeology 8, 1885, S. 269). Die Bedeutung von S. bewegt sich zwischen den Vorstellungen von Grab, Unterwelt und dem Zustand des Todes. Im ganzen Vorderen Orient des Altertums und anderswo stellte man sich vor, daß die Toten in einem unterirdischen Reich existierten, das im Babylon. als *aralu* und im Ugaritischen als *'eres*, »Erde«, bekannt war. Aber während diese von ihren eigenen Göttern beherrscht wurden, war Jahwe der Herrscher der S. Die S. wurde gedacht unter der Oberfläche der Erde (Hes 31,15.17; Ps 86,13), ein Ort des Staubes (Hiob 17,16), der Dunkelheit (Hiob 10,21), des Schweigens (Ps 94,17) und der Vergessenheit (Ps 88,12). Manchmal wird beschrieben, daß sich unterschiedliche Stellungen im Leben auf der Erde in der S. fortsetzten (Jes 14,9; Hes 32,27), aber die S. ist immer ein Ort der Schwäche und der Freudlosigkeit. In einigen Abschnitten hat die S. einen strafenden Aspekt (z.B. Ps 49,13f) und vorzeitige Übergabe an die S. ist eine Form des Gerichts. Das AT sieht das Leben auf der Erde als Schauplatz für den Dienst Jahwes; hier wird sein Wort empfangen, werden ihm Opfer dargebracht, ist sein Eingreifen zu erfahren. Daher ist der eigentliche Sinn des »in-der-Scheol-seins« der, daß man von Jahwes Hand abgeschnitten ist (Ps 88,3-5). Jahwe ist jedoch auch in der S. gegenwärtig (Ps 139,8) und ist zudem auch in der Lage, aus der S. zu befreien (Ps 16,10).

In Worten wie *'abaddōn*, »Vertilgung«, »Untergang«, »Abgrund«, »Totenreich« (Hiob 31,12; 26,6; 28,22; Ps 88,12; Spr 15,11; 27,10), *schachat*, »Grube«, und vielleicht manchmal auch »Vernichtung« (E.F. Sutcliffe: The Old Testament and the Future Life, 1946, S. 39f; Hiob 33,24; Ps 16,10; Hes 28,8 usw.) und *bōr*, »Grube« (Ps 30,4; Hes 31,14), hat man bisweilen einen Ort der Bestrafung innerhalb der S. gesehen. Aber kein Abschnitt, in dem diese Worte erscheinen, macht diese Interpretation nötig, und die Vorstellung verschiedener Orte der Bestrafung in der S. ist im AT formuliert. Diese Worte sind richtiger als Synonyme von S. zu sehen, mit dem sie manchmal parallel auftauchen. In der intertestamentaren jüd. Literatur findet sich eine Trennung innerhalb der S. zwischen Ungerechten und Gerechten, nach der jeder einen Vorgeschmack auf sein endgültiges Schicksal erfährt (Henoch 22,1-14). Diese Vorstellung scheint der Metaphorik des Gleichnisses vom reichen Mann und armen Lazarus in Lk 16,19-31 zugrundezuliegen. Griech. *hadēs*, das in diesem Abschnitt verwendet wird, bezeichnet die Unterwelt oder das Reich der Toten im klassischen Denken. Die LXX übersetzt *sche'ol* fast immer mit *hadēs*, die syr. Peschitta bringt jeweils *schejūl*. Griech. *hadēs* wird in Verbindung mit dem *Tod Christi in Apg 2,27 erwähnt, wo Ps 16,10 zitiert wird. In Mt 16,18 sagt Christus, daß sich die Tore des Hades (vgl. Jes 38,10; Ps 9,14) nicht gegen seine Gemeinde durchsetzen sollen. Da die Stadttore wichtig sind im Konzept der Befestigung, sind die Tore des Hades hier wahrscheinlich gleichbedeutend mit der Macht des Todes. Der Begriff »in die Hölle hinunterstoßen« (Mt 11,23) wird am besten metaphorisch verstanden als »Tiefen der Schande«. Nach Offb 1,18 hat Christus die Schlüssel zu Tod und Hades in der Hand; deren Macht wurde gebrochen (6,8), sie sind in den feurigen Pfuhl verbannt (20,13f). (S. *Hölle; *Hinnom-Tal).

Literatur: R.H. Charles: A Critical History of the Doctrine of a Future Life, 1913; A. Heidel: The Gilgamesh Epic and OT Parallels, 1946, S. 137-223; N.J. Tromp: Primitive Conceptions of Death and the Nether World in the OT, 1969; H. Bietenhard: TBLNT I, [4]1986, 710-716; G. Gerleman: THAT II, [2]1979, 837-844; H. Cremer: Jenseits des Grabes, [9]1987. D.K.I.

SCHERER, SCHEREN. Die Schur der Schafe war z.Zt. des AT mit einem fröhlichen Fest verbunden, das der Eigentümer der Herde seinen Hirten und Scherern veranstaltete, zu dem auch Verwandtschaft und Nachbarn eingeladen wurden (1Mo 38,12f; 1Sam 25,2ff; 2Sam 23,23ff). Bei den Schafscherern könnte es sich (1Sam 25,11; Jes 53,7; Apg 8,32) um ein bes. Gewerbe gehandelt haben. Einige Tage nach der Schur wurden die Schafe in die Schwemme geführt (Hld 4,2). Die Erstgeburt durfte jedoch nicht geschoren werden (5Mo 15,19). Zu Scherer s.a. *Bart, *Haar, *Kahl.

SCHEUNE/SPEICHER. Nachdem das Getreide gedroschen, geworfelt und gesiebt war, wurden die Körner bis zum Mahlen in Krügen oder Speichern aufbewahrt (Hiob 39,12; Hag 2,19; Jer 41,8 berichtet von Männern, die in Kriegszeiten ihre Vorräte im Acker vergruben). Solche Vorräte an Getreide, aber auch an Öl und Wein, legten insbesondere die für die wirtschaftliche Sicherung ihrer Heere und Festungen zuständigen Herrscher an; entsprechende Berichte finden sich von ägypt. Pharaonen (1Mo 41,35.48f.56; 2Mo 1,11) und in Palästina von *David (1Chr 27,25), *Salomo (1Kön 9,19; 2Chr 8,4.6), *Joschafat (2Chr 17,12) und *Hiskia (2Chr 32,28). Die Anlage zentraler Vorratsstädte sollte u.a. vor Plünderung schützen (s.a. 2Chr 16,4). Auch im *Tempel befanden sich Vorratsräume, um die Abgaben des Zehnten unterzubringen (Neh 10,39; 13,12f; Mal 3,10). In übertragener Bedeutung spricht Jer 50,25 von S.: Der Herr öffnet sein Zeughaus und holt die Waffen seines Zorns hervor. Zu den Schrecken am *Tag des Herrn gehören auch die verwüsteten Kornhäuser und die zerfallenen S.n (Joel 1,17). Dagegen können volle S.n und Keltern ein Zeichen für Wohlstand und Gottes Segen sein (Spr 3,9f). Im NT verdeutlicht das »Gleichnis vom reichen Kornbauern« die Unersättlichkeit, die Habgier des Menschen, der darüber Gottes Reich aus dem Blick verliert (Lk 12,16-21). Ähnlich argumentiert Jesus mit dem Bild der Vögel, die auch ohne Vorratskeller und -scheune von Gott ernährt werden, wenn er Menschen vor falscher Sorge und Unruhe warnt (Mt 6,26; Lk 12,24). Das dem Menschen in Palästina vertraute Bild der S. (griech. *apothēke*) gebraucht auch *Johannes der Täufer: Der Kommende wird seinen Weizen in die S. sammeln, d.h. die Glaubenden in sein Reich aufnehmen (Mt 3,12). Im Gleichnis vom »Unkraut unter dem Weizen« drückt Jesus mit dem Bild des Weizens, der in die S. gesammelt wird, ebenfalls diesen Sachverhalt aus (Mt 13,24-30.36-43).

SCHIFFE/BOOTE. Da *Ägypten als auch *Mesopotamien von Flüssen und Kanälen durchzogen waren, war die Entwicklung des Transports auf dem Wasserweg notwendig für einen erfolgreichen Handel und Verkehr. Von frühester Zeit an wurden Flöße aus Schilfbündeln verwendet und erscheinen als piktographisches Zeichen auf einer Tontafel ca. 3500 v.Chr. Das Floß ist noch immer ein gebräuchliches Transportmittel in Südmesopotamien. Ein Tonmodell eines Bootes, das in Eridu gefunden wurde und auf ca. 3500 v.Chr. datiert wird, ist einem Boot (*quffa*) sehr ähnlich, das aus mit Häuten überzogenem Holzgeflecht gefertigt wurde und auf einer assyr. Reliefskulptur (ca. 870 v.Chr.) abgebildet ist; vergleichbare Boote werden noch heute auf dem Euphrat benutzt. Der Gebrauch von Flößen aus Häuten, die aufgeblasen oder mit Stroh ausgestopft wurden, läßt sich ebenfalls

Ein Floß aus Baumstämmen transportiert ein anderes Floß aus Schilfrohr und ein Tierfell, vielleicht selbst Bestandteile einer anderen gebräuchlichen Form des Transports zu Wasser (kelek). *Relief aus dem Palast Sanheribs, Ninive; ca. 690 v. Chr.* (BM)

über einen langen Zeitraum hinweg nachweisen. Der Transport in Sumer ging auf Schiffen mit hohen geschwungenen Bug- und Achtersteven vonstatten, die mit Paddeln oder Stangen vorwärtsbewegt oder gelegentlich vom Ufer aus gezogen wurden. Ein Modell dieser Bauart wurde in einem Grab in Fara aus der Zeit um 3000 v.Chr. gefunden und ermöglicht eine verläßliche Rekonstruktion der Rumpfform, die auch auf sumer. Zylindersiegeln und in ägypt. Schnitzereien aus der gleichen Zeit erscheint. Im 3. Jt.v.Chr. entwickelte sich der Seehandel von Mesopotamien aus durch den Persischen Golf bis in den Indischen Ozean. Über die Schiffe, die diese Unternehmungen ermöglichten, ist sehr wenig bekannt, obwohl ein Text ca. 2000 v.Chr. ein Schiff erwähnt, das schwerer als 300 *gur* war (28 400 kg oder 28 Tonnen). In Ägypten folgten die ersten Holzboote dem Baumuster der Papyrusflöße, wenngleich der Rumpf dem neuen Material angepaßt war. Das von den Flößen her geläufige Bild der Lotusbüschel kehrt als Schmuckmotiv wieder. Da neben vielen Abbildungen von Flüssen z.B. als Grabverzierung auch komplette Boote gefunden wurden, sind wir über ägypt. Schiffe ziemlich gut informiert. Das älteste wurde in der Nähe der Cheopspyramide in Giseh entdeckt (ca. 2600 v.Chr.); es ist 43,4 m lang; zwei Boote, jeweils etwa 10 m lang, wurden in Dahschur gefunden und sind aus der Zeit der 12. Dynastie (1991-1785 v.Chr.). Da geeignetes Bauholz in Ägypten fehlte, mußte es aus dem Libanon importiert werden, daher wurden seetüchtige Schiffe entwickelt. Die Präsenz ägypt. Schiffe entlang

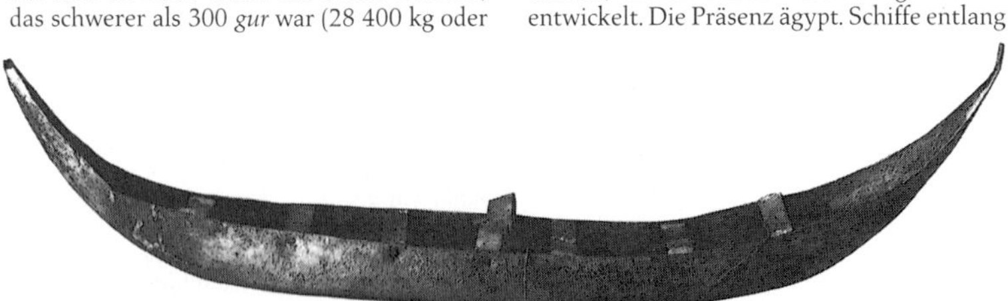

Ein silbernes Bootsmodell von dem königlichen Friedhof in Ur könnte auf der gewölbten Ducht in der Mitte ein Sonnensegel getragen haben. Ruderbänke und Riemen wurden an ihrem Platz gefunden. Länge 64 cm, Höhe an den Steven: 20 cm, Breite: 8 cm; ca. 2500 v. Chr. (SAOB)

Ein Boot aus Schilfrohr in den Sümpfen im Süd-Irak. Die Form des Bootes lebt fort im modernen Tarada. 710 v. Chr. Relief aus dem Palast Sanheribs, Ninive, ca. 690 v. Chr. (MH)

Schiffe mit Pferdekopf-Bug und hohem Heck wurden zum Transportieren oder Ziehen von großen Holzstämmen benutzt. Relief aus dem Palast Sargons II. (721–705 v. Chr.) in Chorsabad. (MC)

der Küste Palästinas verleiht Moses Warnung Nachdruck, Israel werde auf Schiffen nach Ägypten zurückkehren (5Mo 28,68; Ri 5,17?); es gibt Darstellungen, die asiat. Sklaven zeigen, die unter der Herrschaft von Sahure, ca. 2500 v.Chr., auf Schiffen nach Ägypten transportiert werden. Reisen wurden auch auf dem *Roten Meer in Schiffen von etwa 30 m Länge unternommen, die mit Segeln oder Rudern angetrieben wurden. Ein besonderes Merkmal früher ägypt. Schiffe, die die Meere befuhren, ist das Tauwerk, das, um beide Enden des Schiffs herum und auch über gegabelte Pfähle über das Deck geführt, bei Seegang gespannt wurde, um das Schiff stabil zu halten.

I. IM ALTEN TESTAMENT.

Obwohl die Hebräer kein Seefahrervolk waren, kamen sie aufgrund geographischer Fakten mit Seefahrern und Schiffen in Kontakt. Die Gebiete der Stämme Sebulon, Issaschar, Dan und Ascher grenzten zeitweise ans Meer (1Mo 49,13; 5Mo 33,19; Ri 5,17), und Israels Nachbarn, die *Phönizier und *Philister waren führende Seemächte (über die sensationelle Entdeckung von Wrackteilen eines phönizischen Schiffes aus dem 5. Jh.v.Chr. durch israelische Unterwasserarchäologen berichtet A. Rabinovich, Jerusalem Post, International Editions, 17. Juni 1989). Das Schiff blieb jedoch ein technisches Wunderwerk für die Hebräer (Spr 30,19), und eine sichere Überfahrt wurde als Demonstration der Güte und Macht Gottes angesehen (Ps 107,23-30). Wie von den Bewegungen eines Schiffes hin- und hergeworfen fühlt sich ein Betrunkener (Spr 23,34), und eine schnelle Überfahrt wird zum Bild für das Dahinschwinden des Lebens (Hiob 9,26).

Das allg. hebr. Wort für Schiff, *'onijjā*, bezieht sich im allg. auf Handelsschiffe, die auf dem Meer fahren (z.B. Spr 31,14), oft als »Tarsisschiffe« bezeichnet (1Kön 22,48). Ob *Tarsis mit einem geographischen Ort wie Tartessus in Südspanien oder *Tarsus in Zilizien zu identifizieren ist, oder ob Tarsisschiff »Erzschiff« bedeutet, ist ungewiß; bezeichnet werden damit für weite Strecken geeignete phönizische Handelsschiffe. Barnett (Antiquity 32, 1958, S. 226) nimmt an, daß die phönizischen Transportschiffe mit rundem Bug, die auf Reliefskulpturen *Sanheribs (ca. 700 v.Chr.) abgebildet sind, »Tarsisschiffe« sind. Diese Boote wurden von einer in zwei Reihen angeordneten Rudermannschaft angetrieben; wenngleich Handelsgaleeren – auch während des Sommers bei lang anhaltenden Flauten – auf dem Mittelmeer im Einsatz waren, stellt das Fehlen von Segeln die Identifikation mit diesem Schiffstyp doch in Frage. Die phönizische Schiffahrt entwickelte sich im 2. Jt.v.Chr. – sie ist aus ägypt. Grabgemälden und Texten bekannt. Die Gemälde zeigen, daß im Gegensatz zu zeitgenössischen ägypt. Schiffen kanaan. (früh-phönizische) Schiffe mit Kiel gebaut wurden und eine zaunähnliche Konstruktion an Deck hatten, die z.T. für ein Leesegel gehalten, z.T. als Reling zur Sicherung der Ladung angesehen werden. Ein Dokument aus Ras Schamra/*Ugarit, ca. 1200 v.Chr., berichtet von einem Handelsschiff, das eine Ladekapazität von ca. 450 Tonnen hatte. Ein Schiff dieser Größe mußte sich auf Segelantrieb verlassen und konnte nur im Notfall für kurze Zeit mit Rudern angetrieben werden. Das Schiff, das *Jona in *Joppe bestieg, wird *sephīnā* genannt (Jona 1,5). Diese Bezeichnung meint ein großes Schiff mit Deck, vergleichbar einem griech. Handelsschiff, wie es auf einem Trinkgefäß aus der Zeit um 550 v.Chr. dargestellt ist. Es war mit Seeleuten bemannt (hebr. *mallāchīm*, Jona 1,5); das Kommando hatte der *rab hachōbēl*, »Schiffsherr/Kapitän« (Jona 1,6). Kleinere Schiffe wurden von den Phöniziern im Frachtverkehr auf kurzen Strecken eingesetzt. Diese Schiffe wurden mit Rudern angetrieben und zeichneten sich durch hohe Bug- und Achtersteven aus, von denen einer wie ein Pferdekopf geschnitzt war, so daß die Griechen diese Schiffe *hippos*, »Pferd«, nannten. Ein assyr. Relief aus dem Palast Sargons II. (721-705 v.Chr.) läßt erkennen, wie mit solchen Schiffen Holzflöße manövriert und transportiert wurden (vgl. 1Kön 5,23).

Ein anderes hebr. Wort für Schiff (*zī*) scheint besonders für Kriegsschiffe verwendet worden zu sein. Dieser Schiffstyp wird zusammen mit einer »Galeere mit Rudern«, *'oni-schajith*, erwähnt (Jes 33,21). Israel wird zugesagt, daß ein solches Schiff sich nie Jerusalem nähern wird, solange die Stadt in Frieden lebt. Diese Kriegsschiffe hatten einen stromlinienförmigen Rumpf und waren am Bug mit einen Rammsporn ausgestattet. Für die relativ hohe Geschwindigkeit der wendigen Schiffe sorgten Ruderer, hebr. *schāthīm* (Hes 27,8), auf Doppelbänken an beiden Seiten. Die Griechen waren besonders gewandt im Kampf mit diesen Schiffen, sie sind möglicherweise mit den gefürchteten »Schiffen aus Kittim« gemeint (Dan 11,30; vgl. 4Mo 24,24). Wegen ihrer Schnelligkeit wurden Kriegsschiffe auch zu Kurierdiensten benutzt (Hes 30,9; Thukydides 3.49.3).

II. IM NEUEN TESTAMENT.

1. Auf dem Mittelmeer.

Die Hauptkennzeichen der Schiffe des Mittelmeers hatten sich über mehrere Jh. hinweg

Modell eines philistäischen Kriegsschiffes. Rekonstruiert anhand eines Reliefs im Totentempel Ramses' III., Medinet Habu; ca. 1195–1164 v. Chr. (NMMH)

wenig verändert. Kriegsschiffe (»lange Schiffe«, deren Länge das Acht- oder Zehnfache der Breite betrug) wurden im allg. mit Rudern bewegt und entfernten sich selten von der Küste. Handelsschiffe (»runde Schiffe«, deren Länge das Drei- oder Vierfache der Breite betrug) verließen sich auf Segel, aber hatten möglicherweise Ruder für den Notfall. Auch sie blieben ziemlich nahe an der Küste, kreuzten aber bei guten Bedingungen auf offener See (*Patara). Die meisten seetüchtigen Schiffe hatten zwischen 70 und 300 Tonnen, aber Plinius erwähnt eins mit 1300 Tonnen.

Die meisten Fahrten auf den Missionsreisen des Paulus wurden wahrscheinlich in kleinen Küstenschiffen unternommen, aber auf seiner Reise nach Rom segelte er mit zwei großen Getreideschiffen, die zwischen Ägypten und Italien verkehrten und leicht 276 Mann Besatzung und Passagiere tragen konnten (Apg 27,37). Etwa zur gleichen Zeit reiste Josephus auf einem Schiff für 600 Menschen (Vita 15). Lucian (Navigium 1ff) gibt eine Beschreibung eines großen Getreideschiffes 150 n.Chr. Und in den vergangenen Jahren haben Unterwasserarchäologen eine Anzahl alter Schiffswracks untersucht. So erhalten wir eine Vorstellung von Paulus' »Zwillingen« (Castor und Pollux). Ein solches Schiff hatte einen Zentralmast mit langen Rahnocks, die ein großes quadratisches Hauptsegel und möglicherweise ein kleines Marssegel trugen, und einen kleinen Fockmast, der sich fast wie ein Bugspriet nach vorne neigte, mit einem Focksegel (griech. *artemon*), das dazu verwendet werden konnte, dem Schiff Steuerfahrt zu geben, wenn nicht erwünscht war, daß es den Wind voll nutzte (Apg 27,40), um das Schiff zu wenden und das Abdriften in einem Sturm zu zügeln (Apg 27,17: »ließen sie das Schleppgeschirr nieder« kann bedeuten: »setzten das Focksegel« oder »ließen den Treibanker herab« oder »ließen das Geschirr der Mastspitze herab«). Der Bug endete in einer geschnitzten oder gemalten Figur, die den Namen des Schiffes repäsentierte (Apg 28,11), und am erhöhten Heck befand sich eine Statue der Schutzgöttin des Heimathafens. Zwei große Ruder am Heck dienten zur Steuerung, sie wurden entweder einzeln bedient oder zusammen mit Hilfe von Ruderpinnen oder Steuerreeps gedreht, die mit einem zentralen Zahnrad verbunden waren. Bei schlechtem

Archäologen befreien das 1986 nördlich von Magdala entdeckte Boot nach der Bergung von seiner schützenden Schaumstoffumhüllung. (RR)

Hölzernes Modell eines Bootes mit 14 Ruderern. Der Kapitän steht neben dem (in einen Mantel gehüllten) Eigentümer am Bug; das Boot wird mit einem großen Ruder im Heck gesteuert. Aus Ägypten, ca. 1800 v. Chr. (BM)

Ein rundes assyrisches Boot aus mit Häuten überzogenem Weidengeflecht (quffa) *mit vier Rudern wird zum Transport schwerer Lasten benutzt.* (BM)

Phönizische Kriegsschiffe fliehen aus Sidon. Relief aus dem Palast Sanheribs, Ninive, ca. 690 v. Chr.

Die Festbarke des ägyptischen Adeligen Huy, des Vizekönigs von Nubien. Kopie (von N. de G. Davies) eines Wandgemäldes im Grab des Huy, Theben, ca. 1360 v. Chr. (MH)

Wetter konnten sie festgezurrt werden (vgl. Apg 27,40).

Einige Anker bestanden ganz aus Eisen, aber die meisten waren aus Holz mit Armen aus Blei oder Stein. Sie wogen mehr als 600 kg und hatten kleine Markierungsbojen. Man hatte drei oder mehr an Bord, und wenn man an der Küste Anker warf, wurden einer oder zwei vom Bug herabgelassen und Sicherungstaue vom Heck aus an der Küste festgemacht.

Ein phönizisches Handelsschiff, in einen Steinsarkophag gemeißelt. Aus Tyrus. 2.–1. Jh. v. Chr. (RS)

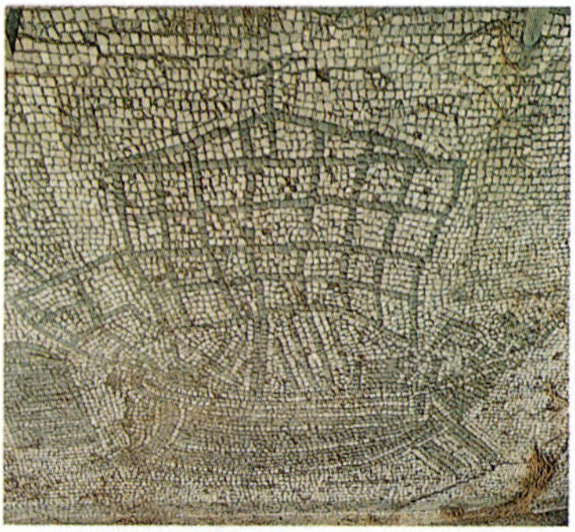

Darstellung eines Segelbootes in einem Mosaik in Ostia, Italien. 1. Jh. v. Chr. (RS)

Zum Manövrieren und um unbehelligt einen Sturm zu überstehen, wurden Anker vom Heck herabgelassen (Apg 27,29). Ein Lot wurde verwendet, um die Wassertiefe an seichten Stellen zu prüfen (Apg 27,28), es wurde manchmal eingefettet, um Proben vom Boden heraufzubringen.

Ein Beiboot wurde bei gutem Wetter achtern mitgeschleppt, aber bei Sturm an Bord gezogen (Apg 27,16f), um zu verhindern, daß es vollaufen oder zertrümmert würde. Es wurde meist im Hafen verwendet, weniger als Rettungsboot: wenn das Schiff unterging,

Schiffszeichnung eines christl. Jerusalem-Pilgers in der heute so genannten St. Vartan-Kapelle unter der Grabeskirche. Kleines röm. Handelsschiff mit gänsekopfgeschmücktem Kiel und einem entweder nach der Ankunft umgelegten oder (durch ein Unwetter?) abgebrochenen Mast. Das Segel ist hinter dem Mast zusammengerollt und mit Tauen verschnürt. Text der Inschrift: DOMINE IVIMUS (»Herr, wir sind angekommen« – vgl. den Pilger- Psalm 122,1–3). Die Datierung ist umstritten: vor 135 n. Chr. (d. h. vor der Zerstörung Jerusalems durch Hadrian) oder nach 326 n. Chr. (Baubeginn der Grabeskirche). (CPTh)

mußten sich Überlebende auf Planken retten. Paulus hatte vor seiner Reise nach Rom dreimal Schiffbruch erlitten (2Ko 11,25).

Das Risiko jeder Reise war groß, aber auch der Gewinn, wenn sie erfolgreich war (vgl. Offb 18,19). Der Besitzer befehligte oft sein Schiff selbst, vielleicht mit Hilfe eines professionellen Steuermannes oder Nautikers, aber in zweifelhaften Situationen trafen sie zusammen mit den Passagieren Entscheidungen (Apg 27,9-12: der Zenturio war verantwortlich für seine Gruppe, nicht für das Schiff). Auf großen Handelsschiffen gab es bis zu drei Decks und einige luxuriös ausgestattete Kabinen, aber die meisten Passagiere lagerten auf Deck oder im Laderaum.

Die Schiffahrt ruhte weitgehend während der Zeit der Winterstürme von Mitte November bis Mitte Februar (Apg 20,3.6; 28,11; 1Kor 16,6ff; 2Tim 4,21; Tit 3,12), und je ein Monat davor und danach galt eine Schiffahrt als gefährlich (Apg 27,9). Die Hauptschwierigkeit scheinen dichte Wolken gewesen zu sein, die die Navigation durch Sonne und Sterne unmöglich machten. Verspätungen wegen des Wetters waren häufig. Nach Josephus (bell.Jud. 2.203) dauerte es 3 Monate, bis ein Brief des Kaisers Gajus aus Rom Petronius in Judäa erreichte.

2. Bildlicher Gebrauch.

Im NT sind bildhafte Ausdrücke aus der Schiffahrt selten. In Hebr 6,19 wird die Hoffnung auf Gottes Verheißung als ein »fester Anker unserer Seele« bezeichnet. Und Jak 3,4f vergleicht die Zunge mit dem Ruder eines Schiffes.

Literatur: L. Casson: Ships and Seamanship in the Ancient World, 1971; ders.: Die Seefahrer der Antike, 1979; J. Smith: The Voyage and Shipwreck of St. Paul 4, 1880; C. Torr: Ancient Ships, [2]1964; K.L. McKay: Proceedings of the Classical Association 61, 1964, S. 25f; H.J. Cadbury: BC, 5, S. 345ff; A. Göttlicher: Die Schiffe der Antike, 1985. K.L.McK.

SCHIFFE AUF DEM SEE GENEZARETH.

In ntl. Zeit war der See *Genezareth von einer größeren Zahl von Siedlungen umgeben als heute. Wegen des wirtschaftlich ungeheuer wichtigen *Fischfangs besaßen sie zum Teil gut ausgebaute Häfen, die heute wegen des gestiegenen Wasserspiegels unter Wasser liegen (Nun). Nach Josephus soll es zur Zeit des Jüd. Krieges (66-70 n.Chr.) mindestens 230 Fischerboote gegeben haben (bell.Jud. II, 635). Auch in den Evv. werden sie häufiger erwähnt (zB. Mt 4,21f; Mk 1,19f; Joh 21,3ff). Das Fischen mit Booten war zumindest nach späterem jüd. Recht nur Angehörigen des Stammes *Naftali gestattet (Bill.I, 185f), zu dessen

Papyrusflöße, wie sie von wohlhabenden Ägyptern zur Jagd in den Papyrussümpfen benutzt wurden. Kopie (auf Papyrus) eines Wandgemäldes aus Theben. Länge: 33 cm; Neues Reich. (FNH)

Hölzernes Modell eines ägyptischen Schiffes mit rekonstruiertem Segel und Takelage. Die Crew arbeitet an den Fallen, das Vorhandensein einer Mumie (teilweise verdeckt in der Nähe des Hecks) deutet an, daß das Boot für die symbolische Totenfahrt benutzt wurde. Aus Meir; ca. 1800 v. Chr. (12. Dynastie). (BM)

Gebiet der See gehörte (5Mo 33,23). Die Fischer von *Tiberias galten als besonders gesetzestreu (Bill.I, 187). Auch eine starke Neigung zu den *Zeloten scheint es unter ihnen gegeben zu haben (Jos.vita 276ff). 67 n.Chr. kam es bei Taricheä (*Magdala) sogar zu einer Art Seeschlacht zwischen röm. Flößen und jüd. Booten, von denen die meisten untergingen (Jos.bell.Jud. III, 522-531). In friedlichen Zeiten dienten die Boote außer für den Fischfang dem Transport von Waren und Personen, da eine Fahrt über den See im Altertum eine wesentliche Zeitersparnis bedeutete. So schildern auch die Evv. mehrfach Fahrten Jesu über den See (zB. Mt 8,23ff; 9,1; 14,13ff; Mk 8,10ff).

Die Archäologie hat erst in jüngster Zeit zu unserer Kenntnis über die Schiffahrt auf dem See beigetragen. In Magdala wurde aus dem 1. Jh.n.Chr. ein Mosaik (V. Corbo, SBFLA 28, 1978, 232-240) mit einem Boot gefunden. Es hatte einen rammspornartigen Bug, ein geschwungenes Heck und ein Segel. Auch sind entweder drei (Paar) Ruder oder zwei (Paar) und ein Steuerruder (mit sichtbarem Ruderblatt) dargestellt. Eine Bootsmannschaft von drei Ruderern und einem Steuermann setzt auch Josephus für die größeren Boote voraus (bell.Jud. II, 635).

1986 wurden dann aufgrund eines besonders tiefen Wasserstands etwas nördl. von Magdala erstaunlich gut erhaltene Überreste eines Boots gefunden, das nach dem archäologischen Zusammenhang, dem Vergleich mit antiken Bootstypen und einem Radiokarbontest aus der Zeit zwischen dem 1. Jh.v.Chr. und dem Ende des 1. Jh.n.Chr. stammt. Die Bauweise verrät einen erfahrenen Schiffsbauer. Verwendet wurden hauptsächlich Zedernbretter für die Planken und Eichenholz für die Rahmenstücke. Spuren einer Mastbefestigung waren sichtbar. Wahrscheinlich besaß das Boot vier Paar Ruder. Sein Fassungsvermögen wird auf fünfzehn Personen geschätzt (vgl. auch Jos.bell.Jud. II, 639). Jesus und die Zwölf konnten also ohne weiteres in einem größeren Boot Platz finden (vgl. Mk 6,7.30.45). Da von solchen Fahrzeugen aus mit dem Schleppnetz (Mt 13,47-50) gefischt wurde, ist es wahrscheinlich, daß über dem abgerundeten Heck, aber auch über dem zugespitzten Bug eine Plattform errichtet war. Wenn es von Jesus heißt, daß er vor Ausbruch des Sturms »im Heck« (griech. *en tē prymnē*) schlief (Mk 4,38: Sondergut), so kann vorausgesetzt sein, daß er unter der Hecküberdachung lag. Wenn für Heck ein Wort (*prymna*) gebraucht wird, das sonst bei Hochseeschiffen erscheint (Apg 27,29.41), braucht das also nicht bloß symbolisch gemeint zu sein. Beim »Kissen« (Mk 4,38: *proskephalaion*), das zur festen Ausstattung des Boots gehörte (bestimmter Artikel), handelt es sich entweder um die Sitzgelegenheit des Steuermanns oder einen Sandsack, der beim Segeln zum Trimmen diente. Neben solchen größeren Fahrzeugen kennt Josephus kleinere Boote mit nur zwei Rudern (bell.Jud. II, 619). Auch die Evv. unterscheiden zwischen großem (griech. *ploion*: zB. Mt 4,21; 8,24; Joh 6,17.21) und kleinem Boot (*ploiarion*: Mk 3,9; Joh 6, 22.24; 21,8).

Die ntl. Wundergeschichten, in denen Boote eine Rolle spielen, wie Petri Fischzug (Lk 5,1-11, vgl. Mk 4,1; *Kapernaum V.), die Sturmstillung (Mk 4,35ff; s.o.; *Gerasener), der Seewandel (Mk 6,45ff; Joh 6,16ff; *Genezareth, See) oder der wunderbare Fang von Joh 21 (*Kapernaum V.) zeigen teilweise deutliches Lokalkolorit. Gleichzeitig haben sie auch in den Evv. schon eine übertragene Bedeutung (E. Hilgert, The Ship and Related Symbols in the New Testament, 1962). Bereits in AT und Frühjudentum steht das Meer für den Tod (5Mo 30,12f; Jona 1-2; vgl. Hiob 38,16f; Hes 26,19; Röm 10,6f; Offb 20,13) und die Chaosmächte (Ps 107, 23-30), über die Gott triumphiert (Hiob 26,12; Ps 74,13f; 89,9f; Jes 51,9f). Das Meer ist die Welt (Offb 17,15 vgl. Jes 17,12f; Hes 26,3; Dan 7,3.17; OrSib V 530ff), das Schiff die Gemeinde (TestN 6; vgl. 1Petr 3,20f). Diese Symbolik war in der alten Kirche besonders beliebt (K. Goldammer, ZNW 40, 1941, 76-86; H. Rahner, Symbole der Kirche, 1964, 237-564).

Literatur: Allgemein: G. Dalman: Arbeit und Sitte in Palästina VI, (1939) ND 1964, 343-370; E. Hilgert: ISBE IV, 1988, 484; R. Kratz: EWNT III, 1983, 269-272; M. Nun: Ancient Anchorages and Harbours around the Sea of Galilee, 1988; W.H. Wuellner: The Meaning of »Fishers of Men«, 1967, 26-63.

Kinnereth-Boot: O. Cohen: BAIAS 6 (1986/87), 34-36; R. Riesner: BiKi 41 (1986), 135-138; ders.: BiKi 42 (1987), 171-173; ders.:HlL 119/1 (1987), 2-6; S. Wachsmann, K. Raveh, O. Cohen: ESI V, 1986, 42-44; dies.: International Journal of Nautical Archaeology 16 (1987), 1-13; S. Wachsmann et al: An Ancient Boat Discovered in the Sea of Galilee, 1988; S. Wachsmann, D. Adan-Bayewitz, I. Carmi: BARev XIV/5 (1988), 18-33. R.R.

SCHILD s. Waffen und Geräte

SCHILF s. Pflanzen

SCHILFMEER s. Rotes Meer

SCHIMI/SCHIMITER. (Hebr. *schimʿi*, vielleicht Abkürzung von *schemaʿjahū*, »Jahwe hat gehört«).

1. Sohn *Gerschons und Enkel *Levis (2Mo 6,17; 1Chr 6,2; 23,7.10; Sach 12,13); seine Familie (die Schimiter) war mitverantwortlich für die Wohnung, das Zelt und seine Decken und den Vorhang in der Tür der Stiftshütte (4Mo 3,18.21.25).

2. Levit, Sohn Jahats und Enkel Gerschons (1Chr 6,27f).

3. Ein weiterer Levit aus dem Geschlecht Gerschons (1Chr 23,7.9).

4. Levit aus dem Geschlecht *Meraris (1Chr 6,14.29).

5. Simeonit, der 16 Söhne und 6 Töchter hatte (1Chr 4,26f).

6. Benjaminit (1Chr 8,21), anscheinend derselbe, der V. 12 *Schema heißt.

7. Sohn Geras, ein Bejaminit und Verwandter Sauls, der David auf seiner Flucht vor Absalom als Bluthund verfluchte (2Sam 16,5ff). David ließ ihn gewähren und sicherte ihm später bei seiner Rückkehr das Leben zu (2Sam 16,5-13; 19,16-24,23). Auf seinem Sterbelager trug er aber Salomo auf, S. nicht ungestraft zu lassen (1Kön 2,8f). Salomo ließ S. nach Jerusalem kommen und verbot ihm, die Stadt zu verlassen. Drei Jahre später ging S. nach Gat, um zwei entlaufene Sklaven zurückzuholen. Das kostet ihn das Leben (V. 36-46).

8. Levit, Sohn Jedutuns und Leiter der 10. Sängerabteilung (1Chr 25,3.17).

9. Ramatiter, Aufseher über die Weinberge Davids (1Chr 27,27).

10. Anhänger Salomos während der Verschwörung Adonijas (1Kön 1,8). Vielleicht ist er mit dem Sohn Elas und Statthalter Salomos in Benjamin gleichzusetzen (1Kön 4,18).

11. Rubeniter, Sohn des Gog (1Chr 5,4).

12. Levit aus dem Geschlecht Hemans z.Zt. *Hiskias (2Chr 29,14).

13. Ein weiterer Levit z.Zt. Hiskias, der zweiter Vorsteher war über den Zehnten und das Geweihte im Tempel (2Chr 31,12).

14. Bruder *Serubbabels (1Chr 3,19).

15. Benjaminit, Nachkomme des Kisch und Vorfahr *Mordechais (Est 2,5).

16. Ein Levit und zwei Israeliten, die heidnische Frauen genommen hatten (Esr 10,23.33.38).

SCHIMRI. Kurzform von *Schemaja.

1. Simeoniter, Sohn Schemajas (1Chr 4,37).

2. Vater Jediaëls, eines der Helden Davids (1Chr 11,45).

3. Levitischer Torhüter, Sohn Hosas (1Chr 26,10). Sein Vater setzte ihn als den Ersten unter seinen Brüdern ein.

4. Levit aus dem Geschlecht Elizafans z.Zt. Hiskias (2Chr 29,13).

SCHIMRON/SCHIMRON-MERON.

1. Kanaan. Stadt in der *Jesreel-Ebene im Stammesgebiet *Sebulons (Jos 19,15), deren König als Verbündeter Jabins von Hazor (Jos 11,1) von *Josua besiegt wurde (Jos 12,20; Schimron-Meron). Möglicherweise ist es das heutige Tell es-Semunijeh, ca. 5 km südöstl. von Bethlehem. Ob S. über die LXX-Form Symoon mit dem *Schmwʿnw/Schmʿn* in ägypt. Listen des 18. und 15. Jh.v.Chr. identifiziert werden soll (dem Samhuna der Amarnabriefe), ist fraglich.

2. Vierter Sohn Issaschars (1Mo 46,13; 1Chr 7,1), Vorfahr der Schimroniter (4Mo 26,24).

Literatur: LDB S. 120.171.178; A.F. Rainey: Tel Aviv, 3.2, 1976, S. 57-69. B.H.

SCHIRM. Schutz- und Zufluchtsort, unter bzw. an dem man sich verbirgt (Ps 32,7; 91,1), auch *Schild (Ps 91,4). In Nah 2,6 ist das Schutzdach gemeint, das die Belagerer vor den Geschossen der Verteidiger Deckung gibt.

SCHISCHAK. Libyscher Prinz, der Ägyptens 22. Dynastie (Bubastiden) als Pharoa Scheschonk I. gründete. Er regierte 21 Jahre lang, ca. 945-924 v.Chr. S. beherbergte *Jerobeam auf seiner Flucht vor *Salomo, nachdem Ahija *Jerobeams zukünftige Königsherrschaft über das Nordreich verheißen hatte (1Kön 11,29-40). In späterer Zeit seiner Herrschaft drang S. (im 5. Regierungsjahr Rehabeams, 925 v.Chr.) in Palästina ein. Er unterwarf Juda, nahm die Schätze Jerusalems als Tribut (1Kön 14,25f; 2Chr 12,2-12) und sicherte auch seine Herrschaft über Israel, worüber Fragmente einer Stele S.s in *Megiddo berichten. Im Tempel des Amun in *Theben hinterließ S. eine triumphale Reliefszene, die viele palästin. Städte nennt (ANEP, S. 118, Abb. 349, S. 290; s.a. *Libyen; K.A. Kitchen: The Third Intermediate Period in Egypt, 1972, S. 292-302, 432-447). K.A.K.

SCHITTIM.

1. Einer der Namen, der dem letzten Lager der Israeliten gegeben wurde, bevor sie den *Jordan überquerten, und das gegenüber *Jericho gelegen war (4Mo 25,1; Jos 2,1; 3,1; vgl. Mi 6,5). 4Mo 33,49 gebraucht eine längere Form des Namens: Abel-Schittim (»Bach [?] der Akazien«, da *schiththīm* »Akazien« bedeutet). Josephus erwähnt eine Stadt zu seiner Zeit, Abila, 60 Stadien vom Jordan entfernt, also ungefähr in diesem Gebiet

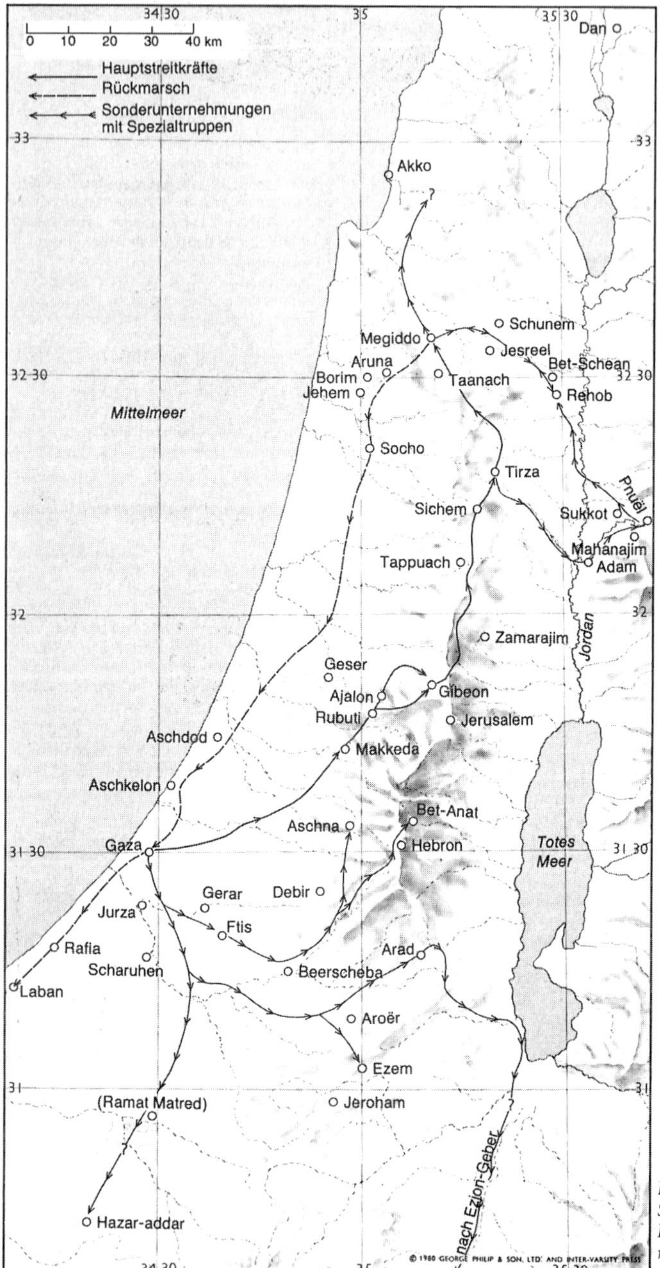

Pharao Schischaks Feldzug nach Palästina.

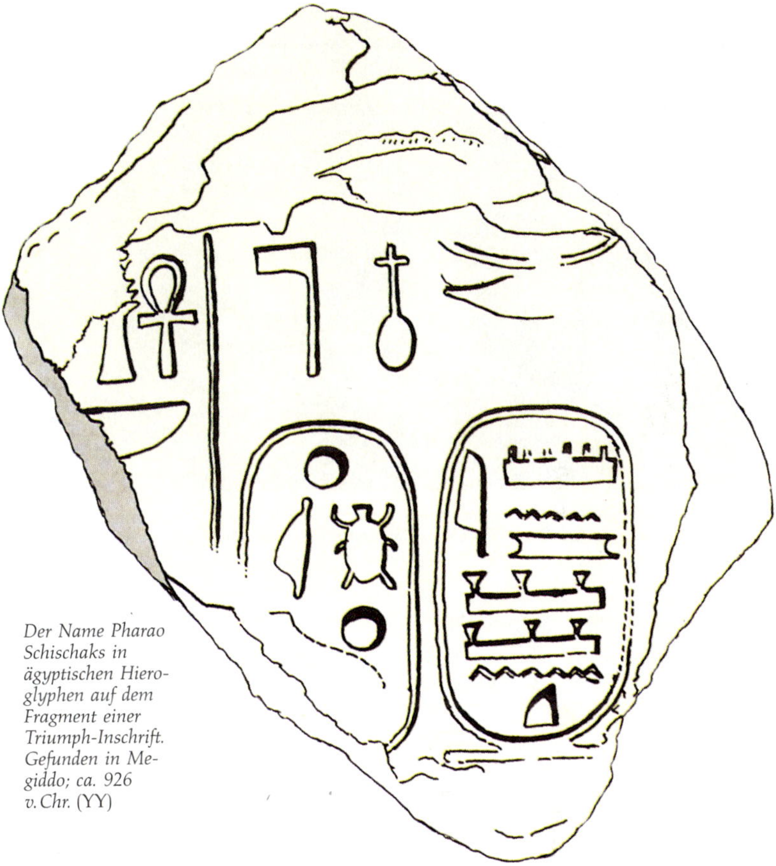

Der Name Pharao Schischaks in ägyptischen Hieroglyphen auf dem Fragment einer Triumph-Inschrift. Gefunden in Megiddo; ca. 926 v.Chr. (YY)

(Jos.ant.Jud. 5.4), die das Element »Abel« des Namens zu beinhalten scheint. Abila lag wahrscheinlich in Tell el-Hammam (Glueck, Aharoni), obwohl andere Gelehrte Tell el-Kefrein vorzogen, das etwas nordwestl. liegt. S. IDB 4, S. 339.

2. Das »Tal von Schittim/Akazien« in Joel 4,18, das von einem Fluß vom Tempel aus bewässert werden soll (vgl. Hes 47,1-12), kann nicht das gleiche Gebiet sein, da dafür ein Gebiet westl. des Jordan erforderlich ist. Wahrscheinlich ist »Tal von Schittim« entweder ein allg. Begriff für die Wadis der judäischen Wüste oder ein Name für den Teil des *Kidron-Tals (Wadi en-Nar), das von W aus ins Tote Meer führt (s. *Pflanzen/Bäume).

Literatur: H.W. Wolff: Joel/Amos, BKAT XIV/2, [3]1985, S.100f. G.J.D.

SCHLACHTEN. Die hebr. Wörter *sābach, thābach* und *schāchath* sowie deren griech. Übertragungen *sphazō* und *thyō* bezeichnen das Töten von Menschen und Tieren zu profanen oder kultischen Zwecken.

1. Für die Schlachtung von Tieren zur Nahrung (1Mo 43,16; Lk 15,23) gibt es besondere Vorschriften. Das Gesetz verbietet den Genuß von Blut (3Mo 3,17; 7,26f; 17,10-16; 5Mo 12,16.23), da es Träger des Lebens ist (1Mo 9,4; 3Mo 17,11.14; 5Mo 12,23). Deshalb muß beim S. das Tier völlig ausbluten und das Blut

Schischak mit erhobenen Händen (rechts: unvollendetes Relief) vor dem Gott Amun, feiert die Eroberung Judas und Israels ca. 925 v. Chr. Die eroberten Städte werden in den Kartuschen angeführt. (PCA)

auf die Erde gegossen werden (3Mo 17,13; 5Mo 12,16.24); nicht ausgeblutetes Fleisch dagegen ist unrein und darf nicht gegessen werden (3Mo 17,15f; 1Sam 14,32ff). Diese besondere Schlachtmethode wird nach dem hebr. Wort *schāchath* »Schächten« genannt. Sie wird im heutigen Judentum noch immer angewandt, um koscheres (kultisch reines) Fleisch zu erhalten. – Bei der Schlachtung von Opfertieren (3Mo 1-7) wird das Blut aufgefangen und zur Entsühnung über den Altar gesprengt (3Mo 17,6.11).

2. Das atl. Gesetz kennt keine Menschenopfer; mit Ausnahme von 1Mo 22,10 werden sie nur im Zusammenhang von Anklagen Gottes gegen sein Volk genannt (Jes 57,5; Hes 16,21; 23,39). – Wenn vom Töten von Menschen die Rede ist, kommt durch die Verwendung von »schlachten« anstelle von »töten« besondere Grausamkeit zum Ausdruck; LÜ gibt das Wort dann oft wieder mit »abschlachten, ermorden, erschlagen« oder auch nur mit »töten« (4Mo 14,16; 1Kön 18,40; 2Kön 10,7.14; 25,7; Jer 39,6; 41,7; Ps 37,14; 1Joh 3,12; Offb 6,9; 18,24).

3. Bei den atl. Propheten ist das S. häufig ein Bild für kommendes Gericht (Jes 14,21; Jer 25,34; 48,15; 51,40; Hes 21,15.19.20.33; vgl. Offb 6,4); Jahwe selbst wird als der Schlachtende geschildert (Jes 34,6; Hes 39,17.19).

4. Erinnernd an das Passalamm (2Mo 12) und an den leidenden Gottesknecht (Jes 53,7) wird Jesus Christus bezeichnet als »das Lamm, das geschlachtet wurde« (Offb 5,6.9.12; 13,8). Dieses für die *Offenbarung des Johannes typische Motiv »bezeichnet in bildhafter Paradoxie die äußerste Hingabe des Opfers und die bleibende Wirkung seines Todes auf die Gemeinde und die Welt«. (O. Michel, 934).

Literatur: J. Behm: ThWNT III, 1938, 180-190; J. Bergmann, H. Ringgren, B. Lang: ThWAT II, 1977, 509-531; G. Dalman: Arbeit und Sitte in Palästina VI, 1939, S. 91f; V. Hamp: ThWAT III, 1982, 302-306; O. Michel: ThWNT VII, 1964, 925-938. B.H.

SCHLACHTOPFER s. Opfer

SCHLAF. Im Hebr. *schenā*, »Schlaf«, *tardēmah*, »Tiefschlaf«, im Griech. *katheudō* bzw. *koimaō* (meist für den S. als Tod gebraucht) und *hypnos*. Das Reden vom S. geschieht in einem breiten Spektrum von Zusammenhängen. So wird etwa in der Spruchweisheit gewarnt vor dem S.: Wer den S. liebt, ist faul, über ihn wird die Armut wie ein Räuber kommen (Spr 6,9.11; 24,33f; 20,13). Dem, der arbeitet, ist der S. süß, wohingegen die Fülle den Reichen nicht schlafen läßt (Pred 5,11). Und in 1Mo 31,40 wird das Bild eines Hirtenalltags gezeichnet, wenn der Frost der Nacht den

Hirten keinen S. finden läßt. Der S. wurde auch sehr bald zu einem Bild für den *Tod (vgl. Jer 51,39.57; Hiob 14,12), der geradezu als ewiger S. bezeichnet wurde. Mit diesem Bild ist ein anderes verbunden, das den S. als Symbol der Vergänglichkeit (Ps 90,5) und der Machtlosigkeit (Ps 76,6f) vor Augen führt; und Jesaja (29,10) gebraucht das Bild des Tiefschlafs, den Gott über sein Volk ausgegossen hat, um die Verstockung desselben auszudrücken. Anders 1Mo 2,21, wo im Tiefschlaf *Adams aus seiner Rippe die Frau erschaffen wurde.

Aber auch Positives ist vom S. zu sagen – neben der Erholung, die er bringt. Oft redet Gott im S. des Menschen, durch den *Traum, zu ihm (so ausdrücklich Hiob 33,14-18, vgl. auch Hiob 4,12-17), und einige derartige Offenbarungen werden uns berichtet (1Mo 15,12; 28,16). Die Spruchweisheit stellt fest, daß Weisheit und Erkenntnis des Herrn ruhig und ohne Angst schlafen lassen (Spr 3,24); und daß der S. des Gottesfürchtigen ruhig sein kann, hat seinen Grund nicht zuletzt darin, daß Gott, der Hüter Israels, nicht schläft (Ps 121,3). Der Psalmist schließlich spricht eine grundlegende Erkenntnis aus: Alles Mühen und Sorgen, das nicht mit Gott und im Vertrauen auf ihn geschieht, ist vergeblich – aber denen, die er liebt, gibt er es im S. (Ps 127,2; vgl. dazu auch die verwandte Aufforderung Jesu in Mt 6,31-34).

Auch im NT finden wir die Rede vom Tod als S. (vgl. Mk 5,39 par.; Joh 11,12f). Aber es kommt ein neuer Bereich zu dem Spektrum der Rede vom S. hinzu. Das Schlafen wird im NT aufgrund der eschatologischen Erwartung dem Wachen gegenübergestellt, d.h., Warten und Vorbereitetsein auf die Ankunft des Menschensohnes stehen im Kontrast zu Schlafen und unvorbereitetem Überraschtwerden. Diese Thematik finden wir bei Jesus (Mt 25,1-13; Mk 13,33-37), als auch bei Paulus (Röm 13,11; 1Thess 5,1-11). Wenn die Rede der Leute ist: es ist Friede und Sicherheit, dann gilt es zu wachen für die Kinder des Tages. In Eph 5,14 haben wir es möglicherweise mit einem Zitat aus einem Tauflied zu tun. S. und Tod würden dann zur Kennzeichnung des Zustandes vor der *Taufe dienen. In das weitere Umfeld dieser Thematik gehört auch das Schlafen der Jünger während der Anfechtung Jesu in *Gethsemane (Mk 14,37-41 par.). Nur wer nicht schläft, sondern wacht und betet, vermag in der Anfechtung zu bestehen.

Literatur: H.R. Balz: ThWNT VIII, 1969, 545ff; L. Coenen: TBLNT II, [4]1986, 1230ff; A. Oepke: ThWNT III, 1938, 434ff; J. Thompson: Sleep: an aspect of Jewish Anthropology, VT, 1955, S. 421ff; H.W. Wolff: Anthropologie des Alten Testaments, [4]1984, S. 198f. G. Le.

SCHLANGE.

I. ALLGEMEIN.

S.n bewegen sich auf dem Bauch über den Boden, so daß sie oft so beschrieben werden, als leckten sie Staub oder fräßen Erde (1Mo 3,14; vgl. Jes 65,25; Mi 7,17; implizit Spr 30,19). Auffällig ist, daß die Nationen – im Bild der prophetischen Rede - wie S.n kriechen aus Furcht vor dem Gott Israels (Mi 7,17), und Ägypten, das zur Schlacht anrückt, mit einer zischenden S. verglichen wird, die in ihrem Loch verschwindet (Jer 46,22); im Gegensatz dazu steht die ägypt. Auffassung von der heiligen Uräus-S. an der Stirn des Pharao, die ihm zum Sieg verhelfen soll. Die Fähigkeit verschiedener S.n, tödliches Gift in eine Wunde zu spritzen, wenn sie beißen oder zustoßen (1Mo 49,17; Pred 10,8; Mt 7,10; Lk 11,11), findet sich mehrfach als Bild in der Bibel, wenn von der Boshaftigkeit der Menschen die Rede ist, (5Mo 32,33: aufständische Hebräer;

Eine Schlange, die ägyptische Kobra, stellt die Hieroglyphe für Udjo dar, die Schutzgöttin Unterägyptens. Relief vom Sommerhaus Sesostris' I., Karnak. Größe der Schlange: ca. 8 cm; ca. 1950 v. Chr. (PAC)

Schlangen verzieren diesen Tonständer, der in einem kanaanitischen Tempel benutzt wurde. 11. Jh. v.Chr. (UMUP)

Ps 58,4f: Gottlose; Ps 140,4) vom Übermaß an Wein (Spr 23,32), vom Tag des Herrn (Am 5,19), von fremden Unterdrückern (Jes 14,29). Wie Krieg, Hungersnot usw. konnte ein Schlangenbiß als göttliches Gericht oder Strafe aufgefaßt werden (4Mo 21,4-6; Jer 8,17; Am 9,3); Gottes Boten konnten dagegen resistent sein (Mk 16,18; Lk 10,19; vgl. Apg 28,3-6). S.n wurden beschworen (Pred 10,11), wobei manche »taub« blieben gegenüber den Techniken des Beschwörers (Ps 58,4f; Jer 8,17). Schlangenbeschwörer sind möglicherweise auf ägypt. Skarabäusamuletten dargestellt (P. Montet, L'Égypte et la Bible, 1959, S. 90-94, Abb. 17; vgl. L. Keimer, Histoires de Serpents dans l'Égypte Ancienne et Moderne, 1947; s.a. N.L. Corkill, Snake Specialists in Iraq, Iraq 6/1939, S. 45-52).

Neben den im allg. für S. verwendeten Wörtern *nāchāsch* und *sārāph* (das Verb dazu bedeutet »brennend«) hat das Hebr. noch weitere für S. Das alte Wort *pätän*, »Otter, Natter« (5Mo 32,33; Hiob 20,14.16; Ps 58,4; 91,13; Jes 11,8), erscheint in ugarit. Texten des 14. Jh.v.Chr als *btn*. Mit dieser Bezeichnung wurde die ägypt. Kobra versehen (arab. *naja haje*, und die verwandte *naja nigricollis*; M.A. Murray: JEA 34, 1948, S. 117–118); sie entspricht der »Natter« in der klass. Literatur. Zwei ägypt. Hieroglyphen lassen sich auf die Darstellung einer Kobra zurückführen. Dieses giftige Tier verleiht Abschnitten wie 5Mo 32,33 und Hiob 20,14.16 Nachdruck. Das Wort *'äph'äh* (Hiob 20,16; Jes 30,6; 59,5; »Natter/Viper«) ist identisch mit dem arab. *afa'ā* und scheint wie dieser ein allg. Begriff für S. und (manchmal speziell) für Vipern zu sein (vgl. L. Keimer: Études d'Égyptologie, 7, 1945, S. 38-39; 48-49). In 1Mo 49,17 scheint hebr. *schephīphōn* eine spezielle Vipernart zu beschreiben: entweder die »gehörnte Viper«, *Cerastes cornutus*, oder die hornlose *Vipera cerastes*, möglicherweise auch beide. In Ägypten und Palästina waren sie von alters her bekannt, in Ägypten stand die Cerastes-Viper als Hieroglyphe für »f«, der onomatopoetisch gebildete Laut ist *fy*, *fyt*, (Keimer, Études d'Égyptologie 7, 1945; P.E. Newberry, JEA 34, 1948, S. 118). Die Identifizierung von hebr. *'akschūb* in Ps 140,3 ist unsicher, Röm 3,13 wird es mit dem griech. *aspis*, »Natter«, wiedergegeben. Hebr. *zīph'ōnī* (Spr 23,32) wird mit »Otter« wiedergegeben, hebr. *zäpha'* als »Natter« (Jes 11,8; 14,29; 59,5; Jer 8,17); diese Worte bezeichnen S.n verschiedener Art. Die Bezeichnung für die S. (*echidna*), die Paulus in die Hand biß, kommt auch in drastischen Vergleichen (Mt 3,7; 12,34; 23,33; Lk 3,7) vor (vgl. *Malta/Melite).

II. IM EINZELNEN.

1. In der Bibel wird die S. erstmals als das subtile Geschöpf erwähnt (1Mo 3), das vom *Satan benutzt wird, um den Menschen von Gott zu entfremden (Röm 16,20; 2Kor 11,3).

Bronzeschlange, möglicherweise Teil einer Votivgabe. Aus Susa (ähnliche Exemplare fanden sich auch in Palästina); Länge: 30 cm; 12. Jh. v.Chr. (MC)

Schlangen umgeben eine weibliche Figur auf dieser Kultstandarte aus Silber und Bronze. Hazor. 12,5 cm x 7 cm. Kanaanitisch; ca. 1400–1200 v.Chr. (IM)

Deswegen wurde die S. verflucht, auf der Erde zu kriechen (1Mo 3,14). Die S. wurde so zum Sinnbild des Betrugs (Mt 23,33), und der Verräter selbst wird als »die alte Schlange« bezeichnet (Offb 12,9.14f; 20,2); Christen sollen sich jedoch an der Klugheit der S.n ein Beispiel nehmen (Mt 10,16).

2. Zum Zeichen der Bestätigung seiner Berufung sollte Mose seinen Stab zu Boden werfen, aus dem eine S. wurde. Auf Gottes Anweisung hin ergriff Mose die S., und sie wurde wieder zum Stab in seiner Hand (2Mo 4,2-5.28-30; 7,8-12).

3. In der Wüste wurde das verdrossene Volk Israel einmal bestraft durch die Sendung »feuriger Schlangen« (*nāchāsch sārāph*), deren Gift tödlich war (4Mo 21,4-9; vgl. 5Mo 8,15). Als Israel Rettung vor den S.n suchte, befahl Gott Mose, eine eherne S. auf einer Stange aufzurichten, so daß die Gebissenen, die im Vertrauen auf Gottes Hilfe zu ihr aufsahen, überleben sollten (*Schlange, eherne). Der Begriff *sārāph,* »brennend« oder »feurig«, könnte sich auf die Wirkung des Gifts der betreffenden S.n beziehen; der Begriff taucht wieder auf in Jes 14,29 und 30,6 (wo sich »fliegend« auf die Unberechenbarkeit und Schnelligkeit, mit der diese Reptilien zuschlagen, beziehen könnte, vgl. dazu Keimer, Histoires de Serpents, S. 10, Nr. 2; D.J. Wiseman: TynB 23, 1972, S. 108-110).

4. Einige hebr. Anspielungen auf »Schlangen« lassen sich eher auf andere gefürchtete Geschöpfe anwenden oder werden bildlich für militärische Macht fremder Völker benutzt. So ist die »Schlange« in Am 9,3 wahrscheinlich eher ein Bewohner der Tiefe als eine S. In Jes 27,1 bringt das Schwert, das gegen »den Leviatan, die flüchtige [oder schnelle] Schlange und den Leviatan, die gewundene [oder sich windende] Schlange und . . . den Drachen im Meer« erhoben werden soll, wahrscheinlich das kommende Gericht über Assyrien (Land des schnell fließenden Tigris) bzw. Babylon (am in Windungen fließenden Euphrat gelegen) und Ägypten (*tannīn,* »Drache, Ungeheuer«, vgl. Hes 29,3; 32,2) zum Ausdruck. Jesaja kündigt hier möglicherweise Gottes Gericht über diese heidnischen Länder an mit Bildern und Begriffen, die er aus dem damals bekannten kanaan. Mythos der Vernichtung Lotans und Leviatans durch Baal entlehnt, aus mesopotam. Erzählungen von Drachen- und Schlangentötungen (Labbu, Zu usw.), und nicht zuletzt aus der ägypt. Mythologie. In keinem Fall weisen diese Texte auf einen der Schöpfung vorangehenden Kampf zwischen einer Gottheit und einem Ungeheuer hin, da die Vernichtung der S. in einer schon erschaffenen Welt stattfindet. Die babylon. Ti'amat, deren Vernichtung durch Marduks Hand mit der Schöpfung in Verbindung gebracht wird, ist keine S. und auch kein Drache und unterstützt daher auch nicht die mythische Vorstellung eines Kampfes zwischen Gottheit und S./Drache bei der Schöpfung (vgl. A. Heidel, The Babylonian Genesis, 1951, S. 83-88, 102-114). Aus Mythologie und Kultus in Kanaan, Mesopotamien, Anatolien und Ägypten sind Schlangengottheiten bekannt. S.n sind in verschiedenen Texten Symbole des Schutzes (der den Pharao beschützende Uräus), des Bösen (z.B. die ägypt. *'Apep* oder *Apopis*), der Fruchtbarkeit (ägypt.-kanaan. Gottheiten der Sexualität; ANEP, Abb. 471-474) oder des ewigen Lebens (symbolisiert durch das wiederholte Häuten; vgl. A. Heidel, The Gilgamesh Epic and Old Testament Par-

Ägyptische Könige standen unter dem Schutz einer Göttin, deren Zeichen, die Kobra, sie an ihren Kronen trugen. Bildnis Echnatons und Nofretetes auf Kalksandstein. El-Amarna. Höhe: 15,7 cm; 1380–1362 v. Chr. (BrM)

allels, 1949, S. 92, Anm. 212). Die Texte aus Ugarit erwähnen als Opfer »den Kopf eines kleinen Stück Viehs (für) ʿAnat-Lōtan« (C.H. Gordon: Ugaritic Literature, 1949, S.114, 107, Anm. 1); daneben finden sich Passagen im Zusammenhang mit Schlangenbeschwörung (C. Virrolleaud, Ugaritica 5, 1968, S. 564ff; Nr. 7; M. Astour, INES 27, 1968, S. 13-36; A.F. Rainey, JAOS 94, S. 189f, 194; M. Dietrich et al., UF 7, 1975, S.121-125).K.A.K.

SCHLANGE, EHERNE. An den Grenzen *Edoms schickte Gott zur Strafe der aufständischen Israeliten Schlangen, die das Volk bissen, so daß viele starben. Aufgrund der Fürsprache Moses ließ Gott Rettung in der Form zu, daß eine S. aus Kupfer oder Bronze aufgerichtet werden sollte, und jeder, der gebissen worden war, diese eherne S. ansehen mußte, um zu überleben (4Mo 21,4-9; 1Kor 10,9.11). Jahrhunderte später zerstörte König *Hiskia von Juda die eherne S., da die Menschen sie zu einem Götzenbild gemacht hatten und ihr Weihrauch verbrannten (2Kön 18,4). Der hebr. Satz *wajjiqrāʾ-lōnechūschtān* kann entweder bedeuten: »er (= Hisikia) nannte sie Nehuschtan« (d.h. »nur ein Stück Bronze«) oder »sie wurde Nehuschtan genannt« (d.h. vom Volk seit alters her). Auf jeden Fall handelt es sich um ein Wortspiel mit den Begriffen *nechasch-nechoschät.* »Schlange aus Bronze«, zwei ähnlich klingende Worte im Hebr. Die Bedeutung, die Schlangen bei den heidnischen Nachbarvölkern Israels hatten, machte Hiskias Handlung besonders nötig (vgl. *Schlange; s.a. Rowley, »Zadok and Nehushtan«, JBL 58, 1939, S. 113ff). Eine Bronzeschlange wurde in Geser gefunden (R.A.S. Macalister, The Excavation of Gezer, 2, 1912, S. 398f; I. Benzinger, Hebräische Archäologie, ³1927, S. 327, Abb. 418), eine Kultstandarte in Hazor und eine vergoldete Kupferschlange in einem Schrein in Timna (B. Rothenberg, Timna, 1972, S. 152, 183-184, Tafeln XIX-XX; vgl. BRL², 280-282). Als Jesus Christus von seinem bevorstehenden Kreuzestod sprach, verglich er das Geschehen mit der aufgerichteten S., zu der die Menschen im Glauben aufsehen und ihr Leben retten konnten (Joh 3,14f). K.A.K.

SCHLAUCH. Sack aus Ziegenfell zum Aufbewahren von Wasser, Milch und Wein (1Mo 21,14; Ri 4,19; 1Sam 16,20; Hiob 32,19;

Mt 9,17). Zur Herstellung werden beim Abziehen des Fells nur der Hals und ein kleines Stück des Bauches aufgeschnitten. Die Felle werden dann mit Salz eingerieben, gründlich vom Fett befreit und sorgfältig gegerbt. Mit Luft gefüllte S.e dienten als Hilfe zum Schwimmen und als Auftriebskörper von Flößen (*Schiffe/Boote). Alte S.e wurden rissig. Sie mußten umwickelt werden. Die Gibeoniter benutzten alte S.e, um *Josua ihre weite Anreise vorzutäuschen und ihn zu einem Bündnis mit ihnen zu bewegen (Jos 9). Der Weinschlauch im Rauch schrumpft wohl zusammen (Ps 119,83). Gärender Wein kann auch neue S.e zerreißen (Hiob 32,19). Die Bildrede Jesu Mt 9,17 setzt voraus, daß neuer Wein in neue S.e gefüllt wird.

SCHLEUDER s. Waffen und Geräte

SCHLÜSSEL/-GEWALT.

1. Schlösser, vornehmlich Holzriegel, waren schon in vorbibl. und bibl. Zeit in Gebrauch. Drehbare Metallschlösser und die dazugehörigen S. kannte man noch nicht. S. waren die zum Öffnen der Verschlüsse nötigen Werkzeuge; in Ägypten wurden eiserne S. ausgegraben. Ri 3,25 ist vom Öffnen einer Tür des Palastes mit Hilfe eines S.s die Rede. Da sich die Schlösser leicht öffnen ließen, waren Türhüter unentbehrlich. Von S.n im buchstäblichen Sinne ist in der Bibel noch Jes 22,22 die Rede. Der Prophet kündigt an, daß Gott »die Schlüssel des Hauses David«, also die S. des Königsschlosses, vor allem wohl der Schatzkammer, anstelle *Schebnas *Eljakim anvertrauen wird, »daß er auftue und niemand zuschließe, daß er zuschließe und niemand auftue«. Eljakim wird damit in die

Römischer Schlüssel. (BM)

»Knie« oder »Ellbogen« genannter Schlüssel aus Bronze, aus der »Briefhöhle«, Nahal Hever, am Westufer des Toten Meers. (IM)

wichtigste Vertrauens- und Machtposition eingesetzt.

2. Im NT kommt der Begriff »Schlüssel« nur in übertragener Bedeutung vor. Der übertragene Sprachgebrauch hatte im Judentum eine Vorgeschichte. Mit den S.n, die den verschlossenen Himmel (vgl. Lk 4,25) öffnen, war die (z.B. *Elia verliehene) Macht Gottes, Regen zu schaffen, gemeint. Entsprechend war von Gottes Macht die Rede, den verschlossenen Mutterleib zu öffnen, also Leben hervorzurufen, aber auch von Gottes Macht, Tote wieder ins Leben zu rufen, also das verschlossene Totenreich aufzuschließen. Dieser Sprachgebrauch wirkt Offb 1,18 nach, wo der Menschensohn (1,13) sagt: »Ich habe die Schlüssel der Hölle und des Todes«. Man stellte sich das Totenreich (Hades; *Scheol), wie auch das Himmelreich (*Reich Gottes; vgl. die sog. Einlaß-Sprüche), gleichsam als Gebäude mit Eingängen vor, die auch verschlossen werden konnten. J. Jeremias geht aber davon aus, daß Tod und Hades im NT nicht als Räume, sondern als Machthaber vorgestellt wurden, die Christus besiegt hat, wobei er ihnen die S. als Instrumente ihrer Machtstellung abnahm. Offb 9,1 ist von einem verschließbaren Brunnenschacht des Abgrundes die Rede, aus dem Unheil entweicht, wenn ein bevollmächtigter Engel ihn aufschließt, in dem aber auch nach Offb 20,1 ein Engel vom Himmel den gefesselten Drachen einsperren und tausend Jahre lang unter Verschluß halten kann. Diese S. im übertragenen Sinne besitzt und verleiht allein Gott selbst. Wie Eljakim die Palastschlüssel übergeben waren (Jes 22,22), so sind

Christus gleichsam die S. des Himmelreiches, also die unbeschränkte Vollmacht im Reich Gottes übertragen (Offb 3,7): Er öffnet oder verschließt es, läßt eintreten oder schließt davon aus.

3. Aus Lk 11,52 geht hervor, daß die Schriftgelehrten in Israel sich als Inhaber einer S.gewalt verstanden. Jesu Weheruf streitet ihnen diese Stellung nicht ab, sondern prangert ihren Mißbrauch an. »Ihr habt den Schlüssel der Erkenntnis weggenommen. Ihr ginget nicht hinein und wehrtet denen, die hinein wollten.« Die Schriftgelehrten verfügten über die Kenntnis der Heiligen Schrift, sie »beherrschten« das *Gesetz. Ihre Schriftkenntnis war also der S. »Das Lehren der Schriftgelehrten« war die »Ausübung der Schlüsselgewalt« (J. Jeremias). In diesem Sinne handhabten sie den »Schlüssel der Erkenntnis«. Sie konnten den Zugang zur Erkenntnis öffnen oder verschließen. Das Ziel aller Schriftauslegung ist aber die Erkenntnis Gottes (W. Grundmann). Jesus klagte, daß das rabbin. Schriftverständnis den S. zur Gotteserkenntnis wegnimmt (vgl. Mt 23,13).

4. Wie wohl bei der Rabbiner-Ordination diese S.gewalt übertragen wurde, so sagte Jesus nach Mt 16,19 zu Petrus: »Ich will dir des Himmelreichs Schlüssel geben.« Das in der Zeitform Futur (»ich will« oder »werde geben«) im griech. Text ist nach J. Jeremias die allzu wörtl. Wiedergabe des aram. Imperfekts, das die gegenwärtige Verleihung dieser Vollmacht ausdrückt. Obwohl Mt 16,18 von den »Pforten des Hades« die Rede ist, und man sich eine Tür des Himmels vorstellen könnte, ist weniger an eine Pförtnerfunktion als an eine Bevollmächtigung zu denken. Die Vollmacht, die die Schriftgelehrten mißbrauchten und dabei verspielten, wird nun dem Sprecher der *Apostel übergeben. Wie diese S.gewalt auszuüben ist, beschreiben die folgenden Worte: »Was du auf Erden binden wirst, soll auch im Himmel gebunden sein, und was du auf Erden lösen wirst, soll auch im Himmel los sein.« D.h., was Petrus auf Erden bindet, bzw. löst, wird Gott im Jüngsten Gericht, also endgültig, als gebunden, bzw. gelöst, anerkennen. »Binden« bedeutet ursprünglich fesseln, gefangennehmen. Wer die Vollmacht hat, zu binden, kann also die Festnahme befehlen, d.h. ein Urteil sprechen und vollstrecken lassen. Umgekehrt heißt »lösen« soviel wie freilassen, also ein Urteil aufheben. Nun wurde diese richterliche Funktion des Bindens und Lösens bei den Rabbinen auch auf eine lehrhafte und geradezu gesetzgeberische ausgeweitet. Im Rahmen der Halacha (Gesetzeslehre) legten die Schriftgelehrten das Gesetz verbindlich für konkrete Fälle aus. »Binden« hieß dann, etwas für verboten erklären, und »lösen« dementsprechend, es für erlaubt erklären. Jesus sagte, daß die Schriftgelehrten durch ihre Lehrentscheidungen das Reich Gottes verschließen (Mt 23,13). Also kann das Schlüsselamt des Petrus nicht in einer gesetzgeberischen oder lehramtlichen Funktion bestehen. Da die Jünger Jesu sich »nicht Rabbi nennen lassen« sollen (Mt 23,8), kann das Petrusamt nicht eine Fortsetzung des Rabbineramtes sein. Aus Mt 10,13ff geht hervor, daß die Annahme der Boten Jesu, bzw. der durch sie überbrachten Botschaft Heil (*Shalom*, »Frieden«) bedeutet, die Ablehnung aber »Gericht«. Ein Jünger Jesu übt das Schlüsselamt dadurch aus, daß er verkündigt: das Reich Gottes steht denen offen, die an Christus glauben, denen aber, die nicht umkehren (Buße tun) wollen, bleibt es verschlossen.

5. Nur Mt 16,19 wird von der Verleihung des Schlüsselamtes an Petrus berichtet. Aber die Beschreibung, wie diese Vollmacht auszuüben ist, kehrt in anderen Worten Jesu, die sich jeweils an alle Apostel richten, wieder. Daraus geht hervor, daß es sich bei dem Schlüsselamt »nicht« um ein »Sondervorrecht des Petrus« (J. Jeremias) handelt. Mt 18,18 verleiht Jesus seinen Jüngern allg. die Vollmacht, zu binden und zu lösen. Dieses Wort steht im Zusammenhang einer Gemeinderegel, in der geordnet wird, wie vorzugehen ist, wenn ein »Bruder« am anderen »sündigt« (18,15). Mit »Binden« und »Lösen« wird also das Verurteilen oder Freisprechen gemeint sein. So lautet ein vergleichbares Wort, in dem der Auferstandene den Aposteln nach Joh 20,22f den Heiligen Geist verleiht und ihnen kraft dieser Inspiration die Vollmacht zuspricht: »Welchen ihr die Sünden erlasset, denen sind sie erlassen« (nämlich durch Gott selbst, der sich an die den Aposteln gegebene Vollmacht bindet), »und welchen ihr sie behaltet, denen sind sie behalten.« In diesem Sinne lehrten die Reformatoren von dem Amt der S. (Apologie des Augsburger Bekenntnisses, 1530, Art. 12): Es »hat nur die Aufgabe, denen die Sünden zu vergeben, die sich bekehren, und die zu verurteilen und exkommunizieren, die sich nicht bekehren wollen. Denn wie 'lösen' 'Sünden vergeben' bedeutet, so bedeutet 'binden' 'die Sünden nicht vergeben'.« Neben der Ausübung des Schlüsselamtes im weiteren Sinne durch die Predigt des Wortes Gottes als Gesetz und *Evangelium steht eine Ausübung im engeren Sinne durch Zuspruch (lösen) oder Vorenthaltung (binden) der Absolution in der Beichte und daraus folgenden Maßnahmen der Gemeindezucht.

W.Sch.

SCHMACH/SCHMÄHEN. S. wird in der Heiligen Schrift als Folge eines gestörten Verhältnisses zwischen Gott und Mensch und so letztlich als Folge der *Sünde begriffen. Der Mensch, der von Gott abgewendet lebt, ist in seinem ganzen irdischen Sein eben der S. ausgeliefert, die einem Sünder in seiner Auflehnung gegen Gott zukommt. Dies gilt für einzelne Menschen, die sich in ihrem Leben verfehlen genauso wie für ganze Völker, die in Folge ihrer Gottlosigkeit moralisch sinken. Vor allem *Jeremia und der *Psalter sehen die S. Israels vor den Völkern in direktem Zusammenhang mit deren Sünde und Schuld vor Gott (Jer 3,25). Israel hat seinen Gott verlassen, deshalb trifft es die S. und *Schande der politischen Unterdrückung oder gar der Deportation in ein fremdes Land (Hes 16,52.54). Einzelpersonen spielen hierbei immer eine negative Schlüsselrolle. Sie werden in ihrem sündigen Verhalten, in ihrer moralischen Verwerflichkeit zur personalisierten S. für das Haus Israel (Jes 22,18). Daß dies nicht nur für Gottes erwähltes Volk gilt, sondern allg. Grundsatz ist, weiß die atl. Weisheitsliteratur (Spr 14,34): »Gerechtigkeit erhöht ein Volk, aber die Sünde ist der Leute Schmach!« In gleicher Weise, wie der Zusammenhang zwischen S. und Sünde eindeutig festzuhalten ist, vermitteln jedoch AT wie NT auch die Hoffnung auf Erlösung und Befreiung aus der S. der Sünde. Gott soll und wird diese S. wenden. Dies ist nicht eine vertröstende Redewendung falscher Heilspropheten, sondern diese Aussage ist eingebettet in die großen Heilsweissagungen, die Gott seinem Volk als Zielpunkt seines Handelns vor Augen stellt (Jes 8,23). Erhört wären damit die vielen Gebete atl. Gläubiger, die unter den Schmähungen feindlicher Völker gegen Israel und seinen Gott (Mi 7,10) ebenso leiden wie unter der schmählichen Gottlosigkeit im eigenen Volk (Ps 69,10). Gott wird als der angerufen, der an die Schmähungen gegen ihn wie an die S. der Frommen denken soll (Ps 89,52). Nicht der Gottesfürchtige selbst rächt sich also an dem Schmähenden (Spr 12,16), sondern Gott ist es, der diesen Gottlosen der gerechten Strafe zuführen wird. Der Fromme erbittet für sich selbst nur die *Weisheit, auf Schmähungen richtig antworten zu können (Ps 119,42). Dies geschieht in dem Wissen, daß alle menschliche Schmähung letztlich Gott trifft, der den Gottlosen zu seiner Zeit selbst der S. übergeben wird. Umfassende Erlösung von der S. der Sünde gibt es jedoch allein durch den *Knecht Gottes, der sein Angesicht nicht vor der S. verbarg, sondern sie bereitwillig auf sich nahm (Jes 50,6). So gehört es fast notwendig zum Leben Jesu, daß seine Person geschmäht wird, nicht zuletzt von denen, die mit ihm am Kreuz hängen (Mk 15,32). Seine ganze Passion ist bis hin zum Gekreuzigtwerden am Fluchholz eine einzige S. Aber er widerschmähte nicht, da er geschmäht wurde (1Petr 2,23). Jesus erweist sich auch hierin als sündloser Gottessohn, daß er seine Zunge in Zaum zu halten weiß. Jünger Jesu teilen nach dem NT das Schicksal des Geschmähtwerdens mit ihrem Meister. Schmähungen gehören hierbei zu den ganz konkreten Bedrängnissen um Christi willen, wie auch Verfolgung (1Thess 1,6), Gefängnis (Apg 20,23), Armut (2Kor 8,13). Aber über diesem Leiden steht Jesu Verheißung der Glückseligkeit (Mt 5,11). In dieser scheinbaren Widersprüchlichkeit liegen das Geheimnis und die Herrlichkeit der Nachfolge Jesu beschlossen. Dem Vorbild Jesu gemäß (Röm 15,3) werden Christen durch den Glauben fähig, die S. Christi selbst mit Freuden zu tragen. Der Verfasser des *Hebräerbriefs erinnert mit besonderem Nachdruck an diese neue Möglichkeit (Hebr 10,33; 11,26; 13,13). S., *Haß und *Verfolgung zu erleiden gehört deshalb so untrennbar zur Jüngerschaft, weil sich Christen nicht nur ihrem Wesen nach von der Welt unterscheiden, sondern sogar aufgefordert sind, sich von den Lästerern abzusondern (1Kor 5,11). Solche Menschen sind vom *Reich Gottes ausgeschlossen, deshalb sollen sie auch vor den Toren der Gemeinde bleiben. Das strenge Verbot, weder zu schmähen noch zu lästern, ist so gesehen deshalb für Christen eine Selbstverständlichkeit (1Kor 5; 6). Christen sollen aber nicht nur aktiv die Schmährede unterlassen, mit der sie etwa einen Bruder der Ehre berauben, sie sollen darüber hinaus, gemäß ihrem neuen Leben, der Umwelt keinerlei Anlaß zur Schmähung geben (1Tim 5,14). Ein untadeliges Leben in dieser Hinsicht kann nur im Blick auf Jesus Christus gelingen; von einem Bischof (Leiter) einer Gemeinde ist es zu fordern. Bei all dem geht es um mehr als um ein stillschweigendes Erdulden der S. Christi. Jünger Jesu sind aufgerufen, wenn sie geschmäht werden, zu segnen (1Petr 3,9). So werden Schmähungen im Geist und in der Liebe Jesu überwunden und der Schmäher wird – heilsam – gedemütigt. (s.a. *Schande).

J.Kn.

SCHMECKEN. Der Mund schmeckt, d.h. prüft (Hiob 12,11; 34,3) und genießt (Lk 14,24) die Speise. In übertragener Bedeutung ist s. ein bes. plastischer Ausdruck sowohl für genießendes als auch für leidendes Erleben. So lassen sich die Freundlichkeit des Herrn (Ps

34,9; 1Petr 2,3), die himmlische Gabe, das gute Wort Gottes und die Kräfte der zukünftigen Welt (Hebr 6,4f) s. Dadurch, daß Jesus für alle in den Tod gegangen ist (Hebr 2,9), werden diejenigen, die sein Wort halten, den Tod nicht s. (Joh 8,51; Mt 16,28 par.), d.h. sie werden nicht auskosten, was der Tod als Lohn der *Sünde (Röm 6,23), als ewiger Tod, bedeutet. Im *Abendmahl darf Gottes Freundlichkeit geschmeckt werden (Lk 14,24), wenn der Mensch die Einladung dazu annimmt.

SCHMELZEN s. Bergbau und Metallgewinnung

SCHMERZ.

1. Schmerz als ein Wesensmerkmal des gegenwärtigen Äons.

a. Der Schmerz des Menschen.

Die Strafe, die über den Menschen nach dem Sündenfall verhängt wurde (1Mo 3,16-19), und die Verheißung der endgültigen Überwindung von Tränen, Tod, Leid, Geschrei und S. erst für den neuen Kosmos (Offb 21,4) machen deutlich, daß die gegenwärtige Welt und Zeit immer auch eine Zeit und ein Ort der S.en ist und bleiben wird. Der Verlust der unmittelbaren Gottesgemeinschaft bedeutet einen Riß, der die ganze Schöpfung betroffen hat und dessen sichtbares Zeichen S.en sind, die alle menschlichen Bereiche und Erfahrungen begleiten können. Dabei ist S. zu verstehen als persönlichstes Empfinden eines Leidens oder Unglücks. Alles Bedrängende und Notvolle kann S.en verursachen; körperlicher und seelischer S. sind vielfach voneinander abhängig (Ps 38), und lebensnah beschreibt die Bibel, wie physische Nöte sich psychisch auswirken können und umgekehrt. Zu den verschiedenen Begriffen für S. und die ihn auslösenden Phänomene vgl. *Klage, *Krankheit, *Leid, *Mühe, *Not, *Seufzen und *Weinen.

b. Der Schmerz der geschöpflichen Welt.

Nicht nur der Mensch, auch die ganze übrige geschöpfliche Welt wurde um des Menschen Sünde willen der Vergänglichkeit unterworfen (Röm 8,20f), so daß sie seufzt und in Geburtswehen liegt (Röm 8,22). Die Schutzvorschriften für die Tiere im AT (2Mo 23,4f.11f; 5Mo 22,1-4.6; 25,4; für Bäume 5Mo 20,19), die Vorsorge Gottes für die Tierwelt bei der Sintflut (1Mo 6,19f; vgl. Ps 104; Mt 6,26), der Noahbund, der auch die Tiere der Arche einschließt (1Mo 9,9-17) und die eschatologischen Verheißungen (Jes 65,25) zeigen, wie bei Gott auch der Schmerz der Kreatur nicht vergessen ist.

c. Der Schmerz Gottes .

Nichts drückt das Verbundensein des Schöpfers mit seinem Geschöpf stärker aus als die gemeinsame Erfahrung von S. Wie der Mensch durch Enttäuschung seelisch verwundet werden kann (Jes 54,6), so ist Gott durch das sündige Verhalten der Menschen »ins Herz getroffen« (1Mo 6,6). Von dem hier verwendeten Wort (hitpa von *ʿzb*, »betrübt sein«) ist auch *ʿizzābōn*, »Geburtsschmerz« (1Mo 3,16) bzw. »Mühsal« (1Mo 3,17), abgeleitet; in der Regel wird damit ein »Zustand psychischer oder emotionaler Not« (ThWAT VI, 299) bezeichnet. Das Verb bezeichnet das Gegenteil von großer Freude, Wohlergehen und Friede (Neh 8,10f) bzw. Segen und Wohlstand (1Chr 4,10). Daß Gott Mitleid hat und sich seine Gerichte reuen läßt zeigt weiter, daß der Gott der Bibel kein leidens- und leidenschaftsloser Götze ist. Und doch ist der S. Gottes etwas anderes als der menschliche S. Gott erlebt kein Ausgeliefertsein an den S., so daß sein Denken, Wollen und Handeln davon beeinträchtigt wäre. Er steht denen, die ihn schmerzen, nicht in ohnmächtiger oder maßloser Wut gegenüber. Statt dessen ist es der S. der Liebe, der desto größer ist, je mehr geliebt wird. Die heimsuchende Liebe Gottes aber ist es, die ihrerseits um ihres Zieles willen dem Menschen S.en zufügen muß, um ihn zur Umkehr zu bewegen. Nach Hiob 5,17f gehört es zur Erziehung durch Gott, daß er verwundet und schlägt, aber auch verbindet und heilt. Und gerade dem, an dem er Gefallen hat wie an einem Sohn, bereitet er nach Spr 3,12 S.en (mit LXX ist das hif von *kʾb*, »Schmerz zufügen« zu lesen, vgl. Hebr 12,6-9). So sehr hat sich Gott mit seiner Schöpfung verbunden, daß sich sein eigenes Handeln von dem der gefallenen Welt äußerlich nicht unterscheidet. Aber in seinem Sohn hat Gott selbst den S. auf sich genommen (Jes 53,3-5), damit die Welt Heilung erfahre durch die Wunden Jesu am *Kreuz. In ihm sehen die ntl. Verfasser die Rede vom *ʾisch makʾobōt*, vom »Mann der Schmerzen« (Jes 53,3) erfüllt. »Die Leiden, die den 'Mann der Schmerzen' treffen, sind Todesleiden, sie treffen ihn tödlich (V. 8). Sie sondern ihn von jeder menschlichen Gemeinschaft ab (V. 3.12), sogar noch nach seinem Tod (V. 8f.12). Zugleich ist er in einem tieferen Sinn gerade durch das Leiden mit den vielen verbunden: Es ist nicht 'seine' Krankheit, an der er leidet und zu Tode kommt, sondern die der anderen (V. 4.10-12). Die von ihm getragene Todeskrankheit der anderen ist Folge ihrer Sünde (V. 5), und sie hat ihrerseits die Überwindung und Beseitigung der Sünde und des Todes zur Folge (V. 5)« (ThWAT IV, 13, die Versangaben beziehen sich auf Jes 53).

2. Schmerz und Gericht.

Ist das Phänomen S. als solches Folge des Gefallenseins der ganzen Schöpfung, und ist auch immer wieder der individulle S. verstanden und angenommen worden als Strafe für eigene Sünde (Ps 39,12; 40,13; 41,5 u.ö.), so zeigt sich an den Geburtswehen, daß S. und Sünde nicht von vornherein miteinander verrechnet werden können. Das Schicksal des einzelnen, mag es noch so schmerzvoll sein, gibt keinen Aufschluß über seine Stellung zu Gott. Gerade die Hioberzählung zeigt, daß dem Menschen von Gott S.en zugefügt werden können, deren Notwendigkeit oder gar Berechtigung schlechterdings nicht zu begreifen sind. Aber angesichts der Rätselhaftigkeit von Gottes Handeln wird dennoch kein Versuch gemacht, die hier schwelende Theodizeefrage mit einem Verweis auf *Satan oder dämonische, widergöttliche Kräfte zu entkräften. Gerade bei Hiob wird deutlich, daß der Satan nur wirken kann, weil es Gott ihm ermöglicht. »In dieser Auffassung von der Allursächlichkeit Jahwes gibt es innerhalb des AT zu den verschiedenen Zeitperioden keine wesentlichen Unterschiede, wenn auch in der Darstellungsform bald die übernatürlichen, bald die irdisch-natürlichen Ursachen von Schmerz stärker in den Vordergrund treten« (J. Scharbert, a.a.O., S. 189). Auch Jesus weist die Frage nach einem ursächlichen Zusammenhang zwischen Krankheit und Sünde ab und verweist stattdessen auf Gottes unbegreifliches Walten (Joh 9,2f). Gott hat die Macht, die zerstörenden Werke des Bösen zu vereiteln (Lk 13,16) und dennoch beläßt er diesen Äon mit seinen S.en.

Doch ist der Zusammenhang von S. und Gericht damit nicht vollständig beschrieben. Das NT redet sehr deutlich von S.en, Qualen und Pein (unter Verwendung verschiedenster Bilder und Ausdrücke), die den Gottlosen nach dem Gericht treffen werden (Mt 25,46; Lk 16,23f.28; 2Thess 1,9; Jud 7; Offb 20,10). Da, wo sich dem Gläubigen die höchsten Erwartungen erfüllen (Offb 21,4), wird bei denen, die das Anbrechen des neuen Äons mißachteten, alles beim alten bleiben.

3. Zur Terminologie.

a. Im Alten Testament.

Dem Hebr. steht eine ganze Reihe von Wörtern zur Verfügung, um S. in seinen verschiedensten Dimensionen auszudrücken. In seiner großen Monographie zum Thema gliedert J. Scharbert die nuancenreiche Terminologie folgendermaßen:

– Geburtsschmerz und Angst (*chbl, zjr, chjl*),

– S. durch Kränkung oder körperliche Verletzung (*ʿzb, kʾs, jgh*),

– S. in Krankheit und hoffnungsloser Lage (*chlh, dwh, kʾb*),

– Trauer (*ʾbl, qdr, ʾgm* bzw. *ʾgm, spd*),

– Trost, Reueschmerz und Mitleid (*nchm*),

– Schmerzliches Grübeln (*sjch*) sowie

– die erzählenden Beschreibungen von S.

Für die genaue Abgrenzung sind die großen Wörterbücher (THAT, ThWAT) zu diesen Wurzeln zu konsultieren.

b. Im Neuen Testament.

Auch das Griech. besitzt eine Vielzahl von Ausdrücken, um die verschiedenen Formen des S.es zu beschreiben. Wie im AT sind Geburtsschmerz (*ōdin*) und Angst (*lypē* vgl. Joh 16,20f) verbunden, doch bezeichnet *lypē* im NT darüber hinaus alle Formen von seelischem S. und Trauer (Mt 26,37f: Jesus bzw. Lk 22,45: die Jünger in Gethsemane; vgl. Mt 5,4; 2Kor 2,1-5; 7,8-11 u.ö.). Auch das seltenere *odynē, odyvaomai* bezeichnet psychische Nöte (Lk 2,48; Apg 20,38; Röm 9,2; 1Tim 6,10). Für körperliche S.en und Qualen steht meist *basanos* bzw. *basonazō* (Mt 4,24; Lk 16,23.28; Offb 9,5; 11,10 u.ö.), doch können auch seelische Qual (2Petr 2,8: Lot wird durch das Mit-ansehen-müssen der Sünden der Sodomiter gequält) und sogar Geburtswehen so bezeichnet werden (Offb 12,2). Das in der LXX für »Mühsal, Schmerz« sehr häufig gebrauchte *ponos, poneō* kommt im NT nur Kol 4,13 (positiv von Epaphras ausgesagt), Offb 16,10f (Folgen des Strafgerichtes) und Offb 21,4 vor. Das tiefe Mitleid, das sich fast körperlich auswirkt, wird mit *splagchnizomai* (»sich erbarmen«, von *to splagchnon*, eigentlich »die Eingeweide«, dann aber auch Sitz der Gefühle bzw. »Zuneigung, Mitleid, Liebe«) bezeichnet (von Jesus: Mt 9,36; 14,14; 15,32; 20,34 u.ö.). Auch hier ist zur genauen Abgrenzung auf die jeweiligen Artikel im ThWNT, TBLNT und EWNT zurückzugreifen.

Literatur: Neben den erwähnten Lexika J. Scharbert: Der Schmerz im Alten Testament BBB 8, 1955; H.W. Wolff: Anthropologie des Alten Testaments, [4]1984. R.D.

SCHMIED s. Handwerk

SCHMINKEN s. Kosmetik

SCHMUCK. Seit Urzeiten haben Menschen Gegenstände, mit denen sie alltäglich umgingen, verziert. Beim Bau der *Stiftshütte geschah die kunsthandwerkliche Arbeit *Bezalels nach dem Willen Gottes (2Mo 31,1-5); auch diejenigen, die die Gewänder für den Hohenpriester anzufertigen hatten, waren mit dem Geist der Weisheit erfüllt (2Mo 28,3). Archäologische Entdeckungen haben

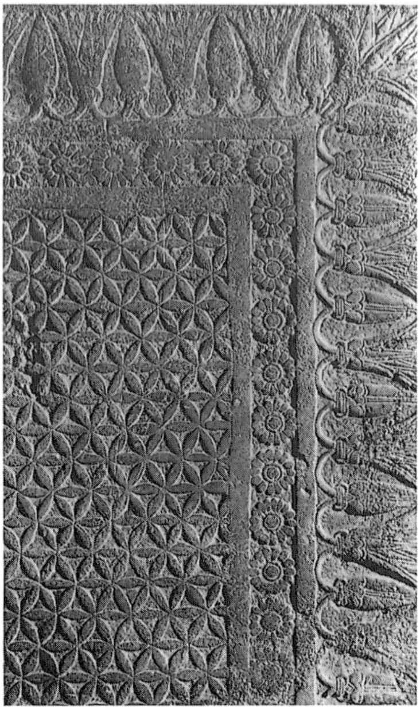

»Teppichmuster« im Eingangsbereich des Palastes Sanheribs in Ninive; ca. 690 v.Chr. (BM)

gezeigt, daß das Schnitzen von Holz und Elfenbein zu bibl. Zeiten mit großer Kunstfertigkeit ausgeübt wurde. Weberei und Stickerei erreichten einen hohen Standard, und die Techniken für feine Metallarbeiten zeugen von Können (*Kunst und Kunsthandwerk).

I. SCHMUCK ZUM PERSÖNLICHEN GEBRAUCH.

Im Vorderen Orient war die *Kleidung häufig kunstvoll dekoriert, das Tragen von Juwelen war weit verbreitet. Obwohl wenige Beispiele für Textilien außerhalb Ägyptens gefunden wurden, liefern assyr. und pers. Reliefs und die Wandmalereien aus Mari am Euphrat z.T. sehr detaillierte Darstellungen von Gewändern mit feiner Stickerei. Auch ägypt. Grabmalereien stellen Gewänder im Detail dar; in einer Gruft bei Beni-Hasan vermittelt die Darstellung einer Gruppe asiat. Nomaden mit leuchtend bunter Tracht eine Vorstellung von der Art der Kleidung, die z.Zt. der Patriarchen getragen wurde. Viele Schmucksteine (*Edelsteine) sind bei Ausgrabungen gefunden worden, besonders eindrucksvoll sind die Funde aus den »Königsgräbern« bei *Ur. Verschiedene hebr. Begriffe, die sich auf S. zum persönlichen Gebrauch beziehen, werden mit »Schmuck« übersetzt, ihre genaue Bedeutung ist jedoch in vielen Fällen ungesichert:

– *chalī* (Spr 25,12), vielleicht abzuleiten von einer semit. Wurzel *chlh*, »schmücken, zieren«, RevEB übersetzt »Halsgeschmeide«. Das Wort findet sich auch in Hld 7,2.

– *liwjā* (Spr 1,9; 4,9), »gedrehtes Ding«, »Kranz«, »Schmuck«, »Krone«.

– *ʿadī* (2Mo 33,4-6; 2Sam 1,24; Jer 2,32; 4,30; Hes 7,20; 16,11; 23; 40), abgeleitet von *ʿādā* »verzieren, schmücken«, »sich ausstaffieren«.

– *peʾēr* (Jes 61,10), »priesterlicher Kopfschmuck« von *pāar* im Piʿel, mit der Bedeutung »zieren«, »verherrlichen«.

– *zeʿādā* (Jes 3,20), »Schrittkettchen«, die Frauen an den Füßen befestigten, um kleine Schritte zu machen.

– *ʿäkäs* (Jes 3,18) vielleicht zusammenhängend mit arab. *ʿikāsu*, »(einem Kamel) die Vorderbeine fesseln« von *ʿakasa*, »rückwärts laufen (lassen)«, »auf der rückwärtigen Seite fesseln«, »Fußspange«; »sich mit Fußspangen schmücken« oder damit »klirren« (vgl. Jes. 3,16 RevEB) um Aufsehen zu erregen. Das Tragen von S. und Juwelen wird erwähnt beim Anlaß einer Hochzeit (Jes 61,10). Die maßlose Verwendung von individuellem Geschmeide allerdings wird durchgängig verurteilt (Jes 3,18-23; 1Tim 2,9).

Jes 3 liefert ein Verzeichnis verschiedenster Schmuckstücke. Einige dieser Bezeichnungen sind Hapaxlegomena (nur einmal belegte Worte), die in ihrer Bedeutung nicht genau bestimmt werden können. »Armspange« (*scherā* Jes 3,19) wird bestätigt durch das wahrscheinlich verwandte akkad. *schemēru* (*schewēru*) mit der gleichen Bedeutung. Ähnlich ist es mit »Ring« in V. 21 (*thabbaʿat*, »Siegelring«): akkad. *thimbuʾu, thimbutū* bedeutet »Siegelring« (*Siegel). Hebr. *lachasch* (V. 20) meint wohl den »Ohrring« oder das »Amulett«, *mithpachat* (V. 22), »Kopftuch«, »Schal« oder »Umhang« und *charith*, »Mappe« oder »Handtasche«. Daneben gab es weitere Schmuckstücke zum persönlichen Gebrauch:

– *chāch*, gewöhnlich ein Haken oder Ring, um eine Person (2Kön 19,28) oder ein Tier (Hes 29,4) gefangen zu halten, aber nach 2Mo 35,22 ein Schmuckstück.

– *saharōn*, wahrscheinlich ein halbmondförmiges Stück, das zum Zaumzeug von Kamelen gehörte (Ri 8,21) und als Schmuckstück auch von Menschen getragen wurde (Ri 8,26; Jes 3,18).

– *rābīd*, wahrscheinlich ein gedrehter Reif für den Hals (1Mo 41,42; Hes 16,11).

– *ʿanāq*, eine kunstvoll gearbeitete Variante

Ägyptischer Schmuck aus dem Neuen Reich, ca. 1350 v. Chr. (BM)

Aus Ton geformte »Haken«, an denen möglicherweise Trophäen befestigt waren. Aus dem Alten Palast von Assur, Irak. Durchmesser: 15,5 cm. Mitte 9. Jh. v. Chr.

Goldener Ring mit Einlage aus Lapislazuli und Karneol. Aus Telloh, Babylonien. 2500–2370 v. Chr. (MC)

eines Halsreifs aus geflochtenem Draht, der auch mit Anhängern versehen sein konnte (Ri 8,26; Spr 1,9; Hld 4,9).

– *scharscherah*, wahrscheinlich eine flexible Kette aus feineren Gliedern (2Mo 28,14.22; 39,15; 1Kön 7,17; 2Chr 3,5 LÜ: »Blumenwerk«; 2Chr 3,16).

– *chārūs*, eine Halskette aus auf einem Faden aufgereihten Perlen (Hld 1,10 LÜ: »Perlenschnur«). Ein anderes Schmuckstück (2Makk 10,89; 11,58; 14,44) ist die Schnalle oder Spange (griech. *porpē*). Ein besonderer Fall liegt bei der Verzierung der Kleidungsstücke des Hohenpriesters vor (*Kleidung). Der leinene Mantel bestand aus gemustertem Gewebe (2Mo 28,39), Amtsschurz und Gürtel waren kunstvoll gewirkt (2Mo 28,6.8), entlang des Saumes des Obergewandes waren abwechselnd Glöckchen und Granatäpfel befestigt (2Mo 28,31-35). In Ergänzung dazu enthielt die *Brusttasche schmückende Elemente. Die alten Hebräer trugen wahrscheinlich wie ihre Nachbarn *Amulette und persönliche *Siegel als Schmuck. Das Wort »Stirnband«, *thōthāphōt* (2Mo 13,16; 5Mo 6,8; 11,18 LÜ: »Merkzeichen zwischen den Augen«), könnte einen Kopfschmuck bezeichnen. Eine Verbindung zu akkad. *thathāpu*, »umringen« könnte bestehen, ist aber nicht belegt.

II. GEBRAUCHSGEGENSTÄNDE.

Seit alters her wurde Töpferware mit aufgemaltem oder eingeritztem Dekor versehen; wenngleich in frühgeschichtlicher Zeit die Masse der Gebrauchsgegenstände nicht verziert war, sind z.B. die mykenischen Tonwaren oder »philistäischen« gut zu unterscheiden und bieten Kriterien zur Datierung. Zwar waren Werkzeuge und Waffen gelegentlich auch verziert, aber die reichste und zierlichste Ornamentik findet sich bei der Kosmetikausstattung. Kästchen, Gefäße für Salben und Spiegelgriffe aus kunstvoll geschnitzten Knochen und Elfenbein sind in Syrien, Palästina, Mesopotamien und Ägypten ausgegraben worden. Möbel, besonders im königlichen Palast, waren z.T. reich geschmückt mit geschnitzten Elfenbeintafeln (vgl. 1Kön 10,18; 2Chr 9,17; Am 6,4; s. *Elfenbein). Daß gemu-

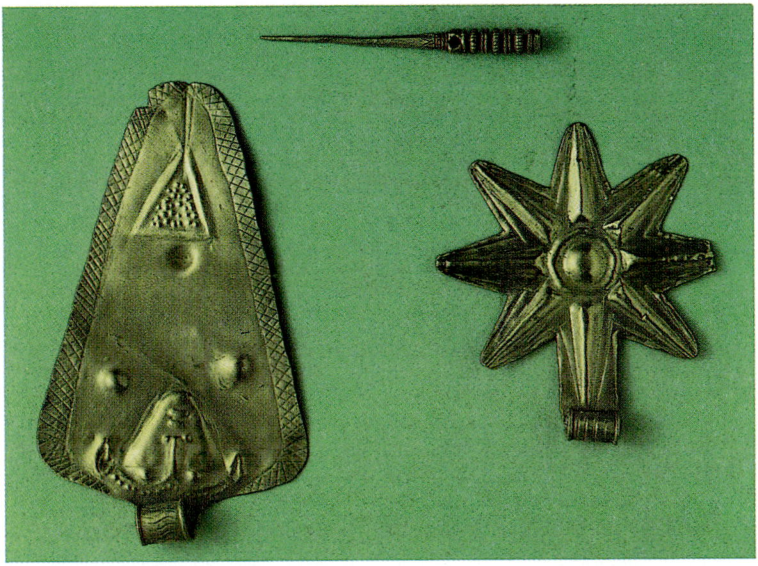

Goldschmuck: ein achtzackiges Sternamulett, eine Darstellung der Götting Astarte und eine Nadel. Aus Tell el-Addschul bei Gaza. Mittlere Bronzezeit, 16 Jh. v. Chr. (BM)

Reich verziertes Zaumzeug der Pferde Assurbanipals. Relief vom Nordpalast, Ninive; ca. 640 v. Chr. (BM)

sterte Teppiche in Gebrauch waren, zeigen Reliefs ebenso wie reich verzierte Pferdegeschirre; nach Ri 8, 21.26 waren auch Kamelgeschirre mit dekorativen Elementen versehen.

Die *Stiftshütte und ihre Ausstattung waren verziert; für die kunsthandwerkliche Ausführung war *Bezalel verantwortlich. Auch heidnische Kulträume und -gegenstände waren, wie Funde in Megiddo, Bet-Schean und an anderen Orten zeigen, reich geschmückt; so sind z.B. Weihrauch- und Opfertische mit Vögeln, Tieren, Schlangen (Symbol für Fruchtbarkeit) und menschlichen Gestalten verziert. Kunstvoll gemeißelte Steinsarkophage sind von den Phöniziern und Ägyptern bekannt, und die Entdeckungen in dem »Königsgrab« bei *Ur und in Tutanchamuns Grab zeigen eine Fülle an Schmuck, die dem Toten mit ins Grab gegeben wurde.

III. VERZIERUNGEN IN DER ARCHITEKTUR.

Öffentliche Bauwerke, insbesondere Paläste, waren in der Antike sowohl außen als auch innen dekoriert. Die Innenwände wichtiger Palasträume der assyr. Könige in *Ninive und Chorsabad schmückten gemeißelte Flachreliefs, und die Torwege wurden von großen Tierfiguren bewacht (IBA Abb. 44). Die Reliefs waren in der Antike wahrscheinlich teilweise bemalt, Beispiele dafür aus der assyr. Periode sind bei Til Barsip entdeckt worden. Im Palast von Mari aus dem frühen 2. Jt.v.Chr. sind Überreste verschiedener Wandmalereien freigelegt worden, die gleichzeitig Schlüsse auf die geringe Haltbarkeit der verwendeten Farben zulassen.

Wandmalereien finden sich in Felsgräbern Ägyptens, Paläste mit Wandmalereien wurden bei Malkata (Amenophis III.) und el-Amarna (Amenophis IV.) ausgegraben. Die Wände der großen Tempel bei Karnak und Luxor waren mit Reliefs und Hieroglypheninschriften verziert. *Elfenbein wurde wahrscheinlich nicht nur zur Dekoration von Möbeln benutzt, sondern fand auch Verwendung bei der Dekoration wichtiger Räume, worauf die Funde von Elfenbeinschnitzereien in Nimrud, Arslan Tasch, Megiddo und Samaria hindeuten (vgl. 1Kön 22,39; Ps 45,8; Am 3,15). Die dekorative Gestaltung von Mauern erreichte im Babylon Nebukadnezars luxuriöse Ausmaße, wo große Fassaden aus farbigen, glasierten Ziegelsteinen mit Darstellungen von Tieren und Rosetten freigelegt wurden.

In der 2. Hälfte des 1. Jt.v.Chr. zogen die Perser Kunsthandwerker aus dem ganzen Vorderen Orient zusammen, um den zentralen Kultort Persepolis bauen und ausstatten zu lassen. Auch Handwerker aus dem ägäischen Raum waren dort beschäftigt. Einflüsse aus diesem Raum sind schon im 2. Jt.v.Chr. (Alalah, Ugarit) nachweisbar. Wahrscheinlich ist der Ausdruck *kaphtōr,* »Knauf« (2Mo 25,31-36; 37,17-22; Am 9,1; Zef 2,14) auf ein architektonisches Zierelement, vielleicht ein Säulenkapitell, zurückzuführen, das aus Kreta oder der Ägäis stammte (*Kaftor). Es ist anzunehmen, daß sich zur Königszeit auch die Herrscher in Israel und die wohlhabenden Schichten des Volkes, was die Dekoration ihrer Paläste und Häuser betraf, am Stil der Nachbarvölker, besonders der Phönizier, orientiert haben.

Literatur: C. Singer, E. Holmyard, A. Hall: A History of Technology 1, 1954, S. 413-447, 623-703; H. Frankfort: The Art and Architecture of Ancient Orient, 1954; W.S. Smith: The Art and Architecture of Ancient Egypt, 1958; A.G. Barrois: Manuel d'Archeologie Biblique 1-2, 1939-53; Y. Shiloh: PEQ 109, 1977, S. 39-42; K.R. Maxwell-Hyslop: Western Asiatic Jewellery, 1971; K. Schüssler: Kleine Geschichten der ägyptischen Kunst, 1988 (Literatur); HdArch I; II/1(Tafeln). T.C.M.

SCHNEE. (Hebr. *schäläg*). Die wenigen Hinweise darauf zeigen, daß S. in Palästina selten war; südl. von *Hebron kommt S. fast nie vor, entlang der Meeresküste und im Jordantal ist er unbekannt. Nur zweimal ist im AT ein Schneefall erwähnt: 2Sam 23,20/1Chr 11,22 und 1Makk 13,22. Aber die Schneedecke des *Libanon, des »weißen Bergs«, ist sprichwörtlich (Jer 18,14). Im *Ostjordanland ist Schneefall häufiger; der Dschebel-ed-Druz im Hauran trägt den ganzen Winter eine Schneekappe. Ansonsten ist S. ein seltenes Ereignis. Das legt auch die Bemerkung im Zusammenhang des Geschehens um Benaja nahe (2Sam 23,20). S. ist von Gott gegeben und wird von ihm beherrscht (Hiob 38,22); er ist ein Wunder der Macht Gottes (Hiob 37,6; Ps 147,16) und fördert Fruchtbarkeit und Wachstum der Erde (Jes 55,10f). Das Weiß des S.s ist ein Bild für Reinheit und Sündlosigkeit (Klgl 4,7; Dan 7,9; Mt 28,3; Mk 9,3; Offb 1,14), die dem bußfertigen Sünder geschenkt werden (Ps 51,9; Jes 1,18). Die Veränderung der Haut bei Aussatz wird verschiedentlich mit S. verglichen (2Mo 4,6; 4Mo 12,10; 2Kön 5,27).J.M.H./Red.

SCHÖPFUNG.

I. SPRACHLICHES.

Von Gottes Urheberschaft im Verhältnis zur Welt bzw. zu einzelnen Wesen und Dingen reden die bibl. Texte in sehr vielfältiger Weise und mit verschiedenen Wörtern, Gedanken und Bildern. Die wichtigsten Verben des hebr. AT sind: *qānah* »erwerben«, »erschaffen« (z.B. 5Mo 32,6; Ps 139,13), *jāzar,* »formen« (als Tätigkeit des Töpfers, z.B. 1Mo 2,7.19; Jes 45,7.18; Jer 10,16), *ʿāsah,* allg. für »machen« (z.B. 1Mo 1,7.16.25.26; Jes 45,12.18; Jer 10,12); *bārāʾ*, vorwiegend in Texten der Urgeschichte (1Mo 1,1.21.27; 2,3.4; 5,1.2) und in Jes 40-66 (z.B. 40,26.28; 42,5; 43,1; 65,17f), ist theologischer terminus technicus (»schaffen«), der nur für Gottes Tun gebraucht wird und der nie mit einem Hinweis auf ein vorgegebenes Material verbunden ist. Alle diese Verben werden auch für Gottes Geschichtshandeln gebraucht. Neben sie treten eine Reihe bildhafter Ausdrücke: Gott »spannt den Himmel aus« (Jes 40,22; 44,24 u.ö.), »gründet die Erde« (Ps 89,12; 96,10; 102,26; Jes 48,13), die Berge »werden geboren« (Ps 90,2), der Mensch wird »gewoben« und »gebildet« (Hiob 10,11; Ps 139,13.15), um nur einige zu nennen. Auch die Anspielung auf das mythische Motiv vom Sieg über den Chaosdrachen dient zur Aussage der Schöpfermacht des Gottes Israels (Hiob 9,13; Ps 89,11; Jes 51,9). Im griech. NT wird überwiegend *ktizein* benutzt, ein Wort, das etymologisch von der Urbarmachung eines Landes herkommt, in ntl. Zeit hauptsächlich für das Gründen von Städten verwendet wurde und das durch die LXX für die Bedeutung »schaffen« in Anspruch genommen worden ist; es wird im NT nur für Gottes Schaffen gebraucht. Daneben finden sich *poiein,* »machen« (z.B. Apg 4,24; 17,24; Offb. 14,7) und *plassein,* »formen« (Röm 9,20; 1Tim 2,13) und einige wenige andere Formulierungen. Im Latein. wird – in Anlehnung an das griech. *ktizein* - z.T. *condere,* »gründen«, gebraucht, vor allem aber *creare* (dessen Grundbedeutung eigentlich »zeugen« ist). Das deutsche »schaffen« geht auf die Grundbedeutung »mit dem Schaber bearbeiten, schnitzen, gestalten« zurück; die Substantive »Schöpfer« und »Schöpfung« wurden bis ins 18. Jh. hinein nur von Gott und seinen Werken gebraucht.

II. HISTORISCHE ZUSAMMENHÄNGE DES BIBLISCHEN SCHÖPFUNGSZEUGNISSES.

Das bibl. Schöpfungszeugnis ist eng in die Geschichte Gottes mit Israel verwoben und empfing seine charakteristischen Grundzüge und seine verschiedenen Gestaltungen wesentlich aus diesem Zusammenhang. Israel hatte seinen Gott primär als den erwählenden und rettenden Gott kennengelernt, der in mächtigen Geschichtstaten seinen Willen zur Durchführung bringt. Auf den so in Israel bekannten Gott beziehen sich die Schöpfungsaussagen: sie reden von seiner Schöpfermacht und -herrlichkeit und von seinem Werk, nicht allg. und unbestimmt von einer göttlichen Hervorbringung der Welt. Die Erfahrung der Souveränität seiner Geschichtstaten prägt auch das Reden von der Souveränität seines Schöpferhandelns (z.B. Ps 33,6-9; Jes 48,13). Und immer wieder gehen das Reden von seinem Schöpferhandeln und das Reden von seinem Geschichtshandeln unmittelbar ineinander über (z.B. Ps 33; 89,7-19; 136; 147; Jes 40,21-31; 45,7; 51,5-16). In dem überlieferten Textbestand des AT ist deutlich eine verstärkte Häufigkeit (und Bedeutung) von Schöpfungsaussagen in der späteren Zeit der Geschichte Israels feststellbar: bei Jeremia ist dadurch vor allem die Unbedingtheit und Unausweichlichkeit markiert, in der der Mensch dem Willen Gottes und der souveränen Festsetzung und Durchführung seiner Ratschlüsse konfrontiert ist (Jer 1,5; 5,22; 18,1-6; 27,5); Jes 40-66 dient die Schöpfungsaussage entscheidend zur Beglaubigung der Tragfähigkeit der neuen Heilsverheißung in der aussichtslos erscheinenden Situation (Jes 40,26-31; 44,24-28; 45,5-7) und verheißt zugleich ein unerhört neues Schöpfungshandeln Gottes (Jes 41,17-20; 43,18-21; 65,17-25). Zugleich tritt hier die Aussage von dem Gott Israels als dem Schöpfer der Welt als Argument in der Polemik gegen die heidnischen Götter auf (Jer 10,1-16; Jes 40,18-25; 44,6-28; Ps 96); den heidnischen Göttern wird das Schöpfersein bestritten und allein für den Gott Israels in Anspruch genommen. Diese Verflechtung in die Auseinandersetzung mit den heidnischen Kulten gehört wesentlich zur Schöpfungsaussage als einer Aussage über den Gott Israels. Diese Frontstellung ist so einschneidend und wirksam, daß dann weiterhin der Glaube an den einen Gott, der allein und souverän die Welt durch sein Wort geschaffen hat, als unterscheidendes Merkmal des Judentums gegenüber den Völkern gelten konnte. Der ausdrückliche Gedanke einer S. aus nichts (bzw. genau: »nicht aus Seiendem«) ist erstmals in 2Makk 7,28 belegt (im Munde einer Mutter, die damit dem letzten ihrer sieben Söhne Mut zum grausamen Martyrium zuspricht!). In den nachexilischen Jh. spielt der Schöpfungsgedanke eine wichtige Rolle in weisheitlicher Literatur (*Hiob, Sir, Weish). Im Laufe der Zeit bekommt eine zusammenfassende Gesamtsicht mehr Gewicht, die die Welt als ganze in ihrem zeitl. Verlauf betrachtet und die S. stärker als zuvor als das Geschaffenwerden des Ganzen am Anfang in den Mittelpunkt stellt; das wird zu einer wichtigen Voraussetzung des ntl. Redens von S. Dabei bleibt aber dennoch die grundsätzli-

Babylonische Keilschrifttafel mit dem ersten Teil des Atrahasis-*Epos, der die Erschaffung des Menschen (zur Entlastung der Götter von der Landarbeit) beschreibt. Ca. 1635 v.Chr.; Höhe: 25 cm.* (BM)

che Einheit von S., Erhaltung und göttlichem Geschichtshandeln (letzteres vor allem im Gedanken der verheißenen Neuschöpfung) und damit die Möglichkeit zum unmittelbaren Rekurs auf Gottes gegenwärtige Schöpfermacht erhalten.

III. FORMEN UND SACHLICHE KONTEXTE BIBLISCHER SCHÖPFUNGSAUSSAGEN.

Bei aller Vielfalt ist es doch nicht beliebig, in welcher Form und in welchen sachlichen Kontexten von S. geredet wird. Die bibl. Texte zeigen weithin geprägte Formen und Kontexte des Redens von S., die sich vom AT zum NT hin durchhalten und die für Sinn und Bedeutung des Gesagten ebenso wesentlich sind wie der Inhalt. Die Form kann unmittelbar durch den Lebenszusammenhang der sprachlichen Äußerung bestimmt sein (z.B. die hymnische Form eines Lobpsalms durch seine Bestimmung für den gottesdienstlichen Lobpreis), sie kann aber auch von dort her am Inhalt haften und als eine diesem Inhalt angemessene Sprachform in anderen Kontexten verwendet werden (z.B. der hymnische Stil in Jes 44,24-28 oder Jer 32,17-22); jedesmal ist deutlich, daß die Form nicht willkürlich vom Inhalt getrennt und durch eine beliebige andere ersetzt werden kann. Analog ist auch auf die geprägten sachlichen Kontexte zu achten, mit denen das Reden vom Schöpfer und von der S. verbunden ist. Die bibl. Schöpfungsaussagen sind durchweg (1Mo 1 ist hiervon nur bis zu einem gewissen Grade eine Ausnahme – die einzige!) nicht von der Intention bestimmt, einen allg. Lehrzusammenhang (oder Teile eines solchen) zu entwickeln, sondern sie thematisieren die S. auf vielfältige Weise in einzelnen, begrenzten Kontexten mit jeweils speziellen Intentionen. Einige wichtige Zusammenhänge seien hier genannt:

1. Grundlegend ist S. ein Thema des Gotteslobes, und das Reden davon ist auch weit darüber hinaus von hymnischem Stil geprägt (Ps 8; 19; 33; 104; Offb 4,11; vgl. Joh 1,1-5; Kol 1,15-20; Hebr 1,2-4).

2. Von da aus hat das Anreden Gottes auf sein Schöpfersein hin seinen Platz auch im Bittgebet in der Anrufung Gottes (Jer 32,17; Apg 4,24) und in der Vertrauensaussage (Ps 74,12-17; 102,26).

3. Auch die polemische Zuspitzung der Schöpfungsaussage gegen fremde Kulte (s.o. II) findet im NT ihre Fortsetzung (Joh 1,1-18; Kol 1;2; Hebr 1;2).

4. Ein wichtiger Ort von Schöpfungsaussagen ist auch die weisheitliche Betrachtung der Welt (Sir 17; 42,15-43,37; Weish 13; Hiob 28; vgl. Apg 17,25-28; Röm 1,19-23; Mt 6,25-34), die sich auch im Gotteslob aussprechen kann (Ps 8; 104; 148).

5. Auf die Bedeutung der Schöpfungsaussagen für die Fundierung einer neuen Heilsverheißung wurde schon hingewiesen, ebenso darauf, daß ein neues Schöpfungshandeln Gottes selbst zum Inhalt einer neuen Verheißung wird (s.o. II).

6. Indem vom Geschaffensein des Menschen geredet wird, wird in Anspruch genommen, daß er Schutzbefohlener seines Schöpfers ist; das kann seitens eines Beters im Blick auf ihn selbst geschehen (Ps 119,73; Jes 64,7) oder allg. in der Formulierung ethischer Grundsätze (Spr 14,31; 17,5; Hiob 31,15); diese Beziehung kann aber auch problematisch werden (Hiob 10,3.8-12) oder sich in ihr Gegenteil verkehren (Jes 27,11).

7. Durch Rekurs auf die S. können Streitfragen über den rechten Umgang mit Dingen und Institutionen entschieden werden (Mk 2,27; 10,5-9; 1Tim 4,3f).

8. Durch die Feststellung, daß bestimmte Setzungen und Ratschlüsse Gottes »von Anbeginn der Welt« bestehen (Mt 13,35; 25,34) oder »vor Grundlegung der Welt« getroffen wurden (1Kor 2,7; Eph 1,4), wird deren Gewicht und Unumstößlichkeit hervorgehoben.

9. 1Mo 1;2 zeigen (im Zusammenhang der ganzen Urgeschichte, 1Mo 1-11) den univer-

salen Grund und Rahmen der danach erzählten *Heilsgeschichte. Der Anfang des JohEv.s lehnt sich in gleicher Absicht bewußt daran an (Joh 1,1-18).

IV. INHALTLICHE MOTIVE UND GRUNDLINIEN DES BIBLISCHEN SCHÖPFUNGSZEUGNISSES.

Unbeschadet der jeweils eigenen Akzentuierung und Ausprägung der einzelnen Schöpfungstexte in ihrem eigenen Zusammenhang lassen sich folgende Grundlinien für einen Gesamtzusammenhang des bibl. Schöpfungszeugnisses hervorheben:

1. Das Schöpferhandeln Gottes:

a. Gott schafft durch sein befehlendes Wort (1Mo 1; Ps 33,6.9; Jes 48,13; Hebr 11,3) und er hat die Welt aus nichts geschaffen (2Makk 7,28; Röm 4,17). Beide Motive stehen zwar in der Minderzahl neben vielerlei anderen Weisen, von Gottes Schaffen zu reden, bringen dabei aber Momente zum Ausdruck, die dem gesamten bibl. Schöpfungszeugnis zugrunde liegen: die personale Willensbestimmtheit und die souveräne Freiheit und Durchsetzungsmacht des Schaffens Gottes. Diese Souveränität und Freiheit ist aber auch da nicht geringer gesehen, wo Gott aus oder an schon Bestehendem schafft (1Mo 1,11f.24; 2,7.19.21f; Ps 33; Röm 4,17).

b. Als Gegenstand des Schaffens Gottes kann verschiedenes genannt werden: die Welt als ganze (Hebr 11,3), zumeist in der Polarität »Himmel und Erde« bezeichnet (1Mo 14,19.22; Jes 37,16; Ps 121,2) oder in anderen Polaritäten und Aufzählungen (Ps 95,4f; 74,12-18; 89,12f; Jes 45,7f); ebenso können einzelne Wesen oder Dinge genannt werden (Hiob 40; 41; Jes 40,26.28; 41,18f; Ps 96,5). Aber auch der einzelne Mensch ist von Gott geschaffen (Ps 119,73; 139,13-16; Jer 1,5), das atl. Gottesvolk (Jes 43,1.7; 44,2.21.24) oder andere Völker (5Mo 26,19; Hes 21,35; Ps 86,9) oder der neue Mensch des neuen Bundes (Hes 36,27; Eph 2,15; 4,24; 2Kor 5,17).

c. Mit dem Schaffen Gottes ist also keineswegs nur sein Handeln am Anfang der Welt gemeint. Vielmehr könnte man sagen: es ist ein Grundzug alles Handelns Gottes, daß sich darin ein Erschaffen vollzieht (vgl. Jes 43,8-21; Röm 4,16-21).

2. Gott als Schöpfer:

a. Vom Verhältnis Gottes als des Schöpfers zu seiner S. ist in zweifacher Weise zu reden: einerseits steht er allem, was ist, unvergleichbar und frei als der Schöpfer und Herr gegenüber und ist in keiner Weise in die S. eingebunden (»Transzendenz« Gottes; Jes 40,12-31; Jer 18,1-6; Röm 9,20-23; Apg 17,24f); andererseits ist er seiner S. unüberbietbar gegenwärtig und durchdringt sie mit seinem Wirken (»Immanenz« Gottes; Ps 65; 139; 147; Mt 6,25-34; Apg 17,26-28). Beide Aspekte gehören unmittelbar zusammen (Jer 23,23f; Apg 17,24-29; Röm 1,19-23).

b. Als der Schöpfer hat Gott die unumschränkte Macht und Herrschaft über das, was in der Welt geschieht (Ps 33; 89,7-15; 96; Apg 4,24-30).

c. Als der Schöpfer hat Gott seine Geschöpfe gewollt; er ist ihr Vater, der sie bejaht und erhält und für sie sorgt (Spr 17,5; Jes 64,7; Mt 6,25-34; 10,29-31).

d. Zu Gottes Schöpfersein gehört aber als negative Entsprechung auch sein Recht und seine Macht, das Geschaffene der Vernichtung anheimzugeben (Ps 104,29; Am 5,8f; 9,5f; Jer 18,1-6; Röm 9,20f).

e. In all dem offenbart Gott als der Schöpfer seine Macht, Herrlichkeit, Weisheit und Güte (Jer 10,12-16; Ps 104). Dennoch bleibt er aber in seinem Tun für den Menschen der Verborgene und Undurchschaubare (Hiob 28; 38-41; Pred 3,11; 8,16f), der in seinem vernichtenden und richtenden Tun »sich«, d.h. seine lebenspendende Güte, verbirgt (Hiob 13,24; Ps 104,29) und dessen Wege nicht von der sichtbaren Wirklichkeit her zu verstehen sind (Jes 45,15; 55,8-11; vgl. Mt 11,25; 1Kor 1,18-31).

f. Als der Schöpfer bleibt Gott nicht unberührt vom Leiden seiner Geschöpfe und von ihren Abwegen; indem er seiner S. zugewandt bleibt, leidet er mit ihr und an ihr und schafft durch die Hingabe seines Sohnes die Erlösung (1Mo 6,6; 8,21f; Jona 4,10f; Röm 9,22; Hos 11; Jes 43,22.28; Joh 3,16).

3. Die Welt als Schöpfung:

a. Die Welt als Gottes S. sehen heißt, darum zu wissen, daß sie als ganze Gottes Werk ist, und daß alles, was in ihr begegnet, von Gott geschaffen und seinem Willen untertan ist (Ps 33; 89,7-15; Jes 44,24-28).

b. Die Welt als S. stellt eine von Gott geschaffene Ordnung dar, durch die den Geschöpfen Lebensraum und Lebensmöglichkeit gewährt wird (1Mo 1; 8,22; Ps 104).

c. Insofern dabei Gottes besondere Zuwendung dem Menschen gilt, ist die geschaffene Welt Schauplatz und Gegenstand des Handelns Gottes und der Ausführung seiner Ratschlüsse; Gottes Heilsgeschichte ist die bestimmende Mitte des ganzen Daseins der Welt und des Geschehens in ihr (1Mo 6-8; Ps 8; 33; 98; Jes 44,24-45,8; Röm 8,19-22; Offb 21,1-5).

d. In der Mächtigkeit, Schönheit und Ordnung ihrer Phänomene macht die S. den Widerschein von Gottes Macht, Herrlichkeit und Weisheit, seiner lebenspendenden Güte und Treue sichtbar und lobt damit den Schöpfer (Ps 8; 19; 29; 65).

e. Die Welt, solchermaßen als S. gesehen, ist »sehr gut« (1Mo 1,31), und zwar durchaus in ihrer gegenwärtig erfahrenen Wirklichkeit. Daneben aber macht sich der Gegenaspekt geltend: die Erfahrung von *Leid und Not, *Sünde und Schuld, die zu dieser Welt gehört, aber im Gegensatz zur Güte der S. steht (Hiob!). Keiner der beiden Aspekte vermag im Blick auf die gegenwärtige Wirklichkeit den anderen zu verdrängen oder aufzusaugen.

f. Alles Geschaffene ist als Geschaffenes vergänglich und hinfällig; es hat die Fähigkeit zum Dasein nicht in sich selbst, sondern hängt darin von Gottes Willen ab und muß vor der verzehrenden Heiligkeit dessen weichen, der allein unvergänglich ist (Ps 103,15f; Jes 40,6-8; Ps 102,26-28; 90,3-12).

4. Der Mensch als Geschöpf:

a. Der Mensch ist als Gottes Geschöpf Bestandteil der S. in ihrer Gesamtheit und ganz in ihrem Zusammenhang zu sehen (1Mo 1; 2,7; 3,19; Ps 103,14-16; 148; Mt 6,25-34) wie auch umgekehrt nicht ein Bild der Welt unter Ausblendung des Menschen konstruiert, sondern die Welt unter Einschluß des Menschen gesehen wird (1Mo 1-3; 6,6f; 8,21; Ps 33; 98; Röm 8,19-25).

b. Dabei aber steht der Mensch unter der besonderen Zuwendung Gottes und hat eine herausragende Stellung in der S. empfangen: als Gottes Ebenbild soll er über die anderen Geschöpfe herrschen (1Mo 1,26-30; 2,7.19f; Ps 8) und für seinen Lebensraum verantwortlich sein (1Mo 2,15).

c. Als Empfänger der Güte Gottes ist der Mensch auch in seiner besonderen Stellung dazu bestimmt, zusammen mit der ganzen S. Gott zu loben, ihm zu gehorchen, ihn zu suchen und ihm allein die Ehre zu geben (Ps 148; 1Mo 2,16f; Apg 17,26f; Röm 1,19-25).

d. Wie alles Geschaffene ist auch der Mensch als Geschöpf der Vergänglichkeit unterworfen (Ps 35,5-7; 103,14-16; Jes 40,6-8). Andererseits wird die Vergänglichkeit des Menschen auf den Zorn Gottes über seine Sünde zurückgeführt (Ps 90,3-12; 1Mo 3,19; Röm 5,12; 6,23). Im Blick auf seine besondere Stellung und seine Sünde erscheint der Mensch als der, um dessentwillen die ganze S. der Vergänglichkeit unterworfen ist (Röm 8,19-25; vgl. 1Mo 3,17f; 6,5-8; 8,21).

e. Verkehrtheit und Sünde wurzeln zwar nicht in der Geschöpflichkeit des Menschen; dennoch macht sich in bestimmten Zusammenhängen immer wieder das (unableitbare) Faktum geltend, daß sie seinem geschöpflichen Leben unausrottbar anhaften und es verderben (1Mo 6,5; 8,21; Ps 51,7; Jer 31,31-34; Hes 36,25-27; Röm 5,12ff; 7,7-25).

5. Die neue Schöpfung:

a. Indem Gott jenseits des Gerichtes neues Heil schafft, das die alten Kategorien der Wirklichkeit sprengt, tritt der alten S. die Verheißung einer neuen gegenüber, eines neuen Himmels und einer neuen Erde (Jes 43,18-21; 51,16; 65,17-25; 66,22; 2Petr 3,13; Offb 21,1.5). Vergänglichkeit, Leid und Sünde werden im Gegensatz zur alten S. dort keinen Raum haben, die heilvolle Gegenwart Gottes wird nicht mehr verborgen sein (Jes 65,18; 1Petr 1,4; Offb 21,3f.27; 22,3-5). Für die alte S. in ihrem gegebenen Zustand bedeutet das Kommen der neuen S. Untergang und Gericht (Jes 66,17; 2Petr 3,4-13; Offb 21,1), sofern es aber der Fortgang des Schöpferhandelns Gottes ist, dem schon die alte S. ihr Dasein verdankt, bedeutet es die Vollendung der alten S., in der ihre ursprüngliche Bestimmung endgültig offenbart und verwirklicht wird (1Kor 15,20-28.42-57; Eph 1,10-12; Kol 1,15-20.25-27).

b. Ganz entsprechend tritt dem »alten Menschen« durch Gottes Schöpferhandeln ein neuer Mensch gegenüber, im AT als Verheißung (Jer 31,31-34; vgl. V. 22; Hes 36,25-27), im NT als eine dem Glauben zugeeignete Wirklichkeit, die es zu ergreifen gilt (Eph 4,24; 2,15; Kol 3,9f); entsprechend wird von dem im Evangelium geschenkten Heil und neuen Leben in Kategorien der S. gesprochen (2Kor 4,6; 5,17; Gal 6,15; Eph 2,10. 15; Hebr 13,21; Jak 1,18).

6. Jesus Christus und die Schöpfung:

a. Im NT wird – in Einheit mit dem festgehaltenen Zeugnis von Gottes Schöpfersein (1Kor 8,6; Röm 11,36; Offb 4,11) – Christus als der gezeigt, durch den alle Dinge geschaffen wurden und der darum allein der Herr über alles ist (Joh 1,1-14; 1Kor 8,6; Kol 1,15-20; 2,9f.16-20; Hebr 1,2-4; vgl. Offb 3,14).

b. Dieser Bezug zur ersten S. ist z.T. unmittelbar verbunden mit einem Bezug zur Neuschöpfung bzw. Vollendung (Kol 1,18-20; Hebr 2,6-18).

c. Als neuer Adam ist Christus der Anfänger der neuen S. (Röm 5,12-21; 1Kor 15,20-28.45-49).

d. Er ist das Ebenbild Gottes (2Kor 4,4; Kol 1,15; Hebr 1,3), dem die Glaubenden gleichgestaltet werden sollen (in der Auferstehung: 1Kor 15,49; Phil 3,21; Röm 8,29; – im Lebenswandel: Gal 4,19; Eph 4,13; 2Kor 3,18).

7. Die Schöpfermacht des Geistes Gottes:

Er ist der »Geist, der lebendig macht« (Röm 8,2; Joh 6,63; 2Kor 3,6); das gilt im AT vom »Geist« oder »Odem« als einer Gabe oder Wirkung Gottes, durch die er den Geschöpfen das Leben gibt (Ps 104,29f; Hiob 33,4; 34,14f; Pred 12,7; vgl. 1Mo 1,2; 2,7; 6,17; 7,15.22), wie von der Erneuerung des Lebens als Heilsverheißung an das jüd. Volk (Hes 11,19; 36,26f; 37,8-14), im NT für die Auferstehung der Toten (Röm 8,11; 1Kor 15,44-49) und für das neue Leben der Christen (Röm 7,6; 8,2-4.13; 2Kor 3,17f; Gal 5,16.25; Tit 3,5-7).

V. ZU DEN SCHÖPFUNGSGESCHICHTEN (1Mo 1;2).

Die Schöpfungsgeschichten am Anfang der Bibel sind nicht isoliert für sich als das »eigentliche« Wort von der S. zu sehen, sondern als ein, wenn auch wichtiger, Bestandteil des bibl. Schöpfungszeugnisses neben anderen im Rahmen des Gesamtzusammenhanges dieses Schöpfungszeugnisses zu verstehen, wie er in den vorigen Abschnitten umrissen wurde. Sie stellen die menschliche Geschichte in ihrer Ganzheit wie die dem Volk Israel widerfahrene Geschichte von Heil und Gericht und von da aus die Geschichte des ntl. Evangeliums unter das Vorzeichen, daß Israels Gott, und er allein, der Schöpfer der Welt und des Menschen ist, dessen planvollem und fürsorgendem Handeln alles, was ist, sein Dasein verdankt. Im Rahmen der Pentateuchkritik handelt es sich hierbei um zwei verschiedene Geschichten; beide sind in Charakter und Stil unterschiedlich und werden deshalb zwei verschiedenen Quellenschriften zugeordnet: die erste, jüngere (1Mo 1,1-2,4a) der sog. Priesterschaft (Abfassung im babylon. Exil angenommen), die zweite, ältere (1Mo 2,4b-25, zusammen mit Kap 3) dem sog. Jahwisten (in die frühe Königszeit datiert). Dabei werden für beide Texte ältere Vorstufen und Vorlagen angenommen.

Unabhängig davon lassen sich folgende Beobachtungen festhalten: 1Mo 1 ist ein feierlicher, exakt aufgebauter Text, der in strenger Ordnung und vollständiger Erfassung der wesentlichen Weltbestandteile die Erschaffung der Welt darstellt und als deren Höhepunkt die Erschaffung des Menschen mit einschließt. Die sechs Schöpfungstage enthalten acht Schöpfungswerke (je zwei am 3. und am 6. Tag). Die Form der Darstellung betont das Bestimmtsein des göttlichen Handelns durch willentlichen Entschluß, die Voraussetzungslosigkeit und Souveränität des Schaffens Gottes (jedes Werk setzt neu und ausschließlich bei Gottes Entschluß und Befehl ein!) und die planvolle Ordnung des Geschehens und setzt damit und mit manchen inhaltlichen Einzelheiten auch abweisende Akzente gegenüber den Schöpfungsmythen der Umwelt. 1Mo 2 ist ein erzählender Text, der die Erschaffung des Menschen zum Gegenstand hat, dabei auch das Anlegen des Gartens als Lebensraum und die Erschaffung der Tiere einbezieht, aber nicht systematisch die Erschaffung der Welt als solcher im Blick hat. Der Hauptakzent liegt hier auf der Fürsorge des Schöpfers für den Menschen als sein Geschöpf.

VI. BEZÜGE ZUR RELIGIÖSEN UMWELT ISRAELS.

Die bibl. Schöpfungszeugnisse wurden nicht innerhalb eines abgeschotteten Bollwerks, sondern inmitten des antiken Kulturraums des Vorderen Orients formuliert, zu dem das Leben Israels auch in rel. Hinsicht in mannigfachen Wechselbeziehungen stand (s. etwa 1Mo 14; 2Mo 18; 1Kön 5,8-26; 10,1-13; 11,1-8; 2Kön 16,5-18; sowie den ständigen Kampf der Propheten gegen heidnische Kulte und Kultformen in Israel und Juda). So finden sich im einzelnen mancherlei Berührungspunkte bibl. Schöpfungsaussagen mit Motiven, die sich in den Traditionen der Umwelt finden. »Positiv« z.B. in Anspielungen bibl. Texte auf mythische Motive wie den Kampf der Gottheit mit dem Chaosdrachen (z.B. Ps 74,13f; 89,11; 104,7) oder das Werden des Menschen im Schoß der Mutter Erde (Ps 139,15: »unten in der Erde«) – die dabei freilich vielfach stark umgebogen (besonders deutlich z.B. Jes 51,9f) und stets ihres mythischen Charakters völlig entkleidet werden. »Negativ« z.B., wenn polemisch auf die göttliche Verehrung der Gestirne Bezug genommen wird wie in 1Mo 1,14-18 mit der betonten Herausstellung, daß die Sterne am Himmel befestigte Lampen mit funktionaler Zweckbestimmung seien, oder in Jes 40,26 mit der Herausstellung der absoluten Befehlsgewalt des Gottes Israels über die Gestirne. Zu mancherlei Motiven bibl. Schöpfungsaussagen gibt es mehr oder weniger enge Parallelen in Texten der Umwelt, wie z.B. in ägypt. Texten für die S. durch das Wort oder für den Menschen als Ebenbild des Schöpfergottes. Bei allen derartigen Verklammerungen mit Gedanken der Umwelt Israels hat das bibl. Schöpfungszeugnis sein unterscheidend eigenes Profil in der Radikalität und Ausschließlichkeit, mit der hier alles in den Willen und das Handeln des Gottes Israels gesetzt ist, neben dem keine andere göttliche Macht Raum hat. So eröffnet das bibl. Schöpfungszeugnis eine Welt, in der alle Dinge einzig von dem einen Gott ins Dasein gerufen und ihm allein untertan sind, in der nichts in der Welt eine von Gottes Entscheidung unabhängige eigene mythische oder göttliche Macht in Anspruch nehmen kann (Röm 8,38f; 1Kor 8,4-6; Kol 1,16; 2,8-10.17). (Eine Darstellung von Schöpfungsmythen des Alten Orients kann hier nicht gegeben werden. Eine Zusammenstellung von Texten mit einführender Kommentierung ist gegeben in: Die Schöpfungsmythen. Dt. 1964, ND 1977. Eine allg. Einführung in die Typen und Motive des Redens von S. in den Religionen gibt C. Westermann: Genesis, Bd. I, 1974, S. 26-65).

VII. BIBLISCHES SCHÖPFUNGSZEUGNIS UND WISSENSCHAFTLICHE WELTSICHT. Es gab und gibt vielerlei Versuche, das Verhältnis des bibl. Schöpfungszeugnisses, insbesondere aber der Schöpfungsgeschichte von 1Mo 1, zu den naturwissenschaftlichen Erkenntnissen und Theorien zu klären. Drei Grundrichtungen sind hier zu nennen:

1. Man versucht, die Schöpfungsgeschichte mit der wissenschaftlichen Sicht der Entstehungsprozesse in Einklang zu bringen, z.B. indem man 1Mo 1,2 als Verwüstung der (nach V. 1) schon geschaffenen Welt oder die »Tage« als langdauernde Zeitalter versteht, um so die geologischen und astronomischen Entstehungszeiten unterzubringen. (Am gemeinten Sinn des Textes geht das sicherlich vorbei; freilich ist genausowenig vorauszusetzen, daß die »Tage« im Sinn von 24-Stunden-Tagen als ein Zeitmaß für den Geschehensablauf gemeint sind).

2. Man sagt, die bibl. Schöpfungsaussagen seien »Glaubensaussagen«, die gar keine Feststellungen über die objektiven Zustände der Wirklichkeit treffen wollen, sondern rein als persönliche Deutung der Wirklichkeit und Ausdruck des Glaubens verstanden werden müssen; so haben die bibl. wie die wissenschaftlichen Aussagen je auf ihrer Ebene recht, ohne die jeweils andere Ebene zu berühren. (Faktisch bedeutet das aber eine subjektivistische Entleerung der bibl. Aussagen).

3. Von einem »kreationistischen« Standpunkt aus wird auf der Grundlage eines »wörtlichen« Verständnisses der Schöpfungsgeschichte und der bibl. Chronologie ein Kampf gegen die Evolutionstheorie geführt, die man zugleich auf wissenschaftlicher Ebene als unwissenschaftlich und unhaltbar zu widerlegen versucht; es wird also vorausgesetzt, daß der bibl. Schöpfungsglaube wohl mit wahrer Wissenschaft vereinbar sei, nicht aber mit dem allg. in der heutigen Wissenschaft verbreiteten Evolutionsgedanken und einem »wissenschaftlichen Materialismus«. (Dabei werden bibl. Wort und Wissenschaft als »Wahrheiten« auf eine und dieselbe Ebene gesetzt und die grundlegenden Unterschiede in der Art des Wahrheits- und Wirklichkeitsbezuges übersprungen). – Grundsätzlich ist zu sagen, daß der christl. Schöpfungsglaube zwar wesentlichen Anteil an der Entstehung der neuzeitlichen Wissenschaft hatte, daß aber hinsichtlich des Verhältnisses zwischen deren Denkweisen und dem bibl. Glauben bislang weder positiv noch abgrenzend eine durchgreifende und befriedigende Klärung erreicht ist.

Literatur: O.H. Steck: Welt und Umwelt, 1978; C. Westermann: Schöpfung, 1971, erw. Studienausgabe 1983; ders.: Theologie des Alten Testaments in Grundzügen, 1978, S. 72-101; ders.: Genesis, BKAT I/1-3, 1966 – 1974; G.von Rad: Theologie des Alten Testaments, 2 Bde., 1957/1960 u.ö. (Register!); H.-J. Kraus: Theologie der Psalmen, 1979, S. 72-82 (Register!); G. Lindeskog: Studien zum neutestamentlichen Schöpfungsgedanken I, 1952; O. Cullmann: Die Schöpfung im Neuen Testament, in: Ex Auditu Verbi, FS G.C. Berkouwer, 1965, S. 56-72; Die Schöpfungsmythen (Quellen des Alten Orients I), dt. 1964; ND 1977; H. Hafner: Das biblische Schöpfungszeugnis und seine grundlegenden Zusammenhänge, in: E. Gutsche, P.C. Hägele, H. Hafner (Hrsg.): Zur Diskussion um Schöpfung und Evolution, 1984, S. 297-358; ders.: Das christliche Zeugnis vom Schöpferwirken Gottes und die Weltbilder neuzeitlicher Wissenschaft, ibid. S. 395-485. H.Ha.

SCHOSS.

1. Im S. (hebr. *chēq*), dem beim Sitzen gebildeten Winkel in der Mitte des Körpers, hegt man Kinder (1Kön 17,19) und Tiere (2Sam 12,3). Auch das hebr. Wort für »Knie« (*bärāch*) wird manchmal mit S. übersetzt. Delila läßt Simson auf ihren Knien schlafen (Ri 16,19 Rev-EB). Wenn man ein neugeborenes Kind auf den S. setzt (Hiob 3,12), so versinnbildlicht man damit seine Aufnahme in die Familie. In Rut 4,16 übernimmt *Noomi mit dieser Handlung die Pflege ihres Enkels. Das auf dem S. einer Frau oder eines Mannes geborene Kind gilt als Kind der/des Betreffenden (1Mo 30,3). Im NT ist mit S. (griech. *kolpos,* »Brust, Busen«) der Ehrenplatz an der *Brust oder in den Armen des Gastgebers gemeint (vgl. Joh 13,23.25; 21,20 LÜ: Brust). So wird auch von Abrahams S. (Lk 16,22f) oder vom S. des Vaters (Joh 1,18) gesprochen.

2. S. bezeichnet ähnlich wie Busen den Bausch des gegürteten Gewandes, der als Tasche diente. Der Untätige steckt die Hand dort hinein (Ps 74,11 LÜ: Gewand), man verwahrt dort Geschenke (Spr 21,14) und Lohn (Lk 6,38). Weiter benutzt man den Gewandbausch zum Werfen und Schütteln des Loses (Spr 16,33). Auch in 2Sam 12,3 könnte an das Kleid gedacht sein, in dessen Falten das Lamm schlief (vgl. Jes 40,11).

3. In übertragenem Sinn begegnet S. für den Mutterleib (Hiob 31,15; Ps 22,11; Jes 49,1), für das Innere des Leibes überhaupt (Hiob 19,27 LÜ: Brust), aber auch für den Sitz der Empfindungen (Ps 89,51 LÜ: Herz).

SCHRECKEN. S. ist im Gegensatz zur langdauernden *Angst oder *Furcht ein plötzliches Zusammenfahren, bei welchem der Herzschlag stockt und das Denken ausgeschaltet ist, so daß der Mensch in diesem Augenblick ohne Möglichkeit der Abwehr dem ausgeliefert ist, was über ihn kommt.

1. Diese Wirkung geht von dem heiligen Gott aus, darum wird er immer wieder schrecklich genannt (2Mo 15,11; 5Mo 10,17 u.ö.). Wo er in der *Herrlichkeit seines Wesens erscheint, muß alles Geschaffene erschrecken. Er braucht dabei nicht selbst hervorzutreten, schon seine Offenbarungen erschrecken alle Menschen (2Mo 19,16-25; Ps 97,3-5; Hebr 12,21), ob er nun in die Geschichte der Völker eingreift (Jes 23,11; Ri 4,15) oder in die Natur (Ps 83,16), oder auch nur seine Stimme hören läßt (2Mo 20,19). Darum begegnet Gott den Propheten in Träumen und Gesichten (4Mo 12,6), und auch vor denen erschrecken sie noch (Dan 7,15; 8,17). Jede Begegnung mit Gott zwingt die Menschen zur Erkenntnis ihrer Ohnmacht und Verlorenheit. Bes. gilt dies, wo Gott einen Gerichtstag über Völker hält (Ps 76,8f). Immer wieder wird der S. des *Tages des Herrn ausgemalt (Jes 34; Joel 2), vor dem kein Mensch fliehen kann (Jes 2,6-22; 13,6-10; Ps 139,7-11). Auch unter dem neuen Bund bleibt es schrecklich, in die Hände des lebendigen Gottes zu fallen, d.h. ihm auf Gnade und Ungnade ausgeliefert zu sein, denn er läßt sich nicht mißbrauchen und verspotten (Hebr 10,31). Wenn Gott sich aber verbirgt und abwendet, ist dies ebenfalls Anlaß zum Erschrecken (Ps 30,8).

2. Wir übersehen oft, daß in Christus die ganze Fülle der Gottheit leibhaftig wohnt (Kol 2,9), so daß von ihm der gleiche S. ausgeht wie vom Vater. Diesen S. lernt zu seinem Heil jeder kennen, dem der Herr in seiner Herrlichkeit erscheint, wie es auch die Jünger erlebten, die den Herrn in seiner Niedrigkeit kannten (Mt 17,6; Offb 1,17). Wenn er – gerade als das Lamm - seinen Zorn walten läßt, werden Erde und Himmel bewegt, und die Menschen suchen den direkten Weg in die Tiefe der Erde, um dem Lamm nicht begegnen zu müssen (Offb 6,12-17). Auch wenn der Herr in seiner Herrlichkeit Wohltaten erweist, überfällt den Menschen der S., weil er sich in seiner Unwürdigkeit und Sünde erkennt (Lk 5,8f). Dieser S. vergeht, aus ihm erwächst aber die *Furcht des Herrn, ohne die man nicht zur Erkenntnis gelangt (Spr 1,7). Christen, die wissen, daß Gott zu fürchten ist, suchen darum Menschen zu gewinnen (2Kor 5,10ff).

3. Einen Abglanz himmlischer Herrlichkeit tragen auch die *Engel. Ihre Überlegenheit über den Menschen wirkt so stark, daß der Seher *Johannes vor ihnen zu Boden fällt, um sie anzubeten (Offb 19,10). Vor der von ihnen überbrachten Botschaft (Lk 1,29; Dan 8,17f) erschrecken Menschen ebenso wie vor dem Schwert in der Hand eines Engels (1Chr 21,30).

4. Auch Menschen können S. erregen, wenn sie uns unvermutet mit überlegener Macht überfallen (1Sam 14,15). Wenn Gott seinem Volk zum Sieg verhelfen will, sendet er S. unter die Feinde (2Mo 23,27; 5Mo 11,25; Ri 4,15; 7,21f; 2Kön 7,6f). Die plötzliche Begegnung mit einem Menschen, dem man Unrecht getan hat, kann S. verursachen (1Mo 45,3). Stärker noch ist der S. des erwachenden Gewissens, wenn jemand uns im Auftrag Gottes seine Wahrheit sagen muß (1Sam 28,20). Wer aber aus dem heilsamen Erschrecken vor Gott die rechte Gottesfurcht gelernt hat und danach lebt, braucht vor Menschen nicht mehr zu erschrecken oder sie zu fürchten (5Mo 20,3f; Jer 1,17-19; Mt 24,6; Joh 14,1.27; 1Petr 3,14).

SCHRIFT.

I. BELEGE IN DER BIBEL.

1. Im Alten Testament.

Mose hat, so überliefert es das AT, die Zehn Gebote (2Mo 24,12; 34,27), die Worte Jahwes (2Mo 24,4), das Gesetz (Jos 8,31) aufgeschrieben und hat auch von einer Abschrift der Gesetze gesprochen (5Mo 27,4ff). Außerdem zeichnete er alle Landesgesetze (5Mo 30,10) und Urteile auf (2Mo 34,27; vgl. 2Kön 17,37), ebenso gesetzliche Verfügungen (5Mo 24,1; Mk 10,4), Einzelheiten über die Wanderungen der Israeliten (4Mo 33,2) und die Worte des Siegesliedes (5Mo 31,19.22). Darin unterstützten ihn Beamte (wahrscheinlich schriftkundige *sōterīm* 4Mo 11,16; vgl. akkad. *schatāru*, »schreiben«), die wegen ihrer Fähigkeit, Entscheidungen aufzeichnen zu können, eng mit der Richterschaft verbunden waren. Josua fertigte eine Abschrift der Zehn Gebote (Jos 8,32) und des erneuerten Bundes (24,26) an. *Samuel verfertigte die Urkunde über das neu geschaffene Königtum *Sauls (1Sam 10,25). David schrieb Briefe an seinen Befehlshaber *Joab (2Sam 11,14), ferner Einzelheiten über die Tempelverwaltung, wie dies auch sein Sohn *Salomo tat (2Chr 35,4), der mit *Hiram von *Tyrus in Briefkontakt stand (2Kön 5,5). Der syr. König schrieb einen Brief an den König von Israel *Naaman betreffend (2Kön 5,5). In allen Epochen des AT waren häufig höfische *Schriftgelehrte mit dem Schreiben

Ein ägyptischer Schreiber mit einer Palette hockt vor einem niedrigen Pult. Relief aus der Mastaba des Mereruka, Saqqara. 6. Dynastie, ca. 2345–2181 v. Chr. (PAC)

von Personenlisten beschäftigt (1Chr 4,41; 24,6; s.a. 4Mo 11,26; Jes 10,19; Jer 22,30; Neh 12,22). Der Prophet *Jesaja (2Chr 26,22; Jes 8,1) schrieb selbst und diktierte einem Schreiber (30,8). *Hiskia schrieb Briefe (*'iggeret*) an *Ephraim und *Manasse (2Chr 30,1; vgl. Jes 38,9, die »Aufzeichnung« Hiskias) und erhielt Briefe von dem assyr. König *Sanherib (Jes 37,14; 39,1; 2Chr 32,17). *Jeremia diktierte seinem Sekretär Baruch (Jer 30,2; 36,27; 45,1), wie dies wahrscheinlich auch *Hosea (8,12) und *Maleachi (3,16) taten, denn das geschriebene Wort war ein wichtiger Teil der Prophezeiung (2Chr 21,12). Die Bedeutung des Geschriebenen hebt auch Hiob (19,23) hervor. *Daniel und die babylon. Gelehrten konnten Aramäisch lesen und wohl auch selbst schreiben (5Mo 5,24f). Wie in früheren Perioden gab es innerhalb des Reiches einen lebhaften Briefkontakt (*Assyrien, *Babylon). *Nehemia fertigte eine Niederschrift des Bundesschlusses an (Neh 9,38), während seine Gegner in *Samaria dem pers. König schrieben (Esr 4,6-7) – Esra selber war ein Schriftkundiger, der Dekrete bzw. Staatsdokumente in den lokalen Dialekten verfaßte (8,34), und zwar wohl im Stil der höfischen Beamten. Der Hofbeamte *Mordechai schrieb im Auftrag des Königs (Est 8,20; 9,28f).

2. Im Neuen Testament.

Jesus Christus und seine Apostel bezogen sich regelmäßig auf die Schriften (z.B. »es steht geschrieben«, *gegraptai*, erscheint 106 mal). Jesus konnte schreiben (Joh 7,14-15); lesend (Lk 4,16-19) und schreibend zeigte er sich in der Öffentlichkeit zumindest bei einer Gelegenheit (Joh 8,6). Der Priester *Zacharias schrieb auf eine mit Wachs überzogene Schreibtafel (Lk 1,63). Der röm. Gouverneur *Pilatus ließ eine dreisprachige *Überschrift am Kreuz anbringen (Joh 19,19.22). *Johannes (21,24), *Lukas (1,3; Apg 1,1) und *Paulus (Gal 6,11; Phlm 19; Röm 15,15), der allerdings auch einen Sekretär (*amanuensis*) wie Tertius schreiben ließ (Röm 16,22), verfaßten die uns überlieferten Dokumente und Briefe wohl im wesentlichen eigenhändig; doch ist die unterschiedlich weitgehende Heranziehung von Sekretären (als der Normalfall auch außerhalb des NT für diese Zeit zu erwarten) vorauszusetzen (vgl. v.a. 1Petr 5,12; im Umkehr-

▶

Die Entwicklung des Alphabets in verschiedenen Schrifttypen des antiken Palästina.

Ägyptische Schreiber registrieren die Getreideernte. Wandgemälde aus dem Grab des Menna, Thebes. Höhe: ca. 38 cm; ca. 1420 v. Chr. (DJW)

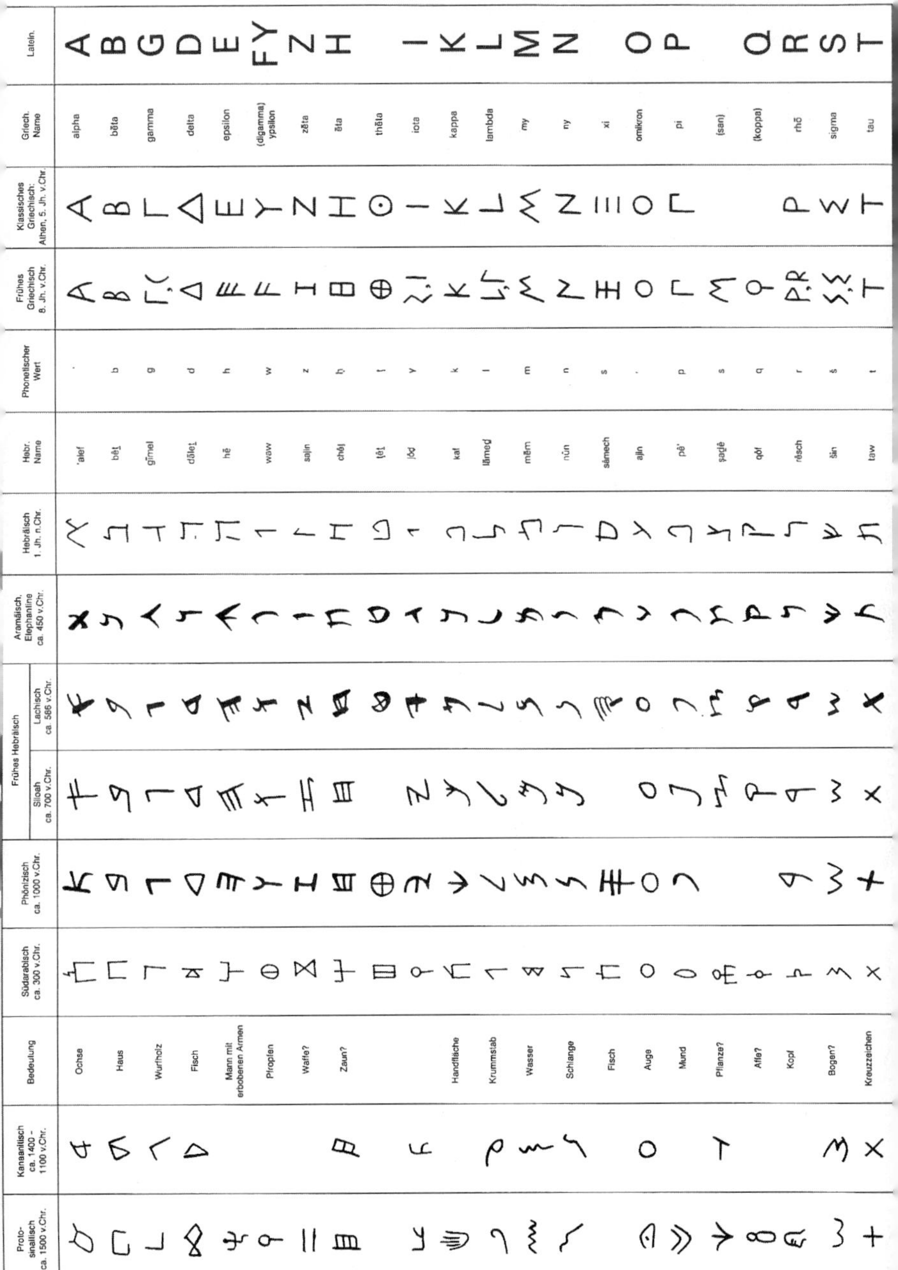

Latein.	Griech. Name	Phonetischer Wert	Hebr. Name	Bedeutung
A	alpha	'	'alef	Ochse
B	bēta	b	bēṯ	Haus
G	gamma	g	gīmel	Wurfholz
D	delta	d	dāleṯ	Fisch
E	epsilon	h	hē	Mann mit erhobenen Armen
F Y	(digamma) ypsilon	w	waw	Pfropfen
Z	zēta	z	sajin	Waffe?
H	ēta	ḥ	chēṯ	Zaun?
	thēta	ṭ	ṭēṯ	
I	iota	y	jōd	
K	kappa	k	kaf	Handfläche
L	lambda	l	lāmeḏ	Krummstab
M	my	m	mēm	Wasser
N	ny	n	nūn	Schlange
	xi	s	sāmech	Fisch
O	omikron	'	ajin	Auge
P	pi	p	pē'	Mund
	(san)	ṣ	ṣaḏē	Pflanze?
Q	(koppa)	q	qōf	Affe?
R	rhō	r	rēsch	Kopf
S	sigma	š	šin	Bogen?
T	tau	t	taw	Kreuzzeichen

Keilschrifttafeln, die im ›Archiv‹ von Ebla (Tell Mardik) wie hier abgebildet gefunden wurden; sie hatten sich ursprünglich auf Regalen befunden. Syrien, ca. 2400–2252 v.Chr. (PM)

schluß auch Kol 4,18; 2Thess 3,17; Apg 15,23). In der Offenbarung wird das Schreiben in Form von Briefen, gesetzlichen Zeugnissen und Berichten (Offb 1,11; 21,5) fortlaufend betont. Da das Schreiben ein Mittel der Kommunikation, der Verkündigung und des Zeugens ist, wird es auch herangezogen, um eine metaphorische Beziehung zu verdeutlichen: *engraphō* (2Kor 3,2f) oder auch *epigraphō* (Hebr 8,10; 10,16; vgl. Jer 31,33; Spr 3,3).

II. MATERIAL.

Nahezu jede glatte Oberfläche wurde zum Beschriften genutzt.

1. Stein.

Inschriften wurden in Stein oder Felsen gemeißelt (Hiob 19,24). Texte für Monumente waren in vorbereitete Grabsäulen, Obelisken oder glatte Felsstücke geschnitten. Weiche oder gefurchte Oberflächen erhielten, bevor sie beschriftet wurden, einen Mörtelüberzug, so z.B. Altarsteine (Jos 8,32; 5Mo 27,2f). Steintafeln benutzte man normalerweise für Schriften des Königs, für Gedächtnis- oder rel. Texte oder für Kopien von Erlassen, die von allg. Interesse waren (*Hammurabi). Auf solche oft nicht mehr als 45 x 30 cm messenden Steintafeln waren wohl auch die Zehn *Gebote geschrieben (2Mo 32,16). Diese Täfelchen (*lūchōt*, »Tafeln«) waren »mit dem Finger Gottes beschrieben« bzw. die »Urkunde Gottes« (*miktāb 'elōhīm*). Das Wort »Tafel« (*lūach*) beschreibt wahrscheinlich die (rechteckige) Form, nicht das Material. Es ist nicht sicher, ob im AT eine Tontafel gemeint ist, obwohl deren Gebrauch in Palästina seit dem 2. Jt.v.Chr. dokumentiert ist.

2. Schreibtafeln.

Die Tafeln, die Jesaja (30,8) und Habakuk (2,2) benutzten, können Schreibbretter gewesen sein, die aus Holz oder Elfenbein waren mit einer Vertiefung für die Wachsschicht (akkad. *lē'u*) war. Solche Tafeln, gewöhnlich zu einem Diptychon oder Polyptychon zusammengestellt, waren für jeden Schrifttyp benutzbar. In hellen. und röm. Zeit schrieb man häufig auf Unterlagen, vergleichbar den heute z.T. noch gebräuchlichen Schiefertafeln (Lk 1,63: *pinakidion*, »Schreibtäfelchen«).

3. Tontafeln (s.a. IV. 1.).

Der Ziegelstein, den Hesekiel (4,1) gebrauchte, war wahrscheinlich aus Ton, ähnlich den Tafeln, die in Babylonien mit Plänen und Gutachten beschriftet waren. Die große Tafel, von Jesaja mit dem »Menschengriffel« beschrieben (d.h. in Umgangssprache, ohne Kanzleikürzel und -formeln), war die »unbeschriebene Fläche« eines nicht näher bezeichneten Materials (Jes 8,1, *gillāyōn*).

4. Papyrus (s.a. *Papyri und Ostraka).

Im AT wird Papyrus nicht direkt als Schreibmaterial erwähnt (ägypt. *ni(t)r(w)*; akkad. *ni'aru*). Dennoch war es aus *Phönizien, vom Hule-See und vom *Jordan seit dem

11. Jh.v.Chr. beziehbar. Seinen Gebrauch bezeugen Spuren auf der Rückseite von Siegelabdrücken, die ursprünglich an der leicht verderblichen Substanz befestigt waren (z.B. die Kehrseite des Siegels von *Gedalja). Das Papier, das Johannes beschrieb (2Joh 12), war Papyrus (griech. *hier chartēs*).

5. Leder und Pergament.

Für Arbeitsprotokolle wurde in Ägypten mitunter Leder benutzt, weil die Tinte von diesem Material abwaschbar war und die Oberfläche dann wieder gebraucht werden konnte. Zumindest z. Zt. der Perser wurden in Babylonien, wo Papyrus nicht wuchs, Felle zum Beschriften präpariert. Ziegen- und Schafshäute hatten auch den Israeliten zur Verfügung gestanden, das daraus gefertigte Pergament war bis in ntl. Zeit das »klassische« Material für die Heiligen Schriften; für Prachthandschriften noch bis weit ins Mittelalter und in seltenen Fällen bis zur Gegenwart.

6. Gefäßscherben (*Ostraca).

Gefäßscherben oder Ostraca waren ein weiteres gebräuchliches Schreibmaterial, da es wegen seiner niedrigen Kosten und der leichten Verfügbarkeit besonders für die Erstellung kurzer Mitteilungen geeignet war. Eine beträchtliche Anzahl solcher Scherben sind bis in jüngste Zeit in Israel gefunden und katalogisiert worden.

7. Andere Materialien.

Zwei bedeutende Funde der letzten Jahre dokumentieren weitere »Schreibmaterialien«:

a. zwei Silberplättchen aus dem 7. Jh.v.Chr. mit dem »Priestersegen« (4Mo 6,24-26) bzw. Teilen davon;

b. ein Elfenbein-Granatapfel aus dem 8. Jh.v.Chr., der zu Salomos Tempel gehörte und die älteste erhaltene Inschrift mit der Nennung des Gottesnamens (JHWH) darstellt.

c. Bis in spätröm. Zeit waren Wachstafeln für Kurztexte und für nicht als Dokumente bestimmte Mitteilungen gebräuchlich.

III. SCHREIBGERÄTE UND -MATERIALIEN.

1. Meißel aus Metall und Stichel waren in atl. Zeit verfügbar, um Stein, Metall, Elfenbein oder Ton (*Handwerk/Kunsthandwerk; *Siegel; *Waffen und Geräte) zu beschriften. Der »Stylus« (*cheret*) oder die »Schreibfeder« (*ʿet*) mit eiserner Spitze, den Jeremia gebrauchte (17,1, *schamir*) kann als Schreibgerät mit harter Spitze gedeutet werden (vgl. Hiob 19,24). Die übliche Schreibfeder, mit der Tinte auf Papyrus und andere weiche Oberflächen, aber auch auf Ostraca aufgetragen wurde, war aus Schilfrohr, gespalten oder so zugeschnitten, daß sie als eine Art Pinsel benutzbar wurde. Im frühgeschichtlichen Ägypten wurden solche 15-40 cm lange »Federn« aus Binsen geschnitten. Das Ende wurde zu einer flachen meißelähnlichen Form gestutzt, so daß dicke oder dünne Striche mit dem breiten oder dem schmalen Ende gemacht werden konnten. Das Schreibgerät, mit dem Keilschrifttexte geschrieben wurden, war ein viereckig endendes Schilfrohr. In griech.-röm. Zeit schnitt man Schilfrohr spitz zu und spaltete es wie einen Federkiel-Pinsel. Von dieser Art war auch der z.Zt. des NT benutzte *kalamos* (3Joh 13).

2. Tinte bestand gewöhnlich aus Holzkohle, die mit Gummi oder Öl (um Pergament zu beschriften) oder mit einer metallischen Substanz (für Papyrus) gemischt war. Aufbewahrt wurde sie als getrockneter Kuchen, auf den der Schreiber mit seinem angefeuchteten »Stift« tippte. Die Tinte, die in *Lachisch benutzt wurde, war eine Mixtur aus Kohle und Eisen. Die Römer nutzten auch die Aussonderung des Tintenfisches (Persius, Satiren 3,13), die, wie die meisten Tinten, leicht durch Abwaschen entfernt werden konnte (4Mo 5,23) oder durch Abkratzen mit einem Messer oder Schabeisen. Die von Paulus (2Kor 3,3) und Johannes (2Joh 12; 3Joh 13) benutzte Tinte wird einfach als »schwarz« (*melan*) bezeichnet. Berufsschreiber trugen ihre Gerätschaften oft mit sich – »Stifte« bzw. »Federn«, Tinten-»Kuchen«, Tafeln als Unterlagen und zum Beschreiben (vgl. Hes 9,2f; 11; hebr. *qeset*).

IV. ZUR GESTALT DER DOKUMENTE.

1. Tafeln.

Die Tontafeln variieren in ihrer Größe (von ungefähr 6 x 6 mm bis zu 45 x 30 cm). Dort, wo mehr als eine Tafel zur Fertigstellung des Werkes gebraucht wurde, waren die einzelnen Texte innerhalb der Serie durch eine Schlagzeile und eine Schlußformel (Kolophon) miteinander verbunden, um die richtige Reihenfolge zu gewährleisten (s. VI, unten). Verträge waren oft in einem tönernen »Umschlag« eingeschlossen, auf denen sich eine Wiederholung des Textes befand und die *Siegel der Zeugen eingedrückt waren. Umfangreichere historische oder zur Aufbewahrung bestimmte Dokumente standen auf Tonprismen oder walzenförmigen Zylindern. Hölzerne Tafeln variieren sowohl in der Form als auch in der Anzahl der benötigten »Seiten«.

2. Rolle.

Die gebräuchliche Form eines »Buches« in bibl. Zeit war die Schriftrolle (*megillā*) aus Papyrus, Leder oder Pergament, die »innerhalb« (*recto*) und, wenn nötig, in Fortsetzung oder

Teil einer Reihe von assyrischen Elfenbein-Schreibtafeln, die ursprünglich durch goldene Scharniere miteinander verbunden waren und Spuren einer Wachsschicht tragen, beschriftet mit einer Reihe astrologischer Omina. Nimrud; Höhe: 38 cm. 715 v. Chr. (BM)

Fragment einer Inschrift Xerxes' I., König von Persien (485–465 v. Chr.) in altpersischer Keilschrift, mit der Nennung des Gottes Ahuramazda. Persepolis XPb. Höhe: 35,5 cm, Breite: ca. 84 cm. (BM)

zur Kennzeichnung »außerhalb«, d.h. auf der Rückseite (*verso*) beschrieben war, wie Hesekiel schildert (2,10; vgl. Offb 5,1). Diese wurden manchmal als »Buchrollen« (*megillat sēpher*; Ps 40,8; Hes 2,9) bezeichnet; die Septuaginta (LXX) in Jer 36,2.4 (*chartion biblion*) impliziert die Verwendung von Papyrus, so auch 2Joh 12 (*chartou*). Der Ausdruck für Schriftrolle (vgl. babylon. *magallatu*) ist nicht zwangsläufig erst später in das Hebr. entlehnt worden und es ist gut möglich, daß die jüd. Tradition, der zufolge das Gesetz auf Lederrollen zu kopieren war (Soferim 1.1-3), eine ältere Praxis widerspiegelt. Das Hebr. *sēpher*, gewöhnlich als »Buch« übersetzbar, bezog sich gewöhnlich auf eine Schriftrolle (wie in Jes 34,4). Es bezeichnet jedes Dokument auf Pergament oder Papyrus und bedeutet »Schriftstück«, »Dokument«, »Sendschreiben« (vgl. akkad. *schipru*). Es ist meist synonym zu dem Begriff für »Brief« (*'iggeret*, Est 9,25) und wird so auch als Ausdruck für einen Brief oder eine Anordnung des Königs (2Sam 11,14; 2Kön 5,10; 10,1; Jes 37,14) benutzt. Als Oberbegriff für Schriftstücke benennt *sēpher* die Mitteilung eines Propheten (Jer 25,13; 29,1; 5Mo 12,4); eine legale Scheidungsurkunde (5Mo 24,1; Jer 3,8; Jes 50,1); einen Kaufvertrag für ein Grundstück (Jer 32,11) oder eine Anklage (Hiob 31,35). Genauso ist er verwendbar für ein generelles Verzeichnis (Neh 7,5; 1Mo 5,1), einen Vertrag (2Mo 24,7) oder ein Gesetzesbuch (5Mo 28,61; Jos 8,31), für einen literarisch-epischen Text (4Mo 21,14; Jos 10,13) ebenso wie für Sammlungen historischer Daten (1Kön 11,41; 14,19; 1Chr 27,24; 2Chr 16,11; 25,26). Einmal beziehen sich »die Bücher« (pl. *sephārīm*) auf die kanonischen Schriften ihrer Zeit (5Mo 9,2), für die göttlichen Aufzeichnungen (Ps 69,28; 139,16; Mal 3,16; 2Mo 32,32; 5Mo 12,1) und ein andermal für das Lernen aus Büchern im allg. (Jes 29,11; vgl. 5Mo 1,4). Das Wort und von ihm abgeleitete Begriffe fanden sich mit ähnlichen Bedeutungen in den Texten von *Ugarit. Und *sēpher*, »Schreiber«, erscheint während des 13. Jh.v.Chr. als Lehnwort im Ägypt. Die Schriftrollen wurden wie die Schreibtafeln und die Tontafeln mit soviel Spalten bzw. Kolumnen (*delātōt*) wie nötig beschrieben (Jer 36,23), daher gab es sie in unterschiedlichen Größen. Z.Zt. des NT war das »Buch« (*biblion*) eine Rolle, wie es sie auch für das Gesetz gab (Mk 12,26; Lk 4,17-20). Es bestand aus einer Pergament- bzw. Papyrus-Schriftrolle (s.a. Offb 6,14). Ähnlich dem hebr. *sēpher* konnte sich das griech. *biblion* auf jede beliebige (oder unspezifizierte) Form eines geschriebenen Dokumentes, einschließlich der Registrierungslisten (Phil 4,3; Offb 13,8) beziehen. »Die Bücher« (*ta biblia*; Joh 21,25; 2Tim 4,31, heute unsere »Bibel«) entwickelten sich zu einem Begriff für die gesammelten Schriften. Dort, wo man sich auf eine kleine Schriftrolle beziehen wollte, stand das Wort *biblaridion* zur Verfügung (Offb 10,2.8-10).

3. Kodex.

Zu Beginn des 2. Jh.n.Chr. begann die konsequente Einsetzung des Kodex, einer Sammlung beidseitig beschriebener Blätter (mehrheitlich Papyrus), gefaltet und an einer Kante zusammengefaßt, oft mit einer Hülle geschützt. Hier handelt es sich um einen wichtigen Schritt in der Entwicklung des modernen »Buches«. Seiner Form lag die Gestalt der Schreibtafeln zugrunde. Eines der ältesten NT-Fragment, der p72 (Joh 18,31-33.37-38), von ca. 120 n.Chr., entstammt einem Kodex. Diese Papyrus- oder Pergamenthefte fanden zuerst wenig Benutzung in der heidnischen Literatur, jedoch in Palästina (Mischna, Kelim 24.7) und besonders in Ägypten. Generell akzeptiert war die Kodexform außerhalb christl. Kreise spätestens bis zum 4. Jh.n.Chr. Die Kodex-Form wurde von den Christen des 2. Jh. konsequent nicht zuletzt deswegen entwikkelt, weil sie sich billig und materialsparend benutzen, leicht transportieren und bei Verfolgung relativ gut verstecken ließ. Bei den *membranai*, die Paulus (2Tim 4,13) erbat, könnte es sich um ein Pergamentheft (Notizbuch) mit seinen eigenen Ansprachen und schriftlichen Äußerungen handeln, vielleicht aber auch um ein anderes frühes christl. Schriftstück. Diese *membranai* bilden in 2Tim 4,13 einen Kontrast zu den »Büchern« (*ta biblia*), wahrscheinlich Schriftrollen (der LXX, d.h. des griech. AT, evtl. als Zitiervorlage?).

V. SCHRIFTTYPEN.

1. Ägyptische Hieroglyphen.

Die im Ägypten der Pharaonen entwickelte Schrift erscheint in drei Formen: als Hieroglyphen (griech. *hieros*, »heilig«, und *glyphē*, »Schnitzerei«), als hieratische Schrift (griech. *hieratikos*, »priesterlich«) und als demotische Schrift (griech. *demotikos*, »volkstümlich«).

a. Das Hieroglyphen-System.

Die ägypt. Hieroglyphen sind bildhafte Zeichen. Viele der Zeichen wurden bald benutzt, um Laute zu symbolisieren – genauer die Konsonanten des ägypt. Wortes für den Gegenstand, den die Bild-Hieroglyphe darstellte. Solch ein Zeichen konnte dann auch eingesetzt werden, um dieselben Konsonanten in der Niederschrift anderer Wörter zu bezeichnen. Einige dieser phonetischen Zeichen standen schließlich für einen Konsonanten; somit wurden sie die ersten alphabetischen Zeichen der Weltliteratur. Jedoch iso-

Schreiber bei der Erfassung von Beutegut Tiglatpilesars III. Sie schreiben in Keilschrift mit einem Griffel auf einer Tontafel und Aramäisch mit einer Pinselfeder auf einer Papyrus- oder Lederrolle. Nimrud, Höhe: ca. 40 cm; ca. 740 v. Chr. (BM)

Hetitische Hieroglyphen-Inschrift, die den König Tudhaliyas IV. zeigt, den Sohn Hattuschilis' III. (ca. 1250–1220 v. Chr.). Aus Karakuyu, ca. 125 km nordöstl. von Kayseri. (JDH)

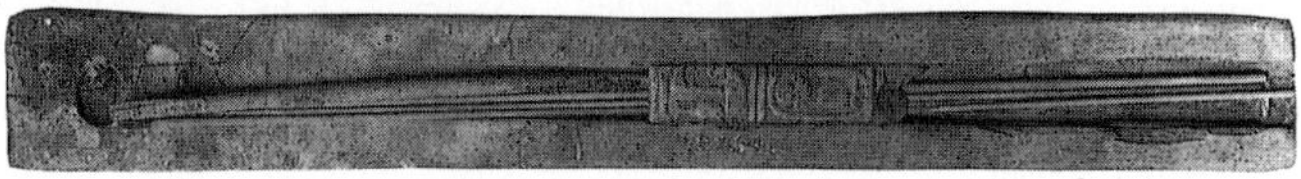

Zwei hölzerne Schreib-Paletten. Die obere enthält vierzehn Farb-Vertiefungen und erwähnt den königlichen Wesir Meryre und seinen Schreiber Tenen. Länge: ca. 35,5 cm, 1570–1546 v. Chr. Die untere besitzt Vertiefungen für rote und schwarze Tinte, einen Mischstab und eine Anzahl Binsenpinsel. Sie ist mit dem Namen Ahmose I. (18. Dynastie) beschriftet. Länge: 28,5 cm; ca. 1420 v. Chr. (BM)

lierten die Ägypter ihre Symbole nicht zu einem eigenständigen Alphabet wie ihre westsemit. Nachbarn.

b. Hieratische und demotische Schrift.

Die beiden anderen ägypt. Schriften, die hieratische und die demotische, sind Bearbeitungen der Hieroglyphenschrift, die ihre prächtigen malerischen Formen die ganze ägypt. Geschichte hindurch bewahrte. Die hieratische Schrift ist eine Schreibform der Hieroglyphenschrift, mit einer Schreibfeder und Tinte auf Papyrus aufgetragen, reduziert auf formale Symbole ohne Bildcharakter, um schneller schreiben zu können. Die Hieroglyphen kamen in Ägypten kurz vor Gründung der Monarchie der Pharaonen (1. Dynastie) auf, ca. 3000 v.Chr. Die hieratische Schrift kam kurz danach in Gebrauch. Die dritte Form der ägypt. Schrift, die demotische, ist eine noch einfachere, schneller zu benutzende und abgekürzte Form der hieratischen Handschrift. Sie entwickelte sich ungefähr im 7. Jh.v.Chr. und war, wie die beiden anderen Schriftformen, bis ins 5. Jh.n.Chr. in Gebrauch.

c. Anwendung.

Von Anfang an wurden die ägypt. Hieroglyphen für jeden Zweck benutzt: historische Berichte, rel. Texte und »weltliche« Verwaltungsanliegen. Demgemäß finden sie sich auf Papyrus oder Gefäßscherben, in Stein gemeißelt, in Holz geschnitten oder in Metall eingraviert, wo immer Inschriften verlangt waren. Trotzdem wurde vom frühen 3. Jt.v.Chr. an die schnellere hieratische Schreibweise gebräuchlich, um auf Papyrus zu schreiben, und somit auch für alle Aufzeichnungen aus dem täglichen Leben und der Verwaltung, während Hieroglyphen weiterhin für alle formalen Texte, Steininschriften und monumentale Zwecke gebraucht wurden. Im 7. Jh.v.Chr. ersetzte die demotische Schrift die hieratische zum großen Teil als die Schriftform für Geschäftsleben und Verwaltung. Die hieratische Schrift wurde vom 10. Jh.v.Chr. an hauptsächlich die Schrift der rel. Papyri.

2. Hetitische Hieroglyphen.

Das System der Hieroglyphen, das die Hetiter in Anatolien und Syrien, hauptsächlich in der 2. Hälfte des 2. Jt.v.Chr., benutzten, wurde 1946 entziffert. Diese Schrift wird seitdem im Detail analysiert und mit den hetitischen Dialekten verglichen, die in Keilschrift abgefaßt sind. Es handelt sich um eine Serie aus einfachen Silben (*ba, da,* etc.) mit Wortzeichen für Gattungsnamen (Erde, König).

3. Keilschriften.

a. Akkadisch.

In Babylonien wurden etwa ab 3100 v.Chr. Bildzeichen benutzt, um auf Ton oder Stein zu schreiben. Jedoch erwies sich das Zeichnen von gebogenen Linien in Ton bald als schwierig. Das Bildzeichen wurde nach und nach durch eine Darstellungsform ersetzt, die aus einer Serie keilförmiger Einschnitte entstand. Eine weitere Veränderung, um das Schreiben von rechts nach links in nach unten verlaufenden Spalten zu vereinfachen, lief auf die klassische Schriftform hinaus, in horizontalen Reihen geschrieben, mit von links nach rechts verlaufenden Linien. Eine bedeutende Erweiterung war es, Wort-Zeichen (Ideogramme) zur Darstellung von Wörtern anzuwenden, die gleich lauten, aber unterschiedliche Bedeutung haben (z.B. Lehre, Leere) oder gleichlautende Silben in unterschiedlichen Wörtern sind (z.B. Lehre, Lehne). Bestimmte Zeichen hatten auch die Funktion, als Determinative vor oder nach einem Wort eine bestimmte Klasse zu kennzeichnen (z.B. Gottheiten, Personen- oder Ortsnamen, Tiere, hölzerne Objekte, etc.). Bis 2800 v.Chr. war die Keilschrift voll entwickelt, wenn auch das Aussehen der Zeichen zu unterschiedlichen Perioden modifiziert wurde. Seit dem 3. Jt.v.Chr. war der Gebrauch der Keilschrift (mindestens 500 Zeichen standen zur Verfügung) außerhalb Mesopotamiens weit verbreitet; dort wurde sie für die sumer., babylon. und assyr. Sprachen verwendet. Für die Niederschrift anderer Sprachen wurde sie bearbeitet, insbesondere für westsemit. Dialekte, Hurritisch, für die verschiedenen hetitischen Mundarten. Während des 15.-13. Jh.v.Chr. war sie die Schrift der palästin.

Inschrift in Alt-Aramäisch auf einer Grabstele des Sin-Zer-Ibni. Nerab, Syrien. Höhe: 93 cm; 6. Jh. v.Chr. (MC)

Hauptstädte im Bereich von Diplomatie und Verwaltung. Keilschrift-Tafeln fand man in *Taanach (12), *Sichem (2), *Afek (3), Tell el-Hesi, *Geser, *Hazor, *Jericho. Die Entdekkung einer Abschrift eines Teiles des Gilgamesch-Epos in *Megiddo (1955) zeigt, daß zu dieser Periode die wenigen in dieser Schriftform geübten Schreiber die wichtigsten babylon. literarischen Texte und Nachschlagewerke zur Verfügung hatten.

b. Ugaritisch.

In Ras Schamra benutzten die Schreiber die akkad. Keilschrift im 15.-13. Jh.v.Chr. für internationale Korrespondenz und einige Wirtschaftstexte. Dennoch entwickelte sich parallel dazu ein einzigartiges Schreibsystem. Es kombinierte die Einfachheit des bestehenden kanaan. (phönizischen) Alphabets mit dem mesopotamischen System, mit einem Stift auf Ton zu schreiben. Auf diese Weise wurde das konsonantische Alphabet mit Hilfe der Keilschrift transkribiert. Das System wurde sowohl für semit. als auch nichtsemit. (hurritische) Sprachen eingesetzt. 29 Zeichen (durch das Hinzufügen weniger Keile in einfacher Anordnung mit wenig oder keiner Beziehung zu den akkad.) wurden entwickelt, um die Konsonanten darzustellen, dazu drei Zeichen mit variierenden Vokalen (ʾa, ʾi, ʾu). Eine Anzahl erhaltener Schreibübungstafeln gibt die Anordnung des Alphabets an, das schon die hebr. Reihenfolge darstellt. Diese Schrift diente der Notierung sowohl rel., literarischer (mythologischer) als auch administrativer Texte und findet sich in einigen Briefen. Obwohl leichter zu lernen als Akkad., gibt es bis jetzt für ihre weitere Verbreitung wenig Anhaltspunkte. Aber einige Beispiele für eine Variante sind in einem Umkreis bis *Bet-Schemesch, *Tabor, *Taanach in Palästina und an einigen Orten in S-Syrien gefunden worden. Die Erfindung kam anscheinend zu spät, um die schon eingeführte und vereinfachte lineare phönizische Schrift zu verdrängen.

c. Alt-Persisch.

Die aram. Alphabetschrift ersetzte bis zum späten 7. Jh.v.Chr. zum größten Teil die Keilschrift, mit Ausnahme von einigen tradi-

▶

Das Schreiben mit Stiften aus Rohr war in der römischen Zeit allgemein üblich. Diese Beispiele zeigen Stifte, die zurechtgeschnitten sind und noch die Spuren schwarzer Tinte tragen, die in dem Tintenbehälter in der hölzernen Federschale gefunden wurde, die hier mit dem (separat liegenden) Deckel zu sehen ist. Aus Ägypten, Länge: ca. 23 cm. Nach 30 v.Chr. (BM)

Sarkophag des Eschmunazer, des Königs von Sidon, mit einer phönizischen Inschrift. Länge: 2,51 m; 5. Jh. v. Chr. (BM)

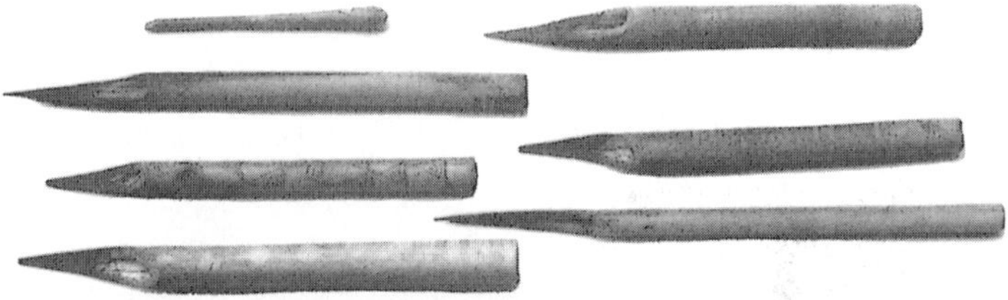

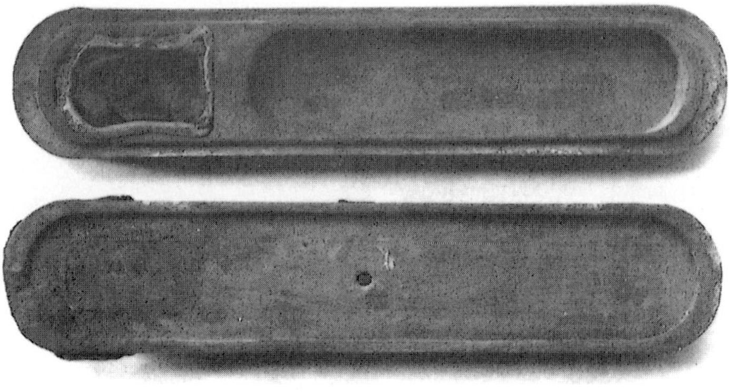

Frühform der Keilschrift, die Piktogrammen ähnelt, in einer Liste von Feldern, Ernten und Gebrauchsgegenständen. Jemdet Nasr (bei Kisch). Ca. 7,8 cm x 7,3 cm; ca. 3100 v. Chr. (BM)

Die früheste syrische Schrift benutzte Piktogramme. Die Abfolge, in der sie zu lesen sind, ist noch immer umstritten. Aus Kisch (bei Babylon). Kalkstein, ca. 6,5 x 7 cm; ca. 330 v. Chr. (SAOB)

tionsreichen Zentren und besonderen Tempeldokumenten, für die, wie in Babylon bis 75 n.Chr., weiterhin die Keilschrift benutzt wurde. Unter den achämenidischen Persern bediente man sich, neben der aram. Schrift, eines besonderen, von der babylon. Keilschrift abgeleiteten Systems. Diese vereinfachte Keilschrift ist hauptsächlich durch historische Texte aus der Regierungszeit Darius' I. und Xerxes' bekannt geworden. Ein erhaltenes Keilschriftdokument (aus Behistan) umfaßt Zeichen für 3 Vokale, 33 konsonantische Zeichen mit integriertem Vokal, außerdem 8 Ideogramme und 2 Symbole zur Worttrennung. Eine Variante der Keilschrift gibt die elamit. Sprache (SW-Persien) in ihrer frühesten Form wieder, sie wurde später, ca. 492-460 v.Chr., zur Niederschrift von mehr als 2000 wirtschaftsspezifischen Texten von Persepolis benutzt.

4. Lineare Schriften.

a. Der umfassende Gebrauch der ägypt. Hieroglyphen und der babylon. Keilschrift in Syro-Palästina seit dem 3. Jt.v.Chr. (z.B. *Ebla) regte die Herstellung einfacherer Schreibsysteme für die lokalen Dialekte an. Bei Byblos (*Gebal) entstand während des 2. Jt.v.Chr. ein System mit ungefähr 100 Silben-Zeichen, die aber bis heute noch nicht vollständig gedeutet sind. Zur selben Zeit entwickelte sich in Kreta Linear A und B, und eine verwandte Schrift auf Zypern, von der Beispiele bei Ugarit (Cypro-Minoisch) gefunden worden sind. Vereinzelte Entdeckungen bezeugen die Existenz anderer Schriften aus dieser Periode, von Bedeutung sind vor allem drei Tontafeln vom Tell Deir'Alla im Jordantal und eine Stele aus Balu'ah in *Moab.

b. Alphabet.

Möglicherweise hat im frühen 2. Jt.v.Chr. ein in Syro-Palästina, vielleicht in Byblos lebender Schriftkundiger erkannt, daß seine Sprache mit viel weniger Zeichen als sie das geläufige, eher schwerfällige Silbensystem verlangt, darstellbar ist, wenn jeder Konsonant durch ein Symbol repräsentiert wird. Die angepaßten Symbole waren die Bilder auf dem ägypt. Modell. Die Hieroglyphenschrift enthielt Bilder, die nur für den Anlaut des jeweiligen Namens standen, z.B. *r'*, »Mund«, für r.

Hebräische Kursivschrift auf einem Ostrakon aus Lachisch. Der Text enthält neun hebr. Namen, von denen sieben mit JHWH verbunden sind. Zeit des Jeremia, ca. 590–587 v. Chr. (IA)

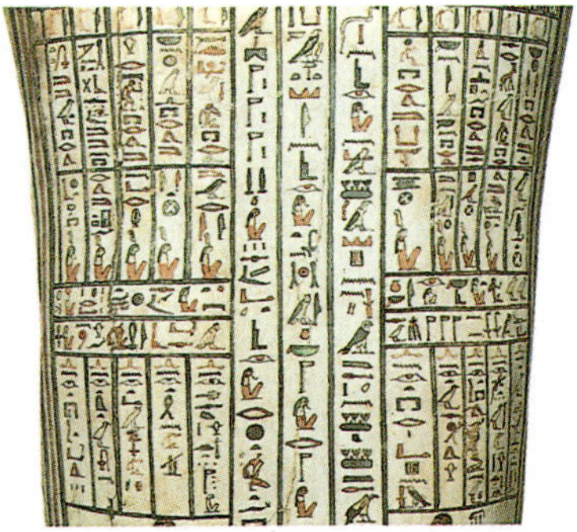

Ägyptische Hieroglyphenschrift auf dem Holzsarg des Pasen-Hor, Sohn von Schakschak und Amenhotep. 22.–23. (lybische) Dynastie, 8. Jh. v. Chr. (BM)

Der Vorzug des alphabetischen Systems bestand darin, daß die Anzahl der Symbole reduziert wurde, bis ein einzelnes für jeden individuellen konsonantischen Laut der Sprache stand. Vokale wurden solange nicht gesondert repräsentiert, bis die Griechen das Alphabet übernahmen. Es ist anzunehmen, daß die Symbole ursprünglich als Konsonanten plus entsprechendem Vokal behandelt wurden (z.B. *ba, du, gi*). Mit dieser Erfindung gewann die Menschheit ein einfaches Mittel, um Sprache darzustellen. Damit endete auch das Monopol der *Schriftkundigen; Schriftkunde wurde für jeden zugänglich (s.u. VI.). Beispiele dieser Urform aller Alphabete sind in Palästina gefunden worden und lassen eine Datierung kurz vor 1500 v.Chr. zu. Sie weisen zuerst nur wenige Symbole auf, wahrscheinlich Personennamen, die auf Töpferwaren oder in Metall geritzt waren. Der volle Zeichenumfang – ungefähr 30 – zeigt sich in der einzigen bisher entdeckten frühen Textgruppe, die in einer Form dieses Alphabets geschrieben wurde, in den »proto-sinaitischen« Inschriften. Es sind kurze Gebete und Widmungen, von Kanaanitern, die in den ägypt. Türkisminen bei Serabit el-Chadem im SW des Sinai während des 16. Jh.v.Chr. arbeiteten, in Steine geritzt. Aus der Zeit zwischen 1700 und 1200 v.Chr. stammen bereits vereinfachte, »entbildlichte« Beispiele »proto-palästinischer« Schriften, so z.B. die Gefäßsammlungen von Lachisch, Hazor, Sichem, Geser, Pfeilspitzen aus der Gegend von Bethlehem und aus dem Libanon. Die Anordnung der Buchstaben ist durch das Keilschriftalphabet von *Ugarit (ca. 1400 v.Chr.) bezeugt. Hebr. Akrostichen stellen diese Anordnung ebenfalls dar (Nah 1,2-14; Ps 9; 10; 25; 34; 37; 111; 112; 119; 145; Klgl 1-4, Spr 31,10-31; Pred 5,13.29). Die Griechen übernahmen die Buchstaben in derselben Reihenfolge. Die Ursache für die Anordnung ist ungewiß. Formal lassen sich drei Gruppen des »nord-semitischen« Alphabets erkennen: Phönizisch (später Punisch), Alt-Hebräisch (Kanaanäisch, später Samaritanisch) und Aramäisch (später zur Quadrat-Schrift und zu den Sprachformen Syrisch, Palmyrenisch, Nabatäisch und den arab. Sprachen entwickelt).

c. Phönizisch/Alt-Hebräisch.

Im wesentlichen läßt sich die Entwicklung der Buchstaben eindeutig ab dem 1. Jt.v.Chr. verfolgen, obwohl die Beispiele zwischen

Die demotische Schrift, eine verkürzte und modifizierte Form der ägyptischen hieratischen Schrift. Hier einer der Abschnitte des Textes auf dem ›Rosette-Stein‹. Raschid, Ägypten. Länge: 1,14 m; 195 v. Chr. (BM)

Bronzetafel mit himyaritischen Buchstaben. Von Jusup und seiner Familie dem Gott Ilmaqah als Dank für die Erhörung von Gebeten gewidmet. Aus Süd-Arabien. Höhe: 25 cm; ca. 1. Jh. v. Chr. (BM)

1000 und 800 v.Chr. selten sind. Die Schreibrichtung von rechts nach links, wie in Ägypten, wurde standardisiert. Die meisten Dokumente bestanden damals aus Papyrus und sind in der feuchten Erde nicht erhalten geblieben. Diejenigen, die Bestand hatten, beweisen die bequeme Verwendung dieser Schrift für alle Zwecke. Offensichtlich war sie vor dem Ende des 2. Jt.v.Chr. gut etabliert, ein bequemes Werkzeug für die Israeliten, die sie zur Aufzeichnung und belehrenden Weitergabe der Gesetze Gottes und der Geschichte seines Wirkens einsetzen konnten. Zu den späteren Belegen gehören auch Qumran-Handschriften, namentlich fünf Pentateuch-Fragmente, darunter eine Exodus-Rolle (2Mo 6,25-37,15), sowie eine Levitikus-Rolle und Hiob-Fragmente. Eine gewisse sakrale Funktion der alt-hebr. Schrift zeigt sich auch darin, daß noch im 5. Jh.n.Chr. ein griech. AT-Fragment den Gottesnamen JHWH in dieser Schrift einfügt.

Die bedeutendsten monumentalen Inschriften, um die Epigraphie des Hebr. zu studieren, sind:

- Der landwirtschaftliche Kalender von *Geser, datiert auf das 10. Jh.v.Chr.
- Die Mescha-Stele. Diese 34-Zeichen-Inschrift ist von historischer Bedeutung und wichtig als Beispiel für die Entwicklung des monumentalen hebr. Inschriftenstils.
- Vergleichbar sind die *Siloah-Inschrift, zu datieren in die Regierungszeit *Hiskias, ca. 710 v.Chr. und
- die Grabinschrift des königlichen Haushofmeisters zur ungefähr gleichen Zeit (*Schebna). (Form der Schrift s. *Siegel). Zu diesem Zeitpunkt hatten die phönizischen und aram. Buchstaben ihr eigenes, sie kennzeichnendes Aussehen.

Die kursive Handschrift, die die Verfasser des AT ursprünglich benutzt haben könnten, ist auf beschrifteten Pfeilspitzen und anderen kleineren Objekten seit ca. 1000 v.Chr. erhalten. Das früheste Textkorpus besteht aus 75 Tonscherben aus *Samaria, von denen einige der Regierungsperiode *Jerobeams II. zugeordnet werden (787-747 v.Chr.). Sie zeigen ein klares, flüssiges Schriftbild, verfaßt von sehr geübten Schreibern. Die nicht vokalisierten Wörter sind durch kleine Punkte unterteilt. Einige verstreute Fragmente aus *Jerusalem, *Bet-Schemesch, Tell el-Hesi, *Megiddo und *Ezjon-Geber zeigen, daß die Schrift derjenigen der Siloah-Inschrift ähnelt. Bis zur Abfassung der *Lachisch-Briefe, die auf ca. 590-587 v.Chr. datiert werden, änderte sich die äußere Form dieser Schrift kaum; auch die meisten Gefäßscherben von *Arad gegen Ende der Geschichte Judas zeigen nur eine geringfügig fortschreitende Entwicklung der Schreibweise.

d. Aramäisch.

Die »Aramäer« übernahmen das kanaan. Alphabet, als sie sich in Syrien ansiedelten und gaben diesem allmählich distinktive Merkmale. Die frühesten Texte (ca. 850-800 v.Chr.) sind die zum Teil unlesbare Melqart-Stele von Bar-Hadad (*Ben-Hadad) und zwei Elfenbeinstücke, auf denen der Name *Hasael steht. Kurz nach 800 v.Chr. errichtete Zakkur, der König von *Hamat, eine Stele mit einer 46-Zeichen-Inschrift, und gegen 750 v.Chr. wird auf drei Stelen ein Vertrag zwischen einem unbekannten Bar-ga'ajah und Mati'-el von Arpad wiedergegeben. Einen zunehmenden Kursivstil bezeugt die Bar-Rakkab-Stele. Mit der Ausbreitung des Aram. schlug das Alphabet in Assyrien und Babylon schnell Wurzeln und drängte die Keilschrift zurück. Dokumente auf Papyrus haben nicht überdauert, aber eine Namensliste auf einer Scherbe aus Nimrud (*Kelach) in Assyrien aus dem frühen 7. Jh.v.Chr. Zeichen auf Tontafeln und ein langer Brief, geschrieben auf eine Gefäßscherbe gegen 650 v.Chr., sind erhalten. In Ägypten gefundene Dokumente auf Papyrus verdeutlichen die Entwicklung der Schrift von ca. 600 v.Chr. bis zum Ende der pers. Periode, wichtig sind hier die Dokumente von Elephantine aus dem 5. Jh.v.Chr. sowie weitere Funde an anderen Orten im Nilbereich.

e. Frühe jüdische Schriften.

Die Entwicklung der Handschriften vom Toten Meer (*Schriftenfunde vom Toten Meer), vor allem aus *Qumran und Murabba'at, beschriftete Gebeinurnen aus dem Gebiet um Jerusalem und jüngste Kleinfunde (s.o. II.2.) haben eine reiche Materialsammlung von den Anfängen bis ins 1. Jh.n.Chr. entstehen lassen.

- Die archaische oder proto-jüd. Schrift von Juda, v.a. 300-150 v.Chr., wie sie z.T. in den Mss. von Qumran erhalten ist, ist abgeleitet vom pers. Aram., ähnlich den aram. Schriften von Palmyra und Nabatäa, die ebenfalls in dieser Zeit entstanden sind. Obwohl diese lokal variierenden Schriftformen bis jetzt noch nicht präzise datiert werden können, sind verschiedene Schrifttypen bis zur Kursive zu unterscheiden. Diese Schrift ist auch auf Münzen jener Zeit nachweisbar, vereinzelt noch bis 135 n.Chr. (Bar Kochba).
- Während der hasmonäischen Periode (ca. 166-37 v.Chr.) entwickelte sich die »viereckige« und stärker verwinkelte Schriftführung, die sogenannte »Quadratschrift«, deren erste Entwicklungsstufen durch den Papyrus Nash (mehrheitlich datiert auf 150 v.Chr., aber auch auf die Zeit vor der Zerstörung des

Keilschrifttext aus der altbabylonischen Epoche – es geht um den Erwerb eines Büros. 39. Jahr des Rim-Sin. Aus Larsa? Ca. 1711 v. Chr. (DJW)

Tempels) und Qumran-Schriften, Fragmente aus der Geniza von Kairo, etc., belegt sind.

- Die horodianische Periode (37 v.Chr. – 44 n.Chr.) war eine Zeit rapider formaler Weiterentwicklung, und die Texte sind genauer datierbar; auch die nach-herodianische Periode (nach 44 n.Chr.) ist durch eine große Zahl nicht-literarischer Funde dokumentiert, vorwiegend in zahlreichen Varianten der Kursivschrift. Die Hauptbelege aus Qumran stammen spätestens aus dieser Zeit, da Chirbet Qumran und die Höhlen im Jahre 68 n.Chr. vor den anrückenden Römern verlassen wurden.

f. Griechisch.

Das griech. Alphabet wird von Herodot auf den phönizischen Heroen Kadmos (Hist. 5.59-59) zurückgeführt. Vergleicht man die frühen griech. Alphabete von Athen, Kreta, Thera, Korinth und Naxos mit (semit.)-phöniz. Schriften (s.o. »Alphabet«), so erhält dieser Mythos eine historische Grundlage, die noch in der Buchstabenbenennung bis heute erkennbar ist (Aleph/Alpha; Beth/Beta; Gimel/Gamma; Daleth/Delta, etc.). So ist anzunehmen, daß die Griechen bis zur Mitte des 9. Jh.v.Chr. die Schrift den Bedürfnissen ihrer Sprache auch mit Vokalbuchstaben angepaßt hatten. Im Laufe des 4. Jh.v.Chr. übernahmen alle griech. Staaten das bis heute in Gebrauch befindliche ionische Alphabet, das aus 24 Zeichen besteht und die Entwicklung der phönizischen Vorläufer zum endgültigen Abschluß brachte. Von W-Griechenland aus erreichte das Alphabet schon im 7. Jh.v.Chr. die Etrusker und hielt somit durch die wohl direkt daraus entwickelte röm. Schrift Einzug in W- und N-Europa.

VI. LESE- UND SCHREIBVERMÖGEN.

Hinweise auf die Verbreitung der Fähigkeit, schreiben und lesen zu können, sind über das unter I. »Belege in der Bibel« genannte Material hinaus selten. *Gideon konnte mit einem jungen Mann aus *Sukkot sprechen, der ihm die Namen der Ältesten der Stadt

Assyrische Keilschrift auf Stein (›Gypsum‹). Teil der historischen Aufzeichnungen Assurbanipals II. Nimrud, ca. 865 v. Chr. (DJW)

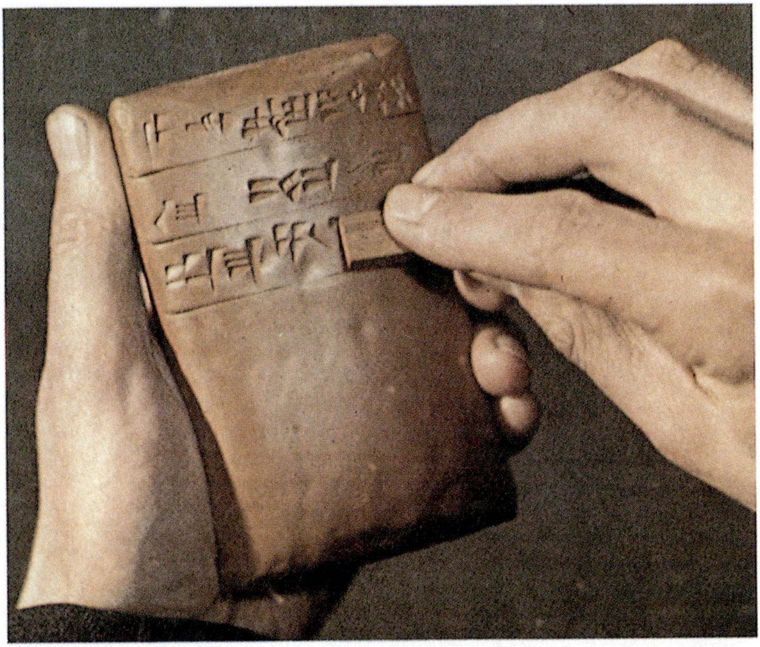

Rekonstruktion des Schreibens eines Keilschrifttextes (assyrische Schrift) mit einem rechteckig zugeschnittenen Holzstift. Unterlage: Ton (DJW)

Die dreißig Buchstaben des ugaritischen Alphabets auf einer Tontafel, vielleicht eine Schulschreibübung. Ras Schantra, 14. Jh. v. Chr. (DM)

Blatt aus einem griechischen Kodex (p^{45}, spätes 2. Jh. n. Chr.): Apg 17,9–17. Fortlaufende Schrift (Scriptio continua) *in Großbuchstaben.* (CBL)

aufschrieb (Ri 8,14). Hier sind für das 13./12. Jh.v.Chr. ein gewisses Schreib- und Lesevermögen auch östl. des Jordan (Sukkot!) als selbstverständlich vorausgesetzt. Die Fähigkeit zu schreiben, förderte die Errichtung von *Schulen für Schreiber, die mit dem Tempel verbunden waren. Jeder israelit. Hausherr mußte wenigstens die Worte des Gesetzes schreiben können (5Mo 6,9; 11,20). Die Niederschrift von längeren Schriftstücken übernahmen in der Regel geübte Schreiber, die jeder Bevölkerungsschicht entstammen konnten, wenngleich die meisten der höheren Beamtenschicht angehörten. Die Dokumente wurden in Körben, Kisten und Krügen (Jer 32,14) verstaut und im örtlichen Tempel (1Sam 10,25; 2Mo 16,34; vgl. 2Kön 22,8) oder in speziellen Archiven (Esr 6,1) aufbewahrt. Die Schreiber erstellten auch Nachschlagewerke (wie z.B. in Nippur, ca. 1950 v.Chr.). Tiglatpilesar I. (ca. 1100 v.Chr.) in Assur und Asurbanipal (ca. 650 v.Chr.) in Ninive sammelten Kopien von Texten oder ließen sie für ihre Bibliotheken abschreiben. Bei der Abschrift eines Textes erwähnten die Schreiber oft die Quelle, teilten den Zustand der Kopiervorlage mit und gaben an, ob der Text am Original überprüft oder nur gemäß mündlicher Tradierung notiert worden war. Letztere wurde meist als weniger verläßliche Methode betrachtet. Mündliche Überlieferung hatte neben dem geschriebenen Wort ihren eigenen Rang, aber sie nahm nicht die Stellung primärer Autorität ein. Die Schlußformel eines Schriftstücks (sowohl akkad. als auch ägypt.) bot im Normalfall auch Titel oder Überschrift, um die Arbeit zu kennzeichnen; doch blieb die Autorschaft häufig anonym. Mit der Benutzung von Schriftrollen wurde die Kennzeichnung des Inhalts außen an der Rolle erforderlich; der als Sittybos bezeichnete Pergamentstreifen enthielt den Titel und, wo nötig, weitere Angaben (vgl. *Evangelien, III). Kodizes enthielten die entsprechenden Angaben auf dem ersten und mitunter auch auf dem letzten Blatt eines Textes.

D.J.W./K.A.K./A.R.M./C.P.Th.

VII. TACHYGRAPHIE/KURZSCHRIFT.

Eine Sonderform der antiken Schrift ist die Tachygraphie (griech. *táchys*, »schnell«), eine Form der Stenographie. Schnellschrift unter Verwendung von Kürzeln dürfte es bereits in atl. Zeit gegeben haben: Psalm 45,2 (LXX) nennt den *oxygráphos* (griech. *oxýs*, »schnell«), der hier als Synonym zum *tachygráphos* zu verstehen ist. Die erste präzise Erwähnung eines Tachygraphen/Stenographen bietet Plutarch (Cat. min. 23) in seinem Bericht über eine Sitzung des röm. Senats am 5. Dezember 63 v.Chr. Die Rede Catos sei erhalten geblieben, weil sie von den Schnellschreibern Ciceros, die an verschiedenen Stellen des Senatssaals saßen, mit Hilfe von Kürzeln (*typois*) mitgeschrieben wurde. Die hier angewandte Kurzschrift hatte um die Mitte des 1. Jh.v.Chr. Tiro entwickelt, ein Freigelassener Ciceros. Nach ihm wird sie als »tironische Noten« bezeichnet. Ein namentlich bekannter Meister der Kunst war Kaiser *Titus (39-81 n.Chr.; s. Sueton, De vita Caesarum 8,3,2). Im übrigen sind die historischen Ursprünge der Tachygraphie umstritten; das liegt v.a. an der Schwierigkeit, die frühesten Erwähnungen eindeutig nach Brachygraphie (griech. *brachýs*, »kurz«), d.h. Langschrift mit Vorformen systematischer Kürzel, und echter Kurzschrift, d.h. Tachygraphie, zu trennen. Brachygraphische Vorläufer können bis ins 4. Jh.v.Chr. nachgewiesen werden; der griech. Übersetzer von Ps 45 in der LXX wußte jedenfalls ca. 200 v.Chr., wovon er sprach, als er *oxýgraphos* für hebr. *sōfēr māchēr* setzte, nicht, wie in Esra 7,6, *grammateús tachýs*. In Psalm 45,2 ist – für die griech.-sprachigen Leser des 3. Jh.v.Chr. - bewußt vom Schnellschreiber die Rede, vom Oxy- (bzw. Tachy-)graphen, nicht bloß vom »schnellen Schreiber«. Daß die geradezu schulmäßige Verbreitung einer systematischen Kurzschrift erst mit den »tironischen Noten« im 1. Jh.v.Chr. einsetzte, bleibt dabei unbestritten. Im NT finden sich keine Hinweise auf den Gebrauch von Kurzschrift, wenngleich ihr Bekanntsein im griech.-sprachigen Palästina auch des 1. Jh.n.Chr. vorausgesetzt werden darf. Beachtenswert ist im-

Elfenbein-Granatapfel, 8. Jh. v. Chr., aus dem Tempel Salomos (vermutlich Spitzenverzierung eines Tempelpriester-»Zepters«). Paläo-Hebräische Schrift: Lby (t JWH)H qds khnm, »Zugehörig dem Tempel Jahwes, heilig den Priestern.« Die älteste erhaltene hebräische Inschrift mit dem Namen Gottes. Höhe: 4,3 cm, Durchmesser: 2,1 cm. (IM)

merhin der Fund einer Leder-Handschrift in griech. Tachygraphie aus dem Wadi Murabbaʿat am Toten Meer, noch unentziffert, die auf den Beginn des 2. Jh.n.Chr. datiert werden kann (vgl. P. Benoit, J.T. Milik, R. de Vaux [Hrsg.], Les Grottes de Murabbaʿat. Discoveries in the Judaean Desert, II, 1961, Texte, S. 275-277; Planche Nr. 164). Zum Grundsätzlichen s. auch B. Gerhardsson (Memory and Manuscript, 1961, S. 156), und R. Riesner (Jesus als Lehrer, [3]1988, S. 491-98). Bedeutsam ist die Frage der Benutzung tachygraphischer Formen in ntl. Zeit auch insofern, als gelegentlich die These vertreten wird, der gebildete und praktischer Schreibformen von Berufs wegen kundige Zollpächter Matthäus/Levi habe sich der Tachygraphie bedienen können, um Worte Jesu, vielleicht komplexe, zusammenhängende Reden, die nur »sein« Evangelium bietet (Bergpredigt!), mitzustenographieren (vgl. *Evangelien, II). Die bis heute prononciertesten Vertreter dieses Ansatzes sind E.J. Goodspeed (Matthew. Apostle and Evangelist, 1959, S. 16-17) und R.H. Gundry (The Use of The Old Testament in St. Matthew's Gospel, 1967, S. 182-184). Neuer-

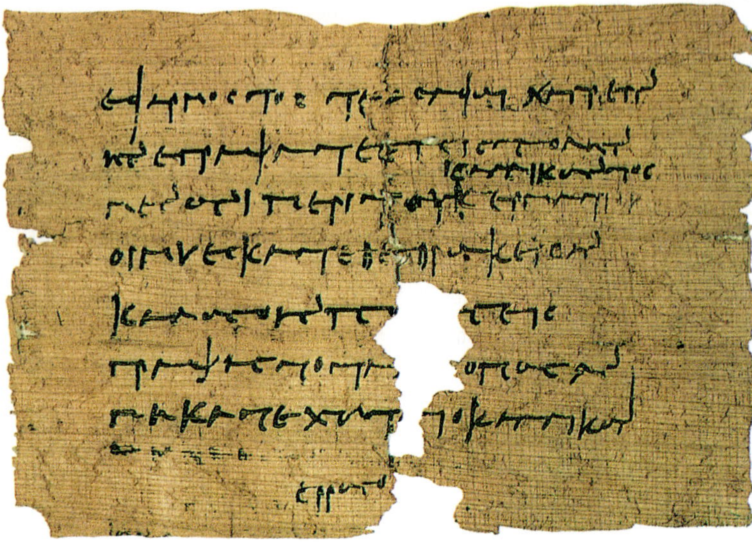

Brief des Epharmostos (erstes Wort oben links) an seinen Bruder Zenon. Text: »Der Brief, den Du über Kallikons Geld an Menon geschrieben hast, ist von Mäusen aufgefressen worden. Schreib bitte so bald wie möglich, damit Kallikon nicht warten muß.« Maße: 9 x 12,9 cm; 3. Jh. v. Chr. (BL)

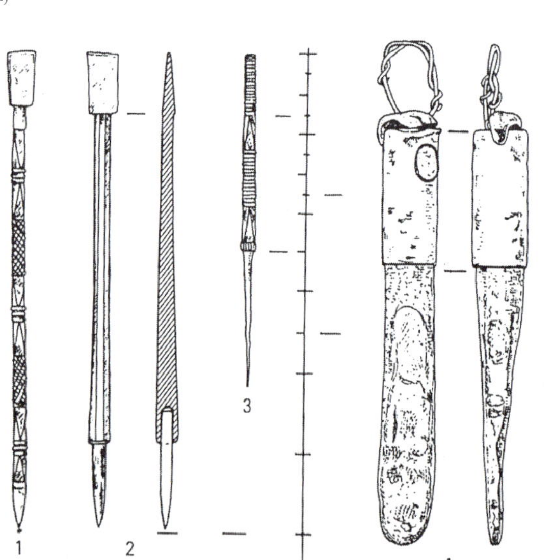

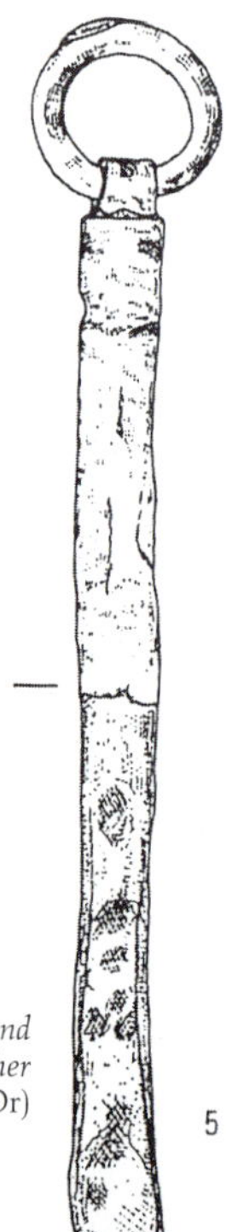

Römische Griffel und Schreibblei aus Ostia antica.
1: Stilus, Messing;
2: Stilus, Messing (?) mit Eisenspitze;
3: Spitzer Griffel, Messing.
4 und 5: Schreibblei mit Fassung und Trageringe aus »Bronze«. Römischer Maßstab in digiti (≙ ca. 3 cm). (HDr)

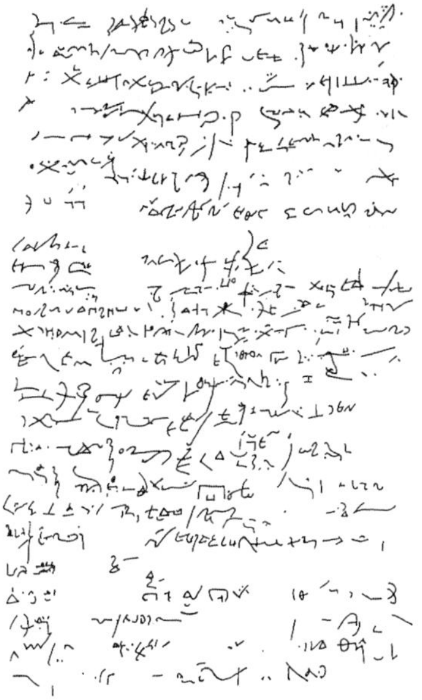

Tachygraphische Handschrift (griech.) auf Leder, ca. 135 n.Chr. Wadi Murabba'at. Abschrift. (DJD II)

dings haben B. Orchard und H. Riley (The Order of the Synoptics, 1987, S. 269-73) ähnlich für Markus argumentiert; dabei verweisen sie auf die öffentlichen Reden des Petrus in Rom, die Papias zufolge (Eus.h.e. 3,39,15-16; vgl. 6,14,6) die Grundlage des markinischen Evangeliums bildeten und von – wahrscheinlich zwei (vgl. E.G. Turner, Greek Papyri, 1980, plate VI) – Tachygraphen mitgeschrieben worden sein könnten. Für die unmittelbare Anfertigung von Notizen als Vorstufe der Abfassung fertiger literarischer Texte argumentiert unabhängig von solchen Erwägungen auch G. Kennedy (Classical and Christian Source Criticism, in: W.O. Walker (Hrsg.), The Relationships among the Gospels, 1978, S.125-192). C.P.Th.

Literatur zu I-VI: W.F. Albright: The Early Alphabetic Inscriptions from Sinai and their Decipherment, BASOR 110, 1948, S. 6-22; ders.: Palaestinian Inscriptions, [3]1969; M. Bernal: On the Transmission of the Alphabet to the Aegean Before 1400 B.C., BASOR 267, 1987; B. Bischoff: Paläographie des römischen Altertums und des abendländischen Mittelalters, [2]1986; F.F. Bruce: The Books and the Parchments, [4]1984; F.M. Cross: Die antike Bibliothek von Qumran und die moderne biblische Wissenschaft, 1967; H. Donner, W. Röllig: Kanaanäische und aramäische Inschriften, 3 Bde., 1966-69; G.R. Driver: Semitic Writing, [3]1976; K. Faulmann: Illustrierte Geschichte der Schrift (1880) ND 1989; I.J. Gelb: Von der Keilschrift zum Alphabet, 1958; H. Hunger: Antikes und mittelalterliches Buch- und Schriftwesen, in: H. Hunger et al. (Hrsg.): Die Textüberlieferung der antiken Literatur und der Bibel, 1975, S. 25-147; P. Kahle: Opera Minora, 1956; F. Kenyon: Books and Readers in Greece and Rome, [2]1951; W. Menn: Die Schrift und ihre Entwicklung, Handbuch der Bibliothekswissenschaft, I, 1950; A.R. Millard: An Assessment of the Evidence for Writing in Israel: in: Biblical Archaeology Today. Proceedings of the International Congress on Biblical Archaeology, Jerusalem, April 1984, S. 301-312; C.H. Roberts: Manuscript, Society and Belief in Early Christian Egypt, 1077; ders., T.C. Skeat: The Birth of the Codex, 1983; O. Stegmüller: Überlieferungsgeschichte der Bibel, in: H. Hunger et al. (Hrsg.): Die Textüberlieferung der antiken Literatur und der Bibel, 1975, S. 149-206; C. Wendel: Die griechisch-römische Buchbeschreibung verglichen mit der des Vorderen Orients, 1949; D.J. Wiseman: Books in the Ancient Near East and in the Old Testament, in: The Cambridge History of the Bible, 1, 1970, S. 30-48; E. Würthwein: Der Text des Alten Testaments, [5]1988.

zu VII: H. Boge: Untersuchungen zur altgriechischen Tachygraphie und zur Frage der Priorität ihrer Erfindung, Diss., 1962; ders.; Griechische Tachygraphie und Tironische Noten. Ein Handbuch der antiken und mittelalterlichen Schnellschrift, 1973; ders.: Die Entzifferung griechischer Tachygraphie auf Papyri und Wachstafeln mit Bemerkungen zu den Gießener tachygraphischen Fragmenten sowie zur Geschichte der Tachygraphie und zur Frage der Priorität ihrer Erfindung (Kurzberichte aus den Gießener Papyrussammlungen 36), 1976; G. Costamagna, M.F. Baroni, L. Zagni: Notae Tironianae quae in Lexicis et in chartis reperiuntur novo discrimine ordinatae, 1983; V. Gardthausen: Das Buchwesen im Altertum und im byzantinischen Mittelalter, [2]1911, S. 272-298; Ch. Johnen: Allgemeine Geschichte der Kurzschrift, [4]1940; U.Fr. Kopp: Lexicon Tironianum, 1965; A. Mentz: Geschichte und Systeme der griechischen Tachygraphie, in: Archiv für Stenographie 58/III (1907), S. 97-107, 129-145, 161-171; 204-206, 225-239; ders.: Die Tironischen Noten. Eine Geschichte der römischen Kurzschrift, 1944; ders., F. Haeger: Geschichte der Kurzschrift, [2]1974; A. Wikenhauser: Der heilige Hieronymus über Psalm 45 (44), 2, in: Archiv für Stenographie 59/III (1908), S. 187ff.

SCHRIFTENFUNDE VOM TOTEN MEER.

In der Gegend des *Toten Meeres sind bis heute vier bedeutende Bereiche mit Schriftenfunden erschlossen worden: *Qumran, Wadi Murabba'at, *Masada und die sog. Höhlen der Bar-Kochba-Krieger (vor allem die »Schreckenshöhle« und die »Briefhöhle«). Da in diesen Gegenden laufend weitergeforscht wird, sind neue Fundgebiete nicht auszuschließen; daß sie noch in byzantin. Zeit für die Lagerung von Schriften genutzt wurden, haben die (ausschließlich christl.) Fragmente vom Chirbet Mird gezeigt, die aus dem 5. bis 8. Jh. stammen.

I. QUMRAN.

1. Überblick.

Seit dem 25. November 1947, als E.L. Sukenik, Professor der Archäologie an der Hebrew University, von den ersten Schriftenfunden erfuhr, werden die Höhlen von Qumran und ihre Handschriften systematisch, wenngleich mit z.T. großen Verzögerungen aus regionalpolitischen und forschungsspezifischen Gründen, untersucht und ausgewertet. Es handelt sich dabei allerdings nicht um eine Erst-, sondern wohl »nur« um eine Wiederentdeckung: Um das Jahr 800 n.Chr. teilt Timotheus I. von *Seleuzia (727-823), Patriarch der Nestorianer, dem Metropolitanbischof von Elam, Sergius, in einem Brief die Entdeckung einer Höhle in der Nähe von *Jericho mit bibl. und außerbibl. Handschriften in hebr. Sprache mit. Ähnliches hatte 600 Jahre früher schon Origenes von hebr. und griech. Rollen berichtet, mit denen er an seiner »Hexapla« arbeitete. Nach Eus. h.e.6, 16, 1-4 wurde ein Krug mit Rolle(n) *in* Jericho gefunden; Origenes selbst spricht, in einem erhaltenen Fragment, von hebr. und griech. Handschriften in einem Krug *bei* Jericho (O. Eißfeldt, Der gegenwärtige Stand der Erforschung der in Palästina neu gefundenen hebräischen Handschriftn, ThLZ 74/1949, 597-600; s. für Origenes: P. E. Kahle, Die Kairoer Genisa, 1962, S. 254-256). Hierbei könnte es sich durchaus um eine Höhle/Höhlen bei Qumran, 15 km südl. von Jericho, gehandelt haben. Nun konnten allein in Höhle 1 Fragmente von rund 50 Krügen gesichert werden, was bei einem durchschnittlichen Fassungsvermögen von drei Rollen pro Krug auf etwa 150 Rollen für diese eine Höhle schließen läßt, ein Vielfaches der tatsächlich seit 1947 in Höhle 1 gefundenen Texte bzw. Textfragmente. Eine Entwendung ist daher ebenso denkbar wie natürlicher Verfall. Texte aus den Höhlen von Qumran könnten auch bereits im 9. Jh. im Besitz der jüd. »Sekte« der Karäer gewesen sein, die im 8. Jh. entstand. Vor allem die sogenannte Damaskus-Schrift (CD), die 1896 in der Geniza von Kairo entdeckt wurde und von der Fragmente nun auch aus den Qumran-Höhlen 4, 5 und 6 vorliegen, scheint einen Einfluß auf das Denken der Karäer ausgeübt zu haben: Um 937 n.Chr. schreibt z.B. der karäische Historiker Qirqisani, daß *Zadok, der Stammvater der *Sadduzäer, ein Buch verfaßt habe, das u.a. das Verbot der Ehe eines Mannes mit seiner Nichte enthalte, ein Verbot, das die Damaskusschrift V, 8-11, expressis verbis bietet. Hier scheint also die Kenntnis der Damaskusschrift vorausgesetzt zu sein. Der Zusammenhang wird dadurch unterstrichen, daß Qirqisani die »Höhlensekte« erwähnt und sie so nennt, weil ihre Texte in Höhlen gefunden wurden – ein kaum zu bezweifelnder Hinweis auf die Gemeinschaft in Qumran. (S. hierzu u.a. G. Stemberger, Das klassische Judentum. Kultur und Geschichte in der rabbinischen Zeit, 1979, S. 243-247; F.F. Bruce, Second Thoughts on the Dead Sea Scrolls, ^{3}1976, S. 123-124; A. Paul, Ecrits de Qumrân et sectes juives aux premiers sie cles de l'Islam. Recherches sur l'origine du Quaraïsme, 1969). Bis heute sind zwölf Qumran-Höhlen mit Schriftenfunden bekannt, durchnumeriert von 1-11 und »X« für die zwölfte, unidentifizierte Höhle (Y. Yadin: Tefillin from Qumran (XQPhyl 1-4), 1969).

Für alle Höhlen gilt, daß die in ihnen gefundenen Texte vor 68 n.Chr. geschrieben wurden: in jenem Jahr verschlossen die Qumran-Bewohner die Höhlen und verließen ihre

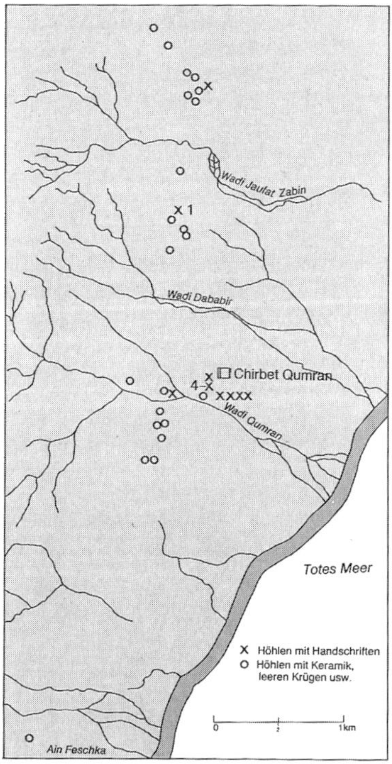

Fundorte im Gebiet von Chirbet Qumran. (Es sind insgesamt über 100 Höhlen untersucht worden).

Siedlung vor den anrückenden röm. Truppen (zum archäologischen Befund: R. de Vaux, DJD III, Les Petites Grottes de Qumran, 1962, S. 30.32; G. Vermes, The Dead Sea Scrolls. Qumran in Perspective, ^{2}1982, S. 34-35; J. Meier, K. Schubert, Die Qumran-Essener, 1982, S. 21-30; u.a.m.; skeptisch neuerdings u.a. G.W. Buchanan, Some Unfinished Business with the Dead Sea Scrolls, Revue de Qumran 13/1988, S. 411-420). Münzfunde legen nahe, daß die Römer dort vorübergehend einen Militärposten stationierten. Noch umstritten ist, ob im Zuge der Bar-Kochba-Revolte zwischen 132 und 135 n.Chr. Aufständische die Ruinen benutzten; jedenfalls haben sie keinerlei Schriften hinterlassen.

Besiedelt war Qumran seit ca. 150 v.Chr. Im Jahre 31 v.Chr. wurden die Gebäude vermutlich durch ein Erdbeben zerstört. Doch kann es auch einige Jahre zuvor schon zu (Teil-) Zerstörungen gekommen sein: durch die Parther 40/39 v.Chr. oder durch den Hasmonäer Antigonos 40–37 v.Chr. (Dazu mit Literatur: R. Riesner, Essener und Urkirche in Jerusalem, BiKi 40/2 (1985), S. 64-76, hier S. 69-70). Gegen die These von der völligen Siedlungslücke in der Zeit von ca. 40/31 v.Chr. bis zur Regierungszeit des Archelaos, 4 v.Chr. – 6 n.Chr., steht die Auffassung einer zumindest minimalen Kontinuität (u.a. bei G. Vermes, a.a.O., S. 33-34). Davon unabhängig ist mit der Zeispanne von ca. 150 v.Chr. bis ca. 68 n.Chr. die Periode der literarischen Aktivität und der Sammeltätigkeit der Qumran-Gemeinschaft gekennzeichnet.

2. Biblische Texte (AT).

Mit der Ausnahme des Buches Ester ist jedes Buch des AT in Qumran belegt. Angaben über die genaue Zahl der Belege schwanken, nicht zuletzt auch, weil ein großer Teil zwar bekannt, aber nicht ediert ist. Etwa 175 AT-Handschriften sind bekannt, davon ca. 70 mit Texten aus der Tora (1-5 Mo). Das am häufigsten vertretene Einzelbuch ist jedoch der Psalter (30 Belege). Herausragend ist die Jesaja-Rolle aus Höhle 1, die aus 17 aneinandergenähten Leder-»Blättern« besteht und (bei einer Höhe von 26 cm) 7,34 m lang ist – nach der 8,60 m langen »Tempelrolle« aus Höhle 11 die längste in Qumran gefundene Rolle. Die Jesaja-Rolle wurde in einem verschlossenen Tonkrug gefunden (vgl. Jer 32,14!) und enthält alle 66 Kapitel des Buches auf insgesamt 54 Kolumnen (»Spalten«). Bemerkenswert ist, daß der Anfang des 40. Kapitels, mit dem nach heutiger Mehrheitsmeinung »Deutero-Jesaja« beginnt, in dieser Handschrift des 2. Jh.v.Chr. als integraler Bestandteil des Gesamtbuchs erscheint; statt dessen gibt es einen Texttyp-Wechsel mit Beginn des 34. Kapitels, so daß hier entweder ein Schreiber zwei verschiedene Vorlagen hatte oder zwei (Ab-) Schreiber mit verschiedenen Schreibgewohnheiten arbeiteten (E. Würthwein, Der Text des Alten Testaments, ^{5}1988, S. 40). Der hebr. Text selbst ist weitgehend mit dem ma-

Die Jesaja-Rolle 1QIS^{a} aus Qumran Höhle 1, die älteste bekannte vollständige Rolle eines AT-Buches (2. Jh. v.Chr.). Leder, 26 cm x 7,34 m. Abgebildet: Jes 38,8–40,28. (JCT)

Die zwei Teile der nach ihrem Material so bezeichneten Kupferrolle aus Höhle 3, 3Q15. Sie enthält detaillierte Beschreibungen von Schatzverstecken innerhalb und außerhalb Jerusalems bis in die Gegend von Damaskus. Das vor 68 n.Chr. angelegte Verzeichnis dokumentiert auch die Verbreitung der Essener bzw. ihren Einzugsbereich. (JCT)

soretischen Text des 5.-10. Jh. n.Chr. identisch – ein Befund, der stets als Beleg für die Überlieferungstreue der jüd. Tradenten herangezogen wird. Gleichwohl gibt es auch hier Varianten, die, ähnlich mancher griech. NT-Handschrift, teils echte Fehler, teils absichtliche Eingriffe sein könnten. Die Biblia Hebraica (R. Kittel/P. Kahle) weist rund 1375 Varianten nach. Inwieweit solche Varianten auf den exegetischen Umgang der Qumran-Gemeinschaft mit Jesaja zurückzuführen sind, bleibt umstritten (vgl. u.a. S. Talmon, DSI^{a} as a Witness to Ancient Exegesis of the Book of Isaiah, in: F.M. Cross, S. Talmon (Hrsg.), Qumran and the History of the Biblical Text, 1975, S. 116-126; A. van der Kooij, 1QIsa^{a} VIII, 4-11 (Isa 8,11-18): A Contextual Approach of its Variants, Revue de Qumran 13/1988, 569-581). Noch dichter am MT ist die zweite, wenngleich stark beschädigte Jesaja-Rolle aus Höhle 1, 1QIs^{b}; sie stammt aus dem 1. Jh. v.Chr. (vgl. E. Würthwein, a.a.O., S. 158-159).

Daß die Qumran-Schreiber gern kommentierten, zeigen nicht nur die eigentlichen Kommentare wie etwa der Habakuk-Kommentar, der zusammen mit der Jesaja-Rolle in Höhle 1 gefunden wurde (1QpHab), sondern auch Anmerkungen in Bibel-Handschriften. So notiert der Schreiber der Psalmenrolle aus Höhle 11 (11QPs^{a}) in Kolumne 27, daß David insgesamt nicht weniger als 3600 Psalmen schrieb, dazu 450 Lieder, deren liturgische Anlässe genannt werden (vgl. G. Vermes, The Dead Sea Scrolls in English, [3]1987, S. 208).

Eine geringe Zahl der in Qumran gefundenen AT-Handschriften ist nicht hebr., sondern griech. Es handelt sich aus Höhle 4 um die Fragmente 4QLXXLev[a] (3Mo 26), 4QLXXNum (4Mo 3/4), 4QLXXLev[b] (3Mo 2-5) und 4QLXXDeut (5Mo 11,4), sowie aus Höhle 7 um die Fragmente 7Q1 (2Mo 28,4-6) und das apokryphe 7Q2 (Baruch/Brief des Jeremia 6, 43-44). (Vgl. dazu J. O'Callaghan, Lista de los papiros griegos de los LXX, Biblica 56/1975, S. 74-93; ders., La Biblia y los Papiros, in: Unidad y Pluralidad en el Mundo Antiguo. Actas del VI Congreso Espanol de Estudios Clasicos, 1983, S. 413-434, hier S. 414-421; E. Ulrich, The Greek Manuscripts of the Pentateuch from Qumran, including newly identified fragments of Deuteronomy, in: A. Pietersma, C.Cox (Hrsg.), De Septuaginta, FS J.W. Wevers, 1984, S. 71-82; zur Höhle 7 s.u. 3.). Beachtenswert ist hierbei, daß diese griech. Handschriften zum Teil extreme Abweichungen vom Text der Septuaginta (LXX) aufweisen, möglicherweise also keiner festen Textvorlage folgten bzw. über die Vorlage(n) frei verfügten (zur Methodik vgl. neben Talmon a.a.O. auch G.J. Brooke, The Biblical Text in the Qumran Commentaries: Scribal Errors or Exegetical Variants?, in C.A. Evans, W.F. Stinespring (Hrsg.), Early Jewish and Christian Exegesis. Studies in Memory of W.H. Brownlee, 1987, S. 85-100; vgl. F.F. Bruce, Biblical Exposition at Qumran, in: R.T. France, D. Wenham (Hrsg.), Gospel Perspectives III, 1983, S. 77-98; R. Longenecker, Biblical Exegesis in the Apostolic Period, [2]1983, S. 19-50).

3. Biblische Texte (NT); Essener und Urgemeinde.

Seit 1972, mit neuer Intensität seit 1984, wird die Frage diskutiert, ob unter den Handschriften der Höhle 7 ntl. Textfragmente sind. Entsprechende Identifizierungsvorschläge hatte J. O'Callaghan in drei Aufsätzen vorgelegt: »Papiros neotestamentarios en la cueva 7 de Qumran?«, Biblica 53 (1972), S. 91-100; »1. Tim. 3,16 + 4,1.3 en 7Q4?«, Biblica 53 (1972), S. 362-367; »Tres probables papiros neotestamentarios en la cueva 7 de Qumran«, Studia Papyrologica 11 (1972), S. 83-89; dazu ergänzend im gleichen Jahr »Notas sobre 7Q tomadas en el 'Rockefeller Museum' de Jerusalem«, Biblica 53 (1972), S. 519-521. Mit sorgfältig unterschiedenen Wahrscheinlichkeitsgraden hatte er dabei folgende Identifizierungen vorgeschlagen:

7Q4 = 1Tim 3,16-4,3;
7Q5 = Mk 6,52-53;
7Q6 = Mk 4,28;
$7Q6_2$ = Apg 27,38;
7Q7 = Mk 12,17;
7Q8 = Jak 1,23-24;
7Q9 = Röm 5,11-12;
7Q10 = 2Petr 1,15;
7Q15 = Mk 6,48.

War von vornherein klar, daß die kleinsten der Fragmente wie etwa 7Q10 mit nur sechs Buchstaben (davon drei unsicheren) auf zwei Zeilen, für eine sichere Identifizierung nicht umfangreich bzw. nicht charakteristisch genug waren, so konzentrierte sich die Debatte schnell auf die beiden größten und zugleich auffälligsten Fragmente, 7Q4 = 1Tim 3,16-4,3 und 7Q5 = Mk 6,52-53. (Für eine Abbildung von 7Q5 s.u. S. 1406). Hinter dem papyrologischen und paläographischen Befund steht die auffällige Tatsache, daß Höhle 7 als einzige unter den Höhlen Qumrans nur griech. Texte ausschließlich auf Papyrus enthielt und bereits dadurch eine Außenseiterrolle einnimmt. Spricht dies für die Möglichkeit auch einer entsprechend ungewöhnlichen Identifizierung des Höhleninhalts, so gilt doch neben der Debatte um einzelne Buchstaben die kritische Aufmerksamkeit eher dem Problem, ob es vor 68 n.Chr. überhaupt schon Abschriften des Markusevangeliums und des 1. Timotheusbriefs (um nur 7Q5 und 7Q4 zu nennen) gegeben haben könnte und wie diese dann ausgerechnet nach Qumran gekommen sein sollen. Da bei den umstrittenen Buchstaben die Lesungen O'Callaghans inzwischen als gesichert gelten dürfen (vgl. C.P. Thiede: 7Q – Eine Rückkehr zu den neutestamentlichen Papyrusfragmenten in der siebten Höhle von Qumran, Biblica 65 (1984), S. 538-559; ders.: Die älteste Evangelien-Handschrift? Das Markus-Fragment von Qumran und die Anfänge der schriftlichen Überlieferung des Neuen Testaments, 1986 (aktualisierte italienische Ausgabe 1987; spanisch 1989; überarbeitete und ergänzte englische Ausgabe 1990); H. Hunger: Rezension der italienischen Ausgabe, Tyche 2 (1988), S. 278-280, u.a.m.), wären gegen die ntl. Identifizierungen Versuche interessant, mit dem gleichen Buchstabenbestand andere, nicht-neutestamentliche Texte vorzuschlagen. Dies ist für 7Q5 nicht überzeugend gelungen (Literatur s. Thiede a.a.O.); für 7Q4 hat jüngst G.W. Nebe einen Versuch unternommen, 7Q4 = Henoch 103, 3f (?), doch auch dies nur unter Nichtberücksichtigung von Teil 2 des Fragments (7Q4 – Möglichkeit und Grenze einer Identifikation, Revue de Qumran 13 (1988), S. 629-633). Kritik an der Methode der Identifizierungsarbeit O'Callaghans hatte namentlich K. Aland geübt (u.a.

Das Scriptorium (Schreibsaal) von Qumran. Im Hintergrund links das Tote Meer. (CPTh)

in seinen Aufsätzen: Neue neutestamentliche Papyri III, NTS 20 (1974), S. 358-376; Über die Möglichkeit der Identifikation kleiner Fragmente neutestamentlicher Handschriften mit Hilfe des Computers, in: J.K. Elliott (Hrsg.), Studies in New Testament Language and Text, FS G.D. Kilpatrick, 1976, S. 14-38); dabei waren ihm allerdings selbst methodische Fehler unterlaufen (s. neuerdings F. Rohrhirsch, Das Qumranfragment 7Q5, Novum Testamentum 30/2 (1988), S. 97-99). Gegen die weiterführende Arbeit Thiedes hat sich H.-U. Rosenbaum gewandt (Cave 7Q5!, Biblische Zeitschrift 31 (1987), S. 189-205), doch sind auch ihm dabei u.a. aus Unkenntnis des Originals sachliche und methodische Fehler unterlaufen, vor allem seine Behandlung der wichtigen Buchstabenlücke (vgl. Abbildung links), einer Paragraphus, die ungenaue Darstellung des Lautwechsels Delta- Tau und die Behauptung, die von J.A. Fitzmyer und C.P. Thiede als Ortsname für möglich gehaltene Angabe *rwm'* (hebr. Roma/Ruma) auf einem Krug in Höhle 7 (s.u.) könne keine Herkunftsbezeichnung sein, da solche Inschriften nur Personennamen als Besitzvermerke trügen – dagegen z.B. die Krughenkel mit der Inschrift Gibeon: Bd. 2, S. 713 (Abb.) und *Socho, s.u. S. 2257 (Abb); weiteres zum Grundsätzlichen: C.P. Thiede, Neues zum Markusfragment 7Q5, ibw journal 27/8 (1989); ders., The oldest Manuscript of the Gospels?, 1990, in Vorbereitung). Einen Überblick über die bisherige Debatte bietet J. O'Callaghan, Verso le Origini del Nuovo Testamento, La Civiltà Cattolica 139/4 (1988), S. 269-272; s.a. *Papyri und Ostraca. Der außer-papyrologische Vorbehalt gegen die Identifizierungen von 7Q4 und 7Q5 als ntl. Texte, vor 68 n.Chr. könne es noch keine - entsprechend ältere Originale voraussetzenden – Abschriften des Markusevangeliums und des 1. Timotheusbriefs gegeben haben, ist vor allem für Mk durch neuere Frühdatierungen relativiert, die sich im Zeitraum zwischen 40 und 68 n.Chr. bewegen (siehe *Evangelien); den schwierigeren 1Tim kann selbst ein Gegner der 7Q-Identifizierungen (G.D. Fee, Some Dissenting Notes on 7Q5 = Mk 6:52-53, JBL 92 (1973), 109-112) auf 63 n.Chr. datieren (ders., 1 and 2 Timothy, Titus, 1984, S. xv-xl); vgl. J.A.T. Robinson, Wann entstand das Neue Testament?, 1987, S. 40-95: Herbst 55. Auch die Frage, wie ntl. Textfragmente vor 68 n.Chr. nach Qumran gekommen sein können, hat durch die neuere Forschung weiterführende Antworten erfahren. Die Ausgrabungen, die zur Wiederentdeckung des Essener-Tors und des Essener-Viertels auf dem Südwesthügel Jerusalems führten (vgl. B. Pixner, D. Chen, S. Margalit, The 'Gate of the Essenes' re-excavated, ZDPV 105 (1989), erscheint demnächst, sowie verschiedene Angaben der Evv. und der Apg legen ein besonderes Verhältnis der Essener zu den ihnen räumlich unmittelbar benachbarten Christen der Urgemeinde nahe (vgl. R. Riesner, Essener und Urkirche in Jerusalem, BiKi 40/2 (1985), S. 64-76). Unabhängig von der Frage, ob in der Zeit zwischen ca. 37 v.Chr.

Fragment 7Q4 aus Qumran Höhle 7, identifiziert als 1Tim 3,16–4,3. Vergrößerung. (DR)

bis ca. 5 n.Chr. die Qumran-Essener Qumran vollständig verlassen hatten, um nach Jerusalem zu gehen, und erst ca. 5 n.Chr. teilweise nach Qumran zurückkehrten (vgl. B. Pixner, Das Essenerquartier in Jerusalem und dessen Einfluß auf die Urkirche, HlL 113 (1981), S. 3-14), oder ob es auch in Qumran Siedlungskontinuität gab, steht jedenfalls fest, daß die Qumran-Schriften selbst die Existenz einer Essener-Gemeinde in Jerusalem voraussetzen: so spricht die »Kriegsrolle« von der »Gemeinde in Jerusalem« (1QM III, 11; 1QM VII, 3-4; vgl. a. die »Damaskusschrift«, CD XII, 1). Auch die Schatz-Verstecke, die von der »Kupferrolle« bezeichnet werden, stellen die Verbindung her, denn neben der Wüste von Damaskus nördl. und südl. des *Jarmukflusses und einem Gräberareal im Kidrontal sind die beiden Hauptverstecke die Essenersiedlung auf dem Jerusalemer Südwesthügel und die Gegend um Qumran, dessen Wadi den Namen Sakaka trug (s. B. Pixner, Unravelling the Copper Scroll Code: A Study on the Topography of 3Q15, Revue de Qumran 43/XI (1983), S. 323-366). Vor einem solchen Hintergrund ist es nicht unwahrscheinlich, daß es enge Kontakte zwischen den Essenern in Qumran und in Jerusalem gegeben hat. Über die Jerusalem-Essener können erste Schriften der Christen ohne weiteres bis nach Qumran gekommen sein, und sei es auch erst um 66 n.Chr., als die Urgemeinde noch vor Ausbruch des Krieges gegen die Römer Jerusalem verließ, um nach *Pella im Ostjordanland auszuweichen (Eus.h.e. 3,5,3). Daß Gruppen aus Jerusalem ihre wertvollsten Schriften vor dem Anrücken der Römer u.a. bei Qumran versteckten, schlägt mit der Hauptthese, daß die Qumran-Funde nicht (nur) den Essenern zugehörten, u.a. auch N. Golb vor (Who Hid the Dead Sea Scrolls?, B.A. 48/2 (1985), S. 68-82); daß hier alle (!) geistigen Bewegungen des Judentums zwischen 200 v.Chr. und 100 n.Chr. vertreten sind, meint schon K.H. Rengstorf (Hirbet Qumran und die Bibliothek vom Toten Meer, 1960, S. 41). Es dürfte sich bei den 7Q-Texten um eine Sammlung von Schriften handeln, die schon von der Urgemeinde geschlossen aufbewahrt worden war; das wird u.a. durch den in der Höhle 7 gefundenen Tonkrug nahegelegt, dessen hebr. Beschriftung *rwm'* wohl auf die Herkunft aus Rom und damit auf die absendende röm. Gemeinde hinweist. Die röm. Gemeinde kann selbstverständlich auch Abschriften von Texten versandt haben, die dort nicht entstanden sind; zumindest für das MkEv. dürften aber auch am Entstehungsort Rom keine Zweifel bestehen.

Mit überzogener Begeisterung waren die ntl. Texte der Höhle 7 als »The First New Testament« gefeiert worden (so der Titel eines Buches von D. Estrada, W. White, 1978). Es bleibt als Forschungsaufgabe zu beachten, daß einige der Fragmente zu klein sind, um eine sichere Identifizierung zu ermöglichen, und daß andere, verhältnismäßig umfangreiche (7Q3, 7Q19) bis heute nicht identifiziert werden konnten. Ebenso steht fest, daß Höhle 7 nicht nur ntl. Texte enthielt: 7Q1 = 2Mo 28,4-6 und 7Q2 = Baruch (Brief des Jeremia) 6,43-44 gehören zum griech. AT. Diejenigen, die hier erste christl. Schriften mit der Tora und der apokryphen Literatur zusammenstellten, waren sich jedenfalls eines Traditionszusammenhangs von alter jüd. und neuer (juden-)christl. Literatur bewußt; dabei ist das Fragment 7Q2 noch insofern ein Indiz für die Besonderheit der Textzusammenstellung von Höhle 7, als der Brief des Jeremia zwar zum griech. Kanon gehört, nicht aber zum hebr. und entsprechend unter den sonstigen Qumran-Schriftfunden auch nicht belegt ist.

4. Außerbiblische Texte; Beziehungen zum Urchristentum.

Die Mehrzahl der Schriftenfunde von Qumran umfaßt außerbibl. Texte, im eigentlichen Sinne die Literatur der Qumran-Gemeinschaft. Einige der wichtigsten sind bereits oben kurz erwähnt worden: Die Damaskusschrift (CD), die Tempelrolle (11QT), die Kriegsrolle (1QM) und die Kupferrolle (3Q15). Von besonderer Bedeutung sind ferner die Gemeinderegel (1QS), die Gemeinschaftsregel (1QSa) und die Loblieder (1QH). In diesen und anderen Texten, zu denen auch verschiedene Pescharim (»Deutungen«) gehören, v.a. 1QpHab, 4QpNah, 4QpPs 37 und 11QMelch (s. M. Wise, The Dead Sea Scrolls: Part 2, Nonbiblical Manuscripts, B.A. 49/4 (1986), S. 228-243), dokumentiert sich das Selbstverständnis der Essener trotz aller bis heute andauernden interpretatorischen Schwierigkeiten so umfassend, daß Modelle der essenischen »Theologie« erarbeitet werden konnten (s. *Essener, *Qumran; O. Betz, Offenbarung und Schriftforschung in der Qumransekte, 1960; G. Jeremias, Der Lehrer der Gerechtigkeit, 1963; P. Garnet, Salvation and Atonement in the Qumran Scrolls, 1977; CH. Fontinoy, Le dualisme dans la communauté de Qumran, in: Gnosticisme et monde hellenistique, 1982, S. 311-318; J. Maier, Zum Stand der Essenerforschung, BiKi 40/2 (1985), S. 46-53 (Literatur!); A. Rabinovich, Words of Light, The Jerusalem Post Magazine, 14.6.1985, S. 6. Gleichwohl bleibt das Problem, daß von den rund 800 bekannten Texten bzw. Textfragmenten auch nach über 40 Jahren erst etwa die Hälfte ediert ist; so muß

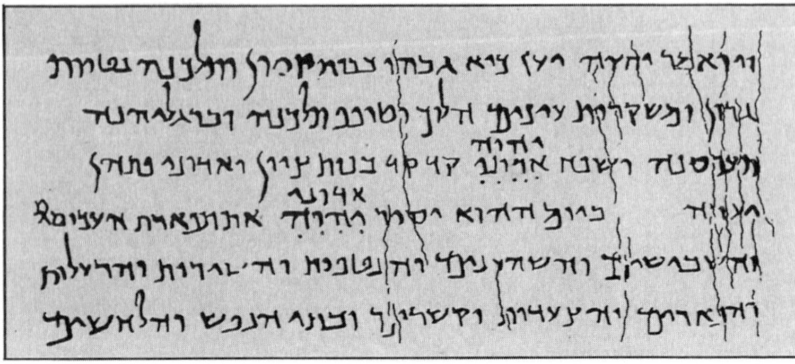

Die Jesaja-Rolle 1QIs^{a}, hier Jes. 3,16–20 mit Belegen für Veränderungen des Namens Gottes: Von Adonai *zu* Jahwe *in Zeile 3, von* Jahwe *zu* Adonai *in Zeile 4.*

nicht nur mit neuen Nuancen, sondern mit völlig neuartigen (und entsprechend kontrovers erörterten) Funden gerechnet werden (s. H. Stegemann, Zum Textbestand und Grundgedanken von 1QS III, 13-IV, 26, Revue de Qumran 13 (1988), S. 95-130, hier Anm. 98). Charakteristisch dafür ist die Höhle 4, von deren Schriftfunden erst gut 20 % ediert sind, obwohl die Bedeutung der darin gemachten und zu machenden Identifizierungen seit über 30 Jahren bekannt ist (vgl. u.a. den Patriarchensegen 4Qpatr, die Testimonia 4Qtest, das Florilegium 4Qflor, den Nahum-Kommentar 4QpNah und den Kommentar zu Psalm 37, 4QpPs 37; hebr.-dt. alle in E. Lohse, Die Texte aus Qumran, ^{4}1986). Ein Beispiel für ein auch aus der Sicht der frühchristl. Geschichte wichtiges, neu an die Öffentlichkeit gelangtes 4Q-Fragment mag hier 4QBéat sein, ein Text mit Seligpreisungen (E. Puech, Un Hymne Essénien en partie retrouvé et les Béatitudes, Revue de Qumran 13 (1988), S. 59-88). Als Beispiel für die kontroverse Diskussion um 4Q-Texte sei hier 4QTherapeia genannt: J.H. Charlesworth hatte das Fragment als einzigen erhaltenen medizinischen Text der Essener identifiziert, datierte es auf die Zeit zwischen dem Beginn der Lehrtätigkeit Jesu und der Zerstörung des Tempels, zog Parallelen zwischen den medizinischen Kenntnissen dieses Textes und der Heilung Jesu in Mk 8,22-26 und verwies auf das Vorkommen dreier Namen, die auch im NT erscheinen: Kaiphas, Aquila und vor allem Petrus, der hier damit zum ersten Mal in einem hebr.-aram. Dokument des 1. Jh.n.Chr. als echter Eigenname belegt sei (J.H. Charlesworth, The Discovery of a Dead Sea Scroll (4Q Therapeia): Its Importance in the History of Medicine and Jesus Research, 1985). Dagegen wandte sich mit weitgehend auch Charlesworth überzeugenden Argumenten J. Naveh, der das gleiche Fragment schlicht als Schreibübung identifizierte, die ohne jegliche zusammenhängende, inhaltliche Bedeutung sei (J. Naveh, A Medical Document or a Writing Exercise? The So-Called 4Q Therapeia, Israel Exploration Journal 36 (1986), S. 52-55). Da aber auch Naveh vollständige Eigennamen las (Zeilen 4-9), ist noch offen, ob die von Charlesworth identifizierten (auch) ntl. Namen Kaiphas, Aquila und Petrus nicht doch richtig gelesen sind - selbst in einer simplen Schreibübung hätte das zeithistorische Bedeutung. (Zum Gesamtkontext vgl. a. H.C. Kee, Medicine, Miracle and Magic in New Testament Times, 1986; darin a. der Appendix, J.H. Charlesworth, 4Q Therapeia (43.407). Cryptic Notes on the Medical Rounds of Omriel. A New Text and Translation (S. 128-145), noch ohne Kenntnis der Replik Navehs verfaßt.) Die in den letzten Jahren durch die Debatte um Höhle 7 neu gestellte Frage der Beziehungen zwischen Essenern und Christen (s.o.) ist gerade auf der Grundlage der außerbibl.-Qumranschriften seit den ersten Entdeckungen mit unterschiedlichen Akzenten behandelt worden. Daß es Berührungen zwischen *Johannes dem Täufer, *Jesus, dem »Lieblingsjünger«, der Urgemeinde und den Essenern gegeben hat bzw. gegeben haben kann, wird nur noch sehr vereinzelt im Sinne einer christl. »Nachahmung« oder gar einer »Personalunion« von Jesus und dem essenischen »Lehrer der Gerechtigkeit« gedeutet, denn weder die Texte Qumrans noch das NT geben solche Extremdeutungen her (vgl. O. Betz, Die Bedeutung der Qumranschriften für die Evangelien des Neuen Testaments, BiKi 40/2 (1985), S. 54-64). Konkrete Auswirkungen essenischen Denkens und Handelns, wie es sich in den Qumran-Schriften widerspiegelt, hat es allerdings nicht zuletzt dank der räumlichen Nachbarschaft in Jerusalem gegeben (s.o. 3.; s.a. J. Maier, K. Schubert, Die Qumran-Essener, 1982, S. 106-137; E. Ruckstuhl, Zur Chronologie der Leidensgeschichte Jesu, StUNT 10 (1985), S. 28-61, u.a.m.). Ebenso wichtig ist die fortdauernde Untersuchung der theologischen Auseinandersetzung mit essenischen und essenisierendem Gedankengut im urchristl. Schrifttum (s. u.a. J.J. Gunter, St. Paul's Opponents and Their Background. A Study of Apocalyptic and Jewish Sectarian Teachings, 1973; J. Murphy-O'Connor, The Essenes and Their History, Revue Biblique 81 (1974), S. 215-244; übergreifend u.a. auch H. Braun, Qumran und das Neue Testament, 2 Bde, 1966; W.S. LaSor, The Dead Sea Scrolls and the New Testament, [2]1983; O. Betz, a.a.O.; J.H. Charlesworth, Jesus within Judaism, 1988; J.A. Fitzmyer, The Qumran Scrolls and the New Testament after Forty Years, Revue de Qumran 13 (1988), S. 609-620).

II. WADI MURABBA'AT.

Die seit dem Sommer 1951 bekannten und seit Anfang 1952 systematisch erforschten Höhlen des Wadi Murabba'at waren bereits seit dem 4. Jt.v.Chr. von Nomaden benutzt worden; aus dem 8. Jh.v.Chr. stammt ein Papyrus-Palimpsest, die älteste bis heute bekannte hebr. Papyrus-Handschrift, die eine Namensliste und einen Brief enthält (DJD II, Les Grottes de Murabba'at, 1961, S. 93-100). In ntl. Zeit war das Wadi Murabba'at während des ersten jüd. Krieges (66-73 n.Chr.) von den Aufständischen besetzt; in dieser Phase dürften hier verschiedene aram. Dokumente deponiert worden sein, darunter ein Schuldschein, der auf das zweite Jahr Neros (56/57 n.Chr.) datiert ist. Auch eine Scheidungsurkunde aus der Zeit des ersten Krieges wurde gefunden (DJD II, S. 104-109), doch ist hier die Datierung bereits umstritten, und die wichtigsten Anhaltspunkte für die Besiedlung in dieser Phase bleiben Münzfunde. Andere kleine Fragmente geben über den Umgang mit bibl. Texten ebenso wenig Auskunft wie über das theologische oder politische Denken der Aufständischen - darüber informieren erst Funde aus der Zeit des zweiten jüd. Krieges, der sogenannten Bar-Kochba-Revolte (132-135 n.Chr.). Unter den Bibelfragmenten, die im wesentlichen den MT bestätigen (vgl. o. I. 2.), sind vorwiegend Tora-Stellen (1Mo 32,4-5.30.33; 33,1; 34,5-7.30-31; 35,1.4-7; 2Mo 4,28-31; 5,3; 6,5-11; 4Mo 34,10; 36,7-11; 5Mo 10,1-3; 11,2-3; 12,25-26; 15,1-2), aber auch ein Jesaja-Fragment (Jes 1,4-14). Ein

In der 7. Höhle von Qumran wurde 1955 dieses Papyrusfragment (Originalgröße) entdeckt. Die Textstelle ist Mk 6,52.53. (DR)

Phylakterion enthält 2Mo 13,1-16 und 5Mo 6,4-9.11,13-21. Reste von zwei Wachstafeln und vor allem ein griech. Tachygraphie-Ledermanuskript (s. *Schrift, VII. Tachygraphie) dokumentieren Schreibgebräuche dieser Zeit. In einer weiteren (5.) Höhle des Wadi Murabba'at, die vermutlich ebenfalls von Bar-Kochba-Anhängern benutzt wurde (und zwar als Grab), fanden Beduinen 1955 die sog. Zwölfpropheten-Rolle, die auf die 1. Hälfte des 2. Jh. datiert wird und in mit dem MT fast vollständig identischer Fassung, von deren einst vierzig Kolumnen noch einundzwanzig erhalten sind. Vollständig enthalten sind die Bücher Obadja, Jona und Nahum, ferner bis auf geringe Lücken Micha und Haggai, sowie Fragmente von Joel, Amos, Habakuk, Zefanja und Sacharja (es fehlen Hosea und Maleachi). Da die Nähe des Textes zum autoritativen Text der Masora bei den vollständig überprüfbaren Büchern hier noch größer ist als bei der vollständigen Jesaja-Rolle von Qumran (s.o. I. 2.), kann man mit der Zwölfpropheten-Rolle des frühen 2. Jh. von einem Beleg für die Existenz eines autoritativen Standardtextes der hebr. Bibel sprechen (vgl. E. Würthwein, Der Text des Alten Testaments, [5]1988, S. 166).

Historisch bedeutend sind unter den Schriftfunden des Wadi Murabba'at auch die unmittelbar mit Bar Kochba zusammenhängenden Dokumente, namentlich zwei Briefe, die er an einen seiner Befehlshaber namens Jeschua Ben Galgula richtete und die erstmals authentisch seinen Namen belegen (Schimon Ben Kosba bzw. Simeon Ben Kosiba; die heute gebräuchliche Namensform geht auf seinen Zeitgenossen Rabbi Akiba zurück, der ihn »Sohn des Sternes«, Bar Kochba, nannte, um auf den davidischen Messias von 4Mo 24,17 anzuspielen: s. y Taan IV, 8,68d. Gegner veränderten seinen Namen zu Ben/Bar Koziba, d.h. »Lügensohn«: vgl. P. Schäfer, Geschichte der Juden in der Antike, 1983, S. 159-175. Justin, apol. I, 31 und Eus.h.e. 4,8,4 nennen ihn Barchochebas und geben an, daß er die Christen verfolgte, die sich weigerten, ihn zu unterstützen, und Jesus zu verleugnen. Datierte Pacht- und Kaufverträge mit Nennung Bar Kochbas ergänzen den Befund (DJD II (1961), S. 118-163); (s. zum Ganzen J.A. Fitzmyer, The Bar Cochba Period, in ders., Essays on the Semitic Background of the New Testament, 1971, S. 305-354. S.a. u. IV). Sachfunde und röm. Dokumente in griech. Sprache, die Kaiser Commodus (180-192 n.Chr.) erwähnen, belegen die Präsenz der Besatzungsmacht nach der Eroberung bis gegen Ende des 2. Jh.

III. MASADA.

Die von Alexander Jannäus (103-76 v.Chr.) erbaute und von Herodes dem Großen (37-4 v.Chr.) vergrößerte Festung *Masada, die als letzte jüd. Stellung erst 73 n.Chr. nach einem Massenselbstmord der Verteidiger von den Römern eingenommen werden konnte, wurde zwischen 1963 und 1965 von Y. Yadin ausgegraben. Dabei traten Fragmente von vierzehn Rollen mit Texten der hebr. Bibel zutage, von denen wegen der Textvarianten vor allem das Fragment aus Hesekiel 37 (»Israel, das Totenfeld«) interessant ist. Nennenswert sind ferner Fragmente aus 5Mo 33-34, sowie Teile von 1Mo, 3Mo, dem Psalter und sechsundzwanzig Fragmente des apokryphen Buches Jesus Sirach (Ecclesiasticus) (s. Y. Yadin, Masada, [6]1975; detailliertes Verzeichnis der Funde: ders., IEJ 15 (1965), S. 1-120; ders., The Ben Sira Scroll, 1965). Ist schon aus zeitlichen Gründen der Vergleich dieser bibl. Texte mit den Funden von Qumran aufschlußreich, so ist der unmittelbare Kontakt zwischen Qumran-Essenern und Masada-Bewohnern durch den Fund von Fragmenten des Qumran-Textes 4Q SchirSchab, der »Sabbatlieder«, nachgewiesen (vgl. C. Newsom, Songs of the Sabbath Sacrifice. A Critical Edition, 1985) sowie durch das »Jubiläenbuch«, von dem Fragmente in den Qumran-Höhlen 1, 2, 3, 4, und 11 und auf Masada gefunden wurden (s. W.J. Tyloch, Quelques remarques sar la provenance essénien du Livre des Jubilées, Revue de Qumrân 13 (1988), S. 347-352). Neben diesen bibl. und liturgischen Texten sind zahlreiche *Papyri und Ostraca wichtig, die den Alltag auf Masada dokumentieren. Aus der Perspektive der ntl. Zeitgeschichte muß besonderes Gewicht der Tatsache beigemessen werden, daß Eigennamen und Mitteilungen über Getreidemengen (Verteilungs- bzw. Rationierungsangaben) unterschiedslos in aram. und griech. Sprache aufgeschrieben wurden. Dies belegt mithin schon für die Zeit vor und bis 73 n.Chr., daß selbst jüd. Nationalisten die griech. Sprache nicht nur beherrschten, sondern beliebig benutzen konnten, selbst dann, wenn sie unter sich waren. (s. dazu jetzt H.M. Cotton, J. Geiger, Masada II: The Latin and Greek Documents, 1989).

Nach der Eroberung blieben die Römer noch gut vierzig Jahre lang auf Masada (Münzfunde). Aus röm. Zeit, von den Herausgebern auf 73/74 n.Chr. datiert, stammt ein (in der »Room of the Scrolls« genannten Eckkasematte gefundenes) Vergil-Fragment mit Aeneis 4,9. Es handelt sich dabei um das älteste erhaltene Papyrus-Fragment eines Vergil-Textes; der Befund zeigt, daß es nicht Teil einer vollständigen Rolle, sondern eine Zitier- oder Schreibübung ist, der auf der Rückseite des Papyrus ein noch unidentifizierter griech. literarischer Hexameter gegenübersteht. (Edition in H.M. Cotton, J. Geiger, a.a.O.)

IV. HÖHLEN DER BAR-KOCHBA-KRIEGER.

Im und beim Nachal Chever südwestl. von *En Gedi wurden neben Skeletten der Aufständischen des zweiten jüd. Krieges zahlreiche Gegenstände und einige wichtige Schriften gefunden. Obwohl diese dementsprechend ausnahmslos in nach-ntl. Zeit deponiert wurden, sind sie zum Teil von großer Bedeutung für das frühchristl. Umfeld. Hervorzuheben ist die griech. »Zwölfpropheten-Rolle«, die von den Bar-Kochba-Leuten benutzt wurde, jedoch bereits um die Mitte des 1. Jh.n.Chr. geschrieben worden war (vgl. D. Barthélemy, Les devanciers d'Aquila. Première publication intégrale du texte des fragments du dodécapropheton trouvés dans le desert de Juda, 1963). Diese griech. Übersetzung des hebr. Textes belegt, daß es schon vor der Abkehr der Juden von der Septuaginta (LXX), die durch die starke Benutzung seitens der Christen belastet wurde, jüd. Übersetzungsversuche gab, die sich noch stärker als die LXX auf den Wortlaut der hebr. Vorlage bezogen (s. E. Würthwein, Der Text des Alten Testaments, [5]1988, S. 63-64; 75-76; 194-195). Neben diesem in der sog. Schreckenshöhle gemachten Fund stehen die Schriftenfunde aus der sog. Briefhöhle. Außer kleineren Bibelfragmenten sind Bar-Kochba-Briefe in drei Sprachen (hebr., aram., griech.) zu nennen, vor allem an zwei seiner Befehlshaber, Jehonatan Ben Beajan und Masabala Ben Schimeon; die Mehrsprachigkeit im Verkehr untereinander belegt hier für die Zeit von 132-135 n.Chr., was näher an der Zeit des NT schon die Papyri und Ostraca von Masada nachweisen. Fast ebenso dramatisch und bewegend wie die Bar-Kochba-Briefe sind die Funde in dem sog. Versteck der Bataba: u.a. fünfunddreißig Texte in nabatäischer, aram. und griech. Sprache, aus dem Leben einer zweifach verwitweten Frau und ihrer Familie, darunter eine am 2. Dezember 127 (d.h. vor Beginn der Revolte) griech. verfaßte Steuererklärung für die röm. Verwaltungsbehörde.

Auch andere Höhlen des Nachal Chever, im Nachal Mischmar und im Nachal Zeelim lieferten kleinere Schriftenfunde. (Zu den Texten und ihrer Auffindung s. Y. Yadin, Bar Kochba, 1971; OLB II, S. 403-412; ferner N. Avigad, Y. Yadin (Hrsg.), The Expedition to the Judaean Desert, IEJ 11 (1961), S. 1-81; 12 (1962), S. 167-262; B. Lifshitz, Papyrus grecs du désert de Juda, Aegyptus 42 (1962), S. 240-256).

Literatur: I. Neben den oben zu Einzelschriften angegebenen Editionen sind grundsätzlich die fortlaufend, wenngleich in großen Abständen seit 1955 erscheinenden Bände der Discoveries in the Judaean Desert (DJD) und die seit 1958 erscheinende Revue de Qumran zu nennen. Deutsche Übersetzungen liegen vor bei J. Maier: Die Texte vom Toten Meer, 2 Bde., 1960; ders.: Die Tempelrolle vom Toten Meer, 1978; ders.,K. Schubert: Die Qumran-Essener. Texte der Schriftrollen und Lebensbild der Gemeinde, 1982; E. Lohse: Die Texte aus Qumran, ⁴1986; K. Beyer: Die aramäischen Texte vom Toten Meer, ²1986.

II. H. Bietenhard: Die Handschriftenfunde vom Toten Meer (Hirbet Qumran) und die Essener-Frage. Die Funde in der Wüste Juda, in: ANRW XIX/1, 1979, S. 704-778; F.F. Bruce: The Teacher of Righteousness in the Qumran Texts 1957; H. Burgmann: Die essenischen Gemeinden von Qumran und Damaskus in der Zeit der Hasmonäer und Herodier (130 ante –68 post), 1988; J.H. Charlesworth (Hrsg.): John and Qumran, 1972; F.M. Cross: The Ancient Library of Qumran and Modern Biblical Studies, rev. 1980; P. Davies: The Damascus Covenant, 1983; F.A. Fitzmyer: The Dead Sea Scrolls. Major Publications and Tools for Study, ²1977; N. Golb: The Dead Sea Scrolls. A New Perspektive, American Scholar 58/2 (1989), S. 177–207; G. Kroll: Die Höhlenfunde am Toten Meer, in: ders.: Auf den Spuren Jesu, ¹⁰1988, S. 158-170; M. Newton: The Concept of Purity at Qumran and in the Letters of Paul, 1985; J. O'Callaghan: Los papiros griegos de la cueva 7 de Qumran, 1974; E. Qumran: The Hebrew of the Dead Sea Scrolls, 1986; H. Riesenfeld: Ett Markus-fragment främ 50-talet?, Signum 12/4-5 (1986), S. 105-109; R. Riesner: Das Jerusalemer Essenerviertel und die Urgemeinde, in: ANRW II.26, im Erscheinen; H.H. Rowley: The Qumran Sect and Christian Origins, Bulletin of the John Rylands Library Manchester 44 (1961/62), S. 119-156; H. Shanks: At least Publish the Dead Sea Scrolls Timetable!, BARev 15/3 (1989), S. 56-58; H. Stegemann: Some Aspects of Eschatology in Texts from the Qumran Community and in the Teachings of Jesus, in: Biblical Archaeology Today. Proceedings of the International Congress on Biblical Archaeology, Jerusalem, April 1984, 1985; E. Tov: Hebrew Biblical Manuscripts from the Judaean Desert: Their contribution to Textual Criticism, JJS 39 (1988), S. 5-37; R. de Vaux: Archaeology and the Dead Sea Scrolls, ²1977; G. Vermes, M.D. Goodman (Hrsg.): The Essenes According to the Classical Sources, 1989; A.S. van der Woude: Fünfzehn Jahre Qumranforschung (1974–1988), ThR 54/3 (1989), S. 221–261 (wird fortgesetzt). C.P.Th.

SCHRIFTGELEHRTE. Mit dem Titel S. (hebr. *sōphēr*, griech. *grammateus*) bezeichnete man seit alters die Schreiber, die Notare der orientalischen Könige und Statthalter. Als Vorbild des S.n gilt im AT *Esra (um 450 v.Chr.), der in Juda für Unterricht im Gesetz und für die Einsetzung von *Richtern sorgte (Esr 7,6. 10.25). Leviten führten diesen Unterricht weiter (Neh 8,1-8). Durch sie wurden breite Kreise des Volks mit dem Gesetz vertraut gemacht. Ben Sira, der Verfasser des Buches Jesus Sirach (190-175 v.Chr.), war ein schriftgelehrter Priester. Schriftgelehrsamkeit und Weisheit verbanden sich (Sir 38,24). Zu dieser Zeit zählte die Erforschung der heiligen Schriften noch zu den Vorrechten der Priester. Die höhere Priesterschicht öffnete sich jedoch im 2. Jh.v.Chr. weit für hellen. Einflüsse, so daß ihre Gesetzestreue in Frage stand. Dies vestärkte die Bildung einer Laienschriftgelehrsamkeit (vgl. 1Makk 7,12). In der nachfolgenden Zeit bildeten sich unter den S.n die Richtungen der *Sadduzäer, *Pharisäer und *Essener (Jos.ant.Jud. 13, 171-173); daneben gab es S., die keiner dieser drei Gruppen angehörten. Unter Salome Alexandra (76-67 v.Chr.) zogen pharisäische S. in die Gerusie, die alte Ständevertretung und Vorform des Synedriums (*Sanhedrin), ein. In ntl. Zeit hatten die pharisäischen S.n den größten Einfluß im Volk. Nach der Tempelzerstörung im Jahr 70 n.Chr. war die pharisäische Richtung der S.n die allein herrschende. Zu den Aufgaben der S.n zählte:

a. die Erforschung und Auslegung des atl. Gesetzes. Sie legten dessen Weisungen verbindlich für die Gegenwart fest. Die Auslegung der Schrift wurde durch die mündliche »Überlieferung der Ältesten« ergänzt (vgl. Mt 15,1f).

b. Die bedeutenden S.n wirkten als Lehrer von Studenten. Ihre Lehrtätigkeit übten sie unentgeltlich aus, so daß die meisten ihren Lebensunterhalt durch einen handwerklichen Beruf verdienten. Außerdem lehrten sie in den Synagogen und in den spätestens seit dem 1. Jh.n.Chr. bestehenden Elementarschulen.

c. Als Gesetzeskundige wirkten sie bei der Rechtsprechung mit. Etliche angesehene S. saßen als Richter mit im Synedrium, dem Hohen Rat in Jerusalem.

Ihre Ausbildung empfingen die S.n durch

intensives Studium zu Füßen eines berühmten Lehrers, vorwiegend durch das wiederholende Einprägen des vom *Rabbi Gelehrten. Bis zur Tempelzerstörung war Jerusalem das Zentrum jüd. Schriftgelehrsamkeit. Fraglich ist, ob die Ausbildung schon vor 70 n.Chr. durch Ordination mit *Handauflegung abgeschlossen wurde. Nach dieser Zeit ist der Titel Rabbi die Bezeichnung der voll ausgebildeten S.n. Vor 70 n.Chr. war Rabbi eine allgemeinere Anrede vor allem für Lehrer. So wurde auch Jesus mit Rabbi angeredet.

Im NT begegnen die S.n insbesondere als Gesprächspartner und Gegner Jesu. In der Passionsgeschichte werden sie stets mit Hohenpriestern und/oder Ältesten genannt; dann handelt es sich um Mitglieder des Synedriums, das sich aus diesen drei Gruppen zusammensetzte (z.B. Mk 14,53). Wenn sonst häufig S. und *Pharisäer nebeneinander stehen, sind meistens S. von der Richtung der Pharisäer gemeint (so präzise Mk 2,16: Schriftgelehrte unter den Pharisäern, vgl. Lk 5,30: Pharisäer und ihre Schriftgelehrten). Die Auseinandersetzungen der S.n mit Jesus richten sich auf seine Vollmacht (Mt 12,38; Mk 11,27f; vgl. 1,22), seine »Übertretung« des Gesetzes bzw. seine Mißachtung der »Überlieferungen der Ältesten« (Lk 6,7; Mt 15,1-3) sowie seine Gemeinschaft mit Sündern (Mk 2,16; Lk 15,2). Jesus dagegen kritisiert an den S.n, daß sie auf Grund ihrer Lehrautorität öffentlich Ehre beanspruche (Mk 12,38f), daß sie die »Überlieferung der Ältesten« über das *Gesetz stellen (Mt 15,1-3), daß sie den Menschen schwere Satzungen auferlegen und selbst nicht danach leben (Mt 23,3f.13).

Literatur: G. Baumbach: EWNT I, 1980, 624-627; J. Jeremias: ThWNT I, 1933, 740-742; ders.: Jerusalem zur Zeit Jesu, [3]1969, S. 265-303; B. Reicke: Neutestamentliche Zeitgeschichte, [3]1982, S. 154-156; B. Reicke, M.S. Enslin: BHH III, 1966, 1736f; R. Riesner: Jesus als Lehrer, [2]1984, S. 123-276; E. Schürer: Geschichte des jüdischen Volkes im Zeitalter Jesu Christi II, 1970, S. 363-447; H. Stadelmann: Ben Sira als Schriftgelehrter, 1980. W.H.

SCHUH. Soweit man im Alten Orient S.e trug, handelte es sich meist um Sandalen. Sie bestanden aus einer Ledersohle – auch geflochtene oder hölzerne Sohlen kamen vor –, die mit Schuhriemen (1Mo 14,23; Joh 1,27) am Fuß befestigt wurde. Bildliche Darstellungen zeigen aber auch geschlossene S.e bei Frauen und Männern. Den ganzen Unterschenkel umschloß der geschnürte assyr. Soldatenstiefel (Jes 9,4). Im Hause legte man die S.e gewöhnlich ab (Lk 7,38), das Ausziehen wie das Fußwaschen besorgte häufig ein Sklave (vgl. Mk 1,7 und auch die Bilder in Ps 60,10, die die Unterwerfung von *Moab und *Edom ausdrücken). Als Rechtshandlung konnte Ausziehen und Übergabe eines S.s den Verzicht auf einen Rechtsanspruch bedeuten (Rut 4,7f). Das Ausziehen des S.s durch einen andren kam einer öffentlichen Beschimpfung gleich (5Mo 25,9). Das Ausziehen des S.s vor jemand ist Zeichen der Hochachtung, der Unterwerfung (2Mo 3,5; Jos 5,15; Apg 7,33). Barfuß gehen ist Ausdruck der Trauer (2Sam 15,30; Hes 24,17). Die S.e an den Füßen haben, ist ein Zeichen für die Bereitschaft zum Aufbruch (2Mo 12,11; Apg 12,8; Eph 6,15). Ohne S.e mußten Gefangene gehen (2Chr 28,15; Jes 20,2).

SCHULD, SCHULDNER. Wirtschaftliche S. wird im AT mit hebr. *'āschām*, »Schuldverpflichtet-Sein« bezeichnet (vgl. THAT I, 251ff). Sie entsteht zum einen durch Vergehen am *Eigentum eines anderen (Diebstahl, 2Mo 22,2f; Verlust von Geliehenem, 2Mo 22,13), zum andern durch den Zwang, sich aus Armut etwas leihen zu müssen. Im AT begegnet das Wort »Schuldner«, hebr. *chōb*, nur in Hes 18,7. An allen anderen Stellen fehlt das Wort »Schuldner«. Um den Sachverhalt auszudrücken, wird statt dessen zwischen dem Volksgenossen (»Bruder«) und dem Ausländer unterschieden; beide werden jeweils so benannt. Im Unterschied zum Ausländer wird der Volksgenosse durch das Gesetz gegen Zinsen geschützt (5Mo 23,20f), die in *Akkad und *Ägypten 33 bis 40 %, in Nuzi bis 50 %, in neubabylon. Zeit 20 % und im Römischen Reich 12 % betrugen (*Wucher). Dennoch war das Los eines israelit. Schuldners hart (Spr 27,7; Ps 109,11). Wiederholt wendet sich das AT gegen unmenschliche Praktiken der Pfandnahme (5Mo 24,10ff; Hiob 24,3). Entstandener Schaden mußte in jedem Fall wieder ersetzt, Geliehenes zurückgegeben werden. War dies dem Schuldner unmöglich, so mußte er sich und seine Familie in Schuldknechtschaft verkaufen (2Mo 22,2f). Immer wieder aber wird im AT gegen diesen Umstand Stellung genommen (vgl. *Erlassen; *Sabbatjahr, 3Mo 25,39.47ff; 5Mo 15,2f; Neh 5,1ff; Am 2,6; 8,6). Im NT nimmt Jesus in seinen Gleichnissen wohl die Schuldenpraxis seiner Zeit auf. Es zeigt sich hier die gleiche Härte wie in atl. Zeit. S. jeglicher Art (Lk 16,5ff) waren auszugleichen. Wenn dies nicht geschah, standen dem Schuldner Schuldknechtschaft (Mt 18,25) oder Gefängnis (Mt 5,25f) bevor. (Vgl. *Abgaben; *Tribut; *Zins)

Literatur: B. Reicke: BHH III, 1966, 1738f; E. Höhne: ibid., 1739. M.Gr.

Ein säumiger ägyptischer Steuerzahler wird an einen Pfosten gehalten und geschlagen. Relief aus dem Grab des Mereruka, Saqqara, ca. 2300 v. Chr. (KAK)

Empfangsbestätigung für Kopfsteuer, die an die Beamten des heiligen Tores in Syene (Assuan) bezahlt wurde; in griechischer Schrift auf einer Tonscherbe. Länge: 10,5 cm, Breite: 7 cm; 12. Juli 144 n. Chr. (ARM)

SCHULDOPFER s. Opfer

SCHULE.

Das Wort S. (griech. *scholē*) kommt nur einmal in der Bibel vor. *Paulus unterrichtete in *Korinth im Schulraum des *Tyrannus, nachdem er die *Synagoge verlassen hatte (Apg 19,9). Vielleicht will *Lukas mit dieser Notiz sagen, daß der Apostel nach außen hin wie ein volkstümlicher Philosoph wirkte. Die Christen werden in diesem Zusammenhang als Schüler (griech. *mathetai*) bezeichnet, denen Paulus Lehrvorträge hielt (griech. *dialegesthai*). Eine längere Textfassung im Kodex D (5. Jh.), die manche für zutreffende Überlieferung halten, läßt Paulus den Saal zwischen der fünften und zehnten Stunde (11 – 16 Uhr) mieten. Über diese vereinzelte Erwähnung hinaus spielten S.n in atl. und ntl. Zeit gerade auch für die Entstehung und Überlieferung der bibl. Schriften eine herausragende Rolle.

1. Die altorientalischen Schreiberschulen.

Die in *Ägypten und *Mesopotamien gebräuchlichen, unerhört komplizierten Schriftsysteme (*Schrift) bedingten, daß die S. in diesen Ländern Sache einer kleinen hochspezialisierten Schicht war. Der Stand der Schreiber war mit den Heiligtümern und vor allem mit dem Hof verbunden. Da die Verwaltung eines Reiches nur durch mehrseitig ausgebildete Schreiber möglich war, stellten sie die Beamtenschaft. An den Hofschulen entwickelten sich in relativer Unabhängigkeit von der überlieferten Religion erste Ansätze einer auf Beobachtung gegründeten Wissenschaft (*Weisheit). Auch die Schreiberausbildung war wie die antike *Erziehung überhaupt in hohem Maß auf das Training des Gedächtnisses ausgerichtet. Wiederholen und Auswendiglernen waren deshalb pädagogische Basismethoden. Als Schultexte dienten vor allem Lebens- und Anstandsregeln. Die disziplinarischen Maßnahmen waren in allen antiken Schulen teilweise drakonisch. Eine Umwälzung bedeutete die Entwicklung des Konsonanten-Alphabets im Raum von *Syrien kurz vor 1500 vChr. Damit war die Voraussetzung für eine literarische Bildung breiterer Bevölkerungsschichten geschaffen.

Literatur: H. Brunner: Altägyptische Erziehung, 1957; C.J. Gadd: Teachers and Students in the Oldest Schools, 1956; H.J. Hermisson: Studien zur altisraelitischen Spruchweisheit, 1968, 103-136; U. Kaplony-Heckel: Studien zur altägyptischen Literatur I, 1974, 227-246; S.N. Kramer: The Sumerians, 1963, 229-248; O. Loretz: BL, [3]1982, 1559f; A. Millard: BA 45 (1982), 143-154.

2. Schulen im alten Israel.

In der Zeit der nomadischen Vorfahren Israels lag die Erziehung ganz in der Hand der Eltern. Durch sein Aufwachsen am pharaonischen Hof wird *Mose eine Schreiberausbildung (2Mo 2,10 vgl. Apg 7,22) erhalten haben (H. Cazelles, in: Moses in Schrift und Überlieferung, 1963, 16f). Gerade aus dem *Sinai-Gebiet kennen wir seit dem 15. Jh.v.Chr. Beispiele der neuentwickelten Konsonantenschrift. Auch andere auswandernde Israeliten mögen über etwas literarische Ausbildung verfügt haben. Wie auf anderen kulturellen Gebieten dürften die seßhaft werdenden Stämme durch die Schreiberschulen der Stadtstaaten *Kanaans beeinflußt worden sein (vgl. Ri 8,14), wie sie uns vor allem aus *Ugarit bekannt sind (A.F. Rainey, The Scribe at Ugarit, 1969;

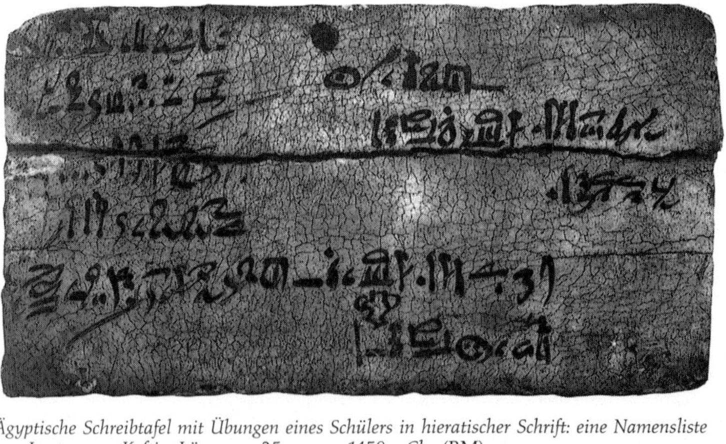

Ägyptische Schreibtafel mit Übungen eines Schülers in hieratischer Schrift: eine Namensliste von Leuten von Keftiu. Länge: ca. 25 cm; ca. 1450 v. Chr. (BM)

Vasenmalerei aus Athen. Dargestellt ist ein sitzender junger Mann, der das Alphabet lernt; ca. 440 v. Chr. (BM)

W.J. Horwitz, UF 6, 1974, 75-83; 11, 1979, 389-394). Ein Zeugnis für diese Beziehungen stellt die alphabetische Schreibübung (12. Jh.v.Chr.) eines israelit. Schülers aus Izbet Sarta, nahe dem kanaanäischen *Afek, dar (A. Demsky, M. Kochavi, BARev 4, 1978, 23-30; Lemaire, 7-10). Einige israelit. Familienklans waren in der vorköniglichen Zeit auf den Schreiberberuf spezialisiert (1Chr 2,55). Die manchmal mit umlaufenden Sitzbänken ausgestatteten Stadttore (*Genezareth, Ort) scheinen gelegentlich als Schulorte gedient zu haben (Spr 1,20-22; 8,1-4). Die zahlreichen Inschriften auf reinen Gebrauchsgegenständen wie Pfeilspitzen oder Krügen sprechen für eine eher weite Verbreitung von Schreibkenntnissen (vgl. Ri 10,19; Jes 28,10) unter den Israeliten (A.R. Millard, BA 35, 1972, 98-111). In dieselbe Richtung weisen die immer zahlreicheren Funde von ABC-Übungen (Lemaire, 7-34).

Auf eine Art Schulbetrieb an den vorköniglichen Heiligtümern deutet die Jugendgeschichte des *Samuel (1Sam 1,22-28; 3,1). An diesen Heiligtümern wurden die Gesetze überliefert und novelliert (1Sam 10,25 vgl. 5Mo 17,14-20). Durch den Bau des *Tempels unter *Salomo erhielt natürlich die priesterliche Schule in Jerusalem eine besondere Bedeutung (Hermisson, 129-132). Im Zusammenhang mit der Erziehung der Prinzen (2Sam 12,25; 2Kön 10,1.5; 12,3.8; 1Chr 27,32) und den Notwendigkeiten der Reichsverwaltung (vgl. 2Sam 8,17; 20,25; 1Kön 4,3; 2Kön 12,11 u.ö.) wurde auch eine Hofschule eingerichtet. Hier entstand die *Weisheitsliteratur (2Kön 5,12f; Spr 10,1; 25,1). Die sog. *Sprüche Salomos (bes. Spr 22,17-24,22) weisen verwandte Züge mit altorientalischen Schultexten auf. Zwischen der Hof- und Tempelschule gab es Beziehungen, wie schon allein die Tatsache zeigt, daß auch Priester als Prinzenerzieher fungieren konnten (2Kön 12,3). Die neuerdings geäußerte Skepsis gegenüber der Existenz von vorexilischen Schulen in Israel (F. Golka, VT 33, 1983, 257-270; J.L. Crenshaw, JBL 104, 1985, 601-615) ist nicht gerechtfertigt (A. Lemaire, VT 34, 1984, 270-281).

Ein besonderes Phänomen war die Bildung prophetischer Schülerkreise, wie sie sich in der frühen Königszeit an Heiligtümern besonders um *Elia und *Elisa sammelten (2Kön 2,1.3.5.15; 4,38). Bei den Schriftpropheten tritt ein Schülerkreis im *Jesaja-Buch deutlich hervor (Jes 8,16 vgl. 50,4-6; 54,13). Diese Kreise waren Träger der von den Propheten ausgehenden schriftlichen und mündlichen Überlieferung von Aussprüchen, aus denen die Prophetenbücher zusammengestellt wurden. Behältlich wurden die Prophetenworte durch ihre dichterische Formung mithilfe des Parallelismus membrorum und anderer Stilmittel wie Rhythmus und Reim. Wie in der Spätzeit des AT die Prophetie in die Schriftgelehrsamkeit überzugehen begann, sieht man am Buch *Maleachi, das in der Form von sechs Diskussionsworten aufgebaut ist. Wahrscheinlich führten Verbindungen von exilisch-nachexilischen prophetischen Schülerkreisen zu apokalyptischen Gruppen der hasmonäischen und ntl. Zeit. Aus ihnen könnte die Endfassung des Buchs *Daniel stammen. Wie sehr prophetisches Reden noch für die Gegenwart beansprucht wurde, zeigt sich an der Geschichte der *Essener. Die Behauptung vom Erlöschen der Prophetie mit Maleachi ist ein später polemischer Lehrsatz, den die Rabbinen gegen das Urchristentum und andere in ihren Augen pseudoprophetische Bewegungen richteten.

Gab es schon vor dem Exil Priester, deren Hauptaufgabe in der Auslegung des Gesetzes bestand (Jer 2,8; 8,8), so wurde das nachexilische Israel durch die Reformen des »im Gesetz Moses wohlbewanderten Schriftgelehrten (hebr. *sōpher*)« *Esra geprägt (Esr 7,6). Unter ihm scheint es zur weiteren Sammlung heiliger Schriften in der Bibliothek des Tempels gekommen zu sein (2Makk 2,13). Vor allem Leviten stellten nun den Schreiberstand (vgl. 1Chr 23,3f; 24,6; 2Chr 34,13). In einem projüd. Erlaß des syr. Königs Antiochus III. begegnet dann eine festumrissene Gruppe von »Schriftgelehrten (griech. *grammateis*) des Heiligtums« (Jos.ant.Jud. XII, 142). Eine Hauptaufgabe der Tempelschüler (hebr. *talmīd*, 1Chr 25,8) bestand im Kopieren und Memorieren der heiligen Schriften (Pred 12,11f). Durch Esra wurde der Pentateuch zum bürgerlichen Gesetzbuch, in dem möglichst alle Israeliten unterwiesen werden sollten (Esr 7,25). Das so entstehende, rel. begründete frühjüd. Bildungsstreben traf ab dem 4. Jh.v.Chr. auf die heidnische Bildungsbewegung des Hellenismus.

Literatur: A. Demsky, M. Bar-Ilan: CRINT II/1, 1988, 1-38; A. Demsky: EJ VI, 1971, 381-398; F. Gioia: Pedagogia ebraica, 1977; H.J. Hermisson: Studien zur altisraelitischen Spruchweisheit, 1968, 113-136; B Lang: Frau Weisheit, 1975, 11-35; ders.: Wie wird man Prophet in Israel?, 1980, 106-119; A. Lemaire: Les écoles et la formation de la Bible dans l'ancien Israël, 1981; N. Lohfink: BiKi 39 (1984), 90-100; T.N.D. Mettinger: Solomonic State Officials, 1971, 140-157; G. von Rad: Weisheit in Israel, 1970, 28-38; R. Riesner: Jesus als Lehrer, [3]1988, 153-162; R. Voeltzel: L'éducation dans la Bible, 1973; H.W. Wolff, Anthropologie des Alten Testaments, [4]1984, 298-308.

3. Die hellenistische Schule.

Schon vor und mit dem Eroberungszug *Alexanders des Großen am Beginn des 4. Jh.v.Chr. hatte sich die als überlegen empfundene griech. Bildung in den O-Mittelmeerraum verbreitet. Man spricht von der Bewegung des Hellenismus (von *helleniazein*, »griechisch leben«). Alle griech. Gründungen und in der Folge jede Stadt, die etwas auf sich hielt, verfügten über ein differenziertes kulturelles Angebot. Im *Theater kamen die griech. Klassiker zur Aufführung. Das Stadion diente den sportlichen Wettkämpfen. Im Gymnasium wurden junge Männer (griech. *epheboi*) literarisch, naturwissenschaftlich, sportlich und musisch ausgebildet. Vorher hatten sie, wie auch die Mädchen aus der Oberschicht, in einer Elementarschule Lesen und Schreiben gelernt. Oft wurde dieser Grundunterricht von einem Sklaven (griech. *paidagōgos*, »Schulmeister«) erteilt, der über ein hohes Maß an Wissen verfügen konnte (C.A. Forbes, TPAPA 86, 1955, 322-360). Eine im jüd. Bereich der Stellung des AT vergleichbare Rolle spielte in den hellen. S. das Werk des Dichters Homer. Die dritte Stufe der »umfassenden Bildung« (griech. *egkyklios paideia*) bildeten die philosophischen Akademien, die ihren Namen vom Versammlungsort jener Philosophenschule erhielten, welche Platon in der Tradition des Sokrates um sich sammelte. Die hellen. S. hat die ganze abendländische Bildung tief geprägt und im griech.-orthodoxen Bereich hat sie sogar bis an den Beginn unseres Jh. überdauert.

Literatur: S.F. Bonner: Education in Ancient Rome, 1977; J. Carcopino: Rom – Leben und Kultur in der Kaiserzeit, 1977, 153-175; H. Fuchs: RAC V, 1962, 365-398; H.T. Johann (Hrsg.): Erziehung und Bildung in der heidnischen und christlichen Antike, 1976; H.I. Marrou: Erziehung im klassischen Altertum, 1957, 141-334; M.P. Nilsson: Die hellenistische Schule, 1955.

4. Das frühjüdische Schulwesen.

Eine Synthese aus bibl. Erbe und moderner hellen. Bildung versuchte am Beginn des 2. Jh.v.Chr. der Jerusalemer Priester Jesus, Sohn des *Sirach, in seiner Weisheitsschule für Erwachsene (Sir 51,23-25) und auch durch die unter seinem Namen bekannte Weisheitsschrift. Die sich rasch ausbreitende hellenist. Bildungsbewegung führte aber bald zu einer tiefen Identitätskrise des Judentums. Die 175 v.Chr. durch den Hohenpriester Jason erfolgte Gründung eines Gymnasiums in Jerusalem führte vor allem in der Oberschicht und unter der Jugend zu einer Abwendung von der väterlichen Religion (1Makk 1,15; 2Makk 4,12-19). Als der syr. König Antiochus IV. Epiphanes diese Entwicklung noch durch politischen Druck zu unterstützen versuchte, setzten sich gesetzestreue Schriftgelehrte an die Spitze der Widerstandsbewegung (1Makk 7,12 vgl. Dan 11,33.35; 12,3.10). Sie stammten zum Teil nicht mehr aus dem Priesterstand, der sich als durchaus anfällig für die schädlichen Neuerungen erwiesen hatte. Die neuen geistlichen Führer setzten der Faszination der hellen. Bildung eine Art eigenes Volksbildungsprogramm entgegen. Die aus den »Frommen« (hebr. *Chassidim*; griech. *Asidaioi*) der Makka-

Von den Zeloten (70–73 n. Chr.) durch den Einbau eines Tisches in der Mitte und von Bänken an der Seite in einen Schulraum umgewandelter Palastteil auf Masada. (RR)

bäer-Zeit hervorgegangenen Gruppen der *Essener und *Pharisäer waren gleichermaßen auch Bildungsbewegungen. Dabei konnte aber im Gegensatz zur selbstgewählten Isolierung des Essenismus das Pharisäertum weite Teil des jüd. Volks erreichen. Unter dem pharisäischen Schriftgelehrten Simon Ben Schetach kam es dann auch um 75 v.Chr. zum ersten uns aus der Weltgeschichte bekannten Versuch, eine öffentliche Schulpflicht für Jungen einzuführen (y Ket 32c). Dieser Reformversuch blieb erst erfolglos, wurde aber unter dem Hohenpriester Josua Ben Gamla kurz vor Ausbruch des Jüd. Kriegs (66-70 n.Chr.) wieder aufgenommen (b Baba Bathra 21a) und kam dann ab dem 2./3. Jh.n.Chr. zur vollen Auswirkung. Die breite rel. Volksbildung stellt eine große historische Leistung des Pharisäismus dar. Das orthodoxe Judentum hat die damals entstandene Schulform teilweise bis heute bewahrt.

Die *Synagogen wurden zum jüd. Gegenstück der hellen. Gymnasien. Im Zusammenhang mit den Synagogen, die es in ntl. Zeit in jedem größeren Ort Palästinas gab, hat man Elementarschulen eingerichtet, wo Jungen anhand der Bibel durch den Synagogendiener (hebr. *chazzan*) Lesen und Schreiben lernten (mShab 1,3f). Beispiele für Schulräume aus der Zeit vor der Tempelzerstörung bieten der Schreibraum (Scriptorium) von *Qumran und auf *Masada der von den *Zeloten mit einer umlaufenden Sitzbank sowie einer Mittelbank versehene Palast XIII (Y. Yadin, EAEHL III, 1977, 809). Die verschiedenen Wissensfächer kamen in der Synagogenschule allerdings nur soweit vor als sie in unmittelbarem Zusammenhang mit der Gesetzesbefolgung standen. Der hellen. Bildung gegenüber aufgeschlossenere jüd. Eltern schickten jedoch noch in ntl. Zeit ihre Kinder für den Sport- und Musikunterricht zu Privatlehrern (Philo, SpecLeg II 230). Über den Synagogengottesdienst hinaus standen die Schriftrollen auch den erwachsenen Männern zu weiterem Studium, vor allem als Vorbereitung für Lesung und Auslegung, zur Verfügung (vgl. Apg 17,11). Als höchste Stufe der damaligen jüd. Bildung sind die Schülerkreise anzusprechen, die sich um berühmte Schriftgelehrte sammelten, besonders in der heiligen Stadt *Jerusalem etwa um *Gamaliel I., den Lehrer des *Paulus. Einen gewissen Eindruck von dieser Art der Ausbildung geben heute die orthodoxen Talmud-Akademien (Jeschiwot). Allerdings war in ntl. Zeit die Abschließung dieser Schulen gegen auswärtige Einflüsse nicht so streng wie später. Noch im Schülerkreis des Enkels von Gamaliel I. lernte man »griechische Weisheit« (*chōkmāh jawanith*, bSotah 49b), beschäftigte sich also offenbar mit Philosophie (S. Lieberman, Hellenism in Jewish Palestine, 1950, 102-105). Nicht von ungefähr trugen die Schriftgelehrten den Namen »Weiser« (Hebr. *chākām*; griech. *sophos, sophistēs*). Sie waren das jüd. Gegenstück zu den hellen. Philosophen.

Literatur: T. Conley: General Education in Philo of Alexandria,1975; M. Hengel: Judentum und Hellenismus, [2]1973, 142-152; J.Maier: Geschichte der jüdischen Religion, 1972, 106-113; A. Mendelson: Secular Education in Philo of Alexandria, 1982; R. Riesner: Jesus als Lehrer, [3]1988, 163-205; E. Schuerer: The history of the Jewish people II, 1979, 417-422.

5. Lehren und Lernen im Urchristentum.

Am Beginn des Christentums steht Jesus, der als jüd. *Lehrer wirkte, wie schon die Anrede *Rabbi zeigt. Er sammelte einen Kreis von *Jüngern (griech. *mathetai*, von hebr. *talmidim*, »Schüler«) um sich. Zu ihrer Berufung gehörte es, von Jesu Vorbild zu lernen und sich seine Worte einzuprägen, die in besonderer Meisterschaft von den Stilformen prophetischer Rede geprägt sind. Am ehesten läßt sich der Jüngerkreis den prophetischen Schülerkreisen des AT vergleichen. Zur ausschließlichen Personbindung an Jesus gibt es aber keine wirkliche jüd. Parallele. Wahrscheinlich haben Jesus und seine Jünger alle wenigstens eine jüd. Elementarbildung erhalten. Da Paulus jüngere Mitarbeiter wie *Timotheus und *Titus um sich sammelte, könnte man von einer Paulus-S. sprechen, auf die auch die Sammlung paulin. Schriften hinweist. Deutlicher wird das Phänomen einer urchristl. Schulbildung im johanneischen Kreis (vgl. Joh 21,24; 1Joh 2,1; »Kinder« ist eine typische Schüleranrede). Schüler von *Johannes in *Ephesus begannen offenbar mit der Sammlung eines größeren Kreises ntl. Schriften und stehen so mit am Anfang der Bildung des *Kanons (T. Zahn, Grundriß der Geschichte des Neutestamentlichen Kanons, [3]1985, 38-40).

Wie im Judentum war auch im Urchristentum die Auslegung der heiligen Schriften des AT von entscheidender Bedeutung. Lehren und Lernen spielten deshalb in den ntl. Gemeinden eine wichtige Rolle, wobei zur Beschäftigung mit dem AT noch die Überlieferung der Worte Jesu und urchristl. Bekenntnisse trat. Die von Paulus in diesem Zusammenhang gebrauchten Fachausdrücke (1Kor 11,23; 15,3) »überliefern« (griech. *paradidonai*, von hebr. *māsār*) und »empfangen« (griech. *paralambanein*, von hebr. *qibbel*) zeigen den Einfluß jüd. Schulpraxis. Die ersten christl. Gemeinden werden bei der Gemeindeunterweisung (vgl. Lk 1,4 griech. *katēchein*) vor allem Lehrmethoden der Synagoge übernommen haben, in deren Bereich ja die urchristl. Mission begann. Wenn man aus den folgenden Jh. zurückschließt, dann stand das Urchristentum der hellen. Bildung zwiespältig gegenüber (G. Ruhbach, in: H. Frohnes, U.W. Knorr, Die Alte Kirche I, 1974, 293-310). Man sah, daß sie ein historisches und naturwissenschaftliches Wissen vermittelte, das so durch die jüd. S. nicht zu erlangen war. Als Bedrohung des Glaubens wurden die reiche Verwendung antiker Mythologie und das zugrundeliegende Menschenbild empfunden. Diese Spannung läßt sich auch schon bei Paulus beobachten (E.A. Judge, Journal of Christian Education 77, 1983, 7-14). In seinen Briefen bediente er sich vieler Stilmittel der hellen. Rhetorik (G.A. Kennedy, New Testament Interpretation through Rhetorical Criticism, 1984, 141-156). Aber der Apostel setzte sich auch sehr grundsätzlich mit einer Auffassung vom Menschen auseinander, die einseitig vom Starken und Schönen ausging.

Literatur: E. Bammel: Jesu Nachfolger, 1984; C. Bissoli: Bibbia e educazione, 1981; R.A. Culpepper: The Johannine School, 1975; B. Gerhardsson: Die Anfänge der Evangelien-Tradition, 1977, 10- 20; W. Jentsch: Urchristliches Erziehungsdenken, 1951; ders: Handbuch der Jugendseelsorge IV/2, 1986; R. Riesner: Jesus als Lehrer, [3]1988; A. Türck: Évangélisation et catéchése aux deux premiers siècles, 1962; A. Zimmermann: Die urchristlichen Lehrer, [2]1988. R.R.

SCHULTER.

1. Auf der S. trägt man Lasten (1Mo 21,14; Ri 16,3). »Die Schulter zum Tragen beugen« wird zum Bild für die Dienstbarkeit (1Mo 49,15; Ps 81,7; Jes 10,27). Ebenso wird von der Verantwortung für eine Aufgabe oder für ein Amt im übertragenen Sinn gesprochen, daß sie auf der S. ruht (Jes 9,5; 22,22).

2. Die rechte Keule dient als Schwing- oder Hebopfer (3Mo 7,32; 9,21).

SCHUNEM, SCHUNEMITERIN.

Eine Stadt (wahrscheinlich das heutige Solem) im Gebiet *Issaschars in der Nähe von *Jesreel (Jos 19,18); S. hebr. *šchūnēm*, war der Lagerplatz der *Philister vor der Schlacht von *Gilboa (1Sam 28,4). *Elisa hielt sich in S. im Haus einer großzügigen Frau auf (genannt die Schunemiterin), die einen Sohn gebar, gemäß der Ankündigung des Propheten; dieses Kind wurde von ihm später auf wunderbare Weise auferweckt (2Kön 4,8ff). Diese Frau ging auf

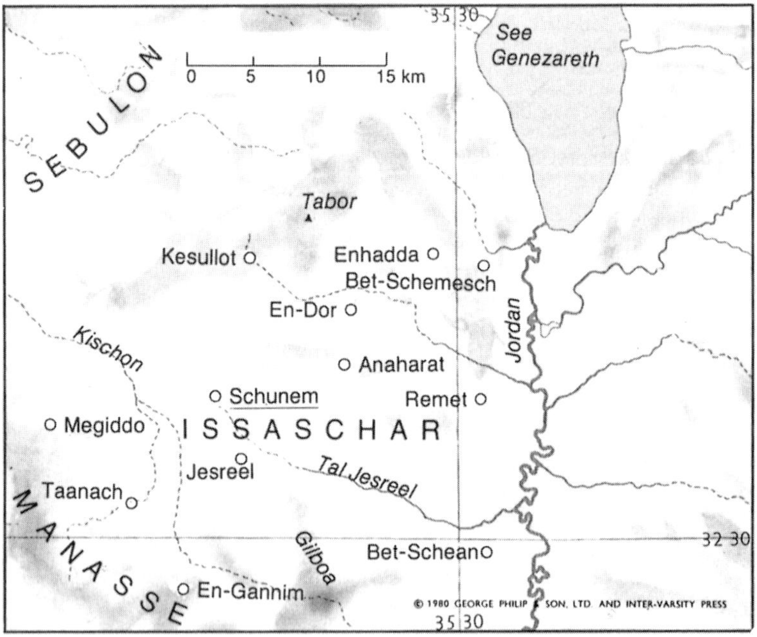

Schunem im Stammesgebiet von Issaschar.

Elisas Rat ins Land der Philister, als eine Hungersnot in S. zu erwarten war. Ihr Besitz wurde ihr nach den Jahren in der Fremde durch Fürsprache von Elisas Diener Gehasi wieder zurückgegeben (2Kön 8,1-6). Aus S. brachten Davids Männer *Abischag, die den alten König umsorgen sollte (1Kön 1,3f.15). *Adonijas Bitte um ihre Hand kostete ihn das Leben (1Kön 2,17.21f). D.A.H.

SCHURZ s. Kleidung

SCHUPPEN.

1. Wassertiere ohne S. und Flossen galten den Israeliten als unrein (3Mo 11,9-12; 5Mo 14,9.10; vgl. *Rein/Unrein).

2. Zum Schuppenpanzer (1Sam 17,5) vgl. *Waffen und Geräte.

3. In übertragener Bedeutung wird das Wort Apg 9,18 gebraucht: »alsobald fiel es von seinen Augen wie Schuppen, und er wurde wieder sehend.«

SCHUR. Wüstengebiet im nordwestl. Teil der Sinaihalbinsel, südl. der Küstenlinie des Mittelmeeres, zwischen dem heutigen Suezkanal im W und dem *Bach Ägyptens (Wadi el-'Arisch) im O. *Saras Magd *Hagar floh zu einem Brunnen auf dem Weg nach S. (1Mo 16,7). *Abraham wohnte einige Zeit zwischen Kadesch und S. (1Mo 20,1). *Ismaels Nachkommen bewohnten ein Gebiet, das bis nach »Schur, gegenüber [d.h. östl.] von Ägypten« reichte (1Mo 25,18). Nach dem Durchzug durch das *Rote Meer zogen die Israeliten durch die Wüste S. zum Berg Sinai (2Mo 15,22). S. lag auf dem direkten Weg von Südpalästina nach Ägypten (vgl. 1Sam 15,7; 27,8). B.H.

SCHÜSSEL. Die S., hebr. *qe'ārāh*, diente als Kultgefäß (2Mo 25,29; 37,16; 4Mo 4,7; 7,13). Allein 2Kön 2,20 bezeichnet das hebr. Wort *zelochīt* eine S., die – gefüllt mit Salz – *Elisa gebracht wurde (LÜ: Schale). Ebenfalls mit S. zu übersetzen ist das hebr. Wort *zallachat*, das wohl einen Gebrauchsgegenstand bezeichnet, der aber auch im kultischen Bereich Verwendung fand (2Kön 21,13; 2Chr 35,13; Spr 19,24; 26,15. Im NT wird der Gegenstand, auf dem der Kopf *Johannes des Täufers in den Festsaal getragen wurde (Mt 14,8.11; Mk 6,25.28), als *pinakos* bezeichnet (LÜ: Schale; RevEB: Schüssel). Lk 11,29 übersetzt LÜ mit S. Griech. *tryblion* (Mt 26,23; Mk 14,20) kann S., Schale oder Teller bezeichnen. Mt 23,25f wird eine weitere griech. Bezeichnung für S., *paropsidos*, verwendet. Im NT begegnet der Begriff S. nur im profanen Bereich (s.a. *Becher, *Bekken).

SCHWACH. Der Begriff S. ist im Hebr. vorwiegend durch *dal* (daneben gibt es noch weitere aber unbedeutendere Ausdrücke) repräsentiert. Das Wort hat allerdings eine größere Bedeutungsbreite. So kann es neben einem körperlichen Zustand wie »mager«, »dürftig«, »schlecht« (vgl. 1Mo 41,19) auch den sozial Geringen, den Armen, Bedürftigen und Schwachen bezeichnen. So ist im Recht festgelegt, daß vor Gericht weder der S.e noch der Große einen Vorzug haben sollen – gerechtes

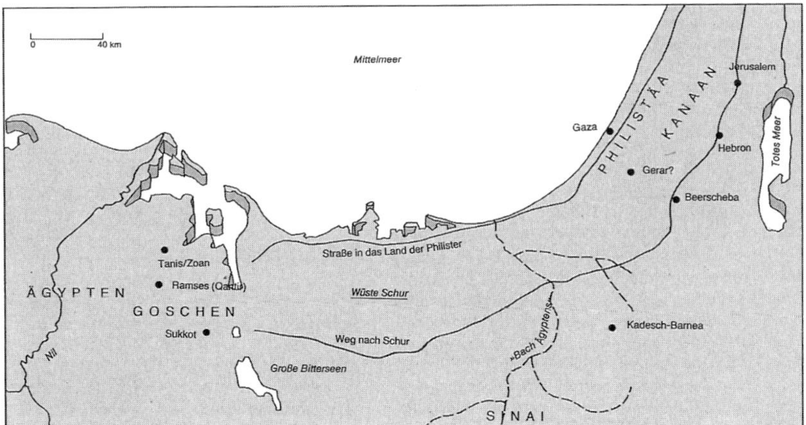

Die Wüste Schur.

Gericht soll gehalten werden in beiden Fällen (3Mo 19,15. In 2Mo 23,3 wird man nicht einfach »der Große« statt »der Geringe« lesen dürfen. Der Kontext weist auf denselben Tatbestand wie 3Mo 19,15). Was aber beinahe das ganze AT beherrscht, ist die Forderung, den S.en zu ehren, ihm sein Recht nicht zu nehmen. Ja, er wird geradezu in ein besonderes Verhältnis zu Gott gebracht. So heißt es: Wer den S.en Gewalt antut, der lästert den Schöpfer, aber wer sich ihrer erbarmt, der ehrt Gott (Spr 14,31); wer den S.en unterstützt, der leiht in Wahrheit Gott, und dieser wird es ihm vergelten (Spr 19,17). Wer seine Ohren gegenüber dem Ruf der S.en verschließt, der verschließt damit auch das Ohr Gottes gegen sich selbst (Spr 21,13). Die Grundlage all dieser Gedanken dürfte man in dem Lobgesang der *Hanna (1Sam 2,8) ausgesprochen finden: Gott wird den Armen und den S.en aus dem Staube erheben. Aus diesem Grunde sind paradoxe Aussagen möglich wie die, daß, wer dem S.en Unrecht tut, ihm seine Habe mehrt (Spr 22,16) und die, wer Zinsen nimmt und Aufschlag, der sammelt für den, der sich der Armen erbarmt (Spr 28,8). Gott ist es, der dem Armen Recht schaffen wird (Ps 83,2f), er richtet die Geringen auf (Ps 113,7), der »ideale« König hilft dem Elenden und schafft ihm Recht (Ps 72,4). Ja der, der sich der S.en annimmt, wird glücklich gepriesen, denn zur bösen Zeit wird Gott ihn dafür erretten (Ps 41,2).

Aber die Realität sah anders aus. Die S.en, Armen und Geringen wurden gerade in wirtschaftlicher und rechtlicher Hinsicht durch die Großen in Staat und Wirtschaft ruiniert und mit Menschenverachtung behandelt. Eine solche Situation beschreibt vor allem *Amos. Die von Israel verkaufen die Armen für ein Paar Schuhe, sie treten ihnen auf den Kopf (Am 2,6f), ihnen wird Gewalt angetan und sie werden geschunden (Am 4,1). Darum: Weil das so ist, kommt das Gericht (Am 5,11). Ähnliches verkündigt auch *Jesaja, wenn er aus denselben Gründen sein »Wehe!« über das Volk ruft (Jes 10,1-4). Der Geringen wird Gott selbst sich annehmen (Jes 14,30), und im Reiche des Messias wird ihnen Gerechtigkeit widerfahren (Jes 11,4). Im NT ist Schwachheit vor allem mit der Wortgruppe *astheneia* wiedergegeben (doch vgl. die Seligpreisung der Armen in Lk 6,20/Mt 5,3 im Kontext des zum AT ausgeführten). In den synoptischen Evv. und bei Johannes bezeichnet die Wortgruppe mit einer Ausnahme den Zustand der Krankheit. Die Ausnahme stellt der sentenzenartige Spruch in Mk 14,38 par. dar: »Der Geist ist willig, aber das Fleisch ist schwach«. Schwachheit ist eine menschliche Grundbefindlichkeit (vgl. auch die Gegenüberstellungen in 1Kor 15,42-44, der irdische Leib ist durch Schwachheit und Niedrigkeit gekennzeichnet). Als der Mensch in dieser Schwachheit war, ist Christus für ihn gestorben (Röm 5,6). Diese Schwachheit ist verbunden mit dem Fleisch, das Gesetz selbst wird durch das Fleisch geschwächt, und dadurch machtlos. S. und ohne Kraft sind auch die Mächte, welche die Galater vor ihrer Hinwendung zu Christus dominiert haben (Gal 4,9). Paulus ist es, der den Begriff der Schwachheit theologisch reflektiert verwendet. Neben den bereits ausgeführten Bedeutungen gibt es für ihn noch zwei Arten der Verwendung des Begriffes. Zum einen kennzeichnet er die S.en im Glauben im Gegenüber zu den Starken (Röm 14,1f; 1Kor 8; 9,22; 1Thess 5,14). Hier ist der Begriff negativ gewertet. Die S.en sind diejenigen, welche die volle Freiheit in Christus noch nicht erkannt haben und deren Gewissen noch s. sind, die etwa die Nichtigkeit der Götzen und damit auch des Genusses des Götzenopferfleisches noch nicht erkannt haben. Sind diese Christen zwar s. im Glauben, so sind sie doch Brüder, um deretwillen Christus gestorben ist. Ihnen ist aus diesem Grunde kein Anstoß zu geben, sie sind in Liebe anzunehmen. Zum anderen kennzeichnet Paulus die Schwachheit als den Ort göttlichen Wirkens. Christus selbst hat sein Werk in Schwachheit vollbracht, als er ans Kreuz ging (2Kor 13,4, vgl. damit auch die Christologie des Hebräerbriefes). Ja, Gott hat es gefallen, das S.e und von der Welt Verachtete zu erwählen (1Kor 1,27), damit macht er alle menschliche Stärke zuschanden. An der Schwachheit des irdischen Weges Christi hat auch der Apostel Anteil, seine Schwachheit ist der Ort, an dem die göttliche Kraft zur Vollendung kommt (2Kor 12,9). Und diese Erfahrung gipfelt in dem paradoxen Satz, der das Geheimnis christl. Existenz gültig zum Ausdruck bringt: »wenn ich schwach bin, bin ich stark« (2Kor 12,10).

Literatur: Fabry: ThWAT II, 1977, 221ff; Link: TBLNT II, 1101ff; Stählin: ThWNT I, 1933, 488ff; Zmiejewski: EWNT I, 1980, 408ff. G.Le.

SCHWAGEREHE s. Ehe

SCHWALBE s. Tiere

SCHWANGER. Schwangerschaft wird in Israel sehnlichst gewünscht, da Kinderlosigkeit als Schmach angesehen wird (1Mo 30,1f.23; Lk 1,25). Gott ist es, der ein Kind schenkt (1Mo 21,1; Rut 4,14; 1Sam 2,21; Lk 1,58) oder versagt (1Mo 30,2) als Strafe (1Mo 20,17f; Hos 9,11). Seit dem Sündenfall sind S.schaft und Geburt mit *Schmerzen verbunden (1Mo 3,16). Die s.e Frau ist in Kriegs- und Notzeiten besonders gefährdet (Mk 13,17; vgl. Lk 23,29) und häufig Grausamkeiten ausgesetzt (2Kön 8,12; 15,16; Hos 14,1; Am 1,13). Deshalb wird die Schwangere auch da genannt, wo Gott den Schutz der Schwachen zusagt (Jer 31,8). Im Gesetz finden sich Vorschriften für Schadenersatz und Bestrafung des Täters bei der Verletzung einer Schwangeren (2Mo 21,22-25). In übertragener Bedeutung meint s. sein »erfüllt sein von etwas«, z.B. Unheil (Ps 7,15), Mühsal (Hiob 15,35), Stroh (= Nichtigkeit, Jes 33,11). Gottes Züchtigung bewirkt Schmerzen, die mit den Wehen einer Schwangeren verglichen werden (Jes 26,17). Das Auftreten von Wegen vor der Geburt wird zum Bild für den kommenden Tag Gottes (1Thess 5,3). (Vgl. *Krankheiten: Geburt).

SCHWÄREN s. Krankheit

SCHWARZ s. Farben

SCHWEBEN. Nur im AT erscheinen mehrere hebr. Begriffe für S. Als Wunder wird das S. der Wolken angesehen (Hiob 37,16, hebr. *miphlās*). Gott wird mit dem Adler verglichen, der schützend seine Jungen beim Flug begleitet (5Mo 32,11). Gott schwebt auf den Fittichen des Windes, um David zu Hilfe zu kommen (2Sam 28,11; Ps 18,11). Doch auch für den Angriff des Feindes (Jer 48,40: Moab; Jer 49,22: Edom) wird das Bild des schwebenden (hebr. *dā'ah*) Adlers gebraucht. In 1Mo 1,2 dürfte s. (hebr. *rāchaph*, vielleicht auch »brüten« oder »beben«) wohl die Leben schaffende Tätigkeit des Geistes Gottes zum Ausdruck bringen. Von *Absalom heißt es, daß er während des Reitens mit seinem Haar an einem Baum hängenblieb und »zwischen Himmel und Erde« schwebte (hebr. *juttan*, »er wurde zwischen Himmel und Erde getan«). S. betont in Ri 9,9 (hebr. *nāwā*, auch »wanken«, »schwanken«) die übergeordnete, herrschende Stellung eines Menschen.

SCHWEFEL. (Hebr. *gāprīt*; griech. *theion*). Im Jordantal und in den Kreide- und Kalkmergeln am Ufer des Toten Meeres waren von alters her sowohl heiße Schwefelquellen (vor allem bei *Tiberias und am *Jarmuk) als auch Schwefelablagerungen bekannt. In der Bibel wird S. stets im Zusammenhang mit Gottes Strafgerichten genannt (über Sodom u. Gomorra: 1Mo 19,24; Lk 17,29; vgl. 5Mo 29,22f; Edom: Jes 34,9; Assur: Jes 30,33; Gog: Hes 38,22; die Gottlosen: Hiob 18,15; Ps 11,6). Auch in Offb 9,17f versinnbildlicht S. eine vernichtende Gerichtsplage. Als brennender Schwefelsee wird der Strafort *Satans und seiner Anhänger geschildert (Offb 14,10; 19,20; 20,10; 21,8).

SCHWEIGEN, STILLE SEIN.
Schweigen (hebr. *chārasch, chāschah, hāsah, dāman*; griech. *sigaō, siōpaō, hēsychazō*). Gott spricht. Er hat durch sein Wort Himmel und Erde erschaffen (1Mo 1,11) und erhält sie auch durch sein Wort. Er offenbart sich durch sein *Wort dem Gläubigen (Hiob 42,5). Er kommt zum Gericht in die Welt (Jes 1,18) und schweigt nicht, wenn dem Gläubigen Unrecht geschieht (Jer 15,19) bzw. wenn sein Volk selbst Unrecht tut (Ps 50,3). Gott spricht. Er ist in Jesus Christus als Wort vom Vater in die Welt gekommen (Joh 1,14). Christus ist das Erlösungswort für den Menschen: In ihm und durch das Wort, das ihn verkündigt, wird der Mensch neu geschaffen. So können auch Christi Jünger nicht schweigen, weil die Botschaft von der Errettung in alle Welt hinausgetragen werden muß (Lk 19,40; Apg 18,9). An *Pfingsten werden die Jünger bevollmächtigt zu geisterfülltem Reden (Apg 2); von Gott benötigen sie Unerschrockenheit, um das Wort weiterzusagen (Apg 4,29; Eph 6,19). Weil Gott gesprochen hat, kann ihn der Gläubige bitten, wieder zu sprechen.

Es kann den Anschein haben, als schweige Gott, wenn er (z.B. bei unrechtem Tun) nicht sofort mit Wort oder Tat in Gnade und Gericht eingreift (Ps 28,1; 35,22; 39,13; 83,2; 109,1; Jes 57,11; Hebr 1,13 u.ö.). Der einzelne oder das Volk wenden sich in der Klage an Gott, daß er sich durch sein Handeln als Gott erweise. Gottes S. ist sein Warten in Geduld, damit der Sünder von seinem bösen Tun umkehre. Es kann aber auch Strafe gegenüber dem Volk sein (Jes 64,11). Gott wird eingreifen und die Klage der Menschen zum S. bringen (Hiob 42,1-9). So ist nicht die Klage, sondern gerade das S. Kennzeichen des Frommen, der sich darauf verläßt, daß Gott seine Lage kennt und handeln wird: »Sei stille dem Herrn und warte auf ihn« (Ps 37,7); »Meine Seele ist stille zu Gott, der mir hilft« (Ps 62,2; vgl. V. 6; Ps 46,11; Jes 30,15).

Auch im Kultus wird S. als Stille vor Gott gefordert: »Der Herr ist in seinem heiligen Tempel. Es sei vor ihm stille alle Welt« (Hab 2,20; vgl. Sach 2,17). Die unbußfertige Haltung des Sünders, der seine Sünde bekennen soll, damit ihm Vergebung zuteil wird, kann sich u.a. dadurch andeuten, daß er seine Sünde vor Gott verschweigen will (Ps 32,3). Im zwischenmenschlichen Bereich ist das S.

Kennzeichnen des Klugen, der seinen Nächsten nicht schmäht und keine vorschnellen Urteile äußert (Spr 11,12; 17,28). Wenn der Kluge spricht, dann schweigt derjenige, dem er einen Rat gibt (Hiob 6,24; 13,19; 29,21). S. kann auch bedeuten, daß jemand keine Antwort mehr findet (Apg 21,14) oder nicht antworten will (Mt 26,63), daß es keine Einwände mehr gibt (Apg 11,18); S. kann Zustimmung signalisieren, wenn ein anderer das Wort ergreift (Apg 15,12f). Im apokryphen Buch Jesus Sirach wird das S. in der Tradition der *Weisheitsliteratur als Tugend dargestellt. Nicht vieles Reden, sondern das Reden zur rechten Zeit ist vorbildlich (Sir 20,1-8). Umstritten ist die Bedeutung des paulin. Schweigegebots (1Kor 14,34, vgl. 1Tim 2,11f). Ein ausdrückliches Verbot der Amtsausübung für Frauen gibt es im NT nicht. Es finden sich Belege dafür, daß neben Männern auch Frauen ihre Gaben in den Gottesdienst einbrachten (Apg 21,9; Röm 16,1.12; 1Kor 11,5.13; Phil 4,2f), daß in ihrem Haus die Gemeindeversammlung stattfand (Kol 4,15) bzw. daß sie gemeinsam mit ihrem Ehepartner Gemeinden leiteten (Röm 16,3-5). Paulus begründet sein Gebot, mit der durch Schöpfung und Fall gegebenen Ordnung der Geschlechter (1Tim 2,13f). Eine lehrende verheiratete Frau würde ihrer Stellung widersprechen: *Lehre wäre zugleich Überhebung über den Ehepartner. (1Tim spricht nur über die Stellung der verheirateten Frau). Weiter ist die Unterordnung nach Paulus geboten, weil er bei einer Frau nicht die nötige Bildung vorausgesetzt sieht: Ihr Reden ist »Fragen« und sie soll deshalb zu Hause »lernen« (1Kor 14,34; 1Tim 2,11). Für die heutige Diskussion des Schweigegebots könnte die gemeinsame Gemeindeleitung des Ehepaars Priszilla und Aquila eine mögliche Lösung des Amtsproblems darstellen. Die Gaben, die eine Frau in den Gottesdienst und in die Gemeindearbeit einbringen kann, sind in der Diskussion über das Amt der Frau in der Gemeinde ebenso zu berücksichtigen wie ihr Familienstand (vgl. 1Tim 5,3-16; 2,15). (S.a. *Frau, *Ruhe, *Sprache)

Literatur: M. Delcor: THAT I, 1978, 639-641; G. Fitzer: Das Weib schweige in der Gemeinde, 1963; A. Kemmer: LThK Bd. 9, 540-541; G. Mensching: RGG³ V, 1605-1606; W. Schmithals: BHH III, 1966, 1748.

J.E.

SCHWEIN s. Tiere

SCHWEISSTUCH s. Begräbnis- und Trauersitten

SCHWERT s. Waffen und Geräte

SCHWESTER.

1. Die leibliche S. eines Menschen ist die Tochter derselben Eltern (1Mo 4, 22), aber auch die Stiefschwester, mit der man nur einen Elternteil, Vater oder Mutter, gemeinsam hat (z.B. 1Mo 20,12).

2. Im weiteren Sinn werden als S.n die weiblichen Verwandten und dann alle Stammes- und Volksgenossinnen bezeichnet (Hiob 42,11; 4Mo 25,18). Ebenso werden Völker gleicher Abstammung oder gleichen Geistes S.n genannt (Jer 3,7f; Hes 16,46-52). Daß man die Braut als S. bezeichnet (Hld 4,9.10.12), findet eine Entsprechung in ägypt. Liebesliedern, wo sich die Liebenden gegenseitig als Bruder und S. anreden.

3. Die Ehe mit der S. war bei vielen Völkern durchaus unanstößig und z.T. üblich (etwa bei den Pharaonen); *Abraham hatte seine Halbschwester *Sara geheiratet (1Mo 20,12). Im mosaischen Gesetz aber wurde die Geschwisterehe verboten (3Mo 18,9.11; 20,17), ebenso durfte niemand gleichzeitig zwei S.n heiraten (3Mo 18,18).

4. Das Wort S. (wie *Bruder) erhält im neuen Gottesvolk, der Gemeinde, eine weitere Bedeutung. Es bezeichnet die Mitchristin, die zu Christus gehört, durch ihn Kind des gleichen Vaters im Himmel ist (Röm 16,1; 1Kor 7,15; 9,5; Phlm 2; Jak 2,15).

SCHWÖREN s. Eid

SEBA.

1. Sohn Kuschs, der zum Geschlecht *Hams gerechnet wird (1Mo 10,7; 1Chr 1,9).

2. Land und Volk in S-Arabien, scheinbar eng verwandt mit dem Land und Volk von *Saba; tatsächlich werden *sebā'* (Seba) und *schebā'* (Saba) häufig einfach für die altarab. bzw. hebr. Form des Namens eines Volkes gehalten, d.h. des Königreichs von *Saba. In Psalm 72, der *Salomo gewidmet ist, werden ihm Geschenke »von den Königen von Saba und (oder »fürwahr«) Scheba « (V. 10) versprochen. Jesajas Prophezeiungen erwähnen im Zusammenhang mit Israels Erlösung die Unterwerfung Ägyptens, Äthiopiens (Kusch) und S.s (Jes 43,3); die hochgewachsenen Sabäer sollten Israels Gott anerkennen (Jes 45,14). Das erfüllte sich zunächst in der weiten Verbreitung des Judentums und der ersten Einwirkung des Christentums dort in den ersten fünf Jh.n.Chr. Die enge Beziehung von Seba/Saba mit Afrika (Ägypten und Kusch) könnte auf Verbindungen – über das Rote Meer - zwischen S-Arabien und Afrika vom 10. Jh.v.Chr. an hindeuten; (s. W.F. Albright:

BASOR 128, 1952; S. 45 mit Anmerk. 26-27). Strabo (16.4.8-10) nennt eine Stadt Sabai und einen Hafen Saba an der W-Küste oder der arab. Küste des Roten Meeres. K.A.K.

SEBADJA. »Der Herr schenkt.«

1. Nachkomme des Benjaminiten Beria (1Chr 8,15f).

2. Nachkomme Elpaals, ein Benjaminit (1Chr 8,17f).

3. Sohn Jerohams von Gedor, ein Benjaminit, der zu *David nach *Ziklag kam (1Chr 12,8).

4. Sohn Asaels, des Bruders *Joabs. In der Nachfolge seines Vaters war er Führer der 4. Abteilung des Heeres z.Zt. Davids (1Chr 27,7).

5. Torhüter aus dem Geschlecht *Korach, Sohn Meschelemjas (1Chr 26,1f).

6. Levit z.Zt. *Joschafats (1Chr 27,8).

7. Vorsteher im Haus Juda, Sohn Jismaels, der von Joschafat zum Richter in zivilrechtlichen Fragen eingesetzt war (2Chr 19,11).

8. Sohn Michaels aus dem Geschlecht Schefatjas, der mit *Esra aus der babylon Gefangenschaft zurückkehrte (Esr 8,8).

9. Priester aus dem Geschlecht Immers, der sich von seiner heidnischen Frau trennte (Esr 10,20).

SEBULON.

1. Zehnter Sohn *Jakobs, der sechste von *Lea geborene Sohn (1Mo 30,20).

2. Der Stamm S. Der Grenzverlauf seines

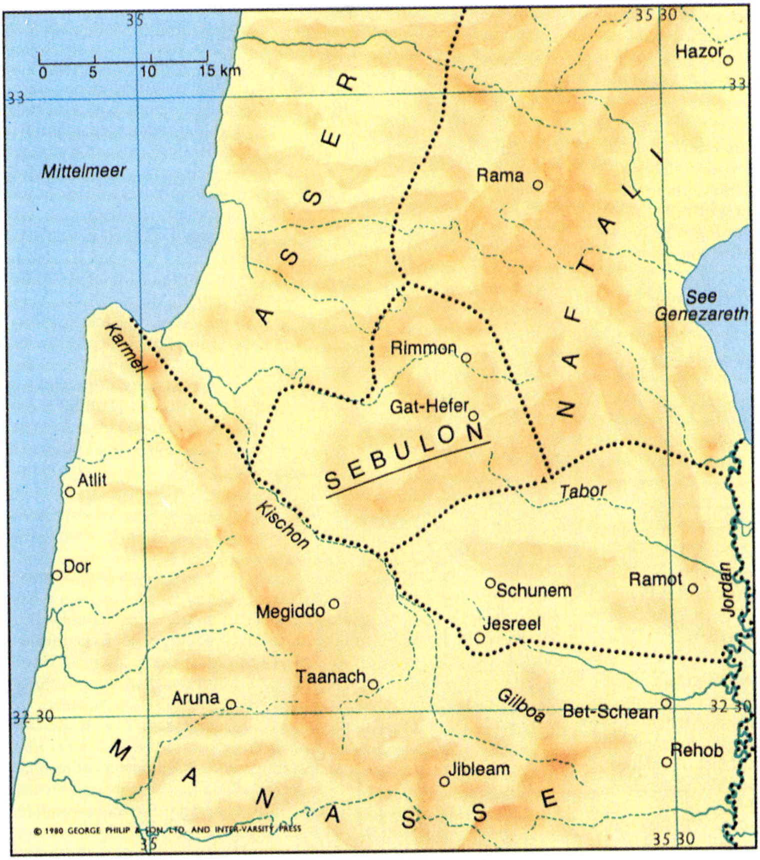

Das Stammesgebiet von Sebulon.

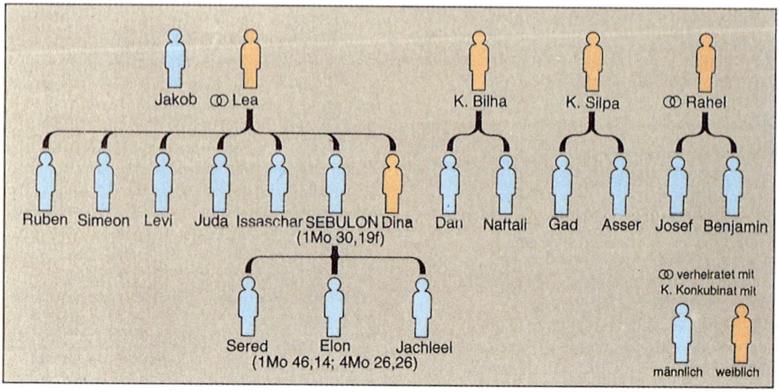

Die Familie Sebulons.

Territoriums wird in Jos 19,10-16 gegeben, ist aber aufgrund mangelnder Lokalisierbarkeit mancher Angaben nicht genau nachzuzeichnen. Das Stammesgebiet war im SW wohl durch den Fluß *Kischon begrenzt, die Ostgrenze markiert möglicherweise der Berg *Tabor, und im N reichte das Gebiet wohl bis auf die Höhe des Nordendes des Sees *Genezareth. Im Jakobssegen (1Mo 49,13) heißt es, daß S. am Ufer des Meeres wohnen und sich bis *Sidon erstrecken würde. Dies ist unseres Wissens jedoch nie der Fall gewesen; möglicherweise ist eine kurze Hinwendung zur Seefahrt (wie sie auch 5Mo 33,18 andeutet) auch Episode geblieben. Manche moderne Forscher möchten die Stelle jedoch anders deuten. Da im Kontext des Jakobssegens zuvor von *Issaschar die Rede ist, der die Ruhe und das Land so sehr schätzte, daß er zum Fronknecht der Kanaanäer wurde, wäre es nach ihnen auch möglich, daß S., um das Hinterland zum Besitz zu erhalten, an den Küstenstädten Frondienst leisten mußte, und dies auch in 5Mo 33,18 zum Ausdruck käme, wo sich der Handelsgewinn der Kanaanäer auch auf S. positiv auswirkte. Schon bei der *Landnahme hatte S. Schwierigkeiten (Ri 1,30); wohl gelang es dem Stamm, seßhaft zu werden im Land, doch die Kanaanäer vermochte er nicht zu verdrängen, diese blieben, wenn auch zum Teil fronpflichtig, im Lande wohnen. Diese Aussage scheint in einer gewissen Spannung mit der vorhin erwähnten Theorie zu stehen. Im *Richterbuch tritt S. mehrfach positiv hervor. *Barak wird von S. unterstützt, und diese Hilfe wird im Deboralied auch gebührend gewürdigt (Ri 5,14.18); einer der »kleinen« Richter, *Elon, kommt aus S. (Ri 12,12). Interessant ist die Stelle Jes 8,23. Die Erniedrigung des Stammesgebietes von S. und *Naftali meint vermutlich die Eroberung dieser israelit. Gebiete durch den König von Assyrien (2Kön 15,29). Durch die Geburt eines Thronfolgers (Jes 9,1-6) sieht Jesaja Hoffnung für diese erniedrigten Gebiete: sie sollen wieder zu Ehre gelangen, also wohl frei werden. Matthäus greift im NT diese Verheißung auf, und verbindet sie mit einem Ortswechsel Jesu (Mt 4,12-16). *Nazareth liegt im Gebiet S.s, *Kapernaum im Gebiet Naftalis. In der Ankunft Jesu, in seinem Auftreten dort, geht die Verheißung in Erfüllung: »das Volk, das im Finstern wandelt, sieht ein großes Licht«. Damit hat Matthäus auf unüberbietbare Weise klar gemacht, welche Bedeutung der Wirksamkeit Jesu beizulegen ist. S. wird noch Offb 7,8 erwähnt, wo auch aus diesem Stamm 12 000 versiegelt werden und so durch je 12 000 Versiegelte aus den zwölf Stämmen die symbolische Vollzahl Israels erreicht ist.

Literatur: M. Noth: Geschichte Israels [10]1986; Kommentare zu *Genesis. G.Le.

SECHACHA.

Hebr. *sekākāh*, »Hütte mit Schilfdach«?. Aufgrund neuer archäologischer Erkenntnisse (*Salzstadt) ist S. mit der bekannten Essener-Siedlung *Qumran in der Wüste *Juda oberhalb des NW-Ufers des *Toten Meers zu identifizieren. Ein eisenzeitl. Turm (R. de Vaux, Archaeology and the Dead Sea Scrolls, 1973, 58f) inmitten der Ruinen des Essener-Klosters bestätigt, daß es sich um die in Jos 15,61 erwähnte befestigte Siedlung handelt. S. wird viermal in der sog. Kupferrolle aus der 3. Höhle von Qumran genannt. Mehrere Schatzverstecke sind auf das Gebiet dieser

Siedlung konzentriert (3Q15 4,6-5,14) und das unterstützt die Annahme, daß es sich bei der Kupferrolle um ein genuines Qumran-Dokument handelt.

Literatur: OLB 2, 451-471; B. Pixner: RQ 11 (1983) 336.347f. B.P.

SECHARJA. (»Der Herr hat sich erinnert, hat gedacht [an jemanden]«).

1. Benjaminit. Sohn Jeïëls zu Gibeon (1Chr 9,35.37). Vielleicht derselbe, der 1Chr 8,31 Secher (wohl eine Kurzform von S.) genannt wird.

2. Vater Jiddos, des Fürsten von Ostmanasse in *Gilead unter David (1Chr 27,21).

3. Sohn Meschelemjas, levitischer Torhüter z.Zt. Davids (1Chr 9,21; 26,2). Er war zugleich ein weiser Ratgeber (V. 14).

4. Levitischer Sänger der zweiten Ordnung z.Zt. Davids (1Chr 15,18.20; 16,5).

5. Priester z.Zt. Davids (1Chr 15,24).

6. Sohn Jischijas und Enkel Usiëls, Levit z.Zt. Davids (1Chr 24,24f).

7. Sohn des Merariters Hosa, einer der levitischen Torhüter z.Zt. Davids (1Chr 26,10f).

8. Vater des levitischen Sängers Jahasiël z.Zt. *Joschafats (2Chr 20,14).

9. Einer der Fürsten Judas unter Joschafat (2Chr 17,7).

10. Sohn des Königs Joschafat (2Chr 21,2).

11. Sohn des Hohenpriesters *Jojada. Erfüllt mit dem Geist Gottes warnte er König und Volk, als *Joasch nach dem Tode Jojadas den Herrn verlassen hatte. Aber sie veschworen sich gegen ihn und steinigten ihn auf Befehl des Königs im Vorhof des Tempels (2Chr 24,20f). Jesus spielt Mt 23,35; Lk 11,51 auf diesen Mord an. Die Erwähnung Abels und S. weist darauf hin, daß im hebr. AT schon z.Zt. Jesu die *Chronikbücher an letzter Stelle standen. Es fällt auf, daß dieser S. in Mt 23,35 wie der Prophet S. als Sohn des Berechja bezeichnet wird. Man hat das auf veschiedene Weise zu erklären versucht, u.a. durch die Vermutung, S. sei vielleicht der Enkel Jojadas und Berechja dessen Sohn gewesen.

12. Prophet, der den König *Usija von Juda »in der Furcht Gottes unterwies« (2Chr 26,5).

13. Sohn *Jerobeams II., der 753-752 v.Chr. für sechs Monate König von Israel in *Samaria war. Er tat wie seine Vorgänger, was dem Herrn mißfiel, und ließ nicht von den Sünden Jerobeams I., dem Dienst der Stierbilder. *Schallum brachte eine Verschwörung gegen ihn zustande, ermordete ihn und wurde an seiner Stelle König. So erfüllte sich die Weissagung, daß *Jehus Nachkommen nur bis ins vierte Glied über Israel herrschen sollten (2Kön 15,8-12).

14. Stammesfürst der Rubeniter z.Zt. der Wegführung des Stammes durch Tiglatpilesar III. von Assyrien (1Chr 5,7).

15. Vater der Abi und Großvater des Königs *Hiskia (2Kön 18,2; 2Chr 29,1).

16. Sohn Jeberechjas, den der Prophet *Jesaja auf Anordnung des Herrn zusammen mit dem Priester Uria als Zeugen hinzuzog, als er auf eine große Tafel die Worte schrieb: »Raubebald – Eilebeute« (Jes 8,1-4).

17. Levit aus dem Geschlecht Asafs z.Zt. Hiskias (2Chr 29,13).

18. Levit aus dem Geschlecht der Kehatiter z.Zt. *Josias (2Chr 34,12).

19. Priester z.Zt. Josias (2Chr 35,8).

20. Zwei Judäer und ein Priester, deren Nachkommen nach der babylon. Gefangenschaft in Jerusalem wohnten (Neh 11,4.5.12).

21. Zwei Israeliten, die mit *Esra aus der Verbannung zurückkehrten (Esr 8,3.11).

22. Einer der Obersten, die Esra nach Kasifja sandte, um Leviten für den Zug nach Jerusalem zu gewinnen (Esr 8,16). Vielleicht derselbe, der neben Esra stand, als dieser das Gesetz verlas (Neh 8,4).

23. Israelit, der eine heidnische Frau geheiratet hatte (Esr 10,26).

24. Priester, die an der Einweihung der Mauer Jerusalems unter *Nehemia teilnahmen (Neh 12,35.41). (Vgl. auch den bedeutungsgleichen Namen *Zacharias).

SECHS s. Zahl

SEELE.

I. WAS IST »SEELE«?

S. bezeichnet bei Lebendigem das, was sein Leben ausmacht; denn was »seelenlos« bzw. »entseelt« ist, ist unlebendig. Das Wort S. meint – wie das Wort Leben – Grundlegendes für unser lebendiges Menschsein. Aber was S. ist, ist kaum greifbar. Darum ist für einen sachgemäßen Zugang zur Frage: Was ist S.? zu bedenken: Wenn unsere Sprache Grundlegendes – darum oft Ungreifbares - bezeichnet, tut sie es oftmals in deutenden Bildern. Das Bild im Wort stellt dann vor Augen; das Wort meint und gibt einen Zugang zu elementarem Verstehen. Darum will Antwort gesucht werden, indem das Bild im Wort S. in den bibl. Ursprachen Hebr. (II) und Griech. (III) im Zusammenhang mit den bibl. Grundaussagen über den Menschen erkundet wird. So soll geklärt werden, was »der Mensch als Seele« sei, und welche aktuellen Konsequenzen sich in bibl. Sicht daraus ergeben (IV).

II. HEBRÄISCHE WORTBEDEUTUNG.

Das hebr. Wort, das in der Regel mit S. übersetzt wird, heißt *näphäsch*. Es findet sich im AT 754 mal, am häufigsten in den Psalmen, danach in Jes und 3Mo. Es zeigt etwas von der Grundstruktur des Menschseins auf.

1. Der Mensch als »Kehle« .

Als Bild im Worte *näphäsch* zeigt sich dessen Grundbedeutung »Kehle«, »Schlund«, d.h. der Schlauch, durch den Atem und Nahrung eingehen und die aufgenommene Atemluft wieder ausgeht. Über »Kehl-kopf« und Mund dient die *näphäsch* zur Sprache, also zu geistiger Kommunikation. So steht »Kehle« im Hebr. als »Teil fürs Ganze« des Menschseins (wie im Dt. etwa »Kopf«). Dies deutet die Elementarstruktur des lebendigen Menschseins: was den Menschen zum Menschen macht, ist das Empfangen und Geben – offen nach außen hin und ganz angewiesen auf das, was ihm von außen her zukommt. Er lebt darum im Verlangen und in der Begierde zu empfangen und wiederzugeben (vgl. Ps 42,2ff). Er ist also, der er ist, in Verbindung nach außen. *Näphäsch* ist folglich Subjekt seiner Empfindungen, z.B. des Liebens (nicht, wie im Dt. sein »Herz«; vgl. Hld 1,7; 3,1-4) oder des Hasses Einzelne Aspekte dieser elementaren Sicht unseres Menschseins werden in den Grundbildern der ersten drei Kap. der Bibel deutlich:

2. Der Mensch als »Gefäß«.

Grundlegend für die bibl. Sicht des Menschen als S. ist 1Mo 2,7: »So wurde der Mensch eine lebendige Seele« (*näphäsch chajjāh*). Das geschah, indem Gott – in Entsprechung zur Erschaffung der Welt aus Ungestaltetem (*tohūwābohū*, 1Mo 1,2) – den Menschen aus (so wörtl.) gestaltlosem »Staub vom Acker töpferte« (1Mo 2,7; hebr. *jāzar*, Fachwort für Töpfern). Gott hat den Menschen als »Gefäß« gestaltet. Der Sinn des Gefäßes liegt im Gebrauch durch den Töpfer selber: er formt es sich zum Einschenken und Ausschenken. Sein »Inhalt« ist »Geschenk«. Dafür ist es offen; darauf ist es angewiesen. Fehlt das Geschenk, dann bleibt es inhaltslos und leer. Die Gestalt des Gefäßes ist auf dessen Gehalt abgestimmt. Folglich ist die überaus feine und komplexe Gestalt unsers Körpers – etwa in der Gestalt der Milliarden Gehirnzellen – auf wertvollsten Gehalt eingerichtet: auf das Geschenk der Verbindung mit dem lebendigen Gott selber. Gehalt und Gestalt gehören stets zusammen, wobei der Gehalt die Gestalt bestimmt. Beide entstammen der Gewalt, die sie wirkt und sie überwaltet. Ihr sind sie zu eigen. Gewalt, Gehalt und Gestalt sind also – in dieser Zuordnung – eine Einheit, die in sich eine Dreiheit bildet (sog. »Trias«). Dieser Aspekt des Menschseins findet sich oft in der Bibel (vgl. z.B. Jes 29,16; 41,25; 64,7; Jer 18,1-6; 19; Klgl 4,2; Röm 9,21ff; 2Kor 4,7; 2Tim 2,20f): der Mensch ist als Gefäß offen und angewiesen auf Verbindung im Empfangen und Wiedergeben. Dies zeigt sich auch im gängigen Sprachgebrauch z.B. »Inhalt« – bzw. Verlust des Inhalts – des Lebens; »Äußer(lich)es« bzw. »Äußerlichkeit«; »Inner(lich)es« bzw. »Innerlichkeit« des Menschen; »innerer« bzw. »äußerer« Mensch. Auch dic umfassenden Fragen nach »Ursprung und Ziel« des Lebens, die »Sinn und Wert« des Menschseins ausmachen, finden in diesem Bild ihre Klärung in bibl. Sicht: alles liegt am Bezug, an der Verbindung, die uns geschenkt ist. Wie wir Gott mit jedem Atemzug das Leben verdanken, sind wir ihm auch »zu eigen« (vgl. Joh 1,10f). Das ist unser »eigentliches« Menschsein. Den »eigentlichen Inhalt« unseres Lebens verdeutlicht der zweite Teil des Satzes 1Mo 2,7: Gott gab seinen lebenschaffenden Odem (*neschāmāh*) dem von ihm getöpferten Gefäß zum Inhalt als einen dem Menschen eigenen Geist, der aber als solcher Gott zu eigen bleibt (vgl. 1Mo 6,3). Er dient der geistlichen Verbindung zu Gott: mit ihm sollen wir Gott suchen (vgl. Ps 77,7; 78,8) und finden. Dies wirkt Gott selber in uns (vgl. Apg 17,26ff; Röm 8,14; Phil 2,12f). Das »gereinigte« Gefäß kann von Gott durch seinen Geist gefüllt und gebraucht werden (Eph 5,18b-21; 2Tim 2,20f). Dann »wohnt Gottes Geist in uns und ist unser Leben« (Röm 8,10-16). Fehlt aber Gottes Geist in uns, so sind wir »tot in Sünden« (Eph 2,1ff). Stirbt der Mensch, dann »gibt er seinen Geist auf« bzw. gibt ihn in Gottes Hände zurück (vgl. Ps 31,6; 146,4; vgl. Lk 23,46). Der Körper wird dann als Leiche zu einer sinnlosen Gestalt ohne Gehalt. Er selber aber ist, als »Seele«, bei Gott (vgl. Offb 6,9; 20,4), wenn er durch Jesus Christus gerettet ist. Seelen-Rettung und Seelen-Gewinnung ist in diesem Sinne Zentrum christl. Mission. So steht »Seele« für den lebendigen Menschen selbst (vgl. Apg 2,41): Wir »haben« keine S., wir sind S. als Gefäß, dessen Sinn nicht in seiner Gestalt, sondern im Gehalt liegt. Bibl. wird die S. dem fließenden Blut zugeordnet: »Des Leibes Leben ist in seinem Blut« (3Mo 17,11.14). So kann im Vergießen und Sprengen des Opferblutes des Opfers Leben und Sterben auf die übertragen werden, denen es gilt (vgl. 1Petr 1,2; Hebr 12,24). Im Glauben erfassen sie es für sich und einen sich mit ihm. So wird der Mensch »lebendige Seele« in der Zuordnung von »Staub vom Acker« und »Geist von Gott«. In bibl. Sicht ist der Mensch die Einheit von Geist, Seele und Leib, die dabei zugleich unterschieden bleiben (sog. Trichotomie, »Dreiteilung«; vgl. vor allem 1Thess 5,23). Dies erklärt die gegenseitigen Wirkungen im Bereich der S., wie sie in der Psychologie beobachtet werden: des Geistes auf den Körper (z.B. Krankheit durch Sünde; Heilung im Gebet), aber auch des Körpers auf den Geist (etwa durch Psychopharmaka). Gleichzeitig findet sich in der Bibel der Aspekt der Zweiteilung, die den Menschen als »Seele und Leib« sieht (sog. Dichotomie, vgl. Mt 10, 28). Dabei ist in der Bibel die Geistwirkung in der S. als der »innere Bezug« des Menschseins stets mitgedacht. Er wirkt, wer wir sind, unsere Identität. Dieser Aspekt wird in 1Mo 1,26f verdeutlicht:

3. Der Mensch als »Bild«.

»Gott schuf den Menschen ihm zum Bilde.« Das »Bild« verdeutlicht den entscheidenden Aspekt der Verbindung der *näphäsch* (als »Kehle« und als »Gefäß«): Ein Bild hat seinen Sinngehalt darin, daß es so, wie es gestaltet ist, eine ungebrochene und unverfälschte Verbindung zu dem hin vermittelt, den es darstellt (V. 26: »ein Bild, das uns gleich sei« – hebr. *zäläm*, die »äußere Bild-Gestalt«; hebr. *demūt*, der »geistige Bild-Gehalt«, das »Gleichen« als Verbindung zum Abgebildeten). Dies zielt auf das »Gleichen«, also den geistigen Bezug der S. Er entsteht, indem Gott selbst sich uns zuwendet, so daß auch wir selber uns zu Gott wenden können. Der Bezug vollzieht sich, wie beim Spiegelbild, in gegenseitiger Zuwendung (vgl. 2Kor 3,18). Das geschieht im Sprechen, in Wort und Antwort als »Ich selbst« und »Du selbst«.

»Selbst« bezeichnet also die geistige Verbindung in der Freiheit der Liebe, die unser Menschsein ausmacht. *Näphäsch* ist darum, wie »Leben«, auch »selbst«. Unsere Gott-Ebenbildlichkeit bedingt, daß unser Menschsein durch und durch von Gott bestimmt und geprägt ist. Wir verdanken und schulden uns ihm. Darum antworten wir ihm nicht nur selber, sondern auch für uns selbst. Wir können uns vor Gott verantworten, weil wir befähigt sind, uns selbst gegenüberzustehen. Wir können darum über uns selber nachdenken, uns selbst prüfen und verantworten. In der Bibel wird darum auch die eigene S. direkt angesprochen (vgl. Ps 103,1; aber auch Lk 12,19f).

Als »Bild« sind wir von dem geprägt, den wir abbilden. Wir sind nicht selbst Gott. Im Gegenüber und in der Zuwendung bleibt dieser unfaßbare Unterschied. Das zeigt sich am intensivsten dort, wo wir als Menschen die Liebe Gottes, die das Leben schuf, abbilden: wenn wir als Mann und Frau aus Liebe Leben weitergeben. Daraufhin sind wir von Gott gestaltet. Darum brauchen wir auch, wie wir für unser Leben Gottes Wort und Gebet als Antwort brauchen, zwischen uns Menschen Zuwendung und Gespräch, damit »die Seele leben kann« (1Mo 1,27) und wir »uns selbst sind«.

Ebenso gehört der Empfang und Gebrauch von Macht zur Gottebenbildlichkeit und ist so vor Gott zu verantworten (1Mo 1,28). In gemeinsamem Geist entsteht auch eine Art S. der Gemeinschaft, etwa als »die Seele« einer Ehe, einer Familie, eine »Gruppen-Seele«, ja die »Volks-Seele« und sogar eine »Welt-Seele«. Ob sie »gut« oder »ungut« ist, entscheidet hier, welchem Geist sie als Gefäß jeweils geöffnet ist. Dieser kann durchaus gegensätzlich sein. Wer wir »selber sind«, unsere Identität (wörtl. »Selbst-sein«), empfangen wir also als unsere eigentliche Identität von Gott, und als unsere zwischenmenschliche Identität voneinander. (Neuhebr. heißt z.B. das Paßbild des Identitätsausweises *zäläm hanäphäsch*, »Gestalt meiner selbst«).

4. Der verkehrte Mensch.

Der Mensch als *näphäsch* blieb nicht – als »Kehle« – für Gott offen und auf ihn angewiesen, auch nicht – als Gottes »Gefäß« - auf sein Geschenk bezogen und Gott als sein Bild zugekehrt und von ihm bestimmt. Im Sündenfall (1Mo 3) wurde er »wie Gott«: Er stellte sich selbst an Gottes Stelle. Sein Grundbezug kehrte sich damit von Gott weg auf sich selbst. Nun läuft alles grundverkehrt: Der Mensch wird für Gott verschlossen. Er will nun auf seinen Schöpfer nicht angewiesen sein. Im Selbstbezug sucht er sich selber zu schaffen, was er ist und braucht. Dazu bildet er sich nach seiner eigenen Vorstellung Bilder von Gott, von sich selbst, von der Welt, usw. (sog. Gottes-, Menschen- und Weltbilder). Seine Selbsterfassung verführt ihn zur Selbstbestimmung gegen Gott: er setzt das, was ist und was nicht ist, was wahr und wirklich ist. Er wirkt also Identität selber. So liefert das Wort »selbst« jetzt das Grundmuster, in dem von ihm alles erfaßt, erklärt, bestimmt und gelöst werden soll: Es geschieht »alles von selbst« bzw. »durch uns selbst«. Der Mensch ist nun nur sich selbst zu eigen. Damit sind Ursprung und Ziel, Sinn und Wert, Wahrheit und Wirklichkeit und Ganzheit im eigentlichen Sinn verloren. Der Mensch weiß folglich nicht, wer er selber eigentlich ist und nicht einmal, was das »Selbst« sei, das in der Welt alles schaffen und lösen soll. Indem er sich selbst erfaßt, verliert er sich selbst.

Die Verkehrtheit führt so zur »Verfinsterung des Herzens«: dessen verkehrter Grundbezug macht das Denken hohl und das Wissen leer. Im Selbstbezug verliert die *näphäsch* ihren Inhalt (vgl. Röm 1,21f). Dies wirkt sich direkt als Verkehrung im Verhältnis der Geschlechter wie im Gebrauch der Macht aus. Nun geschieht im »verkehrten Sinn ... was nicht taugt« (Röm 1,24-32). Die Grundverkehrtheit wird erst in bibl. Sicht für den Menschen durchschaubar und heilbar: Sie zeigt uns – im Sinne der *näphäsch* – wer wir selbst als unsere S. sind und was unser lebendiges Menschsein ausmacht. Sie zeigt ebenso, daß solche Grund-Verkehrtheit nicht einfach korrigierbar und therapierbar ist: Der Mensch hat das Leben, das er Gott verdankt und schuldet, vertan. Er ist also »tot in Sünden« (Eph 2,1). Seine Rettung kann allein von Gott her, durch den »Samen der Wiedergeburt«, durch eine neue Zuwendung im Wort erfolgen (vgl. 1Petr 1,23). Seine Rettung findet er in der Umkehr, in der Bekehrung zu Jesus Christus: Er starb an des Menschen Stelle, damit der Mensch »nicht mehr sich selbst«, sondern für Jesus Christus lebe (vgl. 2Kor 5,14ff; Röm 6,2ff; Kol 3,1-3).

III. GRIECHISCHE WORTBEDEUTUNG.

Das hebr. *näphäsch* wird in der Regel mit griech. *psychē* übersetzt (LXX über 900 mal; NT 102 mal). Das Bild im Wort zeigt sich in der Wortwurzel *bhs*, »blasen«, also als den unfaßbaren Hauch im Menschen, sein »Inneres« als seine Lebenskraft, als Ort der Empfindung, des Charakters und der Gesinnung. Seit Sokrates wird ihr besondere Sorge (»Seelsorge«) zugewandt: Die S. soll unter der Leitung einer geistigen Macht, des *daimonion*, zur Tugend geführt werden. Die S. ist dem Leib verbunden und dabei doch eigenständig, denn mit dem Tode verläßt sie ihn als ihr Gefängnis, um sich entweder in den »seligen Gefilden« zu vervollkommnen oder im Schlamm der Unterwelt zu verkommen. Sie gilt also als in sich unsterblich. Diese Vorstellung wird in der *Gnosis weiter ausgebildet: *psychē* wird hier von *psychros*, »kalt, erkaltet«, dem kühlenden Hauch abgeleitet. Die S. selbst entstammt dem himmlischen Licht- und Feuermeer, dem *Empyreion*, aus dem sie unglücklicherweise in immer tiefere Sphären der Dunkelheit und Kälte hinabgesunken ist, dadurch zur *psychē* erkaltete und dem Gefängnis der stofflichen Welt (*hylē*) verfiel. Einige Seelen haben jedoch vom *Empyreion* her Reste als »Lichtfunken« bewahrt, die ein himmlischer Erlöser, der zu ihnen herabsteigt, entfacht. Das führt sie zur Erleuchtung, welche die Befreiung aus dem Gefängnis des Körpers schenkt und im Wiederaufstieg die Überwindung des seelischen Wesens (*psychikon*) ermöglicht. Ziel ist die Rückkehr ins reine Geistwesen (*pneumatikon*), die Vergeistigung als Verschmelzung mit dem göttlichen *Empyreion*. Erlösung ist Selbstauflösung im himmlischen Licht und Feuer. In der LXX und im NT ist die Bedeutung von *psychē* durchgängig im Sinne des hebr. *näphäsch* (II) bestimmt. Das griech. Wort wird dazu von seinem außerbibl. Gehalt entleert und durch Gottes Geist mit neuem Sinngehalt gefüllt. Das ist genau zu beachten, da der außerbibl. Sinn – etwa einer »Unsterblichkeit der Seele« und des »Gefängnisses des Leibes« sonst leicht in die Bibel hineingelesen und für bibl. gehalten wird und so der Glaube verfälscht wird. Das gilt besonders, wenn mit dem griech. Wort auch die Gestalt einer griech. Vorstellung übernommen wird, die allerdings mit neuem bibl. Gehalt gefüllt wird, z.B. die gnostische Unterscheidung von »seelischem« (bzw. »natürlichem«) und »geistlichem« Menschen, die in 1Kor 2,9-16 völlig neu durch den bibl. Zusammenhang und Sinngehalt bestimmt sind. Alle bibl. Aussagen über den Menschen, seinen Gottesbezug, seine Todverfallenheit und seine Erlösung durch sein Sterben hindurch gelten als für ihn und für seine S. Die griech. Leibfeindlichkeit wie »Seelenvergottung«, vor allem die Abwertung oder gar Ablehnung der geschöpflichen Geschlechtlichkeit, ist bibl. Denken zuwider. Bei bibl. Klärung zeigt es sich, daß sich alles am Bezug entscheidet, in dem wir als S. leben: ob es der Gottes- oder der Selbstbezug ist.

IV. DER MENSCH ALS SEELE – KONSEQUENZEN.

Das dt. Wort »Seele« entstammt sprachlich der Vorstellung, daß sie »aus dem See stammt«. Dies erklärte sich der Erfahrung des Menschen: begegnete er sich selbst ursprünglich nur in dem Bilde, das ihm im Spiegel des stillen Sees entgegentrat. Die ursprüngliche Begegnung wurde ihm zur Begegnung mit seinem Ursprung. Er erfuhr: Daher stamme ich als »Seele«. Das bin ich, der ich mit meinen Augen mir selbst in meine Augen sehe. Der Blick trifft also nicht nur den »äußeren Menschen«, wie er körperlich aus dem Körper der Mutter geboren ist, sondern den »inneren Menschen«, die »Seele«, die sich im Augen-Ausdruck als dem »Fenster der Seele« und in der Mimik äußert. In diesem Spiegelbild erfuhr der Mensch einen komplexen Aufschluß über sich selbst:

– Er sah sich in unlöslicher Verbindung mit der Tiefe unter ihm, die sein Bild – und so ihn selbst – unfaßbar, und unergründlich geheimnisvoll trug.

– Er sah sich im Lichte vom Himmel über ihm. Ohne dieses vermag er nichts – weder von sich selbst noch von seiner Welt - wahrzunehmen.

– Er nimmt aus der Vertikalen, von oben her, in der Horizontalen sich selbst in seinem Bild wahr. Er ist die geheimnisvolle Verbindung beider.

– Mit seinem Bilde nahm er auch die Bilder anderer Menschen wahr, die sich so wie er selbst begegneten: Jeder hatte sein ihm eigenes Geheimnis.

– Die Wahrnehmung der S. – aus unermeßlichen Höhen geschenkt, von unergründlicher Tiefe getragen – entsteht nur in der Stille. Bewegungen – Wind, Wellen, Strömungen und Strudel – stören, ja zerstören die Begegnung mit dem Geheimnis der S. Erst recht im törichten Griff nach dem Bilde selbst, nach der Tiefe des eigenen Ursprungs und Geheimnisses, zerfließt die Begegnung, – sie entzieht sich, wie Wasser, jedem Zugriff. Das Bild im dt. Wort S. zeigt also einige Grundzüge dessen, was durch die bibl. Sicht über die S. bekannt ist, wenngleich der eigentliche Inhalt, der Bezug zum lebendigen Gott – und damit das Entscheidende – fehlt.

Der gewonnene Zugang in den Bildern der hebr., teilweise auch der griech. und der dt. Wortbedeutung zeigt nun einige Konsequenzen, die sich zur Beurteilung des heute üblichen Umgangs mit Menschen ergeben, die bei uns weithin von griech.-humanistischem Denken bestimmt ist:

– Der Mensch begegnet sich nur selbst und versucht sich im Selbstbezug – statt im Gottesbezug – zu erfassen, zu verstehen und zu helfen. Auf die erste Faszination der Verselbstung folgt unweigerlich die Frustration, die bis zu methodischer Entselbstung führen kann.

– Die Sicht für den Menschen entstammt seinem eigenen Licht, nicht dem Lichte des Geistes und Wortes Gottes (Ps 119,105). Der eigene Geist wird so als göttlich gewertet.

– Die psychosomatische (dichotomische) Sicht für den Menschen aus Leib und S. schließt die entscheidende Sicht für den Geist, der jeweils wirkt, aus. Sie sieht den Menschen »geistlos«.

– In der gegenseitigen Bedingung und Durchdringung von (vertikal) Geistigem und (horizontal) Irdischem des Menschen als *näphäsch* ist es in der Regel außerordentlich schwer, differenzierend das eine vom andern zu unterscheiden. Den Zugang dazu öffnet erst die bibl. Klärung: Zur irdischen Komponente der S. gehört das Körperliche, zur geistigen etwa Sinn- und Wertfragen und -entscheidungen. Das Irdische ist dem Menschen von Gott in die Hand und Herrschaft, also auch in Wissenschaft und Methodik, gegeben. Das Geistige gehört – vor allem, wo es um »Schicksal« und um Schuld geht – ganz in die Hand Gottes. Nimmt der Mensch dies selbst in die Hand, so führt es zu Störungen, ja zur Zerstörung in seinem Menschsein, das – als Schicksal und Schuld – Gottes Sache ist.

– Der Griff nach dem Unfaßbaren der S. wird oft durch den Trick ermöglicht, die S. auf einen ihrer Teilaspekte zu reduzieren: als Redukt erscheint es greifbar, so daß es einer Konzeption unterworfen und in ein Denk- und Arbeitsmodell gefaßt werden kann. Als Material wird es wissenschaftlicher Durchdringung und methodischer Bearbeitung in der Faszination der Machbarkeit zum Konstrukt gestaltet. Zugleich geht die Einsicht verloren, daß die S. damit selbst verloren ist: Der Mensch im Modell (z.B. Dampfmaschine für »Druck, Trieb, Energie, Ventil« der Seele; Schichtenmodell u.ä.) und als Material psychotechnischer Bearbeitung ist seelenlos.

– Die Vorstellung von »Ganzheit« ist von vornherein verfehlt, wenn sie nicht von Gott als Ursprung ausgeht, und als Ziel zu ihm hinführt. Ganzheit als Addition von Teilen (etwa Verstand plus Gefühl) ist Selbsttäuschung. Als entscheidende Konsequenz für den Umgang des Menschen mit dem Menschen zeigt sich: der Mensch vermag selbst nur im Licht des Geistes und Wortes Gottes zu erkennen, wie es um ihn, seine »Seele«, eigentlich steht. Das findet er erst dann, wenn in ihm durch seine Verbindung mit dem Opfer Jesu die Geister geschieden sind, so daß er unterscheiden kann, was sich im üblichen Umgang des Menschen mit dem Menschen vollzieht. Nur dann weiß er, was die Theorien, Konzepte und Methoden bestimmt und ob bzw. wie so sorgsam damit umzugehen ist, wie Gott selbst dadurch für die S. des Menschen sorgen will. Dem dient die bibl. Sicht des Menschen als S.

Literatur: M. Buber: Ich und Du, [11]1983; W. Jentsch, H. Jetter, M. Kiessig, H. Reller, H. Echternach (Hrsg.): Evangelischer Erwachsenenkatechismus, [1]1975, S. 188ff; G. Harder: TBLNT II, [4]1986, 1112-1119; C. Westermann: THAT II [2]1979, 71-96; H.W. Wolff: Anthropologie des Alten Testaments, [3]1977; A. Dihle, E. Jacob, E. Lohse, E. Schweizer, K.-W. Tröger, G. Bertram: ThWNT, IX, 1973, 604-667. S.F.

SEFARWAJIM. Eine Stadt, die von den Assyrern eingenommen wurde (2Kön 17,24.31; 18,34; 19,13; Jes 36,91; 37,13). Der Kontext läßt darauf schließen, daß sie in Syrien oder einem daran angrenzenden Gebiet liegt. Diese Annahme wird durch die Namen ihrer Gottheiten gestützt (*Adrammelech; Anammelech). Der Ort ist nicht identifiziert, obwohl Halévys Vorschlag, daß es sich um den gleichen Ort wie das spätere Sibrajim nahe Damaskus handelt (Hes 47,16), möglich ist. Es kann sich nicht um das Schab mara' in der babylon. Chronik handeln, da dieser Ort mit Samaria identisch ist. Die Auffassung von S. als Zwillingsstadt von Sippar (von Schamasch und Anunitum) in Babylon ist nicht zu halten (obwohl Sipparamnanim in den Texten erwähnt wird), da Sippar keinen unabhängigen König hatte (vgl. 2Kön 19,13). D.J.W.

SEGEN, SEGNEN. In vielen Kulturen weiß man um S. und Fluch. Dabei werden S. und Fluch »verwaltet« von Magiern, wie sie die Bibel etwa mit der Gestalt des *Bileam (4Mo 22-24) schildert. Ihnen traut man zu: »Wen du segnest, der ist gesegnet; und wen du verfluchst, der ist verflucht« (4Mo 22,6). Aber selbst der magische Segensträger Bileam muß in der Begegnung mit dem Gott Israels erkennen: »Wie kann ich etwas anderes reden, als was mir Gott in den Mund gibt? Nur das kann ich reden«. »Wie soll ich fluchen, dem Gott nicht flucht?« (4Mo 22,38; 23,8). Der lebendige Gott, der sich in Israel offenbart, ist und bleibt der Herr des S.s. Was Gott segnet, »das ist gesegnet ewiglich« (1Chr 17,27). Noch nicht einmal der von Gott gesegnete *Abraham ist dazu berufen, ein »Segner« zu sein; sondern er soll ein »Segen« sein; »in ihm« und »durch seinen Nachkommen« sollen alle Völker auf Erden gesegnet werden (vgl. 1Mo 12,2f; 22,18; Gal 3,16). Selbst wenn Patriarchen wie *Isaak und *Jakob segnend die Hände auflegen (*Handauflegung), wird durch die dabei gesprochenen Segensworte deutlich, daß es »der allmächtige Gott« ist, der segnet, nicht der Patriarch als ein Träger besonderer Macht (s. 1Mo 27,28; 28,3; 48,15f). Darum muß auch Gott nicht das tun, was segnende Menschen vorhaben; sondern segnende Menschen werden vom lebendigen Gott gelenkt, letztlich das zu tun, was Gott segnend vorhat (vgl. 1Mo 27 mit 1Mo 25,23; Mal 1,2f und Röm 9,11ff; s.a. 1Mo 48,13ff). Ja, selbst dort, wo der S. ausgesprochen wurde, muß Gott nicht gegen seinen Willen segnen. Mit dem S. legt Gott »Segen und Fluch« vor (vgl. 5Mo 11,26-32). Wer Gott ungehorsam ist, erfährt die zugesagte Nähe Gottes als Fluch, als Gericht. Der Sinn des gottesdienstlichen »aaronitischen« S.s (4Mo 6,22-27) besteht in der Willenserklärung Gottes, daß er auch nach Abschluß des Gottesdienstes, nach dem geschehenen Opfer (3Mo 9,12-22), bei seinem Volk bleiben möchte; dies wird durch die Priester »ausgerichtet«. Aber Gott selbst ist es, der den S. verwaltet. Damit wird für den Bereich des Gottes Israels alles Segnen der Magie entnommen; es wird die Vorstellung von der Existenz besonderer Vermittler von göttlichen Segenskräften entscheidend zurückgeschnitten: Das durch Menschen gesprochene Segenswort hat keine Wirkungsmacht losgelöst vom wirkenden und richtenden Gott. Das Segnen ist schon im Alten Bund Zuspruch der Gnade Gottes, der sich auf die Offenbarung des Segenswillens Gottes gründet. Der S. Gottes wirkt sich im Alten Bund bis hinein in irdische Segnungen – vom Backtrog bis hin zum Sieg im Krieg gegen die Feinde Israels – aus (vgl. bes. 5Mo 28,1ff; s.a. EKG 351). Noch wichtiger bleibt jedoch: Gott behütet, Gott läßt sein Angesicht leuchten, Gott gewährt Gnade, Gott leitet, Gott schenkt Frieden (vgl. 4Mo 6,22ff).

Dies alles wird im Neuen Bund Gottes vertieft. Jesus ist als der »Nachkomme« Abrahams (vgl. Gal 3,16f) der wahre Segensträger. Von ihm, nicht aber von menschlichen Segensträgern, geht »eine Kraft aus« (Mk 5,30). Selbst wenn die Apostel angewiesen werden, Kranken die Hände aufzulegen, damit es mit ihnen »besser« wird (Mk 16,18), bleibt es dabei, daß es Jesus, der Herr, ist, der »wirkt« und die »mitfolgenden Zeichen« als Bestätigung des Wortes gewährt (Mk 16,20). Der »volle Segen Christi« (Röm 15,29; vgl. 1,11) besteht aber weit über irdische Segnungen hinaus vor allem in »allerlei geistlichem Segen in himmlischen Gütern«, nämlich in der Erlösung durch das Blut Christi, in der Vergebung der Sünden, in der Kindschaft bei Gott, im Begnadetwerden durch den von Gott geliebten Sohn. Auf das vollkommene und endgültige Opfer Jesu gründet sich der S. (vgl. 3Mo 9,12-22; Hebr 9,14.28; 10,14); die atl. Opfer sind für das Opfer Jesu nur wie ein vorausgeworfener »Schatten« (Hebr 10,1). Dieser umfassende S. schließt Irdisches und Himmlisches ein, er ist Israel und den Völkern angeboten; er erweist seine ganze Fülle und Kraft darin, daß er durch den Heiligen Geist den Glauben wirkt (s. Eph 1; vgl. auch Apg 3,26). Weil Jesus den »Fluch« auf sich genommen hat (Gal 3,13f), kann er auch »Arme im Geist« als »Gesegnete« preisen (Mt 5,3); denn es gibt auch für sie Zugang zum Himmelreich. Wenn sie in der Nachfolge ihres Herrn (vgl. Lk 23,34) für die Übeltäter zu Gott bitten, daß er auch ihnen Vergebung gewähren möge, dann ist solches Bittgebet das »Segnen« im Geist Jesu (vgl. Mt 5,44; Röm 12,14; 1Kor 4,12; 1Petr 3,9).

Nachdem Jesus selbst unter Handauflegung oder mit Handerheben gesegnet hat, wie das in Mk 10,16 von der Segnung der Kinder oder in Lk 24,50 von der Segnung vor der Himmelfahrt berichtet ist, muß es immerhin auffallen, wie selten sonst im NT von Segnen unter Handauflegung durch Nachfolger Jesu gesprochen wird (Ausnahmen s. *Handauflegung). Aber erstaunlich ist diese Tatsache nicht; denn der »Segen Christi«, der in Kraft ist, wird vor allem durch die Verkündigung des Wortes und durch die von Jesus eingesetzten Sakramente der Taufe und des Abendmahls zugesprochen. Das NT kennt kein »Segnen«, das auch nur annähernd die Würde eines »dritten Sakramentes« hätte. Gerade der »Priester« des allgemeinen Priestertums im Neuen Bund (vgl. 1Petr 2,9f) weiß in demütiger Zurückhaltung, daß es »der Herr« ist, der segnet (vgl. auch 4Mo 6,27); er selbst bietet segnend den vollen in Kraft befindlichen S. Christi an. Dieser jedoch verwirklicht sich nicht anders als im glaubenden Ergreifen des Heiles Gottes in Jesus.

Literatur: H.-G. Link: TBLNT II, [4]1986, 1119-1127; H.W. Beyer: ThWNT II, 1935, 751-763; C.A. Keller, G. Wehmeier: THAT I, 1978, 353-376; C. Westermann: Der Segen in der Bibel und im Handeln der Kirche, 1981. R.S.

SEGUB. Kurzform von Elsagab, »Gott hat sich erhaben gezeigt«.

1. Sohn *Hezrons, Nachkomme *Judas (1Chr 2,21f).

2. Jüngster Sohn Hiëls von *Bethel. Er starb, als sein Vater die Tore der Stadt *Jericho einsetzen ließ; damit ging der Fluch *Josuas in Erfüllung (2Kön 16,34; Jos 6,26).

SEHEN, SCHAUEN, SIEHE.

I. SEHEN/SCHAUEN.

Die dt. Begriffe für S./Sch. geben mehrere griech. und hebr. Wörter wieder, die verschiedene Bedeutungen haben (hebr. *rā'ah, chāsah*; griech. *blepō, horaō, theaomai, theoreō*). Das hebr. Wort *rā'ah* kommt 1303 mal in Verbalformen im AT, meist in der Hauptbedeutung »sehen« vor. S. kann auch – je nach Textzusammenhang – »sehen und hören« (Ps 135,16f), »hören«, »empfinden« und »erfahren« (1Mo 2,19; Hiob 7,7; Jes 44,16) bedeuten.

Die Passivform »gesehen werden« kann heißen »sich offenbaren«. Übertragen wird die hebr. Wortwurzel auch für geistige Wahrnehmungen, für »Besuch« (Ps 41,7) und »*Erwählung« (»ersehen«; 1Mo 41,33) gebraucht.

Als hebr. oder aram. Verb begegnet *hāsah* 86 mal im AT. Seine Grundbedeutung ist das visionäre Schauen. Das Wort kann aber auch die Bedeutungen »beobachten«, »erleben«, »einsehen« und »ersehen« bekommen (Fuhs: S. 300-302. 305). Das griech. Wort *horaō* wird mit »sehen« übersetzt. Es ist im NT 449 mal belegt. Übertragen kann das Verb die Bedeutungen »wahrnehmen«, »erfahren«, »merken«, »kennenlernen« und »visionär sehen« annehmen. *Blepō* kommt 133 mal im NT vor. Es zeigt die sinnliche Wahrnehmung an, z.B. das Sehvermögen im Gegensatz zum Blindsein (ThWNT V, S. 343,8). Im übertragenen Gebrauch kann das Wort »hinsehen«, »zusehen«, »sich vorsehen«, »wahrnehmen«, »bemerken«, aber auch (selten) visionäres S. bedeuten. *Theaomai* (22 Belege) bedeutet »schauen«, »anschauen«, »besuchen« und »einsehen«. *Theoreō* (58 Belege) drückt das Zuschauen aus, übertragen (vom geistigen S.) bedeutet es »bemerken«, »beobachten« und »erleben«.

II. SEHEN IM ALTEN TESTAMENT.

1. Im Gegensatz zu den Götzenbildern, die Augen haben und nicht s. (Ps 115,5; 135,16), wird vom Gott Israels ausgesagt, daß er sieht (Hiob 31,4; 34,21; Ps 139,3). In räumlicher Vorstellung ausgedrückt heißt dies, daß er vom Ort seiner Wohnung, der »*Himmel« genannt wird und doch über diesen Begriff hinausgeht (vgl. 1Kön 8,27), herabsieht auf die Erde (Ps 102,20). Ja, er muß von seinem unvergleichlichen Himmel gar herabsteigen, um zu »sehen«, wie die Menschen mit einem Turmbau seinen Himmel erreichen wollen (1Mo 11,5). Gottes S. ist auch sein Urteil. Z.B. »sieht« Gott, daß das erschaffene Licht gut war (1Mo 1,4; Hiob 10,4). Gottes S. bestimmt die Situation des Menschen unter *Gericht und *Gna- de: Er sieht die Verfehlungen seines Volkes, die Bedrohung durch Anfechtungen von innen und außen. Er sieht die *Sünde und sucht den, der von Herzen nach ihm fragt (Ps 14,2; 53,3). Er sieht den, der ihn fürchtet, gnädig an und erbarmt sich seines Volkes (2Mo 3,7.9.16; Ps 33,18).

2. Der Mensch »sieht« Gott in Erscheinungen, Visionen und prophetischer Schau. Das S. (vgl. *Erkennen, *Sünde/Sündenfall) des Menschen vor und nach dem Sündenfall wird in 1Mo 3 unterschieden. Über den Menschen vor dem Fall wird ausgesagt, daß das S. und das *Hören der Stimme Gottes ebensowenig ein Problem war wie das S. und das Hören der Stimme der Frau des Menschen. Durch den Fall verändert sich das S. des Menschen (die Augen werden »aufgetan«), das als Erkenntnisvermögen, über Gut und Böse zu urteilen, bestimmt wird und dessen erste Wirkung die Erkenntnis der menschlichen Distanz von Gott und die Entzweiung der Menschen untereinander ist. Die heilsgeschichtliche Abfolge vom S. Gottes zur Austreibung des Menschen aus dem *Paradies ist nicht umkehrbar. Das zweite Gebot vom Sinai (2Mo 20,4; 5Mo 5,8) verbietet dem Volk Israel, daß der Israelit Gott mit seinen Augen so schaut, wie die Heiden um Israel her ihre Götter in Bildern schauen, die Menschen oder Tieren gleichen (vgl. *Bild/Abbild/Ebenbild, *Götzendienst).

In Traumgesichten (s. *Traum) im Schlaf (z.B. 1Mo 37,7.9) wird nicht Gott geoffenbart, sondern der Inhalt der Träume als Wille Gottes gedeutet. Davon zu unterscheiden ist die *Offenbarung Gottes zur Nachtzeit, die *Jakob in *Bethel zuteil wird (1Mo 28,10-15).

Das prophetisch-visionäre S. (Jes 1,1; 2,1; 13,1; Jer 1,11; 24,3; Hes 1,4; Joel 3,1) wird dem *Propheten ohne dessen Zutun geschenkt. Es nimmt ihn in die Pflicht, seine Botschaft auszurichten. Bei den Offenbarungen, die Propheten zuteil werden, ist »das sachliche Übergewicht des Hörens über das Sehen nicht zu verkennen« (ThWNT V., 330). Das »Erscheinen« Gottes (wörtl.: »Sich sehen lassen«, 1Mo 12,7; 17,1; 26,2.24) zeigt an, daß Gott gegenwärtig ist und sich in seinem Wort offenbart. Wenn der atl. Glaubende Gott schaut, dann ist sein Sch. als besonderes Offenbarungshandeln Gottes zu deuten (1Mo 28; 2Mo 24; 33; Dan 7,9). Einerseits erinnern die Schilderungen der Begegnungen an die Situation des Menschen vor dem Fall (5Mo 34,10), andererseits wird Gott als Herrscher und Richter geschaut (1Kön 22,19; 2Chr 18,18; Jes 6,1). Die Distanz zwischen Gott und Mensch bleibt auch in den Offenbarungen gewahrt. Gott in seiner *Heiligkeit kann nicht geschaut werden, ohne daß der Schauende stirbt (2Mo 19,21; 33,20; 4Mo 4,20; Jes 6,5). Die volle Wirklichkeit Gottes kann kein Lebendiger schauen. Das drückt die Bibel so aus, daß der Mensch nur die *Herrlichkeit Gottes schauen kann (Ps 96,6; Jes 26,10; 35,2). Mose kann das »Angesicht« Gottes, seine »Vorderseite« nicht sehen, sondern nur »hinter ihm her« sehen (2Mo 33,23). In 2Mo 3,2 erscheint zunächst der Engel Jahwes, später spricht Gott selber zu Mose. Vor ihm verhüllt Mose sein Haupt. Die Ältesten Israels bekommen beim Bundesschluß auf den Sinai die Erlaubnis, Gott »von ferne« zu sehen und anzubeten (2Mo 24,1.10). 4Mo 12,8 wird die einmalige Gottesschau des Mose der der anderen Propheten gegenübergestellt, denen nicht die Herrlichkeit Gottes, sondern Gottes Wort in Gesichten und Träumen geoffenbart wird.

In übertragenem Gebrauch kann S. auch vom Erwarten der Hilfe Gottes ausgesagt werden (Hiob 42,5; Ps 11,7). Wenn Gott helfend und rettend in Israels Geschichte eingreift, wenn er sich durch sein Handeln kundtut, dann »sieht« der atl. Gläubige Gott in seinen Taten am Werk (2Mo 3,21; 34,10). In übertragenem Sinn kann »Gott schauen« auch für den Gottesdienst im Heiligtum verwendet werden, da der Gläubige im Kultus vor Gottes Angesicht kommt.

III. SEHEN IM NEUEN TESTAMENT.

1. Im NT erscheint neben dem allg. Gebrauch des Begriffs auch die Verwendung für Gottes S. (Mt 6,4.6.18; Apg 7,34). Von Christus wird ein S. bezeugt, das über menschliches S. hinausgeht (Mt 3,16; 9,4; Joh 1,48; 2,25). Auch das visionäre bzw. prophetische S. ist im NT belegt (Apg 8; 9; 10; 16,10; 1Kor 15; Offb). Wortoffenbarungen im Traum kommen seltener als im AT vor (z.B. Mt 1,20; Lk 1,11). Öfter werden *Engel gesehen, vorwiegend in den Geschichten von Kindheit und *Auferstehung Jesu. Neben den Visionen der *Offenbarung des Johannes wird nur von einer Bildoffenbarung berichtet, die Petrus in »Verzükkung« (*Ekstase) zuteil wird. *Paulus bezeugt nach seinem Damaskuserlebnis eine *Vision Christi (Apg 22,17) und eine Entrückung in das Paradies (2Kor 12,2-5), die für ihn kein Anlaß ist, sich seiner Offenbarungen zu rühmen. *Stephanus schaut Gottes Herrlichkeit und Christus zur Rechten Gottes in einer Vision, die der atl. Prophetie vergleichbar ist (Apg 7,55f; vgl. Dan 7,9.13). In der Geschichte von der *Verklärung Christi wird den drei beteiligten Jüngern die Schau der Herrlichkeit Christi, der von seinem Vater im Himmel bestätigt wird, ermöglicht. Die Jünger sollen durch diese Erfahrung angesichts der kommenden Passion Christi im *Glauben gestärkt werden (Mt 17,9). Gott tut sich im Verklärungsbericht allein durch sein Wort kund.

Das »Sehen Gottes« wird im NT in Parallele zum AT als menschliche Möglichkeit, wenn Gott sich offenbart, berichtet, auch wenn das NT wie das AT darum weiß, daß Gottes Wesen den menschlichen Augen verborgen bleibt (1Tim 6,16). Die Erscheinungen des auferstandenen Christus gehen über das atl. Zeugnis vom S. Gottes hinaus. Sie sind den *Jüngern zuerst nicht erkennbar gewesen (Lk 24,16; Joh 20,14). Der Tod Christi ermöglichte es den Jüngern nicht, Christus als den Auferstandenen zu erkennen. Dazu bedarf es der »Öffnung der Augen« der Jünger, die als Gottes Tat geschildert wird (Lk 24, 31). Mit den Erscheinungen des Auferstandenen sind immer Wortoffenbarungen verbunden (ThWNT V, 357). Christus ist das Subjekt der Erscheinung, daß er »gesehen werden« kann, liegt allein in seiner Macht. Der im Griech. verwendete Begriff *ōphtē* wird nur für Offenbarung Christi bzw. die der Engel verwendet (Lk 1,11; 22,43).

2. Wer Augenzeuge des Lebens Jesu Christi geworden ist, ist durch seine Augenzeugenschaft vor die Glaubensfrage gestellt. Aus dem S. Christi muß nicht notwendig der Glaube folgen. Das S. Christi, d.h. zugleich: das *Hören seiner Botschaft stellt den Men-

schen in die Entscheidung. Die Betonung der Augenzeugenschaft in Lk 1,2 (vgl. 1Kor 15,5-8; 2Petr 1,18; 1Joh 1,1) stellt die Sicherheit der empfangenen Lehre heraus, die die Richtigkeit des kirchlichen Unterrichts verbürgt. Für die spätere Kirche ist die Grundlegung der Lehre in der apostol. Botschaft und Augenzeugenschaft wichtig. Der Glaube der Christen, die nach Christi Tod und Auferstehung Glieder der Gemeinde wurden, ist dennoch nicht minderwertig, weil er nicht Christus im Fleisch geschaut hat. In Joh 20,29 werden sogar diejenigen selig gepriesen, die nicht sehen und doch glauben (vgl. 1Petr 1,8): Der Glaube entsteht als Gabe des Heiligen Geistes auch dort, wo Christus nicht gesehen wird, denn der Glaube kommt aus dem Hören des Wortes Gottes (Röm 10,17) und richtet sich auf das Unsichtbare (2Kor 4,18).

3. Im *Johannesevangelium und in den *Johannesbriefen kommen die verschiedenen griech. Begriffe für S./Sch. 125 mal vor. Die Bedeutung ist hier oft die der Begegnung des Menschen mit Christus, die durch den Heiligen Geist den Glauben schenkt. Wer Jesus nicht sieht, erfährt noch nicht die Wirkung des Heiligen Geistes, glaubt auch noch nicht (vgl. Joh 6,40.62; 12,44f; 14,19; 16,16-19). Das JohEv. bezeugt wiederholt, daß in Jesus Christus der unsichtbare Gott für Menschen sichtbar geworden ist (Joh 1,14.18; 12,45; 14,9). Die Augenzeugenschaft ist im JohEv. und in den Briefen stark betont; sie zeichnet sich vor den anderen ntl. Schriften dadurch aus, daß die ewige Gottessohnschaft Christi Gegenstand des S.s ist (Joh 1,14; 12,41; 1Joh 1,1; 1,3; 4,14).

4. Die Gläubigen sehen jetzt nur unvollkommen, was sie nach dem Tod in Klarheit von Angesicht zu Angesicht sehen werden (1Kor 13,12; 1Johr 3,2). Die Gläubigen, die am Jüngsten Tage leben, werden Christus wiederkommen sehen, wie die Jünger seine Aufnahme in die Welt Gottes mit eigenen Augen sehen konnten (Mt 24,30; 26,64; Lk 21,27; Apg 1,11 u.a.). Die Gottesschau in der *Wiederkunft Christi ist mit dem S. seines Gerichts über alle Menschen verbunden (Offb 1,7; Mt 25,31-46).

IV. SIEHE!

Hebr.: *Hēn, Hinnēh,* griech. *idou.* Der Begriff ist in der Bibel zahlreich belegt (hebr. 1057 mal, griech. 200 mal). S. ist ursprünglich »Glied eines urtümlichen Befehlsvorganges... in dem es das Gebotene präsentiert« (THAT II, 505, vgl. 1Mo 47,23). Als Anruf und Ausruf macht die Formel den Hörer auf den der Anrede folgenden Inhalt aufmerksam und kennzeichnet diesen als besonders wichtig. Oft wird S. als Einleitung zur prophetischen Gerichtsankündigung verwendet (Jes 3,1; 8,7; 10,33; 28,2; Jer 1,10 u.ö.), es kommt auch im prophetischen Visionsbericht vor (Hes 1,4; Am 7,1). Im NT will S. die Aufmerksamkeit des Angesprochenen wecken. Es kann auch hinweisend »schau!« bedeuten (Mt 24,23; Apg 8,36) und das Interesse auf besondere, neue Umstände richten (Mt 25,6; 26,45f), insbesondere auf Christus (Joh 1,29). In der Offenbarung des Johannes kommt S. als Einleitung zu den Visionsberichten vor (Offb 1,7; 4,1f; 6,2 u.ö.). Bedeutende Jesusworte (Mt 10,16, Offb 3,11; 3,20) und Geschehnisse (Mt 27,51; 28,2) werden mit S. eingeleitet. Ebenfalls werden Ankündigungen des Handelns Gottes (Lk 1,31; 2,10) und Engelerscheinungen (Mt 2,13; 4,11) mit S. eröffnet. (S.a.*Erkennen, *Hören, *Blind/Blindheit, *Auge, *Herz, *Ohr, *Traum, *Vision).

Literatur: M. Barth: Der Augenzeuge, 1946; W. Bittner: Jesu Zeichen im Johannesevangelium, 1987; K. Dahn: TBLNT II, 4 1986, 1127-1133; R. Fiedler: Die Formel »und siehe« im NT, 1969; H.F. Fuhs: Sehen und Schauen. Die Wurzel hzh im Alten Orient und im Alten Testament. Ein Beitrag zum prophetischen Offenbarungsempfang, 1978; F. Hahn: Sehen und Glauben im Johannesevangelium, in: FS O. Cullmann, 1972, S. 125-141; A. Jepsen: ThWAT II, 1977, 822-835; H.J. Kraus: Hören und Sehen in der althebräischen Tradition, in: Biblisch-theologische Aufsätze, 1972, S. 84-101; K. Lammers: Hören, Sehen und Glauben im NT, 1966; W. Michaelis: ThWNT V, 1954, 315-381; D. Vetter: THAT I, 533-537; II, 692-701; R. Schnackenburg: LThK IX, 598-600. J.E.

SEHER. (Hebr. *chōsäh, rōʾäh*).

S. (in der LÜ auch »Schauer«) ist im AT ein für *Propheten gebrauchter Begriff, der weitgehend denselben Inhalt hat, sich aber auch in Nuancen von »Prophet« unterscheidet:

a. S. wird als der ältere Begriff für die Frühzeit Israels bezeugt (1Sam 9,9).

b. Beim S. liegt vom Begriff her das Gewicht auf der *Vision, die er empfängt, beim Propheten dagegen auf der Wortoffenbarung, die er im Prophetenspruch weitergeben soll. Der S. (der Schauende) kann verborgene und zukünftige Dinge offenbaren, er redet im Namen Jahwes (2Chr 33,18). In späterer Zeit waren die S. nachweisbar des Schreibens mächtig; Geschichten der S. werden als Quellen für die Geschichte Israels angeführt (1Chr 29,29; 2Chr 9,29; 33,19). S. wird im AT vorwiegend *Samuel genannt (1Sam 9,18f; 1Chr 9,22; 26,28; 29,29). Weitere S. bzw. Schauende sind *Gad (2Sam 24,11; 1Chr 21,9; 29,29; 2Chr 29,25), *Hanani (2Chr 16,7.10). *Heman (1Chr 25,5), Jedo (2Chr 9,29), *Iddo (2Chr 12,15), *Jehu (2Chr 19,2; *Asaf (2Chr 29,30), *Heman, *Jedutun (2Chr 35,14) und *Amos

(7,12). Der S.-Begriff steht in Parallele zu Wahrsager (Mi 3,7) und Prophet (Jes 29,10). *Rōʾäh* und *chōsäh* können austauschbar gebraucht werden, sie werden auch aus stilistischen Gründen abwechselnd mit dem Begriff des Propheten gebraucht. (S.a. *Prophet, *Sehen/Schauen).

Literatur: H. Gross: LThK IX, 600-601; J. Mánek: BHH III, 1966, 1689; D.E. Aune: Prophecy in Early Christianity and the Ancient Mediterranean World, 1983. J.E.

SEIDE.

1. Hes 16,10.13 wird das hebr. Wort *mäschī* mit S. wiedergegeben. Es könnte »Seidenfaden« bedeuten, aber sein Sinn ist unklar. Da das hebr. Wort ein ägypt. Lehnwort zu sein scheint (das auf Ägypt. meistens *Leinen bedeutet) und S. erst in röm. Zeit in Ägypten eingeführt wurde, besteht einiger Zweifel an der Identifikation mit S. LXX übersetzt mit griech. *trichaptos*, »gewebtes Haar«.

2. Griech. *sērikon* (Offb 18,12), »Seide«, »seidig«, wird unter den wertvollen Waren aufgeführt, die in den Märkten *Babylons verkauft wurden. Echte S. wird aus dem Kokon gewonnen, in den sich die Raupe des chinesischen Seidenspinners verwandelt, die sich von den Blättern des weißen Maulbeerbaums (*Morus alba*) ernährt. S. war eine wertvolle Handelsware, die man direkt aus China bezog, da Zuchtversuche mit der chinesichen Seidenraupe im W erst im Mittelalter unternommen wurden. Es gibt allerdings auch eine im östl. Mittelmeerraum heimische Art der Seidenraupe, die auf Zypressen und Eichen lebt. Auf das Vorkommen dieser Art ist eine in Kos und Sidon angesiedelte Industrie zurückzuführen, die durchsichtige S. herstellte, auf die sich bibl. Hinweise beziehen dürften. J.D.D./F.N.H.

SEIFE. Hebr. *bor, borit* bezeichnet im Gegensatz zu mineralischem Alkali (hebr. *nätär*) aus Pflanzenasche gewonnenes Alkali (Pottasche – K_2CO_3), das man, mit Öl oder anderen Fetten vermischt, zum Waschen benutzte (Jer 2,22; Mal 3,2). Diese Art der Seifenherstellung war in Palästina bis in jüngste Zeit hinein sehr verbreitet. Verwendet wurde dazu vor allem die Asche des Salzkrauts *(Salicornia solacea)*, des Kalisalzkrauts *(Salsola kali)* und zweier Meldenarten *(Atriplex halimus* und *Suaeda maritima)*.

SEÏR.

1. Das Wort *sēïr* (»behaart«, »bewaldet«) bezeichnet ein Gebirge (1Mo 14,6; Hes 35,15), ein Land (1Mo 32,4; 4Mo 24,18) und ein Volk (Hes 25,8) im Gebiet des alten *Edom. *Esau zog dorthin (1Mo 32,4), und seine Nachkommen bezwangen die ursprünglichen Bewohner, die Horiter (1Mo 14,6; 36,20f; 5Mo 2,12). Die Simeoniter töteten später einige Amalekiter, die dort Zuflucht suchten (1Chr 4,42f).

2. Gebirgszug an der Nordgrenze *Judas (Jos 15,10). B.H.

SEKTE. Der Begriff S. ist eine Entlehnung vom latein. Begriff *secta*, und dieser wiederum ist ein Äquivalent des griech. Wortes *hairesis*, »Richtung, Schule, Partei«; *hairesis* wird bei Josephus u.a. als Bezeichnung für die rel. Gemeinschaften des Judentums (*Essener, *Pharisäer, *Sadduzäer) gebraucht (Jos.bell.jud. II, 122.137.142.162; ant.Jud. XIII 171 u.ö.); ein negativer Akzent des Wortes läßt sich bei Josephus nicht feststellen.

Auch in der Apg wird der Begriff *hairesis*, der hier 6 mal vorkommt, ohne negativen Akzent, also wertneutral, benutzt. Er wird gebraucht als Bezeichnung für die Sadduzäer (5,17), die Pharisäer (15,5; 26,5) und auch die Christen (24,5.14; 28,22). Um pejorative (abwertende) Assoziationen, die im heutigen Sprachgebrauch mit dem Begriff S. verknüpft sind, zu vermeiden, sollte man die *hairesis*-Belege der Apg vielleicht besser nicht mit »Sekte« übersetzen, sondern mit »Partei«, »Richtung« oder »Gruppe«; oder aber man gibt (wobei man sich auf die religionssoziologischen Ansätze von M. Weber und E. Troeltsch berufen kann) dem Begriff S. seine ursprüngliche Wertneutralität wieder zurück und kann dann allerdings die *hairesis*-Belege der Apg unbefangen mit S. wiedergeben.

Neben den 6 *hairesis*-Stellen der Apg kommt das Wort im NT noch 3 weitere Male vor, und zwar in der Briefliteratur. Hier wird *hairesis* in eindeutig negativer Weise verwendet; so wird in 2Petr 2,1 vor »verderblichen Häresien (Sekten)« gewarnt (diese Stelle hat die Wortbedeutung entscheidend bestimmt; vgl. ferner 1Kor 11,19; Gal 5,20: »Spaltungen«). Für die Zeit der frühen Kirchengeschichte ist einerseits festzustellen, daß das Wort »secta« in den ersten Jh. von den Christen zur Selbstbezeichnung ihrer Gemeinschaft gebraucht wird. Andererseits erhielt der Begriff in der theologischen Auseinandersetzung mit Gegnern eine eindeutig negative Prägung; er bezeichnete die eigenwillige Abspaltung von der wahren Kirche.

Endgültig im letzteren Sinne normiert wurde der Begriff S. in der Reformationszeit. Luther hat *hairesis* an einer Reihe von Stellen mit »Sekte« übersetzt (so auch an der einflußreichen Stelle 2Petr 2,1) und sich des öfteren negativ über »Rotten und Sekten« geäußert. Auf diese Weise ist der dt. Sprachgebrauch von S. entscheidend beeinflußt worden. Die neuere Religionssoziologie jedoch (s.o.) hat diesen seit der Reformationszeit gültigen Sprachgebrauch wieder in Frage gestellt.

Literatur: G. Baumbach: EWNT I, 1980, 96f; W. Rebell: Gemeinde als Gegenwelt. Zur soziologischen und didaktischen Funktion des Johannesevangeliums, 1987, S. 112-123; H.-D. Reimer (Hrsg.): Stichwort »Sekten«. Glaubensgemeinschaften außerhalb der Kirchen, [5]1986; H. Schlier: ThWNT I, 1933, 180-184. W.R.

SELA. Etymologisch bedeutet das hebr. Wort *(has-) sela'* »(der) Fels« oder »(die) Klippe« und kann für jeden felsigen Ort gebraucht werden. Der Name erscheint mehrmals in der Bibel.

1. Eine Festungsstadt in *Moab, die von *Amazja (796-767 v.Chr.), dem König von Juda, erobert und in Jokteel umbenannt wurde (2Kön 14,7; 2Chr 25,12). *Obadja bezieht sich bei der Verdammung *Edoms auf jene, die in den Spalten der Felsen wohnen (Obd 3). Jes 42,11 mag sich auf den gleichen Ort beziehen. Jahrhundertelang wurde dieser Standort in Anlehnung an LXX, Josephus und Euseb mit dem Felsplateau Umm el-Bijjāra, 3 km nordwestl. von *Petra, identifiziert. Das massive Felsplateau Umm el-Bijjāra ragt 300 m über die Ebene von Petra (die griech. Übersetzung von Sela) auf und ca. 1200 m über den Meeresspiegel. Es wurde 1933 von N. Glueck und 1955 von W.H. Morton erforscht. Ein Teil einer edomit. Siedlung aus der Eisenzeit wurde dort 1960-65 von S.M. Bennett ausgegraben, die entdeckten Häuser gehören ins 7. Jh.v.Chr., sie dürften jedoch ältere ersetzt haben. Der Platz wurde ca. 300 v.Chr. von den *Nabatäern eingenommen, sie wandelten das große Tal im N, das etwa 1370 m lang und 225-450 m breit war, in die faszinierende, in Fels gehauene Stadt Petra um - die »rosenrote Stadt, halb so alt wie die Zeit«. Ein anderer Fundort aus der Eisenzeit, es-Sela', 4 km nordwestl. von Bozra (Buseira) soll nach jüngsten Forschungsergebnissen besser zu den bibl. und nachbibl. Belegen passen, nur wurde diesem Fundort wegen des großen Interesses an Petra weniger Aufmerksamkeit gewidmet (S. A.F. Rainey: IDBS, S. 100).

2. Der Prophet Jesaja spricht im Zusammenhang mit dem kommenden Gericht über Moab, von flüchtigen Moabitern, die aus dem fernen S. Tribut an Juda sandten (Jes 16,1). Die Ortslage ist nicht identifiziert.

3. Ri 1,36 erwähnt ein nicht identifizierte »Felsenstadt« an der Grenze *Edoms z. Zt. der Richter.

Literatur: Zu Umm el-Bijjara s. N. Glueck: AASOR 14, 1933-4, S. 77f; W.H. Morton: BA 19, 1956, S. 26f; RB 71, 1964, S. 250-253; C.M. Bennett: RB 73, 1966, S. 372-403; Zur Identifizierung von Sela s. J. Starcky: DBS, 1966, 886-900, LDB S. 56f. J.A.T.

SELA. Ein isoliertes Wort, das 71 mal in den *Psalmen und dreimal bei *Habakuk erscheint (3,3.9.13; »der kleine Psalter«). Da die jeweiligen Psalmen – ausgenommen Ps 41 und 81 – die Art der Melodie oder Psalmodie im Titel nennen, ist man allg. der Auffassung, daß S. ein musikalisches oder liturgisches Zeichen ist. Hierzu gibt es folgende Vorschläge:

1. Ein Begriff in der *Musik oder eine Anweisung für die Sänger und/oder das Orchester, »sich zu erheben«, d.h. *forte* oder *crescendo* zu singen oder zu spielen. So hat LXX jedes Mal *diapsalma*: vielleicht eher ein musikalisches als ein doxologisches Zwischenspiel.

2. Ein liturgisches Zeichen (*sālal,* »erheben«; vgl. akkad. *sullu,* »Gebet«), mit der möglichen Bedeutung, die Stimme oder Hände zum Gebet zu erheben. Es könnte in der Zeit der Gefangenschaft eingeführt worden sein, um in Psalmen, die beim öffentlichen Gottesdienst vorgetragen wurden, jene Stellen zu kennzeichnen, an denen der Priester einen Segen aussprechen sollte. Einige meinen, daß S. bedeute, die Augen zu »erheben« , um den V. zu wiederholen, S. daher gleichbedeutend mit *da capo* sei. Andere leiten S. von einer aram. Wurzel *sl,* »sich verbeugen«, ab und interpretieren es so als Anweisung an den Betenden, sich niederzuwerfen.

3. Targum Aquila und Vulg. geben S. mit Begriffen wieder, die als Ausruf soviel wie »für immer« bedeuten, und machen es zu einem Gebetsausruf wie »Amen« und »Halleluja« (Ps 46,4) am Ende der Liturgie oder an bestimmten Stellen zwischendurch (Ps 3,3.5 u.ö.). D.J.W.

SELEUZIA.

1. Der frühere Hafen von *Antiochia in Syrien (1Makk 11,8), der 8 km nördl. der Mündung des Orontes und 25 km von Antiochia entfernt lag. S. (griech. Seleukeia) wurde von Seleukos Nikator 301 v.Chr. gegründet, 11 Jahre nachdem er das seleukidische Königreich errichtet hatte. Die Stadt lag am Fuß des Berges Rhosus in der NO-Ecke einer fruchtbaren Ebene. S. war im S und W befestigt und von Mauern umgeben; obwohl sie als uneinnehmbar galt, wurde sie von dem Ptolemäer Euergetes in den ptolemäisch-seleukidischen

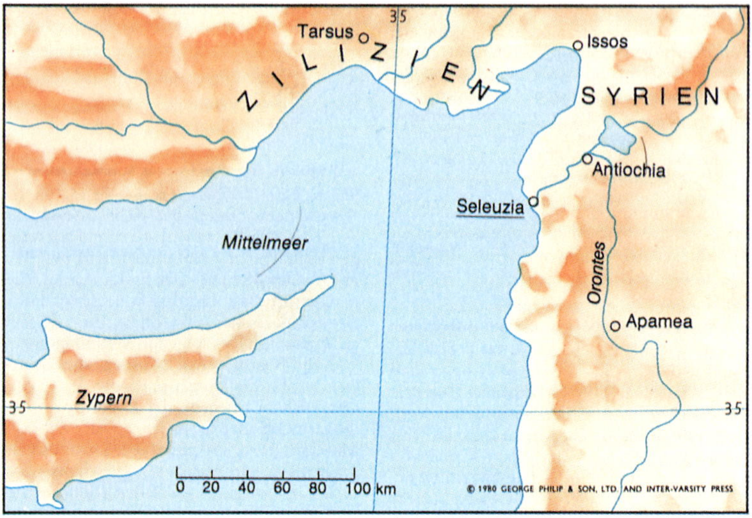

Seleuzia, eine syrische Hafenstadt nahe der Mündung des Orontes.

Kriegen erobert (1Makk 11,8) und blieb bis 219 v.Chr. in der Hand der *Ptolemäer, als *Antiochus der Große sie zurückeroberte und verschönern ließ. Die Stadt fiel 146 v.Chr. an den Ptolemäer Philometor, wurde jedoch bald wieder zurückgewonnen. Die Römer machten 64 v.Chr. S. unter Pompeius zu einer freien Stadt, was noch einmal zu einer Blütezeit führte, bevor relativ früh im christl. Zeitalter der Verfall einsetzte. In der Bibel ist S. nur in Apg 13,4 erwähnt. *Paulus und *Barnabas bestiegen dort das Schiff für die erste Missionsreise, zu der sie die Gemeinde in Antiochia ausgesandt hatte, und fuhren von S. aus nach *Zypern. Apg 14,26; 15,30.39 könnten auf S. Bezug nehmen, obwohl der Name der Hafenstadt nicht genannt wird. S. ist heute ein Ruinenfeld, Gegenstand archäologischer Erkundungen in einer Reihe von Expeditionen seit 1937. Man kann das Stadtgebiet erkennen, Spuren von Gebäuden, Toren, Mauern, dem Amphitheater, dem inneren Hafen und der großen Wasserleitung, die Constantius II. 338 n.Chr. in den Felsen hatte hauen lassen, um den vom Berg herabstürzenden Bach an der Stadt vorbeizuführen, sind zu sehen. Der Kanal jedoch, der den inneren Hafen mit dem Meer verband, ist seit langem verschlammt.

Tetradrachme mit dem Kopf des Seleukos Nikator, der im Jahre 301 v.Chr. die Stadt Seleuzia gründete. Durchmesser der Münze: 30 mm. (RG)

2. Eine Stadt in der Gaulanitis südöstl. vom *Hule-See, die Alexander Jannäus während seines Feldzugs in Transjordanien im 1. Jh.n.Chr. einnahm. Josephus berichtet, daß Agrippa II. die Bewohner der stark befestigten Stadt überzeugte, sich den Römern zu ergeben.

3. Eine Stadt am *Tigris, südl. von Bagdad, die von Seleukos I. (312-280 v.Chr.) gegründet und von Griechen und Syrern besetzt worden war. Im 1.Jh.n.Chr ließen sich dort viele Juden nieder. Eine Judenverfolgung unter Artabanas III. führte zum Mord an etwa 50 000 jüd. Bürger. Die Überlebenden flüchteten nach

Nisibis und in andere Städte. Der Ort wurde teilweise von italienischen Archäologenteams ausgegraben.

Literatur: W. Röllig: KlP V, 83-85. J.A.T.

SELIG/SELIGKEIT/RETTUNG/HEIL. Der Übersetzung »selig/Seligkeit« in der LÜ liegen im Urtext zwei verschiedene Wortstämme zugrunde. Hebr. *ʿāschar* bzw. griech. *makarizō* beschreiben höchstes irdisches Glück und die Freude, die aus der Gottesgemeinschaft erwächst (zu dieser Bedeutung vgl. *Seligpreisungen). Den zweiten Wortstamm übersetzt man besser mit »retten«. Im Hebr. liegt meist *jāschaʿ* oder auch *pālath, mālath* oder *nāzal* zugrunde, im Griech. *sōzō*. Griech. *sōzō* bedeutet sowohl »aus einer Lebensgefahr oder Krankheit herausretten« als auch »bewahren« und »wohltun«, wobei die Gefahr in den Hintergrund tritt.

1. Im Alten Testament.

Das gängige Äquivalent zu *sōzō* in der LXX ist im hebr. Text *jāschaʿ*. Es bedeutet ursprünglich »geräumig, weit sein«. Einem Bedrängten Raum zu verschaffen wurde als Rettung verstanden. Die Substantivbildungen von *jāschaʿ* umfassen sowohl die Hilfe als auch den daraus folgenden Zustand des Heils, ohne daß begrifflich zwischen Wirkung und Ursache unterschieden würde. Rettung geschieht in bedrohlichen Situationen (sehr oft Rechtsstreitigkeiten und Krieg), in denen der Betroffene sich nicht mehr selbst zu helfen vermag. Von daher behinhaltet *jāschaʿ* meist eine personale Beziehung zwischen Retter und Gerettetem (z.B. der Vasallenstatus 2Kön 16,7). Der Gerettete erkennt die Verfügungsgewalt des Retters an. Zu retten und Recht zu schaffen ist eine der vornehmsten Aufgaben des Königs (Hos 13,10), der Abbild des Königtums Gottes sein soll, welcher den Bedrängten Schutz und Fürsorge gewährt. Natürlich wird in konkreten Nöten auch Gott selbst als Retter angerufen (Ps 118,25: *hōschīʿāh nāʾ*). Er rettet aus Angst, Not und Bedrängnis, die durch Feinde verursacht wird. Darüber hinaus ist auch allg. vom Heil die Rede, das Gott wirkt (2Sam 23,5). Gelegentlich kann *jāschaʿ* auch gnädiges Heilshandeln angesichts des verdienten Gerichtes bezeichnen (2Sam 14,4). Hes 36,29 kündigt der Prophet dem Volke die Rettung von seiner Unreinheit an. So wird *jāschaʿ* auch zum Terminus für endzeitliches Heil (Jes 49,8f). Wegen der ganz unterschiedlichen Bedeutungsvarianten ist das Substantiv *Sōtēr* im griech. AT kein Terminus technicus. Es wird auch nicht als Bezeichnung für den *Messias gebraucht. Ein Ansatz für die spätere ntl. Verwendung bietet Jes 49,6: der Knecht Jahwes soll zum Heil (*jeschūʿāh*) der Welt werden (s. *Knecht Gottes).

2. Im Neuen Testament.

Im NT findet sich *sōzō* ungefähr 100 mal, *sōtēria* 45 mal. Der rel. Sprachgebrauch überwiegt eindeutig. Gelegentlich wird *sōzō* auch noch im Sinne von »aus unmittelbarer Lebensgefahr retten« verwendet (Apg 27,20), die Bedeutung »bewahren« findet sich dagegen überhaupt nicht. Vor allem in den ersten drei Evv. nimmt die Bezeichnung von Heilungen als Rettung einen gewissen Raum ein (Mt 9,21; Mk 5,23 u.ö.). Schon hier zeigt sich die Grundstruktur, daß der Glaube für die Rettung entscheidende Bedeutung hat.

Zentrale Bedeutung bekommt die Wortgruppe im NT jedoch dadurch, daß sie das Erlösungshandeln Jesu Christi in Menschwerdung, *Kreuz und *Auferstehung beschreibt. Ihre Wichtigkeit zeigt sich schon darin, daß viele Kernstellen mit ihrer Hilfe formuliert sind (Mt 1,21; Mk 16,16; Lk 2,11; Joh 3,17; Röm 1,16; 10,10; 1Kor 1,18; Tit 3,5; Jak 2,14). Fragt man zunächst nach dem Subjekt des Rettungshandelns, ergibt sich eine doppelte Antwort: Sowohl Gott (Lk 1,47; 1Kor 1,21; 1Tim 1,1) als auch Jesus Christus (Mt 1,21; Lk 2,11; Apg 4,12; Phil 3,20) werden als Retter (*Sōtēr*) bezeichnet, wobei die Mehrzahl der Stellen auf Jesus entfällt. Das Verhältnis zwischen beiden macht Apg 13,23 deutlich: Gott hat Jesus als Heiland/Retter für die Welt kommen lassen. Festzustellen ist, daß vor allem in den späten Schriften des NT *Sōtēr* als Titel Jesu Christi gebraucht ist, so z.B. in der Engelbotschaft in Lk 2,11 und vor allem in den *Pastoralbriefen. Paulus dagegen konnte sich noch selbst als Subjekt des Rettens bezeichnen (Röm 11,14; 1Kor 9,22). Das hätte er wohl kaum getan, wenn *Sōtēr* schon zu seiner Zeit geprägter Titel Jesu Christi gewesen wäre. Im Vergleich zum Verbum *sōzō* ist es eher überraschend, wie wenig das Substantiv verwendet wird. Das wird darin begründet sein, daß *Sōtēr* in der heidnischen Umwelt Titel eines irdischen Wohltäters, so vor allem des röm. Kaisers, war. Man betrachtete den *Sōtēr* als Herrscher des erwarteten Goldenen Zeitalters. Der Titel verband sich vor allem im Orient mit der Göttlichkeit des Trägers. Unter diesem Aspekt ist es ersichtlich, daß die Christen äußerste Zurückhaltung darin übten, Christus als *Sōtēr* zu bezeichnen.

Auch im jüd. Kontext wäre der Titel mißverständlich gewesen, denn dort verband er sich mit der Vorstellung von einem nationalen Befreier, ähnlich wie es die *Richter im AT waren. Daß Christus angesichts dieser Mißverständlichkeiten im hellen. Bereich trotzdem als *Sōtēr* bezeichnet wird, hat wohl zwei

Gründe. Einmal lag es nahe, das für die ganze Verkündigung wichtige Verbum *sōzō* zu substantivieren. Von größerer Bedeutung wird aber der Jesus-Name (»Jahwe ist Heil«) selbst gewesen sein. Seine Übersetzung für nicht hebr. sprechende Christen führte automatisch zum Titel »Heilbringer« und »Retter«.

Daß im Hintergrund einer Rettung immer eine lebensbedrohende Gefahr steht, impliziert schon das Wort *sōzō*. Die Frage, worin diese Gefahr theologisch nun aber exakt besteht, nimmt im NT nur geringen Raum ein. Sünden (Mt 1,21) und *Tod (Eph 2,5) bilden meist den dunklen Hintergrund des göttlichen Rettungshandelns. Sie haben das Verhältnis des Menschen zu Gott unheilbar zerstört. Dieses Verhältnis neu zu schaffen, ist das Ziel Gottes. Die Rettung des Menschen aus seiner Gottverlorenheit wird nach zwei Seiten hin entfaltet. Auf der einen Seite ist die Rettung schon geschehen (Röm 8,24; 1Kor 1,18). Beide Stellen zeigen aber auch, daß die Rettung noch etwas Ausstehendes und Unabgeschlossenes ist. Dieser futurische Aspekt der Rettung bestimmt die meisten Belegstellen (vor allem bei Paulus). Das endgültige Heil wird noch erwartet (Röm 13,11; 1Kor 15,2). (Wahrscheinlich ist dieses zukünftige Heil auch der Grund dafür, daß Luther *sōzō/sōtēria* mit »selig werden/Seligkeit« übersetzte.)

Insoweit als Heil ein futurisch-eschatologischer Begriff ist, ist er auch von Versöhnt- und Gerechtfertigtwerden unterschieden. Am Tage des *Gerichts bewahrt zu werden, bedeutet für Paulus das endgültige Heil (Röm 5,9), ein Heil, das durch den *Glauben hier und jetzt bereits geschehen ist (Röm 10,10). In diesem Sinne geschieht »gerettet werden« auf der selben präsentischen Ebene wie »gerechtfertigt werden«. Was bei ersterem aber noch aussteht, ist die Verherrlichung, das Gleichgestaltetwerden mit dem »Bild seines Sohnes« (Röm 8,29f). Das für Paulus typische »schon jetzt - noch nicht« findet sich auch in den Evv. Mk 10,25f zeigt, daß es bei der Rettung um das Eingehen in das zukünftige Reich Gottes geht (Mk 13,13). Diese Rettung geschieht aber im Heute (Lk 19,9) durch den Glauben (Lk 8,12.50). Rettung ist also sowohl gegenwärtiges als auch zukünftiges Geschehen.

Zum Schluß ist noch die Frage nach der Art und Weise der Rettung zu stellen. Grundlage ist das Kommen Jesu Christi (Lk 19,10). Sein Tod und seine *Auferstehung bewirken *Versöhnung und Rettung (Röm 5,10). Davon zeugt das *Evangelium als Kraft Gottes (Röm 1,16), das seine Boten verkünden, um die zu retten, die noch verloren sind (1Kor 9,22; 2Kor 2,15). Aus eigener Kraft kann sich niemand retten (Mt 19,25f). Darum muß derjenige, der Hilfe will, sich an den Retter hängen. Dieses Sich-an-Jesus-Hängen, das – wie im AT – eine personale Beziehung beinhaltet, bezeichnet das NT als Glaube. Er ist die Antwort auf die Frage: »Was muß ich tun, daß ich gerettet werde?«. Der Akt des Errettet-werdens (immer passiv, nie reflexiv [»sich retten«]) wird durch eine Vielfalt von Begriffen und Vorstellungen beschrieben. Gemeinsam ist ihnen allen die Orientierung am Christusgeschehen, das allein Rettung bringen kann (Apg 4,12), und die Anteilgabe am zukünftigen ewigen Heil allein aus Gnaden und durch Glauben.

Literatur: J. Schneider: TBLNT, I, [4]1986 264-270; W. Foerster, G. Fohrer: ThWNT, VII, 1964, 966-1024.

M.H./T.M.

SELIGPREISUNGEN.

1. Seligpreisungen in der Umwelt des Neuen Testamentes.

S. sind Aussagen, die das einer oder mehreren Personen zuteil gewordene Glück preisen. Die Form des Makarismus (von griech. *makários*, »glücklich«, »selig«) war in der Umwelt des NT gebräuchlich. Auf Grabinschriften oder in Siegessprüchen der griech.-sprachigen Welt sind häufig Makarismen zu finden. Glücklich gepriesen wurden Menschen, die Wohlstand, Familienglück, Ruhm, Ehre oder Tugend erlangt hatten. Als glücklich galt, wer Erfolg hatte. Da die Gottheit zum Erfolg verhelfen konnte, wurden auch die Frommen, die mit Gott »gut standen«, glücklich gepriesen.

Auch die Lebensweisheit Israels kannte S. Alles irdische Glück galt als Gottes Geschenk. Der Anlaß zu S. war Gottes sichtbarer *Segen. Die Weisheitsschriften gingen davon aus, daß ein erkennbarer Zusammenhang besteht zwischen Gottesfurcht und Lebensglück. Seliggepriesen wurden daher die Gottesfürchtigen (z.B. Ps 1,1). Es war Israels Glück, daß es Gottes Willen kannte. Glücklich zu preisen war jeder, der zu Gottes auserwähltem Volk zählte, namentlich, wenn er sich persönlich an das Gesetz hielt und Gott vertraute. Weil aber auch dem Gerechten Sünde unterläuft, wurde seliggepriesen, wem Sünde vergeben wird (z.B. Ps 32,1f). Selig zu preisen ist der Fromme auch dann, wenn er zu leiden hat, weil das Leiden als Erziehungsmaßnahme Gottes verstanden werden konnte (vgl. Hiob 5,17). In spätjüd. Schriften wurden auch Märtyrer im Hinblick auf jenseitigen Lohn seliggepriesen. Auch die Rabbinen (*Schriftgelehrten) z.Zt. Jesu pflegten S. zu formulieren.

2. Seligpreisungen im NT.

Schon bei Jesus Sirach (in den *Apokryphen zum AT) finden sich Sammlungen von Makarismen (Sir 25,9-13). Am bekanntesten ist die Reihe von neun S., mit der das MtEv. die *Bergpredigt beginnt. An sie denkt man zunächst bei dem Begriff »Seligpreisungen«. Sie werden oft als paradox empfunden und provozieren tiefe Nachdenklichkeit. »Eine Umwertung der sonst üblichen Schätzungen« (Hauck) drückt sich in ihnen aus. Diese ist durch die Gewißheit bedingt, daß Gottes Reich im Anbruch ist. An den S. der Bergpredigt ist deutlich abzulesen, worin sich das NT von seiner Umwelt wesentlich unterscheidet. Die meisten Makarismen des NT beziehen sich auf die Freude, die aus der Teilhabe am Reich Gottes entspringt. Charakteristisch ist die Gegenüberstellung zweier Makarismen in Lk 11,27-28: Eine Stimme aus dem Volk (der Umwelt) preist die Mutter des Messias selig. Dieser aber antwortet darauf, indem er diesen Ausruf durch eine S. derjenigen korrigiert, »die das Wort Gottes hören und bewahren«. Nicht die Zugehörigkeit zum auserwählten Volk oder zur Familie des Messias, sondern der Gehorsam gegenüber Gottes Wort ist Grund, jemand selig zu preisen. Am häufigsten kommen S. in den synoptischen Evv., namentlich bei Mt und Lk vor, gefolgt von der Offb. Sie sind vorzugsweise mit der Reich-Gottes-Botschaft und der eschatologischen (Endzeit-)Verkündigung verbunden. Seliggepriesen wird, wer glaubt (Lk 1,45; vgl. Joh 20,29) und wer bereit ist für das Kommen des *Reiches Gottes (Mt 24,46; Lk 14,15; Offb 19,9), aber auch, wer um des Glaubens willen Verfolgung erleidet (1Petr 4,14). MtEv. und LkEv. überliefern die S. der Armen, Trauernden, Hungernden und Verfolgten (Lk 6,20-23; Mt 5,3-12). Im MtEv. sind weitere S. hinzugefügt. Sie betreffen Menschen, »die eine bestimmte Haltung einnehmen« (Grundmann), »deren Gesinnung inhaltlich dem höheren Gesetz des Reiches Gottes entspricht« (Hauck). Ob die Anredeform (LkEv. und das apokryphe ThomasEv.) oder die Aussageform in der 3. Person ursprünglich ist, oder ob von Anfang an beide Formen vorkamen, ist umstritten. Parallelen aus den Schriften von *Qumran dienen z.B. zur Erhellung des Sinnes der S. der »Armen im Geiste« (Mt 5,3). Der Orden von Qumran bezeichnete sich selbst als »die Armen«. Seliggepriesen wird die Gemeinde derer, die alles von Gott erwarten und sich selbst nicht auf ihre eigene geistliche Kraft verlassen. »Das Licht der künftigen Herrlichkeit« »überstrahlt« das gegenwärtige Elend, in dem die (verfolgte) messianische Gemeinde sich befindet. Die ntl. Makarismen sind »keineswegs« nur »Vertröstungen« auf eine bessere Zukunft, »sondern sie fassen die Gegenwart im Licht der Zukunft« (Hauck), die Gott herbeiführt.

Literatur: F. Hauck, G. Bertram: ThWNT IV, 1942, 365-373; Kommentare zu *MtEv. und *LkEv.

W.Sch.

SEM. Als ältester Sohn *Noahs (1Mo 5,32; 6,10; 10,1; 1Chr 1,4) und Ahnherr vieler Nachkommen (1Mo 10) war S. eine der acht Personen, die in der Arche der *Sintflut entkamen (1Mo 7,13). Nach der Flut, als ihr Vater betrunken war, bedeckten S. und *Jafet die Blöße Noahs (1Mo 9,18.23.26.27). Zwei Jahre nach der Sintflut, als S. 100 Jahre alt war, wurde sein Sohn Arpachschad geboren (1Mo 11,10), über den die Abstammungslinie bis zum Messias führt (Lk 3,36; vgl. *Geschlechtsregister Jesu). Da sich unter den in 1Mo 10,21-31 und 1Chr 1,17-28 aufgeführten Nachkommen S.s mehrere Völker finden, deren Sprachen verwandt sind, wurde für diese Gruppe der Begriff »semitisch« geprägt, was jedoch nicht heißt, daß alle Nachkommen S.s semit. Sprachen hatten. Nach 1Mo 11,11 hat S. nach der Geburt Arpachschads noch 500 Jahre gelebt, so daß sein Lebensalter 600 Jahre betrug. T.C.M.

SENDEN/SENDUNG/MISSION.

I. WORTBEDEUTUNG.

Neben den allg. Verben *pempo* und *angellō* begegnet in der Bibel vor allem das dem hebr. *schālach,* »ausschicken, schicken, loslassen«, entsprechende griech. Wort *apostellō,* aus dem der Begriff *Apostel abgeleitet ist. Damit kommt zum Ausdruck, daß dem Gesandten in besonderem Maße Autorität, Vollmacht und Recht übertragen wurde. Hinter ihm steht der Auftraggeber.

II. SENDEN IM ALTEN TESTAMENT.

In dieser Bedeutung kommt der Begriff im griech. AT (LXX) 700 mal vor. Ganz gleich, wer gesandt wird, immer ist der Auftrag wichtiger als die Person. Die ganze Verantwortung liegt bei dem, der sendet.

1. Im privaten wie im öffentlichen Bereich des Lebens werden Boten ausgesandt. *Rebekka läßt ihren Sohn *Jakob warnen (1Mo 27,42.45). *Kundschafter werden geschickt, das Land zu erkunden (4Mo 13,2). Ein König beauftragt mit einem diplomatischen Dienst (2Sam 8,10).

2. Auch die Engel (hebr. *mal'āch,* griech. *angelos,* wörtl. »Gesandter«) erfüllen den göttlichen Auftrag. Sie haben Gottes Pläne und Befehle auszuführen (1Mo 24,7). Sie teilen Got-

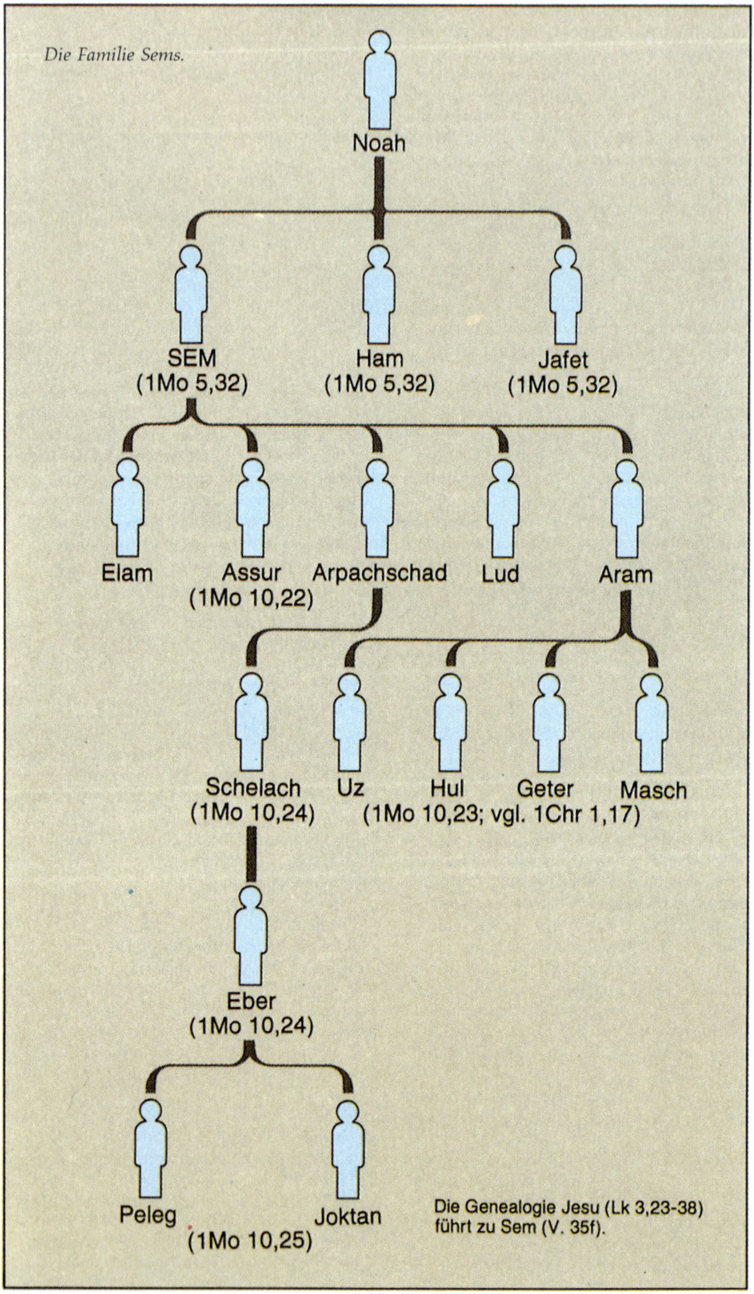
Die Familie Sems.
Noah
SEM
(1Mo 5,32)
Ham
(1Mo 5,32)
Jafet
(1Mo 5,32)
Elam
Assur
(1Mo 10,22)
Arpachschad
Lud
Aram
Schelach
(1Mo 10,24)
Uz
Hul
Geter
Masch
(1Mo 10,23; vgl. 1Chr 1,17)
Eber
(1Mo 10,24)
Peleg
Joktan
(1Mo 10,25)
Die Genealogie Jesu (Lk 3,23-38) führt zu Sem (V. 35f).

tes Willen mit (1Mo 18,1-15) und können auch als Vollstrecker seines Gerichtes auftreten (2Sam 24,16.17).

3. Oft wird der Bote überhaupt nicht mehr erwähnt, so daß das Wort die Bedeutung »eine Botschaft überbringen« bekommt (1Kön 5,16.22).

4. Gott sendet nicht nur Plagen (2Mo 9,14), Unglück (2Mo 28,20), sondern auch sein Wort (Ps 107,20), seine Güte und Treue (Ps 57,4), seine Hilfe (Ps 20,3), Wahrheit, Licht (Ps 43,3) und Erlösung (Ps 111,9).

5. Von Gott auf besondere Weise Berufene und Gesandte sind die *Propheten. Von den falschen Propheten wird gesagt, sie seien »nicht von Gott gesandt« (Jer 14,14). Die von Gott gesandten Propheten jedoch müssen willensmäßig und bewußt ganz für ihn verfügbar sein. *Jesaja stellt sich dem berufenden Gott zur Verfügung, indem er spricht: »Hier bin ich, sende mich!« (Jes 6,8). Gehorsam fordert Gott nicht allein vom Propheten, sondern auch vom Hörer des Wortes. Wenn das Wort des Propheten verworfen wird, sagt Gott: »Sie wollen mich nicht hören« (Jer 7,25f). Von Gott gesandte Propheten haben deshalb nicht »ihre« Gedanken zu verkündigen, sondern allein des Herrn Wort (Jer 23,28f). An der Stellung der Hörer zum Wort der Propheten entscheidet sich ihre Stellung zu Gott selbst (Jer 7,28; Hes 3,17-19).

III. SENDEN IM NEUEN TESTAMENT.

Das griech. Verb *apostellō* mit der darin eingeschlossenen Vollmacht kommt im NT 135 mal vor, während das Wort *pempō* bei den Synoptikern und bei Paulus nie in Verbindung mit Gott gebraucht wird. Auch ist zu beachten, daß *apostellō* nicht in Verbindung mit der Sendung des Heiligen Geistes verwandt wird.

1. Die Sendung Jesu.

Jesus begründet seine Vollmacht durch seine S. durch den Vater (Joh 5,37). Darum ist sein Wort fest verbürgt. Er vollendet Gottes Werk (Joh 4,34). Er wirkt, weil der Vater wirkt (Joh 5,17). Er handelt nicht nach seinem eigenen Willen, sondern gehorcht dem Willen des Vaters, der ihn gesandt hat (Joh 5,30). Wer Jesu Gottheit erkennen will, muß glauben, daß Gott ihn gesandt hat (Joh 12, 44f). Jesus erweist seine Vollmacht, damit die Menschen glauben, daß Gott ihn gesandt hat (Joh 11,42). So besteht darin das ewige Leben, Gott zu erkennen und den, den er gesandt hat (Joh 17,3). Auch wenn aus all diesen Aussagen klar hervorgeht, daß Jesus vom Vater gesandt wurde, so kam er dennoch freiwillig. »Er entäußerte sich selbst und nahm Knechtsgestalt an« (Phil 2,6-8). Das Ziel seiner S. ist das »gnädige Jahr des Herrn«, wie es Jesaja angekündigt hatte (61,1f). In der *Synagoge von *Nazareth beruft sich Jesus auf dieses Wort. Dazu hat der Vater ihn gesandt (Lk 4,18). Seine S. hat als höchstes Ziel, »daß er diene und gebe sein Leben zu einer Erlösung für viele« (Mk 10,45). Diese S. geschah, »als die Zeit erfüllt war« (Gal 4,4) und bringt damit die ganze S. der Propheten des alten Bundes zur Erfüllung. Während Gott vorher nur seine Knechte gesandt hatte, sandte er zuletzt seinen Sohn (Mt 21,33-41). Es ist nicht möglich, aus dem Heilswerk Jesu einzelne äußere Zeichen wie Befreiung der Gefangenen oder Heilung der Kranken als die eigentlichen Heilstaten herauszugreifen. Im Mittelpunkt der S. Jesu steht die Errettung einer verlorenen Welt. Jesus wurde gesandt »zur Versöhnung für unsere Sünden« (1Joh 4,10), nicht um die Welt zu richten, »sondern daß die Welt durch ihn selig werde« (Joh 3,17). Dieser Auftrag wird erfüllt durch die Aufrichtung des *Reiches Gottes, seiner Königsherrschaft über aufrührerische Menschen (Lk 4,43).

2. Das Senden Jesu.

Jesus ist der Gesandte des Vaters, doch auch er sendet Menschen aus, seine *Jünger (Mk 3,14; Joh 20,21). Sie handeln an Jesu Statt und haben zusammen mit dem Auftrag *Vollmacht (Mt 10,5-26; Joh 20,23). Wer sie hört, der hört Jesus (Lk 10,16). Die Jünger haben teil an der göttlichen S. Jesu und sind darin ganz von ihm abhängig. Wie bei Jesus die Willenseinheit mit dem Vater in seiner S. begründet ist, so setzt die S. der Jünger den Gehorsam gegenüber Jesus voraus. Sein Bote kann nie »größer sein als der, der ihn gesandt hat« (Joh 13,16).

3. Die Bedeutung der Gemeinde beim Senden.

In der S. Gottes fällt der Gemeinde eine wichtige Aufgabe zu. Weil Christus als das Haupt der Gemeinde (Eph 5,23.25) sie beauftragt hat (Mt 29,18-20), Zeugen des *Evangeliums auszusenden, hat sie eine wichtige Funktion. Auch wenn Paulus die Berufung unmittelbar durch Jesus Christus erfuhr, so hat er sich dennoch von der Gemeinde in *Antiochia aussenden lassen (Apg 13,1ff). Dabei muß aber immer im Blick bleiben, daß nicht die Gemeinde, sondern letztlich allein Jesus Christus der Sendende ist. Die Gemeinde hat ihr Amt nur mittelbar. Darum muß die Gemeinde den Herrn der Ernte bitten, »daß er Arbeiter in seine Ernte sende« (Mt 9,38). Wenn die Gemeinde sich in dieser Weise von Jesus Christus abhängig weiß, hat sie eine herausragende Bedeutung in der gesamten S. Gottes.

IV. DIE MISSIONSAUFGABE.

Der Auftrag zur M. hat seine Mitte in der Evangelisation, dem Weitersagen des Evangeliums. Auch wenn heute meist der Begriff M. viel weitreichender verstanden wird und viele andere bibl. Mandate für die Gemeinde wie etwa das Dienen mit einschließt, so ist doch im Missionsbefehl Jesu das Evangelisieren vor allem anderen betont. Die große Heilstat Gottes in Jesus Christus soll so verkündet werden, daß Menschen zu Buße und Bekehrung gerufen werden und die Gemeinde gesammelt wird. Außer dem Missionsbefehl ist aber M. in Gott selbst begründet. Alle seine Gedanken, sein Wesen und Reden zielt auf die M. bis an die Enden der Erde.

1. Gott will Mission.

Der ewige Ratschluß Gottes zielt darauf hin, »daß wir etwas seien zum Lob seiner Herrlichkeit« (Eph 1,12). Weder der Wille, Kirche zu vergrößern, noch die Not leidender Menschen kann M. begründen, sondern allein Gottes Sendungsplan, denn »von ihm und durch ihn und zu ihm sind alle Dinge. Ihm sei Ehre in Ewigkeit« (Röm 11,36). Mission hat damit nicht einen anthropozentrischen, sondern durch und durch einen theozentrischen Ansatz. Wenn Gott Israel sucht, so will er sein Heiland sein (Jes 43,3). Als der Gott, der das Licht ist (1Joh 1,4f), will er die Finsternis der Welt durchdringen (Joh 8,12). Als der Gott, der die Liebe ist (1Joh 4,8.16), will er seine Liebe gegen alle Menschen erweisen (Joh 3,16). Die M. der Gemeinde zum Heil der Welt in diesem umfassenden Sinn ist das Ziel des gesamten Ratschlusses Gottes im bibl. Zeugnis.

2. Das Ziel der Mission.

Wenn Jesus auch als sein Ziel nur Israel angibt (»Ich bin nur gesandt zu den verlorenen Schafen des Hauses Israel«, Mt 15,24), so ist damit die Einordnung in den göttlichen Heilsplan ausgedrückt. Israel hatte im AT von Gott als das Volk des Eigentums nur eine S., sich ihm zur Verfügung zu stellen und ihm allein zu leben. »Das Volk, das ich mir bereitet habe, soll meinen Ruhm verkündigen« (Jes 43,21). Weil aber Israel immer wieder andern Göttern diente, mußte Gott fortwährend seine alleinige Autorität für sein Volk betonen (Jes 44,6). Es ist Gott zu wenig, nur die zerstreuten Stämme Israels zu sammeln, vielmehr sollte im Kommen Jesu Israels S. als »das Licht der Heiden« wiederhergestellt werden »bis an die Enden der Erde« (Jes 49,6). Bei Gott war das Heil von Anfang an auf die ganze Welt hin ausgelegt (1Mo 3,15; 9,9; 12,3; 22,18; 26,4; 28,14; 49,10). Darum sandte Jesus seine Jünger als Zeugen bis an das Ende der Erde (Apg 1,8), zu allen Völkern (Mt 28,19). Das Wort, das Gott dem Volk Israel gesandt hat, gilt auch den Heiden (Apg 10,36; 28,28). Sie sind »Miterben« und »Mitgenossen« der Verheißung (Eph 3,6). Die Gemeinde ist von Gott gesandt, den Gehorsam des Glaubens unter allen Völkern aufzurichten.

3. Der Missionsdienst.

Im Dienst der S. der Gemeinde für die Welt werden einzelne Ämter unterschieden.

a. Das apostolische Amt war sowohl hinsichtlich seiner Autorität wie auch nach seinem Dienstauftrag einmalig und auf einen engen Personenkreis beschränkt (zwölf Jünger, Paulus, Jakobus). Die *Apostel waren Männer, die Jesus selbst berufen hatte. Dieses Amt fand mit dem Tod der Apostel sein Ende. *Paulus übertrug nicht das Apostelamt im eigentlichen Sinn auf seinen geistlichen Sohn *Timotheus. Timotheus hatte teil an der S. Jesu, indem er das »Werk eines Predigers des Evangeliums« ausrichtete (2Tim 4,5).

b. Im NT finden wir auch den Gebrauch des Wortes *apostolos* im weiteren Sinn für Abgesandte und Delegierte der Gemeinden (2Kor 8,23; Phil 2,25). Die S. zum Verkündigen des Evangeliums ist im NT nie auf die offiziellen Apostel beschränkt. Auch *Barnabas, der nicht zum engen Apostelkreis gehörte und dennoch Apostel genannt wird (Apg 14,4.14), wurde wie Paulus von der Gemeinde in Antiochia ausgesandt (Apg 13,1-3). Paulus wiederum sandte Epaphras, seinen »Mitarbeiter und Mitstreiter« (Phil 2,25).

c. Nicht der Titel eines Apostels, sondern die Funktion dieses Amtes, wurde in der Gemeinde beibehalten. Schon Paulus sah die Mitte seines Apostelamtes im Evangelisieren, im Weitersagen des Evangeliums (1Kor 1,17). Evangelisation war sein Apostelamt (1Kor 9,16; Apg 26,16-18), auch wenn er daneben treu das Amt eines Lehrers und Hirten der Gemeinde versah. Das bedeutet dann, daß Evangelisten (Apg 21,8; Eph 4,11) bevollmächtigte Verkündiger der Gemeinde waren, vermutlich wandernde Missionare unter den Ungläubigen und Diener der Gemeinden, die den Dienst des Apostels weiterführten.

4. Zum Dienst gesandt.

Ohne S. kann es keine Predigt des Evangeliums geben (Röm 10,15). Das setzt einen Ruf Gottes voraus. Die Gemeinde drückt dies mit der *Handauflegung aus (Apg 13,3). Jedoch gilt dies nicht allein vom Missionsdienst, sondern von allen Diensten der Gemeinde. Jeder Dienst ist von Gott »eingesetzt« (Eph 4,11). Darum muß auch vom allg. Ruf zum Heil und in die Jüngerschaft der Ruf zum speziellen Dienst unterschieden werden (vgl. *Ruf, Berufung). Eine solche Berufung wird im NT auch *aphorizō*, »aussondern«, genannt (Apg 13,2). Paulus bezeichnete mehrfach den Verkündigungsdienst als eine »Gabe der Gnade Gottes« (Eph 3,7). Durch Jesu Berufung war er »zum Diener und Zeugen« für das, was er von Jesus gesehen hatte und was dieser ihm noch zeigte, erwählt (Apg 26,16). Ausdrücklich hob Paulus darauf ab, daß trotz der S. durch die Gemeinde in Antiochia und trotz der Verbindung mit den andern Aposteln sein Amt ihm »nicht von Menschen, auch nicht durch Menschen« übertragen wurde, sondern durch Jesus Christus selbst (Gal 1,1).

5. Der Auftrag der Sendung.

Nie ist der Kreis der Empfänger der S. Gottes abgeschlossen. Immer wieder werden aus Empfängern Gesandte. Beispielhaft wird dies an der Gemeinde von *Thessalonich deutlich, die das Wort des Herrn aufnahm und deren Glaube an allen Orten bekannt wurde (1Thess 1,6-8). Das Ziel der göttlichen S. ist immer die ganze, in Sünde und Finsternis gefangene Welt. Die Gemeinde muß den bibl. Missionsauftrag kennen. Das Evangelium soll gepredigt werden, wo der Name Christi nicht bekannt ist (Röm 15,20). Den Heiden muß der »unerforschliche Reichtum Christi« verkündigt werden (Eph 3,8.9). In diesen Dienst ist die Gründung von Gemeinden, ihre Leitung und Betreuung und auch der Dienst tätiger Liebe eingeschlossen, weil »alle Menschen vollkommen in Christus Jesus dargestellt« werden sollen (Kol 1,28f). Diese geistlichen Dienste dürfen aber nicht mit den allgemeinen, nämlich allen Menschen aufgetragenen Mandaten im Bereich der Öffentlichkeit, in Kultur und Gesellschaft, verwechselt werden. Nach Gottes Schöpfungsordnung haben alle Menschen von Gott her das Mandat, in Politik, Ethik, Wissenschaft, Handel, Landwirtschaft, Bildung und Gesundheit verantwortlich zu wirken. Davon ist aber das geistliche Amt der Gemeinde zu unterscheiden, das sich aus Gottes besonderer Berufung für seine Gemeinde ergibt, nämlich zu evangelisieren, bis die »Fülle der Heiden zum Heil gelangt ist« (Röm 11,25). Erst dann sind seine »unbegreiflichen Gerichte« und seine »unerforschlichen Wege« zum Ziel gekommen.

Literatur: D. Müller: TBLNT I, [4]1986, 31-38; M. Delcor, E. Jenni: THAT II, [2]1979, 909-916; J. Roloff, G.G. Blum, F. Mildenberger, S.S. Hartman: TRE III, 1978, 430-483 (Literatur!); F. Kollbrunner, W. Ustorf: (zum Stichwort »Mission. . .«), WCh, 811-816; G. Rosenkranz, E. Lohse, J. Margull, H.-W. Gesichen, N. Goodall, J. Hermelink, Th. Ohm: (zum Stichwort »Mission. . .«) RGG[3], 969-1016. W.S.

SENF s. Kräuter und Gewürze; s. Pflanzen

SENIR s. Hermon

SEPPHORIS.

1. Lage und Name.

Die ehemalige Hauptstadt *Galiläas lag nur 6 km (zu Fuß in 1 1/2 Stunden leicht erreichbar!) nordwestl. von *Nazareth im Hügelland. Die Hauptstraße vom Mittelmeerhafen *Ptolemaïs führte über S. zum See Genezareth; und auf dem Weg von Nazareth nach *Kana (Chirbet Qana) lag S. auf halbem Weg. Obwohl dieses S. nirgends im AT und NT genannt wird, muß es den Alltag eines im Dorf Nazareth aufwachsenden Menschen geprägt haben. Dieses S. ist somit ein Musterbeispiel dafür, wie außerbibl. Texte und archäologische Ausgrabungen Wesentliches beitragen können zum besseren Verständnis des Lebens Jesu und der Anfänge des Christentums. – Der Name S. ist die griech. Umschrift des hebr. *zippōn*, »Vogel«. Erst unter Antoninus Pius (138-161 n.Chr.) erscheint auf den Münzen der neue Name Diokaisareía, d.h. Stadt des Kaisers und des Jupiter (Dios). Die heutige jüd. Siedlung Zippori liegt etwa 1 km südwestl. des alten Stadthügels.

2. Geschichte.

Vor den aufsehenerregenden Grabungen des 20. Jh. wurden die historischen Nachrichten über S. wenig beachtet. Nebenbei wird S. erstmals genannt um 100 v.Chr.: Ptolemäus Lathyrus kann S. nicht einnehmen und marschiert weiter gegen den Hasmonäerkönig Alexander Jannäus (103-76 v.Chr.; Jos.ant.Jud. XIII, 338). Als Gabinius, der Statthalter von Syrien (57-55 v.Chr.), Palästina in fünf Bezirke mit je einer Gerichtsstadt aufteilt, wird S. Sitz eines der »fünf Synedria« (Jos.ant.Jud. XIV,91). So ist S. beim Regierungsantritt Herodes' I. schon die wichtigste Stadt Galiläas. Bei seinem Tod (4 v.Chr.) gibt es dort Unruhen, und S. wird niedergebrannt. Herodes Antipas (4 v.Chr. – 39 n.Chr.) baut S. so prachtvoll wieder auf, daß es jetzt als »die Zierde von ganz Galiläa« bezeichnet werden kann (Jos.ant.Jud. XVIII,27). Antipas verlegt aber 20 Jahre später (frühestens 18 n.Chr.) seine Hauptstadt an den See und nennt diese Neugründung *Tiberias. Doch S. wird unter dem Prokurator Felix (52-60 n.Chr.) wieder Hauptstadt von Galiläa. Im 2. Jh.n.Chr. muß es dort einen röm. Tempel gegeben haben, um 200 n.Chr. zieht Rabbi Jehuda Hanasi nach S., lebt dort 17 Jahre lang und vollendet hier sein Werk der *Mischna. In demselben 3. Jh. muß es auch schon Christen in S. gegeben haben, und am Konzil von Chalzedon (451 n.Chr.) nimmt ein Bischof von S. teil.

3. Archäologische Funde.

Nach ersten Grabungen von P. Viaud 1908 am Fuß des Hügels, in der Kreuzfahrerkirche

St. Anna, führte L. Waterman 1931 erstmals auf dem Gipfel des Hügels größere Grabungen durch und entdeckte dabei ein in der Literatur vorher nirgends erwähntes Theater. Er datierte es in die Zeit von Herodes I. oder (wahrscheinlicher) Herodes Antipas. Eine 1983 durchgeführte kleine Grabung stellte diese Datierung in Frage. Doch die seit 1985 jährlich fortgeführten Grabungen bestätigen immer klarer, daß die Datierung von Waterman richtig ist. Zwei Gruppen graben seither in S.: »The Joint Sepphoris Project« unter der Leitung von E.M. Meyers, E. Netzer und C. Meyers, sowie eine gemischte amerikanische Gruppe unter der Leitung von J.F. Strange und anderen. Im Bericht über die Grabungen von 1986 werden erstmals Gründe genannt, warum wir annehmen müssen, daß das Theater schon am Ende der röm. oder am Anfang der byzantin. Periode zerstört und danach als Steinbruch ausgebeutet wurde. Doch die Cavea des Theaters ist aus dem Felsen ausgehauen, und die Felsstufen, auf denen früher die Steinplatten auflagen, die als Sitze oder als Treppenstufen dienten, sind noch deutlich sichtbar. Das Halbrund des Theaters hatte einen Durchmesser von 74 m, was einem Fassungsvermögen von ca. 5000 Sitzplätzen entspricht. Drei überwölbte Zugänge führten in den Zuschauerraum; der östlichste wurde erst 1986 ausgegraben; er ist 3,2 m breit und an seinen Wänden sind Freskoreste erkennbar. Die Bühne war teilweise aus Holz; die Steine sind sorgfältig bearbeitet. Beim Vergleich der Größe dieses Theaters mit der Anzahl der Einwohner (etwa 25 000) ergibt sich die wichtige Folgerung: Im Galiläa der ersten Hälfte des 1. Jh.n.Chr. hat nicht nur eine Oberschicht, sondern auch das Volk griech. Texte entstanden und wohl auch (neben der aram. Umgangssprache) griech. gesprochen. Von ähnlicher Mischkultur zeugt auch das 12 x 7 m große Dionysos-Bodenmosaik, das im Sommer 1987 ausgegraben wurde. Der besonders schöne Frauenkopf aus diesem Mosaik wurde schnell berühmt. Das Werk stammt aus dem 2./3. Jh.n.Chr. und entspricht dem röm.-hellen. Milieu des Hauses (des Statthalters ?), in dem es gefunden wurde. Gleichzeitig lebten aber in S. auch Juden und Christen. Schon vor der röm. und der hellen. Periode muß S. besiedelt gewesen sein; denn die Scherbenfunde reichen bis in die vorexilische Eisenzeit II und in die pers. Zeit zurück. Aus der Zeit um 400 v.Chr. stammt ein prächtiges Rhyton (großes Trinkgefäß), das zufällig 1979 beim Straßenbau in S. gefunden wurde. Die Grabungen in S. dauern noch an.

Literatur: L. Waterman: Preliminary Report, 1937; B. Schwank: Erbe und Auftrag 52 (1976) 3, S. 199-206; ders.: Lebendiges Zeugnis 32 (1977), S. 78-86; EAEHL IV, 1978, S. 1051-1054; W. Bösen: Galiläa, 1985, S. 60-75; E. Meyers, E. Netzer, C. Meyers: BA 49 (1986) 1, S. 4-19; B. Schwank: Erbe und Auftrag 63 (1987) 3, S. 222-225; ders.: BiKi 42 (1987) 2, S. 75-79; ESI 4 (1985), S. 100-102; ESI 5 (1986), S. 101-104; ibid. 6 (1987/88), S. 95-98. B.Schw.

Das herodianische Theater in Sepphoris, der Hauptstadt von Galiläa. Es hatte ca. 5000 Sitzplätze. Die Steinplatten waren auf die aus dem Felsen gehauenen Stufen gelegt. (BSchw)

SEPTUAGINTA s. Bibel; s. Kanon AT; s. Kanon NT

SERACH.

1. Kurzform von Serachja mit der Bedeutung »Das Aufstrahlen«.

a. Fürst der *Edomiter, Sohn *Reguels (1Mo 36,13.17; 1Chr 1,37; wahrscheinlich auch 1Mo 36,33; 1Chr 1,44).

b. Sohn *Judas (1Mo 38,30; Jos 7,1; 1Chr 2,4.6). Seine Nachkommen sind die Serachiter (4Mo 26,20; Jos 7,17).

c. Sohn *Simeons (1Chr 4,24) dessen Nachkommen ebenfalls Serachiter heißen (4Mo 26,13). In 1Mo 46,10; 2Mo 6,15 wird er *Zohar genannt.

d. Levit aus der Nachkommenschaft *Gerschons (1Chr 6,5.26).

e. Kuschiter, der mit einem großen Heer in Juda einfiel und von Asa bei Marescha besiegt wurde (2Chr 14,8ff).

2. Mit der möglichen Bedeutung »Er (Gott) hat gedeihen lassen«: Tochter *Assers (1Mo 46,17; 4Mo 26,46; 1Chr 7,30).

SERAFIM. Hebr. *sārāph*, Pl. *serāphīm*. Auch wenn die sprachliche Herleitung des Begriffs schwierig ist, so dürfte der Begriff S. doch mit hebr. *srph*, »brennen, verbrennen«, zusammenhängen. So ist ein *sārāph* zunächst die Giftschlange, die »feurig« ist, weil ihr Biß die brennende, tödliche Wunde bringt (4Mo 21,6;

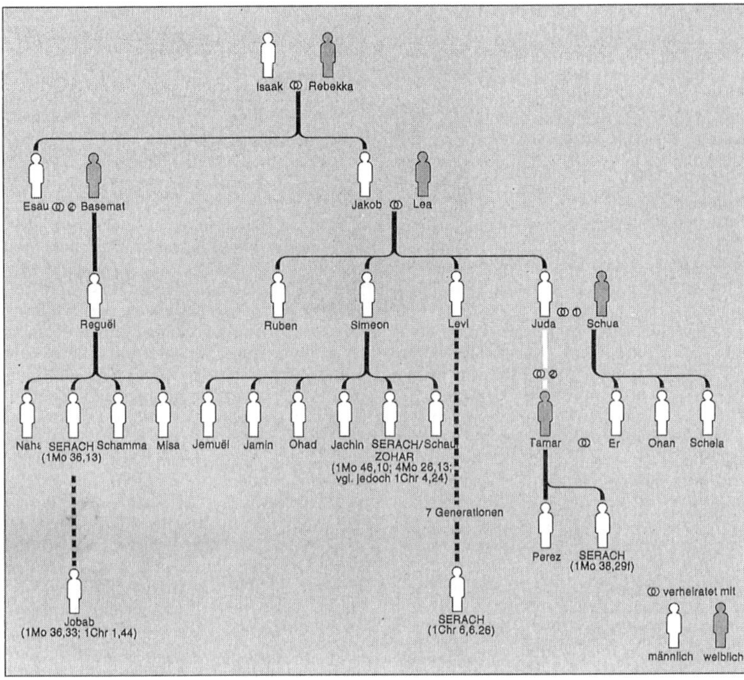

Genealogie der in der Bibel erwähnten Personen namens Serach.

5Mo 8,15). Daneben begegnen die S. aber auch im Sinne des Heilenden, ja sogar Heiligen. Nach 4Mo 21,8 verschafft der Blick auf einen an einer Stange aufgerichteten (ehernen) *sārāph* (vgl. 2Kön 18,4; Joh 3,14) den von »Schlangen« Gebissenen Heilung. Der Prophet *Jesaja benutzt denselben Ausdruck, um damit die geflügelten himmlischen Wesen (*Engel) zu bezeichnen, denen er in seiner Berufungsvision begegnet (Jes 6,1-7). Vielleicht will er dadurch die S. als feurig-lodernde Lichtgestalten beschreiben, auch wenn es ansonsten schwierig ist, sich eine genaue Vorstellung von ihnen zu machen. Im Unterschied zur Schlangengestalt jener Wesen, die in der Wüste über das ungehorsame Gottesvolk hereinbrachen, haben die S. in Jes 6 Menschengestalt (Gesicht, Hände und Füße werden erwähnt) sowie sechs Flügel (V. 2.6). Der Prophet sieht sie, von zweien ihrer Flügel getragen, über dem Thron Gottes schweben (Wächteramt?), während sie mit zwei anderen in Ehrfurcht vor Gottes Herrlichkeit ihr Antlitz und mit zweien im Gefühl des tiefen Abstands der Kreatur von dem Heiligen ihre Füße (Umschreibung der Genitalgegend ?) bedecken. Sie künden durch ihr machtvolles Trishagion (»Dreimal heilig«) von Gottes Heiligkeit, dienen am himmlischen Altar und verwalten das priesterliche Amt der Sühne. So berührt einer von ihnen Jesajas Lippen mit einer glühenden Kohle, um damit den Propheten von seiner Sünde zu reinigen (V. 5-7). Durch die Beschreibung ihrer äußeren Erscheinung und ihres Tuns sind die S. bei Jesaja nicht nur von den »feurigen Schlangen« (s.o.) zu unterscheiden, sondern auch von den Cherubim Hesekiels (10,1-9.14-16.18-20; 11,22), die vier Flügel haben und zu dreiviertel tiergestaltig sind, wie auch von den vier sechsflügeligen Tieren (*zōon*) aus Offb 4,7ff. Noch an zwei weiteren Stellen spricht Jesaja von »fliegenden« S. (14,29: »Schlange«; 30,6 LÜ: Drachen, RevEB: Schlangen), scheint dabei aber an unheimliche schlangengestaltige Wüstendämone (Westermann) oder an Drachen (Delitzsch) zu denken. Seit Origenes ist immer wieder die These vertreten worden, daß Jesaja in seiner Berufungsvision nur von zwei »Engeln« rede. So deutet dieser die S. auf den *Logos und den Heiligen *Geist. Wenn man Jesajas *Vision jedoch im Zusammenhang mit dem »Kronrat« Gottes sieht, dann ist bei den S. an eine wirkliche Mehrzahl von lobpreisenden und dienenden himmlischen Wesen zu denken, die zum »Heer des Himmels« (vgl. 1Kön 22,19) gehören. Vielleicht ähnelten die S. der Skulptur, die in Tell Halaf gefunden wurde und einen Menschenleib mit drei Flügelpaaren darstellt (ANEP Nr. 655).

Literatur: F. Delitzsch: Jesaja; ([3]1879) 1983. U.Th.

SERAJA. (Hebr. *serājāh, serājāhū*, »Jahwe hat gesiegt«).

1. Davids Schreiber (2Sam 8,17), auch »Schewa« (2Sam 20,25), »Schischa« (1Kön 4,3) und »Schawscha« (1Chr 18,16) genannt.

2. Sohn *Asarjas und oberster Priester z.Zt. *Zedekias. Er wurde vom König von Babylon in Ribla hingerichtet (2Kön 25,18ff/Jer 52,24ff).

3. Sohn Tanhumets, des Netofatiters, ein Hauptmann unter denjenigen, denen Gedalja, der vom babylon. König eingesetzte Statthalter Judäas, riet, sich den Chaldäern zu unterwerfen (2Kön 25,23/Jer 40,8).

4. Sohn Kenas aus dem Geschlecht Juda (1Chr 4,13f).

5. Simeoniter, Sohn Asiëls (1Chr 4,35).

6. Priester, der mit *Serubbabel aus der babylon. Gefangenschaft nach Jerusalem zurückkehrte (Esr 2,2; Neh 12,1.12).

7. Einer, der unter Nehemia den Bund besiegelte (Neh 10,2), vielleicht der gleiche wie 6.

8. Priester, Sohn Hilkijas (Neh 11,11), »Vorsteher im Hause Gottes« im Jerusalem nach der babylon. Gefangenschaft.

9. Einer der Offiziere, die auf Befehl des Königs *Jojakim den Propheten Jeremia und seinen Schreiber Baruch festzunehmen hatten (Jer 36,26).

10. Marschall, der König *Zedekia im 4. Jahr seiner Herrschaft nach Babylon begleitete. S. trug Jeremias Prophezeiung gegen Babylon bei sich, die er dort verlesen sollte (Jer 51,59-61). Einige bringen ihn mit 3. in Verbindung. J.D.D.

SERED. Ein Sturzbach aus den Bergen (hebr. *nachal*) oder Wadi, der bzw. das von den Israeliten auf ihrer Reise um die Grenzen von *Edom und *Moab herum durchquert wurde (4Mo 21,12; 5Mo 2,13f). In 4Mo wird S. als Lagerplatz erwähnt, was mit dem Befehl, »nun macht euch auf«, in 5Mo 2,13 übereinstimmt. S.s Identifizierung ist umstritten; wahrscheinlich handelt es sich um Wadi el-Hesa, das von SO her zum Toten Meer verläuft. Die Kommentare, die 5Mo 2,14ff folgen, zeigen, daß seine Durchquerung als wichtige Phase der Reise betrachtet wurde. G.T.M.

SERGIUS PAUL(L)US.

Auf der sog. ersten Missionsreise trafen *Paulus, *Barnabas und Johannes *Markus in *Paphos mit dem Statthalter S. von *Zypern zusammen, dem *Lukas den in der damaligen Zeit für eine senatorische Provinz zutreffenden Titel Prokonsul (griech. *anthypatos*) gibt (Apg 13,7). S. gehörte offenbar zur Gruppe der an der jüd. Religion interessierten *Gottesfürchtigen, denn an seinem Hof gab es auch einen jüd. Magier Bar-Jesus (Apg 13,6), den sein Beiname *Elymas (Apg 13,8) vielleicht als Charismatiker mit essenischen Neigungen ausweist (C. Daniel, Muséon 84, 1971, 455-476). Aufgrund des prophetischen Strafwunders an ihm, heißt es, daß S. »gläubig wurde und sich über die Lehre des Herrn verwunderte« (Apg 13,12). Wie tief dieser Glaube reichte (vgl. Apg 8,13), ist umstritten (I.H. Marshall, Acts, 1980, 219f). Nach der sonstigen Chronologie der *Apostelgeschichte fällt dieses Ereignis in die Zeit zwischen 46/48 n.Chr. Da Lukas zwar den Geschlechtsnamen (latein. *nomen gentile*) Sergius und den Beinamen (latein. *cognomen*) Paulus (latein. korrekt: *Paullus*) nennt, nicht aber den Vornamen (latein. *praenomen*), ist eine Identifizierung in außerntl. Quellen erschwert.

Drei Inschriften wurden mit S. in Verbindung gebracht:

a. Eine fragmentarische Inschrift aus Kytharaia in N-Zypern nennt einen [Q]uintus Serg[ius] vermutlich als Prokonsul (IGRR III, 935). Aber nach einer verbesserten Lesung ist die Amtszeit nicht unter *Claudius, sondern unter Gajus *Caligula (37-41 n.Chr.) zu datieren (T.B. Mitford, ANRW II, 7.2, 1980, 1300. 1330).

b. Auch eine zweite griech. Inschrift (IGRR III, 930) aus Soli an der N-Küste von Zypern fällt aufgrund einer korrigierten Lesung als Erwähnung des ntl. S. aus. Der dort genannte Paulus wirkte nämlich erst unter Kaiser Hadrian, vermutlich 126 n.Chr. (T.B. Mitford, ANRW II, 7.2, 1980, 1303f).

c. Eine latein. Inschrift aus Rom (CIL VI, 31545) nennt unter Claudius einen Lucius Sergius Paullus als einen der fünf Kuratoren des Tiber-Ufers. Ist er mit dem in der ersten Inschrift genannten S. gleichzusetzen, hilft auch dieser Beleg nicht zur Identifizierung der ntl. Person. Immerhin kann man die Möglichkeit nicht ausschließen, daß der röm. S., der vielleicht auch bei Plinius dem Älteren genannt ist (Th. Zahn, KNT 15, 1904, 190-192), und der spätere zyprische Prokonsul dieselbe Person sind. Dann wären die Verbindungen der Familie aufgrund von Landbesitz (MAMA VII, 319) nach *Antiochia in *Pisidien interessant (S. Mitchell, ANRW II, 7.2, 1980, 1073f), wohin Paulus anschließend auf seiner Missionsreise kam (Apg 13,14). Völlig spekulativ ist dagegen die Annahme, der Apostel habe erst aufgrund der Bekehrung des Prokonsuls seinen Namen Saulus in Paulus geändert (H. Dessau, Hermes 45, 1910, 347-368). Wenn dieser latein. Name in unserem Zusammenhang erstmals genannt wird (Apg 13,9), ist die Erklärung auf der schriftstellerischen Ebene zu suchen. Lukas führt den Namen, unter dem der Apostel in der Heidenwelt wirkte, förmlich ein, als durch die Aufgeschlossenheit des hohen Beamten sich erstmals die Möglichkeit zur Mission in der röm. Oberschicht zeigt. Wie bei der ausführlichen Schilderung des Aufenthalts in der röm. Kolonie *Philippi (Apg 16,11-40) blickt Lukas hier schon nach *Rom (Apg 28).

Literatur: E.M. Blaiklock: NIDBA, 1983, 408; B. van Elderen: FS für F.F. Bruce: 1970, 151-156; E. Groag: PRE II,4, 1923, 1714-1718; C.J. Hemer: The Book of Acts in the Setting of Hellenistic History, 1989, 109.166f; J.J. Hughes: ISBE III, 1986, 729f; G. Kehnscherper: TU 87, 1964, 411-440; W.M. Ramsay: Bearing of Recent Discovery on the Trustworthiness of the New Testament, 1915, 150-172. R.R.

SERUBBABEL. S. (andere Schreibweise: Serubabel; hebr. *zerubbabäl*; LXX: *Zorobabel*) ist der akkad. Name *Zer-Babili*, »Sproß Babels« oder »der in Babel Geborene«, des herausragenden Führers einer großen Rückkehrergruppe von Israeliten aus dem babylon. *Exil und beim Wiederaufbau des Jerusalemer Tempels ab 520 v.Chr.

1. Abstammung:

S. war ein im Exil geborener Enkel des vorletzten judäischen Königs *Jojachin (Jechonja), welcher 597 v.Chr. – auf Anordnung Nebukadnezars – durch seinen Onkel *Zedekia ersetzt und nach Babylon gebracht worden war. Der an verschiedenen Stellen als Vater S.s bezeugte *Schealtiël (Esr 3,2.9; 5,2; Neh 12,1; Hag 1,1.12.14; 2,2.23; vgl. Mt 1,12; Lk 3,27) war nach 1Chr 3,17 ein Sohn Jechonjas (Jojachins). Allerdings gibt 1Chr 3,17 Pedaja, den Bruder Schealtiëls, als Vater S.s an (anders LXX, wo Schealtiël als »Salathiel« der Vater bleibt). An seiner davidischen Abstammung ändert sich dadurch nichts. Rüthy erklärt die Differenz mit einer Leviratsehe Pedajas mit der Witwe Schealtiëls, wodurch Pedaja zum Stiefvater S.s geworden sei.

2. Funktion:

Seiner königlichen Abstammung entsprechend nimmt S. ab seiner ersten Erwähnung in Esr 2,2 eine Führungsrolle bei der Rückkehr einer Gruppe von fast 50 000 Menschen (Esr 2,64f) nach Juda und Jerusalem ein. Allerdings war ihm der Hohepriester Jeschua als führender geistlicher Kopf zur Seite gestellt. Jedenfalls wird S. in Esr, Neh (außer 12,47) und Hag (außer 2,20-23) immer zusammen mit diesem erwähnt. Ebenso setzen auch die Ankündigungen *Sacharjas (Sach 3,1ff; 4,6ff; 6,9ff) die Zusammenordnung des weltlichen und des geistlichen Führers voraus. Jedenfalls gehörten beide von Anfang an – ihrer Abstammung entsprechend – zu den führenden Gestalten der Rückkehrergemeinde und werden in den früheren Berichten oft zusammen mit anderen Häuptern erwähnt (Esr 2,2; 4,2; 5,5; 6,14; Neh 7,7). So wie S. der Königsfamilie entstammte, war Jeschua Sproß der aaronitischen Hohenpriesterfamilie. Nach 1Chr 5,27ff ist seine Ahnenreihe bis auf Levi zurückzuverfolgen. Wenn allerdings sein Vater Jozadak zu den um 587 v.Chr. exilierten Bewohnern Jerusalems gehörte, ist anzunehmen, daß Jeschua wesentlich älter war als S., der als Enkel Jojachins der Generation nach Jeschua angehörte.

Eine offizielle Führungsaufgabe ist für beide erst in der Zeit der Wiederaufnahme des Tempelbaus um 520 v.Chr. belegt. Nur in den Berichten aus dieser späteren Zeit (Hag, Sach) werden sie mit ihrem Titel Statthalter (hebr. *pachat jehuda*) bzw. Hoherpriester (hebr. *ha kohen haggadol*) angeredet. Bei Jeschua kann stillschweigend vorausgesetzt werden, daß er auch in der ersten Zeit nach der Rückkehr als Angehöriger der Hohenpriesterfamilie als solcher respektiert wurde. Seine entsprechenden Funktionen konnte er ja erst mit der Wiederaufnahme des Opferdienstes im Zusammenhang mit dem beginnenden Tempelbau wahrnehmen. Bei S. ist es jedoch fraglich, ob er den Statthalter-Titel – unabhängig von seiner leitenden Verantwortung neben oder unter Scheschbazar – auch schon vorher getragen hat (s.u.). Wenn Kaiser *Darius als Antwort auf die Kritik des Satrapen Tattenai (Esr 5,3ff) die Aufgabe des Wiederaufbaus des Tempels bestätigt und ausdrücklich das Amt des jüd. Statthalters erwähnt (Esr 6,7; wahrscheinlich war dieses Amt an die Bauaufgabe gebunden, vgl. Galling), so ist anzunehmen, daß S. wohl schon einige Zeit vorher offiziell in dieses Amt eingesetzt worden war. Um 538 v.Chr. jedenfalls hatte es noch Scheschbazar inne.

S.s bedeutendste Leistung, für die er über seine Zeit hinaus bekannt wurde, war die Or-

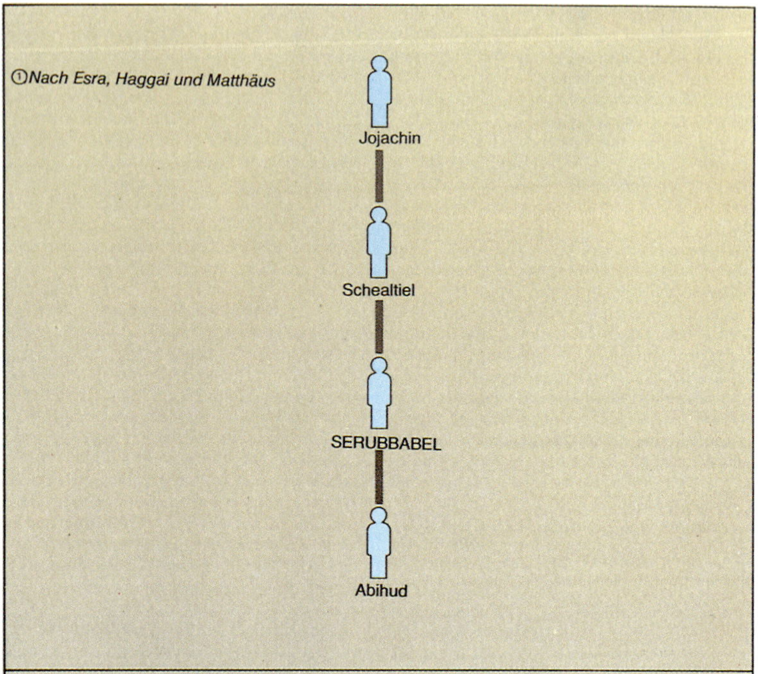
①Nach Esra, Haggai und Matthäus
Jojachin
Schealtiel
SERUBBABEL
Abihud

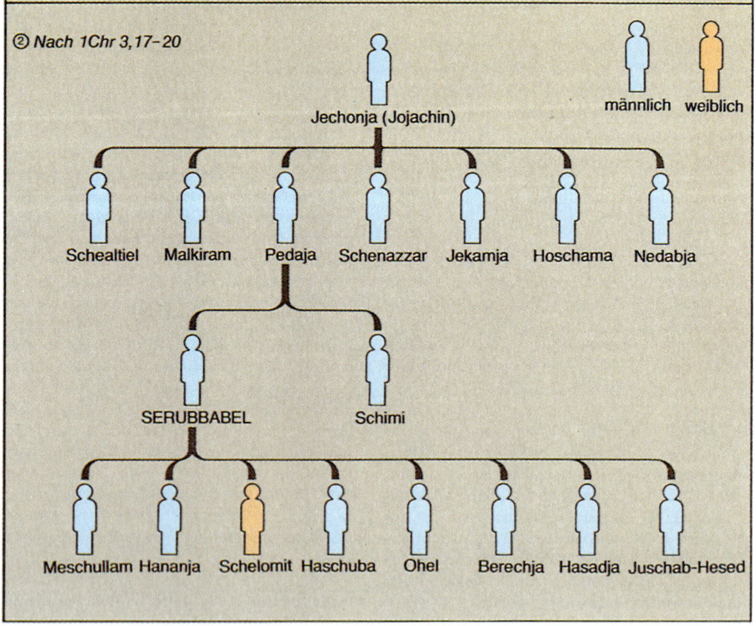
② Nach 1Chr 3,17-20
männlich
weiblich
Jechonja (Jojachin)
Schealtiel
Malkiram
Pedaja
Schenazzar
Jekamja
Hoschama
Nedabja
SERUBBABEL
Schimi
Meschullam
Hananja
Schelomit
Haschuba
Ohel
Berechja
Hasadja
Juschab-Hesed

ganisation des Wiederaufbaus des Jerusalemer Tempels und der damit verbundenen Reinstallierung des Priester- und Levitendienstes (vgl. Esr 6,14-18; hier wird S. eigenartigerweise nicht ausdrücklich erwähnt). Im »Lobpreis der Väter« bei Jesus Sirach wird er zusammen mit Jeschua für diese Leistung gerühmt (Sir 49,13f). Anders als Nehemia beim Wiederaufbau der Stadtmauer ca. 80 Jahre später hat er sich offensichtlich jedoch nicht umfassend durchsetzen können. Er war zwar mit verantwortlich für die Ablehnung der Mitwirkung der Samaritaner beim Tempelbau (Esr 4,3). Die weitere Darstellung (Esr 4,4f) läßt jedoch nichts davon erkennen, daß er sich deren Intrigen und Abschreckungsmaßnahmen entgegengestellt hätte. Es bedurfte des Auftretens der Propheten Haggai und Sacharja, die S. und Jeschua handfest ermutigten und zum Wiederaufbau antrieben. Ohne deren hoffnungsstarke Verheißungen, Tröstungen und Mahnungen wäre der Bau wohl nicht so schnell zustande gekommen.

3. Beziehung zu Scheschbazar und Wirkungszeit:

Die Erwähnung Scheschbazars als »Fürst Judas«, der nach Esr 1,8.11; 5,14.16 eben jene Funktion einnahm, die üblicherweise (s.o.) S. zugeschrieben wird, stiftet Verwirrung. Dies hängt damit zusammen, daß der Beginn der Bauarbeiten nach Esr 3,8ff einerseits als Werk S.s und Jeschuas bezeichnet wird, andererseits nach Esr 5,14.16 Scheschbazar dafür verantwortlich gemacht wird. Darüber hinaus hatten beide die Stellung eines »Statthalters« inne (aram. *pächa*: Esr 5,14; für S. nur in Hag 1,1.14; 2,2.21: hebr. *pachat jehuda*). Diese ist allerdings nicht mit dem hohen Amt eines Satrapen gleichzusetzen, sondern als das eines Sonderbeauftragten der pers. Zentralregierung, eines »Wiedergutmachungskommissars« (Donner) oder »Repatriierungskommissars« (Alt) zu verstehen. Einer Identität beider Personen, worin manche Ausleger die Lösung gesucht haben, widerspricht die Erwähnung beider nebeneinander in unterschiedlichen Zeiträumen (Esr 5,2.14). Da die Datierung des ersten Baubeginns im zweiten Jahr nach der Rückkehr (Esr 3,8) jedoch offensichtlich noch in die Zeit des *Kores/Kyrus (539-529 v.Chr.) fällt (Esr 4,5), muß S. gleichzeitig mit Scheschbazar nach Jerusalem gekommen sein, diesen aber überlebt haben (anders Galling, Donner und viele neuere Ausleger, die die Rückkehrergruppe unter Scheschbazar um 538 v.Chr. von einer späteren unter Serubbabel und Jeschua um 520 v.Chr. unterscheiden; zwangsläufig wird dann der Bericht Esras über die Einstellung der Bauarbeiten, (Esr 4) als historische Konstruktion angesehen. Dazu besteht jedoch kein hinreichender Grund).

Ob Scheschbazar eine andere Namensform für Schenazar, den Onkel S.s (1Chr 3,18), darstellt, bleibt spekulativ und läßt sich von den sprachlichen Regeln her nicht belegen. Eine Lösung könnte darin bestehen, daß Scheschbazar von Kores als Sonderbeauftragter ausschließlich für die Rückkehr und die Organisation des Wiederaufbaus des Tempels eingesetzt war, S. aber in dessen Auftrag die Durchführung verantwortete (Fensham). Scheschbazar ist dann entweder bald gestorben oder nach Babylon zurückgekehrt. S. hätte dann sein offizielles Amt übernommen. Jedenfalls wird er erst ca. 15 Jahre später, also bei der Wiederaufnahme der Bauarbeiten im August/September 520 v.Chr. durch den Propheten Haggai als Statthalter bezeichnet und wohl auch in der Antwort des Darius an Tattenai als solcher vorausgesetzt (Esr 6,7). Da S. über die Wiedereinweihung des Tempels hinaus nicht mehr erwähnt wird und die ihm durch den Propheten Sacharja zugesprochene messianische Funktion (Sach 4,6-10; vgl. Hag 2,20-23) offensichtlich nicht mehr zum Zuge kam, muß auch er um die Zeit der Einweihung des wiederaufgebauten Tempels um 515 v.Chr. seine öffentliche Stellung – aus welchen Gründen auch immer – eingebüßt haben.

4. Theologische Bedeutung:

Einzigartig ist die durch die Propheten Haggai und Sacharja zugesprochene messianische Bedeutung S.s, die bei Sach auf S. und Jeschua aufgeteilt wird. Ohne solche prophetische Qualifizierung würde S. wohl nicht die herausragende Rolle in der *Heilsgeschichte eingenommen haben. Seine historische Position allein gäbe dazu keinen ausreichenden Anlaß. Mit ihm wird erstmals in der Geschichte Israels eine historische Person als Messias in der Nachfolge auf dem Thron Davids proklamiert und mit an die Heilszeit unter *David geknüpften Erwartungen verbunden (Hag 2,23; vgl. Sach 3,8; die Bezeichnung des Messias-Königs als »Siegelring« begegnet schon bei Jer 22,24; vgl. Hld 8,6; Sir 17,18; Joh 6,27). So werden mit S.s Wirken rel. und wohl auch politische Hoffnungen verknüpft: Der Tempel soll herrlicher erstehen als z.Zt. *Salomos und zum Zentrum der Anbetung des Gottes Israels auch für die Völker der Welt werden (Hag 2,6-9; Sach 4,10; 6,15). Dies entspricht S.s davidischer Abstammung und der Erwartung einer neuen nationalen Einheit nach dem Exil.

Darüberhinaus spricht Sacharja ausdrücklich von zwei Gesalbten, die friedlich nebeneinander dienen (4,14; 6,13). Ausdrücklich wird Jeschua in diesem Zusammenhang gekrönt, und eine zweite Krone scheint für den »Sproß« S. bereitzuliegen (Sach 6,9ff). In diesem doppelten Messiasamt hat das Amt des Hohenpriesters, der nun zugleich auch politische Funktionen ausübt bis in die Zeit des NT hinein, seine Wurzel. Was aus den Hoffnungen oder Vorgängen um S. geworden ist, bleibt freilich offen. Einen König S. hat es offensichtlich nicht gegeben. Es ist nicht auszuschließen, daß das plötzliche Verschwinden S.s mit solchen Bestrebungen zusammenhängt.

Obwohl die Prophetie Haggais und Sacharjas damit zumindest teilweise nicht erfüllt wurde, sind beide vom späteren Judentum als echte Propheten verehrt und in den Kanon aufgenommen worden. Ihre Verheißungen haben über die kurzlebige Zeit S.s hinaus weitreichende Bedeutung bis in die Endzeit hinein. Dies ist mit zu berücksichtigen, wenn S. als Davidide im Stammbaum Jesu (Mt 1,12f; Lk 3,27) auftritt. Der »Siegelring« S., den Gott erwähnt hat (Hag 2,23), hat in Jesus Christus Gestalt gefunden, genauso wie die Integration der Völkerwelt in die Verehrung des Gottes Israels und – nun allerdings geistlich überhöht – der Aufbau eines neuen, geistlichen Tempels, der alles Dagewesene in den Schatten stellt.

Literatur: A. Alt: Die Rolle Samarias bei der Entstehung des Judentums, 1934, Kleine Schriften 2, S. 316-337; K.M. Beyse: Serubbabel und die Königserwartungen der Propheten Haggai und Sacharja, 1972; H. Donner: Geschichte des Volkes Israel und seiner Nachbarn in Grundzügen, Bd.2, 1986; F.C. Fensham: The Books of Ezra and Nehemiah, 1982; K. Galling: Die Liste der aus dem Exil Heimgekehrten, in: Studien zur Geschichte Israels im persischen Zeitalter, 1964, S. 89-108; ders.: Die Exilswende in der Sicht des Propheten Sacharja, ibid., S. 109-126; ders.; Serubbabel und der Hohepriester beim Wiederaufbau des Tempels in Jerusalem, ibid., S. 127-148; S. Japhet: Sheshbazzar and Zerubbabel. Against the Background of the Historical and Religious Tendencies of Ezra-Nehemiah, ZAW 94, 1982, S. 66-98; A.E. Rüthy: BHH III, 1966, 1777-1778; E. Sellin: Serubbabel, 1898. C.D.St.

SET. (»Ersatz«?).

Dritter Sohn *Adams und *Evas, den ihnen Gott anstelle des von *Kain ermordeten *Abel geschenkt hatte (1Mo 4,25). S. wurde geboren, als Adam 130 Jahre alt war (1Mo 5,3). Für die Nachkommen S.s bis zu *Noah vgl. V. 6-32.

SEUCHE s. Krankheit

SEUFZEN. Unartikuliertes Stöhnen unter einer drängenden Situation, die nicht zu ändern ist, sondern hingenommen und ertragen werden muß, wird in der Regel mit S. bezeichnet.

1. Im Alten Testament.

Im AT entsprechen dem dt. Wort »seufzen« eine ganze Reihe von hebr. Äquivalenten. Ähnliches gilt für das griech. *ho stenagmos*, »Stöhnen, Seufzen«, bzw. *stenazō*, »stöhnen, seufzen«, das in der LXX zur Übersetzung von 13 verschiedenen hebr. Ausdrücken verwandt wird. Der Grund für die erstaunliche Vielfalt ist die onomatopoetische Bildung der meisten hebr. Worte für seufzen/stöhnen, d.h. durch das Wort wird der Seufzlaut nachgeahmt. Dieses Wortbildungsverfahren ist auch in anderen Sprachen zu beobachten (im Dt. wird z.B. aus dem Seufzlaut »ach« ächzen); die individuelle Nachahmung des Lautes führt nicht selten zu geringen Veränderungen im Lautbestand eines Wortes (vgl. THAT II, 570; ThWAT V, 279). Häufigstes Wort im AT ist *'anāchāh*, »Seufzer« (in der LXX immer mit *stenagmos* übersetzt), bzw. das dazugehörende Verb *'nch* (nif), das lautlich dem dt. »ach« entspricht. Häufig in den Psalmen (6,7; 12,6; 31,11 u.ö.) und bei Hiob (3,24; 23,2) in Verbindung mit persönlichem *Leid, meist *Krankheit. In den Geschichtsbüchern (2Mo 2,23: Israel in Ägypten) und bei den Propheten ist es meist das nationale *Unglück (Unterdrükkung, Exil, Zerstörung Jerusalems, vgl. Jes 24,7; 35,10; 51,11; Jer 22,23; Hes 21,11f; Joel 1,18: vom Vieh, das infolge der Heuschrekkenplage hungert, Klgl 1,4.8.11.21), das den Menschen das S. abpreßt. S. über Sünde (Hes 9,4), psychischen Schmerz (Jer 45,3; Hes 21,11f beim Empfang einer Unheilsbotschaft) und eine unverständige Regierung kommen hinzu (Spr 29,2). An 2. Stelle steht *'anāqāh*, »Stöhnen«, bzw. *'nq*, »stöhnen«. Mit denselben Konsonanten ist zudem *ne'āqāh*, »Geächz, Wehklage«, gebildet. Gebraucht werden diese Vokabeln zur Bezeichnung des Todesröchelns der Verletzten im Krieg (Hes 26,15; 30,24; Jer 51,52), aber auch bei Unterdrükkung durch Feinde oder Gefangenschaft (2Mo 2,24; 6,5; Ri 2,18; Ps 12,6; 79,11; 102,21), Todesklage (Hes 24,17, vgl. *Begräbnis- und Trauersitten) sowie als Teil der kult. Klagefeiern (Mal 2,13; vgl. Hes 9,4; Joel 2,12f). Alle übrigen Ausdrücke überschneiden sich mit »jammern«, »weinen«, »klagen«, »schreien« und werden nur ausnahmesweise mit *stenazō* oder *stenagmos* übersetzt (1Mo 3,16; Ps 38,9; Hiob 24,12; 30,25; 31,38; Jes 19,8; 59,11; Jer 4,31; Nah 3,7), das von den Übersetzern der LXX zudem öfters ohne hebr. Vorlage in die Texte eingetragen wurde. Im Ganzen hat LXX die Wortgruppe an 65 Stellen und beschreibt so einheitlicher als das Hebr. die verschiedenen Formen der menschlichen Klage.

2. Im Neuen Testament.

Viel seltener wird das Wort im NT gebraucht. In der Stephanusrede (Apg 7,34) wird 2Mo 3,8 zitiert, wo es von Gott heißt, daß er das S. seiner Kinder in Israel gehört hat. Von Jesus wird zweimal ein S. überliefert (Mk 7,34; 8,12; vgl. 1,41); er seufzte, als er einen Stummen heilte, und als die *Pharisäer ihn um ein *Zeichen baten. Beide Male ist ein schmerzliches Element enthalten (darin dem griech. Ausdruck *splagchnizomai* verwandt, vgl. *Schmerz): das Mitleiden mit dem von der Krankheit Gebundenen (die in Kommentaren oft begegnende thaumaturgische Deutung verfehlt diesen Sinn völlig), sowie das Widerfahrnis des Nichtverstandenwerdens von seiten der *Pharisäer. Jesu Leiden an der Macht des Bösen in der Welt ist damit angesprochen. Ähnlich begegnet S. als Sehnsuchtsäußerung der Gläubigen bei Paulus. In 2Kor 5,2-4 sind es Sterblichkeit und Tod, die den Christen sich ausstrecken lassen nach dem Offenbarwerden des neuen Seins der neuen Schöpfung. Das S. wird so zum Merkmal des Christen, indem dieser in der Spannung zwischen dem »schon jetzt« und »noch nicht« des *Reiches Gottes steht. Der Geist als Angelt der zukünftigen Herrlichkeit (2Kor 5,5) gibt Gewißheit über das Kommende und bestärkt so die Sehnsucht, deren Ausdruck das harrende S. darstellt. Auch in Röm 8,22-25 ist die Erwartung »der herrlichen Freiheit der Kinder Gottes« angesichts der noch immer gegenwärtigen »Knechtschaft der Vergänglichkeit« Grund des Seufzens von Mensch und Kreatur. Mensch und Kreatur seufzen infolge eines Zustandes, der ihrem Wesen nicht bzw. nicht mehr entspricht, aus dem sie aber (noch) nicht heraus können. Dieses gemeinsame S., das die Kinder Gottes mit der ganzen übrigen Schöpfung verbindet, ist in Röm 8,26 aufs höchste gesteigert. Der Geist Gottes, d.h. Gott selber, leidet mit. In fürbittender Weise vertritt der Heilige Geist die Gläubigen mit »unaussprechlichem Seufzen«, d.h. nicht in glossolalischer Weise, als ob des Geistes Fürbitte an menschliche Zungenrede gebunden wäre, sondern so, daß er vor Gott Worte findet, die allein Gott zu verstehen vermag, dem Menschen aber unaussprechlich bleiben (vgl. 2Kor 12,4: auch Paulus hörte im *Paradies Worte, die er selber nicht zu sagen wagte oder sagen konnte). Wo die Schöpfung und wo Christen unter der ihnen feindlichen Macht der Sünde leiden und stöhnen, ist der Heilige Geist als fürbittender Beistand (Paraklet) für sie wirkend. Er kommt durch ein »stellvertretend-priesterliches Geschehen« (ThWNT VII, 602 Anm. 12) zu Hilfe und erinnert so an die vom Hebräerbrief beschriebene hohepriesterliche Funktion Jesu. Beidemal ist ein Vorgang in der himmlischen Welt damit gemeint, aber so, daß die Seufzer der Menschen auf der Erde im Himmel als gegenwärtig gewußt werden (vgl. Hebr 2,14-18; Offb 5,8). Die noch verbleibenden zwei Stellen für S. im NT (Hebr 13,17; Jak 5,9) betreffen das Verhalten innerhalb der Gemeinde. Dort soll die neue Welt Gottes modellhaft schon sichtbar sein, deshalb werden die Christen zu einem Umgang untereinander ermahnt, der S. überflüssig macht.

Literatur: Außer den jeweiligen Kommentaren zu den verschiedenen Stellen: J. Scharbert: Der Schmerz im Alten Testament, BBB 8, 1955, S. 112-117; J. Schneider: ThWNT VII, 1964, S. 600-603. R.D.

SIBMA/SEBAM. Eine Stadt, die dem Amoriterkönig *Sihon entrissen und dem Stamm *Ruben zugeteilt wurde (4Mo 32,3.38; Jos 13,19). Z.Zt. *Jesajas und *Jeremias war sie an die *Moabiter zurückgefallen (Jes 16,8.9; Jer 48,32). Das ursprünglich als Weide dienende Land (4Mo 32,4) war später berühmt für Wein und Sommerfrüchte. Hieronymus bestimmte seine Lage in der Nähe von Heschbon (Jesaja-Kommentar 5); heute wird es meist mit Chirbet Qurn el-Qibsh zwischen *Nebo und Heschbon identifiziert. B.H.

SICHEL s. Ackerbau

SICHEM.

1. Der Sohn des Hiwiters *Hamor, Prinz von S. (1Mo 34; Jos 24,32; Ri 9,28), der Jakobs Tochter Dina schändete.

2. Ein Nachkomme von *Josefs Sohn *Manasse (4Mo 26,31; Jos 17,2).

3. Sohn Schemidas aus dem Stamm Manasse (1Chr 7,19).

4. Eine wichtige Stadt in Zentralpalästina mit einer langen Geschichte und vielen historischen Bezügen. Normalerweise erscheint S. in der Bibel als Schechem (hebr. *schekäm*), aber auch einmal als S. (1Mo 12,6) und zweimal als griech. *Sychem* (Apg 7,16). S. befand sich im Hügelland von *Ephraim (Jos 20,7), in der Nähe des Berges *Garizim (Ri 9,7). Der ursprünglichen Ortslage entspricht heute Tell Balatha, das am O-Ende des Tales liegt, das zwischen dem Berg *Ebal im N und dem Berg *Garizim im S verläuft, etwa 50 km nördl. von *Jerusalem und ca. 10 km südöstl. von *Samaria. S. ist der erste im 1.Buch Mose erwähnte Ort *Palästinas. *Abraham lagerte dort an der »Eiche *More« (1Mo 12,6). Zu der Zeit »wohnten die Kanaaniter im Lande«, aber der Herr offenbarte sich Abraham und erneuerte sein Bundesversprechen. Abraham baute daraufhin einen Altar für den Herrn (1Mo 12,7).

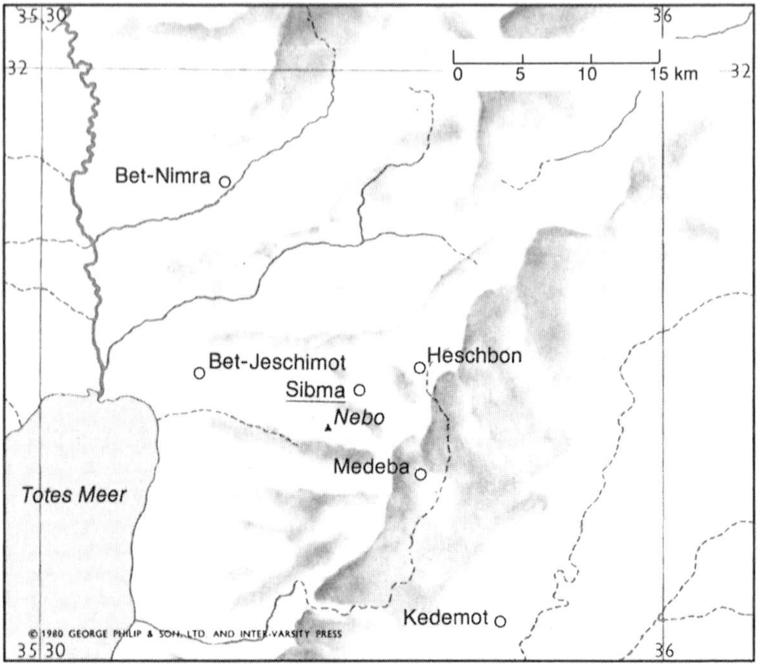

Die Stadt Sibma im Stammesgebiet von Ruben.

Abrahams Enkel Jakob kam bei seiner Rückkehr aus Haran nach Schalem oder Schalom, einer Stadt S.s, und stellte seine Zelte auf einer Parzelle auf (1Mo 33,18f), die er von Hamor, dem hiwitischen Prinzen des Gebietes, gekauft hatte (1Mo 33,18f; 34,2). Als S., der Sohn Hamors, Jakobs Tochter *Dina schändete, töteten ihre Brüder *Simeon und *Levi die Männer des Gebiets (1Mo 34,25f), und die anderen Söhne Jakobs plünderten die Stadt (V 27-29), obwohl Jakob die Handlung verurteilte (1Mo 34,30; 49,5-7). Bei S. begrub Jakob die »fremden Götter«, die in seinem »Hause« waren, unter der Eiche More (1Mo 35,1-4) und errichtete einen Altar für »Gott, den Gott Israels« (1Mo 33,20: hebr. *'el-'ălōhē-jisrā'ēl*). *Josef suchte später seine Brüder in der Nähe der guten Weiden um S. (1Mo 37,12ff).

Im 15. Jh.v.Chr. fiel die Stadt in die Hände der Habiru, wie wir aus den Tell el-*Amarna-Briefen wissen (ANET, S. 477, 485-487, 489-490). Der Name erscheint womöglich auch schon früher in ägypt. Berichten aus dem 19.-18. Jh.v.Chr. (ANET, S. 230, 329). Nach der *Landnahme rief *Josua zu einer Erneuerung des *Bundes in S. auf. Bestimmte Züge des im Orient 1500-700 v.Chr. geläufigen Bundesvertrags begegnen in Jos 8,30-35 (*Bund). Vor seinem Tod versammelte Josua die Ältesten wieder in S., erneuerte den Bund und empfing den Treueeid des Volkes gegenüber Gott (Jos 24). Die Grenze zwischen *Ephraim und *Manasse verlief in der Nähe der Stadt (Jos 17,7), die eine der *Freistädte war und den kehatitischen Leviten zugesprochen wurde (Jos 20,7; 21,21; 1Chr 6,51). S. lag in Ephraim (1Chr 7,28). Hier begruben die Israeliten die Gebeine *Josefs, die sie aus Ägypten mitgebracht hatten (1Mo 50,25; Jos 24,32).

Z.Zt. der Richter war S. noch immer ein Zentrum des kanaan. Kults, der Tempel Baal-Berits (»der Herr des Bundes«) erscheint in der Geschichte von *Gideons Sohn *Abimelech (Ri 9,4), dessen Mutter aus S. stammte. Abimelech versuchte, in S. ein Königreich aufzurichten (Ri 9). Als sich die Bewohner S.s nach drei Jahren gegen ihn auflehnten, zerstörte Abimelech S. (Ri 9,22ff), griff den befestigten Tempel des Baal-Berit an und verbrannte ihn mitsamt etwa 1000 Männern und Frauen, die dort Zuflucht gesucht hatten (V. 46-49).

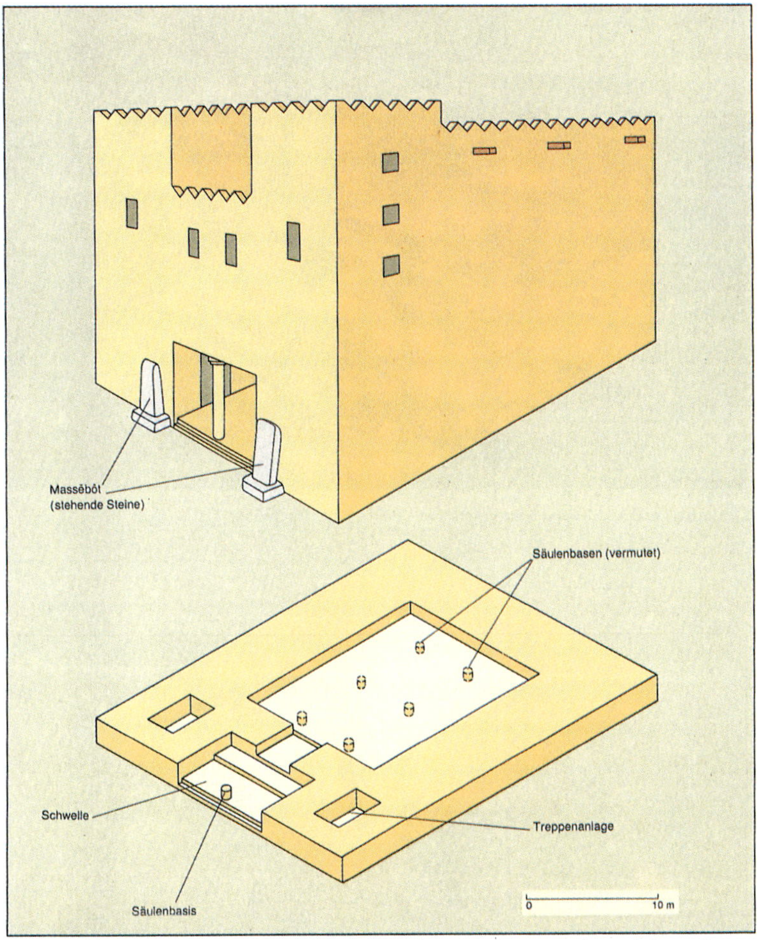

Rekonstruktionsvorschlag für den in Sichem ausgegrabenen Festungstempel (migdol) *aus dem 17. Jh. v.Chr. Die Masseben am Eingang könnten zu einem späteren Zeitpunkt aufgestellt worden sein.*

Nach *Salomos Tod wies die Versammlung Israels in S. *Rehabeams Ansprüche zurück, sagte sich vom Haus Davids los und machte *Jerobeam zum König (1Kön 12,1-19; 2Chr 10,1-11). Jerobeam baute die Stadt wieder auf und machte sie eine Zeitlang zu seiner Hauptstadt (1Kön 12,25), verlegte sie später aber nach *Pnuel und dann nach *Tirza. S. verlor danach an Bedeutung, bestand aber lange nach dem Fall Samarias 722 v.Chr. weiter, denn noch 586 v.Chr. kamen Männer aus S. nach Jerusalem (Jer 41,5).

Nach der babylon. Gefangenschaft wurde S. die wichtigste Stadt der Samariter (Sir 50,28; Jos.ant.Jud. 11.340), die dort einen Tempel bauten. 128 v.Chr. nahm Johannes Hyrkanus die Stadt ein (Jos.ant.Jud. 13.255). Z.Zt. des ersten jüd. Aufstands lagerte Vespasian in der Nähe von S., und nach dem Krieg wurde die Stadt wieder errichtet und zu Ehren des Kaisers Flavius Vespasianus Flavia

Das ausgegrabene Ost-Tor von Sichem (Tell Balâte), ca. 1650–1550 v. Chr. (MEPhA)

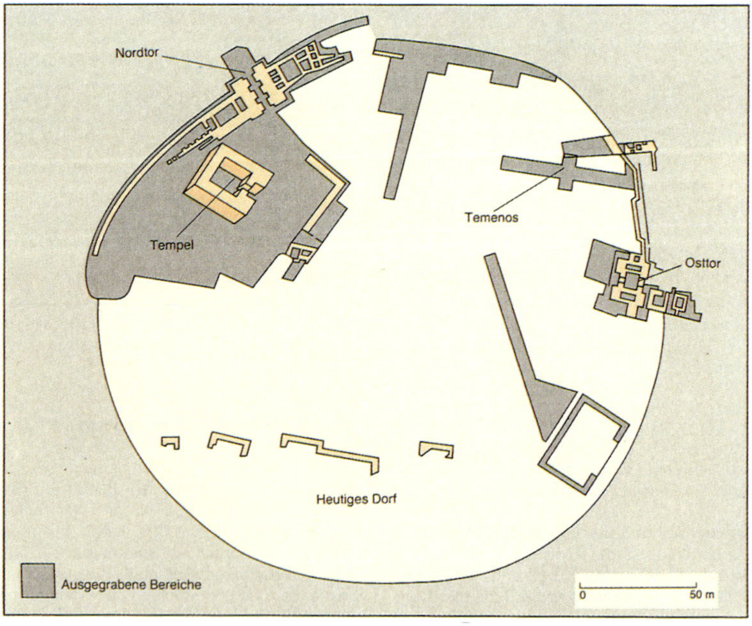

Die ausgegrabenen Teile der Stadt Sichem.

Neapolis genannt (daher das heutige Nablus).

Wichtige Ausgrabungen, die in Tell Balata von C. Watzinger (1907-09), E. Sellin und Mitarbeitern (zwischen 1913 und 1934) und G.E. Wright (1956-66) durchgeführt wurden, haben die Geschichte dieser Stadt von der Mitte des 4. Jt.v.Chr. bis ca. 100 v.Chr. offengelegt, als die hellen. Stadt aufhörte zu existieren. Zwar gab es während des 4. Jt.v.Chr. ein relativ großes chalkolithisches Dorf, die Stadt entstand jedoch ca. 1800 v.Chr. in der Mittleren Bronzezeit und hatte ihre größte Bedeutung während der Hyksos-Zeit (ca. 1700-1550 v.Chr.). Mehrere befestigte Tempel entstanden; etwa 1600 v.Chr. wurde eine massive Ziegelmauer errichtet, frühere Mauern wurden überbaut; ein befestigter Tempel, wohl der Baal-Berits (Ri 9,4), bestand bis 1100 v.Chr. und war den Israeliten bekannt. Die Stadt blieb noch bis zum 9.-8. Jh.v.Chr. bedeutend, um dann allmählich zu verfallen. Große Mengen Mauerbrocken und verbrannte Gebäudeteile bestätigen die Zerstörung der Stadt durch die Assyrer 724-721 v.Chr. Für 400 Jahre wurde die Stadt wieder zum Dorf, bis sie zu neuem Leben erwachte, wahrscheinlich als samaritisches Zentrum, zwischen ca. 325 und ca. 108 v.Chr; diese Zeit dokumentiert eine beständige Münzgeschichte. Die Stadt S. existierte nach ihrer Zerstörung durch Johannes Hyrkanus ca. 108 v.Chr. nicht weiter. Die Frage, ob es sich bei S. um das *Sychar in Joh 4,5 handelt, ist nicht gelöst. Es gibt nur wenige Spuren röm. Besiedlung in Tell Balata. Sychar dürfte in derselben Gegend gelegen haben.

Literatur: E.F. Campbell jr., J.F. Ross: The Excavation of Shechem and the Biblical Tradition, BA 26, 1963, S. 2,26; E. Nielsen: Shechem, A Traditio-Historical Investigation, 1955; E. Sellin: ZDPV, 1926, 1927, 1928; E. Sellin, H. Steckeweh: ZDPV, 1941; G.E. Wright: Shechem, The Biography of a Biblical City, 1965; »Shechem« in AOTS, S. 355-370; H. Weippert: BRL², 293-296 (Literatur). J.A.T.

SICHRI. (»Eingedenk« oder »Mein Andenken«).

1. Levit aus dem Geschlecht *Kehats, Sohn Jizhars (2Mo 6,21).

2. Benjaminit, Sohn Schimeïs (1Chr 8,19).

3. Benjaminit, Sohn Schaschaks (1Chr 8,23).

4. Benjaminit, Sohn Jerohams (1Chr 8,27).

5. Levit, Sohn *Asafs (1Chr 9,15).

6. Levit, Nachkomme *Eliësers (1Chr 26,25).

7. Rubeniter, Vater des Stammesfürsten Elieser z.Zt. Davids (1Chr 27,16).

8. Judäer, Vater des *Amasja, des Heerführers König *Joschafats (1Chr 17,16), und wahrscheinlich auch des Obersten Elischafat z.Zt. des Hohenpriesters Jojada (2Chr 23,1).

9. Ephraimit aus dem Heer König *Pekachs von Israel, der den Königssohn Maaseja und zwei Beamte des Königs *Ahas erschlug (2Chr 28,7).

10. Benjaminit, Vater des Vorstehers *Joel in Jerusalem (Neh 11,9).

11. Familienoberhaupt des Priestergeschlechts *Abija z.Zt. des Hohenpriesters *Jojakim (Neh 12,17).

SICHTBAR/UNSICHTBAR. (Griech. *horatos, ta blepomena*, »sichtbar«, »das Sichtbare«; *aoratos* (5 mal im NT), *aphanes, ta mē blepomena*, »unsichtbar«, »das Unsichtbare«). Die Verbaladjektive »sichtbar, unsichtbar« begegnen nur im NT. Sie kommen immer als Gegensatzpaar vor bzw. stehen im Gegensatz zu anderen Begriffen, die »sichtbar/unsichtbar« bedeuten: Gottes unsichtbares Wesen wird ersehen aus seinen Werken (Röm 1,20). Der Blick des Christen ist nicht auf die sichtbare, zeitl. Welt gerichtet, sondern auf die ewige, unsichtbare Herrlichkeit (2Kor 4,17f, vgl. 1Joh 2,17). Christus ist das Ebenbild des u.en Gottes, in ihm ist alles, das S.e und U.e geschaffen (Kol 1,15f). Christus kam in die Welt, dafür gebührt dem ewigen, unsichtbaren Gott der Dank (1Tim 1,15-17). Nichts ist vor Gott verborgen, alles ist offenbar (Hebr 4,13). Mose hielt sich im Glauben an den U.en, als sähe er ihn (Hebr 11,27). Zwei Erkenntnisse ergeben sich aus dem bibl. Befund für den Inhalt des Gegensatzpaares »sichtbar/unsichtbar«:

1. Der Gegensatz »Sichtbares«: »Unsichtbares« drückt die Ganzheit der geschaffenen Welt aus, die aus Himmel und Erde besteht (Kol 1).

2. S./U. charakterisiert den Gegensatz zwischen dem zeitl. Leben des Christen im Glauben in der sichtbaren Welt und der unsichtbaren, ewigen, herrlichen Gegenwart Gottes, die der Gläubige nach dem *Tod schauen wird. Ebenfalls beschreibt S./U. den Gegensatz zwischen der Sichtbarkeit Christi und der Unsichtbarkeit Gottes. – Beide Bedeutungen, die auf Christus bezogene ausgenommen, erscheinen mit anderen Worten (z.B. Himmel und Erde), jedoch nicht als Gegensatzpaar S./U. im AT.

Zu 1.: Gott hat in Christus, der zuerst von Ewigkeit geboren ist, alles erschaffen. »Alles« wird näher erläutert durch die beiden Begriffspaare »Himmel und Erde«, »die sichtbaren und die unsichtbaren Dinge« (Kol 1,16). Die irdischen Mächte (»Throne und Herrschaften«) und die himmlischen Mächte (»Mächte und Gewalten«) sind nicht ohne Christi Mitwirken geschaffen, haben deshalb auch nur durch ihn Bestand. Die jenseitigen Mächte beherrschen als geistige Kräfte die in der *Sünde lebenden Menschen, jedoch nicht die Christen, die gegen sie den geistlichen *Kampf führen (Eph 2,1-3; 6,12).

Zu 2.: Die Welt, in der der Mensch lebt, ist sichtbar und unsichtbar zugleich, Erde und Himmel. Unsichtbarkeit kann von Gottes Wirklichkeit, die über den Begriff von »Unsichtbarkeit « und »Himmel« zugleich wieder hinausgeht, analog zu der Unsichtbarkeit, aus der heraus Mächte wirken, ausgesagt werden. Gott ist größer, denn »der Himmel und aller Himmel Himmel« können ihn nicht fassen (1Kön 8,27). Gott wird in dieser Welt nicht »sichtbar«, denn der Mensch müßte sterben, der ihn schaut (2Mo 33,20). Gott wird offenbar – und nur so richtig geschaut – in seinem Sohn Jesus Christus. Der Begriff der »ewigen Herrlichkeit« Gottes ist als Gegensatz zur »zeitlichen Trübsal« der Christen inhaltlich als eine Überbietung zu verstehen, die weit über den Gegensatz hinausgeht, in dem die menschliche Sprache den Unterschied zwischen Gott und Welt ausdrücken kann. Die Gottesschau des *Mose (Hebr 11,27; 2Mo 33,11; 4Mo 12,7f; 5Mo 34,10), die dem Sterblichen eigentlich nicht möglich ist, wird geschildert, als sei dieser in den Himmel entrückt und habe nur Gott vor Augen (Calvin zur Stelle). (S.a. *Bild/Abbild/Ebenbild III. 3; *Erde; *Erkennen; *Ewig/Ewigkeit; *Himmel; *Verbergen; *Zeit).

Literatur: O. Michel: Der Brief an die Römer, KEK IV, 1978; ders.: Der Brief an die Hebräer, KEK XIII, 1985; S. Literatur zu *Sehen/Schauen. J.E.

SIDDIM, TAL. (Hebr. *siddīm*, vielleicht aus dem hetitischen *sijantas*, »Salz«). Ein Tal (1Mo 14,3.10), das mit dem »Salzmeer« identifiziert und als »voll mit Asphaltgruben« beschrieben wird. Hier wurden die Könige der jordanischen Pentapolis von Kedor-Laomer und seinen Verbündeten aus dem O besiegt. S. war wahrscheinlich ein fruchtbares, gutbewässertes Gebiet, südl. der Halbinsel Lisan, die später durch die Ausbreitung des Toten Meeres aufgrund von Erdbeben und durch nachfolgendes Auffalten von Felsformationen überschwemmt wurde. Wegen der Asphaltvorkommen (die es immer noch gibt) nannten die Griechen das Tote Meer Asphaltitis.

Literatur: J.P. Harland: Sodom and Gomorrah, BA 5, 1942, S. 17ff; BAG, 1943, S. 41ff; LDB, S. 144f. F.F.B.

SIDON. (Hebr. *sīdōn* heute Saida). Die ehemals bedeutende Hafenstadt liegt auf einer Landzunge an der Mittelmeerküste in einer kleinen, fruchtbaren Ebene, ca. 35 km nördl. *Tyrus, ca. 45 km südl. des heutigen Beirut. Früheste Siedlungsspuren führen bis in die zweite Hälfte des 4. Jt.v.Chr., früheste literarische Belege finden sich in den *Amarna-Briefen, Papyrus Anastasi I 20,8, dann in Texten aus Ugarit.

In der Amarnazeit (ca. 1350 v.Chr.) hielt Zimrida von S. teilweise Ägypten die Treue, teilweise unterstützte er aber auch Aziru von Amurru bei einer – erfolglosen – Belagerung der Stadt Tyrus. Um 1100 v.Chr. eroberte Tiglatpilesar I. (1117-1077 v.Chr.) S., die Stadt gelangte danach rasch wieder zu Blüte, gründete Kolonien, stand allerdings in der Bedeutung hinter Tyrus zurück. S. leistete assyr. Königen Tribut: 877 v.Chr. Assurnasirpal (884-858 v.Chr.), 842 und 839 v.Chr. Salmanassar III. (858-824 v.Chr.), 804 v.Chr. Adadnirari III. (811-781 v.Chr.). 701 v.Chr. setzte Sanherib (705-681 v.Chr). Luli von S. als König ab und Tuba'ilu an seiner Statt ein. Asarhaddon (681-669 v.Chr.) eroberte S. nach der Empörung des Abdimilkutti und gab einen Teil des Gebiets an Tyrus. 608-605 v.Chr. stand S. unter ägypt. Hoheit, fiel dann an Babylon und unterwarf sich freiwillig den Persern (Hdt.hist. 3,19).

Vom Ende des 6. Jh.v.Chr. bis etwa 400 v.Chr. bezeugen phönizische Inschriften eine Blüte der Stadt. Unter König Tennes lehnte sich S. gegen die pers. Oberhoheit auf (ca.

Der silberne Doppelschekel, der den persischen Großkönig in seinem Wagen zeigt, zeugt von persischer Oberhoheit über Sidon. Durchmesser: 29 mm; ca. 400–350 v.Chr. (BM)

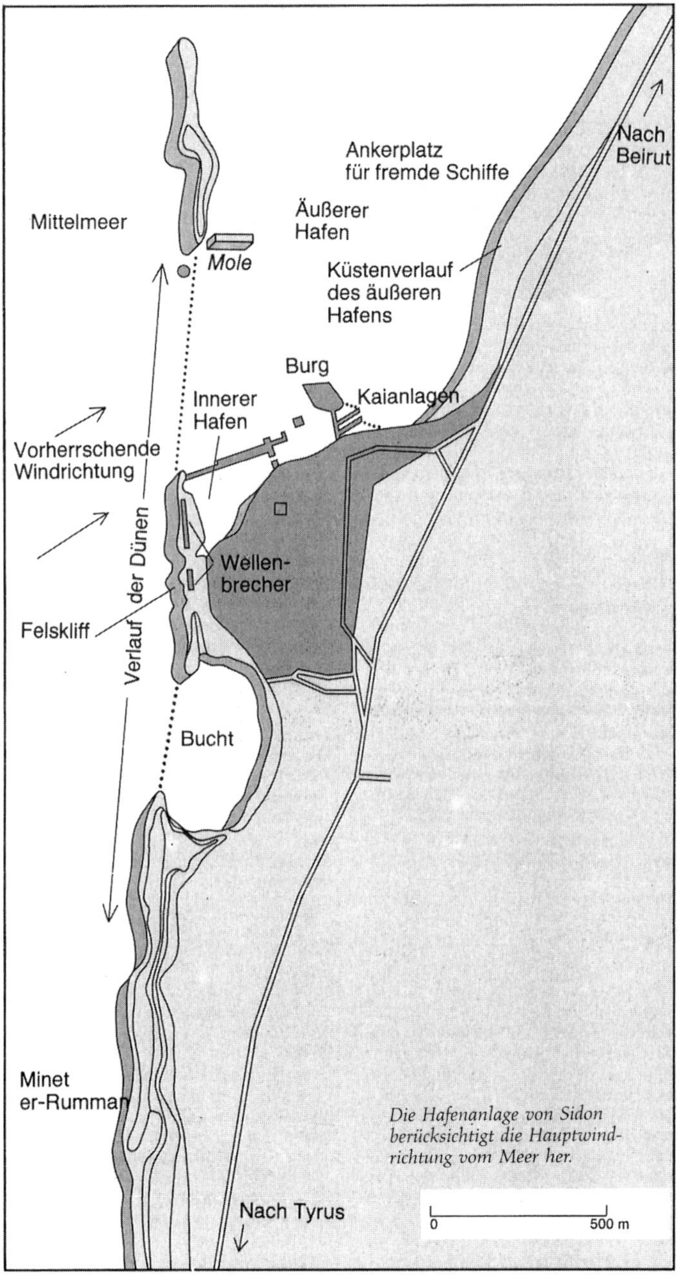

Die Hafenanlage von Sidon berücksichtigt die Hauptwindrichtung vom Meer her.

Der Doppelschekel aus Sidon zeigt eine Galeere vor der befestigten Stadt. Durchmesser: 29 mm; 4. Jh. v. Chr. (PAC)

354-350 v.Chr.); Artaxerxes III. Ochus ließ die Stadt niederbrennen, 40 000 Menschen kamen in den Flammen um. 312 v.Chr. ergab sich S. kampflos *Alexander dem Großen.

Die Ausmaße der antiken Stadt sind unbekannt; Sanherib spricht von einem Groß- und Klein-S., Asarhaddon von einer Inselstadt.

Ein großer Murex-Hügel (Gehäuse der Purpurschnecke) bezeugt die Bedeutung der Purpurindustrie für S.

Von einem Eschmūn-Tempel, der den Kultbezirk S.s dominierte, ist – neben wenigen Fragmenten – nur ein etwa 25 m hohes Podium erhalten, dem ein stufentempelartiger Bau (Zikkurat) vorausgegangen war. Der in S. beheimatete Eschmūn-Kult dürfte im Asklepios-/Äskulap-Kult fortgeführt worden sein, da der griech. Gott der Heilkunst mit dem sidonischen Eschmūn identifiziert wurde.

Es ist daher bedeutsam, daß Christus in dem Gebiet S.s die Tochter der syrophöniz. Frau geheilt hat (Mk 7,24-31; vgl. Mt 11,21). Viele Sidonier hörten auf Jesu Unterweisung (Mk 3,6; Lk 6,17; 10,13f). Herodes Agrippa I. empfing eine Delegation aus S. in *Cäsarea Maritima (Apg 12,20), Paulus besuchte Freunde in S. auf seinem Weg nach Rom (Apg 27,3).

Für S.s kulturelle Bedeutung spricht, daß die Philosophen Boethos und Diodotos, Zeitgenossen Strabos, sowie der Epikureer Zenon aus der Stadt stammten. Im Jahre 512 fand hier ein Konzil statt, fünf Bischöfe aus S. sind namentlich bekannt. 501 wurde die Stadt durch ein Erdbeben zerstört, 637/38 wurde sie arab.

Literatur: H. Weippert: BRL², 296-298 (Literatur); W. Röllig: KlP V, 175f. K.G.

SIEB s. Ackerbau

SIEBEN s. Zahl

SIEG/SIEGEN.

1. Gott kämpft und siegt für sein Volk und schafft ihm Heil (5Mo 33,29; Ps 98,1; Spr 21,31; Hab 3,8) wenn es im Bewußtsein seiner Abhängigkeit von ihm um den S. bittet (2Mo 17,11). Darum gehört Gott auch Lob und Dank (1Chr 29,10f), und in dem Siegesjubel der Gerechten heißt es: »Die Rechte des Herrn behält den Sieg« (Ps 118,15).

2. Der entscheidende S. Gottes ist bei Jesu Tod auf *Golgatha geschehen und durch die Auferweckung des Gekreuzigten offenbar geworden. Jesus war als der Stärkere gekommen, um den Starken - *Satan – zu besiegen (Lk 11,22). Als das Lamm, das sich hat erwürgen lassen, hat er alle widergöttlichen Mächte besiegt (1Kor 15,55; Offb 5,5). Indem er den verurteilenden Schuldbrief ans Kreuz geheftet hat, hat er dem Feind das Anklagematerial gegen die Menschen aus der Hand genommen und dadurch ihn wie alle seine finsteren Geister entwaffnet, öffentlich bloßgestellt und über sie triumphiert (Kol 2,14f). Wohl ist dieser S. vor den Augen der Welt noch verborgen, aber er wird allg. in Erscheinung treten mit der *Wiederkunft des Herrn in *Herrlichkeit, so daß dann alle Knie sich vor dem Namen Jesu beugen werden und alle Zungen ihn als Herrn und Sieger bekennen müssen (Phil 2,10f). Errungen aber war dieser S. schon, als Jesus am Kreuz rief: »Es ist vollbracht!« (Joh 19,30); in Kraft steht er schon, seitdem Gott gesagt hat: »Ich aber habe meinen König eingesetzt auf meinem heiligen Berg Zion« (Ps 2,6).

3. So verborgen auch der S. des Auferstandenen für die Augen der Welt vorerst noch sein mag, – die Erlösten des Herrn dürfen ihn jetzt schon in ihrem Leben erfahren, und zwar:

a. als S. über den Bösen, der kein Anrecht mehr auf sie hat (Lk 10,19; Eph 6,16; 1Joh 2,13);

b. als S. über das Böse, das ihnen angetan wird, durch das sie sich aber nicht mehr zu Jähzorn, Haß und Vergeltung hinreißen zu lassen brauchen (Röm 12,21; 1Petr 3,9);

c. als S. über die Welt, ihre Versuchungen und Begierden, Drohungen und Verfolgungen (Mt 5,44; 1Joh 5,4);

d. als S. über die *Sünde, die die vom Herrn Befreiten nicht länger unter ihrer Zwangsherrschaft halten kann (Röm 6,14.18.22; 1Joh 3,9f);

e. als S. über den Geist der Lüge (1Joh 4,4);

f. als S. über den *Tod, den diejenigen nicht mehr zu fürchten brauchen, die im Glauben an den Sohn Gottes hier schon das ewige Leben empfangen haben (Joh 10,28; 3,36; 1Kor 15,55-57; 1Joh 5,12).

Das Zylindersiegel zeigt eine von Anbetern umgebene Göttin in einem Schrein. Aus Palästina, Höhe: 10 mm; ca. 1600 v. Chr. (ARM)

Diesen S. im täglichen Kampf erlangen sie jedoch nicht durch eigene Anstrengungen, sondern allein durch das Blut des Lammes und durch das Wort ihres Zeugnisses und durch die Mitkreuzigung mit Christus (Gal 2, 19f; Offb 12,11). So ist es der regierende Christus selbst, der den Seinen allezeit S. schenken und sie in seinem Triumphzug einherführen will, um den Wohlgeruch seiner Erkenntnis durch sie offenbar werden zu lassen an jedem Ort (2Kor 2,14). In diesem S. des Herrn zu stehen und zu leben ist aber für seine Jünger nicht nur möglich, sondern notwendig; denn nur denen, die diesen S. sich haben schenken lassen – »wer überwindet. . .«! – gelten die Verheißungen des erhöhten Herrn in den sieben Sendschreiben (Offb 2; 3). Dabei soll es nicht nur ein Überwinden »mit Mühe und Not« sein, sondern Paulus sagt: in dem allen sind wir mehr als Überwinder, gewinnen wir einen glänzenden S. (Röm 8,37). Ist doch unser Glaube der S., der die Welt überwunden hat (1Joh 5,4).

Literatur: A. Ringwald, K. Dahn, H.-G. Link, W. Günther: TBLNT [4]1986, 769-775; O. Bauernfeind: ThWNT IV, 1942, 941-945.

SIEGEL.

I. IM ALTEN TESTAMENT.

Im Vorderen Orient wurden Tausende S. gefunden. Die Hebräer benutzten einen allg. Begriff, der nicht die spezielle Form des S.s selbst benannte (*chōtām*; ägypt. *htm*).

1. Gebrauch.

a. Als Zeichen für Authentizität und Autorität.

Der *Pharao gab *Josef, seinem Stellvertre-

Neuassyrisches Zylindersiegel aus Jaspis. Höhe: 38 mm; 7. Jh. v. Chr. (BM)

Das spätassyrische Zylindersiegel aus grünem Jaspis zeigt einen Priester vor einem assyrischen König. Höhe: 35 mm; frühes 4. Jh. v. Chr. (BM)

Achämenidisches Zylindersiegel aus Chalzedon. Höhe: 5 cm; 5. Jh. v. Chr. (BM)

Abrollen eines Zylindersiegels, demonstriert mit einem babylonischen Siegel aus dem 18. Jh. v. Chr. (DJW)

ter, einen Siegelring an seine Hand (1Mo 41,42 RevEB), und der babylon. König *Ahasveros versiegelte seine Erlasse (Est 3,10; 8,8-10). Der Vorgang des Siegelns bezeichnet z.B. die Übergabe der Worte des Meisters an seine Schüler (Jes 8,16) und Jahwes Bewilligung der Autorität *Serubbabels (Hag 2,23; vgl. Jer 22,24).

b. Zur Bestätigung eines Dokuments.

Das S. wurde in Ton oder Wachs (*Schrift) eingedrückt. So bezeugten die Freunde *Jeremias dessen Kaufvertrag (Jer 32,11-14), *Nehemia und seine Zeitgenossen versiegelten den Bundesschluß (Neh 10,1).

c. Sicherung durch Anbringen eines Siegels.

Ein in Ton geschriebenes Dokument in seiner Hülle oder einem anderen Behälter, eine Schriftrolle, umwickelt mit einer Kordel, an der ein Tonklumpen mit dem Siegelabdruck befestigt war, konnte nur geprüft oder gelesen werden, nachdem das S. durch eine autorisierte Person gebrochen war (vgl. Offb 5,1f). Eine versiegelte Prophezeiung (5Mo 12,9) oder ein versiegeltes Buch (Jes 29,11) waren somit ein Symbol für etwas noch nicht Offenbartes. Um unerlaubtes Eintreten zu verhindern, konnten Türen versiegelt werden. Die Versiegelung befand sich über dem Spalt zwischen Tür und Schloß (Dan 6,18); auch Gräber wurden versiegelt (Herodot, 2.121; vgl. Mt 27,66).

Das S. war ein Bild für Unverrückbares, Beständiges, (5Mo 32,34; Hiob 14,17); Gott allein hat die Autorität zum Öffnen und Versiegeln (Hiob 33,16). Gott setzt sein S. als Zeichen der Vollendung (Hes 28,12). Die Metapher in Hld 4,12 ist wahrscheinlich ein Zeichen für Keuschheit.

2. Form.

Mit der Erfindung der Schrift im 4. Jt.v.Chr. wurden S. in großer Zahl benutzt. Das Zylinder-S. war am weitesten verbreitet. Es wurde über weichen Ton gerollt. Gleichzeitig wurden aber auch Stempel-S. verwendet. In Palästina waren unter mesopotamischem (durch Syrer und Phönizier vermittelt) als auch ägypt. Einfluß während der kanaan. Periode Zylinder-S. und *Skarabäen in Gebrauch. In der Königszeit setzten sich kegelförmige oder skaraboide Stempel-S. durch. Das S. konnte an einer Kordel um den Hals getragen (1Mo 38,18; Jer 22,24; Hld 8,6) oder mit einer Nadel an der Kleidung befestigt werden. Skaraboide S. oder Siegelsteine waren, um sie an der Hand oder am Arm tragen zu können, in einen Ring gefaßt (Est 3,12).

3. Material .

Arme Leute konnten grob gravierte S. aus Tonerde, Erdharz, Kalkstein oder Holz kaufen. Die Mehrzahl der S. war jedoch das Werk kunstfertiger Siegelschneider, die Kupferstichel, Schneiderad und manchmal einem kleinen Bogenbohrer benutzten (Jer 17,1; s. *Handwerk/Kunsthandwerk), um die harten Halbedelsteine zu bearbeiten. Nach Palästina wurden Karneol, Chalkolith, Achat, Jaspis, Bergkristall und Roteisenerz importiert und häufig verwendet. Importierte ägypt. Skarabäen waren aus poliertem Steatit und später aus einer glasierten Verbindung gefertigt. Gravierte Edelsteine (2Mo 28,11-23; 39,8) fanden sich auf der *Brusttasche des Hohenpriesters. Die schönen Steine und die Verarbeitungsgüte führten zu Siegelsteinen oder Siegelringen (hebr. *thabbaʿat*; akkad. *thimbuʾu*), die als Schmuckstücke (Jes 3,21) oder als *Amulette getragen wurden, oder als Weihegaben für kultische Zwecke (2Mo 35,22; 4Mo 31,50) Verwendung fanden wie die Siegelgruppe im kanaan. Heiligtum bei *Hazor. Hebr. *thabbaʿat* bezeichnet auch Ringe allg. (2Mo 25,12).

4. Gestaltung.

Vor der Königszeit orientierten sich die Zylindersiegel am phönizischen oder syr. Stil mit Mustern, die der in Mesopotamien vorherrschenden Mode folgten. Die späteren palästin. S., die gewöhnlich oval waren, zeigen Löwendarstellungen, geflügelte Löwen mit Menschenkopf oder Sphinxe (Cherubim), Greife oder die geflügelte Uräus-Schlange. Auch ägypt. Motive mit der Lotusblume, dem *ankh*-Symbol des Lebens oder dem Horus-Kind erscheinen häufig. Gebetsszenen, thronende Gottheiten, Tiere und Vögel scheinen das rel. Gefühl der Hebräer nicht verletzt zu haben. Nach dem 7. Jh.v.Chr. zeigt die Mehrzahl der S. nur noch zweizeilige Inschriften.

5. Inschriften.

Mehr als 200 hebr. S. mit dem Namen ihres Besitzes wurden gefunden. Der Name kann allein stehen, ihm kann aber auch der Name des Vaters oder ein Titel folgen. Einige S. gehörten königlichen Beamten, die sich als »Diener des Königs« bezeichnen. Wohl das schönste ist das Jaspis-S. mit der Inschrift »Des Schemasch, des Dieners Jerobeams« (d.h. Jerobeams II.), das in Megiddo gefunden wurde. Ein S. zeigt einen Hahn und trägt die Inschrift »Des Jaasanja, des Dieners des Königs«. Als Besitzer käme Jaasanja aus 2Kön 25,23 oder ein Zeitgenosse desselben Namens (Jer 35,3; 40,8; vgl. Hes 11,1) in Frage. Die S. wurden in Tonklumpen gedrückt; einige dieser Abdrücke sind gefunden worden, die auf der Rückseite noch Spuren des Papyrusdokuments, das sie verschlossen, tragen. Einer dieser Abdrücke, *bulla* genannt, mit der Inschrift »Gedalja, der Hofmeister ist« wurde bei La-

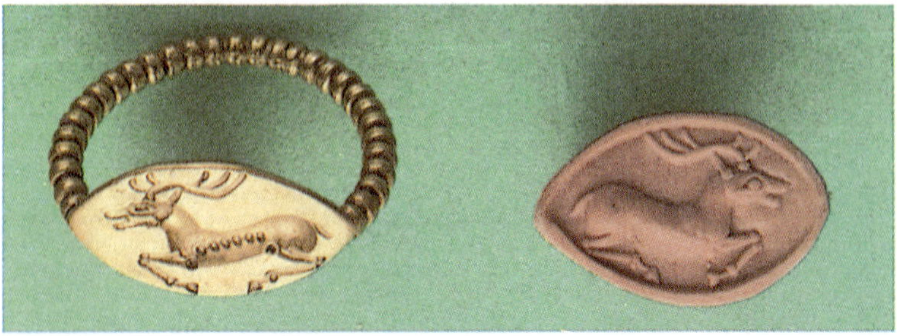

Ring-Siegel aus Gold. Persien, 5.–4. Jh. v. Chr. (BM)

chisch gefunden und könnte dem Statthalter von Juda gehört haben (2Kön 26,22-25; vgl. 2Kön 18,18; vgl. *Schebna). Ein Abdruck ist besonders wichtig, denn seine Datierung ist sicher: »Des Jehozerah, Sohn des Hilkija, Diener des Hiskia« (IEJ 24, 1974, S. 27-29). Hiskia war der König von Juda und Hilkija war der Vater seines Hofmeisters (2Kön 18,18). Mehrere Männer tragen den Titel »Sohn des Königs«, jedoch ist nicht klar, ob es sich um Mitglieder der königlichen Familie oder um Angehörige des Hofstaates handelt. Genauso unsicher ist die Identität des Gebieters, dessen S. die Inschrift trug »Des Eljakim, Gefolgsmann [*naʿar*] des Jawkin«. Mit Jawkin könnte *Jojachin, der König von Juda, gemeint sein, aber die Gebieter, die ihre S. so beschriftet hatten, waren nicht alle Könige. Einige S. gehörten sicherlich Frauen, z.B. das S. einer Hannah (*chanah*; PEQ 108, 1976, S. 59-61) oder »Der Abigail, der Frau des Asaja«. Diese S. bieten wertvolle Information über hebr. Eigennamen, die nicht alle vom AT her bekannt sind (z.B. Gamaria, Halasia). Die aufgeführten Titel erweitern unser Wissen über die Verwaltung. Die große Anzahl von S.n, die keine Muster haben, sondern nur den Namen des Besitzers wiedergeben, läßt darauf schließen, daß es in dem relativ kleinen Staat Juda, woher die meisten S. kommen, eine weitverbreitete Lesefähigkeit gab. Wichtige historische Informationen bietet eine Reihe von Siegelabdrükken in Ton sowie einige Abdrücke auf Krughenkeln mit den Namen dreier nachexilischer Statthalter (Elnathan, Yehoezer, Ahzai), jeder mit *pecha* betitelt, die dieses Amt nach *Serubbabel und vor *Esra innehatten. Diese Namen kommen sonst nirgendwo vor. (s. N. Avigad: Bullae and Seals from a Post-Exilic Judaean Archive, 1976).

6. Stempel auf Krughenkeln.

Ausgrabungen in Palästina haben ungefähr 1000 Krughenkel mit Siegelabdrücken zutage gefördert. Einige scheinen königliche Töpferwerkstätten zu bezeichnen (vgl. 1Chr 4,23) und den Ort der Herstellung anzugeben. Die Abdrücke bestehen in der Regel aus vierflügeligen Skarabäen oder einer fliegenden Schriftrolle mit der Inschrift »Des Königs« (*lammäläk*) in der oberen Bildhälfte sowie einer Ortsangabe, z.B. Hebron, Sif, Socho und *mmscht* (ein nicht zu identifizierender Ortsname) in der unteren Bildhälfte. Andere tragen Eigennamen (vielleicht des Töpfers), z.B. Schebnaiah, Azariah, Jopiah. Solche gestempelten Krughenkel sind in großer Zahl bei *Megiddo, *Lachisch und *Gibeon gefunden worden. Mehrere fiskalische Stempel mit der aram. Inschrift *jdh* »Juda«, die auf 400-200 v.Chr. zu datieren sind, sind von besonderem Interesse (s.a. *Geld; BASOR 147, Oktober 1957, S. 37-39; 148 Dezember 1957, S. 28-30; IEJ 7, 1957, S. 146-153).

Literatur: A. Rowe: Catalogue of Egyptian Scarabs in the Palestine Archaeological Museum, 1936; B. Parker: Cylinder Seals of Palestine, Iraq 11/1949; J. Nougayrol: Cylindres sceaux et empreintes... trouvés en Palestine au cours des fouilles regulières, 1939; A. Reifenberg: Ancient Hebrew Seals, 1950; D. Diringer: DOTT, S. 218-226; H. Frankfort: Cylinder Seals, 1939; D.J. Wiseman: Cylinder Seals of Western Asia, 1958; M.M. Ibrahim: Siegel und Siegelabdrücke aus Sahāb, ZDPV 99 (1983) 43-53; P. Welten: Die Königs-Stempel, Abhandlungen des Deutschen Palästina-Vereins, 1969; N. Avigad: Bullae and Seals from a Post-Exilic Judean Archive, Qedem 4, 1976; O. Keel, S. Schroer: Studien zu den Stempelsiegeln aus Palästina/Israel, OBO 67, 1985; V.R. Grace: Amphoras and Ancient Wine Trade, 1976. D.J.W./A.R.M.

II. IM NEUEN TESTAMENT.

Das Substantiv *sphragis* und die Verben kommen im NT 32mal vor, davon allein 22mal in Offb. Die übrigen Stellen verteilen sich auf das paulin. Schrifttum (6mal), Joh (2mal), Mt (1mal) und 2 Tim (1mal).

1. Der wörtliche Gebrauch der Wortgruppe.

Ägyptische Skarabäus-Siegel und ihre Abdrücke. Aus Gezer, Palästina. Länge: 2 cm und 3 cm; ca. 1710–1570 v. Chr. (BM)

Ein geflügelter Bulle mit Menschenkopf und ein Vogel auf einem typischen Kegel-Siegel aus der achämenidischen Periode. Durchmesser: 25 mm; 5.–4. Jh. v. Chr. (BM)

Krughenkel mit Stempelabdruck; die hebräische Inschrift lautet: lmlk *(»Eigentum des Königs«)* mmscht *(unbekannter Ortsname). Lachich, 7. Jh. v. Chr.* (BM)

a. Zweimal kommt *sphragizō*, »versiegeln«, im konkreten Sinne vor: der Stein vor dem Grab Jesu (Mt 27,66; vgl. Dan 6,18) und der Abgrund, in den der Teufel geworfen ist (Offb 20,3), werden versiegelt. In beiden Stellen geht es darum, zu verhindern, daß der Eingeschlossene die Menschen verführt (Mt 27,63f; Offb 20,3).

b. Röm 15,28 spricht vom Versiegeln der Kollekte aus Mazedonien und Achaja für die Gläubigen in Jerusalem. Paulus hat die Kollekte »versiegelt« wie man einen Geldbeutel versiegelt (vgl. Tob 9,5; Hiob 14,17): der Inhalt bleibt unversehrt, die Kollekte ist beendet.

c. Die schwierige Stelle 2 Tim 2,19 handelt vom festen Fundament, das stehen bleibt (vgl.

Hebräisches Siegel in Skarabäusform mit dem Text: »Nehemia, Sohn des Michaja«. Kristall, Länge: 15 mm; 7.–6. Jh. v. Chr. (BM)

Jes 28,16) und ein S. trägt; hier ist mit »Siegel« der Siegelabdruck, die Siegelinschrift (vgl. 2Mo 28,36) gemeint. Es ist umstritten, was unter dem Fundament, auf das die Inschrift gedrückt ist, verstanden werden muß: ist es Christus (vgl. 1Kor 3,10ff), die Kirche (vgl. 1Tim 3,15), das apostolische Zeugnis (vgl. Eph 2,20) oder die Wahrheit gegenüber den Irrlehrern (V. 15.18)? Gott garantiert durch sein S. die Festigkeit des Fundaments, denn er kennt die Seinigen und duldet die Ungerechtigkeit nicht.

2. Der übertragene Gebrauch.

a. Johannes verwendet in seinem Ev. *sphragizō*, »versiegeln«, im Sinne von bestätigen, beglaubigen. Wer das Zeugnis Gottes annimmt, bestätigt so, daß Gott wahrhaftig ist (Joh 3,33). Nach Joh 6,27 hat Gott auf den Menschensohn sein S. gedrückt. Damit hat er bestätigt, daß die ewige Speise, die der Menschensohn gibt, wahre Speise ist und keine vergängliche; durch sein S. hat er die Arbeit des Menschensohnes beglaubigt. Vielleicht denkt Johannes hier an die *Taufe als Versiegelung (vgl. b.) Andere meinen, daß das Wunder der Speisung (6,1ff) oder das Zeugnis der heiligen Schriften (5,39) dieses S. Gottes darstellen.

Wenn Paulus (1Kor 9,2) die Gemeinde von Korinth das S. seines Apostelamtes nennt, so will er damit sagen, daß das Bestehen dieser Gemeinde in der Welt die Legitimität seines Apostelamtes beglaubigt, daß sie gleichsam sein Beglaubigungsschreiben ist (vgl. 2Kor 3,1-3).

b. Dreimal spricht Paulus von »Versiegelung« in Verbindung mit dem Heiligen *Geist. Diese Versiegelung geschah für Paulus bei der Taufe, die für ihn (1Kor 6,11; 12,13; vgl. Apg 2,38; 10,47) mit der Geistbegabung zusammengehört. Faßt Eph 1,13 unter dem »Versiegelt-Werden« mit bzw. im Heiligen Geist (vgl. Eph 4,30) das ganze Taufgeschehen zusammen, so wird in 2Kor 1,21f die Taufe verstanden als eine Salbung in Christus und verbunden gedacht mit dem Empfang des Unterpfandes des Geistes: Wie Christus bei seiner Taufe mit dem Geist gesalbt wurde (vgl. Lk 3,22; 4,18; Apg 10,37f), so auch die Gläubigen bei der ihrigen. Der Geist ist Unterpfand (Eph 1,14; 2Kor 1,22; vgl. 5,5) bis auf den Tag der Erlösung. Versiegelt Gott den Gläubigen mit dem Geist, dann macht er ihn dadurch zu seinem Eigentum.

Nicht sicher ist, ob Paulus in Röm 4,11 mit dem Gebrauch des Wortes »Siegel« in Verbindung mit der *Beschneidung Abrahams an die Taufe als »Siegel« gedacht hat (vgl. Kol 2, 11f, wo von einer Beschneidung, die nicht mit Händen erfolgt, und zwar durch Christus, die Rede ist); ausdrücklich ist diese Redeweise jedenfalls erst später belegt (z.B. 2Clem 7,6; 8,6; Herm sim VIII,6,3). Am einfachsten erklärt man Röm 4,11 so: Gott bestätigt durch das S. der Beschneidung, daß Abraham schon vor der Bundesschließung Gottes mit ihm (1Mo 17,10ff), deren Zeichen die Beschneidung ist, ein Gerechtfertigter war. Die Beschneidung wäre hier also verstanden als Gottes Beglaubigungszeichen (vgl. 2.a.).

3. Die Wortgruppe in der Offenbarung.

a. Das (Nicht-)Versiegeln von Worten.

Offb 22.10 wird dem Seher verboten, die Worte der Prophetie zu versiegeln; d.h. er soll sie nicht geheimhalten, denn die Zeit der Erfüllung ist nahe (vgl. demgegenüber Dan 12,4).

Andererseits heißt es Offb 10,4: »Versiegle, was die sieben Donner geredet haben und schreib es nicht auf«. Hier spielt der Gedanke mit: was versiegelt ist, ist verborgen (vgl. Jes 29,11). Was mit der Stimme der Donner, die den Beginn des Endgerichts einleitet, nur dem Seher verständlich gesagt wird, darf von ihm nicht weitergegeben werden.

b. Das Buch mit den sieben Siegeln.

Nach Offb 5,1 schaut Johannes in der

»Bulla« mit hebräischem Text: »Eigentum des Hananja, des Sohnes des Gedalja«. Maße: 11 x 9 mm; Palästina, 7.–6. Jh. v. Chr. (BM)

Der Krughenkel aus Sif ist gestempelt mit lmlk *(»gehört dem König«) sowie dem Namen der Stadt:* zp. *Spätes 7. Jh. v. Chr.* (BM)

Rechten dessen, der auf dem himmlischen Thron sitzt, eine beiderseitig beschriebene Buchrolle mit sieben S.n. Niemand außer dem Lamm kann sie öffnen (5,2-10). Der Inhalt der Rolle ist so umfassend, daß sie auf beiden Seiten vollgeschrieben ist (vgl. Hes 2,9f). Er ist aber – auch für den Seher – noch geheim (vgl. Dan 12,4.9). Die Sieben-Zahl erinnert an den röm. Brauch, das Testament mit sieben S.n zu versiegeln; dennoch leitet sie sich mit größerer Wahrscheinlichkeit aus der Verwendung der Siebenzahl in der Offb selbst ab.

Wie die Rolle ausgesehen hat, ist schwer zu sagen, da bei der Öffnung jedes einzelnen S.s ein Teil der Endereignisse enthüllt wird (6,1.3.5.7.9.12; 8,1), während bei antiken Dokumenten der Inhalt erst nach Öffnung aller S. bekannt wird. Es geht aber dem Apokalyptiker nicht um die Vorstellung an sich, sondern darum, zu betonen, daß allein das Lamm würdig ist, das Endgeschehen in Gang zu setzen.

c. Die versiegelten Gläubigen.

Offb 7,1ff endlich ist vom »Siegel des lebendigen Gottes« die Rede, mit dem die Gläubigen an ihrer Stirn versiegelt werden, bevor die vier Gerichtsengel antreten dürfen. Sie sollen dadurch geschützt werden vor den hereinbrechenden Gerichtsereignissen (9,4; vgl. Hes 9,4; PsSal 15,6ff). Das S. ist hier Eigentumszeichen und daher zugleich auch Schutzzeichen: Gott bewahrt die Seinigen vor dem Gericht. Daß aus jedem Stamm 12 000, also 12 x 12 000 versiegelt werden, will sagen: Die Gesamtheit des Volkes Gottes wird vom Gericht verschont. Durch den Aufdruck des S.s, das den Namen Gottes darstellt (vgl. 14,1; 22,4), werden die Gläubigen unterschieden von denen, die das »Malzeichen des Tieres« auf Hand und Stirn tragen (13,16.17; 14,9.11 usw.). Das Zeichen Gottes schützt vor dem, das Malzeichen des Tieres führt zum Gericht (9,4; 14,9ff usw.). Unschwer ist darin ein Trostwort der Bewahrung für eine Gemeinde zu erkennen, die in den Anfechtungen der Verfolgung lebt.

Literatur: J. Diehls: Sphragis. Eine semasiologische Nachlese, 1938; E. Dinkler: Die Taufterminologie in 2Kor 1,21f, in: Neotestamentica et Patristica, Freundesgabe O. Cullmann, Suppl. Nov.Test 6, 1962, 173ff (Signum Crucis, 1967, 99ff); K. Galling: RGG[3] VI, 27f; J. Ysebaert: Greek Baptismal Terminology, 1962; G. Fitzer: ThWNT VII, 1964, 939ff. R.Sch.

SIF.

1. Ort (Jos 15,55; 1Sam 23,24; 26,1) und Wüste (1Sam 23,14f; 26,2) in der Gegend von *Karmel, *Maon und *Jutta. *Rehabeam befestigte die Stadt (1Chr 11,8). Nach Eus.onom. lag S. 8 Meilen südl. von *Hebron, das weist auf den heutigen Tell Sif, etwa 6 km südsüdöstl. von Hebron.

2. Ort im S Judas (Jos 15,24), wohl das heutige Ez-Zeife 6 km westsüdwestl. von Kornub und ca. 30 km südsüdöstl. von Beerscheba.

3. Judäer, Sohn Meschas (1Chr 2,42). Vielleicht ist aber auch der Ort S. (1.) gemeint; dann wäre Mescha der Stammvater der Bewohner dieses Orts.

4. Sohn des Judäers Jehallelel (1Chr 4,16).

SIHON. Ein amorit. König (13. Jh. v.Chr.), dessen Hauptstadt *Heschbon war. Nach 4Mo 21,26-30 und Jer 48,45 unterwarf er die *Moabiter und nahm ihr Gebiet in Richtung S bis zum Arnon ein. Zu S.s Vasallen gehörten fünf midianitische Fürsten (Jos 13,21). Sein Herrschaftsgebiet umfaßte das Gebiet vom Arnon im S bis zum Jabbok im N, vom Jordan im W bis zur Wüste im O (4Mo 21,24; Ri 11,22), nach Jos 12,2f; 13,27 scheint er auch das Gebiet nördl. des Jabbok bis zum See Genezareth kontrolliert zu haben. Mose schickte eine Gesandtschaft zu S., um ihn zu bitten,

Das Gebiet, über das der Amoriter Sihon von Heschbon im 13. Jh. v. Chr. herrschte.

die Israeliten durch sein Land ziehen zu lassen (4Mo 21,21f; 5Mo 2,26-28). Als S. dies abschlug, besiegten und töteten ihn die Israeliten in Jahaz und besetzten sein Land (4Mo 21,21-31), das dann den Stämmen *Ruben und *Gad zugeteilt wurde (4Mo 32,33-38; Jos 13,10). Der Sieg über S. wird in der Geschichte Israels oft in Erinnerung gerufen (5Mo 31,4 von Mose; Jos 2,10 von Rahab; Jos 9,10 von den Gibeonitern; Ri 11,19-21 von Jeftah; Neh 9,22 von den Leviten in einem Bekenntnisgebet; ebenso Ps 135,11; 136,19). Der Name

Dschebel Sihan für den Berg südl. von Diban (bibl. Dibon) bewahrt eine arab. Form des Namens dieses Königs in dem Gebiet, das er einmal beherrschte. (vgl. *Ostjordanland)

Literatur: M. Noth: ZAW 58, 1940, S. 161-189; H. Donner: Geschichte des Volkes Israel und seiner Nachbarn in Grundzügen I, 1984, S. 106f. J.T.

SILAS. Ein führendes Mitglied der Gemeinde in Jersualem, das auch prophetische Gaben hatte (Apg 15,22.32). S. dürfte ein semit. Name sein, möglicherweise *sche'īlā'*, die aram. Form für Saul. Es besteht kaum Zweifel, daß er mit »Silvanus« identifiziert werden muß (2Kor 1,19; 1Thess 1,1; 2Thess 1,1; 1Petr 5,12), wahrscheinlich die latein. Form von »Silas«, obwohl es sich hier um einen Beinamen handeln dürfte, der wegen seiner Ähnlichkeit mit dem hebr. Namen gewählt wurde. S. wurde von der Gemeinde in Jerusalem ausgesandt, um zusammen mit *Judas Barsabbas, *Barnabas und *Paulus den Heiden, die in *Antiochia Christen geworden waren, die Beschlüsse des *Apostelkonzils von Jerusalem zu überbringen (Apg 15,22-35). Als Paulus und Barnabas sich wegen Johannes *Markus uneins waren, reiste Barnabas mit Markus, und Paulus nahm sich für seine zweite Missionsreise S. zum Gefährten (15,36-41). Die Tatsache, daß S. röm. Bürger war (16,37-39), dürfte einer der Gründe für die Wahl des Paulus gewesen sein, ein anderer S.' Mitgliedschaft in der Jerusalemer Gemeinde. S. scheint eher Markus als Barnabas ersetzt zu haben. Nirgends wird auf ihn als »Apostel« hingewiesen im Gegensatz zu Barnabas (Apg 14,14), und seine Position scheint eine untergeordnete gewesen zu sein. Markus war vorher der »Gehilfe« (*hypēretēs*) der Apostel (13,5) gewesen, was andeuten könnte, daß er eine ähnliche Funktion wie die Aufseher in der Synagoge hatte (Lk 4,20): sich um die Schriften und katechetischen Aufzeichnungen zu kümmern, die sich später zu seinem Evangelium entwickelten. Wenn S. eine ähnliche Funktion hatte, ist auch die literarische Rolle, die Silvanus in den Briefen zugeschrieben wird, einsichtig. Er begleitete Paulus durch *Syrien, *Zilizien, Kleinasien, *Mazedonien und *Thessalonich. Als Paulus sich nach *Athen aufmachte, blieb S. in Beröa und traf dann wieder mit Paulus in *Korinth zusammen (Apg 16-18). Paulus erwähnt sein Werk dort in 2Kor 1,19. S. wird mit den Briefen, die aus Korinth geschrieben wurden, in Verbindung gebracht (1Thess 1,1; 2Thess 1,1), wird aber erst wieder in 1Petr genannt.

Petrus sagt, daß er *dia Silouanou* schreibt (1Petr 5,12), was auf einen Schreiber mit relativ großer Freiheit hindeutet. Dies könnte einige der Ähnlichkeiten in der Wortwahl zwischen 1Petr, 1 und 2 Thess und dem Aposteldekret in Apg 15 erklären (vgl. *Petrusbriefe: 1. Petrusbrief).

Literatur: E.G. Selwyn: The First Epistle of St. Peter, 1946, S. 9-17; W. de Boor: Die Apostelgeschichte, WStB, 1983. R.E.N.

SILBER s. Bergbau und Materialgewinnung

SILBERLING s. Geld

SILO. Nach Ri 21,19 liegt S. »nördlich von Bethel... und östlich von der Straße, die hinaufführt von Bethel nach Sichem, und südlich von Lebona«. Dies identifiziert S. als das heutige Seilun, eine Ruinenstadt auf einem Hügel etwa 14 km nördl. von Bethel (Beitin) und 5 km südöstl. von el-Lubban. Die Stätte wurde durch dänische Expeditionen 1926-29 und 1932 ausgegraben, und man fand Hinweise auf eine Besiedlung in der Mittleren Bronzezeit (ca. 2100-1600 v.Chr.); einer Unterbrechung bis etwa 1200 v.Chr. schloß sich eine weitere aktive Periode bis 1050 v.Chr. Um diese Zeit dürften Teile der Stadt von den Philistern zerstört worden sein. Aus dieser Zeit

Ruinen an der Ortslage der biblischen Stadt Silo. (RS)

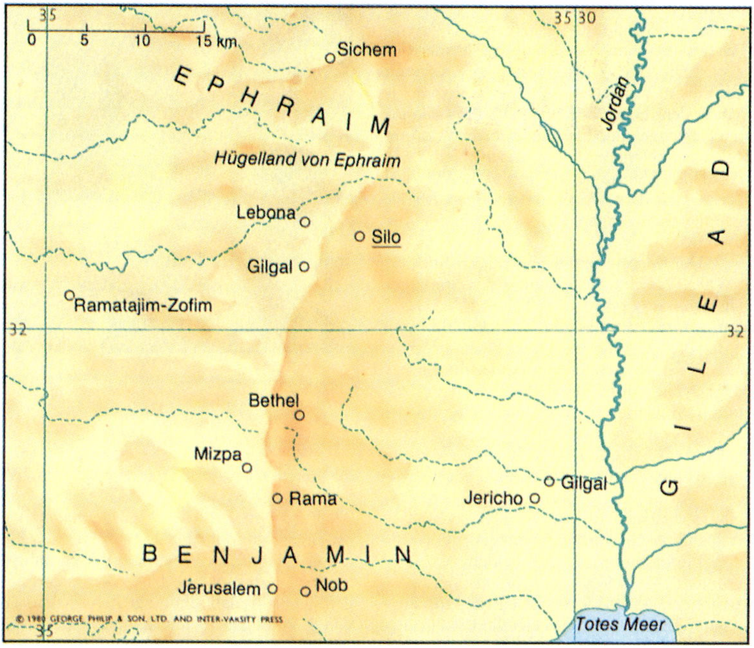

»Die Stadt Silo ..., östlich von der Straße, die hinaufführt von Bethel nach Sichem«.

der Besiedlung wurde kein Hinweis auf einen israelit. Tempel gefunden.

Nach bibl. Berichten wurde die *Stiftshütte in der Anfangszeit der *Landnahme in S. aufgeschlagen (Jos 18,1); S. war das Hauptheiligtum der Israeliten z.Zt. der *Richter (Ri 18,31). In S. fand jährlich ein großes Fest in den Weinbergen statt, vielleicht ein Erntefest (2Mo 23,16), das einst den Männern Benjamins die Möglichkeit gab, Mädchen zu rauben (Ri 21,29ff). Dieses Fest könnte sich weiterentwikkelt haben zu jenem jährlichen Pilgerfest, an dem *Samuels Eltern teilnahmen (1Sam 1,3). Z.Zt. des Priesters *Eli und seiner Söhne war das Heiligtum eine feste Einrichtung für den zentralen Gottesdienst geworden, und das Zelt *Josuas war durch einen Tempel (*hēkal*) mit Tür und Türpfosten ersetzt worden (1Sam 1,9). Obwohl in der Bibel nicht direkt auf dessen Zerstörung hingewiesen wird, könnte diese nach archäologischen Befunden stattgefunden haben und würde gut auf die Hinweise auf S. als Beispiel von Gottes Urteil über sein böses Volk passen (Ps 78,60; Jer 7,12.14; 26,6.9). So wird z.Zt. *Jerobeams (931/30-910/09 v.Chr.) der Prophet Ahija aus S. (1Kön 11,29; 14,2) erwähnt; Jer 41,5 spricht auch von Bewohnern S.s. Der Ort muß nach 1050 v.Chr. besiedelt gewesen sein, die Priesterschaft befand sich jedoch in *Nob (1Sam 22,11; vgl. 14,3), S. war nicht mehr rel. Zentrum.

Literatur: W.F. Albright: BASOR 9/1931, S. 71-88; 13/1923, 10f; H. Kjaer: The Excavations at Shiloh, 1929, JPOS 10/1930, 87-174; M.-L. Buhl, S. Holm-Nielsen: Shiloh...: The Pre-Hellenistic Remains, 1969; K. Galling: BRL^2, 307f; LDB 267.290 u.ö.; H.G. Andersen: ZPEB, 5/1975, 402ff. J.B.Tr.

SILOAH.

Der Name (hebr. *schilōach*) ist von der Wurzel *schlch*, »senden, loslassen«, abgeleitet. In der Kupferrolle von *Qumran (3Q15 11,7) wird so eine Wasserrinne bezeichnet (DJD III 243).

1. Der Siloah-Kanal.

In *Jerusalem hieß S. ursprünglich ein von der einzigen ständig fließenden Quelle, dem *Gihon, ausgehender Kanal (Nr. II), durch den Wasser in mäßigem Gefälle (Jes 8,6: »die stillen Wasser von Siloah«) strömte. Unter König *Ahas führte der Kanal noch offen an der O-Seite des S-O-Hügels (*Davidsstadt) entlang und das Wasser wurde durch Schleusen in Gärten des *Kidron-Tals geleitet, wie die modernen Ausgrabungen zeigen. Das Wasser lief in einen Teich außerhalb der Mauer (Jes 7,3: »Ende der Wasserleitung am Oberen Teich beim Walkerfeld« [?]), der wahrscheinlich in dem heute Birket el-Chamrā genannten Gartengelände lag. Vielleicht heißt dieser Teich bei *Nehemia Königsteich (Neh 2,14). Auch eine Identifizierung mit dem »Unteren Teich« und dem »Alten Teich« (Jes 22,9-11) wurde vorgeschlagen (Payne, 511), bleibt aber unsicher.

2. Der Siloah-Tunnel und Siloah-Teich.

Diese für die Verteidigung der Stadt gefährliche Situation wollte König *Hiskia beseitigen, indem er angesichts der Bedrohung durch die *Assyrer vor 701 v.Chr. einen 533m langen S-förmigen Tunnel vom Gihon unter der Davidsstadt graben ließ. Die Hauer arbeiteten von beiden Seiten. Es war eine für die damalige Zeit großartige Ingenieurleistung, daß die zwei Stollen beim Zusammentreffen nur wenige Zentimeter voneinander abwichen. Für die merkwürdige Form des Kanals gibt es verschiedene Erklärungsversuche (Gesteinshärte, ein vorhandener Spalt, notwendige Neuorientierung der beiden Arbeitergruppen). Die Höhe des Tunnels schwankt zwischen 1,45 und 5,08m, die Breite nur zwischen 55 und 65cm. Das Gefälle beträgt insgesamt 2,28m und somit 4mm/m. Als erster moderner Forscher durchwatete 1839 der Amerikaner E. Robinson vom damals evangelikalen Princeton Seminary den S.-Tunnel (Palästina und die südlich angrenzenden Länder II, 1841, 151- 154).

Die Gihon-Quelle wurde unter Hiskia offensichtlich blockiert (2Chr 32,2-5.30) und das Wasser in einen Teich innerhalb der Mauer geleitet (2Kön 20,20 vgl. Jes 22,11[?]; Sir 48,17). Wie diese Anlage aussah, ist wegen der späteren Umbauten schwer zu sagen. Vielleicht war der später S. genannte Teich (Neh 3,15 »Teich der Wasserleitung«, hebr.

Ausfluß des Siloah-Tunnels in den neutestamentlichen Siloah-Teich. (SH)

ha-schelach) ursprünglich eine riesige Zisterne, deren Überlaufwasser in einen anderen Teich floß (K.M. Kenyon, PEQ 97, 1965, 14-17). Bei diesem handelt es sich aber kaum, wie oft angenommen (zB. Wiseman), um die Birket el-Chamrā, die innerhalb der damaligen Stadtmauer lag. Neue Untersuchungen zeigen vielmehr, daß schon zur Zeit Hiskias ein von R. Weill (La cité de David II, 1947, 57-73) 1923/24 entdeckter Kanal (Nr. IV) das Überlaufwasser aus dem S.-Ausfluß um die S-Spitze der Davidsstadt herum in einen Teich außerhalb der Mauer leitete (D. Adan, IEJ 29, 1979, 92-100), der bei Josephus nach *Salomo benannt ist (bell.Jud. V 145). Darum sind Zweifel (Ussishkin, 91) wenig begründet, daß der heute als S. bezeichnete Wasserausfluß gar nicht in der Gegend des ursprünglichen S.-Teichs lag.

3. Die Siloah-Inschrift.

Das Zusammentreffen der Arbeiter hält eine sechszeilige zeitgenössische Inschrift fest, die zu den wichtigsten Dokumenten des

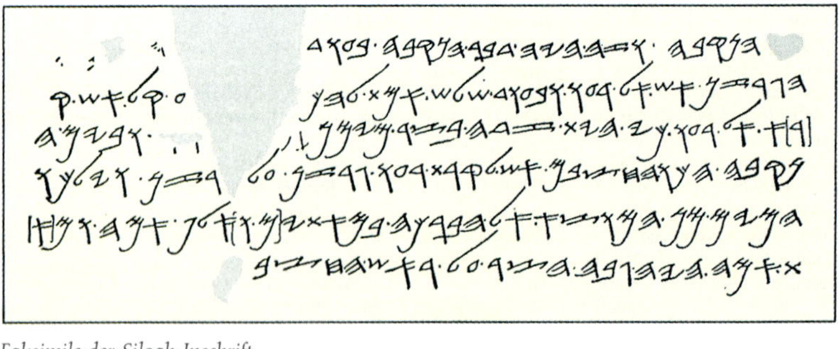

Faksimile der Siloah-Inschrift.

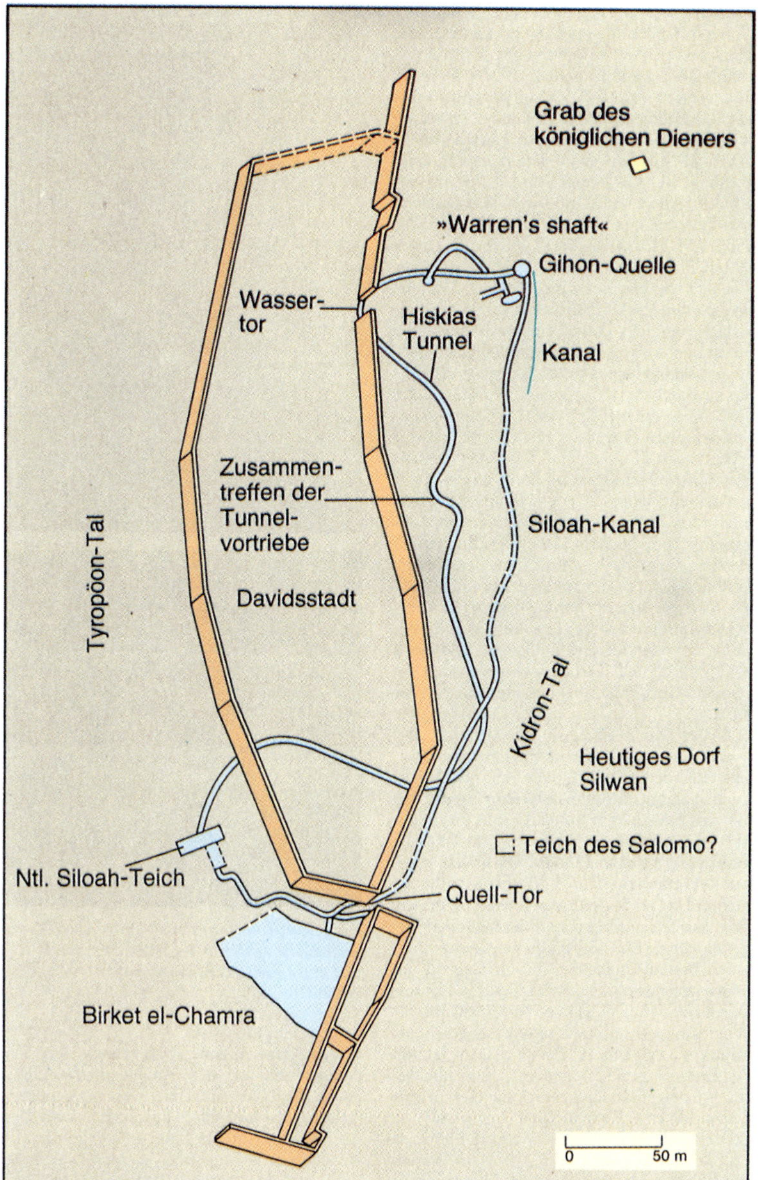

Siloah-Kanal, -Tunnel und -Teich.

vorexilischen Hebr. gehört. Die Bedeutung dieser Entdeckung von 1880 erkannte zuerst der schwäbische Chrischona-Bruder und Archäologie-Pionier C. Schick (ZDPV 4, 1880, 54). Die 6m vom S-Ausgang befindliche Inschrift wurde 1890 herausgehauen, wobei sie in mehrere Stücke zerbrach, die sich heute im National-Museum von Istanbul befinden. Auffällig ist, daß keinerlei rel. Wendung erscheint. Auch sonst gibt der Text manche sprachliche Frage auf (H.J. Stoebe, ZDPV 71, 1955, 124-140; H. Michaud, VT 8, 1958, 297-302; É. Puech, RB 81, 1974, 196-214). In einer Übersetzung lautet die Inschrift: »(1) [Vollendet wurde] der Durchbruch. Und so verhielt es sich mit dem Durchbruch: Als noch [die Steinhauer schwangen] (2) die Beilhacken, jeder auf seinen Genossen zu, und als noch 3 Ellen zu durchschlagen [waren, wurde gehö]rt die Stimme eines jeden, der (3) seinen Genossen rief, denn es war ein Spalt im Felsen von rechts nach [link]s. Und am Tage des (4) Durchbruchs schlugen die Steinhauer – jeder auf seinen Genossen zu –, Beilhacke gegen Beilhacke. Da floß (5) das Wasser vom Ausgangsort zum Teich an 1200 Ellen; und ein (6) hundert Ellen betrug die Höhe des Felsens über den Köpfen der Steinhauer« (TGI, 66f). Die Inschrift bedeckt nur die untere Hälfte einer geglätteten Fläche, blieb also möglicherweise unvollendet. Ob im leeren Feld noch Königsname und Datum sowie eventuell ein Dank an Gott Platz finden sollten, wissen wir nicht.

4. Der Siloah-Teich im NT.

Zur Zeit des NT war die Herkunft des Wassers aus der Gihon-Quelle offenbar nicht mehr bekannt. Josephus erwähnt sie nur für die Zeit Davids (ant.Jud. VII, 355) und redet über den Ausfluß bei S. wie von einer Quelle (bell.Jud. V, 140.145.253.410.505: griech. *pege*). Das *Targum (zu 1Kön 1,33) identifiziert Gihon und S. Der S.-Teich von Joh 9,7.11 (griech. *hē kolymbēthra tou Silōam*) lag nach den Pilgerberichten (ELS 467ff) und dem archäologischen Befund tatsächlich in der Gegend des heute gezeigten Orts. Beim *Laubhüttenfest wurde aus dem S.-Teich von Priestern mit goldener Kanne Besprengungs-Wasser geschöpft (mSuk 4,; vgl. Bill. II, 799-805). Am letzten Tag eines solchen Festes gab sich dann aber Jesus im bewußten Gegensatz zu diesem mit endzeitlichen Erwartungen verbundenen Brauch (Bill. II, 774ff) als die wahre *Tempel-Quelle zu erkennen (Joh 7,37f). Dem Wasser des Teichs wurde in der rabbin. Literatur heilende und reinigende Wirkung zugeschrieben (Bill. II, 532f), aber in der johanneischen Erzählung von einer Blindenheilung ist eindeutig Jesus der Heilende (Joh 9,1-7), auch wenn

Der Siloah-Tunnel mit einer Länge von 533 m, einer Höhe zwischen 1,45 und 5,08 m und einer Breite von 55–65 cm.
(HW) (MEPhA)

er den Kranken zum Teich schickt, um sich den Erdbrei von den Augen abzuwaschen. Wenn der Name des Teichs als »Gesandter« (griech. *apestalmenos*) übersetzt wird (der hebr. Konsonantenbestand *schlch* konnte aktiv oder passiv verstanden werden), so dürfte das schon einer vorchristl. Ortsdeutung (Prophetenleben 13) entsprechen (W.D. Davies, The Gospel and the Land, 1974, 314f). Die Bemerkung soll die Leser des vierten Evangeliums auf Jesus als den wahren Gesandten Gottes (vgl. Joh 17,3 u.ö.) hinweisen (F. Manns, SBFLA 35, 1985, 81-90). Wahrscheinlich steht dahinter die auch schon für Qumran belegte (4QPatr 2,4) messianische Deutung von 1Mo 49,10 (MT: »bis der *schilōh* kommt«) im *Jakobs-Segen (K. Müller, BZ 13, 1969, 251-256; G. Reim, BZ 22, 1978, 245-253). Auch hier zeigt sich die Verwurzelung von *Johannes im palästin. Bereich.

Laut einer auch wohl schon in ntl. Zeit umlaufenden Legende (J. Jeremias, Heiligengräber in Jesu Umwelt, 1958, 61-67) wurde der Prophet *Jesaja, auf den man die S.-Quelle wunderbar zurückführte, unter König *Manasse an ebendiesem Ort zersägt (Prophetenleben 13, vgl. Hebr 11,37). Nach der Kupferrolle (3Q15 10,15f) von *Qumran lag bei S. ein Schatz versteckt (B. Pixner, RQ 11, 1983, 354f). Das wirft die Frage auf, ob hier eventuell eine essenische Gruppe ähnlich wie bei *Betesda ein Heilungsheiligtum unterhielt. Unter Kaiser Hadrian jedenfalls wurde nach 135 n.Chr. über S. ein quadratisches (22,5 m Seitenlänge) Nymphäum (Heiligtum für die Quellgöttinnen) erbaut (vgl. PG 92, 613), was auf die Verdrängung eines früheren jüd. Kultes hinweisen könnte. Im 5. Jh. (ELS 468) hat man eine byzantin. Kirche errichtet, deren Apsis offenbar über dem Auslauf des Kanals in den Teich stand (F.J. Bliss, A.C. Dickie, Excavations at Jerusalem, 1898, 178-210; L.H. Vincent, F.M. Abel, Jérusalem Nouvelle II, 1926, 860-864). Vom hadrianischen Tempel sind noch die N-Wand, von der Basilika einige Säulenstümpfe zu sehen (Kroll, 274f). Ob am Ende des letzten Jh. etwas nordöstl. des hadrianischen Gebäudes gefundene Reste eines Teichs von 9 x 3 m (H. Guthe, Ausgrabungen bei Jerusalem, 1883, 59f) zur ntl. Anlage gehörten, bedürfte neuer Untersuchung.

5. Der Siloah-Turm.

In der Nähe des S.-Teichs muß ein Turm des gleichen Namens gestanden haben, der während der Zeit des öffentlichen Wirkens Jesu einstürzte und achtzehn Menschen erschlug (Lk 13,4). Dieses Gebäude wird in keiner anderen literarischen Quelle erwähnt. Vielleicht ist es mit einem wahrscheinlich aus dem 2. Jh.v.Chr. stammenden Rundturm (R. Weill. La cité de David I, 1920, 118) zu identifizieren, dessen Grundmauer am W-Hang des *Kidron-Tals außerhalb der Stadtmauer nicht weit von den vorexilischen *Königsgräbern und auch dem vermutlichen Ort der *Synagoge der *Libertiner liegt (Kroll, 277). Andere suchen den Turm näher zum S.-Ausfluß hin bei einer 10 x 13 m großen Mauerbastion (Dalman, Orte, 329). Der Name des Turms weist darauf hin, daß in ntl. Zeit bereits die ganze Umgebung S. hieß. Der Ortsname lebt in den arab. Bezeichnungen ʿAin [Quelle] Silwān und Birket el-Silwān für S.-Ausfluß und heutiges kleines Teichbecken sowie dem Namen des gegenüber auf dem linken Kidron-Hang liegenden arab. Dorfs Silwan weiter. Hier befinden sich bedeutende Gräber der vorexilischen Zeit (*Begräbnis- und Trauersitten I.3).

Literatur: W. Baier: BL, [3]1982, 1590f; G. Dalman: PJB 14 (1918), 47-72; ders.:Jerusalem und sein Gelände, 1930, 168-173; ders.: Orte und Wege Jesu, [4]1967, 327-330; E. Gorys: Das Heilige Land, [4]1985, 128f; M. Hobermann: Levant 9 (1977), 174f; C. Kopp: Die heiligen Stätten der Evangelien,[2]1964, 371-376; G. Kroll: Auf den Spuren Jesu, [10]1988, 268-277; J. Murphy-O'Connor: Das Heilige Land, 1981, 107-113; D.F. Payne: ISBE IV, 1988, 510f; R. Schnackenburg: Das Johannesevangelium II, [4]1985, 308f; N. Shaheen: PEQ 109 (1977), 107-112; J. Simons: Jerusalem in the Old Testament, 1952, 109-111.157-194; D. Ussishkin: Levant 8, 1976, 82-95; L.H. Vincent, M.A. Stève: Jérusalem de l'Ancien Testament I, 1954, 269-284.289-297; J. Wilkinson: Levant 10 (1978), 116-125; D.J. Wiseman: IBD III, 1970, 1452-1454. R.R.

SILPA. (»Rangstufe, Ehrenrang«?). S. war die Sklavin, die *Lea von ihrem Vater erhalten hatte (1Mo 29,24). Lea gab sie ihrem Mann *Jakob zur Nebenfrau; S. gebar ihm die Söhne *Gad und *Asser (1Mo 30,9-13; 46,16-18).

SIMEON.

1. Zweiter Sohn *Jakobs und *Leas (1Mo 29,33). Das hebr. *Schimʿōn* ist von *schāmaʿ*, »hören«, abzuleiten. S. nahm mit *Levi an dem Rachezug gegen die Männer von *Sichem teil; Sichem, der Sohn Hamors, des Obersten der Stadt, hatte zuvor Jakobs Tochter Dina geschändet (1Mo 34). S. spielte auch eine besondere Rolle in der Geschichte *Josefs und seiner Brüder, als er als Geisel in Ägypten zurückblieb, bis seine Brüder mit Benjamin zu Josef zurückgekehrt waren (42,24). Im Segen Jakobs wurden S. und Levi wegen ihres Zorns und ihrer Grausamkeit verflucht: sie sollten getrennt und verstreut werden in Israel (1Mo 49,5-7). Die Söhne S.s waren Jemuel, Jamin, Ohad, Jachin, Zohar und Schaul, der Sohn einer Kanaaniterin (1Mo 46,10; 2Mo 6,15).

2. Der Stamm Simeon umfaßt 59 300 waffenfähige Männer (4Mo 1,22f); nach der Plage Gottes über das götzendienerische Volk 22 000 »Familien« (4Mo 26,14). Der Stamm S. sollte neben Ruben lagern (4Mo 2,12f), er zählte zu denen, die auf dem Berg Garizim stehen sollten, um das Volk beim Übergang über den Jordan zu segnen (5Mo 27,12), aber er wird nicht (ebensowenig wie Issaschar) im Segen des Mose (5Mo 33) erwähnt. Im Gelobten Land wurde S. ein Tal im südlichsten Teil

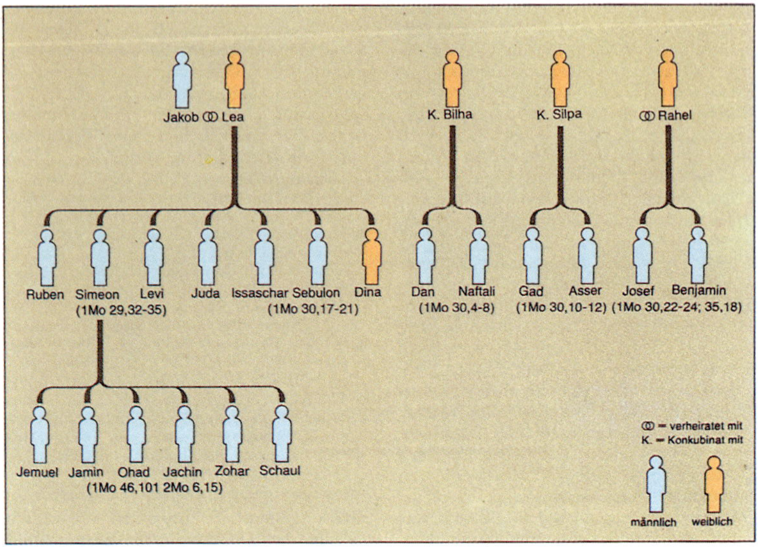

Die Familie Simeons.

zugeteilt, S.s Land wurde fast von dem Gebiet Judas verschluckt (Jos 19,1-9). Die Städte in diesem Gebiet gehörten nach Jos 15,26-32.42 und anderen Stellen zu Juda. Juda und S. vereinigten ihre Kräfte zu Beginn der Eroberung Kanaans (Ri 1,3.17), aber Juda war eindeutig der stärkere Stamm. Das Geschlecht S. vermehrte sich nicht so schnell wie Juda, führte jedoch eine eigene genealogische Liste (1Chr 4,24-33). Unter *Hiskia besiegten die Simeoniter die Amalekiter (1Chr 4,41-43) und stellten *David mehr Männer als Juda (1Chr 12,25f). Der Chronist scheint anzudeuten, daß S. zum Nordreich gehörte, aber eine Anzahl Simeoniter half unter *Asa mit, den Jahwe-Kult in Jerusalem wieder einzurichten (1Chr 15,9). Der Stamm wird nach der babylon. Gefangenschaft nicht erwähnt; der einzige Hinweis auf ihn findet sich in Offb 7,7, wo S. unter denen aufgeführt ist, die das Siegel der Knechte Gottes tragen: hier steht er an 7. Stelle.

3. Einer der Vorfahren Jesu (Lk 3,30).

4. Ein Mann in Jerusalem, der gottesfürchtig und fromm war und auf »den Trost Israels« wartete (Lk 2,25-35). Er darf nicht mit Rabbi Simon ben Hillel identifiziert werden. S. gehörte zu dem *Rest, der sich nach dem Kommen des Messias sehnte. S. hatte eine Offenbarung erhalten, daß er nicht sterben würde, ohne den Messias gesehen zu haben. Als die Darstellung Jesu im Tempel stattfand, wurde S. vom Geist Gottes hingeführt. Beim Anblick des Kindes Jesus formulierte er den Lobpreis, der heute unter der Bezeichnung *Nunc Dimittis* bekannt ist.

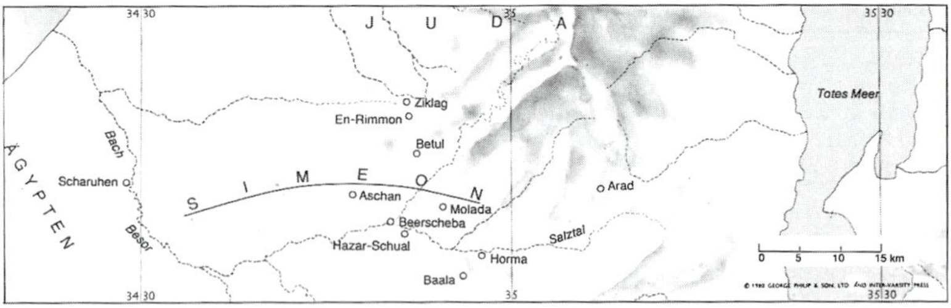

Das Stammesgebiet von Simeon.

5. Ein Jünger in *Antiochia mit der Gabe der Prophetie und Lehre, einer derjenigen, die Barnabas und Paulus zu ihrer ersten Missionsreise aussandten (Apg 13,1f). S. hatte den Zunamen Niger, was nahelegt, daß er ein Afrikaner war, aber es ist nicht erwiesen, daß er mit *Simon von Kyrene identisch war (Lk 23,26 usw.).

6. Die archaische Version des Namens Simon Petrus, die von Jakobus in seiner Rede an das Konzil von Jerusalem verwandt wurde (Apg 15,14). Einige wichtige Manuskripte lesen auch in 2Petr 1,1 *Symeon.* R.E.N.

SIMON. Eine spätere Form des Namens *Simeon (s. Apg 15,14, wo Jakobus die ältere Form benutzt; auch 2Petr 1,1,).

1. Apostel Jesu, Sohn Jonas (oder Johannes') und Bruder des *Andreas. Jesus gab ihm den Namen *Petrus.

2. S. Kananäus (Mt 10,4; Mk 3,18). »Kananäus« kann hier nicht Bewohner Kanaans bedeuten, noch kann es sich auf jemand beziehen, der in Kana wohnt. Eher steht die Bezeichnung »Kananäer« für die Anhänger der Partei, die später als die der *Zeloten bekannt war (Lk 6,15; Apg 1,13). Ob S. ein Zelot im politischen oder rel. Sinn war, ist nicht festzustellen.

3. Einer der Brüder Jesu (Mt 13,55; Mk 6,3).

4. Ein Leprakranker in *Betanien, in dessen Haus Jesu Haupt mit Öl gesalbt wurde (Mt 26,5; Mk 14,3); dieser S. könnte mit *Marta, *Maria und *Lazarus verwandt gewesen sein (s. J.N. Sanders: Those whom Jesus loved, NTS 1, 1054-5, S. 29-41).

5. Ein Mann aus *Kyrene, der gezwungen wurde, Jesu Kreuz nach Golgatha zu tragen (Mk 15,21, Vater des *Rufus); möglicherweise ist er identisch mit dem Simeon aus Apg 13,1.

6. Ein Pharisäer, in dessen Haus eine Frau Jesu Füße mit Tränen benetzte und sie salbte (Lk 7,36ff). Es gibt Ansätze, ihn mit dem unter 4. genannten S. identisch zu sehen, jedoch unterscheiden sich die Berichte in ihren Einzelheiten (*Maria).

7. Simon Iskariot, der Vater des *Judas Iskariot (Joh 6,71; 12,4; 13,2).

8. Simon, ein ehemaliger Zauberer in *Samaria (Apg 8,9-24), der meinte, die Gabe des Heiligen Geistes mit Geld erwerben zu können.

9. Ein Gerber in *Joppe, in dessen Haus Petrus längere Zeit beherbergt wurde (Apg 9,43). F.S.F.

SIMRI.

1. Judäer, ein Sohn *Serachs (1Chr 2,6).

2. Sohn Salus', Oberster einer Sippe der Simeoniter, der wegen seiner Sünde mit einer midianitischen Frau von Pinhas getötet wurde (4Mo 25,6-8.14).

3. Befehlshaber über die Hälfte der israelit. Streitwagen. Nachdem er Ela getötet hatte und an seiner Stelle König geworden war, rottete er das Haus Baschas aus. Seine Regierung dauerte jedoch nur 7 Tage (885/4 v.Chr.); denn als *Omri die Stadt *Tirza einzunehmen drohte, beging S. Selbstmord (1Kön 16,9-20; 2Kön 9,31).

4. Benjaminit und Nachkomme *Sauls (1Chr 8,36; 9,42). Es ist möglich, jedoch nicht belegt, daß er mit 3., dem Mörder und Nachfolger König Elas, identisch ist.

5. Ein nicht näher zu identifizierendes Land, das aus dem Zornbecher Gottes trinken soll (Jer 25,25).

SIMSON. Sohn des Daniters Manoach aus Zora (ca. 20 km westl. von Jerusalem), der letzte der im *Richterbuch aufgeführten *Richter. Er richtete Israel 20 Jahre (Ri 15,20; 16,31) in der Zeit vor der eigentlichen Philisterbedrohung unter *Saul und *David, vielleicht noch vor der Abwanderung des Stammes *Dan aus dem Grenzgebiet der *Philister nach N (Jos 19,47; Ri 18). S. könnte jedoch auch zu den im judäischen Stammesgebiet zurückgebliebenen danitischen Geschlechtern gehört haben (vgl. Ri 15,9ff; wo *Juda von den Philistern für S.s Taten verantwortlich gemacht wird). Der Name S. hängt mit hebr. *schemesch,* »Sonne«, zusammen und ist eine Diminutivform (Verkleinerungsform): »Sönnchen«. Keinem seiner »Helden« spricht das AT Vollkommenheit zu, sie sind alle Menschen in Fehlerhaftigkeit und Schuld vor Gott – doch kaum eine Gestalt des AT lebt anscheinend in einer solchen Zerreißprobe zwischen Berufung und Eigen-Sinn – um mit Paulus zu sprechen: zwischen Geist und Fleisch (Röm 7) – wie S. Und es fehlt nicht an Auslegern, die diese Zerreißprobe unter negativem Ausgang verstehen. Doch sollte das Zeugnis des Hebräerbriefes, der S. unter die Väter des Glaubens rechnet (Hebr 11,32ff), davor warnen, an S. einseitig moralische Maßstäbe anzulegen. Bei aller Bedeutsamkeit des ethischen Verhaltens bildet dieses doch nirgends in der Schrift den letzten Maßstab für die Beurteilung eines Menschen. Wie bei keinem anderen Richter wird zunächst die Aussonderung S.s durch Gott betont: Vor der Empfängnis kündigt der Engel des Herrn Manoach und dessen Frau die Geburt eines Sohnes und dessen Bestimmung zum *Nasiräat (Gottgeweihtsein) auf Lebenszeit an; die Schwangerschaft soll schon unter dieser Verpflichtung stehen (Ri 13). Durch seine Vorgeschichte ist S. mit *Isaak,

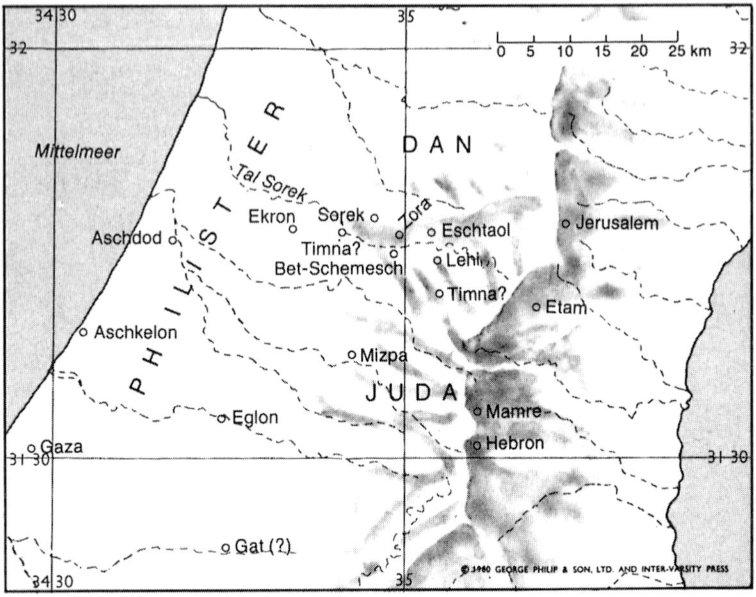

Orte, die im Zusammenhang mit Simson genannt werden.

*Samuel, *Jeremia und *Johannes dem Täufer in eine Reihe auf Jesus hin gestellt. Hervorgehoben werden im Unterschied zu den anderen Richtern zudem der Segen Gottes, der auf dem heranwachsenden S. liegt (Ri 13,24), und die mehrfache unmittelbare Wirkung des Geistes Gottes in seinem Leben (Ri 13,25; 14,6.19; 15,14). Als S. eine Philisterin zur Frau erwählt, wird jedoch deutlich, daß die Art des Wirkens Gottes in S.s Leben schon damals keineswegs allg. einsichtig, sondern anstößig war (Ri 14,4). Vielleicht liegt hier ein Schlüssel zu den S.-Erzählungen: S.s körperliche Stärke, in der er einen Löwen (Ri 14,5f) wie auch alle Arten von Fesseln zerreißt (Ri 15,14; 16,9.12), Stadttore fortträgt (Ri 16,3) und 1000 Philister mit einem Eselskinnbacken erschlägt (Ri 15,15f), seine Gewitztheit (Ri 14,12ff; 15,4f), seine ganze Existenz als Gottgeweihter stehen in fast unerträglicher Spannung zu seiner Schwäche gegenüber einer Frau – und sei es eine Prostituierte der Philister –, die seinen Augen gefällt (14,3; 16,1.4); und doch benützt Gott eben diese Schwäche, um durch sie sein eigenes Werk zu vollbringen: den Anfang der Errettung Israels aus den Händen der Philister (Ri 13,5). Daß dies S. nicht seiner Verantwortung entbindet, zeigt sich in der Zuspitzung des Konflikts zwischen seiner Bindung an den Herrn und der Bindung an seine Leidenschaft, in der Frage seiner Geliebten, der Philisterin *Delila, nach dem Ursprung seiner Stärke. Durch die Preisgabe seines Geheimnisses als Gottgeweihter an Delila (Ri 16,16ff) und durch deren Verrat scheint es, als habe S. schließlich doch seine Berufung verspielt: Er verliert mit dem Haar seines Hauptes nicht nur körperliche Stärke, Augenlicht und Freiheit, sondern es heißt, »daß der Herr von ihm gewichen war« (Ri 16,20). Für S. folgt eine Zeit der Demütigung, in der er den Philistern in Ketten dienen muß. Nur in der Bemerkung: »Aber das Haar seines Hauptes fing wieder an zu wachsen« (Ri 16,22) deutet sich (im Anschluß an 4Mo 6,9-12?) neue Hoffnung an. Bei einem Opferfest im Tempel der Philister zu Ehren ihres Gottes *Dagon wird diese verwirklicht: S. – zur Belustigung des Volkes hereingeholt - führt in seiner alten Stärke den Einsturz des Tempels herbei, wodurch mehr Philister umkommen als während der Auseinandersetzungen zuvor (Ri 16,23ff). Auch S. selbst stirbt unter den Trümmern und wird von seiner Verwandtschaft im Grab seines Vaters begraben. Im Ende S.s wird zunächst Gottes Treue in der menschlichen Untreue gepriesen (2Tim 2,11-13): Gott erhört das Gebet dessen, der keinen

Anspruch mehr darauf hatte. Vielleicht ist hier indessen auch erst richtig der Glaubensvater S. offenbar, der in der Anrufung Gottes (Ri 16,28) dessen Treue größer glaubt (und erfährt!) als das eigene Versagen. M.W.

SIN, WÜSTE. Eine Wüste, wohl nordwestl. des Sinaimassivs (Dschebel Mūsa), die die Israeliten auf ihrem Weg vom *Sinai nach *Elim durchzogen (2Mo 16,1; 17,1; 4Mo 33,11f). Sie wird meistens mit Debbet er-Ramleh identifiziert, einem sandigen Gebiet südl. des Dschebel et-Tih im SW der Sinaihalbinsel; in Erwägung gezogen wurde auch die Küstenebene el Markhah zum Roten Meer hin. J.M.H.

SINAI.

1. Name.

Als S. (hebr. *sīnaj*) bezeichnen wir die Halbinsel zwischen dem Golf von Suez und dem Golf von *Aqaba und das auf ihr gelegene Bergmassiv. Der Name S. ist möglicherweise auf den arab. Namen für den brennenden Dornbusch (hebr. *senäh*), aus dem sich Gott dem *Mose geoffenbart hat (2Mo 3,2-4; 5Mo 33,16) zurückzuführen. Daher heiße S. so viel wie »Sennastrauchberg« (P. Haupt, ThWAT V, 823). Neben dem Namen S., der als freies Morphem nur 5 mal in den bibl. Handschriften vorkommt, begegnen wir häufiger dem Kompositum »Berg Sinai«, öfter nur »Berg« oder auch »Gottesberg« (vgl. 1Kön 19) genannt. Die Verbindung von Dornbusch und Gottesberg in 2Mo 3,1 begünstigte die etymologische Verknüpfung von S. mit *senoeh*, »strahlen, leuchten«, wie sie schon Hieronymus vertreten hat. Daneben findet sich in 2Mo-4Mo auch die Verbindung *midbar sīnaj*, »Wüste Sinai«. Im 5Mo-Buch wird der S. dann ausschließlich »Horeb« (Wüstenland) genannt. Dazu kommt dann noch die Bezeichnung »Berg des Herrn«. Diese uneinheitliche Benennung bereitet der philologischen Deutung des Namens sowie einer geographischen Lokalisierung große Schwierigkeiten. Am

Die Sinai-Halbinsel zwischen Mittelmeer (links oben), Rotem Meer (unten) und dem Golf von Aqaba (von rechts unten zur Bildmitte). (NASA)

plausibelsten erscheint die von F. Baethgen vertretene These, daß sowohl der Berg als auch die Wüste *Sin ihren Namen dem akkad. Mondgott Sin verdanken (ThWAT V, 822).

2. Lage und Bedeutung.

Bis zur Mitte des vergangenen Jh. galt als kaum bezweifelte Annahme, daß der traditionelle Dschebel Mūsa – diesen arab. Namen trägt er erst seit dem 16. Jh. – der S. der Bibel sei. Worauf diese Identifizierung des 2385 m hohen Berges mit dem S. beruht, ist nicht bekannt. Es ist aber anzunehmen, daß ägypt. Anachoreten des 4. Jh.n.Chr. die zahlreichen Inschriften aus dem 2. und 3. Jh.v.Chr. auf die Mosezeit zurückführten. Dies legt auch der Bericht der französischen (spanischen) Nonne Aetheria nahe, wonach die christl. Mönche »schon um das Jahr 400 alle mit dem Sinai verknüpften Schauplätze ringsumher 'lokalisiert' hatten« (Maiberger, ThWAT V, 837). Sie schufen damit »Kommemorialtraditionen« für die christl. Pilger, mit denen dann die am nahe gelegenen Sirbalmassiv und solche, die noch näher bei Ägypten lagen, konkurrierten (vgl. Zenger, S. 67f). Eine genaue Lokalisierung ist nicht möglich. Nach Maiberger und Zenger kommen die der »ursprünglichen Lage am nächsten. . ., die, wenn auch mit unterschiedlichen Begründungen, im Großraum von Kadesch suchen« (Maiberger, S. 837; vgl. Zenger, S. 57). Dafür spricht auch 5Mo 33,2: »Der Herr ist vom Sinai gekommen und ist ihnen aufgeleuchtet von Seīr her. Er ist erschienen vom Berge Paran her und ist gezogen nach Meribat-Kadesch. . .« Jahwe erscheint seinen Verehrern – in ägypt. Texten »Schasu-Beduinen« genannt – als Geber des Lebens, als ein Gott der Gnade. Es handelte sich dabei nach bibl. Berichten um fortlaufende Erlebnisse und Erfahrungen, die von denen, die in Israel seßhaft wurden, an das spä-

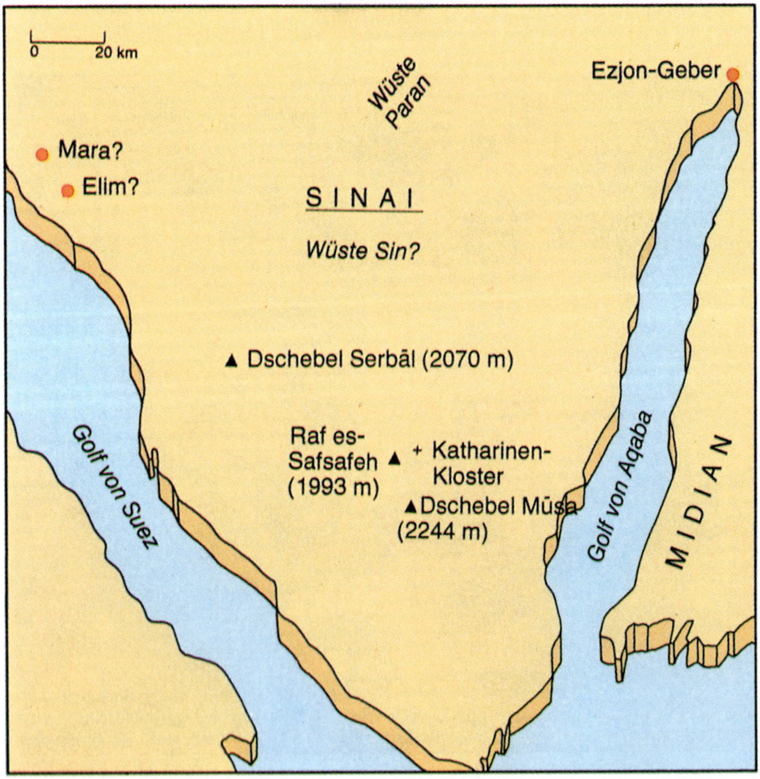

Die Sinai-Halbinsel.

Der Granitgipfel des Dschebel Musa, wahrscheinlich der »Berg Sinai«. (RS)

tere Israel weitergegeben wurden. So erhielt der S. in der atl. Überlieferung als »Heimat Jahwes« und Stätte der göttlichen Offenbarung seine zentrale Bedeutung (2Mo 19,18; 34,5). Doch ist Jahwe nicht an den S. gebunden, er ist ein Gott, der seine Heimat verlassen kann (vgl. Ri 5; Ps 68,8-11). Er bricht vom Sinai auf. . ., er zieht seinem Volk voran (vgl. 2Mo 13,21; 4Mo 14,14). Andere Texte sprechen vom Kommen Jahwes zum S. (2Mo 19,16-25; 20,18-21; 5Mo 4,10-13; 5,5.22.26). Die Schilderung des Herabsteigens Jahwes führte zur Annahme eines Vulkanberges als Ort des historischen Sinaigeschehens. Sie übersieht dabei die topographische Wirklichkeit der Sinaihalbinsel und deren naherer Umgebung. Die nächsten Vulkane sind 200 km entfernt in NW-Arabien. Eine von ihnen aufsteigende Rauchsäule müßte, um am Golf von Aqaba gesehen zu werden, eine Höhe von 14 800 m erreichen (Zenger, S. 62). Übersehen wird vor allem die Symbolhaftigkeit der bibl. Aussagen: Feuer, Blitz und Donner sind Bilder, die den Ernst und den fordernden Charakter sowie die Wirkmächtigkeit des Gotteswortes unterstreichen (vgl. Zenger, S. 60). Finsternis aber und Wolkendunkel verweisen auf die Verborgenheit Gottes; Hörner und Posaunenschall erinnern stark an die Jerusalemer Liturgie (Joel 2,1.15 u.ö.), die auf dem *Zion stattfindet. Sie verweisen damit auf die programmatische Bedeutung der Gebote Jahwes, der auf dem Zion gegenwärtig sein will (vgl. Zenger, S. 64f). 2Mo 19,13.16; 20,18; Am 2,2; 3,6; Sach 9,14; (vgl. 3Mo 25,9) beziehen sich offenbar nicht auf ein einmaliges Ereignis. Und die Übergabe der Gesetzestafeln auf dem »Gottesberg Sinai« symbolisiert diese als grundlegende »Ur-kunde des Bundes, der das atl. Gottesvolk auf Gedeih und Verderb mit seinem Gott verbindet« (Zenger, S. 64f).

3. »Der Sinai ist der Berg, auf dem Jahwe sich offenbart hat« (de Vaux, II, S. 96). Vor der großen Theophanie auf dem S. erhält Mose von Jahwe den Befehl, den Umkreis des Berges abzugrenzen. Niemand aus dem Volk darf

auf den Berg steigen, ja nicht einmal den Fuß des Berges berühren (2Mo 19,12; vgl. 2Mo 3,5). Und dann hat Jahwe mitten aus dem Feuer aus der Höhe des Himmels zum Volk gesprochen (2Mo 20,22f; 5Mo 4,14-18), seine Gestalt war nicht zu sehen. Die Begegnung mit Gott, die Gegenwart seiner Heiligkeit gilt nach vielfach bezeugter Auffassung des AT als für den Menschen gefährlich, ja todbringend (vgl. 2Mo 20,18f). Zugleich aber führt sich Jahwe vor Israel als ein Gott der Gnade ein, macht dabei aber deutlich, daß er ein fordernder Gott ist. »Der Zion aber ist der Berg, auf dem Gott wohnt« (de Vaux, a.a.O.). Auf den Zion deuten nach Maiberger das Herabsteigen auf einen bestimmten Berg, wo er sich den Blicken der Menschen entzieht (vgl. Bilderverbot), der Altarbau, die Opferfeier sowie die besondere Zuwendung Jahwes zu seinem Volk (ThWAT V, 828).

4. Der Sinaibund bringt die Erfüllung der Verheißungen, die *Abraham gegeben worden sind (1Mo 17,4ff). Dieser *Bund (hebr. *berīt*) ist in seiner ursprünglichen Bedeutung nicht ein Vertrag bzw. eine Vereinbarung zwischen zwei gleichgestellten Partnern, sondern ein Auferlegen von Geboten und Verpflichtungen durch Gesetz (2Mo 24,3-5), die bei den Bundeserneuerungsfesten zu Bewußtsein gebracht wurden.

5. Im NT wird der Sinai nur je 2 mal in der Apostelgeschichte und im Galaterbrief genannt. *Stephanus stellt in Apg 7,30.38 der Größe der göttlichen Offenbarung am S. die furchtbare Schuld des ungehorsamen Volkes gegenüber. Nach Paulus aber übermittelt der Sinaibund ein »knechtendes Gesetz, das im oberen Jerusalem, in dem die Kinder der Freien leben und in dem die Freiheit waltet, nicht mehr gilt« (Gal 4,21-31; vgl. Lohse, ThWNT VII, 283ff).

Literatur: P. Haupt: ThWAT V, 1986, 823; E. Lohse: ThWNT VII, 1964, 283; E. Zenger: Der Gott der Bibel, 1979; R. de Vaux: Das Alte Testament und seine Lebensordnungen, II, 1960. A.D.

SINEAR, SCHINAR, SCHINEAR. Name für *Babylonien (*Sumer und *Akkad), wo die großen Städte *Babylon, *Erech und Akkad lagen (1Mo 10,10). In S. wurde der Turm von *Babel gebaut (1Mo 11,2). Amrafel, ein bisher nicht identifizierter König von S., wird als Gegner Abrams genannt (1Mo 14,1.9). Im 6. Jh.v.Chr. befanden sich die exilierten Juden und der durch Nebukadnezar geraubte Tempelschatz in S. (Jes 11,11; Dan 1,2). Das hebr. *schin'ār* entspricht dem akkad. *schanhar* in den Keilschrifttexten der hetitischen und syr. Schreibschulen des 2. Jt.v.Chr. (s. H.G. Güterbock, JCS 18, 1946, S. 3). B.Hu.

SINGEN s. Jauchzen; s. Lied; s. Lobgesang

SINN. Im AT finden wir den Begriff S. als einen eigenständigen, durch ein hebr. Äquivalent ausgedrückten Begriff nicht vor. Er begegnet uns nur als ein Teilaspekt der anthropologischen Zentralbegriffe des AT, und zwar in der Bedeutung von S. als »Gesinnung«. In dieser Bedeutung finden wir den Begriff als einen Aspekt des Wortes »Herz« (*leb*), und weniger signifikant von Geist (*ruach*). Das Herz kann als Sitz der menschlichen Neigungen, Gefühle, Antriebe, des Verstandes, *Erkennens und Wollens, auch die sich aus diesen Komponenten zusammensetzende Gesinnung zum Ausdruck bringen, und diese Gesinnung wiederum mündet in ein entsprechendes Handeln (vgl. dazu etwa: 1Sam 14,7; 13,14; 1Kön 8,17f; Jes 10,7; 63,4 u.ö.).

Im NT finden wir den Begriff *nous* und verwandte Begriffe, die mit »Sinn«, »Verstand« und »*Vernunft« wiedergegeben werden können. An vielen Stellen spiegelt der ntl. Gebrauch die Verwendung des atl. *leb* wieder. *Nous* bezeichnet »den Bestand der fertigen Gedanken, der in einer gegebenen Lage das Bewußtsein füllt« (Schlatter, 27), und der diesen Gedanken entsprechende Handlungen zeitigt. Diesen Sachverhalt vermag uns das deutsche Wort Gesinnung durchaus klar zu machen. In diesem Sinne verstanden werden kann etwa Lk 1,51, wenn es im Lobgesang des *Zacharias heißt: er hat zerstreut, die hochmütig sind in der Gesinnung ihres Herzens; und laut 2Petr 3,1 soll durch den Brief die lautere Gesinnung erneut geweckt werden. Der Begriff spielt auch in heilsgeschichtlicher Perspektive eine Rolle. Weil die Heiden Gott, den sie hätten erkennen können, nicht geehrt haben, darum hat Gott sie dahingegeben, u.a. hat er die Menschen ausgeliefert an ihre wertlose, untaugliche Gesinnung, so daß sie tun, was nicht recht ist (Röm 1,28). Ähnlich Eph 4,17: Die Heiden leben in der Nichtigkeit ihrer Gesinnung, ihr Verstand ist verfinstert. Die Heiden waren einst fremd und feindlich gesinnt gegen Gott, bis Christus sie durch seinen Tod versöhnte (Kol 1,21f). Jetzt gilt den Gläubigen die Mahnung des Paulus: stellt euch nicht dieser Welt gleich, sondern ändert euch, durch Erneuerung eurer Gesinnung. Mit dieser neuen Gesinnung vermögen sie zu prüfen, was das Gute und Gott Wohlgefällige ist (Röm 12,2). Ein etwas anderer Gebrauch begegnet in Lk 24,45. Hier wird den Jüngern von Jesus der S. (man könnte beinahe sagen: die Wahrnehmung) geöffnet, damit sie verstehen, daß die Schrift (das AT) von ihm spricht. Der solcherart aufgeschlossene S. vermag also die (wahre) Bedeutung der Schrift zu sehen. Bereits mehr die Richtung des Verstandes betonen wohl Offb 13,18 und 17,9, wenn sie zu einem hintergründigen Verstehen des Sachverhalts aufrufen. Es bleibt noch zu fragen, ob die Bibel etwas für das Verständnis des Begriffes S. austrägt, das sich bei dem modernen Leser wohl sofort einstellt, nämlich S. als »Sinn des Lebens«, und als Gegenstück dazu etwa die Sinnlosigkeit. Hier wird man nun nicht anders können als ein Defizit feststellen. Das AT und NT kennen diese Begriffe so nicht. Es kann allenfalls versucht werden, diese Fragestellung indirekt an die Texte heranzutragen, und zu fragen, ob diese Begriffe zwar nicht lexikalisch aber doch inhaltlich vorhanden sind. Aber auch hier wird schnell deutlich, daß die Fragestellung zu »modern« ist. Einzig das Predigerbuch könnte mit unserer Fragestellung gelesen werden. Das einzig legitime methodische Vorgehen würde darin bestehen, die heutige Fragestellung in den Gesamthorizont der Theologie des AT und NT zu stellen, und auf diese Art und Weise zu einer Antwort zu gelangen. Das aber kann hier nicht unsere Aufgabe sein.

Literatur: R. Albertz, C. Westermann: THAT I, [3]1984, 726ff; J. Behm, E. Würthwein: ThWNT IV, 1943, 947-985; G. Harder: TBLNT II, [4]1986, 1289-1294; R. Jewwett: Paul's anthropolocial terms, 1971, 358-390; A. Sand: EWNT II, 1981, 1174ff; R. Schaeffler: Handbuch philosophischer Grundbegriffe (hrsg. von H. Krings, H.M. Baumgartner, C. Wild), Bd. III, 1974, 1325-1340; A. Schlatter: Die Theologie des Judentums nach dem Bericht des Josephus, 1932; F. Stolz: THAT I, [4]1984, 861-867; H.W. Wolff: Anthropologie des AT, 1977, 68-95. G.Le.

SINTFLUT. Der Bericht von einer S. ist weit verbreitet. Er findet sich in allen Erdteilen und in äußerst verschiedenen Kulturen. Eine S. gehört zu den »fundamentalen Kulturgütern der Menschheit« (Westermann, Genesis I/1, S. 531). Man sammelte inzwischen 250 verschiedene, über die ganze Welt verstreute Berichte über eine Menschheitskatastrophe durch das Hereinbrechen einer Flut. Dem bibl. Bericht am nächsten steht die babylon. Fassung, das sogenannte Gilgamesch-Epos. Ihm folgen die sumer. und assyr. Versionen. Das gesamte Gilgamesch-Epos besteht aus 12 Tafeln, von denen mehrere nur noch lückenhaft erhalten sind. Die Texte stammen aus der Bibliothek Assurbanipals (669-629/7 v.Chr.) in *Ninive. Sie sind mit wenigen Ausnahmen assyr. geschrieben. Auf den Tafeln findet sich mehrfach die Notiz, daß es sich um eine Abschrift älterer Originale

Tafel XI der assyrischen Version (ca. 650 v.Chr.) des Gilgamesch-Epos enthält den Flutbericht. (BM)

handle. Zwei dieser Originale, die gefunden wurden, stammen aus der ersten babylon. Dynastie (2232-1933 v.Chr.; vgl. AOT, 150-200).

Der bibl. Bericht von der S. (1Mo 6,9-9,29) hat die Struktur eines Kreises. Ausgehend von dem Entschluß Gottes, die Menschheit zu vernichten, endet er mit dem Entschluß Gottes, von nun an die Menschheit nicht mehr zu vernichten, sondern sie zu bewahren. Die Erzählung selbst ist kein kunstvolles Geflecht aus verschiedenen Quellen, sondern, wie die Einzelauslegung erweist, ein harmonisches Ganzes. Die einzelnen Begebenheiten, die unterschiedlich berichtet werden, widersprechen sich nicht. Die verschiedenen Auskünfte über Einzelheiten reden jeweils von etwas Neuem (vgl. Bräumer, Das erste Buch Mose, Bd. 1, S. 160-161). Der bibl. Flutbericht ist einmalig und originär. Er erzählt nicht nur von einer Flut, die zur Menschheitskatastrophe wurde, sondern handelt gleichzeitig vom Segen und der Vaterliebe Gottes, von Gottes Gnade und Gerechtigkeit, vom Gebot Gottes und dem Gehorsam des Menschen und von den Lebensbedingungen und Lebensformen auf der erneuerten Erde. Ein Vergleich des bibl. Berichtes mit der Fluterzählung im Gilgamesch-Epos zeigt 19 verwandte Züge und 16 z.T. gravierende Unterschiede (vgl. Cassuto, From Noah to Abraham, S. 38). Zu den Besonderheiten des bibl. Textes gehören die Begründung für die Vernichtung des Menschen, die Rettung Noahs und der Bundesschluß auf der erneuerten Erde.

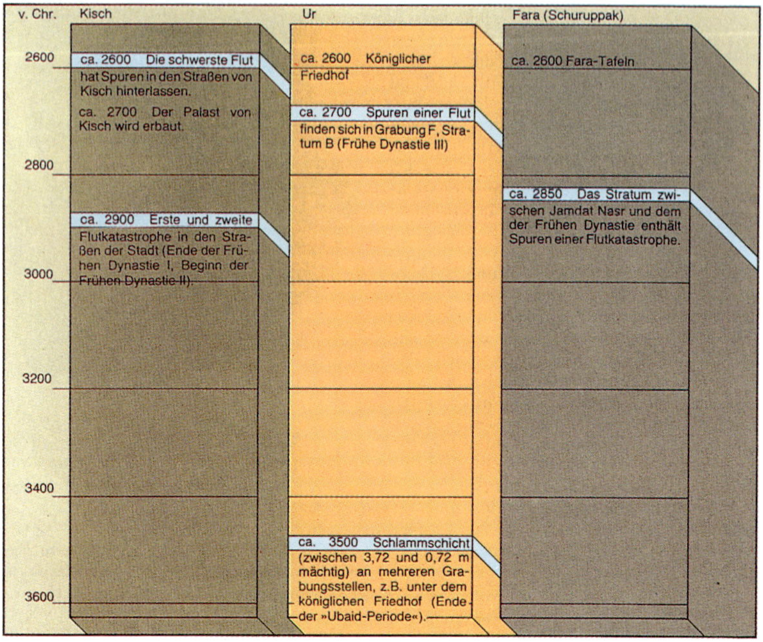

Archäologische Hinweise auf Flutkatastrophen, die im 4.–3. Jt. v. Chr. mesopotamische Städte betrafen.

I. DIE BEGRÜNDUNG DER VERNICHTUNG UND DAS STRAFGERICHT (1Mo 6,11.12; 7,17-24).

Im Unterschied zum Gilgamesch-Epos und anderen außerbibl. Flutberichten wird im AT der Grund für die Vernichtung angegeben: die völlige Verderbtheit der Welt. »Die Erde war total verdorben. Gott sah, daß alles Fleisch einen verdorbenen Wandel auf Erden führte« (1Mo 6,11.12). Die Erde war heillos verdorben. Die Worte »ganz verdorben« stehen im Gegensatz zu der Feststellung Gottes: »und es war sehr gut« (1Mo 1,31). Alles auf Erden stand in Widerspruch zu dem guten Urstand, den Gott, der Schöpfer, gesetzt hatte. Mit dem Begriff »alles Fleisch« ist hier – wie bei den Propheten – allein der Mensch gemeint. Die Tierwelt, die Kreatur ohne freien Willen, war nicht direkt am Bösen beteiligt. Die Tiere waren aber mitbetroffen, da die Verdorbenheit des Menschen seinen ganzen Lebensraum in Mitleidenschaft zog. Die Schilderung der Flut selbst ist äußerst sparsam. Es werden nicht vielerlei Einzelbeobachtungen oder Schicksale untergehender Menschen beschrieben, sondern ein einziger Vorgang. Von den Wassern heißt es: sie stiegen, sie wuchsen gewaltig, sie schwollen gewaltig an, sie stiegen darüber hinaus (7,17-20). Die Aufzählung ist keine bloße Wiederholung, sondern eine stetige Steigerung. Vierzig Tage prasselten die Regengüsse nieder, und hundertfünfzig Tage hindurch blieb aufgrund der Zuflüsse von unten der Wasserstand auf der Erde konstant. Die Berge waren nicht nur im Wasser begraben, sondern über ihnen stand das Wasser fünfzehn Ellen tief. Die S. war eine umfassende Weltkatastrophe. Alle Tiere, die auf dem Land lebten, und eine ganze Menschheit waren untergegangen. Die Schilderung der Menschheitskatastrophe ist deshalb so zurückhaltend, weil sie nicht Grauen, sondern Ehrfurcht wecken will. Dennoch ist sie eine Geschichte voll bitteren Schmerzes.

II. DIE RETTUNG (1Mo 6,13-7,16; 8,1-19).

Der Bericht von der S. ist zugleich die Geschichte Gottes mit *Noah. Der gerettete Noah ist kein Flutheld, dem göttliche Verehrung zuteil wird, sondern Noah bleibt ein Mensch. Von ihm heißt es: er war ein gerechter Mann, ein Mann ohne Tadel und wandelte mit Gott

(1Mo 6,9). Im NT heißt es: Noah war ein »Erbe der glaubensgemäßen Gerechtigkeit« (Hebr 11,7). Noahs Glaube und Gerechtigkeit bestand darin, daß er ein göttliches Wort befolgte, obgleich noch nichts von all dem zu sehen war, was es beinhaltete. Diese bes. Geschichte Gottes mit Noah zeigt, daß Gottes Gericht nicht blindes Schicksal ist, sondern als Gericht des Herrn ein Teil seines »gnädigen Tuns« (Weber, Bibelkunde, S. 49). Noah baut, der Anweisung Gottes folgend, eine Arche, die er mit seiner Familie und einer von Gott bestimmten Anzahl von Tieren unmittelbar vor Beginn des Sintflutregens bezog. Gott hatte Noah, seine Familie und die Tiere in der Arche nie vergessen. Dennoch beginnt die Schilderung der Rettung mit den Worten: »Da gedachte Gott an Noah« (1Mo 8,1). Das Gedenken Gottes ist kein Vorgang bloßen Erinnerns, sondern die Einleitung der Rettung. Es folgen sieben Zeichen der Rettung:

1. Das Einsetzen des Windes;
2. Der Abzug der Wassermassen;
3. Das Aufsetzen der Arche;
4. Das Sichtbarwerden der Bergspitzen;
5. Der Rabe kommt nicht mehr zurück;
6. Die Taube bringt ein frisches Ölblatt;
7. Die Taube bleibt aus (1Mo 8,1-12).

Nachdem die Taube ferngeblieben ist, reißt Noah das Dach der Arche auf. »Der Blick Noahs findet die vertraute Erde wieder, neues Leben ist eröffnet« (Westermann, Genesis, I/1, S. 602). Vor dem Verlassen der Arche erneuert Gott seinen Schöpfungssegen, den Segen der Fruchtbarkeit. Es war wie am Anfang der Zeiten, und doch war es eine andere Welt, in der die Übriggebliebenen leben sollten. Mit dem Auszug aus der Arche begann das Leben auf der Erde nach der S. (vgl. 1Mo 8,13-19).

III. DAS LEBEN AUF DER ERNEUERTEN ERDE UND DER BUNDESSCHLUSS GOTTES (1Mo 8,20-9,29).

Nach der Rettung hatte Noah den Retter nicht vergessen. Sein erstes Werk war ein Gottesdienst (1Mo 8,20.21a). Die Antwort Gottes auf den Gottesdienst war seine Zusage, die Erde nicht mehr zu vernichten. Damit leitet Gott die neue Geschichte der Geduld ein. Die Zeit des sofort eintreffenden Fluches war zu Ende. Gott regiert von nun an die Welt nicht mehr allein durch Bestrafung, sondern mit Geduld. Die nach der Flut beginnende Welt ist die bewahrte Welt Gottes. Die Epoche der Urzeit kommt zum Abschluß, und es beginnt die lange Linie der Menschheitsgeschichte. Zunächst gibt Gott Noah ein neues Mandat über die Tiere und erläßt sein Gebot von der Ehrfurcht vor dem Leben (1Mo 9, 1-7). In Erfüllung seiner Verheißung (1Mo 6,18) richtet Gott den Bund mit Noah auf. Das Zeichen des Bundes Gottes mit der nach der S. erneuerten Erde ist der Regenbogen, ein Zeichen des Trostes. Er ist Zeichen der Bewahrung, Zeichen der Treue und Zeichen der Vollendung (1Mo 9,8-17). Trotz der Katastrophen, die täglich auf allen Erdteilen über Menschen und Tiere hereinbrechen, stehen Mensch und Tier unter dem Segen und der Verheißung Gottes. Keine Katastrophe und keine Massenvernichtung kann diesen Segen aufheben. Die Rettung Noahs und seiner Familie ist der Beginn der Segensgeschichte. Der Fluch wird die Welt nicht mehr regieren, sondern der Segen. Die Welt auf der erneuerten Erde ist eine von Gott bewahrte Welt.

IV. FOLGEN DER SINTFLUT UND DES BUNDESSCHLUSSES GOTTES MIT NOAH FÜR SEINE GESCHICHTE MIT DEN MENSCHEN.

Am Ende der S. legte Gott fest, daß nicht mehr in jedem Fall das Böse des Menschen mit einer festgelegten Geschehensfolge beantwortet werden wird. Vor der S. galt konsequent die Abfolge: Sünde – Entdeckung – Strafe bzw. Vergebung. Daneben gibt es seit der S. eine andere Möglichkeit, »das einfache Geschehenlassen, das Tragen des Menschen, wie er ist mit seinem Hang zum Bösen, in Geduld« (Westermann, Genesis I/1, S. 612). Jesus nimmt auf dieses Handeln Bezug, indem er sagt: »Gott läßt seine Sonne aufgehen über Böse und Gute und läßt regnen über Gerechte und Ungerechte« (Mt 5,45). Paulus nennt diese Epoche die Zeiten der Geduld, der Langmut Gottes, in der Sünden ungestraft bleiben (Röm 3,25). Die neue Zeit der Geduld beginnt mit der Zusage Gottes, die bestehende Welt zu bewahren. Solange die Erde steht, wird sie nicht mehr vernichtet. Das Wort von der bleibenden Dauer der Erde bedeutet nicht, daß die Erde ewig bestehen wird. Ewig ist allein der Schöpfer. Da die Erde einen Anfang hat (1Mo 1,1), wird sie auch ein Ende haben. Im AT gibt es auch nach der S. Berichte von Gottes zerstörendem Wirken. Gott gibt sein eigenes, verderbtes und von ihm abgefallenes Volk der Vernichtung preis. Wie die Rettung Noahs, ist die Rettung eines Restes Israels jeweils ein Gnadenwerk Gottes. Am Ende der Zeiten wird das Weltgericht noch einmal alle Völker treffen. Der apokalyptischen Vernichtung folgt die Erschaffung der neuen Erde und des neuen Himmels (Jes 65,17; Offb 21,1). Auch die Erlösten der Endgeschichte sind Begnadete Gottes.

Literatur: H. Bräumer: Das erste Buch Mose, 1. Teil, Kapitel 1-11, 1983; U. Cassuto: A Commentary on the Book of Genesis, Part II. From Noah to Abraham, [2]1974; F. Delitzsch: Neuer Kommentar über die Genesis, 1887; H. Gressmann, (Hrsg.): Altorientalische Texte und Bilder zum Alten Testament, Bd. I: Texte [AOT]; Bd. II: Bilder, 1909; O. Weber: Bibelkunde des Alten Testaments, [10]1964; C. Westermann: Genesis 1-11, BKAT I/1, 1974. H.Br.

SISERA. (*Sīserā'*, ein nicht-semit., wahrscheinlich illyrischer Name).

1. Der Befehlshaber über die Armee *Jabins, des Königs von *Kanaan (Ri 4,2f) und möglicherweise der unbedeutende König von *charōschät-hagōjim* (*Haroschet der Heiden), das mit Tell el-'Amr identifiziert wird, einem strategischen Ort für den Aufmarsch von Jabins 900 Streitwagen 19 km nordwestl. von *Megiddo. Seine im Vergleich zu seinem Oberherrn Jabin vorherrschende militärische Rolle im Kampf gegen *Debora und *Barak geht aus dem bibl. Bericht (Ri 5) hervor, der Jabin überhaupt nicht erwähnt. Nach seiner vernichtenden Niederlage beim Berg *Tabor floh S. und und wurde von *Jaël, der Frau des Keniters *Heber, erschlagen (Ri 4,15-21; 5,24-27).

2. Der Familienname einer Gruppe von Tempeldienern fremder Herkunft, die mit *Serubbabel 547 v.Chr. aus der babylon. Gefangenschaft zurückkehrten (Esr 2,53; Neh 7,55). A.E.C.

SITTE. (Hebr. *chōq*, »Festgesetztes«, »Bestimmtes«, »Gewohnheit«, »Anordnung« oder *mischpāth*, »Gewohnheitsrecht«, »Brauch«; griech. *ethos*, »Herkommen«, »Brauch«, »Ritus«, »Gesetz«). S. bezeichnet die als bindend anerkannte Gewohnheit, den Volksbrauch (1Mo 29,26; Apg 16,21; 25,16), auch den heidnischen Brauch (3Mo 18,30; 2Kön 16,3; 21,2; 2Chr 28,3; 33,2; 36,14), den Wandel, die Lebenshaltung und Lebensgewohnheit eines Menschen (1Kön 3,3; Lk 22,39; 1Kor 15,33) oder einer Gruppe (Hebr 10,25 LÜ: »wie einige zu tun pflegen«) oder die durch das Gesetz bestimmten Bräuche der Juden oder der Väter (Lk 1,9; 2,42; Apg 6,14; 15,1; 21,21; 26,3; 28,17).

SIV s. Kalender

SKARABÄUS. Der S., altägyp. *Chepter*, »der aus der Erde Entstandene«, ist ein unscheinbarer Mistkäfer, der eine rötliche Kugel aus Dung vor sich herrollt, in die er seine Eier legt und dann in die Erde vergräbt, gilt als Symbol der Urzeugung und des ewigen Werdens. Man glaubte, daß er sich in dieser Kugel selbst zeuge. Mit seinem Bild als Hieroglyphe konnte das Verb *cheper*, »entstehen«, »werden«, »sein«, wiedergegeben werden. Schließlich

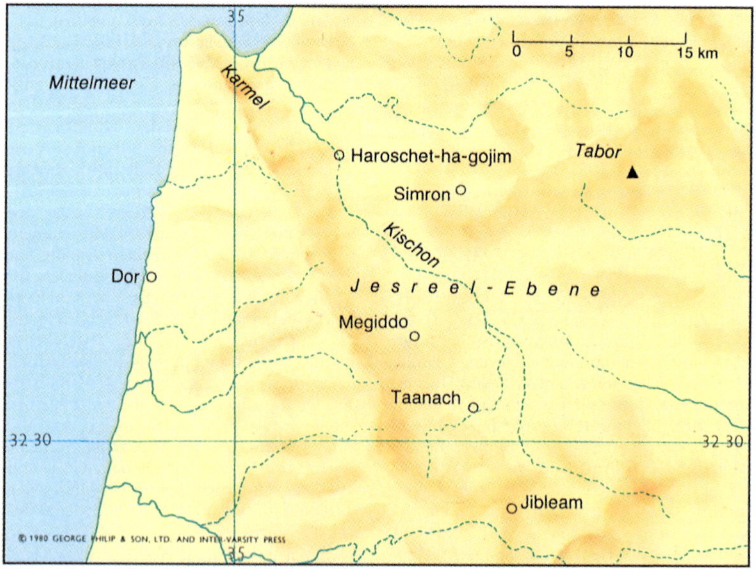

Das Aufmarschgebiet Siseras.

sah man im Chepre mit seiner Kugel ein Bild des Sonnenballs, des Gottes *Chepre-Re*. Und so wurde der S. zum Symbol des jungen Chepre, der aufgehenden Sonne, wie sie am frühen Morgen aus dem Leib der Himmelsgöttin Nut hervorgeht (vgl. Darstellung in der Grabkammer Ramses VI.), in der Mittagszeit in der kraftvollen Mannesgestalt des Chepre-Re, am Abend aber, beim Sonnenuntergang, als »Vollender« und zittriger Greis Atum erscheint. Der Licht und Wärme spendende Sonnengott wurde zu einem beliebten Amulett, das man auch den Toten als Symbol neuen Lebens mit ins Grab gab. Dabei bieten »Siegelskarabäen«, die den Namen eines Pharao tragen, u.U. eine wertvolle Datierungshilfe. Größere Exemplare mit einem Text aus dem Totenbuch, in dem das Herz aufgefordert wird, nicht gegen den Toten auszusagen, wurden der Mumie anstelle des Herzens in die Brust gelegt. In diesem »Herzskarabäus«, dem Gott und Schöpfer im Herzen, sah man die Gewähr für die Erhaltung der Glieder (als

Skarabäus aus Glaspaste auf einem vergoldeten Holzbrettchen. Griech.-röm. Zeit, Länge: 11 cm, Breite: 6,5 cm; griech.-röm. Zeit: (ÄMK)

Gedächtnis-Skarabäus Amenophis' III. (1402–1364 v.Chr.) anläßlich der Anlage eines künstlichen Sees für die Königin Teje. Buhen, Nubien. (MetNY)

Voraussetzung für das Weiterleben des Menschen). Im Augenblick des Todes selbst, in dem der Verstorbene in das »volle Licht des Tages« tritt, wendet er sich an Chepre mit der Bitte: »Chepre, der du segelst in deiner himmlischen Barke! Die Götterordnungen, die deinen Körper bewohnen, erscheinen vor meinem geblendeten Auge. O Chepre, erlöse mich von den Wesen, die über den Verdammten Wache halten.« (Totenbuch XVII).

Literatur: H. Strelocke: Ägypten und Sinai, ^{8}1983; E. Hornung: Tal der Könige, 1982; G. Kolpaktchy: Ägyptisches Totenbuch, ^{7}1980; K. Lange, M. Hirmer: Ägypten, 1967; Herder Lexikon Symbole. Bearb. von M. Oesterreicher-Mollwo, ^{7}1985. A.D.

SKLAVE s. Knecht

SKORPION s. Tiere

SMARAGD s. Edelsteine

SMYRNA. In ntl. Zeit eine Stadt in der röm. Provinz Asia an der ägäischen Küste, heute Izmir im asiat. Teil der Türkei. Spuren ihrer Besiedlung lassen sich bis ins 3. Jt.v.Chr. zu-

Smyrna, das heutige Izmir (Türkei), in der römischen Provinz Asia. Die Aquädukte wurden zur Zeit der Römer gebaut und blieben mehrere Jahrhunderte in Gebrauch. (PP)

rückverfolgen. Die seit dem 9. Jh. v.Chr. von äolischen Griechen befestigte Niederlassung wurde im 8. Jh. v.Chr. von ionischen Kolonisten ausgebaut und erreichte in der zweiten Hälfte des 7. Jh. v.Chr. hohen Wohlstand. Gegen Ende des 7. Jh. v.Chr. wurde die Stadt von dem Lyderkönig Alyattes erobert und zerstört. Spärlich bevölkert, hatte S. den Charakter einer bedeutenden Hafenstadt eingebüßt. Lysimachus nahm Anfang des 3. Jh. v.Chr. eine Neugründung vor. S. verstand es, weitgehend Unabhängigkeit zu wahren gegenüber hellen. Großmächten ebenso wie gegenüber Rom, als die Stadt mit der Provinz Asia unter röm. Herrschaft ge- kommen war. Höchste wirtschaftliche Blüte stellte sich im 2. Jh. n.Chr. ein: S. bot sich als Hafenstadt der alten Handelsroute durch das Hermostal an; S.s Hinterland war sehr fruchtbar.

Das Evangelium erreichte S. wahrscheinlich schon früh von *Ephesus aus (Apg 19,10). Der »Engel der Gemeinde in Smyrna« ist der Empfänger des zweiten Sendschreibens (Offb 2,8-11) an die »sieben Gemeinden... in der Provinz Asien«. Wie in anderen Handelsstädten traf die Gemeinde auch hier auf Widerstand seitens der Juden (Offb 2,9; vgl. 3,9). Die Vorstellung Jesu als »der, der tot war und wieder lebendig wurde« (V. 8), mag auf das Wiederaufleben der Stadt nach einer langen Zeit

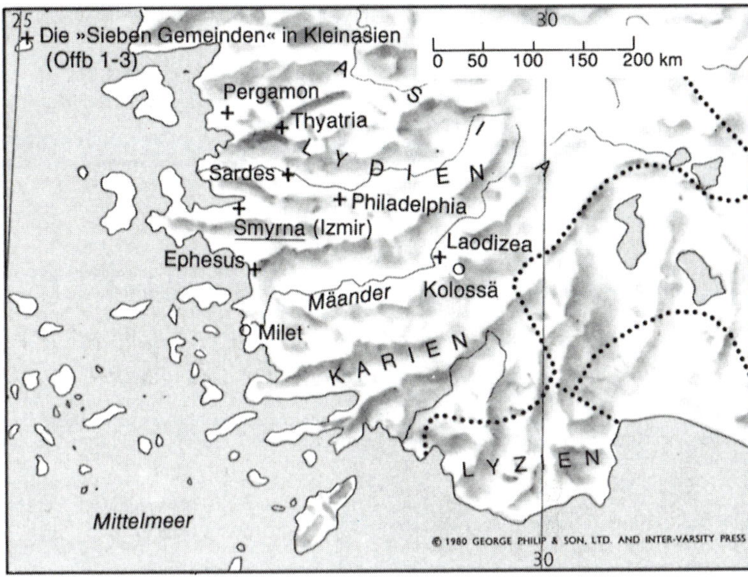

Smyrna, eine der sieben Gemeinden in Kleinasien (Offb 2,8–10).

in der Verborgenheit anspielen. Zu der »Krone« (V. 10) bieten sich mehrere Möglichkeiten der Assoziation an. Sie kann auf den Siegeskranz bei Spielen oder auf die gebräuchlichen Formen der Lobrede, die das Bild der Schönheit und des Ruhms der Stadt und seiner Gebäude gebrauchte, anspielen. (Vgl. auch Jak 1,12) Der Aufruf zur Treue (V. 10) ist ein Aufruf an die Gemeinde, dem historischen Ansehen der Stadt in besonderer Weise gerecht zu werden. Es wurde beispielhaft deutlich an

Reste der Säulenhallen der Agora von Smyrna. Nach der Neugründung Smyrnas in hellenistischer Zeit wurde dieser Marktplatz das Zentrum der römischen Stadt, an die das Sendschreiben in Offb 2,8–11 gerichtet ist. (MBr)

dem Mut, mit dem sich der alte Bischof Polykarp widersetzte, seinen Glauben zu widerrufen; er erlitt 155 n.Chr. oder etwas später in S. den Märtyrertod.

Literatur: C.J. Cadoux: Ancient Smyrna, 1938; F. Grünzweig: Johannes-Offenbarung 1. Teil, 1981; C.J. Hemer: Buried History 11, 1975, S. 56-67; A. Pohl: Die Offenbarung des Johannes 1. Teil, 1983; W.M. Ramsay: The Letters to the Seven Churches of Asia, 1904, Kap. 19-20. E.M.B.G./C.J.H.

SO. Durch eine Verschwörung mit »So, dem König Ägyptens«, ca. 726/5 v.Chr. (2Kön 17,4), provozierte *Hoschea von Israel den Einmarsch der Assyrer in Israel und eine dreijährige Belagerung *Samarias, der Hauptstadt des Nordreiches Israel (V. 5). Wenn So der Name eines ägypt. Königs ist, muß es sich entweder um den letzten libyschen Pharao Osorkon IV., ca. 727-716 v.Chr. oder um den tatsächlichen Herrscher des West-Deltas Tefnacht, (Schepsesre) ca. 727-720 v.Chr. oder um einen weniger bedeutenden und nicht zu identifizierenden Fürsten des Ost-Deltas handeln. Ein einfacher Fürst könnte Hoschea nicht unterstützt haben, auch läßt sich *Sŏ* nicht von Tefnachts Namen ableiten; denkbar wäre hingegen, daß *So'* eine Abkürzung für Osorkon (IV.) ist, ähnlich dem ägypt. *Sese* für Ramses (II.).

Einige identifizieren So (vokalisiert: *Siwe'* oder *Sewe'*) mit dem äthiop. Pharao Schabako (indem sie das formative *-ko* auslassen), der in Ägypten vor seiner Thronbesteigung als hoher Militär wirkte. Dies ist 726/5 v.Chr. unmöglich, da die äthiop. Rivalen um das West-Delta, Tefnacht und Bocchoris, das südl. Ägypten bis 720 v.Chr. innehatten. Andere identifizieren So/Siwe mit »Sib'e, dem Tartan (Kommandeur des Heeres) von Ägypten«, den *Sargon II. von Assyrien 720 v.Chr. in Rafia besiegte. Aber So kann nicht 726/5 v.Chr. König sein und dann 720 v.Chr. nur Armeebefehlshaber, es sei denn, es handelte sich um einen weniger bedeutenden Fürsten, der als Befehlshaber Osorkons IV. (oder Tefnachts und Bocchoris') handelte. Wenn also So der Name eines ägypt. Herrschers ist, wäre es entweder Osorkon IV. in abgekürzter Form (aber nicht Sib'e, der Tartan) oder ein sonst weniger bedeutender Fürst und Armeebefehlshaber unter Orsokon IV., Tefnacht oder Bocchoris.

S. Yeivins Vorschlag (VT 2, 1952, S. 164-168), daß So nicht als Eigenname, sondern nur als eine Umschrift des ägypt. *t'*, »Wesir«, anzunehmen sei, wäre im Hebr. als *sō' mäläch mizrajim*, »der Wesir des Königs von Ägypten«, phonetisch schwerlich realisierbar. Der Keilschriftname des ägypt. Befehlshabers im Jahre 720 v.Chr., der zunächst als *Sib'e* gelesen wurde, muß heute mit ziemlicher Sicherheit als *Re'e* gelesen werden (R. Borger: JNES 19, 1960, S. 49-53); dieser Name kann nicht mit So als Eigenname identifiziert werden. Es ist denkbar, daß *Re'e* der Name des ägypt. Wesirs gewesen ist. (s. K.A. Kitchen, The Third Intermediate Period in Egypt, 1972, S. 182. 372-376).

K.A.K.

SOCHO. Hebr. *sōkōh*, »Buschwerk, Dorngehege« (vgl. Ri 9,48), arab. *esch-schuwēke*: Name zweier Orte in *Juda und eines Ortes in Mittelpalästina.

1. Die *chirbet ʿabbād*, »Ruine des Verehrers« oder *chirbet ʿabd*, »Ruine des Sklaven«, die auf einer Hügelkuppe 60 m über dem Terebinthental, ca. 4 km östl. vom Tell Aseka, liegt, wird heute allg. mit dem alten S. in der *Schefala identifiziert. Der Ort gehört zum zweiten judäischen Gau (Jos 15,35). Er wird in 1Sam 17,1 zusammen mit *Aseka als Aufmarschbasis der *Philister gegen Israel genannt. *Rehabeam baute das früheisenzeitl. Dorf zu einer Festung aus (2Chr 11,7). Unter Ahas soll es von den Philistern erobert worden sein (2Chr 28,18).

2. Neben diesem gibt es noch ein S. im S des judäischen Gebirges, 17 km südwestl. von *Hebron (Jos 15,48; 1Chr 4,18), das zum sechsten judäischen Gau gehört. Vom heutigen großen Dorf Daherije (650 m über NN) erreicht man in östl. Richtung nach ca. 4 km die *chirbet-esch-schuwēke.*

3. Der mittelpalästin. Ort liegt im dritten

Der Ortsname Socho (schwkh) *findet sich auf diesem Krughenkel mit einem königlichen Stempel. Lachisch, 7. Jh. v. Chr.* (BM)

Gau Salomos am W-Fuß des samaritanischen Berglandes, 3 km nördl. von Tulkarm (1Kön 4,10) an der wichtigen internationalen Handelsstraße »Via Maris«. Der Ort ist auch in ägypt. Listen genannt.

Literatur: F.M. Abel: Géographie de la Palestine, II, 1937, 467; A. Alt: Kleine Schriften zur Geschichte des Volkes Israel, II, 1953, 77f; R. Bach: BHH III, 1966, 1817; OLB II, 772f. 844-846. W.Bm.

SODOM s. Städte der Ebene

SOHN / SOHN GOTTES. Alle Aussagen der Heiligen Schrift über das Sohnverhältnis wurzeln letztlich in der Überzeugung, daß ein S. als *Erbe der Verheißung Träger göttlichen *Segens ist. Von der Verheißung an *Abraham (1Mo 12,2; 15,4; 17,19; 18,10) über die Verheißung an *David (2Sam 7,12-14) bis zu *Jesus Christus (Gal 3,16) zieht sich diese Linie durch die ganze Bibel. Im Verhältnis des *Vaters zu seinem S. drückt sich eine einmalige und unverwechselbare Beziehung aus. Wie im Gleichnis vom »Verlorenen Sohn« (Lk 15,11f) der in die Irre gegangene S. in Buße und Umkehr wieder Aufnahme bei seinem liebenden und vergebenden Vater findet, so will Gott die Umkehr eines jeden Menschen, um ihm als rechtmäßigem S. Anteil an der Verheißung und an seinem Segen zu geben (Röm 4,17). Im Apostolischen Glaubensbekenntnis bekennt die Christenheit ihren Glauben an Jesus Christus, den »eingeborenen Sohn Gottes«. Als »Sohn Gottes« wird im AT der Herrscher des Volkes Israel bezeichnet. In Ps 2,7 wird diese Akklamation dem neu gekrönten König bei seiner Inthronisation zugerufen. Während jedoch in der orientalischen Umwelt Israels (besonders in Ägypten) die Könige als leiblich gezeugte Söhne seiner Gottheit angesehen wurden, verstand Israel die Zeugung im bildlichen Sinn als Akt einer freien Erwählung durch Jahwe, den eigentlichen König Israels. Bei der Inthronisation steht der König stellvertretend für das ganze Volk Israel, das als Kollektiv auch »Sohn Gottes« genannt werden kann (z.B. 2Mo 4,22 und Hos 11,1). Der Begriff »Sohn Gottes« beschreibt im bibl. Sprachgebrauch also keine biologische Beziehung zwischen Gott und dem von ihm erwählten S., sondern eine enge Beziehung, die durch eine unauflösliche Zusammengehörigkeit zwischen Gott und einem Menschen, bzw. einer menschlichen Gemeinschaft, gekennzeichnet ist. Die Gottessohnschaft Jesu Christi ist von wesensmäßig anderer Qualität als die oben genannte. Auf seine besondere Herkunft verweisen schon die Verheißungen im AT (z.B. Jes 7,14; 11,1; 53,2), die in den Evv. bei seiner Geburt ihre Erfüllung finden (Mt 1,18-25; Lk 1,26-38). Dabei werden – anders als in den antiken Mythen! – keine Spekulationen über das Wie der durch den Heiligen *Geist gewirkten Zeugung angestellt. Die wesentliche Aussage ist: Jesus Christus hat nicht denselben Ursprung wie alle Menschen. Er war schon vor der Erschaffung der Welt beim Vater (1Mo 1,26), weil durch ihn alles gemacht ist und nur durch ihn Bestand hat (Kol 1,15-17; Hebr 1,3). Im S. Gottes kommt die schöpferische Kraft Gottes selbst zu den Menschen (Joh 1,1-5), daher hat er die Kraft und die Vollmacht, den unter die Sünde verlorenen Menschen (Röm 1,18-32) ewiges Leben zu schenken. Als S. ist er das Ebenbild des Vaters (Hebr 1,3), der sich ganz mit seinem himmlischen Vater identifizieren kann (Joh 10,30). Dennoch sind er und sein Vater nicht einfach identisch: auch der S. beugt sich dem Willen des Vaters (Mt 26,39). Ihre Bestätigung findet die Sohnschaft Jesu Christi in seinem Tod am Kreuz und seiner Erhöhung in die Herrlichkeit Gottes (Phil 2,5-11; 1Tim 3,16). Indem er, der sündlose S. Gottes, die *Sünde der gefallenen Menschheit auf sich nimmt, schafft er für den sündigen Menschen die *Gerechtigkeit Gottes (2Kor 5,21). Hier liegen der Grund und das Ziel der Gottessohnschaft Jesu Christi für die Menschen.

Literatur: O. Michel: TBLNT II, [4]1986, 1149-1179 (Lit.); J. Kühlewein: THAT I, [4]1984, 316-325. E.K.

SOLD. Die Löhnung der Kriegsleute ist der S. (Jer 46,21; Hes 29,19; Lk 3,14; 1Kor 9,7). In übertragenem Sinne wird der *Tod als der verdiente *Lohn der *Sünde, d.h. als ihr S. bezeichnet im Gegensatz zur freien Gabe des ewigen Lebens durch Jesus Christus (Röm 6,23).

SOMMER s. Kalender

SOMMERFRUCHT s. Ackerbau

SONNE/SONNTAG. Die Sonne, hebr. *schämäsch*, findet sich ohne Attribute 134 mal im AT. Sie ist wie die anderen Gestirne dem Rhythmus von Tag und Nacht unterworfen. In 1Mo 1,16 erscheint sie als Licht des Tages. Sie tritt jedoch, wie schon in *Ugarit, hinter dem Mond, dem »Beleuchter des Himmels«, zurück. Sein Licht repräsentiert die Weisheit. Er gilt als der Bringer der Fruchtbarkeit. Mit der Sonne dagegen verbinden sich - aufgrund der geographischen Lage – mit ihrer unerbittlichen und alles versengenden Hitze zur Mittagszeit recht unangenehme Erscheinungen.

Die Sonne als Symbol des Gottes Schamasch, dargestellt auf einem assyrischen Relief. Stele Assurnasirpals II., Nimrud, ca. 876 v. Chr. (DJW)

»Sie sticht den Menschen« (Jes 49,10; Jona 4,8; Ps 121,10), »verbrennt seine Haut« (Hld 1,6). Und nach 1Mo 1,3-5 gilt sie auch nicht als die primäre Quelle des Lichtes. In babylon. Texten aber erscheint der Sonnengott als der kosmische Aufseher, als Schützer der Gesetze und Schirmer der Schwachen. In Ägypten gar galt die allmorgendlich aus der Dunkelheit hervorbrechende Sonne als Urheber des Lebens und des Wohlergehens, als Garant der kosmischen Ordnung. Echnaton preist sie in seinem Sonnengesang als den lebenden Aton (s. *Skarabäus).

Der Sonntag, der Tag, der nach der Sonne benannt ist, ist nach dem jüd.-christl. Zeitverständnis der erste der sieben Wochentage. Dies entspricht der im ganzen Orient durch die Mondphasen bedingten Zeiteinteilung. Die junge Kirche betont aber nicht mehr den siebten Wochentag, den Sabbat, sondern den ersten Tag. Das gilt auch für die Feier des Osterfestes, bei der sich die Kirche zwar am jüd. Mondkalender orientiert, die Feier selbst aber auf den Sonntag verlegt. Der Sonntag ist der Tag der Auferstehung des Herrn (Mt 28,1; Mk 16,1f; Lk 24,1ff; Joh 20,1.19). Nach Offb 1,10 ist dies der »Herrentag« (griech. *kyriake hēmera*, latein. *dies dominica*). An diesem Tag versammelte sich die junge Christengemeinde zur Feier des Herrenmahles (1Kor 11,17). Dies bestätigt dann für die Zeit um 100 n.Chr. die »Zwölfapostellehre« mit der ausdrücklichen Weisung: »Am Herrentag kommt zusammen, brecht das Brot und feiert die Eucharistie« (Didache, XIV, 1). Da aber dieser Tag in der antiken Welt ein Arbeitstag war, taten sie dies am späten Abend – nach 1Mo 1 beginnt der Tag am Abend – oder am frühen Morgen zur Stunde der Auferstehung. Nach Plinius d.J., von 111-113 Statthalter *Trajans in Bithynien und Pontos, pflegten die Christen an einem »bestimmten Tag vor dem Morgengrauen [*ante lucem*]« zusammenzukommen. Und diesen Tag nennt dann Justin in seiner Apologie an Antonius Pius um 150 den »Tag, der nach der Sonne benannt ist«. Dies ist der Tag der Auferstehung Christi. »Er war am frühen Morgen auferstanden, er war die aufgehende Sonne der neuen Hoffnung« (Jungmann, 32). Der »Tag des Herrn« versteht sich jetzt nicht mehr wie im AT als Tag des Gerichtes, sondern als Tag des Kyrios: »Gott hat ihn zum Herrn [*Kyrios*] gemacht« (Apg 2,36; vgl. 1Kor 11,20). Der Name für diesen Tag wurde ins Latein. übernommen und findet sich schon bei Tertullian und Cyprian als feste Bezeichnung. Er lebt fort im italienischen *Domenica*, im französischen *Dimanche* wie im spanischen *Domingo*. Im Russischen trägt er den Namen *wosskressnije*, »Auferstehung«. Der andere Name, der schon in der Urkirche sehr beliebt war, ist der »Achte Tag«, der bei Beibehaltung der Zählung der jüd. Wochentage, wie sie auch in der röm. Liturgie bis zum II. Vaticanum üblich war, auf den Sabbat folgt. Man sah in der Zahl Acht ein Symbol für den Sonntag, den Tag der Auferstehung und Erneuerung (Neuschöpfung) der Welt. Darauf verweisen in späterer Zeit die Taufkapellen, die oft im Achteck gebaut wurden. So bildet der Sonntag die Krönung der Woche, denn mit seiner Auferstehung hat Christus diesen Tag zu einem »Sonnentag« gemacht. Darum wurde für das wöchentliche Gedächtnis der Erlösung nicht der Freitag, der Tag des Leidens, sondern der Sonntag als Tag des Sieges und der Vollendung gewählt. Der Sonntag ist ein österlicher Tag. Denn was im Jahreslauf Ostern ist, das ist der Sonntag im Ablauf der Woche.

Literatur: Th. Hartmann: THAT II, ^{3}1984, 987-999; J.A. Jungmann: Liturgie der christlichen Frühzeit, Freiburg Schweiz 1967; J. Pascher: Das liturgische Jahr, 1963. A.D.

◄
Die Sonne, die mit ihren Strahlen die Erde erreicht, symbolisiert den Sonnengott Aton, dem König Echnaton (ca. 1363–1347 v. Chr.) und Königin Nofretete Opfer darbringen. El-Amarna, Höhe: 43,5 cm. (PAC)

SOPATER. Sōpatros, Sohn eines gewissen Pyrrus, aus Beröa stammend (Apg 20,4), gehörte auf der sog. dritten Missionsreise (zeitweilig ?) zur Begleitung des *Paulus. Ob er einen bestimmten Auftrag hatte (etwa als Mitarbeiter an der Kollekte, von der 2Kor 8; 9 die Rede ist), ist ungewiß. Gut möglich ist es, daß S. mit dem Sōsipatros von Röm 16,21 (ein »Stammesgenosse« des Paulus, also ein *Judenchrist) identisch ist; wir hätten es dann hier mit einer Lang- und einer Kurzform des Namens zu tun. G.Le.

Das Tal Sorek, die Heimat Delilas. (RS)

SOREK, TAL. Das Tal S.(»Traubental«), heute Wadi al-Sarar, ist die Heimat *Delilas (Ri 16,4). Der Bach S. bildet den Oberlauf des Nahr Rubin, der 13 km südl. von Jaffa (*Joppe) ins Mittelmeer mündet. Der Bach S. entspringt im Gebirge *Juda und tritt bei *Zora, *Eschtaol (Ri 13,25) und *Bet-Schemesch in die *Schefela ein.

SORGE. Die Bibel spricht aufmerksam von der S. (griech. *merimna*), denn S. gehört zur Grunderfahrung des Menschen (Sir 40,2). Die sorgende Fixiertheit auf das eigene Leben, Durchkommen und Glück spiegelt dabei etwas von dem konkreten Elend des »in sich selbst verkrümmten« Menschen (Luther). Gerade die atl. Weisheitsschriften kennzeichnen das konkrete Erscheinungsbild: S. im Herzen bedrückt den Menschen; sie plagt und quält ihn (Spr 12,25), S. stürzt in Angst, läßt zittern und in Panik geraten (Jer 23), so daß der Mensch vorzeitig altert (Sir 30,26). S. raubt den Schlaf (Sir 42,9), denn die zagende Bekümmernis führt zu kreisendem Grübeln und wildem Spekulieren, bei dem nichts Gutes herauskommt. Eigensorge beschwert (Lk 21,34), so bestätigt es auch Jesus im NT. Die »Sorgen dieser Welt« ersticken das Wort Gottes und würgen förmlich alle gute Inspiration und fruchtbares Handeln ab (Mk 13,22; Lk 8,14; Mk 4,19). S. und Mühe, die sich »um Vielerlei« drehen, machen unruhig und verzagt, schlagen rasch um in Depression und Aggression (Lk 10,41; 12,29ff). Wo die Eigensorge den Vorrang hat, da wird der *Segen Gottes blockiert (vgl. Hag 1,9).

Jesus weist in seiner Bergpredigt (Mt 6,25-34) eindringlich auf diesen Zusammenhang hin: Durch Eigensorge sorglos werden kann nicht gelingen. Denn der Mensch hat sein Leben und die Zukunft nun einmal nicht in der Hand; er kann sein Dasein nicht selbst sichern. Wie schnell erschöpft sich das menschliche Leben in der S. um die äußeren Dinge

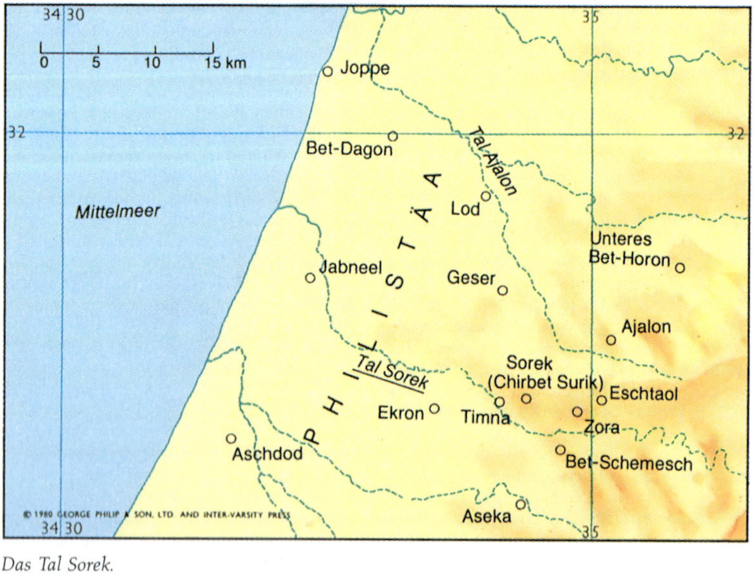

Das Tal Sorek.

und verliert dadurch Horizont und Bestimmung. Auch das Anhäufen materieller Güter ist hier gerade kein Ausweg: »Die Sorge schafft sich Schätze, und die Schätze schaffen wieder die Sorge.« (D. Bonhoeffer).

Als Kern solcher vergeblichen Eigensorge identifiziert Jesus den Unglauben des Menschen, den Drang und die Meinung, das Leben selbst in den Griff bekommen zu müssen. Aber das Leben der Geschöpfe Gottes ist nicht auf Eigenregie angelegt, vielmehr auf das Angewiesensein auf Gott und die Erfahrung seiner lebenserhaltenden Güte. Deshalb befreit allein die entschlossene Umkehr unter die freigebige Herrschaft Gottes von allem krampfhaften Selbermachen und Ehrgeiz, welcher ja nur zu rasch in Kleinmut umschlägt. Es ist Zeichen der Selbstüberschätzung und des Hochmutes zu meinen, der Mensch sei für sich selbst zuständig. – Gott ist für sein Geschöpf da und zuständig.

Es geht im Tiefsten um die Frage, wovon der Mensch sich konkret bestimmen und »in Beschlag« nehmen läßt. Deshalb ist die Flucht in gedankenlosen Leichtsinn noch ein ganz und gar heidnisches und törichtes Unterfangen: »Die Toren bringt ihre Sorglosigkeit um« (Spr 1,32). Die Alternative heißt nicht »Sorge oder Leichtsinn«, vielmehr: »Sorgen oder Glauben«. Die Kehrseite der Mahnung Jesu an seine Jünger: »Ihr sollt nicht sorgen« (Mt 6,31), bildet der Aufruf, sich zuerst und völlig auf die Herrschaft Gottes auszurichten. Denn wer von Gott für sein Tun Ziel und Engagement empfängt, der wird frei von irdischer Abhängigkeit und macht konkrete Erfahrungen der gezielten Fürsorge und Gebefreudigkeit Gottes (Mt 6,33). Allein das Trauen auf die Verheißung Jesu, daß der Vater im Himmel für seine Kinder in jeder Situation einsteht und sie versorgt, befreit vom krampfhaften Festhalten zum getrosten Loslassen aller denkbaren Sorgen. Solches vertrauende Loslassen des Eigenen ist ein bewußter Akt kindlicher *Demut: »Demütigt euch unter Gottes mächtige Hand, indem ihr alle eure Sorgen auf ihn werft, denn ihr liegt ihm am Herzen« (1Petr 5,7; vgl. Ps 55,23). Solches Vertrauen, das sich in Bitte, Bekenntnis und Dank ausdrückt, wird gewiß nicht enttäuscht (vgl. Ps 40,18; Weish 5,16; 6,7; 12,13; Jer 17,8; Lk 12,11; 21,14; Mk 13,11; Phil 4,6f).

Wer seine S.n dem Herrn abgegeben hat, erfährt Geborgenheit und Frieden (Jer 46,27; Phil 4,7). Wer so von der Eigensorge erlöst ist, ist zur aktiven Fürsorge befreit. Denn wo die mitfühlende Güte Gottes erfahren wurde und die Selbstbekümmerung nicht länger den Menschen knechtet, dort entsteht die Fähigkeit zu echter Teilnahme am Geschick anderer und zu verantwortlicher Fürsorge. Der Christ, der um die »Sache des Herrn« und »seines Reiches Herrlichkeit« sorgt (vgl. 1Kor 7,32ff), der also für etwas Höheres engagiert ist als für sich selbst zu leben (2Kor 5,15; 2Tim 2,4), der dient nun seinen Brüdern und Schwestern (1Kor 12,25; Phil 2,20) und sorgt für den Lebensunterhalt und »Ernährungszustand« der Gemeinde Jesu (vgl. Paulus: »meine Sorge für alle Gemeinden ...«, 2Kor 11,28; 1Tim 3,5). So, wie die Entlastung von der unnötigen Eigensorge im Gebet geschieht, so kommt auch die Inspiration und Kraft zur Fürsorge aus der Fürbitte, welche von Gott gern erhört wird (vgl. Lk 11,5ff).

Literatur: R. Bultmann, ThWNT IV, 1943, 593-598; D. Bonhoeffer: Nachfolge [11]1976. R.F.

SOSTHENES.

1. Apg. 18,17 erwähnt einen Synagogenvorsteher *Sōsthenēs*, der nach einer mißglückten Klage der Juden gegen *Paulus vor den Augen des Statthalters *Gallio in *Korinth verprügelt wird, ohne daß dieser eingreift. Es ist allerdings nicht klar, von wem S. verprügelt wird. In der handschriftlichen Überlieferung wurde ergänzt, a. von den Griechen, b. von den Juden. Beide Überlieferungen sind jedoch sekundäre Erklärungsversuche, die sich in den besten Handschriften nicht finden. Da aber in dem Abschnitt die Juden in Korinth die Initiatoren des Geschehens sind, ist es wahrscheinlicher, daß S. von seinen eigenen Leuten – aus Gründen, die uns bekannt sind –, mißhandelt wurde. Die meisten Kommentatoren nehmen jedoch an, daß ein griech. Pöbelhaufen über den Synagogenvorsteher herfiel, und wir hier ein Zeugnis für antiken Antisemitismus vor uns hätten.

2. 1Kor 1,1 nennt Paulus als Mitabsender des Briefes an die Korinther »Sosthenes, den Bruder«, als einen den Korinthern offensichtlich bekannten Mann, zu dem er keine näheren Angaben macht. Aus dieser Tatsache, und aus der Angabe Apg 18,17, die gut zueinander passen würden, können wir mit einiger Wahrscheinlichkeit schließen, daß es sich in beiden Fällen um dieselbe Person handelt. S. wäre demnach – wie schon sein Amtsvorgänger Krispus (Apg 18,8) – Christ geworden, und wäre kürzere oder längere Zeit mit Paulus in Verbindung gewesen.

Literatur: Kommentare zur *Apostelgeschichte und zum 1. *Korintherbrief. W.H. Ollrog: Paulus und seine Mitarbeiter, WMANT 50, 1979. G.Le.

SPANIEN.

1. Das Land.

Schon recht früh war das Land Ziel der seefahrenden *Phönizier, die dort, wie im gesamten übrigen Mittelmeer, Handelsniederlassungen gründeten. Eine der bedeutendsten Niederlassungen war Gades (heute Cadiz), das, wenn man der griech. Chronologie folgen darf, etwa im 11. Jh.v.Chr. gegründet wurde. Ab dem 7. Jh.v.Chr. beginnen auch die Griechen Kolonien zu gründen. Bis zum 3. Jh.v.Chr. jedoch hat Karthago vom größten Teil S.s Besitz ergriffen, im heutigen Cartagena hatten sie ihre Hauptstadt Carthago Nova gegründet. In den Punischen Kriegen geht S. für Karthago verloren, aus S. werden zwei röm. Provinzen. Es dauert jedoch bis etwa 133 v.Chr. bis der Widerstand der einheimischen Bevölkerung gebrochen wird. Jetzt wird das Land stark romanisiert. In der Folgezeit stammen so berühmte Schriftsteller wie Seneca, Quintillian, Martial und die Herrscher *Trajan und Hadrian aus S.

2. Biblische Bezüge.

1Makk 8,3f erwähnt, daß S. (griech. *Spania*), ein fernes Land, von den Römern erobert wurde. Umstritten ist, wo *Tarsis, im AT eine feste Größe, zu lokalisieren ist. Mit der Stadt verbunden sind Vorstellungen von sehr großer Entfernung (Jona 1,3; Jes 66,19; Ps 72,10); Tarsis ist eine Handelsstadt und steht mit Phönizien in enger Verbindung, ja ist wohl phönizische Kolonie (Hes 38,13; 27,12; Jes 23,1.6.10). Es ist gut möglich, daß wir es hier mit Tartessos (heute Guadalquivir) in SW-Spanien zu tun haben. Daß Sefarad in Obd 20 S. bedeutet, ist ausgesprochen unwahrscheinlich.

3. Paulus.

Paulus möchte (Röm 15,24), nachdem er die Kollekte in Jerusalem abgeliefert hat, über Rom, mit Unterstützung der röm. Gemeinde, nach S. gehen, um dort zu wirken. Die ntl. Quellen schweigen darüber, ob Paulus tatsächlich noch nach S. gekommen ist. Wir besitzen drei altkirchliche Zeugnisse, die dies zu bestätigen scheinen. 1Clem 5,7 spricht davon, daß Paulus bis ans äußerste Ende des Westens gelangte, was ziemlich eindeutig auf S. weist. Das Muratorische Fragment berichtet uns, daß Paulus sich von der Stadt (Rom) nach S. begab, und in den Petrusakten (Hennecke-Schneemelcher, Ntl. Apokryphen II, 191) erfahren wir von einer Vision des Paulus, in welcher ihm befohlen wird: »Paulus steh auf, und sei den Menschen in Spanien ein Arzt!« Dies sind die drei ältesten Nachrichten über eine tatsächlich erfolgte Spanienreise des Apostels. Wie zuverlässig diese Nachrichten sind, muß jedoch offen bleiben.

Literatur: J.A. Bewer: Obadja, ICC, 1911, 45f; H. Wildberger: Jesaja BKAT X/1, 110f; IDB IV, 429f.

G.Le.

SPANNE s. Maße und Gewichte

SPÄTREGEN s. Regen; s. Ackerbau

SPEER s. Waffen und Geräte

SPEISE s. Ernährung

SPEISEGESETZE.

S. gibt es bei vielen Völkern. Sie beruhen auf kultischer Unterscheidung zwischen *rein und unrein. Auch in Israel gab es solche S., durch deren Übertretung der Esser unrein wurde.

I. ALTTESTAMENTLICHE BESTIMMUNGEN.

1. Das älteste aller Speiseverbote ist das Verbot des Blutessens (1Mo 9,4; 3Mo 19,26 u.ö.); denn *Blut als Sitz des Lebens galt als heilig (1Mo 9,4; 3Mo 17,11; 5Mo 12,23) und diente als Sühnemittel (3Mo 17,14; 5Mo 12,27). Verwandt ist das Verbot, Fleisch eines verendeten oder zerrissenen Tieres zu essen (3Mo 11,39f; 17,15). Nur einem *Fremdling war sein Verzehr und der Handel damit erlaubt (5Mo 14,21).

2. Außer dem Blut durfte auch der Fettschwanz der Schafe sowie alles Eingeweidefett (3Mo 7,3f) nicht gegessen werden (V. 23-25); es wurde dem Herrn geopfert (3Mo 3,3f.16f). Ebenso waren bestimmte, dem Priester zugewiesene Opferteile vom allg. Genuß ausgeschlossen (3Mo 22,10). Das Fett von verendeten oder gerissenen Tieren konnte jedoch zu anderen Zwecken verwendet werden (3Mo 7,24).

3. Verboten war der Verzehr bestimmter Säugetiere (besonders des Schweins), von Vögeln, Wasser-, Kriech- und Kerbtieren, die in der Aufzählung der reinen und unreinen Tiere zusammengestellt sind (3Mo 11; 5Mo 14,3-21). Dabei gilt als unrein, was ungespaltene Klauen hat und nicht wiederkäut bzw. was auf Tatzen geht; kriechende und vielfüßige Tiere; geflügelte Tiere mit mehr als zwei Füßen; Wassertiere ohne Flossen und Schuppen.

4. Das Fleisch eines Stiers, der einen Menschen getötet hat (2Mo 21,28), und die Früchte der Obstbäume in den ersten drei Jahren (3Mo 19,23-25; vgl. *Erstgeburt) stehen unter einem besonderen Verbot.

5. Ferner waren alle Speisen unrein, die mit Leichen (vgl. 4Mo 19,14) oder *Aas (3Mo 11,33-35) in Berührung gekommen waren (vgl. *Götzenopferfleisch).

Polierter Bronzespiegel mit Elfenbeingriff aus dem Grab des Schreibers Ani in Theben. Ägypten, Neues Reich, ca. 1300 v. Chr. (BM)

6. Zur Bedeutung der S. im Glaubenskampf der *Makkabäerzeit vgl. 1Makk 1,65-67; 2Makk 6,18ff. Der gesetzliche Eifer nahm es mit der Beobachtung der S. so genau, daß fromme Juden das Leben opferten, um nichts Unreines zu essen.

II. ZUR ZEIT DES NEUEN TESTAMENTS.
Obwohl die S. im NT durch Christus aufgehoben sind (Mt 15,11-20; Mk 7,15-23; Apg 10,10-16; vgl. 1Tim 4,4; Tit 1,15) haben die *Judenchristen in urchristl. Zeit noch daran festgehalten. Das *Apostelkonzil entschied, daß sich heidenchristl. Gemeinden um der Tischgemeinschaft mit Judenchristen willen des Verzehrs von Blut und Ersticktem enthalten sollten (Apg 15,20); von allen anderen Forderungen aber wurden sie befreit. Wo diese Rücksicht auf den Bruder (vgl. 1Kor 8) nicht nötig war, fielen alle S. als äußerliche Satzungen fort (Gal 4,3-5; Kol 2,20-23).

SPEISOPFER s. Opfer

SPEISUNG s. Wunder

SPERBER s. Tiere

SPERLING s. Tiere

SPEZEREI s. Kräuter und Gewürze; s. Salbe

SPIEGEL. In der Zeit des AT wurden S. aus Metall hergestellt, gegossen und auf Hochglanz poliert (Hiob 37,18). Mehrere Exemplare aus Bronze, die ab der Mittleren Bronzezeit zu datieren sind, wurden in Palästina gefunden. Sie haben eine Form, die im ganzen Nahen Osten häufig vorkommt, und dürften jenen entsprochen haben, die von den israelit. Frauen in 2Mo 38,8 verwendet wurden (s. ANEP, Nr. 71). Die Bedeutung des hebr. Wortes *gillājōn* in Jesajas Liste von Putzartikeln (3,23, in Jes 8,1 mit »große Tafel« wiedergegeben) ist unsicher; es mag S. bedeuten, könnte aber auch für »Gazegewänder« stehen. Glasspiegel wurden wahrscheinlich im 1. Jh.n.Chr. eingeführt. Ob aus Metall oder Glas gefertigt, gaben diese S. nie ein perfektes Spiegelbild (1Kor 13,12) wieder. Es ist anzunehmen, daß Paulus' Vorstellung in 2Kor 3,18 (griech. *hēmeis. . .katoptrizomenoi*) die ist, daß wir nur ein unvollkommenes Abbild sehen. Jakobus nimmt den Gebrauch eines S.s als Beispiel auf (1,23). A.R.M.

SPIEL. Vom Spielen der Kinder hören wir in der Bibel wenig. *Ismael spielt zum Ärger der *Sara mit *Isaak (1Mo 21,9). Daß Kinder gern auf Wegen spielen und kleine Erdlöcher ihre Neugier anlocken, ohne daß sie Schlangenbisse fürchten, setzt Jes 11,8 voraus: Der »Säugling« greift als Krabbelkind nach Erde und Steinen und sieht nicht die Gefahr am »Loch der Otter«; das etwas ältere, »entwöhnte«

Säulenbasis aus Marmor mit der Darstellung eines mit Stöcken gespielten Ballspiels, wohl einer Art Hockey. Athen, Höhe: 27,5 cm: ca. 510–500 v. Chr. (NAMA)

Kind »streckt seine Hand nach dem Versteck der Schlange aus« und will schon untersuchen. Erst in den Tagen des Messias wird die Gefahr für sie gebannt sein, ebenso wie es nach Sach 8,5 ein Zeichen der Heilszeit ist, wenn Knaben und Mädchen unbeschwert auf den Plätzen Jerusalems spielen. Die Kinder auf dem Marktplatz fordern einander zum Mitspielen auf, wobei Lebenssituationen wie Hochzeit oder Totenklage »durchgespielt« werden (Mt 11,16f). Während Mädchen offenbar gern mit (angebundenen) Vögeln spielten (Hiob 40,29), übten sich die heranwachsenden Burschen im Scheibenschießen mit Pfeilen (Hiob 16,11f; Klgl 3,12). Doch ist in der Bibel nicht nur vom Kinderspiel die Rede, sondern auch von der unterhaltsamen Beschäftigung Erwachsener. Hierzu gehören Denkspiele wie das Aufgeben und Lösen von *Rätseln (Ri 14,14ff; 1Kön 1,10); Singspiel und Reigen bilden beliebte Höhepunkte festlicher Anlässe (Ri 21,21f; 1Sam 18,6f; Ps 30,12; Mt 14,6; Lk 15,25; vgl. *Musik, *Tanz). Als Spiele mit sportlichem Charakter werden der Wettlauf (2Sam 1,23; 2,18), das Ballspiel (vgl. Jes 22,18), das Pfeilschießen (1Sam 20.20) sowie das Heben und Stoßen von Steinen (Sach 12,3) erwähnt. Galt bereits im alten Griechentum »erholende Ruhe und heiteres Spiel« als »für das Leben notwendig« (Aristoteles, Nikomachische Ethik), so hebt die bibl. Weisheit den Spielenden in die dankbare Beziehung zum Schöpfer selbst: »Gehe heim in dein Haus, dort erheitere dich, dort spiele und tu, was dir in den Sinn kommt. Und für all das preise deinen Schöpfer, der dich mit seinen Gaben erfreut hat.« (Sir 32,15f Vulg.).

Das Spiel, so wird hier deutlich, ist eine sinnvolle, über allen funktionalen Zwecken stehende Tätigkeit, in welcher der Mensch gleichsam »heimkommt«. In vertrauter, geborgener Umgebung und im freudigen Aufblick zu seinem Schöpfer, der ihn reich beschenkt, findet der Mensch zum gelösten Ausdruck unbeschwerter Freiheit, zu Freude und »Erheiterung«, zu ausgeglichener Geschöpflichkeit und zum Wohlgefallen am Spiel. Die beschwingte Überlegenheit in aller »zweckverschnittenen Erfahrungswelt«, die Leichtigkeit und zugleich die Hingabe im Tun, wie sie sich im rechten Spiel äußert, gipfelt wohl in der Bewegung des Tanzes. Die vollkommene Freiheit und spielerische Überlegenheit gegenüber seiner Schöpfung ist allein Gott eigen. Er hat den *Leviatan, den Drachen, geschaffen als »sein Spielzeug« (Ps 104,20), während für den Menschen der Umgang mit diesem Geschöpf ein höchst gefährliches Spiel wäre. Immerhin heißt es von *David, er habe »mit Löwen und Bären gespielt« (Sir 47,3). Dieser Ausdruck seiner Freiheit gegenüber der Schöpfung verbindet sich mit seiner freimütigen Hingabe an Gott, die einmal sogar in begeisterten Tanz münden kann

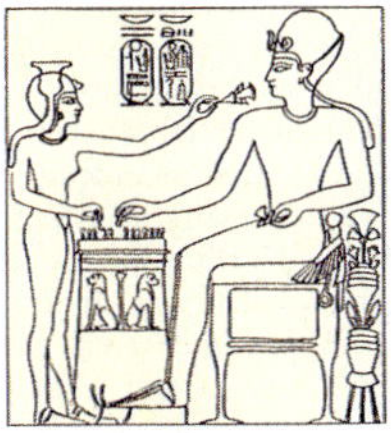

Ramses III. spielt Schach mit einer Frau aus seinem Harem. Relief am Torturm von Medinet Habu (Theben). ca. 1180 v. Chr.

Spielszenen aus einem Relief aus Karkemisch. Höhe: 11,5 cm; frühes 8. Jh. v. Chr. (BM)

Spielzeug auf Rädern. Aus einem Grab in der Nähe des Inschuschinak-Tempels in Susa. Länge: 6 cm; 13.–12. Jh. v. Chr. (MC)

Spielbrett mit Einlegearbeiten und Spielsteine aus den Königsgräbern von Ur. Länge des Bretts: 27 cm; 25. Jh. v. Chr. (DJW)

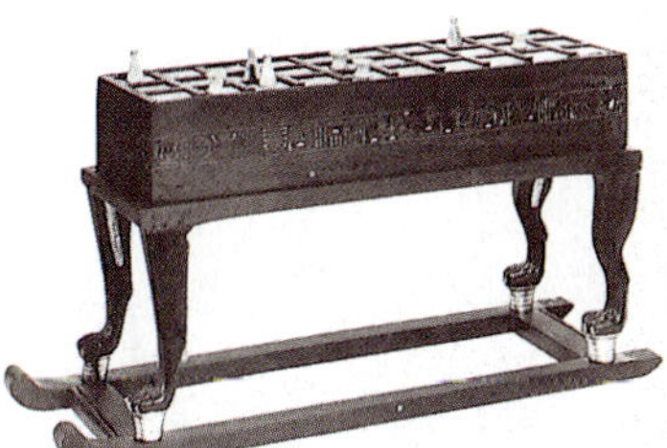

Spielbrett aus Ebenholz, Elfenbein, Gold und Silber für das senet-Spiel. Aus dem Grab Tutenchamuns (1347–1338 v. Chr.) (RS)

Tiere beim Schachspiel. Szene aus einer satirischen Darstellung, die sich an der ägyptischen Grabmalerei orientiert, wobei hier Tiere die Rollen von Menschen übernehmen. Ägypten, Neues Reich. (PAC)

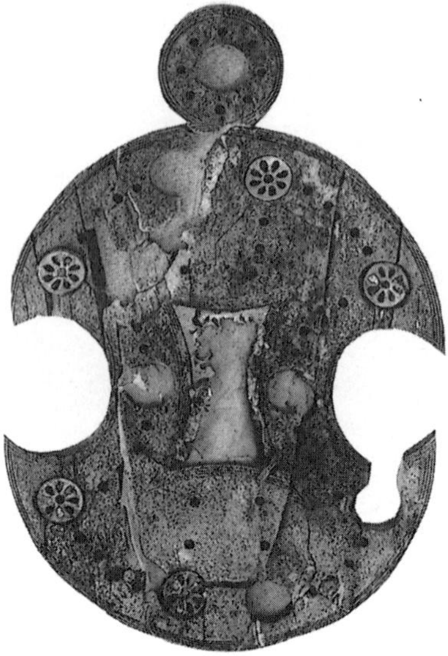

Palästinensisches Spielbrett aus Elfenbein, eingelegt mit Gold und blauer Glaspaste. Länge: 27 cm; Megiddo, 1350–1150 v. Chr. (OIUC)

(2Sam 6,5). Der Kritik *Michals, er habe sich »unwürdig« aufgeführt, entgegnet David: »Vor dem Herrn [und damit doch wohl auch: für den Herrn] habe ich getanzt« (2Sam 6,21). Solche Freiheit zu S. oder Tanz wird – wie überhaupt jedes menschliche Tun – dort aber mißbraucht, wo sie sich gegen Gott oder gegen den Nächsten richtet. So wird im rabbin. *Judentum alles Spielen um Geld als »Raub« verurteilt, insbesondere das Würfelspiel: »Ein Würfelspieler ist ein Seelenräuber; er darf weder Richter noch Zeuge im Gericht sein«. Der Tanz Israels um das goldene Kalb fällt als Abgötterei und krasse Untreue unter das göttliche Gericht (2Mo 32,6ff; vgl. 1Kor 10,7). Das kultische Hüpfen der Baalspriester um den Altar erweckt nur beißenden Spott seitens des Propheten. Und massiver Protest mußte im Volk Gottes laut werden, als der Hohepriester Jason, welcher der griech. Lebensart in Israel Eingang zu verschaffen suchte, in Jerusalem eine Sportschule (*gymnasion*) bauen ließ. Denn jene Neuerung hatte zur Folge, daß Priester den Dienst im Tempel vernachlässigten und sich statt dessen lieber dem Diskuswerfen widmeten (2Makk 4,9-15). Die Ambivalenz des Spielens, welche sich aus dem jeweiligen Verhältnis zu Gott, dem Schöpfer, ergibt, kommt prägnant in den Weisheitsschriften des AT zum Ausdruck. Während die Heiden, die sich in ihrer Torheit eigenmächtige Trugbilder fabrizieren, das Leben für ein ausgemachtes »Kinderspiel« und für einen bunten »Jahrmarkt der Eitelkeiten« halten (Weish 15,12), spricht die personifizierte Weisheit: »Ich war seine (des Herrn) Freude Tag für Tag und spielte vor ihm allezeit. Ich spielte auf seinem Erdenrund, und meine Freude war es, bei den Menschen zu sein« (Spr 8,30f).

Jesus, der Gottessohn, der gekommen war, um solchen, die »in ihrem ganzen Leben Knechte der Furcht waren«, die »herrliche Freiheit der Kinder Gottes« zu bringen, mußte erleben, wie übel ihm von seinem Volk mitgespielt wurde. Sein Tod am Kreuz wurde von vielen als Schauspiel begafft (Lk 23,48). Zuvor hatten die röm. Soldaten mit dem »Dornenkönig« ihr grausames Spiel getrieben und um seinen Rock gewürfelt (Mk 15,17ff.24; vgl. Ps 22,19). In seiner Nachfolge sprechen die *Apostel Christi davon, daß sie »als Todgeweihte für die Welt zum Schauspiel (*theatron*) geworden« seien (1Kor 4,9). Zur Verdeutlichung des Wesens christl. *Heiligung erwähnt Paulus das Stadion der Wettläufer, und er hält in *Korinth den Freunden der isthmischen Spiele vor, daß Christen um den unvergänglichen Ehrenpreis (*brabeion*) und Siegeskranz (*stephanos*) ringen müßten (1Kor 9,24-27;

Spielfiguren aus Elfenbein: oben ein kegelförmiger Stein, unten eine Scheibe mit der Darstellung eines Steinbocks und einer Palme. 12. Jh. v. Chr.

Phil 3,12; Kol 2,18; 2Tim 2,5; vgl. Jak 1, 12; Offb 2,10). Daß dieser opferbereite Einsatz für den auferstandenen Herrn im Geist der Freiheit (2Kor 3, 17) und deshalb freimütig und freudig geschehen kann, zeigt konkret etwas von der durch die Erlösung erwirkten sorglosen Überlegenheit der Gläubigen (vgl. Röm 8,31ff). In aller irdischen Bedrängnis bricht doch bei den »ersten Freigelassenen der Schöpfung« angesichts der Realität des Reiches Gottes immer wieder freudiger Jubel auf (vgl. 1Petr 1,8). Geborgen in Christi Liebe und Macht und »voll Geistes« werden die Nachfolger Jesu überall von Herzen »dem Herrn singen und spielen« und in seinem Namen »allezeit für alles Gott, dem Vater, Dank sagen« (Eph 5,18ff).

Literatur: E. König: Spiele bei den Hebräern, RE[3], XIIX; G. Bertram: ThWNT V, 1954, 625-635; H.W. Wolff: Anthropologie des Alten Testaments, 1973; H. Rahner: Der spielende Mensch, 1952; J. Moltmann: Die ersten Freigelassenen der Schöpfung, 1971; B. Schellenberger: Einübung ins Spielen, 1980; vgl. *Musik-Instrumente; *Tanz. R.F.

SPIESS s. Waffen und Geräte

SPINDEL s. Handwerk

SPINNEN s. Handwerk

SPOTT, SPOTTEN, SPÖTTER. Die bibl. Ursprachen wie die Übersetzungen gebrauchen verschiedene Wörter, um den Begriff des S.s oder Hohns wiederzugeben. Im allg. bedeutet s. bzw. höhnen: seinen Mutwillen mit jemandem treiben, sich über ihn lustig machen in Wort und Tat (2Kön 2,23; Mt 22,6; 27,29.31; Mk 10,34; 15,20; Lk 20,11), die Nase rümpfen zum Zeichen der Verachtung (griech. *myktärizein*; Gal 6,7). Außerdem kommen Wortverbindungen vor wie: verlachen und spotten (2Chr 30,10); spotten und verachten (2Kön 19,21; Neh 2,19); heucheln und spotten (Ps 35,16); höhnen und lästern (2Kön 19,22); S. und Hohn (Ps 44,14; 79,4; Jer 20,8; 29,18).

Der Spötter schneidet in der Bibel nicht gut ab; keineswegs sieht sie in ihm etwa den harmlosen Spaßmacher. Vor allem ist von ihm die Rede in den *Sprüchen Salomos: in seinem Wesen ist der Spötter unbelehrbar, stolz und vermessen, er handelt in maßlosem Übermut (Spr 21,24). Zurechtweisungen nimmt er nicht an (Spr 9,7.8); er läßt sich nicht tadeln, weil er keine Weisheit besitzt (Spr 13,1). So vermeidet er auch den Umgang mit dem Weisen (Spr 15,12), doch weil er ein Narr ist, verdient er Züchtigung (Spr 19,29). Wenn der Spötter verjagt ist, hören Zank, Hader und Schmähung auf (Spr 22,10); wo er aber erscheint, macht sich frecher Aufruhr breit (Spr 29,8). Doch am Ende wird Gott der Spötter und Empörer spotten (Ps 2,2.4) und sie selber zu Hohn und S. machen (Jes 43,27.28; 45,16; Hes 22,4; 23,32), denn nur den Demütigen gibt er seine Gnade, d.h. denen, die die rechte Einstellung ihm gegenüber haben (Spr 3,34). Schon der S. über den Dürftigen höhnt dessen Schöpfer (Spr 17,5), und erst recht wird das S. zur Lästerung, wo der Spötter sich in seiner Selbstsicherheit gegen Gott erhebt (2Kön 19,22; 2Chr 32,17). Die am Kreuz Jesu Vorübergehenden lästerten (griech. *blasphemein*), und das gleiche taten die Hohenpriester, indem sie ihn verspotteten (griech. *empaizein*; Mt 27,39.41). Ps 1,1 stellt den Spötter mit den Gottlosen und Sündern zusammen. Nach rabbin. Auslegung dieser Stelle sind Spötter solche Leute, die zusammensitzen (»Sitz der Spötter«), ohne daß Worte der Tora (des Gesetzes) ihren Gesprächsstoff bilden.

SPRACHE.

1. Der Ursprung der S. liegt im Sprechen Gottes begründet. Durch sein *Wort ruft Gott die Welt mit ihren Ordnungen und Geschöpfen ins Dasein: »Wenn er spricht, so geschieht's; wenn er gebietet, so steht's da« (Ps 33,9). Es gibt keine *Schöpfung, die nicht durch den Einsatz des Wortes entstanden wäre. Die bibl. Definition von S. bleibt nicht bei diesem Medium an sich stehen, sondern beurteilt S. aufgrund ihrer Wirkung. Gottgegebene und gottgemäße S. wird nicht ohne die Hervorbringung guter Schöpfung bleiben (Jes 55,11). Besonderen Sprachausdruck findet die Erschaffung des Menschen: »Lasset uns Menschen machen« (1Mo 1,26). In der Auslegungsgeschichte wurde die Mehrzahlform »Lasset uns« mehrheitlich auf die Dreieinigkeit bezogen. Folglich geht der Menschenschöpfung eine innerhalb der Dreieinigkeit abgestimmte Entscheidung voraus. Die S. gibt hier die innere Einheit der Sprechenden zu erkennen und wird zum Ausdruck personaler Beziehungen. Personen, die in der Liebe Gottes kommunikativ verbunden sind, werden neue Schöpfung hervorbringen.

Die aus Gott kommende S. wird in der Namengebung an das Geschaffene weitergegeben (1Mo 1,5). Bemerkenswerterweise bedarf es keines ausdrücklichen Schöpfungsaktes zur Erschaffung der irdischen S. Zusammen mit dem jeweiligen Schöpfungsakt wird der *Name verliehen. Mit Hilfe des Namens können die geschaffenen Dinge ihre wesenhafte Bestimmung zum Ausdruck bringen und sind somit sprachfähig. Der bibl. Sprachbegriff läßt sich demnach nicht auf die menschliche S. begrenzen: »Es gibt so viele Arten von Sprache auf der Welt, und nichts ist ohne Sprache« (1Kor 14,10). Kriterium für das Vorhandensein einer S. ist nicht, daß der heutige Mensch sie wahrnimmt oder versteht. Mit der Erschaffung einer vielgestaltigen Welt hat Gott ebensoviele Sprachen im Sinne geschöpflicher Artikulationsmöglichkeiten geschaffen. Diese haben noch nicht die sozial trennende Funktion der Sprachen nach dem babylon. Turmbauereignis (1Mo 11,1-9), sondern sind dem Schöpfungsreichtum entsprechende Ausdrucksformen innerhalb einer kommunikativen Einheitlichkeit mit dem Schöpfer. Gottes S. hat die Eigenschaft, daß sie von der vielsprachigen Schöpfung verstanden werden kann: Im Vermehrungsgebot (1Mo 1,22) werden die Wasser- und Lufttiere direkt angesprochen, sie sind offensichtlich nicht nur sprach-, sondern auch hörfähig (vgl. 1Mo 3,1; 4Mo 22,28.30; Ri 9,8ff). Dies bedeutet, daß auch der durch das Vermehrungsgebot in Gang gesetzte Fortbestand der Welt auf kommunikativem Wege gewährleistet wird. Daß die Welt Schöpfung Gottes ist, heißt zugleich, daß sie Gott gegenüber kommunikationsfähig ist. Das heißt aber auch, daß die Welt ununterbrochen von Gottes Reden abhängig ist; wo er schweigt, tritt eine Störung ein.

Einen ausgiebigen, sprachlich vermittelten Kontakt pflegt Gott mit dem Menschen, den er im Unterschied zu der übrigen Schöpfung in eine sittliche Verantwortung stellt (1Mo 2,17). Auch nach dem *Sündenfall kann der Mensch Gottes Sprechen noch wahrnehmen (1Mo 3,16-19) und darauf antworten (1Mo 4,9-14).

Einen Einblick in ein bedeutendes Datum der geschichtlichen Sprachentwicklung gibt die Erzählung von der Sprachverwirrung in Babylon. 1Mo 11 sagt aus, daß vor der Turmbaukatastrophe in Babel die Menschheit eine einheitliche S. hatte und noch nicht über die Erde zerstreut war. Durch die Sprachverwirrung ist die eine Ursprache von den Völkersprachen verschüttet worden und damit untergegangen. Mit der Vielsprachigkeit erfolgte zugleich die Besiedelung der Erde. Damit war aber ein Einverständnis und eine einheitliche Kommunikation der Erdbevölkerung nicht mehr möglich. Da die S. innere Beziehungen nach außen weitergibt, ist mit der Sprachentrennung eine aus der *Sünde hervorgegangene Störung eines einheitlichen Empfindens, Denkens und Wollens offenkundig geworden. Bereits ein Kap. danach kündigt Gott Abhilfe aus dieser Misere an: Abram/*Abraham wird berufen, damit durch ihn alle Geschlechter, also alle einander entfremdeten Völker und Menschen, gesegnet werden sollen (1Mo 12,3).

Die folgende Geschichte des Volkes Israel ist gekennzeichnet vom Reden Gottes zu seinem Volk. Am deutlichsten findet der Einsatz von S. zu Gottes Willensbekundung in der Sinaioffenbarung in Form schriftlich festgelegter Worte seinen Ausdruck (2Mo 20,1ff; 5Mo 5,6ff). Die dem Reden Gottes entsprechende Reaktion des Menschen ist das *Hören und *Gehorchen, auf das die Tat folgt. Diese Umsetzung des Redens Gottes scheitert vielfältig am Eigenwillen der Menschen. Deshalb sind häufig schmerzliche Umwege zu gehen, wodurch Gottes Reden schließlich doch noch zur geschichtlichen Wirklichkeit wird.

2. Im NT setzt Gott sein im AT begonnenes Reden fort, spricht aber nun eine ganz neue S. in der Fleischwerdung des Wortes bzw. des Gottessohnes (Joh 1). Diese S. wird verstanden (Joh 10,27) und auch mißverstanden (Joh 8,43). Der Glaube oder Unglaube Jesus gegenüber entscheidet über Hören-Wollen und Nicht-Verstehen-Können.

Ein heilsgeschichtlicher Fortschritt trat mit der Ausgießung des Heiligen *Geistes an *Pfingsten ein (Apg 2,1-36). Diese neue Phase bringt zugleich eine neue S. gegenüber der alten S. des Gesetzes, das ebenfalls an Pfingsten gegeben wurde. Der neue Geist bringt eine neue Geisteshaltung, die sich zuerst in einer neuen S. nach außen kundtut. Da die Jünger eine Geisteskraft erhielten, die nicht aus den natürlichen Anlagen stammte, rührte auch die S. als Ausdruck des Geistes nicht mehr aus dem natürlichen Bereich, sondern war Wirkung Gottes. Der Charakter dieser S. bestand in ihrer internationalen Verständlichkeit, Inhalt des Redens waren die großen heilsgeschichtlichen Taten Gottes und Ergebnis eine die Hörer ergreifende Betroffenheit, die sie fragen ließ: »Was sollen wir tun?« Angemessene Reaktion auf diese existentiell herausfordernde S. ist die Lebenswende, die *Taufe und der Empfang des Heiligen Geistes (Apg 2,38). So wird die höchste Gabe Gottes an den Menschen durch S. vermittelt (vgl. Röm 9,17).

R.F.U.

SPRACHE DES ALTEN TESTAMENTS

I. HEBRÄISCH.

Das Hebr. gehört zur Gruppe der westsemit. Sprachen (das Wort semit. leitet sich vom Namen *Sems, des ältesten Sohns des *Noah, ab). Es ist sehr eng mit der Sprache des antiken *Ugarit sowie mit dem Phönizischen und Moabitischen verwandt. Das Kanaanäische, aus dem das Hebr. wahrscheinlich hervor-

Hebräisch	Hebräisch oder Aramäisch	Griechisch
1. Buch der Makkabäer Judit Jesus Sirach (Ecclesiasticus) Stücke zum Buch Daniel; Die Geschichte von Susanna und Daniel Gebet Asarjas Gebet Manasses Baruch (ein Teil vom) 3. Buch Esra Weisheit Salomos Kap. 1-9	Tobias Brief des Jeremia (evtl. griech.) (ein Teil vom) 3. Buch Esra 4. Buch Esra Stücke zum Buch Ester 2. Buch der Makkabäer (Briefe in Kap. 1. und 2)	2. Buch der Makkabäer Weisheit Salomos ab Kap. 9

Tabelle der Originalsprachen der Apokryphen des AT.

ging, ist nur von gelegentlich in den *Amarna-Briefen auftauchenden Worten her bekannt. Das AT nennt es die »Sprache« (wörtl. »Lippe«) Kanaans (Jes 19,18) oder »Sprache Judäas« (2Kön 18,26f; vgl. Jes 36,11ff und Neh 13,24). Die Bezeichnung »hebräisch« erscheint erstmalig in der Vorrede zu Jesus Sirach (1,6; Ben Sira, um 1800 v.Chr.).

Kennzeichnend für die semit. Sprachen ist die aus drei Konsonanten bestehende Wurzel, die eine Art Rahmen für eine Reihe von Vokalmustern bildet. Die Einsetzung des Vokalmusters in den Rahmen verleiht ihm seine spezifische Bedeutung. Das Wort *kōhēn* setzt sich beispielsweise aus dem konsonantischen Rahmen *k-h-n* und dem Vokalmuster *o-e* zusammen. Der Wert des *o-e* entspricht grob dem des Partizips Präsens, also *kōhēn,* »dienend (einer)«.

Die hebr. Schrift ist ein Abkömmling der nordsemit. oder phöniz. Schrift (*Schrift). Sie besteht aus 22 Konsonanten (später wurden *schin* und *sin* unterschieden, das ergibt 23). Man schreibt sie von rechts nach links. Sie enthält mehrere Laute, die den indo-europäischen Sprachen fremd sind, z.B. die emphatischen Konsonanten (*ṭ*, *ḳ*[q] und *ṣ*) und den Laryngal ʿayin (ʿ). Im Griech. wurde letzterer oft mit einem *gamma* wiedergegeben wie beispielsweise in »Gomorra«. Als das Hebr. nicht mehr allg. geläufig war, wurden über, unter und in den Konsonanten Zeichen angebracht, die die richtigen Vokale anzeigten.

Diese Vokalisierung markiert ein wichtiges synchronisches Stadium des Hebr. Sie ist das Ergebnis einer fähigen und verläßlichen Überlieferung. Dies wird beispielsweise an der sorgfältigen Beachtung des ursprünglich zwischen den Vokalen »substantivischer« und »adjektivischer« Verben bestehenden Unterschieds deutlich. Veränderungen des konsonantischen Rahmens lassen dabei deren ursprüngliche Form erkennen. Es gibt auch eine Reihe von nicht-alphabetischen oder Interpunktions- und Betonungszeichen. Für das bibl. Hebr. wird am häufigsten die sephardische Aussprache verwendet.

Die Schriftgelehrten vermieden gewissenhaft jede Veränderung des Konsonantentextes. Wenn ihrer Meinung nach ein Schreibfehler vorlag oder ein Wort nicht mehr gut gebraucht werden konnte, setzten sie das ihrer Ansicht nach richtige oder bessere Wort an den Rand. Die Vokale dieses Wortes wurden dann dem Wort im Text beigefügt (oft wurde auch ein kleiner Kreis darüber gesetzt). Die Konsonanten im Text werden als *Ketīb* (»das Geschriebene«) bezeichnet, die am Rand als *Qerē̓* (»das zu Lesende«).

Im Hebr. gibt es keinen unbestimmten Artikel. Der bestimmte Artikel (*ha-*) tritt als Präfix an das Nomen. Er unterscheidet sich in vielen Punkten von dem bestimmten Artikel im Dt. Er wird zum Beispiel von Adjektiven und Demonstrativpronomen übernommen, wenn sie attributiv zu einem in seinem Bezug bestimmten Nomen stehen (z.B. das Buch, das diese; der Mann, der dicke). Er steht auch vor einem Glied aus einer Gruppe oder vor bereits Erwähntem.

Die hebr. Nomina unterscheiden Zahl und Geschlecht. Das Geschlecht ist grammatischer Natur: es wird sowohl Belebtem wie auch Unbelebtem zuerkannt. Das Femininum hat gewöhnlich eine spezifische Endung (*-a*). Eine Reihe femininer Nomina hat jedoch keine Endung, ihr Geschlecht wird aber durch die Übereinstimmung von Adjektiv und Verb angezeigt. Im Hebr. gibt es außerdem eine besondere Dual-Endung, die sich weitgehend auf paarweise auftretende Körperteile beschränkt. Die Kasus-Endungen sind früh abgefallen, doch haben sie einige Spuren hinterlassen.

Die Verben sind noch in zwei Hauptgruppen zu unterscheiden: die mit einem Substantiv verwandten und die mit einem Adjektiv verwandten. »Beide Verbgruppen sind dynamisch. Auch die sogenannten stativen Verben, die einen Zustand beschreiben, sind nicht starr und tot, sondern im Fluß. Sie umreißen ein Werden ebensosehr wie ein Sein« (Th. Boman, S. 23). Das Verb gibt in erster Linie die Aktionsart an und unterscheidet dabei zwei Aspekte: abgeschlossene (Perfekt) und nicht abgeschlossene Handlung (Imperfekt). Die Personalbezeichnungen treten als Suffixe zum Perfekt, zum Imperfekt als Präfixe. Das Perfekt unterscheidet die Geschlechter in der 3. Person Singular und in der 2. Person Singular und Plural, das Imperfekt auch in der 3. Person Plural. Im Hebr. gibt es auch eine Reihe von Verbformen besonderer Aktionsklassen wie z.B. Iterativ, Kausativ, Tolerativ usw.

Die Nomina werden auf verschiedene Weise gebildet: mit Hilfe einer Reihe von Vokalmustern und durch die Beifügung (oder auch nicht) bestimmter Konsonanten. Wenn Konsonanten verwendet werden, werden sie gewöhnlich vorgeschaltet, dabei treten *m* und *t* am häufigsten auf. Der Singular steht vielfach für ein Kollektiv, daher wird die feminine Endung manchmal als eine Art Singular-Endung eingesetzt, z.B. *sēʿār* »Haar«, *saʿarā* (fem.), »ein einzelnes Haar«. Nicht selten treten Nullformen auf; das sind Formen, denen ein zu ihrer Klasse gehörendes Element fehlt; *sōʾn* (fem.), »Herden«, vgl. *sōʾn ʾōbedōt*, »verlorene Schafe«, wobei *ōt* das fehlende Element angibt. Das einem Genitiv vorangehende Nomen reduziert seine Vokale auf ein Minimum und wirft den bestimmten Artikel ab. Diese Wortverbindung wird im Grunde genommen wie ein untrennbares Ganzes behandelt. Possessivpronomina treten als Suffixe an das Nomen.

Die Adjektive können entweder prädikativ gebraucht werden, dann tragen sie keinen bestimmten Artikel und gehen gewöhnlich dem Nomen voran, oder attributiv, dann sind sie dem Nomen nachgestellt und nehmen den bestimmten Artikel an, wenn auch das Nomen ihn trägt. Ebenso kann das Adjektiv den bestimmten Artikel annehmen und unabhängig gebraucht werden; es hat dann den Wert eines Substantives. Das Hebr. kennt keine Steigerung der Adjektive. Für den Superlativ genügt der durch den Artikel näher bestimmte Positiv; »der kleine Sohn« ist zum Beispiel, wenn von mehreren gesprochen wird, der »kleinste«, wenn von zweien gesprochen wird, »der kleinere«.

Der eigentliche Komperativ wird durch eine Umschreibung mittels der Präposition *min* ausgedrückt. Statt zu sagen: »Mose ist größer *als* David«, sagt der Hebräer: »Mose ist groß von David aus« (hebr.: *min david*). Der Superlativ kann durch eine Wendung ausgedrückt werden, in der eine Pluralform auf einen Singular folgt, z.B. »Lied der Lieder«, d.h.: das großartigste oder beste Lied.

Der Gebrauch der Zahlwörter weist mehrere Besonderheiten auf. Eins und zwei richten sich im Geschlecht nach ihrem Nomen, nicht aber die Zahlen drei bis zehn. Dies könnte auf eine späte Einführung des grammatischen Geschlechts hinweisen. Häufig wird auch der »verblose« oder Nominalsatz verwendet, dessen Prädikat von einem Nomen, einem Pronomen oder einem Adjektiv gebildet wird. Gewöhnlich ist bei der Übersetzung eine Form des Verbs »sein« zu ergänzen, z.B. »der Diener Abrahams (bin) ich«. In Sätzen mit finitem Verb folgt der Satzbau gewöhnlich dem Muster Subjekt-Prädikat-Objekt. Beim Akkusativ steht oft die Partikel *ʾet*. Wenn das Objekt aus einem Pronomen besteht, kann es an die Akkusativ-Partikel oder als enklitische Form an das Verb treten. Ein indirektes Objekt, das sich aus einer Präposition und einem Pronominalsuffix zusammensetzt, steht normalerweise vor dem Subjekt. Wenn eine adverbiale Erweiterung vorhanden ist, folgt sie gewöhnlich auf das Objekt. Wo im Deutschen das unpersönliche »man« gebraucht wird, z.B. bei »man sagt«, verwendet das Hebr. entweder die 2. oder 3. Person Singular masculinum oder die 3. Person Plural.

Die hervorstechendste Eigenschaft des hebr. Stils ist sein syndetischer oder beiordnender Charakter, d.h. die Vorherrschaft der einfachen Konjunktion »und«. Unterordnende Konjunktionen werden selten gebraucht. Das Hebr. setzt überaus häufig auf physische Sachverhalte bezogene Begriffe zur Beschreibung psychologischer Zustände ein; ebenso bringt es Körperorgane mit Geisteshaltungen in Verbindung. Für jemanden, der an indo-europäische Verhältnisse gewöhnt ist, ist es nicht leicht, sein Denken von der Primärbedeutung zu lösen.

Die Bildersprache des Hebr. entstammt weitgehend den Dingen und Handlungen des täglichen Lebens. Das Hebr. liebt Parabeln (z.B. 2Sam 12), Gleichnisse und Metaphern, z.B. »Stern« oder »Löwe« für einen Helden, »Fels« für eine Zuflucht, »Licht« für das Leben und die göttliche Offenbarung und »Finsternis« für Leid und Unwissenheit. Außerdem bevorzugt das Hebr. anthropomorphe Wendungen. Es überträgt Begriffe, die sich auf Teile des menschlichen Körpers oder menschliche Aktivitäten beziehen, auf die unbelebte Welt oder andere Sachverhalte. Diese Begriffe entstammen der Metapher und fallen unter die Überschrift »Bedeutungserweiterung«, ein Vorgang, der ein wesentlicher Bestandteil der allg. Mechanismen der Sprache ist. Sie treten in anderen semit. Sprachen ebenso häufig auf wie im Hebr. Das Akkadische bezeichnet einen Schiffskiel beispielsweise als »Rückenknochen«, an dem die »Rippen« befestigt sind. Das Hebr. spricht vom »Kopf« eines Berges, vom »Angesicht« der Erde, der »Lippe« (Küste) des Meeres, dem »Mund« einer Höhle und dem »Gehen« des Wassers. Wenn anthropomorphe Wendungen auf göttliche Handlungen oder Eigenschaften angewandt werden, darf sich darauf keine wörtl. Auslegung stützen. Auch können auf Anthropomorphismen keine Glaubenstheorien gegründet werden.

Nicht selten sind elliptische Wendungen, bei denen der semantische Gehalt eines vollständigen Satzes in ein einziges Satzglied gefaßt wird, z.B. die Auslassung von »Stimme« nach »erheben« (Jes 42,2). Obwohl das AT eine der frühesten Angaben zu Veränderungen semantischer Art enthält (1Sam 9,9), gibt es die Jahrhunderte hindurch kaum Belege für Veränderungen im Hebr. Wahrscheinlich wurden aber viele Abschnitte auf ein Standard-Hebr. gebracht, vielleicht auf das des späten vorexilischen Jerusalem. In einigen Büchern, z.B. in Rut und Teilen von 2Kön, sind Dialektspuren zu finden. In Ester, 1/2 Chr und anderen Texten lassen sich späte Sprachformen feststellen. Der Natur der Sache entsprechend wäre es schwierig, Lehnworte aus verwandten Sprachen wie z.B. *hēkāl*, »Tempel«, von akkad. *ekallu*, »Palast«, das wiederum von sumerisch *e-gal*, »großes Haus«, abgeleitet wurde, aufzuspüren; *'argāmān*, »Purpur«, kommt aus dem Hetitischen.

Die Wiederentdeckung zahlreicher alter, in verwandten Sprachen abgefaßter Texte hat in manchen Dingen zu einem besseren Verständnis geführt. Es besteht jedoch gleichzeitig die Gefahr, daß aus der Freude über neue Entdeckungen fehlerhafte Ableitungen und Worterklärungen entstehen. Die starken Abweichungen des Hebr. von den anderen verwandten Sprachen, die weitgehend durch den Prozeß semantischer Veränderungen bedingt sind, machen den Versuch, seltener auftretenden hebr. Worten auf etymologischer Basis Bedeutungen zuzuordnen, zu einem gefährlichen Unterfangen.

Der literarische Stil der meisten atl. Schriften deutet die frühe Existenz literarischer Vorbilder oder eines »vornehmen Stils« an. Der antike Vordere Orient bietet einige Beispiele gehobener Stilarten, derer man sich noch viele Jh. lang bediente. Vieles, was über die Divergenzen des hebr. Stils geschrieben worden ist, ist wertlos, da geeignete Kriterien fehlen. »Fest steht jedoch, daß von den mehr als tausend Sprachen, in die das Neue Testament übersetzt wurde, das Hebräische den besten Anspruch hat als 'Ursprache der ganzen Bibel' zu gelten. Z. Zt. Jesu war zwar Aramäisch die Umgangssprache der meisten palästinischen Juden. In den Semitismen des NT aber lebt das Hebräische als Sprache des Gottesdienstes fort. Zu den hebr. Schlüsselworten des NT gehören Sabbat, Passa, Messias, Rabbi, Israel, Hosannah, Halleluja und Amen. Letzteres kommt allein im NT 31mal vor. Undenkbar ist das NT ohne die zahlreichen atl. Prophetenzitate und ohne die hebr. Grundbegriffe Himmelreich, Erlöser, Passamahl, Bund Gottes, Endzeit, Sühneopfer, ewiges Leben, Auserwählung, göttliche Gnade, Heil, Gottesdienst, Sündenfall usw. Jesu letztes Kreuzeswort war ein hebr. Psalmzitat (Mt 27,46; Mk 15,34). Paulus, ein Hebräer aus hebr. Familie (Phil 3,5), hört bei seiner Bekehrung die Himmelsstimme in hebr. Sprache (Apg 26,14).« (P. Lapide, Hebräisch in den Kirchen, S. 11).

II. ARAMÄISCH.

Dan 2,4-7,28; Esr 4,8-6,18; 7,12-26; Jer 10,11 und zwei Worte in 1Mo 31,47 sowie das Targum (aram. Übersetzungen von Teilen des AT) sind in Aram., einer Schwestersprache, aber keinem Abkömmling des Hebr., verfaßt. Im 9. Jh.v.Chr. und in der Folgezeit wurden das Aram. und seine Schrift (die dem alphabetischen Hebräisch/Phönizisch entnommen war) rasch zum internationalen Kommunikationsmittel des Handels und der Diplomatie. Schon im 9. Jh.v.Chr. befanden sich Händler aus Israel und Damaskus in der Hauptstadt des jeweils anderen Landes (1Kön 20,34).

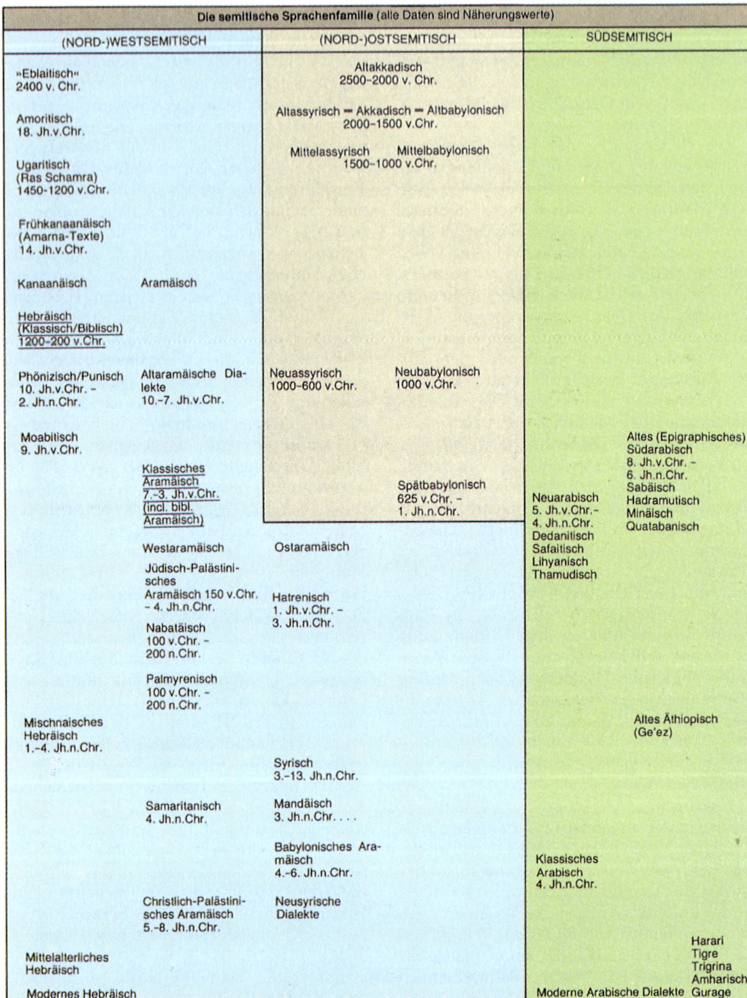

Schematische Darstellung der »semitischen« Sprachenfamilie.

701 v.Chr. verlangten die Offiziere Hiskias, daß man aram. zu ihnen sprach - das die Regenten und Händler wohl verstanden. In Assyrien selbst wurde das Aram. von ca. 730 v.Chr. an unter Tiglatpilesar III. immer mehr zur offiziellen Sprache: aram. Listen auf Keilschrifttafeln, aram. Anmerkungen von hohen assyr. Offizieren und auf assyr. Skulpturen zeigen, wie die Schreiber, die ebenso (aram.) mit einer Feder auf Pergament wie Keilschrift auf Tontafeln schrieben, Tribute registrierten (R.A. Bowman, JNES 7, 1948, S. 73-76; dazu auch das in Kelach gefundene Ostrakon, das hebr. Exulanten in Assyrien auflistet, J.B. Segal, Iraq 19, 1957 S. 139-145; Albright, BASOR 149, 1958, S. 33-36). Zu beachten ist auch der aram. Brief Adons von Aschkelon aus dem Jahre 604 (?) v.Chr.

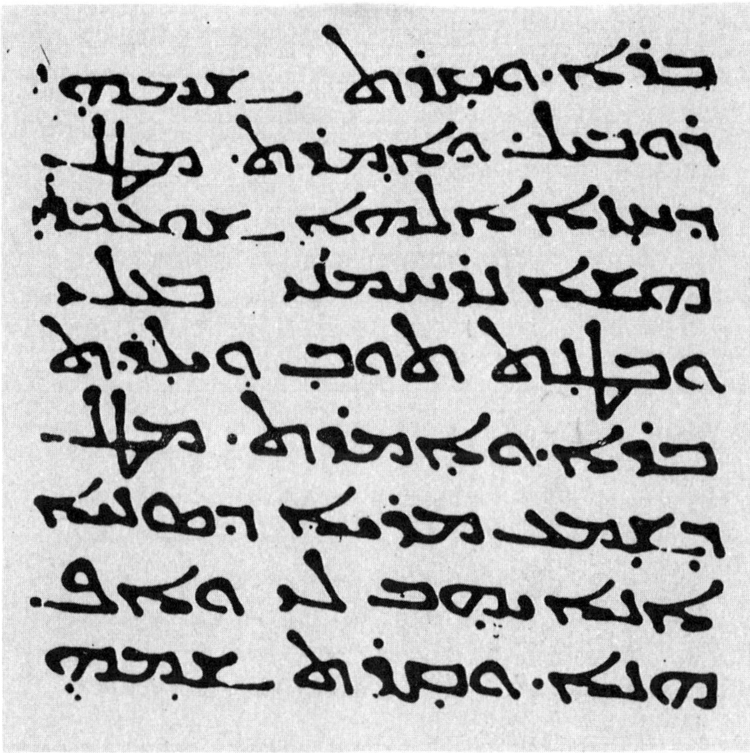

1 Mo 29,32–33 in der Übersetzung der syrischen Peschitta: Pergament, 5. Jh. n. Chr.

(W.D. McHardy, DOTT, S. 251-255 mit Bibliographie). Neben den oben angeführten Beispielen finden sich auch auf den Ziegeln, die im *Babylon *Nebukadnezars zum Bau der großen Gebäude verwendet wurden, aram. Schriftzeichen, die somit den allg. Gebrauch dieser Sprache für jene Zeit und Gegend bezeugen (S.R. Koldewey; The Excavations at Babylon, 1914, S. 80-81, Ziffer 52-53).

Das Aram. (»Reichsaramäisch«) wurde im ganzen mehrsprachigen Perserreich zum offiziellen Kommunikationsmittel – Esra stellt das klassische Beispiel dafür dar. Aram. Papyri aus Ägypten (5. Jh.v.Chr.) illustrieren dies eindrücklich (s. dazu A. Cowley, Aramaic Papyri of the Fifth Century BC, 1923; H.L. Ginsberg, ANET, S. 222-223, 427-430, 491-492; E.G. Kraeling, The Brooklyn Museum Aramaic Papyri, 1953; G.R. Driver et al., Aramaic Documents of the Fifth Century BC, 1954, gekürzt und überarbeitet 1957).

Die Schrift ist der hebr. gleich; das Aram. besitzt auch nahezu die gleichen phonologischen Charakteristika, darunter fällt auch der Ort der Betonung.

Die Vokalmuster sind insgesamt schwächer. Gelegentlich zeigen sie ursprünglichere Formen. Der Lautverschiebung zwischen diesen beiden Sprachen fehlt die gesetzmäßige Logik. Hebr. *z* = aram. *d*, hebr. *sch* = aram. *t*, hebr *s* = aram. *th* usw. Die Veränderung von hebr. *ṣ* zu aram. ʿ und *q* ist phonetisch schwer erklärbar.

Der bestimmte Artikel *-ā* tritt als Suffix an das Nomen. Die Genitiv-Verbindung ist wie im Hebr. beschreibbar; das dem Genitiv vorangehende Nomen wird nach Möglichkeit reduziert, das Wortpaar gilt als untrennbar. Der Bezug wird häufiger durch *dī*, ursprünglich ein Demonstrativpronomen, ausgedrückt, z.B. *chezwā dī lēlyā*, »Vision der Nacht«.

Wie im Hebr. besitzt das Nomen Singular,

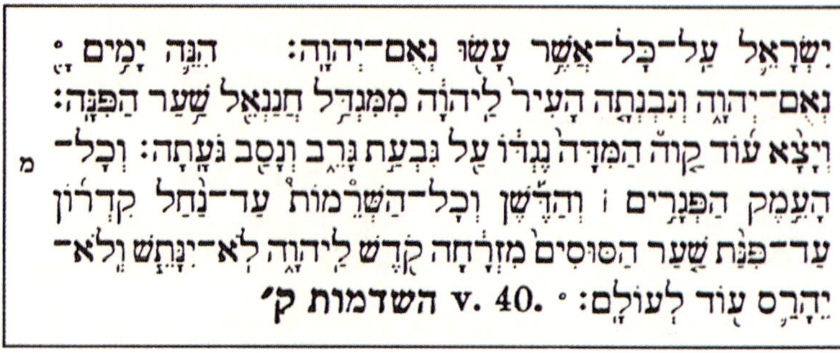
יִשְׂרָאֵל עַל־כָּל־אֲשֶׁר עָשׂוּ נְאֻם־יְהוָה׃ הִנֵּה יָמִים
נְאֻם־יְהוָה וְנִבְנְתָה הָעִיר לַיהוָה מִמִּגְדַּל חֲנַנְאֵל שַׁעַר הַפִּנָּה׃
מ וְיָצָא עוֹד קָוֵה הַמִּדָּה נֶגְדּוֹ עַל גִּבְעַת גָּרֵב וְנָסַב גֹּעָתָה׃ וְכָל־
הָעֵמֶק הַפְּגָרִים ׀ וְהַדֶּשֶׁן וְכָל־הַשְּׁרֵמוֹת עַד־נַחַל קִדְרוֹן
עַד־פִּנַּת שַׁעַר הַסּוּסִים מִזְרָחָה קֹדֶשׁ לַיהוָה לֹא־יִנָּתֵשׁ וְלֹא־
יֵהָרֵס עוֹד לְעוֹלָם׃ ° v. 40. השדמות ק׳

*Der masoretische Text von Jer 31,38–40. Ein Schreibfehler in V. 40 (*hascheremot *statt* haschedemot*) ist am Rand korrigiert (Qere').*

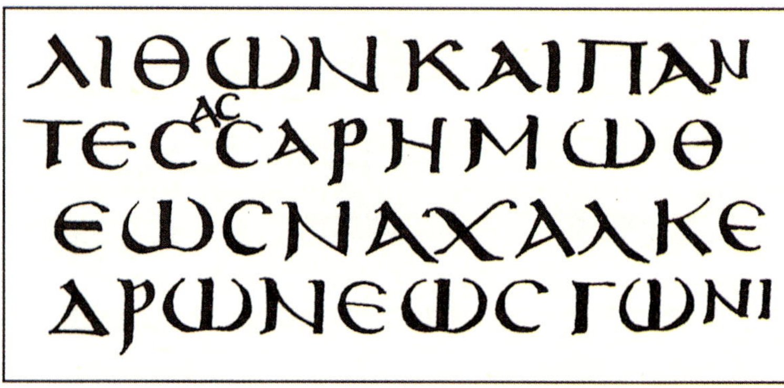
ΛΙΘΩΝ ΚΑΙ ΠΑΝ
ΑϹ
ΤΕϹϹΑΡΗΜΩΘ
ΕΩϹ ΝΑΧΑΛ ΚΕ
ΔΡΩΝ ΕΩϹ ΓΩΝΙ

Die griech. Septuaginta-Fassung (LXX) von Jer 38,40 (= Jer 31,40 im hebr. MT) aus dem Codex Sinaiticus. In Zeile 2 haben die Übersetzer ein hebräisches Wort, das sie wegen eines Schreibfehlers in der Manuskriptvorlage nicht verstanden (assaremoth) *in griechischen Buchstaben unübersetzt wiedergegeben.*

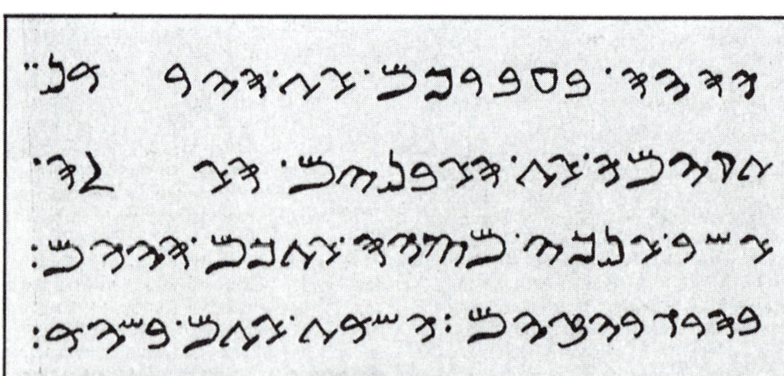

5 Mo 27,4 aus dem Samaritanischen Pentateuch. Am Anfang von Zeile 4 steht statt des Berges Ebal der Berg Garizim.

Dual und Plural. Es gibt zwei Geschlechter: maskulin und feminin. Das Femininum endet auf *-ā*, doch viele feminine Nomina sind nicht gekennzeichnet. Die Possessiva treten als Suffixe an das Nomen. Das Verb beschreibt zwei Zeitaspekte: Perfekt (abgeschlossene Handlung), an das die Personalbezeichnungen in Form von Suffixen treten, und Imperfekt (nicht abgeschlossene Handlung), dem die Personalbezeichnungen als Präfixe vorgeschaltet werden. Das Partizip Aktiv dient weithin dem Ausdruck von Präsens und Futur. Es gibt gut acht »Verbformen« bzw. Aktionsarten: die Grundform mit Veränderungen für Aktiv, Passiv und Reflexiv; den Intensiv und den Kausativ, der durch ein vorgeschaltetes *h*, ' oder *sch* gekennzeichnet ist. Das Verb »sein«, *hawā*, wird ähnlich wie ein Hilfsverb verwendet.

Der verblose Satz ist allg. verbreitet. In Verbalsätzen können sowohl das Verb als auch das Subjekt zuerst stehen, die zweite Anordnung scheint aber gebräuchlicher zu sein. Die Wortfolge ist beweglicher als im Hebr.

Das atl. Aram. bildet den Gegenstand ernster Auseinandersetzungen. S.R. Driver (LOT, S. 502ff) stellte fest, daß das Aram. des Danielbuchs einem westaram. Dialekt angehöre und von daher spät zu datieren sei. Als er dies schrieb, stammte das einzig verfügbare Material aus so später Zeit, daß es nicht von Bedeutung sein konnte. Danach konnte R.D. Wilson, der mit früherem Material arbeitete, das inzwischen entdeckt worden war, nachweisen, daß es in vorchristl. Zeit gar keinen Unterschied zwischen Ost- und Westaram. gab. H.H. Schaeder hat dies ausführlich bestätigt. Außerdem machte er auf die Tatsache aufmerksam, daß der mißverständliche Charakter des »Reichsaramäischen«, wie man es heute nennt, die Möglichkeit ausschließt, darin verfaßte Dokumente einschließlich Daniel und Esra aufgrund der Sprache zu datieren. Er zeigte, daß die Argumente für eine Spätdatierung der Bücher *Daniel und *Esra lediglich das Ergebnis einer orthographischen Modernisierung sind, die im 5. Jh.v.Chr. vorgenommen wurde (s. F. Rosenthal, Aramaistische Forschung, S. 67ff). Bei allem, was wir aus zeitgenössischen Dokumenten über die Ausdehnung der diplomatischen und Handelskontakte wissen, kann es nicht überraschen, daß es in nahezu allen Bereichen Lehnworte aus dem Aram. gibt.

Forschungsergebnisse, die sich auf alte und auf neue Entdeckungen berufen können, zeigen, daß die Argumente, mit denen das atl. Aram. auf die nachpers. Zeit datiert werden soll, nicht fundiert sind. Hier muß ein Beweis aus jüngerer Zeit in einer Sache genügen. Das frühe Aram. besaß einen d(*dh*)-Laut, dessen Aussprache in der Perserzeit der des normalen *d* angeglichen wurde. Im W (Syrien) schrieb man für diesen Konsonanten ein *z* (auch in nicht-aram. Namen wie z.B. Miliz statt Milid(h), »Melitene« in der Stele Zakirs), und dies erhielt sich in den aram. Papyri des Perserreichs als »historische« Schreibweise. Doch im O gaben die Assyrer bereits vom 9. Jh.v.Chr. an *dh* mit *d* wieder (Adad-idri statt (H)adad-ezer). Die tatsächliche Aussprache in der Perserzeit: *d*, ist aus vielen Hinweisen ersichtlich: ein bemerkenswerter aram. Text in der demotischen Schrift Ägyptens aus dem 5. Jh.v.Chr. schreibt *t/d* (J.A. Bowman, INES 3, 1944, S. 224-225 und n. 17); dagegen tauchen in einigen gewöhnlichen aram. Papyri falsche Archaismen auf, z.B. schrieb man ein *z* anstelle des ursprünglichen *d* (nicht *dh*), (vgl. E.Y. Kutscher, JAOS 74, 1954, S. 235 [*zyn wzbb*]).

Das atl. Aram. schreibt ein phonetisch echtes *d*, kein historisches *z* aus dem W. Dies ist zwar kein Hinweis auf ein spätes Datum, bedeutet aber eine von zwei Möglichkeiten: entweder setzten Daniel, Esra, usw. das im Babylonien des 6./5. Jh.v.Chr. gesprochene Aram. phonetisch direkt in die Schreibweise um, oder aber sie bedienten sich der historischen Schreibweise, die von einer späteren orthographischen Überarbeitung weitgehend ausgemerzt wurde.

Literatur: P. Lapide: Hebräisch in den Kirchen, 1976; T. Boman: Das hebräische Denken im Vergleich mit dem Griechischen, [5]1968; RLA: 'Aramu'; E.Y. Kutscher, in: T.A. Seboek (Hrsg.): Current Trends in Linguistics 6, 1970, 347-412; R.D. Wilson: Aramaic of Daniel, 1912; ders.: Studies in the Book of Daniel, 1917; H.H. Rowley: The Aramaic of the Old Testament, 1929; F. Rosenthal: Aramaistische Forschung, 1939; H.H. Schaeder: Iranische Beiträge, 1, 1930; K.A. Kitchen, in: D.J. Wiseman (Hrsg.): Notes on Some Problems in the Book of Daniel, 1965, 31-79; R. Degen, H.P. Rüger: TRE III, 1978, 599-613 (Literatur); D. Michel, F. Werner: TRE XIV, 1985, 505-521 (Literatur). W.J.M./K.A.K.

SPRACHE DES NEUEN TESTAMENTS.

I. DIE ENTWICKLUNG DER GRIECHISCHEN SPRACHE.

Alle Schriften des NT sind uns in griech. Sprache überliefert. Aber in welchem Griechisch? Jeder, der in der Schule Griech. gelernt hat, merkt, wenn er das NT liest, sehr schnell, daß ihm dort ein anderes Griech. begegnet, und jedem, der einen heutigen Griechen sprechen hört oder einen Blick auf eine griech. Zeitung wirft, stellt Unterschiede zum Schulgriech. und zum ntl. Griech. fest. Die griech.

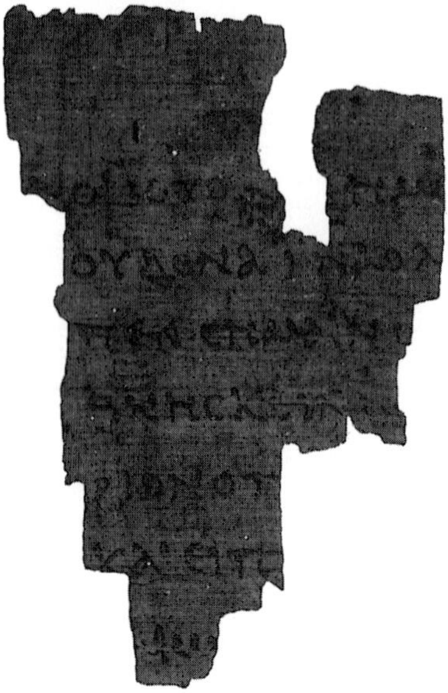

Eines der ältesten Papyrusfragmente des NT: Der p^{52} aus Ägypten, heute in der John Rylands University Library, Manchester. Vorderseite (hier abgebildet) Joh 18,31–33; Rückseite Joh 18,37–38. Ca. 120 n. Chr. entstanden und aus einem Kodex stammend, ist es zugleich der älteste bekannte Beleg für die Verwendung der Kodexform durch die Christen. (JR)

Sprache hat also mehrere Formen. Sie hat sich im Lauf der Geschichte entwickelt.

1. Herkunft und Verwandtschaft des Griechischen.

Griech. wurde von den Indogermanen (auch Indoeuropäer genannt) gesprochen, die im 2. Jt.v.Chr. nach Griechenland einwanderten. Es ist demnach mit den Sprachen verwandt, die die anderen Indogermanen sprachen, also mit Germanisch (aus dem sich Deutsch entwickelt hat), Lateinisch (Sprache der Römer, von dem Italienisch, Spanisch und andere romanische Sprachen abstammen), Slawisch (z.B. Russisch), Iranisch, Indisch usw.

2. Epochen der griechischen Sprache.

Soweit wir die Entwicklung der griech. Sprache an Sprachdenkmälern verfolgen können, ergeben sich vier Epochen:

a. Das mykenische Griech. von ca. 1400 bis 1200 v.Chr., das sog. Linear B (auf Tontäfelchen in Silbenschrift).

b. Das Altgriech. von ca. 800 v.Chr. bis 550 n.Chr; gegliedert in

– das vorklassische und klassische Griech., das wir aus einer großen Zahl bedeutender Literaturwerke in mehreren Dialekten kennen (Jonisch-Attisch, Arkadisch-Kyprisch, Äolisch, Dorisch-Nordwestgriech.) und das in unsern Gymnasien gelehrt und im Graecum geprüft wird;

- die »Koine« (auch hellen. Griech. genannt), in der das NT geschrieben wurde (s. dazu 3.);

c. das Mittelgriech. (auch Byzantinisches genannt) von ca. 550 n.Chr. bis zur Eroberung Konstantinopels 1453;

d. Das Neugriechische von 1453 bis heute, das heute in Griechenland gesprochen wird.

3. Die Koine.

Das Wort »Koine« bedeutet: »allgemein« (-griechische Sprache). Sie wurde zwischen etwa 300 v.Chr. bis 550 n.Chr. gesprochen, und zwar nicht nur in Griechenland, sondern fast im ganzen Mittelmeerraum und im Nahen Osten. Wie kam das? Der Mazedonierkönig *Alexander der Große hatte sich am Anfang des 4. Jh.v.Chr. nicht nur Griechenland, sondern auch die Länder rund um den östl. Teil des Mittelmeers bis zum Fluß Indus unterworfen und wollte dieses Gebiet zu einem einheitlichen Reich mit einer einheitlichen Kultur und Sprache machen. Als Sprache wählte er das Attische, das vor allem in Athen, der kulturellen Hauptstadt Griechenlands, gesprochen wurde. Natürlich gingen die einheimischen Sprachen nun nicht einfach unter, aber die griech. Sprache, die sich aus dem Attischen mit Einflüssen des Jonischen zur »allgemeinen« Sprache entwickelte, wurde Verkehrssprache, zunächst im O. Als später die Römer das ganze Mittelmeergebiet unter ihrer Herrschaft vereinigten, war Koine – mehr noch als Englisch heute – die Weltsprache und das wichtigste Element einer einheitlichen hellen. Kultur. Es war ein großes Plus für die christl. Mission, daß ihre Missionare nicht erst viele Sprachen lernen mußten, sondern mit einer Sprache die Bewohner eines riesigen Gebiets erreichen konnten. Auch in den christl. Gemeinden von *Spanien bis nach *Persien, an die die meisten Schriften des NT gerichtet sind, wurde diese allg. Sprache verstanden. Deshalb ist das NT in Koine geschrieben.

4. Der Attizismus.

Da Koine die Sprache des Volkes war, von dem sich die Gebildeten absetzen wollten, entstand z.Zt. des Kaisers *Augustus, einer kulturellen Blütezeit, eine Gegenbewegung. Man wollte wieder so gut attisch schreiben wie die großen Klassiker und nahm sie sich

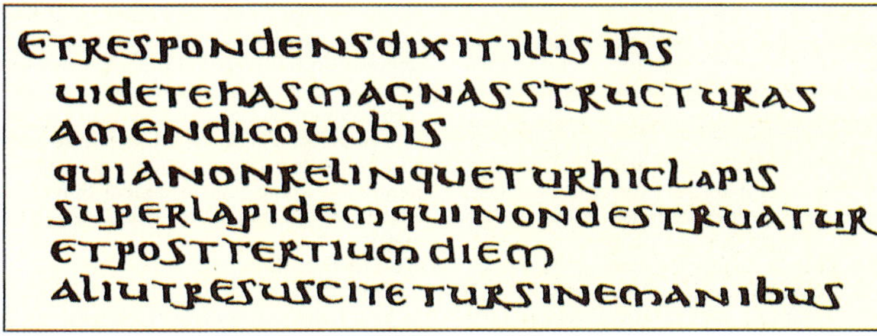

Der lateinische Text von Mk 13,2 aus dem Kodex Bezae Cantab. (D), mit einer textlichen Ergänzung: »Und nach dem dritten Tag wird ein anderer ohne Hände auferweckt werden« (Zeile 6–7). 5. Jh. n. Chr.

zum Vorbild für die eigene Sprache: Der Attizismus entstand, wurde aber nur für die Schriftsprache maßgebend. Seine Anhänger, die gebildeten Griechen und Römer, lehnten die Sprache des NT als »Matrosensprache«, als »barbarisch klingend, mit fremden Wortbildungen durchsetzt«, ab. Um auch diese Menschen für Christus zu gewinnen, schrieben die Apologeten, kirchliche Verteidiger des Glaubens im 2. Jh., in attisierender Sprache. Trotzdem konnte der Attizismus die Weiterentwicklung der gesprochenen Sprache nicht hemmen, und es entstand ein Graben zwischen Schriftsprache und Volkssprache, der bis heute besteht.

III. DIE EIGENARTEN DER KOINE.

1. Die Quellen der Kenntnis der Koine.

Da Koine über Jahrhunderte die allg. Sprache war, ist natürlich nicht nur das NT in Koine geschrieben worden. Und doch kannte man sie lange Zeit nur vom NT her, bis Ende des 19. Jh. im trockenen Sand Ägyptens Papyrusreste gefunden wurden, auf denen Texte in Koine zu lesen waren. Dazu kamen Inschriften und beschriftete Tonscherben (Ostraka – s. *Papyri und Ostraka), so daß wir Koine und ihre Eigenarten jetzt recht gut kennen.

2. Unterschiede in der Koine.

Nun ist aber auch die Koine außerhalb des NT nicht einheitlich: Auf der einen Seite steht die Umgangssprache, wie sie uns in den Briefen und privaten Notizen mit nachlässigem und z.T. fehlerhaftem Griech. begegnet, auf der andern die gehobene Sprache, die amtliche Schreiben oder echte Literatur, wie z.B. historische Werke und Fachliteratur, wiedergeben.

3. Gemeinsamkeiten der Koine.

Dennoch ist diesen beiden Sprachschichten vieles gemeinsam. Am leichtesten fällt es, die Koine im Vergleich mit dem klassischen Griechisch herauszustellen. Dabei ergeben sich folgende Eigenarten:

a. Vereinfachungen.

Eine Weltsprache muß Formen haben, die andere Völker möglichst schnell lernen können – wie Englisch. Deshalb ist auch die Koine gegenüber dem klassischen Griech. einfacher: In der Deklination z.B. zieht die Koine das Reflexivpronomen der 3. Person (*heauton*, »sich«) auch für die anderen Personen vor. In der Konjugation z.B. strebt sie mehr zur meistgebrauchten thematischen (an Stelle der athematischen); Optativ und Dual gehen zurück. In der Syntax (Satzlehre) z.B. wird der Infinitiv durch Nebensätze verdrängt.

b. Verstärkungen.

Je mehr sich eine Sprache abschleift, desto mehr braucht sie neue Möglichkeiten der Verstärkung des Ausdrucks. Deshalb reichten der Koine nicht Komposita mit einer Präposition, es mußten gleich zwei oder gar drei sein (so auch z.B. beim Adverb *hypo-kato*). Oder: Der Superlativ wurde durch *malista*, »am meisten«, verstärkt. Oder: Die Negation *u*, »nicht«, wurde zu *udamos*, »überhaupt nicht«.

c. Verkleinerungen.

Die Koine neigt zur Verwendung von Diminutiven (Verkleinerungen), die an die Stelle der gewöhnlichen Substantive treten, dann aber die Verkleinerungsbedeutung verlieren. Z.B. erscheint statt *biblos*, »Buch«, *biblion*, ursprünglich: »Büchlein«, jetzt: »Buch«.

d. Verwischen von Unterschieden.

Eine Sprache, die verflacht, verwischt gern Unterschiede, die Koine z.B. die Bedeutung der Präpositionen *eis* und *en*, beide: »in«, *hypo* und *apo*, beide: »von«, die Bedeutungen von *epi* bei verschiedenen Kasus. Im klassischen Griech. haben die Bedingungssätze viele feine Schattierungen; in der Koine verwischen sie sich.

e. Wandlung des Wortschatzes und Wortgebrauchs.

Gewisse Wörter werden je nach Thema häufiger als im Klassischen gebraucht und umgekehrt; manche fallen weg oder werden seltener (z.B. die vielen Partikel), und bei vielen hat sich die Verwendung geändert (s.u.III.).

f. Neubildungen.

Wo der Wortschatz dem Thema nicht mehr genügte, hat man Wörter neu gebildet, indem man sie von bekannten nach üblichen Wortbildungsregeln ableitete oder sie aus gebräuchlichen zusammensetzte.

g. Aufnahme von Fremdwörtern.

Jede Sprache nimmt, wenn sie mit einer anderen in Berührung kommt, von ihr Wörter auf. Das ist in der Koine allerdings nicht oft geschehen, ein Zeichen der Übermacht des Griech. Hauptsächlich waren es seit der Herrschaft der Römer latein. Wörter: außer Eigennamen (z.B. Markus, Paulus) vor allem Wörter aus dem Miltärwesen, aus Verwaltung, Handel und Verkehr (Latinismen).

4. Die »jüdische« Koine.

Wie wohl kein anderes Volk haben sich die Juden um ihres Glaubens willen gegen Überfremdung durch die hellen. Kultur und Religion gewehrt. Aber die Koine war nun einmal Weltsprache geworden, und deshalb wurde sie sicher auch in Palästina z.Zt. Jesu neben dem Aram. gesprochen. Die Juden aber, die seit der Zerstörung ihres Staates durch die Babylonier in der Diaspora unter anderen Völkern lebten, mußten griech. sprechen und lernten es schon als Kinder. Wir kennen sogar einige Werke von Juden der Diaspora (Philo, Josephus, 4Makk., Aristeasbrief). Das für das ntl. Griech. aber entscheidende Werk ist die Septuaginta (LXX), die Übersetzung des AT ins Griech. Sie sollte dem Grundtext nahe kommen und deshalb so wortgetreu wie möglich sein. Das aber führte zu manch ungewohntem Wortgebrauch, zu grammatischen Härten und zu eigenartigen Wendungen, die sich auch im NT wiederfinden (s.u.III.2.c.).

III. DIE EIGENARTEN DER KOINE DES NT.

1. Volks- oder Schriftsprache?

In den christl. Gemeinden wurde Koine gesprochen. Neben die mündliche Verkündigung trat die schriftliche, zuerst in den Briefen – bei Abwesenheit des Verfassers –, dann um die Überlieferung von Jesus festzuhalten, da einer der Augenzeugen nach dem andern starb – in den *Evangelien. Die Schriften wurden also aus Not verfaßt. Deshalb dachten ihre Verfasser nicht daran, Literatur in gutem Stil zu produzieren. Sind die ntl. Schriften nun Literatur oder nicht? Nach der Wortwahl ist ihre Sprache eher Volkssprache wie auch die Sprache der Popularphilosophen, wie z.B. die von Epiktet (Deißmann: »Paulus sprach wie die kleinen Leute von Ephesus und Korinth auch sprachen«). Aber nun hatten einige Verfasser doch literarische Bildung genossen (Paulus, Lukas, der Verfasser des Hebräerbriefs). Warum sollten sie sie verleugnen? Im Ganzen gesehen aber »ist das Griechisch des NT als nicht-attizierende, überwiegend nichtliterarische Koine und in diesem Sinne als volkstümliche Koine zu klassifizieren« (Rehkopf).

2. Die Semitismen.

Nun gibt es sprachliche Elemente im NT, die dem Griech. sowohl der Volkssprache als auch der Literatur fremd sind. Die meisten von ihnen sind sog. Semitismen, d.h. sie lassen sich vom Hintergrund des Hebr. (im AT) oder des Aram. her erklären. Allerdings muß nicht alles, was semit. aussieht, auch von dort stammen. Es könnte auch Element griech. Volkssprache sein, das man nur sonst noch nicht entdeckt hat.

a. Hebraismen.

Hebraismen sind zunächst die griech. geschriebenen hebr. Wörter, wie z.B. *amen, sabbaton, alleluia.* Andere zeigen sich in Schriftzitaten aus dem AT; aber auch in atl. Stilmomenten sind sie, wie z.B. in Hymnen und Doxologien, aber auch in auffälligen Sprachformen.

Beispiele: Warum steht plötzlich im Griech. ein Dativ? Er entpuppt sich als Wiedergabe des hebr. Infinitivus absolutus.

Oder: Merkwürdige Wortfügungen, die ein Grieche nie gebraucht hätte, werden durch das Hebr. klar, z.B. *pasa sarx,* »alles Fleisch«, *en meso* »in Mitte«, *dia cheiros* »durch«, wörtl.: »durch die Hand«.

b. Aramaismen.

Sie kommen besonders in den Evv. und im 1. Teil der *Apostelgeschichte vor. Da Jesus und die ersten Jünger aram. sprachen, mußten ihre Worte im NT Übersetzungen aus dem Aram. sein. Da direkte aram. Quellen zum Vergleich fehlen, entdeckt man die Aramaismen meist nur auf dem Weg über eine Rückübersetzung (aus dem griech. NT ins Aram.). Manchmal wurde sogar behauptet, die erwähnten Bücher des NT seien bloße Übersetzungen aus dem Aram. Aber diese Meinung hat sich nicht beweisen lassen (ebensowenig wie die Idee, das Mk-Ev. sei aus dem Latein. übersetzt).

c. Septuagintismen.

Die ntl. Schriften zitieren oft aus der LXX und kennen sie gut. Deshalb bilden sie manche Sprachformen bewußt oder unbewußt nach. Beispiel ist der »Genitivus hebraicus«, der als Ersatz für ein nicht vorhandenes Adjektiv steht (statt »der ungerechte Richter«: »der Richter der Ungerechtigkeit«).

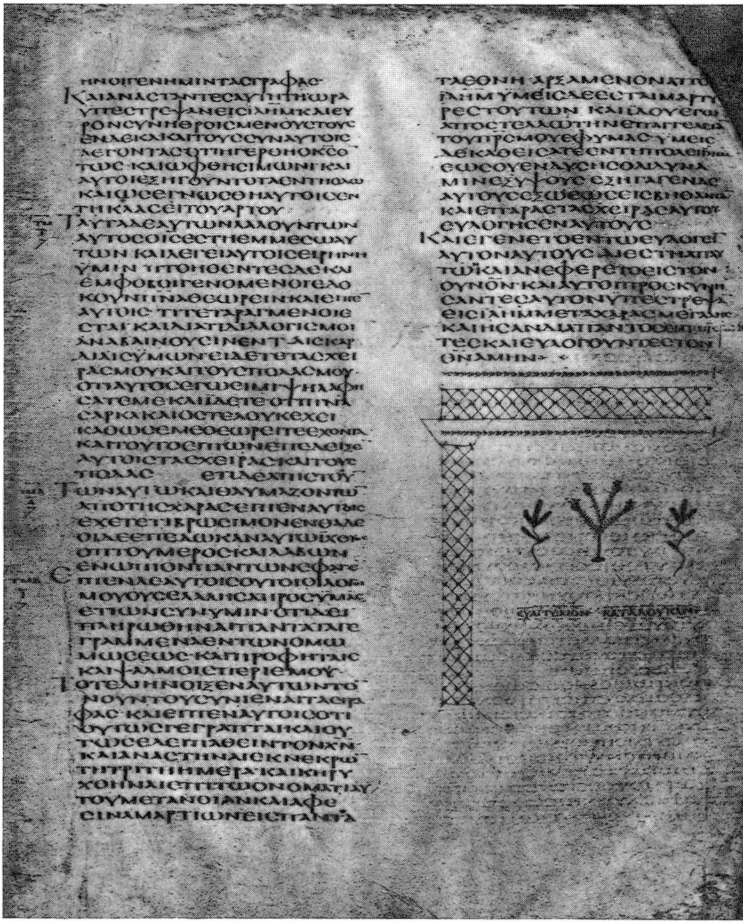

Kodex Alexandrinus (5. Jh. n.Chr.), einer der drei ältesten Kodizes der griech. Bibel (AT und NT). Abgebildet: der Schluß des Lukasevangeliums (Lk 24,32–53). (BL)

Besonders wichtig sind Übernahmen aus Wortschatz und Wortbedeutung der LXX. Beispiele aus dem Wortschatz: *agape,* »Liebe« (die im Sinne von »Liebe Gottes« im Heidentum unbekannt war), *proseuche,* »Gebet«, (in typisch bibl. Verständnis), *thysiasterion,* »Altar«, *peirasmos,* »Versuchung«, »Anfechtung« (auch das wird im Heidentum anders verstanden), *skandalon,* »Ärgernis«, (kaum so im Heidentum). Wörter, die nur in der LXX und im NT vorkommen, darf man als »bibelgriechisch« bezeichnen.

Nun gibt es auch Wörter, die zwar in der LXX auftauchen, aber selten, dafür aber häufig im NT, z.B. *hypakoe,* »Gehorsam«. Sie scheinen typisch christl. zu sein. Wichtiger noch ist die Wortbedeutung (Semantik). Beispiele: *doxa,* im Profan-Griech. meist »Meinung«, im bibl. meist: »Lichtglanz Gottes«, *ethne,* allg.: »Völker«, bibl.: *gojim,* »Heiden« (gegenüber *laos,* dem Volk Gottes, Israel bzw. Gemeinde Christi), *eirene,* »Friede«, bibl.: *schalom,* »Heil«.

3. Stilmittel.

Da die ntl. Schriften meistens in schlichter Volkssprache gehalten sind, ist Kunstprosa, d.h. Sprache, die auch gefallen soll und dafür Stilmittel einsetzt, nicht zu erwarten. Eine Ausnahme bildet der Hebräerbrief, und einige andere nähern sich. Allerdings sind Antithesen und Parallelismen nach althebr. Spruchdichtung stark entwickelt, bes. bei Matthäus, Lukas und Paulus, in den Parallelismen auch noch die Gleichheit der Anfangsworte (Anaphora) oder der Endworte (Antistrophen) und Reime.

IV. DIE SPRACHLICHEN BESONDERHEITEN DER EINZELNEN SCHRIFTSTELLER.

1. Die Evangelien.

Sie erzählen die Geschichten um Jesus und sind deshalb (vor allem MtEv.) im Licht des rabbin. Erzählungsstils zu sehen. Dazu gehört, daß sie mehr Sätze aneinanderfügen als Gedanken durch Nebensätze unterordnen (sog. Perioden). Am schlichtesten erzählt Markus, wenn er immer wieder Sätze durch *kai*, »und«, aneinanderreiht. Auch kommen bei ihm besondere Aramaismen vor, z.B. der unpersönliche Gebrauch (dt. »man«) der 3. Person Plural des aktiven Verbs (»sie«). Die Ev. des Matthäus und Lukas, die Markus wahrscheinlich als Vorlage hatten, haben seinen Stil oft verbessert. Sie benutzten zur Abwechslung eine andere Art anfügenden Stils, indem sie nach dem 1. Satz das Weitere mit Hilfe eines Partizips oder eines *hoti-*, »weil«-Satzes oder eines Relativsatzes ausführten. Lukas (vielleicht der im NT erwähnte Arzt) spricht von den Evangelisten das beste Griech., vor allem in den Teilen, in denen er am wenigsten von Quellen abhängig ist (Prologe, manche Reden der Apg). Er beseitigt gern Latinismen. In der Apg häuft er Partizipien. (Allerdings kann man aus seiner Sprache nicht beweisen, daß er Arzt war). Aus dem JohEv. leuchtet semit. Hintergrund durch, bes. in den Reden. Es reiht oft – ungriech. – Sätze ohne ein verbindendes Wort aneinander (sog. Asyndeton). Das ist auch Lehrstil der andern Evv. in Vorschriften und Ansprachen und kommt auch in Ermahnungen und Vorschriften der Briefe vor, da ein Asyndeton eine Rede feierlicher und gewichtiger macht.

2. Die Briefe.

Sie bedienen sich der Dialektik und Beredsamkeit des heidnischen Redestils; so ähnlich sprachen die Popularphilosophen (z.B. in ihrer sog. Diatribe, in der angenommene Einwürfe der Zuhörer aufgegriffen und beantwortet werden). Deshalb findet man bei Paulus oft Gedankenunterbrechungen (Parenthese), ja Gedankenabbrüche (Anakoluth). Vielleicht gibt er sich bewußt keine Mühe, da er sich *idiotes to logo* nennt (2Kor 11,6: »ungeschickt in der Rede, aber nicht in der Erkenntnis«). Der Inhalt ist ihm so wichtig, daß er oft an den Anfang des Satzes das wichtige Wort setzt und erst dann die Konjunktion (Bindewort). Paulus beweist in seinen Briefen, daß er als Jude der Diaspora literarische Bildung genossen hat. An Stilmitteln benutzt er z.B. rhetorische Fragen, Ironie und Paraleipsis (Übergehen). Allerdings haben ihn noch mehr Sprache und Stil der LXX beeinflußt. Der Kolosserbrief hat einen liturgisch-hymnischen Stil (synonyme und Genitivverbindungen). Noch mehr ist das beim Epheserbrief der Fall mit seinen überlangen Satzreihen; die semit. syntaktischen Erscheinungen treten hier viermal so oft wie in den übrigen Briefen auf. Die Pastoralbriefe weichen vom Stil der sonstigen Paulusbriefe durch 10-20mal so viele Gräzismen ab. Im 1. Petrusbrief findet man ein gepflegtes Griech., in dem zahlreiche rhetorische Mittel verwendet werden (Wortstellung, Satzparallelismus, Reihung gleichartiger Komposita). Der 2. Petrusbrief und der Judasbrief bieten ein äußerst gewundenes und kompliziertes Griech. Der Jakobusbrief enthält (wie 1Joh) viele Stücke, die unverbunden nebeneinander stehen. Er ist eine Sammlung von Aphorismen, weist im übrigen aber ein gewandtes Griech. auf. 1Joh hat manche Verwandtschaft mit dem JohEv. Der Hebräerbrief gehört – wie schon gesagt – nach der Komposition von Worten und Sätzen zur Kunstprosa. Er vermeidet den Hiat (das Aneinanderstoßen von Vokalen, das dem Griechen unangenehm war) und bringt ganze Versstücke.

3. Die Offenbarung des Johannes.

Sie gilt als das vom sprachlichen Niveau her bescheidenste Werk des NT, da sie Satzfügungen hat, die jeder Schulmeister als schwere grammatische Fehler anstreicht, z.B. Inkongruenzen (Numeri stimmen nicht überein); oder: eine Apposition zu einem Wort im Genitiv, Dativ oder Akkusativ steht im Nominativ; Akkusative oder Genitive hängen in der Luft; Wörter, die sonst als Feminina oder Neutra bekannt sind, tauchen hier als Maskulina auf. Es kommen viele Partizipien vor

►

Papyrus-Kodex p⁴⁶ (Chester Beatty II), Mitte bis Ende des 2. Jh. n.Chr. Der Kodex enthielt das Corpus der Paulus-Briefe. Es fehlen 2Thess, Phil und die Pastoralbriefe; erhalten ist jedoch der zu dieser Zeit noch selbstverständlich als paulinisch geltende Hebräerbrief. Abgebildet: Hebr 9,2–10. (CBL)

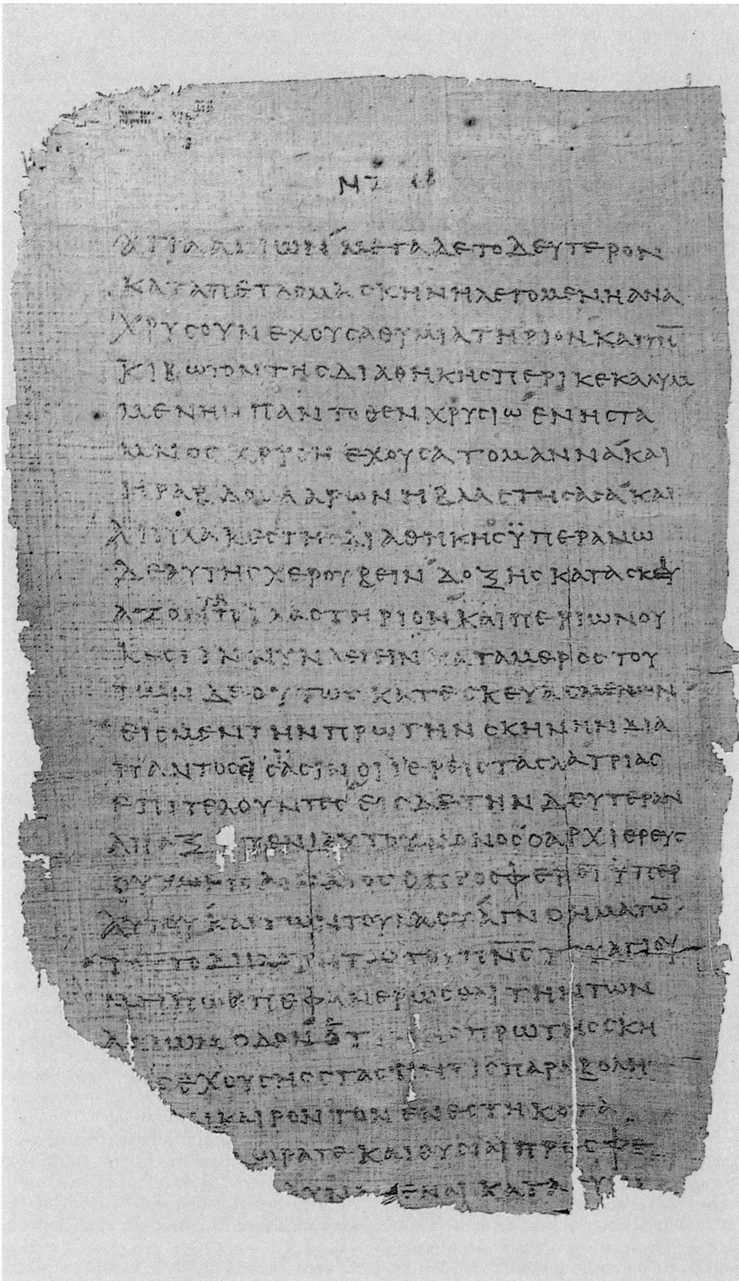

Aber das alles läßt sich aus dem Charakter der Offenbarung erklären: Sie ist ein Buch voller göttlicher Visionen. Der Verfasser versucht stammelnd wiederzugeben, was er an Unaussprechlichem gesehen hat. Der Stil ist darum »hieratisch« (Stil, der Heiliges wiedergibt, wie im Ägyptischen, wo der Gegensatz das Demotische, das Volkstümliche, war). Die Offb hat auch zahllose wörtl. Anklänge an das AT (obwohl kein einziges wörtl. Zitat vorkommt) und eine Menge von dichterisch geformtem Stoff in Hymnen und Lobgesängen.

4. Zusammenfassung.

Das ntl. Griech. ist eine Sprache, die von jedem verstanden wurde und doch nach Verfasser und Zweck verschieden geformt ist. Aber sie hat das eine Ziel, das Evangelium von Jesus Christus so auszusagen, daß er und das Heil, das Gott durch ihn gab, auch durch die Sprache hindurch leuchten und zu allen Lesern und Hörern kommen. So gewinnt sie einen Rang, wie ihn Luther preist: »So lieb nun wie uns das Evangelium ist, so hart laßt uns über den Sprachen halten! Denn Gott hat seine Schrift nicht umsonst allein in die zwei Sprachen schreiben lassen, das AT in die hebräische, das NT in die griechische ... Also mag auch die griechische Sprache wohl heilig heißen, daß dieselbe vor andern dazu erwählt ist, daß das NT darin geschrieben würde« (An die Ratsherren aller Städte deutschen Landes, daß sie christliche Schulen aufrichten und halten sollen. 1524).

Literatur: F. Blaß, A. Debrunner, F. Rehkopf: Grammatik des neutestamentlichen Griechisch, [16]1984; E.G. Hofmann, H. v. Siebenthal: Griechische Grammatik zum Neuen Testament, 1985; W.G. Kümmel: Sprache und Schriftzeichen des NT, RGG[3], I, 1138-1149; ders.: Einleitung in das Neue Testament, [17]1973; L. Radermacher: Neutestamentliche Grammatik, [2]1925; F. Rehkopf: TRE XIV, 1987, 228-235; W. Stoy, K. Haag: Bibel-Griechisch leichtgemacht. Lehrbuch des neutestamentlichen Griechisch, [2]1983; N.A. Dahl: BHH I, 1962, 610f. W.St.

SPRENGEN s. Blut; s. Opfer

SPRENGWASSER. Es diente zur Reinigung der Israeliten, die sich an Toten verunreinigt hatten (4Mo 19). Um das S. zu bereiten, wurde eine fehlerlose rötliche Kuh, die noch keine Arbeit geleistet hatte, vor dem Lager geschlachtet und ihr Fleisch, Fell und Mist mit Zedernholz, scharlachroter Wolle und Ysop ganz verbrannt. Das galt als Sündopfer (4Mo 19,9). Vorher wurde ihr Blut siebenmal gegen die Stiftshütte gesprengt (V. 4). Die Asche, deren Bereitung ebenfalls mit besonderen Reinigungsvorschriften verknüpft war, bewahrte man an einem reinen Ort außerhalb des Lagers auf und tat zum Gebrauch Wasser aus einem Bach oder Fluß hinzu (V. 17f). Damit wurde der Unreine am 3. und 7. Tag nach der Verunreinigung besprengt, ebenso sein Zelt bzw. Haus und Gerät. Badete er sich danach und wusch seine Kleider am 7. Tag, so war er wieder rein (V. 19). Für den *Nasiräer jedoch, der sich versehentlich an einem Toten verunreinigt hatte, galten andere Reinigungsvorschriften (4Mo 6,9-12). War die Asche einer Kuh verbraucht, dann schlachtete man eine andere. Die jüd. Tradition berichtet, daß insgesamt nur neun rote Kühe geschlachtet worden seien. Die Asche der ersten habe bis z.Zt. Esras ausgereicht. Demgegenüber berichtet Hieronymus, jedes Jahr sei eine rote Kuh geschlachtet und die Asche frisch zubereitet worden. Von Jerusalem aus wurde die Asche den Priestern im Land zugeteilt, damit an jedem Ort die notwendige Reinigung vorgenommen werden konnte. In Hebr 9,13f wird dieser atl. Brauch zum Hinweis auf Christi Opfertod. Als der ewige Hohepriester hat er durch Besprengung mit seinem Blut von aller Unreinheit vollgültig befreit.

SPREU s. Ackerbau

SPRICHWORT.

1. Ebenso wie *Spruch ist S. eine Übersetzung des hebr. *māschāl*. Kurze Sätze mit allg. Lebensweisheiten, Erfahrungen, die sich immer wiederholen, werden leicht zu S.en, die sich dann auf entsprechende Situationen anwenden lassen (1Sam 10,12; 24,14; Hes 12,22f; 18,2f; Lk 4,23). Im AT ist öfter davon die Rede, daß ein Volk, ein einzelner oder ein Haus dadurch zu einem S. werden kann, daß das besondere Geschick, das der Betreffende erleidet, zum Spott in aller Munde ist. In diesem Sinne ist S. als warnendes Beispiel zu verstehen (5Mo 28,37; 1Kön 9,7; 2Chr 7,20; Hiob 17,6; Jer 24,9).

2. Im NT kann das griech. *paroimia* entweder S. im eigentlichen Sinn (2Petr 2,22), oder aber die sinnbildliche Rede, die dunkle Andeutung im Gegensatz zur klaren, deutlichen Rede (Joh 16,25.29 LÜ: »Bild«) bedeuten.

SPRUCH. Griech. *logos*, »Wort«, kann ganz allg. »Wort der Schrift« (Joh 12,38) und »Wort« oder »Rede« überhaupt bedeuten (Joh 4,37). In 4Mo 23,7ff bezeichnet S. die feierliche prophetische Rede Bileams. Das hier verwendete hebr. *māschāl* schließt weiter die Bedeutung Fabel (Ri 9,7ff), *Rätsel (Ri 14,14.18; Hes 17,2), *Sprichwort (Hes 18,2), dunkler Spruch (Dan 5,12) und *Gleichnis (Hes 24,3) ein, auch den Denkspruch, der aber im Orient oft noch einen gewissen witzigen Vergleich enthält (1Kön 5,12; Hiob 13,12; Spr 26,1ff; Pred 12,9). Ein S. kann schließlich auch ein Gesang oder Lied sein (Hiob 27,1; 29,1; Ps 49,5; 78,2), inbesondere ein Spottlied über den Untergang der Feinde des Singenden (Jes 14,4; Hes 16,44; Mi 2,4; Hab 2,6).

SPRÜCHE/BUCH.

I. DER NAME.

Wie bei anderen atl. Büchern ist das erste Wort zum Titel geworden. Davon dürfen wir nicht ableiten, daß das Buch der Sprüche nur »Sprichwörter« enthält. Das hebr. Wort *maschal* besitzt nämlich ein breiteres Bedeutungsspektrum als wir uns zunächst vorstellen. Beginnend mit dem ungereimten Volkssprichwort (1Sam 10,12) werden sowohl Spottverse (Jes 14,4), Kunstsprüche (Pred 2,9) und Leichenlieder (Hes 28,11ff) als auch Gleichnisse (Hes 17,2ff) und Weissagungen (4Mo 24,3) mit dieser Vokabel bezeichnet. Daß unser Buch verschiedenste Formen von sehr unterschiedlicher Länge enthält, steht also im Einklang mit dem Gebrauch des Wortes.

II. VERFASSER.

In Spr 1,1; 10,1 und 25,1 wird *Salomo als Verfasser genannt, d.h. ihm werden fast 27 Kap. des Buches zugeschrieben. Das paßt gut in das Bild, das sonst im AT von Salomo gezeichnet wird. Demnach war er weiser als alle Menschen. Er dichtete eine sehr große Zahl von Sprüchen und Liedern (1Kön 5,9ff). Seine Zeitgenossen bewunderten ihn, z.B. die Königin von *Saba (1Kön 10). Große Achtung vor seinem Werk spricht auch daraus, daß noch nach 250 Jahren der König *Hiskia salomonische Sprüche sammeln ließ (25,1). Auch z.Zt. des NT klingt in dem Herrenwort Mt 12,42 par. Salomos Weisheit nach.

Neben Salomo zählt das Buch weitere Verfasser auf. Spr 24,23 leitet die zweite Hälfte dieses Kapitels mit den Worten ein: »Auch diese sind von Weisen.« Die Pluralform unterstützt die Vermutung, daß es auch in Israel einen Stand von Weisen gegeben haben könnte. Schließlich werden sogar Namen genannt: Agur (30,1) und Lemuel (31,1). Die letztgenannte Stelle ist so formuliert, als hätte der König die Sprüche von seiner Mutter als Tradentin oder eigentlicher Verfasserin übernommen.

Die Überschriften enthalten zugleich mit der Verfasserschaft auch Angaben über Entstehungszeit und -ort. Zu Salomos Zeit (960-920 v.Chr.) blühte im Orient schon die *Weisheit. Spr 22,17-23,13 hat große Ähnlichkeit mit einer Passage aus dem Weisheitsbuch des Ägypters Amenemope (1186-1070 v.Chr.). Ein überlieferter kanaan. Zahlenspruch ist vor dem 11. Jh.v.Chr. entstanden, so daß die bibl. Zeitangabe zutreffend ist.

Daß die salomonischen Sprüche in Kap. 25-29 von den Männern Hiskias (719-691 v.Chr.) gesammelt worden sind, läßt erkennen, daß zwischen Abfassung und Aufzeichnung von Sprüchen große Zeiträume liegen können, die sie durchaus mitgestaltet haben werden. Weiter wird klar, daß die Altersbestimmung von Sprüchen ein schwieriges Unterfangen ist.

Von den in 30,1 und 31,1 genannten Namen kommt nur »Itiel« im AT vor. Die Ortsangabe »Massa« bezieht sich auf einen ismaelitischen Stamm (1Mo 25,14). Nimmt man noch in diesem Teil vorkommende aram. Vokabeln und Formen hinzu, so ergibt sich der Eindruck, daß sie recht spät (wie sogar die Apokryphen noch Sprüche enthalten) im Ausland geschrieben worden sind.

III. GLIEDERUNG.

Von den Überschriften ausgehend ergibt sich folgende Gliederung des Buches:

Kap. 1-9: Sprüche Salomos, des Sohnes Davids;

10,1-22,16: Sprüche Salomos;

22,17-24,22: Worte der Weisen;

24,23-34: Auch diese sind von Weisen;

Kap. 25-29: Weitere Sprüche Salomos;

30: Worte Agurs, des Sohnes Jakes;

31,1-9: Worte Lemuels, des Königs von Massa;

31,10-31: Alphabetisches Lied.

Manche unterteilen mit LXX noch Kap. 30, die 30,1-14 nach 24,22 zieht, aber es zwingt nichts, dieser bei den Sprüchen ungenauen Übersetzung zu folgen.

IV. STILFORMEN.

Am auffallendsten ist der zweigliedrige Vers, in dem die beiden Hälften in irgendeinem gedanklichen Verhältnis zueinander stehen. Diese Erscheinung nennt man Parallelismus membrorum (latein. *membrum*, »Glied«). Beide Zeilen können ein und denselben Gedanken enthalten, sie drücken ihn aber unterschiedlich aus (19,10; synonymer Parallelismus). Der zweite Stichos kann den Gegensatz zum ersten benennen (3,35; antithetischer Parallelismus). Wird ein Gegenstand mit einem besseren verglichen, spricht man vom komperativischen Parallelismus usw. Genügten zwei Zeilen nicht, so fügte man eine dritte hinzu (27,20) oder stellte sogar zwei (26,18f) oder mehr Verse in einen Sinnzusammenhang (z.B. fünf in 27,23ff, zehn in 23,2-11). Man hat auch Verse aneinandergefügt, die gleiche oder ähnlich klingende Stichwörter enthalten (26,13-16).

Eigenartig sind die Zahlensprüche. Jeweils zwei um eins verschiedene Zahlen leiten eine Aufzählung von Dingen ein, die etwas Gemeinsames haben (6,16-19; 30,15ff).

Kap. 2 enthält einen im AT einmaligen, vielfach verschlungenen und langgedehnten Periodenbau. Große, gedanklich zusammenhängende Abhandlungen finden sich auch in den Kapiteln 5, 7 und 8.

Im Lob der Hausfrau am Schluß des Buches bilden die Anfangsbuchstaben der Sprüche ein hebr. Alphabet.

V. GEGENSÄTZE ALS LERNHILFE.

90 % aller Verse in Spr 10-15 sind antithetisch aufgebaut. Aber die Antithese ist den Weisen nicht nur in dieser kleinen Form geläufig. Sie formulieren auch große Gegensätze, die ihr ganzes Lehrgebäude durchziehen. Es genügt ihnen nicht, das positive Vorbild leuchtend darzustellen und mit seinen Erfolgen zu locken. Ebenso intensiv beschreiben sie das abschreckende Beispiel samt seinen Mißerfolgen und Bestrafungen. Das grundlegende Gegensatzpaar bilden die Weisheit und die Torheit bzw. die Weisen und die Toren. Besonders kontrastreich ist Kap. 9. Dort laden personifizierte Weisheit und Torheit mit den gleichen Worten zum Mahl ein.

Über den Weisen ist schon und wird später noch einiges gesagt. Der Tor ist kein bildungsunfähiger Mensch, sondern einer, der sich bewußt gegen Gott entschieden hat (19,3). Er ist so selbstsicher, daß er auf Rat verzichtet (12,15), daß er meint, alles ungefährdet durchkosten zu können (15,5; 5,12f) und dabei seine Möglichkeiten weit überschätzt (14,8). Natürlich erntet er das Mißfallen seiner Mitmenschen (26,1.8) und den Untergang (16,18). Die Weisen haben keine Hoffnung für den Toren (27,22).

Weitere Begriffspaare entfalten den Grundgegensatz: gut und böse, gerecht und gottlos. Weil die Guten ein gütiges Herz haben (14,30), jagen sie dem Guten nach (21,21), so daß die Frucht ihres Mundes Gutes ist (12,14). Ihnen widerfährt Gutes (11,27; 13,21; 14,22). Mit Hilfe der Furcht Jahwes meiden sie das Böse (3,7; 16,6). Die Bösen laufen zum Bösen und locken dann die anderen an (1,16.10). Ihr Herz bereitet Böses (12,20), ihr Mund schäumt Böses (15,28). Böses zu meiden wäre ihnen ein Greuel (2,14; 13,19). Aber das Böse hilft ihnen nichts (11,21), es schadet ihnen sogar selbst (11,2.6; 12,13; 26,27). Sie sind für den bösen Tag geschaffen, an dem ihre Bosheit offenbar wird (14,19; 26,26; 16,4).

Der Gottlose ist kein moderner Atheist. Er bringt sogar Opfer dar, aber Gott ist ihm fern (15,8.29). Und wer recht wandelt, ist dem Gottlosen ein Greuel (29,27). Denn er ernährt sich vom Brot der Gottlosigkeit und verwendet sein Einkommen zur Sünde (4,17; 10,16). Unbarmherzig ist er (12,10), Schaden anzurichten bereitet ihm Freude (12,12; 21,10.15); sein Herz ist wie nichts, er achtet keine Vernunft (10,20; 29,7). Sein verkehrter Mund erinnert an einen Löwen (10,32; 28,15); wehe, wenn er an die Herrschaft gelangt (28,12; 29,2). Aber auf den Gottlosen wird sein Frevel fallen (10,11). Schon die Gottlosigkeit an sich läßt ihn stürzen (11,5). Er erleidet viel Unglück (12,21; 24,16); an seinem Haus nagt ein Fluch (3,33; 14,11). Er wird verweht, umgestürzt, ausgerottet, seine Leuchte erlischt, sein Name verwest, seine Jahre werden verkürzt, alle Hoffnung geht ihm verloren (10,25; 13,6; 12,7; 2,22; 13,9; 21,4; 10,7.27f). Er wird als Lösegeld für den Gerechten gegeben (21,18). Der Gerechte erlebt Gottes Geleit und Fürsorge. Sein Gebet wird erhört. Gott läßt ihn nicht hungern. Beim Herrn darf er jederzeit Schutz suchen (18,10), denn Gerechtigkeit ist Gott lieber als Opfer (21,3), so daß der Gerechte den Vorstellungen Gottes entspricht. Die Gedanken des Gerechten sind redlich, sein Wandel ist unsträflich (12,5; 20,7). Sein Herz bedenkt die Antworten (15,28); Lehre nimmt er gern an (9,9). Er sorgt für die Armen. Weil er seine Freude am Recht hat, ist er furchtlos wie ein junger Löwe (21,15; 28,1). Dem Gerechten geht es gut (24,25); Not und Leid können ihm nichts anhaben (11,8; 12,13.21), er wird ja beschirmt (18,10). Seine Wurzel bleibt, sein Geschlecht wird errettet, er besteht ewig, sein Andenken bleibt im Segen (12,3; 11,21; 10,25.7).

VI. INHALTE DER SPRÜCHE.

Mit »Weisheit« wurde die Fähigkeit bezeichnet, verschiedenste Lebenslagen zu bewältigen. Gern verwandte man hierfür das Bild des Steuermanns (1,5; 11,14). Wie er muß jeder Mensch es verstehen, auf ein Ziel zuzugehen und Gefährdungen auszuweichen. So lehrt der Weise, wie man mit Armut zurechtkommt und wie man sich im Reichtum verhält, wie man Leid bewältigt und wie man arbeitet, wie man mit Geschenken umgeht und wie man sich vor den Großen benimmt. Die Sprüche legen dem Leser nahe, Gott zu fürchten. Sie unterrichten, was recht und fromm, was unrecht und frevelhaft ist. Dazu standen den Weisen keine allgemeingültigen Regeln und Ordnungen zur Verfügung. So entwickel-

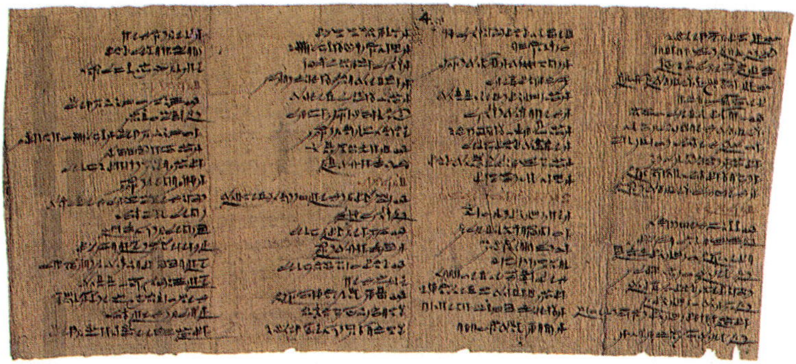

Ägyptische Papyrusrolle mit dem Text der Weisheit des Amenemope, *einer Sammlung von Spruchweisheiten ähnlich dem Buch der Sprüche Salomos. Ca. 950–650 v.Chr.* (BM)

ten und lehrten sie Verhaltensmuster für die einzelnen Fälle des Lebens. Charakterbildung wird empfohlen. Das Verhältnis zu den Eltern, das Leben in der Familie und in der Ehe wird angesprochen. Ratschläge werden erteilt, wie man den Verlockungen einer fremden Frau entgehen kann. Die Beziehung zum Nachbarn wird unter die Lupe genommen. Man sieht die Männer beieinander sitzen, vor dem Haus wie in der Ratsversammlung unter dem Tor. Vom Weisen kann man sogar erfahren, wie der König umzustimmen ist. Er gibt Anweisungen für Handel und Gewerbe. Durch die Karikatur des Faulen wird zum Fleiß aufgefordert. Anregungen für den Umgang mit Angehörigen anderer Schichten werden vermittelt. Allzu realistisch werden üble Machenschaften aufgedeckt, um vor ihnen zu warnen. Der Bereich der Rechtsprechung wird nicht ausgeklammert. Zum Umgang mit Tieren und mit dem Besitz werden Ratschläge erteilt usw.

Spr 16,10 beginnt mit einem Wort, das ursprünglich »Orakel« bedeutet hat. Vielleicht ist das ein Hinweis darauf, daß der Bereich des Übersinnlichen der israelit. Weisheit nicht ganz fremd gewesen ist (vgl. Dan 4,6).

Die gründliche Beobachtung vieler Bereiche der Umwelt ist auffallend und läßt ein – natürlich dem damaligen Erkenntnisstand entsprechendes – »naturwissenschaftliches« Interesse erkennen. Die Natur wird beschrieben. Vom Verhalten der Tiere werden Lehren abgeleitet. Die Kenntnis von Pflanzen ist feststellbar. Menschen sind Gegenstand des Nachdenkens, und fremde Völker beschäftigen die Lehrer. Die Aufzählung der Sujets von Salomos Dichtung in 1Kön 5,13 erinnert an die ägypt. Listenweisheit, die in Onomastiken alle denkbaren Vorfindlichkeiten der Welt aufzählte. Vielleicht lehnt sich auch Spr 30,15-33 an ein solches Bemühen um Welterkenntnis an.

VII. DIE SPRÜCHE UND JAHWE.

Zunächst fallen beim Lesen lange Passagen auf, in denen kein einziger Jahwespruch vorkommt, z.B. Kap. 13 und 26-27, die Worte der Weisen (24,23-34) und Lemuels (31,1-9). Dann entdeckt man aber auch ganze Abschnitte, die sich im rel. Bereich bewegen (30,1-9) oder Jahwesprüche im Block enthalten (3,5-12; 16,1-12). Auf der einen Seite scheint reine Weltzugewandtheit zu stehen, auf der andern der Gottesglaube. Aber das muß kein Widerspruch sein. Zwar erwähnen die Lehrer Gegenstände, die sie in der Natur erkennen, entspringen ihre Beobachtungen dem Alltag, sind die Begründungen aus innerweltlichen Erfahrungen abgeleitet. Aber die Weisen lehnen sich niemals gegen Gott auf und grenzen sich nirgends gegen Gott ab. Es entsteht also nicht der Eindruck einer Welt ohne Gott, sondern einer Welt, die ganz und gar zu Gott gehört und von seiner Weisheit, seinen Ordnungen, seiner Begleitung, seinem Eingreifen und seiner Regierung bestimmt ist. So sehr ist Gottes Walten in dieser Welt selbstverständlich, daß man es gar nicht ständig erwähnen muß. Das Gotterleben steht eben erfahrungsgemäß hinter allem. Alles ist in das Gottesverhältnis einbezogen, und alles ist für Gott transparent. Es tritt nicht nur kein Widerspruch zwischen Glauben und Denken auf, sondern der Glaube an Gott regt zum Beobachten und zum gedanklichen Erfassen, zum Erforschen seiner bewunderten Schöpfung an.

Das scheint nach Meinung der Lehrer in Gottes ureigenstem Interesse zu liegen. Denn er hat nach 8,22ff die Weisheit als Anfang seines Weges geschaffen. Bei all seinen Werken war sie ihm zur Seite. Wenn der Mensch Einsicht erlangen will, muß Gott ihn - im Bild gesprochen – in seine Werkstatt mitnehmen und selbst der Lehrer sein. Spr 2,6 bekennt: Der Herr gibt Weisheit, und aus seinem Mund kommt Erkenntnis. Nichts kann der Mensch aus sich heraus verstehen. Sogar der weise Salomo war darauf angewiesen, daß Gott ihm ein weises und verständiges Herz gab (1Kön 3,11f). Und erst dadurch ist er der weise Salomo geworden.

Einen grundsätzlichen Zusammenhang zwischen Jahwe und der Weisheit stellt auch Spr 1,7 dar: Die Furcht Jahwes ist der Anfang der Erkenntnis. Mit diesem Spruch bildet Spr 9,10 einen Rahmen um den ersten Teil des Buches. Dort korrespondieren »Furcht Jahwes« und »den Heiligen erkennen« miteinander. Die beiden Wendungen erklären sich demnach gegenseitig. Den Herrn fürchten bedeutet den Herrn erkennen. Den Herrn erkennen hilft, die Welt erkennen. Das drückt Spr 15,33 aus: »Die Furcht des Herrn ist Zucht, die zur Weisheit führt.« Den Gottesfürchtigen fällt es leichter, Recht und Unrecht zu unterscheiden, Gut und Böse auseinanderzuhalten. Die Furcht des Herrn erweckt das Interesse für viele Fragen und Probleme, erweckt die Sehnsucht nach Wissen und *Erkenntnis.

VIII. MÖGLICHKEITEN UND GRENZEN DER WEISHEIT.

»Höret, meine Söhne, die Mahnung eures Vaters«, fordert Spr 4,1 auf. Mit diesen Worten bittet der weise Lehrer seine Schüler um Aufmerksamkeit. Er ist überzeugt, daß er ihnen lebenswichtige Lehren vermitteln kann. Er hat nämlich das Leben beobachtet und herausgefunden, daß bestimmten Ereignissen ähnliche Verhaltensweisen vorangegangen sind, z.B. kommt Hochmut vor dem Fall, ist jemand stolz geworden, bevor er zugrunde ging; wird jemand geehrt, der zuvor Demut gelernt hat (15,33; 16,18; 18,12). Daraus schlußfolgerten sie einen Tat-Ergehen-Zusammenhang. Und nun versuchten sie, möglichst viele Regeln für eine Saat aufzustellen, die eine gute Ernte (22,8) ermöglichte, und diese der jungen Generation weiterzugeben. Die Frage, wie sich dieses Vergeltungsschema zur Freiheit Gottes verhält, haben sie freilich nicht beantwortet, denn damals hat niemand sie gestellt. Die Weisen wollten den Menschen bei der Bewältigung ihres alltäglichen Lebens helfen. Ausnahmen und Grenzsituationen ließen sie dabei zunächst außer acht – vielleicht sogar bewußt. Sie erkannten nämlich, daß sie schon einen Menschen nicht völlig verstehen (14,10), viel weniger Gott: »Wie heißt er? Und wie heißt sein Sohn? Weißt du das?« (30,4). Sie gelangten zu der Feststellung: Keine Weisheit, kein Verstand, kein Rat besteht vor dem Herrn (21,30). Daß sie an Gott ihre Begrenztheit erlebten, beunruhigte sie nicht, sondern gab ihnen Geborgenheit. Wußten sie doch um eine letzte Instanz, die alles prüfte und regulierte. Ihre Regeln hinderten die Weisen also nicht, für Gottes Führung offen zu bleiben.

IX. DIE SPRÜCHE IM NEUEN TESTAMENT.

Das NT Graece (hrsg. von K. Aland) zählt im Zitatenindex 49 Stellen aus dem Sprüchebuch auf, die in 59 ntl. Versen wiederkehren. (Eine ähnliche Zahl von Zitaten stammt aus 1 und 2Kön, 2Chr, Joel, Hag und Sach. 20 atl. Bücher sind seltener erwähnt, 23 häufiger. Die Sprüche liegen also etwa in der Mitte). Davon ist eine Stelle deutlich als Zitat gekennzeichnet (3,11f in Hebr 12,5f), eine andere sogar mit der Vokabel »Sprichwort« eingeführt (26,11 in 2Petr 2,22). Darüber hinaus läßt sich mühelos für ca. jeden 5. Spruch eine ntl. Sachparallele finden.

Unter den zitierten Versen befinden sich 12 Jahwesprüche, außerdem weist in zweien ein »er« auf ihn hin, und einige haben Jahwe zum Gegenstand. Also sind etwa ein Viertel der Zitate Jahwesprüche. Das ist unverhältnismäßig viel, wenn man bedenkt, wie selten sie im Sprüchebuch vorkommen. Der Urgemeinde sind diese an Gott gebundenen Aussagen offensichtlich besonders wertvoll gewesen.

Nur sieben Stellen sind nach der griech. LXX zitiert. Das zeigt, daß der hebr. Wortlaut vielen ntl. Verfassern geläufig war. Interessant ist auch der Inhalt dieser Stellen. Am häufigsten ist der Gedanke der Vergeltung aufgegriffen (24,12 in Mt 16,27; Röm 2,6; 2Tim 4,14; 1Petr 1,17; Offb 2,33; 20,12f; 22,12; Lk 16,15 nach LXX; 19,17 in Mt 25,40; 20,22 in 1Thess 5,15; 11,31 LXX in 1Petr 4,18). Mit Abstand folgen der Reichtum (23,4 in 1Tim 6,9; 28,22 in 1Tim 6,9; 29,3 in Lk 15,13; 30,8 in 1Tim 6,8), die Erziehung (3,11f in Hebr 12,5f; 19,18 und 22,6 in Eph 6,4) und die Demut (3,34 in 1Petr 5,5; 3,34 LXX in Jak 4,6; 25,6f in Lk 14,8-10; 29,23 in Mt 5,5; 3,34 LXX in Jak 4,6; 25,6f in Lk 14,8-10; 29,23 in Mt 23,12). Natürlich denkt man auch daran, daß Gott die Weisheit geben muß (2,3-6 in Jak 1,5) usw. Darüber hinaus ist die Weisheit im NT natürlich in mancherlei Hinsicht bedeutungsvoll.

Literatur: Kommentare: E. Bertheau: Die Sprüche Salomo's (hrsg. von W. Nowack), 1883; F. Delitzsch: Das Salomonische Spruchbuch, 1873; B. Gemser: Sprüche Salomos, HAT, 1962; W. McKane: Proverbs, The Old Testament Library, 1970; C. Kayatz: Studien zu Proverbien 1-9, 1966; H. Lamparter: Das Buch der Weisheit, BAT 16, 1955; O. Plöger: Sprüche Salomos, BKAT XVII, 1984; H. Ringgren: Sprüche, ATD 16/1, 1967; H. Strack: Die Sprüche Salomos, 1899; P. Volz: Die Schriften des Alten Testaments, 3. Abteilung Lyrik, Hiob und Weisheit, 2. Bd, [2]1921; D.G. Wildeboer: Die Sprüche, 1897.

Monographien: G. Boström: Paronomasi i den äldre Hebreiska Maschallitteraturen, in: Lunds Universitets Arsskrift, N.F. Avd. 1, B 123 Nr. 8; W. Bühlmann: Vom rechten Reden und Schweigen, OBO 12, 1976; J. van Dijk: La sagesse Sumero-Accadienne, 1953; O. Eißfeldt: Der Maschal im Alten Testament, BZAW XXIV, 1913; E. Gordon: Sumerian Proverbs, Glimpes of everyday life in ancient Mesopotamien, 1959; G. von Rad: Weisheit in Israel, 1970; U. Skladny: Die älteste Spruchsammlung in Israel, 1961. Quellen: W. Beyerlin: Religionsgeschichtliches Textbuch zum Alten Testament, 1975; A. Erman: Eine ägyptische Quelle der »Sprüche Salomos« SAB 1924, S. 86-93, Taf. VI.VII; AOT P. de Lagard: Anmerkungen zur griechischen Übersetzung der Proverbien, 1863.

W.D.

STAAT/OBRIGKEIT.

1. Das Wort »Staat« kommt in den gängigen Bibelübersetzungen nicht vor, wohl aber das, was damit gemeint ist. »Der Staat ist nicht das Volk. ... Vielmehr ist der Staat eine bestimmte Ordnung des Volkes, eine Gemeinschaftsform.« (Emil Brunner: Das Gebot und die Ordnungen, 36. Kapitel, Abschn. 1). Begriffe wie »Stadt« (*Polis*) und »Reich« (*Basileia*) bezeichnen staatliche Gemeinschaftsformen. In den betreffenden Gemeinschaften »gelten« bestimmte Ordnungen, die durch Amtsträger »zur Geltung gebracht« werden. Diese Amtsträger sind mit Macht ausgestattet. Begriffe wie »Herrscher«, »Mächtige«, »Obere«, »Oberste«, »Gewaltige« bezeichnen häufig staatliche Organe.

2. Neben irdischen Einrichtungen werden mit diesen Begriffen auch geistige Sachverhalte wie eine »Herrschaft« des Bösen oder die »Herrschaft« Gottes bezeichnet. Offb 19,19 ist von der »großen Stadt« die Rede, von *Babylon, dem Inbegriff der Selbstherrlichkeit und des Aufruhrs gegen Gott, die am Ende untergeht, und die im Lauf der Geschichte mit wechselnden Staatswesen (zunächst *Rom) jeweils mehr oder weniger identifiziert werden konnte. Dagegen ist »die heilige Stadt« aus dem Himmel zu erwarten, »das neue Jerusalem« (Offb 21,2), in der Gott selbst anwesend ist. Auch der Hebräerbrief spricht von der »Stadt des lebendigen Gottes« (12,12), die er als eine »zukünftige« beschreibt, angesichts derer die Christen »hier keine bleibende Stadt« haben (13,14). Die »Reiche der Welt« (Mt 4,8; Lk 4,5) werden vom Teufel vergeben; der *Satan bot sie Jesus an, was dieser als Versuchung zurückwies. Am Ende der Geschichte nimmt aber Gott »das Reich« ein (Offb 19,6). Und mit dem Kommen des Christus ist in gewisser Weise das »*Reich Gottes« schon eingetreten (Lk 17,21). Mit dem Wort *politeuesthai*, »wandeln«, ist das Verhalten in der Öffentlichkeit, d.h. der unvermeidlich »politische« Charakter der Anwesenheit von Christen in der Welt gemeint (Phil 1,27; Apg 23,1). Die eigentliche Zugehörigkeit der Christen, ihr *politeuma*, »Heimat«, »Wandel« oder »Bürgerrecht«, ist aber »im Himmel« (Phil 3,20), weil das »Reich« Christi »nicht von dieser Welt« ist (Joh 18,36).

3. Da sich aber die bibl. Geschichte in dieser Welt abspielt, kommt sie laufend mit staatlichen Einrichtungen in Berührung. Auch das Gottes-»Volk«, die »Gemeinde«, hat Ordnungen und ähnelt darin dem S. Das Verhältnis der Gemeindeordnung zum staatlichen Gesetz, bzw. der Herrschaft Christi zur Herrschaft staatlicher Organe muß jeweils in gegenseitiger Zuordnung und Abgrenzung bestimmt werden; dabei entstehen häufig Konflikte. Die Begegnungen mit den Machthabern der Welt waren oft dramatisch. Die Konfrontation *Moses mit dem ägypt. *Pharao gewann geradezu urbildlichen Charakter und hat sich in analoger Weise vielfältig wiederholt. Der Pharao war Gesprächspartner des Gottesboten, Adressat von Botschaften Gottes (2Mo 5ff), er wurde aber verstockt (2Mo 7,3; 9,12 u.ö.is.*Verstockung), verworfen und schließlich vernichtet (2Mo 14,27ff). Die Könige *Kanaans wurden Israel »in die Hände gegeben«; so gelang es, das Land zu besetzen (Jos, Ri). Umgekehrt deuteten Propheten (*Amos; *Jesaja) das bedrohliche Heranrükken der Assyrer und ihren Sieg über das Nordreich Israel als Strafgericht Gottes. *Jeremia ging so weit, *Nebukadnezar, den feindlichen Großkönig von Babylon, der schließlich Jerusalem zerstörte, als »Knecht« Gottes zu bezeichnen. Den pers. Großkönig *Kores/Kyros, dem die Juden nach der Babylonischen Gefangenschaft die Erlaubnis zur Heimkehr verdankten, bezeichnet Jes 45,1 sogar als Gottes »Gesalbten«, d.h. als »Messias« (bzw. »Christus«). Gott benutzt also »ungläubige« Machthaber »heidnischer« Staaten als seine Werkzeuge und Handlanger zur Maßregelung oder auch Förderung seines auserwählten Volkes. Im Falle Nebukadnezars hielt man in Israel sogar eine Bekehrung zu Gott, dem »König des Himmels« (Dan 4,34) für denkbar.

Zum Inbegriff des Bösen wurde dagegen der syr. Seleukide (Diadoche *Alexanders des Großen). Antiochus IV. Epiphanes, der den wiedererrichteten Tempel in Jerusalem entweihte, was die Makkabäer zum rel. begründeten politischen Aufstand bewegte.

Die Erwartung eines überheblichen »Widersachers« (2Thess 2,4), der der *Wiederkunft Christi vorausgeht (*Antichrist; vgl. 1Joh 4,3), hat an dem damaligen Konflikt, der sich bis heute in vielfältiger Form wiederholte, Anschaulichkeit gewonnen; auch der »Antichrist« konnte und kann in historischen Machthabern jeweils mehr oder weniger wiedererkannt werden. Der röm. Imperator *Augustus diente mit seinem Beamtenapparat (*Quirinius, Lk 2,2) durch eine Volkszählung dazu, daß die Geburt Jesu verheißungsgemäß in *Bethlehem erfolgen konnte (Lk 2,1-7; vgl. Mt 2,4-6), Pontius *Pilatus gelangte aus der Passionsgeschichte Jesu ins christl. Glaubensbekenntnis. In der scheinbar einmütigen Verurteilung und Hinrichtung Jesu durch die staatlichen Organe der Juden und Römer (»Herodes und Pontius Pilatus«, Apg 4,27) sah die Urgemeinde erfüllt, was Ps 2,1f über eine Koalition von Königen und Fürsten gegen den Gesalbten Gottes voraussagte (Apg 4,25f).

In einem Synchronismus werden Lk 3,1f die z.Zt. des Auftretens *Johannes des Täufers amtierenden Staatsoberhäupter aufgezählt. Neben den Staatsoberhäuptern und ihren Statthaltern treten in der Bibel aber auch zahlreiche Behördenvertreter – auch militärische Befehlshaber – unterschiedlicher Ränge in Erscheinung, z.B. *Naaman, der Syrer (2Kön 5,1), oder ein »Gewaltiger«, nämlich »Kämmerer«, der Kandake von Äthiopien (Apg 8,27). Röm. Hundertschafts- (Mt 8,5) und Tausendschaftsführer (Joh 18,12: »Oberhauptmann«) begegnen Jesus; *Paulus findet Freunde unter den Asiarchen (Apg 19,31), während *Daniel selbst zum »Fürsten und Obersten« in einem heidnischen Staat erhoben wurde (Dan 2,48). »Könige« und »Fürsten« sind in der Bibel häufige Erscheinungen. Während Juden im Prozeß gegen Jesus ihre Kaisertreue vortäuschten (Joh 19,15), legte Paulus beim Kaiser Berufung ein (Apg 25,11). Man sagte Jesus nach, er habe, wie die aufständischen *Zeloten, »verboten«, »dem Kaiser Steuern zu zahlen« (Lk 23,2), während Jesus selbst das Gegenteil geboten hatte (Mt 22,21).

4. Jesu Auskunft in der Steuer-Frage: »Gebt dem Kaiser, was des Kaisers ist«, ist kennzeichnend für die bibl. Einstellung zum S. Sie besteht in einer begrenzten Loyalität.

Als grundsätzliche Klärung des christl. Staatsverständnisses wurde die Anweisung des Paulus in Röm 13,1-7 verstanden. (Ähnliche Weisungen finden sich in 1Petr 2,17 und Tit 3,1. Zur Fürbitte für staatliche Machthaber ruft z.B. 1Tim 2,2 auf.) Obwohl dieser Text keine christl. Staatslehre begründet, sondern, wie A. Strobel nachgewiesen hat, von der »hellenistischen Administration« spricht, also »überhaupt nicht vom Staat als solchen oder vom röm. Imperium« handelt (E. Käsemann), sondern von den Behörden und den Verpflichtungen ihnen gegenüber, mit denen man auch als Christ fast täglich zu tun hat (Röm 13,7), zeigt er doch, daß »nach Gottes Willen auch die gefallene Welt Manifestationen und Mittel einer von ihm gesetzten Ordnung aufweist« (Käsemann). Luther übersetzte das Wort *exousia* mit »Obrigkeit«. Darunter sind »obrigkeitliche Ämter des Staatsapparates« zu verstehen (U. Wilckens). Paulus gebietet, daß die Christen sich den Herrschaftsstrukturen, die in Gestalt jeweiliger Behördenvertreter mit Forderungen an sie herantreten, unterordnen, den gesetzmäßigen Forderungen also nachkommen sollen. Er begründet und bewertet die staatliche Ordnung nicht, sondern nimmt sie als vorgegeben hin, erkennt sie aber in dieser vorgegebenen Gestalt als von Gott bevollmächtigt an. Die jeweils bestehende »Obrigkeit« wird also einerseits rel. legitimiert, andererseits rel. limitiert. Sie »ist Gottes Dienerin« (Röm 13,4). Ihren Dienst (*diakonia*) tut sie also einerseits im Auftrag, andererseits unter der Aufsicht Gottes. Wer sich ihr widersetzt, widerstrebt der Ordnung Gottes.

Eine grundsätzlich anarchistische oder herrschaftsfreie Räume favorisierende Haltung - »Abschaffung jeder Herrschaft von Menschen über Menschen« - kann nicht als christl. gelten. Staatliche Macht, die bei Verstoß gegen geltendes Recht Gewaltanwendung (»Schwert«: Röm 13,4) androht und notfalls anwendet, ist wegen der »Bosheit« der Menschen notwendig. (Sie ist nach Röm 13,3 »nicht bei den guten Werken, sondern bei den bösen zu fürchten«!). Die lutherische Bewertung des S.s als »Notverordnung« ist also bibl. begründet. Es besteht daher keine christl. zu begründende Berechtigung zur Verweigerung staatlicher Pflichten wie Steuerzahlung und Wehrdienst (wenn diese nicht durch die Gesetzgebung vorgesehen ist).

Es kann auch kein Widerstands-»Recht« geltend gemacht werden. Im Sinne von Apg 5,29 besteht aber eine Widerstands- bzw. Gehorsamverweigerungs-Pflicht, wenn der Gehorsam gegenüber staatlichen Forderungen mit dem Gehorsam gegenüber Gott in Konflikt gerät. In schriftgemäßer Weise haben die

Reformatoren kaum jemals Röm 13,1ff zitiert, ohne zugleich auf Apg 5,29 zu verweisen. Dieser Konflikt trat in grundsätzlicher Unversöhnlichkeit sogleich zu Beginn der Geschichte des Christentums auf. Eigentlich nur in dem Fall, in dem staatliche Machthaber »von Gottes Gnaden« regieren, d.h. die Begründung und Begrenzung ihrer Macht von Gott her anerkennen und ernstnehmen, kann der Konflikt unterbleiben, tatsächlich aber, wie die Geschichte zeigt, auch in diesem Fall nicht, weil das Glaubensbekenntnis zum Lippenbekenntnis verflüchtigt wird und die Selbstherrlichkeit der Sünder sich »hoffärtig« gegen Gott erhebt. Gott aber »widersteht den Hoffärtigen« (1Petr 5,5); »er stößt die Gewaltigen (*dynastas*) vom Thron« (Lk 1,52). Das Magnificat enthält keinen Aufruf zur Revolution, erwartet aber, wie das AT, von Gott Umwälzungen im staatlichen Bereich. Wenn der S. »totalitär« wird und sich selbst an die Stelle Gottes setzt (Offb 13, 4.6), oder wenn staatliche Organe im einzelnen Forderungen erheben, die Gottes Gebot widersprechen, sind Christen, wie Juden (vgl. Dan 3,16-18), zum Ungehorsam verpflichtet.

Die in Röm 13 angesprochenen Christen sind aber in jedem Fall gleichsam Mitwisser des Auftraggebers der Obrigkeit und unterhalten zu ihm eine nicht durch die Obrigkeit kontrollierte, unmittelbare Beziehung. Daraus ergibt sich eine Urteilskraft, die prüfen kann, ob »Gottes Dienerin« ihre Pflicht erfüllt oder nicht. Diese grundsätzliche Kritikfähigkeit der Gläubigen mußte sich auswirken, als Glaubens-Brüder Staatsoberhäupter wurden, nämlich seitdem der röm. Kaiser Christ wurde. Unter demokratischen Verhältnissen muß Röm 13,1-7 differenziert ausgelegt werden, da Christen nun selbst obrigkeitliche Mitverantwortung tragen.

5. Die Spannung, die angesichts der klaren Unterscheidung zwischen S. und Kirche auftreten kann, deutete sich bereits in der Geschichte Israels, in der Staatsvolk und Gottesvolk, S. und Gemeinde zeitweilig identisch waren, an. Es lassen sich drei Phasen unterscheiden:

a. Die vorstaatliche Zeit, in der eine patriarchalische Stammesordnung herrschte und mehr oder weniger charismatische oder beamtete Führer von Fall zu Fall bei gemeinsamen Aktionen der Stämme die Führung übernahmen.

b. Die Zeit des S.es Israel, bzw. der Teilstaaten *Israel und *Juda. Gegen starke innere Widerstände setzte sich das Königtum durch. *Gideon hatte zwischen Theokratie und Monarchie noch einen unvereinbaren Gegensatz gesehen (Ri 8,22-24), und Jotams Fabel (Ri 9,8ff) ist nach M. Buber »die stärkste antimonarchistische Dichtung der Weltliteratur«. Dennoch gelang es, das Königtum rel. zu legitimieren. Die Dynastie *Davids empfing eine uneingeschränkte Verheißung (2Sam 7,11-13), aus der messianische Hoffnungen entsprangen. Die »starke Verweltlichung« (G. von Rad) mit der Tendenz, aus Israel so etwas wie einen säkularen Staat werden zu lassen, provozierte den Widerstand der Propheten, die den Königen im Namen Gottes in die Parade fuhren (Elia, Jesaja, Jeremia und andere).

c. Auch »nach der Zerschlagung der Staatlichkeit« blieb Israel Gottes Volk; »merkwürdig leicht und ohne sichtbare Krise« hat es »das staatliche Gewand mitsamt seinem Königtum« »abgeworfen« (von Rad). Von dem 40-jährigen Zwischenspiel einer teilweise unwürdigen Restauration des Davidsreiches unter den Hasmonäern abgesehen, blieb Israel eine Kultgemeinschaft ohne staatliche Organisation, ehe es sich 1948 neu konsolidierte, nunmehr als parlamentarische Demokratie, ohne jedoch den Widerspruch zwischen Theokratie und säkularem Staat beigelegt zu haben.

6. Analog zu irdischen Staatswesen waltet die »Macht der Finsternis« (Lk 22,53). *Satan ist der »Fürst dieser Welt« (Joh 12,31; 14,30; 16,11) und korrumpiert und pervertiert auch die staatliche Machtausübung. Ihm und allen »Mächten und Gewalten« zwischen Himmel und Erde (auch dämonische Mächte werden im NT *exousiai*, »Obrigkeiten«, genannt und mit vergleichbaren quasi-staatlichen Begriffen bezeichnet) macht aber der »Fürst des Lebens« (Apg 3,15), den Gott »zum Fürsten« erhöht hat (Apg 5,31), die Herrschaft streitig, dem »alle Gewalt im Himmel und auf Erden ... gegeben« ist (Mt 28,18). Das – auch politisch - folgenreiche Urbekenntnis der Christen lautet: »Jesus ist der Herr (*Kyrios*)« (vgl. 1Kor 12,3). Sie warten auf die endzeitliche (eschatologische) Enthüllung (*apokalypsis*) seiner unbeschränkten Macht und bekennen sich jetzt schon dazu.

Literatur: O. Betz, Chr. Blendinger, L. Coenen: TBLNT II, [4]1986, 922-935 (Literatur); W. Meyer-Hesemann, M. Honecher: WCh, 1180-1183 (Literatur); Evangelisches Staatslexikon, hrsg. von H. Kunst u.a., 2 Bde, [3]1987. W.Sch.

STAB s. Stecken und Stab

STACHEL. Tiere werden mit einem Stecken vorwärtsgetrieben, an dessen Spitze ein S. aus Metall befestigt ist. Am anderen Ende des Steckens befand sich eine kleine Schaufel, mit der die Erde von der Pflugschar entfernt wurde (1Sam 13,21). Der S. konnte auch als Waffe dienen (Ri 3,31 LÜ: »Ochsenstecken«). In Hiob 40,26 (LÜ: »Haken«) ist wohl ein spitzer Haken gemeint, mit dem die Fischer das Maul gefangener Fische durchbohrten. Spr 22,5 dürfte eine Falle oder Fußangel gemeint sein. Die Gefährdung durch die im Land verbleibenden Heiden für das Volk Israel wird mit einem S. im Auge, mit einem S. in der Seite verglichen (4Mo 33,55; Jos 23,13). Ebenfalls in übertragenem Sinn werden die Worte des Weisen, die den Menschen leiten und anspornen, S. genannt (Pred 12,11); 1Kor 15,55f wird die Sünde als S. des Todes bezeichnet, weil sie dem Tod Macht gibt, den Menschen auf seinen Weg in den Tod zu zwingen.

STADIE s. Maße und Gewichte

STADT.

I. IM ALTEN TESTAMENT.

Das Wort *ʿîr* erscheint 1090 mal im AT und beschreibt eine Vielfalt dauerhafter Siedlungen. Es scheint sich nicht auf die Größe oder die Rechte der Siedlung zu beziehen (vgl. 1Mo 4,17; 19,29; 24,10; 2Mo 1,11; 3Mo 25,29.31; 1Sam 15,5; 20,6; 2Kön 17,6; Jer 51,42f.58; Jona 3,3; Nah 3,1). Daneben gibt es noch andere Worte, die im AT für S. verwendet werden: *qirjāh* (Esr 4,10), *qirjāʾ* (Esr 4,15 usw.), *qärät* (Hiob 29,7; Spr 8,3; 9,3 usw.), *schʿar*, wörtl. »Tor«, wird häufig im *Deuteronomium/ 5. Buch Mose (5,14; 12,15; 14,27f) für S. verwendet. Eine S. konnte sowohl von Mauern umgeben als auch unbefestigt sein. Die Kundschafter, die Mose nach Kanaan sandte, sollten über die Beschaffenheit der S.e berichten (4Mo 14,19.28). In ihrem Bericht sprachen sie von S.en, die »befestigt und sehr groß« waren (vgl. 5Mo 1,28: »bis an den Himmel ummauert«). Viele kanaan. S.e, auf die die Israeliten trafen, waren in der Tat mit Mauern umgeben. Heutige Ausgrabungen einer Reihe alter S.e geben Auskunft über die Beschaffenheit der Mauern und die Anlage der Städte. Das hebr. Wort *chāzēr* scheint für unbefestigte Dörfer verwendet worden zu sein, im Unterschied zu *ʿîr*, das in erster Linie befestigte Orte bezeichnet. Eine präzise Ausdrucksweise, um eine von massiven Mauern umgebene S. zu bezeichnen, war ʿîr mibzar, »befestigte Stadt« (Jer 34,7). Normalerweise gab es in S.en einen zentralen Platz, auf dem Handel getrieben und Gerichtsfälle verhandelt wurden; die S. war von »Vororten« umgeben (*migrūsch*, »Weideland«), die landwirtschaftlich geprägt waren (4Mo 35,2; Jos 14,4; 1Chr 5,16; 6,55; Hes 48,15.17). In der Umgebung größerer S.e scheint es auch Dörfer gegeben zu haben, die als »Töchter«, *bānōt*, beschrieben werden und wahrscheinlich auch nicht befestigt waren (4Mo 21,25; 32,42; 2Chr 28,18; Neh 11,25-31 »Ortschaften«). War die zentrale S. befestigt, bot sie in Zeiten der Gefahr Zuflucht für die gesamte Bevölkerung aus der Umgebung (*Festungsbau und Belagerungstechnik). In vorisraelit. Zeit waren diese befestigten S.e vielfach Stadtstaaten, die von einem König, *mäläk*, regiert wurden und von einer großen Macht wie z.B. Ägypten abhängig waren.

Zu den im AT erwähnten nichtisraelit. S.en zählen *Pitom und *Ramses, die Vorratsstädte des Pharao (2Mo 1,11), die S.e der *Philister (*Aschdod, *Aschkelon etc.), die wohl Stadtstaaten nach griech. Muster waren (1Sam 6,17f), *Damaskus, die syr. Hauptstadt, *Ninive, »eine große Stadt vor Gott, drei Tagereisen groß« (Jona 3,3), das große *Babel (Dan

Ein Fluß bietet der Stadt Madaktu »natürlichen« Schutz. Relief vom Palast Assurbanipals in Ninive. Ca. 640 v. Chr. (BM)

Römische Kolonnaden-Straße in Bet-Schean (Skythopolis), *ca. 1. Jh. n. Chr. Deutlich sichtbar sind die verschiedenen Ebenen, die bis zu Läden führten, die sich die Straße entlang zogen.* (CPTh)

4,27; Jer 51,37.43.58), *Susa, die Hauptstadt des pers. Reiches (Est 1,2). Die archäologische Forschung hat beeindruckende Zeugnisse einiger dieser S.e ans Licht gebracht: So hatte Ninive Stadtmauern von fast 16 km Länge, auch Chorsabadad und *Kelach/Nimrud waren von Mauern ähnlicher Ausmaße umgeben. Zum Stadtgebiet zählten jeweils noch zahlreiche Dörfer, die wirtschaftlich von der S. abhängig waren und deren Bewohner im Notfall innerhalb der Mauern der S. Schutz suchten. Die Größe der S. Ninive, die *Jona angibt, könnte die Vororte mit einbezogen haben, jedenfalls ist an »eine über alle Maßen große Stadt« zu denken. Auch Babylon zeichneten eindrucksvolle Befestigungsanlagen und Paläste aus.

Ausgrabungen in Palästina vermitteln einen Eindruck von der Anlage der S.e dort. Die Stadttore (*Tür/Tor), von denen manche ausgegraben wurden (z.B. in *Megiddo, *Hazor, *Geser, Tell Scheba), waren der Platz für Handel und Rechtsangelegenheiten (1Mo 19,1; 2Sam 15,2-6; 1Kön 22,10; Am 5,10.12.15). *Jericho scheint nur ein Tor gehabt zu haben, andere S.e hatten auch unterschiedlich große und bedeutende Tore. (vgl. *Jerusalem). Die zukünftige Gottesstadt in der Vision *Hesekiels hat 12 Tore (Hes 48,30-35; vgl. Offb 21,12f).

Manche S.e wurden zu bestimmten Zwecken angelegt: Pitom und Ramses waren ägypt. Vorrats- (2Mo 1,11) oder »Schatz«-Städte; Salomo hatte S.e für seine Streitwagen, Gespanne und Reiter sowie für Vorräte (1Kön 5,6; 9,19) errichten bzw. ausbauen lassen. Ausgrabungen in Megiddo waren in dieser Hinsicht besonders aufschlußreich, da sie offenlegten, daß diese S. einmal ein riesiges Getreidesilo mit einer Kapazität von 500 m^3 hatte. Häufig finden sich Vorratskammern in unmittelbarer Nähe der Stadttore (z.B. Tell Scheba). Manchmal gingen im Zuge von Friedensverhandlungen oder (politischen) Heiraten S.e von einem an den anderen Staat über (1Kön 9,10-14.16; 20,34). Die Bevölkerung von Nachbarstaaten war bestrebt, Zutritt zu den Märkten ihrer Nachbarn zu erlangen und in deren S.en »Märkte einzurichten« (1Kön 20,34).

In der Bibel nimmt *Jerusalem einen besonderen Platz ein als der Sitz des Hauses Davids und als Zentrum des rel. Lebens der Nation. Sie wird die »Stadt Davids« und die »Stadt Gottes« genannt, Namen, die eine enge Verbindung zu der Gottesverehrung Israels und seines Königs (vor der babylon. Gefangenschaft) haben und die sich in vielen Psalmen widerspiegeln. Der Charakter Jerusalems in den letzten Tagen der Könige wurde durch die archäologische Forschung K. Kenyons beleuchtet; ihre Ausgrabungen an den Osthängen über dem Kidrontal förderten Terrassen zutage, die Häuserreihen abstützten. Beim Angriff *Nebukadnezars (587 v.Chr.) wurden große Teile der S. zerstört. Die Westmauer Jerusalems aus jener Zeit wurde inzwischen entdeckt. Jerusalem lag nach der Zerstörung durch Nebukadnezar beinahe 100 Jahre lang in Trümmern. Die Rückkehrer aus dem babylon. Exil machten sich an den Wiederaufbau der Stadt, die unter *Nehemia auch wieder mit einer Mauer umgeben wurde, von der man noch Spuren sieht.

Als das AT ins Griech. übersetzt wurde, wurde aus dem hebr. *ʿir* in der LXX *polis.* Jedoch hat der griech. Begriff polis auch eine politische Bedeutung im Sinne von »Staat« oder »politische Körperschaft«, während der hebr. Begriff ʿir apolitisch war. Unter den späteren jüd. Schreibern gebraucht nur Philo den Begriff polis im politischen Sinn. J.A.T.

II. IM NEUEN TESTAMENT.

Im NT findet man häufig den Ausdruck polis. In den Evv. steht er vielfach für den Begriff Ort; in der Apg bezeichnet polis verschiedene hellen. S.e in Kleinasien und Europa, nimmt aber keinen Bezug auf ihre politische Struktur. Röm 16,23 erwähnt den Stadtkämmerer oder Verwalter Korinths (die Amtsbezeichnung ist aus Inschriften bekannt), der zur christl. Gemeinde gehört. Abgesehen von Paulus' Hinweis auf seine Herkunft aus Tarsus in Apg 21,39 ist dies die einzige Stelle im NT, die auf die politische Struktur der S. hindeuten könnte. Es liegt nahe, in den Worten edoxen tō pneumati tō hagiō kai hēmin, »es gefällt dem heiligen Geist und uns« (Apg 15,28), eine Wendung zu sehen, die auf die im politischen Leben geläufige Formel edoxen tē boule kai tō dēmō, »es gefällt dem Rat und der Volksversammlung« zurückzuführen ist, wohl aber weder die Apostel noch Lukas auf diese Analogie drängen wollen. In diesem Zusammenhang ist auch von Interesse, daß das Wort parrēsia, »Mut« oder »Freimütigkeit« (der Christen) ursprünglich die spezielle Bedeutung des Rechts auf Redefreiheit in der Versammlung hatte, das der Einwohner einer S. besaß. Das griech. Verb politeuomai bedeutet im NT einfach »leben, wandeln, sein Leben führen« (Apg 23,1; Phil 1,27). Das Substantiv politeia, »Gemeinwesen« oder »politische Körperschaft«, »Bürgerrecht«, wird unter Hinweis auf die Rechte und Vorrechte Israels gebraucht (Eph 2,12: »Bürgerrecht«). Der Begriff politeuma, »Gemeinwesen«, wird in Phil 3,20 verwendet, wo einige in ihm die Bedeutung »Kolonie« sehen und entsprechend übersetzen wollen: »Wir sind eine Kolonie des Himmels« (auf Philippi bezogen). Diese Wiedergabe zwingt jedoch dazu, den Satz umzustellen, weshalb die Übersetzung mit »Staatsangehörigkeit, Bürgerrecht« vorzuziehen ist. (vgl. Philo Conf 78; Brief an Diognét 5,9).

Jerusalem besitzt für die Schreiber des NT noch den Titel »heilige Stadt« und hat in Jesu Einschätzung einen hohen Stellenwert als »die Stadt des großen Königs« (Mt 5,35). Sie blieb bis 70 n.Chr. ein Zentrum des christl. Einflusses und genoß hohes Ansehen. Trotzdem spricht Jesus von ihr auch als S. der Sünder, in der Propheten verfolgt und gesteinigt wurden und weint über sie, als er das Herannahen ihres Untergangs sieht (Mt 23,37; Lk 13,34; 19,41-43). Auf diese Ambivalenz stoßen wir auch in der *Offenbarung des Johannes: Jerusalem ist die »geliebte Stadt« (20,9), Gegenstand der Verheißungen Gottes, Zentrum des *Tausendjährigen Reiches; aber in Kap. 11 ist sie als der Ort, an dem der Herr gekreuzigt wurde, Sodom und Ägypten gleich geachtet und sogar die »große Stadt« (V. 8), ein Begriff, der normalerweise mit dem Widersacher Gottes in Verbindung gebracht wird (s. Kap. 16-18). Paulus spricht von einem Jerusalem der Knechtschaft und einem »freien« Jerusalem, »das droben ist« (Gal 4,24-26). Der Autor des Hebräerbriefs spricht von dem himmlischen Jerusalem, das die aus Glauben Gerechtfertigten betreten werden, die sich vor der Heiligkeit des Ortes nicht mehr – wie einst Mose am Sinai – fürchten müssen (Hebr 12,22f). Das himmlische, das neue Jerusalem ist Thema von Offb 21-22. Für die dort vorkommenden Bilder finden sich mehrere Vorlagen: Hes 40-48 ist von Bedeutung für den Stadtplan, für die Vorteile und Segnungen dieses Ortes und Staates liefern Propheten wie Jesaja und Sacharja Anhaltspunkte. Entsprechende Hoffnungen sind auch in jüd. apokalyptischen Schriften weit verbreitet. Neben Hinweisen, die sich aus religionsgeschichtlichen Vergleichen ergeben, lassen sich auch Parallelen in den Texten griech. Geographen zu hellen. Städte finden. In diesen Vorlagen ist die Rede von einem rechteckigen Grundriß, einer zentralen Straße, einem von Alleen gesäumten Fluß etc; es finden sich Visionen von S.en, die auf Grund ihrer natürlichen Lage und der dort vorfindlichen Flora den Ruf von »Kurstädten« hatten. Allerdings gibt es einen markanten Unterschied: Im Gegensatz zu den hellen. S.en, in denen sich viele Tempel finden, gibt es im neuen Jerusalem keinen.

Literatur: R. de Vaux: Das AT und seine Lebensordnungen, I, ^{2}1964; II, ^{2}1966; H. du Buit: Géographie de la Terre Sainte, 1958; R.S. Lamon, G.M. Shipton: Megiddo I, 1939; G. Loud: Megiddo II, 1948, S. 46-57; W.M. Ramsay: The Cities of St. Paul, 1907; E.M. Blaiklock: Cities of the NT, 1965; K. Kenyon: Die Bibel im Licht der Archäologie, 1980; H. Weippert: BRL^2, 313-317. J.N.B.

STÄDTE DER EBENE.

1Mo 19 spricht von Städten, zunächst nur von Sodom, dann von Gomorra, die das Gericht Gottes trifft. Jes 1,9f; Am 4,11; Zef 2,9 nennen beide Städte in einem Atemzug; Hos 11,8 spricht von zwei weiteren, exemplarisch von Gottes Gericht betroffenen Städten: Adma und Zebojim (vgl. 5Mo 29,22; 1Mo 10,19). Den zerstörten Städten steht eine gegenüber, die verschont bleibt: Zoar (1Mo 19,20; nach 1Mo 14,2.8 hat Zoar früher Bela geheißen).

Da Zoar laut 1Mo 19 von der Katastrophe des göttlichen Strafgerichts verschont geblieben ist, geht der Versuch einer geographischen Lokalisierung am besten von diesem Ort aus.

Nach 1Mo 19,30 zieht *Lot von Zoar aus ins Gebirge und wird der Stammvater der *Moabiter und *Ammoniter (1Mo 19,31-38). Zoar müßte demnach am Fuß des moabitischen Gebirges liegen. Jer 48,4.34 und Jes 15,5 erwähnen Zoar als Stadt am Rande Moabs. Josephus (bell.Jud. 4, 482) rechnet Zoar zu *Arabien. Das *Medeba-Mosaik zeigt Zoar an der SO-Ecke des Toten Meeres als befestigten Ort inmitten eines Palmenhains. Östl. von Zoar ist das Gebirge Moab zu sehen (mit einer Kirche des heiligen Lot). Westl. von Zoar befindet sich eine Wüste am S- und SW-Ende des Toten Meeres. In dieser Gegend, unweit des Salzberges Dschebel Usdum, dürften Sodom und Gomorra zu lokalisieren sein. Josephus sucht die beiden Städte dort (bell.Jud. 4, 453).

Der Geograph Strabo lokalisiert Sodom und Gomorra am W-Ufer des Toten Meeres in der Gegend von *Masada (Geographica 16,2). In spätbyzantin. Zeit wurden Sodom und Gomorra, wohl auch deswegen, weil eine Lokalisierung am S-Ende des Toten Meeres für den frommen Tourismus zu abgelegen erschien, an das N-Ende des Toten Meeres »verlegt«. Der Pilger von Piacenza (um 570) kennt diese Lokalisierung, denn er berichtet, der Jordan münde unterhalb von Sodom und Gomorra in das Tote Meer (CChr. 134).

Zwar entdeckten die Kreuzfahrer wieder den Salzberg (Dschebel Usdum) an der SW-Ecke des Toten Meeres, suchten Sodom aber entweder am N-Ende des Toten Meeres aufgrund der byzantin. Tradition, oder meinten, die Stadt sei im Toten Meer versunken.

Die Entdeckung bedeutender Siedlungen aus der Frühen Bronzezeit im südl. Abschnitt des O-Ufers des Toten Meeres war Anlaß, Sodom dort zu suchen (BARev. 6,5/1980, 27-36; BA 44/1981, 87-92).

Somit hat der Platz göttlichen Gerichts über menschliche Bosheit die Runde um das Tote Meer gemacht, wenngleich eine Lokalisierung der »Städte der Ebene« in der Umgebung des Salzberges an der SW-Ecke des Toten Meeres am wahrscheinlichsten ist: Der starke Kontrast zwischen der Salzwüste im SW und der Oase im SO stellt Gottes Gericht plastisch vor Augen: »Er hat fruchtbares Land zu einer Salzlache gemacht wegen der Boshaftigkeit seiner Bewohner« (Ps 107,34; vgl. Jer 4,23-26).

Literatur: OLB II, 247-257. K.G.

STALL s. Viehzucht

STÄMME ISRAELS. Die 12 Stämme Israels (1Mo 49,28) bilden das Gottesvolk des AT, dessen Geschichte durch ihre Verschiedenheit und doch untrennbare Zusammengehörigkeit bestimmt wird. Obwohl die Reihenfolge der Namen ständig wechselt – nur bei den beiden Volkszählungen (4Mo 1; 26) und in der Lager-, Opfer- und Marschordnung auf der Wüstenwanderung (4Mo 2,1-34; 7,10-8; 10,13-27) ist sie gleich –, wird doch die Zwölfzahl unverändert festgehalten. Zur Bezeichnung des ganzen Volkes bleibt sie auch noch gültig, nachdem 10 Stämme lange untergegangen sind (Apg 26,7), und wird auch beibehalten, wo unter Israel das Gottesvolk des NT verstanden wird (Jak 1,1). Nach der Zahl der Stämme werden Denksteine errichtet (2Mo 24,4; Jos 4), *Elia baut seinen Altar aus 12 Steinen (1Kön 18,31.32), und die *Edelsteine auf der *Brusttasche des Hohenpriesters tragen die Namen der 12 Stämme (2Mo 28,21).

1. Die Namen der Stämme sind die der Söhne *Jakobs, dessen neuer Name *Israel (1Mo 32,29) zugleich Sammelname des Volkes wird, das den einen wahren Gott verehrt. Nach dem Bericht der Bibel vollzieht sich die Volkwerdung wesentlich in *Ägypten. Der entscheidende Punkt ist allerdings die Gesetzgebung auf dem *Sinai; von da an bestimmen *Gesetz und *Bundeslade Zusammenhalt und Lebensregel der Stämme. Als Jakob nach Ägypten zog, waren er und seine Nachkommen 70 Männer (1Mo 46,27), die jeweils eigene Familien und Gesinde hatten. Ihre Nachkommenschaft wuchs innerhalb von 430 Jahren zu einem Volk von rund 600 000 wehrfähigen Männern an. Solche Vermehrung erscheint schon bei 10 Generationsfolgen in diesem Zeitraum durchaus möglich. Wenn zwischen *Levi und den Söhnen Moses (2Mo 6,16-25; 2,2) auch nur *Kehat, *Amram und *Mose aufgeführt werden, so steht dieser Angabe eine größere Anzahl von Namen von *Juda bis *Bezalel (1Chr 2,3-5.18-20) und von *Ephraim bis *Josua (1Chr 7,22-27) gegenüber. Ein Auslassen einzelner Glieder findet sich auch sonst in bibl. *Geschlechtsregistern (vgl. Mt 1,1-16; Esr 7,1-5 mit 1Chr 5,29-40).

2. Die Gliederung des Volkes, des Hauses

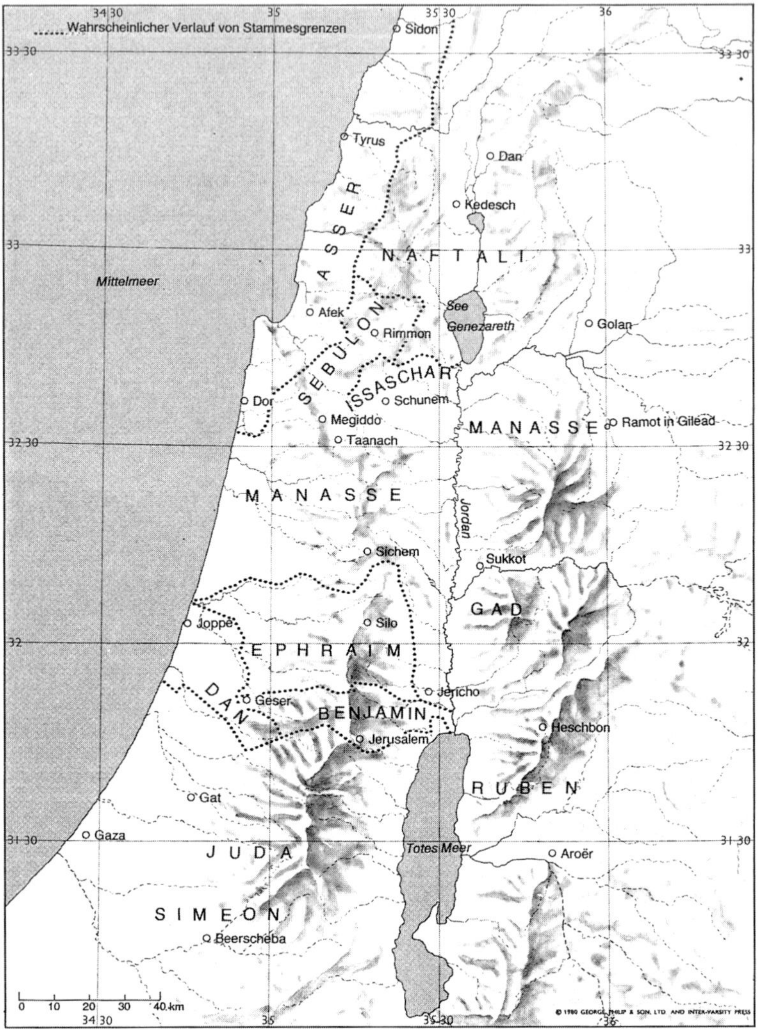

Die Stämme Israels und ihre Gebiete.

Israel (2Mo 40,38), ergibt sich aus Abstammung und Verwandtschaft und ist auch während der Unterdrückung in Ägypten erhalten geblieben. Die Nachkommen jedes der 12 Söhne Jakobs bilden einen Stamm, wobei Josef die beiden Unterstämme *Manasse und *Ephraim umfaßt, die selbständig gezählt werden (4Mo 1,32.34), seitdem Levi für den Dienst am Heiligtum aus dem Verband der anderen Stämme herausgenommen wurde. Wo Levi mitgezählt wird, werden sie als Stamm Josef zusammengefaßt (5Mo 27,12f).

Jeder Stamm besteht aus mehreren »Geschlechtern«, die meist auf Enkel oder Urenkel Jakobs zurückzuführen und in »Häuser« oder »Vaterhäuser« gegliedert sind. Innerhalb der Vaterhäuser bilden die Männer, die einzelnen Familien- und Hausväter, die kleinste selbständige Einheit (vgl. Jos 7,14.16-18; 4Mo 1,2.18; 1Sam 10,20f; 1Chr 23,7-11). Aus den Leitern all dieser Gruppen setzen sich die *Ältesten Israels (2Mo 4,29) zusammen, unter denen es wohl zunächst keine fest geregelten Unterschiede und Abstufungen gegeben hat.

Während des Zugs durch die Wüste zeigte sich bald die Notwendigkeit einer strafferen Organisation, und so wählte Mose auf den Rat *Jitros aus den Ältesten geeignete Männer aus und setzte sie als Richter und Amtsleute zu Oberhäuptern über 1000, 100, 50 und 10 ein (2Mo 18,25f; 5Mo 1,15f). Nach dieser Einteilung wird von den »Tausenden« in Israel gesprochen (4Mo 10,36) und wir finden sie in den Ergebnissen der Volkszählungen wieder, deren abgerundete Zahlen meist auf Hunderter (4Mo 1,21), gelegentlich aber auch auf Fünfziger (V. 25.46; 2,15.16.32; 4,36) oder Zehner enden (4Mo 4,40.48; 26,7.51). Eine entsprechende Gliederung, die sichtlich auf der der Stämme beruht, finden wir nun auch im israelit. *Heer mit seinen Hauptleuten über 1000, 100 und 50. Die Offiziere scheinen jedoch nicht einfach die Häupter oder Ältesten gewesen zu sein: in 5Mo 20,5-9 wird zwischen Amtleuten und Heerführern unterschieden. Sonst mag die Stammes- und Heeresgliederung weitgehend zusammengefallen sein, eine Reihe von Stellen weist auf die Gleichsetzung von Tausendschaft und Vaterhaus hin (4Mo 1,4.16; Jos 22,14.21.30; Ri 6,15; 1Chr 27,1; 2Chr 17,14; 25,5). Danach hätte sich die Neuordnung des Mose der alten Familienverbände bedient; und wenn dann die wehrfähigen Männer eines Vaterhauses eine militärische Tausendschaft gebildet haben, wird deren Stärke wechselnd und wahrscheinlich vielfach geringer anzusetzen sein, als die Bezeichnung andeutet.

Für besondere Aufgaben stellte jeder Stamm einen Mann oder Fürsten (4Mo 13,2; 34,18; Jos 22,14). Die verantwortlichen Führer der einzelnen Stämme, die 12 Stammesfürsten und *Obersten der Gemeinde (4Mo 1,4-16), waren durch Gott bestimmt, der Mose außerdem 70 Älteste zu seiner Entlastung in der Leitung des Volkes auswählen ließ (4Mo 11,16).

3. Als das Volk Israel auf seinem Weg nach Kanaan durch das *Ostjordanland zog, baten die Stämme *Ruben und *Gad um Landbesitz in dieser Gegend. Nachdem Mose ihnen das Versprechen abgenommen hatte, daß alle wehrfähigen Männer mit dem Volk weiterziehen werden, um den Besitz zu sichern, teilte er ihnen und dem halben Stamm Manasse das Gebiet des Königreichs Sihons und Ogs von *Baschan östlich des *Jordan bis hin zum *Arnon zu (4Mo 32; Jos 13,8-12).

Nach Gottes Gebot sollte das Land westl. des Jordan eingenommen und unter den anderen Stämmen durch das Los aufgeteilt werden. Das Volk sollte alle Bewohner vertreiben und den Götzendienst ausrotten (4Mo 33,50-56). Gott selbst definierte die Grenzen (4Mo 34,1-15).

Das Erbe *Simeons lag im Süden des Kulturlandes und war ursprünglich Teil des Erbbesitzes *Judas. Weil aber der Anteil des Stammes Juda zu groß für ihn war, erbte Simeon inmitten dessen Erbanteils (Jos 19,1-9). Der Stamm Simeon spielte in der weiteren Geschichte Israels keine besondere Rolle, verfiel in völlige Bedeutungslosigkeit und scheint im Stamm Juda schließlich aufgegangen zu sein.

Das Gebiet des Stammes Juda lag zwischen den Städten *Jerusalem und *Hebron auf dem südl. Teil des zentralpalästin. Gebirges. Jerusalem selbst, das zu dieser Zeit von den *Jebusitern beherrscht wurde, konnte im Zuge der Landnahme nicht eingenommen werden (Jos 15). Dies gelang erst David einige Jh. später.

Das Siedlungsgebiet von *Benjamin scheint das kleinste gewesen zu sein. Es beschränkte sich im wesentlichen auf das Gebiet zwischen Jerusalem, *Bethel und dem Jordan (Jos 18, 11-28). Durch sein Gebiet liefen einige der wichtigsten Verkehrsadern. Aus diesem Stamm erwählte sich Gott den ersten König Israels (1Sam 9,1.2).

Ephraim und die zweite Hälfte des Stammes Manasse hatten ihre Wohnsitze nördl. von Bethel bis hin zur Ebene von *Megiddo (Jos 16.17).

Das Stammland *Sebulons und *Issaschars bildete das untergaliläische Bergland (Jos 19,10-23), *Asser erhielt das westl. Obergaliläa (Jos 29, 24-31) und *Naftali das östl. Obergaliläa bis hin zum See Genezareth (Jos 19,32-39).

Den nördl. Abschluß bildete der Stamm *Dan. Er hatte zunächst versucht, westl. vom Erbbesitz Benjamins Fuß zu fassen, was ihm jedoch auf Grund kanaan. Gegenwehr nicht gelang (Ri 1,34). So zogen die Daniten nach N. und setzten sich in der Jordansenke fest (Jos 19,40-48).

Der Stamm der Leviten bekam 48 Städte aus dem Erbteil der anderen Stämme für sich zugesprochen (Jos 21).

Unter der Bedrohung der *Philister konstituierte sich die israelit. Monarchie mit *Saul an der Spitze. Seinen Höhepunkt erlebte das Königtum während der Regierungen *Davids und *Salomos. Auf dem Reichstag zu Sichem (901 v.Chr.) kam es zum Zerwürfnis zwischen den Nordstämmen und den beiden Südstämmen Benjamin und Juda. Das Nordreich hörte mit der Niederlage gegen die *Assyrer (772 v.Chr.) auf zu existieren. Die Stämme wurden ins Exil geführt und gingen in den Fremdvölkern auf. Das Südreich wurde 587 v.Chr. durch Nebukadnezar von Babylon vernichtet. Aus denen, die 70 Jahre später zurückkehrten, konstituierte sich das Volk der Juden.

Aber auch über den Untergang hinaus blieb auf Grund der prophetischen Verheißungen die Hoffnung auf eine Wiederherstellung des Volkes in allen seinen Stämmen bestehen (Jes 11,11f), wie sie Hes 47,13; 48,1-29 und das Gesicht in Offb 7,4-8 verkündigen. Jesus verheißt den Jüngern, daß sie die 12 S. (Mt 19,28) richten werden. Paulus spricht von den 12 Stämmen »unsres Volkes« (Apg 26,7) und betont seine jüd. Herkunft aus dem Stamm Benjamin (Phil 3,5). Jakobus schreibt an die 12 Stämme in der Zerstreuung (Jak 1,1). Und auf den Toren des neuen Jerusalem stehen die Namen der 12 Stämme der Israeliten (Offb 21,12), wie auch die Tore der bei Hes verheißenen Stadt nach ihnen genannt sind (Hes 48,31-34).

4. Bildlich bezeichnet Stamm (Hiob 14,8) den Wurzelstock des gefällten Baumes, in Jes 6,13; 11,1 als Gleichnis für den *Rest Israels (Dan 4,12.20.23). Angewandt ist dieses Bild auch Röm 11,17-24, wo Paulus die Fortsetzung der Heilslinie des alten Bundes im neuen Gottesvolk hervorheben will: Wer hinzukommt, wird mit dem alten S. verbunden.

Literatur: M. Noth: Das System der Zwölf Stämme Israels, 1966; M. Weippert: Die Landnahme der israelitischen Stämme in der neueren wissenschaftlichen Diskussion, 1967; H. Donner: Geschichte des Volkes Israel und seiner Nachbarn in Grundzügen, Bd. 1, 1984, Bd. 2, 1986. F.N./Red.

STANDBILD s. Bild/Abbild; s. Götzendienst; s. Urim und Tummim

STATER s. Geld

STATTHALTER s. Prokurator

STAUB. Zum Zeichen der Trauer wirft man sich S. auf's Haupt (Jos 7,6; Klgl 2,10; Hes 27,30; Offb 18,19; vgl. *Klage); auch Buße tut man in S. und *Asche (Hiob 42,6). Im S. sitzen bedeutet Erniedrigung und Verachtung (Jes 47,1; 1Sam 2,8; Ps 113,7; vgl. Jes 52,2). S. lekken ist die Gebärde völliger Unterwerfung (Ps 72,9; Jes 49,23; Mi 7,17; vgl. Klgl 3,29; vgl. *Kuß). Nach Apg 22,23 wirbelt die Volksmenge in Jerusalem S. in die Luft. Ihr Haß gegen Paulus macht sich Luft: wenn sie Steine hätte, und sie auf ihn werfen dürfte, würde sie ihn steinigen. Zum Abschütteln des S.s vgl. *Fuß.

STECHEN.

1. Ein »Mal am Körper stechen« (LÜ »einschneiden«; »wund ritzen«) war ein heidnischer Brauch zum Zeichen der Trauer, bei dem man die Haut mit einem scharfen Instrument mehrfach ritzte. Den Israeliten war dieser Brauch verboten (3Mo 21,5; 5Mo 14,1). Daß er trotzdem geübt wurde, zeigen Jer 16,6 und 41,5.

2. In 1Mo 3,15 steht für »zertreten« und »stechen« dasselbe hebr. Wort (schūp), das außerdem noch in Hiob 9,17 (LÜ: »greifen nach«) und Ps 139,11 (LÜ »decken«) vorkommt. Seine Bedeutung ist nicht völlig klar. Manche nehmen zwei gleichlautende, aber sprachlich voneinander unabhängige Worte schūp an, eines mit der Bedeutung »zermalmen« (1Mo 3,15a), das andere mit der Bedeutung »nach etwas trachten, nach etwas schnappen« (1Mo 3,15b; Hiob 9,17; Ps 139,11).

3. Der durch ungehinderte Sonnenstrahlung auf den unbedeckten Kopf und Nacken ausgelöste Sonnenstich wird Ps 121,6 erwähnt und 2Kön 4,18-20 beschrieben. Die dabei eintretende übermäßige Blutfülle im Gehirn kann zum Tod führen.

STECKEN UND STAB. Der palästin. Hirte trägt eine Keule als Verteidigungswaffe gegen Räuber oder wilde Tiere und einen Stab zum Aufstützen und zum Leiten der Schafe. Die Keule ist in der Regel ein Knüppel aus Eichenholz mit einem verdickten Ende. Der Stab ist etwas länger und mit einem bogen- oder T-förmigen Griff versehen. Das Nebeneinander von »Stecken und Stab« im Bild des Hirten (Ps 23,4) legt es nahe, im ersten die Keule und im zweiten den Stab zum Stützen zu sehen, zumal der Stecken (hebr. schēbāth) auch sonst als Waffe erwähnt wird (2Sam 32,21) und die Grundbedeutung des mit Stab übersetzten Wortes (hebr. masch'ēnāh) »Stütze« ist.

STEIN. (Hebr. 'äbän; griech. lithos und akrogōniaios, »Eckstein«, »Abschlußstein«). Das Wort wird in der Bibel vielfach gebraucht. Kleine S.e bildeten zusammen mit der Schleuder eine effektive Waffe (1Sam 17,40); S.e wurden zum Angriff und sogar zur Hinrichtung verwendet (4Mo 35, 17; vgl. Joh 8,59; Apg 7,58f), waren ein handliches Gewicht (3Mo 19,36) und dienten – geschärft –

als Messer (2Mo 4,25). Größere S.e dienten dazu, Brunnen abzudecken (1Mo 29,2) und die Eingänge von Höhlen (Jos 10,18) und Gräbern (Mt 27,60) zu verschließen; S.e dienten als Grenz- (2Sam 20,8), und *Malsteine (Jos 4,20ff), als Säulen oder Altäre (1Mo 28,18; 5Mo 27,5ff), nicht zuletzt auch als Baumaterial.

Das Wort »Stein« erscheint in der Bibel in wörtlicher wie auch in übertragener Bedeutung. In den synoptischen Evv. z.B. folgt dem Gleichnis von den bösen Weingärtnern (Mk 12,1-11 par.) das Zitat aus Ps 118,22, das Jesus auf sich selbst bezieht: »Der Stein, den die Bauleute verworfen haben, ist zum Eckstein geworden«. Dies ist ein wichtiger Hinweis auf das Selbstverständnis Jesu. »Eckstein« (LXX, eis kephalēn gōnias) bedeutet in diesem Psalm »oberster Stein« oder »Schlußstein«, d.h. der besonders gewählte und perfekt bearbeitete S., der ein Bauwerk vervollständigt, eine Kuppelkonstruktion »krönt« (vgl. Sach 4,7). Israel selbst ist hier angesprochen, das von den Menschen zurückgewiesen, aber von Gott erwählt wurde. Die eigentliche Bedeutung dieses Wortes geht aus Petrus' Zitat von Ps 118,22 hervor, wenn er es in seiner Rede vor dem Hohen Rat in Jerusalem (Apg 4,11) auf Jesus hin deutet. Im Brief des Barnabas (6,4) werden diese Worte direkt aus LXX (Ps 118) zitiert und ebenfalls auf Christus bezogen.

Im AT erscheint der Begriff »Eckstein« nur in Hiob 38,6 (LXX: lithos gōniaios) und Jes 28,16 (LXX: akrogōniaios), beide Male metaphorisch verwendet (vgl. Ps 144,12). Aber im Gegensatz zum »Schlußstein« scheint hier auf das Fundament eines Gebäudes Bezug genommen zu sein. Diese Bedeutung von akrogōniaios findet sich auch in 1Petr 2,6, wo Jes 28,16 zitiert wird. Christus ist somit Grund- als auch Schlußstein seiner Kirche.

Gewichte aus Stein mit eingravierter Einheit: acht Schekel (links) und Tempel-Schekel (nsp) *(rechts, Gravur nicht im Bild). Höhe: 1,75 cm bzw. 3,6 cm. Lachisch, 7.–6. Jh. v. Chr.* (BM)

Gedenkstele für Adad-etir, errichtet von seinem Sohn Marduk-balatsu-iqbi; beide sind abgebildet. Höhe: 40,64 cm. Babylonische Arbeit aus Sippar, 9. Jh. v. Chr. (BM)

Literatur: J. Jeremias: ThWNT IV, 1942, 272-283; W. Mundle, H.-G. Link, E. Tiedtke: TBLNT II, [4]1986, 1181-1185. S.S.S.

STEINIGEN s. Strafe, Straftat

STEINMETZ s. Handwerk

STEPHANAS. Vorsteher einer Hausgemeinde in Korinth, der mit seinem Haus von Paulus selbst getauft worden war (1Kor 1,16). Paulus, der S. als »Erstlingsfrucht« (vgl. Röm 16,5) von Achaja sieht, bittet die Korinther, die führende Stellung von S. anzuerkennen, nicht zuletzt auch wegen seines hohen persönlichen Einsatzes im Dienst für die Gemeinde (1Kor 16,15ff).

S. erfreute Paulus zusammen mit Fortunatus und Achaikus durch einen Besuch in Ephesus (1Kor 16,17): es ist anzunehmen, daß sie Briefe der Korinther überbracht haben und mit dem 1. Korintherbrief zurückgekehrt sind. Eine Verbindung zum »Haus der Chloë« (1Kor 1,11) ist unwahrscheinlich. Zwei alte

Handschriften von Apg 16,27 identifizieren S. mit dem Kerkermeister von *Philippi. A.F.W.

STEPHANUS. Das griech. Wort stéphanos bezeichnet den aus (Palm-) Zweigen geflochtenen »Kranz« des Siegers, der etwa bei antiken Wettkämpfen dem Gewinner aufs Haupt gesetzt wurde. Im Hintergrund stand sehr wahrscheinlich der strahlende Leuchtkranz der Sonne, ihre corona. Verschiedentlich wurde der Kranz auch als Zeichen der Priester- oder Beamtenwürde getragen. Manchmal bekam der so Bekränzte den Beinamen »Stephanos«, der dann zum Vornamen allg. wurde. Träger des Namens gab es in vorchristl., im Gefolge des Märtyrers S. dann aber vor allem in nachchristl. Zeit. In unserem Zusammenhang ist der in Apg 6,5 erstmals Genannte interessant.

1. Zur Person des Stephanus.

S. tritt uns in Apg 6f als führender Mann der *Hellenisten innerhalb der Urgemeinde entgegen. Bei ihnen wird es sich um Juden gehandelt haben, die in der weltweiten *Diaspora geboren und aufgewachsen sind, später aber aus irgendeinem Grund ins heilige Land der Väter gezogen waren. Ihre Muttersprache war meist das Griech., des Aram. waren sie kaum mächtig. Apg 6,1-8 zeigt, daß es Reibungspunkte zwischen *Hellenisten und den aus Palästina stammenden Hebräern gab. S. wird als Hellenist ebenfalls der jüd. Diaspora entstammen. Schon lange wurde besonders aufgrund der Stephanusrede (Apg 7,2-53) und mancher darin enthaltener Aspekte angenommen, seine Heimat sei das ägypt. *Alexandria gewesen. Über ihn erfahren wir nur noch, daß er wohl in Kreisen der Jerusalemer Hellenisten verkehrte, die dort eigene Synagogen besaßen. Neben seiner Tätigkeit als Armenpfleger der Urgemeinde fand er Gelegenheit, diesen seinen Bekannten das *Evangelium zu bezeugen. Er tat dies mit solcher Überzeugungskraft, daß niemand ihm widerstehen konnte.

2. Das Martyrium des Stephanus.

Seine hellen. Widersacher wurden dadurch so gereizt, daß sie S. nur durch eine Denunziation beim *Sanhedrin unschädlich machen zu können glaubten. Wie bei der Passion Jesu traten »falsche Zeugen« auf, die ihm lästerliche Reden gegen Mose, gegen Gott, gegen den Tempel und gegen das Gesetz nachsagten. S. wurde von der rasenden Menge vor den Hohen Rat geschleppt und mußte sich dort verantworten. Die Einzelheiten liegen im Dunkeln, und der lukanische Bericht scheint zwischen einem Akt von Lynchjustiz und einem ordnungsmäßigen Verfahren hin und her zu schwanken. Jedenfalls wird der Angeklagte in seiner Verteidigungsrede unterbrochen, vor die Stadt gestoßen und dort vor den Augen des späteren Heidenapostels *Paulus gesteinigt (Apg 7,57-60). Versuche, in dem Bericht mehrere Quellen voneinander abzuheben, konnten keine Klärung bringen. So werden wir von der Einheitlichkeit ausgehen können. S. starb betend und mit einer Vision des erhöhten Herrn vor Augen. Selbst im Tode wollte er Jesus ähnlich sein und bat daher für seine Mörder. Daß angesehene Männer ihm offenbar ein ehrenvolles Begräbnis gaben, läßt vermuten, daß er doch nicht rechtmäßig verurteilt worden war.

3. Theologische Akzente der Stephanusrede.

In seiner Verteidigungsrede, die einer damaligen Synagogenpredigt nicht unähnlich ist, geht S. ausführlich auf die Geschichte Israels im Blick auf sein Gottesverhältnis und auf Gottes Treue zu seinem Volk trotz vielfacher Untreue Israels ein. Er hebt hervor, daß Gottes Heil seit jeher nicht an den Tempel gebunden war. Diese distanzierte Haltung zum Tempelkult findet sich schon bei den atl. Propheten, aber auch bei Jesus und im zeitgenössischen Judentum der Diaspora, das wegen der geographischen Distanz zu Jerusalem andere Arten der Frömmigkeit finden mußte, die den Opferkult im Tempel ersetzen konnten. In Alexandria, der vermuteten Heimatgemeinde des S., hatte man längst die hermeneutischen Methoden der Spiritualisierung und der Allegorese entwickelt. Der alexandrinische Religionsphilosoph *Philo, ein Zeitgenosse des S., hat sie in seinen Kommentaren zu atl. Texten zur höchsten Blüte gebracht. Bei dem Märtyrer gesellt sich dazu die heilsgeschichtliche Sicht der Gottesgeschichte mit Israel und eine recht urtümliche Christologie, die an der Bezeichnung Jesu als des »Gerechten« (Apg 7,52) erkennbar wird. Auch die Bezeichnung »Menschensohn« (Apg 7,56), die sonst außerhalb der Evv. sehr selten vorkommt, unterstreicht das hohe Alter der Tradition. Mit den genannten Ansichten und erst recht mit der Vision des erhöhten Jesus in unmittelbarer Nähe Gottes paßte S. natürlich nicht in die rel. Landschaft Jerusalems. Seine Ermordung wird verständlich.

4. Die Stephanusreliquien.

Großes Aufsehen erregte der Brief des Priesters Lukianos über die angebliche Auffindung der Reliquien des S. in Kaphargamala bei Jerusalem am 3. August 415 n.Chr. (Lukianosbrief, in: Migne, PL 41, 805ff). In Nordafrika, wohin die Reliquien gebracht wurden, bewirkten sie einen weiteren Höhepunkt der Reliquienverehrung. Auch in anderen Städten, besonders Küstenstädten, konnte sich der Stephanuskult durchsetzen. Bei Jerusalem ließ Eudokia eine Stephanuskirche als Grab für sich selbst im Jahr 439 weihen. Dessen ungeachtet gab es in der europäischen archäologischen Literatur einen umfangreichen Meinungsaustausch über den Ort des Martyriums und des Stephanusgrabs. Der Streit konnte aber nicht zu anerkannten Ergebnissen führen.

Literatur: O. Hiltbrunner: KlP V, 360f; M. Hengel: Zwischen Jesus und Paulus, ZThK 72/1976, S. 151-206; H.-W. Neudorfer: Der Stephanuskreis in der Forschungsgeschichte seit F.Chr. Baur, 1983; ders.: Apostelgeschichte, Bibel-Kommentar Bd. 8, 1. Teil, 1986. H.W.N.

STERBEN s. Tod

STERN, STERNBILD, STERNDEUTUNG. Die Auseinandersetzung mit den Phänomenen des Himmels begleitete und bestimmte die Menschheitsgeschichte von Anfang an. Notwendigerweise mußte sich der Mensch vom Sternhimmel und damit von der oberen Welt des Göttlichen unmittelbar abhängig sehen, zumal überdies sein Leben, Streben und Wirken sichtbar eingebettet waren in einen Weltzusammenhang, in dem der *Sonne und dem *Mond, den Planeten und den Sternen und damit der göttlichen Wohn- und Lichtwelt insgesamt unmittelbare Bedeutung zukam. So ist die gesamte Menschheitsgeschichte zugleich eine mehr und mehr ins Detail gehende Geschichte der Astronomie, die zunächst nichts anderes sein konnte als die Lehre von der Welt der Götter und ihren Weisungen gegenüber der unteren menschlichen Ebene des Wohnens und Wirkens, also in massivem Sinne: Astrologie.

Die großen Kulturen der Menschheitsgeschichte waren in diesem Sinne immer zugleich ein Herd der astronomischen und astrologischen Wissenschaft, wobei mit dem sich vermehrenden mathematischen Wissen auch zugleich die Vertiefung der Lehre von den Sternen einherging. In der Antike kam es endgültig zur systematischen und zur kritischen Zergliederung eines reichen Erfahrungsschatzes, ein Vorgehen, das konsequent die weitere Geschichte der Menschheit bis zur Gegenwart bestimmt hat. Die Beobachtungen und Aufzeichnungen der babylon. Zentren der Himmelsbeobachtung wurden unmittelbar von Bedeutung für die wissenschaftliche Denkwelt des Griechentums und des röm. Imperiums. In China und in Indien waren zudem im engen Austausch mit den Babyloniern weitere dominante Wissens- und Beobachtungszentren entstanden. Zugleich fand die mathematische Fundierung des astrologischen Bemühens spätestens in der hellen. Zeit in Ägypten mit Alexandria eine weitere berühmte Heimstätte. Später vermittelten die arab. Gelehrten die Fülle des antiken Wissens an die europäische Welt, die spätestens seit der frühen Renaissance beginnt, die neuzeitliche Wissenschaft zu gestalten und zu bestimmen.

Die antike Geschichte der Astronomie ist durch bedeutende Gelehrte markiert, wie z.B. Euklid, Eratosthenes, Aratos, Hipparch und vor allem Ptolemaios (2. Jh.n.Chr.). Ein Schüler des Platon soll die Planeten gewissen Göttern »gleichsam als ihr Eigentum« zugeordnet haben. Saturn war demnach der »Stern des Kronos«, Jupiter der »Stern des Zeus«, Mars der »Stern des Ares«, Venus der »Stern der Aphrodite«, Merkur der »Stern des Hermes«. Die Sonne aber war der Stern des Helios und ähnlich der Mond der Stern einer weiblichen Gottheit, nämlich der Selene, der Artemis oder der Hera. Unter dem Einfluß der Stoiker kam es dazu, die Planeten als die Gottheiten selbst zu betrachten, während man später wieder dazu überging, sie als bloße Träger von höheren Naturkräften zu verstehen. Spätestens z.Zt. des Hipparch kam es zur Anordnung der Planeten in natürlicher Folge gemäß ihrer Umlaufzeit, also in der Reihenfolge Mond, Merkur, Venus, Sonne, Mars, Jupiter und Saturn. Dabei schied das beherrschende Gestirn der Sonne die Planeten in die sog. drei oberen und drei unteren. Über das Heptagramm der Wochentagsgötter kam man zur Ordnung der Wochentagsregenten. Die natürliche Folge der Planeten in einen Kreis mit einem siebenstrahligen Stern geschrieben, führt zu der bekannten Wochentagsreihe, sofern man den Stern in einem Zuge zeichnet. Der Tierkreis oder Zodiakus war den Griechen, die Bilder aus Babylonien übernommen haben, früh vertraut. Mit ihnen verband man wichtige Personen und Ereignisse der griech. Sagenwelt. Nach der Entdeckung der Präzession wurde der mit dem Frühlingspunkt beginnende tropische Tierkreis bedeutsam. Seine Aufteilung in Vier- und Dreiecke (Trigone) soll auf pythagoreische Spekulationen zurückgehen. Sie bot der astrologischen Weltdeutung vielfältige Möglichkeiten der Kombination, zumal auch gewisse Planeten den Anschein einer besonderen Affinität oder Abneigung vermittelten. Die Idee der zodiakalen Würden und Schäden der Planeten konnte davon abgeleitet werden. Alles in allem bildete sich ein kompliziertes System der Erklärung und Deutung heraus, worauf eine je nach dem Stand der astronomischen Wissenschaft mehr oder weniger primitive Horoskoplehre zurückgreifen konnte. Grundsätzlich zielte sie ebenso auf eine gewisse weltgeschichtliche Analyse wie auf individuelle Prognosen, worüber ein reiches Schrifttum vorliegt (Ptolemaios, Vettius Valens, Firmicus Maternus u.v.a.). Auf einige Grundlagen und Vorstellungen der antiken Sterndeutung sei kurz Bezug genommen.

Die Ekliptik entspricht einem in 360^0 eingeteilten Kreis, der die scheinbare Jahresbahn der Sonne beschreibt. Er wurde in Abschnitte zu 30 geteilt, so daß man die zwölf Tierkreiszeichen erhielt. Ihre Reihenfolge lautet:

1. Widder *(Aries)*
2. Stier *(Taurus)*
3. Zwillinge *(Gemini)*
4. Krebs *(Cancer)*
5. Löwe *(Leo)*
6. Jungfrau *(Virgo)*
7. Waage *(Libra)*
8. Skorpion *(Scorpio)*
9. Schütze *(Sagittarius)*
10. Steinbock *(Capricornus)*
11. Wassermann *(Aquarius)*
12. Fische *(Pisces)*

Als Sternbilder waren die Zeichen mehr oder weniger festgelegt, für den abendländischen Raum durch die Babylonier. In der Sterndeutung spekulierte man über ihre Natur, Gestalt, Haltung und vor allem über die geometrische Stellung im Tierkreis untereinander. Es kam formal zu Gruppierungen (so schon Manilius). Jeder Planet besaß im Tierkreis eine Position, in der er als Regent herrschte und seine größte Energie ausstrahlte, technisch als »Haus« geführt. Den größten Einfluß übte ein jeder Planet aus, wenn er in seiner »Erhöhung« stand, identisch mit jenem Punkt, den er am Anfang der Welt eingenommen hatte. Die diametral gegenüberliegenden Punkte bildeten die »Erniedrigung« der Planeten. Die 12 Tierkreiszeichen wurden untereinander in ein festes System der Beziehungen gebracht, als Sechsecke, Vierecke, Dreiecke, in Gegenpositionen und Paaren. Die daraus sich ergebenden Wechselbeziehungen nannte man »Aspekte«. Am wichtigsten waren die vier Dreiecke (triplicitates), die wiederum nach den vier Elementen benannt wurden: das feurige Trigon (Widder, Löwe, Schütze), das erdige Trigon (Stier, Jungfrau, Steinbock), das luftige Trigon (Zwillinge, Waage, Wassermann), und das wässrige Trigon (Krebs, Skorpion, Fische). Die Bedeutung der Planetenkonjunktionen ergab sich unmittelbar auch aus ihrer Beziehung zu den Dreiecks-Gruppierungen. Die Konstellationen der Planeten waren bedeutsam sowohl im Blick auf die Aspekte als auch im Blick auf die Konjunktionen, und zwar je seltener sie eintraten. Für die astrologische Erfassung der weltchronologischen Zusammenhänge ergab sich die unmittelbare Bedeutung der sog. äußeren Planeten (Saturn, Jupiter, Mars); zumal auch ihre Umlaufzeiten dazu nötigten, auf längere Zeitperioden hin zu denken.

Literatur: A. Bouche-Leclercq: L'astrologie grèque, (1899) 1963; 1979; F. Boll: Sphaera. Neue griechische Texte und Untersuchungen zur Geschichte der Sternbilder, 1903, 1967; F.K. Ginzel: Handbuch der mathematischen und technischen Chronologie, 3 Bde., 1906/14, 1958; F.X. Kugler: Sternkunde und Sterndienst in Babel, Assyriologische, astronomische und astralmythologische Untersuchungen, 1907/35; F. Cumont: Astrology and Religion among the Greeks and Romans, (1912) 1960; F. Boll, C. Bezold, W. Gundel, H.G. Gundel: Sternglaube und Sterndeutung. Die Geschichte und das Wesen der Astrologie, 1918, [7]1977; P. de Hérouville: L'Astronomie de Virgile, CEA, 1940; A.J. Festugière: Le revelation d'Hermes Trismégiste, 4 Bde., 1945-54; A. Scherer: Gestirnnamen bei den indogermanischen Völkern, 1953; O. Neugebauer, H.B. von Hoesen: Greek Horoscopes, Memoirs of the American Philosophical Society 48, 1959; W. Burkert: Weisheit und Wissenschaft. Studien zu Pythagoras, Philolaos und Platon, Erlanger Beitr. z. Sprach- und Kunstwissenschaft 10, 1962; F.E. Robbins: Ptolemy, Tetrabiblos, 1964 (Loeb); B.L. van der Waerden: Erwachende Wissenschaft, 2 Bde., 1966/68; L. Wächter: Astrologie und Schicksalsglaube im rabbinischen Judentum, Kairos NF 11, 1969, S. 181-200; R. Coleman: Vergil, Eclogues, Cambridge Greek and Latin Classics, 1977; F. Sezgin: Geschichte des arabischen Schrifttums, Bd. VI/ Astronomie, 1978; Bd. VII: Astrologie – Meteorologie und Verwandtes, 1979; G. Voss: Astrologische Weisheit – eine Herausforderung christlicher Theologie und Spiritualität, in: Una Sancta 41, 1986, S. 295-317. A.St.

STERN VON BETHLEHEM.

1. Die Erzählung vom »Stern zu Bethlehem« gehört zum Sondergut des MtEv.s (2,1-12), in dem sie in markanter Weise die universale, ja die kosmische Messiasbedeutung Jesu bezeugt. Diesem christologischen Zeugnis abschließend zugeordnet ist Kap. 28,16-20, das markante Zeugnis von der Allpräsenz des Christus »bis zum Ende der Welt«. Ihm ist alle Macht »im Himmel und auf Erden« gegeben. Schon am Anfang seines Wirkens hat er bewußt ein politisches Weltmessiastum abgelehnt (4,18ff), um umsomehr seine Jünger auf einen weltweiten Auftrag hinzuweisen, der das Geheimnis der Christusbestimmung der Welt nicht über das Thema der Macht erschließt, sondern über das des Dienstes, der Nächstenliebe, des Verzichtes und der Ohnmacht (vgl. 19,16ff.23ff 27ff). Zum markanten Sondergut des MtEv.s gehört vor allem auch Kap. 19,28, wo gezielt der Gedanke der »Wiedergeburt« der Welt, ihrer Palingenesie, am

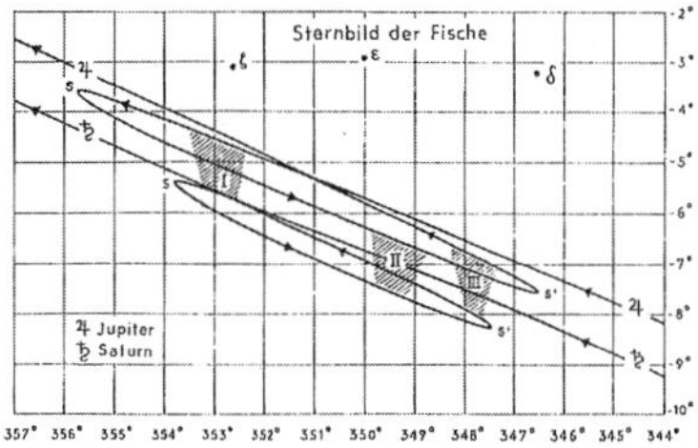

Die große Konjunktion von Jupiter und Saturn des Jahres 7 v. Chr. Die schraffierten Flächen (I, II, III) veranschaulichen die Phasen engster Begegnung: 29. Mai bis 8. Juni (1), 26. September bis 6. Oktober (II), 5. Dezember bis 15. Dezember (III). (ASt)

Ende der Zeit eingebracht ist, »wenn der Menschensohn auf dem Thron seiner Herrlichkeit sitzen wird«. Entfaltet ist ferner Mt 24,30 über die Mk-Parallele hinaus das Thema des kosmischen »Zeichens des Menschensohnes«, wonach sich nämlich am Ende der Zeiten die Planeten noch einmal in der Gestalt eines Kreuzes am Himmel anordnen werden und so Zeugnis geben von der Allbestimmung der Welt mit ihrer schließlichen Erlösung im Zeichen des Kreuzes. Aufgenommen ist damit gezielt die zeitgenössische astrologische Spekulation um das sog. Thema mundi. Im babylon. Welthoroskop ordnen sich am Ende der Welt die Planeten in der Gestalt eines Kreuzes am Himmel, um wieder eine Position einzunehmen, die sie schon einmal am Uranfang der Schöpfung besessen haben sollen. Das Zeugnis des MtEv.s bezieht demnach in auffallender Weise die kosmische Dimension als primären Herrschaftsbereich des Weltmessiastums Jesu in die christologische Reflexion ein. Die Erzählung vom »Stern von Bethlehem« erweist sich insgesamt als ein wesentliches thematisches Element des MtEv.s

2. Der Erzählung Mt 2,1-12 liegen bedeutende historische Erfahrungen zugrunde, die am Anfang des Lebens Jesu, nämlich um 7 und 6 v.Chr., zweifellos die gesamte antike Welt bestimmt haben. Das theologisch auf den »Stern von Bethlehem« verkürzte Thema besagt, daß die Magier aus dem O »seinen Stern im Aufgang« gesehen hatten und sich auf den Weg machten, den neugeborenen Messias der Welt anzubeten. Mit dem Stern, der als gleichsam kosmisches Zeichen das Kommen des Messias und Welterlösers anzeigt, muß sich die Idee der nahen Zeitenwende verbunden haben. Wenn die Magier, was Mt hervorhebt, von Herodes aufs genaueste befragt wurden, »wie lange« (sic!) er denn erschienen sei (Mt 2, 7.16), so ist damit ein astrologischspekulatives Wissen angesprochen, das sich mit dem sog. heliakischen Aufgang eines Planeten befaßt hat und das aus der Dauer des Erscheinens eines solchen Planeten sowie aus einer Sichtbarkeit an bestimmter Stelle des Himmels Schlüsse zog. Von allen Möglichkeiten der Erklärung bleibt die über zwei Jahrtausende quellenmäßig klar erforschbare Überzeugung am wahrscheinlichsten, es müsse sich um eine ungewöhnliche Konstellation des Jupiter, des antiken Königsgestirns, gehandelt haben. Die antike Astronomie befaßte sich eingehend mit seinem Auftreten an herausragender Stelle des Tierkreises und identifizierte ihn auf dem massiven Hintergrund einer weitverbreiteten astral-mythologischen Religiosität mit der obersten Gottheit selbst. Er war vor allem von Wichtigkeit für das Welt- und Geschichtsgeschehen auf der Basis der klar berechenbaren Saturnbewegungen. Saturn, der für antike Begriffe äußerste Planet, verkörperte den Zeitgott Kronos, um unmittelbar Rückschlüsse auf den Geschichtsverlauf zu gestatten. Eine Konjunktion von Jupiter und Saturn an herausragender Stelle des Tierkreises war daher fraglos von besonderer Zeugnis- und Aussagekraft. Die neuere Forschung läßt sich von der begründeten Überzeugung leiten, daß die dreifache Jupiter-Saturn-Konjunktion des Jahres 7/6 v.Chr. an der Grenze des Zodiakalkreises, am Übergang vom Zeichen der Fische zum Zeichen des Widders, nämlich genau beim Frühjahrspunkt Zeta Piscium, von aufwühlender Zeugniskraft gewesen sein muß. Sie besaß den Rang einer »großen« Konjunktion und alarmierte im Blick auf das nahe Messiaszeitalter (zugleich: das Goldene Zeitalter) die gesamte antike Welt, worüber zahlreiche Sachverhalte Zeugnis geben (vgl. Vergils IV. Ekloge; die Erbauung des Solarium Augusti; eine reiche numismatische Dokumentation u.v.a.), nicht zuletzt aber verschiedene komputistische Originaldokumente selbst (Berliner Tafel VAT 290 und 1836; demot. Papyrus P 8279 u.a.). Insgesamt erklärt sich das Thema in Mt 2,1-12 unschwer. Die massive Deutung des Phänomens hin auf Christus hatte im jüd. Raum ferner das Wissen um die Erfüllung von 4Mo 24,17 zur Voraussetzung. Die Weissagung von dem »Stern aus Jakob« spielte nachweislich schon in der Hasmonäerzeit ebenfalls eine nicht geringe Rolle, um bezeichnenderweise dann vor allem die politischen Verhältnisse am herodianischen Hof nachhaltig zu bestimmen. Dort wo man den Glauben auf Christus Jesus nicht vollziehen konnte, kam es mit den astronomischen Erfahrungen des Barkochba-Auf-

standes noch einmal zu einer katastrophalen Erfahrung, die die Geschichte des jüd. Volkes nachhaltig bestimmen sollte. Im christl. Raum hat sich teilweise sehr spezielles Wissen über den astronomischen Hintergrund von Mt 2,1-12 erhalten, wobei vor allem auch der spezielle Beitrag der früharab. Gelehrten jede Beachtung verdient (Al-Kindī, Abu Maʿschar u.v.a.).

Literatur: K. Ferrari d'Occhieppo: Der Stern der Weisen. Geschichte oder Legende?, ²1977; J.F. Farquharson: The Star of Bethlehem, J. Brit.Astron. Assoc. 89,1, 1978, S. 8-20; D. Hughes: The Star of Bethlehem. An Astronomer's Confirmation, 1979; G. Kroll: Auf den Spuren Jesu, ⁸1979, bes. S. 85ff; K. Ferrari d'Occhieppo: Weitere Erwägungen zum Stern von Bethlehem, Sterne und Weltraum, 1981, S. 209f; E. Buchner: Die Sonnenuhr des Augustus. Nachdruck aus RM 1976 und 1980 und Nachtrag über die Ausgrabung 1980/81, 1982; K.-F. Hoffmann: Der Stern der Weisen. Kritischer Überblick über den Streit um den Stern von Bethlehem, in: Die Umschau in Wissenschaft und Technik 82, H. 25, 1982, S. 780ff; A. Strobel: Der Stern von Bethlehem. Ein Licht in unserer Zeit? 1985; ders.: Weltenjahr, Große Konjunktion und Messiasstern. Ein themageschichtlicher Überblick, ANRW II, 20, 2, 1987, S. 988-1187 (Literatur!).

A.St.

STERNGLAUBEN.

1. Das Denken der gesamten antiken Welt war spätestens seit hellen. Zeit von einem massiven S. durchdrungen. Seine wissenschaftliche Ausformung hatte er über lange Zeit im babylon. Raum erhalten. Neben erstaunlichen Leistungen auf dem Sektor der astronomischen Beobachtung und kalendarischen Berechnung kam es auf dem Hintergrund eines zutiefst mythologischen Weltbildes zu einem ausgeklügelten System astrologischer Weltdeutung. Sehr früh fand es vor allem auch in Ägypten, das eigene geschichtliche und rel.-mythologische Voraussetzungen besaß, eine zweite Heimat mit weitreichenden selbständigen Vorstellungen und Theorien. Herodot (II, 80) weiß mitzuteilen: »Ferner ist noch folgendes der Ägypter Erfindung: welchem der Götter jeglicher Monat und jeglicher Tag heilig und was einem begegnen wird, wenn man an dem oder jenem Tag geboren wird, was es für ein Ende nehmen und aus ihm werden wird«. Bei alledem besaß in der babylon. Welt die streng experimentelle und wissenschaftlich-komputistische Arbeit, auf die das astrologische Denken zurückgreifen konnte, eine solide Tradition mit größtem Einfluß auf die griech. und röm. Kultur. Berossos, ein Mardukpriester, widmete um 280 v.Chr. dem König Antiochus I., einem Diadochen der Alexanderzeit, sein Werk Babyloniaka. Es enthält die Darstellung der chaldäischen Gestirnlehre und bestimmte nachhaltig die astrologische Spekulation der späthellen. und griech.-röm. Zeit.

2. Indem man zugleich exakte arithmetische Berechnungsmethoden erarbeitete, um sehr genaue Aussagen über den Lauf von Sonne und Mond sowie über den der damals bekannten Planeten (Saturn, Jupiter, Mars, Venus und Merkur) zu treffen, kam es zur Herausbildung einer relativ hochentwickelten Grundlagentheorie der astrologischen Arbeit. Sie sollte fortab die Politik der Staatenwelt des Mittelmeers und des Nahen Ostens ebenso bestimmen wie das Handeln des Einzelmenschen. Neben einer ausgeklügelten wissenschaftlichen Theoriebildung finden sich zugleich massive Tendenzen einer primitiven Vulgarisierung. Die Fülle des Materials ist unübersehbar groß und ungemein vielfältig. Die Übergänge zwischen wissenschaftlichem Bemühen und pseudo-wissenschaftlicher Deutung weisen alle nur möglichen Schattierungen auf. Mehr und mehr wurden jedenfalls die Planetengötter zu allgemein-politischen und individuellen Schicksalsmächten im Denken des Menschen. Sie sahen sich positiv oder negativ unübersehbar vielen Wahrheiten und Gewißheiten gegenüber. Oft gehen daher in der verfolgbaren Geschichte der antiken Sterndeutung stillschweigende und offene Auseinandersetzungen nebeneinander her. Während sich in der griech.-röm. Welt des 2. Jh.v.Chr. noch bedeutsame Tendenzen abzeichnen, dem zunehmenden Einfluß der »Chaldäer« entgegenzutreten, kommt es im 1. Jh.v.Chr. schließlich fast allg. zu ihrer Anerkennung. Die Tendenz ging dahin, vor allem den primitiven Deutungsversuchen zu wehren, während der höheren Theoriebildung, der eine experimentelle Himmelsbeobachtung zu-

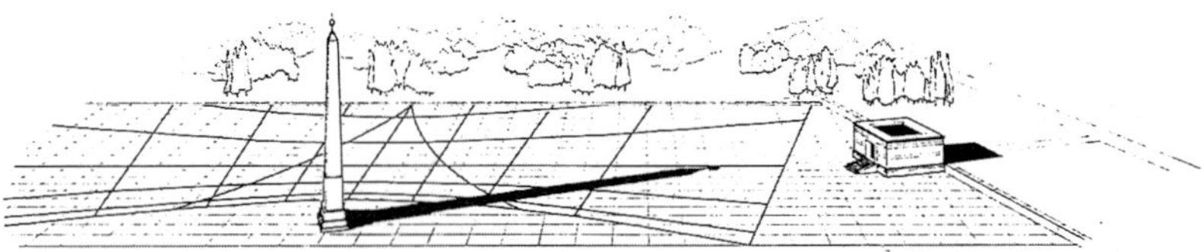

Solarium Augusti und Ara Pacis aus der Vogelperspektive. (Bu)

grunde lag und die mit mathematischen Kenntnissen gepaart war, die Anerkennung je länger je mehr selbst in Rom nicht verweigert werden konnte. Es ist wichtig zu sehen, daß letztere von großem Einfluß war, vor allem auf das Weltverständnis im allg. Die bedeutende wissenschaftliche Erkenntnis der Präzession (1^0 in 72 Jahren) war sogar von unmittelbarem Einfluß auf die Zeit- und Weltdeutung, insofern nun die bedeutsame Vorstellung des Weltenjahrs und zugleich damit die des Goldenen Zeitalters oder jüdischerseits die der nahen Messiasära rechnerisch konkretisiert werden konnten, zumal auch der damals ungewöhnliche Lauf der Planeten den Bezug der Gegenwart hin auf einen gegebenen Zeitenwechsel nahezulegen schien. So weiß auch Paulus in Gal 4,4 begründeterweise um die »Fülle der Zeit«. Immerhin befähigte der bibl. Glaube die urchristl. Gemeinde und die altchristl. Kirche, dem durch primitive Astrologie massiv geprägten Individualdenken der Zeit energisch entgegenzutreten (Apg 13,6ff; Gal 4,10). Erst im frühen Mittelalter strömte das gefährliche Gedankengut der Astrologie und Horoskopdeutung durch den massiven Einfluß der arab. Wissenschaftler, die als die Vermittler des antiken Standardwissens gelten müssen, erneut ein in die mittelalterliche Theologie und christl. Welt.

3. Während Eudoxos von Knidos, ein Freund Platos, die Lehren der »Chaldäer« noch kritisch abwies, fanden sie bei Theophrastus, dem Schüler des Aristoteles, durchaus Bewunderung und Anerkennung. Mehr und mehr geriet in der Folge die griech. Welt in den Bann der babylon. Astrologie. Mit dem Wissen um die persönliche Macht der Gestirne und Gottheiten bildete sich eine auf den Planetenlauf gegründete Geschichtsdeutung aus, wobei das System des oben erwähnten Berossos in den folgenden beiden Jahrhunderten einen erheblichen Einfluß auf das Denken der Zeit auszuüben begann. Auf der Ägäisinsel Kos gründete man eine einflußreiche Astrologenschule, die das Erbe wirkungsvoll vermitteln konnte. Die Philosophenschule der Stoiker mit ihrem Hang zum monistischen Pantheismus vertrat nicht nur die Überzeugung der schicksalhaften Vorherbestimmung des Welt- und Naturgeschehens, sondern lieferte desgleichen eingehende Entwürfe, um der persönlichen Bestimmung des Menschen auf die Spur zu kommen. Vor allem der syr. Philosoph Poseidonios von Apameia (135-51 v.Chr.) entwickelte mit nachhaltigem Einfluß auf seine Welt, nicht zuletzt auch auf Cicero, die Theorie einer sog. kosmischen »Sympathie« auf der Basis einer sich wissenschaftlich gerierenden Gestirnreligion. Überhaupt bildete sich eine vielfältige Literatur heraus, die dem S. und der Sterndeutung fast allg. zum Durchbruch verhelfen sollte. So gewinnt u.a. das »Buch des Hermes«, das bereits die Grundsätze der Geburtshoroskopie detailliert darzulegen sich bemüht, früh besondere Bedeutung. Die »Astrologumena« des Nechepso und Petosiris, eines »Grundbuches der hellen. Astrologie« traten hinzu. Noch in vorchristl. Zeit bestimmte diese Literatur offen oder insgeheim das Denken einer gebildeten Schicht und mehr und mehr auch das auf schlichte Lebensbewältigung zielende Sinnen und Trachten der Masse des Volkes. Seit dem 2. Jh.v.Chr. kam es stetig auch in Rom zum Siegeszug der astrologischen Welt- und Lebensdeutung mit weitreichenden Folgen für die frühe und spätere Kaiserzeit, die allg. in den Bann der Astrologie geraten war.

4. Unter Cicero (106-43 v.Chr.), der das Denken der damaligen Welt tiefer zu verarbeiten begann, trat die Astrologie der frühen Kaiserzeit ihren Siegeszug an. Die Vorherbestimmung des Schicksals schien unter gewissen Gesichtspunkten entschlüsselbar. Der Freund P. Nigidius Figulus, wohlvertraut mit der graeco-ägypt. Astrologie, brachte die »Sphaera Barbarica« des Teukros, ein astrologisches Standardwerk, neu heraus. Vergils IV. Ekloge wird zum herausragenden Zeugnis der hochgestimmten Erwartungen Roms. Spätestens unter Augustus († 14 n.Chr.), dem man ein einmaliges Horoskop zugestehen mußte, gewann die Deutung der Geschichte und Zeit hin auf den Eintritt des Goldenen Zeitalters (s. Vergils IV. Ekloge) eine konkrete Ausprägung. Verschiedene besondere Himmelsphänomene sowie überhaupt die teilweise besondere Ausprägung der Planetenkonstellationen schienen die allg. Erwartung zu bestätigen. Nicht zufällig bezeichnen überhaupt die Jahrzehnte zwischen 30 v.Chr. und 100 n.Chr. in der Folge einen allg. Siegeszug der astrologischen Wissenschaft, die alle Lebensgebiete zu erfassen begann. Für Augustus galten die Waage und der Steinbock als das herausragende Geburtszeichen, wobei er überdies beanspruchen konnte, zum Herbstäquinoktium geboren zu sein (s. Gemma Augustea). Ein intensiver Glaube an die Macht der Sterne bestimmte das politische Handeln und vor allem auch mehr und mehr die Regelung der schwierigen Thronfolge. Während der letzten Regierungsjahre entstand das »Astronomicon« des Manilius, ein dem Kaiser gewidmetes Lehrgedicht, in dem das astrologische Wissen sich verdichtet hat hin auf die Verklärung der Augusteischen Zeit. Eindrucksvolle Beweise des augusteischen S.s liegen vor (s. bes. das Solarium Augusti). Unter dem

Nachfolger *Tiberius kam es nicht minder zur Dominanz einer auf Astrologie begründeten Regierungs- und Weltdeutung, obschon verständlicherweise Einbrüche zu verzeichnen waren. Die letzten Jahre verbrachte der Kaiser auf der Insel Capri, um sich unter dem Einfluß des Hofastrologen Thrasyllos eingehenden Studien zu widmen. Unter *Caligula († 41 n.Chr.) wirkte, so wird angenommen, ähnlich bestimmend der Astrologe Dorotheos von Sidon, unter *Claudius und *Nero († 68 n.Chr.) dessen Sohn, der Astrologe Balbillus, der u.a. auch die Bibliothek in *Alexandria verwaltet und geleitet hat. Ein gewisser astrologischer Fatalismus wurde allg. bestimmend, so daß die Überzeugung um sich griff, die Idee Gottes müsse als die Macht der Natur definiert und begriffen werden (Plin.nat. II,5).

5. Im Unterschied zu dem in der griech.-röm. Welt generellen Denken spricht aus dem Zeugnis des NT eine unerhörte Freiheit und Gewißheit, fernab von jedem Determinismus. Die stoische Gedankenwelt mit ihrem astralen Fatalismus wurde von Grund auf abgelehnt. Die Sterne galten als Zeichen Gottes am Himmel und zugleich als Beweise seiner Schöpfung, doch niemals als göttliche Wesen von deterministischer Aussage und Kraft. Das planetare Geschehen am Himmel konnte zwar im Blick auf Christus in seiner Einmaligkeit beansprucht werden (*Stern von Bethlehem), besaß aber immer nur die begrenzte Relevanz einer geschöpflichen Erfahrung. Die Idee der Willensfreiheit des Menschen blieb unangetastet. A. von Harnack erblickte mit Recht in der vielfach geführten Abweisung der scheinbar all-dominanten Astrologie der antiken Welt eine »Großtat der Kirche«.

Literatur: J. Bidez, F. Cumont: Les Mages hellénises, 2 Bde., 1938; E. Buchner: Die Sonnenuhr des Augustus, 1982; F. Cumont: Astrology and Religion among the Greeks and Romans, (1912) 1960; W. Gundel, H.G. Gundel: Astrologumena. Die astrologische Literatur in der Antike und ihre Geschichte, 1966; W. Knappich: Geschichte der Astrologie, 1967; B. Gatz: Weltalter, goldene Zeit und sinnverwandte Vorstellungen, Spudasmata XVI, 1967; O. Neugebauer: A History of Ancient Mathematical Astronomy, in: Studies in the History of the Mathematics and Physical Studies, 3 Teile, 1975; W. Hübner: Die Eigenschaften der Tierkreiszeichen in der Antike. Ihre Darstellung und Verwendung unter besonderer Berücksichtigung des Manilius, Sudhoffs Archiv Beih. 22, 1982; ders: Zodiacus Christianus. Jüdisch-christliche Adaptionen des Tierkreises von der Antike bis zur Gegenwart, 1983; ders.: Manilius als Astrologe und Dichter, ANRW II 32,1, 1984, S. 126-320; A. Strobel: Weltenjahr. Große Konjunktion und Messiasstern. Ein themageschichtlicher Überblick, ANRW II 20,2, S. 988-1187 (Literatur!). A.St.

STEUERN s. Abgaben

STIER s. Tiere

STIFTSHÜTTE.

I. DAS ZELT DER BEGEGNUNG.

Das »Zelt der Zusammenkunft« (ZÜ), besser »Zelt der Begegnung« (RevEB), war vor der Errichtung der S. eine kleine provisorische Stätte der Begegnung zwischen Gott und seinem Volk (2Mo 33,7-11). Dieses Zelt der Begegnung wurde während der Zeit der Wüstenwanderung außerhalb des Lagers aufgeschlagen. *Mose ging hinein, und die Wolkensäule, welche die Gegenwart Gottes anzeigte, kam herab und blieb draußen beim Eingang stehen. Hierin hatte das Zelt der Begegnung eine ähnliche Funktion wie die Felsspalte, in die Mose gestellt wurde (2Mo 33,21-23), und wie die Höhle, in der *Elia stand (1Kön 19,9-18): Gott konnte zu ihnen reden, während seine Herrlichkeit draußen vorüberzog. Im Gegensatz dazu wurde die S. mitten im Lager errichtet, und die Wolke der Herrlichkeit ruhte nicht draußen, sondern in ihr, so daß Mose zunächst draußen stehen bleiben mußte (2Mo 40,34f).

II. DIE STIFTSHÜTTE.

Was man gewöhnlich als »Stiftshütte« bezeichnet, war das tragbare Heiligtum, in dem Gott in der Wüste mitten unter den Israeliten wohnte. Nach deren *Landnahme in *Kanaan wurde es nacheinander in *Silo (Jos 18,1), *Nob (1Sam 21) und *Gibeon (1Chr 16,39) aufgestellt. Salomo brachte es schließlich zum Tempel in Jerusalem hinauf (1Kön 8,4). Die S. wird in 2Mo 25,9 einfach mischkān, »Wohnung«, genannt; mischkān Jahwe, »Wohnung Jahwes«, in 3Mo 17,4; mischkān ha ʿēdūt, »Wohnung der *Bundesstatuten« (»des Zeugnisses«) in 2Mo 38,21, da es die Bundestafeln beherbergte; ʾōhel mōʿēd, »Zelt der Begegnung« in 2Mo 28,43, d.h. der offizielle Ort der Begegnung zwischen Gott und seinem Volk; mischkān ʾōhel mōʿēd, »Wohnung des Zeltes der Begegnung«, in 2Mo 39,32; miqdāsch, »Heiligtum«, in 2Mo 25,8; qōdesch, »heiliger Ort« in 2Mo 38,24; in 2Mo 34,26 bet Jahwe, »Haus Jahwes«. In 2Mo 25,3-7 findet sich eine Liste der zu ihrem Bau verwendeten Materialien. Das als »Bronze« (RevEB) bezeichnete Metall wird wohl eher Kupfer gewesen sein. Mit »blauem Purpur« war wohl ein Blauviolett gemeint, mit »purpurn« wohl ein Purpurrot. Bei dem als »Dachsfelle« beschriebenen Material handelte es sich wohl um Seekuhfell (oder »Tümmlerhaut«, ein weichgegerbtes Leder).

1. Stiftshütte, Zelt, Abdeckungen und Rahmengerüst.

Das Wort »Stiftshütte« bezeichnet streng-

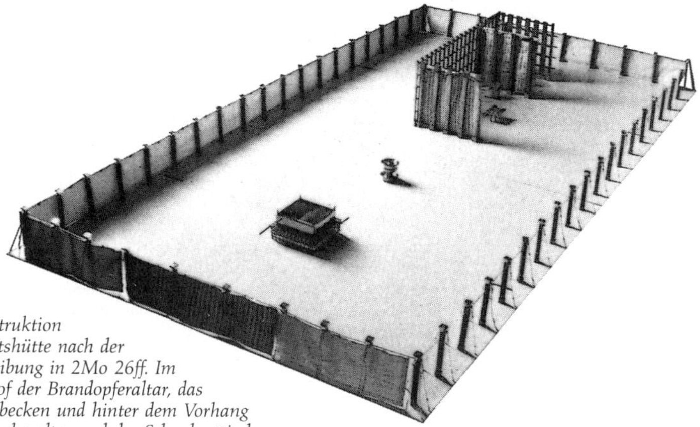

Rekonstruktion der Stiftshütte nach der Beschreibung in 2Mo 26ff. Im Innenhof der Brandopferaltar, das Wasserbecken und hinter dem Vorhang der Räucheraltar und der Schaubrottisch. Der siebenarmige Leuchter und die Bundeslade sind hier nicht zu sehen. (DWG)

genommen ein Gebilde aus zehn Zelttüchern aus Leinen, welche, über ein Rahmengerüst aus Holz gelegt, die Wohnstätte Gottes darstellten. In das blauviolette, purpur- und scharlachrote Gewebe der Leinenabdeckungen hatte man Abbildungen von Cherubim eingearbeitet. Jedes dieser Zelttücher maß 28 x 4 Ellen; sie wurden an ihrer Längsseite zu zwei Fünfergruppen zusammengenäht. Mit 50 goldenen Klammern, die durch Schlaufen an den Zelttüchern geführt wurden, konnte man die beiden Fünfergruppen zusammenfügen (2Mo 26,1-6). Die S. wurde von elf Zeltbahnen aus Ziegenhaar überdeckt, die in der Fachsprache »das Zelt« genannt wurden (2Mo 26,7-15). Jede von ihnen maß 30 x 4 Ellen; sie wurden zu einer Fünfer- und einer Sechserbahn zusammengenäht. Beide Bahnen konnten wie die leinenen Zelttücher der S. mit Klammern und Schlaufen aneinandergefügt werden; nur waren diese Klammern aus Kupfer. Über das Zelt wurde eine Decke aus gegerbten (wörtl. »rotgefärbten«) Widderfellen gelegt, und darüber eine Decke aus Seekuhfellen (2Mo 26,14). Die Zelttücher wurden über ein Gerüst gelegt (2Mo 26,15-30). Dieses Gerüst setzte sich aus 48 Einzelteilen zusammen, von denen jedes 10 Ellen hoch und 1 1/2 Ellen breit war. Sie wurden qerāsîm genannt. Die wohl zutreffendste Deutung dieser qerāsîm stammt von A.R.S. Kennedy (DB(H), 4, S. 659-662). Es handelte sich dabei weder um massive Tafeln noch um Bretter, sondern um offene Rahmengestelle, die sich aus zwei senkrechten Pfosten, yādōt; (nicht »Zapfen« wie in den meisten Übersetzungen) zusammensetzten, die wie eine Leiter durch Querlatten miteinander verbunden waren. Solche Rahmen hätten massiven Brettern gegenüber drei Vorteile: sie wären erheblich leichter, würden im Gegensatz zu massiven Brettern weniger »arbeiten« und hätten den Blick auf die schönen Abdeckungen der S. von innen her nicht versperrt, sondern nach allen Seiten freigegeben. Die beiden Pfosten eines jeden Rahmens standen in Fassungen aus Silber, das aus dem Lösegeld für die Volkszählung stammte (2Mo 30,11-16; 38,25-27). Die zwanzig nebeneinander gesetzten Rahmen in ihren Fassungen bildeten die Seitenwände der S., sechs die Rückseite. In den beiden Ecken der Rückseite befand sich jeweils ein zusätzlicher Rahmen, um dem ganzen Aufbau größere Festigkeit zu verleihen. Einzelheiten der Konstruktion lassen sich nicht mit letzter Sicherheit klären. Fünf lange Riegel gingen quer über die Rückwand und die Seitenwände; sie stabilisierten die Rahmen in einer Richtung. Die Riegel liefen durch goldene Ringe, die an den Querstreben jedes Rahmens befestigt waren. Die mittlere Riegelstange reichte über die ganze Breite, die anderen vier nur über Teilabschnitte. Die Rahmengestelle und die Riegel waren aus Akazienholz gefertigt und mit Gold überzogen. Wenn die Rahmengestelle aufgebaut waren, betrug die Entfernung vom oberen Ende der Rahmen an der Vorderseite über das Dach hinweg bis zum unteren Ende der Rahmen an der Rückseite 20 x 1 1/2 + 10 = 40 Ellen. Die zusammengeknüpften Zelttücher der S. maßen 28 Ellen in der Länge (10 x 4) und 40 Ellen in der Breite. Sie wurden so über das Holzgerüst gebreitet, daß die Abdekkung jeweils von der Unterkante der einen Seite bis zur Unterkante der gegenüberliegenden Seite reichte sowie bis zur Unterkante der Stirnseite. Die zusammengefügten Zeltbahnen maßen 30 auf 44 Ellen (11 x 4). Wenn sie über die Zelttücher der S. gelegt wurden, hingen sie auf jeder Seite jeweils um 1 Elle über (30 Ellen statt 28; 2Mo 26,13). Die in der Längsrichtung überschüssigen Ellen (44 statt 40) wurden folgendermaßen verteilt: An der Rückwand ging das Zelt um 2 Ellen über die Zelttücher der S. hinaus (V. 12); die beiden anderen Ellen an der Vorderseite wurden doppelt eingeschlagen und wahrscheinlich unter die Zelttücher der S., am Dach und den beiden Seiten der Vorderfront geschoben, so daß sie das Ende der Zelttücher, das sonst freigelegen hätte (V. 9), schützten. Anstelle des hebr. Wort nāṭaʿ, mit dem üblicherweise das Aufschlagen eines Zeltes bezeichnet wird, begegnet hier für das Auflegen der Tücher und Bahnen auf das Rahmengerüst das Verb pāras, »ausbreiten«; es steht sonst für das Einhüllen von Hausrat in Tüchern. Das Dach der S. war flach. Womöglich verhinderten hölzerne Querstreben, daß das Dach mit den Abdekkungen durchsackte und dadurch das Rahmengerüst nach innen einstürzen ließ; der Text sagt nichts davon, aber er verschweigt möglicherweise auch Einzelheiten, die für den Bau eines Zeltes als bekannt vorausgesetzt werden durften.

2. Der Innenraum.

Das Innere der Wohnung wurde von einem Vorhang in zwei Räume geteilt. Dieser Vorhang hing unten an den Klammern, die die Zelttücher der S. zusammenhielten (2Mo 26,31-34). Von daher wissen wir, daß der erste Raum 20 und der zweite 10 Ellen lang war. Die Höhe des Rahmengerüstes, 10 Ellen, liefert die zweite Dimension des Innenraumes. Aller Wahrscheinlichkeit nach waren beide Räume 10 Ellen breit; zwar ergeben die sechs Rahmen der Rückseite nur eine Gesamtbreite von 9 Ellen, aber man muß die Materialstärke der Seiten- und Eckrahmen mit in Betracht ziehen. Der erste Raum wurde »das Heilige« genannt, der zweite »das Allerheiligste«, d.h: der heiligste Ort oder einfach »der heilige Ort« (3Mo 16,2-3; Hebr 9,12; 10,19). Ferner wird der vordere Raum manchmal »das erste Zelt« und der hintere »das zweite Zelt« genannt (Hebr 9,6.7: ». . .vorderen Teil . . . anderen Teil«). Der Trennvorhang (pārōket; ein Wort, das für keinen anderen Vorhang gebraucht wird), der aus demselben Material wie die Zelttücher der S. war und auch die gleiche Farbgebung und das gleiche Muster zeigte, wurde mit goldenen Haken an vier Säulen aus Akazienholz befestigt. Die Säulen waren mit Gold überzogen und standen in Sockeln aus Silber; sie hatten keine Kapitelle. Am Eingang war ein Leinenvorhang angebracht. Er war von blauvioletter, purpur- und scharlachroter Farbe, war aber nicht mit Cherubimdarstellungen verziert. Er wurde mit goldenen Haken an fünf Säulen aus Akazienholz befestigt, die mit Gold überzogen waren und in Sockeln aus Kupfer standen. Diese Säulen besaßen Kapitelle, die wie ihre Ringbänder mit Gold überzogen waren (2Mo 26,37; 36,38). Zur Unterscheidung zwischen dem pārōket und diesem Leinenvorhang wird der pārōket manchmal auch »der zweite Vorhang« genannt.

3. Die Einrichtung.

Im Allerheiligsten stand die *Bundeslade (2Mo 25,10-22). Darauf lag eine Deckplatte (»Gnadenthron«) aus purem Gold, auf der zwei Cherubim einander zugewandt ruhten; die Bezeichnung dieser Platte, kappōret, bedeutet nicht einfach »Deckel«, sondern »Sühnedeckel«, d.h. Ort, auf den das Blut der Sühne gesprengt wurde. So haben ihn die LXX (hilastērion) als auch das NT (Hebr 9,5: »Gnadenthron«) verstanden. Die Stangen, mit denen die Lade getragen wurde, wurden durch Ringe geführt, die an den Füßen der Lade befestigt waren (2Mo 25,12). Aus den Stellen 2Mo 25,15 und 4Mo 4,8 ist kein Widerspruch herauszulesen: 4Mo 4,8 deutet an, daß man die Stangen vorübergehend herauszog, um das Zudecken der Lade für den Transport zu erleichtern, und sie gleich anschließend wieder in die Ringe schob, während 2Mo 25,15 anordnete, daß die Stangen zu allen anderen Zeiten in ihren Ringen bleiben sollen, auch wenn die Lade nicht unterwegs war.

Der Räucheraltar stand vor dem Zwischenvorhang im Heiligen (2Mo 30,1-10). Gefertigt aus Akazienholz und mit purem Gold überzogen - daher wird er auch »goldener Altar« genannt – war er ein quadratischer Block von 1 Elle Seitenlänge und zwei Ellen Höhe; an seinen vier Ecken sprangen Hörner hervor, und oben ging eine goldene Zierleiste rings um den Altar (zu einem heidnischen Räucheraltar aus Stein mit Hörnern s. *Altar). Zum Transport schob man zwei Stangen durch goldene Ringe, die direkt unter der Leiste befestigt waren. Der Altar stand der Lade genau gegenüber (man beachte die nachdrückliche Betonung in 2Mo 30,6); er galt deshalb als zum Allerheiligsten »gehörig« (vgl. 1Kön 6,22 und Hebr 9,4, wo die richtige Übersetzung wohl »goldener Räucheraltar« (ZÜ) lauten muß und nicht »Räuchergefäß« (LÜ). Man vergleiche die Stellung des Altars mit dem

Standort der beiden Räucheraltäre im Tempel von *Arad (BA 31, 1968, S. 22ff).

An der N-Seite (2Mo 26,35) stand ein Tisch für das »Brot des Angesichts« (*Schaubrot; 2Mo 25,23-29). Auf dem Titusbogen in *Rom sind ein Leuchter (s.u.) und ein derartiger Tisch abgebildet. Jedoch gibt diese Abbildung Probleme auf, da der Sockel des Leuchters verschiedene nicht-jüd. Motive aufweist. Die Detailangabe in V. 25 ist unklar. Manche Übersetzer denken an eine 8 cm breite horizontale Einfassung, manche an eine 8 cm hohe Leiste bzw. einen Rahmen, der um die Tischplatte herumging, andere denken in Anlehnung an die Darstellung auf dem Titusbogen an 8 cm breite Querstreben zwischen den Tischbeinen.

Zum Tisch gehörten folgende Gefäße: Teller, vermutlich für das Brot; Schüsseln (kappōt: für Räucherwerk? vgl. kaph in 4Mo 7,14: »Löffel«) sowie Krüge und Schalen für Trankopfer.

An der S-Seite (2Mo 26,35) stand der Leuchter, die **menōrāh* (2Mo 25,31-40) in der stilisierten Gestalt eines Baums. Dem genauen Wortlaut nach bilden der Sockel und der Mittelschaft den eigentlichen Leuchter; dann heißt es, daß die sechs Arme »von seinen Seiten« (d.h. des Mittelschafts) ausgehen (V. 32). Für V. 31 ist die wörtl. Übersetzung »seine Kelche, Knäufe und Blüten« (RevEB) vorzuziehen. Mit den Knäufen sind Verdickungen im Schaft und in den Armen des Leuchters gemeint (die nicht, wie das Wort »Knauf« vermuten lassen könnte, an deren Ende sitzen). Es ist anzunehmen, daß die sechs Arme in der gleichen Höhe wie der Mittelschaft endeten. Die sieben Lampen wurden vermutlich je eine auf den Enden der sechs Arme und eine oben auf dem Mittelschaft angebracht. Dazu gehörten auch *Dochtscheren und Löschnäpfe.

4. Der Hof.

Die S. stand im westl. Teil eines 100 x 50 Ellen großen Hofes, dessen Längsseiten von N nach S verliefen (2Mo 27,9-19). Der Eingang der S. lag auf der O-Seite. Leinene Vorhänge grenzten den Hof ab; sie hatten eine Höhe von 5 Ellen und waren an Säulen befestigt. In der Mitte der O-Seite gab es ein 20 Ellen breites Tor. Der Vorhang im Tor war aus Leinen mit blauvioletten, purpur- und scharlachroten Stickereien versehen. Die Säulen waren offenbar aus Akazienholz (denn sie werden im Verzeichnig der kupfernen Gegenstände in 2Mo 38,29-31 nicht erwähnt). Sie standen in Sockeln aus Kupfer und wurden von Halteseilen und Zeltpflöcken gehalten; sie besaßen mit Silber überzogene Kapitelle, um den Säulenhals verliefen silberne Bänder oder Zierleisten. Hinsichtlich der Anordnung der Säulen gibt es drei Theorien:

a. Von der Grundannahme ausgehend, daß es je eine Säule für 5 Ellen Vorhang gab, und daß keine Säule doppelt gezählt wurde, werden ingesamt sechzig Säulen so verteilt, daß an den beiden Längsseiten zwanzig und an den Breitseiten zehn Zwischenräume entstehen. Der Vorhang im Tor wäre dann an vier eigenen und einer weiteren Säule befestigt (s.u. Skizze). Es ist jedoch fraglich, ob diese Theorie der Angabe über den Torvorhang von 20 Ellen gerecht wird: ». . . ihre Säulen, vier an der Zahl . . .«.

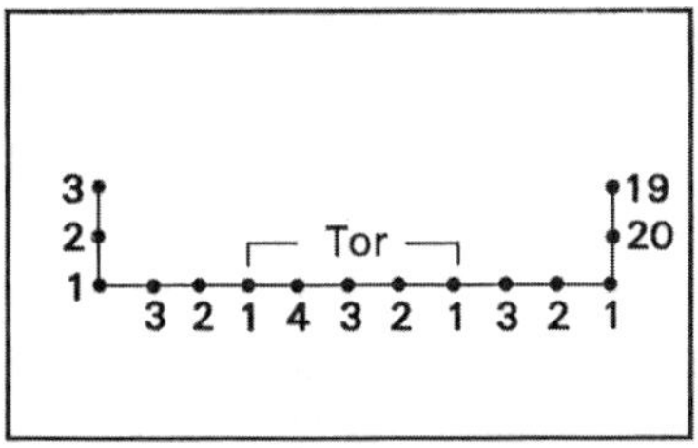

b. Eine Baraitha (alte talmudische Überlieferung) zum Bau der S. besagt, daß sich die Säulen jeweils in der Mitte des vorgestellten Zwischenraums von 5 Ellen befanden, und daß an den Ecken keine Säulen standen. (Zu einem Lösungsversuch für die Schwierigkeiten, die sich daraus für die Ecken und das Tor ergeben, s. M. Levine, The Tabernacle, 1969, S. 76.81).

c. Da der Text nirgendwo behauptet, daß die Säulen in Abständen von 5 Ellen aufgestellt wurden, standen die beiden Endsäulen in den Ecken möglicherweise beieinander. Vielleicht wurden die Ecksäulen auch doppelt gezählt (der Text sagt nicht ausdrücklich, daß es insgesamt 60 Säulen waren). Das Tor könnte dann auch nach innen (oder außen) versetzt gestanden haben. Doch bei dieser Annahme ergeben sich recht zweifelhafte Maße für die Abstände zwischen den Säulen.

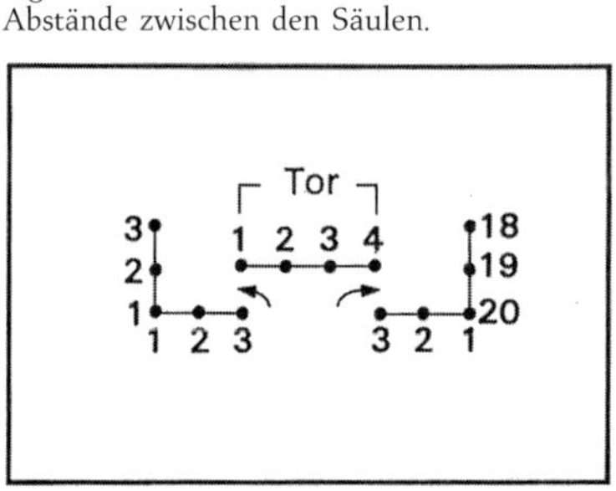

Im O-Teil des Hofes stand ein Altar. Man nannte ihn den Kupferaltar nach dem Material seiner Oberfläche und den Brandopferaltar nach dem vorwiegend darauf dargebrachten *Opfer (2Mo 27,1-8). Er bestand aus einem hohlen Rahmenwerk aus Akazienholz; an seinen oberen Ecken ragten Hörner heraus. Seine Grundfläche maß 5 Ellen im Quadrat; er war 3 Ellen hoch. Das Ganze war mit Kupfer überzogen. Auf halber Höhe ging eine horizontale Leiste (»Einfassung«) um den Altar herum (zu einem Steinaltar vergleichbarer Größe mit Hörnern s. Y. Aharoni, BA 37, 1974, S. 2-6; *Altar). Vom Boden bis zu dieser Leiste ging ein netzartiges Gitter aus Kupfer rund um den Altar, an dessen vier Ecken die Ringe für die Tragstangen angebracht waren. Das Gitter war keine Feuerstelle; der Altar war oben offen und innen hohl. Manche meinen, er sei zum Gebrauch mit Erde und Steinen angefüllt worden, andere, er habe wie ein Verbrennungsofen funktioniert, wobei der Luftstrom durch das Gitter eintrat. Das Dienstgerät dazu bestand aus *Töpfen für die Asche, *Schaufeln, *Becken, *Haken und Kohlepfannen (*Kultgeräte).

Zwischen dem Altar und dem Eingang der S. stand das Waschbecken (2Mo 30,17-21; 38,8; 40,29-32), ein Kupferbecken auf einem Kupfergestell. Über seine Größe, Form und Verzierung wird nichts mitgeteilt (auch nicht über die Art des Transports, obwohl das Fehlen dieser Einzelheit in 4Mo 4, MT, rein zufällig sein könnte; die LXX macht die erwarteten Angaben). Es enthielt das Wasser für die den Priestern vorgeschriebenen Waschungen.

Im Lager wurde der Vorhof der Stiftshütte zunächst von den Zelten der Priester und der Leviten umgeben, dann folgten die Zelte der zwölf Stämme (4Mo 2; 3,1-30).

5. Probleme.

Eine Revision der quellenkritischen Theorien, insbesondere derer, die sich auf die sog. Priesterschaft beziehen, hat zusammen mit archäologischen Entdeckungen die früheren Argumente der liberalen Schule gegen die Historizität der S. beträchtlich verändert (s.z.B. G. Hemton-Davies, IDB 3, S. 503-506; Y. Aharoni, Orient and Occident (hrsg. von H.A. Hoffner jr.), 1973, S. 6; C.L. Meyers, IDBS, S. 586). Der Einwand, die Anweisungen zum Bau der S. seien zum Teil nicht durchführbar und damit offensichtlich das Werk eines Idealisten, hätten nur dann Gewicht, wenn die Texte ins Detail gehende Konstruktionsanweisungen darstellen würden. Das trifft jedoch nicht zu, vielmehr sind sie »zu unserer Belehrung« geschriebene Berichte. Deshalb fehlen viele praktische Einzelheiten, die keinen ästhetischen, symbolischen oder geistlichen Wert besitzen. Außerdem ist bekannt, daß tragbare Pavillons schon lange vor der Zeit *Moses in Ägypten in Gebrauch waren. Sie wurden nach denselben Techniken wie die S. errichtet (s. K.A. Kitchen, TynB 5-6, 1960, S. 7-13). Aus der Tatsache, daß die Anweisungen für den Bau des Räucheraltars in 2Mo 30 und nicht wie erwartet in 2Mo 25 stehen, schloß man zunächst, daß seine Beschreibung eine nachträgliche Einfügung darstellt und der Räucheraltar erst relativ spät in den israelit. Gottesdienst eingeführt wurde. Aber da man in Arad und in verschiedenen kanaan. Orten Räucheraltäre gefunden hat, die aus dem 10. Jh.v.Chr. stammen, ist es höchst unwahrscheinlich, daß Israel in der Frühzeit keinen solchen Altar besessen haben sollte. Aufgrund der starken Abweichungen der LXX vom MT in 2Mo 36-40 wird gefolgert, die letzten Kapitel in 2Mo hätten ihre endgültige hebr. Fassung noch nicht besessen, als die LXX übersetzt wurde, und daß die LXX zum Teil einer hebr. Überlieferung folgte, die keinen Räucheraltar kannte; diese Auffassung wurde jedoch widerlegt (s. D.W. Gooding, The Account of the Tabernacle).

6. Bedeutung.

Die S. als Wohnung Gottes auf Erden ist theologisch von allergrößter Bedeutung, denn mit ihr beginnt eine Linie, die über den Tempel, die Menschwerdung Jesu (*Inkarnation), den Leib des einzelnen Gläubigen bis hin zur Gemeinde führt. Aus der Tatsache, daß die S. nach Gottes Entwurf als »ein Abbild und Schatten himmlischer Dinge« (Hebr 8,5) gebaut wurde, folgt, daß ihre Symbole für die damaligen Israeliten geistliche Bedeutung hatten; dies gilt für die Lade und den Gnadenstuhl (2Mo 25,16.22; 3Mo 16,15.16), den Vorhang und den zweigeteilten Innenraum (3Mo 16,2; Hebr 9,8), den Räucheraltar (Ps 141,2; vgl. Lk 1,10-13; Offb 5,8; 8,3.4), das Waschbecken (2Mo 30,20.21) und den Kupferaltar (3Mo 1,3-9; 17,11); wo es nicht ausdrücklich gesagt wird, wie beim Leuchter und beim Tisch, geht die Bedeutung aus der beschriebenen Funktion klar hervor. Inwieweit diese Symbole auch für geistliche Wirklichkeiten standen, die uns erst später offenbart werden sollten, ist umstritten. Verständlicherweise ist dieses Thema aufgrund überspannter Deutungen, die man ihm z.T. angedeihen ließ, in Mißkredit geraten. Doch das NT erklärt, daß das Gesetz »einen Schatten der zukünftigen Güter« hatte, der Güter, die mit Christus wirklich eintrafen (Hebr 10,1; 9,11). So wird von Christus gesagt, daß er durch den Vorhang eingetreten ist (Hebr 6,19. 20) und als ein Sühnemittel oder Gnadenstuhl hingestellt wurde (Röm 3,25, *hilastērion*; vgl. LXX 2Mo 25,17-22; 3Mo 16,15.16; »Sühne« ist ungenau). Auch deutet der Verfasser des Hebräerbriefs an, daß er alle Gegenstände der S. auf solche Weise hätte ausdeuten können, nicht nur den einen wichtigen Punkt, der ihm für den dort vorgetragenen Gedankengang von besonderer Bedeutung war (Hebr 9,5).

Literatur: M. Görg: Das Zelt der Begegnung, BRB 27, 1967; R. Schmitt: Zelt und Lade als Thema alttestamentlicher Wissenschaft, 1972 (Literatur); U. Cassuto: A Commentary on the Book of Exodus, 1967, S. 319ff; R.P. Gordon: An Old Testament Commentary (ed. G.C.D. Howley), 1979; s. Kommentare zu *Exodus. D.W.G./O.B.

STIMME.

1. Das Wort S. wird im AT und im NT zunächst vom Laut der menschlichen Rede gebraucht (z.B. 1Mo 21,17), die nicht so sehr mit Eigenschaftsworten wie »schön«, »wohltuend« oder dergleichen beschrieben, sondern durch den Inhalt des Gesagten gekennzeichnet wird. So hören wir von der S. des Grußes (Lk 1,44), des *Weinens und der Klage (Jes 65,19), von der S. des Bräutigams und der Braut (Jer 16,9).Mit seiner S. wendet sich der Mensch in allen Lagen zu Gott; dabei kann sich die S. auch zum Flehen und Schreien erheben (Ps 77,2; 142,2).

2. Im Gegensatz zu den Götzen (vgl. 1Kön 18,26) ist der lebendige Gott nicht stumm. Schon die ersten Menschen hörten seine S. (1Mo 3,9). Ganz Israel hat die S. Gottes vom Himmel her gehört (5Mo 4,36); auch im Gewitter kann man Gottes S. vernehmen (Ps 29,3). Im NT wird Jesus durch die S. Gottes vom Himmel herab als Gottes Sohn bezeugt (Mk 1,11; Mt 17,5; vgl. Joh 12,28). Auch nach seiner *Himmelfahrt läßt Jesus noch auf verschiedene Weise seine S. hören (Apg 9,4; Offb 1,12). Wir hören heute die S. Gottes nur indirekt (Joh 10,16; Hebr 3,7); Gott redet zu uns durch die *Bibel und seinen Heiligen *Geist. Eph 6,14 kann nach dem griech. Wortlaut auch übersetzt werden: »Nehmt als Schwert den Geist, der die S. (oder Rede) Gottes ist« (Goodspeed). Wenn aber Jesus einst wiederkommt, werden alle, auch die Toten, seine S. hören (Joh 5,25; vgl. 1Thess 4,16).

STIRN.

1. Vornehme Frauen gingen verschleiert (1Mo 24,65), einfache Frauen und vor allem die Dirnen nicht. Daher ist die Hurenstirn (Jer 3,3) ebenso wie die eherne (Jes 48,4) oder harte S. (Hes 3,7) Bild für das Volk, das in seinem Trotz und seiner Verstocktheit nicht hören und sich weder beugen noch schämen will. Der Prophet, der diesen Leuten das Gericht verkünden soll, erhält ebenfalls eine harte S. (V. 8.9), d.h. Kraft und Unnachgiebigkeit.

2. Verschiedentlich ist von Eigentumszeichen die Rede, die an der S. angebracht werden. So trägt *Aaron als *Hoherpriester ein Stirnblatt, eine Goldplatte mit der Inschrift »Heilig dem Herrn« (2Mo 28,36--38). Der Prophet (1Kön 20,38.41) scheint mit der Binde ein Zeichen an der S. zu verdecken, das ihn als Propheten kenntlich macht. Weiter werden in der *Vision *Hesekiels alle, die über die Sünden Jerusalems seufzen und klagen, mit dem hebr. Buchstaben *Taw,* der in seiner alten Form als Kreuz geschrieben wurde, gezeichnet und vom Gericht verschont (Hes 9,4-6). Nach Offb 7,3 tragen die Knechte Gottes das Siegel oder den Namen Gottes (Offb 14,1; 22,4) an ihren S.en. Andererseits hören wir von denen, die das Malzeichen des Tieres, des Widersachers Gottes, an ihre S. angenommen haben (Offb 13,16; 14,9) und dem Gericht verfallen (Offb 14,10), während die Versiegelten verschont bleiben (Offb 9,4). Vielleicht dürfen wir auch das Zeichen des *Kain (1Mo 4,15) in Zusammenhang mit diesen Stellen sehen.

STOA. Neben der Akademie Platons, dem Peripatos des Aristoteles und dem Garten Epikurs gehört die S. zu den vier klass. Philosophenschulen *Athens (*Philosophie, antike). Sie spielten im intellektuellen Leben der Antike eine besondere Rolle und wirkten traditionsbildend auch für das Denken der Neuzeit. Der Name »Stoa« geht zurück auf die Bezeichnung einer bunt ausgemalten Wandelhalle (*stoà poikilē*) an der Agora zu Athen, nahe dem *Areopag, einem öffentlichen Gebäude. Als Begründer der S. gilt Zenon aus Kition auf Zypern (332-262/61 v.Chr.). Ihr eigentliches Profil erhielt sie jedoch von dessen Schüler Kleanthes von Assos in Kleinasien (331/20-233/31 v.Chr.) und vor allem von dessen Nachfolger Chrysippos von Soloi in *Zilizien (281/77-208/04 v.Chr.). Von dieser älteren S. unterscheidet man die mittlere (auch jüngere genannt), repräsentiert von Panaitios aus Rhodos (185-110 v.Chr.) und Poseidonios von Apameia in Syrien (135-51/50 v.Chr.), sowie die neuere (auch kaiserzeitliche) S., vertreten von Lucius Annaeus Seneca (4 v.Chr. – 65 n.Chr.), Epiktetos von *Hierapolis in *Phrygien (ca. 55 – ca. 135) sowie dem röm. Kaiser Marcus Aurelius (121-180).

Die S., deren Lehre im Verlauf ihrer fast 600jährigen Geschichte mancherlei Veränderungen erfuhr, gehört zu jenen ethisch-rel. Schulen der nachklass. bzw. hellen. Epoche, denen es weniger auf theoretische Fragestellungen als vielmehr auf die Erhellung der Situation des Menschen selbst ankam. Philosophie verstanden sie daher zuerst als Kunst der

Lebensführung. Im Mittelpunkt der Lehre der Stoiker steht eine materialistisch gefärbte, monistische Auffassung von der Natur. Sie ist das schlechthin Vernünftige, gleichsam mechanisch durchwaltet von der alles durchziehenden *Vernunft (*lógos spermatikós*). Natur und Vernunft fallen zusammen, weshalb auch alle Erscheinungen der Natur rational zu erklären sind. Die Vernunft (*nous* bei Zenon, bei anderen Stoikern auch *logos*) ist das allein leitende und steuernde Prinzip. Jede Entscheidung des Menschen bedarf daher der Zustimmung durch die Vernunft, befinden sich doch Physik (Naturlehre) und *Ethik in vollkommener Analogie. Die Lebensführung muß, soll sie gelingen, mit der Natur übereinstimmen. Die ethische Verpflichtung des Menschen ist es, diese Übereinstimmung seiner Handlungen mit den Gesetzen der Natur zu erreichen, woraus Glückseligkeit entsteht. Da die Vernunft ohnehin alles beherrscht und der Mensch daran nichts ändern kann, muß er in völliger Ruhe und Gelassenheit (*ataraxia*) sein Schicksal hinnehmen. Sinnliche Triebe und Begierden stehen dem entgegen und müssen ebenso bekämpft werden wie es gilt, die Güter der Welt als Gleichgültigkeiten (*adiáphora*) zu betrachten. Angelpunkt der stoischen Ethik ist es demnach, daß der Mensch sich nur um die Dinge kümmert, die auch in seiner Gewalt stehen. Indem er die anderen, eben seinem Zugriff entzogenen Dinge auf sich beruhen läßt, gewinnt er die sprichwörtliche stoische Gemütsruhe, Leidenschaftslosigkeit und Unerschütterlichkeit (*apathiá*) und dadurch sein Glück. In der späteren S. wurde das ethische Telos mehr die Pflicht, in der Gemeinschaft der Menschen das Richtige zu tun, um so den Vernunftstaat auf Erden zu vollenden.

Die Gotteslehre der S. ist pantheistisch orientiert. Panaitios trennt die für ihn allein maßgebliche natürliche Theologie von der mythischen Theologie der Dichter und der politischen Theologie der vom Staat unterhaltenen Kulte. Vernunft, Natur und Gott fallen in der S. letztlich zusammen. Die Wirkungsgeschichte der S. reicht auf den Gebieten der Moralphilosophie, der Physik (Vorwegnahme der Feldtheorie der modernen Physik), der Logik (moderne Aussagenlogik), der Sprachphilosophie (Unterscheidung zwischen Bezeichnung und Bedeutung) und der Rechtsphilosophie bis in die heutige Zeit. Ihre Begründung von Rechtsnormen und Gerechtigkeitsprinzipien in der Natur selbst sowie ihre Annahme einer engen Verbindung von Recht und Moral wurden vielfach aufgegriffen. Die neuzeitlichen Ideale der Toleranz und Humanität haben in der S. eine ihrer Wurzeln. Schon in der Spätantike meinte man daher eine Verwandtschaft zwischen S. und Christentum sehen zu können. Sie wurde von neuplatonischen Denkern und manchen Kirchenvätern konkretisiert, von Augustinus (354-430) jedoch zurückgewiesen (vgl. De Civitate Dei VIII, 4ff).

*Paulus traf während seines Athenaufenthaltes im Jahre 50 auf dem Areopag auch mit Vertretern der S. zusammen (Apg 17,18). In seiner Rede zitiert er sogar (Apg 17,28) den Dichter Aratos aus Soloi in Zilizien (geb. 315/05 v.Chr.) mit einem Satz, der sich auch bei dem Stoiker Kleanthes findet. Gleichwohl weist Paulus das philosophische Konzept der S. zurück. Gegen ihre Lehre bezeugt er: Natur und Vernunft stehen unter der Sünde (Röm 7,18; 8,20f), sie sind ebenso wie der Mensch getrennt von Gott, dem Schöpfer (Apg 17,24f). Das Böse ist mehr als Nichtwissen des Guten (Epiktetos), weil es zur Natur des Menschen geworden (1Mo 6,5) und deshalb das Gerichtshandeln Gottes unausweichlich ist (Apg 17, 30). Daher erweist sich auch der ethische Ansatz der S. als unzureichend, kann doch der Ausgangspunkt einer tragfähigen Ethik nur Gottes Liebe und Gerechtigkeit sein (Eph 5,1f).

Literatur: H. Dörrie: KIP V, S. 376-378; M. Forschner: Die stoische Ethik, 1981; M. Pohlenz: Die Stoa. Geschichte einer geistigen Bewegung, 2 Bde., [5]1978/80; J.M. Rist: Stoic Philosophy, 1969; M. Pohlenz (Hrsg.): Stoa und die Stoiker, [2]1964 (Texte); Stoicorum Veterum Fragmenta, hrsg. von H. von Arnim, 4 Bde., (1903-24; Texte), ND 1964. L.E.v.P.

STOFF s. Kleidung

STOLZ s. Hochmut

STORCH s. Tiere

STRAFE, STRAFTAT.

A. Im Alten Testament.

Der Ursprung und die Ausübung des Rechts wurden im gesamten Vorderen Orient als von der Gottheit kommend und von ihr autorisiert angesehen. Sie sanktionierte die Gesetze der Gemeinschaft. Im AT ist das *Gesetz Ausdruck des Willens Gottes. Deshalb bedeutet das Nicht-Einhalten der Gesetze eine Mißachtung seines Willens, d.h. es ist eine Straftat und damit *Sünde. Jede Übertretung des Gesetzes beleidigt Gott, denn Jahwe ist der Gesetzgeber (4Mo 15,30-31). Deshalb wurde auch mit einem realen Eingreifen Gottes gerechnet, wenn menschliche Rechtsfindung

Nach der Einnahme der Stadt Lachisch ziehen assyrische Soldaten judäischen Bürgern die Haut ab. Relief vom Palast Sanheribs (704–681 v.Chr.) in Ninive. (BM)

versagte. Das Gesetz war aber nicht nur einem einzelnen Israeliten gegeben worden, sondern dem gesamten Volk. Somit lag das Befolgen des Gesetzes nicht nur an der Initiative des einzelnen, sondern an der des ganzen Volkes. Die Bestrafung war deshalb eine Sache der Gemeinschaft und geschah öffentlich. Wenn die Gemeinschaft nicht strafte, wurde sie selbst von Gott bestraft (3Mo 26,3-45; 5Mo 28). Die Verkündigung des Gesetzes im AT ist eng mit dem Bundesschluß am *Sinai verbunden. Eine Parallele, wenn auch nur eine formale, zu diesem bibl. Beispiel ist der Vertrag zwischen Ir-IM von Tunip und Niqmepa von Alalah. In diesem Bund gab es gewisse gegenseitige Obligationen, die in der für das alte vorderorientalische Recht typischen Form verfaßt worden waren. Im AT sowie im alten Vorderen Orient wurde im allg. kein Unterschied zwischen Straf- und Zivilrecht gemacht. Der größte Teil der atl. Gesetze ist im *Pentateuch aufgeführt. Da es keine vom König erlassenen Gesetze, sondern Stammesgesetze waren, oblag die Rechtssprechung in erster Linie den Ältesten des Stammes oder der Ortsgemeinde (5Mo 21,19f; 22,15; Rut 4,2ff). Rechtssachen, die von den Ältesten nicht entschieden werden konnten, wurden Gottesmännern zur Entscheidung vorgelegt (2Mo 18,13-26; 1Sam 7,16ff; 12,3ff). Es gab auch Berufsrichter in Israel (5Mo 16,18-19; Esr 7,25-26) und ein oberstes Gericht in Jerusalem (5Mo 17,8-13; 2Chr 19,8ff). Später nahm der König die Stelle des obersten Richters ein (2Sam 14,4-11; 15,2f; 1Kön 3,16-28).

I. VERGEHEN GEGEN GOTT.

1. Götzendienst.

Obwohl es schon Gebote in Israel gegeben hatte (2Mo 18,13ff), fing doch die eigentliche Rechtsprechung erst mit der Gesetzgebung am Sinai an. Das erste Gesetz, das am Sinai verkündet wurde, lautete: »Du sollst keine anderen Götter haben neben mir« (2Mo 20,3-6). Die Anbetung bzw. der Dienst für andere Götter bedeutete Hochverrat für die Theokratie in Israel. Darauf mußte die Todesstrafe folgen (2Mo 22,19; 5Mo 13,7-11; 17,2-7). Ein fremder Kult würde die ganze Gemeinschaft verunreinigen, deshalb wurde der Teil des Volkes, der daran teilgenommen hatte, vernichtet (4Mo 25,1-9). Alles, was zur Ausübung des fremden Kults benutzt wurde oder zu der Person gehörte, die am falschen Gottesdienst teilnahm, stand unter dem *cheräm*, »Bann« (5Mo 7,26). Menschen, die unter diesem *Bann standen, mußten getötet und ihr Eigentum verbrannt werden, man konnte nichts davon loskaufen (3Mo 27,29). Der Bann war ansteckend. Jeder, der sich etwas von gebanntem Gut aneignete, fiel selbst unter diesen Bann und mußte vernichtet werden (5Mo 7,26; Jos 6,18; 7,20-26).

2. Zauberei und Magie.

Mit dem Götzendienst eng verwandt waren im alten Vorderen Orient *Zauberei und Magie. In diesen Bereich fallen Totenbeschwörung, Deutung von Erscheinungen und Sternen sowie Befragung von Orakeln - meistens Pfeilorakel (2Mo 22,17; 3Mo 19,26b; 20,6; 2Chr 33,6; Jes 43,13; Jer 10,2; 27,9). Diese Thematik wird hauptsächlich in 5Mo 18,10-11 behandelt. Die Aufzählung dort gilt als umfassend hinsichtlich aller möglichen Arten von Zauberei, Magie, Okkultismus und Spiritismus. Man kann sie in vier Gruppen einteilen:

a. Kinderopfer – mit der magischen Intention, die Zukunft zu erfahren;

b. Zauber – der Umgang mit übernatürlichen Dingen, um den Verlauf der Zukunft zu entdecken;

c. Magie – das Beeinflussen-Wollen von Ereignissen oder Personen mittels übernatürlicher Dinge oder Beschwörungsformeln;

d. Spiritismus – das Konsultieren von Geistern, um die Zukunft herauszufinden.

In allen vier Kategorien geht es um Information über die Zukunft außerhalb göttlicher *Offenbarung. Die Kenntnis über zukünftige Ereignisse ist jedoch eines der höchsten Merkmale Jahwes im Vergleich zu den anderen semit. Gottheiten (Jes 41,21ff). Nicht nur die Menschen, die diese dunklen Dinge ausführten, hatten dafür mit dem Leben zu bezahlen, sondern auch diejenigen, die sich als Medium

Assurbanipals Soldaten schlagen besiegte elamitische Rebellen nach der Schlacht am Ulai-Fluß, 635 v. Chr. (BM)

zur Verfügung stellten (3Mo 20,27). Zauberei und Magie sind Gott ein Greuel.

3. Kinderopfer.

Verbunden mit dem Götzendienst waren auch Kinderopfer, die bes. mit dem ammonitischen Gott *Moloch in Zusammenhang gebracht wurden (3Mo 18,21; 20,2-5; 2Kön 21,6; Ps 106,37-38; Jer 32,35; s.a. A.R.W. Green: The Role of Human Sacrifice in the Ancient Near East, 1975, S. 179-187). Die Kinder wurden wahrscheinlich zuerst getötet, bevor sie dem Götzen als Brandopfer dargebracht wurden (R. de Vaux, Studies in OT Sacrifice, 1964, S. 56-90). Kinderopfer waren im Altertum nicht selten (M. Meyer: Roschers Lexikon der Mythologie II, 1, 1890/91, S. 1501-1507). Dieses schreckliche Verbrechen mußte mit Steinigung bestraft werden (3Mo 20,2). Selbst in der späteren Geschichte Israels wurde dieses abscheuliche Opfer den heidnischen Göttern immer noch dargebracht (2Kön 17,17; 21,6; Hes 16, 20ff; 20,26.31; 23,37).

4. Gotteslästerung.

Der Ausdruck für Gotteslästerung ist im Hebr. *qll*, »jemanden durch Worte oder Taten verachten, für unbedeutend ansehen«. Was das bedeutete, zeigt die Schilderung in 2Sam 16,5-12 (dazu 1Sam 3,13; vgl. 2,17. 29f). Seltener gebraucht wird das Wort *gdph* für Gotteslästerung. Die Bedeutung der beiden Wörter im Hebr. ist ähnlich (2Kön 19,22; 4Mo 15,30). Die Stelle 2Mo 10,7 gehört nicht in diesen Zusammenhang, dort geht es nicht um eine Lästerung, ein Lächerlich-Machen des Namens, sondern um einen falschen Gebrauch des Namens Gottes (H. Pehlke, Anmerkungen zur Exegese des Dekalogs, in: H. Burckhardt (Hrsg.). Begründung ethischer Normen, 1988, S. 58). Auf Gotteslästerung stand die Todesstrafe durch Steinigung (2Mo 22,28).

5. Falsche Prophetie.

Wenn ein Prophet in eigener Autorität oder im Namen anderer Götter spricht, ist er ein falscher Prophet (5Mo 18,20). In 5Mo 18,22 werden zwei Kriterien aufgezählt, anhand derer man einen falschen Propheten erkennen kann. Zum einen merkt man es daran, daß das Wort des angeblichen Propheten nicht wahr ist (*lo'-jihjeh haddabar*), denn es stimmt nicht mit dem überein, was Gott schon offenbart hatte. Zum anderen wird es dann offenbar, wenn das Gesagte sich nicht erfüllt (*lo' jabo' hu' haddabar*; s.a. P.C. Craigie: Deuteronomy, NICOT, 1976, S. 262-264). Den falschen Propheten erwartete die Todesstrafe (5Mo 13,2-6; 18,20; Jer 26,9ff; 28,5-9).

6. Sabbatbruch.

Das Halten des *Sabbats war bereits vor der Gesetzgebung am Sinai von Gott geboten worden (2Mo 16, 23). An diesem Tag sollte keiner in der Familie arbeiten, selbst die Tiere und die in Israel wohnenden Fremden durften keine Arbeit verrichten (2Mo 20,8-11; 23,12; 34,21; 3Mo 23,3; 5Mo 5,12-15). Er war nicht nur ein Ruhetag, sondern ein Tag, den der Israelit aktiv heiligen sollte. Dieser Tag sollte in bes. Weise Jahwe gehören. Deshalb fand am Sabbat auch eine öffentliche Versammlung statt (3Mo 23,3), bei der wahrscheinlich aus der heiligen Schrift vorgelesen, gebetet und gepredigt wurde. Dieser Tag war ein Zeichen des sinaitischen Bundes (2Mo 20,8-11; 31,13). Das Nicht-Einhalten des Sabbats bedeutete somit Bundesbruch, der mit Steinigung zu ahnden war (2Mo 31,14-17; 4Mo 15,32-36). Das Nicht-Beachten des Gebotes konnte zur nationalen Katastrophe führen (Jer 17,27).

7. Verachtung der Autorität Gottes.

Jede Sünde, die unbeabsichtigt begangen worden war, konnte durch ein Sündopfer gesühnt werden (4Mo 15,27-28). Für die Sünden jedoch, die mit erhobener Hand, also vorsätzlich getan worden waren, gab es keine Sühnung. Der Täter mußte sterben, weil er die Autorität Gottes verachtet hatte (4Mo 15,30-31). Es galt auch als Mißachtung der Autorität Gottes, wenn jemand das Amt des Leviten oder Priesters übernahm, ohne daß Gott ihn dazu bestimmt hatte. Wer sich das anmaßte, mußte sterben (4Mo 1,51-53; 3,10.38; 4,15; 18,3). Gott hatte geboten, daß alle männlichen Personen des Volkes beschnitten werden sollten. Sich darüber hinwegzusetzen bedeutete eine Mißachtung des göttlichen Willens, welcher im Bund zum Ausdruck kam, und mußte mit dem Tod bestraft werden (1Mo 17,14).

II. VERGEHEN AN MITMENSCHEN.

Es wurden auch alle Vergehen geahndet, die eine Gefahr für die Gesellschaft und die Nation darstellten. Dabei ging es nicht in erster Linie um private, zwischenmenschliche Streitfälle.

1. Mord.

Einen Mord begeht derjenige, der einen anderen vorsätzlich tötet. Als vorsätzlich wurde angesehen, wenn der Täter seinem Opfer auflauerte (2Mo 21,12-13; 4Mo 35,20; 5Mo 19,11-13), wenn eine Feindschaft zwischen beiden bestand (4Mo 35,20-21; 5Mo 19,11) und wenn dabei ein entsprechender Gegenstand benutzt worden war, mit dem jemand getötet werden konnte (4Mo 35,16-18). Das Leben des Mörders konnte nicht ausgelöst, es mußte ausgelöscht werden (4Mo 35,31-33). Das sechste Gebot verbietet den Mord (H. Pehlke, a.a.O., S. 62-63). Denn das Leben war heilig und gehörte Gott, nur er hatte das Recht, es zu beenden (1Mo 9,6). Den Mörder zu verfolgen und zu töten war Aufgabe des Bluträchers (*gō'ēl haddām*, 4Mo 35,19.21.24-25.27; 5Mo 19,6.12; s.*Blutrache). Das bei dem Mord vergossene Blut verunreinigte das Land, welches nur dadurch wieder gereinigt werden konnte, daß das Leben des Mörders beendet wurde (4Mo 35,30-34). Im späteren Israel hat der König mittels seiner Gerichtsbarkeit wahrscheinlich die Aufgabe eines persönlichen Bluträchers außer Kraft gesetzt (2Sam 14,7.11). Geschah ein Mord und blieb der Täter unerkannt, dann sollten die Ältesten der nächstliegenden Stadt mit den Priestern und Leviten eine öffentliche Anhörung abhalten. In dieser Versammlung mußten die Ältesten einen Unschuldseid ablegen und mit begleitendem Gebet ein Opfer zur Entsühnung des Landes darbringen (5Mo 21,1-9).

2. Totschlag.

Totschlag ist ein unbeabsichtigtes Töten von Menschen (4Mo 35,22-24; 5Mo 19,4-5). Für den Täter gab es als Strafaussetzung die Asylstädte (*Freistädte). Hier war er vor dem Bluträcher sicher (2Mo 21,13), mußte aber in der Stadt bleiben, solange der amtierende Hohepriester lebte (4Mo 35, 25). Erst nach dessen Tod konnte er wieder nach Hause zurückkehren (4Mo 35,28). Den juristischen Unterschied zwischen Mord, Totschlag, Notwehr und fahrlässiger Tötung, wie er z.B. im Strafgesetzbuch der Bundesrepublik Deutschland aufgeführt ist, kennt das AT nicht.

3. Körperverletzungen.

Das AT unterscheidet zwischen Tätlichkeiten, die Menschen einander antun und solchen, die ein Tier einem Menschen zufügt.

a. Unter Menschen.

Schlugen sich zwei Männer und wurde einer so schwer verletzt, daß er ärztliche Hilfe in Anspruch nehmen mußte, so hatte der andere die Arztkosten und den Verdienstausfall zu übernehmen (2Mo 21,18-19). Wenn die

Verletzungen nicht zum Tod führten, wurde nicht nach der Vorsätzlichkeit oder dem Grund der Auseinandersetzung gefragt. Schlug ein Mann seine(n) Sklavin/Sklaven mit einem Stock, so daß sie/er noch am gleichen Tag starb, dann wurde er bestraft. In welcher Form diese Bestrafung erfolgte, wird jedoch nicht gesagt. Überlebt der Sklave die Schläge aber um mindestens einen Tag, dann wurde der Besitzer nicht bestraft (2Mo 21,21). In jedem Fall hatte er den Sklavenpreis und die Arbeitskraft verloren und damit einen Teil seines Besitzes eingebüßt. Wenn eine schwangere Frau sich in den Streit von Männern einmischte – vielleicht, um ihrem Mann zu helfen (5Mo 25,11) – und dabei so gestoßen wurde, daß sie eine Fehlgeburt erlitt, dann mußte derjenige, der sie gestoßen hatte, einen Geldbetrag zahlen, der vom Ehemann festgesetzt wurde. Der Geldbetrag durfte nicht willkürlich festgelegt werden, sondern mußte von einer unparteiischen dritten Gruppe genehmigt werden (2Mo 21, 22; s.a. E.A. Speiser: The Stem PLL in Hebrew, JBL 82, 1963, S. 301-306). Verunglückten aber die Frau oder das Kind tödlich (*'āsōn*, »tödlicher Unfall«, KBL, [3]1967, S. 71), dann galt die *lex talionis* (s.u.; s.a. 2Mo 21,23-25; B.S. Jackson: »The Problem of Ex XXI 22-25« (Ius Talionis) VT 23, 1973, S. 290-297). Wenn ein(e) Sklave/Sklavin von seinem/ihrem Herrn so geschlagen wurde, daß er/sie eine Körperverletzung davontrug, mußte er/sie freigelassen werden (2Mo 21,26f). Dieses Gesetz sollte Mißhandlungen im allg. verhindern, deshalb kam es nicht darauf an, ob die Körperverletzung schwerwiegend oder geringfügig war. Zu diesem Gesetz ist keine Parallele aus dem alten Vorderen Orient bekannt.

Im AT war Notwehr, bei der der Angreifer getötet wurde, in folgendem Fall erlaubt: Wenn bei einem nächtlichen Einbruch der Täter erschlagen wurde, ging der Totschläger frei aus, da in der Dunkelheit die wahre Aktivität des Einbrechers nicht erkannt werden konnte. Geschah der Einbruch allerdings bei

Ramses II. droht Gefangenen mit der Todesstrafe. (PP)

Tageslicht und wurde der Einbrecher wurde dabei getötet, so beging der Totschläger eine Blutschuld, die gerächt werden mußte, denn bei Tageslicht hätte die Situation eindeutig erfaßt werden können (2Mo 22,1-2). Daraus wird ersichtlich, daß das Gesetz grundsätzlich das Leben des Besitzers als auch das des Einbrechers schützen möchte.

b. Zwischen Mensch und Tier.

Stieß ein Ochse einen Menschen zu Tode, dann mußte das Tier gesteinigt werden und sein Fleisch durfte nicht verzehrt werden. Beim ersten Mal ging der Eigentümer straffrei aus. War es dem Eigentümer aber gleichgültig, daß das Rind als gefährlich galt, mußte er mit dem Ochsen zusammen gesteinigt werden. Die Familie des Getöteten konnte jedoch von der Steinigung des Besitzers absehen und stattdessen einen Geldbetrag verlangen, den sie festsetzte. Das gleiche galt, wenn ein Ochse ein Kind tötete. Eine Ausnahme bestand bei dem Tod eines/einer Sklaven/Sklavin. Für diesen Fall war von vornherein festgesetzt, daß das Tier gesteinigt werden und der Eigentümer dreißig Silberlinge als Strafe bezahlen sollte (2Mo 21,28-32).

4. Auflehnung.

a. Gegen die elterliche Autorität.

Gott hatte die Eltern als Respektspersonen eingesetzt (2Mo 20,12; 3Mo 19,3; s.a. H. Pehlke, a.a.O., S. 61-62). In dem Gesetz wurden ausdrücklich Vater und Mutter erwähnt. Sie zu schlagen oder zu verachten (ThWAT II, 644) bedeutete den Tod (2Mo 21,15-17; 3Mo 20,9; 5Mo 27,16). Waren die Kinder vorsätzlich und permanent den Eltern ungehorsam, mißachteten sie die von Gott gegebene Autorität. Die Eltern hatten dann das Recht, sie bei dem lokalen Gericht formal unter Anklage zu stellen. Ungehorsam galt als Straftat, denn er bewirkte die Zerstörung eines Lebensstils, der dem Bundesmitglied eigen war (5Mo 21,19-20). Es war wohl so, daß nach dem Schuldspruch alle Einwohner des Ortes das Kind steinigten (5Mo 21,21).

b. Gegen die richterliche Autorität.

Außer der lokalen Gerichtsbarkeit, die durch die Ältesten im Tor einer jeden Ortschaft vertreten wurde, gab es im alten Israel auch einen obersten Gerichtshof in Jerusalem. Dort konnten die schwierigsten Fälle noch einmal verhandelt werden (5Mo 17,8-9). Das dort gefällte Urteil war unanfechtbar (5Mo 17,10-11). An demjenigen, der gegen das Urteil oder den Rat des obersten Gerichtes handelte, mußte die Todesstrafe vollstreckt werden. Dieses Gesetz sollte eine abschreckende Wirkung erzielen (5Mo 17,12-13).

5. Raub.

In den mosaischen Gesetzen wird nicht viel über Raub (*gsl*) gesagt. Er bedeutete, einem anderen sein Eigentum mittels Gewalt oder Einschüchterung wegzunehmen (ThWAT, I, 1973, 999-1001), was in jedem Fall verboten war (3Mo 19,13; 5Mo 24,14-15; Jes 3,14; 10,2; Hes 22,29; Mi 2,2). Auch wirtschaftliche Vergehen gegen Einzelpersonen, wie z.B. ein unzulässiges Vorenthalten des Tageslohnes oder eine Auszahlungsverzögerung, galten als Raub. Die beiden Begriffe (*gsl* und ʿschq) werden in 3Mo 19,13 parallel gebraucht. Vom Täter wurde gefordert, daß er das Entwendete oder Vorenthaltene dem rechtmäßigen Besitzer übergab. Zusätzlich war ein Fünftel des Wertes als Wiedergutmachung an den Eigentümer zu zahlen (3Mo 5,20-24). In den meisten Fällen waren die Beraubten arm und hilflos (Ps 35,10; Jes 3,14; Jer 7,6; Am 4,1). Zur Entschädigung kam das Schuldopfer für die begangene Sünde hinzu. Unter Umständen konnte das Opfer den Wert des Entwendeten oder Zurückgehaltenen übersteigen. Menschenraub wurde wie Mord mit der Todesstrafe geahndet (2Mo 21,16; 5Mo 24,7). Das achte Gebot betrifft nicht speziell den Menschenraub (contra Alt), sondern den Diebstahl im allg. (H. Pehlke, a.a.O., S. 64).

6. Vergehen auf sexuellem Gebiet.

Die diesbezüglichen Gebote bestrafen nicht nur die sexuellen Verfehlungen unter Menschen, sondern auch diejenigen zwischen Mensch und Tier. Jedes Vergehen dieser Art verunreinigte und beschmutzte den Betroffenen (1Mo 34,5; 49,4; 3Mo 19, 29; 21,9; 4Mo 5,29; 5Mo 24,4; Hos 5, 3; 6,10) und betraf die gesamte Gemeinschaft (1Mo 20,9; 26,10; 5Mo 24, 4).

a. Ehebruch.

Die Ehe ist ein göttlicher Auftrag (1Mo 1,26-28; 2,22-24; Mt 19,4-6). Deshalb wird sie auch später als *Bund (*berīt*) beschrieben, entsprechend dem Bund, den Gott mit seinem Volk am Sinai geschlossen hatte (Mal 2,14; Spr 2,17; Hos 1-3; Hes 16,8). Schon in der Geschichte der Erzväter galt Ehebruch als Sünde gegen Gott und wurde von Gott bestraft (1Mo 20,1-13; 26,7-10; 39,9; Ps 51,1.4). Hiob nannte den Ehebruch eine Schandtat (Hiob 31,11). Ehebruch ist im AT der außereheliche Geschlechtsverkehr eines Mannes mit einer anderen verheirateten oder verlobten Frau. – In Israel entsprach die Verlobung rechtlich gesehen einer Ehe ohne Geschlechtsverkehr. – Während die Frau dabei immer nur die eigene Ehe brach, verübte der Mann dem Ehemann der Frau gegenüber Ehebruch (ThWAT V, 124). Somit stellte der Ehebruch die Verletzung eines Eheverhältnisses dar und hatte Unehre, Schande und Tod zur Folge (2Sam 11,1-12,23). »Es wurde dadurch die Lebensgrundlage eines anderen, aber auch die eigene, sehr tief betroffen, denn in einer Ehe sind beide Partner aus 'einem Stück' gemacht und sollen 'zu einem Geschöpf' werden« (s.a. H. Pehlke, Anmerkungen zur Exegese des Dekalogs, in: H. Burkhardt (Hrsg.), Begründung ethischer Normen, 1987, S. 63). Wenn ein Ehemann seine Frau des Ehebruchs verdächtigte, ihm aber die Beweise ihrer Untreue fehlten, dann mußte sie sich einem Ordal unterziehen, um ihre Schuld oder Unschuld ans Licht zu bringen (4Mo 5,11-31). Der Geschlechtsverkehr mit einer verlobten, aber leibeigenen Sklavin schien streng genommen keinen Ehebruch darzustellen. In dem Abschnitt aus 3Mo 1920-22 heißt es nicht *n'ph*, »Ehebruch«, sondern *schkn*, »liegen bei«. Deshalb galt es nicht als ein Kapitalverbrechen. Trotzdem war diese Tat eine Sünde und forderte ein Schuldopfer. Ehebruch war ein Verbrechen, das mit dem Tod durch Steinigung bestraft wurde (3Mo 20,10; 5Mo 5,18; 22,22-27; Hes 16,38; 23,45).

b. Unzucht, *Hurerei.

Mit Unzucht (*snh*) bezeichnet das AT den geschlechtlichen Verkehr zwischen einem Mann und einer unverheirateten oder nicht verlobten Frau (5Mo 22,14-21). Meistens handelte es sich dabei um irgendeine Form von sakraler *Prostitution, die aber in Israel strikt verboten war (3Mo 19,29-30; 5Mo 23,18). Illegitime Kinder durften nicht in die Gemeinde Jahwes kommen (5Mo 23,3). Wie ernst Gott den außerehelichen Geschlechtsverkehr nimmt, wird daraus ersichtlich, daß der Vater aufgefordert wurde, gegen die Hurerei seiner Tochter einzuschreiten (3Mo 19,29). Trieb die Tochter eines Priesters Unzucht, dann sollte sie verbrannt werden (3Mo 21,9). Diese Strafe wollte Juda seiner Schwiegertochter zukommen lassen (1Mo 38, 24). Das sexuelle Leben des einzelnen Israeliten war keine ausschließliche Privatsache, es hatte Auswirkungen auf das gesamte Volk und Land (3Mo 19,29). Die Prostituierten genossen kein Ansehen in Israel (Spr 6,26; 7,10; 23,27; 29,3).

c. Verführung, Vergewaltigung.

Verführung war im AT das betörende Überreden einer Jungfrau zum Beischlaf außerhalb des Ehebundes (2Mo 22,15; s.a. THAT, II, 497). In diesem Fall war das Mädchen weder verheiratet noch verlobt, da sonst die Tat als Ehebruch gegolten hätte. Für den Mann entstand daraus die Verpflichtung, das Mädchen zu heiraten, denn es wurde von ihm erwartet, daß er die volle Verantwortung für seine Tat übernahm. Geschlechtsverkehr ohne formal bindende Verpflichtung sollte es in Israel nicht geben. Allerdings konnte der Vater des Mädchens die Zustimmung zur Ehe verweigern. Der Brautpreis (*mōhar*) mußte aber in jedem Fall gezahlt werden (2Mo 22, 16).

Bei Vergewaltigung, dem erzwungenen Geschlechtsverkehr außerhalb der Ehe, waren die Strafen weitaus härter als bei Verführung. Wurde ein verlobtes Mädchen innerhalb einer Ortschaft vergewaltigt und schrie dabei nicht um Hilfe, dann war anzunehmen, daß sie nicht ganz unfreiwillig an der Tat beteiligt war. Das wird durch die Verbfolge in 5Mo 22,23 ausgedrückt: Der Mann trifft eine Frau und liegt bei ihr. Beide sollten gesteinigt werden (5Mo 22,24). Bei einer Notzucht außerhalb einer Ortschaft wurde nur der Mann gesteinigt, denn es wurde angenommen, daß das verlobte Mädchen um Hilfe geschrien, aber keiner sie gehört hatte. Daß es sich um eine »echte« Vergewaltigung handelte, geht wiederum aus dem Gebrauch der Verben in 5Mo 22,25 hervor: Der Mann trifft eine Frau, er ergreift sie (*hächäsīq*, »ergreifen und festhalten«) und liegt bei ihr. War das vergewaltigte Mädchen nicht verlobt, so mußte der Mann es heiraten und ihrem Vater fünfzig Silberstücke zahlen. Er durfte sich dann nie von ihr scheiden lassen (5Mo 22,28-29). Somit war auch gewährleistet, daß die Kinder ehelich geboren wurden. Ehebruch und Vergewaltigung vernichteten die Lebensgrundlage des Nächsten (5Mo 22,26; die Vergewaltigung wurde moralisch gesehen sogar einem Mord gleichgestellt). Die Legitimität der Nachkommen und die Erhaltung des Grundbesitzes der Familie standen auf dem Spiel.

d. Inzest.

In Israel sollte keiner eine Ehe mit jemandem eingehen, dessen Verwandtschaftsgrad zu ihm enger war als Cousin bzw. Cousine (3Mo 18,6-17), auch dann nicht, wenn es ein Verwandtschaftsverhältnis ersten Grades nicht in direkter Blutslinie war. Geschlechtsverkehr mit Verwandten ersten Grades galt als ein Kapitalvergehen (3Mo 20,11-12). Hatte jemand mit einer Frau und deren Tochter intimen Verkehr, dann sollten alle drei verbrannt werden (3Mo 20,14). Intime Beziehungen zu der eigenen Tante oder Schwägerin wurden mit einem kinderlosen Leben bestraft (3Mo 20,20-21). Von diesen Gesetzen war die Leviratsehe selbstverständlich ausgenommen, da sie geboten war (5Mo 25,5-10). Nach 5Mo 27,20.22f werden diese Vergehen mit dem Fluch geahndet, wohl deshalb, weil diese Dinge im Geheimen getan wurden und es somit nicht zu einer öffentlichen Anklage kommen konnte.

e. Beischlaf während der Menstruation.

Dieser war nicht erlaubt. Wurde er dennoch vollzogen, so folgte eine nicht näher bestimmte, göttliche Strafe (3Mo 20,18).

f. *Homosexualität.

Intimer Verkehr mit einem Partner gleichen Geschlechts war bei den Israel benachbarten Völkern nichts Außergewöhnliches (3Mo 18,3; s.a. RLA, IV, 1973, S. 459-468). Er war aber für Gott ein *Greuel und wurde mit dem Tod bestraft (3Mo 18,22).

g. Sodomie.

Auch Beischlaf mit Tieren war in der Umwelt Israels nicht selten (3Mo 18, 22-25; s.a. H.A. Hoffner, Jr.: »Incest, Sodomy and Bestiality in the Ancient Near East«. Orient and Occident. FS C.H. Gordon, 1973, S. 81-90). Innerhalb des Volkes Gottes bedeutete aber dieser unnatürliche Verkehr (*täbäl*, »Verwirrung«, 3Mo 18, 23) den Tod des Tieres und des Menschen (3Mo 20,15-16; 2Mo 22,18). Es wurden damit – wie bei der Homosexualität - die schöpfungsgemäßen Grenzen übertreten. Der Mensch sollte das auseinanderhalten, was auch Gott in der Schöpfung auseinandergehalten hat.

7. Diebstahl.

Im Gegensatz zum Raub, wo das Entwenden fremden Eigentums mit Gewalt vollzogen wurde, geschah es bei Diebstahl heimlich und ohne das Wissen des rechtmäßigen Besitzers. Im AT galt aber Eigentum als Gabe Gottes, demzufolge wurde durch Diebstahl der Name Gottes entheiligt (3Mo 19,11-12; Spr 30,8-9). Jahwe hatte in den Grundsatzerklärungen des Bundes den Diebstahl verboten (2Mo 20,15), deshalb verstieß eine widerrechtliche Aneignung fremden Gutes gegen die Bundessatzung. Besondere Beachtung wurde bei den Eigentumsdelikten dem Entwenden von Vieh geschenkt (2Mo 21,37; 22,2b-3). Dieser Diebstahl wurde strenger bestraft, bes. wenn der Dieb das Tier schon geschlachtet oder verkauft hatte. In solchen Fällen war die Wiedergutmachung bei Schafen vierfach, bei Rindern sogar fünffach zu leisten. Der Grund dafür war, daß das Rind als Arbeitstier gebraucht wurde und sein Verlust deshalb bes. schmerzlich war. Wurde das Tier noch lebend bei dem Dieb gefunden, dann genügte der übliche doppelte Ersatz (2Mo 22,3). War es dem Täter nicht möglich, Wiedergutmachungen zu leisten, wurde er als Sklave verkauft. Der Erlös dieses Verkaufs ging dann an den Geschädigten (2Mo 22, 2b). Hatte jemand Geld oder Wertsachen zur Aufbewahrung in seinem Haus angenommen und diese wurden von einem Dieb entwendet, dann mußte bei Wiederauffindung der Beute der Dieb doppelten Ersatz leisten (2Mo 22,6). Fand man den Dieb jedoch nicht, so kam der verständliche Argwohn auf, der Aufbewahrer selbst könnte der Dieb sein. In diesem Fall mußte Gott die Entscheidung treffen (2Mo 22,7). An dieser Stelle wurde die Lesart des MT beibehalten, denn *qrb'l 'lhm* bedeutet im AT oft, »in die Gegenwart Gottes kommen, um die göttliche Entscheidung zu erfahren« (J.I. Durham, Exodus, 1987, S. 326). In folgenden Erzähltexten wird von Sachdiebstählen berichtet: 1Mo 31,19.30.33; 44,4; Ri 17,1-4; etc. Ein Ereignis, das oft mißverstanden wird, sollte herausgegriffen werden. In Jos 7,11 heißt es, daß *Achan etwas von dem Banngut gestohlen hatte, deshalb wurde er gesteinigt. Die Todesstrafe wird hier aber nicht wegen des Diebstahls an sich vollzogen, sondern weil durch Achans Vergehen das ganze Volk dem Bann verfallen war (Jos 7,11-12). Der Mundraub auf fremden Weinbergen und Getreidefeldern wurde nicht als Diebstahl angesehen (5Mo 23,25-26).

8. Weitere Eigentumsdelikte.

Bei Beschädigung oder Vernichtung des Ackers, Weinbergs, Getreidefeldes oder der Weide eines anderen durch streunendes Vieh oder Feuer mußte von dem Besitzer des Viehs oder von dem Brandstifter Ersatz in voller Höhe geleistet werden (2Mo 22,4-5). Derjenige, der das Eigentum eines anderen absichtlich oder durch Unachtsamkeit beschädigte, mußte für den Schaden in voller Höhe aufkommen (3Mo 24,28.21; 2Mo 21,33-34). Wurde ein Tier von einem anderen Tier getötet, dann mußte das noch lebende Tier verkauft werden. Der Erlös und das tote Tier sollten dann unter den Kontrahenten aufgeteilt werden. War allerdings vorher bekannt gewesen, daß das Tier gefährlich war, dann mußte der Besitzer den Wert des getöteten Tieres ersetzen, konnte seines aber behalten.

9. Falsche Anklage.

Das Gesetz verbot falsche Anklage und falsche Zeugenaussagen (5Mo 19,16-21; s.a. 2Mo 20,16). Fanden der oberste Gerichtshof – und sicherlich auch die Ortsgerichte – nach intensiven Untersuchungen heraus, daß eine Anklage falsch war, dann sollte der Ankläger die Strafe erhalten, mit der der Angeklagte zu rechnen hatte (5Mo 19,16ff). In diesem Fall wurde die *lex talionis* (s.u.) wirksam. Eine Falschaussage vor Gericht wurde sehr ernstgenommen, da sie für den Angeklagten todbringend sein konnte. »Die Verfälschung des Rechts und der Rechtsordnung war ja nicht nur ein Vergehen gegen menschliche Jurisdiktion, sondern gegen die Forderung Jahwes, gerecht zu richten, und somit ein Verstoß gegen ihn selbst« (H. Pehlke, a.a.O., S. 65).

Folter und Bestrafung (Abschlagen von Gliedmaßen und Pfählung), ausgeführt von assyrischen Soldaten, dargestellt auf den Bronzetoren von Balawat. Aus der Zeit Salmanassars III. (858–824 v. Chr.) (BM)

III. DIE STRAFE.

Das bibl. Prinzip der Strafe wird in 5Mo 19,19f aufgeführt. Daraus kann man fünf Grundsätze ableiten (s.a. G.J. Wenham, Leviticus, 1979, S. 282-284):

- Die Schwere der Strafe entsprach der Schwere des Vergehens (1Mo 9,6; 2Mo 21,23-24; 3Mo 24,17-20).

- Die Strafe war dafür da, die Schuld hinwegzunehmen, die durch das Vergehen auf dem Land und den Einwohnern lag (1Mo 10,11; 3Mo 18,24-28; 5Mo 21,1-9).

- Die Strafe sollte andere davon abhalten, auch eine Straftat zu begehen (5Mo 13,11f; 17,12f; 21,21).

- Die Strafe im alten Israel erlaubte es dem Täter, sich mit seiner Umgebung durch die Wiedergutmachung zu versöhnen. Eine Degradierung des Menschen durch die Strafe kennt das AT nicht (5Mo 25,3).

- Mittels der Strafe konnte der Schuldige die geschädigte Person entschädigen (2Mo 22; 3Mo 5,20ff). Im Gegensatz zu Ägypten und zur späteren Monarchie gab es im alten Israel keine Gefängnisstrafen, nur eine Art von Untersuchungshaft (3Mo 24,12; 4Mo 15,34).

Wie schon bei den o.g. Straftaten ausgeführt, gab es verschiedene Formen von Strafe im alten Israel.

1. Die Todesstrafe.

Die Todesstrafe wurde bei schweren Vergehen gegen das Leben, die Religion und die Familie verhängt. Gewöhnlich hieß das Tod durch Steinigung, wobei die Zeugen sowie die gesamte Gemeinschaft beteiligt waren. Die Steinigung fand vorwiegend außerhalb der Ortschaft statt (3Mo 24,14; 5Mo 22,24; 1Kön 21,13). Die Zeugen legten dabei ihre Hände auf den Kopf des Täters (3Mo 24,14), um die Schuld, die durch die Tat auf der ganzen Gemeinschaft lag, auf den Täter allein zu übertragen. Dann warfen die Zeugen die ersten Steine (5Mo 17,7). Eine andere Art der Todesstrafe war das Verbrennen. Dies wurde bei Sexualverbrechen (1Mo 38,24; 3Mo 20,14; 21,9) und bei Vollstreckung des Bannes angewandt (5Mo 13,16; Jos 7,25). Eine dritte Methode war die Tötung durch das Schwert, die bei rel. Abfall vollzogen wurde (2Mo 32,27; 5Mo 13,15; 1Kön 18,40; 2Kön 23,20). An einer Stelle wird das Erschießen durch Pfeile erwähnt, womit das unerlaubte Betreten eines heiligen Gebietes bestraft wurde (2Mo 19,13).

2. Körperliche Strafen.

Das Abtrennen von Gliedmaßen, eine im Umfeld Israels häufiger vorkommende Strafe für die unterschiedlichsten Vergehen, wird im AT nur einmal erwähnt. Einer Frau sollten die Hände abgehauen werden, wenn sie bei einem Kampf, in den ihr Mann verwickelt war, nach den Genitalien des Gegners griff (5Mo 25,11f). Eine gebräuchliche, körperliche Strafe war die Züchtigung, die wahrscheinlich mittels eines Stockes vollzogen wurde. Die Schwere des Vergehens bestimmte die Anzahl der Schläge (5Mo 25,1-3; 22,18). Der Talionsgrundsatz: »Leben um Leben, Auge um Auge, Zahn um Zahn, Hand um Hand, Fuß um Fuß, Brandmal um Brandmal, Beute um Beute, Wunde um Wunde« (2Mo 21,23-25) wird heute vielfach - verkürzt in der Form »Auge um Auge, Zahn um Zahn« - fälschlicherweise als das Prinzip der atl. Rechtssprechung und

Religion angesehen, als ob das AT unbedingte Vergeltung lehrte.

Die *lex talionis* wird aber im AT nur an drei Stellen erwähnt: 2Mo 21,23-25; 3Mo 24,18-20; 5Mo 19,21. Das Talionsprinzip war nicht für das atl. Recht allg. gültig, es wird nur in spezifischen Rechtsfällen erwähnt. Es sollte zwei Dinge bewirken: zum einen den Schadensausgleich, zum anderen einer Eskalation des Vergeltens wehren, denn 1Mo 4,23 zeigt, zu welch drastischen Formen Vergeltung ausarten kann. Der Sinn der Talionsformel wird durch folgende Umschreibung deutlich: »Nur ein Leben für ein Leben; nur ein Auge für ein Auge; nur einen Zahn für einen Zahn; etc.« (H.J. Boecker: Recht und Gesetz, 1976, S. 153). Das Talionsprinzip darf nicht als ein Grundsatz für zwischenmenschliches Verhalten verstanden werden, etwa wie das heutige: »Wie Du mir, so ich Dir«, sondern als ein Grundsatz für die Rechtsprechung der alten vorderorientalischen Völker. Durch die *lex talionis* wurde der sozial unterprivilegierte Israelit geschützt und mit dem sozial höher situierten auf eine Stufe gestellt. Die Reichen sollten sich durch die Anwendung des Talionsprinzips nicht vom Strafvollzug freikaufen können (B.S. Childs, Exodus, 1974, S. 472).

3. Geldstrafen.

Diese Strafen mußten nicht an ein Gericht, eine soziale Einrichtung oder an die Staatskasse gezahlt werden, sondern in jedem Fall an die geschädigte Person (2Mo 21,22; 5Mo 22,29; 2Mo 22,15-16; 21,30; 22,1-4; 5Mo 22,19).

4. Ausrottung.

Diese Strafe konnte bei rel. und sexuellen Vergehen oder bei Vergehen, bei denen die Rechtslage nicht eindeutig schien, verhängt werden (2Mo 12,15.19; 3Mo 7,20f.25.27; 17,4.9.14; 18,29; 19,8; 20,3.5f.17f; 4Mo 15,30f). Die traditionelle Interpretation, die darin ein direktes Eingreifen Gottes sieht, scheint am plausibelsten zu sein (G.J. Wenham: Leviticus, 1979, S. 285).

Literatur: H.J. Boecker: Recht und Gesetz im Alten Testament und im Alten Orient, 1976; ders.: Redeformen des Rechtslebens im Alten Testament, WMANT 14, ²1970; D. Daube: Rechtsgedanken in den Erzählungen des Pentateuchs. Von Ugarit nach Qumran. FS O. Eißfeldt, BZAW 77, ²1961, S. 32-41; ders.: Studies in Biblical Law, 1947; A.S. Diamond: An Eye for an Eye, Iraq 19/1957, S. 151-155; G.R. Driver, J.C. Miles: The Assyrian Laws, ND 1975; dies.: The Babylonian Laws, Bd I und II, 1952; W. Dyrness: Themes in Old Testament Theology, 1979; W. Eichrodt: Theologie des Alten Testaments, 1968; Z.W. Falk: Hebrew Law in Biblical Times, 1964; F.C. Fensham: Transgression and Penalty in the Book of the Covenant, JNSL 5, 1977, S. 23-41; J. Friedrich: Die hethitischen Gesetze, 1959; A. Gamper: Gott als Richter in Mesopotamien und im Alten Testament, 1966; R. Haase: Einführung in das Studium keilschriftlicher Rechtsquellen, 1965; V. Korosec: Keilschriftrecht. Handbuch der Orientalistik, 1964; G. Liedke: Gestalt und Bezeichnung alttestamentlicher Rechtssätze, WMANT 39, 1971; G.E. Mendenhall: Recht und Bund in Israel und dem alten Vorderen Orient, ThStB 64, 1960; H. Niehr: Zur Gerichtsorganisation Israels, BZ 31/1987, S. 206–227; M. Noth: Die Gesetze im Pentateuch. Gesammelte Studien zum AT, ThB 6, 1957, S. 9-141; S.M. Paul: Studies in the Book of the Covenant in the Light of Cuneiform and Biblical Law, 1970; H. Pehlke: Anmerkungen zur Exegese des Dekalogs, in: H. Burkhardt (Hrsg.): Begründung ethischer Normen, 1988, S. 49-66; A. Phillips: Ancient Israel's Criminal Law, 1970; H.-F. Richter: Geschlechtlichkeit, Ehe und Familie im AT und seiner Umwelt, 1978; J.L. Saalschütz: Das Mosaische Recht mit Berücksichtigung des späteren Jüdischen, Bd.II (²1853), ND 1974 S. 437-592; W. Schottroff: Zum alttestamentlichen Recht, VuF 22, 1977, S. 3-29; H. Schulz: Das Todesrecht im Alten Testament, BZAW 114, 1969; W. von Soden: Einführung in die Altorientalistik, 1985; R. de Vaux: Das Alte Testament und seine Lebensordnungen, Bd I, ²1963; R.R. Wilson: Enforcing the Covenant: The Mechanisms of Judicial Authority in Early Israel. The Quest for the Kingdom of God. FS G.E. Mendenhall, 1983, S. 59-76; D.J. Wiseman: The Laws of Hammurabi again, JSS 7, 1962, S. 161-168; C.J.H. Wright: An Eye for an Eye, 1983. H.Pe.

B. Im Neuen Testament.

I. STRAFRECHT IM ALLGEMEINEN.

Die Lage des Strafrechtes z.Zt. des NT ist in vielen Einzelheiten noch unklar. Neben diesem Mangel an Informationen ist es auch schwierig, die vermischten Kulturen mit ihrer unterschiedlichen Rechtsprechung auseinanderzuhalten. Das Recht des röm. Reiches gleicht einem Mosaikbild, zusammengesetzt aus den verschiedenen Kulturen der einzelnen Provinzen. Der Einfluß der griech. *polis* auf die gesamte Rechtslage des röm. Reiches, besonders in Ägypten, ist unübersehbar (C. Schneider, Kulturgeschichte des Hellenismus, 1969, II, S. 488-547; H.J. Wolf, Hellenistic Private Law, The Jewish People in the First Century, Section I, Compendia rerum Iudaicarum ad novum testamentum, 1974, I, S. 534-560). Die Römer waren oftmals tolerant: die besiegten Völker genossen weitgehend rel. Freiheit und durften ihren Verwaltungsapparat beibehalten, solange sie sich friedlich verhielten und Rom gegenüber loyal blieben. Bestimmte Städte hatten den Status einer röm. Kolonie (z.B. *Korinth), dort galt das gleiche Recht wie in Rom. Auch in Palästina war eine gewisse politische und juristische Autonomie möglich (*Sanhedrin; *Prozeß Jesu).

II. STRAFTATEN.

Während im röm. Strafrecht Straftaten wie Diebstahl, Bestechung etc. als normale

Vergehen bezeichnet wurden, zählten Hochverrat oder Rebellion gegen das röm. Volk zu den schlimmsten Vergehen (T. Mommsen, Abriß des römischen Staatsrechts, 1974; M. Kaser, Das römische Zivilprozeßrecht, 1966). Nach jüd. Verständnis gab es keine Trennung zwischen rel. und politischer Rechtsprechung. Maßgebend für die Beurteilung der Straftaten waren das AT und die später entstandenen Auslegungen dazu sowie die mündlich überlieferten Regelungen.

III. STRAFVERFAHREN.

Im röm. Recht wurden verschiedene Tage des Monats festgelegt, an denen Strafprozesse durchgeführt wurden (H.H. Scullard, Festivals and Ceremonies of the Roman Republic, 1981, S. 44ff). In diesen Tagen fungierte der Statthalter als Richter und nahm vom Richterstuhl aus sein Amt wahr (Apg 18,12-16). Einige Prozesse fanden am Residenzort des Statthalters statt (Apg 24-26). Ein röm. Bürger hatte jedoch das Recht, von dem Kaiser persönlich gehört zu werden (Apg 25,9-12; *Berufung an den Kaiser; KlP I, 461-462; RAC I 564-571). Der Angeklagte wurde bis zu seinem Prozeß in einer Art Untersuchungshaft gehalten. Ein Angeklagter konnte geschlagen werden im Sinne einer »spürbaren« Zurechtweisung oder um ihn zum Reden zu bringen (A.N. Sherwin-White, Roman Society and Roman Law in the New Testament, 1963, S. 27ff).

Bei den jüd. Verfahren gab es verschiedene Gruppen von Richtern, je nach Schwierigkeit des Vergehens. Ein normaler Prozeß fand vor drei Richtern statt, bei Kapitalverbrechen vor 23 Richtern, bei anderen schwerwiegenden Beschuldigungen wurde der Prozeß vor dem Sanhedrin mit 71 Richtern durchgeführt. Der Sanhedrin traf sich entweder im *Tempel oder im *Palast des Hohenpriesters (vgl. m San). Die Richter hörten die Aussage der Zeugen an und stellten ihnen Fragen. Auch der Angeklagte durfte etwas zu seiner Verteidigung aussagen. Danach trafen die Richter ihre Entscheidung.

IV. DIE STRAFE.

Die Vollstreckung des Gerichtsurteils wurde im röm. Strafrecht auf verschiedene Weise durchgeführt. Obwohl es unklar ist, ob Haft als selbständige Strafe existierte - einige lehnen eine Gefängnisstrafe als Strafmaßnahme in der antiken Welt ab –, gibt es Beispiele dafür, daß Gefängnishaft als Strafe bekannt war (s. RAC IX, 329-334). Die röm. Bestrafungsarten für jemanden, der für schuldig befunden wurde, waren vielfältig und sowohl von der Art der Straftat als auch von der gesellschaftlichen Stellung des Betroffenen abhängig. Wenn es um Hochverrat ging, wurde der Angeklagte entweder durch Enthauptung hingerichtet oder zum Selbstmord gezwungen. In anderen Fällen wurden Personen höheren sozialen Standes unter Aberkennung ihres Bürgerrechts und Enteignung ihres Besitzes aus dem Lande verbannt oder auf eine Insel deportiert. Angehörige der unteren Schichten wurden zu Zwangsarbeit oder Sklaverei verurteilt; manche mußten als Gladiatoren auftreten oder mit wilden Tieren kämpfen. An Schwerverbrechern und Sklaven wurde die *Kreuzigung vollzogen. Geldstrafen und Restitutionen wurden über wenige, schwerwiegende Fälle verhängt.

Im jüd. Strafrecht wurden Geldstrafen, Restitutionen oder Geiselungen (RAC IX, 479-480; mMak) befohlen. In Fällen wie Gotteslästerung, Mord, Ehebruch, Homosexualität, Inzest, Götzendienst, Rebellion eines Sohnes gegenüber seinem Vater, Falschprophetie wurde über den Angeklagten die Todesstrafe verhängt (s. mSan). Es gab vier Arten der Todesstrafe: Steinigung, Verbrennung, Enthauptung und Erwürgen (mSan 7,1). Im babylon. Talmud wird berichtet: »daß man dem zur Hinrichtung Hinausgeführten einen Becher Wein mit etwas Weihrauch vermischt reichte, damit ihm das Bewußtsein verwirrt werde« (b San 43a). Wenn der zum Tode Verurteilte etwa zehn Ellen vom Hinrichtungsort entfernt war, wurde er aufgefordert, ein Sündenbekenntnis abzulegen (mSan 6,2). Obwohl Israel die Vollstreckung der Todesstrafe verboten war (Joh 18,31; ySan 18a), wurden dennoch Hinrichtungen vollzogen, mit oder ohne Erlaubnis der röm. Regierung (vgl. Apg 7,54-59).

V. STRAFRECHT UND GOTTES HANDELN.

Die Schreiber des NT – bes. Paulus –, wie auch die des AT, haben Gottes Handeln mit den Menschen unter Verwendung juristischer Ausdrücke und Bilder dargestellt. Die Straftaten der Menschen werden als Sünde (»Zielverfehlung«) oder Übertretungen des Willens des allmächtigen, heiligen Gottes bezeichnet. Die ganze Welt und damit jeder einzelne Mensch stehen vor dem allwissenden und heiligen Richter und werden für schuldig erklärt (Röm 1-3; bes. 3,19-23). Gottes Urteil ist die ewige Verbannung aus seiner Gegenwart und der ewige *Tod. Das *Evangelium erklärt den Menschen, daß Jesus stellvertretend für alle die Todesstrafe auf sich genommen hat. Gott kann aufgrund der bezahlten Strafe dem, der an Jesus Christus glaubt, vergeben und ihn von der Schuld freisprechen (Röm 3,24-26). Die *Rechtfertigung ist das richterliche Urteil des allmächtigen Gottes, daß der an Jesus Christus Glaubende und mit seiner Gerechtigkeit Bekleidete freigesprochen wird. Obwohl diejenigen, die an Jesus glauben, nicht mit dem ewigen Tod bestraft werden, müssen sie doch alle vor dem Richterstuhl Christi erscheinen und Rechenschaft über ihr Leben abgeben (2Kor 5,10). Diejenigen aber, die Gott und sein Angebot der Versöhnung ablehnen, müssen eines Tages vor seinem Thron erscheinen und werden nach ihren Werken gerichtet (Offb 20,11-13). Weil ihr Name nicht in dem Buch des Lebens steht, werden sie in das feurige Meer geworfen und aus der Gegenwart Gottes verbannt (Offb 20,14-15).

Literatur: J. Blinzler: Der Prozeß Jesu, [4]1969; W.W. Buckland: A Textbook of Roman Law. From Augustus to Justinian, [2]1932; J.A. Fitzmyer: Crucifiction in Ancient Palestine, Qumran-Literature and the New Testament, CBQ 40, 1987, S. 493-513; M. Hengel: Mors turpissima crucis: Die Kreuzigung in der antiken Welt und die »Torheit« des »Wortes vom Kreuz«, in: Rechtfertigung, FS für E. Käsemann, 1967, S. 125-184; T. Mommsen: Die Rechtsverhältnisse des Apostels Paulus, ZNW 2/1901, S. 81-96; J. Ostrow: Tannaitic and Roman Precedure in Homicide, JQR 48/1957/68, S. 352-370; 52/1961/62, S. 160-167, 245-263. F.C.F.

STRASSE s. Handel u. Verkehr; s. Reisen

STRAUCHELN. (Stolpern, wanken, zu Fall kommen, Jes 31,3; 35,3; Klgl 5,13). Im übertragenen Sinne bezeichnet S. häufig eine Störung in der Beziehung zu Gott (Ps 73,2; 94,18; 2Petr 1,10). Hebr 12,13 wird besser übersetzt: »sich abwenden, vom Wege abkommen«; andere übersetzen hier auch: »damit das Lahme sich nicht noch ausrenke«.

STRAUSS s. Tiere

STREIT. Hebr. *sithnāh*, »Haß«, »Streit«. Mit diesem Namen belegten die Knechte Isaaks einen Brunnen, den sie bei Gerar gegraben hatten (1Mo 26,21) und den die Hirten von Gerar als Anlaß zum Streiten nahmen. Zur Ortslage s. *Gerar. J.D.D.

STRICK. Schlinge, mit der Menschen und Tiere gefangen, gebunden oder gezogen werden können (vgl. *Jagd). Das Wort wird fast immer als Bild gebraucht, (vgl. auch *Netz).

1. Alles, was den Fall eines Menschen verursachen kann, wird als Fall- oder Fangstrick gesehen. S.e werden gelegt von Gottlosen (Ps 64,6; 119,110) und Hoffärtigen (Ps 140,6), die Menschen können selbst als Verführer zum S. werden (5Mo 7,16; Jos 23,13; Ri 2,3). Zu einem bindenden S. wird auch das voreilige Gelübde (Spr 20,25). Weisheit lehrt, die S.e zu vermeiden, die zum Tode führen (Spr 13,14; 14,27).

2. Der Gottlose ist mit dem S. seiner *Sünde gebunden (Spr 5,22), in der Erde verborgen wartet die Schlinge auf ihn und hält seinen Fuß fest (Hiob 18,8-10); so wird etwa die Sucht nach Reichtum zum S., der in Verderben und Verdammnis zieht (1Tim 6,9). Immer ist der Mensch von Natur gebunden in den S.en des Todes, deren Macht ihn zu überwältigen droht (Ps 116,3; 2Sam 22,6). Auch der Gläubige kann vom S. des Teufels gebunden werden (2Tim 2,26).

3. Paulus wehrt sich dagegen, daß seine Ratschläge und Anordnungen S.e seien, die er den Christen um den Hals werfe (1Kor 7,35), er will nicht herrschen, sondern helfen, daß sie »stets und ungehindert dem Herrn dienen« können.

STROM.

1. S. ist im Vorderen Orient die Bezeichnung für ein auch außerhalb der Regenzeit ununterbrochen strömendes Wasser. Als solche werden in der Bibel mit Namen genannt: Pischon, Gihon, *Tigris, *Euphrat (1Mo 2,10-14) und *Nil (1Mo 41,1; Jes 23,3). Vom Euphrat wird vielfach ohne Namensnennung als von »dem Strom« gesprochen (Jos 24,2.3.14.15); er hat als Grenzstrom des verheißenen Landes besondere Bedeutung (2Mo 23, 31), ferner in der Endzeit, wo er zunächst die Könige des Ostens am Einfall in das Land hindert, doch dann austrocknet und den Weg für sie frei gibt (Offb 16,12; zu 1Mo 36, 37 vgl. *Rehobot).

2. Wasser ist eine der Grundlagen des Lebens und darum Segen Gottes, den er nach seinem Willen versagt oder zuteilt. Wenn er will, läßt er die Wasserströme versiegen (Jes 44,27; Ps 74,15), so daß alles Leben des Landes erlischt (Jes 19,5-8). Er verwandelt das Wasser in Blut, daß es ungenießbar wird und alle Fische sterben (2Mo 7,17-21), aber er gibt auch Wasserströme in die Einöde (Jes 43,19) und verteilt die S.e in das Land (Hab 3,9).

3. So wird der S. zum Sinnbild. Das ganze Leben ist ein S. (Ps 90,5), der beim Sterben versiegt (Hiob 14,11f). Menschen werden mit Wonne getränkt wie mit einem immer neues Wasser bringenden S. (Ps 36,9). Die Quelle der Weisheit ist ein nicht auszutrinkender S. (Spr 18,4). Wo Gott regiert, breitet sich der Friede aus wie ein segenspendender S. (Jes 66,12), und vom Leibe dessen, der an Jesus

glaubt, fließen »Ströme lebendigen Wassers« (Joh 7,38).

4. Eine Sonderstellung haben in der Bibel zwei S.e. Ein in der Endzeit vom Tempel ausgehender S. spendet allem Segen, was in und an ihm lebt (Hes 47,1-12); und Offb 22,1f schildert einen S., an dessen beiden Ufern die Bäume des Lebens unaufhörlich Früchte tragen.

STÜCKWERK. Solange wir im *Glauben und nicht im Schauen leben (2Kor 5,7), gibt uns Gott seine *Offenbarung nicht als geschlossenes, vollständiges und in sich abgerundetes System. Die ganze *Wahrheit können wir nicht ertragen (Joh 16,12; vgl. 1Mo 3,5). Der Heilige *Geist führt nur nach und nach in alle Wahrheit (Joh 16,13), er gibt das, was heute und jetzt für unser Handeln und Leben im *Gehorsam notwendig ist. Erst in der Vollendung werden alle Fragen gelöst sein (Joh 16,23). Bis dahin ist unser Wissen und *Weissagen S. (1Kor 13,9.12), auf den Augenblick beschränkt und bezogen, für den Augenblick jedoch auch nötig und ausreichend.

STUFEN. (Hebr. *ma'alōt,* von *ma'alāh,* »ein Hinaufgehen«, »Aufstieg«, vgl. latein. *gradus;* griech. *bathmos,* »Stufe«, »Aufstieg«). Daß der Schatten an der Sonnenuhr zehn S. (Striche) zurückweichen sollte, war das Zeichen, mit dem der Herr *Hiskia die Genesung von tödlicher Krankheit bestätigte (2Kön 20,8-11; vgl. Jes 38,8). Jos.ant.Jud. 10.29 legt nahe, daß die Treppen des Königspalastes eine Art Sonnenuhr darstellten (vgl. C.F. Keil, Die Bücher der Könige, ([2]1876) 1988 ad loc.; S. Iwry, The Qumran Isaiah and the End of the Dial of Ahaz, BASOR 147, 1957).

Das Wort findet sich auch in den Überschriften der Ps 120-134 wieder, die Wallfahrtslieder genannt werden; sie sollen von Pilgerprozessionen gesungen worden sein, die zum Berg *Zion anläßlich der großen Tempelfeste kamen (*Psalmen). Der Begriff kommt einmal im NT vor (Tim 3,13), wo das griech. Wort *bathmos kalos,* »gutes Ansehen« (RevEB: »Stellung, Rang«) bedeutet und sich hier auf den Stand beziehen könnte, der dem Diakon jetzt vor Gott und in der Gemeinde gegeben ist: daß er nicht nur fest in der Gemeinde Jesu eingebunden ist (vgl. 6,19), sondern man dort auch auf sein Wort hört.

J.D.D./Red.

STUFENTURM (ZIKKURAT) s. Babylonien; s. Turm

STUHL. Neben dem gewöhnlichen Sitzmöbel (1Sam 1,9; 4,13; 2Kön 4,10; Spr 9,14; vgl. *Haus) bezeichnet S. vor allem den Königsthron (2Sam 7,13; 1Kön 10,18-20; 1Chr 22,10), außerdem den Sitz des Statthalters und Richters (Neh 3,7; »Herrschaft«) und den erhöhten Sitz des *Lehrers und *Schriftgelehrten (Mt 23,2). Die Bibel spricht in übertragenem Sinn auch häufig vom Thron Gottes, von dem aus der Herr die Welt regiert und richtet (Ps 9,5.9; 11,4; 89,15; 103,19; Jes 6,1; Offb 7,15.17) und vor dem alle Menschen einmal zum letzten Gericht versammelt werden (Offb 20,11) (S.a. *Thron).

STUMM s. Krankheit

STUNDE. Aram. *schā'āh,* griech. *hōra,* kommt in der Bibel sowohl im engeren als auch im weiteren Sinn vor.

1. Im engeren Sinn (der wahrscheinlich später geprägt worden ist als der weitere) ist eine S. etwa ein Zwölftel der Zeit des Tageslichts: »Hat nicht der Tag zwölf Stunden?« (Joh 11,9). Die S.n wurden zwischen Sonnenaufgang und -untergang gezählt, während die Zeit der Dunkelheit von Sonnenuntergang bis -aufgang in drei (jüd.) bzw. vier (röm.) Nachtwachen unterteilt war. Da Sonnenaufgang und -untergang je nach Jahreszeit verschieden waren, kann der Begriff S. nicht auf die heutige Einheit von 60 Minuten übertragen werden. Bei den am häufigsten erwähnten S.n handelt es sich um die dritte, sechste und neunte. Alle drei Zeitangaben werden im »Gleichnis von den Arbeitern im Weinberg« erwähnt (Mt 20,3.5), darüber hinaus wird hier die elfte S. (V. 6.9) genannt, die sprichwörtlich für die letzte Möglichkeit wurde. Die zwei Jünger in Joh 1,35ff blieben für den Rest des Tages bei Jesus, nachdem sie mit ihm »um die zehnte Stunde« (V. 39), d.h. etwa gegen 16 Uhr, nach Hause gegangen waren, denn die Dunkelheit wäre hereingebrochen, bevor sie ihr Gespräch mit ihm beendet hätten. Die dritte, sechste und neunte S. werden im synoptischen Bericht der Kreuzigung erwähnt (Mk 15,25.33f). Die Schwierigkeit, die »sechste Stunde« in Joh 19,14 mit der »dritten Stunde« in Mk 15,25 in Einklang zu bringen, hat zuweilen zu der Vermutung geführt, daß im JohEv. die S.n ab Mitternacht gezählt werden, nicht vom Sonnenaufgang an. Der einzige konkrete Beleg, der in diesem Zusammenhang geltend gemacht werden kann, ist die Feststellung im Martyrium des Polykarp (21), daß Polykarp »in der achten Stunde« den Märtyrertod erlitt – wobei 8 Uhr als wahr-

scheinlicher als 14 Uhr angesehen wird – reicht nicht aus, den gut belegten Sachverhalt in Frage zu stellen, daß Römer und Juden die S.n von Sonnenaufgang an zählten. (Die Tatsache, daß die Römer rein rechtlich den Tag von Mitternacht an rechneten, während er bei den Juden mit Sonnenuntergang begann, hat nichts mit der Bezeichnung der S.n zu tun.) Die »siebte Stunde« in Joh 4,52 entspricht etwa 13 Uhr. In Offb 8,1 gibt »eine halbe Stunde« das griech. *hemiorion* wieder.

2. Im weiteren Sinn steht S. für einen recht genau definierten Zeitpunkt. »Zur gleichen Stunde« (Dan 5,5, LÜ: »im gleichen Augenblick«) bedeutet, »während der König und seine Gäste den Höhepunkt ihres frevlerischen Gelages erlebten«. »Zu derselben Stunde« (Mt 8,13) bedeutet »genau in dem Moment«, in dem Jesus dem Hauptmann versichert, daß seiner Bitte um Heilung seines Dieners entsprochen wird. Häufig wird von einer besonders kritischen Situation als von einer S. gesprochen, z.B. der S. des Verrats an Jesus (Mk 14,41; vgl. Lk 22,53, »eure Stunde«, d.h. »eure kurze Zeit der Macht«), der S. seiner Parusie (*Wiederkunft Jesu) mit der damit verbundenen *Auferstehung und dem *Gericht (Mt 25,13; Joh 5,28f). Im JohEv. wird die für Jesu Leiden und Verherrlichung bestimmte Zeit als seine S. bezeichnet (vgl. Joh 2,4; 7,30; 8,20; s.a. 12,23; 17,1). Die gegenwärtige Situation zwischen den Zeiten ist die »letzte Stunde« (1Joh 2,18); das Auftreten von *Antichristen zeigt an, daß Christus bald erscheinen wird. (Vgl.*Zeit; *Zeitrechnung).

Literatur: W.M. O'Neil: Time and the Calenders, 1975; J. Guhrt, H.-C. Hahn: TBLNT II [4]1986, 1457-1478 (Literatur); E. Jenni: THAT II, [2]1979, 370-385.

F.F.B.

STURM. Gewaltige Naturereignisse werden meistens mit Regen- und Hagelstürmen in Verbindung gebracht. Im allg. treten starke Regengüsse und Wolkenbrüche zu Beginn der Regenzeit auf oder zu Anfang jeder neuen Regenperiode während der kühleren Monate. In Haifa fielen z.B. am 9. Dezember 1921 280 mm Regen in 24 Stunden. Gewitter sind im November und Dezember am häufigsten und treten meistens im Jordantal auf. Hagelschlag kommt häufiger zwischen Dezember und März vor. In der Bibel werden die verheerenden Wirkungen auf die wachsende Saat eindrücklich beschrieben (Ps 78,47; Jes 28,2; Hes 13,13f; Hag 2,17). Die Windstürme, die über den See *Genezareth fahren, beschreibt Mk 4,37ff, und das Gleichnis von dem auf Sand gebauten Haus spricht von »Platzregen« und »stürmischem Wind« (Mt 7,27). Gott sprach durch Gewitter (2Mo 9,28; 19,16.19; 1Sam 7,10; 12,81; Hiob 37,1-6; Ps 18,13f; 29,3-9; 104,7) und richtete durch Erdbeben (Jer 4,24-26; Nah 1,5). Die Hebräer, die sich vorstellten, wie seine »Herrlichkeit durch die vier Tore des Feuers, Erdbebens, Sturms und Hagels« ging (4Esr 3,19), mußten jedoch lernen, daß Jahwe sich ihnen weniger in S. und Erdbeben als vielmehr beim Auszug aus Ägypten offenbarte. Diese Einsicht hatte wohl auch *Elia, für den das Bewußtsein des »stillen, sanften Sausens« göttliche Gegenwart und Macht eher kennzeichnete als Erdbeben, Wind und Feuer (1Kön 19,11-13; s.*Erdbeben; *Regen; *Donner; *Wind). J.M.H.

STURMBOCK s. Festungsbau und Belagerungstechnik; s. Waffen und Geräte

SÜDEN. Im AT wird der S. mit vier verschiedenen Vokabeln bezeichnet, die von unterschiedlichen Wurzeln herkommen und z.T. nicht nur die Himmelsrichtung benennen, sondern auch spezielle Nebenbedeutungen haben. Oft spielt jedoch diese Nebenbedeutung keine Rolle, und es ist auch nicht zu erkennen, daß einer der vier Ausdrücke besonders bevorzugt wird. Hebr. *Nägäb* ist – bis heute – der Name für den Südteil Israels und wird deshalb neben dem allg. Gebrauch (z.B. Jos 18,14; Hes 46,9) auch oft mit »Südland« übersetzt (4Mo 13,29; Jos 15,19 u.ö.). *Jāmīn* heißt eigentlich »rechte Seite, rechts«, wird aber trotzdem zur Benennung des S.s verwendet. Steht der Betrachter mit dem Gesicht nach O – der O heißt im AT auch »vorn« - so liegt der S. zu seiner Rechten; so in Ps 89,13; Jos 17,7 u.ö. Von derselben Wurzel ist *tēmān* abgeleitet, das entweder S. bedeutet (Hiob 9,9; Jes 43,6; Sach 6,6 u.ö.), oder im speziellen Fall »Südwind« (Ps 78,26; Hld 4,16). Außerdem ist *tēmān* der Name eines Ortes im S. (Hes 25,13 u.ö.). Die vierte Vokabel, *dārōm,* wird im AT ausschließlich für den S. gebraucht, es kann keine Nebenbedeutung festgestellt werden. *dārōm* kommt z.B. in 5Mo 33,23; Pred 1,6; Hes 21,2 vor. Auch im NT begegnen verschiedene Bezeichnungen für den S. Griech. *Notos* steht sowohl für S. als auch für das Reich der Königin des S.s (Mt 12,42; d.i. *Saba). Ansonsten wird der S. *mesēmbria,* »Mittag«, genannt, was sich auf den mittäglichen Stand der Sonne bezieht (Apg 8,26). M.Sch.

SÜDWIND s. Wind

SUF. In 5Mo 1,1 ist S. möglicherweise ein Ortsname, dessen Identifikation unsicher ist (vgl. GTT, § 431, S. 225, Anm. 223). LÜ übersetzt »im Jordantal gegenüber Suf«, ZÜ »in der Araba gegenüber Suf«, RevEB »in der Ebene (hebr. *Araba*), Suf gegenüber«. Sufa, »Sturm« (?) (4Mo 21,14) ist womöglich das Gebiet, in dem Waheb – entsprechend dem kurzen Zitat aus dem »Buch von den Kriegen des Herrn« – liegt. Seine Beziehung zu S. in 5Mo 1,1 ist unsicher. Musil nimmt an, daß es Chirbet Sufah sein dürfte, etwa 6 km südsüdöstl. von *Medeba (GTT, § 441, S. 261-262, Anm. 229). K.A.K.

SÜHNE, SÜHNEN.

I. WORTBEDEUTUNG UND -VORKOMMEN.

Für Hergang und Sinn von S. ist im AT das Verb *kāpar* am wichtigsten; Bezeichnungen für Opferarten treten mit ihm zusammen auf. Im NT finden sich die durch die LXX bestimmten Übersetzungen dieses Verbs.

1. Das Verb *kāpar* bedeutet: S. erwirken. Die etymologische Ableitung ist nicht hinreichend geklärt. Wahrscheinlich gehört es zu einem semit. Stamm für »bedenken« bzw. »verhüllen«. Es begegnet 101 mal im AT, fast drei Viertel der Belege finden sich in priesterlichen Bestimmungen (Maass). Das Verb wird verschieden mit Verhältniswörtern verbunden; häufig steht Sühnopfer bzw. »Schuldopfer« damit zusammen.

2. Die LXX gibt hebr. *kāpar* meistens mit griech. *hilaskomai* und dessen Weiterbildungen wieder. Im NT begegnen diese Ausdrücke auch, aber selten (Lk 18,13; Hebr 2,17; 8,12). Das Nomen *hilasmos* steht 1Joh 2,2; 4,10 (*Versöhnung).

II. HERGANG UND SINN VON SÜHNE IM ALTEN TESTAMENT.

Für diesen Gesichtspunkt geben vor allem die priesterlichen Bestimmungen Auskunft.

1. Vom Sündopfer wird in 3Mo 4,1-5,13 gehandelt. Dieses Opfer muß dargebracht werden, wenn sich jemand versehentlich gegen ein Gebot (oder Verbot) Gottes versündigt hat. Einige Fälle werden aufgeführt, beispielsweise wird geordnet, was der Opfernde und was der Priester zu tun haben. Deren Handlungen werden aber nicht gedeutet, ihr Sinn nicht genannt. Wichtig ist jedoch, daß es immer wieder heißt: »Der Priester erwirkt Sühne für ihn. So wird ihm vergeben« (4,26.31.35; 5,6.10.13).

2. Die Anordnungen für das Schuldopfer nach 3Mo 5,14-26 bekräftigen das bereits Gesagte: Der Priester erwirkt Sühne und so wird dem Schuldigen vergeben (5,18.26).

3. Auch der vom Aussatz Geheilte muß, will er für rein (*Rein/Unrein) erklärt werden, u.a. ein Sündopfer darbringen. Der Priester erwirkt ihm S., und so ist er rein (3Mo 14,18-20.31; vgl. Mk 1,44par.). Ähnliches gilt von dem Menschen, der unreinen Ausfluß hat (3Mo 15,15). Sünde und Unreinheit gehören zusammen.

4. Das Gesetz für den sog. großen *Versöhnungstag in 3Mo 16 sieht mehrere Handlungen vor, die dafür geordnet sind, S. zu erwirken (V. 5f.10.16.18,21).

5. Wenn auch über den Sinn der einzelnen Handlungen im Hergang der S. nichts gesagt wird, so hat fraglos die folgende Auskunft grundlegende Bedeutung: »Der Herr hat es euch gegeben, daß ihr die Schuld der Gemeinde wegnehmt und ihr vor ihm Sühne erwirken sollt« (3Mo 10, 17). So oft die Wendung »vor dem Herrn« in allen diesen Bestimmungen vorkommt, ist der Sache nach daran erinnert, daß Gott S. gewährt und ordnet. Nicht der Mensch wirkt auf die Gottheit ein, um sie sich gnädig zu stimmen, sondern Gott gewährt S. (und Reinheit), so daß sein Volk wieder in Gemeinschaft mit ihm leben darf.

6. Auch die Tatsache, daß das *Blut der Opfertiere für die S. wichtig ist, wird im freien Willen Gottes begründet: »Ich habe es euch für den Altar gegeben, daß ihr dadurch Sühne erwirkt. Denn das Blut ist die Sühne, weil das Leben in ihm ist« (3Mo 17,11). In diesem Zusammenhang wird der Blutgenuß untersagt und mit den angeführten Sätzen begründet. Blut sühnt. Doch allein deshalb, weil Gott es so geordnet hat. Als der, der die S. gewährt, bestimmt er dafür das Blut.

III. BEKENNTNIS DER SÜNDE; BITTE UM SÜHNE (VERGEBUNG).

Verschiedene Stellen sagen etwas darüber aus, wie der Sünder sich zur S. stellt.

1. Mehr nebenbei redet 3Mo 5,5f davon, daß der Sünder bekennen soll, womit er gesündigt hat, und daß er Buße tun soll. Diese Bemerkung bestätigt, was selbstverständlich erschlossen werden kann: Wer innewird, daß er sich versündigt hat, muß das aussprechen und die S. erbitten. »Bekennen« meint dabei zugleich: Gott loben, nämlich dadurch, daß man bekennt, daß Gott in seinem Wort wahr spricht, wenn er den Sünder verurteilt und ihm doch auch S. gewährt. Bekenntnis der Sünde und Gotteslob gehören zusammen (vgl. Ps 51,6).

2. In dieser Art wird *Hiskias Verhalten in 2Chr 29f beschrieben, als er mit Opfern die Reinheit des Tempels und der Passafeier wie-

derherstellt. Er erlangt S. mit dem Bekenntnis der Schuld, der Bitte um Vergebung und den Opfern (29,20ff; 30,18ff).

3. Im Gebet Israels wird auch um Sühnegewährung gefleht – vom Volk bzw. für das ganze Volk (Ps 65,4; 78, 38; 79,9). Das Gebet macht besonders deutlich, daß Gott der ist, der S. gewährt. Nicht weniger betont ist zugleich, daß Israel seine Sünde und Schuld erkennt und bekennt. Ja, Hilfe und Errettung, die nottun, liegen in der Vergebung der Sünden (79,9), und für diese spricht die Barmherzigkeit Gottes (78,38). Daß die Sünden zu schwer sind, als daß man sie tragen könnte, begründet den Bittruf um Vergebung (65,4).

4. Daß Gott S. gewährt, ist jedoch nicht selbstverständlich. Die Schuld, die das Haus des Priesters *Eli auf sich geladen hat, soll durch nichts gesühnt werden können, bekräftigt Gott mit einem Schwur (1Sam 3,14). Dem Propheten *Jesaja wurde offenbart, daß die Sünde Israels nicht vergeben werden soll, sondern das Volk an seiner Sünde sterben muß (Jes 22, 14). Und *Babel wurde angesagt, daß seine Sünde durch keine S. unwirksam gemacht werden kann (Jes 47, 11). *Jeremia bittet Gott, er möge seinen Feinden, die ihn umbringen wollen, keine S. gewähren, sondern mit ihnen im Zorn handeln (Jer 18,23).

5. Das hebr. Verb *kāpar* ist im Zusammenhang des Gebetes zu Gott mit »vergeben« zu übersetzen (so Stamm). Das Hebr. kennt dafür eine Reihe kräftiger Bildworte (z.B. »wegtragen«, »reinigen«, »hinwerfen«); an *kāpar* aber bleibt der Hinweis auf die von Gott gewährte und geordnete S. haften.

IV. DIE THEOLOGISCHE BEDEUTUNG DER SÜHNE IM ALTEN TESTAMENT.

Die Beobachtungen zum Stichwort S. lassen erkennen, daß S. mit dem festen Willen Gottes zur Gemeinschaft mit seinem Volk zusammengehört. In seiner Heiligkeit übersieht Gott Verfehlungen nicht; sein weisendes und warnendes Wort gilt. Aber er gewährt dem S. und darin Vergebung als Wiedereröffnung der Gemeinschaft mit ihm selbst, der seine Sünde bekennt und um Vergebung bittet. Die S. wird durch den Priester erwirkt; dieser handelt dabei als Beauftragter Gottes. Eine Gabe des Schuldigen, sein Opfer also, gehört zu dem Weg, auf dem S. vollzogen wird. Auch das ist so kraft der Anordnung Gottes; der Wert des Opfers im äußerlichen Sinn ist unerheblich (vgl. dazu 3Mo 5,7-11). Ja, daß Gottes Wohlgefallen auf einem geängsteten Geist und einem zerschlagenen Herzen ruht, auf einem rückhaltlosen Bekenntnis also und der Zuversicht, daß Gott vergeben will und wird, sagt der Psalmsänger, der Gott in der Tiefe erkannt hat (Ps 51,19). Von dieser S. redet das NT nicht; dort wird die *Versöhnung verkündigt, durch welche Gott selbst in Christus S. beschafft hat.

Literatur: F. Maass: THAT I, ⁴1984, 842ff; J.J. Stamm: Erlösen und Vergeben im AT, 1940; R. Rendtorff: Studien zur Geschichte des Opfers im Alten Israel, 1967. H.G.

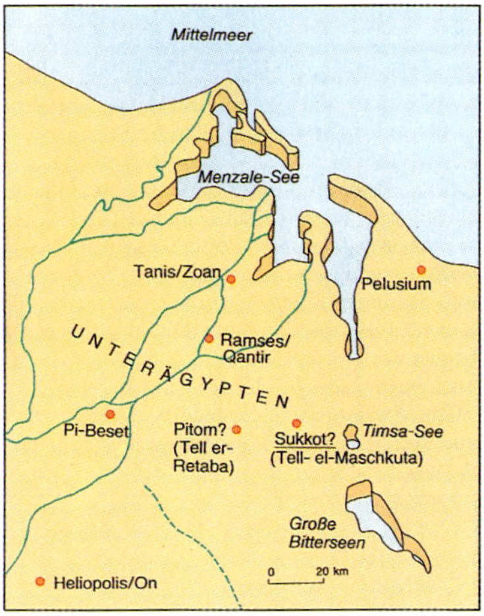

Vermutete Ortslage von Sukkot.

SUKKOT.

1. Erster Lagerplatz der Israeliten beim *Auszug aus Ägypten, möglicherweise gleichbedeutend mit dem altägypt. *tkw* (*Pitom), das sich im östl. Teil des Wadi Tumilat befand (2Mo 12,37; 13,20; 4Mo 33,5f). Verschleppte wurden auf dieser Route nach Ägypten gebracht und von dort auch weggeführt. S. wird in der Geschichte des Sinuhe erwähnt, im Papyrus Anastasi V und VI.

2. Stadt im Gebiet des Stammes *Gad (Jos 13,27) im Jordantal an einer Furt (Ri 8,5) unweit der Stadt Zaretan (1Kön 7,46). Es ist das heutige Tell Akhsās oder Tell Dēr Allāh. Der Name S. ist in 1Mo 33,17 erklärt; er wird mit den »Hütten« in Verbindung gebracht, die Jakob dort für sein Vieh baute.

3. Sukkot-Benat ist der Name eines Götzen, den sich die Leute aus Rebel machten, die der assyr. König nach der Eroberung Samariens dorthin deportiert hatte (2Kön 17,30). C.D.W./Red.

SULAMITH. (Hebr. *schūlammīt*, »Mädchen aus Sulem« bzw. Sunem), ein Name, der der weiblichen Hauptfigur im Hohenlied (7,1; 6,1; 5,9; 1,8), der »Schönsten unter den Frauen«, beigelegt wird. Einige haben den Namen auf eine unbekannte Stadt, Sulam, zurückzuführen versucht; andere identifizieren S. mit *Abischag von *Schunem (1Kön 1,1-4.15; 2,17.21f). Ein weiterer Vorschlag geht dahin, in S. ein weibliches Gegenstück zu *Salomo zu sehen als einen Ehrentitel der Braut.

D.A.H./Red.

SUMER, SUMERER. Der Teil des alten *Mesopotamien oder des Südirak zwischen dem Gebiet des heutigen Baghdad und dem Persischen Golf und südl. dieser Region war als *Akkad bekannt. Dieses flache Gebiet von ca. 10 000 km^2 wird von den Flüssen *Tigris und *Euphrat durchquert. Obwohl es im AT nicht direkt erwähnt wird, ist S. möglicherweise mit Schinear/Sinear (*schinʿar*, sumer. *kenir* und *schumer*) zu identifizieren. Sumer. Kultur begegnet evtl. in 1Mo 1-11 (s.u. II.). Das Gebiet wurde von ca. 4500 v.Chr. bis ca. 1750 v.Chr. von Sumerern besiedelt, die schließlich von den Semiten aufgesogen wurden, die das gleiche Gebiet bewohnten. Der Ursprung der Sumerer ist nicht bekannt; es gibt Theorien, die Wanderungsbewegungen aus dem O erwägen.

I. GESCHICHTE.

Die Geschichte der Sumerer gliedert sich in drei Perioden: frühsumerisch, 3000-2700 v.Chr.; klassisch-sumerisch, 2700-2250 v.Chr.; neosumerisch, 2100-1960 v.Chr. Alle drei Epochen sind hauptsächlich aus epischer Dichtung, verstreuten historischen Berichten und weit über 100 000 Geschäftsdokumenten zu rekonstruieren.

1. Die erste Epoche stand im Zeichen von drei bedeutenden Städten: Uruk, Aratta und Kisch. Die drei führenden Gestalten (Herrscher aus Uruk) waren Enmerkar, Lugalbanda und vor allem Gilgamesch, der berühmteste Held der sumer. Geschichte. Da sich die Schilderungen historischer Gestalten und Ereignisse nicht in zeitgenössischen Berichten finden, sondern in späteren literarischen Kompositionen, ist es schwierig, jene einer archäologisch definierten Epoche der Städte zuzuordnen. Außerdem gibt es sowohl aus Kisch als auch aus Uruk nur spärliche Funde aus jener Zeit, die nur in vagen Umrissen auszumachen ist, sozusagen als Echo der Leistungen,

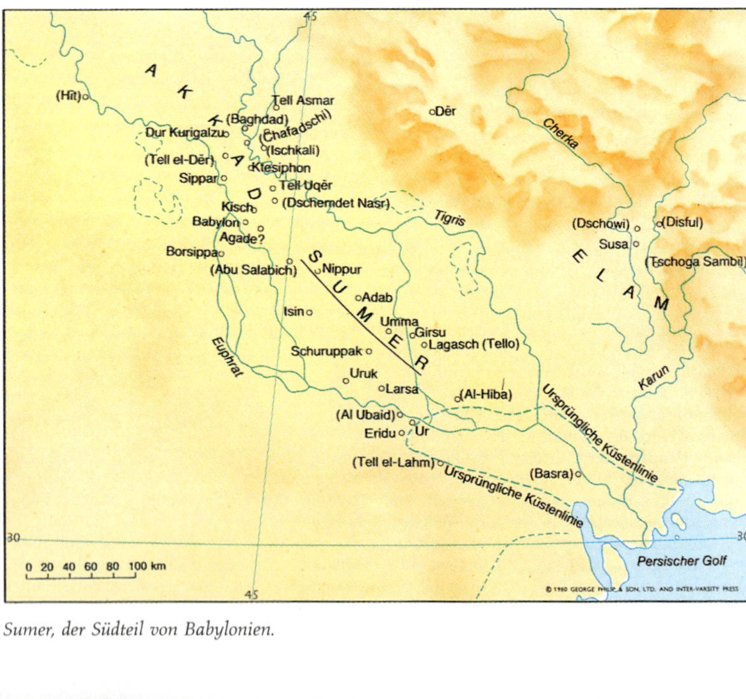

Sumer, der Südteil von Babylonien.

Die Statue des Gudea, ensi *(Statthalter) von Lagasch, ist ein herausragendes Zeugnis sumerischen Kunsthandwerks. Aus Dolerit, Höhe: 73,6 cm; ca. 2143–2124 v. Chr.* (BM)

die von einem jungen und tatkräftigen Volk vollbracht wurden.

2. Die klassische Epoche konzentriert sich auf vier Städte: Ur, Kisch, Umma und Lagasch. Die bekanntesten Herrscher sind Eannatum, Urukagina, Gudea von Lagasch und Lugalzagesi von Umma. Aus dieser Epoche sind zeitgenössische Dokumente vorhanden, die Namen und Taten dieser Herrscher überliefern. Daher ist es möglich, eine Reihe von Städten und sogar Gebäuden zu identifizieren, auf die in diesen Dokumenten Bezug ge-

nommen wird. Über Ur ist aus dieser Zeit mehr aus archäologischen als aus historischen Quellen zu erfahren. Die Namen der Könige sind - allerdings ohne Hinweise auf mit ihnen verbundene Ereignisse - verzeichnet. Den bedeutendsten Fund in Mesopotamien stellen die in die klassische Epoche zu datierenden, sagenhaft ausgestatteten »Königsgräber« dar. Das erste umfangreichere historische Dokument stammt ebenfalls aus dieser Zeit und behandelt den Kampf zwischen Umma und Lagasch. Etwa 2400 v.Chr., z.Zt. Entemenas von Lagasch geschrieben, enthält es neben vielen wirtschaftlichen und sozialen Daten auch historische Informationen. Ein späterer Herrscher von Lagasch, Gudea, erfreut sich großer Bekanntheit, da viele beschriftete Statuen von ihm vorhanden sind, die auch die künstlerischen Fähigkeiten jener Zeit beredt bezeugen. Die Inschriften liefern zahlreiche Informationen aus dem wirtschaftlichen und rel. Leben. Lugalzagesi, der letzte sumer. König dieser Epoche, fiel der berühmten semit. Dynastie Sargons von Akkad/Agade zum Opfer.

3. Fast 2 Jh. später erhob sich die neosumer. Epoche mit ihrer Hauptstadt Ur auf den Ruinen der akkad. Dynastie. Das sumer. Volk hatte sich infolge größerer Wanderbewegungen anderer Völker, hauptsächlich der Amoriter, zum großen Teil mit diesen vermischt. Nur die ersten zwei der fünf Könige von Ur trugen tatsächlich sumer. Namen. Obgleich die Sumerer als Volk nicht mehr existent waren, war das Sumer. noch viele Jh. lang die Sprache von Religion, Wissenschaft, Wirtschaft und Gesetz.

II. LITERATUR.

Die Erfindung der *Schrift ca. 3200 v.Chr. wird – Texten aus *Erech zufolge – den Sumerern zugeschrieben. Die Sprache, in mehreren Dialekten, einschließlich der »feinen Sprache« *(eme.-sal)*, ist agglutinierend und steht außerhalb der semit. Sprachen. Sie kann keiner der bekannten Sprachgruppen zugeordnet werden, obgleich bestimmte Bezugspunkte vorliegen. Urprünglich war das Sumer. wohl entwickelt worden, um wirtschaftliche Transaktionen und administrative Vorgänge aufzuzeichnen, die 75 % aller vorhandenen Dokumente auf Sumer. in Keilschrift ausmachen, wurde aber bald für alle Arten von Literatur verwendet, die aus dem Vorderen Orient des Altertums bekannt sind. Die Schrift und Literaturgattungen wurden anschließend von Babyloniern, Assyrern, Hetitern, Hurritern, Kanaanitern und Elamitern übernommen und weiter entwickelt. Die Geschichtsschreibung umfaßt Gebäude- und Votivinschriften, militärische Berichte über zwischenstaatliche Beziehungen (Lagasch-Umma; Geierstele), Königslisten, kalendarische Angaben, königliche Korrespondenz, wichtige Dokumente (Tummal) in ausführlicher Darstellung sowie poetische Erklärungen großer Ereignisse (»Fluch über Akkad«). Episch-historische Berichte der Taten *Sargons von Akkad und Urnammus sowie neun epische Erzählungen sind Zeugnis weiterer Formen der Geschichtsschreibung. Die letzteren spiegeln die Beziehungen der Stadtstaaten zu ihren Nachbarn wider, z.B. Enmerkar und Agratta, Lugalbanda und Enmerkar, Gilgamesch und Agga von Kisch. In sumer. Mythen sind die Helden Gottheiten, und diese Mythen umfassen die Themen der *Schöpfung (»Enlil und Ninlil: die Geburt des Mondgottes«, Der »Mythos von der Hacke«, »Enlil und Ninmah: die Erschaffung des Menschen«), der Zivilisation (»Enki und die Weltordnung«: der Aufbau der Erde und ihre kulturellen Vorgänge; »Inanna und Enki«: die Übertragung der Künste der Zivilisation von Eridu nach Erech) und eines »heroischen Zeitalters« (»Enlil und Ninhursag«: der sumer. Paradiesmythos) ebenso wie den Sündenfall des Menschen (»Inanna und Schukalletuda«: die Todsünde des Gärtners). Die Gottheiten Inanna (später *Ischtar) und Dummuzi (*Tammuz) spielen eine führende Rolle in Mythen, die den Abstieg der Götter in die Unterwelt zum Inhalt haben. Die *Sintflut, die in sumer. Übersetzung zwar bekannt ist, ist möglicherweise von ihrem literarischen Ursprung her semitisch (Atrahasis-Epos). Ähnliche Themen erscheinen in der frühen Geschichtsschreibung des AT (1Mo 1-11). Zur sumer. Dichtung zählen auch stilistisch durchkomponierte Hymnen, die Götter, Könige und Tempel rühmen, und Klagelieder, die die Zerstörung der Stadtstaaten und Städte (Ur, Nippur) oder den Tod des Gottes Tammuz beweinen. Andere sumer. Literaturgattungen umfassen den Beginn der sog. *Weisheitsliteratur mit Sammlungen von Anleitungen, Essays, Fabeln, Sprichworten und Rätseln, mit denen in den Schulen gearbeitet wurde, wo neben Schreiben, Rhetorik und Musik auch weitere Fächer unterrichtet wurden, und Prüfungen stattfanden. Die in den Schulen gepflegte »Streitgespräch«-Literatur greift Themen auf wie »Sommer und Winter«, »Spitzhacke und Pflug« usw.

III. KULTUR.

Ursprünglich scheinen die Sumerer Dörfer und Städte im Einzugsbereich größerer Städte zu Stadtstaaten zusammengefaßt zu haben, die von einem Rat von Senatoren und jungen Männern mit militärischem Status unter der

Führung eines »Herrn« (*en*), später des *lugal*, »oberster Herr, König«, regiert wurden. Neben diesen administrativen Einrichtungen entwickelte sich eine Bürokratie des Tempels und der Priesterschaft, die auch Besitz hatte und gelegentlich Macht über diese »demokratische«, hochorganisierte Gesellschaft ausübte. Die menschliche Regierung sollte auf Erden reflektieren, was im Himmel geschah. Der König war nur der Vizeregent des Hauptgottes der Stadt, der ihn in sein Amt berief und von ihm als dem Wächter über Gesetz und Gerechtigkeit Rechenschaft forderte. Der König übertrug später einen Teil seiner Macht an Provinzstatthalter und beauftragte bestimmte Städte, die Wirtschaftsbeziehungen zu den Nomaden der Umgebung zu pflegen.

IV. ERBE.

Neben seinem literarischen Erbe hinterließ S. nachfolgenden Kulturen seine Konzeption von Recht und Ordnung, die sich auf »wissenschaftliche« Erkenntnisse stützen konnte, die wiederum mit empirischen Methoden (Daten wurden in Listen aufgezeichnet) gewonnen wurden. Astronomie und Mathematik verwendeten sowohl das Dezimal- als auch das Sexagesimalsystem; Zeit und Fläche wurden in Einheiten gemessen, auf die unsere Einteilung in Stunden und Minuten sowie unsere Längenmaße zurückgehen. Das Rad wurde für Transportzwecke ebenso wie für die Arbeit des Töpfers erfunden. Zu den architektonischen Techniken zählen Bogen-, Gewölbe-, Kuppelkonstruktionen, Nischen, Säulen, Dekorationstechniken wie Stuck und Einlegearbeiten an Tempelfassaden, die Tempelplattform und die Stufenpyramide (Zikkurat). Gravierte Stempel und Zylinder-*Siegel sind eng mit der langen Tradition der Schrift verbunden.

Literatur: S.N. Kramer: The Sumerians: their history, culture and character, 1963; T. Jacobsen: Treasures of Darkness, 1976; H. Ringgren: Die Religionen des Alten Orients, 1979; CAH 3, 1-2, S. 190-195; ANET 3, 1969, S. 37-39 (Mythen, Epen), 159ff (Gesetze), 265ff (historische Texte), 455ff (Klagen), 589ff (Sprüche), 575 (Hymnen); J.Krecher: Sumerische Literatur, in: Neues Handbuch der Literaturwissenschaft (hrsg. von K. von See), Bd. 1, Altorientalische Literaturen, von W. Röllig, 1978, S. 100-150; HdArch I; S. Lloyd: Die Archäologie Mesopotamiens, 1981. F.R.S./D.J.W.

SÜNDE.

I. IM ALTEN TESTAMENT.

1. Sprachlicher Befund.

Das Hebr. hat eine Reihe von Wörtern, die im Dt. mit S. bzw. sündigen wiedergegeben werden. Die wichtigsten Wurzeln sind neben vielen andern folgende:

a. *chātha'* und seine Ableitungen deuten eine Bewegung in der falschen Richtung bzw. die »Verfehlung« des richtigen Zieles an.

b. *pāscha'* als Tätigkeitswort und das zugehörige Hauptwort drücken »Auflehnung« aus.

c. Hebr. *'āwah* heißt zuerst »krümmen«. Das davon abgeleitete Hauptwort *'awōn* nimmt den Gedanken der »Schuld« mit in den Begriff der S. hinein.

d. *schagah* und das Hauptwort *schegagah* drücken das im menschlichen Sein begründete Irren, das »Abirren« aus.

Die hebr. Begriffe werden auch im profanen Bereich verwendet, wobei auch hier wichtige Züge der S. deutlich werden.

S. ist im AT kein abstrakter Begriff, sondern eine sich im Leben der Menschen zeigende Verhaltensweise. Mag darum auch die Erscheinungsart der S. verschieden sein – als Verfehlung des von Gott gesteckten Zieles, als Auflehnung gegen Gott, als schuldhafter Ungehorsam oder auch als menschlicher Irrtum – in ihrem Kern und Wesen bedeutet S. immer: »An dir allein habe ich gesündigt« (Ps 51,6). Zu den hebr. Wörtern muß also die Beziehung zu Gott treten, um das menschliche Handeln zur S. und den Menschen zum Sünder zu machen. An der Vielfalt der hebr. Wörter wird aber auch deutlich, daß die S. in ihrer ganzen Breite begrifflich nicht zu fassen ist, sondern uns immer nur im Teil sichtbar wird.

2. Die Erscheinungsweisen der Sünde.

S. wird auf vielfältige Weise deutlich und kann praktisch in allen Bereichen des Lebens erscheinen.

a. Weithin ist S. im AT auf das gottesdienstlich-kultische Leben bezogen. Denn in diesem Bereich vor allem lebte Israel mit seinem Gott. So regelten die kultischen Gebote den Umgang und die Begegnung mit Gott (2Mo 20,1-11 ist Ausgangspunkt und Grundlage der vielfältigen kultischen Gebote; vgl. dazu vor allem 3Mo).

Nichtbeachtung und Übertretung kultischer Gebote sind, auch wenn sie unabsichtlich und unbewußt geschehen, S. (1Sam 2,17; 6,19; 2Mo 30,38; 3Mo 7,25; 1Sam 14,24-45). Hierher gehört auch die Beachtung der Reinheitsvorschriften, wobei es Aufgabe der Priester ist, dem Unsicheren und Unwissenden Klarheit zu geben über *Rein und Unrein (vgl. Hag 2,11-14).

b. Aber Gott ist auch im AT Herr des ganzen Lebens in seinem Volk. Darum regelt er das Verhalten in allen Lebensbereichen (vgl. vor allem 2Mo 20,12ff). Damit wird die Beziehung der Menschen untereinander in Beziehung zu Gott gesetzt, und aus der Verfehlung im rein menschlichen Bereich wird Verstoß gegen die göttliche Ordnung. Es ist gerade die Aufgabe der Propheten, immer wieder auf die ganze Weite des göttlichen Gebotes hinzuweisen und S. im mitmenschlichen Bereich als Ungehorsam und Schuld gegen Gott anzuprangern (Am 5,21-24; 2Sam 12,7-12).

c. An den verschiedenen Erscheinungsformen der S. wird deutlich, daß sie, weil das ganze Leben in Beziehung zu Gott steht, immer Abfall von Gott bedeutet. Wer S. tut, lebt gott-los; der Sünder ist ein Gott-loser.

3. Das Wesen der Sünde.

1Mo 3 will keine Auskunft über die Herkunft des Bösen geben. Darüber schweigt die Bibel insgesamt. Aber am Bericht vom Sündenfall wird das Wesen der S. offenbar. Ohne Zweifel geht es beim Sündenfall um mehr als um den ersten Ungehorsam gegen Gott. Der verbotene Baum im *Paradies ist gleichsam die Grenzmarke, die den Menschen in aller seiner ihm von Gott verliehenen Hoheit an seine Geschöpflichkeit erinnert.

Der Sündenfall zeigt das Bestreben des Menschen wie Gott zu sein und den damit verbundenen Verlust der Unschuld, die sich kindlich an den Vater und Schöpfer klammert. Sie wird durch die eigenmächtige Erkenntnis von Gut und Böse ersetzt. Im Sündenfall revoltiert das Ich und greift nach einer angeblich vorenthaltenen Freiheit. Darin zeigt sich das Wesen der S.: In ihr wendet sich der Mensch von Gott ab, sowohl im Blick auf die Furcht wie auf das Vertrauen Gott gegenüber, und er erhebt sein Ich auf den Thron.

Der Sündenfall ist das entscheidende Ereignis nach der Schöpfung. Durch ihn verliert die Menschheit die Lebensberechtigung im Paradies, die Gemeinschaft mit Gott. Hier wird über die ganze Menschheit entschieden (Röm 5,12ff). Jede einzelne S. hat hier ihren Ursprung und ihr Vorbild, bekommt aber auch von hier aus ihre volle und furchtbare Bedeutung. Zugleich ist auch der Mensch als Sünder bloßgestellt. Er ist es, der die S. will, weil er sich gegen Gott empört. Und weil er die S. und die Empörung will, ist er auch schuldig.

In diesem selbstverschuldeten Zustand der S. lebt er als sein eigener Gefangener, der die S. nicht überwinden kann, sondern ihr untertan ist. Denn »wer Sünde tut, der ist der Sünde Knecht« (Joh 8,34). Für dieses Gefangensein hat das theologische Denken seit Augustin den Begriff der »Ursünde« oder (mißverständlicher und vielfach mit falschen Vorstellungen belastet) »Erbsünde« geprägt.

4. Sünde und Schuld.

Die Bibel gibt keine vollständige Erklärung der S. Sie weiß wohl von einer dritten Macht außer Gott und dem Menschen: dem *Satan oder Teufel oder der »Macht der Finsternis« (Kol 1,13). Aber sie läßt es damit genug sein, unmißverständlich die Existenz und das Wirken dieser Macht zu bezeugen, ohne über das Böse zu grübeln (vgl. 1Kor 13,5; griech. *ou logizetai*), und spricht nie so davon, daß der Mensch aus der Verantwortung für seine S. herausgenommen würde. S. ist immer Schuld. Hier kennt das AT keinen Unterschied (die Wurzel *ascham* drückt im Hebr. insbes. die auf dem Menschen lastende Schuld aus; vgl. ferner *awon*, s.o. I.1.c.). Schuld ist immer mit Unreinheit gleichzusetzen. Dabei hat die Unterscheidung zwischen versehentlicher (3Mo 4,13.22) und willentlicher (4Mo 15,30) Übertretung nur eine graduelle Bedeutung. Auch der Hinweis auf die Geburt des Menschen in Schwäche (Hiob 15,14; 25,4; Ps 51,7; 143,2) ist keine Entschuldigung. S. bringt den Menschen in Gottes Schuld und verlangt Genugtuung. Dazu hat Gott im AT den ganzen Reichtum des Opferdienstes (*Opfer) gegeben.

Vom NT her gesehen ist dies nur ein vorläufiger Ausweg aus dem Gericht, das der S. droht. Aber hier wird die S. noch einmal bes. deutlich als eine menschliche Verhaltensweise, die den Menschen in die Frontstellung gegen Gott setzt, und in der der Mensch seine Aufgabe, als Gottes Geschöpf zu leben, verfehlt. Diese Verfehlung ist immer zugleich Schuld, d.h. Verpflichtung. Damit aber ist der Mensch auch als Sünder nicht von Gott entlassen.

Das AT weiß nur einen vorläufigen Ausweg aus der S., aber es weist schon auf die endgültige Lösung hin, gleichsam mit einer hoffnungsvollen Frage (Jes 53).

II. IM NEUEN TESTAMENT.

Das AT deckt zwar die Not der S. und des Sünders in ihrer ganzen Tiefe auf, aber das NT allein weiß um die Überwindung der S. in Jesus Christus.

1. Sprachlicher Befund.

Auch das NT kennt wie das AT mehrere Wörter für S.

a. Griech. *hamartanō* bzw. *hamartia* bedeutet »nicht treffen«, »verfehlen« bzw. »Verfehlung«. *Hamartia* wird im NT am häufigsten gebraucht und bedeutet nicht nur die Verfehlung gegen Gott, sondern betont zugleich die Schuld. Dabei können die sündigen Taten (z.B. Apg 2,38; 3,19; Hebr 1,3; 2,17), die sündhafte Wesensbestimmtheit der ganzen Menschheit (Joh 9,41; 1Joh 1,8) und die personhafte Macht der S. (Röm 5,12; Gal 3,22; überhaupt Röm 5-7) gemeint sein.

b. Selten kommt das Wort *hamartäma* vor, das lediglich die sündige Tat bezeichnet. *Parakoä* meint Ungehorsam, *anomia* Gesetzlosigkeit. Damit ist im wesentlichen der Sprachgebrauch erfaßt.

2. Jesus als Überwinder der Sünde.

a. Es ist auffallend, wie wenig die Evv. (ausgenommen Joh) den Begriff S. erwähnen. Jesus verkündigt keine systematische Lehre von der S. Sie ist für ihn eine Wirklichkeit des Menschen. Das ist die selbstverständliche Voraussetzung seiner Predigt und Wirksamkeit. Sein Dienst ist Überwindung der S. und Rettung aus ihr (Mt 9,13; vgl. *Erlösung, *Vergebung, *Opfer).

An Jesus und seiner Verkündigung werden sich Menschen ihrer Sündhaftigkeit bewußt (Lk 5,8). Denn Jesus proklamiert Gottes Herrschaft (Mk 1,15). Aber es geschieht mehr als nur das Aufdecken der Sündhaftigkeit. In Jesus streckt Gott seine Hand aus, die den Sünder heimholt zu ihm (Lk 5,10; 7,37ff; 19,1ff). Jesus überwindet die S., indem er sie im Auftrag Gottes vergibt (Mt 9,2). Dazu ist er bevollmächtigt, weil er die S. der Welt trägt (Joh 1,29.36; 1Joh 1,7; 2,2). Damit schenkt er dem Menschen wahre Freiheit (Joh 8,34.36). Durch sein Werk scheidet Jesus die Menschheit, weil er zur Entscheidung ruft (Joh 15,22-24; 9,41). Wer ihn ablehnt, empfängt den Tod (Joh 8,24); wer ihm seine S. bekennt, empfängt Vergebung (1Joh 1,9).

b. Das Gleichnis vom verlorenen Sohn (Lk 15,11ff) macht Jesu Wirken gegen die S. am deutlichsten. S. ist Abwendung vom Vaterhaus und Irren in der Fremde. Jesu Kommen aber bringt Erkenntnis der S. und ruft zur *Buße. Um Jesu willen darf der Sünder umkehren (vgl. *Bekehrung) und findet Gott als den, der auf ihn wartet und ihn in Liebe aufnimmt. Lk 15,21 zeigt dabei die ganze Tiefe der S.: Verschuldung gegen Menschen und Gott.

c. Jesus ist die einzige Möglichkeit, die S. zu überwinden. Wer Jesus trotz aller Erkenntnis als Überwinder seiner S. ablehnt, bleibt in der S. (Joh 8,21.24; 9,39-41; 15,22-25). Damit wird der ganze Ernst der Lage angezeigt (vgl. *Verdammnis).

3. Die Sünde als überwundene Macht.

Am ausführlichsten ist in den Paulusbriefen die Rede von der S. Auch hier geschieht es allein dazu, den Ort zu bestimmen, an dem die Gnade Gottes und die Erlösung Jesu Christi den Menschen trifft; es wird also keine Sündenlehre entwickelt.

a. Die Erkenntnis der S. hat auch bei Paulus ihren Grund in der Begegnung mit dem erhöhten Jesus Christus (1Kor 15,9; 1Tim 1,15), der ihm vor Damaskus zeigte, daß die Verfolgung der Gemeinde Jesu nichts anderes ist als letzte Konsequenz seiner unbewußten abgrundtiefen Gottesfeindschaft. Als Sünder ist er Feind Gottes, Jesus aber überwindet ihn und seine S. Jetzt erst besteht für Paulus die Möglichkeit, das Wesen der S. zu erfassen.

b. Die S. kam durch *Adam in die Welt (Röm 5,12ff) und gewann hier ihren Einbruch in die Menschheit. Sie ist eine Macht, die außerhalb des Menschen liegt, und der Teufel geht als Versucher um (Mt 4,1-11; 13,28; Offb 12,9). Aber das entschuldigt den Sünder nicht; er selber hat der Versuchung nicht widerstanden (vgl. Hebr 4,15), sondern nachgegeben (Röm 5, 12c), und nun wohnt die S. in ihm (Mt 15,19; Mk 7,21; Jak 1,14).

c. S. bringt den *Tod mit sich (Röm 6,23). Am Tod erkennt man die Sündenverfallenheit der Menschheit (1Kor 15,56). Damit ist die S. mehr als nur eine menschliche Verhaltensweise, die sich in einzelnen Taten erweist, sondern schlechthin Zustand der Menschheit. Die Menschen sind »unter der Sünde«. Dabei wird immer über die Sünden als Einzeltaten auf die S. als Zustand und Wesen des Menschen geblickt, deren Früchte die einzelnen Sünden sind.

d. Die S. wird zur S. gemacht durch das *Gesetz (Röm 5,13; 7,8; Gal 3,19). Es ist Gottes Werkzeug, um die S. bloßzustellen als das, was sie ist. Am Gesetz offenbart sich der Mensch in seiner Auflehnung und sündhaften Selbstbehauptung gegen Gott (Röm 1,21). Das ist die S. Adams. Am Gesetz wird aber auch die gleichsam dämonische Macht der S. deutlich. In seinem »fleischlichen« Sein (s. *Fleisch) ist der Mensch als Sklave unter die S. verkauft, sie beherrscht ihn (Röm 7,14).

e. Aber Paulus weiß bei alledem von der S. nur als überwundener Macht, weil er von der Sendung Jesu weiß (Röm 8,3). Durch Jesu Tod wird die S. vernichtet, weil Gott ihn, den Sündlosen, zur S. gemacht hat (2Kor 5,21). Was Jesus am Kreuz erleidet, erleidet er für die Sünder, »für uns« (2Kor 5,21; 1Kor 15,3; Gal 1,4). So bringt er die entscheidende Wende für die Menschheit, weil in ihm die Gnade zur Herrschaft gelangt (Röm 5,21).

Der *Hebräerbrief drückt das so aus, daß er Jesus als den ewigen sündlosen Hohenpriester bezeichnet, der sich selbst für die Sünden ein für allemal geopfert hat (Hebr 2,17; 4, 14.15; 7,24-26; 9,11-15). Damit bricht die Freiheit für den Menschen an, der unter der S. ist. Im Glauben an Jesus wird er hineingenommen in seinen Tod und stirbt der S. (Röm 6,2). Nun hat die S. kein Recht mehr auf ihn (Röm 6,13.18.19), der Mensch im Glauben lebt Gott und Jesus.

f. Das Leben im Glauben ist spannungsvoll.

Denn Befreiung von der Herrschaft der S. in dieser Leiblichkeit heißt nicht Sündlosigkeit. Der Glaubende ist noch nicht zur Vollendung gelangt (Röm 8,10), sondern er wartet darauf (Röm 8,18), daß die S. und ihre Auswirkungen mit der *Wiederkunft Jesu endgültig vernichtet werden (Röm 8,11; 1Kor 15,26). Bis dahin steht sein Leben unter der immer wieder notwendigen, aber auch möglichen Reinigung durch das Blut Jesu (1Joh 1,7-10; 3,3).

Literatur: G. Quell, G. Bertram, G. Stählin, W. Grundmann: ThWNT I, 1933, 267ff; G. Schrenk: ibid., 150ff; F. Büchsel: ThWNT II, 1935, 470ff; ders.: ThWNT III, 1938, 167ff; G. Bornkamm, Sünde, Gesetz und Tod, Jahrbuch der Theologischen Schule Bethel NF 2, 1950, 26ff; A. Kirchgässner: Erlösung und Sünde im NT, 1950; A. Köberle: Das Schuldproblem in theologischer und tiefenpsychologischer Sicht, in: W. Bitter (Hrsg.): Psychotherapie und Seelsorge, 1952, 154ff; K. Koch et. al.: RGG^{3} VI, 476ff; R. Bultmann: Theologie des NT, (1953) ^{6}1968, §23-25; W. Heidland, ThWNT V, 1954, 449ff; J. Schneider: ibid. 733ff; R. Schneider: Der Mensch vor dem Gericht der Geschichte, 1946; E. Schweizer: Schuld und Tod in biblischer Sicht, ZW 27, 1956, 728ff; ders.: Die Sünde in den Gliedern, in: Abraham, unser Vater. FS O. Michel, 1963, 437ff; G. Fitzer: Die Sünde wider den Heiligen Geist, ThZ 13, 1957, 161ff; G. von Rad: Theologie des AT I, ^{5}1966, 261ff; Chr. Kimmich: BBW, 334-337; W. Michaelis: ThWNT VI, 1959, 161ff; H. Vogel: Die Sünde im biblischen Verständnis, EvTH 19, 1959, 439ff; H. Dombois (Hrsg.): Die weltliche Strafe in der evangelischen Theologie, 1959; G. Bally: Schuld und Existenz, WzM 9, 1960, 305ff; M. Buber: Schuld und Schuldgefühle, in: A. Sborowitz (Hrsg.): Der leidende Mensch, 1960, 106ff; G. Mensching, Th. C. Vriezen, E. Lohse, K. Stendahl, E. Kinder, W. Joest, K.E. Logstrup, K. Engisch, W. Rott: RGG^{3} VI, 476ff; K. Koch, L. Goppelt, P. Jacobs: EKL^{2} III, 1962, 1217ff; J. Becker: Das Heil Gottes. Heils- und Sündenbegriffe in den Qumrantexten und im NT, 1964; H. Harsch: Das Schuldproblem in Theologie und Tiefenpsychologie, 1964; H. Thielicke: Theologische Ethik III, 1964, 380ff (Schuld, Strafe, Sühne); R. Knierim: Die Hauptbegriffe für Sünde im Alten Testament, 1965; W. Jetter: Theologie für Nichttheologen IV, 1965, 31; G. Condrau: Angst und Schuld im menschlichen Dasein, WzM 3, 1966, 65ff; H. Dee: Vergebung der Sünden, EvTh 26, 1966, 540ff; K. Koch: Sühne und Sündenvergebung um die Wende von der exilischen zur nachexilischen Zeit, ibid. 1966, 217ff; E. Lövestam: Spiritus blasphemia. Eine Studie z. Mk 3,28f par Mt 12,31f; Lk 12,10, Scripta minora Regiae Societatis Jumaniorum Litterarum Lundensis 1966/67, 1ff; H. Lindinger: Die Erfahrung von Schuld und Tod beim heutigen Menschen, WzM 4, 1967, 121ff; P. Tournier: Echtes und falsches Schuldgefühl, 1967; H. Thyen: Studien zur Sündenvergebung im NT., FRLANT 96, 1970; C. van Leeuwen: THAT II, ^{2}1979, 813-818; F. Thiele, H.-G. Link, H. Chr. Hahn: TBLNT II, ^{4}1986, 1092-1100; W. Günther, W. Bauder: ibid., 1192-1204; J.B. Hygen: TRE VII, 1981, 8-17; J.M. Lochmann: EKL^{3}, 1985, 533-536; H. Häring: WCh, 165-168.

SÜNDENFALL s. Abfall/Apostasie; s. Sünde

SÜNDOPFER s. Opfer

SUSA. Die Stadt, deren Ruinen in der Nähe des Flußes Karun (*Ulai) in SW-Persien liegen, war fast ohne Unterbrechung von alters her besiedelt, bis sie von den Seleukiden verlassen wurde. In S. befand sich die Hauptstadt von *Elam; königliche Inschriften aus dem 2. Jt.v.Chr. wurden entdeckt. S. behielt seine Bedeutung und Unabhängigkeit unter den Kassiten (ab 17. Jh.v.Chr.) bei, bis es ca. 645-640 v.Chr. von *Assurbanipal von *Assyrien zerstört wurde, der (nach Angaben der Sama-

Emaillierte Ziegel an einem Treppenaufgang im Palast Artaxerxes' II. (404–358 v.Chr.) in Susa. (MC)

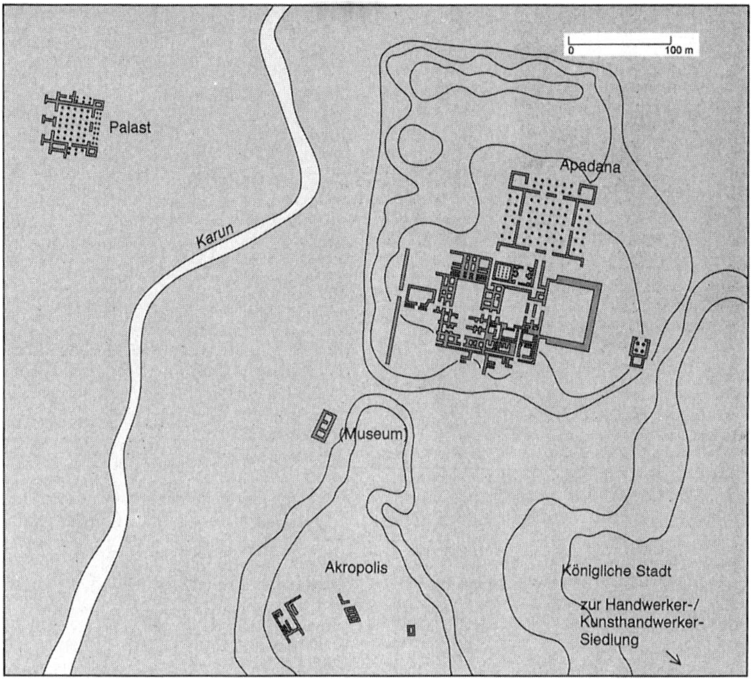

Die Ortslage von Susa, Iran.

ritaner) Leute aus S. und Elam nach Samaria deportieren ließ (Esr 4,9f). In der achämenidischen Periode (ca. 550-330 v.Chr.) blühte S. als eine der drei königlichen Städte (Dan 8,2; Neh 1,1). *Darius I. (522-486 v.Chr.) baute hier seinen Palast; eine auf altpers., babylon. und elamitisch abgefaßte Inschrift berichtet, daß Darius für dieses Projekt ausländische, u.a. griech., Arbeiter herangezogen hat. *Artaxerxes I. (Longimanus) (465-424 v.Chr.) und Artaxerxes II. (Mnenon) (404-359 v.Chr.) von Persien ließen den Palast wieder aufbauen, der zusammen mit der Säulenhalle (Apadana) zu den hervorragenden Zeugnissen pers. Architektur des 5. Jh.v.Chr. zählt. Dieser Palast spielt eine besondere Rolle im Buch *Ester (1,2.5; 2,3; 3,15 u.ö.; *Ahasveros). S. ist heute einer der ergiebigsten Ausgrabungsorte im Iran.

Literatur: R. Ghirshman: Iran, 1963; W. Hinz: Das Reich Elam, 1964; E.M. Yamauchi: Near East Archaeological Society Bulletin 8, 1976, S. 5-14; HdArch I. D.J.W.

SYCHAR/JAKOBSBRUNNEN.

Etwa 500m ostsüdöstl. der Ruinenstätte des atl. *Sichem (Tell el-Balata) und nahe der arab. Stadt Nablus liegt ein ca. 35m tiefer Schachtbrunnen, der nach dem Patriarchen *Jakob arab. Bir Ja'qub genannt wird. Die Anlage eines Brunnens an dieser Stelle scheint insofern erstaunlich, als die Umgebung reich an Quellen ist. Als Jakob in dieser Gegend Land kaufte (1Mo 33,18-20), mögen die Wasserrechte schon vergeben gewesen sein, so daß er einen eigenen Brunnen graben lassen mußte (Murphy-O'Connor, 255). Jedenfalls führte die samaritan. Tradition den Brunnen auf Jakob zurück (Joh 4,12). Die Wasserstelle wird in Joh 4,5 zwar volkstümlich »Quelle« (griech. *pēgē*) genannt, aber in Joh 4,11 steht dann das griech. Wort *phrear,* das einen künstlichen Brunnen meint. Tatsächlich handelt es sich um einen von Grundwasser gespeisten Brunnen. Seine große Tiefe war dem Evangelisten bekannt (Joh 4,11), der sich auch sonst als ortskundig erweist. Der Brunnen lag am Kreuzungspunkt zweier wichtiger Wege,

Blick von der Kirche über dem Jakobsbrunnen nach Norden zum Ebal, an dessen Fuß Sychar lag. (RR)

der eine führte durch den Engpaß von Sichem vom Mittelmeer zum Jordangraben, der andere als die kürzeste Verbindung zwischen *Jerusalem und *Galiläa (vgl. Joh 4,3f) über den Kamm des Gebirges von *Samaria. Es ist deshalb nicht erstaunlich, daß Jesus an dieser Stelle rastete (Joh 4,6). Bei der Lokalisierung des Brunnens gab es keinerlei Schwanken der Überlieferung. Schon der Pilger von Bordeaux (333 n.Chr.) stieß hier auf eine Taufkapelle und spätestens seit 380 n.Chr. existierte eine Kirche (ELS 219f), über deren Geschichte wir nur wenig wissen (F.M. Abel, RB 42, 1933, 391-397). Die Kreuzfahrer fanden nur Ruinen vor und erbauten im 12. Jh. eine dreischiffige Kirche, die bald verfiel. Pläne der griech.-orthodoxen Besitzer, diese wieder aufzubauen, kamen über einen Versuch vor dem ersten Weltkrieg nicht hinaus. Leider existieren aus dieser Zeit keine Grabungsberichte, sondern nur nachträgliche Untersuchungen (L.H. Vincent, RB 65, 1958, 547-567; Schenke, 170-174). In der neu errichteten Krypta befindet sich die Öffnung des Brunnens. Vielleicht trägt ein am Eingang des Grundstücks ausgestellter vorkonstantinischer Sarkophag judenchristl. Symbole (B. Bagatti, SBFLA 16, 1966, 139f). Einen Hinweis auf eine samaritan.-christl. Gemeinde hat man auch in einer samaritan. Inschrift gefunden, die in der Kreuzfahrerkirche verbaut war (Bagatti, Samaria, 47).

Der J. lag »nahe bei dem Feld, das Jakob seinem Sohn *Josef gab« (Joh 4,5). Gemeint ist ein Landstück, das Jakob (anders Apg 7,16) in der Nähe von Sichem von den Söhnen *Hamors kaufte (1Mo 33,18-20) und auf dem er bestattet wurde (Jos 24,32). Vermutlich ist es mit dem »Landrücken« (*schekem*) identisch, den Jakob dem Josef schenkte (1Mo 48,22), und vielleicht auch mit dem Ort, wo zur Zeit *Abrahams die »Eiche *More (Terebinthe des Wahrsagers?)« stand (1Mo 12,6f, vgl. 35,4). Nach einer samaritan. Tradition (J. Jeremias, Heiligengräber, 1958, 36–38), die hinter Apg 7,16 steht, waren auch die übrigen Jakobssöhne in Sichem begraben. Nicht weiter als 500m nördl. vom J. wird heute ein Josefs-Grab gezeigt. Die Grabüberlieferung ist keine späte christl. oder moslemische Schöpfung, sondern geht auf die Samaritaner zurück, in deren Hand sich der Ort bis zum 4. Jh.n.Chr. befand (Jeremias, 32f). 415 wurde das Grab auf kaiserlichen Befehl geöffnet und Gebeine, die man für die des Patriarchen hielt, nach Konstantinopel überführt. Von der damals errichteten Kirche sind wegen fehlender Ausgrabungen bisher keine Mauereste bekannt, aber die Angaben der frühen Pilgerberichte (Jeremias, 35) weisen auf die Umgebung des heutigen Orts. In seiner Nähe fanden sich auch Säulenstücke (Jeremias, 36), eine kleine Probegrabung blieb dagegen erfolglos (R.J. Bull et al., BASOR 180, 1965, 7-9). Das Heiligtum stammt in seiner gegenwärtigen Form zwar erst aus moslemischer Zeit, aber der schief zu den Wänden stehende Kenotaph (leerer Sarg) bezeugt eine ältere Ortsüberlieferung (Hölscher, 99). Leichte Verschiebungen der Lokaltradition sind allerdings nicht auszuschließen (Schenke, 174-181). Wenn die *Stephanus-Rede, die wohl charakteristisch für die Gruppe der *Hellenisten ist, ein Grab der übrigen elf Jakobssöhne in Sichem (Apg 7,15f) erwähnt, obwohl die frühjüd. Tradition deren Bestattung nach *Hebron verlegte, so handelt es sich auch hier um samaritan. Überlieferung (Jeremias, 36-38). Sie deutete außerdem 1Mo 33,18 (Jakob kam »wohlbehalten [hebr. *schālēm*] nach der Stadt Sichem«) so, daß *Salem (1Mo 14,18) bei Sichem gelegen habe.

Die Gesprächspartnerin Jesu wird »eine Frau aus *Samaria« genannt (Joh 4,7). Damit ist nicht etwa ihre Herkunft aus der 12km entfernten alten Hauptstadt des Nordreichs gemeint, die seit ihrer Umbenennung durch *Herodes den Großen nach Kaiser *Augustus fast allg. nur noch Sebaste heißt (B. Schwank, EA 57, 1981, 430), sondern die Zugehörigkeit zur samaritan. Religionsgemeinschaft (vgl. Joh 4,9). Als Heimatort der Frau wird S. vorausgesetzt (vgl. Joh 4,5.8.28). Hieronymus hat S. für eine Textverderbnis des Namens Sichem gehalten und den Ort fälschlich mit dem erst 72 n.Chr. von Kaiser Vespasian gegründeten Neapolis (daher arab. Nablus) gleichgesetzt (Brief 108,16). Gelegentlich wird diese Textänderung noch akzeptiert, aber eine kleine ntl. Siedlung im Bereich des arab. Dorfs Balata (Biggs, 675) oder auf den Ruinen des seit ca. 110 v.Chr. (vgl. Jos.ant.Jud. XIII, 255f) zerstörten hellen.-samaritan. Sichem (Tell el-Balata) angenommen (G.E. Wright, Shekem,

Der Jakobsbrunnen bei Sychar in der Nähe der heutigen Stadt Nablus. (MEPhA)

1965, 243f). Doch bis auf die altsyr. Übersetzung und eine späte griech. Handschrift ist der Name S. einhellig überliefert und deshalb als ursprünglich anzusehen (K. Elliger, BHH III, 1966, 1896). Die Pilgerberichte vor Hieronymus unterscheiden S. noch von Sichem (ELS 219f), und die Beschreibung des Epiphanius von Salamis (PG 43, 353) weist auf den Fuß des Berges *Ebal hin (Kopp, 203-205). Der Name des ca. 1,5km nordöstl. vom J. gelegenen, also wirklich nicht weit (Joh 4,5) entfernten Dorfs Askar bewahrt in arabisierter Form (C.R. Conder, PEFQS 1876, 197; G.A. Smith, Historical Geography of the Holy Land, o.J., 370f) den Ortsnamen, der in samaritan. Quellen als Jiskar erscheint (Delcor, 44-46). Nach Oberflächenuntersuchungen war der Ort in ntl. Zeit bewohnt, ja kann sogar das damalige Zentrum der Samaritaner gewesen sein (Schenke, 164-166. 181-184). Mit der Nennung von S. weist das *Johannes-Evangelium auf die Verhältnisse vor 72 n.Chr. In S. gibt es eine starke Quelle, die vielleicht auch im Talmud erwähnt wird (Bill. II, 431f). Wenn die Samaritanerin in der heißen Mittagszeit (6. Stunde = 12 Uhr) zum weiter entfernten J. kam (Joh 4,6f), deutet das entweder auf ihre problematische Stellung in der Gemeinschaft (vgl. Joh 4,17f) hin oder auf den Gang zu einem samaritan. heiligen Bezirk (Schenke, 166-169). Vielleicht schrieb man dem Wasser eine besondere Wirkung zu (Dalman, 228).

Bei dem von der Samaritanerin erwähnten »Berg, auf dem (und nicht in *Jerusalem) die Väter angebetet haben« (Joh 4,20), kann es sich nur um den *Garizim handeln. Wenn, wie nach den neuen Ausgrabungen allg. angenommen wird (H.G. Kippenberg, Garizim und Synagoge, 1971, 102-104), der samaritan. Tempel auf dem niedrigeren N-Gipfel Tell er-Ras stand (R.J. Bull, EAEe IV, 1015-1022), dann konnten beide Gesprächspartner seine Reste vom J. aus sehen (R.J. Bull, BA 38, 1975, 54-59; NTS 23, 1977, 460-462). Auch neueste Grabungen auf dem Hauptgipfel im Gelände der byzantin. Kirche aus dem 5. Jh. haben dort keine Reste eines Tempels freigelegt (MB 58, 1989, S. 55). Eines der Schatzverstecke der Kupferrolle von *Qumran (3Q15 12,4f) befand sich auf dem Garizim (B. Pixner, RQ 11, 1983, 357). Das unterstützt die Ansicht jener Forscher, die eine Beziehung zwischen samaritan. und essenischen Gruppen annehmen (O. Cullmann, Der johanneische Kreis, 1975). Es ist auch auffällig, daß der Ortsname S. (als *sakir*) nicht nur in der rabbin. Literatur (Kopp, 205), sondern auch in so essenernahen Schriften wie dem Jubiläen-Buch (Jub 34,7) und dem Testament Judas (TestJud 6,3) erscheint (S. Klein, ZDPV 57, 1934, 13). Der Fund eines samaritan. Mausoleums mit griech. Inschriften aus dem 2./3. Jh.n.Chr. (E. Damati, IEJ 22, 1972, 174; Z. Yeivin, RB 81, 1974, 97f) in S. weist auf die Hellenisierung der Einwohner hin (Kroll, 195f). Die ausführliche Schilderung des Gesprächs über samaritan. und jüd. *Messias-Erwartung (Joh 4,19-25) sowie die Betonung des vorösterlichen Missionserfolgs Jesu in diesem Gebiet (Joh 4,39-42) lassen vermuten, daß zu den Lesern des *Johannes-Evangeliums auch solche aus dem samaritan. Einflußbereich gehörten.

Literatur: F.M. Abel: RB 42 (1933) 384-492; ders.: Géographie de la Palestine, [3]1967, I 447f, II 472f; B. Bagatti: SBFLA 16 (1965/66) 127-164; ders.: Antichi villaggi cristiani di Samaria, 1979, 45-56; D.W. Biggs: ISBE IV, 1988, 674f; G. Dalman: Orte und Wege Jesu, [4]1967, 226-230; M. Delcor: ZDPV 78 (1962) 34-48; E. Gorys: Das Heilige Land, [4]1985, 257-260; M. Hengel: ZDPV 99 (1983) 180f; G. Hölscher: ZDPV 33 (1910) 98-106; C. Kopp: Die heiligen Stätten der Evangelien, [2]1964, 196-211; J. Jeremias: Heiligengräber in Jesu Umwelt, 1958, 31-38; G. Kroll, Auf den Spuren Jesu, [10]1988, 193-200; W.H. Mare: NIDBA, 1983, 430f; J. Murphy-O'Connor: Das Heilige Land, 1981, 255f; H.M. Schenke: ZDPV 84 (1968) 159-186. R.R.

SYENE.

1. Hebr. *sīnīm*. Ein fernes Land, aus dem das Volk zurückkehren wird (Jes 49,12 LÜ: »Sinim«, RevEB: »Sewinim«), zusammen mit

dem N und W genannt, daher also entweder weit im S oder O gelegen (LXX: »Land der Perser«). Gelehrte haben nach einer Verbindung mit dem klass. Sinae (China) gesucht, aber es ist unwahrscheinlich, daß Juden sich zu jener Zeit in einem so fernen Land niedergelassen hatten. Daher wurde Sin (Pelusium, Hes 30,15) oder die Wüste Sin zwischen Sinai und Elim (2Mo 16,1) vorgeschlagen. Am wahrscheinlichsten ist die Lokalisierung von S. (Hes 29,10; 30,6) an der S-Grenze Ägyptens, wo das ägypt. *swn*, »Markt«, koptisch *Suan*, das heutige Aswān/Assuan liegt am W-Ufer des Nils, unterhalb des 1. Katarakts, gegenüber der Insel Elephantine. Eine jüd. Gemeinde, die dort im 5. Jh. v.Chr. lebte, hat viele aram. Papyri hinterlassen, in denen der Ortsname *swn* geschrieben wird. »Von Migdol nach Syene« bedeutet: von einem Ende Ägyptens bis zum anderen. S. war Ausgangspunkt für Expeditionen nach Nubien (Kusch) und Endstation des Schiffsverkehrs. In der Gegend von S. wurde roter Granit (Syenit) abgebaut.

2. Die Siniter (hebr. *sīnī*) waren ein kanaan. Volk (1Mo 10,17; 1Chr 1,15), das wahrscheinlich in der Nähe von Arqa an der libanesischen Küste ansässig war. In Texten aus *Mari - möglicherweise auch in solchen aus *Ebla – werden sie erwähnt. Der Name hat in Nahr as-Sinn überlebt, ugarit. *syn*, akkad. *sijanu*.

Literatur: E.G. Kraeling: BA 15, 1952, S. 50-68; The Brooklyn Museum Aramaic Papyri, 1953, S. 21.

D.J.W.

SYMBOL. Die ursprüngliche Bedeutung des griech. Wortes *symbolon* (von *syn*, »mit, zusammen« und *ballō*, »setzen, stellen«) ist »Erkennungszeichen«, und zwar zunächst in folgendem Sinn: Zwei Partner brechen vor einem längeren Getrenntsein einen Gegenstand (etwa einen Ring oder Stab) in zwei Teile auseinander, um sich später durch das Zusammenfügen der Teile wiedererkennen zu können. In einem weiteren Sinne bedeutet *symbolon* dann »Kennzeichen« oder »Merkmal« schlechthin. S. ist kein bibl. Wort; zu notieren ist lediglich ein einziger Beleg in einer apokryphen bzw. deutero-kanonischen Schrift, nämlich im griech. geschriebenen Buch der Weisheit (16,6); *symbolon* bezeichnet hier die eherne Schlange, auf welche die Israeliten schauen mußten, um in der Wüste vor den giftigen Schlangen gerettet zu werden (vgl. 4Mo 21,4-9). Trotz des Sachverhalts, daß der Symbolbegriff in der Bibel nicht vorkommt, ist es in hermeneutischer Hinsicht ratsam, diesen Begriff an bibl. Sachverhalte heranzutragen, und zwar in einer Definition des Begriffs, wie sie die allg. Religionswissenschaft erarbeitet hat: ein S. gibt in bildhafter Weise Anteil an einer Wirklichkeit, die dem Wahrnehmungsvermögen entzogen ist; es weist über sich hinaus auf verborgene Tiefenschichten der Wirklichkeit, und nur durch das S. – auf keinem Wege sonst – kann man zu diesen Tiefenschichten einen Zugang gewin-

Symbole assyrischer Gottheiten: Sonne mit Strahlen: Schamasch; Mondsichel: Sin; Sieben Punkte: Sibitti; Keil, Griffel (evtl. auch astronomisches Instrument): Nabu; Spaten: Marduk; Blitz: Adad; Kopfbedeckung mit Horn: Enlil; geflügelte Scheibe: Aschschur. Joasch-Stele, Tell Rimah, Irak, ca. 796 v.Chr. (BSAI)

Zwei christliche Symbole, Kreuz und Fisch, dargestellt auf einem Mosaikfußboden. Kreuze finden sich auf den Broten im Korb. Aus der Kirche in Tabga, Galiläa, 5. Jh. (MEPhA)

nen. Seine Bewährungsprobe als hermeneutisches Hilfsmittel in der Bibelwissenschaft hat der religionswissenschaftliche Symbolbegriff durchlaufen (und bestanden), als man mit seiner Hilfe die sog. prophetischen Symbolhandlungen des AT gedeutet hat; erst durch den Symbolbegriff hat man diese Phänomene richtig verstehen gelernt.

Prophetische Symbolhandlungen sind im AT 32 mal zu finden. Stets geht es bei ihnen darum, daß der Prophet zusätzlich zu seiner Wortverkündigung (oder auch an Stelle der Wortverkündigung) bestimmte Demonstrationen vornimmt. So spielte z.B. Hesekiel (von dem allein zwölf prophetische Symbolhandlungen überliefert sind) mit einem Stein die Belagerung Jerusalems (Hes 4,1-3); ferner verbrannte er sein Haar (5,1ff), legte sich tagelang zunächst auf die eine Seite, dann auf die andere (4,4ff) usw. Verstanden werden müssen solche Handlungen als Erweiterung des Repertoires normaler menschlicher Kommunikation. Der Prophet hat Unerhörtes zu sagen und muß sich dafür neue Ausdrucksmöglichkeiten schaffen; die verbale Sprache allein reicht nicht aus, um die Gottesbotschaft zu vermitteln.

Auch im NT kommen prophetische Symbolhandlungen vor. Gemäß Apg 21,10ff hat sich der Prophet Agabus mit dem Gürtel des Apostels Paulus demonstrativ gefesselt, um das Schicksal darzustellen, das auf Paulus wartete. Vor allem aber ist an die sog. zeichenhaften Handlungen Jesu zu denken, also an solche Taten wie die Tempelreinigung (Mk 11,15-17 par.), die Verfluchung des Feigenbaums (Mk 11,12-14.20-25 par.) und den messianischen Einzug in Jerusalem (Mk 11,1-11 par.). Aber noch vieles mehr im Wirken Jesu ist »symbolisch« zu verstehen, d.h. als Geste aufzufassen, die einen tieferen Sinn in sich birgt. Genannt sei zunächst die Konstituierung des Zwölferkreises (Mk 3,13-19 par.). Beziehen kann sich die Zwölfzahl der Jünger nur auf die zwölf Stämme Israels. Der Zwölferkreis symbolisiert damit das neue Israel, zu dem hin Jesus im Auftrag Gottes die Menschen sammeln will. Die Jüngergemeinde bildet den Kristallisationspunkt des neuen Israel, des gereinigten und geheiligten Gottesvolkes; an diesen Kristallisationspunkt sollen sich immer mehr Menschen, immer weitere Kreise »anlagern«. In gewisser Weise hat das gesamte Wunderwirken Jesu »symbolische« Funktion, d.h. es deutet auf die endgültige Heilswirklichkeit Gottes hin. Jesus predigt nicht nur, sondern er bringt das, was er predigt (nämlich das *Reich Gottes), in seinen Machttaten auch punktuell und zeichenhaft zur Geltung. Damit ist dort, wo Jesus auftritt, das Reich Gottes bereits jetzt angebrochen.
Wie läßt sich über die bisher beschriebenen Sachverhalte hinaus der Symbolbegriff bei der Auslegung des AT und NT weiterhin her-

meneutisch in Anschlag bringen? Einige Andeutungen müssen hier genügen:

Die Frömmigkeit des AT ist über weite Strecken kultischer Art und drückt sich in einer sehr elaborierten Kultsymbolik aus. Nennen kann man in diesem Zusammenhang Kultorte (heilige Stätten, z.B. *Bethel in 1Mo 28,10-22), die *Bundeslade, die *Stiftshütte, gottesdienstliche Rituale, das Opferwesen, den Tempelkult und manches mehr; auch den israelitischen *Festen wie etwa dem *Laubhüttenfest und dem *Passafest wohnt eine tiefsinnige Symbolik inne, die nur mit einer Hermeneutik, die vom religionswissenschaftlichen Symbolbegriff herkommt, adäquat zu erfassen ist. Im NT eignen sich für eine Erschließung durch die Symbol-Hermeneutik insbes. das JohEv. und die *Offenbarung des Johannes. Im JohEv. sind als Phänomene, die einer symbolischen Auslegung bedürfen, zunächst Jesu *sēmeia* (Zeichen) zu nennen (Joh 2,1–12 u.ö.). Sie besitzen für den Evangelisten zwar einerseits eine massive »Materialität«, d.h. er besteht darauf, daß sie in Raum und Zeit erbrachte konkrete Machterweise sind; aber andererseits zeichnen sie sich durch einen tiefsinnigen Symbolgehalt aus: sie dienen als Offenbarungszeichen für die Herrlichkeit des Gottessohnes. - Neben den *sēmeia* gibt es im JohEv. viele weitere Geschehnisse und Bilder, die symbolisch auszulegen sind. So muß z.B. der Brunnen in Joh 4,1-42 (Samariterin-Perikope) als ein S. der Wandlung aufgefaßt werden. Brunnen stehen oft im Zusammenhang mit Wandlung und Wiedergeburt, man denke nur an unsere Märchen, an das in der Brunnentiefe versunkene Mädchen, das sich plötzlich auf einer sonnenbeschienenen Wiese wiederfindet. Indem nun das Gespräch zwischen Jesus und der Samariterin an einem Brunnen stattfindet, scheint angezeigt zu sein, daß es hier zentral um eine Wandlung, um eine Neuwerdung geht. Eine Fülle von S.en taucht in der Offenbarung des Johannes auf: Christus das Lamm (5,6; 6,16; 7,17), die apokalyptischen Reiter (6,1-8), die Sonnenfrau am Himmel (Kap. 12) usw. Das wichtigste S. ist das himmlische Jerusalem (Kap. 21); hier wird noch einmal besonders gut deutlich, was ein S. letztlich ausmacht: Anteil zu geben an einer nicht-sagbaren Wirklichkeit (das faszinierende Bild vom himmlischen Jerusalem weist weit über sich hinaus auf die allem menschlichen Fassungsvermögen entzogene neue Welt Gottes).

Literatur: G. Baudler: Einführung in symbolisch-erzählende Theologie, 1982; G. Benedetti, U. Rauchfleisch (Hrsg.): Welt der Symbole, 1988; C. Deutsch: Transformation of Symbols: The New Jerusalem in Rv 21,1-22,5, in: ZNW 78/987, S. 106-126; E.L. Ehrlich: Die Kultsymbolik im AT und im nachbiblischen Judentum, 1959; P. Tillich: Gesammelte Werke V, 1964, S. 196ff; ders.: Gesammelte Werke VIII, 1970, S. 139ff; M. Trautmann: Zeichenhafte Handlungen Jesu. Ein Beitrag zur Frage nach dem geschichtlichen Jesus (Forschung zur Bibel 37), 1980. W.R.

SYNAGOGE.

1. Name.

Mit griech. *synagōgē* (von *synagō* »versammeln«) wird in der LXX einheitlich hebr. *ʿedāh* übersetzt. Für hebr. *qāhāl*, das ebenfalls in der Regel die »Vollversammlung« des Volkes *Israel meint, steht dagegen sowohl *synagōgē* wie *ekklēsia*. Eine weitergehende Begriffsentwicklung zeigt sich in den atl. *Apokryphen, wo einzelne Versammlungen von Juden als S. bezeichnet werden können (Sir 4,7; Sus 41.52.60; 1Makk 2,42; 7,12; PsSal 10,7; 17,16). Der Hauptgrund, warum das Urchristentum sich weitgehend für *ekklēsia* als Bezeichnung der *Gemeinde und später dann auch als Name für das Kirchengebäude (*Hauskirche) entschied, war wohl der im 1. Jh. schon feste Sprachgebrauch von S. als Versammlungsraum jüd. Gemeinden. In diesem Sinn ist S. bei *Philo (Omn Prob lib 81), im NT und bei *Josephus belegt. Man sollte aber auch zusätzliche Gründe für diese Begriffsentwicklung nicht ausschließen. *Ekklēsia* konnte leichter im Sinn des endzeitlichen Aufgebots (vgl. 1QM 4,10; 1QSa 1,25) verstanden werden (P. Stuhlmacher, Gerechtigkeit Gottes bei Paulus, 1965, 210-217) und so als abgrenzende Bezeichnung gelten (Schrage). Doch konnten auch christl. Versammlungen und Versammlungsorte als S. bezeichnet werden, so im 2. Jh.n.Chr. bei Ignatius von *Antiochia (Pol 4,2; Trall 3) oder in der stark judenchristl. geprägten Gemeinde in *Rom (Hermas, Mandata 11,9. 13f). Eine semit. Bezeichnung für die S. als Versammlungsraum ist uns aus bibl. Zeit nicht bekannt. In der späteren rabbin. Literatur (Schrage, 808f) begegnen hebr. *bejt ha-kenesset* bzw. aram. *kenischtaʾ* (von der Wurzel *kns*, »versammeln«).

In der Diaspora wurde für das S.gebäude ursprünglich die griech. Bezeichnung *proseuchē*, »Gebet[sstätte]«, gebraucht (Schrage, 806-808). Die Vermeidung dieses Ausdrucks in Palästina könnte damit zusammenhängen, daß der Tempel in Jes 56,7 (vgl. Mt 21,13) ein »Haus des Gebets« (LXX: *oikos proseuchēs*) genannt wird und man den Namen anderer Versammlungsstätten davon sprachlich unterscheiden wollte. Der palästin. Sprachgebrauch verbreitete sich dann auch in die Diaspora, wie vor allem Inschriften aus der Kyrenaika zeigen (M. Hengel, in: FS. K.G. Kuhn, 1971, 182).

Rekonstruktion der Synagoge von Meiron (Meron), Israel (3.–4. Jh. n. Chr.), mit den Galerien und der Gesetzeslade (Tora-Schrein).

Die *Essener nannten ihre Versammlungsräume (H. Kosmala, Hebräer – Essener – Christen, 1959, 351-363) vielleicht hebr. *bejt mo'ed*, »Versammlungshaus« (1QM 3,4) oder *bejt ha-tōrāh*, »Torahaus« (CD 20, 10.13). Da die S. in der Regel mit einem Unterrichtsbetrieb verbunden war, wurde sie später im Jiddischen »Schul« genannt. Die alte LÜ gebraucht für S. ebenfalls das Wort »Schule«.

Literatur: H. Frankemölle: EWNT III, 1983, 702-706; S. Krauss: Synagogale Altertümer, [2]1966, 2-102; L. Rost: Die Vorstufen von Kirche und Synagoge im Alten Testament, 1938; W. Schrage: ThWNT VI, 1964, 800-810.

2. Entstehung und Verbreitung.

Schon in ntl. Zeit wurde die S. als Einrichtung des *Mose betrachtet (Philo, VitMos II, 216; Apg 15,21; Jos.c.Ap. II, 195), was dann auch die Rabbinen voraussetzen (Bill. IV/1 115f), die Lehrhäuser sogar schon zur Zeit *Abrahmas annahmen. Hier zeigt sich, daß man bes. die Angaben der rabbin. Literatur nicht einfach unkritisch übernehmen darf. Das gilt generell für ihre Aussagen über die synagogalen Verhältnisse vor der Tempelzerstörung (Bill. IV/1 115-152). Allerdings sollte man sich auch vor einer totalen Skepsis hüten. Zu den wichtigsten Quellen über die S. der Zeit vor 70 n.Chr. gehört neben Josephus und dem archäologischen Material das NT selbst.

Bei der Frage nach der Entstehung der S. muß man zwei Sachverhalte unterscheiden: a. opferlose, nicht an den Tempel gebundene Wort- und Gebetsgottesdienste sowie Unterweisungen als Vorstufe, b. das eigentliche Synagogeninstitut als vereinsartiger Zusammenschluß von Mitgliedern mit Besitz einer Gottesdienststätte und regelmäßiger Versammlung. Wurden vor der Kultreform des *Josia (ab 622 v.Chr.) Belehrungen im Gesetz durch die Priester an den Heiligtümern erteilt, so mögen danach vor allem Leviten (vgl. 2Chr 17,7-9) diese Aufgabe auch außerhalb von *Jerusalem wahrgenommen haben. Die Exilszeit ließ den Brauch entstehen, mit Ausrichtung nach der heiligen Stadt zu beten (1Kön 8,49-51; 2Chr 6,34-39; Dan 6,11), und um einen Propheten wie *Hesekiel bildete sich eine Versammlung (Hes 8,1; 14, 1.4; 33,31 vgl. schon 2Kön 4,23). Damals mag auch die Gewohnheit aufgekommen sein, sich (wegen der rituellen Reinigung) am Wasser zu versammeln (vgl. Hes 1,1; Ps 137,1), wie es zumindest für die vorntl. (Aristeas-Brief 304f) und ntl. Zeit bezeugt ist (Apg 16,13; Jos.ant.Jud. XIV, 258). Auch Ps 74,8 (hebr. *mo'ade-'el*, »Versammlungen Gottes«) wird

Ein korinthisches Kapitell von der Synagoge in Kapernaum. Dargestellt sind der siebenarmige Leuchter (Menora), das Widderhorn (Schofar) und die Weihrauchschaufel – gebräuchliche Symbole in der alten jüdischen Kunst. Mitte des 4. Jh. n.Chr. (JPK)

Charakteristisches Ornament einer jüdischen Synagoge. Chorazin, späte römische Periode. (JPK)

Die Synagoge von Masada, gebaut ca. 70 n. Chr. von den Zeloten. Sie hatte Bänke entlang der Wände und ein von zwei Säulenreihen gestütztes Dach. (JPK)

immer wieder als Hinweis auf einen regelmäßigen nichtkultischen Gottesdienst angesehen (A. Gelston, VT 34, 1984, 82-87). Daß die öffentliche Verlesung des Gesetzes durch *Esra, die von Übersetzung, Auslegung und gemeinschaftlichem Gebet begleitet wurde (Esr 8,1-8.18; 9,3), Einfluß auf das Entstehen des Synagogeninstituts hatte, sollte man nicht bestreiten (K. Galling, ZDPV 72, 1956, 163-178). Die folgenden beiden Jh., die für die Herausbildung des Frühjudentums so entscheidend waren, liegen für uns weitgehend im Dunkeln.

Rel. Versammlungsräume in jüd. Besitz sind seit der Regierungszeit von Ptolemäus III. (246-222 v.Chr.) für *Ägypten durch Inschriften (CIJ II, 366f; CPJ III, 141) bezeugt (G.H.R. Horsley, New Documents 3, 1983, 121f). Das hat zur Vermutung eines ägypt. Ursprungs der S. geführt (J.G. Griffiths, JTS 38 (1987) 1-15). Aber die Entwicklung kann gleichzeitig in verschiedenen Gebieten begonnen haben. Ein Synagogengebäude ist für Palästina im 1. Jh.v.Chr. durch die Theodotos-Inschrift (*Königsgräber) aus Jerusalem belegt. Ob es schon für das 2. Jh.v.Chr. literarische Hinweise gibt (1Makk 3,46-48; 1Hen 46,8), ist umstritten. *Sirach erwähnt keine S., aber seinem Lehrhaus (Sir 51,23-25) entstand Konkurrenz durch eine nichtpriesterliche Schriftauslegung (Sir 45,17f). Hier dürfte ein Hinweis auf Laienkonventikel in prophetischer Tradition vorliegen (Riesner, 164-166). Ihnen begegnen wir dann als der »Synagoge der Frommen (*synagōgē Asidaiōn*)« (1Makk 2,42 vgl. Ps 149,1 hebr. *qāhāl chassidim*), jener Gruppe, aus der *Essener und *Pharisäer entstanden. Es bleibt eine erwägenswerte Vermutung, ob nicht die Zentralräume der Essener und Therapeuten (Philo, VitCont 25.30.32) von den Gemeinschaftsräumen der vorexilischen Prophetengilden (1Sam 19, 18f; 20,1) angeregt sein worden könnten (R. Meyer, RGG^3 V, 615). Popularisiert wurden die S.n nicht zuletzt durch den Pharisäismus (J. Gutmann, in: The Synagogue, 1975, 36-40).

Zur Zeit des NT waren S.n bereits über das ganze jüd. Siedlungsgebiet verbreitet. Literarisch sind in Palästina S.n sicher bezeugt in *Jerusalem (Apg 6,9), *Caesarea (Jos.bell.Jud. II, 285), Dora (Jos.ant.Jud. XIX, 305), *Tiberias (Jos.vita 280), *Nazareth (Mt 13,54; Mk 6,2; Lk 4,16) und *Kapernaum (Mk 1,21; Lk 4,33; 7,5; Joh 6,59). Dazu kommt noch der archäologische Befund aus Jerusalem, Herodion, *Masada, *Magdala, Kapernaum und Gamla, vielleicht auch in Caesarea (M. Avi-Yonah, EAEHL I, 1975, 277), Tiberias (M. Dothan, EAEHL IV, 1978, 1180) und Chorazim (G. Foerster, in: Levine, Ancient Synagogues, 26). Aus der Diaspora kennen wir literarisch oder inschriftlich S.n in Ägypten aus *Alexandria (Philo, LegGaj 132f; CIJ II, 360; CPJ III, 139), Schedia (CIJ II, 366f), Arsinoe-Crocodilopolis (CPJ III, 164), Athribis (CIJ II, 370f; CPJ III, 142f), Nitrai (CPJ III, 142), Xenephyris (CPJ III, 141) und *Ptolemaïs (3Makk 7,20 [umstritten]) sowie im Fajum (CPJ I, 129.134), in *Syrien aus *Damaskus (Apg 9,2.20), auf *Zypern in *Salamis (Apg 13,5), in Kleinasien aus *Antiochia in *Pisidien (Apg 13,14), *Ikonion (Apg 14,1) und *Ephesus (Apg 18,19.26; 19,8), in Griechenland aus *Thessalonich (Apg 17,1), *Beröa (Apg 17,10), *Athen (Apg 17,17) und *Korinth (Apg 18,4). Sogar aus Pantikapaion auf der Krim ist uns eine Synagogeninschrift aus dem 1. Jh.n.Chr. (CIJ I, 683f) bekannt. Dazu kommen noch sichere archäologische Funde auf der Insel Delos mit ihrer alten Judengemeinde (Jos.ant.Jud. XIV, 213-216.231f) und in Ostia bei *Rom sowie – umstrittener – in der *Deka- polis-Stadt *Gerasa (A.H. Detweiler, BASOR 87, 1942, 10-17). Zwei nicht näher lokalisierbare Hinweise für Ägypten sind in Papyri erhalten (CPJ I, 129.138). Allg. wird eine größere Zahl von S.n sowohl für Jerusalem (Apg 24,12), *Galiläa (Mt 4,23; 9,35; Lk 4,15.44) und die Diaspora (Apg 15,21) vorausgesetzt. Schwerer zu beurteilen sind die rabbin. Angaben über S.n aus der Epoche vor der Tempelzerstörung (Bill. IV/1 117f). Die Zahl der zur ntl. Zeit existierenden S.n ist kaum anzugeben. Eine Schätzung nennt rund tausend für vier Millionen Juden im röm. Reich (P. Birnbaum, Book of Jewish Concepts, [2]1975, 81).

Literatur: L.L. Grabbe: JTS 39 (1988), 401-410; J. Gutmann, in: Ancient Synagogues, 1981, 1-6; S. Krauss: Synagogale Altertümer, [2]1966, 200-266; L.I. Levine, in: The Synagogue in Late Antiquity, 1987, 7-32; R. Riesner: Jesus als Lehrer, [3]1988, 123-137.

3. Gebäude.

Bei der Frage, wie man sich die Synagogengebäude der ntl. Zeit vorzustellen hat, sollte man erst einmal nur von den Funden für diese Zeit ausgehen. Hier zeigt sich, daß Synagogenräume offenbar meist nachträglich in schon vorhandenen Gebäuden eingerichtet wurden. Ursprüngliche Privathäuser hat man im 1. Jh.v.Chr. auf Delos (P. Bruneau, Recherches sur les cultes de Delos, 1970, 480-493; L.M. White, HThR 80, 1987, 133-160) und im 1. Jh.n.Chr. vielleicht auch in *Kapernaum in S.n umgewandelt. Dasselbe gilt später für die S.n des 2./3. Jh. in Dura Europos am Euphrat (C.H. Kraeling, Excavations at Dura-Europos VIII/1: The Synagogue, 1956), Stobi in Südjugoslawien (A.T. Kraabel, ANRW II 19,1, 1979, 494-497) und Priene in Kleinasien (ibid. 489-491). In der Festung Herodium bei *Bethlehem benutzten die zelotischen Eroberer einen durch Säulen gegliederten Speisesaal als S. (G. Foerster, in: Levine, Ancient Synagogues, 24-29). Gleich als S. wurde an der Wende vom 1. Jh.v.Chr. zum 1. Jh.n.Chr. das Gebäude in Gamla, einer für ihren Gesetzeseifer bekannten Stadt (Jos.bell.Jud. IV, 1ff), errichtet (S. Gutman, Z. Maoz, ibid. 30-34.35-41), ebenso offenbar die älteste S. von *Roms Hafenstadt Ostia (M.F. Squarciapino, Archaeology 16, 1963, 194-203) und wohl auch die Mini-S. von Magdala (V. Corbo, MB 57, 1989, 15). Ob schon der herodianische Vorgängerbau der zelotischen S. auf der Festung Masada rel. Charakter trug (Y. Yadin, Masada, [6]1975, 181-191), ist umstritten. Wir haben damit zu rechnen, daß die Mehrzahl der frühen S.n, vor allem auch in Palästina, einfache Haus-S.n waren (B. Schwank, VD 33, 1955, 267-279), was eine Identifizierung naturgemäß sehr schwer macht. Auch die ausgegrabenen palästin. S.n sind der Größe nach eher bescheiden, ihre Abmessungen reichen von 8 x 7m (Magdala) bis 20 x 16m (Gamla).

Ein architektonisches Erkennungsmerkmal einer S. sind die meist an allen vier Wänden umlaufenden, oft mehrstufigen Steinbänke. Die S.n von Gamla und Magdala waren im Stil einer hellen. Versammlungshalle mit vier Säulenreihen gebaut, deren Ecksäulen wie bei vielen späteren S.n herzförmige Gestalt hatten. Ob die beiden Eingänge in Gamla auf eine Trennung von Männer- und Frauensitzen hinweisen, ist umstritten, auf eine Frauengalerie weist jedenfalls nichts. Die S. von Gamla besaß Verzierungen in Gestalt von Rosetten und Dattelpalmen, deren symbolische Bedeutung allerdings umstritten ist. Ob auf Architekturbruchstücken gefundene Abbildungen des siebenarmigen Leuchters (hebr. *menōrāh*), einem der wichtigsten jüd. Symbole (V. Klagsbald, RÉJ 144, 1985, 408-438) in Korinth und Kapernaum bereits zu den S.n des 1. Jh. gehörten, ist unsicher. Eine Ausrichtung der S.n von Gamla, Kapernaum und Masada wie auch des Zentralraums in Qumran nach Jerusalem scheint möglich. Aber für Masada und Herodium hat man auch, dem Vorbild des Tempels folgend, eine Orientierung nach O vertreten, denn hier befinden sich wie auf Delos die Eingänge (E.M. Laperrousaz, RÉJ 144, 1985, 295-301). Andere Forscher bezweifeln grundsätzlich eine bewußte Ausrichtung schon für diese Zeit (M.J. Chiat, in: J. Gutmann, Ancient Synagogues, 1981, 49-60). Die S. vom Gamla besaß schon eine Mauernische für die Aufnahme der Schriftrollen (später hebr. *'arōn haqqōdesch*, »heilige Lade«, oder einfach *tebāh*, »Lade«), die zelotische S. auf Masada anscheinend einen eigenen Raum dafür (hebr. *genizāh*). Der Zentralraum der Essener-Siedlung von *Qumran weist ein erhöhtes Podest auf (R. de Vaux, Archaeology and the Dead Sea Scrolls, 1973, 11), das an die spätere synagogale Plattform (griech. *bēma*, hebr. *bimāh*) zur Verlesung der Schriften denken läßt, vielleicht sind Reste eines solchen Podiums auch in Gamla erhalten. Das NT nennt spezielle Ehrensitze (Mt 23,6), darunter den sog. »Stuhl des Mose« (griech. *kathedra*

Orte mit Synagogen, deren Existenz vom 1.–6. Jh. durch archäologische Belege gesichert ist.

Egeria beschreibt (ca. 383) die Synagoge in Kapernaum, zu der »viele Stufen« hinaufführen. (JPK)

Moyseōs, Mt 23,2). Aus Delos kennen wir einen fragmentarischen Marmorthron (Levine, Ancient Synagogues, 166), aus Chorazim allerdings erst aus dem 4. Jh. einen vollständig erhaltenen, mit Inschriften versehenen Basaltsitz (G. Kroll, Auf den Spuren Jesu, [10]1988, 236).

Stifterinschriften aus der Zeit vor 70 n.Chr. sind auf Delos und aus Jerusalem erhalten. Auf Herodium und in Gamla befindet sich in unmittelbarer Nähe der Synagogengebäude ein Reinigungsbad (hebr. *miqwēh*), in Masada ebenfalls nicht allzu weit entfernt. Die S.n von Kapernaum, Magdala, Delos und Ostia standen dagegen ziemlich nahe am Wasser.

Noch recht nahe an der ntl. Zeit ist die Haussynagoge in Dura-Europos am Euphrat, die in ihrer letzten Gestalt aus der Mitte des 3. Jh. n.Chr. stammt. Hier fällt die reiche künstlerische Gestaltung mit Fresken auf, die beweist, wie unterschiedlich das atl. Bilderverbot interpretiert wurde. Stil und Motive der Bilder zeigen, daß die früheste christl. Kunst, vor allem in den röm. Katakomben (*Begräbnis- und Trauersitten II.5), von jüd. Vorbildern inspiriert ist. Auch die frühe Kirche war weit weniger kunstfeindlich als oft angenommen wird (C. Murray, JTS 28, 1977, 303-345). Als im vorigen Jh. die ersten S.n Galiläas wiederentdeckt wurden, schrieb man sie in der ersten Entdeckerfreude oft der ntl. Zeit zu. Aber schon die Arbeit der deutschen Forscher H. Kohl und C. Watzinger (Antike Synagogen in Galiläa, 1916) zeigte, daß die S.n frühestens aus dem 2./3. Jh.n.Chr. stammen konnten. Die neuere Forschung macht sogar immer deutlicher, daß die Hauptbauzeit der erhaltenen S.n Palästinas in byzantin. Zeit (4.-6. Jh.) lag. Das zeigen nicht zuletzt auch immer wieder die verwandten Maßeinheiten (D. Chen, SBFLA 28, 1978, 193-202; ZDPV 102, 1986, 134-143; R. Rosenthal, in: Vitruv-Kolloquium, 1982, 249-258). Erst ab dem 3. Jh. prägen sich Baueigentümlichkeiten wie Apsiden, Toraschreine, Lesepodeste, symbolische Verzierungen und Mosaiken immer charakteristischer aus. Obwohl schon seit der Spätantike Juden in Köln (Z. Asaria, Die Juden in Köln, 1959, 35ff) und Trier (G. Ristow, in: Monumenta Judaica, 1963/64, 33-39: Öllampe mit Menora aus dem 4. Jh.n.Chr.) nachgewiesen sind, stammen die ältesten teilweise erhaltenen S.n in Deutschland (Künzl, 61-67) erst aus dem 11. (Köln), 12. (Worms) und 13. Jh. (Regensburg, Bamberg, Miltenberg). Die besterhaltene aschkenasische (ostjüd.) S. ist die »Altneuschul« in Prag (um 1300 n.Chr.). Auch eine Reihe von mittelalterlichen Ritualbädern (Künzl, 67-69) sind ab dem 12. Jh. (Worms, Speyer, Köln, Offenburg) im deutschen Sprachraum erhalten. Besonders eindrucksvoll ist die Anlage in Friedberg/Hessen aus dem 13. Jh.

Literatur: M. Avi-Yonah: EAEHL IV, 1978, 1129-1133; D. Chen: BASOR 239 (1980) 37-40; M.J.S. Chiat: Handbook of Synagogue Architecture, 1982; F. Hüttenmeister, G. Reeg: Die Antiken Synagogen in Israel I-II, 1977; S. Krauss: Synagogale Altertümer, [2]1966, 267-412; H. Künzl, in: H.P. Schwarz: Die Architektur der Synagoge, 1988, 45-60; L.I. Levine (Hrsg.): Ancient Synagogues Revealed, 1981; E.M. Meyers, in: L.I. Levine: The Synagogue in Late Antiquity, 1987, 127-138; A. Ovadiah, T. Michaeli: JJS 38 (1987), 234-241; S.J. Saller: Second Revised Catalogue of Ancient Synagogues, 1972; H. Shanks: Judaism in Stone, 1979.

4. Organisation und Verwendung.

Es ist wohl kein Zufall, daß der Ausdruck S. häufig im Sprachgebrauch des griech. Vereinswesens begegnet (Schrage, 800-802). Die jüd. Synagogengemeinschaften waren rechtlich in der Regel nach der Art hellen. Religionsvereine organisiert (H. Mantel, HThR 60, 1967, 75-91). Über Organisation und Funktion von S.n erfahren wir vor allem auch durch drei Inschriften. Die Theodotos-Inschrift (H.G. Kippenberg, G.A. Wevers, Textbuch zur neutestamentlichen Zeitgeschichte, 1979, 134) stammt aus dem herodianischen Jerusalem der Zeitenwende und gehörte vielleicht sogar zur »Synagoge der *Libertiner« von Apg 6,9 (J.B. Frey, CIJ II, 334). Zwei andere Inschriften aus dem 3. Jh.n.Chr. stammen aus Stobi (M. Hengel, ZNW 57, 1966, 145-183) und Aphrodisias (R.F. Tannenbaum, BARev 12/5, 1986, 54-57) nahe *Kolossä. In größeren Städten wie Jerusalem (Apg 6,9) wurden S.n aufgrund verschiedener landsmannschaftlicher Herkunft oder wie in Alexandria nach Berufsgenossenschaften gegliedert (Bill. II, 664) gegründet.

Ein Gremium von Älteren (griech. *presbyteroi*, hebr. *seqenim* vgl. Lk 7,3) bildete als »die Herrscher der Synagoge« (griech. *archontes tēs synagōgēs*) den Synagogenvorstand (Apg 14,2) vgl. Lk 8,41; Mt 9,18.23; Joh 12,42). Der für die Diaspora belegte griech. Titel des Vorsitzenden (*gerousiarchēs*) kommt im NT nicht vor. Oft erwähnt wird dagegen das Amt des »Vorstehers der Synagoge« (griech. *archisynagōgos*, hebr. *rʾōsch ha-knesset*; Mk 5,22.35f.38; Lk 8,49; 13,14; Apg 13,15; 18,8.17). Wir erfahren sogar die Namen einiger von ihnen: *Jairus (Mk 5,22) in Galiläa sowie *Krispus (Apg 18,8 vgl. 1Kor 1,14) und *Sosthenes (Apg 18,17 vgl. 1Kor 1,1) aus Korinth. Das Amt des Vorstehers bezog sich vor allem auf den Gottesdienst, in dem er auf die Einhaltung der Ordnung achtete (Lk 13,14) und den Prediger bestimmte (Apg 13,15). Der Titel ist mehrfach auch aus griech. Vereinen belegt (Schrage, 842f). Vielfältig waren die Aufgaben des »Dieners« (griech. *hypēretēs*, hebr. *chazzan*) der S. Er übergab die Schriftrollen (Lk 4,20), diente als Kinderlehrer (mShab 1,3f) und nahm die Prügelstrafe vor (mMak 3,12). Die Synagogenvorstände fungierten an vielen Orten als lokale Behörden (Mt 5,22; 10,17; Mk 13,9; Apg 9,2). Aus dem Inschriftenbefund ergibt sich, daß Frauen früher öfter Synagogenämter innehatten als es aufgrund der rabbin. Literatur zu erwarten wäre (B.J. Brooten, Women Leaders in the Ancient Synagogue, 1982).

Die Theodotos-Inschrift nennt als Zweck der S. »die Verlesung des Gesetzes und die Unterweisung in den Geboten«. Da dies vor allem beim *Sabbat-Gottesdienst geschah (Jos.c.Ap. I, 209; Mk 1,21; Lk 4,16; Apg 25,21), kann Josephus die S. auch gelegentlich *sabbateion* nennen (Jos. ant.Jud. XVI, 164). Auf den Charakter als Gebetsstätte (Mt 6,5 vgl. Jos.c.Ap. I, 209) weist die Bezeichnung *proseuchē* (s.o.). Außer zum Gottesdienst konnten die Synagogenräume aber auch bürgerlichen Versammlungen dienen (Jos.vita 294-302). Die Kinderschule und das Torastudium der Erwachsenen wurden in der S. abgehalten, weshalb Philo von ihr auch als Lehrsaal (griech. *didaskaleion*) spricht (VitMos II, 216; SpecLeg II, 62). Doch wurde der Unterricht nach Möglichkeit auch in anderen Räumlichkeiten abgehalten. Die Stobi-Inschrift nennt *Obergemächer (griech. *hyperōa*), die von den Rabbinen als Versammlungsort bevorzugt wurden (Bill. II, 594) und die auch als urchristl. Gottesdiensträume (Apg 1,13; 20,7f) eine besondere Rolle spielten (*Hauskirche). Der spätesten S. von Kapernaum hat man im 5. Jh.n.Chr. ein Lehrhaus (hebr. *bejt ha-midrasch*) in Form eines von einer Wandelhalle umgebenen Hofes angeschlossen. In älterer Zeit wurden auch Festmähler in Synagogenräumen gehalten (Jos.ant.Jud. XIV, 214; CPJ I, 139; vgl. Mk 12,39; Mt 23,6). Die Stobi-Inschrift nennt einen Speisesaal und die Theodotos-Inschrift eine Fremdenherberge als mit der S. verbundene Bauten. Im Synagogenkomplex wurden Almosen aufbewahrt (tShab 16,22; vgl. Mt 6,2) sowie Gerichtsverhandlungen und Bestrafungen vorgenommen (Mt 10,17; 23,24; Mk 13,9; Lk 12,11; Apg 22,19). Die wichtigste synagogale Strafe war der individuelle Ausschluß, auf den sich wohl auch der johanneische Ausdruck *aposynagōgos* (Joh 9,22; 12,42; 16,2 vgl. Lk 6,22) bezieht (J.A.T. Robinson, Wann entstand das Neue Testament?, 1986, 283-286) und nicht auf den späteren allg. Bann gegen Judenchristen, die sog. *birkat ha-minim* (»Ketzersegen«).

Literatur: A.T. Kraabel, in: J. Gutmann: Ancient Synagogues, 1981, 79-92; ders., in: L.I. Levine: The Synagogue in Late Antiquity, 1987, 49-60; S. Krauss: Synagogale Altertümer, [2]1966, 103-199; B. Lifshitz:

Donateurs et fondateurs dans les synagogues juives, 1967; W. Schrage: ThWNT VI, 1964, 820-826; E. Schuerer: The history of the Jewish people II, 1979, 427-439.

5. Der Synagogengottesdienst.

Der reine Wortgottesdienst der S. stellt eine Neuerung in der Religionsgeschichte dar, die das Judentum den antiken Zeitgenossen als in gewisser Weise intellektuell erscheinen ließ, mehr als barbarische Philosophie denn als Religion. Philo konnte den Sabbatgottesdienst ein »Philosophieren« nennen (OpMund 128 u.ö.). Hier liegt eine Erklärung für die Anziehungskraft, die der jüd. Glaube auf interessierte Heiden, den Kreis der *Gottesfürchtigen, ausübte (L.H. Feldman, BARev 12/5, 1986, 58-62; C.H. Gempf, in: C.J. Hemer, The Book of Acts in the Setting of History, 1989, 444-447). In ntl. Zeit war jeder mündige Israelit zur Lesung und Auslegung der heiligen Schrift wie auch zur Leitung des öffentlichen Gebets berechtigt, wenn ihn der Synagogenvorsteher dazu aufforderte. Diese Demokratisierung des Gottesdienstes führte zu einer Popularisierung der rel. Bildung. Erst später wurde die Schriftauslegung ordinierten Rabbinen vorbehalten.

Seine volle Ausformung und Standardisierung hat der Synagogengottesdienst erst nach der Tempelzerstörung erfahren. Außer der Tora-Lesung (Apg 15,21) waren vorher alle Bestandteile variabel, auch wenn die Propheten-Lesung sich schon weitgehend eingebürgert hatte (Lk 4,17; Apg 13,15.27). Die ausführlichste, aber immer noch sehr unvollständige Schilderung aus der Zeit vor 70 n.Chr. gibt uns Lk 4,16ff. Als Grundmuster eines durchschnittlichen Gottesdienstes in ntl. Zeit wird man, aus den verschiedenen historischen Quellen rekonstruiert, die folgenden Bestandteile betrachten dürfen: Rezitation der Zehn Gebote und des »Höre Israel« (5Mo 6,4ff), Lobsprüche (zB. aus dem Achtzehn-Bitten-Gebet), Tora-Lesung, Propheten-Lesung, Psalmenrezitation, Predigt, Segen (wenn anwesend, von einem Priester).

Vor 70 n.Chr. läßt sich noch kein feststehender Zyklus für die Abfolge der Schriftlesungen feststellen. Es mag aber der Brauch bestanden haben, die Tora durch sieben Jahre hindurch fortlaufend zu lesen, wobei hinsichtlich der Auslassung von Textabschnitten aber noch Freiheit bestand. Alle Lesungen und Rezitationen wurden in einer Art Sprechgesang vorgetragen. Als Text diente in den allermeisten Gemeinden der Diaspora, aber sogar in manchen Palästinas (Apg 6,9; vgl. 9,29) die LXX. Wo der hebr. Text verlesen wurde, folgte ihm in der Regel eine aram. Übersetzung (*Targum).

Literatur: P. Billerbeck: ZNW 55 (1964), 143-161; I. Elbogen: Der jüdische Gottesdienst, [4]1962; H.H. Hendrix (Hrsg.): Jüdische Liturgie, 1979; C. Perrot: La lecture de la Bible, 1973; ders.: MD 126 (1976), 24-41; ders.: CRINT II/1, 1988, 137-160; R. Riesner: Jesus als Lehrer, [3]1988, 137-151; L.H. Schiffman, in: L.I. Levine: The Synagogue in Late Antiquity, 1987, 33-48; A. Shinan: ibid. 97-110; E. Schuerer: The history of the Jewish people II, 1979, 447-463.

6. Die Synagoge im Neuen Testament.

Das Wort S. kommt 56mal im NT vor, mit wenigen Ausnahmen (Apg 9,2; 13,43; Offb 2,9; 3,9) immer für den jüd.-gottesdienstlichen Versammlungsraum. Wenn im NT dafür fast ausschließlich der griech. Begriff *synagōgē* vorkommt, weist das auf den palästin. Bereich. Der Ausdruck *proseuche* begegnet im NT nur einmal für den jüd. Diaspora-Versammlungsort in *Philippi (Apg 16,13.16), bei dem es sich wohl um kein Gebäude, sondern nur um einen Platz am Wasser handelte. Für Jesus waren die S.n während der ersten Phase seines Wirkens selbstverständliche Verkündigungsorte (Mk 1,39; Lk 4,15.44; 13, 10 u.ö.). Hier traf er Menschen, denen der Glaube an den Gott Israels etwas bedeutete. Jesu Predigtweise voller Anspielungen auf das AT wäre ohne den Unterricht der S.n unverständlich gewesen. Allerdings ging Jesus über die gewohnte Lehre hinaus, indem er auch in den S.n den an seine Person gebundenen Anbruch des *Reiches Gottes verkündete (Mt 4,23; 9,35). Deshalb wurden S.n auch zu Zentren des Widerstandes gegen ihn, weil seine Verkündigung hier mit anderen, festgefügten Überzeugungen zusammenstieß. Bei *Paulus fehlt das Wort S. völlig bis auf das nahe verwandte *episynagōgē* (2Thess 2,1), das hier die Versammlung der Gläubigen bei der Wiederkunft Jesu meint. Dennoch kann kein Zweifel an der Darstellung der Apg bestehen, daß auch der Heidenapostel ebenso wie andere urchristl. Missionare (Apg 18,26) seine Verkündigung immer wieder im Bereich der S. begann (Apg 9,20; 13, 5.14.53; 14,1; 17,1.10.17; 18, 4.7.19.26; 19,8; 24,12). Nichts dokumentiert das deutlicher als die von ihm empfangenen Synagogenstrafen (2Kor 11,24f vgl. auch 1Kor 9,20f; Röm 1,16; 10,14ff). Gerade im Umkreis der S.n konnte Paulus *Proselyten und Gottesfürchtige treffen, deren soziale Beziehungen ihm den Schritt zu den Heiden erleichterten. Über kurz oder lang kam es durch sein Wirken immer zur Verselbständigung der christl. Gemeinden, gleich ob die Judenschaft (Apg 18,5f) oder Paulus diesen Schritt vollzog (Apg 19,9).

Vor Schwierigkeiten stellt der Ausdruck »Synagoge des *Satans« (Offb 2,9: *Smyrna; 3,9: *Philadelphia), die aus solchen besteht,

»die sich zwar Juden nennen, aber es nicht sind«, weil sie die christl. Gemeinde verfolgen. Unwahrscheinlich ist daher die Annahme (C.L. Feinberg, IBD III, 1980, 1503), daß es sich dabei um eine judenchristl.-häretische Gruppe handelt. Wir haben es hier aber noch nicht mit antisemit. Diffamierung zu tun, sondern mit innerjüd. Polemik, die sich einer sehr scharfen Sprache bedienen konnte (1QH 2,22: »Versammlung *Belials«). Die Christen werden hier als die eigentlichen Juden betrachtet (vgl. Röm 2,28f). Die Bedeutung des Synagogeninstituts für das frühe Christentum kann kaum überschätzt werden. Wenn im christl. Abendland bis hin zur »Reichskristallnacht« von 1938 immer wieder jüd. Synagogen in Flammen aufgingen, zerstörte man auch einen Teil der eigenen geistlichen Geschichte.

Die frühchristl. Gottesdienstgestaltung (F. Hahn, TRE XIV, 1985, 28-39) hat tiefe Wurzeln im synagogalen Gottesdienst (C.W. Dugmore, The Influence of the Synagogue upon the Divine Office, [2]1964). Schon allein aus diesem Grund sollten Christen einmal an einem Synagogengottesdienst teilnehmen, auch wenn sich die Liturgie natürlich sehr weiterentwickelt hat und nach landsmannschaftlicher wie theologischer Prägung der einzelnen Synagogengemeinde Unterschiede aufweist. Übernommen wurde von den Christen vor allem die Gottesdienststruktur (wöchentlicher Wort- und täglicher Gebetsgottesdienst), aber auch einzelne Wendungen der frühkirchlichen Liturgie weisen auf ihren Ursprung im Bereich der Synagoge zurück, selbst wenn kein einziges synagogales Gebet ganz aufgegriffen wurde.

Literatur: S.J.D. Cohen, in: L.I. Levine: The Synagogue in Late Antiquity, 1987, 159-182; H. Frankemölle: EWNT III, 1983, 707-710; C. Perrot: MB 57 (1989), 36-39; W. Schrage: ThWNT VI, 1964, 826-836.

7. Judenchristliche Synagogen.

Wenn sich die Mehrheit einer synagogalen Gemeinschaft dem neuen Messiasglauben anschloß (vgl. Apg 22,19; 26,11), dann konnte auch das Versammlungsgebäude den Besitzer wechseln. In Jak 2,2f ist offenbar ein judenchristl. Synagogengebäude vorausgesetzt (L. Rost, PJB 29, 1933, 53-66). In Jerusalem erbauten nach 73/74 n.Chr. zurückgekehrte Judenchristen am Ort des *Obergemachs (Apg 1,13) eine S., deren Reste noch im sog. Davidsgrab (*Königsgräber) erhalten sind (É. Puech, MB 57 (1989) 18f; B. Pixner, BARev 15, 1989). Ein derartiges Gebäude aus späterer Zeit (3. Jh.) wird ebenfalls für *Nazareth angenommen (Bagatti, 122-128; Meyers, Strange, 132-137). Auch für Tafas im *Ostjordanland (*Kochaba 3.) könnte eine Inschrift (CIJ II, 100) eine judenchristl. S. bezeugen (A. Alt, PJB 25, 1929, 89-95). Nach Epiphanius von Salamis nannten judenchristl. Gruppen ihre Versammlungsorte noch am Ausgang des 4. Jh. n.Chr. S.n (Haer 30,18,2). Wenn für den Beginn desselben Jh. eine S. von Marcioniten bekannt ist (Ditt Or II, 608) und die koptischen Mönche im 5. Jh. ihre Niederlassungen S.n nannten (J. Leipoldt, TU 25,1 [1903] 96f), so weist das auf judenchristl. Erbe in beiden Bewegungen zurück.

Literatur: B. Bagatti: The Church from the Circumcision, 1971, 112-132; E.M. Meyers, J.F. Strange: Archaeology, the Rabbis and Early Christianity, 1981, 125-139.

Überblicksliteratur: H. Haag: BL, [3]1982, 1687-1690; M. Hengel: FS für K.G. Kuhn, 1971, 157-184; K. Hruby: Die Synagoge, 1971; F. Hüttenmeister, M. Hengel: BRL[2], 327-332; A.T. Kraabel: ANRW II, 19,1, 1979, 477-510; S. Krauss: PRE IV A, 1932, 1284-1316; H. Kremers: BHH III, 1966, 1906-1910; W.S. La Sor, T.C. Eskenazi: ISBE IV, 1988, 676-684; I. Levy: The Synagogue: Its History and Function, 1963; J. Maier: Geschichte der jüdischen Religion, 1972, 114-121; S. Safrai: CRI II, 1976, 908-944; W. Schrage: ThWNT VII, 1964, 798-850; E. Schuerer: The history of the Jewish people II, 1979, 423-453; I. Sonne: IDB IV, 1962, 476-491; G. Stemberger: Das klassische Judentum, 1979, 92-109. R.R.

SYRAKUS. Eine bedeutende Hafenstadt an der O-Küste Siziliens. 734 v.Chr. von korinthischen Kolonisten gegründet, war S. am Ende des 5. Jh. v.Chr. politisch und wirtschaftlich die wichtigste Stadt Siziliens, bes. unter den Tyrannen Gelon und Dionysos I. Mit ihren Verbündeten war sie stark genug, den großen Feldzug der Athener nach Sizilien 415-413 v.Chr. abzuwehren. Als die Römer 212 v.Chr. S. einnahmen, mußten Flotte als auch Truppe die Gefährlichkeit der von Archimedes bestückten Verteidigungsanlage erfahren. S. blieb Hauptstadt der Insel, Augustus ließ jedoch eine Kolonie entsenden, die die Stadtteile auf dem Festland wieder herstellte. Rom trieb mit S. vor allem Getreidehandel; S. selbst war eine blühende Stadt bis zum 3. Jh.n.Chr. 878 wurde S. von Sarazenen gründlich zerstört, die die Stadt nach mehrmonatiger Belagerung einnahmen. Weitere Zerstörungen brachten Erdbeben in den Jahren 1693 und 1757.

Auf dem letzten Abschnitt seiner Reise nach Rom blieb Paulus' Schiff hier drei Tage (Apg 28,12), wahrscheinlich wartete es auf geeigneten Wind.

Literatur: H.-P. Drögemöller: KlP V, 460-469 (Literatur!). K.L.Mck.

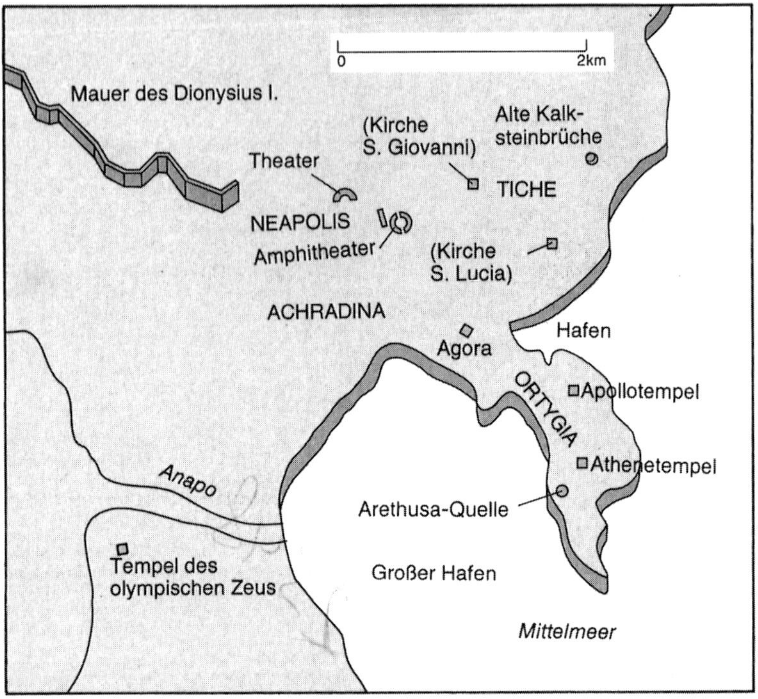

Syrakus mit seinen zwei Hafenbecken. Paulus (Apg 28,12) befand sich drei Tage in der Stadt.

SYRIEN.

I. BEZEICHNUNG.

Der Name S. (wohl von Assyrien abgeleitet, vgl. F. Rosenthal, Die Aramaistische Forschung, 1939, S. 3, Anm. 1) bezeichnet das Gebiet zwischen dem Mittelmeer und Mesopotamien, Kleinasien und Palästina. Dieser Raum stellt kulturhistorisch, jedoch weder politisch noch geographisch eine Einheit dar. Im AT kommt der Name nicht vor; LXX und latein. Übersetzungen geben damit das hebr. *'arām* (*Aram) wieder (vgl. Lk 4,27). Im NT bezeichnet S. die röm. Provinz (Lk 2,2; Apg 15,23. 41; 18,18; 20,3; 21,3; Gal 1,21; unsicher Mt 4,24). Der Ausdruck »*Syrophönizierin« (Mk 7,26) bezieht sich auf eine Phönizierin aus der röm. Provinz S. im Unterschied zu den libyschen Phöniziern.

II. GEOGRAPHIE.

S. besteht aus drei verschiedenartigen Gebieten.

1. Entlang der Mittelmeerküste zieht sich die nur einige Kilometer breite Küstenzone. Sie wird unterteilt durch mehrere bis ans Meer reichende Gebirgszüge. Wo diese Küstengebirge durch Flußläufe unterbrochen sind und den Zugang zum Binnenland freigeben, haben sich die bedeutenden syr. Hafenstädte entwickelt. Seit dem 1. Jt.v.Chr. wird dieses fruchtbare Gebiet als *Phönizien bezeichnet.

2. In östl. Richtung schließt sich an die Küstenzone das ebenfalls sehr fruchtbare syr. Gebirgsland an. Die parallel zur Küste verlaufende Gebirgskette (südöstl. Ausläufer des Taurus, Nosairiergebirge, Amanus, Libanon und Antilibanon) wird von zwei Flüßen, im N vom Orontes (Amq-Ebene) und im S vom Leontes (Biqa', Tal zwischen Libanon und Antilibanon) durchschnitten. Dieser syr. Grabenbruch setzt sich in südl. Richtung fort im Jordangraben.

3. Die dritte und größte geographische Zone S.s nimmt von N nach S an Fruchtbarkeit ab. Das nördl. Gebiet zwischen Gebirgsland

Das griechische Theater in Syrakus. (PP)

und Euphrat mit Zentrum in Halab/Aleppo (*Paddan-Aram) liegt im sog. »Fruchtbaren Halbmond«. Daran schließt sich das etwas trockenere Steppengebiet an, das von Kleinvieh-Nomaden als Weideland genutzt wird. Eine vom Euphrat bis in die Gegend von *Damaskus reichende Gebirgskette markiert schließlich den Übergang zur syr. Wüste. Das Zentrum dieser Region ist Palmyra (*Tadmor). Damaskus liegt in einer von Antilibanon und Hermon mit Wasser versorgten fruchtbaren Ebene.

III. GESCHICHTE.

Die politische Geschichte S.s ist dadurch bestimmt, daß es als Landbrücke die Hochkulturen Ägyptens, Mesopotamiens und Kleinasiens verband. Die günstige Lage und der natürliche Reichtum seines Bodens erlaubten einen regen Handel und dadurch intensive kulturelle Kontakte mit Ägypten, Mesopotamien und dem Mittelmeerraum. Das fruchtbare und strategisch wichtige Gebiet S.s (Zugang zum Mittelmeer, Handelsstraßen) war häufig das Ziel der Expansionstätigkeit anderer Völker, die dadurch begünstigt wurde, daß S. in eine Vielzahl kleiner Stadtstaaten zersplittert war und so über keine Zentralgewalt verfügte. Die syr. Städte genossen jedoch auch unter der Herrschaft häufig wechselnder Nationen meist relative Selbständigkeit und vermochten ihren wirtschaftlichen und kulturellen Einfluß auszuüben.

1. Frühe Zeit.

Die frühesten Siedlungsplätze S.s liegen am Euphrat (Tell Mureibet, Abu Hureira) und stammen aus dem 8. Jt.v.Chr. Sie zeigen eine auf Jagd, Fischfang und Wildgetreide ausgerichtete, im Neolithikum zu Ackerbau übergehende Kultur. Die jungsteinzeitlichen Funde aus *Ugarit (Ras Schamra), Byblos (Dschebeil), Hamat und anderen Orten (erste Hälfte des 7. Jt.v.Chr.) sind stark verwandt mit solchen aus Kleinasien (Zilizien und Südanatolien). Es handelt sich dabei um dörfliche Gemeinschaften, die neben Jagd, Fischfang, Viehzucht und Getreideanbau einen bis nach Mesopotamien reichenden Tauschhandel betrieben. Im 4. Jt.v.Chr. (Chalkolithikum) entstanden erste städtische Ansiedlungen (Byblos, Ugarit). Die aus dieser Epoche erhaltene Keramik zeigt einen verstärkten Einfluß aus Mesopotamien, der die kulturelle Einheit zwischen S. und Zilizien allmählich auflöste. Während im Binnenland die Kontakte mit Mesopotamien intensiver wurden, kam die Küstenzone durch den Seehandel in den Einflußbereich Ägyptens.

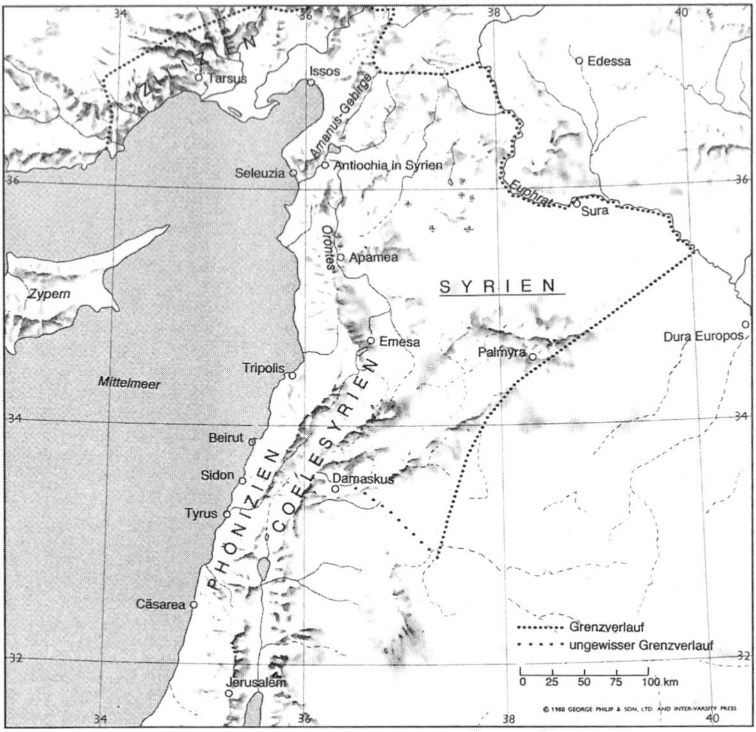

Syrien zur Zeit des Neuen Testaments.

Syrer überbringen Tribut. Wandgemälde aus dem Grab Sebekhoteps in Theben. Ca. 1420 v. Chr. (BM)

2. Altorientalische Zeit.

Die ältesten Inschriften aus Byblos, Keilschrifttexte von *Ebla (Tell Mardikh) aus der Mitte des 3. Jt.v.Chr. sowie Texte aus *Mari und Ägypten belegen den ausgedehnten Handel syr. Städte. Byblos war Ägyptens Hauptlieferant für das als Baumaterial geschätzte Zedern-, Zypressen- und Tannenholz; Ebla handelte mit Getreide, Olivenöl, Schafen, Möbeln (bedeutendes Intarsien-Handwerk) und Metallgeräten. Syr. Hafenstädte waren Umschlagplätze für Güter aus aller Welt. Die ersten Eroberer S.s stammten aus Mesopotamien. Nach verschiedenen Vorstößen anderer Herrscher rühmt sich Sargon von Akkad (um 2300 v.Chr.), der Gründer des ersten mesopotamischen Großreiches, das Gebiet vom Persischen Golf bis zum Mittelmeer zu kontrollieren. Ein erstes bedeutendes syr. Staatswesen entstand zu Beginn des 2. Jt. v.Chr. Texte aus Mari und Alalah (Tell Atschana) nennen eine einflußreiche Herrscherdynastie von Jamchad, die von Halab/Aleppo aus fast ganz Nord-S. beherrschte. Im Laufe des 2. Jt.v.Chr. stand S. unter dem Einfluß verschiedener Nationen. So traten im 18./17. Jh.v.Chr. die Hurriter (*Hiwiter) auf, im 17. Jh.v.Chr. die *Hetiter, die der Hammurabi-Dynastie in Babylon ein Ende bereiteten und auf S. Anspruch erhoben, diesen jedoch vorerst nicht durchsetzen konnten. Stattdessen geriet S. unter den Einfluß des in Obermesopotamien entstandenen Staates der Hurri-Mitanni (*Hori). Dieser wiederum wurde von den Ägyptern unter Pharao Thutmosis III. (1504-1450 v.Chr.) besiegt, worauf S. in mitannisches (Nord-S.) und ägypt. Hoheitsgebiet aufgeteilt wurde. Die loyalen Dynastien der syr. Stadtstaaten blieben dabei erhalten. Diese Teilung blieb bis ins 14. Jh.v.Chr. in Kraft; die Texte aus dem Archiv von Tell el-*Amarna (Mittel-Ägypten) enthalten u.a. die Korrespondenz syr. Fürsten mit dem ägypt. Hof aus dieser Zeit. In der ersten Hälfte des 14. Jh.v.Chr. setzte, ausgehend von Nord-S. (Amurru, *Amoriter), eine Aufstandsbewegung ein, die von den Hetitern unterstützt wurde und S. bis auf den südlichsten Teil, der den Ägyptern verblieb, unter hetitische Kontrolle brachte. Aus den Vasallenverträgen, die zwischen dem hetitischen Großkönig als Oberherrn S.s und den lokalen syr. Fürsten geschlossen wurden, geht hervor, daß diese, sofern sie sich loyal verhielten, in ihren Stellungen belassen wurden. Neu aufflackernde ägypt.-hetitische Auseinandersetzungen (Schlacht von Kadesch, 1285 v.Chr.) führten schließlich zu einem Friedensvertrag zwischen Ramses II. und Hattuschili III., der einige ruhige und für Handel und Wirtschaft günstige Jahrzehnte einleitete. Die Syrer entwickelten sich nun zu den führenden Seefahrern der nächsten Jahrhunderte; Homer (Odyssee 15, 415) nennt sie erstmals »Phöniker«. Zu Beginn des 12. Jh.v.Chr. brach eine Welle von »Seevölkern« in den W Kleinasiens ein. In Süd-S. wurden sie von den Ägyptern aufgehalten; ein Teil von ihnen wurde seßhaft (*Philister). Im Zusammenhang mit dem Untergang des Hetiterreiches und der inneren Schwäche Ägyptens wurden neue Semitenstämme in S. und im östl. Jordanland seßhaft: *Aramäer, *Ammoniter, *Moabiter, Israeliten. Etwa gleichzeitig entstand im syr. Binnenland eine Reihe von Kleinstaaten: Damaskus, Bet Rehob, Zoba, Aleppo, Hamat, Bit Agusi, Hattina, Bit Adini, Ja'udi etc. Die bedeutendsten syr. Hafenstädte dieser Zeit sind Byblos, *Tyrus und *Sidon. Von ihnen aus begann im 10. Jh.v.Chr. die phönizische Kolonisation des Mittelmeerraumes (Zypern, ägäische Inseln, Sizilien, Malta, Sardinien, Nordafrika (Karthago), Südspanien). Auch mit Israel unterhielten sie geschäftliche Beziehungen: Hiram I. von Tyrus lieferte *David und *Salomo Holz als Baumaterial und Handwerker (2Sam 5, 11; 1Kön 5,15-26). In der Blütezeit des vereinten Israel unter David und Salomo war das *Ostjordanland bis nach Damaskus Provinz Israels; ebenso standen Zoba, Hamat, Rehob und andere syr. Städte unter israelit. Einfluß (2Sam 8,3ff; 10,8.19; 1Kön 5,4). Während der Regierungszeit Salomos ging Damaskus wieder verloren (1Kön 11,23-25), nahm bald eine führende Rolle in S. ein und wurde für lange Zeit zu einem gefährlichen Feind des Nordreiches Israel (1Kön 15,20; 20,1ff; 22; 2Kön 6,8-7,20; 8, 12.28; 9,15; 10,32f; 12,18f; 13,3-7. 14-25). Hatten schon im 11. Jh.v.Chr. einzelne Beutezüge die Assyrer in syr. Gebiet und sogar bis ans Mittelmeer gebracht, so wurde der Angriff auf die Aramäerstaaten vom 10. Jh.v.Chr. an systematisch geführt. Unter Assurnasirpal II. (883-859 v.Chr.) wurde S. zeitweise tributpflichtig. Mehrere Revolten syr. Städte, an denen z.T. auch Israel beteiligt war, wurden von den Assyrern niedergeschlagen. Erst Tiglatpilesar III. (745-727 v.Chr.) gelang jedoch die vollständige Eroberung und Eingliederung S.s in das assyr. System. Im Jahre 732 v.Chr. eroberte er Damaskus und den nördl. Teil Israels. Um weitere Rebellionen zu verhindern, nahm er größere Bevölkerungsumsiedlungen vor. Ganz S. war nun in assyr. Hand; einige Staaten wurden in assyr. Provinzen umgewandelt, andere blieben von Assyrien abhängige Königreiche. Gelegentliche Aufstandsversuche syr. Koalitionen waren erfolglos. Als im Jahre 612 v.Chr. die assyr. Hauptstadt *Ninive von den Babyloniern erobert wurde, hatten die Assyrer ihre Rolle auch in S. ausgespielt. Die Ägypter versuchten, den Zusammenbruch des assyr. Reiches zu nutzen und ihre Macht wieder auf S. auszudehnen, wurden daran aber von den Babyloniern gehindert (Schlacht bei Karkemisch, 605 v.Chr.). Zusammen mit Juda, das Nebukadnezar (605-562 v.Chr.) im Jahre 587 v.Chr. einnahm, wurde S. in das babylon. Reich eingegliedert. Das babylon. Weltreich wurde 539 v.Chr. abgelöst durch das pers. Wurde schon in assyr. Zeit die Bezeichnung Ebir nari »(Länder) jenseits des Stromes« für S. und Palästina verwendet, so wurden unter Darius I. (521-485 v.Chr.) S., Phönizien, Zypern und Palästina erstmals zu einer Verwaltungseinheit (5. Satrapie) zusammengeschlossen. Auch in dieser Zeit scheinen die lokalen Dynastien weiterhin bestanden zu haben und relative Freiheit genossen zu haben (Prägung eigener Münzen).

3. Hellenistische und römische Zeit.

Die pers. Phase S.s war zu Ende, als 333 v.Chr. Alexander der Große bei Issos (nahe der syr. Grenze) das pers. Heer besiegte. Bei der Verteilung des Erbes Alexanders nach dessen Tod (323 v.Chr.) fiel S. – ohne den südlichsten Teil, den Ptolemaios übernahm – 301 v.Chr. an Seleukos I. Nikator; er und seine Nachfolger bezeichneten sich als »Könige von Syrien«. Die von den Seleukiden neu gegründeten Städte (*Antiochia, *Seleuzia, *Apamea, *Laodizea) übertrafen bald die alten syr. Städte an Bedeutung. Im 3. Jh.v.Chr. führten die Seleukiden mehrfach Kriege gegen die ägypt. Ptolemäer; Antiochos III. (222-187 v.Chr.) gelang es schließlich, ganz S. und Palästina an sich zu bringen. In den folgenden 120 Jahren wurde S. zeitweise von verschiedenen Völkern – Parthern, Nabatäern, Armeniern – besetzt. Diese sowie der letzte seleukidische Herrscher wurden 64 v.Chr. von den Römern unter Pompeius besiegt, S. wurde in das röm. Weltreich eingegliedert. Die neue röm. Provinz Syria (ohne Zilizien, das eine eigene Provinz bildete, und die Königreiche der Nabatäer und Ituräer sowie Judäa als Vasallenstaaten) wurde von einem Legaten verwaltet, der in Antiochia residierte (Lk 2,2 nennt P. Sulpicius *Quirinius). Als Grenzprovinz gegen den Staat der Parther, den großen Rivalen Roms im O, bildete S. eine strategisch wichtige Zone; *Augustus stationierte deshalb vier Legionen in S. Für die Ausbreitung des Christentums im 1. Jh. spielte S. eine wichtige Rolle. *Paulus bekehrte sich auf dem Weg nach Damaskus (Apg 9,1ff) und blieb einige Zeit bei der dortigen Gemeinde (9,19). In Antiochia gab es ebenfalls eine christl. Gemeinde (11, 19); hier wurden die Gläubigen erstmals »Christen« genannt (11,26). Schließlich war Antiochia Ausgangspunkt für die Missionsreisen des Apostels Paulus (13,1; 15,36; 18,23). Das christl. S. wurde im Jahre 650 von den Arabern erobert. Heute ist S. arab. Republik.

IV. RELIGIONSGESCHICHTE.

Von einer einheitlichen syr. Religion kann so wenig gesprochen werden wie von einer syr. Geschichte. Das große geographische Gebiet weist zwar über den langen Zeitraum und trotz des wechselhaften politischen Schicksals einen relativ einheitlichen Religionstypus auf, der jedoch lokal verschieden ausgeprägt ist. Die Quellen bestehen aus archäologischen Funden (Tempelanlagen, Kultgegenstände, Inschriften) sowie Schriften von Lukianos von Samosata († 185 v.Chr.) und Philo von Byblos (um 100 n.Chr.), die jedoch spät und hellen. geprägt sind. Umfangreiches Anschauungsmaterial liefern vor allem die Texte von *Ugarit (Mythen, Opferlisten, bildliche Darstellungen), die jedoch ebenfalls nur einen begrenzten Ausschnitt der syr. Religionsgeschichte umfassen. Es kann daher nur das Allgemeine und Gemeinsame dargestellt werden. Das gemeinsemit. Wort für »Gott«, *el*, (ugarit. *'il*) ist der Name des höchsten Gottes, des »Vaters der Göttersöhne« und Schöpfers der Menschen. Er wird oft als allmächtiger, jedoch passiver Gott (Typus des »Hochgottes«) dargestellt. Seine Gattin ist Aschirat (*Aschera), deren Kult auch in Israel gepflegt wurde (Ri 3,7; 6,25; 1Kön 15,13; 18,19; 2Kön 21, 3.7; 23,6; Jer 17,8 u.ö.). El wurde verdrängt durch *Baal (»Herr«, »Besitzer«), der in den ugarit. Mythen die größte Rolle spielt. Der ursprüngliche Titel erscheint oft als Teil von Namen lokaler Gottheiten, z.B. Baal-Sidon, Baal-Gebal (Byblos), Baal-Peor (4Mo 25,5). Baal ist der Gewitter-, Sturm- und Regengott. Der Baal-Zyklus von Ugarit enthält verschiedene um Baal kreisende Mythen, deren wichtigstes Motiv das vom »Tode Gottes und dessen Rückkehr ins Leben« darstellt (Vegetationsmythos, verwandt mit dem griech. Adonis- und dem babylon. Tammuz-Mythos). Baal wurde zeitweise auch in Israel (1Kön 16,31.32; 18,18-40) und Juda (2Kön 21,3) verehrt; dagegen kämpften die atl. Propheten (Jer 19,4.5; 23,13; Hos 2,15.19; 13,1; Zef 1,4) und die Reformbestrebungen der Königszeit (2Kön 10,18-28; 11,18; 23,4.5). Weit verbreitet waren die Kulte weiblicher Gottheiten. Aschtarot (Aschtart, *Astarte, assyr.-babylon. Ischtar) galt als Göttin der Liebe und Fruchtbarkeit, aber auch des Krieges (vgl. 1Sam 31,10; 1Kön 11,5; 2Kön 23,13). Anat, die in ugarit. Texten bedeutendste Göttin, die in der Hyksos-Zeit auch in Ägypten verehrt wurde, war die Himmelskönigin und ebenfalls Göttin der Fruchtbarkeit und des Krieges. Ihr Name hat sich vielleicht in Ortsnamen auch im AT erhalten (Jos 19,38; Jer 1,1). *Hadad (akkad. Adad) ist der wichtigste aram. Gott; er wird oft gleichgesetzt mit Baal und ist wie dieser Sturm- und Gewittergott. Er trägt das Epitheton Rammān (Donner, vgl. Rimmon, 2Kön 5,18). Seine Gemahlin ist Atargatis. Neben dem Meeresgott Jām und dem Todesgott Mōt ist Rescheph (Raschaph, Raschpan, Raschpon), der Gott der Pest und des Todes, der aber auch um Heilung von Krankheit angerufen wird, weit verbreitet. Andere Götternamen treten vornehmlich lokal auf: Eschmun (Fruchtbarkeitsgott) in Sidon, Melqart als Stadtgott von Tyrus und Karthago, Kamosch (*Kemosch) als Nationalgott der Moabiter, Milkom als Nationalgott der Ammoniter (1Kön 11,5.7; 2Kön 23,13; Jer 49,3; Zef 1,5). Der Kult spielte sich in Tempelgebäuden, häufig aber auch im Freien ab. Bäume und Haine galten als heilig, auf Höhen (hebr. *bāmā*) werden Opfer dargebracht. Bekannt sind auch aus dem AT kultische Steinsäulen (hebr. *mazzēbā*) und Holzpfähle (hebr. *'aschēra*, vgl. 2Kön 3,2). Geopfert wurden nach ugarit. Opferlisten Pflanzen, Tiere, Getränke, Speisen und auch Menschen, d.h. Kinder (2Kön 3,27; Jer 19,5). Sakrale *Prostitution gehörte zum Fruchtbarkeitskult (1Kön 14,24; Jer 2,20; Hos 4,14; Am 2,7). Weissagung wurde durch Eingeweideschau (Leber, Lunge) oder von Propheten (Mari) geübt. Der Synkretismus der hellen.-röm. Zeit bewirkte auch in S. die Identifizierung und Verschmelzung einiger Götter mit griech.-röm. Gottheiten (Hadad mit Zeus, Atargatis mit Aphrodite, Baal mit Adonis, Eschmun mit Asklepios usw.), andererseits deren starke Orientalisierung.

V. KULTURGESCHICHTLICHE BEDEUTUNG.

Während Jahrtausenden strömten in S. verschiedene kulturelle Einflüsse zusammen. Durch seine geographische Lage, aber auch durch den Seehandel hatte S. intensive Kontakte mit den antiken Hochkulturen und spielte so eine wesentliche Vermittlerrolle. Von größter Bedeutung ist dabei die Erfindung der Alphabetschrift, welche über das griech. zur Grundlage auch unseres Schriftsystems wurde. Erste Texte wurden in (mesopotamischer Silben-) Keilschrift aufgezeichnet (Mari, Alalah, Ugarit). Gleichzeitig wurden Versuche unternommen, mit ägypt. Hieroglyphen einzelne Buchstaben darzustellen. Eine erste Alphabetschrift entstand in Ugarit (14./13. Jh.v.Chr.); sie verwendete nur dreißig Keilschriftzeichen zur Darstellung von Konsonanten. Die in Phönizien im 11. Jh.v.Chr. entwickelte lineare Alphabetschrift wurde durch die phönizische Kolonisation im ganzen Mittelmeerraum verbreitet; die aram.-hebr. und die griech.-latein. Schrift sind Weiterentwicklungen davon. (*Schrift).

Literatur: H.Th. Bossert: Altsyrien, 1951; A. Dupont-Sommer: Les Araméens, 1949; R. Dussaud: Topographie historique de la Syrie antique et médiévale, 1927; H. Gese: Die Religionen Altsyriens (Die Religionen der Menschheit 10,2), 1970; Ph.K. Hitti: History of Syria, 1951; A. Jirku: Geschichte Palästinas und Syriens im orientalischen Altertum, 1963; H. Klengel: Geschichte und Kultur Altsyriens, 1979; ders.: Syrien zwischen Alexander und Mohammed, 1986; V. Maag: Syrien-Palästina, in: H. Schmökel, Kulturgeschichte des Alten Orient, 1961, S. 448ff; B. Maisler: Untersuchungen zur alten Geschichte und Ethnologie Syriens und Palästinas, 1930; B. Mazar: The Aramean Empire and its Relations with Israel, BA 25/1965, S. 98-120; H. Ringgren: Die Religionen des Alten Orients, 1979, S. 198-246; H. Schmökel: Geschichte des alten Vorderasien (HO Abt. 1, II, 3), 1957, S. 213-243; M.F. Unger: Israel and the Arameans of Damascus, 1957; Zeitschriften: Syria. Revue d'art oriental et d'archéologie, 1923ff; Syro-Mesopotamian Studies, 1977ff. B.H.

SYROPHÖNIZIEN s. Phönizien

SYROPHÖNIZIERIN. Eine Frau (griech. *syrophoinikissa*) aus *Phönizien, das z.Zt. des NT Teil der röm. Provinz *Zilizien und *Syrien war. Es handelt sich um eine Griechin aus dem Gebiet von *Tyrus und *Sidon, die Jesus bat, ihre Tochter zu heilen (Mk 7,26-30; vgl. Mt 15,21-28). In der Parallele (Mt 15,22) wird die Frau eine Kanaaniterin genannt, also mit dem alten Namen dieses Volkes bezeichnet. Der Ausdruck S. verbindet das Gebiet Phönizien, zu dem Tyrus und Sidon gehörten, und die größere röm. Provinz Syrien. Phönizier, die in Karthago lebten, wurden Libyphönizier genannt. J.A.T.

(I)

DAS GROSSE BIBELLEXIKON

Band 4: M – P

Herausgegeben von
Helmut Burkhardt
Fritz Grünzweig †
Fritz Laubach
Gerhard Maier

R. BROCKHAUS VERLAG WUPPERTAL
BRUNNEN VERLAG GIESSEN

MAACHA. (Vielleicht nach dem arab. »Dumm, töricht«).

1. Landschaft in N-Palästina zwischen dem Hermon im N, Geschur im S, Baschan im O und dem Wadi el Hasbani, einem Quellfluß des Jordan, im W. In diesem Gebiet liegt *Abel-Bet-Maacha. Anfangs konnte das Land, obwohl es dem Stamm Manasse zugesprochen war, von den Israeliten nicht erobert werden (Jos 13,13). In den ersten Jahren der Herrschaft Davids war M. noch ein selbständiges Königreich (2Sam 10,6), das von ihm erobert wurde (2Sam 10,19). Z.Zt. von Schebas Aufstand war Abel-Bet-Maacha eine israelit. Stadt; eine kluge Frau aus der Stadt nennt sie eine Mutter in Israel (2Sam 20,19). In 1Chr 19,6 wird die Landschaft das »Aramäerland von Maache« genannt (RevEB: Aran Maacha).

2. Tochter *Talmais, des Königs von Geschur, Frau Davids und Mutter *Absaloms (2Sam 3,3).

3. Lieblingsfrau König *Rehabeams und Mutter König *Abijas (1Kön 15, 2; 2Chr 11,20-22; 13,2 heißt sie Michaja). Sie war die Tochter Uriels von Gibea und Enkelin Absaloms und hatte die Stellung der Königin-Mutter noch z.Zt. ihres Enkels *Asa inne (1Kön 15,10), der sie absetzte, weil sie ein Ascherabild hatte machen lassen (V. 13; 2Chr 15,16).

4. Schwester Machirs (1Chr 7,15).

5. Frau Jeïëls, des Vorfahren Sauls (1Chr 8,29; 9,35).

6. Nebenfrau *Kalebs, des Sohnes Hezrons, Mutter Schebers und Tirhanas (1Chr 2,48).

7. Sohn des *Nahor von seiner Nebenfrau Rëuma (1Mo 22,24).

8. Vater Hanans, eines der Helden Davids (1Chr 11,43).

9. Vater Schefatjas, des Fürsten von Simeon z.Zt. Davids (1Chr 27,16).

10. Vater des Königs Achisch von *Gat z.Zt. Salomos (1Kön 2,39).

MAASEJA. »Werk des Herrn«.

1. Levit und Sänger bei der Überführung der Bundeslade nach Jerusalem (1Chr 15,18.20).

2. Sohn Adajas, einer der Obersten, die *Jojada halfen, *Atalja zu stürzen (2Chr 23,1).

3. Beamter König *Usijas, der mit dem Schreiber Jeïël das Heer zählte (2Chr 26,11).

4. Judäischer Prinz, der z.Zt. des Königs *Ahas bei einem Einfall Pekachs, des Königs von Israel, von dem Ephraimiter Sichri getötet wurde (2Chr 28,7).

5. Stadthauptmann in Jerusalem z.Zt. des Königs *Josias (2Chr 34,8).

6. Vater des falschen Propheten *Zedekia (Jer 29,21).

7. Vater des Priesters Zefanja z.Zt. *Jeremias (Jer 21,1; 29,25; 37,3).

8. Sohn des levitischen Torhüters Schallum z.Zt. Jeremias (Jer 35,4).

9. Drei Priester z.Zt. Esras, die heidnische Frauen genommen hatten (Esr 10,18.21.22). Der Name kommt noch Neh 8,4.7; 12,41.42 bei Priestern (bzw. Leviten) vor, ohne daß wir wissen, mit wieviel verschiedenen Personen wir es zu tun haben.

10. Israelit aus dem Geschlecht *Pahat-Moab, der eine heidnische Frau genommen hatte (Esr 10,30).

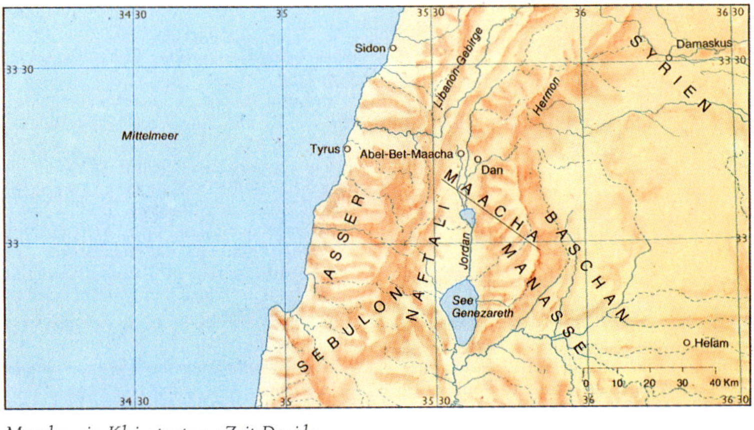

Maacha, ein Kleinstaat zur Zeit Davids.

11. Vater des *Asarja z.Zt. Nehemias (Neh 3,23).

12. Israelit, der die Verpflichtung auf das Gesetz z.Zt. Nehemias unterzeichnete (Neh 10,26).

13. Judäer, Sohn Baruchs, der nach der babylon. Gefangenschaft in Jerusalem wohnte (Neh 11,5).

14. Sohn des Itiël, ein Benjaminit (Neh 11,7).

MACHÄRUS. Eine im NT nicht direkt erwähnte Festung östl. oberhalb des *Toten Meeres, ca. 22 km südwestl. von *Medeba in Jordanien. Nach Plinius (nat V, 17,72) handelte es sich um die zweitstärkste jüd. Befestigung nach *Jerusalem. Über ihre Geschichte sind wir durch Flavius Josephus (besonders bell. Jud. VII, 165-177. 190-209) unterrichtet. M. wurde vom Hasmonäer-König Alexander Jannäus (103-76 v.Chr.) zum Schutz gegen *Arabereinfälle erbaut, von den röm. Feldherren Pompejus (63 v.Chr.) und Gabinius (57/6 v.Chr.) zerstört, schließlich durch *Herodes den Großen größer und prächtiger wieder aufgebaut. Er schätzte die heißen Quellen von Kalirrhoe (*Lasa). Dieses mit einem Hafen am Toten Meer versehene herodianische Luxusbad wird seit 1985 vom Deutschen Evangelischen Institut für Altertumswissenschaft des Heiligen Landes unter Leitung von A. Strobel ausgegraben (ZDPV 103, 1987, 215). M. fiel mit *Peräa, dessen S-Grenze es schützte, zur Tetrarchie des *Herodes Antipas. Dessen Niedergang begann um 28 n.Chr., als seine erste Frau von M. zu ihrem Vater, dem *Nabatäer-König *Aretas IV., zurückkehrte, nachdem sie von Herodes' Scheidungsabsicht wegen der *Herodias gehört hatte. Diese Verbindung wurde auch von *Johannes dem Täufer wegen ihrer Gesetzwidrigkeit öffentlich getadelt, was zu einem der Gründe für seine Verhaftung und Hinrichtung wurde (Mt 14,3-12/Mk 6,17-29). Die traditionelle Taufstelle Jesu lag in Peräa (*Jericho II), aber vielleicht wollte Herodes den Täufer mit der Haft auf M. auch von seinen Anhängern im N isolieren, wo er ebenfalls gewirkt hatte (*Änon, *Betanien II). Nach Josephus starb der Täufer in M. (ant. Jud. XVIII, 119). Die Ausgrabungen auf Chirbet El-Mukawer durch franziskanische Archäologen (V. Corbo, S. Loffreda, SBFLA 31, 1981, 257-286) vermögen Licht auf ein historisches Detail der evangelischen Erzählung zu werfen, die nach dem Vorbild von Est 5-6 geformt ist. Markus, der auf Überlieferungen der Täuferjünger zurückgreifen konnte, deutet offenbar auf die jüd. Sitte hin, daß Männer und Frauen beim Geburtstag des Königs in

Machärus. Die beiden getrennten Speisesäle (triclinia). (RR)

getrennten Räumen feierten (Mk 6,22-25). Tatsächlich wurden zwei Festsäle gefunden (F. Manns, SBFLA 31, 1981, 287-290). Eine rasche Verständigung, wie sie Mt 11,2f/Lk 7,18f zwischen dem Täufer und seinen Jüngern voraussetzt, wurde durch eine gut ausgebaute Straße nach M. ermöglicht (A. Strobel, ZDPV 97, 1981, 81-92). Die Überlieferung, nach der Johannes von M. überführt und in *Samaria beigesetzt wurde, ist ernsthaft zu erwägen. Als die Festung 44 n.Chr. an die röm. Provinz *Judäa fiel, erhielt sie eine röm. Garnison, die den Ort bei Ausbruch des Jüd. Krieges 66 n.Chr. räumte. 71 n.Chr. ergab sich die zelotische Besatzung dem Gouverneur Lucilius Bassus. Das großräumige röm. Belagerungswerk (*circumvallatio*) konnte nachgewiesen werden (A. Strobel, ZDPV 90, 1974, 128-184).

Literatur: W. Bühlmann: Wie Jesus lebte, 1987, 43-45; C. Kopp: Die Heiligen Stätten der Evangelien, ^{2}1964, 173-176; G. Kroll: Auf den Spuren Jesu, ^{10}1988, 189-192; C. Möller, G. Schmitt: Siedlungen Palästinas nach Flavius Josephus, 1976, 135; R. Riesner: BiKi 39 (1984) 176; W. Schottroff: ZDPV 82 (1966) 168-174; A. Strobel: ZDPV 93 (1977) 247-267.

R.R.

MACHIR.

1. Sohn *Manasses und Vater *Gileads (1Mo 50,23; 4Mo 26,29; Jos 17,1; 1Chr 7,14). Die Söhne M.s eroberten Gilead und bekamen es von Mose als Eigentum (4Mo 32,39f; 5Mo 3,15; Jos 13,31). Nach Jos 17,1 wurde M. neben Gilead auch *Baschan zuteil.

2. Der Sohn Ammiëls, der *Mefi-Boschet, den Sohn *Jonatans, in Lodebar schützte (2Sam 9,4ff). Später war M. unter denen, die Davids Heer in *Mahanajim Vorräte brachten (2Sam 17,27-29). E.J.Y.

MACHLI.

1. Ältester Sohn *Meraris aus dem Geschlecht *Levi (2Mo 6,19; 4Mo 3,20; 1Chr

Machpela, die traditionelle Ortslage der Grabhöhle der Erzväter, markiert heute eine Moschee, in der Schreine der Patriarchen aufbewahrt werden. (MEPhA)

6,32; 23,21; 24,26.28; Esr 8,18). Seine Nachkommen werden in 4Mo 3,33; 26,58 erwähnt.

2. Sohn Muschis, eines weiteren Sohnes Meraris, daher Neffe von 1. (1Chr 23,23; 24,30). J.D.D.

MACHPELA. Der Name steht für das Feld, die Höhle und das umgebende Land, die *Abraham als Grabstätte für seine Frau *Sara kaufte (1Mo 23). Er kaufte M. Efron, einem Hetiter, für 400 Schekel Silber ab (VV 7-16). M. lag östl. von *Mamre (1Mo 23,17; 5,9) im Gebiet von *Hebron. Hier wurden später Abraham (1Mo 25,9), *Isaak und *Rebekka sowie *Lea (1Mo 49,31) und *Jakob (1Mo 35,27-29; 50,13) bestattet.

Hebr. *hammachpēlā*, »das Doppelte«, in der LXX als *to diploun* übersetzt, beschreibt wahrscheinlich die Form der Höhle in 1Mo 23,17. Die Lesart »Sichem« für Hebron in Apg 7,16 ist vielleicht auf die zusammenfassende Art der Aufzeichnung dieser Rede zurückzuführen, die sich ursprünglich auch auf Josefs Grabstätte in Sichem bezieht.

Die heutige Lage der Grabhöhle (60 m x 34 m) ist mit dem S-Ende des Charam el-Chalīl in Hebron verbunden. Hier ist für Juden, Christen und Moslems ein Ort, um Verehrung darzubringen. Die Höhle ist von wuchtigen Steinmauern umgeben, wahrscheinlich eine Arbeit aus der Zeit *Herodes des Großen (37-4 v.Chr.), obwohl das Alter der Höhle selbst und ihre Ausstattung durch archäologische Nachforschung nicht ausgemacht werden kann. Das »Ehrengrabmal Saras« ist – neben anderem – in der Moschee über der Höhle zu sehen (s. Vincent, Mackay und Abel: Hebron, le Haram al Khalil, 1923).

Zu Einzelheiten des Kaufvertrages zwischen Abraham und Efron (1Mo 23) könnten mittelassyr. und hetitische Gesetze (vor 1200 v.Chr.) Anhaltspunkte liefern (BASOR 129, 1953, 15-23), was aber z.Zt. nicht als gesichert angesehen wird (JBL 85, 1966, 77-84). D.J.W.

MACHT, GEWALT. Der dt. Begriff M. umfaßt ein weites Bedeutungsfeld, das sich teilweise mit dem der Begriffe *Kraft, *Herrschaft, *Vollmacht überschneidet. Allg. bezeichnet M. die allen Widerständen überlegene Möglichkeit, seine oder eines anderen Absichten handelnd durchzusetzen. Während »Kraft« einem Wesen (naturhaft) innewohnt, wird M. (rechtlich) übertragen. Während Kraft auch im Ruhezustand vorhanden ist, wird von M. nur gesprochen, wenn sie ausgeübt wird und so (Über- und Unter-)Ordnung bewirkt. Im einzelnen steht das dt. Wort M. u.a. für folgende ursprachliche Begriffe mit je besonderem Bedeutungsschwerpunkt: Im

Hebr. bezeichnen *kōach*, *ʿōs* und *gebūrāh* physische Stärke wie auch Herrscher-M.; daneben bedeuten auch *serōaʿ* (»Arm«) und *jād* (»Hand«) häufig M. Im Griech. finden u.a. Verwendung: *exousia* (von *exestin*, »es ist erlaubt«) für M.-Befugnis, *Autorität, Verfügungsrecht (auch *Obrigkeit), z.B. Joh 19,10; *dynamis* für M.-Potenz, Fähigkeit, Vermögen (auch Kraft, Machttaten, *Wunder), z.B. Apg 18,24 (RevEB); *ischys* sowie *kratos* für effektive M.-Entfaltung, Wirksamkeit, Gewalt (letzteres auch *Herrschaft), z.B. Apg 19,20.

I. GOTTES MACHT.

M. ist ein besonderes Kennzeichen des Wesens und der Herrschaft Gottes.

1. Charakteristisch für die M. Gottes ist ihre Einzigartigkeit (»Wer ist dir gleich?«, 2Mo 15,11). Angesichts seiner M. erweisen sich alle Götzen als nichtig (Jer 10,3-6). »Gott allein ist mächtig« (Ps 62,12), und er ist *allmächtig (Hiob 40,2). Er erweist seine M. in seinen mächtigen Taten (Ps 77,12-14), dennoch sind nicht eigentlich die M.-Demonstrationen als solche entscheidend, sondern sein Wille, der hinter ihnen steht, sein Wille zum Heil, zur Rettung (Ps 77,15f u.ö.). Dem entspricht, daß in der Bibel die M. Gottes nicht abstrakt postuliert, sondern persönlich bezeugt wird; die angemessene Reaktion des Menschen auf Gottes M. sind anbetender Lobpreis (Ps 59,17), staunender Rückblick (5Mo 29,1f) und preisendes Bekenntnis (Ps 78,3f; 105,1ff).

2. Die M. Gottes erweist sich besonders in der Schöpfung, in der Geschichte und gegenüber einzelnen Menschen.

a. In der Schöpfung: Gott schuf in seiner M. Himmel und Erde (Jes 40,26; Jer 10,12); und er – nicht der im Vergleich zu ihm ohnmächtige und unwissende Mensch (Hiob 38; 39) – ist der wahre Beherrscher und Erhalter der Schöpfung (ebd.).

b. In der Geschichte: Gottes M. ist für das AT u.a. Geschichts-M.; Zentralereignis ist die Erlösung seines Volkes aus der ägypt. Sklaverei »mit mächtiger Hand und ausgerecktem Arm« (5Mo 26,8f u.ö.). Er setzt Könige ein und ab (Dan 2,21), baut und zerstört Weltreiche (Jer 18,7-10), er benutzt sie, um zu seinem Ziel zu kommen (Jes 44,24-45,8 *Kyrus). Er regiert als der König der Könige, als Herr seiner Heerscharen (Zebaoth; Ps 24,7-10; 47).

c. Über den einzelnen Menschen: Der Mensch ist wie Ton in der Hand des Töpfers (Jes 29,16). Ist dies einerseits Warnung vor Selbstüberhebung des Menschen, so doch auch andererseits Ermutigung, sich diesem Starken anzuvertrauen, der »mächtig ist zu helfen« (Jes 63,1). Darum sehnt sich der Fromme nach dem Erweis der M. Gottes (Ps 63,3), die er als Heilsmacht erkennt (Ps 118,14).

II. GEISTIGE MÄCHTE.

1. Das NT rechnet mit der Existenz geistiger Mächte (»Mächte, Gewalten, Herrschaften« u.ä.; oft in Reihung, 1Kor 15,24; Eph 1,21; Kol 1,16). Sie herrschen unsichtbar im geistigen Raum (*pneumatika*, Eph 6,12; LÜ: Geister). Zu 1Petr 3,22 (u.a. auch *Engel) vgl. 2Petr 2,4.

2. Diese geistigen Mächte sind in den Prozeß der Abfalls- bzw. Heilsgeschichte einbezogen.

a. Sie gehören zur guten Schöpfung Gottes (Kol 1,16).

b. Sie sind jedoch gefallen und Werkzeuge Satans (Eph 6,12 wörtl.: Geistesmächte des Bösen), wenngleich sie noch von Gottes M. umschlossen sind (vgl. Hiob 1; 2 – kein *Dualismus). Sie versklaven die Ungläubigen unter die M. der Finsternis (Eph 2,2f; Kol 1,13; vgl. Lk 22,53).

c. Aber Christus hat sie in seiner Erhöhung (Eph 1,20f) entmachtet (Kol 2,9f.12.15). Die in Christi Tod Getauften sind von ihrer M. befreit (Eph 2,1-6; Röm 8,38f), haben freilich noch mit ihnen zu kämpfen (Eph 6,12). In diesem *Kampf müssen sie sich mit der M. Christi wappnen (Eph 6,10f).

d. Bei seiner Wiederkunft wird Christus diese Mächte endgültig vernichten (1Kor 15,24).

III. DIE MACHT JESU CHRISTI.

Jesu M. gründet in seiner Gottessohnschaft (Joh 17,2 u.ö.). Gott, der Vater, hat seinen Sohn gesandt und ihm »alle Macht gegeben« (Mt 11,27; 28,18; vgl. Joh 5,19 und bereits Mi 5,3), um die Welt zu erlösen (Joh 3,16f; 17,2; vgl. 1,12).

1. Schon in seinem Erdenleben war ihm M. in Taten und Worten (Lk 24,19) vom Vater gegeben (Joh 5,36; 17,8). Seine Predigt war wirkmächtig; sie überführte das Gewissen: »Er lehrte mit Vollmacht« (Mt 7,29). Sein vollmächtiges Wort wirkte auch in seinen M.-Taten, er gebot Krankheiten und dämonischen Mächten (Lk 4,36; vgl. 1Joh 3,8), selbst dem Tod und der Sünde, und nahm damit göttliche Vollmacht in Anspruch (Mt 9,6; vgl. 21,23).

2. In Tod, Auferweckung und Erhöhung erfüllte sich sein Erlösungswerk. Gerade in der tiefsten Erniedrigung (Phil 2,8), in der offensichtlichen Ohnmacht, brach er die M. der Finsternis. Nahm er schon »durch seinen Tod« dem Tod und »dem, der Gewalt über den Tod hatte, nämlich dem Teufel«, die M. (Hebr 2,14; 2Tim 1,10), so ist seine Auferweckung

der triumphale Erweis der M. Gottes und Angeld auf unsere Auferweckung (1Kor 6,14). In seiner Erhöhung hat Gott ihn »eingesetzt zu seiner Rechten im Himmel über alle Reiche, Gewalt, Macht, Herrschaft und alles, was sonst einen Namen hat« (Eph 1,20f; vgl. Kol 2,10).

3. Als der Gegenwärtige wirkt er durch die M. seines Wortes (*Evangelium, Wort vom Kreuz ist Gotteskraft, Röm 1,16; 1Kor 1,18; vgl. Hebr 4,12), um selig zu machen und durch die »Kraft des heiligen Geistes« (Apg 1,8) zu stärken und zum Zeugendienst zuzurüsten (vgl. Joh 14,15ff; 15,26ff).

4. Bei seiner Wiederkunft wird er sich »alle Dinge untertan machen« (Phil 3,21; 1Kor 15,23-27), und alle Zungen werden bekennen, daß Jesus Christus der Herr sei zur Ehre Gottes des Vaters (Phil 2,11).

IV. MENSCHLICHE MACHT.

Gott allein ist mächtig (1Tim 6,15). Aber er kann in seiner Freiheit M. an Menschen verleihen (Dan 4,14b).

1. Die Existenz menschlicher M. wird in der Bibel nicht von vornherein negativ oder positiv beurteilt. Maßstab für rechten M.-Gebrauch ist, ob der M.-Träger anerkennt, bloß Verwalter einer ihm verliehenen M. zu sein. Kriterium für rechten Gebrauch bzw. Mißbrauch von M. ist somit die Bindung bzw. die Durchbrechung der Bindung an drei Größen:

a. an einen bestimmten Geber (empfängt oder usurpiert der Mensch M.): Unterstellt sich der Mensch Gott in Bindung an sein Gebot (s.u. 2.) bzw. in personaler Glaubensbindung an ihn (s.u. 3), oder reißt er autonom M. an sich?

b. an seinen bestimmten Bereich (umgrenzt oder unbegrenzt): Beschränkt sich der Mensch auf den ihm zugewiesenen M.-Bereich, oder strebt er nach unumschränkter M.?

c. an einen bestimmten Auftrag (zweckgebunden oder Selbstzweck): Nutzt der Mensch seine M. als Mittel, um einen ihm gegebenen Auftrag zu erfüllen, oder überzieht er diesen Auftrag und pervertiert damit seine M. zum Selbstzweck? - Menschliche M. kennt die Bibel sowohl im Reich Gottes zur Linken (Welt) als auch im Reich Gottes zur Rechten (Gemeinde).

2. In der Welt hat Gott dem Menschen M. über die Schöpfung und auch über andere Menschen anvertraut.

a. Über die Schöpfung gab Gott dem Menschen M. (1Mo 1,28; vgl. Ps 8), verbunden mit dem Auftrag zu bebauen und zu bewahren (1Mo 2,15), sowie der Eingrenzung seines M.-Bereichs (1Mo 2,16.17).

b. Auch Menschen verleiht Gott M. über ihresgleichen. Gott überträgt den Regierenden (*Staat) M. (Röm 13,1) mit dem Auftrag, seine Ordnung zu schützen (»das Strafgericht an denen, die Böses tun« zu vollziehen; Röm 13,4b). Wer staatliche M. verneint, widersetzt sich also der Verfügung Gottes (Röm 13,2). Doch steht der Staat als »Diener Gottes« (Röm 13,4) unter der M. und dem Gebot Gottes. Daher hat auch der Gehorsam dem Staat gegenüber Grenzen: Apg 5,29. Und Mächtige, die in selbstherrlicher Weise keinerlei M. - weder menschliche noch göttliche – über sich anerkennen (Dan 4,27-29) und Gottes Gebote mißachten (1Kön 9,4-7; vgl. 1Thess 2,3-8), die ihren M.-Bereich überschreiten (z.B. in Form von Ausbeutung, Am 5,11-17 u.ö.) oder ihren Auftrag überziehen (Jes 8,7; 10,5-19), verfallen dem Gericht Gottes. Übertragene M. steht ständig in der Gefahr, zur Gewaltherrschaft pervertiert zu werden; M. kann zur Versuchung werden (Lk 4,6), oft gehen »Gewalt und Unrecht« zusammen (Mal 3,5), geht »Gewalt vor Recht« (Hab 1,3). Daher setzt das Gebot Gottes der direkten Verfügung von Menschen über Menschen enge Grenzen (vgl. 5Mo 15,12-18; Spr 14,31) und warnt immer wieder davor, die eigene M. zum Abgott zu machen (Ps 62,11; Hab 1,11).

3. In der Gemeinde ist eine andere Ordnung als in der Welt prägend.

a. Nicht Herrschaft, sondern *Dienst soll die Beziehungen in der Gemeinde bestimmen (Mt 20,25-28; 1Petr 5,3). Die gemeinsame Unterordnung unter den Meister (Mt 23,8ff) hebt Rangunterschiede in der Gemeinde auf (Gal 3,28; vgl. Jak 2,1ff).

b. Christus beschenkt seine Jünger durch den Heiligen Geist mit M. und Kraft (Apg 1,8; »Geist der Kraft«, 2Tim 1,7): »Ich vermag alles durch den, der mich mächtig macht, Christus« (Phil 4,13). Wer in Christus ist, erhält Anteil an Christi Macht, so z.B. über dämonische Mächte (Lk 10,19) und über die Sünde (Röm 6,11.12) sowie *Vollmacht zur Verkündigung (1Kor 2,4). Die Ermächtigung erfolgt zur Erfüllung konkreter Aufträge (z.B.: »Zeuge sein«, Apg 1,8; »widerstehen«, Eph 6,10.11; »Gemeinde bauen«, 2Kor 13,10b). M. eignet dem Nachfolger Jesu nicht aus sich selbst heraus (Apg 3,12), sondern nur durch die personale Verbindung mit Christus (Joh 15,5; Phil 4,13); wer M. um der M. willen usurpieren will, (d.h. sie an sich reißen, »mit Gewalt« an sich bringen will) vergeht sich an Gott (vgl. *Zauberei; Apg 8,18-21; 19,13-16). Gott bedient sich gerade der Schwachen, in sich selbst Ohnmächtigen (2Kor 12,9), um in ihnen seine M. zu verherrlichen (hierzu ausführlich *Vollmacht; vgl. auch *Autorität).

Literatur: O. Betz: TBLNT II, [4]1986, 922-929; Foerster: ThWNT II, 1935, 557-572; W. Grundmann: ThWNT II, 1935, 286-318. W.Sch./M.J.

MADMANNA. Stadt in SW-Juda. Zunächst kalebitisch (1Chr 2,49), ging sie möglicherweise auf Simeon über und wurde als Bet-Markabot bekannt (vgl. Jos 15,31 mit 19,5; LDB, 259f.275). Chirbet Dimne, ca. 20 km nordöstl. von *Beerscheba wurde als mögliche Ortslage von M. vorgeschlagen. J.P.U.L.

MADMEN. Eine Stadt in *Moab, gegen die *Jeremia prophezeite (48,2).

Da dieser Ort sonst unbekannt ist, wurde vorgeschlagen, daß der hebr. Text *gm-dmm-tdmm* gelesen werden muß, »du (Moab) mußt auch vernichtet werden« (LXX, syr., Vulg.), oder daß er für Dimon steht, eine mögliche (aber unwahrscheinliche) Wiedergabe des Namens der moabitischen Hauptstadt Dibon. Das heutige Chirbet Dimne wäre die mögliche Ortslage. M. ist zu unterscheiden von *Madmanna, das im *Negeb lag (Jos 15,31;

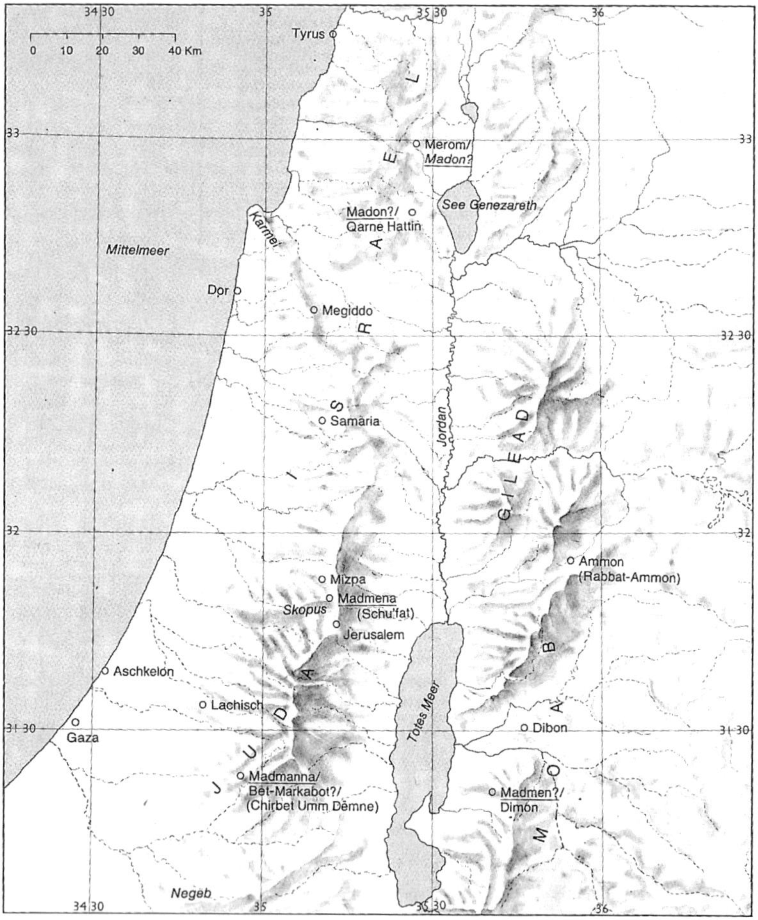

Vorgeschlagene Lage von Madmanna (Jos 15,31), Madmen (Jer 48,2), Madmena (Jes 10,31) und Madon (Jos 11,1; 12,19).

1Chr 2,49), und von *Madmena, nördl. von Jerusalem (Jes 10,31). D.J.W.

MADMENA. Ort nördl. von *Jerusalem (Jes 10,31), vermutlich das heutige Chirbet Schoma auf einer weit sichtbaren Erhebung der Wasserscheide, unmittelbar südl. des höhergelegenen Tell el-Ful (*Gibea Sauls) und nördl. von Schuʿfat (Gebim).

MADON. (Das hebr. Wort heißt sonst »Streit«). Eine kanaan. Stadt, deren König in der Schlacht »beim Wasser von Merom« (Jos 11,7) von *Josua besiegt wurde (Jos 11,1; 12,19). Ein *mdn* wird auch in der Liste des Pharao Thutmosis III. erwähnt (Nr. 20), doch ist die Identität mit M. umstritten. Viele lokalisieren M. bei Chirbet Madīn, 9 km westnordwestl. von *Tiberias (M. Noth, Josua, ^{3}1971, 67). Die Ortslage wäre dann allerdings auf Qarn Hattin, 500 m weiter nördl. zu suchen, das Siedlungsspuren aus Bronze- und Eisenzeit aufweist. In der Ebene unterhalb erlitten die Kreuzfahrer am 4. Juni 1187 ihre entscheidende Niederlage gegen Saladin. In diese Gegend verlegt auch eine historisch wertlose (*Kapernaum IV) Tradition seit dem Ende des 15. Jh. (C. Kopp: Stätten der Evangelien, ^{2}1964, 268f) die Bergpredigt (Mt 5-7) und die erste Brotvermehrung (Mt 14,31-21 par.), was gelegentlich unbegründet für zutreffend gehalten wird (B. Schein, Following the Way, 1980; 210f). Hattin wird jetzt aber von Y. Aharoni (LDB, 172) mit *Adama in *Naftali (Jos 19,36) gleichgesetzt, das auch mit dem Schemesch-Adam ägypt. Quellen gemeint sein kann. Nun schreibt die LXX in Jos 11,1; 12,19 wie in 11,7 Marrōn und deshalb könnte es sich im MT um eine leicht erklärbare Verschreibung des Namens der im Gegensatz zu M. auch sonst bekannten Stadt *Merom in Ober-*Galiläa handeln.

Literatur: F.M. Abel: Géographie de la Palestine II, ^{3}1967, 372f: LDB, 119f. R.R.

MAGADAN s. Dalmanuta

MAGD. Das Wort M. entspricht in jeder Verwendung dem Gebrauch von *Knecht. Im AT ist damit die fremde, leibeigene (3Mo 25,44) wie die hebr. Sklavin (Jer 34,9), im NT ebenfalls die Sklavin gemeint (Lk 12,45; Apg 16,16). Bei der Anrede eines Höhergestellten nennt sich die Frau aus Ehrerbietung seine M. (Rut 3,9; 1Sam 25,24; 2Sam 14,6), das gilt auch für die Frauen des Königs dem Herrscher gegenüber (1Kön 1,13). Außerdem kann sich eine Frau als Gottes M. bezeichnen, womit sie ausdrückt, daß sie ganz ihm angehört, zu seinen Diensten steht (1Sam 1,11; Lk 1,38. 48; vgl. auch Ps 116,16: »ich bin dein Knecht, der Sohn deiner Magd«).

MAGDALA. (Von hebr. *migdal,* »Turm«). Rabbinische Quellen kennen einen Ort Migdal, für den an Parallelstellen und in Textvarianten auch die Namen *migdal nūnajāʾ,* »Fischturm« (b Pes 46a), und *migdal zebāʿājāʾ,* »Färberturm«, gegeben werden. Wenngleich man zwei verschiedene Orte angenommen hat (S. Klein, Beiträge zur Geographie und Geschichte Galiläas, 1909, 79-81), so liegt es doch näher, beide Bezeichnungen auf dieselbe Gegend zu beziehen, vielleicht auf zwei unterschiedliche Teile derselben Stadt (Manns, Studia, 320-329). Der Ort lag nördl. von *Tiberias (GenR 79,69) und in eben dieser Gegend lokalisiert Josephus die Stadt Taricheä (vita 403f, vgl. bell.Jud. III, 443ff). Der griech. Name *taricheai* »Fischpökeleien«, den der jüd. Historiker ausschließlich gebraucht (C. Möller, G. Schmitt, Siedlungen Palästinas, 1976, 182f), läßt sich gut mit dem aram. *migdal nūnajāʾ* verbinden. Byzantin. Pilgerberichte und solche aus der Kreuzfahrerzeit (ELS 261-264) führen auf das ehemalige arab. Dorf El-Medschdel, das den alten Namen erhalten hat. Diese in der Neuzeit von C.W. Wilson (PEFQS 1877, 10-13) wieder begründete Ansicht hat sich vor allem durch den Einfluß von W.F. Albright heute allg. durchgesetzt. Früher wurde nach einer Bemerkung des Plinius (nat. V, 71) auch eine Lokalisierung bei Chirbet Kerak (Bet Jerach/Philoteria) südl. von Tiberias vertreten (E. Robinson, Biblical Researches II, 1841, 387). Aber es handelt sich nicht um den einzigen geographischen Irrtum des röm. Schriftstellers. Eine Identifizierung mit dem atl. *Migdal-El von Jos 19,38 (E.W. Saunders, BHH II, 1964, 1121) scheidet aus.

M. lag rund 5 km nordnordwestl. von Tiberias am S-Ende der fruchtbaren Ebene von *Genezareth. Hier tritt der Berg Arbel dicht an den See heran und so läßt sich die Straße an seinem Ufer leicht sperren. Von der großen Seestraße zweigte eine wichtige Verbindung durch das Wadi El-Hamām (Taubental) nach W-*Galiläa und zum Mittelmeer ab. Deshalb wurde hier in der Nähe während der Makkabäer-Kriege heftig gekämpft (1Makk 9,2), und Josephus befestigte M. später während des Kriegs gegen die Römer (vita, 188). Sie hatten 52 v.Chr. unter dem Feldherren Cassius die Stadt eingenommen (Jos.ant.Jud. XIV, 120), wobei sie einen großen Teil ihrer Einwohner zu Sklaven machten. Ein Brief des

Magdala. Kleine Synagoge aus neutestamentlicher Zeit, die vielleicht später in ein heidnisches Quell-Heiligtum (Nymphäum) umgewandelt wurde. (RR)

Cassius an Cicero vom 7. März 43 v.Chr. ist die erste literarische Erwähnung von Taricheä. Vor der Gründung von Tiberias durch *Herodes Antipas (18 n.Chr.) war M. der jüd. Vorort am westl. Seeufer (Alt II, 449). Die Angabe von 40 000 Einwohnern bei Josephus (bell. Jud. II, 608) ist allerdings verderbt oder übertrieben.

Immerhin kennt auch Sueton Taricheä als bedeutenden jüd. Ort (Titus, 4,4). Die Pökelfische und die fruchtbare Umgebung wurden von Strabo lobend hervorgehoben (XVI 2,4). Der ausgedehnte Handel brachte naturgemäß einen stärkeren hellen. Einfluß mit sich, wie auch die Anlage einer Pferderennbahn nahelegt (Jos.bell.Jud. II, 599). Rabbin. Nachrichten bringen M.s Untergang mit seiner Unmoral in Verbindung (Bill. I, 1047). Andererseits sollen in der Stadt auch Vorhänge für den Tempel gewoben worden sein (b Ket 106a). 44 n.Chr. fiel die Stadt mit dem übrigen Galiläa an die röm. Provinz *Judäa, wurde dann aber von Kaiser Nero (54-68 n.Chr.) an *Agrippa II. geschenkt (Jos.ant.Jud. XX, 159). Während des Jüd. Aufstands war M. ein Zentrum der *Zeloten in Galiläa (Jos.vita, 142). Die Befestigung erwies sich allerdings als nutzlos, weil der röm. Kronprinz Titus 66 n.Chr. vom See her angriff (bell.Jud. III, 462ff). Die Rebellen versuchten zwar auf Booten zu flüchten, wurden aber durch röm. Flöße versenkt. Unter den Bewohnern richteten die Soldaten ein furchtbares Blutbad an, die Stadt selber wurde jedoch nicht zerstört. Nach dem Bar-Kochba-Aufstand (132-135 n.Chr.) ließ sich in M. die Priesterordnung Jechezkel nieder (Dalman, 136). 1971-1977 wurde von den Franziskaner-Archäologen V. Corbo und S. Loffreda ein größeres Areal von M. ausgegraben. Man fand dabei nicht nur ein byzantin. Kloster, sondern auch Reste des ntl. Orts. Seine Architektur gibt ihm im Gegensatz zu einem Ort wie *Kapernaum einen ausgesprochen hellen.-städtischen Charakter. Trotz der Nähe zum See existieren z.B. eine verhältnismäßig hochentwickelte Wasserversorgungsanlage und Bäder in Privathäusern. In N-S-Richtung verlief eine schön gepflasterte Hauptstraße, an der später ein Aquädukt errichtet wurde. Aus ntl. Zeit stammen wohlhabende Wohnhäuser und Läden. Ein kleines Gebäude mit umlaufenden Sitzbänken und herzförmigen Ecksäulen dürfte eine *Synagoge aus der Zeit vor 70 n.Chr. sein. Schwer zu datieren ist in seinen einzelnen Phasen ein von vier überdachten Säulenhallen umgebener großer quadratischer Platz. Aus dem 1. Jh. n.Chr. stammt ein schönes Bootsmosaik (*Schiffe II). Nach Josephus besaß M. eine Fangflotte von 230 Booten (bell.Jud. I, 635). Ausgedehnte Hafenanlagen konnten über und unter Wasser nachgewiesen werden (C.T. Fritsch, I. Ben-Dor, BA 24, 1961, 56-58; M. Nun, Ancient Anchorages and Harbours, 1988, 20f).

An zwei Stellen der Evv. lesen wenige späte Handschriften den Namen M. als Landungsort Jesu nach der zweiten Brotvermehrung (Mt 15,32-39/Mk 8,1-10). Doch der ursprüngliche Text ist in Mt 15,39 *Magadan und in Mk 8,10 *Dalmanuta. Man hat in beiden Bezeichnungen Varianten bzw. Verderbnisse des Namens M. gesehen (Manns, Studia 329-331). Doch könnte mit den zwei Ortshinweisen auch der Siebenquell bei Tabgha gemeint sein (Kapernaum IV.). Es dürfte aber kein Zweifel daran bestehen, daß Jesus auch durch M. kam. Eine seiner treuesten Nachfolgerinnen, *Maria genannt Magdalena (Mt 27,55f; 28,1 und par.; Lk 8,1-3), stammte von hier. In byzantin. Zeit wurde ihr zu Ehren eine Kirche errichtet (ELS 261f), die noch nicht wiederentdeckt worden ist.

Literatur: F.M. Abel: Géographie de la Palestine I, [3]1967, 373.476f; W.F. Albright: AASOR 2/3 (1921/2), 29-46; A. Alt: Kleine Schriften II, [4]1978, 447-452; V.C. Corbo: SBFLA 24 (1974), 5-37; 28 (1978), 232-240; ders.: Studia Hierosolymitana I, 1976, 358-378; G. Dalman: Orte und Wege Jesu, [4]1967, 134-136; C. Kopp: Die heiligen Stätten der Evangelien, [2]1964, 246-251; G. Kroll: Auf den Spuren Jesu, [10]1988, 206-211; S. Loffreda: Studia Hierosolymitana I, 1976, 338-354; ders.: BeO 18 (1976), 133-136; F. Manns: Studia Hierosolymitana I, 1976, 307-337; ders.: MB 38 (1985) 43f; W.H. Mare: NIDBA 1983, 297. R.R.

MAGIE s. Zauberei

MAGOG s. Gog u. Magog

MAHANAJIM. (»Zwei Lager«). Ein Ort in *Gilead, wo *Jakob die Engel Gottes sah, bevor er *Pnuël erreichte und *Esau traf (1Mo 32,3). Zu einer Stadt der Merariter (Leviten) im Gebiet von Gad ernannt (Jos 21,38f; 1Chr 6,65), lag M. an der Grenze Gads zu Manasse hin (Jos 13,26.30). M. diente für kurze Zeit Isch-Boschel, Sauls Sohn, als Hauptstadt (2Sam 2,8.12.29), war später Davids Zufluchtsort vor Absalom (2Sam 17,24.27; 19,33; 1Kön 2,8) und wurde dann Amtssitz von Salomos Gebietsbeamten Ahinadab (1Kön 4,14). Die Lokalisierung von M. ist ungewiß (vgl. J.R. Bartlett in POTT, S. 252, Anm. 47). M. wird in der Mitte von N-Gilead als Chirbet Mahneh, 20 km nördl. des Jabbok lokalisiert. Aber da die Grenze Gads mit dem Flußufer des Jabbok zusammenfällt, verlegt man M. wahrscheinlich besser irgendwo an (oder mit Blick auf) das N-Ufer des Jabbok. M. lag in einiger Entfernung zum Jordan, je nachdem wie »Bitron« (2Sam 2,29) gedeutet wird. Wenn (wie allg. angenommen) Bitron »Spalte, Schlucht« bedeutet, ging *Abner vom Jordan aus das Jabboktal nach O entlang und durch dessen Engstelle, bevor er M. erreichte. Wenn man die Lesart von LÜ und RevEB zugrunde legt, brauchte Abner die ganze Nacht für seine Flucht nach O. Daher könnte sich M. vielleicht auch im Gebiet von Jerasch oder 10-15 km südsüdwestl. von Jerasch mit Blick auf das N-Ufer des Jabbok befunden haben (s. K.-D. Schunck, ZDMG 113, 1963, S. 34-40; *Gad, *Gilead). K.A.K.

MAHL/MAHLZEITEN.

I. AUSSERBIBLISCHE QUELLEN.

Die wahrscheinlich weltweit älteste Darstellung eines Banketts ist auf einem zylinderförmigen Lapislazuli-Siegel erhalten, das aus dem Schutthügel von Ur in Mesopotamien geborgen wurde. Das Kunstwerk stammt aus der Zeit der Königin Schub-ad (ca. 2600 v.Chr.) und befindet sich jetzt im Museum der Universität von Philadelphia (USA). Es zeigt ein Mahl, bei dem königliche Gäste auf niedrigen Schemeln sitzen und von Dienern in Wollkleidern Weinbecher gereicht bekommen. Ein Harfenist sorgt für musikalische Unterhaltung, während andere Diener den Gästen mit Fächern Kühlung verschaffen.

Ähnliche Szenen wurden auch von babylon. Künstlern in späterer Zeit festgehalten. Eine dieser Darstellungen, ein großes Flachrelief aus Assyrien, zeigt König Assurbanipal mit seiner Frau im Garten des königlichen Palastes in Ninive. Der König lehnt sich auf einem mit Kissen gepolsterten Diwan zurück und führt eine Schale Wein an seine Lippen. Seine Frau trinkt ebenfalls aus einer Schale, aber sie sitzt auf einem kleinen Stuhl, der eine Fußstütze hat. Wie bei dem Kunstwerk aus Ur stehen Diener mit Fächern bereit, um den Speisenden Luft zuzufächeln und Insekten zu vertreiben. Das Relief zeigt neben Weinreben und Palmen einige Musikinstrumente auf dem Boden, die auf die Hofmusikanten warten.

Das früheste detaillierte Menü, das wir kennen, bezieht sich auf ein Fest, das Assurbanipal II. zur Einweihung seines neuen Palastes in Nimrud gab. Zu dem Fest, das 10 Tage dauerte, waren 69 574 Gäste geladen. Die Einzelheiten sind auf einem Denkmal festgehalten, das 879 v.Chr. aufgestellt wurde (s. IBA, Abb. 43).

II. BIBLISCHE ZEUGNISSE.

1. Mahlzeiten im Palast.

Die eingangs beschriebene Eleganz war charakteristisch für das alte Mesopotamien, wurde aber von der Feinheit und dem feierlichen Rahmen, die die königlichen Mahlzeiten im alten Ägypten prägten, weit übertroffen. Wandmalereien in Gräbern und anderen Ge-

Elamitische Gefangene, die beim Essen und Trinken von einem assyrischen Soldaten bewacht werden. Ninive, Palast des Assurbanipal, ca. 640 v.Chr. (BM)

bäuden haben bemerkenswerte Zeugnisse für die Pracht solcher Feiern geliefert, wie das Geburtstagsbankett des Pharao im Palast zu *Josefs Zeit eine war (1Mo 40,20). Bei solchen Gelegenheiten saßen die Gäste, mit Perücken bekleidet und parfümiert, auf Sofas vor niedrigen Tischen. Aufgetragen wurden eine große Auswahl an gebratenem Geflügel, Gemüse, Rinderbraten, vielerlei Pasteten und Konfekt. Beliebte Getränke waren Bier, aus Gerste gebraut, und Wein. Abbildungen auf Grabwänden zeigen Diener, die große Weinbehälter hereintragen und den Gästen gebogene Glasröhren als »Trinkhalme« reichen.

Essensbräuche im Persien des 5. Jh.v.Chr. sind im Buch Ester überliefert, das nicht weniger als fünf Festbankette in Susa beschreibt. Eines dieser Feste, das vom König zu Ehren von Fürsten und Heerführern aus Persien und Medien gegeben wurde, dauerte 180 Tage (Est 1,3ff). Diesem folgte ein 7tägiges Bankett im königlichen Garten, zu dem alle Palastbediensteten eingeladen wurden. Vor der Sonne schützten die Gäste Baldachine in den persischen Königsfarben blau, grün und weiß; die Diwane waren mit Gold und Silber eingelegt. Weiter berichtet das Buch Ester von einem Fest, das für die Frauen des Palastes gegeben wurde (Est 1,9), dem Hochzeitsfest der Königin Ester (2,16-18), einem Wein-Bankett, das Ester für Ahasveros und Haman gab (5,4; 7,1-8), und vom jüd. Purimfest (9,1-32).

Im Gegensatz dazu waren die M. im hebr. Palast bis zu den Tagen Salomos einfach. Gäste und Gefolgsleute waren schon zur Zeit Sauls zahlreich, und wenn man die Einladung des Königs, mit ihm zu speisen, ablehnte, konnte man sich seinen Unwillen zuziehen (1Sam 20,5-7). Die Großzügigkeit Davids zeigte sich darin, daß er Mefi-Boschet, den verkrüppelten Sohn Jonatans und Erben Sauls, an seine Tafel lud (2Sam 9,7). Salomo ahmte in der Ausführung und Pracht seiner Feste die Monarchen der Nachbarstaaten nach. Im Sommer soll Salomo M. in einem Garten gehalten haben, wie er im Hohenlied beschrieben wird. Am königlichen Hof in *Samaria versorgte die Königin *Isebel ein Gefolge von 400 Propheten der Aschera und 450 Propheten Baals (1Kön 18,19). Die Armut Judas nach der babylon. Gefangenschaft bildete einen scharfen Gegensatz zu der Verpflegung, die der Statthalter *Nehemia zur Verfügung stellte. Er bewirtete neben 150 Juden noch weitere Gäste; für den täglichen Bedarf standen ihm sechs Schafe, ein Ochse, Geflügel, Obst und Wein zu (Neh 5,17-19).

2. Mahlzeiten der einfachen Bevölkerung.

Für die arbeitende Volksschicht in bibl. Zeit sah die Situation ganz anders aus. Der Tag begann früh; die Arbeiter trugen kleine Brote, Ziegenkäse, Feigen, auch Oliven in ihren Gürteln und aßen auf dem Weg zur Arbeit. Die Ägypter hatten ihre Hauptmahlzeit offenbar mittags (1Mo 43,16), aber hebr. Arbeiter waren gewöhnlich mit einem leichten Essen und einer Ruhepause zufrieden (Rut 2,14). Diese Mahlzeit auszulassen und nur am Abend zu essen bedeutete zu fasten (Ri 20,26; 1Sam 14,24). Das Abendessen als wichtigste Tagesmahlzeit fand nach getaner Arbeit statt (Rut 3,7). Wenn das Essen vorbereitet war, speiste die ganze Familie zusammen, gegebenenfalls mit Gästen. Bei festlichen Gelegenheiten war es üblich, für Unterhaltung zu sorgen; dazu gehörten Rätsel (Ri 14,12), Musik (Jes 5,11f) und Tanz (Mt 14,6; Lk 15,25). Z.Zt. der Erzväter saß man beim Essen in einer Gruppe auf dem Boden (1Mo 18,8; 37,25); später wurde es üblich, nach ägypt. Art an einem Tisch zu sitzen (1Kön 13,20; Ps 23,5; Hes 23,41), wahrscheinlich in halbliegender Stellung (Est 7,8).

3. Sitzgelegenheiten.

In ntl. Zeit wurden M. oft im *Obergemach eingenommen (vgl. Mk 7,28). Gäste durften auf Sofas Platz nehmen, die an drei Seiten eines niedrigen Tisches aufgestellt waren. Auf

Ein ägyptisches Bankett. Die Gäste, die durch Salbkegel auf ihren Köpfen erfrischt werden, werden von einem blinden Harfenisten unterhalten. Gemälde im Grab des Schreibers Nakht in Theben. 18. Dynastie, ca. 1415 v.Chr. (RS)

Bankettszene auf einem frühen Zylinder-Siegel aus Ur, mit Abdruck. Die untere Reihe zeigt u.a. einen mit Früchten gedeckten Tisch und einen Musiker, der Gäste unterhält. Ca. 2600 v.Chr. (UMUP)

jedem Sofa befanden sich Kissen, auf denen nach griech.-röm. Sitte der linke Ellbogen ruhte, während der rechte Arm frei blieb. Die Gäste ließen sich so auf den Sofas nieder, daß jeder seinen Kopf an der Brust des hinter ihm Liegenden anlehnen konnte. Er lag so »an der Brust« seines Nächsten (Joh 13,23; vgl. Lk 16,22), dessen unmittelbare Nähe es erlaubte, vertrauliche Unterhaltungen zu führen. Der Ehrenplatz oder das »höchste Sofa« befand sich gleich rechts neben dem Eingang, durch den die Diener eintraten, um das Essen zu servieren. Umgekehrt war der »niedrigste Raum« links von den Dienern, direkt gegenüber dem »höchsten Sofa«. Die drei Gäste auf jedem Sofa wurden als höchster, mittlerer und niedrigster bezeichnet, da der Gast, der an der Brust eines anderen ruhte, immer unter ihm zu sein schien. Der begehrteste Platz (Mt 23,6) war daher der »höchste« auf dem »höchsten Sofa«.

4. Das Essen.

Die Hauptmahlzeit des Tages fand meistens in entspannter, fröhlicher Stimmung statt. Gäste wuschen immer ihre Hände, bevor sie am Mahl teilnahmen, da alle aus einer Schüssel aßen. Das war eine große Keramikschale, die mit Gemüse und Fleisch gefüllt auf dem Tisch in der Mitte stand. Im AT wird nur berichtet, daß vor dem Essen ein Segen gesprochen wurde (1Sam 9,13), aber das NT erwähnt des öfteren, daß Jesus ein Dankgebet sprach, bevor das Mahl begann (Mt 15,36; Lk 9,16; Joh 6,11).

Während normalerweise jeder Gast seine Hand in die gemeinsame Schüssel tauchte (Mt 26,23), kam es doch auch vor, daß jedem Gast getrennte Portionen vorgelegt wurden (1Mo 43,34; Rut 2,14; 1Sam 1,4f). Zwischen dem Daumen und zwei Fingern der rechten Hand hielt man kleine Brotstücke, die man in die Schüssel tauchte (Joh 13,26). Zum Abschluß des Mahles sprach man gewöhnlich noch einmal ein Dankgebet, wie es nach 5Mo 8,10 geboten war; danach wuschen die Gäste ihre Hände ein zweites Mal.

Berichte wie von Rut (Rut 2,14), Elkana und seinen beiden Frauen (1Sam 1,4f) sowie den Töchtern und Söhnen Hiobs (Hiob 1,4) lassen darauf schließen, daß die Frauen zusammen mit den Männern aßen.

In atl. Zeit teilte das Familienoberhaupt das Essen aus (1Sam 1,4), nachdem es zubereitet war (1Sam 9,23f). Die Größe der Portionen konnte davon abhängen, welcher der Anwesenden ihm besonders lieb und wichtig war (1Mo 43,34; 1Sam 1,5).

5. Besondere Mahlzeiten.

Besondere Feste wie Geburtstage, Hochzeiten oder die Anwesenheit eines Ehrengastes wurden aufwendiger gestaltet. Die Besucher wurden vom Gastgeber mit einem Kuß empfangen (Lk 7,45) und erhielten ein erfrischendes Fußbad (Lk 7,44). Zu bestimmten Anlässen wurde besondere Kleidung bereitgelegt (Mt 22,11), die Gäste wurden mit Blütenkränzen geschmückt (Jes 28,1). Wenn es einen wichtigen Anlaß zu feiern gab, wurden Kopf, Bart, Gesicht und manchmal auch die Kleidung parfümiert oder gesalbt (Ps 23,5; Am 6,6; Lk 7,38; Joh 12,3). Das Bankett selbst fand unter der Leitung einer besonderen Person statt, die in ntl. Zeit als »Speisemeister« bekannt war (Joh 2,8); er kostete die verschiedenen Gerichte und Getränke, bevor sie auf den Tisch kamen.

Die Gäste nahmen ihrem Rang entsprechend Platz (1Mo 43,33; 1Sam 9,22; Mk 12,39; Lk 14,8; Joh 13,23), und bekamen häufig einzelne Portionen gereicht (1Sam 1,4f; 2Sam 6,19; 1Chr 16,3). Ehrengäste wurden meistens mit größeren (1Mo 43,34) oder delikateren (1Sam 9,24) Portionen als die übrigen Gäste bewirtet.

Z. Zt. des Paulus war ein Bankett eine ausgedehnte Mahlzeit, der gewöhnlich ein Symposium, eine intellektuelle Diskussion, folgte. Dabei dauerten die Unterhaltungen oft bis spät in die Nacht und behandelten Themen aus Politik und Philosophie.

6. Mahlzeiten, bei denen Jesus anwesend war.

Das NT verzeichnet mehrere Anlässe, bei denen Jesus Gast eines Mahles war. Das Hochzeitsfest in Kana (Joh 2,1-11) war ein Fest, für das formelle Einladungen ausgegeben worden waren; so war es auch im Gleichnis von der königlichen Hochzeit (Mt 22,2-14). Das Bankett, zu dem Matthäus eingeladen hatte (Mt 9,10), folgte dem Muster der griech.-röm. M. im 1. Jh. n.Chr. Jesus lag zu Tisch mit seinen Jüngern, den Zöllnern und anderen geladenen Gästen. Wahrscheinlich war das Eßzimmer zur Straße hin offen und nur mit Vorhängen in der Nähe des Eingangs vor neugierigen Blicken der Passanten geschützt. Die Sitte jener Zeit erlaubte es den Leuten jedoch, durch die Vorhänge zu sehen und über die Anwesenden zu sprechen. Diese Gegebenheit könnte den Pharisäern Anlaß zur ihrer Kritik an Jesus gegeben haben, daß er mit Zöllnern und Sündern aß (Mt 9,11).

Bei einer ähnlichen Gelegenheit (Lk 7,36-50) wurde Jesus von einer vorübergehenden Frau erkannt, die mit einem Alabasterkrug zurückkehrte und Salbe auf Jesu Füße goß. Ihre Handlung hat man so gedeutet, daß sie die traditionelle Salbe der Gastfreundschaft brachte, die der Gastgeber zurückgehalten hatte. Er scheint auch kein Wassergefäß aufgestellt zu haben, in dem der Gast seine Füße waschen konnte – eine Unterlassung, die in jenen Tagen einen schweren Verstoß gegen die Gastlichkeit bedeutete. Das Essen, das Jesus in *Jericho von Zachäus gegeben wurde (Lk 19,6), war wahrscheinlich sehr großzügig. Bescheidener waren die M. in *Betanien (Lk 10,40; Joh 12,2) und in Emmaus (Lk 24,30-33) am ersten Ostertag. Lk 11,37-42 berichtet, daß Jesus das traditionelle Waschen der Hände vor dem Essen unterließ, um eine geistliche Lehre zu erteilen (Lk 11,37-42).

7. Mahlzeiten auf Reisen.

Auf Reisen in Gegenden, in denen man nicht mit Gastfreundschaft rechnen konnte, nahm man im allg. einen Vorrat an Wasser (1Mo 21,14) und Nahrungsmitteln mit wie Feigen- oder Rosinenkuchen, Brot und geröstetes Korn. Die Lage derer, die »vergessen hatten, Brot mitzunehmen« (Mk 8,1-9.14) konnte unter Umständen bedrohlich werden.

III. RELIGIÖSE BEDEUTUNG VON MAHLZEITEN.

1. In den semitischen Kulten.

Der Gemeinschaftsaspekt eines Mahles wurde bei allen semit. Völkern in die rel. Sphäre übertragen. Archäologische Entdekkungen in *Ugarit (Ras Schhamra) haben die weite Verbreitung solcher M. in der kanaan. Religion gezeigt. Baal-Tempel wurden häufig mit lang andauernden Festen eingeweiht. In *Sichem zeigen die Überreste eines Hyksos-Tempels, daß es Räume für Bankette gab, die sich den Opferritualen anschlossen. Die Hebräer suchten sowohl Gemeinschaft mit Gott als auch Vergebung durch bestimmte Mahle (*Passa, *Opfer, *Feste), bei denen jeweils Blut und Fett eines Opfertieres Gott gehörten, während die Priester und das Volk festgelegte Anteile empfingen (3Mo 2,10; 7,6). Solche Opferfeste waren in der Königszeit allg. üblich (1Sam 9,11-14.24; 1Chr 29,21f; 2Chr 7,8-10), allerdings ohne die für kanaan. rel. Feiern charakteristischen Ausschweifungen.

2. Im Christentum.

Das heilige Mahl der Christen ist das *Abendmahl, das von Christus vor seiner Kreuzigung eingesetzt wurde (Mk 14,22-25; Mt 26,26-29; Lk 22,14-20). In der frühen Kirche ging das Agape-Mahl (Liebesmahl), ein Gemeinschaftsmahl als Kennzeichen brüderlicher Liebe unter Gläubigen, häufig der Feier des Abendmahls voraus (vgl. *Götzenopferfleisch).

Literatur: EB(C)3, 2989-3002; E.W. Heaton: Everyday Life in Old Testament Times 1956, S. 81ff; A.C. Bouquet: Everyday Life in New Testament Times, 1954, S. 69ff. R.K.H.

MAJESTÄT. Der Begriff »Majestät« (hebr. *gōdäl, hōd, ga'ōn, kābōd*; griech. *megaleiontēs, megalōsynē*) erscheint in der LÜ des AT und NT etwa zehnmal. Es handelt sich um einen altertümlichen Begriff, der darum in neueren Übersetzungen fast immer durch andere Worte wie »Größe«, »Hoheit« oder »Herrlichkeit« ersetzt und angemessener wiedergegeben wird. Seinen speziellen Inhalt bekommt der Begriff durch die traditionelle höfische Sprache. »Majestät« besitzt der ägypt. Pharao und wird dementsprechend unterwürfig von *Mose und *Aaron angeredet (2Mo 8,5). Der Wortlaut der EÜ ist an dieser Stelle besser: »Verfüg über mich«, denn der Begriff »Majestät«, der im Deutschen die Verfügungsgewalt noch einmal verstärkt, hat im hebr. Text keinen direkten Anlaß. In ähnlicher Ausdrucksweise wird Est 1,4 vom babylon. König gesprochen. Die Befürchtung des einflußreichen Silberschmiedes in *Ephesus, daß die Stadtgöttin Artemis ihre göttliche Anerkennung einbüßt, wird ebenfalls dadurch unterstrichen, daß ihre Berühmtheit durch das Attribut M. hervorgehoben wird (Apg 19,27). In bezug auf die Aussagen über Gott wirken diese höfischen Vorstellungen nach und werden auch auf den »König der Könige« übertragen. So redet der König *David, wie es sicher zum guten Stil an seinem Königshof dazugehörte, Gott im Gebet mit einer ganzen Ansammlung von überschwenglichen Ehrenbezeichnungen an: »Dein, Herr, sind Majestät und Kraft und Glanz und Hoheit . . .« (1Chr 29,11; EÜ: Größe; vgl. auch den Lobpreis Gottes am Schluß des Judasbriefes, Jud 25).

Ein ähnlicher Stil findet sich auch in der Sprache des Propheten *Jesaja (Jes 2,10, hebr. *ga'ōn*; vgl. Jes 3,8, hebr. *kābōd*) und besonders bei Hiob, wo er in der Gottesrede provozierend aufgefordert wird (Hiob 40,10): »Schmücke dich mit Pracht und Hoheit; zieh Majestät und Herrlichkeit an!«

Die Kennzeichen des irdischen Königs (vgl. z.B. Ps 21,6; 45,4) werden damit ohne weiteres auf Gottes Königsherrschaft übertragen (vgl. Ps 96,6; zu Chr 29,11 s.o.). Nicht immer handelt es sich allerdings um eine solch überlegene, abstrakt anmutende Herrscherfülle; 5Mo 5,24 blickt vielmehr sehr konkret auf die Heilstat Gottes im Ereignis der Rettung Israels aus der Sklaverei in Ägypten zurück:

»Siehe, der Herr . . . hat uns seine Herrlichkeit und Macht gezeigt . . .« (nach der besseren EÜ; vgl. auch 5Mo 3,24; 9,26; 11,2 und auch 32,3).

Eine besondere Note enthalten die beiden Stellen im Hebräerbrief, in denen »Majestät« als Umschreibung des Gottesnamens erscheint: Hebr 1,3; 8,1 (vgl. 12,2). Im Anschluß an die griech. Übersetzung des AT wird im NT durchweg der Gottesname mit »Herr« anstelle von »Jahwe« wiedergegeben. Darüber hinaus sind wie im *Judentum weitere ehrfurchtsvolle Umschreibungen des Gottesnamens gebräuchlich (ähnlich wie hier im Hebräerbrief spricht Jesus von Gott als Kraft (griech. *dynamis*; Mk 14,62), oder Lukas beschreibt das Staunen der Menschenmenge (Lk 9,43; vgl. auch 2Petr 1,17). Diese sehr sensible Art im Sprechen von Gott bildet ein verbindendes Glied zwischen Christentum und Judentum.

Literatur: C. Spicq: Notes de Lexicographie Neotestamentaire Bd. 2 (OBO 22,2) 1978, S. 546.G.Sch.

MAHLEN s. Mühle

MAKHELOT. »Zusammenkünfte«. Lagerplatz der Israeliten in der Wüste (4Mo 33,25), vielleicht Kuntillat Quraja oder Ajrud, ca. 50 km südl. von *Kadesch-Barnea. Hier finden sich Brunnen und eine Zisterne (vgl. *Wüstenwanderung).

MAKKABÄER. (Wahrscheinlich abzuleiten von hebr. *maqqābāh*, »Hammer«). M. war ursprünglich der Beiname des jüd. Freiheitskämpfers *Judas, der im 2. Jh. v.Chr. eine Aufstandsbewegung gegen die von Syrien ausgehende hellen. Überfremdung anführte. Später ging der Name M. auf die ganze Familie des Judas und die ganze Bewegung über. Noch heute hat der Begriff M. im *Judentum einen starken symbolischen Wert im Sinne von Selbstbehauptung.

I. DIE GRÜNDE FÜR DEN MAKKABÄER-AUFSTAND.

Palästina geriet nach dem Tode *Alexanders des Großen (323 v.Chr.) zunächst unter die Herrschaft des ägypt. Ptolemäerreiches. Während dieser Zeit infiltrierte die hellen. Kultur, die sich seit dem Alexanderzug im ganzen Vorderen Orient verbreitete, zwar das Judentum, vermochte dessen Identität jedoch nicht ernsthaft in Frage zu stellen. Die Situation änderte sich aber, als Palästina an das Diadochenreich der Seleukiden in Syrien fiel (200 v.Chr.; nach älterer Datierung: 198). Kurze Zeit nach diesem Herrschaftswechsel begann unter dem syr. König Antiochus IV. Epiphanes (175-164 v.Chr.) eine programmatische Hellenisierung des Judentums, die in weiten Kreisen der Bevölkerung (vor allem in der Oberschicht) wegen der Überlegenheit der hellen. Kultur durchaus auf Zustimmung stieß. In Jerusalem wurde ein Gymnasium erbaut, in dem junge Männer unbekleidet Sport trieben. Im Tempel wurde an der Stelle des Brandopferaltars ein heidnischer Altar errichtet. Die jüd. Religion drohte in die allg. Religionsmischung hineingezogen zu werden und ihre Konturen zu verlieren und wurde schließlich ganz verboten; unter Androhung der Todesstrafe war es nun untersagt, den Sabbat zu halten und Kinder beschneiden zu lassen. Konservative jüd. Kreise ließen sich dadurch freilich nicht einschüchtern und nahmen lieber Martyrium und Tod in Kauf, als ihren Glauben preiszugeben; ein beredtes Zeugnis dieser Unbeugsamkeit bietet 2Makk 7 (Martyrium der sieben Brüder und ihrer Mutter).

II. DER BEGINN DES MAKKABÄER-AUFSTANDS.

Über den Beginn des M.-Aufstands (167 v.Chr.) informiert uns 1Makk 2,15-28: Bei ihren Bemühungen, die Bevölkerung zum Abfall vom jüd. Glauben zu bewegen, kamen die Abgesandten des syr. Königs auch nach Modein, einem Dorf nordwestl. von Jerusalem. Der alte Priester Mattatias widersetzte sich dem Ansinnen der Kultgesandten und erschlug einen Juden, der bereit war, auf einem heidnischen Altar zu opfern. Er tötete auch einen königlichen Beamten und floh daraufhin mit seinen fünf Söhnen und einer Schar Gleichgesinnter in die Wüste *Juda, um von hier aus die *Hellenisten zu bekämpfen.

Bereits der Beginn des M.-Aufstands mit der Tötung eines Juden macht deutlich, daß es hier nicht nur um Widerstand gegen eine Fremdherrschaft (die der *Seleukiden) ging, sondern zugleich um ein Kräftemessen zwischen orthodoxen und liberalen, reformwilligen Kreisen im Judentum selbst. Insofern war der M.-Aufstand in gewisser Weise auch ein Bürgerkrieg, obwohl er in die Geschichte primär als Krieg gegen die Seleukiden eingegangen ist. Dabei muß man berücksichtigen, daß auch die liberalen, reformwilligen Kreise ein – aus ihrer Sicht – berechtigtes Anliegen vertraten: Sie wollten sich so weit wie möglich an den Hellenismus annähern und dürften wohl ihrerseits behauptet haben, damit einen Beitrag zur Erneuerung des Glaubens der Väter zu leisten.

III. DER WEITERE VERLAUF DER ERHEBUNG.

Nachdem Mattatias 166 v.Chr. gestorben war, ging die Leitung seines Partisanenunternehmens in die Hände seines Sohnes Judas über, der den Beinamen M. erhielt (s.o.). Judas operierte kraftvoll und geschickt und wird

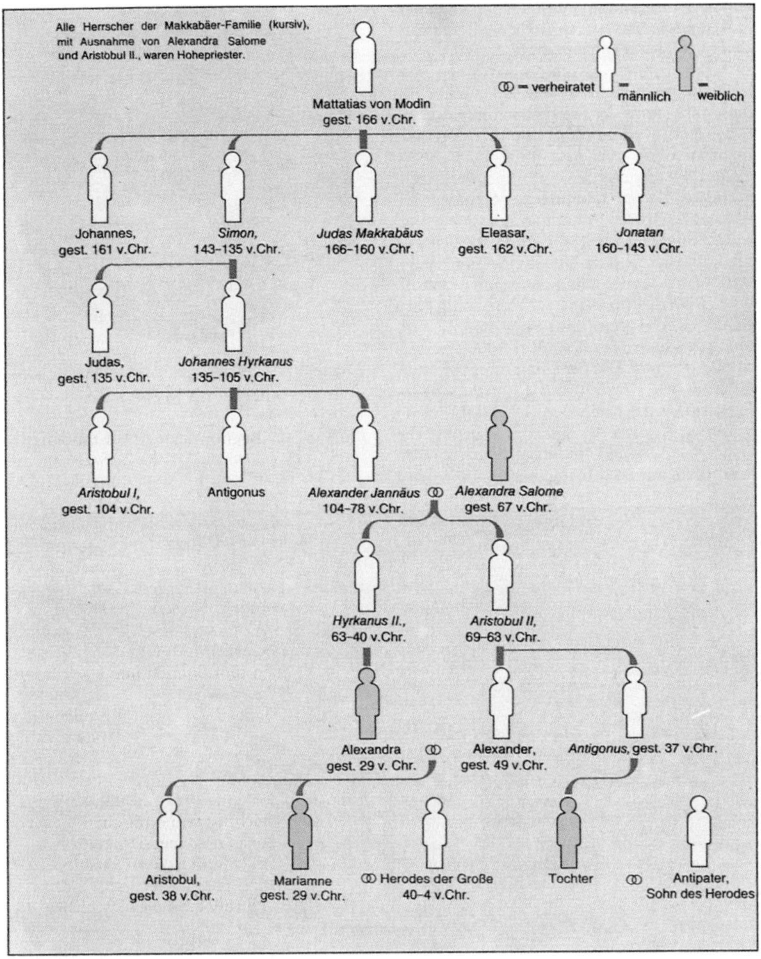

Die Familie der Makkabäer

völlig zu Recht als jüd. Nationalheld angesehen. Ohne sein Auftreten wären die Juden durch die Seleukiden möglicherweise um ihre Identität gebracht worden und wären vielleicht – ähnlich wie die Nachfahren der alten Phönizier und *Philister – vollständig in der Kultur des Hellenismus aufgegangen.

Antiochus IV. hatte im O gegen die Parther zu kämpfen und schickte gegen den aufständischen Judas und dessen Freischaren seinen Militärgouverneur *Lysias ins Feld. Es gelang Judas, den syr. Einheiten mehrere empfindliche Niederlagen beizubringen und schließlich siegreich in Jerusalem einzuziehen. Er reinigte den Tempel von heidnischen Kulten und stellte am 25. Kislev (Dezember) des Jahres 164 v.Chr. den levitischen Opferkult wieder her; dieses Ereignisses wird seitdem im Judentum alljährlich im Fest der *Tempelweihe (Chanukka-Fest) gedacht (vgl. Joh 10,22).

Nun neigte sich das Kriegsglück jedoch den Syrern zu. Aber in Syrien ausbrechende Thronstreitigkeiten hinderten Lysias daran, seine Überlegenheitsposition voll ausspielen zu können; er schloß mit den Juden ein Übereinkommen, das ihnen freie Religionsausübung gestattete um den Preis, daß sie die syr. Oberhoheit anerkannten (162 v.Chr.).

Während weite Teile des jüd. Volkes mit diesem Ergebnis des Freiheitskampfes zufrieden waren, wollten Judas und seine Freunde mehr: nämlich auch die politische Unabhängigkeit. Im Verlauf der nun folgenden wechselhaften Kampfhandlungen fiel Judas 160 v.Chr., sein Bruder *Jonatan trat an seine Stelle. Durch geschicktes Taktieren vermochte es Jonatan, den Syrern eine Reihe von Zugeständnissen abzuhandeln und seinen Einflußbereich beträchtlich zu erweitern. Schließlich gelang es ihm sogar (mit Hilfe der Zustimmung der Syrer), das Amt des Hohenpriesters zu übernehmen. Die Personalunion von militärischer und priesterlicher Tätigkeit schadete allerdings der Sache der M. beträchtlich; in frommen Kreisen der jüd. Bevölkerung, die bisher den Aufstand mitgetragen hatten, kam Bestürzung auf: der Hohepriester durfte sich

Kleine Bronzemünze der Makkabäerzeit, 135–105 v.Chr. Durchmesser 13 mm. (RG)

nicht, so meinte man hier, durch das Kriegshandwerk beflecken.

Nach dem Tode Jonatans (ermordet 143

Architektur der Makkabäerzeit: das sog. »Zachariasgrab« im Kidrontal, Jerusalem, 2.–1. Jh. v.Chr. (RS)

v.Chr.) rückte sein Bruder *Simon an die Spitze der makkabäischen Bewegung. Er nahm jene Doppelfunktion ein, die auch Jonatan innegehabt hatte: Feldherr (und damit auch informeller politischer Führer) der Juden und Hoherpriester. Es gelang Simon, Syrien gegenüber Steuerfreiheit zu erwirken, womit das Judentum de facto in die Selbständigkeit geführt war (142 v.Chr.). In 1Makk 14 wird die Zeit des Simon, die eine relativ friedliche Epoche war, überschwenglich gepriesen. Freilich sorgte die von Simon weitergeführte Personalunion von militärisch-politischer und priesterlicher Tätigkeit weiterhin für massive interne Spannungen im Judentum.

Ab der Zeit des Simon nennt man die M.-Familie auch Hasmonäer (nach Hasmon, dem Großvater oder Urgroßvater des Mattatias); mitunter wird diese Bezeichnung auf die gesamte M.-Familie ausgedehnt.

IV. DIE DYNASTIE DER HASMONÄER.

Simon wurde im Jahre 140 v.Chr. aufgrund seiner Verdienste vom Volk als Hoherpriester, Heerführer und Ethnarch (politischer Führer) bestätigt. Damit war eine neue jüd. Dynastie begründet, die der Hasmonäer, die später sogar die Königswürde für sich beanspruchte (unter Aristobul I., 104-103 v.Chr.).

Nach Simon, der 134 v.Chr. einem Mordanschlag zum Opfer fiel, gelangte sein Sohn Johannes Hyrkan I. an die Macht. In seiner langen Amtszeit (134-104 v.Chr.) bewies er eine glückliche Hand als Heerführer und konnte den jüd. Machtbereich beträchtlich erweitern. 128 v.Chr. zerstörte er den Tempel der Samaritaner auf dem *Garizim und später auch das hellen. Kulturzentrum *Samaria. Ferner fiel Hyrkan in das Gebiet der Idumäer (*Idumäa) ein und zwang die idumäische Bevölkerung, sich zum Judentum zu bekehren.

Mit diesem unverhohlenen Machtstreben des Hasmonäerherrschers Hyrkan waren die gesetzestreuen Kreise der sog. Chassidim, d.h. jene bereits genannten Frommen, die zunächst den makkabäischen Aufstand unterstützt hatten, nicht einverstanden. Wie sie bereits Jonatan und Simon abgelehnt hatten, so stellten sie sich nun auch gegen Hyrkan.

Nach dem Tode Hyrkans riß sein Sohn Aristobul I. die Herrschaft an sich. Er gebärdete sich wie ein orientalischer Despot und legte sich den Königstitel zu (s.o.). In religionsgeschichtlicher Hinsicht sehr bedeutsam war es, daß Aristobul Galiläa eroberte und die Bevölkerung zwangsjudaisierte. Das Heimatland Jesu war seit dem Fall des Nordreichs (722 v.Chr. Zerstörung Samarias durch die Assyrer) von einer Mischbevölkerung besiedelt gewesen und hatte sich bisher jüd. Einfluß weitgehend entziehen können.

Auf Aristobul I. folgte sein Bruder Alexander Jannäus (103-76 v.Chr.). In den vielen Kriegen, die er führte, war er meist erfolgreich; er eroberte so viele Gebiete hinzu, daß es fast so aussah, als sei das alte Davidsreich wiedererstanden. Blutig unterdrückte er Unruhen in der Bevölkerung, die durch den andauernden Widerspruch der Frommen gegen die Hasmonäerherrschaft zustande kamen. Nach seinem Tode übernahm seine Gattin Salome Alexandra die Regierung; sie erwies sich als eine weise und behutsam vorgehende Königin. Vor allem gelang es ihr, sich mit den Pharisäern zu verständigen, die zu den frommen Gruppen gehörten, die aber ihr Mann blutig verfolgt hatte. Als Salome Alexandra 67 v.Chr. starb, kam es zwischen ihren beiden Söhnen Hyrkan II. und Aristobul II. zum Kampf um die Macht. In diese Auseinandersetzung griffen die Römer ein, indem sie ihrerseits die Oberhoheit an sich zogen und damit den Untergang des hasmonäischen jüd. Königtums, das inzwischen völlig abgewirtschaftet hatte und sich nicht mehr auf die Unterstützung des Volkes berufen konnte, herbeiführten (63 v.Chr. Besetzung Jerusalems durch Pompeius).

Literatur: E. Bickermann: Der Gott der Makkabäer. Untersuchungen über Sinn und Ursprung der makkabäischen Erhebung, 1937; T. Fischer: Seleukiden und Makkabäer, 1980; S. Herrmann: Geschichte Israels in alttestamentlicher Zeit, 21980, S. 432-477; J. Maier: Grundzüge der Geschichte des Judentums im Altertum, 1981, S. 25-58; B. Reicke: Neutestamentliche Zeitgeschichte, 31982, S. 56-83; E. Schürer: Geschichte des jüdischen Volkes im Zeitalter Jesu Christi. 1.Bd., 1964 (1901), S. 165-301. W.R.

MAKKEDA. Eine Stadt in der *Schefela, die von *Josua eingenommen wurde (Jos 10,28; 12,16), in der Gegend von *Lachisch (Jos 15,41). Die Könige der *Amoriter versteckten sich in einer Höhle in der Nähe von M. nach ihrer Niederlage, wurden von Josuas Leuten entdeckt, gefangengenommen und getötet (Jos 10,16ff). Eusebius (*Onom. S. 126) lokalisierte M. 8 röm. Meilen östl. bzw. südöstl. von Eleutheropolis (Bēt dschibrīn; vgl. LDB, 226f). J.P.U.L.

MAL, MALZEICHEN.

1. Feldzeichen zur Erinnerung (vgl. 2Mo 17,15), häufig ein einzeln aufgerichteter Stein (1Mo 28,18) oder ein Steinhaufen (1Mo 31,51.52). *Jakob setzte einen Stein als M. (wohl auch zum Schutz des Grabes) auf das Grab *Rahels (1Mo 35,20), und *Absalom

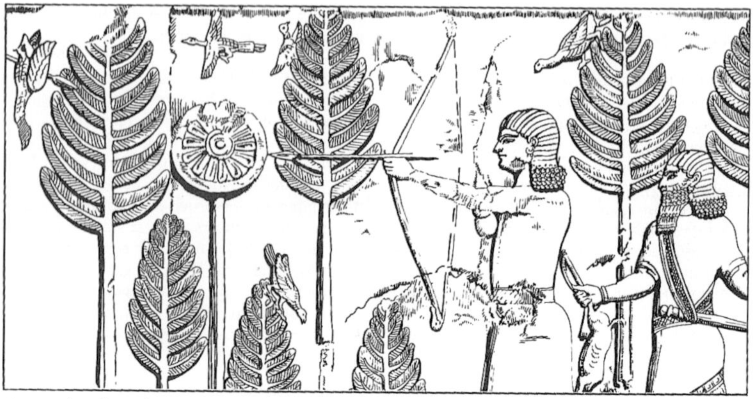

Ein Malzeichen, das ein assyrischer Bogenschütze zwischen Bäumen aufgestellt hat. Relief aus dem Palast Sargons II. (721–705 v.Chr.) in Chorsabad.

setzte sich selbst ein M. (LÜ: Säule; RevEB: Gedenkstein; hebr. *mazzebah*, s. *Massebe) »zu seines Namens Gedächtnis« (2Sam 18,18). Wo solche Steinmale aber nach heidnischer Sitte zu Anbetungsstätten wurden, waren sie verboten (3Mo 26,1).

2. Das M. in 3Mo 19,28; 21,5 (wörtl. »Einschnitt«) ist eine selbst beigebrachte Verletzung, ein in Israel verbotener heidnischer Trauerbrauch (vgl. auch 1Kön 18,28).

3. Paulus sagte, daß er die »Malzeichen Christi an seinem Leibe trage« (Gal 6,17). Das griech. Wort *stigma*, das er hier verwendet, bezeichnet u.a. das Eigentumszeichen des Besitzers, das dem Sklaven in die Haut gebrannt wurde. Vermutlich denkt Paulus dabei an die Narben, die er etwa bei der Steinigung in *Lystra (Apg 14,19) und sonst (vgl. 2Kor 11,23-25) davongetragen hat (vgl. auch 2Kor 4,10).

4. Das antichristl. M. des Tieres (Offb 13,16f; 14,9.11; 16,2; 19,20; 20,4) ist nach dem griech. Wort ein Stempel, ein eingeritztes oder eingebranntes Zeichen (*charagma*), das alle, die sich der Herrschaft des *Antichristen unterwerfen, auf die Stirn oder die rechte Hand empfangen werden. Das M. besteht aus dem Namen des Tieres oder seiner Zahl (Offb 13,17f; vgl. dagegen Offb 7,3ff; 14,1; 22,4).

MALCHUS. (Griech. *Malchos*, hebr. *Mäläk*, aus semit. Wurzel *mlk*, König). Diener des *Hohenpriesters *Kaiphas, dem *Petrus in *Gethsemane bei der Gefangennahme *Jesu das rechte Ohr abschlägt (Joh 18,10; Lk 22,50; Mk 14,47; Mt 26,51). Malchus (andere griech. Formen auch *Malichos* und *Malchaios* u.a.) war ein verbreiteter *nabatäischer Eigenname, den auch Könige trugen (Malchus I., 50-28 v.Chr.; Malchus II., 40-71 n.Chr.). Auch Josephus (ant.Jud. 13,131; vgl. 1Makk 11,39 LXX) kennt einen »Araber« namens M. Daraus und aus zahlreichen palmyrenischen (s. *Tadmor) Inschriften hat man geschlossen, daß M. ein arab. Sklave gewesen sein könne. Im Haushalt des Hohenpriesters hatte er noch einen Verwandten (Joh 18,26). Die ausführlichsten Informationen über M. stammen von *Johannes, der mit dem Hohenpriester und offenbar auch mit dessen Haushalt bekannt war (Joh 18,15). *Lukas ergänzt, daß Jesus die Wunde heilt (Lk 20,51), ein besonderes Beispiel für eine medizinisch-chirurgische *Krankenheilung Jesu ohne psychosomatisches Element.

Petrus bewies mit seinem Angriff auf M. nicht nur spontanen physischen Mut, sondern auch absichtsvolles Handeln: nach 2Sam 10,4 (vgl. Mt 21,35) war es nicht ungewöhnlich, den Diener anstelle des Herrn zu bestrafen, um damit diesen zu erniedrigen; darüber hinaus war die Verletzung der Ohren, namentlich des rechten, ein stellvertretender Akt besonderer Schwere gegen den Diener eines Hohenpriesters; so berichtet Josephus (ant.Jud. 14,366), daß das Abschlagen der Ohren den Verstümmelten vom Amt des Hohenpriesters ausschloß (vgl. auch Tosefta Para 3,8). Da Petrus ein Kurzschwert (*machaira*) benutzte, ist die Wahrscheinlichkeit groß, daß es sich nicht um einen Zufallstreffer handelte.

Literatur: D. Daube: Three notes having to do with Johanaan ben Zaccai, JThS 11, 1960, 53-62 (hier: 59-62); C.P. Thiede: Simon Petrus – From Galilee to Rome, ²1988, 76-79. C.P.Th.

MALEACHI, BUCH.

I. INHALT.

Nach einer Überschrift in Mal 1,1 enthält das Buch sieben Botschaften in drei Kapiteln:

1. Gottes Liebe zu Israel (1,2-5);
2. Gottes Gericht über die israelit. Priesterschaft (1,6-2,9);
3. Anklage wegen Mischehe und Ehescheidung (2,10-16);
4. Das kommende Gericht Gottes (2,17-3,5);
5. Die Notwendigkeit der Bekehrung (3, 6-12);
6. Heil und Unheil am Tage des Gerichts (3,13-22);
7. Der Vorläufer des Messias (3,23-24).

Die griech. LXX hat 4 Kap., weil sie Mal 3,19-24 als Kap. 4,1-6 zählt.

II. ABFASSUNGSZEIT UND VERFASSER.

Die Forschung datiert das Buch sehr verschieden. Auszugehen ist von folgenden Beobachtungen: Der zweite Tempel, der 515 v.Chr. vollendet wurde, existiert bereits (vgl. 1,7ff; 2,13; 3,1.8.10). Die weltliche Gewalt in *Juda liegt bei einem pers. Provinzgouverneur (1,8). Wir befinden uns also noch in der Perserzeit, die 332 v.Chr. mit der Unterwerfung durch die Mazedonier endete. Die Abgaben an den Tempel lassen zu wünschen übrig (1,8.14; 3,8-10). Die Freude am neuen Tempel scheint also schon vorbei zu sein. Ferner beklagt Maleachi ähnliche Mißstände wie *Esra oder *Nehemia (vgl. Mal 1,6ff; 3,8ff mit Neh 10,33ff; 13,10ff und Mal 2,11 mit Esr 9,2; Neh 10,31f). Demnach scheint die Reform Esras und Nehemias noch nicht stattgefunden zu haben. Der Hinweis auf *Edom (1,2ff) deutet auf den Zeitraum um 500 v.Chr., als die Edomiter Südjudäa besetzten. Schließlich schweigt das Buch über die Samaritaner, vielleicht deshalb, weil deren Abspaltung, die endgültig unter Nehemia (um 450 v.Chr.) erfolgte, noch nicht stattgefunden hatte (vgl. Neh 3-6).

Alle diese Indizien weisen in dieselbe Richtung, nämlich auf die Zeit von etwa 480-450 v.Chr. In dieser Zeit muß der Prophet Maleachi gewirkt haben, grob gesprochen also zwischen *Haggai/*Sacharja einerseits (um 515 v.Chr.) und Esra/Nehemia andererseits (um 450 v.Chr.).

Ob der Prophet selbst oder ein Schüler das Buch verfaßt hat, läßt sich nicht mehr sagen. Die Abfassungszeit kann aber nicht viel später als die Wirkungszeit gewesen sein. Vermutlich ist das Buch also um 480-450 v.Chr. niedergeschrieben worden.

III. ZUR ZEITGESCHICHTLICHEN SITUATION.

Maleachis Wirken fällt in die Zeit der pers. Herrschaft über Juda. Die Perser haben nach ihrem Sieg über die Babylonier 539 v.Chr. das Erbe des (neu-)babylon. Weltreiches angetreten.

Der Prophet Maleachi (»Maleachi« ist sehr wahrscheinlich ein Eigenname, der so viel bedeutet wie »mein [Gottes] Bote«) wirkte vermutlich unter den pers. Großkönigen Darius I. (522-486 v.Chr.), Xerxes I. = Ahasveros (486-465 v.Chr.) und evtl. Artaxerxes I. = Artahsasta (465-424 v.Chr.). Damals lebten die Juden in drei großen Zentren: in Persien/Babylonien (vgl. Esterbuch), in Ägypten (vgl. 2Kön 25,26; Jer 41-44) und in der Provinz Juda um Jerusalem. Ob Juda einen Teil der Provinz Samaria oder eine selbständige Provinz bildete, ist umstritten. Mal 1,8 spricht eher für das letztere. Jedenfalls gehörte Juda zur pers. Satrapie Ebirnari, »Jenseits des Euphrat«, die damals *Syrien, *Phönizien, *Palästina und *Zypern umfaßte. Teilweise hatte es jüd. Gouverneure wie *Serubbabel (um 520 v.Chr.) und Nehemia (um 445 v.Chr.). Z.Zt. Maleachis war der Tempel wiederaufgebaut (seit 515 v.Chr.). Aber Juda erholte sich nur langsam von der Verwüstung, die es unter den Babyloniern erlitten hatte. Es wurde nach dem Exil sehr langsam besiedelt. Zwar hatte Juda keine so schweren Stürme mehr zu überstehen wie unter den Assyrern und Babyloniern. Auch gewährte die pers. Reichsverwaltung einen gewissen Rechtsschutz. Dennoch bot sich ein trauriges Bild der Lage: Immer noch fehlte ein Mauerring um Jerusalem, die Stadt war somit für Raub und Plünderung offen. Manche Statthalter suchten nur ihren eigenen Gewinn (vgl. Neh 5,15). Es gab immer wieder Mißernten (Mal 3,11) und damit wirtschaftliche Not. Dazu kamen Spannungen mit den Edomitern, die Südjudäa besetzten, ebenso mit den mißgünstigen Arabern und mit den Samaritanern, die damals mächtiger waren als Juda. Führer der Priesterschaft waren *Jojakim, der Sohn Jeschuas (vgl. Neh 12,10 mit Hag 1,1), und sein Sohn Eljaschib (seit 453 v.Chr. Hoherpriester?).

IV. ZUR GESCHICHTE DER AUSLEGUNG.

Meist steht Maleachi im Schatten »berühmterer« Propheten. Dennoch ist die Auslegungsgeschichte interessant. Schon für das Sirachbuch (ca. 175 v.Chr.) gehört Mal zum Kanon des AT; es spricht von den »zwölf Propheten« (49,12). Sirach zitiert in 48,10 Mal 3,23f. Im 4. Esrabuch (um 80-100 n.Chr.) wird ebenfalls auf Mal 3,23f angespielt (6,26). Auch in *Qumran studierte man Mal, wie die

Funde von Fragmenten mit Zitaten und Erläuterungen von Mal 1,13-14 beweisen. Die Gesetzeslehrer des *Talmud diskutierten an vielen Stellen (s. Maier, Maleachi, S. 108, Anm. 97) Texte aus Mal, z.B. Mal 1,11; 2,7.9; 3,5.10.21.23f. Maleachi wird dort mit Haggai und Sacharja zu den letzten Propheten gerechnet, nach denen – so die Anschauung der Rabbinen – der Heilige Geist aus Israel gewichen sei.

Die frühchristl. Ausleger befaßten sich vor allem mit Mal 1,10-14; in der Didache wird das »reine Opfer« als sittliche Reinheit gedeutet. Justin (100-170 n.Chr.) und Irenäus (um 177 n.Chr.) setzen die geistliche Deutung fort. In der Reformationszeit gewann Mal 1,10ff eine neue Bedeutung. Luther deutete das »reine Opfer« auf Christus und das Evangelium. Das Konzil von Trient (1562) dagegen stützte sich ausdrücklich auf Mal 3,11, um damit das röm. Meßopfer zu begründen. Mal 1,10-14 und 3,23-24 sind also die Abschnitte, die am häufigsten ausgelegt wurden.

V. BEZIEHUNG ZUM NEUEN TESTAMENT.

Trotz seines geringen Umfangs hat Mal eine große Bedeutung für das NT. Dies vor allem deshalb, weil es das Kommen des zweiten *Elia ankündigt, der in *Johannes dem Täufer erschienen ist (vgl. Mt 11,7ff; 16,14; 17,10ff; Mk 1,2; 9,11; 15,35f; Lk 1,16f; 7,24ff; 9,8.19; Joh 1,21.25). Ferner greift Paulus in Röm 9,13 auf Mal 1,2f zurück bei der Erörterung der Erwählung Israels.

VI. THEOLOGISCHE EIGENART DES BUCHES.

1. Das Buch baut auf dem Mosegesetz auf (vgl. Mal 1,2.6.8.14; 2,2.4ff.14ff; 3,5.6ff.16-22) und steht zugleich in einer Linie mit den vorexilischen Propheten. Vor allem aber besitzt es eine enge Beziehung zum Buch Hesekiel, so daß man in Maleachi schon einen »Schüler und Anhänger des Priesters Ezechiel« erblickte (vgl. Hes 36,23; 39,21; 44,15-24). An Mal kann man erkennen, daß Gesetz und Prophetie zusammengehören.

2. Andererseits beginnt mit Maleachi die Schule der jüd. Schriftgelehrten. Er studierte das Gesetz (3,22). Seine Botschaft erfolgte häufig im Diskussionsstil, genauer gesagt: im Frage- und Antwortstil des Dialoges. Vielleicht darf man Maleachi sogar zu den Gründern der Schriftgelehrtenschulen nach dem Exil rechnen, auf die Esra und Nehemia zurückgreifen konnten (vgl. Neh 8,7ff).

3. Maleachi ist ein Prophet der Umkehr. Umkehr ist möglich, weil Gott Israel liebt (1,2ff). Vor allem richtet sich der Ruf zur Umkehr an die Priesterschaft (2,1ff). Die Priester bringen durch ihren Ungehorsam den Levibund in Gefahr. Aber auch an die Israeliten richtet sich der Umkehrruf (2,10ff). Dabei wird die Ehe als ein »Bund« bezeichnet (2,14), der nicht gebrochen werden darf. Mit dieser Ablehnung der Ehescheidung steht Maleachi zwischen 5Mo 24 und Mt 19, er arbeitet gewissermaßen der Bergpredigt und der Ehepredigt Jesu vor (vgl. Mt 5,27ff; 19,3ff).

4. Ein weiterer Schwerpunkt der Verkündigung Maleachis ist die *Eschatologie (Endzeitverkündigung). Besondere Bedeutung kommt dabei dem zweiten Elia zu, der als Vorläufer der Heilszeit geweissagt wird (3,23f). Diese Weissagung verbindet Mal engstens mit dem NT, das ja den zweiten Elia in Johannes dem Täufer erkennt. Sodann deutet Maleachi mit dem geweissagten Gericht über das levitische Priestertum schon an, daß künftig ein neues Priestertum entstehen wird. Dieses neue Priestertum hat dann in Jesus und seiner Gemeinde Gestalt gewonnen. Schließlich sagt uns Maleachis Botschaft Wichtiges über das kommende Gericht: die Scheidung von Guten und Bösen, die Rolle des »Buches des Gedenkens« (3,16), die Herrlichkeit des Heils für die Gerechten (3,1-21). Ja, in Mal 1,11 wird bereits für die Zeit des Neuen Bundes der Gottesdienst der Gemeinde aus allen Völkern geweissagt.

5. Schließlich ermutigt die Botschaft Maleachis zu einem Glauben, der auch im Äußerlichen auf Gott vertraut (3,10ff) und zugleich gegen allen Augenschein und gegen alle Verführung die Hoffnung auf das endzeitliche Heil festhält (3,13-24).

Literatur: M. Adinolfi: Il ripudio secondo Mal 2,14-16, BeO, 12, 1970, S. 247-256; J.G. Baldwin: Haggai, Zechariah, Malachi, TOTC, 1978; G.J. Botterweck: Jakob habe ich lieb – Esau hasse ich, BiLe, 1, 1960, S. 28-38; H. Brandenburg: Die Kleinen Propheten II, [2]1982; A. von Bulmerincq: Der Prophet Maleachi, 2 Bde., 1920/1932; A. Caquot: Brève explication du livre de Malachie, PosLuth, 17/1969, S. 87-201; 18/1970, S. 4-16; K. Elliger: Maleachi und die kirchliche Tradition, Tradition und Situation, 1973, S. 43-48; J.A. Fischer: Notes on the Literary Form and Message of Malachi, CBQ, 34, 1972, S. 315-320; K. Galling: Studien zur Geschichte Israels im persischen Zeitalter, 1964; A. Gelin: Aggee, Zacharie, Malachie, SB (J), 26, [2]1953; J. Halevy: Le prophete Malachie, RSEHA, 17, 1909, S. 1-44; O. Holtzmann: Der Prophet Maleachi und der Ursprung des Pharisäerbundes, ARW, 29, 1931, S. 1-21; A. van Hoonacker: Les Douze Petits Prophètes, EtB, 3, 1908; O. Isopescul: Der Prophet Malachias, 1908; C.F. Keil: BCAT III, 4, [3]1888; G. Maier: Der Prophet Haggai und der Prophet Maleachi (WStB), 1985; B. Mariani: De sacrificio a Malachia praedicto, Anton., 9, 1934, S. 193-242; 361-382; 451-474; M. Rehm: Das Opfer der Völker nach Mal 1,11, Lex tua veritas, FS H. Junker, 1961, S. 193-208; A. Renker: Die Tora bei Maleachi, FThSt, 112, 1979; G.A. Smith: The Book of the

Twelve Prophets, II, 1928; P.A. Verhoef: Maleachi, COT, 38, 1972; R. Vuilleumier: Malachie, CAT, XIc, 1981; G. Wallis: Wesen und Struktur der Botschaft Maleachis, Das ferne und nahe Wort. FS L. Rost, hrsg. von F. Maass, 1967, S. 229-237. G.M.

MALKIJA. (Hebr. *malkijjah,* »jah ist König«).

1. Nachkomme *Gerschons und Vorfahr *Asafs (1Chr 6,25).

2. Vorfahr des Priesters Adaja (1Chr 9,12; Jer 21,1).

3. Oberhaupt eines Priestergeschlechts (1Chr 24,9), viell. dieselbe Person wie 2.

4. Israeliten, die in nachexilischer Zeit fremde Frauen genommen hatten (Esr 10,25.31).

5. Goldschmied, der half, die Stadtmauer Jerusalems wiederherzustellen (Neh 3,31).

6. Einer der Männer, die neben *Esra standen, als er dem Volk das Gesetz vorlas (Neh 8,4).

7. Einer der Priester, der die Verpflichtung zur Beachtung des Gesetzes mit versiegelte und bei der Reinigung der Mauer mitwirkte (Neh 10,4; 12,42).

8. Mitglied der Königsfamilie, Besitzer der Zisterne, in der *Jeremia gefangengesetzt wurde (Jer 38,6). J.D.D.

MALTA/MELITE. (Griech. *Mēlite*). Als Augenzeuge berichtet uns *Lukas von der stürmischen Überfahrt mit *Paulus von *Kreta nach Melite im Herbst des Jahre 59 n.Chr., von der Strandung des Schiffes, ihrem dreimonatigen Aufenthalt und dem Wirken des Apostels auf der Insel (Apg 27,27-28,10).

Ist dieses Melite »in der Adria« (27,27) identisch mit Malta im sizilisch-afrikanischen Meer (so neben den neueren Apg-Kommentaren vor allem W. Burridge, Seeking the Site of Paul's Shipwreck, 1952; C.J. Hemer, Euraquilo und Melita, JThS 26/1975, 100-111; N. Heutger, Paulus auf Malta im Lichte der maltesischen Topographie, BZ 28, 1984, 86–88; J. Smith: Voyage and Shipwreck of Paul, [4]1880)?

Folgen wir der Darstellung der Ereignisse in Apg 27 und 28: Das Schiff verläßt den Hafen »Kaloi limenes« (Schönhafen) an der S-Küste Kretas, »um womöglich Phönix, einen Hafen Kretas (*limena tēs Krētēs*) zum Überwintern zu erreichen« (27,12). Deutsche, französische und italienische Übersetzungen sprechen von einem Hafen auf Kreta, in einer englischen aber heißt es: »there was a Cretan port«. Ein kretischer Hafen muß freilich nicht auf Kreta sein. Bei der Suche nach diesem auf Kreta angenommenen Hafen an drei verschiedenen Orten fanden sich keinerlei Beweise für eine Existenz im 1. Jh.n.Chr. noch für die in Apg 27,12 genannten günstigen Bedingungen. Der angezielte kretische Hafen war offenbar der von Phönix an der Südküste

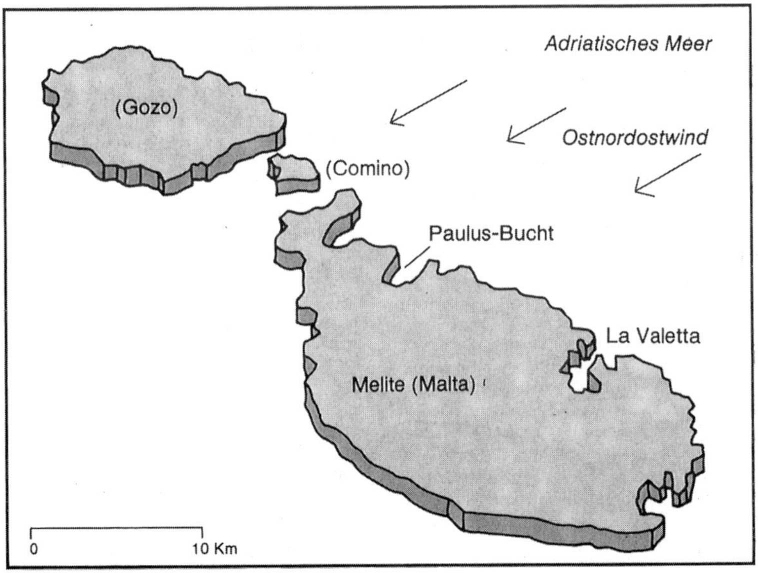

Die St. Paul's Bay, Malta, der Überlieferung zufolge der Ort des Schiffbruchs des Paulus (Apg 28,1). (FNH)

Messeniens, der mit den beiden benachbarten Medone und Pylos die für die 276 Personen des Paulus-Schiffes geeigneten Überwinterungsmöglichkeiten bot. Er ist auch mit Sicherheit für das 1. Jh. n.Chr. bezeugt. Dazu kommt, daß seit jeher der Seeweg von Kreta nach *Italien von der Südspitze Messeniens beherrscht wurde. Und daß es sich bei dieser beabsichtigten Reise nicht um eine kurze Fahrt entlang der S-Küste Kretas gehandelt haben kann, bestätigt der Vorwurf des Paulus: »Man hätte mir folgen und nicht von Kreta wegfahren sollen« (27,10.21).

Gegen ein Abdriften nach Malta, wie weithin angenommen wird, sprechen die in Apg 27,13-28 genannten meteorologischen und nautischen Fakten zu Beginn des Winterhalbjahres mit dem für den westgriech. Meeresraum typischen, heftigen, winterlichen (*heimazomenōn* und *heimōn*, V. 18.20) Wirbelsturm (*typhonikos*, V. 14) und dem ONO-Wind (*eurakylon*, V. 14) mit extrem starker Wolkenbildung, die jede Orientierung am Stand der Sterne bzw. der Sonne vereitelt. Sein Auftreten kündigt sich in der Regel durch den feuchten Südwind (*notos*, V. 13) an. Es läßt sich bei dieser Wetterlage schwer nachvollziehen, daß dieser Sturm das Schiff in 14 Tagen zu dem 1000 km entfernten und genau westl. von Kreta liegenden Malta, womöglich auf einem langen Zickzackkurs, verschlagen hat. Berücksichtigt man dazu die ganzjährige Oberflächenströmung im zentralen Mittelmeerraum von W nach O mit 2,8-3,7 km/h, dann müßte das Schiff mit gerefften Segeln rund 6 km in der Stunde zurückgelegt haben. »Endgültig scheitert die angebliche Maltafahrt an der Überlegung, daß Zyklone nicht stationär

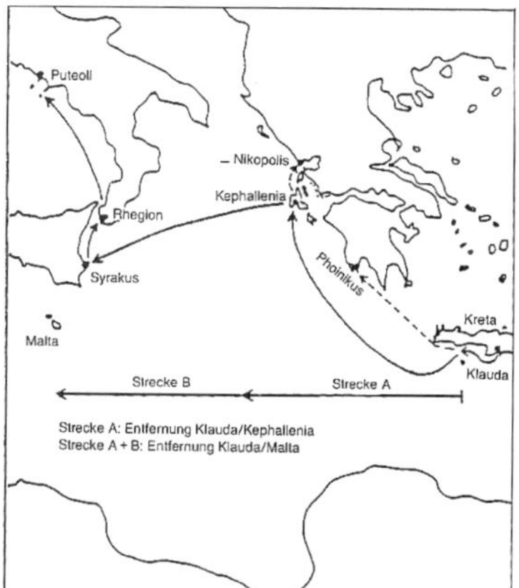

Die nach den meteorologischen, geographischen und nautischen Angaben zu rekonstruierende Route der Romfahrt des Paulus (nach Warnecke).

sind, sondern – mit teils erheblicher Geschwindigkeit – ostwärts wandern« (Warnekke, 45). Aber gerade »dank der Gesetzlichkeit der Luftströme« läßt sich die Abdrift des Schiffes »relativ exakt rekonstruieren – denn 'die Winde allein sind seit Hesiod beständig geblieben'« (Warnecke, 46). Der winterliche Südwind, der vermutlich Paulus Anlaß bot, vor einer Weiterfahrt zu warnen (27,9), hatte offenbar seine Ursache in einem barometrischen Tief im jonisch-sizilischen Meer und einer ihm gegenüberliegenden Ägäis-Hochdruckzelle, »an deren Südseite die antizyklonal (im Uhrzeigersinn) entlangströmenden Winde als NO-Stürme in die Vorderseite des von W nahenden Sturmtiefs abfließen« und dabei das Schiff nach WNW vor sich her schleuderten. So gelangten sie in der 14. Nacht in den jonisch-adriatischen Meeresraum (27,27; vgl. Warnecke, 48f). Das Schiff hatte bis dahin einen Weg von ca. 600 km zurückgelegt, was einer realistischer erscheinenden Durchschnittsgeschwindigkeit als der für die Strecke nach Malta anzunehmenden entspricht.

»Als wir gerettet waren, erfuhren wir, daß die Insel Mělitē hieß« (Apg 28,1).

Der Name, der uns mehrfach bei westgriech. Inseln begegnet, verweist auf eine Niederlassung der Phönizier, die bevorzugt auf Landzungen siedelten. Dies bestätigen die **topographischen Daten** auch für diese Insel »in der Adria« (27,27) mit ihrem kleinen Meerbusen (*kolpos*), einem flach abfallenden Strand (*aigialos*), auf den das Schiff aufgelaufen ist und sich dann auf der Landzunge (*topos dithalassos*, »Land zwischen zwei Meeren«) festgebohrt hat. In der St. Pauls-Bay aber auf Malta, an der der Schiffbruch lokalisiert wird, fällt der Strand sehr schnell ab. Dazu kommt, daß bei einer nächtlichen Kursänderung von NO nach S das Schiff mit Sicherheit an den Klippen der Insel zerschellt wäre (vgl. 27,29). Dagegen erfüllt die westgriech. Insel **Kephallenia** mit dem Golf von Livadi, der schon in der Antike als *kolpos* bezeichnet wurde, »sämtliche Bedingungen für ein angemessenes Verständnis des biblischen Textes« (Warnecke, 89). Das Mělitē von Apg 28,1 liegt auf der Landzunge von Argostoli (27,41), auf dem Terrain der heutigen Inselhauptstadt, in der archäologische Funde die Existenz der antiken Stadt bestätigen. »Mělitē bezeichnet also lediglich die Halbinsel des Landungsortes«, der sich heute noch relativ genau bestimmen läßt (vgl. Warnecke, 97). Auch die **klimatischen Verhältnisse** haben sich seit Hesiods Tagen kaum verändert, während Malta »zu den Teilen des Mittelmeerraumes gehört, die im Winterhalbjahr die mildesten Temperaturen aufweisen, gehören die westgriechischen Inseln« mit starken Regengüssen, Kälte und auch Schnee »zu den kühlsten« (Warnecke, 103, Anm. 5).

Die einzige **Tierart**, die Apg 28,3 erwähnt, ist die von den Inselbewohnern gefürchtete Sandviper (*echidna*), von deren Häufigkeit die Bezeichnung Echinaden für die westgriech. Inseln spricht. Die auf Malta lebenden Schlangen sind ungiftig.

Die **Inselbevölkerung**, die unter röm. Herrschaft stand, bezeichnet Lukas als Barbaren (28,2). Die Bewohner Maltas aber hatten bereits um 44 v.Chr. das röm. Bürgerrecht erhalten. Nicht zuletzt darf man in der Verehrung der Göttin der Gerechtigkeit (*Dike*) ein weiteres wichtiges Indiz für den Schiffbruch des Paulus im westgriech. Inselraum sehen (vgl. Warnecke, 110).

Und wenn der Inselgouverneur Publius auf seinem Landgut unweit der Strandungsstelle den 276 Schiffbrüchigen drei Tage lang Obdach und Verpflegung bieten konnte, dann mußte der Repräsentant Roms über eine recht geräumige Residenz in der fruchtbaren Ebene verfügen, wie man sie sich im felsigen Gelände der St. Pauls-Bay nicht vorstellen kann.

Auch die Heilung des Vaters des Publius vom **Sumpffieber** (Malaria) spricht gegen Malta, das von jeher malariafrei ist.

Apg 28,8f schließlich verweist auf ein erfolgreiches missionarisches Wirken des Apostels. In der Tat gehört die Insel Kephallenia »nachweislich zu den ältesten christlichen Gemeinden Europas und sie war noch im 2. Jh. die einzige im zentralen Mittelmeerraum zwischen den christlichen Gemeinden« in der Ägäis und Rom mit Puteoli (vgl. Warnecke, 136). Für Malta hingegen ist das Christentum erst für die nachkonstantinische Zeit bezeugt.

Literatur: Heinz Warnecke: Die tatsächliche Romfahrt des Apostels Paulus, 1987. A.D.

MAMMON. Der Begriff erscheint in der Bibel nur in Mt 5,24 und Lk 16, 9.11.13. Es ist eine Umschreibung des aram. *māmōnā* und bedeutet ungefähr das, was wir »Vermögen« nennen (vgl. im Babylon. *Mimma* »überhaupt alles«). »Die Vorstellung 'Reichtum' hängt am Wort nicht; nicht erst angehäufter, sondern jeder Besitz ist Mamon« (A. Schlatter, Matthäus, S. 225). Für Jesus steckt im M. die Tendenz und die Macht, den Menschen zu besitzen und ihn Gott zu entfremden (Mt 6,19ff). »Ungerechter Mammon« (Lk 16,9) ist auf unehrliche Weise oder aus selbstsüchtigen Motiven heraus erworbener Gewinn (F. Hauck,

ThWNT IV, S. 390-392). Die Auslegung der Stelle ist unsicher (vgl. die Kommentare!).

Literatur: F. Hauck: ThWNT IV, 1943, 390-392; M. Hengel: Eigentum und Reichtum in der frühen Kirche, 1973; A. Schlatter: Der Evangelist Matthäus, ³1963. E.E.E./H.W.N.

MAMRE. (Hebr. *mamrē*).

1. Ein Ort bei *Hebron, westl. von *Machpela (1Mo 23,17.19; 49,30; 50,13), der mit dem heutigen 4 km nördl. von Hebron gelegenen Rāmet el-Chalīl identifiziert wird. M. wird im Zusammenhang mit *Abraham (1Mo 13,18; 14,12; 18,1) und *Isaak (1Mo 35,27) erwähnt. Abraham wohnte lange Zeit unter der Terebinthe von M. und baute dort einen Altar. M. war der Ort, an dem Abraham von der Gefangennahme *Lots hörte, wo er sich für Sodom einsetzte und von dort auch den Rauch aus

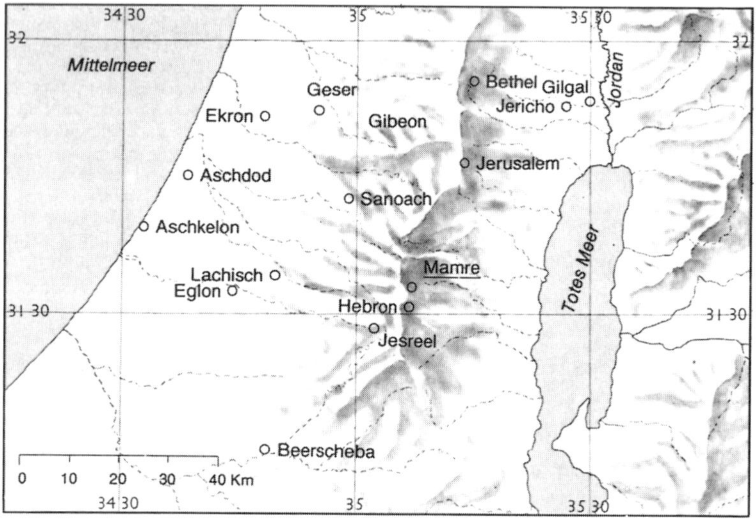

Mamre, das heutige Haram Ramet el Chalil.

Mamre, bei Hebron. Ansicht der herodianischen Ruinen. (MEPhA)

Sodom und seinen Nachbarstädten aufsteigen sah. In M. versprach Gott Abraham einen Sohn.

Bei Ausgrabungen wurde ein ca. 65 x 50 m großer Bezirk entdeckt, der einen Brunnen, einen Baum und einen Altar umschloß. Schon vor Abrahams Zeit war hier ein heiliger Ort. Herodes der Große (37-4 v.Chr.) ließ die Erinnerungsstätte mit Umfassungsmauern und einem Plattenbelag im Innern versehen. Kaiser Hadrian ließ M. in ein heidnisches Heiligtum umwandeln. Unter Konstantin (306-337 n.Chr.) entstand eine Basilika an diesem Ort.

2. Ein Amoriter, der mit seinen Brüdern Eschkol und Aner an Abrahams Feldzug gegen Kedor-Laomer und die mit ihm verbündeten Könige teilnahm (1Mo 14,13.24). F.F.B.

MANAHAT, MANAHATITER.

1. Sohn Schobals, Nachkomme des Horiters Seïr (1Mo 36,23; 1Chr 1,40), nach dem jene Sippe am Berg Seïr benannt wurde, die später von Edom absorbiert wurde.

2. Name einer Stadt, zu der eine Gruppe Benjaminiter als Gefangene gebracht wurden (1Chr 8,6); die Stadt könnte in der Nachbarschaft Bethlehems gelegen haben (so GTT, S. 155). ISBE und Grollenberg identifizieren sie mit Manocho, einer Stadt im Gebirge Judas (südwestl. Jerusalems), die in Jos 15,59 (LXX), aufgeführt wird und wahrscheinlich mit dem heutigen Maliha gleichzusetzen ist. Der Amarna-Brief 292 (ANET, S. 489) erwähnt ein Manhatu im Gebiet von Geser; hier könnte der gleiche Ort gemeint sein.

Die Einwohner M.s, die Manahatiter, werden in Chr 2,52.54 erwähnt. Sie waren Nachfahren *Kalebs, zur Hälfte *Schobals und zur Hälfte *Salmons Nachkommen. J.D.D.

MANAHEN. (Griech. *Manaēn* von hebr. *menachem*, »Tröster«). M. gehörte als *Lehrer und *Prophet zusammen mit *Paulus zur christl. Gemeinde in *Antiochia. M. wird der *syntrophos* des *Herodes (Antipas) genannt (Apg 13,1). Versteht man das wörtlich, dann wäre er der »Nährbruder« des späteren Königs gewesen, d.h. wohl M.s Mutter dessen Amme. Der Ausdruck kann aber auch im weiteren Sinn bedeuten, daß M. zusammen mit dem Prinzen erzogen wurde, was nach Josephus in Rom geschah (ant. Jud. XVII, 20). Da die griech. Bezeichnung auch als Ehrenname gebraucht wurde, könnte M. vor seiner Bekehrung eine einflußreiche Stellung am Hof des Antipas bekleidet haben, der sich allerdings um diese Zeit (46/7 n.Chr.) schon im Exil befand. Oft wird M. für einen ehemaligen essenischen Propheten gehalten, wobei der unter *Herodes dem Großen genannte Essener Menahem (Jos.ant.Jud. XV, 373ff) sein Großvater gewesen sein könnte. Manche setzen M. auch mit dem königlichen Beamten gleich, der sich aufgrund der Heilung seines Sohns (oder Knechts) mit seiner ganzen Familie (Joh 4,46-54) Jesus anschloß (BL 1088). Vielleicht verdankt der Antiochener *Lukas einige Informationen über das herodianische Herrscherhaus M. Die Nachricht des röm. Martyrologiums über seinen Zeugentod ist höchst unsicher.

Literatur: F.X. Pölzl: Mitarbeiter des Weltapostels, 1911, 96f; F.F. Bruce: Zeitgeschichte des NT I, 1975, 97.209; A. Zimmermann: Die urchristlichen Lehrer, ²1988, 1984, 130-132. R.R.

MANASSE. (»Vergessen machend«).

1. Erster Sohn *Josefs, den ihm in Ägypten *Asenat, die Tochter *Potiferas, des Priesters zu On (1Mo 41, 50f) gebar. Jakob akzeptierte seinen Enkel M. und dessen Bruder *Ephraim als gleichrangig mit seinen eigenen Söhnen *Ruben und *Simeon, jedoch segnete er den Erstgeborenen hebr. (*bekōr*) M. nach dessen jüngerem Bruder Ephraim (1Mo 48,5.14). Eine interessante und frühe Parallele findet sich in der ugaritischen Literatur, Keret Legend (Tafel 128, 3.15): »Den jüngsten von ihnen werde ich zum Erstgeborenen (*abrkn*) machen.«

2. Der Stamm M. besaß Land zu beiden Seiten des Jordan, der östl. Teil wurde ihnen von Mose zugeteilt, der westl. von Josua (Jos 22,7). Nach der Überquerung des Jordan und ihrer Niederlassung im Land, erlaubte Josua dem Halbstamm M., zusammen mit *Ruben und *Gad in das eroberte Gebiet Sihons, des Königs von Heschbon, und Ogs, des Königs von Baschan, zurückzukehren (Jos 22,7f; 4Mo 32,33). Der östl. siedelnde Teil des Halbstammes M. beherrschte einen Teil Gileads und das ganze Baschan (5Mo 3,13). Dem westl. angesiedelten Teil des Stammes wurde gutes Land nördl. von Ephraim und südl. von *Sebulon und *Issaschar gewährt (Jos 17,1-12). Dieser Westteil war in zehn Teile aufgegliedert: fünf für die Familien, die männliche Nachkommen hatten, und fünf für M.s sechste Familie, d.h. die Nachkommen Hefers, die Töchter Zelofhads (Jos 17,3). Auf dem Gebiet von W-Manasse lag eine Reihe kanaan. Festungen, darunter *Megiddo, *Taanach, *Jibleam und *Bet-Schean (Jos 17,11).

Diese konnten die Manassiter nicht erobern, aber sie brachten ihre Einwohner schließlich dazu, ihnen Tribut zu zahlen. Obwohl der Anteil M.s und Ephraims, der Nach-

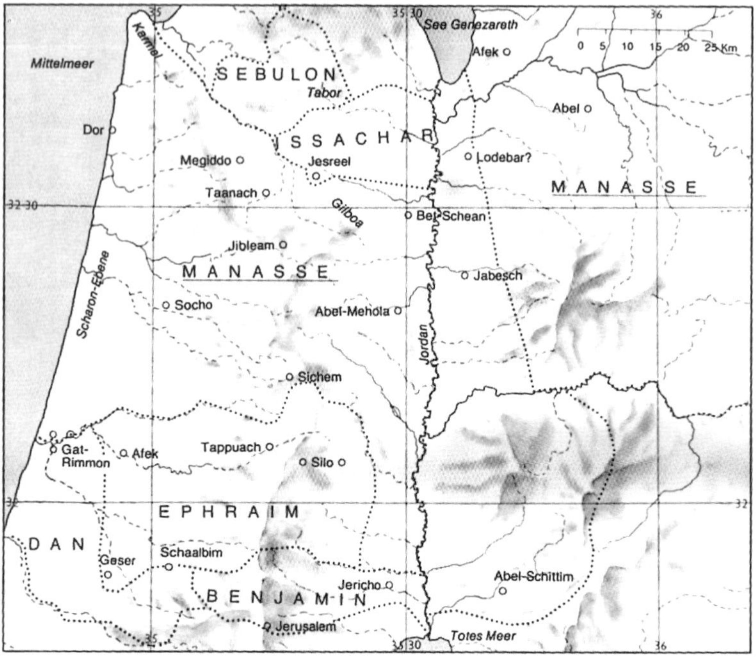

Das Gebiet, das dem Stamme Manasse zugeteilt wurde.

kommen Josefs, groß war, beklagten sie sich bei Josua und wollten mehr Land. In seiner Antwort wies er sie an, die nichtbeanspruchten Waldgebiete der Perisiter und Refaïter zu roden (Jos 17,14-18). *Golan, eine Stadt in Baschan, war im Gebiet des Stammes M. eine der sechs *»Freistädte Israels« (Jos 20,8; 21,27).

Der Stamm M. war für seine Tapferkeit bekannt; zu seinen Helden zählten *Gideon im W (Ri 6,15) und *Jeftah im O (Ri 11,1). Einige Stammesmitglieder liefen bei *Ziklag zu David über (1Chr 12,20ff) und unterstützten ihn auch bei Hebron (V. 32). Manassiter waren auch unter denen, die von Tiglatpilesar III. (745-727 v.Chr.) nach Assyrien verbannt wurden (1Chr 5,18-26).

3. Sohn und Nachfolger des Königs *Hiskia von Juda und dessen Frau Hefzi-Bah. M. wurde mit 12 Jahren Mitregent seines Vaters in Jerusalem und regierte 55 Jahre (696-642 v.Chr.; 2Kön 21,1; 2Chr 33,1); als Alleinherrscher seit 686 v.Chr. (E.R. Thiele, The Mysterious Numbers of the Hebrew Kings, 1951, S. 154ff). Unter *Hiskia war Juda 705 v.Chr. von Assur abgefallen. 701 v.Chr. zog Sanherib von *Assur gegen Juda. Es gelang ihm jedoch nicht, Jerusalem zu erobern. Er zog ab, nach-

Manasse, König von Juda (Me-na-si-i šar-ú-di), *wird auf diesem Tonprisma unter den Herrschern genannt, die von Asarhaddon von Assyrien gezwungen wurden, Baumaterial für seinen neuen Palast in Ninive zu schicken. Ca. 673–672 v.Chr.* (BM)

dem er von Hiskia hohen Tribut erhalten hatte (2Kön 18-19; 2Chr 32). Als M. die Herrschaft in Juda übernahm, erbte er von Hiskia die Verpflichtung, an Assur Tribut zu zahlen. Damit war verbunden, daß die von seinem Vater abgeschafften heidnischen Kulte wieder eingeführt wurden (2Kön 21,2ff; 2Chr 33,2ff). Dazu gehörten der babylon.-assyr. Gestirndienst, Menschenopfer, Zauberei, Wahrsagerei und Mantik. Im Tempel in Jerusalem stellte M. ein Astarte-Bild auf (2Kön 21,3.7).

Mehrere Propheten machten ihm seine Verachtung der Weisungen Gottes zum Vorwurf (Jer 15,1-4; Zef 1,4ff; 2Kön 21,10ff).

Der Name »Manasse, König von Juda« erscheint auf dem Tonprisma Asarhaddons (*Me-na-si-i schar Ia-u-di;* ANET, S. 291) sowie auf dem Prisma Assurbanipals (Mi-in-si-e schar Ia-di) unter 222 Tributpflichtigen Assyriens (ANET, S. 294). Auch 2Chr 33,11ff berichtet von M.s Verbannung nach Babel durch den assyr. König , aber auch von seiner Reue und Freilassung. Eine Parallele dazu ist die Gefangennahme und die folgende Freilassung Nechos I., des ägypt. Pharaos, durch Assurbanipal (Rassam Cylinder, ANET, S. 295). Da unter M.s Herrschaft ein Aufstand gegen Assyrien stattfand, mit dem Schamasch-Schum-Ukin, der Vizekönig von Babel, unterstützt werden sollte, ist es gut möglich, daß M. darin verwickelt war (ANET, S. 298).

M.s Umkehr zu Gottes Wegen scheint oberflächlich gewesen zu sein. Das Volk folgte ihm nicht darin (2Chr 33,17), die Herrschaft seines Sohnes Ammon ließ M.s Reformansätze bald in Vergessenheit geraten.R.J.A.S./Red.

MANDELBAUM s. Pflanzen

MANN.

1. Der hebr. Begriff für Mann (*isch*) bezeichnet im AT zunächst den Mann im Unterschied zur *Frau. An manchen Stellen kann er die spezielle Bedeutung von »Ehemann« (1Mo 3,6.16), an anderen Stellen die allg. Bedeutung von *»Mensch« (2Mo 21,12; Spr 12,25; Ps 1,1) annehmen. In der allg. Fassung von »Mensch« dient das Wort manchmal dazu, den Unterschied von Mensch und Gott zu betonen (Ps 39,6; 62,10; 4Mo 23,19; Hos 11,9). An einigen wenigen Stellen wird der Begriff aber auch auf Gott übertragen (2Mo 15,3; Hos 2,4.9.18).

2. Im NT bezeichnet der griech. Begriff *anēr* auch zunächst den Mann im Unterschied zur Frau. Er kann aber auch hier die spezielle Bedeutung von »Ehemann« (Mk 10,2.12 par.; Röm 7,2f; Eph 5,22ff) und die allg. Bedeutung von »Mensch« (Lk 5,8; Apg 2,5; Jak 1,20 u.ö.) annehmen. Daneben findet sich auch die Bedeutung »Erwachsener« (1Kor 13,11; Jak 3,2).

3. In theologischer Hinsicht gehen AT und NT davon aus, daß M. und Frau gleichwertig sind: Sie besitzen die gleiche Würde als Ebenbild Gottes (1Mo 1,27) und als in Christus erlöste Kinder Gottes (Gal 3,28; Joh 1,12). Eine rel. oder sittliche Höherbewertung des Mannes ist dem bibl. Offenbarungszeugnis fremd. Sowohl bezüglich ihrer von Gott verliehenen Würde als Geschöpfe und durch den Glauben gerechtfertigte Kinder Gottes als auch hinsichtlich ihrer durch die Sünde bedingten Verlorenheit befinden sich beide Geschlechter grundsätzlich in der gleichen Situation.

Mit ähnlichem Nachdruck wie die Gleichwertigkeit der Geschlechter betont die Bibel allerdings auch die schon mit der Schöpfung gegebene Wesensverschiedenheit von Mann und Frau, die für beide Geschlechter unterschiedliche Gaben und Aufgaben beinhaltet. Dem Mann ist nach dem bibl. Schöpfungszeugnis als Ursprung (1Mo 21,21f) und Ziel (1Mo 2,18) der Frau von Anfang an eine besondere Verantwortung und Führungsaufgabe übertragen:

Er erhält den Auftrag, das göttliche Gebot zu wahren (1Mo 2,16f) und die ihm anvertraute Welt sowohl praktisch umzugestalten (1Mo 21,15; 3,17ff) als auch geistig zu durchdringen. Die Namengebung der Tiere, mit der Adam in 1Mo 2 betraut wird (V. 19f), ist nach bibl. Verständnis nicht ein Akt willkürlicher Benennung, sondern eine Begriffszuteilung, die auf einer Wesenserkenntnis der Tiere beruht und gleichzeitig eine Herrschaftsstellung Adams zum Ausdruck bringt. Auch in der Namengebung der Frau durch Adam (V. 23) manifestiert sich daher für atl. Denken sowohl eine Wesenserkenntnis (»Bein von meinem Bein und Fleisch von meinem Fleisch«, »vom Manne genommen«) als auch eine Führungsstellung des Mannes. Diese darf freilich nicht als Ermächtigung zur Unterdrückung der Frau mißverstanden werden, sondern muß in ihrem schöpfungsmäßigen Ursinn als Regentschaft dienender Liebe begriffen werden, die sich am geistlichen, geistig-seelischen und leiblichen Wohl der Frau als der Liebe des Mannes anbefohlenen Gefährtin (V. 18) zu orientieren hat. Wegen der aus seiner gottgewollten Leitungsaufgabe resultierenden besonderen Verantwortung des Mannes zieht Gott Adam nach dem Sündenfall noch vor der Frau zur Rechenschaft (1Mo 3,9-12), obwohl diese das göttliche Gebot als erste übertrat. Auch Paulus betont die vornehmliche Verantwortlichkeit des Mannes, wenn er in Röm 5 schreibt, daß erst durch Adam »die Sünde in die Welt gekommen ist und der Tod durch die Sünde« (V. 12). Am klarsten aber wird die besondere Verantwortung und die Leitungsaufgabe des Mannes in jenen ntl. Versen zum Ausdruck gebracht, welche das Hauptsein des Mannes betonen (1Kor 11,3; Eph 5,22ff; Kol 3,18; Tit 2,5; 1Petr 3,1). Diese Stellen lassen keinen Zweifel daran, daß nach dem NT der Mann als »Haupt der Frau« zum Dienst der verantwortlichen Leitung in Ehe und Familie berufen ist. Um einem möglichen Mißbrauch zu wehren, werden die Männer mit großem Nachdruck dazu ermahnt, diese Führungsaufgabe mit jener selbstlosen Liebe wahrzunehmen, die in der hingebenden Liebe Jesu Christi zu seiner erlösten Gemeinde ihr Leitbild besitzt und auf das Beste der Frau bedacht ist (Eph 5,25-33).

Aus der Hauptstellung des Mannes ergab sich für die Apostel nicht nur dessen Führungsaufgabe in *Ehe und *Familie, sondern auch in der *Gemeinde: Anknüpfend an das AT, welches (in auffallendem Gegensatz zur heidnischen Umgebung!) das Priesteramt ausschließlich Männern vorbehielt (2Mo 28; 29; 3Mo 8; 9), herrschte auch in den apostol. Gemeinden die verbindliche Regelung, daß mit den Ämtern der öffentlichen *Lehre und Gemeindeleitung nur Männer betraut wurden (1Kor 14,34f; 1Tim 2,12; 3,2; Tit 1,5).

Das NT begründet die Hauptstellung des Mannes und das sich daraus ergebende Leitungsamt in Ehe, Familie und Gemeinde nicht pragmatisch, sondern sehr grundsätzlich mit der göttlichen Schöpfungsordnung (1Kor 11,3.8.9; 1Tim 2,13) und Erlösungsordnung (Eph 5,22ff), ja sogar mit dem Wesen des dreieinigen Gottes (1Kor 11,3) und mit einem Gebot Jesu (1Kor 14,37). In Anbetracht des hohen theologischen Stellenwertes dieser Begründungen wird verständlich, daß die apostol. Zuordnung von Mann und Frau einschließlich der daraus abgeleiteten Gemeindeordnung »in allen Gemeinden der Heiligen« (1Kor 14,33; vgl. 1Kor 11,16) Geltung besaß und eine Beseitigung dieser Ordnung in 1Kor 11,38 mit dem Gericht Gottes bedroht wird.

Zusammenfassend läßt sich sagen, daß das NT jeder Form männlicher Despotie die Legitimation entzieht und die im Altertum herrschende Minderbewertung der Frau endgültig überwindet, gleichzeitig aber die wesenhafte geschöpfliche Unterschiedenheit der Geschlechter und die daraus resultierenden besonderen Aufgaben des Mannes in Ehe, Familie und Kirche betont. Leitbild sowohl für den ehelosen (Mt 19,12) als auch für den verheirateten christusgläubigen Mann (Eph 5,25ff) ist nach dem NT Jesus Christus, der als menschgewordener Sohn Gottes in vollkommener Weise vorgelebt hat, was geheiligte Männlichkeit bedeutet. Leitbild für den Mann als *Vater ist die von Jesus offenbarte barmherzige Vaterschaft Gottes (Lk 15,11-32), »der der rechte Vater ist über alles, was da Kinder heißt im Himmel und auf Erden« (Eph 3,15). Dieses Leitbild ist nicht nur auf die natürliche, sondern auch auf die geistliche Vaterschaft zu beziehen, die das NT – ähnlich wie eine geistliche Mutterschaft (Röm 16,2) – an mehreren Stellen als pneumatische Realität bezeugt (1Kor 4,15; 1Tim 1,2; 2Tim 1,2; 2,1; Tit 1,4; Phlm 10; 1Petr 5,13).

Literatur: G. Biehlmeyer: Der Mann Jesus, 1948; H. David: Über das Bild des christlichen Mannes, 1953; S.B. Clark: Man and Woman in Christ. An Examination of the Roles of Men and Women in Light of Scripture and the Social Sciences, 1980; M. Hauke: Die Problematik um das Frauenpriestertum vor dem Hintergrund der Schöpfungs- und Erlösungsordnung, [2]1986; J. Kühlewein: THAT I, 1971, 130-138; W. Neuer: Mann und Frau in christlicher Sicht, [3]1985; A. Oepke: ThWNT I, 1933, 362ff; K.H. Rengstorf: Mann und Frau im Urchristentum, 1954; H. Vorländer: TBLNT II, [4]1986, 935f. W.N.

MANNA. M. war das Hauptnahrungsmittel der Israeliten während ihres 40jährigen Aufenthalts in der Wüste (2Mo 16,35). Als Israel sich über fehlende Nahrung in der Wüste Sinai beklagte, gab Gott ihnen »Brot vom Himmel« (1Mo 16,4; Ps 78,23ff). Diese Versorgung dauerte trotz ihres Murrens (4Mo 11,6; vgl. Neh 9,20) an, bis sie die Grenze nach Kanaan überquerten und die Nahrung dieses Landes essen konnten (Jos 5,12). Jeder Israelit mußte fünf Tage lang je einen Gomer (s. RevEB; LÜ: Krug, vgl. *Maße und Gewichte) sammeln und die doppelte Menge am sechsten Tag, die auch für den Sabbat reichen sollte, da das Volk Israel an diesem Tag kein M. erhielt. Normalerweise konnte man das M. nicht über Nacht aufbewahren, es wurde madig und übelriechend, aber das M. für den Sabbat war davon ausgenommen (2Mo 16,4.5.16-30). Jeden Morgen, wenn der Tau weg war, fand man auf dem Boden eine Substanz, »rund und klein wie Rauhreif«, »wie weißer Koriandersamen« und mit einem »Geschmack wie Semmel mit Honig«; man konnte es mahlen und zum Backen und Kochen verwenden. Die Menschen sagten, »Was (hebr. *mān*) ist es?« und nannten es Manna (*man hū'*, s. 2Mo 16,14.15.31; 4Mo 11,7-9). Ein Gomer M. wurde nach Gottes Geheiß von Aaron als Zeugnis für zukünftige Generationen aufbewahrt (2Mo 16,33f; Hebr 9,4).

Über die Beschaffenheit des M. wurden mancherlei Vermutungen angestellt. Auf keines der zur Erklärung herangezogenen Phänomene treffen die bibl. Angaben jedoch ganz zu, so daß die Versorgung mit M. auch wegen ihrer Stetigkeit und ihrer Periodizität als Wunder anzusehen ist (Sabbat!).

Das M. wurde von Gott gebraucht, um Lektionen sowohl über geistliche Nahrung als auch über physische Erhaltung zu erteilen. Das Fehlen anderer Nahrung, seine Versorgung mit M. sollte Israel erkennen lassen, daß der Mensch nicht vom Brot allein lebt, »sondern von allem, was aus dem Mund des Herrn geht« (5Mo 8,3, vgl. V. 16). Gott gebrauchte die Versorgung der Gemeinde mit M. an 6 Tagen und dessen Ausbleiben am 7. Tag, um Israel Gehorsam zu lehren (2Mo 16,19, vgl. V. 20.25-30).

Jesus Christus gebraucht das M., das gottgegebene »Brot vom Himmel«, als Symbol für sich selbst, das wahre Brot des Lebens, und stellt dem Schatten die Substanz gegenüber: »Eure Väter haben in der Wüste das Manna gegessen und sind gestorben« (Joh 6,49), aber »ich bin das lebendige Brot . . . das vom Himmel kommt; wer von diesem Brot ißt, der wird leben in Ewigkeit« (Joh 6,35.51). In Offb 2,17 steht das »verborgene Manna« für den Reichtum Christi. K.A.K.

MANOACH. Vater *Simsons. Sein Name (hebr. *mānōach*) ist von der Form her identisch mit einem Wort, das »Ruheplatz, Zustand oder Form der Ruhe« bedeutet (von der Wortwurzel *nwh*, »ruhen«). M. war ein Daniter aus Zora (Ri 13,2). Beide Namen lassen sich voneinander ableiten. Eine Verbindung mit den Manahitern in 1Chr 2,54 ist unwahrscheinlich. Sie waren eine kalebitische Sippe aus Juda (1Chr 2,50ff) und haben womöglich zu den Judäern gehört, die nach der Gefangenschaft in Zora lebten (Neh 11,29). M. und seiner Frau war die Geburt ihres Sohnes Simson durch einen Engel angekündigt worden. M. erscheint als ein Mann des Gebets und der Gottesfurcht; er versuchte seinen Sohn davon zu überzeugen, sich nicht außerhalb des Bundes zu verheiraten (Ri 14,3). M. starb vor seinen Söhnen und wurde zwischen Zora und Eschtaol begraben (Ri 16,31). A.G.

MANTIK. Das Wort wird abgeleitet vom griech. Wort *mainomai*, »rasen«. Damit ist auf die *Ekstase als einem häufig vorkommenden Element jener zusammenfasssend als M. bezeichneten Phänomene verwiesen. Sie sind ihrer Art nach sehr unterschiedlich, so daß für sie auch andere Ausdrücke wie Divination, Wahrsagekunst, Opferschau, Orakel u.a. gebräuchlich sind. Sachlich geht es einmal um Mittel und Wege, zukünftige Ereignisse vorherzuwissen, sodann aber auch um Auskunft, wie man sich im Hinblick auf das, was kommen wird, verhalten soll. M. kann nur von dazu befähigten oder besonders ausgebildeten Personen betrieben werden. Die Mittel, deren sie sich dazu bedienen, sind vielfältig und unterschiedlich wie z.B. Träume oder Visionen, aber auch »technische« Mittel wie Lossteinchen und Becher. Häufig werden bestimmte Übungen wie Fasten und Kasteiungen für notwendig angesehen, um wahrsagen zu können; auch der Gebrauch von Drogen kommt vor. Menschen, die über die genannten Fähigkeiten und das erforderliche Wissen verfügen, genießen meist ein großes Ansehen in ihrer Umgebung.

M. und entsprechende Phänomene kommen fast überall vor; sie spielen auch in vielen Religionen eine bedeutende Rolle. Denn den Göttern wird im allg. ein umfassenderes Wissen zugeschrieben als den Menschen, und zwar ein Wissen, das sich auch auf Zukünftiges erstreckt. So kann dann die Gottheit als Urheberin und Spenderin dessen erscheinen, was die M. zu erfahren sucht. Die von dem Mantiker verwandten Medien gelten als von den Göttern geschenkte Hilfe, um hinter die Geheimnisse zu kommen. In vielen Religionen haben wohl vor allem die Priester die mantische Kunst ausgeübt. Die konkreten Weisen, in denen die M. praktiziert wird, stehen in einem engen Zusammenhang mit den jeweiligen Gottesvorstellungen.

Im AT wird der Brauch, Gott über den Ausgang einer Unternehmung (Ri 18,5; 1Sam 14,36f), über den Verlauf einer Krankheit (1Kön 14,5), um die Lösung nach einer erfolglosen Suche (1Sam 9,6-10), über die Treue oder Untreue einer Frau (4Mo 5,14f), bzgl. der Ursache einer Not im Lande (2Sam 21,1) zu befragen, bezeugt. Die Antwort Gottes wird entweder durch einen Priester (5Mo 33,8) oder Propheten (5Mo 18,15 vgl. dazu 1Sam 28,6) bzw. Seher (1Sam 9,9) erteilt. Eine Gleichsetzung von Seher und Prophet läßt sich aber wohl nicht behaupten. Antworten oder Weisungen Gottes können auch durch Träume ergehen (4Mo 12,6; 1Sam 28,6).

Die Rolle des Priesters als Vermittler des göttlichen Willens ist häufig betont. Eine seiner wichtigsten Aufgaben scheint die Orakelvermittlung gewesen zu sein (5Mo 33,8; von Mose: 2Mo 18,15f; 33,7-11). Dem Priester gehörte die Weisung (5Mo 33,10; Jer 18,18); von ihm wurden aber auch Entscheidungen in schwierigen Rechtsfragen erwartet (5Mo 17,8-13). Für die Findung einer Antwort wurden *Urim und Tummim (5Mo 33,8; nach 2Mo 28,30; 3Mo 8,8 das Vorrecht des Hohenpriesters) und der *Efod (1Sam 14,3.18.36f;23,6.9-12; 30,7f) gebraucht. Wie die genannten Gegenstände aussahen und gehandhabt wurden ist ungewiß; wahrscheinlich gehören sie in den Bereich des sakralen Loses. Daß man das Los geworfen hat, um Gottes Willen zu erfahren, bezeugen z.B. 1Sam 10,19-21; 14,38-42; im NT Apg 1,26. Es wurde aber auch gelost, um Schuldige zu entdecken (Jona 1,7). Bekannt und anerkannt waren in Israel wohl auch Baumorakel, wie die Hinweise auf die Orakel-Terebinthe (1Mo 12,6; 5Mo 11,30; Ri 9,37) zeigen. Das Rauschen bestimmter Bäume galt als Zeichen für Jahwes Beistand (2Sam 5,24). Andere Formen der Wahrsagerei wie Leberschau (Hes 21,26) oder Pfeilorakel (2Kön 13,15-19; Hes 21,26) waren teils als in anderen Ländern gebräuchlich bekannt, teils wurden sie wohl auch in Israel ausgeübt. Die Totenbeschwörung (Nekromantie) wurde sowohl in Israel (1Sam 28,3-25; Jes 8,19; 65,3f; 2Kön 21,6) als auch in seiner Umgebung (*Kanaan und *Ägypten) vorgenommen (5Mo 18,9-11; Jes 19,3).

Speziell die Totenbeschwörung war aber dem Gesetz nach verboten (3Mo 19,31; 5Mo 18,11). Die Könige *Saul (1Sam 28,3.9) und *Josia (2Kön 23,24) sowie der Prophet *Jesaja (8,19) haben sie bekämpft. Saul ließ sie dennoch für sich selbst praktizieren, als er auf andere Weise keine Antwort Gottes erhielt (1Sam 28,6-19). König *Manasse etablierte sie offiziell (2Kön 21,6). Obwohl in Israel viele Arten mantischer Bräuche praktiziert wurden und somit als mit dem Jahwe-Glauben vereinbar angesehen wurden, gilt doch das Verbot von Wahrsagerei allg. für spezielle Formen wie Hellseherei, geheime Künste, Zauberei, Bannung, Geisterbeschwörung, Zeichendeuterei, durchs Feuer gehen, auf Vogelgeschrei und Zeichen achten und wird damit begründet, daß es »dem Herrn ein Greuel« ist (3Mo 19,26f; 5Mo 18,10. 12; 2Kön 21,6).

H.P.

MAON, MAONITER/MËUNITER.

1. Nachkomme des kalebitischen Zweiges des Stammes Juda. M. war der Sohn Schammais und Vater der Einwohner Bet-Zurs (1Chr 2,45).

2. Eine Stadt mit Namen M. in Juda wird in der Liste von Jos 15,55 aufgeführt. Nabal, der erste Mann Abigajils, lebte dort (1Sam 25,2f). Chirbet-el-Maʿīn, 14 km südl. von *Hebron und 20 km südwestl von *Gaza, dürfte die ursprüngliche Ortslage markieren. Spuren von Keramik aus der frühen Steinzeit und eine bemerkenswerte Synagoge mit Mosaiken aus dem späten 4.-6. Jh. v.Chr. wurden hier gefunden. Chirbet-el-Maʿīn ist von Weideland umgeben; es ist wahrscheinlich die »Wüste Maon«, in der David Schutz vor Saul suchte (1Sam 23,24f) und durch einen Philisterstreifzug gerettet wurde (1Sam 23,27f).

3. Ein Volk im *Ostjordanland, das zusammen mit den *Amalekitern und den Sidoniern als Unterdrücker Israels erscheint (Ri 10,12: Maoniter). Die M. sind ein Hirtenvolk, das von den Königen *Hiskia (1Chr 4,41: Mëuniter) und *Usija (2Chr 26,7: Mëuniter) angegriffen wurde. Ihre Verbindung mit Arabern und *Ammonitern (2Chr 20,1: Mëuniter) legt Maʾan, südöstl. von *Petra, als ihre Heimat nahe.

Die Mëuniter werden in der offiziellen Liste der Heimkehrer aus dem babylon. Exil erwähnt (Esr 2,50; Neh 7,52). J.A.T.

MARA. (Hebr. *mārāh*, »bitter«). Der erste namentlich genannte Lagerplatz der Israeliten nach der Durchquerung des Roten Meeres wurde M. genannt, weil man dort nur bitteres Wasser fand (2Mo 15,23; 4Mo 33,8f), vielleicht auch im Gegensatz zu dem süßen Wasser des Niltales, an das sie gewöhnt waren. Im Zusammenhang mit der Annahme, daß der Weg der Israeliten anschließend zu den Bergen im S der Sinaihalbinsel führte, wird M. allg. mit dem heutigen Ain Hawarah, ca. 75 km südsüdöstl. von Suez identifiziert. H.H. Rowley (From Joseph to Joshua, 1950, S. 104) und J. Gray (VT 4, 1954, S. 149f) jedoch identifizierten M. mit *Kadesch, eine Ansicht, die von GTT, S. 252, Anm. 218 widerlegt wird; B. Rothenberg und Y. Aharoni (God's Wilderness, 1961, S. 11, 93f, 142ff) geben beide Ansichten wieder. (*Wüstenwanderung)

J.D.D./G.I.D.

MARANATA. Aram. Ausdruck (*māranā thā*), der in den griech. Mss. nicht übersetzt wird (im NT allein in 1Kor 16,22); M. wurde offenbar auch in den griech. sprechenden Gemeinden in der aram. Form gebraucht wie Amen und Halleluja (s. Did 10,6). M. kann »Unser Herr, komm!« oder »Unser Herr kommt« bedeuten. Die erste Bedeutung, die Bitte um Jesu baldige Wiederkunft, ist in Offb 22, 20 aufgenommen, und lautet dort in griech. Sprache: *erchou kyrie Iēsou.*

MARCHESCHWAN s. Kalender

MARESCHA.

1. Nachkomme Judas (1Chr 2,3; 4,21).

2. Judäische Stadt in der *Schefela (Jos

15,44), von der aus die Straße durch das Wadi Zeita nach *Hebron verlief; heute Tell Sandahanna (Tel Marescha). Rehabeam (926-910 v.Chr.) befestigte M. (2Chr 11,8). Serach aus Kusch wurde in diesem Gebiet von König Asa (908-868 v.Chr.) besiegt (2Chr 14,8ff). In M. wurde der Prophet *Eliëser geboren (2Chr 20, 37), der z.Zt. Joschafats (868-847 v.Chr.) wirkte. In der *Makkabäerzeit war M. eine sidonische Kolonie und ein wichtiger Rückhalt Idumäas (1Makk 5,66; 2Makk 12,35; Zeno, Cairo Museum Pap. 59006; Jos.ant.Jud. 12.353; 14.75). Die Parther zerstörten es 40 v.Chr. (Jos.ant.Jud. 14.364); an seiner Stelle entstand 1,5 km weiter nördl. Eleutheropolis, heute Beit Guvrin oder Jibrin; ein Dorf westl. davon heißt heute Chirbet Marʿasch. Der Name, der wahrscheinlich von hebr. *rōʾsch* (Kopf) abgeleitet ist, scheint häufiger vorgekommen zu sein. J.P.U.L.

MARI. Ausgrabungen in M., heute Tell Harīri im Südosten Syriens, ca. 12 km nordwestl. von Abu Kemal am Euphrat gelegen, wurden 1933-39 und 1951-64 von André Parrot für den Louvre in Paris durchgeführt. Im AT wird der Ort nicht erwähnt, aber es zeigte sich, daß M. in strategisch bedeutender Lage Hauptstadt eines größeren *amorit. Stadtstaates im 2. Jt.v.Chr. gewesen war. Über 22000 beschriebene Tontafeln, ein Viertel davon Staatsbriefe, geben wichtige Hintergrundinformation über die Zeit der bibl. Patriarchen.

Im 3. Jt. v.Chr. gegründet, war M. schon ein mächtiges Zentrum, als es eine Zeitlang unter

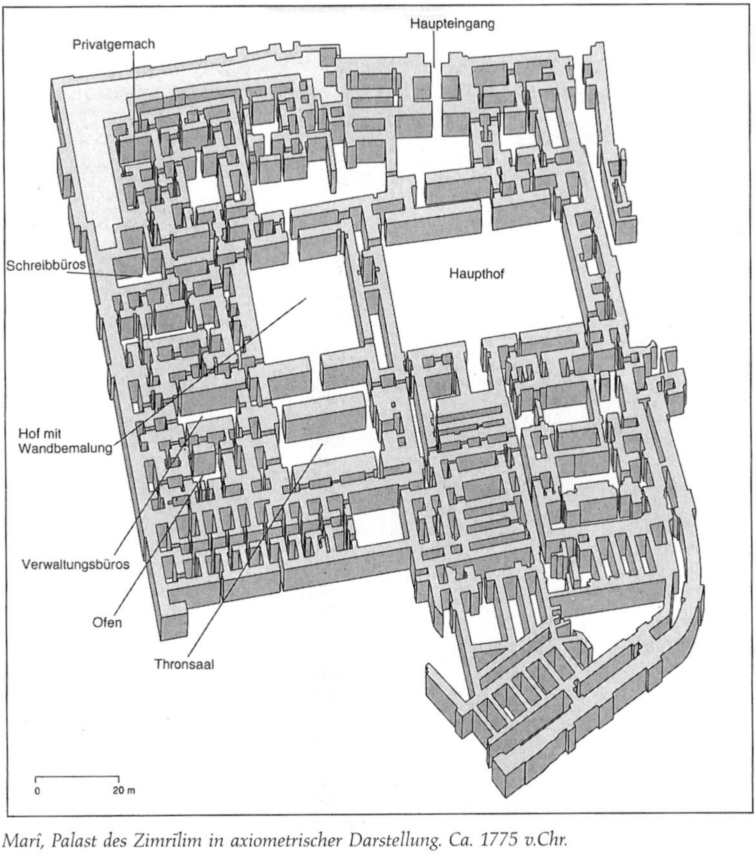

Marî, Palast des Zimrīlim in axiometrischer Darstellung. Ca. 1775 v.Chr.

Wandgemälde im Audienzsaal des Palastes Zimrīlims in Marî, Syrien, mit der Göttin Ischtar, die eine Gabe erhält. 18. Jh. v.Chr. (AP)

der Oberhoheit von Ebrum von *Ebla stand; ca. 2250 v.Chr. wurde es von Sargon von Agade/*Akkad eingenommen. Danach wurde M. von Statthaltern, die von *Ur abhängig waren, regiert, bis es von dem Amoriter Ischbierra befreit wurde. Ab ca. 1820 v.Chr. kontrollierte ein mächtiges Herrscherhaus unter König Jahdun-Lim, einem Sohn Jaggid-Lims, das Gebiet bis zum Mittelmeer. Er regierte die halbnomadischen Stämme in der Umgebung mit fester, aber gerechter Hand, zu ihnen gehörten die Sutu, Amnanum, Ben-Jamini (»Benjaminiter«) und später die Hapiru (»Hebräer«), die mit den bibl. Hebräern nicht identisch sind. Seine Nachfolger Jasmah-Adad und Zimri-Lim (ca. 1775 v.Chr.) waren mächtig, aber von den starken Stadtstaaten Aleppo (Jamhad), *Assyrien (Ninive) und *Babylon eingeschlossen. Die Dynastie fiel ca. 1769 v.Chr. an *Hammurabi von Babylon, von dem einer der Agenten Zimri-Lims berichtete, daß »es keinen König gibt, der wirklich selbst mächtig ist. Zehn von fünfzehn Königen gehen mit Hammurabi von Babylon, die gleiche Anzahl mit Rimschin von Larsa, mit Ibal-pi'el von Eschnunna und mit Amut-pi'el von Watānum. Zwanzig gehen mit Jarimlim von Jamhad.«

Diplomatische Angelegenheiten bestimmten die internationale Korrespondenz und den Austausch von Geschenken unter den Herrschern (Iraq 18,1958, S. 68-100), Gleichgestellte redeten sich gegenseitig mit »Bruder« an, Vasallen sprachen ihre Herren als »Vater« oder »Herr« an. Stammesführer bezeichnete man als »Väter«, und da wie in Ebla die örtliche Verwaltung in der Hand von Unterstatthaltern lag (*schāpitum;* vgl. hebr. *schopet,* oft fälschlicherweise mit »Richter« übersetzt), waren sie verantwortlich für Gesetz und Ordnung, Steuereintreibung, Wahrung der Gastfreundschaft gegenüber reisenden Würdenträgern usw., ähnlich der Rolle, die Abraham übernahm (BS 134, 1977, S. 228-237). Die Beziehungen zu den Nachbarn wurden durch schriftlichen Vertrag oder *Bund geregelt. Diese folgten einem Muster, das dem Syriens, Mesopotamiens und Palästinas in den folgenden Jh. ähnlich war. In M. wurden einige Bundesschlüsse in einem Ritual ratifiziert, daß das »Töten eines Esels« verlangte (*hajaram qatālum*). Auch im Hebr. ist davon die Rede, anscheinend wurde es von dem Sichemiten Bene Hamar (»Söhne eines Esels«) überliefert, der einen Bund mit *Jakob schloß (1Mo 33,14; 34,1-3). In M. stellten Propheten, die *āpil(t)u,* »männliche (oder weibliche) Antworter«, einer Gottheit Fragen. Sie konnten auch in einer Gruppe auftreten und wurden vom Herrscherhaus versorgt. Daneben gab es *muhhū,* Kultbeamte von niedrigem Rang, die möglicherweise in Ekstase anstelle der Gottheit in der ersten Person sprachen. Andere wieder wurden »Sprecher« (*qabbātum*) genannt und gehörten jeweils zu einem Gott oder Tempel. Auch Laien gaben göttliche Botschaft weiter oder berichteten von Visionen. In Verbindung mit Musik erklärten einige Tempelbeamte (z.B. *assinnu*): »So spricht der Gott . . .« Ein Bericht von Ituraschdum an König Zimri-Lim enthält eine Traumoffenbarung im Tempel Dagans in Terqa. Die Botschaft war nicht gut, da der König versäumt hatte, regelmäßig seinem Gott zu berichten. »Hätte er dies getan, hätte er die Scheichs der Benjaminiter an Zimri-Lim ausgeliefert.« So wurde dem König auch mitgeteilt, welche Opfer von ihm erwartet wurden. Ein Prophet soll den Fall einer Stadt vorhergesagt haben. Dieses »prophetische« Wirken stützte sich größtenteils auf Wahrsagerei, magische Techniken, Träume, Eingeweideschau von Opfertieren und astronomische Beobachtungen und stand somit in deutlichem Gegensatz zu der Klarheit, Reichweite, dem Inhalt und Zweck der Prophezeiungen in Israel. In M. war die Volkszählung wie in Israel von besonderer rel. und ritueller Wichtigkeit und hatte keine unmittelbare politische, militärische oder wirtschaftliche Bedeutung (vgl. 2Sam 24). Der Vollzug politischer Reformen und die Klärung der Landverteilung sollte zur Reinigung des Volkes beitragen (hebr. *kōpher,* Mari: *tebibtum*), aber auch zu seinem inneren Zusammenhalt (*pqd,* »jeder, der gezählt ist«; vgl. 2Mo 30,13f) und Selbstwertgefühl. Die vielen Listen enthalten Personennamen eines weiten kosmopolitischen Bereichs, einige der darin erwähnten Personen sind Gestalten des AT ähnlich, aber nicht mit ihnen zu identifizieren: Ariukku (vgl. Arjoch aus 1Mo 14,1), Abarama, Yaqub-'el oder der Titel dawīdum, »Oberhaupt« (vgl. »David«), von dem man neuerdings annimmt, daß er »Niederlage« bedeutet (JNES 17,1958, S. 130). Ortsnamen in den Texten lassen an Har(r)an, Nahur (Nahor), Til-Turahi (Terach) und Sarug (Serug; vgl. 1Mo 11,20ff) denken. Die einzige Stadt in Palästina, die direkt erwähnt wird, ist *Hazor.

Die Texte geben einen detaillierten Einblick in das tägliche Leben, besonders im königlichen Palast mit seinen 300 Räumen, seinen verschiedenen Archiven, die nicht nur zwischenstaatliche Angelegenheiten, sondern auch Einzelheiten im Blick auf Importe von Wein, Honig, Öl, Wolle, Eis und anderen Luxusgütern behandeln. Weitere Briefe sprechen vom Bedarf des Palastes, der sich aus den Pflichten der königlichen Gastfreundschaft ergab sowie aus den rituellen Festen, die zu Ehren verstorbener Vorfahren gegeben wurden. Zur Götterwelt in M. zählten die Sonne (Saps), der Mond (Sin, Jerah), der Sturmgott (Adad) sowie die Göttin Ischtar, ʿAttar, der Gott Dagan (*Dagon), Baʿal, ʾEl, Rasap (Gott der Unterwelt) und viele andere (einschließlich Lim, »die tausend Götter«). Alle diese Gottheiten könnten Terach bekannt gewesen sein (Jos 24,2).

Ergiebige Quellen, die auch über die Stellung der Frau und der Familie Auskunft geben, sind in einem semit. Dialekt geschrieben, der manchen Teilen des Pentateuch ähnlich ist. Von ihnen sind noch viele Informationen über das Leben zur Zeit der Patriarchen zu erwarten.

Literatur: A. Parrot: Mari, Capitale fabuleuse, 1974; G. Dossin et al.: Archives royales de Mari, 1-15, 1941-78; B.F. Batta: Studies in Women at Mari, 1974; E. Noort: Untersuchungen zum Gottesbescheid in

Mari, 1977; zu den Prophezeiungen s.VT. S 15/1966, 207-227; 17/1969, 112-138; VT 27/1977, 178-195; HTR 63/1970, 1–28. D.J.W.

MARIA.

Der Name erscheint im NT als Maria oder Mariam. Beides sind griech. Formen des hebr. Namens Miriam, der in der LXX (für die Schwester Moses) Mariam geschrieben wird. Er läßt sich möglicherweise von dem ägyptischen Marye, »Geliebte« ableiten (vgl. aber A.H. Gardiner: JAOS 56, 1936, S. 194-197). Im NT bezieht sich der Name auf folgende Personen:

1. Maria, die Mutter des Herrn.

Unsere Informationsquellen über Jesu Mutter sind weitgehend beschränkt auf die Kindheitserzählungen bei Matthäus und Lukas. Dort erfahren wir, daß M., als ein *Engel ihr die Geburt Jesu ankündigte, in *Nazareth in *Galiläa lebte und mit einem Zimmermann namens *Josef verlobt war (Lk 1,26f). Lukas berichtet auch, daß Josef ein Nachkomme Davids war (a.a.O.). Über die Empfängnis Jesu wird gesagt, daß sie »von dem heiligen Geist« kam (Mt 1,18; vgl. Lk 1,35); geboren wurde er in Bethlehem gegen Ende der Herrschaft *Herodes des Großen (Mt 2,1; Lk 1,5; 2,4; s. *Jungfrauengeburt).

Sowohl Mt 2,23 und Lk 2,39 berichten, daß die heilige Familie nach der Geburt Jesu in Nazareth lebte. Matthäus berichtet darüber hinaus von einer Flucht nach Ägypten vor dem eifersüchtigen Zorn des Herodes. Lukas erzählt von M.s Besuch bei ihrer Verwandten *Elisabeth, die sie als »Mutter meines Herrn« mit den Worten begrüßte: »Gepriesen bist du unter den Frauen« (1,42f). Lukas überliefert auch M.s Lobgesang (Magnifikat: 1,46-55), wo einige alte Handschriften »Elisabeth« als Sprecherin statt »Maria« lesen. Eine Begebenheit aus Christi Kindheit berichtet Lukas (2,41-51), der die für eine ängstliche Mutter typischen Worte der Maria (V. 48) als auch die bekannte Antwort Jesu überliefert: »Wißt ihr nicht, daß ich sein muß in dem, was meines Vaters ist?« (V. 49).

In den Evv. finden sich nur wenige Hinweise auf M. Offenbar begleitete sie Jesus nicht auf seinen Reisen, nahm aber mit ihm an der Hochzeit in *Kana teil (Joh 2,1ff). Der Tadel, den sie bei dieser Gelegenheit von Jesus erfährt: »Was geht's dich an, Frau, was ich tue?« (V. 4), drückt eher Erstaunen aus als Härte (vgl. Lk 2,49 und den zärtlichen Gebrauch des Wortes *gynai*, »Frau«, in Joh 19,26; s. auch Mk 3,31ff, wo der Herr geistliche Treue über die Familienbeziehung stellt; zu V. 35 vgl. Lk 11,27f). Schließlich treffen wir M. unter dem Kreuz wieder (Joh 19,25), wo Jesus sie der Fürsorge des Jüngers, den er lieb hatte, anvertraut (V. 26f). Eine deutliche Bezugnahme auf M. im NT steht in Apg 1,14, wo von ihr und den Jüngern gesagt wird, daß alle stets beieinander waren, »einmütig im Gebet«.

Die knappe ntl. Skizze von M. und ihrer Beziehung zu Jesus hat viele Lücken, die schnell von frommen Legenden gefüllt wurden. Aber wir können die Berichte der Evv. nicht über ihre geschichtlichen Grenzen hinaus auspressen; d.h. wir müssen damit zufrieden sein, M.s Demut, Gehorsam und Hingabe an Jesus zu sehen. Da sie die Mutter des Herrn war, kann man nicht weniger von ihr sagen als ihre Verwandte Elisabeth: daß sie »gepriesen ist unter den Frauen«.

Literatur: I. de Satge: Mary and the Christian Gospel, 1976; R.E. Brown (Hrsg.): Mary, 1977; I. McHugh: The Mother of Jesus in the New Testament, 1975.

2. Maria, die Schwester Martas.

Sie wird nur bei Lukas und Johannes namentlich erwähnt. Lk 10,38-42 berichtet, daß Jesus, nachdem die Zweiundsiebzig zu ihm zurückgekehrt waren (V. 17), in ein »Dorf« kam (in Joh 11,1 als *Betanien identifiziert, etwa 3 km östl. vom Gipfel des Ölberges), wo ihn *Marta, die eine Schwester namens M. hatte, in ihrem Haus aufnahm. In der folgenden Erzählung wird Marta vom Herrn getadelt, weil sie sich über ihre Schwester M. beklagt, die lieber sein Wort hört, als bei der Arbeit zu helfen. Joh 11 beschreibt das Treffen zwischen Jesus und den Schwestern M. und Marta in Betanien anläßlich des Todes ihres Bruders *Lazarus. M. wird hier (V. 2) als die bezeichnet, »die den Herrn mit Salböl gesalbt und seine Füße mit ihrem Haar abgetrocknet hatte«; diese Salbung wird dann fast unmittelbar im Anschluß an die Auferweckung des Lazarus (11,43f) berichtet (12,1ff).

Alle vier Evv. enthalten einen Bericht von der Salbung Jesu durch eine Frau (Mt 26,6-13; Mk 14,3-9; Lk 7,37-50; Joh 12,1-8). Die Schwierigkeit besteht darin, zu entscheiden, ob diese vier Berichte sich auf die gleiche Begebenheit beziehen, und wenn nicht, ob jeweils dieselbe Frau daran beteiligt war. Matthäus und Markus stimmen in ihren Darstellungen mehr oder weniger überein; Lukas' Bericht weicht weitgehend von ihnen ab (besonders darin, daß er die Begebenheit nach Galiläa verlegt, als Johannes der Täufer im Gefängnis saß, statt nach Betanien kurz vor Jesu Tod); der Bericht des Johannes ist von den anderen drei unabhängig. Nur bei Johannes wird die Frau mit Namen genannt und – wie wir sahen - klar als M., die Schwester Martas, identifiziert. Lukas allein fügt hinzu, daß die

Frau »eine Sünderin« war (7,37); bei Matthäus und Markus findet die Szene in Betanien »im Haus Simons des Aussätzigen« statt; und beide stimmen entgegen Lukas und Johannes darin überein, daß der Kopf und nicht die Füße Jesu gesalbt wurden.

Verschiedene Versuche sind gemacht worden, um diese Unterschiede aufzulösen. Ein Vorschlag lautet, daß Lukas eine andere Begebenheit beschreibt, aber daß es die gleiche Frau ist, die die Salbung vornimmt. Die Schwierigkeit dieser Ansicht (die besonders in der latein. Kirche vertreten wird) ist die Bezeichnung »Sünderin« für die fromm lebende M. von Betanien. Es waren in der Tat diese Beschreibung und das Fehlen weiterer Nachrichten, die mittelalterliche Gelehrte dazu brachten, die Sünderin aus dem Bericht des Lukas mit Maria Magdalena gleichzusetzen (eine Erörterung darüber s.u. 3. »Maria Magdalena«), und diese wiederum aufgrund der oben beschriebenen Verwirrung mit M. von Betanien. Johannes muß jedoch die wahre Identität der beiden Frauen bekannt gewesen sein, und ihm konnte nicht daran gelegen sein, seine Leser zu verwirren. Es gibt keine Rechtfertigung dafür, M. von Betanien mit Maria Magdalena gleichzusetzen und sicherlich genauso wenig, eine von beiden mit der Sünderin von Lk 7 in Verbindung zu bringen.

Die zweite hauptsächliche Ansicht ist die, daß zwei Salbungen des Herrn stattfanden, eine von einer reuigen Sünderin in Galiläa und eine weitere von M. von Betanien. In diesem Fall bezieht sich die Bezeichnung von M. in Joh 11,2, als die, die »den Herrn mit Salböl gesalbt hat«, auf ein erst später kommendes Ereignis. Die einzige Schwierigkeit bei dieser Ansicht besteht darin, daß das, was Jesus offenbar als eine einzigartige Handlung betrachtet hat, deren einmaligen Charakter er mit seinem Lob klar unterstreichen will (Mt 26,13; Mk 14,9), wiederholt worden wäre. Dennoch ist diese Interpretation die am meisten befriedigende; sie löst mehr Probleme, als sie aufwirft. Origenes vertrat die Ansicht, daß mindestens drei Salbungen durch zwei oder drei verschiedene Personen stattgefunden haben. M.s Handlung ist als spontaner Ausdruck ihrer Hingabe an Jesus zu verstehen, der in seiner Art und in der Zeitwahl Jesu Tod vorwegnimmt und daher mit ihm verbunden ist.

3. Maria Magdalena.

Der Name ist wahrscheinlich von der galiläischen Stadt *Magdala abgeleitet. Vor Beginn der Passionsgeschichten wird sie nur in Lk 8,2 erwähnt, wo wir lesen, daß zu den Frauen, die von Geistern besessen und geheilt worden waren und die den Herrn und seine Jünger bei ihrem evangelistischen Dienst begleiteten, auch »Maria, genannt Magdalena« gehörte, »von der sieben böse Geister ausgefahren waren« (vgl. Mk 16,9, im längeren Schlußteil).

Die Krankheit, von der M. geheilt wurde, auf den physischen, geistigen oder moralischen Bereich zu begrenzen, ist jedenfalls vom bibl. Bericht her nicht möglich. Dies ist ein weiterer Grund, sich einer Identifikation von M. Magdalena mit der »Sünderin« von Lk 7 zu widersetzen (s.o. 2.). Wenn Lukas gewußt hätte, daß die M. aus Kap. 8 die gleiche Person war wie die Sünderin aus Kap. 7, hätte er dann die Verbindung nicht deutlich gemacht?

Zusammen mit den anderen Frauen, die mit Jesus aus Galiläa gekommen waren (s.u. 4.), taucht M. Magdalena wieder bei der Kreuzigung auf. Im Bericht des Johannes von der Auferstehung wird beschrieben, wie der Herr M. allein erschien. Die Version im längeren Schluß des MkEv.s ist kurz und nicht chronologisch eingeordnet. Kleine Unterschiede gibt es in den Berichten von der Ankunft der Frauen am Grab. M. geht zusammen mit den anderen los (Mt 28,1; Mk 16,1), läuft dann aber offenbar voraus und trifft als erste am Grab ein (Joh 20,1). Darauf erzählt sie Petrus und dem Lieblingsjünger, was geschehen war (Joh 20,2), und wird dort von den anderen Frauen eingeholt (Lk 24,10). Sie kehrt mit Petrus und dem Lieblingsjünger zum Grab zurück und bleibt, nachdem diese wieder gegangen waren, weinend allein (Joh 20,11). Jetzt sieht sie zwei Engel (V. 12) und schließlich den auferstandenen Christus selbst (V. 14), der den berühmten Befehl: *noli me tangere*, »Rühr mich nicht an!« an sie richtet (V. 17). M.s Beziehung zu ihrem Herrn mußte nach seiner Auferstehung natürlich von anderer Art sein und sich in einer anderen Dimension fortsetzen.

4. Maria, die Mutter des Jakobus; »die andere Maria«; Maria »des *Klopas«.

Es ist sehr wahrscheinlich, daß alle drei Namen sich auf die gleiche Person beziehen. M., die Mutter des *Jakobus und *Josef, wird zusammen mit M. Magdalena bei den Frauen aufgeführt, die Jesus nach Jerusalem begleiteten und bei der Kreuzigung anwesend waren (Mt 27,55f). Wenn gleich darauf (V. 61) gesagt wird, daß M. Magdalena und »die andere Maria« nach dem Begräbnis dem Grab gegenüber saßen, kann man wohl annehmen, daß damit die gleiche M., die Mutter des Jakobus, gemeint ist. »Die andere Maria« erscheint mit Maria Magdalena auch am Morgen des Auferstehungstages (Mt 28,1).

Von den anderen Synoptikern erfahren wir weitere Einzelheiten. Markus nennt sie (15,40) »Maria, die Mutter Jakobus des Kleinen und des Joses«, die mit Maria Magdalena und Salome die Kreuzigung beobachtete. In Mk 15,47 wird sie *Maria hē Iōsētos* (»Maria, die des Joses«, LÜ: »die Mutter des Joses«) genannt, und in 16,1 erscheint sie wieder (als *Maria hē Iakōbou,* »Maria, die des Jakobus«, LÜ: »Maria, die Mutter des Jakobus«) mit Salome und Maria Magdalena und bringt am Morgen des Auferstehungstages Gewürze zum Grab, um den Leichnam Jesu zu salben. Lukas fügt hinzu (24,10), daß auch Johanna wie Maria Magdalena und Maria, die Mutter des Jakobus, unter den Frauen war, die die Kreuzigung Christi beobachtet hatten und den Aposteln von den Ereignissen bei der Auferstehung berichteten.

Johannes bezeichnet diese M. als *hē tou Klōpa* (»die des Klopas«), als er erzählt (19,25), daß bei Jesu Kreuz seine Mutter und die Schwester seiner Mutter, »Maria, die Frau des Klopas« und Maria Magdalena standen. Der Genitiv *Klōpa* ist wahrscheinlich als »(Frau) des Klopas« und nicht »(Tochter) des Klopas« zu übersetzen. Nach der Liste in Mk 15,40 zu urteilen, ist es ziemlich klar, daß »Maria, die des Klopas« die gleiche Person ist wie M., die Mutter des Jakobus. Hegesippus überliefert (s. Eus., h.e. III, 11), daß *Klopas der Bruder Josefs, des Mannes der Maria (der Mutter Jesu) war. (Der »*Kleopas« in Lk 24,18 ist ein anderer.)

5. Maria, die Mutter des Markus.

Der einzige Hinweis im NT auf diese M. findet sich in Apg 12,12. Nachdem Petrus aus dem Gefängnis entkommen war (12,6ff), ging er zuerst zum Haus dieser M. in Jerusalem, das offenbar ein Versammlungsort der Christen war. Da *Markus der Vetter des Barnabas genannt wird (Kol 4,10), war Barnabas also der Neffe dieser M.

6. Maria, die von Paulus gegrüßt wird.

Ihr Name erscheint unter den 24 Personen in Röm 16, an die Paulus Grüße sendet (V. 6). Dort wird sie als eine beschrieben, die »viel Mühe und Arbeit« um die Gemeinde gehabt hat. Sonst ist nichts weiter von ihr bekannt. S.S.S.

MARKT, MARKTPLATZ. Im AT wird damit das hebr. *maʿarāb*, »Ware, Tauschartikel« (Hes 27,13.17.19.25) übersetzt. Jes 23,3 steht hebr. *sechar* für den Handelsplatz von Tyrus. Beide hebr. Worte beschreiben das Handelszentrum einer orientalischen Stadt.

Im NT steht das griech. Wort *agora,* »Versammlungsplatz«, für den Ort, der nicht nur Handelsplatz, sondern auch öffentlicher Aufenthaltsort war. Oft war der M. verziert mit Statuen und Säulengängen. Auf dem M. spielte sich das öffentliche Leben ab. Hierher wurden die Kranken gebracht (Mk 6,56), Kinder spielten (Mt 11,16; Lk 7,32) und Tagelöhner warteten, um ihre Dienste anzubieten (Mt 20,3; vgl. Apg 17,5, *agoraioi,* »[üble Männer] aus dem Pöbel [die dort herumstanden]«). Auf dem M. wurden in heidnischen Städten auch gerichtliche Voruntersuchungen abgehalten (Apg 16,19; vgl. 19,38ff) und philosophische und rel. Diskussionen geführt (Paulus in

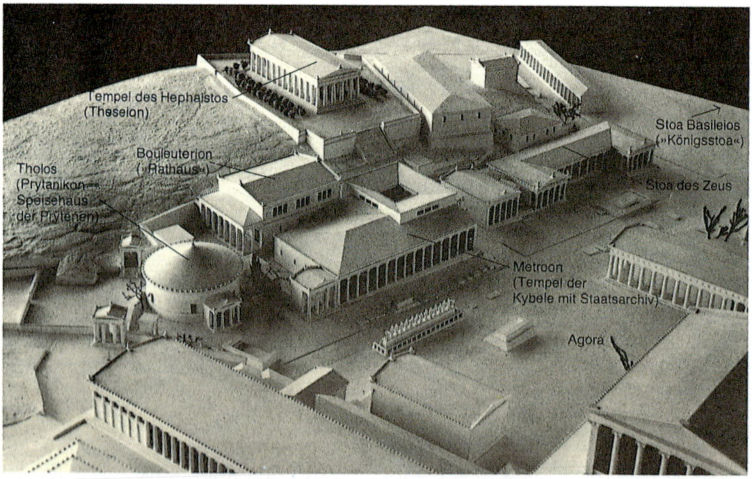

Modell des Marktplatzes (Agora) von Athen im 2. Jh. n.Chr. (ASCS)

Der Marktplatz (Agora) von Athen unterhalb des Tempels des Hephaistos, 5. Jh. n.Chr. und später. (SH)

Athen: Apg 17,17.28). Eine alte Beschreibung dieser *agora* bietet Pausanias (1,2-17); zu den Ergebnissen der Ausgrabungen vgl. American School of Class. Studies: The Athenian Agora, 1962. B.F.H.

MARKUS (JOHANNES).

Seit alters gilt Johannes Markus als Autor des *Markusevangeliums. Er war offenbar ein Jude aus *Jerusalem. Sein hebr. Name war Jochanan (»Jahwe ist gnädig«, vgl. 2Kön 25,23 LÜ: »Johanan«). Sein latein. Name Marcus ist nicht so leicht zu erklären. Zwar nahmen manchmal jüd. Sklaven den Sippennamen ihrer früheren Herren an, wenn sie freigelassen wurden; doch Markus ist kein Sippen-, sondern ein Vorname. War sein Vater ein Römer, seine Mutter eine Jüdin (vgl. Apg 12,12)? Trug er den hebr. Namen nur aus rel. Gründen? Unsere Quellen geben keine Klarheit. Der Kirchenvater Hippolyt gab ihm den Beinamen *kolobodaktylos*, d.h. »der Stummelfingrige« (ref. VII, 30). Vermutlich weist diese Bezeichnung auf eine körperliche Anomalie, die M. an der Ausübung levitischer Dienste hinderte. Daß M. ein Levit war, ergibt sich daraus, daß sein Vetter *Barnabas als Levit bezeichnet wird (Apg 4,36; Kol 4,10). Eine alte Tradition berichtet, M. habe sich nach seiner Bekehrung durch Abschneiden des Daumens selbst verstümmelt, um jede Brücke zu seiner Vergangenheit zu zerstören (vgl. Mk 9,43).

*Maria, die Mutter des M., war mit *Barnabas verwandt (Kol 4,10). Sie scheint eine wohlhabende Frau gewesen zu sein. In ihrem Haus konnte sich die Urgemeinde versammeln (Apg 12,12). Sie verfügte über Hauspersonal. Ihr Ehemann war zu diesem Zeitpunkt wohl bereits verstorben, weil er nirgends erwähnt wird (oder wird er nicht genannt, weil er röm. Heide war? Dann wäre die missionarische Stoßrichtung des MkEv.s noch verständlicher!).

Vermutungen, M. in dem Mann mit dem Wasserkrug von Mk 14,13 bzw. in dem flüchtenden Jüngling von 14,51f zu erkennen, lassen sich letztlich nicht beweisen, wenngleich manches dafür spricht, daß sich der Autor des Ev.s hier – mittelalterlichen Malern gleich - selbst abgebildet hat. Noch weiter geht die Annahme Th. Zahns, daß das Haus des letzten Mahls Jesu das elterliche Haus des M. gewesen sei (Die Dormitio Sanctae Virginis u.d. Haus d. Joh. Markus, 1899). Fest steht nur, daß M. in der Urgemeinde eine wohlbekannte Person gewesen sein muß, auf die man sich ohne weitere Erklärung beziehen konnte.

Diese Bekanntheit erlangte er aber wohl erst später, als er von *Barnabas und *Paulus von *Jerusalem aus mitgenommen und in die Gemeinde von *Antiochia eingeführt wurde

(Apg 12,25). M. begleitete sie als ihr Gehilfe zu Beginn ihrer ersten Missionsreise nach Zypern (Apg 13,5). Bei der Weiterreise auf dem Festland verließ er die Gruppe jedoch in *Perge und kehrte zurück nach Jerusalem (!). Wegen dieser Trennung weigerte sich *Paulus vor Beginn der zweiten Reise, M. abermals mitzunehmen, worauf es zum Bruch mit Barnabas kam (Apg 15,38). M. begleitete daraufhin zunächst seinen Vetter Barnabas auf dessen Reise.

Den weiteren Lebensweg des M. können wir aus den ntl. Briefen nur schwer rekonstruieren. Als Paulus – vermutlich von Rom aus – den *Kolosserbrief schrieb, war M. bei ihm (Kol 4,10). Paulus hatte wohl die Absicht, ihn mit einem Auftrag nach *Kolossae zu senden, weshalb er der dortigen Gemeinde seinetwegen besondere Weisung erteilte (auch hier wirkt das vordem schwierige Verhältnis offenbar noch nach). In Phlm 24 wird M. in einem Atemzug mit *Lukas genannt, was im Blick auf die beiden Evv. aufschlußreich ist. Als Paulus den 2. Timotheusbrief diktierte, war M. zusammen mit *Timotheus unterwegs, möglicherweise auf der in Kol 4,10 genannten Mission in Kleinasien (2Tim 4,11).

Das besondere enge Verhältnis zu *Petrus zeigt sich in 1Petr 5,13 (»mein Sohn Markus«). Sehr wahrscheinlich ist *Babylon in diesem Vers Deckname für *Rom. Dann aber ist hier ein Hinweis auf die röm. Ursprünge des MkEv.s gegeben.

In den Schriften der frühen Kirchenväter findet sich eine Reihe von Hinweisen auf M. Gut belegt ist, daß zum einen das MkEv. auf M. zurückgeht, zum anderen, daß er ein besonders enges Verhältnis zu Petrus hatte, und daß schließlich Rom dabei eine wichtige Rolle spielte. Hinzu kommen mehr oder weniger gut bezeugte, teilweise vermutlich legendäre Traditionen. M. war der »Hermeneut« (Dolmetscher?/Interpret?) des Petrus (so Papias unter Berufung auf den Presbyter Johannes, bei Eus.h.e. III, 39, 15), der in loser Reihenfolge aufschrieb, was Petrus verkündigte. Nach dem monarchianischen Prolog zum MkEv. soll er von Petrus getauft und später der erste Bischof von *Alexandria gewesen sein (nach Eus.h.e. II,24 bis zum Jahr 62). Der röm. Märtyrerkalender nennt M. unter dem 25. April mit Todesort Alexandria. M. wäre dann nach seinem Leiteramt in Alexandria mit Petrus zusammen in Rom gewesen und (nach dessen Tod?) dorthin zurückgekehrt. Das Ende seines Lebens läßt sich am wenigsten sicher darstellen. Als gesichert darf aber seine Verbindung zu Petrus und seine Verfasserschaft des gleichnamigen Ev.s angesehen werden.

Literatur: W. Grundmann: Das Evangelium nach Markus, [7]1977, § 4; s.a. Literatur zu *Markus, Evangelium. A.C./H.W.N.

MARKUS, EVANGELIUM.

I. AUFBAU.

1,1: Bucheröffnung;

1,2-13: Jesus beginnt seinen Weg;

1,14-45: Jesus ruft in Galiläa die Gottesherrschaft aus;

2,1-3,6: Streitgespräche in Galiläa;

3,7-6,29: Scheidung zwischen Volk und Jüngern;

6,30-8,26: Gottes Herrschaft kommt zu Juden und Heiden;

8,27-10,52: Auf dem Weg nach Jerusalem;

11,1-12,44: Jesu Wirken in Jerusalem;

13,1-37: Die Abschiedsrede Jesu;

14,1-16,8: Leiden, Tod und Auferstehung Jesu;

14,3-42: Jesu Abschied von den Jüngern;

14,43-15,20: Verhandlung vor der jüd. und röm. Rechtsbehörde;

15,21-47: Kreuzigung und Tod;

16,1-8: Ereignisse am Ostermorgen;

16,9-20: Schluß: Ostererscheinungen und Himmelfahrt.

Das MkEv. als schriftlicher Befund vom Ausbruch des Reiches Gottes durch das Wirken Jesu in Worten und Taten gliedert sich in zwei große Teile. Der Einschnitt liegt nach 8,26. Unter geographischem Gesichtspunkt ist festzustellen, daß Jesu Reisetätigkeit ihren nördlichsten Punkt erreicht hat. Von hier führt sein Weg zielstrebig nach S, nach Jerusalem. Inhaltlich verlagert sich der Schwerpunkt von der Wandertätigkeit Jesu auf seine Jüngerbelehrung. Der 2. Teil bringt nur noch drei Machttaten Jesu, die unter dem Gesichtspunkt der Belehrung erzählt werden (9,14-29; 10,46-52; 11,12-14.20-25). Im 1.Teil wird zwar die Tatsache der Belehrung erwähnt, jedoch mit Ausnahme von Kap. 4 nicht deren Inhalt. Weiterhin läßt sich inhaltlich feststellen, daß – abgesehen von 1,1 – erst im 2. Teil der Titel »Christus« vorkommt (8,29; 9,41; 12,35; 13,21; 14,61; 15,32). Das Messiasgeheimnis wird fortschreitend gelüftet. Im 1. Teil hält Jesus die Antwort bzgl. des Geheimnisses seiner Person zurück.

Die Himmelsstimme identifiziert ihn, aber nur in der persönlichen Anrede »Du« (1,11). Die Dämonen kennen ihn, erhalten aber das Gebot zu schweigen (1,25.34; 3,12; 5,6.8). Den Zeugen machtvoller Wunder gebietet Jesus ebenfalls Schweigen (5,43; 1,44a; 7,36; 8,26). Im 2. Teil dagegen wird Jesus im Jüngerkreis als der Christus bekannt (8,29; vgl. 9,7), da-

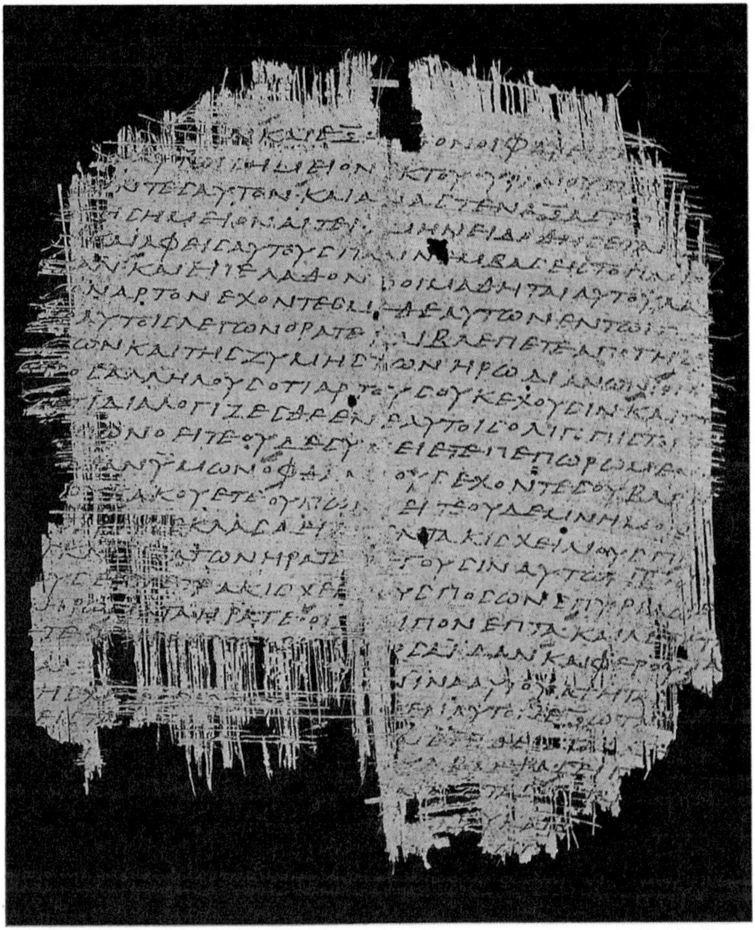

Markus 8,10–26; Blatt aus dem Papyrus-Kodex p[45] *(Chester Beatty I), spätes 2. / frühes 3. Jh.* (CBL)

nach vor den Pilgern (10,47-49), angesichts Jerusalems (11,9f), vor dem Hohen Rat (14,61f), vor Pilatus (15,2) und vor ganz Israel (15,9.12.26.32.39). Der Auflösung des Messiasgeheimnisses geht die Aufrichtung des Leidensgeheimnisses parallel. Das Leidensgeheimnis ist mit dem Menschensohn-Titel verbunden. 12 (der 14) Stellen, in denen der Titel »Menschensohn« begegnet, erscheinen im 2. Teil. Wie das Messias-Geheimnis vom 1. Teil im 2. Teil gelüftet wird, wird das Menschensohn-Geheimnis vom 2. Teil in der Auferstehung offenbar (wie 9,9 angekündigt). Der Hauptmann unter dem Kreuz (15,39) ist Platzhalter der neuen Gemeinde des Auferstandenen, die sich 16,7 abzeichnet.

II. FRAGEN DER VERFASSERSCHAFT.

Die älteste Handschrift, die größere Teile des MkEv.s enthält, der Chester Beatty Papyrus I (Cp [45]) aus dem 3. Jh., beginnt erst bei 4,36 und enthält somit die uns geläufige »Überschrift« des Ev.s »nach Markus« nicht. Diese Information überliefern erst der Kodex Vaticanus und der Kodex Sinaiticus aus dem 4. Jh. Eine solche Überschrift kommt bei allen vier Evv. vor, was es wahrscheinlich macht, daß sie von anderer Hand, z.B. vom Bibliothekar zwecks Katalogisierung, eingeführt wurden (vgl. *Evangelien).

Im MkEv. selbst kommt der Name Markus nicht vor. Daraus kann geschlossen werden, daß der Verfasser seinen ersten Lesern wohlbekannt war, da er sonst nicht den Auftrag zur Niederschrift erhalten hätte und sein Werk solches Ansehen errungen hätte. Der Verfasser war wohl auch deswegen bekannt, weil die ersten Christen in überschaubaren Gemeinden lebten. Das Buch selbst liefert auch kein Selbstzeugnis (»Fingerabdrücke«), das eine klare Auskunft über den Verfasser zuließe.

Allerdings: die Kenntnis der ersten Lesergeneration über den Verfasser hat sich fortgepflanzt. Euseb zitiert in seiner Kirchengeschichte (h.e. III, 39, 15; Text bei Aland, Synopse, S. 531) nach 337 n.Chr. aus dem Werk des 200 Jahre vor ihm lebenden Bischofs Papias (um 70 n.Chr. geboren; Michaelis, S. 26), der wiedergibt, was er (Papias) in seiner Jugend in *Ephesus gehört hat: daß Markus als Mittelsmann des Petrus das Ev. aufzeichnete und große Sorgfalt darauf verwandte.

Diese Papias-Notiz wurde erst in der Neuzeit als »historisch wertlos« (Marxsen; in diesem Sinn auch Bultmann, Conzelmann, Vielhauer, Haenchen, Niederwimmer u.a.) erklärt, wobei andere Forscher sie als »im Ganzen richtig dargestellt« bezeichnen (Michaelis, S. 51; in diesem Sinn H.J. Holtzmann, Schniewind, Wikenhauser, Schmid, Kurzing, Gnilka, Hengel). Für die Forscher der ersten Gruppe gilt, daß sie den »Stoff« der Evv. fast ausschließlich auf die Kreativität der nachösterlichen Gemeinde zurückführen. Dazu paßt dann nicht, daß nach Papias Markus das weitergibt, was er bei Petrus (aus dem Zwölferkreis) gelernt hat, und somit die Wurzeln des »Evangelienstoffes« in das irdische Leben Jesu hinabsenkt.

Für die Notiz des Papias spricht, daß Markus schon um 100 n.Chr. unbeanstandet als Verfasser gilt. In dieser kurzen Zeit seit der Entstehung des Ev.s konnte sich eine Legende nicht etablieren. Zum andern: warum sollte eine Legende ausgerechnet einen Nichtapostel, einen Nichtjünger, einen Mann aus dem dritten Glied und dazu keine Glanzfigur der Urchristenheit als Verfasser und damit auch als Garant des Ev.s wählen?

Der Text des MkEv.s bekräftigt, daß dem Verfasser Nachrichten aus erster Hand vorgelegen haben, da er auch entbehrliche Nebensachen genau und farbig schildert (z.B. 2,2; 2,14; 3,17; 4,38; 5,22; 6,39; 10,46; 14,3; 14,66; 15,21; 15,40; 16,1).

III. ZUR PERSON DES MARKUS (JOHANNES).

In Apg 12,12 erfahren wir, daß er der Sohn der *Maria ist. Er trug den jüd. Namen Johannes, als späterer Heidenmissionar ist er besser bekannt unter seinem latein. Namen Markus (so Apg 15,39; Kol 4,1; Phlm 24; 2Tim 4,11; 1Petr 5,13; nur Johannes in Apg 13,5.13; mit Doppelnamen noch Apg 12,25; 15,37). Seine Familie könnte aus *Zypern gestammt haben, zumindest sein Vetter *Barnabas kam von dort (Kol 4,10). Barnabas war ein Levit (Apg 4,36), nach der Überlieferung gilt dies auch für Markus. Seine (verwitwete?) Mutter besaß in Jerusalem ein Anwesen (Apg 12,12-14), in dem sich die Gläubigen versammelten, nach V. 3 waren sie auch in der Passanacht dort zusammen. Nach Ostern wurde Markus durch Petrus für Christus gewonnen (1Petr 5,13). Er siedelte, veranlaßt durch Barnabas und Paulus, nach Antiochien über (Apg 12,25). Sie nahmen ihn mit auf ihre 1. Missionsreise (Apg 13,5). Markus ließ sie aber unterwegs im Stich und kehrte nach Jerusalem zurück (Apg 13,13). Als Barnabas ihn auf eine weitere Reise mitnehmen wollte, kam es zum Bruch mit Paulus. Barnabas zog allein mit Markus. Nach rund 10 Jahren scheint Markus wieder in Paulus' Umgebung zu leben (Kol 4,10f; Phlm 24), und zwar in Ephesus oder in Rom. Später bat Paulus ihn, nach Rom zu kommen. Er sei ihm »nützlich zum Dienst« (2Tim 4,11).

Markus gilt als *hypēretēs*, als »Gehilfe« (Apg 13,5; 15,38). Den Missionaren war er nicht gleichgestellt. Er entfaltete und vertiefte wohl deren Evangelisation, indem er die Erweckten und Fragenden in der Jesusüberlieferung »lehrte« (Mt 28,20).

Aus allen diesen Gründen erschien Markus wohl als die geeignete Person, um nach dem Tode der Apostel die Jesusüberlieferung niederzuschreiben und für die nächste Generation zu dokumentieren.

IV. DER ORT DER ABFASSUNG UND DER ERSTEN LESER.

Nach 1Petr 5,13 ist (Johannes) Markus mit Petrus in Rom. Um oder nicht lange nach 64 n.Chr. erlitten Petrus und Paulus dort den Märtyrertod (vgl. 1Clem 5,1). Auf Rom als Abfassungsort weisen auch die Latinismen (die latein. Fremdwörter im griech. Text, aber auch griech. Wendungen, bei denen noch der latein. Sprachhintergrund durchschimmert), die im MkEv. besonders häufig sind (vgl. bes. 15,16 mit Mt 27,27; s.a. 12,42). Daß Markus zehnmal ausdrücklich anmerkt, daß er übersetzt, daß er jüd. Sitte erklärt (z.B. 7,3; 10,12), verstärkt den Eindruck, daß seine Leser weit vom Schauplatz der Handlung entfernt sind.

So urteilt heute z.B. R. Pesch: »Gegen eine römische Herkunft des Markusevangeliums spricht nichts«.

Diese Christengemeinde in Rom z.Zt. des Markus ist eine der ältesten und traditionsreichsten Gemeinden des röm. Reiches. Der zahlenmäßig starken Gemeinde war im Kreis der Gemeinden im Reich immer mehr eine Vorrangstellung zugewachsen. Sie bekam frühzeitig heidenchristl. Prägung. Durch die Ausweisung unter *Claudius (50 n.Chr., vgl. Apg 18,2) und die Verfolgung unter *Nero (64 n.Chr.) war sie eine Gruppe von in Leiden erprobten Christen.

V. DIE ZEIT DER ABFASSUNG.

Die neueren Antworten entscheiden in der Frage der Abfassungszeit des MkEv.s entweder für ein Datum vor 70 n.Chr. (Wickenhauser, Schmid, Schweizer, Riesner, Hengel, Robinson, Reicke, Thiede u.a.) oder danach (Grundmann, Pesch, Gnilka, Schmithals). Nach Clemens von Alexandria (bei Eus.h.e. 6,14,7; danach h.e. 2,15,2) verfaßte Markus sein Ev. in zwei Redaktionen noch zu Lebzeiten des Petrus. Entsprechend dürfte *exodos* bei Irenäus (haer. 3,1,1) nicht Tod, sondern Weggang meinen und damit das Ev. auf die Zeit nach dem ersten Rom-Aufenthalt des Petrus (42-44?) datieren. Damit bliebe für die Endfassung des Ev.s die Zeit bis zum zweiten Rom-Aufenthalt des Petrus (ab 59/60?).

VI. DIE QUELLEN DES (JOHANNES) MARKUS.

Die Papias-Notiz (Eus.h.e. 3,39,15) gibt für Markus nur Petrus als Quelle an. Doch als Sohn eines Hauses, in dem die erste Gemeinde ein- und ausging, verdankte er seine Kenntnisse nicht einem einzigen Zeugen. Aus dem LkEv. wissen wir, daß es zunächst eine größere Zahl von Augenzeugen und ersten Niederschriften gab. Auch das MkEv. selbst liefert Anhaltspunkte. Sein mitunter uneinheitlicher Sprachgebrauch deutet auf Vorlagen, in die Markus nur hier und dort zurückhaltend eingriff. Sein wesentlicher Beitrag bestand in der Auswahl, Anordnung und Strukturierung des Stoffes, im Übersetzen aram. Wörter, im Erklären jüd. Sitten (7,3f), in kleinen Verstehenshilfen und Hinweisen (2,28; 7,11b.19b; 13,14; 14,48), in aktualisierenden Erweiterungen (10,12) und besonders in Zusammenfassungen (z.B. 3,7-12). Doch für den heutigen Leser läßt sich sein Werk nicht mehr entflechten; zwar werden einige literarkritisch »perfekte« Lösungen angeboten, doch gehen diese Rekonstruktionsversuche so weit auseinander, daß dies ihren hypothetischen Charakter nur betont.

VII. DAS VERHÄLTNIS ZU MATTHÄUS UND LUKAS.

In der Vorgeschichte gibt es zwischen Matthäus und Lukas keine Parallelen in der Reihenfolge der Einzelberichte. Erst da, wo sie mit *Johannes dem Täufer beginnen, beginnen – parallel zum MkEv. – ihre Gemeinsamkeiten. Sie verlassen immer wieder die Ordnung des MkEv.s, sobald sie aber zurückkehren, halten sie sich an die dort gebotene Abfolge. Aus der Tatsache, daß MtEv. und LkEv. untereinander übereinstimmen, wenn sie mit dem MkEv. übereinstimmen, und voneinander abweichen, wenn sie vom MkEv. abweichen, läßt sich folgern, daß das MkEv. beiden als Leitfaden diente (vgl. *Evangelien).

Vergleicht man die Synoptiker unter sprachlichen Gesichtspunkten, ergibt sich, daß Mt und Lk den feineren Ausdruck und auch den glatteren Gedankengang haben. Es ist weniger wahrscheinlich, daß jemand einen gehobenen und gefälligen Text so bearbeitet, daß daraus eine holprige und umständliche Darstellung wird. Aus den angeführten Gründen halten viele Forscher das MkEv. für das älteste. Doch läßt sich diese These nicht in allen Fällen eindeutig belegen. Deshalb tendieren heute manche Ausleger wieder dazu, das MtEv. für das älteste zu halten. Weil das Verhältnis der Synoptiker zueinander nie mehr völlig durchsichtig zu machen ist, ist jeder Lösungsvorschlag nur unter Vorbehalten anzubieten (vgl. *Evangelien).

VII. CHARAKTERISTISCHE ZÜGE DER BOTSCHAFT DES MARKUSEVANGELIUMS.

(Johannes) Markus stellt sein Buch vom Kommen des Reiches Gottes in der Person Jesu gleich im ersten Vers unter das Wort »*Evangelium«, »Freudenbotschaft«. Zu Beginn des öffentlichen Wirkens Jesu (in 1,14f) erscheint »Evangelium« gleich zweimal. Aber auch den vom Passionsgeschehen bestimmten 2. Teil seines Buches durchzieht »Evangelium« (8,35; 10,29; 13,10; 14,9; vgl. 16,15). Diese Freudenbotschaft verknüpft Markus sofort (1,1) mit der Person Jesu Christi, in der das Evangelium ganz und gar aufgeht (dagegen Mt 4,23; 9,35; 24,14: »Evangelium vom Reich«). Das ganze MkEv. ist durchzogen von der Frage: Wer ist Jesus? (vgl. 8,29). Immer neue Ist-Aussagen werden gemacht. »Du bist mein lieber Sohn« (1,11; 9,7). Oder als Frage der Jünger (4,41) und seiner Landsleute (6,3). Die Dämonen müssen bekennen: »Du bist der Heilige Gottes« (3,11), »der Sohn Gottes« (5,7). Petrus bekennt: »Du bist der Messias« (8,29). Bartimäus und die Festpilger nennen ihn »Sohn Davids« (10,47; 11,9f; vgl. 12,35).

Kaiphas fragt: »Bist du der Messias?« (14,61) und Pilatus: »Bist du der König der Juden?« (15,2). Der Hauptmann unter dem Kreuz bekennt: »Wahrlich, dieser Mensch war Gottes Sohn!« (15,39).

Eine Fülle von Titeln antwortet auf die Frage nach der Identität Jesu (vgl. *Hoheitstitel Jesu Christi). Hierbei kommt den Namen der jüd. Heilshoffnung besondere Bedeutung zu. »Menschensohn«, »Messias« und »Gottessohn« ragen heraus, wobei sie nicht zueinander in Konkurrenz stehen. Das beweist ihr Vorkommen in der Passion Jesu, wo er »Sohn« (15,39), »Messias« (15,26) und auch »Menschensohn« (8,31) ist. Wer ist Jesus? Diese Frage beantwortet das MkEv. auch, indem es die Taten Jesu in besonderer Weise in den Vordergrund stellt. Sie sind der Erweis der heilsgeschichtlichen Vollendung. Jesus ist der Herr, der Vollmacht hat über Dämonen und Krankheit, über die Natur und sogar über den Tod. Seine Worte ordnen sich dem Geschichtsverlauf ein. Die Verkündigung Jesu wird entfaltet in *Gleichnissen (4,1-34; 12,1-12) und in Gesprächen mit seinen Gegnern (2,1-3.6; 7,1-23; 12, 13-40) und mit seinen Jüngern (vor allem in 8,27-10,52). Zusammenhängende Reden überliefert nur Kap. 13 mit Jesu Belehrung über das Ende der Welt und dessen Vorzeichen.

Jesu Verhalten wird deutlich in der Art, wie er Verfolgung, Leiden und Haß begegnet. Seinem ersten Auftreten in Galiläa folgen Streitgespräche, die so ausgehen, daß seine Feinde beschließen, ihn zu töten (3,6). Dieser Entschluß zieht sich durch das ganze Ev. und kommt Kap. 14f zum Ziel in den letzten Stationen von Jesu Leidensweg. In Jesu Tod enthüllt sich sein Persongeheimnis und die Bedingung aller seiner Titel. In seiner Tiefe war Jesus schon vor seinem Kreuz der »Gekreuzigte« (vgl. 1Kor 2,2). Martin Kählers Urteil von 1892, daß die Evv. Passionsgeschichten mit ausführlicher Einleitung seien, trifft in besonderer Weise auf das MkEv. zu. Am Kreuz starb allerdings kein frommer Anonymus (Märtyrerakten seit Beginn des 2. Jh. n.Chr.), sondern der durch Worte und Taten ausgewiesene Freudenbote. Er starb im Gehorsam gegenüber dem Vater zur Befreiung unserer Existenz nach Leib, Seele und Geist, so daß sein Tod gerade zum Kern des Evangeliums wird. Jesus starb nicht durch den Willen der Römer oder Juden, sondern Gott selbst gab ihn preis, damit er stellvertretend für die ganze Welt das Gericht trug. Neben der Passionsthematik bestimmt das MkEv. als charakteristisches Thema das Verhältnis zwischen Jesus und seinen Jüngern. Die Berufung der Jünger steht am Beginn des MkEv.s (1,16-20). Inhalt ihrer Berufung ist, »daß sie bei ihm waren« und »daß sie predigen« (3,14). Zu Jesu Erdenzeit stand ersteres im Vordergrund. Sie sollten in der Gegenwart Jesu leben und dabei seine Identität erfassen. Ihr Mit-Ihm-Sein bezog sich in besonderer Weise auf seinen Leidensweg und sein Sterben, da Jesus die Jünger berief, als er bereits Todeskandidat war (3,6). Doch Jesus starb allein. Die Jünger flohen. Nach 15,40f waren die Frauen stellvertretend für die Zwölf anwesend. Noch mehr: »einer von den Zwölfen« verriet Jesus. Alles Versagen der Jünger war von Jesus vorhergesagt (3,19; 14,18.27.30.72). Und trotzdem litt er unter ihnen und für sie. Daraus erwuchs ein neues Mit-Ihm-Sein. Ihr Mit-Ihm-Sein und sein Für-Sie-Sein zielte auf den anderen Inhalt ihrer Berufung, das Predigen. Durch die Zwölf wollte Jesus über seine unmittelbare Umgebung und Zeit hinaus wirken bis an die Ränder der Erde. Darum gehören die Jünger wesentlich in das »Evangelium von Jesus Christus« mit hinein.

Literatur: W. Barclay: Markusevangelium, [4]1986; R. Bultmann: Die Geschichte der synoptischen Tradition, FRLANT N.F. 12, [5]1961; H. Conzelmann: Grundriß der Theologie des Neuen Testaments, 1967; J. Gnilka: Das Evangelium nach Markus, EKK II 1, [2]1986, 2, [2]1986; W. Grundmann: Das Evangelium nach Markus, THKNT 2, [6]1986; E. Haenchen: Der Weg Jesu – Eine Erklärung des Markusevangeliums und der kanonischen Parallelen, 1966; M. Hengel: Zur urchristlichen Geschichtsschreibung, 1979; ders.: Entstehungszeit und Situation des Markusevangeliums, in: H. Cancik (Hrsg.): Markus-Philologie, 1984, 1-45; H.J. Holtzmann: Die Synoptiker – Die Apostelgeschichte, [2]1892; J. Kurzinger: Die Auslegung des Papias von Hierapolis zur literarischen Form des Markusevangeliums, BZ 21/1977, Heft 2, S. 245ff; E. Lohmeyer: Das Evangelium des Markus, KEK I, 2, [17]1967; D. Lührmann: Das Markusevangelium, 1987; W. Marxsen: Der Evangelist Markus. Studien, 1956; W. Michaelis: Einleitung in das Neue Testament, 1961; K. Niederwimmer: Johannes Markus und die Frage nach dem Verfasser des zweiten Evangeliums, ZNW 1967, S. 172ff; B. Orchard, M. Riley: The Order of the Synoptics, 1987; R. Pesch: Das Markusevangelium, HThK II/1. [4]1984, II/2. [3]1984; A. Pohl: Das Evangelium des Markus, WStB, 1986; F. Rienecker: Das Evangelium des Markus, [10]1985; B. Reicke: The Roots of the Synoptic Gospels, 1986; R. Riesner: Jesus als Lehrer. Eine Untersuchung zum Ursprung der Evangelien – Überlieferung, [3]1988; J.A.T. Robinson: Wann entstand das Neue Testament, 1986; A. Schlatter: Der Evangelist Markus, 1935; J. Schmid: Das Evangelium nach Markus, RNT 2, [4]1958; J. Schniewind: Das Evangelium nach Markus, NTD 1, [12]1977; J. Schreiber: Theologie des Vertrauens, 1967; E. Schweizer: Das Evangelium nach Markus, NTD 1, [11]1969; C.P. Thiede: Simon Peter – From Galilee to Rome, 1986; ders.: Die älteste Evangelienhandschrift? Das Markusfragment von Qumran und die Anfänge der schriftlichen Überlieferung des Neuen Testaments, 1986; A. Wikenhauser: Einleitung in das Neue Testament, [4]1961. H.G.

MARMOR. (Hebr. *schēsch,* schajisch; griech. *marmaros*). M. bezeichnet in der Bibel neben dem hellen, kristallisierten Kalkstein auch andere feingekörnte Ziersteine. Zum Tempelbau Salomos scheint der weiße oder gelbliche Kalkstein verwendet worden zu sein, der im Libanon abgebaut wurde und aus dem auch der Sonnentempel zu Baalbek erbaut war (1Chr 29,2; vgl. 1Kön 5,28-32, LÜ: kostbare Steine). Auch im herodianischen Tempel fand weißer M. Verwendung. Aus verschiedenfarbigem M. waren Fußboden und Säulen im pers. Königspalast in Susa (Est 1,6). Die Offb erwähnt Gerät aus M. (Offb 18,12).

MARTA. (»Herrin«). M. wohnte in *Betanien, das nach Joh 11,18 ca. 15 Stadien (ca. 3 km) von Jerusalem entfernt am östl. Abhang des Ölbergs lag. Der Ort heißt heute El-ʿAzārīje (»Lazarusdorf«), wobei allerdings die Ortslage gegenüber dem alten Betanien verändert ist. M. ist die Schwester der *Maria und des *Lazarus (Joh 11,19). Sowohl nach Lk 10,38 als auch nach Joh 11,19 war sie die ältere der beiden Schwestern und leitete das Haus, das offensichtlich wohlhabend war. Darin nahm sie Jesus und seine Jüngerschar auf und diente ihnen (Lk 10,38ff).

Jesus schätzt ihren Dienst, weist sie aber auf noch Wichtigeres hin: ihn zu hören und sich von ihm dienen zu lassen (Lk 10,41f). Wie in Lk 10,38 ist M. auch nach dem Tod des Lazarus wieder die zuerst Handelnde (Joh 11,19), ohne bei aller Glaubenserkenntnis (V. 24.27) das alte Vorgreifen im Urteil verloren zu haben (V. 39). Bei dem Gastmahl im Haus Simons des Aussätzigen (Mt 26,6; Mk 14,3; Joh 12,1-3) ist M. ebenfalls dabei und dient bei Tisch.

Literatur: G. Maier: Johannes-Evangelium 1. Teil, 1984; ders: Matthäus-Evangelium 2. Teil, [3]1988; K.-H. Rengstorf: Das Evangelium nach Lukas, NTD 3, [17]1978.

MÄRTYRER s. Zeuge

MASADA. (Von hebr. *mezudāh,* »Festung«). Diese Burg rund 20 km südl. von *En-Gedi in der Nähe des W-Ufers des *Toten Meers wird in der Bibel nicht erwähnt, aber von Flavius Josephus (bell. Jud. VII, 280-303) ausführlich und – wie die modernen Ausgrabungen gezeigt haben – weitgehend ortskundig beschrieben. Eine bereits bestehende hasmonäische Festung hat *Herodes der Große zwischen 39 und 31 v.Chr. aus Furcht vor Umsturzversuchen (Jos.bell.Jud.Vll, 300; vgl. Mt 2,1ff) zu einer Fluchtburg ausgebaut, in der sich modernste Militärtechnik und höchster Luxus vereinigten. Für den heutigen Israel-Besucher ist das auf einem isolierten Tafelberg gelegene M. ein landschaftlicher und archäologischer Höhepunkt. Bei den von Y. Yadin

Masada. Blick von Osten (Totes Meer) auf den Festungsfelsen. An seinem rechten Absturz ist der sog. »hängende« Nord-Palast zu erkennen. (RR)

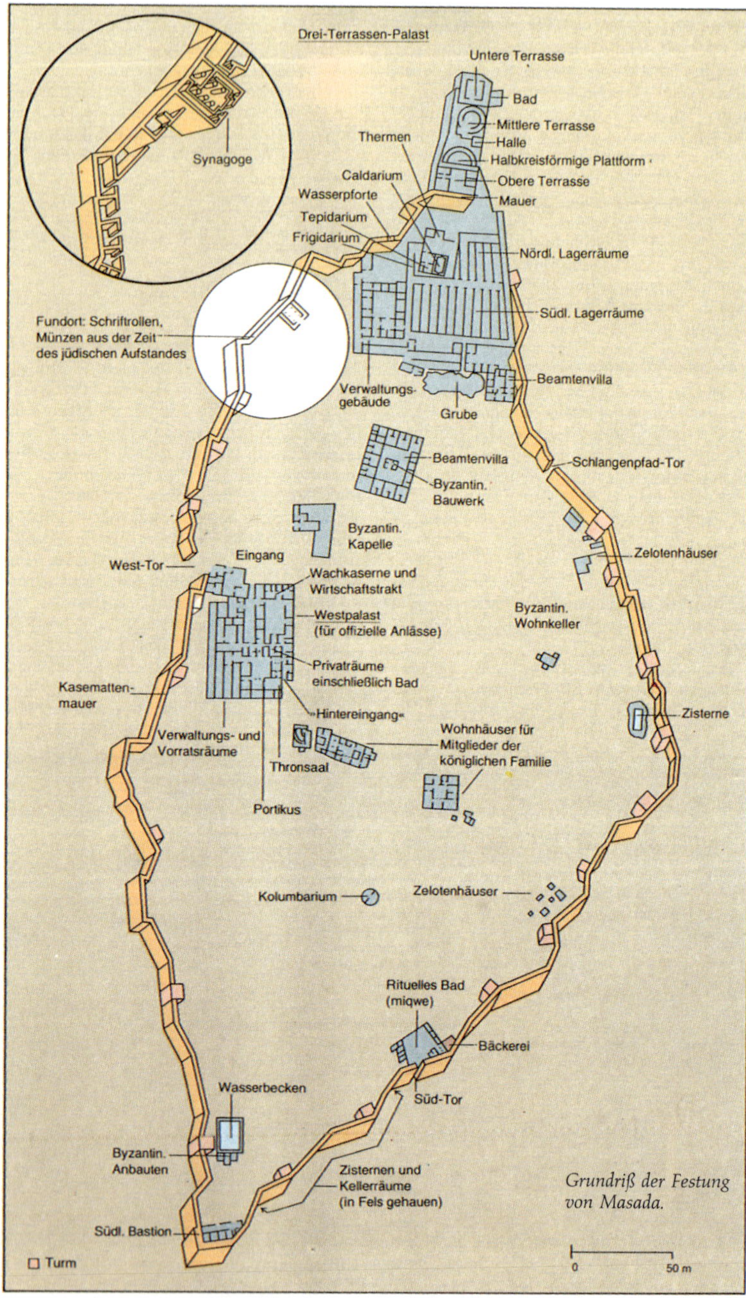

Grundriß der Festung von Masada.

1963-1965 durchgeführten Ausgrabungen wurden die meisten Gebäude freigelegt und teilweise auch rekonstruiert. Architektonischer Höhepunkt ist ein dreiteiliger, »hängender« Palast am N-Ende des Plateaus. Im W-Teil der Kasemattenmauer wurde von den *Zeloten, die nach Ausbruch des Jüd. Aufstands M. durch eine List besetzen konnten, eine wahrscheinlich schon vorher bestehende *Synagoge weiter ausgebaut, in der man Schriftenfragmente (darunter 5Mo, Hes, Sir) fand. Zu den Manuskriptfunden auf M. gehört außerdem ein Bruchstück der aus *Qumran bekannten Sabbatlieder und ein Vergil-Fragment. Ein Gebäude (Nr. XIII) in der Nähe des W-Palasts wurde offenbar als Schulraum eingerichtet. So wird anschaulich, wie für fromme Juden selbst angesichts des sicheren Todes Lernen eine unaufhebbare Pflicht war (R. Riesner, Jesus als Lehrer, [3]1988, 198f). Der von Josephus (bell.Jud. VII, 304-406) dramatisch geschilderte letzte Kampf der zelotischen Besatzung endete 73 n.Chr. mit einem Massenselbstmord, wie er erst in unseren Tagen durch das Massaker von Guayana eine geschichtliche Parallele erhielt. Die röm. Belagerungsrampe am W-Hang, der Belagerungswall (*circumvallatio*) und mehrere Kastelle sind gut sichtbar. Der christl. Pilger kann auf M. von widerstreitenden Gefühlen erfaßt werden. Er freut sich über die neue Staatlichkeit Israels, für das M. ein Nationaldenkmal ist, und denkt gleichzeitig an die warnenden Worte Jesu (Mt 7,15; 24,23-26).

Literatur: V. Fritz: Kleines archäologisches Lexikon zur Bibel, 1987, 125f; R. Posher, A. van der Heyden: Masada 1981; J. Murphy-O'Connor: Das Heilige Land, 1981, 300-303; A. Schalit: König Herodes, 1969, 343-356; Y. Yadin: IEJ 15 (1965) 1-120; ders.: Masada, [6]1975; ders.: EAEHL III, 793-816. R.R.

MASORA s. Schrift; s. Tradition

MASSA UND MERIBA. Nach 5Mo 6,16 und 9,22 ein Ort in der Wüste, an dem Israel Gott auf die Probe stellte: Massa (hebr. *massāh*; von *nāssah*, »prüfen, versuchen, auf die Probe stellen«). In 2Mo 17,7 ist der Name gepaart mit Meriba (hebr. *merībāh*; »Streit, Klage«, von *rīv*, »kämpfen, klagen«). Voraus geht Israels Auflehnung gegen Gott bei Refidim während ihrer Wüstenwanderung, weil es ihm an Wasser mangelte (2Mo 17, 1ff). Als Mose auf Gottes Geheiß an den Fels schlug (in der Nähe des Horeb), kam Wasser heraus. Diesen Ort benannte Mose »Massa und Meriba«. Die beiden Namen erscheinen wieder zusammen in Ps 95,8, wo jener Vorfall einer späteren Generation als Warnung vor Augen geführt wird. Auch 5Mo 33,8 verweist tadelnd auf das Ereignis von M. und M.

Der Name Meriba erscheint ohne Massa in Verbindung mit *Kadesch in einer Grenzliste (Hes 47,19; LÜ: Haderwasser) und als Ort in der Wüste *Zin, an dem ein ähnliches Ereignis stattfand, bei dem allerdings *Mose und *Aaron eigenmächtig für Wasser sorgten. Das hatte zur Folge, daß Mose und Aaron das gelobte Land nicht betreten durften (4Mo 20,1-13; vgl. V. 24; 27,14; 5Mo 32, 48ff; Ps 106,32). G.I.D.

MASSE UND GEWICHTE.

A. Im Alten Testament.

Metrologie, eine präzise Wissenschaft, bedarf eines gesetzlichen Rahmens, um der einem spezifischen Maßsystem verliehenen Autorität Allgemeingültigkeit zu verschaffen. Im Nahen Osten der Antike variierten die Maßstäbe von Ort zu Ort, und es gibt keinen Beleg dafür, daß Israel ein einheitliches System besaß oder verwendete. *David (2Sam 14,26) und *Hesekiel (45,10) kannten gewisse Grundeinheiten für Gewichte und Abmessungen. Die rabbin. Überlieferung, daß Einheitsmaßstäbe im Tempel deponiert waren, ist nicht verifiziert (vgl. 1Chr 23,29). Das Gesetz schrieb den Hebräern jedoch gleiche Gewichte, Maße und Waagen vor (3Mo 19,35f; Hes 45,10). Die Propheten wandten sich gegen Händler, die durch Beschwerung oder Erleichterung ihrer Gewichte (5Mo 25, 13) oder den Gebrauch falscher Gewichte (Mi 6,11) oder Waagen (Spr 11,1; 20,23) ihre Mitbürger betrogen. Da antike Waagen einen Abweichungsfaktor von bis zu 6 % besaßen (PEQ 74, 1942, 86) und bisher nur wenige hebr. Gewichte gefunden wurden, die bei gleicher Etikettierung auch tatsächlich gleich schwer waren, läßt sich die Bedeutung dieser Mahnung ermessen. Dieser Sachverhalt hat zur Folge, daß antike M. u. G. nur ungefähr in den ihnen heute entsprechenden Einheiten wiedergegeben werden können.

I. GEWICHTE.

Als Gewichte verwendete man in der Antike modellierte, einseitig abgeplattete Steine (hebr. *'eben*), die einfach zu handhaben und zu unterscheiden waren (z.B. Schildkröten, Enten, Löwen). Häufig waren sie mit dem Gewicht und dem ihnen zugrundeliegenden Maßstab beschriftet. Gewichte wurden in einem Beutel oder in der Manteltasche mitgeführt (5Mo 25,13; Mi 6,11; Spr 16,11), damit der Kunde überall mit »dem Gewicht, das im

Assyrer beim Abwiegen von Tributgütern auf einer Balkenwaage. Darstellung auf dem Schwarzen Obelisken Assurnasirpals II. Nimrud, ca. 880 v.Chr. (BM)

Kauf gang und gäbe war« vergleichen konnte (1Mo 23,16).

1. Das Talent (LÜ: »Zentner«; hebr. *kikkār*, »ein Rundes«; akkad. *biltu*, »eine Last«; griech. *talanton*, »ein Gewicht«) war die größte Einheit, wahrscheinlich nach der charakteristischen Form benannt, in die große Metallklumpen gegossen wurden (vgl. Sach 5,7 RevEB). In Talenten wurde Gold (2Sam 12,30 etc.), Silber (1Kön 20,39), Eisen (1Chr 29,7) und Bronze gewogen (2Mo 38,29). Zu Salomos jährlichem Einkommen gehörten 666 Talente Gold (1Kön 10,14).

Die von Hiskia als Tribut gezahlten 30 Talente Gold (2Kön 18,14) entsprechen der Summe, die Sanherib erhalten zu haben behauptet (Annalen), was nahelegt, daß zu dieser Zeit in Juda und Assyrien ein ähnliches Talent in Gebrauch war. Dies könnte das »leichte« Talent von ca. 30 kg gewesen sein; mit »Talent« beschriftete »Entengewichte« aus Babylon variieren zwischen 29,76 und 30,27 kg. Ein bei Tell beit Mirsim gefundenes Gewicht (4565 g) wurde als dieses Talent von 30,43 kg, oder eher 28,53 kg, interpretiert (d.h. 8 Minen à 570,6 g = 8 x 50 Schekel à 11,41 g; s.u.). Andere babylon. Gewichte zeigen, daß auch ein »schweres« oder doppeltes Talent verwendet wurde, gewogene Muster schwankten zwischen 58,68 und 59,82 kg, also etwa 60 kg.

2. Die Mine (LÜ: »Pfund«; hebr. *māneh*; akkad. *manū*) wurde zum Abwiegen von Gold (1Kön 10,17), Silber (Esr 2,69; Neh 7,71f) und anderen Materialien verwendet. Das Talent war in 60 Minen à 50 Schekel oder in 50 Minen à 60 Schekel unterteilt. Man kann davon ausgehen, daß in Palästina die Mine à 50 Schekel wie in Ras Schamra in vorexilischer Zeit üblich war. Die Abgabe einer Zählsteuer von 1/2 Schekel (s. 6. Beka) von 603 550 Männern ergab 100 Talente und 1775 Schekel, d.h. pro Talent 3000 Schekel (wie in Ras Schamra), könnte jedoch nach dem jeweiligen Maßstab interpretiert werden. In jedem Fall scheint ein Vielfaches von 50 Schekel (z.B. 400: 1Mo 23,15; 500: 2Mo 30,24; 5000: 1Sam 17,5; 16750: 4Mo 31,52) den Gebrauch der Mine à 59 Schekel ausreichend zu belegen.

Hesekiels metrologische Reformen betrafen auch die Neudefinition der Mine à 60 Schekel (Hes 45,12 RevEb: 20+25+15). Damit blieb der Wert der neuen hebr. Mine mit 20 (Gera) x 60 (Schekel) in unveränderter Relation zur babylon. Mine, die einen Wert von 24 (*girū*) x 50 (*schiqlu*) = 1200 Gera hatte.

3. Der Schekel (LÜ: »Lot«; hebr. *scheqel*; akkad. *schiqlu*; aram., ugarit. *tql*) war als Grundgewicht in allen semit. Metrologien üblich (*schāqal*, »abwiegen«). Sein Wert variiert entsprechend den unterschiedlichen Zeiten und Regionen:

a. Der königliche Schekel, festgesetzt »nach dem königlichen Gewicht« (2Sam

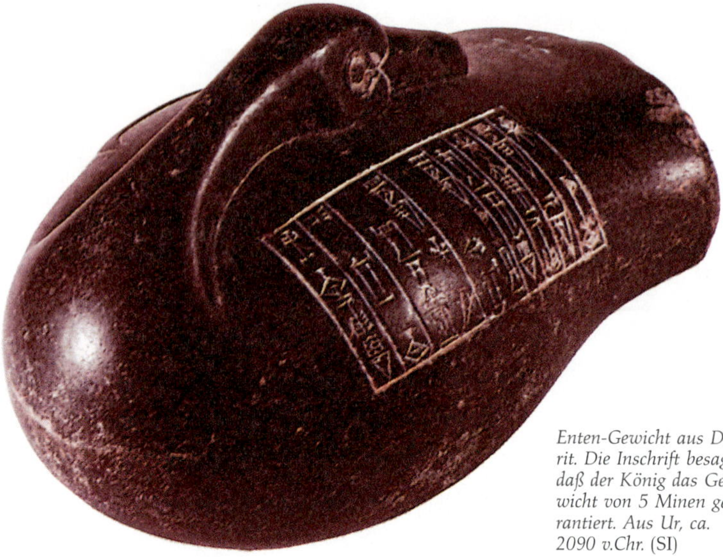

Enten-Gewicht aus Diorit. Die Inschrift besagt, daß der König das Gewicht von 5 Minen garantiert. Aus Ur, ca. 2090 v.Chr. (SI)

14,26), war ein auch in Babylonien bekannter Maßstab. Er ist wahrscheinlich der »schwere« Schekel aus Ras Schamra (*kbd*). Analysen von in Gibeon, Geser, Megiddo und Tell en-Nasbeh gefundenen Gewichten ergeben einen »schweren« Schekel von 12,5-12,88 g, d.h. etwa 13 g.

b. Der gewöhnliche Schekel wurde häufig zum Abwiegen von Metallgegenständen (1Sam 17,5: Goliats Rüstung wog 5000 Schekel = 56,7 kg), Lebensmitteln (2Kön 7,1) und von Gold oder Silber verwendet, was auf seine Verwendung als Zahlungsmittel schließen läßt. Silberschekel als Münzen (*sigloi*) tauchen erstmals unter Darius I. auf (*Geld).

Etwa 50 beschriftete Gewichte von einem Schekel oder einem Vielfachen davon schwanken zwischen 11,08 g und 12,25 g; der Durchschnitt beträgt 11,38 g. Dies stimmt mit den auf der Kennzeichnung kleinerer Gewichte basierenden Kalkulationen überein (s. u.), die dem Schekel eine mögliche Abwertung in nachexilischer Zeit auf ca. 11,7-11,4 g bescheinigen.

Beschriftungen auf den Gewichten verwenden die Symbole I; II; III; ꓕ; Λ; IΛ; IIΛ;T; TL; –; =; ≡; x. Y. Yadin (Scripta Hierosolymitana 8, 1961, S. 1–62) interpretiert diese Zeichen als 1, 2, 3, 4, 5, 6, 7, 8, 9, 10, 20, 30, königlich (*lmlk*). Andere Forscher (Scott, Aharoni) sehen in diesen Markierungen die dem Schekel entsprechenden ägypt. Gewichte: 8 Schekel = 1 *deben* = 10 *qedet* (1 *deben* = ca. 91 g). Deshalb gravierte man hieratische ägypt. Ziffern auf den Gewichten ein, um ihren Wert anzuzeigen; I und II für 1 und 2 Schekel; 4 und 8 Schekel-Gewichte wurden in *qedet* umgerechnet und trugen die Zahlen 5 und 10 (Λ und –).

c. Der Tempelschekel oder das »Münzgewicht des Heiligtums« (2Mo 30,12; 3Mo 5,15 etc.) entsprach einem Beka oder 1/2 Schekel (LÜ: »halbes Lot«, 2Mo 38,26) und 20 Gera (Hes 45,12), obwohl er später 1/3 Schekel entsprach (Neh 10,33). Diesen Schekel hält man für den *nsp* (s. 4.), von dem Exemplare mit einem Gewicht von 9,28-10,5 g gefunden wurden, d.h. etwa 10 g, abgewertet auf ca. 9,8 g.

Seite 1455
Figur mit einer Waage in der rechten und einem Beutel mit Gewichten in der linken Hand. Teil einer neohetitischen Stele aus Marasch. 8. Jh. v.Chr. (MC)

Löwen-Gewichte aus Bronze, die zum Teil auf aramäisch und in assyrischer Keilschrift mit dem Namen des Königs beschriftet sind, für den sie hergestellt wurden, sowie mit der Gewichtseinheit, die sie repräsentieren (von 3 Schekel bis 15 Minen). Länge zwischen 25,4 und 5,08 cm. Nimrud, 8. Jh. v.Chr. (BM)

Alttestamentliche Maße

Längenmaße

Längenmaße		Metrische Maße*
	1 Finger	= 1,85 cm
4 Finger =	1 Handbreit	= 7,40 cm
12 Finger 3 Handbreit =	1 Spanne	= 22,25 cm
24 Finger 6(7) Handbreit 2 Spannen =	1 Elle	= 44,45 cm (königl. Elle: 51,81 cm)
12 Spannen 6 Ellen (7 königl. Ellen) =	1 Rute	= 2,67 m (3,10 m)

Hohlmaße ++

Hohlmaße ++		Metrische Maße*
	1 Log +	= 0,3 l
4Log =	1 Kab	= 1,2 l
	1 Gomer	= 2,4 l
12 Log 2,5 Kab =	1 Hin +	= 3,6 l
24 Log 5 Kab 2 Hin =	1 Sea	= 7,3 l
72 Log 15 Kab 10 Gomer 6 Hin 3 Sea =	1 Efa 1 Bat +	= 22 l
360 Log 75 Kab 50 Gomer 30 Hin 15 Sea 5 Efa =	1/2 Homer	= 110 l
720 Log 150 Kab 100 Gomer 60 Hin 30 Sea 10 Efa 2 Halbe Homer =	1 Homer ++	= 220 l

Näherungswerte + Flüssige Stoffe ++ für trockene und flüssige Stoffe

Gewichte

Gewichte		Metrische Maße*
	1 Gera	= 0,5 g
10 Gera =	1 Beka	= 5 g
13,3 Gera 1,33 Beka =	1 Pim	= 7 g
20 Gera 2 Beka 1,5 Pim =	1 Schekel	= 10 g
1000 Gera 100 Beka 75 Pim 50 Schekel =	1 Mine	= 500 g
60000 Gera 6000 Beka 4500 Pim 3000 Schekel 60 Minen =	1 Talent	= 30 kg

Neutestamentliche Maße

Längenmaße

Längenmaße		Metrische Maße*
	1 Elle	= 44,45 cm (röm.) 52,5 cm (palästin.)
34 Ellen =	1 Faden	= 2,1 m 1,8 m (griech.)
100 Faden =	1 Stadion	= 185 m
8 Stadien =	1 Meile	= 1478,5 m

Hohlmaße für trockene Stoffe

Hohlmaße für trockene Stoffe		Metrische Maße*
	1 choinix	= 1 l
8 Choinikes =	1 medimnos	= 52,5 l
10 medimnoi =	1 koros	= 525 l

Hohlmaße für flüssige Stoffe

Hohlmaße für flüssige Stoffe		Metrische Maße*
	1 sextarius	= 0,5 l
16 sextarii =	1 modius	= 8,75 l
72 sextarii 4,5 modi =	1 batos bzw. 1 metrētēs	= 38,5 l
6 modii =	1 medimnos	= 52,5 l

Zwei Beispiele für Maßverhältnisse

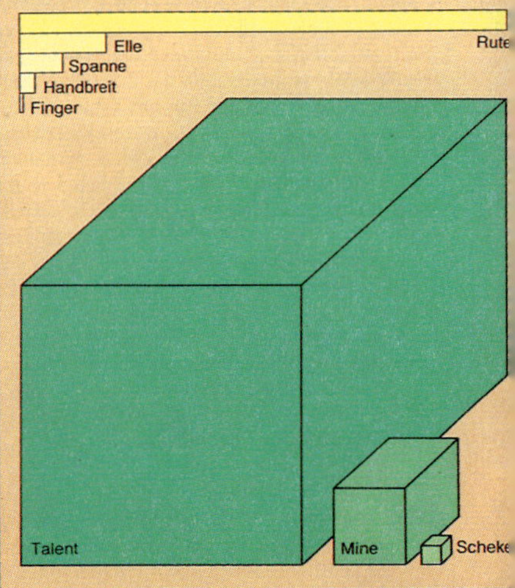

Alt- und neutestamentliche Maßangaben mit ihren ungefähren neuzeitlichen Entsprechungen.

4. *nsp* oder »Teil« war ein 5/6 Schekel. 13 Muster geben ihm ein Gewicht von ca. 10 g (s. 3.c.).

5. Pim (hebr. *pīm* oder *pajim*) wird nur in 1Sam 13,21 erwähnt und heute in der LÜ mit »ein Zweidrittellot Silber« übersetzt. Das Gewicht betrug 2/3 einer Einheit, wahrscheinlich des üblichen Schekels, da zwölf gekennzeichnete Pim (aus Lachisch, Jerusalem, Geser, Tell en-Nasbeh, etc.) durchschnittlich 7,8 g wogen.

6. Beka (LÜ: »halbes Lot«; hebr. *beqa*ʿ, »Bruch, Teilung«) wurde zum Abwiegen von Gold (1Mo 24,22) und zur Bezahlung der Zählsteuer verwendet und bezeichnete »ein halbes Lot nach dem Gewicht des Heiligtums« (2Mo 38,26). Sieben mit *bq*ʿ oder der Abkürzung *b* beschriftete Gewichte (gefunden in Lachisch, Jerusalem, Geser und Bet-Zur) lassen Rückschlüsse auf den Wert des Schekels zu. Die *bq*ʿ haben ein Durchschnittsgewicht von 6,02 g.

7. Mit *chmsch*, »1/5«, war ein schildkrötenförmiges Gewicht aus Samaria beschriftet, das 2,499 g wog. Es entspricht einem mit »1/4 *nsp*, 1/4 *schql*« beschrifteten Gewicht, das auf eine Unterteilung des von Hesekiel erwähnten Schekels schließen läßt.

8. Das Gera (LÜ: »Gramm«; hebr. *gērā*; assyr. *girū*) wurde als 1/20 Schekel definiert (2Mo 30,13; Hes 45,12).

9. Weitere Gewichte. Das Peres (aram. pl. *parsin*) aus Dan 5,25.28 war als Untereinheit des Schekels in Babylon gebräuchlich (vgl. altbabylon. *paras*) und entsprach wie das *parisu* (Alalah) wahrscheinlich 1/2 Schekel, nachdem jeder Ausdruck für ein Gewicht (hier »Bruch«) auch einen bestimmten Wert besaß. Damit ist die Schrift an der Wand primär eine Gewichtsangabe: »Mine, Mine, Schekel, halber Schekel«. Das *qesītā* (LÜ: »Goldstück«, 1Mo 33,19; Jos 24,32; Hiob 42,11) scheint eine bislang unbekannte Gewichtseinheit zu sein. Ein Steingewicht von Darius II. trägt die Beschriftung 120 *krsch* = 20 Minen.

Die Tabelle auf S. 936 zeigt die Relation dieser Gewichte zueinander und gibt die ungefähren heutigen Werte an, die aber unter Berücksichtigung der in der Antike variierenden Maßstäbe zu betrachten sind.

II. LÄNGENMASSE.

Längenmaße basierten auf »natürlichen« Einheiten, deren Anwendung einfach war.

1. Die Rute (*qāneh*), obwohl häufig eher ein Meßinstrument als ein Maß bezeichnend, war 6 Ellen lang und ausreichend definiert, um als Maßeinheit zu gelten (Hes 40,5; vgl. »Rohr«, Offb 21,15).

2. Die Elle (hebr. ʾ*ammā*; akkad. *ammātu*; latein. *cubitus*) war der Abstand zwischen Ellenbogen und Fingerspitze. Diese »natürliche« Elle (LÜ: »gewöhnliche Elle«, 5Mo 3,11) wurde zur Größenangabe von Personen (4 Ellen war die Größe eines Mannes; vgl. 1Sam 17,4; 1Chr 11,23) oder Gegenständen benutzt (Est 5,14; Sach 5,2). Sie bezeichnete Höhe (1Mo 7,20) oder Entfernung (Joh 21,8).

Eine präziser definierte Elle wurde für exakte Messungen verwendet. Diese hebr. Standardelle war 44,45 cm lang, etwas kürzer als die gewöhnliche ägypt. Elle (44,7 cm). Diese allg. anerkannte Zahl ist ungefähr deckungsgleich mit der im Siloahtunnel angegebenen Länge von »1200 Ellen«, was gemessenen 533,1 m entspricht und für die Elle 44,42 cm ergibt. Freigelegte Gebäude in *Megiddo, *Lachisch, *Geser und *Hazor lassen Grundrisse erkennen, die auf dieser Einheit basieren. Nach R.B.Y. Scott (JBL 77, 1958, 210–212) ergeben die Maße von Salomos Ehernem Meer (1Kön 7,23–26; 2Chr. 4,2.5; s. *Meer, Ehernes), wenn man eine Halbkugelform annimmt, 44,48 cm pro Elle (R.B.Y. Scott, JBL 77, 1958, 210–212).

Die lange oder »königliche« Elle war eine Handbreit länger als die Standardelle von 6 Handbreit (Hes 40,5), d.h. 51,81 cm. Sie entspricht in etwa der babylon. Elle von 50,3 cm (30 Finger lang, nach der Markierung auf einer Statue des Gudea, vgl. Bd.I, S. 109), die 3 Finger kürzer war als die ägypt. Elle von 52,45 cm (Herodot, Hist. 1. 178).

3. Hebr. *gōmed* (LÜ: »Hand«) erscheint nur in Ri 3,16, wo sie das Maß einer Waffe angibt, eher eines Dolches als eines Schwertes, und wurde daraufhin als Untereinheit (evtl. 2/3) einer Elle interpretiert oder als die kurze Elle von 5 Handbreit, die in der Mischna erwähnt wird.

4. Die Spanne (*zeret*), der Abstand zwischen Daumen und kleinem Finger bei gespreizter Hand, war eine halbe Elle (1Sam 17,4; 2Mo 28,16; Hes 43,13): ca. 26 cm, wobei eine »halbe Elle« auch wörtl. ausgedrückt werden konnte (2Mo 25,10).

5. Die Handbreit (*tēpach*; *tōpach*) war die Breite der Hand am Ansatz der vier Finger (Vulg. deshalb: *quattuor digitis*), d.h. 7,37 cm. Sie gab die Wandstärke des Ehernen Meeres an (1Kön 7,26; 2Chr 4,5) und die Höhe der Leiste des Tisches in der Stiftshütte (2Mo 25,25; 37,12) und im Tempel Hesekiels (40,5; 43,13). Das Leben eines Menschen hat nur die Länge einer Handbreit (Ps 39,6).

6. Der Finger (ʾ*esba*ʿ) war 1/4 Handbreit (Jer 52,21) und die kleinste übliche Unterteilung der Elle in Palästina wie auch in Ägypten und Mesopotamien. Er wird allg. mit 1,85 cm veranschlagt.

7. Entfernungen wurden in vorexilischer Zeit im Gegensatz zu Abmessungen von Gegenständen durch Gleichsetzung mit bekannten Durchschnittswerten angegeben. Die Einstufung erfolgte als »Bogenschuß« (1Mo 21,16), Länge eines gepflügten Ackers (1Sam 14,14), »Tagereise« (4Mo 11,31; 1Kön 19,4) oder als »drei Tagereisen« (1Mo 30,36; 2Mo 3,18; Jona 3,3). Es ist nicht erwiesen, daß »drei Tagereisen« nur allg. eine große Entfernung andeuten sollte (vgl. die »sieben Tagereisen«, 1Mo 31,23), denn die Babylonier verwendeten exakte Maßstäbe; z.B. *bēru*, »Zweistunden«-Marsch von 10,692 km (AfO 16, 1953, S. 20, n. 138). – Der Schritt (*pesa*ʿ) in 1Sam 20,3 war eher metaphorisch gemeint im Vergleich zu dem damaligen assyr. »Fuß« (32,92 cm). Ähnlich war die »Strecke Weges« (*kibrat hāʾāres*, 1Mo 35,16; 48,7; 2Kön 5,19) nur eine vage Entfernungsangabe.

In der Zeit der *Makkabäer wurden hellen. Maße eingeführt. So war Bet-Zur etwa 5 *schoinoi* von Jerusalem entfernt (2Makk 11,5; LÜ: »Stunden«), d.h. 30,5 km nach dem ptolemäischen Maß von 6,1 km pro *schoinos*. Das alexandrinische *Stadion* von 184,9 m wurde eingeführt. Es waren 600 Stadien von Jerusalem nach Skythopolis (2Makk 12,29), was der bekannten Entfernung von 110 km zwischen diesen beiden Städten entspricht.

III. FLÄCHENMASSE.

Oberflächenstrukturen wurden nicht durch spezifische Ausdrücke, sondern durch Umschreibungen der jeweiligen Ausmaße bezeichnet. So bestand das Quadrat aus vier Seiten gleicher Länge (*merubbāʿat*, LÜ: »Viereck«, 1Kön 7,31; »Geviert«, Hes 40,47; 45,2), der Umfang eines Kreises (1Kön 7,23) und der Durchmesser war der Abstand »von einem Rand zum andern« (2Chr 4,2).

Land wurde nach empirisch ermittelten Werten abgeschätzt. So wurden Weinberge (Jes 5,10) oder Felder (1Sam 14,14) in *semed* (»Morgen«) gemessen, d.h. soviel Land, wie ein Joch Ochsen an einem Tag pflügen konnte (vgl. arab. *faddan*). Diese Fläche war in Babylonien mit 6480 Quadratellen definiert, was 2/5 Morgen entspricht (ca. 1600m^2). Später wurde sie durch das latein. *jugum, jugerum* von 28 800 röm. Quadratfuß bezeichnet, was 5/8 Morgen entsprach (ca. 2500 m^2). Eine weitere Methode war die Einschätzung nach der für die Aussaat auf einem Landstück erforderlichen Samenmenge (*seʾā*; 3Mo 27,16; 1Kön 18,32). In der hellen. Periode waren dies 3 3/5 Seah für ein *jugerum* Land, d.h. 0,173 Morgen (700 m^2) pro Seah oder 5,19 Morgen (2,1 ha) pro Homer = 30 Seah (JBL 64, 1945, 372); im 2. Jh. n.Chr. scheinen die Flächen auf 0,193 bzw. 5,79 Morgen erhöht worden zu sein.

Die genauen Abmessungen der Weiden, die die Städte der Leviten umgaben, sind schwierig zu berechnen (4Mo 35,4-5). Es könnte ein Gebiet von 2000 Ellen im Quadrat gewesen sein (V. 5), wobei die Mittelpunkte der Seiten jeweils 1000 Ellen von der Stadtmauer entfernt waren (V. 4).

IV. HOHLMASSE FÜR TROCKENE STOFFE.

Die verwendeten Ausdrücke leiten sich von den Gefäßen ab, die eine vereinbarte Menge enthielten und dadurch als Maß dienten.

1. Homer (hebr. *chōmer*; akkad. *imēr*, »eine Eselladung«) war als Getreidemaß im 2. Jt. v.Chr. und später in ganz Asien südl. von Anatolien und westl. des Euphrat gebräuchlich. Das Homer ist älter als das Kor (RA 67, 1973, 78); vgl. 3Mo 27,16; Hes 45, 13. Das Sammeln von 10 Homer Wachteln (LÜ: »100 Scheffel«, 4Mo 11,32) deutet Völlerei an, wogegen der Ertrag von nur einem Bat Weizen aus einem Homer Samen ein Bild des Mißlingens war (Jes 5,10). Auf ein Homer kamen zehn Bat, was etwa 220 l entsprach (nach anderen Berechnungen 360-400 l).

2. Kor (LÜ: »Faß«, hebr. *kōr*; sumer. *gur*; akkad. *kurru*) war ein dem Homer entsprechendes großes Hohlmaß (Hes 45,14), nach dem für feines (*sōlet*) und grobes Mehl (*qemah*, 1Kön 5,2), Weizen und Gerste (2Chr 2,9; 27,5) gemessen wurden. Es taucht auch als Flüssigkeitsmaß für Öl auf (Hes 45,14), obwohl in 2Chr 2,9 und im Griech. Bat steht (vgl. die Parallelstelle 1Kön 5,25).

3. Halber-Homer (hebr. *letek*, LÜ: »fünfzehn Scheffel«) erscheint nur in Hos 3,2 als Maß für Gerste. Da es nach dem Homer benannt ist, interpretieren Aquila (griech. Übersetzung des AT, um 140 n.Chr.), Symmachus (griech. Übersetzung des AT, ca. 170 n.Chr.) und Vulg. es als 1/2 Kor oder 1/2 Homer, aber es gibt dafür keine eindeutigen Belege. *letek* könnte ein phöniz. Maß sein.

4. Efa (hebr. *ʾēphā*; ägypt. *ipt*) ist der Name eines Gefäßes, das groß genug ist, eine Person aufzunehmen (LÜ: »Tonne«, Sach 5,6-10) und infolgedessen ein exaktes Maß (LÜ: »Scheffel«, 3Mo 19,36). Verwendet wurde es nur für Getreide, und in Unterteilungen von 1/6 (Hes 45,13) oder 1/10 (3Mo 5,11) war es seit früher Zeit gebräuchlich (Ri 6,19). Das Efa durfte niemals verringert werden, sondern mußte immer ein gleiches (rechtes) Maß sein (5Mo 25,14; Spr 20,10). Das Efa entsprach dem Flüssigkeitsmaß Bat, beide faßten 1/10 eines Homer (Hes 45,11).

Polierte Steingewichte aus Babylonien (von 25,57 g bis 83,70 g). Länge zwischen 3,5 und 11 cm. Warku, 18. Jh. v.Chr. (BM)

5. Sea (hebr. *seā*; akkad. *sūtu*) war ebenfalls ein Maß für Mehl und Getreide (1Mo 18,6; 1Kön 18,32).

6. Das Gomer (hebr.*ʿōmer*, vgl. arab. *ʿumar*, »eine kleine Schale«) erscheint nur im Bericht über das Sammeln des *Manna (2Mo 16). Es wurde sowohl zum Abmessen (V. 18.32-33) als auch zum Benennen der Menge verwendet (V. 16.22). Das Gomer entsprach 1/10 Efa (V. 36; LÜ: »Krug«).

7. Ein »Zehntel« (hebr. *ʿissārōn*) war ein Maß für Mehl (4Mo 15,4). Es entsprach 1/10 Efa (4Mo 28,5) und somit dem Gomer.

8. Kab (hebr. *qab*), ein Hohlmaß, daß nur in 2Kön 6,25 erscheint (LÜ: »eine Handvoll«), wird im Kontext der inflationären Preise während der Belagerung Samarias genannt. 1/4 Kab Johannisbrotschoten wurde für 5 Silberstücke (Schekel) verkauft. Das Kab = 4 Log = 1/5 Sea = 1/6 Hin = ca. 2 Liter.

9. Das »Maß« (hebr. *schālīsch*) aus Ps 80,6 (LÜ: »großer Krug«) und Jes 40,12 lautet wörtl. »ein Drittel«, ohne daß eine Einheit genannt würde, so daß das Hohlmaß unbekannt ist. Es ist anzumerken, daß diese Maße das babylon. Sexagesimalsystem (1 *kur* = 30 *sutu* = 180 *qa*) mit dem von den Assyrern auch verwendeten Dezimalsystem kombinieren. S. Aufstellung S. 936.

V. HOHLMASSE FÜR FLÜSSIGE STOFFE.

1. Das Bat (hebr. *bat*; griech. *batos*, nur Lk 16,6) war das Gegenstück des Efa (Hes 45,11.14). Es wurde zum Abmessen von Wasser (1Kön 7,26), Wein (Jes 5,10) und Öl verwendet (2Chr 2,9; s.a. 1Kön 5,25). Es war ein exaktes Standardmaß (Hes 45,10): etwa 22 Liter.

2. Mit Hin (LÜ: »Kanne«; hebr. *hīn*; ägypt. *hnw*, »ein Krug«) wurden Behälter bezeichnet (3Mo 19,36), die als Maß für Wasser (Hes 4,11), Öl (2Mo 29,40) oder Wein (3Mo 23,13) dienten. Nach Josephus (ant.Jud. 3. 197; 4. 234) entsprach das Hin 1/6 Bat.

3. Log (LÜ: »Becher«; hebr. *lōg*) wird nur 3Mo 14,10 als Maß für Öl bei der rituellen Reinigung von Lepra verwendet. Nach dem Talmud entsprach es 1/12 Hin.

Die Werte dieser Flüssigkeitsmaße richten sich nach denen des Bat, sind jedoch unsicher, nachdem die einzigen mit *bt* (Tell beit Mirsim) und *bt lmlk* (Lachisch) markierten Behälter unvollständig sind und nicht präzise rekonstruiert werden können. So wurde das Fassungsvermögen des Bat unterschiedlich zwischen 20,92 und 46,6 l veranschlagt. Unter der Voraussetzung, daß das Bat die Hälfte des »königlichen Bat« fassen konnte, und daß die Inschriften die volle Kapazität der Behälter angaben, wird die Vorgabe von 22 l in bibl. Zeit (Albright) und 21,5 l in hellen. Zeit gemeinhin als Kalkulationsbasis übernommen. Das unterschiedliche Volumen des Ehernen Meeres (1Kön 7,26: 2000 Bat; 2Chr 4,5: 3000 Bat) versucht C.C. Wylie so zu erklären, daß im ersten Fall von einem halbkugelförmigen, im zweiten Fall von einem zylinderförmigen Gefäß auszugehen sei (BA 12/1949, 86–90).

B. Im Neuen Testament.

I. GEWICHTE.

Nur zwei Gewichte werden im NT erwähnt. Litra aus Joh 12,3; 19,39 (LÜ: »Pfund«, vgl. latein. *libra,* von dem die englische Abkürzung *Lb* für Pfund abgeleitet ist), war eine röm. Gewichtseinheit, die 327,45 g entsprach. In Offb 16,21 wird das Adjektiv *talantiaios,* »ein Talent wiegend« (LÜ: »Zentnergewichte«), zur Beschreibung von Hagelkörnern verwendet: Arndt behauptet, daß dieses Talent 125 librae entsprach und somit etwa 41 kg schwer war, wogegen HDB ein Gewicht von ca. 20,5 kg veranschlagt.

II. LÄNGENMASSE.

1. Die *Elle.* Wie im AT wurden die Maßstäbe von Körperteilen abgeleitet, die Grundeinheit war der *pēchys* (»Unterarm«), die Elle. Bei den Römern gab es zwei verschiedene Maßstäbe für die Elle: die röm. Elle von 6 Handbreit à 74 mm = 44,4 cm, und die philetarische Elle von 52,5 cm. Julian von Askalon berichtet, daß letzteres Maßsystem in Palästina und Ägypten gebräuchlich war (Jeremias, S. 11), und diese Länge wird wahrscheinlich auch in Joh 21,8; Offb 21,17 angedeutet. Auch in Mt 6,27 und Lk 12,25 wird der Ausdruck verwendet.

2. *orgyia* (»Faden«, Apg 27,28) war die Länge der ausgebreiteten Arme, also ungefähr 1,8 m. Es war eine griech. Maßeinheit, abgeleitet von dem Verb *oregō,* »ich breite aus«. Nach Herodot (Hist. 2. 149) entsprach sie 6 griech. Fuß oder 4 griech. Ellen.

3. Das *Stadion* (Lk 24,13 RevEB; Joh 6,19; 11,18 RevEB; Offb 14,20; 21,16 RevEB) hatte 100 *orgyiai* und war ca. 185 m lang. Nachdem man für die Rennbahn von Olympia genau die Länge eines Stadions annahm, wurde das Wort auch für Arenen verwendet (1Kor 9,24).

4. *Milion* (»Meile«, Mt 5,41) war eine griech. Transliteration der röm. Maßangabe *mille passuum,* »tausend Doppel-Schritte«. Sie war 1478,5 m lang, entsprach 8 Stadien und auf der Basis von 5 röm. Fuß (à 29,57 cm) pro Doppel-Schritt (1,48 m) veranschlagt.

5. Der in Apg 1,12 erwähnte Sabbatweg war keine eigentliche Entfernungsangabe, sondern vielmehr das Produkt rabbin. Exegese von 2Mo 16,29 und 4Mo 35,5 (vgl. Lumby in CGT, ad loc.). Er war auf 2000 Ellen festgesetzt (Talmud ʿErubin 51a) und wurde *tehūm ha-schabbāt,* genannt – »das Höchstmaß des Sabbat«.

III. FLÄCHENMASSE.

Im NT kommen keine Flächenmaße vor, aber die Basiseinheit unter den Römern war das *jugerum,* basierend auf der Landfläche, die ein Joch Ochsen an einem Tag pflügen konnte. Er errechnete sich aus einem *actus,* bzw. einer Furche (36,6 m) mal zwei (73,2 m); das *jugerum* entsprach 2 Quadratactus: 0,27 ha bzw. 2/3 Morgen.

IV. HOHLMASSE FÜR TROCKENE STOFFE.

1. Das *choinix* (»Viertel«, Offb 6,6) wird unterschiedlich auf 0,8-1,2 l geschätzt, der beste Näherungswert beträgt wohl gut 1 l. Es war ein griech. Maß, und Herodot berichtet (Hist. 7. 187), daß es die tägl. Kornration der Männer von Xerxes' Invasionstruppen war.

2. Das *saton* (aram. *sāʾtā;* hebr. *seʾā*) war das *Sea* des AT: Josephus (ant.Jud. 9. 85) stuft es als Äquivalent zu 1 1/2 *modii* ein (s. u.). Es wird als Maß in Mt 13,33; Lk 13,21 erwähnt, wo Sauerteig unter drei *sata* Weizenmehl gemengt wird. Das Maß faßte etwa 12,3 l.

3. Das *koros* aus Lk 16,7 (ein »Weizenmaß«) entspricht dem hebr. *kōr.* Josephus (ant.Jud. 15. 314) setzt es 10 attischen *medimnoi* gleich, demnach wäre das *Kor* bei 525 l anzusiedeln, da ein *medimnos* 48 *choinikes* enthielt. Da Hes 45,11 ein *baton* als ein Zehntel eines *Kor* einstuft, wird vermutet, daß Josephus hier *medimnos* mit *metrētēs* verwechselt hat, und daß das *Kor* 10 *metrētai* faßte, etwa 395 l. Es wurde sowohl als Trocken- als auch als Flüssigkeitsmaß verwendet.

4. Der *modios* (LÜ: »Scheffel«) in Mt 5,15; Mk 4,21; Lk 11,33, bezeichnet jeweils das Gefäß, das man zum Abmessen dieser Menge benutzte. Es handelt sich um ein Kornmaß von 16 *sextarii* Fassungsvermögen: 6 *modii* entsprachen dem griech. *medimnos* (Cornelius Nepos, Attica 2). Somit faßte der *modius* 8 *choinikes,* etwa 8,75 l.

V. HOHLMASSE FÜR FLÜSSIGE STOFFE.

1. Der *xestēs* in Mk 7,4 (LÜ: »Krug«) bezieht sich wiederum auf das zum Abmessen dieser Menge verwendete Gefäß und wird von den meisten Wissenschaftlern (s. jedoch Moulton, Howard: Grammar of New Testament Greek, 2, 1929, S. 155) für eine Ableitung des latein. *sextarius* gehalten. Es war ein Flüssigkeits- und Trockenmaß von 1/16 *modius,* etwa 500 cm^3.

2. *batos* (»Maß« für Öl in Lk 16,6) ist die griech. Form des hebr. *bat* (s.o.). Nach Josephus (ant.Jud. 8. 57) faßte es 72 *sextarii* oder 4 1/2 *modii* – etwa 39,5 l.

3. *metrētēs,* erwähnt in Joh 2,6 (LÜ: »Maße«), war ein griech. Flüssigkeitsmaß, ungefähr dem hebr. *bat* entsprechend, und faßte somit ca. 39,5 l. Die Wasserkrüge auf der

Massebenreihe in Geser. Mittlere Bronzezeit II. (BRL)

Hochzeit zu Kana faßten demnach jeder zwischen 80 und 120 l.

Literatur: J. Jeremias: Abba. Studien zur neutestamentlichen Theologie und Zeitgeschichte, 1966. D.J.W./D.H.W.

MASSEBE. Eine M. (hebr. *massebah;* LÜ: Steinmal) ist ein von Menschenhand aufgerichteter monolithischer Stein mit rel. Bedeutung. Genauer sollte man zwischen den unbeschrifteten und häufig auch unbehauenen M.n und den ikonographisch oder epigraphisch verzierten Stelen (z.B. *Mescha-Stele) unterscheiden. Bibl. und archäologische Zeugnisse verdeutlichen die herausragende Bedeutung der M.n und Stelen für die Religion des Vorderen Orients.

*Jakob stellte eine M. zum Zeichen eines Vertragsabschlusses auf (1Mo 31,45). Eine ähnliche Funktion hatten auch die bei *Gilgal aufgestellten 12 Denksteine (Jos 4,1-9.20; vgl.

Rekonstruktion des Stelen-Heiligtums in Hazor. Späte Bronzezeit. (IM)

2Mo 24,4) und der Stein im Heiligtum von *Sichem (Jos 24,27). 5Mo 27,1-8 und Jos 8,30-35 zeigen, daß in Palästina derartige Steine mit Kalk übertüncht und beschrieben werden konnten. Diese Steine sollen die Erinnerung an ein bestimmtes Geschehen wachhalten. Dies gilt in gewisser Weise auch für den Stein auf *Rahels Grab (1Mo 35,20). Vergleichbar hiermit sind die in *Petra im *Ostjordanland auf nabatäischen Gräbern aufgestellten oder aus dem Felsen reliefiert herausgearbeiteten »Obelisken« aus griech.-röm. Zeit. In Jes 19,19 wird eine M. möglicherweise im Sinne eines Grenzsteins gebraucht. Einen weiteren Anlaß zur Errichtung einer M. belegt 2Sam 18,18f. Danach hat sich *Absalom einen solchen Stein aufgestellt, um trotz seiner Kinderlosigkeit seinen Namen fortbestehen zu lassen.

In der Mehrheit stellen M.n jedoch Kulteinrichtungen dar, die (wegen ihrer phallusartigen Form) eine (männliche) Gottheit repräsentieren können. Die von Jakob aufgestellte M. gibt Anlaß zur Gründung des Heiligtums in *Bethel (1Mo 28). In späteren Texten ändert sich das Urteil der bibl. Autoren diesen Steinen gegenüber. Sie sahen in ihnen einen heidnischen, mit der Jahwereligion unvereinbaren Kult (2Mo 23,24; 34,13; 3Mo 26,1; 5Mo 7,5; 12,3; 16,22; 2Kön 3,2 u.ö.). M.n gehörten zusammen mit Ascheren zur Grundausstattung der kanaan. Kulthöhen (1Kön 14,23 u.ö.). Im Zuge der Kultreform Hiskias (2Kön 18,4) und Josias (2Kön 23,4-20) wurden die M.n dann vernichtet. Archäologische Funde zeigen jedoch, daß diese Reformen nur zum Teil erfolgreich waren.

Das älteste Beispiel einer M. stammt aus dem neolithischen *Jericho. Bis in die röm. Zeit hinein sind M.n, meist in Verbindung mit einem Heiligtum, nachzuweisen. So standen etwa M.n im Allerheiligsten des eisenzeitlichen Tempels von Arad, während sie, den Säulen *Jachin und Boas des Jerusalemer Tempels vergleichbar, zu beiden Seiten des Eingangs des Tempels in *Sichem aufgestellt waren. Eine Besonderheit stellt die mittelbronzezeitl. Massebenreihe aus *Geser dar. Die zehn dort in N-S-Richtung aufgestellten, bis zu 3,25 m hohen Monolithen stehen wahrscheinlich in einem kultischen Zusammenhang. Nur etwa 10-65 cm hoch sind die zehn in einem Heiligtum des spätbronzezeitl. *Hazor gefundenen Basaltsteine, von denen einer mit erhobenen (betenden ?) Händen und einem Sonnen-Mond-Emblem verziert ist. Bei diesem auffallend kleinen Kultplatz handelt es sich wahrscheinlich um einen Memorialschrein. Im sog. »Obeliskentempel« in Byblos (Mittlere Bronzezeit) waren zahlreiche M.n aufgestellt. Kulthöhen mit M.n konnten bislang noch nicht archäologisch nachgewiesen werden. Eine byblische Münze aus dem Jahr 217 n.Chr. (!) zeigt das Heiligtum in Byblos mit einem aufgerichteten Stein, der kultische Verehrung genoß.

Die Macrinus-Münze aus Byblos (217 n.Chr.) zeigt eine Massebe in einem Heiligtum. (BRL)

Literatur: V. Fritz: Tempel und Zelt, WMANT 47, 1977, 48-52; K. Galling: Erwägungen zum Stelenheiligtum von Hazor, ZDPV 75/1959, 1-13; C.F. Graesser: Standing Stones in Ancient Palestine, BA 35/1972, 34-63; K. Jaros: Die Stellung des Elohisten zur kanaanäischen Religion, OBO 4, ^{2}1982, 83-118.

W.Z.

MASTIX s. Pflanzen

MATTANJA. »Gabe des Herrn«.

1. Sohn *Hemans, Leiter der 9. levitischen Sängerabteilung z.Zt. Davids (1Chr 25,4.16).

2. Levit aus dem Geschlecht *Asafs (2Chr 20,14).

3. Levit aus dem Geschlecht Asafs z.Zt. Hiskias (2Chr 29,13).

4. Sohn des Königs *Josia, den *Nebukadnezar unter dem Namen *Zedekia als letzten König von Juda einsetzte (2Kön 24,17).

5. Levit aus dem Geschlecht Asafs, Sohn des Micha (Neh 11,22) oder Michaja (Neh 12,35). Seine Urenkel Usi und Sacharja lebten z.Zt. Nehemias.

6. Levit, dessen Enkel Hanan z.Zt. Nehemias lebte und die Vorräte zu verwalten hatte (Neh 13,13).

7. Levit aus dem Geschlecht Asafs, der Sohn Michas, der z.Zt. Nehemias das Dankgebet anstimmte (Neh 11, 17; 12,8.25).

8. Vier Israeliten aus verschiedenen Geschlechtern, die z.Zt. *Esras heidnische Frauen genommen hatten (Esr 10,26.27.30.37).

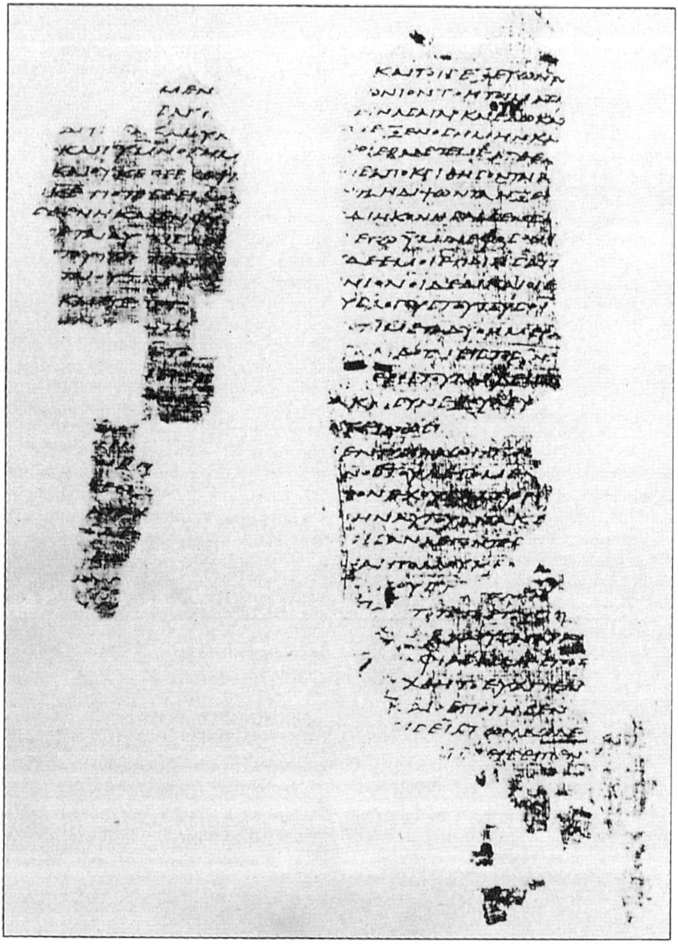

Kap. 25,41–26,18 des Matthäusevangeliums. Papyruskodex p[45] *(Chester Beatty).* (TNT)

MATTHÄUS s. Matthäus, Evangelium III.

MATTHÄUS, EVANGELIUM.

I. INHALT.

1,1-4,11: Die doppelte Vorgeschichte:
1,1-2,23: Jesu Geburt und Kindheit;
3,1-17: Johannes der Täufer;
4,1-11: Jesu Versuchung:
4,12-11,1: Die Frühzeit des Wirkens Jesu:
4,12-25: Jesu erstes Wirken;
5,1-7,29: Entfaltung der Lehre Jesu;
8,1-9,34: Jesu vollmächtige Taten;
9,35-11,1: Jesu Mission unter Israel:
11,2-16,20: Jesu Ringen um Israel.
11,2-19: Ringen um Johannes und seine Jünger;
11,20-24: Ringen um die Städte Galiläas;
11,25-30: Jesus, der Heiland der Beladenen;
12,1-45: Ringen mit den Pharisäern;
12,46-50: Jesu Ringen mit seiner Familie;
13,1-58: Ringen um das Volk des Landes;

14,1-12: Jesus und Herodes;

14,13-15,39: Jesus als der helfende und vollmächtige Messias;

16,1-12: Auseinandersetzung mit den Sadduzäern;

16,13-20: Messiasbekenntnis des Petrus im Namen der Jünger.

16,21-27,66: Die Passion Jesu:

16,21-18,35: Zurüstung der Jüngergemeinde für ihren Weg unter der Gegnerschaft in der Welt;

19,1-20,34: Auf dem Weg nach Jerusalem;

21,1-25,46: Jesu Wirken in Jerusalem;

26,1-27,66: Jesu Leiden und Tod.

28,1-20: Begegnungen mit dem Auferstandenen, Sendung der Jüngerschaft.

II. AUFBAU UND EIGENART DES MATTHÄUS-EVANGELIUMS.

Das Ev. liegt uns in einer Gestalt vor, in der die Gesichtspunkte, die Jesu Sendung und Weg kennzeichnen, den Bericht vom Wirken des irdischen Jesus prägen. Diese besondere Gestalt vermitteln ebenso die Reden, zu denen Jesu Worte mehrmals zusammengefaßt sind (Mt 5-7; 10; 13; 23; 24f), als auch die den Bericht von seinem Wirken in Israel tragenden umfangreichen wörtl. Zitate aus dem AT (vgl. 4,15f; 12,18-21). Anfang und Ende des MtEv.s sind dem deutlich zugeordnet: Aus der Nachkommenschaft Abrahams wird der geboren, dem man den Namen »Gott mit uns« gibt. Der Gekreuzigte, den Gott aus dem Tode erweckt hat, nimmt das Reich ein und sendet die Seinen, nun unter allen Völkern durch Taufe und Unterweisung in seinen Worten Jünger für dieses Reich zu gewinnen.

Vergleicht man das MtEv. mit den beiden anderen synoptischen Evv., wird deutlich, daß Matthäus besonders eindrücklich herausarbeitet, daß und wie Jesus der verheißene Messias Gottes ist. Ebenso betont das MtEv., in welcher Weise Gottes Wille die Menschen zum Gehorsam bindet und wie von ihnen Rechenschaft verlangt werden wird. Auch das Verhältnis der Kirche Jesu zu dem Israel des Alten Bundes wird nachdrücklich gezeichnet.

Solche Beobachtungen lassen verstehen, daß das MtEv. in der Geschichte der Kirche immer besonders geschätzt wurde. Ihm gegenüber traten MkEv. und LkEv. zurück. Im MtEv. meinte man, die Anbindung des NT an das AT festhalten zu können. Diese Beobachtungen ließen die neuere Auslegung des MtEv.s, die mit der Frage nach der Redaktion des überlieferten Stoffes durch den Evangelisten eingeleitet wurde, gerade hier den Versuch machen, eben diese Arbeit des Evangelisten von dem Bild abzuheben, das die Jünger von Jesus hatten, und demjenigen, das sich bei der Weitergabe des Überlieferungsgutes daraus abzeichnete.

III. VERFASSER, ABFASSUNGSORT UND -ZEIT.

1. Die Angaben des MtEv.s. und die Nachrichten aus der Alten Kirche.

Mt 9,9 berichtet, wie Jesus bei *Kapernaum einen Menschen am Zoll sitzen sah, der Matthäus hieß, und ihn in die Nachfolge rief. Nach Mk 2,14 trägt dieser Zöllner den Namen Levi, ebenso nach Lk 5,27. Mt 10,3 nennt diesen Zöllner neben dem Alphäussohn *Jakobus als *Apostel. Mk 3,18 führt ebenso wie Lk 6,15 Matthäus neben Thomas und dem Alphäussohn Jakobus auf, ohne ihn als Zöllner zu kennzeichnen. In Kap. 9,9 und 10,3 hebt das MtEv. den Zöllner besonders hervor. Ist er der Verfasser des MtEv.s? Das ist offenbar die Auffassung der Nachrichten, die Euseb in seiner Kirchengeschichte zum MtEv. gesammelt und aufbewahrt hat. Alle diese Nachrichten – es handelt sich um Hinweise von Irenäus, Origenes, Euseb selbst und Hieronymus – gehen vermutlich auf eine Quelle zurück, nämlich auf die ebenfalls von Euseb zitierte Angabe des Papias von Hierapolis, wonach Matthäus in hebr. Weise (oder Sprache?) die Überlieferung zusammengestellt habe (Eus. h.e. III, 39,16). Dort wird noch hinzugefügt: »Ein jeder berichtete (übersetzte ?/ deutete?) sie so, wie er dazu in der Lage war.«

Diese Angaben lassen sich kaum klar verstehen; Euseb teilt auch nur einen Auszug aus Papias mit. Außerdem hält er seinen Gewährsmann nicht für theologisch besonders kundig – doch das könnte gerade für die Zuverlässigkeit seiner Nachricht sprechen, eben weil er kein besonderes theologisches Interesse gehabt hätte. Zwingend vermögen also die altkirchlichen Nachrichten nicht zu begründen, daß der Zöllner Matthäus der Verfasser des MtEv.s ist; andererseits gibt es keinerlei abweichende Überlieferung (vgl. *Evangelien).

2. Ist der Evangelist als Sprecher einer Gemeinde zu verstehen?

In diese Richtung haben mehrere Gelehrte die Forschung gewiesen. A. Schlatter mit seiner Schrift »Die Kirche des Matthäus« (1929) muß hier genannt werden, aber auch G. Bornkamm und seine Schüler Barth und Held mit ihren Untersuchungen zum MtEv. (1960). Mt 13,52 konnte wie ein Selbstbildnis des Evangelisten wirken: ein Schriftgelehrter, der aus seinem Schatz Neues und Altes hervorholt. Seine Gemeinde, offenbar judenchristl. bestimmt (wegen des Interesses am Gesetz des AT und am Verhältnis zu Israel), steht in Gemeinschaft mit der Kirche aus den Völkern, hält jedoch an ihrer Besonderheit fest: sie beachtet das Gesetz des AT. Wohl nicht in Palästina, aber im nahen Syrien wird man sie suchen dürfen, weil auch dort eine starke Judenschaft lebte und darum Sprache, Sitte und Brauch der palästin. Juden durchaus so vertraut waren, wie dies das MtEv. offenkundig voraussetzt. Diese Gemeinschaft lebte wohl noch im Verband der Synagoge und entrichtete die Tempelsteuer (Bornkamm). Was sich im MtEv. findet, spiegelt unmittelbar die Lage dieser Gemeinde wider. Ihr Sprecher also ist der Evangelist.

Daß aber der Evangelist in solch unmittelbarem Sinn nicht der Sprecher einer Gemeinde sein kann, wurde bald deutlich. G. Strecker und andere zeigten, daß im MtEv. die Zeit Jesu von derjenigen der Kirche deutlich unterschieden wird. Jene hat ihr eigenes Gewicht durch die Verkündigung Jesu und die Erfüllung seiner Forderungen durch ihn selbst; gerade so hat diese Zeit dann auch Gewicht für die folgende Zeit der Kirche. In einer solchen Sicht tritt der Evangelist als theologischer Lehrer ins Licht, gerade darum aber angeblich auch als ein Mann der 2. oder 3. Generation der Kirche.

Sagen aber solche Beobachtungen und Überlegungen mehr, als daß der Evangelist in einer bestimmten Gemeinde gewirkt hat und im Blick auf sie sein Ev. niedergeschrieben hat? Er hat sie angeredet, aber darüber doch die ganze Kirche nicht aus dem Sinn verloren. Läßt er sich wirklich als Judenchrist in dem Sinn kennzeichnen, daß er nur eine Teilkirche vor Augen haben will?

3. Kann ein Jünger des irdischen Jesus der Verfasser sein?

Nach Meinung der Mehrzahl unter den Forschern sprechen gegen diese Auffassung vor allem folgende Gründe:

a. Das MtEv. bietet seinen Bericht in dem durch das MkEv. gezeichneten Rahmen für das Wirken Jesu, was Orte und Zielablauf angeht. Es bringt auch den größten Teil des Stoffes wie bei Markus und Überlieferung, deren Spuren sich auch im LkEv. finden (»Logienquelle«): solche Berichtsweise kann man von einem Augen- und Ohrenzeugen nicht erwarten.

b. Das MtEv. hat mit dem MkEv. gemeinsame Berichte oft anders (Bornkamm: neu) erzählt, und zwar theologisch vertieft: das weist auf einen späteren Erzähler.

c. Das MtEv. bietet sich seinen Lesern in theologisch durchdachter Komposition: auch das deutet auf Verfasserschaft in zeitlichem Abstand zu den Begebenheiten (vgl. JohEv.).

d. Es gibt Anhaltspunkte, die auf eine Abfassung nach dem Jahr 70 n.Chr. deuten (Mt 22,7): damit wäre die nachapostol. Zeit gesichert; also wird es sich um einen Mann der 2. oder 3. Generation handeln.

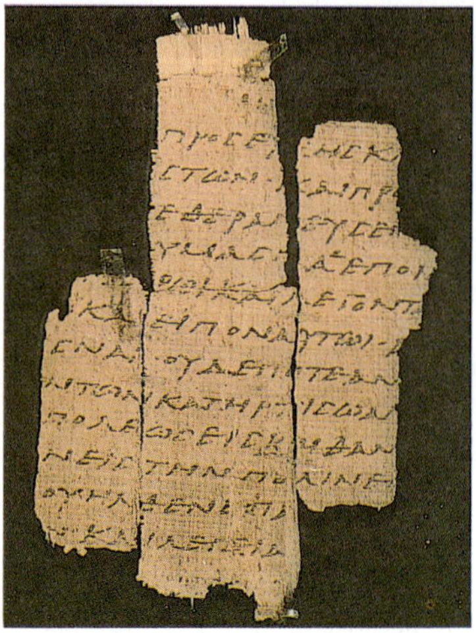

Fragment des Matthäus-Evangeliums in griech. Sprache (Mt 21,13–19). Teil des Papyrus-Kodex p[45] (Chester Beatty I), spätes 2. / frühes 3. Jh. n.Chr. (CBL)

e. Die Nachrichten aus der Alten Kirche sind unklar und zudem nur vorsichtig aufzunehmen: Man legte Wert darauf, die Schriften des NT auf Apostel zurückführen zu können.

Es gibt jedoch erwägenswerte Gegengründe zu den hier genannten:

a. Lk 1,1-4 zufolge sind die Augen- und Ohrenzeugen Urheber der Überlieferung, also an Auswahl und Gestaltung beteiligt. Sehen sie sich in der Lage, die durch die mündliche Verkündigung lebendige Überlieferung gültig schriftlich festzulegen, legen sie eben diese fest und zwar so, daß dabei Gestalt wird, was Gottes Geist ihnen erinnernd an Sendung und Weg Jesu verdeutlicht (vgl. Joh 16,13-15): Man kann das MtEv. als Urkunde solchen Berichts verstehen.

b. An allen kanonischen Evv. kann man erkennen, wie die Aufgabe der Christenheit von Jesu Sendung und Weg zu künden, bei den Evangelisten Gaben entbunden hat, die sie als Schriftsteller und als Theologen in einen einzigartigen Rang erheben: im MtEv. zeichnet sich diese Begabung gerade in der Gesamtsicht von Jesu Sendung und Weg ab, die dieser Evangelist seinen Lesern weitergibt.

c. Mit dem Hinweis auf den Ausgang der apostol. Zeit als der Zeit, in welcher das MtEv. abgefaßt ist, dürfte das Rechte getroffen sein: Eben weil die Augen- und Ohrenzeugen sterben, faßt einer unter ihnen die Überlieferung, für die alle stehen, gültig, d.h. schriftlich ab.

Das kann nach dem Jahr 70 n.Chr., aber durchaus auch ein bis zwei Jahrzehnte früher gewesen sein.

Ergebnis: Das MtEv. nötigt nicht zu der Annahme, daß ein Christ der 2. oder 3. Generation sein Verfasser ist. Es wird um das Jahr 70, eher jedoch erheblich früher (vgl. u.a. J.A.T. Robinson, B. Reicke, B. Orchard/M. Riley) in einer Gemeinde im palästin.-syr. Raum geschrieben worden sein. Sein Verfasser ist mit großer Wahrscheinlichkeit Matthäus, der Jünger Jesu.

IV. DIE BOTSCHAFT DES MATTHÄUS-EVANGELIUMS.

1. Jesus der verheißene Messias Israels.

Daß Jesus der verheißene Messias ist, macht der Evangelist auf verschiedene Weise deutlich. In der Kindheitsgeschichte zitiert er messianische Stellen des AT als in Christus erfüllt; so Jes 7,14 in 1,23; Mi 5,1.3 in 2,6; auch Hos 11,1 in 2,15. Ähnlich überschreibt er die beiden Teile seines Berichtes vom Wirken Jesu mit Zitaten aus Jes 8,23f; 9,1 (4,15f) und aus Jes 42,1-4 (12,18-21): Der Eine, in dem Gott selbst sich seines im Finstern wohnenden Volkes annimmt, ist gekommen. Dieser Eine aber geht seinen Weg so, daß er die Weissagung vom Gottesknecht erfüllt. Auch einzelne Begebenheiten aus dem Wirken Jesu werden mit Wortlauten aus dem AT als Erfüllung der Verheißung des kommenden Helfers erwiesen (etwa 8,17), besonders in der Passionsgeschichte (26,31; 27,9.46). Andererseits zeichnet der Evangelist Jesus betont als den Demütigen und Niedrigen (11,29; 21,5) und legt so die Verheißungen des AT von Jesu Wort und Weg her aus. Dem entspricht, daß jüd. Messiasprädikate und -vorstellungen nicht einfach auf Jesus übertragen werden. Vielmehr erfüllt Jesus die Erwartungen des Volks nur antithetisch: als Davidsohn bringt Jesus die Geschichte Israels ans Ende; als Sohn Gottes offenbart er den Vater endgültig; als Herr aber ist er der Helfer und Schützer der Menschen (vgl. 8,25; 9,27; 14,33; 15,22; 16,16; 21,9). Das von Sendung und Weg Jesu her erhellte AT erweist seinerseits ihn als den von Gott verheißenen *Messias (vgl. *Hoheitstitel Jesu Christi).

2. Die Erfüllung von Gesetz und Propheten.

An wichtiger Stelle ist davon die Rede, daß Jesus das Gesetz erfüllt hat (5,17; 7,12; 22,40). 5,17-20, aber auch 9,13; 12,7; 15,1-20 und 23,1-33 lassen keinen Zweifel: Die Gerechtigkeit der Schriftgelehrten und Pharisäer tut nicht, was vor Gott recht ist. Das bringt vielmehr nur die Gerechtigkeit des Himmelreiches (5,20). Doch welcher Art ist sie?

Der Evangelist macht das in seiner Weise klar. Er verbindet den Bericht von Jesu Vollmacht, an Gottes Stelle zu heilen und Sünden zu vergeben (8f), mit dem Bericht von seiner vollmächtigen Verkündigung (7,29). In ihr sagt er den im Geist Armen und den um Gerechtigkeit willen Verfolgten das Himmelreich zu – und zwar jetzt. Derjenige, der mit Wort und Tat den Menschen den Glauben abgewinnt, der bringt das Himmelreich. Durch den Glauben an Gott in Christus aber bricht an, was Jesus selbst tut und wirkt, nämlich daß Menschen sich ganz, ungeteilt, Gott zuwenden, aus seiner Art sehen, was er will, und so barmherzig und demütig werden wie er selbst, Christus, es ist (vgl. 11,29). Kurz: Gesetz und Propheten werden von Christus selbst und von denen erfüllt, die ihm als Jünger zugehören.

Daß dabei keine Automatik waltet, zeigen Worte wie 7,21ff deutlich. Man muß Jesu Worte hören und tun, also unter dem Wort bleiben, nicht müde werden, es zu hören, und so das Herz bewegen und erfüllen lassen von dem, der vollmächtig redet. Dann wird das Herz Gedanken und Willen bewegen können, daß man in Worten und Taten – als den Früchten – erkennen kann, wer im Herzen Herr ist und das Gesetz und die Propheten erfüllen lehrt.

3. Israel und die Kirche aus Juden und Heiden.

Das MtEv. läßt erkennen, daß Jesus ausschließlich an Israel gesandt ist (15,24), und daß er auch seine Jünger vor Ostern nur an Israel sendet (10,5). In der Begegnung Jesu mit Israel kommt die Geschichte dieses Volkes zu ihrem Ziel. Darauf deutet bereits der Stammbaum Jesu, der von Abraham auf den Christus hinführt (1,1-17). »Sein Volk von ihren Sünden zu retten«, ist Jesu Sendung (1,21). Während seines Wirkens wird immer deutlicher, daß die Volksmenge ihm zujubelt, die rel. Autoritäten sich jedoch in Feindschaft gegen ihn verhärten (z.B. 9,33f). Jesus will alle gewinnen, auch die Schriftgelehrten und die Pharisäer, er sucht das Gespräch mit ihnen und weicht ihren Fragen nicht aus (9,10-13; 14-17 u.ö.). Das gilt auch von Jesu Wirken in Jerusalem (Kap. 21f). Seine Gegner bleiben bei dem, was sie bereits nach 12,14 planen: Jesus muß sterben. Und am Ende fällt ihnen auch das Volk zu und nimmt Pilatus gegenüber (27,24f) ausdrücklich die Schuld am Tode Jesu auf sich.

Die Entscheidung, die Israel in diesen Ereignissen dem Verheißenen Gottes in seiner Mitte gegenüber trifft, wird eindrücklich und grundsätzlich gedeutet. Jesu Gleichnisse von den bösen Weingärtnern (21,33-46) und von der königlichen Hochzeit (22,1-14) reden davon, daß die Verwerfung Jesu den äußersten Fall des Ungehorsams gegen Gott in einer langen Reihe solcher Taten bildet. Diese Entscheidung gegen Jesus hat zur Folge, daß nun das Gottesreich von Israel genommen und einem anderen Volk gegeben werden wird (21,43). Das zweite Gleichnis wiederholt die Ankündigung des Gerichts über Israel, verbindet sie aber sogleich mit der weiteren Ansage, daß Gottes Gericht auch gegen jeden verhängt wird, der, obwohl aus dem neuen Gottesvolk kommend, doch das hochzeitliche Kleid nicht trägt.

In dem allen deutet sich schon an: Die Kirche löst Israel nicht einfach ab. Vielmehr gilt: Jesus sammelt mitten unter Israel in seinen Jüngern die Schar um sich, aus der die Kirche wachsen wird. Im Zusammenhang mit dem Bekenntnis des Petrus – im Namen der anderen Jünger – zu Christus fällt das Wort »Kirche«, griech. *ekklēsia,* das so nur im MtEv. begegnet (16,18); vgl. auch Apg 9,31; 1Kor 6,4; 12,28; Eph 1,22; 3,10.21; 5,23-33; Phil 3,6; Kol 1,18.24; 1Tim 5,16). Simon erhält von Jesus den Namen »Fels« (griech. *petra*). Auf ihn, den Apostel *Petrus, will Jesus seine *ekklēsia* bauen, d.h. Petrus wird das erste Fundament unter den Aposteln bilden. Damit weist Jesus auf die Zeit voraus, in welcher er nach der Verwerfung durch Israel als »Licht der Völker« alle Völker zu Jüngern berufen will. Durch Taufe und Unterweisung in den Worten Jesu wird es zu dieser Jüngerschaft kommen. Er selbst, Jesus, wird hierbei den Seinen nahe sein (28,19f). Die auf neue Weise gewährte bleibende Gegenwart Jesu bei den Seinen begründet und erhält die Kirche (vgl. auch 18,20). Dabei stimmt die Kirche in das Petrusbekenntnis ein: Sie bekennt Jesus als den Christus, den Sohn des lebendigen Gottes (16,16). Dadurch nimmt sie im Ansatz die gesamte Geschichte Gottes mit Israel in ihr Bekenntnis auf. Diese Geschichte wird somit niemals für sie »erledigt« sein können. Und die Kirche »huldigt« durch die Taufe dem Herrn, der die Kreuzesmale an sich trägt, also selbst von den Wunden dieser Geschichte für immer gezeichnet ist. Israel bleibt für sie Beispiel der Treue Gottes und seiner Geduld mit den Menschen. Und Israel dient als Warnung, solche Gabe zu verachten. Die Gemeinderegeln in Mt 18 und vor allem das Gleichnis vom Schalksknecht schärfen der Kirche eben dies unvergeßlich ein. Nur so wird sie als Jüngerschaft in der Welt Licht und Salz sein können, Stadt auf dem Berge und Zuflucht für die Völker (5,13-16).

V. DIE BEDEUTUNG DES MATTHÄUS-EVANGELIUMS FÜR DIE GESCHICHTE DER KIRCHE.

Das MtEv. ist bereits in der Alten Kirche nicht als das Ev. eines Judenchristen und für solche aufgefaßt worden, sondern als Ev. für die universale Kirche. Es hat wesentlich dazu beigetragen, daß die Christenheit am AT und am Bekenntnis zu Jesus, dem Christus Gottes, festgehalten hat.

Ähnlich wichtig ist das MtEv. und darin besonders die Bergpredigt für die Ethik und die Frömmigkeit der Kirche geworden. Die sog. Zwei-Stufen-Ethik: Gottes Gebote gelten allen Christen, Jesu evangelische Ratschläge den Vollkommenen unter ihnen, hat Jahrhunderte hindurch prägend wirken können. Der Wille, alle Worte Jesu für alle Christen gelten zu lassen und diese so einfach wie möglich, eben »wörtlich« zu verstehen, hat immer wieder besondere Bewegungen hervorgerufen, die zur Auseinandersetzung mit solchem Verständnis der Bergpredigt nötigten. Weiter hat die reformatorische Zwei-Reiche-Lehre die Worte Jesu neu verstehen lassen: daß die Bergpredigt die Jünger Jesu meint und sie in ein Leben einweist, wie er es selbst im Gehorsam gegen Gott geführt hat, aber nicht mit einem Programm zur Gestaltung der Welt verwechselt werden sollte. Wieder anders suchte die sog. Gesinnungsethik mit Jesu Worten ihre Auffassung zu bekräftigen, daß es nämlich auf die rechte Gesinnung ankomme, man sich aber mit dem häufigen Versagen in der Wirklichkeit menschlichen Zusammenlebens abfinden müsse. Alle diese unterschiedlichen Deutungen aber hat Jesu Weisung zur Feindesliebe als im Kern christl. Ethik überstrahlt und unverwechselbar erhalten. Das Christentum konnte noch am Anfang des 20. Jh. einfach als »Religion der Nächsten- und Feindesliebe« gekennzeichnet werden.

Am wichtigsten aber ist das MtEv. für das Bild geworden, das die Christenheit mit ihrer Frömmigkeit und Kunst von Jesus, dem Christus, hat. Der barmherzige König in Niedrigkeit, der geschundene und verhöhnte Gottesknecht, der Sohn Gottes, der die Sünden seines Volkes trägt, der Bruder und Helfer aller Gedemütigten und Verstoßenen, der Eine, der alles Zutrauen zu Gott und alle Zuversicht zu ihm begründet und erhält: Jesus Christus, wie ihn dieses Ev. bezeugt.

Literatur: W. Barclay: Matthäusevangelium, 31980; R.T. France: Matthew, 1985; W. Grundmann: Das Evangelium nach Matthäus, ThHK 1, 41968; E. Lohmeyer/W. Schmauch: Das Evangelium nach Matthäus, KEK Sonderbd., 31962; U. Luz: Das Evangelium nach Matthäus, EKK Bd. 1, 1985; G. Maier: Matthäusevangelium 1, 31983, 2, 31988; W. Michaelis: Das Evangelium nach Matthäus, 2 Bde. 1948/1949; B. Orchard/M. Riley: The Order of the Synoptics, 1987; B. Reicke: The Roots of the Synoptic Gospels, 1986; F. Rienecker: Das Evangelium des Matthäus, WStB, 131985; J.A.T. Robinson: Wann entstand das Neue Testament?, 1986; A. Schlatter: Der Evangelist Matthäus, 1929, 51959; J. Schniewind: Das Evangelium nach Matthäus, NTD 2, 51950; E. Schweizer: Das Evangelium nach Matthäus, NTD 2, 1973; Th. Zahn: Das Evangelium des Matthäus,

([4]1922) 1984; G. Bornkamm, Barth/Held: Überlieferung und Auslegung im Matthäusevangelium, WMANT 1, 1960; G. Strecker: Der Weg der Gerechtigkeit, 1962; W. Trilling: Das wahre Israel, 1969. H.G.

MATTHIAS. Nachfolger des *Judas Iskariot im Apostelkreis (Apg 1,15-26). Sein Name scheint eine Verkürzung von Mattatias (»Gabe des Herrn«) zu sein. M. erfüllte die in den V. 21.22 genannten Anforderungen, d.h. er war von der Taufe Jesu bis zu seiner Auferstehung mit im Jüngerkreis. Das wird durch die Feststellung des Euseb (h.e. 1.12), daß M. einer der Siebzig war, noch unterstrichen.

M.' späterer Werdegang ist nicht bekannt. Sein Name wurde oft mit Matthäus verwechselt, ein Vorgang, dem gnostische Gruppen Vorschub leisteten, indem sie für sich in Anspruch nahmen, geheime Traditionen von ihm zu besitzen (Hippolyt, Philos. 7.8). Ein Buch sog. Traditionen war Clemens von Alexandria bekannt (Strom. 2.9; 3.4; vgl. 7,17). Andere apokryphe Literatur wird M. zugeschrieben.

Eine Gleichsetzung des M. mit *Zachäus (Strom. 4.6) kann auch aus der Verwechslung mit *Matthäus dem Zöllner entstanden sein. A.F.W.

MAUER s. Architektur; s. Festungsbau und Belagerungstechnik; s. Handwerk; s. Haus

MAULBEERBAUM s. Pflanzen

MAULESEL s. Tiere

MAUS s. Tiere

MAZEDONIEN. Eine gebirgige Region nördl. von Achaja, südwestl. von Thrakien, die sich von der Ägäis bis zur Adria erstreckt. Trotz fruchtbarer Ebenen im Inneren des Landes entstanden die wichtigsten Siedlungen an

Mazedonien als röm. Provinz umfaßte zehn Kolonien, zu denen auch Philippi gehörte. Im Bild die Ruinen der von Paulus besuchten Stadt (Apg 16,12). (PP)

Mazedonische Münze aus Philippi, aus der Zeit Claudius' I. (41–54) n.Chr. (RG)

der Ägäisküste. Im 3. Jt. v.Chr. waren Völker aus Europa und aus dem O nach M. vorgedrungen; ihnen folgten die Thraker, Mazedonier sowie einige Seevölker. Das mazedonische Königreich hatte sich im 7. Jh. v.Chr. gebildet; Philipp II. von Mazedonien (259-336 n.Chr.) konnte die mazedonischen Stämme einigen und errang die Herrschaft über das griech. Festland. Philipp wurde ermordet; sein Sohn *Alexander übernahm die Macht (336-323 v.Chr.) und schuf ein Reich, das sich von der Levante bis zum Indus erstreckte. Nach Alexanders Tod kam eine Zeit politischer Instabilität. 148 v.Chr. wurde M. schließlich röm. Provinz. Röm. Herrschaft zeigte sich auch in der Anlage der Via Egnatia, die von der Adria im W nach *Philippi im O M.s führte. Nach 44 v.Chr. hatte der Prokonsul seinen Sitz in Thessalonich, während sich die Versammlung der griech. Staaten in Beröa traf, dem Sitz des Kaiserkultes. Zu der Provinz gehörten sechs röm. Kolonien, eine davon war Philippi. Darüberhinaus gab es noch nach Stämmen organisierte Gemeinwesen. Trotz dieser politischen Vielfalt wird das Gebiet M.

Die Lage Mazedoniens.

im NT als eine politische und geographische Einheit behandelt, wie es röm. Brauch entsprach.

Paulus' Vision von »einem Mann aus Mazedonien« (Apg 16,9) markiert eine bestimmte Entwicklung in seiner Praxis der Evangelisation. In Philippi (Apg 16,37) beruft er sich zum ersten Mal auf sein röm. Bürgerrecht und genießt von da an die Unterstützung der angesehenen Kreise, die seiner Reise zunächst skeptisch begegnet waren (Apg 13,50; 14,5). Die Erinnerung an M. hat sich Paulus tief eingeprägt (1Thess 1,3; Phil 4,1); er wollte gerne ein weiteres Mal dorthin kommen (Apg 20,1; 2Kor 1,16). Die Gemeinde in M. hatte willig gespendet für die verarmte Jerusalemer Gemeinde (2Kor 8,1-4), einige von Paulus' Gefährten stammten aus M. (Apg 19,29; 20,4).

Literatur: A. Rupprecht: ZPEB, 4/1975, S. 22-25.
E.A.J.

MEDEBA. (Hebr. *mējdebā*, viell. »Wasser der Ruhe«). M. hieß eine Ebene und eine Stadt nördl. des Arnon, ca. 35 km südl. von *Rabba, im Stammesgebiet *Rubens (Jos 13,9.16). Die alte Moabiterstadt war von Sihon, dem König der Amoriter, eingenommen worden und ihm im Zuge der *Landnahme von den Israeliten entrissen worden (4Mo 21,21-30). Z.Zt. Davids lagerten dort die syr. Verbündeten Ammons nach der Niederlage, die ihnen Joab zugefügt hatte (1Chr 19,6-15). Danach scheint M. von einer Hand in die andere gefallen zu sein. Auf der *Mescha-Stele wird erwähnt, daß Omri die Stadt – womöglich von den Moabitern - erobert hat, Mescha sie zurückgewonnen und befestigt hat. Jerobeam II. nahm M. zwar wieder ein, z. Zt. von Jes 15,2 ist die Stadt jedoch wieder moabitisch.

M. spielte auch in der intertestamentarischen Zeit eine Rolle (1Makk 9,36: »Medaba«; Jos.bell.Jud. 1,63), bevor sie von Hyrkan I. nach langer Belagerung eingenommen wurde (Jos. ant.Jud. 13.11,19).

Die Ortslage, heute Mādabā genannt, liegt 10 km südl. von Heschbon. Dort wurde 1896 bei Ausgrabungen am Fundort einer Kirche eine Mosaikkarte aus dem 6. Jh.n.Chr. entdeckt, die einen Teil Palästinas von Bet-Schean bis zum Nil zeigt (s. M. Avi-Yonah, The Madaba Mosaic Map, 1954). Neben eindrucksvollen Ruinen von Gebäuden aus christl. Zeit, einschließlich eines Tempels und großer Zisternen, fand man Gräber aus der Eisenzeit. J.D.D.

MEDER, MEDIEN. (Hebr. *Māday*; LXX Mēdoi, 1Mo 10,2, wo *Madoi* und 1Chr 1,5, wo *Madaim* als »Madai« transkribiert wird). Ein indogermanisches Volk, das in der 1. Hälfte

Teil der in Medeba (Madeba), St. Georgs-Kirche, gefundenen Mosaik-Karte mit den Straßen, Toren und Kirchen Jerusalems. Jordanien, 6. Jh. n.Chr. (GNJ)

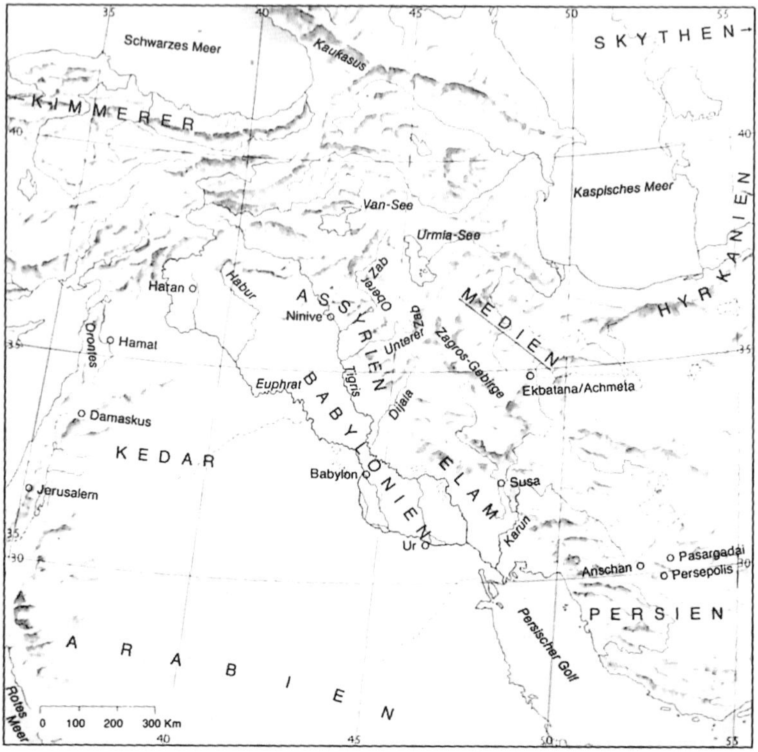

Medien, später Teil des altpersischen Reiches.

des 1. Jt. v.Chr. bis zum Aufstieg der Perser unter *Kores das Hochland des nordwestl. Iran beherrschte. Die M. waren mit den Persern eng verwandt und wurden von den Assyrern, Ägyptern und Griechen nicht immer von ihnen unterschieden, die beide Völker »Meder« nannten.

1. Geographie.

Das Kernland der M. lag im nördl. Zagros-Gebirge, im heutigen Kurdistan und Luristan. Medien ist ein Hochland zwischen 915 und 1525 m über dem Meeresspiegel, von Bergen in parallel verlaufende Täler unterteilt, die sich von NW nach SO erstrecken. Die Hauptstadt Mediens war *Ekbatana, das heutige Hamadan, an der von *Mesopotamien nach O. führenden Handelsstraße gelegen. Assyr. Texte besagen, daß M. so weit östl. wie der Berg Bikni (Demawend), nordöstl. von Teheran, zu finden waren.

Das Klima M.s ist die meiste Zeit des Jahres gemäßigt, und die Perserkönige haben Ekbatana als ihre Sommerresidenz benutzt. Die Winter sind jedoch hart. Obwohl in den Tälern der Regen manchmal spärlich ist, gibt es beträchtlichen Niederschlag in Form von Schnee.

2. Biblische Bezüge.

Es gibt zahlreiche Bezugnahmen auf die M. für die vorexilische Zeit (z.B. 2Kön 17,6; Jes 13,17; Jer 25,25; 51,11.28) und besonders für die Zeit des Exils selbst (Esr 6,2; Est 1,19 und Dan 5,28; 6,9,13,16). Bezüge (Dan 6,1; 9,1; 11,1) zu *Darius dem Meder, der in außerbibl. Quellen nicht unter diesem Namen gefunden wird, veranlaßten H.H. Rowley zu der Annahme, daß Daniel irrtümlich an ein medisches Reich gedacht hat, das als das zweite Reich in seiner Vision (Dan 7) vorkommt. Andere halten dafür, daß das zweite Reich das medo-pers. Reich gewesen ist, und daß Darius der Meder entweder Gubaru (so Whitcomb) oder aber ein Titel des *Kores (so Wiseman) sein könnte (zur Diskussion vgl. G. Maier, Das Buch Daniel, WStB, 34ff).

Der einzige Bezug auf die M. im NT findet sich in der Liste derer, die am Pfingsttag die Botschaft hörten (Apg 2,9).

3. Außerbiblische Quellen.

Da wir keine zusammenhängenden Texte in medischer Sprache besitzen, sind wir in erster Linie auf assyr., neu-babylon. und griech. Dokumente angewiesen. Die *Māda* (oder Meder) werden zuerst im Jahre 836 v.Chr. erwähnt, zur Regierungszeit von *Salmanassar III. Danach kommen sie in den Texten jedes assyr. Königs bis *Assurbanipal vor. Die M. nehmen in neu-babylon. Urkunden eine hervorragende Stellung ein, da sie Verbündete der *Chaldäer bei der Überwindung des assyr. Reiches waren. In diesen Texten werden die M. manchmal *Ummān-Manda* genannt, ein allg. Wort für »Horden«.

Herodot liefert wertvolle Informationen über die M. und Perser; einige seiner Angaben können durch Keilschrifttexte vervollständigt werden.

4. Medische Geschichte.

Assyr. Könige stießen seit Salmanassar III. (9. Jh. v.Chr.) auf iranische Stämme, darunter »die mächtigen Meder« und »die fernen Meder« in der Gegend um Ekbatana als auch südl. des Kaspischen Meeres.

Herodot zufolge (1.96-99) gründete ein gewisser Dejokes eine Hauptstadt in Ekbatana und vereinte die M. Ein Häuptling namens Daiaukku wurde von *Sargon II. 715 v.Chr. gefangengenommen und nach Hamat in Syrien verbannt. Ein Jahr später besiegte Sargon auch einen medischen Fürsten, Metatti, der über Zakirtu herrschte, eine Gegend südöstl. des Urmiasees. 672 v.Chr., als *Asarhaddon seinen Sohn Assurbanipal als Kronprinzen einsetzte, legte er medischen Fürsten Lehensverträge auf. Die Texte dieser Verträge, zu ihnen zählen auch einige der größten Keilschrifttafeln, die je entdeckt wurden – eine von ihnen mißt 45,7 mal 30,5 cm – wurden 1955 in Nimrud (*Kelach) entdeckt und von Wiseman 1958 veröffentlicht. Die Vertragstafeln waren von den Medern zerschlagen worden, als sie im Jahre 612 v.Chr. Nimrud eroberten. Texte aus der Regierungszeit Asarhaddons verweisen auf einen Häuptling im zentralen Zagros-Gebirge, der die M., Mannäer und Kimmerier in einer anti-assyr. Koalition zu vereinen trachtete. Nach Herodot war dies Phraortes (675-653 v.Chr.), ein Sohn oder Enkel des Dejokes. Herodot zufolge (1.102) unterwarf sich auch Phraortes den Persern.

Herodot (1.103 und 3) beschreibt ein Interregnum von 28 Jahren, das durch nomadische Skythen verursacht wurde, die von Kyaxares II. (625-585 v.Chr.), dem Sohn des Phraortes, schließlich vertrieben wurden. Herodot zufolge hat Kyaxares eine disziplinierte medische Armee geschaffen. Verbündet mit dem neubabylon. Nabopolassar waren in erster Linie die M. für den Fall *Assurs im Jahre 614 v.Chr., für den Nimruds und Ninives im Jahre 612 v.Chr. sowie für den Fall *Harans 610 v.Chr. verantwortlich. Während der letzten fünf Jahre seiner Herrschaft kämpfte Kyaxares mit Aljattes von Lydien (Herodot 1,73-73); eine Auseinandersetzung wurde durch eine von Thales angekündigte Sonnenfinsternis und durch Vermittlung von Nabonidus beendet. Eine lydische Prinzessin wurde mit Astyagos (585-550 v.Chr.), dem Sohn des Kyaxares', verheiratet.

Astyages' Tochter Mandane heiratete den Perser Kambyses I. und war die Mutter des *Kores. Der halb medische, halb pers. Kores rebellierte im Jahre 553 gegen seinen Großvater und führte die Perser zum endgültigen Sieg im Jahre 550 v.Chr.

Danach spielten die M. eine untergeordnete, jedoch nicht unbedeutende Rolle unter den Persern während der achämenidischen Periode.

5. Die Herkunft der Meder.

R. Ghirshman datiert das Vordringen der M. in den Vorderen Orient auf 1000 v.Chr. Aufgrund der giebelförmigen Grabmäler postuliert er einen nördl. Ursprung der M. aus der Gegend des Kaukasus. In neuerer Zeit ist T. Cuyler Young Jr. für eine frühere Völkerwanderung um 1300 v.Chr. aus der Gurgan-Ebene südöstl. des Kaspischen Meeres eingetreten. Young macht geltend, daß es in der Älteren Eisenzeit (1000-750 v.Chr.) keinen größeren archäologischen Bruch gegeben habe, der mit dem Beginn der Jüngeren Eisenzeit vergleichbar wäre. Die frühere Periode ist charakterisiert durch die ausgedehnte Verbreitung einer gleichförmigen grauen Keramik. Ein möglicher Einwand gegen die These Youngs ist der große Zeitraum, der zwischen der Keramik von Hissar III. C (2000-1850 v.Chr.) und jener der Älteren Eisenzeit liegt. Deshayes glaubt, daß die Siedler von Tureng Tepe in der Gurgun-Ebene die indogermanischen Ahnen der Iraner gewesen sind. Möglicherweise im Zusammenhang mit einer frühen iranischen Völkerwanderung ist der reichhaltige Friedhof aus der Älteren Eisenzeit (14.-13. Jh. v.Chr.) zu sehen, der von E. Negahban in Mārlik, nahe dem südwestl. Ufer des Kaspischen Meeres, freigelegt wurde.

6. Medische Kunst und Archäologie.

Die auf den Reliefs von Persepolis abgebildeten M. tragen gewölbte Filzmützen, kurze gekräuselte Bärte, bis zu den Knien reichende lederne Tuniken und hohe Schnürschuhe. Sie

Meder mit runden Kopfbedeckungen und kurzen Kleidern werden hier von den Persern unterschieden, die hohe Kronen und knöchellange Roben tragen. Relief vom Apadana, Persepolis, Iran. Höhe der Gestalten ca. 80 cm, ca. 485–465 v.Chr. (BPL)

sind mit rechteckigen Schilden und kurzen Schwertern in verzierten Scheiden bewaffnet.

Das einzige sichere Beispiel medischer Kunst ist eine verzierte goldene Scheide aus dem Oxus-Schatz. Barnett hat darauf hingewiesen, daß die auf der Scheide abgebildete Figur Astyagos sein könnte. Die Verzierungen vereinen assyr., skythische und urartische Elemente.

Felskammergräber sind von Herzfeld und Ghirshman als medisch angesehen worden. Das Grabmal in Kizkapan trägt ein Relief, das zwei Männer in medischer Tracht darstellt.

Bis 1965 hatten wir keine Beispiele medischer Architektur. Neuere Ausgrabungen an den Fundstellen südl. von Hamadan haben die ersten medischen Bauwerke zugänglich gemacht. C. Meade meint, daß das in Baba Jan Tepe, in Luristan, siedelnde Volk M. gewesen seien. Ausgrabungen von Young in Godin Tepe haben einen medischen Herrensitz ans Licht gebracht. Ausgrabungen durch Stronach in Nūsch-i Dschān, ca. 60 km südl. von Hamadan, legten im Jahre 1967 medische Gebäude (ca. 750-550 v.Chr.) frei.

Literatur: HdArch, 275ff; A.T. Olmstead: History of Assyria, 1923; H.H. Rowley: Darius the Mede and Four World Empires in the Book of Daniel, 1935; J. Whitcomb: Darius the Mede, 1959; K. Bittel (Hrsg.): Vorderasiatische Archäologie, 1964, 88-94; D. Stronach: Excavations at Tepe Nushi-i Jan, 1967, Iran 7/1969, 1-20; M. Roaf, D. Stronach: Tepe Nushi-i Jan, 1970, Iran 13/1973, 129-40. E.M.Y.

MEER. (Hebr. *jām*; griech. *thalassa* bzw. *pelagos*; letzterer Begriff, »offenes Meer«, erscheint nur einmal in Apg 27,5).

Das im AT vornehmlich erwähnte M. im AT ist das Mittelmeer. *jām* bedeutet in der Tat auch »Westen«, »westwärts«, d.h. »seewärts« von der geographischen Lage Palästinas aus betrachtet. Das Mittelmeer wird »das große Meer« (Jos 1,4), »das Meer im Westen« (5Mo 11,24) und »das Meer der Philister« (2Mo 23,31) genannt.

Andere im AT genannten M.e sind das »Rote Meer«, wörtl. »Schilfmeer« (2Mo 13,18); das »Tote Meer«, wörtl. »Salzmeer« (1Mo 14,3); das »Meer von Galiläa«, wörtl. »See Kinneret« (4Mo 34,11). *jām* wurde auch für besonders breite Flüsse verwendet wie Euphrat (Jer 51,35f) und Nil (Nah 3,8 RevEB). Außerdem kommt der Begriff in der Bezeichnung des großen Wasserbeckens im Tempelhof vor (1Kön 7,23; s. *Meer, Ehernes).

Griech. *thalassa* steht im NT für die gleichen M.e, die im AT erwähnt werden.

Die Hebräer zeigten wenig Interesse oder Begeisterung für das M. Wahrscheinlich stammte ihre Furcht vor dem M. aus dem alten semit. Glauben, daß die Tiefe jene Macht personifiziert, die gegen die Gottheit kämpft. Aber für Israel war der Herr sein Schöpfer (1Mo 1,9f) und daher sein Erhalter (Ps 104,7-9; Apg 4,24). Er zwingt das M., zum Wohl der Menschen beizutragen (1Mo 49,25; 5Mo 33,13) und sein Lob auszubreiten (Ps 148,7). In der bildlichen Sprache Jesajas (17,12) und Jeremias (6,23) ist das M. völlig unter Gottes Herrschaft. Mehrere Offenbarungen der Macht Gottes waren gegen das M. gerichtet (2Mo 14 bis 15; Ps 77,17; Jona 1-2). So auch Jesu Gang auf dem Wasser und die Stillung des Sturms (Mk 4,35ff par.; 6,45ff par.). Nach Gottes endgültigem Triumph wird es in der neuen Welt, die kommen wird (Offb 21,1), kein M. mehr geben. J.G.S.S.T.

MEER, EHERNES. Dicht beim Brandopferaltar, etwa nach SW, stand im Vorhof des salomonischen Tempels das eherne M., ein großes Wasserbecken aus Bronze (1Kön 7,23-26; 2Chr 4,2-6). Das Gefäß war rund, sein Durchmesser betrug 10 Ellen (etwa 5,25m), die Dikke des Randes eine Handbreit (etwa 7,5 cm), das Maß der Oberkante 30 Ellen. Nach 2Chr 4,5 betrug der Inhalt 3000 Bat, nach 1Kön 7,26 nur 2000 Bat. Bei einem Durchmesser von 10 Ellen und einer Höhe von 5 Ellen (1Kön 7,23) ergibt sich – bei einem Bat à 22 l und einer »langen« Elle à 52 cm – als Inhalt des M.es: rund 1730 Bat, ca. 38 000 l, wenn es eine Halbkugel war, rund 2300 Bat, ca. 50 000 l, wenn es zylinderförmig war (vgl. *Maße und Gewichte).

Unter dem oberen Rand, der wie ein Lilienkelch geformt war, befanden sich Verzierungen: LÜ: »Knoten«, ZÜ: »wilde Gurken«; RevEB: »Koloquinten(blätter)« (1Kön 7,24). A.v.Selms will nach 2Chr 4,3 »Blumenkelche« verstehen und denkt an geöffnete Blüten; ein Blumenkelch auf einem Dreifuß aus Ugarit kann eine Vorstellung davon vermitteln. Das M. stand auf 4 Gruppen von je 3 Rindern, nach jeder Windrichtung eine. Gewöhnlich stellt man sich die Rinder stehend vor, der Text gibt keinen Hinweis auf ihre Haltung. Auch über eine symbolische Bedeutung von Meer und Rindern macht die Bibel keine Andeutung.

Das M. diente für die Reinigungswaschungen der Priester (2Chr 4,6) und wohl auch zum Nachfüllen der 10 Kessel, in denen alles, was zum Brandopfer gehörte, abgespült wurde. Vermutlich schöpfte man aus dem M. auch das heilige Wasser zum Eifersuchtsopfer (4Mo 5,17f).

Woher das Wasser für das M. genommen wurde, wissen wir nicht. Die sog. Teiche Salomos südwestl. von *Bethlehem und die Wasserleitung von dort bis zum Tempelplatz sind erst in hellen. Zeit sicher nachzuweisen (vgl. *Jerusalem).

Bei der Eroberung Jerusalems wurde das M., das schon König Ahas von den tragenden Rinderskulpturen herabgenommen hatte (2Kön 16,17), mit den übrigen Tempelgeräten zerschlagen, das Kupfer brachte man nach Babel (2Kön 25,13).

MEFI-BOSCHET. Die ursprüngliche Form des Namens dürfte Merib bāʿal, vielleicht *»Baal ist Fürsprecher« (1Chr 8,3f.9.10a), oder Merī baʿal, »Held des Baal« (1Chr 9,40b) gewesen sein.

Im AT werden zwei Männer dieses Namens erwähnt.

1. Der Sohn *Jonatans und Enkel *Sauls. Als Saul und Jonatan starben, war M. fünf Jahre alt und erlahmte aufgrund einer Verletzung, die er auf der Flucht mit seiner Kinderfrau erlitten hatte (2Sam 4,4). David schonte sein Leben, gab ihm um Jonatans willen einen Ehrenplatz am Hof in Jerusalem, überließ ihm die Nutznießung von Sauls Besitz und berief Ziba, einen der Sklaven Sauls, zu seinem Diener (2Sam 9; 21,7). Von Zibas Verrat und M.s Aussöhnung mit David z.Zt. der Revolte Absaloms berichtet 2Sam 16,1-4; 19,25-31.

2. Ein Sohn Sauls, den dieser von seiner Nebenfrau Rizpa hatte. M. war unter denen, die von den Gibeonitern hingerichtet wurden, um Sauls Massaker zu sühnen (2Sam 21,8f). A.G.

MEGIDDO. Bedeutende Stadt im AT, am SW-Rand der Megiddo- bzw. Jesreelebene gelegen, etwa 30 km südöstl. der heutigen Hafenstadt Haifa.

I. BIBLISCHE BELEGE.

M. (hebr. *megiddō*) wird unter den Städten erwähnt, die *Josua im Zuge der *Landnahme einnahm (Jos 12,21), sie wurde danach *Manasse im Gebiet von *Issaschar zugeteilt (Jos 17,11; 1Chr 7,29). Manasse vertrieb die Kanaanäer jedoch nicht aus der Stadt, sondern ließ sie Fronarbeit verrichten (Ri 1,28). Ein indirekter Hinweis auf M. findet sich im Debora-Lied, wo von den »Wassern Megiddos« die Rede ist (*ʿal-mē megiddō*, Ri 5,19). Der nächste Hinweis auf die Stadt stammt aus der Zeit *Salomos, in der sie seinem fünften Verwaltungsbezirk zugeteilt wurde (1Kön 4,12) und mit *Hazor, *Geser und *Jerusalem zu einer Festungs- und Garnisonsstadt ausgebaut

Futterkrippe und Pfosten zum Festbinden der Pferde. Megiddo, aus der Zeit Omris/Ahabs, 9. Jh. v.Chr. (RS)

wurde. M. wird kurz als der Ort erwähnt, an dem *Ahasja von Juda starb, nachdem er bei seiner Flucht vor *Jehu verwundet worden war (2Kön 9,27). Bei Megiddo kam später Josia ums Leben, als er versuchte, Necho von Ägypten daran zu hindern, Assyrien zu Hilfe zu kommen (2Kön 23,29.30; 2Chr 35,22.24). Der Name der Stadt erscheint in der Form *megiddōn* bei Sacharja (12,11), es ist dieselbe Form, die als *Harmagedon (*har-megiddōn*, »Hügel von Megiddo«; Offb 16,16) im NT auftritt.

II. AUSSERBIBLISCHE BELEGE.

M. wurde mit dem heute verlassenen Ruinenhügel Tell el-Mutesellim identifiziert, der am Nordfuß des südöstl. Ausläufers des *Karmelgebirges liegt und den wichtigsten Paß von der Küsten- in die Jesreelebene (*Wādī ʿAra*) kontrolliert. Der Tell ist fast 21 m hoch, die Scheitelfläche beträgt mehr als 10 ha, und die älteren Städte, in den tieferen Lagen des Hügels, waren noch größer. Die ersten Ausgrabungen wurden von einer deutschen Expedition unter G. Schumacher von 1903 bis 1905 durchgeführt. Ein Schnitt wurde quer über den oberen Teil des Hügels gelegt; man fand eine Anzahl von Gebäuden, erzielte aber wegen der begrenzten Kenntnis der Keramik zu jener Zeit wenig an siedlungsgeschichtlicher Erkenntnis. Erst wieder 1925 war der Tell Schauplatz von Ausgrabungen, als das Orientalische Institut der Universität Chicago unter der Leitung von J.H. Breasted ihn als erstes größeres Projekt im Rahmen eines ehrgeizigen Plans, der Ausgrabungen im gesamten Vorderen Orient vorsah, auswählte. Die Arbeiten wurden nacheinander von C.S. Fisher (1925-27), P.L.O. Guy (1927-35) und G. Loud (1935-39) geleitet. Es war ursprünglich die Absicht, den ganzen Hügel Stufe um Stufe bis zum gewachsenen Boden abzutragen. Zu diesem Zweck wurde zunächst am Fuß des Abhangs gegraben, um Platz zu schaffen für den Abraum des Tells. Der Krieg setzte den Arbeiten ein Ende. Zwar wurde der Grundplan der eisenzeitlichen Stadt freigelegt, doch gewann man über die älteren Schichten nur in einem relativ geringen Maße Aufschluß.

Weitere Ausgrabungen fanden 1960, 1966-67 und 1971 unter Y. Yadin statt, um einige offene Probleme der früheren Unternehmungen zu klären. Zwanzig Besiedlungsschichten wurden identifiziert; sie gehen zurück bis auf Siedlungen des Chalkolithikums im frühen 4. Jt. (Schichten XX, XIX). Ein interessanter

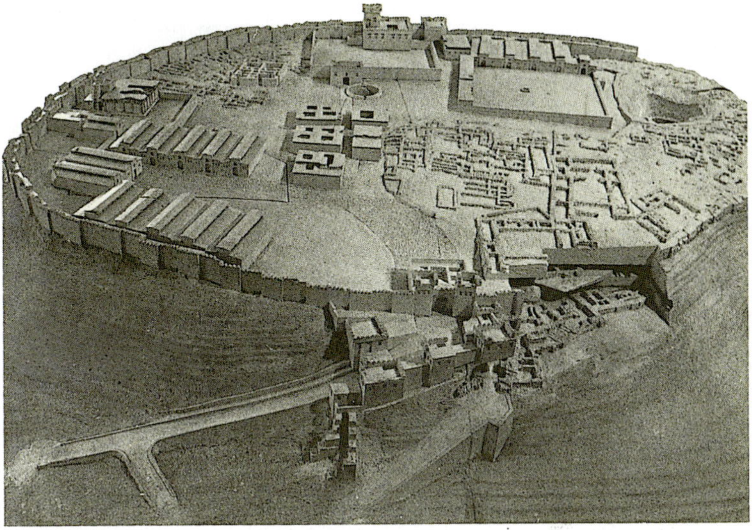

Modell von Megiddo im 1. Jt. v.Chr., mit den Magazinen, den Verwaltungsgebäuden und dem Tor. (NPAI)

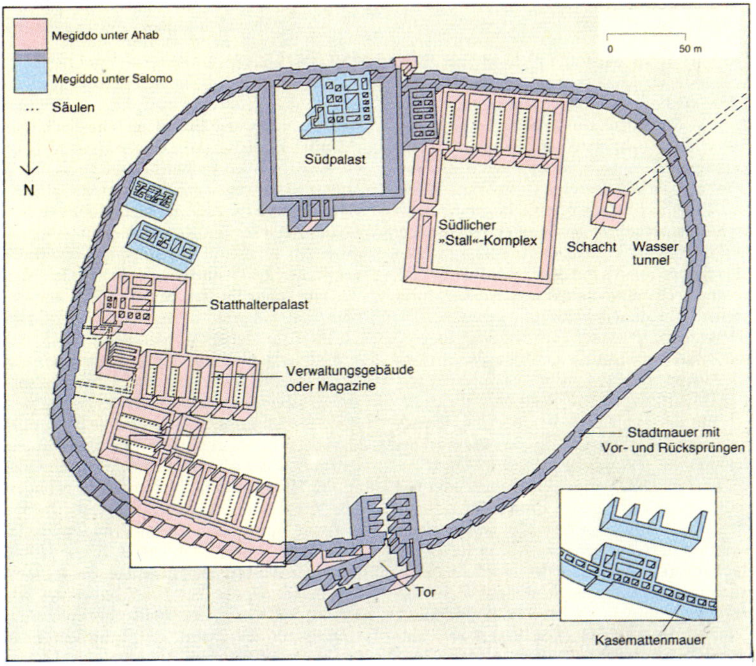

Megiddo. Plan der ausgegrabenen Gebiete der Stadt, die aus der Zeit Salomos und Ahabs stammen (Straten V A–IV B = Salomo, Stratum IV A = Ahab).

Teilweise Rekonstruktion des »Stall-« oder Magazin-Komplexes aus der Zeit Ahabs in Megiddo (Stratum IV A). Steine aus der früheren Mauer und aus der Kasemattenmauer wurden von Ahabs Bauleuten wiederverwendet. (OIUC)

Fund der Schichten XIX ist ein kleiner Schrein mit einem Altar. Während der Frühen Bronzezeit (3. Jt.) war M. eine ansehnliche Stadt (Schichten XVIII-XVI). Bemerkenswert ist eine kreisförmige Plattform aus Felsblöcken, zu der eine Treppe hinaufführte; die Scheitelfläche war mit Tierknochen und zerbrochener Keramik bedeckt. Möglicherweise war dies eine »Höhe« *(bāmā)*. Diese Plattform war auch noch in der Mittleren Bronzezeit in Gebrauch (Schichten XV-X; erste Hälfte des 2. Jt.), eine Zeit ägypt. Einflusses, deren Beginn von ausgedehntem Wiederaufbau gekennzeichnet war, in dem die kreisförmige Plattform Kern dreier megaronförmiger Tempel (rechteckiger Saal mit offener Vorhalle) mit *Altären wurde. Ein schöner Torweg mit dreifacher Pilastergliederung nach mesopotamischem Muster wurde ebenfalls in diesen Schichten gefunden. Die Notwendigkeit starker Tore zeigt sich an einigen Zerstörungen größeren Ausmaßes im letzten Abschnitt dieser Epoche, die mit einer großen Verwüstung endete. Sie muß wahrscheinlich mit der äygpt. Wiedereroberung Palästinas nach der Vertreibung der Hyksos aus Ägypten in Verbindung gebracht werden.

Die Zeugnisse periodisch auftretender Gewalt sind in der Späten Bronzezeit seltener (Schichten VIII, VII). Obwohl eine Zeit ägypt. Vorherrschaft, spiegelte die Kultur Palästinas die kanaan. Zivilisation des Nordens in beträchtlichem Maß wieder. In dieser Zeit wurde die wohl am besten dokumentierte Schlacht des Altertums geschlagen, als Thutmosis III. eine asiat. Koalition in M. ca. 1468 v.Chr. in die Flucht schlug. Überreste der Architektur dieser Zeit schließen einen Tempel, einen Palast und ein Tor ein. Der kulturelle Einfluß des N ist klar erkennbar an einem großen Hortfund von über 200 Objekten aus geschnitztem Elfenbein, der in einer unterirdischen Schatzkammer unter dem Palast der Schicht VII gefunden wurde.

Das ist eine der frühesten Sammlungen einer Kunstgattung, die in der Eisenzeit aus *Samaria und dem weit entfernten *Assyrien wohlbekannt war. Obwohl in Phönizien bisher praktisch keine Beispiele gefunden wurden, ist es wahrscheinlich, daß viel davon entweder in phöniz. Handwerksbetrieben oder von phöniz. Handwerkern im Ausland hergestellt wurden. Daß es zu dieser Zeit Kontakte mit Mesopotamien gab, zeigt ein Fund jüngeren Datums an der Kante des Schutthügels. Es handelt sich um ein Fragment des babylon. Gilgamesch-Epos, das aufgrund seiner Keilschrift in das 14. Jh. v.Chr. datiert werden kann.

Eine andere Entdeckung, wahrscheinlich aus derselben Zeit, war das Wasserversorgungssystem der Stadt. In einer unbebauten Zone des Schutthügels wurde eine 37 m tiefe Grube gefunden, deren unterer Abschnitt aus einem Schacht mit einer Treppe bestand, die an der Wand entlang in den Felsen gehauen war. Vom Fuß des Schachtes führte die Treppe in einen Tunnel, der – annähernd horizontal verlaufend – etwa 50 m weiter in eine Höhle mit einer Wasserquelle mündete. Diese Quelle scheint ursprünglich (VI A) über die Böschung außerhalb der Stadt abgeflossen zu sein; später aber wurde der Tunnel von der Stadt aus vorgetrieben, der Abfluß der Quelle versperrt und die Höhle von außen her aus strategischen Gründen getarnt.

Megiddo. Ahabs »Ställe«, von Säulen getragene Gebäude, die neuerdings eher für Magazine oder Soldatenunterkünfte gehalten werden. Stratum IV A, 9. Jh. v.Chr. (SH)

Elfenbeindose mit Löwen und Sphinxen, phönizischer Stil. Teil des Elfenbeinschatzes, der in Megiddo gefunden wurde. Höhe ca. 6 cm, mittleres 14. bis 12. Jh. v.Chr. (IM)

Dieses Fragment einer akkadischen Tontafel mit einem Teil des babylonischen Gilgamesch-Epos wurde beim Tor von Megiddo gefunden. Es weist auf die frühen literarischen Kontakte zwischen Palästina und Mesopotamien hin. 14. Jh. v.Chr. (IM)

Obwohl es Anzeichen für eine Zerstörung gegen Ende des 12. Jh. v.Chr. – also einige Zeit nach der Landnahme der Israeliten - und Indizien für eine zeitweilige Aufgabe nach dieser Zerstörung gibt, scheinen die Menschen, die für eine erneute Besiedlung des Schutthügels sorgten (Schicht V), keine Israeliten gewesen zu sein. Dies würde mit der bibl. Aussage übereinstimmen, daß die Einwohner M.s zur Zeit der Eroberung des Landes nicht vertrieben wurden und später Fronarbeit leisten mußten (Ri 1,27.28). Eine Anzahl von Kultobjekten, gehörnte Räucheraltäre aus Kalkstein, tönerne Räucherständer und Feuerbekken aus dieser und der folgenden Schicht, gehen wahrscheinlich auf Kanaanäer zurück, die entgegen Gottes Befehl nicht vertrieben worden waren. Wahrscheinlich sind dem letzten Teil dieser und dem Anfang der nächsten Schicht (V A-IV B) ein Stadttor mit sechs Kammern und eine daran angeschlossene Kasemattenmauer (*Architektur) zugerechnet werden, wie Y. Yadin gezeigt hat. Sie sind von ihrer Anlage her fast identisch mit entsprechenden Funden aus *Hazor und *Geser, sind wahrscheinlich in die Zeit Salomos zu datieren und würden somit 1Kön 9,15-19 veranschaulichen.

Die Ausgrabungen vor dem Krieg brachten eine Reihe von Ställen ans Licht, die bis zu 450 Pferde aufnehmen konnten. Die Ausgräber brachten sie mit Salomo in Verbindung, der bekanntlich seine Armee mit einer Streitwagenmacht ausrüstete; Yadins Nachforschungen haben aber gezeigt, daß diese Ställe aus dem jüngeren Teil dieser Schicht (IV A) stammten, deren Stadt wahrscheinlich nach der Zerstörung der salomon. Stadt durch Pharao Scheschonk (*Schischak) wiederaufgebaut wurde. Die Ställe gehen daher sehr wahrscheinlich auf *Ahab zurück, der laut *Salmanassars Annalen über 2000 Streitwagen verfügte. Die letzte israelit. Schicht (III) wurde wahrscheinlich 733 v.Chr. von Tiglatpilesar III. zerstört. Damals wurde M. Hauptstadt einer assyr. Provinz. Mit dem Schwinden der assyr. Macht wurde M. (Schicht II) wieder Teil des israelitischen Territoriums. Die Niederlage und der Tod *Josias dort (609 v.Chr.) stehen vielleicht im Zusammenhang mit seiner neuerlichen Zerstörung.

Literatur: G.I. Davies: Megiddo (Reihe: Cities of the Biblical World), 1986 (Literatur!); G. Schumacher, C. Steuernagel: Tell el-Mutesellim, 1, Fundbericht, 1908; C. Watzinger: 2, Die Funde, 1929; R.S. Laman, G.S. Shipton: Megiddo I: Seasons of 1925-34; 1939; G. Loud: Megiddo II: Seasons of 1935-39, 1948; H.G. May: Material Remains of the Megiddo Cult, 1935; P.L.O. Guy, R.M. Engberg: Megiddo Tombs, 1938; G. Loud: The Megiddo Ivories, 1939; Y. Yadin: BA 33/1970, S. 66-96; ders.: Hazor (Schweich Lectures, 1970), 1972, S. 150-164. T.C.M.

MEHL s. Brot, Ernährung

MEINEID s. Eid

MEISTER s. Hoheitstitel Jesu Christi

MELCHISEDEK.

1. M. (hebr. *malkī-zädäq*) wird im AT nur an den beiden Stellen 1Mo 14,18-20 und Ps 110,4 erwähnt. Der altkanaan. Name bedeutet entweder »König ist (der Gott) Sedek« oder »(der Gott) Melek ist gerecht«.

Dem Bericht 1Mo 14,18-20 zufolge war M. ein Zeitgenosse *Abrahams. Er wird als »König von Salem« und als »Priester des Höchsten Gottes« (des *ʾēl ʿäljōn*) bezeichnet (V. 18). Das heißt: Er ist der kanaan. Stadtkönig von Jerusalem (zu Salem vgl. Ps 76,3) und als solcher zugleich der oberste Priester des als »Schöpfer des Himmels und der Erde« (V. 19) verehrten Stadtgottes El Eljon (»El, der Hocherhabene«). Abraham empfängt aus den Händen des Priesterkönigs Brot und Wein (V. 18); er wird von ihm gesegnet und bekundet durch die Abgabe des Zehnten die Anerkennung seines Priestertums (V. 19f). Dieser Bericht stellt die Exegese im einzelnen vor mancherlei Probleme (s. dazu die Kommentare von G. von Rad, ATD 2/4, W. Zimmerli, ZBK 1.2, C. Westermann, BKAT I/2). Deutlich dürfte sein, daß der bibl. Text den El Eljon mit dem wahren Gott Abrahams gleichsetzt (vgl. V. 22 sowie Ps 78,35), in dem Priesterkönig M. das Urbild und den Vorläufer *Davids bzw. der Davididen erblickt und herausstellen will, »daß sich schon Abraham dem Ort und dem König Jerusalems verpflichtet wußte« (von Rad).

Daß Israel nach der Eroberung Jerusalems durch David bestimmte vorisraelit. Kulttraditionen der alten Jebusiterstadt übernommen hat, zeigt exemplarisch der Gottesspruch Ps 110,4: Dem König von Jerusalem wird bei der Inthronisation auch die Würde eines »Priesters nach der Weise Melchisedeks« übertragen. Dementsprechend finden sich z.B. in 2Sam 6,13f.17f; 24,18ff; 1Kön 8,54ff Berichte über ein priesterliches Handeln Davids bzw. Salomos.

2. Die Gestalt des Priesterkönigs von Salem hat das antike *Judentum lebhaft beschäftigt (s. dazu Horton, S. 54ff). In einem Fragment aus Höhle 11 von *Qumran wird Ps 82,1 auf M. gedeutet: »Der Himmlische (Melchisedek) steht da in der Gottesversammlung; inmitten der Himmlischen (d.h. der Engel) hält er Gericht.« M. ist hier als ein himmlisches Wesen verstanden, das in Gottes Auftrag als Richter fungiert (11QMelch 9ff).

3. Im NT ist ausschließlich im *Hebräerbrief von M. die Rede. Aufgrund der messianisch-christologischen Deutung von Ps 110 (s. Hebr 1,13; 10,12f) gilt dem Verf. des Briefes einzig und allein Jesus Christus als der in dem Psalm angeredete ewige Priester bzw. Hohepriester »nach der Ordnung Melchisedeks« (5,6.10; 6,20; 7,11.15.17.21).

Von M. selbst handelt der Abschnitt 7,1-10, der eine ausführliche Deutung des Textes 1Mo 14,18-20 bietet. In etymologischer Exegese des Namens *malkī-zädäq* und des Titels »König von Salem« (hebr. *mäläk schālēm*) wird M. als »König der Gerechtigkeit« (*mäläk zädäq*) und »König des Friedens« (*mäläk schālōm*) charakterisiert (V. 2). Die negativen Bestimmungen von V. 3a (»ohne Vater, ohne Mutter, ohne Geschlechtsregister, hat weder Anfang der Tage noch Ende des Lebens«), die exegetisch aus dem Schweigen des AT über Herkunft und Lebensende M.s erschlossen sind, und die Worte »er bleibt Priester auf immer« (V. 3c) lassen erkennen: Der Hebräerbrief schreibt M. sowohl eine überirdische Präexistenz wie auch ein vom Tod unberührtes ewiges Sein zu und erblickt in ihm offenbar – wie 11QMelch – eine himmlische Gestalt, ein Engelwesen.

Daß der geheimnisvolle Priesterkönig, der kein Nachkomme *Levis und *Aarons ist (V. 6a), die levitisch-aaronitischen Priester weit überragt, legt der Verf. in V. 4-10 dar. Er begründet es zum einen damit, daß Abraham, der als Stammvater zugleich auch Repräsentant der levitischen Priester ist (V. 9f), von M. gesegnet wurde und ihm mit der Übergabe des Zehnten gehuldigt hat (V. 4-7); und er verweist zum andern darauf, daß die levitischen Priester »sterbliche Menschen« sind, M. dagegen ewig »lebt« (V. 8).

Nach Hebr. 7,3b (»er gleicht dem Sohne Gottes«) ist der Priesterkönig M. ein *Abbild* des himmlischen Königs und Hohenpriesters Jesus Christus. Was nun von dem Abbild M. gilt, das gilt – wie in 7,11ff aufgezeigt wird – erst recht von dem Urbild Jesus Christus: Er, der seiner menschlichen Herkunft nach nicht dem Stamm Levi angehört (V. 13f), ist Priester »aufgrund der Kraft unzerstörbaren Lebens« (V. 16) und deshalb den Priestern »nach der Ordnung Aarons« (V. 11) unvergleichlich überlegen. Die soteriologischen Konsequenzen dieser Überlegenheit kommen in 7,11-10,18 ausführlich zur Sprache: Während die levitischen Priester durch die im Gesetz vorgeschriebenen Riten keine Sühne und Sündenvergebung zu erwirken vermochten (7,11.18f; 9,6ff; 10,1ff. 11), hat der ewige Hohepriester »nach der Ordnung Melchisedeks« durch sein einmaliges und ein für allemal gültiges Selbstopfer die heiligende, von der Sünde befreiende Sühne verwirklicht (7,24ff; 9,11ff; 10,10ff).

Literatur: M. Delcor: Melchizedek from Genesis to the Qumran Texts and the Epistle to the Hebrews, JSJ 2/1971, S. 115-135; F.L. Horton: The Melchizedek Tradition, 1976 (dort S. 64ff die ältere Lit. zu 11QMelch); O. Michel: ThWNT IV, 1942, 573-575 (weitere Lit.: ThWNT X/2, 1979, 1173ff); außerdem die Kommentare zum 1. Mosebuch, zu den Psalmen und zum Hebräerbrief. O.H.

MEMFIS. In der Bibel wird die Stadt M. (auch unter den Namen Mof oder Nof) mehrere Male von Propheten erwähnt (Jes 19,13; Jer 2,16; 44,1; 46,14.19; Hes 30,13; Hos 9,6).

Der Name ist zurückzuführen auf ägypt. *Mn-nfr-Ppj,* »Es bleibt die Schönheit Phiops' I.« Nach der Überlieferung Herodots soll M. ursprünglich eine Festungsanlage »Weiße Mauern« gewesen sein, auf die von der benachbarten Pyramidenstadt der Name *Mn-nfr* übertragen wurde. Die Könige des Alten Reiches (*Ägypten) residierten in M. Als Djoser (2624-2605 v.Chr.) in der Nähe der Stadt Grabanlagen bauen ließ, war das der Auftakt zur Errichtung einer Reihe von Pyramiden und weiterer Grabanlagen. In der Zeit zwischen Altem und Mittlerem Reich war M. nicht mehr Residenzstadt, allerdings war der in M. befindliche Ptah-Tempel von zentraler Bedeutung. Statuen, die in Tanis und weiteren Städten des Deltas gefunden wurden, scheinen Ramessidenkönige aus M. weggeholt und in ihren neuen Bauwerken in den Deltastädten aufgestellt zu haben, denn die Kunstwerke sind memfitischen Göttern geweiht. Während des Neuen Reiches residierten in M. die Prinzen, die den militärischen Oberbefehl innehatten; M. war demzufolge Garnisonsstadt und Verwaltungszentrum. Mit der 18. Dynastie (1552-1306 v.Chr.) entwickelte sich M. zur Weltstadt, in der sich ausländische Kultur und Religion (*Baal, *Astarte) etablierten. Später lebten dort Karer, Griechen und Juden in eigenen Stadtvierteln. Während der Ptolemäerzeit (305-30 v.Chr.) war M. das rel. Zentrum Ägyptens, verlor aber an Bedeutung, je mehr *Alexandria wirtschaftlich und kulturell in den Vordergrund

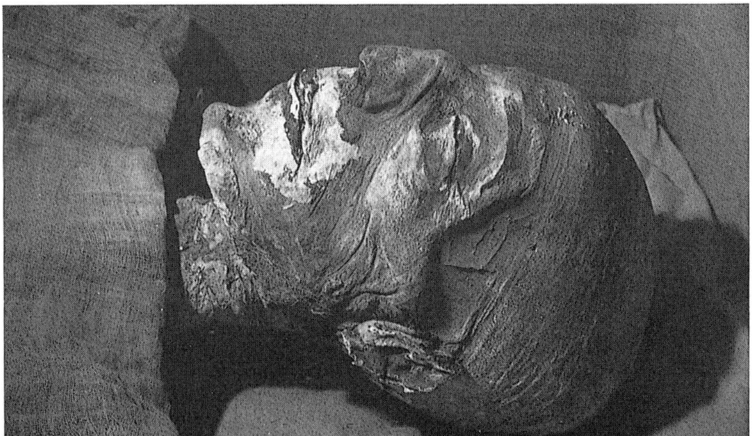

Mumie des Pharaos Merenptah (ca. 1220 v.Chr.), der in Memfis ausgiebige Bauprojekte durchführte. (PAC)

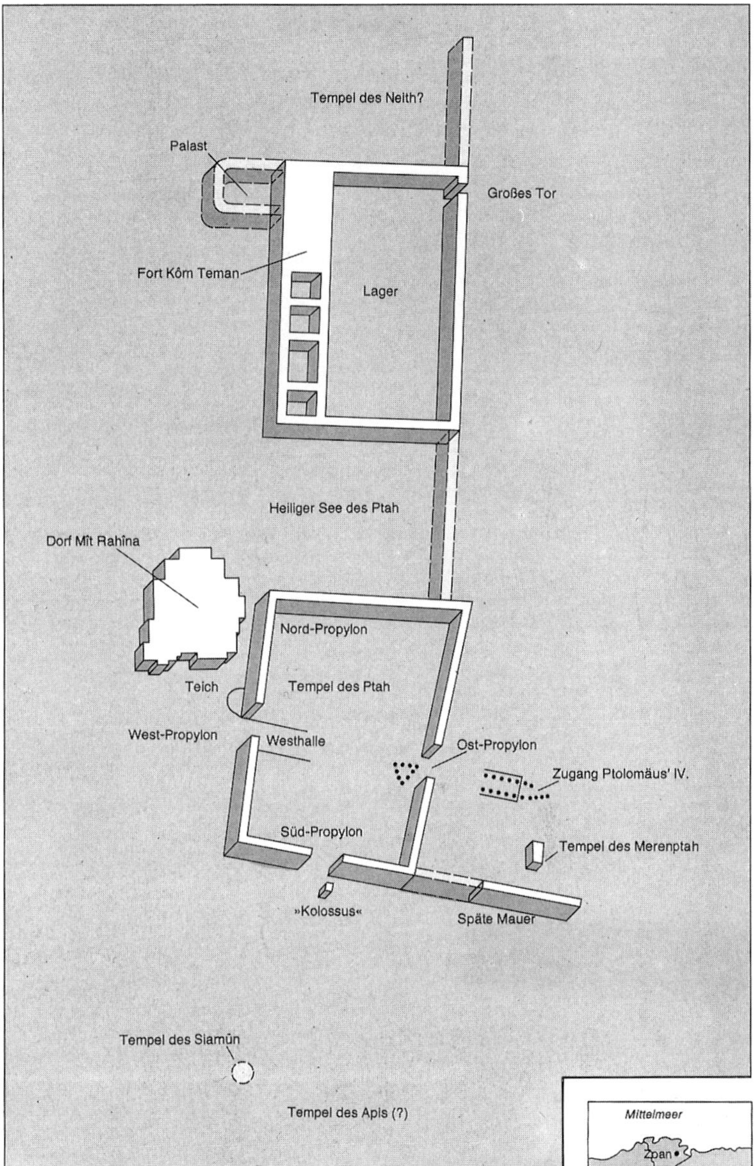

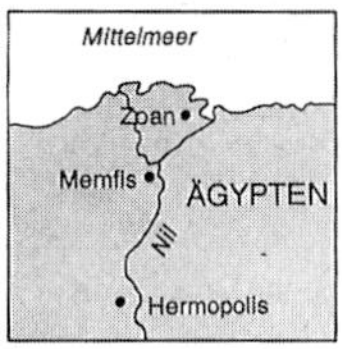

Plan des ausgegrabenen Tempelareals von Memfis.

Die Pyramide des Djoser in Memfis (Saqqara). Neue Bauabschnitte wurden über der ursprünglichen Mastaba *(Bankgrab) hinzugefügt, bis diese erste Stufenpyramide der 3. Dynastie entstand (Altes Reich, ca. 2686–2613 v.Chr.).* (PAC)

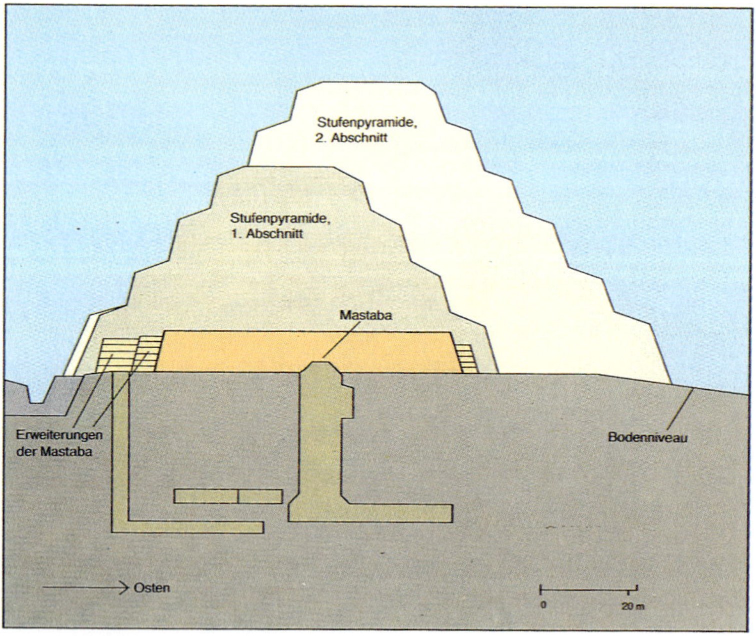

Schnitt durch die Pyramide des Djoser in Memfis, zur Verdeutlichung ihrer Entwicklung aus einer einfachen Mastaba *(Bankgrab).*

trat. Ein Großteil der mittelalterlich-arab. Gebäude in Kairo ist aus Abbruchmaterial von M. errichtet worden.

Literatur: H.W. Helck: KlP III, 1192-1194; W. Helck, E. Otto: Kleines Wörterbuch der Ägyptologie, 1956 und 1970, 224f; A. Badawi: Memphis als zweite Landeshauptstadt, 1948; H. Kees: Das alte Ägypten, [2]1958, S. 80ff. K.G.

MENAHEM. (Hebr. *menachēm*, »Tröster«, 2Kön 15,14-22). Der Sohn Gadis war Militärstatthalter von *Tirza, das *Jerobeam I. zur Hauptstadt des Nordreiches gemacht hatte. Als *Schallum während einer Zeit der Anarchie nach dem Tod Jerobeams II. den Thron im Nordreich Israel an sich riß, leistete M. Widerstand, griff Schallum in Samaria an, nahm die Stadt ein, tötete den Usurpator und wurde selbst zum König ausgerufen (ca. 752 v.Chr.). Eine gewisse Opposition gegen ihn bestand weiter, und in der Stadt Tifsach unterdrückte M. einen Aufstand mit offenbar unnötiger Grausamkeit. Um seine Position zu stärken, wurde er ein Vasall Puls, des Königs von Assyrien (*Tiglatpilesar III., 745-727 v.Chr.; DOTT, S. 53-58; ANET, S. 283). Dieses Privileg kostete M. 1000 Zentner Silber, die er von den reichsten Männern seines Reiches eintrieb. Die Allianz erwies sich als verhängnisvoll für Israel, da sie schließlich zur assyr. Annexion des Gebietes führte. Eine anti-assyr. Partei in Israel widersetzte sich M.s Politik, aber er hielt seine Stellung bis zu seinem Tod aufrecht (ca. 742/1 v.Chr.). M.s Sohn Pekachja wurde sein Nachfolger. M. war der letzte König Israels, dessen Sohn ihm auf dem Thron folgte.

Zur Chronologie seiner Herrschaft s. H. Tadmor, Scripta Hierosolymitana 8, 1961, S. 248-266. J.D.D.

MENE MENE TEKEL U-PARSIN. Eine Schrift, die während Belsazars Feier für seine mächtigsten Männer an der Wand erschien (Dan 5,25) und dem Herrscher von *Daniel interpretiert (Dan 5,26-28) wurde. Was den Sinn der Worte »mene mene tekel uparsin« angeht, hat die theologische Forschung – un-

Menahem erscheint als einer der Namen in aramäischer Sprache auf diesem Ostrakon aus Kelach (Nimrud), Irak. Die Namen sind wahrscheinlich diejenigen von Männern, die dorthin aus Palästina oder einem Nachbarland ins Exil gebracht worden waren. Ca. 700 v.Chr. (BSAI)

Rekonstruktionsversuch des Thronsaals der Süd-Zitadelle von Babylon, die möglicherweise Belsazar benutzte, während er für Nabonid die Regentschaft führte, d.h. vermutlich zur Zeit der »Schrift an der Wand«.

abhängig von Daniels Deutung - mancherlei Lösungsvorschläge angeboten:

1. Die Worte bedeuten: »die persische Falle ist aufgestellt« (Zimmermann, S. 203ff).

2. Man findet in ihnen die Gewichtseinheiten Mine – Schekel – Halbschekel bzw. Halbmine und deutet diese dann auf Personen: Nebukadnezar/Ewil-Merodach/Belsazar (so Cross, S. 167; Freedman, S. 32).

3. Man bezieht sie auf die genannten Gewichtseinheiten, ohne daß man sie auf Personen deutet. (So z.B. Alt, S. 303ff; Beek, S. 17; Eißfeldt, ZAW 63, S. 109ff; Finkel, S. 359; Plögel, S. 83; Baldwin, S. 123f; Sahlin, S. 47; Schmökel, S. 146; Tiele, S. 604; D.J. Wiseman bei Thomas, S. 134).

»Tekel«, hebr. *Schekel* meint wohl den 50. Teil einer Mine (Albright, BASOR, S. 24; Plögel, S. 83). Da »parsin« eigentlich »Teilstücke« oder »Hälften« bedeutet, schwankt man zwischen der Übersetzung mit »Halbschekel« und mit »Halbmine«. (Vgl. Baldwin, Eißfeldt, Plöger und Sahlin, S. 47, sowie Rosenthal, Grammatik, S. 58).

Um eine halbe Silbermine konnte man z.B. um 700 v.Chr. eine Sklavin kaufen.

Auch bezüglich der Lesbarkeit der Schrift gibt es verschiedene Auslegungen. A. Alt (S. 303ff) ist der Ansicht, die Gewichtseinheiten hätten abgekürzt an der Wand gestanden, und Daniel habe die Abkürzungen entschlüsselt, was die Weisen nicht konnten. Umgekehrt urteilt M.A. Beek (S. 17): Die Babylonier konnten die Gewichtseinheiten entschlüsseln, aber nur Daniel habe daraus das Gottesurteil abgelesen. J. Baldwin (S. 124) berichtet mit Sympathie von einer Auslegung, wonach die Gewichtseinheiten in einem Wirtschaftsraum des Palastes aufnotiert waren, dessen Tür in den Festsaal führte, daß dann einer der Diener die Tür offen ließ und das Auge des vom Wein beeinflußten Königs gerade auf diese Notiz fiel, als sein Gewissen sich regte.

Im Danielbuch selbst werden die Gründe, weshalb »die Schrift« nicht gelesen werden konnte, nicht genannt. V. 25 hält nur fest, daß Daniel sie lesen konnte. Der Inhalt der Schrift besteht aus vier aram. Worten, wobei »u« vor »parsin« »und« bedeutet.

Klar unterschieden vom Lesen wird die Deutung: »Das ist die Deutung des Wortes« (bzw. der Sache, der Botschaft). Jedes der gelesenen Worte wird in seinem Bedeutungsgehalt aufgeschlossen.

»Mene« bedeutet: »gezählt hat Gott dein Königreich und es beendet«. Das erste Wort dieser Deutung, »gezählt«, hat im Aram. ganz regulär eine Doppelbedeutung. Entweder heißt es »Mine«, was einen hohen Geldwert ausdrückt, oder eben »gezählt«. Unsere deutsche Wendung: »seine Tage sind gezählt« macht klar, daß die betreffende Zeit zu Ende geht. Diese Wendung geht vermutlich auf Dan 5,26 zurück. Daniel macht deutlich, daß

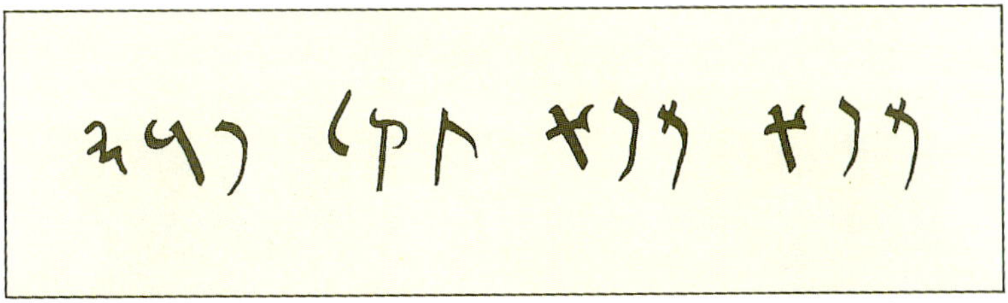

Mene mene tekel u-parsin (mn' mn' tql prs), *in aramäischer Schrift des 6.–5. Jh. v.Chr.*

Gott dem babylon. Reich ein Ende gesetzt hat.

Warum das »mene« doppelt steht, können wir nicht sagen. Die Deutung knüpft jedenfalls nur an das einfache »mene« an.

»Tekel« entspricht dem hebr. »Schekel« und bezeichnet als Münzwert den 50. Teil einer »Mine«. Es entstammt derselben Wortwurzel wie das aram. Wort für »wiegen«. Genau in diese Richtung verläuft die Deutung Daniels: »gewogen bist du worden auf der Waage«. Ging es in V. 26 um die Herrschaft des Babylonierkönigs Belsazar, so jetzt in V. 27 um seine Person. Seine Persönlichkeit bringt auf der göttlichen Waage nicht das Gewicht, das sie bringen müßte: er wird »zu leicht befunden«. In der sozialen Gesetzgebung des AT wird es streng verurteilt, wenn das erforderliche Gewicht schuldhaft fehlt. Von da aus wird die »Waage« zum Bild des göttlichen Gerichts. Belsazar besteht hier nicht.

»Peres« ist die Einzahl zu »parsin« in V. 25 und heißt »Hälfte«. Zugleich hängt es mit dem aram. und hebr. Wort für »abreißen« bzw. »teilen« zusammen. Wiederum knüpft Daniel an beide Bedeutungen an, wenn er so auslegt: »zerteilt ist dein Reich«. Da »teilen« die Zerstörung eines bisherigen Ganzen zur Folge hat, hat das Wort auch einen zerstörerischen Sinn. Der Sinn ist, daß das babylon. Reich zerstört wird. Aber nun tritt eine dritte Bedeutung hervor. Denn dieselbe Wortwurzel, die für »abreißen« oder »teilen« benutzt wird, bezeichnet auch »Persien«. Auch unser deutsches Wort »Persien« stammt von ihr ab. Die Auslegung Daniels kündigt an, daß mit dem »peres« nicht nur das Ende der Babylonier zum Ausdruck gebracht ist, sondern auch der Übergang der Herrschaft auf die Perser, noch präziser: Belsazars Reich wird Medien und Persien gegeben.

Literatur: W.F. Albright: New Canaanite historical and mythological data, BASOR, 63, 1936, S. 23-32; A. Alt: Zur Menetekel-Inschrift, VI, 4, 1954, S. 303-305; J.G. Baldwin: Daniel, TOTC, 1978; M.A. Beek: Das Danielbuch, 1935; F.M. Cross Jr.: The Ancient Library of Qumran and Modern Biblical Studies, [2]1961; O. Eißfeldt: Die Menetekel-Inschrift und ihre Deutung, ZAW 63, 1951, S. 105-114; A. Finkel: The Pesher of Dreams and scriptures, Rd Q, 4, 1963, S. 357-370; D.N. Freedman: The Prayer of Nabonidus, BASOR, 145, 1957, S. 31f; H.L. Ginsberg: Studies in Daniel, TSJTSA, XIV, 1948; G. Maier: Der Prophet Daniel, WStB, 1982; O. Plöger: Das Buch Daniel, KAT, XVIII, 1965; F. Rosenthal: A Grammar of Biblical Aramaic, PLO, Neue Serie, V, [2]1963; H. Sahlin: Antiochus IV. Epiphanes und Judas Makkabäus, StTh, 23, 1969, S. 41-68; H. Schmökel: Ur, Assur und Babylon, Große Kulturen der Frühzeit, 2, 1955; D.W. Thomas (Hrsg.): Archaeology and Old Testament Study, 1967; C.P. Tiele: Babylonisch-assyrische Geschichte, 2. Teil, in: Handbücher der alten Geschichte, I. Serie, 4. Abt., 1888; F. Zimmermann: The writing on the wall: Dan 5,25f, JQR, 55, 1964, S. 201-207. G.M.

MENORA. Unter einer M. versteht man heute in der Regel den siebenarmigen Leuchter des Jerusalemer Tempels, der auch Bestandteil des Wappens des Staates Israel geworden ist. Der hebr. Begriff umfaßt jedoch alle Arten von Ständern, auf denen (Öl-) *Lampen abgestellt werden konnten, um so eine bessere Ausleuchtung des Raumes zu erreichen (vgl. Mt 5,15). Eine M. konnte somit auch zur Ausstattung eines (vornehmen) Privathauses gehören (vgl. 2Kön 4,10).

Im Salomonischen Tempel gab es insgesamt zehn aus Gold gefertigte Leuchter (1Kön 7,49; 2Chr 4,7). Es handelte sich dabei entweder um zylindrische Ständer, wie sie seit dem Chalkolithikum (allerdings nur aus Ton gefertigt) nachgewiesen sind, oder aber um künstlerisch gefertigte Kandelaber mit einer Abstellfläche. Beispiele für den zweiten Typ wurden in *Bet-Schean und in *Megiddo gefunden. Auch die Leuchtervision Sach 4,1-14 setzt einen Metallständer voraus, auf dem eine Schale steht, auf deren Rand sieben Öllampen mit je sieben Schnauzen angebracht sind.

Im Gegensatz dazu sind die Leuchterarme des siebenarmigen Leuchters (Ex 25,31-40) nebeneinander angebracht. Die Form dieses

Korinthisches Kapitell von der Synagoge in Kapernaum mit einer Darstellung des siebenarmigen Leuchters (Menora), des Widderhorns (Schofar) und einer Ascheschaufel, Gegenstände, die in der alten jüdischen Kunst häufiger dargestellt werden. Mitte des 4. Jh. (JPK)

Leuchters mit seinem zentralen Ständer und den drei Armpaaren ist stilisierten Bäumen entlehnt, wie sie ursprünglich als Symbol der Fruchtbarkeit im Bereich der vorderorientalischen Ikonographie zu finden sind.

Ein derartiger Leuchter wurde 169 v.Chr. von Antiochus IV. Epiphanes aus dem nachexilischen Tempel geraubt (1Makk 1,21). Judas Makkabäus ließ jedoch ein neues Exemplar anfertigen (1Makk 4,49), das dann wiederum von Herodes durch ein größeres ersetzt wurde. Josephus beschreibt und deutet diese M. folgendermaßen: »Sie war aus kleinen Kugeln, Lilien, Granatäpfeln und Kelchen, im Ganzen siebzig an der Zahl, aus einem Fuß heraus in die Höhe gearbeitet. Sie ging nämlich in Spitzen aus, die in gleichen Abständen voneinander sich befanden und in einer Reihe standen. Auf denselben leuchteten sieben Lampen, ebensoviele als Planeten sind und sie sahen gegen Osten und Süden, da der Leuchter schräg stand« (Jos.ant.Jud. III, 6, 7). Das Relief am Titusbogen in Rom zeigt die von den Römern 70 n.Chr. aus dem Jerusalemer Tempel verschleppte M. In der Folgezeit wurde sie zu einem Symbol des Judentums und immer wieder, z.B. auf den Mosaiken der Synagogen, abgebildet.

Literatur: H. Matthäus: Metallgefäße und Gefäßuntersätze der Bronzezeit, der geometrischen und archaischen Periode auf Cypern, 1985, 321ff; C. Meyers: The Tabernacle Menorah, 1975; V. Fritz: Tempel und Zelt, WMANT 47, 1977, 160-163; W. Eltester: Der siebenarmige Leuchter und der Titusbogen, BZNW 26, 1960, 62-70. W.Z.

MENSCH. Der Bibel ist, anders als dem Griechentum, ein philosophisches, spekulatives Nachdenken über den Menschen fremd. Weder im AT noch im NT findet sich eine systematisch ausgeformte Anthropologie, in der das Wesen des Menschen als solches in diskursiven Gedankengängen bestimmt und erörtert wird. Nichtsdestoweniger bieten die bibl. Schriften eine Fülle von anthropologischen Einzelerkenntnissen, die jedoch stets eingebunden sind in theologische Argumentationszusammenhänge. Der M. kommt nur in den Blick in seinem Verhältnis zu Gott, in seiner Geschöpflichkeit, seiner Gottebenbildlichkeit, seiner Verlorenheit, seiner Erlösungsbedürftigkeit, seiner Verantwortung dem Schöpfer gegenüber. Dabei ist das Bild, das vom Menschen gezeichnet wird – und hier liegt ein weiterer Unterschied zum Griechentum vor – ein ganzheitliches: Der M. ist nicht dichotomisch oder trichotomisch aus verschiedenen Teilen zusammengesetzt, die sich ontologisch voneinander abgrenzen lassen, sondern er steht vor seinem Schöpfer, der ihn zu seinem Partner berufen hat und mit ihm Geschichte machen will, als personale Ganzheit, als eine Ganzheit, die sich freilich unter mehreren Aspekten beschreiben läßt (dazu unten mehr). Die geschichtsmäßige Anrede Gottes trifft den bibl. Menschen also in seiner ganzen Person und konstituiert ihn als Person; zu einer spekulativen Wesensbestimmung des Menschen kann es unter der Wucht dieser Anrede nicht kommen.

Die Aussagen über den Menschen sind im AT und im NT weitgehend deckungsgleich, besser gesagt: In der Anthropologie des NT wird das atl. Erbe vorausgesetzt bzw. ausdrücklich aufgenommen. Dennoch bringt die spezielle ntl. Soteriologie, in der das Christusereignis im Hinblick auf das Heil des Menschen ausgelegt wird, mit sich, daß gegenüber dem AT entscheidende Aussagen über den Menschen dazugewonnen werden, insbesondere über seine ihm nun geschenkte neue Lebensmöglichkeit »in Christus«. Es ist daher nicht empfehlenswert, die atl. und ntl. Aussagen über den Menschen zusammenzuziehen und gemeinsam zu behandeln, sondern AT und NT sollten getrennt voneinander untersucht werden.

I. DAS MENSCHENVERSTÄNDNIS DES ALTEN TESTAMENTS.

Nicht alle Texte des AT lassen sich in gleicher Weise für das Thema Anthropologie auswerten. Einen besonderen Stellenwert nimmt die Urgeschichte (1Mo 1-11) ein, sie bietet eine wahre Fülle von Erkenntnissen über den Menschen und seine Situation in der Welt. Der Urgeschichte steht die atl. Weisheitsliteratur nur wenig nach; hier geht es allerdings nicht so sehr darum, daß die Situation des Menschen grundsätzlich bedacht und theologisch ventiliert wird, sondern geboten wird eher ein Schatz von Erfahrungswissen zur praktischen Lebensführung, angesammelt in vielen Generationen. Bemerkenswert ist, daß auch dieses Erfahrungswissen nicht sozusagen »säkulares« Wissen ist, also psychologische Einsicht in die Natur des Menschen, sondern auf dem Hintergrund des Jahwe-Glaubens entfaltet wird; was mit dem Menschen und im Menschen selbst geschieht, wird immer wieder (wenn auch nicht in jedem einzelnen Fall) in Beziehung gebracht mit dem Handeln Jahwes (man lese unter diesem Gesichtspunkt einmal – als beliebiges Beispiel – Spr 16). Als Hauptbezeichnungen für den Menschen begegnen im AT *'ādām* und *'ānōsch*, wobei *'ādām* das weitaus bedeutendere Wort ist. Sowohl *'ādām* als auch *'ānōsch* sind Kollektivbegriffe und bezeichnen den Menschen als Art, die Menschheit schlechthin, nicht den Einzelmenschen (dafür steht *bän-'ādām*). Die wichtigsten Belege von *'ādām* finden sich in 1Mo 1-11, wo u.a. die Erschaffung des Menschen (1,26-29; 2,4b-25), die Vertreibung aus dem Paradies (Kap. 3), die *Sintflut (6,5-9,17) und die Zerstreuung der Menschen (11,1-9) erzählt werden. Dabei werden drei Grundaussagen gemacht, die für die gesamte atl. und ntl. Anthropologie leitend sind:

1. Der M. ist Gottes Geschöpf und sein Ebenbild;

2. Der M. hat seine wahre Bestimmung verfehlt und sich schuldig gemacht;

3. Durch den Sündenfall ist der gottgewollte paradiesische Urzustand verlorengegangen, das Leben des Menschen ist nunmehr gezeichnet von Arbeit, Mühe und Leiden; im Gegensatz zu Gott hat der gefallene M. eine Existenz, die begrenzt ist.

Als Wesen, das seinem Schöpfer ebenbildlich, aber dennoch von ihm getrennt ist (durch den Sündenfall), befindet sich der M. in einem eigentümlichen Widerspruch. Nicht nur die Urgeschichte selbst (mit ihrer narrativen Theologie) deutet diesen Widerspruch an (indem sie zwischen den Theologumena Gottebenbildlichkeit - 1Mo 1,26f – und Sündenfall – 1Mo 3 – keinen Ausgleich schafft, sondern sie spannungsvoll nebeneinander stehen läßt), vielmehr ist das »Leben im Widerspruch« ein Hauptcharakteristikum der bibl. Anthropologie überhaupt. Immer wieder bringt das AT (bzw. die apokryphe Literatur des AT) die widersprüchliche Situation des Menschen zum Ausdruck, indem einerseits von seiner Größe gesprochen wird (vgl. z.B. Sir 17,1-4; Weish 2,23), andererseits von seinem Abstand zu Gott, seiner Ohnmacht und Vergänglichkeit (vgl. z.B. Jes 45,9; Hiob 25,6); beide Aussagen können sogar im selben Atemzug gemacht werden (vgl. Ps 8,5ff).

Die bibl. Dialektik zwischen menschlicher Größe und Niedrigkeit darf nicht parallelisiert werden mit entsprechenden griech. Vorstellungen. Der M. bildet gemäß der Bibel keine Persönlichkeit aus und erhebt sich dadurch aus einem niedrigen Zustand in einen höheren; das Ideal der Persönlichkeit fehlt im bibl. Denken vollständig. Auch fehlt der Gedanke der Bildung und bildenden Erziehung: Die Niedrigkeit des Menschen kann durch Bildung prinzipiell nicht überwunden werden.

Der Gedanke der Niedrigkeit und Ohnmacht des Menschen ist in einem Teil der Weisheitsliteratur radikalisiert worden (Pred;

Hiob 14). Das Buch Pred nähert sich dabei bedenklich einer tragischen Auffassung von Welt und M. und steht damit am äußersten Rand des bibl. Denkens; seine Anthropologie ist auf keinen Fall repäsentativ für die gesamte Bibel.

Zu beachten ist, daß das Menschenverständnis des AT uneschatologisch-diesseitig ist. Die Erfüllung seines Daseins hat der M. in dieser Welt zu suchen, und das (diesseitige) Leben ist das höchste erstrebenswerte Gut: »Alles, was der Mensch besitzt, gibt er für sein Leben hin« (Hiob 2,4; vgl. Spr 13,12b; 14,27; Ps 27,13; 34,13). Das Ideal ist es, alt und lebenssatt zu sterben (1Mo 15,15; 25,8; 35,29; Ri 8,32 u.ö.). Totenauferstehung und ewiges Leben kennt die frühe Überlieferung nicht. Abgesehen von einigen »erratischen Blöcken« (z.B. 2Kön 13,21: Elisas Gebeine erwecken einen Toten), meldet sich ein solches Denken erst mit Dan 12,2, setzt sich gegen den Widerstand konservativer Kreise (*Sadduzäer) durch und ist zur Zeit Jesu im *Judentum beherrschend. Es ist weiter oben bereits angedeutet worden, daß der M. nach bibl. Verständnis eine Ganzheit ist, die sich unter mehreren Aspekten beschreiben läßt. Jeder der tragenden anthropologischen Begriffe des AT (*näphäsch*, »Seele«, *rūach*, »Geist«, *bāsār*, »Fleisch«, *lēb*, *lēbāb* »Herz«) meint nicht einen Teil des Menschen, sondern den ganzen Menschen in je spezifischer Hinsicht. *näphäsch*, ursprünglich vielleicht »Kehle« und »Atem«, ist die vitale, den Körper »beseelende« Lebenskraft, die beim Tod entweicht; das spätere Seelenverständnis der christl. Dogmatik, das sich zu einem guten Teil aus dem griech. Denken speist, darf in den atl. Seelenbegriff nicht hineingelesen werden; mit *näphäsch* ist also nicht etwa seine »unsterbliche Seele« gemeint.

Ähnlich wie bei *näphäsch* ist auch bei *rūach* eine der Grundbedeutungen »Atem, Hauch«. Semasiologisch besteht zwischen *näphäsch* und *rūach* kaum ein Unterschied, auch *rūach* meint die belebende Kraft, die den Menschen überhaupt erst zu einer Person macht, zu einem erkennenden und empfindenden Wesen. *bāsār* bezeichnet zunächst die fleischliche Substanz des Körpers. In theologisch qualifiziertem Sinne steht der Begriff für den Menschen in seiner Vergänglichkeit: »Alles Fleisch ist Gras . . .« (Jes 40,6). *lēb* schließlich ist das Innere des Menschen, das für den Mitmenschen verborgen, für Gott aber offenbar ist.

II. DAS MENSCHENVERSTÄNDNIS DES NEUEN TESTAMENTS.

Das ntl. Menschenverständnis ist ohne das atl. Erbe nicht sachgemäß zu erfassen. Zu berücksichtigen ist dabei, daß vieles, was das AT über den Menschen aussagt, im NT nicht noch einmal ausdrücklich thematisiert, sondern lediglich angedeutet wird (bzw. es ist einfach vorausgesetzt); zu nennen sind hier vor allem die drei o.g. anthropologischen Grundaussagen, die anhand der Urgeschichte gewonnen wurden. Ferner wird – ganz im Sinne des AT – auch im NT der M. als Ganzheit verstanden, wenngleich diese Sichtweise in den ntl. Spätschriften nicht konsequent durchgehalten wird (vgl. dazu unten).

Radikalisiert worden ist im NT der atl. Gedanke, daß der M. ein Sünder ist. Mit untrüglichem Blick erkennt Jesus, wie seine Zeitgenossen versuchen, das lebendige Wort Gottes zu einer Manövriermasse zu machen, um liebgewordene rel. Traditionen aufrechterhalten und sich dem Anspruch der Liebe entziehen zu können. Seine Umkehrforderung ist deshalb von schneidender Schärfe; zwar steht sie in der Linie der prophetischen Umkehrpredigt, überbietet diese jedoch und individualisiert sie, d.h. läßt sie auf den einzelnen zulaufen. Bei Paulus ist dann die Sünde eine beinahe personale, dämonische Macht, an die der M. sein Subjektsein verloren hat und aus deren Klammergriff er nur durch das Kreuz Christi errrettet werden kann; der natürliche M. ist also ein fremdbestimmtes Wesen, das sich selber, seine Bestimmung, ständig verfehlt.

Die vom AT her überkommene Vorstellung, daß der M. eine Ganzheit sei, findet sich am deutlichsten herausgearbeitet in der Theologie des Paulus. Dazu genötigt, diesen Aspekt der atl. Anthropologie besonders hervorzuheben, war der Apostel durch die *Gnosis, die sogar eine seiner eigenen Gemeinden infiziert hatte, nämlich *Korinth. In dieser Gemeinde dachte man – in den Bahnen der Gnosis – dualistisch, konkret gesprochen: Die korinthischen Enthusiasten meinten, was sie mit ihrem *sōma* (»Leib«) trieben, ginge ihr eigentliches Ich nichts an; wenn sie zu Dirnen gingen (vgl. 1Kor 6,12ff), war das für sie Ausdruck einer weltanschaulichen Position, sie bekundeten damit ihre Freiheit gegenüber dem der Materie verhafteten Leib. Für Paulus meint *sōma* jedoch den ganzen Menschen (unter einem bestimmten Blickwinkel), der M. kann also nicht zwischen seinem eigentlichen Ich und seinem *sōma* eine Trennung vornehmen, er ist *sōma*. Und zwar ist der M. *sōma* insofern, als er an die Welt gebunden und auf andere ausgerichtet ist, als er sich selber und anderen faßbar ist, als er sich selbst gegenübertreten und ein Verhältnis zu sich selbst entwickeln kann; *sōma* ist damit der umfassendste anthropologische Begriff des Paulus überhaupt.

Die weiteren anthropologischen Hauptbegriffe des Apostels (die ebenfalls jeweils den ganzen Menschen unter einem bestimmten Blickwinkel beleuchten) lauten: *sarx*, »Fleisch«, *psychē*, »Seele«, *pneuma*, »Geist«, *kardia*, »Herz«, *nous*, »Verstand«, *syneidēsis*, »Gewissen«. *sarx* ist der M., insofern er aus seinen eigenen Ressourcen lebt, sich nicht von Gott her, sondern von der Welt her versteht. *psychē* bezeichnet wie das atl. *näphäsch* die beseelende Lebenskraft. *pneuma* (im anthropologischen Sinn) kann für das menschliche Ich stehen. *kardia* ist der Sitz der Empfindungen, des Denkens, Wünschens, Wollens und Fühlens. Unter *nous* versteht Paulus den Menschen, insofern dieser ein vernünftiges, verstehendes Subjekt ist. Der Begriff *syneidēsis* schließlich bezeichnet das Wissen des Menschen um sich selbst, das ihn zu einem verantwortlichen Entscheiden und Handeln befähigt.

Gelegentlich finden sich im Corpus Paulinum Wendungen, die auf den ersten Blick einer ganzheitlichen Auffassung des Menschen entgegenzustehen scheinen, so die trichotomische Formulierung in 1Thess 5,23: ». . . euer Geist samt Seele und Leib . . .« Aber Paulus könnte statt dessen genausogut sagen »euer Geist« oder »ihr«; in 1Thess 5,23 liegt einfach nur liturgischer Stil vor mit seiner Neigung zur Dreigliedrigkeit. Auch Stellen wie 1Kor 5,3 oder 2Kor 4,16, wo dichotomisch formuliert wird, dürfen nicht als Annäherung des Paulus an das griech. Menschenbild gewertet werden. Allerdings ist es so, daß in den ntl. Spätschriften diese Annäherung tatsächlich erfolgt, vgl. z.B. 1Petr 1,9, wo von der »Rettung der Seelen« gesprochen wird und die Seele eine gewisse Selbständigkeit im Sinne einer separaten Instanz gewinnt.

Entscheidend verändert hat sich im NT gegenüber dem AT das Weltverhältnis des Menschen, ein Vorgang, der nicht ohne Einfluß auf das ntl. Menschenbild blieb. Während für das AT die Welt die Heimat darstellt, ist sie für das NT zur Fremde geworden. Im Urchristentum wurde erkannt, daß menschliches Sein von allem welthaften Sein grundsätzlich verschieden ist, vgl. insbesondere die schroffe Formulierung des Paulus in Gal 6,14, daß ihm durch das Kreuz Jesu Christi die Welt gekreuzigt sei und er der Welt. Eingebürgert in den *Leib Christi und bereits jetzt der neuen Welt Gottes zugehörig, mußten die Christen sich auf dieser Welt notwendigerweise als Fremdlinge verstehen (vgl. z.B. 1Petr 1,1; 2,11). In noch anderer, tieferer Weise als im AT ist daher im NT menschliches Leben »Leben im Widerspruch«, nämlich ein Leben auf dieser Welt und in den Weltbezügen, jedoch ohne Zugehörigkeit zur Welt.

Literatur: P. Althaus: Paulus und Luther über den Menschen, [4]1963; E. Brandenburger: EKL[3] I, 1986, 159-163; E. Brunner: Der Mensch im Widerspruch. Die christliche Lehre vom wahren und vom wirklichen Menschen, [5]1985; R. Bultmann: Das Urchristentum im Rahmen der antiken Religionen, [5]1986; H. Fischer (Hrsg.): Anthropologie als Thema der Theologie, 1978; J. Jervell: Imago Dei. Gen 1,26f im Spätjudentum, in der Gnosis und in den paulinischen Briefen,FRLANT 76, 1960; E. Käsemann: Zur paulinischen Anthropologie, in: ders.: Paulinische Perspektiven, 1969, 9-60; R. Koch: Bibeltheologisches Wörterbuch II, 834-842; H. Köhler: Theologische Anthropologie. Die biblische Sicht des Menschen und der Mensch der Gegenwart, 1967; L. Köhler: Der hebräische Mensch, (1953) 1976; W.G. Kümmel: Das Bild des Menschen im Neuen Testament, in: ders.: Römer 7 und das Bild des Menschen im Neuen Testament. Zwei Studien, TB 53, 1974, 161-214; J. Moltmann: Mensch. Christliche Anthropologie in den Konflikten der Gegenwart, [2]1983; H.-R. Müller-Schwefe: Der Mensch - das Experiment Gottes, EvEnz 14, 1966; W. Pannenberg: Anthropologie in theologischer Perspektive, 1983; G. von Rad: Theologie des Alten Testaments II, [6]1975, 357-379; A. Sand: EWNT I, 1980, 240-249; L. Scheffczyk (Hrsg.): Der Mensch als Bild Gottes (WdF CXXIV), 1969; W.H. Schmidt: EKL[3] I, 1986, 156-158; W. Schmithals: Die theologische Anthropologie des Paulus, 1980; J.-W. Taeger: Der Mensch und sein Heil. Studien zum Bild des Menschen und zur Sicht der Bekehrung bei Lukas, StNT 14, 1982; V. Warnach: Handbuch theologischer Grundbegriffe II, 145-160; H.W. Wolff: Anthropologie des Alten Testaments, 1973. W.R.

MERAB. Sauls ältere Tochter (1Sam 14,49). Sie war David versprochen, wurde aber statt dessen Adriël von Mehola zur Frau gegeben (1Sam 18, 17-20), ein Ereignis, das der Text der LXX ausläßt. Ihre Söhne wurden später gehenkt, um *Sauls Massaker an den Gibeonitern, das ein Bruch des Friedensschlusses mit Israel war (Jos 9), zu sühnen (2Sam 21,8; der MT schreibt an dieser Stelle »Michal«). M.B.

MERARI, MERARITER. M. war der dritte Sohn Levis, Stammvater einer der drei großen levitischen Familien. Seine Familie war in die Häuser Machli und Muschi unterteilt (4Mo 3,33). In der Wüste trugen die Merariter die Bretter, Riegel, Säulen und Fußgestelle der Stiftshütte sowie alle Geräte, die Säulen des Vorhofs mit ihren Fußgestellen, Pflöcken und Seilen (4Mo 3,36f). Vier Wagen und acht Ochsen standen ihnen für diese Aufgabe zur Verfügung (4Mo 7,8). Sie lagerten an der N-Seite der Stiftshütte (4Mo 3,35) und zählten 6200 männliche Mitglieder, die älter als einen Monat waren; 3200 standen im Dienst (Altersgruppe 30-50; 4Mo 3,34; 4,42-45). In Palästina wurden ihnen zwölf Städte aus den

Gebieten Rubens, Gads und Sebulons zugeteilt (Jos 21,7).

Nach *Davids Ordnung des Gottesdienstes hatte die Merariterfamilie von Etan (Jedutun) teil an der Pflicht, im Tempel zu singen, während andere Torhüter waren (1Chr 6,32-48; 26,10-19). M. werden auch beim Hinaufbringen der Lade aus *Kirjat-Jearim erwähnt (1Chr 15,6), bei der Reinigung des Tempels unter König *Hiskia (1Chr 29,12) und bei den Ausbesserungsarbeiten am Tempel unter *Josia, bei denen das Gesetzbuch gefunden wurde (2Chr 34,12). Einige der M. sind auch als Heimkehrer aus dem babylon. Exil beim Dienst unter *Esra (Esr 8,19) und *Nehemia (vgl. Neh 11,15 mit 1Chr 9,14) aufgeführt. D.W.G.

MEREMOT s. Arad

MERODACH. Hebr. Namensform des babylon. Gottes Marduk. Z.Zt. *Hammurabis (ca. 1750 v.Chr.), hatte der Gott Marduk (sumer. *amar. utu*) viele Attribute des Gottes Enlil übernommen. Marduk war die erste Gottheit *Babylons und wurde später mit seinem Beinamen Bēl (*ba ʿal*) bezeichnet, so daß seine Niederlage gleichbedeutend mit der seines Volkes war (Jer 50,2), was auch auf den früheren kanaan. *Baʿal' zutraf. Der babylon. Schöpfungsepos (*enuma elisch*) erinnert an den Sieg Gottes über die Kräfte des Bösen und seine Ehre als »König der Götter«. M. erscheint als göttliches Element in der hebr. Wiedergabe der babylon. Namen, *Ewil-Merodach, *Merodach-Baladan und *Mordechai. D.J.W.

Die babylonische Gottheit Marduk (hebr. Merodach), mit einer königlichen Robe, dem Stab und dem Ring als Symbolen ihrer Autorität. Hier ist sie auf ihrem Symbol dargestellt, einem drachenartigen Wesen mit Schlangenleib (mušruššu). *Zeichnung nach einem geschnitzten Zylinder aus Babylon.*

MERODACH-BALADAN. Aus Keilschrifttexten ist M. bekannt als Name der Marduk-apla-iddina II. (721-710, 705-703 v.Chr.), des Königs von Babylon, der eine Gesandtschaft an Hiskia sandte (Jes 39,1). Sein Vater, in Keilschriftquellen nicht genannt, könnte Bēl-Iddin gewesen sein (2Kön 20,12; Jes 39,1: *balʾadān*).

M. war ein Herrscher des chaldäischen Territoriums Bit-Jakin, nördl. des Pers. Golfs, er führte seine Abstammung auf Erība-Marduk zurück, den König von Babylon (782-762 v.Chr.). Als Tiglatpilesar III. 731 v.Chr. in Babylon einrückte, brachte M. ihm Geschenke nach Sapia und unterstützte die Assyrer gegen den rebellierenden Scheich Ukīn zēr (Iraq 17, 1953, S. 44-50). Bei der assyr. Thronübernahme durch Sargon II., 721 v.Chr., rückte M. in Babylon ein und beanspruchte den Thron. Die Assyrer griffen daraufhin die Elamiter, die Verbündeten Babylons, im folgenden Jahr an. Der Ausgang der Schlacht ist unbekannt bis auf die Tatsache, daß M. bis 710 v.Chr. regierte, als Sargon, der vorher die Elamiter neutralisiert hatte, in Babylon ohne Gegenwehr einrückte. Als die Assyrer in Bit-Jakin (s.o.) einrückten, blieb M. lokaler Herrscher und widersetzte sich während des Rests seiner Herrschaft nicht offen seinem Oberherrn.

Nach Sargons Tod 705 v.Chr. bemühte sich M., Unabhängigkeit von Assyrien zu erlangen. Diesem Zweck dürfte auch der Besuch einer diplomatischen Gesandtschaft bei Hiskia, dem König von Juda, gedient haben, der in Jerusalem der Staatsschatz und das Waffenarsenal gezeigt wurden (2Kön 20,12-19; Jes 39). Nicht nur Jesajas Warnung durchkreuzte M.s Plan; die Babylonier selbst kamen M. zuvor, indem sie 704 v.Chr. ihren eigenen Kandidaten aufstellten, Marduk-zakir-schumi. Er setzte den neuernannten König in Babylon ab und regierte vom nahegelegenen Borsippa aus. Trotz der militärischen Unterstützung,

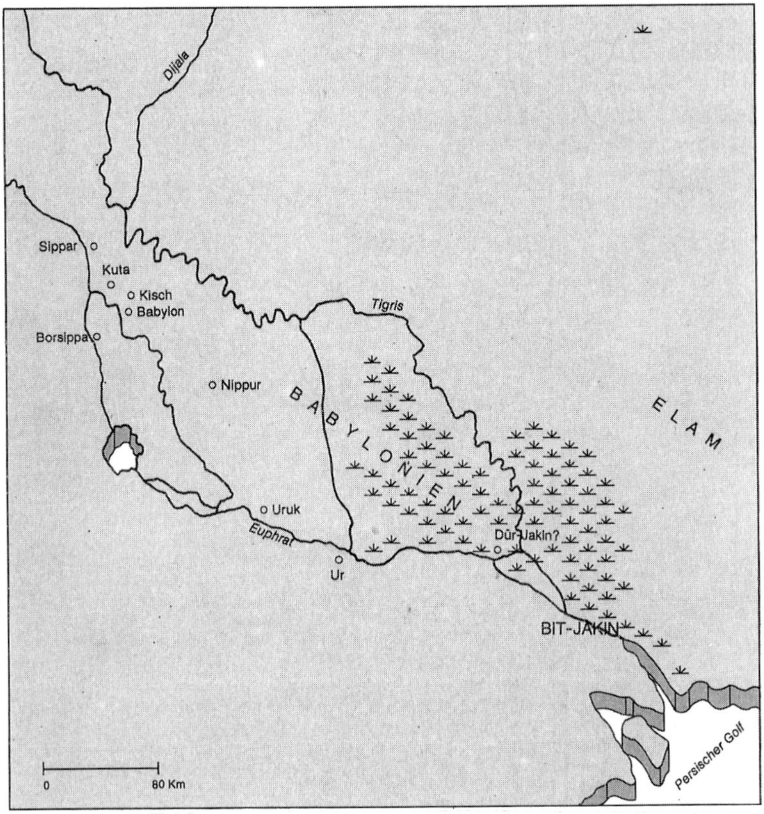

Das von Merodach-Baladan (Marduk-apla-iddina II.) kontrollierte Gebiet.

die der elamitische König M. leistete, besiegte der Assyrer Sanherib die Rebellen bei Gefechten in Kutha und Kisch und rückte in Babylon ein, wo er Bel-Ibni auf den Thron setzte. Bit-Jakin (s.o.) wurde geplündert; M. floh in das südwestl. gelegene Elam, wo er starb.

Literatur: J.A. Brinkmann: Merodach Baladan II, in: Studies presented to A.L. Oppenheim, 1964, S. 6-53; HdArch, 218-247 u.ö. D.J.W.

MEROM. (Von hebr. *rūm*, »hoch sein«?). Beim »Wasser von Merom« besiegten nach Jos 11,5.7 die Israeliten im Zug der *Landnahme durch eine Art Überrumpelungstaktik eine Koalition kanaan. Stadtkönige, die offenbar unter Führung von *Hazor stand. Vielleicht ist das in diesem Zusammenhang genannte *Madon (Jos 11,1; 12,19) nach der LXX in M. zu korrigieren. M. wird schon im 15. Jh. v.Chr. in den Annalen des Pharao Thutmosis III. erwähnt (ANET 283), danach in Eroberungslisten von *Ramses II. und *Tiglatpilesar. Es muß deshalb eine bedeutende Stadt gewesen sein. Über ihre Lage herrscht allerdings keine Einigkeit.

1. Früher verstand man unter dem »Wasser von Merom« oft den *Hule-See, der in ntl. Zeit Semechonitis hieß. Unter dieser Voraussetzung versuchte F.M. Abel die Überraschungsstrategie der Israeliten zu rekonstruieren (RB 56, 1949, 335ff). Gegen diese Ansicht, die heute kaum noch vertreten wird, wendet man ein, daß Josephus den Ort der Schlacht *(Berōthē)* bei *Kedesch in Ober-*Galiläa lokalisiert (ant.Jud. V, 62). Das von ihm befestigte *[A]merō[th]* (bell.Jud. II, 573; III, 39; Vita 88) ist vielleicht dieselbe Stadt (C. Möller, G. Schmitt, Siedlungen Palästinas, 1976, 138).

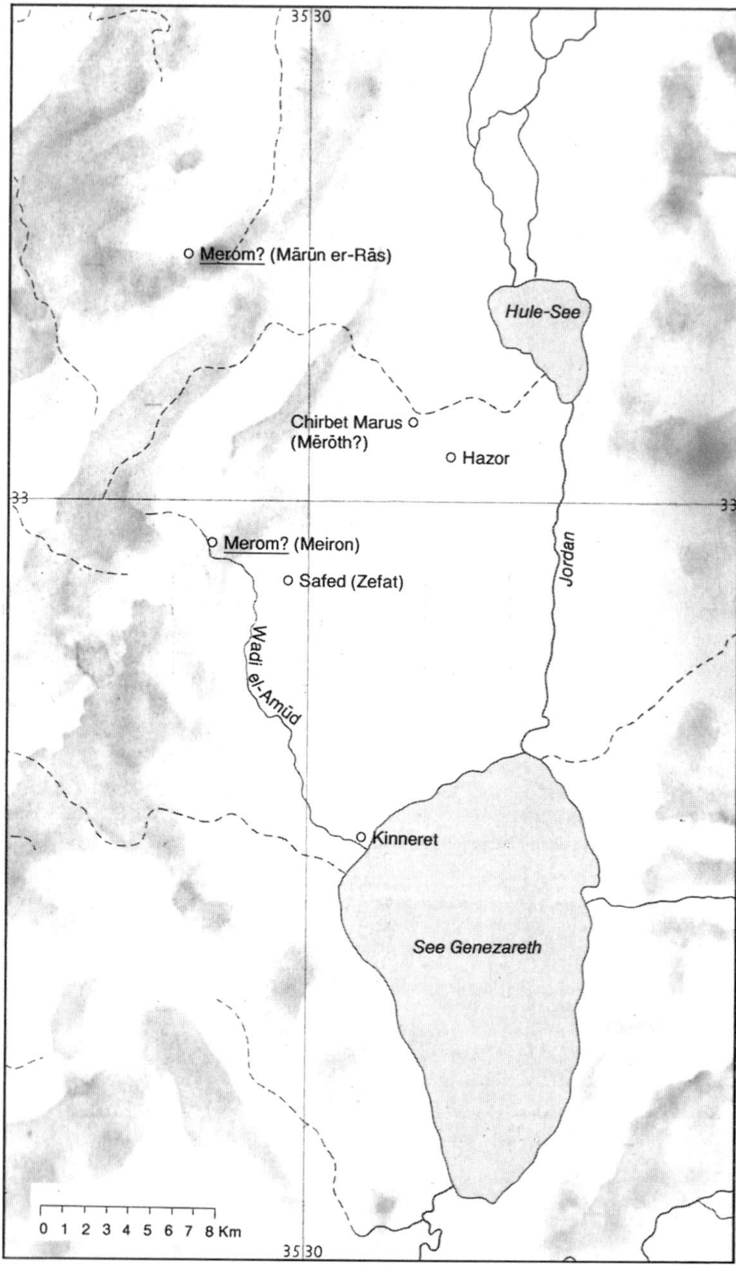

Mögliche Stätten für das biblische Merom.

Grenzstein mit der Beschreibung des von dem Beamten gehaltenen Besitzes; hier bei der Entgegennahme der Land-Urkunde von Merodach-Baladan (Marduk-apla-iddina II.), König von Babylon (721–710, 705–703 v.Chr.). Über den zwei Figuren Embleme von vier babylonischen Gottheiten auf Podesten. Höhe 46 cm, schwarzer Marmor. (SMB)

2. Der beste Kandidat für das *[A]merō[th]* des Josephus ist nach den neuen Ausgrabungen (E.M. Meyers, D. Barag, EAEHL III, 1977, 856-862) das heutige jüd. Dorf Meiron, 5 km nordwestl. von Safed und 13 km südwestl. von Hazor (vgl. Jos 11,10) in schöner waldreicher Lage unter dem Har Merom (1208 m), dem höchsten Berg Ober-Galiläas (J. Murphy-

O'Connor, Das Heilige Land, 1981, 307-310). Der alte arab. Name (*merūn*) zeigt, daß es sich um den in rabbinischen Quellen genannten Ort *meirōn* handelt. Der Jerusalemer Talmud (Schebi'it 9,2) redet wie schon Josephus (bell.Jud. II, 591-593) vom Olivenreichtum der Gegend. Meiron war nach Mischna (Ta'anit 4,2) und Tosefta (Demai 4,13) eine Priestersiedlung. Dorthin floh Rabbi Simon Bar Jochai, einer der berühmtesten Schüler von Rabbi Akiba (135 n.Chr.). Die Siedlungsreste reichen von späthellen. bis in die byzantin. Zeit. Wichtigstes Gebäude ist eine Synagoge (3./4. Jh.), deren monumentale Eingangsfassade erhalten blieb (F. Hüttenmeister, Die Antiken Synagogen I, 1977, 311-314). Aus dem 1. Jh. n.Chr. stammt ein Ritualbad (*miqveh*). Um 360 hat man die Siedlung, wahrscheinlich wegen zu hoher Steuerlasten verlassen. Als im 14. Jh. das kabbalistische Werk Zohar herausgegeben wurde, das die Geheimlehre Simon Bar Jochajs überliefern will, zog die angebliche Gruft des Rabbis zunehmend jüd. Pilger an. Meiron ist heute ein Zentrum des mystischen Judentums. Zum Fest Lag Be'omer (33 Tage nach *Passa) strömen Zehntausende zusammen. Während W.F. Albright vereinzelte Keramik aus Bronze- und Eisenzeit fand (Basor 35, 1934, 8), konnten die modernen Ausgrabungen keine nennenswerte Siedlung aus vorexilischer Zeit nachweisen (E.M. Meyers, BASOR 214, 1974, 2f). Das ist eine erhebliche Schwierigkeit für die Identifizierung mit dem atl. M. Außerdem eignet sich die Gegend um die starken Quellen von Meiron, die durch das Wadi El-Ammūd in den See *Genezareth entwässern, kaum für eine größere Schlacht (Abel I, 494).

3. Deshalb gewinnt heute der ältere Vorschlag (J. Garstang, Joshua-Judges, 1931, 191f.395) Anhänger, M. mit Tell El-Chīrbe zu identifizieren, ca. 7 km westsüdwestl. von *Kedesch Naftali im Libanon unmittelbar an der israel. Grenze gelegen. In der Nähe dieses kanaan. Ruinenhügels, der zu den größten Ober-Galiläas gehört, gibt es Flurnamen wie Dschebel Mārūn und Mārūn Er-Rās (LDB, 234f).

4. Neuerdings wird das *Mērōth* des Josephus mit Chīrbet Marus, 3 km nordwestl. von *Hazor, gleichgesetzt (Z. Ilan, E. Damati, MB 53, 1988, 50-55), weil sich hier Reste von Befestigungen finden, die vielleicht vor 70 n.Chr. datieren. Dagegen spricht aber, daß *Mērōth* als westlichster Grenzpunkt von Ober-Galiläa genannt wird (Jos.bell.Jud. III, 40). Chīrbet Marūs wurde im 2. Jh. v.Chr. gegründet, am Ende des 12. Jh. n.Chr. verlassen und war während dieser ganzen Zeit von Juden bewohnt. Die Mosaiken der Synagoge (4./5. Jh.) und des Lehrhauses (7. Jh.) zeigen bibl. Szenen, ein Hinweis, wie wenig streng das Bilderverbot selbst in der talmudischen Zeit mancherorts aufgefaßt wurde.

Literatur: F.M. Abel: Géographie de la Palestine, [3]1967, I 493f; II 385; M. Noth: Josua, [3]1971, 67f; A. Negev: Archäologisches Lexikon zur Bibel, 1972, 241-243. R.R.

MESCHA.

1. König von Moab, Nachfolger seines Vaters, der 30 Jahre lang regiert hatte und den Gott *Kemosch verehrte (Meschastein, 2-3 i.AOT, 51ff). Er fiel nach *Ahabs Tod von Israel ab (2Kön 1,1; 3,5). Da eine Invasion in sein Gebiet durch Juda, Israel und Edom scheiterte, mag sein Abfall ca. 853 v.Chr. erfolgt sein, als Ahab und Israel Assyrien angriffen. Einzelheiten seiner Herrschaft auf dem *Meschastein berichten von seinem Städtebau und der Regulierung der Wasserversorgung. Sein Aufstand mag ein Versuch gewesen sein, direkte Kontrolle über den beträchtlichen Wollhandel mit Tyrus zu gewinnen (2Kön 3,4f; POTT, S. 235.275).

2. Kalebs ältester Sohn (1Chr 2,42).

3. Ein Benjaminiter, der in Moab geboren wurde, ein Sohn Schaharajims und der Hodesch (1Chr 8,9). D.J.W.

MESCHA-STELE. Eine Inschrift auf einer schwarzen Basaltstele, die *Mescha, der König von *Moab, in *Dibon aufrichten ließ, um die Erinnerung an seinen Aufstand gegen Israel und den nachfolgenden Wiederaufbau einer Reihe wichtiger Städte der Nachwelt zu erhalten (2Kön 3,4f).

Der Stein wurde am 19. August 1868 von F. Klein, einem deutschen Missionar, gefunden. Ein arab. Scheich namens Zattam zeigte ihm eine Platte mit einer Inschrift, etwa 110 cm hoch, 60 cm breit und 6 cm dick. Sie war oben abgerundet und enthielt 34 Schriftzeilen. Klein schrieb einige Worte ab und unterrichtete Dr. Petermann, den deutschen Konsul, von diesem Fund. Dieser begann Verhandlungen, um die Inschrift für Berlin zu erwerben. Gleichzeitig versuchte auch C.S. Clermont-Ganneau vom französischen Konsulat, sie für Paris zu erwerben. Er sandte unabhängige Boten, um einen Abklatsch der Inschrift zu erhalten, aber als ein Streit entstand, flohen die Boten mit dem in mehrere Teile zerbrochenen Abklatsch. Die Beduinen, die den Wert des Steines erkannt hatten, versuchten, den Preis in die Höhe zu treiben. Als türkische Beamte sich einmischten, entzündeten die Beduinen ein Feuer unter dem Stein und gossen Wasser

Die Mescha-Stele erinnert an den Aufstand Meschas, des Königs von Moab, gegen Israel (vgl. 2Kön 3,5–27) und beschreibt seinen Wiederaufbau mehrerer Städte, darunter Aroër, Medeba, Qarhoh, mit Hilfe israelitischer Sklavenarbeit. Schwarzer Basalt, Höhe 1 m, Breite 60 cm, ca. 830 v.Chr. (MC)

über ihn, daß er zersprang. Die Bruchstücke nahmen sie als Glücksbringer für ihre Getreideernte mit. Clermont-Ganneau fand später mehrere Teile wieder, machte neue Abdrücke und rekonstruierte den Stein schließlich im Louvre in Paris (s. IBA, S. 54). Von den geschätzten 1100 Buchstaben wurden 669 gerettet, aber der ursprüngliche Abdruck bewahrte, obwohl er etwas beschädigt war, den größten Teil der Geschichte.

Die Inschrift bezieht sich auf den Sieg des »Mescha, Sohn des *Kemosch, König von Moab«, dessen Vater 30 Jahre über Moab regiert hatte. Er erzählt, wie er das Joch Israels abwarf und seinen Gott *Kemosch ehrte, indem er ihm zum Dank ein Höhenheiligtum in Qericho *(QRCHH)* baute. Der Bericht fährt dann fort: »Omri war König über Israel und hatte Moab lange Zeit gedemütigt, denn Kamosch war erzürnt über sein Land. Und sein Sohn folgte ihm, und auch er sprach: 'Ich werde Moab demütigen.' Noch in meinen Tagen sprach er so, aber ich sah meine Lust an ihm und seinem Hause. Und 'Israel ist dahin, dahin für immer!' Omri hatte sich des ganzen Landes von Madeba bemächtigt, und [Israel] wohnte darin während seiner Regierungszeit und des Abschnittes der Regierungszeit seiner Söhne – vierzig Jahre, aber während meiner Regierungszeit wohnte Kamosch darin.« Dies stimmt chronologisch überein mit 2Kön 1,1 und 3,5.

Der Bericht auf dem Stein fährt fort mit dem Wiederaufbau von Baal-Meon, Qirjaton, Qericho, Aroër, Bamot-Baal, Bezer, Medeba, Bet Diblatajim, Bet-Baal-Meon. Atarot, die Stadt, die der König von Israel für sich gebaut hatte, wurde eingenommen, seine Einwohner wurden vernichtet, und der Altar Jahwes vor Kamosch in Qerejoth geschleppt. Nebo wurde eingenommen und 7000 Bewohner der (zweigeschlechtlichen?) Gottheit Aschtar-Kamosch geopfert. Jahaz, vom König Israels erbaut und seine Basis während des Feldzuges, wurde eingenommen und Dibon angegliedert.

Mescha berichtet von den Staubecken und Zisternen, den Mauern, Toren, Türmen und dem Königspalast, die israelit. Fronarbeiter in Qericho errichten mußten, ebenso mit einer Straße im Arnontal.

Die Bedeutung dieser Inschrift in sprachlicher, rel. und historischer Hinsicht liegt in ihrer engen Verwandtschaft mit dem AT. Die Sprache kommt dem Hebr. sehr nahe. Kamosch/Kemosch, der Gott Moabs, und Jahwe, der Gott Israels, werden erwähnt. Wir erhalten einen interessanten Einblick in den moabitischen Glauben, der in einigen Dingen dem Israels ähnlich war. Kamosch kann seinem Volk zürnen, ihm vergeben, es an seine Feinde ausliefern und schließlich retten. Er kann Mescha Befehle erteilen in Worten, die auch Jahwe gegenüer seinen Dienern gebrauchte. Der Ritus des *Bannes und die Heiligtümer auf Höhen erscheinen hier wie auch im AT. Obwohl die Echtheit des Steins gelegentlich in Frage gestellt wurde, gibt es dafür keine hinreichenden Argumente. Er muß auf das Ende von Meschas Regierungszeit, ca. 840 v.Chr., datiert werden.

Literatur: W.F. Albright: ANET, S. 320f: BASOR 89/1943, S. 16; F.I. Andersen: ›Moabite Syntax', Orientalia 35/1966, S. 81-120; G.A. Cooke: A Text-Book of North-Emitic Inscriptions, 1903, S. 1-14; H. Donner und W. Röllig: Kanaanäische und aramäische Inschriften, I, 1962; S.R. Driver: Notes on the Hebrew Text of the Books of Samuel, ²1913; R. Dussaud: Les monuments palestiniens et judaique, 1912, S. 4-22; E. Ullendorff in DOTT; A.H. van Zyl: The Moabites, 1960; J.R. Bartlett, POTT, S. 229-258. J.A.T.

MESCHECH. (MT: *mäschäk*; LXX: *Mosoch*). Einer der Söhne *Jafets (1Mo 10,2; 1Chr 1,5), der hier und anderswo mit Tubal in Zusammenhang gebracht wird. 1Mo 10,23 und 1Chr 1,17 nennen ihn unter dem Namen »Masch« als einen Nachkommen *Sems und *Arams.

Von den Nachkommen M.s wird später gesagt, daß sie Sklaven und Kupfer exportierten (Hes 27,13). Sie sollen ein kriegerisches, barbarisches Volk gewesen sein, das Israel von N her bedrohte (Hes 32,26; 38,2.3; 39,1; s.a. Ps 120,5). Die enge Verbindung mit dem Namen Tubal legt nahe, sie mit dem Volk gleichzusetzen, das oft zusammen als Tabāl und Muschku oder Musku in assyr. Inschriften erscheint, und das Herodot als Tibarēnoi und Moschoi bezeichnet. Von den *muschka-a-ia* ist in den Annalen Tiglatpilesars I. (ca. 1100 v.Chr.) die Rede, daß sie im N eine Armee von 20000 Mann aufstellten. Es ist möglich, daß sie schon ein Jh. früher im Gebiet südöstl. des Schwarzen Meeres waren, da hetitische Texte einen Mitas in diesem Gebiet erwähnen; dieser Name ist dem eines Königs der Muschki im 8. Jh. ähnlich. In den Annalen Tukulti-Ninurtas II. und Assurnasirpals II. im 9. Jh. und Sargons im 8. Jh.v.Chr. werden sie ebenfalls erwähnt. Letzterer gibt den Namen ihres Herrschers mit *mita-a* an; einige Gelehrte schlagen vor, ihn mit Midas von Phrygien zu identifizieren, dessen Königreich in Kleinasien dem der *Hetiter folgte; demnach würden die Muschki den Phrygern entsprechen. Der Name Muschku kommt in den achämenidischen Inschriften nicht vor, aber Herodot sagt von den Moschoi, daß sie zur 19. Satrapie des *Darius gehörten (3.94) und ein Kontingent in Xerxes' Armee bildeten (7.78). Diese Information führt zu dem Schluß, daß der Name M. sich auf ein Volk aus dem indoeuropäischen Sprachraum bezieht, das, aus der Steppe im N kommend, in den Vorderen Orient eindrang und die in O-Anatolien ansässige Bevölkerung unter seine Herrschaft brachte.

Literatur: R.D. Barnett: CAH, 1975, S. 417-442; S. Parpola: Neo Assyrian Toponyms, 1970, S. 242f; J.N. Postgate: Iraq 35, 1973, S. 21-34. T.C.M.

MESOPOTAMIEN. (Griech. *hē Mesopotamia*, »Land zwischen den Strömen«, hebr. *'aram nah'arajim*). M. bezeichnet das fruchtbare

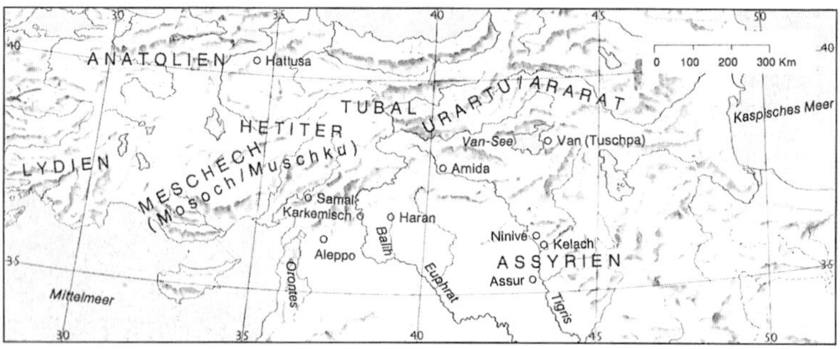

Die Lage von Meschech.

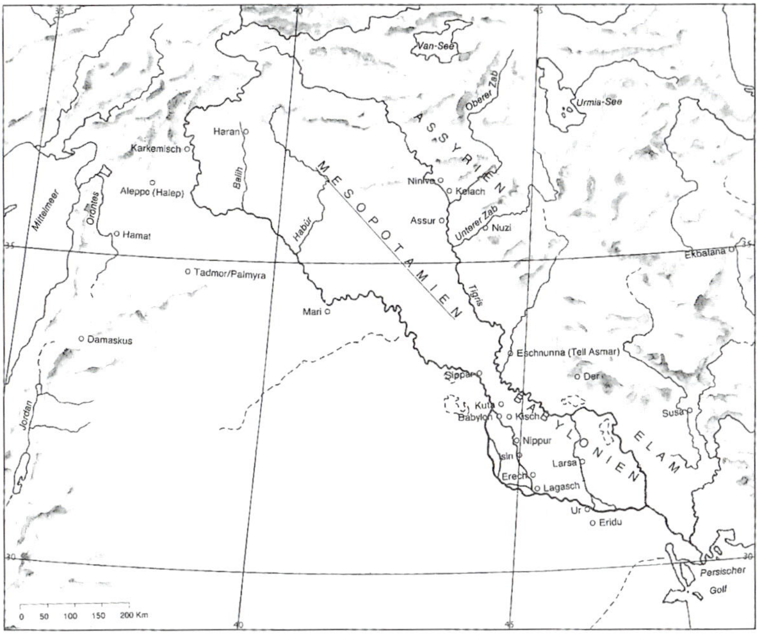

Das Gebiet von Mesopotamien.

Der Lauf des Euphrat durch Ost-Syrien, einen Teil Mesopotamiens. (MEPhA)

Land östl. des Orontes, am oberen und mittleren Euphrat gelegen, sowie die Gebiete, die vom Habur und Tigris bewässert wurden, heute O-Syrien und N-Irak. M. schließt *Haran ein (wohin Abraham zog, nachdem er Ur in Babylon verlassen hatte; 1Mo 11,31) und die umgebenden Stadtgebiete, in denen *Eliëser nach einer Frau für *Isaak suchte (1Mo 24,10). Aus M. stammte *Bileam, der Sohn Beors (5Mo 23,4); Kuschan-Rischatajim regierte dort und unterdrückte Israel (Ri 3,8-10). M. unterstützte mit Wagenlenkern und Reitern Davids ammonitische Gegner (1Chr 19,6). Dies stützt die Annahme, daß das Gebiet von den pferdezüchtenden indogermanischen Völkern der Mitanni und *Horiter/Hurriter im 2. Jt. v.Chr. besetzt worden ist.

Nach dem 4. Jh. v.Chr. dehnten griech. und röm. Geschichtsschreiber den Begriff »Mesopotamien« auf das ganze Tigris-Euphrat-Tal aus, was dem heutigen Staat Irak entspricht. So nennt *Stephanus Abrahams ursprüngliche Heimat Ur in Babylonien »Mesopotamien . . . ehe er in Haran wohnte« (Apg 7,2). Die Zusammenfassung von Bewohnern M.s mit Parthern, Medern und Elamitern (Apg 2,9) könnte darauf hindeuten, daß Diasporajuden aus Babylonien in Jerusalem waren, um Petrus zu hören. So folgt das NT der geographisch weiter gefaßten Bezeichnung, die auch die moderne Forschung teilweise beibehalten hat.

S.a. *Aram, *Syrien, *Assyrien und *Babylonien.

Literatur: J.J. Finkelstein: JNES 21, 1962, S. 73-92; HdArch; S. Lloyd: Die Archäologie Mesopotamiens, 1981. D.J.W.

MESSEN.

1. M. bedeutet die Feststellung einer Länge, eines Umfangs oder eines Gewichtes (vgl. *Maße und Gewichte). Es wird in der Bibel hauptsächlich gebraucht für die Längen- und Raumbegrenzung von Gebäuden (vgl. Hes 40,5) oder Stadtgebieten (vgl. Sach 2,5f). Man mißt mit einem Holz- oder Rohrstab (Meßrute, Hes 40,5) oder mit der Meßschnur (Jes 34,11; Jer 31,29; Hes 47,3; Sach 1,16), die auch Bleilot (Jes 34,11; Am 7,7; RevEB: Senkblei) genannt wird. Die Schnur legt die Begrenzung fest (Jer 31,29), und ihr Anlegen kennzeichnet den Beginn eines Baus (Sach 1,16).

2. Im übertragenen Sinne wird M. vielfach als Bild für das Handeln Gottes gebraucht. In Offb 11,1 bedeutet das Abmessen die Kennzeichnung eines geschützten Raumes; in der Regel allerdings bedeutet Gottes M. die Verurteilung zum *Gericht, d.h. zur Zerstörung und Verwüstung einer Stadt oder eines Landes (vgl. Jes 34,11; 2Kön 21,13; Klgl 2,8). Gottes Maßstab ist dabei sein Recht und Wille (Jes 28,17); was diesen nicht entspricht, verfällt dem Gericht. Für Gottes Größe, ja selbst für das Werk seiner Schöpfung, fehlt dem Menschen der Maßstab (Hiob 38,5; Jes 40,12; 46,5). Und ebensowenig wie der Mensch jemals den Himmel ausmessen kann, hat die Barmherzigkeit Gottes für sein Volk je ein Ende (Jer 31,35-37).

3. Der Mensch soll sich und seine Mitmenschen an dem von Gott gesetzten Maßstab, nicht aber an seinen selbstgemachten Idealen messen (2Kor 10,12). Gott beurteilt uns, wie wir den andern beurteilen (Mt 7,2a). Wo wir aber geben und dem anderen zumessen, was er braucht, wird Gott uns in noch reicherem Maße schenken, was wir nötig haben (Lk 6,38; Mt 7,2b).

MESSER s. Waffen und Geräte

MESSIAS.

A. Im Alten Testament.

Dieser als offizieller Titel für die zentrale Gestalt der Erwartung benutzte Ausdruck wurde als Begriff im wesentlichen vom späten *Judentum geprägt. Sein Gebrauch ist vom NT her legitimiert, der Begriff selbst findet sich im AT jedoch nur zweimal (Dan 9,25-26).

Der Gedanke der *Salbung und des Gesalbten ist im AT fest verankert. Ein Beispiel, das der atl. Auslegung manchmal Schwierigkeiten bereitet hat, ist eigentlich besonders hilfreich, um den Begriff zu erklären. In Jes 45,1 wird der Perser *Kores/Kyrus als »sein (d.h. Jahwes) Gesalbter (*mesiho*)« bezeichnet. Hier begegnen fünf Merkmale, die im Lichte der übrigen Schrift für bestimmte Hauptlinien des atl. Messianismus kennzeichnend sind. Kores ist ein von Gott auserwählter Mann (Jes 41,25), zu einem Erlösungsauftrag am Volk Gottes (Jes 45,11-13) und zum Richteramt über dessen Feinde bestimmt (Jes 47). Ihm ist die Herrschaft über die Nationen gegeben (Jes 45,1-3), und in seinem ganzen Wirken ist Jahwe selbst der eigentlich Handelnde (Jes 45,1-7). Die Tatsache, daß Kores als Gesalbter gelten kann, zeigt, daß es auch einen – wenn man so will – »säkularen« Gebrauch der messianischen Terminologie gibt (vgl. die »Salbung« *Hasaëls, 1Kön 19,15, und die Bezeichnung *Nebukadnezars als »mein Knecht«, Jer 25,9). Es könnte keine bessere Zusammenfassung der atl. Anschauung von einem »Gesalbten« geben; darüber hinaus ist deutlich, daß diese fünf Punkte in ganz besonderer Weise für Jesus Christus zutreffen, der sich selbst als die Erfüllung der atl. messianischen Erwartungen verstanden hat. Aufgrund dessen ist es für unsere Darstellung das beste und einfachste Verfahren, den Begriff »messianisch« auf alle jene Weissagungen anzuwenden, bei denen eine bestimmte Person als Erlösergestalt im Mittelpunkt steht. Wie alt ist nun die messianische Erwartung? Häufig vertreten wird bei der Erörterung dieser Frage der von S. Mowinckel aufgestellte Grundsatz, der Messias sei eine eschatologische Gestalt im strengen Sinn des Wortes: nicht nur eine Gestalt zukünftiger Hoffnung, sondern ganz betont den »letzten Tagen« zuzuordnen. Da alle richtig bestimmten eschatologischen Texte auf den Niedergang der davidischen Monarchie als auf ein Ereignis der vergangenen Geschichte zurückblickten, müsse demgemäß der Messias der nachexilischen Zeit angehören und sei als Gegenstand einer Weissagung in vorexilischen Schriften nicht zu finden. Scheinbar messianische Texte aus der Königszeit seien einfach als Lobpreis für den regierenden König zu verstehen und besäßen keine messianische, d.h. eschatologische Bedeutung. Eine spätere Redaktion, so wird behauptet, mag sie messianisch gedeutet haben, und spätere messianisch orientierte Verfasser mögen manche ihrer Vorstellungen daraus bezogen haben; für sich genommen und sachgemäß betrachtet, seien sie jedoch nicht messianisch.

Dagegen wird (z.B. von Knight) mit guten Gründen geltend gemacht, es sei kaum anzunehmen, daß die uns aus den Königsbüchern bekannten Monarchen im Ernst auf solche Weise gepriesen oder mit solchen Begriffen bedacht wurden, wie sie etwa in den Königspsalmen begegnen. Wir müssen dieser strittigen Frage sogleich genauer nachgehen, müssen uns aber zunächst mit der Feststellung begnügen, daß solche Schriftabschnitte auf eine Vorstellung vom isrsaelit. Königtum als solchem hindeuten und auf eine Erwartung, die das königliche Amt selbst betraf. Auch wenn Mowinckel mit Recht betont hat, der Messias müsse eine eschatologische Gestalt sein, so würden ihm doch keineswegs alle Alttestamentler darin zustimmen, daß Eschatologie nachexilisch sein müsse (vgl. z.B. Vriezen). Vielmehr darf man sicherlich fragen, ob er den Begriff der Eschatologie nicht zu eng gefaßt hat. Wenn er z.B. die Bezeichnung »eschatologisch« jeder Schriftstelle abspricht, die das Übrigbleiben und Überleben eines »Restes« nach dem göttlichen Eingreifen schildert, dann muß man - als logische Konsequenz daraus – auch verneinen, daß Jesus Christus eine eschatologische Gestalt sei, und damit der bibl. Sicht von den »letzten Tagen« widersprechen (z.B. Hebr 1,2; 1Joh 2,18). Es ist weit angemessener, den Messias als eine »teleologische Gestalt« zu bestimmen. Einmalig war die in Israel herrschende Auffassung von einem Plan im Weltablauf. Dieses Bewußtsein besaßen die Israeliten von Anbeginn (vgl. 1Mo 12,1-3), und dies machte sie zu den einzig wahren Historikern der damaligen Welt.

Die spezifische Verknüpfung dieser Hoffnung mit einer königlichen Gestalt der Zukunft hängt keineswegs mit dem historischen Niedergang des Königtums zusammen. Denn die davidische Dynastie war von Anfang an ein Fehlschlag, und die Erwartung, ja Sehnsucht nach einem königlichen Messias braucht nicht später als in der salomonischen Zeit entstanden zu sein. Wir werden daher so vorgehen, daß wir im AT nach einer »Erlösergestalt« suchen. Indem wir unsere Untersuchung mit der israelit. Teleologie anstatt mit einem enggefaßten Eschatologiebegriff verbinden, werden wir gute Gründe für die Annahme finden, daß eine solche Hoffnung recht früh von dem erwählten Volk gehegt wurde und ihren Anfang bereits mit dem berühmten »Protevangelium« (1Mo 3,15) nahm.

I. DER MESSIAS ALS ANTITYPUS GROSSER GESCHICHTLICHER GESTALTEN.

Israels teleologische Sicht des irdischen Weltablaufs wurzelte in der Erkenntnis des einzigartigen Gottes, der sich ihm offenbart hatte. Die Treue und Beständigkeit seines Gottes gab ihm einen Schlüssel für die Zukunft, sofern es für den Glauben notwendig war, kommende Dinge wahrzunehmen. Gott hatte »typisch« und charakteristisch in bestimmten Persönlichkeiten und Ereignissen der Vergangenheit gehandelt, und da Gott sich nicht ändert, handelt er auch in Zukunft so. Drei dieser Gestalten der Vergangenheit wurden ganz besonders mit dem messianischen Gedanken verbunden: Adam, Mose und David.

1. Der Messias und Adam.

Es gibt einige Merkmale der messianischen Zukunft, die sehr deutlich an paradiesische Zustände erinnern: zweckmäßigerweise seien sie zusammengefaßt unter den beiden Stichworten Wohlstand (Am 9,13; Jes 4,2; 32,15.20; 55,13; Ps 72,16) und Frieden (Harmonie in der Welt der lebendigen Kreaturen, Jes 11,6-9, und der Welt menschlicher Beziehungen, Jes 32,1-8). Betrachtet man den Sündenfall in seiner Auswirkung lediglich auf diese Welt, so sind es gerade diese Dinge, die durch den Fluch Gottes verlorengingen. Wenn der Fluch aufgehoben wird und der »Mensch Gottes« alle Dinge wiederherstellt, treten wieder »paradiesische« Zustände ein.

Dies ist nicht nur »Wunschdenken«, sondern eine logische und angemessene Weiterführung der Lehre von der Schöpfung durch einen heiligen Gott. Alle oben genannten Schriftstellen betreffen den messianischen König und das Wesen seiner Herrschaft und seines Königtums. Hier ereignet sich die wirkliche Wiederkehr des ersten Menschen, der die »Herrschaft« über die übrige Schöpfung hatte (1Mo 1,28; 2,19-20), jedoch fiel, als er sich seine Herrschaft nehmen ließ (vgl. 1Mo 3,13). Die Herrschaft wird im Messias wiederhergestellt werden. Man darf offen zugeben, daß der Gedanke des Messias als eines neuen *Adam weder ausführlich noch besonders deutlich entfaltet ist, »es ist jedoch nicht unwahrscheinlich, daß wir Hinweise dafür haben, daß die Königsideologie manchmal durch die Vorstellung eines Paradies-Königs beeinflußt worden ist« (Mowinckel). Die Lehre des NT über den »zweiten Adam« hat in den angeführten Stellen deutlich eine atl. Wurzel.

2. Der Messias und Mose.

Es überrascht nicht, daß der *Auszug aus Ägypten und die Gestalt des Mose das Denken Israels so geprägt haben, daß auch die Zukunft nach diesem Vorbild gesehen wurde. In der Art, wie dieses Ereignis aufgezeichnet und den nachfolgenden Generationen des Volkes überliefert wurde, stellte das Muster des ersten Exodus eine ewiggültige Offenbarung Gottes dar (2Mo 3,15). Der Gedanke eines zweiten Exodus begegnet nicht immer in spezifisch messianischem Kontext. Manchmal wird betont, Gott werde das, was er beim Exodus getan hat, wieder tun, nur in einer noch großartigeren Weise; doch wird dabei nicht irgendein Mensch erwähnt, durch den Gott so handeln werde wie er einstmals durch Mose gewirkt hat (z.B. Hos 2,16-25; Jer 31,31-34; Hes 20,33-44 - beachte »König« in V. 33 (RevEB); möglicherweise wird Mose in 5Mo 33,5 als »König« bezeichnet). Manchmal jedoch ist die Voraussage des zweiten Exodus messianisch, z.B. Jes 51,9-11; 52,12; Jer 23,5-8. Auch hier muß man so ehrlich sein, darauf hinzuweisen, daß der messianische Bezug allenfalls durch Schlußfolgerung in Sicht kommt. Was Mose betrifft, so können wir die Untersuchung jedoch einen Schritt weiterführen; denn in 5Mo 18,15-19 haben wir seine eigene Prophetie vorliegen, daß der Herr einen Propheten »wie mich« erwecken werde.

Im allg. neigten die Ausleger dieses Abschnittes dazu, ausschließlich den einen oder den anderen Standpunkt zu befürworten: entweder den, daß hier der Messias vorhergesagt sei, oder jenen, daß hier lediglich versichert werde, Gott wolle für eine kontinuierliche Reihe von Propheten sorgen. In neueren Studien wird hauptsächlich die letztere Ansicht vertreten, obwohl gelegentlich auch eine messianische Bedeutung – wenn auch erst in zweiter Linie – in Betracht gezogen wird. Der Text selbst jedoch scheint beide Auslegungen zu fordern, denn manchen der in ihm enthaltenen Elemente wird nur die Reihe von Propheten, anderen hingegen nur der Messias gerecht.

Der Kontext erschwert die messianische Auslegung erheblich. Mose warnt seine Hörer eindringlich vor den kanaan. Greueln und erinnert dabei besonders an mantische Praktiken zur Erforschung der Zukunft. Diese Warnung wird durch die Vorhersage des »Propheten wie Mose« unterstützt. Dies, sagt Mose, ist Israels Alternative zur Wahrsagerei; die Lebenden sollen nicht die Toten befragen, denn der Gott Israels wird zu seinem Volk durch einen zu diesem Zweck berufenen Mann sprechen. Das scheint eine Zusicherung kontinuierlicher Offenbarung zu sein; die Ankündigung eines noch weit entfernten Messias würde dem Bedürfnis nach Leitung, von dem Mose spricht, nicht abhelfen.

Zudem können 3Mo 18,21f mit dem dort gegebenen Kriterium zur Beurteilung von Propheten als Vorwegnahme der Situation angesehen werden, welche oftmals in den Tagen der bibl. Propheten eintrat und Jeremia solche Seelenqual bereitete (Jer 23,9ff). Diese Überlegung ist jedoch nicht von gleichem Gewicht wie die vorhergehende; denn es wäre durchaus nicht unangemessen, auch für den Messias ein Kriterium anzugeben. Ein falscher Messias ist ja genauso gut möglich wie ein falscher Prophet. Tatsächlich stützte Jesus selber seinen Anspruch auf die Übereinstimmung zwischen seinen Worten und Taten, und seine jüd. Gegner bestanden immer wieder auf einem unzweideutigen messianischen Zeichen.

Wenn wir die Worte Moses als Vorhersage einer Reihe von Propheten verstehen, gingen sie natürlich in reichem Maße in Erfüllung. Jeder wahre Prophet war »wie Mose«, denn er lebte, um die Tora Moses zu lehren. Sowohl Jeremia (Jer 23,9ff) als auch Hesekiel (Hes 13,1-14,11) unterscheiden den wahren vom falschen Propheten nach dem Inhalt seiner Botschaft; der wahre Prophet hat ein Wort gegen die Sünde zu sagen, der falsche nicht. Das bedeutet schlicht, daß die Theologie der wahren *Prophetie vom Sinai herkommt. Diese Wahrheit wird auch im 5. Buch Mose gelehrt; denn die Frage der falschen Prophetie wird in Kap. 13 aufgeworfen, und dort wird genau das verlangt, daß jeder Prophet an der Exodus-Offenbarung (V. 6.11) und an der Lehre Moses gemessen wird (V. 19). Mose ist der normative Prophet; so ist jeder wahre Prophet als solcher schon ein Prophet »wie Mose«. Jedoch hat die Auslegung dieses Abschnitts noch eine andere Seite. Nach 5Mo 34,10 ist Mose einzigartig und bisher ohnegleichen. Wie man auch immer das 5. Buch Mose datieren mag - jedenfalls deutet dieser Vers darauf hin, daß 5Mo 18,15ff messianisch zu verstehen sei. Denn ob nun das Buch so jung ist, wie manche annehmen, oder ob 5Mo 34,10 den späteren Kommentar eines Herausgebers darstellt – hier wird uns mitgeteilt, daß weder ein einzelner Prophet noch die Propheten in ihrer Gesamtheit die Weissagung von 5Mo 18,15ff bis dahin erfüllt haben.

Ferner: Wenden wir uns dem Abschnitt selbst zu, so sollten wir dem sehr präzisen Wortlaut des Vergleichs mit Mose besondere Aufmerksamkeit schenken. Die Worte besagen nicht etwa in allg. und unbestimmter Weise, daß irgendein Prophet »wie Mose« aufstehen werde, sondern genauer: ein Prophet, der im Blick auf seine Person und sein Werk mit Mose am Horeb verglichen werden kann (5Mo 18,16). Und diesem Vergleich hielt keiner der atl. Propheten stand. Mose war am Horeb der *Mittler des Bundes; die Propheten waren Verkündiger des Bundes und Ankündiger seiner Erneuerung. Mose war Urheber, die Propheten dagegen waren Verbreiter und Verfechter des Toragehorsams. Mit Mose trat Israels Glaube in ein neues Zeitalter ein, die Propheten kämpften für die Aufrichtung und Erhaltung dieses Zeitalters und bereiteten den Weg für das nächste, auf das sie vorausblickten. Die exakte Forderung von 5Mo 18,15-16 kann daher nur vom Messias erfüllt werden.

Wie können aber nun diese beiden Auslegungen miteinander in Einklang gebracht werden? Wir stellten zuvor fest, daß Israels fortdauerndes Angewiesensein auf die Stimme Gottes nicht durch einen weit entfernten Messias befriedigt werden könne. Dabei redeten wir jedoch so, als habe die Information des 20. Jh. den alten Israeliten zur Verfügung gestanden. Der Abschnitt kündigt gewiß den Propheten-Messias an, sagt aber nichts davon, daß dieser noch »weit entfernt« sei. Erst der tatsächliche Ablauf der Zeit konnte das erweisen. Dies ist also die Lösung, die beide Auslegungen vereint: Für die Propheten in Israel traf genau dasselbe zu, was für seine Könige galt (vgl. weiter unten). Die Reihe der Könige setzte sich fort im Schatten der Verheißung des »einen großen kommenden Königs«. Jeder neue König wurde daher mit bewußt messianischen Worten begrüßt; dies sollte ihn an seine Berufung zu einem besonderen Königtum erinnern und zugleich der nationalen Hoffnung Ausdruck geben, daß endlich der Messias gekommen sein könnte. Genauso verhält es sich mit den Propheten. Auch sie stehen unter dem Schatten der Verheißung, auch sie haben eine ganz bestimmte Erwartung zu erfüllen. Jeder König muß nach seinem besten Vermögen wie der König der Vergangenheit (David) sein, bis der Eine kommt, der den Typus Davids neu darzustellen und der König der Zukunft zu sein vermag. So muß auch jeder Prophet nach seinem besten Vermögen wie der Prophet der Vergangenheit (Mose) sein, bis der Eine kommt, der den Typus Moses neu darzustellen und der Prophet, Gesetzgeber und Mittler des zukünftigen, neuen Bundes zu sein vermag.

3. Der Messias und David.

Vom sterbenden Jakob wird überliefert, er habe von der Zukunft seiner Söhne geweissagt (und wir haben keinen Anlaß, ihm diese Prophezeiung abzusprechen). Mit Recht hat dabei die Prophetie über Juda (1Mo 49,9-12) stets große Beachtung gefunden. Die Diskussion konzentriert sich zwangsläufig auf die Bedeutung der Wendung *ʿad kī jaboʾ schīloh* (V. 10). Hes 21,32 scheint die Deutung nahezulegen: »bis der kommt, der das Recht hat«; dies ist sicherlich die angemessenste Lösung des Problems. In neuerer Zeit wurde auch der Standpunkt vertreten, hier liege ein akkad. Lehnwort mit der Bedeutung »sein (d.h. Judas) Herrscher« vor. Auf jeden Fall wird die Herrschaft über die Stämme Juda übertragen, und ein besonders herausragender judäischer Regent wird als die Vollendung der Oberherrschaft vorhergesehen. In einem ersten und zugleich normativen Sinn erfüllte sich dies in David von Juda, mit dem alle nachfolgenden Könige verglichen wurden – ob sie nun gut oder schlecht dabei abschnitten (z.B. 1Kön 11,4.5; 14,8; 15,3.11-14; 2Kön 18,3; 22,2). Aber auch wenn man erkannt hat, daß David tatsächlich als der normative König galt, hat man damit noch lange nicht erklärt, warum er auch der Typus des kommenden Königs sein sollte.

Die Nathanweissagung (2Sam 7, 12-16) muß nicht unbedingt durch einen einzelnen König erfüllt werden; sie sagt dem David vielmehr voraus, sein Haus (Dynastie), Königtum und Thron würden Bestand haben. Wir müssen annehmen, daß die Zeit Davids angesichts der Mißstände und des Niedergangs, die schon in den späteren Regierungsjahren Salomos einsetzten, in der Erinnerung Israels immer heller zu leuchten begann, und daß die Hoffnung sich deshalb auf einen zukünftigen »David« richtete (z.B. Hes 34,23). Diese Erwartung spricht vor allem aus zwei Gruppen atl. Texte:

a. Aus den Psalmen. Es gibt einige Psalmen, die speziell vom König handeln und ein sehr genaues Bild von dessen Persönlichkeit und Amt zeichnen. Wir fassen zusammen: Dieser König wird von der Welt bekämpft (Ps 2,1-3; 110,1); durch seine Siege jedoch (Ps 45,4-6; 89,23-24) und durch das Eingreifen Jahwes (Ps 2,6.8; 18,47-51; 21,2-14; 110,1-2) richtet er eine Weltherrschaft auf (Ps 2,8-12; 18,44-46; 45,17-18; 72,8-11; 89,26; 110,5-6), die auf den Zion gegründet (Ps 2,6) und durch den Eifer für Gerechtigkeit gekennzeichnet ist (Ps 45, 5.7f; 72,2f.7; 101,1-8). Seine Herrschaft währt ewig (Ps 21,5; 45,7; 72,5); sein königliches Regiment ist mit Frieden (Ps 72,7) und Wohlstand gesegnet (72,16) und weicht nicht von der Verehrung Jahwes ab (Ps 72,18f). Er ist besonders ausgezeichnet unter den Menschen (Ps 45,3.8), ein Freund der Armen und ein Feind der Unterdrücker (Ps 72,2-4.12-14). Unter ihm blühen die Gerechten (Ps 7,27). Seiner wird ewig gedacht (Ps 45,18), er besitzt einen ewigen Namen (Ps 72,17) und ist Gegenstand unendlichen Dankes (Ps 72,15). Jahwe gegenüber ist er der Empfangende: er erhält dessen ewig währenden Segen (Ps 45,3). Er ist der Erbe des Davidbundes (Ps 89,29-38; 132,11-12) und des Priestertums Melchisedeks (Ps 110,4). Er gehört Jahwe an (Ps 89,19) und ist ihm ganz hingegeben (Ps 21, 2.8; 63,2-9.12). Er ist sein Sohn (Ps 2,7; 89,28), sitzend zu seiner Rechten (Ps 110,1) und selber von göttlicher Wesensart (Ps 45,7).

Die messianische Modellvorstellung, wie sie oben aus der Kores/Kyrus-Prophetie abgeleitet wurde, tritt hier deutlich zutage. Es ist undenkbar, daß man solche Vorstellung direkt mit der Person eines der Thronfolger Davids in Judäa verbinden konnte. Somit haben wir hier entweder die übertriebenste Lobhudelei vor uns, welche die Welt je gehört hat, oder aber den Ausdruck eines hohen Ideals.

Dazu muß noch gesagt werden, daß in Ps 45,7 dem König göttliche Würde zugeschrieben wird. Es gibt zweifellos Möglichkeiten, die Anrede des Königs als »Gott« in legitimer Weise zu umgehen (vgl. Johnson). Solche Interpretationen sind aber unnötig angesichts der an anderen Stellen des AT klar bezeugten Tatsache, daß ein göttlicher Messias erwartet wurde. Man kann nicht als Argument dagegen anführen, daß im 8. V. des Psalms, der sich immer noch an den König richtet, gesagt wird: »Gott, dein Gott«. Sicherlich sollen wir daraus schließen, daß ein Unterschied zwischen Gott und dem König besteht, auch wenn vom König als »Gott« gesprochen wird. Dies braucht aber nicht zu überraschen; denn genau dasselbe begegnet uns überall in der Messiaserwartung, wie wir sehen werden, und ebenfalls z.B. dort, wo der Engel des Herrn auftritt, der selber göttlich und doch zugleich von Gott verschieden ist.

b. Aus Jesaja 7-12 u.ö. Am längsten wird das Thema vom davidischen Messias bei Jes 1-37 durchgehalten, und insbesondere erscheint es dort in der selbständigen Einheit Kap. 7-12. Ab 734 v.Chr. zwang der Druck, den der erwachende Imperialismus Assyriens auf den Westen ausübte, alle Staaten Palästinas, für ihre Sicherheit zu sorgen. Aram und Israel (Ephraim) schlossen ein Bündnis zur gegenseitigen Verteidigung und suchten zusätzliche Verstärkung durch eine vereinigte paläst. Front. Als Juda sich offenbar von diesem syrisch-ephraimitischen Bündnis fernhielt, wurde Druck ausgeübt, um das Südreich zu besserer Einsicht zu zwingen. Es ist unnötig, den Verlauf der Ereignisse hier zu wiederholen (vgl. dazu 2Kön 15,37-16,20; 2Chr 28); vielmehr müssen wir unsere Aufmerksamkeit darauf richten, wie Jesaja die Lage beurteilte. Es ist klar erkennbar, daß er die Bedrohung als vorübergehend (Jes 7,7.16), den geschichtlichen Augenblick jedoch als entscheidend für die Zukunft des Volkes Gottes ansah. Sollte man angesichts dieser Bedrohung sich weigern, allein in Jahwe Sicherheit zu finden und sich durch irgendeinen politischen Pakt absichern wollen, so würde in den Augen der Propheten nicht allein der gegenwärtige König (Ahas), sondern die gesamte davidische Dynastie sich als glaubenslos erweisen. Sie hätte damit die Verheißungen und den Beistand ihres Gottes in entschiedener und unwiderruflicher Weise zurückgewiesen und das Verderben heraufbeschworen. Deshalb identifiziert Jesaja Ahas mit der gesamten Dynastie (Jes 7,2.13.17), fordert eine Politik des alleinigen Vertrauens auf Jahwe (Jes 7,4; »Hüte dich und bleibe stille«) und kündigt warnend an, daß die Frage des Glaubens die Zukunft der Dynastie und des Volkes entscheiden werde (Jes 7,9). In Jahwes Namen bietet er ein so gewaltiges Zeichen an, das praktisch zum Glauben zwingen müßte (Jes 7,10-11), und spricht, als dieses Angebot abgelehnt wird, von einem anderen Zeichen, Immanuel, an dem zu erkennen ist, daß die Hoffnung des Volkes durch den Triumph Assyriens zunichte gemacht wird (Jes 7,14ff).

Es liegt also eine Folgerichtigkeit in Jes 7,1-25. Da kommt ein Augenblick, wo der Glaube als entscheidender Faktor angeboten wird und jenseits dieses Angebotes nur das Gericht steht, das über den Unglauben kommt. Für Jesaja freilich werden dadurch ebenso viele Probleme geschaffen wie gelöst. Einerseits kann man sagen, der ungläubige Ahas werde durch sein mangelndes Gottvertrauen verurteilt und reiße die Dynastie und das Volk mit sich ins Verderben. Aber andererseits muß man fragen: Wie steht es mit den Verheißungen selbst? Nimmt Gott sein Wort zurück? Tritt die Verheißung eines davidischen Königs als solche außer Kraft, nur weil Ahas durch seinen Unglauben sie nicht für sich in Anspruch nimmt? Hängt Gottes messianischer Heilsplan so sehr an menschlichen Entscheidungen? Eben diesen Fragen widmet sich Jesaja in diesem Abschnitt seines Buches, und seine Gedanken dazu konzentrieren sich auf die Gestalt des Immanuel.

Wenden wir uns nun diesem Immanuel zu, so müssen wir zuerst beachten, was über dessen Geburt gesagt wird: die Geburt wird als ein »Zeichen« und die Gebärende als *ʿalmā* beschrieben. Bei keiner dieser beiden Aussagen ist unumstritten, was Jesaja damit gemeint hat. Der Begriff »Zeichen« wird im AT für ein Überzeugungsmittel, das sofort eingesetzt wird (wie in Jes 7,11; vgl. 5Mo 13,2), und auch für eine Bestätigung, die erst in der Zukunft eintritt (z.B. 2Mo 3,12), gebraucht. In welchem Sinne ist nun Immanuel ein »Zeichen«? Was die Mutter des Immanuel betrifft, so steht die Mehrheit der Forscher auf dem Standpunkt, das Wort *ʿalmā* meine eine junge Frau im heiratsfähigen Alter, die in diesem Fall – wegen ihrer Schwangerschaft – als verheiratet anzusehen sei; hätte Jesaja eine *virgo intacta* (Jungfrau) gemeint, so hätte er unbedingt ein anderes Wort, nämlich *betulā*, gebrauchen müssen. Dieser Sachverhalt ist jedoch noch nicht so weit geklärt, wie manche Ausleger suggerieren wollen. »Aus einem Überblick über außerbiblisches Belegmaterial können wir mit Sicherheit schließen, daß das Wort *ʿalmā*, soweit sich das überhaupt feststellen läßt, niemals für eine verheiratete Frau gebraucht wurde«, sagt E.J. Young (Studies in Jesaja, 1954, S. 170); und bei den acht anderen Stellen, an denen der Begriff in der Bibel benutzt ist, besteht in keinem Falle Grund dazu, einen verheirateten Stand anzunehmen. Die Abfolge in 1Mo 24,14.16.43 ist dabei besonders beachtenswert: Abrahams Diener betet um ein »Mädchen« (V. 14; *naʿarā*); als Rebekka kommt, bemerkt er, daß sie heiratsfähig, jedoch unverheiratet ist (V. 16; eine *betulā*, noch von keinem Mann erkannt); mit diesem Wissen im Hintergrund erzählt er, kurz zusammengefaßt, die ganze Geschichte der Familie Rebekkas und gebraucht dabei den Begriff *ʿalmā* (V. 43). Nebenbei muß auch gefragt werden, warum *betulā*, wenn es doch angeblich ein Spezialbegriff für »Jungfrau« ist, an manchen bedeutsamen Stellen präzisierender Beifügungen bedarf, wie etwa 1Mo 24,16 (vgl. 3Mo 21,3; Ri 11,39; 21,12). In der Tat kann man mit gutem Grund den Standpunkt vertreten, daß Jesaja *ʿalmā* gebrauchte, weil es im Hebr. das passendste Wort für *virgo intacta* ist, und daß Matthäus nicht leichtfertig handelte, als er die griech. Wiedergabe *parthenos* übernahm (Mt 1,23).

Zweitens stellt Jesaja Immanuel in den Kontext der Hoffnung Israels. Die Kap. 7-11 bilden eine zusammenhängende Einheit prophetischer Lehre, wobei sich Jes 7,1-9,6 auf das Südreich (Juda) und Jes 9,7-11,16 auf das Nordreich (Jakob; Jes 9,7) beziehen. In beiden Abschnitten folgen die gleichen vier Unter-Abschnitte aufeinander: der Augenblick der Entscheidung (Jes 7,1-17; 9,7-10,4), das Gericht (Jes 7,18-8,8; 10,5-15), der Rest (Jes 8,9-22; 10,16-34) und die herrliche Hoffnung (Jes 9,1-6; 11,1-16). Während diese Abfolge durchlaufen wird und der Zielpunkt schließlich klar in Sicht kommt, wird der wunderbar geborene Immanuel (der Besitzer: Jes 8,8; und die Sicherheit seines Volkes: Jes 8,10) zum königlichen Erlöser von Jes 9,1-6 und zum König der Gerechtigkeit von Jes 11,1-16. An beiden Stellen ist er ein Weltenherrscher (Jes 9,6; 11,10), und an beiden Stellen bleibt das seine Person umgebende Geheimnis bestehen. In Jes 9,5 ist der auf Davids Thron Sitzende (V. 6) auch »mächtiger Gott« (»Gott-Held«) – angesichts des identischen Wortlauts in Jes 10,21, der sich ganz eindeutig auf Jahwe bezieht, ist es exegetisch sinnlos, hier entweder die Übersetzung zu verweigern oder die klare Bedeutung des Ausdrucks abzustreiten –, und in Jes 11,1.10 ist der, welcher aus dem Stamm Jesse entspringt, zugleich die Wurzel Jesse. Wir müssen versuchen, Immanuel und *mahēr-schālāl-chāsch-bas* zueinander in Beziehung zu setzen (Jes 8,1-4). Wir haben zuvor schon die Frage angesprochen, ob Immanuel als Wunderzeichen ein Überzeugungsmittel für die unmittelbare Gegenwart oder eine Beglaubigung, die erst in der Zukunft eintrifft, darstelle. Es sieht fast so aus, als ob die Folgerung aus Jes 7,15-17, daß er als Erbe der assyr. Verwüstung Judas geboren werde, dieses Problem löse. Jesaja scheint jedoch – mit einigem Nachdruck und Bedacht – die Aufgabe, ein unmittelbar gegenwärtiges Zeichen zu sein, auf seinen eigenen Sohn zu übertragen (Jes 8,1-4), und in den weiteren Aussagen der Kap. 8-9 zeigt sich ein deutlicher Gegensatz zwischen diesem schon bald erscheinenden Kind mit seinem vierfachen Unheilsnamen (Jes 8,1-4) und jenem, dessen Geburt »in späterer Zeit« (Jes 8,23) erfolgt und der einen vierfachen Herrlichkeitsnamen trägt (Jes 9,5). Hat Jesaja demnach seine Meinung über den Immanuel und die Zeit seiner Geburt geändert? Oder wie sollen wir sonst diese eigentümliche Spannung in den Aussagen verstehen?

Wir kommen wohl einer Lösung mit der Annahme am nächsten, daß Jesaja von Anfang an die Geburt des Immanuel als zukünftige Bestätigung der göttlichen Verwerfung des Ahas und der davidischen Dynastie – in der Art, wie sie durch ihn vertreten wurde – ansah: der große erwartete König würde als Abkomme des Ahas geboren werden, um einen leeren Titel, eine bedeutungslose Krone und ein unterworfenes Volk zu erben. Hätte Immanuel damals und dort zur Welt kommen müssen, so wäre dies der Fall gewesen. Wir wissen: als der Immanuel dann wirklich geboren wurde, war dies immer noch der Fall. Jesaja löst die Geburt des Immanuel behutsam aus der Gegenwart heraus und verlegt sie in eine undatierte Zukunft, indem er die Geburt seines eigenen Sohnes an ihre Stelle setzt und von dem offenen Datum der »späteren Zeit« (Jes 8,23) spricht.

II. ANDERE MESSIANISCHE GESTALTEN: 1. Der Knecht Gottes.

Jes 40-55 wird von der messianischen Beschreibung des Gottesknechtes beherrscht (Jes 42,1-4; 49,1-6; 50,4-9; 52,13-53,12). Der *Knecht Gottes ist Jahwes Auserwählter (Jes 42,1); er übt die königlichen Ämter der Rechtsprechung (*mischpat,* Jes 42,1.3f) und der Herrschaft aus (Jes 53,12), trägt vorwiegend die Kennzeichen eines Propheten (Jes 49,1-2; 50,4), verrichtet einen Dienst an den Heiden (Jes 42,1.4; 49,6b) und an Israel, ist die Zentralgestalt einer weltweiten Offenbarung (Jes 42,1.3-4) und Heilszuwendung (Jes 49,6) und unterwirft sich aus freiem Willen – nicht als Priester, sondern als Opfer – einem Tod, der in den Stellvertretungskategorien der levitischen Opfer beschrieben wird (Jes 53,4-6.8.10-12).

Das Verbindungsglied zwischen dem ersten Gottesknechtslied und seinem Kontext mag man in dem doppelten »Siehe« von Jes 41,29 und Jes 42,1 sehen. Der erstere V. ist der Höhepunkt von Jesajas Beschreibung der Verlorenheit der Heiden, der letztere die Vorstellung desjenigen, der *mischpat* zu den Heiden bringen wird. Sowohl im Blick auf die Schöpfung (Jes 40,12-31) als auch auf die Geschichte (Jes 41,1-29) ist der Gott Israels der einzige Gott. Dies stellt die Grundlage für ein Trostwort an Israel dar (Jes 40,1-11; 41,8-20), macht aber auch die bedrückende Not des größeren Teils der geschaffenen und geschichtlichen Welt deutlich (Jes 40, 18-20.25; 41,5-7.21-24.28-29). Der Gottesknecht ist von Gott dazu begabt, aus eben dieser Not herauszuhelfen (Jes 42,1b.3b.4).

Zwischen dem ersten und zweiten Gottesknechtslied findet ein bedeutsamer Gedankenfortschritt statt. Das erste Lied stellt nicht die Frage nach der Identität dieses Knechtes, sondern konzentriert sich auf seine Aufgaben. Aber kaum hat Jahwe diese Aufgaben als seinen Willen für seinen Knecht bestätigt (Jes 42,5-9) und sich zu deren Durchführung verpflichtet (Jes 42,10-17), da beginnt der Prophet, die bedrückende Not Israels zu enthüllen (Jes 42,18-25). Dieser bedeutsame Textabschnitt muß von jedem genau bedacht werden, der diesen zentralen Teil der jesajanischen Schriften verstehen will: das Volk Israel ist blind, taub (V. 18-19), versklavt (22), verurteilt wegen seiner Sünde (23-25a) und geistlich abgestumpft (25b). Aus der Abfolge der Texteinheiten erfahren wir also, daß der Gottesknecht nicht das Volk Israel sein kann. Jesajas Denken kreist jedoch nicht so sehr um die Identität des Gottesknechtes wie das unsrige; vielmehr fährt er fort (Jes 43, 1-44,23), in Form von Verheißungen anzuzeigen, daß sich Jahwe sowohl der politischen (Jes 43,1-21) als auch der geistlichen Nöte Israels (Jes 43,22-44,23) annehmen werde. Sein Werkzeug im ersteren Fall ist Kores/Kyrus (Jes 44,24-48,22), durch den Babylon fällt (Jes 46,1-47,15) und Israel aus der Gefangenschaft freikommt (Jes 48,20-22).

Eines der Hauptthemen in Jes 48 ist die Sündhaftigkeit Israels (V. 1.4f. 7f.18.22). Zwei Dinge liegen also eng beieinander: die Freilassung aus Babylon und das Verharren in der Sünde. V. 22 ist ein passender Höhepunkt und eine nicht minder passende Überleitung zum zweiten Lied. Ein Wechsel des Aufenthaltsortes (von Babylon in die Heimat) bedeutet noch nicht eine Änderung des Herzens; das Volk mag in sein Land zurückgekehrt sein – zu Jahwe muß es erst noch zurückkehren. Was an geistlicher Erlösung verheißen wurde (Jes 43,22-44,23), soll von dem Gottesknecht erfüllt werden, der den Namen erhält, den sie verwirkt haben (Jes 49,33; vgl. 49,1), und der – ohne die Aufgabe zu verlieren, den Heiden das Heil zu bringen – auch die Aufgabe übernimmt, Jakob zu Jahwe zurückzuführen (Jes 49,5-8).

Das dritte Gottesknechtslied zeigt den Gottesknecht als den völlig Gehorsamen, der um seines Gehorsams willen leidet, und hebt in seinem Kontext den Knecht sogar von den Getreuen im Gottesvolk ab. Im Gegensatz zum verzagten (Jes 49,14-26) und verstummten Zion (Jes 50,1-3) redet der Gottesknecht zu Jahwe (Jes 50,4-5) aus fröhlichem, optimistischem Glauben (Jes 50,6-9) und wird so zum Vorbild aller, die Jahwe fürchten (Jes 50,10): ohne den Knecht Gottes bleibt der Mensch tatsächlich seinen eigenen Kräften zur Selbsterleuchtung überlassen und dem göttlichen Verdammungsurteil verfallen (Jes 50,11).

Das Gebot, aufzumerken (»Siehe«, Jes 52,13), ist der Höhepunkt einiger Ansprachen an die Getreuen (Jes 51, 1.4.7), die entweder als einzelne Personen gesehen oder als Jerusalem/Zion versinnbildlicht werden (Jes 51,17; 52,1). Jesaja unterscheidet somit weiterhin den Gottesknecht von dem glaubenden Rest, bis dieser Knecht schließlich in »unmißverständlich individuellen« Umrissen hervortritt (H.H. Rowley, The Servant of the Lord, 1965, S. 52): er triumphiert über die Völker (Jes 52,13-15), wird verworfen (Jes 53,1-3), trägt die Sünden (Jes 53,4-6), erleidet als Unschuldiger freiwillig die Strafe für die Gesetzlosigkeit, ist dazu bestimmt, »sein Grab bei Gottlosen« zu haben und »bei Reichen, als er gestorben war« (Jes 53,7-9); doch kommt er wieder zum Leben, um die heilsame Frucht seines Sterbens weiterzugeben; er ist der würdige Empfänger der göttlichen Ehrung: »Ich will ihm die Vielen zur Beute geben, und er soll die Starken zum Raube haben« (Jes 53,10-12). In alledem ist auch die Universalität des Erlösungswerkes des Gottesknechtes nicht vergessen. Zunächst ergeht der Ruf an das unfruchtbare Zion (Jes 54,1-17), dem Friedensbund beizutreten (Jes 54,10) und Gerechtigkeit zu erben (Jes 54,14.17), dann aber auch an die ganze Welt, das geschenkte Heil anzunehmen (Jes 55,1-2) und die David verheißenen Gnaden zu empfangen (Jes 55,3).

Die Beschreibung des Gottesknechtes ist somit eindeutig und einheitlich gestaltet, die Person dieses Knechtes aber behält den ihr eigenen Wesenszug des Geheimnisvollen: ein Mensch unter Menschen (Jes 53,2-3), der aber auch der »Arm des Herrn« ist (Jes 53,1). Mowinckel setzt hier den Akzent richtig: »Wer hätte glauben können, was wir gehört haben? Wer hätte hier den Arm des Herrn sehen können?« (Jes 53,1).

Denn der »Arm des Herrn« ist niemand anderes als Jahwe selber (Jes 52,10), der wieder in der gleichen Weise handelt, wie er beim Exodus und am Roten Meer gehandelt hat: erlösend und befreiend (Jes 51,9-11).

2. Der gesalbte Eroberer.

Der dritte Teil der jesajanischen Schriften vervollständigt die messianischen Weissagungen. In Kap. 1-37 hat Jesaja einen König mit weltweiter Herrschaft vorgestellt, ohne jedoch anzudeuten, wie die Heiden gewonnen werden können. In seiner Beschreibung des Gottesknechtes hat er sodann ein universales Heil vorausgesagt, das alle Erlösten unter der Herrschaft Davids vereinigt. Diese beiden Abschnitte haben auch die Rache über die Feinde Jahwes beinhaltet, ohne sie jedoch besonders zu betonen (z.B. Jes 9,3-5; 42,13.17; 45,16.24; 49,24-26). Dieses Thema wird nun aber beherrschend, als einer die Szene betritt, der wie der König (Jes 11,2.4) und der Gottesknecht (Jes 42,1; 49,2) mit dem Geist und dem Wort begnadet ist (Jes 59,21).

Die Vision des Bethauses, das der ganzen Welt offensteht (Jes 56,1-8), droht zerstört zu werden von der bedrückenden Realität: der Herrschaft selbstsüchtiger Regenten (Jes 56,9ff), rel. Korruption (Jes 57,3ff) und der Unfähigkeit, zu einer wahrhaft geistlichen Religion zu gelangen (Jes 58, 1ff) und den Weg des Friedens zu finden (Jes 59,1ff). Unter diesen Umständen und in Ermangelung irgendeines anderen Erlösers legt Jahwe selber die Heilskleider an (Jes 59,16-20) und bringt Zion einen Retter. Geheimnisvollerweise wird der daraus folgende Bund jedoch einem zugesprochen, der mit dem Geist Jahwes begabt ist und Jahwes Worte redet (Jes 59,21); offensichtlich ist aber dieses auf den Zion ausgerichtete Heilswerk weltumfassend, denn sogleich erfolgt der universale Heilsruf (Jes 60,1ff). In einer Weise, die an die literarische Methode von Kap. 40-55 erinnert, geht die Verheißung, daß Jahwe diese große Vision eilends verwirklichen werde (Jes 60,22), in das Zeugnis von Einem über, der mit dem Geist und Wort Jahwes bevollmächtigt ist, um Trost (Jes 61,1-2a) und Gericht (V. 2b) zu verkündigen. Die Aufgabe der Tröstung beschäftigt den Propheten Jesaja bis zum Ende von Kap. 62, und nun ist es der Eine, Geistbegabte, der die Kleider des Heils anlegt (Jes 61,10-11), wie es zuvor Jahwe selbst getan hat (Jes 59, 16f). Das mächtige Gerichtsbild aus Jes 63,1-6 setzt das Erlösungswerk in Beziehung zu dessen Kehrseite, dem Gericht, in dem wieder einer allein (wie zuvor Jahwe Jes 59,16) die Kelter tritt und ein umfassendes Strafgericht ausübt.

In seiner Person unterscheidet sich dieser messianische Eroberer kaum vom König und dem Gottesknecht. Er hat die gleiche geistliche Ausrüstung; er ist ein Mensch unter Menschen. Zwei weitere Akzente werden jedoch gesetzt. Erstens wird er als der Eroberer *Edoms beschrieben – eine Aufgabe, die durch keinen anderen israelit. König außer durch David vollbracht worden war (vgl. 4Mo 24,17-19). Dürfen wir nicht hieraus die Identität des gesalbten Eroberers mit dem davidischen Messias ersehen? Zweitens ist er bei der weiteren Entfaltung des Themas derjenige, der schließlich das Gewand des Heils und des Gerichts trägt, das in einer früheren Version Jahwe selbst angelegt hatte (Jes 59,16ff). Wieder stellt der Prophet hier das messianische Motiv vor: die Identität und die Unterschiedenheit von Jahwe und seinem Gesalbten.

3. Der »Sproß«.

Unter dieser messianischen Bezeichnung findet sich eine wunderbar einheitliche Reihe von Voraussagen. Jer 23,5ff und 33,14ff sind praktisch identisch. Jahwe wird »dem David« einen Sproß erstehen lassen. Es ist ein König, in dessen Tagen Israel gerettet werden wird. Seine Herrschaft ist von Recht und Gerechtigkeit gekennzeichnet. Sein Name lautet »Der Herr unsere Gerechtigkeit«.

Der zweite dieser Abschnitte verbindet die Verheißung des Sprosses mit der Zusicherung, es werde den Priestern nie an einem Manne fehlen, der Opfer darbringt. Das erschiene vielleicht etwas abseitig, würde nicht später Sacharja in ebensolcher Weise von der gleichen messianischen Gestalt reden. In Sach 3,8 werden Jeschua und seine Mitpriester ein Zeichen für die Absicht Jahwes genannt, »meinen Knecht, den Sproß«, hervorzubringen, der das priesterliche Werk der Reinigung des Landes von der Sünde an einem einzigen Tag vollenden soll. In Sach 6,12ff kommt Sacharja wiederum auf den Sproß zu sprechen, der an seinem Ort aufwachsen, den Tempel Jahwes bauen, ein Priester auf seinem Thron sein und vollkommenen, besiegelten Frieden mit Jahwe genießen soll. Der Sproß ist somit eindeutig der Messias in seinem königlichen und priesterlichen Amt. Er ist die Erfüllung von Ps 110, der den König zu einem ewigen Priester nach der Weise Melchisedeks designiert.

Von diesem Punkt aus können wir nun mit gutem Recht zu Jes 4,2-6 übergehen. Die messianische Bedeutung von V. 2 ist strittig und wird oft geleugnet. Nimmt man jedoch zur Kenntnis, daß die folgenden Verse genau mit den Aussagen über den »Sproß« in den eben zitierten Abschnitten übereinstimmen, braucht man sich nicht gegen den Rückschluß zu sperren, daß hier ebenfalls vom Messias die Rede sei. Er ist der »Sproß Jahwes« und wird mit dem priesterlichen Amt der Beseitigung der Unreinheit der Töchter Zions in Verbindung gebracht (V. 4), sowie mit der königlichen Herrschaft Jahwes in Jerusalem (V. 5-6). Das Bild des Sprosses faßt in einer Gestalt zusammen, was Jesaja an anderen Stellen auseinandergefaltet und auf das Werk des Königs, Gottesknechts und Eroberers verteilt hat. Die messianischen Motive der Menschheit und Gottheit, des Gleichseins und Verschiedenseins der Göttlichkeit, sind wieder vorhanden; denn der Sproß »gehört zu David« und ist doch »Jahwes« – eine eindrückliche Sprechweise bzgl. Abstammung und Wesen; er ist »mein Knecht«, und gleichzeitig ist sein Name »der Herr unsere Gerechtigkeit«.

4. Der »Nachkomme der Frau«.

Wir haben im Laufe dieser Studie immer wieder festgestellt, daß die Menschheit des Messias betont wird. Insbesondere wird die menschliche Abstammung oft durch den Hinweis auf die Mutter dargelegt. Einzelheiten werden zwar leicht überbetont; aber trotzdem sollte man beachten, daß sowohl beim Immanuel (Jes 7,14) als auch beim Gottesknecht (Jes 49,1) die Mutter ins Blickfeld gerückt wird. Ebenso spricht Mi 5,2 von »der, die gebären soll«, und auch das schwierige Wort Jer 31,22 bezieht sich sehr wahrscheinlich auf die Empfängnis und Geburt eines besonderen Kindes. Die bemerkenswerteste Prophetie über den »Nachkommen der Frau« – sie ist zugleich die Weissagung, aus welcher der ganze Gedanke erwachsen sein könnte – findet sich in 1Mo 3,15. Es ist fast allg. üblich, hier jeglichen messianischen Bezug zu leugnen und das Wort als »eine ganze allgemeine Aussage über Menschen und Schlangen und den Kampf zwischen ihnen« (Mowinckel) anzusehen. Da dieser Vers aber unmittelbar zur Exegese der ersten Kapitel des 1. Mosebuches gehört, kann man ihn nicht einfach aus seinem Zusammenhang herauslösen und lediglich als Ätiologie behandeln. Um die gewaltige Größe des Versprechens, das in Jes 3,15 gegeben wird, zu erkennen, müssen wir darauf achten, welche Rolle die Schlange bei der Tragödie des Sündenfalls gespielt hat. 1Mo 2,19 zeigt die Überlegenheit des Menschen über die geschaffene Tierwelt. Der Schöpfer belehrt den Menschen freundlich darüber, daß er sich von den Tieren unterscheidet: er kann über sie Macht ausüben, aber unter ihnen wird keine »Gehilfin« gefunden, »die zu ihm paßt«. Seinesgleichen ist nicht vorhanden.

In 1Mo 3 jedoch begegnen wir einem gänzlich anderen Phänomen: einem sprechenden Tier, einem Tier, das sich irgendwie über die ihm zukommende Stellung erhoben hat und als gleichwertiges Gegenüber des Menschen auftritt, ihn in ein vernünftiges Gespräch verwickeln kann, ja ihm sogar überlegen ist und ihn in Dingen unterweisen kann, in denen er zuvor irregeleitet war, und das ihm erst das angeblich richtige Verständnis von Gottes Gesetz und Gottes Person vermitteln will. Die Schlange spricht so, als habe sie Gott »gewogen und zu leicht befunden«, als könne sie die innersten Gedanken des Allmächtigen erkennen und seine verborgenen Motive bloßlegen! Ja, sie zeigt sogar offene Feindschaft gegen Gott: sie haßt Gottes Wesen, sie möchte seinen Schöpfungsplan zerstören, sie spricht dem Allerhöchsten Hohn. Es ist einfach zu wenig, in dieser Schlange lediglich den Geist der unstillbaren Neugier des Menschen

(Williams) oder etwas Ähnliches zu sehen. Die Bibel kennt nur einen, der von dieser gottlosen Überheblichkeit und diesem Gotteshaß durchdrungen ist, und es ist nicht verwunderlich, daß die Schlange des Paradieses zu der »alten Schlange« wird, »das ist der Teufel und der Satan« (Offb 20, 2). Wo jedoch die Sünde mächtig wird, wird die Gnade umso mächtiger. Deshalb wird genau in dem Augenblick, in dem Satan einen entscheidenden Sieg errungen zu haben scheint, erklärt, daß der »Nachkomme der Frau« Satan zertreten und vernichten wird. Er wird dabei selber verletzt werden, aber den Sieg davontragen. Der »Nachkomme der Frau« wird das ganze Unheil des Sündenfalls wiedergutmachen.

5. Der Menschensohn.

Im Blick auf Dan 7, ein Kap., das zu sehr vielen Diskussionen und Meinungsverschiedenheiten Anlaß gab, kann hier – wie durchweg in diesem Artikel – nur ein bestimmter Standpunkt aufgezeigt werden. Kernstück der Vision ist die Gerichtsszene, in welcher der »Alte an Tagen« die weltlichen, feindlichen Mächte unterwirft - nebenbei fällt hier die Wiederkehr des Königsmotivs von Ps 2 auf - und in welcher »mit den Wolken des Himmels. . .einer wie eines Menschen Sohn« vor ihn gebracht wird und eine universale und ewige Herrschaft empfängt. Es ist klar, daß die Grundaussage hier in irgendeiner Weise zu der in den messianischen Texten bereits beobachteten universalen Herrschaft in Beziehung gesetzt werden muß. Die Frage jedoch, ob der »eine wie eines Menschen Sohn« die Person des Messias oder eine Personifikation des Gottesvolkes darstellen soll, darf nicht so schnell und pauschal entschieden werden. Es wird vorgebracht, daß in V. 18 und 22 das Gericht und das Reich den »Heiligen des Höchsten« gegeben werde und daß deshalb logischerweise auch mit der einzelnen Person von V. 13-14 dieselben Empfänger gemeint sein müßten.

Wir haben dabei jedoch auch zu beachten, daß eine doppelte Beschreibung der Tiere gegeben wird, die als Feinde der Heiligen auftreten. V. 17 spricht von »vier großen Tieren«, welche »vier Könige« sind, V. 23 dagegen von einem vierten Tier als dem »vierten Königreich«. Die Gestalten sind sowohl individuell (Könige) als auch korporativ (Königreiche) gesehen. Die gleiche Vorbemerkung haben wir nun auf den »einen wie eines Menschen Sohn« zu übertragen. Zudem muß die Beziehung König-Königreich im gesamt-atl. Kontext gesehen werden. Dabei ist der König vorgeordnet, das Königreich von ihm abgeleitet: Nicht das Reich macht den König, sondern umgekehrt. Was die Tier-Könige betrifft, so sind sie die personalen Gegner des Reiches der Heiligen und sie ziehen ihre Reiche mit in den Kampf hinein. Ebenso empfängt auch der »eine wie eines Menschen Sohn« eine universale Herrschaft, in der die Herrschaft seines Volkes inbegriffen ist (vgl. die Mitherrschaft Israels bei der Herrschaft des Eroberers, Jes 60 etc.). Aus diesem Grunde kann man die Überzeugung vertreten, daß der »eine wie eines Menschen Sohn« der Messias als Individuum ist. Als solcher stimmt er mit dem Grundmuster überein, das sich in der gesamten Reihe der Messiaserwartungen findet: er ist ein König, von der Welt angefeindet, der aber durch den Eifer des Herrn – nach Daniels Vision: vom »Alten an Tagen« – universale Herrschaft erlangt; seinem Titel nach ist er ein Mensch, geht jedoch nicht aus den Menschen hervor, sondern kommt »mit den Wolken des Himmels«, was Gott als Charakteristikum zusteht (vgl. z.B. Ps 104,3; Nah 1,3; Jes 19,1). Hier besteht die gleiche Polarität zwischen Menschlichkeit und Göttlichkeit wie sie fast ausnahmslos den gesamten atl. Messianismus kennzeichnet und uns inzwischen nicht mehr überraschen sollte.

6. Der gesalbte Fürst.

Es ist immer etwas gewagt, wenn man von irgendeinem Abschnitt des AT behauptet, er habe mehr Interpretationsbemühungen und Vermutungen hervorgerufen als jeder andere – aber auf Dan 9,24-27 trifft dies wahrscheinlich zu. Es ist jedenfalls angemessen, diesem Abschnitt ein oder zwei allg. Bemerkungen zu widmen. Denn da wir unsere Untersuchung mit einem säkularen »Gesalbten«, Kores/Kyrus, begonnen haben, dient es zumindest der Ordnung, wenn wir sie nun mit dem gesalbten Messias selbst beschließen.

Die Verse 24-27 zerfallen in zwei ungleiche Hälften: V. 25-27 bieten offensichtlich ein Programm, das in der Geschichte verwirklicht werden soll. Es beginnt mit der Aufforderung, Jerusalem wieder aufzubauen (V. 25), von da an erstreckt sich ein Zeitraum von 62 Wochen bis zu dem Kommen »eines Gesalbten, eines Fürsten«. V. 26 blickt auf das Geschehen »nach den zweiundsechzig Wochen«, und V. 27 führt hin zu einem »beschlossenen Verderben«. V. 24 jedoch steht für sich: er beinhaltet eine Gesamtaussage über die Ziele, die mit jenen Geschehnissen erreicht werden sollen. Drei dieser Ziele sind negativ formuliert: das Beenden des Frevels, das Abtun der Sünde und die Sühnung der Schuld (*kappēr*, wörtl.: »den Versöhnungspreis bezahlen«), drei dieser Ziele positiv: das Heraufführen ewiger Gerechtigkeit, die Bestätigung der Wahrheit der Vision und des Propheten und schließlich die Salbung eines hochheiligen Ortes (wörtl. eine

»Heiligkeit des Heiligsten« – ein Begriff, der anderswo gebraucht wird für den innersten Raum des Heiligtums: 2Mo 26,33; den Brandopferaltar: 2Mo 29, 37; das Heiligtum und seine ganze Einrichtung: 2Mo 30,29; das Räucheropfer: 2Mo 30,36; den priesterlichen Anteil an den Speisopfern, Sündopfern und Schuldopfern: 3Mo 2,3.10; 6,18; 7,1.6; die Schaubrote: 3Mo 24,9; 4Mo 4,7, und alles »Gebannte« einschließlich Personen: 3Mo 27,28). Obwohl es in dieser Absichtserklärung manche Schwierigkeiten mit einzelnen Begriffen und ein paar einmaligen Ausdrücken gibt, kann doch die Bedeutung des Ganzen nicht zweifelhaft sein: »das messianische Zeitalter ist durch das Abtun und die Vergebung der Sünde sowie dauerhafte Gerechtigkeit gekennzeichnet« (S.R. Driver, Daniel, 1960, S. 136).

Es ist sehr schwer einzusehen, wie ein so erhabenes Ziel durch jene Interpretationen erklärt werden kann, welche diese Prophezeiung auf Antiochus Epiphanes beziehen: 7 »Wochen« sollen vergehen zwischen der Prophetie Jeremias (vgl. Dan 9,2) und dem gesalbten Fürsten, Kores/Kyrus; 62 Wochen sollen die Geschichte Jerusalems ausfüllen bis zum Hohenpriestertum Onias' III. (175 v.Chr.), der – obwohl er ein Gesalbter war – »ausgerottet« wurde, nämlich ermordet, und durch seinen Bruder ersetzt wurde. Der »Fürst« von V. 26 soll dann Antiochus selber sein. Wo aber – so darf man mit gutem Grund fragen – bleibt dann die Beendigung der Sündenherrschaft, die Bezahlung des Versöhnungspreises, die Aufrichtung ewiger Gerechtigkeit?

Die Deutung des Abschnittes auf Jesus Christus ist zwar nur im historischen Rückblick möglich – das gilt aber nicht minder von der Antiochus-Theorie; sie hat dieser jedoch voraus, daß durch sie der Gebrauch einzelner Ausdrücke viel einleuchtender wird und die in V. 24 genannten Ziele vollständig erreicht werden. Der Zeitraum zwischen dem Ergehen der Weisung und dem gesalbten Fürsten beträgt insgesamt 69 Wochen (V. 25 sagt wörtl.: »Von dem Ergehen des Wortes . . . sieben Wochen und zweiundsechzig Wochen«). Die Zweiteilung könnte sehr wohl die beiden Zeiträume a. zwischen Kores/Kyrus und Esra/Nehemia (einem bedeutsamen Datum in der Geschichte Jerusalems) und b. von da an bis zum Kommen »eines Gesalbten, eines Fürsten«, bezeichnen. Während seiner »Woche« wird der Gesalbte (wörtl.) »einen Bund mit den Vielen bekräftigen« (V. 27) und die Opfer »aufhören lassen« – freilich wurde, wie wir wissen, die nach Golgatha wertlose rituelle Schlachtung von Opfertieren weiterbetrieben, bis der »Verwüster« dem alten Tempel selbst ein Ende bereitete.

Zwar sollte man Worte nicht verdrehen und gewaltsam zurechtbiegen, damit sie zu einem späteren Erkenntnisstand passen. Aber andererseits kann das Wissen einer späteren Zeit doch erleuchtend sein, wenn es darum geht, dunkle Worte zu erhellen – und diese Hilfe sollte man dann nicht verschmähen. Daß Daniel die Weisung erhielt, einen zu erwarten, welcher der langen Herrschaft der Sünde ein Ende bereiten, die ewige Rechtsordnung aufrichten und die wahre Gottesverehrung einführen würde, kann nicht bestritten werden. Es kann aber auch nicht im entferntesten bestritten werden, daß weder vor Jesus noch jemals nach ihm solches vollbracht wurde und daß auch in keinem anderen die atl. Messiaserwartung in ihrer ganzen Vielfalt ihre Erfüllung gefunden hat – die Bestätigung »der Vision und des Propheten« (vgl. Dan 9,24). J.A.M.

B. Im zwischentestamentlichen Judentum.

Fremdherrschaft, Religionsnot und Zerstreuung der Juden haben im frühen *Judentum zu einer lebhaften, auf der Schrift gegründeten Messiaserwartung geführt, die als Hintergrund für das messianische Wirken Jesu und die Christusbotschaft der Apostel von großer Bedeutung ist. Dabei blieb aber Gott selbst der eigentliche Urheber des Heils. Außerdem war die messianische Hoffnung nicht einheitlich; so hielten sich etwa Philo und Josephus als Vertreter des hellen. Judentums – nicht zuletzt aus politischen Gründen – hinsichtlich der Endzeiterwartung sehr zurück.

1. Die in Abschnitt A eingehend besprochenen Texte aus der Tora, den Propheten und den Psalmen wurden im zwischentestamentlichen Judentum fast durchweg auf den Messias aus Davids Haus bezogen. Das geht vor allem aus ihrer aram. Wiedergabe in den Targumen hervor, in die der Titel »Messias« (*meschichā'*) des öfteren als Interpretament eingefügt ist – so in 1Mo 49,10 für den dunklen Ausdruck »Schilo« (RevEB), in 4Mo 24,17 für das Bild vom »Zepter« aus Israel, in Jes 9,5 für den »Fürsten des Friedens«, in Jes 11,1 für den »Sproß« aus den Wurzeln Isais und in Jes 42,1; 43,10; 52,13 zusätzlich zur Bezeichnung »Gottesknecht« (*'abdī meschīchā'*). Außerdem erscheint der Titel »Messias« in Jer 23,5; Mi 5,1; Sach 6,12; auch Sach 9,9 und 12,10 werden auf die messianische Zeit bezogen. Der Messias ist der Sieger über die Feinde Israels (zu 4Mo 24,17f und Jes 53,3) und der Herrscher über die Völker (zu 1Mo 49,10f), aber

auch der Richter, der die Gottlosen bestraft und den Armen aufhilft (zu Jes 11,4), der Mittelpunkt der Gerechten und der Täter der Tora (zu 1Mo 49,11; Jes 11,5; 53,5). Er ist der Fürsprecher für die bußfertigen Sünder (zu Jes 53,4. 11.12); die Gerechten – und nicht etwa die Sünder! – werden durch die Weisheit des messianischen Knechts gerechtfertigt (zu Jes 53,11), den Torabeflissenen sollen die Sünden vergeben werden (zu Jes 53,5). Ein grundlegender Wandel in politischer wie auch in geistlicher Hinsicht tritt in den Tagen des Messias ein: Es geschehen viele Wunder (zu Jes 53,8), die Exulanten kehren wieder zurück (ibid.), der Tempel in Jerusalem wird wieder aufgebaut (zu 1Mo 49,10f; Jes 53,5; Sach 6,12f; vgl. Mk 14,58 nach 2Sam 7,13). Die Knechtung Israels durch die Heiden hört auf; aber der messianische Knecht »knechtet« (*scha'bed*) viele unter die Tora (zu Jes 53,11f). Gerechtigkeit ist der Inbegriff des messianischen Regiments (zu Jes 9,5f; 11,5; 53,11; vgl. Jer 23,5). Zu ihrer Durchsetzung ist der Messias deshalb in besonderem Maße berufen und befähigt, weil auf ihm der Geist Gottes beständig ruht (zu Jes 11,2) und weil er das Gesetz Gottes aufrichten, es lehrend aktualisieren wird; der Friede, den die Messiasherrschaft bringen soll, kommt vor allem den »Tätern der Tora« zugute (zu Jes 9,5f). Der Messias wird »Erfolg haben« (*jaslach*: zu Jes 52,13; Jer 23,5), und die auf das Gesetz gegründete Gerechtigkeit garantiert den endzeitlichen, d.h. bleibenden Erfolg (zu Jes 9,6; 11,5f). Obwohl der Targum erst nach der Abfassung des NT schriftlich fixiert wurde, darf man dessen Messiasbild für die Zeit Jesu und der Apostel als mehr oder minder bekannt voraussetzen. Vor allem gilt das von der messianischen Deutung der hier erwähnten atl. Texte. Der messianisch verstandene Vers 1Mo 49,10 liegt dem Jesuswort Mt 10,23 als auch Hebr 7,14 zugrunde. 4Mo 24,17 ist in Mt 2,2ff und Offb 22,16 verwendet, Jes 11,3 in Mk 1,16-20 par. sowie in Joh 1,40-50 und 2,22f. Jes 11,4 und 61,1f sind auf Mt 5-7 und 11,5 zu beziehen. Jes 42,1-4 wird in Mt 12,18-21 zitiert, Sach 9,9 in Mt 21,5 und Joh 12,15. Das Lied vom leidenden Gottesknecht (Jes 52, 13-53,12) hat Jesu Entschluß, sein Leben dahinzugeben (Mk 10,45; 14, 24; vgl. Mk 2,23, 9,31), entscheidend mitbestimmt und den Aposteln geholfen, die Heilstatsachen des Christusgeschehens als Frohbotschaft zu verkündigen und als Bekenntnis der Christenheit zu formulieren (1Kor 15,1-5; Phil 2,6-11); das wird aus vielen weiteren Stellen des NT ersichtlich.

Dabei werden freilich an der jüd. Messiaserwartung wichtige Korrekturen vollzogen; das tritt schon bei der Darstellung der Versuchung Jesu (Mt 4,1-11 par.) klar zutage. Die Rolle des Messias als eines Befreiers Israels in politischem Sinne tritt hinter der Erlösung der Menschen von den Sünden zurück (vgl. Mt 1,21), und die Gerechtigkeit Gottes wird im Sinne Jesajas als helfende Macht verstanden (vgl. Mt 6,33). Die »Leiden des Messias«, d.h. die Geburtswehen der messianischen Zeit, werden vom Menschensohn, d.h. messianischen Gottesknecht selbst getragen (Kol 1,24; Phil 3,10).

2. Die Tatsache, daß das Messiasbild der Targume schon vor der Zeitenwende im wesentlichen feststand, wird ferner von den PsSal 17 und 18 und den Texten aus Qumran bezeugt, die noch vor Christi Geburt entstanden sind. Auch in diesen Schriften wird von den hier besprochenen, messianisch interpretierbaren, atl. Stellen reichlich Gebrauch gemacht.

Besonders repräsentativ für die frühjüd. Messiaserwartung sind die PsSal 17 und 18, die in der Notzeit nach der Eroberung Jerusalems durch Pompeius (63 v.Chr.) entstanden. In ihnen wird vor allem die Weissagung des Propheten Nathan aufgenommen (2Sam 7,12-15); sie hat auch den Ausgangspunkt der Messiaserwartung des Alten Israel gebildet (vgl. Ps 89; 110; 132; Jes 11; 55,3; Amos 9,11). Im frühen Judentum hat man 2Sam 7,12-15 aktualisiert und zur Grundlage der messianischen Hoffnung gemacht.

Die eidliche Zusage Gottes, er werde Davids »Samen aufstellen« (2Sam 7,12), d.h. einen leiblichen Nachkommen des Königs als Thronfolger einsetzen und für immer regieren lassen (V. 13), rechtfertigt die Bitte um das baldige Kommen des Messias in den PsSal (17,4-10.21.42); damit verbunden wird die Weissagung vom idealen König in Jes 11 (vgl. V. 2-5 in PsSal 17,22.24.29.35-40; 18,7), ferner Ps 2,9 (17,23-25). Vom Messias wird die Vernichtung der Feinde Israels und der Sünder erwartet, sowie die Sammlung Israels und die Herrschaft über dessen Stämme (17,22-26.27-28.36). Sein Erscheinen offenbart die Treue und die Macht Gottes (17,3), sowie die Wirklichkeit des heiligen Geistes (17,37); mit dem Regiment des Gesalbten Gottes (18,8f) werden die Gerechtigkeit und die Wahrheit im Weltmaßstab durchgesetzt (17, 29.32). Der Messias ist der gute Hirte der Herde Gottes (17,40); er reinigt und heiligt Jerusalem und Israel (17,22.26f.30; 18,5). Das löst eine große Völkerwallfahrt aus (17, 31.44), zumal – wie im Targum zu Jes 53,5 – der Messias als großer Lehrer auftritt, dessen Worte und Rechtsprechung hilfreich sind (17,32.43).

Aber auch hier steht die königliche Herrschaft Gottes über dem Messiasregiment:

Gott selbst ist der König und Retter (17,1.3.34.37.46) und wird als solcher vom Messias anerkannt (17,38-40); die »Aufstellung« des Messias geht ganz von Gott aus und wird als Gebetserhörung durch sein Erbarmen ausgelöst (17,1-3; 18,1-3).

An messianischen Titeln erscheinen in den PsSal der »Davidssohn« (17,21), der bei den Rabbinen zur gebräuchlichsten Bezeichnung für den Messias wurde, ferner der »Gesalbte des Herrn« (*christos Kyriou*), 17,32; 18,1.7). Es fehlt der »Gottessohn«, denn diese Bezeichnung ist dem Volk Israel vorbehalten (17,21; 18,4).

3. Wie sehr gerade dieses auf 2Sam 7,12-15 aufgebaute und in PsSal näher ausgeführte Bild des messianischen Davidssohns zum Allgemeingut im Judentum der ntl. Zeit geworden ist, geht auch aus der 14. Bitte des Achtzehn-Bitten-Gebets hervor: »Erbarme Dich der Königsherrschaft des Hauses Davids, Deines Gesalbten!«; dabei wird in der 11. Bitte dieses Gebets Gott selbst als der königliche Herrscher über Israel gepriesen.

Von daher gesehen darf man die Königsherrschaft Gottes und das messianische Wirken Jesu, wie sie in den Evangelien des NT verkündigt werden, nicht etwa als einander ausschließende Größen beurteilen. Vielmehr gehören beide eng zusammen: Gott offenbart seine Herrschaft über die Welt eben dadurch, daß er am Ende der Geschichte einen Davididen als König der Gerechtigkeit und des ewigen Friedens »aufstellt«. Dabei spielt die Weissagung 2Sam 7,12-15 auch im NT eine große Rolle. Sie liegt der Frage nach dem Davidssohn (Mk 12,41-44: David kann ihn als »Herrn« bekennen, weil dieser auch der Sohn Gottes ist, vgl. Ps 110,1 mit 2Sam 7,14) und dem Verhör Jesu vor dem *Sanhedrin (Mk 14,53-64) zugrunde (das Wort vom Tempelbau in Mk 14,58 ist wegen 2Sam 7,13 ein indirekter Hinweis auf den Messiasanspruch). Die Ankündigung der Geburt Jesu durch den Engel Gabriel (Lk 1,32f) und das Evangelium vom Davidssohn und Gottessohn nach Röm 1,3f sowie die große Rede des Petrus an Pfingsten (Apg 2,14ff, vgl. besonders V. 25-34) und die des Paulus im pisidischen Antiochia (Apg 13,16ff, vgl. besonders V. 32-37) bezeugen die endzeitliche Erfüllung der Nathansweissagung; aus ihr wird auch der messianische Titel »Gottessohn« abgeleitet (vgl. 2Sam 7,14 und Ps 2,7). Dagegen hat die Bezeichnung »Herr« (*Kyrios*) für den erhöhten Christus den viel zitierten Psalmvers 110,1 als Ausgangspunkt (vgl. Apg 2,34-36).

4. In den apokalyptischen Büchern äthHen und 4Esr wird die Vision des Propheten Daniel vom Menschensohn (»Menschenähnlichen«, *kēbar'änasch*, 7,13f) aufgenommen und weiter ausgeführt. Der Menschensohn wird als eine bei Gottes Thron befindliche Gestalt geschaut (äthHen 46,1ff), als Messias bezeichnet (ibid. 48,10) und auch mit den Zügen des jesajanischen Gottesknechts ausgestattet: Er ist von Anbeginn von Gott erwählt (ibid. 46,3; vgl. Jes 42,1) und wird als endzeitlicher Richter die Könige und Machthaber der Welt bestrafen (46,5-7, vgl. 61,8; 62,1ff; 48,2f, vgl. Jes 52,15). Er tritt für die Gerechtigkeit ein (48,8; 51,3, vgl. Jes 11,2.4) und ist der Stab der Gerechten (48,1-10, vgl. Jes 11,4f; 53,11), denn er wird mit Gottes Geist begabt (49,3, vgl. Jes 11,2). Aber auch hier stehen das Gericht (47,1-4) und die Verherrlichung Gottes (63,1-12) neben der endzeitlichen Richterfunktion und dem Triumph des Menschensohns (vgl. auch 50,1ff; 62,1ff).

Unhaltbar ist deshalb die scharfe Trennung zwischen einem irdisch-national gedachten Messias (= Davidssohn) und einem himmlischen, das Universum beherrschenden Menschensohn. Denn der Letztere ist keine selbständige Erlösergestalt. In Dan 7,13f steht er für den Messias und bringt speziell dessen Beauftragung und Einsetzung durch Gott zum Ausdruck. Auch der nach 4Esr 13,1-11.25-38 aus dem Meer aufsteigende Erlöser ist nach Dan 7 gebildet, wird aber als Messias und Gottessohn bezeichnet (13,32.37.52). Es fehlt der für Jesus kennzeichnende Dienst des Menschensohns und dessen Bereitschaft, für das Heil der Menschen das eigene Leben in den Tod zu geben. Der Menschensohn des äthHen scheint von Anbeginn stets bei Gott verborgen zu sein (62,7; vgl. Jes 49,2); sein Name wurde vor der Erschaffung der Sterne »vor dem Herrn der Geister« genannt (48,3). Aber das ihm gegebene Prädikat der Gerechtigkeit dürfte auf eine voraufgehende, bei der gottlosen Menschheit verbrachte Zeit der Bewährung hinweisen, wie das von *Henoch gilt, der nach äthHen 71,14-17 zum Himmel erhöht und von Gott als »Menschensohn« angeredet wurde.

5. Die endzeitlich orientierte und von Priestern geleitete Qumrangemeinde erwartete außer dem traditionellen »Messias Israels« aus Davids Haus auch einen »Messias Aarons« (vgl. die Bezeichnung *meschīhē 'aharōn wejisra' el*, 1 QS 9,11; CD 7,17-21; 12,23ff; 14,19f; 19,10f; 20,1; vgl. 1 QS a 2,11-22). Maßgebend für das Bild des »Messias Israels«, des Königs der Endzeit und Retters des Gottesvolkes (vgl. 4 Q Flor 1,12f), waren die Weissagungen 1Mo 49,10 (4 Q Patriarchensegen, vgl. 1 QS 9,10f) und 4Mo 24,17 (4 Q Testimonia 9-13; CD 7,17-21), ferner Jes 11,1-5 (1 QS b 5,20-29) und Amos 9,1 (4 Q Flor 1,12f);

Grundlage und einigendes Band für all diese Aussagen ist wieder 2Sam 7,12-14 (4 Q Flor 1-13). Der »Messias Aarons«, den man nicht nur als Leiter des Kults, sondern vor allem auch als Toragelehrten für das Leben im Neuen Bund erhoffte, konnte aufgrund der Vision Sacharjas von den beiden Ölbäumen (= Gesalbten, 4,11-14) und aus dem Segen Moses für Levi (5Mo 33,8-11 in 4 Q Testimonia 14-20) erschlossen werden und Gestalt gewinnen. Zu den beiden Messiassen gehört als Vorläufer der Prophet (1 QS 9,11), mit dessen Wirken die in 5Mo 18,15-22 gegebene Verheißung eines Propheten wie Mose erfüllt wird (4 Q Testimonia 5-8). Außer dem Titel »Messias« wird in dem aram., nur fragmentarisch erhaltenen Text 4 Q 243 auch ein »Sohn des Höchsten« (*bar ʾeljōn*) und »Sohn Gottes« (*berēh dī ʾel*) erwähnt (II, 1; vgl. Lk 1,32f).

6. Auch in den Testamenten der Zwölf Patriarchen wird ein endzeitlicher Hoherpriester, und zwar als Nachkomme Levis (T Ruben 6,8; T Sim 5,6; 7,2; T Levi 17,2; 18,1-14), neben dem traditonellen Messias aus dem Stamm Juda verheißen (T Sim 5,6; 7,2; T Levi 8,11-14; T Juda 24,1-5). Voraussetzung für die Sendung dieser Messiasgestalten ist, daß Israel Buße tut bzw. die Gebote hält (T Juda 23,5; 26,1, vgl. 1Mo 49,10 Targum). Die königliche Herrschaft wird in der Endzeit dem Priestertum untergeordnet sein (T Juda 21,1); deshalb steht in den Qumranschriften der Messias Aarons an erster Stelle. Aber das Auftreten des Endzeit-Königs aus Davids Haus bringt die Erlösung Israels und markiert den Beginn der Zeitenwende; auf ihn dürfte sich auch die Bezeichnung »Sohn Gottes« in 4 Q 243 beziehen (vgl. 2Sam 7,14f).

Jesus hat sich als Messias und Davidssohn verstanden (vgl. Mk 12,35-37 par.). In seinem irdischen Wirken, vor der Zeit seiner »Aufstellung« = Inthronisation (vgl. 2Sam 7,12; Röm 1,3f), hat er auch die Aufgabe eines endzeitlichen Propheten wie Mose (vgl. Mk 9,7; Mt 5-7) und *Elia/*Elisa (vgl. Lk 4,25-27) erfüllt und aufgrund seines Opfertodes am Kreuz den Dienst eines endzeitlichen Hohenpriesters auf vollkommene Weise vollzogen (vgl. die Darstellung des Hebräerbriefs).

7. In der *Apostelgeschichte des Lukas und in den beiden Hauptwerken des Flavius *Josephus wird für die ntl. Zeit das Auftreten von jüd. »Propheten« erwähnt, so etwa des Theudas (Apg 5,36) oder des Ägypters (Apg 21,38). Auch diese Männer wollten wohl die in 5Mo 18,15-22 gegebene Verheißung eines »Propheten wie Mose« verwirklichen und wie dieser nicht nur Künder des Gotteswillens, sondern auch Erlöser Israels sein. Nach dem Bericht des Josephus haben sie der ihnen nachfolgenden Menge »Zeichen« (*sēmeia*) versprochen, so etwa die Spaltung des Jordanflusses oder den Einsturz der Mauern Jerusalems (Jos.bell.Jud. 2,261-264; ant.Jud. 20,97-99). Diese »Zeichen« waren als von Gott gewirkte, schriftgemäße und deshalb legitimierende Wunder gedacht, welche die anhebende Befreiung Israels signalisieren sollten. Jesus hat das Verlangen nach solchen legitimierenden »Zeichen vom Himmel her« zurückgewiesen (Mk 8,11f), obwohl diese in den Beglaubigungswundern Moses (*ʾothoth*, 2Mo 4,1-9, 7,8-13) ein gewisses Vorbild hatten: Solche »Zeichen« sollen das Wagnis des Glaubens durch eine objektive, alle überzeugende Wundertat ersetzen. Sie wären Merkmal eines »messias gloriae«, während der Sohn Gottes gehorsam den Weg des Leidens geht, weil er sein Volk von Sünden erlösen will (vgl. Mt 1,21; 4,1-11). O.B.

C. Im Neuen Testament.

Christus, »der Gesalbte«, ist die griech. Entsprechung zum hebr. *mäschiach* und aram. *meschichā* (in Joh 1,41; 4,25 als *messias* transkribiert und beide Male mit *christos* erläutert). Bei der überwiegenden Mehrzahl der Stellen, an denen das Wort im NT vorkommt, entweder für sich oder in der Verbindung *Iesūs Christos*, wird es offenbar lediglich als Name für Jesus, ohne direkten Bezug zu seiner ursprünglichen Bedeutung, gebraucht – so wie man »Christus« ja auch in unserem modernen Sprachgebrauch verwendet. Schriftstellen dieser Art (vor allem in den ntl. Briefen, manchmal auch in Apg und Offb und wenige Male in den Evv.) werden hier nicht erörtert.

1. Die Evangelien.

Besonders im JohEv. (1,20.25.41; 4,25.29; 7,26f.31.41f; 9,22; 10,24; 11,27), aber auch in den synoptischen Evv. (Mk 8,29; 14,61; Lk 2,11.26; 3,15; 4,41) bezeichnet *christos* in der Regel den erwarteten Erlöser in einem ganz allg. Sinn. Diese Gebrauchsweise vermittelt den Eindruck, daß eine weitverbreitete und lebendige Erwartung vorhanden war, ohne daß diese sich an eine spezifische Person oder an ein spezielles Thema der atl. Hoffnung geknüpft hätte. Manchmal schwingt jedoch ein nationalistischer Nebenton mit, wenn *christos* in den Evv. auf Jesus bezogen wird, besonders wenn der Titel »König der Juden« damit verbunden ist (Mt 2,4; 26,68; 27,17. 22; Mk 12,35; 15,32; Lk 23,2). Während es im Palästina des 1. Jh. viele Richtungen messianischer Erwartung gab, von denen auch einige im NT sichtbar werden (besonders der »Prophet wie Mose«, vgl. oben A.I.2., der von Juden und Samaritanern erwartet wurde: vgl. Joh 6,14; dazu

Mt 21,11; Lk 7,16; diese Erwartung steht auch bei Joh 4,25 im Hintergrund), richtete sich die populäre Hoffnung vorwiegend auf einen König wie David, betraut mit der Aufgabe politischer Befreiung und Eroberung, und dies scheint offensichtlich das landläufige Verständnis vom *christos* = Messias gewesen zu sein.

Von diesem Hintergrund her müssen wir die auffallende Abneigung Jesu verstehen, den Titel *christos* auf sich anzuwenden. Die einzige Gelegenheit, bei der er dies nach dem Bericht der Evv. getan hat (abgesehen von zwei Stellen, wo der Titel nichts weiter als »ich« zu besagen scheint und die vielleicht eine spätere Ergänzung sind: Mk 9,41; Mt 23,10), ist die Begegnung mit der samaritanischen Frau, die sich unter *christos* wohl eher einen Propheten wie Mose als einen jüd. König vorgestellt hat (Joh 4,25f). In seiner Diskussion über den Status des Messias in Mk 12,35-37 nimmt Jesus den Titel nicht ausdrücklich für sich in Anspruch und zielt zudem darauf ab, ihn von den politischen Erwartungen, die man mit dem »Sohn Davids« verband, loszulösen.

Das heißt aber nicht, daß Jesus geleugnet hätte, der Messias zu sein! Sein ständiges Hervorheben der Tatsache, daß in seinem Wirken sich atl. Hoffnungen erfüllen, schließt notwendig ein messianisches Selbstbewußtsein mit ein. *Johannes der Täufer fragte, als er von den Werken des *christos* hörte, ob er der sei, »der da kommen soll«, und Jesus antwortete mit dem Hinweis darauf, daß er die Weissagungen Jes 35,3f und Jes 61,1 wörtlich erfülle – wovon die letztere eindeutig eine messianische Aussage ist (Mt 11,2-5). Von demselben Schriftwort sagte er in *Nazareth, daß es »heute« erfüllt sei (Lk 4,18ff).

Als *Petrus ihn jedoch als *christos* bekannte, verpflichtete Jesus seine Jünger zum Stillschweigen, und in der folgenden Zeit belehrte er sie darüber, daß es seine Aufgabe sei, zu leiden und verworfen zu werden – eine Rolle, die für Petrus gänzlich unvereinbar mit seiner Messiasvorstellung war. Der Titel, den Jesus bei seiner Leidensankündigung für sich gebrauchte, war jedoch nicht *christos*, sondern »Menschensohn« (Mk 8,29-33). Und als der Hohepriester Jesus aufforderte zu sagen, ob er der *christos* sei, antwortete er bejahend (obwohl der Wortlaut bei Matthäus und Lukas ein gewisses Zögern angesichts des benutzten Begriffs andeutet), fügte aber sogleich hinzu, seine Stellung (als »Menschensohn«, nicht *christos*) erweise sich in zukünftiger Rechtfertigung und Vollmacht, nicht in der Ausübung gegenwärtiger politischer Macht (Mk 14,61f par.).

Dies alles zeigt, daß Jesu Auffassung von seiner messianischen Rolle so stark von den populären Vorstellungen abwich, die das Volk mit dem Begriff *christos* verband, daß er es vorzog, den Titel zu vermeiden. Seine Sendung hatte mit der Deklaration Gottes bei seiner Taufe begonnen (Mk 1,11), deren Wortlaut auf zwei atl. Kernstellen Bezug nahm; die eine (Ps 2,7) bezeichnete seine Stellung als messianischen König in der Linie Davids, die andere jedoch (Jes 42,1) deutete darauf hin, daß diese Rolle durch den Gehorsam, das Leiden und das Sterben des *Knechtes Gottes verwirklicht werden sollte. Diese Gotteszusage prägte offensichtlich Jesu Verständnis von seiner messianischen Berufung. Das läßt sich an der sorgfältigen Auswahl der atl. Worte erkennen, mit denen er sein Wirken erläuterte; unter ihnen nimmt Jes 53 – wo in klaren Umrissen das Bild eines Gottesknechtes gezeichnet wird, der leidet und stirbt, um sein Volk zu erlösen – den vornehmsten Platz ein. Die zahlreichen Voraussagen eines davidischen Königs jedoch bezog Jesus nicht auf sich (außer implizit in Mt 12,35-37; hier soll aber dieser Aspekt der Messianität gerade zurückgedrängt werden), und er vermied solche Titel wie »Sohn Davids« und »König Israels«, die andere ihm beilegten (z.B. Mk 10,47f; 15,2; Mt 12,23; 21,9.15; Joh 12,13; 18,33ff), ebenso konsequent wie *christos*. Die öffentliche Demonstration der Messianität beim Einzug in Jerusalem (Mk 11,1-10) wurde bewußt inszeniert, um an Sacharjas Prophetie von einem demütigen König zu erinnern, der Frieden und nicht Krieg bringt (Sach 9,9f). Als ihn aber die aufgeregte Menge zu einem König im traditionellen, nationalistischen Sinn machen wollte, entwich er (Joh 6,15). Erst nach seinem Tod und nach seiner *Auferstehung, als sein Auftrag nicht mehr als politische Befreiung mißverstanden werden konnte, bezeichnete er seinen Weg des Leidens ausdrücklich als den des *christos* (Lk 24,26.46).

Bei zwei bedeutsamen Gelegenheiten hat Jesus, wie wir schon sahen, zwar die Vermutung, er sei der *christos*, nicht zurückgewiesen, aber diesen Titel sogleich fallengelassen zugunsten des Ausdrucks »Menschensohn«. Daß dies die von ihm selbst gewählte Bezeichnung für seine Person war, kann aufgrund ihres Vorkommens im NT (41 mal, ohne die Parallelen, in den synoptischen Evv. und 12 mal bei Joh, immer aus dem Munde Jesu; im übrigen NT, außer Apg 7,56, nicht eigentlich als Titel gebraucht) nicht bestritten werden. Nur von der radikalen Kritik wird dies geleugnet, die zu diesem Zweck die meisten dafür bedeutsamen Worte als unecht herausschneidet. Es ist ebenso klar, daß Jesus diesen

Titel nicht nur für den Stand seiner kommenden Herrlichkeit benutzte (wie es dessen Herkunft aus Dan 7,13f nahelegen würde), sondern auch für seine irdische Erniedrigung und insbesondere für sein Leiden und Sterben. Offensichtlich wählte Jesus also diesen Ausdruck, um den ganzen Umfang seines messianischen Wirkens zu bezeichnen – im Gegensatz zur populären Vorstellung vom *christos*. Der Grund dafür war vermutlich, daß diese Bezeichnung – abgesehen von ihrer speziellen Verwendung in den »Bilderreden« des äthHen (einer ursprünglich wohl selbständigen Schrift, möglicherweise erst nach der Zeit Jesu entstanden; s. *Apokryphen AT), kein gängiger Titel für den Messias war (vgl. dazu R.T. France, Jesus and the Old Testament, 1971, S. 184; Dan 7,13f wurde zwar als messianische Weissagung verstanden, doch wurde der gebräuchliche aram. Ausdruck »Sohn des Menschen« dadurch nicht zu einem Titel). So konnte Jesus ihn aufgreifen, um seine eigene, einzigartige Auffassung vom Messiasamt zum Ausdruck zu bringen, ohne dabei fremde Vorstellungen, wie sie den Titeln »*christos*« oder »Sohn Davids« anhafteten, mit übernehmen zu müssen (vgl. dazu auch *Hoheitstitel Jesu Christi).

2. Apostelgeschichte und Briefe.

Im Zentrum der frühesten christl. Predigt, wie sie die Apg überliefert, steht die Verkündigung, Jesus, der von den jüd. Führern Verworfene und Gekreuzigte, sei in der Tat der Messias. Diese Gewißheit gründet in der Auferstehung, die seinen Anspruch endgültig beglaubigt hat: »So wisse nun das ganze Haus Israel gewiß, daß Gott diesen Jesus, den ihr gekreuzigt habt, zum Herrn und Christus gemacht hat« (Apg 2,36).

Diese Versicherung war im Lichte der populären Messiasvorstellung so unwahrscheinlich, daß viel Sorgfalt auf den Schriftbeweis für Verwerfung, Tod und Auferstehung des Messias verwandt wurde (z.B. Apg 2,25-36; 3,20-26; 13,27-37; 18,28). Bei dieser apologetischen und missionarischen Tätigkeit unter den Juden hatten die ersten Christen offensichtlich keine Bedenken, direkt den Ausdruck *christos* zu benutzen. In der Apg begegnet er häufig in diesem Zusammenhang – nicht als Name Jesu, sondern in seiner ursprünglichen Bedeutung als Titel des erwarteten Erlösers (z.B. Apg 2,31.36; 3,18.20; 5,42; 9,22; 17,3; 18,5.28). Was zur Zeit der Wirksamkeit Jesu ein irreführender Begriff war, konnte nun, nach dessen Tod und Auferstehung, nicht mehr in politischem Sinne mißdeutet werden und wurde von den Anhängern Jesu begeistert aufgenommen, um den Juden seinen Anspruch deutlich zu machen.

Ihre Botschaft besagte nicht nur, ja nicht einmal primär, daß Jesus während seiner Erdenzeit der Messias gewesen sei, sondern vielmehr, daß er jetzt, zur Rechten Gottes erhöht, als der messianische König inthronisiert wurde. Ps 110,1, worauf Jesus in diesem Zusammenhang hingewiesen hatte (Mk 14,62), wird von Petrus an Pfingsten aufgenommen (Apg 2,34-36) und wird schließlich zum wohl meistzitierten atl. Vers im NT. Jesus ist nicht ein König auf dem Thron Davids in Jerusalem, sondern – als der Herr Davids - der Herrscher eines ewigen und himmlischen Reiches; zur Rechten Gottes wartet er darauf, daß alle seine Feinde zu seinen Füßen liegen. Der Messias, dessen irdische Erniedrigung in so auffallendem Kontrast zur politischen Macht der populären Messiaserwartung stand, übertrifft nun bei weitem jene volkstümliche Hoffnung auf ein Königtum mit nur nationaler Bedeutung.

Die Siegesbotschaft der ersten Christen, Jesus sei – allem Anschein zum Trotz – tatsächlich der *christos*, scheint schnell zu einer so unwidersprochenen Annahme dieser Wahrheit in christl. Kreisen geführt zu haben, daß *christos* – entweder für sich allein oder in Verbindung mit Jesus – als Name für Jesus in Gebrauch kam und die Anhänger Jesu als *christianoi* bezeichnet werden konnten (Apg 11,26). Schon zur Zeit der ersten Paulusbriefe hat *christos* seine Bedeutung als Spezialbegriff abgelegt und ist bereits zu einem Namen geworden. Zweifellos behielt dieser Name auch weiterhin für einen *Judenchristen seinen tiefen Sinn. Es ist jedoch bemerkenswert, daß unter den nahezu 400 Stellen, an denen *christos* in den Paulusbriefen erscheint (die meisten dieser Briefe sind allerdings an vorwiegend heidenchristl. Gemeinden gerichtet), sich nur eine einzige findet, wo der Ausdruck in seinem ursprünglichen Sinn gebraucht wird (Röm 9,5 – bezeichnenderweise in einem Abschnitt, der die Frage der Rettung Israels behandelt). Dasselbe trifft, wenn auch weniger auffällig, für die anderen ntl. Briefe zu, obwohl in 1Petr 1,11 *christos* für den Messias der atl. Verheißung steht, und aus 1Joh 2,22; 5,1 hervorgeht, daß die Frage, ob Jesus der *Christos* sei, immer noch lebendig war (allerdings nun wohl in einem andern Sinne, nämlich eher in Abgrenzung gegen gnostische als gegen jüd. Gegner).

Wenn jedoch der ursprüngliche Inhalt des *christos*-Titels schon bald durch dessen Gebrauch als Personenname verdrängt wurde, so bedeutet dies noch lange nicht, daß die Kirche das Interesse an der Erfüllung der atl. Erwartungen durch Jesus verloren hatte. Paulus betonte, daß die grundlegenden Ereignisse des Wirkens Jesu »nach der Schrift« geschehen seien (1Ko 15,3f). Diese Unterstreichung war nicht nur für eine erfolgreiche Predigt unter den Juden nötig, sondern fesselte zweifellos auch das Interesse der Christen selber: nach dem Vorbild Jesu, der ihnen ausgelegt hatte, »was in der ganzen Schrift von ihm gesagt war« (Lk 24,27), forschten sie weiter im AT nach Worten, die Licht auf seine messianische Wirksamkeit werfen konnten. Beginnend mit den Predigten in Apg 2; 7 und 13 fuhren sie fort, Sammlungen relevanter Texte zusammenzustellen (z.B. Röm 10,5-21; 15,9-12; Hebr 1,5-13; 2,6-13 etc.) und atl. Themen zu erschließen, die auf das Wirken Jesu vorauswiesen (z.B. das wiederholte Bild des »Steines/*Ecksteines«, oder das Priestertum *Melchisedeks nach Ps 110,4, welches dem Verfasser des Hebräerbriefes eine reiche Fundgrube bot, Hebr 5,5-10; 7,1-28).

Besonders der Hebräerbrief, der vom *christos*-Titel nur sehr sparsam Gebrauch macht, besteht zum großen Teil aus einer ausführlichen Entfaltung atl. Themen und ihrer Erfüllung in Jesus: Er ist gekommen, um den neuen Bund zu schließen und die wahre Realität herbeizuführen, von der die atl. Heilsordnung mit ihren Institutionen nur ein Schatten war.

Wenn auch die Bezeichnung *christos* in zunehmendem Maße bloß noch als Name für Jesus benutzt wurde, blieb dennoch die Tatsache, daß Jesus der Eine war, durch den Gott jetzt seinen lange zuvor verheißenen Heilsratschluß zum Ziele führte. Denn die ntl. Autoren begnügten sich nicht damit, nur die Tatsache zu bestätigen, daß Jesus der Messias sei, sondern bemühten sich, Inhalt und Bedeutung dieses Erlösungswerkes immer gründlicher und eingehender zu erforschen.

Literatur: O. Betz: Jesus und das Danielbuch, Bd. II: Die Menschensohnworte Jesu und die Zukunftserwartung des Paulus (Daniel 7,13-14), ANT 6/1 1985; ders.: Jesus, der Messias Israels, WUNT 42, 1987; W. Bousset (ed.H. Greßmann): Die Religion des Judentums im neutestamentlichen Zeitalter, HAT 21, 31926; W. Eichrodt: Die Hoffnung des ewigen Friedens im alten Israel, 1920; J. Klausner: The messianice idea in Israel, 1956; S. Mowinckel: Han som kommer, 1951, engl. Übers: He that cometh, 1956; H. Ringgren: Der Messias im Alten Testament.
R.T.F./O.B.

MESSING s. Bergbau und Metallgewinnung

METALL s. Bergbau und Metallgewinnung

MICHA. (Kurzform von Michael, »Wer ist wie Gott?«)

1. Mann vom Gebirge Ephraim (Ri 17; 18). Er entwendete seiner Mutter 1100 Silberstükke, gab sie ihr aber aus Furcht vor ihrem Fluch wieder zurück. Die Mutter ließ darauf für 200 Silberstücke ein geschnitztes und gegossenes Bild anfertigen, das in M.s Haus aufgestellt wurde. M. ließ dazu *Efod (Leibrock) und einen Hausgötzen machen und weihte einen seiner Söhne zum Priester. Später kam ein Levit aus Bethlehem in Juda zu ihm, den er als Priester bei sich behielt. Als die Daniten auf dem Weg zur Eroberung von Lajisch bei M. vorbeikamen, nahmen sie den Priester mitsamt Götzenbildern und Efod mit sich fort. Die Geschichte zeigt den geistlichen und sittlichen Verfall zur Richterzeit, als es keinen König in Israel gab, und jeder tat, was ihm gefiel (Ri 17,6). Nach spätjüd. Tradition wohnte M. in Gerab, dem heutigen Chirbet Dscherabe, ca. 2 km westl. von *Silo.

2. Prophet z.Zt. Jesajas (Mi 1,1), s.*Micha, Buch.

3. Sohn *Mefi-Boschets oder Merib-Baals, Enkel Jonatans (2Sam 9,12f; 1Chr 8,34f; 9,40f).

4. Sohn Usiëls, ein Levit (1Chr 23,20; 24,24.25).

5. Sohn Jimlas, der als Prophet Gottes König Ahab die Wahrheit zu sagen wagte und ihm im Namen Gottes seinen Tod ankündigte (1Kön 22,5-28; 2Chr 18,4-27).

6. Sohn Schimis, Vater Reajas, ein Rubeniter (1Chr 5,5).

7. Levit, der z.Zt. Nehemias die Verpflichtung auf das Gesetz unterschrieb (Neh 10,12f).

8. Levit aus dem Geschlecht Asafs, Vater des Mattanja, der z.Zt. Nehemias beim Gebet den Lobgesang anzustimmen hatte (Neh 11,17; 1Chr 9,15).

9. Weiterer Levit aus dem Geschlecht Asafs, Vater eines Mattanja, dessen Urenkel Usi z.Zt. Nehemias lebte (Neh 11,22). Er könnte identisch sein mit *Michaja (6).

MICHA, BUCH.

1. Aufbau und Entstehungsgeschichte des Michabuches.

Die Mehrzahl der Ausleger rechnet mit einer komplizierten Entstehungsgeschichte des Prophetenbuches.

Jede Rekonstruktion der Entstehungsgeschichte behält hypothetische Züge.

Evidenter ist die Architektur der Endgestalt des Buches, die eine planvolle Redaktion vermuten läßt. Drei Sammlungen (?) beginnen jeweils mit einem Ruf zur Aufmerksamkeit (1,2/3,1/6,1), bieten dann Unheilsankündigungen (1,2-2,11/3,1-12/6,1-7,7) und schließen mit Heilsworten (2,12f/4,1-5,14/7,8-20).

2. Zur Person Michas. Ort und Zeit seiner Verkündigung.

Aus Jer 26,18 und besonders aus Mi 1-3 können wir einiges Wesentliche über die Person Michas von Moreschet (eine Tochtersiedlung von Gat in der Schefela, 35 km südwestl. von Jerusalem gelegen) und über den zeitlichen Rahmen, über Anlässe und Motive seiner Predigt entnehmen. Der Überschrift (Mi 1,1) zufolge muß er zwischen 740 und 700 v.Chr. gewirkt haben, während der Herrschaft der judäischen Könige *Jotam (756-741 v.Chr.), *Ahas (741-725 v.Chr.) und *Hiskia (725-697 v.Chr.). Unter Jotam und seinem Vorgänger *Usija waren Reichtum und Luxus ins Land eingezogen. Die Lage änderte sich, als unter Tiglatpilesar III. (745-727 v.Chr.) Assyrien erstarkte. *Pekach von Israel und *Rezin von Damaskus bildeten eine Koalition gegen Assyrien. Ahas von Juda trat ihr nicht bei, sondern rief Tiglatpilesar III. gegen Damaskus und Israel zu Hilfe. Damit wurde Juda zum Satellitenstaat Assyriens. 732 v.Chr. nahmen die Assyrer Damaskus ein, annektierten das Gebiet Israels nördl. der Ebene *Jesreel und ließen *Hosea den Rest des nördl. Reiches Israel als Vasall regieren. Als er sich dagegen auflehnte, belagerte Tiglatpilesars Nachfolger Salmanassar V. (727-722 v.Chr.) Samaria (732/22 v.Chr.) und Sargon II. (722-705 v.Chr.) nahm es im Jahr seines Regierungsantritts ein. M., ein Zeitgenosse Jesajas, trat wie dieser im Südreich auf, vor allem in seiner Heimat (Mi 1-2), aber auch in Jerusalem (vgl. Mi 3,10.12). Das Buch teilt die Umstände von M.s Berufung zum Propheten ebensowenig mit wie andere biographische Einzelheiten. Vielleicht dürfen wir aus der Art und Weise, wie M. mit den Geschundenen »seines Volks« mitfühlt, sich sorgt und Verantwortung trägt (vgl. Mi 1,9; 2,8f; 3,3.5), schließen, »daß Micha als ein Ortsältester ... von Moreschet fungierte« (H.W. Wolff), bevor er zum Propheten berufen wurde. Besonders auch Mi 3,8: »Dagegen ich, ich bin erfüllt mit Vollmacht, mit dem Geist Jahwes, mit Rechtsspruch und Tapferkeit, Jakob seine Aufsässigkeit vorzuhalten und Israel seine Verirrung«, ein Zeugnis von außerordentlichem prophetischen Selbstbewußtsein, könnte diese Annahme stützen. Dies ist gegen die bestechlichen Propheten gesagt und spiegelt die Zivilcourage, mit der M. für den *mischpat,* den konkreten Rechtsspruch im Tor der Stadt eintritt, was tatsächlich die primäre Pflicht der Ältesten ist.

3. Anklage und Strafankündigung in Michas Verkündigung.

M. bezichtigt in erster Linie die führenden Stände der Korruption und der Zerstörung der brüderlichen Jahwe-Gemeinschaft: Richtern, Propheten und Priestern, denen die Vermittlung von Recht, Gerechtigkeit und Tora (Weisung für das kultische und sittliche Leben) obläge (Mi 3,9-11), gibt er Jahwes Anklage weiter. Angeklagt werden besonders auch habgierige Großgrundbesitzer (Mi 2,1ff) und »die Beamten, Offiziere und Soldaten aus den Garnisonen der Nachbarschaft, die ... Häuser und Grundstücke konfiszieren und freie Menschen zu Arbeitssklaven degradieren; diese judäischen Truppenteile wirken wie eine feindliche Besatzungsmacht« (H.W. Wolff; s. Mi 2,1f.8-10).

M. sieht wegen der angehäuften Schuld unabwendbares Unheil in Gestalt eines brutalen Eroberers kommen, der einen Vernichtungskrieg bis hin zur Zerstörung Jerusalems und des Tempels führen wird (Mi 3,12; vgl. Mi 1,16; 2,3f).

4. Das Programm der Verkündigung Michas.

Wie M. den Menschen in allen Dimensionen des Lebens in Verantwortung vor Jahwe sieht, zeigt eindrücklich Mi 2,1-11. Ein Verbrechen an Gott und Mensch geschieht, wo sich die Macht – als vorgegebene Struktur (Mi 2,1: »denn es steht in der Allmacht ihrer Hand«) – mit der Begehrlichkeit des einzelnen Menschenherzens paart (Mi 2,1-2 mit unüberhörbarem Bezug auf das 10. Dekalogwort). Doch bleibt M. nicht bei der Freilegung der doppelten Wurzel des Bösen stehen, sondern nennt, durch Zwischenrufe (Mi 2,6f) herausgefordert, Untaten konkret beim Namen (Mi 2,8-10). Dieselbe Skizze eines Auftritts ist ein Musterbeispiel dafür, wie ein Prophet gegen die zum steinernen Dogma und geschichtslosen »Heilsbesitz« erstarrten Bekenntniswahrheiten Israels den Willen des lebendigen Gottes ins Spiel zu bringen hatte. M.s Gegner pochten auf heilige Traditionen Israels: auf die Sicherheitsgarantie Zion, die feste Burg, auf den Jakobssegen, auf die »Geduld« und auf die Rettermentalität Jahwes (vgl. mit Mi 2,6-7 und 3,11b Ps 46; Jer 26,11;1Mo 49,28;Ps 103,8; 2Mo 34,6/Ps 103,6; 2Mo 34,10). Alle diese Traditionen erklärt M. für gegenstandslos, sobald Israel nicht mehr den geraden Weg geht (Mi 2,7). An einer Stelle wird dieser gerade Weg auf einen schon auf Jesu Doppelgebot vorausweisenden Begriff gebracht: »Es ist dir gesagt, o Mensch, was gut ist, was Jahwe von dir fordert, nämlich unbedingt Recht tun und Treue und Liebe, in Ehrfurcht den Weg gehen mit deinem Gott« (Mi 6,8).

5. Die Verkündigung Michas.

Die Heilsanweisungen (Mi 2,12f; 4,1-8.14; 5,1-14) zeigen viele Berührungen mit dem Jesajabuch (z.B. Jes 2,2-5). Wie Jesaja erhofft M. den künftigen Schalom (Frieden) nicht mehr von den in Jerusalem regierenden Davididen, sondern vom Wurzelstumpf Isai in Bethlehem: »Jahwe beginnt aufs neue sein messianisches Werk am ruhmlosen Ort unter kleinen Leuten« (H.W. Wolff).

6. Die Sprache Michas.

Die Prophetie M.s leidet nirgends an gedanklicher Blässe. Sie verdankt ihre (sicher anzunehmende) Durchschlagskraft einem farbenprächtigen Stil: Alliteration, Assonanzen, Wortspiele und derb-drastische Metaphern. Die Predigt wirkt dialogisch-lebendig. Öfters zitiert M. seine Gegner, um ihnen aggressiv zu widersprechen. Wenn er bald mit grausigen Bildern schockiert, bald zartes Mitgefühl für seine geschundenen Mitmenschen bekundet, so zeigen sich darin nur zwei Seiten erregter Leidenschaft, in der er seines prophetischen »Amtes« waltet.

Literatur: H. Brandenburg: Die kleinen Propheten I, [3]1982; A.S. van der Woude: Micha, 1976; H.W. Wolff: BKAT XIV/4, 1982. W.G.

MICHAEL. (Hebr. *mīkā'ēl*, »wer ist wie Gott?« - synonym mit *Michaja und *Micha).

1. Engelfürst, der in pseudepigraphischer Literatur als Patron Israels und dessen Fürsprecher betrachtet wird (äthHen 20,5; 89,76). Im Buch Daniel ist er der Beschützer der Juden vor der Bedrohung durch die gottlose Macht Persien (Dan 12,1). Er wird »der Engelfürst« und »euer Engelfürst« genannt (Dan 10,13.21). Damit stimmt zusammen, daß M. der Erzengel ist, der (nach Jud 9) »mit dem Teufel stritt. . .um den Leichnam des Mose«. M. erscheint wieder in Offb 12,7, wo er im Himmel gegen den Drachen Krieg führt. Hier steht er an der Spitze der Engel Gottes, und zwar als Vertreter der Gemeinde Jesu.

2. Vater Seturs, einer der Kundschafter z.Zt. der *Wüstenwanderung, aus dem Stamm *Asser (4Mo 13,13).

3. Gaditer, der im Land *Baschan wohnte (1Chr 5,13f).

4. Mitglied der levitischen Sängerfamilien (1Chr 6,25).

5. Sohn Jisrachjas, aus dem Geschlecht *Issaschar (1Chr 7,3).

6. Sohn Berias, aus dem Geschlecht *Benjamin (1Chr 8,16).

7. Einer der Männer aus dem Stamm *Manasse, der sich *David im Kampf gegen Saul anschloß (1Chr 12,21).

8. Vater *Omris, des Fürsten des Stammes Issaschar z.Zt. Davids (1Chr 27,18).

9. Sohn des Königs *Joschafat, der von seinen Brüdern beim Regierungsantritt ihres Bruders *Joram umgebracht wurde (2Chr 21,1ff).

10. Vater des Sebadja, einer von den Söhnen Schefatjas, der unter der Herrschaft Artahsastas aus dem Exil in Babel nach Jerusalem zurückkehrte (Esr 8,8). J.D.D.

MICHAJA. Kurzform von Michajahu »Wer ist wie der Herr?«

1. Name der Mutter des Königs *Abijas, die eine Tochter Uriëls aus *Gibea war (2Chr 13,2). Der Vergleich mit 2Chr 11,20 zeigt, daß M. mit *Maacha, der Enkelin Absaloms, gleichzusetzen ist.

2. Einer der Fürsten Joschafats, die er mit den Leviten in die Städte Judas sandte, das Volk im Gesetz zu unterrichten (2Chr 17,7).

3. Vater Achbors, eines Hofbeamten des Königs *Josia.(2Kön 22,12; 2Chr 34,20).

4. Sohn des Gemarja z.Zt. Jeremias (Jer 36,9-13).

5. Priester z.Zt. Nehemias (Neh 12,41).

6. Levit aus dem Geschlecht Asafs und Vater eines Mattanja, dessen Urenkel Sacharja z.Zt. Nehemias lebte (Neh 12,35). Wahrscheinlich ist er identisch mit *Micha (9.).

MICHAL (Hebr. *mīkal*) M. war *Sauls jüngere Tochter (1Sam 14,49). Sie wurde anstelle ihrer Schwester *Merab mit David für einen Brautpreis von hundert Vorhäuten von Philistern verheiratet (1Sam 18,20ff). Ihr schnelles Eingreifen und ihr Erfindungsreichtum retteten David vor Saul (1Sam 19,11-17). Während seiner Verbannung wurde sie mit Palti(ël) verheiratet, dem Sohn Lajischs aus Gallim (1Sam 25,44). Als Abner nach Sauls Tod zu David übergehen wollte verlangte David von ihm, ihm M. zurückzubringen – wohl aus politischen Gründen, um seinem Anspruch auf die Thronfolge Nachdruck zu verleihen (2Sam 3,14-16). Als die Bundeslade nach Jerusalem gebracht wurde, tanzte David mit solcher Hingabe, daß M. ihn verachtete (2Sam 6,12ff). M.B.

MICHMAS. Eine Stadt in Benjamin, östl. von Bethel und 12 km nördl. von Jerusalem, 600 m über dem Meeresspiegel, am Paß von Bethel nach *Jericho. In *Gibea, etwas südl. von diesem Paß, hatte Jonatan einen erfolgreichen Raubzug gegen die Philistergarnison geführt (1Sam 13,2). Die Philister sammelten eine große, gutausgerüstete Armee in Geba (oder

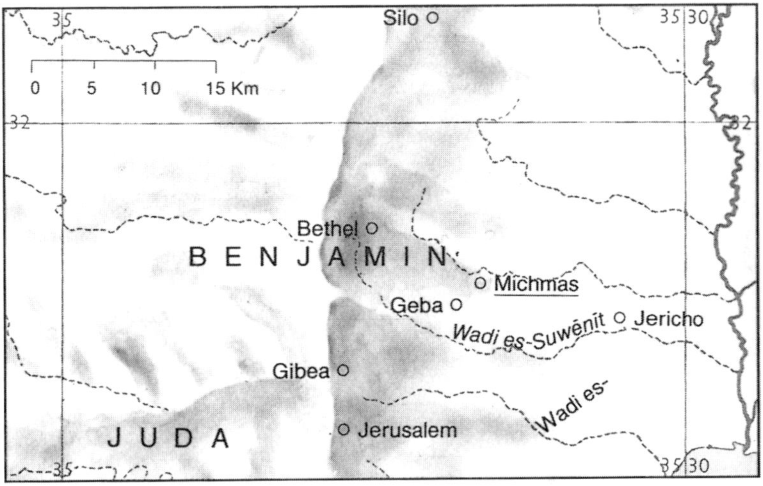

Die Lage von Michmas.

Gibea), bei deren Anblick etliche aus dem Heer Sauls desertierten (1Sam 13,5ff).

Ohne Sauls Wissen stiegen Jonatan und sein Waffenträger von Geba herab, bestiegen den Südabhang und lösten durch die Ermordung der Wachposten Verwirrung im Lager der Philister aus. Jonatans Handlung trug entscheidend zum Sieg über die Philister bei (1Sam 14,1ff).

In seiner Beschreibung des drohenden Angriffs auf Jerusalem stellt Jesaja (Jes 10,24.28) die Einnahme M. durch die Assyrer dar. Nach der babylon. Gefangenschaft wurde M. wieder besiedelt (Esr 2,27; Neh 7,31; 11,31). Im 2. Jh.v.Chr. war M. der Wohnort des Jonatan Makkabäus (1Makk 9,73).

Die Ortslage markiert das heutige Muchmas, ein Ruinendorf am Nordkamm des Wadi Suweinit. J.D.D.

MIDIAN/MIDIANITER. (»Streit, Zank«).

Die Midianiter stammen von M. ab, einem Sohn *Abrahams und seiner zweiten Frau *Ketura (1Mo 25,2; 1Chr 1,32). Alle Söhne Keturas sandte Abraham noch zu seinen Lebzeiten nach O, d.h. in die syr.-arab. Wüste (1Mo 25,6). Die späteren arab. Geographen kennen noch eine Stadt M. östl. vom Golf von Aqaba. Die Söhne M.s waren Efa, Efer, *Henoch, Abida und Eldaa (V. 4; 1Chr 1,33). Der Edomiterkönig *Hadad schlug die Midianiter im Felde Moabs (1Mo 36,35; 1Chr 1,46). 1Mo 37,28.36 erwähnt midianitische Kaufleute, die Josef nach Ägypten verkauften. *Mose floh aus Ägypten ins Gebiet von M., das sich damals im S und SO Kanaans erstreckte (2Mo 2,15). Der midianitische Priester *Jitro wurde Moses Schwiegervater (2Mo 2,21; 3,1; vgl. *Keniter).

Seinen Schwager Hobab bat Mose, mit Israel durch die Steppe (»Wüste«) zu ziehen (4Mo 10,29-32).

Als Israel ins *Ostjordanland kam, waren die M. aufs engste mit den Moabitern verbunden (4Mo 22,4.7); sie verleiteten auf den Rat *Bileams hin Israel zu Unzucht und Götzendienst (4Mo 25,6), so daß Gott Mose befahl, sie als Feinde zu behandeln (V. 16-18). 4Mo 31 berichtet über ihre Vernichtung durch Israel, wobei ihre Könige Ewi, Rekem, Zur, Hur und Reba fielen (V. 8) und alle ihre Städte und Zeltdörfer verbrannt wurden (V. 20). Aus Jos 13,21 geht hervor, daß die fünf Midianiterkönige Vasallen des Amoriterkönigs Sihon gewesen sind. Die M., die Israel während der Richterzeit unterdrückten, erlitten eine vernichtende Niederlage durch *Gideon (Ri 6-8; 9,17). Danach werden sie nur noch Jes 60,6 und Hab 3,7 erwähnt.

MIDRASCH s. Talmud und Midrasch

MIGDAL-EDER. (Hebr. »Herdenturm«). Nach 1Mo 35,21 ein Lagerplatz *Jakobs, der zumindest nach dem heutigen MT in der Nähe von

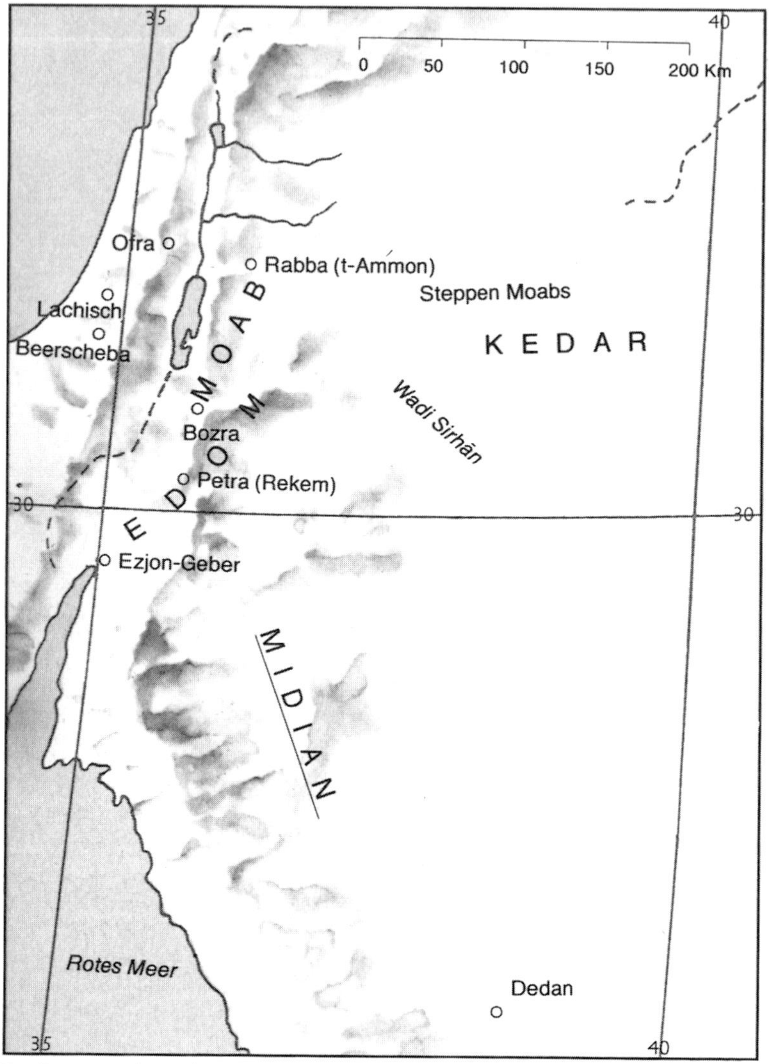

Das Territorium der Midianiter.

*Bethlehem (vgl. 1 Mo 35,19) lag und jedenfalls nicht mit dem Gader von Jos 12,13 zu identifizieren ist. Hieronymus (Onom. 43,22; 63,3) kannte bei Bethlehem einen Turm Ader, wo die Hirten die Engelsbotschaft empfingen (Lk 2,8ff). Wahrscheinlich hat diese Ortstradition vorchristl. jüd. Wurzeln (P. Winter, JQR 45, 1955, 238-241). Schon vor 70 n.Chr. verehrte man das *Rahel-Grab an seiner heutigen Stelle nordwestl. von Bethlehem. Die Mischna (Schek 7,4) kennt ein M. bei *Jerusalem (G. Dalman, Orte und Wege Jesu, [4]1967, 53f) und die Angabe des essenernahen Testaments Ruben »Gader ganz nahe bei Ephrata des Hauses Bethlehem« (TestR 3,31) könnte auf Ortskenntnis beruhen. In Mi 4,8 bezeichnet M. den »*Ofel der Tochter *Zion«, d.h. Jerusalem, als eine Schafhürde, »zu der die frühere Königsherrschaft Israel zurückkehren wird«. Dieses Heilswort steht in engem Zusammenhang mit der Verheißung des davidischen Endzeitherrschers aus Bethlehem (Mi 5,1). Nach dem Targum Jonathan I zu 1Mo 35,21 und dem Propheten-Targum zu Mi 4,8; 5,1 erwarteten jüd. Kreise die Erscheinung des *Messias bei M. . . ., Bet Mikra 71, 1977, 413-416). Vielleicht steht die kleine Hirtensiedlung aus dem 1. Jh.n.Chr. am Rand der Ebene von Bet Sahur, ca. 2km östl. von Bethlehem (OLB 2, 647f), wo mindestens schon im 4. Jh. das Hirtenfeld von Lk 2,8 lokalisiert wurde (Kopp 57-59), mit solchen Erwartungen in Verbindung (H. Schürmann, Lukasevangelium, [2]1981, 108f). Lk 2,1-14 ist jedenfalls von der Weissagung Mi 4,7-5,5 geprägt (R. Laurentin, Lk. Kindheitsgeschichte, 1967, 99-102). Die Prophetie Mi 4,8 spielte offenbar schon in der Familie Jesu (vgl. Eus h.e. II, 23,7) eine wichtige Rolle (B. Pixner, HlL 111/2-3, 1981, 9f).

Literatur: C. Kopp: Heilige Stätten der Evangelien,[2]1964, 55-66; F.M. Abel: Géographie de la Palestine II, [3]1967, 309f; OLB 2, 639-650. R.R.

MIGDAL-EL. (Hebr. »Turm Gottes«). Ort im N von *Naftali (Jos 19,38). Unter allen Lokalisierungsversuchen (F.M. Abel, Géographie de la Palestine II, [3]1967, 386f) hat der mit Chirbet El-Medschdel, 6 km nordnordwestl. von *Kedesch Naftali (*Kedesch 4.), am meisten für sich (M. Noth, Josua, [3]1971, 120). R.R.

MIGDOL. Der Name bezeichnet eine kanaan. Festung. Als Ortsname ist M. in 2Mo 14,2; 4Mo 33,7; Jer 44,1; 46, 14; Hes 29,10; 30,6 erwähnt. Mehrere solcher Festungen wurden in der Nähe der ägypt. Grenze gebaut, aber keine kann genau lokalisiert werden. Das M. der Propheten im N Ägyptens (vielleicht im heutigen Tell el-Her, 40 km südöstl. von Port Said) ist ein anderes als das im S (Papyrus Anastasi V), das wahrscheinlich das M. Sukkots ist. M. im N mag das Magdolum des Itinerarium Antonini sein, 12 röm. Meilen von Pelusium entfernt. C.D.W.

MILCH. (Hebr. *chālāb*; griech. *gala*). In Israel wurde die M. von Kühen und Schafen (5Mo 31,14; Jes 7,21f), von Ziegen (Spr 27,27) und von Kamelen (vgl. 1Mo 32,16) zur Nahrung verwendet. M. wurde in ledernen Schläuchen

Migdol (Festungsturm) als Eingangstor zum Tempel Ramses' III. (ca. 1180 v.Chr.) in Medinet Habu, West-Theben, Ägypten. (KAK)

aufbewahrt (Ri 4,19) und in Schalen gereicht (Ri 5,25).

Chālāb (1Mo 18,8; Ri 4,19; Jes 55,1 u.ö.) bezeichnet wohl meist die mit Hilfe von kleinen Stücken Labmagen gedickte oder durch Gärung gesäuerte M. Sie wird als erfrischendes Getränk und mit Grütze gekocht genossen. Süße Milch trinkt man verhältnismäßig wenig, da sie sich während des größten Teils des Jahres nicht hält.

Butter (hebr. *chām'āh*) wird aus der noch frischen, süßen M. bereitet, die man in ein Ziegenfell füllt, das an Stöcken aufgehängt ist. Das stößt man mit den Fäusten, bis durch die Bewegung Butter entsteht (vgl. Spr 30,33). Diese Butter, die infolge des warmen Klimas stets weich bleibt, wird frisch gegessen, indem man das Brot hineintaucht; zur Aufbewahrung kocht man sie auf.

Aus geronnener M. wird durch Seihen Quark und daraus durch Salzen und Trocknen Käse gewonnen. LÜ gibt drei verschiedene hebr. Ausdrücke mit »Käse« wieder: *charizē chālāb* (wörtl. »Schnitten [geronnener] Milch«, also Käse- oder Quarkscheiben, 1Sam 17,18), *schepōt bāqār* »Rinderquark oder -käse«, (2Sam 17,29) und *gebīnah*, »Käse oder Quark«, (Hiob 10,10).

Kanaan galt als ein Land, »darin Milch und Honig fließt« (2Mo 3,8 u.ö.), d.h. das Nahrung in Überfluß hatte. Im NT wird die M. als Bild für die (erste) geistliche Lehre gebraucht (1Kor 3,2; 1Petr 2,2; Hebr 5,12-14).

MILET. Die am weitesten südl. gelegene der großen ionischen (griech.) Städte an der Westküste Kleinasiens, ein blühendes

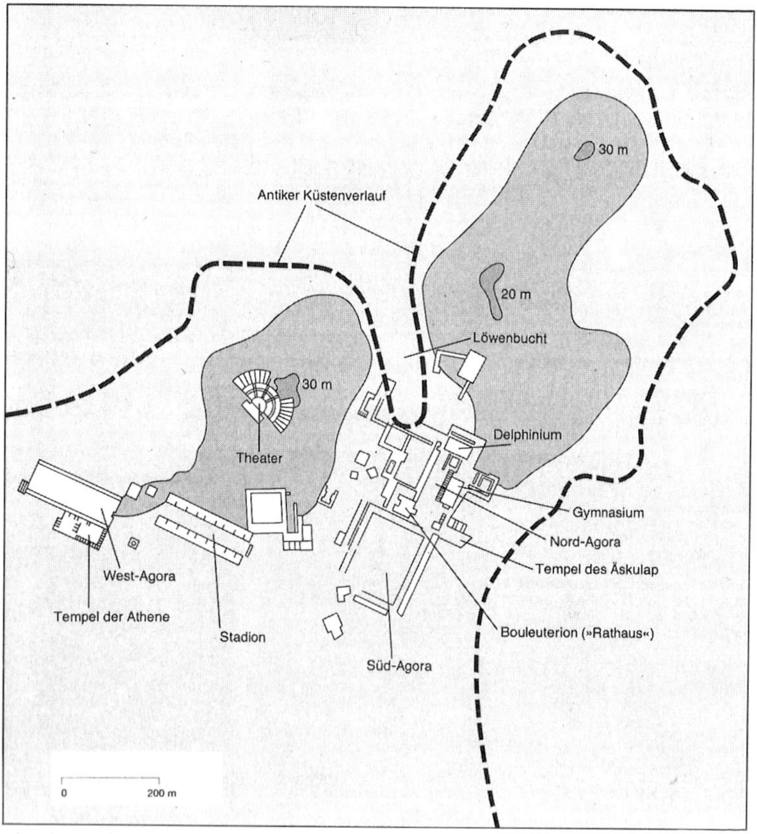

Plan des antiken Milet.

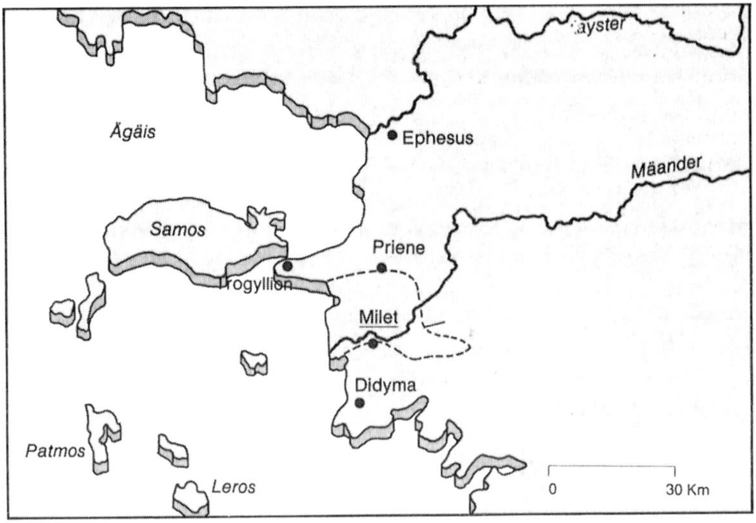

Die Lage der griechischen Stadt Milet.

Das Theater von Milet, ursprünglich im 4. Jh. v.Chr. erbaut, in hellenistischer und römischer Zeit mehrfach verändert. (RVS)

Handelszentrum; im 8., 7. und 6. Jh. v.Chr. gründete sie Kolonien am Schwarzen Meer und hatte auch Kontakt mit Ägypten. Pharao Necho opferte in einem miletischen Tempel nach seinem Sieg bei *Megiddo 608 v.Chr. (2Kön 23,29; 2Chr 35,20ff). Die Milesier hielten der Expansion *Lydiens stand und begannen 499 v.Chr. die ionische Revolte gegen Persien, ihre Stadt wurde 494 v.Chr. zerstört. Zur Zeit des großen Reichtums war M. die Heimat der griech. Philosophen Thales, Anaximander und Anaximenes sowie des Chronisten Hekatäus. M.s Wollwaren waren weltberühmt.

Nach der Zerstörung durch die Perser war die Geschichte der Stadt wechselvoll; als Paulus dort weilte (Apg 20,15; 2Tim 4,20), zehrte M. weitgehend von vergangenem Ruhm. Zu jener Zeit gehörte M. zu der röm. Provinz Asia. Wegen der Ablagerungen des Mäanderflusses verlandete der Hafen (heute ein Binnensee), und der Handel ging zurück. Eine Inschrift in den Ruinen zeigt den Platz im Theater an, der für Juden und »Gottesfürchtige« reserviert war. K.L.Mck.

MILKA. (Hebr. *milkā*, »Rat«).

1. Tochter *Harans, Nichte und Frau *Nahors (1Mo 11,29). Mit Nahor hatte M. die Kinder Uz, Bus, Kemuel, Kesed, Haso, Pildasch, Jidlaf und Betziel (1Mo 22,20ff). *Rebekka, die Tochter Betuels, war ihre Enkelin (1Mo 24,15.24.47).

2. Eine der fünf Töchter *Zelofhads. Da sie keine Brüder hatten, gab man ihnen ein Erbteil, als das Land aufgeteilt wurde (4Mo 26,33; 27,1; 36,11; Jos 17,3). J.D.D.

MILLO. (Hebr. *millō̄* von *mālē̄*, »voll sein«, vgl. akkad. *mīlū*, »Aufschüttung, Höhe«).

1. Ein Teil der Befestigung von *Jerusalem, die *Salomo errichten ließ (1Kön 9,15.24). Wohl wegen der hohen Kosten und damit verbundener Fronarbeit trug dieses Bauprojekt zur Erhebung *Jerobeams bei (1Kön 11, 27). König *Joasch (836-797 v.Chr.) wurde im »Haus Millo« umgebracht (2Kön 12,21), und *Hiskia verstärkte den M. (2Chr 32,5). 2Sam 5,9 und 1Chr 11,8 brauchen nur zu bedeuten, daß der Verfasser Baumaßnahmen *Davids mit Hilfe eines zu seiner Zeit bekannten Ortsnamens beschreibt, nicht aber, daß schon David den M. baute (Vincent). K.M. Kenyon hielt von ihr entdeckte Terrassen am NO-Abfall der Davidsstadt ins *Kidron-Tal für den M. (Digging Up Jerusalem, 1974, 100-103) und viele Forscher sind dieser Identifizierung gefolgt. Aber diese Struktur ist schon kanaan. und wahrscheinlich mit den Kidron-Terrassen (*sadmot qidrōn*) von 2Kön 23,4 gleichzusetzen (Stager). Wahrscheinlich handelt es sich beim M. um jenes mächtige Treppenpodium im äußersten N der Davidsstadt, das schon von Frau Kenyon angegraben und von Y. Shiloh (Excavations at the City of David, 1984, 27f) weiter freigelegt wurde. Diese Struktur hat man vermutlich unter Salomo am Ort des kanaan. und späteren davidischen Königspalasts errichtet (*Ofel). Da Salomo seinen Palast auf den *Tempel-Berg verlegte, stand auf dem Podium ein anderes öffentliches Gebäude (»Haus Millo«). Manche nehmen an, daß an dieser Stelle unter *Antiochus IV. 168 v.Chr. (Jos.ant.Jud XIII. 215-217) die seleukidische Zwingburg (Akra) errichtet wurde (G. Dalman, Jerusalem und sein Gelände, 1930, 133f).

2. Ein »Haus Millo« wird neben den Bürgern der Stadt für *Sichem erwähnt (Ri 9,6.20). Vielleicht handelte es sich um den Stadtrat, der (ähnlich wie der *Areopag in *Athen) seinen Namen nach dem Versammlungsort trug (G. Sauer, BHH II, 1964, 1218). Auch in Sichem wurde eine große, künstlich angelegte Terrasse gefunden, welche die Akropolis, wohl einschließlich des Tempels des *Baal-Berit (Ri 9,4.46), trug (J. Nelis, BL^3, 1982, 1155f). Das weist ebenfalls darauf hin, daß wir es bei M. nicht einfach mit einem Ortsnamen, sondern mit einem Spezialausdruck für einen Teil der Stadtbefestigung zu tun haben.

Literatur: B. Mazar: Der Berg des Herrn, 1979, 155-158; J. Simons: Jerusalem in the Old Testament, 1952, 60-68; ders.: OTS 2 (1943), 35-78; L.E. Stager: JNES 41 (1982), 111-121; L.H. Vincent: Jérusalem antique, 1912, 142-170. R.R.

MINE s. Maße und Gewichte

MINZE s. Kräuter und Gewürze

MIRJAM. (Ableitung s. *Maria).

1. Die Tochter Amrams und *Jochebeds, Schwester *Aarons und *Moses (4Mo 26,59). In 2Mo 2,4ff wird M. ohne Namensnennung erwähnt als Moses Schwester, die ihn im Schilf beaufsichtigte und der Tochter des Pharao ihre Mutter als Amme vorschlug. M. führte als Prophetin die Frauen beim Tanz und Lobgesang an, um die Durchquerung des Roten Meeres und den Untergang der Ägypter zu feiern (2Mo 15,20f).

M. und Aaron wiedersetzten sich zu einem späteren Zeitpunkt Mose. M. wurde von Gott mit Aussatz gestraft; Mose legte für sie Fürsprache ein, so daß sie nach sieben Tagen geheilt wieder in die Gemeinschaft zurückkehren konnte (4Mo 12).

M. starb in *Kadesch und wurde dort begraben (4Mo 20,1). Mit Achtung spricht der Prophet Micha (6,4) von ihr. In der Bibel gibt es keinen Hinweis auf eine Heirat M.s, aber die rabbinische Überlieferung macht sie zur Frau Kalebs und Mutter *Hurs.

2. Tochter *Esras aus dem Geschlecht Juda (1Chr 4,17). M.B.

MISCHAËL (»Wer ist, was Gott ist?«).

1. Sohn Usiëls, ein Levit (2Mo 6, 22), der mit seinem Bruder *Elizafan die Leichen von Aarons Söhnen Nadab und Abihu aus dem Lager trug, nachdem sie für ihre Altarschändung getötet worden waren (3Mo 10,1-5).

2. Königlicher Zögling wie Daniel (Dan 1,6.11 usw.; 1Makk 2,59), dessen Name von den Babyloniern in Meschach umgeändert wurde (Dan 1,7). D.W.B.

MISCHNA.

1. Name.

Der Name M. (von hebr. *schānāh,* »wiederholen, lernen, lehren«) bezeichnet a. die mündlich tradierte Lehrentscheidung eines »Tanna«, d.h. eines der rabbin. Weisen aus der Zeit von der Mitte des 2. Jh.v.Chr. bis zum Ende des 2. Jh.n.Chr.; b. die Geamtheit der tannaitischen Lehren (Mischnajoth), die gegen Ende dieses Zeitraums von Rabbi Jehuda ha-Nasi (dem »Fürsten«) gesammelt, geordnet und schriftlich niedergelegt wurden (b BM 86 a). Die Form der Darstellung, die Wiedergabe der Diskussion im Lehrhaus, ferner gelegentliche Wiederholungen und Widersprüche lassen erkennen, daß der Redaktor die Meinung verschiedener Schulen, vor allem die Kontroversen zwischen dem Haus Hillel und dem Haus Schammai, möglichst unverändert wiedergeben wollte. Vorstufen dieser Mischna waren Sammlungen von Rabbi Aqiba und Rabbi Meïr (Mitte des 2. Jh. n.Chr.), die aber im Text als solche nicht mehr in Erscheinung treten. Nach rabbin. Verständnis bietet die M. die am Sinai von Gott dem Mose gegebene Weisung, die zur schriftlichen Tora als erklärender Kommentar notwendig hinzugehört und schon im Alten Israel getreulich weitergegeben wurde (vgl. Aboth 1,1; b Chag 6 a.14 a). Tatsächlich aber wird diese in hebr. Sprache abgefaßte Überlieferung als Lehrmeinung der Tannaim dargestellt; außerdem weisen manche nicht-bibl. Begriffe und Lehnwörter, vor allem aus dem Griech., auf eine spätere Herkunft dieser Lehre.

2. Inhalt.

Die M. enthält vor allem Halacha, d.h. Weisung für den rechten »Wandel« in allen Lebensbereichen der jüd. Gemeinde. Diese Weisung wurde einmal durch Auslegung (vgl. *Talmud und Midrasch) der schriftlichen Mosetora gewonnen, wobei die Beweisführung aus der Bibel allerdings nur selten explizit erfolgt. Zum andern erscheinen neue Satzungen (Halachoth), die aufgrund der sich ändernden Lebensbedingungen notwendig geworden waren (vgl. Chag 1,8). Anders als bei den halachischen Kommentaren (z.B. Mekhilta oder Sifra) wird der Lehrstoff der M. nach sechs großen Sachgebieten geordnet vorgetragen (*Sedarim,* »Ordnungen«):

a. *Zera'im* »Saaten«, Ackerbau;

b. *Mo'adim,* »bestimmte Zeiten«, heilige Tage;

c. *Nashim,* »Frauen«, Eherecht;

d. *Neziqin,* »Schäden«, Zivilrecht und Strafrecht;

e. *Qodaschim,* »heilige Dinge«, Darbringung der Opfer im Tempel;

f. *Toharoth,* »reine Dinge«, Durchführung der rituellen Reinigung.

Jede dieser Ordnungen, die wohl schon wesentlich früher sind (von Hillel?), enthält 7-12 Traktate (*massekhtoth,* »Gewebe«); insgesamt sind es deren 63. Die Traktate werden wieder in einzelne Abschnitte (*peraqim*) und diese in Halakhoth unterteilt. Man zitiert deshalb eine bestimmte Stelle in der M. durch die Angabe von Traktat, Abschnitt und Halacha (z.B.: Berakhoth 5,5).

Die M. mit ihren kurz gefaßten Entscheidungen einzelner Lehrer, denen die maßgebende Meinung der Mehrheit oft hinzugefügt ist, wurde ihrerseits zu einem heiligen Buch, das zum Studium und zur weiterführenden Diskussion einlud; die letztere ist in der Gemara (»Lehre«) der beiden *Talmudim enthalten. Von den 63 Mischnatraktaten sind 26 1/2 ohne Kommentar geblieben. Weisungen der tannaitischen Zeit, die nicht in die M. des Rabbi Jehuda aufgenommen sind, werden in der wie die Mischna aufgebauten Tosefta (»Ergänzung«) geboten bzw. in Baraithoth (»außerhalb« der Mischna tradierten Sätzen) in den Talmudim überliefert.

3. Theologische Absicht.

Die Mischnatradition konnte bildlich als »Zaun« (*sejag,* Aboth 1,1) beschrieben und als »Schutz« (*mischmärät*) für die eigentlichen Gebote Gottes betrachtet werden (vgl. *phylakē tōn nomōn,* Jos.ant.Jud. 18,16). Vor allem wird mit ihr die Heiligung des Volkes Israel angestrebt, dessen Lebensmitte der Jerusalemer Tempel ist. Auch Haus und Tisch der einzelnen Familie soll eine Art von Heiligtum sein, in dem der Hausvater einen priesterlichen Dienst tut.

Die in der M. gebotene, vom humanen

Geist des Pharisäismus beseelte Lehre mildert manche Härten der mosaischen Tora, vor allem beim Strafvollzug, dann hinsichtlich der strikten Einhaltung der Sabbatruhe (Sicherung und Rettung des Lebens, vgl. schon 1Makk 2,29-41; Anlegen eines Erub); das Ausleihen von Geld vor dem Sabbatjahr wurde durch den Prosbul (Hillel) ermöglicht. Das Eherecht wurde durch das Abschließen eines Ehevertrags (Ketubbā) verbessert; in ihm ist die wirtschaftliche Absicherung der Frau im Falle einer Scheidung vorgesehen. Allerdings konnte die von den Weisen vollzogene kasuistische Entfaltung und Absicherung der Tora mit der Diskussion auch über extrem schwierige und konstruierte Fälle das Volk belasten (vgl. Mt 23,4). Die *Sadduzäer lehnten die von den Weisen als heilsnotwendig eingeschätzte mündliche Tora ab (Jos.ant.Jud. 18,16); Jesus hat sie als »Überlieferung der Menschen« dem Gebot Gottes gegenübergestellt und die Gültigkeit des letzteren betont: Die als Schutz für das Gebot gedachte Lehre der Weisen kann im Gegenteil sogar zu dessen Aufhebung führen (Mk 7,8-10.13).

4. Mischna und Neues Testament.

Zu den frühesten und besten Zeugen für das der schriftlichen Abfassung voraufgehende Stadium der mündlichen »Überlieferung« gehört das NT, vor allem die in den Evv. gebotene Lehre Jesu. In dieser wird die Lehre der Weisen als »Satzung der Ältesten« bezeichnet (Mk 7,3). In Mk 7,2-4 (vgl. Mt 15,2) ist das rituelle Abspülen der Hände vor einer Mahlzeit als Sitte der Pharisäer und aller Juden vorausgesetzt; eine entsprechende Weisung findet sich in Mischna Yadayim 1,1 (*netilath yadayim*). Zum Reinigen der Gefäße (Mt 23,25) vergleiche man Kelim 2,1; 11,1; Miqwaoth 10,1. Ferner erwähnt Jesus in Mk 7,11 (vgl. Mt 15,5) ein Gelübde, das im gleichen Wortlaut in der Mischna (Nedarim 8,7) aufgeführt ist: »Gabe (griech. *doron*, hebr. *qorban*) sei, was du (Vater bzw. Mutter) von mir zur Nutznießung erhalten würdest!« Nach Jesu Urteil verstößt solch ein Gelübde zugunsten des Tempels gegen das Gebot, die Eltern zu ehren (Mk 7,10-13 par.). Für die Frage, ob am Sabbat Heilung oder Hilfeleistung erlaubt sei (Mt 12,10f), sind Mischna Joma 8,6f und Shabbat 18,3 heranzuziehen, mit Jesu Ablehnung der Ehescheidung (Mk 10,1-12; Mt 5,31f) vergleiche man die Bestimmungen hinsichtlich des Scheidebriefs (Gittin 2,2-5; 4,2). Die von Jesus betonte Vollmacht des von Gott gesandten Menschensohns (Mk 2,10) hat die rechtliche Bestimmung Berakhot 5,5 (vgl. auch Traktat Quiddushin) zum Hintergrund. In der Frage der Steuerzahlung (Mk 12,13-17) dürfte sich Jesus (V. 17) auf die theologische Bewertung des menschlichen Lebens beziehen, die nach der M. bei der Verwarnung der Zeugen in einem Kapitalprozeß zur Sprache gebracht wird: Jedermann wurde gleichsam als Gottes Münze mit dem Prägestock des ersten Menschen gebildet, besitzt aber seine unverwechselbare Individualität und kann wie Adam zum Ahnherrn einer ganzen Welt werden (Sanhedrin 4,5). Will man ermessen, wie die Vertreibung der Geldwechsler aus dem Tempelvorhof (Mk 11,15-19) von den Juden bewertet werden mußte, so sind die Bestimmungen für das Einwechseln des Halbschekels der Tempelsteuer und für dessen Verwendung (Opfer der Gesamtgemeinde) zu beachten (Sheqalim 1,6 vgl. 2Mo 30,16; so J. Neusner). Für die Feier des letzten Mahles Jesu (Mk 14,12-25) ist der Traktat Pesachim wichtig, vor allem dessen Weisung zum Ablauf (Seder) des Passamahls (10,1-7). Der Traktat Sanhedrin ist zum besseren Verstehen des Prozesses Jesu heranzuziehen. Zwar gibt er die pharisäische Rechtsauffassung wieder, während die Verhaftung, das Verhör und die Auslieferung Jesu an Pilatus von den sadduzäischen Vertretern im Hohen Rat maßgeblich veranlaßt worden waren, die konservativer und strenger dachten (Jos.bell.Jud. 2,166). Dennoch sind für das Zeugenverhör (Mk 14,55-59) die Bestimmungen Sanhedrin 3,6; 4,5 und für das Urteil der Blasphemie (Mk 14,64) die Weisung Sanhedrin 7,4 in sprachlicher und sachlicher Hinsicht von Belang.

Nach dem Talmud haben vor allem Maimonides (1135-1204), Obadja ben Abraham von Bartinoro († 1510), Jom Tob Lippmann Heller (1579-1654) und Israel Lippschütz (1782-1861) die Mischna kommentiert. Neuere Ausgaben mit Kommentar sind die von Ch. Albeck (hebr.), die Gießener Mischna (hrsg. v. K.H. Rengstorf) und vor allem die Übersetzungen mit Kommentar von J. Neusner, der die Mischna historisch-kritisch erforschen und deren eigene Logik darstellen will: A History of the Mishnaic Law (of Purities etc., 1974ff); ders.: The Tosefta translated from the Hebrew, 1977-81.

Literatur: H.L. Strack, G. Stemberger: Einleitung in Talmud und Midrasch (1887),[7]1982; H. Danby: The Mishnah, 1933; Ch. Albeck: Einführung in die Mischna, 1971. O.B.

MISREFOT-MAJIM. Bis M. verfolgten *Josua und sein Kriegsvolk das Heer der Könige aus dem nördl. Kanaan (Jos 11,8). M. bildete die Grenze des Reiches von Sidon (Jos 13,6). Wenn es die felsige Landspitze von Rosch Haniqra war, hat Chirbet Muscherif (am nördl. Ende der Akko-Ebene) den Namen bewahrt.

Womöglich ist mit M. aber auch der Litanifluß gemeint, der namentlich in der Bibel nicht vorkommt (LDB, S. 216). J.P.U.L.

MISSETAT s. Sünde

MISSION s. Senden, Sendung

MIST. Dung oder Kot wird zur Düngung des Landes verwendet (2Kön 9, 37; Jer 9,21; Lk 13,8; 14,35). In Jes 25,10 ist bildlich von einer Mistlache die Rede, in deren Jauche das Stroh zertreten wird. Getrockneter Kamel- und Kuhmist diente als Brennmaterial (vgl. Hes 4,15).

Beim Sündopfer galt die Vorschrift, daß der M. des Opfertieres außerhalb des Lagers verbrannt werden mußte (2Mo 29,14; 3Mo 4,11 u.ö.), ebenso sollte die menschliche Notdurft vor dem Lager verrichtet werden (5Mo 23,13f). Von daher wird deutlich, wie entehrend es war, wenn als Strafe ein Haus zum Misthaufen bzw. zur Stätte des Unrats gemacht wurde (2Kön 10, 27; vgl. Esr 6,15; Dan 2,5; 3,29, LÜ: Schutthaufen), und wie vernichtend das Prophetenwort Mal 2,3 die Priester trifft. Das Liegen im Misthaufen (Klgl 4,5, LÜ: Schmutz; 1Sam 2,8, LÜ: Staub; Ps 113,7, LÜ: Schmutz) ist Zeichen äußerster Not und Erniedrigung eines Menschen (vgl. Jes 25,10).

MISTTOR s. Jerusalem

MITARBEITER. Das griech. Wort »*synergos*« bedeutet im Profangriech. das »Mit-oder Zusammenwirken« verschiedener Umstände. Wo das Wort auf Personen bezogen ist, wird damit normalerweise die »Unterstützung, Hilfeleistung, Zuwendung« eines Menschen für einen anderen bezeichnet oder das »Mitwirken« einer Person.

1. Der Begriff »Mitarbeiter« in der Bibel.

Im AT kommt der Begriff nicht vor, im NT begegnet er uns nur in den Paulusbriefen, hier allerdings häufig. Paulus gebraucht das Wort oft, um damit eine Person zu bezeichnen, die mit ihm oder wie er als Beauftragter Gottes im selben Dienst steht, in der Arbeit am Reich Gottes. Auch wenn der Begriff in den Evv. nicht vorkommt, könnte man der Sache nach aber auch schon die Jünger Jesu als seine M. bezeichnen.

2. Die Jünger Jesu als seine Mitarbeiter.

Wir sehen in den vier Evv., daß Jesus seine Jünger von Anfang an in Dienst genommen hat. Petrus soll Menschenfischer werden (Lk 5,10). Jesus sendet die zwölf und die siebzig Jünger aus, damit sie wie er die Botschaft vom Reich Gottes verkündigen (Mt 10,5ff; Lk 10,1ff). Er sendet seine Jünger in alle Welt (Mt 28,18ff; Joh 17,18; 20,21). Sie dürfen in Jesu Auftrag Sünden vergeben und behalten (Mt 18,18). Petrus bekommt vom auferstandenen Herrn den Befehl: »Weide meine Schafe« (Joh 21,16).

3. »Mitarbeiter Gottes«.

Paulus bezeichnet sich und andere als »Mitarbeiter Gottes« (1Kor 3,9; 2Kor 6,1; 1Thess 3,29). Dabei geht es nicht um M. im Sinn von gleichberechtigten Partnern. Der M. ist ein Werkzeug, das Gott gebraucht, um sein Werk zu tun. Er ist von Gott abhängig und steht im Dienst Gottes. Er tut das, wozu Gott ihn sendet und beauftragt. Damit die Arbeit des M.s Frucht bringt, muß Gott selbst Gedeihen schenken (1Kor 3,6). Nicht jeder M. hat dieselben Gaben und dieselbe Aufgabe. Gott gibt seinen M.n verschiedene Gaben und verschiedene Aufgaben (vgl. z.B. 1Kor 3,6).

Kennzeichen des M.s ist das Dienen (1Kor 3,5). Der M. ist nicht Herr über die, die ihm anvertraut sind, sondern Gehilfe zur Freude (2Kor 1,24).

Der Dienst des M.s kann mit Mühe und *Kampf verbunden sein. Nicht umsonst bezeichnet Paulus manche seiner M. als Mitstreiter (Phil 2,25) oder Mitkämpfer (Phil 4,3) und sieht Mitarbeit im Reich Gottes und Mühe und Kampf ganz eng zusammen (1Kor 16,16).

Am Tag des Gerichts wird das Werk des M.s geprüft werden; dann wird sichtbar werden, ob sein Werk Bestand hat. Der M., dessen Werk Bestand hat, wird dafür *Lohn erhalten, jedoch nicht nach Leistung, sondern aufgrund der Gnade Gottes (1Kor 3,12-15).

4. Paulus und seine Mitarbeiter.

*Paulus steht in seiner Arbeit im Reich Gottes nicht allein. In seinen Briefen bezeichnet er einige Personen ausdrücklich als »meinen« oder »unseren« M. So Priska und *Aquila (Röm 16,3), *Urbanus (Röm 16,9), *Timotheus (Röm 16,21), *Titus (2Kor 8,23), *Epaphroditus (Phil 2, 25), Klemens und andere Mitarbeiter (Phil 4,3), *Aristarch (Kol 4,10; Phlm 24), Jesus Justus (Kol 4,11), *Markus (Kol 4,10f, Phlm 24), *Philemon (Phlm 1), *Demas, *Lukas (Phlm 24).

Wenn Paulus sie als M. bezeichnet, dann bringt er damit zum Ausdruck, daß sie mit ihm in der selben Arbeit, im selben Dienst als Handlanger Gottes stehen.

Paulus hat M., die ihn auf seinen Missionsreisen begleiten. Oft sendet er einen seiner M. mit einem bestimmten Auftrag zu einer Gemeinde (Phil 2,19.25).

Die Aufgaben der M. bestehen z.B. im Unterweisen der Gemeinde (1Kor 4,17), im Stärken und Ermahnen im Glauben (1Thess 3,2ff), im Verkündigen des Evangeliums (2Kor 1,19; Phil 2,22), in der Durchführung der Kollektensammlung für die Gemeinde in Jerusalem (2Kor 8).

5. Verschiedene Arten der Mitarbeit.

Mitarbeit kann in der Wahrnehmung von verschiedenen Aufgaben im Reich Gottes geschehen (s.o.). 3Joh 8 nennt als weitere Art der M. das Unterstützen der Boten Jesu. Auch Beten und materielle Unterstützung für andere M. im Dienst Jesu sind Formen der Mitarbeit. Jeder Christ kann und darf an seinem Platz ein M. Gottes sein.

Literatur: G. Bertram: ThWNT VII, 1964, 869-875; W.-H. Ollrog: EWNT III, 1983; W.-H. Ollrog: Paulus und seine Mitarbeiter, 1979; W. Stoy: Mitarbeiter Gottes- einige oder alle. Voll- und teilzeitlicher Dienst für Gott nach dem Neuen Testament heute, 1980; F. Schwarz: Überschaubare Gemeinde Bd. I/II, 1980, III, 1981; ders., Chr. Schwarz: Theologie des Gemeindeaufbaus, [2]1985. K.W./W.T.

MITKA. Der Name hängt vielleicht mit hebr. »süß sein« zusammen.

Lagerort der Israeliten in der Wüste (4Mo 33,28.29), möglicherweise Wadi Abu Takije, das von Nakb el Arud zum Wadi Dscherafi, nordwestl. von El Aqaba (*Elat), hinabführt, s. *Wüstenwanderung.

MITLEID. Bei diesem Begriff ist zwischen zwei Bedeutungen zu unterscheiden, die jedoch nicht immer streng auseinanderzuhalten sind: Mitleid mit einem Leidtragenden empfinden (griech. *sympathein*) und Teilhaben an dem Leide eines anderen (griech. *sympaschein*).

1. Die zweite Bedeutung finden wir im AT nur 1Kön 2,26. *Salomo verschont den Priester Abjatar, obwohl er zu seinen Gegnern zählt, weil dieser als Kampf- und Leidensgefährte mit seinem Vater David gelitten hatte. Alle anderen Stellen des AT sprechen von M. in der ersten Bedeutung. »Wer will denn sich dein erbarmen, Jerusalem? Wer wird denn Mitleid mit dir haben?« (Jer 15,5; vgl. Nah 3,7). M. kann von Gott gefordert (Jer 48,17), aber auch verboten werden (Jer 16,5).

2. Im NT ist das Mit-Leiden in erster Linie Ausdruck der bis ins letzte gehenden Gemeinschaft mit Christus, die ein reales Anteilhaben an seinem Leben bezeichnet, an seinem Weg durch Leiden zur Herrlichkeit. Der Mit-Leidende hat die Verheißung der Mitherrlichkeit (Röm 8,17f; 1Petr 4, 13). Wer in der »Gemeinschaft seiner Leiden« steht, hat aber auch auf Erden schon den vollen Trost der Gemeinschaft mit dem Auferstandenen (Phil 3,10) und Erhöhten (2Kor 1,5.7). So ist dem Mit-Leidenden schon ein Abglanz dessen gegeben, was ihm in vollem Maße zuteil werden wird bei der Offenbarung der Herrlichkeit Christi.

Das Mit-Leiden mit Christus ist nicht ausschließlich Sache des einzelnen, sondern zum guten Teil gliedhaftes Mit-Leiden mit dem *Leib Christi (1Kor 12,26) und geschieht um des *Evangeliums willen (2Tim 1,8; 2,3). Der Christ leidet mit bei der Verfolgung der Gemeinde (Hebr 10, 32-34), andererseits hat die Gemeinde teil am Leid der einzelnen (1Kor 12,26). Im Mit-Leiden kommt die Gemeinschaft der Jünger zur Vollendung. Hier erfüllen sie das Gesetz Christi (Gal 6,2; vgl. Mt 16,24f; s.a. *Nachfolge).

Von hier aus werden die Worte im NT mitbestimmt, in denen von M. als Mitempfinden die Rede ist. Christus kann mit unseren Schwachheiten M. haben, weil er wie wir versucht worden ist, doch ohne Sünde blieb (Hebr 4,15). Sein Verständnis für uns und sein tätiges Teilhaben an unserem Elend, wodurch er uns befreite, gehören eng zusammen. Darum werden auch die Christen zu gleicher Haltung, zum M., zum Mittragen der Not anderer ermahnt (1Petr 3,8). Vgl. auch *Leid.

MITTAG. Bezeichnung für die hellste (5Mo 28,29; Hiob 5,14; Jes 59,10), strahlendste (Hiob 11,17; Ps 37,6; Jes 58,10) und heißeste Zeit des *Tages (2Sam 4,5; Hld 1,7). In älteren Bibelübersetzungen bedeutet M. auch die Himmelsrichtung S und das im S gelegene Land, z.B. in 1Mo 24,62; Hiob 9,9; Pred 11,3; Jer 13,19; Mt 12,42.

MITTELMEER s. Meer

MITTELTOR s. Jerusalem

MITTERNACHT. Neben der zeitlichen Bedeutung steht im semit. Sprachgebrauch M. auch für die Himmelsrichtung *Norden (s. z.B. 1Mo 13,14; Jer 1,14; Hes 38,6), aus der häufig Israels Feinde kamen (Jes 41, 25). Das M.sland, bzw. das Land des Nordens (Sach 2,10) ist Babylon.

MITTLER.

Der Begriff M. (griech. *mesitēs*) entstammt der hellen. Rechtssprache und bezeichnet

a. den unparteiischen Vertrauens- und Schiedsmann in bürgerlichen Rechtshändeln, der eine gütliche Einigung vermitteln soll;

b. den Zeugen und Bürgen, der die Durchführung eines Rechtsgeschäftes garantiert;

c. den Treuhänder, bei dem die streitenden Parteien das Streitobjekt hinterlegen.

Im griech. AT (LXX) kommt *mesitēs* nur einmal vor (Hiob 9,33). In seinem Leiden wünscht sich Hiob einen Schiedsmann, der im »Streit« zwischen ihm und Gott vermitteln bzw. schlichten soll. Der im rabbinischen *Judentum entsprechend verwendete Begriff aus der Handelssprache (*sarsōr*) meint den Unterhändler bzw. Makler, der zwei zuvor beziehungslose Partner zusammenbringt und zwischen ihnen Geschäftsabschlüsse vermittelt. In diesem Sinn gebraucht auch das hellen. Judentum den Begriff des M.s. Im frühen Judentum wird er auf das Verhältnis zwischen Gott und Menschen übertragen. Dabei ist fast ausschließlich *Mose der M. zwischen Gott und Israel. Er brachte Gott und sein Volk zusammen, übermittelte ihnen das Gesetz und trat fürbittend für das Volk bei Gott ein, um es nach dessen Abfall wieder mit Gott zu versöhnen. Im rabbinischen Judentum ist Moses fürbittendes Eintreten für das schuldig gewordene Volk (2Mo 32,30-32) so interpretiert worden, daß Mose stellvertretend für die Israeliten sterben wollte, um sie mit Gott zu versöhnen; das AT selbst spricht an dieser Stelle nur davon, daß Mose das gleiche Schicksal wie das Volk erleiden wollte. Als fürbittende M. kennt das frühe Judentum auch Engel (Test Dan 6,2; TestLev 5,6f).

Von Mose als M. spricht auch Gal 3,19f: Das Gesetz ist »von Engeln verordnet durch die Hand eines Mittlers«. Weil die *Engel viele sind, konnten sie nicht direkt mit Israel in Verbindung treten, sondern bedienten sich eines M.s (Unterhändlers), nämlich Moses. Die Funktion des M.s wird von Paulus nicht negativ gewertet, vielmehr hat das Gesetz im Verhältnis zur von Gott selbst an Abraham gegebenen Verheißung eine geringere Stellung.

Am häufigsten spricht der Hebräerbrief von Christus als *mesitēs* (8,6; 9,15; 12,24). An allen drei Stellen ist er der *mesitēs* der neuen, besseren Heilsverfügung (*diathēkē*; LÜ: »Bund«) Gottes. Betont wird, daß Christus als *mesitēs* der Bürge bzw. Garant dieser neuen Heilsverfügung ist (vgl. 7,22). Da das durch Christus bewirkte Heil im Hebräerbrief in erster Linie als ein verheißenes, aber noch in der Zukunft liegendes Geschehen verstanden ist (vgl. 9,15), bürgt Christus als *mesitēs* für die Erfüllung der endgültigen göttlichen Verheißung (vgl. auch 6,17). Die Grundlage der neuen Heilsverfügung – und damit auch der Verheißung des von Gott zugeteilten ewigen Erbes – ist die von Christus durch seine Selbsthingabe bewirkte *Sühne, die den jährlichen Versöhnungstag überbietet und ablöst (9,11-15). Insofern ist die Funktion des *mesitēs* für Christus nicht nur auf die Verbürgung des zukünftigen verheißenen Heils beschränkt, sondern umfaßt auch die durch seinen Tod bewirkte Verbindung zwischen Gott und den Menschen. Christus ist im Hebräerbrief *mesitēs* zum einen als der M., durch dessen Tod die Gemeinschaft mit Gott hergestellt und eine neue, bessere Heilsverfügung Gottes in Kraft gesetzt worden ist, deren Erfüllung Christus verbürgt. Zum anderen ist er M. im priesterlichen Amt des Fürbitters (7,23-25).

Anders als im Hebräerbrief ist in 1Tim 2,5f die Mittlerstellung Christi nicht auf das zukünftige Heil bezogen, sondern hat Christus durch seine Selbsthingabe als *Lösegeld die Gemeinschaft zwischen Gott und Menschen hergestellt. Der M. kommt hier dem Versöhner nahe. Ausdrücklich wird hervorgehoben, daß Christus der einzige M. zwischen Gott und Menschen ist. Damit werden alle anderen Mittlervorstellungen ausgeschlossen; dies richtet sich insbesondere gegen die jüd. Betonung des M.s Mose. Christus ist nicht nur der M. zwischen Gott und den Menschen, der sich selbst als Lösegeld und Sühne für alle Menschen hingegeben hat. Sein stellvertretender Tod am Kreuz hat Gott und Menschen versöhnt und sie, die vorher keine Beziehung hatten, zusammengebracht. Christus wird so in einer Mose überbietenden Weise verkündigt als der einzigartige M. der Endzeit, als der messianische Erlöser.

Unabhängig vom Begriff des M.s, der im NT nur an den fünf genannten Stellen vorkommt, wird noch in zweifacher Weise von einer Mittlerfunktion Christi gesprochen. Der präexistente Christus wird als Schöpfungsmittler bezeichnet, durch den Gott die Welt geschaffen hat (Joh 1, 3.10; 1Kor 8,6; Kol 1,15f; Hebr 1,2f). Diese Vorstellung basiert auf jüd. Weisheitstradition (vgl. Weish 7,26f; 9,9; Spr 8,22-31), geht aber über sie hinaus. Im Christushymnus Kol 1,15-20 wird am ausführlichsten von der Schöpfungsmittlerschaft Christi gesprochen. Der unsichtbare Gott hat durch Jesus Christus die Welt, das All, geschaffen. Da Christus der Erlöser ist, bedeutet dies, daß die Welt von ihrem Ursprung und Ziel her nicht sinnlos, sondern von Gottes Liebeswillen getragen ist. Durch die Schöpfungsmittlerschaft Christi ist sie von Anfang an auf die Erlösung hin geschaffen worden (Kol 1,19f; vgl. Eph 1,4f).

Eine weitere Mittlerfunktion wird im NT vom erhöhten Christus ausgesagt. Weil der für uns Gekreuzigte auferweckt und zur Rechten Gottes erhöht worden ist, kann es jetzt und in aller Zukunft niemanden mehr

Luftansicht des Hafens und der Stadt von Mitylene. (RVS)

geben, der die an ihn Glaubenden verdammt (Röm 8,34; vgl. 1Joh 2,1). Christus steht am Ort des zukünftigen Endgerichts, an der Seite Gottes und tritt für sie ein. Paulus knüpft hier an die fürbittende Funktion des M.s im frühen Judentum an und vertieft sie. Daß der erhöhte Christus gegen jede anklagende Macht für die Glaubenden eintritt, ist darin begründet, daß er sie durch seinen Tod ein für allemal aus der Macht von Gesetz, Sünde und Tod befreit hat. In Hebr 7,24f ist das fürbittende Eintreten Christi für die Seinen als priesterliche Funktion beschrieben. In der Situation der Anfechtung, in der Krise der Endzeit tritt Christus ständig für seine Gemeinde ein. Als der selbst Versuchte und Angefochtene versteht er seine angefochtene Gemeinde und kann ihr helfen (Hebr 2,17f; 4,15f). Indem er fürbittend für sie eintritt, rettet er sie vollkommen und trägt sie auch durch die letzte Not der Endzeit.

Literatur: O. Becker: TBLNT I, [4]1986, 162-164; K. Goldammer, K.H. Rengstorf: RGG[3] IV, 1063-1065; W. Haubeck: Loskauf durch Christus, 1985, S. 214-223; H.W. Huppenbauer: BHH II, 1964, 1227f; A. Oepke: ThWNT IV, 1943, 602-629; D. Sänger: EWNT II, 1981, 1010-1012. W.H.

MITYLENE. Die Hauptstadt der Insel Lesbos. Ihre Lage am Kreuzungspunkt von Europa und Asien brachte sie politisch oft in Gefahr, bis sie unter der Pax Romana zur Ruhe kam, von den Römern als Feriengebiet hochgeschätzt. Im großen Hafen, der über die Meerengen auf das Festland von Kleinasien blickte, machte auch Paulus' Schiff auf der Fahrt nach Palästina während seiner dritten Missionsreise fest (Apg 20,14). E.A.J.

MIZPA, MIZPE. Die Grundbedeutung des Wortes ist »Warte«, »Wachturm«, »hoch und frei gelegene Stelle, von der aus man spähen kann«. Es wird *mizpāh* oder *mizpäh* vokalisiert und kommt meistens mit dem Artikel vor. Orte dieses Namens wird man daher an hohen Aussichtspunkten suchen müssen. Zwischen folgenden Orten ist zu unterscheiden:

1. Der Ort, an dem *Jakob und *Laban einen *Bund schlossen und einen Steinhaufen zum Zeugnis aufschichteten (hebr. *gal'ēd;* aram. *jegar sāhadūtā'*). Gott sollte über ihrem Bund wachen (1Mo 31,44-49).

2. Entweder der gleiche Ort wie 1. oder eine Stadt in *Gilead, östl. des *Jordan. Der Artikel wird sowohl in 1Mo 31,49 (*hammizpāh*) als auch in Ri 10,17; 11,11.34 gebraucht. Dieser Ort spielt eine Rolle in der Geschichte des Richters *Jeftah. Als die *Ammoniter in Gile-

ad eindrangen, versammelten sich die Israeliten in M. (Ri 10,17), der Heimat Jeftahs, von der aus er seinen Angriff startete und in die er zurückkehrte, um sein vorschnelles Gelübde einzulösen (Ri 11,11.29.34). Manche wollen M. mit Ramot in Gilead identifizieren (J.D. Davis, WDB, S. 401); F.M. Abel und du Buit dagegen identifizierten M. mit Dschal'ūd. Möglicherweise meint M. das gleiche wie Ramat-Mizpe oder »Höhe von Mizpe« (Jos 13,26).

3. Ein Ort in *Moab, an dem David seine Eltern in Sicherheit brachte (1Sam 22,3); möglicherweise das heutige Rujim el-Mes'hrefeh, westsüdwestl. von Madaba (*Medeba).

4. Ein Ort am Fuße des Berges *Hermon (Jos 11,3), auf den als »Land von Mizpe« oder »Ebene von Mizpe« hingewiesen wird (V. 8); die Heimat der *Hiwiter. Die Ortslage ist unbekannt.

5. Eine Stadt in der *Schefela (Tiefland) von Juda, die zusammen mit Jokteel, *Lachisch und *Eglon (Jos 15,38f) genannt wird. Das Gelände von Chirbet Safijeh, 4 km nordöstl. von Beit Dschibrin, und Sufijeh, 10 km nördl., kämen für dieses M. als Ortslagen in Frage.

6. Eine Stadt in Benjamin (Jos 18, 26), in der Nachbarschaft von Geba und *Rama (1Kön 15,22). Zur Richterzeit, als die Benjaminiter von Gibea die Nebenfrau eines Leviten geschändet hatten, versammelten sich hier die Männer Israels (Ri 20,1.3; 21,1.5.8). Hier rief auch *Samuel Israel zum Gebet zusammen, nachdem die Lade wieder nach *Kirjat-Jearim zurückgebracht worden war (1Sam 7,5f). Die Philister griffen M. an, wurden aber zurückgeworfen (V. 7.11). Samuel errichtete daraufhin in der Nähe einen Gedenkstein und nannte ihn *Eben-Eser (V. 12). *Saul wurde hier vom Volk als König anerkannt (1Sam 10,17ff). M. war auch einer der Orte, die Samuel jährlich aufsuchte, um Israel zu richten (1Sam 7,16).

König *Asa von Juda befestigte M. gegen *Bascha von Israel. Dabei verwendete er Material, das seine Männer von Baschas Festung in *Rama genommen hatten, nachdem der Syrer *Ben-Hadad auf Bitten Asas Israel angegriffen hatte (1Kön 15,22; 2Chr 16,6). Nach der Zerstörung *Jerusalems durch *Nebukadnezar 587 v.Chr. wurde *Gedalja zum Statthalter über den Rest des Volkes ernannt mit Residenz in M. (2Kön 25,23.25). Der Prophet *Jeremia, von Nebusaradan, dem Hauptmann der Garde, entlassen, ging zu Gedalja nach M. (Jer 40,6), auch die jüd. Flüchtlinge kehrten bald dorthin zurück (Jer 40,8.10.12f.15). Kurz darauf erschlug Jismaël aus königlichem Stamm auf Betreiben Baalis, des Königs von Ammon, Gedalja und seine ganze Garnison. Zwei Tage später ermordete er auch eine Pilgergruppe und warf ihre Leichen in die große Zisterne, die Asa gebaut hatte. Andere nahm er gefangen und wollte sie nach Ammon bringen, wurde aber von Johanan daran gehindert (Jer 41).

Zwei Erwähnungen eines M. in der Zeit nach der babylon. Gefangenschaft kommen in Neh 3,15.19 vor. Es ist möglich, daß sie sich auf M. in Benjamin beziehen, es können jedoch auch andere Orte gemeint sein.

M. war Schauplatz einer wichtigen Versammlung, als *Judas Makkabäus die Männer Judäas zur Beratung und zum Gebet zusammenrief (1Makk 3, 46), »denn Israel hatte vorzeiten in Mizpa angebetet«.

Zwei Identifizierungen werden für M. heute vorgeschlagen – Nebi Samwil, 7 km nordwestl. von Jerusalem, 895 m über dem Meeresspiegel und 150 m über dem benachbarten Gebiet, und Tell en-Nasbeh auf der Spitze eines einzelnen Hügels etwa 12 km nördl. von Jerusalem. Es spricht allerdings mehr für Tell en-Nasbeh als für Nebi Samwil, da man sich gut vorstellen kann, wie die Konsonanten *mzph* sich in *nzbh* veränderten. Archäologische Spuren unterstützen diese Annahme.

Die Ortslage selbst ist alt und war, nach Gräbern in diesem Gebiet zu urteilen, schon in der Frühen Bronzezeit (3150-2150 v.Chr.) bewohnt. In der Mittleren und Späten Bronzezeit war der Ort offenbar verlassen, wurde aber in der Eisenzeit I (1200-1000 v.Chr.) bis ca. 400 v.Chr. wieder besiedelt; er gehört also in die Zeit der israelit. Seßhaftwerdung. Während der Königs- und der Perserzeit war die Stadt, wie aus den relativ reichen Gräbern ersichtlich ist, durchaus wohlhabend. Reichtum läßt sich auch an den architektonischen Überresten erkennen, dem schweren Tor, einer großen Anzahl von Zisternen und Silos, einigen Färbereien, unzähligen Spinnwirteln, Gewichten für Webrahmen, Wein- und Ölpressen, Keramik, Ketten aus Halbedelsteinen, Nadeln, Armreifen und Metallschmuck. Die Stadt dehnte sich während der Eisenzeit II (1000-587 v.Chr.) über ihre Mauern hinaus aus, ging aber im 5. Jh.v.Chr. wieder zurück. Teile griech. Keramik in der späteren Stadt weisen auf Handel mit der Ägäis hin. Zahlreiche epigraphische Entdeckungen, Skarabäen, gestempelte Krughenkel mit den Buchstaben MTH und MZP (d.h. Mizpa), eine Keilinschrift mit den Worten *schar kischschati*, »König der Welt«, die auf ca. 800-650 v.Chr. datiert wird, und ein Siegel mit der Inschrift *lj' znjhw 'bd hmlk*, »Jaasanja gehörend, dem Knecht des Königs« (vgl. 2Kön 25,23), bestätigen die Bedeutung der Stadt.

Literatur: F.M. Abel: Géographie de la Palestine II, 1933, S. 388-390; LDB passim; D. Diringer: Mizpah, AOTS, S. 329-342; C.C. McCowan: Excavations at Tell En-Nasbeh, 1947. J.A.T.

MIZRAJIM.

1. Zweiter Sohn *Hams und Vorfahr der Luditer, Anamiter, Lehabiter, Naftuhiter, Patrosiker, Kasluhiker und Kaftoriker (1Mo 10,6.13; 1Chr 1,8.11).

2. *mizrajim* ist die geläufige hebr. (und häufige semit.) Bezeichnung für Ägypten (s. *Ägypten II). K.A.K.

MOAB. M. (hebr. *mō'āb*) war der älteste Sohn *Lots, den dieser mit seiner älteren Tochter gezeugt hatte (1Mo 19,37). Die Nachfahren des Stammvaters bewohnten das zentrale ostjordanische Hochland (ca. 800-1000 m) zwischen dem *Arnon (heute: *Wādī el-Mōgib*) im N und dem Zered (*Wādī el-Chēsa*) im S. Neuere Forschungen haben ergeben, daß die

Ramses II. empfängt zwei seiner Söhne, die ihm bei der Stadt Batora gefangene Anführer der Moabiter bringen. Relief vom Tempel von Luxor, Ägypten, 13. Jh. v.Chr. (KAK)

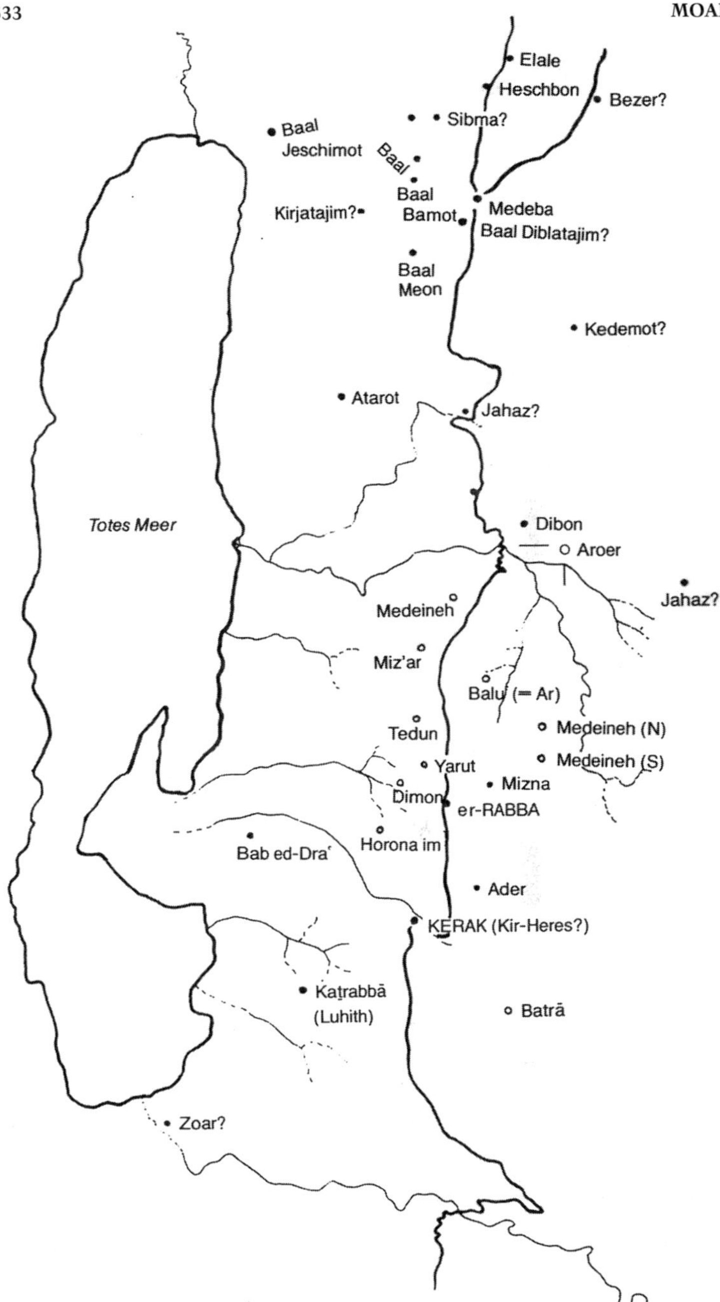

Die wichtigsten Orte in Moab.

von Waditälern zerschnittenen Abhänge zum *Toten Meer und zum Arnon (4Mo 21,14) während der Eisenzeit (ca. 1200-500 v.Chr.) ebenfalls besiedelt waren (vgl. dazu Jer 48,8).

1. Wirtschaft Moabs.

Der verwitterte cenomanische Kalkstein Palästinas hinterläßt eine rötlich-braune Akkerkrume, die als sehr fruchtbarer Mutterboden sowohl auf dem zentralmoabitischen Plateau als auch nördl. des Arnon reichlich Weizen, Gerste und Hafer wachsen ließ und vor allem den Weinanbau um *Sibma begünstigte (Jes 16,8.9; Jer 48,32). Schafzucht in den östl. Steppenrandgebieten und auf den almenähnlichen Abhängen zum Toten Meer und zum Arnon war in bibl. Zeit eine über die Grenzen M.s hinaus bekannte Wirtschaftsgrundlage des Landes (1Kön 3,4).

2. Archäologie und Geschichte.

Das AT enthält eine Notiz über die »Ureinwohner« M.s, die Emiter (*ʾēmīm*, 5Mo 2,10-11), von denen wir jedoch keine weiteren Kenntnisse besitzen. Die bibl. Notiz bezeugt aber dennoch das Wissen um eine vormoabitische Bevölkerung, die mit den mittelbronzezeitl. Siedlungen (ca. 2200-1500 v.Chr.) in Zusammenhang gebracht werden kann. Mit diesen Menschen hatte Lot Kontakt, als er sich im *Ostjordanland niederließ. Auch die vier Könige aus dem O trafen auf die Emiter, als sie auf der »Straße der Könige« (4Mo 21,22), die auch Israel später gezogen ist, in die Ebene *Kirjatajim vorstießen. Die vermutlich aus dem 14. Jh. v.Chr. stammende Sihan-Stele, die einen hetitischen (oder ägypt.) Krieger mit Lanze zeigt, gehört vielleicht noch zu der emitischen Bevölkerung M.s.

Die früheste außerbibl. Erwähnung des Landes M. findet sich auf einer Inschrift von Ramses II. (1290-1224 v.Chr): die Stadt *bu-ta-r-ta* im Lande *mu-ʾ-bu.* Die Stadt ist nicht lokalisierbar (vielleicht die Ruine (arab.) *batrā* auf dem gleichnamigen Bergzug ca. 20 km südöstl. von Kerak). Etwa aus demselben Zeitraum stammt die Stele von *Bālūᶜ*, die die »Investitur« eines wohl moabitischen Scheichs durch zwei links und rechts plazierte ägypt. Gottheiten zeigt. Vermutlich stammt die schwer lesbare Inschrift frühestens aus der Zeit von Sethos I. (um 1300 v.Chr.). Dies ist jedoch auch die Zeit der »Staatsgründungen« mehrerer palästin. Reiche wie Moab, Ammon und Israel.

Schon die Moseschar hatte nach der bibl. Überlieferung Kontakte unterschiedlichster Art mit den Moabitern: unfreundlich (5Mo 2,9), dann nur auf wirtschaftlicher Ebene (5Mo 2,28.29) oder gar feindselig durch *Balak von M., dessen Verfluchung Israels durch *Bileam jedoch mißlang (4Mo 22-24). Die das spätere gaditische und rubenitische Territorium bewohnenden *Amoriter unter Sihon von Heschbon wurden besiegt (4Mo 21,21-31) und so der Weg in die »Gefilde Moabs« (4Mo 22,1) freigemacht. Hier kam es zu den ersten für Israel sehr abträglichen Kontakten mit der fremden Religion des *Baal-Peor (4Mo 25,1-3; Hos 9,10).

Wie neuere Forschungen zeigen, war das moabitische Kernland in der Richterzeit durch einen Kranz früheisenzeitl. Wehranlagen gesichert, die unmittelbar an der Abbruchkante des moabitischen Plateaus zum Toten Meer, zum Arnontal und am Rande der östl. Wüstensteppe errichtet worden waren. Ob Eglon von Moab, dessen Stadt nicht erwähnt wird, vom moabitischen Kernland nach N ausgriff, um *Jericho dem dort siedelnden Stamm *Benjamin zu entreißen, ist nicht sicher (Ri 3,12-30). Jedoch läßt diese Episode etwas von dem Machtkampf der rivalisierenden Stämme um die Vorherrschaft im Ostjordanland ahnen.

Die atl. Stellen in 4Mo 21,31 und Ri 3,30 deuten bereits auf die israelit. Präsenz im moabitisch-amoritischen Territorium nördl. des Arnon hin. Obgleich die atl. Texte von guten persönlichen Beziehungen zwischen einzelnen Israeliten und Moabitern wissen, z.B. Rut (Rut 4,18-22, vgl. Mt 1,5-16) oder David, der seine Eltern in die Obhut eines Moabiterkönigs gibt (1Sam 22,3.4), bleiben kriegerische Konflikte nicht aus: Saul mußte sich mit den Moabitern auseinandersetzen (1Sam 14,47), David unterwarf sie völlig (2Sam 8,2.12). Es ist nicht klar, ob David auch das moabitische Kernland in seine Gewalt gebracht hatte, oder ob sich die Kontrolle des Landes nur auf das Siedlungsgebiet des Stammes Gad nördl. des Arnon (4Mo 32,34-38) beschränkt hat, wo ebenfalls Moabiter ansässig waren.

Während der Regierungszeit Salomos und vor allem nach der Reichsteilung 932/931 v.Chr. genoß M., wie andere ostjordanische Staaten (z.B. *Edom, 1Kön 11,21-25), eine gewisse Bewegungsfreiheit, die jedoch um 875 v.Chr. durch den israelit. König *Omri beendet wurde. Noch bis zum Tode seines Sohnes *Ahab blieb M. in strenger Vasallenschaft, dies impliziert jedenfalls 2Kön 3,5 und wird durch die Inschrift auf der *Mescha-Stele ganz lapidar gesagt: »Omri war König von Israel. Er unterdrückte Moab lange Zeit.« Schließlich konnte der Moabiterkönig Mescha, dessen Geburtsstadt *Dibon war, über den Arnon nach N hin seine Herrschaft bis *Nebo, *Heschbon und *Medeba ausdehnen. Allerdings ist dies wohl erst unter *Joram um 845 v.Chr. geschehen (2Kön 3,4ff).

Zwei gefangene Anführer der Moabiter aus Batora zwischen den zwei Söhnen Ramses' II. Relief vom Tempel von Luxor, 13. Jh. v.Chr. (KAK)

Obgleich der archäologische Befund für M. immer noch recht dünn ist, zeichnet sich bereits ab, daß der Vater Meschas, Kamoschjat, nur über das moabitische Kernland herrschte, denn eine 1964 bei Ausschachtungsarbeiten in Kerak gefundene fragmentarische Weihinschrift läßt vermuten, daß er Kir-Hareseth (Kerak?) favorisierte, während sein Sohn Mescha Dibon zur Hauptstadt machte. Nach Mescha wurde von den Propheten das Land nördl. des Arnon vom 8.-6. Jh. v.Chr. immer als moabitisch angesehen. Bemerkenswert ist aus jener Zeit der Prophetenspruch gegen Moab in Jes 15, wonach Ar und Kir-Moab (Jes 15,1) die Ausdehnung des Kernlandes meinen, das hart getroffen wurde – wir kennen nicht das genaue Ereignis (Naturkatastrophe?) –, während die Orte nördl. des Arnon in Jammergeschrei ausbrechen. Inzwischen sind auch die Orte »Dimon« und *»Horonaijm« (Jes 15, 5.9) genauer lokalisiert. Das bibl. Dimon (Madmen) liegt unterhalb der röm.-byzantin. Siedlung, dem heutigen *ed-Dimnāh*, auf einem Felsplateau unmittelbar an einem wasserreichen Wadi (die Wasser von Dimon). Horonajim (heute die Ruine *ed-Dēr*) befindet sich auf einem Tafelberg im westl. Gebirgsabfall zum Toten Meer. In der Nähe führt eine antike Straße zum Toten Meer, der »Weg nach Horonajim«, parallel zur »Steige von Luhit« (Jes 15,5). Keramiktypologisch datieren die Orte in das 8.-6. Jh. v.Chr.

Das Arnontal mit den Ausläufern des zentralmoabitischen Hochlands rechts im Bild. Blickrichtung nach SO. (FN)

Die innen- und außenpolitische Schwäche der Reiche Juda und Israel verführte die ostjordanischen Staaten Moab, Ammon und Edom dazu, den Judäerkönig Joschafat zu überfallen, jedoch mißlang dieser Angriff aufgrund einer Verwirrung in den Reihen der Angreifer (2Chr 20,1-30). Die Moabiter unternahmen danach noch mehrere Versuche, nach W vorzustoßen (z.B. 2Kön 3,20); blieben dabei aber erfolglos.

Am Horizont der Weltgeschichte hatte längst die neuassyrische Macht nach W ausgegriffen und Damaskus, Israel und Ammon in Vasallenschaft genommen. Was M. angeht, so haben jüngste Grabungen (1987) in Bālūʿ (bibl. Ar?) in Zentralmoab einen Administrativkomplex vom Typus des assyr.-babylon. Hofhauses angeschnitten, ein Haustyp, der vor dem 8. Jh. v.Chr. in Palästina nicht bekannt war. Ein aus Phönizien oder Ägypten stammender Siegelabdruck (Tonbulle) mit dem Motiv des Menschen schlagenden Löwen hat dazu gedient, eine Dokumentenrolle zu versiegeln und beweist somit die Bedeutung Zentralmoabs, das auch mehr und mehr ins Blickfeld der Propheten rückte (Jes 15;16). Auch keramiktypologisch ist der assyr. Einfluß erkennbar (assyrisierende Knickwand-

Die Inschrift auf einem Basaltgefäß (Durchm. ca. 16 cm) zeigt die Buchstaben »t – m – l – k« (von rechts nach links gelesen). Das Wort für »König« (m – l – k) ist klar. Das vorgesetzte »t« könnte Teil eines anderen Wortes sein oder der Bestandteil des westsemitischen Namens TMLK. (PHAN)

schalen). Aus den assyr. Inschriften sind uns immerhin die Namen von vier moabitischen Königen (Salamanu, Kamosch-nadbi, Musuri, Kamosch-chalta) überliefert sowie zwei Namen von Moabitern, die im neubabylon. Reich gelebt haben. Auch sind in Moab mehrere Siegel gefunden worden, deren Eigentümer Namen mit dem theophoren Element Kamosch/*Kemosch, dem Hauptgott der Moabiter (1Kön 11,7; 2Kön 23,13), tragen.

Schon bald nach dem Untergang des neuassyr. Reiches versuchten die Moabiter zusammen mit den Chaldäern, Aramäern und Ammonitern, während der Regierungszeit von *Jojakim das Land Juda erneut zu attakkieren (2Kön 24,1-6). Aber bald darauf wurde M. selbst von Nebukadnezar unterworfen (Jos.ant.Jud. 10,181) und blieb ein abhängiger Staat bis in die Perserzeit. Aus dieser Epoche wissen wir recht wenig über M.; denn es begann nun ein im ganzen Ostjordanland zu beobachtender Niedergang der urbanen Zentren. Die Ursache dafür mögen die nach W drängenden arab. Stämme gewesen sein, mit denen bereits der Moabiterkönig Kamosch-chalta (um 650 v.Chr.) zu tun gehabt hat. Obgleich die Moabiter noch um 450 v.Chr. als unabhängig existierende Nation erwähnt werden (Esr 9,1; Neh 13,1.23), sind sie allmählich in den z.T. unbekannten arab. Stämmen aufgegangen. Mit großer Wahrscheinlichkeit hat Alexander Jannäus im 2. Jh.v.Chr. schon eine Mischbevölkerung aus ehemaligen Moabitern und Arabern unterworfen (Jos.ant.Jud. 13,374).

Die israelit. und judäischen Propheten haben M. des öfteren erwähnt und vor den kommenden göttlichen Strafgerichten gewarnt (Jes 15; 16; 25,10; Jer 9,26; 25,21; 27,3; 48; Hes 25,8-11; Am 2,1-3; Zef 2,8-11).

Literatur: F.M. Abel: Géographie de la Palestine, I, 1933, 278-281; N. Glueck: The Other Side of Jordan, 1940; G.L. Harding: Auf biblischem Boden, 1961; S. Mittmann: The Ascent of Luhith, in: A. Hadidi, ed.: Studies in the History and Archaeology of Jordan, I, 1982, 175-180; J.R. Kautz: Tracking the Ancient Moabites, BA 44 (1981) 27-35; A.D. Tushingham: The Excavations at Dibon (Dhiban) in Moab, AASOR 40, 1972; U. Worschech, E. Knauf: Dimon und Horonaim, BN 31, 1986, 70-95; U. Worschech et. al.: Northwest Ard el-Kerak 1983 and 1984, BNB 2, 1985; ders.: The Fourth Survey Season in the North-West Ard el-Kerak, and Soundings at Bālūʿ, 1986, ADAJ 30, 1986, 285-319; A.H. van Zyl: The Moabites, 1960. U.W.

MOLADA. Eine Stadt Simeons im *Negeb in der Nähe von *Beerscheba (Jos 15,26; 19,2; 1Chr 4,28). Von zurückkehrenden judäischen Exulanten wieder besiedelt (Neh 11,26), wurde M. später in eine idumäische Festung umgewandelt. Der Standort ist nicht klar identifiziert. Tell el-Milch, südöstl. von Beerscheba, wurde zwar mit M. identifiziert, aber jetzt nimmt man an, daß dies die Ortslage des kanaan. *Arad ist. Möglich erscheint als Ortslage nun Chereibet el-Waten, östl. von Beerscheba, was eine arab. Entsprechung des hebr. Namens sein könnte (vgl. LDB, 275.423).

W.O.

MOLOCH. Im AT wird des öfteren berichtet, daß Israeliten in Zeiten des Glaubensabfalls ihre Kinder »dem Moloch durchs Feuer gehen ließen« (2Kön 23,10; vgl. Jer 7,31; 19,5). An einigen Stellen bezieht sich der Hinweis klar auf eine Gottheit, der Menschenopfer dargebracht wurden, und zwar vor allem im *Hinnom-Tal im W von *Jerusalem (2Kön 23,10; Jer 32,35), an einer Stelle, die als Tofet (»Feuerloch« im Syr.) bekannt war. Diese Gottheit wird in 1Kön 11,7 mit Ammon in Verbindung gebracht, indem M. ein »Götze der Ammoniter« genannt wird. Die Verehrung M.s scheint mit der Opferung von Kindern im Feuer einhergegangen zu sein (3Mo 18,21; 20,2-5; 2Kön 23,10; Jer 32,35; vgl. 2Kön 17,31).

Im Blick auf die Herkunft des Wortes nimmt man an, daß die hebr. Konsonanten von *mäläk*, »König«, mit den Vokalen von *böschät*, »Schande«, verbunden wurden, um *möläk* zu bilden und auf diese Weise Verachtung für den heidnischen Gott auszudrücken. Aber es ist auch möglich, daß sich der Begriff M. an einigen Stellen gar nicht auf eine Gottheit bezieht. Einige karthagisch-phönizische (punische) Inschriften aus der Zeit von 400-150 v.Chr. lassen erkennen, daß das Wort *mlk* (nach latein. Inschriften aus Karthago etwa 200 n.Chr. als *molk* ausgesprochen) ein Allgemeinbegriff für »Opfer« oder »Darbringen« war. Mehrere atl. Stellen könnten so interpretiert werden, daß die Menschen ihre Kinder durch das Feuer gehen ließen »für ein *möläk*-Opfer oder eine Votivgabe«. An Stellen wie 3Mo 18,21; 20,2-5; 2Kön 23,10; Jer 32,35 bleibt die richtige Übersetzung eine offene Frage.

Diese Beobachtungen widerlegen jedoch nicht, daß in der Bibel auf eine Gottheit M. Bezug genommen wird (Apg 7,43). Als Nationalgott Ammons kennt ihn 1Kön 11,7. M. kann mit dem Gott *muluk* identifiziert werden, der in Mari um etwa 1800 v.Chr. verehrt wurde, und dem *malik* aus akkad. Texten, der in 2Kön 17,31 in der zusammengesetzten Form Adrammelech und Anammelech vorkommt. An einigen atl. Stellen hat das Wort M. den Artikel; das legt die Vermutung nahe, daß es ein Gattungsname für »den, der herrscht« (hebr. *mäläk*, »König«) gewesen ist (3Mo 18,21; 20,2-5; 2Kön 23,10; Jer 32,35). Nach Jer 32,35 scheint es eine Verbindung mit *Baal zu geben, dessen Name ebenfalls ein Gattungsname ist (»Herr«), und dem in *Tyrus als Baal-Melkart Menschenopfer dargebracht wurden.

Die Praxis, Kinder als Menschenopfer darzubringen, wurde im alten Israel verurteilt. Auch abgesehen von allg. Hinweisen auf M. in Jer 49,1.3 (RevEB Anm.) und vielleicht Am 1,5, oder auf den Molochkult in 1Kön 11,7.33; Zef 1,5 (RevEB Anm.) und von einigen besonderen Abschnitten, auf die oben hingewiesen wurde, ergibt sich aus dem AT eindeutig, daß Kinderopfer sogar von einem Teil Israels durchgeführt wurden. Das Gesetz Moses forderte den Tod eines jeden, der sein Kind dem M. weihte oder opferte (3Mo 18,21; 20,2-5). Salomo jedoch baute eine Höhe für diesen Gott »auf dem Berge, der vor [östl. von] Jerusalem liegt«, d.h. auf dem Ölberg (1Kön 11,7). Mehrere atl. Hinweise auf Kinderopfer, die M. nicht ausdrücklich nennen, können hier mit einbezogen werden (Ps 106,38; Jer 7,31; 19,4f; Hes 16,21; 23,37.39). König *Ahas, ca. 730 v.Chr., verbrannte seine Kinder im Feuer (2Chr 28,3), und *Manasse tat das gleiche (2Kön 21,6). *Samaria wurde auch wegen dieser Sünde von Gott verworfen (2Kön 17,17). *Josia zerstörte in Juda die Höhen M.s (2Kön 23,10.13). *Hesekiel verurteilt diese Opferpraxis im frühen 6. Jh. v.Chr. noch immer (Hes 16,20ff; 20,26.31; 23,37). Das Exil scheint in Israel dieser Art der Gottesverehrung ein Ende gesetzt zu haben, aber sie lebte in Nordafrika unter den karthagischen Phöniziern bis in die christl. Zeit fort.

Literatur: W.F. Albright: Archaeology and the Religion of Israel, 1953, S. 162ff; H. Ringgren: Die Religionen des alten Orients, 1979, S. 232; M. Weinfeld: ‚The Worship of Molech and the Queen of Heaven', UF 4/1972, S. 133-154; A.R.W. Green: The Role of Human Sacrifice in the Ancient Near East, 1976, S. 176ff; O. Eißfeldt: Molk als Opferbegriff im Punischen und Hebräischen und das Ende des Gottes Moloch, 1935.

J.A.T.

MONAT s. Kalender; s. Mond

MOND/-KALENDER. Mit seiner sich ständig verändernden Gestalt am nächtlichen Himmel hat der Mond zu allen Zeiten die besondere Aufmerksamkeit des Menschen auf sich gezogen. In **Ugarit** trat die Sonne als »Leuchte der Götter« und »Zeuge der Wahrheit« hinter den Mond, den »Beleuchter des Himmels« zurück. Mit dem Gott der Unterwelt verbunden, verursachte sie die trockene Jahreszeit, der Mond dagegen gewährte die Fruchtbarkeit des Bodens. Und bei den **Sume-**

Die babylonische Mondgottheit Sīn (Su'e steht in der Sichel des zunehmenden Mondes, ihrem Symbol. Neubabylonisches Siegel aus Achat, 7.–6. Jh. v.Chr. (BM)

rern galt der Mond als das größte der Himmelslichter. Sein Licht repräsentierte die Weisheit, der Sonnengott aber war der »Aufdecker und Richter«. **Ägypten** verehrte den Mondgott Chons, den Sohn des Schöpfergottes Amun und der Himmelsgöttin Mut. Dargestellt mit der Mondsichel verband sich mit ihm, wie mit Osiris und Horus, auch der Gedanke einer wiederholten Auferstehung.

Das hebr. *jāreāh*, »Mond«, in seinen Wurzelkonsonanten gleich dem Protosemitischen, bezeichnet ihn als »Reisenden«, als »Wanderer«. Doch anders als im kanaan. Kulturraum, wo dem M., dem Gott der Fruchtbarkeit neben dem Mondgott Sin göttliche Verehrung zuteil wird, findet sich im AT kein Beleg für eine direkte Divinisation des Mondes. Aber auch Israel konnte sich seiner Faszination nicht entziehen. Dies zeigt sich in der Verwendung des Verbums *hodesch*, »erneuern«, »verjüngen« zur Verdeutlichung des Beginns eines neuen Monats (*jerāh*). Häufig hat das AT den Mond auch mit der Sonne, der großen Lichtquelle, in Verbindung gebracht. Sonne, Mond und Sterne sind Zeugen der Größe Gottes und Objekte des menschlichen Staunens (Ps 8,4; 136,9). Ihnen gegenüber erscheint der Mensch klein und unbedeutend. Seine Größe verdankt er allein der Teilhabe an der göttlichen Ehre und Herrlichkeit (Ps 8,5ff; vgl. Hiob 7,1ff). Der Mensch, dem Gott die Herrschaft über die irdische Schöpfung anvertraut hat, ist mit Sonne, Mond und Sternen aufgerufen zum Lobpreis Gottes (Ps 148,3). Und weil Gott der Schöpfer größer ist als das von ihm Geschaffene, wird eine Fülle von Licht und Herrlichkeit das Zeichen der Heilszeit sein, die das Licht von Sonne und Mond weit übersteigt, denn jenes Licht kommt direkt von Gott, ein Licht, das nicht mehr von Sonne und Mond empfangen wird (vgl. Jes 60,19). Dann werden alle, die auf Jahwe vertrauen und sich konsequent unter seine Fürsorge stellen, von allen Gefahren der Naturgewalten bewahrt, die Sonne wird sie bei Tag nicht versengen und der Mond nicht bei Nacht (hier ist an den im Altertum weit verbreiteten Glauben an die verletzenden Strahlen des Mondes zu denken). Diesem Glauben an die Überlegenheit Jahwes über die Naturgewalten und dem Vertrauen, entspringt Josuas Appell an Sonne und Mond, still zu stehen (Jos 10,12).

Die ständige Gegenwart des Mondes am nächtlichen Himmel wurde zum Symbol für Dauerhaftigkeit und Helligkeit. So wünschte Israel dem verheißenen König, er möge bleiben, »solange die Sonne bleibt und der Mond bis zu den fernsten Geschlechtern«, und unter seiner Herrschaft möge die Gerechtigkeit aufblühen und großer Friede »bis der Mond nicht mehr ist«, und wie der Mond, so soll seine Herrschaft »für immer bestehen« (Ps 72,5.7; 89,38; vgl. 2Sam 7,1-17). Hiob 25,5 aber verdeutlicht die überwältigende Größe Gottes damit, daß ohne ihn »der Mond nicht glänzt und die Sterne nicht rein sind«. Und *Josef schaut im Traum, wie sich »Sonne, Mond und Sterne« (Vater, Mutter und Brüder) vor ihm verneigen, seine überragende Stellung (1Mo 37,9). Doch in der Verfinsterung des helleuchtenden Mondes sehen Jesaja (13,10) und Joel (2,10; 4, 14) den Tag Jahwes, an dem der Mond »blutrot wird«. Diese Vorstellung vom Tag des Gerichts entspricht den Erfahrungen mit den

Die Mondsichel war das Symbol der Mondgottheit Sīn, hier auf einer Stele König Nabonids von Babylon, der den Mondtempel von Haran wiedererrichtete, eines der Zentren des Mondkultes. 555–539 v.Chr. (BM)

Naturphänomenen, den dunklen Gewitterwolken und der Rotfärbung des Mondes beim Sandsturm (vgl. Hes 32,7).

Das Verbot des Mondkultes in 5Mo 4,19; 17,3; 2Kön 23,5 und Jer 8,2 zeigt, daß dieser Kult in den letzten Jahren des Königtums und während des Exils auch in Israel Eingang gefunden hatte. Am deutlichsten zeigt sich dies bei der Feier des Passafestes, bei der eine Reihe lunarer Merkmale zutage treten. Reste des alten Mondkultes erhielten sich auch im Tragen von Mondanhängern als Amuletten (vgl. Ri 8,21.26 u. Jes 3,18). Zu den grundlegenden Erkenntnissen der Alten Welt mit ihrem Verständnis der Zeit gehört auch Israels Zeitrechnung. Monat (*jerāh*) und Jahr orientieren sich an den leicht zu beobachtenden Phasen des Mondes (*jāreāh*), wobei es vor allem um den Anfang und die Mitte des Monats ging. 12 lunare Monate mit je 29 Tagen, 12 Stunden und 14 Minuten ergaben das lunare Jahr mit etwas mehr als 354 Tagen. Es ist also ca. 11 Tage kürzer als das solare Jahr. Die daraus sich ergebenden Probleme für die Entwicklung eines zufriedenstellenden Kalenders führten schon früh zu verschiedenen Kalendersystemen.

Nach Ps 104,19 schuf Gott den M. zum Messen der Zeiten und »zu herrschen über die Nacht« (1Mo 1,16; Ps 136,9). Während in Ägypten die Zeit vom Zeitpunkt des Vollmonds aus berechnet wurde, folgte Israel, wie die Übernahme der kanaan.-phönizischen Monatsnamen in 1Kön 6,37.38; 8,2 zeigt, in der Berechnung der meisten bibl.Zeitperioden dem Erscheinen des Neumonds. Bezeichnenderweise wurde dafür in späterer Zeit zur Aufzeichnung von Daten konstant *hodesch*, »erneuern«, »verjüngen«, benutzt. Daneben finden sich auch Belege für *jerāh jamim*, »ein Monat von Tagen«, zur Beschreibung der Mondzyklen als Zeitperioden (5Mo 21,13; 2Kön 15,13 u.ö.). So wurde die Menstruation mit ihrer periodischen Wiederkehr, die Tage der Unreinheit mit dem Mondzyklus in Beziehung gebracht (3Mo 15,19 u.ö.). Und ein Neugeborenes durfte nicht, wenn es jünger als einen Monat war, in die Volkszählung einbezogen werden.

Der ursprünglich landwirtschaftliche Charakter der jüd. Feste führte zur Entstehung eines lunar-solaren Festkalenders. Das gilt insbesondere für die drei Hauptfeste (vgl. *Feste):

a. das Fest der Ungesäuerten Brote (Mazzot, Passa) in der Vollmondnacht vom 14./15. Nisan (Abib; 2Mo 23,14; 3Mo 23,4-8), im 1. Monat des Frühlingshalbjahres (2Mo 12,2);

b. 50 Tage danach das Wochenfest, Fest der Weizenernte (Schabu'ot, 3Mo 23,15ff) und

c. das Laubhüttenfest, Fest der (Wein)lese (Sukkot) am 15. Tag des 7. Monats des Frühlings bzw. des 1. Monats des Herbsthalbjahres (3Mo 23,33ff; 2Mo 23,14ff). Mazzot und Sukkot sind Äquinoktialfeste.

Das Licht des Mondes, so künden uns die Schriften des NT (Mt 24,29; Mk 13,24; Lk 21,15; Apg 2,20; Offb 6,12; 8,12; 12,1) wird mit all den Lichtern dieser alten Schöpfung erlöschen, und die neue Schöpfung wird seiner nicht mehr bedürfen (Offb 21,23).

Literatur: Clements: ThWAT, III, 1977; North: ThWAT. II, 1977; R. de Vaux: Das Alte Testament und seine Lebensordnungen, 1960. A.D.

MORD.

1. Das mosaische Gesetz unterscheidet zwischen M. und Totschlag: Wer einen Menschen absichtlich so schlägt, daß er stirbt, soll getötet werden, selbst wenn er zum Altar geflohen ist. Hat er ihm aber nicht böswillig nachgestellt, so wird ihm ein Ort bestimmt, wohin er fliehen soll (2Mo 21,12.13; vgl. *Blutrache/Bluträcher; *Freistädte) und wo er weiter leben darf. Es müßte demnach von der Gemeinde untersucht werden, ob Feindschaft bzw. Haß zwischen Täter und Opfer bestanden hatte (4Mo 35,21-25). Nur wenn der eine den andern überfiel und vorsätzlich totschlug, galt sein Handeln als M. (5Mo 19,4.11ff RevEB; LÜ: Totschläger). Für den Mörder gab es grundsätzlich nur die Todesstrafe (2Mo 21,12; 4Mo 35,31). Jedoch erkannte das Gesetz das Recht der Notwehr an. Wurde ein Dieb beim Einbruch ertappt und erschlagen, lag auf dem Täter keine Blutschuld, sofern es nicht nach Sonnenaufgang geschah. Dann gab es keine Notwehr mehr, weil man jemanden hätte zu Hilfe rufen können (2Mo 22,1f).

2. Das Blut eines Getöteten verunreinigte das Land; deshalb war eine Versöhnung nur durch den Tod des Mörders möglich (4Mo 35,33). Blieb der Mörder unbekannt, so mußte ein besonderes Bittopfer gebracht werden, damit die Schuld nicht auf dem Land lastete (5Mo 21,1-9). Auch das Töten im Krieg, selbst in dem vom Herrn befohlenen, wirkte verunreinigend und machte die Entsündigung nötig (4Mo 31,7ff). Nach 1Chr 22,8; 28,3 verhindert das von David vergossene Blut, daß er den Tempel des Herrn bauen darf.

3. Nachdem schon im AT die Tat wesentlich nach ihrem Motiv beurteilt wird, bezeichnet Jesus im NT vollends die Grundhaltung des Herzens als die entscheidende Voraussetzung für die böse Tat. Deshalb ist bereits der, der böse Gedanken hegt, dem Gericht verfallen; auch wenn sie nicht zur Ausführung eines M.es geführt haben. Der Betreffende ist schuldig vor Gott (Mt 5,21f; 15,19; vgl. 1Joh 3,15).

Nach Offb. 21,8; 22,15 gehören die Mörder zu denen, die außerhalb des Gottesreiches stehen.

MORDECHAI, MORDOCHAI. Der Name könnte von dem der babylon. Hauptgottheit *Marduk abgeleitet sein.

1. Israelit, der mit *Serubbabel aus der Verbannung zurückkehrte (Esra 2,2; Neh 7,7).

2. Benjaminit, der zur Zeit des *Ahasveros (Xerxes) in der Verbannung in der pers. Hauptstadt Susa lebte. Er hatte die verwaiste Tochter seines Onkels, Hadassa oder *Ester, als seine Tochter angenommen (Est 2,5-7). Nachdem Ester von Ahasveros zur Königin gemacht worden war, gelang es ihr und M., die Pläne Hamans, der als Günstling des Perserkönigs einen Befehl zur Ausrottung der Juden erwirkt hatte, zu vereiteln und das Volk zu retten. Beim Sturz Hamans wurde M. an dessen Stelle der höchste Regierungsbeamte des Perserkönigs (Est 8,2; 10,3).

MORE. (Hebr. *mōrāh*, »Lehrer«, »Wahrsager«).

1. Name eines Ortes nahe *Sichem, erwähnt in 1Mo 12,6, wo *'ēlōn mōrāh* mit »die Eiche (oder «Terebinthe») des Lehrers« übersetzt werden kann. 5Mo 11,30 weist auf die »Eiche von More« gegenüber von *Gilgal hin. Es wird berichtet, daß *Abraham dort sein La-

ger errichtete, als er von Haran nach Kanaan kam; dort offenbarte Gott sich Abraham und versprach, das Land Kanaan seinen Nachkommen zu geben (1Mo 12,6f). Es mag auch der in 1Mo 35,4 erwähnte Baum gewesen sein, an dem *Jakob die fremden Götter vergrub, die in seinem Haus Einlaß gefunden hatten. Vielleicht ist mit der Eiche (Ri 9,6) oder der Zaubereiche (Ri 9,37; RevEB Anm. 24: Terebinthe der Zauberer) in der Begebenheit mit *Abimelech derselbe Ort gemeint.

2. Der Hügel M. an der N-Seite der Ebene *Jesreel, südl. vom Berg *Tabor, 2 km südl. von Nain ist der heutige Dschebel Dahi; der Name begegnet Ri 7,1, als bei der Auseinandersetzung zwischen *Gideon und den *Midianitern Gideons Heer an der Quelle Harod lagerte, während das Heer der Midianiter, nördl. von Gideons Lager im Tal vor den Hügeln M. lag.

3. Der Gründer der Qumran-Gemeinde wurde *mōrāh zädäq,* »Lehrer der Gerechtigkeit«, genannt auf Joel 2,23 bezugnehmend, wo *morāh lizedāqāh* wiedergegeben wird mit »(er gibt einen) Lehrer der Gerechtigkeit« (s. RevEB, Anm. 29), oder auf Hos 10,12, wo *jōrāh zädäq* übersetzt wird mit »(er läßt euch) Gerechtigkeit regnen«, wobei die Gründung jener Sekte als Erfüllung dieser Verheißungen angesehen wurde.

Literatur: F.F. Bruce: The Teacher of Righteousness in the Qumran Texts, 1957; J. Weingreen: From Bible to Mishna, 1976, S. 100ff. R.A.H.G./F.F.B.

MORESCHET. Heimatort des Propheten *Micha (Mi 1,1; Jer 26,18) nahe dem Philistergebiet *Gat (daher Mi 1,14: Moreschet-Gat); wahrscheinlich das heutige Tell el-Dschudde, 32 km südwestl. von Jerusalem und 10 km nordöstl. von *Lachisch. M. ist eine der zwölf Städte, die der Prophet Micha nennt (Mi 1,14), deren Namen durch Wortspiele mit ihrem bevorstehenden Schicksal während der Belagerung durch Assur verknüpft werden; bzgl. M. kündigt Micha dem Staat Juda an: »Du wirst dich scheiden müssen von M.-Gat.« N.H.

MORGEN, MORGENLAND. Der Ausdruck M. wird in neueren Bibelübersetzungen nur noch für die »Weisen aus dem Morgenland«, die dort den Stern des neugeborenen Königs der Juden sahen, beibehalten (Mt 2, 1f.9). In älteren Bibelübersetzungen bezeichnete M. die Himmelsrichtung O, z.B. in 1Mo 2,8; 4Mo 32,19; 1Kön 17,3. Das Morgenland war das Gebiet der syr.-arab. Wüste (1Mo 25,6); die gegen M. wohnen (Hiob 1,3; Jes 11, 14; Jer 49,28), die aus dem Morgenland (Ri 6,3; 7,12) oder die Kinder des Morgenlands (Hes 25,4) waren die arab. Nomaden der Wüste.

In Jes 5,10 wird M. (hebr. *zämäd*) als Flächenmaß verwendet (RevEB: Juchart). Ein M. entspricht der Fläche, die man mit einem Joch Ochsen an einem Tag pflügen konnte.

MORGENGABE s. Ehe

MORGENSTERN. Bezeichnung für den Planeten Venus, der am Abend als erster, am Morgen als letzter Stern sichtbar ist. Der M. ist ein Bild für den König von Babylon (Jes 14, 12), aber auch für Christus (Offb 22, 16; vgl. 2Petr 1,19; Offb 2,28).

Hiob 38,7 wird das Wort im weiteren Sinne für die Gestirne verwendet. Nach Jes 14,12 versinnbildlicht der M. die Herrschaftsgelüste des Tyrannen.

MORGENWACHE s. Nachtwache

MORIJA. Nach 1Mo 22,2 befahl Gott *Abraham, seinen Sohn *Isaak in »das Land Morija« zu bringen und ihn dort als Brandopfer auf einem der Berge (*har*) darzubringen. Der gewählte Berg war drei Tagereisen (22,4) vom Land der Philister entfernt (21,34) und war aus der Ferne sichtbar (22,4).

Der Name wird nur noch einmal in 2Chr 3,1 erwähnt, wo der Standort von Salomos Tempel »auf dem Berge Morija« sein sollte, auf der Tenne Araunas, des Jebusiters, wo Gott David erschienen war (3,2; s.a. 1Chr 21,18-26). Hier wird in Verbindung mit dem Standort kein Hinweis auf Abraham gegeben. Es wurde eingewendet, daß Jerusalem nicht weit genug vom S des Philisterlandes entfernt sei, um eine dreitägige Reise dorthin notwendig zu machen, und daß eines der Merkmale Jerusalems sei, daß der Tempelberg erst sichtbar sei, wenn der Reisende ziemlich nahe ist, so daß eine Gleichsetzung der beiden Orte nicht in Frage käme. Die samaritanische Überlieferung identifiziert den Standort der Opferung mit dem Berg *Garizim (daher Morija = *More; vgl. 1Mo 12,6); dieser soll die Bedingungen von 1Mo 22,4 ausreichend erfüllen. Die Entfernung vom S des Philisterlandes nach Jerusalem beträgt jedoch ca. 80 km, was eine dreitägige Reise erforderlich gemacht haben mag; zudem ist der nach 1Mo 22,2 in Frage kommende Ort nicht ein »Berg Morija«, sondern einer von mehreren Bergen in einem Land dieses Namens. Die Berge, auf denen Jerusalem steht, sind aus der Ferne sichtbar. Es ist also daher auch möglich, daß Abrahams Opfer an der Stelle des späteren

Mörser aus Basalt, ausgegraben in Kapernaum. 1. Jh. v.Chr. – 7. Jh. n.Chr. (SH)

Jerusalems stattfand, wenn nicht sogar auf dem Tempelberg.

Literatur: F.M. Abel: Géographie de la Palestine I, 1933, S. 374f. T.C.M.

MÖRSER UND STÖSSEL. Eine Alternative zur *Mühle aus Stein. Während der Wüstenwanderung mahlten die Israeliten das *Manna entweder in Mühlen oder in einem M. (4Mo 11,8; hebr. *medōkāh*); Olivenöl wurde auf die gleiche Art gewonnen (»zerstoßene Oliven«: 2Mo 27,29). Spr 27,22 besagt, daß die Torheit aus einem Menschen nicht entfernt wird, auch wenn man den Toren zerstieße (hebr. *maktēsch*, »Mörser«; *ʿ ălī*, »Stößel«). Der M. war entweder ein ausgehöhlter Stein oder eine tiefe Holzschüssel, der Stößel (Stampfer) ein kräftiger Holzstock. Eine kleine Einbuchtung in der Erde konnte von ihrer Form her auch »Mörser« genannt werden (so Ri 15,19, *maktēsch*, LÜ: »Höhlung«; Zef 1,11). A.R.M.

MOSE.

M. war der große Führer und Gesetzgeber, den Gott gebrauchte, um die Hebräer aus Ägypten herauszuführen. Durch ihn wurde das Volk Israel zu einer Nation. Er führte es bis an die Grenze des Landes, das Gott den Vorvätern zugesichert hatte.

I. NAME.

In 2Mo 2,10 heißt es: »Sie nannte ihn *Mōschäh*, und sie sagte: 'Weil ich ihn aus dem Wasser gezogen habe' (*meschītīhū*)«. Die meisten Ausleger vertreten die Meinung, »sie« verweise auf die Tochter des Pharao. Dadurch ließen sie sich verleiten, einen ägypt. Ursprung für den Namen »Mōschäh« anzunehmen. Dazu bot sich das ägypt. *ms* an, das »Kind« oder »einer, der geboren wurde« bedeutet. Es ist jedoch sinnvoller, das »sie« auf die Frau in V. 9 zu beziehen, das heißt, auf die Mutter von M., die auch seine Amme wurde. Somit hätte M.s Mutter ihm selbst den Namen gegeben. Das würde auch indirekt durch 2Mo 2,10 bestätigt werden, denn der Name »Moschäh« wird mit »Aus-dem-Wasser-Ziehen« (*māschāh*) in Zusammenhang gebracht. Solch ein Wortspiel ist für einen Hebräer gängig, für einen Ägypter jedoch weniger.

Das in diesem Text gebrauchte Wort »Moschäh« ist ein Partizip im Aktiv und bedeutet: Der, der herauszieht. Es könnte eine Abkürzung für eine längere Bezeichnung sein. In

Karte zum Leben Moses.

Ägypten wurde zum Beispiel das Wort *ms,* »Kind« (sowie auch verwandte grammatische Formen in Namen wie »Ramose«, »Rē ist geboren«) im 14./13. Jh. v.Chr. ungefähr wie »maschä« ausgesprochen. Es gibt eigentlich keinen philologischen und auch keinen anderen Grund, warum die ägypt. Adoptivmutter M.s das semit. *māschi* oder »Moschäh« nicht dem in ihrer Sprache üblichen Namenswort *Masä* Moschäh angeglichen haben könnte. Die Mehrheit der Ausleger ist der Ansicht, daß die Tochter des Pharao ihn *Mōse,* »Kind«, nannte (oder – unpassender – mit einem theophorischen Namen auf -mose endend), was dann als »Moschäh« in die hebr. Sprache übernommen worden sein sollte. Diese Ansicht würde aber das semit. Wortspiel nicht ausreichend erklären. Objektiv gesehen besteht kein Grund, es als unhistorisch anzusehen, denn in Ägypten und anderswo (das AT eingeschlossen) war dies ein allg. Brauch lange bevor M. geboren war. Daraus ergeben sich allerdings sehr große phonetische Schwierigkeiten, denn wie kann das ägypt. »s« in hebr. Namen zum einen als »sch« erscheinen, wie z.B. in »Mōschäh«, und zum anderen als »s«, wie z.B. in »Pinhas«? A.H. Gardiner hat diese Probleme aufgezeigt (JJAOS 56, 1936, 192-194). J.G. Griffiths bietet zwar eine sehr gute Beschreibung dieser Ansicht, findet aber auch keine plausible Erklärung (JNES 12, 1953, 225-231).

II. LEBEN UND HINTERGRUND.

1. Vorfahren.

M. gehörte zum Stamm *Levi, zum Geschlecht *Kehat, zur Familie des *Amram

(2Mo 6,16ff). Man vermutet, daß er nicht der Sohn, sondern ein entfernter Verwandter des Amram und der *Jochebed war, denn seine Eltern werden in dem detaillierten Bericht über seine Geburt (2Mo 2) nicht namentlich erwähnt. Diese Vermutung wird dadurch gefestigt, daß Amram und seine drei Brüder in dem Jahr nach dem Exodus viele Nachkommen hatten (4Mo 3,27f). (*Chronologie des AT).

2. Ägyptische Erziehung.

Um ihren Sohn vor den Auswirkungen des pharaonischen Ediktes zu bewahren, welches forderte, daß alle hebr. Knaben umzubringen waren, legte M.s Mutter ihn in ein Kästchen aus Schilfrohr oder Papyrus, das sie vorher mit Bitumen und Pech wasserfest abgedichtet hatte. Dieses Kästchen wurde im Uferschilf des Nils versteckt, und M.s Schwester Mirjam bekam den Auftrag, das Kästchen zu beobachten. Bald darauf kam eine Tochter des Pharao mit ihren Dienerinnen, um im Fluß zu baden. Sie fanden das Kästchen mit dem Säugling und hatten Mitleid mit ihm. Mirjam trat herzu und bot an, eine Amme für das Kind zu finden. So kam M. zu seiner Mutter zurück und blieb am Leben. Als er entwöhnt worden war, wurde er seiner ägypt. Adoptivmutter, der Tochter des Pharao, wieder zurückgebracht (2Mo 2,1-10). Über die Erziehung und das Aufwachsen M.s am ägypt. Hof wird in der Bibel nur wenig berichtet. Aber gemäß ägypt. Überlieferungen in bezug auf die Ausbildung junger Prinzen dürfte M. eine gründliche und solide Unterweisung in der Weisheit der Ägypter erhalten haben. Das erwähnt auch Stephanus in seiner Rede (Apg 7,22).

Durch archäologische Funde wurden reichhaltige Hintergrundinformationen über das Leben des jungen M. am ägypt. Hof ans Licht gebracht. Die Pharaonen des Neuen Reiches (ca. 1550-1070 v.Chr.) besaßen nicht nur in den großen Hauptstädten Theben, Memfis und Pi-Ramesse (Ra'amses) Paläste und *harīm*, sondern auch in anderen Teilen Ägyptens. Charakteristisch dafür war der alte *harīm* in Fayum, wo königliche Frauen verschiedene heimische Industriezweige beaufsichtigten (A.H. Gardiner, JNES 12, 1953, 145-149, besonders S. 149). Einer dieser *harīm* war wohl das erste ägypt. Zuhause von M.

Im alten Ägypten konnten die Kinder der *harīm*-Frauen von dem Oberaufseher des *harīm* (nach F.L. Griffith, P.E. Newberry, El Bersheh 2, 1894, 40 war dieser auch ein Lehrer für die Kinder des Königs) erzogen werden. Zu gegebener Zeit erhielten die Prinzen dann einen privaten Hauslehrer. Meistens war dies ein hoher Hofbeamter oder ein im Ruhestand lebender Offizier, der dem König nahestand (H. Brunner, Altägyptische Erziehung, 1957, 32-33). Eine solche oder ähnliche Erziehung hatte auch M. durchlaufen müssen.

Für M. als einen Semiten dürfte es auch nicht schwierig gewesen sein, das mindestens 20 Buchstaben umfassende proto-kanaan. Linearalphabet zu erlernen, besonders wenn er die weitaus kompliziertere ägypt. Schrift mit ihren vielen Buchstaben, Wort- und Silbenzeichen gelernt hatte. Die Tatsache, daß Ägypten und nicht Palästina seine Heimat war, dürfte für M. kein Hindernis gewesen sein, sich mit der einfachen Linearschrift vertraut zu machen. Die proto-sinaitischen Inschriften des 15. Jh. v.Chr. sind informelle Widmungen, Arbeitsnotizen oder kurze Grabinschriften von semit. Gefangenen aus dem östl. Nildelta (oder aus der Kolonie in Memfis), die in den Türkisminen beschäftigt waren (s.a. W.F. Albright, BASOR 110, 1948, 12f.22). Diese Inschriften illustrieren den zwanglosen Gebrauch dieser Schrift durch Semiten, die unter ägypt. Herrschaft lebten. Die Schriftgewandtheit der in Ägypten lebenden Semiten ist sehr eindrucksvoll auf einem Ostrakon aus dem Königinnental in der Nähe von Theben, etwa 560 km südl. des Nildeltas, dargestellt (J. Leibovitch, Annales du Service des Antiquités de l'Egypte, 40, 1940, 119, Abb. 26 und Pl. 16, 19:50). Auf diesem Ostrakon ist das hebr. Wort *'mht*, »Sklavinnen«, vollständig erhalten (s.a. Albright, ibid., S. 12).

3. Ausländer am ägyptischen Hof.

Semiten und andere Asiaten konnte man schon von frühester Zeit an in allen Gesellschaftsschichten Ägyptens finden (O. Tufnell, W.A. Ward, »Relations between Byblos, Egypt and Mesopotamia at the End of the Third Millennium B.C.« Syria 43, 1966, 165-241, bes. 221-223; W. Helck, Die Beziehung Ägyptens zu Vorderasien, ^{2}1971; A. Erman, H.Ranke, Ägypten,^{2}1981, 92-99; W.F. Albright, Northwest-Semitic Names in a List of Egyptian Slaves from the Eighteenth Century B.C., JAOS 74, 1954, 222-233). Durch die mehrmaligen Eroberungen Kanaans mit Waffengewalt wurden Tausende von Kriegsgefangenen als Sklaven nach Ägypten gebracht (s.a. ANET, 246b, 247b). Ausländische Handwerker, syr. Söldner, asiatische junge Männer als Lakaien, Wedelträger etc. standen im Dienste des ägypt. Hofes (R.A. Caminos, Late-Egyptian Miscellanies, 1954, 117.200f). Semiten konnten zu den höchsten gesellschaftlichen Positionen in Ägypten aufsteigen (s. Josef). Sie wurden als Kuriere zwischen Syrien und Ägypten (ANET, 258b) oder als Wagenlenker, die sogar eigene Diener besaßen, eingesetzt (J. Cerny, JEA 23, 1937, 186), oder

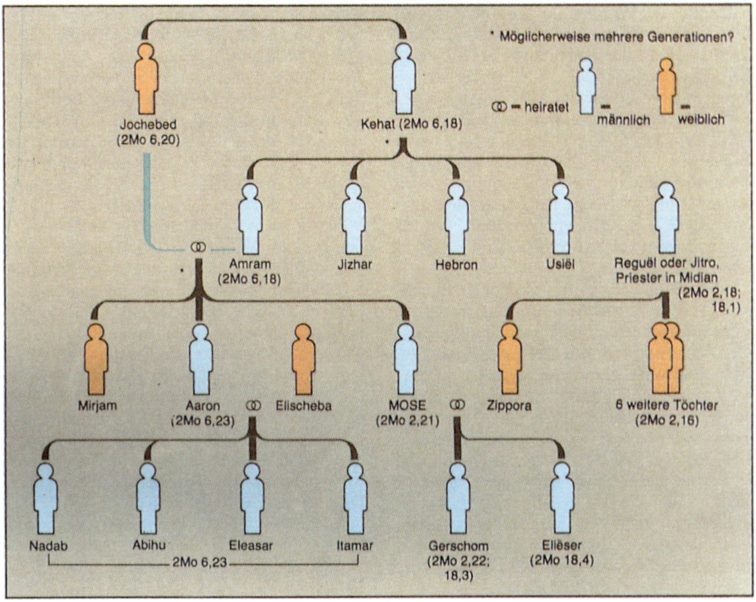

Die Familie Moses.

sie waren Kaufleute (Caminos, ibid., 26: »Aper-Baʿal«). Die Tochter des syr. Seekapitäns Ben-ʿAnath konnte sogar einen Prinzen heiraten (W. Spiegelberg, Recueil de Travaux 16, 1894, 64).

Auch unter den ramessidischen Königen hatten die Asiaten prominente Stellungen inne. Einer der vertrauten Mundschenken des Königs Merenptah war der Syrer Ben-ʾOzen von Sur-Baschan (Felsen von Baschan), welcher den Wesir begleitete, der die Arbeit am Grab des Pharao im Tal der Könige beaufsichtigte (JEA, 34, 1948, 74). Gegen Ende der 19. Dynastie übernahm sogar ein Syrer für kurze Zeit die Herrschaft in Ägypten. Sehr wahrscheinlich war dies der äußerst einflußreiche Kanzler Bay (Cerny, in Gardiner, JEA 44, 1948, 21f).

Im Neuen Reich Ägyptens waren die kanaan. und andere asiatischen Gottheiten (z.B. *Baal, Rescheph, Aschtaroth, Anath, etc.; s.a. ANET, 249f) genauso wie auch unzählige Lehnwörter akzeptiert. Kanaan. und literarische Themen waren geläufig und wurden entweder in die ägypt. Sprache übernommen oder assimiliert (W.F. Albright, Archaelogy and the Religion of Israel, 1953, 197f; T.H. Gaster, BO 9, 1952, 82-85.232; G. Posener, Mélanges Isidore Lévy, 1955, 461-478). Einige der ägypt. Beamten brüsteten sich damit, nicht nur die kanaan. Sprache zu beherrschen, sondern auch die Geographie des Landes zu kennen (ANET 477b). Diejenigen, die im diplomatischen Dienst tätig waren, mußten die babylon. Keilschrift erlernen (W.F. Albright, Vocalization of the Egyptian Syllabic Orthography, 1934, 13; Anm. 50; JEA 23, 1937, 191.196-202).

4. In Midian und auf dem Sinai.

M. hatte Mitleid mit seinen versklavten Volksgenossen (Apg 7,24) und erschlug einen ägypt. Aufseher, der einen Hebräer mißhandelt hatte (2Mo 2,11f). Der Pharao hörte jedoch von dieser Tat und M. mußte fliehen, um der königlichen Strafe zu entgehen. Er floh nach O über die ägypt. Grenze nach *Midian (2Mo 2,15ff). Dieser Fluchtweg war einige Jahrhunderte früher von Sinuhe, einem hohen Hofbeamten der 12. Dynastie (ANET 19) sowie später von entlaufenen Sklaven (ANET 259b) benutzt worden.

M. half dann den Töchtern des midianitischen Hirten und Priesters Reguël/Jitro, ihre Herden zu tränken. Er heiratete *Zippora, eine Tochter Reguëls, die ihm einen Sohn, *Gerschom, gebar (2Mo 2,16-22).

Durch das Wunder des brennenden Busches, der nicht von den Flammen verzehrt wurde, erging der Ruf Gottes an M., seine Volksgenossen aus der Gefangenschaft in Ägypten herauszuführen. Es war der Gott seines Vaters, der Gott Abrahams, Isaaks und Jakobs (2Mo 3,6) und nicht nur der Gott seiner midianitischen/kenitischen Schwiegereltern, die auch Nachkommen Abrahams gewesen waren (1Mo 25,1-6) und wohl noch die Anbetung des Gottes Abrahams pflegten. Nach einigem Zögern gehorchte M. dem Ruf Gottes (2Mo 3f).

Wahrscheinlich unter Zipporas Einfluß hatte M. es offensichtlich unterlassen, seinen Sohn zu beschneiden. Als er auf dem Weg zurück nach Ägypten war, trat Gott ihm entgegen und drohte, ihn wegen dieser Unterlassung zu töten. Da nahm Zippora ein Steinmesser und beschnitt ihren Sohn. Sie nannte ihren Mann einen »Blutsbräutigam« (2Mo 4,24-26), weil die Beschneidung für ihn und sein Volk verbindlich war (aber vielleicht nicht für ihr Volk?). Von diesem Zeitpunkt an scheint M. alleine weitergezogen zu sein, denn erst später kehrt Zippora aus der Obhut ihres Vaters Jitro zu M. zurück (2Mo 18,1-6).

5. Am Vorabend des Auszuges.

Nachdem M. sich mit seinem Bruder *Aaron und den hebr. Ältesten getroffen hatte (2Mo 4,27-31), ging er zusammen mit Aaron zur Audienz des Pharaos, um von ihm die Freilassung des Volkes Israel zu einem Fest des Herrn in der Wüste zu erbitten. Der König jedoch entließ beide mit Verachtung, denn es gab bereits genügend rel. Feierlichkeiten und Festtage, an denen keine Arbeit getan wurde. Für den Pharao war ihre Bitte nur ein Vorwand, faul zu sein (2Mo 5,8.17).

Es ist nicht verwunderlich, daß M. freien Zugang zum Pharao hatte, denn er war ja als Prinz am ägypt. Hof erzogen worden. Außerdem waren manche Pharaonen recht zugänglich für die Petitionen ihrer Untergebenen (P. Montet, L'Égypte et la Bible, 1959, 71, mit einem Hinweis auf den Papyrus Anastasi III; s.a. ANET 471b).

Die Einteilung der Arbeiter in Gruppen, die jeweils von einem Vorarbeiter geleitet wurden, der vor den königlichen Beamten Rechenschaft ablegen mußte, wird von ägypt. Quellen oft belegt.

Manche der ägypt. Ostraka sind Teile eines Arbeitstagebuches, in dem täglich die Namen der Abwesenden sowie die Gründe für ihre Abwesenheit festgehalten wurden. Ein Ostrakon berichtet, daß die Arbeiter an einem königlichen Grab an 30 von 48 Arbeitstagen untätig waren (A. Millard, Schätze aus biblischer Zeit, ^{2}1987, 75). In einem anderen Arbeitstagebuch steht die Bemerkung, daß einige Arbeiter abwesend waren, weil sie »ihrem Gott opferten« (Erman, Ranke, Ägypten, 140). Nicht selten findet man die lakonische Eintragung *wsf*, »faul«. Daß die Hebräer eine dreitägige Reise in die Wüste unternehmen wollten, um dort, ohne den rel. Widerstand der Ägypter hervorzurufen, ein rel. Fest zu feiern (2Mo 8,26f; 10,9.25f), war durchaus realistisch (s.a. Montet, ibid., 99-101).

Nachdem M. vom Pharao abgewiesen worden war, versicherte ihm Gott, daß er seinen *Bund mit den Nachkommen erfüllen und sie aus Ägypten nach Palästina bringen würde (2Mo 6,2-9). Zu beachten ist, daß 2Mo 6,3 nicht das Wissen um den Namen JHWH (Jahwe) bei den Patriarchen dementiert (G.J. Wenham, The Religion of the Patriarchs. Essays on the Patriarchal Narratives, 1983, 183-193), obwohl es möglich wäre, daß sie die wirkliche Bedeutung des Namens noch nicht erfaßt hatten (s.a. W.J. Martin, Stylistic Criteria and the Analysis of the Pentateuch, 1955, 16-19; J.A. Motyer, The Revelation of the Divine Name, 1959, 11-17). Die aufeinander folgenden *Plagen demonstrierten die Macht dieses Gottes über den ägypt. König (2Mo 7,14-12,36).

Am Vorabend der letzten Plage, bei der Jahwe die Erstgeborenen töten wollte, mußte jedes hebr. Familienoberhaupt ein fehlerloses Lamm schlachten. Mit dem Blut dieses Tieres sollte der Türrahmen bestrichen werden, damit Gott in seinem Gericht nicht auch die Erstgeborenen der Hebräer vernichten würde (2Mo 12). B. Couroyer ist der Meinung, das hebr. Wort *psch* sei von dem ägypt. *p(')-sch*, »Schlag, Hieb« (Gottes), abgeleitet. Diese Theorie entspricht jedoch nicht allen hebr. Angaben und bleibt somit fragwürdig.

6. Von Sukkot zum Sinai.

In Blick auf den *Auszug aus Ägypten s.a. *Chronologie des AT; *Wüstenwanderung.

Als Israel am *jam sūph*, »Schilfmeer«, lagerte, glaubten der Pharao und sein Stab, daß die Hebräer in einer Falle wären (2Mo 14,1-9). Die dann aufgebotenen 600 ägypt. Streitwagen (2Mo 14,7) waren keine außergewöhnliche Anzahl. Bei zwei Feldzügen des Pharao Amenophis II. waren einmal 730, das nächste Mal 1092 (60 + 1032) Streitwagen in Kanaan erbeutet worden (ANET 246f. Zu der Rolle, die Streitwagen in der ägypt. Armee gespielt haben, s.a. R.O. Faulkner, JEA 39, 1953, 43). Gott teilte jedoch das Wasser, führte sein Volk in Sicherheit durch und ließ das Wasser über dem nachfolgenden ägypt. Heer zusammenschlagen, so daß es ertrank. Da stimmten M. und das Volk ein Loblied über Gottes Triumph an (2Mo 15).

Israel schlug sein Lager am Fuße des Berges *Sinai auf, und M. stieg auf den Berg, um mit Gott Gemeinschaft zu haben und die Bedingungen des Bundes zu empfangen: die Zehn Gebote (2Mo 20), welche das Fundament für Israel als Gottes Volk darstellten. Gott war sein König. Es erhielt auch eine Reihe von Verordnungen, wie die Gebote in das praktische Leben umzusetzen sind (2Mo 21-23).

Nach dem Abfall Israels von Jahwe durch die Anbetung des goldenen Kalbes und der darauffolgenden Wiederherstellung des Bundes, der so schnell gebrochen worden war (2Mo 32,1-35,3), wurde M. beauftragt, die Stiftshütte mit der Bundeslade und dem dazugehörigen Mobiliar herzustellen und der Anbetung Gottes zu weihen (2Mo 35,4-40,33). Die technischen Einzelheiten, die für das transportable Zeltheiligtum berichtet werden, reflektieren M.s ägypt. Schulung, denn solche Bautechniken für transportfähige Konstruktionen (rel. oder anderer Art) waren von den Ägyptern schon mehr als 1000 Jahre vor M. Zeit angewandt worden (K.A. Kitchen, THB 5/6, 1960, 7-13).

Die repräsentative und didaktische Handhabung der Opfer im Zeltheiligtum stand allerdings in starkem Kontrast zum ägypt. Kultus. Die mit den hebr. Opfern verbundenen Symbole sprechen von der Widerwärtigkeit der Sünde aus Gottes Sicht und von der Notwendigkeit der Sühne zu ihrer Vergebung. Sie waren also nicht wie die ägypt. Rituale eine bloße magisch-wirksame Neuinszenierung des täglichen Lebens, die nötig war, um die Gottheiten satt und zufrieden zu erhalten.

Am Sinai wurde eine Volkszählung durchgeführt und die Lager- und Marschordnung festgesetzt (vgl. *Numeri/4. Buch Mose). Auch wurden u.a. die levitischen Aufgaben am Zeltheiligtum eingeteilt (4Mo 1-4), bevor das Volk vom Sinai aus weiterzog (4Mo 5,1-10,10). Die räumliche Anordnung der Stämme in einem Rechteck rings um das Zeltheiligtum war wohl ein Zeichen, daß Gott hier wieder M.s ägypt. Ausbildung gebrauchte, um seinen Plan auszuführen (Kitchen, a.a.O., 11). Die Benutzung der langen, silbernen Fanfaren für die Einberufung der Ratsversammlungen sowie für rel. und militärische Zwecke (4Mo 10,1-10) wird auch durch zeitgenössische, ägypt. Dokumente belegt (H. Hickmann, La Trompette dans l'Égypte Ancienne, 1946, bes. 46-50).

Die Ochsenwagen, die die Hebräer bei dem Auszug gebrauchten, stellten auch keine Neuheit dar. Solche Ochsenwagen waren schon bei den ägypt. Feldzügen von Thutmosis III. (1490-1436 v.Chr.) in Syrien (ANET, 240a) und von Ramses II. bei Kadesch (ca. 1270 v.Chr.) verwendet worden (C. Kuentz, La Bataille de Qadesch, 1928/34, Abb.30). Die hebr. Wagen, die jeweils von einem Paar Ochsen durch das Sinaigebirge gezogen wurden, können mit den zehn Wagen der Ägypter (ägypt. *ʿgrt* vom hebr. gleichen Wort *ʿglt;* 4Mo 7,3.6f) verglichen werden, die jeweils von sechs Paar Ochsen gezogen wurden, um Nachschub für die 8000 Steinbrucharbeiter Ramses' IV. (ca. 1160 v.Chr.) aus dem Niltal in das Wadi Hammamat, das zwischen dem Nil und dem Roten Meer lag, heranzuschaffen. Die Beschaffenheit der Landschaft dort entspricht in etwa derjenigen auf dem Sinai (Breasted, Ancient Records of Egypt, 1906–7, 4, 467).

7. Vom Sinai zum Jordan.

Das Volk Israel zog im zweiten Jahr nach dem Auszug aus Ägypten vom Sinai nach Kadesch-Barnea (4Mo 10,11). Von dort sandte M. *Kundschafter in das Land *Kanaan. Das Land erwies sich als sehr fruchtbar, die Städte waren jedoch befestigt (4Mo 13,17-33). Als das Volk Israel den Bericht der Kundschafter hörte, rebellierte es und weigerte sich, der Verheißung Gottes zu glauben. M. flehte zu Gott, das Volk zu verschonen (4Mo 14,5-19). Statt das Volk zu vernichten, ließ Gott es 40 Jahre in der Wüste umherziehen, bis der letzte der rebellierenden Generation gestorben und eine neue Generation herangewachsen war (4Mo 14,20-35).

Es wird leicht vergessen, daß vor dieser tragischen Episode das Volk Israel von Ägypten über die Sinaihalbinsel innerhalb weniger Jahre direkt in das verheißene Land ziehen sollte. Die 40 Jahre in der Wüste waren nur eine umgewandelte Strafe (4Mo 14, 12.20-30,33) und nicht ein Teil von Gottes erstem und bestem Plan für Israel. Daran sollte man sich erinnern, wenn man die Gesetze in 2Mo 22f in bezug auf den Acker- und Weinbau, etc. liest. Das Volk hatte vier Jahrhunderte lang in Ägypten, umgeben von Viehwirtschaft und Ackerbau, gelebt (5Mo 11,10). Weder es selbst noch seine Vorfahren waren geborene Wüstennomaden (1Mo 26, 12; 37,6-8). Am Sinai befand sich das Volk Israel in unmittelbarer Nähe des Landes, in dem diese Gesetze eine prompte Anwendung gefunden hätten. Es bestand keine Notwendigkeit für Israel – wie oft fälschlicherweise behauptet wird – in Kanaan ansässig zu sein, bevor diese Gesetze gegeben werden konnten (s.a. Kitchen, a.a.O., 13f).

Zu dem Aufstand der Sippe *Korach gegen die geistliche (4Mo 16,3) sowie der Rebellion von Datan und *Abiram gegen die zivile Autorität (4Mo 16,12) M.s und Aarons s.a. *Wüstenwanderung. Nach dieser doppelten Revolte drohte ein allg. Aufstand (4Mo 17,6-28).

In Kadesch-Barnea, wo Mirjam starb, übernahmen M. und Aaron in gotteslästerlicher Weise die Rolle Jahwes: »Höret, ihr Ungehorsamen, sollen wir [nicht Gott] euch Wasser aus diesem Felsen hervorbringen?« (4Mo 20,10ff). Gottes Antwort darauf war die Strafe, daß keiner von beiden in das verheißene Land einziehen durfte (5Mo 3,24-27).

Auf dem Wege zum verheißenen Land verwehrten die Edomiter (4Mo 20,14-21) und auch die Moabiter (Ri 11,17) dem Volk Israel den Durchzug durch ihre Gebiete, so daß es gezwungen war, einen Umweg um diese Länder zu machen. Zu dieser Zeit starb Aaron und wurde am Berg Hor beerdigt (4Mo 20,22-29). Kurz danach rebellierte das Volk Israel wieder. Gott bestrafte es, indem er Schlangen in das Lager schickte, und wieder trat M. für das Volk ein. Gott befahl ihm daraufhin, eine kupferne Schlange an einem Pfahl aufzurichten (4Mo 21,4-9), zu der diejenigen, die gebissen worden waren, aufsehen sollten, damit sie durch ihren Glauben an Gott, der dies befohlen hatte, geheilt wurden. Israel kam dann an die Grenze des amoritischen Königreiches von Sihon. Sihon zog ohne Grund gegen die Israeliten zu Felde, worauf Gott ihn und sein Reich in die Hände Israels gab; ein ähnliches Schicksal traf auch den feindseligen Og von *Baschan (4Mo 21,21-35).

Zuletzt lagerte Israel in der Ebene *Moab (4Mo 22,1; 25,1). Eine zweite Volkszählung wurde durchgeführt und die Vorbereitung für die Landverteilung getroffen. Ein Straffeldzug wurde gegen Midian geführt. Die Stämme Ruben, Gad und der halbe Stamm Manasse erhielten unter der Bedingung, daß sie ihren Brüdern bei der Eroberung des verheißenen Landes helfen würden, die Erlaubnis, sich im *Ostjordanland anzusiedeln.

Das *Deuteronomium/5. Buch Mose beinhaltet M.s Abschiedsrede an das Volk Israel. Der Bund zwischen Jahwe und Israel wurde erneuert. Bei Nichteinhaltung des Bundes mußte Israel mit dem Fluch und dessen Auswirkungen rechnen, bei Gehorsam dem Bund gegenüber würde es aber unter dem Segen Gottes stehen. Diese Art und Weise, die Partner auf die Folgen des Einhaltens oder Nichteinhaltens der Vertragsbedingungen aufmerksam zu machen, war während dem 14./13. Jh. v.Chr. gebräuchlich, was aus zeitgenössischen hetitischen Staatsverträgen ersichtlich ist (G.E. Mendenhall, Law and Covenant in Israel and the Ancient Near East, BA 17, 1954, 53-60 passim; F.C. Fensham, »Maledictions and Benedictions in Ancient Near Eastern Vassal-Treaties and the Old Testament. ZAW 74, 1962, 1-19; V. Korosec, Hethitische Staatsverträge, 1931). Zuletzt bemühte sich M. noch darum, daß Israel das Bundesgesetz in schriftlicher Form erhielt. Es wurde zusammen mit der Bundeslade aufbewahrt (5Mo 31,24). M. hinterließ, kurz bevor er starb, dem Volk ein Lied, das den Aufruf zum Gehorsam gegenüber dem Bundesgesetz enthielt (5Mo 33), dann stieg er auf den Berg *Nebo, um einen Blick auf das Heilige Land zu werfen, in das er nicht einziehen durfte. Dort starb er und wurde im Lande Moab begraben (5Mo 32, 48-52; 34,1-8).

III. MOSES AUFTRAG.

1. Führer Israels.

M. war nicht nur der durch seine ägypt. Erziehung und Ausbildung technisch begabte Leiter seines Volkes, sondern auch eine Persönlichkeit, die in unerschütterlichem Glauben auf Gott vertraute (Hebr 11,23-29; Apg 7,23-37). Immer wieder unterließ es Israel, Gott zu vertrauen. Es übertrat die Gesetze und lehnte Gottes Führung ab, rebellierte gegen M. und manchmal gegen M. und Aaron, durch die Gott seine Herrschaft offenbar gemacht hatte (4Mo 14,4.10; 16,4f). Sogar M.s eigene Familie ließ ihn im Stich (2Mo 32,1ff. 21; 4Mo 12,1f). Ausdauernd (4Mo 12,3) trat M. fürbittend vor Gott für das sündigende Israel ein (4Mo 14,13ff; 16,46; u.ö.) und beschwor das Volk, seinem Gott, der es befreit hatte, treu zu sein (4Mo 14,5-9). Allein die Tatsache, daß M. ein Mann von ausdauerndem Vetrauen in den unsichtbaren Gott war (Hebr 11,27b) und um Gottes Ehre eiferte (4Mo 14,13ff), erklärt sein großartiges Werk (Phil 4,13).

2. Prophet und Gesetzgeber.

M. wurde dadurch, daß er den Willen und die Gebote Gottes in besonderer Weise verkündete, das charakteristische Vorbild der späteren Propheten, bis zu der Ankunft des einen großen Propheten, dessen Vorläufer er war (5Mo 18,18; Apg 3,22f) und von dem alle anderen Propheten redeten (Apg 10,43). Er war von Gott nicht nur dazu berufen worden, das Volk aus der Knechtschaft zu führen, sondern auch dazu, den Willen Gottes zu verkünden. Typisch dafür ist 2Mo 19,3.7: Gott redet zu M., und dieser teilt das Gehörte dann dem Volk mit.

M. hatte oft und lange Gemeinschaft mit Gott (2Mo 24,18; 33,7-11), wie es auch später die Propheten hatten (s.a. Samuels Gebetsleben, 1Sam 7,5; 8,6; 12,23; 15,11). In der Weise, wie der Bund durch M. verkündet und erneuert wurde (5Mo 29,1), wurde Israel später wiederholt von den Propheten wegen seines Nichteinhaltens des Bundes und dessen Bedingungen gerügt (z.B. 1Kön 18,18; 2Kön

17,15.35-40; 2Chr 15,1f.12; Jer 6,16.19; 8,7f; 11,1-5.6-10; Hos 6,7; Am 2,4; Hag 2,5; Mal 2,4ff); *Jeremia wartete allerdings schon auf einen neuen Bund in der Zukunft (Jer 31,31-34).

Verschiedene Teile des Pentateuch werden oft fälschlicherweise als »Gesetzbuch« bezeichnet: M. war nicht der bloße Verkündiger irgendeines vorbildlichen »Zivilkodex« für Israel gewesen. Zeitgenössische Vertragsdokumente des 13. Jh. v.Chr. aus dem Nahen Osten beweisen, daß M. – von Gott veranlaßt – Israels Beziehung zu Jahwe in Form eines Staatsvertrages oder *Bundes zum Ausdruck brachte, mit dem ein großer König (in diesem Fall Gott, der König der Könige) einen Vasallen (hier Israel) zur Treue ihm gegenüber verpflichtete. Die entsprechenden Vertragsbedingungen wurden in die rel. und geistliche Sphäre übertragen, wodurch bestimmte Eigenarten entstanden, die in den politischen Verträgen nicht vorhanden sind. Diese Art der Formulierung wurde zu jener Zeit allg. verstanden. Für Israel umfaßten die Zehn Gebote die Grundsatzerklärungen des Bundes, im wesentlichen das moralische Gesetz als Ausdruck des Willens Gottes. Die einzelnen Bundesverpflichtungen stellten eine Art »Bürgerliches Gesetzbuch« dar, das im moralischen Gesetz der Zehn Gebote (2Mo 21-23; 5Mo 12-26; etc.) und sogar in Verordnungen gegründet war, die maßgebend für die zulässigen und autorisierten kultisch-rel. Praktiken waren (2Mo 25,1ff; 35,10ff; 3Mo). Israels Lebensstil sollte in jeder Beziehung von *Gerechtigkeit und *Heiligkeit, die sich aus dem Gehorsam dem Bund gegenüber – oder mit anderen Worten: aus der Erfüllung des Gesetzes – ergeben, gekennzeichnet sein. Die endgültige Erfüllung folgte jedoch erst (wie in Gal 3,23ff beschrieben) nach weiteren göttlichen Maßnahmen (s.a. Gal 3,15-22, bes. V. 21).

Israels Bund war keine bloße Anhäufung politischer Bedingungen, er sollte vielmehr das tägliche Leben vor Gott regeln, und deswegen dienten seine Verordnungen auch als Mindestgrundlage für das »Bürgerliche Gesetzbuch« des Volkes.

Umfang und Menge der »bürgerlichen Gesetze« im Pentateuch sind im Vergleich mit anderen Sammlungen zu jener Zeit in keiner Beziehung außergewöhnlich oder übertrieben. Der Abschnitt 2Mo 21-23 enthält ungefähr 40 »Paragraphen«, 3Mo 18-20 mehr als 20 und 5Mo 12-26 nahezu 90 »Paragraphen«, unterschiedlicher Länge; manche umfassen in den heutigen Texteinteilungen ein ganzes, andere nur ein halbes Kapitel, einige bestehen aus nur einem Satz; im ganzen sind es ungefähr 150 Paragraphen, abgesehen von den eindeutig rel. Vorschriften. Diese Anzahl läßt sich gut mit den 282 Paragraphen des »Kodex Hammurabi«, den 115 noch erhaltenen Paragraphen (viele davon gingen verloren) der mittelassyr. Gesetze oder den 200 Paragraphen der hetitischen Gesetze vergleichen.

3. Autor.

In der heutigen Zeit gehen die Meinungen über die Verfasserschaft der Mosebücher weit auseinander. Manche Ausleger schreiben M. die Urheberschaft an jedem einzelnen Buchstaben zu, andere bestreiten selbst seine Existenz.

Daß M.s Name von Anfang an mit Teilen des Pentateuch in Verbindung steht, besagt schon der bibl. Text. In den jeweils folgenden Texten kommt zum Ausdruck, daß sie von M. geschrieben wurden: ein kurzer Abschnitt über Gottes Gericht gegen Amalek (2Mo 17,14); das »Buch des Bundes« (2Mo 24,4-8; als äußere Beweise eingeschlossen noch 2Mo 20 und 21-23 mit den Geboten und dazugehörigen Gesetzen); die Wiederherstellung des Bundes (2Mo 34,27 mit Bezug auf 34,10-26); die Beschreibung einer Marschroute (4Mo 33,1f in bezug auf 33,3-40); der größte Teil des 5. Mosebuches bis Kap. 31 (5Mo 31,9-13.24ff in bezug auf die Erneuerung des Bundes und auf die im vorangegangenen Kap. beschriebene Wiedereinführung der Gesetze) und zwei Gedichte (5Mo 32; s.a. 31,22 und Ps 90 mit M.s Namen in der Überschrift). Es gibt keine objektiven Gründe, die Richtigkeit dieser Psalmen anzuzweifeln. Verschiedene Wissenschaftler (wie z.B. E.J. Young, An Introduction to the Old Testament, 1949, 50f; W. Möller, Grundriß für Alttestamentliche Einleitung, 1958, 107-124; C. Rogers, »Die Entstehung des Pentateuch«. Fundierte Theologische Abhandlungen, 4, 1986, 8-63; G.L. Archer, Einleitung in das Alte Testament, Bd. I, 1987, 135-149) sammelten in diesem Zusammenhang atl. und ntl. Hinweise auf M.s Verfasserschaft.

Daß ein einzelner Mann Gedichte verfassen, historische Begebenheiten und Gesetze aufschreiben konnte, war nicht außergewöhnlich. Ein Beispiel dafür war einige Jahrhundert vor M. der Ägypter Cheti (oder Achtoi), Sohn des Duauf, ein Schreiber z.Zt. des Pharaos Amenemhat I. (ca. 1991-1962 v.Chr.). Er war Erzieher, politischer Propagandist und Poet. Seine bedeutenden Werke waren: »Die Lehre des Cheti«, eine Satire, die in den Schreiberschulen verwandt wurde, um den Beruf des Schreibers gegenüber anderen Berufen hervorzuheben; »Die Lehre des Amenemhat I.«, ein politisches Pamphlet, dem er im Auftrag des Königs eine literarische Form gab. Wahrscheinlich war er auch der Autor der bekannten Nilhymne, die oft von den Schreibern mit den anderen beiden Werken abgeschrieben wurde (Gardiner, Hieratic Papyri in the British Museum, Third Series, 1935, 1, 40.43f; Posener, Literature et Politique dans l'Égypte de la XIIe Dynastie, 1956, 4-7; 19, Fußnote 7,72f). Außer den wenigen Schriftstellen, die oben aufgeführt wurden, gibt es keine objektiven Gründe, warum M. nicht noch weitere Teile des Pentateuch selbst geschrieben oder das Schreiben veranlaßt haben sollte (vielleicht durch Diktat, was auch die Personalpronomen der 3. Person erklären würde). Wieviel das im einzelnen umfaßt, muß der persönlichen Meinung überlassen werden.

4. Spätere Berühmtheit.

Von der Zeit Josuas (8,31; 1Kön 2,3; 2Kön 14,6; Esra 6,18; etc.) bis zur Zeit des NT (Mk 12,26; Lk 2,22; Joh 7,23) bleibt der Name M. immer mit dem AT, insbesondere mit dem Pentateuch, verbunden. In 2Kor 3,15 steht M. *pars pro toto* für das gesamte AT. M. und Elia waren die Repräsentanten des atl. Gesetzes und der Prophetie, die mit Christus zusammen auf dem Berg der Verklärung standen (Mt 17,3f).

Literatur: W.F. Albright: Moses in Historical and Theological Perspective. Magnalia Dei, FS G.E. Wright, 1976, 120-131; O.T. Allis: God Spoke by Moses, 1951; D.M. Beegle: Moses: The Servant of Yahweh, 1972; J.J. Bimson: Redating the Exodus and Conquest, 1981; B.S. Childs: The Birth of Moses, JBL 84/1965, 109-122; H. Gressmann: Mose und seine Zeit, 1913; J.G. Griffiths: The Egyptian Derivation of the Name Moses, JNES 12/1953, 225-231; W. Helck: Die Beziehungen Ägyptens zu Vorderasien, [2]1971; ders.: »Tkw und die Ramses-Stadt«. VT 15, 1965, 35-48; S. Herrmann: Israels Aufenthalt in Ägypten, 1970; ders.: Mose, EvTh 28/1968, 301-328; Keller: Vom Stand und Aufgabe der Moseforschung, ThZ 13/1957, 430-441; K. Koch: Der Tod des Religionsstifters, KuD 8/1962, 100-123; J. Lehmann: Mose – der Mann aus Ägypten, 1983; W.A. Meeks: The Prophet-King, NTS 14, 1967; E.M. Merrill: Kingdom of Priests, 1987; E. Osswald: Das Bild des Mose in der kritischen alttestamentlichen Wissenschaft seit Julius Wellhausen, 1962; G. Posener: Les Asiatiques en Égypte sous les XIIe et XIIIe dynasties, Syria 34/1957, 145-163; W.H. Propp: The Skin of Moses' Face - Transfigured or Disfigured, CBO 49/1987, 375-386; R. Rendtorff: Mose als Religionsstifter? Gesammelte Studien AT, 1975, 152-171; H. Schmid: Die Gestalt des Mose, EdF 237, 1986; ders.: Mose, Überlieferung und Geschichte, BZAW 110, 1968; W.H. Schmidt: Exodus, Sinai und Mose, EdF 191, 1983; H. Seebaß: Mose und Aaron, Sinai und Gottesberg, 1962; R. Smend: Das Mosebild von Heinrich Ewald bis Martin Noth, 1959; F. Stier, E. Beck (Hrsg.): Moses in Schrift und Überlieferung, 1963; R.J. Thompson: Moses and the Law in a Century of Criticism, 1970; R. de Vaux: Histoire ancienne d'Israel, 1971, 227-440; P. Volz: Mose und sein Werk, [2]1932; P. Weimar: Die Berufung des Mose, 1980; G. Widengren: What do we know about Moses? FS D.H. Davies, 1970, 21-47. K.A.K./H.Pe.

MOSE, BÜCHER s. Genesis; s. Exodus; s. Levitikus; s. Numeri; s. Deuteronomium; s. Pentateuch

MOSER, MOSEROT. Ein Lagerplatz der Israeliten während der Wüstenwanderung (4Mo 33,30f), an dem *Aaron starb (5Mo 10,6). Der Name könnte »Strafe(n)« bedeuten, unter Hinweis auf Israels Hadern gegen Gott in Meriba (*Massa und Meriba 2Mo 17,1ff; 4Mo 20,24; 5Mo 32,51). Der Standort ist nicht zu identifizieren, könnte aber in der Nähe des Berges *Hor gewesen sein, der auch als der Ort gilt, an dem Aaron starb und begraben liegt (J.A. Thompson, Deuteronomy, TOTC, 1974, 145). D.F.P.

MOST s. Wein

MOTTE s. Tiere

MOZA.

1. Judäer, Sohn *Kalebs (1Chr 2, 46).

2. Benjaminit, Nachkomme *Jonatans (1Chr 8,36f; 9,42f), der vielleicht als Stammvater der gleichnamigen Siedlung galt (OLB 2, 792).

3. Ein Ort in Benjamin (Jos 18,26: *ha-mōzāh,* »die Presse«?, LXX: *Amōsa*), der nach dem Keramikbefund wahrscheinlich südl. von *chirbet bēt mizze* ca. 7,5 km westl. von *Jerusalem im Tal des *Sorek lag. Der Ortsname findet sich auf vorexilischen (*ha-mōza',* »der Ausfluß«?) und nachexilischen (*mōzah*) Henkeln von Weinkrügen (N. Avigad, IEJ 8, 1958, 113-119; 22, 1972, 5-9). Sie weisen ebenso wie die terrassierten Hänge (G. Edelstein, M. Kislev, BA 44, 1981, 53-56) auf intensiven Weinbau hin. Die jüd. Siedlung, die bis in talmudische Zeit (*moza'*) bestand (Bill. II, 217), wird von manchen mit *Emmaus (Lk 24,13) identifiziert.

Literatur: E. Eisenberg, RB 82 (1975), 587; OLB 2, 790-793. R.R.

MÜCKE s. Tiere

MÜHE, MÜHSAL. (Hebr. *jāgaʿ, jegijaʿ ʿamal;* griech. *kopiaō, kopos*).

Das Leben des Menschen im AT ist von Arbeit und M. geprägt (1Mo 5,29; 3Mo 26,20), es steht unter dem Fluch Gottes über das Akkerland (1Mo 3,17-19). Die bekannte Stelle Ps 90,10 ist wohl zu übersetzen: »was mit Stolz erfüllt, ist M. und Arbeit«. Mit besonderer Deutlichkeit ist das Problem in der atl. Weisheitsliteratur im Buch Prediger erfaßt (vgl.

1,3.8.13; 2,11.22 u.ö.): Der Ertrag der menschlichen M. ist nicht aufweisbar. Alles zerrinnt dem angefochtenen Gläubigen zwischen den Fingern. Mit der M. geht der Prozeß des Müdewerdens einher. Übertragen auf Gott kann von seiner M. mit den *Sünden des Volkes gesprochen werden (Jes 43,23f).

Im NT kommt die griech. Wortwurzel 41mal vor. Sie kann sowohl das Müdewerden (Joh 4,6) als auch den Vorgang des Sichabmühens beschreiben, sowohl die tägliche Arbeit (Lk 5,5) als auch, im übertragenen Sinn, die Arbeit am Reich Gottes (z.B. Röm 16,12). Die Bedeutung von M. als Arbeit in der christl. Gemeinde und für die Gemeinde ist spezifisch ntl., sie wurde evtl. von Paulus geprägt (vgl. Röm 16,6.12; 1Kor 4,12; 15,10; 16,16 u.ö.). Paulus arbeitet in seinem herkömmlichen Beruf, um nicht in den falschen Verdacht zu geraten, sein Apostelamt aufgrund finanzieller Interessen zu versehen. Seine Missionsarbeit ist die Bemühung um die Menschen.

Sowohl im AT (z.B. Hiob 3,17) als auch im NT ist die *Ruhe von der Arbeit im Tod das Ende der menschlichen M. (Offb 14,13). Der Mühsal ist eine eschatologische Grenze gesetzt. Im Heilandsruf (Mt 11,28) fordert Christus die sich unter der Gesetzesforderung abmühenden Menschen auf, bei ihm selbst Erholung, Erquickung und Gnade zu finden.

Literatur: A. von Harnack: kopos (kopian, hoi kopiontes) im frühchristlichen Sprachgebrauch, ZNW 27/1928 1-10; H. Fendrich: EWNT II,1981, 760-761 1981; G. F. Hasel: ThWAT III 1982, 413-420; F. Hauck: RAC I, 1950, 585-590; ders.: ThWNT III, 1938, 827-829; C. Heyd-Westerhausen: BBW, 1982, 22-23; K.H. Schelkle: TRE III, 1978, 622-624; M. Seitz, H.G. Link: TBLNT II, [4]1986, 836f. J.E.

MÜHLE, MÜHLSTEIN. Die älteste und häufigste Methode, Korn zu mahlen, war, es auf einem flachen Stein zu verteilen und mit einem runden Reibstein zu mahlen. Solche Handmühlen mit *Mörsern aus Stein aus der frühen Jungsteinzeit wurden in *Jericho gefunden (PEQ 85, 1953, Tafel 38.2). Drehmühlen wurden seit der Eisenzeit verwendet. Sie bestanden aus zwei runden Steinscheiben je ca. 50 cm Durchmesser, die obere (hebr. *rekeb*, »Reiter«) mit einem Loch in der Mitte, so daß sie sich auf einem auf der unteren Scheibe befestigten Zapfen drehen konnte. Mit einem Holzstab, der in einer Bohrung am Rand des oberen Steins steckte, wurde die M. per Hand angetrieben. Das Korn wurde durch die Bohrung in der Mitte des oberen Steins geschüttet und durch dessen Drehung zermahlen. Mahlen zählte zu den Aufgaben der Frauen (2Mo 11,5; Mt 24,41), aber es wurde auch Gefangenen als niedrige Arbeit aufgebürdet (Jes 47,2). Größere Drehmühlen wurden von Tieren oder Gefangenen angetrieben (Simson, Ri 16,21).

Da der Israelit eine Handmühle zur Herstellung seines täglichen Brotes brauchte, durfte er sie nicht verpfänden (5Mo 24,6). Das Aufhören des Geräuschs der M. ist ein Zeichen für Einsamkeit, Alter und Tod (Jer 25,10; Offb 18,22; Pred 12,4). Den oberen Stein einer M. warf eine Frau von der Burgmauer herab auf *Abimelech, der die Stadt Tebez angriff (Ri 9,53; 2Sam 11,21). Der Mühlstein wurde auch als Gewicht verwendet, um damit jemand zu ertränken (Mt 18,6, griech. *mylos onikos* bezeichnet einen Mühlstein, der so groß war, daß ein Esel benötigt wurde, um ihn in Betrieb zu nehmen; Offb 18,21). A.R.M.

MÜLLER s. Handwerk

MUND. (Hebr. *päh, chēk, midbār, sāpāh*; griech.: *stoma*). Der M. ist vor allem das Organ zum Sprechen. Den M. auftun (4Mo 22,28; Hes 21,27) bedeutet sprechen, den M. zuhalten (Hiob 5,16; Jes 52,15) steht für schweigen, ebenso wie »den Mund halten« (Ri 18,19) oder »die Hand auf den Mund legen« (Hiob 21,5; Mi 7,16). Eines anderen M. sein meint, für den anderen reden (2Mo 4,16; Jer 15,19). »Von Mund zu Mund mit jemand reden« (4Mo 12,8; Jer 32,4) bedeutet, persönlich mit jemand zu reden. Der M. kann auch für »Wort« stehen (4Mo 35,30; 5Mo 17,6). Vom M. als Organ zur Nahrungsaufnahme ist bildlich die Rede bei der Erde, die ihr Maul öffnet, um jemand zu verschlingen (1Mo 4,11). Die Tendenz, vom M. zu sprechen, als ob er unabhängig handelte, ist nicht so ausgeprägt wie bei den Lippen. B.O.B./Red.

MUNDSCHENK. Hofbeamter aus der Umgebung des Königs, der - allein oder mit anderen zusammen – für die Versorgung der Hoftafel mit Getränken verantwortlich war. Bei den nicht seltenen Giftmordversuchen handelte es sich um eine besondere Vertrauensstellung, wodurch der M. zugleich großen Einfluß beim Herrscher besaß. In der Bibel werden M.en am Pharaonenhof (1Mo 40,1), am Hof Salomos (1Kön 10,5; 2Chr 9,4) sowie am pers. Hof erwähnt (Neh 1, 11).

MÜNZE s. Geld

MURREN. M. ist die Wiedergabe des hebr. Verbs *lūn* (vierzehnmal) bzw. des Substantivs *telūnnōt* (achtmal). In 5Mo 1,27 und Ps 106,25 wird das Verb *ragan* ebenso übersetzt (Buber: hetzen). Die LXX übersetzt an diesen Stellen (*dia-)goggyzō,* »laut (durcheinander) murren«.

Lūn bzw. *telūnnōt* kommen außer in Jos 9,18 und wahrscheinlich Ps 59,16 (vgl. die Kommentare adloc.) nur in 2Mo 15-17 und 4Mo 14-17, also im Zusammenhang der Wüstenwanderung des Volkes Israel vor. 4Mo 16 berichtet, daß zum einen *Korach und seine Gefolgsleute, zum andern *Datan und *Abiram murrten (beide Ereignisse fallen im jetzigen Zusammenhang zeitlich zusammen, haben aber unterschiedliche Anlässe und Ziele, s.u.). Alle weiteren Belegstellen sprechen vom M. Israels (»alle Kinder Israels«, »die ganze Gemeinde der Kinder Israels«, »das ganze Volk«). Das M. richtet sich gegen *Mose (2Mo 15,24; 17,3; 4Mo 14,36), gegen Mose und Aaron (2Mo 16, 2; 4Mo 14,2; 16; 17,6.20), gegen Jahwe direkt (2Mo 16,7f; 4Mo 14,27.29; 17,25), in Jos 9,18 gegen die Anführer Israels. Das M. entzündet sich an konkreten Nöten, die Israel in der Wüste begegnen: Durst wegen Wassermangels (2Mo 15,24; 17,3), Hunger (2Mo 16,2) und Furcht vor den Bewohnern des verheißenen Landes (4Mo 14,2ff). Der Anlaß des M.s von Korach ist die Erwählung Aarons zum Priester, dessen Sippe gegenüber die Leviten Gleichstellung verlangen (4Mo 16,3-10). Das M. Datans und Abirams richtet sich gegen die Herausführung aus Ägypten, das sie als Land, in dem Milch und Honig fließt, bezeichnen, und gegen die andauernde Führerschaft des Mose (4Mo 16,12-15). Am tödlichen Gericht über Korach und seine Leute entsteht das M. in 4Mo 17,6.

Das M. geschieht zu dem Zweck, Essen und Trinken zu erlangen, um dem Tod zu entgehen. Aber auch die Tötung von Mose und Aaron (4Mo 14,10; 17,6), ja, die Rückkehr nach Ägypten kann beabsichtigt werden (4Mo 14,4; wohl auch in 4Mo 16,12-14 intendiert). Subjekte und Objekte sowie Anlässe und Ziele machen klar, daß das M. ein offenes und willentliches Aufbegehren, ein Rebellieren gegen die jeweilige Situation und die dafür Verantwortlichen ist. In allen Berichten, die vom M. handeln, ist eine eindeutige Wertung erkennbar: das M. ist letztlich immer gegen Jahwe, sein in der Vergangenheit geschehenes und für die Zukunft versprochenes Heilshandeln gerichtet. M. ist Versuchung (2Mo 17,7; 4Mo 14,22) und Lästerung (4Mo 14,11; 16, 22) Jahwes, ist Unglaube (4Mo 14,11) und Sünde (4Mo 16,22.26). Vor der Gesetzgebung am Sinai wird das M. mit Wasser- und Speisungswundern beantwortet (2Mo 15-17), nach dem Sinaiereignis jedoch hat es Jahwes tödliches Gericht zur Folge (4Mo 14,36; 16,31; 17,14); 4Mo 14,11-25 muß die gesamte Wüstengeneration außer *Josua und *Kaleb sterben. Dennoch setzt sich der Heilswille Jahwes gegen alle Herausforderung und Rebellion durch: wenn auch die Wüstengeneration sterben muß, so steht Israel am Ende des Pentateuch doch an den Grenzen des den Vätern verheißenen Landes, das es nach dem Zeugnis des Buches Josua einnehmen darf.

In der historisch-kritischen Bibelforschung ist die Frage nach dem überlieferungsgeschichtlichen Ursprung des Motivs des M.s umstritten. Noth sieht ihn in 4Mo 11,4ff; Coats dagegen in der Jerusalemer Kultpolemik gegen den Anspruch des Nordreiches, allein den Gott des Auszuges recht zu verehren. De Vries hält theologische Reflexion zum Zwecke des Ausgleichs zwischen der Tradition der *Landnahme vom S her und derjenigen vom O her für die Keimzelle, während Knierim und Schunck den Ausgangspunkt in 4Mo 16 annehmen. Gemeinsam ist allen Positionen, daß sie von dem jeweiligen überlieferungsgeschichtlichen Ausgangspunkt her das Motiv des M.s in die anderen Überlieferungen eingetragen sehen und es nur als literarisch-theologische Interpretation verstehen können, nicht aber mit der historischen Zuverlässigkeit der bibl. Zeugnisse rechnen.

Außerhalb der Komplexe 2Mo 15-17 und 4Mo 14-17 wird der Widerstand Israels gegen Jahwe während der Wüstenzeit zumeist mit *mārah,* »widerspenstig/ungehorsam sein«, »sich empören«, ausgedrückt (z.B. 4Mo 20,10.24; 27,14; 5Mo 9,7.23f; 31,27; Ps 78,8.17; 106,7.43; Jes 63,10; Hes 20,13.21). In der theologischen Rezeption der Wüstenzeit innerhalb des AT findet sich neben den negativen Zügen (z.B. Hes 20; Ps 106), auch eine positive Bewertung dieser Zeit (z.B. Hos 2,16f; Jer 2,2f).

Im NT wird das Verb *goggyzō,* »murren« siebenmal, das Verb *diagoggyzō* zweimal, das Substantiv *goggysmos* viermal und in Jud 16 *goggystēs* verwendet. Dabei kann man einen profanen Gebrauch von einem theologischen unterscheiden.

1. Profaner Gebrauch liegt vor in Mt 20,11 innerhalb des Gleichnisses von den Arbeitern, die den ganzen Tag im Weinberg gearbeitet haben; sie begehren unzufrieden dagegen auf, daß sie den gleichen Lohn erhalten haben wie andere für nur eine Stunde Arbeit. Ihre Unzufriedenheit gründet in der Meinung, nicht zu ihrem Recht gekommen zu sein.

Auch das M. der hellen. Christen in Jerusalem (Apg 6,1) ist Äußerung aufbegehrender Unzufriedenheit wegen ungerechter Behandlung; es wird positiv beantwortet durch die Wahl der sieben Diakone.

Wenn 1Petr 4,9 die Christen zu »Gastfreundschaft ohne Murren« auffordert, heißt das, daß auch Mißbrauch und Enttäuschung nicht zu einem inneren Vorbehalt oder gar zur Verweigerung dieser wichtigen Form christl. Liebe führen sollen (N. Brox, Der erste Petrusbrief, EKK Bd. XXI, 1979, 206).

2. Lukas bezeichnet mit *(dia)goggyzō* (zweimal) die Kritik der rel. Führer am Umgang Jesu mit Sündern, der ihrer Gesetzesauslegung zufolge unangemessen ist (Lk 5,30; 15,2), und (einmal) die Kritik der Volksmenge an seiner Zuwendung zu dem Zöllner *Zachäus (Lk 19,7). Daß für den Evangelisten das Verhalten Jesu dem Willen Gottes entspricht und nicht die Auffassung der rel. Führer und der Menge, ferner, daß Lukas in 5,30 *goggyzō* gegenüber *'elegon* (»sie sprachen«) in den Parallelen Mt 9,11 und Mk 2,16 wählt, spricht wohl dafür, daß das Verb hier schon eine theologische Kritik impliziert, d.h. ein Aufbegehren gegen Gottes Willen ausdrückt und nicht mehr rein profan gebraucht ist (gegen Rengstorf, 733).

Paulus greift in 1Kor 10,10 auf die atl. Berichte vom M. zurück (wohl 4Mo 17,6ff in jüd. Auslegungstradition). Hier ist M. eindeutig die Rebellion gegen Gottes Willen und Handeln. Diese Möglichkeit sieht Paulus auch für die Christen und ermahnt sie mit dem atl. Beispiel zu Treue und Glaubensgehorsam. Auch in Phil 2,14 ist das M. wohl jenes Rebellieren gegen Gottes Willen, das im Gegensatz zu Vertrauen und Gehorsam, also der Glaubenshingabe steht.

Im Joh-Ev. ist das M. der »Juden« (6,41-43) bzw. der Jünger (6,61) jeweils Ausdruck ablehnender Kritik an Jesus und seinem Wort. Wie die Fortsetzung jeweils zeigt, ist das M. damit zugleich Ablehnung des Heilswillens Gottes (6,45f; 6,64) und bestätigt, was nach Joh 1,11 die Erdentage Jesu kennzeichnet. In Joh 7,12.32 ist das M. ein »Schwanken zwischen dem Ja und dem Nein« (Rengstorf, S. 735) zu Jesus und damit im Kern Ablehnung des Gottessohnes, Unglauben und somit Auflehnung gegen Gottes Handeln wie in der Wüstengeneration.

Literatur: G.W. Coats: Rebellion in the Wilderness. The Murmuring Motif in the Wilderness Traditions of the Old Testament, 1968; V. Fritz: Israel in der Wüste, 1970; de Vries: The Origin of the Murmuring Tradition, JBL 87/1968, 51-58; R. Knierim: THAT I, [4]1984, 527-530; L. Schwienhorst: ThWAT V, 1986, 6-11; K.H. Rengstorf: ThWNT I, 1933, 727-737. F.Fe.

MUSIK/MUSIKINSTRUMENTE.

I. MUSIK.

Das Musikverständnis in Israel z.Zt. der Bibel ist geprägt von einem elementaren Gedanken, der noch heute im orientalischen Raum zu finden ist: Gesang, Instrumentalspiel und Tanz bilden eine Einheit als Ausdruck der Lebenszusammenhänge der Gemeinschaft. Der musikalische Terminus »Rhythmik« im ursächlichen Verständnis von Bewegung des Körpers und der Stimme unter Beteiligung von Musikinstrumenten (vgl. W. Seidel, S. 69) bildet dabei das Bindeglied. Im AT sind viele Hinweise dieser Musikausübung zu finden (z.B. Ps 149; 150). Als Saul und David aus dem Kampf gegen die Philister heimkehrten, gingen »die Frauen aus allen Städten Israels heraus ... mit Gesang und Reigen dem König Saul entgegen unter Jauchzen, mit Pauken und mit Zimbeln« (1Sam 18,6). Auch »David und ganz Israel« tanzten »vor dem Herrn her mit aller Macht im Reigen, mit Liedern, mit Harfen und Psaltern und Pauken und Schellen und Zimbeln« (2Sam 6,5; vgl. 2Sam 6,14f; 1Chr 13,8; 15,16-29).

Der hohe Stellenwert der Musik im alten Israel wird bereits bei der ersten Textstelle der Bibel deutlich, in der Bezug auf die Musik genommen wird: Lamechs Sohn Jubal, »von dem sind hergekommen alle Zither- und Flötenspieler« (1Mo 4,21; vgl. *kinnor* und *'ugab* bei der Beschreibung der Musikinstrumente), gilt als der »Erfinder« der Musik, sein Bruder Jabal steht für den Beginn der nomadischen Herdenwirtschaft (1Mo 4,20) und der Bruder Tubal-Kain vertritt das Metallhandwerk (1Mo 4,22).

Die Musik in Alt-Israel diente sowohl kultischen Handlungen als auch säkularen Anliegen. Die »weltliche« Musik hatte ihren festen Sitz im Alltag, im Krieg, bei der Arbeit, bei Festen, zu Hochzeiten, zur Unterhaltung oder als Trauermusik. Ohne einen Anspruch auf Vollständigkeit zu erheben, nennt die folgende Übersicht eine Vielzahl von Lebensbereichen, in denen die auf Gott hin ausgerichtete Lebenshaltung der Juden mit Musik in Verbindung gebracht wird.

Einige Textstellen zeigen, daß die Musik als therapeutisches Mittel eingesetzt wurde. »Sooft nun der böse Geist von Gott über Saul kam, nahm David die Harfe und spielte darauf mit seiner Hand. So wurde es Saul leichter, und der böse Geist wich von ihm« (1Sam 16,23; vgl. 1Sam 18,10; 19,9). Auch magische Wirkungen (Jos 6,1-21) und prophetische Weissagung (1Sam 10,5; 2Kön 3,15) wurden durch Musik inspiriert.

Neben den dargestellten Aufgaben der Musik im sozialen Leben der Hebräer entwikkelte sich um 1000 v.Chr. mit der anbrechenden Königszeit eine auf Prachtentfaltung ausgerichtete Kultur, die das rel. Leben und damit den Dienst im Tempel prägte. Die Tempelsänger kamen aus dem Stamm Levi (1Chr 6,16ff) und wurden von allen Aufgaben befreit, »denn Tag und Nacht waren sie in ihrem Amt« (1Chr 9,33).

Bei den Vorbereitungen zur Überführung der *Bundeslade in das Offenbarungszelt gibt der Chronist einen ausführlichen Bericht, wie David den musikalischen Dienst organisierte (1Chr 15,16ff). Heman, Asaf und Etan waren die Vorsänger »mit kupfernen, hell klingenden Zimbeln« (V. 19). Ihnen waren acht Sänger zur Seite gestellt, die »mit Psaltern« spielten (V. 20), und weitere sechs, die auf »Harfen von acht Saiten« (V. 21) den Gesang begleiteten. Die Gesamtleitung und Ausbildung übernahm Kenanja, »denn er verstand sich darauf« (V. 22).

Von diesem Zeitpunkt an wurde die Musik zum festen Bestandteil des gottesdienstlichen Ritus (1Chr 16, 7.37). Als David die Vorbereitungen zum künftigen Tempelbau traf, entwickelte er einen Plan, um die insgesamt 4000 Musiker (1Chr 23,5) unter der Leitung von Asaf, Heman und Jedutun (1Chr 25,1) in Sängerklassen einzuteilen. Asaf hatte vier, Jedutun sechs und Heman vierzehn Söhne, die als Leiter der insgesamt vierundzwanzig Gruppen mit jeweils zwölf Sängern eingesetzt wurden. Nach 1Chr 25,7 waren diese zweihundertachtundachtzig »allesamt Meister« und scheinen eine engere Auswahl der Musikerzunft gewesen zu sein. Um die Reihenfolge der Dienstverrichtung im Tempel wurde das Los geworfen (1Chr 25,8).

Aus den angegebenen Bibelstellen wird deutlich, daß die Leviten gleichzeitig Sänger und Instrumentalisten waren (vgl. auch 1Chr

Ein sumerischer Musiker spielt eine elfsaitige Leier bei einem königlichen Bankett. Teil einer Intarsie der sogenannten Königsstandarte von Ur. Ca. 2500 v.Chr. (BM)

Textstellen säkularer Musik im alten Israel

Musikalische Gattung	Bibelstelle	Inhalt
Kriegs- und Triumphgesänge	2Mo 15,1ff	Siegeslied des Mose nach dem Auszug aus Ägypten
	2Mo 15,21	Mirjams Siegeslied
	Ri 5,1ff	Deboras und Baraks Lied
	1Sam 18,7	Rückkehr Davids nach Erschlagung der Philister
	2Chr 20,21	Rückkehr Joschafats nach siegreicher Schlacht
	Jes 14,4ff	Triumphlied über den Sturz des Königs von Babel
Trauer- und Klagelieder	2Sam 1,18ff	Davids Klagelied über Saul und Jonatan
	2Chr 35,25	Jeremias Klagelied über Josia
	Ps 12; 44; 60; 74; 79;80;83;85; 106;123;129;137	Klagepsalmen des Volkes
	Jer 9,18ff	Klagelied in Zion
	Klgl 1-5	Trauer über die Zerstörung Jerusalems
	Hes 27,32ff	Klagelied über den Untergang von Tyrus
	Hes 28,2ff	Klagelied über den König von Tyrus
Tanzlieder	2Mo 32,17ff	Tanz um das goldene Kalb
	Ri 11,34	Tanz der Tochter Jeftahs
	Ri 21,21	Raub der tanzenden Mädchen von Silo
	1Sam 18,6f	Tanz der Frauen nach Davids Sieg über die Philister
	2Sam 6,5.14f 1Chr 13,8;15,29	David tanzt vor der Bundeslade
Lieder zu Festen	Jes 5,12	Weingelage mit Musik
	Jes 16,10	Weinlesefest
	Am 6,5	Gesang der Vornehmen
Hochzeits- und Liebeslieder	Ps 45	Hochzeitslied für den König
	Jer 7,34;25,10; 33,11 1Makk 9,39	Freuden- und Wonnerufe der Braut und des Bräutigams
Arbeitslieder	4Mo 21,17f	Lied am lebenspendenden Brunnen ›Beer‹
	Jes 5,1ff	Lied vom unfruchtbaren Weinberg
	Jes 9,2	Lieder zur Ernte
	Jer 25,30; 48,33	Singen der Kelterer
Musik im Alltag	1Sam 16,18	Musik des Hirtenjungen David
	Pred 2,8	Musiker des Königs
	Jes 23,16	Musik steigert die verführerische Macht der Hure

Bronze-Zimbeln aus Luristan (Iran). 9.–7. Jh. v.Chr. (BM)

	Übersicht der Musikinstrumente		
Hebräischer Name	**mögliche Übersetzung**	**Revidierte Lutherübersetzung**	**Ausgewählte Bibelstellen**
Saiteninstrumente			
kinnor	mehrsaitige Leier	Zither und Harfe	1Mo 4,21
nebel	Winkelharfe	Harfe	1Sam 10,5 Jes 5,12 Am 5,23;6,5
'asor oder nebel 'asor	zehnsaitige Harfe	Psalter mit zehn Saiten	Ps 33,2; 92,4; 144,9
sabbeka	kleine viersaitige Harfe	Zither	Dan 3,5.7.10.15
Blasinstrumente			
'ugab	Pfeifen- oder Flöteninstrument	Flöte Pfeife (Ps 150,4)	1Mo 4,21 Hiob 21,12; 30,31 Ps 150,4
chalil	Schalmei oder oboenähnliches Instrument	Flöte Pfeife (Jes 5,12)	1Sam 10,5 1Kön 1,40 Jes 5,12; 30,39 Jer 48,36
maschrokita	Panflöte (?), Pfeife	Trompete	Dan 3,5.7.10.15
sumponya	Dudelsack oder der Zusammenklang verschiedener Instrumente	Laute	Dan 3,5.10.15
chazozerah	silberne Trompete	Trompete	4Mo 10,2;31,6
schofar	Widderhorn	Posaune	2Sam 6,15; 15,10 1Chr 15,28
keren	Horn	Posaune	Jos 6,5
Schlaginstrumente			
tof	Handtrommel	Pauke	2Mo 15,20 Ri 11,34 Ps 68,26
zelzelim oder meziltayim	Zimbeln	Zimbeln	1Chr 16,5; 25,1.6 Ps 150,5
mena'an'im	Rassel	Schelle	2Sam 6,5
pa'amonim	Schelle oder Glöckchen	Schelle	2Mo 28,33; 39,25f

Rahmentrommel, Leiern und Becken, gespielt von Musikern einer assyrischen »Militärkapelle«. Höhe 37 cm. Steinrelief aus dem Palast König Assurbanipals in Ninive, ca. 640 v.Chr. (PP)

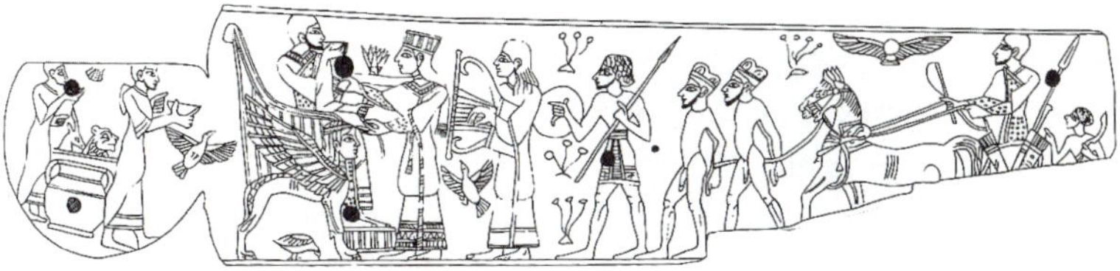

Elfenbeinschnitzerei. Musikalische Unterhaltung am Hof eines kanaanäischen Königs. Megiddo, 1350–1150 v.Chr. (OIUC)

16,41f). Weiterhin ist anzunehmen, daß die Ausbildung eines levitischen Sängers bereits im Kindesalter begann. Der Dienst im Tempel durfte aber erst mit dem 30. Lebensjahr aufgenommen werden (1Chr 23,3).

In dem Bericht über die Tempeleinweihung erhalten wir einen Einblick, welch hohen Stellenwert die Musik z.Zt. Salomos hatte. Ein Orchester von mehr als vierhundert Sängern und Instrumentalisten hatte sich eingefunden: »alle Leviten, die Sänger waren, nämlich Asaf, Heman und Jedutun und ihre Söhne und Brüder«, also mindestens die zweihundertachtundachtzig ausgewählten Musiker, »standen östlich vom Altar mit Zimbeln,

Bronzefigur eines Trompeters aus Karien (Südwest-Türkei). Höhe 6 cm, ca. 800 v.Chr. (BM)

Psaltern und Harfen und bei ihnen hundertundzwanzig Priester, die mit Trompeten bliesen« (2Chr 5,12). Der Klang muß überwältigend gewesen sein, »als wäre es einer, der trompetete und sänge, als hörte man eine Stimme loben und danken dem Herrn« (V. 13). Der Tempel war erfüllt mit einer Wolke, »so daß die Priester nicht zum Dienst hinzutreten konnten . . .; denn die Herrlichkeit des Herrn erfüllte das Haus Gottes« (V. 14; vgl. 2Chr 7,6; 8,14). An keiner anderen Stelle in der Bibel findet sich ein deutlicherer Hinweis auf die gnädige Gegenwart Gottes, hervorgerufen durch Musik, als in dieser vom Chronisten formulierten »Musikkritik«. Der Grad der Künstlerschaft scheint hier zu einem Höhepunkt gekommen zu sein (vgl. A. Sendrey, S. 52).

Über den Charakter der Musik im alten Israel läßt sich heute immer noch nichts Genaues sagen. Die Sprache, *Dichtung und Poesie besitzt keine nach unserem Verständnis eigene Metrik. Die Musik dient dem Text als Interpretation ähnlich wie die Interpunktion der Schrift. »Der Text wird nicht vertont, d.h., die Melodie steht in keinem Verhältnis zum Inhalt des Textes, sondern er wird musikalisch strukturiert« (Rauhe/Flender, S. 122). Wie bei den Griechen – verdeutlicht in dem Terminus *mousike* – besteht hier eine Einheit von Musik und Sprache im Gegensatz zur abendländischen Entwicklung in der Trennung dieser Bereiche (vgl. Th. Georgiades, S. 6f).

Da es vermutlich kein Notationssystem gab, wurde die Musik von Generation zu Generation mündlich tradiert. Einige Überschriften der Psalmen (z.B. Ps 57; 58; 59; 75 nach der Weise »Vertilge nicht«) weisen auf bestimmte Melodiemodelle (Modi) hin, die mit dem *maqām*-Prinzip aus dem arab.-pers. Kulturraum oder dem indischen *raga*-Prinzip vergleichbar sind (vgl. H. Oesch, VIII, S. 238ff und IX, S. 156ff).

Umfangreiche Aufzeichnungen besonders von A.Z. Idelsohn aus der ersten Hälfte unseres Jh. zeigen, daß das Singen der Psalmen

Ein semitischer Leierspieler mit Plektron. Teil einer Prozession auf der Wand des Grabes des Chnumhotep, Beni-Hasan, Ägypten, ca. 1900 v.Chr. (PAC)

Elamitische Musiker mit ägyptischer Winkelharfe und Doppeloboe bei der Thronbesteigung des Fürsten Ummanigasch. Südwest-Palast, Ninive, ca. 640 v.Chr. (BM)

(*Psalmodie*) Parallelen zum gregorianischen Choral aufweist (vgl. Notenbeispiel S. 1000). Ein Melodieanstieg, Verweilen auf dem Rezitationston mit Halbschlußwendung und der Melodieabstieg sind vergleichbar mit der gregorianischen Struktur mit *initium, tenor* mit *mediatio* und *finalis* (vgl. E. Gerson-Kiwi, Israel, S. 210).

Der Aufbau vieler Psalmen deutet darauf hin, daß sie entweder als Wechselgesang von zwei Chören (*antiphonal*) oder zwischen einem Vorsänger (Priester) und einer Gruppe (Chor oder Gemeinde) aufgeführt wurden (*responsorial*).

Als weiterer liturgischer Gesangstil muß die *Lectio* genannt werden, das solistische Vortragen der bibl. Texte. Diese Form ist bis in das 5. Jh. v.Chr. belegt und wird noch heute praktiziert. E. Gerson-Kiwi hält die Lectio für die »wesentlichste musikalische Erbschaft, die das Judentum . . . dem Christentum vermachte« (E. Gerson-Kiwi, Israel, S. 209).

Eine dritte Gesangsform ist die *Hymnodie*, die sich vermutlich aus der Psalmodie entwikkelt hat. Der mehr liedhafte Charakter gilt als eine typische Form der frühen Christenheit (vgl. H.H. Eggebrecht, S. 383).

II. MUSIKINSTRUMENTE.

Die in der Bibel erwähnten Musikinstrumente werden in ihrer Form und Konstruktion nur selten beschrieben. Da es aber in den benachbarten Kulturen größtenteils vergleichbare Arten gibt, können heute aufgrund der Überlieferungen (u.a. Münzen, Wandreliefs, Vasenmalereien) und der etymologischen Betrachtung genauere Aussagen gemacht werden.

1. Saiteninstrumente.

a. Der **kinnor** ist das erste in der Bibel erwähnte Musikinstrument und wird in der LÜ mit »Zither« übersetzt (1Mo 4,21). Es handelt sich um das Begleitinstrument Davids, eine mehrsaitige (fünf bis neun Saiten?) Leier vermutlich assyr. Ursprungs. Die Abbildung des kinnor-Spielers auf der kanaan. Elfenbeinschnitzerei von *Meggido zeigt, daß das Instrument schräg unter dem linken Arm getragen und mit der rechten Hand oder mit einem Plektron gespielt wurde (vgl. Abb. S. 1000 oben).

Der *kinnor* wurde aus Holz angefertigt, Salomo ließ sogar Instrumente aus dem wertvollen Sandelholz herstellen (1Kön 10,12). Im allg. wurde das Instrument bei freudigen Anlässen gespielt (1Sam 10,5; Hiob 21,12) und besaß einen »lieblichen« oder »süßen« Klang (Ps 81,3).

Es gibt keinen Hinweis, daß der *kinnor* zur Totenfeier verwendet wurde. Davids Klagelied über Saul und *Jonatan (2Sam 1,17ff) blieb unbegleitet, und der Klang verstummte, wenn die Freude gewichen war (z.B. Ps 137,2), auch warnen die Propheten, daß »die Freude der Harfe ein Ende hat« (Jes 24,8) und »den Klang (der) Harfen soll man nicht mehr hören« (Hes 26,13), wenn das Gottesgericht über die Erde kommt. Außerdem spielten die Vornehmen und Reichen des Landes den kinnor bei ihren Saufgelagen (Jes 5,11f; Am 6,5).

b. Ein zweites in der Bibel häufig genanntes Saiteninstrument ist der **nebel** (z.B. 1Sam 10,5), der generell als eine Art Winkelharfe betrachtet werden kann. Die griech. Bibelübersetzung verwendet hauptsächlich den Begriff *psalterion* (Psalter), mit dem ein Instrument gemeint ist, das mit den Fingern gezupft wird (*psallo*). Viele Abbildungen harfenähnlicher Instrumente aus dem gesamten Kulturraum (vgl. Abb. S. 1002, 1004, 1005) haben in der Forschung immer wieder zu unterschiedlichsten Interpretationen geführt (vgl. A. Sendrey, S. 260ff). Der aus Zypressen- und später aus Sandelholz hergestellte *nebel* war röhren- oder schlauchartig gebogen und trat in verschiedenen Größen auf, so daß er in der größeren Ausführung auch als eine Art Baßinstrument angesehen werden kann.

Das Wort *'asor* stammt von einer Wurzel mit der Bedeutung »zehn« und kommt an drei Stellen in der Bibel in Verbindung mit dem *nebel* vor (Ps 33,2; 92,4; 144,9). Demzufolge wird allg. angenommen, daß es sich um eine zehnsaitige Harfe (LÜ: »Psalter mit zehn Saiten«) handelt. In Ps 92,4 werden die Begriffe allerdings unterschieden. Daher liegt die Vermutung nahe, daß zwei verschiedene Instrumente gemeint sein könnten (vgl. J. Montagu, II, S. 759; A. Sendrey, S. 272 hält *'asor* für eine primitive Zither).

c. Ein weiteres Saiteninstrument wird im Buch Daniel bei der Beschreibung der Instrumente aus Nebukadnezars Orchester erwähnt: die **sabbeka** (Dan 3,5.7.10.15). Gewöhnlich wird das Instrument mit der griech. *sambykē* und der latein. *sambuca* identifiziert, einer kleinen dreieckigen Harfe mit vier Saiten und einem hohen, scharfen Ton. Es gilt als sicher, daß die *sabbeka* im alten Israel keine große Bedeutung hatte, zumal sie bei der Anbetung eines Götzenbildes erwähnt wird, einer Handlung, die den Israeliten zuwider lief.

2. Blasinstrumente.

a. Der hebr. Begriff **'ugab** erscheint nur viermal in der Bibel und bezeichnet offensichtlich »kein bestimmtes Instrument, sondern eine Familie von Blasinstrumenten« (A. Sendrey, S. 289, vgl. auch J. Montagu, III, S. 694). Die erste Erwähnung in 1Mo 4,21 steht im Zusammenhang mit dem *kinnor*, der dort als Oberbegriff für alle Saiteninstrumente erscheint. In Ps 150,4 heißt es: »Lobet ihn mit Saiten (*minnim*) und Pfeifen (*'ugab*)«. Unter *minnim* werden allg. Saiteninstrumente gefaßt, so daß unter *'ugab* ebenfalls eine generelle Bezeichnung für alle Pfeifen- oder Flöteninstrumente, also Holzblasinstrumente verstanden werden kann. Die Textstellen in Hiob 21,12 und 30,31 bestätigen diese Deutung.

Der Ursprung des Wortes *'ugab* kommt möglicherweise von dem hebr. Verb *'agab*, »verliebt sein«, »gelüsten«. Die enge Beziehung der Flöteninstrumente zum Liebeszauber findet sich im gesamten Kulturraum wieder.

b. Ein anderes Blasinstrument wird mit **chalil** bezeichnet und kommt an sechs Stellen im AT vor: 1Sam 10,5; 1Kön 1,40; Jes 5,12; 30,29; Jer 48,36 (hier zweimal). Der Wortstamm bedeutet »durchbohren« und läßt vermuten, daß ein hohles Rohr aus Schilf oder ähnlichem pflanzlichen Material gemeint ist.

Rekonstruktion einer Leier aus den Königsgräbern von Ur. Die Saiten wurden am Querholz befestigt und über eine Brücke am hölzernen Resonanzkörper festgemacht. Die Mosaikdekoration ist aus Lapislazuli, Muscheln und rotem Kalkstein. Höhe 1,20 m. Ca. 2500 v.Chr. (SI)

Ob es sich um ein oboeähnliches Instrument mit Mundstück, entsprechend dem griech. *aulos*, oder um eine Schalmei gehandelt hat, ist nicht mit letzter Sicherheit zu sagen. Der Ton war im Gegensatz zu dem mehr lieblichen Klang der Pfeifen- oder Flöteninstrumenten (*'ugab*) scharf und durchdringend. Die Textstellen weisen darauf hin, daß der *chalil* ein Instrument zum Ausdruck der Freude war, aber auch in Zeiten der Trauer (Jer 48,36) gespielt wurde.

c. Bei der Aufzählung der Instrumente am Hofe Nebukadnezars wird die **maschrokita** angeführt (Dan 3,5. 7.10.15). Das Wort wird abgeleitet von dem Verb *scharak* mit der Bedeutung »pfeifen« oder »zischen«. Gewöhnlich entstehen bei den Pfeifen- oder Flöteninstrumenten Zischlaute, so daß die Vermutung nahe liegt, daß die *maschrokita* zu den Holzblasinstrumenten gehört und möglicherweise eine Art Panflöte darstellt.

d. Ein weiteres Instrument, das nur in der erwähnten Textstelle in Dan 3 auftritt, ist die **sumponyah**. Bis heute gehen die Meinungen über das aus dem Aram. kommende Wort auseinander. Viele halten es für eine Transliteration des griech. Wortes *symphōnia* und schließen daraus, daß es ein sackpfeifenarti-

Blinder Harfenspieler auf einem Relief aus dem Grab des Paatenemheb bei Saqqara, ca. 1350 v.Chr. (RVO)

ges Instrument wie der Dudelsack gewesen sein muß. Andere Erklärungen sehen in dem Begriff den Zusammenklang einer Gruppe von Instrumenten im Sinne eines Orchesters (vgl. A. Sendrey, S. 304ff).

e. Die **chazozerah**, die den Israeliten aus Ägypten bekannt war, ist eine meist aus Silber gefertigte Trompete. Sie besteht aus einem ca. 60 cm langen, dünnen Rohr mit Schalltrichter (vgl. Abb. S. 1001). Entsprechend der Bedeutung des Namens (*chazar*, »versammeln«) wurde die *chazozerah* als Signalinstrument im Krieg (4Mo 31,6), bei feierlichen Anlässen (1Chr 15,24; 16,6.42; 2Chr 5,12f; 7,6), bei allen rel. Festen, den täglichen Brand- und Dankopfern sowie bei allen Festen des Volkes (2Kön 11,14; 2Chr 23,13; Esr 3,10) verwendet. 4Mo 10,1ff enthält genaue Anweisungen Gottes an Mose, welche Bedeutung und Aufgaben das Blasen der Trompeten besitzt.

f. Der **schofar** wird von allen in der Bibel erwähnten Instrumenten am häufigsten genannt (72mal) und hat in seiner Form und

Funktion im gottesdienstlichen Gebrauch bis heute überlebt. Es handelt sich um ein aus dem Widderhorn gefertigtes Blasinstrument, das sowohl im rel. (2Sam 6,15; 1Chr 15,28; Ps 81,4) als auch im profanen Leben des Volkes (2Sam 15,10; 1Kön 1,34) gespielt wird. Viele Textstellen deuten auch auf eine magische Wirkung des *schofars* hin (2Mo 19,7ff; Jos 6,4ff). Die ursprüngliche Form des *schofars* war die des gekrümmten Widderhorns, später war es möglich, das Horn zu strecken und mit einer scharfen Biegung an der Schallöffnung zu versehen (vgl. Abb. S. 602). Auf dem *schofar* können hauptsächlich nur sehr kurze Töne gespielt werden, so daß das Instrument als Signalinstrument eingesetzt wird.

g. Das hebr. Wort **keren** kann entsprechend seiner ursprünglichen Bedeutung (das »Feste«) ebenfalls mit Horn übersetzt werden und wird oft dem *schofar* gleichgestellt. In der Bibel finden sich unterschiedliche Auslegungen, die aber alle einen Ausdruck von Macht und Stärke beinhalten (1Mo 22,13; 3Mo 4,7.18.25; 1Sam 16,1; 1Kön 1,39; Jer 48,25). Somit ist zu vermuten, daß der *keren* als ein aus Horn gefertigtes Instrument einen sehr kräftigen, lauten Ton erzeugt haben muß. Es gilt als sicher, daß er niemals im heiligen Dienst verwendet wurde (vgl. A. Sendrey, S. 338ff).

3. Schlaginstrumente.

a. Hebr. **tof** ist ein Sammelbegriff für alle Arten von Handtrommeln, die als rhythmische Begleitinstrumente in der Bibel genannt werden. Ägypt. und assyr. Abbildungen zeigen, daß über einem meist runden Klangkörper aus Holz oder Metall ein tierisches Fell gespannt war. Die Trommel wurde mit den Fingern oder dem Handballen meistens zum Reigentanz der Frauen geschlagen (2Mo 15,20; Ri 11,34; Ps 68,26). In einigen Stellen werden aber auch Männer als Spieler des *tof* genannt

Ägyptische Frauen mit Harfe, Laute und Doppeloboe. Die mittlere Frau tanzt beim Spielen. Wandmalerei in einem Grab der Nekropole von Theben, Neues Reich, 1435–1405 v.Chr. (MEPhA)

(1Sam 10,5; 2Sam 6,5; 1Chr 13,8; vgl. J. Montagu, III, S. 603; E. Werner, S. 619). 1Mo 31,27 deutet darauf hin, daß der *tof* entsprechend dem *kinnor* als Symbol der Freude angesehen wurde. Ursprünglich wurde das Instrument auch im heiligen Dienst verwendet, später mußte es aber weichen, weil die Mitwirkung von Frauen an der gottesdienstlichen Handlung verboten war.

b. **Zimbeln** waren für den Gottesdienst zugelassene Schlaginstrumente. Die ältere Form hieß *zelzelim*, die jüngere *meziltayim*. Im Griech. wurden sie mit *kymbalon* übersetzt, das eine Schüssel oder Platte mit Vertiefung bedeutet. Besonders assyr. Abbildungen zeigen zwei unterschiedliche aus Metall gefertigte Formen: »entweder waren sie tellerförmig flach oder glockenförmig mit einem langen Griff« (V. Schmidt, S. 10). Die Zimbeln wurden immer paarweise benutzt und durch das Gegeneinanderschlagen entstand ein heller, klirrender Ton (Ps 150,5), der zunächst die Eröffnung der gottesdienstlichen Handlung andeutete, später aber als Zeichen für den Beginn des Chorgesanges diente. Nur den höchsten Würdenträgern, so z.B. Asaf (1Chr 16,5) und nach der festen Organisation der Tempelmusik durch David auch Heman und Jedutun (1Chr 25, 1.6), war der Gebrauch der Zimbeln vorbehalten.

c. Der hebr. Ausdruck *mena'an'im* kommt nur im 2Sam 6,5 vor und kann mit **Rassel** übersetzt werden. Der Klang wurde durch Schüttelbewegungen wie bei dem ägypt. *sistrum* erzeugt. An einem Metallrahmen waren Stäbe angebracht, an denen kleine Metallplatten lose hingen. Ein Handgriff diente zum Schütteln der Instrumente.

d. In 2Mo 28,33 und 39,25f werden kleine **Schellen** oder **Glöckchen** aufgeführt, die am unteren Saum des Gewandes des Hohenpriesters befestigt waren. Sie heißen *pa'amonim*, was soviel wie »schlagen« bedeutet. Diese aus Gold hergestellten *Schellen* hatten die Funktion, den jeweiligen Platz des Hohenpriesters im Heiligtum hörbar zu machen und nach dem alten Aberglauben die bösen Geister zu vertreiben (vgl. A. Sendrey, S. 355f; E. Werner, S. 619).

Literatur: H. Avenary: Geschichte der jüdischen Musik, in: Die Musik in Geschichte und Gegenwart, VII, 1949-1968, 225-261; F. Behn: Musikleben im Altertum und frühen Mittelalter, 1954; H.H. Eggebrecht: Hymnus, in: Riemann Musiklexikon, 12/1967, S. 383f; R. Flender: Der Biblische Sprechgesang und seine mündliche Überlieferung in Synagoge und griechischer Kirche, 1988; Th. Georgiades: Musik und Sprache, (1954) 1984; E. Gerson-Kiwi: Israel. Biblische Zeit, in: H. Honegger, G. Massenkeil (Hrsg.):, Das große Lexikon der Musik, IV, 1978 und 1987 (dt. Ausgabe), S. 208-210; E. Gerson-Kiwi: Jewish music, II Secular, in: S. Sadie (Hrsg.): The new Grove, IX, 1980, S. 634-645; P. Gradenwitz: Die Musikgeschichte Israels, 1961; H. Hartmann: Die Musik der sumerischen Kultur, 1960; A.Z. Idelsohn: Hebräisch-Orientalischer Melodienschatz, 10 Bde., 1914-1932; W. Kurzschenkel: Die theologische Bestimmung der Musik, 1971; J. Montagu: Art. 'Asor, Halil, Hatzotzerah, Kaithros, Kinnor, Metziltayim, Minnim, Nevel, Qarna, Tof, Tziltzelim, 'Ugav, in: S. Sadie (Hrsg.), The new Grove Dictionary of Musical Instruments, Bd. I-III, 1984; H. Oesch: Außereuropäische Musik, in: C. Dahlhaus (Hrsg.): Neues Handbuch der Musikwissenschaft, VIII,1984; IX, 1987; O. Plöger: Das Buch Daniel, KAT, Bd. 18, 1965; H. Rauhe,R. Flender: Schlüssel zur Musik, 1986; A. Riethmüller, F. Zaminer: Musik im Altertum, in: C. Dahlhaus (Hrsg.): a.a.O., I, 1988; C. Sachs: A History of Musical Instruments, 1940; V. Schmidt: Musik im alten Israel, in: H. Schmidt (Hrsg.): Blickpunkt Gemeinde, 1987, S. 7-12; W. Seidel: Rhythmus, in: H. Honegger,G. Massenkeil (Hrsg.): a.a.O., VII, S. 69-73; A. Sendrey: Musik in Alt-Israel, 1970; E. Werner, Jewish music, I Liturgical, in: S. Sadie (Hrsg.): a.a.O., IX, S. 614-634; C. Westermann: Instrumentale Musik, Gesang und Dichtung in Israel, RGG³, IV, 1201-1205. V.S.

MUT. Im Althochdeutschen bezeichnet das Wort »Mut« (*muot*) die Kraft des Denkens, Empfindens, Wollens, der Gedanken; den Geist, die Gesinnung, den Gemütszustand und den Entschluß. M. haben meint, sich mit klarem Verstand einer Situation stellen.

Die hebr. und griech. Ausdrücke, die in der Bibel mit M. übersetzt sind, sind sehr vielfältig. »Herz«, »Geist«, »Kraft«, »wachsen«, »hoch werden«, »sich stark erweisen«, »zuversichtlich« oder »tatkräftig sein« sind nur eine Auswahl für das Bedeutungsspektrum.

Guten M.s sein meint: »sich nicht fürchten« (1Mo 43,23) bei allen Mühen des Lebens (Pred 3,13; 5,17; 9,7). Begründet ist solche frohe Zuversicht in vorherigem Erleben von Gutem, das Gott getan hat (1Kön 8,66; 2Chr 7,10) im Zuteilwerden besonderer Anerkennung (Est 5,9) oder Vergebung (2Sam 2,7) durch Menschen. M. im Sinne von Zuversichtlichkeit kann sich gründen auf die eigene Macht (1Kön 21,7), die materielle Sicherheit (Lk 12,19) oder den vorangegangenen Erfolg (Neh 3,38).

Der M. kann einem Menschen von Gott genommen werden (Hiob 23,16; den Oberen des Volks: Hiob 12,24; Ps 76,13). Menschen können sich durch ihr Reden oder Handeln gegenseitig den M. nehmen (Esr 4,4; Neh 6,16; Jer 4,9; 38,4). Der M. kann entfallen angesichts auswegloser Situation (2Sam 4,1; Apg 27,36).

M. ist für *Joschafat nötig, um den Götzendienst im Lande abzuschaffen (2Chr 17,69). Die *Kundschafter bedürfen z.Zt. der Wüstenwanderung des M.s, um in das ihnen unbekannte Gebiet vorzudringen. M. bedarf es, um zu beten (1Chr 17,25), zur Kriegsführung (Jer 4,9; 2Sam 11,25), zum Neuaufbau (Neh 3,38), zur Beseitigung von Ungerechtigkeit (2Chr 23,1), zur Führung eines Volkes (5Mo 1,38), um in Leiden (Spr 18,14) und Schwachheit zu bestehen (2Kor 12, 10). M. bedarf es, um als Nachfolger Christi dem Widerstand der Nichtchristen standzuhalten (Hebr 12,3) und das *Evangelium zu sagen (1Thess 2,2). Um neuen M. zu gewinnen, um das bekümmerte Herz zu trösten (überwinden), bedarf es anderer Menschen, die durch ihr zielbewußtes Handeln neue Wege aufzeigen (Neh 3,38; Apg 27,36). M. findet der Mensch in der Hinwendung zu dem Gott, dem nichts unmöglich ist (1Thess 2,2; Mt 19,26; Lk 1,37; Apg 28,15; 2Kor 5.6.8). M.H./Red.

MUTTER. Das Wort hat in vielen Sprachen den gleichen Wortstamm. Sprachforscher halten es für wahrscheinlich, daß ihm ein kindliches »Lallwort« zugrunde liegt, etwa wie »ma«. Das Wort M. steht und fällt immer mit der Beziehung, die es schafft.

1. Muttersein – eine vom Schöpfer gestaltete lebendige Beziehung.

In der Bibel ist das Wort M. eine Bezeichnung des Ursprungs. Nach 1Mo 3,20 ist *Eva die »Mutter aller, die da leben«. Das prägt das Lebensgefühl des atl. Frommen in vielen Worten und Gebeten: »Auf dich habe ich mich verlassen von Mutterleib an. Du hast mich aus meiner Mutter Leibe gezogen« (Ps 71,6). »Du hast mich gebildet im Mutterleib« (Ps 139,13). Von diesem Ursprung her beklagt der Prophet in tiefer Anfechtung, daß seine M. nicht sein Grab geworden ist (Jer 20,17). Diese Unmittelbarkeit der Beziehung prägt auch das Ende des Lebens, wenn z.Zt. der Verwüstung Jerusalems die Verwundeten »in den Armen ihrer Mütter den Geist aufgeben« (Klgl 2,12). So wie Anfang und Ende des Lebens von der Beziehung zur M. geprägt ist, so auch das Leben selbst: das erste, was der Knabe rufen wird, ist: »lieber Vater, liebe Mutter« (Jes 8,4). Die rechte M. verzichtet lieber auf ihr Kind, als es nach Salomos Urteil zerteilen zu lassen (1Kön 3,27). Die M. hegt das Kind an ihrer Brust (Ps 131,2). *Hanna, die M. Samuels, kommt jährlich zum Heiligtum und bringt ihrem Sohn, den sie Gott geweiht hat, ein Oberkleid (1Sam 2,19) als Zeichen ihrer Liebe. Darum heißt es andererseits: »Ein törichter Sohn ist seiner Mutter Grämen« (Spr 10,1). Und umgekehrt trägt der Sohn Leid um seine M. und beugt sich in Trauer (Ps 35, 14). Erst durch seine Braut *Rebekka wird *Isaak getröstet über den Tod seiner M. (1Mo 24,67).

2. Muttersein ist Geschenk von Gott.

Erst der emanzipierte Mensch plant Kinder, »macht« sie, »schafft sie sich an« oder bedient sich sogar der Leihmutter. Der glaubende Mensch der Bibel ist in allem abhängig von Gott. Kinderlosigkeit ist tiefstes Leid, sie wird von der Umwelt als Schmach betrachtet. Aber sie kommt von Gott. Er verschließt den Mutterleib. Die Kinderlose leidet an Gott. So schüttet die kinderlose Hanna ihr Herz vor dem Herrn aus (1Sam 1,15) und dann erfährt sie: »Und Elkana erkannte Hanna, seine Frau, und der Herr gedachte an sie.« (1Sam 1,19f). Kinder sind also Gabe Gottes (Ps 127,3). So handelt Gott allein auch an *Maria mit seiner einzigartigen Erwählung und macht sie zur M. des Sohnes Gottes durch die Kraftwirkung des Heiligen Geistes (Lk 1,35).

3. Muttersein ist eine von Gott geschützte Beziehung.

Es ist Gottes Gebot und Ordnung, Vater und Mutter zu ehren (2Mo 20, 12 u.ö.) Das Gebot gilt, auch wenn Anlaß zum Ärger sein sollte, denn es heißt: »Wer Vater oder Mutter flucht, soll des Todes sterben (2Mo 21,17). Der Gehorsam gegen dieses Gebot fließt als Segen in das Leben der Kinder zurück (2Mo 20,12). Bestraft wird, wer die »Blöße aufdeckt« (3Mo 18,7). Nicht erst der perverse Geschlechtsverkehr, sondern schon die Verletzung der Scham ist gegen Gottes Willen – entgegen dem heutigen Bedürfnis, durch Nacktheit »Hemmungen« abzubauen.

4. Muttersein hat keine göttliche Relevanz.

Das ist bedeutsam, spielen doch die Muttergottheiten in Babylon und Ägypten eine große Rolle. Von dorther wird dann auch im röm. Reich Isis die Göttin mit Weltgeltung; sie herrscht im Himmel, auf und unter der Erde, sie rettet aus Not, Krankheit und Unfruchtbarkeit. Ähnliches kehrt heute wieder im Reden von der »Mutter Erde«. *Natur wird als mit göttlichen Kräften beseelt angesehen. Auch im Lauf der Geschichte wurde immer wieder Mutterschaft als solche verherrlicht, wie es etwa im »Dritten Reich« geschah. Das ist der Bibel fremd.

Von großer Nüchternheit sind dagegen die bibl. Zeugnisse geprägt. Auch die M. ist Glied in der Kette der gefallenen Menschheit: »Meine Mutter hat mich in Sünden empfangen« (Ps 51,7), wobei hier die Deutung, der Geschlechtsakt sei Sünde, eine verheerende Fehldeutung mit Tabuwirkung bis ins 20. Jh. war. Die M. hat die besondere Möglichkeit und Gabe, die Kinder zu prägen und zu führen. Seine Großmutter Lois und seine Mutter Eunike sind dem jungen *Timotheus Vorbilder im Glauben (2Tim 1,5). Zugleich berichtet die Bibel von dem verwerflichen Einfluß, der von der M. ausgehen kann: *Ahasjas M. hielt ihren Sohn dazu an, gottlos zu sein (2Chr 22,3). *Rebekka gibt sich dazu her, ihren Sohn zum Betrug des Vaters zu verleiten (1Mo 27). In der Bibel begegnet also kein abgehobenes Mutterbild, sondern die Teilhabe der M. an der Sündhaftigkeit des Menschen wird ernstgenommen.

5. Muttersein wird durch das Reich Gottes relativiert.

Der Blick geht auf die neue Welt, in der die Kinder Gottes den Engeln gleichen werden und kein Heiraten mehr stattfindet (Lk 20,35f). So leben Christen heute schon in der Spannung, Vater und M. zu ehren und sie doch nicht mehr zu lieben als ihren Herrn, der sie zum Reich Gottes beruft (Mt 10,37). Ja, Lukas bezeugt sogar: Vater und Mutter sind zu hassen um der Jüngerschaft willen (Lk 14, 26), wobei nicht emotionaler Haß gemeint ist, sondern die Absage an natürliche Ansprüche und Bindungen. Das mußte Jesu Mutter lernen, schon bei dem 12-jährigen Jesus (Lk 2,49) und bei der Hochzeit zu *Kana (Joh 2,4).

6. Muttersein wird für geistliches Leben transparent.

Der Glaubende erfährt die mütterliche Liebe Gottes: »Ich will euch trösten, wie einen seine Mutter tröstet« (Jes 66,13). So ist der Mensch also geborgen bei Gott »wie ein kleines Kind bei seiner Mutter« (Ps 131,2). Das Urbild bleibt aber immer größer als das Abbild: »Kann auch ein Weib ihres Kindleins vergessen ... Und ob sie seiner vergäße, so will ich doch deiner nicht vergessen« (Jes 49,15). Die Zartheit der mütterlichen Liebe ist allerdings nicht Anlaß, geschlechtsspezifisch von Gott zu denken, sondern ihn als den uns mütterlich liebenden Gott und zugleich als den Herrn zu erfahren. Als Gottes Apostel leidet Paulus um die galatische Gemeinde Geburtsängste und -schmerzen (Gal 4,19) und ist bei den Thessalonichern »mütterlich gewesen: wie eine Mutter ihre Kinder pflegt«, so hatte er Herzenslust an ihnen (1Thess 2,7f). Auch das himmlische Jerusalem wird »unsere Mutter« genannt (Gal 4,26). Wieder ist sie nicht Idealgestalt, sondern kann sogar die Verkörperung des Antichristentums sein: Babylon, die M. der Hurerei (Offb 17,5). Immer bedeutet M. Ursprungs- und Ausgangspunkt. Durch Jesus erfährt das Wort wunderbare Begnadung. Dem Naturanspruch seiner Familie gegenüber beruft er die, die seinen Willen tun in den Stand seiner Brüder, Schwestern und Mütter (Mk 3,33-35).

Durch Gottes Gnade werden Menschen geistliche Mütter wie *Debora, die eine M. in Israel genannt wird (Ri 5,7) oder wie die M. des Rufus, die für Paulus wie eine M. geworden ist (Röm 16,13).

Gottes Gnade beschenkt die einsame, kinderlose Frau mit dem Muttersein. »Die Einsame hat mehr Kinder, als die den Mann hat.« Ja, »der dich gemacht hat, ist dein Mann ... dein Erlöser« (Jes 54,1-6). K.B.

MYRA. Mit ihrem Hafen, etwa 4 km entfernt, war M. eine der Hauptstädte *Lyziens, einer Provinz an der SW-Spitze Kleinasiens. Die Stadt war in ntl. Zeit ein wichtiger Getreidehafen. In M. bestiegen Paulus und sein Begleiter, ein röm. Hauptmann, ein Kornschiff aus Alexandria, das nach Italien fahren sollte (Apg 27,5f). In M., unter der Herrschaft der Türken Dembre genannt, finden sich heute eindrucksvolle Ruinen einschließlich eines guterhaltenen Theaters. J.D.D.

MYRRHE s. Kräuter u. Gewürze

MYRTE s. Pflanzen

MYSIEN. Das Ursprungsland eines der prähellenischen Stämme Kleinasiens war in klassischer Zeit nie eine politische Einheit und ist daher nicht genau zu bestimmen. M. lag in dem stark bewaldeten Hügelland zu beiden Seiten der Handelsstraße von *Pergamon nach Cyzicus am Marmarameer, ein Gebiet, das sich im W *Phrygien anschloß und bis *Troas erstreckte. Troas selbst dürfte zusammen mit Assos und weiteren griech. Küstenstädten wie auch Pergamon im Landesinnern zu M. gehört haben. M. war der Nordteil der röm. Provinz Asia. Paulus hatte deren O-Grenze auf seinem Weg durch Phrygien nach Bithynien erreicht (Apg 16,7), mußte dann aber – Gottes Willen folgend (V. 8) – nach Troas abbiegen und dürfte dabei durch den S des Gebiets von M. gezogen sein. E.A.J.

MYSTERIUM s. Geheimnis

Die Felsengräber von Myra (heutiges Demre) in Lyzien, südl. Türkei. Ca. 4. Jh. v.Chr. (MEPhA)

NAAMA. (»Lieblich«).

1. Tochter der Zilla und Schwester des Tubal-Kain (1Mo 4,22).

2. »Die Ammoniterin«, Mutter des Königs *Rehabeam von Juda, eines Sohnes Salomos (1Kön 14,21).

3. Stadt im Gebiet Judas (Jos 15, 41), die möglicherweise mit dem heutigen Naneh, 10 km südl. von *Lod/Lydda, identisch ist. Zofar, einer der »Tröster« Hiobs, war ein Naamatiter, aber es ist ungewiß, ob er aus dieser Stadt stammt. G.W.G.

NAAMAN. (Hebr. *naʿamān*, »lieblich«). Nach den Texten von *Ugarit ein Mitte des 2. Jt.v.Chr. gebräuchlicher nordsyr. Name.

1. Sohn Benjamins; Stammvater des Geschlechts der Naamaniter (1Mo 46,21; 4Mo 26,40; 1Chr 8,4.7).

2. Befehlshaber der syr. Armee während der Herrschaft *Ben-Hadads I. (2Kön 5). Er behielt seine hohe Stellung, obwohl er von Lepra befallen war. Auf den Rat einer israelit. Kriegsgefangenen hin wandte er sich, mit einem Empfehlungsschreiben seines Königs und mit Geschenken ausgestattet, mit der Bitte um Heilung an den König von Israel, wahrscheinlich Joram. N. wurde an den Propheten *Elisa verwiesen, der ihm Heilung durch siebenmaliges Untertauchen im Jordan verhieß, was N. empört zurückwies, bis ihn seine Diener doch dazu bewegen konnten (V. 8-14). Nachdem er geheilt war, bekannte N. Jahwe, den Gott Israels, als einzig wahren Gott (V. 15-17), war aber als Diener seines Königs gezwungen, im Tempel des Rimmon anzubeten. Die jüd. Sage, die Josephus überliefert (Jos.ant.Jud. 8.414), die aber nicht belegt ist, setzt N. mit demjenigen gleich, der *Ahab tötete, indem er seinen Bogen »in aller Einfalt« spannte (1Kön 22,34). Auch in Lk 4,27 wird auf den Syrer N. hingewiesen. D.W.B.

NABAL. (»Tor/Narr«). Ein wohlhabender Einwohner *Maons, südöstl. von *Hebron, aus dem Stamm Kaleb; N. gehörten Schaf- und Ziegenhirten, die auf dem *Karmel-Gebirge weideten.

Auf seiner Flucht vor *Saul hörte *David davon, daß N. mit der Schafschur beschäftigt war, die traditionell eine Zeit besonderer Gastfreundschaft war. David sandte zehn seiner Männer zu N. mit der Bitte, er möge seine Truppen bewirten, nachdem diese ihn und seine Herden vor Räubern geschützt hatten. N., dessen aggressive Torheit seinem Namen entsprach (1Sam 25,25), reagierte mit Beleidigungen, woraufhin David mit 400 Männern aufmarschierte. Als *Abigajil, N.s schöne und intelligente Frau, von dem Besuch der Boten hörte, sorgte sie dafür, daß Essen und Wein vorausgeschickt wurden und machte sich selbst auf, um David zu treffen. Dadurch konnte sie David von einem Rachezug abhalten.

Bei ihrer Rückkehr fand Abigajil ihren Mann betrunken vor. Als er am folgenden Tag von der Tat seiner Frau hörte, erlitt er einen Lähmungsanfall und starb ca. zehn Tage später (1Sam 25,37f). R.A.H.G.

NABATÄER. In der hellen. und röm. Zeit hatte Palästina außer dem syr. Reich im N (*Seleukiden) und dem ägypt. im S (*Ptolemäer) noch einen dritten mächtigen Nachbarn: das Reich der N. im O. Die Frage nach der »Herkunft« der N. kann, vereinfachend, so beantwortet werden: Sie stammen aus dem Innern Arabiens und sind im 6./5. Jh.v.Chr. in ehemals edomitischem Gebiet vorherrschend geworden. Historisch faßbar werden sie erstmals im Raum von *Petra: Dort bekämpft sie 312 v.Chr. der syr. König Antigonus (Diodor. 19.94-100). Die wenigen literarischen Angaben über die N. lassen viele Fragen offen. Um so wertvoller wird ihre Ergänzung durch archäologische Funde, nicht zuletzt durch viele Münzfunde.

Bei Aretas I. sucht um 168 v.Chr. der ab-

Die Sīq-Schlucht, eine natürliche geologische Öffnung, die nach Petra führt. Im Hintergrund das sogenannte Schatzhaus des Pharao, Chaznet Firaʿun. (SH)

Ed-Dēr, die 40,23 m hohe, 46,94 m breite Grabfassade, die um 60 n.Chr. aus dem Felsen bei Petra gehauen wurde. (RH)

trünnige Hohepriester *Jason vergeblich Zuflucht (2Makk 5,8); in dieser Zeit sind die *Makkabäer mit den N.n befreundet (1Makk 5,25; 9, 35; nur an diesen zwei Stellen werden in der Bibel die N., *nabataioi*, ausdrücklich erwähnt). Aretas II. (110-96 v.Chr.) nannte sich wohl als erster »König« (*Aretas ho Arabōn basileus*, Jos.ant.Jud. XIII, 360); wahrscheinlich stammen von ihm die ältesten nabatäischen Münzen; er unterstützt *Gaza gegen den Hasmonäerkönig Alexander Jannäus (ebd.). Spätestens hier zeigt sich der Wunsch der N., ihre von der arab. Halbinsel kommenden Handelswege auch auf der Route von Petra durch den *Negeb bis zum Mittelländischen Meer zu sichern.

Obodas I. (etwa 90-87 v.Chr.) wird von demselben jüd. König ohne Erfolg angegriffen (Jos.ant.Jud. XIII, 375; Jos.bell.Jud. I, 90).

Nicht klar faßbar ist sein Nachfolger Rabilos I.

Auf ihn folgt (84-62 v.Chr.) der große Aretas III., der »Griechenfreund«, wie er sich auf seinen in Damaskus geprägten Münzen nennt (*basileōs Aretou philellenos*). Selbst Pompejus der Große und sein Feldherr Scaurus können ihn nicht besiegen. Das Selbstbewußtsein der N. wächst.

Aretas' Sohn Obodas II. (62-60 v.Chr.) wird von keinem Geschichtsschreiber erwähnt und wurde daher früher mit Obodas III. (30-9 v.Chr.) verwechselt. Doch er beschriftet als erster seine Münzen nicht mehr mit griech., sondern mit aram. Buchstaben, die ihrer besonderen Form wegen »nabatäisch« genannt werden. (Arab. Buchstaben gab es noch nicht!) Diese Buchstaben gehören überhaupt zu den frühesten Belegen eindeutig nabatäischer Epigraphik. (Die jüd. Könige beginnen umgekehrt ab 40 v.Chr. von der hebr. zur griech. Münzbeschriftung überzugehen; dieser Zustand dauert in Palästina über 100 Jahre an!)

Malchos I. ist während seiner Regierungszeit (60-30 v.Chr.) mehrfach in Kämpfe mit *Herodes I. verwickelt.

Obodas III. (30-9 v.Chr.) ist der erste König der N., über den Josephus Einzelheiten berichtet; er war politisch schwach; sein »Bruder« Syllaeus intrigierte in Rom (Jos.ant.Jud. XVI, 220). Er kann sogar eigene Silbermünzen prägen, denn Augustus lehnt zunächst den rechtmäßigen Nachfolger ab, weil er Rom vor der Regierungsübernahme nicht um Erlaubnis gebeten hatte. Dieser neue Herrscher war Aretas IV. (9 v.-40 n.Chr.) mit dem nabatäischen Beinamen »der sein Volk liebt« (*rchm ʿmh*, gemeint ist das hellen. *philodemos*). »Unter Aretas IV., dem ausgezeichnetsten und außergewöhnlichsten König der Nabatäer, erreichte das Land den Höhepunkt seiner kulturellen, sozialen und politischen Entwicklung« (Meshorer, Nabataean, 41). Viele der klar datierbaren Funde stammen aus der Zeit dieses Herrschers, vor allem Bauinschriften,

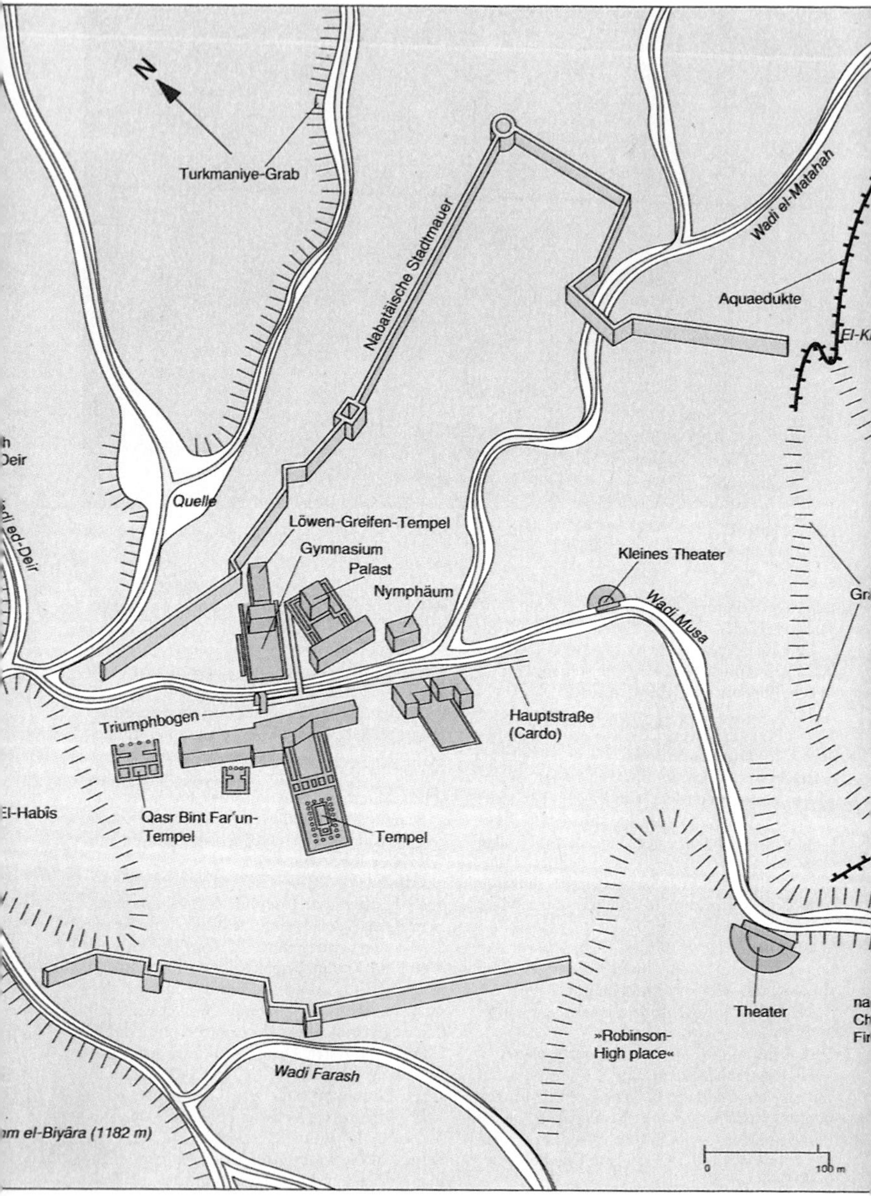

Plan der nabatäischen Hauptstadt Petra.

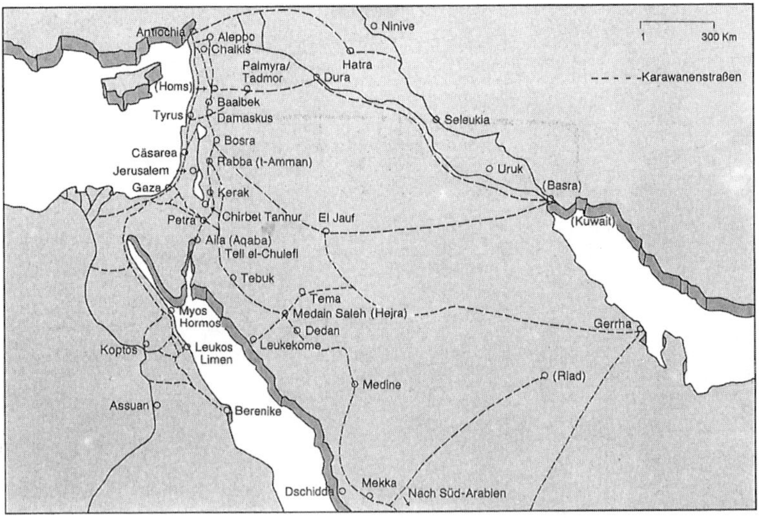

Karawanenstraßen in nabatäischer Zeit.

wunderbar bemalte, »hauchdünne« mittelnabatäische Keramik und eine riesige Menge von Münzprägungen. Mit 48 Jahren ist seine Regierungszeit eine der längsten in der ganzen Menschheitsgeschichte. Durch seine Tochter, die mit *Herodes Antipas, dem Landesherrn Jesu, vermählt ist (Jos.ant.Jud. XVIII, 109), berührt er direkt das ntl. Geschehen. Antipas verstößt diese Aretastochter, um Herodias zu heiraten (vgl. Mk 6,18 über die Vorwürfe, die *Johannes der Täufer dem Antipas deshalb macht). Der erzürnte Vater zieht gegen Antipas zu Felde und besiegt ihn. Das Volk sieht darin eine Strafe des Himmels, weil Antipas den Täufer (*baptistäs,* Jos.ant.Jud. XVIII, 116) hingerichtet hatte. In die Regierungszeit dieses Aretas fällt auch das Ereignis, von dem Paulus in 2Kor 11,32 berichtet: »In Damaskus ließ der Statthalter des Königs Aretas (*ho ethnarches Areta tou basileōs)* die Stadt der Damaszener bewachen, um mich festzunehmen.« Ob *Damaskus um das Jahr 38 n.Chr. nochmals zum Reich der N. gehörte (so Meshorer, Nabataean, 64.67), ist bisher inschriftlich nicht bewiesen.

Nabatäische Münze (Drachme) mit dem Bildnis Aretas' IV. (9 v.Chr. bis 40 n.Chr.). Durchmesser 16 mm. (RG)

Malchos II. (40-70 n.Chr.) unterstützt die Römer im Jüd. Krieg und schickt Hilfstruppen (Jos.bell.Jud. III, 68). Die Macht der N. schwindet, Damaskus geht verloren; die Hauptstadt wird von Petra nach Bostra verlegt.

Der letzte König der N., Rabilos II. (70-106 n.Chr.), wird bei keinem Geschichtsschreiber erwähnt, aber archäologisch ist er gut bekannt. Auf mehreren Inschriften von El-Hejra und Avdat, vom Hauran und in Papyrusbriefen vom Nachal Hever wird er als der König bezeichnet, der »sein Volk wieder belebte und rettete«. Er hatte mit Erfolg versucht, in der Umgebung der Nabatäerstädte im *Negeb Ackerbau zu treiben und so die N. vom Handel unabhängig zu machen, der sich ohnedies immer mehr auf den Weg über *Alexandria oder über Palmyra (*Tadmor) verlagerte. Trotzdem wurde das Königreich der N. 106 n.Chr. anscheinend kampflos zu einem Teil

Mittelnabatäische Keramik-Fragmente. Das besonders feine, dünne Material ist mit Blumenmustern verziert. 20 v.Chr. bis 50 n.Chr. (BM)

Grabfassaden mit einfachem und doppeltem Zinnenfries. Petra, beim Theater. (SH)

Das »Schatzhaus«, Chaznet Fira'un in Petra. Wahrscheinlich das Grab von Aretas IV. (9 v.Chr. – 40 n.Chr.). Der Name wird auf die Legende zurückgeführt, daß die »Urne« auf dem Gipfel der Fassade einen Schatz enthalten soll. (RH)

der röm. Provinz Arabia. Die nabatäischen Münzen wurden von Kaiser *Trajan teilweise als Schrötlinge benutzt und neu überprägt, wie die Münzfunde von Mampsis beweisen. Nur die nabatäische Schrift und Kultur überlebten noch bis in die byzantin. Zeit.

In den Nabatäerstädten im Negeb läßt sich dieses Fortleben klar nachweisen. Sie sind zwar von den N. gegründet worden, erreichen aber ihre höchste Blüte im 4.-7. Jh. n.Chr.

In Avdat (griech. Eboda oder Oboda) stammen die ältesten (Import-) Scherben vom Ende des 4. oder Anfang des 3. Jh.v.Chr.; in der Regierungszeit von Aretas IV. wurde ein prächtiger Tempel errichtet, ein nabatäisches Militärlager sicherte in dieser Zeit die Karawanenstraße, und eine Töpferwerkstatt stellte die feine »mittelnabatäische« Keramik her, die durch gleichzeitig verkaufte Importkeramik auf die augusteische Zeit datierbar ist. Zwei nabatäische Inschriften aus den Jahren 107 und 126 n.Chr. belegen, daß die Bautätigkeit in Avdat auch nach der Annexion des Königreichs der N. durch die Römer weiterging. Nach Zwischenstufen röm. Bautätigkeit entstehen in der byzantin. Zeit auf den nabatäischen Fundamenten zwei prachtvolle Kirchen. Auch in anderen Nabatäerstädten bestimmen die byzantin. Kirchenbauten den Gesamteindruck des heutigen Besuchers: in Kurnub, sehr wahrscheinlich das Mampsis (nicht Mamschit!) der Madabakarte (*Medeba), befinden sich die zwei ältesten Negebkirchen (Ende 4. Jh. n.Chr.), die Kirchen in Schivta, Nizzana, Elusa und Ruhebe stammen aus dem 5.-7. Jh. n.Chr. Neuerdings sind auch nabatäische Stationen auf der alten »Spice Route« (Spezereien-Straße) ausgegraben worden, deren Aussehen nicht oder kaum durch byzantin. Überbauungen verändert wurde. So liegen auf halbem Weg zwischen Petra und Avdat auf zwei Hügeln und in der Senke dazwischen die einsamen Ruinen von Moyet Awad, wohl das Moʿa der Madabakarte. Die vielen mittelnabatäischen Scherben, die herumliegen, erinnern auch hier an eine Blütezeit unter Aretas IV.

Literatur: R. Cohen: Israel Land & Nature 13 (1987/88), 2, 65-69; DuMont Kunst-Reiseführer: Jordanien, 1985; OLB II, 1982; Y. Meshorer: Nabataean Coins (Qedem 3),1975; A. Negev: Tempel, Kirchen und Zisternen. Ausgrabungen in der Wüste Negev. Die Kultur der Nabatäer, 1983; ders.: Antike Welt 3 (1972), Heft 4; ders.: EAEHL II, 345-355; B. Schwank: NTS 29 (1983), 429-435. B.Schw.

NABOT. Jesreeliter, der einen Weinberg neben dem Palast des Königs *Ahab in Jesreel besaß (1Kön 21). Er hatte sich gegenüber dem König geweigert, seinen Weinberg zu verkaufen oder gegen einen anderen einzutauschen. Daraufhin veranlaßte *Isebel, die Frau Ahabs, daß N. und seine Söhne (die rechtmäßigen Erben, vgl. 2Kön 9,26) nach einem Schauprozeß, in dem falsche Zeugen auftraten, gesteinigt wurden mit der Begründung: »Nabot hat Gott und den König gelästert« (1Kön 21,13).

Nach der Ermordung N.s nahm Ahab den Weinberg in Besitz. Im Auftrag Gottes trat der Prophet *Elia Ahab entgegen und sagte ihm Gottes Gericht an: vollständige Vernichtung des Hauses Ahab und schmachvoller Tod Isebels (vgl. 1Kön 22,34ff; 2Kön 9,24.33ff; 10,1-11). W.O./Red.

NACHAHMUNG. Die Wortgruppe, die den Bedeutungsgehalt des Begriffes »Nachahmung« in der Bibel zum Ausdruck bringt - *mimeomai* (nachahmen), *mimētēs* (Nachahmer) und *symmimētēs* (Mitnachahmer) – begegnet vorwiegend in Schriften aus dem paulin. Bereich (achtmal, daneben noch Hebr. 6,12, 13,7; 3Joh 11). Dem AT ist der Gedanke der N. relativ fremd, er erscheint explizit nur in den Apokryphen mit uneinheitlicher Bedeutung (Weish 4,2; 9,8; 15,9; 4Makk 9,23; 13,9). Die ntl. Verwendung der Wortgruppe ist geprägt von ihrem profanen Sprachgebrauch, wie er seit dem 6. Jh. vorherrscht mit der Hauptbedeutung: etwas nachahmen bzw. nachmachen, was man an einem anderen wahrnimmt.

In den paulin. Briefen stellt sich der Apostel in den meisten Fällen selbst als das Vorbild dar, das es nachzuahmen gilt. Dabei bedeutet N. nicht deckungsgleiche Lebensführung, so daß es in den Gemeinden lauter Paulus-»Kopien« gäbe, sondern Realisierung eines bestimmten vorbildlichen Verhaltens, einer Handlungsweise, einer Gesinnung, die beim Apostel wahrnehmbar war bzw. ist. Dabei variieren die nachzuahmenden Vorbildaspekte von Fall zu Fall und werden im einzelnen deutlich gemacht: In 1Kor 4,16 ermahnt Paulus die geistlich überheblichen Korinther (4,6-8. 10) zur Niedrigkeit der an ihm sichtbaren Kreuzesnachfolge (4,9-13); in 1Kor 11,1 fordert er die Gemeinde auf, sein vorbildhaftes Bestreben zu verwirklichen, »nicht den eigenen Vorteil, sondern das Beste für die anderen zu suchen«, d.h. »letztlich die Rettung im Endgericht« (10,33; Lang, 133); nach Phil 3,17 soll es die Gemeinde dem Apostel und allen anderen gleichtun, die ihr Leben auf das himmlisch-zukünftige Ziel ausgerichtet haben (3,10-14.20f), unter Absehung von denen, die auf Irdisch-Gegenwärtiges gesinnt sind (3,18f); und in 2Thess 3,7.9 werden die dortigen Christen aufgefordert, das Beispiel der Selbstversorgung des Paulus und seiner Mitarbeiter zu befolgen und nicht anderen zur Last zu fallen (3,8).

Schlüsselstelle für das paulin. Verständnis der N. dürfte 1Kor 11,1 sein, wo der Apostel die Aufforderung zur N. mit dem Bekenntnis begründet, seinerseits Nachahmer Christi zu sein. Das bezieht sich zwar im vorliegenden Fall auf den Einsatz für den Vorteil und d.h.

letztlich für das Heil der Menschen (vgl. Röm 15,1-3; 2Kor 8,9; Phil 2,4ff; Mk 10,45 par.), dürfte aber weiter zu fassen sein, wonach N. des Paulus für die Gemeinde letztlich N. bzw. Nachfolge Christi bedeutet (1Thess 1,6) – obgleich sich die konkreten Motive der N. nicht immer unmittelbar vom Vorbild Christi her ableiten lassen (so etwa 2Thess 3,7f). Dennoch gilt grundsätzlich: Nur »vermittelt durch ... den Apostel ... kann die Gemeinde 'Nachfolger' Christi werden. Von einer direkten 'Nachfolge Christi' redet Paulus nicht« (Holtz, 48). Deshalb ist es für ihn von eminenter Wichtigkeit, mit seiner gesamten Existenz als nachahmenswertes Vorbild zu dienen (Phil 4,9). »Wort und Beispiel hängen unzertrennlich zusammen« (Gnilka, 203) und ergehen unter Umständen mit der erklärten Zielsetzung, befolgt bzw. nachgeahmt zu werden (2Thess 3,9). Somit geht die N. Pauli weit über bloßen Gehorsam und Anerkennung seiner Autorität seitens der Gemeinden hinaus. Der Apostel ermahnt seine Gläubigen vielmehr, in je verschiedener Hinsicht seinem Beispiel zu folgen und sich damit letztlich als Nachfolger Christi zu bewähren.

Aus dem Rahmen der in den Paulusbriefen vorherrschenden Nachahmungsvorstellung fallen 1Thess 2,14 und Eph 5,1 heraus. Im ersten Fall dürfte die Rede von der – unfreiwilligen – N. des Leidens der judäischen Gemeinden durch die Thessalonicher nicht nur stilistisch dem Zweck der Parallelisierung dienen (»so wie jene von ihren Landsleuten drangsaliert wurden, so auch ihr«; vgl. Phil 1,30), sondern auch theologisch die Erstrebenswürdigkeit des Leidens um Christi willen (Phil 1,29; vgl. Kol 1,24; 2Kor 1,6) zum Ausdruck bringen. Die – im NT einzigartige – Mahnung zur N. Gottes (!) in Eph 5,1 ließe sich so erklären, daß für die nachahmende Haltung der Vergebung und der Liebe (4,32-5,2) letztlich nur Gott selbst als Vorbild denkbar (vgl. Lk 6,36), die Aufforderung zur N. Gottes also von der Aussageintention her zwangsläufig ist. Die Nachahmungsvorstellung im Hebräerbrief und 3. Johannesbrief steht mit der aus dem paulin. Bereich im Einklang. Nach Hebr 6,12 gilt es, Glaube und Geduld der atl. Väter, nach 13,7 den Glauben der »früheren Vorsteher der Gemeinde« (Michel, 335) nachzuahmen, während 3Joh 11 allg. zum Nachtun des Guten mahnt. Gerade die letzte Stelle macht deutlich, daß es bei der N. im NT nicht um die Kopie von Menschen geht, sondern um die Realisierung bestimmter Handlungs- bzw. Verhaltensweisen, die bereits von anderen vorbildhaft gelebt werden. Darin unterscheidet sich auch die N. von der Nachfolge, bei der es nicht primär auf die Ausrichtung an Vorbildern in je verschiedener Hinsicht ankommt, sondern auf die ganzheitliche Indienstnahme durch Jesus für das Reich Gottes.

Literatur: G. Holtz: Die Pastoralbriefe, ThHK XIII, 41986; J. Gnilka: Der Philipperbrief, HThK X/3, 31980; O. Michel: Der Brief an die Hebräer, KEK XIII, 141985; W. Michaelis: ThWNT IV, 1943, 661-678; W. Bauder: TBLNT II, 41986, 953f; E. Larsson: EWNT II, 1981, 1053-1057. R.G.

NACHBAR s. Nächster

NACHFOLGE.

1. Das Wesen der Nachfolge:

a. – ist erkennbar am Ruf Jesu.

Der äußere Rahmen der N. Jesu ist von der damaligen Tradition geprägt. Rabbinen hatten einen Kreis von Schülern um sich. Sie hatten sich bei ihren *Lehrern beworben und lernten von ihnen, bis sie selber Rabbi wurden. Die Jünger nennen auch Jesus Rabbi und Lehrer. Jesus lehrte in der *Synagoge und im Kreis seiner *Jünger.

Das ganz Neue bei Jesus aber ist: er legt nicht einfach die alten Traditionen aus, sondern formuliert Antithesen: »Ich aber sage euch ...« (Mt 5,22). Darum entsetzt man sich über seine Lehre (Mk 1,22). Und vor allem: nicht Menschen bewerben sich, mit ihm zu gehen, sondern Grundlage für die N. ist sein vollmächtiger Ruf: »Komm, folge mir nach!« (Mk 1,17). Die Antwort auf diesen Ruf bewirkt einen radikalen Bruch mit dem bisherigen Leben und eine Übergabe an Jesus (Mt 4,18-22; 9,9); sie duldet keine Vorbehalte (Mt 8,19-22). Wer ihm nachfolgt, holt ihn nie ein. »Jüngerschaft ist kein Durchgangsstadium« (Bornkamm). Man bleibt in ihr. Und Jesus allein ist Meister (Mt 23,8). Grundlage der N. ist Jesu Wort: »Nicht ihr habt mich erwählt, sondern ich habe euch erwählt« (Joh 15,16).

b. – ist geprägt von der Person Jesu.

Von der Frage, wer Jesus Christus ist, hängt das Verständnis der N. ab. Ist er ein Mensch mit herausragendem ethischen, sozialpolitischen Verhalten oder gar der Revolutionär, der an den versklavenden Strukturen scheitern mußte, dann gilt für die N. das Prinzip der Nachahmung, zu glauben und zu handeln wie Jesus. Dieser Rabbi Jesus aber ist der Sohn Gottes (Mt 11,27 und das ganze JohEv.). Er allein kann mit Absolutheit sagen: »Ich bin es.« Er allein offenbart Willen und Wesen des Vaters. Darum ist sein Ruf die Stimme des guten Hirten, auf die seine Jünger hören und ihm folgen (Joh 10,27). Also kann nicht die Welt »die Tagesordnung der Kirche« bestimmen, sondern der Sohn Gottes. Seine Stimme wird gehört von denen, die in seiner Rufweite bleiben und mit ihm eng verbunden sind.

c. – ist gegründet im Werk Jesu.

Das erste in der N. ist nicht der eigene Einsatz, wie Petrus zunächst meinte: »Ich will mein Leben für dich lassen« (Joh 13,37). »Diesmal nicht«, sagt ihm Jesus, denn Petrus wird an sich selbst scheitern. Grundlage für jede N. ist: Christus für uns (1Petr 2,21.24). Er hat unsere Sünde an seinem Leibe ans Holz hinaufgetragen, damit wir der Gerechtigkeit leben. Vgl. die Fußwaschung: »Wenn ich dich nicht wasche, so hast du kein Teil an mir« (Joh 13,8). Jesu Dienst, für uns Lösegeld zu sein, befreit zur N. (Mk 10,45). Jesus selbst ist der *archēgos*, der Durchbrecher für den Weg hinter ihm her (Hebr 2,10, LÜ: »der Anfänger ihres Heils«).

2. Die Gestalt der Nachfolge.

a. – ist geprägt vom Vorbild Jesu.

Darum heißt es: »nachfolgen seinen Fußtapfen« (1Petr 2,21). Er bekennt als der Sohn Gottes, daß er nichts von sich aus tun kann (Joh 5,19). So gilt für die Jünger auch: »Ohne mich könnt ihr nichts tun« (Joh 15,5). Nicht auf ein Nachfolge-Prinzip, sondern auf die tägliche Abhängigkeit von Jesus kommt es an. Darum heißt es: Aufsehen auf ihn, wie er lebte und duldete: »er drohte nicht, als er litt« (1Petr 2,23), und er tat den demütigen Dienst der Fußwaschung; so sollen wir einander auch dienen (Joh 13,14). Er gibt das Vorbild der Liebe: er ißt und trinkt mit den Sündern (Lk 15,1f). Aber weil seine Liebe heilig ist, lernen die Nachfolger, daß es nicht einfach um Solidarität geht, sondern um Hilfe zu einem neuen Leben (Lk 19,1ff). Er nimmt die, die ihm folgen, als Schwestern und Brüder an (Mk 3,35) – aber er selbst bleibt der Herr.

b. – ist Bewegung.

Das Substantiv »Nachfolge« kommt im NT nicht vor, sondern nur das Verb. N. ist also Bewegung und nicht Standpunkt. N. ist geprägt vom Ziel, dem Reich Gottes, nach dem jetzt getrachtet wird (Mt 6,33). Wer aber die Hand an den Pflug legt und zurückschaut, ist nicht wert des Reiches Gottes (Lk 9,62). Der Jünger bleibt nicht mystisch in sich versunken, sondern lebt zielgerichtet (vgl. Phil 3,12-14). Das bedeutet Kampf mit dem alten Ich (1Kor 9,25-27).

c. – ist Verleugnung des eigenen Lebens.

Das steht dem heutigen Drang nach Selbstverwirklichung entgegen. Wer Jesus nachfolgt, erkennt, daß er ohne das Nein zu seinem natürlichen Leben nicht Jünger bleiben kann. Wie Jesus – als Weizenkorn in die Erde gesenkt – sterben mußte (Joh 12,24), so ist durch sein Kreuz unser natürlicher Mensch auch zum Sterben verurteilt (Röm 6,6). Das geschieht nicht durch Selbstquälerei, sondern durch das Wunder, daß Jesu Sterben uns miterfaßt und durch seinen Tod zum neuen Leben führt. Bei einer Selbstverneinung ohne Jesus bleibt der Mensch tot auf der Strecke; mit Christus gekreuzigt werden heißt mit den Worten des Paulus: »So lebe nicht mehr ich, sondern Christus in mir« (Gal 2,19f). Diese N. schenkt Freiheit von sich selbst, von den eigenen Sorgen und von der verzehrenden Angst vor der Zukunft.

d. – führt zum Dienst und Leiden.

Jesus beruft die Jünger, daß sie bei ihm sein sollen und zugleich ausgesandt werden zum Dienst (Mk 3,13-15). Eins geht nicht ohne das andere. Sein Gebot, »Menschenfischer« (Mt 4,19) zu sein, ist zugleich Verheißung zum Fruchtbringen. Aber Dienst in der N. führt in *Leiden und Anfechtung. So wie die Jünger einst erschraken, als Jesus ihnen voran nach Jerusalem ging (Mk 10,32), so wartet Leiden auf ihrem eigenen Weg. Sie werden Kreuzträger wie Jesus vor ihnen. Aber nie liegt Jesu Kreuz auf ihrer Schulter - das trug er ein für allemal –, sondern es ist unser eigenes, uns zugeordnetes Kreuz des Leidens: die feinen Nadelstiche des Mitleids oder die Einsamkeit in der Familie (Lk 14,26; Mt 10,35) oder gar die Not der Verfolgung und der Verhöre (Mt 10,17-22). Aber Jesu Nähe und Seligpreisung wird hindurchtragen (Mt 5, 11; 1Petr 4,12-14).

e. – hat die Verheißung der Herrlichkeit.

Wer Jesus nachfolgt, für den steht er mit seinem Wort ein: »Wo ich bin, da soll mein Diener auch sein, und wer mir dienen wird, den wird mein Vater ehren« (Joh 12,26). Ja, Jesus wagt, vom *Lohn der N. zu sprechen. Keiner verläßt Familie und Besitz, dem Jesus es nicht hier und einst vielfach vergelten wird (Mk 10,28-30).

Literatur: H.D. Betz: Nachfolge und Nachahmung Jesu Christi im Neuen Testament, 1967; E. Larsson: Christus als Vorbild, 1962; A. Schulz: Nachfolgen und Nachahmen, 1962; M. Hengel: Nachfolge und Charisma, 1968.

K.B.

NACHLESE.

1. In 3Mo 19,9; 23,22 wird vorgeschrieben, bei der Ernte nicht N. (hebr. *läqäth*) zu halten, d.h. den Ernterest den Armen und den Fremdlingen zu überlassen. Entsprechendes gilt nach 3Mo 19,10 auch für die Trauben bei der Weinlese. Um eine größere N. zu sichern, war den Bauern geboten, den Rand eines Feldes nicht mit abzuernten. Auch die »vergessene Garbe« gehörte den Fremden und Armen (5Mo 24,19-22). Es handelt sich wohl ursprünglich um eine kultisch begründete Sitte. Dieser Ernterest galt als ein Opfer für die Götter oder Geister, die eigentlichen Eigentü-

mer oder Schutzherren des Bodens. In Israel wurden die Bräuche ihres heidnisch-rel. Charakters entkleidet und zu sozialen Pflichten gemacht (vgl. Rut 2,2-8). Die Befolgung der N.-Bestimmung war aber nicht nur ein Aspekt der Armenpflege, sondern vor allem ein Bekenntnis zu Jahwe. Im Heiligkeitsgesetz werden die Bestimmungen mit der Selbstvorstellungsformel »Ich bin Jahwe« abgeschlossen (3Mo 19,37), während im *Deuteronomium/5. Buch Mose für die Einhaltung dieser Gebote Jahwes Segen verheißen wird (5Mo 26,12-19).

2. Im übertragenen Sinn wird ein anderes Wort für N. (hebr. *ʿōlēlōt*) öfter, meist als Bild eines besonders gründlichen Gerichts, gebraucht. In Jes 3,12 beschreibt das Wort die Aufseher als Nachleser im Weinberg, die das Letzte aus dem Volk pressen. Ebenfalls im Bild der N. wird in Jes 17,6 die Erniedrigung Jakobs am Tage des Untergangs von Damaskus beschrieben. Auch im Buch Jeremia wird das Wort metaphorisch verwendet. In Jer 49,9-16 (vgl. Obd 1-6) wird von Edom gesagt, daß nichts zum Nachlesen übrig bleibt, d.h. daß *Edom ganz vernichtet werden wird.

Literatur: A.S. Kapelrud: BHH II, 1964, 1274; K. Elliger: Levitikus, HAT I/4, 1966, 257; H. Ringgren: ThWAT IV, 1984, 594-595; H.-J. Fabry: ThWAT VI, 1987, 151-153. W.Bm.

NACHSCHON. (Hebr. *nachschōn*, wahrscheinlich von *nāchāsch*, »Schlange«, griech. *Naassōn*). Schwager *Aarons (2Mo 6,23), Sohn des Amminadab und Stammesfürst von Juda (4Mo 1,7; 2,3; 7,12.17; 10,14; 1Chr 2,10). Rut 4,20 erwähnt N. als Vorfahr des *Boas und damit auch als Vorfahr *Davids; Mt 1,4 und Lk 3,32 führen N. in Jesu Stammbaum an. J.G.G.N.

NÄCHSTER.

1. Im Alten Testament.

Das Wort »Nächster« (hebr. *rēʿa*) kommt im AT 187mal vor; dazu kommen einige Ableitungen und die weibliche Form. Das Verb bedeutet ursprünglich »sich einlassen mit«. Die Bedeutung des Substantivs wird am besten durch »Mitmensch« getroffen. Das Wort steht oft in enger Beziehung mit Worten für Verwandte oder den Freund.

Im engeren Sinn meint N. den persönlichen Freund, Gefährten und Genossen. Die Freunde *Hiobs etwa werden so bezeichnet (Hiob 2,11; 16, 20; 19,21; 32,3; 35,4; 42,7.10). Häufig wird auch ein konkreter Name hinzugefügt (z.B. 1Mo 38,12.20; 2Sam 16,16f). Dabei wird das Wort oft in einer Reihe mit Verwandtschaftsbegriffen benutzt, um besonders enge Beziehungen aufzuzählen (z.B. 2Mo 32,27; 1Kön 16,11; 5Mo 13,7: ». . . dein Bruder, . . . dein Sohn, . . . deine Frau in deinen Armen oder dein Freund, der dir so lieb ist wie dein Leben . . .«). Das vertraute Verhältnis kann sehr eng gefaßt sein, ja, es kann sogar der Liebhaber (Jer 3,1; Hos 3,1; Hld 5,16) und im Hohenlied »meine Freundin« (Hld 1,9.15; 2,2. 10.13; 4,1.7; 5,2; 6,4) gemeint sein.

Im weiteren Sinne kann das Wort jeden bezeichnen, der einem Menschen begegnet. Diese Bedeutung umschließt zwar auch den Volksgenossen, ist aber nicht auf ihn beschränkt, wie das die spätere jüd. Auslegung festlegte (vgl. die Ausweitung des Gebotes der Nächstenliebe in 3Mo 19, 18 auf den Fremdling, der im Land wohnt: V. 34). Diese weitere Bedeutung erscheint vor allem in Gesetzestexten (vgl. die Zehn Gebote oder die Liebesgebote), in den Sprüchen oder in den Gerichtspredigten der Propheten (z.B. 3Mo 19,13; 5Mo 27,24; Spr 3,28f; 26,19; Jer 5,8; 22,13; Hes 22,11f). Ein großer Teil der Gesetze im AT regelt das Verhalten dem »Nächsten« gegenüber, so daß das Liebesgebot in 3Mo 19,18 zu einer der im NT am häufigsten zitierten Stellen wird (zusammen mit 3Mo 6,5 in Mt 22,34-40 und Mk 12,28-31 sowie in Gal 5,14; Röm 13,8-10; Jak 2,8).

2. Im Neuen Testament.

Der Begriff »Nächster« (wörtliche Übersetzung von griech. *plēsion*) erscheint im NT an zwölf Stellen in Zitaten des AT oder Anspielungen darauf (neben den o.g. Stellen nur noch Lk 10,25-28; Mt 5,43-48). Hier wird vor allem das Liebesgebot des AT zum Zentrum des Gesetzes erklärt. Daneben erscheint das Wort nur zweimal in freiem Gebrauch (Röm 15,2; Jak 4,12).

In den Evv. steht die Auseinandersetzung mit der jüd. Einengung des Liebesgebotes auf den liebenswerten N. im Mittelpunkt. In der *Bergpredigt wird der Feind wieder ausdrücklich zu den Nächsten gezählt (Mt 5, 43-48). Das *Gleichnis vom barmherzigen Samariter dient zur Beantwortung der gleichen Frage. Allerdings wird nicht der Verletzte als Nächster gesehen, sondern Jesu Frage bezieht sich auf die vorbeigehenden Personen: »Wer von diesen dreien, meinst du, ist der Nächste gewesen dem, der unter die Räuber gefallen war?« (Lk 10,36). Damit werden die Menschen aufgefordert, anderen Menschen, denen sie begegnen, der N. zu werden.

Literatur: J. Kühlewein: THAT II, ^{3}1984, 793ff; J. Fichtner: Der Begriff des Nächsten im AT, WuD NF 4/1955, S. 23-52; ders.: Gottes Weisheit, 1965, S. 88-114; ders., H. Greeven: ThWNT VI, 1959, 309ff; A. Nissen: Gott und der Nächste im antiken Judentum, 1974. T.Sch.

NACHT s. Tag

NACHTWACHE. In atl. Zeit waren die Stunden von Sonnenuntergang bis Sonnenaufgang entsprechend der militärischen Sitte in drei Nachtwachen eingeteilt (2Mo 14,24; Ri 7,19; 1Sam 11,11; Ps 90,4; Klgl 2,19). Die erste N. dauerte etwa von 18-22 Uhr, die mittlere von 22-2 Uhr und die letzte, die Morgenwache, von 2-6 Uhr. Z.Zt. des NT waren diese drei N.n durch die griech.-röm. Einteilung der Nacht in vier N.n ersetzt worden (Lk 12,38; Mk 6,48). Ihre Namen waren: Abend, Mitternacht, Hahnenschrei und Morgen (Mk 13,35). Außerdem war die Nacht wie der *Tag in 12 Stunden eingeteilt, die in Apg 23,23 genannte dritte Stunde der Nacht entsprach also dem Ende der ersten N.

NACKT. Die Bibel faßt mit hebr. *ʿārōm* und griech. *gymnos* vier Bedeutungsnuancen zusammen:

1. völlig unbekleidet (1Mo 2,25; 3,7.10f; Hiob 1,21; Mk 14,51f);

2. armselig bekleidet (Jes 58,7; Hiob 22,6; 24,7.10; Mt 25,36ff; Jak 2,15);

3. ohne Obergewand, nur mit dem Untergewand bekleidet (1Sam 19,24; Jes 20,2-4; Mi 1,8; Joh 21,7);

4. gewaltsam entkleidet (2Chr 28,15; Apg 19,16; Offb 17,16).

Dabei bringt die Nacktheit in der Regel die Verfassung und den Zustand der Menschen anschaulich zur Darstellung. So ist sie Ausdruck tiefer Demut (Hiob 1,21; Pred 5,14), völliger Hilflosigkeit (Jes 58,7; Hos 2,5; Mt 25,36ff) oder aufopfernden Leidens (Röm 8,35; 2Kor 11,27).

Bei den Propheten tritt neben den Aspekt der Hilflosigkeit der des Gerichts. Hatte Jahwe Israel aus äußerster Hilflosigkeit erwählt (Hes 16, 7.22; hebr. *ʿārōm weʿārejāh,* LÜ: »nackt und bloß«; Hos 2,5; Hes 16,8), so liefert er Israel nun hilflos jenen umliegenden Weltmächten aus (Hos 2,11f; Hes 16,37; 23,29), denen sich Jerusalem in schamloser Offenheit angebiedert hatte (Hes 16,36; 23,18). Im Bild der treulosen Frau wird die Nacktheit und Blöße als Ausdruck völliger Hilflosigkeit, engster Abhängigkeit und tiefster Verletzlichkeit zum Bild für die grundlose Erwählung Jahwes, die Untreue Israels und das Jerusalem der Schande der Entblößung preisgebende Gericht Jahwes (Hes 16,39). Nackt oder leicht bekleidet zu sein wird so zum anschaulichen Schicksal derer, die, vom Gericht Gottes getroffen, in die Verbannung ziehen müssen (Jes 20,2-4; Mi 1,8.11; vgl. Jes 3,18; Am 2,16; hebr. *gālāh,* transitiv: »aufdecken«, intransitiv: »fortgehen, in die Verbannung geführt werden«; in Am 5,5; 7,11.17; Jer 20,4).

Übertragen kann »nackt« auch »unverhüllt«, »aufgedeckt« und »offenbar« (Hiob 26,6; Hebr 4,13; vgl. äthHen 9,5) bedeuten. Da ab dem 5. Jh. v.Chr.die meisten sportlichen Wettkämpfe in der Antike nackt ausgetragen wurden, konnte *gymnazō* auch für »üben« stehen, was sich in 1Tim 4,7; Hebr 5,14; 12,11; 2Petr 2,14 findet. 1Tim 4,8 stellt allerdings keine Polemik gegen die hellen. Körperkultur dar, sondern wendet sich eher gegen eine mißverstandene Askese (4,3). In 1Kor 15,37 stellt Paulus dem »bloßen« (*gymnos*) Samenkorn die daraus hervorgehende Pflanze gegenüber, um beispielhaft deutlich zu machen, daß Gott durch den Tod des irdischen *Leibes den Auferstehungsleib schaffen kann (vgl. b Sanh 90b [Bill. I, 552]). Die Leiblichkeit der Auferstehung betont Paulus auch in 2Kor 5,3, wo er der festen Gewißheit Ausdruck verleiht, daß die Christen in der Parusie »bekleidet und nicht nackt gefunden werden«, weil sie mit dem himmlischen Leib »überkleidet« werden. Innerhalb der ntl. Forschung ist umstritten, was mit diesem »Nacktsein« gemeint ist: Die Annahme eines Zwischenzustandes der Leiblosigkeit zwischen Tod und Parusie wird dadurch erschwert, daß Paulus in Phil 1,13 von einem »Zwischenzustand« als dem »Sein mit Christus« spricht. Der Apostel könnte in 2Kor 5,3 ebenso gnostische Vorstellungen einzelner Glieder der Gemeinde in Korinth zurückweisen, nach denen das Ziel der Erlösung in einer »Leiblosigkeit« bestehen würde. Allerdings ist eine *Gnosis in Korinth umstritten, da keine gnostischen Texte aus dem 1. Jh. belegt sind. So bleibt übrig, unter dem »Nacktsein« das Schicksal der Unerlösten zu verstehen, die als Verdammte keinen Auferstehungsleib erhalten, wie es die samaritanische Liturgie für den Abend des Versöhnungstages beschreibt.

Zentrale Bedeutung gewinnt die Rede von der »Nacktheit« im Kontext von Schöpfung, Sündenfall, Erhaltung und Erlösung. Während ihre Erwähnung als Zeugnis ungebrochener Offenheit und tiefen Vertrauens zwischen Mann und Frau bzw. Gott und Mensch die Erzählung von der Erschaffung des Menschen beschließt (1Mo 2,25), wird sie nach der Übertretung des Gebotes Gottes schamhaft empfunden (1Mo 3,7.10f). Scham ist damit das »erste vorbewußte Signal eines geheimnisvollen Bruches« (G. von Rad, Theologie des AT I, [7]1978, 171), die »nicht zu beseitigende Erinnerung des Menschen an seine Entzweiung mit dem Ursprung« und das »ohnmächtige Verlangen, sie rückgängig zu machen« (D.

Bonhoeffer, Ethik, 91981, 22). Die Verhüllung der Nacktheit (1Mo 3,7; 9,21-23; 2Mo 20,26; 29,42f) bedeutet somit zugleich die Bestätigung der geschehenen Entzweiung als auch die von Gottes Barmherzigkeit gewährte Erhaltung des Menschen (1Mo 3,21). Überwunden wird die Scham nur dort, wo die ursprüngliche Einheit wiederhergestellt wird, wo der Mensch von Gott her mit Gerechtigkeit und Heil bekleidet wird (Jes 61, 10; Hiob 29,14; Ps 132,9.16; vgl. Sach 3,3-5), wo die Gemeinde durch Glaube und Taufe »Christus anzieht« (Röm 13,14; Gal 3,27; Kol 3,9) und so Anteil an Gottes Neuschöpfung gewinnt, die dort zum Ziel kommt, wo die Christen mit dem neuen Auferstehungsleib »bekleidet/überkleidet« werden (1Kor 15,37; 2Kor 5,1-4). So kennt die Bibel das Festkleid als Kennzeichen der Heilszeit (Lk 15,22.24; vgl. Mk 2,21 par.; äthHen 61,13-16; JosAs 14,12; 15,5). Wo die in Christus gewährte Erneuerung nicht das Leben bestimmt, d.h. wo »kein hochzeitliches Gewand« (Mt 22,11; vgl. Offb 3,18; 16,15) die Bereitschaft zur Teilnahme am Festmahl anzeigt, da droht das Gericht, weshalb mit allem Ernst gilt: »Gott bietet Dir das reine Gewand des Heils und der zugesprochenen Gerechtigkeit an. Zieh es an, einen Tag vor dem Anbruch der Sintflut, einen Tag vor der Besichtigung der Hochzeitsgäste – heute!« (J. Jeremias, Die Gleichnisse Jesu, 91977, 188f).

Literatur: A. Oepke: ThWNT I, 1933, 773-775; ders.: ThWNT II, 1935, 318-321; H. Weigelt: TBLNT,I, 41986, 79-83; C. Westermann/R. Albertz: THAT I, 31978, 418-426. M.Br.

NADAB. »Er (Gott) hat sich freigebig gezeigt«.

1. Ältester Sohn *Aarons (2Mo 6, 23), Bruder *Abihus.

2.Sohn und Nachfolger *Jerobeams I. als König des Nordreichs Israel (907-906 v.Chr.). Er setzte den Stierkult seines Vaters fort. Als er die Philisterstadt *Gibbeton belagerte, erschlug ihn *Bascha, und wurde König an seiner Stelle. Mit N. wurde das ganze Haus Jerobeams ausgerottet, wie der Prophet Ahija von Silo angekündigt hatte (1Kön 14,10f; 15,25-31).

3. Sohn des Judäers Schammai (1Chr 2,28.30).

4. Benjaminit, Sohn *Jeïëls und *Maachas (1Chr 8,30; 9,36).

NADEL s. Handwerk

NAFISCH. Elfter Sohn *Ismaels (1Mo 25,15; 1Chr 1,31). Seine Nachkommen sind nicht sicher zu identifizieren, könnten aber die »Nafisch« aus 1Chr 5,19, »die Söhne der Nefusiter« aus Esr 2,50 und die »Nefusiter« aus Neh 7,52 sein. J.D.D.

NAFTALI. (Nach 1Mo 30,8 als »Kämpfer« gedeutet.)

1. Sechster Sohn *Jakobs und zweiter Sohn *Bilhas, der Magd *Rahels (1Mo 30,7f; 35,25). N. hatte vier Söhne: Jachzeel, Guni, Jezer und Schillem (1Mo 46,24; 4Mo 26,48f; 1Chr 7,13). Im Segen Jakobs wird N. mit einem »schnellen Hirsch« verglichen, womit entweder auf seine Beweglichkeit oder auf seine Impulsivität angespielt wird (1Mo 49,21; vgl. 5Mo 33,23).

2. Der Stamm N. wird in den meisten administrativen Listen zuletzt genannt (z.B. 4Mo 1,15.42f; 2,29ff; 7,78; 10,27). Im Segen Moses wird N. befohlen, »gegen Westen und Süden Besitz« zu nehmen (5Mo 33,23). Bei der Verteilung umfaßte das Stammesgebiet einen breiten Streifen im W des Sees Genezareth und des oberen Jordan, einschließlich des größeren Teils von O- und Zentralgaliläa. Dieses Gebiet, inklusive 19 befestigter Städte, wird in Jos 19,32-39 grob skizziert. Die Grenze im N ist nicht definiert, und weil zwei der erwähnten Städte – Bet-Anat und Bet-Schemesch, Teile einer von der Küste bis Obergaliläa reichenden Kette kanaan. Festungen – in Ri 1,33 als nicht vollständig unterworfen genannt werden, ist es wahrscheinlich, daß sie sich nach der *Landnahme noch erheblich veränderte. N. schloß auch die Stadt *Hazor mit ein, die mit einer Fläche von 80 ha die größte kanaan. Stadt war. Sie beherrschte eine belebte Handelsstraße. Obwohl Hazor von den Israeliten unter Josua zerstört worden war (Jos 11,10f), konnte es doch wieder an Einfluß gewinnen und wurde bis weit in die Zeit der Richter hinein nicht völlig unterworfen (Ri 4, 2). Eine weitere bedeutende Stadt in N. war *Kedesch, ein Wohnort der Leviten und eine der Freistädte Israels (Jos 20,7; 21,32).

Das starke kanaan. Element spiegelt sich in Ri 1,33 wider: »Naftali ... saß mitten unter den Kanaanitern«. Dem Synkretismus dürfte diese geographische Situation Vorschub geleistet haben, womit die relativ geringe historische Bedeutung dieses Stammes zumindest teilweise zu erklären wäre. Allerdings war Barak, den die Richterin *Debora als Heerführer bei der Befreiung Israels aus kanaan. Vorherrschaft eingesetzt hatte, ein Mann aus N. (Ri 4,6), und sein Stamm zeichnete sich in der Schlacht gegen *Sisera in der *Jesreel-Ebene aus (Ri 5,18). Eine spätere Generation diente

Das Gebiet des Stammes Naftali.

tapfer unter *Gideon im Kampf gegen die *Midianiter (Ri 6,35; 7,23); und David erfuhr von N. ebenfalls Unterstützung (1Chr 12,35.41), als Jeremot Stammesfürst war (1Chr 27,19). In der Zeit nach Davids Regierung war N. aufgrund seiner Grenzlage mehreren Angriffen aus dem N ausgesetzt. Während der Herrschaft Baschas von Israel wurde N.s Gebiet durch Ben-Hadad I. von Syrien verwüstet (1Kön 15,20). Etwa 150 Jahre später (734 v.Chr.) wurde N. unter der Regierung Pekachs als erster Stamm westl. des Jordan durch Tiglatpilesar unterworfen und nach Assur deportiert (2Kön 15,29); Jes 8,23 bezieht sich auf dieses Ereignis.

Im Gebiet N.s lagen einige der fruchtbarsten Gegenden des gesamten Landes. N. gehörte zu den Gebieten, aus denen schon *Salomo seinen Hof versorgte; Ahimaaz, einer der Schwiegersöhne Salomos, verwaltete das Gebiet (1Kön 4,15). In Hesekiels Neuverteilung der Stammesbesitzungen bekamen Dan, Asser und N. Abschnitte im N zugewiesen, wogegen die anderen nördl. Stämme, Issaschar und Sebulon, weiter südl. angesiedelt wurden (Hes 48,17.23-29). Jesu öffentliches Wirken spielte sich zum größten Teil im Gebiet von N. ab, das, bedingt durch seine bewegte Geschichte aus Deportationen und Ansiedlung neuer Bevölkerungsgruppen, von den Juden Jerusalems verachtet wurde. Aus diesen Zusammenhängen erklärt sich auch, warum *Galiläa das Zentrum der reaktionären *Zeloten,

Die Berge bei Safed (Zefat) in Naftali, ein Gebiet, in dem Jesus lehrte. (FNH)

der erbitterten Gegner der röm. Herrschaft, wurde.

In Mt 4,15 wird die vom Propheten (Jes 8,23; 9,1) verkündete Befreiung des Landes N. durch das Auftreten Jesu als erfüllt angesehen. A.E.C.

NAGEL.

1. Fingernagel (hebr. *zippōrän;* aram. *thepar*). Wollte ein Israelit eine Kriegsgefangene heiraten, mußte sie ihr Haar abscheren und die Nägel beschneiden (5Mo 21,12). Von *Nebukadnezar heißt es, daß seine »Nägel wie Vogelklauen« wurden (Dan 4,30; vgl. 7,19).

2. Einen hölzernen Zeltpflock (Ri 4,21, hebr. *jātēd*) benutzte *Jaël, um *Sisera zu töten. Manchmal wurde der Pflock gebraucht, um Dinge daran aufzuhängen, wie in Hes 15,3. Jesaja verglich Eljakim mit einem »Nagel . . . an einem festen Ort«, an dem »die ganze Schwere seines Vaterhauses« hängen könnte (22,23-25). Derartige N. wurden in die Wand geschlagen.

3. Ein N., Stift oder (*jātēd*) Pflock aus Metall, zum Einschlagen in Holz oder andere Materialien, um damit Dinge zu verbinden, oder hervorstehend, um Dinge daran aufzuhängen. Die Pflöcke der Stiftshütte bestanden aus Kupfer (2Mo 27,19; 35,18; 38, 20.31; 39,40; 4Mo 3,37; 4,32). Delila benutzte einen solchen Pflock, um Simsons Haar festzubinden (Ri 16,14). Das hebr. Wort *masmēr* bezieht sich auf N. aus Eisen (1Chr 22,3) oder aus Gold (2Chr 3,9), die in die Wand geschlagen wurden (Pred 12,11), um Götzenbilder zu befestigen (Jes 41,7; Jer 10,4).

4. Z.Zt. des NT gab es die Todesstrafe der Kreuzigung (*Kreuz, Kreuzigung). Dabei wurden den Delinquenten Nägel (griech. *hēlas,* Joh 20,25), durch Hand- und Fußgelenke getrieben. J.A.T.

NAG HAMMADI. Ort am *Nil, nahe bei al-Qasr, dem antiken Chenoboskion (Wirkungsbereich des ersten großen Mönchtum-Stifters im 4. Jh., Pachomius). In N. wurde im Dezember 1945 von zwei Bauernbrüdern, Muhammad und Kalifah Ali al-Samman, ein Krug entdeckt, der zwölf Papyrus-Kodizes und acht Blätter eines dreizehnten mit insgesamt zweiundfünfzig Texten enthielt. Der mit der Entdeckungsgeschichte der *Schriftenfunde vom *Toten Meer vergleichbare, abenteuerliche Weg bis zu ihrer wissenschaftlichen Erforschung ist nicht beendet; selbst die Texte sind noch immer nicht vollständig ediert.

Es handelt sich um koptische (d.h. ägypt.-christl.), jedoch ursprünglich griech. verfaßte Texte mehrheitlich des vierten, in Teilen ursprünglich vielleicht sogar dritten oder späten zweiten Jahrhunderts, die im Umfeld der christl. *Gnosis benutzt wurden und zu deren

Nag Hammadi. Die Kodizes wurden mit einem ledernen Einband geschützt. Es handelt sich, soweit bekannt, um die ältesten erhaltenen ledernen Bucheinbände (4. Jh. n.Chr.). Abgebildet ist eine Seite aus der »Titellosen Schrift«. Über den Ursprung der Welt (Kodex II). (KMK)

wichtigsten Dokumenten gehören, auch wenn sie nicht immer – wie etwa der in Kodex VI enthaltene Auszug aus Platons *Staat* – christl. Verfasser haben oder, wie die *Lehren des Silvanus* (Kodex VII) und die *Sprüche des Sextus* (Kodex XII) christl., aber nicht gnostischen Ursprungs sind. Über die Autoren, ihre Herkunft und ihre Übersetzer ist so gut wie nichts bekannt; die mögliche Beziehung zu den Mönchen des Pachomius wird zur Zeit diskutiert; Ausgrabungen im Bereich von N. sollen weitere Aufschlüsse erbringen.

Von besonderer Bedeutung für die Entwicklungs- und Verbreitungsgeschichte des frühen Christentums sind die in N. gefundenen, teils schon vorher in Auszügen oder dem Namen nach bekannten sog. *Evangelien: das *Thomas-* und das *Philippus-Evangelium* (Kodex II), das *Ägypter-Evangelium* (Kodizes III und IV) und das *Evangelium Veritatis* (Kodizes I und XII). Das oft in diesem Zusammenhang behandelte sahidisch-koptische *Evangelium der Maria* stammt nicht aus N., ist jedoch mit den dort gefundenen gnostischen Evangelien verwandt. Der koptische Berliner Kodex BG 8502, der es enthält, überliefert auch das in N. gefundene *Apokryphon des Johannes* (s.u.) und die *Sophia Jesu Christi* (s.u.), sowie als vierten Text die nicht in N. gefundene, aber gleichfalls pro-gnostische *Tat des Petrus.*

Weitere das Leben Jesu betreffende N.-Texte sind der *Brief des Jakobus* (Kodex I), der *Dialog des Erlösers* (Kodex III), die erste und zweite *Jakobus-Apokalypse* (Kodex V), das *Apokryphon des Johannes* (Kodizes II, III, IV), die *Abhandlung über die Auferstehung* (Kodex I), die *Sophia Jesu Christi* (Kodex III) und der *Brief des Petrus an Philippus* (Kodex VIII).

Zu nennen ist ferner die *Apokalypse des Petrus* (Kodex VII), die weitgehend auf das *Matthäus-Evangelium zurückgreift und ein überaus positives Bild des *Petrus zeichnet. Weitere »Petrus-Literatur« in N. bieten die *Taten des Petrus und der zwölf Apostel* (Kodex VI). Auch *Paulus spielt in N. eine Rolle: mit ihm sind ein Gebet (Kodex I) und eine Apokalypse (Kodex V) verbunden. Bei den mit Namen ntl. Personen versehenen Schriften handelt es sich ausnahmslos um *Pseudepigraphen; davon abgesehen wird jedoch vor allem dem Thomas-Evangelium die Bewahrung authentischer Jesus-Überlieferung in einigen Teilen zugetraut. (Weiteres siehe *Gnosis II.2.)

Literatur: C.L. Blomberg: Tradition and Redaction in the Parables of the Gospel of Thomas, in: D. Wenham (Hrsg.): Gospel Perspectives V, 1985, 177-205; A. Böhlig, F. Wisse: Zum Hellenismus in den Schriften von Nag Hammadi, 1975; B. Chilton: The Gospel According to Thomas as a Source of Jesus' Teaching, in: D. Wenham (Hrsg.): Gospel Perspectives V, 1985, 1551-75; The Facsimile Edition of the Nag Hammadi Codices, 1972-77; J. Jeremias: Unbekannte Jesusworte, ⁴1965; J. Leipoldt/H.M. Schenke: Koptisch-gnostische Schriften aus den Papyrus-Codices von Nag Hammadi, 1960; J.E. Menard (Hrsg.): Les Textes de Nag Hammadi, 1975; J.M. Robinson (Hrsg.): The Nag Hammadi Library in English, ²1984; W. Schneemelcher (Hrsg.): Neutestamentliche Apokryphen, I, [5]1987; D.M. Scholer: Nag Hammadi Bibliography 1948-49, 1971 – jährliche Aktualisierungen mit Informationen über den Editionsstand in Novum Testamentum; C.M. Tuckett: Nag Hammadi and the Gospel Tradition, 1986; W.C. van Unnik: Evangelien aus dem Nilsand, 1960; R.Mc. L. Wilson: Nag Hammadi and the New Testament, NTS 28/1982, 289-302.

Zum abgebildeten Kodex II s.a. A. Böhlig, P. Labib: Die koptisch-gnostische Schrift ohne Titel aus Codex II von Nag Hammadi, 1962; C.P. Thiede: A Pagan Reader of 2 Peter, Journal for the Study of the New Testament 26, 1986, 76-96, hier 96. C.P.Th.

NAHALAL/NAHALOL. Eine Stadt im Gebiet von *Sebulon, die jedoch von fronpflichtigen Kanaanitern bewohnt wurde (Jos 19,15; 21,35; Ri 1,30). Möglicherweise unweit des heutigen Nahalal, 9 km westl. von *Nazareth gelegen. Simons (GTT, S. 182) favorisiert als Ortslage Tell el-Beida im S; Maʿlul im NO (»Mahalul«, Talmud Megillah 1.1) ist nicht alt genug, um dafür in Frage zu kommen. Albright (AASOR 2-3, 1923; S. 26) vermutet N. in Tell en-Nahl, nahe Haifa (vgl. 1Mo 49,13), aber diese Ortslage befindet sich außerhalb des Stammesgebietes von Sebulon. J.P.U.L.

NAHALIEL. (»Tal Gottes« oder »Besitz Gottes«). Einer der Lagerplätze der Israeliten während ihrer Wüstenwanderung; N. lag nördl. des *Arnon (4Mo 21,19), das heutige Wadi Zerka Maʿin. In röm. Zeit war N. berühmt für seine warmen Quellen, die 16 km vom Jordan entfernt in das Tote Meer flossen (JBJ 1.657; 7.185). J.P.U.L.

NAHASCH. »Schlange«.

1. König von Ammon, der *Jabesch in Gilead belagerte. Als ihm die Männer der Stadt die Übergabe anboten, machte er zur Bedingung, daß allen Einwohnern das rechte Auge ausgestochen werden sollte. In den sieben Tagen Frist, die er ihnen ließ, Hilfe zu suchen, kam *Saul als Retter heran und schlug die *Ammoniter (1Sam 11,1-15). Wahrscheinlich ist dieser N. derselbe wie der in 2Sam 10,2 und 1Chr 19,1f genannte Ammoniterkönig, der mit David Freundschaft hielt.

2. Vater von *Abigal und *Zeruja, den Halbschwestern Davids (2Sam 17,25; 1Chr 2,16).

3. Vater Schobis aus Rabba (2Sam 17,27).

4. Die in 1Chr 4,12 genannte Stadt N. (der hebr. Name Ir-Nahasch bedeutet hier wahrscheinlich nicht »Schlangen-«, sondern »Kupferstadt«) vermutet man im heutigen Chirbet Nahasch, einem Ort mit Gruben und Schmelzhütten, 7,5 km nordwestl. von *Punon.

NAHOR.

1. Sohn des Serug und Großvater *Abrahams (1Mo 11,22-26; 1Chr 1,26f).

2. Sohn des *Terach und Bruder Abrahams und *Harans. Er heiratete seine Nichte *Milka, Harans Tochter (1Mo 11,26-27.29). Wahrscheinlich reiste N. zusammen mit Terach, Abraham und Lot nach Haran, obwohl sich 1Mo 11,31 darüber ausschweigt. Haran wurde als die »Stadt Nahors« bekannt (1Mo 24,10; vgl. 27,43). N. war der Vorfahr von zwölf aram. Stämmen (1Mo 22,20-24). Die engen Beziehungen zwischen Hebräern und Aramäern treten hier zutage. Ein Ort namens Nahur in der Nähe von Haran wird in den Mari-Texten genannt (18. Jh. v.Chr.).

Die zwei anderen Abschnitte, in denen N. erwähnt wird, lassen erkennen, daß N. ein Anhänger des falschen Gottes seines Vaters Terach war (1Mo 31,53; vgl. Jos 24,2). Dies läßt darauf schließen, daß der *Bund zwischen *Laban und *Jakob zu *Mizpa (1Mo 31,43ff) vor Jahwe und Terachs Gott geschlossen wurde. R.J.W.

NAHRUNG s. Ernährung

NAHUM, BUCH.

I. ZUR PERSON DES PROPHETEN.

Über den Propheten Nahum (hebr. *nachūm*, »Gott hat getröstet«) ist aus seinem Buch nur bekannt, daß er (Nach 1,1) aus Elkosch stammte, einem Ort, der wahrscheinlich in Juda lag. Nach 3,18 wirkte er vor dem von ihm angekündigten Untergang Ninives, d.h. vor 612 v.Chr. Vor 627 v.Chr. hat N. kaum gepredigt, nachdem zu jener Zeit »der Arge« (2,1 – wohl Assurbanipal, 669-628 v.Chr.) schon tot gewesen sein dürfte. N.s Wirken dürfte zwischen 627 und 612 v.Chr. anzusetzen sein. In der Bibel wird N. sonst nicht erwähnt. Als Prophet bezeichnete sich N. nicht, wohl weil er nicht zu den Heilspropheten gezählt werden wollte (vgl. Am 7,14ff). Der Begriff war durch den Mißbrauch der Heilspropheten problematisch geworden. N. trat in Juda, vermutlich im Tempel zu Jerusalem, auf. Seine Aufgabe war, den Untergang Ninives anzukündigen.

II. DIE ZEIT NAHUMS.

N. trat auf, als Assur mit der Eroberung von Memfis 671 v.Chr. und mit dem Sieg über Theben (3,8: No-Amon) 663 v.Chr. den Höhe-

Zitate aus Nahum 3,6–9 mit Kommentar (4 Q p Nah, 3. Kolumne), Schriftrollenfragment aus Qumran, Höhle 4. Spätes 1. Jh. v.Chr. (RM)

punkt seiner Macht überschritten hatte. Der assyr. Herrscher Assurbanipal verbreitete äußerlich den Glanz einer unumstrittenen Weltmacht um sich (Keilschriftenbibliothek in Ninive, glanzvolle Bauten). Doch der Niedergang kündigte sich schon in der Zahl der Aufstände an: 650-648 v.Chr. – Revolution seines Bruders; 625 v.Chr. – der 1. Skythensturm; unter Nabupolassar (*Chaldäer) macht sich Babylon selbständig; 616 v.Chr. – Kämpfe um das assyr. Kernland; 612 v.Chr. – Fall und Zerstörung Ninives, womit das Ende der Weltmacht Assyrien besiegelt war.

Israel bestand in dieser Zeit aus dem Südreich Juda. Das Nordreich war 701 v.Chr. von Assyrien unter Sanherib erobert, seine Bevölkerung nach Assyrien deportiert worden. Z.Zt. N.s war Josia (639-609 v.Chr.) König auf dem Davidsthron. Er schickte sich an - angesichts des zerfallenden assyr. Weltreichs –, sein Königreich nach N hin auszudehnen. Nach 2Chr 34,4-7 hatte Josia schon zu Beginn seiner Regierung mit rel. Reformen begonnen. Aber erst im Jahre 622 v.Chr. beginnt infolge der Auffindung einer Gesetzesrolle im Jerusalemer Tempel – die in einer nicht näher feststellbaren Weise mit dem Deuteronomium/5.Buch Mose in Zusammenhang stand – Josias umfassende Kultreform (2Kön 23). Er schaffte die Höhenheiligtümer ab, die eine Mischform aus Jahweglauben und Baalskult (Sexualkult zur Garantie der Fruchtbarkeit des Landes) pflegten. Nun gab es fortan nur noch in Jerusalem die Möglichkeit, Gott die gebotenen Opfer darzubringen. Diese an sich lobenswerte Reform, für die ihm die Bibel auch höchstes Lob zuteil werden läßt, führt aber zu neuen Schwierigkeiten. Es ist anzunehmen, daß der »arbeitslos« gewordene »niedere Klerus«, z.B. die oft von *Jeremia erwähnten Prophetenscharen, nunmehr am zentralen Heiligtum in Jerusalem erschien und sich äußerlich der Kultreform anpaßte. Diese Propheten vertraten eine fatale Heiligtumstheologie: weil Gott im Tempel ist, kann dieser Tempel nicht zerstört werden.

Mit der rel. Reform ging eine Ausdehnung der politischen Macht einher. Die Grenzen des ehemaligen davidischen Großreichs standen manchem Judäer wieder vor Augen. 609 v.Chr. stellte sich Josia dem Pharao Necho in der Schlacht bei Megiddo entgegen, der Palästina als Durchzugsgebiet benutzen wollte, um die Assyrer gegen die Babylonier zu unterstützen. Josia fiel in der Schlacht.

III. AUFBAU DES NAHUM-BUCHS.

1,1: Überschrift;

1,2-14: Warnung vor Gottes Zorn;

2,1.3: Gottes Volk soll loben;

2,2.4-14: Gott wendet sich gegen Ninive;

3,1-7: Ninives Schuld und Strafe;

3,8-17: Vergleich Ninives mit dem ägypt. Theben (No-Amon);

3,18-19: Gottes unabwendbares Gericht.

IV. STIL.

In Kap. 1,2-14 entsprechen die Anfangsbuchstaben der Zeilen dem hebr. Alphabet (alphabetischer Psalm). Allerdings bereiten Anfang (V. 2f) und Ende (V. 11-14) Schwierigkeiten; entweder ist der Text erweitert, umgestellt oder verstümmelt. Manche Sätze sind kaum zu übersetzen, bisweilen hilft die LXX weiter. Das Belagerungsheer und der Sturm auf Ninive (2,4f; 3,2f) werden in lebendiger, bildhafter Sprache geschildert. Der Bericht vermittelt einen unmittelbaren Eindruck von dem, was N. geschaut und gehört hat.

V. DIE BOTSCHAFT NAHUMS.

N. freut sich auf den Fall Ninives (612 v.Chr.) und auf Assurs Untergang. Diese Feinde hatten zwar das Gericht an Israel vollstrekken müssen, aber so, wie sie es taten, wurde es ihnen zur Schuld. N. läßt Gottes Gerechtigkeit ahnen, die es Assur nicht erlaubt, seinerseits nun Unrecht zu tun. Zwar wird N., weil er kein Bußwort an Juda richtet, mitunter zu den Heilspropheten gerechnet, gegen die Jeremia zu sprechen hatte (z.B. 6,14; 8,11; 23,9ff; 28). Aber wer Gott als den Richter allen Unrechts so deutlich darstellt wie N., der läßt seine Zuhörer nicht im unklaren darüber, daß Gott auch ihr Richter ist und Judas Unrecht strafen wird. Um 621 v.Chr., als Josia die Tempelreform durchführte, die im Zusammenhang mit einer Erweckungsbewegung (s. *Deuteronomium) zu sehen ist, war ein Bußwort an Juda nicht nötig - auch nicht durch Jeremia.

Merkwürdig ist, daß die Propheten jener Zeit, *Habakuk, *Zefania, *Jeremia, *Obadja und Nahum sich gegenseitig nicht erwähnen (vgl. auch die Zeitgenossen *Amos und *Hosea, *Jesaja und *Micha). Hat ihr Schweigen theologische Gründe? Beruft sich keiner zur Unterstützung seiner Autorität auf einen anderen, weil alle von Gottes Offenbarung erfüllt sind, die eine Unterstützung durch menschliche Autoritäten nicht erträgt? Gott kämpft leidenschaftlich gegen alles Böse. Er wacht darüber, daß sein Wille eingehalten wird. Die Völker werden gewarnt (V. 2; vgl. Am 1f), denn Gott läßt ihr Unrecht nicht ungestraft. Juda muß das erlittene Unrecht nicht selbst rächen (s.a. Röm 12,9). In großartigen Bildern (3-5) werden Gottes Macht, seine Güte und Geduld beschrieben, mit der er sein Volk zurückholen will. Trotz des Gerichtes über Israel (722 v.Chr.) bleibt Gott seinem Volk treu, die Geschichte beweist seine Liebe für »die, die auf ihn trauen« (V. 7).

Zu Kap. 2,1-14:

Kap. 2 ist Freudenbotschaft und ein Triumphlied (V. 1.3); es beginnt mit dem Trost an Juda, das lange unterdrückt war. V. 4-12 schildern den Grund der Freude: Ninive ist gefallen. Der Prophet sieht schon den Sieg voraus. Gott läßt »Frieden« (Schalom, V. 1) ansagen, der äußeres Glück und inneres Wohlbefinden umschließt. Gott sagt eine Heilszeit an, Rettung, Heil und Herrlichkeit. Er selbst schafft diesen Schalom. Vom Sieg Judas ist nicht die Rede. Gottes Bote sieht den Sieg als gewiß voraus. Deshalb ruft er zu Freudenfesten auf, die schon jetzt Gottes Sieg feiern.

V. 4-14 bilden eine meisterhafte Schilderung der Eroberung einer Stadt (vgl. die Beschreibung des Seesturms und Schiffbruchs in Apg 27,13-44). Aber nicht der Tathergang, sondern Gottes Handeln steht im Mittelpunkt. Der Vorwurf, es fehle der theologische Tiefgang, trifft nicht, da das Kap. als Ganzes verstanden sein will: Gott hält hier das Gericht (beachte V. 2 den Befehl: »bewahre!«, den Gott gibt; beachte auch V. 14). Nach der Beschreibung, wie die Stadt Ninive erobert wird (2,4-11), z.B. wie die Schleusen geöffnet werden (V. 7), so daß Ninive zum Teich wird (V. 8), folgt das Klagelied (12f), das die Vorzüge und Taten des Verstorbenen besingt. Nicht Ironie, sondern Tiefsinn (vgl. Jes 46,1ff), wird deutlich: Gottes Jammer darüber, daß seine Geschöpfe so handeln und so bestraft werden müssen. Am Ende (V. 14) steht Gottes Urteil: »Ich bin gegen dich!«. Dem Herrn Zebaoth (»dem Herrn der himmlischen Heere«) stehen genügend irdische Heere zur Verfügung. So tröstet Gott Juda mitten im Gericht über Israel (das Nordreich ist in assyr. Gefangenschaft), daß die Weltmächte nur so lange (V. 14) Angst verbreiten können, wie er es zuläßt.

Zu Kap. 3:

V. 1-7 gewähren eine Offenbarung der Pläne Gottes: Ninive muß fallen, ein für N.s Zeitgenossen unvorstellbarer Gedanke angesichts der Macht dieser Weltstadt. Gott nennt (V. 1) auch die Gründe für sein Urteil: »Blutschuld« (die mörderische Umsiedlungspolitik der Assyrer – 2Kön 17,6 – und ihre Eroberungskriege, die Gewalttätigkeit einer Weltmacht), »Lüge« (Diplomatie und Vertragsbrüche) und »Rauben« (unredlich erworbener Besitz). V. 4 schildert die Pracht der Weltstadt, die mit wirtschaftlichen Vorteilen und Annehmlichkeiten des Lebens die Oberschicht in ihren Bann schlägt. Auch »Hurerei« (Verführung des Volkes Gottes zum Aberglauben) gehört mit zu den Reizen Ninives, bzw. Assurs. Der Prophet sieht mit Gottes Augen hinter die Kulissen und läßt sich vom äußeren Glanz nicht täuschen. In V. 8-17 finden wir ein Klagelied. Der ungläubigen Stadt Ninive werden bedeutende Städte vor Augen gestellt, die alle schon gefallen sind. Im Hochmut vom Erfolg geblendet, erkennt der Mensch die drohende Katastrophe nicht. Nachdem die Soldaten verblutet sind (V. 13), haben sich auch die Kaufleute davongemacht, die glänzende Verwaltung des Weltreichs ist zusammengebrochen (V. 17). V. 18f stimmt N. die Totenklage über Assur an. Die eigene Sünde rächt sich. Für Assur gibt es keine Rettung mehr. 612 v.Chr. wird Ninive erobert und dem Erdboden gleichgemacht. Assur wird durch Babylon verdrängt.

Literatur: A. Alt: Zur Geschichte des Volkes Israel, (hrsg. von S. Herrmann) [2]1979; H. Brandenburg: Die kleinen Propheten, [3]1982; O. Eißfeldt: Einleitung in das Alte Testament, [3]1964; K. Ellinger: Die Propheten Nahum, Habakuk, Zephanja, ATD 25, [7]1975; S. Fohrer: Geschichte der israelitischen Religion, 1969; F. Horst: Die zwölf Kleinen Propheten, II, [2]1954; O. Kaiser: Einleitung in das Alte Testament, 1969; E. Kautzsch: Die Heilige Schrift des Alten Testaments, [4]1923; M. Noth: Geschichte Israels, [2]1954; G. von Rad: Theologie des Alten Testaments I, 1962, II, 1965; W. Rudolph: Die kleinen Propheten, KAT, 1975; E. Sellin: Das Zwölfprophetenbuch, Bd. II, [3]1930; R. von Ungern-Sternberg, H. Lamparter: Der Tag des Gerichtes Gottes, [2]1975; A. Weiser: Das Buch der zwölf kleinen Propheten, ATD 24, [2]1956. M.H./Red.

NAIN. Der Name des Orts kommt wahrscheinlich von hebr. *nā'īm*, »lieblich« (GenR 98, 62a), worauf vielleicht auch die Namensform der altlatein. Übersetzung (*Naim*) hinweist. Nach Lk 7,11-17 erweckte Jesus in N. den Sohn einer Witwe von den Toten, als der Trauerzug (wohl gegen Spätnachmittag) »das Tor der Stadt« (Lk 7,12) verließ. Man hat gelegentlich an einen von Josephus (bell.Jud. IV, 511) genannten, textlich aber nicht ganz sicheren Ort *(N)ain* in *Judäa gedacht (H. Klein, EvTh 32, 1972, 469). Aber dabei handelt es sich eher um ʿAin (vgl. Jos 15,32 RevEB; Jos 19,7) bei *Hebron (O. Michel, O. Bauernfeind, Jüd. Krieg II/1, 1963, 229).

Nach dem Zusammenhang von Lk 7,1-11 ist der Ort jedoch nahe bei *Galiläa zu suchen. Lk 7,17 besagt nur: Die Nachricht vom Wunder verbreitete sich über die unmittelbare Umgebung bis hin nach *Judäa (M. Bachmann, Jerusalem, 1980, 109-112), so daß *Johannes der Täufer auf *Machärus in *Peräa davon hörte (vgl. Lk 7,18ff). Die Überlieferung weist auch mindestens seit dem 4. Jh. (Eus. onom. 141,5) ohne jedes Schwanken auf einen Ort, der mit dem kleinen arab. Dorf Nein, 8 km südöstl. von *Nazareth und 35 km südwestl. von *Kapernaum (vgl. Lk 7,1), zu identifizieren ist (ELS, 341-343). N. liegt am O-Rand der fruchtbaren *Jesreel-Ebene, ein Grund zur Identifizierung mit dem atl. *Nea besteht aber nicht. Daß N. nicht schon zu *Samaria,

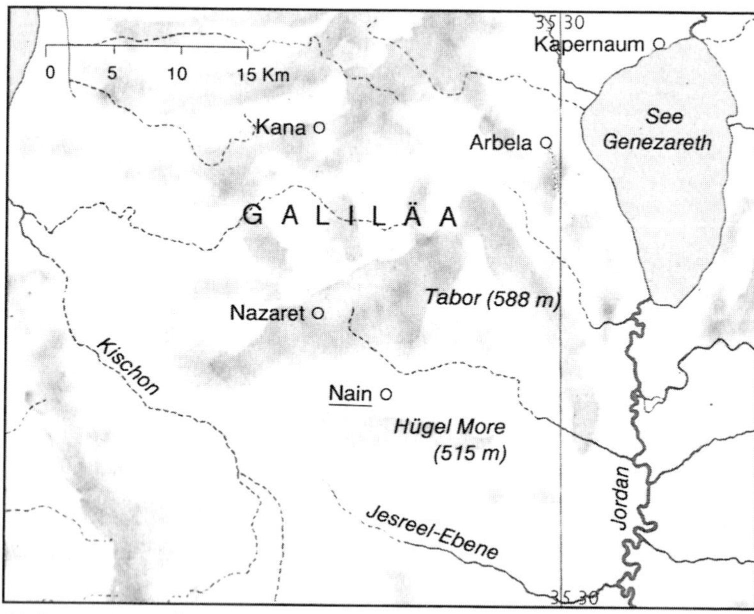

Die Lage von Nain (Lk 7,11).

sondern noch zu Galiläa gehörte, ist gut möglich (Dalman, 207), allerdings nicht sicher (W. Oehler, ZDPV 28, 1905, 67). Wenig nördl. von N. verlief ein Zweig der großen Überlandstraße von *Ägypten nach *Damaskus, mit welcher der Ort durch einen heute noch nachweisbaren schnurgeraden Stichweg verbunden war.

N. liegt auf einem Plateau, und der frühere (röm. oder byzantin. ?) Ort war wesentlich größer als das heutige Dorf. Ein Rätsel ist bisher der Keramikbefund, denn auch eine neuere Oberflächenuntersuchung förderte nur wenige byzantin. und früharab. Scherben zutage (J.F. Strange, IEJ 32, 1982, 255). Die rabbinische Literatur bezeugt aber mindestens für die spätröm. Zeit einen jüd. Ort N. (Bill. II, 161). Wenn Lk 7,11f von einer Stadt (griech. *polis*) spricht, kann dahinter der doppeldeutige Ausdruck einer semit. Quelle stehen (hebr. *ʿīr*, das ähnlich wie »Ort« im Dt. eine Stadt oder ein Dorf meinen kann). So mag das »Stadttor« (Lk 7,12) nicht mehr als die Ausmündung der Dorfstraße aus den eng zusammengebauten Häusern gewesen sein. Endgültige Klarheit könnten aber erst systematische Grabungen bringen.

5 km von N. entfernt liegt am S-Fuß des Hügels *Moreh (arab. Dschebel Ed-Dahī, Kleiner *Hermon) *Sunem, wo *Elisa einen Jungen vom Tode erweckte (2Kön 4,18-37). Auf eine parallele Auferweckungsgeschichte des *Elia (1Kön 17,17-24) verweist die Ausdrucksform in Lk 7,15 (vgl. 1Kön 17,23). Offenbar war aber auch schon den Zeugen des Wunders der Bezug zu Elia bewußt, denn wenn sie Jesus als »neuerweckten großen Propheten« (Lk 7,16) preisen, so denken sie wohl an den wiedergekehrten Elia. Auch das Stadttor in Lk 7,12 könnte an die Elia-Geschichte erinnern (1Kön 17,10). Wohl ohne Wert sind die widersprüchlichen Angaben von Apokryphen (PO 14, 828) über Namen und Geschick der Witwe und ihres Sohns. Gräber aus ntl. Zeit liegen südöstl. des Orts zum Berghang hin (Bagatti, 268-270). In byzantin. Epoche war N. Hauptort eines Unterdistrikts von Skythopolis (*Bet-Schean) und besaß eine Kirche zum Andenken an das Wunder. Auch unter den Kreuzfahrern muß eine solche bestanden haben. Noch im letzten Jh. sahen Besucher die Ruinen zweier Kirchen, die in Moscheen umgewandelt waren (V. Guerin, Galilée I, 1868, 115-117). Diejenige an der Quelle erwarben die Franziskaner und bauten darüber eine Kapelle. Archäologische Untersuchungen wurden dabei nicht vorgenommen.

Literatur: F.M. Abel: Géographie de la Palestine II, [3]1967, 394f; B. Bagatti: Antichi villaggi cristiani di Galilea, 1971, 261-272; G. Dalman: Orte und Wege Jesu, [4]1967, 205-207; C. Kopp: Heilige Stätten der Evangelien, [2]1964, 294-299; G. Kroll: Auf den Spuren Jesu, [10]1988, 232f; W.H. Mare: NIDBA 328; R. Riesner: Zuversicht und Stärke 5/1983, 45f; H. Schürmann: Lukasevangelium I, [2]1981, 398-405. R.R.

NAJOTH. (Hebr. *nwjt*). Wie der LXX-Kodex Alexandrinus (*nauiōth*) zeigt, dürfte die rabbinische Korrektur (Qerē') in *najōt* richtig sein. Zusammen mit *Samuel hielt sich *David »zu Najoth in *Rama« auf (1Sam 19,18f.22, vgl. 20,1). N. ist kaum ein Ortsname, sondern wahrscheinlich ein Spezialausdruck für eine Gemeinschaftssiedlung von *Propheten (R. Riesner, Jesus als Lehrer, [3]1988, 280). R.R.

NAME/NAMENGEBUNG.

Den Menschen der Bibel war die heute allg. übliche Sitte, für sein Kind den N.n zu wählen, der einem gefällt, durchaus bekannt. Warum sonst würde man ein kleines Mädchen wohl *Debora (»Biene«, Ri 4,4) oder *Ester (hebr. *hadassā*, »Myrte«) nennen? Selbst da, wo der N. einen hochtönenden moralischen oder rel. Klang hat, darf man nicht ohne weiteres annehmen, daß die Eltern ihn wegen seiner Bedeutung gewählt haben und nicht vielmehr einfach deshalb, weil er ihnen besonders gut gefiel. Aus einem N.n wie *Ahīkam (»mein Bruder ist auferstanden«) kann man z.B. düstere Vermutungen ableiten über den voraufgegangenen Verlust eines Familienangehörigen, der dann durch die Geburt eines weiteren Sohnes ausgeglichen wurde. Ahīkam ist jedoch ein angenehm klingender N. und mag, wo Gegenbeweise fehlen, lediglich aus diesem Grunde gewählt worden sein.

Obwohl man mit zu hohen Erwartungen an die N.n und die Namengebung der Bibel herangehen kann, ist doch ohne Zweifel durchweg ein gedanklicher Hintergrund vorhanden, der bei der Übertragung eines N.ns sehr oft voll zur Geltung kam und auch dort, wo er keine (oder keine uns erkennbare) Rolle bei der ursprünglichen Namengebung zu spielen schien, im späteren Leben der betreffenden Person seinen Anspruch geltend machte. Ein Beispiel: Während Jesaja seine Söhne ganz bewußt so benannte, daß sie bestimmte Aspekte von Gottes Botschaft an sein Volk verkörperten (Jes 7,4; 8,1-4), hätte sein eigener (nach unserer Betrachtungsweise »zufälliger«) N. Jesaja (»Jahwe rettet«) nicht passender sein können für diese Prophetengestalt. Die bibl. Auffassung von N.n und Namengebung würde mißachtet, ginge man von der reinen Zufälligkeit der elterlichen Wahl aus: die Verbindung, welche die Bibel zwischen N. und Person sieht, ist dafür zu eng und auch zu dynamisch.

I. BEDEUTUNGSVOLLE NAMENGEBUNG.

Der allg. Eindruck, den wir von über die ganze Bibel verstreuten Aussagen gewinnen, bestätigt unsere Ansicht, daß der große Heilsprophet nicht zufällig einen theophoren N.n hatte, der sich auf die Heilsthematik bezog. Die Bibel erkennt darin Gottes lenkende Vorsehung, die den gesamten Lebenslauf vorherbestimmt. Sie beurteilt den N.n vermutlich noch spezieller als Verkörperung eines Wortes Gottes, das seinen Träger zu dem Menschen formt, dessen Leben den Namensinhalt zum Ausdruck bringt. Das ist jedenfalls die dynamische Sicht von N. und Namengebung, die man in der ganzen Bibel findet und die sich so deutlich abhebt von unserer statischen Sicht vom N.n als einem »Etikett«, das seinen Träger von anderen Menschen unterscheidet.

Die folgenden sieben Kategorien umfassen die meisten Situationen dynamischer Namengebung:

1. Der Status-Name.

Der erste Mann sagte von seiner Frau, daß sie »Männin« heißen solle, um so auf ihre gleichrangige (oder besser: ergänzende) Stellung hinzuweisen: Er ist *ʾīsch;* sie ist *ʿischschā.* In der Bibel ist die Namengebung zumeist die Aufgabe einer Autorität: Der Schöpfer nennt den Mann und seine Frau »Mensch« (1Mo 5,2); in seiner Eigenschaft als Herr der Schöpfung gibt der Mensch den Tieren ihre N.n (1Mo 2,19f); die Eltern tun das für ihre Kinder (die Mutter in 28, der Vater in 18 Fällen); ein besiegter König erhält einen anderen N.n (2Kön 23,34) usw. Aber in 1Mo 2,23 »erkennt« der »Mann« seine Frau als »Männin«, d.h. als gleichwertige Ergänzung, als diejenige, die gemeinsam mit ihm an der von Gott gegebenen Herrschaft über die Welt teilhat (1Mo 1,28ff).

2. Der Anlaß-Name.

Die Geburt ihres Erstgeborenen hält *Eva für den wichtigen Zeitpunkt, in dem die Verheißung von einer siegreichen Nachkommenschaft in Erfüllung ging. Deshalb sagt sie: »Mit Hilfe des Herrn« – er erfüllte seine Verheißung; sie brachte ein Kind zur Welt – »habe ich einen Mann ›erworben‹« (*qanā*), und nannte das Kind »Kain« (*qayin,* 1Mo 4,1).

3. Der Ereignis-Name.

Manchmal beinhaltet ein N. ein ganzes geschichtliches Ereignis: z.B. »Babel« (1Mo 11,9) oder »Peleg« (1Mo 10,25). Beide Male ist die Namengebung von der gleichen Art. Aber der ausführlich berichtete Fall von Babel läßt besser erkennen, um was es geht: Eigentlich war der N. ein Gottesurteil. Die Menschen hatten bereits bei sich selbst eine Neigung zur Trennung oder Zerstreuung entdeckt (11,4), und sie beabsichtigten, ihre eigenen Retter zu sein und durch ihren technischen Fortschritt (V. 3) diese Gefahr zu beheben. Der göttliche Erlaß der Sprachenverwirrung (V. 6f) richtet sich gegen diese stolze Zuversicht und Eigenmächtigkeit. Das Wort, das die Menschen zu der von ihnen befürchteten Unfähigkeit zur Kommunikation (V. 8) verurteilte, geht durch den Ortsnamen »Babel« (Verwirrung, V. 9) in die Menschheitsgeschichte ein. Es bleibt der böse Genius in der Bibel bis hin zum Ende (vgl. z.B. Jes 13,1; 21,1-10; 24,10; Offb 17,5; 18,2; *Babylon).

4. Der Umstands-Name.

Isaak erhielt seinen Namen, weil seine Eltern im Zusammenhang mit ihm lachten (1Mo 17,17; 18,12; 21,3-7); Samuel , »von Gott erhört«, weil seine Mutter ihn erbeten hatte (1Sam 1,20); Mose, weil die Tochter des Pharao ihn aus dem Wasser »zog« (2Mo 2,10); Ikabod, weil der Verlust der Bundeslade als Zeichen der Entziehung von Gottes Herrlichkeit und Gnade galt (1Sam 4,21); Jakob wegen der Lage der Zwillinge bei der Geburt (1Mo 25,26). In vielen solcher »Fälle« weist die Bibel nach, daß solche »Zufälle« tatsächlich symbolisch waren: Der Sieg am Roten Meer macht Mose ganz klar zu dem Mann, der aus dem Wasser herauskam; Samuels Geschichte ist genau die Geschichte des Mannes, der weiß, daß Gebet erhört wird, usw. Mit anderen Worten: Es besteht eine fortwährende Verbindung zwischen dem Gedanken der Namengebung und der Dynamik des immer-wirksamen Wortes Gottes, welches das schafft, was es ausspricht.

5. Der auf eine Umgestaltung oder Veränderung weisende Name.

N.n wurden verliehen, um zu zeigen, daß etwas Neues in das Leben der betreffenden Person eingetreten ist, daß ein Kapitel abgeschlossen war und ein neues begann. Obwohl die Verleihung eines neuen N.ns meistens hoffnungsvoll und verheißend ist, beginnt diese Kategorie mit der betrüblichen Umbenennung von *ʾischschā,* »Männin« (1Mo 2,23), in Eva »Mutter der Lebenden« (1Mo 3,20); der Name, der Stellungsgleichheit und Ergänzung der Beziehung ausdrückt, wird durch den einer Funktion ersetzt. Der erste N. drückte aus, was ihr Ehemann in ihr sah (und worüber er sich freute). Der zweite gab an, wozu er sie gebrauchen würde: Als Gegenleistung für ihr Verlangen nach ihm würde er über sie herrschen (1Mo 3,16).

In diese Kategorie gehört aber auch die Umbenennung von Abram in *Abraham; sie bezeichnet den Beginn eines neuen Menschen mit neuen Kräften: Der kinderlose »Abram« (dessen N. »Hoher Vater« nur ein trauriger Scherz war) wird zu Abraham, was grammatikalisch zwar nicht »Vater vieler Völker« bedeutet, aber doch klanglich hinreichend verwandt ist mit den Worten, die diesen Gedanken (freilich nicht ganz so kurz) ausdrücken würden. Viele bedeutsame N.n kommen auf eben solch einer Basis der Assonanz zustande. So wurde an ein und demselben Tag Benoni zu Benjamin (1Mo 35,18); der Umstandsname, der Schmerz und Verlust ausdrückte, wurde zum Status-Namen: »Sohn der Rechten« bzw. »des Glücks«.

6. Der prophetische/warnende Name.

Die beiden Söhne Jesajas ragen in dieser Kategorie heraus. Die Gewißheit des Propheten hinsichtlich des von ihm verkündigten Gotteswortes zeigt sich in seiner Bereitschaft, dieses Wort in seinen Söhnen Gestalt gewinnen zu lassen. So waren sie zu ihrer Zeit das »fleischgewordende Wort«, das größte Beispiel für eine prophetische »Zeichenhandlung« im AT. Vgl. Jes 7,3; 8,1-4.18; s.a. 2Kön 24,17, wo der N. *Zedekia das Element der Gerechtigkeit (*zedeq*, »Gerechtigkeit«) verkörpert; diese zu praktizieren wird damit dem neuen König dringend geraten.

7. Bittende und theophore Namen.

Ein N. wie *Nabal (*nābāl*, »Tor«; 1Sam 25,25) konnte nur aufgrund eines mütterlichen Gebetes gegeben werden – »Laß ihn nicht einen Toren werden!« – ein Gebet, das gewiß begreiflich ist. Wahrscheinlich enthielten viele theophore N.n dasselbe Element des Gebets – oder zumindest die meisten Namen, die im Hebr. auf der Imperfekt-Form eines Verbs basieren: *Hesekiel (»Möge Gott stärken«); Jesaja (»Möge Jahwe retten«). Auch die, welche in direkter Übersetzung eine Bestätigung bedeuten (z.B. *Joahas, »Jahwe hat ergriffen«), sind höchstwahrscheinlich das Ergebnis frommer elterlicher Wünsche – die sich nicht immer erfüllten, wie der traurige Fall von Nabal (1Sam 25) zeigt, oder der des Königs *Ahas, dessen N. vermutlich eine Abkürzung von »Joahas« ist: Die Annahme, er habe das theophore Element in seinem N.n vorsätzlich fallen lassen, würde völlig mit dem Bericht von dem politisch listigen, geistlich aber dummen König übereinstimmen.

II. DER NAME GOTTES.

Wir sahen, daß es sich beim N.n und der Namengebung für den Menschen der Bibel um eine bedeutsame und sogar kraftgeladene Sache handelt, um etwas, das den Namensträger nicht nur kennzeichnet, sondern auch gestaltet. Das gilt in noch stärkerem Maße für die Vorstellung vom N.n Gottes (*Gott, *N.n Gottes), die zur Mitte der Schrift gehört. Ein »göttlicher Name« ist natürlich kein ausgesprochen bibl. Gedanke. So versuchte z.B. bei den alten Griechen Hesiod tiefer in das Verständnis der Götter einzudringen, indem er ihre N.n studierte, eine Tätigkeit, die man, mutatis mutandis, wohl als eine zentrale Aufgabe der bibl. Theologie ansehen könnte.

In einem ganz realen Sinn beruht die Bibel auf der Offenbarung des göttlichen Namens. Im AT benannten die Patriarchen ihren Gott mit Titeln (z.B. 1Mo 14,22; 16,13; 17,1); auch die Bezeichnung »Jahwe« war ihnen bekannt, aber noch nicht erklärt (vgl. 2Mo 6,3). Die Bedeutung Moses und des Auszuges besteht darin: Was seither lediglich eine etikettartige Bezeichnung gewesen war, wurde jetzt offenbart – und zwar nicht als ein (wenn auch noch so erhabener) Titel, sondern als ein persönlicher N. Die in dem N.n verborgene Offenbarung (2Mo 3,14ff) wurde mit den Ereignissen des Auszuges – der Erlösung des Gottesvolkes, dem *Passa und dem Durchzug durch das Schilfmeer – erschlossen und bestätigt. Im NT bilden Jesu Dienst und Erlösungswerk die heilsgeschichtliche Entsprechung: die endgültige Offenbarung von Gottes »Namen« als der heiligen Dreieinigkeit von Vater Sohn und Heiligem Geist geschah bei der Taufe Jesu (Mk 1,9-11). »Jahwe« ist die heilige Dreieinigkeit inkognito.

Als Form ist der Gottesname Jahwe entweder ein einfacher oder ein kausativer Indikativ des Verbs »sein« und bedeutet »er ist (lebendig, gegenwärtig, aktiv)« oder »er bringt ins Sein«. Die Worte, mit denen der N. enthüllt wird (2Mo 3,14: Ich bin, der ich bin) besagen entweder »ich offenbare meine aktive Gegenwart wann und wie ich will« oder »ich lasse geschehen, was ich geschehen lassen will«. Im Kontext von 2Mo 3,20 verweist dies sowohl auf die Geschehnisse des Auszuges als solche, in denen Jahwe aktiv gegenwärtig ist (und die er absichtlich geschehen ließ), wie auch auf die vorangehende theologische Interpretation (2Mo 3,1-4,17; 5,22-6,8) der Ereignisse, die Mose erleben durfte. Jahwe ist so der Gott der *Offenbarung und der Geschichte und offenbart sich besonders als der Gott, der sein Volk (gemäß den Bundesverheißungen) rettet und diejenigen stürzt, die sich seinem Wort entgegenstellen.

Wie reichlich dieses offenbarte Wissen von Gott auch ist - dennoch enthält der Gottesname ein geheimnisvolles Element. Die Wendung »Ich bin, der ich bin« drückt nichts anderes aus, als daß Gott sein eigenes Wesen kennt. Sie bezeugt die Souveränität Gottes bei seiner Selbstoffenbarung: Wenn irgend etwas gesagt werden muß, muß er es sagen; und er wird nur das sagen, was er will (vgl. 1Mo 32,29; Ri 13,17). Das hat keinesfalls etwas mit magischen Vorstellungen zu tun. In der heidnischen Umwelt glaubte man, die Kenntnis eines Gottesnamens verleihe eine gewisse Macht über diesen Gott – eine logische Weiterführung der Vorstellung, daß »Namengebung« die Handlung eines Höherstehenden, Mächtigeren ist. Jahwe hat keine Offenbarung seines Wesens zurückgehalten aus Angst, der Mensch könne Macht über ihn gewinnen. Seine Selbstoffenbarung ist vielmehr Teil eines Programms von Privilegien, das er für sein Volk ausgearbeitet hat und durch das die etwas distanzierte Beziehung, die sich in Titeln ausdrückt, zu einem höchst persönlichen Verhältnis wird zu einem Gott, der seinem Volk die Freiheit gab, ihn beim N.n zu nennen. Das, was jetzt noch zurückgehalten wird, ist nur deshalb verborgen, weil der Augenblick der höchsten Offenbarung noch aussteht. Was bisher bekannt ist, ist dennoch weder etwas Falsches, das man später beiseite legt, noch ist es eine Teilwahrheit (»das ist mein N. auf ewig«, 2Mo 3,15), die auf Vervollständigung wartet, sondern eine Art und Weise, die ganze Wahrheit auszudrücken, die freilich einen noch größeren und vollständigeren Ausdruck erfahren wird. Der »Name« Gottes gehört zur Mitte einer immer weitergehenden Offenbarung.

Obwohl der N. keine »Macht« im magischen Sinne verleiht (vgl. Apg 19,13ff), bringt die Kenntnis des N.ns Menschen in eine völlig neue Beziehung zu Gott. Sie sind seine Vertrauten, denn das ist die Bedeutung der Wendung »(Gott) beim Namen kennen« (vgl. 2Mo 33,12.18f; Joh 17,6). Die Eröffnung dieser Beziehung liegt auf Gottes Seite: Kollektiv und individuell wird Gottes Volk »bei seinem Namen gerufen« (vgl. 2Chr 7,14; Jes 43,7; Jer 14,9; 15,16; Am 9,12). Das Motiv, das hinter dieser göttlichen Zuwendung liegt, wird oft beschrieben als Gottes Handeln »um seines Namens willen« (vgl. besonders Hes 20,9-14.22.44), und zwar mit Hilfe von Werken, durch die er »sich selbst einen Namen machte« (z.B. 2Sam 7,23; Neh 9,10). Der N. ist somit eine Art summarischer Beschreibung dessen, was Gott an sich ist (sein N. ist alles, was als Wahrheit über ihn und seine Motive des Handelns bekannt ist) und auch von dem, was Gott für andere ist, wenn er es ihnen erlaubt, seinen N.n zu kennen (ihnen Zugang zu seiner Wahrheit gewährt), und ihnen seinen N.n mitteilt (sie in seine Gemeinschaft aufnimmt).

Fünf Aspekte dieser Grundsituation sind ausreichend klar in der Bibel nachgewiesen, so daß sich eine kurze Aussage über jeden rechtfertigen läßt, wenn auch nicht alle gleichmäßig über die Bibel verteilt sind.

1. Die menschliche Seite der Offenbarung des göttlichen N.ns wird im Joh.Ev. betont. Der Mensch erfährt die Wirklichkeit und das Wesen Gottes dadurch, daß er an den N.n des (eingeborenen) Sohnes glaubt (1,12; 3,18; 1Joh 3,23). Denn Jesus ist im N.n seines Vaters gekommen (5,43), den er als der von ihm Gesandte auf Erden voll vertritt und dessen N.n er durch sein vollmächtiges Wirken offenbart (17,26). Das Glauben (*hä ʾămīn*) an den N.n des Sohnes schließt die Hingabe der ganzen Person und das »Bleiben« (*heʾamen*) an ihm mit ein.

2. Diejenigen, die das Volk Gottes bilden, werden in seinem N.n »bewahrt« (Joh 17,11). Dabei wird das charakteristische atl. Bild vom N.n als einem starken Turm aufgegriffen (z.B. Spr 18,10), zu dem man seine Zuflucht nehmen kann, sowie das Bild vom N.n des Mannes, den die Ehefrau erhält, wodurch ihr Fürsorge und Schutz garantiert sind (vgl. oben: »beim Namen gerufen«). Wenn es von den Christen heißt, sie seien »gerechtfertigt in dem Namen« (1Kor 6,11), hat das dieselbe Bedeutung: Der N. als das unveränderliche Wesen Jesu und als die Summe all dessen, was Jesus ist und getan hat, ist die Grundlage des sicheren Besitzes aller in diesem N.n enthaltenen Segnungen.

3. Gottes Anwesenheit unter seinem Volk ist dadurch sichergestellt, daß »sein Name unter ihnen wohnt« (vgl. 5Mo 12,5.11.21; 14,23f; 16,2.6; 2Sam 7,13 u.ö.). Manchmal wurde törichterweise behauptet, es gäbe im AT einen Unterschied, wenn nicht gar eine Kluft, zwischen einer »Namens-Theologie« und einer »Herrlichkeits-Theologie«. Aber hier handelt es sich um zwei Weisen, die gleiche Wahrheit auszudrücken: Als z.B. Mose Jahwes Herrlichkeit sehen wollte, stellte er fest, daß diese Herrlichkeit durch den N.n in Worte gefaßt werden mußte (2Mo 33,18-34,8). Der Deuteronomist ersetzte keineswegs eine grobe Vorstellung von innewohnender Herrlichkeit durch eine verfeinerte Vorstellung eines innewohnenden Namens: Vielmehr ist es so, daß mit dem Begriff »Herrlichkeit« gern das »Empfinden« von Gottes realer Gegenwart ausgedrückt und dabei vieles einbezogen wird, was tatsächlich unnahbar und unaussprechlich ist; der »Name« erklärt, warum das so ist, faßt das Numinose in Worte, denn der Gott der Bibel handelt nirgendwo in stummen Sakramenten, sondern immer in verständlichen Erklärungen.

4. Besonders oft wird Gottes N. als sein »heiliger Name« beschrieben (das Attribut »heilig« tritt zum »Namen« häufiger als alle

andern adjektivischen Attribute zusammengenommen). Dieses Gefühl für die Heiligkeit des N.ns führte im Judentum schließlich zur Weigerung, das Tetragramm JHWH, »Jahwe«, zu verwenden, was zum Verlust dieses Gottesnamens in der griech. Version und in den späteren Übersetzungen führte. Die »Heiligkeit« des N.ns sollte aber nicht dessen Gebrauch, sondern dem Mißbrauch wehren: Das ist der Grund dafür, warum die Offenbarung des Gottesnamens niemals mit irgendeinem Gedanken an magische »Macht im Verein mit dem Göttlichen« vermischt werden darf. Der Mensch kann »den Namen« überhaupt nicht zur Kontrolle Gottes verwenden; statt dessen kontrolliert »der Name« den Menschen, sowohl bei der Anbetung Gottes (z.B. 3Mo 18,21) als auch beim Dienst am Menschen (z.B. Röm 1,5). Der »Name« ist daher das Motiv des Dienstes; er ist auch die Botschaft (z.B. Apg 9,15) und das Mittel der Kraft (z.B. Apg 3,16; 4,12).

5. In der ganzen Bibel ist Gottes N. die Grundlage des Gebets (Ps 25,11); nach Joh 14,13.26; 15,16; 16,23.26 werden die Jünger im N.n Jesu den Vater bitten.

Für die jüd. Partei der *Essener, die mit der Qumrangemeinde und den Schriftrollen vom Toten Meer zusammengehört, spielten die N.n der *Engel eine große Rolle (Jos.bell.Jud. 2, 142; Angelic Liturgies von 4 Q, ed.J. Strugnell; vgl. Kol 2,18). Die mystische Bewegung der jüd. Kabbala hat viel über die Offenbarung des Gottesnamens nachgedacht: Die Selbsterschließung des unendlichen und uns verborgenen Gottes (*'En Sōph*) durch die Amanation von zehn geistigen Kräften (*Sephiroth*) bedeutet gleichzeitig die Enthüllung der verschiedenen Gottesnamen, von denen jeweils einer zu einer der Sephiroth gehört. Am ausführlichsten und klarsten wird diese Offenbarung des Gottesnamens im Werk des Kabbalisten Joseph ben Abraham Gikatilla (13. Jh.) dargestellt (hrsg. von Joseph ben Schlomo, Jerusalem 1970). Vorbereitet wurde diese Lehre in der Hekhaloth-Literatur; dagegen hat man in der christl. *Gnosis der ersten Jahrhunderte vor allem über die Bedeutung der N.n Jesus, Nazoräer, Christus spekuliert (vgl. Das Evangelium nach Philippus aus Nag Hammadi, Logion 19, 104, Log. 47, 110, Log. 53, 111).

Im NT verweisen die N.n »Jesus« und »Immanuel«, dazu auch die wie N.n gebrauchten Titel »Christus« und »Herr« deutlich auf das messianische Erlösungswerk Jesu und auf die einzigartige Stellung des erhöhten Gottessohnes; sie erschließen darüber hinaus auch den N.n und das Wesen Gottes, des Vaters.

1. Es ist bezeichnend, daß der Sohn der Maria sowohl den in die Zukunft weisenden, prophetischen N.n Jesus, »Gott wird retten« (Mt 1,21), als auch den Erfüllungsnamen Immanuel, »Gott mit uns« (Mt 1,23), erhält, der anzeigt, daß Gott seine auf die Endzeit gerichteten Pläne hier und jetzt verwirklicht. Bei der Deutung des N.ns »Jesus« fällt auf, daß er nicht – wie das bei den prophetischen N.n des AT der Fall ist – sich auf das zukünftige Handeln Gottes bezieht. Vielmehr ist Jesus selbst das Subjekt des mit dem N.n angezeigten Heilshandelns der Sündenvergebung (Mt 1,23), das auf die Verwirklichung des Neuen Bundes weist (Mt 26,28; vgl. Jer 31,31.34).

2. Dem Gekreuzigten wurde nach seiner Erhöhung (von Gott) der »Name gegeben, der über alle Namen ist« (Phil 2,9 vgl. Eph 1,20-23). Das bedeutet, daß alle Geschöpfe des Universums den Gottessohn ehrfurchtsvoll als ihren »Herrn« bezeugen und vor ihm sich beugen werden (V. 10f). Was nach Jes 45,23 von dem N.n Gottes gesagt ist, wird jetzt auf Jesus übertragen, der gehorsam den Weg des Gottesknechts gegangen ist (vgl. Phil 2,6-11 mit Jes 52,13-53,12). Ebenso wird die auf Gott bezogene Aussage (Joel 3,5): »Wer den Namen des Herrn anruft, wird gerettet werden« (Röm 10,13 LXX) als durch Jesus erfüllt verkündigt (vgl. Apg 2,21; 4,12). Deshalb bringt auch das Bekenntnis: »Herr ist Jesus!« (1Kor 12,3) den vom Heiligen Geist geschenkten Glauben an das Heil und die Herrschaft Jesu zur Sprache; dieser handelt im Auftrag und an der Stelle Gottes. Als Schriftbeweis für diese Namensübertragung diente vor allem Ps 110,1, wonach der »Herr« (Gott) den zur seiner Rechten inthronisierten Christus als »Herrn« anredet. Dessen Herrschaft wird allerdings als Dienst an den Gliedern der Kirche ausgeübt, denen er die Geistesgaben schenkt (1Kor 12,5) und für die er vor Gott fürbittend eintritt (Röm 8,34).

3. Schon vom irdischen Christus wurde diese Namengebung dadurch vorbereitet, daß er den Ps 110 messianisch gedeutet und mit der Verheißung aus 2Sam 7,12-14 verbunden hat. So konnte dann nach Apg 2,21 Petrus als Sprecher der Urgemeinde Joel 3,5 auf Christus anwenden und wenig später erklären, daß es in keinem anderen N.n Heil gibt (Apg 4,12).

Der Titel »Christus« wurde für die Bezeichnung seiner Bekenner verwendet; die Jünger Jesu wurden erstmals in *Antiocha »Christen« genannt (Apg 11,26). Denn sie wurden »in den Namen Jesus Christus« bzw. »in den Namen des Herrn Jesus« getauft (Apg 2,38; 8,16; 19,5), sie riefen seinen N.n an (Apg 9,14.21; 1Kor 1,2), lehrten und verkündigten in diesem N.n (Apg 4,17f; 5,40). Sie machten diesen N.n vor den Heiden bekannt, die auf ihn ihre Hoffnung setzten (Apg 9,15; vgl. Mt 12,21), sie verherrlichten ihn (Apg 19,17), heilten Krankheiten und Gebrechen in diesem N.n (Apg 3,6.16; 4,7.10.30; 19,13) und litten für ihn (Apg 5,41; 9,16; vgl. Mk 13,13). Kraft dieses N.ns wurden Sünden vergeben (Apg 10,43; 22,16). Das ganze christl. Handeln geschieht in diesem N.n (vgl. Eph 5,20; Kol 3,17), der alle anderen N.n überragt (Eph 1,21; Hebr 1,4): In der Kraft des von ihm geschenkten Geistes ist der Erhöhte anwesend, wo man sich in seinem N.n versammelt (Mt 18,20), diesen N.n anruft und sich vor Gott auf das Heilshandeln Jesu beruft.

4. Nach Matthäus wird die Offenbarung des Gottesnamens durch den Messias auch in dessen N.n (Jesus, »Gott rettet«) angezeigt (1,21). Denn wo Gott seinen N.n offenbarte, erwies er sich dabei als Retter (vgl. 2Mo 3,14-17; Jes 43,10f). Der N. »Jesus« bedeutet nach Mt 1,21 freilich, daß der Messias das Gottesvolk nicht etwa von den politischen Feinden, sondern von ihren Sünden retten wird. Dieses rettende Heilandswirken Jesu wird im ersten Ev. aufgezeigt: Es geschieht durch das Erfüllen aller Gerechtigkeit (3,13), des Gesetzes und der Propheten (5,17), d.h. durch den radikalen Vollzug des Liebesgebots, das Jesus als Messias im Sinne von Jes 53 verstand (Mt 8,17: Jes 53,5; Mt 20,28 vgl. Jes 53,11f; 26,28 vgl. Jes 53,12). In der Tat wollte Jesus nur »andere retten« und nicht sich selbst (Mt 27,42).

Der Jesus gegebende N. Immanuel, »Gott mit uns« (Mt 1,23 nach Jes 7,14), wird sowohl durch das Wirken des Irdischen als auch durch die schützende Gegenwart des Erhöhten bewahrheitet (Mt 9,6; 18,20; 28,20). Denn der Menschensohn hatte als Gesandter Gottes die Vollmacht, an dessen Stelle zu handeln (vgl. Mt 9,6 mit Ps 103,3; Mt 28,18 mit Dan 7,14). Darum kann nach Mt 28,19 die Taufe auch im N.n des Vaters, des Sohnes und des Heiligen Geistes vollzogen werden: Das Gesandtenrecht (vgl. Mt 10,40 und Mischna Berakhoth 5,5) sichert ebenso wie die Namengebung und Offenbarung des Gottesnamens die funktionale Einheit von Vater, Sohn und Heiligem Geist, der vom Vater im N.n des Sohnes gesandt wird (Joh 14,26). Schließlich mag die trinitarische Formel in Mt 28,19 analog zum dreimaligen Vorkommen des Gottesnamens im Aaronitischen Segen gebildet worden sein (vgl. 4Mo 6,24-26).

5. Auch nach dem Joh.Ev. und der Offb hat Jesus den N.n Gottes durch sein endzeitliches Wirken offenbart (Joh 17,6.26). Gott hat seinen N.n dem Sohn gegeben (17,11f) und verherrlicht seinen N.n durch ihn (12,28). Da Gott sich selbst durch den Sohn verherrlicht (13,31f), bedeutet dies, daß mit der Offenbarung und Verherrlichung des N.ns das innerste Wesen Gottes enthüllt wird. Nach Johannes hat Jesus vollbracht, was Mose erfahren, aber nicht verwirklicht hat, nämlich die geschichtliche Enthüllung des N.ns und Wesens Gottes als eines Gnädigen und Barmherzigen (vgl. 2Mo 33,19; 34,6f). Anders als Mose (2Mo 33,20) hat der eingeborene Sohn Gott gesehen und davon Kunde gegeben (Joh 1,19); deshalb konnten die Gnade und Wahrheit (Gottes) durch ihn geschichtlich »geschehen« (vgl. 1,17). Vollendet wird die Offenbarung und Verherrlichung Gottes am Kreuz (13,31f). Bei den Juden wird das Martyrium, die Lebenshingabe des Gerechten, als »Heiligung des N.ns (Gottes)« (*qiddûsch ha-schem*) bezeichnet. Jesus offenbart und verherrlicht den Namen: Gott erweist sich als der Gnädige und Barmherzige, gerade auch auf Golgatha. Und als der Messias und Gottessohn heiligt sich Jesus am Kreuz für die Seinen, damit auch sie durch die Wahrheit geheiligt seien (17,19). Diese Wahrheit ist mit der Weissagung vom leidenden Gottesknecht (Jes 52,13-53,15) vorhergesagt und durch Jesus verwirklicht: Durch seinen stellvertretenden Tod trägt er die Sünde weg (vgl. Joh 1,29 mit Jes 53,5-12) und schenkt den Frieden mit Gott (vgl. Joh 14,27; 20,17.20-23 mit Jes 53,5). In den johanneischen *»Ich-Bin-Worten« Jesu wird der Gottesname und das Gnadenhandeln Gottes ausgelegt (vgl. 2Mo 3,14; Jes 55,1f). Mit den Bildern von Wasser, Brot, Licht offenbart Jesus sich selbst und den Vater als Retter und Geber des ewigen Lebens, das durch das Kreuz für die Menschheit gewonnen wird (3,16). Und wenn ein absolut gesetztes »Ich bin es« als Ziel und Inhalt allen christologischen Erkennens und Glaubens dargestellt wird (8,28; 13,19), so deckt dadurch Jesus die Heilsbedeutung des Gottesnamens auf: An der Wirklichkeit des »Ich bin« soll die Welt den allein wahren Retter erkennen (Jes 43,9-11).

In der Offb wird die im Gottesnamen in 2Mo 3,14 verborgene und in Jes 41,43; 44,6 offenbarte Zeitüberlegenheit und Ewigkeit Gottes auch auf den zum Himmel erhöhten Christus übertragen. Diese Übertragung wird schon in Joh 8,58 angezeigt und in Offb 22,13 mit der Selbstprädikation: »Ich bin das A und das O, der Erste und der Letzte« offen ausgesprochen; sie wird in Offb 1,8 (vgl. 21,6) von Gott selbst gesagt.

6. Bei den Jüngern Jesu kann die durch die Berufung zur Nachfolge erfolgte Lebenswende nicht nur durch eine geänderte Berufsbezeichnung (»Menschenfischer«, Mk 1,17), sondern auch durch einen von Jesus gegebe-

nen Beinamen zum Ausdruck gebracht werden. Simon, der Sprecher der Zwölf, erhielt den N.n *Kephā'*, »Petros (Fels)«: Als Felsfundament des Glaubens (nach Jes 28,16) soll er auch durch die Pforten des Totenreiches nicht überwunden werden (Mt 16,18, vgl. 1 QH 6,24ff; Mk 3,16; Joh 1,42; Lk 22,31f). Die durch ihren Ehrgeiz und stürmischen Eifer hervortretenden Jünger Jakobus und Johannes werden **Boanerges* genannt, was als »Donnersöhne« übersetzt wird (Mk 3,17), aber genauer *bene regisch*, »Söhne des Lärmens, Sturmgesellen«, bedeutet; sie sind nach Art und Stellung den gewalttätigen Jakobssöhnen Simeon und Levi zu vergleichen (Mk 3,16-18, vgl. 1Mo 49,5; 5Mo 33,8-10; Lk 9,54f; Mk 10,35-45). Auch bei Matthäus bzw. Levi ist an einen solchen Beinamen zu denken: »Matthäus« bedeutet wie »Nathanael« das »Gottesgeschenk« und »Levi« den »Nachfolgenden« (vgl. 4Mo 18,2.4); wie in Qumran (CD 4,3) wird der N. Levi vom Verbum *nilwā*, »sich anschließen«, her gedeutet.

7. Dem von den Juden heilig gehaltenen Gottesnamen wurde in hellen.-heidnischen Kreisen vielfach magische Kraft zugeschrieben, so daß er für Zauber-Praktiken benutzt werden konnte (R. Wünsch, Antike Fluchtafeln, S. 7.17.19.21f). Nach Apg 19,13-19 wurde das von jüd. Beschwörern auch mit dem N.n Jesus versucht. Die im N.n Jesu vollzogenen Heilungen (Apg 3,6; 4,7.10) beruhen aber nicht auf einer magischen Wirkung dieses Namens. Vielmehr bezeugen die Jünger, daß sie nicht aus eigener Kraft, sondern im Auftrag ihres Herrn das Wunder vollziehen, ferner, daß es allein im N.n Jesu Heil geben kann (Apg 4,12). Die bei der ersten Aussendung verliehene Vollmacht zur Verkündigung und Heilung (Mt 10, 7f) wird vom Auferstandenen erneuert und durch die Kraft des Heiligen Geistes in die Tat umgesetzt (Apg 1,8; 6,8; 8,6f). Heilungen sind notwendige Begleiterscheinungen des Evangeliums der messianischen Zeit.

Literatur: J.E. Fossum: The N. of God and the Angel of the Lord, WUNT 36, 1936; R. Wünsch: Antike Fluchtafeln, in: H. Lietzmann: Kleine Texte 20, ²1912; H. Bietenhard: TBLNT II, 958–963; G. von Rad: Gesammelte Studien zum Alten Testament I, ⁴1971, II (hrsg. von R. Smend), 1973. O.B.

NAMEN GOTTES. Im AT begegnet eine große Vielfalt an Gottesbezeichnungen. Die drei häufigsten (El und seine Verbindungen, Elohim und Jahwe) werden im folgenden jeweils mit ihrem sprachlichen und religionsgeschichtlichen Umfeld und ihrem Gebrauch nebst dessen theologischer Bedeutung dargestellt. Dabei wird sich sowohl die Nähe zur altorientalischen Umwelt als auch die schrittweise Herausbildung unverkennbarer Eigenarten des Glaubens Israels zeigen. Das AT gewährt als Zeugnis der Geschichte des Gottes Israels mit seinem Volk Einblicke in diese Entwicklung, die es als stufenweise Offenbarung Gottes und seines Namens verstehen lehrt.

1. El und seine Verbindungen.

Das Wort El (hebr. *'ēl*) findet sich schon früh und in allen wichtigen semit. Sprachen als Begriff für »Gott«. Dabei kann es, wie im AT, sowohl als reines Appellativum (Gattungsbezeichnung im Sing.: Gott; im Plur. *'ēlīm*, »Götter«) als auch als Eigenname einer bestimmten Gottheit verwandt werden.

Eine besondere Nähe zur atl. Rede vom Gott Israels als El weisen die seit 1929 ausgegrabenen ugaritischen Textfunde von Ras Schamra (10 km nördl. von Ladakije) auf (vgl. dazu im AT z.B. Ps 82,1: »Versammlung Els«; Ps 29,1 und 89,7: »Göttersöhne«; LÜ: »Himmlische«). Der El dieser Keilschrifttexte tritt als Haupt des Pantheons, als Vater der Götter und als ihr König auf. Er herrscht und richtet bisweilen streng, aber auch mit großer Güte, Toleranz und immer weise. Die bisher bekannten Abbildungen zeigen ihn als einen älteren Mann mit Vollbart, der, majestätisch auf einem Thron sitzend, Opfergaben entgegennimmt (WM 1/1, Syrien, Tafel 10).

Im AT begegnet der Begriff El an 328 Stellen, und zwar besonders häufig in poetischen Texten (Psalter: 77 mal; Hiob: 55 mal; Jes 40-46: 15 mal) und in archaisierender (alte Formen verwendender) Sprache (Hiob). Pluralformen sind selten und eine feminine Verwendung (»Göttin«) fehlt im Unterschied zu anderen semit. Sprachen völlig.

In den Vätergeschichten des 1. Mosebuches finden sich verschiedene mit El zusammengesetzte Gottesbezeichnungen, die direkt oder indirekt mit einem bestimmten Heiligtum verbunden sind (z.T. in dt. Übersetzungen nur schwer zu erkennen). Dazu gehören *'ēl 'ōlām* (1Mo 21,33; philologisch deutbar als »Gott 'Olam« und als »der ewige Gott«; Beerscheba), *'ēl bēthēl* (1Mo 31,13; 35,7; »der Gott (von) Bethel«), *'ēl ro'ī* (1Mo 16,13; »Gott, der mich sieht«; *Beer-Lahai-Ro'i, »Brunnen des Lebendigen, der mich sieht«, 1Mo 16,14; 24,62; 25,11) und *'ēl 'äljōn* (1Mo 14,19.22; »El, der Höchste« oder »der höchste Gott«; Jerusalem, vgl. V. 18 Salem).

Eine Sonderstellung nimmt die ortsungebundene Bezeichnung *'ēl schaddaj* ein (48 mal, u.a. 1Mo 17,1; 28,3; 35,11; 48,3; 2Mo 6,3). Ihr Verständnis ist bis heute strittig. Schon in der vorchristl. Zeit kannte man die Bedeutung des Gottesnamens nicht mehr sicher

(LXX übersetzt vor allem mit *theos, kyrios* und *pantokrator;* von letzterem leitet sich – nach LÜ und ZÜ: »der allmächtige Gott« ab). Nach heutigem Kenntnisstand spricht trotz bleibender Vorbehalte einiges für die von W. Albright vorgeschlagene und von F.M. Cross neugefaßte Herleitung vom neuassyr. *schaddā'ū/schaddājū*, »Bergbewohner«. Danach wäre *'ēl schaddaj* zu erklären als »der El des Berges«, der zugleich als göttlicher Krieger seinem Volk beistand (vgl. WM 1/1, S. 208-213).

Eine besondere Bedeutung gewinnt dieser Gottesname im AT nach 2Mo 6,2b.3. Nach diesem Text offenbarte sich Gott seit Abraham als *'ēl schaddaj* und seit Mose als Jahwe: »Ich bin Jahwe. Ich erschien dem Abraham, Isaak und Jakob als *'ēl schaddaj,* aber unter meinem Namen Jahwe habe ich mich ihnen nicht geoffenbart« (2Mo 6,2b.3). Dieser Text zeigt schlaglichtartig, wie die atl. Zeugnisse die verschiedenen Stadien der Geschichte Israels samt deren Ursprüngen verstanden wissen wollen. Unter verschiedenen Namen in verschiedener Form begegnete der eine Jahwe, der Gott Israels. Jahwe wird im Gott der Väter genauso handelnd gewußt wie in den verschiedenen Erscheinungen Els. Dies zeigt sich auch in der Verwendung von El als Name für den Gott Israels, wie sie sich in den Bileamsprüchen (4Mo 23/24), bei Hiob und im elohistischen Psalter findet (Ps 43-83; so genannt wegen des überwiegenden Gebrauchs von El oder Elohim anstelle des Gottesnamens Jahwe; vgl. Ps 53 mit Ps 14!).

Daneben begegnet vor allem in späteren Texten häufig der Gebrauch von El in Verbindung mit Adjektiven wie »der heilige Gott« (Jes 5,16), »der eifernde Gott« (2Mo 20,5; 34,14; 5Mo 4,24 u.a), »der große Gott« (Ps 95,3) und »der barmherzige und gnädige Gott« (2Mo 34,6; 5Mo 4,31; Jona 4,2; Ps 86,15 u.a.). Hier zeigen sich Anfänge einer Lehre von den Eigenschaften Gottes, die es u.a. erlauben, die besondere, sich aus dem allg., altorientalischen Gottesverständnis heraushebende Erfahrung und Erkenntnis Gottes zu formulieren (z.B. »der eifernde Gott«, besonders im *Deuteronomium/5. Buch Mose, als Kennzeichen einer Ausschließlichkeit der Beziehung zwischen Gott und Volk, die mehr als einen bloßen Vorrang vor anderen Göttern beansprucht).

Einen Höhepunkt erreicht solche Einsicht in Jes 40-55 und seiner Verkündigung der Einzigkeit Jahwes als Gott. Dabei wird besonders in Kap. 40-66 häufig auf *'ēl* als Appelativum für »Gott« zurückgegriffen. Allein Jahwe kann sich mit Recht El (oder Elohim) nennen.

Abschließend sei noch auf solche Stellen hingewiesen, an denen *'ēl,* »Gott«, dem Menschen gegenübergestellt wird (4Mo 23,19; Hiob 9,2; 25,4; Jes 31,3; Hes 28,2-9; Hos 11,9). Betont solche Redeweise die Distanz zwischen beiden, so kann El als Gebetsanrede auch die enge Verbindung zu Gott ausdrükken (Ps 42,9 »Gott meines Lebens«; in Klage- und Dankliedern wie Ps 22,2; 118,28: »mein Gott«).

2. Elohim.

'ēlohim, das mit 2600 Belegen zweithäufigste Substantiv im AT, wurde im Unterschied zu *'ēl* ursprünglich nur als Begriff für »Gott« verwandt. Erst in späterer Zeit nimmt es den Charakter eines Eigennamens an. Grammatisch liegt eine Pluralform vor, die wohl zuerst den numerischen Plural »Götter« bezeichnete und erst nach und nach zum Abstrakt oder Intensivplural wurde. Für das AT ist jedenfalls deutlich, daß neben der Singularform *'ālōah* (57 mal; vor allem in späteren Texten, davon 41 mal in Hiob 3-42; daneben im aram. Teil des AT 95 mal *'ēlāh*) auch der Plural an den meisten Stellen singularischen Sinn hat.

Die Etymologie ist wie bei El umstritten. Eine genaue Entsprechung zum AT findet sich nur im Aram. und Arab. Vielleicht entstand Elohim als zweite Pluralform zu El. In der seltenen Pluralbedeutung wendet das AT Elohim auf fremde Götter wie die »Götter der Völker« (5Mo 6,14; Ps 96,5), die »Götter der Fremde« (1Mo 35,2.4; Ri 10,16), die »Götter der Ägypter« (Jer 43,12f) und »andere Götter« (Hos 3,1) an. Der Gebrauch von Elohim für den Gott Israels zeigt folgende Eigenheiten des atl. Zeugnisses von Gott. In den Vätergeschichten des 1Mo findet sich mit der Wendung »Gott meines/deines Vaters« oder »Gott Abrahams (etc.)« eine Verbindung Gottes mit einem einzelnen Menschen bzw. seiner Sippe (1Mo 24,12.27.42.48; 31,42; 46,3; 50,17). In 1Mo 31,53 ist noch erkennbar, daß ursprünglich damit verschiedene Sippen je ihren Gott benannt haben: »Der Gott Abrahams und der Gott Nahors sollen richten zwischen uns«, nämlich der Sippe Abrahams und der *Nahors (*Betuël, *Laban, vgl. 1Mo 24,47ff). Das AT erkennt in den verschiedenen Bezeichnungen auch dieser Zeit immer zugleich den einen Gott Israels und sperrt sich mit diesem Bekenntnis gegen weitergehende religionsgeschichtliche Neugier (2Mo 3,15f).

Die besondere Hinwendung Jahwes zu Israel findet ihren Niederschlag in Ausdrücken wie »der Gott Israels« und »dein/unser/euer Gott« und in festgefügten Formeln wie »Ich bin Jahwe (LÜ: der HERR), dein/euer Gott« (Selbstvorstellungsformel) und »Ich will ihr Gott sein, und sie sollen mein Volk sein« (Bundesformel; 2Mo 6,7; 5Mo 26,17f; 2Sam 7,24; Jer 11,4b; 30,22 u.ö.). In verschiedenen inhaltlichen und zeitlichen Zusammenhängen wird damit immer neu ausgesagt, daß Jahwe in ein besonderes Verhältnis zu diesem Volk getreten ist. In gnädigem Eingreifen (z.B. im Krieg: Jos 10,14.42; Ri 6,8-10; in der Rettung aus Ägypten und Babylon: 4Mo 15,41; 5Mo 6,4f.20-24; Jes 41,8-13) und segensreicher Gegenwart (1Mo 12,1-3; 5Mo 28; 3Mo 9,22f; 4Mo 6,22-27 u.a.) zieht sich diese Zuordnung wie ein Cantus firmus durch das AT (vgl. auch die Verbindungen »Gott meines Heils«: Ps 18,47; 24,5; Ps 51,16; »Gott meiner Gnade«: Ps 59,11.18; »Gott der Treue«: Jes 65,16 und »der lebendige Gott«: 1Sam 17,26.36).

Dabei kann exemplarisch an 5Mo 32,8f abgelesen werden, daß ursprünglich nicht die Existenz anderer Götter in Abrede gestellt wurde: »Als Eljon (der Höchste) den Völkern ihr Erbe gab, als er die Menschenkinder schied, da setzte er fest die Gebiete der Völker . . . Da wurde Jahwes Anteil sein Volk, Jakob das ihm abgesteckte Erbe.« (vgl. mit Jahwe als Zuteilendem 5Mo 4,15-20; weiter Mi 4,5; Jona 1,5f; Monolatrie – Verehrung eines Gottes - im Unterschied zum Monotheismus – Glaube an einen einzigen Gott unter Leugnung aller anderen). Zu Israel gehört Jahwe als Elohim, so wie andere Völker ihre Götter haben. Ihm gebührt die ausschließliche Verehrung der Israeliten. Über solche Ausschließlichkeitsforderungen besonders in 5Mo, Jos – 2Kön und Jer führte die Entwicklung der Gotteserkenntnis bis zu den Unvergleichbarkeitsaussagen in Jes 40-55 (u.a. 43,10-13). Dabei kennzeichnet einen/den Gott vor allem seine Wirksamkeit als Herr der Geschichte (46,9-11).

Neben der Verbindung mit Menschen kann auch eine besondere Beziehung zu Orten signalisiert werden. Dazu gehört die Rede vom »Gottesberg« (2Mo 3,1; 4,27; 18,5; 24,13, dort identifiziert mit dem Sinai; 1Kön 19,8; Ps 68,16; Hes 28,14.16), der »Gottesstadt« (Ps 46,5; 48,2.9; 87,3; Jerusalem) und dem »Gottesgarten« (Hes 28,13; 31,8f). Hier finden altorientalische Vorstellungen ihre spezifische Aufnahme (vgl. dazu auch die »Gottessöhne« in 1Mo 6,1-4). Diese Wendungen weisen in der Regel auf Orte der Offenbarung und Gegenwart Gottes hin.

Andere Genitivverbindungen geben den Wirkungs- und Machtbereich Gottes an: »Gott des Himmels« (1Mo 24,7; 2Chr 36,23; Esr 1,2; Neh 1,4f; Jona 1,9), »Gott des Himmels und der Erde« (1Mo 24,3), »Gott allen Fleisches« (Jer 32,27, vgl. auch 4Mo 16,22; 27,16), »Gott aller Götter« (5Mo 10,17; Ps 136,2, d.h. der höchste Gott) und »Gott der Ewigkeit« (Jes 40,28). Auffällig ist, daß die universalen Aussagen vor allem in späten, nach der babylon. Gefangenschaft entstandenen Texten begegnen.

Zum Schluß seien noch solche Abschnitte hervorgehoben, die betont anstelle des Gottesnamens »Jahwe« Elohim gebrauchen. Dazu gehören Teile von 1-3Mo, der elohistische Psalter, Ps 42-83, das Predigerbuch und in Teilen die Chronikbücher sowie Hiob. Dabei wird der Jahwename aus verschiedenen Gründen vermieden. In den entsprechenden Teilen des Pentateuch soll auf diese Weise Israels Gott als Elohim der gesamten Menschheit bekannt werden. Dieser Gott beginnt eine besondere Geschichte mit Israel, indem er sich Abraham als *'ēl schaddaj* und Mose als Jahwe offenbart. Für die anderen atl. Partien mag einerseits gelten, daß die Bedeutung des Jahwenamens in dem Moment zurücktrat, als dieser als einzig wahrer Gott, als Gott schlechthin, anerkannt wurde. Andererseits betont vor allem das Predigerbuch durch diese Gottesbezeichnung den Abstand zwischen Gott und Mensch. Der transzendente »Gott« tritt als allmächtiger und dem menschlichen Erkennen entzogener seinem Geschöpf gegenüber.

3. Jahwe.

Diese Gottesbezeichnung ist ausschließlich Eigenname. Durch ihn wird der Gott Israels unterscheidbar von allen anderen Göttern und anrufbar im Gebet. Das Wissen um die zutreffende Aussprache des Tetragramms (der vier Konsonanten) JHWH ging in der jüd. Tradition des Mittelalters verloren. Dahinter steht eine Entwicklung, die in der Zeit des zweiten Tempels begann und das Aussprechen des Gottesnamens wegen seiner Heiligkeit mehr und mehr vermied. Als Ersatz dienten Wörter wie *'adōnaj* (»der Herr«; LXX: *kyrios,* »Herr«), Elohim und in frühjüd. und rabbinischer Zeit *haschschēm* (»der Name«). Entsprechend versahen die jüd. Schriftgelehrten des Mittelalters die Konsonanten JHWH mit den Vokalzeichen für *'adōnaj* als Hinweis darauf, daß hier das Ersatzwort zu lesen sei. Dies führte christlicherseits zur falschen Lesung Jehova. Auf Grund philologischer Überlegungen und der Zeugnisse altchristl. Kirchenväter läßt sich als ursprüngliche Aussprache *jahwäh* - Jahwe erschließen.

Für den Jahwenamen gibt es auch einige außerbibl. Belege von z.T. hohem Alter. Dazu gehören die *Mescha-Inschrift (*Mescha-Stele 9. Jh. v.Chr.), Ostraka von Tell Arad (Ende 7. Jh. v.Chr.), die Lachisch-Briefe aus der letzten Zeit des judäischen Königtums kurz vor 587 v.Chr. und Eigennamen, die mit dem Wortelement Jahwe gebildet sind, auf samarischen Ostraka und Siegeln (vgl. M. Noth,

S. 103-107). Neu entdeckte ägypt. Listen aus vorisraelit. Zeit nennen das »Land der Schasu(-Beduinen) Seir« auch das »Land der Schasu Jhw«. Hier könnte vielleicht eine erste, vom israelit. Jahweglauben unabhängige Bezeugung des Jahwenamens vorliegen. Falls sich diese bestätigt, weist dieser Fund zusammen mit bibl. Aussagen (5Mo 33,2; Ri 5,4f; 1Kön 19,8; Ps 68,8f.18; Hab 3,3) auf die Gegend beiderseits des Wadi *Araba, südl. des Toten Meeres bis zum Golf von Aqaba (andere Forscher: östl. oder südl. von Aqaba) als Ort früher Jahweverehrung.

Eine sichere Etymologie von »Jahwe« gibt es bis heute nicht. Zur Klärung seiner Bedeutung greift man vor allem auf *hwh* (»fällen«; »der Wehende« oder »der Fällende«, d.h. »der Blitzeschleuderer«) oder *hjh* (»sein«) zurück. Dabei überzeugt am ehesten die letztgenannte Herleitung, so daß Jahwe als Nominal- oder Verbalform von *hjh* besagt: er ist, er erweist sich als wirksam. Diese heute weithin für wahrscheinlich gehaltene Ableitung deckt sich mit der Deutung, die 2Mo 3,14 (Hos 1,9) gibt. Auf die Frage des Mose nach Gottes Name bekommt er die Antwort: »Ich bin, der ich bin (*'ehjēh 'aschēr 'ahjēh*). ›Ich bin‹ hat mich zu euch gesandt.« Gegen verbreitete Mißverständnisse muß angemerkt werden, daß diese Antwort weder Gottes Unbestimmbarkeit und Unfaßbarkeit – dies widerspricht ihrer Absicht, nämlich Antwort auf Moses bestimmte Frage zu sein – noch seine Einzigkeit im Sinne des Monotheismus (s.o.) noch gar sein immergleiches, ewiges Sein feststellt (dies wäre eine griech. Deutung des Verbs »sein«). Dem hebr. Gebrauch von *hjh* entsprechend kennzeichnet das Wortspiel (vgl. 2Mo 33,19) Jahwe vielmehr als den Tätigen und für sein Volk bleibend Wirksamen. In seiner machtvollen und hilfreichen Gegenwart (vgl. 2Mo 3,12: »Ich bin mit dir«: *'ēhjēh*) erwies und erweist er sich als Jahwe, der Gott Israels.

Zur Verwendung des Jahwenamens (6828 mal im AT) können hier nur einige Anmerkungen gemacht werden. Neben der engen Verbindung mit der Geschichte Israels (vgl. die Selbstvorstellungsformel, die Jahwe mit bestimmten Rettungstaten für sein Volk verbindet und auf Grund dieses helfenden Eingreifens Gehorsam gegenüber seinem guten Willen fordert, 2Mo 20,1ff; 5Mo 5 u.ö.) dient der Name auch als Gebetsanrede. Weiter finden sich zahlreiche Personennamen, die Jahwe enthalten (am Anfang: *jō- oder jehō* wie Jonatan, Josua; am Ende: *-jāhu* oder *-jāh* wie Jeremia(hu)). Dagegen begegnet Jahwe selten (Hiob) oder gar nicht (Pred) in der Weisheitsliteratur. Sie steht damit ganz in der Tradition altorientalischer Weisheit, allg. Ausdrücke für Gott zu bevorzugen und so die Distanz zwischen Mensch und Gott hervorzuheben (s.o.).

In der Zeit des nachexilischen Judentums tritt die Verwendung des Jahwenamens zurück. Dies mag damit zusammenhängen, daß nun die Einzigkeit Jahwes als Gott schlechthin erkannt und anerkannt war. Er mußte nun nicht mehr durch einen besonderen Namen aus der polytheistischen Welt von Mächten herausgehoben werden. »Gott« ist nun (selbstverständlich) der Gott Israels (vgl. den heutigen christl. Sprachgebrauch). Seine zweite wesentliche Aufgabe blieb jedoch erhalten. In der Gebetsanrede dient der Name Gottes (oder entsprechender Ersatz) weiter als Ausdruck des persönlichen Umgangs und der Möglichkeit, ihn anzurufen.

Diese Linie setzt sich auch im NT fort, das allerdings keine speziellen eigenen Gottesnamen kennt. Hier dient neben der atl. Redeweise der »Name Jesu« (oder nur *»Jesus Christus« bzw. »der Name«) als umfassende Kennzeichnung des göttlichen Gegenübers. Nun hat sich Gottes Name und sein Wirken untrennbar mit dem Namen und der Geschichte Jesu von Nazareth verbunden. Dementsprechend kann etwa Phil 2,6-11 ihn als den *kyrios* (»Herr«) bezeichnen, »dem sich alle Knie beugen und den alle Zungen bekennen werden« (vgl. Jes 45,23f; s. *Hoheitstitel Jesu Christi).

Literatur: W.H. Schmidt: THAT, I, [3]1978, 142-149. 153-167; E. Jenni: ibid., 701-707; Cross: ThWAT I, 1973, 259-279; Ringgren: ibid. 285-305; Freedman, O'Connor: ThWAT III, 1982, 533-554; M. Noth: Die israelitischen Personennamen, [2]1980; M.H. Pope: WM 1/1, 279-284. J.v.O.

NAMEN JESU CHRISTI s. Hoheitstitel Jesu Christi

NARDE s. Kosmetik

NASIRÄER. N. ist die üblich gewordene Wiedergabe von hebr. *nāsir*, »Geweihter« (aus der Wurzel *nāsar* mit der Grundbedeutung: »dem üblichen Gebrauch entziehen«). Ein N. war in Israel ein Mensch, der sich in besonderer Weise Jahwe zur Verfügung stellte und dazu eine Reihe von Verpflichtungen einging. Die atl. Nachrichten zum Nasiräat sind recht spärlich und vermitteln nur ein ungenaues Bild dieser Erscheinung, ihrer Entstehung, ihrer Geschichte, ihrer Bedeutung und ihrer verschiedenen Formen. Mit aller Vorsicht wird man jedoch sagen dürfen, daß sich eine ältere, charismatisch geprägte und im Dienst des Volksganzen stehende Form des Nasiräats von einer jüngeren unterscheiden läßt, die zu einem rel. Brauch, zu einer frommen Übung, geworden ist.

Zu der älteren Form des Nasiräats führt uns Am 2,11f hin. Die N. werden hier den Propheten zur Seite gestellt; beide, Propheten und N., werden von Jahwe »erweckt«. Kennzeichnend für die N. ist nach Am 2,12, daß sie keinen Wein trinken dürfen. Anzunehmen ist, daß die N. – genauso, wie es bei den Propheten der Fall ist – von Jahwe eine Aufgabe anvertraut bekamen; aber von einer solchen Aufgabe erfahren wir aus Am 2,11 nichts. Hier hilft Ri 13-16 weiter, der einzige atl. Text, der das Wirken eines N.s der älteren Zeit (gemeint ist Simson) näher beschreibt. *Simson tritt als charismatischer Kriegsheld auf, der gegen die Philister kämpft. Die ursprüngliche Aufgabe des N.s scheint demnach darin bestanden zu haben, als von Gott ausersehener Heerführer dem Volk im Heiligen Krieg voranzustehen. Ob man sich allerdings alle älteren N. analog der Gestalt des Simson als Kriegshelden vorzustellen hat, ist fraglich; die zum Nasiräat Berufenen dürften wohl auch andere Aufgaben wahrgenommen haben.

Aus Ri 13 erfahren wir, was über das Verbot des Weingenusses hinaus einem N. auferlegt ist: Er darf seine Haare – ein Symbol der Lebenskraft – nicht scheren lassen (V. 5) und nichts Unreines essen (V. 14). Ferner ist V. 7 zu entnehmen, daß die Berufung zum N. für das ganze Leben gilt.

Wie Simson war auch *Samuel Gott für das ganze Leben geweiht und stand ebenfalls unter dem Verbot, sich die Haare scheren zu lassen (1Sam 1,11). Obwohl sich im Text die Bezeichnung »Nasiräer« für Samuel nicht findet, dürfte auch er ein solcher gewesen sein. Bemerkenswert ist, daß Samuels Nasiräat auf ein Gelübde hin zustande kommt (seitens seiner Mutter *Hanna), anders als bei Simson, der von Mutterleib an von Gott berufen ist. Im Gelübde der Hanna deutet sich jenes Gelübde an, das für die spätere Form des Nasiräats kennzeichnend sein wird (abgelegt wird es dann allerdings vom N. selbst und nicht von einer anderen Person).

Unklar ist, was zum Ausdruck gebracht werden soll, wenn *Josef in 1Mo 49,26; 5Mo 33,16 als N. bezeichnet wird. Wahrscheinlich ist hier lediglich gemeint, daß er unter seinen Brüdern eine besondere, abgesonderte Stellung innehatte.

Über die jüngere Form des Nasiräats informiert uns 4Mo 6,1-21. In diesem Gesetzestext werden die Verpflichtungen desjenigen, der sich der frommen Übung des Nasiräats unterziehen will, aufs genaueste geregelt. Zu welcher Zeit aus dem charismatischen Nasiräat das als fromme Übung verstandene Nasiräat geworden ist, läßt sich nicht sagen; vielleicht haben auch beide Formen nebeneinander bestanden. 4Mo 6,1-21 jedenfalls führt die jüngere Form des Nasiräats nicht erst ein, sondern kodifiziert sie lediglich und paßt sie dem levitischen Ritual an.

Aus der lebenslangen Weihe ist in der Nasiräats-Verordnung von 4Mo 6 eine zeitlich befristete geworden. (Das spätere Recht verlangte eine Dauer von mindestens 30 Tagen, vgl. Jos bell.Jud. II, 15,1; Mischna-Traktat Nazir.) Am Anfang des Nasiräats steht ein Gelübde, durch das sich die betreffende Person (Mann oder Frau) Gott in besonderer Weise übereignet. Dabei ist zu beachten, daß das Nasiräats-Gelübde einer Frau – gemäß den allg. Bestimmungen über Gelübde (4Mo 30,2-17) – vom Vater bzw. Ehemann annulliert werden kann. Scheint gemäß 4Mo 6,2 der Grund für das Eingehen des Nasiräats-Gelübdes der Wunsch nach einer selbstlosen Hingabe an Gott zu sein, so wissen wir aus der späteren Zeit, daß man Nasiräats-Gelübde auf sich nahm, um die Hilfe Gottes bei einer Krankheit oder in einer anderen Not zu erlangen und um auf Reisen bewahrt zu sein (Jos.bell.Jud. II, 15,1; Mischna-Traktat Nazir). Als Verpflichtungen des N. werden in 4Mo 6,1-21 genannt:

1. Er hat auf Wein zu verzichten und überhaupt auf alles, was vom Weinstock gewonnen wird (Trauben, Rosinen, Rankenspitzen);
2. Er hat sich die Haare wachsen zu lassen;
3. Er hat sich von Leichen fernzuhalten.

Umständliche Reinigungszeremonien werden für den Fall angeordnet, daß neben dem N. plötzlich jemand stirbt und somit Verunreinigung eintritt. Umständlich ist auch die Beendigung des Nasiräats: Zunächst müssen verschiedene Opfer dargebracht werden. Danach wird das geweihte Haupthaar des N. geschoren und der Opferflamme übergeben (um es vor Profanisierung zu schützen). Nach einigen weiteren, vom Priester ausgeführten Riten ist der ehemals Gottgeweihte wieder berechtigt, Wein zu trinken.

Das Nasiräat ist auch im NT nachweisbar. Es wurde in der Jerusalemer Urgemeinde gepflegt (Apg 21,23), und auch Paulus hat es möglicherweise auf sich genommen, das legt jedenfalls Apg 18,18 nahe. Problematisch ist in Apg 18,18, daß das Scheren des Haupthaares zu Beginn der Weihezeit stattgefunden haben soll.

Literatur: W. Eichrodt: Theologie des Alten Testaments. Teil I, [7]1962, 200-202; J. Kühlewein: THAT II, 50-53; G.von Rad: Theologie des Alten Testaments. Bd. I, [7]1978, 76ff; H. Salmanowitsch: Das Naziräat nach Bibel und Talmud, 1931; H.L. Strack; P. Billerbeck: Kommentar zum NT aus Talmud und Midrasch II, [4]1965, 80-88.747-751.755-761; R. de Vaux: Das Alte Testament und seine Lebensordnungen II, [2]1966, 319–321. W.R.

NATHAN.

1. Der Prophet, der *David nach dem Ehebruch mit *Batseba und dem Mord an *Uria das Urteil Gottes verkündete (2Sam 12). Früher schon hatte er dem König die Offenbarung Gottes überbracht, daß der Tempelbau, den David geplant und N. zunächst gutgeheißen hatte, nicht durchgeführt werden sollte, daß der Herr aber statt dessen das Haus Davids bauen und segnen werde (2Sam 7; 1Chr 17). Als *Adonija sich zum König machen wollte, griff N. zugunsten *Salomos, den er erzogen hatte (2Sam 12,25), ein und bewirkte, daß David ihn noch rechtzeitig zum König salben ließ (1Kön 1). Gad und N. waren die Propheten, durch die der Herr David die Anweisung zukommen ließ, den Dienst der levitischen Sänger und Musiker zu ordnen (2Chr 29,25). N. schrieb auch ein Geschichtswerk über die Regierungen Davids und Salomos (1Chr 29,29; 2Chr 9,29), doch braucht er deshalb nicht die ganze Herrschaftszeit Salomos erlebt zu haben. Ob eine der in 1Kön 4,5 und 1Chr 2,36 genannten Personen namens N. mit dem Propheten gleichzusetzen ist, bleibt fraglich (s. 2. und 5.).

2. Judäer, Sohn Attais (1Chr 2,36).

3. Vater eines der Helden Davids, der aus Zoba stammte (2Sam 23,36).

4. Bruder Joels, eines der Helden Davids (1Chr 11,38).

5. Einer der in Jerusalem geborenen Söhne Davids (2Sam 5,14; 1Chr 3,5; 14,4). Er könnte der Vater zweier Beamter Salomos gewesen sein (1Kön 4,5). Sein Geschlecht wird noch Sach 12,12 genannt, er selber Lk 3,31 als Vorfahr Jesu.

6. Einer der Männer, die *Esra nach Kasifa sandte, um Leviten für den Zug aus der babylon. Gefangenschaft zurück nach Jerusalem zu gewinnen (Esr 8,16f).

7. Israelit, der eine heidnische Frau genommen hatte und sie auf Esras Anraten hin entließ (Esr 10,39). T.H.J./Red.

NATHANAEL. (Von hebr. *nātan*, »Gott hat gegeben«). N. war einer der zwölf *Jünger Jesu. Er kam (nach Joh 21,2) aus *Kana in *Galiläa, aus derselben Gegend wie Jesus. N. wurde durch *Philippus zu Jesus gebracht (Joh 1,45-51). Im Gegensatz zu Philippus trägt er einen echt jüd. Namen. Joh 1,45ff zeigt ihn als überdurchschnittlichen Schriftkenner, als einen Mann, der nach pharisäischen Grundsätzen lebte. Jesus bezeichnet ihn als »Israelit ohne Hinterhalt«, d.h. als überzeugten Angehörigen des Volkes Israel, nicht nur aufgrund fleischlicher Abstammung. Womöglich hat N. nach pharisäischer Sitte das Studium des Gesetzes im Schatten eines Baumes betrieben (1,48). Daher ist es verständlich, daß ihn Philippus auf die messianischen Aussagen im Gesetz und bei den Propheten ansprechen konnte (Joh 1,45).

N. glaubt und schließt sich dem Jüngerkreis an. Nach Joh 21,2ff wird er Zeuge der Auferstehung Jesu. Daß er bis zum Schluß des Ev.s im Jüngerkreis verbleibt, offenbart seine Treue zu Jesus. Es wird vermutet, daß N. derselbe Jünger ist, der bei den Synoptikern unter dem Namen *Bartholomäus ein Mitglied des Zwölferkreises ist. Dort kommt er in den Jüngerlisten jeweils nach Philippus (Mt 10,3; Mk 3,18; Lk 6,14). J.E.N./Red.

NATIONEN s. Völker

NATTER s. Tiere

NATUR.

I. ZUM BEGRIFF.

Der Begriff »Natur« hat in unserem allg. Sprachgebrauch vielerlei Bedeutungsvarianten, die alle miteinander zusammenhängen und z.T. durch einen bestimmten Ansatz der Weltsicht gekennzeichnet sind: »Natur« ist die Welt insofern, als sie aus ihr innewohnenden Zusammenhängen und Gesetzmäßigkeiten zu verstehen ist; etwas hat eine bestimmte »Natur«, sofern es durch eine ihm innewohnende verläßliche Eigenart bestimmt ist und von da aus verstanden werden kann oder muß. Vielfach wird der Bedeutungsgehalt des Begriffs mitbestimmt durch die Gegensätze, in die er gestellt wird: Natur/Geist, Natur/Kultur, Natur/Geschichte, Natur/Gnade, natürlich/übernatürlich, natürlich/geistlich.

Das dt. Wort ist eine Entlehnung von latein. *natura*; dessen Bedeutungsgehalt ist grundlegend dadurch bestimmt, daß es als Übersetzung des griech. *physis* (»Wuchs«, »Werden«, »Abstammung«, »Beschaffenheit«, dann auch »das Gewächs«) diente; ursprünglich nur in bezug auf Pflanzen gebraucht, dann auch auf Tiere und Menschen übertragen, bekam dieses Wort seine umfassende und vielschichtige Bedeutung durch seine Verwendung bei den griech. Philosophen (und die Philosophien und das Lebensgefühl späterer Jh. haben weiter daran geprägt). Eine hebr.

Entsprechung zu diesem Begriff gibt es nicht; er begegnet darum in der Bibel erst in den ursprünglich griech. abgefaßten Teilen der LXX (in einigen der apokryphen Bücher) und im NT.

II. IM BIBLISCHEN SPRACHGEBRAUCH.

Grundlegend bezeichnet er das Wesen oder die Beschaffenheit einer Sache, so die N. der Tiere als Gegenstand der Erkenntnis (Weish 7,20) oder die Eigenschaft des Wassers, Feuer zu löschen (Weish 19,20; LÜ: 19,19), dann auch »Arten« von Lebewesen (Jak 3,7). Der Begriff bleibt stets auf begrenzte Bereiche bezogen (nicht »die Natur« als Gesamtheit), erfaßt diese aber als Ordnungszusammenhang und begründet so die Unterscheidung zwischen Naturgemäßem und Widernatürlichem: in diesem Sinn »lehrt« die N. das rechte Verhalten des Mannes und der Frau (1Kor 11,14f), oder es wird zwischen naturgemäßen und widernatürlichem Sexualverhalten unterschieden (Röm 1,26f).

Verschiedentlich tritt der Begriff im Zusammenhang der Thematik des Verhältnisses von Juden und Heiden auf. So wird aus jüd. Perspektive gesagt, daß die Menschen, bei denen Unwissenheit über Gott herrschte (also die Heiden), »von Natur«, d.h. von Grund auf und gänzlich, nichtig seien (Weish 13,1); viell. ist Eph 2,3 als Aussage über die Juden (-christen) zu verstehen und verträte dann im gleichen sachlichen Kontext die gegenläufige Tendenz, nämlich die Juden als »Kinder des Zorns von Natur« den Heiden gleichzustellen. Von N., d.h. durch Geburt, sind *Petrus und *Paulus Juden (Gal 2,15) – aber nicht mehr das Gesetz, sondern allein Christus ist jetzt die Grundlage ihrer Gerechtigkeit. Heiden tun allein aufgrund der natürlichen Bestimmtheit ihres Verhaltens die Werke des Gesetzes (Röm 2,14) und werden so in ihrer natürlichen Unbeschnittenheit zum Richter des beschnittenen Übertreters des Gesetzes (Röm 2,27). Andererseits gibt Paulus heidenchristl. Überheblichkeit zu bedenken, die Heidenchristen seien als wilde Zweige »gegen die Natur« dem edlen Ölbaum eingepfropft, während die Wiedereinpflanzung der edlen Zweige doch nur »naturgemäß« sei (Röm 11,21.24).

Die Götzen sind »ihrer Natur nach«, d.h. in Wahrheit, keine Götter (Gal 4,8). Irrlehrer werden dargestellt als Menschen, die wie unvernünftige Tiere auf bloß Naturhaftes beschränkt sind (Jud 10; 2Petr 2,12). Demgegenüber ist den Gliedern der Gemeinde verheißen, daß sie der göttlichen Natur teilhaftig werden, d.h. Anteil an Gottes Unvergänglichkeit bekommen (2Petr 1,4).

In der Gegenüberstellung zu »geistlich« geben manche Übersetzungen (auch LÜ) das griech *psychikos* (seelisch) auch sachgemäß mit »natürlich« wieder (1Kor 2,14: natürlicher/geistlicher Mensch; 15,44.46: natürlicher/geistlicher Leib).

Gegebenheiten und Zusammenhänge des natürlichen Lebens sind auch im bibl. Begriff *»Fleisch« angesprochen, (zumeist) in spezieller Weise akzentuiert durch die Abschließung des Natürlichen in sich selbst und durch seine Entgegensetzung gegen den Willen Gottes und das schöpferische Wirken seines Geistes. Ähnlich verhält es sich z.T. mit dem Begriff *»Welt«. Am umfassendsten wird die natürliche Welt in der Bibel als *»Schöpfung« (s.u. IV. 3-5) erfaßt (und damit z.T. in eine wesentlich andere als die durch unseren Begriff der N. eröffnete Perspektive gerückt).

III. DIE NATUR IM BLICKFELD DER BIBEL.

Der Begriff der N. als eines in sich geschlossenen gesetzmäßigen Seinszusammenhanges ist der Bibel fremd und – wenn absolut genommen – mit ihrem Zeugnis unverträglich. Ebensowenig kennt sie eine grundsätzliche Unterscheidung oder gar Trennung zwischen Naturwelt und Menschenwelt (als Welt menschlicher Verantwortung und Sittlichkeit); vielmehr sind natürliches Geschehen und menschliches Tun und Ergehen unmittelbar ineinander verflochten und gemeinsam vom Handeln Gottes umgriffen (1Mo 6,5-7; 8,21f; 3Mo 26; Hos 2,10f.14.20.23f; Am 1,2; Mt 5,45; Röm 8,19-23). Dies ist durchgängig im Auge zu behalten.

1. Das Erscheinen Gottes kann sich in bestimmten (vor allem meteorologischen) Naturphänomenen manifestieren (2Mo 3,2; 13,21f; 19,16-19; Ri 5,4f; 1Kön 19,11-13; Ps 18,7-16; 29, 3-9; 77,17-19; 97,2-5; vgl. Offb 4,5).

2. In seinen Gerichts- und Heilstaten gebietet Gott auch über die N., macht sie zu seinem Werkzeug und offenbart so seine Macht (1Mo 3,14-19; 6-8; 2Mo 7-11; 14 u. 15; 1Kön 17 u. 18; Ps 104,4; 114; Jes 41, 17-20; 43,19-21; Hos 2,20-25; Am 1,2; 4,6-11; vgl. Mk 4,35-41; 16,17f).

3. Weisheitliche Betrachtung erkennt die Welt samt ihren natürlichen Gegebenheiten und Prozessen als ein wohlgeordnetes Ganzes (Ps 104; 147; 148; Spr 30,18-33; Pred 3,1-15); dessen unumstößliche Ordnung tritt dabei nicht in Gegensatz zur souveränen Freiheit des Handelns Gottes, sondern bezeugt einhellig mit dieser die Herrschaft und Macht Gottes (Jes 40,26-31; Ps 33,6-11). Gott ist als der in den Naturvorgängen Wirkende gesehen, aber er geht nicht in diesem Wirken auf.

4. Die Betrachtung der N. und das Wissen um das Wirken des Schöpfers in ihr führt den Menschen zum Lob Gottes (Ps 8; 33,1-9; 95,3-5; 104; 135,5-7; 136,5-9; 147,4-9). Ja, die N. selbst erscheint als erfüllt von der Verkündigung des Lobes Gottes (Ps 19,1-5), und sie wird aufgerufen zum Lobgesang (Ps 103,22; 148; 150,6).

5. Wenn die N. solchermaßen die Macht und Herrlichkeit ihres Schöpfers widerspiegelt und von seinem Lob erfüllt ist, so erscheint es widersinnig, daß die Menschen sich vor der in ihr aufleuchtenden Erkenntnis des wahren Gottes verschließen und dem Götzendienst verfallen (Weish 13,1-9; Röm 1,18-25; vgl. Apg 14,15-17).

6. Jesus lenkt den Blick seiner Zuhörer immer wieder auf Naturvorgänge (wie auch auf Vorgänge des menschlichen Alltagslebens): wenn man sie recht betrachtet, kann man an ihnen lernen, wie Gott wirkt, und darum auch, wie es sich mit dem Reich Gottes verhält (Mt 5,45; 6,25-34; 13; Mk 4; Joh 12,24).

7. Überall in der Welt hat es der Mensch letztlich nur mit dem Schöpfer selbst und mit seinem Willen zu tun; daneben kann keine andere Macht Geltung und Beachtung beanspruchen. Daraus ergibt sich für den Menschen, der durch das Wort Gottes ermächtigt ist und sich im Dank an Gott bindet, die Freiheit im Gebrauch der natürlichen Dinge (1Mo 1,28; 1Kor 8,4-6; 10,25f; Röm 14,5-18; Kol 2,16-23; 1Tim 4,3-5).

8. Im Gegenüber zu Gott erscheint das Natürliche und Ohnmächtige (2Chr 32,8; Hiob 34,14f; Ps 56,5.12; 103,14-16; Jes 40,6-8); sich darauf zu verlassen statt auf Gott, führt zum Scheitern und bedeutet Schuld (Jes 31,3; Jer 17,5.7; Gal 6,8). Wird schon im AT die »natürliche« Vergänglichkeit des Menschen mit seiner Schuld und dem Zorn Gottes in Verbindung gebracht (1Mo 2,17; 3,19.22f; Ps 90,5-9), so sieht Paulus ihn in seiner natürlichen Art grundsätzlich in der Abwendung von Gott befangen und unfähig, Gottes Willen zu tun (Röm 7; 8,7.13; Gal 6,8). In diesen Zusammenhang ist die ganze Schöpfung hineingezogen (Röm 8,19-23). So erscheint in den Plagen der Offenbarung des Johannes die N. auch nicht nur als Schauplatz und Mittel der Gerichte Gottes, sondern als von diesen mitbetroffen (Offb 8; 9; 15,5-16,21).

9. Wo der Mensch sich Gott zuwendet und sein Leben auf die Verheißung der zukünftigen Welt ausrichtet, erscheint angesichts des Zusammenhanges von N., Sünde und Vergänglichkeit das Irdisch-Natürliche als etwas, das es letztlich hinter sich zu lassen gilt (Mt 5,29f; Röm 8,18; 1Kor 7,29-35; Kol 2,17; 3,1-3; 1Joh 2,15-17; Jak 4,4).

10. Aber auch die N. wird von der Heilsverheißung umspannt und erfaßt: Sie wird in den Jubel über das Kommen des Heiles Gottes hineingezogen und zum Lobpreis aufgefordert (Ps 96,11-13; 97,1; 98,4-9; Jes 43,20; 44,23; 49,13; 55,12). Zu den Bildern des endzeitlichen Heils gehört der ewige Friede der N., in dem die Feindschaft der Geschöpfe untereinander aufgehört hat (Jes 11,6-9; 65,25), und das Bild von dem lebenspendenden Strom, der vom Heiligtum ausgeht und von fruchtbaren Bäumen umsäumt ist (Hes 47,1-12; Offb 22,1f). Das NT ist hier zurückhaltender als das AT, bewahrt aber grundsätzlich diese Linie (Röm 8,19-23; Offb 21,1-5).

Literatur: O.H. Steck: Welt und Umwelt. (Biblische Konfrontationen), 1978. H.Ha.

NAZARENER. Griech. *nazarēnos* oder *nazoraios*, insgesamt 19 mal in den Evv. und Apg. Nach Mk wurde die Bezeichnung *Nazarēnos* für Jesus von Dämonen (1,23), der Menge (10,47), einer Magd (14,67) und dem Boten der Auferstehung benutzt (16,6). Sie wird auch in Lk 4,34 (Mk 1,24) und Lk 24,19 verwendet (Emmausjünger). Aber Mt, Lk und Joh verwenden üblicherweise *Nazoraios* (Mt 26,71; Lk 18,37; Joh 18,5ff; 19,19; Apg 2,22; 3,6; 4,10; 6,14; 22,8; 26,9). Beide Ausdrücke werden üblicherweise mit »von Nazareth« wiedergegeben. *Nazoraios*, »Nazoräer«, wird in bezug auf Jesus auch in Mt 2,23 benutzt und taucht als populäre Bezeichnung für die »Sekte« der N. in Apg 24,5 auf. Im jüd. und arab. Sprachgebrauch hat sich dies erhalten (vgl. die älteste palästin. Form des Schemoneh ʿEsreh, in dem um 100 v.Chr. ein Fluch auf die *nosrim* ausgesprochen wird), scheinbar als allg. Bezeichnung für Christen (vgl. R. Bell, The Origin of Islam in its Christian Environment, 1926, S. 147ff). Die Väter der Christenheit wußten von jüd.-christl. Gruppen, die sich »Nazarener« (Hieronymus, De vir. ill. 2-3; Ep. 20.2) oder »Nazoräer« nannten (Epiphanius, Haer. 29.7.9, als judenchristl. Häretiker gemeint), und Epiphanius – in solchen Dingen nie sehr zuverlässig – erwähnt eine seltsame jüd.-häretische Sekte, die Nasarener (Haer. 1.18).

Die Bezeichnung wird im NT auf Jesus nie ohne den Namen »Jesus« angewendet, wobei es unter Juden üblich war, einen Mann anhand seines Heimatortes zu identifizieren. Linguistische Einwände wurden dagegen erhoben, *Nazarēnos*, geschweige denn *Nazoraios*, von Nazareth abzuleiten, was sogar zu der Vermutung führte, daß der Ort »Nazareth« aus einem falschen Verständnis des Titels Nazoräer gewählt wurde (vgl. E. Nestle, ExpT 19, 1907-8, S. 523f; s. a. *Nazareth).

Die Anspielung auf *Nazoraios* als einen dem Messias prophezeiten Titel wurde häufig als Verweis auf den »Zweig« (hebr. *nēser*) in Jes 11,1 und ähnlichen Passagen betrachtet, oder auf den *Nasiräer (*nāzir*, vgl. Ri 13,7) in seinem Wesen als Heiliger Gottes (*nāzir* wird nicht als Verfahrens-Begriff benutzt und mag in 1Mo 49,26 und 5Mo 33,16 messianisch interpretiert worden sein; s.a. H. Smith, JThS 28, 1926, S. 60). Eine weitere antike Vorstellung geht dahin (Hieronymus, a.a.O.), daß Mt auf jene Stellen anspielt, die den Messias als verachtet darstellen (vgl. Joh 1,46). In jedem Fall läßt der Unterschied in der Zitierweise von Mt 2,23 und z.B. Mt 1,22; 2,15.17 darauf schließen, daß eine prophetische Thematik, nicht eine spezifische Voraussage im Hintergrund steht.

Die Tatsache, daß die gnostischen Sekten der Mandäer und Manichäer sich selbst Nasorayya nennen, hat Aufmerksamkeit erregt. M. Black akzeptiert Lidzbarskis Ableitung von Nasorayya aus *nāsar*, »beschützen« (d.h. die Tradition), und weist auf den Anspruch der Mandäer hin, die Riten Johannes des Täufers zu bewahren. Jegliche Verbindung von *Nazōraios* und *nēser* oder *nāzir* weist er aus linguistischen Gründen zurück. Für die Nachfolger des Johannes hält er den Titel »Nazarener« passend, der von den Mandäern und eventuell von Epiphanius bewahrt wurde und den man auf die »Jesus-Bewegung« bezogen haben soll, die im Gefolge Johannes' entstanden sei. So ingeniös dies auch ist, so überzogen ist es möglicherweise. Fraglich bleibt die Verwicklung durch das Wortspiel mit *nēser* oder *nāzir* oder mit beiden und dem Namen »Nazareth«; und es muß angemerkt werden, daß die syr. Versionen des NT Nazareth mit s, nicht mit z schreiben. Eine andere Paronomasie benutzt der Koran (Sure 3,45; 11,14), und eine weitere Ableitung ist in dem Philippus-Evangelium aus *Nag Hammadi aufgetaucht, Log. 47.

Literatur: M. Black: An Aramaic Approach to the Gospels and Acts, [3]1967; K.H. Rengstorf: TBLNT II, [4]1986, 759f; R. Riesner: Jesus als Lehrer, [3]1988, 222-37; H.P. Rüger: ZNW 72/1981, 257–263. A.F.W.

NAZARETH.

1. Der Name.

N. wird weder im AT, in den Apokryphen und Pseudepigraphen, bei Josephus oder in der rabbin. Literatur erwähnt. Das führte im letzten Jh. zu einer Debatte, ob N. in ntl. Zeit überhaupt existierte (Dalman, 61f). Manche glaubten, Jesu Beiname, »der *Nazarener«, sei fälschlich auf seine Herkunft bezogen worden, man habe einen Ort N. zuerst angenommen und dann in byzantin. Zeit auch gegründet. Doch eine 1962 in *Cäsarea Maritima gefundene hebr. Inschrift aus dem 3./4. Jh.n.Chr. bezeugt N. als Sitz einer der 24 Priesterordnungen (M. Avi-Yonah, IEJ 12, 1962, 137-139). Dieser erste nichtchristl. Beleg sichert zusammen mit Hieronymus (PL 23,842) und zwei Klageliedern des Eleasar Ha-Qalir, die N. nach dem Bar-Kochba-Aufstand als Wohnort der Priesterklasse Happizzez (1Chr 24,15) erwähnen (S. Klein, Beiträge zur Geographie und Geschichte Galiläas, 1909, 199), die Schreibung mit Zade, nicht mit Sajin (wie *Nasiräer). Griech. *Nazaret* (Varianten *th/d*) dürfte auf die hebr. Normalform *nāzerat* zurückgehen, griech. *Nazara* (so der bessere Text in Mt 4,13; Lk 4,16) auf eine hebr. (H.P. Rüger, ZNW 72, 1981, 257-263) oder aram. Nebenform *nazerah* (G. Dalman, Grammatik des jüd.-palästin. Aramäisch, 1960, 152). Die Beziehung, die Mt 2,23 zwischen N. und der Prophetie Jes 11,1 über den messianischen Sproß (hebr. *nēzär*) herstellt, ist also auch philologisch möglich. Von vielen Forschern wird N. als aram. *nāzerat*, »Warte, Wachturm«, verstanden (Kuhli, 1115), aber dagegen spricht seine Lage (s.u.). In der ersten Hälfte des 3. Jh. teilt Julius Africanus mit, daß sich die Familie Jesu von N. und *Kochaba über das heilige Land verbreitet habe (Eus.h.e. I, 7,6-12). Auffällig ist, daß sich beide Ortsnamen mit messianischen Weissagungen verbinden lassen. Es kann daher erwogen werden, ob die Wiedergründung von N. in späthellen. Zeit durch Angehörige der *Davidsfamilie (von Babylonien oder der Gegend um *Damaskus her) geschah (*Kochaba), wobei sie ihren Siedlungen messianische Namen gegeben hätten. Welche Bedeutung Jes 11,1 für manche jüd. Kreise besaß, zeigen die *Qumran-Schriften. Von ihnen her scheint auch möglich, daß eine auf dem Gleichklang beruhende Verbindung mit der hebr. Wurzel *nzr*, »bewahren, schützen«, bewußt gewollt war (B. Gärtner, Die rätselhaften Termini Nazoräer und Iskariot, 1957, 5-36).

2. Der Ort.

N. liegt in einem Hochtal auf einem der letzten S-Ausläufer der Kalkberge des *Libanon. Nach S fällt der Bergzug steil zur *Jesreel-Ebene (um 100 m) ab. Die durchschnittliche Höhe des Talbodens beträgt 350-370 m, die Randberge erheben sich mit dem Nebi Sain im N bis 488 m. Von dieser Höhe reicht der Blick im W bis zum *Karmel und auf das Mittelmeer, im N zum lange schneebedeckten *Hermon, im O über den *Tabor und die *Jordan-Senke bis zu den Bergen von *Gilead, im S über die geschichtsträchtige Jesreel-Ebene bis zum Gebirge von *Samaria. »Vor dem

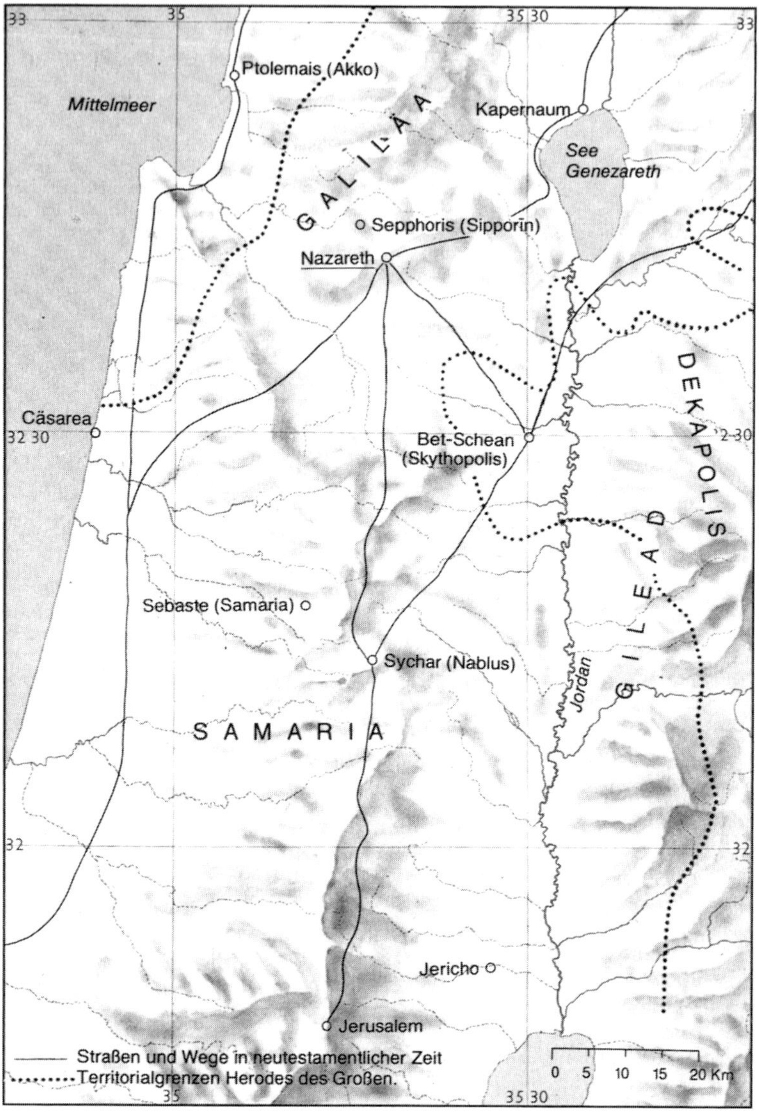

Die Lage von Nazareth.

Betrachter liegt eine Karte der atl. Geschichte« (G.A. Smith bei Bösen, 99). Das milde Klima schafft gute Voraussetzungen für eine ertragreiche Landwirtschaft (vgl. Meg 6a; Ket 111b). Der Talgrund eignet sich für Getreide- und Flachsanbau, die Berghänge für Wein, Feigen- und Ölbäume. Der heutige Besucher kann sich das frühere Aussehen des Hochtals allerdings nur noch schwer vorstellen, das von der modernen arab. Stadt En-Nazira mit

Steintafel aus Nazareth mit einem Erlaß, der die Todesstrafe für jeden fordert, der die Versiegelung eines Grabes aufbricht und den Leichnam entfernt oder raubt. Gelegentlich wird die Auffassung vertreten, daß dieser Erlaß im Zusammenhang mit den Vorwürfen gegen die Jünger Jesu nach der Auferstehung zu sehen sei (vgl. Mt 28,11–15). Höhe 61 cm, ca. 50 n.Chr. (BN)

30 000 - 50 000 in ihrer Mehrheit christl. Bewohnern eingenommen wird. Die jüd. neue Oberstadt (Nazerat Illit) zählt über 10 000 Einwohner. Vorgeschichtliche Funde stammen vom Dschebel El-Qafze (397 m) am S-Abhang (BL, [1]1982, 1221). Das geschichtlich bekannte N. lag auf einem Hügelsporn, der sich vom Nebi Sain nach S in das Hochtal zieht. Am NO-Hang des Hügels existiert eine verhältnismäßig starke Quelle (heute Marienquelle), bei der sich allerdings keine Siedlungsreste aus vorbyzantin. Zeit fanden. Eine schwächere Quelle (arab. ʿEn El-Dschedīde, »Neue Quelle«) entspringt nordwestl. oberhalb des Hügelsporns bei der sog. »Mensa Christi« (nach einer Legende des 17. Jh.) und ist für das Tal auf seiner W-Seite verantwortlich. Vom Hügelsporn reicht der Blick nur über das Hochtal, so daß eine Deutung des Namens N. als »Beobachtungswarte« sehr fraglich ist. Es haben sich auch keinerlei archäologische Hinweise auf eine »Grenzbefestigung« (E.W. Saunders, BHH II, 1964, 1291) gefunden. Spuren einer kontinuierlichen Besiedlung im 2. Jt. v.Chr. wurden am S-Ende des Hügelsporns im Bereich der Verkündigungskirche in Form von Gräbern entdeckt. Die bronzezeitl. Siedlung hat man aber noch nicht gefunden. Eine eisenzeitl. Siedlung wurde (ab dem 13. Jh. v.Chr.) im Bereich des alten Gräberfeldes angelegt, wie vor allem in den Felsen gehauene Silos bezeugen (S. Loffreda, SBFLA 27, 1977, 135-144). Vielleicht ist die veränderte Ortslage ein Hinweis auf die Ansiedlung von Israeliten (S. Loffreda, MB 16, 1980, 9). N. gehörte zum Gebiet des Stammes *Sebulon und wurde vermutlich von dem in Jos 19, 12 erwähnten *Jafia aus gegründet (Alt II, 443), auf dessen strategisch hervorragende Lage eine Bezeichnung wie »Warte« oder »Befestigung« viel besser passen würde. Nach dem Exil gab es offenbar während der ganzen pers. Zeit eine Siedlungslücke.

Eine Wiederbegründung erfolgte erst in der späthellen. Zeit. Erhalten blieben vom ntl. Dorf vor allem in den weichen Kalkfelsen gehauene Installationen wie Wasserzisternen, Reservoire für Wein und Öl sowie birnenförmige Getreidesilos (Bagatti, Excavations, 27-76). Bei ihrer Anlage nutzte man oft schon bestehende Naturhöhlen aus. Von daher ist es zur Annahme gekommen, die Nazarethaner seien Höhlenbewohner gewesen (so u.a. Negev 256). Doch die Grotten gehörten in der Regel zu Wohnhäusern, deren Steine in späteren Bauten wiederverwendet wurden. Eine solche Vorratshöhle hat wohl das Jesus-Wort Lk 11,33 im Sinn (E. Alliata, SBFLA 34, 1984, 53-66). Die Einzelfunde aus ntl. Zeit umfassen u.a. herodianische Lampen, bemalte Scherben, Platten mit zwei Henkeln sowie Krüge verschiedenster Art (A. Brunot, MB 16, 1980, 39). Die Grenzen des Orts werden durch die Gräber der hellen.-röm. Zeit bezeichnet, von denen wir mehr als zwanzig kennen (C. Kopp, JPOS 18, 1938, 191-205). Das ntl. N. erstreckte sich in einer Länge von etwa 500 m vom mohammedanischen Friedhof im N bis südl. der Verkündigungskirche. Im SW beim Kloster der Dames de Nazareth hat die Besiedlung bis ins Tal gereicht (MB 16, 1980, 2), während sie sonst auf den Hügelsporn beschränkt blieb. Die Einwohnerzahl mag um zweihundert gelegen haben (Bösen, 104f).

Jesu Mutter *Maria wohnte vor seiner Geburt in N. (Lk 1,26), dagegen stammte ihr Mann *Josef aus *Bethlehem (Mt 2,1-11 vgl. Lk 2,4f). Erst nach der Rückkehr aus *Ägypten (2,19-23) ließ er sich in N. nieder (P. Benoit, Exégèse et théologie IV, 1982, 95-112). N. als Heimatort Jesu ist (z.B. von H. Stegemann; W. Schmithals, ÖTK 1, 1979, 83) zugunsten von *Kapernaum mit unzureichenden Gründen (J. Blinzler, BiKi 25, 1970, 14-20) bestritten worden. Dafür spricht neben dem Beinamen »der *Nazarener« die enge Beziehung zwischen Jesus und N., die in voneinander unabhängigen Quellen wie Mk (1,9), Lk (Lk 1,26; 2,4.39.51; 4,16; Apg 10,38) und Mt (2,23; 4,13; 21,11) Sondergut sowie Joh (1,45f) hergestellt wird. In N. lernte Jesus von Josef (Mt 13,55/Lk 6,3) den Beruf eines Bauhandwerkers (*Zimmermann). In den Jahren nach der Geburt Jesu wurde die 5 km nördl. liegende galiläische Landeshauptstadt *Sepphoris wieder großzügig aufgebaut. Wegen ihrer Nähe darf man sich N. nicht zu abgeschlossen von der damaligen Zivilisation vorstellen. Ein Zweig der großen Überlandstraße von Cäsarea am Meer nach Damaskus zog ca. 3 km östl. von N. am Rand der Jesreel-Ebene vorbei. Eine Stichstraße nach Sepphoris muß in unmittelbarer Nähe von N. verlaufen sein (Dalman, 68f). Dadurch war der Ort Zeuge von Kämpfen während des jüd. Aufstands. Am 13. Juli 67 n.Chr. wurde das Großdorf Jafia, zu dem N. damals wohl politisch zählte, von den aus Sepphoris kommenden Römern erobert und die Bewohner wurden in einem furchtbaren Blutbad niedergemetzelt (Jos.bell.Jud. III, 289-306). Nach dem Bar-Kochba-Aufstand kennen wir N. als Priestersiedlung (s.o.). Den rein jüd. Charakter des Orts im 4. Jh. bezeugt Epiphanius (Haer. XXX 11,9f), wobei seine Ausdrucksweise *Judenchristen nicht ausschließen muß. Im 5. Jh. wurde N. Bischofssitz (Kopp, 94). Doch selbst am Ende des 6. Jh. existierte in N. noch eine starke jüd. Gemeinde (ELS 4). Aus Rache für ihre Unterstützung der Perser wurde sie 629/30 von Kaiser Heraklius ausgerottet (Euthychius, PG 111, 1083. 1090).

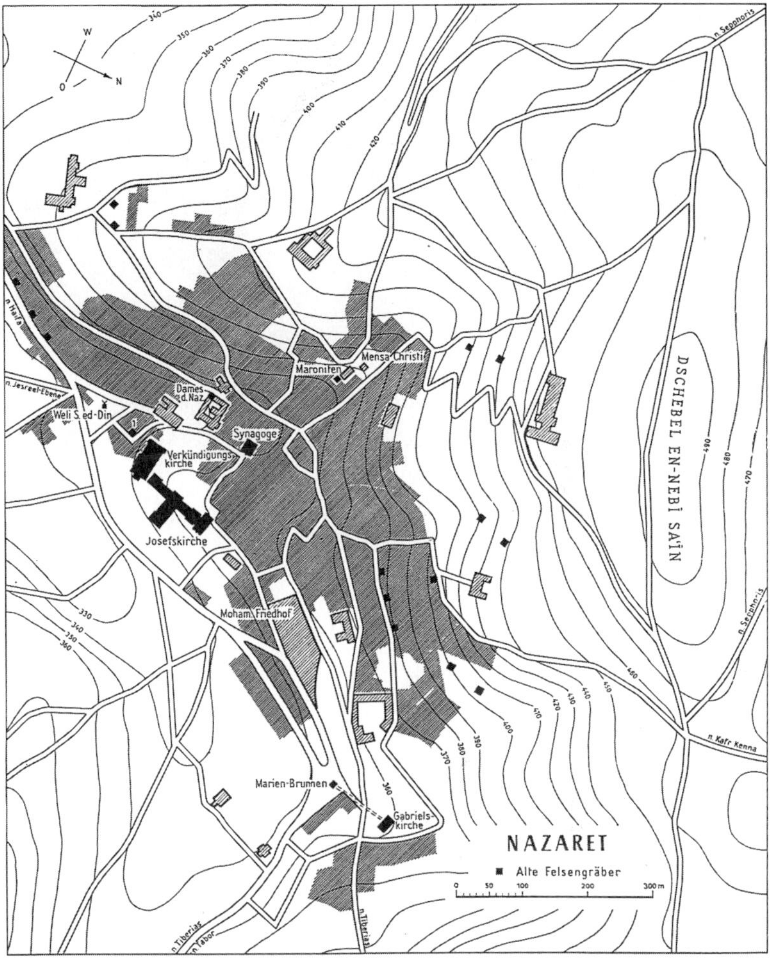

3. Die Synagoge.

Nach den Evv. (Mt 13,54/Mk 6,1f/Lk 4,16) gab es in N. eine *Synagoge, die neben den Mosebüchern mindestens noch eine *Jesaja-Rolle besaß (Lk 4,17). Der in Lk 4,20 erwähnte Synagogendiener (griech. *hypēretēs)* fungierte oft als Elementarlehrer und so wird Jesus über das Elternhaus hinaus seine rel. Bildung hier erhalten haben (vgl. Lk 4,16). Noch 570 n.Chr. will der anonyme Pilger von Piacenza diese Synagoge gesehen haben (ELS 4), aber sicher handelte es sich um ein späteres Gebäude, das jedoch vielleicht am selben Platz stand (F. Hüttenmeister, G. Reeg, Die antiken Synagogen I, 1977, 339-342). Eine Kirche am Ort der Synagoge ist erst für die Kreuzfahrerzeit sicher bezeugt (ELS 18). Kaum auf diesen Bau bezieht sich die anonyme Quelle des Petrus Diaconus (ELS 10, vgl. P. Maraval, Egerie, SC 296, 1982, 94). Ortstraditionen, die auf die griech.-katholische Kirche bzw. die Kirche der Vierzig Märtyrer (vermutlich auf dem mohammedan. Friedhof) weisen, können bisher nicht vor das 17. Jh. verfolgt werden (Kopp, 116-122). Nordöstl. des Franziskaner-Klosters wurden Säulenbasen mit hebr. Buchstaben gefunden. Wahrscheinlich handelt es sich um Überreste der byzantin. Synagoge (Bagatti,

Das Tal zwischen Nazareth und Kana. (SH)

Excavations I, 23-25.233f). Der ntl. Vorgängerbau war vermutlich eine bescheidene Haussynagoge (*Hauskirche) ohne architektonische Besonderheiten.

Lk 4,16-30 schildert die erste öffentliche Predigt Jesu in seiner Heimatsynagoge. Die Reaktion war ein Versuch, ihn zu Tode zu stürzen (Lk 4,29), wie es die spätere rabbin. Gesetzgebung vor einer Steinigung vorsah (Sanh 6,4). Der »Abhang (griech. *ophryos*), auf dem die Stadt erbaut war« (Lk 4,29) wird seit dem 9. Jh. fälschlich mit einer Steilwand des in die Ebene abfallenden Dschebel El-Qafze identifiziert (Kopp, 124-129). Felsabhänge an den Rändern des Hügelsporns sind noch auf einer Lithographie von D. Roberts aus dem Jahr 1842 zu sehen. Archäologisch wurden sie an der W-Seite der Verkündigungskirche nachgewiesen (MB 16, 1980, 9). Wenn Lk (1,26; 2,4.39; 4,29) ebenso wie Mt (2,23) N. eine Stadt (griech. *polis*) nennt, so mag das auch mit der doppeldeutigen Ausdrucksweise semit. Quellen zusammenhängen. Das hebr. *ʿir* kann wie das deutsche »Ort« eine Stadt oder ein Dorf meinen. Die beiden Evangelisten kannten also den kleinen Weiler offenbar nicht aus eigener Anschauung. Die Darstellung des Lk läßt viele Fragen offen. Vielleicht spiegelt sich in ihr der Zusammenstoß zwischen der nationalen Messiashoffnung der davidischen Großfamilie (vgl. Lk 1,51-54) und Jesu Niedrigkeitsweg (vgl. Lk 4,22). Auch andere Texte scheinen auf eine Ausstoßung aus dem Familienverband hinzuweisen (Mk 3,21; 3,31-35 par.; 6,4). Nur ein Teil seiner Familie folgte Jesus nach *Kapernaum (vgl. Joh 2,12), das er für eine Zeitlang zu seinem neuen Wohnsitz und zum Mittelpunkt der Wirksamkeit in *Galiläa machte (Mt 4,12-17). Der Satz des *Nathanael: »Was kann aus Nazareth Gutes kommen?« (Joh 1,47) bezieht sich nicht auf einen besonders schlechten Ruf des Orts, sondern deutet verborgen auf die Weissagung über die Geburt des Messias in Bethlehem hin (vgl. Joh 7,41f).

4. Die verehrten Häuser.

Unter Kaiser Decius (249/51 n.Chr.) starb in Kleinasien ein Konon den Märtyrertod, der nach seiner eigenen Aussage ein Verwandter Jesu war und aus N. stammte (Kopp, 90). Bis mindestens ins 3. Jh. hinein lebten dort also *Judenchristen. Die Lage von N. war Eusebius am Beginn des 4. Jh. bekannt (onom. 141,1) und am Ende hören wir bereits von heidenchristl. Pilgern (Hieronymus, Epist. 108,13). Der jüd. Konvertit Joseph von Tiberias erhielt von Kaiser Konstantin († 337 n.Chr.) die Erlaubnis, auch in N. eine Kirche zu errichten (Epiphanius, Haer. XXX, 11, 9f). Die erste sichere Nachricht über einen Kirchbau, und zwar an der Stelle des Hauses der Maria, gibt uns 570 der anonyme Pilger aus Piacenza (ELS 4). Nach dem Abriß einer Behelfskirche 1954 war es dem Franziskaner-Archäologen B. Bagatti möglich, am traditionellen Ort der Verkündigung Marias (vgl. Lk 1,26-38) Ausgrabungen durchzuführen (Excavations, 77-218). Er fand nicht nur die Reste einer mächtigen Kreuzfahrerkirche, sondern auch die einer kleineren byzantin. Basilika aus dem 5. Jh. Sie war aber nicht das erste christl. Gebäude an dieser Stelle. Unter dem südl. Stylobat der byzantin. Kirche liegt eine ältere Mauer. Zu diesem Gebäude gehörten auch verstreute, mit weißem Putz versehene Kapitäle, Säulenbasen und -trommeln, von denen einige Graffiti trugen. Eine aram. Inschrift könnte ein Fragment des *Targum (aram. Übersetzung) zu Jes 55,1-13 darstellen (E. Testa, SBFLA 27, 1967, 259-289). Bei einer männlichen Figur handelt es sich vielleicht um die erste bekannte Darstellung von *Johannes dem Täufer (B. Bagatti, OA 3, 1964, 61-66, anders J.E. Taylor, PEQ 119, 1987, 142-48). Außerdem fand man den griech. Engelsgruß (vgl. Lk 1,28): *ch(air)e Maria,* »Gegrüßt seist du, Maria!« (Kroll, 91). Es gab hier also schon vor dem 5. Jh. einen Kultort mit Marienerinnerungen. Das Alter des Baus ist umstritten. Während der Ausgräber es für eine judenchristl. Synagoge des 3. Jh. hält (Bagatti, Excavations, 173), rechnen andere mit der im 4. Jh. durch Joseph von Tiberias errichteten Kirche (J.E. Taylor, 147-148). Älter als der Kultbau ist ein unter ihm gelegenes jüd. Ritualbad, das Judenchristen als Taufbecken gedient haben könnte, wie Graffiti (Schiffe, Kreuze, Pflanzen) nahelegen (Kroll, 90). Eine Präsenz von Judenchristen mindestens im 3. Jh. bezeugt der bemalte Putz in einer kleinen Höhle (sog. Martyrium des Konon) links von der traditionellen Verkündigungsgrotte. Die abgebildeten Zweige könnten sich auf die Verheißung vom Sproß nach Jes 11,1 beziehen (F. Manns, MB 16, 1980, 18). Die traditionelle Verkündigungsgrotte wird zum ersten Mal am Beginn des 12. Jh. erwähnt (Kopp, 101-106). Aber die Anordnung der vorkonstantinischen Kultanlagen spricht dafür, daß sie auch damals schon eine Rolle spielte (S. Loffreda, MB 16, 1980, 12f). Die Judenchristen hielten Ereignisse der Heilsgeschichte oft im Zusammenhang mit Höhlen wach (Meyers, Strange, 137-139). Es kann sich ursprünglich um eine Vorratsgrotte gehandelt haben, die in der Nähe von Marias Wohnhaus lag, das wohl schon bei Errichtung des Vorgängerbaus der byzantin. Basilika abgetragen wurde (S. Loffreda, SBFLA 36, 1986, 211-234). Die moderne, sehr große Verkündigungskirche hat auch die Aufgabe, die ausgedehnten Ausgrabungen zu schützen.

Als zweite Kirche von N. erwähnt Arkulf (670 n.Chr.) diejenige, wo das Haus gestanden haben soll, in dem Jesus aufwuchs (ELS 5). Die Tradition über die Werkstatt Josefs an der Stelle der heutigen Franziskanerkirche unter seinem Namen ist nicht älter als der Beginn des 16. Jh. (Kopp, 113-116). Hier stand zwar eine Kreuzfahrerkirche, aber Spuren eines byzantin. Baus wurden nicht gefunden (B. Bagatti, SBFLA 21, 1971, 5-32). Allerdings existiert unter der Kirche ein jüd. Ritualbad, zu dem wie bei jenem unter der Verkündigungskirche (lat. *annuntiatio*) sieben Stufen herunterführen (Bagatti, Excavations, 219-233). Ein Mosaik macht die Verwendung als Taufbecken wahrscheinlich, und eine benachbarte Höhle (vgl. Eph 5,14) könnte ebenfalls mit der Taufliturgie der Judenchristen in Verbindung stehen (Testa, Nazaret,1 10-53). Man hat für die Erziehungskirche (latein. *nutritio*) auch an das Gelände der »Marienquelle« gedacht (Kopp, 107-113), die 150 m nördl. von ihrem heutigen Ausfluß entspringt. Seit dem 18. Jh. steht hier die griech.-orthodoxe Gabrielskirche. Sie hatte vielleicht eine Vorgängerin in der Kreuzfahrerzeit (ELS 9ff), wo man nach dem apokryphen Protevangelium des Jakobus (11,1f; Hennecke-Schneemelcher I, [5]1987, 343) eine erste Begegnung Marias mit dem Erzengel Gabriel lokalisierte. Bisher wurden allerdings keine Bauteile archäologisch nachgewiesen, die älter sind als das 18. Jh. (MB 16, 1980, 42). Die relativ genaue Ortsbeschreibung des Arkulf paßt hervorragend auf den Komplex unter dem Kloster der Dames de Nazareth westl. der Verkündigungskirche (J.B. Livio, MB 16, 1980, 27-34). Bei der von Arkulf erwähnten Quelle kann es sich um eine Zisterne handeln, die durch einen Kanal von der etwa 200 m entfernten »Neuen Quelle« gespeist wurde. Eine noch unveröffentlichte Sondierung von 1987 (E. Nitowski) bestätigte eine Kreuzfahrerkirche, ein byzantin. Gebäude mit zwei Bauphasen sowie Reste eines Wohnhauses aus dem 1. Jh.n.Chr. Auf dem Gelände existiert auch ein schönes Rollsteingrab. Für die Frage nach der Echtheit sind zwei Sachverhalte wichtig: a. Die byzantin. Quellen nennen stets nur zwei Kirchen (ELS 4-6), eine davon muß unter dem Kloster gelegen haben. b. Eine anonyme Nachricht bei Petrus Diaconus (ELS 10), die von Jesu Wohnung bei einer Quelle spricht, bezieht sich offenbar auch auf diesen Komplex. Vielleicht stammt die Notiz aus Egerias Pilgerbericht von 384 n.Chr. (Kopp, 110). Die erwähnte verehrte Höhle könnte auf eine judenchristl. Ortstradition zurückweisen.

In der Kreuzfahrer-Zeit, als N. Erzbischofs-

Nazareth zwischen den südlichsten Ausläufern der Libanon-Kette. (RS)

sitz wurde (J. Prawer, IEJ 24, 1974, 241-251), blühten auch in N. die Legenden und verwirrten die älteren Ortstraditionen. 1263 wurde der Ort zerstört und blieb rund vierhundert Jahre ein Ruinenfeld. 1620 gelang es den Franziskanern zurückzukehren und unter Lebensgefahr auszuharren. 1799 besiegte Napoleon Bonaparte in der Nähe von N. den Pascha von Damaskus in zwei Schlachten. Zu einem Aufschwung des Ortes kam es am Ende des 19. Jh., woran christl. Institutionen wesentlichen Anteil hatten. Im galiläischen *Bethlehem (R. Rosenthal, IEJ 25, 1975, 176), 11 km westnordwestl. gründeten württembergische Templer eine Kolonie. Wegen der Nähe zu N. hielten manche Forscher diesen Ort für die Geburtsstätte Jesu (J. Klausner, Jesus von Nazareth, 1952, 315f).

Literatur: F.M. Abel: Géographie de la Palestine II, ³1967, 395; A. Alt: Kleine Schriften II, ⁴1978, 436-455; B. Bagatti: SBFLA 5 (1955) 1-23; Excavations in Nazareth I, 1969; DBS VI, 1960, 318-333; EAEHL II, 1977, 919-922; W. Bösen: Galiläa als Lebensraum und Wirkungsfeld Jesu, 1985, 97-132; J. Briand: L'Eglise Judéo-Chrétienne de Nazareth, 1975; W. Bühlmann: Wie Jesus lebte, 1987, 22-29; M.J.S. Chiat: Handbook of Synagogue Architecture, 1982, 84-86; G. Dalman: Orte und Wege Jesu, ⁴1967, 61-88; C. Kopp: Die heiligen Stätten der Evangelien, ²1964, 86-129; G. Kroll: Auf den Spuren Jesu, ¹⁰1987, 79-92; H. Kuhli: EWNT II, 1981, 1114-1117; S. Loffreda: MB 16 (1980), 8-13; F. Manns: MB 16 (1980), 14-20; J. Murphy-O'Connor: Das Heilige Land, 1981, 319-324; E.M. Meyers, J.F. Strange: Archaeology, the Rabbis and Early Christianity, 1981, 56f. 130-137; A. Negev: Archäologisches Lexikon zur Bibel, 1972, 255-257; R. Riesner: Jesus als Lehrer, ³1988, 222-237; E. Testa: Nazaret Giudeo-Cristiana, 1969; T. Tobler: Nazareth in Palästina, 1868; P. Viaud: Nazareth et ses deux Eglises, 1910; B. Vlaminck: Report of the Recent Excavations . . . at the Sanctuary of Nazareth, 1900. R.R.

NAZARETH-INSCHRIFT. Diese Inschrift wurde 1878 von *Nazareth nach Europa gesandt, aber erst durch F. Cumont veröffentlicht (RH 163, 1930, 241-266). Ihr Text lautet: »Anordnung des Kaisers (griech. *diatagma Kaisaros*). Es gefällt mir, daß Gräber und Grabhügel für diejenigen, die sie zur Verehrung ihrer Vorfahren, Kinder oder Angehörigen errichtet haben, auf ewig unberührt bleiben. Wenn aber einer jemanden meldet, der ein Grab zerstört, oder auf eine andere Weise die Bestatteten entfernt, oder sie böswillig an einen anderen Platz überführt hat, um ihnen Schaden zu tun, oder den Verschluß oder die Steine beseitigt, gegen den, befehle ich, soll ein Verfahren stattfinden hinsichtlich der Verehrung der Toten in derselben Weise wie hinsichtlich der Götter. Denn man soll viel mehr die Verstorbenen ehren. Es soll strengstens verboten sein, sie zu stören. Wer dem zuwiderhandelt, soll nach meinem Willen als Kapitalverbrecher unter die Anklage der Grabschändung gestellt werden« (Übersetzung C.K. Barrett, Die Umwelt des NT, 1959, 26).

Die Echtheit der N. wird heute nicht mehr ernsthaft bestritten. Ihre zeitliche Ansetzung schwankt allerdings zwischen dem 1. Jh.v.Chr. und dem 2. Jh.n.Chr. Es handelt sich um eine

60 x 37,5 cm große Marmorplatte, die jetzt in der Nationalbibliothek zu Paris ausgestellt ist. Der griech. Text stellt die ziemlich sklavische Übersetzung eines kaiserlichen latein. Edikts oder Reskripts (Antwort auf Anfragen lokaler Behörden) dar. A. Momigliano (Claudius, 1934, 35-37) nahm an, daß Kaiser *Claudius (41-54 n.Chr.) durch die Unruhen nach dem Tod von *Herodes Agrippa I. (44 n.Chr.) seine Aufmerksamkeit verstärkt den jüd. Angelegenheiten zugewandt und dabei auch Notiz von den Christen genommen habe. Die Aufstellung der kaiserlichen Anordnung im Heimatort Jesu sei eine Reaktion auf die Auferstehungsbotschaft und gegen sie gerichtete jüd. Verdächtigungen (vgl. Mt 28,12-15) gewesen. Später widerrief Momigliano seine Ansicht, die aber manche Forscher weiter vertreten (E. Smallwood, The Jews under Roman Rule, [2]1981, 213). Auf jeden Fall zeigt die Inschrift, wie schwer Grabraub und Grabschändung geahndet wurden (F.E. Brown, AJPh 52, 1931, 1-29; F. de Zulueta, JRS 22, 1932, 184-197). Sollte die Inschrift in Nazareth aufgestellt gewesen sein, wäre auch das ein Beleg für die weite Verbreitung von Griechischkenntnissen in *Galiläa (R. Riesner, Jesus als Lehrer, [3]1988, 391).

Literatur: J. Irmscher: ZNW 42 (1949), 172-184; S. Lösch: Diatagma Kaisaros, 1936; B.M. Metzger: FS W.G. Kümmel, [2]1978, 221-328; A. Parrot: Malédictions et violations de tombes, 1939, 64-76; J. Schmitt: DBS VI, 1960, 333-363. R.R.

NEA. Nach Jos 19,13 ein Ort an der N-Grenze von *Sebulon zwischen *Rimmon und *Hannaton. Die genaue Lage ist unbekannt, vermutlich ein Tell in der Netofa-Ebene (M. Noth, Josua, [3]1971, 115) nördl. von *Nazareth. Eine Gleichsetzung mit dem Noah der Ostraka (Nr. 50) von *Samaria aus der Zeit von *Jerobeam II ist höchst unsicher, für eine Identifizierung mit dem ntl. *Nain spricht nichts. R.R.

NEAPOLIS. (Griech. »Neustadt«). Name mehrerer griech. Stadtgründungen, so z.B. von Neapel. Eine davon ist die heutige mittelgroße Hafenstadt Kavalla in O-Mazedonien. Sie hieß früher Daton und trägt ihren jetzigen Namen nach einem ehemaligen türkischen Kavallerieposten. Ein Landvorsprung zwischen zwei Buchten ermöglichte die Anlage eines Hafens. Die gegenwärtige Stadt liegt wie ein Amphitheater zwischen den Granitfelsen. Sie wird beherrscht von einer byzantin. Festung, an deren Stelle in griech.-röm. Zeit ein Parthenon-Tempel stand, der auf das 6./5. Jh. v.Chr. zurückgeht. Einzelne Bauteile (Kapitäle und Reliefs) sind im Museum ausgestellt. Von der antiken Stadtmauer blieben einige Reste im N übrig. Eindrucksvoll erhalten ist ein doppelter röm. Aquädukt. In vorntl. Zeit erlebte N. eine Blüte durch die Bergwerke im Pangaion-Gebirge. Danach war es vor allem als Hafen des 16 km landeinwärts nordwestl. gelegenen *Philippi von Bedeutung. Bei N. nahm die Via Egnatia ihren Ausgang, von der ein Zweig bis nach Dyrhachium (heute Durazzo in Albanien) an der *Adria führte. Ab dem Jahr 46 n.Chr. erhielt die kaiserliche Straße eine Fortsetzung nach O. Um 50 n.Chr. betrat auf der sog. zweiten Missionsreise *Paulus in N. zum ersten Mal europäischen Boden (Apg 16,11). Vielleicht berührte er die Stadt auch auf der dritten Missionsreise (O.F.A. Meinardus, Die Reisen des Apostels Paulus, 1981, 160). Ob sich bei der teilweise alten Kirche St. Nikolaus eine Erinnerung an den Landungsplatz des Apostels erhalten hat, ist schwer zu sagen (Hugédé, 34f). Paulus erreichte von N. auf der Via Egnatia Philippi, *Amphipolis, *Apollonia und schließlich *Thessalonich (Apg 17,1). Zwischen N. und Philippi ist ein ansehnliches Stück der imperialen Straße erhalten.

Literatur: P. Collart: Philippes, 1937, 102-132; W. Elliger: Paulus in Griechenland, 1987, 28f; M. Hugédé: Saint Paul et la Grèce, 1982, 31-37; S.E. Johnson: Paul the Apostle and His Cities, 1987, 72f; E. Oberhummer: PW XVI, 2124-2126; G. Mpakalakis: JAA (1934/5), 1-48. R.R.

NEBAJOT. Ältester Sohn *Ismaels (1Mo 25,13; 28,9; 36,3; 1Chr 1,29). Seine Nachkommen, ein arab. Stamm, in Jes 60,7 in Verbindung mit *Kedar erwähnt (auch in assyr. Aufzeichnungen werden beide gemeinsam genannt), sind möglicherweise die späteren *Nabatäer (s.a. JSSt 18, 1973, 1-16). J.D.D.

NEBO.

1. Der Berg, von dem aus *Mose das gelobte Land erblickte. Mit der vorspringenden Landspitze der Transjordanischen Hochebene (*Abarim), wird er gelegentlich gleichgesetzt (5Mo 32,49; 34,1), ist aber als Dschebel-En-Neba zu identifizieren, etwa 16 km östl. vom N-Ende des Toten Meeres. Der N. ermöglicht einen weiten Blick vom *Hermon bis zum *Toten Meer. Dschebel-Oscha, etwa 45 km weiter nördl., wird von der lokalen moslemischen Tradition und einigen Gelehrten favorisiert (s.a. G.T. Manley, The Book of the Law, 1957, 163f), liegt aber außerhalb des Landes *Moab. Die ursprüngliche Grenze lag nahe

Symbol des babylonischen Gottes Nebo (Nabū), ein Keil auf der Basis eines Schreins. Teil eines Grenzsteins Nebukadnezars I. (12. Jh. v.Chr.). (BM)

Der Nebo (Dschebel-en-Nebā) in Jordanien. (MEPhA)

Wadi-Hesban (4 Mo 21, 26ff; die *Mescha-Stele verweist ebenfalls auf Dschebel-En-Neba).

2. Eine Stadt in Moab (4Mo 32,3. 38; Jes 15,2), möglicherweise Chirbet-Ajn-Musa. Um 830 v. Chr. hat *Mescha von Moab die Stadt eingenommen.

3. Eine Stadt in Juda (Esr 2,29; Neh 7,33). D.J.W.

4. Der (abgekürzte?) Name eines Vorfahren mehrerer Juden, die fremdländische Frauen geheiratet hatten und diese auf Esras Anordnung hin wieder entließen (Esr 10,43).

5. Bezeichnung der babylon. Gottheit Nabu, der Sohn des Bēl (Marduk), und solcherart als Umschreibung der Macht *Babylons selbst gebraucht (Jes 46,1). Der Name N. taucht als Teil von Appellationen wie *Nebukadnezar und evtl. *Abed-Nego auf. Nabū wurde als Gott des Lernens betrachtet und damit auch als Gott der Schrift, der Astronomie und aller Wissenschaft. Sein Symbol war ein Keil auf einem Stab, entweder als Zeichen für die Keilschrift oder für ein astronomisches Instrument. Er war die Obergottheit von Borsippa (12 km südsüdwestl. von Babylon), aber ein Ezida-Tempel (»Haus des Wissens«) wurde ihm in jeder größeren Stadt Babyloniens und Assyriens gewidmet. G.G.G.

NEBUKADNEZAR. Der König von *Babylon (605-562 v.Chr.) wird bei den Propheten *Jeremia, *Hesekiel und *Daniel, sowie in der Geschichte der letzten Tage *Judas häufig erwähnt. Sein hebr. Name (*nebūkadrä 'zzar*) ist die Transliteration des babylon. *Nabu-kudurri-ussur,* was etwa »Nabu hat die Nachfolge-Rechte beschützt« bedeutet. Die hebr. Alternative (*nebūkadrä 'zzar;* vgl. griech. *Nabochodonosor*) ist eine ungenauere Wiedergabe des Namens (ZA 65, 1975, S. 227-230).

Nach den babylon. Chroniken befehligte dieser Sohn Nabopolassars, des Gründers der chaldäischen Dynastie, zunächst als »Kronprinz« die babylon. Armee in den Kämpfen in N-Assyrien im Jahre 606 v.Chr. Im folgenden Jahr besiegte er *Necho II. und die Ägypter vor *Karkemisch und *Hamat (2Kön 23,29f; 2Chr 35, 20ff; Jer 46,2). »Zu dieser Zeit eroberte er ganz Hatti« (d.h. Syrien und Palästina, so die babylon. Chronik; 2Kön 24,7; Jos.ant.Jud. 10,86). Daniel war unter den Geiseln aus Juda (Dan 1,1ff), die N. im vierten Jahr der Regierung *Jojakims, des Königs von Juda, nach Babylonien bringen ließ. Auf dem Schlachtfeld hörte N. vom Tod seines Vaters und eilte zurück, um seine Rechte auf den babylon. Thron geltend zu machen, den er am 6. September 605 v.Chr. bestieg.

Im folgenden Jahr, dem ersten seiner Regierung, erhielt N. in Syrien Tribut u.a. von den Königen von *Damaskus, *Tyrus und *Sidon, einschließlich *Jojakims, der ihm aber nur drei Jahre lang untertan blieb (2Kön 24,1; Jer 25,1). *Aschkelon weigerte sich, Tribut zu zahlen, und wurde geplündert. In einem Feldzug im Jahre 601 v.Chr. wurden die Babylonier von den Ägyptern besiegt, woraufhin sich Jojakim trotz der Warnungen Jeremias (Jer 27,9-11) den Siegern zuwandte. Nach der Neuformierung seiner Armee überfiel N. 599/98 v.Chr. die Araberstämme von *Kedar und im Ostjordanland und bereitete die Vergeltung an Jojakim und Juda vor (2Chr 36,6), wie sie Jeremia vorhergesagt hatte (Jer 49,28-33). Im 7. Jahr seiner Regierung marschierte N. »nach Palästina und besiegte die Stadt Judas, die er am zweiten Tag des Monats Adar einnahm« (16. März 597 v.Chr.). Dann »nahm er ihren König gefangen und ernannte einen König seiner eigenen Wahl, nachdem er großen Tribut erhalten hatte, den er zurück nach Babylon sandte« (babylon. Chronik, B.M. 21946). Diese Einnahme Jerusalems und die Gefangennahme ihres Königs Jojachin (Jojakims Sohn und Thronfolger), die Einsetzung Mattanja-Zedekias als dessen Nachfolger und die Mitnahme von Beute und Gefangenen sind Gegenstand der in 2Kön 24,10-17 aufgezeichneten Geschichte. N. ließ die Jerusalemer Tempelgeräte in den Tempel des Bēl-Marduk nach Babylon bringen (2Chr 36,7;

Ofengebrannter Ziegel mit eingestempelter Inschrift zur Erinnerung an die Wiedererrichtung der Tempel des Marduk (Esagila) und des Nabū (Ezida) durch Nebukadnezar II. (602–562 v.Chr.) in Babylon (Süd-Irak). (BM)

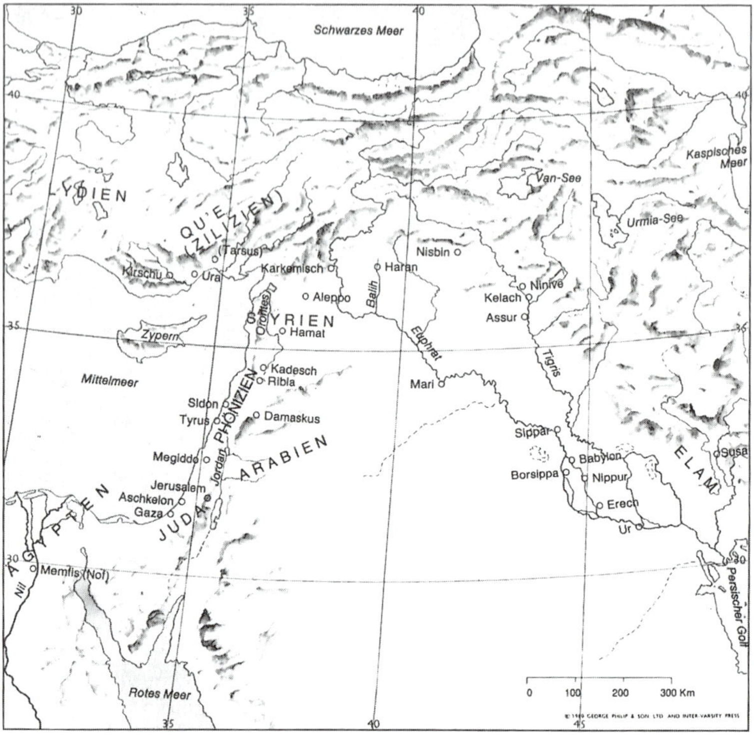

Babylonischer (chaldäischer) Einflußbereich zur Zeit Nebukadnezars II.

Das Ischtar-Tor in Babylon, aus der Zeit Nebukadnezars II. (605–562 v.Chr.), nach archäologischen Funden rekonstruiert. (SAOB)

Bronzene Balkenhalterung, beschriftet mit Hieroglyphen, die den Namen des Pharaos Necho II. wiedergeben (610–595 v.Chr.). Höhe ca. 20 cm. (BM)

2Kön 24,13; Esr 6,5). Die Gefangenen aus Juda wurden etwa im April 597 abtransportiert, als »das Jahr zu Ende ging« (2Chr 36,10), was den Beginn des achten Regierungsjahres N.s markiert (2Kön 24,12). Inschriften aus Babylon, die aus der Zeit dieses babylon. Königs datieren, erwähnen Jojachin und andere jüd. Gefangene (ANET, S. 308; DOTT, S. 83-86).

596 v.Chr. kämpfte N. gegen *Elam, und im Jahr darauf schlug er einen Aufstand im eigenen Land nieder. Danach fehlen babylon. Geschichtsaufzeichnungen, aber in seinem 17.-19. Regierungsjahr unternahm N. wieder Feldzüge im W. Die Operationen leitete er von seinem Hauptquartier in Ribla aus. Das Ergebnis war die Plünderung Jerusalems und die Gefangennahme des Rebellen *Zedekia (Jer 39,5f; 52). Eine Zeitlang wurde die Belagerung aufgehoben, als Apries, der Nachfolger *Nechos II. von Ägypten, in *Phönizien und *Gaza einfiel (Jer 47,1). Im 23. Regierungsjahr N.s (582 v.Chr.) wurde eine weitere Deportation von Judäern nach Babylon angeordnet (Jer 52,30). Etwa um diese Zeit begann auch die 13 Jahre dauernde Belagerung von *Tyrus (Hes 26,7).

Ein babylon. Textfragment erzählt von N.s Invasion in Ägypten im Jahre 568/67 (vgl. Jer 43,8-13). Über die letzten 30 Jahre der Herrschaft N.s ist wenig bekannt. Es gibt keine Bestätigung seines Wahnsinns, der ihn für sieben Monate (oder »Zeiten«) überkam, worüber Dan 4,22-33 berichtet. Mit Hilfe seiner Frau Amytis unternahm N. den Wiederaufbau und die Verschönerung seiner Hauptstadt Babylon. Er ließ die Tempel von Marduk und Nabu mit vielen Altären in Babylon wieder aufbauen und sorgte für regelmäßige Opfergaben und Gewänder für die göttlichen Standbilder (vgl. das goldene Bild aus Dan 3,1). Er ließ auch Tempel in Sippar, Marad und Borsippa wiederherstellen und rühmte sich seiner Errungenschaften, besonders der zwei Verteidigungswälle, des Ischtar-Tores, der Zikkurate und der Prozessionsstraße durch seine eigene Stadt, die er mit neuen Kanälen ausstattete. Einige seiner architektonischen Werke wurden zu den Sieben Weltwundern gezählt. Bei Herodot kommen N. und Nabonides (556-539 v.Chr.) unter dem Namen Labynetus vor. N. starb im August/September 562 v.Chr. Sein Nachfolger wurde sein Sohn Amel-Marduk (*Ewil-Merodach).

Literatur: D.J. Wiseman: Chronicles of Chaldaean Kings, 1956; A. Malamat: A New Record of Nebuchadrezzar's Palestinian Campaigns, JEJ 6, 1956, S. 246-256; HdArch, 274f. D.J.W.

NEBUSARADAN. (Akkad. *Nabu-zer-iddin*, »Nabu gibt Nachkommen«).

Der Befehlshaber von *Nebukadnezars Leibwache, der das eroberte Jerusalem völlig zerstörte und die Bevölkerung Judas 587 v.Chr. in die babylon. Gefangenschaft führte (2Kön 25,8-20; Jer 39,9f; 41,10; 43,6; 52,12-26.30). Er sorgte auch für die Freilassung des Propheten *Jeremia und stellte es ihm frei, mit nach Babel zu ziehen oder in Jerusalem zu bleiben. Jeremia entschied sich für den Verbleib im Land (Jer 39,11-14; 40,1-6).

NECHO. (Ägypt. *Ni-kɜw*, griech. *Nechao*). Pharao der 26. Dynastie in *Ägypten um 610-595 v.Chr., Sohn und Nachfolger Psammetichs I. In Fortsetzung der Politik seines Vaters, der ausgeglichene Machtverhältnisse in W-Asien zu erhalten versuchte, marschierte Necho II. 609 v.Chr. in Syrien ein, um Assuruballit II., dem letzten König von Assyrien, gegen Babylon beizustehen. *Josia von Juda erzwang jedoch eine Schlacht mit N. bei *Megiddo. Die Verzögerung der ägypt. Hilfe für die Assyrer besiegelte deren Schicksal um den Preis von Josias eigenem Leben (2Kön 23,29; 2Chr 35,20-24). Auf seinem Rückweg nach Ägypten setzte N. Josias Sohn *Joahas ab und ernannte dessen Bruder *Jojakim zu einem tributpflichtigen König und Vasallen Ägyptens in Jerusalem (2Kön 23,31-35; 2Chr 36, 1-4). Ägypten beanspruchte Palästina als seinen Anteil des früheren assyr. Reiches, aber in der Schlacht von *Karkemisch, im Mai/Juni 605 v.Chr., erstürmte *Nebukadnezar diesen ägypt. Vorposten und verfolgte die fliehenden ägypt. Streitkräfte; so tauschte Juda einen ägypt. gegen einen babylon. Oberherrn (2Kön 24,1-7).

N. hielt sich von weiteren Unternehmungen in Palästina fern. Die babylon. Chroniken verzeichnen jedoch, daß Nebukadnezar 601 v.Chr. gegen Ägypten aufmarschierte; N. begegnete ihm in einer offenen Schlacht, und beide Seiten erlitten schwere Verluste. Nebukadnezar mußte daraufhin das folgende Jahr in Babylon verbringen, um seine Armee neu aufzubauen. Diese Schwächung der Babylonier könnte Jojakim veranlaßt haben, sich gegen Babylon zu erheben, aber aus dem neutralen Ägypten kam ihm keine Hilfe.

Im eigenen Land folgte N. II. der Politik seines Vaters, d.h. der Förderung von Ägyptens Wohlstand und innerer Einheit. Zu diesem Zweck vergab er Handelskonzessionen an griech. Kaufleute. Er begann mit dem Bau eines Kanals vom Nil zum Roten Meer, den Darius, der Perser, vollendete, und sandte eine

Pharao Necho II. auf einem Fragment eines Tempelreliefs (unten rechts), unter der Kartusche, die seinen Namen und seine Titel nennt. Kalkstein, Höhe 14,6 cm, wahrscheinlich Unterägypten, 26. Dynastie, 610–595 v.Chr. (WAG)

phönizische Flotte aus, die Afrika umsegelte, wie Herodot berichtet (4.42). Herodots Zweifel an der Durchführung dieser Umsegelung werden durch ihre eigene Ursache widerlegt, nämlich durch den Bericht der Reisenden, daß sie die Sonne schließlich auf der rechten Seite aufgehen sahen.

Literatur: Drioton, Vandier: L'Egypte, Coll. Clio, 1952; H. De Meulenaere: Herodots over de 26ste Dynastie, 1951; D.J. Wiseman: Chronicles of Chaldaean Kings (626-556 BC), 1956. C.D.W.

NEGEB. Hebr. *nägäb*, »ausgetrocknetes, dürres Land«, bezieht sich auf die südl. Teile *Palästinas. Mißverständlich ist die Übersetzung von N. mit »Südland«. Die Region ist nicht exakt umgrenzt, sie umfaßt mit etwa 1200000 ha fast die Hälfte des heutigen Israel. Die N-Grenze läßt sich relativ genau südl. der Straße von *Gaza nach *Beerscheba ziehen, als Verbindungslinie der Orte mit 200 mm jährlichem Niederschlag, von Beerscheba nach O durch Ras Ez-Zuweira zum Toten Meer. Die S-Grenze, die ehemals mit den Hochebenen der Sinai-Halbinsel zusammenfiel, wird als politische Grenze heute südl. des Wadi El-Arisch bis zur Spitze des Golfs von Aqaba bei Elat gezogen. Das Wadi *Araba, heute die politische Grenze zu Jordanien, bildet die O-Grenze des N. (Zur Beschreibung der geographischen Gegebenheiten des N. s. *Palästina).

Die Erwähnung des N. ist nahezu genau auf vor-exilische Zeiten beschränkt, abgesehen von Andeutungen in Sach 7,7 und Obd 20. Auf fünf Distrikte des nördl. N. wird Bezug genommen: auf den N. von Juda, den der Jerachmeeliter, der Keniter (1Sam 27,10), der Kreter und Kalebs (1Sam 30,14). Diese Geschlechter besetzten das Weide- und Ackerland zwischen Beerscheba, Bir *Richmeh und den westl. Hängen der zentralen Hochebene von Kurasche-Kurnub. Bewohnt wurde das N.-Gebiet von den Amalekitern (4Mo 13,29). Die Ruinen ihrer befestigten Siedlungen sind noch immer zwischen Tell Arad (4Mo 21,1; 33,40), ca. 32 km östl. von Beerscheba, und

Unfruchtbare Landschaft, wie sie für Teile des Negeb charakteristisch ist. (MEPhA)

Tell Dschemmeh oder *Gerar (1Mo 20,1; 26,1) zu sehen. Z.Zt. der Wüstenwanderung waren die *Kundschafter der Israeliten von den Befestigungsanlagen der Amalekiter beeindruckt (4Mo 13,17-20.27-29), die intakt blieben bis zum 6. Jh. v.Chr., in dem sie wahrscheinlich von den Babyloniern zerstört wurden (Jer 13,19; 33,13). Die Lage der 29 Städte und ihrer Dörfer im N. ist unbekannt, nur Beerscheba (»Brunnen der Sieben« oder »Brunnen des Schwurs«, 1Mo 21,30), Arad, Chirbet Arʿareh oder Aroër (1Sam 30,28), Fein oder Punon (4Mo 33,42) und Tell El-Kheleifeh oder Ezjon-Geber wurden identifiziert.

Der N. war von strategischer und ökonomischer Bedeutung. Der »Weg nach Schur« durchlief ihn von Zentral-Sinai in nordöstl. Richtung nach Judäa (1Mo 16,7; 20,1; 25,18; 2Mo 15,22; 4Mo 33,8), eine Route, der die Erzväter (1Mo 24,62; 26,23) und der Edomiter Hadad folgten (1Kön 11, 14.17.21f), die wahrscheinlich *Jeremia (Jer 43,6-12) und später *Josef und *Maria auf ihrem Fluchtweg folgten (Mt 2,13-15). Der Weg verlief entlang einer von Brunnen abhängigen Besiedlung, daher auch die häufigen Erwähnungen von Brunnen (z.B. 1Mo 24,15-20; Jos 15,18f; Ri 1,14f). *Usija versuchte, Jerusalem durch Förderung der Landwirtschaft und die Errichtung befestigter Siedlungen am N-Rand des N. abzusichern (2Chr 26,10). Die Geschichte des Vorderen Orients zeigt, daß der N. ein Vakuum bot, wann immer der Bevölkerungsdruck Menschen aus dem fruchtbaren Küstengürtel vertrieb. Bedeutend war ein Vorkommen von Kupfererz im O-Negeb und dessen Transport

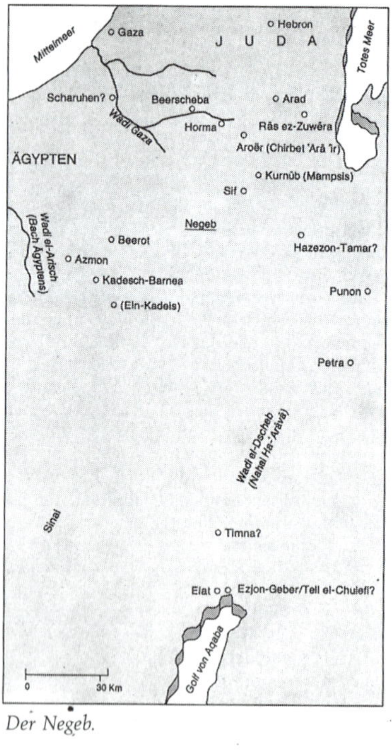

Der Negeb.

zur Verhüttung in der *Araba. Das Vorhandensein solcher Industrie ist der Grund für Sauls Auseinandersetzungen mit den Amalekitern und Edomitern (1Sam 14,47f) bzw. Davids Siege über die Edomiter (1Kön 11,15f). Auf diesem wirtschaftlichen Faktor ist auch die Anlage des Hafens von Ezjon-Geber durch Salomo zurückzuführen und, nachdem dieser Hafen verlandete, der Bau des neuen Hafens von Elat durch Usija (1Kön 9,26; 22,49; 2Kön 14,22). Die Feindschaft mit den Edomitern erklärt sich aus den Kämpfen um die Kontrolle dieses Wirtschaftszweiges (vgl. Hes 25,12ff und Obadja).

Zwischen dem 4. Jh. v.Chr. und dem Beginn des 2. Jh. n.Chr., errichteten die *Nabatäer, ein semit. Volk südarab. Abstammung, eine großartige Bewässerungskultur im N. Reichtum ergab sich aus dem Gewürz- und Weihrauchhandel zwischen Arabien und der Mittelmeerküste und der Handel mit exotischen Gütern zwischen Somalia und Indien. Später wurde der N. eine Hochburg des Christentums. N. Glueck hat dort über 300 frühchristl. byzantin. Siedlungen entdeckt, die aus dem 5. und 6. Jh. n.Chr. stammen.

Literatur: Y. Aharoni: IEJ 8, 1958, S. 26ff; 10, 1960, S. 23ff; 97ff; N. Glueck: Deities and Dolphins (The story of the Nabataeans), 1966; C.L. Woolley, T.E. Lawrence: The Wilderness of Zin, 1936; M. Evenari: Ökologisch-landwirtschaftliche Forschungen im Negev. Analyse eines Wüsten-Ökosystems, 1982.

J.M.H.

NEHEMIA. (Hebr. *Nechämja,* »Jahwe hat getröstet«). N. findet sich im AT als Eigenname dreier zu unterscheidender Personen. Auffälligerweise gehören alle der nachexilischen Zeit an:

1. Die Liste der ersten Rückkehrer aus dem Exil (Esr 2,1-67; Neh 7,6-72) führt eine Gruppe von elf namentlich erwähnten Männern auf mit *Serubbabel und *Jeschua an der Spitze und einem N. an dritter Stelle (Esr 2,2; Neh 7,7). Dies legt die Vermutung nahe, daß er wie diese im Unterschied zu den nachfolgend aufgezählten Namenlosen zur führenden Oberschicht gehörte. In der weiteren Geschichte des Wiederaufbaus Jerusalems findet er keine Erwähnung mehr.

2. Die Liste der Bauleute beim Wiederaufbau der Stadtmauer Jerusalems (Neh 3,1-32) unter dem Statthalter Nehemia (s.u.) erwähnt einen N., Sohn des Asbuk, als Verantwortlichen für ein Baulos im Süden der Davidsstadt, also einer besonders steilen Stelle. Dieser war »Vorsteher des halben Bezirkes von *Bet-Zur« (Neh 3,16), wohl eine Art Bürgermeister im Gebiet der wiederaufgebauten Stadt auf den Höhen des judäischen Gebirges nördlich von *Hebron, und nahm wie viele andere von außerhalb Jerusalems seine Mitverantwortung für den Wiederaufbau der Stadtmauer wahr.

3. Nehemia, Sohn des Hachalja, wird in dem nach ihm benannten Buch vorgestellt als Mundschenk am pers. Königshof unter Artaxerxes I. (464-424 v.Chr.; Neh 1,11; 2,1) und als Statthalter Judas von 445 bis 433 v.Chr. mit einem weiteren Aufenthalt nach einigen Jahren (Neh 5,14; 13,6). Sein Name wird erwähnt in Neh 1,1; 8,9; 10,2; 12,26.47. Die Liebe zu seiner Vaterstadt, die er dem Alter nach vorher noch nie gesehen hat, drängt ihn, sich für ihre Wiederbefestigung einzusetzen. Mit königlicher Unterstützung, ausgezeichnetem Organisationstalent und strategischem Geschick gelingt es ihm, den Wiederaufbau der Stadtmauer *Jerusalems gegen den starken Widerstand einer intrigierenden Opposition durchzuführen und der verunsicherten Bevölkerung – auch durch Reformen und Beseitigung von Mißständen - ein gefestigtes Selbstbewußtsein als Gottesvolk zu vermitteln. Die persönlichen Memoiren Nehemias (»Nehemia-Denkschrift« in Neh 1-7; 12,27-43; 13,4-31) machen deutlich, daß er in all den Auseinandersetzungen getragen ist von einem starken Glauben, der ihn in der Durchführung seiner Pläne beharrlich bleiben und Zuflucht finden läßt. Seine Unerschrokkenheit, seine persönliche Verzichtbereitschaft und seine Gottesfurcht und Gesetzestreue machen ihn zum Vorbild für die nachexilische Gemeinde. C.D.St.

NEHEMIA, BUCH.

I. NAME.

Das Buch ist nach dem Statthalter und Reformer *Nehemia benannt. Vor allem dessen Werk des Wiederaufbaus der Stadtmauer *Jerusalems und ergänzende Reformen zur Neuordnung der jüd. Gemeinde werden darin beschrieben. Der Name wie die eigenständige Zählung des Buches ist erst in der christl. Tradition seit Origines (3. Jh. n.Chr.) belegt und von daher wieder im Mittelalter in den MT übernommen worden. Bis heute weist die Benennung, wenn auch unterscheidende Zählung, in LXX und Vulg. darauf hin, daß Esra und Nehemia zusammen ursprünglich ein einheitliches Buch unter dem Namen *Esra darstellten. Die jüd. Tradition gibt dafür eindeutige Hinweise (Josephus; Melito von Sardes; Talmud; masoretische Zählung u.a.).

II. GLIEDERUNG UND INHALT.

1,1-11: Nehemias Trauer über den Zustand Jerusalems und sein Gebet führen zu dem

Entschluß, den König um Unterstützung zu bitten.

2,1-10: Nehemia erhält die Erlaubnis zur Reise, verbunden mit umfassenden Vollmachten.

2,11-20: Nächtliche Untersuchung der zerfallenen Mauern und gemeinsamer Beschluß zum Wiederaufbau; Widerspruch seitens des samaritischen Statthalters *Sanballat.

3,1-32: Liste der Bauleute mit genauer Beschreibung der einzelnen Baulose.

3,33-4,17: Bericht über die Durchführung des Mauerbaus mit Maßnahmen gegen feindliche Anschläge seitens der samaritischen Nachbarn.

5,1-13: Beseitigung von Mißständen mißbräuchlicher Schuldsklaverei unter der Bevölkerung, die die Motivation zum Mauerbau lähmen.

5,14-19: Vorbildlichkeit Nehemias in Verzicht und persönlichem Einsatz beim Mauerbau.

6,1-14: Nehemia durchschaut Sanballats Intrigen und entgeht ihnen.

6,15-19: Fertigstellung der Mauer nach 52 Tagen Bauzeit. Weitere Intrigen des *Tobia.

7,1-3: Einführung von Ordnungen, die die Sicherungsfunktion der Mauer gewährleisten sollen.

7,4-68: Die Notwendigkeit zur Verstärkung der Stadtbevölkerung führt zur Überprüfung der aus dem Exil Zurückgekehrten anhand einer aufgefundenen Rückkehrer-Liste.

7,69-72: Aufzählung verschiedener Spenden und Beiträge zum Bau.

8,1-18: Gesetzesverlesung durch Esra und Feier des Laubhüttenfestes.

9,1-37: Bußgebet des Volkes.

10,1-30: Einleitung zum nachfolgenden Vertrag mit Aufzählung derer, die sich verpflichten.

10,31-40: Vertrag zur Einhaltung des Gesetzes.

11,1-20: Fortführung von 7,4f mit Liste der in Jerusalem ansässigen Familien. Jeder zehnte Landbewohner soll zur Ansiedlung in der Stadt verpflichtet werden.

11,21-36: Liste der Wohnorte verschiedener Levitenfamilien.

12,1-26: Stammbäume verschiedener Priester- und Levitenfamilien.

12,27-43: Fest zur Einweihung der Stadtmauer.

12,44-47: Durchführung einer Abgabenordnung für den Tempeldienst.

13,1-3: Ausschluß von Ausländern aus der jüd. Gemeinde.

13,4-31: Verschiedene Reformen Nehemias nach seiner Rückkehr.

III. QUELLEN UND ZUSAMMENSETZUNG.

1. Die umfassendste Quelle ist die sog. Nehemia-Denkschrift, die sich in Neh 1; 2; 3,33-7,5; 12,31-43 und 13,4-31 findet. Sie ist an der »Ich-Form« zu erkennen und den einzeln eingestreuten Kurzgebeten, meist eingeleitet mit der »Gedenke-Formel«: 5,19; 13,14.22.31 (positiv) und 6,14; 13,29 (negativ). Die Denkschrift geht vermutlich auf einen Rechenschaftsbericht an den König zurück, den Nehemia nach einjähriger Tätigkeit ablegen mußte. Diesen hat er nach seiner späteren Rückkehr überarbeitet und mit den »Gedenk-Formeln« ergänzt, um seine nicht immer geliebten Reformmaßnahmen auch gegenüber der Jerusalemer Gemeinde zu legitimieren.

2. Verschiedene Listen lagen dem Verfasser vor und wurden in die Darstellung eingefügt: 3,1-32; 7,6-68; 10,2-28; 11,3-20.

3. Neh 8; 9; 10 können nicht als Teil der Nehemia-Denkschrift angesehen werden. Neh 8 erweist sich als Teil der Esra-Denkschrift und dürfte ursprünglich in deren Zusammenhang zwischen Esr 8 und Esr 9 gestanden haben.

4. Einzelne Abschnitte, in denen Nehemias Anliegen geteilt, er selbst aber kaum erwähnt wird, könnten auf die Jerusalemer Gemeinde in den Jahren nach Nehemias erster Statthalterschaft oder sogar in der Zeit zwischen Esra und Nehemia zurückgehen. Sie weisen die Tendenz auf, die volle Mitverantwortlichkeit und Einsatzbereitschaft der ganzen Gemeinde beim Reformwerk herauszustellen. Dazu gehören 7,69-72; 11,1-20 und teilweise 10,1-40 und 12,27-43.

5. Bei der Zusammenstellung des Quellenmaterials Esras (ausgenommen Esr 1-6) und N.s, zu dem wohl auch schon die gemeindlichen Abschnitte gehörten, mußte der Bearbeiter eigene Ergänzungen oder Zusammenfassungen erstellen. Dazu zählen besonders Neh 9 und die Zusammenstellung von Neh 8-10, evtl. auch 12,44-13,3.

6. Die beiden Listen 11,21-36 und 12,1-26 stammen aus levitischen Kreisen und sind erst unter Darius II. (423-404 v.Chr.) zusammengestellt worden (vgl. Neh 11,17 mit 11,22; 12,22).

7. Eine spätere Überarbeitung stellte dem bis dahin zusammenhängenden Werk Esr 7 – Neh 13 noch Esr 1-6 voran, um die Legitimität und Kontinuität der jüd. Gemeinde gegenüber dem Anspruch der Samaritaner und ihrem neuen Heiligtum auf dem Garizim zu begründen.

IV. VERFASSERFRAGE UND ENTSTEHUNGSZEIT.

1. Die unterschiedlichen Quellen zeigen, daß der größte Teil des N.-Buches tatsächlich

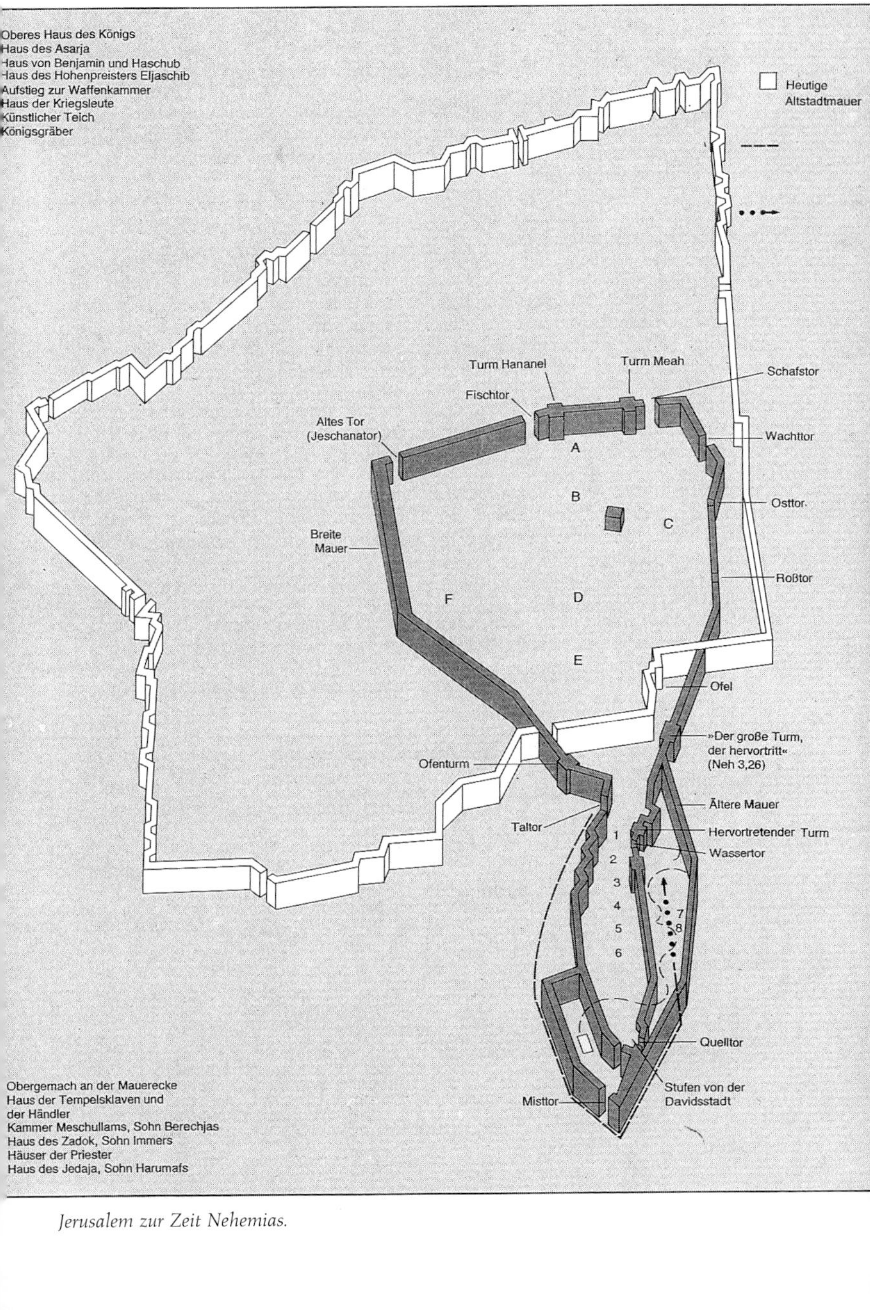

Jerusalem zur Zeit Nehemias.

auf den Statthalter N. zurückgeht. Die im Buch verarbeiteten Quellen sind wie die Nehemia-Denkschrift entsprechend der berichteten Zeit zuzuordnen.

2. Die Zusammenstellung der Quellen zum Gesamtbuch Esr 7 – Neh 13 dürfte nicht allzulange nach dem Ende des Wirkens N.s erfolgt sein, also nach ca. 430 v.Chr. und nicht später als der Jahrhundertwende nach dem Tode Darius II. um 404 v.Chr. und der Wirkungszeit des auch aus den Elephantine-Briefen bekannten Hohenpriesters Jochanan (Neh 12,22). Die Person des Bearbeiters läßt sich nicht weiter bestimmen. Ihm kam es auf die Einheit der Reformen Esras und Nehemias an.

3. Die spätere Überarbeitung setzt die Auseinandersetzung mit dem samaritanischen Anspruch der Legitimität des Garizim-Heiligtums voraus und gehört damit in die Zeit um 300 v.Chr. Der Überarbeiter muß in den entsprechend interessierten priesterlichen Kreisen gesucht werden.

V. DAS VERHÄLTNIS VON ESRA-NEHEMIA ZU DEN CHRONIK-BÜCHERN.

Der über lange Zeit in der Forschung behauptete Zusammenhang mit den Chronik-Büchern läßt sich nicht mehr so selbstverständlich behaupten. Die auch bei Esra und Nehemia zu findenden pro-priesterlichen und -levitischen Interessen hängen einerseits mit der natürlichen Aufgabe zusammen, unter den besonderen Bedingungen der nachexilischen Zeit eine neue Identität als Gottesvolk zu finden, und sind insofern schon mit dem Reformwerk Esras und Nehemias gekoppelt. Andererseits können sich hier auch die Spuren der späteren Überarbeitung niedergeschlagen haben. Nicht auszuschließen ist, daß auch die Chronikbücher eine ähnliche Überarbeitung erfahren haben. Nach Dumbrell sollen die Chronik-Bücher sogar als nachträgliche Einleitung zum abgeschlossenen Werk Esra-Nehemia angesehen werden können.

VI. HISTORISCHER HINTERGRUND.

Nach der Rückkehr aus dem Exil blieben die Bemühungen um einen Wiederaufbau Jerusalems und des Tempels zunächst ohne Erfolg. Die trostlose Situation im Land und die bedrohliche Rivalität seitens der Samaritaner nahmen den Rückkehrern jeden Mut. Der intensive Einsatz der Propheten Haggai und Sacharja führte zunächst zum Wiederaufbau des Tempels, der 516 v.Chr. eingeweiht wurde. Die Stadt selbst blieb ungesichert. Die Bevollmächtigung Nehemias durch Artaxerxes I., der ihn dann auch zum Gouverneur der von Samaria wieder abgelösten Provinz Juda einsetzte, erlaubte dann innerhalb kürzester Zeit die Restauration der Stadtmauer, die teils auch – wie die archäologischen Ausgrabungen im Bereich der Davidsstadt zeigen – weiter oberhalb neu angelegt wurde. Das Jerusalem Nehemias war damit eindeutig von kleinerem Umfang als vor dem Exil. Die Beschreibung der nächtlichen Erkundigung

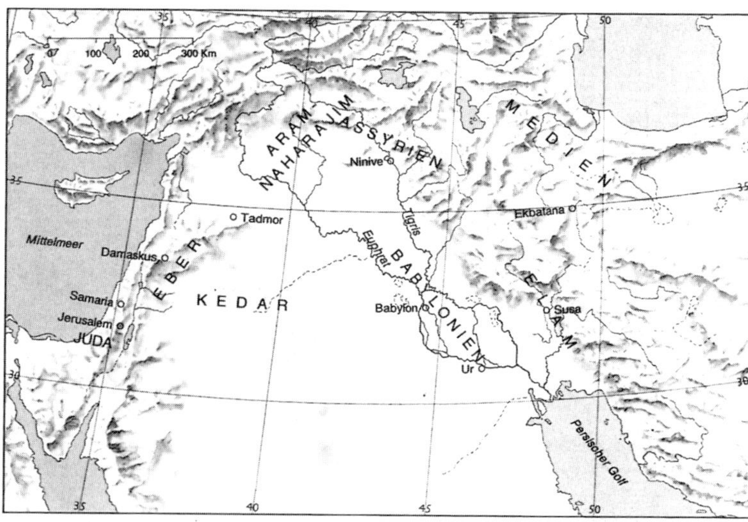

Das persische Reich zur Zeit Nehemias.

Teil der unter Nehemia wiedererbauten Stadtmauer Jerusalems. (KK)

(Neh 2,11-15) und die Liste der Bauleute (Neh 3) ist so zu verstehen, daß die Ausdehnung der Stadt im S nicht über die Grenzen der alten Davidsstadt hinausgekommen ist, während die nördl. Ausdehnung im Bereich des Tempels nicht größer als das Areal des heutigen Tempelplatzes gewesen sein dürfte.

Die weiteren Maßnahmen Nehemias zur Festigung der äußeren und inneren Sicherheit haben wie die Reformen Esras entscheidend dazu beigetragen, daß die Identität des jüd. Volkes und des Judentums in seiner späteren festen Prägung entstanden ist.

VII. THEOLOGISCHE BEDEUTUNG.

In der vorliegenden Fassung des Buches dient die Darstellung des Werkes Nehemias dazu, Gottes heilsames Wirken zur Erneuerung und zur Fortführung des Gottesvolkes deutlich zu machen. Ohne daß ein direktes göttliches Eingreifen berichtet wird, ist Gott im Wirken einzelner Menschen, insbesondere Nehemias, gegenwärtig und bedient sich auch des Großkönigs als Werkzeug.

Daß die Reformen Nehemias keinen Idealzustand erreichen und der Glanz vergangener Heilszeiten trotz an sie erinnernder Formulierungen nicht wieder herbeigeführt werden kann, wird nicht verschwiegen, dafür aber die Hoffnung auf Gottes zukünftiges Wirken gefördert. Die von Nehemia berichtete Kleinarbeit im Mühen, Verzichten und Angefochtensein und seine trotzige Beharrlichkeit machen ihn zum Vorbild für den Glaubenden kommender Zeiten, in denen weitere Auseinandersetzungen nicht ausbleiben.

Literatur: D.J.A.Clines: Ezra, Nehemiah and Esther, NCB,1984; W.Dumbrell: The Purpose of the Book of Chronicles, JETS 26/1983, 257-66; F.C.Fensham: The Books of Ezra and Nehemia, NICOT, 1982; ders.: Some Theological and Religious Aspects in Ezra and Nehemiah, JNSL 11/1983, 59-68; K.Galling: Die Bücher der Chronik, Esra, Nehemia, ATD 12, 1954; ders.: Studien zur Geschichte Israels im persischen Zeitalter, 1964; S.Japhet: The Supposed Common Authorship of Chronicles and Ezra/Nehemia, VT 18/1968, 330-371; U.Kellermann: Nehemia. Quellen, Überlieferung und Geschichte, BZAW 102, 1967; D.Kidner: Ezra and Nehemiah, TOTC, 1979; S.Mowinckel: Studien zu dem Buche Ezra-Nehemia. I. Die nachchronistische Redaktion des Buches. Die Listen, SNVAO II NS 3, 1964; II. Die Nehemia-Denkschrift, SNVAO II NS 5, 1964; M. Noth: Überlieferungsgeschichtliche Studien, 1943; G.von Rad: Die Nehemia-Denkschrift: ZWA 76/1964, 176-187; W.Rudolph: Esra und Nehemia, HAT I, 20, 1949; H.G.M.Williamson: Ezra-Nehemiah, WBC 16, 1985; E.M.Yamauchi: The Archaeological Background of Nehemiah, BSac 137/1980,291-309. C.D.St.

NEHMEN.

I. IM ALTEN TESTAMENT.

Das hebr. Verbum *lāqach* »nehmen«, weist eine große Bedeutungsbreite auf.

1. Es meint zunächst, einen Gegenstand mit der Hand »nehmen, fassen, ergreifen«. Dann bedeutet *lāqach* »fortnehmen, wegnehmen, mit sich nehmen«. Weiter kann es mit »annehmen, (aus der Hand jemandes) entgegennehmen« wiedergegeben werden.

2. Das Verbum steht häufig im Zusammenhang mit kultischen Handlungen, z.B. ein Tier für ein Opfer nehmen.

3. Weiter wird *lāqach* für einen Verfügungsberechtigten gebraucht. Josef nahm Simeon als Geisel (1Mo 42,24). Hierhin gehört auch der Ausdruck »sich eine Frau nehmen« für die Eheschließung.

4. Im übertragenen Sinn stehen auch »Rache nehmen, Schmach auf sich nehmen« (Jes 47,3; Hes 36,30).

5. Besonders in den prophetischen und poetischen Büchern ist Gott Subjekt des Nehmens. Am häufigsten ist die Rede davon, daß Jahwe sein Volk aus der Zerstreuung hole (5Mo 30,4; Jer 3,14). Ferner kann das Wort im Sinne von »Erwählung, Berufung« verwendet werden (vgl. 1Mo 24,7; Ps 78,70; Am 7,15).

6. Das »Nehmen Gottes« kann eine visionäre Versetzung an einen andern Ort bedeuten. 1Mo 5,24 und 2Kön 2, 3.5 reden von der Entrückung *Henochs und *Elias.

II. IM NEUEN TESTAMENT.

In der LXX und im NT entspricht dem hebr. *lāqach* das griech. *lambanō*, »anfassen, ergreifen, nehmen, erreichen, aufnehmen, empfangen«.

1. Der aktive Gebrauch ist vor allem in der Speisungs- und Mahlterminologie (Mk 6,41; 14,22f; 1Kor 11, 23ff etc.) bekannt.

2. Die passivische Seite »annehmen, empfangen« tritt an zentralen Stellen der ntl. Verkündigung auf und kann z.B. das Wechselverhältnis zwischen Bitten und Empfangen umschreiben (Mk 11,24). Vielfach geht es um das geschenkhafte, aus Gnade gewährte Empfangen. Die Gabe selbst kann unterschiedliche Ausprägung aufweisen: Geist, Gnade, Versöhnung, Gerechtigkeit, Vergebung der Sünden, das verheißene Erbe.

3. In diesem Zusammenhang ist auch die eschatologische Ausrichtung von *lambanō* im Sinne von »erlangen, erreichen« zu erwähnen. Sie findet sich in der Ankündigung Jesu vom Lohn der Nachfolge (Mk 10,30). Abschließend kann festgehalten werden, daß im NT vor allem die passivische Seite im Sinne von »annehmen, empfangen« überwiegt, besonders in den theologisch bedeutsamen Aussagen. Daraus wird deutlich, »wie sehr das NT . . . das Verhältnis des Menschen zu Gott als das des Beschenkten zum Schenkenden . . . faßt« (Delling, 6).

Literatur: G. Delling: ThWNT IV, 1942, 5-16; H.H. Schmid: THAT I, 1971, 875-879; A. Kretzer: EWNT II, 1981, 829-833; H. Seebass: ThWAT IV, 1984, 588-594. W.Bm.

NEID. Das dt. Wort N. meinte im Althochdeutschen Haß und Zorn, konnte später auch für Eifersucht und Mißgunst stehen. N. steht in einem sprachlichen Zusammenhang mit »nieder«. Der Neider sieht sich »niederer« als der, dem er etwas neidet. N. meint »dasselbe haben wollen wie ein anderer, das des andern begehren«. N. im Sinne von *Begierde richtet sich auf Menschen wie auf Sachen. Die Frau, der Mann, der Mitarbeiter des andern ist Objekt des Begehrens (2Mo 20,17f; 5Mo 5,21).

Im AT werden manchmal Begriffe der hebr. Wurzel *qāna***1**, »eifern für jemand, eifersüchtig sein, Eifersucht erregen« mit N. oder neidisch sein übersetzt. Im NT wird griech. *zēlos* mit »Eifer, Eifersucht« wiedergegeben, 2Kor 12,20; Jak 3,14.16 jedoch mit N. Der im allg. für N. im Griech. verwendete Ausdruck *phthonos* meint: dem anderen etwas nicht gönnen, ihm übelwollen, ihn kleinmachen; *phthonos* führt leicht zum Streit. N. und Streit begegnen im NT häufig zusammen (2Kor 12,20; Gal 5,20f; Jak 3,14.16).

N. ist eine Eigenschaft des Menschen unter der Sünde (Röm 1,29; Gal 5,21). Wohin N. führen kann, wird z.B. an *Kain (1Mo 4,3ff) oder den Brüdern *Josefs vor Augen geführt (1Mo 37,11). Deshalb ist die Warnung vor dem Neidischen angebracht, »denn in seinem Herzen ist er berechnend« (Spr 23,6). Aus N. handelte der Hohe Rat, als er Jesus der staatlichen Gewalt, *Pilatus, auslieferte (Mt 27,18; Mk 15,10). Mit derselben menschlichen Eigenschaft waren auch Paulus und seine Mitarbeiter in der Synagoge in *Antiochia konfrontiert (Apg 13,45). Die Rechte, der Einfluß und der Besitz des andern sollen geschmälert werden, um selbst das zu haben, was man für lebensnotwendig hält.

Schon im AT wird dazu aufgefordert: »sei nicht neidisch« auf die Übeltäter oder die bösen Menschen (Ps 37,1; Spr 24,1). In der Gemeinde Jesu darf N. ebensowenig wie Eifersucht, Streit, Zorn u.ä. herrschen (2Mo 12,20; 1Petr 2,1; Jak 3,14.16); denn sie zerstören die Gemeinschaft unter Christen. Weil Jesus sich in Liebe den Menschen zuwendet und für sie sorgt, ist das Gefühl, zu kurz zu kommen (Tit 3,3), nicht angebracht. M.H./Red.

NEPHISITER s. Nafisch

NERGAL. (Hebr. *nergal;* sumer. U.GUR; babylon. *ner(i)gal,* »Herr der großen Stadt«, d.h. der Unterwelt). Das Kult-Zentrum dieser babylon. Gottheit war Kuta (heute Tell Ibrahim, nordöstl. von Babylon), wo N. zusammen mit seiner Gemahlin Ereschkigal als Herrscher der Unterwelt verehrt wurde. Männer aus Kuta hielten auch im Exil in Samarien an seiner Verehrung fest (2Kön 17,30); obwohl N. der Gott der Jagd war, fürchteten sie die Löwen (sein Kult-Tier), die Jahwe sandte (V. 26). N. galt in ganz Assyrien und Babylonien als Gott der versengenden Sonne, der Krankheit, des Krieges, der Überschwemmung und der Zerstörung. Er wurde mit Mekal, dem Gott von *Bet-Schean, und später mit Mars gleichgesetzt. Tempel in Larsa, Isin und Assur waren N. geweiht. Sein Name findet sich als göttliches Element in Personennamen wie etwa *Nergal-Sarezer (Jer 39,3.13).

Literatur: E. von Weiher: Der babylonische Gott Nergal, 1971. D.J.W.

NERGAL-SAREZER. Das hebr. Äquivalent zum babylon. *Nergal-schar-usur* (griech. Neriglissar) bedeutet »O Nergal, beschütze den König«. N. ist der Name eines Obersten der Armee *Nebukadnezars in Jerusalem, 587 v.Chr. (Jer 39,3.13). Möglicherweise nennt V. 3 zwei Personen gleichen Namens. In diesem Fall könnte der erste Neriglissar sein, einer der Befehlshaber der babylon. Armee, ein Sohn des Bel-schum-ischkun und Schwiegervater Nebukadnezars. Im Jahre 560 v.Chr. folgte er auf den babylon. Thron. Der andere, auch als Rabmag bezeichnete N. hätte dann eine niedrigere Position innegehabt. D.J.W.

NERO. Röm. Kaiser, geboren am 15. 12. 37, gestorben am 9. 6. 68 n.Chr. Ursprünglich L. Domitius Ahenobarbus, Sohn des Gn. Domitius Ahenobarbus und der Julia Agrippinia d.J. Am 25. 2. 50 von Kaiser *Claudius adoptiert, Annahme des Namens Nero, eines *Cognomens* der *gens Claudia.* Kaiser vom 13. 10. 54 (Ermordung des Claudius; Akklamation N.s durch die Prätorianer und Bestätigung durch den Senat) bis zu seinem Selbstmord am 9. 6. 68. Schüler des Philosophen Seneca, den er 65 n.Chr. zum Selbstmord zwang und dem später ein (als *Pseudepigraphon erhaltener) Briefwechsel mit *Paulus zugeschrieben wurde. In N.s Herrschaftszeit fallen wesentliche Ereignisse der Ausbreitung des frühen Christentums (*Chronologie des Neuen Testaments), darunter die Gefangenschaft des Paulus in *Cäsarea unter den Statthaltern *Felix und *Festus. In Cäsarea berief sich Paulus auf den Kaiser (Apg 25,11), d.h. auf N., dessen unmittelbarer Untertan er als röm. Bürger war. *Rom-Reise und Romaufenthalt (mit möglichen Unterbrechungen) bis zum Martyrium fallen in N.s Herrschaftszeit. Es ist nicht auszuschließen, daß N. das röm. Verhör des Paulus selbst geleitet hat, da er auch sonst großes Interesse an Fällen aus der »Provinz« hatte, bei denen an den Kaiser appelliert worden war.

Persönliche Berührungen N.s mit anderen Christen sind ebenfalls denkbar: in seinem Haushalt gab es gläubige Christen (Phil 4,22). Mit Hilfe von Röm 16,5-15 unternahm J.B. Lightfoot den Versuch, einige Namen mit N.s Umfeld in Verbindung zu bringen, vor allem Patrobas (Röm 16,14), Philologus (Röm 16,15) und »die aus dem Haus des Aristobul« (Röm 16,10; vgl. F.F. Bruce). Auch Kontakte zu Juden und jüd. Denken sind zu vermuten: N.s Mätresse und spätere Frau (ab 62 n.Chr.) Poppaea Sabina pflegte enge Beziehungen zu jüd. Kreisen und galt als »gottesfürchtig« (*theosebēs,* Jos.ant.Jud. 20, 195; vgl. Jos.vita 16).

Noch unter N. begann 66 n.Chr. der jüd. Aufstand in *Judäa, in dessen Frühphase, 66/67 n.Chr. die Christen aus *Jerusalem nach *Pella zogen (Eus. h.e. 3,5,3) und der mit der Zerstörung Jerusalems und des *Tempels durch *Titus im Jahre 70 endete.

Das für das frühe Christentum folgenreichste Ereignis der Herrschaft N.s war der Brand Roms, 18./19.7.64, mit der darauf begründeten, wenngleich vielleicht sogar erst im Frühjahr 65 einsetzenden ersten großen, systematischen Christen-*Verfolgung (vgl. Tac. ann. 15,38-44; Sueton, De Vita Caesarum Liber VI, 16,2; 38,1-3; Seneca, Ep. ad Lucilium 95,30-33). Daß N. selbst das Feuer gelegt habe, ist ein schon früh kolportiertes, hartnäckiges Gerücht. Allerdings dürfte ihm die Vernichtung von zehn der vierzehn Stadtbezirke nicht ungelegen gekommen sein, ermöglichte sie ihm doch die Wiedererrichtung der teilweise zu Slums heruntergekommenen Stadt durch ein großangelegtes und großzügiges Bauprogramm, das durchaus nicht nur der Bevölkerung, sondern auch seiner Selbstverherrlichung diente (Domus Aurea). Tacitus zufolge benutzte N. die unschuldigen Christen als willkommene Opfer, um von der immer häufiger auf ihn selbst gerichteten Suche nach den Schuldigen abzulenken. Daran, daß die Christen ohnehin unter der Bevölkerung Roms nicht sonderlich beliebt waren, lassen allerdings die Nero-Kritiker Tacitus und Sueton keinen Zweifel. Tacitus nennt das Chri-

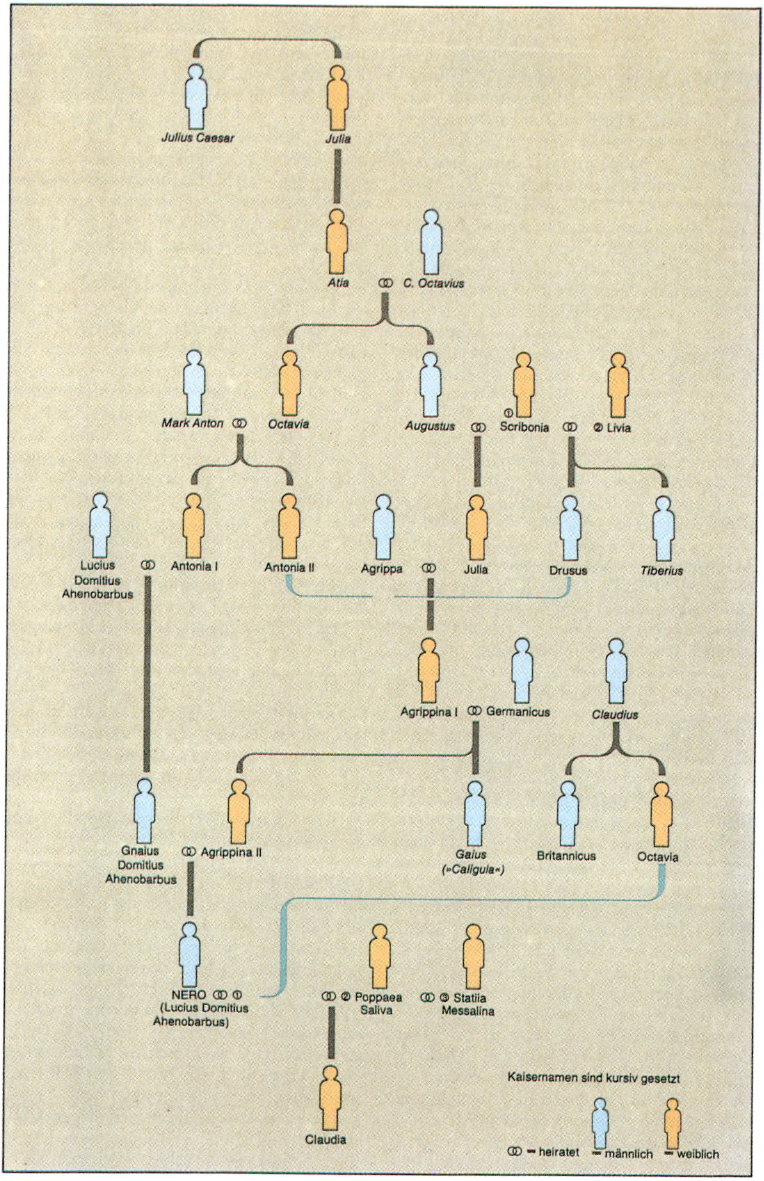

Vereinfachter Stammbaum des römischen Kaiserhauses mit der in Nero auslaufenden männlichen Linie.

stentum eine *exitiabilis superstitio*, einen »unheilvollen Aberglauben« (ann. 15,44,2), Sueton bezeichnet die Christen als ein *genus hominum superstitionis novae ac maleficae*, eine »Menschensorte mit einem neuartigen und böswilligen Aberglauben« (De Vita 16,2). Es ist auch denkbar, daß einige Christen aus fehlgeleitetem apokalyptischem Denken heraus in dem Feuer Gottes Urteil über das babylon. Rom sahen, möglicherweise sogar den Beginn des Weltenbrandes, und mit solchen Parolen für Unruhe unter Nichtchristen ebenso wie unter Christen sorgten. Dafür scheint u.a. das Vorgehen der Christen gegeneinander zu sprechen, von dem Tacitus berichtet (Denunziation, *indicium*), aber auch die Angabe des Clemens von Rom, in seinem 1. Korintherbrief (1Clem 5,1-5), in dem Uneinigkeit und Eifersucht als Gründe für die im Zuge der Verfolgungen eintretenden Hinrichtungen des Petrus und Paulus genannt werden.

Dauer und Auswirkung der neronischen Christenverfolgung sind umstritten. Während nicht nachweisbar ist, daß sie von Amts wegen auch außerhalb Roms systematisch durchgeführt wurde, sind sich der röm. Historiker Sueton (De Vita 16,2), der christl. Apologet Tertullian (Adversus Nationes 1,7,9) und der christl. Historiker Sulpicius Severus (Chronik 2,29,3) darin einig, daß die Strafverfolgungen gegen Christen fortdauerten (d.h. auch während der vorübergehenden Abwesenheit N.s von Rom, September 66 bis Januar 68) bis zu seinem Tode, möglicherweise (nach Tertullian) durch Erneuerung auch darüber hinaus.

Als Schreibtischmörder (Britannicus, 55 n.Chr; Agrippina, 59 n.Chr.; Octavia, 62 n.Chr.) und Anstifter zum zwangsweisen Selbstmord (Seneca, 65 n.Chr.; Petronius, 66 n.Chr.) war N. besonders in der oberen Gesellschaftsschicht verachtet und verhaßt. Vor allem der Muttermord, in Senecas doch wohl echter Tragödie »Octavia« ca. 62/63 n.Chr. und in zahlreichen auch öffentlich verbreiteten Schimpf- und Spottgedichten thematisiert (vgl. Sueton, De Vita 39,2; dort auch Beispiele für den Spott über seine Auftritte als Sänger und Schauspieler und über seine Selbstvergöttlichung) trug zum allg. zunehmenden Haß auf ihn bei. Die sogenannte Pisonische Verschwörung 65 n.Chr. hatte N. noch grausam niederschlagen lassen, doch Anfang 68, nach seiner Rückkehr von einer »Künstlertournee« aus Griechenland, erhoben sich gegen ihn verschiedene Statthalter, namentlich Vindex in Gallien und Galba in Spanien. Auch die röm. Prätorianer versagten ihm die Gefolgschaft. N. wurde zum Staatsfeind erklärt; auf der Flucht aus Rom beging er im 32. Lebensjahr, an dem Tag, »an dem er

»Nero Caesar Augustus«, Inschrift auf einem Gold-Aureus des Kaisers Nero. Durchmesser 19 mm. (RG)

einst Octavia ermordet hatte« (Sueton, De Vita 57,1), mit Hilfe seines Sekretärs Epaphroditus Selbstmord, indem er sich einen Dolch in die Kehle stieß. Die Nachricht von seinem Tode löste in Rom ein Volksfest aus, während Anhänger behaupteten, er lebe noch und werde als strafender Richter wiederkehren (Sueton, De Vita 57,1).

Noch im späten 1. Jh. wurde N. explizit mit dem *Antichristen gleichgesetzt (Ascensio Isaiae 4; vgl. Sibyllinische Orakel 3,66; 4,117; 5,100, u.ö.). Ob in diesem Sinne auch Offb 13,18 oder 17,10-18 auf N. zu beziehen sind, ist umstritten, im Falle von Offb 13,18 jedoch schon philologisch zweifelhaft.

In der Literaturgeschichte ist N. der wohl am häufigsten dargestellte röm. Kaiser. Das *Carmen Apologeticum* des Commodian (2./3. Jh.), die *Legenda Aurea* des Jacobus de Voragine (vor 1264) und der *Roman de la Rose* (vor 1300) gehörten zu den beliebtesten Werken, die Motive und Legenden aus dem Leben N.s verwenden. In neuerer Zeit sind Lope de Vegas *Roma abrasada* (1629), Monteverdis Oper *L'Incoronazione di Poppea* (1664), Lohensteins *Agrippina* (1665), Racines *Britannicus* (1669), Händels Oper *Nero* (1705) und Feuchtwangers Roman *Der falsche Nero* (1936) zu nennen. Die größte Popularität erhielt der Nero-Stoff aber wohl durch den Roman *Quo vadis?* von Henryk Sienkiewicz (Nobelpreis 1905) und dessen Verfilmungen.

Kunstgeschichtlich ist N.s Bildnis durch zahlreiche zeitgenössische Münzen, Büsten und Skulpturen dokumentiert, die ihn vom Knaben neben seiner Mutter (Rom, Kapitolinisches Museum) bis zum aufgeschwemmten Dreißigjährigen zeigen (Paris, Louvre).

Büste Neros, röm. Kaiser von 54–68 n.Chr. (PP)

Literatur: J.H. Bishop: Nero. The Man and the Legend, 1965; J.W.Ph. Borleffs: Institutum Neronianum, in: R. Klein (Hrsg.): Das frühe Christentum und der römische Staat, 1982, 217-35; F.F. Bruce: The Letter of Paul to the Romans, [2]1985, 256-62; G. Edmundson: The Church in Rome in the First Century, 1913; E.G. Hardy: Christianity and the Roman Government, 1925; K. Heinz: Das Bild Kaiser Neros bei Seneca, Tacitus und Cassius Dio, 1948; J.B. Lightfoot: The Epistle to the Philippians, 1886, 171-78; F. Neugebauer: Zur Deutung und Bedeutung des 1. Petrusbriefs, in: C.P. Thiede (Hrsg.): Das Petrusbild in der neueren Forschung, 1987, 109-44; J.A.T. Robinson: Wann entstand das Neue Testament?, 1986, 152-60, 253-59; G. Scheda: Nero und der Brand Roms, Historia 16, 1967, 111-15; A.N. Sherwin-White: Roman Society and Roman Law in the New Testament, 1963; C.P. Thiede: Simon Peter - From Galilee to Rome, [2]1988, 178-79, 185-92; B.H. Warmington: Nero – Reality and Legend, 1969; J. Zeiller: Institutum Neronianum – Hirngespinst oder Wirklichkeit?, in: R. Klein (Hrsg.): Das frühe Christentum im römischen Staat, 1982, 236-43. C.P.Th.

NERVA. Marcus Cocceius N., röm. Kaiser von 96-98, um 30 in Narnia geboren, entstammte einer vornehmen Familie, war gebildet und erfreute sich der Gunst *Neros sowie der flavischen Kaiser. Nachdem *Domitian am 16.9.96 ermordet worden war, bestieg N. als »Mann des Senats« den Thron. Seine auf Wohlfahrt und Gerechtigkeit zielende Politik sah eine verbesserte Getreideversorgung vor, »Erziehungsbeihilfen« für bedürftige Kinder und eine Konsolidierung der öffentlichen Finanzen. Die unter Domitian Verfolgten rehabilitierte er. Dem Druck der Armee mußte N. nachgeben, indem er die Mörder Domitians hinrichten ließ und schließlich *Trajan, einen der führenden Militärs, am 27. 10. 97 adoptierte und somit zu seinem Nachfolger designierte. K.G.

NETANEL. (Hebr. *netan'ēl*, von *nātan*; »Gott hat gegeben«).

1. Sohn Zuars, Stammesfürst von *Issaschar z.Zt. der *Wüstenwanderung (4Mo 1,8; 2,5; 7,18.23; 10,15).

2. Sohn *Isais und Bruder *Davids (1Chr 2).

3. Priester z.Zt. Davids (1Chr 15, 24).

4. Vater des Schreibers *Schemaja, ein Levit (1Chr 24,6).

5. Levit aus dem Geschlecht *Korach, Sohn Obed-Edoms, eines Torhüters z.Zt. Davids (1Chr 26,4).

6. Einer der Oberen z.Zt. der Regierung *Joschafats (868-847 v.Chr.), die das Volk in den Städten Judas im Gesetz unterweisen sollten (2Chr 17,7).

7. Vorsteher der Leviten z.Zt. der Regierung *Josias (639-609 v.Chr.; 2Chr 35,9).

8. Priester aus dem Geschlecht Paschhur, der z.Zt. *Esras eine heidnische Frau genommen hatte (Esr 10, 22).

9. Levit aus dem Geschlecht *Jedaja, der mit *Serubbabel aus dem babylon. Exil zurückgekehrt war (Neh 12,21.36).

NETANJA. (Hebr. *netanjāhū*, »Jahwe hat gegeben«; LXX: *Nathanias*; vgl. *Nathanael).

1. Vater Jismaels, des Mörders *Gedaljas (Jer 40,8.14f; 41,9). In 2Kön 25,23 liest die LXX: Mathanias.

2. Leiter der fünften Gruppe des Tempel-Chores aus dem Geschlecht *Asaf (1Chr 25,2.12).

3. Vater des Jehudi (Jer 36,14).

4. Levit, der die von *Joschafat nach Juda zur Belehrung gesandte Abordnung von Oberen begleitete (2Chr 17,8). D.J.W.

NETHINIM s. Tempeldiener

NETOFA. (»Gefallenes«). Eine Stadt oder eine Gruppe von Gehöften (1Chr 9,16; Neh 12,28) nahe *Bethlehem (Neh 7,26). Die Einwohner werden »Netofatiter« genannt. N. war die Heimat einiger »Helden« Davids (2Sam 23,28f). N. wird als einer der Orte erwähnt, an denen sich Rückkehrer aus dem babylon. Exil niederließen (Esr 2,22). Daß N. in der Nähe von Bethlehem lag, ist eindeutig, aber die Ortslage konnte bislang nicht identifiziert werden. G.W.G.

NETZ. Netze begegnen in der Bibel als Geräte zum Fischen oder Jagen aus geflochtenen Seilen, aber auch als netzartige Muster oder Gitter.

I. NETZE ZUM FISCHEN UND JAGEN.

Ableitungen aus vier hebr. Wortstämmen werden im AT mit »Netz« übersetzt.

1. Hebr. *jārasch*, »in Besitz nehmen«. Mit *räschät* ist ein N. zum Fangen von Vögeln (Spr 1,17) oder Wassertieren gemeint (Hes 32,3). Der Begriff steht oft figurativ für Intrigen (z.B. Ps 9,16, »als Falle ausgelegt«) oder für Gottes Gericht (z.B. Hes 12,13, »über die Beute werfen«).

2. Hebr. *cheräm*, »etwas Durchlöchertes«. Bezeichnung für ein großes N., wie es am Ufer zum Trocknen ausgelegt wird (Hes 26,5), und figurativer Ausdruck für das Herz einer bösen Frau (Pred 7,26), für Gottes Gericht über den Pharao (Hes 32,3), für räuberische Individuen (Mi 7,2) und für die Macht des chaldäischen Militärs (Hab 1,15).

3. Hebr. *mezōdāh* (von *zud*, »jagen«) meint ein Fischnetz (Pred 9,12); *māzūd* und *mezūdāh* stehen für das Gericht Gottes (Hiob 19,6, »das Opfer umschließen«; Ps 66,11), und *māzōd* aus Spr 12,13 könnte eine Falle für böse Menschen bezeichnen.

4. Das hebr. *mikmōrät* (von dem Stamm *kāmar*, der im Arab. »überwinden« oder »bedekken« bedeutet) benennt das von den ägypt. Fischern auf dem Wasser ausgebreitete N. (Jes 19,8); *mikmärät*, (LÜ: »Garn«), ist ein Symbol für die chaldäische Armee (Hab 1,15), *mikmor* wird zum Antilopenfang benutzt (Jes 51,20), *mikmār* bezeichnet die Intrigen der Gottlosen (Ps 141,10).

Im NT werden drei griech. Wörter mit »Netz« übersetzt.

1. *diktyon* (von *diktyō*, »ein Netz auslegen«), das allg. gebräuchliche Wort für N.; diese Art N. wurde von den Jüngern Jesu benutzt (Mt 4,20f). Es wurde auf dem Wasser ausgeworfen (Lk 5,4; Joh 21,6), entweder ins Boot ausgeleert (Lk 5,7) oder an Land gezogen (Joh 21,8).

2. *amphiblēstron*, »Wurfnetz« (von *amphiballō*, »rundum werfen«), ein N., das ebenfalls

Netze und Pflöcke werden während einer Jagd von Dienern König Assurbanipals getragen. Relief aus Ninive, ca. 640 v.Chr. (BM)

von den Jüngern Jesu benutzt wurde (Mt 4,18).

3. *sagēnē* (von *sassō*, »füllen«), ein Schleppnetz, mit dem Jesus das Himmelreich vergleicht (Mt 13,47). Mehrere Männer waren erforderlich, um dieses große N. ans Ufer zu ziehen (Mt 13,48).

Zur Pflege der N.e gehört das Waschen (Lk 5,2), Trocknen (Hes 47,10) und Flicken (Mt 4,21).

II. NETZE ALS MUSTER UND GITTER.

Den Sockel des ehernen Brandopferaltars in der Stiftshütte umgab ein Gitter mit Netzmuster (hebr. *ma'aseh räschät*, 2Mo 27,4f) oder Netzwerk (*räschät*, 2Mo 38,4). Dieses

Hirsche und Rehe werden in Netzen gefangen. Relief aus Ninive, ca. 650 v.Chr. (BM)

Gitter kann sowohl künstlerischen als auch praktischen Zwecken gedient haben, da es leichter zu transportieren war als massives Metall und die für die Verbrennung nötige Luftzufuhr ermöglichte.

Die Kapitelle der beiden Säulen vor Salomos Tempel waren mit einem Netzmuster dekoriert (hebr. *sebākāh*, vom Stamm *sābak*, »verflechten«, 1Kön 7,17; Jer 52,22).

Literatur: G. Dalman: Arbeit und Sitte, 6, 1939, S. 335-337. 343-363; H.G. May: The Two Pillars before the Temple of Salomon, BASOR 88/1942, S. 19-27.

J.T.

NEUES TESTAMENT s. Bibel; s. Chronologie (NT); s. Kanon (NT)

NEUMOND s. Kalender; s. Mond

NEUTESTAMENTL. APOKRYPHEN s. Apokryphen (NT)

NICHTS.

I. DIE SCHÖPFUNG AUS DEM NICHTS.

Die Lehre von der creatio ex nihilo (»Schöpfung aus Nichts«) besagt die absolute Voraussetzungslosigkeit der Schöpfung. Gottes Allmacht und seine schöpferische Freiheit sind ihr einziger Grund. Weder äußerer noch innerer Zwang bewegte Gott zu seinem Schaffen. Als gänzlich von seinem Werk unabhängiger Schöpfer bleibt so einerseits die Andersartigkeit und absolute Überlegenheit Gottes gewahrt, zugleich drückt das Begriffspaar Schöpfer und Schöpfung eine Beziehung zueinander aus: Der Schöpfer will und duldet sein Geschöpf, das anders ist als er selbst, bei sich. Dieses Geliebtsein des Geschöpfes ist ebenfalls einzig in Gottes Freiheit begründet. Seine Zuwendung ist also dem Menschen gleichsam ex nihilo, »ohne Verdienst und Würdigkeit« gewährt.

1. Im Alten Testament.

Zwar findet sich im AT die Lehre einer Schöpfung aus dem Nichts nirgends in einer begrifflichen Zuspitzung, doch der Sachverhalt ist im ersten Vers der Bibel ausgedrückt. Es wird kein Stoff, keine Urmaterie vorausgesetzt, aus der Gott etwas schuf. Das N. darf nicht als etwas irgendwie Materielles mißverstanden werden. Es ist das Nicht-Seiende, das Abwesende, das nicht einmal gedacht werden kann. Die Bibel markiert mit Gottes Schöpfung »im Anfang«, daß damit der Anfang von Raum und Zeit gesetzt ist. Davor ist nur Gott in seinem trinitarischen Zueinander. Die Erschaffung der Welt geschah durch das Wort (Ps 33,9), nicht durch einen urweltlichen Kampf oder Zeugungsvorgang Gottes, wie es in anderen altorientalischen Kosmogonien der Fall ist.

2. Im Neuen Testament.

Auch hier ist die creatio ex nihilo vorausgesetzt, ohne daß sie ausdrücklich so genannt wird: In Joh 1,3 wird betont, daß »nichts« ist, das sein Dasein nicht dem Schöpferwort »im Anfang« verdankt (vgl. Kol 1,16). Und Hebr 11,3 betont, nur der Glaube (!) erkenne, daß alles, was man sieht, »aus nichts geworden ist«. So bekennt das Urchristentum wie das AT Gott als den freien und allmächtigen Schöpfer, wobei über das Wie der Weltschöpfung nicht besonders nachgedacht wurde. Die Einheit von Schöpfer und Erlöser der Welt war noch nicht wie in der späteren *Gnosis problematisiert, deshalb finden sich im NT keine kosmologischen Theorien, wie sie in gnostischen Texten häufig sind. Erst als der christl. Glaube im 2. Jh. sich damit auseinandersetzte und in das Gespräch mit der griech. Philosophie eintreten mußte, war er zum Durchdenken des eigenen Schöpfungsverständnisses und zur begrifflichen Formulierung des Satzes von der Schöpfung aus nichts genötigt. Nur so war es möglich, die Voraussetzungslosigkeit und Freiheit von Gottes Schaffen begrifflich den neuen Herausforderungen angemessen zu formulieren. Die Ansätze dazu waren seit dem AT in der intertestamentaren Literatur weiterentwickelt worden. So gilt 2Makk 7,28: »sieh an den Himmel und die Erde und alles, was drinnen ist und erkenne, daß Gott dieses aus nicht Seiendem [*ouk ex ontōn*] gemacht hat und so ist auch das Werden der Menschen«, als ältester Beleg für die Lehre der creatio ex nihilo, doch ist es schwierig zu beurteilen, ob hier nicht nur von einer ersten Gestaltung der ewigen Urmaterie (wie bei Weish 11,17 und Philo, De opificio mundi 21f) durch Gott die Rede ist. G. May sagt in seiner diesem Thema gewidmeten Studie zu Recht: »Die hellenistisch-jüdische Theologie hat die Allmacht und das Schöpfertum Gottes nachdrücklich betont, sie ist jedoch nicht zu einer grundsätzlichen Auseinandersetzung mit der platonischen und stoischen Prinzipienlehre gelangt. So konnte sie auch eine Lehre von der creatio ex nihilo nicht entwickeln. Die Aussagen über die Schöpfung des Nichtseienden oder aus dem Nichtseienden, die eine Interpretation in diesem Sinne nahezulegen scheinen, sind nicht als Antithese zur Annahme einer ewigen Materie und zum Prinzip 'ex nihilo nihil fit' zu verstehen, sondern es handelt sich hier um unreflektierte, alltagssprachliche Wendungen, die zum Ausdruck bringen sollen, daß durch den Schöpfungsakt bisher nicht Existierendes entstanden ist. Sobald man freilich erkannte, daß das Schaffen des biblischen Gottes mehr ist als die Gestaltung der Materie, daß er in souveräner Freiheit ohne jede äußere Voraussetzung die Welt hervorbringt, bot sich der Ausdruck 'Schöpfung aus dem Nichts' als eine Formel an, die prägnant die Eigenart des biblischen Schöpfungsbegriffs bezeichnete« (a.a.O., S. 21). Hier knüpfte die kirchliche Tradition an, die zudem in der Lehre von der neuen Schöpfung (2Kor 5,17; vgl. Offb 21,1.5) eine reale Anschauung von dem hatte, was creatio ex nihilo auch soteriologisch bedeutet.

II. DIE GÖTZEN DER HEIDEN SIND NICHTSE.

1. Das dt. Wort *Götze bekam seine theologische Bedeutung durch die Bibelübersetzung M. Luthers, der in Ps 96,5 ein hebr. Wortspiel (die *ʾĕlohē ʿammim,* die »Götter [Pluralform von *ʾēl,* Gott] der Völker« sind *ʾĕlīlīm,* »Nichtse« [Plural von *ʾĕlīl* »Nichtigkeit«]) im Dt. nachahmte. Da *ʾĕlīlīm* so ähnlich wie *ʾĕlohīm* klingt, sollte das entsprechende dt. Wort sich ähnlich wie Götter anhören, aber abschätzige Bedeutung haben. Diese Bedingungen sah Luther in dem Wort Götze zu Recht als gegeben an.

2. Das von Luther mit »Götze« übersetzte Wort *ʾĕlīl* kommt 20 mal im AT vor und bezeichnet 17 mal in einer polemisch-abschätzigen Weise fremde Götter. Die Nichtigkeit ihres Seins wird deutlich, wenn die drei anderen Stellen beigezogen werden: Jer 14,14 spricht von den falschen Propheten als solchen, die betrügerisch prophezeien, indem sie künstlich hervorgebrachte Wahrsagerei betreiben. Dieses Verhalten wird als nichtig (*ʾĕlīl*) bezeichnet.

In Sach 11,17 (vgl. 11,15) wird der die Herde vernachlässigende und ausbeutende Hirte als *roʿēh hāʾĕlīl,* als »nichtsnutziger Hirte« (LÜ) angeredet. Ähnlich Hiob 13,4, wo die Ratschläge der Freunde Hiobs mit denen von nichtsnutzigen Pfuschärzten verglichen werden. In der Polemik gegen die Götzen schwingt also mit: Sie sind Nichtsnutze, Schädlinge und Betrüger. Ihr Wesen ist nicht schöpferisch, sondern zerstörend. Sie sind vor Gott »Nichtse«, weil Israels Gott allein die Welt erschaffen hat und erhält. Für den Menschen und die ganze Schöpfung aber stellen sie eine dauernde und gefährliche Macht dar, die Gottes Ordnung ins Chaos stürzen will. Die Macht der Nichtse ist das N. Sie wollen aus etwas nichts machen, während es nach Luthers Auslegung von Ps 38,22 (in der Auslegung der 7 Bußpsalmen von 1525) »Gottes Natur ist, daß er aus Nichts Etwas macht«. Die atl. Vorstellung vom Kampf Gottes gegen die zerstörenden Chaosmächte in den Psalmen (vgl. 74,12-15; 89,10-12) und Propheten (Jes 51,9f) zeigt, wie konkret Israel in der eigenen Existenz und der der Welt die Bedrohung durch diese Mächte sah.

Gott selber mußte ihnen wehren, da der Mensch zu schwach dazu ist, ja diesen Mächten durch seine Sünde Einfalltore öffnete.

Jedes Übertreten von Gottes Ordnung war ein Einbruch dieser nichtenden Macht. So diente das Gerichtshandeln Gottes dem Wiederherstellen der bedrohten Ordnung, der allein die Welt und Israel ihren Bestand verdankten. Symbol der Zerstörung ist das Wasser, die große Flut, wobei 1Mo 1,2 und der Sintflutbericht als Anschauung dienen. Das Werk dieser Mächte ist eine Rückführung der geordneten Schöpfung in das *tohū wābohū* (1Mo 1,2), das als Fehlen jeder schöpfungsbedingten Ordnung zu verstehen ist. Das hebr. Wort *tohū* kommt 19 mal im AT vor und bedeutet meistens »das Leere, Nichtige, Eitle« und wird so auch im Zusammenhang mit Götzen gebraucht, vgl. Jes 41,29: »Die von Götterbildern dargestellten Götzen sind alle nichtig (statt *ʾawēn* ist *ʾājin,* wörtlich: nicht existierend, zu lesen, vgl. Jes 41,24), nichts (*ʾephes,* eigentlich Ende, dann auch das, was nach dem Ende kommt: Nichts) sind ihre Taten, Wind und Leere (*tohū*) sind ihre Bilder.« Zugleich unterstreichen diese Jesajastellen, wie reich das Hebr. an Ausdrücken ist, um das N. zu beschreiben (Jes 40,17.23 zeigt ferner, daß N. gelten oder zu N. werden Zeichen von Gottes Hoheit und seines Gerichtes sein können), was als Hinweis darauf gewertet werden muß, daß das N. als Gefahr und Bedrohung real empfunden wurde.

3. Auf ein bisher nicht behandeltes Wort ist am Schluß noch zu verweisen, da es alle Nuancen des N. enthält: *hebel* (so der hebr. Namen von Abel, 1Mo 4,2). Es ist ein Wort, das die Vergänglichkeit des Seins in einen fast schwermütig klingenden Klagelaut faßt: So wie das Leben Abels steht alles unter der Bedrohung, wie ein »Windhauch«, ein »Dampf« (so kann *hebel* an einigen Stellen übersetzt werden) zu verwehen ins N. (vgl. Ps 39,6f.11). Besonders der Prediger hat dieser Stimmung Ausdruck verliehen: Über die Hälfte der atl. Vorkommen des Wortes sind bei ihm, in der LÜ meist mit »eitel« übersetzt. Auch die Götzen werden so bezeichnet, vgl. Jer 10,3.8; Jes 57,13.

4. Die LXX übersetzt *ʾĕlīl* und *hebel* mit unterschiedlichen Vokabeln, die nur z.T. den Gehalt des hebr. Wortes wiederzugeben vermögen. Am häufigsten ist *cheiropoiēta* (»Menschenwerk«), das die Nichtigkeit des im Göt-

zenbild Dargestellten nicht so zum Ausdruck bringt wie das andere Wort *eidōla* (3Mo 19,4; 5Mo 32,21; 1Chr 16,26; Ps 97,7; Jer 14,22; 16,19; Hab 2,18), das im Griech. eigentlich Spiegelbilder im Wasser oder Schattenbilder bezeichnet. Dadurch werden die so Bezeichneten als wirklichkeitslose Wesen, eben als Nichtse bloßgestellt. Dieselbe Bezeichnung ist dann auch im NT häufig (Apg 7,41; 15,20; Röm 2,22; 1Kor 8,4.7; 10,19; 12,2 u.ö.). Es gibt keine Götter außer dem einen, sie sind nichts (*ouden*, 1Kor 8,4) im Vergleich zu dem Gott, der alles geschaffen hat. Dennoch stehen hinter ihnen Mächte: Was ihnen geopfert wird, empfangen Dämonen (1Kor 10,19f; vgl. schon Ps 96,5, wo *'ĕlîlîm* mit *daimonia* übersetzt wird). Wie die Chaosmächte im AT sind die Dämonen hier verstanden als die Zunichtemacher, die Gottes Ordnung ins N. zurückstürzen möchten.

III. DAS NICHTS UND DIE LIEBE.

Zwei Stellen des NT zeigen, daß alles Tun der Christen vom N. bedroht ist, wenn es nicht aus der Verbindung mit Jesus heraus geschieht. In Joh 15,5 mahnt Jesus seine Jünger, daß sie »nichts« ohne ihn tun können, so wie er selbst ohne den Vater nichts tat (Joh 5,19.30), und Paulus zeigt in 1Kor 13,1-3, daß alles Faszinierende an der Religion (Weissagungen, Geheimnisse, Erkenntnisse, Wunder wirkender Glaube, Opferbereitschaft und Martyrium), der heidnischen wie der christlichen (!) nichts ist, wenn es ohne *Liebe, ohne *agapē* geschieht. Diese Christusliebe ist Gottes Gabe (Röm 5,5), die erst, wie Paulus sagt, den Menschen vom N. zu etwas macht (vgl. Röm 4,17; 1Kor 1,28). Sie ist der Grund, auf den der Christ bauen muß, wenn sein Werk bestehen und nicht zu N. werden soll (vgl. 1Kor 3,11-13). Auch für den Menschen selbst gilt, sein Nichtssein gegenüber Gott anzuerkennen (vgl. Ps 39,6; 62,10; 2Kor 12,11), um so, gleichsam mit leeren Händen, alles von Gott zu erwarten: »Gottes Natur ist, daß er aus Nichts Etwas macht; darum wer noch nicht Nichts ist, aus dem kann Gott auch nichts machen; die Menschen aber machen aus Etwas ein Anderes, das ist aber eitel unnütz Werk« (M. Luther, a.a.O.).

IV. DIE SÜNDE ALS DAS NICHTIGE.

Ganz kurz sei hier auf die Lehre Karl Barths vom Nichtigen eingegangen (KD III/3, § 50), die hilfreich und problematisch zugleich ist. Von der Erkenntnis der Bedrohung der Schöpfung durch das Chaos ausgehend, fragt Barth nach dem Wesen dieser zerstörenden Macht, die sich seiner Meinung nach weder vom Schöpfer noch vom Geschöpf her erklären läßt. Da er alle Vorstellungen eines Gegengottes völlig ausschließen will, erklärt er das bedrohende Nichtige als die Schattenseite der Schöpfung, die entsteht, wo Gott »Ja« sagt. Jedes Ja impliziert ein Nein, doch wird dem Verneinten alle Wirklichkeit durch das Nein gerade verwehrt. Und doch hat dieses Verneinte so große Macht, daß sich der Gottessohn ihm aussetzen muß, um den Menschen aus dem ihn bedrohenden Nein zu erlösen. So hat Gott selber das von ihm Verneinte sich zum Feind gemacht, indem er auf die Seite des Menschen trat. Dadurch ist das Nichtige entlarvt als »Gegensatz zu Gottes ganzer Schöpfung« und »zu Gott dem Schöpfer selber« (KD III/3, S. 346). Von da aus wird dann nach Übel, Tod, Teufel und Hölle sowie des Menschen Sünde gefragt. Es ist das Nichtige, das »was Gott nicht will« (S. 406). Es ist nur, »weil und indem und solange Gott dagegen ist« (S. 407). »Gerade nur Gottes Unwille darf als der Grund seiner Existenz verstanden werden« (ebd.). Das so Charakterisierte setzt Barth dann mit dem Bösen gleich, das er in Christus als gerichtet und damit abgetan ansieht. »Wo Gott Nein gesagt hat, da hat er es gesagt, da braucht er es hinfort nicht mehr zu sagen, wo aber Gott nicht mehr Nein sagt, da ist auch das Verneinte nicht mehr« (S. 419). Diese von Barth auf die Erhöhung Christi bezogene Aussage zeigt die Problematik seines Ansatzes: Sünde, Tod und Teufel sind nur vorübergehende Nichtse, die keinen Bestand haben. Ihre Macht ist nur da, wo sie sich den Schein des Göttlichen aneignen können. Das richtige Anliegen, aus dem Teufel keinen zweiten Gott zu machen und die zu Recht starke Betonung des Sieges Jesu über alle Mächte, die die Schöpfung bedrohen, bringt Barth dazu, dem Bösen nur noch eine Scheingeltung zu belassen. Demgegenüber gilt es zu betonen, daß die Bibel den Teufel und seine Dämonen als nichtende, reale Mächte ernstnimmt. Sie sind Nichtse vor Gott, weil auch sie seinem Regiment und seiner erhaltenden Zuwendung ihre Existenz verdanken. Sie sind geschaffene Wesen und das Nein Gottes ihnen gegenüber gilt ihrem Mißbrauch des geschöpflichen, d.h. verdankten Lebens zur Rebellion, ohne aber das ursprüngliche Sein in ein Nicht-Sein zu verwandeln. Auch als Gottes Feinde bleiben sie seine Geschöpfe. Sie erhielten sogar Macht, den Gottessohn am Kreuz zu töten. Aber gerade darin wurden sie zu Handlangern der Erlösung und ihrer eigenen Niederlage. Obwohl sie nicht nichts sind, sind sie vor Gott zunichte geworden.

Literatur: Zu I.: Vgl. die Kommentare zu *Genesis, bes. C.F. Keil, F. Delitzsch, G. von Rad, C. Westermann, H. Bräumer; außerdem: O. Bayer: Schöpfung als Anrede, 1986; G. Gloege: RGG[3] V, 1478-1890; G. May: Schöpfung aus dem Nichts. Die Entstehung der Lehre von der creatio ex nihilo (AzK 48), 1978; H.G. Pöhlmann: Abriß der Dogmatik, [4]1985, 137-159. Zu II.: F. Büchsel: ThWNT II, 1935, 373-375; F. Melzer: Art. Götze, in: Das Wort in den Wörtern (1965) 193f; ders.; Götzendienst, in: Die Christus-Botschaft über die Religionen, 1981, 26-44. Zu III.: F. Melzer: Art. Nichts, in: a.a.O. (1965) 277-281; ders.: Religion ohne Liebe ist – nichts, in: a.a.O. (1981) 66-78. Zu IV.: K. Barth: KD III/3, 327-425.608-623; E. Böhl: Dogmatik, 1887, 177-202; E. Brunner: Dogmatik II, 1950, 153-172; H. Jochums: Die große Enttäuschung, 1986, 20-26.47f; W. Krötke: Sünde und Nichtiges bei Karl Barth (NBST 3), [2]1983. R.D.

NIEDRIG s. Erniedrigen/Erhöhen

NIEREN. In der LÜ wird das hebr. Wort *kelājōt* mit »Nieren« übersetzt, wenn von den physischen Organen der Opfertiere die Rede ist, vor allem in 3Mo (3,4; 4,9; 7,4 u.ö.). Es war Praxis, daß die zwei N. zusammen mit dem Fett und Teilen der Leber als Anteil Jahwes beim Sünd- und Dankopfer auf dem Altar verbrannt wurden, während die Opfernden das Übrige selbst verbrauchten. Gemeinsam mit dem Blut und anderen inneren Organen sah man die N. als Sitz des Lebens an.

kelājōt wird verschieden übersetzt, wenn es sich – in bildlicher Verwendung – auf menschliche Organe bezieht, denen man psychische Funktionen nachsagte. Die LÜ spricht vom »Herzen«, das sich sehnt (Hiob 19, 27), und den N., denen etwas »wehe tat« (Ps 73,21). Dieser parallele Gebrauch offenbart, wie sehr das Herz und die übrigen inneren Organe (*Eingeweide, *Herz) als Zentrum der Persönlichkeit und des Willens betrachtet wurden, ohne daß es eine deutliche Unterscheidung zwischen ihnen gab. B.O.B.

NIKODEMUS. N. (griech. »Sieger des Volkes«) kam nachts zu Jesus (Joh 3,1-21; 7,50; 19,39). Er war ein Mitglied des Hohen Rates (*Sanhedrin) und hatte damit eines der höchsten Ämter des *Judentums der damaligen Zeit inne. Nach Joh 3,10 gehörte N. zu den hervorragendsten Schriftgelehrten seiner Zeit. Jesus hält er für einen, der Gottes Willen versteht und lebt. Er bezeichnet ihn als »Rabbi« (Joh 3,2) und sah ihn zuerst vielleicht in der Linie der wundertätigen Rabbinen seiner Zeit. Die Nacht, für jüd. Lehrer die Zeit für Studium und Lehrgespräch (Ps 1,2; 119,148), wählte N., um von ihm zu lernen. Jesus sprach mit ihm über die Notwendigkeit, neu, d.h. aus Wasser und Geist geboren zu werden, um in Gottes Reich zu kommen. Jesus wirbt um N., doch der Ausgang dieser Unterredung wird nicht mitgeteilt.

Von N. wird weiter berichtet, daß er, der Pharisäer, am Schluß des Laubhüttenfestes in eine Debatte der Pharisäer eingriff (Joh 7,50-52). Hierbei trat er für die Gerichtsdiener – und damit für Jesus – ein, indem er auf das Gesetz, die Richtschnur des Handelns im Pharisäismus, verwies.

Nach Jesu Kreuzigung bekannte sich N. öffentlich zu ihm. Zusammen mit *Josef von *Arimathäa, der von Pilatus den Leichnam Jesu erbat und sein eigenes Grab zur Verfügung stellte, richtete N. den Leichnam Jesu für die Bestattung her (Joh 19,50-52). Die dazu benötigten Spezereien stellte N. zur Verfügung. Daß er mit Josef von Arimathäa bei Jesu Grablegung zusammenwirkte, läßt darauf schließen, daß sich beide vorher schon kannten. Jetzt nahmen beide das Risiko auf sich, als Nachfolger Jesu behandelt zu werden. Nachrichten im Talmud deuten darauf hin, daß N. später zu den Christen gerechnet und aus der Synagoge ausgestoßen wurde. Im *Talmud wird er als Naqdemon oder Nakai erwähnt.

Literatur: G. Maier: Johannes-Evangelium 1., 1984 und 2., 1986. Ri.Sch.

NIKOLAITEN. Man nimmt an, daß Nikolaus aus *Antiochia (Apg 6,5) einer Gruppe von Irrlehrern seinen Namen gegeben hat. Als deren atl. Vorbilder gelten *Bileam (4Mo 22-24), und *Isebel (1Kön16, 29ff; 2Kön9, 22). In den Sendschreiben nach *Ephesus und *Pergamon (Offb 2, 6.15) werden als Nikolaiten dieselben Menschen bezeichnet, die (nach Offb 2,2), Lügner sind, zum Essen von *Götzenopferfleisch verführen und *Hurerei treiben (Offb 2,14.20). Als ihre atl. Vorbilder gelten ebenfalls Bileam (4Mo 22-24) und Isebel (2Kön 9,22). In dieser Gruppe der N. spielte wohl eine prophetische Frau eine führende Rolle (Offb 2,20f). Neben der Offb warnen Jud 11 und 2Petr 2,15 vor Menschen, die »den Weg Bileams« gehen. Erwähnungen bei Irenäus, Tertullian und Clemens v. Alexandria lassen darauf schließen, daß die N. einem angeblich christl. Kommunismus huldigten, wobei sich die Gemeinschaft nicht nur auf das Vermögen, sondern auch auf die Frauen bezog. E.M.B./Red.

NIKOPOLIS. (»Siegesstadt«). Als Hauptstadt von Epirus ließ *Augustus N. auf einer Halbinsel des Ambrakischen Golfes erbauen, wo er vor seinem Sieg bei Actium im Jahre 31 v.Chr. sein Lager hatte. N. war eine freie Stadt, die

Die Ruinen des Odeion in der röm. Kolonie Nikopolis. (RH)

durch die Aktischen Spiele, die von Augustus dorthin verlegt worden waren, eine gewisse Bedeutung erlangte.

Obwohl es noch weitere Städte mit Namen N. gab, war nur diese bedeutend genug, um Paulus' Aufenthalt für einen ganzen Winter zu rechtfertigen (Tit 3,12), und N.s geographische Lage käme der Wahl als Treffpunkt mit Titus sowie als Stützpunkt für die Missionierung von Epirus entgegen.

K.L.Mck.

NIL.

I. NAME.

Der Ursprung des griech. *Neilos* und latein. *Nilus,* unseres Wortes »Nil«, ist ungewiß. Im AT wird, mit wenigen Ausnahmen, das Wort *jeʾōr,* »Fluß«, »Strom«, »Kanal«, benutzt, wann immer der ägypt. Nil gemeint ist. Dieses hebr. Wort leitet sich aus dem ägypt. *ʾitrw* ab, seit der 18. Dynastie in der Form *ʾiʾr(w)* gebräuchlich, was »Nil-Fluß«, »Strom«, »Kanal«

bedeutet und den Nil mit seinen verschiedenen Armen und Kanälen bezeichnet (A. Erman, H. Grapow: Wörterbuch der Ägyptischen Sprache, 1, 1926, S. 146; T.O. Lambdin: JAOS 73, 1953, S. 151). In der Bibel verbirgt sich das Wort *je'ōr* hinter allg. Bezeichnungen wie »Fluß«, »Flut« etc. Nur einmal wird das Wort *nāhār*, »Fluß«, für den Nil als den Strom Ägyptens parallel zum Euphrat benutzt. Das Gelobte Land liegt zwischen diesen beiden großen Markierungen (1Mo 15,18). Hebr. *nachal*, »Wadi«, wird offensichtlich nie für den Nil verwendet, sondern für das Wadi El-ʿArisch oder den *»Bach Ägyptens«

II. DER FLUSSLAUF.

Den Ursprung des Nils bilden Ströme wie der Kagera, die in den Viktoriasee in Tansania fließen; dessen Abfluß nach N, der seinen Weg über den Albertsee und die ausgedehnten Sudd-Sümpfe des südl. Sudan nimmt, ist der Weiße Nil. Bei Karthum vereinigt er sich mit dem Blauen Nil, der vom Tanasee im äthiopischen Hochland kommt, zum eigentlichen Nil. Nach der Einmündung des Atbara, etwa 320 km nordöstl. von Karthum, fließt der Nil ohne weitere Zuflüsse 2700 km durch den Sudan und Ägypten nach N zum Mittelmeer. Seine Gesamtlänge vom Viktoriasee bis zum Mittelmeer beträgt etwa 5600 km. Zwischen Karthum und Assuan stehen sechs »Schwellen« aus Granit quer zum Flußbett (Katarakte), die die Schiffahrt in diesem Teil des Nil behindern.

In Nubien und Oberägypten fließt der Nil in einem engen Tal, daß in Ägypten selten breiter als 20 km ist, oft sehr viel enger. Hinter den Hügeln und Steilhängen, die das Niltal begrenzen, erstrecken sich felsige Wüsten nach O und W (*Ägypten, B.). Etwa 20 km nördl. von Kairo teilt sich der Fluß in zwei Hauptarme, die das Mittelmeer bei Rosetta im W und Damietta im O erreichen; zwischen diesen beiden großen Mündungsarmen und über sie hinaus erstreckt sich das flache, sumpfige Schwemmland des ägypt. Deltas. Im Ägypten der Pharaonenzeit scheint man neben diversen kleineren Armen und Kanälen drei Mündungsarme näher bezeichnet zu haben: den »Westlichen Fluß« (den Kanoptischen Arm?), den »großen Fluß« (evtl. den heutigen Damietta-Arm), die »Wasser zu Rēʿ« (östl., Pelusischer Arm, hebr. Schihor). Griech. Reisende und Geographen zählten zwischen fünf und sieben Arme und Mündungen des Nils (vgl. A.H. Gardiner: Ancient Egyptian Onomastica, 2, 1947, S. 153*-170*; J. Ball: Egypt in the Classical Geographers, 1942; M. Bietak: Tell El-Dabʿa, 2, 1975).

III. ÜBERSCHWEMMUNG UND LANDWIRTSCHAFT.

Ein entscheidendes Merkmal des Nils ist seine jährliche Überschwemmung. Im Frühjahr und Frühsommer verwandeln ergiebige Regenfälle in Äthiopien und im S-Sudan sowie die Schneeschmelze in den Bergen den Oberen Nil – vor allem den Blauen Nil – in eine reißende Flut, die feine, rötliche Erde mit sich führt, die sich in Ägypten und Nubien auf dem überfluteten Land ablagert. Bis zur Errichtung von Bewässerungssystemen wie z.B. dem Assuan-Staudamm erhielten die Gebiete im ägypt. Tal und Delta jährlich eine neue dünne Ablagerung an frischem, fruchtbarem Schlamm. Das schlammige Hochwasser wurde zudem noch in Becken zurückgehalten und dann abgelassen, wenn der Wasserstand des

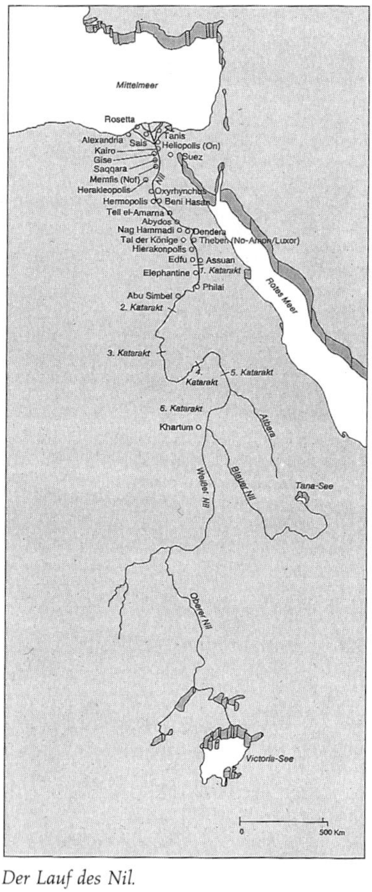

Der Lauf des Nil.

Der Nil und von ihm bewässertes, fruchtbares Land. (BPL)

Nils wieder sank. In Ägypten erreicht der Nil im Mai den niedrigsten Pegelstand; sein Anstieg beginnt im Juni, die größten Wassermassen erreichen Ägypten im Juli/August, danach fällt der Pegel wieder. Ohne den Nil und seine Überschwemmung wäre Ägypten so unfruchtbar, wie die Wüsten zu beiden Seiten des Tals. Ägyptens Landwirtschaft war vom Hochwasser abhängig, dessen Niveau mittels Flußstands-Anzeigern oder Nilometern abgelesen wurde. Eine hohe Flut brachte vorzügliche Ernten, die Ägyptens landwirtschaftlichen Reichtum sprichwörtlich machten. Niedriger Wasserstand bedeutete ähnlich wie Trockenheit in anderen Ländern Hungersnot; gefürchtet war aber auch allzu großes Hochwasser, das die Bewässerungssysteme fortriß und Zerstörung anrichtete. Der regelmäßige Rhythmus des Nils war den Hebräern vertraut (vgl. Jes 23,10; Am 8,8; 9,5), ebenso die Abhängigkeit der ägypt. Bauern und Fischer sowie der Vegetation von diesem Wasser (Jes 19,5-8; 23,3). Mehrere Propheten verkündeten Gericht über Ägypten in der Gestalt, daß der Nil austrocknen sollte (Hes 30,12; vgl. 29,10; Sach 10,11), so wie andere Länder durch das Ausbleiben von Regen gezüchtigt wurden (vgl. *Hunger und Durst). Jeremia (46,7-9) vergleicht das Vorrücken der ägypt. Armee mit dem Anschwellen des Nil (zum Nilhochwasser s. G. Hort: ZAW 69, 1957, S. 88-95; J. Ball: Contributions to the Geography of Egypt, 1939; D. Bonneau: La crue du Nil, 1964).

IV. WEITERE ASPEKTE.

Durch seine Dominanz in der Landwirtschaft beeinflußte der Nil auch den Kalender, der drei Jahreszeiten aufweist (jede mit vier Monaten, 30 Tagen, plus fünf zusätzliche Tage): die *'Akhet,* »Überschwemmung«, *Peret,* »Hervorkommen« (des Landes aus dem zurückgehenden Wasser), und *Schomu,* »Trockene« (?) oder Sommerzeit. Die Wassermassen des Nils förderten nicht nur die Ernte, sondern schufen auf dem Schwemmland auch die Grundlage für Weideland (vgl. 1Mo 41,1-3.17-18) und Papyrus (*Papyri und Ostraka); sie waren Lebensraum für Fische, die mit Angel und *Netz gefangen wurden (Jes 19,8, *Fisch/Fischfang). (Zu den Plagen eines blutroten Nil, toten Fischen und Fröschen etc., s. *Plagen Ägyptens. Zu Nah 3,8 s. *Theben.) Die Prahlerei der Assyrer, die Ströme Ägyptens austrocknen zu lassen (2Kön 19,24; Jes 37,25), mag auf Wallgräben und ähnliche Flußverteidigungsanlagen anspielen. (Zu Mose, der als Säugling im Schilf am Nil verborgen wurde, s. *Mose). Der Nil war auch Ägyptens Hauptverkehrsweg, Schiffe konnten nach N fahren, indem sie sich mit dem Strom treiben ließen, ebenso war es möglich, mit Hilfe des kühlen N-Windes, der vom Mittelmeer her blies, Richtung S nilaufwärts zu segeln. Nach der rel. Überzeugung der Ägypter war der Gott Haʿpi, der Spender von Fruchtbarkeit und Fülle, verantwortlich für die jährlich wiederkehrende Überschwemmung des Niltals. K.A.K.

NIMRIM, WASSER ZU. Zweimal werden im AT die Wasser zu N. erwähnt (Jes 15,6; Jer 48,34). Die Propheten sprechen vom Sturz *Moabs; Klageschreie werden aus den Städten Moabs emporsteigen, und »die Wasser Nimrims sollen versiegen«. Die Aufzählung der Ortsnamen läßt auf einen Ort in S-Moab schließen, auf die heute übliche Identifizierung mit Wadi en-Numeira, 16 km südl. des Toten Meeres. N. ist zu unterscheiden von Nimra (4Mo 32,3) oder Bel-Nimra (4Mo 32,36), etwa 16 km nördl. vom Toten Meer im Wadi Nimrin gelegen. J.A.M.

NIMROD. Der Sohn des Kusch, ein Krieger und Held (*gibbōr*), der in Babylonien lebte, und dessen Reich *Babel, *Erech, *Akkad und *Kalne umfaßte (1Mo 10,8-10; 1Chr 1,10). N. war der Gründer von *Ninive, Rehobot-Ir und *Kelach in Assyrien (1Mo 10,11) und berühmt als Jäger (V. 9). Das an Assyrien grenzende Land wurde später als »das Land Nimrods« bezeichnet (Mi 5,5). Sein Name wurde in verschiedenen Ortsnamen verewigt, darunter Birs Nimrud (Borsippa), südwestl. von Babylon, und Nimrud in Assyrien (*Kelach). Dies läßt zusammen mit den vor allem in sumer. und assyr. Literatur erhaltenen Legenden über ihn auf seine Bedeutung schließen. In der Forschung vergleicht man ihn deshalb mit Sargon von Akkad, um 2300 v.Chr., der ein großer Krieger und Jäger sowie der Herrscher von Assyrien war. Er leitete Feldzüge zur Mittelmeerküste, nach S-Anatolien und Persien, und der Glanz seiner Zeit und seiner Taten führte zu der Benennung »Goldenes Zeitalter«. N.s Taten werden auch zu denen bekannter Herrscher wie Narāmsīn von Akkad und Tukulti-Ninurta I. von Assyrien (1244-1208 v.Chr.; Eretz Israel 5, 1958, S. 32-36) in Beziehung gesetzt. Teilweise versucht man, N. auch mit Gottheiten wie Ninurta (Nimurda), dem babylon. und assyr. Gott des Krieges und der Jagd gleichzusetzen, oder mit Amar-Utu, wie der sumer. Name des Gottes Marduk lautete (*Merodach). Eine gesicherte Zuordnung ist nicht möglich. D.J.W.

NINIVE. Eine bedeutende Stadt in Assyrien, letzte Hauptstadt des assyr. Reiches. Die Ruinen Ninives markieren die Qujunguk und Nebū Junus (»Prophet Jona«) genannten Schutthügel, die am Tigris, gegenüber Mosul im N-Irak liegen.

I. NAME.

Das hebr. *nīnewēh* (griech. *Nineuē*; latein. *Ninos*) entspricht dem assyr. *Ninuā* (altbabylon. *Ninuwā*), einer Ableitung aus dem älteren sumer. Namen *Nina*. Das war ein Name der Göttin Ischtar, dessen Schriftbild ein umrahmter Fisch war. Trotz des Vergleichs mit der Geschichte *Jonas gibt es wohl keine Verbindung zu dem hebr. Begriff *nun*, »Fisch«.

Nach 1Mo 10,11 war N. eine der von *Nimrod im N. gegründeten Städte, nachdem er Babylonien verlassen hatte. Ausgrabungen, die erst in Tiefen von bis zu 25 m unberührten Boden erreichten, zeigen, daß der Ort seit ca. 4500 v.Chr. besiedelt war. Keramik vom ʿUbaid- (und Samarra-) Typ und Piséebauten (Bauten aus gestampftem Lehm), lassen auf südl. Einflüsse schließen. Obwohl erstmals in den Inschriften Gudeas von Lagasch erwähnt, der in diesem Gebiet um 2200 v.Chr. Feldzüge unternahm, berichten die Texte von Tukulti-Ninurta I. (um 1230 v.Chr.) davon, wie er den Tempel der Göttin Ischtar wiederherstellte, der bereits um 2300 v.Chr. von Manischtusu, dem Sohn Sargons, gegründet worden war.

Im frühen 2. Jt. v.Chr. unterhielt N. Kontakte zu der assyr. Kolonie von Kanisch in *Kappadozien, und als Assyrien unter Schamschi-Adad I. (um 1800 v.Chr.) unabhängig wurde, restaurierte man den gleichen Tempel der Ischtar (genannt E-masch-masch) erneut. *Hammurabi von Babylonien ließ den Tempel verzieren; die Expansion der Stadt war eine Folge des aufblühenden assyr. Wohlstandes unter Salmanassar I. (um 1260 v.Chr.), und unter der Herrschaft von Tiglatpilesar I.

Bronzekopf eines akkadischen Herrschers, gelegentlich als Naram-Sin oder Sargon von Akkad identifiziert. Ninive, ca. 2250 v.Chr. (SI)

(1117-1077 v.Chr.) wurde N. neben Assur und Kelach zur königlichen Residenz. Sowohl Assurnasirpal II. (884-858 v.Chr.) als auch Sargon II. (722-705 v.Chr.) besaßen dort Paläste. Es ist deshalb wahrscheinlich, daß die Tribute von Menahem im Jahre 744 v.Chr. (2Kön 15,20) und von Samaria 722 v.Chr. (Jes 8,4) direkt nach N. gebracht wurden.

Sanherib baute mit Hilfe seiner westsemit. Königin Naqi'a-Zakutu die Stadt mit Wehrmauern, Toren und Wasserversorgung großzügig wieder auf. Er legte einen Kanal an, der von dem Fluß Gomel aus 48 km nach N führte, und regulierte den Flußlauf des Khasr, der durch die Stadt floß. Sanherib sorgte auch für neue Verwaltungsgebäude und Parks. Die Wände seines neuen Palastes waren mit Reliefs dekoriert, die siegreiche militärische Unternehmungen zeigten, darunter auch die erfolgreiche Belagerung von *Lachisch. Der Tribut, den *Hiskia von Juda bezahlen mußte (2Kön 18,14), wurde nach N. gesandt, wohin sich Sanherib nach dem Feldzug zurückgezogen hatte (2Kön 19,36; Jes 37,37). Möglicherweise stand der Tempel des Nisroch, in dem Sanherib ermordet wurde, in N. Sanheribs Bericht über seinen Angriff auf Hiskia in Jerusalem findet sich auf Tonprismen, die in N. als Sockelinschriften verwendet wurden.

Assurbanipal (669-629/627 v.Chr.) erhob N. wieder zu seiner Hauptresidenz, nachdem er schon als Kronprinz dort gelebt hatte. Die für seinen Palast angefertigten Basreliefs mit der Abbildung einer Löwenjagd sind ausgezeichnete Beispiele für diesen Zweig der assyr. Kunst. Der Fall der großen Stadt N., von den Propheten *Nahum und *Zefanja vorhergesagt, ereignete sich im August 612 v.Chr. Die babylon. Chroniken berichten davon, wie die vereinigten Streitkräfte der Meder, Babylonier und Skythen die Stadt belagerten. Sie fiel aufgrund der Breschen, die umgeleitete Flüsse in die *Verteidigungsanlagen gerissen hatten (Nah 2,6-8). Die Stadt wurde von den Medern geplündert, der König Sinscharischkun kam in den Flammen um, seine Familie entkam. Übrig blieb von der Stadt nur noch ein Trümmerhaufen (Nah 2,10; 3,7); ein Weideplatz für die Herden (Zef 2, 13-15), der dem Hügel der Zitadelle seinen heutigen Namen Tell Qujunğik gibt (»Hügel der vielen Schafe«). Als Xenophon und die zurückweichende griech. Armee im Jahre 401 v.Chr. vorüberzogen, war N. bereits ein Schutthügel.

Während seiner Blütezeit umschloß N. eine innere Mauer mit einer Gesamtlänge von 12 km, innerhalb derer, nach Felix Jones' Vermessung von 1834, mehr als 175 000 Menschen hätten leben können. Die Bevölkerungszahl dieser »großen Stadt« wird im Buch *Jona mit 120 000 angegeben, »die nicht wußten, was rechts oder links ist«. Diese Angabe läßt sich mit den 69 574 Einwohnern von Kelach (Nimrud) im Jahre 865 v.Chr. vergleichen, einer Stadt, etwa halb so groß wie N. Die »drei Tagereisen« müssen nicht unbedingt die Ausdehnung N.s kennzeichnen (Jona 3,3), auch nicht ihren Umfang oder den gesamten Verwaltungsbezirk. Es könnte bedeuten: einen Tag für die Anreise ab den Vororten, einen für Geschäfte und einen für die Rückreise. Durch die einheitliche Bezeichnung *nīnwēh* konnte die hebr. Übersetzung nicht zwischen dem Bezirk (assyr. *ninua(ki)*) und der Metropole (*(al)ninuā*) differenzieren. Es gibt keinen außerbibl. Beleg für die Reue der Menschen in N. (Jona 3,4f), es sei denn, daß sich ein Text über die Herrschaft Assurdāns III. aus Gosan darauf bezieht, der von einer totalen Sonnenfinsternis im Jahre 763 v.Chr. berichtet, der Überschwemmungen und Hungersnot folgten. Zeichen dieser Art hätten die Assyrer so interpretiert, daß sie den König betrafen, der

Die Eroberung Ninives durch eine Streitmacht von Babyloniern, Medern und Skythen (Ummanmanda) ist in dieser babylonischen Chronik auf die Jahre 616–609 v.Chr. festgehalten. (BM)

Paläste in Ninive.

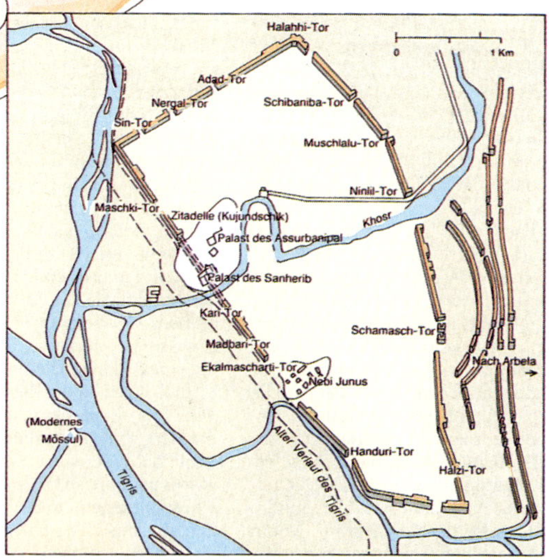

Plan Ninives.

Relief einer Löwenjagd aus dem Palast Assurbanipals in Ninive (ca. 640 v.Chr.). (BM)

dann vorübergehend seinen Thron verlassen hätte (Jona 3,6). Diese Zeichen, einschließlich eines Erdbebens z. Zt. Jonas, des Sohnes Amittais (2Kön 14,25), könnten sehr wohl die Leute von N. zu der von Jesus kommentierten Umkehr veranlaßt haben (Lk 11,30; Mt 12,41).

II. FORSCHUNGSLAGE.

Berichte von Forschungsreisenden wie John Cartwright (17. Jh.), und Pläne, gezeichnet 1820 von C.J. Rich, weckten das Interesse an der Erforschung dieser atl. Stadt neu. Zuerst unternahm P.E. Botta Ausgrabungen

Die Stadtmauer von Ninive mit dem Schamasch-Tor, mit zum Teil originalen Steinen wiedererrichtet. (DJW)

(1842-43), jedoch mit geringem Erfolg, woraufhin er den Ort verließ und in Chorsabad (16 km nördl.) das bibl. N. vermutete. Die Grabungen von Layard und Rassam (1845-54), die in der Entdeckung der Reliefs und vieler Inschriften der Paläste von Sanherib und Assurbanipal gipfelten, stellten die Identifizierung jedoch sicher. Die Funde, darunter die 25 000 Schrifttafeln aus den Bibliotheken Assurbanipals, der Tempel des Nabu (*Assyrien) und (1872) ein babylon. Bericht über die Sintflut (Gilgameschepos), veranlaßten das Britische Museum, erneut Ausgrabungen unter G. Smith (1873-76), E.A. W. Budge (1882-91), L.W. King (1903-5) und R. Campbell Thompson (1927-32) vorzunehmen. Die irakische Regierung hat die Arbeiten vor Ort weitergeführt (1963, 1966-74). Der Hügel von Nebī Junus, unter dem ein Palast *Asarhaddons liegt, wurde bis heute wenig erforscht, da er besiedelt ist.

N. hat mit seiner Vielzahl an Reliefs und Inschriften mehr zur Erhellung der Geschichte des alten *Assyrien und *Babylonien beigetragen als jeder andere assyr. Ort, und die Epen, die Geschichtsschreibung, die sprach- und naturwissenschaftlichen Texte und Briefe machten assyr. Literatur bekannter als die jedes anderen semit. Volkes mit Ausnahme der Hebräer (*Archäologie, *Schrift).

Literatur: R.C. Thompson, R.W. Hutchinson: A Century of Exploration at Nineveh, 1929; A. Parret: Nineveh and the Old Testament, 1955; S. Lloyd: Die Archäologie Mesopotamiens, 1981; HdArch, 226f. passim. D.J.W.

NISAN s. Kalender

NOAH. (Griech. *noe*) heißt »Ruhe«. In 1Mo 5,29 wird der Name N. von dem Zeitwort »trösten« (hebr. *nicham*) hergeleitet. Das hebr. Wort für »trösten« heißt wörtlich übertragen: »heftig atmen lassen, durchatmen lassen«. Als N. die Arche verlassen hatte, konnte er wieder durchatmen. Gott hatte ihn und seine Familie durch die Flut hindurchgerettet. N. ist für die gesamte Menschheit der Inbegriff des Trostes. Seit N. gilt für die Welt und die Menschen das Gotteswort: »Solange die Erde steht, soll nicht mehr aufhören Saat und Ernte, Kälte und Hitze, Sommer und Winter, Tag und Nacht« (1Mo 8,22).

I. GOTT RETTET NOAH.

N. war ein Sohn *Lamechs (1Mo 5,28). Er entging als einziger mit seiner Familie und den in der Arche geborgenen Tieren dem Strafgericht, das die verderbte Menschheit vernichtete (1Mo 6,5-8,22).

Von N. heißt es: »er wandelte mit Gott« (1Mo 6,9). Die besondere Auszeichnung: »er war seinen Weg mit Gott gegangen« (hebr.: *halach be*) teilt N. allein mit *Henoch, den Gott von dieser Welt entrückte (1Mo 5,22-24). Die im AT nur zweimal vorkommende schwer verständliche Formulierung »wandeln mit Gott« erklärt die rabbinische Schriftauslegung mit dem Gleichnis: »Noah ist zu vergleichen mit dem Freund eines Königs. Als der König sah, daß sein Freund in dunklen Gassen herumtappte, rief er ihm zu: 'Komm und wandle mit mir!'«

N., *Hiob und *Daniel nennt der Prophet *Hesekiel die einzigen, die ihr Leben in Folge der Gerechtigkeit retteten (Hes 14,14). Petrus sieht in N. den »Prediger« oder »Herold der Gerechtigkeit« (2Petr 2,5). Die Flutgeschichte selbst berichtet nichts davon, daß N. seinen Zeitgenossen Buße predigte. Der gerechte N. aber ist für Petrus nicht anders denkbar als ein »Mahner zur Gerechtigkeit«.

Im Hebräerbrief wird N. »Erbe der glaubensgemäßen Gerechtigkeit« (Hebr 11,7) genannt. N.s Glaube und Gerechtigkeit bestanden darin, daß er ein Gottesgebot befolgte, obgleich noch nichts von all dem zu sehen war, was es beinhaltete. Die Geschichte Gottes mit N. zeigt, daß Gottes Gericht nicht blindes Schicksal ist. Sein Gericht ist immer ein Teil seines gnädigen Handelns. Mit N. werden folgende Güter des Lebens und Glaubens in Verbindung gebracht: Gnade (1Mo 6,8), Ruhe (1Mo 8,4), Ruheplatz (1Mo 8,9), Behagen (1Mo 8,21) und Trost (1Mo 5,28.29).

II. NOAH FEIERT DEN ERSTEN GOTTESDIENST AUF DER ERNEUERTEN ERDE.

Nachdem die Todesgefahr vorüber war und N. die Arche verlassen hatte, dankte er seinem Gott für das wiedergeschenkte Leben auf der Erde. Die Opfergabe bestand in dem Wertvollsten und Kostbarsten, das N. besaß. Er nahm dazu zwei Exemplare von jeder Gattung der reinen Tiere. Um zu zeigen, daß er nichts für sich von den Gaben zurückbehalten wollte, verbrannte er sie vollständig auf dem Altar. Der Gottesdienst N.s umfaßt die sieben Grundmotive jeden wahren Gottesdienstes:

1. Der Gottesdienst ist die Antwort des Geretteten.
2. Die Antwort auf Gottes Rettung ist Dank.
3. Der Gottesdienst steht vor aller Arbeit und vor aller Sorge um das zukünftige Leben.
4. Im Gottesdienst gibt der Mensch Gott das Kostbarste und Wertvollste.
5. Der Gottesdienst ist ein »Ganzopfer«, das heißt, der Mensch behält nichts zurück.

6. Im Gottesdienst kommt es auf das Herz an. »Gott sieht das Herz an (1Sam 16,7).

7. Im Gottesdienst kommt der Mensch zur Ruhe.

III. GOTT SCHLIESST MIT NOAH EINEN BUND.

Das Zeichen des ersten Gottesbundes ist der Regenbogen. Der Regenbogen ist ein Ursymbol der Menschheit. Bundeszeichen aber ist der Regenbogen nur in der im AT und NT festgelegten Bedeutung.

1. Der Regenbogen ist der beiseite gestellte Kriegsbogen. Das hebr. Wort für Regenbogen bedeutet soviel wie Kriegsbogen (hebr. *käschät*), Bogen (*Waffen und Geräte). Die Vorstellung vom Kriegsbogen in der Hand Gottes entspricht dem Bild der Pfeile, die die Blitze Gottes genannt werden (Hab 3,9-11; Ps 7,13f). «Er hat seinen Bogen gespannt wie ein Feind. Er hat mich als Zielscheibe hingestellt für seine Pfeile» (Klgl 2,4; 3,12). Im Gegensatz zum Angriffsbogen ist der Regenbogen keine schußbereite Waffe, sondern der beiseite gestellte Vernichtungsbogen. Er ist das Zeichen, daß der Mensch in einem neuen Gnadenverhältnis und in der Stabilität der Naturordnung leben darf.

2. Der Regenbogen ist das Zeichen der Herrlichkeit Gottes.

In seiner Gottesschau sieht *Hesekiel Gott in einem strahlenden Licht, das aussieht wie der Bogen, der an Regentagen erscheint (Hes 1,28). Von der Farbenpracht des Regenbogens ist im Buch Jesus Sirach die Rede (Sir 43,11). Die in der Natur erscheinende Farbenfolge deutet Gottfried von Viterbo folgendermaßen: Die Blautöne sind Zeichen für die Sintflut. Eine Vernichtungsflut wird nicht mehr über die Erde hereinbrechen. Die Grün- und Gelbtöne sind Hinweise auf die neue Erde. Das Rot symbolisiert den künftigen *Weltenbrand, der der neuen Erde vorausgeht.

3. Der Regenbogen ist Zeichen des wiederkommenden Christus.

Einmal werden alle Menschen zugleich einen mächtigen Regenbogen sehen. Es ist der Regenbogen um den Thron des kommenden Christus (Offb 4,3). Auch der das Ende ankündigende Engel ist umgeben von einem Regenbogen (Offb 10,1). Es wird keine totale Weltzerstörung mehr geben, bis Jesus wiederkommt. Die Welt wird nicht durch Seuchen oder Waffen zerstört. Gott erhält seine Welt bis zum Tag des letzten Gerichtes. Es wird keine erneuerte Erde mehr geben, sondern einen neuen Himmel und eine neue Erde nach dem letzten Gericht (Offb 21,1-6).

N. lebte 950 Jahre (1Mo 9,28-29). Die Zahl der Lebensjahre hat wie alle Zahlen in der Ur- und Endgeschichte zeichenhafte Bedeutung (vgl. Bräumer, 1. Mose 1-11, S. 134f). N. hatte drei Söhne: *Sem, *Ham und *Jafet (1Mo 5,32; 9,18.19; 10,1). Sie sind die Urväter des Menschengeschlechtes auf der erneuerten Erde (1Mo 9,19; 1Mo 10). Auf der erneuerten Erde pflanzte N., «der Ackermann», als erster einen Weinberg (1Mo 9,20). Der gerechte N. war kein Mensch ohne Sünde. Einmal betrunken, mußte er erleben, daß der Wein Sinne und Kräfte schwächen und den Menschen seiner Würde berauben kann (vgl. Spr 20,1; Klgl 4,21; Hos 4,11; Hab 2,15). Dennoch repräsentiert N. «die Hoffnung der Welt» (Weish 14,6; Sir 44, 17). Er zählt zu den Ahnherren Jesu (Lk 3,36).

Literatur: H. Bräumer: Das erste Buch Mose, 1. Teil, Kapitel 1–11, 1983; U. Cassuto: A Commentary on the Book of Genesis, Part II, From Noah to Abraham, [2]1974; F. Delitzsch: Neuer Kommentar über die Genesis, 1887; S.R. Hirsch: Der Pentateuch, übersetzt und erläutert, 1. Teil, Die Genesis, 1867; B. Jacob: Das erste Buch der Tora, 1934; G. von Rad: Das erste Buch Mose, ATD 2-4, 1961; C. Westermann: Genesis 1-11, BKAT I/1, 1974. H.Br.

NOB. Eine Gegend, die in drei Abschnitten des AT erwähnt wird, die sich wahrscheinlich alle auf den gleichen Ort beziehen.

1Sam 22,19 erwähnt N. als eine Stadt der Priester; vermutlich waren die Priester Jahwes in ihrer Amtstracht dorthin geflohen, nachdem die *Bundeslade erobert und *Silo zerstört worden war (1Sam 4,11). Nachdem er Saul entkommen war, kam David nach N., als Ahimelech dort Priester war, und aß die Schaubrote (1Sam 21,7). Als Saul von der Hilfe des Priesters für den Flüchtling David hörte, zerstörte er das Heiligtum und brachte Ahimelech zusammen mit 85 weiteren Priestern um (1Sam 22,9. 11.18f).

Jesaja prophezeite, daß die assyr. Invasoren N. erreichen würden, das zwischen *Anatot (4 km nordöstl. von Jerusalem) und der Hauptstadt selbst lag (Jes 10,32). Neh 11,32 erwähnt N. als eine der Ortschaften, die nach der Rückkehr aus dem Exil wieder besiedelt wurden.

Die beiden letzten Erwähnungen lassen auf eine Gegend nahe Jerusalem schließen, wahrscheinlich das heutige Rās Umm et-Tala auf der O-Seite des Skopus, nordöstl. von Jerusalem. (Grollenberg, Atlas of the Bible, 1956). S.R. Driver (Notes on the Hebrew Text of the Book of Samuel, [2]1913, S. 172) vermutet den Platz evtl. auf dem Rās el-Meschārif, knapp 2 km nördl. von Jerusalem, ein Grat jener Bergkuppe (818 m), von der aus der Pilger zum erstenmal die heilige Stadt (790 m) erblickt.
R.A.H.G.

NOBACH.
1. Eine Ortschaft der Amoriter, besiedelt und umbenannt von N. (s. 2.) und seiner Familie (4Mo 32,42). Falls der amoritische Name Kenat auf das heutige Kanawat (Eus. onom. Kanatha) schließen läßt, ca. 95 km östl. vom See Genezareth, kann dieses kaum das N. aus Ri 8,11 sein, das auf dem Berg Gilead liegen muß.
2. Ein Anführer der Manassiter (4Mo 32,42). J.P.U.L.

NOD. Ein Land östl. von oder vor Eden (*qidmat-ʿēdän,* 1Mo 4,16), in das *Kain nach seinem Mord an *Abel verbannt wurde. Der Name (*nōd*) gleicht formal dem Infinitiv des Verbs *nud* (*nwd*), »sich vor und zurück bewegen«, »wandern«, dessen Partizip in 1Mo 4,14 benutzt wird, als Kain darüber klagt, daß er nun ein »Vagabund« sein wird (LÜ: »unstet und flüchtig«). Außerhalb der Bibel taucht der Name nicht auf, aber Form und Kontext lassen darauf schließen, daß es sich um ein Gebiet handelt, das nomadische Lebensform vorschrieb, wie man es auch heute noch in Teilen des Vorderen Orients findet. T.C.M.

NOMADEN. Volksgruppen, die ihr Wohngebiet innerhalb eines größeren Bereiches, der ihr Heimatterritorium darstellt, je nach Jahreszeit wechseln.

I. IN DER BIBEL.
Das Wort »Nomade« kommt in der Bibel nicht vor; die entsprechenden Volksgruppen werden durchweg anders bezeichnet. Der erste Nomade war *Kain, der von seiner Verwandtschaft vertrieben wurde, um »unstet und flüchtig zu sein auf Erden« (1Mo 4). Eine Reihe nomadischer Gruppen wird in der Völkertafel von 1Mo 10 erwähnt (*Völkertafel). Unter den Nachkommen *Jafets erscheinen *Gomer (Kimmerer), Madai (*Meder), Meschech (vielleicht Phryger) und *Aschkenas (Skythen) – Völker, die ursprünglich wohl aus der nördl. Steppe kamen. Het, unter den Söhnen Hams, könnte für die *Hetiter Kleinasiens stehen, aber auch für die späteren neuhetitischen Staaten in Nord-Syrien. Unter den Nachkommen Sems werden *Aram (Aramäer) und einige arab. Stämme aufgezählt, die von der Arabischen Halbinsel kamen und von denen einige auch noch in jüngerer Zeit nomadisch lebten.

Die Erzväterzeit war für die Auserwählten Gottes weitgehend eine Zeit des Nomadentums. Ob Abraham tatsächlich ein seßhaftes Leben in der Stadt Ur führte, als Gott ihn rief, ist ungewiß. Da er »der Hebräer« genannt wird (1Mo 14,13), könnte er einer der Habiru (*Hebräer) gewesen sein, die außerhalb der Stadt, vielleicht in abhängiger Stellung, lebten. In solch einer Lage konnte er dennoch der vermögende Mann sein, der er zweifellos war. Wie lange er und seine Vorväter in Ur lebten, ist nicht geklärt, aber als er die Gegend verließ, begann für ihn ein Nomadendasein, das *Isaak und *Jakob übernahmen, bis die

Schasu-Nomaden, die nur in ägyptischen Quellen aus der Zeit des Exodus erwähnt werden, auf einem Relief aus Memfis (Nof). Grab des Haremhab, Saqqara, Memfis, ca. 1330 v.Chr. (RVO)

Kinder Israel in Ägypten seßhaft wurden (vgl. Hebr 11,9). Dies war nicht das übliche saisonbedingte Weiterziehen von N. innerhalb eines bestimmten Gebietes, sondern eine Wanderung von Ort zu Ort. Abraham besaß zwar auch Kamele (z.B. 1Mo 24), aber seine Herden bestanden größtenteils aus Schafen, Ziegen und Eseln (1Mo 22,3). Diese Lebensweise paßt gut in die Zeitverhältnisse, wie sie durch die Zeugnisse aus den Archiven von *Mari belegt werden. Daß *Terach, Abram und *Lot in der Stadt Haran blieben, führte zu ihrem Anschluß an einen anderen Nomadenstamm, die Aramäer; 5Mo 26,5 (RevEB) wird dementsprechend »ein umherirrender Aramäer« als Vorfahr der Israeliten genannt.

Nachdem die Israeliten in Ägypten trotz Unterdrückung die Vorzüge eines seßhaften Lebens erfahren hatten, kehrten sie beim *Auszug aus Ägypten nur widerwillig zu den Unbequemlichkeiten der Wanderschaft zurück.

Nach der Besiedlung des Gelobten Landes endete für die Israeliten das nomadische Leben, obwohl sich im AT noch verschiedene Hinweise darauf erhalten haben. So wird etwa das Haus eines Mannes in vielen Fällen sein »Zelt« genannt (z.B. Ri 20,8; 1Sam 13,2; 2Sam 20,1; 1Kön 12,16 RevEB). Um den Gedanken des frühen Aufstehens auszudrücken, wird das Verb *schākam* gebraucht, das eigentlich »die Rücken (von Lasttieren) beladen« bedeutet (z.B. Ri 19,9; 1Sam 17,20). In der Dichtung weisen bestimmte Metaphern auf einen nomadischen Hintergrund: In Hiob 4,21 steht das Abbrechen eines Zeltes für den Tod; in Jer 10,20 zeigen zerrissene Zeltseile Zerstörung an, und umgekehrt bedeutet ein festes Zelt Sicherheit (Jes 33,20); Jes 54,2 bezeichnet ein aufblühendes Volk durch die Aufforderung, den Raum des Zeltes zu erweitern. Nachdem sie sich im Lande niedergelassen hatten, ergaben sich für die Israeliten Kontakte zu verschiedenen Nomadenvölkern. Die Aramäer waren im 1. Jt. v.Chr. weitgehend in den Stadtstaaten Syriens seßhaft geworden, so daß die Bedrohung durch N. hauptsächlich aus O und S kam, wo die *benē qädäm,* »die Söhne des Ostens« (vgl. Hes 25,4) – darunter sind Völker wie die *Midianiter, *Amalekiter, *Moabiter, *Edomiter, *Ammoniter und *Kedariter zu verstehen – jede Schwäche in den besiedelten Gebieten ausnutzten. *Salomos wirtschaftlicher Aufstieg im 10. Jh. v.Chr. führte zu Kontakten mit *Arabien und den Karawanenhändlern jener Region. Im 9. Jh. v.Chr. war *Joschafat in der Lage, von den Arabern Tribut zu fordern (2Chr 17,11), aber die Familie seines Sohnes *Joram wurde von dem gleichen Volk bei einem Überfall entführt (2Chr 21,16f). Während der Königszeit treten die Araber immer wieder in Erscheinung (z.B. Jes 13,20; 21,13; Jer 3,2; 25,23f; Hes 27,21).

Nach der Rückkehr der Juden aus dem Exil steht Geschem, der Araber, der den Wiederaufbau Jerusalems verhindern wollte (Neh 2,19; 6,6), stellvertretend für die nomadischen Händler aus den östl. Randgebieten Syriens und Palästinas, denen in ntl. Zeit die *Nabatäer folgten.

Gegen den moralischen Verfall, mit dem die Besiedlung des Landes einherging, stellten die Propheten das Ideal des nomadischen Lebens als Bild geistlicher Gesundheit. Sie verurteilten den Luxus des städtischen Lebens (Am 3,15; 6,8) und sprachen von der Rückkehr zu der Einfachheit der früheren Tage Israels in der Wüste (Hos 2,16f; 12,10). Diesen Ruf in die Wüste nahm die *Qumran-Gemeinschaft in der zwischentestamentlichen Zeit auf, später auch *Johannes der Täufer und auch Jesus mit seinen Jüngern. Obwohl dies kein Nomadentum im eigentlichen Sinne war, war es doch ein Hinweis auf die Werte, die dem Volk Gottes als Ziel vor Augen stehen sollten: in dieser Welt Pilger zu sein und sich auf Erden keine Schätze zu schaffen.

II. LEBENSWEISE.

Ein Nomadenstamm bezieht seinen Lebensunterhalt von seinen Tierherden (Pferde, Kamele, Schafe, Ziegen oder Rinder), und die Weidegründe der Herden bestimmen das Weiterziehen der Gemeinschaft. Diese Lebensweise wird durch den Lebensraum erzwungen, der gewöhnlich aus Steppen und Niederungen besteht, die in der feuchten und kühlen Jahreszeit vorübergehendes Weiden erlauben, und aus Oasen oder Hochlandzonen, in die man sich während der Trockenzeit zurückzieht. Normalerweise besitzt jeder Nomadenstamm ein anerkanntes Stammesgebiet, das im jahreszeitlichen Ablauf durchzogen wird. Zelte aus Leder, Filz oder Wolle dienen als mobile Behausungen, die gesamte Ausrüstung ist auf das Nötigste begrenzt. Manche Gruppen, vor allem Kamelhirten, verzichten auf das Flachland nur dann zugunsten der Oasen oder des Hochlandes, wenn Dürre sie dazu zwingt; Schafhirten lassen sich für längere Zeit in den Oasen nieder, treiben Ackerbau und ziehen nur dann weiter, wenn der Nahrungsbedarf der Tiere es erfordert. Solche Volksstämme werden dann Halbnomaden genannt.

Eine derartige Wirtschaft ist den geographischen und klimatischen Umständen angepaßt; das Gleichgewicht wird allenfalls durch das Bevölkerungswachstum gestört, wenn größer werdende Gruppen auf das angestammte Gebiet eines Nachbarn übergreifen und die schwächere Gruppe vertrieben. Seßhafte Bauerngemeinschaften sind eine leichte Beute für vielköpfige Nomadengruppen, die sich als militärische Aristokratie zur Herrschaft über die weniger kriegerische Bevölkerung aufschwingen. Innerhalb weniger Generationen jedoch werden die Eindringlinge von der zwar weniger aggressiven, aber dominierenden Kultur der seßhaften Völker aufgesogen.

Die größten Vorteile bieten sich N. in Ländern, in denen sich Stadtstaaten und das sie umgebende Ackerland mit weniger dicht besiedelten Gebieten abwechseln, in denen die N. ihre Lager aufschlagen und die ungeschützten Siedlungen ausbeuten können sowohl durch plötzliche Überfälle als auch durch Erzwingung von Diensten als Söldner oder als Arbeiter.

Aus den Anforderungen des nomadischen Lebens erwachsen bestimmte Wertvorstellungen. Die gegenseitige Abhängigkeit der Stammesmitglieder führt zusammen mit dem Bewußtsein gemeinsamer Herkunft zu großer Solidarität (*Familie) mit Begleiterscheinungen wie *Blutrache für Mord oder Totschlag. Aus der Notwendigkeit zur Mobilität entsteht eine Verringerung des Besitzes auf das, was transportabel ist; Wohlstand zeigt sich im Viehbestand. Die harten Lebensbedingungen gebieten Gastfreundschaft gegenüber den Reisenden.

III. DER VORDERE ORIENT IM ALTERTUM.

Es gab in alter Zeit zwei Haupt-Lebensräume für nomadische Volksgruppen, aus denen die dichter besiedelten Regionen des Nahen Ostens den Einbruch der Plünderer erdulden mußten: die Arabische Halbinsel und die Steppe Süd-Rußlands. Der Zugang von Arabien aus war leichter als der aus dem N, da die nördl. Gebiete hinter einem Bergmassiv lagen. Einige der von den N. N-Arabiens jährlich besuchten Oasen gehörten ohnehin schon zu den Randbezirken der besiedelten Gebiete Palästinas und Syriens.

1. Die Nomaden aus dem Süden.

Es ist anzunehmen, daß *Arabien die eigentliche Heimat der Semiten (Semitisch-Sprechenden) ist, und da die semit. Akkadier seit der Frühgeschichte Teil der mesopotamischen Bevölkerung waren, wird man auf einen kontinuierlichen Zustrom von N. aus der Arabischen Halbinsel schließen können. Erkenntnisse über die Einwanderung von N. aus Arabien sind stark von den erhaltenen Dokumenten abhängig. Schriftliche Aufzeichnungen finden sich in Palästina nur spärlich, in Syrien lückenhaft, aber ausreichender in *Mesopotamien. Die ausführlichsten Aufzeichnungen aus Mesopotamien entstammen jedoch Zeiten politischer Stärke, in denen eindringenden N. Widerstand entgegengesetzt werden konnte. Tatsächlich war der aus Dokumenten am besten belegte Zugang nach Mesopotamien der aus dem N, obwohl man auch von friedlicher Einwanderung nach Babylonien aus dem W ausgehen kann. Das frühe 2. Jt. v.Chr. war als Folge des Falls der 3. Dynastie von Ur eine Zeit der Schwäche Babyloniens und nachfolgender nomadischer Invasionen aus dem N. Die Invasoren, vor allem die *»Amoriter«, setzten sich schließlich selbst als Herrscherdynastien in den Städten Babyloniens ein. Aus der Zeit der größten dieser Dynastien, der ersten von Babylon, vermitteln die diplomatischen Archive, die in *Mari am Mittellauf des Euphrat entdeckt wurden, eine Ahnung von den Verhältnissen in Nordmesopotamien/Syrien, wo zwischen den Stadtstaaten Territorien lagen, die von N. besetzt waren. Eine dieser Gruppen, bekannt als Hanäer (*Hanū*), versorgte den König von Mari mit Söldnern; obwohl sie in Lagern lebten, begannen einige von ihnen, sich an festen Wohnsitzen niederzulassen. Mehr Unruhe stifteten die Jaminiter (gelegentlich *Bini-Jamin* geschrieben; wahrscheinlich aber hat man *mārū jamīn* gelesen, *Benjamin), die sich über das Steppengebiet zwischen den Flüssen Habur und Euphrat und weiter westl. ausbreiteten, vor allem in der Umgebung von *Haran. Ihre Überfälle auf Siedlungen und Angriffe auf Städte werden häufig erwähnt. Die Sutäer (*Sutū*) verübten ihre Raubzüge weiter südl. vor allem entlang den Handelsrouten, die den Euphrat mit Syrien verbanden. Eine weitere Volksgruppe, die Habiru (*Hebräer), die in der zweiten Hälfte des 2. Jt. v.Chr. in Dokumenten aus Nuzi, Alalah, Hattuscha, Ugarit, El-Amarna und in ursprünglich ägypt. Dokumenten auftauchen, wird bereits früher (18. Jh. v.Chr.) in den Maribriefen und in Dokumenten des gleichen Zeitraums aus Alalah, Kappadozien und S-Mesopotamien erwähnt. Die Habiru scheinen N. oder Halbnomaden gewesen zu sein, die einmal als Räuber, ein andermal als Siedler in Städten auftraten, als Söldner dienten, mitunter auch als Arbeiter oder sogar als Sklaven.

Dies sind die bedeutendsten der in den Archiven von Mari erwähnten Nomadenstämme aus diesem Zeitabschnitt, aber sie waren zweifellos typisch auch für die Völker anderer Zeiträume, die Stadtstaaten vor allem in N-Mesopotamien und Syrien/Palästina bedrohten. Einige waren sicherlich eher fahrende Handwerker als Räuber; eine solche Gruppe ist auf einem Wandgemälde aus dem 19. Jh. v.Chr. im ägypt. Beni Hasan abgebildet.

Ein weiterer Nomadenstamm, der sich in den folgenden Jh. über Syrien/Palästina bis nach *Ägypten ausbreitete, waren die Hyksos, und ebenfalls hauptsächlich im 2. Jt. v.Chr. gewann noch eine andere Nomadengruppe, die *Aramäer und die ihnen verwandten Ahlamu, an Bedeutung. Um die Wende vom 2. zum 1. Jt. v.Chr. überschwemmten diese Völker W-Asien, wobei sie der wachsenden Dominanz Assyriens Einhalt geboten und viele Stadtstaaten in Syrien und N-Mesopotamien gründeten.

Dies sind die wichtigsten Nomadenstämme, die uns aus schriftlichen Quellen bekannt sind und wahrscheinlich von der Arabischen Halbinsel stammten. Unmittelbar von der Halbinsel stammten Araber (*Arabien), die in assyr. Inschriften erwähnt und auf Flachreliefs als Kamelreiter und Zeltbewohner abgebildet sind. Im späten 1. Jt. v.Chr. wurden Städte wie *Petra und *Palmyra (*Tadmor) in den Randbezirken des besiedelten Landes von Araberstämmen gehalten, die vom Karawanenverkehr profitieren konnten.

2. Die Nomaden aus dem Norden.

Der Zugang zum Nahen Osten war für die N. aus dem N, die in der südrussischen Steppe lebten, schwieriger; der Hauptzugang lag zwischen dem Kaspischen und dem Schwarzen Meer in Richtung Kleinasien und Iran. Anzeichen eines Zustroms solcher N. finden sich bereits Mitte des 3. Jt. v.Chr. in den »Königsgräbern« von Alaka Hüjük in Zentral-Kleinasien, wo sich eine Kriegerkaste zu Herren über die Landbevölkerung gemacht hatte. Es waren Vorgänger der indogermanisch sprechenden *Hetiter, die im 2. Jt. v.Chr. in Kleinasien ein Reich errichteten. Es ist erwiesen, daß viele der Invasoren aus dem N wie die Hetiter indogermanische Sprachen hatten. Im 2. Jt. v.Chr. verraten die Namen und bestimmte Elemente des Vokabulars der Kassiter in Babylonien und der Herrscher der Mitanni in N-Mesopotamien ihre indogermanische Abstammung. Diese Völker gehörten zu den ersten, die *Pferde und *Streitwagen in W-Asien einführten; eine Kombination, die wahrscheinlich in der Steppe entwickelt worden war. Im späten 2. Jt. v.Chr. folgten die Phryger in Kleinasien dem Muster einer herrschenden Kriegerkaste, und später begegnet man den Kimmerern als kriegerischen Räubern. Im 1. Jt. v.Chr. gewannen im Iran die *Meder und Perser an Bedeutung. Die Perser errichteten schließlich ein Reich, das den gesamten Nahen Osten beherrschte. In assyr. Inschriften tauchen die frühen Gruppen der Raub- und Kriegsnomaden als Ummanmanda auf (*Assyrien).

Literatur: HdArch; R. de Vaux: Ancient Israel, 1961, 3-15.19f; D.J. Wiseman: The Word of God for Abraham and Today, 1959, 10-12; C. Friedrich: Geschichte der Hethiter, ³1979; H.J. Nissen: Gründzüge einer Geschichte der Frühzeit des Vorderen Orients, 1983. T.C.M.

NOOMI. (Hebr. *nā'ămī*, »lieblich«). Während der Richterzeit entstand eine Hungersnot im judäischen Bethlehem. Sie veranlaßte Elimelech, einen Einwohner jener Gegend, mit seiner Frau N. und seinen Söhnen Machlon und Kiljon nach *Moab zu ziehen. Dort wurde N. Witwe. Ihre Söhne heirateten die Moabiterinnen *Orpa und *Rut. Beide Schwiegertöchter N.s wurden ebenfalls bald Witwen.

N. beschloß nach 10 Jahren Aufenthalt in Moab, in ihre Heimat zurückzukehren. Ihren Schwiegertöchtern gab sie den Rat, ins Haus ihrer Eltern zurückzukehren und sich wieder zu verheiraten. N. wollte nach den schweren Erlebnissen in ihrem Leben nicht mehr N. (»lieblich«), sondern Mara (hebr. *mārā'*, »bitter«) heißen (Rut 1,20f). In *Bethlehem bahnte N. für Rut eine Leviratsehe mit ihrem Verwandten *Boas an. Das erste Kind aus dieser Ehe, *Obed, wurde von N. umsorgt (Rut 4,16f). Obed wurde der Großvater *Davids (Rut 4,17). M.B.

NORDEN. Der N. (in älteren Übersetzungen meist »Mitternacht«) wird im AT über 150 mal und im NT zweimal erwähnt. Dabei lassen sich drei Bedeutungsbereiche unterscheiden. Angesichts der Häufigkeit des Vorkommens können nicht alle Belegstellen nachgewiesen und besprochen werden.

1. Der geographische Norden.

An einigen Stellen des AT wird der N. mit hebr. *sem'ōl* bezeichnet (1Mo 14, 15; Jos 19,27; Hiob 23,9; Jes 54,3; Hes 16,46, was eigentlich »links, linke Seite« bedeutet. Der Ausdruck gehört zu einem Orientierungssystem, in dem der *Osten als »vorne« (*qādām*), der *Westen als »hinten« (*'āchōr*) und der *Süden als »rechts« (*jāmīn*) bezeichnet wird.

Überwiegend wird jedoch *zāphōn* (LXX: *borrās*) verwendet, das ursprünglich wohl der Name des Berges Dschebel-el-'akra' nördl. von *Ugarit war und dann auf die Himmelsrichtung ausgeweitet wurde. »Es läge hier dieselbe Bedeutungsentwicklung vor wie bei *negeb* und *jām*, von denen das erste ›trockenes Land‹, speziell die regenarme Landschaft des südl. Palästina, das zweite ›Meer‹, speziell das Mittelmeer, bedeutet, und die dann ... zu Bezeichnungen der betreffenden Himmelsrichtungen geworden sind« (Eißfeldt, S. 17).

Der N. umfaßte für die Menschen des AT auch Gebiete, die nordöstl. oder gar östl. von Palästina liegen, was wohl damit zusammenhängt, daß die Hauptverkehrswege nach Mesopotamien über Aleppo bzw. *Damaskus, also zunächst in nördl. Richtung führten.

Als nördl. gelegen sind Phönizien (vor allem *Tyrus und *Sidon) und *Syrien (vgl. Jer 46,10; Dan 11,26 u.ö.) bezeugt, ferner *Assyrien (Zef 2,13; Jer 3,12.18; 31,8), *Babylonien (Hes 23,24; Sach 2,6f; 6,6.8), Persien (Jes 41,25) und *Medien (u.a. Jer 51, 28.48).

Die »eigentliche nördliche Weltgegend war Kleinasien mit Umgebung . . .« (Lauha, S. 19). Aus 1Mo 10 sowie einigen verstreuten Stellen läßt sich, soweit die hebr. Namen heute identifizierbar sind, schließen, »daß sich der geographische Gesichtskreis des AT in nördlicher Richtung nur bis in die Schwarzmeergebiete und die Kaukasusgegend erstreckt« (Lauha, S. 33; Näheres zu den offenbar bekannten Völkern und Staaten s. bei Lauha, S. 15-35).

Die Reihung der vier Himmelsrichtungen wird dazu verwendet, um das ganze Land bzw. die ganze bekannte Welt zu umschreiben (z.B. 1Mo 13, 14f; Ps 89,13; Jes 43,5f; Lk 13,29).

In Hld 4,16 bezeichnet *zāphōn* den Nordwind.

2. Der heilvolle Norden.

In Ps 48, einem Hymnus auf Jahwe, wird der *Zion gepriesen als »schön aufragend, Freude des ganzen Landes (oder: der ganzen Welt), Berg Zion im entlegensten Norden, Stadt des Großkönigs« (V. 3). Im AT sind der im S liegende *Sinai/Horeb und der Zion als Gottesberge, d.h. als Berge, auf denen Gott erscheint bzw. wohnt, bezeugt. Daß der Zion aber *jarketē zāphōn*, d.h. im äußersten Norden (die Übersetzung »auf dem Gipfel des Zaphon« gilt heute als unzutreffend) gelegen sei, ist eine einmalige Aussage, die sich aus der geographischen Lage des Berges nicht erklären läßt. Hilfreich ist hier die Beobachtung, daß u.a. in Ugarit (s. dazu W.H. Schmidt, Königtum Gottes) wie auch in Mesopotamien, wenn auch dort in Verbindung mit anderen Elementen, die Vorstellung vom Gottesberg im N belegt ist. Der N gilt dort als der heilige Bereich der Götter; dort versammeln sie sich; von dort aus wirken sie. Im AT greifbar und anschaulich wird diese Vorstellung im Spottlied auf den König von Babylon in Jes 14,4-21. Dort wird dessen Absicht aufgedeckt: »Du sprachst in deinem Herzen: In den Himmel werde ich steigen, hoch über die Sterne Gottes, will aufrichten meinen Thron und wohnen auf dem Berg der Versammlung (*har mō'ēd*) im äußersten N (*bejarketē zāphōn*). Ich werde aufsteigen über die Wolkenhöhen, werde gleichen dem Höchsten« (V. 13f). Wenn Ps 48 diese Vorstellung für den Zion beschlagnahmt, wird damit bekannt, daß weder der Baal Zaphon aus Ugarit noch sonst eine babylon. Gottheit, sondern Jahwe allein Gott und Herrscher ist, und daß er auf dem Zion, in Jerusalem (V. 2), zu finden ist, weil er sich diesen Ort gewählt hat.

Ohne direkte Erwähnung des Gottesberges erscheint der N. als heilvolle Gegend in Hes 1,4 und Hiob 37, 22. Gottes Offenbarung wird dem *Hesekiel »im Sturmwind von Norden« zuteil, was wohl bedeutet, »daß Gott aus der Ferne der überirdischen Welt herbeikommt, um sich dem Propheten des verbannten Volkes gegenwärtig zu zeigen« (Ohler, S. 35; vgl. auch Zimmerli, BKAT XIII/1, S. 52). In der letzten Elihurede wird dies so ausgedrückt: »Vom Norden naht Goldglanz herbei, um Gott (liegt) furchterregende Hoheit« (Hiob 37,22), d.h. Gott naht dem Menschen von seinem himmlischen Ort »im Norden« her. Im Zusammenhang mit dem Kultus wird der N. mehrfach erwähnt, ohne daß mit Sicherheit auszumachen ist, ob hier lediglich eine genaue Ortsbestimmung gegeben werden soll, oder ob der N. auch hier eine heilvolle Bedeutung hat.

So wird in 2Mo 40,22 berichtet, daß Mose den Schaubrottisch im Zeltheiligtum an der »Nordseite der Wohnung« aufstellt.

Nach 3Mo 1,11 sollen Kleintiere für ein Brandopfer an der Nordseite des Altars geschlachtet werden, nach 3Mo 6,18 ebendort auch die Tiere für ein Sündopfer.

Hesekiel schaut in einer *mar'ōt 'ālōhīm* (»Schauung/Vision Gottes«) den Frevel einer Skulptur (»Bild, das den Eifer Jahwes erregt«) in Verbindung mit einem Altar vor dem Nordtor der Stadtmauer Jerusalems (Hes 8,3.5) sowie im Nordtor des Tempelhofes den Vollzug eines Tammuzkultes, vermutlich das Klageritual anläßlich des »Sterbens« dieser babylon. Vegetationsgottheit in den Sommermonaten (8,14). Die dreimalige Nennung des N.s fällt auf, aber ihre Funktion ist nicht genau zu erheben; vielleicht spiegelt sich darin der N. als Bereich der Gottheit. Daß *Ahas den alten Bronzealtar an die Nordseite des Tempels versetzen läßt, um an dessen Stelle einen neuen Steinaltar nach aram. Muster errichten zu lassen (2Kön 16,14), auf dem für Jahwe geopfert wird, könnte bedeuten, daß er auf dem Nebenaltar an der Nordseite die erzwungenen assyr. Bräuche praktiziert (vgl. dazu E. Würthwein: ATD 11,2, 1984, S. 390f), während der Jahwedienst in Richtung O vollzogen wurde.

3. Der unheilvolle Norden.

Unabhängig von der heilvollen Bedeutung des N.s findet sich im AT auch der N. als Ort, von dem Unheil und Gefahr kommt.

So offenbart Gott dem *Jeremia: »Vom Norden her ergießt sich das Unheil über alle Bewohner des Landes« (Jer 1,14). In Jer 4-6 ist dann von einem »Feind aus dem Norden« die Rede, den Jahwe gegen Juda kommen lassen will. Dieser Feind wird nicht mit Namen genannt; seine Charakteristik ist teilweise recht unbestimmt: er kommt aus dem N., aus der Ferne, spricht eine fremde Sprache, ist von grausamer Entschlossenheit, von unüberwindlicher militärischer Stärke. Seinen Hilfsmitteln (Pferde, Wagen, Waffen) werden Eigenschaften zugeschrieben, die natürliche Fähigkeiten überschreiten. Hier bestehen zahlreiche Fragen und Verstehensprobleme.

a. Es gibt im AT ähnliche Schilderungen von feindlichen Mächten, ohne daß ihre Herkunft »aus dem Norden« bestimmt wird: 5Mo 28,49ff; Jes 5, 25-30; 13, 1-22; Nah 2,1-14; Hab 1,5-11; auch Hes 38f wird oft dazugerechnet. In der exegetischen Forschung faßt man diese Texte zusammen und sieht in ihnen verschiedene Ausprägungen einer zugrundeliegenden Vorstellung vom »Feind aus dem Norden«. Haben aber diese bibl. Zeugnisse dieselbe Figur vor Augen, oder sind sie je für sich zu verstehen?

b. In der Forschung wurde über den »Feind aus dem Norden« zumeist unter der Fragestellung diskutiert, ob er eine geschichtliche oder eine mythologische Gestalt bzw. Größe sei. Während Staerk und andere ihn mit zum Teil sehr unterschiedlichen Mythologien in Zusammenhang brachten, Greßmann, Lauha und Lutz ihn als »sagenhafte Vorstellung« verstehen wollen, hat Childs sich darum bemüht, den historischen Hintergrund der einzelnen Stellen aufzuweisen. Nach Childs sind in den meisten Texten – vor allem in nachexilischer Zeit – historische Erfahrungen in mythische Sprachformen gekleidet worden. Die Waage neigt sich heute zu einem historischen Verständnis der Aussagen über den Feind (u.a. Ohler, W.H. Schmidt, Liwak).

c. Unter der Perspektive der Historizität des »Feindes aus dem Norden« wurde lange Zeit darum gestritten, mit welcher Großmacht in der Geschichte Israels er denn zu identifizieren sei. Hier hat man an die Skythen (zum Problem vgl. Liwak, S. 136ff; 235f), Assyrer, Ägypter, Babylonier, Meder gedacht, ja sogar Alexander den Großen vorgeschlagen.

Dagegen betonen einige Exegeten, daß die Unbestimmtheit jenes Feindes von den Propheten bewußt gewählt sei und deshalb eine Identifizierung sinnlos sei (Volz, Weiser, Rudolph, Lauha).

Die neueste Untersuchung zum Jeremiabuch geht hier einen differenzierenden Weg. Liwak möchte in Jer 4,27-31; 5,15-19 und 6,22ff die Skythen, in 4,11f die Edomiter, in 4,5-8; 4,13-18 und 5,1-6 die Babylonier im Hintergrund sehen. Die unterschiedlichen »Feinde« stammten aus verschiedenen Wirksamkeitsperioden des Jeremia.

Die Unbestimmtheit der Schilderung des »Feindes aus dem Norden« war nun »von unschätzbarem Wert, denn jetzt, nachdem die Babylonier Jerusalem in Schutt und Asche hatten versinken lassen, konnten alle Texte im Rückblick auf die babylonische Eroberung gelesen werden« (Liwak, S. 306f), später auch eschatologisch gedeutet werden.

d. Hilfreich erscheint hier eine Unterscheidung der Aussagen über den Feind vom Standpunkt der jeweils von seinem Wirken Betroffenen aus. Gegen Israel bzw. Juda tritt er auf in 5Mo 28,49ff; Jes 5,25ff; Jer 4-6; 10, 22; 13,20; 25,9; Hab 1,5ff; vgl. auch Hes 38f; Am 3,11; 6,14. Gegen andere Völker wird er angesagt in Jes 14,31; Jer 46,20.24; 47,2; 50,3.9.41; 51,4.8; Hes 26,7. Nach Jes 41,25 wird *Kores/Kyrus »im Norden geweckt«, um Babylon zu zerstören. Gemeinsam ist allen diesen Stellen, daß Jahwe diesen Feind als sein Strafwerkzeug zu seinem Tun ermächtigt. Und so kann er auch dieses Werkzeug wieder vertreiben bzw. vernichten, wenn es seinen Auftrag überschreitet (Hes 39, 2f; Joel 2,20). Es erscheint daher angemessen, die verschiedenen Texte auf verschiedene Großmächte hin zu lesen und sie nicht pauschal auf eine Größe hin zu interpretieren.

e. Eindeutig eine endzeitliche Figur ist der »Feind aus dem Norden« in Jes 13,1-27; Hes 38f und Joel 2.

Abgesehen von diesen Stellen scheint der »Feind aus dem Norden« bei den Propheten eine zeitgeschichtliche Größe zu sein. Da die bibl. Zeugnisse jedoch einen anderen Zugang zu geschichtlichen Ereignissen haben als das neuzeitliche Geschichtsverständnis, »können sich spätere Tradenten so stark auf das Beispielhafte beziehen und so . . . die Gleichzeitigkeit des Ungleichzeitigen betonen« (Liwak, S. 321).

f. Schließlich sei noch auf eine schwierige Stelle hingewiesen. Der Prophet *Sacharja schaut im letzten seiner »Nachtgesichte« (6,1-8) u.a. einen von schwarzen Pferden gezogenen Wagen, der in das Nordland fährt, um den Geist Jahwes dorthin zu bringen (oder: um den Zorn Jahwes zu stillen). Schon die Übersetzung des hebr. Wortlautes ist umstritten, erst recht die Auslegung. Sehen die einen darin ein Gerichtswort über das Nordland, wohl Babel (»um den Zorn Jahwes zu stillen«), so verstehen andere dies Wort als Heilsverheißung für die in den N. Verschleppten, denen die Heimführung aus jener Gegend des Unheils angesagt wird. Hingewiesen sei noch darauf, daß der N. als Ort des Unheils bei vielen Völkern bekannt ist (Babylonier [babylon. Omenterate = unheimliche Erscheinung, Wunder], Griechen u.a.). Auch im jüd.-rabbin. Schrifttum (wie auch z.B. in Hen 34) gilt der N. als böse Gegend, aus der Unheil für die Menschenwelt kommt.

Literatur: B.S. Childs: The Enemy from the North and the Chaos Tradition, in: JBL 78, 1959, S. 187-198; O. Eißfeldt: Baal Zaphon, Zeus Kasios und der Durchzug der Israeliten durchs Meer, 1932; A. Lauha: Zaphon. Der Norden und die Nordvölker im Alten Testament, 1943; R. Liwak: Der Prophet und die Geschichte. Eine literar-historische Untersuchung zum Jeremiabuch. BWANT 121, 1987; H.M. Lutz: Jahwe, Jerusalem und die Völker. Zur Vorgeschichte von Sach 12,1-8 und 14,1-5, 1968; A. Ohler: Mythologische Elemente im Alten Testament. Eine motivgeschichtliche Untersuchung, 1969 (bes. S. 33ff; 154ff); W.H. Schmidt: Königtum Gottes in Ugarit und Israel, BZAW 80, [2]1966; ders.: THAT II, 1976, 575-582; F. Stolz: Strukturen und Figuren im Kult von Jerusalem. BZAW 118, 1970; Walter Zimmerli: Ezechiel. BKAT XIII/1 und 2, [2]1979. F.Fe.

NORDWIND s. Wind

NOT.

1. Die Not als Bedrängnis.

Was den Menschen bedrängt, einschnürt und ihm das Leben unmöglich zu machen droht, das versteht der bibl. Mensch unter N. Dies zeigt sich in den Begriffen, die er dafür verwendet.

a. Der häufigste Ausdruck für N. im AT ist das Substantiv *zārāh* (70 mal, davon 22 mal im Psalter), das von einer Wurzel *zrr* (I) abgeleitet ist, die »zusammenbinden« oder »zusammengedrängt werden« bedeuten kann (zu unterscheiden von der Wurzel *zrr* (II), »anfeinden, befehden«). Auch das seltenere Substantiv *māzōr* ist von dieser Wurzel gebildet und bedeutet neben »Bedrängnis« besonders die Belagerung, d.h. Einschließung einer Stadt (5Mo 20,19; 2Kön 24,10; Hes 5,2 u.ö.). Die LXX, die griech. Übersetzung des AT, übersetzt meistens mit *anankē* (»Nötigung, Zwang«), allerdings ohne die rel. Implikationen, die das Wort im griech. Denken hat. Es sah in ihr das beherrschende Weltprinzip und verehrte so die *anankē* als Personifikation der mächtigsten Gottheit des Seins. Im Verhältnis Geist – Materie wiesen die Griechen zudem die *anankē* einseitig der Materie zu, als das dem Geist widerstrebende Prinzip. Dagegen verstehen die LXX, Josephus und auch das NT *anankē* von hebr. *zrr* her im Sinne einer bedrängten Lage (vgl. z.B. Lk 21,23; 1Kor 7,26; 2Kor 12,10), wobei diese – anders als im griech.-hellen. Denken – nicht in der natürlichen (d.h. leiblich-materiellen) Beschaffenheit des Menschen begründet liegt. Denn nicht der Dualismus Geist – Materie ist für den bibl. Menschen das eigentliche Problem, sondern die Bedrückungen und Bedrängungen des Volkes oder Einzelner durch Verfolgung, Feindschaft, soziales Unrecht, Krankheit oder Tod. Diese Nöte erfährt er als Gottverlassenheit oder strafende Heimsuchung Gottes. Und gerade darin liegt seine eigentliche, seine größte Not. Greifbar wird dieses Verständnis von N. durch den Kreuzesruf Jesu aus Ps 22: »Mein Gott, mein Gott, warum hast du mich verlassen« (Mk 15,34). Die eigentliche N. über allen anderen Schmerzen, Qualen, Verspottungen und Bedrohungen liegt in der Gottverlassenheit.

b. Neben *zārāh* kennt das AT noch eine ganze Reihe von Ausdrücken, die sich schwer gegeneinander abgrenzen lassen, da sie oft im Parallelismus membrorum (vgl. *Dichtung) einander ergänzend verbunden sind. Den weitesten Bedeutungsumfang besitzt *ʿāmāl*, das »Arbeit« heißen kann, wobei aber immer der Gedanke von Mühe, Plage und Vergeblichkeit derselben mitschwingt (vgl. besonders Pred 1,12-2,26), in denen ein einzelner oder das ganze Volk sich befinden. In Ri 10,16 und Ps 107,12 ist die N. Folge des Gerichtes Jahwes. Häufig ist die Verbindung von *ʿāmāl* mit *ʾāwen* (»Macht«), wobei dann die Bedrängnis gemeint ist, die einer dem anderen auf Grund seiner überlegenen Macht zufügt.

Unglück, N. oder Verderben wird ferner mit *ʾēd* (von der Wurzel *ʾwd*, »niederbeugen, niederdrücken«, vgl. 5Mo 32,35; Ps 18,19; Hiob 18,12; 21,30 u.ö.), *ʿoni* (eigentlich »Leiden, Elend«), gelegentlich auch mit *raʿ/rāʿāh* (eigentlich »böse, schlecht«) bezeichnet. Besonders auf Geburtsschmerzen (s.u.) ist das seltene Wort *chalchālāh* (eigentlich das Zittern und Schütteln der Gebärenden, Jes 31,3, und daraus »Angst, Not« wie in Hes 30,4.9; Nah 2,11) bezogen. Die LXX gibt die hier beschriebenen Vokabeln meist mit *kopos* (»Mühsal, Beschwerde«), *mochthos* (»Anstrengung, Mühe«) und *ponos* (»Arbeit, Mühe, Schmerz«) wieder, die in diesen Bedeutungen auch im NT erscheinen (vgl. *Arbeit, *Mühe, *Unglück).

2. Die Not des Beters in den Psalmen.

a. Israels Nöte und Bedrohungen sind aufgehoben in den Klagepsalmen der Gemeinde (Ps 44; 60; 74; 79; 80; 83; 85; 89, 90; 137). Dort bringt das Volk vor Gott, wodurch es bedrängt wird. Ort dieser Klage waren vielfach Bußtage, die das Volk in großer Not abhielt (Jos 7,6; Ri 20,23.26; Sach 7, 3-5; Neh 9).

b. Gleichermaßen sind die Klagepsalmen Einzelner (Ps 3,5-7; 13; 17; 22; 25-28; 35; 39; 41-43; 5 54-57; 59; 61; 63; 64; 69; 71; 86; 88; 102; 109; 130; 140; 141; 143) eine wichtige Quelle um zu erkennen, welche N. den atl. Beter im Gebet zu Gott trieb. Auch die Sünde ist als eine mögliche Art der N. zu nennen. Nicht umsonst werden sechs der sog. sieben Bußpsalmen (6; 38; 51; 102; 130; 143; Ps 32 ist ein Danklied für die erfahrene Vergebung) zu dieser Gattung gerechnet. Aber sie ist nur eine unter vielen Nöten, von denen der Mensch bedroht wird, so daß eine vorschnelle Identifizierung von N. und Sünde den bibl. Texten nicht gerecht wird. Vielmehr gilt, daß auch die materielle oder existentielle N. die Gefahr mit sich bringt, daß der so Angefochtene sich gegen Gott auflehnt. Denn N. lehrt nicht nur beten, sondern auch fluchen.

c. Neben den Klagepsalmen sind weiter die Dankpsalmen zu nennen (Ps 30; 32; 34; 40; 41; 66; 92; 116; 118; 138), sowie weitere Texte, in denen Menschen Gott danken, da die Ursache des Dankes oft die Erhörung eines Klage- oder Hilferufes ist. Ein Kompendium dessen, was an Nöten begegnen konnte, bietet Ps 91, der in seiner lehrhaften Tendenz den Leser auf den verweisen will, der aus all diesen Nöten retten will und kann (V. 15).

d. Für die ntl. Zeit sind ähnlich umfassend die paulin. Leidenskataloge (2Kor 4,8f; 6,4; 11,23-28; 12,7-10; vgl. Röm 8,35-39) und die Texte, die von der großen *Trübsal sprechen (Mt 24; Mk 13; Lk 21,5-36; Offb 6; 8,6-9.21; 13; 16). Auch hier geht es äußerlich meistens um Bedrohung des Lebens, die eigentliche Gefahr aber ist die Trennung von Gott, die einerseits durch Verführung oder Verfolgung, andererseits aber auch durch Undankbarkeit entstehen kann. Gerade weil der Mensch auf Gottes bewahrende Zuwendung angewiesen bleibt in Gefahren des Glaubens (vgl. Joh 10,28) wie in äußerlichen Bedrängnissen (s.o. die Leidenskataloge), ist er darauf verwiesen, seinem Schöpfer, Erhalter und Bewahrer zu danken, wie es vor allem Luther in den Katechismen zum 1. Glaubensartikel gelehrt hat.

3. Die Geburt als Zeichen höchster Not.

Höchstes Glück und zugleich höchste Gefährdung war für die Frau in der Antike das Gebären. Leben schenken war aber in einem von drei Fällen mit dem Tod der Mutter verbunden. Die Schmerzen der Frau bei der Geburt wurden so zum Bild der N. als ständige Bedrohung des Lebens, zugleich auch Zeichen der Strafe, die Gott wegen des Sündenfalls über den Menschen verhängte (vgl. 1Mo 3,16). So wird besonders in der prophetischen Gerichtsandrohung die N. der Gebärenden als Bild für die zukünftige, von Gott verhängte N. gebraucht (Jes 21,3; Jer 4,31; 6,24; 49,24; 50,43). In Zef 1,14-17 wird der kommende, schreckliche Tag Jahwes mit allen seinen furchtbaren Auswirkungen beschrieben. Da heißt es, daß selbst der starke Held schreien wird, d.h. in dieselbe N. wie eine Gebärende gerät. So versteht schon der atl. Gläubige Notzeiten als Geburtswehen des kommenden Gottesreiches, ein Gedanke, den das NT aufnimmt und fortführt (vgl. Mt 24,8; Mk 13,8 und zum jüd. Hintergrund Bill. I, S. 950).

Literatur: A. Baumann: ThWAT II, 1977, 898-902; W. Grundmann: ThWNT I, 1933, 347-350; R. Morgenthaler: TBLNT II, [4]1986, 977f; B. Otzen: ThWAT VI, 213-220; S. Schwertner: THAT II, [3]1983, 332-335; K. Seybold: Die Psalmen, 1986; E. Stauffer: ThWNT I, 1933, 624-627. R.D.

NÜCHTERN. (Griech. *nēphalios*, *nēpho*).

Der Begriff begegnet neunmal im NT. Er hat keine direkte Parallele im AT. Allerdings sagt das AT oft dasselbe, wenn der Begriff der Trunkenheit fast ausschließlich in negativen Zusammenhängen begegnet.

Das Adjektiv *nēphalios* kommt dreimal im NT vor (1Tim 3,2.11; Tit 2,2). Von den Bischöfen, den Frauen der Diakone und von den alten Männern wird Nüchternheit gefordert. Da es im Umfeld dieser Bibelstellen Aussagen zur Trunksucht, die bei Bischöfen, Diakonen und alten Frauen nicht vorkommen soll, gibt (1Tim 3,3.8; Tit 2,3), wird der Begriff nüchtern in diesem Zusammenhang eher wörtl. als in übertragenem Sinn, etwa als kultische Reinheit, zu verstehen sein.

Das Verb *nēpho* wird im NT nur in übertragener Bedeutung verwendet. Sein Inhalt erschließt sich aus 1Thess 5,1-11: Die Aufforderung zur Nüchternheit kennzeichnet das Leben des Christen. Christen sind Kinder des Tages und des Lichts, nicht der Nacht, der Finsternis und des Schlafs. Deshalb sollen sie wachen und n. sein (vgl. Mt 25,1-13; 26,40-41). Sie sollen Nüchternheit im geistlichen Kampf mit geistlichen Gaben erweisen (1Thess 5,8). In der Anfechtung durch den Teufel gilt es, n. dem Tag des Heils entgegenzusehen (2Tim 2,26; 4,5). Der von Paulus geprägte Wortgebrauch begegnet wieder im 1Petr. Hier wird angesichts der Versuchung durch den Teufel und des nahen Endes (1Petr 5,8) Nüchternheit und Wachsamkeit in der Hinwendung zum Gebet gefordert (4,7). 1Petr 1,13 betont das Nüchternsein in Zuspitzung auf das geheiligte Leben des Christen auf der Grundlage der Gnade in Christus.

Literatur: W. Bauer: Griechisch-deutsches Wörterbuch, [5]1975, 1065-1066; O. Bauernfeind: ThWNT IV, 1942, 935-938; E. Lövestam: StTh 12/1958, 80-102. J.E.

NUMERI/4. BUCH MOSE

I. DER NAME.

N. ist die latein. Bezeichnung für das 4. Buch der Tora bzw. des Pentateuchs, eine Übersetzung der griech. Überschrift in der LXX: *Arithmoi,* und heißt »Zahlen«. Diese Bezeichnung bezieht sich weniger auf die vielen Zahlenangaben, die im Buch enthalten sind, als auf die zwei Volkszählungen (Kap. 1 bzw. 1-4, und Kap. 26), die Hauptmomente in der Entwicklung von N. bilden. Diese Deutung wird durch die im rabbin. Judentum weit verbreitete Bezeichnung »das Fünftel der Musterungen« unterstützt. Somit ist N. das einzige Buch des Pentateuchs, das einen eigenen Namen im Talmud hat und dessen griech. Bezeichnung ins Latein. übersetzt statt als Lehnwort übernommen wurde. Der hebr. Titel *bemidbar,* »in der Wüste«, nach dem fünften Wort des Buches (oder *wayedabbēr,* »und er sprach«, nach dem ersten Wort) wird manchmal als inhaltlich passender angesehen.

II. AUFBAU UND INHALT.

R. Rendtorff behauptet: »Das Buch Numeri ist von allen Büchern des Pentateuch am schwierigsten zu überschauen. Es enthält vierlerlei Material höchst unterschiedlicher Art und wirkt als Ganzes sehr heterogen« (Das Alte Testament. Eine Einführung, S. 156). Noch negativer urteilt M. Noth, der von der »verworrenen Unordnung des Inhalts« spricht (Numeri, S. 7). Zwar enthält das Buch mit seinen Erzähltexten, Gesetzen und Ordnungen, Namenlisten und Reisebeschreibungen, Liedern und prophetischen Orakeln eine bunte Mischung von literarischen Gattungen. Diese Vielfalt schließt aber einen einheitlichen Aufbau nicht aus.

Der Anfang des 4. Mosebuches (1,1) »der Herr sprach zu Mose in dem Zelt der Begegnung in der Wüste von Sinai« zeigt eine Entwicklung gegenüber 3Mo 27,34, wonach Mose noch »auf dem Berg Sinai« ist. 4Mo beschreibt nicht mehr die Konstituierung des Bundesvolkes, sondern seinen Marsch zum verheißenen Land, ein Marsch, der durch Rebellionen gekennzeichnet und durch einen fast vierzigjährigen Wüstenaufenthalt unterbrochen wird.

Am Ende des Buches (26,13) befindet sich das Volk fast am Ziel, »auf der Ebene Moab am Jordan gegenüber Jericho«. Doch wird den verschiedenen geographischen Bewegungen des Volkes keine besondere Bedeutung beigemessen (10,12; 11,35; 12,16; 20,1.22; 21,4.10-13.16. 18-20. 33; 22.1).

Noch spärlicher als die Ortsangaben in 4Mo sind die Zeitangaben (1,1; 9,1.5; 10,11; 20,1; 33,3.38). Aus diesen Versen kann man schließen, daß zum einen Kap. 7-9 sich zeitlich mit 2Mo 40 und wahrscheinlich mit 3Mo überschneiden (vgl. 9,1.5 mit 7,1 und 2Mo 40,1.17: 1. Monat des 2. Jahres nach dem Auszug aus Ägypten), zum andern die Volkszählung stattfindet (vgl. 1,1: 2. Monat des 2. Jahres) und des weiteren nach dem Anfang des Marsches (10,11) nur ein Vorfall datiert wird, und dieser nur ungenau: »im ersten Monat« (20,1: vermutlich des 40. Jahres nach dem Auszug, vgl. 33,38).

Da die Zeitangaben in 4Mo kein strukturtragendes Element bilden, liegt es nah, daß die einzelnen Abschnitte in 4Mo hauptsächlich nach thematischen Überlegungen ausgewählt und geordnet sind. Im Mittelpunkt stehen die zwei Volkszählungen (Kap 1 und 26), die zwei Generationen des Gottesvolkes darstellen (vgl. D. Olson, The Death of the Old and the Birth of the New, S. 83). Die erste Generation, die Gott aus Ägypten geführt hat, wird trotz ihrer verheißungsvollen Vorbereitungen zum Marsch (Kap 1-10) verurteilt, in der Wüste zu sterben (Kap 11-25). Die Generation der ersten Volkszählung wird als Empfänger der Landesverheißung durch die Generation ihrer Kinder ersetzt (14,29-31), die in der zweiten Volkszählung erfaßt wird (26,63-65). Auffallend ist, daß die zweite Volkszählung unmittelbar nach dem Tod der letzten Verurteilten der ersten Generation stattfindet (26,1 vgl. 25,9). Diese neue Generation bereitet sich nun vor, das Land zu erobern (Kap 26,36).

Vorbereitung zum Marsch 1,1-10,36:

1. Militärische Ordnung: 1,1-2.34;
   a. Erste Volkszählung: 1,1-54;
   b. Lagerordnung: 2,1-34;
2. Kultische Ordnung: 3,1-6,27;
   a. Für die Leviten: 3,1-4,49;
   b. Reinheit im Lager: 5,1-6,21;
   c. Der Segen Jahwes: 6,22-27
3. Letzte Vorbereitungen: 7,1-10,10;
4. Anfang des Marsches: 10,11-36.

Ungehorsam und Ausrottung der ersten Generation 11,1-25,18:

1. Rebellionen: 11,1-12,16;
   a. Gegen die Schwierigkeiten: 11,1-3;
   b. Gegen die Speise: 11,4-35;
   c. Gegen die Führung: 12,1-16;
2. Verweigerung des Volkes und Strafe Gottes: 13,1-14,45;
   a. Die Kundschafter: 13,1-33;
   b. Die Rebellion des Volkes gegen Gottes Land: 14,1-45;

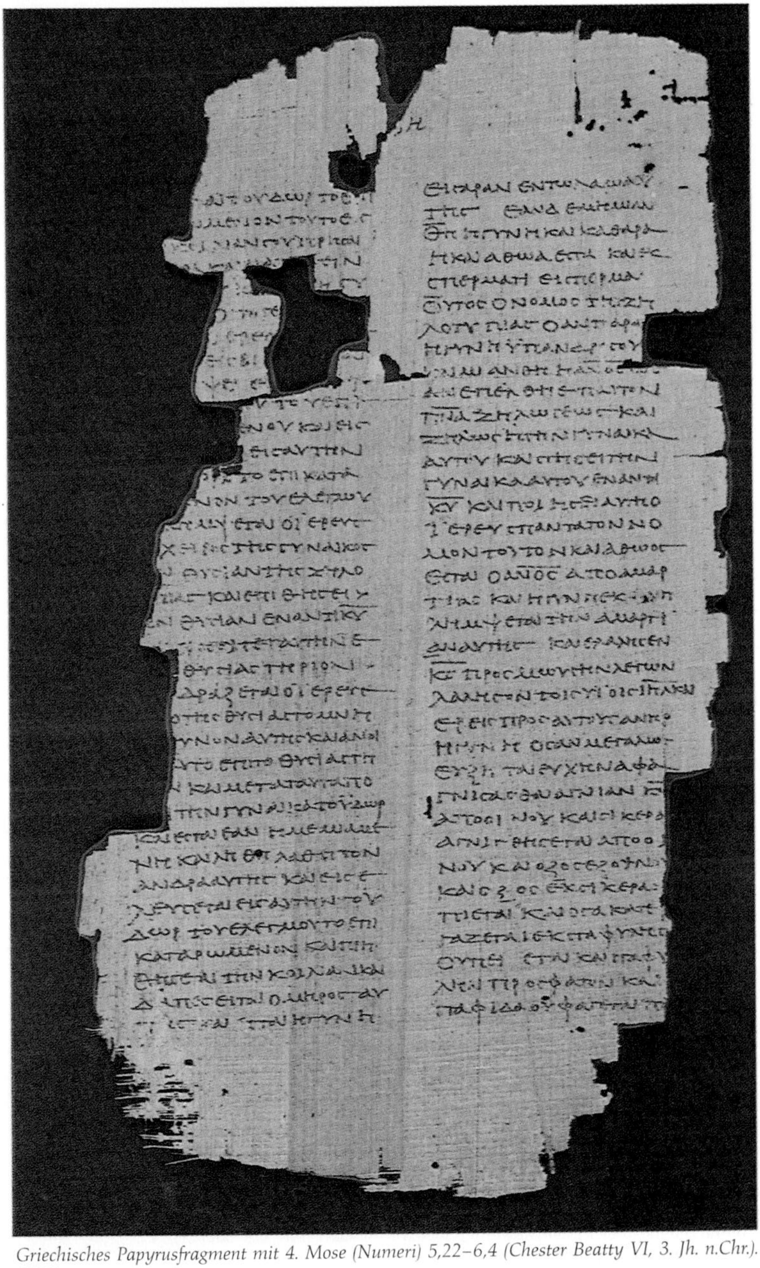

Griechisches Papyrusfragment mit 4. Mose (Numeri) 5,22–6,4 (Chester Beatty VI, 3. Jh. n.Chr.). (CBL)

3. Kultanordnungen für das Land: 15,1-41;
4. Rebellion gegen die Führung: 16,1-17,28;
   a. Aufstand der Rotte Korachs: 16,1-17,5;
   b. Aufstand des Volkes: 17,6-28;
5. Kultanordnungen: 18,1-19,22;
6. Rebellion gegen die Wassernot: 20,1-29;
7. Sieg über Arad – erste Eroberung: 21,1-3;
8. Rebellion gegen die Schwierigkeiten: 21, 4-9;
9. Erfolge: 21,10-35;
10. Gottes Segen durch Bileam: 22,1-24,25;
11. Letzter Ungehorsam – Götzendienst und Hurerei: 25,1-18.

Vorbereitung auf die Eroberung des Landes 26,1-36,13:

1. Zweite Volkszählung: 26,1-65;
2. Zelofhads Töchter: 27,1-11;
3. Ernennung Josuas zum Nachfolger Moses: 27,12-23;
4. Anordnung über Opfergaben: 28,129,40;
5. Gelübde: 30,1-16;
6. Rache gegen Midian: 31,1-54;
7. Vermiedene Rebellion der zweieinhalb Stämme: 32,1-42;
8. Zusammenfassung der Reiseabschnitte: 33,1-49;
9. Befehle hinsichtlich der Eroberung und Aufteilung des Landes: 33,50-35,34;
10. Zelofhads Töchter: 36,1-12.

Nach diesem Schema lassen sich auch die diversen Texte des 4. Mosebuches verständlich einordnen. Im ersten Teil (Kap 1-10) wird die Ordnung des Lagers beschrieben. Als militärische Vorbereitung werden alle kriegstüchtigen Männer gezählt (Kap 1) und die Aufstellung der einzelnen Stämme im Lager bestimmt (Kap 2; s. Lagerordnung S. 1069). Aber weil der Herr in ihrer Mitte wohnt (5,3 vgl. 2Mo 29,45-56), muß das Lager auch kultisch geordnet werden (Kap 3-6). Kap 3-4 betonen die Aufgaben der Leviten, die dem Volk stellvertretend dienen, Aaron und seinen Söhnen helfen und das Heiligtum schützen (3,5-13). Israel muß die kultische Reinheit des Lagers wiederherstellen, wenn sie z.B. durch Krankheit (5,1-4), Verbrechen (5,5-10), Verdacht der Untreue (5,11-31) oder das Nicht-Einhalten eines Gelübdes (6,1-21) verletzt wird. Nur dann kann Aaron den Segen des Herrn über das Volk aussprechen (6,22-27).

Dann folgen die letzten Vorbereitungen zum Marsch (Kap 7-10). Die Einweihung der Stiftshütte (7,1-89), die Aufstellung der Lampen (8,1-4), die Einsegung der Leviten (8,5-26) und die Passafeier (9,1-14) werden gleich wie die Erscheinung der führenden Wolke (9,15-23) und die Herstellung der Silbertrompeten (10,1-10) als notwendige Voraussetzung dazu dargestellt. 10,11-36 beschreibt ausführlich den ersten Marschabschnitt: nach langem Aufenthalt am Berg des Herrn geht es endlich voran. Dieser Teil von 4Mo betont immer wieder den Gehorsam des Volkes (1,19.54; 2,33-34; 3,16.51; 4,37.49; 5,4; 8,3-4.20-22; 9,5.18.20.23). Die Zukunft ist verheißungsvoll (10,29.32), denn der Herr geht voran (10,33-36; s. Marschordnung).

Ganz unerwartet bricht dann der Ungehorsam des Volkes im zweiten Teil von 4Mo ein, der seine vollständige Ausrottung verursacht (Kap 11-25). Im Mittelpunkt stehen die Erzählungen über sieben Rebellionen des Volkes, wobei mehrere Elemente erscheinen (vgl. Tabelle S. 1070). Ein ähnlicher Aufbau ist in diesen Rebellionsgeschichten klar erkennbar, wenn auch die verschiedenen Elemente nicht jedesmal gleich gut vertreten sind. Der verhängnisvollste Aufstand (Kap. 13 und 14) steht im Zentrum, in dem sich die Verbindungslinien zwischen den Ereignissen von 11,1-3 und 21,49, von 11,4-34 und 20,1-13, von Kap. 12 und Kap. 16-17 treffen.

Nachdem das Volk plötzlich beginnt, sich (wörtlich) »wie Klagende«, *kemit'ōnenīm*, zu benehmen (11,1-3), murrt es über die göttliche Speise Manna (11,4-34), angesteckt vom Pöbel (11,4). Dann murren Mirjam und Aaron über Moses einzigartige Stellung vor dem Volk (Kap. 12) und kritisieren, daß er eine kuschitische Frau hat. Nach jeder dieser Rebellionen werden einige bestraft; doch nachdem das Volk, reagierend auf den negativen Bericht der zehn Kundschafter (13,31-33), Gottes verheißenes Land ablehnt, wird die Generation, die über zwanzig Jahre alt ist, verurteilt, in der Wüste zu sterben (14,29-30). Nur die treuen Kundschafter *Kaleb und *Josua werden das gute Land sehen.

Die Kultanordnungen in Kap. 15 und 18-19, die die Darstellung der Rebellionen (Kap 11-14; 16-17; 20,1-13; 21,4-9) unterbrechen, scheinen auf den ersten Blick hier nicht zu passen. Aber thematisch kann man ihre Stellung im Buch gut verstehen, obwohl eine allg. chronologische Reihenfolge auch nicht auszuschließen ist (vgl. 15,32). 15,1-21 bezieht sich auf die Zeit, wenn Israel schon in dem gelobten Land wohnt (15,2,18-19). Nach der Gerichtsankündigung in Kap. 14 wirken diese Anordnungen über Opfergaben wie eine Verheißung. Gott wird die nächste Generation in das gelobte Land einziehen lassen. Die Sündhaftigkeit des Volkes ist überall zu erkennen: in den Sündopfergesetzen (15,22-31), in der Mißachtung des Sabbats (15,32-36 – dieser Abschnitt bietet ein konkretes Beispiel von absichtlicher Sünde, 15,30-31), in der Bestimmung über Quasten (15,37-41, bes. V.39) und in dem Aufstand der Rotte Korachs (und des Volkes) gegen Mose und Aaron (Kap. 16-17). Auf den verzweifelten Ausruf des bestraften Volkes (»wir werden alle umkommen!«, 17, 27-28), nach Schutz und Sühnung, geben dann Kap. 18-19, die von den priesterlichen Pflichten und dem Reinigungswasser sprechen, eine klare Antwort (vgl. 18,7; 19,20).

Kap 20-25 enthalten eine Mischung von negativen und positiven Ereignissen. In Kap. 20, als das Volk über Wassernot klagt, versagen sogar Mose und Aaron; Mirjam und Aaron sterben. Kap. 21 beschreibt sowohl die letzte Rebellion, nach der Israel zum ersten Mal seine Sünde ernsthaft bekennt (vgl. 14,40) und Gottes Heilsmittel im Glauben annimmt, als auch die ersten militärischen Siege. Die Bileamtexte (Kap. 22-24) zeigen, daß es immer noch Gottes Wille ist, Israel trotz seiner Sünde zu segnen. Statt Fluchworten muß *Bileam weitreichende Verheißungen über Israels Zukunft aussprechen (22,18.20,35.38; 23,12.26; 24,1.13). Wie die Eselin wird der heidnische Wahrsager zum Sprachrohr Gottes. Die sexuelle Ausschweifung und der Götzendienst in Verbindung mit *Baal von Peor (Kap. 25) bezeugen, daß diese Generation bis zum Ende unverändert bleibt. In der strafenden Plage sterben die letzten 24 000 Israeliten.

Der dritte Teil des 4. Mosebuches (Kap. 26-36) beschreibt die Vorbereitungen der neuen Generation für die Eroberung des Landes. Auffallend ist, daß jetzt kein Ungehorsam und keine Todesfälle beschrieben werden. Die Wehrfähigen werden gezählt (Kap. 26), Josua wird zum Nachfolger Moses ernannt (27,12-23). Nach verschiedenen Anordnungen über Opfergaben (Kap. 28-29) und Gelübde (Kap. 30) folgen spezifische Beispiele des Gehorsams – die Rache gegen *Midian (Kap. 31, bes. V. 7.31), der Kriegsdienst der zweieinhalb Stämme (Kap. 32, bes. V. 25). Eine Zusammenfassung der Reisestationen (33,1-49) leitet zum Befehl zur Eroberung und Aufteilung des Landes über (33,50-35,34 vgl. 33,49.51; 34,2). Die Vorfälle mit Zelofhads Töchtern (27,1-11 und 36,1-12) umschließen diesen Teil (inclusio). Mit der Erwähnung ihres Gehorsams (36,10ff. vgl. 27,3) endet 4Mo positiv. Das Buch weist kein Durcheinander, sondern eine wohldurchdachte, geordnete Struktur auf.

III. DIE HERKUNFT.

Es ist wohl unmöglich, die Frage nach dem Verfasser des 4. Mosebuches zu behandeln, ohne die weitreichende Frage der Entstehung des *Pentateuchs aufzugreifen. Doch wirft jedes Buch des Pentateuchs auch seine eigenen Fragen auf. Typisch für die historisch-kritische Haltung zu 4Mo ist die Meinung von M. Noth, der schreibt: »Von einer Einheitlichkeit des 4. Mosebuches und damit von einer Herkunft des Buches aus der Hand eines einzelnen Verfassers kann keine Rede sein« (Numeri, S. 7). Die Unordnung des Inhalts und die verschiedenen Stile, die sich widersprechenden Auffassungen und abhängigen sekundären Stücke in 4Mo sind für Noth Hinweise auf eine »lange und komplizierte Entstehungsgeschichte« (a.a.O.).

Noth und andere sehen hinter diesen »Uneinigkeiten« im Text verschiedenene Quellen, die über Jahrhunderte niedergeschrieben, ergänzt, überarbeitet und kombiniert wurden. Die älteren sog. JE-Quellen finden sie hauptsächlich in den Erzähltexten in 10,29-25, 18 und 32, obwohl diese in 4Mo nicht so leicht als solche zu identifizieren und voneinander zu unterscheiden sind (Noth, a.a.O., S. 10-11). Nach einer religionsgeschichtlichen Vorstellung, die ein gründlich organisiertes Priestertum und geordneten Kultus (wie 4Mo sie darstellt) als eine späte, negative Entwicklung sieht, werden fast zwei Drittel des Buches auf nachexilische priesterliche Kreise zurückgeführt. (Doch weisen archäologische Funde eher auf eine sehr frühe Entstehung des Priestertums und Kultus im Alten Orient).

Dem gegenüber steht die traditionelle Auffassung, daß Mose der Verfasser des Buches sei. Einiges spricht dafür:

1. 33,2: »Und Mose beschrieb die Stationen ihrer Reise nach dem Befehl des Herrn« – hier wird festgestellt, daß mindestens dieser Abschnitt (33,3-49) von Mose niedergeschrieben wurde.

2. Ungefähr fünfzigmal liest man in 4Mo »und der HERR sprach zu Mose«. Von Mose als Empfänger göttlicher Offenbarung, insbesondere von Gesetzen und Anordnungen, die Israel in jeder Generation gelten sollten, ist zu erwarten, daß er sie schriftlich aufbewahrte.

3. Inhaltliche Details lassen darauf schließen, daß der Text in der dargestellten Zeitperiode verfaßt wurde.

a. Die quadratische Aufstellung des Lagers (Kap. 2) ähnelt der des ägypt. Heeres von Ramses II. im 13. Jh. v.Chr., wo das Zelt des Pharaos in der Mitte stand. In der späteren Zeit, z.B. bei den Assyrern, war die Aufstellung eher kreisförmig (G. Wenham, Numbers, S. 67).

b. Die in 4Mo beschriebenen Aufgaben der Leviten haben fast ausschließlich mit der Pflege und dem Umzug der Stiftshütte zu tun, Pflichten, die mit dem Bau des Tempels überflüssig wurden (vgl. auch die Gesetze die von

Lagerordnung

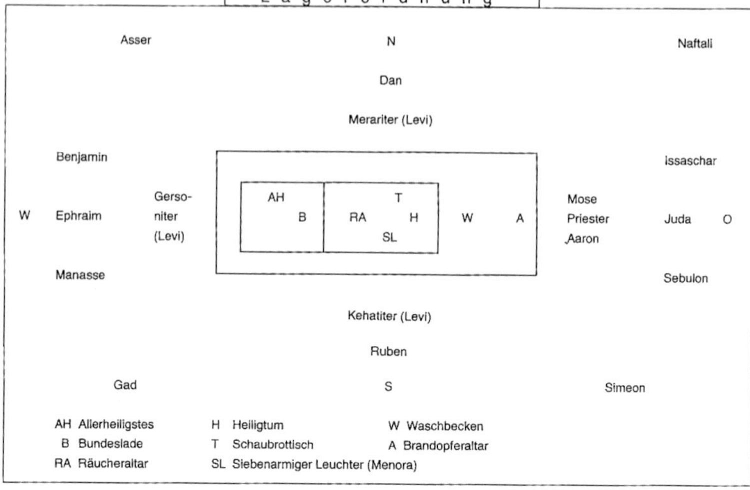

Marschordnung

Dan Asser Naftali	Ephraim Manasse Banjamin	Mobiliar der Stiftshütte Kehatiter (Levi)	Ruben Simeon Gad	Zerlegte Stiftshütte Gerschoniter Merariter (Levi)	Juda Issaschar Sebulon	Bundes lade

Text	**11,1–3**	**11,4–34**	**12**	**(13); 14**	**16; 17**	**20,1–13**	**21,4–9**
Ursache	Schwierigkeiten	Nahrung	Führung	Gottes Land/ Feind	Führung	Wassernot	Schwierigkeiten
Klage	V. 1a	V. 4	V. 1.2	(13,31–33) V. 1.2a	16,1–3 17,6	V. 2.3	V. 1.5a
Sehnsucht nach Ägypten	–	V. 5.6	–	V. 2b–4	16,13.14 –	V. 4.5	V. 5b
Moses Rolle/ Fürbitte	V. 2	V. 13	V. 13	V. 13-19	16,15.22 17,11	V. 11a	V. 7.9
Gottes Offenbarung	–	V. 25	V. 5	V. 10	16,19 17,7	V. 6	–
Gottes Gnade/ Fürsorge	V. 2	V. 31	V. 14	V. 20.24.31	16,23 17,13	V. 11b	V. 9
Strafe	V. 1b	V. 33	V. 10	V. 29.36	16,31–33.35 17,14	V. 12	V. 6
Namengebung (Ätiologie)	V. 3	V. 34	–	–	–	V. 13	–

»außerhalb des Lagers« sprechen, 5,1-4; 15,32-36).

c. Die Listen der Vertreter der Stämme (1,5-15; 13.4-16; 34, 19-29) und Reisestationen (33,3-49) enthalten veraltete Personennamen (vgl. Wenham, a.a.O., S. 58.116f.232) und Ortsnamen, die anderswo in der Pentateucherzählung (oder überhaupt im AT) nicht erscheinen. Umgekehrt fehlen in Kap. 33 einige Ortsnamen, die anderswo in 4Mo erwähnt sind (vgl. 21,10-20 mit 33,44-48). Daß solche Listen nachexilische Erfindungen sein sollten, neben den anderen bekanntlich alten Stücken in 4Mo, wie z.B. das » Buch der Kriege des Herrn« (21,14), »die Dichter sagen« (21,27), die Bileambotschaften (W.F. Albright datiert sie nach ihren Spracheigenschaften ins 13. oder 12. Jh. v.Chr.: The Oracles of Balaam, JBL 63, 1964, S. 207-33), ist wenig überzeugend. (Zur Echtheit von 33,3-49 vgl. G.I. Davies, The Wilderness Itineraries and the Composition of the Pentateuch, VT 33, 1983, S. 1-13; ders., The Way of the Wilderness, 1979).

Dagegen werden einige Stellen erwähnt, die angeblich nicht von Mose stammen können: die Darstellung Moses als »sehr demütig« (12,3 – LÜ: »sehr geplagt«), die Erwähnung Moses in der 3. Person (15,22); das Buch der Kriege des Herrn (21,14-15); die Beschreibung der Ebene Moab als »jenseits des Jordans« (22,1), die Bileamerzählung und Botschaften (Kap. 22-24), die Tätigkeiten der zweieinhalb Stämme in Transjordanien (32,34-42), die Erwähnung des »hohen Priesters« (35,25.28). Einerseits ist es möglich, daß diese Stellen, richtig verstanden, von Mose stammen könnten. Andererseits würde die Feststellung einiger Zusätze oder Nachträge in 4Mo der grundlegenden Historizität als auch der mosaischen Verfasserschaft des Buches keineswegs widersprechen.

Angesichts der inhaltlichen Vielfalt von 4Mo ist es hilfreich, Mose nicht allein als Verfasser, sondern auch als Herausgeber des Buches zu verstehen. Während mehrerer Jahrzehnte wurde viel von Mose und anderen niedergeschrieben (in Kap. 18 spricht der Herr zu Aaron, nicht zu Mose) und aufbewahrt: Urkunden von den Volkszählungen, diverse Listen (Reisestationen, Landesgrenzen, Stammesvertreter), Gesetze und Anordnungen für Priester und Volk, eine narrative Darstellung der Hauptbegebenheiten während der Reise von Ägypten nach Kanaan, Lieder (21,17-18). Vor seinem Tode stellte Mose dann die verschiedenen Bücher des Pentateuchs nach thematischen Überlegungen und in ungefähr chronologischer Folge zusammen. Der in II. dargelegte Aufbau macht wahrscheinlich, daß die jetzige Form von 4Mo ursprünglich ist und nicht erst durch eine spätere, etwa wegen der Länge der Schriftrollen notwenige Einteilung in einzelne »Bücher« zustande kam.

Immerhin ist es gut zu bedenken, daß die mosaische Verfasserschaft dieses Buches weder in 4Mo oder im AT behauptet wird noch beweisbar ist. Doch als zentrale Figur dieses Zeitabschnitts, als Führer Israels und einzigartiger Prophet (12,6-8; 5Mo 34,10-12), bleibt er bei weitem der wahrscheinlichste Kandidat für eine solche Aufgabe.

IV. DIE BOTSCHAFT.

Obwohl das 4. Buch Mose die großen Themen des Pentateuchs teilt, z.B. die zentrale Bedeutung des Bundes, hat es auch seine eigene Botschaft mitzuteilen. Manchmal wird 4Mo als ein sehr pessimistisches Buch, eine Darstellung des Versagens Israels »in der Wüste« betrachtet. Dieses Element der Botschaft ist sicher vorhanden. Aber in dem Aufbau des Buches ist dieser negative zentrale Teil (Kap. 11-25) von zwei positiven Teilen (Kap. 1-10, 26-36) umgeben, die wiederholt vom Gehorsam der Führer und des Volkes sprechen und durchaus optimistisch sind. In diesen beiden Teilen werden die Befehle Gottes betont; als Ausdruck seiner Herrschaft über sein Volk ordnen sie jeden Lebensbereich, ob öffentlich oder privat – Kultus, Erbschaft, Krankheit, Verbrechen, Ehe, Gelübde. Gehorsam bringt Segen: so wohnt der Herr mitten unter seinem Volk (5,3), sein Segen ruht auf ihm (10,33-34), so fliehen seine Feinde vor ihm (10,35).

Im mittleren Teil des Buches wird die große Gefahr eines mürrischen Geistes dargestellt. Mit undankbarem Herzen klagt das Volk über alles – Nahrung, Führung, Schwierigkeiten – und sehnt sich nach Ägypten. Sogar Mirjam und Aaron, Korach und endlich auch Mose werden davon angesteckt. Hinter dieser Unzufriedenheit, die in der Ablehnung des verheißenen Landes gipfelt, verbergen sich Aufstand gegen Gott (14,9), Unglauben (14,4) und Ungehorsam (14,22), sogar Gottesverachtung (14,11).

In der Wüste werden Gottes Kraft, seine Gerechtigkeit und seine Gnade immer wieder geschildert. Er ist der Gott, der viele Wundertaten für sein Volk getan hat (14,11), dessen Herrlichkeit die ganze Erde füllt (14,21-22). Er schafft das Einmalige, tut »den Mund der Erde« auf, um die Rotte Korachs zu verschlingen (16,28-30). Ihm ist es nicht zu schwer (11,23), Israel in der Wüste mit Manna oder mit Wachteln zu versorgen. Häufig wird bezweifelt, daß Israel tatsächlich 603 000 Krieger zählte (1,46; vgl. 26,51); es gibt viele Vorschläge, wie man diese hohe Zahl erklären oder reduzieren könnte (vgl. J.W. Wenham, Handbuch zur Bibel, S. 191-92). Doch will diese Zahl (vgl. 10,36; 11,21; 23,10; 2Mo 12,37; 38,25) als indirekter Hinweis auf Gottes fürsorgende Allmacht ernstgenommen werden.

Gottes Gerechtigkeit wird gesehen, indem er jedesmal straft, wenn sein Volk gegen ihn murrt. Davon werden sogar Mirjam, Aaron und Mose nicht verschont. Doch seine Gnade ist gerade dort auch zu sehen. Gott läßt Mose für Israel eintreten, setzt dem Gericht ein Ende (11,2; 12,13-14; 17,13; 21,7-9), vergibt (14,20) und schenkt dem Volk, worum es bittet (11,31; 20,11). Die Väterverheißungen (z.B. 1Mo 12, 1-3) bilden die Grundlage für Gottes Umgang mit seinem Volk. In 4Mo steht die Verheißung, daß Israel das Land Kanaan bekommen soll, im Mittelpunkt (14,3.8.16.23.24.30.31). Weil Gott sich entschlossen hat, sein Volk zu segnen, ist Bileam machtlos, es zu verfluchen (24,13). Statt dessen bestätigt er weitere Verheißungen der Väter (23,10 vgl. 1Mo 13,16; 28,14; 24,9 vgl. 1Mo 27,29). Die erste Generation muß in der Wüste sterben, aber die zweite Generation wird in das Land kommen. Das 4. Buch Mose hat ein offenes Ende; die Verheißungen im Blick auf das Land sind noch nicht erfüllt. Aber Israel, vorbereitet und gehorsam, darf erwartungsvoll in die von Bileam geschilderte Zukunft gehen.

Obwohl Gottes Heiligkeit grundlegend für *Leviticus/3.Buch Mose ist, macht 4Mo noch deutlicher, welche praktischen Folgen diese Heiligkeit für das Leben des Volkes hat. Gottes Gegenwart im Lager fordert kultische Ordnung und Reinheit (5,3) und Versöhnung durch Blut (35,33-34, vgl. 25,10-13). Wer sich unerlaubt dem Heiligtum nähert, muß sterben (3,10); sogar die Leviten dürfen die heiligen Gegenstände der Stiftshütte nicht einmal anschauen (4,20). Einerseits soll Israel Gottes Gebote halten und ihm heilig sein (15,40). Andererseits, wenn Korach und seine Rotte behaupten, daß die ganze Gemeinde heilig sei (16,3) und Mose und Aaron folglich keine Sonderstellung haben sollten, muß Gott zeigen, wer ihm zum besonderen Dienst geweiht ist (16,5-7). Und wenn Mose Gott vor dem Volk nicht heiligt, muß Gott auch Mose strafen, um sich als heilig zu erweisen (20,12-13). In Hinblick auf Gottes Heiligkeit und Israels Neigung zur Sünde sind die vielen Gesetze und Vorschriften in 4Mo unerläßlich.

V. DIE BEDEUTUNG.

Das 4. Buch Mose wird selten im NT zitiert (9,12 vgl. Joh 19,36; 16.5 vgl. 2Tim 2,19; 30,3 vgl. Mt 5,33), aber Prinzipien und Analogien werden häufig aus den Anordnungen und Ereignissen in 4Mo gezogen (das Zehntel der Leviten, 18,21-24 vgl. Hebr 7,5; das Reinigungswasser, Kap. 19, vgl. Hebr 9,13-14; die eherne Schlage, 21,8-9, vgl. Joh 3,14; Mose, 12,7, vgl. Hebr 3,2.5; Bileam, 2Petr 2,15-16; Jud 11; Off 2,14; Korach, Jud 11).

Die Wüstenzeit (dazu muß man auch 2Mo 13-17 und 32 einbeziehen) wird im AT und NT sowohl als eine positive Zeit göttlicher Fürsorge als auch eine negative Zeit des Unglaubens und des Gerichts dargestellt, woraus das Gottesvolk lernen sollte (5Mo 1-3; Ps 78; 95; 105; 106; Neh 9; Hes 20; Hos 9,10; Apg 7,36; 13,18; Hebr 3,7-4,13). Das bekannteste Beispiel ist 1Kor 10,1-13, wo Paulus die ernste Botschaft von N. so zusammenfaßt: »Daher wer zu stehen meint, sehe zu, daß er nicht falle« (V.12).

Literatur: P.J. Budd: Numbers, WBC 5, 1984; W.H. Gispen: Het boek Numeri I-II, Commentaar op het Oude Testament, 1959, 1964; P. Heinisch: Das Buch Numeri, 1936; C.F. Keil: Leviticus, Numeri, Deuteronomium, BC, [3]1870, ND 1987; M. Noth: Das vierte Buch Mose/Numeri, ATD 7, 1966; J. de Vaux: Les Nombres, 1972; J.A. Thompson: 4. Mose, BKB I, 1980, S.199-239; G.J. Wenham: Numbers, TOTC 4, 1981; V. Fritz: Israel in der Wüste, Traditionsgeschichtliche Untersuchung der Wüstenüberlieferung des Jahwisten, 1970; M Noth: Überlieferungsgeschichte des Pentateuch, 1948; D.T. Olson: The Death of the Old and the Birth of the New, The Framework of the Book of Numbers and the Pentateuch, Brown Judaic Studies 71, 1985; R.N. Whybray: The Making of the Pentateuch, A Methodological Study, 1987; J.S. Wright: The Composition of the Pentateuch, EQ 25, 1953, S. 2-17. R.Sz.

NUZI. Die Ausgrabungen in N. (Jorgan Tepe) und den angrenzenden Hügeln nahe Kirkuk, Irak, wurden zwischen 1925 und 1931 von E. Chiera und anderen ausgeführt als Kooperation zwischen der American Schools of Oriental Research, dem Irak-Museum und dem Semitischen Museum, Harvard. Die älteste Besiedlungsschicht datiert aus der Ubaid-Periode, während die jüngsten Spuren röm. Zeit entstammen. Es gab zwei Hauptphasen der Besiedlung: eine im 3. Jt. v.Chr., als der Ort unter dem Namen Gasur bekannt war, und eine im 14.-15. Jh. v.Chr., als die Stadt unter hurritischem Einfluß stand und den Namen N. trug. Im Palast und in Privathäusern wurden über 4000 Tontafeln gefunden, beschrieben in einem lokalen ḫurritischen Dialekt des Akkadischen. Diverse Archive wurden entdeckt, am bekanntesten das des Tehiptilla (ca. 1000 Tafeln), das des Prinzen Schilwateschub und das Archiv einer erfolgreichen Geschäftsfrau, Tulpunnaja. Die Texte umfassen etwa fünf Generationen und geben damit ein detailliertes Bild des Lebens in einem al-

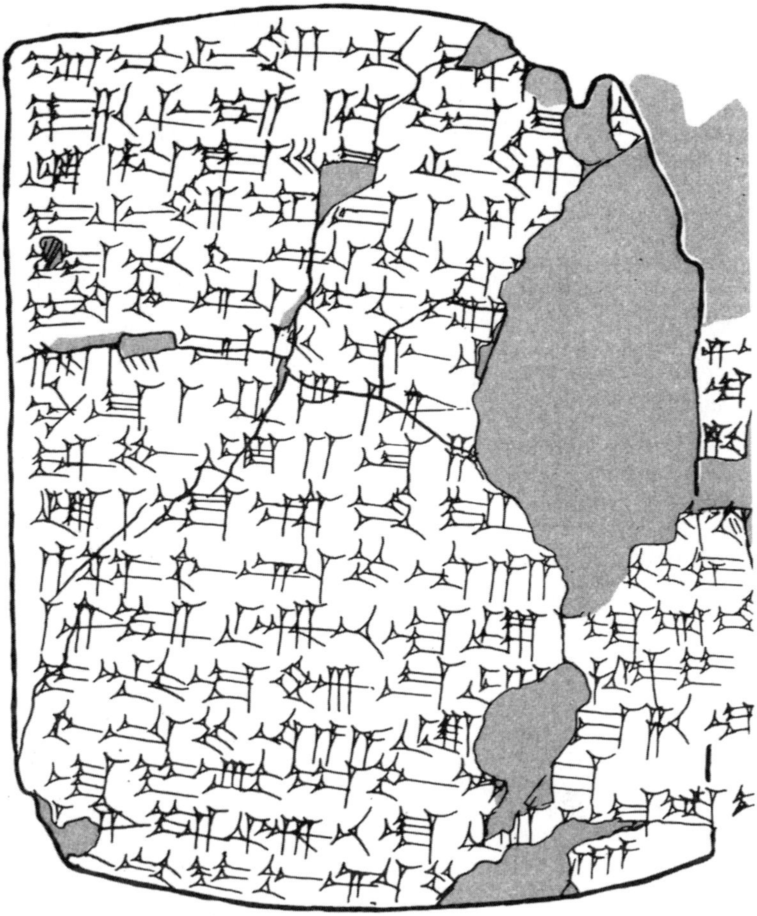

Abschrift eines Keilschrifttextes aus Nuzi, dem »Testament« eines gewissen Hupitaja, mit dem er seiner Frau die volle Erziehungsgewalt über ihre Söhne überträgt. Das Erbe ist so aufgeteilt, daß der älteste Sohn den doppelten Anteil erhält (vgl. 5Mo 21,15–17). Gefunden in der Nähe von Kirkuk, Irak, 15.–14. Jh. v.Chr. (HSM)

ten mesopotam. Gemeinwesen innerhalb eines relativ kurzen Zeitraums.

In der Hauptsache enthalten die Tafeln private Verträge und öffentliche Aufzeichnungen. Neben Listen der verschiedenen Waren und Gegenstände wird ein breites Themenspektrum abgedeckt wie Land, Preise, Familiengesetze, Frauen, Recht und Ordnung, Sklaven. Von besonderer Bedeutung sind Dokumente, die sich auf Themen wie Adoption, Testament, Heirat, Rechtsstreit, Kreditsicherung, Tausch von Personen, Waren und Land beziehen. Noch vor vergleichsweise kurzer Zeit waren Texte dieser Art andernorts kaum aufgetaucht, aber Ausgrabungen in Tell al-Fikhar (Kurruhanni), ca. 30 km südwestl. von N., haben ähnliches Material aus einem vergleichbaren Zeitraum zutage gefördert, das jedoch weitgehend unveröffentlicht blieb.

Im Gegensatz dazu finden sich kaum Verständnishilfen zur politischen Geschichte und zum rel. Leben. N. scheint zum hurritischen

Königreich von Mitanni gehört zu haben, obwohl die vorhandenen Texte darauf oder auf die wachsende Macht Assyriens kaum verweisen. Literatur, einschließlich Mythen, Epen, Spruchweisheiten und Lehrtexten, ist ebenfalls sparsam vertreten. Die Nuzitexte enthalten auffallend viele Berührungspunkte mit dem AT, am deutlichsten mit den Erzählungen über die Patriarchen. Diese Verbindungen zwischen den Sitten und sozialen Umständen der Menschen in N. und denen der Patriarchen brachten einige Wissenschaftler dazu, auch für eine Datierung Abrahams und seiner Nachkommen ins 15. Jh. v.Chr. zu plädieren, ungeachtet dessen, daß viele dieser Gebräuche bereits seit Jahrhunderten gepflegt wurden. In jüngerer Zeit wurden Verbindungen zwischen N. und den Patriarchen weitgehend in Frage gestellt. Die unten angeführten Beispiele zeigen jedoch auffällige Parallelen, und einige der angesprochenen Bräuche finden sich auch an anderen Orten Mesopotamiens. Die Verhältnisse in N. ähneln weit mehr mesopotamischen als hurritischen Mustern.

Ein Großteil der Dokumente behandelt Erbschaftsangelegenheiten. Überall im Nahen Osten des Altertums erbte der älteste Sohn einen größeren Anteil als seine Brüder, obwohl die genaue Aufteilung variierte. Die Praxis, daß der älteste Sohn einen doppelt so großen Anteil wie seine Brüder erbte, war in N. geläufig und ist auch in anderen Keilschrifttexten aus dem 2. Jt. v.Chr. überliefert. Sie weist deutliche Parallelen zu 4Mo 21,17 auf, obwohl die Patriarchen auch anders verfuhren (1Mo 25,5-6). Die häufigste Bezeichnung für den ältesten Sohn in N. (*rabū*, »Ältester«) findet sich auch in Ugarit und Alalah, in Texten aus Mittelassyrien sowie auf hebr. (*rab*) in 1Mo 25,23 anstelle des üblichen *bekōr*.

Es bleibt ungewiß, ob das Erstgeburtsrecht in N. verändert werden konnte wie im Falle von *Jakob und *Esau (1Mo 25,29-34). Obwohl Beispiele bekannt sind, wonach Teile einer Erbschaft schließlich zwischen Brüdern wechselten, ist kein ältester Sohn feststellbar, der definitiv in derartige Transaktionen verwickelt war. Ähnliche Beispiele eines Erbschaftstransfers gibt es aus Assyrien und Babylonien; sie sind also nicht auf N. beschränkt.

Jeder Erbe konnte jedoch auch enterbt werden. Ein derart drastisches Vorgehen war nur bei Vergehen gegen die Familie gestattet, und die Verweise auf »Respektlosigkeit« und »Ungehorsam« gegenüber den Eltern geben einen Verständnishintergrund für Rubens Zurücksetzung (1Mo 35, 22; 49,3f), aber auch hierzu lassen sich andernorts ähnliche Beispiele finden.

Man vermutete, daß der Besitz der Hausgötter in N. gleichbedeutend mit Erbschaftsanspruch war, und daß *Rahels Diebstahl von *Labans *Hausgötzen – um Jakobs willen? – ähnlich erklärt werden könnte (1Mo 31,19ff). Wahrscheinlicher ist jedoch, daß die Familiengötzen nur vom Vater vererbt werden konnten, gewöhnlich dem erstgeborenen Sohn, und daß ihr Diebstahl die Ansprüche eines Erben nicht erhöhen konnte.

Die *Adoption nimmt ebenfalls einen wesentlichen Platz in den Texten ein. Ein Mann ohne Erben konnte einen Außenstehenden adoptieren, der dadurch seinen Adoptiveltern gegenüber bestimmte Verpflichtungen übernahm. Ähnliche Praktiken sind auch aus anderen mesopotamischen Texten bekannt. Zu den Pflichten der Erben zählte die Versorgung der Eltern mit Nahrung und Kleidung, vor allem in deren hohem Alter, und die Sorge für eine angemessene Bestattung. Es ist anzunehmen, daß Abraham *Eliëser aus diesem Grund vor *Isaaks Geburt adoptiert hatte (1Mo 15,2-4). In N. erhielt ein leiblicher Sohn später gewöhnlich einen größeren Anteil vom Erbe als ein adoptierter. Gelegentlich wird auch die Adoption eines Sklaven erwähnt. Das Verfahren der Adoption wurde in N. auch rein fiktiv gehandhabt, wobei Eigentum, legal offenbar unveräußerlich, verkauft werden konnte. Tehiptilla wurde beispielsweise auf diese Art etwa 150 mal »adoptiert«.

Neben der Adoption erwähnen die N.-Texte drei weitere Möglichkeiten für kinderlose Ehen, Erben zu bekommen. Der Mann konnte wieder heiraten oder eine Konkubine nehmen, die Frau konnte ihrem Gatten aber auch die eigene Sklavin anbieten. Letzteres Verfahren, welches der kinderlosen Frau auch Sicherheiten bot, hat seine Parallele bei *Sara, *Rahel und *Lea (1Mo 16,1-4; 30,1-13). Für N. ist nur ein solcher Fall belegt (Text. 5.67), aus Babylonien und Assyrien sind weitere bekannt. Ein von einer Sklavin geborener Sohn mußte nach mesopotamischem Recht vom Vater adoptiert oder legitimiert werden; die N.-Texte äußern sich zu diesem Punkt nicht genau. Text 5.67 deutet zumindest an, daß die Frau das Erziehungsrecht über die Kinder ihrer Sklavin behielt, und es gibt Hinweise darauf, daß Sara, Rahel und Lea von der Namensgebung an Verantwortung für die Sprößlinge ihrer Sklavinnen übernahmen.

Obwohl die N.-Texte nichts über väterlichen Segen nach Art von 1Mo 27,29.33; 48,1ff aussagen, enthalten sie doch gelegentlich mündliche Zusagen, die eindeutig Rechtsgültigkeit besaßen. Eine solche Zusage gab ein kranker, bettlägeriger Vater seinem Sohn (vgl. *Isaak). Sowohl N.-Texte als auch Berichte aus 1Mo kennen mündliche Vereinbarungen, die sich auf gesetzliche oder gewohnheitsrechtliche Sicherheiten stützen; symbolische Handlungen wie *Handauflegung waren dabei üblich.

Frauen werden in den N.-Texten häufig erwähnt. So haben Töchter das Recht, wenn keine Söhne vorhanden sind, Familienbesitz zu erben. Hierzu gibt es vergleichbare Belege aus Babylonien (vgl. 4Mo 27,8). Manche Heiratsverträge enthielten eine Klausel, die dem Mann untersagte, eine zweite Frau zu heiraten, eine Sicherheit, die auch Laban für Rahel anstrebte (1Mo 31,50). Ein Mädchen konnte allerdings auch von einem Mann zur wahlweisen Heirat mit ihm oder mit seinem Sohn erworben werden (vgl. 2Mo 21,7-11). Zu den Beschwerden der Töchter Labans, ihr Vater habe ihre Mitgift zurückbehalten (1Mo 31,15), tauchen Parallelen im gleichen Wortlaut in fünf N.-Texten auf (*kaspa akālu*).

Einige Erwähnungen geschäftlicher Transaktionen sind für das AT relevant. Gelegentlich wurde Land durch Losentscheid aufgeteilt (4Mo 26,55f; Jos 18,2-10), und man kannte einen periodischen »Erlaß« von Schulden (5Mo 15). Ein Landverkauf wurde manchmal bestätigt, indem der Verkäufer seinen Fuß hob und der Käufer den seinen auf den Grund setzte, während Schuhe bei einigen Transaktionen als Gesetzessymbole fungierten (vgl. Rut 4,7-8; 1Sam 12,3 LXX; Am 2,6; 8,6). N.-Texte bieten Anhaltspunkte, daß die Lesart »einen dreijährigen Stier« in 1Sam 1,24 berechtigt ist.

Die Erwähnungen der *ʿapiru* (*habiru*) in N.-Texten als Personen, von denen viele offenbar Ausländer waren, die sich freiwillig in Knechtschaft begeben hatten, erinnert an den Ausdruck »Hebräersklaven« und den abfälligen Gebrauch des Wortes »Hebräer« in bezug auf Israeliten durch Ägypter und Philister (1Mo 39,14; 2Mo 1,15; 21,1-6; 1Sam 14,21).

Literatur: R.F.S. Starr: Nuzi, Report on the Excavations at Yorghan Tepe, 1939; E. Chiera et al.: Joint Expedition at Nuzi, 1927-39; E.R. Lacheman et al.: Excavations at Nuzi, 1929-62; M. Dietrich et al.: Nuzi-Bibliographie, 1972; T.L. Thompson: The Historicity of the Patriarchal Narratives, 1974; J.van Seters: Abraham in History and Tradition, 1975; M.J. Selman: TynB 27/1976, S. 114-136; W. Mager: Nuzi-Studien I. Die Archive des Palastes und die Prosopographie der Berufe, 1978. M.J.S.

NYMPHA, NYMPHAS. Besitzer(in) eines Hauses in *Kolossä (evtl. auch in der Nähe von Kolossä), in dem sich eine Gemeinde versammelte (Kol 4,15). Der Name steht im Akkusativ und könnte, da unbetont, sowohl in der männlichen Form Nymphas (Koseform von Nymphodorus?) wie auch in der weiblichen Form Nympha gelesen werden. Nympha(s) ist, wie *Philemon und Archippus, Paulus' Kontaktperson (vielleicht sind sie sich in Ephesus begegnet) in einem Gebiet, das der Apostel selbst nicht besucht hat (vgl. Kol 2,1). A.F.W.

OBADJA. (1.-3.: hebr. Langform *ʿōbadjāhū* 4.-12.: Kurzform *ʿōbadjāh,* »Diener Jahwes« bzw. »Verehrer Jahwes«).

1. Haushofmeister des nordisraelit. Königs *Ahab (1Kön 18,3-16). Er war einer der 7000 (1Kön 19,18), die angesichts der synkretistischen Religionspolitik der Omriden Jahwe die Treue hielten: Als »Diener zweier Herren« bewährt er in der Auseinandersetzung seinen Namen, versteckt und ernährt 100 Propheten Jahwes in zwei Höhlen, nachdem deren Leben durch *Isebels Ausrottungsplan gefährdet war. Durch O. läßt *Elia Ahab seine Rückkehr nach der Dürrezeit melden und prüft dabei O.s Vertrauen.

2. Ein Mann aus dem Stamm Sebulon z.Zt. Davids, Vater des Stammesfürsten Jischmaja (1Chr 27,19).

3. Levitischer Aufseher bei der Tempelrenovierung z.Zt. *Josias (2Chr 34,12).

4. Nachexilischer Nachkomme Davids, Sohn *Hananjas (1Chr 3,21).

5. Sippenoberhaupt im Stamm *Issaschar (1Chr 7,3).

6. Nachkomme *Sauls (1Chr 8,38; 9,44).

7. Levit, Bewohner des wiederaufgebauten Jerusalem z.Zt. *Nehemias (Neh 12,25), auch Abda genannt (1Chr 9,16; Neh 11,17).

8. Gaditer, der in *Ziklag zu David überging (1Chr 12,9f).

9. Fürst Judas, den König *Joschafat aussandte, um mit anderen zusammen das Volk in der Kenntnis der Tora zu unterweisen (2Chr 17,7ff).

10. Sippenoberhaupt Israels, das mit Esra aus der babylon. Gefangenschaft nach Jerusalem zurückkehrte (Esr 8,9).

11. Priester, Unterzeichner der Selbstverpflichtung des Volkes z.Zt. Nehemias (Neh 10,6).

12. Prophet, wahrscheinlich aus Juda. Nur sein Name ist überliefert (Obd 1), was für eine baldige Niederschrift seiner Verkündigung spricht (H.W. Wolff). Die Gebräuchlichkeit des Namens schließt jedenfalls eine rein symbolische Verwendung aus. Eine Identifizierung mit einer der oben genannten Personen ist – einerseits aufgrund der Schwierigkeit der chronologischen Einordnung des *Obadja-Buches, andererseits aufgrund des bei ihnen jeweils fehlenden prophetischen Elementes – nicht möglich. M.W.

OBADJA, BUCH.

I. GLIEDERUNG.

1a: Überschrift

1b-14: Gericht über Edom:

2-4 Strafansage (Erniedrigung) und Strafbegründung (Hochmut, V. 3),

5-9: Verschärfung der Strafansage (Vernichtung),

10-14: Vertiefung der Strafbegründung (Beteiligung an einer nationalen Katastrophe Israels);

15.16: Gericht über Edom als Teil des Völkergerichtes;

17-21: Wiederherstellung Israels und Aufrichtung der Königsherrschaft Gottes

II. OBADJAS ZEIT.

Für die zeitl. Ansetzung des Buches, das (wie etwa auch *Joel) keine Angaben zur Datierung in der Überschrift enthält, ergeben sich mehrere Möglichkeiten.

1. Äußere Kriterien: Die jüd. Tradition ordnet Obd ausnahmslos vorexilisch ein. So identifiziert etwa der babylon. Talmud (Sanh. 39b) Obadja mit dem Haushofmeister *Ahabs (9. Jh. v.Chr.; s. *Obadja 1.). Das Hauptgewicht trägt jedoch die Einordnung im Zusammenhang der sog. »Kleinen Propheten«. Allem Anschein nach ist deren Anordnung zumindest epochenmäßig chronologisch durchgeführt und verstanden worden. Obd hat hier jedenfalls seine Stellung inmitten der Propheten des 8. Jh. v.Chr.

2. Innere Kriterien: Ohne Zweifel sind in Obd 10-14 Vergehen der *Edomiter anläßlich einer schweren militärischen Niederlage Judas angesprochen. Die Konkretheit der Schilderung setzt dabei Nähe zu den Ereignissen voraus. Die meisten Forscher setzen diese Ereignisse mit der Eroberung Jerusalems durch *Nebukadnezar 587 v.Chr. in eins. Dafür spricht vor allem die in Klgl 4,21f; Ps 137,7; Hes 25,8.12-14; 35,1-15 erwähnte und beklagte Beteiligung Edoms an jener Eroberung. Andererseits sind auch schon bei Amos (1,11f) und *Joel (4,19) ähnliche Anklagen überliefert. Zudem bleibt es verwunderlich, daß innerhalb der so konkreten Schilderung dann doch weder von der Zerstörung Jerusalems und des Tempels noch von den Babyloniern, sondern nur allg. von »Fremden« die Rede ist; auch die vorgenommene Wegführung von Bevölkerungsgruppen scheint durchaus begrenzter Art zu sein (V. 19f).

Daher ist auf frühere Einnahmen Jerusalems nach dem Abfall Edoms von Juda unter *Joram (2Kön 8,20ff) hingewiesen worden:

a. auf den in 2Chr 21,16f berichteten Einfall der Araber und Philister, womit Obd in eben jene Zeit Jorams von Juda einzuordnen wäre (9. Jh.);

b. auf die Wirren unter *Ahas (8. Jh.); hier sind ausdrücklich edomit. Überfälle erwähnt (2Chr 28,17).

Für vorexilische Einordnung sprechen weiter zwei Parallelüberlieferungen; zum einen scheint Obd 17 in Joel 3,5 als früheres, bekanntes Wort Jahwes zitiert zu sein, zum anderen werden Obd 1-4.5 in Jer 49,14-16.9 neu aufgenommen.

Bei Abwägung aller Argumente spricht vieles für eine vorexilische Abfassung des Buches Obd. Diese schließt keineswegs die schuldhafte Beteiligung Edoms an der Katastrophe 587 v.Chr. aus.

III. STIL.

Auffällig sind erstens der Bilderreichtum (V. 4.5.16.18), zweitens die (in den dt. Übersetzungen oft nicht ersichtliche) Wiederaufnahme von Begriffen, wodurch Abschnitte verklammert werden, z.B.: (»Herz« V. 3a.b); »zu Boden stoßen« (V. 3b.4b); »betrügen« (V. 3a.7.a); »ausrotten« (V. 9b.10b.14a); »entrinnen« (V. 14a.17a); u.ö. – drittens die fast durchgängige, achtfach parallele Struktur der V. 12-14: »du sollst nicht . . . zur Zeit (wörtl.: am Tag) . . .«, wodurch eine besondere Eindringlichkeit gewonnen wird.

IV. BOTSCHAFT.

Das zentrale Thema des Buches Obd ist das Verhältnis der beiden Brudervölker Israel und Edom. Wie schon *Esaus Geschick sich in Schuld und Erwählung an *Jakob entschied, so entscheidet sich nun das seiner Nachkommenschaft am Haus Jakob. Diese partikulare Sicht wird universal ausgeweitet, indem Edoms Geschick als exemplarisch für die gesamte Völkerwelt erfaßt ist.

Obd zeigt zunächst auf (V. 2-4): Es ist die menschliche Selbstsicherheit Edoms – durchaus einsichtig in der geographischen Lage (V. 3), Bündnissen (V. 7), in Weisheit (V. 9) und Mut (V. 9) begründet – die den Anlaß für Jahwes Strafdrohung bietet. Entspräche dieser Selbstüberhebung (V. 3b) die Erniedrigung durch Jahwe (V. 2.4b), so hat indessen die Androhung der Auslöschung des Volkes auf seinem angestammten Gebiet (5Mo 2,5) einen tieferen Hintergrund.

Es ist das Verhalten gegenüber dem Brudervolk (V. 10-14), durch das Edom das eigene Sein in Frage gestellt hat. Indem Edom sich auf die Seite der Fremden stellt und damit gegen Jakob, macht es sich selbst zum Fremden (V. 11b). Indem es den Bruder mißachtet, leugnet es letztlich Gottes Erwählung (V. 13a; vgl. Hes 25,8) und damit die eigene Verheißung (5Mo 23,8).

Damit richtet Edom sich selbst und stellt sich unter das Urteil, das über die Völker ergeht, ja, das eigene Tun wird zum Maßstab dessen, was ihm getan werden wird (V. 15).

Mit dem Bild vom Trinken des Zornbechers (V. 16a; vgl. Klgl 4,21; Jer 25,15-29) macht Obd deutlich, daß auch das Heil, das Israel erwartet, Heil durch das Gericht hindurch ist. Konkret vollzieht sich jenes Heil in einer Art neuer *Landnahme. Ziel ist dabei letztlich nicht die Herrschaft der Erwählten, sondern die Herrschaft des Erwählenden (V. 21b).

So ist es in vielfacher Weise nicht nationalistische Enge, die das Buch Obd prägt, sondern die Gewißheit, daß sich Heil und Unheil in der gesamten Weltgeschichte an der Erwählung Gottes entscheiden. Insofern diese Erwählungslinie auch in Jesus Christus nur über Israel führt, ist die ntl. Gemeinde in die Krisis der Botschaft Obadjas gestellt, führt ein direkter Weg von Obd zu den Ausführungen des Apostels Paulus in Röm 9-11.

Literatur: A. Weiser: Das Buch der Zwölf Kleinen Propheten I., [8]1985; H.W. Wolff: Dodekapropheton, Obadja und Jona, BKAT XIV/3., 1977. M.W.

OBED. »Diener«.

1. Der Sohn von *Rut und *Boas (Rut 4,13ff), Davids Großvater (Rut 4,21f; 1Chr 2,12; Mt 1,5; Lk 3,32). O.s Geburt war *Noomi in ihrem Alter ein großer Trost.

2. Ein Mann aus dem Geschlecht Juda (1Chr 2,37f).

3. Einer der Helden Davids (1Chr 11,47).

4. Ein Sohn Schemajas und Enkel *Obed-Edoms aus der Familie der *Korachiter (1Chr 26,7).

5. Vater Asarjas, eines Hauptmannes, der unter dem Priester *Jojada um die Einsetzung *Joaschs zum König über Juda kämpfte (2Chr 23,1). J.D.D.

OBED-EDOM. (Hebr. *ōbēd-ʾădōm*, »Diener [des Gottes?] Edoms«).

1. Ein Philister aus *Gat, der in der Nähe *Jerusalems wohnte. Bei ihm hinterließ *David die *Bundeslade für drei Monate nach dem Tode Usas, ehe er sie nach Jerusalem holte. Die Gegenwart der Lade wurde seinem Haus zum Segen (2Sam 6,10ff; 1Chr 13,13f; 15,25).

2. Vorfahr mehrerer Torhüter (1Chr 15,18ff; 16,38; 26,4ff; 2Chr 25,24).

3. Eine Sängerfamilie aus der Zeit vor dem Exil (1Chr 15,21; 16,5). J.D.D.

OBEN, DROBEN. In seiner allg. Bedeutung ist o. die Kennzeichnung dessen, was im Raum höher erscheint als der Standpunkt des Betrachters. Deshalb spricht die Bibel auch vom *Himmel, dem Sitz Gottes so, daß sie ihn sich o. vorstellt (2Mo 20,4; Ps 104,3). Von dort her empfängt Gottes Volk den Segen durch Gaben der Natur (1Mo 27,39) wie die Gerechtigkeit und das Heil (Jes 45,8). Von o. heißt damit zugleich von Gott her, aus seiner Hand, wie Jak 1,17 für alle gute Gabe, Joh 19,11 für die obrigkeitliche Gewalt, Jak 3,17 für die Weisheit erkennen läßt. Im NT wird mit »oben« und »unten« der Gegensatz des Göttlichen zum Menschlich-Irdischen schlechthin ausgedrückt (Joh 8,23). Von o. her kommt Jesus (Joh 3,31); und alle, die an ihn glauben, sind wiedergeboren von o. her (Joh 3,3 LÜ, RevEB: von neuem). Wenn das Jerusalem, das droben ist, unser aller Mutter genannt wird (Gal 4,26), so ist damit die Zugehörigkeit zum wahren Gottesvolk gemeint. In diesem Sinne heißt »nach dem, was droben ist, trachten« (Kol 3,1f): sich ganz auf Gottes Willen ausrichten. Bei Tisch gelten die in der Rangordnung hervorgehobenen Plätze als obenan (1Sam 9,22; Mt 23,6), die der Jünger nicht von sich aus einnehmen, sondern die er sich nur anweisen lassen soll (Lk 14,7ff).

OBERGEMACH

1. Im Altes Testament.

Ein O. (hebr. *ʿalijāh*) war oft ein auf dem flachen Dach aufgemauerter (vgl. 2Kön 4,10), mit Fenstern versehener Raum (*Haus). Obergemächer gab es im Tempel (1Chr 28,11; 2Chr 3,9), in Königspalästen (Ri 3,20-25; 1Kön 1,2; 2Kön 23,12; Jer 22,13f), in Toren (2Sam 19,1) und sogar auf Stadtmauern (Neh 3,31f). In Privathäusern dienten sie wegen ihres aufgrund häufigeren Luftzugs (vgl. Jer 22,14) angenehmen Klimas oft als Gasträume (1Kön 17,19.23; 2Kön 4,10f). Gelegentlich trat auch ein Zelt an die Stelle des O.s (2Sam 16,22 vgl. Neh 8,16). *Daniel ließ in ein O. (aram. *ʿelitāh*) Fenster nach *Jerusalem einbauen und betete in dieser Richtung (Dan 6,11). Vielleicht auch aus diesem Grund hatten die Rabbinen eine Vorliebe für Versammlungen in einem O., das ihnen oft ebenfalls als Studierzimmer oder Gebetsstätte diente (Bill. I, 594f). Im übertragenen Sinn steht O. auch für die Gemächer des Himmels (Ps 104,3.13).

2. Im Neuen Testament.

Als O. (griech. *anagaion*) wird der mit Polstern für das *Passamahl ausgelegte *Abendmahls-Saal bezeichnet (Mk 14,15/Lk 22,12). Mit einem anderen griech. Wort (*hyperōon*), das auch für O.er in *Synagogen vorkommt (CIJ I, 694), benennt Lk die Räume, wo sich die Urgemeinde in Jerusalem versammelte (Apg 1,13), die zu einer Witwengemeinschaft in Joppe (*Jafo) gehörige *Tabita aufgebahrt

Großes jüd. Ritualbad in der Nähe des Abendmahlssaales. In solch einem Bad könnte man sich auch die Taufen der Urgemeinde vorstellen, von denen die Apg berichtet. (RR)

war (Apg 9,37.39) und die Gemeinde von *Troas mit vielen Lampen zum Abendgottesdienst zusammenkam (Apg 20,8). Das Haus in Troas hatte drei Stockwerke (Apg 20,9) und gehörte deshalb einem wohlhabenden Gemeindeglied. Vielleicht umfaßte das O. hier das ganze oberste Stockwerk, so daß sich hier die gesamte Gemeinde versammeln konnte. Man hat aufgrund der verschiedenen Ausdrücke, die Lukas gebraucht, angenommen, daß er Abendmahls-Saal und erstes Zentrum der Urgemeinde voneinander unterscheiden wolle. Aber beide griech. Begriffe meinen dasselbe. Während Lukas im Evangelium dem Sprachgebrauch einer Quelle folgen dürfte, verwendet er in der Apg seine eigene Ausdrucksweise. Das griech. Wort *hyperōon* bezeichnet bei ihm offenbar urchristl. Gottesdiensträume, für die der erste Versammlungsort der Jerusalemer Gemeinde das Vorbild darstellt. Von ihm zu unterscheiden ist das Haus der *Maria, Mutter des Johannes *Markus, das Lukas durch eine Beschreibung als weitere Versammlungsstätte einführt (Apg 12,12-14). Hier trafen sich Angehörige der freieren *Hellenisten (vgl. Apg 12,11f), während das O. der Mittelpunkt der strengen *Judenchristen unter dem Herrenbruder *Jakobus war (vgl. Apg 12,17 mit 1,13f). Ob die syr.

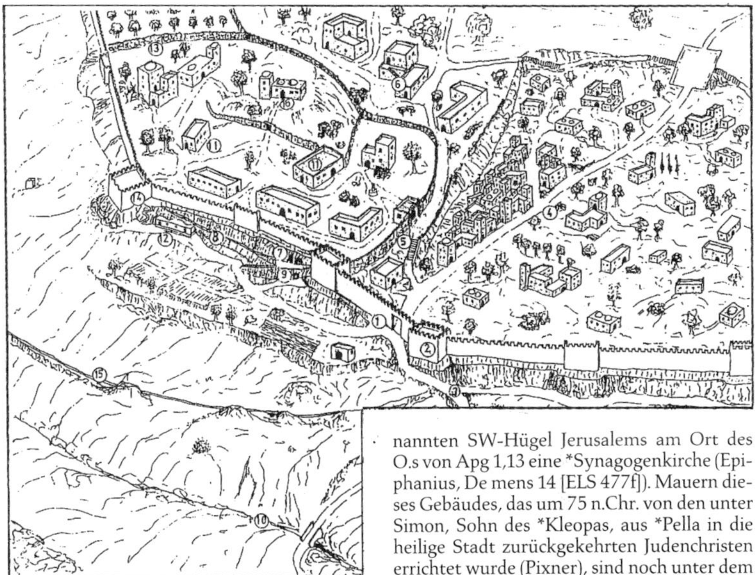

Versuch einer Rekonstruktion der SW-Ecke Jerusalems zur Zeit Jesu

1 Essener-Tor
2 SW-Turm der Stadtmauer
3 Weg nach Bethlehem und entlang der S-Mauer
4 Straße vom Essener-Tor zum Stadtzentrum
5 Eingangstor zum essenischen Klosterdistrikt (»machaneh«)
6 Abendmahlssaal (vgl. Mk 14,12–16)
7 Ritualbäder außerhalb der Mauer (vgl. 5Mo 23,10)
8 Wasserzuleitung zu den Ritualbädern entlang der Felsböschung
9 Bewässerungszisterne für Gartenanlagen
10 Hinnom-Tal (Gehenna)
11 Ritualbad innerhalb des Klosterbereichs
12 Bethso (Essener-Latrinen; vgl. 5Mo 23,12–14)
13 Mauer um Klostergelände; dahinter Gartenanlage des Herodianischen Palastes (Zitadelle)
14 Eckturm
15 Wasserkanal des Pontius Pilatus (?)
16 Tel Kochlit

Markus-Kirche nahe dem Lutherischen Hospiz, an deren Stelle auch schon Kirchen der Byzantiner und Kreuzfahrer standen (E. Hoade, Guide to the Holy Land, [10]1979, 364-366), eine zuverlässige Ortsüberlieferung bewahrt hat, ist schwer zu sagen.

3. Abendsmahls-Saal und Urgemeinde-Zentrum.

Schon 130 n.Chr. bestand auf dem mindestens seit Beginn des 2.Jh. n.Chr. *Zion genannten SW-Hügel Jerusalems am Ort des O.s von Apg 1,13 eine *Synagogenkirche (Epiphanius, De mens 14 [ELS 477f]). Mauern dieses Gebäudes, das um 75 n.Chr. von den unter Simon, Sohn des *Kleopas, aus *Pella in die heilige Stadt zurückgekehrten Judenchristen errichtet wurde (Pixner), sind noch unter dem traditionellen Abendmahls-Saal (Kreuzfahrer-Zeit) im sog. Davidsgrab (*Königsgräber) erhalten (Kroll 315-319). Eine auf *Golgatha (und also nicht wie bei späteren Kirchen nach O) ausgerichtete Apsis (hier eine Tora-Nische) und Graffiti zeigen den judenchristl. Charakter des Gebäudes (Bagatti, 118-120). Am Ende des 4.Jh. wurde, wie auch das berühmte *Medeba-Mosaik (6. Jh.) zeigt, unmittelbar neben der judenchristl. Synagoge eine byzantin. Kirche erbaut (Kroll 338). Diese Hagia-Sion-Basilika hatte Nachfolgerinnen in der Kreuzfahrer-Kirche St. Maria in Monte Sion und der heutigen Dormitio-Abtei deutscher Benediktiner. Die Ortsüberlieferung vom ersten Versammlungsort der Urgemeinde darf damit als gesichert gelten. Damit werden auch Nachrichten aus Apokryphen (ELS 737-739) bedenkenswert, *Maria, die Mutter des Herrn, sei auf dem Zion gestorben (daher lat. *dormitio* von griech. *koimesis*) und dann nahe *Gethsemane bestattet worden. Am Ort des O.s könnte man sich auch das *Apostelkonzil (Apg 15,4ff) und den Besuch des *Paulus bei Jakobus (Apg 21,18-25) vorstellen.

Unbestreitbar bezeugt ist die Feier des letzten Abendmahls Jesu an derselben Stelle des Zion seit dem Beginn des 5. Jh. (ELS 479ff). Das vorherige Schweigen der Quellen ist vor allem auf eine bewußte Unterdrückung judenchristl. Traditionen durch die heidenchristl. Großkirche zurückzuführen. Andeutungen einer Herrenmahlsüberlieferung auf dem Zion finden sich schon am Beginn des 4.Jh. bei Eusebius (DemEv I 4 [ELS 473f]) und in der ersten Hälfte des 3.Jh. bei Origenes (In Mt 26,27 [PG 13,1737]). Daß auch die Ortstradition des Abendmahls-Saals ernstzunehmen ist, zeigt sich weiter daran, daß nie eine wirkliche Konkurrenz-Überlieferung gebildet wurde. Eine zusätzliche Unterstützung können neue archäologische Erkenntnisse bieten. Schon früher wurde die Ansicht vertreten, das von Josephus (bell.Jud. V 145) genannte »Tor der Essener« (O. Michel-O. Bauernfeind, Flavius Josephus: De Bello Judaico II/1, 1963, 246) habe seinen Namen nach einer in der Nähe gelegenen Siedlung dieser jüd. Sondergruppe (L.H. Vincent, M.A. Stève, Jérusalem de l'Ancien Testament I, 1954, 65; H. Kosmala, BHH II, 1964, 846 u.a.) erhalten. 1979ff wurde dieses in der SW-Ecke der hasmonäischen Stadtmauer liegende frühherodianische Tor ausgegraben (B. Pixner, D. Chen, S. Margalit, ZDPV 105, 1989). Die erhaltenen Teile machen es zum ersten Mal möglich, von einem Tor des ntl. Jerusalem eine Rekonstruktionszeichnung anzufertigen. Das Tor wurde offenbar eigens von *Herodes dem Großen angelegt, als er bei Beginn seiner Regierung (seit 39 v.Chr.) einem Teil der von ihm geschätzten *Essener die Ansiedlung in der heiligen Stadt erlaubte. Auf ein essenisches Viertel im Areal nordwestl. des Tores weisen Ritualbäder inner- und vor allem auch außerhalb (vgl. 1QM 7,6f aufgrund von 5Mo 23,13-15) der Mauer sowie einige Schatzverstecke der Kupferrolle (3Q15 1,1-4,5) aus *Qumran (B. Pixner, RQ 11, 1983, 342-347). Bei dem von Josephus in unmittelbarem Zusammenhang mit dem Tor genannten *Bethsō* dürfte es sich um eine spezielle Sanitäreinrichtung der Essener handeln, die auch in der Tempelrolle erwähnt wird (11QMiqd 46, 13-16). Für die Anlage eines Jerusalemer Essenerquartiers unter Herodes dem Großen spricht weiter, daß während seiner ganzen Regierungszeit das klösterliche Zentrum in Qumran zerstört und unbewohnt blieb.

Abendmahlssaal bzw. Obergemach lagen in unmittelbarer Nähe dieses Essenerviertels. Es wurde deshalb erneut erwogen, ob Jesus das letzte *Passa-Mahl nach dem essenischen Sonnenkalender in der Nacht von Dienstag auf Mittwoch feierte (R. Ruckstuhl, BiKi 40, 1985, 77-83; SNTU 10, 1985, 27-61; 11, 1986, 97-129). Weiter scheint möglich, daß sich viele Angehörige des Essenerviertels zum neuen Messiasglauben bekehrten (vgl. Apg 2,5ff; 6,7). Das könnte erklären, warum sich in der frühchristl. Liturgie und Kirchenordnung auch eine Reihe von Elementen finden, die eher an den Essenismus als an das synagogale Judentum denken lassen wie Bischofsamt, Ehelosigkeit, Gebetszeiten, Losverfahren (nach Apg 1,15-26 wohl im O.), Sonnenkalender und vor allem die anfängliche *Gütergemeinschaft (B.J. Capper, JSNT 19, 1983, 117-131; RQ 12, 1986, 223-236).Manche bekehrten Essener schlossen sich anscheinend der tempelkritischen *Stephanus-Richtung an, während andere zu sehr ihrer Herkunft verhaftet blieben und für nomistische und spekulative (vgl. z.B. Kol 2,9ff; Hebr 1,4ff) Irrlehren anfällig waren (J. Daniélou, Qumran und der Ursprung des Christentums, 1958, 115-127). Besonders die späteren häretischen Ebioniten, die vor allem im nördl. Transjordanien ansässig waren (*Betanien II), zeigen Beziehungen zum Essenismus. Die Anschauungen des Koran über Jesus gehen letztlich auf die Berührung Mohammeds mit ebionitischen Restgruppen am Rand der arab. Wüste zurück.

Literatur: W. Baier, BL, [3]1982, 299f; B. Bagatti: The Church from the Circumcision, 1971, 116-122; W. Bühlmann: Wie Jesus lebte, 1987, 108-110; G. Dalman: Orte und Wege Jesu, [4]1967, 331-338; C. Kopp: Die heiligen Stätten der Evangelien, [2]1964, 376-387; G. Kroll: Auf den Spuren Jesu, [10]1988, 312-319; O. Michel: Das Zeugnis des NT von der Gemeinde, [2]1983, 116-126; R. Pesch: Die Apostelgeschichte I, 1986, 77-81; B. Pixner: HlL 111/2-3 (1979) 3-13; 113/2-3 (1981) 3-14; in: FS L. Klein, 1986, 65-76; ZDPV 105 (1989); R. Riesner: Formen gemeinsamen Lebens im NT, [2]1984, 26-35; BiKi 40 (1985) 64-76; ZDPV 105 (1989); ANRW II 26/4 (1989); L.H. Vincent, F.M. Abel: Jérusalem Nouvelle II, 1922, 421-481. R.R.

OBERSTER, OBERSTE. Übersetzung verschiedener hebr. und griech. Wörter.

1. O. steht allg. für den, der in einer bestimmten Ordnung an erster Stelle steht: den König (d.h. den röm. Kaiser; 1Petr 2,13), den Richter *Jeftah (Ri 11,11), Daniel als den Leiter der Weisen in Babylon (Dan 2,48; 4,6), den Erstgeborenen unter seinen Brüdern (1Mo 49,3f), ebenso den Höchsten der bösen Geister (Mt 12,24).

2. Im Zusammenhang mit der Geschlechter- und Stammesgliederung Israels sind die O. des Volkes (2Mo 22,27; 4Mo 25,4; Hiob 12,24, Neh 11,1) oder der Sippen (2Chr 1,2; Esr 1,5; Neh 7,70) die leitenden Männer (vgl. *Haupt, *Fürst). Die O. oder Vorsteher der Gemeinde sind offenbar die Stammesfürsten (2Mo 16,22; 34,31; Jos 9,15). Weiter werden O. der Leviten (1Chr 15,16; Neh 11,16) und O. der Stadt Jerusalem genannt (2Chr 29,20).

3. In ntl. Zeit sind mit »Obersten« meist die Mitglieder des Hohen Rates (Sanhedrin) gemeint (Lk 18,18; 23,35; 24,20; Joh 3,1; 7,48; 12,42).

4. Auch verschiedene Offiziersränge werden als O. bezeichnet, so die israelit. Hauptleute über 1000 und 100 (2Kön 11,4.9; 2Chr 1,2) und die Befehlshaber der Wagentruppe (1Kön 16,9; 22,31f). Vgl. *Hauptmann.

5. Ebenso werden im NT verschiedene Titel der höchsten Beamten in den Städten *Philippi (Apg 16,19; vgl. *Hauptmann), *Thessalonich (Apg 17,8), in der Provinz Asien (Apg 19,31) mit O. wiedergegeben. Weiter ist vom O. der Zöllner in Jericho die Rede (Lk 19,2).

OBOT. Station des *Wüstenzuges zwischen Punon und Ije-Abarim (*Ijim; 4Mo 21,10.11; 33,43.44). Vermutlich die heutige Oase Ain el-Weibe (neuhebr. Ein Yahav), rund 30 km westl. von Feinan (*Punon).

OBRIGKEIT s. Macht, Gewalt, Obrigkeit

ODED.

1. Vater des Propheten *Asarja (2Chr 15,1), der z.Zt. *Asas im Namen Gottes wirkte (2Chr 15,2ff).

2. Ein Prophet aus Samaria (2Chr 28,9-15), der dem siegreichen Heer des Nordreiches entgegentrat, als dieses mit einer Anzahl Gefangener aus Juda zurückkehrten. Er veranlaßte, daß die Gefangenen zurückgebracht wurden; seine Fürsprache unterstützten einige Sippenoberhäupter aus Ephraim. M.A.M.

OFEL. (Hebr. *ʿōphäl,* »Anschwellung«). Ein O. wird nicht nur für *Jerusalem, sondern auch für *Samaria (2Kön 5,24) und *Dibon (*Mescha-Stele, Z. 22) erwähnt. Es handelt sich deshalb nicht um einen eigentlichen Ortsnamen, sondern vielmehr um einen Spezialausdruck für einen Teil der Stadtbefestigung (vgl. Jes 32,14). Wahrscheinlich war der O. von Jerusalem der erhöhte Ort des kanaan. und später davidischen Königspalasts, der am äußersten N-Ende der Davidsstadt (SO-Hügel) zu suchen ist. Da der SO-Hügel *Zion hieß, kann man in O. nicht den Namen für diese ganze Anhöhe sehen (so z.B. Vincent). Wohl in salomonischer Zeit errichtete man auf dem O. eine mächtige Treppenplattform (*Millo). Die Könige *Jotam (742-735 v.Chr.) und *Manasse (687-642 v.Chr.) verstärkten am O. die Mauern (2Chr 27,3; 33,14). Zur Zeit *Nehemias (Neh 3,26f [Wohnort der Tempelknechte] vgl. 11,21) und des NT (Jos.bell.Jud. V, 145 [griech. *ophlas*]) war O. die Bezeichnung einer Gegend südl. des Tempelbergs. Die hier vorgeschlagene, archäologisch gestützte Deutung kann die Prophetie Mi 4,8 verständlich machen: »Zu dir, Herdenturm, Ofel der Tochter Zion, soll zurückkehren die frühere Herrschaft, das Königtum über das Haus Israel.« Der auf dem O. stehende Davidspalast bewachte Jerusalem wie ein Herdenturm. Von ihm aus beginnt die Herrschaft des endzeitlichen Davididen (*Hirte). Schon die jüd. Erwartung verlegte dann die Erfüllung dieser Weissagung in die Gegend bei *Bethlehem (*Migdal Eder). Vielleicht trug der Herrenbruder *Jakobus, der nicht weit vom O. als Märtyrer starb, seine Ehrenbezeichnung Oblias (Eus.h.e. II. 23,7) in Anspielung auf die Micha-Prophetie (B. Pixner, HlL 111/2-3, 1979, 9f).

Literatur: G. Dalman: Jerusalem und sein Gelände, 1930, 123-130; B. Mazar: Der Berg des Herrn, 1979, 155-158; H. Shanks: BARev 11/6, 1985, 27-30; J. Simons: Jerusalem in the Old Testament, 1952, 60-68; L.H. Vincent: Jérusalem antique, 1912, 142-170.
R.R.

OFEN.

1. Im technischen Sinn.

a. Mit dem glühenden Ofen (5Mo 4,20; 1Kön 8,51) ist ein Hochofen zur Metallgewinnung aus Eisenerz gemeint. Dan 3,21.23 scheint auf eine obere Einfüllöffnung, V. 26 auf eine untere Öffnung zur Entnahme des Metalls zu weisen.

b. Schmelzöfen zur Reinigung und Weiterverarbeitung von Gold, Silber, Kupfer, Eisen, Blei und Zinn (Spr 17,3; Hes 22,20; Offb 1,15).

c. Zum Backofen s. *Brot (Bd. 1, Abb. S. 214).

d. Ziegelöfen zum Brennen von Lehmziegeln (die man allerdings meist nur in der Sonne trocknen ließ) werden 2Sam 12,31; Nah 3,14 erwähnt. Zu Brennöfen für Tongefäße vgl. *Töpferei/-waren.

2. In übertragener Bedeutung.

Wie Öfen zum Vollzug der Todesstrafe benutzt wurden (Dan 3; vgl. Jer 29,22), so dient vor allem der Schmelzofen vielfach auch als Bild für Knechtschaft (5Mo 4,20; 1Kön 8,51), Prüfungszeiten (Jes 48,10; vgl. Jer 9,6) und den Tag des Herrn (Mal 3,19; vgl. V 3).

OFFENBARUNG.

I. DER BEGRIFF DER OFFENBARUNG.

Dem deutschen Wort »offenbaren« entspricht das hebr. *gālāh* und das griech. *apokalyptō* (Substantiv *apokalypsis*). Beide Begriffe drücken denselben Gedanken aus: die Entschleierung von etwas Verborgenem, so daß gesehen und erkannt werden kann, was es wirklich ist. Wenn die Bibel von O. spricht, soll dementsprechend gesagt werden, daß Gott, der Schöpfer, dem Menschen aktiv seine Macht und seinen Ruhm, seine Natur und seinen Charakter, seinen Willen, seine Denkweise und seine Absichten – kurz gesagt, sich selbst – enthüllt, so daß der Mensch ihn erkennen kann. Das Offenbarungsvokabular ist in beiden Testamenten weitgefaßt; mit ihm kann zum Ausdruck gebracht werden, daß unklare Dinge klar werden, Verstecktes ans Licht kommt, Zeichen gezeigt werden, Worte gesprochen werden und diejenigen, die angesprochen sind, dazu gebracht werden, zu sehen, zu hören, wahrzunehmen, zu verstehen und zu erkennen. Von den atl. Worten ist keines ein spezifisch theologischer Begriff – jedes hat seinen weltlichen Gebrauch –, aber im NT werden *apokalyptō* und *apokalypsis* nur im theologischen Zusammenhang verwendet, und ihr normaler weltlicher Gebrauch taucht nicht auf, selbst wo man ihn erwarten würde (vgl. 2Kor 3,13ff). Dies legt nahe, daß beide Begriffe für die Verfasser des NT nahezu *termini technici* waren. Andere Wort im NT, die die Idee der O. ausdrücken, sind *phaneroō*, »sichtbar machen«,; *epaphainō*, »sich zeigen, erscheinen« (Substantiv: *epiphaneia*, »Erscheinung«), *deiknuo*, »zeigen, beweisen«; *exegeomai*, »auseinandersetzen, erzählen, beschreiben«; (vgl. Joh 1,18); *chrēmatizō*, »eine Weisung erteilen« (im weltlichen Griech. für göttliche Orakel benutzt, vgl. Arndt, MM; Substantiv *chrēmatismos*, »Gottesspruch«, Röm 11,4).

Im Hinblick auf ihren Inhalt ist göttliche O. sowohl indikativisch als auch imperativisch und in jeder Hinsicht normativ. Gottes O.en stehen immer im Zusammenhang mit einem Aufruf zu Vertrauen und Gehorsam gegenüber dem, was offenbart wird – d.h. einer Antwort, die völlig von dem Inhalt der O. selbst bestimmt wird. Anders ausgedrückt: Gottes O. kommt zum Menschen nicht als eine Information ohne Verpflichtung, sondern als eine verpflichtende Regel des Glaubens und des Lebens. Das Leben des Menschen darf weder von privaten Launen und Einfällen bestimmt sein noch von Vermutungen über göttliche Dinge, die nicht offenbart sind, sondern vom ehrfurchtsvollen Glauben an nicht mehr und nicht weniger als das, was Gott ihm offenbart hat; das führt zu gewissenhafter Befolgung all der Gebote, die in der O. enthalten sind (5Mo 29,28). O. hat zwei Brennpunkte: Gottes Ziele und Gottes Wesen.

1. Einerseits vermittelt Gott den Menschen Kenntnis über sich selbst – wer er ist, was er getan hat, tut und tun wird, und was er von ihnen fordert. So zog er *Noah, *Abraham und *Mose ins Vertrauen, sagte ihnen, was er geplant hatte und welches ihre Aufgabe in seinem Plan sein sollte (1Mo 6,13-21; 12,1ff; 15,13-21; 17,15-21; 18,17ff; 2Mo 3,7-22). Ferner verkündete er Israel die Gesetze und Verheißungen seines *Bundes (2Mo 20-23; 5Mo 4,13f; 28; Ps 78,5ff; 147,19). Er enthüllte seine Absichten den Propheten (Am 3,7). Christus tat seinen Jüngern »alles« kund, »was ich von meinem Vater gehört habe« (Joh 15,15), und versprach ihnen den Heiligen Geist, der sein Werk der Jünger-Unterweisung vollenden sollte (Joh 16,12ff). Gott offenbarte *Paulus das »Geheimnis« seines ewigen Ratschlusses in Christus (Eph 1,9ff; 3,3-11). Christus offenbarte Johannes, »was in Kürze geschehen soll« (Offb 1,1). Da das Evangelium Gottes eigene genaue Enthüllung seines Rettungswillens und -werkes ist, nannte es Paulus »die Wahrheit« im Gegensatz zu Irrtum und Lüge (2Thess 2,11-13; 2Tim 2,18 u.ö.). Daher also der Gebrauch des Begriffes »geoffenbarte Wahrheit« in der christl. Theologie, um anzuzeigen, was Gott den Menschen über sich selbst gesagt hat.

2. Auf der anderen Seite konfrontiert Gott die Menschen auch mit sich selbst, wenn er ihnen sein Wort sendet. Die Bibel faßt O. nicht als einfache Weitergabe von göttlich garantierten Informationen auf, sondern als Gottes persönliches Kommen zu einzelnen Menschen, um sich ihnen bekannt zu machen (vgl. 1Mo 35,7; 2Mo 6,3; 4Mo 12,6-8; Gal 1,15f). Das ergibt sich aus den Theophanien des AT (vgl. 2Mo 3,2ff; 19,11-20; Hes 1 u.ö.) und aus der Rolle, die jener rätselhafte »Engel (Bote) des Herrn« spielt, der ganz offensichtlich eine Manifestation Jahwes selbst ist (vgl. 1Mo 16,10; 2Mo 3,2ff; Ri 13,9-23): Gott ist nicht nur Urheber und Inhalt seiner Botschaften an die Menschen, sondern auch sein eigener Botschafter. Wenn ein Mensch Gottes Wort begegnet – wie unerwartet oder zufällig diese Begegnung auch erscheinen mag – dann begegnet Gott diesem Menschen, spricht ihn persönlich an und erwartet eine persönliche Antwort, die an ihn als Urheber gerichtet ist.

Im allg. verstanden die älteren protestantischen Theologen die O. allein als Gottes Mitteilung von Wahrheiten über sich selbst. Sie wußten natürlich, daß Gott die bibl. Geschichte gestaltete und daß er jetzt die Menschen erleuchtet, damit sie die bibl. Botschaft annehmen, aber sie behandelten ersteres unter der Überschrift »Vorsehung« und letzteres unter der Überschrift »Erleuchtung«; formal bezogen sie ihre Auffassung von O. auf keines von beiden. Der Brennpunkt ihrer Offenbarungslehre war die Bibel; sie betrachteten die heilige Schrift als geoffenbarte Wahrheit in schriftlicher Form und O. als das göttliche Werk, das zu ihrer Entstehung führte. Sie bezogen O. auf *Inspiration, indem sie O. als Gottes Mitteilung einer sonst unzugänglichen Wahrheit über sich selbst an die bibl. Schreiber definierten, und Inspiration als seine Befähigung, daß sie alles wahrheitsgemäß, seinem Willen entsprechend niederschreiben konnten. (Diese Formulierung wurzelt offensichtlich im Buch Daniel: vgl. Dan 2,19.22.28ff.47; 7,1; 10,1; 12,4.). Viele moderne Theologen stellen sich aufgrund einer angeblichen Notwendigkeit, die Vorstellung von der Schrift als geoffenbarter Wahrheit aufzugeben, gegen diese Lehre und sprechen von der O. einzig und allein als Gottes Lenkung der bibl. Geschichte und davon, daß der Einzelne von Gott auf seine Gegenwart, Aktivität und Ansprüche aufmerksam gemacht werde. Der Brennpunkt der Offenbarungslehre wird also auf die *Heilsgeschichte, die in der Bibel aufgezeichnet ist, verschoben. Damit geht im allgemeinen die Behauptung einher, daß es streng genommen eine von Gott mitgeteilte Wahrheit (»propositionale« oder »Satz-Offenbarung«) nicht der Charakter der O. sei im wesentlichen non-verbal. Aber das hieße, daß die bibl. Vorstellung eines *sprechenden* Gottes (die allgemeinste und fundamentalste Offenbarungshandlung, die die Schrift ihm zuschreibt) nur eine irreführende Metapher wäre; doch das leuchtet nicht ein. Auf dieser Grundlage wird weiter vertreten, daß die Bibel streng genommen keine O. sei, sondern menschliche Antwort auf O. Dies dürfte jedoch unbiblisch sein, da das NT Aussagen des AT - prophetische, poetische, gesetzliche, hinstorische, feststellende und ermahnende – einheitlich als maßgebliche Äußerungen Gottes zitiert (vgl. Mt 19,4f; Apg 4,25f; Hebr 1,5ff; 3,7ff u.ö.). Die bibl. Ansicht ist die, daß Gott sich sowohl in Werken als auch in Worten offenbart: zunächst, indem er die Heilsgeschichte gestaltete, sodann, indem er einen schriftlichen Bericht zur Deutung dieser Geschichte inspirierte, damit spätere Generationen unterwiesen werden zur Seligkeit (vgl. 2Tim 3,15ff; 1Kor 10,11; Röm 15,4) und schließlich, indem er Menschen aller Zeiten dazu erleuchtet, die Bedeutung der so gegebenen und aufgezeichneten O. zu erkennen und ihre Autorität anzuerkennen (vgl. Mt 16,17; 2Kor 4,6). Die beiden Offenbarungsverständnisse, die oben einander gegenüber gestellt wurden, sind daher in dem, was sie positiv vertreten, eher komplementär als einander widersprechend; sie müssen miteinander verbunden werden, um das bibl. Konzept von O. vollständig zu erfassen.

II. DIE NOTWENDIGKEIT DER OFFENBARUNG.

Die Bibel setzt durchweg voraus, daß Gott sich erst offenbaren muß, wenn der Mensch ihn erkennen soll. Der aristotelische Gedanke eines untätigen Gottes, den der Mensch erkennen kann, indem er eine Schlußfolgerung durchführt, ist unbiblisch. Eine Offenbarungsinitiative ist notwendig, erstens, weil Gott überweltlich ist. Er ist in seiner Seinsweise so weit vom Menschen entfernt, daß der Mensch ihn weder sehen (Joh 1,18; 1Tim 6,16; vgl. 2Mo 33,20), noch durch Suche finden (vgl. Hiob 11,7; 23,3-9) und auch seine Gedanken nicht durch scharfsinnige Vermutungen lesen kann (Jes 55,8f). Selbst wenn der Mensch nicht gesündigt hätte, hätte er deshalb Gott nicht ohne O. erkennen können. Wir lesen in der Tat, daß Gott zu dem noch nicht gefallenen Adam im Garten Eden sprach (1Mo 2,16). Es gibt jetzt jedoch noch einen zweiten Grund, warum das Wissen des Menschen von Gott abhängen muß, von Gottes Offenbarungsinitiative. Der Mensch ist sündig. Seine Wahrnehmungskraft im Bereich göttlicher Dinge wurde vom *Satan (2Kor 4,4) und der *Sünde (vgl. 1Kor 2,14) so geschwächt, und sein Geist ist so von seiner eigenen eingebildeten »Weisheit«, die der wahren Gotteserkenntnis entgegensteht, eingenommen (Röm 1,21ff; 1Kor 1,21), daß es über seine natürlichen Kräfte hinausgeht, Gott zu begreifen, wie auch immer er ihm erscheint. Nach Paulus erscheint Gott ständig jedem Menschen durch seine Werke in Schöpfung und Vorsehung (Röm 1,19ff; Apg 14.17; vgl. Ps 19,1ff) und durch die spontanen Regungen des natürlichen Gewissens (Röm 2,12-15; vgl. 1,32); trotzdem wird er nicht erkannt oder verstanden. Der Druck dieser ständigen Selbstoffenbarung von Gottes Seite her bringt Götzendienst hervor – der gefallene Sinn versucht in seiner Perversität, das Licht zu löschen, indem er es in Dunkelheit verwandelt (Röm 1,23ff; vgl. Joh 1,5) –, aber er führt nicht zu Gotteserkenntnis oder zu einem gottesfürchtigen Leben. Gottes »allgemeine O.« (wie sie meistenes genannt wird) seiner Ewigkeit, Macht und Herrlichkeit (Röm 1,20; vgl. Ps 19,2), seine Güte den Menschen gegenüber (Apg 14,17), sein moralisches Gesetz (Röm 2,12ff), sein Anspruch auf Anbetung und Gehorsam (Röm 1,21) und sein Zorn gegen die Sünde (Röm 1,18.32) führen also nur dazu, daß die Menschen »keine Entschuldigung haben« für ihr »gottloses Wesen und ihre Ungerechtigkeit« (Röm 1,18-20). Dies zeigt, daß die Notwendigkeit von O. für den gefallenen Menschen in zweifacher Hinsicht über diejenige Adams hinausgeht. Erstens braucht er eine O. Gottes als des Erlösers und Wiederherstellers, als jemand, der den Sündern gnädig ist. Gottes O. durch Schöpfung und *Gewissen spricht von *Gesetz und *Gericht (Röm 2.14f; 1,32), aber nicht von *Vergebung. Vorausgesetzt - zweitens –, daß Gott eine solche O. gewährt (die Bibel ist eine einzige lange Verkündigung, daß dies tatsächlich der Fall ist), braucht der gefallene Mensch immer noch eine geistliche Erleuchtung, bevor er sie begreifen kann; sonst wird er sie verfälschen, so wie er die natürliche O. verfälscht hat. Die Juden hatten im AT eine O. der Gnade, die sie auf Christus hinwies, aber vor dem Herzen der meisten hing eine Decke, die sie daran hinderte, diese O. zu verstehen (2Kor 3,14ff); so wurden sie Opfer eines legalistischen Mißverständnisses der O. (Röm 9,31-10,4). Selbst Paulus, der auf diese Tatsachen aufmerksam macht, hat das christl. *Evangelium schon vor seiner Bekehrung gekannt – und versuchte doch, es auszumerzen. Erst als »es Gott wohlgefiel . . ., daß er seinen Sohn offenbarte in mir« – *in*, d.h. durch innere Erleuchtung –, erkannte Paulus es als das Wort Gottes. Die Notwendigkeit göttlicher Erleuchtung, die dem Einzelnen die Wirklichkeit, Autorität und Bedeutung der objektiv gewährten O. zeigt und ihr Leben damit in Übereinstimmung bringt, wird schon im AT gelegentlich angedeutet (Ps 119,12.27 u.ö.; Jer 31,33f); im NT wird sie besonders von Paulus betont sowie in der Lehre Christi (Mt 11,25; 13,11-17; Joh 3,3ff; 6,44f.63ff; 8,43-47; 10,26ff; vgl. 12,37ff).

III. DER INHALT DER OFFENBARUNG.

1. Das Alte Testament.

Grundlage und Rahmen der rel. Einstellung Israels war der Bund, den Gott zwischen sich und Abrahams Samen verkündete (1Mo 17,1ff). Ein *Bund ist eine klar umrissene Beziehung von Verheißung und Verpflichtung, die zwei Parteien aneinander bindet. Dieser Bund war eine königliche Verfügung, durch die Gott sich Abraham und seinen Nachkommen gegenüber als *ihr* Gott verpflichtete und ihnen so das Recht gab, ihn als *unseren* bzw. *meinen* Gott anzurufen.

Die Tatsache, daß Gott Israel seinen Namen Jahwe bekannt gab (2Mo 3,11-15; 6,2ff; zur Auslegung vgl. J.A. Motyer, The Revelation of the Divine Name, 1960), bezeugt diese Beziehung. Der »Name« steht für all das, was eine Person ist; daß Gott den Israeliten seinen Namen nannte, war ein Zeichen, daß er sich so wie er war, in all seiner Kraft und Herrlichkeit, ihrem Wohlergehen verpflichtete. Das Ziel seiner Beziehung zu Israel war die Vervollkommnung der Beziehung selbst: d.h., daß Gott Abrahams Samen mit der Fülle seiner Gaben segnete, und daß Abrahams Samen auf vollkommene Weise, durch vollkommenen Gottesdienst und Gehorsam, Gott segnen sollte. Daher offenbarte sich Gott auch weiterhin der Bundesgemeinde durch seine Worte in Gesetz und Verheißung und durch seine Erlösungstaten als Herr der Geschichte für die Verwirklichung dieser Bundeseschatologie. Den königlichen Charakter seines Bundes machte Gott noch klarer am Sinai: dort wurde er, nachdem er seine Rettermacht beim *Auszug aus Ägypten dramatisch gezeigt hatte, formell als Israels Herrscher anerkannt (2Mo 19,3-8; 5Mo 33,4f). Durch Mose, das Urbild eines Propheten (vgl. 5Mo 18,15), verkündigte er die Bundesgesetze und machte klar, daß Gehorsam ihm gegenüber Voraussetzung für den Genuß des Bundessegens war (2Mo 19,5; vgl. 3Mo 26,3ff; 5Mo 28). Diese Gesetze wurden niedergeschrieben – die Zehn Gebote zuerst von Gott selbst (2Mo 34,27f; 5Mo 31,9ff.24ff; vgl. 2Mo 24,7). Es ist bemerkenswert, daß Gott später durch *Hosea von der ganzen Niederschrift des Gesetzes als von seinem Werk spricht, obwohl die Überlieferung einstimmig der Meinung ist, daß es Mose war (Hos 8,12); dies ist eine der Wurzeln der bibl. *Inspirationslehre. Das Gesetz galt, nachdem es einmal niedergeschrieben war, als definitive und stets gültige Enthüllung des Willens Gottes für sein Volk, und die Priester wurden dauerhaft dafür verantwortlich gemacht, es zu lehren (5Mo 31,9ff; vgl. Neh 8,1ff; Hag 2,11f; Mal 2,7f).

Gott verbot Israel den Gebrauch von Zauberei und Wahrsagung bei alltäglichen Entscheidungen, wie es bei den Kanaanitern gebräuchlich war (5Mo 18,9ff); sein Volk sollte nur von ihm Führung erbitten (Jes 8,19). Er versprach ihnen Propheten, Männer, in deren Mund er seine eigenen Worte legen würde (5Mo 18,18; vgl. Jer 1,9; 5,4.14; Hes 2,7-3,11; 4Mo 22,35.38; 23,5), damit sie seinem Volk die regelmäßige Führung gäben, die es brauchte (5Mo 18,15ff). Propheten erfüllten in Israel ein wichtiges Amt. Die großen Propheten sprachen auf Jahwes Gebot hin Gottes Wort und interpretierten sein Denken für die Könige und das Volk; sie erläuterten sein Gesetz und wandten es an, baten in seinem Namen zur Buße und drohten Gericht an. Sie erklärten, was Gott sowohl im Gericht als auch zur Erfüllung der Bundeseschatologie tun würde, nämlich daß sein Reich kommen würde, nachdem das Gericht vorüber war. Möglicherweise hatten Propheten auch im Kult eine Aufgabe als Seher, um einzelnen, die bestimmte Fragen nach Führung und nach der Zukunft stellten, Antworten von Gott zu geben (vgl. 1Sam 9,6ff; 28,6-20; 1Kön 22,5ff; s. A.R. Johnson, The Cultic Prophet in Ancient Israel, 1944). Ein weiteres Mittel der Führung im vorexilischen Israel war das heilige Los, *Urim und Tummin, das von den Priestern gehandhabt wurde (5Mo 33,8ff; vgl. 1Sam 14,36-42; 28,6). Gott wohlgefällige Lebensführung brachten auch die Sprüche der »Weisen« zum Ausdruck, deren Weisheit als gottgegeben angesehen wurde (vgl. Spr 1,20; 8). Zusätzlich zu diesen Einrichtungen verbaler oder quasi-verbaler Kommunikation mit Gott kannte Israel bestimmte Manifestationen Gottes durch Theophanien und Erfahrungen, die die Nähe Gottes anzeigten: die »Herrlichkeit« (vgl. 2Mo 16,10; 40,34, 4Mo 16,19; 1Kön 8,10f; Hes 1 u.ö.), das Gewitter (Ps 18,6-16; 29), das Schauen seines »Angesichts« und das freudige Bewußtsein seiner »Gegenwart«, nach der sich gläubige Beter ausstreckten (Ps 11,7; 16,11; 17,15; 51,11f).

Atl. Gottesoffenbarung betont besonders:

a. Gottes Einzigartigkeit als Schöpfer und Herr aller Dinge;

b. seine *Heiligkeit, d.h. die Vereinigung ehrfurchtgebietender Eigenschaften, die ihn von den Menschen unterscheiden – Majestät und Größe und Kraft auf der einen Seite, Reinheit, Gerechtigkeitsliebe und Haß gegen Sünden auf der anderen;

c. seine Bundestreue, Geduld und Gnade sowie seine Treue zu den eigenen Gnadenabsichten gegenüber dem Bundesvolk.

2. Neues Testament.

Im NT sind Jesus Christus und die *Apostel Organe neuer O., Moses und den Propheten im AT entsprechend. Die atl. Bundeseschatologie erfüllt sich im Reich Christi und in der christlichen Herrlichkeitshoffnung. Der eine Gott des AT wird als Dreieinigkeit (Trinität) offenbart, im Kommen Christi zunächst und dann des heiligen Geistes und in der Enthüllung des göttlichen Erlösungszieles, auf das hin alle drei Personen der Gottheit zusammenwirken (vgl. Eph 1,3-14; Röm 8). Zwei Ereignisse, die Gottes Plan für die Menschheitsgeschichte zu ihrem Höhepunkt bringen werden, werden als noch ausstehende Offenbarungsakte bezeichnet (das Erscheinen des Antichristen, 2Thess 2,3.6.8. und Christi, 1Kor 1,7; 2Thess 1,7-10; 1Petr 1,7.13). Das NT nimmt in Anspruch, daß die O. des AT um zwei Hauptlinien erweitert wurde.

a. Die Offenbarung Gottes in Christus.

Das NT verkündet, daß »Gott . . . in diesen letzten Tagen zu uns geredet hat durch seinen Sohn« (Hebr 1,2). Dies ist die krönende und endgültige O. Gottes, sein letztes Wort an die Menschen. Durch seine Worte und Werke und durch den Gesamtcharakter seines Lebens und Dienstes offenbarte Jesus Christus Gott in vollkommener Weise (Joh 1,18; 14,7-11). Sein persönliches Leben war eine vollendete O. des Charakters Gottes, denn der Sohn ist das Ebenbild Gottes (2Kor 4,4; Kol 1,15; Hebr. 1,3), sein fleischgewordener *logos* /das »Wort«, das seinen Geist ausdrückte (Joh 1,1ff), in dem die ganze Fülle der Gottheit wohnte (Kol 1,19; 2,9). Gleichermaßen offenbarte sein messianisches Werk in vollkommener Weise die Heilsabsichten Gottes; denn Christus ist Gottes Weisheit (1Kor 1,24), durch den als Mittler (1Tim 2,5) alle Heilsabsichten Gottes in die Tat umgesetzt werden und alle Weisheit, die der Mensch für seine Erlösung braucht, gefunden werden kann (Kol 2,3; 1 Kor 1,30; 2,6f). Die O. des Vaters durch den Sohn, den die Juden, weil er sich als Sohn bekannte, als Betrüger und Gotteslästerer verdammten, ist ein Hauptthema des Johannesevangeliums.

b. Die Offenbarung von Gottes Plan durch Christus.

Paulus verkündet, daß das »Mysterium« (Geheimnis) des göttlichen »Ratschlusses« zur Rettung der Gemeinde und Wiederherstellung des Kosmos durch Christus jetzt offenbart ist, während es bis zur Zeit der *Inkarnation verborgen war (Röm 16,25f; 1Kor 2,7-10; Eph 1,9ff; 3,3-11; Kol 1,19ff). Er zeigt, wie diese O. den alten Zaun zwischen Juden und Heiden abgebrochen hat (Röm 3,29ff; 9-11; Gal 2,15-3,29; Eph 2,11-3,6), und auf ähnliche Weise zeigt der Autor des Hebräerbriefes, wie sie den alten jüd. Priester-und Opferkult abgeschafft hat (Hebr 7-10).

IV. DIE ART DER OFFENBARUNG.

Aus dem Vorhergehenden wird klar, daß die Bibel O. zuerst und fundamental als verbale Kommunikation versteht – Gottes *tōrāh*, »Lehre, Weisung, Gesetz« oder *debārīm*, »Worte«, im AT und sein *logos* oder *rhēma*, »Wort«, »Rede«, im NT. Der Gedanke, daß Gott sich in seinen Werken offenbart, ist sekundär und hängt in seiner Gültigkeit von der Voraussetzung verbaler O. ab. Denn der Mensch kann aus der Beobachtung von Gottes Geschichtshandeln nur »erkennen, daß er Jahwe ist«, wenn Gott spricht, um klar zu machen, daß es sein Werk ist, und um zu erklären, was es bedeuten soll. Ebenso hätten die Menschen nie erkennen oder ermitteln können, wer und was Jesus von Nazareth war, wenn es Gottes Erklärungen über ihn im AT sowie Jesu Selbstzeugnis nicht gegeben hätte (vgl. Joh 5,37-39; 8, 13-18; s.a. *Inspiration, *Prophetie.)

Literatur: A. Oepke:ThWNT III, 1938, 565-597; C.F.D. Moule: IDB, 4, 54-58; B.B. Warfield: The Inspiration and Authority of the Bible, 1949; W. Lütgert: Schöpfung und Offenbarung, [2]1984, H.H. Rowley: The Faith of Israel, 1956; L. Köhler: Theologie des Alten Testaments, [3]1953; H.W. Robinson: Inspiration and Revelation in the Old Testament, 1946; E.F. Scott: Revelation in the New Testament, 1935; G.C. Berkouwer: General Revelation, 1955. J.I.P.

OFFENBARUNG DES JOHANNES.

Kein anderes bibl. Buch hat im Laufe der Kirchengeschichte eine so unterschiedliche Auslegung erfahren wie die Offenbarung des Johannes (Offb). Kein anderes hat auch so tiefgreifende Wirkungen auf die christl. Gemeinde, aber auch auf Kunst und Kultur und – indirekt – auf die Politik ausgeübt. Angesichts seines Anspruchs, protokollarisches Dokument einer direkten *Offenbarung des erhöhten Jesus Christus an seine Gemeinde zu sein, verpflichtet es jede Generation neu, um sein richtiges Verständnis zu ringen. In unserer Zeit wachsender Lebens- und Zukunftsangst vermag die Offb in einzigartiger Weise der Gemeinde Trost und Hoffnung zu vermitteln, und zwar sowohl durch den Zuspruch der unmittelbaren Nähe ihres Herrn (1,12f) als auch durch die Gewißheit, daß alles Weltgeschehen im Plan und Willen Christi verankert ist (5,6ff), und schließlich durch den Ausblick auf die Neuschöpfung von Himmel und Erde (Kap. 21 und 22).

I. VERFASSERSCHAFT.

Aus dem Text der Offb läßt sich die Verfasserfrage nicht eindeutig klären. Der früheste Hinweis, daß der Verfasser der Zebedäussohn *Johannes sei, stammt von dem Apologeten Justin (Dial.c.Tr. 81,4; ca. 160 n.Chr.). Irenäus von Lyon, Hieronymus u.a. äußern sich ebenso. Seit ca. 250 n.Chr. wurden Zweifel an der Verfasserschaft des Zebedaiden geäußert, zuerst von Bischof Dionysius aus Alexandria. Seine Argumente waren literarkritischer Art. Sprachstil und Vokabular des *Johannesevangeliums und der *Johannesbriefe auf der einen und der Offb auf der anderen Seite seien zu unterschiedlich. Nach Dionysius muß als Verfasser der Offb ein Presbyter Johannes angenommen werden. In der deutschen akademischen Exegese unseres Jahrhunderts haben sich die literarkritischen Hypothesen gegen eine Verfasserschaft des Zebedaiden bzw. gegen eine einheitliche Verfasserschaft der johanneischen Literatur weitgehend durchgesetzt (Ausnahmen: E. Lohmeyer, W. Michaelis, E. Stauffer, W. Hadorn u.a.). Trotzdem sind diese Argumente nicht zwingend. Als Gegen-

Die »sieben Gemeinden in der Provinz Asien« (Offb 1,4–3,22), und die Insel Patmos, auf der Johannes der Überlieferung zufolge die Offenbarung empfing.

argumente lassen sich u.a. sprachliche Übereinstimmungen in der johanneischen Literatur sowie die erstaunliche Verbreitung der Offb in den ersten Jahrhunderten anführen, die nur mit apostol. Autorität des Buches begründet werden kann. Über die Abfassungszeit sagt die Offb nichts. Nach Irenäus soll sie z.Zt. des römischen Kaisers *Domitian (81-96 n.Chr.) geschrieben worden sein.

II. DIE OFFENBARUNG UND DIE APOKALYPTIK.

1. Um das Verhältnis der Offb zur *Apokalyptik bestimmen zu können, müssen zunächst Apokalyptik und Prophetie verglichen werden und dann muß zwischen atl. – also kanonischer – und spätjüd. Apokalyptik unterschieden werden.

Apokalyptik läßt sich grundsätzlich definieren als »Enthüllung von Geheimnissen über den Weltlauf und vor allem über die letzte Zeit und das Weltende« (H. Ringgren in RGG[3] I, 464), bzw. als »Ausblick auf eine Geschichtsvollendung mit allen ihren Begleiterscheinungen« (G. v. Rad, Theologie des Alten Testaments, II, 5., S. 329). Die Schau des Weltlaufs ist gekennzeichnet von Periodisierung und Depravation (Verschlechterung des Ordnungszustandes der Welt), die Darstellungsform steht in der weisheitlichen Tradition: Rätsel und ihre Deutungen wechseln sich ab, der Verfasser apokalyptischen. Schriften gibt sich als »Weiser« zu erkennen (J. Lebram, in TRE III, 1978, S. 192). Die Apokalyptik will nicht missionarisch das Volksganze erreichen, sondern nur den Kreis der Treuen einweihen (A. Pohl, Die Offenbarung des Johannes, 1. Teil, [7]1984, S. 34).

Mit diesen Merkmalen sind schon wesentliche Unterschiede zur atl. Prophetie genannt. In der Prophetie wird Israel in einer bestimmten geschichtlichen Situation gemahnt und getröstet, die Apokalyptik dagegen will während des gesamten geschichtlichen Wegs Einsicht in seine göttliche Planung vermitteln. Die Prophetie spricht in nationalen Kategorien (die Adressaten sind Israel bzw. Israel und die Völker), die Apokalyptik ist global und kosmologisch ausgerichtet. Die Prophetie ist missionarisch, die Apokalyptik esoterisch. Trotz dieser Unterschiede muß man aber nicht wie G.v. Rad einen Gegensatz zwischen Prophetie und Apokalyptik sehen und diesen dann mit der Übernahme »iranischer Wissensstoffe« durch die Apokalyptik erklären (a.a.O., S. 329). Vielmehr kann der Eigenwert der Apokalyptik als Sonderform bibl. Prophetie in einem Sonderzweck gesucht werden, wie es u.a. C.A. Auberlen getan hat (Der Prophet Daniel und die Offenbarung Johannis, S. 71). Nach ihm sind die beiden bibl. Apokalypsen, Daniel (*Daniel, Buch) und Offb »der Gemeinde Gottes als prophetische Leuchten für die offenbarungslosen Zeiten« gegeben, »in welchen sie in der Heiden Hände dahingegeben ist«.

2. Der Unterschied zwischen der atl. Apokalyptik des Daniel und der sog. spätjüd. Apokalyptik, die sich in ca. 20 Apokalypsen bzw. Apokalypsenfragmenten aus der Zeitspanne des 2. Jh. v.Chr. bis zum 1. Jh. n.Chr. niedergeschlagen hat, ist chronologischer und inhaltlicher Art.

Da an der Frühdatierung des Danielbuches (Entstehung im 6.Jh.v.Chr.) mit guten Gründen festgehalten werden kann (vgl. G. Maier: Der Prophet Daniel, S. 34-62), liegt ein beachtlicher Abstand zu den spätjüd. Apokalypsen vor. Damit gehört Dan noch in die Zeit genuiner atl. Prophetie und ist also als Dokument göttlichen Offenbarungshandelns anzusehen, was nicht zuletzt durch die zahlreichen Verweise Jesu auf Dan bestätigt wird. In dieses Schrifttum gehören die spätjüd. Apokalypsen nicht. Sie sind – mit unterschiedlichen Graden literarischer Abhängigkeit von Dan – weitgehend aus dem Bedürfnis zu verstehen, »die Heilsaussagen der Propheten mit dem tatsächlichen Zustand auszugleichen« (H. Ringgren, a.a.O.). Die inhaltlichen Unterschiede sind auffällig. Aus dem Plan Gottes, den Daniel andeutend enthüllen soll, ist in der spätjüd. Apokalyptik der »Plan-Gott«, die »Planhaftigkeit der Gesamtgeschichte von Adam bis zur Wiederherstellung des Paradieses« geworden (Pohl a.a.O., S. 36). Eine dualistische Äonenlehre wird entwickelt, nach welcher Gott zwei Äonen, den gegenwärtigen und den kommenden geschaffen haben soll (4Esr 7,40). Man berechnet spekulativ die Dauer des gegenwärtigen Äons (äthHen 16,1 u.ö.) und entwickelt eine ausführliche Lehre von den gefallenen Engeln und dem Satan. Ferner fällt an der spätjüd. Apokalyptik die grundsätzliche Pseudonymität auf.

3. Wie ist nun das Verhältnis der Offb zur Apokalyptik zu bestimmen?

Die Hauptzüge der atl. Apokalyptik treten in ihr klar zutage: der Ausblick auf die Geschichtsvollendung, die Periodisierung, die zunehmende Verschlechterung der Weltordnung und der Lebensbedingungen, die übernationale, globale Schau, die Esoterik. In einer Beziehung greift die Offb sogar noch weiter als Dan. Sie enthüllt Vorgang und Folgen der Neuschöpfung von Himmel und Erde. Die erwähnten spezifischen Aspekte der spätjüd. Apokalyptik lassen sich in der Offb dagegen nicht feststellen. Auch in ihrer Zahlensymbolik geht die Offb nicht über Dan hinaus. Spe-

Griech. Papyrus-Fragment mit Offb 12,12–13,1. p[47] *(Chester Beatty III), 3. Jh. n.Chr., heute in Dublin.* (CBL)

kulation ist ihr fremd. Sie ist »ein Muster urchristl., konkreter Seelsorge« (Pohl, a.a.O., S. 37). Und vor allem: in ihr ist der erhöhte Herr durchweg der Handelnde.

III. TYPEN DER OFFENBARUNGS-AUSLEGUNG.

Wie unterschiedlich und unübersehbar vielfältig die Offb im Laufe der Kirchengeschichte ausgelegt wurde, hat G. Maier in seinem Buch »Die Johannesoffenbarung und die Kirche« gezeigt. Trotzdem läßt sich mit einem Überblick über Grundtypen der Auslegung diese Vielfalt systematisieren.

1. Die kirchengeschichtliche bzw. weltgeschichtliche Auslegung.

Sie geht von der Voraussetzung aus, daß die Offb den Verlauf der Kirchen- und Weltgeschichte weissagt. Bedeutende geschichtliche und zeitgeschichtliche Ereignisse werden mit der Offb verglichen und aus ihr abgelesen. Dieser Auslegungstypus sieht in den Visionen der Offb eine chronologisch fortschreitende geschichtliche Vorausschau abgebildet (Joachim v. Fiore, M. Luther, A. Bengel, E.W. Hengstenberg, L. Harms).

2. Zeitgeschichtliche Auslegung.

Vertreter dieses Typus sind der Meinung, daß die Offb aus den kirchlichen und politischen Verhältnissen z.Zt. ihrer Abfassung auszulegen sei. Die übergreifende theologische Bedeutung der Offb ergibt sich hier aus der Annahme, daß die Botschaft des Johannes an die damalige Gemeinde exemplarischen Charakter für die ganze Christenheit habe. »Johannes will keine Vorausdarstellung des Weltfahrplans für die spätere Kirche geben, er wendet sich vielmehr in einer ganz konkreten zeitgeschichtlichen Situation an bedrängte Christen, um diese im Lichte des Glaubens an die Herrschaft des erhöhten Christus über die Geschichte zu deuten und so die Angeredeten dessen gewiß zu machen, was für sie an der Zeit ist.« Die Offb helfe auf diese Weise der Kirche, »ihre Verantwortung in der Geschichte zu erkennen« (J. Roloff: Die Offenbarung des Johannes, S. 23). In der heutigen akademischen Exegese hat sich die zeitgeschichtliche Auslegung weitgehend durchgesetzt. (Frühere Vertreter: Semler, Herder, Fr. Lücke; heutige: A. Strobel, J. Roloff).

3. Traditions- und religionsgeschichtliche Auslegung.

Dieser Typus kam am Ende des 19. Jh. im Umfeld der religionsgeschichtlichen Schule auf. Religionsvergleichende Untersuchungen brachten viele Texte aus der babylon., iranischen und ägypt. Mythologie sowie aus den Mysterienreligionen und der mandäischen und manichäischen Literatur zutage, die mit der Offb in Verbindung gesetzt wurden. Besonders für Offb 12 wurden viele Parallelen gefunden. Begründet wurde diese Auslegung von H. Gunkel und W. Bousset; weitere Vertreter sind E. Lohmeyer, H. Kraft und E. Lohse.

4. Endgeschichtliche Auslegung.

In dieser Perspektive wird die Offb weitgehend als Enthüllung einer knapp bemessenen letzten Zeit vor der Wiederkunft des Herrn ausgelegt (Kliefoth, Beck, Zahn).

5. Reichsgeschichtliche Auslegung.

Dieser Typus setzt ein stufenweises Ausreifen des Reiches Gottes: in Zeit und Ewigkeit voraus und sieht die beiden bibl. Apokalypsen als Offenbarung dieses Gesamtprozesses an. K. Hartenstein nennt »drei Zeiten« des Reiches Gottes: die Zeit der atl. Prophetie, die Zeit der Gemeinde Christi unter den Völkern, in welcher sich in Welt und Kirche allmählich das Antichristentum entwickelt, und die Zeit der Vollendung und der neuen Welt Gottes, die durch die Wiederkunft Jesu eingeleitet wird (K. Hartenstein: Der wiederkommende Herr, S. 217ff). Vertreter dieser Auslegung waren C.A. Auberlen, J.Chr.K. v. Hofmann und K. Hartenstein. In der heutigen akademischen und gemeindebezogenen Offenbarungsliteratur gibt es Monographien und

Auslegungen aus allen aufgezählten Typen sowie viele Mischformen. (Eine knappe Übersicht über die Forschungsgeschichte seit dem 18. Jh. vermittelt O. Böcher: Die Johannesapokalypse).

IV. HERMENEUTISCHE GRUNDFRAGEN.

Angesichts der nahezu unübersehbaren Vielfalt und oft auch Gegensätzlichkeit der Offenbarungsauslegungen und der eben skizzierten Auslegungstypologie steht jeder, der die Offb zu verstehen versucht, bald vor hermeneutischen Grundfragen und -entscheidungen. Im folgenden sollen einige dieser Fragen aufgegriffen werden.

1. Das Verhältnis der Offenbarung zum Danielbuch.

Über 70mal nimmt die Offb deutlich Bezug auf Daniel, die versteckten Andeutungen nicht eingerechnet. Nimmt man den hohen Stellenwert der atl. Apokalypse in den Reden Jesu und im übrigen NT hinzu, dann ergibt sich schon rein statistisch eine starke Beziehung zwischen Jesus, dem Apostelkreis und Daniel (vgl. G. Maier, Der Prophet Daniel, S. 63ff). Noch wichtiger ist aber die richtige inhaltliche Bewertung von Dan. Wenn die Apokalyptik eine »Eschatologisierung der Weisheit« (v.Rad) ist, also geoffenbarte Tiefenschau der Weltvollendung zu sein beansprucht, dann muß Dan als eine im AT einzigartige Prophetie des Eschaton ernstgenommen werden, dann verdient auch Auberlens These, daß Dan das Trostbuch Gottes für Israels Weg durch die Zeit bis zur Wiederkunft Christi sein will, neu diskutiert zu werden. Ein Ernstnehmen von Dan in diesem Sinn bedeutet zunächst, daß die Visionen in Kap. 2 und 7 gemäß ihrem apokalyptischen Anspruch als Totalschau der Weltzeit bis zur Wiederkunft Christi auszulegen sind. Für die erwähnte enge Beziehung zwischen Dan und Offb bedeutet dies vor allem, daß wir in Offb 13-19, wo die vierte Tiergestalt von Dan 7 geschildert wird, ebenfalls eine geschichtliche Totalschau vor uns haben. Da sich aus Dan 7 – unter Berücksichtigung von Dan 2 - als Bedeutung der vierten Tiergestalt zwingend das röm. Reich ergibt, muß auch in Offb 13-19 das »Tier aus dem Meer« dieses Reich in seinen ganzen, bis zur Wiederkunft Christi währenden politischen Mutationen meinen. Auf die anderen Beziehungen zwischen Dan und Offb, z.B. auf die Übernahme des dreieinhalb-Zeiten-Schemas durch Johannes, kann hier nicht eingegangen werden.

2. Israel.

Wenn Dan das Trostbuch Gottes für Israel und die Offb das entsprechende Buch für die ntl. Gemeinde ist, dann hat dies für die Auslegung erhebliche Konsequenzen. Die Hinweise der Offb auf Israel verlieren dann ihre Eindeutigkeit. Wie in einem Israel geltenden Buch keine Ausführungen über die heidenchristl. Gemeinde erwartet werden können, so liegt es auch keineswegs nahe, daß die Offb Israel behandelt. Die oft auf Israel bezogenen Stellen 7,3-8 (vgl. 14,1-5); 11,1f und 12,1-17 können demzufolge durchaus auf die ntl. Gemeinde bezogen werden, die nach Röm 11,17ff zwar in den Ölbaum Israel eingepfropft ist, aber selber aus Heidenchristen besteht.

3. Endzeit.

Durch eine oberflächliche Exegese und sog. »Endzeitliteratur« entsteht immer wieder die Meinung, als ob die Endzeit ein relativ kurzer Zeitabschnitt unmittelbar vor der Wiederkunft Christi sei. Nach dem Zeugnis des NT, z.B. nach 1Petr 1,20; 1Joh 2,18 oder Hebr 1,2 beginnen die »letzten Tage« mit dem ersten Kommen Jesu und enden mit seinem zweiten Kommen. Diese Tatsache hat für die Auslegung der Offb erhebliche Folgen. Die auf die »Endzeit« hinweisenden Zeichen (Mt 24 par.; vgl. Offb 6,1-17) sollen von der Gemeinde seit Christi Himmelfahrt beobachtet und beachtet werden. Dessen ungeachtet gibt es nach Dan 2 und 7 den schon erwähnten »Depravationsfaktor«, also eine zunehmende Entfremdung der Menschheit von Gott, eine wachsende Auflösung ethischer Normen und sozialer Ordnungen und im Letztstadium vor der Wiederkunft eine Eskalation der Christenverfolgung und des Hasses auf Gott.

4. Rekapitulation oder Sukzession?

Eine wichtige hermeneutische Grundfrage betrifft die Kontinuität der von Johannes geschauten Ereignisse. Ist von einem durchlaufenden roten Faden, von einer linearen Folge des Geschehens oder von Wiederholungen und Überschneidungen auszugehen? Die Vertreter der kirchen- und weltgeschichtlichen Auslegung gehen von der linearen Folge aus und kommen demzufolge zu ganz anderen Ergebnissen als die Vertreter der Rekapitulationsthese, also der Annahme wiederholter Schilderungen derselben Ereignisse. Auch in dieser Frage kann ein Blick auf Dan weiterbringen. Zweimal werden dort die Weltreiche geschaut, von Nebukadnezar und von Daniel. Dieses Prinzip der Doppelung bzw. der Wiederholung, das sich auch in Form des sog. Parallelismus membrorum in der hebr. Poesie des AT gut beobachten läßt (*Dichtung), ist auch für die Offb, die auch in ihrer Sprache ausgesprochen hebr. Züge trägt, unbedingt anzunehmen.

5. Die Siebener-Struktur.

Daß sich die Sieben-Zahl wie ein roter Faden durch die Offb zieht, ist schon oft beobachtet worden. So wie der siebente Tag in 1Mo 1 die Schöpfung vollendet hat, so unterstreicht die Sieben-Zahl in der Offb Totalität und Vollendung des Geschehens. Der schon bei Dan festgestellte apokalyptische Totalitätsanspruch wird in der Offb durch die Sieben-Zahl immer wieder dokumentiert. Die sieben Sendschreiben sind also an alle Gemeinden, d.h. an die Gesamtgemeinde des Neuen Bundes durch die ganze Kirchengeschichte hindurch gerichtet. Die drei Siebenerreihen der göttlichen Gerichte in Gestalt der Siegel, Posaunen und Zornschalen symbolisieren Totalität, aber auch Vollendung des Zornes Gottes. Wer die Offb sorgfältig durchliest, findet 49 Visionen des Apokalyptikers. Johannes schaut also in sieben Siebenerreihen den Weg des Volkes Gottes durch die Gerichte Gottes hindurch bis hin zur Vollendung. Diese sieben Siebenerreihen scheinen jeweils in einem inneren Zusammenhang zu stehen, dem nachzugehen lohnend wäre.

1. Reihe: 1,12-5,14;
2. Reihe: 6,1-6,17;
3. Reihe: 7,1-9,21;
4. Reihe: 10,1-13,18;
5. Reihe: 14,1-16,21;
6. Reihe: 17,1-20,3;
7. Reihe: 20,4-22,5.

V. PERSPEKTIVEN THEOLOGISCHER AUSLEGUNG.

Im Rahmen eines Lexikonartikels kann keine Auslegung der Offb erfolgen. Dennoch sind angesichts der wachsenden Zahl eschatologisch bzw. endzeitlich ausgerichteter Veröffentlichungen und auch wegen der Gefahr eigener Auslegungswillkür Leitlinien für die Auslegung nötig. Im folgenden werden deswegen einige theologische Perspektiven genannt, die für eine Auslegung, die sich dem theologischen Erbe der Reformation verpflichtet weiß, unverzichtbar bleiben.

1. Die christologische Perspektive.

In der Offb ist der erhöhte Herr der »Erste und der Letzte« (22,13), der Versöhner, der Richter, der Herr, der Bestimmende und der Handelnde. Er ist das Lamm, das mit seinem Blut Menschen erkauft hat (5,9) und nach seiner Auferstehung und Himmelfahrt mit einem erhabenen Lobgesang vor dem Thron Gottes begrüßt wird (5,6ff). Er ist würdig, das versiegelte Buch zu öffnen und damit die Zornesgerichte Gottes über die gottlose Menschheit zu entfesseln. Er ist der starke Herr, der seine Gemeinde fest in seiner Hand bewahrt und sie durch alle Anfechtung, Sichtung und Läuterung hindurch zur Vollendung führt (1,12ff). Er ist der Bräutigam, der seine Braut, die Gemeinde, heimholt (19,6ff). Er ist der zum Gericht wiederkommende Herr, der allein mit seinem Wort die gottlosen Völker schlagen wird (19,11ff). Er wird 1000 Friedensjahre über eine von Satan befreite Welt regieren (20,1ff), und er wird nach dem Endgericht in ewiger Gemeinschaft mit den Seinen leben (19,11-22,5). Von Kap. 1,7 an durchzieht die Offb eine immer stärker werdende Sehnsucht nach der Wiederkunft Christi, die dann in Kap. 19,11ff geschaut wird. Die Offb erweist sich buchstäblich vom ersten bis zum letzten Satz als »Offenbarung Jesu Christi« (1,1), als testamentarisches Trost-, Hoffnungs- und Erkenntniswort des Erhöhten für seine Gemeinde. Jede Auslegung ist diesem Selbstanspruch der Offb verpflichtet. Jede Auslegung, die diese Perspektive sucht, steht aber auch unter der Seligpreisung (1,3), der einzigen in der Schrift, die über einem einzelnen Buch ausgesprochen ist.

2. Die ekklesiologische Perspektive.

Der erhöhte Herr erscheint dem Apokalyptiker inmitten der Gemeinde. Johannes schaut, was Jesus in Mt 28,20 den Jüngern verheißen hatte: »Ich bin bei euch alle Tage bis an der Welt Ende.« Die Botschaft der Offb ist Botschaft an und für die Gemeinde. Jede der (unter IV 5.) genannten sieben Visionenreihen steht in einer bestimmten Beziehung zur Gemeinde. Die erste gibt der Gemeinde geistliche Ermahnung, die zweite entschlüsselt ihr die Siegelgerichte als Endzeitzeichen, in der dritten empfängt sie die Zusage der Versiegelung und Bewahrung, die vierte enthüllt ihr eine Verfolgungszeit im Letztstadium der Endzeit, die fünfte spricht ihr persönliche Stärkung durch das Lamm zu, in der sechsten wird das Gericht über die abgefallene Gemeinde enthüllt und in der siebenten die Vollendung der Gemeinde geschaut. Diese von der Offb vorausgesetzte enge Beziehung zwischen dem erhöhten Herrn und seiner Gemeinde gilt es in der Auslegung im Blick zu behalten. Christus will der Gemeinde durch die Worte der Offb Ermahnung, Trost, Hoffnung und Erkenntnis vermitteln. Das »eschatologische Schweigen« in vielen Gemeinden muß überwunden werden. Die Gemeinde muß immer wieder in der lebendigen Hoffnung verankert werden, wenn sie nicht krank werden soll. Aber auch für die missionarische Strategie der Kirche ist die bibl. *Eschatologie wichtig. Der Mensch lebt wesensmäßig von der Hoffnung. Wenn die christl. Hoffnung ihn nicht mehr erreicht, dann sucht er sich säkularisierte und innerweltliche Hoffnungen.

3. Die pneumatologische Perspektive.

Wenn es richtig ist, daß die Offb eine Botschaft des erhöhten Herrn für seine Gemeinde ist, und daß sie geistliche Güter, vor allem

Glaube, Liebe und Hoffnung vermitteln soll, dann wird die Auslegung zu einer geistlichen Herausforderung. Die siebenmalige Aufforderung der Sendschreiben »Wer Ohren hat, der höre, was der Geist den Gemeinden sagt!« lenkt den Blick auf den Heiligen Geist als den einzig kompetenten Boten der Offenbarungsbotschaft. Nur wenn er selbst redet, kommt sie an. Deswegen führt die Auslegung der Offb ins Gebet. Hier ist auch der Grund dafür zu suchen, daß die verfolgte Gemeinde zu allen Zeiten in der Offb einen besonderen Trost fand. Der Geist spricht zu dem, der »Ohren« hat, der betend Christus sucht. Das eigentliche Auslegungsproblem der Offb ist nicht ihre Vieldeutigkeit, sondern die Vernachlässigung der pneumatologischen Perspektive.

4. Die eschatologische Perspektive.

O. Michel spricht in seinem Aufsatz »Unser Ringen um die Eschatologie«, in dem er sich kritisch mit der Enteschatologisierung der Theologie auseinandersetzt, von der eschatologischen Dimension des Glaubens. Man müsse »jede Glaubensaussage so formulieren, daß die Ewigkeit über uns und die Ewigkeit vor uns nicht vergessen werden. Wenn man vom gegenwärtigen Glauben so spricht, daß man die Zukunft darüber vergißt, kann man keine christl. Endhoffnung begründen. Im Glauben ist die Hoffnung selbst gesetzt« (Dienst am Wort, S. 30). Damit ist die zentrale Aufgabe jeder theologischen Offenbarungsauslegung genannt. Es gilt, den christl. Glauben als wesenmäßig eschatologisch wiederzuentdecken. Er lebt aus der Hoffnung, daß Christus die Weltgeschichte und die sie bestimmenden Mächte in der Regie hat, daß er schützend seine Hand über den Weg der Gemeinde hält, und daß er bei seiner Wiederkunft Satan binden und Himmel und Erde neu schaffen wird. Diese Hoffnung gilt es, in der bibl. Apokalyptik zu entdecken.

Literatur: Kommentare: J.Chr.K.v. Hofmann: Die Offenbarung St. Johannis, hrsg. von E.v. Lorentz, 1896; H. Lilje: Das letzte Buch der Bibel, [7]1961; K. Hartenstein: Der wiederkommende Herr, [4]1969; A. Pohl: Die Offenbarung des Johannes (WStB), 2 Bde., [7]1984/85; E. Lohse: Die Offenbarung des Johannes, [12]1979; F. Grünzweig: Johannesoffenbarung, 2 Bde., 1981/82; J. Roloff: Die Offenbarung des Johannes, 1984; Zu Daniel: G. Maier: Der Prophet Daniel (WStB), 1982.

Monographien: C.A. Auberlen: Der Prophet Daniel und die Offenbarung Johannis, [3]1874 (ND 1986); O. Böcher: Die Johannesapokalypse, 1975; G. Bornkamm: Die Komposition der apokalyptischen Visionen in der Offenbarung Johannis, ZNW 1937; A.G. Fruchtenbaum: Handbuch der biblische Prophetie, 1984; A.A. Hoekema: The Bible and the future, 1978: T. Holtz: Die Christologie der Apokalypse des Johannes, [2]1971; J. Lebram: TRE III, 1978, S. 192–202; G. Maier: Die Johannesoffenbarung und die Kirche, 1981; O. Michel: Dienst am Wort. Gesammelte Aufsätze hrsg. von K. Haacker, 1986; G.v. Rad: Theologie des Alten Testaments Bd. 2, [8]1984; O. Roller: Das Buch mit sieben Siegeln, ZNW 1937; A. Schlatter: Das Alte Testament in der johanneischen Apokalypse, 1912; A. Strobel: Apokalypse des Johannes, TRE III, 1978, 174-189. J.C.

OFIR. (Hebr. *'ōphir,* 1Mo 10,29, *'ōphīr,* 1Kön 10,11).

1. Name des Sohnes Joktans aus dem Geschlecht Sems (1Mo 10,29; 1Chr 1,23). Dieses Geschlecht ist aus vorislamischen Inschriften bekannt (G. Ryckmans, Les noms propres sud-sémitiques, 1934, S. 298.339f). Sein Gebiet erstreckt sich zwischen Saba im Jemen und Hawila (Hawlan) wie in 1Mo 10,29 beschrieben. Islamische Tradition setzt Joktan mit Qachtan, einem Sohn *Ismaels und »Vater aller Araber« gleich.

2. Das Land, aus dem feines Gold nach Juda eingeführt wurde (2Chr 8,18; Hiob 22,24; 28,16; Ps 45,10; Jes 13,12), mitunter in großen Mengen (1Chr 29,4) und zusammen mit wertvollem Sandelholz (1Kön 10,11), Silber, Elfenbein, Affen, Pfauen (1Kön 10,22) und Edelsteinen (2Chr 9,10). O. wurde von Salomos Flotte von Ezjon-Geber (bei Elat) aus über den Golf von Aqaba angefahren (1Kön 9,26), und zwar mit Hilfe von Schiffen aus Tarsis, die wohl normalerweise für den Erztransport eingesetzt wurden (1Kön 22,48). Diese Reisen nahmen »3 Jahre« in Anspruch, was vielleicht ein Jahr und Teile von zwei anderen bedeutet. Der Handel war so bedeutend, daß O. z.T. stellvertretend für Gold stand, das sein Hauptausfuhrgut war (Hiob 22,24 RevEB); und Jes 13,12 steht O. parallel mit *'ōqir,* »ich will wertvoll machen« (HUCA 12-13, 1937-8, S. 61). Einen Beleg für den Handel liefert ein Ostrakon aus Tell Qasile, nordöstl. von Tel Aviv, das 1946 gefunden wurde. Es trägt die Inschrift *zhb 'phr lbyt chrn sch* =, »Gold aus Ofir für Bet Horon 30 Schekel«, (JNES 10,1951, 265-267).

Über die geographische Lage von O. gibt es mehrere Theorien:

a. S-Arabien wie unter 1. beschrieben. R. North verbindet (Sch)ōpha(i)r(a) (= Ofir) mit Parvaim (Farwa) im Jemen als Quelle des Goldes von Saba (vgl. Ps 72,15; Jes 60,6).

b. SO-Arabien: Oman. Das ist nicht weit von Ezjon-Geber, entfernt. Diese Deutung erfordert die Annahme, daß die dreijährige Fahrt eine Unterbrechung während des heißen Sommers erforderlich machte und daß Frachtgüter (z.B. Affen), die es nicht in Arabien gab, von weiter entfernten Orten nach O. als Zwischenlager gebracht wurden.

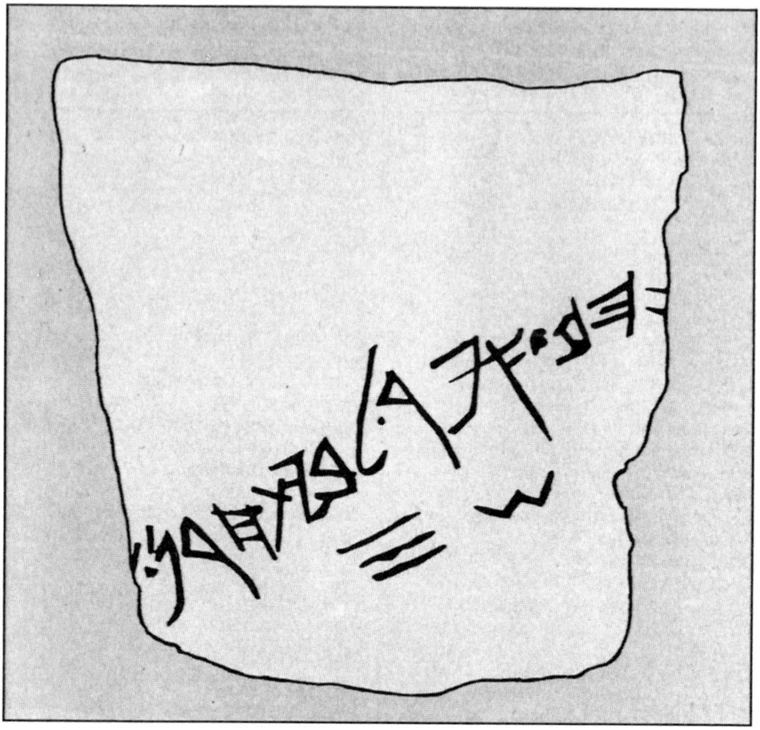

Die Inschrift auf diesem bei Tell Qasilē (Jarkon) bei Tel Aviv gefundenen hebräischen Ostrakon lautet: zhb ʾphr lbyt chrn sch =, *d.h. »Gold aus Ofir für Bet Horon 30 Schekel«. 8. Jh. v.Chr.*

c. Ostafrikanische Küste: Somaliland, d.h. das ägypt. Punt, eine Quelle für Weihrauch und Myrrhe und alle die O. zugeschriebenen Güter (W.F. Albright, Archaeology and the Religion of Israel, 1953, S. 133-135.212; van Beek, JAOS 78, 1958, S. 146).

d. (S)upara, 75 km nördl. von Bombay/Indien. Josephus (ant.Jud. 8.164), LXX und Vulg. (Hiob 28,16) verstanden unter O. Indien. Dafür spricht, daß es alle genannten Güter im alten Indien gab. Ferner ist bekannt, daß vom 2. Jt. v.Chr. an lebhafter Seehandel zwischen dem Persischen Golf und Indien getrieben wurde.

Literatur: V. Christides: RB 77, 1970, S. 240-247; R. North: Fourth World Congress of Jewish Studies, Papers 1, 1967, S. 197-202. D.J.W.

OFRA.

1. Stadt in Benjamin (Jos 18,23; 1Sam 13,17; 2Chr 13,19), Efron (*Qerē ʿephraim*) genannt; das heutige et-Tajibe auf einer beherrschenden Anhöhe 9 km nördl. von *Michmas. Die Araber setzten im Mittelalter *tajibe* (»glücklich«) an die Stelle von *ʿophra* als Ortsname, weil dieser auf schwarze Magie hinwies (Abel, JPOS 17, 1937, S. 38). Ob O. zu dem Ephraim von Joh 11,54 wurde, ist ungewiß (s. K.-D. Schunck, VT 11, 1961, S. 188-200; J. Heller, VT 12, 1962, S. 339ff).

2. O., die Stadt der Abiësriter, in Manasse. *Gideons Heimat, wo sein Altar, den er »Der Herr ist Friede« (Ri 6,24) genannt hatte, in späteren Zeiten gezeigt wurde. Mögliche Ortslagen sind:

a. Ferʿata, westl. vom Berg *Garizim, nahe Sichem; der Ort liegt jedoch ziemlich weit vom Ort des Geschehens entfernt und ist möglicherweise *Pirathon aus Ri 12,15.

b. et-Tajibe auf halbem Wege zwischen Bet-Schean und dem Berg Tabor, doch deutlich innerhalb des Stammesgebiets Issaschars

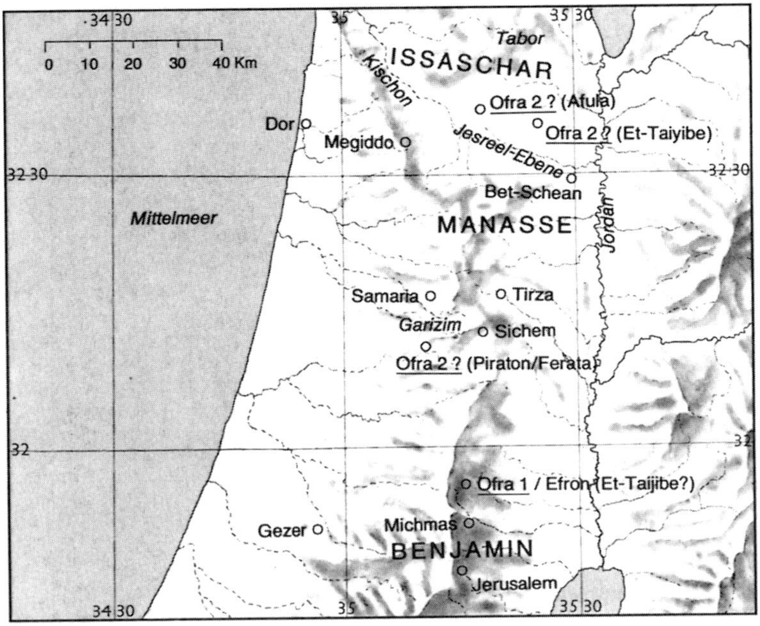

Vorschläge für die Lage von Ofra.

und damit womöglich das Hafarajim aus Jos 19,19.

c. Afula in der Jesreel-Ebene. Tell el-Farʿa, 10 km nordöstl. von Sichem wurde zwar erwogen, ist aber jetzt mit Tirza identifiziert worden.

3. Name eines Familienoberhaupts aus dem Stamm Juda (1Chr 4,14). J.P.U.L.

OG. Ein Amoriterkönig aus *Baschan, aus der Rasse der »Riesen« von Refaīm zur Zeit der Eroberung Palästinas (4Mo 21,33; Jos 13,12). Sein Königreich war mächtig und hatte »sechzig Städte . . ., die befestigt waren mit hohen Mauern, Toren und Riegeln« (5Mo 3,4f). Es erstreckte sich vom *Hermon bis zum *Jabbok. Zu den sechzig Städten gehörten die zwei königlichen Städte Aschtarot und Edreī (Jos 9,10). Bei Edreī (4Mo 21,33ff) besiegten und töteten ihn die Israeliten (5Mo 3,11). Sein Gebiet fiel zur Hälfte an den Stamm Manasse (5Mo 3,13), der östl. des Jordan blieb. Die Niederlage Ogs war Auftakt einer Reihe von Siegen Israels (vgl. Jos 9,10; Neh 9,22; Ps 135,11; 136,20). M.A.M.

OHOLIBAMA, OHOLA, OHOLIBA. Oholibama war ein edomit. Name, den sowohl Männer als auch Frauen trugen. O. hieß *Esaus zweite Frau, eine Kanaaniterin, eine Tochter Anas; sie gebar Jeüsch, Jalam und *Korach (1Mo 36,1-28). Ein edomit. Stammeshäuptling trug den gleichen Namen mit der Bedeutung: »Zelt der Höhe« (1Mo 36,41; 1Chr 1,52). In 1Mo 36,40f und 1Chr 1,51f erscheint dieser Name neben Timna. Bei *Timna im Negeb, im Gebiet des alten *Edom, wurden Spuren eines Zeltheiligtums gefunden. Das Heiligtum wird in die midianitische Zeit datiert, dürfte also zur gleichen Zeit wie die Stiftshütte des Volkes Israel in der Wüste entstanden sein. Der Name deutet an, daß *Höhen (Heiligtümer) in früher Zeit Zelte gewesen sein könnten (vgl. Hes 16,16).

Ohola und Oholiba sind allegorische Namen für die Königreiche des *Nordens und Südens in Hes 23. Beide Namen gehen auf Oholibama zurück und bedeuten »Zeltanbeter«. Die Namen bringen Kritik an Israels Untreue gegenüber Gott zum Ausdruck. Die beiden Königreiche werden als zwei Schwestern dargestellt, die mit Gott verheiratet sind. Sie

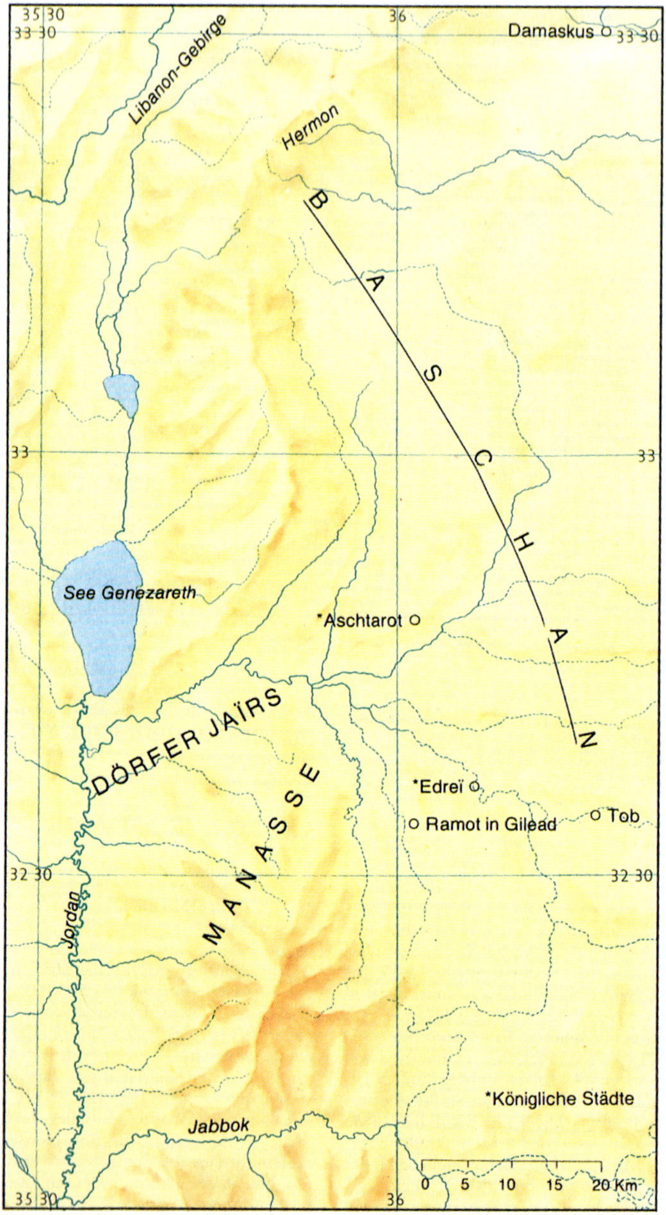

Das von Og, dem König von Baschan, beherrschte Gebiet.

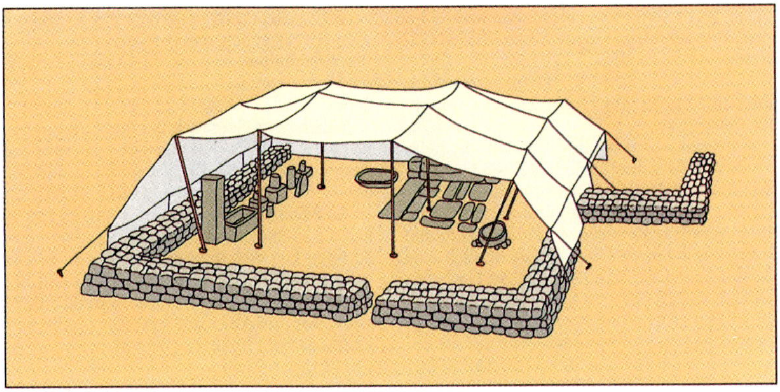

Rekonstruktion eines in Timna entdeckten midianitischen Zeltheiligtums aus der Mitte des 12. Jh. v.Chr. (vgl. Oholibama)

begehen aber fortwährend Ehebruch,indem sie sich mit anderen Völkern verbinden. Oholiba wird davor gewarnt, dem Beispiel ihrer Schwester zu folgen; Gericht wird ihr angesagt. Die hier und an anderen Stellen in der Bildrede vorkommende Sexualität (vgl. Hes 16; Hos 1-3; Am 5,1ff) ist insofern zutreffend, als viele der Religionen der Nachbarvölker Israels Fruchtbarkeitskulte beinhalteten. J.T.W.

OHR.

1. Im AT wird das hebr. *'ōsän* bei Tieren (Am 3,12), häufiger aber bei Menschen gebraucht. Das Verb *'āsan* bedeutet »Ohren zuneigen«, »hören«. Im ntl. Griech. wird gewöhnlich *ous* gebraucht. Gelegentlich (z.B. Apg 17,20) findet sich *akoē*, das von *akouō* abgeleitet ist. Mt 26,51 steht das Wort *ōtion*, das bes. die äußere Ohrmuschel bezeichnet. Während das NT die gegenseitige Abhängigkeit der Körperteile voneinander hervorhebt (1Kor 12,16), sieht das AT sie mehr als selbständige Organe. Das wird deutlich im Falle des von Gott »gepflanzten« (Ps 94,9) und des »aufgetanen« Ohres (Ps 40,7) und aus der Tatsache, daß es nicht nur hört, sondern auch »aufmerkt« (Neh 1,6), »Rede prüft« (Hiob 34,4), »verstopft« werden kann (Jes 33,15) oder »nicht hört« (Jes 6,10). Von Gott wird auch gesprochen, als habe er Ohren (Jes 59,1) - im Unterschied zu den nichthörenden Ohren der Götzen (Ps 135,17). Die Ohren müssen mit Verstand gebraucht werden, damit man Worte recht versteht (Mt 11,15).

Zwei atl. Anordnungen beziehen sich auf das Ohr. Einmal besagt die Anordnung für hebr. Sklaven (2Mo 21,6), daß das Ohr eines Sklaven an der Tür seines Herrn mit einem Pfriem zu durchbohren ist. Dadurch wird ausgedrückt, daß der Sklave sich zu freiwilligem, lebenslangem Dienst bei diesem Herrn verpflichtet hat (2Mo 21,6). Bei anderer Gelegenheit nahm Mose das Blut des Opfertieres und tupfte es auf das rechte Ohr, den Daumen der rechten Hand und auf den Zeh des rechten Fußes von Aaron und dessen Söhnen (3Mo 8,23f). Beide Handlungen sollten wohl auf die Verpflichtung zum Gehorsam hinweisen.

Das »Ohr öffnen« ist im Hebr. ein bildhafter Ausdruck für »etwas offenbaren« (Jes 50,5; s.a. *Hören). B.O.B.

ÖL. Wo nicht kosmetische Salben (Rut 3,3; 2Sam 14,2; Ps 104,15) oder Myrrhenöl (Est 2,12) gemeint sind, handelt es sich bei allen Bibelstellen, an denen der Begriff vorkommt, um das ausgepreßte Öl der Olive. Der Reichtum an *Olivenbäumen (Olea europaea) im alten Palästina ermöglichte einen blühenden Öl-Handel mit Tyrus und Ägypten. Salomo lieferte Hiram große Mengen Öl als Teilzahlung für den Tempelbau (1Kön 5,25; Hes 27,17); Ägypten führte beträchtliche Mengen aus Palästina ein (vgl. Hos 12,2), weil das ägypt. Klima keinen fruchtbringenden Anbau ermöglicht.

Öl gehörte zum Erstlingsopfer (2Mo 22,28 RevEB Anm.); es wurde verzehntet (5Mo 12,17). Die Speisopfer wurden oft mit Öl vermengt (3Mo 8,26; 4Mo 7,19), und die Lampe im Heiligtum (2Mo 25,6) wurde mit frischgepreßtem Öl gefüllt (3Mo 24,2). Rituelle Anwendung fand Öl bei der Priesterweihe (2Mo 29,2), bei der Reinigung von Aussätzigen

(3Mo 14,10-18), während des täglichen Opfers (2Mo 29,40) und beim Abschluß des *Nasiräer-Gelübdes (4Mo 6,15). Manche Opfer jedoch wurden ohne Öl vollzogen, etwa das Eifersuchtsopfer (4Mo 5,15) und das Sündopfer (3Mo 5,11).

Olivenöl wurde bei der Zubereitung vieler Speisen verwendet (1Kön 17,12-16). Daneben diente es im Haushalt als Brennstoff für die kleinen *Lampen, die man praktisch in jedem Haus bereits in der Frühzeit Palästinas finden kann. Diese Lampen hatten gewöhnlich eine Ausbuchtung am Rande, in die ein Flachsbüschel (Jes 42,3) oder ein Stück Stoff als Docht gesteckt wurde. Wenn die Lampe mit Olivenöl gefüllt war, brannte der Docht mit gleichmäßiger Flamme, bis der Ölvorrat aufgebraucht war. Wenn solche Lampen über größere Strecken mitgetragen wurden, war es z.Zt. des NT üblich, daß der Träger einen kleinen Ölbehälter dabeihatte. So war jederzeit ein Vorrat vorhanden, wenn die Lampe nachgefüllt werden mußte (vgl. Mt 25,1-13).

Neben dem Gebrauch bei der Priesterweihe (2Mo 29,2) war Öl ein wichtiger ritueller Bestandteil bei der Berufungszeremonie für das Königsamt (1Sam 10,1; 1Kön 1,39).

Als Medizin wurde Olivenöl sowohl innerlich als auch äußerlich angewandt. Seine lindernden Eigenschaften machten es zu einem wertvollen Heilmittel bei Magenbeschwerden, aber auch seine mild abführende Wirkung war im Altertum bekannt. Äußerlich wurde es bei Prellungen und Wunden angewandt (Jes 1,6; Mk 6,13; Lk 10,34).

In atl. Zeit wurden Oliven entweder mit

Öl wird aus der Frucht des Ölbaums gewonnen, latein. olea bzw. olivia. (FNH)

Olivenöl wurde auch als Lampenöl gebraucht. Die Lampe stammt aus Jericho, ca. 37–3 v.Chr. (ZR)

Ölpresse mit Vertiefung und Stein zum Zerdrücken der Oliven. En-Naschut, Golan-Höhen, ca. 3. Jh. n.Chr. (JPK)

Kopie einer Notiz, die in eine Tonscherbe (Ostrakon) geritzt wurde. Alt-Hebräisch: »Für den König, 1000 [. . .] Öl und 100 [. . . von?] Ahijahu«. Gefunden in Tell Qasile (Jarkon) bei Tel Aviv, ca. 700 v.Chr.

dem Stößel im Mörser ausgegequetscht (2Mo 27,20), oder man gewann Olivenöl durch Treten oder Quetschen der Früchte in einer Steinkelter. Ausgrabungen bei Taanach, Megiddo und Jerusalem förderten Keltern zutage, die aus Felsen gehauen waren. Eine große Steinwalze, von zwei Menschen gedreht, zerquetschte die Oliven zu einem Brei, der dann mit den Füßen (5Mo 33,24) oder auf andere Weise gepreßt wurde. Nach dem Beseitigen von Verunreinigungen war das Öl gebrauchsfertig. Der Garten von *Gethsemane (aram. *gat-schämän*, »Ölkelter«) erhielt seinen Namen von den Steinpressen, die der Ölgewinnung aus den Früchten des *Ölberges dienten.

Öl war allgemein gebräuchlich als Creme nach einem Bad (Rut 3,3; 2Sam 12,20) oder als Element festlicher Anlässe (vgl. Ps 23,5). Im alten Ägypten salbte ein Diener jedem Gast das Haupt, während dieser Platz nahm. In ntl. Zeit wurde die Krankensalbung (Jak 5,14) durch die Ältesten der christlichen Gemeinde üblich. Josephus berichtet, daß die Essener sich nicht mit Öl salbten, weil sie das als »Verschwendung« ansahen (bell.Jud. 2.123).

Das Vorhandensein von Öl versinnbildlichte Freude (Ps 45,8; Jes 61,3), sein Fehlen dagegen Kummer oder Demütigung (Joel 1,10). In ähnlicher Weise wurde Öl als Sinnbild für Trost, geistliche Nahrung oder Wohlstand gebraucht (5Mo 33,24; Hiob 29,6).

Literatur: H.N. und A.L. Moldenke: Plants of the Bible, 1952, S. 97f.158ff: A. Goor: 'The place of the olive in the Holy Land and its history through the ages', Economic Botany 20/1966, S. 223-243; A. Goor und M. Nurock: The Fruits of the Holy Land, 1968, S. 89-120; M. Zohary: Pflanzen der Bibel, [2]1986, S. 56f. R.K.H.

ÖLBAUM. (Hebr. *sajit*; griech. *elaia*). Einer der wertvollsten *Bäume für das alte Israel. Er wird in der Bibel das erste Mal in 1Mo 8,11 erwähnt, wo eine Taube mit einem Zweig vom Ö. im Schnabel zur Arche zurückkehrt. Als die Israeliten *Kanaan einnahmen, galten die Ölbäume als ein typisches Merkmal der dortigen Flora (vgl. 5Mo 6,11). Später wurde der Ö. neben dem Weinstock als einträgliche Einkommensquelle geschätzt (1Sam 8,14; 2Kön 5,26).

Obwohl sein botanischer Name *Olea europaea* lautet, kommt der Baum wahrscheinlich aus Westasien, und wurde erst allmählich in den Mittelmeerraum eingeführt. Die Orientalen sahen im Ö. ein Symbol für Schönheit, Stärke, göttlichen Segen und Wohlstand. In Übereinstimmung mit der Überlieferung von Noah ist die Taube mit dem Ölzweig seither Symbol für Freundschaft und für Frieden (vgl. Ps 52,10).

In vielen Teilen Palästinas ist der Ö., von dem es im Vorderen Orient zahlreiche Varianten gibt, der einzige Baum nennenswerter Größe. Der kultivierte Ö. wird ca. 6 m hoch, hat einen drehwüchsigen Stamm und zahllose Äste. Der Baum wächst langsam, erreicht aber oft ein Alter von mehreren hundert Jahren. Wird er abgeschlagen, wachsen aus dem Wurzelstock neue Triebe, so daß bis zu fünf neue Stämme auf diese Weise entstehen können. Auch absterbende Olivenbäume treiben so wieder aus (vgl. Ps 128,3). Olivenhaine wurden vor allem wegen ihres Ertrags an Öl geschätzt, doch auch als Schutz gegen die brennende Sonne und als ein Ort, an den man sich zum Gebet oder zur Meditation zurückziehen konnte (Lk 22,39).

Im Altertum waren Ölbäume in Palästina weit verbreitet. Besonders eindrucksvoll waren die Haine am Rande der phönizischen Ebene, wie auch die in der *Jesreel-Ebene und im Tal von *Sichem. Bethlehem, Hebron, Gilead, Lachisch und Baschan waren zu bibl. Zeiten für ihre Olivenhaine bekannt.

Die Früchte des Ö.s reifen im Frühherbst und werden gegen Ende November geerntet. Die primitive und schädigende Erntemethode, die schon 5Mo 24,20 beschrieben wird, nämlich den Baum zu schütteln oder mit Stangen zu schlagen, wird noch vielfach angewandt. Im Altertum ließ man einige Früchte am Baum hängen oder auf dem Boden liegen, damit die Armen davon nehmen konnten. Die Oliven wurden in Körben zu den Keltern transportiert. Das Öl wurde gewonnen, in-

Ölbaum (FNH)

dem man die Beeren in einem in Stein gehauenen Becken und mit einem aufrechtstehenden Mühlstein zerquetschte. Gelegentlich wurden die Beeren auch von Erntehelfern mit den Füßen zertreten (5Mo 32,24; Mi 6,15), doch war dieses Verfahren nicht so ergiebig. Wenn es eine Weile stand, schied sich das Öl von Fremdstoffen und wurde dann in Krügen gelagert.

Die Cherubim im salomonischen Tempel waren aus Ölbaumholz hergestellt (1Kön 6,23f) und da sie etwa 4,5 m hoch waren und die Spannweite ihrer Flügel ebenso viel betrug, müssen sie aus mehreren Holzteilen zusammengefügt worden sein. Zwar wird Ölbaumholz in Palästina noch heute für die Möbeltischlerei verwandt, die kurzen verdrehten Stämme geben jedoch keine langen bearbeitungsfähigen Stücke her. Nach mehrjähriger Lagerung kann das harzreiche Holz zu schönem Glanz poliert werden.

Der Ö. galt als König der Bäume (Ri 9,8), das Öl seiner Früchte wurde bei Krönungen als Zeichen der Herrschaft verwandt. Ölzweige dienten als Baumaterial der Hütten anläßlich des *Laubhüttenfests (Neh 8,15). Frische oder eingelegte Oliven, mit Brot gegessen, waren in Palästina Hauptbestandteil der täglichen Ernährung. Das Öl diente als Grundlage vieler Salbenzubereitungen und wurde auch als Haarpomade, Brennstoff (Mt 25,3), Medizin (Lk 10,34; Jak 5,14) und Nahrungsmittel (2Chr 2,9) gebraucht.

Vom Ö. war unter den Israeliten vielfach auch symbolisch die Rede. Die Kraft und Fruchtbarkeit des Baumes machen ihn zum Sinnbild des auf Gott vertrauenden Gerechten (Ps 52,10; Hos 14,7), dessen Nachkommen auch als »junge Ölbäume« beschrieben werden (Ps 128,3). Hiob 15,33 erwähnt die Blüten des Ö.s. In Sach 4,3 sind die zwei Ölbäume Zeichen der Fruchtbarkeit und erinnern an den Reichtum, den Gott den Menschen verleiht.

Die Ölbäume in Jes 41,19 (hebr. *ʿēz-schämän*) sind gelegentlich als eine mit dem Ö. botanisch nicht verwandte Art *Elaeagnus angustifolia* identifiziert worden, die ein minderwertiges Öl liefert. Der Kontext läßt jedoch an den echten Ölbaum denken.

Die wilde Olive ist klein und unbrauchbar. Daher wird der Ölbaum okuliert, wobei man einen veredelten Zweig auf einen wilden Busch pfropft. Paulus formt diesen Vorgang zu einem tiefgründigen Bild (Röm 11,17ff), um zu zeigen, wie die Heiden dem wahren Israel verpflichtet sind; er betont, daß es eigentlich »wider die Natur« ist, einen wilden Ölzweig auf einen edlen Baum zu setzen.

Literatur: A. Goor: 'The place of the olive in the Holy Land and its history through the ages', Economic Botany 10/1966, S. 223-243; A. Goor, M. Nurock: The Fruits of the Holy Land, 1968, S. 89-120; M. Zohary: Pflanzen der Bibel, [2]1986, S. 56f.

R.K.H./F.N.H.

ÖLBERG.

1. Name und Lage.

Das hebr. *har hassētīm* (Sach 14,4) wird im NT meist wie in der LXX mit *oros tōn elaiōn,* »Berg der Ölbäume«, wiedergegeben. Nur Lk schreibt (außer in Lk 19,37; 22,39) wie Josephus *ho elaiōn,* »Ölbaumhain/-pflanzung«. Im Aram. (Targum) hieß der Ö. *tūr setaijā*. Daraus wurde im Arab. Tūr Zētā und schließlich Dschebel Et-Tur. Der eigentliche Ö. bildet nur einen Teil der Ö.-Kette. Dieser Bergzug im N und O der Altstadt von *Jerusalem ist von ihr durch das *Kidron-Tal getrennt (vgl. Jos.bell.Jud. V, 70). Geologisch gehört das Massiv der Oberen Kreide (Senon) an. Obwohl er nur in seinem allernördlichsten Teil die Wasserscheide zwischen Mittelmeer und *Jordan-Graben bildet, stellt der Ö.-Zug doch eine sehr klar ausgeprägte Klima- und Vegetationsscheide dar. Während er die kalten N- und die heißen O-Winde (vgl. Ps 125,2) abhält, zwingt er die vom Meer im W kommenden Wolken immer wieder dazu, aufzusteigen und sich abzuregnen. Am W-Hang findet sich deshalb die typische Mittelmeer-Vegetation (vor allem Ölbäume), während am O-Abfall das Kulturland rasch in die Steppe übergeht. Von den Erhebungen sind von N nach S hervorzuheben: Östl. der Straße nach Nablus (*Sichem) als höchster Berg in der Umgebung Jerusalems der Rās Abu Chalāwi (835 m), dann der Rās El-Mescharīf (819 m), El-Medbase (Hebr. Universität, 827 m), Umm Et-Tala' (Auguste-Viktoria-Hospital, 815 m), Dschebel Et-Tūr (Himmelfahrtskuppe, 809 m). Hier verzweigt sich der Ö.-Zug in zwei Ausläufer, den Bāten El-Hawā (»Berg des Ärgernisses«, 742 m) im S und den Rās Esch-Schijāch (767 m) im SO. Nach allen Quellen vom AT bis ins Mittelalter ist der Dschebel Et-Tūr als der eigentliche Ö. anzusprechen.

2. Altes Testament.

*David mußte vor seinem Sohn *Absalom über den Kidron und die Ö.-Steige (*ma'alēh hazzētīm*) fliehen (2Sam 15,30). Auf dem Ö. selbst befand sich damals offenbar ein Heiligtum (2Sam 15,32). Das in diesem Zusammenhang als »jenseits des Gipfels« liegend genannte *Bahurim (2Sam 16,1.5) ist vielleicht auf dem Rās Et-Tmīm 1 km nordöstl. vom Auguste-Viktoria-Hospital zu suchen (H.J. Stoebe, BHH I, 1962, 191f). Auf dem »Berg, der Jerusalem gegenüberliegt«, baute *Salomo für seine heidnischen Frauen Höhenheiligtümer (1Kön 11,7). Der Ort wird in 2Kön 23,13 näher beschrieben: »Östlich von Jerusalem, südlich vom Berg des Verderbens (*har ham-maschchīt*)«. Vielleicht handelt es sich um eine absichtliche Änderung des nachbibl. bezeugten Namens *har-ham-mischchāh,* »Berg der (Öl)-Salbung« (Dalman, Jerusalem, 40f). Das Targum und auch der Babylonische Talmud (Schab 56b) haben hier jedenfalls den Ö. Die Götzenaltäre standen deshalb sehr wahrscheinlich auf dem »Berg des Ärgernisses«; der diesen Namen allerdings erst seit der Kreuzfahrer-Zeit (ab dem 12. Jh.) trägt.

Vielleicht meint Jes 10,32 mit der Stelle, von der aus der heranziehende Assyrer »seine Hand gegen den Berg der Tochter Zion schwingt«, den Rās El-Meschārīf (Dalman, Jerusalem 28-32). Die zuvor genannte Priestersiedlung *Nob lag nach Ansicht mancher bei der Auguste-Viktoria-Stiftung (J. Simons, Geographical and Topographical Texts, 1959, 569). Der arab. Name geht auf ein hebr. *har ha-sofīm,* »Berg der Späher«, zurück, der bei Josephus *saphein* (nach aram. *saphīm*) bzw. griech. *skopos,* »Schauort«, heißt (ant.Jud. XI, 329). Hier hat der Hohepriester Jaddua *Alexander den Großen begrüßt (ant.Jud. XI, 329ff), der röm. Statthalter Cestius Gallus 66 n.Chr. bei seinem vergeblichen (bell.Jud. II, 528.542) und der Kronprinz Titus 70 n.Chr. bei seinem erfolgreichen Zug gegen Jerusalem das Lager aufgeschlagen (bell.Jud. V. 67). Heute wird ganz ohne historische Begründung der Hügel der Hebr. Universität Skopus genannt. Hier fand man Gräber aus ntl. Zeit, darunter das eines *Nasiräers (Y. Yadin (Hrsg.), Jerusalem Revealed, 1976, 66-68). Der in Jes 10,30 genannte Ort Lajescha könnte bei El-'Esāwīje zu suchen sein, einem arab. Dorf in jenem Wadi, das zwischen Hebr. Universität und Auguste-Viktoria-Stiftung nach O führt. Auf eine Siedlung in ntl. Zeit weist ein gut erhaltenes jüd. Ritualbad (R. Reich, IEJ 34, 1984, 220-223). Beim »Berg im Osten der Stadt«, über den *Hesekiel die Herrlichkeit Gottes den Tempel verlassen sieht (Hes 11,23), muß es sich um den eigentlichen Ö. handeln. Sach 14,4 gibt dazu das prophetische Gegenbild: Vom Ö. her tritt Gott zum endzeitlichen Kampf gegen die Jerusalem bedrängenden Heidenvölker an. Das Azal von Sach 14,5

Der Ölberg mit alten Ölbäumen, Dattelpalmen und Zypressen. In der Bildmitte die röm.-katholische Kirche der Nationen mit dem Garten Gethsemane, rechts oberhalb davon die russ.-orthodoxe Maria-Magdalena-Kirche. (MH)

(RevEB) vermutet Dalman (Jerusalem 51) bei Chīrbet Ibqēʿdān an der Römerstraße nach *Jericho (s.u.).

Auf den Waldreichtum des Ö.s in nachexilischer Zeit weist vielleicht Neh 8,16. Eine Siedlung der Rückkehrer war ʿAnanja in Benjamin (Neh 11,32), das vermutlich mit dem ntl. *Betanien zu identifizieren ist. Die Wichtigkeit der Ö.-Gegend für die *Essener zeigt die Tempelrolle aus *Qumran, nach der im O von Jerusalem drei Aussätzigensiedlungen angelegt werden sollen (11QMiqd 46,16-18). Auf dem Ö. stand die erste der Signalstationen, über welche die für den Kalender entscheidende Neulichtbeobachtung von Jerusalem nach Babylonien gemeldet wurde (Dalman, Orte 279). Nach den Rabbinen soll eine Brücke vom Tempel über das Kidron-Tal zum Ö. geführt werden, über welche die Rote Kuh (vgl. 4Mo 19) aus der Stadt geführt und auf dem Ö. verbrannt wurde (Para 3,6f; Middot 2,4). Diese Angabe bestärkte E.L. Martin (The Place of the Crucifixion, 1984) in seiner phantastischen Annahme, Jesus sei auf dem Ö. gekreuzigt worden. In der jüd. Endzeiterwartung spielte der Ö. eine sehr wichtige Rolle (Bill I 840-842). Schon *Noahs Taube soll ihren Ölzweig vom Ö. geholt (GenR 33,22c) und Salomo ihn als Ort der künftigen Totenauferstehung geweissagt haben (Targum Hld 8,5). Dreieinhalb Jahre habe die Herrlichkeit Gottes auf dem Ö. verweilt, um Israels Umkehr zu erwarten (LamRab 39a; Pesiqta 115a). Die außerhalb des Heiligen Landes Verstorbenen werden in Untergrundhöhlen (Kethubot 111a) zurückrollen und am Ö. auferstehen (H. Loewe – C.G. Montefiore, Rabbinic Anthology, 1938, 660ff). So hören wir auch, daß der ägypt. Pseudoprophet (Apg 21,38) seine Anhänger auf den Ö. führte, um hier die endzeitliche Erstürmung Jerusalems zu beginnen (Jos.ant.Jud. XX, 168–172; bell. Jud. II, 261–263.

3. Neues Testament.

Die verhältnismäßig häufige Erwähnung des Ö.s im Zusammenhang mit Jesus weist darauf hin, daß sich in ihm die atl. Verheißung erfüllt. Der Ö. war ein häufiger Aufenthaltsort für ihn und seine Jünger (Lk 21,37 vgl. Joh 8,1), wohl auch, weil er innerhalb der *Sabbatgrenze lag (Apg 1,12) und während der großen Wallfahrtsfeste zum Jerusalemer Stadtgebiet gerechnet wurde (R. Pesch, Markusevangelium II, ^{3}1984, 379). Diese Tatsache spricht gegen die Annahme (W. Schmauch), wenn Jesus sich am Ö. und damit außerhalb von Jerusalem aufhalte, weise das bei Mt und Mk auf die Verwerfung der heiligen Stadt. Auf seiner letzten Reise in die heilige Stadt erreichte Jesus in der Nähe der Orte *Betfage und *Betanien den Ö. (Mt 21,1/Mk 11,1/Lk 19,29), wo sein messianischer Einzug begann (vgl. auch Joh 12,12-19). Die Römerstraße von Jericho her überquerte den Ö. auf dem unmittelbar südl. der Auguste-Viktoria-Stiftung gelegenen Sattel (R. Beauvéry, RB 64, 1957, 72-77). Hier, wo die Stadt mit einem Mal sichtbar wird, kann man sich gut Jesu Tränen über die ausgebliebene Umkehr Jerusalems vorstellen (Lk 19,41-44). Mit dem »Abstieg (griech. *katabasis*) des Ölberges« (Lk 19,37) dürfte das hier beginnende, steil abfallende gerade Straßenstück gemeint sein, dessen Verlauf noch heute eine moderne Straße folgt. Erst eine Nach-Kreuzfahrertradition (ELS 437ff) lokalisiert Jesu Weinen oberhalb von *Gethsemane in der Gegend der heutigen, eindrucksvollen Franziskanerkapelle Dominus Flevit (Kopp 330f). Hier stand im 5. Jh. eines der vielen byzantin. Klöster des Ö.s, und auf seinem Gelände hat man eine jebusitische Grabstätte (S.J. Saller, The Excavations at Dominus Flevit I, 1964) sowie einen jüd. Friedhof aus der Zeit zwischen dem 2. Jh. v. und dem 1. Jh. n.Chr. gefunden (B. Bagatti, SBFLA 3, 1952/3, 149-184; ders. J.T. Milik, Gli scavi del 'Dominus flevit' I, 1958). Einige der Gräber könnten Judenchristen gehört haben (P. Seidensticker, BiKi 13, 1959, 13-19). Eine andere große jüd. Grabanlage aus ntl. Zeit, die heute völlig grundlos den Propheten Haggai, Sacharja und Maleachi zugeschrieben wird, liegt noch etwas höher (L.H. Vincent, RB 10, 1901, 72-88). Manche denken bei diesen »Prophetengräbern« an die von Josephus »Taubenschlag« (griech. *peristereōn*) genannte Stätte (bell.Jud. V, 505). Die letzte Nacht vor seiner Verhaftung verbrachte Jesus im Landgut *Gethsemane (Mt 26,36/Mk 14,32) am Fuß des Ö.s (vgl. Mt 26,30/Mk 14,26/Lk 22,39 und auch Joh 18,1f).

Als Zeichenhandlung ist es anzusehen, wenn Jesus prophetische Worte über das Geschick Jerusalems und der Welt gerade auf dem Ö. sprach (Mt 24,3/Mk 13,3). Eine sehr alte (2. Jh.) Tradition in den gnostischen Johannes-Akten (ActJoh 97; Hennecke-Schneemelcher II, 157) nennt eine Höhle auf dem Ö. als Ort geheimer Jüngerlehre. Über ihr ließ Kaiser Konstantin ab 326 n.Chr. die Eleona als eine der drei ersten Basiliken des heiligen Landes erbauen (Eusebius, VitConst III 41,43, vgl. ELS 384ff). 1910 wurden auf dem Gelände des Karmeliterinnen-Klosters die heilige Höhle und die Reste der Kirche ausgegraben (L.H. Vincent, 64, 1957, 48–71; Vincent, Abel, 337–360). An dieser Stelle hat man auch mindestens seit Beginn des 4. Jh. der Himmelfahrt Jesu gedacht (Eusebius, DemEv VI, 18). Die lukanischen Angaben »auf dem Ölberg«

(Apg 1,12) »in Richtung (griech. *pros*) von Betanien« (Lk 24,50) sind mit dieser Lokalisierung vereinbar. Es ist kaum Zufall, daß die Jünger gerade auf dem Ö. nach der Zukunft Israels fragten (Apg 1,6f; vgl. 1,12). Die liturgische Feier zum Gedächtnis der Himmelfahrt fand im 4. Jh. auf einem kleinen benachbarten Hügel statt (Egeria, ELS 388–390), auf dem dann vor 392 n.Chr. Poimenia, eine Angehörige des Kaiserhauses, eine Kirche errichten ließ (Kopp 461f). Von diesem Rundbau, der zum Himmel hin offen war, wurden ebenso wie vom achteckigen Nachfolgebau der Kreuzfahrer die Grundmauern gefunden (V. Corbo, SBFLA 10, 1959/60, 205–248; Ricerche 97–172). Schon seit dem 5. Jh. zeigte man etwas allzu exakt die Fußspuren Jesu (Kopp 462f). Heute dient der Kreuzfahrerbau als Moschee, die aber besichtigt werden kann. In unmittelbarer Nähe der Ruine der Eleona-Basilika steht die 1910 errichtete Paternoster-Kirche. Seit dem 12. Jh. galt Eleona aufgrund einer Harmonisierung von Lk 10,38-11,4 mit Mk 11,12-25 auch als der Ort, wo Jesus das Vaterunser lehrte (ELS 404ff). Einer Praxis der Kreuzfahrer folgend, hat man in der Kirche auf Kachelplatten das Herrengebet in rund hundert Sprachen angebracht. Im 14. Jh. wird schließlich auch noch die legendäre Abfassung des Glaubensbekenntnisses durch die zwölf Apostel hierhin verlegt (ELS 411). Zum ersten Mal im 6. Jh. (ELS 396) läßt sich die Ansicht nachweisen, *Galiläa in Mt 26,32; 28,10 par. meine eine Örtlichkeit auf dem Ö., was sich aber erst in der Kreuzfahrerzeit durchsetzte (ELS 410ff). Ohne überzeugende Gründe wurde diese Annahme an der Wende des Jahrhunderts verteidigt (R. Hofmann, Galiläa auf dem Ölberg, 1896; A. Resch, Das Galiläa bei Jerusalem, 1910). Ob die Bezeichnung des Ö.s als »Berg der Galiläer« in einem syr. Gedicht des Jakob von Sarug um 500 n.Chr. (A. Baumstark, OrChr 5, 1905, 95) auf einen Rastplatz galiläischer Pilger weist (so Quaresimus im 17. Jh.), ist mehr als zweifelhaft. Vor allem geben die Evangelisten nirgends zu erkennen, daß sie mit Galiläa etwas anderes als die Landschaft meinen. Das griech.-orthodoxe Kloster Viri Galilaei nördl der Himmelfahrtsmoschee (vgl. Apg 1,11) erinnert heute an diese falsche Ortstradition. Auf dem Gelände sind jüd. und frühchristl. Gräber sowie die Reste einer byzantin. Kapelle zu sehen. Können wir auch manche evangelische Stätte nicht ganz genau lokalisieren, so bedeutet doch der ganze Ö. mit seinen weißgekalkten Gräbern und dem hochragenden Turm der russisch-orthodoxen Himmelfahrtskirche eine stumme Erinnerung an die ntl. Verheißung: »Dieser Jesus, der von euch weg hinaufgenommen worden ist, wird ebenso kommen, wie ihr ihn habt zum Himmel auffahren sehen« (Apg 1,11).

Literatur: F.M. Abel: Géographie de la Palestine I, [3]1967, 372-375; B. Bagatti: DBS VI, 1960, 688-699; W. Baier: BL, [3]1982, 1259-1261; V. Corbo: Ricerche archeologiche al Monte degli Ulivi, 1965; J.B. Curtiss: HUCA 28 (1957) 137-180; G. Dalman: Jerusalem und sein Gelände, 1930, 21-55. 258-263; ders.: Orte und Wege Jesu, [4]1967, 211-230; G. Klameth: Die Ölbergüberlieferungen, 1923; C. Kopp: Die heiligen Stätten der Evangelien, [2]1964, 452-465; G. Kroll: Auf den Spuren Jesu, [10]1988, 300-311. 419-429; J. Murphy-O'Connor: Das Heilige Land, 1981, 115-131; G. Sauer: BHH II, 1964, 1339f; W. Schmauch: ThLZ 77 (1952), 391-396; A. Storme: Le Mont des Oliviers, 1971; L.H. Vincent, F.M. Abel: Jérusalem Nouvelle I, 1914, 301-419. R.R.

OMRI. (Hebr. *ʿomrī*).

1. Sechster König (882-871 v.Chr.) des Nordreiches Israel und Gründer einer neuen Dynastie nach dem Tode *Elas. Nach dem Tode Baschas rief das Heer, das gerade *Gibbeton belagerte, O. zum König aus, nachdem es von der Verschwörung *Simris Kunde bekommen hatte (1Kön 16,15-17). Daraufhin marschierte O. zur Hauptstadt *Tirza und belagerte diese, bis Simri Selbstmord verübte (V. 18). Tibni, der auch Anspruch auf den Thron erhob, widerstand O. vier Jahre lang, wurde schließlich aber geschlagen. Danach regierte O. noch sieben Jahre (1Kön 16,23.29).

2. Sohn Bechers aus dem Stamm Benjamin (1Chr 7,8)

3. Judäer, Vorfahr Utais (1Chr 9,4).

4. Königlicher Beamter des Stammes Issaschar während der Herrschaft Davids (1Chr 27,18).

Aram, das unter Ben-Hadad I. so stark war, daß es einen Teil Israels während Baschas Regierung annektieren konnte, war noch z.Zt. O.s eine Bedrohung für Israel (vgl. 1Kön 20, 34). O. verband sich mit Etbaal, dem König von Sidon, indem er dessen Tochter *Isebel für seinen Sohn *Ahab als Frau gewann (16,31) und dadurch einen Teil der Gefahr abwandte. Er war ebenfalls stark genug, Moab zum Vasallen zu machen, wie es Mescha auf der *Moabiter-Stele (11,4.5; ANET, S. 320; DOTT, S. 196; vgl. 2Kön 3,4) vermerkte.

O. ist auch wegen seiner baulichen Aktivitäten bekannt. Deren wichtigste war die neue israelit. Hauptstadt bei *Samaria auf einem Grundstück, das er Schemer abgekauft hatte (1Kön 16,24). Die Stadt verfügte über eine hervorragende strategische Stellung und blieb Hauptstadt bis zum Fall Israels im Jahre 722 v.Chr. Ausgrabungen bei *Megiddo und *Hazor haben ebenfalls Gebäude zutage gefördert, die O. zugeschrieben werden.

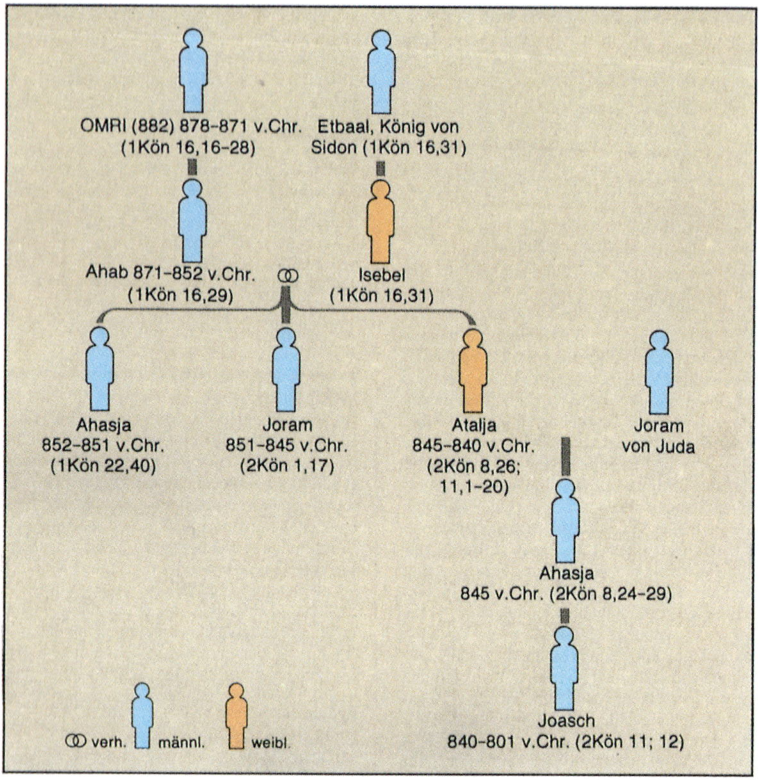

Die Dynastie Omris, des Königs von Israel (ca. 878–871 v.Chr.).

Zu O.s Regierung sind nur wenige Einzelheiten bekannt, aber assyr. Quellen belegen, daß bis zur Herrschaft *Sargons II. (722-705 v.Chr.) Israel unter dem Namen *māt/bīt Humri*, »Land/Haus Omris«, bekannt war (ANET S. 281-285). Da er heidnische Kulte duldete, ging O. als schlechter König in die Chronik der Könige Israels ein (1Kön 16,25f). D.W.B.

ON.

1. Eine ehrwürdige Stadt, ägypt. *'Iwnw* (Stadt des Pfeilers), griech. *Heliopolis*, von der heute lediglich noch zerstörte oder verschüttete Überreste bei Tell Chisn und Matarijeh, 16 km nordöstl. Kairos, zeugen. On war die Hochburg der ägypt. Sonnenverehrung, wo die Sonnengottheiten Rēʿ und Atun besonders verehrt wurden, sowie Entstehungsort eines der theologischen Systeme Ägyptens. Die Pharaonen schmückten den Tempel Rēʿs mit vielen Obelisken – hohen, monolithischen Pfeilern mit rechteckigem oder quadratischem Grundriß und einer pyramidenartigen Spitze. Solch ein »Pyramidion« stellte das *benben* oder den heiligen Stein Rēʿs dar, der zuerst die Strahlen der Morgensonne empfing. Jeder Pharao seit der 5. Dynastie (25. Jh.v.Chr.) wurde als »Sohn Rēʿs« bezeichnet. Die Priesterschaft von On/Heliopolis war ebenso einflußreich wie die des Gottes Ptah von Memphis; an Bedeutung übertraf sie nur noch diejenige des Gottes Amun von Theben zwischen 1600-1100 v.Chr. Die herausragende Bedeutung Ons spiegelt sich in 1Mo 41,45.50; 46,20, als Josef als Minister des Pharaos mit Asenat, der Tochter Potiferas, des Priesters zu On verheiratet wird. Der Titel könnte besagen, daß Potifera dort Hoherpriester war. Sein Name ist deshalb zutreffend mit

dem des Sonnengottes Reʿ verbunden (vgl. A. Rowe, PEQ 94, 1962, S. 133-142). On erscheint danach in der Geschichte Israels unter dem Namen *Bet-Schemesch, »Sonnenhaus«, als Jeremia (43,13) androht, daß Nebukadnezar »die Pfeiler Bet-Schemeschs« zerstören wird, d.h. die Obelisken von On/Heliopolis. Ob auch Jesajas »Sonnenstadt« (19,18; vgl. RevEB) On meint, ist ungewiß. Die Textvariante Awen (hebr. ʾ*awen*) aus Hes 30,17 (vgl. RevEB Fußnote) könnte als Wortspiel ʾ*awen*, »Schrecken, Boshaftigkeit«, in der Gerichtsandrohung Hesekiels über die ägypt. Städte auf On deuten.

2. On, ein Sohn Pelets, aus dem Stamm Ruben, erhob sich mit *Korach gegen Mose während der Wüstenwanderung (4Mo 16,1).

K.A.K.

ONAN. (Hebr. ʾ*ōnān*, »kraftvoll«). Der zweite Sohn *Judas (1Mo 38,4; 46,12; 4Mo 26,19; 1Chr 2,3). Nach dem Tod seines älteren Bruders Er sollte O. – so wollte es *Juda – mit *Tamar, Ers Witwe, eine Leviratsehe eingehen. O. wollte diesem Brauch nicht nachkommen und verhinderte das Ziel dieser Verbindung, die Zeugung von Nachkommen für seinen Bruder Er, indem er seinen Samen »auf die Erde fallen ließ« (V. 9). Das mißfiel Gott, so daß er O. mit dem Tode schlug (1Mo 38, 10). Anscheinend maß Juda danach einen Teil der Schuld am Tode seiner Söhne Tamar selbst zu (V. 11; vgl. *Ehe, Ehescheidung, Ehelosigkeit).

J.D.D.

ONESIMUS. O., um dessentwillen der Apostel *Paulus den bibl. *Philemonbrief schrieb, war Sklave im Haus des *Philemon, eines leitenden Gliedes der Christengemeinde in *Kolossae. Der Name O., der bei Sklaven häufig vorkam, bedeutet »der Nützliche«.

Wie sich aus dem Phlm erschließen läßt, war O. aus dem Hause seines Eigentümers geflohen und hatte dabei wahrscheinlich auch Geldmittel entwendet (V. 18f). Auf seiner Flucht war er dann - sei es zufällig, sei es gesucht – zum Kreis um den inhaftierten Paulus gestoßen; wahrscheinlich in Rom, wohin es viele entlaufene Sklaven trieb. Paulus konnte ihn zum Glauben an Christus führen (»mein Sohn Onesimus, den ich gezeugt habe in der Gefangenschaft«; V. 10) und setzte ihn für verschiedene Dienstleistungen ein (V. 13). Daß O. sich dabei – im Gegensatz zu seinem früheren treulosen Verhalten – ausgesprochen bewährte, erhellt aus dem Wortspiel, das Paulus in V. 11 mit der Wortbedeutung von O., »der Nützliche«, macht (»der dir früher unnütz war, jetzt aber dir und mir sehr nützlich ist«). Er gibt dem Philemon zu verstehen, daß er O. gern bei sich behalten hätte, da er ihm ans Herz gewachsen ist (V. 12). Da Paulus aber die Eigentumsrechte des Philemon an O. achtet, sendet er O. an ihn zurück, allerdings nicht ohne mit warmen Worten für eine gnädige Aufnahme des entlaufenen Sklaven zu bitten. Entlaufene Sklaven wurden in der Antike von professionellen Fangkommandos verfolgt, die sie aufspüren und den Eigentümern zurückbringen sollten (*fugitivarii*). Diese konnten sie dann nach Gutdünken bestrafen, weiterverkaufen oder gar töten. Darum bittet Paulus ausdrücklich, daß O. aufgenommen werde wie der Apostel selbst. Paulus sprengt also nicht die irdischen Ordnungen (auch nicht die der Sklaverei), sondern leitet die Christen an, sie im Gehorsam gegen Gott und in der Liebe zum Bruder zu gestalten.

Die Gelegenheit, O. nach Hause zurückzuschicken, ergab sich dadurch, daß der Apostel durch seinen Mitarbeiter Tychikus einen Brief an die Gemeinde in Kolossae senden wollte (*Kolosserbrief). So konnte der entlaufene Sklave unter dem Schutz des Tychikus sicher zurückkehren. Auch der Gemeinde in Kolossae wird O. als »treuer und lieber Bruder« empfohlen (Kol 4,9).

J. Knox hat die Behauptung aufgestellt, daß O. später Bischof in Ephesus geworden sei und als solcher eine Sammlung der Paulusbriefe veranstaltet habe; daher sei es gekommen, daß der kleine Philemonbrief nicht wie andere Briefe verlorenging, sondern in unser NT aufgenommen wurde. Tatsächlich erwähnt Ignatius von Antiochien um 110 n.Chr. in seinem Brief an die Epheser (*Apostolische Väter) O. als den Namen ihres Bischofs, des »in der Liebe Unbeschreiblichen« (Ign. Eph. 1,3; 2,1; 6,2). Wenn der Phlm und der Kol etwa im J. 62 n.Chr. entstanden sind und O. damals rund 20 Jahre alt war, dann hatte er z.Zt. des Ignatius fast das achte Lebensjahrzehnt erreicht. Chronologisch ist die These von Knox also gerade noch möglich; da aber jeder positive Beweis dafür fehlt, bleibt sie im Rahmen einer bloßen Vermutung. Daß der Phlm trotz seines eher privaten Charakters und seiner Kürze in das NT kam, erklärt sich zur Genüge aus seiner engen Verbindung mit dem Kolosserbrief.

Literatur: P. Ewald: Die Briefe des Paulus an die Epheser, Kolosser und Philemon, KNT Bd. X, [2]1910; H. Bürki: Der zweite Brief des Paulus an Timotheus, die Briefe an Titus und an Philemon, WStB, 1975; J. Knox: Philemon among the Letters of Paul, [2]1959; E. Lohse: Die Briefe an die Kolosser und an Philemon, KEK IX/2, [2]1977; J. Gnilka: Der Philemonbrief, HThK X/4, 1982.

U.S.

ONESIPHORUS. In seinem zweiten Brief, den Paulus an *Timotheus in Ephesus schrieb, läßt er dem Haus eines O. Grüße bestellen (4,19). In der Fürbitte gedenkt Paulus des O. und seines Hauses (1,16-18). Dieser treue Christ hatte dem Apostel oft Erleichterung in seiner Gefangenschaft in Rom geschafft und viele Mühen auf sich genommen, um ihn in Rom ausfindig zu machen. Sein Verhalten stand in bemerkenswertem Gegensatz zu dem anderer Christen Kleinasiens, die Paulus in der größten Not allein ließen. Wie schon *Onesimus, erfüllte auch O. den Anspruch seines Namens, der »Nutzbringer« bedeutet. Der Apostel erinnert Timotheus daran, daß er besser als Paulus wisse, wieviele Dienste O. den Christen in Ephesus erwiesen hat (1,16-18).

Literatur: E.E. Ellis: Paul and his Co-Workers, NTS 17, 1970-71, S. 437-452; F.J. Badcock: The Pauline Epistles, 1937, S. 150-158; H. Bürki: Der zweite Brief des Paulus an Timotheus, die Briefe an Titus und Philemon, 1975. R.V.G.T./R.P.M.

OPFER

I. Im Alten Testament.

I. OPFERBEGRIFFE.

Das AT gebraucht kein allgemeines, zusammenfassendes Wort für »Opfer«. Eine Ausnahme bildet der ziemlich selten verwendete Begriff *qorbān,* »das, was dargebracht wird« (*qrb,* »darbringen«; praktisch ist dieses Wort auf die gesetzlichen Bestimmungen der Priestertora beschränkt. (Im NT erscheint *qorbān* als Fremdwort nur Mk 7,11). Auch *'ischscheh* könnte in den Opferbestimmungen eine allg. Bedeutung haben; es wird jedoch erwogen, ob es nicht auf die Bedeutung »Feueropfer« (*'ēsch*) beschränkt werden sollte (vgl. aber 3Mo 24,9). Die restlichen, häufig verwendeten Begriffe meinen spezielle Arten von Opfern. Sie sind etwa von der Art der Darbringung näher bestimmt, so etwa *zebach* (Schlachtopfer) »das, was geschlachtet ist« (*zābach*) und *'ōlā* (Brandopfer), »das, was aufsteigt« (*'ālā*), oder von ihrem Zweck, wie *'ascham* (Schuldopfer), »für eine Schuld« (*'ascham*), und *chatta't* (Sündopfer), »für eine Sünde« (*chatta't*). Teilweise werden sie auch nach der Verwendung des Opfertiers unterschieden. Dieses kann entweder vollständig verbrannt (*'ōlā,* 3Mo 1), von Priestern und Opfernden gemeinsam verzehrt (*zebach,* 3Mo 3) oder von den Priestern allein gegessen werden (*chatt'āt* und *'ascham,* 3Mo 4-5). Zum Unterschied von *'ōlā* und *zebach* s. 5Mo 12,27 (vgl. Jer 7,21, wo der Prophet ironisch eine Nichtbeachtung solchen Unterschieds unterstellt).

Auch die unblutigen Opfergaben, die »Weihegaben«, fallen unter den Sammelbegriff *qorbān:* die Speisopfer (*minchā,* 3Mo 2), die Erstlingsfrüchte (*re'schit, bikkūrīm*), die Garbe am 16. Nisan, der Teig am Wochenfest und der Zehnte.

II. THEORIEN ÜBER DIE ENTSTEHUNG DES OPFERKULTS.

Opfer waren unter den Völkern der Antike nicht auf Israel beschränkt (vgl. Ri 16,23; 1Sam 6,4; 2Kön 3,27; 5,17); viele parallele Kultbräuche bei den Nachbarvölkern wurden zur Erklärung der israel. Opfer herangezogen. W.R. Smith (»Sacrifice«, EBr, 21, 1886, 132-138; The Religion of the Semites, 1889), konstruierte aus den prä-islamischen nomadischen Arabern einen hypothetischen »Semiten«, für den das Opfermahl die früheste Form des Kults darstellte; dabei bildete die Gemeinschaft der Opfernden mit der Gottheit das leitende Motiv. In der »Pan-babylonischen Bewegung« (H. Winckler, A. Jeremias, von etwa 1900 an) dachte man eher an die höhere Kultur Mesopotamiens und an das dort praktizierte hochentwickelte Ritual der Sühnopfer.

R. Dussaud bevorzugte einen kanaan. Hintergrund und fand zunächst Parallelen in den Listen für Opfersteuern in Karthago (Le sacrifice en Israél et chez les Phéniciens, 1914; Les origines canaéennes du sacrifice israélite, 1921) und später in den Ras Schamra/*Ugarit Texten (Les découvertes de Ras Schamra et l'Ancien Testament, 1937). Dabei deuteten die Textfunde von Ugarit (um 1400 v.Chr.) auf ein hochentwickeltes Kultritual mit verschiedenen Opfern, die ähnliche Namen wie die im AT begegnenden Opferbegriffe tragen. *schrp* war ein Brandopfer, das *dbch* ein Schlachtopfer für ein Mahl, *schlm* möglicherweise ein der Beschwichtigung dienendes Opfer und *'atm* die Entsprechung zum hebr. *'ascham* (diese Gleichsetzungen stammen nicht von Dussaud). Die Schule »Myth and Ritual« (S.H. Hooke, The Origins of Early Semitic Ritual, 1938; I. Engnell, Studies in Divine Kingship in the Ancient Near East, 1943), hob diesen ortsgebundenen Charakter der israelit. Opfer hervor und betonte die stellvertretende Rolle des leidenden Königs im Kult.

Für A. Alt war dies nicht überzeugend. Er hatte schon vorher behauptet (Der Gott der Väter, 1929 jetzt in: Kleine Schriften, Band 1, 1953, S. 1-78), daß die wahren Vorstufen des irsaelit. Glaubens eher bei den nomadischen Erzvätern zu suchen seien, die eine auf den

Prozession von Opfertieren. Basaltrelief aus Karkemisch. Höhe 1 m. 9.–8. Jh. v.Chr. (BM)

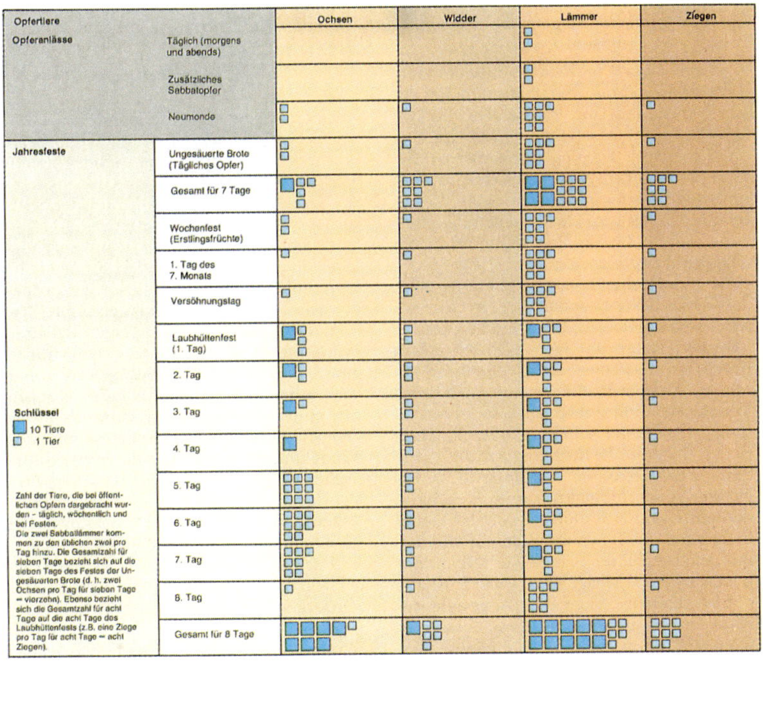

Opfer	Morgen		Abend	
Bibelstellen	*ʿōlā* (Brand-opfer)	*minchā* (Speise-opfer)	*ʿōlā*	*minchā*
2Mo 29,38–42	□	□	□	□
4Mo 28,3–9	□	□	□	□
1Kön 18,29				□
2Kön 3,20		□		
2Kön 16,15	□			□
Hes 46,13–15	□	□		

Die wichtigsten Hinweise auf die zweimal täglich stattfindenden Opferungen, ʿōlā und minchā.

Gott des Clan-Oberhauptes ausgerichtete Religionsform praktiziert hätten (der »Gott Abrahams«, der »Gott Isaaks«, der »Gott Jakobs«). V. Maag (»Der Hirte Israels«, Schweizerische Theologische Umschau 28, 1958, 2-28) führte diese These noch weiter und verwies auf die beherrschende Bedeutung des Bildes vom Hirten in den Beschreibungen dieses Gottes. Vom Hintergrund der nomadischen Hirtenkulturen der asiat. Steppen ausgehend, vertrat er die Ansicht, das Opfer dieser Nomaden sei ein Gemeinschaftsmahl gewesen, bei dem der Gott die Verantwortung für das vergossene Blut übernahm, das sonst nach Vergeltung geschrien hätte (vgl. A.E. Jensen, »Über das Töten als kulturgeschichtliche Erscheinung«, Paideuma 4,1950, 23-28; H. Baumann, »Nyama, die Rachemacht« ibid., 191-230). Israelit. Religion, wie sie im AT sichtbar werde, sei ein Synkretismus, in dem das nomadische *zebach*-Opfer neben den Gabeopfern des *ʿōlā*-Typus existiere, die von den im Lande seßhaften Kanaanäern übernommen wurden (V. Maag, VT 6, 1956, S. 10-18).

Eine derartige Sicht der Dinge gibt sowohl den Einflüssen der im Land ansässigen (kanaan.) Bevölkerung als auch dem nomadischen Aspekt (der Patriarchenüberlieferung) Raum. Aber sie wird doch subjektiv-einseitig, sobald man sie auf bestimmte Einzelerzählungen des AT anwendet. Das AT beschreibt das frühe Israel weniger als nomadisch, sondern eher als ein Volk im Stadium der Seßhaftwerdung. Die Erzväter besitzen bereits größere Weidetiere und betreiben etwas Ackerbau, und es wäre gut möglich, daß eine bessere Parallele für den hebr. Opferkult bei einem Stamm wie den afrikanischen Nuer gefunden werden kann. Wie E. E. Pritchard beschreibt (Nuer Religion, 1956), war in deren Opferkult die Darbringung eines Ochsen zur Sühne von Sünde vorgesehen. Die Schule Wellhausens zeichnete eine Entwicklung von einem fröhlichen Opfermahl in der frühen Zeit bis zu den Sünd- und Schuldopfern, die es erst in der nachexilischen Ära gab; (J. Wellhausen, Prolegomena zur Geschichte Israels, 1878, [6]1905; W.R. Smith, op. cit.); sie sah in der Verbindung von Opfer und Sühne die späteste Entwicklungsstufe. Diese Theorie ist jedoch nicht länger haltbar (vgl. die Studie des Verfassers: Penitence and Sacrifice in Early Israel, 1963), wie die folgende historische Skizze zeigen wird.

III. DIE GESCHICHTLICHE ENTWICKLUNG.

1. Die Zeit der Patriarchen.

Es ist bezeichnend, daß die ersten in der *Genesis/1. Buch Mose erwähnten Opfer keine *zebach*im Opfermahle sind, sondern die Opfergaben von Kain und Abel (*minchā*, 1Mo 4,3-4) und das Brandopfer Nohas (*'ōlā*, 1Mo 8,20; hier ist auch zum erstenmal von einem *Altar die Rede). Altäre werden für die Patriarchenzeit oft beschrieben (z.B. 1Mo 12,6-8); unglücklicherweise fehlen jedoch nähere Angaben über die Art des dargebrachten Opfers. Maag denkt dabei an das *zebach* Gemeinschaftsmahl, T.C. Vriezen (An Outline of Old Testament Theology, 1958, 26) hält jedoch das *'ōlā* Brandopfer für charakteristischer. Eine Stütze für diese Ansicht bietet 1Mo 22: Isaak weiß, daß Abraham, wie gewohnt, ein *'ōlā* darbringen will, und daß ein Lamm dafür als Opfertier in Frage kommt (V. 7). Opfermahle dagegen besiegeln Bündnisse (1Mo 31,54; dort haben wir den ersten Gebrauch von *zebach*); aber nicht jeder Bund ist von dieser Art. So läßt sich 1Mo 15,9-11 am besten als Reinigungsritual verstehen, wie es ähnlich in einem von O. Masson übersetzten hetit. Text erscheint (RHR 137, 1950, 5-25; vgl. O.R. Gurney, The Hittites, 1952, 151).

Was die Motive des Opferns in dieser Zeit anlangt, so ragen die Ehrung Gottes und die Danksagung für seine Güte hervor; noch tiefere Absichten lassen sich jedoch nicht ausschließen. Noahs Opfer darf nicht einfach als ein Dankopfer für die Rettung angesehen werden, sondern sollte der Sündentilgung und Sühne dienen. Als Jakob nach Ägypten zog (1Mo 46,1), machte er halt, um nach dem Willen Gottes zu fragen, und brachte Opfer dar (*zebach*), die wahrscheinlich die Tilgung von Sünden herbeiführen sollten (vgl. L. Rost, VT Suppl 7, 1960, p. 354; ZDPV 66, 1943, 205-216). In Ägypten wurde Israel zu einem feierlichen Opfer in die Wüste gerufen (2Mo 5,3, *zebach*) das Opfertiere erforderte (2Mo 10,25-26) und sich von jedem Opfer, wie es die Ägypter darbrachten, unterschied (2Mo 8,26).

2. Die Zeit des Stämmebundes.

Die Organisation Israels als eines Stämmebundes, die nach M. Noth erst auf dem Boden Palästinas und in der Zeit der Richter zustande kam (vgl. Geschichte Israels, [7]1963), wird durch eine feste bibl. Überlieferung in die Zeit Moses zurückgeführt. Herausragend unter den gemeinsamen Angelegenheiten der Stämme waren die drei Feste, an denen Opfer dargebracht werden mußten: »Keiner soll mit leeren Händen vor mir erscheinen!« (2Mo 23,15) Die uns am besten bekannten Opfer waren das Passa- und das Bundesopfer. Beim Passa sind die Motive: Opfer als Abwehrmittel gegen dämonische Schäden (apotropäisch) und Opfer als Gemeinschaftsmahl miteinander verbunden. In der Gewißheit, daß das Blut des Passalammes vergossen worden war, um Unheil abzuwehren, konnten sich die Glieder einer jeden Familie zusammen zu fröhlichem Mahl niedersetzen (2Mo 12; Jos 5,5-12). Ähnliche Motive hatten wahrscheinlich in das Bundesopfer und seine Wiederholungsfeiern Eingang gefunden (2Mo 24,1-8; 5Mo 27,1ff; Jos 8,30ff; 24; vgl. Ps 50,5). Beim Bundesopfer reinigte die Blutsprengung den Bund, und das

Ausrüstung für das Opfer, vielleicht für das Morgenritual, vor einem stufenförmigen Tempelturm (Zikkurat), mit Altären und Libationsgefäßen. Bronze, aus Susa, Iran. Länge 60 cm, Breite 40 cm. 12. Jh. v.Chr. (MC)

Essen des Mahles kennzeichnete den Bundesschluß.

Darüber hinaus gab es viele weitere Opfer, sowohl auf nationaler wie auf lokaler Ebene. Typische Opfer des ganzen Volkes waren solche, die in Krisen- und Kriegszeiten dargebracht wurden (Ri 20,26; 21,4; 1Sam 7,9); Buße und Reue standen dabei wohl im Vordergrund (vgl. Ri 2,1-5). Weihen und Neuanfänge wurden durch Opfer ausgezeichnet (Ri 6,28; 2Mo 32,6; 1Sam 6,14; 11,15; 2Sam 6,17); das galt auch für persönliche Anlässe zum Feiern (1Sam 1,3), zur Fürbitte (3Mo 23,1ff) und evtl. zur Gastfreundschaft (2Mo 18,12).

3. Die Königszeit.

Der Bau des Tempels durch Salomo bot die Gelegenheit zu Opfern speziell bei der Einweihung (1Kön 8,62ff) und danach zu regelmäßigen Opfern (1Kön 9,25). Da unsere Quellen jedoch Bücher über »Könige« sind, sprechen sie weit mehr von der Beteiligung des Königs (vgl. 2Kön 16, 10ff) als von der des Volkes. Daß ein täglicher Opferdienst im Entstehen war, wird jedoch durch eine Stelle wie 2Kön 12,16 bezeugt, ferner durch die häufige Erwähnung von Opfern in den Prophetenbüchern und in den Psalmen. Die vielen positiven Aussagen in den Psalmen zeigen, daß die gelegentliche Opferkritik der Propheten nicht als grundsätzliche Verwerfung zu bewerten ist, so als hätten Prophet und Priester einander bekämpft. Die Propheten wandten sich weniger gegen den Opferkult als solchen; vielmehr verurteilten sie die den Fruchtbarkeitskulten entlehnten Vorstellungen automatischer (»ex opere operato«) Wirksamkeit (Am 4,4f; Jes 1,11-16) und solche Neuerungen wie Götzendienst und Kinderopfer, die durch zum Abfall neigende Herrscher eingeführt wurden (Jer 19, 4; Hes 16,21).

Ein *Jesaja konnte seine Berufung im Tempel empfangen (Jes 6), und ein *Jeremia oder *Hesekiel fanden in ihrem Bild von der Zukunft Gottes auch einen Platz für einen gereinigten Kult (Jer 17,26; Hes 40-48). Die positive Haltung zum Kult überwiegt auch im Psalter, wo immer wieder von Opfern des Dankes bei der Einlösung von Gelübden gesprochen wird (z.B. Ps 66,13-15). Es gibt auch Äußerungen der Buße und der Freude über die Vergebung (Ps 32; 51), und obwohl in diesem Zusammenhang ein Opfer nicht oft erwähnt wird, kann es wohl aufgrund der Tatsache vorausgesetzt werden, daß Vergebung im Tempel erfahren wird (Ps 65,1-5). Alle derartigen Aussagen müssen nicht notwendigerweise als nachexilisch eingestuft werden; auch gilt es, die Klage der Propheten darüber zu bedenken, daß in der späteren Königszeit die Opfer nicht oft genug von der Buße begleitet waren.

4. Die nachexilische Zeit.

Die Katastrophe des Exils wird gewöhnlich so beurteilt, als habe sie zu einem tieferen Bewußtsein von Sünde geführt, was zweifelsfrei richtig ist (vgl. 2Kön 17,7ff; Neh 9). Wellhausen irrt jedoch mit seiner Meinung, daß erst im Exil die Tilgung von Sünden, wie wir das in Stellen wie 3Mo 1-7 und 3Mo 16 finden, in die Religion Israels Eingang gefunden habe. Hinweise auf Opfer, die sich außerhalb der priesterlichen Gesetze vor und nach dem Exil finden, sind zwar in der Regel zu knapp für eine endgültige Entscheidung in dieser Frage; aber sie sprechen auch kaum zugunsten von Wellhausens Annahme einer späten Entwicklung. Die Freude und ebenso die Reue bestimmen weiterhin den Charakter des Opfers (Esr 6,16-18; Neh 8,9ff). Tempel und Opferdienst haben einen hohen Stellenwert (Hag 1-2; Joel 2,14 und besonders die Chronikbücher), aber nur dann, wenn sie Ausdruck eines aufrichtigen Gottesdienstes sind (Mal 1,6ff; 3,3ff). In den apokalyptischen Schriften und in der Weisheitsliteratur erscheint der Opferkult als selbstverständliche Einrichtung (Dan 9,21.27; Pred 5,3; 9,2), dazu wird aber auch die moralische Seite des Kultus- wie bei den Propheten – weiterhin eingeschärft (Pred 4,17; Spr 15,8).

IV. DIE GESETZLICHEN ANORDNUNGEN FÜR DEN OPFERKULT.

Opfergesetze sind verstreut in allen Gesetzesbüchern (wie Bundesbuch, Heiligkeitsgesetz usw.) anzutreffen (2Mo 20,24ff; 34,25ff; 3Mo 17; 19,5ff; 4Mo 15; 5Mo 12 usw.); aber die Opfertorah par excellence befindet sich im Abschnitt 3Mo 1-7. Kap. 1-5 behandeln nacheinander das Brandopfer (*ʿōlā*), Speisopfer (*minchā*), Heilsopfer (*zebach*), Sündopfer (*chattaʿt*) und Schuldopfer (*ʾascham*), während Kap. 6-7 zu allen fünf Opferarten Ergänzungsregeln geben: 6,8-13 (Brandopfer); 6,14-18 (Speisopfer); 6,24-30 (Sündopfer); 7,1-10 (Schuldopfer); 7,11ff (Heilsopfer). Aus diesen Kapiteln und anderen Aussagen wurden die Daten für die folgende systematisierende Darstellung der Opfer zusammengetragen.

1. Die Art der Opfer und Abgaben.

Nur rituell reine Tiere, darunter auch Vögel, durften zum Opfer geschlachtet werden (1Mo 8,20), so etwa Stiere, Ziegen, Schafe, Turteltauben oder Tauben (vgl. 1Mo 15,9), nicht aber Kamele und Esel (2Mo 13,13; vgl. *Rein/Unrein). Diese Vorschriften sollte man nicht auf die Vorstellung zurückführen, das Opfer sei »Nahrung für die Götter« (nämlich, daß Götter äßen, was Menschen essen) – das könnte aus 3Mo 3,11; 21,6; Hes 44,7 geschlossen werden – denn Fisch (3Mo 11,9) und Wild (5Mo 12,22) durfte zwar gegessen, nicht aber

Im Anschluß an eine erfolgreiche Löwenjagd werden von Assurbanipal, dem König von Assyrien, Opfer dargebracht. Er gießt eine Libation (Trankspende) über tote Löwen, vor einem mit Opfergaben bedeckten Altar und einem Weihrauchständer. Relief aus dem Nordpalast von Ninive, ca. 640 v.Chr. (BM)

geopfert werden. Statt dessen scheint der Grundsatz des Eigentums und seiner Hergabe zu gelten (vgl. 2Sam 24,24). Wild wurde gewissermaßen ohnehin schon als Gottes Besitz angesehen (Ps 50,10ff; vgl. Jes 40,16), während Haustiere durch die Arbeit und Mühe des Menschen zu dessen Eigentum geworden waren (1Mo 22,13 ist nur scheinbar eine Ausnahme) und in einer Art von »Lebensgemeinschaft« mit ihm verbunden waren. Noch deutlicher war dies bei den unblutigen Opfergaben der Fall: Sie waren vom Menschen »im Schweiße seines Angesichts« produziert worden (Korn, Mehl, Öl, Wein etc.), und gehörten auch zu den Grundnahrungsmitteln. Unrechtmäßig erworbenes Eigentum wurde nicht als Opfer angenommen (5Mo 23,18).

Der Grundsatz: »Das Beste für Gott!« wurde durchweg beachtet, so hinsichtlich des Geschlechts: man zog männliche Tiere den weiblichen vor (3Mo 1,3; vgl. jedoch 3Mo 3,1; 1Mo 15,9; 1Sam 6,14; 16,2), und im Blick auf das Alter: Ausgewachsene Tiere hatten einen besonderen Wert (1Sam 1,24). Wichtig war physische Vollkommenheit; das Prädikat: »ohne Fehler« wird beständig hervorgehoben (3Mo 1,3; 3,1; 5Mo 15,21; 17,1; 22,17-25; vgl. Mal 1,6ff; zu beachten ist jedoch die Ausnahme bei freiwilligen Opfern 3Mo 22,23) und in einigen Fällen auch die Farbe: Rot wurde gewählt (4Mo 19,2), vielleicht, weil es Blut darstellte (vgl. die prähistorische Höhlenmalerei von Tieren). Den Unterschied zwischen Israel und seinen Nachbarn verdeutlicht die Ablehnung einer Ausweitung dieses Grundsatzes: »Das Beste für Gott!« auf seine scheinbar logisch denkbare Klimax, nämlich die Darbringung der menschlichen Erstgeburt. Das Kinderopfer, das es in der späteren Königszeit gab (2Kön 21,6), und die für frühere Zeiten gelegentlich berichteten Menschenopfer (Ri 11,29ff), waren durch fremde Einflüsse verursacht und wurden verurteilt durch Prophetenwort (Jer 7,31ff), striktes gesetzliches Verbot (3Mo 20,4) und durch beispielhafte Erzählung (1Mo 22). Die scheinbar anders lautende Weisung 2Mo 22,29b ist ganz sicher im Sinne von 2Mo 34,19-20 und 2Mo 13,12-16 zu verstehen. Der Grundsatz der Stellvertretung gilt nicht nur für die Auslösung der menschlichen Erstgeburt durch ein Tieropfer, sondern auch bei der zusätzlichen Anordnung für die Armen, als Sündopfer die erschwinglicheren Tauben (3Mo 5,7) oder, falls auch das noch zu viel war, ein Speiseopfer darzubringen (3Mo 5,11). Die Klausel: ». . . so wie er es aufbringen kann« (3Mo 14,22 etc.) ist dafür sehr bezeichnend. Trankopfer von Öl (1Mo 28,18), Wein (1Mo 35,14) und möglicherweise Wasser (1Sam 7,6) scheinen ihren Platz im Kult gehabt zu haben; aber nur die Weinspenden werden in den grundlegenden Opfergeboten erwähnt (4Mo 28,7 etc.). Das Verbot von Sauerteig und Honig (mit einigen Ausnahmen), möglicherweise auch von Milch, ist wohl auf deren leichte Verderblichkeit zurückzuführen. Den gegenteiligen Effekt sollte wahrscheinlich die Beigabe von Salz zu den Opfern haben, und zwar aufgrund seiner damals gut bekannten Konservierungseigenschaften (erwähnt nur in 2Mo 2,13 und Hes 43,24; vgl. jedoch Mk 9,49). Weihrauch (*lebōnā, qetōret*) spielte eine beträchtliche Rolle, sowohl als eigenständiges Opfer (2Mo 30,7; vgl. die Anweisungen für seine Herstellung in V. 34-38) und auch als Beigabe für die Speisopfer (3Mo 2). Viele Gelehrte, die an seiner Verwendung in der früheren Zeit zweifeln, da Weihrauch weder eßbar noch ein einheimisches Erzeugnis war (Jer 6,20), meinen, *qetōret* bezeichne in den Geschichtsbüchern eher die Verbrennung von Fett (*qtr*) als den Weihrauch, was jedoch nicht sicher ist (siehe N.H. Snaith, IB 3, 1954, 40 und J.A. Montgomery, ICC Kings, 1952, 104, auch VT 10, 1960, 113-129).

2. Die Anlässe für den Opferdienst.

Die gesetzlichen Bestimmungen handeln sowohl von nationalen als auch von privaten Opfern sowie von alltäglichen und festlichen Anlässen. Die ersten gut bezeugten Opfer des ganzen Volkes gab es bei den jahreszeitlich bedingten Erntefesten: dem Fest der ungesäuerten Brote, dem Erstlingsfrüchte- oder Wochenfest und dem Lese- oder *Laubhüttenfest (2Mo 23,14-17; 34,18-23; 5Mo 16). Mit dem ersten war schon früh das Passa verbunden (Jos 5,10-12) und mit dem letzten aller Wahrscheinlichkeit nach die Zeremonie der Bunderneuerung (vgl. 2Mo 23; 5Mo 31,10ff; Jos 24) und vielleicht Neujahrs- und Versöhnungsriten (vgl. 3Mo 23,27ff). Ein reichhaltiges Verzeichnis für die Opfer bei diesen und weiteren gebotenen Anlässen – bei der monatlichen Feier des Neumonds, bei der wöchentlichen Sabbatfeier und dem täglichen Morgen- und Abendopfer – findet sich in 4Mo 28-29 (Tabelle auf S. 1092).

Die Frage, wann das zweimal täglich stattfindende Opfer eingeführt wurde, ist umstritten, und wegen der Zweideutigkeit des Begriffs *minchā*, der Speis- und Brandopfer bedeuten kann, ist Gewißheit nur schwer zu erreichen (siehe Tabelle auf S. 1093). Ohne Zeit-

Rekonstruktion des Opferaltars aus Akazienholz und Kupfer, der in der Stiftshütte stand (2Mo 27,1–5). (JCL)

Reihenfolge						
Hebr. Begriffe	*hiqrīb*	*sâmach*	*schâchat*	*zâraq*	*hiqtīr*	*ʿâchal*
ʿōla (Brandopfer) 3Mo 1,1-17						
männliches Rind	3Mo 1,3	3Mo 1,4	3Mo 1,5a	3Mo 1,5b	3Mo 1,9b	
Schaf oder Ziege	3Mo 1,10b	-	3Mo 1,11a	3Mo 1,11b	3Mo 1,13b	
zebach (Friedensopfer/Dankopfer) 3Mo 3,1-17						
männl. oder weibl. Rind	3Mo 3,1b	3Mo 3,2a	3Mo 3,2a	3Mo 3,2b	3Mo 3,5	
Lamm	3Mo 3,6b	3Mo 3,8a	3Mo 3,8a	3Mo 3,8b	3Mo 3,11	
Ziege	3Mo 3,12b	3Mo 3,13a	3Mo 3,13a	3Mo 3,13b	3Mo 3,16	

Die Verfahrensweise beim Brand- und Heilsopfer nach 3Mo 1; 3.

angabe werden auch *ʿōlā* und *minchā* in 1Sam 3,14; Jer 14,12; Ps 20,3 erwähnt, *ʿōlōt* und *minchōt* als dauernde Einrichtung in Esr 3,3ff und Neh 10,33.

Ein Opfer eher privater Natur war das Passa, das für die feiernde Familie bestimmt war (2Mo 12; vgl. 1Sam 20,6, wo es jedoch beim Neumond und nicht beim Vollmond stattfand), sowie Opfer einzelner Personen, wie die in Erfüllung eines Gelübdes (1Sam 1,3; vgl. V. 21; 2Sam 15,7ff) oder zur Bestätigung eines Vertrages (1Mo 31,54), zur Verehrung Gottes (Ri 13,19), bei einer persönlichen Kulthandlung (1Kön 3,4), bei einer Weihe (1Sam 16,3) oder Sühnehandlung (2Sam 24,17ff). Es wird nicht deutlich, ob auch die Aufnahme eines Gastes immer als Anlaß für ein Opfer angesehen wurde (1Mo 18; 4Mo 22,40; 1Sam 28,24 betreffen wohl keine Riten am Altar, vgl. jedoch 1Sam 9). Weitere in den Gesetzen erwähnte Anlässe sind die Reinerklärung eines Aussätzigen (3Mo 14), die rituelle Reinigung nach einer Geburt (3Mo 12), die Weihe eines Priesters (3Mo 8-9) oder Leviten (4Mo 8) und die Lossprechung eines *Nasiräers von seinem Gelübde (4Mo 6). Seltener waren die Opfer bei der Weihe eines Heiligtums (2Sam 6,13; 1Kön 8,5ff; Hes 43,18ff; Esr 3,2ff), der Krönung eines Königs (1Sam 11,15; 1Kön 1,9) und an den Tagen nationaler Buße (Ri 20,26; 1Sam 7) oder bei der Vorbereitung zum Kampf (1Sam 13,8ff; Ps 20).

Zu den saisonbedingten Opfern, die man in jedem Jahr in Anerkennung von Gottes Anteil am Wachstum darbrachte, gehörten erstgeborene Tiere und Erstlingsfrüchte (2Mo 13; 23,19; 5Mo 15,19ff; 18,4; 4Mo 18; vgl. 1Mo 4,3-4; 1Sam 10,3; 2Kön 4,42), der *Zehnte sowie die Darbringung der ersten Garbe (3Mo 23,9ff) und der Teighebe (4Mo 15,12-21; Hes 44,30; vgl. 3Mo 23,15ff). Wahrscheinlich war der Zweck dieser Darbringung nicht etwa der, die restliche Ernte zu weihen, sondern sie für den profanen Gebrauch zu gewinnen. Alles gehörte Gott, solange nicht der erste Teil dargebracht und anstelle des Ganzen von Gott angenommen worden war. Erst dann war das Übrige für die Nutzung durch den Menschen freigegeben (3Mo 23,14; vgl. 19,23-25). Selbst der dargebrachte Anteil wurde gewöhnlich nur symbolisch zum Altar gelegt und anschließend wieder weggenommen und für die Priester oder für ein Opfermahl verwendet. Mit den wöchentlichen Schaubroten wurde ebenso verfahren.

3. Das Opferritual.

Die wichtigsten Altaropfer von 3Mo 1-5 sind in den Rahmen eines stereotypen Rituals eingeordnet, das sechs Akte enthält, von denen je drei den Opfernden und den Priester betreffen. Am Brandopfer (*ʿōlā*) und am Schlachtopfer (*zebach*) sollen diese Akte veranschaulicht werden (vgl. R. Rendtorff, Die Gesetze in der Priesterschrift, 1954; dazu die Tabelle auf S. 1092). Die Anordnungen für das Sündopfer (*chattāʾt*) werden für vier Gruppen bzw. Standespersonen nacheinander gegeben (3Mo 4,1-12.13-21.22-26.27-31) und folgen dabei – mit Ausnahme kleiner Details – dem gleichen Schema. Das Brandopfer eines Vogels (3Mo 1,14.17) und das Speiseopfer (3Mo 2) weisen notwendigerweise größere Abweichungen auf, sind jedoch nicht völlig verschieden. Für das Schuldopfer wird kein vergleichbares Formular gegeben (vgl. aber 7,1-7); es kann jedoch als unter das Sündopfergesetz fallend verstanden werden (3Mo 7,7).

a. Der Opfernde »bringt« seine Gabe »dar« (*hiqrîb*, auch *hēbî*, *ʿāsā*). Der Ort für die Opferschlachtung ist der Vorhof der Stiftshütte auf der N-Seite des Altars (für die Brand-, Sünd- und Schuldopfer, nicht aber für die zahlreicheren Heilsopfer), obwohl es in früheren Zeiten der Eingang zur Stiftshütte (3Mo 17,4) oder der eines lokalen Heiligtums (1Sam 2,12ff) gewesen sein kann, oder ein einfacher Altar aus Steinen oder Erde (2Mo 20,24ff), ein Felsblock (1Sam 6,14) oder Malstein (1Mo 28,18). Das Töten auf dem Altar, obwohl in 1Mo 22,9 und 2Mo 20,24 vorausgesetzt (in Ps 118,27 ist der hebr. Text korrupt), gehört nicht zum gewöhnlichen Ritual.

b. Der Opfernde stemmte (*sāmak*) seine Hände – in der bibl. Zeit eher eine Hand (vgl. 4Mo 27,18) – auf das Opfertier und bekannte möglicherweise seine Sünden. Das Letztere wird ausdrücklich, freilich nur in Verbindung mit dem Sündenbock, erwähnt, dessen Blut nicht vergossen wurde (3Mo 16,21), und bei einigen Sünd- (3Mo 5,5) und Schuldopfern (4Mo 5,7) (vgl. jedoch 5Mo 26,3; Jos 7,19-20), so daß *semika* nicht mit Sicherheit als das Übertragen von Sünde bestimmt werden kann. Andererseits scheint es nicht angemessen zu sein, das Ganze einfach als einen Akt der Identifikation des Besitzers mit seinem Eigentum anzusehen (»Existenzstellvertretung«, H. Gese), denn diese Identifikation wurde bei unblutigen Opfern nicht vollzogen, wo sie gleichfalls angemessen gewesen wäre. Repräsentation, wenn nicht Übertragung, scheint in jedem Fall mitgedacht worden zu sein (vgl. den Gebrauch des Begriffs *semika* für die Beauftragung Josuas, 4Mo 27,18, und der Leviten, 4Mo 8,10, und bei der Steinigung eines Gotteslästerers, 3Mo 24,13d. Vgl. P. Volz, ZAW 21, 1902, 93-100, und zur gegenteiligen Meinung J.C. Matthes, ibid. 23, 1903, 97-119).

c. Das Schlachten (*schāchat*) wird vom Opfernden ausgeführt, mit Ausnahme der nationalen Opfer (3Mo 16,11; 2Chr 29,24). In den Schriften außerhalb der Priestergesetze wird das Verb *zābach*, »schlachten« verwendet, das sich jedoch auf das nachfolgende Zerteilen des Opfertiers und das Hinauflegen seiner Teile auf den Altar (*mizbēach*, nicht *mischchat*) bezogen haben mag (so K. Galling, Der Altar, 1925, pp. 56ff). Normalerweise steht dafür jedoch *ntch* (1Kön 18,23; 3Mo 1,6), während *zābah* eher die *zebahim* Opfer beschreibt, einige wenige Stellen ausgenommen (2Mo 20,24; 1Kön 3,4; vgl. 2Kön 10,18ff), wo es bei den *ʿōlōt* erscheint. Diese Ausnahmen sind vielleicht einem unpräzisen Gebrauch des Verbs *zābach* zuzuschreiben, das in verwandten Sprachen sogar für Gemüseopfer benutzt werden kann, und im Hebr. scheint es sehr allg. für das ganze Wesen des gewöhnlich entarteten Opferkults zu stehen. Es ist deshalb nicht sicher, ob jeder Gebrauch von *zebah* mit Opfern zu tun hatte, oder ob Fleisch nur in Verbindung mit Opfern gegessen werden konnte, obwohl dies in der Antike oft der Fall war (vgl. das Problem des *Götzenopferfleisches in Korinth; s. N.H. Snaith, VT 25, 1975, 242-246).

d. Das Sprengen (*zāraq*) des Blutes war Sache des Priesters, der es in einer Schale auffing und so an die NO- und SW-Ecken des Altars schüttete, daß alle vier Seiten benetzt wurden. Dies geschah bei den Opfern von Tieren: den Brand- (3Mo 1), Heils- (3Mo 3) und Schuldopfern (3Mo 7,2), nicht aber bei Brandopfern von Vögeln (3Mo 1,15), deren Blutmenge nicht ausreichte, weshalb man sie an der Seite des Altars ausbluten ließ. Für das Sündopfer (3Mo 4) wird eine andere Gruppe von Verben gebraucht, nämlich *hizzā*, sprengen, oder *nātan*, »geben«, je nachdem ob das Opfer erstrangig oder zweitrangig ist (s.u.). Der Rest des Blutes wird dann am Sockel des Altars ausgeschüttet (sāphak). In den Geschichtsbüchern wird der Blutritus nur 2Kön 16,15 erwähnt (vgl. aber 1Sam 14,31-35; 2Mo 24,6-8. S. Th.C. Vriezen, OTS 7, 1950, pp. 201-235; D.J. McCarthy, JBL 88, 1969, pp. 166-176; 92, 1973, pp. 205-210; N.H. Snaith, ExpT 82, 1970-71, pp. 23f).

e. Das teilweise Verbrennen (*hiqtîr*) gehörte zu allen Opfern. Nicht nur das Blut, sondern auch das Fett gehörte Gott und wurde als erstes verbrannt (1Mo 4,4; 1Sam 2,16). Das betraf nicht das Fett generell, sondern speziell das von Nieren, Leber und Eingeweiden. Von den Heils-, Sünd- und Schuldopfern wurde nur dies verbrannt, von den Speisopfern wurde ein *ʾazkārā* genannter Anteil abgetrennt und verbrannt. Aber die Brandopfer gingen vollständig in Rauch auf, mit Ausnahme der Haut, die zu den Vorrechten der Priester gehörte (3Mo 7,8). Eine andere Verbrennungsmethode (*sāraph*) abseits des Altars, bei der auch die Haut nicht ausgenommen war, wurde den Sündopfern primären Ranges zuteil.

f. Die restlichen Teile des Opfers wurden bei einem Opfermahl verzehrt (*ʾākal*), entweder von den Priestern und den Opfernden gemeinsam (Heilsopfer) oder von den Priestern und ihren Familien oder von den Priestern allein. Die Speise der Priester wurde als heilig oder als hochheilig eingestuft. Unter die erste Rubrik fielen die Heilsopfer (3Mo 10,14; 22,10ff), Erstlingsfrüchte und Zehnten (4Mo 18,13), die durften von der Familie des Priesters an jedem reinen Ort gegessen werden. Zur zweiten Kategorie zählten die Sündopfer (3Mo 6,26), Schuldopfer (3Mo 7,6), Speisopfer (3Mo 6,16) und die Schaubrote (3Mo 24,9); diese durften nur von den Priestern selber und nur im Tempelbereich verzehrt werden. Das Opfermahl des Volkes von den Heilsopfern war eine beliebte Nebenhandlung des örtlichen Gottesdienstes in früher Zeit (1Sam 1; 9), tendierte aber mit der Zentralisation des Kultus in Jerusalem dazu (vgl. 5Mo 12), hinter die formalen Aspekte eines wirklichen Gottesdienstes zurückzutreten. Allerdings wurde es auch in der späten Zeit bis hin zu Hes 46,21-24 noch vorgesehen.

4. Die Arten des Opfers

a. *ʿōlā.* Das Brandopfer scheint mehr Anspruch darauf zu haben, das typische hebr. Opfer genannt zu werden, als das von der Schule Wellhausens favorisierte *zebach.* Es ist von Anfang an da (1Mo 4; 8,20; 22,2; 2Mo 10,25; 18,12; Ri 6,26; 13,16), wurde früh ein regelmäßiger Ritus (1Kön 9,25; vgl. 1Kön 10,5), fehlte nie bei großen Anlässen (1Kön 3,4; Jos 8,31) und behielt seine dominierende Rolle bis zu den spätesten Zeiten (Hes 43,18; Esr 3,2-4; s. R. Rendtorff, Studien zur Geschichte des Opfers im Alten Israel, 1967). Was immer zu Robertson Smiths Ansicht von einem anfänglichen Heilsopfer, aus dem sich das Brandopfer später entwickelte, gesagt werden mag: soweit es das AT angeht, war es das *ʿōlā*, von dem Speiseopfer (*minchā*), Schuldopfer (*ʾaschām*), Sündopfer (*chattaʿt*) und sogar die Heilsopfer (*selāmīm*) abzustammen scheinen. Auch das fünfmal erwähnte *kālīl* (1Sam 7,9; Ps 51,21; 5Mo 33,10; vgl. 5Mo 13,16 und 3Mo 6,22-23) ist nur ein anderer Name für *ʿōlā*, obwohl es in den Listen von Karthago und Marseille scheinbar etwas verschieden ist.

Obwohl Rosts Ansicht, der Kultbrauch des *ʿōlā* sei auf Griechenland und die Region »in den Grenzen des Taurus im N, dem Mittelmeer im W und der Wüste im O und S« begrenzt gewesen, zum Teil zutrifft (Erwägungen zum israelitischen Brandopfer in: Von Ugarit nach Qumran, FS Eißfeldt, 1958, 177-183), so ergibt sich daraus nicht, daß seine Ursprünge in Israel, im Menschenopfer (2Kön 3,27) oder in Abwehrriten nach Art der griech. zu suchen seien. Sein unstrittiger Gabecharakter ist ersichtlich aus der Sublimierung der Opferelemente in eine Form, in der sie zu Gott gebracht werden können (Ri 6,21; 13,20; vgl. 5Mo 33,10), was jedoch nichts über den Zweck der Gabe aussagt, der Huldigung und Danksagung oder Tilgung von Sünde sein konnte. Die zuletzt genannte Sinngebung ist in Hiob 1,5; 42,8 und vielen frühen Textstellen enthalten und wird als Grund für das Opfer in 3Mo 1,4 angegeben (vgl. den Ugarittext 9,7, wo das Brandopfer [*schrp*] mit Vergebung für die Seele verbunden ist [*slh npsch*]). Als das Sündopfer die erste Stelle in der Rangfolge der Opfer einnahm (Mischna, *zebach*im 10,2), tendierte es zur Übernahme dieser Aufgabe, die es ursprünglich jedoch nicht besaß (vgl. 4Mo 28-29; vgl. auch 4Mo 6,14 mit 6,11).

b. *minchā* (»Mehlopfer«, LÜ: »Speisopfer«). Es ist etwas verwirrend, daß dieser Ausdruck im AT in drei verschiedenen Bedeutungen verwendet wird: 34 mal bedeutet er einfach »Geschenk« oder »Tribut« (vgl. Ri 3,16; 1Kön 5,1 – die Wurzel ist wahrscheinlich *mānah,* »geben«, vgl. die besondere Pluralform in Ps 20,4 MT); 97 mal bezeichnet er das Getreideopfer in den priesterlichen Gesetzen (z.B. 3Mo 2); eine unbestimmte Zahl der übrigen Belege hat auch diese Bedeutung (z.B. Jes 43,23; 66,20), wogegen er in den restlichen sich auf Opfer im allg. (1Sam 2,29; 26,19 und wahrscheinlich bei Maleachi) und Tieropfer im besonderen bezieht (1Sam 2,12-17; 1Mo 4,3-4; siehe aber N.H. Snaith, VT 7, 1957, 314-316). S.R. Driver definiert den Begriff *minchā* richtig so, daß er nicht nur die wertfreie Idee einer Gabe zum Ausdruck bringe, sondern ein Geschenk bezeichne, »das gemacht wird, um Wohlwollen zu gewinnen oder zu erhalten« (HDB, 3, 1900, 587; vgl. 1Mo 33,10); dieser auf Versöhnung und Huld zielende Sinn steht auch in solchen Opferstellen wie 1Sam 3,10-14; 26,19 im Vordergrund.

In diesen Stellen ist *minchā* als ein eigenständiges Opfer, wogegen es in den Gesetzen eine zusätzliche Gabe bei Brand- und Heilsopfern darstellt (4Mo 15,1-16), mit Ausnahme von 4Mo 5,15.25; 3Mo 5,11-13; 6,19-23. Nach 3Mo 2 soll es entweder aus Mehl (2,1-3), gebackenen Kuchen (2,4-10) oder ungemahlenem Korn bestehen (2,14-16), zusammen mit Öl und Weihrauch (*lebōnā*). Mit diesem »*minchā* des Vorhofes« läßt sich vergleichen, was J.H. Kurtz das »*minchā* der heiligen Stätte« nannte – der Räucheraltar, die Schaubrote auf dem Tisch und das Öl in der Lampe (The Sacrificial Worship of the Old Testament, 1865). Andere Zutaten könnten Salz (3Mo 2,13) und Wein sein (3Mo 23,13). Keine dieser Gaben wurde von den Opfernden verzehrt (aber 3Mo 7,11-18). Sie gingen an die Priester, aber erst dann, wenn ein »Teil des Gedenkens« (3Mo 2,2) auf dem Altar verbrannt worden war. Die Übersetzung »Gedenkanteil« setzt eine Ableitung des Wortes *'azkārā* von *zākar,* »gedenken«, voraus. G.R. Driver hat jedoch die Bedeutung »Zeichen« vorgeschlagen: ein Teil für das Ganze sei gemeint (ISS 1, 1956, 97-105); das wäre noch ein weiterer Beleg für das Prinzip der Stellvertretung bzw. Ersatzleistung in den Opfern.

c. Schlachtopfer (*zebach*) und Heilsopfer (*selāmīm*).

Wieder variiert der Gebrauch, nachdem *zebach* und *selāmīm* manchmal austauschbar (3Mo 7,11-21; 2Kön 16,13.15) und dann wieder unterschieden sind (Jos 22,27; vgl. 2Mo 24,5; 1Sam 11,15), manchmal unabhängig voneinander auftreten (2Sam 6,17-18; 2Mo 32,6) und dann wieder zu einem zusammengesetzten Ausdruck *zebach selāmīm* oder *zibehē selāmīm* verbunden sind (so gewöhnlich im priesterlichen Gesetz). Es ist zu fragen, ob all diese Verwendungen einfach als Bezug auf das *zebach*-Opfermahl verstanden werden können. Möglicherweise war *selāmīm,* allein verwendet, überhaupt kein Mahl (vgl. jedoch 2Sam 6,19), sondern ein feierliches Sühnopfer, ähnlich dem Brandopfer (*ʿōlā*) (so R. Rendtorff, Studien zur Geschichte des Opfers); es kann in Verbindung mit anderen Opfern diese Bedeutung noch behalten haben. In Ugarit scheint man ein *schlm* als eine Art von Sühneritus gekannt zu haben (D.M.L. Urie, 'Sacrifice among the West Semites', PEQ 81, 1949, 75-77), was in solchen Stellen wie Ri 20,26; 1Sam 13,9; 2Sam 24,25 reflektiert wird. Keinesfalls aber wäre ein anschließendes Freudenmahl ein Widerspruch, falls die Freude die der Vergebung war, denn das *zebach*-Bundesmahl war für gewöhnlich auch ein Kennzeichen der Aussöhnung nach der Entfremdung (1Mo 31,54; vgl. S.I. Curtiss, 'The Semitic Sacrifice of Reconciliation', The Expositor, 6th series, 6, 1902, 454-462).

Jeder der vorgeschlagenen Ableitungsversuche von *schelem* - aus *schalōm,* »Frieden«, d.h. »Frieden schließen« (vgl. G. Fohrer, »vervollständigen«, d.h. »abschließendes Opfer«; ThWNT VIII, 1960, 1022f), oder aus *schillēm,* »wieder gutmachen«, d.h. »bezahlen, sühnen« (vgl. B.A. Levine, »ein Tribut, eine Gabe, ein Grußgeschenk«. In the Presence of the Lord, 1974) – wäre angemessen und der Reduktion des Heilsopfers auf das, was in Wahrheit ein Teil des Ganzen wäre, vorzuziehen; nämlich »Gelübdeopfer« oder »Dankopfer«. Diese beiden zusammen mit dem »freiwilligen Opfer« bildeten drei Arten innerhalb des eigentlichen »Heils-(Friedens)-Opfers«, und die sie betreffenden Regelungen (3Mo 7,11ff) sind eine Ergänzung zu 3Mo 3. Alle drei waren Dankopfer, aber das Gelübdeopfer, das zum Zeitpunkt seiner Darbringung von einem früheren Versprechen entband, stand nicht mehr wie die anderen frei zur Wahl. Aus diesem Grund wurde wahrscheinlich für das Gelübde auf die strengere Regelung zurückgegriffen, daß ein männliches Opfertier ohne Makel erforderlich sei (3Mo 22,23). 3Mo 7 fügt auch die Regeln für das Opfermahl hinzu, die in Kap. 3 fehlten – nämlich daß das Dankopfer noch am selben Tag gegessen werden mußte, und das Gelübde- und freiwillige Opfer nicht später als am folgenden Tag. Die Anteile der Priester werden als »Webopfer« (Brust) und »Hebopfer« (Schulter) definiert. G.R. Driver (op.cit.) vermutet in den Ausdrücken »Weben« (»Schwingen«) (tenūpa) und »Heben« (*terūmā*) etwa die Bedeutung »Beitrag«, was plausibler erscheint als die ältere Ansicht von horizontalen und vertikalen Bewegungen am Altar, die kaum angebracht sind, wenn die Objekte Widder, Ziegenböcke und Leviten sind (4Mo 8,11). (Siehe W.B. Stenvenson, ›Hebrew‹ ›Olah and Zebach Sacrifices‹, FS A. Bertholet, 1950, 488-497; vgl. J. Milgrom, ›The Alleged Wave-Offering in Israel and in the Ancient Near East‹, IEJ 22, 1972, 33-38.)

4. *'ascham* und *chattaʿt.*

Die Namen dieser Opfer. »Schuldopfer« (Übertretungsopfer) und »Sündopfer« bezeichnen die Art von Übertretungen, die sie sühnen sollen: *'ascham,* »Schuld«, und *chattaʿt,* »Sünde«. Im Kontext des Kults meinen diese Termini nicht so sehr moralische Vergehen als vielmehr solche, die in rituellem Sinne verunreinigen, obwohl der moralische Aspekt keineswegs ausgeschlossen ist. Die rituelle Reinheit betreffen die Sündopfer des (geheilten) Aussätzigen (3Mo 14; vgl. Mk 1,44) und der Mutter nach einer Geburt (3Mo 12; vgl. Lk 2,24); der moralische Aspekt erscheint bei den Opfern für Betrug, Veruntreuung (3Mo 6,1-7) und sexuelles Fehlverhalten (3Mo 19,20-22). Diese Fälle können jedoch kaum mehr als zufällige Ausschnitte zur Illustration der Gesetze sein und sollten nicht als vollständige Aufzählung des Opfers für Sünde in diesen Gesetzen betrachtet werden, geschweige denn im gesamten Bereich des Kults. Z.B. spielen diese Opfer in der im AT berichteten Geschichte so gut wie keine Rolle. Im *Deuteronomium/5. Buch Mose werden sie nicht erwähnt (vgl. 5Mo 12) und sind wahrscheinlich auch in Hos 4,8 nicht angesprochen. Dies ist jedoch weniger auf ihren nachexilischen Ursprung zurückzuführen, wie Wellhausen behauptete – denn dem Hesekiel sind sie wohl vertraut (vgl. 40,39; 42,13) und könnten in Ps 40,7; 2Kön 12,16; 1Sam 6,3 angedeutet sein (es sei denn, dies sind nur Geldopfer) – als auf die Tatsache, daß sie auf einzelne Personen und Fälle bezogen sind (was auch das Schweigen bezüglich des *'ascham* erklären würde, das kein Festopfer war) und auf den fragmentarischen Charakter der Texte. Auch für die nachexilische Zeit werden sie kaum erwähnt (*'ascham* hat einen – unsicheren – Beleg nur in Esr 10,19, *chatta't* erscheint in Neh 10,35 und in der wohl formelhaften Wendung des Chronisten (Esr 6,17; 8,35; 2Chr 29,21ff). Ähnlich unklar ist auch, in welcher Beziehung die beiden Opfer zueinander stehen (z.B. werden sie in 3Mo 5,6 synonym verwendet). Mit Sicherheit läßt sich nur sagen, daß für Sünden gegen den Nächsten eher das *'ascham* und für die gegen Gott eher das *chatta't* zuständig ist. Demgemäß erfordert das *'ascham* eine finanzielle Entschädigung zusätzlich zum Opfer. Der Wert der Unterschlagung plus einem Fünftel mußte dem geschädigten Nächsten bezahlt werden (3Mo 5,24) oder, falls dieser oder sein Vertreter nicht verfügbar waren, dem Priester (4Mo 5,8). Das Opfertier beim Schuldopfer, gewöhnlich ein Widder, fiel ebenfalls dem Priester zu und konnte nach dem vorgeschriebenen Blut- und Fettritual von den Priestern als »Hochheiliges« verzehrt werden (3Mo 7,1-7). Die gleiche Anordnung gilt (3Mo 6,17-22) für die Sündopfer des Herrschers (3Mo 4,22-26) und des gewöhnlichen Israeliten (3Mo 4,27-31); in diesen Fällen wird jedoch das Blut auf die Hörner des Altars gestrichen. Die Sündopfer des Hohenpriesters (3Mo 4,1-12) und der ganzen Gemeinde (3Mo 4,13-21) folgen einem noch feierlicheren Ritual, bei dem das Blut vor dem Vorhang des Heiligtums versprengt wird (*hizzā*, nicht *zāraq*) und die Leiber der Opfertiere nicht gegessen, sondern außerhalb des Lagers verbrannt werden (*sāraph*, nicht *hiqtir*) (3Mo 6,30; vgl. Hebr 13,11). Ergänzend zu den Opfern dieser vier Stände werden Anordnungen für Ersatzopfer der Armen gegeben (3Mo 5,7-13). Die Kap. 4 und 5 enthalten somit eine Stufenskala von Opfertieren: Stier (Hohepriester und Gemeinde, vgl. jedoch 4Mo 15,24; 3Mo 9,15; 16,5), Bock (Herrscher), Ziege oder Lamm (gewöhnlicher Israelit), Turteltauben oder Tauben (Armer), Mehl (extrem Armer). Folgende Prinzipien können herausgestellt werden: Jedermann mußte irgendein Sündopfer darbringen; niemand durfte von seinem eigenen Sündopfer essen; je wichtiger das Motiv der Versöhnung war, desto näher mußte das Blut zu Gott gebracht werden. Am großen Versöhnungstag ging man sogar hinter den Vorhang und sprengte das Blut auf die Lade. (Siehe D. Schötz, Schuld- und Sündopfer im Alten Testament, 1930; L. Morris, 'Asham', EQ 30, 1958, 196-210; J. Milgrom, VT 21, 1971, 237-239; D. Kellermann, TDOT 1, 429-437).

5. Die Bedeutung.

Der oft betonte Zweck der Opfer im 3. Buch Mose ist es, »zu sühnen« (*kipper*, 3Mo 1,4, etc.). Dieses Verb kann nach einer von drei möglichen Bedeutungen erklärt werden: »bedecken«, vom arab. *kafara*; »fortwischen«, vom akkad. *kuppuru*; »durch ein Substitut freikaufen«, von dem hebr. Substantiv *kōpher*, »Lösegeld«. Obwohl die meisten heutigen Exegeten die zweite Bedeutung bevorzugen, ist es die dritte, die am besten zu der in 3Mo 17,11 gegebenen Opfertheorie zu passen scheint – ». . . des Fleisches Leben ist im Blut . . . das Blut bewirkt Entsühnung für die Seele« (vgl. jedoch J. Milgrom, JBL 90, 1971, 149-156) –, wie auch zu dem in vielen der obigen Praktiken herrschenden Grundsatz: die Wahl und Art der Opfergabe steht in einem »biotischem Verhältnis« zum Opfernden; sie werden durch das Aufstemmen der Hand als solche bestimmt; ein symbolischer Teil wie das Fett oder die *'azkārā* wird verbrannt; der Erstling wird dargebracht und der Erstgeborene ausgelöst (vgl. S.H. Hooke, 'The Theory and Practice of Substitution', VT 2, 1952, 1-17, und zur gegenteiligen Ansicht A. Metzinger: Bib 21, 1940). Zu diesen Hinweisen können die Riten der Färse (junge Kuh) in 5Mo21 und des Sündenbocks in 3Mo 16 hinzugefügt werden, die, obwohl sie unblutige Opfer sind, Ansichten offenbaren, die erst recht a fortiori für blutige Opfer gegolten haben müssen. In diesem Sinne wurde 3Mo16 in der jüd. Tradition verstanden (z.B. Mischna, Yoma 6,4: »Trage unsere Sünden und gehe dahin«!).

Solche Aussagen der Schrift warnen uns davor, die Versöhnung auf einen einzelnen Vorgang zu begrenzen, als könne nur der Tod oder aber nur die Darbringung des Blutes oder die völlige Dahingabe des Opfertieres Sühne bewirken. Der Tod war wichtig – der lebendige, hinausgejagte Sündenbock macht nur die Hälfte des Rituals in 3Mo16 aus (vgl. V. 15 mit 14,4-7; 5,7-11). Auch der Blutritus war wichtig – in 2Chr 29,24 scheint er nach dem Schlachten des Opfertiers Sühne zu erwirken. Die völlige Dahingabe des Opfertieres durch Feuer, Verzehr oder Übereignung an *Asasel gehörte ebenfalls dazu – das Essen des Sündopfers durch die Priester in 3Mo 10,16-20 ist mehr als nur Verfahrensbeschreibung. Die Ansicht, der Tod des Tieres sollte nur das Leben freigeben, das im Blut war, und daß Sühne nur durch Blut erwirkt werden konnte, ist ebenso einseitig wie diejenige, die den Tod als eine Wiedergutmachung durch eine quantitativ entsprechende Strafe bewertet. Gegen letztere Ansicht wurde eingewendet, daß die Sünden, für die ein Opfer dargebracht wurde, nicht unter Todesstrafe standen, daß Sündopfer nicht immer einen Tod erfordert (vgl. 3Mo 5,11-13), und daß das Töten nicht Mittelpunkt gewesen sein konnte, anderenfalls wäre es Sache der Priester und nicht der Laien gewesen. Diese Einwände richten sich nur gegen extreme Ausformungen der Substitutionstheorie, nicht gegen das Prinzip der Substitution selbst.

Der eigentliche Vorzug der Substitutionstheorie liegt in ihrem Festhalten an den Kategorien persönlicher Verbindlichkeit, während andere Deutungen zum Absinken auf unterpersönliche (subpersonale) dynamistische Kategorien tendieren, in denen das Blut selbst als Urheber einer mystischen Vereinigung gedacht ist oder auf halbmagische Weise neue Lebenskraft spenden soll (vgl. die Theorien von H. Hubert und M. Mauss, Sacrifice: Its Nature and Function, 1964; A. Loisy, RHLR n.s. 1, 1910, 1-30, und Essai historique sur le sacrifice, 1920; S.G. Gayford, Sacrifice and Priesthood, 1924; A. Bertholet, JBL 49, 1930, 218-233, ders., Der Sinn des kultischen Opfers, 1942; E.O. James, The Origins of Sacrifice, 1933).

Ein gewichtigerer Einwand gegen die Substitutionstheorie sieht eine Schwierigkeit in der Tatsache, daß das Sündopfer nach seiner Darbringung als »hochheilig« bezeichnet und den Priestern als Speise zuerkannt werden konnte. Falls eine Übertragung von Sünde stattgefunden hätte, wäre dann das Opfer nicht unrein und nur noch zur Beseitigung durch Verbrennung (*sāraph*) geeignet? Bei Sündopfern ersten Grades war dies tatsächlich der Fall. In den übrigen Fällen ist es vielleicht möglich, das Essen der Priester dahingehend zu interpretieren, daß die durch Salbung empfangene höhere »Heiligkeit« in den Priestern die Unreinheit der Opfergabe absorbierte (vgl. 3Mo 10,16-20; Hartland 'Sin-Eating', ERE, 11, 1920, 572-576). Daß es hier um Kategorien von »Heiligkeit« geht, die nicht die unsrigen sind, zeigt sich in der Anweisung, die irdenen Gefäße zu zerbrechen, in denen das Sündopfer gesotten worden war (3Mo 6,21; vgl. *Rein/Unrein). Eine andere Erklärung bestünde darin: Der Tod des Opfertieres ließ sich so verstehen, daß er die Infizierung durch Sünde aufhob; so daß das Blut und Fett ohne Hinderungsgrund als Opfer für Gott zum Altar gebracht werden konnten.

Die Frage, ob andere Auffassungen von Opfer, wie etwa »Huldigung« und »Gemeinschaft«, neben den hier erörterten möglich sind – sie wird von den meisten Exegeten bejaht (A. Wendel, Das Opfer in der altisraelischen Religion, 1927; W.O.E. Oesterley, Sacrifices in Ancient Israel, 1937; H.H. Rowley, The Meaning of Sacrifice, 1950) – oder ob bestimmte Opferarten einen dieser Aspekte mehr als einen anderen zum Ausdruck bringen (z.B. Brandopfer die Huldigung und Heilsopfer die Gemeinschaft) bleibt besser offen. Aber in den Gesetzen wird dem Brand-, Speise- und sogar dem Heilsopfer (obwohl selten; vgl. 2Mo 29,33; Hes 45,15) jedenfalls sühnende Kraft zugeschrieben, genauso wie dem Sünd- und Schuldopfer. Und was für die Gesetze gilt, scheint auch für die Geschichte zuzutreffen. Ebenso schwer ist die Frage zu beantworten, ob die Opfer sowohl Tilgung (nämlich der Sünde) als auch Beschwichtigung (nämlich des göttlichen Zorns) oder nur Tilgung und Sühne bewirken sollten. Zweifelsfrei bedeutet *kipper* in einigen Fällen Beschwichtigung (4Mo 16,41-50; 2Mo 32,30), was durch den Gebrauch des Ausdrucks *rēah nīhōah*, »lieblicher Geruch« - so durchweg in den Gesetzen – gestützt wird (vgl. 1Mo 8,21; 5Mo 33,10 LXX). *rēah nīhōah* kann jedoch auch eine abgeschwächte Bedeutung haben (G.B. Gray, Sacrifice in the Old Testament, 1925, 77-81, weist darauf hin, daß es – wo man es kaum erwarten würde – im Zusammenhang mit Speise- und Schlacht(*zebach*)-Opfern verwendet wird, nicht aber, wie anzunehmen wäre, bei Sünd- und Schuldopfern). Und das tritt im Falle von *kipper* noch deutlicher zutage, wenn es in Verbindung mit so materiellen Dingen wie der Stiftshütteneinrichtung steht (2Mo 29,37; Hes 43,20; 45,18) und einfach durch »reinigen« wiedergegeben werden muß.

Wichtig für unsere Erörterung ist die Erkenntnis, daß Gott selbst den Sühne-Ritus dem sündigen Menschen gab (3Mo 17,11: »... Das Blut: Ich habe es für euch als Altargabe gegeben, um Sühne zu schaffen für euer Leben!«). Die Opfer sind so zu beurteilen, daß sie im Bereich des Bundes und der den Bund stiftenden und erhaltenden Gnade wirksam sind. Sie waren nicht »das Mittel des Menschen für seine eigene Erlösung«, wie L. Köhler behauptet, sondern »die Frucht der Gnade, nicht ihre Wurzel« (A.C. Knudson, The Religious Teaching of the Old Testament, 1918, 295). Die Frage, inwieweit Beschwichtigung in diesen Kontext gehört, stellt sich im NT ähnlich; ihre Beantwortung hängt von der Definition von Sünde, Gesetz und Wesen Gottes ab (*Versöhnung; s.a. L. Morris, The Apostolic Preaching of the Cross, 1955).

Es muß noch erwähnt werden, daß im AT selbst vieles dafür spricht, daß seine Ordnung noch nicht endgültig war. Kein Opfer half z.B. gegen einen Bruch des Bundes (vgl. 2Mo 32,30ff) – in diesem Licht muß auch die prophetische Ablehnung von Opfern gesehen werden – oder gegen vorsätzlich begangene Sünden, die den Menschen aus dem Bund ausschlossen (4Mo 15,30); Götzendienst und Abfall von Gott waren Beispiele dafür. Freilich teilen wir die Ansicht nicht, daß die Wirkung von Opfern auf unbeabsichtigte Sünden beschränkt war, die eigentlich gar keine richtigen Sünden sind, und ebensowenig das Urteil, Propheten und fromme Psalmisten hätten überhaupt keinen Wert im Opferkult gesehen. Richtig ist jedoch, daß der Kultus in der Gefahr des Mißbrauchs stand, sobald das innere Band zwischen dem Opfernden und den für das Opfer eingesetzten Mitteln verlorenging. Prophetische Religion wurde notwendig, damit die Priorität einer persönlichen Beziehung zu Gott betont werden konnte. Es ist jedoch kein Zufall, daß der höchste Punkt der atl. Religion da erreicht wird, wo sich priesterliche und prophetische Religion in der Figur des *Knechtes Gottes aus Jes 53 begegnen. Denn alles, was im Opferkult wertvoll ist, wird dort in einer Gestalt verkörpert, die sowohl eine Sühne durch Opfer vollzieht (vgl. die Begriffe: *hizzā*, »Lamm«, »Schuldopfer«) als auch Liebe und Hingabe des menschlichen Herzens bewährt und eindrücklich macht. R.J.T./O.B.

B. Im Neuen Testament.

Verwendet werden die griech. Wörter *thysia, dōron, prosphora* und verwandte Ausdrükke, sowie *anapherō*, »Opfer, Geschenk, Opfergabe, darbringen«, (*thysia* in Mk 12,33 bedeutet wahrscheinlich »Mehlopfer«); *holokautōma*, »vollständig verbrannte Opfergabe«, Brandopfer; *tymiama*, »Weihrauch«; *spendō*, »als Trankopfer ausschütten«. Sie alle, wie auch die anderen unten erwähnten Termini, wurden von der Septuaginta übernommen.

I. OPFER DES ALTEN TESTAMENTS IM NEUEN TESTAMENT.

Die Opfer des AT (s.o. A.) wurden praktisch während des gesamten im NT behandelten Zeitraums noch dargebracht, und es überrascht deshalb nicht, daß sie sogar in ihrer wörtl. Bedeutung zu einigen erhellende Ausführungen dient.

Wichtige Leitsätze finden sich in Mt 5,23-24; 12,3-5 par.; 17,24-27; 23,16-20; 1Kor 9,13-14. Es ist beachtenswert, daß auch für Jesus oder von ihm selbst geopfert wurde – bei seiner Darstellung im Tempel, seinem letzten Passa und wahrscheinlich bei jenen anderen Anlässen, wenn er zu den Festen nach Jerusalem hinaufzog. Das Verhalten der Apostel nach dem Bericht der Apg entzieht der Meinung, nach dem Selbstopfer Christi müsse der Gottesdienst des jüd. Tempels als Greuel vor Gott betrachtet werden, jegliche Grundlage. Wir hören, wie die Apostel häufig den Tempel besuchten, und Paulus selbst ging zum Pfingstfest nach Jerusalem und brachte bei dieser Gelegenheit die Opfer - einschließlich Sündopfer – für die Unterbrechung von Gelübden dar (Apg 21; vgl. 4Mo 6,10-12). Freilich waren nun diese Opfer eigentlich nicht mehr nötig, denn der alte Bund war jetzt tatsächlich »alt« und »seinem Ende nahe« (Hebr 8,13), so daß sogar die nichtchristl. Juden keine Opfer mehr darbrachten, als die Römer den Tempel zerstörten.

Am ausführlichsten geht der *Hebräerbrief auf die Opfer des AT ein. Die Lehre dieses Autors enthält auch ein positives Urteil über die Opfer (11,4). Aber sein großes Anliegen ist es, klarzumachen, daß sie unzulänglich sind, und nur als Vorausdarstellung des eigentlichen Opfers Bedeutung haben. Die Tatsache, daß sie den Menschen den Zugang zum Allerheiligsten nicht verschaffen können, beweist, daß sie das Gewissen nicht von Schuld befreien, sondern nur äußere, »fleischliche« Anordnungen sind, die bis zur Zeit der Erneuerung auferlegt wurden (9,6-10). Ihr Ungenügen, Sühne zu wirken, geht auch aus der Tatsache hervor, daß nur Tiere geopfert wurden (10,4), und vor allem daraus, daß die Opfer wiederholt werden mußten (10,1-2). Sie können die Sünden nicht so sehr heilen; vielmehr bringen sie diese in Erinnerung (10,3).

II. »GEISTLICHE OPFER«.

»Geistliche Opfer« (1Petr 2,5; vgl. Joh 4,23-24) sind der ntl. Ersatz für »fleischliche« Anordnungen; sie werden häufig erwähnt (Röm 15,15-17; Phil 2,17; 4,18; 2Tim 4,6; Hebr 13,15-16; Offb 5,8; 6,9; 8,3-4). Freilich verwenden schon im AT Propheten und Psalmisten manchmal die Opfersprache in übertragenem Sinn (z.B. Ps 50,13-14; Jes 66,20), und dieser Gebrauch setzt sich in der zwischentestamentlichen Literatur fort (Sir 35,1-3; Test Levi 3,8; Qumran 1 QS 8-9; Philo, De Somnis 2,183). Der Versuch von F.C.N. Hicks (The Fulness of Sacrifice, [3]1946), solche Aussagen auf Opfer in buchstäblichem Sinn zu beziehen, muß aufs Ganze gesehen als Fehlschlag bezeichnet werden. Die in den oben erwähnten Stellen gemeinten Opfer sind zwar nicht immer immateriell und schließen manchmal den Tod mit ein; sie sind in dem Sinne »geistlich«, als sie zum Zeitalter des Heiligen Geistes gehören (Joh 4,23-24; Röm 15,16). Aber manchmal sind sie immateriell, und nie ist für sie ein bestimmtes Ritual vorgeschrieben. Es wird deutlich, daß man in der Tat jedes Handeln des vom Geist erfüllten Menschen als geistliches Opfer bewerten kann, und zwar ist es Opfer in dem Sinne, daß es Gott gewidmet und ihm wohlgefällig ist. Es hat selbstverständlich keine sühnende Wirkung. Die Entsprechung zum sühnenden Opfer ist nicht in solchen geistlichen Opfern zu suchen, sondern im Opfer Christi zu sehen, ohne das geistliche Opfer bei Gott kein Gefallen finden könnten (Hebr 13,15; 1Petr 2,5).

III. DAS OPFER CHRISTI.

Das Opfer Christi ist eines der Hauptthemen des NT. Seine rettende Wirkung wird manchmal mit ethischen oder auch strafrechtlichen Begriffen, oft aber auch in der Opfersprache dargestellt. Christus wird als das geschlachtete Lamm Gottes bezeichnet, dessen teures Blut die Sünde der Welt wegnimmt (Joh 1,29.36; 1Petr 1,18-19; Offb 5,6-10; 13,8) – Lämmer wurden ja für mehrere Arten von Opfern verwendet. Noch spezieller ist die christologische Rede vom wahren Passalamm (*pascha*, 1Kor 5,6-8), vom Sündopfer (*peri hamartias*, Röm 8,3; vgl. LXX, 3Mo 5,6-7.11; 9,2-3; Ps 40,7; etc.) und in Hebr 9,10 von der Erfüllung der Opfer des Bundes (2Mo 24), der roten Kuh (4Mo 19) und der Opfer am Großen Versöhnungstag. Das NT identifiziert Christus beständig mit dem leidenden Knecht aus Jes 52-53, der ein Schuldopfer ist (Jes 53,10), und mit dem Gesalbten (Christus) in Dan 9, der für das Unrecht sühnen soll (V. 24). Das NT gebraucht die Ausdrücke »versöhnen« und »erlösen« (*Versöhnung, *Erlösung) bei Christus im Sinne der Opfersprache, und das gilt auch von der Vorstellung des Gereinigt-Werdens durch sein Blut (1Joh 1,7; hebr. *passim*; vgl. *Heiligung).

Im Hebräerbrief wird die Lehre vom Opfer Christi besonders entfaltet. Der Autor unterstreicht beim Opfer Christi die Bedeutung seines Todes (2,9.14; 9,15-17.22.25-28; 13,12.20) und die Tatsache, daß dieses Opfer Vergangenheit ist (1,3; 7,27; 9,12.25-28; 10,10.12-14.18). Seine anderen Äußerungen haben jedoch einige Anglo-Katholiken (z.B. S.C. Gayford, Sacrifice and Priesthood, 1924) und den Presbyterianer W. Mulligan (The Ascension and Heavenly Priesthood of our Lord, 1892) zur gegenteiligen Ansicht verleitet, daß der Tod nicht das ausschlaggebende Element im Opfer Christi sei und daß sein Opfer bis in alle Ewigkeit weitergehe. Es trifft allerdings zu, daß der Hebräerbrief den priesterlichen Dienst und das Heiligtum Christi auf den Himmel beschränkt (8,1-5; 9,11.24). Aber er betont ausdrücklich, daß dies nicht vom Akt der Opferung gilt. Er stellt wohl fest, daß Jesus dort geopfert hat (8,3). Aber »Opfern« ist ein Wort, das sowohl für den Mann verwendet wird, der ein Opfertier stiftet und es außerhalb des Heiligtums schlachtet, als auch für den Priester, der es entweder draußen auf dem Altar oder drinnen im Heiligtum »darbringt«. Der Hebräerbrief denkt in 8,3 zweifellos an das »Sprengen« oder »Darbringen« von Blut im Allerheiligsten durch den Hohenpriester am Versöhnungstag (9,7.21-26) als einen »vor-bildlichen« Vorgang, den Christus auf endzeitliche Weise erfüllt hat. Alles, was bei einer Opferung etwas kostet: Der Preis, den der Opfernde, und der Preis, den das Opfer bezahlt, war am Kreuz ein für allemal entrichtet worden. Noch zu vollziehen war lediglich die Aufgabe des Priesters, nämlich die Darbringung des Opfers vor Gott durch einen würdigen (akkreditierten) Mittler. Das tat Christus, als er nach seiner Himmelfahrt vor den Vater trat; seitdem ist das gesprengte Blut dort verblieben (12,24). Es gibt keinen Grund, an eine wörtliche Darbringung seiner Person oder seines Blutes nach der Himmelfahrt zu denken. Es reicht aus, daß Christus als Priester des Opfers in den Himmel eintrat, das ein für allemal am Kreuz für alle geschlachtet worden war, daß er willkommen geheißen wurde und sich auf dem Thron der Herrlichkeit niederließ. Seine ewig währende priesterliche Fürsprache im Himmel (7,24f; vgl. Ps 99,6; Joel 2,17) ist nicht etwa irgendeine zusätzliche Tätigkeit, sondern ganz und gar Teil davon, »jetzt vor dem Angesichte Gottes zu unseren Gunsten zu erscheinen« (9,24). Auf der Grundlage seines abgeschlossenen Werkes am Kreuz und seiner nun ganz hinter ihm liegenden Leiden ist Christi bloßes Auftreten in Gottes Gegenwart für uns beides: sowohl eine beständige Fürsprache für uns als auch beständige »Sühnung« oder »Versöhnung« für unsere Sünden (2,10.17f); die Zeitform des Präsens im Griech. ist zu beachten (s.a. *Priester und Leviten).

Es ist ein Fehler, wenn man das Opfer Christi wörtlicher verstehen will als die geistlichen Opfer. Beide überschreiten ihre atl. Vorbilder und für keines von ihnen gibt es ein Ritual.

Die Behauptung von Owen und anderen, das Opfer Christi sei ein wirkliches Opfer gewesen, richtete sich gegen die Ansicht der Sozinianer, der Tod Christi erfülle nicht, was die Opfer des AT bezweckten und nicht erreichten – eine Ansicht, die leugnet, daß durch den Tod Christi Versöhnung und Sühne bewirkt wird. Aber außer der Tötung (und diese wird nicht wie im AT-Ritual vom Opfernden ausgeführt) ist am Opfer Christi alles vergeistigt. An die Stelle des Körpers des Opfertiers tritt der Leib des Gottessohnes (Hebr 10,5.10); statt der Makellosigkeit wird Sündlosigkeit dargeboten (Hebr 9,14; 1Petr 1,19). Anstelle des »lieblichen Geruchs« finden wir wirkliches Wohlgefällig-Sein (Eph 5,2); statt der Besprengung unserer Leiber mit Blut haben wir Vergebung (Hebr 9,13-14.19-22). An die Stelle symbolischer Versöhnung tritt wirkliche Versöhnung (Hebr 10,1-10).

IV. OPFER UND ABENDMAHL.

Opfer und *Abendmahl sind untrennbar miteinander verbunden - freilich nicht in der Weise, in der einige röm.-kath. Interpreten, Eidesverweigerer des 17. Jh. und Traktarianer sie gerne verbinden wollten, indem sie aus der Eucharistie einen Opfervorgang machten, sondern als gegenseitige Ergänzung. Die Wörter »tun« und »Gedenken« (Lk 22,19; 1Kor 11,24-25) als technische Termini des Opferkults zu deuten, kann lediglich nachträgliche Konstruktion von Leuten sein, die schon vorher aus der Eucharistie ein Opfer gemacht haben, und zwar mit Gründen, die nicht schriftgemäß sind. Das gleiche gilt für den Versuch, eine zukünftige Bedeutung aus den Partizipien »gegeben« und »vergossen« auszuschließen (Mt 26,28; Mk 14,24; Lk 22,19-20). Und es ist unmöglich, das Abendmahl dem ewigen Opfer Christi im Himmel zuzuordnen, wenn dieses ewige Opfer (wie oben gezeigt) von der Schrift her widerlegt werden kann. Dagegen erfordert die Argumentation in 1Kor 10,14-22, das Abendmahl als Feier im Rückblick auf das Opfer Christi zu verstehen. Dafür spricht der von Paulus angestellte Vergleich mit jüd. und heidnischen Opfermahlen. Das gleiche gilt von der Anspielung auf 2Mo 24,8 in Mt 26,28; Mk 14,24 und von der traditionell gedeuteten Stelle Hebr 13,10. Da das Opfer Christi an so vielen Punkten geistlich gedeutet werden muß, ist auch die Sprache bei der Feier zum Gedächtnis dieses Opfers ohne Zweifel im geistlichen Sinne zu deuten, darf jedoch ihrer ursprünglichen Bedeutung nicht beraubt werden. Die Absicht eines Opfermahls war nicht so sehr, die Versöhnung mit Gott zu erreichen, als vielmehr die dadurch bewirkte Gemeinschaft mit Gott; zum Zeichen dafür wurde über dem Opfer ein Fest mit Gott gefeiert. Ob wir beim Erleben dieser Gemeinschaft auch wahrhaftig an Christus oder an seinem Leib und Blut teilhaben – das ist der zentrale Punkt in den Kontroversen über das Sakrament. Nachdem aber Joh 6 lehrt, daß alle, die an Jesus glauben – wenn sie ihn sehen oder seine Worte hören – kraft des Geistes wirklich von ihm, von seinem Leib und von seinem Blut, Leben empfangen, scheint es keinen Grund dafür zu geben, das bezweifeln zu wollen: Was durch Jesu Worte geschieht, wird auch durch die von ihm eingesetzten Zeichen von Brot und Wein bewirkt, jedoch auf gleichermaßen geistliche Weise.

Literatur: Zum Opfer im AT: R.de Vaux: Les Sacrifices de l'Ancien Testament, 1964; ders.: Studies in Old Testament Sacrifice, 1964; ders.: Das Alte Testament und seine Lebensordnung I, [2]1964, II,'21966; F.C.N. Hicks: The Fulness of Sacrifice, [3] 1946; F.D. Kidner: Sacrifice in the Old Testament, 1952; R.K. Yerkes: Sacrifice in Greek and Roman Religions and Early Judaism, 1952; H. Ringgren: Die Religion des Alten Orients, 1979; ders.: Israelite Religion, 1965; G. Fohrer: Geschichte der israelitischen Religion, 1969; ders.: Glaube und Leben im Judentum, [2]1985; B.A. Levine: In the Pressence of the Lord, 1974; F.M. Young: Sacrifice and the Death of Christ, 1975; O. Eißfeldt: Erstlinge und Zehnte im Alten Testament, 1917; K. Galling: Der Altar in den Kulturen des Alten Orients, 1925; J. Hoftijizer: Das sogenannte Feueropfer UTS 16, 1967, 114-34; R. Schmid: Das Bundesopfer in Israel. Wesen, Ursprung und Bedeutung der alttestamentlichen Schelamim, 1964; D. Schötz: Schuld- und Sühnopfer im Alten Testament. 1930; A. Wendel: Das Opfer in der israelitischen Religion, 1927;

Zum Opfer im NT: s. Literatur zum *Hebräerbrief; F.Thiele: TBLNT II, [4]1986, 993-997(Lit.); J. Jeremias: Der Opfertod Jesu Christi, [5]1965; R. Rendtorff: Studien zur Geschichte des Opfers im alten Israel, 1967; O. Schmitz: Die Opferschauung des späteren Judentums und die Opferaussagen des Neuen Testaments, 1910. R.T.B./O.B.

OPFERFLEISCH s. Götzenopferfleisch

ORDINATION s. Handauflegung

ORDNUNG. »Gott ist nicht ein Gott der Unordnung, sondern des Friedens« (1Kor 14,33). Diese Aussage des Paulus spiegelt am deutlichsten das Wesen bibl. O. wider.

O. und *Friede entsprechen einander – wie auch Unordnung und Unfriede einander entsprechen. O. ist das Walten, das den Frieden schafft und ihn zu bewahren vermag. Wo O. das Handeln bestimmt, kommt jedes Ding »in Ordnung«. O. schaffen wird somit zum Leitprinzip der *Erlösung.

Aus dem anfänglichen »wüst und leer« der Erde (1Mo 1,2) wurde die geordnete Schöpfung, die »sehr gut« war (V. 31), indem Gott O.en setzte: O. der Zeiten, O. unter den Wassern, O. unter den Gestirnen, O. unter den Lebewesen (Jer 31,35f). Die Fortdauer dieser O.en (vgl. 1Mo 8,22) dient der Bewahrung der Schöpfung, sie sind Mauern gegen vernichtende Unordnung.

Der Erlösungswille Gottes steht auch hinter allen O.en, die er dem gefallenen Menschen gesetzt hat. Weil in der Welt Unordnung und Unfriede, Mord und Totschlag herrschen würden, darum hat Gott die O. der Obrigkeit eingesetzt (*Macht, Gewalt; Röm

13,1f), die bewahrende Mauer und mahnender Ruf sein soll für den, der das Böse tun will; sie ist »Gottes Dienerin« an dem, der Böses tut (V. 4).

Aber nicht nur die gefallene Welt braucht die O. Gottes, sondern auch seine Gemeinde, weil sie in der Anfechtung durch das Böse steht. O.en und Anordnungen zur Ausübung eines friedevollen Lebens in der Gemeinde durchziehen daher die Bibel. Neben der allg. Mahnung, »alles ehrbar und ordentlich zugehen zu lassen« (1Kor 14,40), stehen Worte, die im einzelnen in die O. des praktischen Gemeindelebens eingreifen: Daß man beim Brotbrechen die nötige O. bewahre und nicht das Mahl durch Zuchtlosigkeit entwerte (1Kor 10); daß man sich beim Gottesdienst den sittlichen Ordnungen unterstelle (1Kor 11), um nicht dem Teufel Raum zu geben; daß man mit den Geistesgaben nach göttlicher O. verfahre (1Kor 12); daß man die Gottesdienstordnung nicht verletze und Außenstehenden nicht unnötigen Anstoß gebe (1Kor 14).

Gemeindeälteste werden im NT besonders zu ordentlichem Wandel und Dienst ermahnt (1Tim 3,1ff; 2Tim 2,1ff), und auch im AT ist die O. der Priester und ihres Dienstes ausführlich geregelt (3Mo 1ff), damit nicht an dem Ort, wo der wahre Gottesfriede vermittelt werden soll, Unordnung und Unfrieden entstehen. (Vgl. *Friede).

War im AT der Friede des Menschen mit Gott an den Glaubensgehorsam, an die durch Gott verordneten Satzungen, Opfer und Willensäußerungen geknüpft, so ist im NT einzig Jesus Christus und die Sühnkraft seines Todes der Weg zum Frieden mit Gott. Wohl bewahrt ein »ordentlicher« Wandel, d.h. ein Wandel nach dem Willen Gottes, den Frieden mit Gott, aber diesen Frieden gewinnt man allein durch den Glauben an den Sühntod Jesu für uns. »Er ist unser Friede« (Eph 2,14). Weil Jesu Tod die Hölle überwunden hat (1Kor 15,55), darum ist dem, der »in Christus« ist, der Friede Gottes geschenkt (Röm 5,1) und ist ihm die Macht gegeben, in einem neuen Leben zu wandeln (Röm 6,4), einem Leben, das dem Willen und den O.en Gottes entspricht. Ein »ordentliches« Leben führen kann darum nur heißen, zuerst die neue Heilsordnung, die mit Jesu Sterben und Auferstehen gegeben ist, glaubend zu ergreifen. Der neue Wandel folgt dann im Maße des Ergriffenseins durch Jesus (vgl. Röm 6,16ff). Die neue Heilsordnung ordnet sich – im Gegensatz zum AT – also der Lebensordnung vor (vgl. *Gesetz).

ORPA. Eine Moabiterin, Schwiegertochter *Noomis und *Ruts Schwägerin (Rut 1,4). Nachdem O.s und Ruts Männer gestorben waren, zogen sie mit ihrer Schwiegermutter von Moab nach Juda, um in deren frühere Heimat zurückzukehren (Rut 1,6ff). Unterwegs schickte Noomi ihre Schwiegertöchter wieder zurück nach Moab. Rut blieb jedoch bei Noomi und ging mit ihr nach Bethlehem. O. kehrte in ihre Heimat und zu ihrem Gott Kemosch zurück (Rut 1,15; 1Kön 11,33).

M.B.

OSTEN. Diese Himmelsrichtung wird im AT durch Ausdrücke wie »Aufgang der Sonne«, »Sonnenaufgang« (gebr. *mizrach schemesch;* 4Mo 21,11; Ri 11,18) oder einfach »Aufgang« (hebr. *mizrach;* Jos 4,19) oder Ausgang (= Aufgang, hebr. *mōsā;* Ps 75,7) bezeichnet. Im NT findet sich die entsprechende griech. Wendung *anatolē,* »Aufgang« (LÜ: Morgenland, Mt 2,1).

Das Aufgehen der Gestirne bildete für die Völker der Antike eine verbindliche Richtungsangabe. Der hebr. Begriff *qädäm,* »vorne«, »Vorderseite«, oder eine Ableitung aus der hebr. Wurzel *qdm* ist seit 2000 v.Chr. als ein Lehnwort im Ägypt., in der »Geschichte des Sinuhe«, belegt, seit dem 14. Jh. v.Chr. in ugarit. Texten. Die Weisheit des O.s (wohl eher Mesopotamiens als Moabs) war sprichwörtlich und der ägypt. durchaus ebenbürtig (1Kön 5,10; Mt 2,1–12).

Als »die aus dem Osten« oder »Söhne des Ostens« (hebr. *bene-qädäm*) wurden diejenigen Stämme und Völker bezeichnet, die östl. oder nordöstl. von Kanaan lebten (1Mo 29,1); zu diesen zählten die Midianiter, Amalekiter, Moabiter, Ammoniter und Kedoniter (Ri 6,3; Hes 25,10; Jer 49,28). Mitunter werden Nomaden erwähnt (Hes 25,4); »die aus dem Osten« können aber auch die Bewohner von Mesopotamien sein (1Kön 5, 10). Hiob zählte, nach dem Vergleich von Hiob 1,3 zū schließen, zu den *bene-qädäm.* T.C.M.

OSTERN s. Auferstehung

OSTJORDANLAND. Die große arab. Scholle, die im N bis zu den iranischen Bergen, im S bis nach Afrika und im O bis nach Babylon reicht, wird an ihrem Westrand durch Palästina begrenzt. Hier durchtrennt der von N nach S verlaufende sogenannte »syrische Grabenbruch«, der von Nordsyrien über Palästina nach Ägypten bis nach Zentralafrika reicht, das palästinische Tafelland. Die im Grabenbruch liegenden Becken des Sees *Genezareth und des *Toten Meeres gehören zu den tiefsten Landsenken der Erdoberfläche (Totes

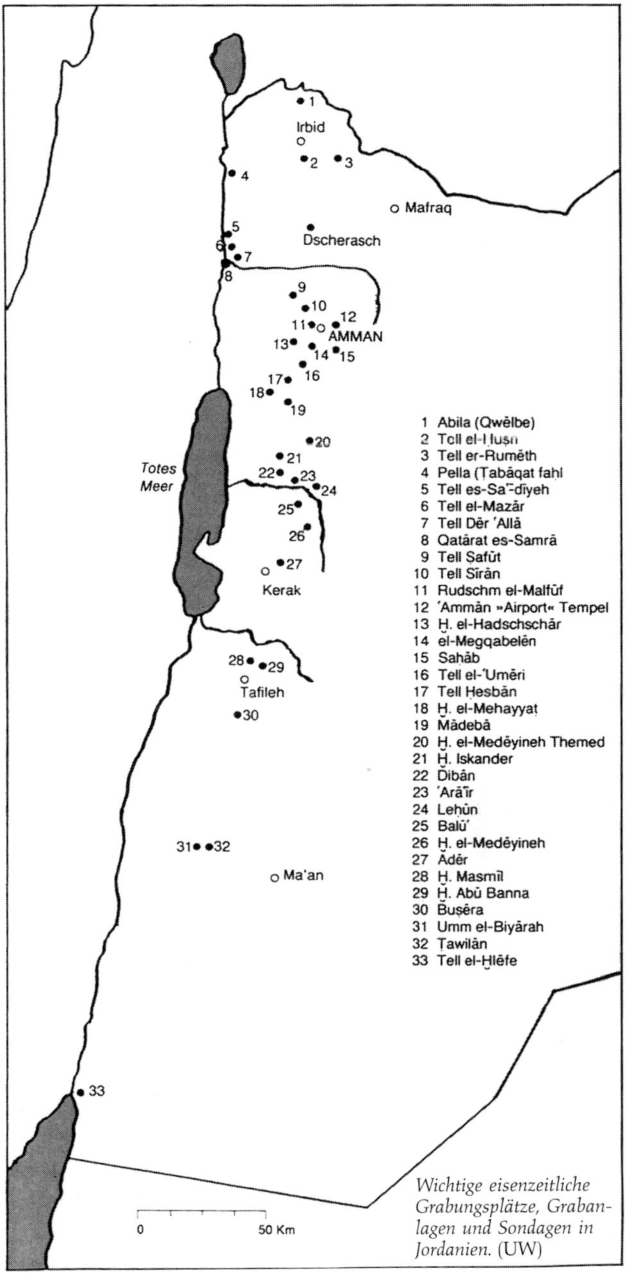

Wichtige eisenzeitliche Grabungsplätze, Grabanlagen und Sondagen in Jordanien. (UW)

Meer bei ca. 392 m unter N.N.). Das aus horizontalen Schichten des Cenoman und Senon bestehende palästin. Tafelland fällt im W in vielen kleinen Stufen, im O in drei großen Verwerfungen zum Toten Meer, zum Jordangraben und zur Wüste *Araba ab. Das palästinische Hochland setzt sich nach dieser Unterbrechung nach O (Ostjordanland) und S als Teil der arab. Scholle fort, mit einer Höhe zwischen 700-100 m über Normalnull, was auch dem westjordanischen Hochland entspricht.

Vier große perennierende (ganzjährig Wasser führende) Wadis und dazu viele kleine im Sommer ausgetrocknete Bäche, die sich im Winter nach W hin entleeren, haben das Ostjordanland zum Jordangraben hin eingesägt und bilden umfangreiche und weitverzweigte Talsysteme. Nördl. des in der Bibel nicht erwähnten Jarmuk (Scherīʿat el-Menādire; s. auch Plin., nat. V, 74) befand sich das Land Baschan (5Mo 3,10.13, u.ö.; heute in Syrien en-Nuqrā). Südl. des Jarmuk bis zum *Jabbok (Nahr ez-Zerqā) lag *Gilead. Surveys und Grabungen (z.B. Zeraqōn, Umm Qēs, Pella; im Jordangraben Tell Dēr ʿAllā/Sukkot, Tell es-Saʿīdīye) haben nachgewiesen, daß dieses Land von der Frühen Bronzezeit bis in das ausgehende arab. Mittelalter bewohnt war.

Das etwa 800-1000 m hohe Tafelland zwischen dem Jabbok und dem Arnon (Wadi el-Mōğib), der alte Grenzfluß zwischen *Moab und *Ammon und Israel vor Mēsaʿ (4Mo 21,13; Jes 16,2 u.ö.) wird heute el-Belqa genannt, wurde aber im AT als »*mīschor*« bezeichnet (Jos 13,9 u.ö.), der ein dauerndes Streitobjekt zwischen Moab und Israel wegen seiner allseits bekannten Fruchtbarkeit war (vor allem um *Heschbon, *Medeba bis Dibon): eine orientalische Kornkammer noch zur Römerzeit. In den letzten drei Jahrzehnten sind hier mehrere Grabungen durchgeführt worden, die ebenfalls alle wesentlichen prähistorischen und historischen Besiedlungsepochen, die auch sonst in Palästina bekannt sind, nachgewiesen haben: z.B. in und um Amman, Telēlāt Gassūl am Toten Meer, ʿAin Gazzāl, Sachāb, Heschbon, Medeba, Chirbet Iskander (Jahaz?), Dibon, Aroër, Lechun, u.a.m.

Der tiefe (ca. 600 m) und sehr breite (ca. 3-4 km) Canyon des Arnon begrenzt das zentralmoabitische Territorium im N, während im S der »Bach« Zered (4Mo 21,12; heute Wādī el-Chesā), ein allerdings sehr beeindruckender Canyon, das moabitische vom edomitischen Territorium trennt. In Zentralmoab und weiter nach S bis *Edom hinein wird der Streifen des im nördl. O. relativ breiten Kulturlandes (z.B. in Gilead und um Amman) immer schmaler, und auch die antike Besiedlungsdichte nimmt gegenüber dem N doch rasch ab, wie Surveys nachgewiesen haben. Grabungen sind hier noch recht spärlich, bezeugen aber eine mit den oben erwähnten Gebieten identische Siedlungsgeschichte: Bāb ed-Drāʿ, Numēra, Mudēneh, Bālūʿ (Ar?), Kerak (Kir Cheres; Zufallsfunde), ʿAdīr, er-Rabba, Leğğun. Auch die hier erfolgten Grabungen und Surveys belegen, daß die zentrale Moabitis vom Chalkolithikum bis in das ausgehende arab. Mittelalter besiedelt gewesen ist.

Zwischen dem »Bach« Zered und der N-Spitze des Golfes von Aqaba steigt das jordanische Hochplateau bis auf Höhen von ca. 1600 m an (z.B. um Petra). In ägypt. und bibl. Quellen wird dieses Gebiet oft »Seīr« bzw. Edom genannt (1Mo 14,6; 5Mo 2,4ff; Ri 5,4 u.ö.). Hier war das Siedlungsgebiet der Nachfahren *Esaus, den Edomitern, mit ihrer Hauptstadt Sela, vermutlich auf dem Umm el-Biyārā (vgl. Obadja 2-4). Bei Rās en-Naqb fällt das Plateau auf eine Höhe von ca. 1000 m ab, und es tut sich eine bizarre Landschaft auf mit rötlichen Tafelbergen und »Zuckerhüten«, die sich aus der Ebene erheben. Das starken Erosionen ausgesetzte Land fällt dann in mehreren kleinen Wellen zum Golf von Aqaba ab. Aufgrund der starken Bodenerosion sind hier vermutlich jüngere Besiedlungsschichten abgetragen worden, denn Surveys haben nachgewiesen, daß dieses Gebiet bis zurück in das Epipaläolithikum besiedelt gewesen ist. Grabungen, die vor allem Besiedlungsphasen der Eisenzeit nachgewiesen haben, fanden statt in Busērā (Bosra) Umm el-Biyārā (Sela?), Tawilān, Tell el-Hlēfe (Ezjon-Geber) und Chirbet et-Tannūr (nabatäisch) und Udruh (römisch).

Von Aqaba bis *Damaskus waren die vier großen Landschaften im O. durch die »Straße der Könige« miteinander verbunden (4Mo 20,17; die spätere Via Traiana).

Literatur: N. Glueck: The Other Side of the Jordan, 1940; G.L. Harding: Auf biblischem Boden, 1961; H. Donner: Einführung in die biblische Landes- und Altertumskunde, 1976, 1-29. U.W.

OTHO. Marcus Salvius O., röm. Kaiser 69 n.Chr., wurde 32 n.Chr. geboren. Als Freund *Neros verwaltete er von 58-68 Lusitanien. Im Jahr 68 schloß er sich Galbas Erhebung an, stürzte diesen aber am 15.1.69. O. fühlte sich als Erbe *Neros, stand dessen Anhängern wohlwollend gegenüber und gewann auch Anerkennung bei den Truppen, jedoch nicht bei Vitellius, der gegen Rom vorrückte.

O. wurde von ihm bei Betriacum in Oberitalien besiegt. Daraufhin beging er am 16.4.69 Selbstmord. K.G.

OTNIEL.

1. Sohn des Kenas, Bruder (oder Neffe) *Kalebs (Ri 1,13; vgl. Jos 15,17). Wenn »Sohn des Kenas« eine Familienbezeichnung ist, müssen O. und Kaleb Brüder oder Halbbrüder gewesen sein. Nachdem er sich bei der Belagerung Kirjat-Sefers (*Debir) ausgezeichnet hatte, heiratete er Achsa, Kalebs Tochter. Später erlebte O. die Anfänge des Glaubensabfalles und die Herrschaft Kuschan-Rischatajims (Ri 3,10 RevEB), gegen den er eine erfolgreiche Revolte anführte und so der erste der Richter wurde. Ri 3,10 deutet an, daß O. ein charismatischer Führer war, der Recht und Autorität wiederherstellte (»Richten« bedeutet in diesem Zusammenhang soviel wie Befreiung; vgl. 1Sam 7,15; 8,20).

2. Netofatiter (s. *Tempeldiener), dessen Nachfahre Heldai einer von Davids Heerführern war (1Chr 27,15). J.P.U.L.

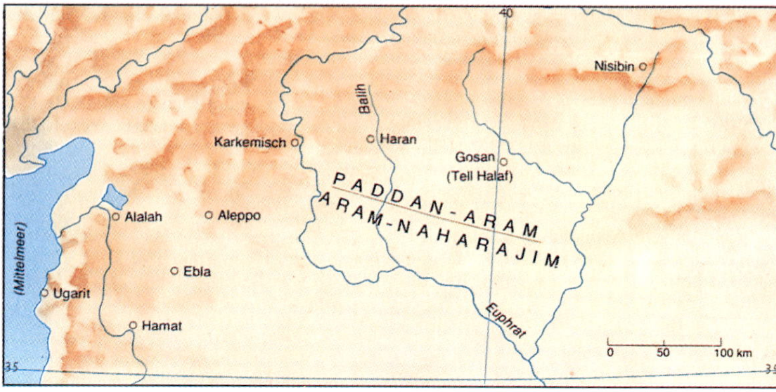

Die Lage von Paddan-Aram.

PADDAN, PADDAN-ARAM. Das »Feld« oder die »Ebene« von *Aram ist der Name des Gebietes um *Haran in Ober-Mesopotamien, nördl. des Zusammenflusses von *Habor und *Euphrat (1Mo 25,20; 28,2; 31,18 u.ö.) und ist identisch mit Aram-Naharajim, »Aram der Flüsse« (1Mo 24,10; 5Mo 23,5; Ri 3,8). Wie die LXX gibt die LÜ den Namen als »*Mesopotamien« wieder. *Abraham wohnte in diesem Gebiet, bevor er nach *Kanaan zog. Er sandte seinen Knecht *Eliëser dorthin, um eine Braut für *Isaak zu suchen, und dorthin floh *Jakob vor *Esau. Für eine mögliche Identifikation von Paddan-Aram nahe Haran s. AnSt 2/1952, S. 40; POTT S. 134f. 140.

Literatur: R. O'Callaghan: Aram Naharaim, 1948, S. 96. B.H.

PAHAT-MOAB. (Wörtl. »Statthalter von Moab«). Name einer jüd. Sippe, bestehend aus zwei Familien, Jeschua und Joab, 2812 Angehörige der Sippe kehrten mit *Serubabel nach Juda zurück (Esr 2,6; Neh 7,11 gibt als Anzahl 2818), 201 mit *Esra (Esr 8,4). Einige Mitglieder dieser Sippe werden in Esr 10,30 wegen ihrer Heirat mit ausländischen Frauen genannt. Neh 10,15 berichtet, daß P. gemeinsam mit Fürsten, Priestern und Leviten den Bund zur Rückkehr der Verbannten nach Jerusalem besiegelte.

Der ungewöhnliche Name erklärt sich möglicherweise daher, daß ein Vorfahre der Sippe Statthalter von *Moab war, als Moab Israel untertan war.

Literatur: L.W. Batten: Ezra and Nehemia, ICC (1913; 1972), S. 80. B.H.

PALAST. Das Wort bezeichnet ein großes Wohngebäude oder eine Gruppe von Gebäuden, die dem Herrscher und seiner Verwaltung Platz boten. Während der israelit. Königsherrschaft wurde das Verwaltungszentrum *'armōn*, »Zitadelle, Palast, Festung oder Burg« genannt. Ein großer Teil des Reichtums der Nation wurde in der Zitadelle geschützt. Ihre Einnahme war daher das Ziel einer Eroberung, also wurden kräftige Festungen um die Zitadelle herum erbaut, so daß der König und Teile der Armee noch Widerstand leisten konnten, wenn die Hauptstadt selbst bereits gefallen war. Bei der Voraussage des Umsturzes einer Nation bezogen sich die Propheten speziell auf die Zitadellen von *Babylon (Jes 25,2), *Jerusalem (Jes 32,14; Jer 6,5; 17,27; Am 2,5), Damaskus (Jer 49,27; Am 1,4) und Edom (Jes 34,14; Am 1,12). Amos spricht auch von der Zerstörung der Zitadellen von *Gaza (1,7), *Tyrus (1,10), *Rabba (1,14), *Moab (2,2) und *Samaria (3,11). Eine der vollständigsten Zitadellen in Syrien/Palästina wurde in Zincirli (das alte Sam'al) ausgegraben, die zwischen ca. 900 und 600 v.Chr. in Gebrauch war. Hier waren drei Paläste und viele Lagerhäuser von Mauern und Türmen umgeben, und der Komplex konnte nur durch zwei Tore betreten werden. In Palästina fand man nur geringe Überreste der Zitadelle in Samaria. Eine ähnliche, aber kleinere Zitadelle wurde von König *Jojakim in Ramat Rahel gebaut. Auf sie weist wahrscheinlich Jeremia hin (22,13.14). Wie in Samaria war die Zitadelle mit einer Kasemattenmauer befestigt, die einen großen Hof, ein Lagerhaus und einen Palast umschloß. Ausgrabungen haben ergeben, daß z.Zt. *Salomos die Verwaltungsgebäude von

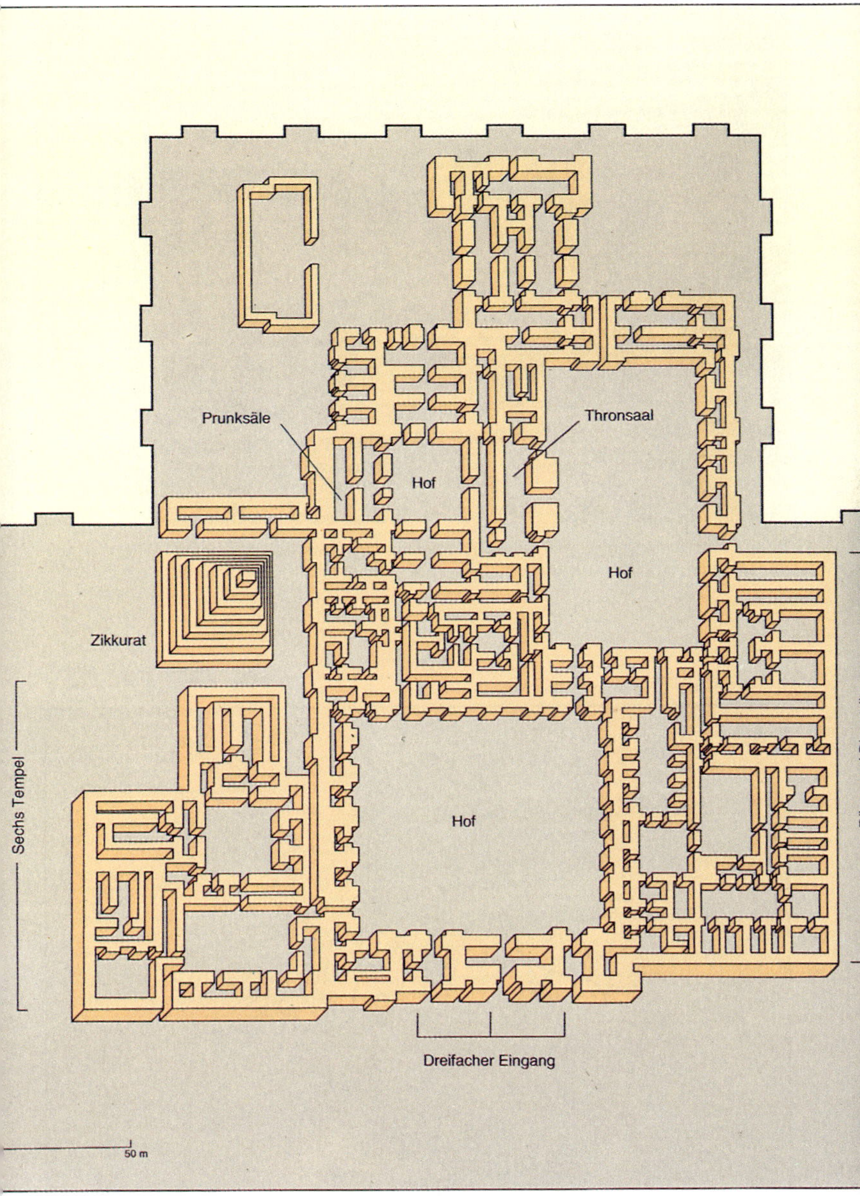

Plan des Palasts Sargons II. in Chorsabad (Dur-Scharrukin), Irak, ca. 710 v.Chr.

Reste des säulenumstandenen Thronsaals (apadana) *des Palasts der persischen Könige Xerxes (ca. 486–465 v.Chr.) und Artaxerxes I. (465–424 v.Chr.) in Persepolis, Iran.* (BPL)

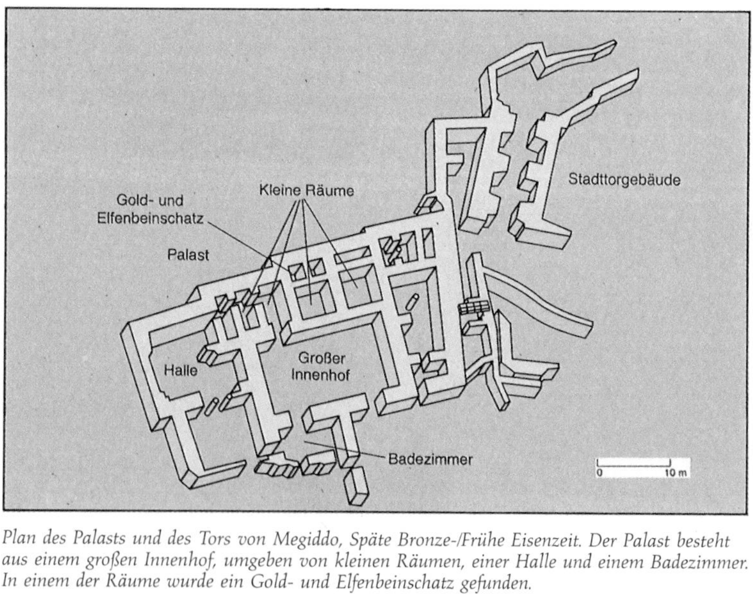

Plan des Palasts und des Tors von Megiddo, Späte Bronze-/Frühe Eisenzeit. Der Palast besteht aus einem großen Innenhof, umgeben von kleinen Räumen, einer Halle und einem Badezimmer. In einem der Räume wurde ein Gold- und Elfenbeinschatz gefunden.

Rekonstruktionsmodell des Palasts des Herodes in Jerusalem. Rechts die Festung Antonia 40–4 v.Chr. (JPK) (HC)

*Hazor und *Megiddo im Bereich der Zitadelle lagen, ähnlich wie in Jerusalem, wo die Zitadelle den *Tempel umfaßte, den Palast des Königs (1Kön 3,1), das »Libanon – Waldhaus« (1Kön 7,2-5), Hallen und Vorhallen (7,6.7), einen Palast für Pharaos Tochter (7,8; 9,24) und Höfe (7,12). Eins der größten Gebäude in Megiddo, das wahrscheinlich auf Salomo zurückgeht, wurde als eine Säulenhalle rekonstruiert, eine Bauform, die bei der Säulenhalle und der Thronhalle in Jerusalem begegnet (1Kön 7,6.7). Auch das »Libanon – Waldhaus« war eine Säulenhalle von 100 x 50 Ellen, deren Zweck weithin darin bestand, dem Reichtum des Königreiches (1Kön 10,17) Ausdruck zu verleihen; ob es daneben als Bankettsaal gedient hat, worauf ein Teil des Inventars schließen ließe (10,21), oder auch als Magazin (Jes 22,8), läßt sich nicht eindeutig festlegen. Die königliche Residenz (*bēt hammelek*) war wahrscheinlich einige Stockwerke hoch und bot dem König, seinen Frauen und seiner Familie sowie Bediensteten genug Raum. Obwohl der Begriff »großes Haus« (hebr. *hēkāl*) sich normalerweise auf einen Tempel bezieht, wird es auch für einen Palast verwendet (so akkad. *ekallu*), wenn damit das wichtigste Gebäude der Stadt gemeint ist: der Palast *Ahabs in Jesreel (1Kön 21,1), der Palast des assyr. Königs in Ninive (Nah 2,6f) und die Paläste in *Babylon (2Kön 20,18; Dan 4,1.26) und Susa. Die Paläste von Assyrien, Babylon und Persien boten nicht nur für den Verwaltungsapparat der großen Reiche Platz, sondern auch beträchtliche Lagerkapazität für Tributleistungen unterworfener Völker. Neben Büros und Magazinen gehörten Tempel zum Palastkomplex, die es dem König ermöglichten, seinen rel. Pflichten nachzukommen, um die Gunst der Götter sicherzustellen. Hohe Beamte besaßen eigene Residenzen, z. T. beherbergte der Palast auch die Schule für die Prinzen, zukünftige Beamte und Priester (Dan 1,4). Der Reichtum des Königs wurde vor Besuchern angemessen ausgestellt, daher waren öffentliche Höfe und Audienzsäle reich verziert und verschwenderisch ausgestattet. Manchmal befanden sich Gärten mit exotischen Pflanzen innerhalb des Palastbereiches (Est 7,7.8).

Nach dem Exil werden Paläste bisweilen als Burg oder Festung bezeichnet (aram. *bîrā*): die von Jerusalem (Neh 2,8;7,2), Susa (Dan 8,2; Neh 1,1; Est 1,2) und Ekbatana (Esr 6,2) werden so beschrieben. Daniel (11,45) bezeichnet die Residenz des Königs des Nordens als *'appeden*, »Palast«, »Palastzelt«, was dem altpers. Wort *apadāna* ähnelt, womit eine Säulenhalle bezeichnet wird und in diesem Fall große Zelte mit zahlreichen Stützen gemeint sein könnten. *Herodes der Große baute Paläste in *Jerusalem, *Machärus, *Jericho, Herodium in der Nähe von *Bethlehem und *Masada. In Jerusalem baute er in der Nähe des Ecktors einen stark befestigten Palast mit drei Türmen, die Hippicus, Phasaël und Mariamne hießen. S.a. *Palast des Hohenpriesters.

Literatur: A. Kuschke: BRL², 242–247. C.J.D.

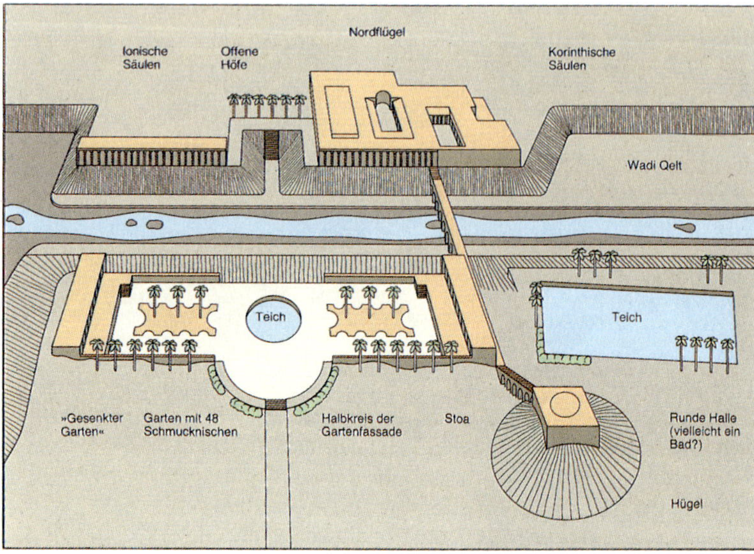

Rekonstruktion des königlichen Winterpalasts, den Herodes der Große in Jericho bauen ließ.

PALAST DES HOHENPRIESTERS.

Die ntl. Berichte über den *Prozeß Jesu vor der jüd. Religionsbehörde (Mt 26,57-27,2; Mk 14,53-15,1; Lk 22,54-23,1; Joh 18,12-28) geben hinsichtlich des Verlaufs viele Fragen auf. Man muß mit der Möglichkeit rechnen, daß ein längeres Geschehen von den Evangelisten in verschiedener Weise verkürzt und zusammengefaßt dargestellt wurde (E. Ruckstuhl, Jesus im Horizont der Evangelien, 1989, 141–184). Deutlich ist aber, daß Jesus nach seiner Verhaftung in *Gethsemane zuerst zum »Palast« (Mt 26,58; Mk 14,54: *aulē*) bzw. »Haus des *Hohenpriesters« (Lk 22,54: *oikia tou archiereōs*) gebracht wurde. Dort gab es ein Verhör durch den früheren Hohenpriester *Hannas (und auch den Amtsinhaber *Kaiphas?, vgl. Mt 26,57ff), wobei *Petrus zur selben Zeit Jesus im Innenhof verleugnete (Joh 18,12-28). Vermutlich bewohnte die große hohepriesterliche Familie verschiedene Flügel ein und desselben Palastes (J. Blinzler, Der Prozeß Jesu, [4]1969, 137). Wenn auch über Beratungen der Hohenpriester und der *Ältesten des Volks in diesem Palast berichtet wird (Mt 26,3.57; Mk 24,53), so handelte es sich dabei offensichtlich um Treffen von sadduzäischen Mitgliedern des Hohen Rates (*Sanhedrin). Die offiziellen Zusammenkünfte dieses Gremiums fanden nicht im hohepriesterlichen Palast (vgl. Lk 22,66), sondern im *Tempel-Bereich statt (Blinzler, 166-170).

Aus Josephus (bell.Jud. II,426) kann man lediglich schließen, daß sich der Palast auf dem westl. Stadthügel befand, der damaligen Wohngegend der Oberschicht. Auf diesem heute *Zionsberg genannten Gebiet nehmen zwei Stätten den Ort des P.s für sich in Anspruch, die armenische Erlöserkirche ca. 40m nördl. des Abendmahlssaals (*Obergemach) und die von Assumptionisten-Patres betreute katholische Kirche St. Petrus in Gallicantu (St. Peter zum Hahnenschrei) ca. 250m östl. am Abhang des Tyropöon-Tales. Die Tradition für die Erlöserkirche reicht nur bis in die Kreuzfahrerzeit (12. Jh.). Schon in spätbyzantin. Zeit wurde das *Prätorium fälschlich bei der Zionskirche (Ort des Abendmahlssaals) gesucht (B. Pixner, ZDPV 95, 1979, 72-74), und die Kreuzfahrer identifizierten es dann aufgrund einer unzutreffenden Textlesart von Joh 18,28 noch zusätzlich mit dem hohepriesterlichen Palast (ELS, 566ff). Byzantin. Reste, die man bei Ausgrabungen auf dem armenischen Gelände fand (M. Broshi, in: Y. Yadin, Jerusalem Revealed, 1976, 57-59), hängen vermutlich mit den die große Basilika Hagia Sion umgebenden Klosterbauten zusammen.

An der Petrus-Kirche haftete in der Kreuzfahrer-Zeit nur noch die Erinnerung an die Reue des Petrus (ELS, 565ff). Die byzantin. Pilgerberichte (ELS, 562-564), und unter ihnen vor allem als der älteste der Pilger von Bordeaux (333 n.Chr.), weisen aber auch für die Verleugnung im hohepriesterlichen Palast auf dieses Gelände (E. Power, Bibl 9, 1928, 167-186; 10, 1929, 116-125. 275-303). Ausgrabungen am Beginn des 20. Jh. führten zur Entdekkung einer Kirche aus dem 5. Jh. (J. Germer-Durand, RB 23, 1914, 71-94. 224-246), die vielleicht auf der *Medeba-Mosaikkarte östl. der großen Zions-Basilika zu sehen ist (Kroll, 338). Mittelpunkt der Kirche war in der Krypta ein großer in den Felsen gehauener Raum. Es handelt sich um ein ehemaliges Grab, das vergrößert wurde, wobei einige Besonderheiten sich als Hinweise auf ein Gefängnis deuten lassen könnten (E. Power, Bibl 10, 1929, 394-416). Daß hier zumindest die Byzantiner das Verließ Jesu suchten, scheint aufgrund der vorhandenen Kreuz-Graffiti sicher (Power, DBS II, 723-725). Man kann fragen, ob die Überlieferung von einem Gefängnis Jesu im hohepriesterlichen Palast nicht auf einen längeren Aufenthalt an diesem Ort und damit auf eine Passionschronologie von mehreren Tagen hinweist (B. Schwank, BiKi 13, 1958, 37). Für die Lokalisierung des P.s an dieser Stelle könnte auch der Fund dreier Serien von Gewichten (Eichgewichte?), von zahlreichen Hohlmaßen und einer Inschrift mit dem *Opferausdruck *qorban* (vgl. Mk 7,11; J.A. Fitzmyer, Palestinian Aramaic Texts, 1978, 176) sprechen. Die Inschrift befand sich auf dem Sturz einer Tür, die vielleicht zu einem Raum führte, in dem Weihegaben entgegengenommen wurden (Power, DBS II, 745f). Die einzige weitere, bisher aus Jerusalem bekannte Korban-Inschrift wurde in der Nähe der sog. Königlichen Halle des Tempels gefunden, wo man sich den Opferhandel und auch die *Tempelreinigung Jesu vorstellen könnte (B. Mazar, in: D. Flusser, Die letzten Tage Jesu, 1982, 146f).

Lag der hohepriesterliche Palast auf dem Gebiet der Petrus-Kirche, dann entsteht von hier aus auch kein Problem für die Lage des Abendmahlssaals und des ersten Urgemeinde-Zentrums, die auf sehr alte Überlieferung zurückgeht (*Obergemach). Dagegen muß die Nähe vom Abendmahlssaal und armen. Erlöserkirche an einer der beiden Lokaltraditionen zweifeln lassen. Über das Gelände der Assumptionisten verläuft eine eindrucksvolle Stufenstraße aus ntl. Zeit (Kroll, 313). Sie war durch einen gemauerten Trennhöker geteilt (S. Franken, HlL 95/2, 1963, 34), damit Fromme im Stand besonderer Reinheit einen Weg für sich allein benutzen konnten (vgl. Aristeas-Brief 106). Diese Eigenheit dürfte damit zusammenhängen, daß sich in der Nähe des Abendmahlssaals das Jerusalemer *Essener-Viertel befand (R. Riesner, BiKi 40, 1965, 64-76). Bei der Suche nach dem Abendmahlssaal (Mt 26,17-19; Mk 14,12-16) könnte man sich den Weg des Mannes mit dem Wasserkrug, vielleicht ein essenischer Mönch, der Wasser für rituelle Waschungen aus dem *Siloah-Teich holte (B. Pixner, HlL 113/2-3, 1981, 12f), über diese Stufenstraße vorstellen.

Literatur: F.M. Abel, L.H. Vincent: Jérusalem II, 1922, 482-515; W. Bühlmann: Wie Jesus lebte, 1987, 114-116; G. Dalman: Orte und Wege Jesu, [4]1967, 347-351; C. Kopp: Die heiligen Stätten der Evangelien, [2]1964, 400-408; G. Kroll: Auf den Spuren Jesu, [10]1988, 327-332; X. Marchet: Le véritable emplacement du palais de Caïphe et l'église de Saint-Pierre à Jérusalem, 1927; E. Power: Bibl 12 (1931) 411-446; DBS II, 1934, 691-756; A.M. Schneider: OrChr 27 (1930), 175-190; HlL 75 (1931), 19-23; L.H. Vincent: RB 38 (1929), 155-159; 39 (1930), 226-256. R.R.

PALÄSTINA. Der Begriff »Palästina«, ursprünglich auf das Gebiet der Feinde Israels, der *Philister, angewandt, wurde erstmals von Herodot als eine Bezeichnung für das südl. Syrien gebraucht. In der Form *Palaestina* verwendeten ihn auch die Römer. Der ältere Ausdruck »*Kanaan« hat eine ähnliche Geschichte. Nach den *Amarna-Briefen (14. Jh. v.Chr.) war Kanaan auf die Küstenebenen beschränkt und wurde dann nach der kanaan. Eroberung des Landesinneren auf alle Gebiete westl. des Jordantals bezogen. Die Begriffe »Land Israel« (1Sam 13,19) und »Gelobtes Land« (Hebr 11,9) werden mit den Israeliten in diesem Gebiet verbunden; der letztere bezieht sich gewöhnlich auf die Region zwischen *Dan und *Beerscheba, nördl. des *Negeb. Die Ansiedlung von zweieinhalb israelit. Stämmen östl. des Jordan scheint das Resultat unvorhergesehener Umstände zu sein, und das Leben auf dieser Seite des Tals erwies sich offenbar als dauerndes Risiko. Nach der Teilung des Königreichs war »Israel« für gewöhnlich der Name des Nordreichs. Im Mittelalter wurde häufig die Bezeichnung »das Heilige Land« übernommen (vgl. Sach 2,16).

I. DIE LAGE UND DIE VERKEHRSWEGE PALÄSTINAS.

Die mittelalterliche Sicht von Jerusalem als dem Mittelpunkt der Erde ist nicht so abwegig wie man annehmen könnte. Denn in dem winzigen syrischen Korridor, der die Festlandsockel von Eurasien und Afrika verbindet, verdichten Mittelmeer, Schwarzes, Kaspisches, Rotes Meer und Persischer Golf die größte Landmasse dieses Planeten zu einer einzigen Landenge. Alle bedeutenden Routen der Kontinente führen notgedrungen durch diesen Korridor, und demzufolge waren die großen Seewege der Antike zwischen Indi-

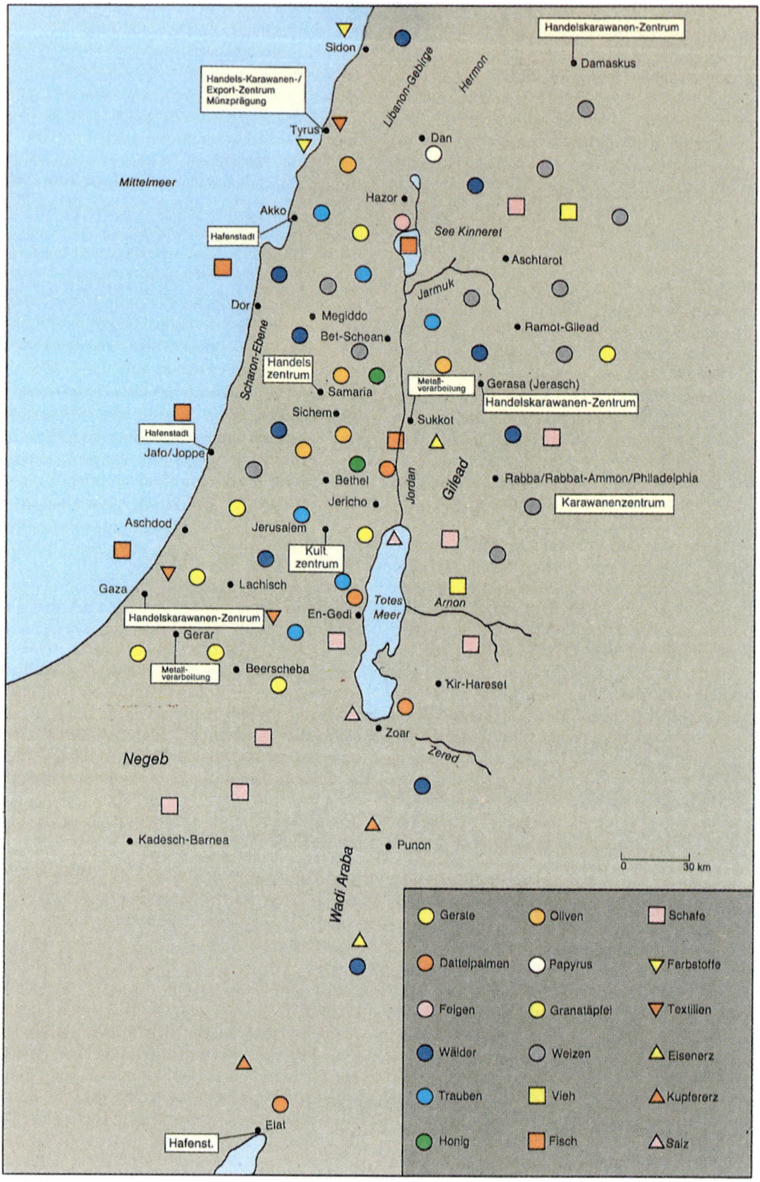

Palästina: Wirtschaft

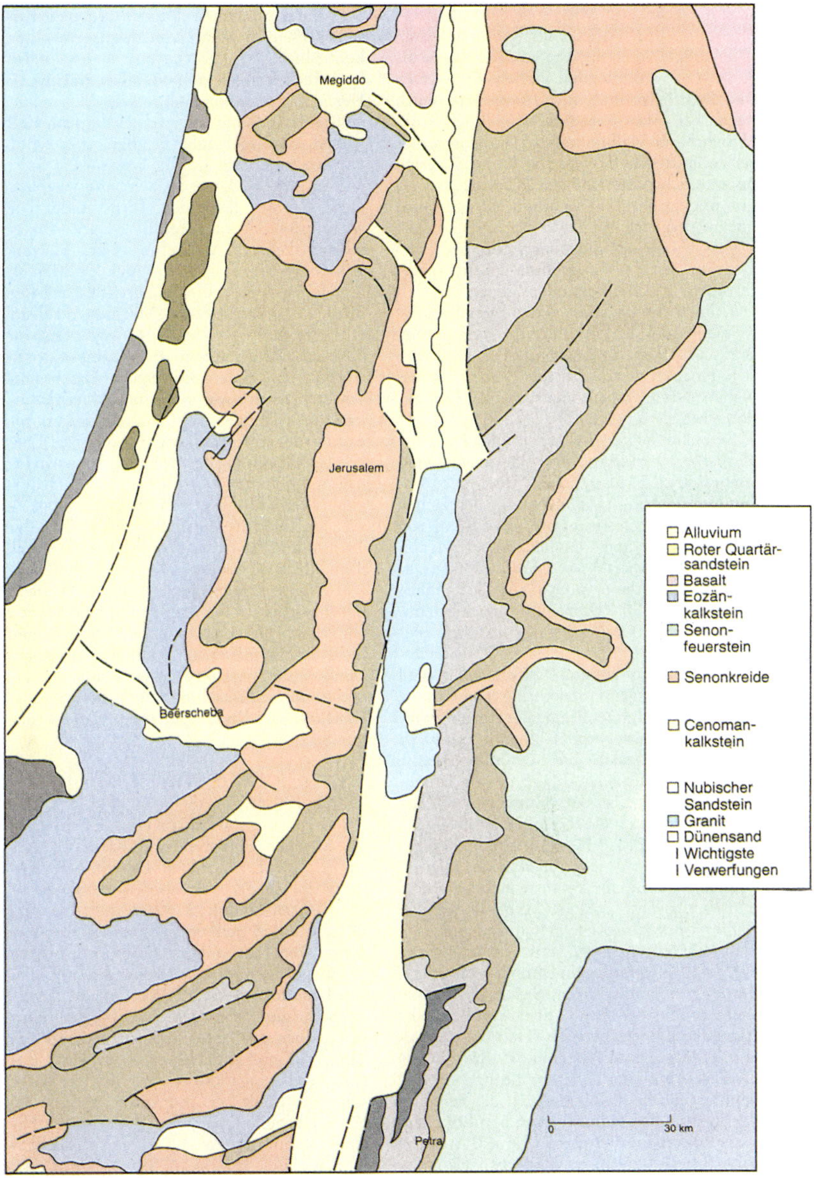

Palästina: geologische Struktur

schem Ozean und Mittelmeer auf Landverbindungen durch die Sinaihalbinsel hindurch angewiesen. Auch die östl. von Kleinasien bis Kurdistan verlaufenden hohen Bergketten und die Wüsten im S und O tragen zusätzlich dazu bei, die Verkehrsverbindungen des »Fruchtbaren Halbmonds« zu verdichten; dieser verläuft sichelförmig von P. und S-Syrien bis zum Schwemmland der Talbecken von Tigris und Euphrat. »Fruchtbar« ist er freilich nur im Vergleich mit der Wüste und dem bergigen Gelände der Umgebung, denn seine Vegetation besteht zum größten Teil aus mediterranem Krüppelholz oder Steppe. An den jeweiligen Enden des »Fruchtbaren Halbmonds«, nämlich im unteren mesopotam. Becken bzw. im unteren Niltal, entwickelten sich Hochkulturen, die die Geschichte des Nahen Ostens fast zwei Jahrtausende lang beherrschten.

Seit jeher gingen drei bedeutende Handelswege durch P. hindurch. Die Hauptroute, vielleicht in Jes 8,23 als »Weg am Meer« beschrieben, verläuft von Ägypten entlang der flachen Küste bis zur *Jesreelebene, wird dann von den syr. Bergen landeinwärts gelenkt, schwenkt um die W-Seite des Sees *Genezareth und führt dann durch das syr. Tor und die zentrale Senke bis *Damaskus, wo sie sich mit den Wüstenrouten der Karawanen quer durch *Mesopotamien vereinigt. Zwei weitere Routen stammen aus sehr alter Zeit, sind aber von geringerer Bedeutung. Die »Straße der Könige« folgt dem Rand der transjordanischen Hochebene vom Golf von Aqaba in Richtung Damaskus. Sie kennzeichnet eine Zone stärkerer Niederschläge, und die Israeliten folgten ihr zeitweise während des *Auszugs aus Ägypten (4Mo 21-22); an ihr liegen alle in 4Mo 21,27-30 aufgezählten Städte. Der Wasserscheide Zentralpalästinas folgt eine andere Route, die kürzeste zwischen Sinai und Kanaan. Im N-Negeb verbindet sie eine Reihe von wichtigen Quellen und hält sich westl. der unwegsamen, unfruchtbaren Senken des O-Negeb, dessen Durchquerung noch immer problematisch ist. Sie verbindet alle wichtigen historischen Zentren von Kadesch-Barnea und Beerscheba bis *Hebron, *Jerusalem, *Sichem und *Megiddo (s. Karte). Seit der Zeit Abrahams (Mittlere Bronzezeit) viel benutzt, wurde sie auch durch die Sendung der *Kundschafter unter Josua berühmt. Alle diese Routen unterstreichen die N-S Ausrichtung P.s, das von ihren ergiebigen Handels- und Kulturbeziehungen profitierte. Israel konnte jedoch selten diese Straßen kontrollieren, ohne dabei die strategischen Interessen der Großmächte zu beeinträchtigen, die deren Ausgangs- und Endpunkte beherrschten. Selbst in den Tagen *Salomos wurden die Küstenstraßen zu scharf von den Seemächten kontrolliert, als daß man dort einen Eingriff hätte rechtfertigen können (1Kön 9,11; 10,22; Hes 27,17), während andererseits *Edom lange Israels Todfeind war, weil es die vom Golf von Aqaba ausgehenden Straßen beherrschte, von wo Israel sein Kupfer bezog (Obd 3).

Eine Anzahl kleinerer Querrouten verband diese parallel laufenden Fernstraßen. Die wichtigsten darunter waren: 1. Gaza – Beerscheba - Petra; 2. Aschkelon – Gat – Helvan; 3. Joppe – Bethel – Jericho (vgl. Jos 10,6-14) und Joppe – Sichem – Adam – Gilead (Jos 3,16); 4. Tal von Jesreel – Megiddo – Gilead. Den Ablagerungen des Nils ausgesetzt, war die Küste P.s bis hinauf zum Karmel für den Ausbau von Häfen ungeeignet. Die bedeutendsten Städte waren deshalb Handelszentren an wichtigen Straßenkreuzungen, sowohl in der strategisch wichtigen Jesreel-Ebene als auch entlang des Höhenrückens von Judäa und Samaria. Das Meer war den Hebräern als Verbindungsweg nicht vertraut (vgl. Ps 107) und auch die Wüste wurde als »Land der Trübsal und Angst« gefürchtet (Jes 30,6; vgl. 5Mo 8,15). Auf riskante Weise zwischen Meer und Wüste eingezwängt, wollten die hebr. Bergbewohner sowohl zu diesen beiden Umfeldgrößen als auch zu deren Völkern eine recht deutliche Distanz schaffen. Autonome Denkungsart wurde somit ein Hauptcharakteristikum der Israeliten, trotz ihrer Schlüsselstellung am Knotenpunkt der Handelsrouten der Antike.

II. GEOLOGISCHE STRUKTUREN UND RELIEF PALÄSTINAS.

Die Levante, die sich auf etwa 650 km Länge zwischen Ägypten und Kleinasien erstreckt, besteht aus 5 Hauptzonen: 1. der Küstenebene; 2. der westl. Bergkette (Judäisch/Galiläisches Gebirge, Libanon und Ansarija-Berge); 3. den Senkungsgräben (Araba, Jordantal, Biqaʿ und Ghor); 4. den östl. Bergen (Hochland von Transjordanien, Hermon und Antilibanon); und 5. den Wüsten von Negeb, Arabien und Syrien. Die Eigenart P.s erklärt sich jedoch aus den Gegensätzen zwischen den nördl. und südl. Abschnitten dieser Zonen. Nördl. von Akko erheben sich die Berge steil vom Meer her und lassen die schmale Küstenebene in zahlreiche Abschnitte zerfallen, gewähren aber auch Raum für die bedeutenden Häfen von Sidon, Tyrus, Beirut, Tripolis und Ras Schamra. Das räumlich begrenzte Hinterland jedes Abschnittes begünstigt die Gründung von unabhängigen maritimen Stadtstaaten, in denen sich »die Geschlechter der Kanaanäer ... ausgebreitet«

haben (1Mo 10,18). Südl. des Karmel öffnet sich die Küste jedoch zu einer weiten zusammenhängenden Ebene, an der sich aber nur die von Philistern und späteren Seevölkern künstlich angelegten Häfen befinden; natürliche Häfen fehlen.

Ein zweiter Kontrast erscheint in den Abschnitten der Senkungsgräben. Der Biqaʿ-Graben in Syrien ist eine breite, fruchtbare Ebene zwischen den hochragenden Hängen von Libanon und Antilibanongebirge, mit freiem Zugang zu anderen welligen Ebenen, und besetzt mit historischen Zentren wie Kadesch, Homs und Hammat. Gegen S blockiert junge Basaltlava den Graben und verengt ihn zu tiefen Schluchten, die sich erst zum sumpfigen Hulebecken hin wieder öffnen; sie erschweren die N-S-Verbindung. Diese Umstände trugen dazu bei, P. vom Gebiet im N zu isolieren.

Das Gestein des Landes ist in erster Linie vulkanischen Ursprungs und Kalkstein, sowie jüngere Ablagerungen von Mergel, Kies und Sand. Der Senkungsgraben gehört zu einem alten Bruch globalen Ausmaßes, der sich bis zu den ostafrikanischen Seen nachweisen läßt. Einfach ausgedrückt hatte er die Funktion eines Scharniers, so daß die westl. von ihm gelegenen Gebiete größtenteils vom Meer bedeckt waren, während die arab. Landmasse im allg. zum Festland gehörte. Somit ist das Gestein westl. der Senke vornehmlich Kalk, der in der Kreidezeit und dem Eozän abgelagert wurde. Ein Teil davon ist hart und dolomitisch (Cenoman und Eozän), was das steile Vorgebirge des Karmel, die Zwillingsgipfel von Ebal und Garizim oberhalb von Sichem und generell das ganze zerklüftete, höhere Relief des judäisch/galiläischen Bergrückens erklärt. Der Senon dagegen ist weiche Kreide, die leicht zu Schluchten und Tälern ausgewaschen wird, die das Hochland unterbrechen, vor allem bei Megiddo, dem Tal von Ajalon und dem Wallgraben von Bet-Schemesch, der die im Eozän gebildeten Ausläufer der *Schefela vom judäischen Plateau trennt. Diese Kalksteinablagerungen wurden entlang des Zentralgebirges hochgehoben und in einer Reihe sanfter Bögen aufgefaltet, die weiter nördl. in Galiläa und Samaria kompliziertere Formen annehmen. In Transjordanien finden sie sich jedoch in horizontalen Schichten, die auf dem Kontinentalsockel unter ihnen ruhen. Das Urgestein wird im SO in den hohen Felsen des Wadi *Araba und auf der Sinaihalbinsel freigelegt. Es wird von den sog. nubischen Sandsteinen überlagert, deren über ausgedehnte geologische Zeitalter aufrechterhaltener Wüstenursprung die rote Farbe erklärt, von der Edom wahrscheinlich seinen

Die felsige Wüste Juda jenseits der fruchtbaren Ebene unterhalb des Herodeion, Richtung Totes Meer. (SH)

Luftbild des Wadi Makuk bei Ai, umgeben von den Hügeln Judäas. (SH)

Namen erhielt (»das Rote«). Im NO bedeckt jüngere Basaltlava das Kalkgestein in den breiten, welligen Plateaus im Land Baschan, die sich bis zur Jordansenke rund um den See Genezareth erstrecken. Sie verwitterte zu fruchtbaren Böden, die seit der Frühzeit eine starke Bevölkerung zu den galiläischen Küsten lockten.

P. leidet unter der Instabilität seiner Oberfläche. Vulkanausbrüche dauerten bis in historische Zeit an, namentlich im Gebiet von Harrat en-Nar, südöstl. des Golfs von Aqaba, das noch im 8. und 13. Jh.n.Chr. aktiv war. Man ist versucht, die Beschreibungen in 2Mo 19,18 und Ps 68,9 mit vulkanischen Erscheinungen gleichzusetzen; aber nach der Tradition liegt der Sinai in einem Gebiet alten kristallinen Urgesteins, in dem es keine vulkanischen Tätigkeiten in neuerer Zeit gegeben hat. Das Schicksal von Sodom und Gomorra (1Mo 14,10; 19,23-28; *Städte der Ebene) läßt an vulkanische Phänomene denken, wahrscheinlich verbunden mit dem Ausströmen von Schwefelgas und flüssigem Asphalt. Auch Erdbeben (1Mo 19,25; 1Sam 14,15; Am 1,1) und geologische Verwerfungen (4Mo 16,31-35) werden in der Bibel berichtet. All dies läßt sich mit dem Senkungsgraben von Jordan und Totem Meer assoziieren, oder mit einer Reihe querlaufender Verwerfungen, die der Ebene von Jesreel ihre Gestalt geben und Samaria und Galiläa in eine Vielzahl von Hochebenen und sedimentbedeckten Senken aufgliedern.

Typisches Ergebnis der starken Trockenheit ist das Ödlandprofil, besonders entlang der östl. und südl. Ränder des judäischen Hochlandes und an der westl. Kante des transjordanischen Plateaus. Innerhalb des tiefen Jordangrabens bedingt weicher Mergel, abgelagert von einem weit größeren See als dem heutigen Toten Meer, die Form des in die Mitte der Mulde tiefeingeschnittenen Ghor, das mehr als 365 m unter dem Meeresspiegel liegt. Auch die je nach Jahreszeit wasserführenden Wadis, die sich in den Arabagraben ergießen, haben ebenfalls ihre Hänge tief zerklüftet. Entsprechend ist der bibl. Bezug auf »schlüpfrige Stellen« ein charakteristisches Merkmal weiter Teile von Negeb und Jordangebiet (5Mo 32,35; Spr 3,23; Jer 23,12; 31,9). Einen Großteil des Negeb bildet Hammada, eine felsbedeckte Öde, und die vom Wind getragenen Ablagerungen des Löß werden mehrfach ausdrücklich erwähnt (2Mo 10,20-23; 5Mo 28,24; Nah 1,3).

III. KLIMA UND VEGETATION.

Drei Klimazonen können in der Levante unterschieden werden: Eine mediterrane, eine Steppen- und eine Wüsten-Zone, jede mit ihrer besonderen Art von Vegetation. Die Winter der mediteranen Zone entlang der Küste bis Gaza im S sind mild (Monatsmittel in Gaza für Januar: 12°C), verglichen mit den rauheren Verhältnissen in den Bergen im Inland (im Januar in Jerusalem 7°C). Die Sommer sind jedoch überall heiß (im Juli 26°C in Gaza, 23°C in Jerusalem). Die späte Schneeschmelze auf den hohen Bergen des Libanon (Jer 18,14) ist eine Ausnahme, obwohl im Hauran Schnee nicht selten ist. Andernorts ist er ein seltenes Phänomen (2Sam 23,20). Weniger als 1/15 des jährlichen Niederschlags fällt in den Sommermonaten von Juni bis Oktober; fast aller Regen ist auf den Winter, schwerpunktmäßig die Wintermitte, konzentriert. Die Gesamtmenge schwankt zwischen 350-400 mm an der Küste und ungefähr 750 mm auf dem Karmel sowie den judäischen, galiläischen und transjordanischen Bergen. Südl., im Raum Beerscheba und in Teilen des Jordantals und des transjordanischen Plateaus, herrscht Steppenklima mit nur 200-300 mm Niederschlag, obwohl die Temperaturen denen des judäischen Berglandes gleichen. Im tiefen Jordangraben herrschen subtropische Bedingungen mit stickiger Sommerhitze. In Jericho liegen die durchschnittlichen Tageshöchstwerte von Juni bis September über 28°C, häufig mit Spitzen von 43-49°C. Im Winter sind die Bedingungen mit 18-20°C jedoch angenehm (durchschnittliche Tageshöchstwerte im Januar). Im Negeb, dem südl. Jordantal und dem Land östl. und südl. der transjordanischen Steppe herrscht Wüstenklima mit weniger als 200 mm jährlichem Niederschlag.

Es gibt keinen archäologischen Hinweis auf eine Veränderung des Klimas seit den Zeiten der Bibel. Nahe dem Golf von Aqaba ausgegrabene röm. Wasserrinnen reichen noch immer für die Quellen aus, für die sie konstruiert wurden, und wo immer die byzantin. Brunnen des Negeb sauber und in Gebrauch gehalten wurden, erreicht der Wasserspiegel nach wie vor das alte Niveau. Die bibl. Erzählungen geben somit ein überzeugendes Bild von einem Klima, wie es heute noch herrscht. Es wird unterschieden zwischen heißen und kalten Jahreszeiten (1Mo 8,22; Am 3,15), und das Einsetzen der Herbstregen wird deutlich beschrieben (5Mo 11,14; Hos 6,3; Joel 2,23). Abweichungen in Menge und Verteilung des Niederschlags sind üblich (Am 4,7), und das Auftreten anhaltender Trockenheit wird bei mehreren Anlässen verzeichnet (1Kön 17,7; Jer 17,8; Joel 1,10-12.17-20). Aufgrund der Höhenunterschiede – 1020 m über dem Meeresspiegel bei Hebron bis 390 m unter dem Meeresspiegel am Toten Meer – ist die Flora P.s für dieses relativ kleine Gebiet sehr reichhaltig (ca. 3000 verschiedene Pflanzenarten). Ein großer Teil davon ist einjährig (s. *Pflanzen). Nur wenige Distrikte besaßen einmal dichte Wälder, obwohl sich Überreste davon auf dem *Hermon und *Libanon erhalten haben, mit ihren Zedern, Fichten, Koniferen, Eichen und Pinien, sowie im bibl. Golan, wo es noch immer Pinien- und Eichenwälder gibt. Der Libanon war seit jeher für seine Zedern bekannt. Die Israeliten trugen zum Abholzen der mediterranen Baumbestände bei, die einst das Zentralgebirge bedeckten (Jos 17,18); heute finden sich keine Spuren mehr von den ehemaligen Wäldern bei Bethel (2Kön 2,24), Ephraim (Jos 17,15) und Gilead nahe dem Jordantal.

Scharon, dessen Name »Wald« bedeutet, besaß lange Zeit Eichenwälder; bibl. Prophetie verkündete jedoch, daß drei bewaldete Regionen sich in Schafweiden verwandeln würden – das küstennahe Scharon, N-Gilead und SO-Galiläa (s. Jes 65,10). Die zunehmende Ausbildung der Weidewirtschaft ist für einen großen Teil der Rodung der Wälder in P. verantwortlich zu machen (vgl. 2Kön 3,4). Unter mediterranen Bedingungen sind die »Weiden der Wüste« jedoch saisonbedingt kurzlebig, wie auch Rabbi Akiba (um 100 n.Chr.) zutreffend bemerkte, daß »diejenigen, die Kleinvieh züchten und gute Bäume fällen . . . kein Zeichen von Segen sehen werden«. Der Niedergang des Baum- und Buschbestandes in P. war bis zur Gründung des heutigen Staates Israel im Jahre 1948 soweit fortgeschritten, daß der größte Teil des unkultivierten Landes eine armselige Fläche von *batha*, d.h. niederem Krüppelholz auf offen zutage tretenden Felsen, war. Zur Steppe und Wüste hin wird das Aussehen des Landes mehr von Gestein als von einer Pflanzendecke beherrscht, mit nur wenig Buschwerk, wie etwa Wermut, Ginster, Salzkraut und Büscheln xerophytischer Gräser. Nur entlang des Jordanufers befindet sich ein dichter Saum von Weiden, Pappeln, Tamarisken, Oleander, etc. Ein großer Teil des palästin. Berglands wurde jedoch, durch Erosion seiner fruchtbaren terra vessa-Böden, zum Friedhof früherer Kulturen, vor allem durch den Verfall des Terrassenanbaus. Eine Schätzung besagt, daß seit röm. Zeit 2000-4000 Millionen m^3 Erde von der O-Seite der jüdäischen Hügel abgetragen wurden, die für 4000-8000 km^2 guten Ackerlandes ausgereicht hätten. Auf diese drohende Bodenerosion wird wahrscheinlich in Hiob 14,18-19 angespielt, und die rasche Ausbreitung von Feuer während der Sommerdürre beschreibt Ps 83,14f. Diesen Merkmalen mediterraner Instabilität wird in dem Verlangen nach Ausgleich und Selbstdisziplin Rechnung getragen, in einem Land, wo Acker und Wüste so dicht beieinander liegen (2Mo 23,29f; Spr 24,30-34).

IV. WASSERVERSORGUNG UND ACKERBAU.

Nicht zufällig enthalten die Namen von mehr als 70 alten Ortschaften in P. das Wort *'ain*, »Quelle«, und weitere 60 das Wort *bīr*, »Brunnen«. Abgesehen vom Jordan, einigen seiner Nebenflüsse und vier oder fünf von Quellen gespeisten kleinen Küstenflüssen führen alle übrigen Bäche P.s nur saisonbedingt Wasser. Wasserläufe mit Schmelzwasser erreichen im Mai/Juni ihren Höchststand (Jos 3,15), die Mehrzahl trocknet im heißen Sommer jedoch aus (1Kön 17,7; Hiob 24,19; Joel 1,20), namentlich im Negeb (Ps 126,4). Das plötzliche Hochwasser, das der Herbstregen verursacht, wird anschaulich beschrieben (Ri 5,21; Mt 7,27). Der »Quell lebendigen Wassers« war somit ein Ideal des israelit. Siedlers. Die Erfindung eines Mörtels, der zum Ausbauen von Zisternen für Regenwasser geeignet war (um 1300 v.Chr.), könnte durchaus ein entscheidender Faktor für die rasche Besiedlung des judäischen Hochlands durch die Israeliten gewesen sein. Auch Brunnen zur Versorgung von Vieh und Saat werden bereits früh angedeutet (1Mo 26 etc.) und künstliche Bewässerung war nicht unbekannt (1Mo 13,10). Auch Reservoirs für die Bedürfnisse der Stadtbevölkerung werden häufig erwähnt (Hld 7,5); einige wurden über imposante, in den Fels gehauene Stollen gespeist (2Kön 20,20). Die Lebensnotwendigkeit des Wassers wird aus vielen moralischen Unterweisungen der Israeliten ersichtlich (5Mo 8,7-10; 11,10-17; 1Kön 18; Jer 2,13; 14,22).

Zumindest in der Zeit vor der Monarchie setzte sich die Bevölkerung in Zentralpalästina aus Kleinbauern zusammen, und die typischen Erzeugnisse des Landes werden in den Geschenken Abigajils an David beschrieben (1Sam 25,18). In Judäa ist die größere Bedeutung der Gerste gegenüber dem Weizen aufgrund des geringen Niederschlags seit bibl. Zeit gerechtfertigt, ebenso der Ruf des Karmel für seine Weine sowie der von Ephraim und Galiläa für Oliven. Dürreperioden drohen jedoch, Verschuldung und Knechtschaft herbeizuführen, so daß trotz der im Erlaßjahr vorgesehenen ideologischen Gleichberechtigung (3Mo 25) bereits unter *Saul Krongüter, Latifundien und Zwangsarbeit auftauchen (1Sam 8,16; 22,7; 25,2). In Transjordanien und im Negeb scheint das Hirtenleben traditionell durch ortsgebundenen Ackerbau ergänzt worden zu sein, wo immer Brunnen und Oasen dies ermöglichten. Der Bestand des Ackerlandes war jedoch ständig von Überweidung durch Schafe und Ziegen bedroht neben der weit verhängnisvolleren Ausbreitung der Wüsten.

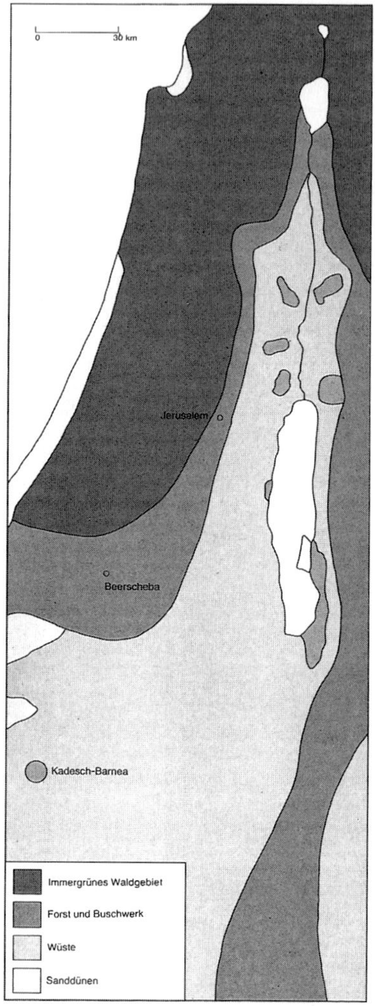

Palästina: Vegetationszonen

V. DIE SIEDLUNGEN.

Ein Hauptproblem der historischen Geographie P.s war die Identifizierung von Orts-

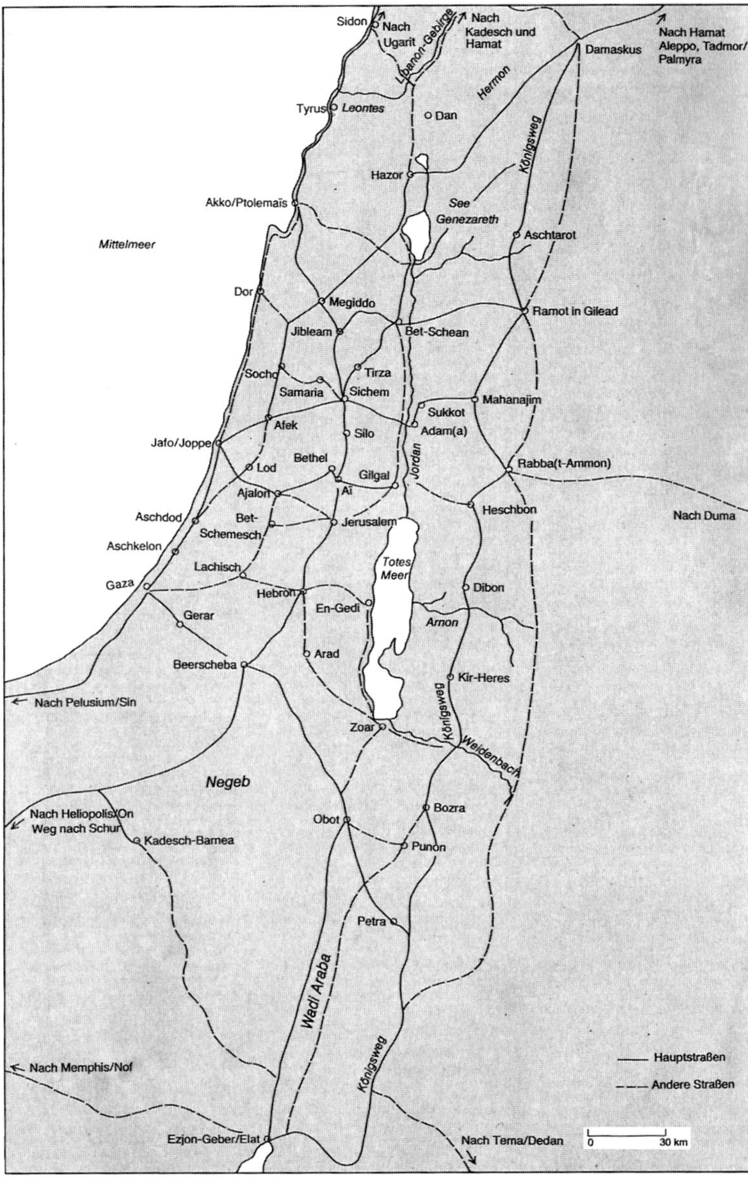

Palästina: Verkehrswege

namen. Die Bibel verzeichnet 622 Orte westl. des Jordan. Die Listen von Thutmosis III., Sethos I., Ramses II. und Schischak I. aus Karnak erhellen die Topographie P.s. Eine weitere wertvolle Quelle sind die Onomastika von Eusebius und Hieronymus. Die Arbeit von R. Reland (1714) ebnete den Weg für das moderne topographische Werk von E. Robinson, das während seines Palästinaaufenthalts 1838 entstand. Er identifizierte 177 Ortsnamen, von denen nur wenige geändert wurden. 1865 wurde der »Palestine Exploration Fund« (Forschungsstiftung Palästina) gegründet, und bis 1927 waren etwa 434 Orte lokalisiert; vor allem Conder fügte 147 neue Namen hinzu. Eine Anzahl davon ist noch immer strittig, und die moderne Wissenschaft setzt die Diskussion über einige Namen fort.

Die aufsehenerregenden Entdeckungen K. Kenyons in *Jericho zeigen, daß sich dort eine Art von städtischem Leben seit 8000-6000 v.Chr. abspielte, wobei etwa 3000 Einwohner auf einem 3,2 ha großen Gebiet wohnten. Tatsächlich scheint das Jordantal seit frühester Zeit dicht besiedelt gewesen zu sein. N. Glueck verzeichnet dort ca. 70 Orte, viele vor mehr als 5000 Jahren gegründet, von denen über 35 in israelit. Zeit noch immer bewohnt waren. Erst später wurde diese von Lot bevorzugte Gegend (1Mo 13,10) unwirtlicher, wahrscheinlich durch das Auftreten von Malaria. Man hat vermutet, daß einige Tells künstliche, absichtlich über dem sumpfigen Grund aufgeschüttete Hügel waren, die wohl durch spätere Besiedlung noch vergrößert wurden. Überall war jedoch die Wasserversorgung der entscheidende Faktor für eine Besiedlung. Befestigte Städte und Burgen wurden an wichtigen, ganzjährig tätigen Quellen erbaut wie etwa Jericho, Bet-Schean und Afek (berühmt aus den Kriegen der Israeliten mit den Philistern). So ist es schlechthin naturgegeben, daß Orte mit Quellwasser normalerweise die beständigste Besiedlung von alters her aufweisen.

Die Besiedlung entlang der Küstenebene südl. des Karmel war seit alter Zeit relativ dicht, begünstigt durch das leicht mögliche Graben von Brunnen im sandigen Boden, mit darunterliegenden bikonvexen (linsenförmigen) Lehmschichten, die den Grundwasserspiegel nicht absinken lassen. Weiter nördl. jedoch, wo in der Scharon-Ebene und in Obergaliläa reichlich Wasser zur Verfügung steht, waren menschliche Niederlassungen aufgrund relativ dichten Waldbestandes erst in jüngerer Zeit möglich. In den Becken von Untergaliläa und Samaria gab es seit langer Zeit eine dichte Bevölkerung, die auf zahlreiche Ortschaften verteilt war. Aber südl. von Jerusalem konzentrierte sich die Bevölkerung auf eine geringere Zahl von Ortschaften, und in der Umgebung von Beerscheba waren schließlich nur strategisch wichtige, befestigte Orte mit Brunnen bewohnt. In Transjordanien markieren eine Anzahl von Festungen wie Petra, Bozra (Buseira) und Tofel (Tafila) den Rand des Plateaus. Östl. von ihnen erstreckt sich ein schmaler Streifen Ackerland

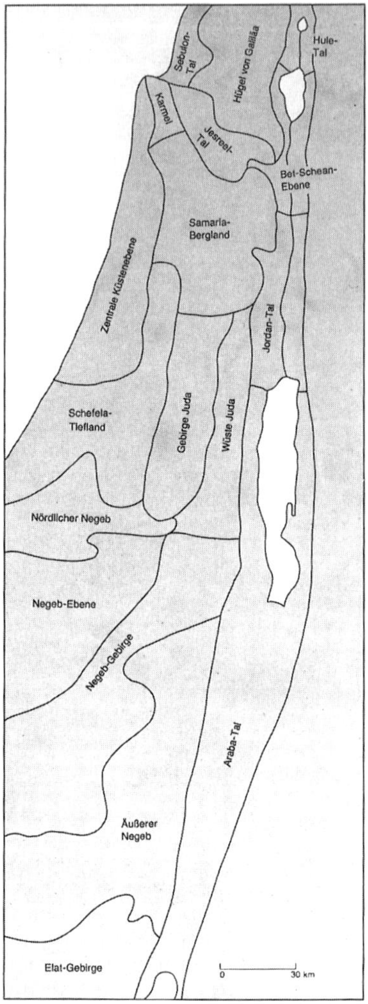

Palästina: Geographische Regionen

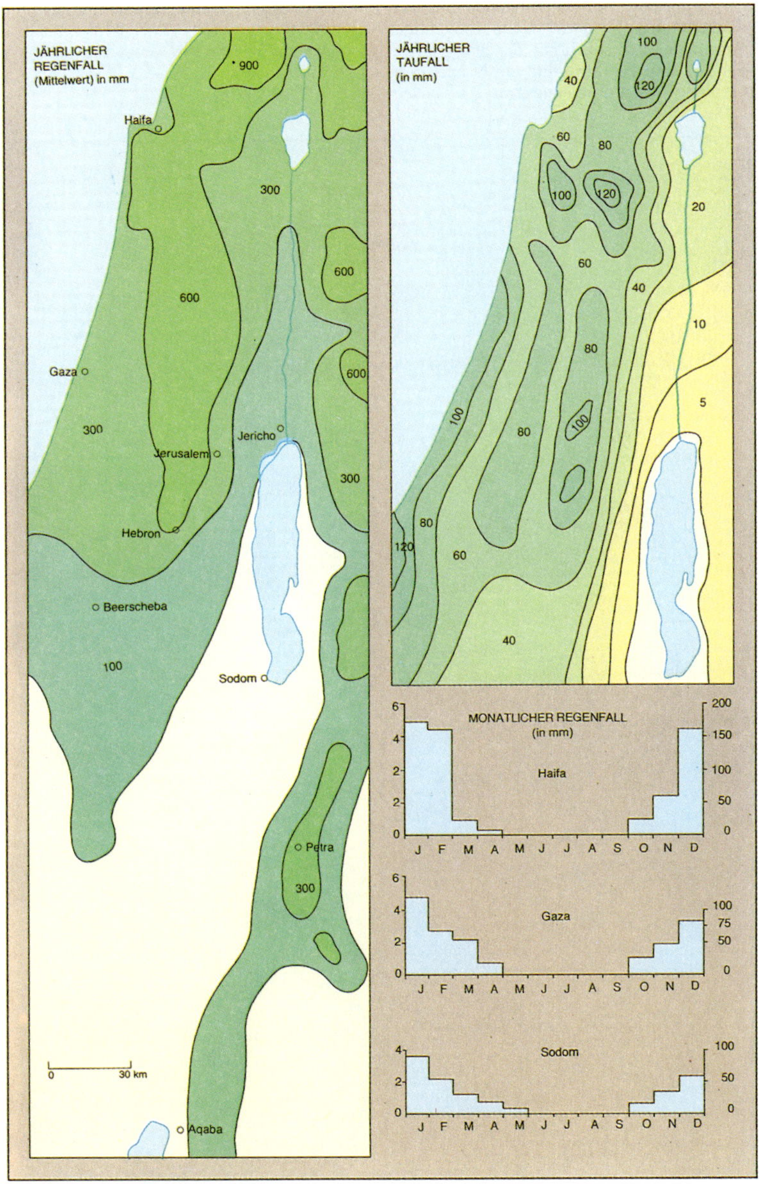

Palästina: Niederschläge

mit verstreuten Dörfern, an denen die »Königsstraße« entlangführte. Innerhalb dieser hauptsächlich von der Wasserversorgung diktierten Siedlungsformen entstanden an Straßenkreuzungen, wo die Nähe von einigen Pässen die Möglichkeit bot, die Diagonalstraßen mit den Hauptrouten von N nach S zu verbinden, die größten und strategisch bedeutendsten Städte. Darunter waren in bibl. Zeit Beerscheba, Hebron, Jerusalem, Bethel, Sichem, Samaria, Meggido, Bet-Schean und Hazor. Folglich konnte der Psalmist ausrufen: ». . . Er führte sie den richtigen Weg, daß sie kamen zur Stadt, in der sie wohnen konnten« (Ps 107,7).

Palästina: Wichtige Wasserläufe

VI. DIE REGIONEN PALÄSTINAS.

Bestimmte regionale Einheiten tauchen in der Geschichte des Landes immer wieder auf und sollten als solche anerkannt werden. Die bereits getroffene grobe Einteilung ist eindeutig: Die Küstenebenen, das zentrale Bergland, der Jordangraben, die Plateaus von Transjordanien und die Wüste.

Die Küstenebenen erstrecken sich über etwa 200 km von der libanesischen Grenze bis Gaza, im N vom Karmel unterbrochen. Nördl. davon setzt sich die Ebene von Asser 40 km bis zur »Tyrischen Treppe« fort, wo die galiläischen Hügel sich bis dicht an die Küste drängen. Im Leben Israels spielte diese Ebene keine Rolle, aber das südöstl. von ihr gelegene Tal von Jesreel und die Jesreel-Ebene waren von großer Bedeutung. Mit einer Ausdehnung von 50 km in das Landesinnere und bis zu 20 km Breite bildete sie die Hauptroute von Ägypten nach Damaskus und dem N. An ihr lagen die strategisch wichtigen Stätten Meggido, Jesreel und Bet-Schean, bekannt aus vielen Kriegen Israels (Ri 5; 7,1; 1Sam 29,1; 31,12) und als Schauplatz der apokalyptischen Zukunft (Offb 16,16). Südl. des Karmel, welcher der kleinen Ebene von Dor Schutz bietet, liegt die Ebene von Scharon mit ihren fünf großen Philisterhochburgen Ekron, Aschdod, Aschkelon, Gat und Gaza. Diese Ebene geht im O in das Hügelland der Schefela über, einer Pufferzone zwischen Israel und Philistäa. Diese Hügel waren einst mit Sykomoren dicht bewaldet (1Kön 10,27; 2Chr 1,15; 9,27) und von engen Tälern durchzogen, die Zeugen der frühen Kämpfe Israels von der Richterzeit bis zu David waren, namentlich Ajalon (Jos 10,10-15; 1Sam 14,31), Sorek (Ri 16) und Ela (1Sam 17,1-2).

Das zentrale Bergland erstreckt sich über 300 km von N-Galiläa bis zum Sinai; es wird von ineinandergreifenden Bergen und Plateaus gebildet. Im S hat Judäa sanfte Bodenwellen, abgesehen vom O, wo das tiefeingeschnittene Kreideprofil der judäischen Wüste steil zum Jordangraben abfällt. Dieses judäische Plateau erstreckt sich nach N bis zum Hügelland von Ephraim mit leicht begehbaren Querrouten; weiter nördl. jedoch fallen die Hügel Samarias sanft von den judäischen Höhen von mehr als 1000 m bis auf gut 300 m im Zentralbecken ab; dort liegen die bibl. Orte Gibea, Salem, Sichem und Sychar. Überragt werden sie von den Bergen Ebal (945 m) und Garizim (890 m). Wie andere fruchtbare Gebiete war Samaria äußeren Einflüssen ausgesetzt, die auch in seine Religion Eingang fanden. Nördl. der Jesreel-Ebene liegt Galiläa, geteilt in S- oder Untergaliläa, mit einer Samaria vergleichbaren Landschaft, und N- oder Obergaliläa, dessen Berge auf über 900 m ansteigen. Eine Anzahl von Becken, namentlich Nazareth, gewähren leichte Passierbarkeit und eine ertragreiche Landwirtschaft zwischen der Küste und dem Gebiet am See; diese Gegend war in den Tagen Jesu dicht besiedelt.

Der Jordan folgt dem großen Senkungsgraben, wobei er P. über mehr als 100 km durchschneidet. In seinem nördl. Einzugsgebiet liegen der Hulesee und der See Genezareth, umgeben von hohen Bergen, namentlich vom Hermon, wo der Jordan entspringt (5Mo 3,9; 4,48). Unterhalb des Hulebeckens hat der Jordan eine Schlucht durch den Basaltdamm gebrochen, der einst die Senke blockierte, um dann 200 m unter dem Meeresspiegel in den See Genezareth hineinzufließen. Südl. des Sees mündet der Jarmuk in den Jordan, und dessen Tal führt südwärts allmählich zum Graben des Toten Meeres. Südl. der Felsen von Ain Chaneizar beginnt das Steppengebiet der Araba, das sich über 160 km bis zum Golf von Aqaba erstreckt und von der großen Wand des transjordanischen Plateaus überragt wird. Im W erstreckt sich das öde, hügelige Profil des Zentralnegeb und seiner Steppenebenen in Richtung Beerscheba. Nach O, über den Rand des transjordanischen Plateaus hinaus, liegt eine Reihe aus bibl. Zeit bekannter Regionen: das Tafelland von Baschan, das im O von den großen vulkanischen Kratern des Dschebel Drus beherrscht wird; Gilead, auf einer 55 × 40 km großen Kuppe gelegen und berühmt für seine Wälder (Jer 22,6; Sach 10,10); die flachen Steppen von Ammon und Moab; und südl. des Tales von Sered (5Mo 2,13; Jes 15,7) das zerklüftete und abgeschrägte Massiv von Edom mit seinen uneinnehmbaren Festungen. Weiter östl. und südl. liegen die Wüsten, Tafelland aus Felsen und Sand, von den heißen Winden versengt. S.a. *Jordan, *Negeb, *Scharon, *Zin. Zur Archäologie Palästinas, s. *Archäologie und jeweilige Orte, zur Geschichte, s. *Kanaan, *Israel, *Juda, *Philister, etc.

Literatur: F.M. Abel: Géographie de la Palestine I-II, 1933-38; E. Orni, E. Efrat: Geographie Israels, 1966; H. Guthe: Bildatlas, [2]1925; Atlas Yisrael (Israel-Atlas, Hebräisch), 1956-64. Ha-Enzyklopedia Ha-Ivrit Bd. 6, Eres Jisrael, 1963; R. Köppel: Palästina, die Landschaft in Karten und Bildern, 1930; Atlas of Israel, Third Edition (English-Hebrew), 1985; D. Baly: Geographisches Handbuch zur Bibel, 1973; OLB I und II; LDB; R. Albertz, C. Thoma, H. Hübner, W. Kickel: TRE XVI, 1987, 368-393; S. Herrmann: TRE XII, 1984, 698-740 (Literatur!); H. Haag: Das Land der Bibel, 1989. J.M.H./O.B.

Die Lage Pamphyliens in Kleinasien.

PAMPHYLIEN. Küstenregion in S-Kleinasien an der großen Bucht des Lyzischen Meeres zwischen *Lyzien und *Zilizien. Sie wird in Apg 13,13; 14,24 und 15,38 in Verbindung mit der ersten Missionsreise des Apostels *Paulus erwähnt. Sein Besuch dort wurde nach Ramsays Auffassung durch Krankheit und das ermüdende Klima abgekürzt (SPT, S. 89ff). Nach der mythischen griech. Überlieferung wurde das Gebiet von Amphilochus und Kalchas (oder Mopsus, seinem Rivalen und Nachfolger) nach dem Trojanischen Krieg kolonisiert. Sprachliche Zeugnisse bestätigen eine Besiedlung mit gemischter Bevölkerung. Die wichtigsten Städte waren Attalia (wo Paulus vermutlich landete; der Ort war nach 189 v.Chr. von Attalus II. von *Pergamon gegründet worden und von Kolonisten aus Athen bewohnt), Aspendos (ein pers. Flottenstützpunkt, angeblich argivischen Ursprungs; Strabo, 14,4,2); Sides (möglicherweise von äolischen Siedlern gegründet) und *Perge. Das Gebiet von P. stand bis zu Alexander dem Großen unter pers. Herrschaft. Danach gelangte es, abgesehen von einer kurzen Besetzung durch Ptolemäus I. und Ptolemäus III., in den Besitz der Seleukiden von Syrien. Nach der Niederlage Antiochus' III. übernahm C. Manlius die Region für Rom. Die wichtigen Städte wurden zusammengeschlossen. Die Attaliden erhielten damals (189 v.Chr.) den Küstenstreifen, wo sie Attalia gründeten. Viele Neuordnungen folgten. Ab 102 v.Chr. war P. Teil der Provinz Zilizien, aber um 44 v.Chr. gehörte es zur Provinz Asia. 36 v.Chr. erhielt König Amyntas von Galatien das Gebiet von seinem Verbündeten Antonius. Dank seines rechtzeitigen Überlaufens zu Octavian vor Actium (31 v.Chr.) behielt Amyntas seinen Besitz bis zu seinem Tod (25 v.Chr.). Von da an war P. bis 43 n.Chr. Teil der Provinz Galatien. In diesem Jahr gründete *Claudius die Provinz *Lyzien-Pamphylien. Neuordnungen gab es später unter Galba und *Vespasian. Die in *Perge gegründete Gemeinde ist die einzige im 1.Jh. erwähnte, doch während der Verfolgung durch Diokletian 304 n.Chr. gab es in P. mindestens 12 Gemeinden.

Literatur: A.H.M. Jones: Cities of the Eastern Roman Provinces, ²1971, S. 123ff; E. Olshausen: KlP IV, 441–444. E.M.B.

PANIER s. Banner

PANZER s. Waffen und Geräte

PAPHOS. Name zweier Siedlungen in SW-*Zypern. Alt-P. war eine sehr alte phönizische Gründung und lag etwas landeinwärts. Neu-P. entwickelte sich nach der röm. Eroberung der Insel 58 v.Chr. zum Zentrum der röm. Regierung. Auf seiner ersten Missionsreise traf der Apostel *Paulus hier den Prokonsul *Sergius Paul(l)us (Apg 13,6f.12) und stieß mit dem Zauberer Elymas zusammen (Apg 13,6-11). Alt-P. besaß ein berühmtes Heiligtum, vermutlich phönizischen Ursprungs, das später dem Kult der Aphrodite geweiht war.

Literatur: E. Meyer: KlP IV, 484-487. B.H.

PAPPEL s. Pflanzen

PAPYRI UND OSTRAKA.

I. PAPYRI.

Theophrast (370-287 v.Chr.) beschreibt in seiner »Pflanzenkunde« (Historiae plantarum IV 8,4) den Gebrauch des Papyrus: »Der Papyrus ist für viele Dinge nützlich: mit dieser Pflanze werden Boote gebaut, und mit ihrer Rinde werden Schiffssegel, Fußmatten, Kleider, Bettdecken, Seile und viele andere Dinge durchwebt. Aber eine wesentlich bekanntere Gebrauchsform ist das 'Papier'«. Diese letztere ist die häufigste Verwendung des Papyrus; noch heute denkt man bei der Erwähnung des Papyrus zuerst an das Papier der Antike. Sein Gebrauch geht zurück bis in das 3. Jt. v.Chr.; andererseits ist der jüngste latein. Papyrus unserer Zeit die Bulle Benedikts VIII. aus dem Jahr 1017. Es handelt sich dabei um den letzten Vertreter der »päpstlichen« Papyri, von denen in Deutschland, Spanien, Frankreich und Italien Exemplare erhalten sind.

Die ältesten Funde in Ägypten sind Hieroglyphen, denen die hieratische *Schrift folgte, die demotische (8. Jh.v.Chr. bis 5. Jh.n.Chr.) und schließlich die koptischen Funde, die die letzte Entwicklung der ägypt. Sprache darstellen, wenngleich ihre Buchstaben größtenteils dem Griech. entnommen sind. Darüber hinaus haben wir einige Zeugnisse der in Nubien gesprochenen Sprache. Bis vor kurzem waren sie sehr selten und entsprechend wichtig; erst in jüngster Zeit gab es neue, bedeutende Beiträge, u.a. in den Publikationen von G.M. Browne.

Hier soll jedoch an erster Stelle die sensationelle Entdeckung der Rollen vom Toten Meer stehen, die wichtige Manuskripte in hebr. und aram. Sprache hervorbrachte, fast alle auf Pergament oder Leder.

Zu erwähnen sind ebenfalls die arab. Papyri aus dem 7.-9. Jh.n.Chr., denen vor allem die Spezialisten in Berlin und Wien besondere Aufmerksamkeit gewidmet haben, sowie die Sammlung der pers. Papyri in Berlin.

Aber die unermeßliche Mehrheit der Papyri ist griech. Herkunft und Sprache. Einigen hundert latein. Papyri stehen abertausende griech. Handschriften gegenüber.

Den Papyrus gewann man aus einer Pflanze gleichen Namens (*Cyperus papyrus*), einer heute sehr selten gewordenen Schilfart. Plinius d.Ä. (23-79 n.Chr.) beschreibt die Herstellung des Schreibmaterials in seiner Historia Naturalis 13, 74-82. Zuerst wurden aus dem weichen Mark der Papyrusstengel schmale, dünne Streifen geschnitten, die man so nebeneinander legte, daß sie sich geringfügig überdeckten. Dann legte man im rechten Winkel eine zweite Schicht von Streifen darüber. Die Schichten wurden anschließend so lange geklopft oder gepreßt, bis sie zu einem »Blatt« geworden waren. Als Binde- bzw. Klebstoff reichte der Saft der Pflanze; nur zum Aneinanderkleben mehrerer Blätter wurde ein eigener Klebstoff verwendet. Schließlich wurde das Blatt in der Sonne getrocknet und nochmals geglättet.

Die Etymologie des Wortes »Papyrus« ist unsicher. Nach allg. Meinung stammt es aus dem Altägyptischen für »dem Pharao zugehörig« (*pꜣ-pr-ꜥꜣ*), womit auf dessen königliches Monopol hingewiesen wird.

Kürzlich hat man jedoch seine Ableitung von *pꜣ-pr* vorgeschlagen: »dem Hause zugehörig«, oder »Verwaltung«. In jedem Fall ist allerdings die seltsame Etymologie des Isidor von Sevilla (560-636 n.Chr.) abzulehnen, der, ausgehend vom griech. Namen des Papyrus, *pápyros*, und von seinem Gebrauch als Kerzendocht auch für Altarkerzen, ableitet (Etymologiae XVII 9,96; PL 82, 634B): »Es heißt Papyrus, weil es für Feuer und Wachs brauchbar ist; denn die Griechen nennen das Feuer pyr.«

II. OSTRAKA.

Dieser Begriff ist die Übersetzung des entsprechenden griech. Wortes *ostrakon*: »Stück eines zerbrochenen Gefäßes«.

Scherben waren ein für alle erschwingliches Schreibmaterial; sie wurden besonders, aber nicht ausschließlich in Ägypten benutzt. Vor allem auch in Athen wurden sie für die sprichwörtlich »Ostrazismus« (Scherbengericht) genannte Institution gebraucht, die Verurteilung zur Verbannung, die die Athener Demokratie mißliebigen Personen auferlegte. In Attika hat man zahlreiche Gefäßstücke mit den Namen von Verurteilten gefunden.

Auch in Rom hat man Ostraka gefunden,

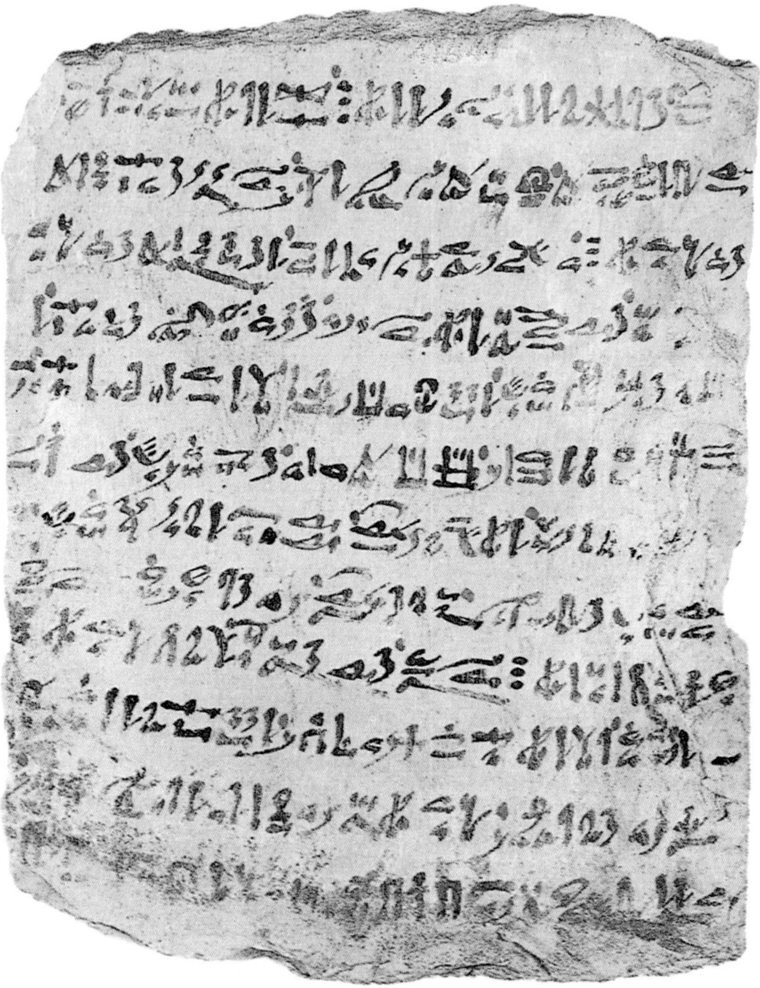

Kalkstein-Ostrakon, mit ägyptisch-hieratischer Schrift: Text der »Lehranweisung des Schreibers Amennakhte an seinen Lehrling Hormin«. Rote Tinte wurde für die Überschrift und für die Punkte benutzt, die Satz oder Versanfänge markieren. 19. Dynastie (Neues Reich), ca. 1250 v.Chr. (BM)

vor allem auf dem 49 m hohen Monte Testaccio, der seinen Namen von solchen Gefäß- und Krugstücken erhalten hat.

Auf jeden Fall übertrifft Ägypten die anderen Völker der Antike in der Fülle der Ostraka. Da Ostraka nicht so empfindlich wie Papyri sind und folglich haltbarer als diese, stellt sich die Frage, warum man sie an anderen Orten nicht im gleichen Ausmaß findet wie in Ägypten. Die Antwort ist, daß die Sandwüste in Ägypten die verlassenen Häuser mit all den Geräten und Gegenständen, die sie enthielten, bedeckte und schützte. Dies ist an anderen Orten nicht geschehen, zumal sich anderswo die Beschriftung der Ostraka auch durch die größere Feuchtigkeit auflösen konnte.

Es liegt auf der Hand, daß die geringe erhaltene Oberfläche einer Scherbe für kleine Texte – im allg. auf der konvexen Vorderseite - benutzt wurde, vornehmlich für Quittungen, Schulübungen, Briefe etc.

Doch es gibt außerdem einiges literarisches Schrifttum. Abgesehen von bibl. Ostraka wären hier das bekannte Ostrakon mit einem Text von Sappho zu erwähnen, das zur Sammlung von Florenz gehört, oder ein Ostrakon in Oxford mit dem fast vollständigen altägypt. Sinuhe-Roman.

Literatur: A. Bataille, Les papyrus, 1955; W. Schubart: Das Buch bei den Griechen und Römern, [3]1961; J. O'Callaghan: El papiro en los Padres grecolations, 1967; J. Hengstle, G. Häge, K. Kühnert: Griechische Papyri aus Ägypten als Zeugnisse des öffentlichen und privaten Lebens, 1978; E.G. Turner: Greek Papyri. An Introduction, [2]1980; AA. VV., Ostrakon. Papyrus, Lexikon der Ägyptologie IV, 1982, S. 636-637.667-899; J. Vergote: L'étymologie du mot »papyrus«, Chronique d'Égypte 60, 1985, S. 393-397; O. Montevecchi: La Papirologia, [2]1988.

III. HEBRÄISCHE PAPYRI UND OSTRAKA.

Anfang 1952 wurde 18 km südl. der ersten Höhle von Qumran, genau: im Wadi Murabbaʿāt, ein Papyruspalimpsest (P.Mur. 17) mit althebr. Inschrift gefunden, der in das 8. Jh. v.Chr. datiert wurde. Erhalten sind Reste eines Briefes; aber, wie die Erstedition feststellt, das *recto* des Papyrus war zwei weitere Male benutzt worden: Nach der Abwaschung der ursprünglichen Schrift (die man jetzt wieder sichtbar machen konnte) wurde eine Liste verschiedener Personennamen eingetragen. Der Brief scheint aus der Zeit der Herrschaft des *Usija/*Asarja zu stammen, dessen ökonomische Aktivitäten in der Wüste von *Juda und im *Negeb im AT bezeugt werden (2Chr 26,1.8.10 und 2Kön 14,21-22).

Von vergleichbarem Umfang fand man in Murabbaʿāt verschiedene hebr. Dokumente aus jüngerer Zeit: Verträge, Grundstücksverkäufe etc., unter denen verschiedene Briefe hervorzuheben sind, namentlich zwei Schreiben von Simon Bar-Kochba an Joschua Ben-Galgula (P.Mur. 43 u. 44), die aus der Zeit der Bar-Kochba-Rebellion gegen Rom stammen (132-135 n.Chr.).

Besonders erwähnt werden muß der Papyrus Nash, den W.L. Nash, Sekretär der Society of Biblical Archaeology, in Ägypten gekauft hatte. Dieser Papyrus enthält die zehn Gebote und das *Sch'ema* (5Mo 6,4f). In der Erstedition datierte Cook den Papyrus auf den Anfang des 2. Jh.n.Chr., eine Datierung, die berechtigterweise von Albright korrigiert wurde, der ihn in die zweite Hälfte des 2. Jh. v.Chr. einordnete.

Obwohl das in Qumran gefundene Material fast vollständig aus Pergament oder Leder besteht, hat man in der Höhle 4 eine Anzahl von kleinen Papyrusfragmenten gefunden, die im Schlußteil des 4Q-Bandes ediert wurden (Nr. 515-520). Ihre Identifizierung ist nicht sicher, da sie extrem klein sind; oft sind nur ein oder zwei Buchstaben erhalten.

Abschließend noch ein Wort zu den hebr. Papyri des christl. Zeitalters: Der kärglichen Anzahl der Papyri aus dem 2.-10. Jh. müssen nun vier neue hinzugezählt werden, die zur Sammlung Palau-Ribes, Barcelona, gehören.

Die Erforschung der hebr. Ostraka hatte ihren ersten Höhepunkt in der wissenschaftlichen Expedition der Harvard-Universität, die während der Jahre 1908-10 Ausgrabungen in Samaria unter der Leitung von G. Schumacher, G.A. Reisner und C.S. Fisher durchführte. Das Ergebnis waren einige Dutzend Ostraka, darunter 63 entzifferbare in althebr. Schrift.

Von 1931-35 wurden die Ausgrabungen in Samaria von einer gemeinsamen anglo-israelisch-amerikanischen Expedition wiederaufgenommen, die die Sicherung einer weiteren Reihe von Ostraka ermöglichte. Obgleich die Datierung dieser Ostraka heftig umstritten war, scheint es, daß sie zwei verschiedenen Epochen angehören: eine Gruppe kann in die Jahre 795-794 v.Chr. datiert werden, eine zweite in das Jahr 776 v.Chr.

Die unter der Leitung von Starkey durchgeführten Ausgrabungen von Tell ed-Duweir, dem Ort, der mit dem antiken Lachisch identifiziert werden konnte, gelangten zur Sicherung einer weiteren Ostrakaeinheit, datierbar in das Jahr 587 v.Chr. Anhand dieser Ostraka können wir zu Daten gelangen, die die Bevölkerungsstruktur der letzten Jahre des Königreichs von Juda betreffen. Die erste Scherbe wurde im Jahre 1935 entdeckt, drei andere wurden 1938 gefunden. Y. Aharoni entdeckte schließlich 1966, zwischen anderen Stücken der israelitischen Epoche, ein Ostrakon in rechteckiger Form.

Eine weitere Sammlung Ostraka wurde in Tell Arad im Negeb gefunden, das mit der antiken Stadt Arad identifiziert wurde.

Von 1962-67 wurden an diesem Ort von der hebr. Universität Jerusalem und anderen wissenschaftlichen Organisationen konzentrierte Ausgrabungen vorgenommen. Diese brachten vor allem zwei Ostrakagruppen hervor: zum einen eine Sammlung von 18 Ostraka, von denen 10 praktisch vollständig sind. Alle haben denselben Empfänger, Elijaschib; Y. Aharoni vermutete daher, daß es sich um ein »Elijaschib-Archiv« handelte.

In der 7. Höhle von Qumran wurde 1955 dieses griech. Papyrusfragment (Originalgröße) entdeckt. Die Textstelle ist Mk 6,52.53. (DR)

Die andere Gruppe setzt sich aus einer Sammlung von acht kleinen, weniger vollständigen Ostraka zusammen. Der größte Teil dieser Ostraka wird in das 7. und 6. Jh. v.Chr. datiert.

Hervorzuheben ist noch das Ostrakon vom *Ofel, das dort von J.C. Duncan im Jahre 1924 entdeckt wurde. Es enthält eine Liste von Personennamen und geographischen Bezeichnungen. Man neigt dazu, dieses Ostrakon in die letzten Jahre des Königreichs von Juda zu datieren, vor der Zerstörung Jerusalems im Jahre 587 v.Chr.

Literatur: P. Benoit, J.T. Milik, R. de Vaux: Les grottes de Murabbaʿāt, 1961; S.A. Cook: A Pre-Massoretic Biblical Papyrus, Proceedings of the Society of Biblical Archaeology 25, 1903, S. 34-56; W.F. Albright: A Biblical Fragment from the Maccabaean Age: the Nash Papyrus, 56/1937, S. 145-176; M. Baillet: Qumran grotte 4. III, 1982; C. Sirat: Les papyrus en caractéres hébraïques trouvés en Égypte, 1985; G.A. Reisner, C.S. Fisher, D.G. Lyon: Harvard Excavations at Samaria, 1924; H. Torczyner, L. Harding, A. Lewis: Lachisch I. The Lachisch Letters, 1938; R. de Vaux: Les ostraka de Lachis, RB 48/1939, S. 181-206; A. Lemaire: Inscriptions hébraïques, I. Les ostraca, 1977.

IV. ARAMÄISCHE PAPYRI UND OSTRAKA.

1942 fand man während der von Zaki Saad Effendi geleiteten Ausgrabungen in Saqqarah in einem Ton-Wasserkrug den Hauptteil eines Papyrusbriefes, den ein König Adon an den ägypt. Pharao gesandt hatte, um ihn um Verstärkung gegen die babylon. Truppen zu bitten, die in sein Gebiet eingefallen waren. Es scheint, daß dies der älteste erhaltene aram. Papyrus ist; das Datum seiner Abfassung wurde in die Zeit *Nebukadnezars (605-562 v.Chr.) gelegt.

Papyrus in ägyptischem Sumpfgelände. Gemälde aus dem Grab Nebamuns, Theben, ca. 1422–1411 v.Chr. (BM)

Die umfangreichste aram. Papyrusgruppe stammt von der Insel Elephantine in Ägypten. Sie wird zurückgeführt auf eine dort an-

Zusammengerollter ägyptischer Papyrus, vermutlich aus der Spätzeit. Er ist teerbedeckt und wurde in der Neuzeit nicht aufgerollt, so daß sein Inhalt noch unbekannt ist. (BM)

gesiedelte Kolonie von Juden, die vom pers. Reich privelegiert wurde.

Diese Papyri aus dem 6. und 5. Jh.v.Chr. geben verschiedene Aspekte des militärischen, zivilen und rel. Lebens jener Ansiedler wieder. Zwischen diesen Dokumenten findet man ein ziemlich umfassendes Fragment der ältesten Version der »Geschichte des Achikar«, über seine Klugheit, Weisheit, Erfolge und Mißgeschicke. Die Juden von Elephantine widmeten sich den Funden zufolge auch dem Kult des Gottes Yahu.

Außerdem müssen hier acht Papyrusbriefe in aram. Schrift erwähnt werden, die im Tempel des Thot in Hermopolis gefunden wurden. Sie stammen ebenfalls aus dem 5. Jh.v.Chr. Es handelt sich um private Briefe, versehen mit persönlichen Anmerkungen dieser Privatpersonen: Grüße, familiäre Aufzeichnungen, auch kommerzielle Transaktionen. Diese Briefe stammen wohlgemerkt nicht aus Elephantine und gehören nicht zu einem jüd. Milieu; dies geht aus den Eigennamen und aus der Erwähnung heidnischer Gottheiten hervor.

Im N von Jericho, im Wadi Daliyeh, und zwar in der Höhle von Mughāret Abu Schinjeh, hat man eine Papyrusgruppe gefunden, die aus den Jahren 375-355 v.Chr. stammt. Diese Papyri waren in Samaria verfaßt worden und wurden in a.g. Höhle von geflüchteten Samaritanern versteckt. Es handelt sich um Dokumente, die Verwaltungsfragen und Gesetze betreffen. Die Wechselfälle dieser Ausgrabungen wurden von F.M. Cross beschrieben.

Zwischen den Papyri von Elephantine befanden sich auch verschiedene aram. Ostraka, viele von ihnen Steuerquittungen; auch fehlt es nicht an Briefen, wie etwa jener, den ein Ehemann an seine Frau sendet, oder solche, die von einem bestimmten Traum erzählen. Nicht immer sind diese Ostraka leicht zu interpretieren. Auch gibt es darunter einige Briefe, die einen rel. Synkretismus dokumentieren.

In der Universitätsbibliothek von Cambridge wird ein Ostrakon aus der Mitte des 4. Jh.v.Chr. aus Syene, dem heutigen Assuan, aufbewahrt: der Brief eines Sohnes an seine Mutter. Ein anderes aram. Ostrakon ist das von Flinders Petrie im Verlauf der Ausgrabungsarbeiten von Bet-Pelet gefundene – wohl ein Rechnungs-Fragment ungefähr aus dem Jahr 300 v.Chr. Abgesehen von weiteren kleinen in Qumran und Murabbaʿat gefundenen Ostraka sind noch zwei aram. Ostraka der Bibliothek Straßburg erwähnenswert. Beide stammen aus der griech. Epoche von Elephantine. Es handelt sich um Teilstücke eines Briefes und einer Namensliste. Publiziert wurden sie von M. Libzbarski unter den Nummern 1300 und 1301 des »Répertoire d'Épigraphie sémitique«.

Literatur: F.M. Cross: The Discovery of the Samaria Papyri, BA 26/1963, S. 110-121; A. Dupont-Sommer: Un papyrus araméen d'époque saïte découvert à Saqqarah, Semitica 1/1948, S. 43-68; W.D. McHardy: A Letter from Saqqarah, DOTT, S. 251-255; A. Cowley: Aramaic Papyri of the Fifth Century B.C., 1923; E.G. Kraeling: The Brooklyn Museum Aramaic Papyri, 1953; B. Porten: Archives from Elephantine. The Life of an Ancient Jewish Military Colony, 1968; P. Grelot: Documents araméens d'Égypte, 1972; B. Porten, J.C. Greenfield: Jews of Elephantine and Arameans of Syene, 1974; E. Bresciani, M. Kamil: Le lettere aramaiche di Hermopoli, 1966; J.T. Milik: Les papyrus araméns d'Hermoupolis et les cultes syro-phéniciens en Égypte perse, Biblica 48, 1967, S. 546-622; A. Cowley: Two Aramaic Ostraka, The Journal of the Royal Asiatic Society, 1929, S. 107-112; A. Dupont-Sommer: Le syncrétisme religieux des juifs d'Éléphantine d'après un ostracon araméen inédit, Revue de l'Histoire des Religions 130, 1945, S. 17-28; S. Moscati: L'epigrafia ebraica antica, 1935-1950, 1951; J.A. Fizmyer: Aramaic Epistolography, Semeia 22, 1981, S. 25-57.

V. GRIECHISCHE PAPYRI UND OSTRAKA.

1. Altes Testament.

Wir haben in griech. Sprache sowohl für das AT als auch für das NT reichlich Textzeugnisse. Unzählbar sind die nicht-literarischen Papyri aus der Zeit der Entstehung der bibl. Texte; im folgenden werden jedoch nur die bibl. Papyri behandelt. Hier seien zuerst die Listen der griech. bibl. Papyri genannt. Für das AT, d.h. für die Septuaginta (LXX), ist die Liste noch recht neu. Ausgehend von den mehr oder weniger vollständigen Verzeichnissen sind in chronologischer Reihenfolge die folgenden Herausgeber zu nennen:

G. Bardy (1909), W. Schubart (1918), A. Calderini (1938), H. Marien (1947/1948), P.L. Hedley (1949), J. O'Callaghan (1965 und 1975), O. Montevecchi (1973), K. Aland (1976) und J. van Haelst (1976).

Der Bogen der Zeit, aus der Papyri des griech. AT stammen, spannt sich vom 2. Jh.v.Chr. bis zum 9. Jh.n.Chr. Der größte Teil der atl. Bücher ist durch Papyri bezeugt. Für die folgenden Bücher fehlen solche Zeugnisse: Josua, Rut, 2Könige, 1Chronik, Esra, Nehemia, Tobit, Judit, Klagelieder, Baruch, Makkabäer.

Betrachten wir nun diejenigen, die entweder aufgrund des Umfanges des erhaltenen Textes oder des Alters ihrer Schrift herausragen. In der Reihenfolge des Auftretens sind die Papyri mit dem größten Textumfang die folgenden: P. Min. Prof., P. Chester Beatty, P. Bodmer XXIV und der Papyrus-Kodex 967. Der Papyrus der »kleinen Propheten« (oder P. Min. Prof.) wurde 1927 von H.A. Sanders herausgegeben, zusammen mit der von C. Schmidt verantworteten Edition des bedeutenden Berliner Genesis-Fragments. Beide Papyri stammen aus dem 3. Jh.n.Chr. Die Berliner Genesis enthält eine große Anzahl von Versen, die vom 1. bis zum 35. Kap. reichen. Der Papyrus der Propheten, der zur Sammlung Freer gehört, bietet eine hervorragende Textform von Hosea, Amos, Micha, Joel, Obadja, Jona, Nahum, Habakuk, Zefanja, Haggai, Sacharja und Maleachi. Das Material dieses Papyrus ist ausgezeichnet, die Tinte von dunkelbrauner Farbe. Die Schrift gehört zum Typ ovale Majuskel mit einer deutlichen Tendenz zur Kursive, wobei sich wiederholt Buchstabenverbindungen (Ligaturen) bemerkbar machen. Bei den »nomina sacra« werden *kyrios* und *theos* regelmäßig abgekürzt, *theos* jedoch nicht im Plural. Außer in einem Fall (Micha 6,8) wird *anthropos* stets kontrahiert. Vor Sacharja 9 ist *Jerousalēm* nicht abgekürzt, danach jedoch in verschiedenen Varianten. *Patēr, mētēr* und *hyios* sind nicht abgekürzt. *Pneuma,* grundsätzlich im Singular, ist fast immer abgekürzt.

Bemerkenswert ist, daß sich am Ende jedes »Propheten« ornamentale Absätze (*coronis*) finden. Außer zwei sehr unvollständigen Seiten enthält der Papyrus 68 Seiten, die eine fast vollständige Lektüre des bibl. Textes ermöglichen. Die 61 erhaltenen Seiten von 1Mo ermöglichen nicht immer eine vollständige Lesung, doch gestatten sie meist ein weitgehendes Textverständnis.

Die größten Seiten des Papyrus Freer messen 29,5 x 14 cm, doch ist das durchschnittliche Format kleiner. Die Originalgröße der 16 Doppelseiten der Berliner Genesis umfaßt 36 x 25 cm.

Eine zweite Papyrusgruppe ist vor allem aufgrund ihres Umfangs bedeutsam. Um 1930/31 kaufte Chester Beatty einen Posten von 12 ägypt. Manuskripten. Fast gleichzeitig erwarb die Universität von Michigan 6 Blätter mit paulin. Schriften; schließlich im Winter 1932/33 24 weitere Seiten derselben Texte. Die atl. Texte sind:

a. Papyrus IV (1Mo) mit 50 unvollständigen Seiten. Der Kodex enthielt ursprünglich 66 Seiten, maß 27,5 x 17,5 cm und stammt vom Anfang des 4. Jh.n.Chr.

b. Papyrus V (1Mo); er besteht gegenwärtig aus 27 gut erhaltenen Seiten. Der vollständige Kodex hatte 84 Seiten (20,5 x 15 cm). Man kann ihn in die zweite Hälfte des 3. Jh.n.Chr. einordnen.

c. Papyrus VI (4Mo; 5Mo); 30 unvollständige Blätter und kleine Teile von anderen, weiter eine erhebliche Zahl kleiner Fragmente, die textlich schwer einzuordnen sind. Ursprünglich hatte der Kodex 108 Bögen und ein Format von 32,5 x 19 cm; er ist auf ca. 200 n.Chr. zu datieren.

d. Papyrus VII (Jes): Teile von 33 Blättern mit einem ungleichmäßig erhaltenen Text. Ursprünglich hatte der Kodex 112 Bögen; er stammt noch aus der ersten Hälfte des 3. Jh.n.Chr.

e. Papyrus VIII (Jer): er besteht aus zwei Fragmenten (10,5 x 12,5 cm und 4 x 3,1 cm) und enthält aus Jeremia die Stellen 4,20-5,1; 5,9-14.23-24. Er entstand gegen Ende des 2. Jh.n.Chr.

f. Papyrus IX-X (Hes, Dan, Est): 29 Blätter

Papyrus-»Ernte«. Wandgemälde aus dem Grab Ni-ankh-Khums und Chnumhoteps, Saqqara, ca. 2400 v.Chr. (Moderne Kopie auf Papyrus). (BM)

Kopf (Krone) der Papyruspflanze (Cyperus papyrus). (FNH)

mit Textlücken. Er wird als Teil des Kodex 967 betrachtet, den wir weiter unten behandeln werden.

g. Papyrus XI (Ecclesiasticus = Jesus Sirach): ein Blatt und Teile von anderen, in das 4. Jh.n.Chr. datierbar. Er enthält die Abschnitte Sir 36,23-27; 37,1-22; 46,6-11.16-20; 47,1-2. Heute können wir außerdem die Papyri XIII und XIV von unbekannter Herkunft hinzufügen, da es scheint, daß man sie der vorhergehenden Gruppe zuordnen darf. Sie enthalten Teile des Psalters und gehören E.G. Turner zufolge ins 4. Jh.n.Chr.

Der Papyrus XXIV aus der Bodmer-Sammlung enthält die Psalmen 17 bis 118; man kann ihn dem 3. bis 4. Jh.n.Chr. zuweisen. Allg. ist er in gutem Zustand erhalten; die Qualität des Papyrusmaterials ist bis auf ge-

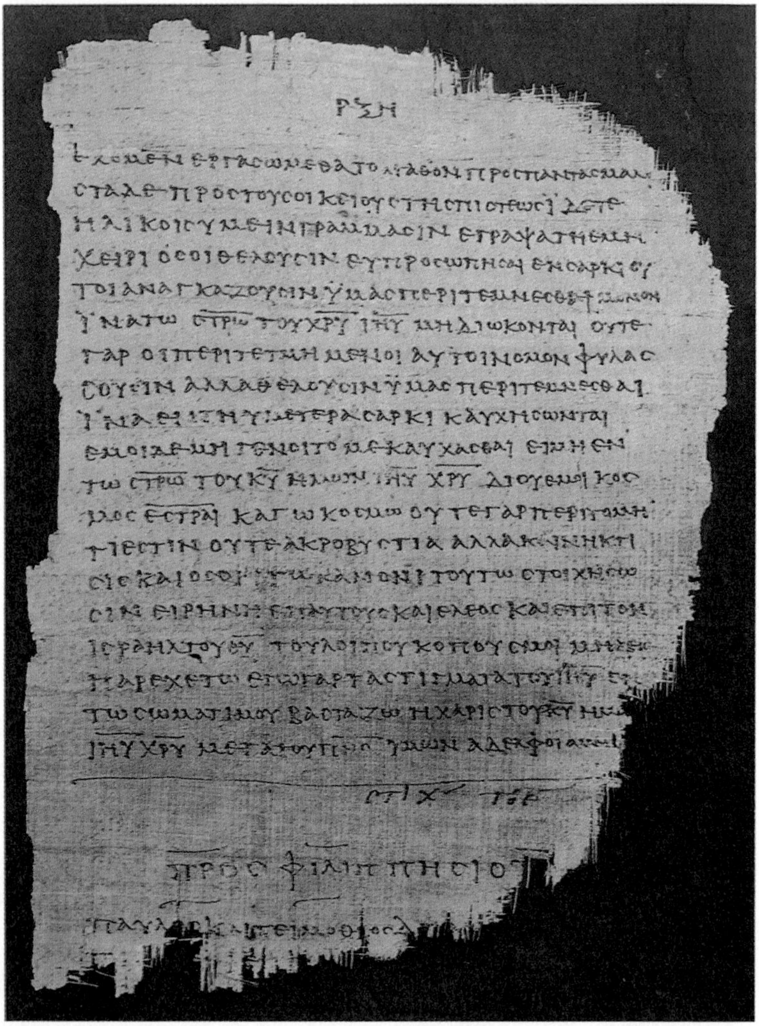

Griechischer Papyrus, Gal 6,10-18 und Phil 1,1. Chester-Beatty-Sammlung, p46, spätes 1. Jh.n.Chr. (BL)

ringe Ausnahmen hervorragend. Das Originalformat des Kodex war 24 x 13 cm. Der beschriebene Teil mißt 21 bis 21,7 x 10,4 bis 10,7 cm. Die Anzahl der Zeilen variiert zwischen 33 und 44. Die Hand des ersten und wichtigsten »Kopisten« hat den Text in einer kleinen Majuskelschrift geschrieben, ziemlich nachlässig und unregelmäßig. Die »nomina sacra« *theos* und *kyrios* folgen im Singular den allg. Kontraktionsregeln; *theos* wird dagegen im Plural nicht abgekürzt. *Christos* ist in der Art der Kontrahierung weniger regelmäßig, darüber hinaus finden sich Verwechslungen mit *chrestos. Pneuma* ist im allg. abgekürzt.

Patēr erscheint auch ohne sakrale Bedeutung häufig abgekürzt, ebenso wie *mētēr. Hyios* dagegen findet sich an keiner Stelle abgekürzt. Es fällt auf, daß *anthropos,* das seinen sakralen Sinn erst im ntl. Sprachgebrauch erhält, in diesem Psalmen-Papyrus immer abgekürzt erscheint; dasselbe gilt für *Ierousalēm* und *Israel,* außer zweimal im Psalm 52,7 und 58,6.

Der Papyrus-Kodex 967 besteht aus unterschiedlichen Stücken, die in verschiedenen Veröffentlichungen publiziert wurden. Der vollständige Text enthielt Hes, Dan (mit Bel und Susanna) und Est. Von den 236 Seiten, die der Original-Kodex hatte, gelten 36 gegenwärtig als verloren; 26 befinden sich in der Sammlung von Chester Beatty; 38 in Princeton; 78 in Köln; 20 in Madrid; 2 in Barcelona; 32 sind aufgeteilt zwischen Chester Beatty und Köln; schließlich noch 4 zwischen Princeton und Köln.

Der P. Chester Beatty IX-X bildet, wie bereits erwähnt, einen Teil dieses Kodex.

Einige Zeit nach der Edition dieses Papyrus im Jahre 1938 wurde eine Anzahl von Seiten aus einem Teil der Sammlung bibl. Papyri von John H. Scheide von A.Ch. Johnson mit Hilfe von H.S. Gehman und E.H. Kase in Princeton publiziert. Das Blatt aus Barcelona wurde von R. Roca-Puig herausgegeben; die Schüler von R. Merkelbach publizierten die Kölner Fragmente des Kodex 967. Schließlich hat noch M. Fernández-Galiano die 20 Seiten der Madrider Sammlung herausgebracht. Diesen Papyrus kann man in die Anfänge des 3. Jh.n.Chr. datieren, oder vielleicht in die letzten Jahre des 2. Jh.n.Chr.

Die ältesten Papyri mit dem Text der LXX sind: P. Ryl. GK. inv. 458, 7Q1 und 7Q2, und schließlich P. Fuad inv. 266. Alle diese Papyri stammen aus der vorchristl. Zeit.

Von den griech. Bibel-Papyri ist der P. Ryl. inv. (458) der älteste. Er enthält aus 5Mo die folgenden Stellen: 23,25-26; 24,1-3; 25,1-3; 26,12.17-19; 27,15; 28,31-33. In der Erstedition hat man ihn aufgrund des Alters seines

Fragmente einer Papyrusrolle mit der ältesten bekannten griechischen Kopie des Alten Testaments, gefunden in einer ägyptischen Mumien-Kartonage. 2. Jh.v.Chr., John Rylands University Library Manchester. Hier abgebildet: 5Mo 25,1-3 und 26,17-19. (JR)

Schreibstils auf die Mitte des 2. Jh.v.Chr. datiert. Er ist in einem guten und eleganten Stil geschrieben. Wahrscheinlich stammt er aus jüd. Milieu, denn während dieser Zeit nahmen die Juden in Ägypten neben den Griechen als Ausländer die wichtige Stellung ein. Der Papyrus besteht aus 5 kleinen Fragmenten, die zwischen 10,7 x 4,5 cm und 5,7 x 1,8 cm messen.

7Q1 und 7Q2 befanden sich, wie ihre Bezeichnung anzeigt, in der Höhle 7 von Qumran und stammen ungefähr aus dem Jahr 100 v.Chr. Es handelt sich um Papyrus-Stücke von sehr kärglichen Dimensionen. 7Q1 besteht aus 4 Versen (4-7) von 2Mo 28, und 7Q2 enthält vermutlich aus dem »Brief des Jeremia« (Baruch 6) die Verse 43-44; von diesem kleinen Papyrus-Fragment sind im ganzen 22 Buchstaben erhalten, von denen 5 mit dem Punkt der unsicheren Lesart gekennzeichnet sind. Die beiden einzigen vollständigen Wörter sind die Konjunktion *oun* und der Plural des Personalpronomens *autous.*

Offensichtlich sind beide Wörter weder bes. auffällig noch bes. charakteristisch für einen Autor oder einen Stil. Trotzdem gelang den Herausgebern P. Benoit und M.-E. Boismard diese verdienstvolle Identifikation, die zudem noch eine bemerkenswerte textliche Schwierigkeit bietet, die von den Herausgebern bestmöglich gelöst wurde. Beide Papyri sind in dem von W. Schubart so genannten »Zierstil« verfaßt.

Vom P. Fuad inv. 266 nahm W.G. Waddell zum ersten Mal 1944 Notiz. Dieser Papyrus, der wahrscheinlich aus El Fayum stammt, war 1943 gekauft worden. 1966 legte F. Dunand die Einleitung zu diesem Papyrus vor, und 1971 veröffentlichte er den Text selbst mit verschiedenen Fotografien, die Zaki Aly mit Fragmenten ergänzte und G.D. Kilpatrick mit vertiefenden Beobachtungen untermauerte.

Dieser Papyrus setzt sich in seiner Gesamtheit aus 115 Fragmenten unterschiedlicher Form und Größe zusammen, von denen drei zu 1Mo und die übrigen zu 5Mo gehören.

Trotz der Stückelung dieser Fragmente sind die Teilstücke ausgesprochen klar und leicht verständlich. Der erhaltene Schrifttyp ist rund, vollkommen regelmäßig; sein Alter dürfte um das Jahr 50 v.Chr. liegen. Eine bemerkenswerte Besonderheit ist, daß Rechtschreibfehler in diesem Papyrus überaus selten sind. Die Transkription des Tetragramms läßt sich auf verschiedene Schreiber zurückführen, aber obwohl Untersuchungen darüber angestellt worden sind, können noch keine definitiven Schlußfolgerungen gezogen werden.

Griech. *Ostraka* des AT sind selten, aber man kann einige Exemplare anführen, die die Praxis der Benutzung von Bruchstücken von Amphoren und Vasen für AT-Stellen bestätigen. Nach dem Verzeichnis van Haelsts gibt es 15 atl. Ostraka. Die wichtigsten stammen aus der christl. Zeit, die Mehrheit von ihnen aus der byzantin. Epoche. Namentlich handelt es sich um (in Klammer das Jahrhundert): Judit 15,1-7 (3.); Ps 20,1b-5a (6./7.); Ps 33,1-4 (7.); Ps 42,3 (7.); Ps 45,11-12 (7.); Ps 67,1-2 (byzantin.); Ps 88,4-5 (7.); Ps 117,19-20 (4.); Oden 1,1-19 (5./6.), usw.

Literatur: M. Fernández-Galiano: Nuevas páginas del códice 967 del A.T. griego, Studia Papyrologica 10, 1971, S. 7-76; J. O'Callaghan: Lista de los papiros de los LXX, Biblica 56/1975, S. 74-93; K. Aland: Repertorium der griechischen christlichen Papyri. I. Biblische Papyri, 1976; J. van Haelst: Catalogue des papyrus littéraires juifs et chrétiens, 1976; F. Vattioni: Il tetragramma divino nel P Fuad 266, Studia Papyrologica 18/1979, S. 17-29; J. O'Callaghan: La Biblia y los papiros, in: »Unidad y pluralidad en el mundo antiguo«, 1983.

2. Neues Testament.

1947 lud E. Brady die Wissenschaftler ein, ein Verzeichnis der griech. Papyri des NT zusammenzustellen, das über die Aufarbeitung des Bestandes hinaus eine Lücke im Bereich der ntl. Forschung füllen würde. B.M. Metzger veröffentlichte dieses Verzeichnis im Dezember des gleichen Jahres. In seinem Artikel wies Metzger darauf hin, daß von den 54 Papyri nur 51 als echte griech. anerkannt werden konnten; damit wurden einige Ungenauigkeiten bei E. von Dobschütz korrigiert.

1949 stellten G. Maldfeld und B.M. Metzger in einem gemeinsamen Artikel eine vollständige Liste der ntl. griech. Papyri vor. Im selben Jahr veröffentlichte Maldfeld in deutscher Sprache die gleiche Liste, jedoch mit weiteren Einzelheiten und eingeleitet durch eine wichtige Einführungsstudie. Schon drei Jahre nach dem Erscheinen legte Maldfeld Korrekturen seiner Liste vor, die bereits auf 62 Nummern angewachsen war.

Seitdem – es wären noch S. Bartina und O. Montevecchi zu nennen – hat K. Aland, der die Arbeit seiner Vorgänger als Ausgangspunkt nahm, die Listen der ntl. Papyri vervollständigt, bis sie einen endgültigen Zustand darboten.

Diese Liste enthält gegenwärtig 95 Nummern. Die ntl. Papyri repräsentieren eine Zeitspanne, die von der Mitte des 1. Jh. bis zum 7. Jh. reicht. Außer dem 2. Brief an Timotheus sind alle Bücher des NT durch Papyri bezeugt. Im folgenden soll näher auf einige wichtige ntl. Papyri eingegangen werden. Im Hinblick auf den Umfang sind die beiden gegenwärtig wichtigsten Papyrus-Gruppen wie schon für das AT diejenigen von Chester Beatty und Bodmer.

Die NT-Sammlung von Chester Beatty umfaßt folgende Bücher: Mt (kleine Teile der Kapitel 20, 21, 25 und 26), Mk (kleine Fragmente der Kapitel 4 bis 12, außer dem 10.), einen wichtigen Teil von Lk (Kapitel 6 bis 14, außer dem 8.), eine kleine Auswahl aus Joh (Kapitel 10 und 11) und aus der Offb (Kapitel 9 bis 17) sowie aus der Apg (Kapitel 4-17) (p 45). Aber wahrhaft sensationell ist das in dieser Sammlung befindliche »Corpus Paulinum«, der p 46. Es sind folgende Briefe in dieser Anordnung erhalten: Röm, Hebr, 1Kor, 2Kor, Eph, Gal, Phil, Kol und 1Thess.

Im allg. zeigen die ntl. P. Chester Beatty-Papyri ein paläographisches Alter, das von den Anfängen im 1. Jh. (so Young-Kyu Kim) bis zum Ende des 3. Jh. reicht.

Wenige Jahre später – und hiermit gehen wir zum zweiten und wichtigeren Fundus (was die Quantität des erhaltenen Textes betrifft) über – hat V. Martin auf dem 7. internationalen papyrologischen Kongreß in Genf 1952 die Anfänge einer anderen sehr wichtigen Sammlung bekanntgegeben, von der wir bereits bei der Behandlung des P. Bodmer XXIV gesprochen haben.

In dieser Sammlung sind seit 1954 namentlich erschienen: Die Bücher 5 und 6 der Ilias, das Johannesevangelium (p 66), der Diskylos des Menander, die »Geburt Marias«, der Brief des Judas und die beiden Briefe des Petrus (p 72), der apokryphe Briefwechsel zwischen den Korinthern und dem Apostel Paulus, die 11. Ode Salomos, die Homilie Melits, die Evangelien des Lukas und Johannes (p 75), die Apostelgeschichte, die Briefe des Jakobus, Petrus, Johannes und Judas (p 74) usw.

Das Johannesevangelium, Papyrus II = p 66 dieser Sammlung, mißt 16,2 x 14,2 cm. Er besteht aus 108 aufeinanderfolgenden Seiten,

Ostrakon mit einer Botschaft an Jausch, den Militärgouverneur von Lachisch, 558 v.Chr. (?). Ein Beispiel für den Gebrauch der althebräischen Schrift und Sprache, wie sie auch für weite Teile des Alten Testaments verwendet wurden. Lachisch-Brief II. (BM)

abzüglich der S. 35-38, d.h. derjenigen, die die Verse 11-35 des 6. Kapitels beinhalten.

Mit dieser Ausnahme enthält der erste Teil des Papyrus den Text Joh 1,1-14,26. Der viel fragmentarischere zweite Teil, als Ergänzung veröffentlicht, endet mit 21,9. Normalerweise wird dieser Papyrus um das Jahr 200 datiert, wenn auch einige Wissenschaftler wie H. Hunger und J.B. Bauer die Datierung in die Mitte des 2. Jh. befürworten. Es handelt sich um eine sorgfältige Schrift, mit durch den Abschreiber konsequent korrigierten Fehlern (rund 450).

Die Eigennamen, Orts- wie auch Personennamen sind mit Apostroph versehen, das auch unregelmäßig bei anderen Allgemeinvokabeln auftritt oder Konsonanten aus dem Innenteil der Worte abgrenzt. Als man den Papyrus veröffentlichte, bestätigte Maldfeld 1956, daß wir mit diesem Kodex und den vorhergehenden 14 johanneischen Papyri 80 % des griech. Textes in Papyrusform erhalten haben.

Die Kodizes VII und VIII der Bodmer-Sammlung enthalten den Brief des Judas und die beiden Briefe des Petrus (p 72). Sie messen 15,5 x 14,2 cm und stammen aus dem 3. und frühen 4. Jh. Die Schrift ist sehr unregelmäßig und unvollkommen. Man stellt eine gewisse Tendenz zum Zusammenzug der Schriftzüge fest. Eine paläographische Kuriosität ist, daß sich die Eigennamen ganz ausgeschrieben finden, manchmal mit einem Strich oberhalb der Zeile. Als phonetische Eigentümlichkeit ist festzustellen, daß der Abschreiber die Konsonanten nicht verdoppelt, wenn der korrekte Sprachgebrauch es verlangen würde. In den Briefen des Petrus ist die Zeilenanzahl pro Seite unregelmäßig: im ersten Brief 27, im zweiten 19 und 20. Die Eigennamen werden entweder durch eine darüber gesetzte Linie oder durch zugefügten Apostroph gekennzeichnet. Die fehlerhaften Buchstaben werden durch darübergesetzte Punkte gekennzeichnet. Der letzte Satz im ersten Brief fehlt (5,14b).

Chester-Beatty-Papyrus p 45. Abgebildet ein Fragment des Johannes-Evangeliums (10,31-11,30). Anfang des 3. Jh. n.Chr. oder früher. (CBL)

Die Kodizes XIV und XV (p 75) enthalten erhebliche Teile von Lk (Kap. 3-24) und Joh (Kap. 1-15). Bei seiner Ankunft in Genf bestand dieses Manuskript aus 25 fast vollständig unberührten Blättern, denen sich später 26 weitere in unterschiedlichem Erhaltungszustand anschlossen. Die Größenmaße liegen bei 26 x 13 cm. Die Schrift besteht aus einer eleganten vertikalen Majuskel. Die Eigennamen sind oft durch einen Punkt oder einen Apostroph gekennzeichnet. Bei manchen Vokabeln macht sich das sonderbare Phänomen der Verdopplung von Vokalen bemerkbar. Es scheint, daß man den Papyrus spätestens auf den Anfang des 3. Jh. datieren kann.

Der Kodex XVII (p 74) enthält fast komplett den Text der Apg und verschiedene Fragmente der *Katholischen Briefe. Er gehört erst in das 6. bzw. 7. Jh., aber er ist dennoch wichtig für die Textgeschichte dieser Schriften.

Der älteste Papyrus ist der 7Q5, gefunden in der 7. Höhle von Qumran, wie seine Bezeichnung anzeigt. Es handelt sich um ein kleines Fragment aus Mk (6,52-53), das paläographisch bis etwa ins Jahr 50 zurückgeht. J. O'Callaghan schlug die Möglichkeit dieser Identifizierung vor, die von Anfang an die Meinung der Wissenschaftler gespalten hat. Die ursprüngliche Auseinandersetzung über diesen Vorschlag war zu Beginn sehr lebhaft, doch im Verlauf der Jahre schien es, als würde man sich für die Ablehnung von ntl. Papyrusfunden in der Höhle 7 von Qumran entscheiden, bis C.P. Thiede nach aufmerksamer Beobachtung der internationalen Auseinandersetzung mit den Originalen in Jerusalem arbeitete und nachwies, daß die wesentlichen Punkte der Identifizierung des Markustextes nicht zu widerlegen sind; er veröffentlichte einen Artikel und später ein Buch, das mit einer großen Kenntnis des christl. Altertums und einer bemerkenswerten wissenschaftlichen Präzision abgefaßt ist. Darin befaßt er sich im Detail mit den angeführten Gründen, die diese Ansicht bestätigen, und belegt, daß es sich tatsächlich um den Fund eines Markusfragmentes in Höhle 7 handeln muß. Thiedes Argumentation ist überzeugend, und sie ist von kompetenten Wissenschaftlern wie H. Hunger, H. Staudinger, H. Riesenfeld, B. Schwank, G. Ghiberti und anderen gebilligt worden. So kann man bestätigen, was Thiede (in Kap. 47 seines Buches) folgert: »Nach allen Regeln paläographischen und textkritischen Arbeitens steht es fest: 7Q5 ist Mk 6,52-53, das älteste erhaltene Fragment eines neutestamentlichen Textes, um 50, mit Sicherheit vor 68 geschrieben«. Die Konsequenzen dieser Identifizierung sind klar: Ein Markusfragment um das Jahr 50 setzt voraus, daß sein Autor bzw. seine Schreiber Augen- bzw. Ohrenzeugen der Taten Christi gewesen sein können.

Der Papyrus, der altersmäßig folgt, ist der katalogisierte P. 52, dessen Dimensionen bei 8,9 x 5,8 cm liegen. Er befindet sich in der John Rylands Library, Manchester. Dieses Papyrusstückchen von unscheinbarem Äußeren ist 1920 mit anderen in Ägypten gekauft und 1935 von C.H. Roberts veröffentlicht worden. Auf einer Seite enthält es die Verse 31-33 des 18. Kapitels und auf der anderen die Verse 37-38 desselben Kapitels. Dieser Papyrus sorgte Mitte der dreißiger Jahre für weltweite Aufmerksamkeit. Damals bestätigten C.H. Roberts, F.G. Kenyon und H.I. Bell diesem kleinen Papyrus, daß er in die ersten Jahrzehnte des 2. Jh. gehört. A. Deissmann und W. Schubart gaben genauer die Zeit der Herrschaft des Hadrian oder sogar Trajans an. Heute kann man die Datierung um das Jahr 125 akzeptieren. Die Folgen dieses Fundes waren sensationell. Man hat den Papyrus mehr als 1000 km von der Stelle entfernt gefunden, an der er geschrieben wurde. So wurde die Auffassung widerlegt, die den Schriften des Johannes eine erheblich spätere Abfassungszeit zuschreiben wollte.

Obwohl die bibl. Papyrologie – konkret die ntl. – erst einen kleinen Teil der ungeheuren Menge aller existierenden Papyri zugänglich gemacht hat, hat sie die Voraussetzungen für einen entscheidenden Fortschritt in der Kenntnis der Überlieferung des bibl. Textes geschaffen.

Ntl. *Ostraka* sind wesentlich seltener als atl. In der Liste van Haelsts wurden nur 6 registriert, von denen eines ein Tontäfelchen ist, das einen Teil des Vaterunsers enthält (Mt 6,11-13)und aus dem 6. Jh.n.Chr. stammt. Sie bezeugen folgende Teile der Evangelien: Mt 27,31-32; Mk 5,40-41; 9,17-22; 25,21; Lk 22, 13-16.40-71; Joh 1,1-9.14-17; 18, 19-25; 19,15-17. Außerdem gibt es Textzeugen von Briefen. So können wir an ein Ostrakon aus der byzantin. Epoche erinnern, das in der Universitätsbibliothek von Cambridge aufbewahrt wird, mit Röm 8,31; oder auch an ein anderes, stark verstümmeltes, erhalten in der Sammlung Flinders Petrie der Universität London, das als Joh 2,12-14.19-22 entziffert wurde.

Literatur: C.H. Roberts: An unpublished Fragment of the Fourth Gospel, 1935; J. O'Callaghan: Papiros neotestamentarios en la cueva 7 de Qumran, Biblica 53/1972, S. 91-100; C.M. Martini: Note sui papiri della grotta 7 di Qumran, Biblica 53/1972, S. 101-104; K. Aland: Repertorium der griechischen christlichen Papyri, 1976; J. O'Callaghan: Sobre los papiros griegos biblicos, Biblica 57/1976, S. 560-567; J. van Haelst: Catalogue des papyrus littéraires juifs et chrétiens, 1976; D. Estrada, W. White Jr.: The First New Testament, 1978; C.P. Thiede: 7Q - Eine Rückkehr zu den neutestamentlichen Papyrusfragmenten in der siebten Höhle von Qumran, Biblica 65/1984, S. 538-559; ders.: Die älteste Evangelien-Handschrift? Das Markus-Fragment von Qumran und die Anfänge der schriftlichen Überlieferung des Neuen Testaments, 1986; Y.-K. Kim: Palaeographical Dating of p 46 to the Later First Century, Biblica 69/1988, S. 248-257; J. O'Callaghan: Verso le origini del Nuovo Testamento, La Civiltà Cattolica, 4/1988, S. 269-72; J. K. Elliot: A bibliography of Greek New Testament Manuscripts, 1989.

VI. DAS GRIECHISCH DER PAPYRI UND DAS DER BIBEL.

Über die Zusammenhänge des Griech. der Papyri und desjenigen der Bibel ist ausführlich publiziert worden. Hier geht es uns besonders um das NT, denn das Griech. der LXX, bei dem es sich um eine Übersetzung handelt, zeigt einen großen semit. Einfluß. Zwischen der *Koinē* des Volkes und der des NT sind die Elemente der Überlagerung so stark, daß man feststellte, das Griech. des NT ist keine unabhängige linguistische Insel in seiner Umgebung, sondern, ganz im Gegenteil, eingebunden in die hellen. Welt dieser Zeit. Es war einer der großen Beiträge von A. Deissmann, die bibl. Sprache mit der klassischen zu vergleichen und die ntl. Sprache in Zusammenhang mit der Ausdruckskraft der Volkssprache zu bringen. Dieser Vergleich er-

Papyrus Bodmer p XIV, XV (p 75): Schluß des Lukas-, Beginn des Johannes-Evangeliums, Anfang 3. Jh. (TNT)

öffnete einen neuen Weg der Untersuchung des ntl. Griech., die bis in die jüngste Zeit fortdauert. Die grammatikalischen Ansichten Deissmanns sind in ihren allg. Richtlinien unverändert gültig und werden von nicht wenigen Philologen unverändert geteilt. Doch es wäre eine Übertreibung, das ntl. Griech. auf einen Teil der allg. *Koinē* zu beschränken. Diese Ansicht ist von Neutestamentlern ebenso wie von Papyrologen verworfen worden. Man kann nicht verneinen, daß das ntl. Griech. eine ganz eigene Prägung hat; es partizipiert am doppelten Zustrom des Biblischen und des Volkstümlichen. Es ist ein literarisches Griechisch mit der Spur der leicht zugänglichen, semitisierenden Ausdrucksweise des Volkes, das das Vermächtnis des Herrn erfuhr. In Anbetracht des Gesagten kann man verstehen, daß sich leicht Übereinstimmungen und Analogien zwischen dem ntl. Griech. und dem der papyrologischen Dokumente finden lassen.

Literatur: A. Deissmann: Bibelstudien, 1895; ders.: Licht vom Osten. Das Neue Testament und die neuentdeckten Texte der hellenistisch-römischen Welt, [4]1923; L. Radermacher: Neutestamentliche Grammatik. Das Griechisch des Neuen Testaments im Zusammenhang mit der Volkssprache, [2]1925; N. Fernández Marcos: Introduccion a las versiones griegas de la Biblia, 1979; A. Blass, A. Debrunner, F. Rehkopf: Grammatik des neutestamentlichen Griechisch, [16]1984; H.R. Horsley: Divergent views of the Nature of the Greek of the Bible, Biblica 65/1984, S. 393-403; J. O'Callaghan: Affinità tra la koinē popolare e quella neotestamentaria, in: R. Latourelle (Hrsg.): Vaticano II. Bilancio e prospettive venticinque anni dopo, 1987. J.O'C.

PARABEL s. Gleichnis

PARADIES.

I. WORTGESCHICHTE.

Der deutsche Ausdruck P. gelangte als Fremdwort durch die Vermittlung der Bibel in unsere Sprache. Doch schon im hebr. AT ist die entsprechende Vokabel ein Fremdwort: *parddēs,* das nur in Neh 2,8; Hld 4,13 und Pred 2,5 vorkommt (immer in der Bedeutung »Baumgarten, Park«, nie vom Garten *Eden gebraucht), ist entstanden aus dem altiranischen *pairidaeza,* das »Umwallung, runde Umzäunung« und dann auch das so Eingezäunte, nämlich »Garten« oder »Park« bedeutet. Diese Gärten waren architektonische Meisterleistungen und wurden für die Könige angelegt, die sie als riesige Wild- und Jagdparks nutzten. Berühmt geworden ist der »hängende Garten« der Semiramis, einer sagenumwobenen Königin des alten Babylon. Nachrichten über ihn sind seit dem 4. Jh. v.Chr. überliefert, u.a. auch bei dem jüd. Historiker Josephus (vgl. Jos.ant.Jud. 10,226; c.Ap. 1,141).

Es handelt sich dabei um eine 120 x 120 m große Gartenterrasse, die sich vom babylon. Königspalast aus stufenförmig über den Euphrat ausdehnte, ein künstlich angelegtes und vom Fluß aus bewässertes Gelände, das wohl nicht ohne Grund zu den sieben Weltwundern der Antike zählte und den Menschen eine reale Vorstellung von dem gab, was sich unter diesem geheimnisvollen Wort P. verbarg. Im Griech. taucht das Wort *paradeisos* zum ersten Mal bei dem Historiker Xenophon (ca. 430-360/50 v.Chr.) auf, der damit die pers. Gärten beschreibt, die er als Teilnehmer eines Feldzuges selber gesehen hatte. Besonders erwähnt er dabei den Tier- und Pflanzenreichtum dieser Anlagen. Das so eingeführte Fremdwort gewann dadurch im Griech. die Bedeutung eines parkartigen Gartens von großer Ausdehnung, in dem Wild gehegt und gejagt werden kann. Die Bedeutung verflachte allmählich zu »Baumgarten, Park« und taucht im jüd. Schrifttum zum erstenmal in der griech. Übersetzung des AT (LXX) auf, wo P. 43 mal vorkommt. Der normale Gebrauch für einen schönen umzäunten Park eines reichen Mannes mit Bäumen und Wasseranlagen ist erkennbar in dem apokryphen Zusatzkapitel zum Danielbuch »Daniel und Susanna« (Dan 13), auf das allein 12 Belege entfallen (in dt. Übers. mit »Garten« wiedergegeben). Zu einer theol. bedeutsamen Vokabel wurde *paradeisos* erst durch ihre Verwendung in 1Mo 2 und 3, als das hebr. Wort für Garten (*gan*) damit übersetzt wurde. Der Garten *Eden, ursprünglich der von Gott besonders abgegrenzte Raum in der Landschaft Eden (was auf hebr. auch »Wonne, Wohlleben« bedeutet) wurde in der griech. Übersetzung zum *paradeisos tes tryphes*, zum »Paradies des Überflusses«.

In Jes 51,3 und Hes 36,35 wird die zukünftige, eschatologische Herrlichkeit für Israel in paradiesischen Farben geschildert (wie auch sonst öfters; aber nur hier ist der Garten Eden bzw. griech. das P. ausdrücklich genannt), nachdem umgekehrt das Gerichtshandeln Gottes als Verwüstung der P.-Herrlichkeit verkündet wird (Joel 2,3). Trotzdem kennt das AT keinen P.-Mythos, wie er z.B. aus Mesopotamien, Iran und Griechenland bekannt ist. Das P. gilt nicht als Wohnort Gottes und auch nicht als Gefilde der seligen Seelen, es wurde vielmehr geschaffen, ist also räumlich und zeitlich begrenzt. Es ist kein Schlaraffenland, sondern dem Menschen von Gott eingerichteter Lebensraum, den es durch Arbeit – freilich ohne deren negative Folgen (*Mühe/Mühsal) - zu bebauen und zu bewahren gilt. Dabei sind Mann und Frau einander zugeordnet. Außer dem Lebensbaum und dem Baum der Erkenntnis gibt es keinerlei besondere, sondern lediglich schöne und nutzbare Bäume. Auch die Schlange wird mit äußerster Zurückhaltung beschrieben, und der Sündenfall ist dargestellt als Erliegen einer von außen herangetragenen Versuchung und nicht als Folge eigengeleiteter, hybrider Selbstüberhebung des Menschen. Wie stark sich dieser nüchterne Bericht von mythischen Konzeptionen abhebt, zeigt ein Vergleich mit Hes 28,12-19; 31,1-10, wo der Prophet unter Aufnahme außerisraelit. P.-Traditionen die Könige von Tyrus und Ägypten als besonders hervorgehobene Geschöpfe in Gottes Garten beschreibt (ausdrücklich als Eden bezeichnet in 28,13; 31,9; LXX übersetzt die Wendung »Garten Gottes« in 28,13; 31,8 [2 mal].9 jeweils mit *paradeisos tou theou*). Daß hinter diesen Bildern für den Propheten keine empirische Wirklichkeit steht, macht der Vergleich beider Texte klar, die sich nicht miteinander harmonisieren lassen, zudem die dazwischenliegenden Texte noch weitere, aus ganz anderen Bereichen stammende Metaphern verwenden (vgl. z.B. 27,1-10: Tyrus wird als Schiff dargestellt; 29,1-5: Ägypten als Fisch im Nil).

II. DAS PARADIES ALS ESCHATOLOGISCHES HOFFNUNGSGUT.

Das Wissen um diesen herrlichen und heilvollen Ort der Begegnung von Mensch und Gott am Anfang der Menschheitsgeschichte taucht an vielen Stellen des AT wieder auf. Die Vertreibung aus dieser ursprünglichen Gemeinschaft mit Gott infolge der menschlichen Verfehlung war ein wichtiger Deutungsrahmen für entsprechende Erfahrungen Israels in seiner Geschichte. Die Sünde wurde begriffen als Macht, die gegen Gott revoltieren läßt und zum Tod führt: der Lebensbaum im P. war nicht mehr zugänglich. Nur noch die von Eden ausgehenden Ströme (vgl. 1Mo 2,10-14) blieben übrig und ermöglichten dem Menschen durch Landwirtschaft das Überleben. Von der Sehnsucht nach dem ursprünglichen Zustand läßt sich noch etwas erahnen beim Besingen des Baumes, der an Wasserbächen gepflanzt ist (Jer 17,7f; Ps 1,3; 1QH 8,4-26; vgl. Ps 52,10; 92,13-16: Die Vorhöfe des Tempels symbolisieren das Lebenswasser, vgl. Ps 46,5). In Offb 2,7 ist vom Baum des Lebens die Rede, der im P. Gottes ist: seine Früchte sind dem Menschen nicht länger verschlossen. Der zweite Adam, Christus, hat das P. dem Menschen zurückgewonnen. Diese eschatologische Linie zwischen AT und NT wird über die atl. Pseudepigraphen vermittelt. Darin ist das P. als ein gegenwärtig verschlossener Ort am Rand der Erde vorgestellt (Belege bei Bill. IV, 1120-1130), der erst in der Endzeit wieder zugänglich ist. Im TestLev 18,9-11 (entstanden Anfang des 2. Jh.v.Chr.) wird vom priesterlichen Messias gesagt, daß er die Tore des P.es öffnen, das Adam bedrohende Schwert entfernen und den Heiligen vom Lebensbaum zu essen geben werde. Das wiedereröffnete P. gilt als neues Jerusalem (TestDan 5,12f); der Baum des Lebens wird auf den Zion verpflanzt werden (1Hen 25,4f; entstanden ebenfalls in der 1. Hälfte des 2. Jh. v.Chr.), wo die Gerechten in Frieden ewig leben werden.

Der *Zion als Ort der Begegnung mit Gott wurde schon im AT in Beziehung gesetzt mit dem P.: Segensströme werden von ihm ausgehen (Hes 47,1-12; Joel 4,17f), um die Lebensbäume zu bewässern, deren Frucht zur Heilung der Völker dient (vgl. dazu Offb 22,2). Dieses Lebenswasser wurde ebenfalls schon im AT auf Gottes Geist bezogen (Jes 32,15), eine Linie, die im NT besonders im johanneischen Schrifttum weitergeführt wird, wo Jesus das lebenspendende Wasser ist, das zum ewigen Leben fließt (Joh 4,10.14; 7,37-39; 19,34; 1Joh 5,6-8.11f; Offb 21,6; 22,1f.17). Eine spätere rabbin. Auslegung lehrt entsprechend, daß der Garten Eden sich ursprünglich bis zum Berg *Morija erstreckt habe, d.h. bis Jerusalem (MidrPs 92 § 6, vgl. Bill. IV, 1123).

Die irdische P.vorstellung am Ende der Zeit findet sich bevorzugt in der jüd. Literatur, die vor der Zerstörung Jerusalems im Jahr 70 n.Chr. entstand. Erst der mit der Katastrophe Jerusalems verbundene Zusammenbruch aller nationalen Hoffnungen verstärkte dann die Tendenzen, die P.erwartung zu vergeistigen: es wird nicht mehr in dieser Weltzeit und nicht mehr auf dieser Erde erwartet (2Hen 65,10; 4Esr 7,36; 8,52), sondern in einem neuen Äon. Vor allem die Beschreibung des neuen Jerusalems in der *Offenbarung des Johannes zeigt eine auffallende Nähe zu diesen Texten.

III. DAS WEITERLEBEN NACH DEM TOD IM PARADIES.

Neben dem unter II. Beschriebenen führte noch eine weitere Entwicklung zu einer Bereicherung der P.-Traditionen. Die Vorstellungen von einem Leben nach dem Tod, die im AT noch sehr zurückhaltend begegnen (vgl. *Auferstehung), präzisierten sich ab dem 2. Jh.v.Chr. zu festen Vorstellungen, die allerdings nicht einheitlich sind. Neben der Lehre von der Auferstehung der Toten (2Makk 7,14) trat die durch den Hellenismus vermittelte Vorstellung der Unsterblichkeit der Seele. Besonders im alexandrinischen Judentum (Philo, De opificio mundi 135) war diese Lehre verbreitet. Dazu kam, daß nicht mehr alle Toten unterschiedslos am selben Ort gedacht wurden. In 1Hen 22 ist erstmals von einer Aufteilung des Totenreiches in drei oder vier Bereiche die Rede, je nach den Taten der Verstorbenen.

So lag es nahe, daß der Ort der Gerechten mit dem P. identifiziert wurde (1Hen 70,4; ApkMos 37,5; TestAbr u.ö.), als dessen Ort besonders der dritte Himmel galt. Hier wurden die ebenfalls in dieser Zeit entstandenen Himmelsspekulationen (vgl. *Himmel) fruchtbar gemacht, indem verschiedene Bereiche im Himmel unterschieden werden konnten. Die Identifikation zwischen dem P. der Urzeit und dem gegenwärtigen Ort der Seligen wurde theologisch weiter vertieft. Das P. war vom Himmel, wo es schon vor der Schöpfung existierte (Bill. IV, 1083f), herab auf die Erde gebracht worden und nach dem Sündenfall scheint es teilweise wieder dahin zurückgebracht worden zu sein. Oder das Urbild war - wie bei der Stiftshütte (vgl. 2Mo 25,9; Hebr 9,23f) – bleibend im Himmel, während das Abbild auf der Erde war. Beide zusammen ergeben dann das Ganze.

Dort, wo es sich befand, war die obere Welt bis zum dritten Himmel offen, so daß die Ureltern im P. den himmlischen Gottesdienst der Engel beobachten konnten (2Hen 8; 31,2; 42,3). Dieser göttliche Wohnort konnte ebenfalls als P. bezeichnet werden (Vita Adae et Evae 25,3). Nach Adams Tod, während Eva und seine Kinder seinen Leichnam beweinten, befand sich seine Seele im himmlischen P. vor Gottes Thron, wo er der Obhut des Erzengels Michael anvertraut wurde bis zum Jüngsten Gericht. Sein Zustand ist als eine Art Seelenschlaf vorgestellt (Vita Adae et Evae 46-48). In einer dem »Leben Adams und Evas« nahe verwandten Schrift (beide dürften im 1. Jh.n.Chr. entstanden sein, evtl. noch vor 70 n.Chr.), der Apokalypse Moses, wird Adams Seele von Gott ein Platz im dritten Himmel zugewiesen, der ausdrücklich als P. bezeichnet ist (ApkMos 37,5). Gott selber ist hier im siebten Himmel (ApkMos 35,2), wohl um zu verhindern, daß sich göttliche und menschliche Sphäre zu nahe kommen. Dennoch ist es gerade in dieser Schrift (Kap. 38-42), daß Gott selber den Leichnam Adams, d.h. nur seinen Körper, im irdischen P. begräbt, zusammen mit Abel und Eva. Aber noch mit dem unbeseelten Leib Adams im Grab kann Gott reden (41,13) und ihm die Verheißung der Auferstehung geben. Gerade diese beiden letzten Schriften zeigen, wie schwierig es war, die verschiedenen Überlieferungen zu einem Gesamtbild zu ordnen. Auch die schwierige Stelle 2Kor 12,4 ist in diesem Zusammenhang zu sehen. Paulus erzählt hier von einer ihm widerfahrenen Entrückung in den dritten Himmel (12,2) bzw. das P. (12,4). Die parallelen Formulierungen legen nahe, daß hier derselbe Ort gemeint ist. Nahe liegt die Vermutung, daß Paulus hier den himmlischen Wohnort Gottes und seines Christus sah, da mit dem dritten Himmel die letztmögliche Transzendenz bezeichnet wird (ginge Paulus von sieben Himmeln aus, wäre seine Entrückung »nur« bis zum dritten Himmel für seine Gegner noch immer Grund genug, ihn zu schmähen). Ob Paulus zugleich den Ort der verstorbenen Gerechten sah, wie A. Schlatter in seinem Kommentar adloc. meint, ist aus den knappen Andeutungen nicht sicher zu entnehmen, nach den hier dargestellten jüd. Vorstellungen aber durchaus möglich (vgl. bes. P. Bachmann, KNT, ^{4}1922 adloc.). Es muß bei den hier zu nennenden Texten betont werden, daß es ihnen weniger auf eine präzise und genau definierte Vorstellung vom Leben nach dem Tod ankommt, als vielmehr um die sich darin äußernde Gewißheit, daß das irdische Leben über den Tod hinaus von Bedeutung ist. Der Mensch tritt zusammen mit seinen Taten und Beziehungen ein in die jenseitige Welt. Wer im Diesseits auf Gott vertraut, wird dort die Erfüllung seines Glaubens erfahren. Dabei sind die Vorstellungen über den Zwischenzustand unterschiedlich, wie auch im NT (P.: Lk 23,43; Schoß Abrahams: Lk 16,22; bei Christus sein allezeit: 2Kor 5,8; Phil 1,23; schlafen bis zur Auferstehung: 1Thess 4,13-16; stehen vor dem Thron Gottes: Offb 7,9-17). Aber Ziel aller Hoffnung ist das endgültige Reich Gottes, der neue Himmel und die neue Erde, in der Gerechtigkeit wohnt. Das ist die Stätte, die Gott nach seinem Gerichtshandeln und der Überwindung des Satans bereiten wird. Dort wird er bei den Menschen wohnen. Daß dieser Ort im Glauben der Christen P. genannt wird, ist nach dem hier Dargelegten verständlich und zutiefst berechtigt, wenn auch die allzu bunten und schlaraffenlandähnlichen Ausmalungen als menschliche Wunschbilder erkannt werden müssen. Die christl. P.-Wunschbilder sind stark beeinflußt von der intertestamentaren jüd. Literatur, wie z.B. das Papiasfragment (bei Iren. haer. V. 33,3f) zeigt, wo Jesus eine phantastische P.schilderung in den Mund gelegt wird, die keinerlei Parallelen zum NT hat, sich dafür aber umso enger mit syrBar 29 berührt. Nicht die Sorglosigkeit und Unbeschwertheit ist die letzte Hoffnung christl. Glaubens, sondern die Gemeinschaft mit dem dreieinigen Gott. Dies erklärt auch, warum der Ausdruck P. im NT nur dreimal vorkommt (Lk 23,43; 2Kor 12,4; Offb 2,7), obwohl die damit bezeichnete Sache und eine Reihe einzelner Bezüge sehr bedeutsam sind. »Für Jesus und die Urkirche tritt der Garten als selbständige Größe zurück. Nicht auf die Seligkeit des Paradieses kommt es an, sondern auf die Wiederherstellung der durch Adams Fall zerstörten Gemeinschaft mit Gott« (ThWNT V, 771).

Literatur: H. Balz: EWNT III, 1983, 40-42; Bill. IV/2, 1016-1165; H. Bietenhard: TBLNT II, [4]1986, 997f; F.M.Th. de Liagre Böhl, A. Jepsen, F. Hesse: RGG[3] V, 95-100; W. Fauth: Der Garten des Königs von Tyros bei Hesekiel vor dem Hintergrund vorderorientalischer und frühjüdischer Paradiesvorstellungen, Kairos 29/1987, 57-84 (Lit.!); B. Jacobs-Hornig: ThWAT II, 1977, 35-41; J. Jeremias: ThWNT V, 1954, 763-771; A.T. Lincoln: 'Paul the Visionary': The Setting and Significance of the Rapture to Paradise in II Corinthians XII. 1-10, NTS 25 (1979), 204-220; C. Schneider: RAC VIII, 1048-1061. R.D.

PARAN.

1. Wüste in der östl. Zentralregion der Sinaihalbinsel, nordöstl. des traditionellen *Sinai und südsüdöstl. von *Kadesch. Im O schließen sich an P. die *Araba und der Golf von *Aqaba an. In diese Wüste zogen *Hagar und *Ismael nach ihrer Verstoßung aus *Abrahams Haushalt (1Mo 21,21). Die Israeliten durchzogen die Wüste P. nach ihrem *Auszug aus Ägypten (4Mo 10,12; 12,16). Von hier sandte *Mose *Kundschafter zur Erforschung *Kanaans aus (4Mo 13,3.26). Auch der Edomiter Hadad durchquerte die Wüste P. bei seiner Flucht nach Ägypten (1Kön 11,17f).

2. 1Sam 25,1 berichtet, daß *David beim Tod des Propheten *Samuel in die Wüste P. ging, aber in diesem Fall ist wohl dem griech. Text, der »Wüste Maon« liest, der Vorzug zu geben.

3. El-Paran, nach 1Mo 14,6 an der Grenze der Wüste gelegen, könnte ein alter Name für *Elat sein. Der Berg P. aus dem Lied des Mose (5Mo 33,2) und aus Hab 3,3 war vermutlich ein bekannter Berg in der Gebirgskette am westl. Ufer des Golfs von Aqaba (vgl. *Zin, Wüste). R.A.H.G.

PARDER s. Tiere

PARTHER. Parthien, eine Gegend südöstl. des Kaspischen Meeres, die Keimzelle des parthischen Großreichs, gehörte als Provinz zum Reich *Alexanders des Großen. Die neuen Bewohner nannten sich P. Mitte des 3. Jh.v.Chr. zettelte Arsakes einen Aufstand der nomadischen P. gegen die seleukidischen (mazedonischen) Herrscher an. Arsakes'

Silber-Drachme des Arsakes I. (247-ca. 211 v.Chr.), der die Parther im Aufstand gegen die seleukidische Herrschaft anführte. Durchmesser: 24 mm. (RG)

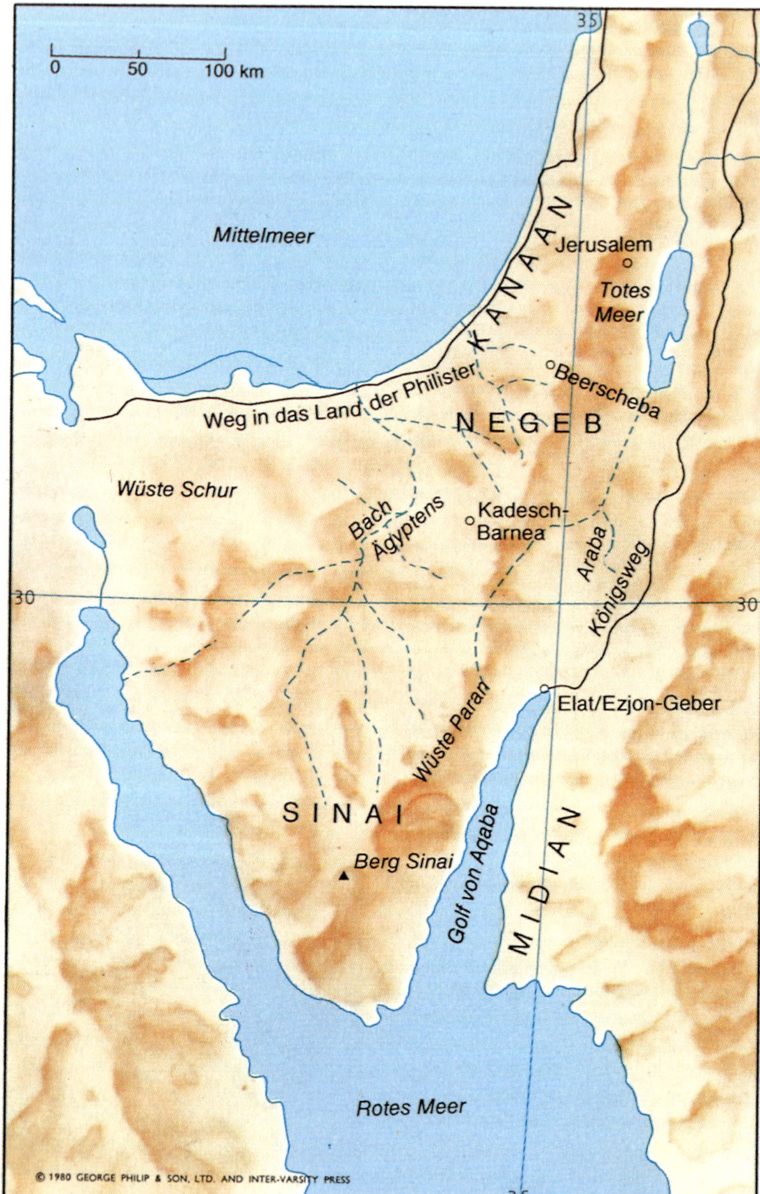

Die Lage der Wüste Paran.

Siegel und Siegelabdruck mit parthischem Reiter im Augenblick des Schusses. Chalzedon. Höhe: 2,5 cm. Achämenidisch, 5. Jh. v.Chr. (BM)

Nachfolger erweiterten ihren Machtbereich, so daß er schließlich vom Euphrat bis zum Indus reichte. Da das parthische Heer als einziges berittene Bogenschützen hatte, war es gefürchtet; ein röm. Heer unter Crassus wurde in der Schlacht bei Karrhae 53 v.Chr. vernichtend geschlagen. 40 v.Chr. kamen Streitkräfte der P. sogar nach Jerusalem, wo sie Phasaël, den Bruder des Herodes, und Hyrkan II. in ihr Hauptquartier lockten und Antigonos als König und Hohenpriester einsetzten. Erst nach der Eroberung Jerusalems durch die Römer 37 v.Chr. konnte Herodes die Herrschaft über Palästina antreten. Im 1. Jh.v.Chr. verlegten die P. ihre Hauptstadt von Ekbatana nach Ktesiphon und versuchten, die pers. Elemente ihrer Kultur auf Kosten der griech. wiederzubeleben.

Die P. wurden von einer landbesitzenden Aristokratie regiert. Diese kontrollierte den einträglichen Handel mit dem Fernen Osten. Ihre Religion war der pers. Mazdaismus; im allg. tolerierte sie aber die Religionen anderer Völker.

Parthien war eine der Gegenden, in denen die deportierten Israeliten angesiedelt worden waren. Nach Josephus sprachen ihre Nachkommen weiter einen aram. Dialekt, beteten den wahren Gott an und sandten ihren Beitrag an den Tempel in Jerusalem. Daher dürften die P., die am Pfingsttag in Jerusalem (Apg 2,9) waren, wohl Juden aus jener Gegend gewesen sein (»Muttersprache« in V. 8 könnte auch »Dialekt« meinen), aber es könnten auch parthische Proselyten unter ihnen gewesen sein.

Als die P. Streitigkeiten wegen der Thronfolge hatten, wurden sie z.Zt. des Augustus bis an den Euphrat zurückgedrängt. 226 n.Chr. machten die Sasaniden dem Reich der P. ein Ende.

Literatur: N.C. Debevoise: Parthia, 1938; M.A.R. Colledge: The Parthians, 1967; K. Schippmann: Grundzüge der parthischen Geschichte, 1980; H. Volkmann: KIP IV, 532–537. K.L.McK.

PASCHHUR. Der Name ist vermutlich ägypt. Ursprungs: hebr. *pasch-chur* vom ägypt. *p(')sch (rin)Chr,* »Sohn (des Gottes) Horus« (vgl. S. Ahituv, IEJ 20/1970, S. 95f).

1. Sohn des Immer. Ein Priester und Beamter im Tempel z.Zt. der Regierung *Zedekias oder auch vorher, der *Jeremia in den Block schloß. Jeremia prophezeite ihm ein Schicksal in der Verbannung in Babylon (Jer 20,1-6).

2. Sohn des Malkija. Er wurde von König Zedekia zu Jeremia geschickt, damit dieser Gott wegen Jerusalem befrage (Jer 21,1). P. gehörte zu denen, die später den Propheten in die schlammige Zisterne Malkijas, des Königssohns (Vater dieses P.?) sperrten (Jer 38,1-13). Er ist möglicherweise identisch mit dem Oberhaupt einer Priesterfamilie, deren Mitglieder teilweise in die babylon. Verbannung kamen. Einige Mitglieder dieser Priesterfamilie kehrten mit *Serubbabel nach Jerusalem zurück (Esr 2,38; Neh 7,41). Sechs Männer des Geschlechts P. mußten sich nach der Rückkehr von ihren ausländischen Frauen trennen (Esr 10,22). Andere traten freiwillig für die vollständige Wiederbesiedlung Jerusalems unter Nehemia ein (Neh 11,12; vermutlich derselbe Adaja wie in 1Chr 9,12).

3. Vater des *Gedalja. Gedalja gehörte zu denen, die Jeremia in Malkijas Zisterne warfen (Jer 38,1-13); s.o. 2. Dieser P. könnte mit 1. oder 2. identisch sein.

4. Ein Priester z.Zt. Nehemias, der sein Siegel unter die »feste Abmachung« setzte, nachdem Esra das Gesetz verlesen hatte (Neh 10,4). K.A.K.

PASSA.

I. QUELLEN.

Quellen für die Feier des P. sind im AT vor allem der Bericht vom nächtlichen Auszug Israels aus Ägypten (2Mo 12-13), dann die 3Mo 23 und 5Mo 16 gegebenen Weisungen für die Feste Israels, außerdem Bestimmungen wie 2Mo 23,15 und 34,18-20, die vom Mazzenfest handeln, sowie die Opfertora 4Mo 28. Die große Bedeutung gerade des P. bezeugt der Bericht 2Kön 23,21-23 (vgl. 2Chr 35,1-19), wonach der König *Josia dieses Fest neu zur Geltung brachte, ebenso die Erzählung vom Passa *Hiskias (2Chr 30) und schließlich die Erwähnung des P. im großen Tempelprogramm des Propheten *Hesekiel (45,21-24); von einem zweiten P. handelt 4Mo 9,1-14.

Für die Feier des P. in ntl. Zeit sind besonders aufschlußreich die diesbezüglichen Bestimmungen in der Tempelrolle von Qumran (11 Q Miqd 17,7-16), im 49. Kap. des Jubiläenbuches (um 100 v.Chr.) und im Mischnatraktat Pesachim (mPes), der die Weisung der Rabbinen bietet.

Im NT müssen vor allem die Berichte über das letzte Mahl Jesu (Mk 14 par.) und das Herrenmahl (*Abendmahl) der Gemeinde (1Kor 10 und 11) beachtet werden, da Jesus sein letztes Mahl mit den Jüngern in der Passanacht gefeiert hat.

II. NAME.

Der Name »Passa« kommt vom griech. (und auch latein.) Wort *pascha*, das in der LXX und im NT gebraucht wird; dieses entspricht einem aram. *pascha'* (*pisha'*) und dem hebr. *päsach*. »Passa« meint sowohl das geschlachtete Passalamm (oder auch Ziegenböckchen) – ein fehlerloses, einjähriges Tier (2Mo 12,5.21; 5Mo 16,2ff; 2Chr 30,18, vgl. Mk 14,12) – als auch das Passafest (4Mo 9,1-14; vgl. Mt 26,2). Die Wendung »(Opfer des) Passafests«, *chag ha-päsach*, findet sich 2Mo 34,25 (vgl. Hes 45,21), ein »Passa für den Herrn« in 2Mo 12,11, (vgl. 12,14), und in 12,27 ein »Passaopfer für den Herrn«. Auffallend ist der Plural »Pesachim« als Titel eines Mischnatraktats. Er ist wohl kaum von den »Passaopfern« in 2Chr 30,17; 35,7-9 herzuleiten, sondern stammt aus der gäonischen Zeit, wo man zwischen zwei Abschnitten dieses Traktats (Kap. 1-3.10 und 4-9) unterschied (Ch. Albeck).

Der Name »Passa« wird mit dem gnädigen »Vorübergehen« (*pasach*) Gottes an den Häusern der Israeliten erklärt (2Mo 12,13.23.27), bezeichnet aber in 1Kön 18,21 (vgl. V. 26) das hinkende Gehen der Baalspriester bei einem Kulttanz um den Altar. Von daher vermuten manche, das P. sei ursprünglich ein Fest der halbnomadischen Hirten gewesen, die den Aufbruch ins Kulturland bzw. die Darbringung oder Auslösung der Erstgeburten (2Mo 13,1.12-16; 34,26), vielleicht auch die Durchführung der Beschneidung (vgl. 2Mo 12,43-50) feierlich begingen. Später sei dieses Fest heilsgeschichtlich gedeutet und auf die Ereignisse in der Nacht bezogen worden, in der die Israeliten unter Mose aus Ägypten auszogen. Eine analoge Entwicklung will man bei dem Fest der Ungesäuerten Brote (Mazzot, 2Mo 13,3-10) und der mit ihm verbundenen Darbringung der Erstlingsgarbe der Gerstenernte (3Mo 23,9-14), sowie beim *Pfingstfest als Abschluß der Getreideernte (3Mo 23,15-23; 5Mo 16,9-12) und beim *Laubhüttenfest anläßlich der Ernte der Baumfrüchte (3Mo 23,33-36; 5Mo 16,13-15) beobachten; aber diese Feste waren auf die bäuerliche Arbeit bezogen und wohl im Land Kanaan entstanden. Außerdem wurden sie nicht so stark vergeschichtlicht wie das Passafest, das als Fest des »Gedenkens« (*zikkarōn*, 2Mo 12,14.24-27) ganz in die Geschichte des Auszugs eingebettet (vgl. 2Mo 12,29-42) und auf das Handeln Gottes bezogen ist, als dessen Fest es gilt (2Mo 12,11.27; 3Mo 23,5; 4Mo 28,16). Keines der anderen großen Feste hat einen so ausführlichen Bericht über seine Entstehung vorzuweisen. Die spätere Bezeichnung »Passa-Haggada« für die Erzählung und Deutung der Besonderheiten dieses Festes ist von 2Mo 13,8 (*wehiggadta*) her zu erklären und zu rechtfertigen; vgl. Hebr 11,28: Mose hat »durch den Glauben und die Besprengung der Türpfosten mit Blut das Passa angeordnet, damit der Verderber die Erstgeborenen der Israeliten nicht antaste«. Das »Passa« war so gewichtig, daß es auch das ursprünglich eigenständige Fest der Mazzot (2Mo 12,17; 23,15; 34,18) an sich zog. Schon nach 5Mo 16,4 schließt die Feier des P. das Gebot, sieben Tage lang nur ungesäuertes Brot zu essen und alles Gesäuerte zu entfernen, mit ein (vgl. Mt 26,17; Lk 22,1; Jos.ant.Jud 14,21). Auch nach der *Mischna (Pes 10,1-3) muß alles Gesäuerte weggeschafft und verbrannt sein, ehe das Passalamm geschlachtet werden kann, und nach 2Mo 12,18 soll ungesäuertes Brot beim Passamahl gegessen werden.

III. DATUM.

Das P. soll am 14. Tag des ersten Monats, des Frühlingsmonats Abib (später Nisan, etwa April) gefeiert werden (4Mo 9,2f; 28,16; 5Mo 16,1; vgl. 2Mo 34,18). Das Opfertier soll am 10. Tag dieses Monats ausgewählt (2Mo 12,3) und am 14. Tag »zwischen den beiden Abenden«, d.h. in der Abenddämmerung, geschlachtet werden (2Mo 12,6; vgl. 5Mo 16,6); nach den Rabbinen durfte dies ab 3 Uhr am Nachmittag bis zum Sonnenuntergang geschehen (b Pes 61 a; vgl. Jos.ant.Jud. 6,423: »...von der 9. bis zur 11. Stunde«). »In der Nacht« (d.h. etwa ab 19 Uhr) soll es gegessen werden, nachdem es vorher »ganz«, d.h. unzerlegt, am Feuer gebraten worden war (nicht etwa in Wasser gekocht, vgl. 2Mo 12,9). Als Zukost dienten ungesäuertes Brot und Bitterkräuter (2Mo 12,8f). Was am Morgen vom Lamm noch übrig war, mußte verbrannt werden (2Mo 12,10). An die Feier des P. schließt sich das Fest der Mazzot (Ungesäuerten Brote) an, das sieben Tage, bis zum 21. des ersten Monats, dauert (2Mo 12,18-20).

IV. DER CHARAKTER DES FESTES.

Nach der Kultzentralisation unter dem König Josia (621 v.Chr.) mußte das Passaopfer im Jerusalemer Tempel geschlachtet werden (vgl. 2Kön 23,21-23; 5Mo 16,5f); dadurch wurde das P. ein Wallfahrtsfest. Diese Zentralisierung und Institutionalisierung steht nicht im Einklang mit der ursprünglichen – in 2Mo 12-13 zum Ausdruck gebrachten und später wiederhergestellten – Bedeutung eines Familienmahls, einer Feier der *Hausgemeinde, die vom Hausvater geleitet wird (vgl. 2Mo 12,3f.46). Dieser schlachtet das Opfertier, das in Eile, in Wanderkleidung, gegessen werden soll (2Mo 12,11); auch kein Knochen des Lamms darf gebrochen werden (2Mo 12,46). Die durch den nächtlichen Auszug bedingte Eile steht einer Institutionalisierung und Zentralisierung des P. ebenso entgegen wie die so große Bedeutung des Blutes der Passalämmer: Es sollte mit einem Ysopbüschel an die beiden Türpfosten und die Oberschwelle der Häuser der Israeliten gestrichen werden (2Mo 12,7.13.21f); so schützte es deren Bewohner, an denen die tödliche Gefahr wunderbar vorbeiging (2Mo 12,13.23). Zum Gedächtnis an diese Nacht der Bewahrung und Befreiung soll das P. Jahr um Jahr gefeiert werden (2Mo 12,14; 13,10). Wichtig ist deshalb die Weisung zur Weitergabe des Brauchs an die nächste Generation (2Mo 12, 26f; 13,8f), die Deutung des Fests und schließlich die Einheit der Feiernden: Das Passaopfer ist als *zäbach-päsach* (2Mo 12,27) ein Gemeinschaft bewirkendes Opfer, das die Mahlteilnehmer zu Brüdern macht (vgl. 2Mo 2,11) und auch Gott als Mahlgenossen einbezieht (vgl. 5Mo 12,7); Josephus spricht von einer Bruderschaft (*phatria*) der Mahlgenossen (Jos.bell.Jud. 6,423).

In 4Mo 9,1-14 (vgl. mPes 10,9) ist die Feier eines zweiten P. (einen Monat später) für diejenigen vorgesehen, die wegen einer Verunreinigung oder auch einer Reise nicht am ersten P. teilnehmen konnten. Bei der Feier dürfen nur reine und geweihte Personen anwesend sein; auch Nichtjuden sind ausgeschlossen (Jos.bell.Jud. 6, 426f).

V. DAS PASSA IM ANTIKEN JUDENTUM.

1. Wichtig sind die Bestimmungen des Jubiläenbuches (Kap. 49) und der Abschnitt über das P. in der Tempelrolle aus der Höhle 11 von Qumran. Sie machen den Eindruck, als solle das sonst übliche Ritual des P. präzisiert und auch korrigiert werden. Dabei sind die Ausführungen zum P. in der Tempelrolle (11 Q Miqd 17,6-9) – verglichen mit den anderen dort behandelten Festen – recht kurz. Das Passalamm soll vor dem abendlichen Tamidopfer geschlachtet werden (Zeile 7, vgl. Jub 49,1: »... ehe es Abend wird«; Jos.bell.Jud. 6,423: »...von der 9. bis zur 11. Stunde«). Die am Mahl Beteiligten sollen 20 Jahre und älter sein (Zeile 8, so auch Jub 49,17). Das Passalamm muß in den Vorhöfen des Tempels gegessen werden (Zeile 9; ähnlich Jub 49,17-20; vgl. 5Mo 16,7): Wie im Tempelentwurf Hesekiels (45,21-24) ist demnach das Fest ganz öffentliches Zeremoniell. Dagegen verzehrt man das P. nach der Mischna in Hausgemeinschaften; die ganze Stadt Jerusalem steht dafür zur Verfügung (mZev 5,8). Weitere Differenzen bestehen bei der Dauer des Mahls: Während nach dem Urteil der Rabbinen das Essen des Lamms um Mitternacht beendet sein muß (mPes 10,9; mZev 5,8), darf man nach Jub 49,12 die Zeit bis zum dritten Teil der Nacht (drei Uhr morgens) in Anspruch nehmen; im Text der Tempelrolle ist keine Grenze angegeben. Für die Feier des letzten Mahles Jesu ist die Notiz Jub 49,6 wichtig: dort wird zusammen mit dem Essen des Passalamms das (in der Schrift nicht erwähnte) Trinken von Wein genannt, desgleichen das Loben Gottes, welches die Passafeier zu einer Eucharistie macht.

In der Tempelrolle folgen dann Bestimmungen für das Mazzenfest (11 Q Miqd 17,10-16), die sich an 3Mo 23 und 4Mo 28 orientieren. Das Jubiläenbuch, wo – wie in 2Mo 12f – die Weisung für die Passafeier im Zusammenhang der Auszugsgeschichte gegeben wird, erwähnt das Mazzenfest gar nicht. Die Mitglieder der Gemeinde von Qumran (*Essener) feierten die Feste nach einem Sonnenkalender von 364 Tagen, in dem der 14. Nisan stets auf einen Dienstag fiel, während der Wochentag des 14. Nisan im offiziellen *Judentum (Mondkalender) wechselt und auch auf einen Sabbat fallen kann.

2. Der Mischnatraktat Pesachim (mPes) gibt Kap. 1-3 Anweisungen dafür, wie der Sauerteig zu entfernen ist und für das Essen der Mazzot. Somit werden auch hier die Feste des P. und der Ungesäuerten Brote eng miteinander verbunden; die drei Worte: Päsach, Mazzah (ungesäuertes Brot), Merorim (Bitterkräuter), bezeichnen die Grundelemente der Feier (10,5). Die Hausgemeinschaft feiert das Fest; der Kreis der Teilnehmer umfaßt mindestens 10 Personen (Jos.bell.Jud. 6,423; Tosefta Pesachim 4,3). Eine alte Überlieferung beschreibt, wie die – zum Tempel getragenen (*hirkīb*) – Passalämmer im inneren Vorhof geschlachtet wurden (5,5-10). Dabei wurde das Blut der Lämmer, das nach 2 Mo 12 die Israeliten beschützt hatte, von den Priestern in goldenen und silbernen Schalen aufgefangen, weitergereicht und schließlich an den Fuß des Altars geschüttet; während der Opferhand-

lung wurde das Hallel (Ps 113-118) von den Leviten gesungen. Beim Braten des Tiers wurden eigens dafür gebaute Öfen aus Lehm benützt. In Kap. 10 von Traktat Pesachim wird die Ordnung (*Seder*) für das nächtliche Mahl gegeben. Bedeutsam für das NT ist die Tatsache, daß jeder Mahlteilnehmer - auch der Arme – vier Becher Wein erhält, die nach einem Segensspruch während der Feier gereicht werden; der Wein wurde in der Regel aus Einzelbechern getrunken. Ausdrücklich erwähnt ist auch das Essen der Mazzot und der Bitterkräuter, die in ein Fruchtmus (*charōsät*) getaucht werden (mPes 10,1-3). Wichtig sind auch die Antworten des Vaters auf die Fragen des Sohnes (vgl. 2Mo 12,26f; 13,8); dabei werden die Besonderheiten des Passamahles erklärt und gedeutet, so das ungesäuerte Brot, das gebratene Lamm und die Bitterkräuter (mPes 10,4). Das »Kleine Credo« (5Mo 26,5-11) ist in den Bericht über die Befreiung Israels einbezogen (mPes 10,4f). Die Herausführung aus Ägypten, der Wechsel von Schmach zur Freude, wird vergegenwärtigt (mPes 10,5; vgl. 2Mo 13,18) und die Hoffnung auf endgültige Erlösung aufgerichtet (ibid.). Die Passanacht, die 2Mo 12,42 als »Nacht der Beobachtungen«, *lēl schimmūrīm*, bezeichnet ist, wird von Gott selbst »beachtet«: Wichtige Heilsereignisse fanden in ihr statt; sie wird auch die endgültige Erlösung bringen (Makh 2Mo 12,42 [20a]; Targume). Der Lobpreis Gottes (10,5) und das Singen des Hallel (10,6) sind zu beachten, ferner die Tatsache, daß beim dritten Becher der Segen über das Mahl gesprochen wird (10,7).

VI. DAS PASSA IM NEUEN TESTAMENT.

1. Im NT erscheint das P. als wichtigstes und am häufigsten erwähntes unter den jüd. Wallfahrtsfesten (Mk 14 par.; vgl. Lk 2,41; Joh 2,13; 6,4; 13,1; 19,14; Apg 12,4; 20,6; Hebr 11,28); zur Vorbereitung des P. vgl. Mk 14,12 par. Nach Josephus (bell.Jud. 6,425f) wurden einmal 255 600 Opfertiere gezählt, was über zwei Mio. Mahlteilnehmer ergeben hätte.

Paulus gebraucht das Entfernen des (alten) Sauerteigs als Bild für das Sich-Trennen von Schlechtigkeit und Bosheit; durch das Opfer des Messias sind die Christen der neue, ungesäuerte und wohlgefällige Teig (1Kor 5,7f).

2. Nach der synoptischen Tradition (Mk 14,12-16 par.) hat Jesus sein letztes Mahl mit den Jüngern als ein Passamahl gefeiert (vgl. Lk 22,15). Diese Angabe wird auch dadurch bestätigt, daß Jesus mit den Jüngern eine Passagemeinschaft (*chabūrah*) gebildet und das Mahl in Jersualem gegessen hat (Lk 22,10). Ferner weisen mehrere Einzelheiten auf eine Passafeier, so das Liegen auf Speisepolstern (Lk 22,14; vgl. mPes 10,1), das Eintauchen in die Schüssel (Mk 14,20 par.; vgl. mPes 10,3), das Singen des Lobgesangs, d.h. des zweiten Teils des Hallels (Ps 115,1-118,29) am Ende der Feier (Mk 14,25 par.; mPes 10,6) und vor allem die Deuteworte Jesu zu den Elementen Brot und Wein (Mk 14,22-24 par.; vgl. 2Mo 12,26; mPes 10,5). Die Deutung des Weins erfolgte nach dem Mahl (1Kor 11,25; Lk 22,20), d.h. beim dritten Becher, dem »Segensbecher« (1Kor 10,16).

3. Auch die paulin. Abendmahlsüberlieferung erinnert an die Passafeier. Zusätzlich zur synoptischen Schilderung ist der 1Kor 11,20 gebrauchte Name »Herrenmahl« bemerkenswert, denn das P. ist ja ein »Fest des Herrn« (2Mo 12,11.27). Das Herrenmahl wird »zum Gedächtnis« gefeiert (1Kor 11,24f), was auch für das P. zutrifft (2Mo 12,14.24-27); wichtig ist schließlich bei beiden Feiern die Gemeinschaft der Mahlteilnehmer (vgl. 1Kor 11,20f mit Jos.bell.Jud. 6,423: »Es ist nicht erlaubt, daß einer allein ißt«).

4. Auch der johanneische Bericht, nach dem Jesus sein letztes Mahl schon in der Nacht vom 13./14. Nisan gefeiert haben muß, weist die Züge einer Passafeier auf (vor allem in 13,26-30). Da das Herrenmahl der christl. Gemeinden nicht an das Datum des P. gebunden war, sondern das ganze Jahr hindurch gefeiert wurde, ist eine spätere Stilisierung des letzten Mahles Jesu als eines P. nicht vorstellbar.

5. Die These, Jesus habe sein letztes Mahl im Einklang mit dem essenischen Kalender schon in der Nacht von Dienstag auf Mittwoch gefeiert (A. Jaubert), hat manche Anhänger gefunden, zumal sie auch einen Ausgleich zwischen der synoptischen und der johanneischen Passionschronologie gestattet.

6. Im Gedanken an Jesu stellvertretenden Tod am Kreuz und die sühnende Kraft seines Blutes konnte Paulus in 1Kor 5,7b Jesus als das für uns geschlachtete P. bezeichnen; nach Joh 1,29.36 ist Jesus das Lamm Gottes, welches der Welt Sünde trägt. Johannes hat dabei vor allem an den *Knecht Gottes gedacht, der nach Jes 53,7 sein Leiden schweigend erträgt – wie ein Lamm, das zur Schlachtbank geführt wird; aber Joh 19,36 nimmt auch deutlich Bezug auf das Passalamm, dem kein Knochen gebrochen werden darf (2Mo 12,46).

7. Während beim jüd. P. seit der Zerstörung des Tempels das Lamm fehlt, gehört bei den Samaritanern bis heute die Schlachtung von Lämmern zum Zeremoniell dieses Festes. Sie feiern ihr P. am Abhang des Berges Garizim, den sie nach 5Mo 12,5.14 und 16,16 als den von Gott erwählten Ort bezeichnen (vgl. dazu Jos.ant.Jud. 12,257-261).

Literatur: Bill. IV, 1, 1928, 4. Exkurs: Das Passahmahl, S. 41-76; G. Dalman: Jesus-Jeshua, 1928, S. 80-160; J. Jeremias: Die Abendmahlsworte Jesu, [2]1949; A. Jaubert: La Date de la Cène, 1957. O.B.

PASTORALBRIEFE. 1. und 2. Timotheusbrief und Titusbrief werden seit der Mitte des 18. Jh. unter dieser Bezeichnung zusammengefaßt (P. Anton, exegetische Abhandlungen der Pastoralbriefe Sancti Pauli, 1753-1755). Der Name P. ist nur zum Teil eine zutreffende Beschreibung ihres Inhaltes, denn sie befassen sich nicht ausschließlich mit Anweisungen für das Hirtenamt. (s.a. *Timotheusbriefe, *Titusbrief).

Literatur: H. Opitz: BHH III, 1966, 1339f. D.G.

Das verlandete Hafenbecken der in der Antike bedeutenden Hafenstadt Patara. Hier wechselte Paulus auf seiner letzten Jerusalemreise das Schiff, um nach Phönizien weiterzureisen (APG 21,1f). (MBr)

PATARA. Eine bedeutende Hafenstadt im SW *Lyziens, etwa 11 km östl. der Mündung des Xanthos beim heutigen Dorf Kelemis (Türkei).

P. ist eine alte lyzische Stadt, deren Gründung auf Pataros, den Sohn des Apollon und der Nymphe Lykia, zurückgeführt wird. Münzfunde mit dem lyzischen Namen *Pttara* und die frühe Erwähnung im 5. Jh.v.Chr. (Herodot) bestätigen das hohe Alter der Stadt und lassen auf eine lyzische Gründung P.s schließen (G.E. Bean).

Besonderes Ansehen in der griech. Welt genoß P. dadurch, daß es in seinen Mauern ein bekanntes Apollo-Heiligtum beherbergte (Hdt.Hist. I, 182), das damals in seiner Bedeutung mit dem Orakel von Delphi verglichen werden konnte. Mit dem ebenfalls bekannten Orakel auf Delos bestand eine Art »Arbeitsteilung«, denn von dem Heiligtum in P. gingen nur während der sechs Wintermonate Orakelsprüche aus, da sich Apollo im Sommer auf Delos aufgehalten haben soll. Wohl aufgrund der finanziellen Belastung durch die röm. Bürgerkriege machte das Orakel im 1. Jh.n.Chr. eine Krise durch, der jedoch im 2. Jh.n.Chr. ein neuer Aufschwung folgte, denn eine Inschrift überliefert eine Stiftung des lyzischen Mäzens Opramoas von Rhodiapolis in Höhe von 20 000 Denaren »für Apollo, den Gott der Vorfahren, dessen Orakel nach längerem Schweigen jetzt wieder Weissagungen verkündet«. Obgleich es an Vermutungen nicht mangelt, konnte der Tempel des Apollo bisher nicht lokalisiert werden.

Mit drei Stimmen in der Bundesversammlung gehörte P. zu den angesehensten Städten des Lyzischen Bundes und war zu allen Zeiten der bedeutendste Hafen Lyziens. Nach Arrian (Ende des 1. bis Mitte des 2. Jh.n.Chr.) wurde die Stadt »gleichsam zum Hafen von Xanthos«. Freilich zog der große und geschützte Hafen, der sich als Flottenstützpunkt anbot, das Interesse der Großmächte auf sich, so daß P. die Wirren der Diadochenkriege nicht unbeschadet überstand und in der Folge unter ptolemäische, seleukidische und rhodische Kontrolle kam bis es sich 42 n.Chr. Brutus ergab. Im Aufschwung des 2. Jh.n.Chr. begann es sogar Xanthos zu überflügeln: Der röm. Statthalter hielt in P. seine Rechtsgeschäfte ab, das lyzische Bundesarchiv wurde hierher verlegt und ein Großteil der Bundesversammlungen wurde in der Stadt abgehalten. Während seines Besuches im Jahr 129 n.Chr. ordnete Kaiser Hadrian den Bau eines Getreidespeichers an, was die bedeutende Lage P.s zwischen den östl. Provinzen und Rom unterstreicht.

Auf seiner letzten Jerusalemreise (Ende der 3. Missionsreise) erreichte Paulus mit seinen Begleitern (vgl. Apg 20,4) möglicherweise im Frühjahr 57 (R. Jewett, Paulus-Chronologie, 1982, 89-91.157-161) von Milet kommend über Kos und Rhodos, wo er jeweils übernachtete, den Hafen von P. (Apg 21,1). Der westl. Text ergänzt an dieser Stelle »und Myra« und geht wohl in Anlehnung an Apg 27,5f davon aus, daß man noch bis zum etwa 80 km östl. gelegenen Myra, von dessen bedeutenden Hafen Andriake aus die Schiffe nach Syrien und Ägypten aufbrachen, weiterfuhr. Allerdings setzt das Itinerar hier wohl eine Tagesreise voraus, innerhalb derer Myra von Rhodos aus kaum zu erreichen war, weshalb der zuverlässig bezeugten Lesart »Patara« der Vorzug zu geben ist. So wechselte Paulus mit seinen Begleitern in P. auf ein Schiff, das möglicherweise wegen der günstigen Winde schon von hier und nicht erst von Myra nach Phönizien in See stach (Apg 21,2).

P. ist weiterhin bekannt als der Geburtsort des heiligen Nikolaus, des späteren Bischofs

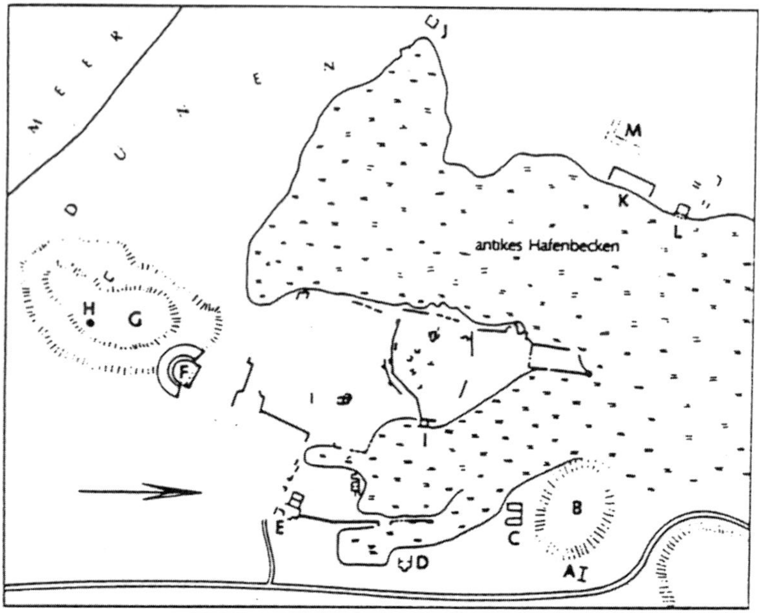

Lageskizze des Ruinenfeldes von Patara mit einem monumentalen Torbau (A), *dem möglichen Standort des Apollotempels* (B), *einer kleinen Thermenanlage oder auch Schiffswerft* (C), *spärlichen Resten einer Basilika* (D), *den großen Thermen aus der Zeit Vespasians* (*69-79 n.Chr.;* E), *dem Theater* (F), *der Akropolis* (G) *mit einer großen Zisterne* (H), *einem Tempelbau in korinthischer Ordnung* (I), *einem Fundament an der Hafeneinfahrt* (J), *dem Getreidespeicher des Hadrian* (*117-138 n.Chr.;* K), *einem Tempelgrab* (L) *und der Agora* (M). (J. Wagner, S. 78)

der Nachbarstadt Myra (Mitte des 4. Jh. n.Chr.), wo heute noch die Nikolaoskirche besichtigt werden kann.

Durch die Ablagerungen des Flugsandes und die wuchernden Bäume und Sträucher bietet P. dem heutigen Besucher ein reizvolles und unwegsames Ruinenfeld (Theater, Thermen, korinthische Tempel, Akropolis, Getreidespeicher, Agora, Tempelgrab, monumentaler Torbogen, Basilika), in dem der verlandete Hafen, der heute durch eine breite Sanddüne vom Meer abgeschnitten ist, als eine mit Schilf bewachsene Fläche (ca. 400 x 1600 m) gut zu erkennen ist.

Literatur: G.E. Bean: Kleinasien 4: Lykien. ^{2}1986, S. 81–90 (Originalausgabe: Lycian Turkey. An Archeological Guide, 1978, S. 82–91); E. Yamauchi: NIDBA, 356f; J. Wagner: Türkei. Die Südküste von Kaunos bis Issos, 1986, S. 76-80. M.Br.

PATMOS. Eine Insel in der Gruppe der Südl. Sporaden, etwa 55 km von der SW-Küste Kleinasiens entfernt. Der Apostel *Johannes wurde während der Regierungszeit des Kaisers *Domitian (81-96 n.Chr.) offensichtlich für einige Monate von *Ephesus auf diese Insel verbannt. Er schrieb dort um das Jahr 90 n.Chr. das Buch der Offenbarung nieder (Offb 1,9). Die Insel P. ist etwa 12 km lang und bis zu 7 km breit. Man hat vermutet, daß die Landschaft mit ihren Vulkanhügeln Eingang in die Symbolik der Offenbarung fand (s.a. Plin.nat. 4.69). Die Insel gehört heute zu Griechenland. J.H.P.

PATRIARCHEN/-ZEIT. Das Zeitalter der P. umfaßt die Lebenszeit der Erzväter: *Abraham und *Isaak, *Jakob und *Esau, sowie das der 12 Söhne Jakobs: *Ruben, *Simeon, *Levi, *Juda, *Issaschar, *Gad, *Sebulon, *Ascher, *Dan, *Naftali, *Josef und *Benjamin. Die Erzväter gehören noch nicht in das Kulturland. Sie sind Wanderer, genauer: Halbnomaden. Die Erzählungen über sie geben einen

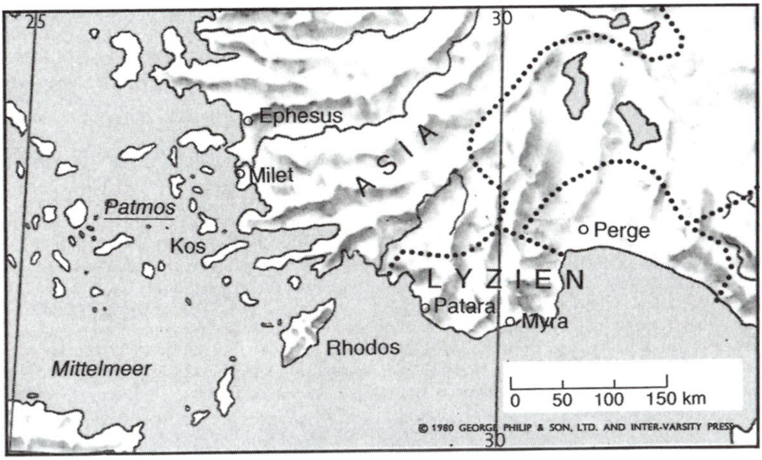

Die Insel Patmos vor der Küste der heutigen Türkei.

Patmos mit dem Isthmus, der die beiden Hälften der Insel beim Hafen von Phora (dem heutigen Scala) verbindet. (HK)

Einblick in das Spannungsfeld der Urzellen menschlicher Gemeinschaft. Die Abrahamsgeschichte (1Mo 12-25) ist bestimmt von dem Verhältnis des Vaters bzw. der Eltern zu den Nachkommen. In dem Bericht von Jakob und Esau (1Mo 25-36) geht es um die Beziehung des Bruders zum Bruder. Die Josefsgeschichte (1Mo 37-50) zeigt die Probleme in der aus mehreren Gliedern bestehenden Gemeinschaft auf.

I. DIE GESCHICHTLICHKEIT DER ERZVÄTER.

Die Geschichtlichkeit der P. wird heute nur noch von einigen Forschern angezweifelt: »Man hatte früher die Historizität der Patriarchen bestritten, sie als Astralgottheiten, als alte kanaan. Götter, als legendäre Gründer kanaan. Heiligtümer, als Märchengestalten oder als Figuren der Volkssage gedeutet ... Man ist sich heute weithin einig, daß es sich bei den Patriarchen in der Tat um historische Einzelgestalten handelt, auch wenn es völlig unmöglich ist, eine Patriarchenbiographie zu schreiben« (Kilian, S. 11). Die Namen der Erzväter weisen in ihrer Struktur »unverkennbare Beziehungen zu Personennamen auf, wie sie üblich waren in einer Bevölkerungsschicht, die etwa im 18. Jh.v.Chr. im Licht der Geschichte auftaucht, und die sowohl im Zweistromland wie auch in Syrien-Palästina nachgewiesen werden kann« (Noth, Hat die Bibel doch recht? Bd I, S. 27). Von besonderer Bedeutung im Blick auf Personennamen sind die Mari-Texte. Französische Archäologen entdeckten bei Ausgrabungen in Mari (Tell Chariri) am Mittleren Euphrat ca. 20 000 Keilschriften, die sog. »Mari-Texte«. Sie fanden sich im Königspalast und stammen aus der Zeit um 1800-1750 v.Chr (OLB 1, S. 390). Zahlreiche aus den Mari-Texten bekannte Personennamen sind weder akkad. noch sumer., sondern semit. Zur Unterscheidung von den semit.-akkad. Personennamen werden sie als »westsemitisch« bezeichnet. Der Name Jakob erwies sich als ein »typisch zweistromländisch-westsemitischer Name«, ebenso Isaak. Der Name Abraham gehört »zu einem allgemein verbreiteten Typ semitischer Personennamen« (Noth, Mari und Israel, Bd. II, S. 255). Die Erzväter sind geschichtliche Gestalten, die mit Namen genannt werden können und von deren Leben Konkretes bekannt ist. Sie waren Wanderhirten und sind die »ersten Vorboten des späteren Israels« (Noth, Geschichte, S. 117). Bereits vor der sogenannten »archäologischen Revolution« führten religionsgeschichtliche Untersuchungen zu dem Ergebnis: Die Väter waren weder »alte Götter« noch »ehemalige Stämme«, sondern wirkliche Personen, die einmal gelebt haben (Kittel, Wissenschaft, S. 168). Abraham, Isaak, Jakob, Josef, Ismael sowie die anderen Gestalten der Vätergeschichten sind als »eigentliche Personen gemeint« (Kittel, Geschichte, Bd. 1, S. 278). Sie sind geschichtliche Persönlichkeiten. Dieses Ergebnis haben die archäologischen Funde bestätigt. Das »stumme« archäologische Material, Bauten und Anlagen aus der bibl. Zeit, aber auch die »sprechende Archäologie« – die wenigen Texte, vornehmlich Personennamen – reichen noch in keiner Weise aus, um die Geschichte der Erzväter nachzuzeichnen. Die Funde im palästin. Raum stehen in keinem Vergleich zu den gewaltigen Bauten an Nil, Euphrat und Tigris. Auch hat sich »nirgends in Palästina ein so ausgedehntes originales Schrifttum gefunden wie die großen Papyri und Inschriften Ägyptens und die Tonarchive Mesopotamiens« (Herrmann, Geschichte, S. 48). Einzigartig für die Geschichte Israels und seine Vergangenheit vor dem Wüstenzug und der Eroberung Kanaans aber ist das Zeugnis des AT. »Daß dieses Zeugnis vorliegt, ist zunächst ein geschichtliches Faktum, das mit zur Geschichte Israel gehört; und es wäre unsachgemäß, von diesem wahrhaft singulären Faktum abzusehen« (Noth, Geschichte, S. 52). Das AT ist eine Sammlung von Dokumenten aus rund einem Jahrtausend, wobei den einzelnen Texten weit ältere Vorlagen zugrunde liegen. Ziel der Textzusammenstellung des AT war es jedoch nicht, eine lückenlose Geschichtsdarstellung zu überliefern, sondern die Texte des AT wollen die Taten Jahwes vergegenwärtigen. Sie sind ein Zeugnis dafür, daß der Gott Israels »sich zu allen Zeiten als der Lebendige, der Gegenwärtige und der allein Mächtige erwies« (Herrmann, Geschichte, S. 54). Dabei ist und bleibt das AT eine »Schatzkammer überlieferter geschichtlicher Nachrichten« (Noth, Geschichte, S. 52).

II. DAS LAND DER PATRIARCHEN UND SEINE BEWOHNER.

Das Land, in dem die Väter Abraham, Isaak und Jakob als Nomaden umherzogen, ist die sog. »syrisch-palästinische Landbrükke« (Herrmann, Geschichte, S. 66). Die Bibel nennt eine Anzahl von Ländern in der Distanz von über 5000 km in west-östl. Richtung: von Susa im heutigen Iran bis Tarsis in Spanien. Die Entfernung zwischen den Ländern in nord-südl. Richtung, vom Sudan (Kusch) im S. und dem im Jemen gelegenen Saba bis zum Ararat in Armenien, beträgt ca. 3000 km. Schon im Vergleich zu diesem Raum ist die syr.-palästin. Landbrücke ein winziges Land. Ein Blick auf die sog. Landseite der Erdhalbkugel aber zeigt die zentrale Lage der syr.-palästin. Landbrücke (vgl. OLB I, 183f). Dieses winzige Land ist der Treffpunkt dreier Kontinente: Europa, Afrika und Asien. Die syr.-palästin. Landbrücke ist nicht eine abgelegene Ecke der Welt, sondern das Zentrum zwischen den beiden Meeren und der Knotenpunkt großer Handelsrouten.

Die ersten Spuren der Besiedlung Palästinas reichen zurück bis in die älteste Steinzeit. Die geschichtlichen Verhältnisse im palästin. Raum werden aber erst im 3. Jt.v.Chr., also in der Frühen Bronzezeit, in Umrissen erkennbar. In dieser Epoche war Palästina aufgeteilt in kleine Stadtstaaten, wobei die Ortsnamen nur zum Teil semit. sind. In den folgenden Jahrtausenden der Geschichte wechselten

Die gesicherten Ortslagen aus den Patriarchengeschichten.

nicht nur die Grenzen, sondern auch die Namen des Landes. Bei den Namen für die syr.-palästin. Landbrücke sind drei Gruppen zu unterscheiden: Namen, die diesem Land vom Großreich der Ägypter gegeben wurden, der Name, der seinen Ursprung im mesopotam. Raum hatte, und die Namen, die in dem kleinen Land selbst entstanden sind.

1. Ägyptische Namen.

Für die Bewohner der syr.-palästin. Landbrücke finden sich in Ägypten folgende Bezeichnungen: »Asiaten«, »Wilde«, »Sandbewohner«, »Hirten« oder »Sandwanderer«. Das Land selbst heißt »Fremdland«, »dürstendes Land« oder »Land der Hurriter«.

2. Bezeichnung aus dem mesopotamischen Raum.

Im Gegensatz zu der Vielzahl der ägypt. Namen für die syr.-palästin. Landbrücke dominiert im mesopotam. Raum die Bezeichnung »Amurru«, das heißt Westland.

3. Die Selbstbezeichnung der Bewohner der syrisch-palästinischen Landbrücke.

Es sind die Namen »Kanaan«, »Land der Hebräer«, »Israel« und »Palästina« (vgl. Bräumer, Das erste Buch Mose, Bd. II, S. 25-32).

III. DIE ZEIT DER VÄTER.

Orientierungspunkte für die Datierung der Lebenszeit der Väter sind zwei große Wanderbewegungen: die protoaramäische (19./18. Jh.v.Chr.) und die aram. Wanderbewegung (14./13. Jh.v.Chr.). Die Entscheidung für eine der beiden Bewegungen, in die der Zug Abrahams von Haran in das Land Kanaan eingegliedert wird, führt einmal zu der sog. »Früh«-, zum andern zu der »Spätdatierung« der Lebenszeit der Väter. Die »Spätdatierung« geht davon aus, daß sich der Aufenthalt einiger israelit. Sippen in Ägypten nicht über 400 Jahre, sondern nur über etliche Jahrzehnte erstreckte. Die Einwanderung nach Kanaan wäre dann ein »weidewechselndes« Hin-und-Herziehen und fiele mit »der ersten Phase der Landnahme der israelitischen Stämme« (Kilian, S. 12) zusammen. Die »Frühdatierung«, die den Zug Abrahams von Haran nach Kanaan im Rahmen der protoaramäischen Wanderbewegung sieht, verlegt das Leben der Patriarchen in die Mittlere Bronzezeit (ca. 2000-1500 v.Chr.).

Für das Ansetzen der Väterzeit in die Mittlere Bronzezeit sprechen einmal die bibl. Zeitangaben, zum anderen ergibt sich eine schlüssige und harmonische Einordnung der Lebenszeit der Väter in die Geschichte der Großmächte im mesopotam. Raum und in Ägypten. In den bibl. Texten ist davon die Rede, daß die Israeliten 400 Jahre Fremde in Ägypten waren (1Mo 15,13), außerdem findet sich ein Hinweis, daß der Gesamtaufenthalt der Kinder Israel in Ägypten 430 Jahre betrug (2Mo 12,40). In beiden atl. Angaben handelt es sich um eine sich über Jahrhunderte erstreckende Periode. Es ist denkbar, daß die Dauer der Fremdlingschaft des Volkes Israel in Ägypten nach der babylon. Art berechnet wird. In Babylon heißt eine Zeiteinheit von 60 Jahren »sus«. Eine unendlich lange Zeit sind 6 x 60 = 360 Jahre. Wenn darüber hinaus eine noch längere Zeit angegeben werden sollte, geschah dies in der Regel durch eine mit 7 zusammengesetzte Zahl. 430 Jahre sind 360 + 70 Jahre. Damit ist gesagt: Die Zeit der Fron war eine sehr lange Zeit. Nach dem babylon. und altpalästin. Zahlen- und Zeitdenken dauerte die Fron runde vierhundert Jahre. Die Zeit, in der zuvor die Väter als Nomaden auf der syr.-palästin. Landbrücke umherzogen, beträgt ungefähr 200 Jahre. Die Väterzeit und die Zeit der Volkwerdung Israels in Ägypten umfaßt demnach sechshundert Jahre. Im Vergleich mit der Geschichte Alt-Mesopotamiens und Alt-Ägyptens ergeben sich folgende Zeitangaben:

2000 v.Chr.: Die Vorfahren Abrahams leben in Ur in Chaldäa. Die Ära der 3. Dynastie von Ur (2100-2000 v.Chr.) war ein straff regierter zentralistischer Staat. Der Herrscher Urnammu wurde durch seine Bautätigkeit bekannt. Er erbaute in Ur, Eridu und Uruk mehrstufige Tempeltürme, die sog. Zikkurrate. Nach dem Tode Urnammus zerfällt das Reich. Es beginnt eine Epoche der »Stadtstaatelei« (Schippmann, S. 16). Folgende Stadtstaaten versuchten abwechselnd, einen Führungsanspruch durchzusetzen: Isin, Larsa, Eschnunna, Assur, Mari und Babylon.

1859 v.Chr.: Terach zieht mit seiner Sippe von Ur nach Haran.

1800 v.Chr.: Abraham zieht mit Lot nach Kanaan. Bevor Hammurabi (1792-1750 v.Chr.) sein Reich aufrichtet, verläßt Abraham den mesopotam. Raum. Hammurabis Reich mit Sitz in Babylon reichte vom Persischen Golf bis zur syr. Wüste.

1800-1600 v.Chr.: Abraham, Isaak und Jakob leben als Nomaden bzw. Halbnomaden im syr.-palästin. Raum. Um 1800 v.Chr. zieht Abraham von Sichem über Bethel durch den Negeb bis nach Ägypten und wieder zurück bis Bethel. Hebron wird zur Heimat Abrahams.

1600 v.Chr.: Josef wird nach Ägypten verkauft und wird dort zum Großwesir eines Pharao. Josefs Aufstieg fällt in die Zeit der Hyksos (ca. 1750-1550 v.Chr.). Die Hyksos kamen aus dem N über die syr.-palästin. Landbrücke. Die Mehrzahl der auf den Hyksos-Skarabäen erwähnten Namen sind semit. Die semit. Verwandtschaft der Hyksos ermöglichte den Aufstieg Josefs. Josef siedelte die Sippen der zwölf Söhne Jakobs im Land Goschen an.

IV. DER GLAUBE DER ERZVÄTER.

Der eine Gott, der Gott des Himmels und der Erde, offenbarte sich Abraham. Er rief Abraham aus seiner heidnischen Umwelt heraus (*Ruf/Berufung; *Erwählung). Abraham folgte dem Ruf Gottes und betete ihn an. Der Gott, der sich Abraham offenbarte, bekommt im späteren Volk Israel den Namen »Gott Abrahams« (vgl. Metzger, S. 24). Nach der Berufung Abrahams findet sich im Glauben und Gottesdienst Abrahams »keine Spur eines polytheistischen Einflusses aus der Umwelt« (Westermann, Genesis I/2, S. 700). In der gesamten Vätergeschichte ist das Gebet ein fester und selbstverständlicher Bestandteil des Gottesverhältnisses. Die Anrufung Gottes in Lob, Klage oder Flehen wächst aus bestimmten Situationen des Lebens heraus. Abraham und Rebekka klagen (1Mo 15, 2.3; 25,22); Jakob fleht um Rettung (1Mo 32,12). Die Werbung um Rebekka ist ganz vom Gebet durchzogen (1Mo 24), und das Gotteslob wird u.a.

Die Patriarchen sorgten dafür, daß Männer ohne männliche Erben einen Sklaven adoptieren und zum Erben einsetzen konnten (1Mo 15,2f). Eine entsprechende Regelung enthält diese altbabylonische Urkunde aus Larsa. 55 mm breit, ca. 1800 v.Chr. (MC)

durch Namengebung bewahrt, z.B. »Gott hört« (1Mo 16,15) oder »Gott ersieht« (1Mo 22,14). Das Gottesverhältnis, dessen sich das spätere Israel rühmt, ist der *Bund, den Gott mit den Vätern Abraham, Isaak und Jakob geschlossen hat.

V. DAS PATRIARCHENZEITALTER IM ZEUGNIS DES NEUEN TESTAMENTS.

Die Evangelien knüpfen an die heilsgeschichtliche Bedeutung Abrahams an (Mt 8,11; Mk 12,26; Lk 16,22; 19,9). Im NT steht Jesus über Abraham (Joh 8,52-59). Petrus tritt als Offenbarungsträger an Abrahams Stelle als der ntl. Fels (Jes 51,1.2; Mt 16,18). Die Erben der Abrahamverheißung sind die Christen jüd. wie heidnischer Abstammung (Röm 4,1. 12; 9,7f; Gal 3,7.9.29; 4,22ff; Hebr 2,16; 6,13ff; Jak 2,21). Aus dem Alten Bund ist ein neuer, genauer gesagt: ein erweiterter Bund geworden. Typisch für den Alten Bund ist die Zusammenstellung »Abraham, Isaak und Jakob« (2Mo 2,24; 3,6; 6,8; 5Mo 1,8; 6,10; 9,27; Jer 33,26). Für die Pharisäer ist die Formel Abraham, Isaak und Jakob »ein Symbol der bundestreuen Judenschaft, des rechten Israels« (Odeberg, Jakob, S. 191). Z.Zt. des NT berufen sich die Juden, wenn es um ihren Glauben geht, auf die drei Väter: Abraham, Isaak und Jakob. Das Spätjudentum nennt diese drei Erzväter die »treuen Knechte« Gottes (2Makk 1,2). Die Glaubenden sehen ihr Leben vorabgeschattet im Leben der drei Väter. »Laßt uns dem Herrn, unserm Gott, Dank sagen, der uns jetzt versucht, wie er es auch bei unsern Vätern getan hat. Denkt an alles, was er mit Abraham gemacht und wie er Isaak versucht hat und was alles dem Jakob im syrischen Mesopotamien widerfahren ist« (Jdt 8,25.26). Bis z.Zt. des NT konnten alle Stammväter Israels Erzväter oder Patriarchen genannt werden. Im Buch der Chronik werden in der griech. Übersetzung des AT (LXX) ganz allg. noch die Familienoberhäupter »Erzväter«, »Patriarchen« genannt (1Chr 24,31; 2Chr 19,8; 26,12). Die »Erzväter« sind »die obersten der Väter« oder »die höchsten der Väter« (hebr. *rosch aboth*). Im NT wird der Begriff »Väter« oder »Patriarchen« auf einzelne herausragende Persönlichkeiten des AT eingegrenzt. Stephanus nennt die Söhne Jakobs »die zwölf Erzväter« (Apg 7,8f), und Petrus spricht in seiner Pfingstpredigt von dem »Patriarchen David« (Apg 2,29). Paulus nennt die Stammväter Israels einfach »die Väter« (Röm 9,5; 11,28). Im Hebräerbrief heißt dann Abraham »der Erzvater« (Hebr 7,4). Im Lauf der Geschichte wird der Titel »Erzvater« nur noch Abraham, Isaak und Jakob (nicht mehr Josef) zuerkannt. Der Grund dafür ist das im NT bereits übliche gemeinsame Nennen von Abraham, Isaak und Jakob (Mt 22,32; Mk 12,26; Lk 20,37; Apg 3,13).

Alle Patriarchen des AT, Abraham und Isaak, Jakob und Esau sowie die zwölf Söhne Jakobs sind »wirkliche Individualpersonen« (Auerbach, S. 60). Die Erzväter lebten im 2. Jt.v.Chr. auf der syr.-palästin. Landbrücke.

Literatur: A. Alt: RGG³, III, 1109-1111; E. Auerbach: Wüste und Gelobtes Land, Bd. II. Geschichte Israels. Von den Anfängen bis zum Tode Salomos, 1938; H. Bardtke: Bibel, Spaten und Geschichte, 1969; H. Bräumer: Das erste Buch Mose, 2. Teil, Kapitel 12-36, WStb,1987; U. Cassuto: A Commentary on the Book of Exodus, ²1974; F. Delitzsch: Genesis, 1887; A. Dillmann: Die Genesis, ⁶1892; H. Fuchs: JL II, 499-501; S. Herrmann: Geschichte Israels in alttestamentlicher Zeit, 1981; J.H. Hertz (Hrsg.): The Pentateuch and Haftorahs, ²1961; S.R. Hirsch: Der Pentateuch, 1. Teil, Die Genesis, 1867; B. Jacob: Das erste Buch der Tora, 1934; B.S. Jacobsen: Bina Bamikra,

»Asiatische« Soldaten der »Patriarchenzeit« auf einem ägyptischen Grabgemälde aus Beni Hasan. Sesostris I., ca. 1950 v.Chr.

Gedanken zur Tora, 1987; J. Jeremias: ThWNT I, 1933, 7-9; K. Kenyon: Archäologie im Heiligen Land, 1967; R. Kilian: Isaaks Opferung, Zur Überlieferungsgeschichte von Genesis 22, 1982; R. Kittel: Die alttestamentliche Wissenschaft in ihren wichtigsten Ergebnissen, [4]1921; ders.: Geschichte des Volkes Israel, 2 Bde, [6]1923; L. Köhler, W. Baumgartner: Lexicon in veteris testemanti libros, 1958; M. Metzger: Grundriß der Geschichte Israels, 1963; M. Noth: Hat die Bibel doch recht? in: Aufsätze zur biblischen Landes- und Altertumskunde, Bd I, 1971, S. 17-33; ders.: Mari und Israel, Eine Personennamenstudie, in: Aufsätze zur biblischen Landes- und Altertumskunde, Bd II, 1971, S. 213-233; ders.: Geschichte Israels, [4]1959; H. Odeberg: ThWNT III, 1938, 191f; O. Odelain, R. Séguineau: Lexikon der Biblischen Eigennamen, übersetzt und für die Einheitsübersetzung bearbeitet von F.J. Schierse, 1981; OLB I; II; G.von Rad: Das erste Buch Mose, ATD Bd 2-4, [6]1961; F. Rosenzweig: Die Schrift, Aufsätze, Übertragungen und Briefe, 1984; K. Schippmann: Geschichte Alt-Mesopotamiens, in: Sumer, Assur, Babylon, hrsg. von A. Eggebrecht, 1978, S. 8-33; R. de Vaux: Die Patriarchenerzählungen in der Geschichte, [2]1968; C. Westermann: Genesis, BKAT, I/2; I/3, 1981. H.Br.

PATRISTISCHE SCHRIFTEN
s. Apostolische Väter

PATROS, PATROSITER. P. wird im AT Mizrajim, d.h. Ägypten, zugeordnet (1Mo 10,14; 1Chr 1,12), der Name lautete *p't'-rs(y)*, »das Südland«, d.h. Oberägypten, das Niltal, das sich in N-S-Richtung zwischen Kairo und Assuan erstreckt. Der Name ist in assyr. Inschriften als *Paturisi* belegt. Die Begriffe Mizrajim für Ägypten, speziell Unterägypten, P. für Oberägypten und Kusch für »Äthiopien« (N-Sudan) erscheinen in dieser geographischen Ordnung sowohl in einer Prophezeiung Jesajas (11,11) als auch in einer späteren Inschrift des Königs *Asarhaddon von Assyrien, der sich als »König von Musur, Paturisi und Kusch« bezeichnet. In ähnlicher Weise setzt der Prophet Jeremia P. mit Ägypten gleich (Jer 44,15), bes. mit Oberägypten im Unterschied zu den Städten (und dem Land) von Unterägypten (Jer 44,1). P. erscheint auch als Oberägypten und als Ursprungsland des ägypt. Volkes in Hes 29,14; 30,14. K.A.K.

PAUKE s. Musik

PAULUS.

A. Quellen

Als Quellen für eine Darstellung des Lebens und der Theologie des P. stehen in erster Linie seine Briefe zur Verfügung (*Römerbrief, *Korintherbriefe, *Galaterbrief, *Epheserbrief, *Philipperbrief, *Kolosserbrief, *Thessalonicherbriefe, *Timotheusbriefe/Titusbrief, *Philemonbrief), die während eines bestimmten Abschnitts seines Lebens abgefaßt wurden, als erster wohl 1Thess, als letzter wohl Röm, wobei die Korrespondenz mit der Gemeinde in Korinth umfangreicher gewesen sein dürfte als die beiden im ntl. Kanon vorliegenden Briefe. Die Briefe bieten zwar nur wenig biographische Anhaltspunkte, um so mehr aber Einblick in das Wirken und Kämpfen, den Auftrag und die Theologie des P.

Zu P.' äußerem Lebensweg liefert die *Apostelgeschichte des Lukas Material, das anhand der Informationen aus den Briefen geprüft und ergänzt werden kann.

Sekundären Überlieferungen wie z.B. den apokryphen Paulusakten ist, was ihren Wert als Quellen betrifft, mit Vorsicht zu begegnen, ebenso judenchristl. Nachrichten wie den Pseudo-Clementinen. Heidnische Literatur erwähnt P. nicht; in rabbin. Äußerungen finden sich vereinzelt Anspielungen - im feindlichen Sinn – auf P.

B. Sein Leben.

I. HERKUNFT.

Wir besitzen nur wenige Nachrichten darüber, wie das Leben des P. bis zu seinem Auftreten als Verfolger der Christen in Jerusalem (Apg 8,1-3) verlief. Obwohl er Benjaminit war und als eifriges Mitglied der Partei der *Pharisäer angehört hatte (Röm 11,1; Phil 3,5; Apg 23,6), war er doch als röm. Bürger in *Tarsus (kleinasiat. Südküste) geboren (Apg 16,37; 21,39; 22,25ff). Seine Eltern waren traditionsbewußte, die hebr. Sprache pflegende Juden (Phil 3,5). Hieronymus erwähnt eine Tradition, nach der die Vorfahren des P. aus dem galiläischen Städtchen Gischala kamen. Wir wissen nicht, ob sie aus wirtschaftlichen Gründen nach Tarsus gezogen sind oder ob ein seleukidischer Herrscher sie dort als Kolonisten angesiedelt hat. Die Tatsache, daß die Eltern das Bürgerrecht besaßen, läßt vermuten, daß sie schon längere Zeit in Tarsus gelebt haben.

W. Ramsay und andere haben nachgewiesen, daß Tarsus in der Tat »keine unbedeutende Stadt« war, sondern ein Zentrum griech. Bildung gewesen sein muß. Vielfach wird angenommen, P. habe dort in seiner Jugend verschiedene griech. Philosophien und rel. Kulte kennengelernt. W. van Unnik hat dies jedoch bezweifelt und behauptet, daß nach den wichtigen Aussagen von Apg 22,3; 26,4f P. schon im Kindesalter in Jerusalem gewesen sein muß; Apg 22,3 sei so zu gliedern: (1) geboren in Tarsus; (2) auf den Knien der Mutter aufgezogen (*anatethrammenos*) in »dieser Stadt« (Jerusalem!); (3) zu Füßen des Rabbi Gamaliel des Älteren erzogen. Als »junger Mann« (Apg 7,58; Gal 1,13f; 1Kor 15,9) erhielt P. offiziell die Vollmacht, die Verfolgung der Christen in die Hand zu nehmen und als Mitglied einer Synagoge oder eines Gerichtskollegiums seine Stimme gegen sie abzugeben (Apg 26,10). In Anbetracht der Erziehung und der hohen Stellung des jungen P. dürfen wir annehmen, daß seine Familie recht begütert und von großem gesellschaftlichem Ansehen gewesen sein muß; der freie Zugang seines Neffen zu den Behörden Jerusalems bestätigt diesen Eindruck (Apg 23,16-22).

Die äußere Erscheinung des P. kann nach dem Zeugnis des Apostels nicht besonders eindrucksvoll gewesen sein (1Kor 2,3f; 2Kor 10,10). Ein lebendigeres Bild – A. Deißmann und W. Ramsay neigen dazu, es für glaubwürdig zu halten – erscheint in den apokryphen Acta Pauli et Theclae (vermutlich ca. 185-195 n.Chr. von einem kleinasiat. Presbyter verfaßt): »Und er sah Paulus kommen, einen Mann von kleiner Statur, auf dem Kopf dünn behaart, mit gebogenen Beinen, von guter körperlicher Konstitution, mit zusammengewachsenen Augenbrauen und etwas gebogener Nase, voller Charme; denn manchmal erschien er wie ein Mensch, und manchmal hatte er das Gesicht eines Engels.«

II. BEKEHRUNG UND FRÜHES WIRKEN ALS APOSTEL.

Obwohl 2Kor 5,16 nicht als Begründung für die These herangezogen werden kann, daß P. den irdischen Jesus nicht gekannt hat (so R. Bultmann, Glauben und Verstehen, Bd. 1, 93-101.189.208.251.259; vgl. aber ders., Theologie des Neuen Testaments, [9]1984, 239; so auch G. Bornkamm, RGG[3], 168; vgl. ders., Paulus, 176), da sich *kata sarka* (»nach dem Fleisch«) auf *egnōkamen* (»gekannt haben«) und nicht auf *Christon* bezieht (O. Betz, Fleischliche und »geistliche« Christuserkenntnis nach 2. Korinther 5,16, ThBeitr 14/1983, 167-179), gibt es dennoch keinen Hinweis darauf, daß P. mit Jesus während dessen irdischer Wirksamkeit zusammengetroffen wäre und ihn von daher gekannt hätte. Die Aussage von 2Kor 5,16 meint lediglich: Chri-

Die erste Missionsreise des Paulus.

stus »nach menschlicher Weise kennen und beurteilen«. Aber die christl. Verwandten des P. (vgl. Röm 16,7), dazu das Miterleben des Martyriums des *Stephanus (Apg 8,1), müssen ihn stark beeindruckt haben. Die Frage des erhöhten Christus in Apg 26,14 schließt freilich eine derartige Begegnung mit ein. Die Konsequenzen, die sich für P. aus der Begegnung mit dem auferstandenen Christus ergaben, beweisen hinreichend, daß dieses Ereignis mit wachem Bewußtsein erlebt worden ist. Es kann nur so verstanden werden, wie Lukas es in der Tat auch interpretiert, nämlich als wunderbares Geschehen, das den Gegner Christi in dessen Apostel verwandelte. Die drei Berichte der Apg (Kap. 9; 22; 26) zeigen nicht nur, wie bedeutsam die Bekehrung des P. für die Darstellungsabsicht des Lukas war (vgl. CBQ 15, 1953, S. 315-338), sondern auch – darauf haben J. Dupont und M.E. Thrall in der Festschrift für F.F. Bruce hingewiesen –, wie ungemein wichtig sie für die Christologie des P. und für dessen Verständnis von seiner Missionsarbeit unter den Heiden war (vgl. S. Kim, S. 135-138. 170ff. 338).

Von einem Aufenthalt in der Steppe Transjordaniens abgesehen, verbrachte P. die drei Jahre nach seiner Taufe als Verkündiger in *Damaskus (Gal 1,17; Apg 9,19ff). Der Druck der dortigen Juden zwang ihn, nach Jerusalem zu fliehen, wo *Barnabas es wagte, ihn den Ältesten der verständlicherweise mißtrauischen Christen vorzustellen (Apg 9,23-27). Der Dienst des P. in Jerusalem dauerte kaum länger als zwei Wochen, denn auch dort versuchten hellen. Juden, ihn zu beseitigen. Um diesen zu entgehen, kehrte P. zu seinem Geburtsort Tarsus zurück und verbrachte dort eine »Ruhepause« von etwa zehn Jahren; als »ruhig« erscheint diese Zeit uns lediglich deshalb, weil wir über seine Tätigkeit während dieser Jahre nicht informiert sind. Als Barnabas von der Arbeit des P. hörte und sich seiner ersten Begegnung mit ihm erinnerte, bat er ihn, nach *Antiochia zu kommen und bei der dort stark wachsenden Heidenmission mitzuhelfen (Gal 1,17ff; Apg 9,26ff; 11,20ff). Die Gemeinde in Antiochia, wo die Jünger Jesu zum erstenmal »Christen« genannt wurden (Apg 11,26), hatte schon früh mit einer eigenen Missionsarbeit begonnen. Nach einem Jahr des sichtbar gesegneten Wirkens wurden P. und Barnabas nach Judäa gesandt, um den dort von Hungersnot geplagten Christen zu helfen (»Hungersnot-Reise«).

III. DIE MISSION IN GALATIEN – DAS JERUSALEMER KONZIL – DIE MISSION IN GRIECHENLAND.

Nach ihrer Rückkehr von Jerusalem (ca. 46 n.Chr.) traten P. und Barnabas, von der antiochenischen Gemeinde beauftragt, ihre erste Missionsreise an. Sie fuhren mit einem Schiff zur Insel *Zypern und von dort nach »Südgalatien« (Apg 13-14). Die dabei befolgte Strategie, die für die ganze Missionsarbeit des P. kennzeichnend wurde, bestand darin, zuerst in der Synagoge zu predigen. Einige Juden und heidnische »Gottesfürchtige« nahmen die Botschaft an und bildeten dann den Kern einer Ortsgemeinde. Als aber die große Mehrheit der Juden das Evangelium abwies - manchmal sogar mit Gewalt –, verlagerte sich der Schwerpunkt der missionarischen Verkündigung hin zu den Heiden (vgl. Apg 13,46). Trotz der von den Juden ausgehenden Gefahr und der Tatsache, daß ihr Gehilfe Johannes *Markus die Apostel in *Perge im Stich ließ (Apg 13,13), gelang es diesen, Stätten christl. Zeugnisses im pisidischen Antiochia, in *Ikonion, *Lystra, *Derbe und möglicherweise auch in *Perge aufzubauen.

Inzwischen hatte die Aufnahme von Heiden in die Kirche zu Auseinandersetzungen darüber geführt, wie sich diese zum Gesetz und zu jüd. Sitten und Bräuchen verhalten sollten. Einige *Judenchristen bestanden darauf, daß die gläubig gewordenen Heiden sich beschneiden lassen und die mosaischen Gesetze halten müßten, wenn sie als gleichberechtigte Glieder der christl. Gemeinde anerkannt werden wollten. Nach seiner Rückkehr nach Antiochia (etwa 49 n.Chr.) erkannte P. in dieser judaisierenden Bewegung eine ernsthafte Gefahr für die Grundwahrheit und Substanz des Evangeliums und gab seinem Widerspruch auf unmißverständliche Weise Ausdruck. Zunächst rügte er *Petrus öffentlich (Gal 2,14), nachdem sich dieser von den Heidenchristen Antiochias abgesondert hatte, um einen Bruch mit einer judaistischen Delegation zu vermeiden. Als dann P. erfuhr, daß die judaistische Häresie in seine erst vor kurzem gegründeten Gemeinden in Galatien einzudringen begann, richtete er ein scharfes Mahnschreiben an sie (»Brief an die Galater«), in dem er sein Bekenntnis: »Heil allein durch Gottes Gnade aufgrund des Glaubens« (das paulin. Credo) kraftvoll entfaltet.

Diese Ereignisse in Antiochia verursachten die erste große theologische Krise in der Kirche. Um die durch sie entstandenen Probleme zu lösen, sandte die antiochenische Kirche P. und Barnabas nach Jerusalem, um mit den »Aposteln und Ältesten« zu verhandeln (etwa 50 n.Chr.; Apg 15). Das daraufhin einberufene Konzil (*Apostelkonzil) beschloß, den Heiden sei keine weitere Last aufzuerlegen als die, sich von *Götzenopferfleisch, dem Fleisch nicht geschächteter Tiere (Blutgenuß) sowie erstickter Tiere und von Unzucht (oder verbotenen Ehen) zu enthalten (Apg 15,20.29).

Die zweite Missionsreise des Paulus.

Praktisch bestätigte diese Entscheidung die Überzeugung des P., die Heiden seien nicht dazu verpflichtet, das mosaische Gesetz zu halten. Die hier erwähnten Einschränkungen (das sog. »Aposteldekret«) hatten wohl hauptsächlich lokale Geltung (vgl. 1Kor 8) und sollten die jüd.-heidnischen Beziehungen erleichtern.

Wegen seiner Differenzen mit Barnabas, die vor allem die Person des Johannes Markus betrafen (Apg 15, 37-39), wählte P. für seine zweite Missionsreise (Apg 15,40-18,22) *Silas als neuen Begleiter. Von Antiochia reisten sie auf dem Landweg zu den Gemeinden in »Südgalatien« und nahmen in Lystra auch den jungen *Timotheus als Mitarbeiter in ihre Gruppe auf (Apg 16,1). Da der Heilige Geist es ihnen verwehrte, das Evangelium in den W Kleinasiens zu bringen, reisten sie in nördl. Richtung, und zwar durch »Nordgalatien«, wo wohl einige Leute sich bekehrt haben (vgl. Apg 16,6; 18,23). In *Troas sah P. in einer Vision einen »Mann aus Mazedonien«, der ihn bat, herüberzukommen und zu helfen (Apg 16,9). So begann die Ausbreitung des Evangeliums in Griechenland. In *Mazedonien wurden Missionsstationen in *Philippi, *Thessalonich und Beröa gegründet, in Achaja (Südgriechenland) wurden *Athen und *Korinth besucht (Apg 17 und 18). In Korinth blieb P. fast zwei Jahre lang und gründete dort eine Gemeinde, die für ihn in der Zukunft zu einer Quelle sowohl der Freude als auch der Sorge werden sollte. Durch seine Mitarbeiter – in Troas war *Lukas, der Arzt, zur Gruppe des P. gestoßen – und durch Korrespondenz (die *Thessalonicherbriefe) blieb P. auch in Verbindung mit den von Schwierigkeiten bedrängten jungen Gemeinden in Mazedonien. Dann richtete der Heilige Geist das Augenmerk des P. auf die vorher verwehrte (Apg 16,6) Provinz Asien. P. brach von Korinth auf und besuchte kurz die Handelsmetropole Kleinasiens: *Ephesus. Dort ließ er seine korinthischen Mitarbeiter *Aquila und Priszilla als Vorposten zurück. Mit einer schnellen Rückreise über Jerusalem nach Antiochia beendete Paulus diese »Zweite Missionsreise« und bereitete sich nach einem letzten Aufenthalt in Antiochia darauf vor, das Zentrum seiner Missionstätigkeit in den W, nach Ephesus, zu verlegen.

IV. DIE MISSION IM ÄGÄISCHEN RAUM.

Die Wirksamkeit im ägäischen Raum (etwa 53-58 n.Chr.; Apg 18, 23-20,38) war in vieler Hinsicht der wichtigste Abschnitt im Leben des P. Die röm. Provinz Asia, die später für die Kirche so große Bedeutung erlangte, konnte damals missioniert werden; ferner wurden die christl. Außenposten in Griechenland abgesichert. In diesen Jahren schrieb P. die *Korintherbriefe, den *Römerbrief und vielleicht einen oder mehrere der Gefangenschaftsbriefe (Eph, Phil, Kol, Phlm); nach dem Willen Gottes sollten diese Briefe für alle nachfolgenden Generationen zu einer heiligen und maßgeblichen Schrift werden. Für den Apostel brachten diese Jahre Triumphe und Niederlagen, Freude und Enttäuschung, fruchtbare Verkündigung und bedrohliche Irrlehren, aktives Handeln und erzwungene Ruhe im Gefängnis, die Gelegenheit zur theologischen Besinnung gab. Der erhöhte Christus benutzte diese Ereignisse, um P. nach seinem Bild zu gestalten und durch ihn sein Wort an die Kirche zu richten.

Von Antiochia reiste P. auf dem Landweg durch das ihm bekannte galatische Gebiet nach Ephesus. Dort traf er »Jünger«, darunter *Apollos, die *Johannes den Täufer und vermutlich auch den irdischen Jesus gekannt hatten (Apg 18,24ff). Aus diesem Fundament wuchs die Kirche, und Gott vollbrachte durch sie so außerordentliche Wunder, daß einige jüd. Exorzisten – freilich ohne Erfolg – versuchten, den Namen des »Jesus, den Paulus predigt« für eigene Wundertaten zu benutzen. Widerstand gegen Paulus erhob sich bald aus den Reihen der Artemis-Verehrer (Artemis bzw. Diana war die Schutzgöttin von Ephesus). Demetrius, einem wohlhabenden Hersteller von Götzenbildern, gelang es (sicherlich nicht primär aus Gründen der Religiosität), das Volk zu einem Aufruhr anzustacheln. Von Ephesus aus hat P. mit Sicherheit mehrere kurze Reisen unternommen; nach etwa dreijährigem Aufenthalt benutzte er die Gelegenheit, die Gemeinden im ägäischen Raum ein letztes Mal zu besuchen. Über Troas kam er nach Mazedonien, wo er den 2. Korintherbrief schrieb, und reiste nach einiger Zeit südwärts nach Korinth. Dort verbrachte er den Winter und schrieb seinen Brief »An die Römer«, ehe er über Mazedonien, Troas und die etwa 50 km südl. von Ephesus gelegene Hafenstadt *Milet die Rückreise antrat. Nach einem rührenden Abschied in Milet segelte P. – »durch den Geist gebunden« – unter drohend aufziehenden Wolken nach Jerusalem, wo ihm mit Sicherheit die Verhaftung bevorstand. Doch schreckte ihn dies nicht ab, denn die Provinz Asia war mit dem Evangelium erreicht worden und mit *Rom stand ihm sein nächstes Ziel schon vor Augen.

V. DIE GEFANGENSCHAFT IN CÄSAREA UND ROM; PAULUS' TOD.

P. ging in Cäsarea an Land und kam zum Pfingstfest mit einer Kollekte für die Armen

Die dritte Missionsreise des Paulus.

Paulus' Reise nach Rom.

in Jerusalem an (Apg 21,15ff; vgl. 1Kor 16,3ff; 2Kor 9; Röm 15,25ff). Obwohl er sorgfältig die Tempel-Bestimmungen beachtete, bezichtigten ihn jüd. Pilger aus Ephesus, die sich an den »Heidenapostel« erinnerten, der Tempelschändung und sorgten für Unruhe in der Menge. P. wurde verhaftet, durfte aber zum Volk und später auch vor dem *Sanhedrin sprechen (Apg 21,17ff; 22). Um einen Akt der Lynchjustiz zu verhindern, wurde P. nach Cäsarea (Maritima) überstellt, wo ihn der röm. Statthalter *Felix zwei Jahr lang gefangenhielt (etwa 58-60 n.Chr., Apg 23-26). Schließlich bekundete *Festus, der Nachfolger des Felix, dem P. seine Absicht, ihn an ein jüd. Gericht auszuliefern. Da P. das Ergebnis einer solchen »Gerichtsverhandlung« im voraus zu kennen meinte, berief er sich als röm. Bürger auf den Kaiser (*Berufung an den Kaiser). Nach einem ergreifenden Verhör vor dem Statthalter und dessen Gästen, König Agrippa und Berenike, wurde P. unter Bewachung nach Rom übersandt. So erfüllte der auferstandene Christus auf Wegen, die so nicht vorherzusehen waren, den Traum des Apostels und sein an ihn gerichtetes Wort: »Du mußt auch in Rom Zeugnis ablegen!« (Apg 23,11). P. erlebte eine stürmische Seereise und verbrachte nach einem Schiffbruch den Winter auf einer Insel (*Malta; etwa 61 n.Chr.). Er erreichte Rom im Frühling und stand während der zwei folgenden Jahre unter Hausarrest; dabei »lehrte er von dem Herrn Jesus Christus mit allem Freimut ungehindert« (Apg 28,31). Damit endet die Apostelgeschichte; die letzte Lebenszeit des P. muß aus anderen Quellen stückweise zusammengesetzt werden. (Einen Überblick über die apostol. Zeit und die Stellung des P. in ihr gibt F.F. Bruce, Zeitgeschichte des Neuen Testaments, 1986, II. Teil, S. 35-47.66-172). Wahrscheinlich wurde P. 63 n.Chr. freigelassen und besuchte Spanien und den Raum der Ägäis vor seiner Wiederverhaftung und seinem Tod unter *Nero (etwa 67 n.Chr.). 1Clem (5,5-7; um 95 n.Chr.?), der Kanon Muratori (um 170 n.Chr.) und die apokryphen Acta Petri (Vercelli) (1,3; ca. 200 n.Chr.) bezeugen eine Reise nach Spanien, und die Pastoralbriefe scheinen eine Wirksamkeit des P. im O vorauszusetzen, die zeitlich nach den Berichten der Apg lag. Bis zum Ende hat P. den guten Kampf gekämpft; er hat den Lauf vollendet und die Treue gehalten; die Krone der Gerechtigkeit lag für ihn bereit (vgl. 2Tim 4,7f).

C. Chronologie

I. ALLGEMEINE REKONSTRUKTION.

Die Apostelgeschichte, ergänzt durch Angaben aus den Briefen sowie aus jüd. und säkularen Quellen, dient nach wie vor den meisten Forschern als chronologisches Gerüst. Ihre grundlegende Übereinstimmung mit dem Ablauf der Missionstätigkeit des Apostels, wie sie sich (z.T.) aus seinen Briefen erheben läßt, ist offensichtlich (vgl. T.H. Campbell, JBL 74/155, S. 80-87). Dennoch räumt man zunehmend ein, daß ihre Berichterstattung lükkenhaft ist und in den von ihr behandelten Zeitabschnitten skizzenhaft und chronologisch unvollständig bleibt. Man neigt immer mehr dazu, den chronologischen Rahmen durch andere Angaben oder Rekonstruktionsversuche aufzufüllen (z.B. eine Gefangenschaft des P. in Ephesus anzunehmen). Gesicherte Daten, die sich aus Ereignissen der profanen Geschichte gewinnen lassen, sind nicht zahlreich. Das sicherste Datum ist das Prokonsulat des Gallio (vgl. Apg 18,12), das auf 51/52 n.Chr. (A. Deißmann) oder auf 52/53 (F. Jackson und K. Lake; vgl. K. Haacker, BZ 16/1972, S. 252-255) festgesetzt werden kann. Wenn Gallio sein Amt erst kurz vor dem in Apg 18,12 erzählten Vorfall angetreten hatte (A. Deißmann), so läßt sich der Aufenthalt des P. in Korinth zwischen Ende 50 und Herbst 52 n.Chr. datieren. Dies stimmt mit der »eben erst« erfolgten Ausweisung Priszillas und Aquilas aus Rom überein (Apg 18,2), die auf etwa 50 n.Chr. datiert werden kann (W. Ramsay, SPTR, S. 254). Der Amtsantritt des Festus (Apg 24,27) wird oft auf das Jahr 59 oder 60 n.Chr. festgesetzt. Aber das Fehlen eines Belegs dafür macht eine eindeutige Bestimmung unmöglich (vgl. C.E.B. Cranfield, Romans, ICC, 1975, S. 14f; J. A.T. Robinson, S. 43-46). Neben diesen drei Daten bieten die Erwähnung des Königs Aretas in 2Kor 11,32, dann die Hungersnot in Judäa (Apg 11,28), schließlich die Spanienreise des P. und sein Martyrium in Rom unter Nero (Röm 15,28; 1Clem 5; Eus.h.e. 2,25-3,1) chronologische Anhaltspunkte. Denn erstens zeigen Münzfunde aus Damaskus, daß die Stadt bis 33 n.Chr. von den Römern besetzt war; solche auf die Römer weisenden Münzen fehlen aber für die Zeit von 34 bis 62 n.Chr. Das ergibt einen Terminus a quo für die Bekehrung des P., nämlich das Jahr 31 n.Chr. (34 n.Chr. minus drei Jahre, vgl. Gal 1,18; ICC zu 2Kor 11,32). Die Nabatäer gewannen offensichtlich erst mit dem Regierungsantritt *Caligulas (37 n.Chr.) die Kontrolle über die Stadt (vgl. A.H.M. Jones, The Cities of the Eastern Roman Provinces, ²1971). Zweitens erwähnt Josephus (ant.Jud. 20,101) eine schwere Hungersnot, die Palästina zwischen 44 und 48 n.Chr. (vermutlich im Jahr 46) heimgesucht hat. Drittens kann der Tod des P. aufgrund der Überlieferung mit einiger Wahrscheinlichkeit in die späteren Jahre Neros datiert werden (etwa 67 n.Chr.).

II. DIE BEZIEHUNG ZWISCHEN APOSTELGESCHICHTE UND GALATERBRIEF.

Eine zufriedenstellende Chronologie müßte auf einer Übereinstimmung zwischen Apg, Briefen und außerbibl. Quellen beruhen. Das Hauptproblem für eine solche Synthese ist die Beziehung zwischen Apg und Gal. Daß der in Gal 1,18 erwähnte Besuch des P. in Jerusalem mit dem in Apg 9,26ff berichteten gleichzusetzen ist, wird selten in Frage gestellt; der zweite Besuch, von dem in Gal 2,1ff die Rede ist, stellt das eigentliche Problem dar. Drei Deutungen werden hierfür angeboten: Gal 2 entspricht entweder Apg 15 oder Apg 11,27-30 oder aber Apg 11 *und* 15. Zunächst fand die erste Möglichkeit den größten Anklang (vgl. E. de W. Burton, The Epistle to the Galatians, 1921, S. 115ff); sie ist auch weiterhin für einige Kommentatoren die attraktivste (vgl. H. Schlier, An die Galater, 1951, S. 66ff; H. Ridderbos, Galatians, 1953, S. 34ff). U.a. wird dagegen eingewendet: Gal 2 beschreibt einen zweiten Besuch und ein privates Treffen ohne jede Erwähnung eines Dekrets; Apg 15 meint einen dritten Besuch zum Zweck eines öffentlichen Konzils, das mit einer offiziellen Verfügung abschloß. Viele Forscher halten es für unvorstellbar, daß der Galaterbrief in einem so bedeutsamen Zusammenhang das apostolische Konzil und dessen Dekret unerwähnt ließe. Die zweite Lösung, die oft mit der südgalatischen Hypothese verbunden wird, stützt sich auf eine Auslegung Calvins und räumt einige der genannten Einwände aus. Sie besagt: Apg 11 meint einen zweiten Besuch, der durch eine Offenbarung veranlaßt und von der Sorge um die Armen diktiert war (vgl. Gal 2,1-2,10); das Apostelkonzil von Apg 15 fand nach der Abfassung des Galaterbriefs statt und ist deshalb für das Problem gar nicht relevant. Diese Deutung wird von W. Ramsay gestützt (SPTR, S. 54ff) und auch von F.F. Bruce vertreten (BJRL 51/1968-9, S. 305ff; 54/1971-2, S. 266f); sie dürfte die vorherrschende Meinung unter den britischen Forschern darstellen (vgl. C.S.C. Williams, The Acts of the Apostles, 1957, S. 22ff).

Von beiden Alternativen nicht befriedigt, betrachten die meisten kontinentalen Exegeten (z.B. M. Goguel, J. Jeremias) Apg 11 und 15 als eine doppelte Wiedergabe von Gal 2; Lukas, der beide Quellen benutzte, habe es versäumt, sie miteinander zu verschmelzen; dieser Meinung schließen sich auch einige britische und amerikanische Forscher wie K. Lake und A.D. Nock an (vgl. E. Haenchen, S. 64f; 377). Gegen W. Ramsay wendet K. Lake ein: Wäre das Problem der drohenden Judaisierung in Apg 11 = Gal 2 wirklich gelöst worden, so wäre Apg 15 überflüssig gewesen. Aber Gal 2,9 beschreibt kein Abkommen, sondern lediglich eine private, stillschweigende Anerkennung des von P. verkündigten Evangeliums; diese ist ein Nebenergebnis des Besuchs, dessen eigentlicher Zweck, wie Lukas zugibt, die »Fürsorge für die Armen« war (BC 5, S. 201ff). E. Haenchen (S. 328) weist W. Ramsays »entscheidende« Zuordnung von Gal 2,10 zu dem »Hungersnot-Besuch« zurück. Er mag zwar Recht haben, wenn er die »Armen« auf die Heidenmission bezieht (Gal 2,9); dies ist aber kaum von so grundlegender Bedeutung, wie Haenchen annimmt. Ramsays Rekonstruktion bleibt – trotz einiger exegetischer Probleme – die wahrscheinlichere Alternative. Im Grunde beruht die Ansicht, Apg 11 und 15 seien identisch, auf der traditionellen Gleichsetzung von Gal 2 und Apg 15, wie auch auf einer übertrieben negativen Einschätzung der Quellenkenntnis des Lukas und der Art, wie er diese gedeutet hat. Da Gal 2 = Apg 11 »eine völlig klare historische Entwicklung« bietet (W.L. Knox, The Acts of the Apostles, 1948, S. 49), ist die andere Lösung unnötig kompliziert. Andere Vorschläge zur Lösung des Problems werden von T.W. Manson (BJRL 24, 1940, S. 58-80) vorgetragen, der Gal 2 mit einem Besuch vor Apg 11 gleichsetzt, und von M. Dibelius (Aufsätze zur Apostelgeschichte, ^{5}1968), Apg 11 und 15 eine verbindliche historische Aussage abspricht.

III. EINE REKONSTRUKTION NACH DEN BRIEFEN

Weil er von der Unzuverlässigkeit des chronologischen Gerüstes der Apg überzeugt ist, bietet J. Knox (Chapters in a Life of Paul, 1950, S. 74-88) eine interessante Rekonstruktion des zeitlichen Ablaufs, die von den Angaben der Briefe getragen ist. Eine 14 Jahre dauernde »Ruhephase« (33-47 n.Chr.) sei für P. undenkbar. Deshalb müßten die missionarische Tätigkeit des Apostels und die Abfassung einiger Briefe hauptsächlich in die Zeit zwischen seinem ersten (38 n.Chr., Gal 1,18) und zweiten (51 n.Chr., Gal 2 = Apg 15) Besuch in Jerusalem angesetzt werden. Die letzte Reise habe mit dem »Kollektenbesuch« und mit der Verhaftung geendet (52-53 n.Chr.; Röm 15,25; 1Kor 16,3f). Warum aber eine »Ruhephase« – sie bedeutet einfach, daß in ihr keiner der uns bekannten Briefe verfaßt wurde und daß sie nicht zur Darstellungsabsicht des Lukas paßt – so unmöglich gewesen sein sollte, leuchtet nicht ohne weiteres ein; auch läßt sich ja die traditionelle Gleichsetzung von Apg 15 und Gal 2 durchaus in Frage stellen. Der Vorschlag von W.L. Knox hat an dieser Stelle mehr Bewunderer als Anhänger gefunden. Denn »es ist schwierig, Tradition in Verbindung mit Phantasie (was wir in Apg vorfinden) gegen Phantasie (so vernünftig sie auch sein mag) ohne Tradition einzutauschen« (W.D. Davies, TCERK, S. 854). Dennoch sind weitere Versuche gemacht worden, den Ablauf der paulin. Mission nur von den Briefen her zu rekonstruieren. (Vgl. W.G. Kümmel, Einleitung in das Neue Testament; G. Lüdemann, Paulus der Heidenapostel, 1979).

D. Forschungsgeschichte.

I. FRÜHE ENTWICKLUNGEN.

In einem hervorragenden historischen Überblick zeichnet A. Schweitzer (Paul and his Interpreters, vgl. auch P. Feine, Paulus, S. 11-206; H.N. Ridderbos, Paulus, 1967, S. 13-43) die Entwicklung der kritischen Paulusforschung in Deutschland seit der Reformation. Für die altprotestantische Orthodoxie war die Bibel manchmal nicht viel mehr als eine Fundgrube dogmatischer Belegstellen; die Exegese wurde so zur Magd des Dogmas degradiert. Das 18. Jh. erlebte die Gegenbewegungen des Pietismus und Rationalismus, die – jede für ihren eigenen Zweck - die Ergebnisse der Exegese von den Sätzen der Dogmatik zu unterscheiden suchten. Philologische Exegese und die Interpretation der Schrift durch die Schrift wurden zur Norm wissenschaftlicher Auslegung. Diese Entwicklung findet ihre wohl bedeutendste Ausprägung bei J.S. Semler, der zusammen mit J.D. Michaelis Pionierarbeit für die Entwicklung der literargeschichtlichen Kritik leistete. Seine »Prolegomena« zur theologischen Hermeneutik, »Paraphrasen« des Römerbriefs und des Korintherbriefs sowie andere Schriften betonen: das NT stelle ein zeitbedingtes Dokument dar, in welchem die rein kulturell bedingten Aussagen herauszuheben und/oder zu eliminieren seien. Die philologische Wissenschaft sei dazu da, der historischen Kritik zu dienen. Unsere Abschriften der paulin. Briefe hätten eine »kirchlich-liturgische« Gestalt; wir müßten deshalb damit rechnen, daß sie ursprünglich eine andere Form hatten. Was die Einzelheiten betrifft, so nimmt Semler an, Röm 15 und 16; 2Kor 9 und 12,14-13,14 seien eigenständige Schriftstücke gewesen, die später in die längeren Briefe eingearbeitet worden seien. Die später von F.C. Baur gezogenen Folgerungen vorwegnehmend, stellt Semler die unjüd. Vorstellungen des P. denen der judenchristl. Partei gegenüber, welcher P. entgegentrat; die *Katholischen Briefe des NT spiegeln den Versuch, in diesem Konflikt zu vermitteln. Hinsichtlich der Verfasserfrage zeichnete sich bei J.E. Schmidt (1805) eine neue Tendenz ab; dieser bezweifelte aus literarischen Gründen die Echtheit von 1Tim und 2Thess. F. Schleiermacher (1907), Eichhorn (1812) und DeWette (1826) stellten die Abfassung durch P. für 2Tim, Tit und Eph in Frage.

II. DIE TÜBINGER SCHULE.

Im Deutschland des 19. Jh. wurde die Exegese endgültig von einer »Magd des Dogmas« in eine »Dienerin der wissenschaftlichen Philosophie« umgewandelt (vgl. W.G. Kümmel, Probleme, S. 130-143; S. Neill, The Interpretation of the New Testament 1861-1961, 1964, S. 10-28). Im Bereich der Paulusforschung war der Tübinger F.C. Baur bes. kennzeichnend für diese Entwicklung. Er gab sich nicht damit zufrieden, nur die Echtheit antiker Dokumente zu prüfen, was ja seit der Renaissance allg. Praxis war. Ihm lag darüber hinaus an einer »positiven« Kritik, mit der man den »Sitz im Leben« und den geschichtlich bedingten Sinn der bibl. Schriften herausfinden könnte. In »Symbolik und Mythologie«, dem Buch, das ihm eine Berufung an eine Universität verschaffte, offenbart Baur die Richtung seines Denkens und seiner zukünftigen Arbeit mit der Erklärung: »Ohne Philosophie bleibt mir Geschichte ewig tot und stumm« (1, XI). Für solche Arbeit fand Baur in der Hegelschen Dialektik – diese sah alle geschichtliche Entwicklung als eine Abfolge von Thesen (Vorwärtsbewegung), Antithesen (Gegenbewegung) und Synthesen (neue Thesis als Ergebnis der Interaktion) – einen passenden Schlüssel, um die Geschichte der apostol. Zeit zu deuten (vgl. E.E. Ellis, Prophecy, S. 86-89; E. Haenchen, S. 15-24). 1831 hatte Baur behauptet, 1Kor 1,12 stelle einen Konflikt zwischen paulin.-heidnischem und petrinisch-jüd. Christentum dar. Später sah er in der Apostelgeschichte, den kleineren Paulusbriefen und in den »gnostischen« Gegnern der »sogenannten Pastoralbriefe« (1835) ein höher entwickeltes Stadium des Konflikts, bei dem – im Kampf gegen den Gnostizismus - die ursprüngliche paulin. »Thesis« und die petrinische »Antithesis« gegen Ende des 2. Jh. schließlich in einer frühkatholischen »Synthesis« aufgehoben wurden. Mit dieser »Tendenzkritik« wurden alle Schriften des AT, die zu einem Ausgleich zwischen Paulus und den Uraposteln »tendierten«, als spätere Versuche angesehen, die nachträglich vollzogene Einheit der Kirche in die apostol. Zeit zurückzudatieren. Nach Baurs schonungslosem Kahlschlag blieben nur fünf ntl. Schriften als unangefochtene Zeugen aus der apostol. Zeit übrig. Neben der Offenbarung waren dies nur paulin. Schriften, und zwar Römerbrief, beide Korintherbriefe und Galaterbrief. Die damals übliche literarkritische Analyse der Paulusbriefe diente der Baurschen Geschichtskonstruktion als Stütze, und diese wiederum bestärkte und bestätigte das Mißtrauen der extremeren Literarkritiker. Die Tübinger Schule wurde rasch zur beherrschenden Richtung in der kritischen Erforschung des NT. Durch die Anwendung der Baurschen Logik und beflügelt von B. Bauers Apg-Kommentar (1850), stellte eine ultraradikale Richtung die Echtheit aller paulin. Schriften in Frage. Ihre Argumente: Erstens kenne Apg keine paulin. Briefe, und ihr einfaches Bild vom Apostel könne älter und zutreffender sein als die Paulusbriefe selbst; Widersprüche sogar innerhalb von Röm und Gal sprächen für verschiedene Verfasser und eine spätere Zeit. Zweitens: Wenn das paulin. Denken (Paulinismus) die Hellenisierung des Christentums darstelle – wie Baur meinte –, war es dann möglich, daß diese so rasch und durch nur einen Mann herbeigeführt worden war? Konnten eine antijüd. Haltung und die hochstehende Christologie des P. in einer von Palästina ausgehenden Kirche so bald nach Jesu Tod entwickelt worden sein? Nein, der Konflikt selber sei der Höhepunkt einer langen Entwicklung, und der Paulinismus müsse einer gnostischen Partei des 2. Jh. zugeschrieben werden, welche die »Briefe« des Apostels als eines Autorität heischenden Trägers für ihre eigenen Ideen benützte. Warum wurde dafür die Form von Briefen gewählt? Weil apostol. Briefe damals bereits eine autoritative Stellung einnahmen. Warum wurde ausgerechnet P. als deren Autor gewählt? Darauf gibt es keine Antwort.

Trotz all ihrer Logik konnten die radikalen Kritiker nur sich selbst überzeugen. Das Zitieren aus Paulusbriefen im 1Clem (95 n.Chr.?) und bei Ignatius (110 n.Chr.) sowie die Vernachlässigung des Paulinismus und das Fehlen jedes antijüd. Konflikts in der nachapostol. Literatur entzogen ihren Argumenten die Grundlage. Die Tatsache, daß in der Apg nichts von einer literarischen Tätigkeit des P. berichtet wird, ist lediglich ein (nicht einmal starkes) argumentum e silentio. Im Endeffekt brachte die »Ultra-Tübinger-Schule« es fertig, die »Tübinger Schule« selbst zu untergraben. Denn auf der Basis der gemeinsamen Voraussetzung, daß P. der Hellenisierer des Christentums war und Hegel den Schlüssel für die Deutung der Geschichte bietet, hatten die Radikalen gegenüber den Gemäßigten das bessere Argument.

Baurs Ansichten wurden von konservativen Theologen (z.B. J.C.K. von Hofmann) und den Schülern Schleiermachers (z.B. Ewald) angegriffen; bes. eindrücklich von A. Ritschl, einem früheren Schüler Baurs. Sowohl Ritschl als auch von Hofmann lehnten die angebliche Feindschaft zwischen P. und den Zwölfen ab. Die Einheit der apostol. Kirche, wie sie von Hofmann betonte, sollte im nächsten Jh. in den Arbeiten von P. Feine und A. Schlatter, sowie in der kerygmatischen Theologie von C.H. Dodd erneut zum Ausdruck kommen. Eine gemäßigte Literarkritik – sogar bei Baurs Schülern (z.B. Pfleiderer) - korrigierte die Einschätzung der Paulusbriefe erheblich zugunsten ihrer Echtheit. Außer den Pastoralbriefen lehnte die Mehrheit der Forscher lediglich 2Thess und Eph ab, und auch wer diese beiden Briefe für echt hielt (z.B. A.von Harnack und A. Jülicher), mußte nicht mehr unbedingt als konservativ gelten. Nachdem ihre literarkritischen und philosophischen Voraussetzungen untergraben waren, schwand der Einfluß der Tübinger dahin. Trotzdem beherrschte Baur, den Godet einen »Semler redivivus« nannte, mit seiner Verbindung von literarischer Analyse und spekulativer philosophischer Synthese die kritische Erforschung des NT für ein halbes Jh. (was Semler zu keiner Zeit gelungen war). Obwohl seine eigene Exegese erwiesenermaßen stark von einer philosophischen Voraussetzung abhängig war, die spätere Historiker (und alle, die eine theistische Deutung der Geschichte vertraten, nicht übernehmen konnten, brach Baur einer induktiven historischen Methode zur Erforschung des Urchristentums die Bahn und befreite die Arbeit an der Bibel von einer Tradition, die viele ihrer Ergebnisse aufgrund bereits gefällter Urteile gewann. Aus diesem Grunde können alle Forscher seine Bemühungen dankbar anerkennen. Schließlich stellte Baurs Rekonstruktion die Probleme, mit denen die historische Erforschung des apostol. Zeitalters konfrontiert wird, in kühnen Konturen heraus und bestimmte damit im wesentlichen die Richtung der künftigen Arbeit: Welche Beziehung bestand zwischen Paulus und Jesus? Welchen Einfluß hatten jüd. und hellen. Denken in der apostol. Kirche? Welche philosophischen Voraussetzungen sind der Erforschung des Urchristentums angemessen? Die Tübinger Schule starb, und man sieht keine Anzeichen einer baldigen Auferstehung. Aber die Kräfte, die zu ihrer Entstehung geführt hatten, blieben weiterhin fruchtbar, und sie erfreute sich auch bei den folgenden Generationen noch einer beachtlichen Akzeptanz.

III. BRITISCHE BEITRÄGE IM 19. JAHRHUNDERT.

Britische (und amerikanische) Gelehrte setzten sich mit der Tübinger Darstellung der Geschichte des Urchristentums auseinander, hielten sie jedoch – bis auf eine oder zwei Ausnahmen (z.B. S. Davidson) – nicht für überzeugend. Ebenso wurde das Corpus Paulinum (ohne Hebr) weiterhin als echt anerkannt. In Amerika lehnten einige Forscher die paulin. Herkunft der Pastoralbriefe ab (z.B. B.W. Bacon, A.C. McGiffert); im britischen Raum wurden sie im Gefolge von J.B. Lightfoot (Biblical Essays 1904, S. 397-410) einer Zeit und Situation nach der Apg zugewiesen. Mit der für sie charakteristischen behutsamen Arbeitsweise beeinflußten die britischen Forscher die kritische Arbeit der kommenden Zeit stärker als allg. angenommen wird, und zwar durch eine solide historische Exegese (z.B. Lightfoot, Ramsay), sowie dadurch, daß sie Paulus zum zeitgenössischen jüd. Denken in Beziehung setzten (z.B. F.W. Farrar, H.St.J. Thackeray). W.M. Ramsays Eintreten für die Abfassung der Apg durch Lukas den Arzt, die er aufgrund gründlicher archäologischer und historischer Forschungen behauptete, war bes. bedeutsam für die kritische Rekonstruktion des Lebens von P. (vgl. SPTR, S. 20ff; W.K. Hobarts Rückschlüsse auf die »Medical Language of St. Luke«, 1882, bleiben – mit gewissen Einschränkungen – ebenfalls ein wertvoller Beitrag hierzu). Durch die Zustimmung der deutschen Gelehrten A.von Harnack und A. Deißmann wurde dieses Urteil gefestigt, obwohl einige Forscher der Gegenwart, wie etwa E. Haenchen, sich erneut gegen die Tradition aussprechen.

IV. FORSCHUNGSTENDENZEN IM 20. JAHRHUNDERT.

Die Literarkritik des 20. Jh. konzentrierte sich auf fünf Probleme:

1. Historische Rekonstruktionen.

Trotz des Niedergangs der Tübinger Schule wurden ihre historische Rekonstruktion und einzelne ihrer literarischen Fündlein in weiten Teilen der gegenwärtigen kritischen Forschung übernommen. J. Munck (S. 70-77) hat zu recht eingewandt: Als die literarischen Theorien sich als unhaltbar erwiesen, hätten auch die davon abhängigen historischen Hypothesen revidiert werden müssen (»Es genügte nicht, daß man das Problem lediglich von den zwei Jahrhunderten auf die drei Jahrzehnte übertragen hat«; S. 70). Munck schlägt selbst solch eine Revision vor: (1) die Jerusalemer Kirche, d.h. die ursprüngliche, hatte genausowenig wie P. ein Interesse daran, Heiden auszuschließen oder zu »judaisieren«. (2) Es war die Überzeugung des P. und der einzige Punkt, an dem er sich von der Jerusalemer Kirche unterschied, daß die Heiden zuerst gewonnen werden müßten. Deshalb hat er als *der* Heidenapostel (Gal 2,7) den Antichristen »zurückgehalten« (2Thess 2,7: *katechon*). Er hat durch die Evangeliumsverkündigung die »Fülle der Heiden« (auf repräsentative Weise) in die Kirche gebracht (Röm 11,25; 15,18) und – als einen entscheidenden eschatologischen Akt – die Erlösung Israels dadurch eingeleitet, daß er es durch die Überbringung der »Heiden«-Kollekte nach Jerusalem (Apg 20,4; 1Kor 16,3) eifersüchtig machte (Röm 11,1). Israels »Nein« führte zu Verhaftung und Tod des P., aber dieser starb wie Jesus in dem Bewußtsein, daß Gott dennoch »ganz Israel« retten wird, wenn die Fülle der Zeit gekommen sein wird. Indem Munck das Wirken des P. in den Rahmen zwischen Berufung und endzeitlicher Erwartung gestellt sieht und von daher interpretiert, schenkt er auch kritischen Überlegungen die schuldige Aufmerksamkeit; aufs Ganze gesehen stellt sein Werk einen konstruktiven Fortschritt dar. Wie F.C. Baur und W. Schmithals deutet E.E. Ellis (Prophecy, S. 69ff; 78f; 104-128) die Mission des P. ebenfalls unter Berücksichtigung der Auseinandersetzung mit Gegnern:

a. Weil die Hebraisten (»die Beschneidungspartei«, Apg 11,2f; Gal 2,12) und die Hellenisten von Apg 6,1 ein sehr enges bzw. lockeres Verhältnis zum Ritualgesetz hatten, betrieben sie in der Diaspora eine getrennte Missionsarbeit.

b. Dort beabsichtigte eine Splittergruppe der Hebraisten, nämlich die der Judaisten, den Heidenchristen die Pflicht zur Beschneidung aufzuerlegen. Nach dem Konzil von Jerusalem stellten sie ihre judaisierenden Interessen offensichtlich hinter einen prahlerischen Triumphalismus zurück, sowie hinter libertinistische Tendenzen und den Anspruch, eine durch Engelvisionen erlangte göttliche *Gnosis zu vermitteln.

c. Weil er die Einheit der Kirche zu bewahren suchte, beriet sich P. mit den führenden Männern der Hebraisten (Gal 2), arbeitete mit Judenchristen zusammen (Kol 4,11) und überbrachte der judenchristl. Gemeinde in Jerusalem Spenden.

d. Gegenüber seinen Widersachern und deren Anhängern betonte er die Rechtfertigung ohne des Gesetzes Werke und dazu ein Gericht nach den Werken (Gal, Röm, Pastoralbriefe), dann einen von der Theologie des Kreuzes geprägten Dienst in der Kirche (Kor, Phil), den christozentrischen Charakter der Erkenntnis Gottes und auch aller Gnadengaben (Kor, Kol), schließlich auch eine Kirchenordnung, welche die Gemeinden gegen falsche Lehrer schützen sollte (Pastoralbriefe).

2. Das Corpus Paulinum.

In Abkehr von von Harnack und früheren Autoritäten lenkte E.J. Goodspeed die Aufmerksamkeit erneut auf die Entstehung des Corpus Paulinum. Er nahm an, daß ein Verehrer des P. etwa 90 n.Chr. in Ephesus die Briefe des Apostels (ohne Pastoralbriefe) herausgegeben und den Epheserbrief als »Einleitung« selbst verfaßt habe. J. Knox führte diese Hypothese einen Schritt weiter und identifizierte diesen Verehrer mit Onesimus (Knox, Philemon, S. 98ff), dem Sklaven und späteren Bischof von Ephesus. Diese Theorie wurde weitgehend akzeptiert (vgl. C.L. Mitton, The Formation of the Pauline Corpus of Letters, 1955), erregte aber auch Widerspruch:

a. Der Text eines Briefs bedarf eines Adressaten; hat dieser von Anfang an gefehlt, so spricht das für einen Rundbrief; ein solcher kann aber als Einleitung eines Briefcorpus kaum passen.

b. Eph erscheint in den alten Handschriften nie als Einleitung oder Abschluß des Corpus Paulinum.

c. Es ist sehr zweifelhaft, ob man den Inhalt des Eph als eine unpaulin. Zusammenfassung paulin. Gedanken angemessen beschreiben kann.

d. G. Zuntz (S. 14ff; 276-279) hält es für möglich, daß in Ephesus schon vor der Zusammenstellung des Corpus Paulinum eine Sammlung von Paulusbriefen existierte, findet aber, daß die meisten textlichen und anderen Hinweise für eine Zeit um 100 n.Chr. sowie für die »wissenschaftlichen Editionsmethoden von Alexandria« sprechen. C.F.D. Moule schlägt Lukas als den möglichen Sammler der Paulusbriefe vor (BJRL 47, 1964/5, S. 451f).

3. Die Herkunft und Entstehungszeit der Gefangenschaftsbriefe.

Die Herkunft der paulin. Gefangenschaftsbriefe (Eph, Phil, Kol, Phlm), für die in der Tradition Rom namhaft gemacht wird, wurde zum Gegenstand zunehmenden Interesses, seit G.S. Duncan – in der Nachfolge Liscos und Deißmanns – sie lokalisierte (St. Paul's Ephesian ministry, 1929). Obwohl Apg keine Gefangenschaft in Ephesus erwähnt, setzen die Briefe des P. sie voraus (z.B. 1Kor 15,32; 2Kor 1,8; 6,5; 11,23). Auch die in den Gefangenschaftsbriefen erwähnten Umstände, Reisen und Personen passen besser zu Ephesus als zum weit entfernten Rom (vgl. Phlm 22; Phil 2,24 mit Röm 15,24ff; NTS 3, 1956/57, S. 211-218). J. Knox (Philemon, S. 33), Michaelis (S. 205ff; 220), F.F. Bruce (BKB: Apg) und T.W. Manson (BJRL 22, 1939, S. 182ff) neigen der Ansicht Duncans zu. C.H. Dodd (Studies, S. 85-108) und Percy (S. 473f) widersprechen ihr:

a. Die Tradition (außer dem Marcionprolog) spricht einstimmig für Rom, und in diesem Sinne ist wahrscheinlich (wenn auch nicht sicher) Phil 4,22 zu verstehen.

b. Hinweise wie 1Kor 15,32 sind metaphorisch zu verstehen.

c. Die »weit entwickelte Theologie« der Gefangenschaftsbriefe spricht für die spätere Datierung, also für Rom. Auf's ganze gesehen ist die These, der Herkunftsort sei Ephesus, durchaus verlockend und mag sich - zumindest im Fall des Phil – als Fortschritt erweisen. Für eine Herkunft aus Cäsarea treten B. Reikke (FS F.F. Bruce) und J.A.T. Robinson (Wann entstand das Neue Testament?, 1986, S. 61f) ein.

4. Klärung der Verfasserschaft.

Die Abfassung der Paulusbriefe wurde gewöhnlich als das ganz persönliche Unternehmen des Apostels angesehen. Aufgrund dieser Annahme hielt man es für möglich, die »authentischen« Briefe mit Hilfe von Vokabular, Stil, Spracheigentümlichkeiten und Inhalt als solche zu bestimmen und auf der gleichen Grundlage zwischen paulin. und »interpolierten« Abschnitten zu unterscheiden (vgl. A. Schweitzer, S. 141-150; W. Schmithals, Gnosticism, S. 302-325; J.C. O'Neill, Galatians, 1972; Romans, 1975). Der Versuch, die Verfasserschaft aufgrund literarischer Kriterien zu bestimmen, ist jedoch neuerdings durch verschiedene Faktoren in Frage gestellt worden:

a. Wie O. Roller gezeigt hat, gehört in der Antike zur Rolle eines *amanuensis* (»Schreibgehilfen, Sekretärs«) auch dessen Einfluß auf Vokabular und Stil des Briefs. Die Hand solcher Sekretäre ist in den paulin. Briefen deutlich festzustellen – sogar in der kurzen Notiz an Philemon (Röm 16,22; Gal 6,11; 2Thess 3,17; Phlm 19).

b. Die Rolle der Mit-Absender einiger Briefe ist nicht völlig geklärt; sie könnte jedoch, wie H. Conzelmann beobachtet hat (NTS 12, 1965/66, S. 234f; vgl. Roller, S. 153-187), Einfluß auf den Inhalt des Briefs gehabt haben.

c. Paulus arbeitete in einem größeren Kreis von Propheten und Lehrern (vgl. Apg 13,1; Röm 16,21ff; Kol 4,10-14), und die Arbeit dieser Kollegen ist manchmal in die Briefe integriert (vgl. E. Ellis, Prophecy, S. 25f; 213). Sie spiegelt sich in den zahlreichen vorgeformten Stücken, die der Apostel gebraucht: Hymnen (z.B. Phil 2,5-11; 1Tim 3,16) Exkurse (z.B. 1Kor 2,6-16; 2Kor 6,14-7,1) und Bekenntnisformeln (z.B. Röm 1,3f; 1Kor 15,3-7) – eine Tatsache, die heute weitgehend anerkannt wird und beweist, daß auch die zweifellos echten Paulusbriefe keine literarische Einheit bilden.

Paulus ist der Verfasser der Briefe, die seinen Namen tragen, in dem Sinne, daß sie unter seiner Aufsicht, teilweise auch von seiner Hand oder nach seinem Diktat, geschrieben und – von ihm autorisiert – abgesandt worden sind. Sie sind jedoch nicht als ganze seine eigene, vollständig neue Komposition. Folglich haben die literarischen Kriterien, die herkömmlicherweise zur Bestimmung der paulin. Verfasserschaft benutzt wurden, in ihrer gegenwärtigen Gestalt wenig Gewicht; denn sie wurden aufgrund falscher Vorstellungen über die missionarische Praxis des P. und auch über den Entstehungsprozeß der Briefe konzipiert.

5. Die Briefe im einzelnen.

Die Schwerpunkte der Kritik haben sich bei den einzelnen Briefen – außer bei Eph und den Pastoralbriefen – von der Verfasserfrage weg zu anderen Problemen hin verschoben. Viele britische und amerikanische Forscher ziehen eine frühe Datierung des Gal vor (etwa 49 n.Chr. in Antiochia geschrieben); ferner denken sie an süd-galatische Empfänger, d.h. an die Gemeinden, die P. bei seiner ersten Missionsreise gegründet hat. Die kontinentale Forschung hält an Nordgalatien, der vom Volk der Galater besiedelten Region (Apg 16,6; 18,23), und an einer Datierung nach dem Konzil von Apg 15 fest. Die Reihenfolge von 1 und 2Thess wird von T.W. Manson umgekehrt. Differenzen in Stil und Inhalt veranlaßten von Harnack zur Annahme, daß 2Thess an Judenchristen geschrieben worden sei. Wahrscheinlich wurde er aber an die Mitarbeiter des P. in Thessalonich gerichtet (Ellis, Prophecy, S. 19ff). Munck (S. 36ff; dagegen NIC) identifiziert in der Nachfolge O. Cullmanns die zurückhaltende Kraft in 2Thess 2,6f (*katechon*) mit P. selbst.

Die korinthische Korrespondenz umfaßt neben den kanonischen Briefen noch einen Brief vor dem 1Kor (5,9) und einen Brief aus »großer Trübsal« (»Tränenbrief«, vgl. 2Kor 2,4; 7,8); diese werden von manchen Forschern mit 2Kor 6,14-7,1 bzw. mit 2Kor 10-13 identifiziert. C.K. Barrett (Second. . .Corinthians, 1973) und R.V.G. Tasker (TNTC) halten an der Einheit des zweiten Briefes fest. Eine Kombination zweier Briefe liegt eher im Römerbrief vor, wo die abschließende Doxologie in einigen Handschriften nach 14,23 und 15,33 erscheint und die Adressaten in Röm 1,7.15 in einigen wenigen fehlen. Unter den verschiedenen Erklärungen hierfür leuchtet die von T.W. Manson und anderen gegebene (S. 225, 241) bes. ein: Röm 1-15 sei ein Rundschreiben gewesen; der für Ephesus bestimmten Kopie dieses Schreibens sei Kap. 16, worin Phoebe den Ephesern empfohlen wird, angehängt worden. Dennoch findet auch die herkömmliche Abfassung weiterhin große Unterstützung (z.B. C.E.B. Cranfield, ICC, 1975; K.P. Donfried, The Romans Debate, 1977). Ein »Rundschreiben« scheint mit dem Epheserbrief vorzuliegen, denn zum einen waren Rundschreiben eine im 1. Jh. weit verbreitete Praxis (vgl. Zuntz, S. 228), zum anderen fehlt in diesem Schreiben die sonst notwendige Anschrift. Eine solche Beurteilung würde Goodspeeds Theorie, Eph sei die Einleitung zu einem Brief-Corpus, entgegenstehen, nicht aber der Ansicht von Sanders widersprechen (vgl. F.L. Cross, unten), nach der Eph keinen Brief, sondern das »geistliche Testament« des P. darstelle. Sie könnte auch den Titel »An die Laodizeer« erklären, den nach Tertullian Marcion dem Brief gab (vgl. Kol 4,16).

Mit der zunehmenden Bereitschaft, dem Apostel eine gewisse Abwechslung in der literarischen und theologischen Diktion zuzugestehen, und mit einer veränderten Auffassung vom Charakter der Verfasserschaft (s. o. 4.) verlieren die Argumente gegen die Echtheit an Überzeugungskraft; noch weiter werden sie durch die Parallelen der Schriftrollen vom Toten Meer geschwächt (vgl. D. Flusser, S. 263; Murphy-O'Connor, S. 115-131; 159-178). Außerhalb Deutschlands halten die meisten Forscher das aus dem 19. Jh. stammende Urteil »nicht-paulinisch« nur für die Pastoralbriefe aufrecht. (In den letzten Jahren wurde die paulin. Verfasserschaft des Hebräerbriefs nur von dem röm.-kath. Gelehrten W. Leonhard ernsthaft behauptet.) Die anglo-amerikanische Forschung (s. a. Schmithals, Die Gnosis in Korinth, ³1969) neigt dazu, der »Fragmentenhypothese« P.N. Harrisons zuzustimmen: paulin. Fragmente seien ergänzt und veröffentlicht worden. Die meisten kontinentalen Forscher, die die Pastoralbriefe als nicht-paulin. ansehen, bevorzugen mit W.G. Kümmel (INT) einen späteren Paulusschüler als Autor. Die Verfechter der Echtheit fanden eine Stütze in Rollers »Sekretärshypothese«; diese schreibt stilistische Abweichungen dem *amanuensis* des P. zu. Manche wollen in diesem Sekretär den Lukas sehen (z.B. C.F.D. Moule, BJRL 47, 1965, S. 430-452). Die traditionelle Ansicht wurde neu von Spicq und Michaelis aufgenommen. Die wachsende Unzufriedenheit mit der Hypothese Harrisons – z.B. von Guthrie (TNTC), Kelly und Metzger (ExpT 70, 1958/59, S. 91ff) zum Ausdruck gebracht – könnte auf eine allg. Anerkennung der vorherrschenden Auffassung deuten (vgl. EQ 32, S. 151-161; vgl. aber M. Dibelius und H. Conzelmann, Die Pastoralbriefe, ⁴1968).

E. Paulinische Theologie.

I. GRUNDZÜGE.

Die Betonung der Gerechtigkeit oder *Rechtfertigung durch den *Glauben, wie sie in der Reformation erfolgte (Röm 1,17), wurde auch in den folgenden Jh. als Leitgedanke für die Deutung der paulin. Lehre beibehalten. Mit dem Aufkommen der Literarkritik wurde das Fehlen dieses Motivs zum hinreichenden Grund, um einen »Paulusbrief« als solchen in Frage zu stellen oder gar abzulehnen. In der nun beginnenden Entwicklung des »Paulinismus«, d.h. eines Systems der paulin. Theologie, betrachtete man die »Gerechtigkeit« als Schlüssel zum Denken des Apostels.

1. Die Erlösungslehre des Paulus.

L. Usteri (1824) und A.F. Dähne (1835) versuchten, das gesamte paulin. Denken im Sinne der imputativen Gerechtigkeit des Römerbriefs zu erklären (vgl. 3,21ff). Dagegen ging der Rationalist H.E.G. Paulus von Texten aus, welche die »neue Kreatur« und die Heiligung betonen (z.B. 2Kor 5, 17; Röm 8,29), und bestand darauf, daß die paulin. »Gerechtigkeit« ein ethisches, moralisches Konzept sei; Glaube an Jesus bedeute letztlich glauben wie Jesus. Diese beiden Auffassungen und ihre gegenseitige Beziehung waren von anhaltender Bedeutung im gesamten 19. Jh.

F.C. Baur versuchte zunächst (1845), mit den Denkschemata des Hegelschen Idealismus P. vom Heiligen Geist her zu interpretieren, der durch die Vereinigung mit Christus im Glauben gegeben ist. Später jedoch kehrte Baur zur Darstellungsweise der Reformationszeit zurück – einer getrennten Behandlung der verschiedenen paulin. Lehren – ohne den Versuch, sie von einem einheitlichen Konzept her zu begreifen. Diese Methode, nach Themen (*loci*) zu gliedern, wurde auch von späteren Autoren übernommen, die detaillierte Beschreibungen der paulin. Lehre gaben und dabei »unbefangen vermeinten, in der Beschreibung eine Erklärung zu besitzen« (Schweitzer, Geschichte der paulin. Forschung, S. 29). Trotzdem bemühten sich einige Forscher darum, ein einheitliches Konzept des paulin. Denkens zu entdecken. R.A. Lipsius (1853) hatte zwei Aspekte der Erlösung bei P. erkannt, den juristischen (»Rechtfertigung«) und den ethischen (»neue Schöpfung«). H. Lüdemann (Die Anthropologie des Apostels Paulus, 1872) kam zu dem Schluß, die zwei Betrachtungsweisen der Erlösung beruhten eigentlich auf zwei Anschauungen von der Natur des Menschen. In der früheren, »jüdischen« Sicht des P. (Gal; Röm 1-4) bedeute Erlösung einen juristischen Freispruch, für den gereiften P. (Röm 5-8) sei sie eine ethisch-physische Transformation von »Fleisch« zu »Geist«, bewirkt durch die Gemeinschaft mit dem Heiligen Geist. Die Quelle des ersten Gedankens sei der Tod Christi, die des zweiten seine Auferstehung. Andererseits kam R. Kabisch zu dem Ergebnis, daß paulin. Erlösung wesenhaft die Befreiung vom zukünftigen Gericht bedeute; ihr Sinn sei deshalb aus der Eschatologie des P. zu erschließen. Der Christ müsse in einem neuen Leben wandeln, um zu zeigen, daß er an der Auferstehung Christi tatsächlich teilhabe. »Geistliches« Leben und »geistlicher« Tod im modernen rel. Sinn seien P. unbekannt; beide Vorstellungen seien (z.B. in Röm 6) immer physisch gemeint, und das neue Leben sei eine mystische Vereinigung mit Christus. So wird die zukünftige Befreiung von satanischen Mächten durch den Besitz des Heiligen Geistes antizipiert, der den neuen Äon in der Gegenwart manifestiert und unser leibliches Dasein mit einer überirdischen Substanz befruchtet. Für Lüdemann und Kabisch gilt: (1) Die Erlösungslehre des P. erwächst aus einem einzigen grundlegenden Konzept. (2) Es handelt sich um eine physische Erlösung, die man von der paulin. Anthropologie her verstehen muß. (3) Erlöst zu sein, bedeutet die Teilhabe an Tod und Auferstehung Christi und beinhaltet die Gemeinschaft mit Christus und das Abtun des »Fleisches«. (4) Obwohl zukünftig, wird diese Erlösung in der Gegenwart durch den Heiligen Geist vermittelt.

Es bleiben jedoch Fragen offen: In welchem Sinne kann Christi Tod und Auferstehung im Glaubenden wiederholt werden? In welchem Sinne kann der Christ eine »neue Kreatur« sein und doch äußerlich unverändert bleiben? A. Schweitzer suchte, von den Deutungen Lüdemanns und Kabischs ausgehend, darauf eine Antwort in folgender Synthese: (1) P. interpretierte den Tod und die Auferstehung Jesu, wie dieser selbst, eschatologisch, d.h. als ein Ereignis am Ende des Weltlaufs; dieses bringt das Reich Gottes und das Leben der Auferstehung für alle Auserwählten. (2) Die Welt nahm jedoch kein Ende, und die Glaubenden traten in Wirklichkeit nicht in das Auferstehungsleben ein; schließlich wurde der zeitliche Abstand zwischen der Auferstehung Christi und der antizipierten Auferstehung der Gläubigen zum Hauptproblem für die Lehre des P. (3) Um dieses zu lösen, stellte P. einen »physischen Mystizismus« dagegen: Durch die Sakramente vermittelt der Heilige Geist in der Gegenwart die Auferstehung Christi den Gläubigen der »letzten Generation«. (4) Diese gegenwärtige Vereinigung mit Christus im Geist versichert den Glaubenden seiner Teilhabe an der »messianischen Auferstehung« bei der Parusie.

2. Paulinische Eschatologie.

Schweitzer eröffnete auf diese Weise die Diskussion im 20. Jh. über die paulin. Eschatologie. Es war sein großes Verdienst, daß er die Theologie des P. von einem einzigen grundlegenden Gedanken her zu verstehen suchte, die zentrale Bedeutung der Eschatologie und (jüd.) Anthropologie in der Erlösungslehre des Apostels erkannte und den Heiligen Geist und die Vereinigung *en christo* als Verwirklichung des neuen Äons in der Gegenwart sah. Aber Schweitzers Deutung der paulin. Eschatologie als einer zweckdienlichen Notlösung (und als eines sakramentalen Mystizismus) ist zumindest fragwürdig. Denn die Eschatologie des P. wird – wie Hamiltons Kritik gezeigt hat (S. 50ff) – vom erhöhten Christus und nicht von der »Verzögerung« der Parusie bestimmt. Ebenso ist sakramentaler Mystizismus, wenn die Denkmuster des P. jüd. sind (wie Schweitzer richtig erkannte), eine unpassende Erklärung für die Wirklichkeit der »neuen Schöpfung« in Christus.

3. Die Denkformen des Paulus.

Zusätzlich zur Eschatologie als dem Schlüssel des Paulinismus kam im 19. Jh. auch eine weitere, damit eng zusammenhängende Frage auf, die für die Zukunft wichtig werden sollte: Sind die Denkformen des P. jüd. oder hellen.? Kabisch und Schweitzer bestanden darauf, daß das Denken des P. ganz und gar jüd. sei. Andere folgten F.C. Baur, der in P. den »Hellenisierer des Christentums« gesehen hatte, und interpretierten P.' Anthropologie und Eschatologie auf dem Hintergrund eines modifizierten platonischen Dualismus. Die Antithese zwischen »Fleisch« und »Geist« in Röm 6-8 sei ein ethischer Dualismus, und »Sterben« und »Auferstehen« meine eine geistige Umwandlung. Dies habe seine Wurzel in einem anthropologischen Dualismus; daher schließe die zukünftige Erlösung auch die Befreiung der »Seele« aus ihrem irdischen Haus mit ein. Aber P. spricht auch von der Auferstehung des ganzen Menschen vom Tode (1Thess 4; 1Kor 15). O. Pfleiderer (Paulinism, 1877, I, S. 264) kam zum Ergebnis, daß P. jüd. und griech. Ansichten gleichzeitig »nebeneinander« gehabt habe, ohne ihrer Unvereinbarkeit überhaupt gewahr zu werden. An anderer Stelle konstatiert er bei der Deutung der paulin. Eschatologie (vgl. Schweitzer, Interpreters, S. 70) eine Entwicklung von 1Thess 4 über 1Kor 15 zu 2Kor 5. 1Thess 4 biete eine schlichte jüd. Auferstehungseschatologie, nach 2Kor 5 gehe der Glaubende beim Tod in die himmlischen Bereiche ein.

II. BEZÜGE ZUM HELLENISMUS.

Die Paulusstudien des 20. Jh. sind vor allem drei Fragen gewidmet: Was für eine Beziehung besteht zwischen Paulus und Jesus? Was sind die Quellen des paulin. Denkens? Welche Rolle spielt die Eschatologie in der Theologie des Apostels?

1. Die Beziehung des Paulus zu Jesus.

Die ein halbes Jh. früher aufgekommene Unterscheidung zwischen »juristischer« (Röm 1-4) und »ethischer« (Röm 5-8) Gerechtigkeit hatte reiche Frucht getragen, und die letztere wurde zunehmend als das zentrale und entscheidende Theologumenon des Paulus angesehen. A. Deißmann (S. 148ff) sah in der Wendung »in Christus« den Ausdruck für eine enge geistliche Gemeinschaft mit Christus, die er »Christusmystik« nannte. Häufiger wurde diese »Mystik« als eine sakramentale Wirklichkeit interpretiert, die sich aus der jüd. Eschatologie (A. Schweitzer) oder den heidnischen Mysterien herleitete (J. Weiß, Earliest Christianity, 1959, 2, S. 463f). Etwas später nahm J.S. Stewart diese Richtung in der britischen Forschung auf (A Man in Christ, 1935, S. 150ff), wobei er die Vereinigung mit Christus als das zentrale Element im Denken des P. ansah. Diese Bestimmung des Schwerpunkts hatte wichtige Folgen für den Gang der Paulusstudien im 20. Jh.

Der Gegensatz zwischen dem »liberalen Jesus« und dem im Glaubenden wohnenden und doch transzendenten Christus des P. rief um die Jahrhundertwende eine Flut von Werken über das Verhältnis von Jesus und P. hervor (vgl. P. Feine, Paulus, S. 158ff). In W. Wredes einflußreicher Studie »Paulus« (1905) wurde der Sachverhalt bes. einseitig, ja verzerrt, zum Ausdruck gebracht: P. sei kein wirklicher Jesusjünger gewesen, sondern in Wahrheit der zweite Begründer des Christentums. Die persönliche Frömmigkeit des Rabbi Jesus und sein Warten auf das zukünftige Heil sei durch den Theologen P. in eine gegenwärtige Erlösung durch den Tod und die Auferstehung eines Christus-Gottes umgeformt worden. Die Gedanken des P. dürften daher nicht für bare Münze genommen werden. Das könnten allenfalls solche tun, die – wie Weinel (Paulus, 1906, S. 9) es ausdrückte – »um des Christentums willen ihren Verstand erschlagen, der ihnen das moderne Weltbild immer wieder als das richtige vorhält«. Dennoch blieb für den Historiker das Problem zu lösen: Wenn die Lehren des P. nicht aus den Gedanken Jesu kamen und auf ihnen gründeten, was war dann ihr Ursprung?

2. Quellen paulinischen Denkens.

F.C. Baur versuchte das Denken des P. im Kontext der kirchlichen Auseinandersetzungen zu erklären: P. war der Vorkämpfer für die Freiheit der Heidenchristen. Für A. Schweitzer lag der Ursprung der Theologie des P. in dessen bes. eschatologischen Problem, das sich im geistigen Schmelztiegel des Spätjudentums herausgebildet hatte. Im Gegensatz dazu fand die nun aufkommende »Religionsgeschichtliche Schule« keinen zwingenden Grund dafür, die sakramentale Mystik des P. auf das Judentum zu gründen. Sie nahm zwar das eschatologische Problem wahr, berief sich aber auf den hellen. P. Baurs und erarbeitete eine weitere, ausführlichere Darstellung des apostol. Zeitalters. Diese Schule hatte ihre Repräsentanten vor allem in R. Reitzenstein und W. Bousset; sie interpretierten den Paulinismus im Zusammenhang mit den orientalisch-hellen. Mysterienreligionen. Ihre Thesen sprachen – wie P. – von einem sterbenden und auferstehenden Gott, vom Kyrios, von sakramentaler Erlösung, Geheimnissen, Gnosis und dem Geist. Während seiner Jugend in Tarsus und später als Missionar sei der Apostel in Berührung mit diesen Ideen gekommmen; sie haben eine tiefe Wirkung auf seine Theologie ausgeübt. A. Schweitzer (Interpreters, S. 179-236), H.A.A. Kennedy, G. Wagner und J.G. Machen (S. 255-290) unterzogen diese Thesen einer gründlichen Prüfung. Sie wiesen darauf hin, daß das Übersehen des atl.-jüd. Hintergrundes (den Kennedy recht deutlich aufgezeigt hat) in den aufgeführten Parallelen und das späte Datum der hellen. Quellen, denen sie entnommen wurden, eine beträchtliche methodische Schwäche darstellen (vgl. auch R.E. Brown, The Semitic Background of the term »Mystery«, 1968). Der Hauptbeitrag der »Religionsgeschichtlichen Schule« war es, die wichtige Frage der Beziehung der paulin. Theologie zur rel. Welt des Heidentums aufgeworfen zu haben. Die Deutung der Gedanken des P. mit Hilfe der Mysterienreligionen fand keine allg. Zustimmung; aber in einer neueren gnostischen Aufmachung werden die Grundzüge des hellen. Denkens weiterhin für P. geltend gemacht. Die Parallelen aus den Mysterienreligionen verblaßten; trotzdem blieb die feste Überzeugung, daß das Denken des P. in hohem Maße von der griech. Gedankenwelt beeinflußt sei. R. Bultmann (1910) hatte die Verwandtschaft des literarischen Stils des Apostels mit der stoischen Diatribe nachgewiesen. Andere sahen seine Lehre vom »Leib« der Kirche (vgl. W.L. Knox, Gentiles, S. 160ff), seine natürliche Theologie in Röm 1 (vgl. Apg 17) und seinen Gewissensbegriff (E. Norden, Agnostos Theos, 1913) im Stoizismus verwurzelt. Die Unangemessenheit dieser Beurteilung zeigten nacheinander E. Best (S. 83ff), B. Gaertner (S. 133-169) und C.A. Pierce (S. 161ff) auf. Gaertner behauptet, die natürliche Theologie des P. sei durchweg atl.-jüd.; Pierce (S. 22ff; 57ff) allerdings kommt zu dem Schluß, im Falle des »Gewissens« übernehme das NT populär-griech. Sprachgebrauch.

Um die Beziehung des P. zum rel. Denken der Heiden zu bestimmen, schenkt man gegenwärtig dem Gebiet des Gnostizismus die größte Beachtung. Diese rel.-philosophische Bewegung betonte einen metaphysischen Dualismus, die Befreiung von der »Materie« durch die göttliche Gabe und Kraft der *Gnosis, d.h. einer besonderen Gotteserkenntnis, und durch vermittelnde Engel, die zur Erlösung verhelfen. J.B. Lihgtfoot (Colossians and Philemon, 1886, S. 71-111) hat Elemente gnostischer Art in der Irrlehre entdeckt, die im Kolosserbrief bekämpft wird. Zu Anfang des 20. Jh. wiesen W. Bousset und J. Weiß (a.a.O., 2, S. 650f) nachdrücklich darauf hin, daß gewisse Ansichten in des Apostels eigenem Denken zur Gnosis hin tendierten. R. Bultmann und sein Schüler W. Schmithals haben Boussets Ansichten aufgenommen und weiter entwickelt. Aus existentialistischen Erwägungen heraus machte Bultmann die »Rechtfertigung« wieder zu einem zentralen Motiv der paulin. Theologie, wobei es sich aber keineswegs um eine Rückkehr zu Baur oder zu den Reformatoren handelte; aus den gleichen Gründen wurde die Anthropologie des P. ausführlich dargestellt (Theologie des Neuen Testaments, I). Den eigentlichen Schlüssel zu Bultmanns Verständnis des Paulinismus finden wir aber darin, daß für ihn das paulin. Denken aus einem synkretistischen Judentum und Christentum erwuchs. Aus diesem Milieu habe P. eine Reihe von theologischen Ideen, z.B. die sakramentale Erlösung und den ethischen Dualismus übernommen, die gnostisch oder bis zu einem gewissen Grad von der Gnosis beeinflußt waren. Während P. die Gnostiker, z.B. in Kolossä, bekämpfte, habe er im Laufe der Zeit nicht nur seine Terminologie modifiziert, sondern auch seine theologischen Vorstellungen, vor allem seine Christologie (der Messias Jesus wird zum himmlischen Kyrios, vgl. W. Bousset) und Kosmologie (die von Dämonen beherrschte Welt wird vom himmlischen Menschen erlöst; vgl. W.L. Knox, Gentiles, S. 220ff; dagegen aber G.B. Caird, Principalities and Powers, 1956; W. Foerster, ThWNT II, 557-572).

A. Schweitzer (Interpreters, S. 231) sagte voraus, ein »hellenisierter« Paulinismus werde nur eine halbe Lösung sein, da man seine Schlußfolgerungen sogar bis zur Entstehung des Christentums führen müsse. Seine Voraussage wurde mehr als erfüllt durch die Entdeckung (1947) der Schriftrollen vom Toten Meer (*Schriftenfunde vom Toten Meer) mit ihrem ethischen Dualismus und der Betonung der »Erkenntnis«. Diese Schriften mußten Bultmann mit seinen gnostischen Thesen irritieren, denn »vor-gnostisch« war das Äußerste, was die meisten Exegeten der Theologie dieser Rollen zugestehen wollten. Auch gibt es kaum einen Grund für die Annahme, Paulus habe z.B. »eine frühere gnostische Lehre über den Abstieg eines Erlösers vom Himmel her gekannt und verwendet, zumal es keinerlei Hinweis darauf gibt, daß es solch eine Lehre überhaupt gab« (R.M. Grant, Gnosticism, S. 69; vgl. S. 39-69; R.McL. Wilson, S. 27f.57f). Fast alles Weitere, was Bultmann auf gnostische Einflüsse zurückführen wollte, litt unter der gleichen chronologischen Schwierigkeit. Grant läßt den Gnostizismus in Anlehnung an A. Schweitzer aus einer enttäuschten apokalyptischen Hoffnung entstanden sein; anders als Schweitzer sieht er in P. einen Mann, dessen geistige Welt irgendwo zwischen jüd. Apokalyptik und dem voll entwickelten Gnostizismus des 2. Jh. liegt (S. 158). Grant sieht die gnostisierende Tendenz in der Art, wie P. die Auferstehung Christi als einen jetzt schon Wirklichkeit gewordenen (endzeitlichen) Sieg über die kosmischen Mächte darstellt. Noch vorsichtiger ist R.McL. Wilson, der meint (The Gnostic Problem, 1958, S. 75-80; 108; 261), P. habe eine zeitgenössische Kosmogonie und Terminologie nur dazu aufgenommen, um dem Gnostizismus entgegenzutreten und Jesu Vollmacht über die (gnostischen) »Mächte« darzustellen; der Apostel selbst lehne eine gnostizistische Deutung ab. J. Dupont (Gnosis: La Conaissance Religieuse dans les Épîtres de Saint Paul, [2]1960) und Ellis (Prophecy, S. 45-62) jedoch halten die paulin. »Gnosis« für streng atl.-jüd. Alle »griechischen« Deutungsversuche des P. haben ihre Wurzel in der Interpretation F.C. Baurs, der in P. den Exponenten des Heidenchristentums sah. Als W. Wrede und andere den auf Erlösung gerichteten eschatologischen Charakter des paulin. Denkens entdeckten, wurde der Apostel nicht nur dem Judenchristentum, sondern auch dem »liberalen« Jesus selbst gegenübergestellt. Doch war, wie A. Schweitzer gezeigt hat, der »liberale« Jesus nicht der Jesus der Evangelien. Bultmann (Theologie des Neuen Testaments, I) akzeptierte Schweitzers »apokalyptischen« Jesus, bestand aber darauf, daß die von Gott geforderte Entscheidung des Menschen und nicht eine apokalyptische Zukunftsmalerei der Kern der Eschatologie Jesu war. Der leidende, auferstandene und wiederkommende Menschensohn war nach Bultmann ein »mythologisiertes« Bild der späteren »hellenistischen« Christologie, und das Denken des P. blieb weit entfernt vom Denken des irdischen Jesus und seiner ersten Jünger. Wie man den Paulinismus beurteilt, ist deshalb immer eng damit verbunden, wie man die Berichte der Evangelien über Jesus einschätzt. Einige vermittelnde Exegeten übernehmen ein Stichwort von B. Weiß und sehen in einer »Entwicklung« den Schlüssel zur Theologie des P. Angesichts der nachlassenden Parusieerwartung hätten sich Anthropologie und Eschatologie des P. auf einen platonischen Dualismus hin bewegt (Dodd) und seine Kosmologie in Richtung auf den Gnostizismus (R.M. Grant).

In ihrer gegenwärtigen religionsgeschichtlichen Gestalt ist die Interpretation des P., die ihn von den rel. Ideen des Heidentums her verstehen will, an mehreren Punkten zu kritisieren. Es gibt in ihr die Tendenz, Parallelen in Einflüsse und Einflüsse in Quellen zu verwandeln. Einige dieser sog. »Quellen« paulin. Denkens stammen aus einer Zeit, die erheblich später liegt als das Leben des Apostels. Ferner wird diese Art von historischer Forschung manchmal durch ein unzulängliches Weltbild beeinträchtigt. Zum Beispiel verstand Bultmann, wie Weinel, unsere Welt als ein »geschlossenes Gefüge der natürlichen Kräfte«, in das kein »übernatürliches Etwas« eindringen kann (Kerygma und Mythos, Bd. I., hrsg. von H.W. Bartsch, 1948, S. 19; vgl. S. 135f). Die vielleicht wichtigsten, weil grundlegenden Fragen sind: Wie läßt sich der Paulinismus am besten verstehen – als eine Verschmelzung hier und dort aufgelesener Ideen oder als die Entfaltung und Anwendung einer zentralen Überlieferung, die im Geist Jesu Christi und der frühesten Kirche wurzelt? Wird die Gedankenwelt des P. von einem rel. Synkretismus her zutreffend erklärt oder aber im Kontext des apokalyptischen Judentums und der Urkirche? Beginnt die »Gnostisierung« des christl. Denkens bei P. und der vorpaulin. (hellen.) Christenheit (Bultmann) oder bei den Gegnern des P. und bei eigensinnigen Bekehrten? Geht sie aus dem Versagen der ursprünglichen Enderwartung bei P. hervor (R.M. Grant) oder aus dem Mißverständnis dieser Eschatologie (und des P.) in seinen Gemeinden? (vgl. Ellis, Prophecy, S. 45-62; 101-115).

III. BEZÜGE ZUM JUDENTUM.

1. Die Bindung des Paulus an die Urkirche.

A. Ritschl und von Hofmann hatten beide gegen Baur an der Einheit der Lehre des P. mit derjenigen der Urkirche festgehalten. A. Resch hielt in der »Jesus-oder-Paulus«-Diskussion diese Ansicht aufrecht. Seine gründliche Untersuchung »Der Paulinismus und die Logia Jesu« (1904) kam zum Ergebnis, die Worte Jesu seien eine primäre Quelle für das paulin. Denken. Aber konnte nicht eher P. die Quelle für den Jesus der synoptischen Evangelisten darstellen? Die Arbeiten mehrerer Gelehrter (z.B. Duncan; F.F. Bruce, BJRL 56, 1973/74, S. 317-335) haben demgegenüber die von Resch behauptete Priorität nachgewiesen. C.H. Dodd (Preaching, S. 56) stellte fest, daß ein »Kerygma«, d.h. Kernsätze der Evangeliumsverkündigung, den Evangelien wie auch der Theologie des P. zugrundelag, »eine Tradition, so alt wie die Kirche selbst«. Derselbe Forscher (According to the Scriptures, 1952, S. 108ff) fand, von den »Testimonies« des Rendel Harris (1916, 1920) ausgehend, ein »Fundament neutestamentlicher Theologie«, dem P. sich verpflichtet wußte und dessen Ursprung auf Christus selbst zurückging. E.E. Ellis untersuchte die hermeneutischen Prinzipien, die Paulus beim Gebrauch des AT anwandte (Paul's Use of the Old Testament, S. 97f; 107-112; ders., Prophecy, passim), und sprach sich für eine gemeinsame (vorpaulin.) exegetische Tradition aus, die von den »Propheten« der Urkirche herkomme. E. Lohmeyer (Kyrios Jesus, 1928) interpretiert Phil 2,5ff als alten christl. Hymnus, der wahrscheinlich in aram. Kreisen entstanden ist (vgl. L. Cerfaux, S. 283ff; R.P. Martin, Carmen Christi, 1967; E.G. Selwyn, First Epistle of St. Peter, 1946, S. 365-369; 458-466). Auf ähnliche Weise wurde der vorpaulin. Charakter des urchristl. Katechismus von P. Carrington dargelegt (Primitive Christian Catechism, 1940).

O. Cullmann (»Tradition«, S. 66-99), K.H. Rengsdorf (ThWNT I, S. 413-444), H. Riesenfeld (The Gospel Tradition, 1969, S. 1-29) und B. Gerhardsson weisen auf ein Grundprinzip für dieses Verständnis von den Anfängen des Christentums hin: Der ntl. Begriff »Apostel« hat einen ähnlichen Ursprung wie der des rabbin. *schaliach*; dieser meinte einen autorisierten Boten, der dem Absender rechtlich gleichgestellt war. Die Apostel bezeugten eine Tradition (*paradosis*), die ihnen von Christus übergeben war. Da jedoch nicht alles jedem einzelnen Apostel offenbart worden war, mußte jeder zunächst sein Zeugnis einem anderen weitergeben (Gal 1,18; 1Kor 15,11), und nur die gesamte *paradosis*, zu der alle Apostel beitrugen, bildete die *paradosis Christi* (Cullmann, »Tradition«, S. 73). Weil er ein »Apostel« war, mußte also die Botschaft des P. durch das bestimmt sein, was er empfangen hatte: seine Katechese, sein Kerygma und die »Tradition« im weiteren Sinne mußten in der Urkirche und letztlich in der Lehre Jesu verwurzelt sein; und eine kritische Untersuchung bestätigt, daß dies auch wirklich der Fall ist. Diese Lehre Jesu scheint nicht nur moralische Belehrung oder apokalyptische Warnung enthalten zu haben, sondern auch Auslegung der Bibel (Ellis, Prophecy, S. 240-253) und eine schöpferische theologische Synthese, die einen Dienst seiner Jünger auch nach der Auferstehung ins Auge faßte (vgl. J. Jeremias, Die Verkündigung Jesu, [3]1979). Haben diese Exegeten recht, so stellt sich die scharfe Trennung zwischen P. und der judenchristl. Urgemeinde, die von Baur bis Bultmann vertreten wurde, als eine Annahme heraus, die unhaltbar ist.

2. Paulus' theologische »Herkunft«.

Um einen Autor richtig zu verstehen, müßte man sich wohl vor allem dem Milieu zuwenden, auf das er sich bezieht und dem er wahrscheinlich selbst angehört. Bei der Deutung paulin. Vorstellungen verdienen nicht die Kategorien des Gnostizismus des 2. Jh. (so leicht sich diese auch nachträglich dort »hineinlesen« lassen) die Hauptaufmerksamkeit des kritischen Historikers, sondern die Denkformen des rabbin.-apokalyptischen Judentums des 1. Jh. Die Natur des Judentums der ntl. Zeit ist komplex, und der Gegensatz zwischen dem »synkretistischen« und dem »orthodoxen« Judentum kann leicht übertrieben oder falsch bestimmt werden; auch darf man diese Begriffe nicht mit »hellenistisch« und »hebräisch« oder »Diaspora« und »palästinisch« gleichsetzen (vgl. Apg 6,1; Ellis, Prophecy, S. 106f; 125f; 245ff; Davies,S. 1-8). Dessen ungeachtet verbindet umfangreiche Forschungsarbeit das Denken des Pharisäers P., eines »Hebräers von Hebräern« (Phil 3,5), eher mit den palästin. Rabbinen und der Apokalyptik als mit einem synkretistischen Judentum. Van Unnik hat zumindest die Wahrscheinlichkeit aufgezeigt, daß P. seine frühe Jugend nicht in Tarsus, sondern in Jerusalem verbracht hat. Sicherlich hat P. die LXX benutzt; diese Übersetzung wurde neuerdings auch unter den Schriftrollen vom Toten Meer gefunden. P. predigte in der Diaspora und mag mit dem synkretistischen Judentum, wie es beispielsweise *Philo vertritt, vertraut gewesen sein. Aber seine Beziehung zur Diasporaliteratur – vielleicht mit Ausnahme der »Weisheit Salomos« – war nicht direkter Art und beschränkte sich wohl auf Traditionen, die beiden Teilen des Judentums gemeinsam waren. Wichtigere Beziehungen liegen in einer anderen Richtung. W.D. Davies und andere haben gezeigt, daß Qumran und das rabbin. Judentum den Hintergrund für viele paulin. Vorstellungen bilden, die früher als »hellenistisch« bezeichnet wurden. Ebenso entspricht die literarische Form der bibl. Auslegung bei P. den rabbin. Modellen. Die Qumrantexte haben deutlich erwiesen, daß die Schriften des P. und das übrige NT einen jüd. Hintergrund haben (vgl. F.F. Bruce, Qumran Texts, S. 66-77; D. Flusser; M. Black, The Scrolls and Christian Origins, 1961; Ellis, Prophecy, S. 35; 57ff; 213-220; Murphy-O'Connor).

3. Typische Denkmodelle bei Paulus.

Unter den speziellen theologischen Konzeptionen des P. hatten die Anthropologie und die Art und Weise des »In-Christus«-Seins seit der Zeit F.C. Baurs eine zentrale Bedeutung. Es wird heute weitgehend erkannt, daß P. den Menschen in einem atl.-jüd. Rahmen sieht – nicht im platonischen Dualismus der hellen. Welt (vgl. *Leben; Bultmann, Theologie des Neuen Testaments; Cullmann, Unsterblichkeit der Seele oder Auferstehung von den Toten? Antwort des NT, 1987; J.A.T. Robinson, The Body, 1952). Auch wird die Vorstellung von der Gemeinde als »Leib Christi« weder mit Hilfe der gnostischen Mythologie (E. Käsemann) noch einer stoischen Metapher (W.L. Knox) richtig verstanden, sondern ist am besten zu deuten als die atl.-jüd. Vorstellung von der korporativen Solidarität. W.D. Davies (Judaism, S. 53ff) hat die »Leib-Christi«-Idee des P. zu den rabbin. Spekulationen über den Leib Adams in Beziehung gesetzt. R.P. Shedd (»Man in Community«, 1958) findet – zu Recht – das Grundprinzip des P. letztlich im Realismus semit. Denkmodelle, wie sie auf den Messias und dessen Volk übertragen wurden (vgl. J.A.T. Robinson, The Body, 1953, S. 56ff; W.G. Kümmel, Römer 7 und das Bild des Menschen im NT, 1974; J. de Fraine, Adam and the Family of Man, 1965, S. 245-270; Ellis, Prophecy, S. 170ff). R. Gundry (S. 228-241) fällt hinter diesen Realismus zurück und sieht diese Vorstellung als metaphorisch an. D.R.G. Owen bietet in »Body and Soul« (1956) einen erhellenden Vergleich zwischen bibl. Anthropologie und der modernen naturwissenschaftlichen Sicht des Menschen. Die Studie von D. Cox (Jung and St. Paul, 1959) möchte auf anderen Gebieten die Relevanz des P. für den Glauben und das Leben heute bestimmen. Ob die Eschatologie des P. im jüd. oder griech. Denken verwurzelt ist, darüber gehen die Urteile auseinander. Die Bedeutung dieser Frage für die paulin. Theologie macht es notwendig, sie im folgenden eingehender zu behandeln.

IV. DER ESCHATOLOGISCHE KERN PAULINISCHEN DENKENS.

C.A.A. Scott (Christianity according to St. Paul, 1927) bezeichnet - im Gegensatz zu A. Schweitzers eschatologischer Interpretation - die Erlösung als das grundlegende Konzept des Paulinismus. Welcher Faktor bestimmt nun aber den Charakter des »Schon Jetzt« und »Noch Nicht« der paulin. Erlösungslehre? Weil er Schweitzers eigentliche Frage nicht erfaßte, bot Scott keine wirkliche Alternative; er fand ein Motiv, um P. zu beschreiben, aber keinen Schlüssel, um ihn zu erklären (vgl. auch die christologischen Deutungsversuche, z.B. von L. Cerfaux, Christ in the Theology of St. Paul, 1959). Schweitzer mag das Problem oder dessen Lösung nicht befriedigend formuliert haben; seine Bestimmung der tragenden Idee bleibt jedoch weiterhin wertvoll.

1. Die Ansätze A. Schweitzers und C.H. Dodds.

Bis in die neueste Zeit hinein kreiste die Diskussion über die ntl. Eschatologie um die Positionen von A. Schweitzer und C.H. Dodd. Für R. Bultmann hat Eschatologie nichts mit der Zukunft oder der Geschichte zu tun, sie ist Bewährungsraum für eigentliches oder uneigentliches Existieren. Wie F.C. Baur, so benutzt auch Bultmann die ntl. Sprache dazu, eine imponierende Religionsphilosophie in sie zu kleiden; die Exegese wird zur Dienerin des Existentialismus (vgl. N.Q. Hamilton: The Holy Spirit and Eschatology in Paul, 1957, S. 41-90, der eine klare Zusammenfassung und Kritik der Eschatologie von Schweitzer, Dodd und Bultmann bietet). Schweitzer behauptet, die Vorstellung des »In-Christus-Seins« bei P. sei aus der Tatsache erwachsen, daß das Reich Gottes, d.h. das Ende der Welt, mit dem Tod und der Auferstehung Christi nicht wirklich eintrat. Gegen Schweitzer macht Dodd geltend, mit dem Tode Christi sei der zukünftige Äon wirklich gekommen; die Eschatologie sei so weit »realisiert« worden, wie dies in der Geschichte überhaupt je der Fall sein werde. Der Glaubende nehme bereits am Reich Gottes teil (z.B. Kol 1,13) und trete bei seinem Tode endgültig in den ewigen, d.h. eschatologischen Raum ein. Eschatologie beziehe sich deshalb nicht auf ein geschichtliches Ereignis, mit dem das Ende der Welt komme; auf platonische Weise müsse sie mehr »räumlich« als zeitlich verstanden werden – als Ewigkeit (= Jenseits), im Gegensatz zum zeitlichen Dasein (= Diesseits).

Wie ist dann aber die Erwartung einer zukünftigen Parusie bei Paulus zu erklären? Dodd hält diese für ein Überbleibsel aus dem apokalyptischen Judentum (das der zentralen Botschaft Jesu ganz fremd sei) und greift zur Beantwortung der Frage auf Pfleiderer zurück: In 1Thess 4 habe P. eine strikt jüd. Eschatologie, modifziere diese aber in 1Kor 15 mit der Idee eines »Geist-Leibes«; 2Kor 5 schließlich, wonach der Glaubende mit seinem Tod in den Himmel entrückt werde, bringe die Sicht des gereiften (und »griechischen«) P. zum Ausdruck. J.A.T. Robinsons Buch »Jesus and His Coming« (1958, S. 160ff) ist im wesentliche eine Ausgestaltung von Dodds These.

Es ist das Verdienst von C. H. Dodd, daß er – im Gegensatz zu A. Schweitzer – erkannt hat, welche wesentliche Bedeutung der Aspekt des »Schon Jetzt«, d.h. der bereits »verwirklichten« Gottesherrschaft, für das ntl. Denken (und für die Bedeutung des Evangeliums in der heutigen Welt) besitzt. Aber mit der Übernahme eines unbibl. platonischen Zeitverständnisses wird Dodd dem futurischen und temporalen Charakter der eschatologischen Erlösung nicht gerecht. Außerdem schließt seine Entfaltung der paulin. Eschatologie einen unpaulin. anthropologischen Dualismus mit ein und verrät, daß die Texte z.T. mißverstanden wurden. Sowohl Schweitzer als auch Dodd bemühen sich um eine umfassende Interpretation der ntl. Eschatologie und verdienen dafür Bewunderung. Obwohl man inzwischen erkannt hat, daß die Alternative »futurisch« oder »verwirklicht« ein unangemessenes »Entweder/Oder« darstellt, bleiben die Beiträge Schweitzers und Dodds bedeutende Marksteine im Fortgang der Forschung.

Die wichtigen Monographien W.G. Kümmels (Promise and Fulfilment, 1957, S. 141-155 und NTS 5, 1958/59, S. 113-126) stellen überzeugend dar, daß sowohl »gegenwärtige« als auch »futurische« Eschatologie gleichermaßen und durchgängig in der Lehre von Jesus und von Paulus verwurzelt sind. O. Cullmanns höchst aufschlußreiche Veröffentlichungen: Christus und die Zeit, ³1962, und Heil als Geschichte, ²1967, setzen der platonischen Erlösungsidee – daß man nämlich mit dem Tode dem »Kreislauf« der Zeit entfliehe – die bibl. Vorstellung entgegen, wonach die Erlösung mit der Auferstehung verbunden ist, die in einer zukünftigen, »linear« gedachten Zeit, d.h. bei der Parusie, erfolgen wird. Diese Arbeiten, zusammen mit einer richtigen Einschätzung und Würdigung der von P. vertretenen atl.-jüd. Anthropologie und der semit. Vorstellung von einer korporativen Solidarität, bilden eine geeignete Grundlage für das Verständnis der paulin. Eschatologie – und somit seiner ganzen Erlösungslehre.

2. Der Vorrang einer Theologie der Erlösung.

Die historische Forschung seit der Reformation hat erkannt, daß die paulin. Theologie vor allem eine Theologie der Erlösung ist. Das 19. Jh. brachte eine zunehmende Betonung der präsentischen »Gemeinschaft mit Christus« (anstatt imputativen Gerechtigkeit) als der theologischen Mitte dieser Erlösung. Seit A. Schweitzer sind zwei eschatologische Brennpunkte – Tod und Auferstehung Christi einerseits und die Parusie andererseits – als Schlüssel für die Bedeutung der »Gemeinschaft mit Christus« erkannt worden. Jesus Christus besiegte durch seinen Tod und seine Auferstehung für alle Zeiten die »Mächte« des alten Äon – *Sünde, *Tod und die dämonischen »Herrscher der Finsternis« (Eph 6,12; Kol 2,15). Nun wurden die Glaubenden mit Christus gekreuzigt, auferweckt, verherrlicht und zur Rechten Gottes eingesetzt (Gal 2,20; Eph 2,5f). »In Christus« sind die Christen in das Zeitalter der Auferstehung eingetreten; die Solidarität mit dem ersten Adam in Sünde und Tod ist ersetzt durch die Solidarität mit dem eschatologischen Adam in Gerechtigkeit und ewigem Leben. Diese korporative Erlösung in und mit Jesus Christus, die Realität des »neuen Äon«, in die der Glaubende mit seiner Bekehrung eintritt (Röm 6), wird für den einzelnen Christen in der Gegenwart und in der Zukunft verwirklicht (vgl. Ellis, NTS 6, 1959/60; S. 211-216). Im gegenwärtigen Leben bedeutet sie eine Umformung durch den innewohnenden Geist – er ist die Erstlingsgabe des neuen Auferstehungslebens (Röm 8,23; 2Kor 5,5) -, der Ethik (Kol 2,20; 3,1.9f.12) und des ganzen Weltverständnisses (Röm 12,1ff). Dennoch bleibt der Christ - mitten in der moralisch-psychologischen Erneuerung– in seiner Sterblichkeit, unter den Todesansprüchen des alten Äon. Aber auch dies ist nicht mehr als ein »In-Adam-Sein« zu verstehen, sondern als Teil der Wirklichkeit des »In-Christus-Seins«; denn »die Leiden Christi kommen reichlich über uns« (2Kor 1,5; vgl. Phil 3,10; Kol 1,24), und die verstorbenen Christen sind »in Jesus« entschlafen (1Thess 4,14; vgl. Phil 2,17; 2Tim 4,6). Die Aktualisierung der Leiden Christi für den einzelnen Gläubigen ist natürlich keineswegs ein Selbsterlösungsprozeß; vielmehr bedeutet sie, mit Christus gleichgeworden zu sein »in der Gleichheit seines Todes« (Röm 6,5). Die »Gleichwerdung mit seiner Auferstehung« harrt ihrer Verwirklichung bei der Parusie, wenn der einzelne Christ, zu unsterblichem Leben auferweckt, »dem Bild seines (= Gottes) Sohnes« gleichgestaltet werden wird, »damit dieser der Erstgeborene sei unter vielen Brüdern« (Röm 8,29; vgl. 1Kor 15,53ff).

Somit ist die paulin. Erlösung keine »geistliche« Befreiung, die beim Tode in der Flucht der »Seele« aus dem Körper gipfelt (Dodd), sondern eine physische Erlösung, die ihren Höhepunkt in der Befreiung des ganzen Menschen bei der Parusie findet (Cullmann). Sie darf nicht im Sinne eines platonischen Dualismus, sondern muß im Rahmen einer atl.-jüd. Sicht des Menschen als eines einheitlichen Wesens verstanden werden, das nicht nur als Individuum, sondern auch in »korporativen Gemeinschaften« lebt. Die Zukunft, die in der Auferstehung Jesu Christi Gegenwart geworden ist, ist eine Zukunft, die der Christ jetzt nur korporativ, als »Leib Christi«, verwirklicht. Aber bei der Parusie wird Glauben zum Sehen werden, »Fern-Sein« wird »Zu-Hause-Sein« werden, und die solidarischen Einheiten des neuen Äon werden individuell in all ihrer Herrlichkeit wirklich werden, im Menschen wie in der ganzen Schöpfungsordnung (Röm 8,19.21). Dies ist die lebendige Hoffnung im Herzen des Paulus – und dies ist auch Inhalt und Ziel seiner Theologie.

Literatur: G. Bornkamm: Paulus, [5]1983; ders.: RGG[3] V., 166–190; ders.: Das missionarische Verhalten des Paulus nach 1Kor 9,19–23 und in der Apostelgeschichte, in: ders.: Geschichte und Glaube 2, 1971, 149-161; C.H. Dodd: New Testament Studies, 1953; ders.: The Apostolic Preaching and its Development, 1936; G. Eichholz: Die Theologie des Paulus im Umriß, [5]1985; P. Feine (hrsg.von J.Behm): Einleitung in das Neue Testament, 1950; D. Flusser: The Dead Sea Scrolls and Pre-Pauline Christianity, Aspects of the Dead Sea Scrolls, ed. C. Rabin and Y. Yadin, 1958, S. 215-266; D. Georgi: Die Geschichte der Kollekte des Paulus für Jerusalem, 1965, S. 91-96; B. Gerhardsson: Die Anfänge der Evangelientradition, 1977; L. Goppelt: Theologie des NT, 1985, S. 356-479; ders.: Die apostolische und nachapostolische Zeit, [2]1965; ders.: Apokalyptik und Typologie bei Paulus, in: ders.: Christologie und Ethik, 1968, S. 234-267; R.M. Grant: Gnosticism and Early Christianity, 1959; H. Greeven: Propheten, Lehrer, Vorsteher bei Paulus; ZNW 44/1951/52, S. 1-43; M. Hengel: Die Ursprünge der christlichen Mission, NTS 18/1971/72; ders.: Zwischen Jesus und Paulus, ZThK 72/1975, S. 151-206; O. Hofius: Erwägungen zur Gestalt und Herkunft des paulinischen Versöhnungsgedankens, ZThK 77/1980, S. 186-199; ders.: Das Gesetz des Mose und das Gesetz Christi, ZThK 80 (1983), S. 262-286; E. Käsemann: Amt und Gemeinde im NT, in: Exegetische Versuche und Besinnungen I, [6]1970, S. 109-134; O. Knoch: Die Testamente des Petrus und Paulus. Die Sicherung der apostolischen Überlieferung in der spätneutestamentlichen Zeit, 1973; W.G. Kümmel: Einleitung in das Neue Testament, [19]1978; F. Lang: Abendmahl und Bundesgedanke im NT, EvTheol 35/1975, S. 524-538; G. Lohfink: Paulus vor Damaskus, [3]1967; E. Lohse: Die Entstehung des NT, [4]1983, S. 34-65; ders.: Grundriß der ntl. Theologie, [3]1984, S. 74-111; I.H. Marshall: Luke: Historian and Theologian, 1970; W. Michaelis: Einleitung in das Neue Testament, 1954; H.-J. Michel: Die Abschiedsrede des Paulus an die Kirche. Apg 20,17-38. Motivgeschichte und theologische Bedeutung, 1973; J. Munck: Paulus und die Heilsgeschichte, 1954; J.M. Murphy-O'Connor: Paul und Qumran, 1968; K.H. Rengstorf (Hrsg.): Das Paulusbild in der neueren Deutschen Forschung, [3]1982; H. Ridderbos: Paul and Jesus, 1958; ders.: Paulus 1967; R. Riesner: Jesus als Lehrer (WUNT 2/7), [3]1988; O. Roller: Das Formular der Paulinischen Briefe, 1933; J. Roloff: Apostolat-Verkündigung-Kirche. Ursprung, Inhalt und Funktion des kirchlichen Apostelamtes nach Paulus, Lukas und den Pastoralbriefen, 1965; ders.: Neues Testament, [4]1985; E.P. Sanders: Paulus und das palästinische Judentum, 1977; K.H. Schelkle: Paulus. Leben – Werk – Theologie, [2]1988; A. Schlatter: Einleitung in die Bibel, 1933; ders.: Die Theologie der Apostel, [3]1977; W. Schmithals: Paulus und Jakobus, 1963; ders.: Die Gnosis in Korinth, [3]1969; A. Schweitzer: Die Mystik des Apostels Paulus, 1930/1981; P. Stuhlmacher: »Das Ende des Gesetzes«. Über Ursprung und Ansatz der paulinischen Theologie, in ders.: Versöhnung, Gesetz und Gerechtigkeit. Aufsätze zur bibl. Theologie, 1981, S.166-191; ders.: Die Gerechtigkeitsanschauung des Apostels Paulus, in: Versöhnung, S. 87-116 (bes. 98-111); A. Vanhoye (Hrsg.): L'Apôtre Paul. Personnalité, Style et Conception du Ministère, 1986; U. Wilckens: Lukas und Paulus unter dem Aspekt dialektisch-theologisch beeinflußter Exegese, in: ders.: Rechtfertigung als Freiheit. Paulusstudien, 1974, 171-202. E.E.E./O.B.

PEDAJA. (»Jahwe hat erlöst«).

1. Vater von *Joel, Stammesfürst von *Manasse (1Chr 27,20).

2. Großvater mütterlicherseits des Königs *Jojakim von Juda (2Kön 23,36).

3. Dritter Sohn des Königs *Jojachin von Juda (1Chr 3,18). Nach 1Chr 3,19 ist P. der Vater *Serubbabels, der Esr 3,2 als Sohn Schealtiëls, des Bruders P.s, bezeichnet wird.

4. Sohn des Parosch, der beim Wiederaufbau der Jerusalemer Mauer half (Neh 3,25).

5. Ein Israelit, der links von Esra stand, als dieser dem Volk das Gesetz vorlas (Neh 8,4); vielleicht mit 4. identisch.

6. Ein von Nehemia ernannter Levit, der bei der Austeilung des Zehnten half (Neh 13,13).

7. Benjaminit, der sich nach dem Exil in Jerusalem ansiedelte. J.D.D.

PEIN s. Schmerz

PEINIGER. Folterknecht (Spr 29,13; Mt 18,34), der die Geißelung und andere Torturen vollzog, meist mit dem Ziel, von den Gefangenen Geständnisse zu erpressen (vgl. Apg 22,24; s. *Geißel/geißeln).

PEITSCHE s. Geißel

PEKACH. (Hebr. *päqach*, »Öffnung«). P., der Sohn Remaljas, war der »dritte Mann« (hebr. *schālīschō*; LÜ: Ritter) im Streitwagen *Pekachjas, des Königs von Israel und Nachfolgers *Menahems. Mit Hilfe der Gileaditer ermordete er Pekachja in Samaria (2Kön 15,21ff). Dann bestieg er den Thron und regierte als König von Israel von etwa 735 bis 732 v.Chr. Seine Machtübernahme geschah im 52. Jahr des Königs *Asarja/Usija von Juda (V. 27). Im zweiten Regierungsjahr P.s trat Jotam Asarjas/Usijas Nachfolge an (V. 32).

P. verfolgte eine anti-assyr. Politik und verbündete sich mit Rezin von Syrien. Zusammen bedrängten sie Jotam von Juda, wohl damit er sich ihnen anschließen sollte (V. 37). Der Prophet *Jesaja jedoch riet ihm und seinem Nachfolger *Ahas, neutral zu bleiben. P. zog nach Jerusalem, das er erfolglos belagerte

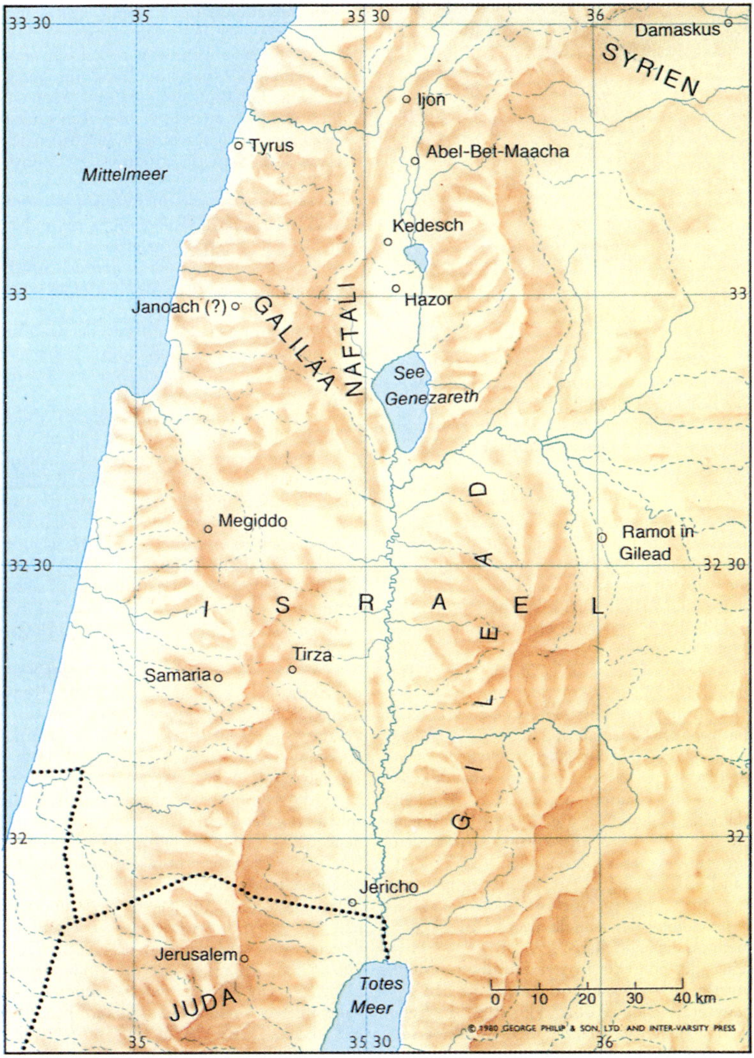

Der Herrschaftsbereich Pekachs (ca. 737-732 v.Chr.).

Die hebräische Inschrift auf diesem Bruchstück eines Vorratskruges aus Hazor lautet: Für Peqach, Semadar – *Vermutlich ist Pekach, der König von Israel gemeint (Semadar ist vielleicht eine Ölart). Stratum V A., 740-732 v.Chr.* (YY)

(2Kön 16,5; Jes 7,1). Seine syr. Verbündeten nahmen *Elat ein, während P. die Judäer bekämpfte, viele von ihnen tötete und von Jericho bis Samaria viele Gefangene machte (2Chr 28,6-8). Diese wurden später auf Fürsprache des Propheten *Oded hin freigelassen (V. 9-15).

Angesichts dieser Invasion bat Ahas *Tiglatpilesar III. von Assyrien, der in Syrien Krieg führte, um Hilfe. 732 v.Chr. eroberten die Assyrer Damaskus und fielen im N Israels ein. Eine Liste der überfallenen Orte (bis nach Galiläa) bietet 2Kön 15,29. Sie stimmt teilweise mit Tiglatpilesars eigenen Annalen überein. Ausgrabungen in *Hazor bestätigen die damalige assyr. Zerstörung. Unter den dort gefundenen Gegenständen aus der Zeit von P.s Besetzung ist ein Weinkrug mit der Aufschrift *lepäqach*, »gehört Pekach«.

Im Gefolge der schnellen assyr. Invasion in mehr als die Hälfte Israels verschwor sich Hoschea, der Sohn Elas, gegen P. und ermordete ihn. Da Tiglatpilesar III. in seinen Annalen behauptet, P. (*Paqaha*) durch Hoschea (*'Ausi*) ersetzt zu haben, ist anzunehmen, daß diese Tat von den Assyrern gebilligt, wenn nicht gar angestiftet war. P.s Regierung ist der Tradition *Jerobeams, d.h. der Abkehr von Jahwe, gefolgt (2Kön 15,28). D.J.W.

PEKACHJA. (Hebr. *peqachjāh*, »Jahwe hat (seine Augen) geöffnet«). Sohn *Menahems, des Königs von Israel, dessen Nachfolger er 738/37 v.Chr. wurde (2Kön 15,23-26). P.s Ermordung im zweiten Regierungsjahr läßt vermuten, daß er die unterwürfige Politik seines Vaters gegenüber Assyrien fortsetzte. Die Aufständischen, angeführt von *Pekach, dem Sohn Remaljas, könnten im Bund mit König Rezin von Damaskus gewesen sein, denn sie kamen aus dem an sein Gebiet grenzenden *Gilead. Der König P. wurde im Burgturm des Palastes von *Samaria ermordet. A.R.M.

PELATJA. (Hebr. *pelathjāh(ū)*, »Jahwe befreit«; griech. Phaltias, Phalettia).

1. Ein Oberer des Volkes, der sich unter *Esra zur Beobachtung des Gesetzes verpflichtete (Neh 10,23).

2. Simeonitischer Heerführer, der zusammen mit anderen z.Zt. des Königs *Hiskia von Juda amalekitisches Land besetzte (1Chr 4,41f).

3. Ein Sohn Benajas, Oberster des Volks z.Zt. des Propheten *Hesekiel. Dieser beschreibt ihn als einen derjenigen, die Unheil planen und Jerusalem falsch beraten. P. starb, wie Hesekiel prophezeit hatte (Hes 11,1-13).

Namensverbindungen mit *plt* sind aus der Amoriterzeit belegt und waren in *Ugarit (Ras Schamra) im 13. Jh.v.Chr. und später im Aram. gebräuchlich (F. Gröndahl, Personennamen der Texte aus Ugarit, 1967, S. 173). D.J.W.

PELEG. (Hebr. *päläg*, »Wasserlauf, Trennung«). Sohn *Ebers, Bruder *Joktans und Enkel *Sems (1Mo 10, 25). Zu seiner Zeit wurde die Erde »zerteilt«. Dies Wort (*niplegah*) ist ein Wortspiel oder eine Erklärung des Namens. Es wird gewöhnlich als Hinweis auf die Aufsplitterung der Weltbevölkerung in verschiedene Orts- und Sprachgruppen verstanden (1Mo 11,1-19). Es könnte auch die zunehmende Kultivierung durch die halb-nomadischen Söhne Ebers, die künstliche Bewässerungskanäle benutzten, bezeichnen (assyr. *plagu*). In diesem Sinn wird *päläg* in Jes 30,25; 32,2; Hiob 29,6; 38,25 gebraucht. Andererseits könnte es ein Hinweis auf die Teilung von Land mittels Grenzen sein (akkad. *pulukku*; JCS 18, 1964, S. 69; *palāku*, »an Grenzen trennen«). P. war der Vater Regus (1Mo 11,18). D.J.W.

PELETITER. Diesen Namen trugen die Einwohner Bet-Pelets im judäischen *Negeb (Jos 15,27; Neh 11,26). *Helez, einer der 30 Helden Davids, war ein P. (2Sam 23,26; 1Chr 11,27; 27,10). R.A.H.G.

PELLA. Die im Altertum bedeutende – sicherlich nach der mazedonischen Hauptstadt und Geburtsstadt Alexanders d. Großen benannte – Stadt der *Dekapolis, identisch mit Ruinen und Tell (arab.) Chirbet Tabakat Fahil, war 36 km nördl. von Jericho auf einer Terrasse östl. über dem Jordantal gelegen, ca. 12 km südöstl. von *Skythopolis (*Bet-Schean; Eus.onom., ed. Klostermann, 326, 110, 13). Der ovale Tell (400 x 240 m) erhebt sich 30 m über NN und läßt an seiner Südseite eine Quelle (Ain el-Jirm) in ein schmales Tal (Wadi Jirm el-Moz) fließen (Plin. nat. V. 16,74; Palästin. Talmud jScheb VI 1,36c).

Die Stadt P. ist weder im AT noch in den Apokryphen und auch nicht im NT namentlich erwähnt, dagegen aber bei Josephus (Jos.bell.Jud. II, 458) und späteren Schriftstellern. Erste Erwähnung findet sie in den ägypt. Ächtungstexten (19. Jh.v.Chr.; ANET, 329) und in den Amarna-Briefen (1400 v.Chr.) unter dem Namen Pahila/Pihilum, das Äquivalent der kanaan. Form Pahel/Pehel. In EA,256 wird Mot-Baal als König von P. erwähnt (ANET, 486). Ein anderer Brief informiert darüber, daß Mot-Baals Territorium an jenes von Hazor grenzte. Der Stadtname erscheint außerdem in den Quellen Thutmosis III. und Setis I. (ANET, 243). Auf einer Basaltstele Setis I., die in Bet-Schean gefunden wurde, wird berichtet, daß P. mit Hamat in einem Krieg gegen Rehob (wahrscheinlich Tell es-Sarem) verbündet war (ANET, 253). Der sog. Anastasi-Papyrus (um 1250-1200 v.Chr.) informiert darüber, daß P. andererseits mit dem benachbarten Rehob u.a. Radspeichen für Streitwagen Ägyptens produzierte. Wahrscheinlich ist Pahel in der Späten Bronzezeit vor der israelit. Eroberung zerstört und nicht wieder aufgebaut worden. In altisraelit. Zeit erlangte die Stadt nur geringe Bedeutung. Erst griech. Kolonisten (Mazedonier) siedelten in der Region nach der Belagerung des Landes durch Alexander d. Großen (332 v.Chr.), unter ihnen sicher einige von Alexanders altgedienten Soldaten. Im Jahre 218 v.Chr. eroberte der Seleukidenherrscher *Antiochus III. die Stadt (Polybios V, 70-71). Etwa 83/82 v.Chr. fiel sie durch Invasion und Ausplünderung an den Hasmonäer *Alexander Jannäus (Jos.ant.Jud. XIII, 392-397; Jos.bell.Jud. I, 103-105). Im Jahre 63 v.Chr. trennte Pompeius P. und andere transjordanische Städte von Judäa ab, als er die Dekapolis gründete, eine freie Föderation von zehn Städten in der Region (Jos. ant.Jud. XIII, 15,4; XIV, 4,4; Jos.bell.Jud. I,4,8; 7,7). Einen größeren Wiederaufbau der Stadt dürfte dann etwa 57 v.Chr. der Gouverneur von Sy-

Die Umgebung von Tabakat Fahil (Pella). (GGGR)

rien, Gabinius, unternommen haben (Jos.ant.Jud. XIV, 75). Nach Eusebius (h.e. III,5,3-4) flüchtete die judenchristl. Gemeinde in Beachtung der prophetischen Weisung von der Zerstörung Jerusalems (Mt 24,15f; Mk 13,14f) nach P. in der Zeit des Jüdischen Krieges (67 n.Chr.), während des ersten Aufstandes gegen die Römerherrschaft oder bereits vor Ausbruch des Krieges (66 n.Chr.), auch wenn ein großer Teil der Exulanten später 135 n.Chr. nach Judäa zurückkehrte; doch blieb P. in den folgenden Jahrhunderten als bedeutendes Zentrum des Christentums zurück (Epiphanius, adv. haer. XXIX, 7,7-8; XXX, 2,7-8). Aus P. stammt auch der christl. Schriftsteller Ariston (2. Jh.n.Chr.). Gegen Ende des 1. Jh.n.Chr. begann die Stadt eigene Münzen zu prägen und ließ ein Odeum oder kleines Theater nahe der Quelle erbauen. Eine Zahl von Gräbern zeugt noch von der Besiedlung im 3. und 4. Jh.n.Chr. Seine größte Expansion erreichte P. während der byzantin. Periode, 325 bis 635 n.Chr. (Bischöfe Kirchen, Thermalquelle). Einen raschen Niedergang erlebte die Stadt nach der islamischen Eroberung 635 n.Chr., der »Schlacht von Fihl«. Schließlich zerstörten heftige Erdbeben in den Jahren 658, 717 und 746/747 n.Chr. viele Stadtanlagen. Im ausgehenden Mittelalter verfiel die Stadt.

P. ist noch nicht vollständig ausgegraben. Bekannt sind Oberflächenuntersuchungen vom Jahre 1933. Erste Ausgrabungen wurden 1958 unter der Schirmherrschaft der ASOR (H.N. Richardson/R.W. Funk) durchgeführt (Areal I: byzantin. Westbasilika; Areal II: mittelbronzezeitl. bis byzantin. Grabanlagen). Weitere Grabungen folgten 1967 (US-amerikan.: R.H. Smith), 1978 (australische: B. Hennessy), in Teamarbeit Frühjahr 1981/Winter 1981/82 und umfangreiche Grabungskampagnen in den Jahren 1982 und 1983. Zukünftige archäologische Forschungen sollen offene Fragen klären helfen. Folgende archäologische Perioden konnten bisher auf Tabakat Fahil und den es umgebenden Hügeln und Tälern nachgewiesen werden: Spätpaläolithikum und Protoneolithikum (Areal XX im Wadi Hammeh: Kebaran- und Natufien-Platz), Neolithikum (auf Tabakat Fahil und im Wadi Jirm el-Moz), Chalkolithikum (Areal XIV: Hangsiedlung am Dschebel Sartaba), sowie Frühe bis Späte Bronzezeit, Frühe Eisen- bis Eisen-II-Zeit; späthellen., früh-, spätröm., byzantin. Zeit (Areal V: Ostkirche; Areal IX: Basilika im Tal), Omayyaden und Ayyubiden-Zeit (Areal XVII: Moschee auf Tabakat Fahil).

Literatur: G. Schumacher: Pella, 1888, Th. Schlatter: PJ 14/1918, S. 103f; A. Alt: PJ 20/1924, S. 22f; J. Richmond: PEFQST 66/1934, S. 18f; N. Glueck: AASOR XXV-XXVIII, 1951, S. 254f; PW XIX/1, S. 348f; DACL XIV, S. 176f; RGG[3], V, S. 207f; IDB III, S. 710; LThK VIII, S. 253f; BHH III, 1412; H. Bietenhard: ZDPV 79, 1963, S. 24f; DBS 7, 1966, S. 605f; A. Negev: AEHL, 240; L. L. Levine: EAEHL IV, 939f; R.H. Smith: Pella of the Decapolis, Vol. I, 1973; R.L. Alden: ZPEB 4, 1975, S. 672; R.H. Smith: Archaeology 34, 1981, S. 46f; A.W. McNicoll, R.H. Smith, B. Hennessy: Pella in Jordan 1, 1979-1981, 1982; A.W. McNicoll: Pella: une ville de la Décapole. Le monde de la Bible 22/1982; G. Willcox: Archaeological Investigations at Pella, Typescript, 1983; R.H. Smith, A.W. McNicoll: The 1982 and 1983 Seasons at Pella of the Decapolis, BASOR Suppl. 24, Preliminary Reports of ASOR-Sponsored Excavations 1980-84; S. 89f; L.T. Geraty, L.G. Herr (ed.): The Archaeology of Jordan and Other Studies, 1986, S. 47f; F.R. Scheck: Jordanien, [2]1987, S. 128f; C. Koester: The Origin and Significance of the Flight to Pella Tradition, CBQ 51/1 (1989), S. 90–106. G.G.G.R.

PENTATEUCH. P. heißt der erste Teil des atl. Kanons. Er umfaßt die fünf Mosebücher. Wegen der in ihnen enthaltenen Weisungen oder Gesetze als bindender Grundlage für das Leben erhielten diese fünf Bücher im *Judentum die Bezeichnung Tora (hebr. *torah*, »*Gesetz, Weisung«). Die Einteilung des P. in fünf Bücher erfolgte spätestens im 4. Jh.v.Chr. und wird durch die griech. Übersetzung bezeugt. Die Einteilung erfolgte, um Stücke etwa gleich großen Umfangs zu erhalten, die sich auf je einer der gebräuchlichen Buchrollen unterbringen ließen. Aufgrund dieser Aufteilung wurden die fünf Mosebücher als P. bezeichnet (von griech. *hē pentateuchos biblos*, »das Fünfrollenbuch«, latein. *pentateuchus*). Die einzelnen Namen des P. hat die jüd. Synagoge den hebr. Anfangsworten der fünf Bücher entnommen, während die griech.-latein. Bezeichnungen auf den Inhalt der Bücher hinweisen wollen. Die fünf Bücher tragen die Namen Bereschith (hebr. *ber'ēschīt*, »am Anfang«) oder *Genesis (griech. *genesis*, »Anfang«), Schemoth (hebr. *we'elläh schemōt*, »und dies sind die Namen«) oder *Exodus (griech. *exodos*, »Auszug«), Wajjiqra (hebr. *wajjiqrāh*, »und er rief«), oder *Levitikus (griech. *leuitikon*, »Levitisches Gesetz«), Wajjedabber (hebr. *wajjedabbēr*, »und er sprach«) oder *Numeri (griech. *arithmoi*, latein. *numeri*, Volks»zählungen«) und Debarim (hebr. *'elläh haddebārīm*, »dies sind die Worte«) oder *Deuteronomium (griech. *deuteronomion*, »zweites Gesetz«).

S. *Genesis, *Exodus, *Levitikus, *Numeri, *Deuteronomium. Ri.Sch.

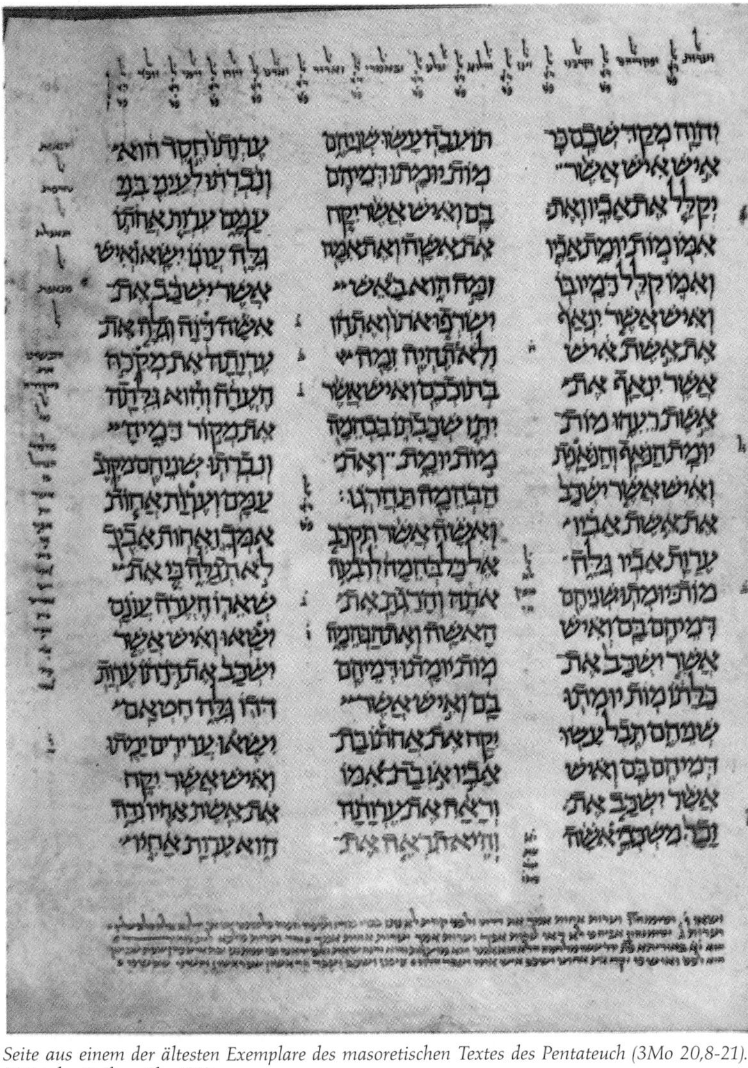

Seite aus einem der ältesten Exemplare des masoretischen Textes des Pentateuch (3Mo 20,8-21). Mitte des 9. Jh. n.Chr. (BL)

PEOR.

1. Gipfel eines Berges, der auf das Jordantal hinunterblickt und sich etwa 10-15 km nordöstl. von der N-Spitze des Toten Meeres befindet. Die genaue Lokalisation ist nicht mehr auszumachen, es handelt sich möglicherweise um Chirbet ʿajun mūsa (Henke), oder Tell el-matabeh (Simons). Auf dem Gipfel dieses Berges sollte *Bileam auf Wunsch des Moabiterkönigs die in Sichtweite lagernden Israeliten verfluchen (4Mo 23,28). Im gegenüberliegenden Tal soll Mose seine Abschiedsrede gehalten haben (5Mo 4,46) und

in der Nähe begraben worden sein (5Mo 34,1.6).

2. Auf dem besagten Berg befand sich wohl ein Heiligtum, wo Baal Peor (»Herr des Peor«) verehrt wurde (4Mo 25,3.5.18; 31,16; 5Mo 4,3; Ps 106,28; Hos 9,10). Auch Israeliten ließen sich zur Verehrung dieser moabitischen Gottheit verführen, was zu einem Gottesgericht führte.

3. Bet-Peor war vermutlich jenes Heiligtum am Berge Peor.

Literatur: O. Henke: ZDPV 75/1959, S. 155-163; M. Noth: Aufsätze zur biblischen Landes- und Altertumskunde I, 1971, S. 391-433; J. Simons: The geographical and topographical texts of the OT, S. 263f. G.Le.

PERÄA. Ein Gebiet im *Ostjordanland, das ungefähr dem Gilead des AT entspricht. Das NT erwähnt P. namentlich nicht - das bleibt Josephus überlassen – bezieht sich aber mehrere Male auf die Gegend (z.B. Mt 19,1) als »Judäa jenseits des Jordan«. Der Name P. wurde nach dem Exil die gebräuchliche Bezeichnung für einen etwa 16 km breiten Landstreifen östl. des *Jordan, der sich vom *Arnon im S bis irgendwo zwischen dem *Jabbok und *Jarmuk im N erstreckt und im wesentlichen eine Hügelkette mit Erhebungen bis 1000 m über dem Jordan sowie die dort liegenden Siedlungen umfaßt. P. war ein Hochlandgebiet mit ausreichendem Niederschlag (750 mm pro Jahr) und Baumbewuchs in den höheren Lagen. In den mittleren Lagen wuchsen Oliven und Wein. Nach O ging das Kulturland (Weizenfelder) in die steppigen Weideflächen des tieferliegenden Landes über. Z.Zt. des AT bot P. offenbar eine einladende Landschaft. Die Stämme *Gad und *Ruben verloren nämlich das Interesse, mit ihrem Vieh den Jordan zu überqueren, nachdem sie P. und die angrenzenden Gebiete gesehen hatten (4Mo 32,1-5).

Z.Zt. Jesu war P. jüd. und wurde von *Herodes Antipas regiert. Nach jüd. Ansicht besaß es denselben Status wie *Judäa und *Galiläa. Da P. jenseits des Jordans an beide Gebiete grenzte, konnte man es längs durchqueren und so Samarien umgehen, wenn man von Galiläa nach Judäa reisen wollte. J.H.P.

PEREZ, PEREZITER. P. war einer der Söhne *Judas, die dieser mit seiner Schwiegertochter Tamar gezeugt hatte (1Chr 2,4; 4,1). P. wurde so genannt, weil er als erster geboren wurde, obwohl sein Zwillingsbruder *Serach zuerst seine Hand herausstreckte. Es hieß, P. habe »einen Riß gerissen« (*pāraz;* 1Mo 38,29). Er war der Vater von Hezron und Hamul (1Mo 46,12; 4Mo 26,21; 1Chr 2,5). Ihre Nachkommen hießen Pereziter (*parzī;* 4Mo 26,20; s.a. Neh 11,4.6). P. und Hezron finden sich im Stammbaum des Messias (1Chr 9,4; Rut 4,18; Mt 1,3; Lk 3,33; vgl. Rut 4,12). Der Name P. erscheint in der LXX und im griech. NT als Phares. Möglicherweise begegnet er in dem assyr. Namen Parsi in Dokumenten aus dem 8. Jh.v.Chr. (K. Tallqvist, Assyrian Personal Names, 1914, S. 180). T.C.M.

PERGAMENT. Nach der Stadt *Pergamon in Kleinasien benanntes Schreibmaterial aus präparierten Tierhäuten. Diese wurden in einer Kalklösung aufgeweicht, um die Haare zu entfernen, danach geschabt, gewaschen, getrocknet, gespannt und geschmeidig gemacht. Durch diese Art der Herstellung unterschied sich P. von (gegerbtem) Leder, das schon früher als Schreibmaterial benutzt worden war. Das Blatt war auf beiden Seiten glatt, sehr dünn und zum Beschreiben gut geeignet. Die frühesten datierten P.funde stammen aus Babylonien und gehören an den Anfang des 2. Jh.v.Chr. Im Spätjudentum diente P. zur Herstellung von Gesetzesrollen, wobei nur Häute von reinen Tieren verwendet werden durften. Das verbreitetste Schreibmaterial in ntl. Zeit war aber Papyrus. P. wird nur 2Tim 4,13 erwähnt. Eine P.handschrift des 4. Jh.n.Chr. ist der von K. von Tischendorf entdeckte Codex Sinaiticus, dessen P. sehr dünn und elastisch ist.

PERGAMON. Eine Stadt in der Kaïkosebene im NW Kleinasiens, zu ntl. Zeit im W der röm. Provinz Asia, im W der heutigen asiat. Türkei. P. lag etwa 25 km von der Küste landeinwärts, der Stadtkern befand sich auf dem 335 m hohen, nach N, O und W steil, nach S in drei Stufen abfallenden Burgberg aus vulkanischem Gestein. Heute liegt die kleine Stadt Bergama in der Ebene unter der Akropolis der alten Stadt.

Nach 282 v.Chr. erlangte P. größere Bedeutung, als Philetärus einen Aufruhr gegen Lysimachus von Thrakien anzettelte und P. zur Hauptstadt des späteren attalidischen Königreiches machte. Dieses wurde 133 v.Chr. von Attalus III. den Römern hinterlassen, die daraus die Provinz Asia bildeten. In P. wurde der erste Tempel des Kaiserkultes (um 29 v.Chr.) zur Ehre Roms und des Augustus gebaut. Die Stadt rühmte sich daher einer rel. Vorherrschaft in der Provinz, während Ephesus das Handelszentrum war. In P. ist die dritte der »sieben Gemeinden« (Offb 1,11) beheimatet,

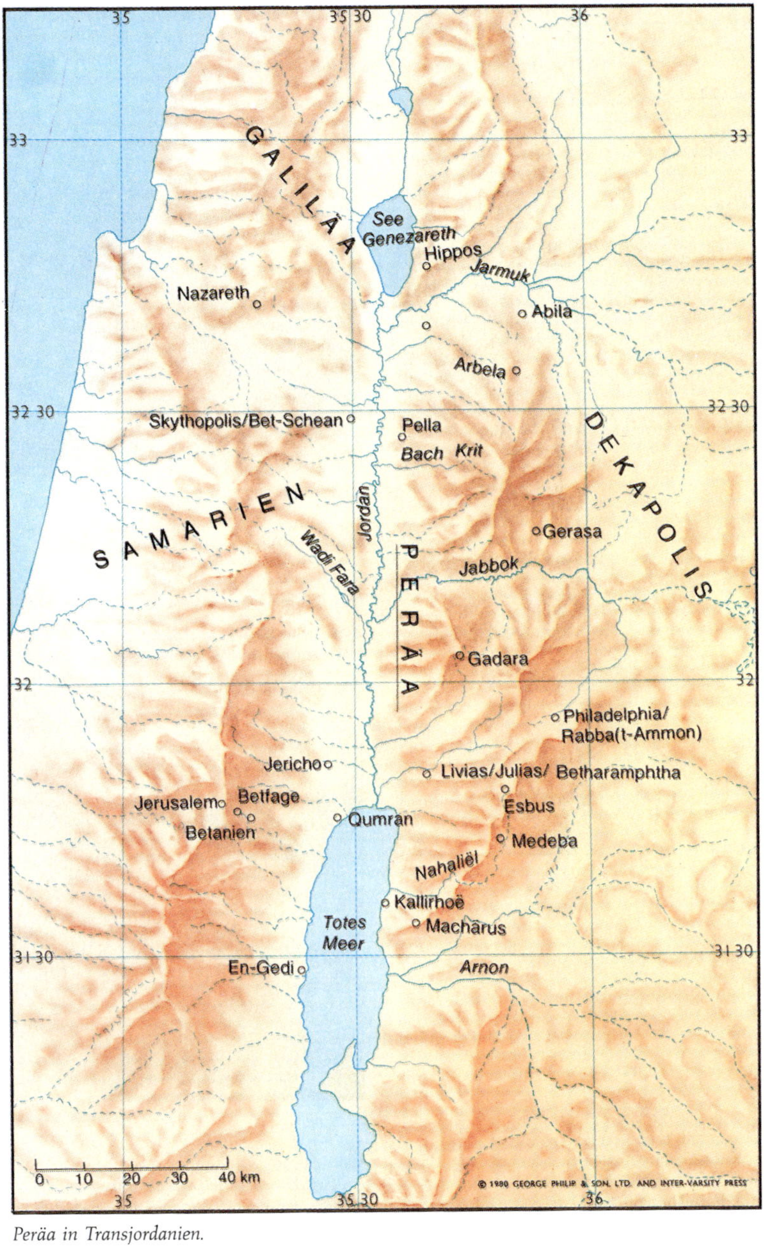

Peräa in Transjordanien.

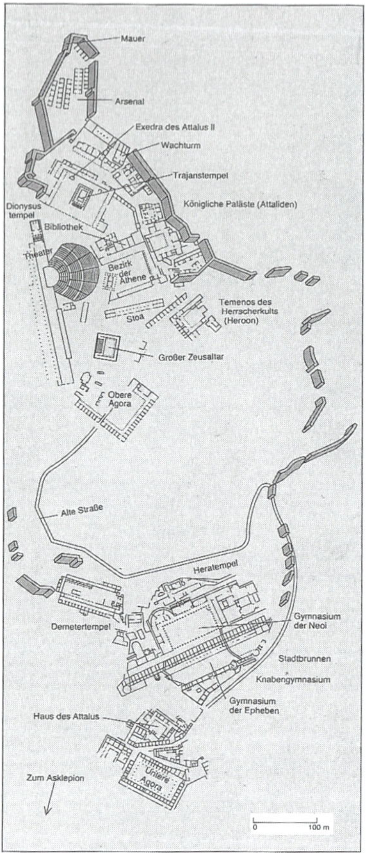

Plan von Pergamon in Kleinasien mit den Tempeln des kaiserlichen und anderer Kulte.

an die die »Sendschreiben« gerichtet sind; die Reihenfolge entspricht auch den geographischen Gegebenheiten.

P. war der Ort, »an dem Satans Thron steht« (Offb 2,13). Man hat diesen Ausdruck bezogen auf die Ansammlung der heidnischen Kulte von Zeus, Athene, Dionysos und Asklepios, die von den attalidischen Königen eingerichtet worden waren, wobei der des Asklepios-Soter (Asklepios, der »Retter, Heiler«) am bedeutendsten war. Diese Kulte veranschaulichen die rel. Geschichte P.s. Mit dem »Thron Satans« dürfte aber auch im besonderen der Kaiserkult angesprochen sein. Er war unter Domitian zum Prüfstein der bürgerlichen Loyalität geworden und hatte auch eine Krise der Gemeinde in Kleinasien hervorgerufen. Antipas (V. 13) wird vermutlich stellvertretend (vielleicht ist er der erste gewesen)

Tempel der Athene in Pergamon. (PP)

Blick auf die ca. 245 m lange Theaterterrasse von Pergamon. Links der steile Zuschauerraum des griech. Theaters, in dem etwa 10 000 Menschen Platz fanden. Im Hintergrund links unter den Pinien der Zeusaltar (sog. Pergamonaltar), der als Monument für den Sieg Eumenes' II. über die Galater (183 v. Chr.) errichtet wurde. (MBr)

für die genannt, die um ihres Glaubens willen verurteilt und hingerichtet wurden.

Das Sendschreiben an die Gemeinde in P. die die Hauptquelle über die Gruppe der *Nikolaiten, die hier mit *Bileam gleichgesetzt werden. Es scheint sich um eine Gruppe zu handeln, die unter politischem Druck Kompromisse mit heidnischen Kulten eingegangen war.

Die Gemeinde in P. wird getadelt, weil sie in ihrer Mitte eine Gruppe duldet, durch deren Lehre sie in den Götzendienst und die Unmoral Bileams stürzen kann. Nur wer »überwindet«, erhält das Pfand der Gemeinschaft mit Christus. Die Bedeutung des »weißen Steines« (V. 17), der den Überwindern gegeben wird, ist unklar: Es könnte vermutlich ein Kieselstein oder eine *tessera* (»Täfelchen«; griech. *psephos*) gemeint sein. Ein weißer Stein steht bei der Urteilsverkündigung für Freispruch. Der Begriff »Täfelchen« könnte eine Abstimmungskarte im gleichen Kontext bedeuten. Der auf den Stein geschriebene Name ist der Eigenname desjenigen, über den das Urteil gesprochen wird.

Literatur: C.J. Hemer: The letters to the seven churches of Asia in their local setting, 1986; W. Radt: Pergamon. Geschichte und Bauten, Funde und Erforschung einer antiken Metropole, 1988; E. Meyer: KIP IV, 626–631; zum Sendschreiben an die Gemeinde in P. s. *Offenbarung des Johannes (Lit.).

M.J.S.R./C.J.H.

PERGE. Eine der Hauptstädte der Landschaft *Pamphylien im südl. Kleinasien; heute etwa 15 km nordöstl. der türkischen Hafen- und Touristenstadt Antalya.

Der Sage nach wurde P., das nach Münzfunden schon im 3. oder 2. Jt. v.Chr. besiedelt war, von griech. Einwanderern im Anschluß an den Trojanischen Krieg gegründet, was durch Inschriften auf sieben Statuenbasen, die 1953 ausgegraben und in die Jahre 120/121 n.Chr. datiert wurden, belegt ist. Diese auf sehr alte Traditionen zurückgehenden Inschriften nennen als »Gründer« (*ktistēs*) von P. neben dem berühmten Wahrsager im Trojanischen Krieg, Kalchas, den Helden vor Troia, Leonteus, Mopsos von Delphi (A. Pekman, S. 57-68).

Bei einem derartigen Traditionsbewußtsein überrascht es, daß aus der Frühgeschichte der Stadt – auch aus der Zeit der lydischen und pers. Herrschaft – keine Nachrichten vorliegen. Erst der Geograph Pseudo-Skylax (Mitte 4. Jh.v.Chr.) erwähnt P. als Stadt in Pamphylien, und in den Berichten über den Alexanderzug erscheint P. als die Stadt, die dem großen Makedonen freiwillig die Tore öffnete.

Bis zum Frieden von Apameia (188 v.Chr.) gab es für P. unter der Herrschaft der Seleukiden eine erste Blütezeit, in der nicht nur eine Stadtmauer und das später so berühmt gewordene Heiligtum der Artemis Pergaia errichtet wurden, sondern auch Ansätze zu einem kulturellen und wissenschaftlichen Leben entstanden (der Mathematiker Apollonios von P. lebte dort von ca. 260-190 v.Chr.). Die unter den Königen von *Pergamon (bis 133 v.Chr.) anhaltende Blüte verblaßte in der Folgezeit durch Übergriffe zilizischer Piraten, des Mithradates VI. Eupator von Pontos und Auswirkungen der röm. Bürgerkriege. P. mußte sich wie andere Städte der kleinasiat. S-Küste an der Finanzierung der Bürgerkriegsheere beteiligen und wurde zudem noch von röm. Provinzstatthaltern auch in Friedenszeiten ausgebeutet, wofür der als der größte Kunstkenner und -räuber der Antike bekannte Gaius Verres (79 v.Chr. Quästor in der benachbarten Provinz Cilicia) als Beispiel genannt werden kann. Zu seinen aus den sieben Anklagereden Ciceros (70 v. Chr.bekannten umfangreichen Vergehen zählte auch die Plünderung des Heiligtums der Artemis Pergaia.

Die Stadt benötigte eine längere Zeit, um sich von diesen Plünderungen zu erholen. Erst im 2. Jh.n.Chr. wird ein neuer Aufschwung sichtbar, der sich in der dem Kaiser *Claudius (41-54 n.Chr.) gewidmeten Palästra, dem ältesten Gebäude nach der hellen. Toranlage, ankündigte und durch die finanzielle Unterstützung, die den Provinzen unter Hadrian (117-138 n.Chr.) zukam, nicht unwesentlich getragen wurde. Hinzu kam die Spendenbereitschaft der Bürger P.s, unter denen vor allem die Tochter des Marcus Plancius Varus, des flavischen Statthalters der Doppelprovinz Pontus und Bithynien, Plancia Magna ge-

Blick vom Theater zur ummauerten Stadtanlage von Perge. In der Bildmitte das 234 m lange Stadion, in dem z.Zt. die Funde der Ausgrabungen im Theater geordnet werden. Im Hintergrund links die Akropolis der Stadt. (MBr)

Perge, das Paulus und Barnabas auf ihrer ersten Missionsreise besuchten (Apg 13,13f; 14,25). Die Kolonnadenstraße war in römischer Zeit von Läden gesäumt. (RH)

nannt werden muß, die die hellen. Toranlage Anfang des 2. Jh.v.Chr. auf das kostspieligste ausgestaltete und auf einer der vierzehn Statuenbasen, die ihren Namen tragen, als Tochter der Stadt, als Demiurgos (*dēmiourgos*), als Priesterin der Artemis und als lebenslängliche Priesterin der Göttermutter bezeichnet wird (A.M. Mansel, 1956, 119). Zudem wurde sie als Priesterin des Kaiserkultes dargestellt. Die Titel *neōkoros*, *prōtē* und *metropoleōs pamphylias* für P. sind auf Münzen des 3. Jh.v.Chr. bezeugt und belegen für diese Zeit die Bedeutung P.s als Hauptstadt Pamphyliens neben der benachbarten Hafenstadt Side, die ebenso

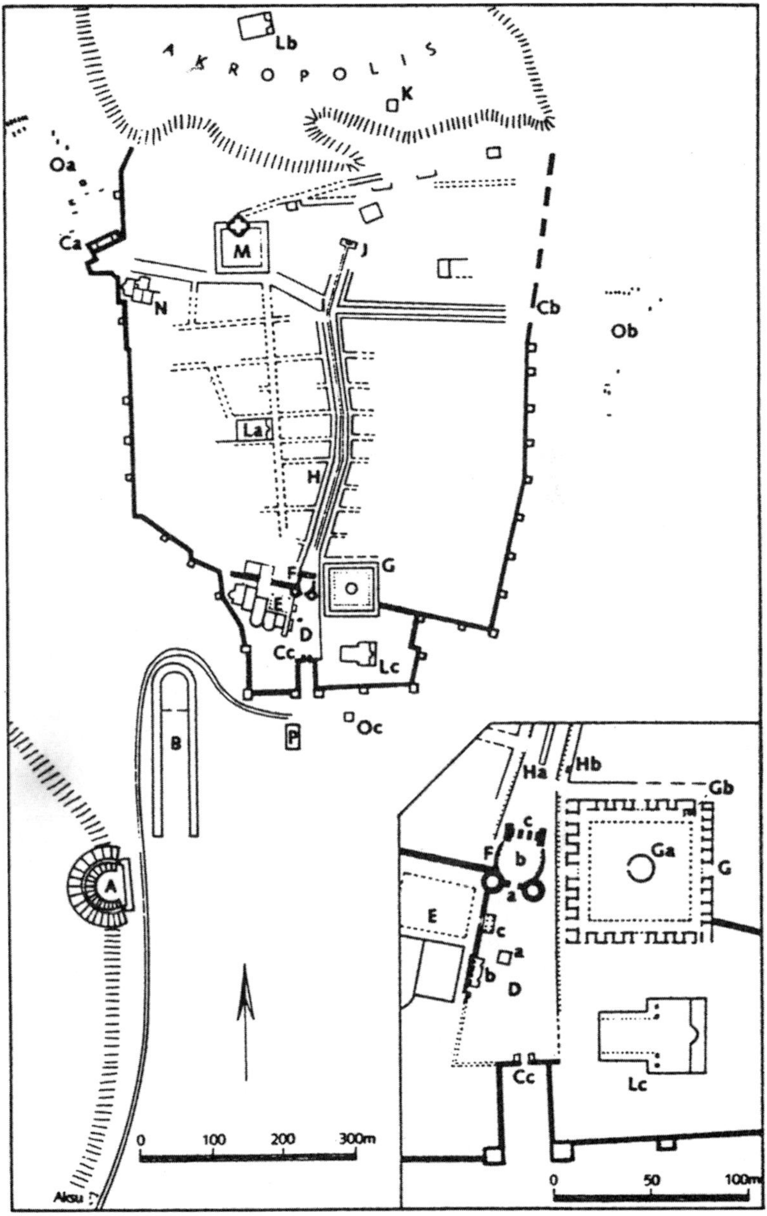
AKROPOLIS
Lb
K
Oa
Ca
M
J
N
Cb
Ob
La
H
F
G
E
D
Cc
Lc
B
P
Oc
A
Aksu
0
100
200
300m
Ha
Hb
Gb
c
b
a
Ga
E
c
a
b
D
G
Cc
Lc
0
50
100m

die Titel *prōtē* und *mētropolis* führte. Schon im 7. Jh.n.Chr. begann jedoch der Niedergang P.s, da viele Bürger aufgrund der Überfälle der Araber und Sarazenen in die stärker befestigte Hafenstadt Attaleia übersiedelten. 158 v.Chr. durch den vorletzten König von Pergamon, Attalos II. (159-138), gegründet und nach ihm benannt, diente Attaleia später als Hafen P.s, überflügelte es und ist als heutiges Antalya wohl die schönste Stadt der türkischen S-Küste.

Trotz mehrfacher Grabungen konnte die Lage des berühmten Tempels der Artemis Pergaia bisher nicht festgestellt werden. Er muß nahe der Stadt auf einer Erhebung gelegen haben (Strabon) und wird »als ein Wunder an Lage, Schönheit und Ausführung« (Polemon) bezeichnet. Aufgrund von Münzfunden wird auf eine ionische Ordnung des Tempels geschlossen. Das auf den Münzen abgebildete Kultbild der Artemis trägt den Charakter einer alten anatolischen Göttin und war ursprünglich wohl ein Meteorit. Das Kultbild auf dem Pfeilerrelief vom Bühnenhaus des Theaters in P. zeigt unverkennbar Parallelen zum Kultbild der Artemis von Ephesus.

Auf der ersten Missionsreise wurde P. zweimal von *Paulus und *Barnabas besucht. Von Zypern (Paphos) kommend ging Paulus mit seinen Begleitern in P. an Land und zog von dort weiter nach *Antiochia in Pisidien (Apg 13,13f). Eine Landung in Attaleia, die Lukas verschwiegen hätte, anzunehmen (so R. Pesch, EKK V/2, 32), ist weder vom Text noch von der Lage P.s her nötig. Apg 13,13a spricht deutlich von einer Schiffsfahrt von Paphos nach P.: »Paulus aber und die um ihn waren, fuhren von Paphos ab [*anagō* ist terminus technicus der seemännischen Sprache und kann übersetzt werden mit »auf die hohe See fahren, auslaufen,« WbNT, 106] und kamen nach Perge in Pamphylien.« Daß P. über den Fluß Kestros, der heute Aksu heißt und sich bis auf 5 km der Stadt nähert, zu Schiff erreicht werden konnte, beschreiben Strabo (XIV. 4,2) und Pomponius Mela (I. 79).

In P. trennte sich Johannes *Markus von Barnabas und Paulus und ging zurück nach Jerusalem (Apg 13,13b), von wo sie ihn mitgenommen hatten (Apg 12,25). Diesen Vorfall hat Paulus nach Apg 15,37f anders bewertet als Barnabas, weshalb man annehmen kann, daß Johannes Markus möglicherweise mit der Auslegung des Jerusalemer Abkommens (Gal 2,1-10) in der Missionspraxis der Antiochener Apostel nicht einverstanden war (R. Pesch, EKK V/2, S. 33) und den Antiochenischen Konflikt mit veranlaßte, wobei es zu keinem Bruch grundsätzlicher und bleibender Art gekommen zu sein scheint (vgl. Phlm 24; Kol 4,10; 2Tim 4,11; R. Pesch, EKK V/2, S. 93f).

Der Rückweg von Pisidien nach Antiochia führte Paulus und Barnabas wiederum nach P., wo sie diesmal die Botschaft von Jesus verkündigten (*lalēsantes en Pergē ton logon*) und nach Attaleia weitergingen, um von dort mit dem Schiff nach Antiochia zu fahren (Apg 14,25f). Daß dadurch eine wachsende christl. Gemeinde gegründet wurde, legen nicht nur die drei großen Basiliken aus spätantiker und frühbyzantin. Zeit nahe, sondern auch die kirchenpolitische Bedeutung P.s im frühen 4. Jh., die sich in der Aussendung des Metropoliten Kallinikos als Vertreter beim Konzil von Nicäa (325) dokumentiert. Doch kann man sich die ersten Jh. der Kirche in P. nicht ohne massive Auseinandersetzungen mit dem tief verwurzelten Artemis-Kult vorstellen, der noch in literarischen Zeugnissen des 6. Jh. n.Chr. greifbar wird. Dem heutigen Besucher bietet P. eine der schönsten Ruinenstätten an der türkischen S-Küste. Besonders eindrucksvoll ist die Stadtanlage, das nach dem in Aphrodisias am besten erhaltene Stadion Kleinasiens und das mit einem Dionysos-Fries ausgestattete Theater. Keinesfalls sollte man versäumen, die zahlreichen Statuen und Sarkophage aus P. im neuen Museum von Antalya anzusehen.

◀

Orientierungsplan zu den Ausgrabungen von Perge in Pamphylien.
A: *Theater*
B: *Stadion*
Ca/Cb: *Mauern aus hellen. Zeit*
D: *in der Regierungszeit des Septimius Severus (193–211) ausgebauter Platz mit Podiumsbau* Da), *Nymphaion* (Db) *und Propylon* (De)
E: *Große Thermen*
F: *Hellen. Toranlage mit zwei Rundtürmen* (Fa), *einem Hof* (Fb) *und einer Hadrian (117–138) gestifteten Toranlage* (Fc)
G: *Agors mit Tychetempel* (Ga) *und antikem Spieltisch* (Gb)
H: *Kolonnadenstraße mit Wasserkanal* (Ha) *und antikem Spieltisch* (Hb)
I: *Triumphbogen aus der Zeit des Titus (79–81)*
J: *Akropolisnymphaion*
K: *Zisterne*
La: *Bischofskirche von Perge*
Lb: *Byzantinische Kirche*
Lc: *Kirche*
M: *Palästra*
N: *Röm. Themen*
Oa/Ob/Oc: *Nekropolen*
(J. Wagner, S. 164)

Die beiden Rundtürme der hellen. Toranlage, durch die Paulus mit seinen Begleitern Perge betreten haben dürfte. Hinter den Türmen öffnet sich ein hufeisenförmiger Hof, der durch Plancia Magna, die große Förderin von Perge, Anfang des 2. Jh. n.Chr. kostspielig ausgestaltet wurde. In den Nischen standen u.a. Statuen der legendären Stadtgründer. (MBr)

Literatur: A.M. Mansel: Excavations and Researches in the Necropolis of Perge; A. Akarca: Investigations in Search of the Temple of Artemis at Perge, beides in: dies.: Pergede Kazilar ve Arastirmalar – Excavations and Researches at Perge (türk.-engl.), 1949, S. 44-68; A.M. Mansel: Bericht über Ausgrabungen und Untersuchungen in Pamphylien in den Jahren 1946-1955, Arch. Anz. (1956), 34-120 (bes. 99-120); A. Pekman: Perge Tarihi - History of Perge (türk.-engl.), 1973; A. M. Mansel: Bericht über Ausgrabungen und Untersuchungen in Pamphylien in den Jahren 1957-1972, Arch. Anz. 90 (1975), S. 49-96 (bes. 57-96); G.E. Bean: Kleinasien 2: Türkische Südküste von Antalya bis Alanya, ²1979, S. 36-49; R. Pesch: Die Apostelgeschichte (Apg 13-28), EKK V/2, 1986; J. Wagner: Türkei. Die Südküste von Kaunos bis Issos, 1986, S. 160-172; mit beeindruckenden Bildern, genauesten Stadtplänen und neuester Lit.: E. Akurgal: Griechische und römische Kunst in der Türkei, 1987. M.Br.

PERISITER. Sie werden mehrmals erwähnt:

1. unter den Bewohnern Kanaans allg. (1Mo 15,20; 2Mo 3,8; 5Mo 7,1; 20,17; Jos 3,10; 9,1; Ri 3,5; 1Kön 9,20; 2Chr 8,7; Esr 9,1; Neh 9,8);
2. mit den Jebusitern und anderen zusammen als »auf dem Gebirge« wohnhaft (Jos 11,3);
3. mit den Kanaanitern nahe *Bethel (1Mo 13,7), nahe *Sichem (1Mo 34,30) und im judäischen Bergland (Ri 1,4f);
4. zusammen mit den Refaïtern als »im Waldgebirge« wohnhaft (Jos 17, 15). Die P. siedelten wohl in Dorfgemeinschaften auf den bewaldeten Hügeln, was der von der Mehrzahl der Kommentatoren bevorzugten Interpretation entspricht, daß P. soviel wie »Dörfler« bedeute (hebr. *perazā*, »Dörfchen«). Die Tatsache, daß 1Mo 10,15ff die P. nicht als »Söhne« Kanaans bezeichnet, stützt diesen Deutungsvorschlag (s. POTT, S. 101). J.P.U.L.

PERLE s. Edelsteine

PERSIEN, PERSER. Die indo-europäischen Perser, nomadische Hirten aus S-Rußland/Turkestan kamen wahrscheinlich im späten 2. Jt. v.Chr. in die iranische Hochebene. 836 v.Chr. erhielt Salmanassar III. (858–824 v.Chr.) von Assyrien Tribut von den Herrschern eines Landes Parsua, westl. des Urmia-Sees. Mehrere Stämme zogen in der Folgezeit in südöstl. Richtung weiter und ließen sich in den Bachliarenburgen nieder. Dieses Gebiet östl. des Persischen Golfs heißt heute Fars (Hauptstadt: Schiras). Persepolis und Pasargadai waren zu jener Zeit die Hauptstädte. Das hebr. *pāras*, »Persien«, bezieht sich auf dieses Land.

I. PERSISCHE UND JÜDISCHE GESCHICHTE.

Die alten pers. Traditionen sind in dem heiligen Buch, der Zend-Avesta, verzeichnet. Die ersten Könige residierten in Anschan, im NW von Susa. Achämenes, der Gründer der Dynastie, regierte vermutlich um 680 v.Chr. Sein Enkel Kyrus II. erhob sich gegen seinen medischen Oberherrn Astyages, tötete ihn und übernahm seine Hauptstadt Ekbatana 550 v.Chr. Die Sprache und Bräuche Mediens beeinflußten die P. stark. *Kyrus unterwarf weiterhin Anatolien und besiegte Krösus von Lydien (547 v.Chr.). Danach wandte er sich nach O und dehnte sein Reich nach NW-Indien aus. Um 540 v.Chr. war Kyrus II. stark genug, um *Babylonien anzugreifen. Nach mehreren Schlachten zog er am 29. Oktober 539 v.Chr. im Triumph in Babylon ein, 17 Tage nachdem seine Truppen die Stadt erobert hatten (Dan 5,30f). Der König kehrte bald nach Susa zurück. Sein Sohn *Kambyses II. blieb in Babylon, um ihn bei den rel. Zeremonien zu vertreten.

Das ganze Reich war in große Bezirke (Satrapien) aufgeteilt, die von Satrapen, pers. und medischen Adeligen, regiert wurden, denen jedoch einheimische Beamte unterstanden (vgl. Dan 6). Etliche Götterstatuen, die der letzte einheimische König Nabonides nach Babylon hatte bringen lassen (Hinweis evtl. in Jes 46,1f), stellte man wieder in ihre alten Heiligtümer. Da es kein Bild Jahwes gab, das man nach Jerusalem zurückbringen konnte, gab Kyrus den Juden das von Nebukadnezar geraubte Tempelgerät zurück (Esr 1,7ff; vgl. DOTT, S. 92-94). Wichtiger war noch, daß er den Wiederaufbau des Tempels in Jerusalem erlaubte (Esr 1,1-4). Scheschbazar war dort Statthalter im besonderen Auftrag des Königs (Esr 5,14). Der Statthalter der Provinz »jenseits des Flusses« (westl. des Euphrat) kannte den Erlaß Kyrus' II. anscheinend nicht, als er mit einem Schreiben an seinen Vorgesetzten, den für Babylon und den W zuständigen Satrapen, 520 v.Chr. die Arbeiten zu unterbinden suchte. In den Archiven Babylons fand sich kein Bericht. Aber in Ekbatana, wo Kyrus II. im ersten Regierungsjahr residierte, fand man ein Memorandum. Darius I. (522-486 v.Chr.) bestätigte den Erlaß Kyrus' II. und befahl seinen Beamten, die Juden beim Wiederaufbau zu unterstützen.

Darius I. und sein Nachfolger Xerxes I. (486-465 v.Chr.) bemühten sich, den Peleponnes zu unterwerfen. Dieser war nahezu der einzige Teil der damals bekannten Welt, der nicht zum pers. Reich gehörte, nachdem Kambyses II. (530-522 v.Chr.) Ägypten 525 v.Chr. erobert hatte. Die Niederlage bei Mara-

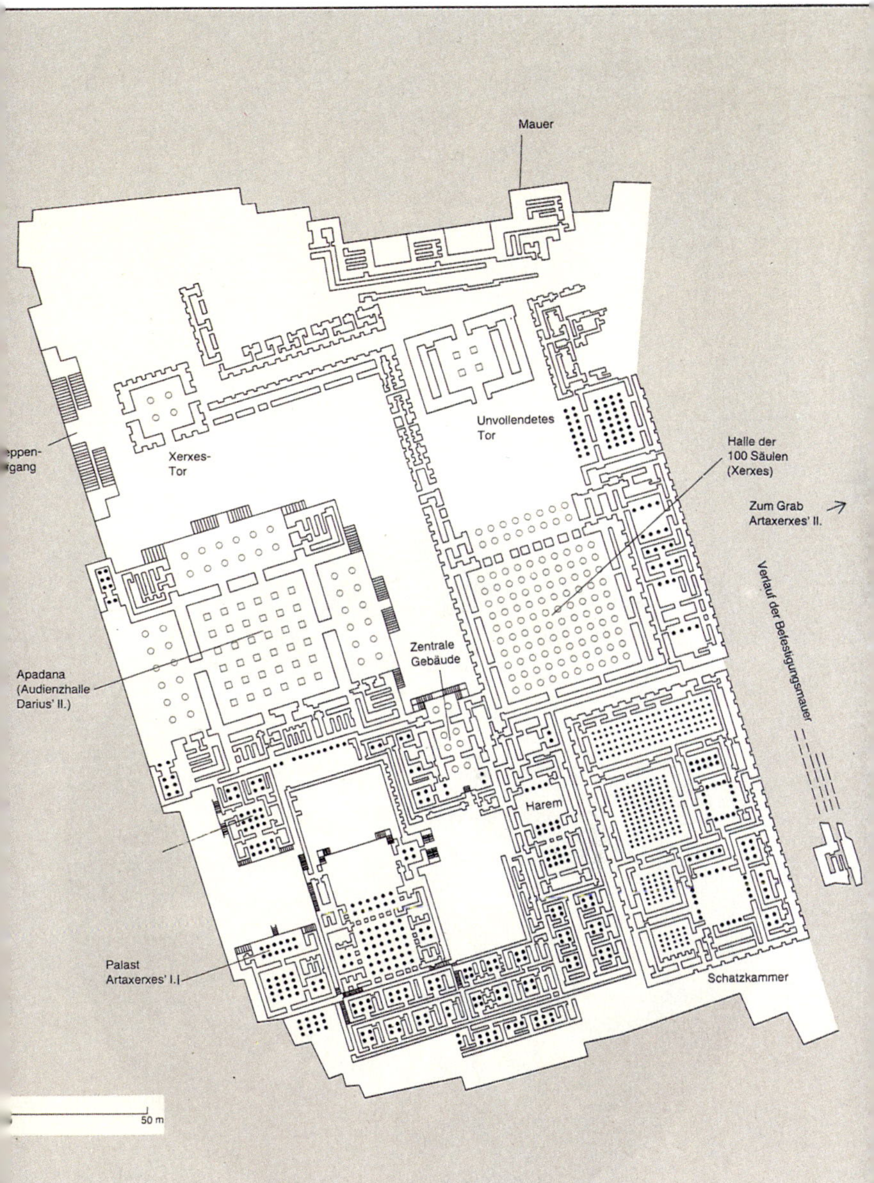

Das »Regierungsviertel« von Persepolis.

Das Persische Reich, 550–330 v. Chr.

Unterseite einer persischen Silberschale aus Erzincan, Armenien. Achämenidische Periode (5. Jh. v. Chr.). (BM)

Ein hohler goldener Fisch, wohl als Flüssigkeitsbehälter genutzt. Teil des Oxus-Schatzes aus Persien. Länge: ca. 25,4 cm; 6.–5. Jh. v. Chr. (BM)

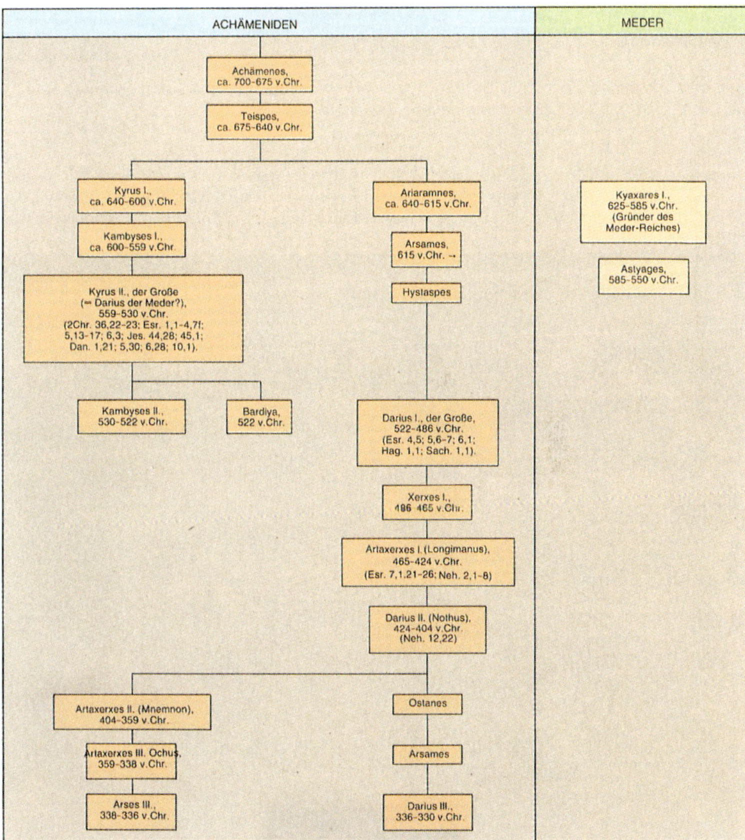

Persische Herrscher der Achämenidischen Dynastie, mit biblischen Belegstellen.

Audienzsaal (Apadana) des von Darius I. (522–486 v. Chr) in Persepolis (Iran) gebauten Palastes, dem man sich über diese monumentale Treppe näherte. (RS)

thon (490 v.Chr.) gegen eine kleine griech. Armee war die einzige, die Darius erlitt. Seine Neuordnung der Satrapien, sein militärisches Führungssystem und sein Münz-, Post- und Rechtswesen hatten so lange Bestand wie das Reich selber. Zusammen mit der beträchtli-

Beispiel alter persischer Handwerkskunst: silberne Gans mit Goldaugen. Aus dem Oxus-Schatz. Länge: ca. 8,89 cm. 6.–5. Jh. v. Chr. (BM)

chen Autonomie der unterworfenen Völker trugen diese Einrichtungen zur Stabilität des Reiches bei und ermöglichten einem kleinen Gebiet wie Juda, wo jüd. Beamte Statthalter (*pächah*) waren, das Überleben.

Unter Artaxerxes I. (465-424 v.Chr.) wurden die jüd. Angelegenheiten offiziell am Hof verhandelt. Esra war eine Art »Minister für jüd. Angelegenheiten« (Esr 7,12). Er wurde Sonderbotschafter zur Neuordnung des Jerusalemer Tempeldienstes (458 v.Chr.). Aufgrund der erhaltenen Ermutigung überschritten die begeisterten Juden Esras Kompetenzen und bauten die Stadtmauer wieder auf. Das wurde dem König vom Statthalter von Samarien berichtet, der offensichtlich eine gewisse Verantwortung für Juda besaß. Die königliche Antwort (Esr 4,17-23) befahl die Einstellung der Arbeit, denn bei der Suche nach den Unterlagen hatte sich herausgestellt, daß die Stadt gegen ihre früheren Könige rebelliert hatte. Artaxerxes sah sich einem Aufstand in Ägypten gegenüber (um 460-454 v.Chr.). Daher konnte er die Errichtung einer jenem Land so nahen Festung nicht erlauben. Der königliche Mundschenk *Nehemia, ein Jude, konnte jedoch die Wirkungen dieses Erlasses abändern, indem er selber Statthalter von Juda wurde (hebr. *tirschātā'*, ein pers. Wort, Neh 8,9), ausgestattet mit der Vollmacht zum Bau der Mauer (445 v.Chr.). Es gibt keine Berichte über die Beziehungen zwischen den pers. Herrschern und den Juden nach dieser Zeit. Als Alexander das Persische Reich eroberte (331 v.Chr.), übertrugen die Juden ihre Treue auf ihn.

II. PERSISCHE KULTUR.

Das indo-europäische Persisch wurde in einer Keilschrift aus 51 einfachen Silbenzeichen geschrieben (*Schrift), die sich aber fast ausschließlich auf kaiserlichen Bauwerken findet. Die kaiserliche Verwaltung benutzte die aram. Sprache und Schrift für den offiziellen Schriftverkehr (z.B. die Briefe im Buch Esra, vgl. DOTT, S. 256-269). Übersetzungen in den Landessprachen wurden angefertigt (vgl. Est 3,12; 8,9).

Der im Buch *Ester beschriebene Luxus am pers. Hof wird durch Funde belegt. Eine Anzahl steinerner Basreliefs (Flachreliefs) zeigen den König und seine Höflinge bei Tributdarbringungen besiegter Völker. Besonders schöne Beispiele pers. Steinmeißelei sind Porträts verschiedener Volksgruppen. Der Oxus-Schatz (heute größtenteils im Britischen Museum) und eine Reihe zufälliger Funde zeigen das Geschick der Goldschmiede und Juweliere. Massive Gold- und Silbergefäße verweisen auf den Reichtum der Könige. In manchen pers. Arbeiten erkennt man griech. Einfluß. Listen von Palastpersonal führen griech. Handwerker auf.

III. PERSISCHE RELIGION.

Die alten Perser verehrten Natur-, Fruchtbarkeits- und Himmelsgötter. Die Priester stammten fast ausschließlich aus dem Stamm der Magi. Kurz nach 1000 v.Chr. verkündete Zarathustra eine Religion hoher moralischer Ideale nach dem Prinzip »Tue Gutes, hasse das Böse«. Dem Gott Ahuramazda, der das Gute schlechthin verkörperte, dargestellt durch das reinigende Feuer und Wasser, stand die dunkle Macht des Bösen gegenüber. Diese Glaubenslehre wurde von Darius I. übernommen, ging aber unter in den späteren Kulten. Zarathustras Lehren überlebten und wurden weit verbreitet.

Literatur: A.T. Olmstead: History of the Persian Empire, 1948; J. Bright: A History of Israel, [2]1972, S. 409-414; R.N. Frye: The Heritage of Persia, [2]1975; E. Porada: Ancient Iran, 1965; M. Boyce: A History of Zoroastrianism, 1975; B. Reicke: Neutestamentliche Zeitgeschichte, 1964; HdArch, Vorderasien I, 286 ff.

A.R.M.

PERSIS. Eine Christin in Rom, die Paulus als »meine Liebe, die sich viel gemüht hat im Dienst des Herrn«, grüßen läßt (Röm 16,12). Das Verb *kopiaō* meint »sich abmühen bis zur Erschöpfung, seine letzten Kräfte für etwas hergeben«, wobei nicht allein körperliche Arbeit gemeint sein muß. Ihr Name, der wohl »Perserin« bedeutet, könnte sie als Sklavin ausweisen.

PERSON. Das Wort P. findet sich in der dt. Bibelübersetzung selten und steht vorwiegend für »Angesicht« (hebr. *pānīm*; griech. *prosōpon*, wörtl. »Ansicht«). Dagegen wird das Wort heute häufig und oft gewichtig gebraucht, vgl. »persönlich« und »Persönlichkeit«. Der Grund dafür zeigt sich in der ursprünglichen Wortbedeutung von P., die durch viele Wandlungen bis heute wirksam geblieben ist und das gängige »Persönlichkeitsdenken« prägt. Diesen Zusammenhang gilt es in bibl. Sicht zu klären, da es andernfalls leicht zu Überfremdungen, ja zu tiefgreifender Verfremdung des christl. Glaubens an einer zentralen Stelle kommt: Wer der Mensch selbst als »Person« sei.

I. DIE URSPRÜNGLICHE WORTBEDEUTUNG.

P. geht sprachlich zurück auf griech. *prosōpon*, das Wort für die kultische Gesichtsmaske, und auf latein. *personare*, wörtl. »hindurchtönen«. Beiden liegt die gleiche Vorstellung zugrunde: Man suchte mit einer Gottheit in Beziehung zu treten und sich so ihrem Geist zu verbinden. Deren Erscheinung (*thea*) sollte auf der Kult-Bühne (*theatron*) mittels der Gesichtsmaske veranlaßt werden. Ihr Darsteller stülpte sich dazu z.B. einen mit dem Gesicht der Gottheit bemalten Bienenkorb über. Nun sah man »die Gottheit selbst«, nicht mehr den Darsteller dastehen. Durch ein Röhrchen in der Maske ließ er dann z.T. übersinnliche Botschaften »hindurchtönen«. Um das zu erreichen, sollte der Darsteller nicht mehr »er selbst sein«, d.h. er sollte seine Identität verlieren. Zu diesem Ziel führte eine methodische Entselbstung mittels *Ekstase (wörtl. »außer sich stehen«) und medialer Trance bis zur okkulten Geisterfüllung und Besessenheit. Dazu dienten entsprechende Musik und Tänze, Drogen und Blutverschreibungen an den Geist der Gottheit. Diese »Person« vermittelte nun den Zuschauern ihren »persönlichen« Gottesbezug als Geistverbindung und enthusiastische Geisterfahrung (»enthusiastisch«, wörtl. »In-Gott-seiend«). Je direkter und kraftvoller diese Geistwirkung zustandekam, um so wertvoller war »die Person« für die Gemeinschaft der Zuschauer. Im Bereich der griech. »Augen-Kultur« bildete sich dabei stärker der Aspekt des Sehens (*prosōpon*) aus, der des Hörens (*personare*) mehr im röm.-latein. Kulturkreis. – In dieser Funktion sind Kultmasken bis heute weltweit in Übung (vgl. den Barong-Tanz auf Bali). – Unserer Kultur erscheint dies zutiefst fremd. Wir sehen den Wert einer P. in dem, was sie aus sich selber ist und schöpft (vgl. »wertvolle bzw. starke Persönlichkeit«), also im Gegensatz zur ursprünglichen Wortbedeutung der Entselbstung. Die bibl. Klärung deckt allerdings auf, wie entscheidende Elemente jener ursprünglichen Wortbedeutung auch heute noch wirksam sind.

II. DER BIBLISCHE WORTSINN.

1. Die Bibel zeigt, daß Gott den Menschen »zu seinem Bild« erschuf (1Mo 1,26f). Daraus ergeben sich Grundaspekte für unser Mensch-sein:

a. Wir sind – als Ab-Bild – von Gott her und nicht aus uns selbst.

b. Weil uns Gott aus Liebe und zur Liebe schuf, sind wir ihm zum Gegenüber bestimmt: Wir sind für Gott da und nicht für uns selbst.

c. Gott spricht zu uns als ICH zum DU. So sind wir Gott selber »zu eigen«, d.h. sein rechtmäßiges Eigentum (Joh 1,11-13). Aus Gottes DU wird uns unser eigenes Ich geschenkt, so daß wir auch Gott mit DU ansprechen dürfen. Seinem Wort geben wir Antwort, gehorchen und verantworten uns ihm.

d. Es ist Gott selber, der zu uns spricht – und wir selbst antworten ihm. Das Wort »selbst« bezeichnet den Aspekt der Verbindung bzw. der Beziehung von ICH und DU.

e. Die Kraft dieser Verbindung – des »Bundes« – ist Gottes Geist. Er trifft unser *Herz. Dort wirkt und wohnt er. Er führt uns in die Freiheit der Liebe (vgl. z.B. Hes 36,26f; Joh 8,31-33; Röm 5,1-5; 8,9; 2Kor 3,17).

f. So werden wir »wir selbst« im eigentlichen Sinne und empfangen darin unsere »eigentliche Identität« (wörtl. »Selbst-Sein«). Das ist das empfangene »eigentliche Selbst-Sein«. Es gibt uns unseren eigentlichen Sinn, unseren Wert und unsere Kraft.

g. Was so zwischen Gott und Mensch gilt, das gilt von dort her - im Ab-Bild entsprechend – zwischen Mensch und Mensch: im ICH und DU empfangen wir unser geschöpfliches, »natürliches Selbst«, unsere »natürliche Identität« als Gottes Geschenk in Liebe.

h. Wir sind auch in einen natürlichen Selbstbezug gestellt. Wir stehen – etwa im Selbst-Gespräch – uns selber gegenüber, nehmen etwas von uns selbst wahr und können uns daraufhin verantwortlich verhalten (vgl. Röm 2,14ff).

i. Unser natürliches Selbst und unsere natürliche Identität gegenüber andern Menschen und uns selbst empfangen wir ständig von Gott her als Geschenk. Unser Selbst-Sein haben wir nicht aus uns selber.

2. Unserer so von Gott geschenkten Identität wirkt die satanische Macht entgegen. Da sie Gott haßt und alles, was auf Gott bezogen ist, sucht sie die Verbindung zwischen uns und Gott zu brechen und zu lösen. Ihr Ziel ist also die Entselbstung des Menschen: Er soll nicht mehr menschliches Gegenüber in der Freiheit der Liebe sein, sondern nur passives Medium, instrumentale Maske als »Kanal«. Entselbstung ist also Entmenschung. Die satanische Macht sucht das Ziel der Entselbstung allerdings verführerisch über ihr scheinbares Gegenteil, die Verselbstung des Menschen, zu erreichen: Er soll, statt als Gottes »Bild« von Gott her und zu Gott hin zu leben, selber »wie Gott werden« (1Mo 3,1ff). Dann lebt er »sich selbst« – von sich her und auf sich hin – und ist nur sich selbst eigen. Selbstvergötterung bestimmt nun seinen Selbstbezug. Seinen Wert und Sinn, seine Identität und seinen »Namen« muß er sich nun aus sich selbst oder von anderen her schaffen (vgl. 1Mo 11,4), – etwa aus den Wertvorstellungen der Gesellschaft (wie »man« ihn »ansieht«), oder aus dem Urteil der Gruppe (die ihm »sagt, wer er

ist« bzw. sein soll). Diese bilden sich zum großen »WIR« und »MAN« aus, die dann wie übergreifende »Personen« zur Wirkung kommen und »selber« in Beziehung zu sich und anderen treten (sog. Personifikation, z.B. »das Abendland«; die »Tochter Zion«; auch etwa »die Wissenschaft«; die »Evolution« u.ä.). Entscheidend ist, welcher Geist hier wirkt und »spricht«: Gottes Geist, der uns das Menschsein schenkt, oder der abgründige Verführungsgeist, der uns vergottet, und damit unser Menschsein raubt.

3. Die Trennung von Gott führt zur Verselbstung bzw. zur Entselbstung des Menschen. Dies wiederum vertieft seine Trennung von Gott. Aus diesem Teufelskreis kommen wir selber nicht heraus, ja, er ist unser *Tod (1Mo 2,17; Röm 7,24; Eph 2,1ff). – Während die Verselbstung heute Inbegriff abendländischer Kultur ist, wird die Entselbstung stärker in asiatischen medialen Praktiken (Meditationen) und rel. Systemen (z.B. im buddhistischen Nirwana) angestrebt. Bevor Jesus wiederkommt, setzt sich – nach Offb 18 - die Selbsterhebung der ganzen Menschheit im Selbstbezug der »großen Hure Babel« als totale Verselbstung (V. 7) zur vollen Entselbstung (V. 2.23c) weltweit durch.

4. Ziel unserer Erlösung ist die Rettung aus dem Gefängnis solchen verkehrten Selbstbezugs und die Befreiung in der Liebe Gottes. Das kann nicht durch uns selbst – also im Selbstbezug! - geschehen. Dazu muß die Sünde in ihrer Wurzel – der Trennung von Gott – und in ihrer Frucht – dem eigentlichen Tod – überwunden werden (1Kor 15,55ff). Das tat Gott in seiner Liebe durch Jesus Christus: »Ist einer für alle gestorben, so sind sie alle gestorben. Und er ist darum für alle gestorben, damit die, die leben, nicht mehr sich selbst [!] leben, sondern dem, der für sie gestorben und auferstanden ist« (2Kor 5,14f; Röm 5,12ff; 6,2ff). Das geschieht an uns durch Gottes Geist und Wort in der Freiheit des Glaubensgehorsams, (vgl. 2Kor 3,17; Gal 2,19). So sind wir »in Christus« und »Christus in uns« (Joh 17,23; Eph 1,3-14; Kol 1,25-28). Dadurch »leben wir« (Gal 2,18-21). »Das empfangen wir und mit dem einen wir uns im Glauben« (Röm 6,2ff; 12,1f). So werden Verselbstung wie auch Entselbstung in der Wurzel überwunden. Darum gilt kein »Ansehen der Person vor Gott« (Röm 2,11) und so auch keines vor Menschen: Was töricht, schwach, gering und verachtet, ja, was nichts ist, das hat Gott erwählt, damit er zunichte mache, was etwas ist, damit sich kein Mensch vor Gott rühme (1Kor 1,27-30). In der »neuen Kreatur« gilt nur das Ansehen vor Gott, nicht das vor Menschen (2Kor 5,17).

III. DIE WORTBEDEUTUNG IN DER BIBEL.

Das Wort P. findet sich in seiner ursprünglichen Bedeutung als mediale Entselbstung nicht im griech. Text der Bibel bzw. in den dt. Bibelübersetzungen.

1. Im AT ist das griech. *prosōpon* (LXX: über 850 mal) im entgegengesetzten Sinne der Ausdruck für das Gegenüber des »Angesichts«. Als Übersetzung des hebr. *pānīm* meint es den Aspekt der Verbindung (von *pānah*, »zuwenden«). Das geschieht nicht – wie im *theatron* – im »Sehen«, sondern im »Hören« (vgl. 2Mo 33,11-20), da das hebr. »Sehen« in der Regel - ähnlich wie im Dt. z.B. »einsehen« – die volle geistige Verbindung bezeichnet: Was man hört, »steht vor Augen« (vgl. THAT II, 692ff).

2. Das NT nimmt mit *prosōpon* die Bedeutung der LXX als Gottes-Gesicht und Menschen-Gesicht im Aspekt der Zuwendung auf. Das Wort wird also gleich einem Gefäß vom alten Inhalt geleert und mit neuem Inhalt gefüllt. So wird es in einen neuen Zusammenhang gestellt und zum Träger eines neuen Geistes und Sinnes. Wird der Geist-Zusammenhang nicht beachtet, so wird der fremde Inhalt unbemerkt übernommen und im Denken zur Wirkung gebracht. Das führt zur Überfremdung des Glaubens durch fremde Geistverbindung.

3. P. erscheint in der dt. Übersetzung fast ausschließlich dort, wo es um das »Ansehen« des Menschen vor Gott und Menschen geht, und zwar unter heilsgeschichtlichem Aspekt für die Völker: Apg 10,34; für die Ordnung innerhalb der Gemeinde: Jak 2,1-4; für den einzelnen Menschen in seiner Stellung vor Gott: 1Petr 1,17; im Gegenüber zum Menschen: 2Kor 1,11; Eph 6,6.

IV. WANDLUNGEN DER WORTBEDEUTUNG.

1. Mit dem Schwinden des antiken Götterglaubens in hellen. Zeit (etwa z.Zt. der LXX) verlor die ursprüngliche Wortbedeutung als Entselbstung ihren Sinn. An die Stelle der Götter trat seit Sokrates der Mensch selbst (»Erkenne dich selbst!« – nicht: die Göter). Die Verselbstung löste die Entselbstung ab.

2. Mit dem Aufkommen des Christentums wurde Erlösung aus der Ent- und Verselbstung möglich. Der Weg wurde frei zu empfangenem Selbst-Sein in Gottes Erlösung und darin zu natürlicher Selbstbejahung (vgl. Augustins »Confessiones« als erste Selbstbiographie).

3. Im Trinitätsstreit des 3. Jh. wurde P. erneut im Sinne von Maske von den Modalisten aufgenommen: Der eine Gott zeige sich in drei Masken. Dem widerstand Tertullian, in-

dem er den Person-Begriff dem Zusammenhang solcher Entselbstung entnahm und ihn im Sinne der Selbstwerdung umprägte: Vater, Sohn und Heiliger Geist sind als »Personen«, wie es die Schrift zeigt, je sie selbst. In diesem Sinne ist der Person-Begriff – Ein Gott in drei Personen – in die Dogmengeschichte eingegangen.

4. Mit der Renaissance – als »Wiedergeburt« antiken Geistes - setzte sich die Verselbstung als Vergottung des Menschen erneut durch: als Ursprung des Menschen galt der Mensch selbst (Petrarca: Höchstes erreichbares Glück sei es, seinen eigenen Ruhm zu genießen). Diese Auffassung wirkt im Humanismus weiter.

5. Mit der Reformation gewann das geschenkte Selbst-Sein neu Raum: selbstgewirkte Gerechtigkeit wurde als Inbegriff der Sünde erkannt und im Glauben im Sinne von 2Kor 5,14-21 überwunden.

6. Demgegenüber setzte sich im Humanismus und dessen sog. Aufklärung die Verselbstung erneut durch, und zwar nicht nur gegenüber Gott als Selbst-Gerechtigkeit, sondern als universales Prinzip: – der Welt-Erklärung: »Alles ist von selbst entstanden und besteht durch sich selbst«; – der Problem-Lösung: »Wir müssen auf uns selbst vertrauen, damit alles gut wird«; – der Wertorientierung: »Ich will selber finden, was gut und böse ist«; – der Wahrheitsfindung: »Ich – bzw. wir – setzen selbst, was wahr ist und gilt.« Was dieses »Selbst« ist, bleibt dabei unbekannt. Das gleiche gilt entsprechend für »Person«: Was macht den Menschen eigentlich (!) zu einer so oder so gearteten P. - oder gar zur »Un-Person«?

7. In der Gegenwart zeigen sich bei zunehmend extremer Verselbstung in Selbsterlösung nun Anzeichen der Selbstenttäuschung, der Selbstverdrossenheit bis zum Selbstekel mit der Tendenz zur Selbstzerstörung und -auflösung. Hier werden die Weichen zu neuer Entselbstung, vor allem in asiatischer Zielsetzung und Praktik, gestellt.

V. DER HEUTIGE WORTGEBRAUCH IN BIBLISCHER SICHT.

Bedenkt man die bibl. Grundaussagen zum »Selbst« des Menschen, so zeichnet sich eine wesentliche Übereinstimmung mit dem ab, was wir im heutigen Sprachgebrauch mit »Person« verbinden. Da die Bibel dieses Wort so kaum kennt, ihm aber heute eine zentrale Bedeutung für die Sicht des Menschen zukommt (vgl. z.B. psychologische »Persontheorien«), ist eine bibl. Klärung dieses schillernden, weil gegensätzlich wirksamen und deutbaren Begriffes unumgänglich. Ein Weg der Klärung öffnet sich also, wenn wir aus den bibl. Aussagen über das »Selbst« des Menschen erschließen, was er »als Person« ist:

1. Das Wort »Selbst« bezeichnet den Inbegriff dessen, was den Menschen im Gegenüber Gottes zum Menschen macht. Es wird so zum königlichen Wort; Gott selber tritt mit uns in Verbindung, damit wir selber ihm verbunden sind. So empfangen wir unser eigentliches Selbst-Sein. In gleichem Sinne kann »Person« verstanden werden.

2. Das Wort »Selbst« kann darum zugleich zum Inbegriff des Abfalls, zum abgründigen Wort werden: Der Mensch selbst tritt anstelle des Gottes-Bezugs in den Selbstbezug, und stellt sich, sich selber vergottend, an Gottes Stelle. Das aber ist sein Elend und als sein eigentlicher Selbstverlust sein Tod. Das Wort »Person« kann auch dies beinhalten.

3. Das Wort »Selbst« faßt darum auch Sinn und Ziel – den Inbegriff der Rettung durch Jesus Christus – zusammen: daß wir nicht »uns selbst« leben, sondern von Gott und für Gott. Wir können Jesus Christus »persönlich« aufnehmen und mit ihm leben (vgl. Joh 1,12ff). In der Bandbreite der Bedeutungsmöglichkeiten zeigen sich stets drei Grundaspekte: – die Zuwendung als Geistverbindung; – die Geistverbindung als Geistwirkung; – die Geistwirkung als Vermittlung der Identität, also dessen, was man »selbst« – bzw. als »Person« – ist. Das zeigt sich in den beiden Grundformen unseres Menschseins:

a. Die geschenkte Selbst- bzw. Personwerdung »im Angesicht Gottes«: In ihr wird der Mensch, wie ihn Gott meinte, also eigentlich zum Menschen.

b. Die sündige Verselbstung nach eigener »Ansicht«: Hier sucht der Mensch »sich selbst zur Persönlichkeit aufzubauen«; sich »einen Namen zu machen«; sein »Profil zu erarbeiten«; sein »Image zu pflegen« – und in allem »etwas aus sich selbst zu machen«. Der Verselbstung ist die Entselbstung – als Ent-persönlichung! – verbunden. Sie sucht den Menschen – zumeist mittels Technik – der jeweiligen »Ansicht« entsprechend herzustellen bzw. zu verändern: Technik kann ihn »zur Nummer« bzw. »zur Maschine« entpersönlichen. Psychotechnik sucht ihn, etwa durch »Arbeit an der Person« in gruppendynamischem Training, im Sinne des Trainers bzw. der Gruppe, zu »sagen, wer er ist«. Pneumatotechnik strebt, etwa durch mediale Meditationsformen, u.a. »Transpersonalität« als Auflösung ins »Große Selbst« (!) – den Weltgeist – an. In der umfassenden Breite des Bedeutungsspektrums von »Selbst« und »Person« ist also entscheidend, zu klären, welchem Geist man jeweils dabei begegnet. Weil da gegensätzlicher

Geist zur Wirkung kommen kann (sozusagen »hindurchtönt«), muß in bibl. Sicht klar werden, welcher Geist untergründig wirkt.

Literatur: Zu A: E. Kästner: Ölberge, Weinberge, 1965, S. 164-169; Zu B und C: D. Vetter: THAT II, [2]1979, 692-701; A.S. van der Woude: ibid, 432-460; E. Lohse: ThWNT VI, 1959, 769-781; Zu D: A. Adam: Lehrbuch der Dogmengeschichte I, 1965, S. 164-169; Zu E: T. Herrmann (Hrsg.): Handbuch psychologischer Grundbegriffe, 1977; H. Gastgeber et. al. (Hrsg.): Praktisches Wörterbuch der Pastoralpsychologie, 1975; W. Arnold, H.J. Eysenck, R. Meili (Hrsg.): Lexikon der Psychologie, II/2, 1976, 738f. 744ff. S.F.

PESCHITTA s. Bibel; s. Kanon (AT)

PEST s. Krankheit

PETOR. Stadt in N-Mesopotamien, aus assyr. Texten bekannt als Pitru (vgl. ANET S. 278), in der Nähe des Zusammenflusses von Euphrat und Sagur gelegen. P. ist die Heimatstadt *Bileams, der im Auftrag des Moabiterkönigs *Balak die Israeliten verfluchen sollte (4Mo 22,5; 5Mo 23,5). B.H.

PETRA. Die Hauptstadt der *Nabatäer liegt genau auf halbem Weg zwischen Totem und Rotem Meer, im Gebirge unmittelbar östl. der *Araba. In ihrer Blütezeit (1. Jh.v.Chr. – 1. Jh. n.Chr.) liefen in P. wichtige Handelswege zusammen: Von SO, von der riesigen arab. Halbinsel her, kam die »Weihrauchstraße«; von P. nach N, nach *Damaskus hin, lief der »Höhenweg der Könige«; von P. nach NW, zum Mittelmeerhafen *Gaza, verlief die »Spezereienstraße«, an der die »Negebstädte« (s. *Nabatäer) als Stützpunkte dienten; nach S gab es eine Verbindung zum *Roten Meer.

Der griech. Name P. (»Fels«) ist vor der hellen. Zeit nicht belegt, aber seit Ende des 4. Jh.v.Chr. sicher nachweisbar; er taucht allerdings an keiner Stelle der griech. Bibel auf. Als semit. Name dieser Stadt wurde früher *selaʿ* vermutet, was wohl nur der Name der vornabatäischen, edomitischen Siedlung war. Denn 1964 wurde am Eingang zur Stadt eine in den Felsen gehauene Grabinschrift freigelegt. Durch sie wurde gesichert, daß der semit. Name *raqmu* oder *raqamu* (hebr. *reqem*, »buntfarbig«) war. Diese Inschrift unter einem Relief in Obeliskenform lautet: »Das ist die Nefesch des Petraios, des Sohnes des Treptos. Und er ist geehrt, weil er in Raqmu gewesen ist, er, der in Garschu (= Gerasa) gestorben ist und hier begraben wurde. Sein Lehrer Taimu hat es für ihn gemacht« (RB 72/1965, 95-97). Damit rückt die literarische Angabe bei Josephus in neues Licht; er schreibt über den Kampf der Midianiter mit den Hebräern: »Alsbald entbrannte der Kampf und es fiel eine fast unzählbare Menge der Midianiter nebst allen ihren fünf Königen: Oe, Sur, Bobe, Ur und Rekem (= Rekemos), von welch letzterem die Hauptstadt Arabiens ihren Namen hat. Sie heißt nämlich nach dem arabischen König, der sie gegründet hat, Arekema, während die Griechen sie Petra nennen« (Jos. ant.Jud. IV, 161; vgl. 4Mo 31,8).

Obwohl während der Kreuzfahrerzeit in P. noch einige Bauten errichtet wurden, vergaß man P. bald vollkommen. Erst im Sommer 1812 wurde P. durch den als Scheich Ibrahim verkleideten Schweizer Forscher Johann Ludwig Burckhardt für die Neuzeit wiederentdeckt. Bis heute ist nur ein Bruchteil der alten Stadt ausgegraben, die Ergebnisse sind nur zum Teil systematisch veröffentlicht.

Für das Verständnis der Umwelt der Evangelien wurde von entscheidender Bedeutung, daß seit 1959 die Datierung der mittelnabatäischen »hauchdünnen« Keramik in der Nabatäer-Stadt Avdat möglich geworden ist: von etwa 20 v. – 50 n.Chr. In P. selbst stieß man 1979 auf einen Töpfereikomplex, der im wesentlichen die Datierung der Israelis in Avdat auch für P. bestätigte. Zu den zahlreichen Keramik- und Münzfunden kommen Bauinschriften hinzu, die bei den Grabungen in P. gefunden wurden. Die in unserem Zusammenhang wichtigste Inschrift wurde 1963 auf einer Bank, nur 15 m ostwärts des Tempels Qasr el Bint freigelegt und lautet: »Diese Statue ist Haritat, der sein Volk liebt, der König der Nabatu. ʿAbdu, der Seher, hat sie für ihn errichtet« (RB 73/1966, 236-247). Aus paläographischen Gründen kann die Inschrift dem Anfang der Regierungszeit Aretas IV. (= »Haritat«, 9 v. – 40 n.Chr.) zugeteilt werden, also Ende des 1. Jh.v.Chr. Das bedeutet: Die noch vor zwei Jahrzehnten übliche Annahme, P. sei erst nach der Annexion durch die Römer 106 n.Chr. zu einer kulturell blühenden, röm.-hellen. Stadt geworden, ist nicht mehr haltbar. Vielmehr erlebte P. seine höchste Blütezeit genau zu Lebzeiten Jesu von Nazareth. Die Ausgrabungen von P. ermöglichen also ein besseres Verständnis der sowohl semit. als auch hellen. Umwelt des NT. Dabei hatte sich die Hauptstadt der Nabatäer weniger dem hellen. Einfluß geöffnet als die Hauptstadt der Juden; so tragen z.B. in der ersten Hälfte des 1. Jh.n.Chr. in P. alle Münzen Umschriften mit semit. Buchstaben, alle Münzen in Jersualem aber mit griech. Buchstaben.

Wer die Stadt besucht, sollte sich eher einige Tage als nur wenige Stunden Zeit dafür nehmen. Nur so wird er außer den leicht zugänglichen Bauten im Talkessel auch Monu-

Die obeliskenförmigen Grabreliefs (nefesch) *am Eingang in den Siq von Petra. Durch die nabatäische Inschrift auf der zweiten Nefesch von links, dem Grab des Petraios, wurde 1964 erstmals sicher, daß Petra das alte »Raqamu« ist.* (BSchw)

mente auf den umliegenden Höhen besuchen können. Außer dem oben genannten Siq, dem schluchtartigen Zugang zur Stadt, auf dessen Boden noch Reste der Straßenpflasterung zu sehen sind, wird el Kasne, das wahrscheinliche Grab des Aretas IV., alle Aufmerksamkeit des erstmaligen Besuchers in Anspruch nehmen. Der Aufstieg auf die Opferhöhe (»Robinson High Place«) läßt durch die gut erhaltenen, aus dem Stein gehauenen Liegeflächen und die »Altäre« mit Schlachtplatz und Vertiefung zum Aufrichten des heiligen Steins (*baityl*) besser verstehen, wie eng Opfer und Mahl in der Welt der Bibel zusammengehören. Außer zu der in der Nachmittagssonne besonders eindrucksvollen Grabfassade Ed Deir sollte der Besuch unbedingt auch zu dem seit 1973 ausgegrabenen »Löwen-Greifen-Tempel« in der Mitte des Talkessels, aber nördl. des Cardo, führen. Auch hier bestätigt eine Inschrift, daß der Tempel unter Aretas IV. erbaut und in dessen 37. Regierungsjahr (27 n.Chr.) vollendet wurde. Er war wohl der Göttin al-Uzza geweiht. Fresken, Stuck, Marmor-Fußbodenplatten und ganz ungewöhnliche Säulenkrägen (also Pseudo-Säulenbasen) aus Alabaster oder Marmor vermitteln einen ungeahnten Einblick in den Reichtum dieser Handelsmetropole.

Etwa 6 km nördl. von P. stieß D. Kirkbride 1958 auf eine akeramisch-neolithische Siedlung namens Baida, die etwa genauso alt ist wie *Jericho. Seit 1981 läuft ein Projekt des »Tübinger Atlas des Vorderen Orients« (TAVO), um die archäologisch faßbaren Siedlungsreste in dieser Gegend aus dem 9.-7. Jt.v.Chr. zu erfassen.

Literatur: F.R. Scheck: Jordanien, Völker und Kulturen zwischen Jordan und Rotem Meer, 1985; M. Lindner (Hrsg.): Petra. Neue Ausgrabungen und Entdeckungen, 1986; »Der Königsweg«. 9000 Jahre Kunst und Kultur in Jordanien und Palästina, Ausstellungskatalog,1987. B.Schw.

PETRUS.

I. HERKUNFT.

Der Geburtsname des Petrus war (hebr.) *Symeon* bzw. (griech.) *Simon.* Dieser sowohl griech. als auch aram. Name, schon bei Aristophanes 423 v.Chr. griech. bezeugt (Wolken 351), verweist ebenso wie der griech. Name seines Bruders *Andreas auf das hellenisierte Umfeld, in dem P. geboren wurde und aufwuchs. Nach Joh 1,44 stammte er aus *Betsaida am See *Genezareth, das auch die Heimatstadt des gleichfalls griechischnamigen Philippus war. Betsaida hatte nach der Tochter des *Augustus den Beinamen Julias erhalten und war 3 v.Chr. vom Tetrarchen *Philippus, einem großen Förderer griech. Kultur, zur

Stadt erhoben worden. Vor diesem Hintergrund ist anzunehmen, daß Petrus wenn nicht dreisprachig (hebr., aram., griech.), so doch neben aram. und hebr. zumindest mit guten Griechischkenntnissen aufgewachsen ist. Diese Sprachkenntnisse mußte er darüber hinaus als mittelständischer Fischereiunternehmer an einer der bedeutendsten internationalen Handelsstraßen des Vorderen Orients, der Via Maris, ständig praktizieren und verfeinern. Den Namen seines Vaters kennen wir aus Mt 16,17 und Joh 1,42: Jona. P. war verheiratet (Mk 1,30; Mt 8,14; Lk 4,38) und nahm seine Frau spätestens nach *Pfingsten auf seine Reisen mit (1Kor 9,5). Sein jüngst in *Kapernaum wiederentdecktes Haus (vgl. Mt 9,27-31; Mk 1,29; 2,1; 3,20; 9,33) liegt nahe der Synagoge (s. Mk 1,21-29) und hat einen Vorplatz (s. Mk 1,33!). Die Hinweise auf seinen unüberhörbaren galiläischen Akzent (Mk 14,70; Mt 26,73) und die Bezeichnung von Johannes und P. als »ungelehrte und einfache Leute« (Apg 4,13: *agrámmatoi kai idiōtai*) dürfen nicht zu der Annahme verleiten, P. sei ein unwissender, hinterwäldlerischer Provinzler gewesen. Auch P. hatte die jüd. Elementarbildung genossen, die zu einem für die damalige Antike überdurchschnittlichen Grundwissen vor allem im Umgang mit Sprache(n), Texten und Mnemotechnik (Gedächtnisschulung und -beherrschung) führte (vgl. Marrou, Riesner). Die abschätzige Äußerung des Hohen Rates in Jerusalem trifft nur insofern zu, als P. die höhere Bildung der Schriftgelehrten fehlte. Vor der Begegnung mit *Jesus befanden sich P. und Andreas zumindest vorübergehend im Umfeld *Johannes des Täufers (vgl. Joh 1,40-41). Ob sie im engeren Sinne Jünger des Täufers waren, scheint fraglich: eher waren sie wie Jesus selbst »auf der Durchreise«, möglicherweise auf dem Rückweg von Passa-Festlichkeiten in Jerusalem, in Begleitung von *Philippus und *Nathanael. Die Anwesenheit von (späteren) Jesus-Jüngern im Kreise des Täufers bei der Taufe Jesu wird jedoch noch nach der *Himmelfahrt bei der Nachwahl des zwölften Apostels als Kriterium vorausgesetzt (Apg 1,21f).

II. JÜNGERZEIT.

Nach Joh 1,40-42 erhält P. bereits nach der Taufe Jesu am Jordan von diesem einen Hinweis auf seine künftigen Aufgaben: »Du sollt Kephas heißen.« Kephas (aram. *Kēpā*) bedeutet, wie Johannes erklärend hinzufügt, »Fels«, ist also identisch mit der Bedeutung des griech. Beinamens *Petros*. Außer Joh 1,42 benutzt später nur noch Paulus die aram. Form: 1Kor 1,12; 3,22; 9,5; 15,5; Gal 1,18; 2,9.11.14. Diese Benennung (die in Joh 1,42 auch futurisch sein kann: »du wirst Kephas heißen«) steht nicht in unmittelbarem Zusammenhang mit dem Bekenntnis des Petrus in Mt 16,15-18; dies zeigt schon bei Johannes selbst die viel später angesiedelte Behandlung des Bekenntnisses (6,69); vgl. auch bei Mt das zeitliche Verhältnis von 16,15-18 zu 10,2 und Mk 3,16. Eine Messias-Erkenntnis hatten letztlich vor P. auch schon andere gehabt: Joh 1,34; Joh 1,41. Wesentlich beim P.-Bekenntnis ist, daß es – anders als die der anderen – zu einem von Jesus selbst bestimmten und herbeigeführten Zeitpunkt kam, P. also im entscheidenden Augenblick konkret und richtig reagierte. Damit setzte er die Linie fort, die schon zu seiner eigentlichen Berufung am See Genezareth geführt hatte: Lk 5,1-11 (vor allem V. 5.8.10f). Im Jüngerkreis nimmt P. von Anfang an eine herausragende Stellung ein. Alle vier Evangelien verweisen auf P. (mit oder ohne Andreas) als den Erstberufenen: Mk 1,16-17; Mt 4,18-20; Lk 5,4-10; Joh 1,40-42. In allen drei Jüngerlisten steht er an erster Stelle (Mk 3,13-19; Mt 10,1-4; Lk 6,12-16; vgl. Apg 1,13). Immer wieder tritt er Jesus gegenüber als Repräsentant oder Vertreter der Jünger auf (s. u.a. Mt 8,29; Mt 14,27-28; 15,15; 18,21; Mk 9,5; Lk 12,41, u.ö.). Wählt Jesus aus dem Zwölferkreis eine kleinere Gruppe für bestimmte Zwecke aus, so ist auch hier P. stets zuerst genannt: in der Dreiergruppe mit den Zebedaiden Johannes und Jakobus (Mk 5,37;

Graffito des Petrus in der Katakombe S. Agnese fuori le Mura, Rom. Eine der frühesten Darstellungen des Apostels, ikonographisch noch nicht auf den seit dem 4. Jh. vorherrschenden Petrustypus festgelegt. Vorkonstantinisch. 2./3. Jh. (PCAS)

9,2-5; 14,33 par.); einmal wird diese Gruppe durch den P.-Bruder Andreas auf vier erweitert: Mk 13,3; einmal steht bei einem Auftrag Jesu Johannes neben P. (Lk 22,8-13). Am eindrücklichsten wirkt die Hervorhebung des P. in Mk 16,7 (»Geht aber hin und sagt seinen Jüngern und Petrus, daß er vor euch hingehen wird nach Galiläa«) und in Mk 1,36 (»Simon aber und seine Begleiter«; s.a. Lk 9,32). Indem Jesus selbst P. als »Fels« bezeichnet, auf den er seine *Gemeinde (*ekklesia*, »Kirche«) bauen will, spricht er das auch kirchengeschichtlich folgenreichste Sonderwort über ihn aus. Es steht vor dem Hintergrund von »Felsenworten« im AT (Jes 51,1f; 28,16) und kann mit einem essenischen Text aus *Qumran verglichen werden (1QS 8,6-8: in den letzten Tagen werde der Rat der Gemeinschaft fest stehen wie ein Stein, wie Fundamente, die nicht wanken werden). Anders als der Qumrantext spricht jedoch Jesus nicht von der Gemeinschaft, sondern von dem einen Mann P. Aufschlußreich ist, daß P. selbst in seinem *ersten Brief (2,4-6) das Zitat aus 28,16 weiterführend nicht auf sich, sondern auf Christus und durch ihn auf jeden den Glauben lebenden Christen bezieht. Die besondere Verheißung, die P. in Mt 16,19 erfährt (»Ich will dir die Schlüssel des Himmelreichs geben. Alles was du auf Erden binden wirst, soll auch im Himmel gebunden sein, und alles, was du auf Erden lösen wirst, soll auch im Himmel gelöst sein.«), besteht aus zwei deutlich zu unterscheidenden Teilen. Entscheidend ist der erste Satz, in dem das, was Christus besitzt (vgl. Offb 3,7b; 1,18) futurisch dem Petrus anvertraut wird, jedoch nur für die Dauer der irdischen Wirkungszeit (»du auf Erden«). Doch während die Aufgaben des zweiten Teils von Mt 16,19 auch von anderen Jüngern erfüllt werden (vgl. 18,18!; s.a. Joh 20,23 und 2Kor 2,15), bleibt P. als Sachwalter Christi Grundstein der ganzen Gemeinde/Kirche, die auf ihm gebaut ist und von den »Pforten der Hölle« (vgl. Jes 38,10) nicht überwältigt werden kann (vgl. Maier, Burgess). P. steht damit auch gegen die »Schriftgelehrten und *Pharisäer«, die das Himmelreich zuschließen vor den Menschen (Mt 23,13); er dagegen wird mit den ihm von Jesus anvertrauten Schlüsseln das Himmelreich öffnen können (vgl. auch Jes 22,22). So ist er einerseits das Fundament der *ekklesia* und andererseits derjenige, der das Gottesvolk zum himmlischen Haus, in das Reich der Auferstehung, führen soll (Cullmann). Da, wo die Pharisäer innerhalb des jüd. Volkes (dem natürlich auch Jesus und P. angehörten) versagten, setzt Jesus nun P. ein. Daß P. diese Sonderfunktion(en) nicht aufgrund eigener Kraft und Größe zugesprochen

Stein mit der Inschrift PETROS ENI, *»Petrus ist hier drinnen«, an der sogenannten Roten Mauer, vor dem Petrusgrab in der vatikanischen Nekropole. Frühes 4. Jh.* (RFSP)

erhielt, wird in allen Quellentexten durch die nahezu parallel verlaufenden Berichte über seine menschlichen Schwächen und sein Versagen deutlich. Vor dem P.-Bekenntnis bei *Cäsarea Philippi ist es namentlich der Bericht vom sinkenden P. (Mt 14,28-33), der dies verdeutlicht. Die spontane Bereitschaft, es Jesus gleichtun zu wollen, scheitert an der vorösterlichen Unzulänglichkeit der Glaubenskraft kurz vor dem Ziel (denn einige Schritte hatte er ja tun können). Noch traut sich P. zu viel zu, noch ist der bereits vorhandene Glaube »klein« (Mt 14,31). Andererseits wird hier aber auch P.' uneingeschränktes Vertrauen in Jesus gerechtfertigt, der die Macht hat, den um Hilfe Rufenden, Versinkenden zu retten. Folgenreicher noch ist das Versagen des P. im Anschluß an sein Versprechen, notfalls der einzige zu sein, der Jesus nicht verlassen wird (Mk 14,29; Mt 26,33; Lk 22,33; Joh 13,37). Nicht dieses Versprechen wird eingehalten, sondern Jesu Ankündigung seiner Verleugnung durch P. Die Widersprüchlichkeit, das Schwankende im Verhalten des vorösterlichen P. wird aber auch hier daran deutlich, daß noch der Verleugnung unmittelbare Akte des Mutbeweises vorausgegangen waren: P. schlägt dem Diener des Hohenpriesters bei der Gefangennahme Jesu das rechte Ohr ab (Joh 18,10 par.), er folgt Jesus, ohne selbst zu fliehen (Joh 18,14; Lk 22,54; Mt 26,58; Mk 14,54; vgl. 14,51f!) mitten an den nächsten Ort der höchsten Gefahr, in den Palasthof des Hohenpriesters. Der Weg des P. nach der Verleugnung, beginnend mit dem »bitterlichen Weinen« (Lk 22,62 par.; vgl. Ps 51,19) steht im Zusammenhang mit der Verheißung Jesu in Lk 22,32: »Ich aber habe für dich gebeten, daß dein Glaube nicht aufhöre. Und wenn du dich dereinst bekehrst, so stärke deine Brüder.« Diese vorösterliche Zusage wird nach Ostern am Ufer des Sees Genezareth bestätigt und intensiviert: Joh 21,15-17. Die Bedeutung des Wendepunktes der Verleugnung wurde von den ersten Christen in ihren Petrusdarstellungen dokumentiert: in der Frühzeit ist er nie mit den Schlüsseln, sondern mit einem Hahn zu seinen Füßen und seinem Zeigefinger am Kinn dargestellt (Thiede). Die Kreuzigung Jesu dürfte P. nach Lk 23,49 aus der Nähe, von der sog. Zweiten Mauer aus, beobachtet haben (vgl. Riesner). Daß P. ein Augenzeuge der Kreuzigung war, legen ferner Apg 5,29-32; 10,39; 1Petr 5,1 nahe. Paulus stellt P. an die erste Stelle der Auferstehungszeugen (1Kor 15,5), denn in dem auch als »juristisch« haltbar zu verstehenden Dokument 1Kor 15,1-9 konnten nach damaligem Rechtsverständnis keine Frauen als Zeugen genannt werden. Aber auch die Evv., die ohne diese Rücksichtnahme berichten, heben schon am leeren Grab die Sonderstellung des P. hervor: zu den Frauen sagt der Engel »Geht aber hin und sagt seinen Jüngern und Petrus . . .« (Mk 16,7; vgl. Lk 24,10-12; Joh 20,1-2). Petrus ist der erste Jünger, der das leere Grab betritt (Joh 20,4-8; Lk 24,12), und »voll Verwunderung« (Lk 24,12 EÜ – nicht im Sinne des unverständigen »sich Wunderns«!) davongeht. Und anders als Johannes, der nach Joh 20,4-8 ebenfalls eine besondere Glaubenserfahrung am leeren Grab hat, werden P. individuelle Erscheinungen des Auferstandenen ohne weitere Zeugen zuteil: Lk 24,34; 1Kor 15,5. Am See Genezareth ist es Johannes, der den Auferstandenen vom Boot aus als erster erkennt (Joh 21,7); wiederum aber ist es P., der als erster konkret handelt, indem er ins Wasser springt, um Jesus so schnell wie möglich zu erreichen. Nach der Bestätigung seiner Einsetzung (Joh 21,15-17) erhält P. von Jesus eine Prophezeiung über seinen Tod (21,18-23). Es folgt aus dem Text jedoch nicht, daß dieser Abschnitt erst nach der tatsächlichen Kreuzigung Petri in *Rom niedergeschrieben worden sein kann, es sich also um ein *vaticinium ex eventu* handeln müsse: die konkrete Deutung der »ausgestreckten Hände« auf die Haltung am Kreuz (nicht also nur auf die Vorbereitung zur Fesselung bei der Gefangennahme) nahm erst Tertullian ca. 213 n.Chr. vor (Scorpiace 15). Als »Fels« und nun auch »Hirte« (vgl. Joh 21,15-17 mit Joh 10,11; 1Petr 5,1-4) steht P. somit am Ende der Evangelienberichte der Gemeinde vor.

III. DER APOSTEL.

P. tritt nach der Himmelfahrt Jesu als der verantwortliche Organisator hervor (Apg 1,13-21 u.ö.); er wirkt als der führende Redner und Verkündiger (Apg 2,14-41; 3,12-26 u.ö.), als Wundertäter (Apg 3,1-11; 5,14f; 11,36-42), als Vertreter der ersten Gemeinde gegenüber dem Hohen Rat (Apg 4,8-22; 5,27-33), als Bewahrer der Gemeindedisziplin (Apg 5,1-11; vgl. auch Apg 8,14-24), als »Aufseher« über die ersten missionarischen Reisen (Apg 8,14-25), als derjenige, der die Mission unter den *Heiden (nach dem von Philippus gesetzten Präzedenzfall Apg 8,26-39) in den engeren Bereich des röm. Imperiums hineinträgt und den orthodoxen Judenchristen gegenüber theologisch verteidigt und begründet (Apg 10,1-48; 11,1-18), als über das Leben und Wirken Jesu unterrichtender Lehrer des Paulus (Gal 1,18), als umsichtig Handelnder und wohl auch Verantwortung Delegierender im Augenblick des Weggangs aus Jerusalem nach der Befreiung aus dem Gefängnis Herodes Agrippas (Apg 12,17; vgl. Thiede). In jeder der hier genannten Rollen wirkte P. wegweisend und maßstäbesetzend für das Handeln der ersten Christen. Dies gilt auch und gerade für die Heidenmission (s.a. *Kornelius), selbst wenn diese anschließend erst von Paulus systematisiert wurde. Daß P. Autorität in dieser Zeit uneingeschränkt anerkannt wurde, bestätigt nicht zuletzt Paulus selbst (Gal 1,18). Den ersten großen Einschnitt bringt der Weggang aus Jerusalem »an einen anderen Ort« (Apg 12,17), wohl im Frühjahr 41 n.Chr. (Dockx). Euseb (Chronikon, ed. Schoene, II, 152-57; vgl. h.e. 2,14,6; 15,2), Hieronymus (De vir.ill. 8) und Papias (bei Euseb, s.o.) setzen ein Eintreffen des P. in Rom im Jahre 42 n.Chr. voraus. Er kann dort nach möglichen Zwischenaufenthalten (vgl. Eus.h.e. 3,2; s.a. Dockx: Antiochien, Kleinasien, Korinth?) im Herbst 42 oder früher, jedenfalls im 2. Jahr des *Claudius, eingetroffen sein. Daß Lukas von Rom als Reiseziel wußte, geht aus der Art seiner Formulierung in Apg 12,17 hervor: *eis héteron tópon* verweist auf die identische Formulierung in der viel benutzten LXX-Fassung des Buches Hesekiel (dazu Strom) 12,3. Die Aufschlüsselung des »anderen Ortes« erfolgt Hes 12,13: *eis Babylōna,* nach Babylon – z.Zt. von Lukas und P. allgemein als »Rom« verstanden (s. *1Petrusbrief; vgl. Seydl, Belser, Lyonnet, Thiede). Daß Lukas (anders als P. selbst in 1Petr 1,15) zu dieser nur dem LXX-Kundigen erkennbaren Verschlüsselung griff, ist sicher nicht ohne die Widmung seines Doppelwerkes an den hohen röm. Staatsbeamten *Theophilus zu verstehen; so wird zwar die Flucht *aus* dem Gefängnis berichtet, die herausfordernde Flucht *in die Hauptstadt des Imperiums* jedoch verschlüsselt. Ähnlich zurückhaltend berichtet Lk über andere Aktionen des Widerstands gegen die Staatsgewalt: vgl. den Verzicht darauf, P. als den Mann zu identifizieren, der dem Diener des Hohenpriesters ein Ohr abschlug. Da nach antikem Brauch Theophilus als Widmungsempfänger auch die Aufgabe übernommen hatte, das Werk auf eigene Kosten abschreiben und verbreiten zu lassen (Haenchen, Hengel), waren solche Vorsichtsmaßnahmen wohlbegründet. Euseb und Hieronymus (s.o.) berichten zwar, daß P. 25 Jahre lang *episkopos* (»Aufseher«, »Bischof«, vgl. Phil 1,1 u.ö.) der röm. Gemeinde war, setzen dabei jedoch keinen ununterbrochenen Aufenthalt voraus. Noch heute kennt die röm. Kirche das mit einem Titulus verbundene Amt des Titularbischofs, der überwiegend außerhalb Roms wirkt; und Hieronymus und Euseb waren wie jeder andere, der z.B. Apg 15 kannte, darüber informiert, daß P. nicht ununterbrochene 25 Jahre in Rom amtiert haben konnte. Zwar wird P. wohl nicht der erste Missionar in Rom gewesen sein (vgl. Apg 2,10), doch noch Paulus setzt indirekt voraus, daß die eigentliche Gemeindegründung bzw. -konsolidierung auf P. zurückgeht (Röm 15,20; 23f; vgl. K. Lake). Tatsächlich war Rom für P. ein natürliches Reiseziel: einerseits verfügte er durch den Kontakt mit dem röm. Offizier Kornelius über Vorinformationen, andererseits waren für ihn, der vorwiegend mit Juden und *Gottesfürchtigen zu tun gehabt hatte, die rund 50.000 (!) Juden Roms und ihr Umfeld eine ideale Zielgruppe. Die Annahme eines gemeinsamen Rom-Aufenthalts von P. und Markus bereits bei diesem ersten Anlaß (Edmundson, Wenham, Robinson) kann im Zusammenhang mit dem Abschluß der Erstfassung des *Markusevangeliums gesehen werden – ungefähr 44/45 n.Chr. (Robinson, Thiede), nach der Abreise (*exodos*) des P., die mit dem Tode des Heropdes Agrippa 44 n.Chr. und dem damit verbundenen Ende des Verfolgungsedikts wieder möglich wurde, aber vor dem Eintreffen des Markus in Jerusalem zum Beginn der ersten Missionsreise 46/47 n.Chr. (Apg 12,25). P. selbst ist spätetens zum sog. *Apostelkonzil (Apg 15,2-29; vgl. Gal 2,1-10) ca. 48 n.Chr. wieder in Jerusalem, möglicherweise wiederum nach Zwischenaufenthalten (Antiochia?). Hier übernimmt er die entscheidende Vermittlerrolle: seine Rede (Apg 15,7-12) bricht das Eis und ermöglicht es Paulus und *Barnabas, von den Taktiken und Erfolgen ihrer Art der Heidenmission überzeugend zu berichten, so daß auch *Jakobus sich anschließt und ein gemeinsames Sendschreiben für die beiden Missionare aufgesetzt werden kann. Nicht lange nach dem Jerusalemer »Konzil«, vielleicht im April 49 (Dockx) kommt es jedoch zur Auseinandersetzung des Paulus mit P. in Antiochia (Gal 2,11-14.21). Hatte die Jerusalemer Versammlung einen Beschluß über Situationen gefaßt, in denen Juden und Heiden Essens- und Abendmahlsgemeinschaft hatten, so gab es offenbar in Antiochia noch keine solche Tischgemeinschaft (Gal 2,12), sondern eher getrennte Hauskirchen (*Hausgemeinde), wie wir sie aus den Namensgruppierungen von Röm 16,3-15 auch für Rom voraussetzen dürfen. Die unterschiedliche Situation verlangte bei der Umsetzung des Jerusalemer Beschlusses Flexibilität. P. hält sich zuerst zu den Heidenchristen, hat als Jude volle Tischgemeinschaft mit ihnen und konkretisiert so den Beschluß der Versammlung in Jerusalem, den er damit zugleich den Judenchristen in Antiochia in der Praxis vor Augen führt. Wenn P. dann denen, die »von Jakobus kamen« (Gal 2,12) nachgibt, zeigt er das diplomatische Geschick, das vom »Felsen« und »Hirten« zu erwarten war: er wendet sich – wohl vorübergehend, während der Anwesenheit der Leute des Jakobus – auch wieder den Juden zu, die ja ohnehin zu seinem »Zuständigkeitsbereich« gehörten. So wird er beiden Teilen der Gemeinde gerecht und wendet die möglicherweise drohende Spaltung ab; auch der alte Antiochia-Kenner *Barnabas (Apg 11,22-24), der zuvor schon diplomatisches Geschick bewiesen hatte (und zwar zugunsten des Paulus, Apg 9,27), stellt sich hier auf die Seite des P. (Gal 2,13). Läßt sich dies aus dem scharfen Angriff des Paulus zugunsten des P. rekonstruieren, so ist andererseits auch das Verhalten des Paulus sehr verständlich. Aus seiner Sicht war die Taktik des P. Verrat an den Heidenchristen, für die er selbst besondere Verantwortung übernommen hatte; ja er fürchtete sogar, das Beispiel des P. werde diese *zwingen*, sich nun mit allen Konsequenzen den Judenchristen anzuschließen (Gal 2,14). Im Hintergrund steht auch die Frage, ob man beim Handeln »nach der Wahrheit des Evangeliums« (Gal 2,14) einen unverrückbar geraden Weg gehen muß (Paulus), oder situationsbezogene Flexibilität zeigen darf (P., Barnabas). In Antiochia ist mithin das Amtsverständnis des P. auf die größte, entscheidende Probe gestellt. Die Antiochener selbst entschieden sich offenbar für P. Paulus verläßt die Stadt kurz danach und kehrt nur noch einmal zurück, auf dem Weg nach Galatien (Apg 18,22). P. bleibt, möglicherweise für sieben weitere Jahre (Dockx). Paulus erlitt hier eine Niederlage (Dunn), die er Tertullian zufolge jedoch später einsah und mit 1Kor 9,20-22 in sein eigenes Lehren umsetzte (Avd.Marc. 1,20). So wäre die Episode mit ihren Konsequenzen zu verstehen als Zeichen der Größe beider Apostel auch im Lern- und Reifeprozeß.

IV. DIE LETZTEN JAHRE.

Um 57 n.Chr. (vgl. *1Petrusbrief, Abfassungszeit und -ort) trifft P. zum zweiten Mal in Rom ein. Diese zweite Romreise wird in der Apg nicht mehr behandelt und muß aus den beiden Petrusbriefen (s.dort!) und den frühen kirchengeschichtlichen Quellen erschlossen werden. Namentlich wird er in diesen mit auch im NT genannten Personen in Verbindung gebracht (*Pudens, *Linus). Nicht mehr *Claudius, sondern *Nero ist jetzt Kaiser (zu den Auswirkungen auf das petrinische Schrifttum s. Neugebauer; zu einem möglichen Bezug des *allotri-episkopos,* 1Petr 4,15, auf Nero s. Thiede). Unter Nero kommt es in den frühen Morgenstunden des 19. Juli 64 zum Brand von Rom, an den sich die erste große, systematische Christenverfolgung anschließt, die wohl bis zum Tode des Nero mit unterschiedlicher Intensität und Ausdehnung fortgedauert haben dürfte (zur Diskussion s. *Nero). Der 1. Clemensbrief, gemeinhin auf 96 n.Chr. datiert, wahrscheinlich aber schon um 69/70 geschrieben (Robinson), bringt den Tod des Petrus mit dieser Verfolgungssituation in Verbindung (1Clem. 5,1-4). Für Clemens war die neronische Verfolgung noch in frischer Erinnerung; die Märtyrer nennt er die »Kämpfer der jüngsten Zeit« (5,1). Doch nicht Nero wird die Hauptschuld an den Märtyrertoden zugeschrieben, sondern der Eifersucht und dem Neid in der Gemeinde selbst. Möglicherweise wird hier auf »zelotische« Judenchristen angespielt, die schon Paulus Schwierigkeiten gemacht hatten (Apg 21,20-30; Röm 2,17-29; 13,1-7.13; Phil 3,2.5.19f), und möglicherweise ist P. 57 gerade um ihnen entgegenzutreten nach Rom zurückgekehrt (Thiede). Anders als der z.Zt. der Abfassung des Philipperbriefs gefangene Paulus (s. bes. Phil 1,15-17) konnte P. frei handeln. Aktionen, die gegen den Staat gerichtet waren, ob zelotischer oder sozialreformerischer Natur (Fridrichsen) mußten in vernünftige Kanäle gelenkt werden, um eine kontinuierliche Entwicklung der Gemeinde ohne gefährdende Auseinandersetzungen mit der staatlichen Autrität zu gewährleisten (s. hierzu auch 1Petr 2,11-17; 3,13-17; 2Petr 3,14-16; Röm 12,14-21; 13,1-14; 16,17-20; Phil 1,15-17; 3,2-20). Die Information in 1Clem. 5,1-4 wird bestätigt durch den röm. Historiker Tacitus (ann. 15,38-44). In 15,44 teilt er mit, daß man in der Verfolgung nach dem Feuer zunächst diejenigen verhaftete, die ein Geständnis ablegten, dann aber die, die denunziert wurden. Auch in der Beschreibung der Verfolgungshandlungen sind sich Tacitus (ann. 15, 44,4) und Clemens (1Clem 6,1-2) ähnlich. Denkbar ist also, daß die Gegner des P. (und des Paulus) innerhalb der verschiedenen Fraktionen der röm. Gemeinde die Gelegenheit der Verfolgung letztlich nutzten, um sich der nicht ausreichend progressiv-antiröm. Apostel zu entledigen. Dies jedenfalls legt 1Clem 5,1-4 ausdrücklich, Tac.ann. 15,44 indirekt, nahe (s.a. Thiede). P. selbst mag sich dabei der Prophezeiung Jesu erinnert haben, deren Zeuge er auf dem *Ölberg gewesen war (Mk 13,12): »Und es wird ein Bruder den andern dem Tod preisgeben und der Vater den Sohn, und die Kinder werden sich empören gegen die Eltern und werden sie töten helfen.« Das Todesdatum des P. kann nur ungefähr erschlossen werden; nach dem Chronikon des Euseb (s.o.) starb P. im 14. Jahr des Nero, d.h. zwischen dem 13. Oktober 67 und dem 9. Juni 68 (vgl. *Linus; Hieronymus, De vir.ill. 5). Ein Todesdatum gegen Ende 67 würde mit dem 25-Jahre-Zeitraum übereinstimmen, der nach Euseb und anderen (s.o.) ab dem Zeitpunkt des ersten Eintreffens in Rom für die Gesamtphase des Titular-Episkopos-Amtes des P. anzusetzen ist. Die frühesten Quellen berichten einmütig, daß P. gekreuzigt wurde (Laktanz, De mortibus persecutorum 2,6) und zwar auf eigenen Wunsch mit dem Kopf nach unten (Origenes, Genesis-Kommentar 3, bei Eus. h.e. 3,1,2). Mit legendarischen Ausschmükkungen findet sich das Ganze in den Acta Petri 37 (8) – 39 (10), die in 35 (5) auch die Quo vadis?-Legende bringen. P. wurde auf dem vatikanischen Hügel, im Bereich des heutigen Petersdoms, beerdigt. Daß auch unter Verfolgung oder nach Verurteilung Hingerichtete von Verwandten oder Anhängern rechtmäßig beerdigt werden konnten, ohne daß diesen selbst Strafe drohte, zeigt für das röm. Rechtswesen bereits Joh 19,38. Ein großartiges Grabmonument wird man kaum errichtet haben, eher ein einfaches, ziegelbedecktes Flachgrab »alla cappuccina«, wie sie noch heute in der Nekropole von Ostia Antica zu sehen sind. Um 200 berichtet der Römer Gaius jedoch von einer offenbar ansehnlichen Gedenkstätte (*tropaion,* s. Eus.h.e. 2, 25-7; vgl. Mohrmann). Dieses *tropaion* ist ebenso wie Spuren von Gräbern neronischer Zeit archäologisch gesichert (s. Guarducci). Die schwierigen, die komplizierte Lage des *tropaion* berücksichtigenden Baumaßnahmen bei der Errichtung der ersten Peterskirche durch Konstantin ca. 315 n.Chr., verweisen auf die Genauigkeit und Festigkeit der hier bewahrten Lokaltradition (s.a. Lampe). Die Entdeckung der Inschrift *Petros eni* (»Petrus ist hier drinnen«) an der sog. Roten Mauer (Ferrua) unterstreicht diese Tradition. Wesentliche P.-Reliquien gibt es in der Kirche San Giovanni in Laterano (Kopfreliquiar über dem Altar) und unter der Peterskirche beim wieder zugänglichen *tropaion.* Das Ergebnis einer Untersuchung der vatikanischen Knochen scheint in die Zeit des Petrus zu verweisen (Walsh). Festzuhalten bleibt, daß die archäologische und kirchenhistorische Evidenz den Ort, am südl. Abhang des vatikanischen Hügels, zuverlässig belegt.

Literatur: E. Bammel: Petrus, der »Stellvertreter« Christi, in: ders.: Jesu Nachfolger. Nachfolgeüberlieferungen in der Zeit des frühen Christentums, 1988, S. 52--60; J.E. Belser: Einleitung in das Neue Testament, 1901, S. 197-198; J.A. Burgess: History of the Interpretation of Matthew 16,17-19 from 1781 to 1965, 1976; O. Cullmann: Petrus. Jünger, Apostel, Märtyrer, ³1985; S. Dockx: Chronologie zum Leben des heiligen Petrus, in: C.P. Thiede (Hrsg.): Das Petrusbild in der neueren Forschung, 1987, S. 85-108; J.D.G. Dunn: Unity and Diversity in the New Testament, 1977, S. 254; G. Edmundson: The Church in Rome in the First Century, 1913; A. Ferrua: La Storia del sepolcro di San Pietro, La Civiltà Cattolica 103 (1952), 25/Abb. 3; A. Fridrichsen: »Propter invidiam«. Note sur 1 Clem V, Eranos 44 (1946), S. 161-174; M. Guarducci: Die Ausgrabungen unter Sankt Peter, in: R. Klein (Hrsg.): Das frühe Christentum im römischen Staat, ²1982, S. 364-414; E. Haenchen: Die Apostelgeschichte, ¹⁶1977, S. 143; M. Hengel: Die Evangelienüberschriften, 1984, S. 31-32; E. Kirschbaum: Die Gräber der Apostelfürsten St. Peter und St. Paul in Rom, ³1974; K. Lake: The Earlier Epistles of St. Paul, 1911, S. 378-379; P. Lampe: Die stadtrömischen Christen in den ersten beiden Jahrhunderten, ²1989; S. Lyonnet: De Ministerio romano S. Petri ante adventum S. Pauli, Verbum Domini 33 (1955), S. 143-154; G. Maier: Die Kirche im Matthäusevangelium: Hermeneutische Analyse der gegenwärtigen Debatte über das Petrus-Wort Mt 16,17-19; in: C.P. Thiede (Hrsg.): Das Petrusbild in der neueren Forschung, 1987, S. 171-191; H.I. Marrou: Geschichte der Erziehung im klassischen Altertum, 1957; Ch. Mohrmann: A propos de deux mots controversés de la Latinité chrétienne: tropaeum – nomen, Vigiliae Christianae 7 (1954), S. 154-173; F. Neugebauer: Zur Deutung und Bedeutung des 1. Petrusbriefes; in: C.P. Thiede (Hrsg.): Das Petrusbild in der neueren Forschung, 1987, S. 109-144; R. Riesner: Golgota und die Archäologie, BiKi 1/40 (1985), S. 21-26; ders.: Jesus als Lehrer, ³1988; J.A.T. Robinson: Wann entstand das Neue Testament?, 1986; W. Rordorf: Die neronische Christenverfolgung im Spiegel der apokryphen Paulusakten, NTS 28 (1981), S. 365--374; E. Seydl: Alttestamentliche Parallele zu Apg 12,17, Der Katholik 79 (1899), S. 481-483; M.R. Strom: An Old Testament Background to Acts 12:20-23, NTS 32 (1986), S. 289-292; C.P. Thiede: Simon Peter – From Galilee to Rome, ²1988 (Literatur!); ders.: Babylon, der andere Ort: Anmerkungen zu 1. Petr. 5,13 und Apg 12,17, in: ders.: (Hrsg.): Das Petrusbild in der neueren Forschung, 1987, S. 221-229; J.E. Walsh: The Bones of St. Peter, 1983; J. Wenham: Did Peter go to Rome in AD 42?, TynB 23 (1972), S. 94-102. C.P.Th.

ERSTER PETRUSBRIEF. Brief des »Apostels Jesu Christi« *Petrus (1,1; vgl. 5,1; s.u.), verfaßt unter Mitwirkung des *Silvanus (5,12), an die Auserwählten (*eklektois*) in der »*Diaspora« (5,12), der »Fremde«, in den vier Provinzen *Pontus, *Galatien, *Kappadozien, *Asien und *Bithynien (Pontus und Bithynien waren z.Zt. des Petrus eine Provinz unter dem amtlichen Namen »Bithynia und Pontus«; die eigentümlich wirkende Trennung in 1Petr 1,1 geht auf die beabsichtigte Reiseroute des Briefüberbringers – wohl Silvanus selbst – zurück; vgl. Hort und Hemer).

I. INHALTSÜBERBLICK.

1. Anrede und Begrüßung (1,1-2).

Briefformular mit Absender- und Adressatenangabe. Kennzeichnung der christl. Eigenschaften der Empfänger mit trinitarischer Formel: Gott der Vater, Geist, Jesus Christus (1,2). Friedensgruß.

2. Dankgebet: Die lebendige Hoffnung durch die Auferstehung Jesu Christi, jetzt und in Zukunft (1,3-12).

3. Ruf zu einem frommen, heiligen Leben (1,13-2,10). Christozentrische Ermahnung, in der Hoffnung auf Gnade und im Bewußtsein des Opfertodes Christi den Begierden nicht nachzugeben, sich vielmehr als neues Gottesvolk zu begreifen (2,10), als heilige Priesterschaft (2,5).

4. Christliches Verhalten in der Welt (2,11-4,6). Exemplarische Lebensführung in Staat und Gesellschaft als bestes Argument gegen Verleumder, unabhängig vom eigenen Stand (Freie Männer und Frauen, Sklaven, Eheleute auch in ihrem Verhältnis zueinander, 3,1-7). Aufruf zum geschwisterlichen, barmherzigen, demütigen Leben (3,8-10), zur Friedenssuche (3,11). Leiden soll der Christ nicht, weil er sich objektiv etwas zuschulden kommen ließ (3,15-16), sondern als Gerechter in der Nachfolge Christi (3,17-18). Die Taufe rettet (3,21); die Abkehr vom alten, dekadenten Lebenswandel (4,3) wird die ehemaligen Freunde befremden und zu Gegnern machen (4,4), aber um so mehr werden sie vor Christus Rechenschaft ablegen müssen (4,5-6).

5. Christliches Verhalten innerhalb der Gemeinde (4,7-11). Aufforderung zur Gastfreundschaft, Dienst, Hilfsbereitschaft untereinander, zur Nutzung der Gaben Gottes in bewußter Haushalterschaft. Doxologie (4,11b).

6. Erneutes Aufgreifen des Themas von 4., nun verstärkt: Geduld in der Verfolgung (4,12-19), Leiden als Christen (neben Apg 11,26 das einzige Erscheinen des Wortes *christianos*, »Christ«) ist eine Auszeichnung, mit der Gott geehrt wird (4,14.16). Wichtig bleibt, daß man nicht wegen Vergehen gegen säkulares Strafrecht verfolgt wird (4,15).

7. Zusammenfassende Ratschläge und Ermahnungen für Gemeindeleiter (*Älteste)

und die Gemeinden (5,1-11). Die Ältesten sind nicht »Herren«, sondern Vorbilder, doch die Jüngeren sollen sich der Autorität der Älteren unterordnen. Für alle aber gilt Demut (5,5-6). Die Realität des Teufels (*diabolos*, 5,8) fordert zur Nüchternheit und Wachsamkeit. Der Gott aller Gnade (5,10) ist fester Rückhalt und Quelle des Wiedererstarkens.

8. Abschließende Information und Gruß (5,12-14). Silvanus, der Helfer (und Überbringer), Markus, der Petrus-Begleiter, und der Absendeort (Babylon = Rom) werden genannt. Friedensgruß in Christus.

II. VERFASSER.

Der Brief enthält eingangs eine präzise Angabe über den Verfasser: Petrus, ein Apostel Jesu Christi (*Pétros apóstolos Iesou Christou*). Hinzu kommt die deutliche Aussage in 5,1: »Die Ältesten unter euch ermahne ich, der Mitälteste (*sympresbýteros*) und Zeuge (*mártys*) der Leiden Christi ...«, ein unmißverständlicher Hinweis auf jene Augenzeugenschaft, mit der sich der Kreis der Apostel gegen andere Nachfolger Jesu abheben konnte (vgl. Apg 1,21f). Diese Selbstbezeugungen und die Tatsache, daß es in der früheren Kirche weder Zweifel (wie gelegentlich beim *2. Petrusbrief) noch »Gegenkandidaten« gegeben hat, galten und gelten weithin als ausreichender Ausgangspunkt für das Festhalten an der Selbstangabe des Briefes. Dennoch ist die petrinische Verfasserschaft keineswegs unumstritten (u.a. Kümmel, N. Brox, H. Frankemölle). Andererseits hält selbst ein Vertreter (Meade) des extensiven Vorkommens von *Pseudepigraphie im Kanon (*Kanon NT) die Frage für völlig offen, während die Zahl der Befürworter der Authentizität in den letzten Jahren quantitativ und qualitativ angestiegen ist (Neugebauer, Bénétreau, Grudem, u.a.m.).

Die Argumente gegen Petrus haben unterschiedliches Gewicht.

1. Petrus könne das innerhalb des NT überdurchschnittlich gute Griechisch nicht geschrieben haben. Mit Recht ist dem seit jeher entgegnet worden, daß der Brief selbst schon darauf verweist, daß er mit Hilfe eines Mitarbeiters bzw. Sekretärs entstand, der möglicherweise zugleich der Überbringer war (5,12: *dià Silouanou*; vgl. Thiede 175-76). Dies ist auch nicht, wie mitunter behauptet wird, ein Notargument zur Verteidigung des Briefes: außerhalb und innerhalb des NT ist die Mitwirkung anderer bei der Abfassung von Briefen, ohne daß dadurch die eigentliche Autorschaft eingeschränkt wird, ein nahezu alltägliches Vorkommnis (vgl. Röm 16,22: »Ich, Tertius, der Schreiber dieses Briefes«; s.a. für Silvanus /Silas: 1Thess 1,1; 2Thess 1,1; u.a.m.). Untersuchungsbedürftig im einzelnen ist, welches Ausmaß die Mitarbeit des Schreibers/Sekretärs jeweils annahm; das Spektrum konnte in der Antike vom schlichten Abschreiben einer Vorlage bis zur Endredaktion eines stichwortartigen Rohkonzeptes gehen. Daß Petrus seinerseits durchaus in der Lage war, sich der griech. Sprache fließend zu bedienen, ist von neueren Untersuchungen über das sprachlich-kulturelle Umfeld der Heimat des Petrus eindrücklich nachgewiesen worden (vgl. Fitzmyer, Gundry, Riesner, Sevenster, u.a.m.).

2. Der 1Petr setze bereits paulinische Theologie voraus. Nüchtern betrachtet ist dies eher ein Argument für als gegen die petrinische Verfasserschaft. Denn natürlich standen Petrus und Paulus immer wieder in Kontakt miteinander (vgl. u.a. Gal 1,18; 2,6-10 und Apg 9,28 für die Anfangszeit, Apg 15,1-28 für die engste Zusammenarbeit und gemeinsame Weichenstellung, Gal 2,11-21 für kontroverse Auseinandersetzung, 2Petr 3,15-16 für eine Würdigung des bis dahin vorliegenden Briefwerks des Paulus). Darüber hinaus kann auch außerhalb der direkten Quellen im NT ein zumindest partiell gemeinsamer Rom-Aufenthalt von Petrus und Paulus vorausgesetzt werden, eben in jenen letzten Lebensjahren, in denen 1Petr entstanden sein muß (vgl. 1Clem 6,1-2; Tertullian, Adv.Haer. 36; ders.: Scorpiace 15; Laktanz, De Mortibus Persecutorum 2,5-6, u.a.m.). Vor diesem Hintergrund sind Spuren paulin. Denkens im 1Petr geradezu zu erwarten, seltsam wäre ihr Fehlen.

3. Dem 1Petr fehle ein deutlicher Hinweis auf eine persönliche Bekanntschaft mit dem irdischen Jesus, dieser Mangel sei jedoch beim historischen Petrus als Briefverfasser kaum denkbar. Wie alle Argumente *ex negativo* ist auch dieses problematisch, zumal umgekehrt dem 2Petr vorgeworfen wird, er lege zu großen Wert auf die persönliche Nähe zum irdischen Jesus. Tatsächlich aber ist auch im 1Petr die persönliche Vertrautheit mit Jesus deutlich zu spüren. Völlig eindeutig ist hier 5,1; aber auch Jesusworte (über die sonstige NT-Überlieferung hinaus) sind im 1Petr nachgewiesen worden (Gundry).

4. Die im 1Petr vorausgesetzten Verfolgungssituationen könnten nur als umfassende staatliche Verfolgung verstanden werden, dies weise aber in die Zeit Domitians, lange nach dem Tod des Petrus - die Neronische Verfolgung sei nur lokaler Natur gewesen. Nicht nur die Fehleinschätzung der neronischen Verfolgung (s. *Nero) spricht gegen dieses Argument. Auch der Text des Briefes selbst gibt dafür nicht den geringsten Anhaltspunkt, denn eine großangelegte Chri-

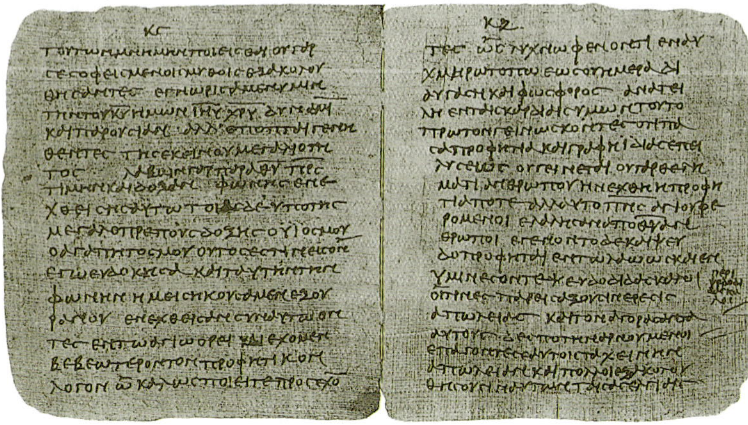

Zwei Seiten der ältesten bekannten Handschrift der Petrusbriefe (Papyrus Bodmer VII/VIII = p[72]). Abgebildet: 2Petr 1,16–2,2. Spätes 3. Jh. (BAV)

stenverfolgung wird schon durch die positive Haltung des Briefs gegenüber Staat und Autorität ausgeschlossen (vgl. u.a. 2,13-17 mit der Betonung des Lobes, der Auszeichnung, die seitens des Staates denen zuteil werden, die Gutes tun). Gerade diese Art zu argumentieren weist auf ein Datum noch vor der neronischen Verfolgung. Daß dagegen vereinzelte Aktionen gegen Christen schon vor diesen staatlichen Maßnahmen zu großen Leiden, selbst zum Märtyrertod führen konnten und führten, belegt das NT nicht zuletzt mit dem Tod des Stephanus, den zahlreichen Maßnahmen auch physischer Natur gegen Paulus, oder, näher noch am 1Petr, die Informationen über die von Silvanus/Silas erlittenen Verfolgungen, die Petrus natürlich unmittelbar bekannt sein mußten (1Thess 2,2; Apg 16,19-22). Vor allem aber hatte Petrus selbst bis hin zur unmittelbaren Gefährdung des eigenen Lebens Verfolgung erlitten (Apg 12,3-17; ein Ereignis, dem die Ermordung des Zebedaiden Jakobus vorausgegangen war). So ist also für die Behandlung der Themen Verfolgung und Leiden im 1Petr der unmittelbare Erfahrungsbereich des Petrus und seiner Umgebung noch vor 64 n.Chr. eine mehr als nur ausreichende Grundlage. Bleiben schon die Argumente gegen die petrinische Verfasserschaft ohne Überzeugungskraft, so gibt es darüber hinaus weiterführende Argumente *dafür.* Die präzise Einordnung in das historische Umfeld Roms Ende der 50er, Anfang der 60er Jahre (s. Neugebauer) gehört ebenso dazu wie der Nachweis der Gleichsetzung von Babylon (1Petr 5,13) mit Rom schon vor und zu Lebzeiten des Petrus und der auf Rom bezogenen Andeutung des Lukas über das Reiseziel des Petrus (Apg 12,17 mit Hes 12,3.7.13; vgl. Thiede). Auch die Nennung des Markus (5,13) stimmt mit allen uns bekannten Informationen über das Miteinander von Petrus und Markus überein und enthält keine Spuren fiktiver Konstruktion.

III. ABFASSUNGSORT UND -ZEIT.

Der Brief sagt aus, in »Babylon« abgefaßt worden zu sein (5,13: »Es grüßen euch aus Babylon . . .«). Daß hier nicht das mesopotamische Babylon oder gar das röm. Militärlager Babylon Fossatum am Nil gemeint sein können, steht fest (vgl. Kelly, Cullmann). Gegen die Gleichsetzung mit Rom zu Lebzeiten des Petrus wird mitunter auf den angeblich erst gegen Ende des 1.Jh. aufkommenden Gebrauch dieses Kryptogramms in der jüd. Literatur und der *Offenbarung des Johannes verwiesen (Hunzinger). Dagegen ist literarhistorisch eindeutig nachweisbar, daß schon Terenz in seiner Komödie Adelphoe (160 v.Chr.), Plautus (ca. 250-184 v.Chr.), Lukrez (ca. 95-55 v.Chr.) und z.Zt. des Petrus der Satiriker Petron in seinem Satiricon (ca. 61 n.Chr.) – in Rom wirkende Autoren – Babylon mit Weltstadtluxus und -dekadenz im röm. Imperium gleichsetzen; wer z.Zt. des historischen Petrus »Babylon« schrieb, wußte, daß seine Leser »Rom« verstehen würden (Thiede). Für 1Petr ist es dabei also auch nicht nötig, hinter dem Gebrauch des Kryptogramms die Absicht der Verschleierung des tatsächlichen Abfassungsortes zu vermuten. Auch ohne den Bezug auf die profan-röm. Literatur war darüber hinaus aus dem Judentum kommenden oder mit dem AT vertrauten Lesern die Wirklichkeit des röm. Imperiums vor dem Hintergrund des Vergleichs mit dem alten Babylon selbstverständlich (vgl. Mi 4,10; Jes 13; 14; Jes 43,14-21; Jer 51; 52, u.a.m.).

Ist aus inhaltlichen Gründen (s.o.) ein Abfassungsdatum vor der neronischen Verfolgung, d.h. vor 64/65 n.Chr. vorauszusetzen, so ist der *terminus post quem* problematischer, da sich das Eintreffen des Petrus in Rom nach dem Antiochia-Aufenthalt nicht leicht bestimmen läßt. Da Petrus in der Grußliste des *Römerbriefs fehlt, ist ein Zeitpunkt nach dessen Versand (ca. 57, Bruce) anzunehmen. Umgekehrt erscheint Paulus nicht unter den mit Petrus aus »Babylon« grüßenden, was insofern auffällt, als der Brief in Gegenden ging, die zum Teil von Paulus missioniert worden waren. Dies deutet darauf hin, daß Paulus noch nicht selbst in Rom war, als der 1Petr abgeschickt wurde. Wohl Anfang 60 n.Chr. (Bruce) traf Paulus in Rom ein. Verschiedene inhaltliche Kriterien (vgl. Thiede) legen ein Datum kurz davor, gegen Ende 59, nahe.

IV. AKTUALILTÄT.

Petrus hat für seine Leser eine zweifache Botschaft: Seid vorbereitet, aber verzweifelt nicht, denn der Herr ist mit euch »wider die, die Böses tun« (3,12; 4,19). Und: Seid nicht selbstgenügsam im Glauben, sondern stellt euch den Anforderungen der Welt und handelt konstruktiv (2,15-17; 3,8-13.15f). Der christl. Lebensstil hat Vorbildfunktion, innerhalb der Gemeinde, aber vor allem auch gegenüber der genau beobachtenden, kritisch-feindlichen Umwelt. Die Kraft für solches Leben und Handeln wiederum ist aus dem Vorbild Jesus Christus zu gewinnen und aus sicherem Gottvertrauen: »So demütigt euch nun unter die gewaltige Hand Gottes, damit er euch erhöhe zu seiner Zeit. Alle eure Sorge werft auf ihn; denn er sorgt für euch« (1Petr 5,6-7).

Literatur: S. Bénétreau: La premiére Epitre de Pierre, 1984; C. Bigg: A Critical and Exegetical Commentary on the Epistles of St. Peter and St. Jude, ²1902; N. Brox: Der erste Petrusbrief, EKK XXI, 1979; F.F. Bruce: The Letter of Paul to the Romans, 1985; O. Cullmann: Petrus. Jünger, Apostel, Märtyrer, ³1985; J. Fitzmyer: The Languages of Palestine in the First Century, CBQ 32 (1970), 29-56; H. Frankemölle: 1. Petrusbrief, 2. Petrusbrief, Judasbrief, 1987; W. Grudem: The First Epistle of Peter, 1988; R.H. Gundry: The Language Milieu of First-Century Palestine, JBL 83 (1964), S. 404-408; ders.: »Verba Christi« in 1 Peter: Their Implications concerning the Authorship of 1 Peter and the Authenticity of the Gospel Tradition, NTS 13 (1967), S. 36-50; ders.: Further Verba on Verba Christi in First Peter, Biblica 55 (1974), S. 211-32; U. Holmer/W. de Boor: Die Briefe des Petrus und der Brief des Judas, WStB, ⁵1986; C.H. Hunzinger: Babylon als Deckname für Rom und die Datierung des 1. Petrusbriefs, in: H. Graf Reventlow (Hrsg.): Gottes Wort und Gottes Land, FS H.W. Hertzberg, 1965, S. 67-77; J.N.D. Kelly: A Commentary on the Epistles of Peter and Jude, 1969; W.G. Kümmel: Einleitung in das Neue Testament, ²¹1983, S. 367-375; D.G. Meade: Pseudonimity and Canon, 1986, S. 163-172; F. Neugebauer: Zur Deutung und Bedeutung des 1. Petrusbriefes, NTS 26 (1980), S. 61-86; ders.in: C.P. Thiede (Hrsg.): Das Petrusbild in der neueren Forschung, 1987, S. 109-144; R. Riesner: Jesus als Lehrer, ³1988; J.A.T. Robinson: Wann entstand das neue Testament?, 1986, S. 149-179; E.G. Selwyn: The First Epistle of Peter, ²1947; J.N. Sevenster: Do you know Greek? How much Greek would the First Jewish Christians have known?, 1968; C.P. Thiede: Babylon, der andere Ort: Anmerkungen zu 1Petr 5,13 und Apg 12,17, Biblica 67 (1986), S. 532-538, ders. in: ders. (Hrsg.): Das Petrusbild in der neueren Forschung, 1987, S. 221-229; ders.: Simon Peter – From Galilee to Rome, ²1988.

C.P.Th.

ZWEITER PETRUSBRIEF.

I. INHALTSÜBERBLICK.

1. Anrede und Begrüßung (1,1-2). Briefformular mit Absender- und Empfängerangabe, jedoch scheinbar adressatenanonym: Die Empfänger werden weder namentlich noch topographisch näher bezeichnet, sondern allg. (»an alle«) durch den mit dem Verfasser gemeinsamen Glauben gekennzeichnet. Umso detaillierter ist die Absenderangabe: »Simeon Petrus« (*Symeōn*; nach der ältesten Handschrift, dem p 72, dem Codex Vaticanus und einer Reihe weiterer Textzeugen nur *Simon*) – vgl. 1Petr 1,1: nur *Pétros*; »Knecht und Apostel Jesu Christi« – vgl. 1Petr 1,1: nur *apóstolos*). Da nach 2 Petr 3,1 »dies nun der zweite Brief . . . an euch« ist, ließe sich vermuten, daß der Verfasser bewußt die intimere Absenderangabe wählt, neben seinen Autoritäts-Beinamen Petrus auch seinen Geburtsnamen Sim(e)on stellt und den Apostelrang durch die Betonung der Knechts-Stellung mildert, um dadurch das gewachsene Vertrauensverhältnis zu seinen Lesern zu unterstreichen (vgl. 1Petr 2,16). Handelt es sich um den gleichen Leserkreis, so ist auch das Entfallen der topographischen Empfängeraufzählung des Rundschreibens 1Petr verständlich. Für im wesentlichen deckungsgleiche, gemischt juden- und heidenchristl. Leserkreise sprechen auch die Andeutungen, die sich auf den Glaubenshintergrund der Leser beziehen lassen: In 1Petr weist z.B. 4,3 auf Leser mit heidnischer Vergangenheit; 1Petr 2,6-10 (mit Apg 4,8-12), 3,19-21 und die Nennung der Diaspora (1Petr 1,1) lassen eine jüd. Grundkenntnis vermuten.

In 2Petr dürfte u.a. 1,4 auf einen heidenchristl. Kontext zielen, während z.B. die Noah-Passage (eines der Bindeglieder zwischen erstem und zweitem Brief – vgl. 2Petr 2,5 mit 1Petr 3,20) auf judenchristl. Zusammenhänge verweist. Doch erübrigen sich diese Beispiele in dem Augenblick, in dem man zugrunde legt, daß schon die Grußformel des 2Petr eine allg.-christl. Leserschaft voraussetzt und die Erwähnung der Kenntnis von Paulusbriefen (3,16) in Erinnerung ruft, daß es keinen einzigen Brief des Paulus gibt, der ausschließlich an Heiden- oder Judenchristen gerichtet wäre.

Der Friedensgruß der Briefeinleitung ist im Kern mit der Formel von 1Petr 1,2 identisch (»... Gnade ... und Frieden ...«) und ergänzt sie christozentrisch.

2. Erinnerung an die Fülle der Gaben und Verheißungen und Mahnung zu vorbildlichem Leben (1,3-12).

Vertiefung eines Themas des ersten Briefes: Den »verderblichen Begierden« der Welt zu entgehen bedeutet auch, innerhalb der Gemeinde und nach außen vorbildlich zu leben. Der Tugendkatalog schließt mit der Aufforderung, »in der brüderlichen Liebe die Liebe zu allen Menschen« zu zeigen (1,7).

3. Das persönliche Zeugnis: »Testamentsankündigung« des Augenzeugen (1,13-21). Die Vorahnung des baldigen, vielleicht auch plötzlichen Todes (*tachinē*, 1,14, kann beides heißen) läßt es sinnvoll erscheinen, den geistigen Nachlaß zu regeln. Die Ankündigung in 1,15 steht im ältesten Textzeugen, dem p 72, in der Gegenwartsform: Petrus hat nicht nur die Absicht, er tut es bereits. Dies kann sich kaum auf den vorliegenden Brief selbst beziehen, der nicht das Gesamtbild, sondern aktuelle, dringliche Teilaspekte behandelt. Daß es sich um einen Hinweis auf die Zustimmung zur Verbreitung des Evangeliums seines Schülers *Markus in der Endfassung handeln dürfte (Thiede, vgl. Crehan, Green u.a.), ist auch insofern wahrscheinlicher, als bereits Irenäus (Haer. 3,1, 1-2) und der hier noch genauere Anti-Markionitische Prolog das MkEv. mit 2Petr 1,15 in Verbindung bringen.

Vor diesem Hintergrund betont Petrus seinen Augenzeugenstatus und wählt dafür eines der Ereignisse, bei dem seine handelnde Anwesenheit auch von Markus betont wird, die Verklärung Jesu (2Petr 1,16b-18; vgl. Mk 9,2-8). Zugleich »entmythologisiert« er hier das Christusgeschehen: anderswo mag es Mythen geben (vgl. 1Tim 1,4; 2Tim 4,4), aber nicht dort, wo der apostol. Augenzeuge für die geschichtliche Wahrheit steht (vgl. auch Apg 1,21-22).

Daneben hat der ganze Abschnitt trinitarischen Charakter: »Die Kraft und das Kommen unseres Herrn Jesus Christus«, bezeugt in der Verklärung Jesu (1,16-19), bekräftigt das prophetische Wort (»umso fester«, *bebaióteron*), keine Weissagung aber ist je aus menschlichem Willen hervorgebracht worden, sondern es haben Menschen »getrieben von dem heiligen Geist« geredet »im Namen Gottes« (1,21).

4. Die Irrlehrer und ihre Verurteilung durch Gott (2,1-22).

So wie es früher falsche Propheten gab, wird es sie wieder geben; die Gefahr ist nicht vage, sondern steht unmittelbar bevor. Der Abschnitt geht über die traditionellen Irrlehrerbeschreibungen und -warnungen in der Deutlichkeit der Beispiele und der Drastik der Sprache hinaus; diese Leidenschaftlichkeit legt nahe, daß Petrus hier konkrete Ereignisse vor Augen hat, die ihm aus bestimmten Gegenden mitgeteilt wurden und vor denen er nun seine Leser noch rechtzeitig warnen möchte. Annähernde Präzedenzfälle finden sich in Berichten des Paulus, deren Kenntnis durch 2Petr 3,16 vorausgesetzt sein könnte: vgl. 2Petr 2,1-3; 9-22; 3,17 mit 1Kor 6,12-20 zur Gefahr des Libertinismus; 2Petr 2,19 (s.a. 1Petr 2,16) mit 1Kor 6,12; 8,9 zum Mißbrauch der Freiheit; 2Petr 2,13 mit 1Kor 11,21 zum Mißbrauch des gemeinsamen Mahles; 2Petr 2,2 mit 1Kor 11,18-19 zur Gefahr von Gemeindespaltungen; 2Petr 2,11 mit 1Kor 11,10 zur Gefahr der Verachtung der Engelsmächte. (Dazu und zu den Querverbindungen mit aus essenisierenden Kreisen kommenden Irrlehren s.a. Riesner).

Möglicherweise drohte also das Eindringen der korinthischen Probleme in den kleinasiat. Einzugsbereich des 1Petr und gab somit den unmittelbaren Anlaß für das zweite Schreiben; wer für die Priorität des *Judasbriefs gegenüber 2Petr eintritt, kann auch jenen (der für seinen Adressatenbereich die Ereignisse in der Gegenwartsform, d.h. als bereits eingetreten, beschreibt), als einem weiteren Auslöser betrachten.

5. Widerlegung der Bestreiter christlicher Endzeitaussagen und Konkretisierung der Eschatologie (3,1-13).

Dieser Abschnitt sicherte dem 2Petr schon in den ersten Jahrhunderten die größte Aufmerksamkeit. Die Mehrzahl der Anspielungen und Zitate in den sog. *Apostolischen Vätern, patristischen Texten frühchristl. Apologetik aber auch antichristl. Polemik (Fronto, Celsus; s. Thiede) bezieht sich auf die »Weltenbrand«-Prophezeiung in 2Petr 3,7-13. Petrus greift hier auf atl. Prämissen zurück, wobei neben dem grundlegenden Verweis auf Ps 90,4 (dessen Glieder Petrus umkehrt – ein wesentliches Indiz, um in späteren Schriften Zitate aus 2Petr 3,8 von denen aus Ps 90,4 zu unterscheiden) hier vor allem 5Mo 32,22; Jes 34,4; Zef 1,18; 3,8-13 und Mal 4,2-3 zu nennen sind. Ob Petrus die Behandlung des Themas bei latein. und griech. Autoren (seit Plato, Timaeus 22 c; Cicero, De natura Deorum 2, 118, Seneca, Ad Marciam De Consolatione 26,6 und Quaestiones naturales 3,29,1 u.a.m.) durch sein röm. Umfeld vermittelt bekommen haben könnte, mag überaus zweifelhaft sein, auch sind die zumeist stoischen Vorstellungen dieser Texte von seinem Bild weit entfernt – so steht gegen die restituierte Welt, die in den meisten dieser Texte erwartet wird, die vollständige Neuschöpfung (*gē kainē*) in 2Petr 3,13 (vgl. Riesner, Thiede). Auch *Philo, der sich mit »heidnischen« Weltenbrandvorstellungen auseinandersetzt, dürfte kaum auf 2Petr gewirkt haben (vgl. De aet. mund. 19, 83-103; Quis rer.div.her. 47,228). Aufschlußreicher sind Bezüge zu jüd.-apokalyptischen Texten des frühen 1. Jh., ohne daß dabei die Frage etwaiger – wechselseitiger - Abhängigkeiten zu klären wäre; vgl. u.a. 1Hen 1,5-8; 102,1; Jubiläen 9,15, und der Qumrantext 1QH 3,29-36; 6,18-19. Um 2Petr 3,7-13 in die Denkmöglichkeiten der petrinischen Zeit einordnen zu können, muß ferner innerhalb des NT auf 1Kor 3,13-15; 2Thess 1,7-10; Hebr 6,8; 12,29; Mt 3,11 und 1Petr 1,7, sicher auch auf Offb 21,1f verwiesen werden. Mit Sicherheit ist dieser Abschnitt des 2Petr kein Zeichen für »frühkatholische«, d.h. nachpetrinische Endzeitvorstellungen, sondern eine plastische, zugespitzte, zugleich aber mit einer großartigen Verheißung (3,13) überhöhte Konkretisierung eines Denkens und Lehrens, das im Kern unmittelbar auf Jesus selbst zurückgeht (Mk 13,24-26; Teil der Ölberg-Rede, deren Zeuge Petrus mit Jakobus, Johannes und Andreas war).

6. Aufruf zu untadeligem Leben in der Endzeiterwartung; Verweis auf Paulus (3,14-16).

Petrus und Paulus hatten mehr als einmal mit ähnlichen, mitunter gemeinsamen Gegnern zu tun (s.a. *Petrus, IV.; s.o. 4.). Ihre eine Kontroverse in *Antiochia (s. Petrus, III.) ist bis heute allzu oft als Zeichen fortdauernder Uneinigkeit gedeutet worden, so daß der historische Petrus von Paulus nicht als von seinem »lieben Bruder « (3,15) hätte sprechen können. Ebenso irrig ist die Annahme, in 3,16 werde bereits ein abgeschlossenes Corpus Paulinum vorausgesetzt. Die Rede ist offensichtlich nur von allen den Briefen, die z.Zt. des 2Petr vorlagen – ob das zwei, drei oder mehr waren, muß offen bleiben. Welche Briefe konkret gemeint sind, ist nach wie vor diskutabel. 1Kor (s.o.) und Gal (s. 1,6-9) gehören zu den Kandidaten, sicher auch Röm (vgl. Röm 3,8.26; s.a. Röm 6,1-3; 7,13; vgl. auch 1Kor 6,12 mit Röm 8,1-13).

Mitunter wird gegen petrinische Verfasserschaft des 2Petr an dieser Stelle genannt, daß 2Petr 3,16 b die Paulusbriefe mit anderen »Schriften« (*graphás*, d.h. heiligen Schriften) gleichsetze, dies aber der historische Petrus noch nicht getan haben könne. Selbst wenn diese Stelle so zu verstehen wäre, daß hier Briefe des Paulus als gleichrangig mit Texten des AT angesehen sind, geeignet zum Vorlesen in der Gemeinde bzw. im Gottesdienst, so wäre das nichts anderes als das, was Paulus selbst für seine Schreiben beansprucht (vgl. 1Thess 5,27; Kol 4,16; s.a. 1Tim 4,13; Offb 1,3). Wir befinden uns mit diesem Abschnitt des 2Petr also in dem natürlichen Umfeld der Zeit des Petrus und Paulus.

7. Abschließende Ermahnung und Doxologie (3,17-18).

Noch einmal betont Petrus, daß er mit seinem Brief eine rechtzeitige Warnung vor dem »Irrtum der Gottesverächter« geben will. Der Lobpreis Christi »bis zum Tag der Ewigkeit« beschließt den Brief.

II. VERFASSER.

Der Brief will unmißverständlich von Simon Petrus geschrieben sein. Gegen diese Zuschreibung sind seit dem 3. Jh. vereinzelt Zweifel vorgebracht worden, die jedoch spätestens mit Abschluß der Kanonbildung (*Kanon NT) beseitigt waren. In jüngerer Zeit ist aus gelegentlichen Zweifeln wachsende Ablehnung geworden, bis hin zu Formulierungen wie ». . . diesen Brief kann Petrus nicht geschrieben haben« (Kümmel) und »dies alles ist eine literarische Fiktion« (Frankemölle). Dem stehen dennoch auch neuere Kommentare gegenüber, die an der Verfasserschaft des Petrus festhalten (u.a. Lenski, Hiebert, de Boor, Ogilvie, Green, Kistemaker; außerhalb von Kommentaren zum 2Petr u.a. Guthrie, van Houwelingen, Wheaton, Grudem, Thiede). Die Hauptargumente gegen Petrus sind (nach Kümmel):

1. Die literarische Beziehung zum Judasbrief. Da der 2Petr vom Judasbrief abhängig sei, dieser aber aus der nachapostol. Zeit stamme, könne Petrus den 2Petr nicht geschrieben haben. Die tatsächlichen Abhängigkeitsverhältnisse sind jedoch nach wie vor ungeklärt; auch Vertreter der Judas-Priorität räumen ein, daß es umgekehrt richtig sein könne (Bauckham). Wäre die Priorität des Judas nachgewiesen, würde auch dies selbstverständlich nicht gegen Petrus als Verfasser des 2Petr sprechen; der apostol. Judas als Mitglied der Familie Jesu war nicht so unbedeutend,

daß Petrus ihn nicht hätte benutzen »dürfen«. Da die neuere Forschung verstärkt ein apostolisches Datum für den Judasbrief nahelegt (Ellis, Bauckham), ist Argument 1 in keinem Punkt beweiskräftig.

2. Anschauungswelt und Sprache des 2Petr seien so stark durch den Hellenismus beeinflußt, wie es bei Petrus, aber auch bei einem Petrus-Schüler oder -Gehilfen noch nicht einmal einige Zeit nach dem Tod des Apostels angenommen werden könne. Eine Untersuchung der Sprache des 2Petr im Umfeld des NT zeigt jedoch, daß gerade die hellen. Elemente – etwa das »Tugendwort« *aretē* – normaler paulin. Wortgebrauch sind, der persönliche Umgang von Petrus und Paulus und 2Petr 3,16 also nichts näherlegt als solche Vorkommnisse (vgl. hier 2Petr 1,3.5 mit Phil 4,8; s.a. 1Petr 2,9). Gleiches gilt für andere sog. hellen. Ausdrücke, die sich u.a. in der dem Petrus gut vertrauten LXX nachweisen lassen. Die »Anschauungswelt« ist zur Mitte des 1.Jh. nicht nur für Briefschreiber zugänglich, die sich – wie Petrus – auch mit dem Sprachgebrauch der Gegner auseinandersetzen.

3. Der 2Petr richte sich gegen eine Bewegung, die wesentliche Merkmale der *Gnosis des 2. Jh. trage. Wir wissen zu wenig über die Gnosis des 2. Jh., um darüber urteilen zu können. Konkretisiert man das Argument aber mit dem lebhaften Interesse des Briefes, der Leugnung der christl. Parusieerwartung entgegenzutreten (Kümmel), so zeigt sich, daß bereits Mt 24,45-25,13 (vor allem 24,48-51) jene Jesusworte wiedergeben, die den Warnungen des 2Petr vor diesen Leugnern zugrunde liegen. Eine Gnosis des 2. Jh. braucht hier nicht ins Feld geführt zu werden. Halten wir uns das im Falle der Echtheit spätestmögliche Datum des 2Petr (Frühjahr 68) vor Augen, so ist selbst die scheinbar schwierige Aussage über »die Väter«, die – vor der verheißenen Wiederkunft Christi – bereits entschlafen sind (3,4), völlig natürlich: *Stephanus, der Zebedaide, *Jakobus und der Herrenbruder *Jakobus waren alle vor bzw. bis 62 n.Chr. zu Tode gekommen; vgl. auch Hebr 13,7; zur Gesamtproblematik auch schon 1Thess 4,13-18; 1Kor 15,6.17-20). Daneben bleibt die Notwendigkeit der Auseinandersetzung mit dem Zeitpunkt der Parusie selbst dann einzuordnen im Rahmen der Lebenszeit des historischen Petrus,wenn man die »Väter« auf die leiblichen Väter der von Petrus angesprochenen Gemeindemitglieder oder auf die »Väter« des AT beziehen will.

4. Der 2Petr setze eine Sammlung paulin. Briefe voraus, in denen es Schwerverständliches gibt. Abwehr von Mißdeutung sei Aufgabe des kirchlichen Lehramtes. Dies spreche für die Zeit des nachpetrinischen Frühkatholizismus. Dazu s.o. 6.

5. Die starke Betonung der petrinischen Abfassung sei ein Zeichen für die konsequente Durchführung der Pseudonymität (s. *Pseudepigraphie) und weise damit auf die späte Entstehung des Briefes.

Daß starke Betonung der Verfasserschaft auf Pseudonymität verweise, ist ein logisches *non sequitur*. Die Aussage ist so richtig und so falsch wie ihr genaues Gegenteil. Darüber hinaus ist die Betonung der Verfasserschaft keineswegs ungewöhnlich stark (s.o. 1.). Gerade ein Pseudepigraph hätte die Abweichung von der Eingangsformel des 1Petr wohlweislich vermieden; auffällig ist, daß keines der tatsächlichen mit dem Petrus-Namen verbundenen Pseudepigraphen des 2. Jh. die »Abweichungen« des 2Petr nachvollzieht.

6. Die Parusie sei unter Aufgabe der Naherwartung ihres christologischen Charakters entkleidet und auf eine anthropologisch orientierte Vergeltungslehre ausgerichtet worden. In Wirklichkeit findet sich die Aufgabe der Naherwartung schon in den ersten Paulusbriefen (1Thess 4,13-18; 1Kor 15,6. 17-20); sie ist im 2Petr auch nicht ihres christologischen Charakters entkleidet worden (vgl. 2Petr 3,7-13 mit Mt 24,27-31; 2Petr 3,10 mit 1Thess 5,1-2; s.a. Mt 24,43-44; Lk 12,39-40). Und der Gedanke an eine »Vergeltungslehre« verbietet sich schon angesichts von 2Petr 3,9.13.15.

7. Der 2Petr werde im 2.Jh. noch nirgends erwähnt und sei noch bis ins 4. Jh. weitgehend unbekannt oder nicht anerkannt. Das tatsächliche Forschungsbild sieht anders aus (jüngst wieder Picirilli). Auch die Namen derer, die (nach Kümmel) den 2Petr nicht kennen – ihn aber wohl kennen sollten –, halten der Überprüfung nicht immer stand. So nennt zwar Cyprian selbst den 2Petr in seinen erhaltenen Werken nicht, muß aber von ihm gewußt haben, denn ein Brief Firmilians an ihn, der den 2Petr direkt bezeugt, wird nicht ungelesen geblieben sein (Cyprian-Briefe 75,6). Irreführend sind auch die Nennungen von Irenäus (der von 2Petr weiß in haer. 5,23,2; 5,28,2 – vgl. 2Petr 3,8; haer. 4,36 - vgl. 2Petr 3,4-7; 9-11; vgl. ferner haer. 3,1 mit 2Petr 1,15) und des Clemens von Alexandria, der den 2Petr nicht nur kannte, sondern nach Eus.h.e. 6,14,1 sogar einen Kommentar über ihn schrieb (diesen Kommentar kannte noch gegen Ende des 9. Jh. der byzantin. Theologe Photios). Aber auch in den erhaltenen Werken zeigt Clemens Kenntnisse des 2Petr., so im Protreptikos 10,106 (vgl. 2Petr 2,2). Mit Picirilli, Thiede u.a. kann man bei der Überprüfung von Kenntnissen des 2Petr bis zum

1. Clemensbrief zurückgehen (96 oder schon 69/70 n.Chr.; Robinson): vgl. 1Clem 7,5; 8,5 mit 2Petr 2,5-8; 3,9; 1Clem 9,2 mit 2Petr 1,17; 1Clem 35,5 mit 2Petr 2,2.

Eine solche Liste ließe sich durch die »Apostolischen Väter« hindurch bis ins 4. Jh. fortführen. Nicht immer ist die Frage einer tatsächlichen Benutzung einwandfrei zu klären, doch wird der Sachverhalt da eindeutig, wo 2Petr ausdrücklich und namentlich bezeugt ist: Origenes (gest. ca. 251) äußert sich zweimal dazu, bei Euseb, h.e. 6,25,8, wo er Zweifel anderer an der Authentizität referiert (diese aber offensichtlich nicht teilt), und in seiner Josua-Homilie 7,1, wo er explizit von den Posaunen der beiden Briefe spricht, auf denen Petrus blase. (Darüber hinaus gibt es bei Origenes mehrere Benutzungen des 2Petr.). Euseb selbst referiert wie Origenes gelegentliche Zweifel anderer, schließt sich ihnen aber nicht an (h.e. 6,25,8). Hieronymus (ca. 340-420) ist es dann, der die Gründe der Bezweiflung untersucht, namentlich die Stil- und Sprachunterschiede zwischen 1 und 2Petr, und eine Antwort gibt, daß nämlich sachgemäß verschiedene Mitarbeiter (*interpretes*) benutzt worden seien (Ad Hedybiam 120,11). In seinem 53. Brief (ad Paulinum) stellt er beide Petrusbriefe ohne weiteren Kommentar gleichrangig nebeneinander.

Die Bezeugungslage des 2Petr ist somit keineswegs unterdurchschnittlich. Zu beachten bleibt, daß der 2Petr sporadisch kritisch untersucht wurde, und daß er diese Prüfung da, wo uns ein Ergebnis ausdrücklich mitgeteilt wird (Origenes, Hieronymus), bestand. Daß dies kein Automatismus war, zeigt die Ausschließung anderer Werke, die mit dem Namen des Petrus verbunden worden waren (Petrus-Evangelium, Petrus-Akten, Petrus-Apokalypse, Kerygma-Petrou, u.a.m.).

III. ABFASSUNGSORT UND -ZEIT.

Ausdrückliche Hinweise auf den Abfassungsort gibt der Brief nicht. Im Lichte des oben Ausgeführten muß er im Zusammenhang mit dem 1Petr und dessen Entstehungsort *Rom gesehen werden. Da Petrus Rom nach 57 nicht noch einmal verlassen haben dürfte, liegt es nahe, auch den 2Petr in Rom anzusiedeln. Ebenso schwierig ist die Bestimmung des Zeitpunkts. Terminus post quem ist 1Petr (s. dort III.; ca. Ende 59); terminus ante quem ist das spätestmögliche Todesdatum des Petrus, Frühsommer 68 n.Chr. Die Andeutung in 2Petr 1,15 könnte ein Datum nahe am letztgenannten Zeitpunkt vermuten lassen, doch ist dies nicht zwingend. Bezieht man 2Petr 3,4, die »Väter«, auf mehrere Führungspersönlichkeiten der ersten Generation, dann könnte ein Datum um 62 n.Chr., nach dem Tod des Stephanus, des Zebedaiden sowie des Herrenbruders Jakobus naheliegen. Stephanus (ca. 35 n.Chr.) und der Zebedaide (ca. 41 n.Chr.) waren jedoch schon lange davor gestorben. Nimmt man an, daß der Judasbrief auf den 2. Petrusbrief zurückgreift (und nicht umgekehrt), und bezieht man mit Ellis und Bauckham die Authentizität des Judasbriefs ein, dann ergibt sich eine weitere Einengungsmöglichkeit: Judas schrieb vor dem Tod seines Bruders Jakobus, den er nach Jud 1 als noch lebend voraussetzt (Ellis, Robinson). Jakobus starb 62 n.Chr. Ein Datum zwischen 60 und 61 n.Chr. wird damit für den 2Petr denkbar.

Je näher das Datum an die Absendung des 1Petr rückt, desto eher ließe sich eine historische Situation denken, in der der Verzicht auf den »Sekretär« Silvanus plausibel wird: Dieser war als Überbringer mit dem 1. Brief unterwegs, als die Nachricht über die (von Korinth ?) nach Nordkleinasien übergreifenden Irrlehrer zu Petrus nach Rom kam. Petrus entscheidet sich zu schnellem Handeln und greift auf den/die aus Asien kommenden Boten als Sekretär(e) und Überbringer zurück. Ohne den geschulten Silvanus wird sein eigener gestalterischer, sprachlicher und stilistischer Einfluß deutlicher als im 1. Brief; zugleich wird ein »asianischer« Spracheinfluß (Deissmann, Robinson) spürbar, der den/dem aus jenem Raum kommenden Boten und Schreiber(n) zu verdanken ist.

Der 2Petr läßt sich weder in seiner Verfasserschaft, noch in Ort und Datum positiv »beweisen«. Fest steht allerdings, daß die Unterschiede zwischen beiden Briefen nicht selten übertrieben wurden (vgl. dagegen Holzmeister, Selwyn u.a.), daß bisher gegen die Selbstaussagen des Briefs keine schlüssigen Argumente vorgebracht worden sind, und daß die Möglichkeit besteht, den zweiten wie den ersten Brief in ein konkretes historisches Umfeld einzubinden, das in die Lebenszeit des historischen Petrus paßt.

IV. AKTUALITÄT.

Zu kaum einer Zeit seit seinem unmittelbaren Entstehungsanlaß war der 2Petr so aktuell wie heute. Endzeitliche Ahnungen, Befürchtungen, Hoffnungen nehmen zu, werden oft an konkreten Ereignissen festgemacht, nicht selten willkürlich. Sich hier der Mahnungen und Warnungen des 2Petr zu erinnern, aber auch seine Verheißungen vor Augen zu behalten, ist eine Chance für Christen, die in der Gesellschaft handeln wollen. Daß dabei deutliche Worte an die Verlockungen unseres pluralistischen Umfelds unüberhörbar sind, mag unbequem sein, macht die neue Lektüre und Interpretation des Briefes aber nur umso notwendiger.

Literatur: R. Bauckham: Jude, 2 Peter, 1983; ders.: 2 Peter: An Account of Research, ANRW II. 25.5., 1988, 3713-3752; J. Crehan: New Light on 2 Peter from the Bodmer Papyrus, in: E.A. Livingstone (Hrsg.): Studia Evangelica VII, 1982, S. 145-149; G.A. Deissmann: Bibelstudien, 1895, S. 277-84; E.E. Ellis: Prophecy and Hermeneutic in Jude, in: ders.: Prophecy and Hermeneutic in Early Christianity 1978, S. 221-236; T. Fornberg: An Early Church in a Pluralistic Society. A Study of 2 Peter, 1977; E.M.B. Green: Der 2. Petrusbrief neu betrachtet, in: C.P. Thiede (Hrsg.): Das Petrusbild in der neueren Forschung, 1987, S. 1-50; M. Green: The Second Epistle General of Peter and the General Epistle of Jude, [2]1987; W. Grudem: The First Epistle of Peter, 1988; D. Guthrie: New Testament Introduction, 1970, S. 814-863; D.E. Hiebert: An Introduction to the Non-Pauline Epistles, 1962; U. Holmer, W. de Boor: Die Briefe des Petrus und Judas, [5]1986; U. Holzmeister: Vocabolarium Secundae epistolae S. Petri erroresque quidam de eo divulgati, Biblica 30 (1949), S. 339-355; P.H.R. van Houwelingen: De tweede trompet. De authenticiteit van de tweede brief van Petrus, 1988; S.J. Kistemaker: Exposition of the Epistles of Peter and of the Epistle of Jude, 1987; W.G. Kümmel: Einleitung in das Neue Testament, [21]1983, S. 378-383; R.C.H. Lenski: The Interpretation of the Epistles of St. Peter, St. John and St. Jude, 1960; L.J. Ogilvie: James, 1 + 2 Peter, Jude, 1984; R.E. Picirilli: Allusions to 2 Peter in the Apostolic Fathers, JSNT 33 (1988), S. 57-83; R. Riesner: Der zweite Petrusbrief und die Eschatologie, in: G. Maier (Hrsg.): Zukunftserwartung in biblischer Sicht, 1984, S. 124-143; J.A.T. Robinson: Wann enstand das Neue Testament?, 1987, S. 149-210; E.G. Selwyn: The First Epistle of Peter, [2]1947; J.I. Snyder: The Promise of his Coming. The Eschatology of 2 Peter, 1986; C.P. Thiede: A Pagan Reader of 2 Peter: Cosmic Conflagration in 2 Peter 3 and the Octavius of Minucius Felix, JSNT 26 (1986), S. 79-96; ders.: Simon Peter – From Galilee to Rome, [2]1988 (Literatur); D.H. Wheaton: Der zweite Brief des Petrus, in: BKB Bd. 4, 1985, S. 547-548. C.P.Th.

PFAHL. Paulus spricht 2Kor 12,7 von der Anfechtung durch einen Engel (Boten) Satans als von einem »Pfahl für das Fleisch« (nicht: »im Fleisch«). Griech. *skolops* (Splitter, Dorn, Stachel, Pfahl) wird abwechselnd mit *stauros* für den P. gebraucht, an dem ein Verurteilter angenagelt wird (z.B. bei Celsus). Verschiedenste Deutungen wurden angeboten, was bei Paulus unter dem »Pfahl für das Fleisch« zu verstehen sei. Calvin sprach von Zweifeln oder Gewissensbissen. Luther sah darin den Kampf mit den Widersachern. In der röm.-kath. Kirche wurden oft sexuelle Versuchungen darunter verstanden. Andere schlugen eine körperliche Verunstaltung oder eine Krankheit (Epilepsie, heftige Kopfschmerzen, Augenkrankheit, Malariafieber) vor. Paulus spricht jedoch von einem Angriff satanischer Macht, dem er wehrlos ausgesetzt ist. Es mag sein, daß ihm dabei schmerzhaft die Schuld vorgehalten wird, die er als der einstige Verfolger der Nachfolger Christi trägt. Die Hilfe in seiner Not lag im Rufen zu seinem Herrn (Gebet; V. 8), daß dieser »Pfahl« von ihm weiche. Gott beantwortete sein Flehen, indem er ihn nicht vom P. befreite, sondern ihm die Zusage seiner Gnade und Kraft gab, den P. zu tragen. Ri.Sch.

PFANNE. Die Kohlen-, Räucherpfanne oder P. (hebr. *machtah*) war ein meist flaches, schüsselartiges Metallgefäß mit Stiel, das in der Stiftshütte und im Tempel beim *Räucheropfer Verwendung fand (2Mo 27,3; 38,3; 4Mo 4,14; 16,6.17f; 17,2-4.11; 2Kön 25,15). Man füllte die P. mit glühender Holzkohle und verbrannte darauf das Räucherwerk (3Mo 10,1; 16,12). Z.Zt. des salomonischen Tempels bestand die P. aus Gold (1Kön 7,50; 2Chr 4,22); sie wird auch unter den Tempelgeräten aufgeführt, die 586 v.Chr. bei der Eroberung Jerusalems von den Babyloniern geraubt wurden (Jer 52,19 LÜ: Räuchergefäße). Eine andere hebr. Bezeichnung für die Räucherpfanne ist *miqthävät* (LÜ: Räuchergefäß, 2Chr 26,19; Hes 8,11).

Außerdem gibt P. das hebr. *machabat* (3Mo 2,5; 6,14; 7,9; 1Chr 23,29) wieder, eine eiserne Platte zum Backen und Rösten (vgl. *Brot); weiter meinen die hebr. Worte *qallachat* (1Sam 2,14) und *zallachat* (2Kön 21,13; 2Chr 35,13) topfartige Gefäße zum Kochen.

PFEIFEN s. Musik

PFEIL s. Waffen und Geräte

PFERD s. Tiere

PFINGSTEN/PFINGSTFEST.

I. DAS PFINGSTFEST IN ISRAEL.

Pfingsten (Apg 2,1; 20,16; 1Kor 16,8), griech. *he pentekoste (hemera)*, »der 50. (Tag)«, (Vulg. *Pentecostes*), war in Israel das »Fest der sieben Wochen« (hebr. *chag schawuoth*, 2Mo 34,22; 5Mo 16,10.16; 2Chr 8,13 LXX: *heortä hebdomadon*). Das Pfingstfest war das zweite große jährliche Fest Israels am Ende der Getreideernte (2Mo 23,16; 4Mo 28,26), das »Fest der Erstlinge«. Es fiel auf den 50. Tag (3Mo 23,15f; LXX: *pentekos hemera*), also sieben Wochen (5Mo 16,9f) nach der Darbringung der Erstlingsgarbe am Fest der ungesäuerten Brote (*Passa).

Am P. (Wochenfest) sollte jeder israelit. Mann im Heiligtum vor Gott erscheinen. Es war ein Tag der Ruhe und der Freude, an dem eine »heilige Festversammlung« stattfand (3Mo 23,21; 4Mo 28,26; 5Mo 16,11.16). Als Opfer wurden an diesem Tag zwei gewöhnliche, gesäuerte Brote vom neuen Getreide als Speisopfer dargebracht (3Mo 23,16f), dazu junge Rinder, Widder und Lämmer als Brandopfer und Dankopfer. Außer diesen Opfern der Gemeinde sollten die einzelnen Israeliten eine freiwillige Gabe darbringen, je nach dem Segen, den sie von Gott empfangen hatten (5Mo 16,10).

II. DIE AUSGIESSUNG DES HEILIGEN GEISTES AM PFINGSFEST.

Apg 2 berichtet von der »Ausgießung« (2,33) des Heiligen *Geistes unter hörbaren und sichtbaren Begleiterscheinungen. Ein Brausen vom Himmel wie das eines Sturmes (hebr. *ruach* wie griech. *pneuma* bedeuten sowohl »Wind« wie »Geist«) erfüllte das Haus, in dem die *Jünger versammelt waren. Gleichzeitig erschienen Zungen wie Feuer über ihren Köpfen. Wie das Brausen des Windes an die Verheißungen Gottes Hes 37,9 und 36,26f erinnerte, daß Gott seinem Volk den Heiligen Geist senden werde, so das Feuer an das Wort des Täufers: »Ich taufe euch mit Wasser zur Buße; der aber nach mir kommt, wird euch mit dem Heiligen Geist und mit Feuer taufen« (Mt 3,11). Zu P. erfüllt sich die atl. Verheißung der allg. Geistausgießung in der Endzeit (Apg 2,16ff). Der auferstandene und verherrlichte Jesus Christus, von Gott mit dem Geist begabt, gibt ihn seiner Gemeinde. Gemeinsam verkündigen die Jünger »die großen Taten Gottes« (Apg 2,4), und zugleich wirkt der Heilige Geist bei vielen das Verstehen der Verkündigung in ihrer eigenen Sprache. Wenn wir auch das Pfingstereignis nicht in allen Einzelheiten rekonstruieren können, so macht Apg 2 doch deutlich, daß Gottes Geist ein besonderes Reden und Hören des *Evangeliums wirkte, das zum Zusammenschluß der *Urgemeinde führte. Der Heilige Geist, der das Reden vom Heilswerk Jesu eingab, machte es zugleich zum Beginn der Völkermission: zu einem Zeugnis, das keine Grenze der Sprache und damit vor Gott auch keinen Unterscheid der Völker mehr kannte. Menschen aus den verschiedenen Sprachgruppen und Völkern des röm. Reiches wurden hier im Hören und Annehmen des einen Evangeliums zusammengeschlossen. Das Kommen des Geistes am Pfingsttag ebenso wie der Tod Jesu am Passafest war kein Zufall. Wie P. das Fest am Abschluß der Getreideernte war, so schließt das Kommen des Heiligen Geistes das Heilswerk Jesu nach Kreuzestod und Auferstehung ab. Die Ausgießung des Heiligen Geistes ist ein einmaliges, unwiederholbares Ereignis in der *Heilsgeschichte. Durch den Heiligen Geist bleibt die Gemeinde Jesu mit ihrem erhöhten Herrn bis zu seiner Wiederkunft verbunden.

Literatur: E. Otto, D. Mach, H. Merkel: TRE XI, 1983, 96–132 (Lit.!). F.L.

PFLANZEN. Jeder Versuch, in der Bibel erwähnte Pflanzen zu identifizieren, wird – abgesehen von dem Problem, daß die Verfasser bibl. Bücher den Ansprüchen der heutigen botanischen Nomenklatur nicht gerecht werden können – davon ausgehen müssen, daß die heute in Palästina vorkommenden Pflanzen auch während bibl. Zeiten dort heimisch waren. Neuere Übersetzungen und Revisionen sind bemüht, offensichtliche Irrtümer zu korrigieren, eine verbindliche Identifizierung mancher in der Bibel vorkommenden Pflanzen ist jedoch nach wie vor nur unter Vorbehalt möglich. Vgl. *Ernährung; *Kräuter und Gewürze.

Alraune (hebr. *dūdāʾīm; Mandragora autumnalis*). Ein ganzjähriges Kraut aus der Familie der Nachtschattengewächse mit einer Rosette aus großen Blättern, malvenfarbigen Blüten während des Winters und duftenden runden gelben Früchten im Frühling (Hld 7,14). Ihr werden emetische, d.h. Erbrechen verursachende, abführende und narkotische Wirkungen nachgesagt. Die gespaltene, torso-ähnliche Form der Zapfenwurzel gab Anlaß zu vielfältigem Aberglauben. Aphrodisische Eigenschaften werden ihr seit alten Zeiten zugeschrieben, die eine Auseinandersetzung zwischen *Rahel und *Lea (1Mo 30,14) erklären. Sie wächst auf Feldern und auf zerklüftetem Boden in Palästina und der Mittelmeerregion.

Binse. Das Wort Binse sollte nur auf *Juncus*-Sorten angewendet werden, findet sich aber auch als Bezeichnung anderer wasserliebender Pflanzen (außer Sumpfgras, das Schilf ist) wie Rohrkolben (*Typha*), Segge und Papyrus (*Cyperus papyrus*). Die entsprechenden hebr. Namen lauten *ʾagmōn* und *gōmeʾ*. Ersterer bezeichnet allg. »Binsen« oder »Schilfrohr«. *Scirpus lacustris* ist die häufigste Sumpfbinse in Israel. Hebr. *ʾagmōn* dürfte diese Art vor allem meinen. Binsen wurden zu Seilen verarbeitet oder als Brennmaterial gebraucht (Hiob 41,2.20).

Hebr. *gōmeʾ* kann die Papyruspflanze bezeichnen (s. *Papyri und Ostraca), aber auch Schilfrohr allg. (2Mo 2,3; Hiob 8,11; Jes 18,2: »leichte Schiffe« [aus Papyrus]; Jes 35,7) und entspricht wahrscheinlich dem vom 13. Jh.v.Chr. an bezeugten ägypt. *gmy* und *kmy*,

Elia ruhte in der Wüste unter einem Wacholderstrauch, als er vor Isebel floh (1Kön 19,4). (FNH)

»Schilf, Binse«, sowie dem koptischen *kam* (s. R.A. Caminos, Late-Egyptian Miscellanies, 1954, 167f.412; vgl. W. Spiegelberg, Koptische Etymologien, 1920, 4-6; T.O. Lambdin, JAOS 73/1953, 149).

Disteln, Dornen. Für Disteln, Dornensträucher, Brombeeren und andere stachlige Pflanzen finden sich in der Bibel über 20 verschiedene Bezeichnungen, die eine Identifikation im Einzelfall unmöglich machen. Diese stachlig-dornigen Wildkräuter gehören vorwiegend zu den Gattungen *Centaurea* (Flokkenblume), *Ononis* (Hauhechel), *Silybum* (Mariendistel), *Notobasis* (Wüstendistel) und *Sarcopoterium* (Dorniges Becherkraut bzw. Dornbibernelle).

Im allg. Sprachgebrauch sind Dornen und Disteln Sinnbild für Fruchtlosigkeit bzw. das Ergebnis vergeblicher Mühe, für Lästiges und Bedrohliches, Zeugnis göttlichen Urteils über Gottlose (1Mo 3,18; 4Mo 33,55; Jos 23,13; Hes 2,6; Nah 1,10). Wenn sie in Obstgärten oder Weinbergen wachsen, mindern sie den Ertrag der Bäume und Weinstöcke (Spr 24,31; Jes 5,6; Jer 12,13), werden sie jedoch unter Kontrolle gehalten und in Form von Hecken angeordnet, bilden sie einen wirkungsvollen Zaun gegen wilde Tiere (Hos 2,6; Mt 21,33). Dornsträucher waren weitverbreitetes, leicht brennbares Heizmaterial z.Zt. des AT wie heute noch bei arab. Beduinen (Ps 58,9; Jes 9,18; 10,17). Die zerstörerische Natur der Disteln und Dornen und ihre wesensgemäße Fruchtlosigkeit kommen anschaulich in Gleichnissen zum Ausdruck (Mt 13,7; Mk 4,7; Lk 8,7). Disteln sind krautartige Pflanzen, wohingegen Dornen Hölzer sind. In dem Gleichnis vom Sämann (Mt 13,7 par.) dürfte mit dem Dornengestrüpp, in das die Körner fielen, die Mariendistel gemeint sein (*Silybum marianum*), die an Feldrändern vorkommt und schnell wächst.

Einige der Stellen, die von »Dornen« sprechen, beziehen sich wahrscheinlich auf den Brombeerstrauch (*Rubus sanguineus*; Spr 15,19; Hos 2,8), während die »Dornen aus der Wüste« (Ri 8,7) Akazie oder Christdorn (*Ziziphus lotus*) sein könnten; für den Dornbusch in Jotams Gleichnis (Ri 9,14) käme Bocksdorn (*Lycium spec.*) in Frage. Die Krone aus Dornen (Mt 27,29; Mk 15,17; Joh 19,5), die Jesus vor seiner Kreuzigung aufgesetzt wurde, dürfte aus in der Umgebung wachsendem Material hergestellt worden sein. Obwohl der »Christus-Dorn«-Strauch (*Paliurus spina-christi*), der lange dornige Zweige hat, um Jerusalem nicht gefunden wird, ist bekannt, daß es ihn dort in bibl. Zeiten gegeben hat. In Frage kämen aber auch Dornbibernelle (*Sarcopoterium spinosum*) oder die Baumsträucher (Kreuzdorngewächse) *Ziziphus spina-christi* bzw. *Pa-*

Rizinuspflanze, möglicherweise eine Staude der Art, die dem Propheten Schatten gab: Jona 4,6–11. (FNH)

Schilf (Arundo donax). (FNH)

Kaffernhirse (Sorghum vulgare). *Das in Joh 19,29 erwähnte Ysop-Rohr könnte ein Stiel dieser Pflanze gewesen sein.* (FNH)

liurus spina-christi. Andere Vorschläge gehen dahin, die Zweige der Dattelpalme (*Phoenix dactylifera*) als Material für die zum Spott und zur Tortur geflochtene Krone anzusehen (vgl. H.St.J. Hart, JTS n.s. 3/1952, 66ff).

Getreidebrand/Schwarzrost (hebr. *jērāqōn*, »Blässe«, »Unreife«; vgl. LXX *ikteros*, »Gelbsucht«). Ein Pilz (*Puccinia grandinis*) aus der Familie der Rostpilze, der unter feuchten Bedingungen das Getreide in Palästina befällt. In bibl. Zeiten wurde er als Strafe Gottes gegen die Ungehorsamen angesehen (5Mo 28,22; Am 4,9; Hag 2,17). Salomo betete um Befreiung davon (1Kön 8,37; 2Chr 6,28).

Ginster (hebr. *rōtem*). Ein in Palästina auf sandigem Boden häufig vorkommender Strauch (*Retama raetam*), der 2-4 m Höhe erreicht und im Frühjahr zahlreiche weiße erbsförmige Blüten trägt. Der verzweifelte *Elia saß unter einem solchen Strauch (1Kön 19,4f: »Wacholder«). Die Wurzeln der Pflanze lassen sich zu Holzkohle von guter Qualität verar-

Die Dornenkrone Jesu (Joh 19,2) könnte aus Christdorn (Sarcopoterium spinosum) *gemacht worden sein.* (FNH)

Der wilde Klatschmohn (Papaver rhoeas) *ist eine der von Jesus erwähnten Blumen des Heiligen Landes (Mt 6,28–29).* (FNH)

beiten, die für Brandpfeile benutzt wurde (Hiob 30,4); einige Ausleger sehen hier allerdings die parasitische Pflanze *Cynomorium coccineum* erwähnt, die über den Ginsterwurzeln wächst und eßbar ist.

Hülse/Schote (griech. *keratia*). Eine süße, trockene Frucht, die Tieren, aber auch armen Leuten als Nahrung diente (vgl. Lk 15,16). Es handelt sich um die süße, nicht aufspringende Hülsenfrucht des Johannisbrotbaumes (*Ceratonia siliqua* aus der Familie der *Caesalpiniaceae*), dessen Samen das Vorbild für die Gewichtseinheit Karat abgab). Unter dem »wilden Honig«, von dem sich *Johannes der Täufer ernährte, könnte man neben dem Johannisbrot auch eingedickten Extrakt von Datteln und Weintrauben verstehen.

Krokus. In Jes 35,1 steht hebr. *habasselet*, »Knolle« (LÜ: Lilie). Es gibt viele Sorten von Krokus in Palästina, die während des Winters blühen. Die LXX übersetzt durchweg mit *krinon*, »Lilie«. Narzisse (*Narzissus tazetta*) wäre wohl die geeignetste Übersetzung, da diese wirklich eine Knollenpflanze ist. Hld 2,1 könnte auch Krokus meinen. Hinsichtlich *Crocus* (Safran) sind zwei Deutungen möglich: hebr. *karkom* läßt sich auslegen als Safran von *Crocus sativus*, dessen Narbenschenkel als sehr teures Gewürz seit jeher verwendet wurde. Als Verfälschung wurde die ebenfalls in Israel wachsende Färberdistel (*Carthamus tinctorius*) benutzt. Mit hebr. *karkom* wurde jedoch auch das indische Ingwergewächs Kurkuma (*Curcuma longa*) bezeichnet, das stets eingeführt wurde. *Crocus*-Arten haben eine wie eine Zwiebel aussehende Knolle, daher auch Knollzwiebel genannt.

Lilie (hebr. *schōschān*, und Varianten; griech. *krinon*). Die botanische Identität der in der Bibel an verschiedenen Stellen erwähnten »Lilie« ist nicht eindeutig festzulegen. Die Bezeichnung kann auf verschiedene dekorative Pflanzen zutreffen, vornehmlich wohl auf die Hyazinthe (*Hyacinthus orientalis*), eine Knollenpflanze mit blauen Blüten, obwohl die lilienähnlichen Lippen in Hld 5,13 auf die scharlachrote Tulpe (*Tulipa sharonensis*) oder Kronenanemone (*Anemone coronaria*, Gartenranunkel) hindeuten können. Myrrhe-Harz, das in diesem Zusammenhang auch erwähnt wird, ist rot. Die weiße Madonnenlilie (*Lilium candidum*), die in Palästina wild vorkommt, findet man an felsigen Stellen, so daß sie in Hld 6,2f wahrscheinlich nicht gemeint ist. Bei der »Lilie« aus Hos 14,5 handelt es sich, wenn man einen feuchten Standort annimmt, sehr wahrscheinlich um die gelbe Schwertlilie (*Iris pseudacorus*).

Der »Lilien-Dekor« auf den Säulen in Salomos Tempel (1Kön 7,19.22.26) und die Lilienform des Beckens (2Chr 4,5; *Meer, Ehernes) läßt an gemeißelte bzw. in der Gußform abgebildete Wasserlilien denken. Der ägypt. Lotus (die blau blühende *Iris caerula* und die weiße *Nymphaea lotus*) ist ein beliebtes Dekorationselement in der Kunst des Nahen Ostens. Die »Lilien auf dem Feld« (Mt 6,28; Lk 12,27) können mit verschiedenen Blumen der palästin. Landschaft assoziiert werden, z.B. mit der Ranunkel/Kronenanemone (*Anemone coronaria*), dem weißen Gänseblümchen (*Anthemis palaestina*) oder der Kronenmargarite (*Chrysanthemum coronarium*).

Malve (hebr. *halamuth*, *Malva nicaeensis* und *Malva sylvestris*). Die Blätter können wie Spinat zubereitet werden, haben aber im Vergleich zur Melde (s.u.) keinen salzigen Geschmack.

Mehltau erwähnt die Bibel immer in Verbindung mit anderen Umständen, dem »Gifthauch« oder der »Vernichtung« (hebr. *schiddāphōn*, wörtl. »sengend, brennend«), einem Austrocknen der Pflanzen durch den heißen, aus dem S wehenden Sirocco- oder Chamsin-Wind.

Melde. Die Hiob 6,6f; 30,4 erwähnte Pflanze (hebr. *maluach*) dürfte die Strauchmelde sein (*Atriplex halimus*). Ihr Name impliziert »Salzigkeit«, was sich entweder auf den Geschmack oder auf den Standort der Pflanze bezieht. Die Strauchmelde ist eine der häufigsten Wüsten- und Steppenwüstenpflanzen, die vom Roten Meer bis Nordsyrien vorkommt. Sie ist salzliebend und wird häufig von dem Buschigen Jochblatt (*Zygophyllum dumosum*) sowie von verschiedenen Hammada-Arten wie z.B. *Hammada salicornia* und *Hammada scoparia* begleitet.

Myrte (hebr. *hadas*; *Myrtus communis*). Ein Strauch auf den Hängen Palästinas, gewöhnlich 2-3 m hoch, mit wohlriechenden immergrünen Blättern und duftenden weißen Blüten, die zur Parfümherstellung benutzt werden. Jesaja sah die Ersetzung des Dornstrauches in der Wildnis durch die Myrte voraus (Jes 41, 19; 55,13). Sacharja sah in einer Frieden kündenden Vision »Myrten im Talgrund« (Sach 1,8-11); Neh 8,15 zufolge sollten die Israeliten die Hütten anläßlich des *Laubhüttenfestes aus Myrtenzweigen bauen (3Mo 23, 40; 5Mo 16,16). Der hebr. Name Hadassa (*Ester) heißt Myrte.

Nessel. Zwei hebr. Wörter kommen hierfür in Betracht: *chārūl* könnte auf die Wurzel *chāral*, »scharf sein«, »stechen«, zurückgehen (Hiob 30,7; Spr 24,31; Zef 2,9).

Hebr. *qimmōs* begegnet Jes 34,13; Hos 9,6 und wird dort jeweils mit »Nesseln« übersetzt. In allen Fällen dürfte die Brennessel (*Urtica urens*) gemeint sein. Die Sorte *Urtica pilulifera*

»Lilien auf dem Feld« (Mt 6,28/Lk 2,27) könnten sich auf die Margerite (Chrysanthemum coronarium) *oder das Gänseblümchen* (Anthemis palaestina) *beziehen.* (FNH)

findet sich häufig an Schutt- und Abfallplätzen, da sie viel organische Substanz braucht.

Nüsse. Hebr. *'egōz* (arab. *gawz*) kommt nur Hld 6,11 vor und bezieht sich wahrscheinlich auf die aus Persien eingeführte Walnuß (*Juglans regia*).

Hebr. *botnīm* (1Mo 43,11) bezeichnet gewöhnlich die Pistaziennuß (*Pistacia vera*), deren Früchte aus dem O importiert wurden, bevor sie im östl. Mittelmeerraum kultiviert wurden. Jedoch liefert die einheimische Terebinthe (*Pistacia atlantica* bzw. *Pistacia terebinthus var. palaestina*) auch kleine, eßbare Nüsse. Daneben gibt es auch den Vorschlag, hebr. *botnīm* als Johannisbrot (s.o. Hülse/Schote) zu identifizieren.

Rizinus. Die korrekte Wiedergabe des hebr. *qīqājōn* (Jona 4,6) ist umstritten. Plinius und Herodot hielten sie für die Pflanze, aus der Rizinusöl gewonnen wird (*Ricinus communis*, griech. *kroton*). Es handelt sich um einen schnell wachsenden Strauch, der dem Propheten *Jona Schatten spendete. Die Blätter dieses Strauches sollen bereits nach einer leichten Berührung welken, wie Jona es erlebte. Von der LXX ausgehende Texte lesen hier griech. *kolokyntha*, meinen aber nicht die kriechende Koloquinte (*Citrullus colocynthis, Cucurbitaceae*), sondern den Flaschenkürbis (*Lagenaria siceraria*), was vom botanischen Aspekt her angemessener ist, denn der bibl. Kontext verlangt eher eine Kletterpflanze als einen kleinen Baum wie den Rizinus. Von daher könnte die Vorstellung von einem »Häuschen« wie der Wächterhütte im Gurkenfeld (Jes 1,8) kommen, das auch schnellem Verwelken ausgesetzt war, obwohl es letztlich keine befriedigende natürliche Erklärung für ein Ereignis geben kann, das sich zeichenhaft unter der Kontrolle Gottes vollzog.

Rollpflanzen (Ps 83,14: »verwehende Blätter«; Jes 17,13: »Spreu«). Hebr. *galgal* kann »Rad«, »rollendes Ding«, »Distelwolle« und »herumwirbelnder Staub« bedeuten. Gemeint sind damit vom Wind verteilte Fruchtkörper bestimmter Pflanzen, die auf offenen, trockenen Standorten gedeihen. Zu den Pflanzen zählen *Grundelia tournefortii* und *Cachrys goniocarpa* sowie die haarigen Samenkörner einiger Gräser, die sich zu rollenden Kugeln zusammenballen.

Rose. Die Rose (*Rosa phoenicia*) kommt selten in Palästina vor. Die »Rosenblüte im Lenz« (Sir 50,8) könnte sich auf Tulpe, Narzisse oder Krokus beziehen. Die Erwähnungen in Sir 24,18 und 39,17 meinen wahrscheinlich Oleander (*Nerium oleander*), einen großen, rosa blühenden Strauch mit giftigen Blättern, der sich an felsigen Wasserläufen findet. Für die »Rosenknospen« (Weish 2,8) könnten Zistrosenarten (*Cistus spec.*), Rosen (*Rosa*) oder Oleander in Betracht kommen.

Schilfrohr. Hebr. *'āhū* (Hiob 8,11; 1Mo 41,2.18 RevEB: »Riedgras«) ist ein Oberbegriff für in Sümpfen und an Flußbänken vorkommende Pflanzen – deshalb auch Bildads rhetorische Frage: »Kann das Schilfrohr ohne Wasser wachsen?«.

Hebr. *sūph*, »Schilf« (2Mo 2,3.5; Jes 19,6)

Die Melde (Artiplex rosea), *wird in Hiob 30,4 genannt.* (FNH)

Weißer Senf (Sinapis alba) *ist dem schwarzen Senf* (Brassica nigra) *verwandt, dessen Same im Gleichnis vom Senfkorn (Mt 13,31–32) angesprochen wird.* (FNH)

Die Mandragora (Mandragora officinarum) *galt als Aphrodisiakum. Daher stritten auch Rahel und Lea darum (1 Mo 30,14–16).* (FNH)

Die Myrte (Myrtus communis) *kommt im Waldland Palästinas vor. Ihre Blätter sind wohlriechend.* (FNH)

Hülsen der Johannisbrotfrucht (Ceratonia siliqua) *wurden an Schweine verfüttert – vgl. das Gleichnis vom verlorenen Sohn (Lk 15,16).* (FNH)

bezeichnet speziell den feuchtigkeitsliebenden Schilf- oder Rohrkolben (*Typha spec.*), den man am Nil und seinen Kanälen findet. Das *Rote Meer (*jam sūph*) heißt wörtl. »Meer des Schilfs« (vgl. ägypt. *p'-twf*).

Hebr. *qāneh*, griech. *kalamos* meint hochwachsende Gräser, die an feuchten Stellen (Sumpf, Flußbänke, etc.) gedeihen und Wassertieren als Schlupfwinkel dienen (vgl. Hiob 40,21; Jes 19,6f; 35,7). Der hebr. Name kann ebenso wie der griech. sowohl das bis zu einer Höhe von 3 m wachsende Spanische Rohr (*Arundo donax*) als auch das kleinere Schilfrohr (*Phragmites communis*) meinen. Unter Gottes Gericht gleicht Israel einem schwankenden Schilfrohr (1Kön 14,15); Jesus bedient sich ebenfalls des Bildes vom Schilfrohr in einem anderen Zusammenhang (Mt 11,7f; Lk 7,24). Wer sich auf ein Schilfrohr stützt, dem wird das zerbrechende Rohr die Hand durchbohren: so lautet die prophetische Warnung vor falschen politischen Bündnissen (Jes 36,6; vgl. 2Kön 18,21; Hes 29,6-7). Das »geknickte Rohr« ist ein Bild für den Schwachen, den der *Knecht Gottes nicht zerbrechen wird (Jes 42,3; Mt 12,20). Vor der Kreuzigung gaben die Soldaten Christus ein Schilfrohr als Spott-Zepter, danach schlugen sie ihn mit diesem (Mt 27,29-30; Mk 15,19). Dem Gekreuzigten reichte man einen an einem Rohr befestigten, mit Essig getränkten Schwamm (Mt 27,48; Mk 15,36; Joh 19,29). Ein Schilfrohr konnte als Meßrute benutzt werden und gab einem Maß von 6 Ellen seinen Namen (Hes 40,3-8; 41,8; 42,16-19; Offb 11,1; 21,15f); der entsprechende Ausdruck in Mesopotamien lautete *qanu* (*Gewichte und Maße).

Senf. Die Identifikation dieser P. (griech. *ginapi*) ist umstritten. An ihrem Samen machte Christus deutlich, daß sich etwas aus unscheinbarem Anfang schnell entwickelt, so wie das himmlische Königreich (Mt 31,31; Mk 4,31; Lk 13,19) oder der Glaube eines Menschen (Mt 17,20; Lk 17,6). Einige Gelehrte erwägen, daß hier der schwarze Senf (*Brassica nigra*) gemeint ist, dessen Saat wegen ihres Ölgehaltes sowie wegen ihrer kulinarischen Verwendungsmöglichkeiten z.Zt. des NT kultiviert wurde. Die Pflanze kann mitunter eine Höhe bis zu 5 m erreichen, obwohl sie gewöhnlich viel kleiner ist.

Die blühende Binse (Butomus umbellatus). (FNH)

Strauch (hebr. *ʿarʿār,* Jer 17,6: »Dornstrauch«; Jer 48,6 RevEB, Fußnote). Man hat hierbei an phöniz. Wacholder gedachtet (*Juniperus phoenicea*), aber auch die Tamariske (*Tamarix spec.*) käme in Frage.

Unkraut. Eine Bezeichnung für wild wachsende Pflanzen auf bebautem und unbebautem Boden. In der Bibel ist Unkraut Sinnbild für zwecklose, lästige Pflanzen, die dem Bauern ein Ärgernis sind. Es gibt mehrere hebr. Wörter, die mit Unkraut, griech. *zizania,* arab. *zuwan,* wiedergegeben werden. In vielen Fäl-

Die parasitäre Pflanze Cynomorium coccineum *wächst auf den Wurzeln einiger Wüstenpflanzen, z.B. Ginster.* (FNH)

len handelt es sich wahrscheinlich um Lolchgras (*Lolium temulentum*). Dieses Gras ähnelt dem Weizen, aber wenn der bibl. Rat befolgt wird und beide zusammen bis zur Ernte wachsen (Mt 13,30), so ist die kleinere Ähre des Lolchs klar zu erkennen. Gewöhnlich fiel das ermüdende Ausjäten per Hand den Frauen und Kindern zu. Wenn die bitteren Körner des Lolchs unter den Weizen gerieten und mit ihm zusammen vermahlen und verarbeitet wurden, rief das nach dem Genuß Vergiftungserscheinungen wie Übelkeit und Erbrechen hervor. Aus Rachemotiven Lolch in ein Feld zu säen (vgl. Mt 13,25f) galt innerhalb der röm. Rechtsprechung als Verbrechen. Die Notwendigkeit diesbezüglicher Gesetzgebung läßt vermuten, daß solche Racheakte häufiger vorkamen.

Weitere Bezeichnungen für »Unkraut« finden sich in der Wendung »Dornen und Disteln« zusammengefaßt.

»Weinstock Sodoms«. Zu dieser Bezeichnung (5Mo 32,32) gibt es eine Vielzahl von Interpretationen. Es ist möglich, daß dieser Ausdruck symbolisch die Feinde Israels beschreibt. Wenn eine konkrete Pflanze gemeint ist, dann verbirgt sich bei ihr unter einer attraktiven Schale eine pulverige Substanz; man könnte hierbei an den von *Calotropis procera* abstammenden Sodomsapfel (*Solanum sodomaeum*) mit federartigem Samen in einer aufgedunsenen Frucht denken, der aber in Israel nicht vorkommt. Näher liegt die Assoziation mit der Koloquinte (*Citrullus colocynthis*), deren Frucht, ein kleiner Kürbis, ausgereift sehr leicht, von bitterem Geschmack und stark giftig ist. Die Koloquinte wächst kriechend auf sandigem Boden am Toten Meer.

Wermut (hebr. *la'anā*, griech. *apsinthos*). Viele Wermutarten wachsen in Palästina; die bibl. Belege beziehen sich entweder auf *Artemisia herba-alba* oder *Artemisia judaica*. Alle Arten haben einen strengen, bitteren Geschmack, aufgrund dessen die Pflanze als Symbol für Bitterkeit, Sorge und Unheil gilt (Spr 5,4; Klgl 3,15.19; Am 5,7; 6,12. Mose warnt mit dem Bild von der »Wurzel«, die Wermut hervorbringt, vor Götzendienst (5Mo 29,17); Jeremia warnt das ungehorsame Israel vor der es erwartenden Strafe, die - sinnbildlich – Wermut als Speise vorsieht (Jer 9,14; 23,15).

»Widerliche Kräuter« (hebr. *bo'schā*), auf die Hiob bei der Verteidigung seiner Rechtschaffenheit Bezug nimmt (Hiob 31,38-40), könnten gewesen sein: Iberische Flockenblume, verschiedene Golddisteln wie *Scolymus maculatus, Scolymus hispanicus*, Taumellolch, Syrischer Schuppenkopf, Notobasis usw.

Wilder Wein, wilde Koloquinte (hebr. *paqq'ōt*, »Zerspringer«, 2Kön 4,39). Hier dürfte es sich um eine Kürbisart (*citrullus colocynthis*) handeln, deren Blätter an Weinlaub erinnern. Die Früchte, Melonen ähnlich, wirken stark abführend. Die Koloquinte ist eine perennierende Pflanze der heißen Wüste; von einem kurzen Stamm bilden sich lange, kriechende Triebe; die gelben Blüten ähneln denen der Wassermelone.

Ysop (hebr. *'ēzōb*, griech. *hyssōpos*). Mit dieser Bezeichnung wird in der Bibel auf verschiedene Pflanzen Bezug genommen, deren Identifizierung umstritten ist. Fest steht, daß der in Europa übliche Ysop (*Hyssopus officinalis*) in Israel nicht vorkommt, wohl aber der syrische Dost (*Origanum syriacum/Origanum maru*) aus der Familie der Lippenblütler. Im AT wurde Ysop zu den Passafestriten (2Mo 12,22), zur Reinigung Aussätziger (3Mo 14,4.6), gegen die Pest (3Mo 14,49-52) und bei der Opferung der roten Kuh (4Mo 19,2-6; vgl. Hebr 9,19) benutzt. Auf die reinigende Qualität des Ysop verweist Ps 51,9. Diese Pflanze wird allg. als der syr. Dost betrachtet, ein wohlriechendes Kraut mit grauen Blättern und drahtigem Stiel, von 20-30 cm Höhe, mit weißen Blüten in kleinen Köpfen, an trockenen, felsigen Plätzen wachsend. 1Kön 5,13 meint wahrscheinlich den Kapernstrauch (*Capparis spinosa*), der in Mauerritzen (auch in der Klagemauer) wächst. Er hat einen sehr stachligen holzigen Stamm und große weißliche Blüten.

Das im NT im Zusammenhang mit der Kreuzigung erwähnte Ysop-Rohr (Joh 19,29) könnte ein Schilfrohr oder ein trockener Zweig sein, in Frage käme auch der Stiel der Kaffernhirse (*Sorghum vulgare*), deren Wuchs dem der Maispflanze ähnlich ist.

BÄUME.

Bäume und Holz werden häufig in der Bibel erwähnt. Das Heilige Land selbst kann nie sehr dicht bewaldet gewesen sein, aber es ist bekannt, daß es Waldungen in Gebieten gegeben hat, die jetzt keinen Baumbestand mehr aufweisen. Laubwechselnde Eichen haben Teile der Scharon-Ebene bedeckt, während immergrüne Eichen in weiten Teilen des Hügellandes wuchsen, einschließlich des *Karmel, wo es heute noch kleinere Bestände gibt. Die Aleppokiefer wuchs auf geeignetem Boden in den Bergen. Baschan und der Libanon waren wichtige Lieferanten von Bauholz; die Libanon-Zeder ist berühmt. Holz wurde für Gebäude gebraucht (obwohl grobe Äste für einfachere Wohnungen ausreichten), für Schiffe, Musikinstrumente, landwirtschaftliche Geräte, Haushaltsgüter und selbst für Götzenbilder.

Eine Milchdistel (Silybum marianum), *die am Ackerrain in Palästina häufig vorkommt (vgl. Mt 13,7).* (FNH)

Akazie (hebr. *schittim*). Von mehreren Akazienarten findet sich in den Wadis der Wüste Sinai – wo der Ort Schittim nach ihr benannt wurde (Jos 2,1) – und im heißen Jordantal nur die Art *Acacia raddiana.* Das harte Holz wurde zum Bau der Arche sowie der *Stiftshütte verwendet (2 Mo 25). Die ausladenden, dornigen Bäume gehörten zu den wenigen, die es im Sinai gab und die Bretter von ausreichender Größe lieferten.

Ein Zweig der Zypresse (Cypressus sempervirens). (FNH)

Apfelbaum (hebr. *tappūach*). Die Identität dieses Obstbaumes, auf den hauptsächlich im Hohenlied hingewiesen wird, wurde lange angesichts des (unhaltbaren) Einspruchs diskutiert, daß Palästina zu heiß und trocken sei, um eine befriedigende Kultivierung des echten Apfelbaumes (*Malus pumila* oder *Pyrus malus*) zu gestatten. Da arab. *tuffach* ausschließlich den Apfelbaum bezeichnet, ist anzunehmen, daß hebr. *tappūach* die gleiche Bedeutung hat. Der Baum spendet reichen Schatten, die Frucht ist süß (Hld 2,3) und der Duft wird sehr geschätzt (Hld 7,8). Der veredelte Apfelbaum mag aus dem Kaukasusgebiet gekommen sein; er gedeiht gut in weiten Teilen des Heiligen Landes.

Ebenholzbaum (hebr. *hobnīm*, Hes 27,15; ägypt. *hbny*). Das rotschwarze Kernholz eines Hülsenfruchtbaumes, *Diospyros ebenum,* der aus Indien und Sri Lanka stammt, war begehrt für feine Möbelstücke, wertvolle Behälter, Furnier, Zepter und Götzenbilder.

Eiche (hebr. *'allōn, elōn*). In Palästina gibt es drei Eichenarten (*Quercus*). Die Kermeseiche (*Quercus coccifera* bzw. *Quercus calliprinos*) ist

Libanon-Zeder (Cedrus Libani) *am Fuße des Dschebel Makhmal im Libanon. Salomo benutzte Zedernholz für seine wichtigsten Bauten.* (VI)

Der Maulbeerfeigenbaum (Ficus sycomorus) *bevorzugt warmes Klima (vgl. Lk 19,4).* (FNH)

Die Platane (Platanus orientalis) *ist in Nord-Palästina heimisch.* (FNH)

immergrün und in den Bergen beheimatet, wo sie oft als Strauch vorkommt, obwohl die palästin. Varietät auch einen größeren Baum mit einem dicken Stamm bildet. Eine der laubwechselnden Arten ist die Taboreiche (*Quercus ithaburensis*), die im Flachland Palästinas vorkommt. Schonungsloser Kahlschlag hat jedoch die Waldgebiete vernichtet, die einst die Scharonebene bedeckten. Eichen sind robuste Hartholzbäume, die sehr alt werden können. Ihre Frucht, die Eichel, sitzt in einem Fruchtbecher. Teilweise gibt es Verwechslung mit der Terebinthe (hebr. *elā*), die einen ähnlichen Wuchs hat, obwohl sie sich botanisch von der Eiche unterscheidet. Die Eiche wurde verehrt, galt als Treffpunkt (1 Kön 13,14), an dem man Verträge abschloß, unter ihr begrub man vornehme Tote (1Mo 35,8; 1Chr 10,12). Alleinstehende Bäume dienten als Orientierungspunkte (1Sam 10,3). Eichenholz wird selten erwähnt: es ist hart und wurde beim Hausbau und für Ruder verwendet (Hes 27,6).

*Baschan war für seine Eichen bekannt (Jes 2,13; Hes 27,6; Sach 11,2), bis heute gibt es dort Bestände der eindrucksvollen Taboreiche. Den scharlach- oder karmesinroten Farbstoff, der z.B. bei der Ausstattung der Stiftshütte erwähnt wird (2Mo 25,4; 26,1; Hebr 9,19 usw.), gewann man von einem Schuppeninsekt, das die Zweige der Kermeseiche bedeckt. Absalom blieb mit seinem Haar an einer Eiche hängen (2 Sam 18,9f). Die »heiligen Pfähle«, »Holzpfähle« oder »Bilder«, die im Rahmen des Götzendienstes erwähnt werden (2Mo 34,13; 5Mo 16,21; 2Kön 17,16 usw.), könnten aus Eichenholz gewesen sein.

Der Vorwurf des Propheten: »... auf den Bergen opfern sie... unter den Eichen, Linden und Buchen; denn ihr Schatten erquickt« (Hos 4,13) bezieht sich auf Haine mit Eichen und Terebinthen, wie man sie in verschiedenen Gebieten Palästinas auch heute noch findet.

Granatapfelbaum (hebr. *rimmōn*). Der im Hohenlied mehrfach als Sinnbild der Schönheit und Fruchtbarkeit erwähnte kleine Baum oder Busch (*Punica granatum*) war von alters her hochgeschätzt und begegnet sowohl in Wild- als auch in kultivierter Form. Mehrere Orte in Palästina tragen seinen Namen, z.B. En-Rimmon (Jos 15,32; Neh 11,29), Gat-Rimmon (Jos 19,45). Die Kulturpflanze ist stark verzweigt, ihre Blätter sind dunkelgrün, die Blüten im späten Frühjahr sind karminrot.

Die reife Frucht von der Größe eines Apfels ist rot und enthält unzählige Samen, die von einer dünnen Haut überzogen und von wäßrigem, rosafarbenem Fruchtfleisch umgeben sind. Aus dem Saft wird ein erfrischendes Getränk gewonnen, ein Sirup (Grenadine) aus den Samen und eine adstringierende Medizin aus den Blüten. Stilisierte Granatäpfel zierten das Gewand des Hohenpriesters (2 Mo 28,33), die Kapitelle der Säulen von Salomos Tempel (1 Kön 7,20) und den Silberschekel von Jerusalem, der 143 – 135 v.Chr. in Umlauf war.

Mandelbaum. Der Mandelbaum (*Prunus dulcis* oder *Amygdalus communis*) blüht im Heiligen Land in der ersten Februarhälfte. Sein hebr. Name *schāqēd*, »Erwachender«, legt nahe, daß er der erste Obstbaum ist, der nach dem Winter blüht. Seine weißen Blüten werden mit dem weißen Haupt der Patriarchen (Pred 12,5) verglichen. Mandelblüten begegnen als Schmuckelemente in Architektur und Kunsthandwerk (2Mo 25, 33.34). Aus dem Mandelkern wurde nicht nur Öl gewonnen, er war auch ein beliebtes Nahrungsmittel in Palästina und ein Geschenk, das z.B. von Jakob nach Ägypten gesandt wurde (1 Mo 43,11). Jer 1,11f bietet ein Wortspiel mit den hebr. Worten *schāqēd* und *schōqēd*, mit dem Gottes prompte Erfüllung seines Versprechens zum Ausdruck gebracht wird.

Maulbeerbaum (griech. *sykamine*, Lk. 17,6). Der schwarze Maulbeerbaum (*Morus nigra*), ein kleiner, robuster Baum mit blutroten, eßbaren Früchten, dürfte, wie der Apfelbaum, der Granatapfel, die Feige und die Pistazie, früh aus dem nördl. Persien und vom Kaspischen Meer nach Palästina gebracht worden sein. Die weiße Maulbeere (*Morus alba*), deren Blätter das Futter für die Seidenraupen liefern, wird in China angebaut.

Maulbeerfeigenbaum (hebr. *schiqmā*, griech. *sykomōraia*). Der Maulbeerfeigenbaum (*Ficus sycomorus*) ist ein robuster Baum, der bis zu 15 m hoch wird und dessen Krone einen Umfang von 20 – 25 m erreicht. Er wurde und wird noch immer in Ägypten und im Flachland von Palästina angepflanzt (1Kön 10,27; 2Chr 1,15; 9,27). Sein Holz war wegen der porösen Struktur und des geringen Gewichts z.B. für Deckenkonstruktionen gut geeignet. Särge aus dem Holz des Maulbeerfeigenbaums, die in Ägypten gefunden wurden, sprechen für die Haltbarkeit und Widerstandsfähigkeit dieses Holzes. Der König David sezte einen Aufseher ein, der sich um die Oliven- und Maulbeerfeigenbäume kümmerte (1Chr 27,28). Für den Psalmisten stellt die Zerstörung der Maulbeerfeigenbäume durch Hagelschlag eine ähnliche Katastrophe dar wie die Vernichtung der Weinreben (Ps 78, 47). Am 7,14: »ein Hirt, der Maulbeeren züchtet« bedeutet, daß er jede Feige anritzt, um der Bildung von Gallen zuvorzukommen, die die Frucht ungenießbar machen.

Zypressen.

Zachäus bestieg einen Maulbeerfeigenbaum, um Jesus vorüberziehen zu sehen (Lk 19,4); man sieht diese Bäume noch heute in einigen Städten Palästinas als Straßenbäume.

Palme (hebr. *tamar,* griech. *phoenix*). Die Dattelpalme (*Phoenix dactylifera*) ist ein großer, schlanker Baum ohne Äste, der als Krone einen Büschel federförmiger Blätter hat, die 3 – 4 m lang sind. Die männlichen und weiblichen Blütenbüschel zwischen den Blättern wachsen jeweils getrennt an unterschiedlichen Bäumen. Die Dattelpalme gedeiht in Hainen im heißen Jordantal und scheint in bibl. Zeit häufig als einzelstehender Baum angepflanzt worden zu sein (Ri 4,5); die Frucht von Bäumen des Hochlandes ist allerdings von minderer Qualität.

Die Palme gab dem Ort, an dem sie wuchs, oft seinen Namen, z.B. Tamar (Hes 47,18f; 48,28); Hazezon-Tamar (1Mo 14,7). Jericho wurde »Palmenstadt« genannt (2Chr 28,15). Die Palme stand sinnbildlich für Grazie, Eleganz und Aufrichtigkeit (Ps 92,12; Jer 10,5), und Tamar kommt als Frauenname vor (2Sam 13,1; 14,27). Der Baum war auch ein Symbol für Sieg und Freude, und die Verwendung von Palmenblättern (»Palmenzweige«) bei Jesu Einzug in Jerusalem (Joh 12,13) war bedeutungsvoll (vgl. Offb 7,9). Palmen begegnen auch als Schmuckelement in der Architektur (1Kön 6, 29.32; Hes 40,31).

Pappel (hebr. *libneh; beka'im,* 2Sam 5,23f; 1Chr 14,14f). Pappel- (Silber-/Weißpappel, *Populus alba*), Mandel- und Platanenruten schälte Jakob als Hirte im Dienst Labans, um das Zuchtergebnis der ihm zugesicherten Herden günstig zu beeinflußen (1Mo 30,37). Die Pappel (*Populus euphratica,* 2Sam 5,23.24;

Akazien wachsen in der Wüste. Sie lieferten den Israeliten Bauholz für die Stiftshütte. (FNH)

Ebenholz wurde im alten Ägypten aus dem Hülsenfruchtbaum Dallbergia melanoxylon *gewonnen.* (FNH)

Die Pinie (Pinus halepensis – *im Bild ein Exemplar aus Olympia, Griechenland), lieferte in biblischer Zeit wertvolles Bauholz.* (FNH)

Tannen auf einem Relief aus dem Palast Sanheribs, Ninive, ca. 690 v. Chr. (BM)

Der Mandelbaum (Prunus dulcis) *blüht als erster im Frühling (vgl. 4Mo 17,23).* (FNH)

1Chr 14,14.15), die relativ hohen Salzgehalt im Boden verträgt, kommt in den Auenwäldern am Jordan vor. Auch bei den »Weiden . . . an den Wassern zu Babel« (Ps 137, 1f) handelt es sich um Pappeln, die die Flußvegetation des Euphrat dominieren. Das Bild vom »Baum« in 1Mo 49,22 könnte auf die Euphratpappel Bezug nehmen.

Pinie. Pinienwälder waren in Palästina weit verbreitet; es ist anzunehmen, daß die »Pracht des Karmel« den Wald aus Aleppokiefern (*Pinus halepensis*) meint. Die Aleppokiefer wird bis zu 20 m hoch und 100 – 150 Jahre alt; sie kommt nur im Mittelmeerraum

Pappeln in einem Bachbett am Fuße des Sinai. (FNH)

vor. Die Pinie (*Pinus pinea*) war in der Küstenregion Palästinas weit verbreitet; ihre Früchte (Pignolia-Nüsse) wurden exportiert. Die Pinie ist ein bis zu 30 m hoher, schirmförmig wachsender Baum mit paarförmigen Nadeln und weichem, leicht zu bearbeitendem Holz.

Platane (hebr. *'armōn*, 1Mo 30,37; Hes 31,8). Die morgenländische Platane (*Platanus orientalis*) ist ein großer Laubbaum, der an ganzjährig wasserführenden Bachläufen in Nordpalästina vorkommt und bis zu 20 m hoch wird. Er hat drei- bis fünffach gelappte Blätter und runde, herabhängende Blütenköpfe.

Roter Sandelbaum/Roter Almug (hebr. *'almūggīm*, 1 Kön 10,11f). Das wertvolle Holz des Almug-Baumes wurde zum Bau des Tempels und zur Herstellung von Musikinstrumenten eingeführt. Aus der Beschreibung des Handels zwischen Hiram von Tyrus und Salomo kann gefolgert werden, daß das Holz von weit her, womöglich über die »Seidenstraße« aus dem Fernen Osten nach Palästina gelangte. M. Zohary (Pflanzen der Bibel, 125) schlägt vor, 2Chr 2,8 zu lesen: ». . .Zedern- und Zypressenholz aus dem Libanon und Sandelholz.« Die Identität des Baumes ist nicht eindeutig belegt; die unterschiedliche Bezeichnung in der Bibel (*almug* und *algum*) kommt erschwerend hinzu. Traditionell wird er mit rotem Sandelholz identifiziert (*Pterocarpus santolinus*), einem großen Baum aus der Familie der Leguminosen (Hülsenfrüchtler), der

Eine der drei in Palästina vorkommenden Eichenarten, hier die laubwechselnde Quercus aegilops (FNH)

Tamariske (Tamarix aphylla) *am Ufer des Nil. Abraham pflanzte eine Tamariske in Beerscheba (1Mo 21,33).* (FNH)

Zweig des immergrünen Lorbeerbaums (Laurus nobilis; *vgl. Psalm 37,35). Mit seinen Blättern wurden siegreiche Athleten gekrönt.* (FNH)

Dattelpalmen (Phoenix dactylifera) *an einem Fluß in Babylonien werden von assyrischen Soldaten gefällt. Zeichnung nach einem Relief aus dem Palast Sanheribs (704–681 v. Chr.) in Ninive.*

in Indien und Ceylon beheimatet ist. Ausgrabungen im Bereich des Tempelbergs könnten Aufschluß geben, ob mit *almug/algum* der rote Sandelbaum gemeint ist.

Tamariske (hebr. *'ēschel*, 1Mo 21,33; 1Sam 22,6; 31,13). Ein Baum von weichem Holz, mit unzähligen schlanken Zweigen, schuppenförmigen Blättern und kleinen Büscheln von rosafarbenen oder weißen Blüten, der in Wüstenwadis vorkommt. Zwölf Arten wachsen in Palästina (*Tamarix aphylla, T. nilotica, T. pentandra, T. tetragyna*). Die blattlose Tamariske (*Tamarix aphylla*) ist ein reichverzweigter, immergrüner Baum, der bis zu 10 m hoch wird; über seine Zweigglieder vollziehen sich Photosynthese und Verdunstung, spezielle Blattdrüsen scheiden Salz aus.

Terebinthe. Die palästin. Terebinthe (*Pistacia palestina*) ist ein kleiner Baum, der in den Bergen häufig vorkommt. Die viel größere atlantische Terebinthe (*Pistacia atlantica*) in heißeren, trockeneren Gegenden ähnelt einer Eiche und wird oft mit dieser verwechselt (s.o. Eiche). Die Früchte der Terebinthe (Pistaziennüsse, hebr. *botnīm*) werden nur einmal in der Bibel als Geschenk von Wert erwähnt (1Mo 43, 11). Dies und der Ortsname Betonim (im südl. Ostjordanland; Jos 13,26) lassen darauf schließen, daß der Baum seit langem in Israel angebaut wird.

Weide (hebr. *'arābīm, saphsāphā*). Die beiden in Palästina heimischen Weidenarten (*Salix acmophylla, Salix alba*) findet man häufig an perennierenden Wasserläufen; wenn sie in

Weiden (Salix acmophylla) *an einem Flußbett auf dem Karmel.* (FNH)

der Bibel erwähnt werden, werden sie meistens mit ihrem Lebensraum in Verbindung gesehen (Hiob 40,22; Jes 44,3f; Hes 17,5). In den Wäldern, die am Jordan entlang wachsen, ist weiter nördl. die kühleres Klima bevorzugende *Salix alba* vorherrschend, weiter südl. die heißeres Klima ertragende *Salix acmophylla,* die schließlich von der Pappel (s.o.) abgelöst wird, die salzhaltigen Boden verträgt.

Zeder (hebr. *'erez;* griech. *kedros*). *Cedrus libani,* die Libanon-Zeder, ein weit ausladender Nadelbaum, kam früher im Libanongebirge häufig vor; heute sind die geringen Restbestände dort geschützt. Das Holz war wegen seiner Haltbarkeit hochgeschätzt und wurde z.B. für den Bau von Davids Haus verwendet (2Sam 5,11), für Salomos Tempel (1Kön 5,6-10) und für den neuen Tempel, der nach der Babylonischen Gefangenschaft gebaut wurde (Esr 3,7). Außerbibl. Texte sprechen von Nebukadnezars Ausbeutung der libanesischen Wälder (vgl. Hab 2,17). Salomo ließ Streitwagen – oder wahrscheinlich eher Sänften (hebr. *'appiryōn*) – aus Zedernholz anfertigen (Hld 3,9). Zedern können bis zu 40 m hoch werden; atl. Schreibern dient sie als Bild für die Statur des Menschen (Hes 31,3; Am 2,9), für Erhabenheit (Ps 92,12) und Majestät (2 Kön 14,9). Die Bedeutung des hebr. *'ezrāch* in Ps 37,35 ist nicht eindeutig, aber an anderen Stellen des AT bedeutet es »einheimisch«, so daß anzunehmen ist, daß hier eine Pflanze gemeint ist, die in Palästina heimisch ist. Das »Zedernholz«, das von einem Priester im Zusammenhang mit der Reinigung eines Aussätzigen verbrannt wurde (3 Mo 14,46, 49-52; 5 Mo 19,6), stammt nicht von der Libanon-Zeder, sondern von dem in der Wüste Sinai vorkommenden phönizischen Wacholder (*Juniperus phoenicea*), dessen Holz beim Verbrennen Wohlgeruch verbreitet.

Zypresse. Das in der Bibel mehr als 20mal vorkommende hebr. *berosch* scheint eine Sammelbezeichnung für Nadelbäume zu sein, die kleine, schuppenartige, nicht so sehr nadelartige Blätter haben. Hierfür kommen in Betracht: die Zypresse (*Cypreysus sempervirens*), die bis zu 20 m hoch wird, ausgezeichnetes Holz liefert und in Israel beheimatet ist, was durch Pollenfunde belegt ist. Bei der »grünenden Tanne« (Hos 14,8) ist an die Zilizische Tanne (*Abies cilicia*) zu denken, die zusammen mit der Zeder im Libanon eine Art Mischwald bildet. Hinzu käme noch der Hohe Wacholder (*Juniperus excelsa*), der Hes 27,5 als »Zypresse[nholz] vom Senir« (*Hermon) bezeichnet wird. Alle drei Bäume haben Blütenstände in Form von Zapfen, wobei die weiblichen auf den oberen, die männlichen auf den unteren Ästen stehen.

Literatur: M. Zohary: Pflanzen der Bibel, ²1986; ders.: Flora Palaestina, 3 Text- und 3 Tafelbde., 1966-1978; E.I. Loew: Die Flora der Juden, 4 Bde., 1924-1938; H.N. Moldenke, A.L. Moldenke: Plants of the Bible, 1952; H. Donner: Einführung in die biblische Landeskunde, 1976; P. und I. Schönfelder: Die Kosmos-Mittelmeerflora, 1984; dies.: Was blüht am Mittelmeer?, 1987; E. Bayer et al.: Pflanzen des Mittelmeerraums, 1986; W. Grandjot: Reiseführer durch das Pflanzenreich der Mittelmeerländer, 1981; R. Mansfeld: Kulturpflanzenverzeichnis Bde. 1-4, 1986; Encke, Buchheim, Seybold: Zander Handwörterbuch der Pflanzennamen, ¹³1984. F.N.H. et al.

PFLUG s. Ackerbau

PFORTE s. Tür/Tor

PFOSTEN. Aus Holz oder Stein gefertigte seitliche Stützen der Türöffnung. In der Passanacht wurden P. und Oberschwelle mit dem Blut des Passalammes bestrichen (2Mo 12,7). Nach 5Mo 6,9 sollen die Weisungen Gottes über die P. geschrieben werden, auch Gegenstände der Götzenverehrung und des Aberglaubens wurden hier angebracht (Jes 57,8). Einem hebr. Sklaven, der nach sechsjährigem Dienst nicht freigelassen werden wollte, wurde das Ohr am P. mit einem Pfriem durchbohrt zum Zeichen, daß er nun lebenslänglich als *Knecht im Hause blieb (2Mo 21,6; 5Mo 15,17).

PFRIEM s. Handwerk

PFUHL s. Hölle

PFUND s. Maße u. Gewichte

PHARAO.

I. DER BEGRIFF.

P. ist der in der Bibel gebrauchte Titel der Könige *Ägyptens, abgeleitet von ägypt. *pr-ˤ*, »großes Haus«. Dieser Begriff bezeichnet ursprünglich nur den königlichen Palast und den ägypt. Hof. So wird er im Alten und Mittleren Reich im 3. Jt. und in der ersten Hälfte des 2. Jt.v.Chr. gebraucht. Aber während der 18. Dynastie (um 1450 v.Chr.) wurde der Begriff auf die Person des Herrschers selber angewandt als Synonym für »Seine Majestät«. Die ersten Beispiele dieses Gebrauches datieren aus der Regierungszeit Thutmosis' III. (?) und IV., dann von Amenophis IV./Echnaton. Von der 19. Dynastie an wird der Begriff »Pharao« stets in Dokumenten benutzt, ebenso wie im 1. und 2. Buch Mose. Ab der 22. Dynastie (945 v.Chr.) konnte der Begriff »Pharao« auch mit dem Namen des Königs verbunden werden. So erscheint »Pharao Scheschonk« auf einer Stele aus dieser Zeit, entsprechend den etwas späteren atl. Hinweisen auf P. Necho und P. Hofra (A.H. Gardiner, Egyptian Grammar, [3]1957, S. 75; J. Vergote, Joseph en Égypte, 1959, S. 45-48 und die dort zitierten Hinweise).

II. EINZELNE PHARAONEN.

1. Ein Zeitgenosse *Abrahams (1Mo 12,15,20). Da Abraham um 1900 v.Chr. lebte, war dieser P. sehr wahrscheinlich einer von mehreren Königen namens Amenemhet bzw. Sesostris der 12. Dynastie (um 1991-1778 v.Chr.).

2. Ein Zeitgenosse *Josefs (1Mo 37-50). Josef lebte um 1700 v.Chr.; dieser P. war höchstwahrscheinlich einer der Hyksoskönige der 15. Dynastie.

3. Pharao(nen) während der Unterdrükkung der Israeliten. Ob es sich beim Begriff »König von Ägypten« und »Pharao« in 2Mo 1-2 um einen oder zwei Herrscher handelt, ist eine Interpretationssache. Auf jeden Fall war(en) er/sie direkte(r) Vorgänger des P.s, zu dessen Zeit der Auszug aus Ägypten stattfand.

4. Der P. des Auszugs (2Mo 5-12). Wenn der Auszug der Israeliten aus Ägypten in der ersten Hälfte des 13. Jh.v.Chr. stattfand, was nach den verfügbaren Zeugnissen sehr wahrscheinlich erscheint, war Ramses II. der letzte Unterdrücker.

5. Vater von Bitja, der Frau Mereds aus dem Stamm Juda (1Chr 4, 18). Die Datierung Bitjas und ihres königlichen Vaters ist unsicher.

6. Der P., der den jungen Prinzen Hadad von Edom aufnahm, als dieser vor David und Joab floh (1Kön 11, 18-22), und ihn mit seiner Schwägerin verheiratete. Der fragliche P. lebte wohl spät in der 21. Dynastie. Die Unklarheiten der Chronologie der 21. Dynastie verbieten jede genauere Datierung.

7. Der P., der Geser eroberte und es seiner Tochter anläßlich ihrer Heirat mit Salomo als Mitgift mitgab (1Kön 9,16; vgl. auch 3,1; 7,8; 9,24; 11,1). Schischaks Einfall in Palästina 921 v.Chr., dem 5. Jahr der Regierung *Rehabeams, geschah spätestens im 21. Jahr seiner Regierung. Er bestieg den Thron um 945 v.Chr. Salomo starb 931/30 v.Chr. nach einer 40jährigen Herrschaft, die um 970 v.Chr. begann. Daher kam Schischak in Salomos 25. Regierungsjahr auf den Thron. Die ägypt. Zeitgenossen Salomos während seiner 25 ersten Regierungsjahre waren also die letzten zwei Könige der 21. Dynastie, Siamun und Psusennes II. Einer von ihnen, vielleicht Siamun, eroberte Geser und schenkte es seiner Tochter als »Mitgift«. Eine Triumphszene in Tanis (Zoan) könnte Zeugnis geben von einer kriegerischen Aktivität Siamuns in Philistäa. (Zu dieser Periode ägypt.-israelit. Beziehungen vgl. K.A. Kitchen, Third Intermediate Period in Egypt, 1972, S. 273ff, 280ff).

8. Schischak oder Scheschonk I. war der Gründer der 22. (libyschen) Dynastie (1Kön 11,40; 14,25).

9. So war ein Zeitgenosse König *Hoscheas von Israel (2Kön 17,1ff).

10. Tirhaka gehörte der 25. (äthiopischen) Dynastie an (2Kön 19,9; Jes 37,9).

11. Necho, der zweite König der 26. Dynastie, ist der P. aus Jer 25,19.

12. Hofra, der vierte König der 26. Dynastie, könnte der in Jer 37,5.7.11; Hes 17,17; 29,2-3 erwähnte P. sein; vielleicht auch der von Jer 47,1.

III. WEITERE HINWEISE.

Diese findet man hauptsächlich bei den Propheten. Jes 19,11 ist Teil eines Abschnittes,

Der junge Ramses II. mit Krummstab und Geißel, den Zeichen der Macht. Höhe: 1,41 m; ca. 1290–1270 v. Chr. (BM)

Figur des Pharao Tirhaka (Taharqa von Ägypten, ca. 690–664 v. Chr.), der in Jes. 37,9 und 2Kön 19,9 erwähnt wird. (RS)

der den Niedergang Ägyptens beschreibt. Solche innere Zersetzung wurde zuerst in der frühen Zeit Jesajas (späte 22.-24. Dynastie; um 750-715 v.Chr.) belegt und dauerte unter der Oberherrschaft äthiop. Könige der 25. Dynastie (um 715-664 v.Chr.) an. Stolz auf die lange Dauer der erhabenen Pharaonentradition spiegelt sich in Übereinstimmung mit V. 11 im absichtlichen Archaismus der Könige

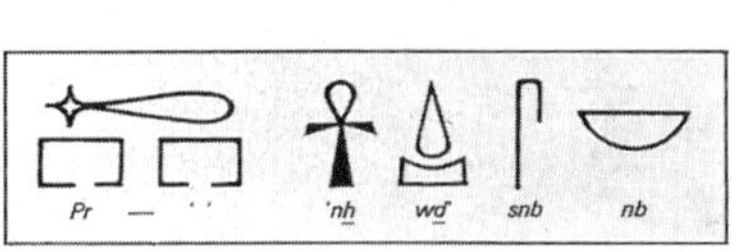

Diese Anrede in einem Brief des 14. Jh. v. Chr. bedeutet: »Pharao, Leben, Reichtum, Gesundheit, der Meister«.

der 25. und 26. Dynastie wider, die die Herrlichkeit früherer Epochen wieder wachrufen wollten. Die vermeintliche Stärke der äthiop. Könige und ihre tatsächliche Unfähigkeit, Israel gegen die assyr. Armeen zu helfen, wird in Jes 30,2-3 kurz dargestellt. Schebitku (Schabataka) saß 701 v.Chr. auf dem Thron, als Rabschake von Lachisch ihn wie ein »gebrochenes Rohr« absetzte (Jes 36,6; 2Kön 18,21). Zu Pharaos Haus in Tachpanhes (Jer 43,9) s. *Tachpanhes.

Sowohl Jeremia (46,25-26) als auch Hesekiel (30,21-26; 31,2-18; 32,31-32) prophezeiten von 587 v.Chr. an, daß Ägypten von *Nebukadnezar von Babylon verwüstet würde. 568 v.Chr. führte Nebukadnezar tatsächlich Krieg gegen Ägypten, was ein babylon. Textfragment belegt, obwohl das Ausmaß seines Erfolges gegen Ahmose II. (Amasis) aufgrund fehlender sachdienlicher Dokumente noch immer unbekannt ist. Hld 1,9 läßt nur den großen Ruhm der Pferde vor dem Streitwagen der Pharaonen des Neuen Reiches (um 1550-1070 v.Chr.) und später erkennen. (*Ägypten. D.; *Chronologie des AT). K.A.K.

PHARISÄER.

1. Die Anfänge der pharisäischen Bewegung, die z.Zt. Jesu, besonders aber in der Zeit nach 70 n.Chr. (Zerstörung des Tempels durch die Römer) eine bedeutende Gruppe innerhalb des *Judentums bildete, liegen im Dunkeln. Man nimmt aber an, daß wir in den *Chassidim*, den »Frommen«, wie sie in 1Makk 2,42; 7,12; 2Makk 14,6 (LÜ: Hasidäer) erwähnt werden, die Vorform der späteren pharisäischen Bewegung vor uns haben. Sie tauchen als rel.-politische Oppositionsgruppe im Zusammenhang der makkabäischen Freiheitsbestrebungen auf, die den Einfluß der hellen. Erben *Alexanders des Großen in Palästina dämpfen wollten. Eine andere Linie der Herleitung des Pharisäismus führt in das nachexilische Priestertum: wie der Priester um seines Dienstes im Heiligtum willen teilweise von der übrigen Bevölkerung abgesondert war, weil er bestimmte Reinheitsvorschriften zu beachten hatte, so gab es in jener Zeit zunehmend mehr Juden, die die priesterlichen Reinheitsgebote auch auf den Alltag ausdehnen wollten. Durch die Heiligung des Alltags sollte in stellvertretender Weise ganz Israel für seinen Gott geheiligt werden. So vollzogen einige Juden – sie blieben aber immer in der Minderheit – für sich die priesterliche *Peruscha*, »Absonderung«.

2. Im Alltag der P. wurde die Reinhaltung von allen Gegenständen und Früchten, die den Reinheitsvorschriften nicht genügten,

eingeübt. Weil der *Chaber,* »Genosse«, davon ausging, daß der normale israelit. Bauer sich um diese priesterlichen Reinheitsvorschriften nicht kümmerte, kam die Tendenz auf, sich vom Landvolk weitestgehend zu distanzieren, von ihm keine Erzeugnisse zu kaufen und überhaupt auf jeden Verkehr mit ihm zu verzichten; das förderte ein Elitedenken unter den P.n. Wie sehr diese Gruppe von Frommen dem Tempelpriestertum zugeordnet war, erkennt man auch an dem zweiten besonderen Merkmal, das für sie kennzeichnend ist: die P. (die »Abgesonderten«) verzehnteten alles, was sie verbrauchten, um dem Tempel samt dessen Armenfürsorge Mittel zukommen lassen zu können. Darüber hinaus verpflichteten sie sich zu vielen anderen Liebeswerken. Sie sahen in der Tora - den fünf Büchern Mose – eine Gesamtzahl von 613 Geboten, die sie mit großer Gewissenhaftigkeit zu erfüllen suchten. Es konnte bei dieser rel. Grundhaltung nicht ausbleiben, daß sich ein ausgeprägtes Verdienstdenken Gott gegenüber ausbildete. Neben den von der Tora gegebenen Weisungen wollten sie noch freiwillige Leistungen erbringen, die ihnen Gottes Wohlwollen besonders deutlich vor Augen stellen sollten.

3. Die P. lebten in genossenschaftlich geordneten Gemeinschaften (*Chaberuth*) zusammen, in die jemand erst nach erfolgreichem Durchlaufen einer Probezeit aufgenommen werden konnte. Die Gesamtzahl der P. dürfte z.Zt. Jesu die Zahl von 6000 nicht wesentlich überschritten haben. (Zum Vergleich: Jerusalem hatte damals eine Einwohnerschaft von 25 000 – 30 000 Personen). Trotz ihrer an sich nicht übermäßig großen Zahl übten die P. in Israel eine große Faszination auf viele andere aus, wenn diese sich auch nicht der pharisäischen Bewegung verbindlich anschlossen. Die P. waren so etwas wie das rel. Alibi für den etwas liberaler eingestellten normalen Israeliten. Aus Mt 23,15 kann man entnehmen, daß die P. auch eine »Mission« rund um das Mittelmeer betrieben. So verwundert es nicht, daß der Apostel *Paulus aus einer pharisäisch lebenden Familie im kleinasiatischen *Tarsus stammte (Phil 3,5).

4. Das MtEv. mit seiner häufig vorkommenden Wendung »Pharisäer und Schriftgelehrte« erweckt den Eindruck, als seien erstere immer zugleich auch Schriftkundige im Sinne des Rabbinentums. In Wirklichkeit aber waren die P. in ihrer überwiegenden Mehrzahl einfache Bauern und Handwerker. Die Schriftgelehrten in ihren Reihen – nicht alle Schriftgelehrten (Rabbinen) waren Pharisäer! - wurden von den »einfachen« Mitgliedern jedoch als die geistlichen Führer angesehen und entsprechend verehrt. Bei den schriftgelehrten P.n wurden auch Überlieferungen gepflegt, die nicht zur offiziellen jüd. Tora-Lehre gehörten. Die P. beschäftigten sich neben der Auslegung und Deutung der Gesetzestexte aber auch mit Erkenntnissen über das Weltende, über Gottes Welt (*Engel, vgl. Apg 23,6ff), kurz mit dem, was man heute unter dem Sammelbegriff »*Apokalyptik« versteht. Jedoch waren diese Dinge, die als Geheimlehre angesehen wurden, nicht für die öffentliche Unterweisung der Pharisäer-Angehörigen bestimmt. Auch viele Angehörige aus dem levitischen Priestertum finden sich unter den P.n.

5. Als Jesus auftrat, hatte er die P. gegen sich. Weil Jesus um die Neuwerdung der ganzen menschlichen Person rang, mußte er viel tiefer ansetzen als bei der auf Äußeres gerichteten pharisäischen Gesetzesfrömmigkeit. Dabei wendet sich Jesus nicht gegen ihr Einhalten der Tora, sondern gegen die – neben dem Gebot der Schrift stehenden – Satzungen der pharisäischen Schriftgelehrten (Mk 7,8.13); die Gleichbehandlung von Gottes- und Väterwort wird von Jesus abgelehnt. Jesus deckt auf, daß durch das strikte Einhalten von Geboten (z.B. des Sabbatgebotes) der eigentliche Sinn der Gebote, nämlich die Ausübung von Barmherzigkeit, verhindert werden kann. Zusammengefaßt: Jesus wirft den P.n vor, daß sie nicht tun, was sie sagen (Mt 23, 3.23). Gleichwohl ist ihre grundsätzliche Haltung dem Gesetz gegenüber nicht verwerflich (Mt 23,2f); doch muß Jesus seine Jünger vor dem »Sauerteig der Pharisäer« warnen (Mt 16,6).

6. In der ntl. Zeit sprachen die pharisäischen Mitglieder des Hohen Rates (*Sanhedrin) ein entscheidendes Wort bei dessen Sitzungen. Sie waren es, die Jesus des Ungehorsams gegenüber dem Gesetz anklagten. (Die Einhelligkeit der Verurteilung Jesu wurde noch durch die *sadduzäische Partei unterstützt, die den Eingriff Jesu in die von ihnen beanspruchte Tempelhoheit nicht dulden wollte). Nach der Kreuzigung Jesu setzt u.a. der P. Saulus von Tarsus die Verfolgung der Anhänger Jesu fort. Nach seiner Hinwendung zu Christus beschreibt er im Rückblick den Pharisäismus als die Gerechtigkeit, die das Gesetz fordert (Phil 3,6). Dabei handelt es sich um eine Gerechtigkeit, die der Mensch durch die Einhaltung des Gesetzes haben kann. Weil diese jedoch Selbst-Gerechtigkeit ist, hindert sie den Menschen daran, die wahre Gerechtigkeit zu empfangen, die durch den Glauben an Christus kommt (Phil 3,9). Das, was Jesus Christus schenkt, ist auch die Erfüllung dessen, was die P. eigentlich wollten, nämlich die Ermöglichung der Ganzhingabe des Men-

schen an Gott. Viele Christen in der *Urgemeinde blieben auch nach ihrer Bekehrung zu Christus der Partei der P. zugehörig (vgl. Apg 15,5).

Literatur: F.F. Bruce: Zeitgeschichte des NT, 1986; L. Goppelt: Christentum und Judentum, 1954; D. Müller: TBLNT II, [4]1986, 1001-1003; B. Reicke: Neutestamentliche Zeitgeschichte, 1964. D.Sch.

PHILADELPHIA.

1. Die Hauptstadt des ammonitischen Reiches, das *Rabba der Kinder *Ammon (2Sam 10-12; Jer 49,2; Hes 25,5), wurde in hellen. Zeit erweitert und nach Ptolemaios II. Philadelphos (285-246 v.Chr.) P. genannt und in die *Dekapolis eingereiht. Damit gehörte P. seit 63 v.Chr. zur röm. Provinz Syrien.

2. Eine lydische Stadt in der röm. Provinz Asia im W der heutigen asiat. Türkei. Sie dürfte von König Eumenes von *Pergamon im 2. Jh. v.Chr. gegründet worden sein und ist nach seinem Bruder Attalus benannt, den man wegen seiner Loyalität Philadelphos nannte. Die Stadt lag am oberen Ende eines breiten Tales, das an *Sardes vorbei zum Meer nahe *Smyrna führte. P. lag am Rand einer sehr fruchtbaren Hochlandebene, von der ein Großteil ihres Reichtums stammte (Handel). Die Gegend wurde häufig von Erdbeben erschüttert, ein starkes Beben zerstörte 17 n.Chr. die Stadt. Da es immer wieder Erdstöße gab, verließen die Menschen die Stadt (Strabo, 12.8.18; 13.4.10). Nachdem P. mit kaiserlicher Hilfe wieder aufgebaut worden war, gab sie sich den neuen Namen Neocäsarea. Unter Vespasian änderte sie ihn in den kaiserlichen Namen Flavia. Die Stadt war bekannt wegen der Anzahl ihrer Tempel und rel. Feste. Heute steht an ihrer Stelle die Stadt Alaschehir.

Das Sendschreiben an »den Engel der Gemeinde in Philadelphia« (Offb 3,7-13) spielt vermutlich auf einige der o.g. Umstände an. Wie Philadelphos wegen seiner Treue zu seinem Bruder berühmt wurde, so erbt und vervollkommnet die Gemeinde, das wahre P., ihren Charakter durch ihre standhafte Treue zu Christus (V. 8. 10). So, wie die Stadt wie eine »offene Tür« zu einer Region liegt, aus der sie ihren Reichtum bezieht, so hat die Gemeinde eine »offene Tür« zur Mission (V. 8; vgl. 2Kor 2,12). Die Symbole »Krone« und »Tempel« (V. 11-12) stellen einen Gegensatz zu den Spielen und rel. Festen der Stadt heraus. Denn im Gegensatz zu der Unbeständigkeit eines Lebens in einer erdbebengefährdeten Stadt wird denen, die »überwinden«, Stabilität als Pfeiler im Tempel Gottes versprochen. Wie die Gemeinde in Smyrna war auch die Gemeinde in P. der Ablehnung seitens der ortsansässigen Juden ausgesetzt (V. 9). Aber die Überwinder werden zuletzt von dem Herrn angenommen, dessen Namen sie bekannt haben (V. 8). Sie werden erneut dadurch ausgezeichnet, daß ihnen die göttlichen Namen übertragen wer-

Reste der römischen Stadtmauer von Philadelphia. (SH)

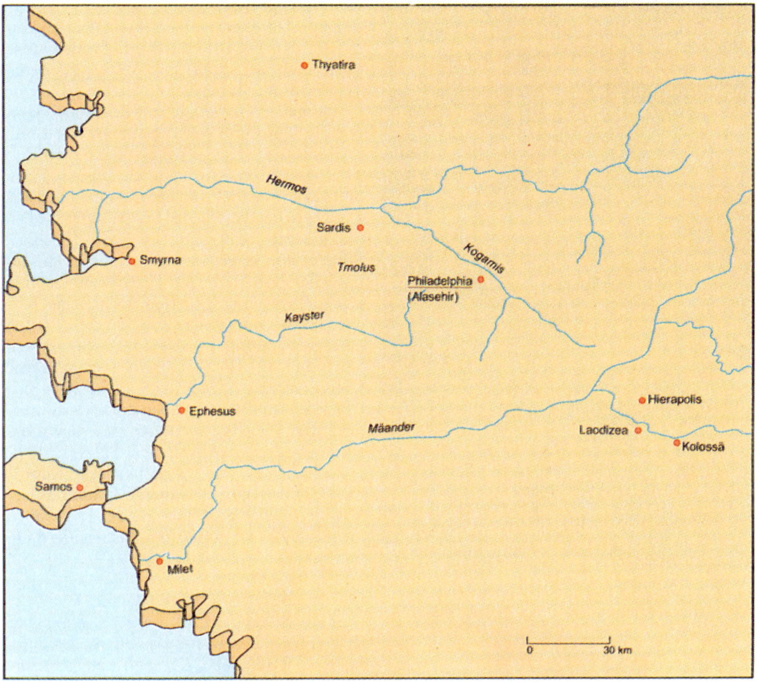

Philadelphia, eine der »sieben Gemeinden in der Provinz Asien« (Offb 1–3).

den (V. 12). Diese Namen spielen auf die Namen an, die die Stadt von den Kaisern angenommen hatte, die göttliche Verehrung für sich in Anspruch nahmen.

Der Kirchenvater Ignatius besuchte auf seinem Weg von Antiochia nach Rom die Stadt und schickte einen Brief an die Gemeinde in P.

Literatur: C.J. Hemer: Buried History 11, 1975, S. 164-174; F. Grünzweig: Johannes-Offenbarung 1. Teil, Bibelkommentar Bd. 24, 1981; A. Pohl: Die Offenbarung des Johannes 1. Teil, WStB, 1983.

M.J.S.R./C.J.H.

PHILEMON. Besitzer des Sklaven *Onesimus, sehr wahrscheinlich in *Kolossä wohnhaft. Obwohl *Paulus Kolossä nicht selber besucht hat (Kol 2,1), hatte sich P. offensichtlich durch ihn bekehrt (Phlm 19) und war ein Mitarbeiter gewesen (Phlm 1) – vielleicht in der Provinzhauptstadt *Ephesus (vgl. Apg 19,31; s.a. *Philemonbrief).

A.F.W.

PHILEMONBRIEF.

I. INHALT UND AUFBAU.

Der Phlm ist der kürzeste aller Paulusbriefe – gerade lang genug, um ein Papyrusblatt zu füllen –, und er ist zugleich der persönlichste von allen: es geht um Fürsprache für den Sklaven *Onesimus. Der war seinem Herrn, dem Christen *Philemon, entlaufen, auf der Flucht aber dem Apostel Paulus begegnet. Von ihm wurde er zum Glauben an Christus bekehrt und zur Mitarbeit in der Mission herangezogen. Nun schickte ihn Paulus mit diesem Brief wieder zu seinem Herrn zurück und bittet darin den Philemon, seinem Sklaven zu vergeben und ihn als Bruder in Christus aufzunehmen. Der Form nach hält sich der Brief streng an das von Paulus auch sonst gebrauchte Briefformular: Nach der Adresse und dem Segensgruß (V. 1-3) folgt eine Danksagung des Apostels für den Briefempfänger (V. 4-7), dann der Hauptteil mit dem eigentlichen Anliegen (V. 8-21), schließlich eine Bitte

Grabmal des Sklavenhändlers Caius Aiacius aus Stellatina. 30–40 n. Chr. Fundort: Köln, Bonner Str. Köln, Röm.-Germ. Museum. Text der Inschrift: CIL. XII 8348. (CPTh)

um künftige Gastfreundschaft (V. 22), Grüße von Mitarbeitern des Apostels (V. 23f) und der abschließende Segenswunsch (V. 25).

II. BEZEUGUNG UND ECHTHEIT.
Daß der Phlm schon während des 2. Jh. ganz unbestritten zur kirchlichen Sammlung der Paulusbriefe gehörte, ergibt sich aus seiner Erwähnung im Kanon Muratori (um das Jahr 200; vgl. *Kanon NT) und aus seiner Aufnahme in die Bibel des Ketzers Marcion um 140. Allerdings fehlte er wahrscheinlich im ältesten Kanon der syr. sprechenden Kirche (3. und 4. Jh.). Auch im Bereich der griech. Kirche wurden während des 4. Jh. seine Kanonizität und Herkunft von Paulus von einigen angezweifelt, und zwar mit dem Argument, die Belanglosigkeit seines Inhalts vertrage sich nicht mit göttlicher Inspiration. Ähnlich haltlos war die im vorigen Jh. von der Tübinger Schule F. Chr. Baurs vertretene Meinung, der Phlm sei als Keim eines christl. Romans gedichtet worden. Heutzutage wird an der Echtheit des Phlm von niemand mehr gezweifelt.

III. EMPFÄNGER.
Paulus adressiert seinen Brief außer an Philemon, den Eigentümer des Sklaven Onesimus, auch an Appia und Archippus, deren Verhältnis zu Philemon unbekannt ist, sowie an die ganze Gemeinde in Philemons Haus. Da Onesimus und Archippus nach Kol 4,9.17 in Kolossä zu Hause waren, wird man dies auch für Philemon annehmen müssen. Phlm und *Kolosserbrief sind also an einen teilweise identischen Personenkreis gerichtet: Kol an die gesamte Ortsgemeinde von *Kolossä, Phlm an eine ihrer *Hausgemeinden. Hausgemeinden hatten in der Urchristenheit eine große Bedeutung. Solange noch keine Kirchen gebaut waren, konnten sich die Christen einer Stadt außer im Freien und in gemieteten Sälen nur in ihren Häusern treffen. Diese Kreise waren zugleich der Ort, an dem sich Christsein und Alltagsleben aufs engste miteinander verschränkten, so daß auch die Rückkehr eines entflohenen Sklaven nicht einfach die Privatangelegenheit des Eigentümers, sondern eine Bewährungsprobe des Gemeindelebens war. Daher ist der Phlm auch nicht ein Privatbrief des Paulus, sondern ein apostolisches Schreiben.

IV. ABFASSUNGSORT UND -ZEIT.
Dadurch, daß sich Paulus als »Gefangener Christi Jesu« bezeichnet (V. 1.9), ist der Phlm mit dem *Philipper-, *Epheser- und Kolosserbrief verbunden, die ebenfalls Gefangenschaftsbriefe sind. Phlm und Kol gehen außerdem nicht nur beide in die gleiche Stadt, sondern enthalten auch mit einer Ausnahme dieselben Namen von Mitarbeitern des Paulus (Phlm 23f; Kol 4,7-17). Kol und Eph wurden beide durch Tychikus überbracht (Kol 4,7f; Eph 6,21f).

Man wird also davon ausgehen müssen, daß Eph, Kol und Phlm (sofern man ihre Echtheit anerkennt) zur gleichen Zeit und an gleichem Ort geschrieben worden sind. Die Apg berichtet uns nur von zwei Gefangenschaften des Paulus: eine in *Cäsarea (Apg 23,23 - 26,32) um die Jahre 58-60 und die zweite anschließend in *Rom (Apg 28,16-31) um die Jahre 60-62. Die älteste Tradition legt die Entstehung des Phlm nach Rom. Von den heutigen Wissenschaftlern wird meistens eine längere Gefangenschaft in Ephesus um das Jahr 55 angenommen und der Phlm in diese Zeit datiert. Dagegen sprechen jedoch das Schweigen der Quellen und die Unwahrscheinlichkeit, daß Paulus während einer ephesinischen Haft so viel Freiheit gehabt haben sollte, wie aus Phlm und Kol erkennbar ist. Nehmen wir Rom als Entstehungsort, lassen sich alle bekannten Daten am besten vereinigen.

V. BEDEUTUNG.

Der Phlm ist trotz seiner Kürze ein unentbehrlicher Bestandteil des NT, weil er uns zeigt, »wie der Apostel sein Rechtfertigungsevangelium und seine Konzeption von der christlichen Gemeinde als dem einen Leib des Herrn in den praktischen Lebensvollzug einer christlichen Hausgemeinde hinein verantwortet« (P. Stuhlmacher). Paulus hat so wenig wie Jesus und die ganze alte Christenheit die Sklaverei als gesellschaftliche Institution bestritten oder bekämpft. Er erkennt das Eigentumsrecht des Philemon an seinem Sklaven und seinen Anspruch auf Schadensersatz an (V. 18f). Sein Evangelium zielt nicht auf Gesellschaftsveränderung, sondern auf ein durch Christus bestimmtes Leben in allen denkbaren Lebensumständen (vgl. 1Kor 7,17.21f; Kol 3,22-4,1; 1Tim 6,1f). Zugleich aber gilt, daß es in der christl. Gemeinde keinen Unterschied mehr gibt zwischen Herren und Sklaven, sondern daß sie beide eins sind in Christus Jesus (vgl. Gal 3,28; 1Kor 12,13). Paulus mutet dem Philemon daher zu, den zurückkehrenden Sklaven nicht, wie in solchen Fällen üblich, schwer zu bestrafen, sondern ihn vielmehr als einen christl. Bruder in Liebe aufzunehmen (V. 15-17). Die neue Dimension christl. Gemeinschaft verändert die gesellschaftlichen Beziehungen von innen her. Auch an einer Andeutung, daß Philemon seinen Sklaven für den Missionsdienst freistellen könnte, fehlt es nicht (V. 21, vgl. V. 13f). Der Phlm lehrt daher das rechte Verständnis der christl. Freiheit: sie besteht in der Kraft zum Lieben.

Literatur: P. Ewald: KNT; P. Stuhlmacher: EKK, 1975; E. Lohse: KEK IX/2, [2]1977; J. Gnilka HThK X/4, 1982; H. Bürki: Der zweite Brief des Paulus an Timotheus, die Briefe an Titus und Philemon, WStB, 1983;

Zur Kanongeschichte: T. Zahn: Geschichte des ntl. Kanons, 1888-92 (ND 1975), Bd. I, S. 265-270. 622f. 828f; Bd. II, S. 997-1006; ders.: Grundriß der Geschichte des Neutestamentlichen Kanons, [3]1985, unter »Paulus«.

U.S.

PHILIPPERBRIEF.

I. INHALT.

1. Briefzuschrift und Segenswunsch (1,1f).

2. Dank und Fürbitte (1,3-11).

3. Bericht über den Stand der Dinge bei Paulus (1,12-26):

a. Die Haft des Apostels hat zur Förderung des Evangeliums beigetragen (1,12-18);

b. Paulus ist gewiß, daß alles, was ihm begegnen mag, ihm zum Heil und der Gemeinde zum Besten gereichen wird (1,19-26).

4. Grundlegung christl. Lebensweise: Nach dem Evangelium! (1,27-2,18):

a. Bedrängnis und Verfolgung dürfen niemanden erschrecken, sie sollen vielmehr alle zur Einigkeit führen (1,27-30);

b. Einigkeit drückt sich in Demut und Hochachtung aus (2,1-5);

c. Jesus als Vorbild in Demut und Gehorsam (2,6-11);

d. Ruf zum Gehorsam und zur Freude (2,12-18).

5. Persönliche Nachrichten (2,19-3,1):

a. Paulus will Timotheus bald schicken und hofft, auch selbst nach Philippi zu kommen (2,19-24);

b. jetzt schickt er Epaphroditus nach Philippi, der nach schwerer Krankheit genesen ist (2,25-30);

c. Mahnung: Freut euch in dem Herrn! (3,1)

6. Warnung vor Irrlehrern und Mahnung, fest im Glauben dem Evangelium gemäß zu bleiben (3,2-4,1):

a. Gefahr droht durch judaistische Irrlehre (3,2-4);

b. Paulus selbst ist ein Beispiel für die Gnade Gottes und dadurch für das Evangelium Christi (3,5-11);

c. Vollkommen ist, wer das Ziel nicht aus dem Sinn läßt (3,12-16);

d. Nachfolge auf dem Weg zur himmlischen Berufung tut not (3,17-4,1).

7. Einzelanweisungen, Briefschluß (4,2-23):

a. Mahnung an Euodia und Syntyche zur Einigkeit (4,2-3);

b. Mahnung an alle zur Freude in dem Herrn (4,4-7);

c. Mahnung zu rechtem Verhalten in jeder Hinsicht (4,8f);

d. Dank für eine Gabe aus Philippi (4,10-20);

e. Schlußgrüße und Segenswunsch (4,21-23).

II. DER BRIEF UND SEINE EMPFÄNGER.

In der Reihe der Paulusbriefe hat der an die Gemeinde in *Philippi deutlich eine eigene Art: Der Ton der Freude in Aussage und Ermunterung durchzieht alle Kap., obwohl Paulus in Haft gehalten wird. Der Brief bezeugt, daß der Apostel zu dieser Gemeinde ein besonderes, herzliches Verhältnis hat.

1. Die Empfänger des Briefes.

»Allen Heiligen in Philippi« gilt dieser Brief (1,1), also der Christengemeinde, die als erste auf europäischem Boden wohl im Jahre 49 n.Chr. gegründet wurde (vgl. Apg 16,11ff). Die Stadt *Philippi war seit 42 v.Chr. röm. Militärkolonie; ihre Einwohner besaßen daher das *ius Italicum* (Selbstverwaltung). Paulus war in Philippi bald Kämpfen und Mißhandlungen ausgesetzt gewesen und hatte die Stadt in Richtung *Thessalonich verlassen (Phil 1,30;

1Thess 2,2). Die Gemeinde aber hat sich halten und ihre Dinge gut ordnen können, wie die Erwähnung der Bischöfe und Diakone im Briefeingang erkennen läßt. Sie hat Verbindung mit Paulus gehalten und ihn mit Gaben unterstützt (4,10ff; vgl. Apg 18,5). Nur mit dieser Gemeinde hat er im Geben und Nehmen Gemeinschaft gesucht (4,15; vgl. 1Kor 9,12.17f). Aus ihrer Mitte war *Epaphroditus zum Apostel gekommen, hatte ihm die Gabe überbracht, für die er dankt, und war bei ihm geblieben, um ihm zu dienen (2,25-30). Dabei war er erkrankt, und nun schickt ihn Paulus genesen wieder nach Philippi zurück.

Wir erfahren nicht, ob besondere Nachrichten und etwa welche Paulus erreicht haben, wenn er in 3,2ff so nachdrücklich von der Gefahr redet, die offenbar durch Verführung auch den Christen in Philippi droht. Man kann an *Judenchristen denken, die den Vorrang des Juden vor dem Nichtjuden so betont haben, daß dabei die Meinung Anhänger finden konnte, wer vollkommen sein wolle, müsse auch Forderungen erfüllen, wie sie aus der Beobachtung des Gesetzes im Judentum selbstverständlich waren (vgl. 3,2.15f gegenüber 3,3f). Der Phil stünde dann dem Brief an die *Galater ganz nahe. Im Unterschied zu diesem Brief sieht Paulus aber die Christen in Philippi nur in der Gefahr, der Verführung zu erliegen; sie sind ihr aber (noch) nicht erlegen.

2. Veranlassung und Einheitlichkeit des Briefs.

Der Phil gehört zu den Gefangenschaftsbriefen: Paulus ist in Haft (1,7.13.17). Sein Prozeß kann mit einem Todesurteil enden (1,20; 2,17). Doch erscheint ihm ein Freispruch wahrscheinlicher (1,25; 2,24). Wichtig ist: der Apostel ist wegen der Verkündigung des Evangeliums in Haft, und seine Bewacher wissen das (1,7.13). *Timotheus und Epaphroditus sind in seiner Nähe, er wird also nicht streng bewacht. Für welche Gefangenschaft trifft das alles zu? Aus Apg 23 bzw. 28 wissen wir davon, daß Paulus in Caesarea gefangen gehalten wurde, danach in Rom. In Jerusalem wird er wegen angeblicher Tempelentweihung verhaftet, und die Anklagen gegen ihn gehen immer wieder auf Fragen des Gesetzes zurück (Apg 21,27f; 24,5f; 25,7f). Von solcher Anklage ist im Phil nicht die Rede. An beiden Orten ist Paulus jeweils lange gefangen gehalten worden; auch darauf weist im Phil nichts. Weiter läßt sich kaum vorstellen, daß von Rom oder von Caesarea her mehrfach Briefe mit Philippi getauscht worden wären (die Gemeinde dort hat gehört, daß Epaphroditus krank ist; Paulus hat erfahren, wie sehr sie darüber traurig ist: 2,26.28). Darum liegt die Annahme nahe, der Phil sei weder in Rom

Philipper 4,2–12 auf einem Papyrusblatt aus einem Kodex der Paulusbriefe (p46), spätes 1. Jh. n. Chr. (CBL)

noch in Caesarea geschrieben, sondern in Ephesus. Zwar erzählt die Apg von einer Haft des Apostels dort nichts. Indessen spricht Paulus selbst in 2Kor 1,8ff von großer Bedrängnis in der Provinz Asia – deren Hauptstadt Ephesus war - und daß er aus Todesnot gerettet worden sei. Zudem hat er von dort her sowohl an die Korinther geschrieben als auch an die Gemeinden in Galatien, und mit Stil und Sache dieser Briefe ist der Phil durchaus verwandt. So wird denn von zahlreichen Auslegern vermutet, daß dieser Brief an die Philipper während einer Haft in Ephesus entstanden sei. Auch die Erwähnung der Prätorianer in 1,13 und der Leute aus des Kaisers Hause in 4,22 spricht nicht notwendig für Rom als Abfassungsort; beides gibt es auch in Ephesus (so Bornkamm u.a.m.).

Paulus will mit diesem Brief offenbar der Gemeinde seinen treuen Mitstreiter empfehlen (2,29f). Auch will er sie an seinem Ergehen teilhaben lassen (1,12ff) und sie ermuntern, trotz aller Widrigkeiten ein Leben ganz im Sinn des Evangeliums zu führen (1,27ff).

Die meisten heutigen Ausleger stellen nun zwischen 3,1 und 3,2 einen Bruch fest, der die Annahme nahelegt, daß zwei verschiedene Briefe in unserem Phil zusammengefaßt sind. Bis hin zu 3,1 war wohl von Bedrängnis durch Feinde von außen die Rede, nicht aber von Irrlehrern; nun aber geht es um die Gefahr, daß man sich auf Fleisch verläßt, verführt durch Feinde des Kreuzes Christi von innen her. Formal wirkt 3,1 wie die Überleitung zum Briefschluß, und 3,2 beginnt unvorbereitet mit kurzen, scharfen Aufforderungen. Manche Ausleger sehen etwas Ähnliches zwischen 4,9 und 4,10 sich wiederholen, so daß man an drei Briefe (A, B, C) denkt, die im Phil gesammelt vorliegen (so Bornkamm). Die bereits genannten Gründe für eine solche Vermutung werden dadurch gestützt, daß Lage und Bestimmung der unterschiedenen Briefe beachtet werden: In 4,10-20 (A) geht es nur um einen herzlichen Dank für die Gabe, die Epaphroditus gebracht hat, und nichts erinnert an eine lange Haftzeit oder an besondere Bedrohung des Lebens des Gefangenen. In 1,1 bis 3,1 (B) dagegen wird Epaphroditus nach längerer Krankheit (Wochen? Monate?) zu den Empfängern geschickt, dazu hat sich der Prozeß des Paulus nach Verteidigung und längerer Beratung offenbar der Entscheidung genähert, endlich aber ermutigt der Apostel die Gemeinde, sich wegen Bedrückung und Verfolgung nicht irremachen zu lassen. Der Teil 3,2 bis 4,9 (C) enthält keine Erinnerung an die Haft des Absenders, allein die Gefährdung der Gemeinde durch Irrlehre steht im Vordergrund. Die Annahme, im Phil sei uns eine paulin. Briefsammlung erhalten, hilft Spannungen im Wortlaut besser verstehen. Sie ist aber nicht zwingend. Wir wissen beispielsweise nichts über die Bedingungen der Haft, denen Paulus unterworfen war. Er wird auch diesen Brief diktiert haben. Wem hat er ihn diktiert? Wie ist das vor sich gegangen? Hat sich das Diktat über einige Tage hingezogen? Ist also 3,2ff in zeitlichem Abstand zum vorhergehenden Stück abgefaßt? Hat Paulus dazu besondere Nachrichten erhalten, vielleicht nicht nur aus Philippi, sondern auch aus anderen Gemeinden? Sind diese nun in 3,2-4,9 beantwortet? Solange diese und andere Fragen ohne Antwort bleiben, lassen sich die Gründe, die für eine Sammlung sprechen,

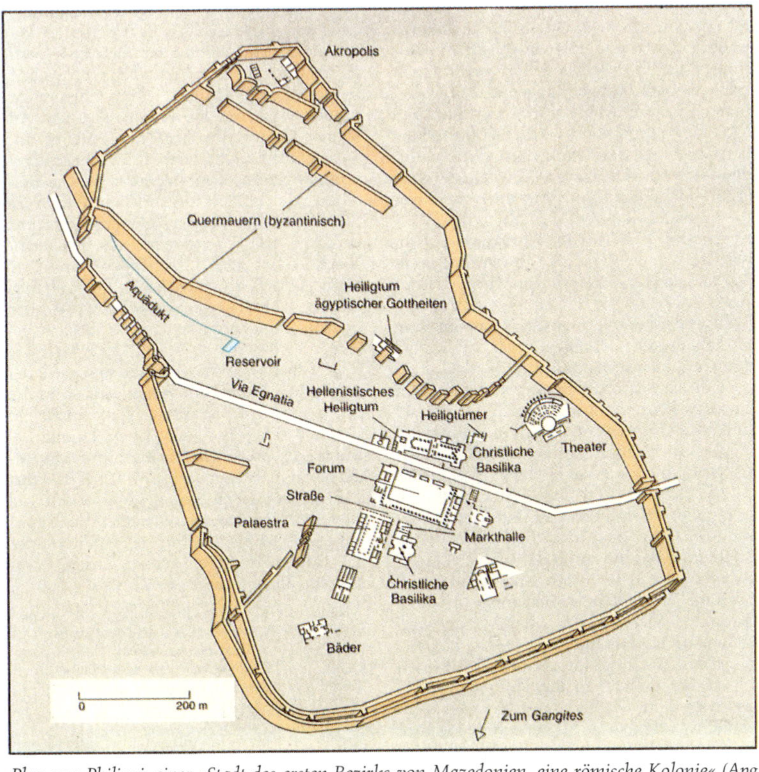

Plan von Philippi, einer »Stadt des ersten Bezirks von Mazedonien, eine römische Kolonie« (Apg 16,12), zur Zeit des Paulus.

icht widerlegen. Umgekehrt aber kann man an der Einheitlichkeit des Phil trotz jener Spannungen im Wortlaut festhalten: Dafür haben wir jedenfalls das Zeugnis der Überlieferung des Phil, der überall als ein Brief angeführt wird.

III. DIE BOTSCHAFT DES BRIEFS.

Die Christen in der Welt und ihren Ordnungen.

An zwei Stellen redet Paulus mit politischen Fachausdrücken vom Leben der Christen: In 1,27ff mahnt er, sie sollen ihr Leben als Bürger im Staat so führen, daß dabei die Kraft des Evangeliums erkennbar wird. In 3,20 erinnert er daran, daß Christen – wie Ausländer in dieser Welt – ihr geordnetes Gemeinwesen im Himmel, also bei Gott, haben.

1. Mit Nachdruck stellt der Apostel in 1,27-30 heraus, daß die Kraft des Evangeliums dadurch erkennbar wird, daß sich die Christen nicht erschrecken lassen, wenn der Staat seine Macht und sein Recht dadurch mißbraucht, daß er sich in seinen Einrichtungen gegen das Evangelium stellt. Steht solchen Bedrohungen gegenüber die Gemeinde wie ein Mann mit einem Sinn und Mut im Kampf, dann wird auch im Leiden der Gläubigen das Evangelium verherrlicht, dann ist solches Leiden Gnade bei Gott (1,29). Einen Sinn und Mut aber gewinnen die Christen dadurch, daß unter ihnen Ermunterung und Trost von Christus her geübt wird und sie im Geist Gottes einmütig sind (2,1). Ja, das Eine, das man an Christus Jesus sehen kann, soll sie so ausfüllen, daß sie gar nicht anders können, als nur eines im Sinn zu haben, den Gehorsam auch im Leiden, den Gehorsam gegen Gott (2,5).

In diesem Zusammenhang findet sich der Christus-Hymnus des Phil (2,6-11). Dieser muß aus der gesamten Verkündigung des Paulus verstanden werden. Paulus stellt Christus hier wie andernorts (vgl. Röm 5,12ff; 1Kor 15,20ff) dem Ersterschaffenen gegenüber: Hielt dieser das Gott-gleich-Sein für etwas, das man an sich bringen müsse (»für einen Raub«), so tut das Christus nicht; Adam wurde ungehorsam, Christus blieb gehorsam. Dieses Thema bestimmt die erste Strophe (6-8) und gipfelt in der Aussage vom Gehorsam bis zum Tode. Die zweite Strophe preist den zu Gottes Herrlichkeit Erhobenen (9-11). Sie mündet in das Gotteslob, nach welchem Gott, der Vater, durch diesen Sohn endgültig offenbar ist als der Vater (11). Daß nun gilt: »Schaffet, daß ihr selig werdet mit Furcht und Zittern. Denn Gott ist's, der in euch wirket beides, das Wollen und das Vollbringen, nach seinem Wohlgefallen« (2,12f), läßt sich von 2,6-11 her verstehen. Im leidenden Gehorsam der Christen bewährt das Evangelium seine Kraft – mitten in dieser Welt und deren Ordnungen.

2. Der Mahnung von 1,27 steht die Gewißheit gegenüber: »Unser Bürgerrecht aber ist im Himmel; woher wir auch erwarten den Heiland, den Herrn Jesus Christus« (3,20). Daß das Gemeinwesen, in dem die Christen Heimatrecht haben, bereits Wirklichkeit ist, bewahrt sie davor, Utopien nachzujagen, läßt sie vielmehr auf das warten, was Gott selbst bringen will. Oder besser: sie warten auf Christus, in dem sie jetzt schon sind. Davon spricht Paulus in 3,2-19, und es zeigt sich, daß die beiden großen Teile des Phil in der Sache zusammengehören, einander ergänzen. Nicht darauf kann einer bauen, daß er als gesetzestreuer Jude gelebt hat, und wäre er darin auch für alle sonst ein Vorbild gewesen (3,4-6). Allein dies zählt, daß »ich nicht habe meine Gerechtigkeit, die aus dem Gesetz kommt, sondern die durch den Glauben an Christus kommt, nämlich die Gerechtigkeit, die von Gott dem Glauben zugeordnet wird« (3,9). Paulus will »in Christus gefunden werden«, d.h. er will, daß Gott im letzten Gericht ihn als einen erkennt und anerkennt, der untrennbar mit Christus zusammengehört, also »in ihm« ist. Die Botschaft von dem letztrichterlichen Freispruch für den, der an Christus glaubt, bringt und verbürgt jenes Bürgerrecht, aus dem keine Macht mehr den Glaubenden vertreiben kann. Ausgefüllt ist das Leben hier von dem Willen, Christus gleichgestaltet zu werden und zur *Auferstehung von den Toten zu gelangen (3,10).

3. Von diesem Grund her läßt sich der Aufruf zur Freude im Herrn auffassen, der den ganzen Brief einheitgebend durchzieht (1,18f; 2,17f; 3,1; 4,4-7). Diese Freude bewährt sich, wenn die Christen ihre Güte allen bekannt werden lassen (4,5). Sie bewährt sich, wenn sie den Sorgen abschwören und alles dem Herrn anvertrauen, der ihnen ganz nahe ist (4,6). Sie bewährt sich endlich darin, daß Gottes Frieden sie ganz in Christus umschließt und bewahrt (4,7).

Literatur: K. Barth: Erklärung des Philipperbriefs, 1943; W. de Boor: Die Briefe des Paulus an die Philipper und an die Kolosser, WStB, 1983; G. Bornkamm: Der Philipperbrief als paulinische Briefsammlung, in: ders: Gesammelte Aufsätze Bd. IV 1971, S. 195ff; G. Friedrich: Der Philipperbrief, NTD 8, [15]1981; J. Gnilka: Der Philipperbrief, HThK XXI, 3, [3]1980; P. Murdoch: Philipper-Brief, Bibel-Kommentar Bd. 15, 1987; A. Schlatter: Die Briefe an die Thessalonicher, Philipper, Timotheus und Titus, Erläuterungen zum Neuen Testament 8, 1987. H.G.

PHILIPPI.

1. Lage.

P. (griech. *Philippoi*), heute nur noch eine Ruinenstätte, liegt etwa 15 km nordnordöstl. der Hafenstadt *Neapolis, mit der es in röm. Zeit durch die Via Egnatia (Strabo VII 7,4) verbunden war (F. O'Sullivan, The Egnatian Way, 1972; Elliger, 45-47). Von dieser kaiserlichen Straße sind bedeutende Reste beim Abstieg vom Simvolon-Gebirge (694 m) erhalten, das die Ebene von P. im S vom Mittelmeer trennt. Im W erhebt sich das Pangaion-Gebirge (1956 m), im N die Vorberge des Balkans. Nach O wird die Ebene vom Orbelos, dem Burgberg (Akropolis) von P., abgeschlossen. Da hier das Flüßchen Krenides nahe am Berghang vorbeifließt und die Ebene früher sehr sumpfig war (Strabo VII, Fragm. 34,41f), ließ sich der Weg bei P. leicht sperren, woraus sich seine strategische Bedeutung ergab. P. war »wie ein Tor [von Europa nach Asien]« (Appian, bell.civ. IV, 106). Soweit das Gelände trockengelegt wurde, eignet es sich hervorragend für den Ackerbau. Das nordägäische Klima zeichnet sich durch nicht zu heiße Sommer und rauhe, niederschlagsreiche Winter aus.

2. Geschichte seit der Gründung.

Der ursprüngliche griech. Name von P. lautete vielleicht Krenides, »kleine Quellen« (vgl. Appian, bell.civ. IV, 105), und so heißt heute noch ein ca. 2 km östl. gelegenes Dorf. Appian nennt in diesem Zusammenhang auch noch den Namen Daton, der aber wohl die weitere Umgebung bezeichnete. Die Gegend war von Thrakern bewohnt, aber um 437 v.Chr. gelang es den Athenern, in *Amphipolis eine Kolonie zu errichten (Thukydides IV, 102ff). Ob um diese Zeit die unmittelbare Umgebung von P. schon von den Bewohnern der Insel Thassos beherrscht wurde (Herodot VI, 46), die in der Nachbarschaft Bergwerke betrieben (Thukydides IV, 107; Diodorus XVI, 8,6), ist unsicher. Um 360 v.Chr. gründete dann der aus *Athen verbannte Redner Kallistratos von der Insel Thassos aus Krenides. Wahrscheinlich 356 v.Chr. brachte sich Philipp II. von *Mazedonien, der Vater *Alexanders des Großen, in den Besitz des Ortes, den er nach sich selbst umbenannte. Soweit wir wissen, geschah so etwas zum ersten Mal in der Geschichte. Die Mehrheitsform des Namens, Philippoi, weist darauf hin, daß mehrere kleinere Orte zusamengefaßt wurden (griech. *synoikismos*). Philipp siedelte viele Neubürger an und befestigte den Ort (Diodorus XVI, 3,7f). Die heute sichtbaren, den Burgberg hinauflaufenden Mauern stammen zwar aus byzantin. Zeit (10. Jh), stehen zum Teil aber auf hellen. Fundamenten (H. Ducoux, P. Lemerle, BCH 62, 1938, 4-19). Unter Philipp wurden die reichen Goldminen im Simvolon-Gebirge ausgebeutet, um seine Er-

Philippi in Mazedonien.

oberungskriege zu finanzieren (Diodorus XVI, 8,6). Ein weiterer Reichtum der Gegend bestand in den großen Wäldern, die Holz für den Schiffsbau lieferten (vgl. Herodot V, 23). Mit Alexander dem Großen wurde nach dem Ausweis von Inschriften über eine weitere Trockenlegung der Sümpfe verhandelt (Collart, 177-183).

Nach der Schlacht von Pydna (168 v.Chr.) gelangte Mazedonien unter röm. Herrschaft (L. Raditsa, ANRW I/1, 1972, 564-589). Bei der vom Konsul L. Aemilius Paullus durchgeführten Einteilung in vier Distrikte kam P. zum ersten mit der Hauptstadt Amphipolis (Livius XLV, 29). Diese Gliederung wurde auch beibehalten (Diodorus, XXXII, 9b,15), als Mazedonien nach der Erhebung des Andriskus (149/48 v.Chr.) seine Sonderstellung verlor und Provinz wurde (M.G. Morgan, Historia 18, 1969, 422-446). Da zu dieser Zeit die Goldvorkommen bereits erschöpft waren, sank P. zu einer unbedeutenden Siedlung ab (Strabo VII, 331 Fragm. 41). Im Oktober des Jahres 42 v.Chr. kam es ca. 3 km westl. von P. zur Entscheidungsschlacht zwischen den Caesar-Mördern Brutus und Cassius und den damals noch verbündeten Antonius und Octavian. Mit dem Sieg der letzteren war über das Ende der röm. Republik entschieden und der Weg zur Alleinherrschaft der Kaiser frei. In diesen Zusammenhang gehört das geflügelte Wort: »Bei Philippi sehen wir uns wieder«, das der ermordete Caesar in Shakespeares Schauspiel im Traum zu Brutus spricht. In Erinnerung an den Sieg wurde P. mit dem latein. Namen *Colonia Victrix Philippensium* in eine röm. Kolonie umgewandelt (CIL III, 660) und viele Militärveteranen angesiedelt. Nach dem Sieg Octavians, des späteren Kaisers *Augustus, über Antonius bei Actium (31 v. Chr.) hat man ehemalige Anhänger des Unterlegenen in P. angesiedelt (Dio LI 4). Die Kolonie wurde im Gedenken an Julius Cäsar in *Colonia Iulia Philippensis* (CIL III, 386) umbenannt und dann 27 n.Chr. noch einmal in *Colonia Augusta Iulia (Victrix) Philippensium*. Damit brachte Augustus zum Ausdruck, daß er seine Sache mit der des Caesar identifizierte. Zusammen mit anderen Privilegien, wie vor allem der Steuerfreiheit, erhielt P. als Militärkolonie damals das italische Recht (*ius Italicum*). Damit wurde das Gebiet von P. rechtlich behandelt als ob es in *Italien läge. Noch bis in die flavische Epoche (Ende 1. Jh. n.Chr.) hinein gab es Zuzug von röm. Veteranen. Die Bevölkerung bestand deshalb zu ntl. Zeit in ihrer Mehrheit aus italischen Einwanderern (Dio XL 42-49), der Rest setzte sich aus Griechen, hellenisierten Thrakern und einigen zugezogenen Orientalen zusammen.

Gold-Stater Philipps von Mazedonien, der Philippi 300 v.Chr. seinen Namen gab. Durchmesser: 21 mm. (RG)

3. Archäologie.

Die Via Egnatia, die unmittelbar am Berghang entlangführt und das Stadtgebiet ungefähr in W-O-Richtung durchquert, war die Hauptverkehrsader von P. Sie verläuft unterhalb der heutigen Asphaltstraße. Wenn man von Neapolis her kommt, liegt gleich rechts innerhalb der Mauer ein Theater (Elliger, 38f), das von Philippus errichtet wurde und nach dem Umbau in der Mitte des 2. Jh. n.Chr. etwa 50 000 Zuschauer faßte (P.E. Davies, BA 26, 1963, 100f). Südl. der Via Egnatia erstreckt sich das Forum (Marktplatz) von ca. 100 x 50 m Ausdehnung (Elliger, 58-61). An seiner NW- bzw. NO-Seite standen Tempel der Antonia und Faustina. Andere öffentliche Gebäude wie Magazine, eine Bibliothek, Brunnen und Säulenhallen umgaben den Platz. Er erhielt seine heutige Ausgestaltung unter Kaiser Mark Aurel in der zweiten Hälfte des 2. Jh., aber auch schon z. Zt. des Paulus hat sich das Forum an dieser Stelle befunden. So wurden die Säulenhallen im südl. Teil über einer Ladenstraße der frühen Kaiserzeit errichtet. Befanden sich am Forum die offiziellen Kultstätten, so geben oberhalb der Via Egnatia in den Felsen gehauene Altäre und Inschriften (Collart, Ducrey) Einblick in die Vielfalt heidnischer Privatfrömmigkeit (C. Picard, RHR 86, 1922, 117-201). P. bietet hier ein besonders anschauliches Beispiel des antiken Synkretismus (Elliger, 62-66). Neben dem Kaiserkult spielten bei den Kolonisten alte italische Land- und Fruchtbarkeitsgötter wie Liber, Hercules und vor allem Silvanus (der Gott des Waldes) eine große Rolle. Der Einfluß der einheimischen Religion zeigt sich an zahlreichen Kultstätten der Göttin Bendis,

Blick über das Forum, an dessen oberem Rand die Via Egnatia vorbeiführt, zur Akropolis (Burgberg) *von Philippi.* (CR)

die mit der griech. *Artemis identifiziert wurde, sowie des sog. thrakischen Reiters. War an diesen beiden Göttern vor allem die Hoffnung auf Unsterblichkeit anziehend, so erwartete man von den ägypt. Gottheiten Isis und Serapis körperliche Heilung. Auch orgiastische Kulte wie die des griech. Weingottes Dionysos und der kleinasiat. Fruchtbarkeitsgöttin Kybele fanden Anhänger. Viele der in P. angebeteten Götter trugen das Prädikat »Heiland« (griech. *sotēr*).

4. Paulus in Philippi.

Der Apostel erreichte wahrscheinlich im Jahr 49 n.Chr., von Neapolis kommend (Apg 16,11), zusammen mit *Silas und *Timotheus (vgl. Apg 15,40; 16,1; 1Thess 1,1) sowie dem Verfasser der *Apostelgeschichte (ab 16,10 Wir-Bericht) P. Während *Lukas die Stadt mit Recht eine röm. Kolonie nennt (nicht mit dem griech. Ausdruck, sondern dem latein. Lehnwort *kolonia*), bereitet ihre Bezeichnung als »die erste Stadt des Bezirks von Mazedonien« (Apg 16,12: *protē tes meridos tes Makedonias polis*) Schwierigkeiten, da ja *Thessaloniki die Provinz- und Amphipolis (vgl. Livius XLV, 29,9) die Bezirkshauptstadt war. Viel Anklang hat deshalb eine Textänderung gefunden, die schon in einigen Vulgata-Handschriften vorausgesetzt zu sein scheint. Versteht man die beiden ersten Worte als Verschreibung von *protēs* in dem hier ohnehin nicht ganz sicher überlieferten Text (E. Haenchen, Die Apostelgeschichte, [7]1977, 474), so ergibt sich der zutreffende Sinn »eine Stadt des ersten Bezirks von Mazedonien« (so u.a. LÜ). Ein anderer Vorschlag besteht darin, Lukas habe mit seiner Bezeichnung der Überzeugung der Bewohner Ausdruck gegeben, die ihre Stadt aufgrund ihrer Rechtsstellung als die »führende« in Mazedonien betrachteten (W.M. Ramsay, St. Paul the Traveller, [17]1930, 206f). Dafür könnte man sich auf eine Inschrift berufen, die P. »erste der Makedonen« (*protē Makedonōn*) nennt (CIG 1967). Der Begriff »erste« dürfte dann aber nur in einem sehr weiten Sinn aufgefaßt werden (Sherwin-White, 93-95), was sprachlich immerhin nicht unmöglich ist (WbNT, 999). Als Ehrentitel von Städten ist *protē* inschriftlich allerdings erst aus der Zeit nach dem 1. Jh.n.Chr. belegt (Jackson, Lake, 188).

Es ist auffällig, welch breiten Raum Lukas der Schilderung dieses Missionsaufenthalts einräumt (Apg 16,12-40). Das hängt gewiß nicht damit zusammen, daß der Verfasser der Apostelgeschichte aus P. stammte (R.P. Martin, IBD III, 1980, 1215), denn seine Herkunft aus dem syr. *Antiochia ist gut bezeugt (R. Riesner, Jesus als Lehrer, [3]1988, 24f). Für Lukas, dessen Darstellung mit der Ankunft des *Paulus in *Rom ihren Höhepunkt findet (Apg 28), ist P. als erste röm. Kolonie in Europa wichtig, auf die der Apostel trifft. P. ist sozusagen ein Rom im Kleinen. Damit könnten schon die Absichten und Empfindungen des Paulus getroffen sein. Sogleich bei seiner Ankunft auf dem europäischen Festland reiste er nach P. weiter (Apg 16,11f) und vielleicht plante er auch damals bereits, auf der Via Egnatia bis Dyrrhachium (heute Durazzo in Albanien) zu gelangen (vgl. Apg 17,1.10) und von dort über die Adria nach Italien überzusetzen (vgl. Röm 15,23). Das gegen die röm. Juden gerichtete Verbannungsedikt des *Claudius (Apg 18,2) von 49 n.Chr. hätte ihn dann an diesem Vorhaben gehindert. Jedenfalls betrachtete Paulus den Übergang nach Europa als einen Einschnitt und Neueinsatz in seiner apostol. Wirksamkeit (Phil 4,15 vgl. Apg 16,9f).

Seinen vornehmen Lesern (vgl. Lk 1,1-4; Apg 1,1) stellte Lukas durch die Auswahl von Episoden aus P. Themen vor Augen, die ihm grundsätzlich wichtig waren.

a. Das Christentum fand Anhänger besonders im Kreis der dem Judentum verbundenen *Gottesfürchtigen, die oft aus der gesellschaftlichen Oberschicht stammten. Ein Beispiel dafür ist *Lydia, die mit dem Luxusartikel (vgl. Homer, Ilias IV 141f) *Purpur handelte (Apg 16,13f). Eine 1872 entdeckte, mittlerweile aber leider verloren gegangene Inschrift enthielt die öffentliche Ehrung eines anderen Purpurhändlers, der ebenfalls aus der lydischen Stadt *Thyatira stammte (A. Wikenhauser, Die Apostelgeschichte und ihr Geschichtswert, 1921, 410f). In der auf ihre Beziehung zu Rom stolzen Stadt fand das Judentum offenbar nur wenig Anhänger. Es waren lediglich einige Frauen, die sich an der »Gebetsstätte (griech. *proseuchē*) außerhalb des Tors beim Fluß« versammelten (Apg 16, 13), bei der es sich wohl kaum um einen *Synagogen-Bau handelte (J.L. Blevins, RevExp 77, 1980, 312). Ca. 200 m vor dem westl. Stadttor (J. Roger, BCH 62, 1938, 31-35) fließt der Krenides, und hier bei einem Straßenübergang lokalisiert die örtliche Tradition, der sich auch einzelne Forscher anschließen (Lemerle, 24-27), die Taufe der Lydia. Die Funktion eines kleinen Rundbaus an dieser Stelle ist ungeklärt. Heute bezeichnet eine einfache griech.-orthodoxe Kirche den Ort. Ein anderer Vorschlag (Finegan, 103f) weist auf eine frühchristl. Basilika des 4. Jh. (Hoddinott, 99-106), die in der Nähe des O-Tores an einem Zufluß des Krenides liegt. Es bleibt allerdings Ansichtssache, ob man für den Krenides und dieses Gewässer das griech. Wort *potamos*, »Fluß«, angemessen findet. Andere Forscher suchen deshalb die Gebetsstätte bei einem kleinen Torbogen (Collart, 319-323), der nahe des Flusses Gangites im Gebiet der Schlacht von P. vielleicht die Grenze des Stadtgebietes markierte (Elliger, 47-50). Diese Lage wäre vorzuziehen, wenn gesichert wäre, daß in P. die Ausübung jüd. Gottesdienstes innerhalb des den röm. Göttern geheiligten Stadtbezirks (latein. *pomerium*) verboten war.

b. Die Heilung der Sklavin mit dem Wahrsagegeist (griech. *pneuma pythōna*) zeigt für Lukas die Überlegenheit des christl. Glaubens über das Heidentum (Apg 16,16-18). Als Inspirator solcher Orakel, dessen berühmtestes sich in Delphi befand, wurde oft der pythische Gott Apoll angesehen (F.F. Bruce, Acts of the Apostles, 1970, 315). Aus enttäuschter Gewinnsucht wandten sich die Besitzer der Sklavin an das Stadtgericht, indem sie geschickt an Antisemitismus und röm. Lokalpatriotismus appelierten (Apg 16,19-21). Dabei könnte der Hinweis auf das Claudius-Edikt ihnen die Stimmungsmache gegen die judenchristl. Missionare erleichtert haben.

c. Die aufgebrachten Heiden erreichten auch tatsächlich die Anklage (W.C. van Unnik, FS T. Klauser, 1964, 366-373) sowie die öffentliche Auspeitschung und Einkerkerung der beiden Volljuden Paulus und Silas (Apg 16,22-24; vgl. 1Thess 2,2; 2Kor 11,25). Nach der Darstellung der Apostelgeschichte war es das erste Verfahren gegen Christen vor einem offiziellen, nichtjüd. Gericht. Die Doppelanklage, Unruhe zu schüren und eine fremde Religion unter Römern einzuführen (Apg 16,21), wurde fortan zum festen Bestandteil bei der Verfolgung von Christen (Sherwin-White, 78-83). Bei den erwähnten Stadtrichtern (Apg 16, 20.22.35f.38) handelte es sich um das inschriftlich für P. belegte Zwei-Männer-Kollegium, die im Griech. unübersetzbaren *duumviri* (Collart, 262). Lukas gebraucht anstelle des von ihnen selbst bevorzugten latein. Titels *praetor* (Cicero, Leg Agr II, 93) das mögliche griech. Äquivalent *strategos* (F.F. Bruce, Philippians, 1983, XIII). Die Stadtrichter hatten wie in Rom Amtsdiener (griech. *rhabdouchoi*, latein. *lictores*) unter sich (Apg 16, 35.38). Das Verfahren fand auf dem Markt (Apg 16,19: *agora*) statt, vielleicht da, wo sich an der N-Seite des Forums eine Rednertribüne (griech. *bēma*, s. *Korinth) befindet, die von den Resten zweier Gebäude aus dem 1. Jh.n.Chr. flankiert wird (Elliger, 58f). Aufgrund der wunderbaren Befreiung der Gefangenen durch ein Erdbeben wurde der Gefängnisaufseher, den Lukas als pflichtbewußten röm. Beamten zeichnet (Apg 16,27), für den christl. Glauben gewonnen. Man kann fragen, ob eine frühchristl. Basilika (4./5. Jh.) östl. der Agora, zu der ein Oktogon und eine einzigartige Thermenanlage gehören (S. Pelikanidis, Balkan Studies 8, 1967, 123-126; ACIAC IX/2, 1978; Elliger, 74-76) nicht am ehesten als der Gedächtnisbau für das Gefängnis des Apostels anzusehen ist. Der Verfasser der Apostelgeschichte stellt nachdrücklich fest, daß selbst die Stadtrichter schließlich die Unrechtmäßigkeit des Verfahrens zugestehen mußten. Das griech. Wort *akatakritos* (Apg 16,37; LÜ »ohne Recht und Urteil«) gibt vermutlich einen Spezialausdruck des röm. Rechts wieder (*re incognita* bzw. *indicta causa*). Warum Paulus sich entweder nicht gleich auf sein röm. Bürgerrecht berufen hatte oder weshalb man einem solchen Anspruch zuerst keinen Glauben schenkte (vgl. Apg 16,37), bleibt undeutlich (Hawthorne, XXXVI; Borchert, 836). Vielleicht trug Paulus eine schriftliche Bestätigung des röm Bürgerrechts mit sich (F. Schulz, JRS 33, 1943, 58-64; H.J. Cadbury, The Book of Acts in History, 1955, 71f). Die Stadtrichter baten die Missionare dann um eine schnelle Weiterreise. Man fürchtete wohl weitere Unruhen (vgl. Kodex D [5. Jh.] zu Apg 16,38f), konnte eine summarische Ausweisung bei röm. Bürgern aber nicht durchführen. Offenbar um die junge Gemeinde nicht zu belasten, verließen die Missionare nach nicht allzu langer Zeit freiwillig P. (Apg 16,37-39), anscheinend aber mit Ausnahme von Lukas. Der erste Wir-Bericht nämlich endet (Apg 16,17) und der zweite beginnt in P. (Apg 20,5). Aus einer Gefangenschaft wohl in *Ephesus (Gnilka, 21-24) während der Zeit zwischen 52-55 n.Chr. stammt der Brief des Paulus an die *Philipper, an dessen Schluß das griech. Äquivalent (*Philippēsioi*) für die latein. Bezeichnung *Philippenses* erscheint (Phil 4, 15). Es ist kaum Zufall, daß gerade im Brief an die Christen einer Stadt, die so stolz auf ihr röm. Bürgerrecht war, vom himmlischen »Bürgerrecht« (*politeuma*) die Rede ist (Phil 3,20 vgl. 1,27). Die Liste allgemeiner Tugenden in Phil 4,8 lag einem, der röm. empfand, besonders nahe. Die wichtige Rolle von Frauen seit der Gemeindegründung (W.D. Thomas, ET 83, 1971/72, 117-120) wird noch in den Schlußmahnungen des Apostels deutlich (Phil 4,2f). Das besondere Verhältnis des Paulus zu seiner ersten europäischen Gründung (Phil 4,1.15) zeigt sich vor allem auch daran, daß er im Gegensatz zu seinem sonstigen Verhalten (1Thess 2,9; 2Thess 3,8; 1Kor 4,12; 2Kor 12,13f; vgl. Apg 18,3; 20,33f) von P. wie schon bei seinem ersten Aufenthalt (Apg 16,15) so auch später persönliche Unterstützung annahm (Phil 4,15-18; vgl. 2,25; 2Kor 11,8f). Verschiedene Hinweise deuten darauf hin, daß gerade auch die Gemeinden in Mazedonien einen schweren Stand hatten (Phil 1,27-30; 2,15; 2Kor 7,5; 8,2). Ob Paulus seine Absicht, wieder nach P. zu kommen (Phil 2,24), schon bei einem sog. Zwischenbesuch von Ephesus nach *Korinth verwirklichte, ist umstritten. Als der Apostel nach seiner Zeit in Ephesus Mazedonien durchzog (Apg 20,1f), kam er sicher auch nach P. (vgl. 2Kor 2,13; 7,5), von wo aus er jedenfalls im Jahr 57 n.Chr. die letzte Reise nach *Jerusalem antrat (Apg 20,6). Dabei wurde Paulus von Lukas begleitet, der in der Kollekten-Delegation der Gemeinden vielleicht P. vertrat (vgl. Apg 20,4-6). Ob Paulus der Gemeinde nur einen Brief schrieb oder mehrere (eventuell im kanonischen *Philipper-Brief zusammengefaßt), wird diskutiert. Eine Bemerkung bei Polykarp (Pol, Phil 3,2) könnte auf eine Mehrzahl von Briefen hinweisen (Gnilka, 11).

5. Spätere Geschichte.

Nach Origenes wäre der in Phil 4,3 erwähnte *Klemens der spätere Bischof von Rom gewesen (Comm in Ioan VI 36). Der Märtyrer-Bischof Ignatius von *Antiochia kam auch durch P., als er auf seiner Verschikkung zum Prozeß nach Rom um 110 n.Chr. über die Via Egnatia eskortiert wurde (vgl. Ign, Pol 8,1). Die Philipper bemühten sich darauf, durch den *Johannes-Schüler Polykarp, den Bischof von *Smyrna, alle vorhandenen Ignatius-Briefe zu erhalten (Pol, Phil, 13,2). Aus dem Antwortschreiben des Polykarp wird deutlich, daß die Gemeinde damals in hohem Ansehen stand (Pol, Phil 11,3). Inschriftliche Zeugnisse aus der Zeit zwischen 150-300 n.Chr. scheinen zu belegen, welch große Versuchung der Synkretismus vor allem durch Göttinnen-Kulte auch für das frühe Christentum war (V. Abrahamsen, BA 51, 1988, 46-56). Neben der schon erwähnten Kirche aus dem 4. Jh. und dem Oktogon gibt es noch nördl. und südl. der Agora zwei weitere frühchristl. Basiliken aus dem 5. und 6. Jh. (Hoddinott, 169-193). Bei der N-Kirche (Basilika A) liegt eine röm. Zisterne. Da in ihr Fresken (7. Jh.?) mit Szenen aus dem P.-Bericht der Apostelgeschichte gefunden wurden, nimmt die volkstümliche Überlieferung ebenso wie mancher Forscher (Finegan, 104f; Gasque, 207) hier das Gefängnis des Paulus an. Weil aber der Bericht mehrere Zellen voraussetzt (Apg 16,24), erscheint diese Annahme als archäologisch problematisch (Elliger, 70f). Ab dem 6. Jh. begann in P. ein starker Niedergang. Bis 1619 war der Ort noch Sitz einer in byzantin. Zeit gegründeten Metropolitie. Schon bald danach wurde die Stätte ganz aufgegeben und erst ab 1914 von der École Française d'Athénes systematisch archäologisch erforscht. Die Funde von diesen Grabungen, die vor allem beim Oktogonal-Bau immer noch weitergehen, sind heute in einem vorbildlichen Museum am Ort ausgestellt.

Literatur: G.L. Borchert: ISBE III, 1986, 834-836; P. Collart: Philippes, ville de Macédoine I-II, 1937; DACL XIV/1, 1939, 712-742; P. Collart, P. Ducrey: Philippes I: Les reliefs rupestres, 1975; P.E. Davies: BA 26 (1963), 91-106; J.W. Drane: Paulus, ³1984, 59-61; W. Elliger: Paulus in Griechenland, ²1987, 32-77; J. Finegan: The Archaeology of the New Testament II, 1981, 101-106; W.W. Gasque, in: R.K. Harrison: Major Cities of the Biblical World, 1985, 198-207; J. Gnilka: Der Philipperbrief, ⁴1987, 1-5; G.F. Hawthorne: Philippians, 1983, XXXII-XXXVI; R.F. Hoddinott: Early Byzantine Churches in Macedonia and Southern Serbia, 1963, 99-193; F.J.F. Jackson, K. Lake: BC 4, 1933, 187-201; S.E. Johnson: Paul the Apostle and His Cities, 1987, 74-76; P. Lemerle: Philippes et la Macédoine oriental à l'époque chrétienne et byzantine I-II, 1945; W.A. McDonald: BA 3 (1940), 18-44; R.P. Martin: Philippians, 1980, 2-9; O.F.A. Meinardus: Die Reisen des Apostel Paulus, 1981, 83-90; R. Scheer: Nordgriechenland, 1984, 204-210; J. Schmidt: PRE XIX/2, 1938, 2206-2244; E.C. Selwyn: Expositor VI/4 (1901), 29-38; A.N. Sherwin-White: Roman Society and Roman Law in the New Testament, 1963, 78-83.92-95.175-177. R.R.

PHILIPPUS. (Griech. *philippos*, »Pferdeliebhaber«). Im NT sind vier Personen dieses Namens bekannt.

1. Sohn Herodes' des Großen und der Mariamne, der Tochter des Hohenpriesters Si-

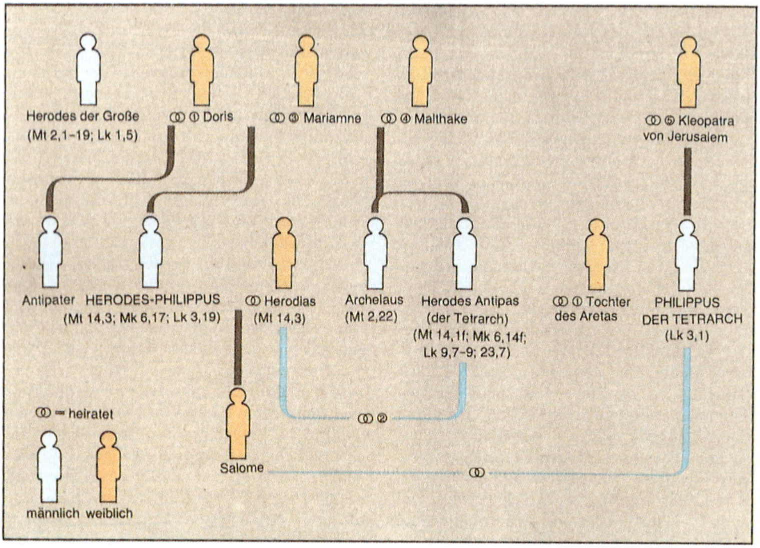

Zwei Mitglieder der Familie des Herodes hießen dem NT zufolge Philippus. Vereinfachter Stammbaum.

mon. Eine Zeitlang sollte P. direkter Nachfolger des Antipater werden (Jos.ant.Jud. 17.53). Diese Regelung wurde aber durch spätere Verfügungen aufgehoben, und so lebte er als Privatmann. Jos.ant.Jud. 18.137 nennt ihn *Herodes. Seine Frau Herodias, die Mutter Salomes, verließ ihn und heiratete seinen Halbbruder Herodes Antipas (Mt 14,3; Mk 6,17; Lk 3,19).

2. Sohn Herodes' des Großen und seiner fünften Frau, Kleopatra von Jerusalem; Jos.ant.Jud. 17.21 gibt an, daß P. in Rom erzogen wurde. *Augustus vollstreckte das Testament Herodes' und machte P. zum Tetrachen von Gaulanitis, Trachonitis, Auranitis, Batanäa (Jos.) und Ituräa (Lk 3,1). P. regierte 37 Jahre und unterschied sich von seinen Verwandten durch maßvolle und gerechte Herrschaft (Jos.ant.Jud. 18.106). Nach seinem Tod im Winter 33/34 wurde sein Gebiet der Provinz Syrien eingegliedert. 37 n.Chr. gab Gaius *Caligula es an Agrippa (den Herodes aus Apg 12,1.19-21), Sohn des Aristobul und Enkel Herodes' und Mariamnes. P. baute Paneas (heute Panyas) als *Cäsarea Philippi (Mt 16,13; Mk 8,27) und *Betsaida als Julias (Jos. ant.Jud. 18.28) wieder auf. Beide Namen zeigen seine pro-röm. Einstellung. Er war der erste jüd. Fürst, der das Bild eines röm. Kaisers auf seine Münzen prägen ließ. P. heiratete Salome, die Tochter der Herodias, die Ehe blieb kinderlos. (Jos.ant.Jud 18.137).

3. Der Apostel P. wurde nach *Andreas und *Simon Petrus in die Nachfolge Jesu gerufen; er brachte *Nathanael zu Jesus (Joh 1,43-46). P. kam aus Betsaida in Galiläa (Joh 1,44; 12,21), der Heimat von Andreas und Simon. Man nimmt an, daß es ein Fischerdorf am westl. Ufer des Sees *Genezareth war. In den Aufzählungen der Apostel in Mt 10,3; Mk 3,18; Lk 6,14 steht P. an fünfter, Bartholomäus an sechster Stelle. Apg 1,13 nennt P. an fünfter Stelle, jedoch an sechster Stelle Thomas. Weitere ntl. Hinweise auf P. finden sich im Zusammenhang mit der Speisung der 5000 (Joh 6,5ff), mit griech. Festpilgern, die Jesus kennenlernen wollten (Joh 12,21f), sowie der Bitte an Jesus, den Jüngern den Vater zu zeigen (Joh 14,8). Papias (2.4) erwähnt P. als einen der *presbyteroi* (s.u.).

4. Einer der »Sieben«, die als die ersten »Diakone« der Gemeinde von Jerusalem gewählt wurden (Apg 6,5). Während der *Verfolgung der Gemeinde nach dem Tod des *Stephanus brachte P. das Evangelium nach Samarien; dort war sein Dienst sehr gesegnet (Apg 8,5-13). Dann wurde er nach S an die von Jerusalem nach Gaza führendeStraße geschickt, wo er den äthiop. Kämmerer zu Christus führte (Apg 8,26-38). Anschließend wur-

Der Wirkungsbereich des Diakons Philippus (Apg 8).

de er vom Geist nach dem philistäischen Aschdod »entrückt«. Von dort aus arbeitete P. als Wanderprediger, bis er nach Cäsarea (am Meer) kam (Apg 8,39-40), wo er sich anscheinend niederließ (Apg 21,8). Er war als der »Evangelist« bekannt, vermutlich, um ihn von dem Apostel (s. 3.) zu unterscheiden. Er hatte vier Töchter, die Prophetinnen waren (Apg 21,9). Euseb zitiert zweimal (h.e. 3.31; 5.24) Polykrates, der sich auf P. als »einen der zwölf Apostel« bezieht. P. und zwei seiner betagten ledigen Töchter sollen in *Hierapolis begraben worden sein. Eine weitere Tochter soll in Ephesus bestattet worden sein. Vielleicht war sie die Erwähnte aus Eus. h.e. 3.30 (Zitat von Clemens von Alexandria, der die Pluralform hier vielleicht aus Nachlässigkeit gebraucht hat), die verheiratet war. Papias wird mit der Aussage zitiert (Eus.h.e. 3.39), daß »der Apostel Philippus« und seine Töchter in *Hierapolis lebten, und daß seine Töchter ihn mit Informationen versorgten. Ein Zitat aus dem Dialog von Gaius und Prochus bei Euseb (h.e. 3.31), daß man das Grab des P. und seiner vier prophezeienden Töchter in Hierapolis sehen könne, gefolgt von einem Hinweis auf Apg 21,8-9, zeigt, daß der Autor den Apostel und den Evangelisten verwechselt hat. Es liegt nahe, daß sowohl der Apostel als auch der Evangelist Töchter hatten, was zu ihrer Verwechslung führte. Lightfoot (Colossians, S. 45ff) hat wohl Recht mit seiner Ansicht, daß es der Apostel war, der in Hierapolis starb.

Der in *Nag Hammadi (Chenoboskion) gefundene Papyrus enthält ein apokryphes Philippusevangelium (s. R. McL. Wilson: The Gospel of Philip, 1962). D.H.W.

PHILISTÄA/PHILISTER.

I. NAME.

Im AT kommt der Name P., *pelischtī*, gewöhnlich mit bestimmtem Artikel vor. Noch gebräuchlicher ist die Pluralform *pelischtīm* (selten *pelischtijjim*), normalerweise ohne bestimmten Artikel. Das Gebiet, das sie bewohnten, war bekannt als »Land der Philister«, *'erez pelischtīm*, oder Philistäa, *peleschet*. Hiervon leitet sich der heutige Name »Palästina« ab. Die LXX übersetzt das Wort unterschiedlich mit *Phylistieim* (vornehmlich in den 5 Mosebüchern, Josua und Richter), *Hellēnas* (Jes 9,12) und *allophylos, -oi*, »Fremde(r), Ausländer« (aber nicht in den fünf Mosebüchern oder Josua). Vermutlich ist der Name identisch mit dem *prst* in ägypt. Texten (die Hieroglyphenschrift gebraucht beim Schreiben ausländischer Namen ein *r* für das *l*, das sie nicht hat), und dem *palaschtu* in assyr. Keilschrifttexten.

II. PHILISTER IN DER BIBEL.

1. Ursprung.

Die P. stammen ab von Kasluhim, dem Sohn *Mizrajims (Ägypten), dem Sohn *Hams (1Mo 10,14; 1Chr 1,12). Als sie im Verlauf der Geschichte auftraten und den Israeliten feindlich gegenüberstanden, kamen sie von *Kaftor (Am 9,7).

2. Zur Zeit der Erzväter.

*Abraham und *Isaak hatten mit einem P. namens *Abimelech, dem König von *Gerar, und seinem General Pichol (1Mo 20-21; 26) zu tun. Abimelech hatte Bräuche des Landes angenommen; er trug u.a. einen semit. Namen und schloß mit Isaak einen *Bund.

3. Zur Zeit des Exodus und der Richter.

Als die Israeliten aus Ägypten auszogen, siedelten die P. überall entlang der Küste zwischen Ägypten und *Gaza. Die Israeliten waren gezwungen, einen Umweg durch das Landesinnere zu machen, um »den Weg durch das Land der Philister« zu meiden (2Mo 13,17). Der angrenzende Teil des Mittelmeers wird tatsächlich als »Philistermeer« bezeichnet (2Mo 23,31). Vermutlich bezieht sich der Ausdruck »Kaftoriter« in 5Mo 2,23 auf die dort siedelnden P. Die Israeliten stießen während der Zeit der *Landnahme nicht mit den P.n zusammen. Als Josua ein alter Mann war, bewohnten die P. die Städte Gaza, *Aschkelon, *Aschdod, *Ekron und *Gat (Jos 13,2-3). Seit jener Zeit gebrauchte Gott das Volk der P. mehrmalszur Züchtigung der Israeliten (Ri 3,1-3). Schamgar ben Anat schlug sie wiederholt zurück (Ri 3,31), aber sie stießen immer wieder von der Küstenebene landeinwärts vor. Die Israeliten übernahmen sogar die Götter der P. (Ri 10,6-7). Der große israelit. Held der Richterzeit war *Simson (Ri 13-16). Zu seiner Zeit gab es soziale Beziehungen zwischen den Israeliten und den P.n. Simson selbst heiratete eine Philisterin und hatte später Beziehungen zu Delila, die, wenn sie selber keine Philisterin war, doch enge Kontakte zu den P.n hatte. Das judäische Bergland war jedoch nicht unter philistäischer Kontrolle. Nach seinen Überfällen suchte Simson dort Zuflucht. Als er zuletzt von den P.n ergriffen wurde, banden sie ihn mit Bronzefesseln (16,21) und zwangen ihn, sie zu belustigen, während sie ihn von einem auf Säulen ruhenden Dach aus beobachteten (16,25-27).

4. Zur Zeit Sauls und Davids.

Es ist wohl auf die Bedrängung durch die P. zurückzuführen, daß Israel nach einem starken militärischen Führer verlangte. In einer Schlacht bei *Afek, bei der die Israeliten vernichtend geschlagen wurden, hatten die P. die Bundeslade erobert; das Heiligtum in *Silo war zerstört worden (1Sam 4). Vermutlich hielten die P. auch *Jesreel, die Küstenebene und einen Teil des Berglandes unter Kontrolle. Sie verfügten außerdem über das technische Know-how der Eisenverarbeitung und waren somit den Israeliten waffentechnisch überlegen (1Sam 13,19-22). *Saul, der von *Samuel zum König gesalbt worden war, vertrieb die P. nach seinem Sieg bei Michmas aus dem judäischen Bergland (1Sam 14). Bei Efes-Dammim forderten sie Israel erneut heraus; *David tötete *Goliat (1Sam 17-18). Saul wandte sich gegen David, der schließlich ein Lehnsmann des Königs Achisch von Gat wurde (1Sam 27). In der Schlacht von Gilboa, bei der Saul und seine Söhne getötet wurden, durfte David nicht gegen Israel kämpfen. Als David König von Israel war, muß er zumindest mit Gat weiter Beziehungen gepflegt haben. Auch hatte er während seiner Regierungszeit eine persönliche philistäische Leibwache (Cheretiter). Schließlich vertrieb David die P. aus dem Bergland, eroberte einen beträchtlichen Teil von Philistäa (2Sam 5,25) und setzte so der Macht der P. und der von ihnen ausgehenden Bedrohung ein Ende.

5. Während des geteilten Reiches.

Die P. sorgten im Verlauf der Königszeit weiter für Unruhe. Mit der Schwächung des Reiches nach dem Tod Davids wurden die Philisterstädte (außer Gat, 2Chr 11,8) unabhängig. Es gab Grenzkämpfe (1Kön 15, 27;

Die Städte der Philister und ihre Nachbarn.

16,15). *Joschafat erhielt zwar Tribut von manchen Philisterstädten (2Chr 17,11), aber unter *Joram ging Israel die Grenzstadt Libna verloren (2Kön 8,22). Die P. waren auch zu Ahas' Zeit noch aggressiv (Jes 9,8-12). Zum letzten Mal werden sie in der Bibel in einer Prophezeiung *Sacharjas nach der Rückkehr aus dem Exil erwähnt.

III. PHILISTÄA.

Das Gebiet, das nach den P.n benannt wurde, war ihr Kernsiedlungsland. Es konzentrierte sich um die fünf wichtigsten Städte: Gaza, Aschkelon, Aschdod, Ekron und Gat, umfaßte den Küstenstreifen südl. vom *Karmel und dehnte sich landeinwärts bis zum Vorgebirge Judäas aus. Städte, die in der Bibel im Zusammenhang mit den Philistern genannt werden, sind *Bet-Schean und *Gerar. Über die Lokalisierung der wichtigsten Philisterstädte besteht nicht in allen Fällen Gewißheit.

IV. INSCHRIFTEN.

Die Philister werden namentlich (*prst*) erstmals in den Annalen Ramses' III. für sein fünftes (1185 v. Chr.) und die nachfolgenden Regierungsjahre erwähnt. Die Inschriften vom Ammontempel in Medinet Habu nahe Theben beschreiben seinen Feldzug gegen eindringende Libyer und andere, allg. unter dem Namen »Seevölker« bekannte Stämme, zu denen auch die *prst* gehörten. »Seevölker« waren bereits in Inschriften Merenptas, Ramses' II. und in den Amarna-Briefen (14. Jh.v.Chr.) erwähnt worden (Luka, Serdanu, Danuna). Die Reliefs aus dem Tempel von Medinet Habu zeigen die Ankunft der Seevölker mit ihren Familien und ihrem Vieh auf Schiffen und Wagen. Die *prst* und die ihnen

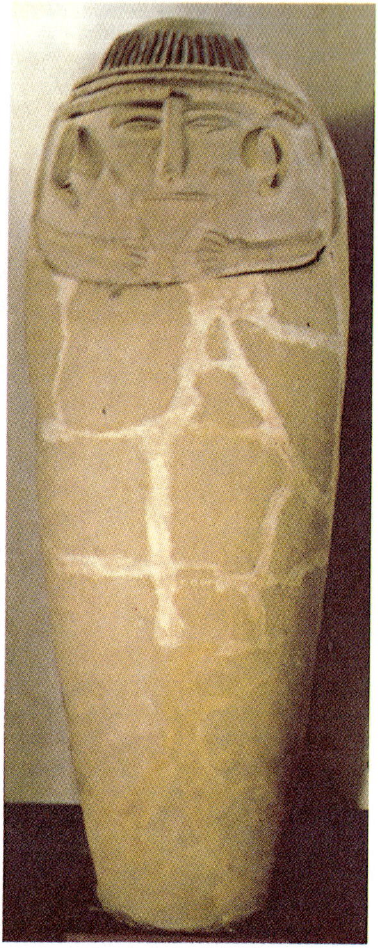

Anthropoide Tonsärge werden den Philistern zugeschrieben. Aus Bet-Schean, 12. Jh. v. Chr. (IM)

Darstellung eines Philisters (prst) *auf einer ägyptischen Fayence-Kachel, ca. 1195–1164 v. Chr. (Ramses III.).* (OIUC)

eng verwandte Gruppe der *tkr* (Tjeker) tragen Kopfschmuck in Form von »Stirnbändern«. Ein Kopf mit derartigem Schmuck ist eines der piktographischen Zeichen auf einer Tonscheibe, die bei Phaistos auf Kreta gefunden wurde (vermutlich 17. Jh. v.Chr.).

Assyr. Inschriften erwähnen Philistäa als ein Gebiet häufiger Unruhen. Es erscheint zuerst in einer Inschrift Adadniraris III. (810-782 v.Chr.), wo Philistäa neben Israel unter den tributpflichtigen Staaten genannt wird. Die P. werden weiter in den Annalen Tiglatpilesars III., Sargons sowie Sanheribs genannt (gewöhnlich als besiegte Rebellen). In Babylon entdeckte Keilschrifttexte aus der Zeit des Exils benennen die Essensrationen für die Verbannten; zu diesen gehören Männer aus Philistäa.

V. ARCHÄOLOGIE.

1. Keramik.

An mehreren Ausgrabungsstätten in Philistäa hat man eine bestimmte Art Keramik gefunden (vom späten 2. Jt. v.Chr. an), die den P.n zugeschrieben wird. Die Muster zeigen bemerkenswerte Ähnlichkeit mit denen ägäischer Keramik. Neuere Ausgrabungen in Enkomi und Sinda auf *Zypern haben Keramik (um 1215-1175 v.Chr.) ans Licht gebracht, die als mykenische Ware IIIClb klassifiziert wird und auf ägäische Originale zurückgeht. Wahrscheinlich handelt es sich hier um Vorläufer der philistäischen Keramik.

2. Tonsärge.

Tonsärge mit einem reliefartigen Gesicht am Kopfende wurden in *Bet-Schean, Tell el-Farʿa, *Lachisch und im Transjordanland gefunden. Sie stehen vermutlich in Zusammenhang mit ähnlichen, in Ägypten (vorwiegend in Tell el-Jehudijeh im Delta) gefundenen Särgen. Von der Datierung und Gestaltung her dürften sie den P.n zuzuschreiben sein. Diese Annahme stützt die Beobachtung, daß einige der Darstellungen »Stirnbänder« als Kopfschmuck wiedergeben (s. IV.).

Philister mit typischer Kopfbedeckung unter ägyptischen Gefangenen. Relief von einem Tempel Ramses' III., Medinet Habu, Theben, ca. 1182–1151 v. Chr. (PAC)

3. Waffen.

Ägypt. Reliefs zeigen die *prst*, Tjeker und Serdanu mit Lanzen, runden Schilden, langen breiten Schwertern und dreieckigen Dolchen. Die P. erreichten Palästina in der Zeit des Überganges von der Bronze- zur Eisenzeit. Insofern treffen die bibl. Angaben zu, daß sie Simson mit Bronzefesseln banden, z.Zt. Sauls aber die Eisenverarbeitung der Gegend als Monopol besaßen.

VI. KULTUR.

Obwohl die P. einige kulturelle Züge ihres ausländischen Ursprungs beibehielten, hatten sie sich weitgehend der sie umgebenden kanaan. Kultur angepaßt.

1. Regierung.

Die fünf Philisterstädte wurden jeweils von einem *seren* (Jos 13,3; Ri 3,3; 16,5.8.27.30; 1Sam 5,8.11; 6,4.12.16.18; 7,7; 20,2.6-7; 1Chr 12,20) regiert. Der Begriff ist vermutlich verwandt mit dem luwischen (hieroglyphisches Hetitisch) *tarwanas*, »Richter«, und dem vorhellen. (vermutlich indo-europäischen) griech. *tyrannos*, »absoluter Herrscher«. Die genaue Bedeutung von *seren* ist unsicher; »Fürst« dürfte eine adäquate Übersetzung sein.

2. Sprache.

Man hat bisher keine Philisterinschriften gefunden. Daher ist die Sprache unbekannt, obwohl manche Gelehrte vermuten, daß sie von einer indo-europäischen, vorgriech. Sprache des ägäischen Raumes abstammen könnte. Bestimmte Worte in der Bibel könnten philistäische Lehnworte sein. Außer *seren* wird das Wort für Helm, dessen ausländischer Ursprung sich in den unterschiedlichen Schreibweisen *kōbaʿ* und *qōbaʿ* verrät, gewöhnlich den P.n zugeschrieben. Ein weiteres Wort philistäischen Ursprungs ist wohl *argāz*, »Kästlein« (1Sam 6,8.11.15). Unter den Eigennamen ist Achisch (*'akīsch*) vermutlich dasselbe wie *'ksch*, das als *kaftyw* (Kaftor) in ägypt. Inschriften der 18. Dynastie erwähnt wird. Der Name Goliat (*goljat*) könnte aufgrund der Endung *jat* auf eine Verwandtschaft mit den luwischen und lydischen Namensendungen *wattasch* bzw. *uattes* deuten. Abgesehen von diesen wenigen Worten ist offensichtlich, daß die P. die semit. Sprache der Völker, die sie verdrängten, angenommen haben.

3. Religion.

Die Kenntnis der philistäischen Religion beruht auf der Bibel. Die drei erwähnten Götter Dagon, Astoret/Astarte und Baalsebub sind im Vorderen Orient bekannt. Es ist anzunehmen, daß die P. ihre eigenen Götter mit den in Palästina vorgefundenen identifiziert und ihre eigene Religion der dort vorgefundenen angepaßt haben. Die zwei in Bet-Schean ausgegrabenen Tempel könnten mit den Tempeln des Dagon und der Astarte identisch sein; in letzterem wurde Sauls Rüstung als Trophäe aufbewahrt. Keiner der ausgegrabenen Tempel kann jedoch mit Sicherheit als philistäisch bezeichnet werden. Die P. brachten Opfer dar (Ri 16,23) und trugen im Kampf Amulette (2Sam 5,21).

VII. URSPRUNG UND ROLLE.

Die vorhandenen Zeugnisse lassen wenig Zweifel daran, daß die P., wenn auch vielleicht nicht ursprünglich, aus dem ägäischen Raum kamen. Einige Gelehrte identifizieren sich mit den Pelasgoi, den vorgriech. Bewohnern der Ägäis mit dem Argument, daß dieser Name zweimal in der griech. Literatur mit einem *t* anstelle eines *g* erscheint.

Es scheint, daß die P. eines der Seevölker waren, die im späten 2. Jt. v.Chr. aus der Ägäis (vermutlich wegen der vordringenden Griechen) auf dem Land- und Seeweg via Kreta und Zypern in den Vorderen Orient auswanderten. Dort faßten sie Fuß, zuerst als Söldnertruppen der Pharaonen, der hetitischen Könige und kanaan. Herrscher, dann als Siedler, die in der einheimischen Bevölkerung aufgingen. Obwohl sie viele Jh. ihren Namen behielten, wurden die bibl. P., die Tjeker, die die angrenzende Küstenregion bewohnten, und wohl auch andere Seevölker praktisch durchweg Kanaaniter.

VIII. PHILISTER IN DEN GESCHICHTEN DER ERZVÄTER.

Da die P. in außerbibl. Schriften vor dem 12. Jh.v.Chr. nicht erwähnt werden und die ihnen zugeschriebenen archäologischen Funde nicht vor dieser Zeit auftauchen, lehnen viele Kommentatoren Aussagen über P. aus der Zeit der Erzväter als anachronistisch ab. Zwei Punkte müssen jedoch näher betrachtet werden. Zum einen gibt es Belege für eine große Ausdehnung des ägäischen Handels aus der Zeit um 1900-1700 v.Chr. (mittelminoische Periode II; *Kreta). Gegenstände ägäischer Herkunft oder Beeinflussung aus jener Zeit wurden in Ras Schamra/*Ugarit in Syrien, *Hazor und wohl auch Megiddo in Palästina sowie in Tōd, Harage, Lahun und Abydos in Ägypten gefunden. Es ist anzunehmen, daß zu einem großen Teil mit Textilien gehandelt wurde. Ein Spiralmuster, das zu dieser Zeit erstmals in Ägypten und Asien (Mari) auftaucht, könnte diese Annahme stützen. Ein weiteres Zeugnis für Handelsbeziehungen liefert eine Tafel aus Mari (18. Jh.v.Chr.), die berichtet, daß der König von Hazor Geschenke nach Kaptara (Kaftor) sandte. Zum andern wurden Volksnamen

Diese Figurine aus der Philisterstadt Aschdod stellt eine Göttin und ein Bett dar und verrät stilistische Verbindungen zur mykenischen Welt. Höhe: 17 cm. 12 Jh. v. Chr. (IM)

im Altertum oft nicht bes. genau wiedergegeben. Die einzelnen Mitglieder einer gemischten Gruppe wie der der »Seevölker« wurden namentlich wohl kaum genau unterschieden. Deshalb kann das Fehlen eines Namens in einer Inschrift bedeuten, daß diese Gruppe nicht wichtig genug erschien, um erwähnt zu werden. Die Seevölker und ihre Vorgänger, die mit dem Vorderen Orient Handel trieben, kamen in Schüben. Im 12. Jh.v.Chr. dominierten offensichtlich die P. und wurden deshalb in den Berichten genannt. Es ist daher durchaus möglich, daß kleine Gruppen von P.n zu den ägäischen Händlern in früherer Zeit gehört haben, neben den größeren aber nicht extra erwähnt werden.

Literatur: R.A.S.Macalister: The Philistines, Their History and Civilization, 1914; W.F. Albright: AASOR 12/1932, 53-58; O. Eißfeldt: RE 38/1938, 2390-2401; A.H. Gardiner: Ancient Egyptian Onomastica, Text 1, 200*-205*; T. Dothan: Antiquity and Survial, 2, 1957, 151-164; G.E. Wright: BA 22/1959, 54-66; T.C. Mitchell: AOTS, 404-427; K.A. Kitchen: POTT, 53-78; H. Donner: Geschichte des Volkes Israel und seiner Nachbarn in Grundzügen, I, 1984, II, 1986; M. Clauss: Geschichte Israels, 1986; A. Mazar: Excavations at Tell Qasile, 1982-1984, IEJ 36/1986, S. 1-15; H. Donner: KIP IV, 755f. T.C.M.

PHILO. Jüd. Philosoph und Bibelausleger des 1. Jh.n.Chr. aus *Alexandria.

1. Sein Leben.

P. stammte aus einer der einflußreichsten jüd. Familien in Alexandria. Sein Bruder Alexander war der reichste Mann der Stadt, mit engen Beziehungen zur herodianischen Königsfamilie. Dessen Sohn Tiberius Alexander machte in der röm. Verwaltung Karriere, dabei – wovon P. ihn durch philosophische Argumentation vergeblich abzuhalten suchte – sein Judentum verleugnend. So wurde Tiberius Alexander 46-68 Prokurator von Judäa, später Präfekt von Ägypten und führte unter Titus als dessen Stellvertreter das Kommando über die röm. Armee, die 70 n.Chr. Jerusalem einnahm und zerstörte.

P.s genaue Lebensdaten sind unbekannt. Fester Anhaltspunkt ist die Romreise 39/40 n.Chr. Damals muß er schon im vorgerückten Alter gewesen sein. Er mag also etwa von 15 v.Chr. bis 45 n.Chr. gelebt haben. Die finanzielle Situation der Familie ermöglichte ihm ein ganz der Wissenschaft und der Förderung des geistigen und rel. Lebens der großen jüd. Gemeinde in Alexandria gewidmetes Leben. Möglicherweise gehen seine Pentateuchkommentare z.T. auf Lehrvorträge in der Synagoge zurück. Aufgrund seiner sozialen Stellung und seiner wissenschaftlichen Arbeit muß er ein hohes Ansehen in der Gemeinde genossen haben. Als im Jahr 39 n.Chr. die jüd. Gemeinde Alexandrias heftigen antijüd. Ausschreitungen ausgesetzt war, ohne daß der Präfekt Flaccus eingriff, entsandte die Gemeinde an Kaiser Gaius *Caligula eine unter P.s Leitung stehende Delegation (vgl. Philos Schriften »Gegen Flaccus« und »Gesandtschaft an Gaius«, sowie Jos.ant.Jud. VIII, 257-260).

2. Seine Werke.

Der wichtigste Teil der uns überlieferten Werke P.s sind die *biblisch-theologischen Schriftenreihen*: der aus 21 Büchern bestehende allegorische Genesiskommentar und die sowohl wörtl. als auch allegorisch Vers für Vers auslegenden Quaestionen zu Genesis und Exodus (je zwei Bücher, nur armenisch überliefert). Aber auch die nicht nur für jüd., sondern auch für am Judentum interessierte heidnische Leser gedachte, systematisch angelegte Gesetzesauslegung gehört hierher (beginnend mit dem als Einstieg in die Philolektüre beliebten Buch über die Weltschöpfung, worauf die beiden Patriarchen-Viten über Abraham und Josef folgen, dann das Buch über den Dekalog und, anhand des Dekalogs systematisch geordnet, die Darstellung der sog. Einzelgesetze in 4 Büchern; abgeschlossen wird die Reihe durch die beiden Bücher über die Tugend und über Belohnungen und Strafen). Man kann in diesem Werk den ersten systematisch-theologischen Entwurf innerhalb der jüd.-christl. Tradition überhaupt sehen.

Neben den biblisch-theologischen Schriften stehen die *historisch-apologetischen*: Die den Patriarchen-Viten verwandte Mose-Vita in zwei Büchern wird gelegentlich geradezu als missionarische Schrift bezeichnet (Goodenough); von der Hypothetika genannten Apologie sind nur fragmentarisch einige Abschnitte bei Euseb überliefert; der Bericht über die uns heute in manchen Zügen an die *Qumran-Gemeinde erinnernde Therapeuten-Gemeinschaft (Ehe- und Besitzlosigkeit, gemeinsames, ganz dem Schriftstudium und Gottesdienst gewidmetes Leben) wirkte auf einige Kirchenväter wie die Schilderung einer christl. Mönchsgemeinde (Eus.h.e. II, 17f), weshalb Hieronymus P. sogar unter die christl. Schriftsteller rechnete (DeVir.ill. 11); von den beiden historischen Büchern »Gegen Flaccus« und »Gesandtschaft an Gaius« ist vor allem letzteres systematisch unter den Gedanken der sich in der Bewahrung seines Volkes erweisenden Vorsehung Gottes gestellt (Leg 3).

Die philosophischen Schriften: »Daß jeder Tüchtige frei sei«, »Von der Ewigkeit der Welt«, zwei Bücher »Von der Vorsehung«, »Alexander oder ob die Tiere Verstand haben« (die letzten beiden nur armenisch überliefert), »Von der Vorsehung« (abschnittsweise auch griech. bei Euseb), gelten gemeinhin (L. Cohn) als Frühschriften, gelegentlich (Borgen) auch als Spätwerke.

3. Seine Lehre.

Der in den Spuren der religionsgeschichtlichen Schule unternommene Versuch, P.s Denken – als im hellen. Synkretismus Ägyptens wurzelnd – in dem Dunstkreis gnostisierender sektiererischer Gruppen anzusiedeln (Goodenough), muß als gescheitert gelten. Vielmehr ist P. als auf dem höchsten Stand der Bildung seiner Zeit stehender Philosoph ernstzunehmen, der den großangelegten Versuch unternahm, als bewußt in der bibl. Überlieferung stehender Denker bei griech. Philosophen sich findende Wahrheitserkenntnis aufzunehmen und zu integrieren. Er tat dies in der schon vor ihm im hellen. Judentum (Aristobul, Mitte des 2. Jh.v.Chr., vgl. Euseb Praep. XII 12,1) vorhandenen Überzeugung, daß die griech. Philosophie in dem, was sie Wahres enthalte, von Mose abhängig sei. P. ist wohl Eklektiker, nicht aber Synkretist. Denn jüd. Gesichtspunkte bestimmen die Auswahl in der Übernahme heidnischen Bildungsgutes (Heinemann), insbesondere des dualistischen Denkens des »hochheiligen« Plato und der Pythagoräer (vermittelt durch den mittleren Platonismus) und, vor allem in der Ethik, auch der mittleren Stoa (vgl. *Philosophie).

Grundlegend für P.s Denken ist inhaltlich wie methodisch der als von Gott inspiriert gedachte bibl. Text (Nikiprowetzky). *Inspiration ist dabei für P. keineswegs, wie bisher weithin angenommen, als in der Ausschaltung des menschlichen Bewußtseins in der *Ekstase sich vollziehend vorgestellt, sondern als Einwirken des Geistes Gottes auf die Persönlichkeit des Propheten, also weisheitlich-philosophisch gedacht (Amir, Burkhardt). Hauptwerkzeug der Integration griech. Philosophie in das jüd. Denken P.s ist die von ihm aus der hellen. (Homer-)Philologie übernommene allegorische Auslegungsmethode. In ihrer Anwendung vor allem auch auf geschichtliche Texte führt sie tendenziell zur Umformung des geschichtsgebundenen bibl. Denkens in zeitlose Wahrheiten und Lebensprozesse. Durch das Festhalten an der geschichtlichen Einmaligkeit der Offenbarung des mosaischen Gesetzes, an der besonderen priesterlichen Aufgabe des jüd. Volkes innerhalb der Menschheit (Einzelgesetze I, 162f) und an seiner Zukunftshoffnung (Über Belohnungen, 162-172) bleibt P. aber trotz aller gegenläufiger Tendenzen an bibl. Denken gebunden. Möglicherweise haben die Erfahrungen der Verfolgungszeit unter Caligula und Philos persönliche Inpflichtnahme durch die jüd. Gemeinde zu einer verstärkten Rückbesinnung auf die bibl. Wurzeln beigetragen (Schaller).

Im Zentrum des philonischen Denkens steht die Erkenntnis des radikal jenseitigen, schlechthin weltüberlegenen Gottes (»besser als das Gute an sich«, Gesandtschaft, 5), der sich dem Menschen durch seinen *Logos, den »erstgeborenen Sohn« Gottes (Vom Landbau, 51) vermittelt. An diesen atl.-jüd. Weisheitsspekulation weiterführenden Logosgedanken P.s meinte man dann in der altkirchlichen Christologie (Apologeten, Clemens von Alexandria, Origenes) anknüpfen zu können. Höchstes Ziel menschlicher Lebensführung ist die Ablösung der Selbstliebe durch die Liebe zu Gott und zum Mitmenschen. Das dazu anleitende Gesetz entspricht der von der Schöpfung der Welt her gegebenen Ordnung der Natur. Auf dem Hintergrund des Schöpfungsglaubens kann P. so den stoischen Naturrechtsgedanken positiv aufnehmen.

4. Philo und das Neue Testament.

Manche Gedanken und Formulierungen im NT erinnern zweifellos an P. (etwa die naturrechtlichen Aussagen bei Paulus, die Logoschristologie bei Johannes oder die Auslegung des AT im Hebräerbrief). Aber bei solchen Vergleichen wird leicht der Unterschied zwischen dem konsequent geschichtsgebundenen ntl. und dem platonisierend-verallgemeinernden Denken P.s übersehen. Wirkliche Übereinstimmungen beruhen eher auf dem gemeinsamen Hintergrund des hellen. Judentums als auf direkter Abhängigkeit. Trotzdem ist die Kenntnis P.s als eines der wichtigsten Zeitgenossen der ntl. Autoren für die Exegese des NT unentbehrlich. Unschätzbar groß aber ist die Bedeutung P.s für die nachbibl. altkirchliche Theologie. Das Judentum nach 70 n.Chr. scheint P. als Hellenisten bewußt abgestoßen zu haben. Seine Schriften wurden nur durch die christl. Kirche überliefert. Erst im modernen Judentum findet P. wieder große Aufmerksamkeit.

5. Werkausgaben.

Es gibt drei wissenschaftliche Ausgaben: – Die textkritische Ausgabe aller griech. überlieferten Schriften (ohne griech. Fragmente) in 6 Bdn. durch L. Cohn und P. Wendland 1896-1914, der dann die von L. Cohn und I. Heinemann in 7 Bdn. herausgegebene dt. Übersetzung folgte (1910-1964, im letzten Band mit der nur armenisch überlieferten Schrift »Von der Vorsehung«); – die in 10 Bdn. und 2 Ergänzungsbdn. in der Loeb Classical Library 1929-1926 erschienene, von F.H. Colson, G.H. Whitaker und R. Marcus mit englischer Übersetzung herausgegebene vollständige Ausgabe (bei den Quaestionen nur der original aus dem Armenischen übersetzte engl. Text mit griech. Fragmenten); – die in Lyon z.Zt. mit franz. Übersetzung von C. Mondésert herausgegebene Ausgabe.

Literatur: I. Heinemann: Philons griech. und jüd. Bildung, 1929-32; E.R. Goodenough: By Light, Light, 1935; H.A. Wolffson: Philo. Foundations of Religious Philosophy in Judaism, Christianity and Islam, 2 Bde, 1947; V. Nikiprowetzky: Le commentaire de l'ecriture chez Philon d'Alexandrie, 1979; P. Borgen: Philo of Alexandria, in: ANRW II, 21,1, 1984; Y. Amir: Die hellenistische Gestalt des Judentums bei Philo von Alexandrien, 1983; B. Schaller: Philon v. Al. und das Heilige Land, in: G. Strecker: Das Land Israel in biblischer Zeit, 1983; H. Burkhardt: Inspiration heiliger Schriften bei Philo von Alexandrien, 1988; ders.: Der Naturrechtsgedanke im hellenistischen Judentum und im NT, in: ders.: Begründung ethischer Normen, 1988; E. Hilgert: Bibliographia Philoniana 1935-1981, ANRW II, 21,1. H.B.

PHILOSOPHIE, ANTIKE.

1. Was ist Philosophie?

Die Beantwortung dieser Frage gehört zu den schwierigsten Problemen der P. überhaupt. In der Rückschau erscheint sie als die Summe der unterschiedlichen Lösungskonzepte zu allen nur denkbaren Problemen. P. (Kompositum aus griech. *philia,* »Freundschaft, Liebe«, und *sophia,* »Weisheit«) bedeutete ursprünglich jedes Interesse an Wissen und Können, das über die unmittelbare Lebenspraxis hinausgeht. Eine von allen akzeptierte Definition des Begriffes P. gibt es nicht. Allg. kann man damit den Versuch des Menschen bezeichnen, die Rätsel der ihn umgebenden Welt sowie die seines Daseins mit den Mitteln des Denkens zu lösen. P. versteht sich als kritische Vernunftwissenschaft, die nach verschiedenen Methoden die Bedingungen der gesamten Wirklichkeit zu erfassen bemüht ist. Ihre wichtigsten Arbeitsgebiete sind die Ontologie (Lehre vom Sein in seiner Gesamtheit), die Naturphilosophie, die Anthropologie sowie die Lehre vom *Erkennen und seinen Grenzen, daneben auch *Ethik und Ästhetik als Felder praktischer P. Die Grundlagen des philosophischen Denkens wurden in der Antike gelegt.

2. Mythos und Logos.

Als Folge des *Sündenfalls erlebt der Mensch seine Umwelt als bedrohlich, fürchtet sich vor seinen eigenen Möglichkeiten und existiert im Schatten des Todes. Deshalb versuchte man in den antiken Kulturen, die Kräfte der Natur zu verstehen, den Sinn des Daseins zu entdecken und die Macht des Todes zu brechen. Da die Menschen sich dabei nicht an Gott orientierten, sondern ihre spekulativen Vorstellungen zum Maßstab erhoben, ging ihr Denken in die Irre (Röm 1,18-32). Sie projizierten ihre Antworten auf die Existenzfragen in den Himmel als die gedachte Sphäre der Götter und schalteten Schamanen und Priester als Mittelsmänner zwischen diesseitiger und jenseitiger Welt ein. Von deren Beziehung berichten Mythen, heilige Texte, deren Funktion die Überwindung der Angst vor dem bedrohlichen Schicksal war. Diese Mythen verfestigten sich zu Riten und kultischen Handlungen. Der Mythos wurde bildhaft und regional ausgeprägt und bildete sodann die von Menschen geformte Religion. Das AT berichtet von der ständigen Konfrontation des Gottesvolkes mit solchen mythischen Konzepten. Im 6. Jh.v.Chr. wurden die Unzulänglichkeiten dieser Form von Existenzbewältigung weltweit offenkundig. Es begann die Zeit abstrakten wissenschaftlichen Denkens, die zugleich die Geburtsstunde der P. darstellt. Fortan bemühte man sich v.a. um die Lösung zweier Fragenkomplexe.

a. Kosmologisches Problem: Erklärung der dem Menschen im Erfahrungsbereich entgegentretenden Natur durch die Frage nach deren Ursachen.

b. Ontologisches Problem: Erforschung der hinter der sichtbaren Natur stehenden letzten Seins-Gründe durch die Frage nach dem Wesen der Dinge. Die statischen Antworten des Mythos genügten nicht mehr. Man wollte nicht nur die Dinge an sich, sondern darüber hinaus das Wesen der Dinge und des Seins erfassen.

Es gehört zu den ungelösten Fragen der Weltgeschichte, daß dieser als Wechsel vom Mythos zum Logos bezeichnete Schub des menschlichen Erkenntnisstrebens nahezu gleichzeitig und scheinbar unabhängig voneinander in den antiken Hochkulturen zu beobachten ist. Während in Griechenland die ersten Philosophen auftraten, wirkten in China Lao Tse (ca. 609-517 v.Chr.) und Kung Tse (Konfuzius, 551-479 v.Chr.), in Indien Mahavira (Stifter des Jainismus, ca. 599-527 v.Chr.) und Buddha (ca. 563-483 v.Chr.) sowie in Persien Zarathustra (ca. 630-553 v.Chr.). In Israel verkündeten *Jeremia (ca. 621-580 v.Chr.) und *Hesekiel (berufen 593 v.Chr.) Gottes Willen. Obwohl durch vielerlei Kontakte die Kenntnis der Botschaft dieser Propheten über die Grenzen Israels hinaus möglich gewesen wäre, gingen die Philosophen einen anderen Weg. In dem durch manche Umstände begünstigten Griechenland versuchten sie durch eigenständiges abstraktes Denken zur Überwindung der alten Vorstellungen zu gelangen. Diese Philosophen suchten Antworten auf Fragen, die Gott in den Menschen gelegt hat. Da sie den bibl. Schöpfergott jedoch nicht kannten, stellen ihre Lösungen auch nur eine Kombination von Mythos und Logos dar, nicht aber die wirkliche Überwindung mythischer Vorstellungen.

3. Die vorsokratische Philosophie.

Die Frage der Naturphilosophen des 6. und 5. Jh.v.Chr. nach dem hinter der Erfahrungswelt liegenden Ursprungsprinzip zielt auf das Problem der Weltentstehung. Man hoffte dadurch auch Hinweise auf das bekommen zu können, was den Lauf der Welt steuert. Angeblich soll die Schönheit des Himmels die Menschen zu dieser Fragestellung geführt haben (vgl. Ps 19,2). Thales von Milet (ca. 625-545 v.Chr.) gilt als erster Philosoph dieser Gruppe. Der Urgrund aller Dinge (griech. *arché*) war für ihn das Wasser. Daneben formulierte er: »Alles ist voll von Göttern.« Thales warf damit eine der entscheidenden Fragen der P. auf: Ist die Welt von einem materiellen Prinzip her zu verstehen oder ist dieses nur sichtbarer Ausdruck einer tieferen Kraft, womöglich eines Schöpfergottes? Bei Thales finden sich erstmals jene signifikanten Eigenschaften, die einen Philosophen ausmachen: Selbständiges Nachdenken aufgrund des Erstaunens über die Fragwürdigkeit der Welt; die Frage nach dem tiefsten einheitlichen Grund der Dinge, losgelöst von rel. Autoritäten; die selbstbewußte methodische Suche nach Wissen um seiner selbst willen; die Berufung auf die Vernunftfähigkeit des Menschen.

Bei den kosmologischen Spekulationen der Naturphilosophen ging es um das Problem von Stoff und Form des Weltgrundes. Als Stoff nahm man Wasser an (Thales), Luft (Anaximenes aus Milet, ca. 585-528/25 v.Chr.), Feuer (Herakleitos aus *Ephesus, ca. 540-480 v.Chr.), die vier Elemente Feuer, Luft, Wasser und Erde (Empedokles aus Sizilien, ca. 483/82-423 v.Chr.) oder als kleinste unveränderliche Teilchen die Atome (Leukippos von Milet, geb. 480/70 v.Chr.; Demokritos von Abdera, ca. 460-380/70 v.Chr.). Als Grundprinzip Form verstand man die Zahl (Pythagoras von Samos, ca. 570-497/96 v.Chr.) und die Erde (Parmenides von Elea, um 500 v.Chr.). Einige Philosophen führten bereits über diese teils dynamische, teils strukturelle Denkweise hinaus. Anaximandros von Milet (610/09-547/46 v.Chr.), von dem die erste Erdkarte und ein Himmelsglobus stammen, nannte den allem zugrundeliegenden Urstoff das Unendliche (griech. *ápeiron*), erkannte also, daß der Urgrund des Seins von anderer Qualität sein müsse als dieses selbst. Parmenides konzentrierte sich auf das Denken, das sich stets auf das Ganze der *Wirklichkeit beziehe, während der Sinneswahrnehmung keine absolute Geltung zukomme. Anaxagoras von Klazomenai (500/496-428 v.Chr.) schließlich erblickte hinter dem Vorgang der Weltentstehung einen sinnvoll planenden, alles beherrschenden Geist (griech. *nous*). Insgesamt betrachtet haben die Vorsokratiker im Grunde schon all die Fragen aufgeworfen, die die P. bis heute beschäftigen. Ihre Lösungsvorschläge, weit entfernt von der Klarheit des bibl. Schöpfungsberichtes, verquicken Mythos und Logos und sind daher v.a. Spekulation. Deutlich wird schon hier ein Grundelement der P.: das zunehmende Vertrauen in die menschliche *Vernunft.

4. Die Sophistik.

Nach dem Sieg über die *Perser gelangte die griech. Kultur unter Perikles (ca. 490-429 v.Chr.) zu ihrer klassischen Blüte. Dadurch erhielt auch die P. neue Impulse und wurde zum Teil einer allg. Bildungsbewegung. Als ihre Vertreter gelten die weniger theoretisch-wissenschaftlich denn praktisch orientierten Sophisten, die als Wanderlehrer für hohe Honorare v.a. Rhetorik unterrichteten. Sie kritisierten die Naturphilosophen heftig und wandten sich gegen traditionelle Standpunkte von Religion und Moral. Durch sie vollzog die P. die Wende von der Kosmologie zur Anthropologie. Der Mensch als sittlich handelndes, in die Gemeinschaft integriertes Individuum war das Thema der Sophisten. Als ihre Hauptvertreter gelten Protagoras von Abdera (ca. 485-415 v.Chr.), nach dessen berühmter Feststellung der Mensch das Maß aller Dinge sei, und Gorgias von Leontinoi (ca. 480-380 v.Chr.), der behauptete, nichts sei erkennbar und mitteilbar. Die Sophisten degenerierten schnell zu gewinnsüchtigen Händlern von Scheinwahrheiten, weshalb bis heute Sophisterei mit Wortverdrehung gleichgesetzt wird. Ihre Lehren führten zu anthropozentrischem Subjektivismus, Skeptizismus, Agnostizismus und Relativismus, wodurch sie trotz der schon zeitgenössischen Kritik traditionsbildend für die P. wurden. Richtig war ihre Einsicht in die Begrenztheit menschlicher Erkenntnis, falsch der daraus gezogene Schluß, Wahrheit könne nur dem vom Menschen zu Erfassenden zukommen. So stand ihr Denken in der Gefahr, zum »leeren Betrug« zu werden, wovor Paulus eindringlich gewarnt hat (Kol 2,8).

5. Die klassische Zeit.

Sokrates, Platon und Aristoteles bilden den Höhepunkt der antiken P. Die Entfaltung ihres Denkens zu wirkungsmächtigen Lehren kann hier nur angedeutet werden.

a. Sokrates von *Athen (ca. 469-399 v.Chr.). Von ihm existieren keine schriftlichen Zeugnisse. Das heutige Wissen über Sokrates geht v.a. auf die Aussagen seines Verehrers Platon zurück. Danach war seine Methode der P. das sokratische Lehrgespräch, das über mehrere Stufen des Dialogs eindeutige Aussagen zu erreichen versuchte. Induktiv bemühte er sich darum, falsche Sicherheiten abzubauen (»Ich weiß, daß ich nichts weiß.«), um so der Wahrheit näher zu kommen. Sokrates war überzeugt, über die Vernunft zur Einsicht in das sittlich Gute und damit auch zum rechten Handeln gelangen zu können. Das Wissen vom Guten war für ihn das Ziel aller P. Wer zur Erkenntnis der sittlichen Normen gelangt sei, könne nur noch tugendhaft handeln. Wissen und Tugend sind eins; das Böse ist mangelnde Einsicht in die eigene gute Natur. Wegen verächtlicher Haltung den Göttern gegenüber und seines angeblich zersetzenden Einflusses auf die Jugend hat man Sokrates schließlich den Prozeß gemacht. Mit 360 gegen 241 Stimmen verurteilte das Athener Gericht ihn zum Tode, dem er sich in menschlich beachtlicher Haltung stellte. Die humanistische Idealisierung des Sokrates vergißt, daß er mit Ironie und Überheblichkeit viele vor den Kopf stieß. Ein schwerwiegenderer Irrtum ist aber seine von vielen bis heute befürworete Lehre, der Mensch könne aus sich selbst heraus das Gute schaffen (vgl. 1Mo 8,21; Mk 7,20ff; Röm 7,18).

b. Platon von Athen (428/27-349/48 v.Chr.). Von Platon, dem Schüler des Sokrates, sind 27 Dialoge von unbestrittener Echtheit erhalten. Ihm kam es auf die sittliche Bildung des Menschen an. Deshalb fragte er nach sicherem Wissen, nach Tüchtigkeit in moralischem und gesellschaftlichem Sinne und nach einem verantwortungsvollen Staatswesen. Kernpunkt des Denkens Platons, des ersten Systematikers der P., ist die Ideenlehre. Während die Sophisten aus der Möglichkeit der Sinnestäuschung die Unverbindlichkeit sittlicher Normen ableiteten, kam Platon trotz des gleichen Ausgangspunktes zu einem anderen Ergebnis: Hinter den sichtbaren Dingen müsse etwas Unwandelbares stehen. Dieses ewig Gleichbleibende hinter der veränderlichen Natur, das die Welt der bewegten Dinge erst ermögliche und die Voraussetzung für sittliches Handeln darstelle, nannte Platon Ideen. Diese Ideen sind das wahre, unveränderliche Sein, das durch das Denken erkannt werden kann. Der sinnlichen Wahrnehmung bietet sich dagegen nur der Schein wandelbarer Erfahrung. Die Welt des Scheins, die Platon in dem berühmten Höhlengleichnis geschildert hat (Politeia, VII, 514-516), hat eine Verbindung mit dem eigentlichen Sein. Wenn man z.B. mit Kreide einen Kreis an eine Tafel zeichnet, gelingt nur ein Abbild eines exakten Kreises. Aber man hat dabei die Idee des vollkommenen Kreises. Das Entscheidende ist nun, daß die Dinge mit der Idee verwandt sind. Die höchste Idee, die Idee der Ideen, ist das Absolute schlechthin, ist Gott. Auf den Menschen bezogen bedeutet das, daß er sich in sich selbst Gott annähern kann, daß in seiner Seele gleichsam die Erinnerung an das Absolute vorhanden ist. Die Seele steht zwischen der Ideen- und Erscheinungswelt und durch Überwindung der leiblichen Begierden vermag sie sich zu Gott zu erheben. Das Mittel dazu ist die Vernunft, die Tugenden (Weisheit, Tapferkeit, Mäßigung, Gerechtigkeit) lehrt, die auf Einsicht gründen. Kurz: Die Idee des Guten, Schönen und Wahren fällt mit Gott zusammen, und die Seele kann sich durch Überwindung der Triebe mittels der Vernunft mit ihr verbinden.

Das antike Denken, mit dem die Apostel konfrontiert wurden, war durch und durch platonisch geprägt. Man glaubte an die Selbstheilungskraft des Menschen, an die Möglichkeit eines von der Vernunft geleiteten

Idealstaates, weil der Mensch sich nach tugendhaftem Leben ausstrecke. Diese Annahmen haben den Humanismus bis heute geprägt. Auch das frühe Christentum wurde beeinflußt von Platons Aufspaltung von Leib und Seele mit der Verachtung des Geschlechtlichen (»Der Leib ist das Grab der Seele.«) und der Lehre von der Unsterblichkeit der Seele. Die griech. Philosophen trennten die Bereiche Idee, Denken und Geist (oft mit Gott identifiziert) von den Bereichen Materie, Körper und Sinne. Im Verlauf der Geschichte der P. entwickelte sich daraus eine die sinnliche Erfahrung vernachlässigende, konstruierende Rationalität (vgl. *Erkennen, Erkenntnis). Dadurch wurden Dinge gegenübergestellt, die keine wirklichen Gegensätze bezeichnen, sondern allenfalls unterschiedliche Aspekte der Schöpfungsrealität von Mensch und Natur. Insgesamt sind manche von Platons Denkansätzen gewiß richtig, sein Idealismus verkennt jedoch die Realität der *Sünde. Sein Gott ist der typisch unpersönliche »Gott der Philosophen« (Pascal), seine Sicht vom Menschen verfehlt infolge der Überbetonung der Vernunft das Ganzheitliche der Schöpfung. Gegenüber den lebensvollen Aussagen der Bibel bleibt auch Platons System weitgehend Spekulation.

c. Aristoteles aus Stageira (384-322 v.Chr.). Über 18 Jahre war er Schüler Platons, entwickelte aber gleichwohl eine eigenständige P. Allg. kann man Platon als Idealisten, Aristoteles als Realisten kennzeichnen. Er fragte v.a. danach, worin alles Wirkliche seinen Grund habe, woraus es entspringe und worauf es zugehe. Während Platon deduktiv vorging, arbeitete Aristoteles induktiv. Das eigentliche Mittel zum Erwerb von Wissen wurde die Empirie. Nur durch sie könne der notwendige Sachverstand gewonnen werden, weshalb Aristoteles (nach seinem Geburtsort auch »der Stagirite« genannt) weitgehend auf transzendierende Spekulationen verzichtete. Was er als Wahrheit suchte, ist die Einsicht in die innere Struktur und Ursache aller Erscheinungen, weshalb sich P. nun in eine wissenschaftliche Bestandsaufnahme und Erklärung dessen wandelte, was es gibt. Dieses Ideal exakter Wirklichkeitserforschung ohne Rücksicht auf rel.-mythologische Traditionen war für Griechenland neu und wurde zum Ausgangspunkt der wissenschaftlichen Entwicklung des Abendlandes. Neben dieser Praxisorientierung bemühte sich Aristoteles darum, auch das die menschliche Sinneserfahrung Überschreitende dem kritischen Denken der P. zugänglich zu machen. Diese neue Wissenschaft wurde später »Metaphysik« genannt (nach der Ordnung der Schriften des Aristoteles durch Andronikos von Rhodos [um 70 v.Chr.] die Teile, die nach den physikalischen folgten, griech. *metá tá physiká*). Nicht den Ideen oder Universalien kommt danach Realität zu, sondern den konkreten Einzeldingen (Nominalismus). Diesen Stoffen wohnt eine Kraft inne, die nach Vollendung (Entelechie) der Form drängt. Die Verwirklichung der in jedem Ding liegenden Möglichkeiten sind ihr Zweck, ihr Ziel (Teleologie). So entfaltet sich jedes Lebewesen nach innerer Zielstrebigkeit in einem evolutionären Prozeß. Diese Bewegung ist in Gang gebracht worden von dem ersten Beweger, der selbst unbeweglich ist, Gott. Auf der Basis dieser Metaphysik entfaltete Aristoteles auch seine Ethik: Ziel des Menschen ist die Glückseligkeit (griech. *eudaimoniá*), die darin besteht, so zu leben, wie es dem Wesen des Menschen entspricht. Dazu führt die Tugendhaftigkeit, die erreicht wird durch das von der Vernunft bestimmte Maß der Mitte.

Aristoteles, der überdies die bis heute unangefochtene Grundlegung der Logik erarbeitet hat (bes. Syllogistik, die Lehre von den logischen Schlüssen), hat zwar in manchen Punkten den Idealismus Platons überwunden, durch seine Lehren vom unpersönlichen Gott, der guten Natur des Menschen und der theistischen Evolution nachhaltig den Weg zu einer lebendigen Gottesbeziehung und zur Einsicht in die wahre Beschaffenheit der Natur verbaut.

6. Die nachklassische Philosophie.

In der Zeit nach dem Tode Alexanders des Großen (323 v.Chr.) veränderte sich auch die Situation der P. Die griech. Zivilisation wurde zur kosmopolitischen Menschheitskultur (seit dem 19. Jh. Hellenismus genannt). Theoretische Fragestellungen traten zurück, die Philosophen kümmerten sich nun mehr um die praktische Meisterung des Lebens und um das persönliche Glück.

a. Epikureismus. Epikuros von Samos (342/41-271/70 v.Chr.), Begründer kleiner Freundeskreise, kam es auf die Bewältigung konkreter Lebenssituationen an. Die *Epikureer leugneten jede Absolutheit. Kein Wert habe absolute Geltung. Die Götter existieren in heiterer Gelassenheit und kümmern sich nicht um die Menschen. Deren Ziel müsse es sein, Schmerz zu vermeiden und Lust zu gewinnen. Mit Lust sind nicht, wie später Legenden behaupteten, Ausschweifungen gemeint, sondern Lebenskunst, die in der Beschäftigung mit P. gipfelt. So sei das ruhige Gleichmaß der Seele (griech. *ataraxiá*) erreichbar. Epikurs antike Form der Entmythologisierung sollte den Menschen von jeder Form der Angst befreien. Auch der Tod verliere seinen Schrecken, zerfalle der Mensch dabei doch nur in seine Atome: »Solange wir da sind, ist er nicht da; und wenn er da ist, sind wir nicht mehr.«

b. Stoizismus. Der *Stoa (300 v.Chr. bis ca. 250 n.Chr.) kam es auf die Übereinstimmung der menschlichen Handlungen mit den Gesetzen der Natur an, die das schlechthin Vernünftige darstelle. Durch Unerschütterlichkeit und Leidenschaftslosigkeit erreiche der Mensch innere Ruhe und somit Glück. In der erfolgreichen Lehre der Stoa sind die neuzeitlichen Denkweisen der Toleranz und Humanität bereits angelegt.

c. Skeptizismus. Diese Denkschule, deren Hauptvertreter Pyrrhon von Elis (ca. 360-271 v.Chr.) war, ging davon aus, daß man auch durch die Vernunft nicht zu allgemeingültigem Wissen gelangen könne. Denn es sei möglich, jede Ansicht ebenso wie ihr kontradiktorisches Gegenteil zu begründen. Deshalb sei es auch gleichgültig, was dem Menschen zustößt. Er müsse sich in innerer Gelassenheit dem Zufälligen fügen. Die Ethik der Skeptizisten ist dementsprechend relativ. Gut und Böse kann es von Natur aus nicht geben, da Normen allein auf Konventionen beruhen.

Diese Lehre ist im doppelten Wortsinn das letzte Resultat der antiken P. Durch die Expansion des nun röm. Weltreiches kam es zur Konfrontation der unterschiedlichsten Kulte, Religionen, Mysterien und Denkschulen. Keine konnte wirklich überzeugen, so daß als letzter Ausweg der Skeptizismus blieb. Es gibt keine absolute Wahrheit und keine gesicherte Erkenntnis, der Mensch muß kraft eigenen Antriebes sehen, wie er sein Leben gestaltet.

d. Neuplatonismus. Dieses letzte umfassende System der Antike ist bereits gekennzeichnet von dem beginnenden Aufstieg des Christentums und der Auseinandersetzung zwischen ihm und der P. Der Neuplatonismus stellt eine Fortentwicklung der platonischen Ideenlehre dar, die er mit mystischen Vorstellungen verbindet. Der Erfolg dieses Ansatzes, nicht zuletzt im *Gnostizismus, belegt, daß die P. Platons die wirkungsmächtigste der Antike war.

Nach der Vorbereitung durch den jüd.-hellen. Religionsphilosophen *Philo von Alexandria (ca. 5/10 v.Chr. – 50 n.Chr.) wurde der Neuplatonismus v.a. von Plotinos (ca. 205-270) geprägt. Für die Neuplatoniker (die richtiger Platoniker genannt werden sollten) gewinnt Platon gleichsam den Rang eines prophetischen Religionsstifters, denn seine Schriften enthalten für sie alle dem Menschen verfügbare Weisheit. Sie verdichteten diese zu einem System, das sowohl den Wunsch nach Erklärung der Seinszusammenhänge als auch den nach Erlösung und Hingabe an göttliche Mächte befriedigen sollte. Der zentrale Gedanke des Neuplatonismus ist der der Emanation. Jenseits aller Erkenntnis ist das Eine, das in sich selbst ruht. Stufenweise geht alles Seiende von diesem Absoluten aus, der Geist (griech. *nous*), die Ideen, die Seele bis hin zur Materie. Alles Seiende trägt somit das Göttliche des Einen in sich. Deshalb ist es auch möglich, ebenfalls stufenweise zur Wiedervereinigung mit dem Göttlichen zu gelangen. Dieser Weg vollzieht sich irrational durch innerliche, mystische Erfahrung. Auf der höchsten Stufe führt er durch vollkommene Versenkung zu dem Zustand des ekstatischen Einsseins mit dem Göttlichen.

Der Neuplatonismus griff die rel. Bedürfnisse seiner Zeit auf. Wegen seiner teilweise christl. Vokabeln hat er bei den Kirchenvätern zu manchen Irritationen und so zu Verschiebungen der bibl. Lehre geführt. Dabei ist sein unbibl. Ansatz v.a. bei Plotin überdeutlich, der wegen seiner Lehre von der ungebrochenen Verbindung allen Seins mit dem Göttlichen bibl. Inhalte wie *Sünde, *Buße, *Erlösung und *Gnade sowie v.a. die Tatsache der *Offenbarung Gottes in *Jesus Christus spöttisch ablehnte.

7. Bewertung.

Die antike P. zielte auf die Erklärung des Weltganzen, um daraus auch die Bestimmung menschlicher Existenz abzuleiten. Es gelang ihr dabei nie, sich wirklich vom Mythos zu lösen, so daß ihre Systeme allesamt den Charakter der Spekulation tragen. Gerade das Faktum, daß es immer wieder zu neuen Denkschulen kam, belegt ihre Vorläufigkeit und Relativität. Charakteristisch ist, wie drängend dabei stets die Gottesfrage war. Das ist freilich keine Eigenart antiker P., sondern Grundbestandteil des Menschlichen schlechthin (Röm 1,20). Da jedoch der Gedanke der Erlösungsbedürftigkeit dem antiken Menschen fremd blieb, gerieten seine Denkwege auf die falsche Bahn (Röm 1,21), wobei Schuld und Verhängnis in einem dialektischen Miteinander stehen. Im Kern ist es das überhebliche Ausblenden der Sündhaftigkeit des Menschen, das diesen Irrweg entstehen ließ (Jes 59,2; Röm 1,28). Dadurch kam es zu einer falschen Anthropologie, zur Konstruktion einer dualistischen Welt und zu einer verfehlten Gottesvorstellung. Weil man Gott als den persönlichen Schöpfer nicht kannte, gestaltete man ihn nach dem Bild der eigenen Vernunft und setzte diese letztlich mit Gott gleich. Insofern hat die antike P., insbesondere das vorherrschende System des Platonismus, den Charakter einer Religion, einer theologischen P. Das wird v.a. beim Neuplatonismus deutlich, der ein bewußtes Gegenkonzept zum Christentum darstellt.

Das philosophische Denken zeichnet bis heute die gleichen Linien, zumal in der Antike alle entscheidenden Probleme bereits aufgeworfen worden sind. Das Denken ohne Gott bzw. von einem falschen Gottesbild her endet stets, wie schon die nachklassische P. zeigt, im Skeptizismus, Nihilismus oder Irrationalismus. Mag man auch die denkerische Leistung der antiken P. hochschätzen, ihre Systeme sind entscheidend geschwächt infolge ihrer reduzierten Wahrnehmung der Realität. Deshalb konnte auch das Christentum rasch diese P. siegreich überwinden. Es wurde seinerseits geschwächt, als manche versuchten, antike P. und bibl. Lehre zu verbinden. Gottes Offenbarung weist dagegen in eine andere Richtung: nämlich die Personifizierung der von allen gesuchten Wahrheit in Jesus Christus (1Kor 3,11) als Grundlage und die Gefangennahme allen Denkens unter den Gehorsam Christi (2Kor 10,5) als Weg.

Literatur: A. Anzenbacher: Einführung in die Philosophie, 1981; W. Beierwaltes: Denken des Einen. Studien zur neuplatonischen Philosophie und ihrer Wirkungsgeschichte, 1985; K. Bormann: Platon, 1973; W. Burkert: Weisheit und Wissenschaft, 1962; C.J. Classen (Hrsg.): Sophistik, 1976; H. Dörrie: Platonica minora, 1976; ders.: Spätantike Metaphysik als Theologie, in: Kirchengeschichte als Missionsgeschichte, Bd. 1: Die Alte Kirche, hrsg. von H. Frohnes und U.W. Knorr, 1974, S. 262-282; ders.: [Art. zu den genannten Philosophen], in: KlP, Bd. 1-5, 1979; ders.: RAC 12, 1983, S. 81-154; ders.: Die geschichtlichen Wurzeln des Platonismus (Der Platonismus in der Antike, Bd. 1), 1987; J. Düring: Aristoteles. Darstellung und Interpretation seines Denkens, 1966; M. Forschner: Die stoische Ethik, 1981; C. Friedlein: Geschichte der Philosophie. Lehr- und Lernbuch, 14 1984; C.-F. Geyer: Einfühung in die Philosophie der Antike, 1978; O. Gigon: Antike Philosophie (Bibliographische Einführungen in das Studium der Philosophie, Bd. 5) 1948; ders.: Sokrates. Sein Bild in Dichtung und Geschichte, 2 1979; A. Graeser: Platons Ideenlehre. Sprache, Logik und Metaphysik. Eine Einführung, 1975; ders.: Die Philosophie der Antike, Bd. 2: Sophistik und Sokratik, Plato und Aristoteles, 1983; W.K.C. Guthrie: A History of Greek Philosophy, 6 Bde., 1962-81; F.P. Hager (Hrsg.): Metaphysik und Theologie des Aristoteles, 1969; K. Hildebrandt: Platon. Logos und Mythos, 2 1959; W. Hochkeppel: War Epikur ein Epikureer? Aktuelle Weisheitslehren der Antike, 1984; O. Höffe (Hrsg.): Klassiker der Philosophie, Bd. 1, 1981; U. Hölscher: Anaximander und die Anfänge der Philosophie, in: Hermes 81, 1953, jetzt in: Um die Begriffswelt der Vorsokratiker, hrsg. von H.G. Gadamer, 1968, S. 95-176; M. Hossenfelder: Die Philosophie der Antike, Bd. 3: Stoa, Epikureismus und Skepsis, 1985; W. Jaeger: Die Theologie der frühen griechischen Denker, 1953; W. Kranz: Die griechische Philosophie, zugleich eine Einfühung in die Philosophie überhaupt, 5 1962; W. Luther: Wahrheit, Licht und Erkenntnis in der griechischen Philosophie bis Demokrit, 1966; W. Nestle: Vom Mythos zum Logos. Die Selbstentfaltung des griechischen Denkens von Homer bis auf die Sophistik und Sokrates, 1942, ND 1986; W.F. Otto: Theophania. Der Geist der altgriechischen Religion, 1956; W. Pannenberg: Die Aufnahme des philosophishen Gottesbegriffs als dogmatisches Problem der frühchristlichen Theologie, in: ZKG 70, 1959, jetzt in: ders.: Grundfragen systematischer Theologie, Bd. 1, 3 1979, S. 296-346; ders.: Christentum und Platonismus. Die kritische Platonrezeption Augustins in ihrer Bedeutung für das gegenwärtige christliche Denken, in: ZKG 96, 1985, S. 147-161; S.H. Pfürtner et al.: Ethik in der europäischen Geschichte, Bd. 1: Antike und Mittelalter, 1988; M. Pohlenz: Die Stoa. Geschichte einer geistigen Bewegung, 2 Bde., 5 1978/80; K.R. Popper: Die offene Gesellschaft und ihre Feinde, Bd. 1: Der Zauber Platons, 1957; W. Röd: Die Philosophie der Antike, Bd. 1: Von Thales bis Demokrit, 1976; E. Rudolph: Zeit und Gott bei Aristoteles aus der Perspektive der protestantischen Wirkungsgeschichte, 1986; W. Schadewaldt: Das Welt-Modell der Griechen, in: Die neue Rundschau 68, 1957, S. 187-213; V. Schubert: Plotin. Eine Einführung in sein Philosophieren, 1973; B. Snell: Die alten Griechen und wir, 1962; ders.: Die Entdeckung des Geistes. Studien zur Entstehung des europäischen Denkens bei den Griechen, 4 1975; J. Stenzel: Metaphysik des Altertums (Handbuch der Philosophie I/D) 1931/34; W. Theiler: Zur Geschichte der theologischen Naturbetrachtung bis auf Aristoteles, 2 1968; W. Windelband: Geschichte der abendländischen Philosophie im Altertum, 4 1963; K. Wuchterl: Grundkurs: Geschichte der Philosophie, 1986. L.E.v.P.

PHOEBE. Diese Frau stand im Dienst der Gemeinde von *Kenchreä (Diakonin). Paulus nennt sie (Röm 16,1) »unsere Schwester«. Über ihre Tätigkeit schreibt er »sie hat vielen beigestanden, auch mir selbst«. Das griech. Wort für »Beistand leisten« bezeichnet ursprünglich ganz amtlich den Rechtspfleger, der den Fremdling, der kein Bürgerrecht hat, in allen Rechtsgeschäften vertritt. Es ist möglich, daß P. sich besonders der Reisenden, vor allem der durchreisenden Christen als Fürsorgerin annahm. Diese Frau sollte nach Rom kommen, weshalb Paulus sie den dortigen Christen empfiehlt (Röm 16,1f). Möglicherweise ist P. die Überbringerin des *Römerbriefes.

Literatur: s. *Römerbrief, Kommentare. A.F.W./Red.

PHÖNIZIEN.

I. LAGE, LANDSCHAFT, NAME.

Phönizien erstreckt sich in etwa vom *Karmel-Gebirge im S bis zur Mündung des Orontes im N. Das Land besteht aus einem sehr schmalen Küstenstreifen, der im O durch relativ schroff ansteigende Hügel bzw. Gebirge (*Libanon) begrenzt wird. Dieser schmale Küstenstreifen erreicht an manchen Stellen eine

Die wichtigsten Städte der Phönizier.

Eine Schale aus Bronze mit Reliefverzierung, hergestellt in Phönizien und als Tribut nach Nimrud, Assyrien, gebracht. Durchmesser: 22 cm; 8. Jh. v. Chr. (BM)

W-O-Ausdehnung bis etwa 4 km (so bei Tyrus) und schrumpft an anderen Stellen auf wenige hundert Meter zusammen. Er wird an zahlreichen Stellen von Bächen durchschnitten, die besonders in der Regenzeit und zur Zeit der Schneeschmelze im Libanon zu schwer zu bewältigenden Hindernissen für den Verkehr werden. Dies gilt besonders für die ältere Zeit, denn die Einwohner P.s kannten den Bau von Brücken nicht; diesen brachten erst die Römer ins Land. Schon die landschaftlichen Gegebenheiten vermögen manche Besonderheit der Phönizier einleuchtend zu machen. So hat etwa der beschwerliche Zugang zum Hinterland für die sehr bald begonnene Seefahrt entlang der Küste und die Hinwendung zum Meer einige Bedeutung gehabt. Ebenso erklärt die große Längsausdehnung, bei der sehr geringen Breite des Landes, verbunden mit der Schwierigkeit des Überwindens der kleinen Flüsse und Vorgebirge, zumindest teilweise, warum P. nie im eigentlichen Sinne ein einheitliches Staatswesen hervorgebracht hat. Ähnlich wie in Griechenland ist die Geschichte P.s die Geschichte einer Handvoll Stadtstaaten, die sich auf einer gemeinsamen kulturellen und strukturell-politischen Basis autonom entwickelten. Die bedeutendsten dieser Stadtstaaten sind *Tyrus, *Sidon, Byblos (*Gebal), *Arad und *Ugarit. Der Name P. ist dem Land von den Griechen gegeben worden. Die Bewohner selbst nannten sich entweder nach dem Stadtnamen oder übergreifend *Kanaanäer. Der Name P. ist vermutlich eine direkte Übersetzung von Kanaan und bedeutet soviel wie »Purpur«.

II. QUELLEN.

An erster Stelle sind die Ausgrabungen zu nennen. Am ausführlichsten wurde in Byblos ausgegraben, für die frühe Zeit ist auch Ugarit von großer Bedeutung. Sodann besitzen wir eine Reihe alter Texte, in denen P. eine Rolle spielt: so etwa der Bericht des Ägypters Wen-Amun, assyr. Texte (meist im Zusammenhang mit Eroberungen), die Amarna Briefe (eine reichhaltige Korrespondenz von Fürsten aus dem palästin.-syr. Raum mit dem ägypt. Pharao), einige Texte des AT beschäftigen sich mit phönizischen Stadtstaaten, Zeugnisse antiker Schriftsteller von Herodot bis *Josephus (der aus verlorengegangenen phönizischen Stadtchroniken zitiert). Daneben sind noch einige eher spärliche Inschriften zu erwähnen, meist finden sie sich auf Sarkophagen von Königen. Umstritten ist, wie weit man die mythologischen Texte von Ugarit als direktes Zeugnis für die Religion der phönizischen Stadtstaaten heranziehen darf. Sicher ist, daß die phönizische Mythologie von struktureller Ähnlichkeit war. Zu erwähnen ist endlich noch als Quelle das Werk des Philo von Byblos über die phönizische Geschichte. Philo beansprucht, eine Übersetzung eines sehr viel älteren Werkes zu bringen, nämlich einer Geschichte P.s, verfaßt von einem gewissen Sanunchiaton. Dieser Anspruch ist aber in dieser Form nicht zu halten. Es bleibt die Frage, wie weit Philo, der im 1. bzw. Anfang des 2. Jh.n.Chr. gelebt hat, älteres Gut bewahrt hat.

III. GESCHICHTE.

Die älteste archäologisch bekanntgewordene Siedlung, die auch systematisch ausgegraben wurde, ist Byblos, das als kleine Ansiedlung von Fischern bis ins 5. Jt.v.Chr. zurückreicht. Bereits in seiner frühen Geschichte ist das Land stark vom Kräftespiel der Großmächte beeinflußt, einerseits von Ägypten und andererseits vom jeweiligen Herrscher im mesopotamisch-syr. Raum. Bis etwa 2200 v.Chr. stehen die Stadtstaaten unter ägypt. Einfluß. Für Ägypten war das Land vor allem wegen der Holzlieferung wichtig. Dieses Holz benötigte Ägypten nicht nur als Baumaterial, sondern auch für die Ausstattungsgegenstände der Gräber. Ägypten selber besaß kein Holz, P. war reich an Zedern- und anderen Wäldern. Als sich um 2200 v.Chr. der ägypt. Einfluß abschwächte, orientierte sich Byblos nach dem Reich von Uruk. Der ägypt. Schwäche folgte eine Welle semit. Einwanderer, die Amurru (*Amoriter), mit deren Eindringen die Zerstörung vieler Städte verbunden war. Die folgenden Jahrhunderte waren Zeiten der Unruhe, in denen sich Byblos nur langsam erholte.

Als um 1950 v.Chr. Ägypten unter der XII. Dynastie erstarkte, änderten sich die Verhältnisse. Die phönizischen Städte kamen unter ägypt. Einfluß zurück, eine Zeit regen Handelsverkehrs begann. Der Stadtkönig, der zugleich Herrscher und Kaufmann war, erhielt bei gleichzeitiger Eigenständigkeit ägypt. Ehrentitel (z.B. *katy-a*, »Graf«), welche wohl mehr Ehrenbezeichnungen als Ausdruck der Unterordnung unter ägypt. Oberhoheit waren. In dieser Zeit ist auch die älteste byblische (»protobyblische«) Schrift entstanden. Sie ist deutlich angelehnt an die ägypt. Hieroglyphen, steht aber mit ihren maximal 114 Zeichen am Übergang von der Silben- zur Buchstabenschrift. Sie hat allerdings nur lokale Bedeutung gehabt. Um 1700 v.Chr. drang ein neues Bevölkerungselement aus N ein, die nichtsemit. *Hurriter. Ägypten geriet unter der Fremdherrschaft der Hyksos in eine Zeit des Niedergangs, und für P. brachen schwere Zeiten an. Erkennbar ist dies etwa am archäologischen Befund: es wurden umfangreiche Verstärkungen an den Stadtbefestigungen vorgenommen, verborgene Depots für Wertsachen wurden angelegt. In der 2. Hälfte des 16. Jh.v.Chr. geriet P. wieder unter ägypt. Einfluß. Dieses Mal aber ging es den Pharaonen nicht mehr nur um den Handel, sondern um die Beherrschung und Ausbeutung der eroberten Gebiete. Die Grenze des ägypt. Herrschaftsbereiches nach N bildete dabei das oft umkämpfte *Kadesch. Rivale der Ägypter ist hier das Reich von Mitanni in N-Syrien. Aus dieser Zeit (zwischen 1375 und 1347 v.Chr.) stammen die Tell el-Amarna-Briefe, die in dem gleichnamigen Ort in Oberägypten gefunden wurden. Die Stadtfürsten waren keine einsam regierenden Tyrannen, sondern Repräsentanten der Stadtaristokratie. Ihnen zur Seite standen vermutlich Ältestenräte und wohlhabende Bürger, die ebenfalls einen gewissen Einfluß auf das Geschick der Stadt hatten. Diese Herrscher waren nun allerdings zu ägypt. Vasallen geworden, denen ägypt. Distriktskommissare vorstanden. Um 1200 v.Chr. geschah der Einbruch der Seevölker: Ugarit wurde vernichtet und nicht mehr aufgebaut, Arad und Sidon zerstört. Der ägypt. Einfluß ging jetzt schrittweise ganz zurück, die Seevölker vermischten sich mit der einheimischen Bevölkerung, das ist die eigentliche Geburtsstunde des phönizischen Volkes.

Da die Großmächte zeitweise untätig blieben, begann eine Ära der Unabhängigkeit und Blüte der phönizischen Städte. Am Beginn dieser Zeit scheint Sidon eine Art Vormachtstellung unter den Städten eingenommen zu haben, die erst um 1000 v.Chr. mit dem Aufstieg von Tyrus ein Ende fand. Z.Zt. *Davids und *Salomos gab es zwischen Israel und Tyrus enge Handelsbeziehungen, die in der Beteiligung von tyrischen Handwerkern und Materialien am Tempelbau besonders gut dokumentiert sind (vgl. 1Kön 5,15-32). Diese guten Beziehungen wurden auch rund hundert Jahre später deutlich, als Itobaal von Tyrus seine Tochter dem *Ahab von Israel zur Frau gab. Zugleich aber tauchten mit zunehmendem tyrischen Einfluß schwerwiegende Probleme auf rel. Gebiet auf (vgl. 1Kön 16,30-32).

Um 875 v.Chr. begann in verstärktem Maße der assyr. Einfluß. Militärischen Vorstößen auf seiten der Assyrer entsprachen Tributleistungen auf seiten der Phönizier. Die assyr. Expansion hatte aber noch nicht das Gepräge dauernder Oberherrschaft, sondern bestand eher in einer Kontrollmöglichkeit des Gebietes und der Einziehung von Tribut.

Unter Tiglatpilesar III. (im Jahre 743 v.Chr.) änderte sich das, und ein Teil der phönizischen Stadtstaaten wurde dem Assyrerreich einverleibt; 701/700 v.Chr. fiel Sidon, und nach langer Belagerung auch Tyrus in die Hände der Assyrer. In der Folgezeit gab es des öfteren Aufstände, die jedoch samt und sonders niedergeschlagen wurden und eine Erneuerung der Tributpflicht brachten. Die Krise des Assyrerreiches und dessen Zusammenbruch 612 v.Chr. brachten den Städten eine kurze Phase der Erholung.

609-605 v.Chr. war es wieder Ägypten, das nun – seines großen Rivalen ledig – den syro-palästin. Raum kontrollierte. Schon 605 v.Chr. aber wird der Einfluß Ägyptens durch Nebukadnezar in der Schlacht von *Karkemisch gebrochen. Die phönizischen Städte leisteten dem Eroberer Widerstand, der aber, zum Teil nach langem und zähem Kampf (wie etwa im Falle von Tyrus, das 13 Jahre lang Widerstand leistete) am Ende scheiterte. P. wurde Teil des babylon. Imperiums.

Durch den Untergang Babylons – herbeigeführt durch die *Perser – wurden die phönizischen Städte von einer harten Oberherrschaft befreit. Unter Darius I. wurden sie der fünften Satrapie zugeteilt; ihre Autonomie wurde nicht angetastet, allerdings standen sie unter der Kontrolle von Bevollmächtigten und Strategen. Mit dieser Lage sind die Städte vermutlich zufrieden gewesen, da für eine lange Zeit keine Berichte über Aufstände vorliegen. Die pers. Oberhoheit endete durch den Sieg Alexanders bei Issos (333 v.Chr.), die bedeutendsten Städte öffneten ihm freiwillig die Tore, nur Tyrus wollte für sich eine relative Unabhängigkeit bewahren, worauf Alexander es belagerte, einen riesigen Damm aufschütten ließ und die Insel nach schwerem Blutvergießen eroberte.

In kultureller Hinsicht wurde das Land nun stark vom Hellenismus geprägt, der allmählich die eigene Tradition zu verdrängen begann. P. fiel in der Nachfolgezeit Alexanders an das Seleukidenreich, Tyrus und Sidon wurden zu Zentren griech. Philosophie und Literatur. Die Herrschaft der Seleukiden war zu der Zeit, als Pompeius (64 v.Chr.) Syrien und Palästina eroberte, im Niedergang. Nach der Eroberung durch die Römer hatte die Provinz einige Jahrzehnte unter Attacken der Parther zu leiden, die aber durch Octavian beendet wurden. In der nun folgenden Zeit der pax romana kamen auch die Städte P.s zu neuer Blüte.

IV. WIRTSCHAFT, HANDEL, KULTUR.

Zweifellos haben die Phönizier die spärlichen Anbaumöglichkeiten, die ihnen zur Verfügung standen, ausgenützt und Landwirtschaft betrieben. Von größerer Bedeutung für die phönizische Wirtschaft waren jedoch die großen Wälder, bes. die berühmten Zedernwälder. Das Holz dieser Bäume war in allen umliegenden Ländern sehr begehrt, es wurde auf dem Seeweg nach Ägypten und auf Karawanenstraßen nach Mesopotamien befördert.

Berühmt waren die Phönizier für die Produktion farbiger Stoffe, besonders der Purpurstoffe. Die Farbe wurde aus Schnecken (*Murex trunculus* oder *Murex brandaris*) gewonnen. In der Nähe der Städte hat man große Hügel, bestehend aus Schneckenabfällen, gefunden. Das Gewerbe der Farbstoffgewinnung wurde vermutlich – wegen der damit verbundenen Geruchsbelästigung – außerhalb der Stadt ausgeübt. Die so gefärbten Stoffe waren qualitativ hochwertig, teuer und im ganzen Mittelmeerraum berühmt und begehrt.

Ein anderes Gewerbe, das den Phöniziern Ruhm einbrachte, war die Glasproduktion (Plinius d. Ältere bezeichnete sie sogar als Erfinder dieses Handwerks). Zwar wurde die Glasproduktion bereits vorher in Ägypten betrieben, doch waren die Phönizier die ersten, die durchsichtiges Glas zu erzeugen vermochten, und im 1. Jh. v.Chr. kam noch die folgenreiche Erfindung der Glasbläserei dazu. Zudem waren die Phönizier auch sehr geschickt in der Verarbeitung importierter Materialien wie Metall und Elfenbein.

Mit all diesen Fähigkeiten, der Lage an der See, der N-S-Verbindung und der hohen Tüchtigkeit der Phönizier in bezug auf die Schiffahrt wurden sie zu einer bedeutenden Handelsmacht, die Verbindung hielt mit dem ganzen Mittelmeerraum. Ein beredtes und eindrückliches Bild dieser Handelsmacht zeichnet der Prophet Hesekiel im 27. Kap. seines Buches. Die Phönizier waren große Seefahrer, so berichtet Herodot, die um 600 v.Chr. den afrikanischen Kontinent umschifft haben sollen, andere berichten von einer Expedition zu den britischen Inseln und zum Golf von Guinea. Durch ihre rege Seefahrerei gründeten die Phönizier viele Handelsniederlassungen, die dann zu Kolonien wurden, vom ägypt. Delta bis nach Zypern, Kreta und Rhodos, Sizilien, Sardinien, Spanien und Afrika. Die wohl berühmteste Kolonie, Karthago, stammt etwa aus der Zeit um 814 v.Chr.

Die vielleicht größte Leistung der Phönizier war die Verbreitung des Alphabets. Die Erfinder desselben im eigentlichen Sinne sind sie wohl nicht gewesen. Dieses Verdienst kommt möglicherweise Ugarit zu, denn dort finden wir bereits im 14. Jh.v.Chr. eine vollalphabetische Schrift, wenn auch aus Keilschriftzeichen bestehend. Umstritten ist noch immer die Bedeutung der protosinaitischen und der protophönizischen Inschriften. Die eine Möglichkeit besteht darin, daß die ursprüngliche Anregung für ein Alphabet von einem in Ägypten vorhandenen Prinzip ausgeht, nach dem ein Zeichen auch allein für den Anfangskonsonanten des betreffenden Wortes stehen kann, und von dort über die Vorläufer des phönizischen Alphabets bis zu diesen selbst geht; oder dergestalt, daß das Alphabet in Ugarit entstanden wäre und daraus unter beträchtlicher Veränderung und Vereinfachung das phönizische Alphabet wurde, das dann weite Verbreitung fand. Interessanterweise ist jedoch von dem Volk, das sich so große Verdienste um die Schaffung des Alphabets und damit einer praktikablen, einfachen Schrift erworben hat, kaum ein Literaturwerk auf uns gekommen.

In bezug auf die Kunst läßt sich mit Moscati (S. 101) sagen: »dank der politischen und wirtschaftlichen Situation machen sich auf große Kunst gerichtete Bestrebungen nur wenig geltend, während eine kunsthandwerkliche Produktion überwiegt, in der die auswärtigen Einflüsse verschiedenartig kombiniert werden und der richtige Zusammenhang sowie die stilistische Tradition oft mangeln.« Was wir besitzen sind vor allem Elfenbeinarbeiten und diverse Kleinkunst (Glas), einige Skulpturen und sehr schöne Sarkophage.

V. RELIGION.

Die Religion der Phönizier ist im Grunde genommen einheitlich gewesen, hat aber in jeder Stadt eine abweichende Ausprägung erfahren, die sich besonders in den spezifischen Stadtgottheiten und ihren Funktionen auswirkte. So sind in Byblos die drei höchsten Götter El, Baalat und Adonis; El ist zwar der erste Gott, bleibt aber im Hintergrund; im Vordergrund steht die Göttin Baalat (»Herrin«), zugleich Stadtgöttin (Baalat Gebal Herrin von Byblos). Sie entspricht im wesentlichen der Mutter Erde, der Fruchtbarkeit, die alles hervorbringt. Adonis heißt mit seinem semit. Namen Adon (»Herr«). Er ist die Jünglingsfigur, die dem griech. Adonis, dem babylon. Tammuz, dem ägypt. Osiris und dem ugarit. Baal entspricht. Sein Sterben und Auferstehen symbolisiert das alljährliche Sterben und Auferstehen der Vegetation auf Erden. Er ist im Kult und in der mythischen Erzählung aufs engste mit der Mutter-Göttin verbunden. Daneben kommen auch noch Baal Shamim (»Herr des Himmels«), Baal Addir (»der mächtige Herr«) und andere vor. Auch in Sidon finden wir den ersten Gott El im Hintergrund, es dominiert die höchste weibliche Gottheit, die Astarte, daneben tritt Eshmun. In Tyrus herrscht der Stadtgott Melkart, auch Baal von Tyrus genannt. In ihm fallen Elemente des Baal und El zusammen. Neben ihm steht hier Astarte. Man kann verallgemeinernd sagen, daß es in der phönizischen Religion so etwas wie eine Göttertrias gab, bzw. dieselbe weit verbreitet war. Der Stadtgott als Beschützer der Stadt, neben ihm seine Gattin oder Gefährtin, die den Kult der fruchtbaren Erde widerspiegelt, sowie einen jungen Gott, der in enger Beziehung zur Muttergottheit steht und mit dem Jahreszyklus der Vegetation verbunden ist. Neben dieser Trias gab es dann immer noch verschiedene Götter, die entweder differenzierte Funktionen hatten oder Hypostasen von Eigenschaften waren.

Der Kult war hauptsächlich auf die Höhen konzentriert und in der Nähe von Steinen, Bäumen oder Gewässern, die man als heilig erachtete, lokalisiert. Dort standen auch die Tempel, in deren Umkreis oft heilige Haine zu finden waren (die wir aus der Polemik des AT kennen). Im Kult der Astarte spielte die Tempelprostitution eine Rolle. Geopfert wurden Pflanzen und Tiere, in schweren Zeiten fanden auch Menschenopfer statt. Es gab rel. Feste, die meistverbreiteten zu Ehren des Adonis. Von einem Glauben an ein Weiterleben nach dem Tode geben die Grabbeigaben, die Einbalsamierungen, die Sarkophage und ihre Inschriften Zeugnis, die meist davor warnen, die Ruhe des Toten zu stören, andernfalls der Fluch der Götter denjenigen treffen soll, der dies wagt.

Literatur: Ap-Thomas: POTT, S. 259ff; Attridge, Oden: Philo of Byblos, 1981; D. Baramki: Die Phönizier, dt. 1965; A. Baumgarten: The phoenician history of Philo of Byblos, 1981; K.H. Bernhardt: Der alte Libanon, 1976; J.P. Brown: The Lebanon and Phoenicia I, 1969; P.K. Hitti: Lebanon in History, ^{3}1967; S. Moscati: Die Phöniker, 1975; Parrot, Chebab, Moscati: Die Phönizier, 1975; Wein, Opificius: 7000 Jahre Byblos, 1963.

G.Le.

Das Gebiet von Phrygien.

PHRYGIEN. Eine Landschaft im westl. Hochland Kleinasiens; sie erstreckt sich nach N bis in das Tal des oberen Sangarius, südwestl. das Tal des Mäander hinunter und südöstl. über die Hochebene, vielleicht bis nach Ikonion. P. war das (legendäre?) Reich des Königs Midas. Die Bevölkerung kam z.Zt. der attalidischen Könige von *Pergamon unter direkten hellen. Einfluß. 116 v.Chr. verleibten die Römer den größten Teil P.s ihrer Provinz Asia ein. Der östl. Bereich (Phrygia Galatica) wurde 25 v.Chr. der neuen Provinz Galatien angeschlossen. Die Römer waren von P.s ekstatischem Kybelekult angezogen. Nationaler Eifer spricht offensichtlich aus den trotzigen (wohl montanistischen) Grabsteinen des 2. Jh.n.Chr., die die frühesten noch vorhandenen öffentlichen Zeugnisse des Christentums sind. Es gibt jedoch keinen Hinweis auf eine einheimische christl. Gemeinde in ntl. Zeit. Gemeinden, die geographisch in P. liegen (*Laodizea, *Hierapolis, *Kolossä, das pisidische *Antiochia und vermutlich *Ikonion), entstanden in griech. Siedlungen. Es waren höchstwahrscheinlich jüd. Mitglieder dieser griech. Staaten, die Jerusalem besuchten (Apg 2,10). Wenn Kol 2,1, einen Besuch des Paulus nicht ausschließt, liegt die Vermutung nahe, daß sich Apg 16,6; 18,23 auf die ersten drei der obigen Städte am oberen Mäander beziehen. Andernfalls ist die Formulierung »Phrygien und Galatien« ein terminus technicus für Phrygia Galatica und bezieht sich bes. auf die Gemeinde von Ikonion und aus dem pisidischen Antiochia.

Literatur: Strabo, Geographica 12; J. Friedrich: RE 20, I, S. 781-891; W.M. Ramsey: Cities and Bishopries of Phrygia, 1895-7; A.H.M. Jones: Cities of the Eastern Roman Provinces, 1937; D. Magie: Roman Rule in Asia Minor, 2 vols., 1950; W.M. Calder: AnSt 5, 1955, S. 25-38; HdArch I, 268ff; O. Haas: Die phrygischen Sprachdenkmäler, 1956. E.A.J.

PHYLAKTERION s. Gebetsriemen

PI-HAHIROT. Letzter Lagerplatz der Israeliten vor dem Durchzug durch das Schilfmeer (2Mo 14,2.9; 4Mo 33,7f). Ägypt. Texte erwähnen den Ort als Pi-Keheret, »Tempel der (Göttin) Chrt (?)«; die hebr. Deutung des Namens wäre »Mündung der Kanäle«. Man sucht den Ort an verschiedenen Stellen längs des heutigen Suez-Kanals (BASOR 109, 1948, S.16; R. Caminos, Late-Egyptian Miscellanies, 1954, S.74).

PILATUS.

1. Die Karriere des Pilatus.

Der erste Name (latein. *praenomen*) des P. ist uns unbekannt. Der Familienname (*nomen gentile*) Pontius war über ganz Italien in den verschiedensten Gesellschaftsschichten verbreitet (M.J. Ollivier, RB 5, 1896, 247-254. 594-600), Konsuln der Jahre 17 und 37 n.Chr. hießen so. Dagegen ist der Beiname (*cognomen*) Pilatus äußerst selten und in seiner Bedeutung unsicher (»speerbewaffnet«, »kahl«, »zottig« ?). Die familiäre Herkunft des P. bleibt deshalb unklar, vielleicht war der Konsul des Jahres 17 n.Chr. ein Verwandter, der sein Emporkommen förderte. Aus der späteren Karriere des P. kann man schließen, daß er zum Ritterstand und damit zur gehobenen Mittelklasse zählte. Kaiser *Tiberius ernannte ihn anstelle von Valerius Gratus zum fünften Statthalter von *Judäa, das damals zwar zur Provinz *Syrien gehörte, aber als besonders problemreiches Gebiet über einen eigenen Präfekten verfügte. Eine 1961 in *Cäsarea Maritima, der ntl. Landeshauptstadt, aufgefundene Inschrift bestätigt, daß P. den Titel *praefectus* trug (A. Frova, RIL.L XCV, 1961, 419-434). Für eine Änderung seiner Amtsbezeichnung gegen Ende der Statthalterschaft (so E.J. Vardaman, JBL 88, 1962, 70f) in *procurator* gibt es in den Quellen keinen Anhalt (J.P. Lemonon, MB 56, 1988, 33). Diesen Titel, der erst mit *Claudius (41-54 n.Chr.) für die judäischen Statthalter eingeführt wurde (Lemonon, 43-48), gebraucht Tacitus anachronistisch, ebenso wie *Philo und *Josephus die griech. Entsprechung *epitropos*. Die Evangelien (Mt 27, 2.11.14f.21.27; 28,14; Lk 20,20) und teilweise auch Josephus verwenden den allgemeineren griech. Begriff *hēgemōn*, der unserem Statthalter entspricht. In jüngster Zeit ist wieder ein Amtsantritt des P. im Jahr 19 n.Chr. vertreten worden (D.R. Schwartz, Zion 48, 1983, 325-345 [Neuhebr.]). Die meisten Forscher bleiben aber bei der von Josephus genannten Amtszeit von zehn Jahren

Bronzemünze, ausgegeben von Pilatus. Sie zeigt einen Lituus *(Auguren-Stab), wie er in Zeremonien heidnischer Religionen benutzt wurde, und den Namen des Kaisers Tiberius (29–31 n. Chr.).* (BM)

(ant.Jud. XVIII 89) und datieren ihren Beginn auf 26 n.Chr. (vgl. Eus. h.e. I, 9,2; Chronik [GCS 47,173]: 12. bzw. 13. Jahr des Tiberius). Aufgrund einer Änderung der vor 21 n.Chr. gültigen Senatspolitik (Tac.ann. III. 33f) konnte P. seine Frau nach Judäa mitnehmen (vgl. Mt 27,19).

P. trat eine äußerst schwierige Aufgabe an. Er hatte im Auftrag des Kaisers in Judäa für Ruhe zu sorgen, wo gerade der Eifer für das Gesetz in die nationalrevolutionäre Bewegung der *Zeloten zu münden begann. Die *Sadduzäer unter Führung des geschickten Diplomaten *Kaiphas, der als Hoherpriester aus dem Prozeß Jesu bekannt ist, versuchten ihre Mitbestimmungsrechte auf Kosten des Statthalters auszuweiten. In militärischen Angelegenheiten mußte der judäische Präfekt auf den Legaten Syriens Rücksicht nehmen. P. standen für seine Aufgabe ein Kavallerieregiment und fünf Infantriekohorten, insgesamt etwa fünftausend Mann, zur Verfügung. Die Hauptstreitmacht war in Cäsarea stationiert, eine andere starke Garnison in Jerusalem in der an der NW-Ecke des Tempel-Platzes gelegenen Festung *Antonia. Dort wurden auch die hohepriesterlichen Gewänder aufbewahrt, über die P. die Verfügungsgewalt besaß. Der Statthalter mußte sich deshalb zu den großen Wallfahrtsfesten in die heilige Stadt begeben.

Wenn Philo P. ausschließlich als skrupellosen Machtmenschen zeichnet, der zu jeder nur erdenklichen Schlechtigkeit fähig war (LegGai 301), so ist diese Darstellung tendenziös einseitig (Maier, 347-351). In gewisser

Übereinstimmung mit den Evangelien entwirft Josephus ein differenzierteres Bild. Ob die Überbringung röm. Standarten nach Jerusalem am Beginn der Amtszeit des P. eine gezielte Provokation war, ist nicht so sicher, wie es Josephus darstellt. Jedenfalls gab P. schließlich nach, obwohl er zuerst gewaltsame Maßnahmen gegen die Sitzstreiks vor seinem Palast (*Prätorium) und eine Protestversammlung in der Arena angedroht hatte (Jos.ant.Jud. XVIII, 55-59; bell.Jud. II, 169-174). Als es wegen des Baus einer Wasserleitung (*Jerusalem VIII) aus Mitteln des Tempelschatzes zu einem Aufruhr kam, setzte P. seine Machtmittel durchaus verhältnismäßig ein (bell.Jud. II, 175-177). Man hat die Niedermetzelung galiläischer Festpilger durch P. (Lk 13,1-5) mit einem dieser Zwischenfälle verbinden wollen. Aber am ehesten gehört dieses Ereignis in das letzte Jahr vor der Kreuzigung Jesu (29 n.Chr), als dieser selbst nicht zum Passa nach Jerusalem kam (vgl. Joh 6,4). Der Vorfall kann zur Feindschaft zwischen P. und *Herodes Antipas beigetragen haben (Lk 23,12), die erst durch das diplomatische Verhalten des Statthalters während des Prozesses gegen Jesus (Lk 23,6f) beigelegt wurde (J. Blinzler, NT 2, 1957, 24-49).

Wie effektiv jüd. Beschwerden beim Kaiser sein konnten, zeigt eine andere von Philo (LegGai 299-305) mitgeteilte Episode, deren Geschichtlichkeit allerdings von manchen bezweifelt wird (P.L. Maier, HThR 62, 1969, 109-121). Danach erreichte eine nach Rom entsandte Abordnung von *Tiberius die Beseitigung goldener Schilde mit einer Kaiserwidmung, die P. an seiner Residenz in Jerusalem hatte anbringen lassen. Der Charakter des Statthalters läßt sich aufgrund der Quellen in kurzen Strichen so zeichnen, »eine zu seiner Natur gehörige anfängliche Trotzhaltung, ein unverkennbarer Respekt vor der jüdischen Hartnäckigkeit und die Scheu, wenn nicht Feigheit, des Beamten vor dem kaiserlichen Dienstgeber« (Strobel, 104). Diese Faktoren waren beim Verfahren gegen Jesus, das unabhängig von den Evangelien auch vom röm. Historiker Tacitus erwähnt wird (Tac.ann XV, 44), ebenfalls von großer Bedeutung.

2. Pilatus und der Prozeß Jesu.

Von den jüd. Quellen (bes. Philo) her wird immer wieder die Auffassung vertreten, die Evangelien würden die Rolle des Pilatus herunterspielen, um die Juden zu belasten. In Wirklichkeit habe es gar kein Verfahren vor dem Hohen Rat, sondern ausschließlich ein solches vor dem röm. Statthalter gegeben (so z.B. P. Winter, On the Trial of Jesus, 1961; W. Fricke, Standrechtlich gekreuzigt, 1987). So verständlich derartige Versuche angesichts einer schlimmen Geschichte des christl. Anti-Judaismus sind, so wenig lassen sie sich gegenüber den Quellen halten. Der Prozeß vor der jüd. Religionsbehörde entspricht durchaus dem, was wir über das Verfahren gegen einen der Volksverführung und Falschprophetie Angeklagten wissen (Strobel, 5-94; O. Betz, ANRW II, 25,1, 1982, 565-647). Da nur der Statthalter das Recht hatte, die Todesstrafe zu verhängen (Joh 18,31), mußte das religionsgesetzliche Verfahren in ein politisches umgewandelt werden. Auch der Prozeß vor dem Statthalter läßt sich bes. in der Darstellung der Evangelisten Lukas und Johannes, die sich im Passionsbericht auffällig eng berühren, mit den einschlägigen Bestimmungen des röm. Strafrechts vereinbaren (A.N. Sherwin-White, Roman Society and Roman Law in the New Testament, 1963 [ND 1981], 24-47; Strobel, 106-137). Wenn im Gegensatz zur Darstellung der jüd. Vertreter auch entlastende Momente für P., wie bes. seine Überzeugung von der Unschuld Jesu (Lk 23,15; Joh 18,38; 19,4.6.12), herausgestellt werden, so soll das nicht den Statthalter rechtfertigen, sondern vielmehr Jesus und damit auch die Christen gegenüber politischen Verdächtigungen entlasten (vgl. Apg 3,13 mit 4,27).

Das Verfahren entspricht in allen wesentlichen Stücken einem Provinzialprozeß, bei dem der Statthalter persönlich die Untersuchung (latein. *cognitio*) durchführte. Er selbst konnte nur bei offenem Aufstand die direkte Verfolgung ergreifen. Im Fall Jesu mußte die formale Initiative von einer dritten Partei (*delatio*) ausgehen. Die Mitglieder des Hohen Rates fungierten dabei als unabhängige Strafverfolger (*delatores*). Die Anklage wurde nicht als Verstoß gegen ein bestimmtes Gesetz vorgebracht, sondern als Fall, den der Statthalter selbst bewerten mußte (Mt 27,11; Mk 15,2-5; Lk 23,2). Die mehrmalige Frage des P. nach der angeblichen Königsherrschaft Jesu (Joh 18,33 – 19,11) entspricht der Form, die bei Verweigerung der eigenen Verteidigung üblich war (vgl. Plin.epist. X, 96,2f; Eus.h.e. V, 1,20). Nur das Beratungsgremium (*consilium*) des Präfekten wird nicht erwähnt, vielleicht, um die Darstellung theologisch auf das Gegenüber der Vertreter göttlicher und irdischer Königsherrschaft zu konzentrieren.

P. hatte die Möglichkeit, selbst bei der gegen Jesus vorgebrachten Anklage eine Strafe unterhalb der Hinrichtung zu verhängen. Der Statthalter versuchte, vom gerade ebenfalls in der heiligen Stadt weilenden galiläischen Landesfürsten ein außergerichtliches Zeugnis für die Unschuld Jesu zu erhalten (Lk 23,6-12). Herodes Antipas verfügte über glänzende

Beziehungen zum Kaiserhaus (Jos. ant. Jud. XVIII, 36) und seine Einbeziehung zeigt, wie sehr sich P. absichern wollte. Er wurde aber von den jüd. Anklagevertretern mit dem Hinweis unter Druck gesetzt, man könne ihn vor dem Kaiser verdächtigen, die Staatssicherheit zu vernachlässigen (Joh 19,12). Dieser Drohung einer Anklage wegen *maiestas minuta* wagte P. nicht, sich offen zu widersetzen. Er versuchte, das Leben Jesu nur noch dadurch zu retten, daß er ihn neben dem überführten Aufrührer *Barabbas als zweiten Kandidaten für die damals übliche Passa-Amnestie aufstellte (Mt 27,15-26; Mk 15,6-15; Lk 23,17-25; Joh 18,38-40). P. hatte sich aber in der Stimmung der Volksversammlung verschätzt, die er vielleicht abweichend vom regulären Verfahren in einer *acclamatio populi* entscheiden ließ. Neben vielen zum Zelotismus neigenden Festpilgern konnten die Hohenpriester auch die Stadtbewohner gegen eine Begnadigung Jesu mit dem Hinweis mobilisieren, daß mit der von ihm angesagten Zerstörung des Tempels (Mt 24,1f; Mk 13,1f; Lk 21,5f; vgl. Mt 26,61; Mk 14,57f) auch ihre Existenz auf dem Spiel stand (G. Theißen, Studien zur Soziologie des Urchristentums, [2]1983, 142-159). Von seinem Richterstuhl (griech. *bēma*, s. *Gabbata) aus ließ P. dann das offizielle Urteil ergehen (Mt 27,19.26; Joh 19, 12.16 vgl. Mk 15,15), von dem er trotz seiner effektheischenden Händewaschung (Mt 27,24) wußte, daß er sich dadurch mitschuldig machte.

3. Das Ende des Pilatus.

Die mindestens zehnjährige Amtsperiode des P. zeigt, daß es ihm nicht an Geschick fehlte, sich längere Zeit auf seinem schwierigen Posten zu behaupten. Immer wieder wird die nachgiebige Haltung im Prozeß gegen Jesus damit begründet, daß damals schon des P. einflußreicher Förderer, der Gardepräfekt und berüchtigte Antisemit Sejan (Philo, LegGai 159), gestürzt gewesen sei und somit das Verfahren nach 31, nämlich 33 n.Chr., stattgefunden habe (P.L. Maier, CH 37, 1968, 3-13). Aber die Datierung der Kreuzigung Jesu auf 30 n.Chr. ist durch andere Angaben gesichert (A. Strobel, Ursprung und Geschichte des frühchristlichen Osterkalenders, 1977). Den Verdacht des Majestätsverbrechens zu erwecken,

Die Namen Tiberius und Pilatus auf einem Stein aus dem Theater in Cäsarea. (MAIC)

war unter Tiberius (vgl. Tac.ann. III, 38; Sueton, Tiberius 58.61) zu jener Zeit lebensgefährlich (Blinzler, 337f). Man hat auch die Entwicklung bei der Münzprägung des P. mit dem Sturz des Sejan begründen wollen (E. Stauffer, NC I/II, 1949/50, 495-514). Nur aus den Jahren 29-31 n.Chr. sind Münzen bekannt (A. Kindler, Coins of the Land of Israel, 1974, 94), die röm.-heidnische Symbole wie den *lituus* (Stab der Auguren) und das *simpulum* (Gerät für den Kaiserkult) zeigen (K. Matthiae, E. Schönert-Geiß, Münzen aus der urchristlichen Umwelt, 1981, 82-85). Aber es bleibt unklar, ob P. damit die Juden reizen wollte, denn menschliche Bilder wurden auch unter ihm nicht aufgeprägt (Lemonon, 110-115). Unwahrscheinlich ist, daß mit dem *Tiberieum* der P.-Inschrift ein Tiberius-Tempel gemeint sein sollte (so E. Stauffer, Christus und die Cäsaren, 1966, 126-137), denn es handelt sich offensichtlich nicht um eine Stiftungsinschrift (Lemonon, 29-32). Auch von hier läßt sich deshalb eine bes. provokative, antisemit. Politik des P. nicht begründen.

Das Geschick, dem P. beim Prozeß Jesu entgehen wollte, ereilte ihn dann im Jahr 36 n.Chr. Damals zerstreute er blutig eine bewaffnete Zusammenrottung von *Samaritanern, die sich auf Weisung eines angeblichen Propheten auf dem *Garizim versammelt hatten, um dort die durch Mose (oder den Hohenpriester Uzi der samaritan. Tradition?) versteckten heiligen Gefäße auszugraben (Jos.ant.Jud. XVIII, 85-89). Obwohl eigentlich die Tatsachen für den Statthalter sprachen, hatte ein Protest des Stadtrates von *Samaria Erfolg. Der syr. Legat Vitellius sandte P. nach Rom, vielleicht um so Platz für seinen Günstling Marcellus (vgl. Jos.ant.Jud. XVIII, 89) zu schaffen. P. erreichte die Hauptstadt erst nach dem Tod des Tiberius am 16. März 37 n.Chr. (ibid.), deshalb muß der Präfekt entgegen einer weit verbreiteten Annahme (Schürer, 386-388) den größten Teil des Jahres 36 n.Chr. noch in Judäa verbracht haben. Eine wahrscheinlich glaubwürdige Überlieferung (Eus.h.e. II, 7) meldet den Selbstmord des P. unter Kaiser Gajus *Caligula (37-41 n.Chr.), vielleicht in Vienne an der Rhône, wie die örtliche Tradition behauptet (P. Cavard, Vienne la Sainte, 1939, 32-71).

4. Spätere Legendenbildung.

Möglicherweise trifft zu, daß P. Akten über den Prozeß Jesu nach Rom sandte, wie Justin (Apol. I, 35) und Tertullian (Apol. 5,2; 21,24) im 2. Jh. behaupteten (M. Sordi, The Christians and the Roman Empire, 1986, 16). Nichts zu tun mit einem solchen amtlichen Bericht haben aber jedenfalls die sog. Pilatus-Akten, auch Nikodemus-Evangelium genannt (Hennecke-Schneemelcher[5] I, 395-424), die aus dem 2. Jh. stammen (*Apokryphen NT II. 1d). Auch darüberhinaus hielt die Legendenbildung an (J. Michl, LThK II, 1958, 688-693) bis hin zum mittelalterlichen Lentulus-Brief, der gelegentlich noch heute von leichtgläubigen Christen für echt gehalten wird. Hatte schon Tertullian P. für einen heimlichen Christen gehalten, so brachte er es in der äthiop. Kirche sogar bis zum Heiligen (E. Cerulli, PBA 59, 1973, 141-158). Nichts zu tun mit solchen Phantastereien hat der Satz des Glaubensbekenntnisses »unter Pontius Pilatus gekreuzigt« (vgl. 1Tim 6,13). Hier dient die Nennung des heidnischen Statthalters dazu, das Heilsgeschehen fest in der Geschichte zu verankern (S. Liberty, JTS 45, 1944, 38-56).

Literatur: A. Bajšič: Bibl 48 (1967), 7-28; J. Blinzler: LThK VIII, 1963, 505f; ders.: Der Prozeß Jesu, [4]1969, 245-356; F.F. Bruce: Zeitgeschichte des NT I, 1986, 201-210; E. von Dobschütz: RE XV, 1904, 397-401; E. Fascher: PRE XX, 1950, 1322f; A.F.J. Klijn: BHH III, 1966, 1472f; G. Kroll: Auf den Spuren Jesu, [10]1988, 332-335; J.P. Lemonon: Pilate et le gouvernement de la Judée, 1981; P.L. Maier: Pilatus – Roman nach Dokumenten, 1982; R. Pesch: Der Prozeß Jesu, 1988; B. Reikke: Neutestamentliche Zeitgeschichte, [3]1982, 177-195; S. Sandmel: IDB III, 1962, 811- 813; A.N. Sherwin-White: ISBE III, 1986, 867-869; E. Schürer (bearb. von G. Vermes u.a.): The history of the Jewish people I, 1973, 383-387; E.M. Smallwood: The Jews under Roman Rule, [2]1981, 160-174; A. Strobel: Die Stunde der Wahrheit, 1980, 99-137. R.R.

PILGER. Der hebr. Ausdruck *ʾeres megūrīm* meint wörtlich »Land der Reiseaufenthalte« (die Pluralform ist hier wohl eher grammatikalisch als zahlenmäßig zu verstehen und sollte in der Singularform wiedergegeben werden). In 1Mo 17,8; 28,4; 36,7; 37,1; 2Mo 6,4 gebraucht die LXX *paroikeō* oder ein verwandtes Verb (vgl. Hes 20,38; Ps 55,15; Hiob 18,19, wo ein verwandter hebr. Ausdruck »Wohnungen« oder »Aufenthalte« meint). Daß die Lebenszeit gemeint ist, unterstreicht die LXX in 1Mo 47,9, indem sie *zōē*, »Leben«, benutzt. Eine Parallele dazu ist Ps 119,54, wo »das Haus, in dem ich Pilger bin« einfach »mein sterblicher Körper während meiner irdischen Existenz« bedeutet.

Es gibt im Hebr. zwei Begriffe für einen ansässigen Fremden - gewöhnlich ein heidnischer Einwohner Palästinas: *gēr*, aus der selben hebr. Wurzel wie *gegūrīm*, und *tōschāb*. Das erste Wort bezeichnet gewöhnlich einen längeren, das zweite einen kürzeren Aufenthalt. Die LXX übersetzt den ersten Ausdruck mit *paroikos*, den zweiten mit *parepidēmos*. Griech. *paroikos, parepidēmos* und verwandte Begriffe finden sich im NT (1Petr 1,1.17 und in AT-Zitaten (Hebr 11, 13; 1Petr 2,11). Zur ntl.

Zeit kann man wohl mit Recht sagen, daß der *paroikos* sich nicht nur länger im Lande aufhielt als der *parepidēmos*, sondern auch mehr in das bürgerliche Leben seiner Wahlheimat integriert war (auch in steuerlicher Hinsicht). Die »auserwählten Fremdlinge« (*eklektoi parepidēmoi*, 1Petr 1,1) sind Menschen, die der Vergänglichkeit unterworfen sind, aber durch Christus Jesus zum ewigen Leben erwählt wurden und sich daher grundsätzlich von ihren Zeitgenossen unterscheiden. Hebr 11,13 übersetzt »Gäste und Fremdlinge«; dies erinnert an Ps 39, 13; 1Chr 29,14, aber auch an 1Mo 47,9.

Die Vorstellung einer Pilgerreise als rel. motivierter Reise an einen heiligen Ort, wie z.B. Abrahams Reise zum Berg Morija, ist geläufig, obwohl ein terminus technicus hierfür in der Bibel fehlt. Reisen zu den großen Festen nach Jerusalem waren zu ntl. Zeit üblich (vgl. Lk 2,41f). Jede davon war eine »festliche Wallfahrt« (hebr. *hāg*; vgl. arab. *hadsch*).

Literatur: W. Grundmann: ThWNT II, 1935; 62-64; O. Michel: ThWNT V, 1954, 122-161; R. Meyer, K.L. Schmidt, M.A. Schmidt: ibid., 840-852; H. Bietenhard: TBLNT I, [4]1986, 376-379; D.J. Wiseman: The Word of God for Abraham and To-day, 1959.

R.A.S.

PINHAS. Name ägypt. Ursprungs, *p'-nchsy*, »Nubier«, der im Neuen Reich in Ägypten häufig vorkam (16.-12. Jh.v.Chr.). Im AT tragen drei Personen diesen Namen.

1. Sohn *Eleasars und Enkel *Aarons (2Mo 6,25; 1Chr 6,35; Esr 7,5) mit priesterlichen Nachkommen (Esr 8,2). Als die Israeliten sich midianitische Frauen nahmen und deren Göttern dienten, tötete P. aus Eifer um Jahwe einen Israeliten und dessen (heidnische) midianitische Frau (4Mo 25; Ps 106,28ff). Sein Einschreiten beendete eine Epidemie, die schon viele Menschenleben gefordert hatte.

P. nahm am Krieg gegen Midian teil (4Mo 31,6). Er unterstützte Josua bei der Beilegung des Streites mit den Stämmen des *Ostjordanlandes wegen ihres Gedächtnisaltares (Jos 22,9ff). Nach der Bestattung seines Vaters in Gibea (Jos 24,33) wurde P. amtierender Priester in der frühen Richterzeit (Ri 20,28; vielleicht 1Chr 9,20).

2. Der jüngere der beiden Söhne des Priesters *Eli in der späten Richterzeit (1Sam 1,3; vgl. 2,12-17.34). Er starb in der Schlacht von Afek, bei der die Philister die Bundeslade eroberten (1Sam 4). Seine Frau starb bei der Geburt ihres Sohnes Ikabod, als sie die Nachricht vom Tod ihres Mannes erhalten hatte (1Sam 4,19-22). Ein Enkel dieses P. war unter Saul Priester (1Sam 14,3).

3. Vater des Priesters Eleasar z.Zt. Esras (Esr 8,33). K.A.K.

PIRATON. Fer'ata, 9 km westsüdwestl. von *Sichem, die Heimat des ephraimitischen Richters *Abdon, des Sohnes Hillels (Ri 12,13.15) und von Davids Hauptmann *Benaja (2Sam 23,30; 1Chr 11,31; 27,14), ist vermutlich nicht identisch mit dem von den Makkabäern befestigten P. im Gebiet von Benjamin (1Makk 9,50), obwohl der Name Abdon benjaminitisch ist (Moore, ICC zu Ri 12,13; Burney, Judges, ad loc.; das Sellem im Griech. ist eine Verfälschung von »Hillel«). Die Gegend um P. war bekannt als das »Gebirge der Amalekiter« (so MT und LXX B [Codex Vaticanus]; LXX A [Codex Alexandrinus]: »Hügel von Anak«; vgl. Ri 5,14 RevEB; LXX A liest hier: »im Tal«). J.P.U.L.

PISGA (ASCHDOTH-PISGA).
P. (immer mit bestimmtem Artikel) hängt zusammen mit »Hinaufsteigen« und bedeutet entweder »Spitze« (Gipfel) oder »Abhang« (Aschdoth). Daraus kann man folgern, daß P. ein Substantiv ist, das einen Berg- oder Hügelkamm bezeichnet. »Der Pisga« entspräche dann einem oder mehreren der Kämme in der transjordanischen Hochebene. »Die Hänge des Pisga« (hebr. *'aschdot-ha-pisgāh*) könnten die ganze Ecke des moabitischen Hochlandes östl. des Toten Meeres bezeichnen (5Mo 3,17; 4,49; Jos 12,3; 13,20). Die Belegstellen beziehen sich auf die Landesgrenzen der *Amoriter und später der Rubeniter.

Abgesehen vom allg. Begriff für das Hochland bezeichnet P. einen besonderen Kamm oder Berg, den *Nebo. Die in 4Mo 21,20 (ein Ort auf dem Weg der Israeliten durch die Wüste) und 4Mo 23,14 (ein Berg, von dem aus *Bileam versuchte, Israel zu verfluchen) genannten Orte liegen beide in der Wüste nördl. und östl. des Toten Meeres (Jeschimon) und beziehen sich vermutlich auf denselben Kamm.

Von dem »Gipfel des Gebirges Pisga, dem Berg Nebo« sah *Mose das verheißene Land vor seinem Tod (5Mo 3,27; 34,1). Diese hohe Landzunge ist vermutlich Ras es Sijāga, der zweite und etwas niedrigere nördl. Kamm des Nebo. Da dieser Kamm etwas weiter nach W hervorragt, bietet er einen weiten, ungehinderten Blick über das Land. Es ist daher anzunehmen, daß Mose von hier aus das Gelobte Land überblickte.

Literatur: G.T. Manley; EQ 21, 1943, S. 81-92; F.-M. Abel; Géographie de la Palestine II, 1938, 409; LDB, S. 42. G.G.G.

PISIDIEN. Hochlandgebiet in Kleinasien, begrenzt durch *Lykaonien im O und N, *Pamphylien im S und die röm. Provinz Asia im N und W. Die Gegend liegt am westl. Ende des Taurusgebirges und war die Heimat der Bergstämme, die den Anläufen der Perser und ihrer hellen. Nachfolger, sie zu unterwerfen, widerstanden. Die Seleukiden gründeten *Antiochia (genannt »das pisidische« im Unterschied zum phrygischen Antiochia am Mäander und zur Seleukidenhauptstadt in Syrien), um das pisidische Hochland zu kontrollieren. Mit gleichem Ziel gründete Amyntas dort um 25 v.Chr. eine Kolonie und verband die Stadt durch ein System von Militärstraßen mit weiteren Stützpunkten. P. gehörte in ntl. Zeit zum Königreich Galatien, das Amyntas 36 v.Chr. von Antonius übertragen worden war. Im Krieg gegen die pisidischen Bergstämme war Amyntas 25 v.Chr. gestorben. Sulpicius Quirinius vereinigte die Region mit der Provinz Galatien. Die Pax Romana brachte der Gegend Wohlstand. *Paulus durchzog P. auf seiner ersten Missionsreise (Apg 13,14ff; 14,24). Die »Gefahren durch Räuber und in der Wüste« (2Kor 11,26) könnten sich auf dieses Gebiet beziehen, und man kann durchaus annehmen, daß auch zu Paulus' Zeit Räuberbanden das Gebiet verunsicherten. Im 2. Jh. nahmen in P. mehrere Städte einen wirtschaftlichen Aufschwung, in denen es mindestens sechs größere christl. Gemeinden gab.

E.M.B.

Literatur: G. Neumann: KIP IV, 868–870.

PITOM. (Altägypt. *Pr-itm*, »Haus des [Gottes] Atum«). Eine Stadt in Ägypten, die die Israeliten dem Pharao als Vorratsstadt neben *Ramses bauen mußten (2Mo 1,11). Nach vorherrschender Meinung lag P. im Wadi Tumilat am Tell el-Maschuta oder Tell er-Retâbe. Nicht weit von P. entfernt lag die Festung Tscheku, die dem bibl. *Sukkot entsprechen dürfte (2Mo 12,37; 13,20; 4Mo 33,5f). Im Papyrus Anastasi V, 19.5-20.6 heißt es, daß der oberste Bogenschütze nach Tscheku ging, um Sklaven an der Flucht zu hindern, er aber zu spät kam. Einige hatten gesehen, wie sie die nördl. Mauer der Festung Seti-Merenptah überquerten. Ein zweiter Bericht in diesem Papyrus (V, 18.6-19.1) bezieht sich auf libysche Kaufleute, die zu entfliehen suchten und nach Tscheku zurückgebracht wurden. Ein dritter Hinweis im Papyrus Anastasi VI, 5.1 stammt von einem Grenzbeamten, der Schhasu-Nomaden von *Edom, südl. des Toten Meeres, »durch die Festung« Tscheku »bis zu den Teichen von Pitom des Merenptah« passieren ließ.

Literatur: Montet: Géographie de l'Egypte ancienne, 1, 1957, S. 214-219; ANET, 259; R. Caminos: Late-Egyptian Miscellanies, 1954, S. 293-296.

C.D.W.

PLAGEN ÄGYPTENS. Als Gott *Mose beauftragte, Israel aus Äypten zu führen, sollte dies nur durch Gottes große Macht geschehen, die die Macht des Pharao durch eine Heimsuchung Ägyptens mit Wundern und Zeichen überwinden würde (vgl. 2Mo 3,19-20). Nachdem der Pharao durch das Zeichen des Stabes, der eine Schlange wurde und die Schlangen der ägypt. Zauberer verschlang, sich nicht bewegen ließ, offenbarte Gott seine Macht durch zehn Gerichte. Sie sollten dem Pharao und seinem Volk die Realität und Macht des Gottes Israels und im Gegensatz dazu die Ohnmacht der ägypt. Götter aufzeigen. Die ersten neun Plagen stehen im Zusammenhang mit Naturerscheinungen im Niltal. Die zehnte jedoch, der Tod jeder Erstgeburt, gehört in den Bereich des Übernatürlichen.

Die ersten neun P. zeigen, wie Gott die kreatürliche Ordnung für seine Ziele gebraucht. Das Element des Wunders tritt in Intensität, Zeitpunkt und Dauer der P. zutage. Eine gründliche Auseinandersetzung mit dem Phänomen der P. bietet G. Hort (ZAW 69, 1957, S. 84-103; ZAW 70, 1958, S. 48-59). Hort stellt die ersten neun P. in einen logischen Zusammenhang. Sie begannen mit einer ungewöhnlich starken Überschwemmung des Nil in den üblichen Monaten Juli und August und endeten etwa im März (hebr. Abib). Für Ägypten bedeutete ein allzu hoher Wasserstand des Nil eine ebensolche Katastrophe wie ein extrem niedriger.

Die erste Plage (2Mo 7,14-25).

Gott befahl Mose, seinen Stab über die Nilwasser zu strecken, »daß sie zu Blut werden«. Die Fische im Fluß starben, das Wasser stank und wurde ungenießbar. Es wird nicht berichtet, daß dieser Zustand sofort wieder aufhörte. Das würde der Situation bei einem ungewöhnlich hohen Wasserstand des Nil entsprechen. Je höher der Wasserstand des Nil, desto mehr Erde wird mitgeschwemmt, besonders von der feinkörnigen »roten Erde« aus dem Becken des Blauen Nil und des Atbara. Je mehr Erde mitgeschwemmt wurde, desto röter wurde der Nil. Solch ein übermäßiger Wasserstand konnte außerdem Mikroorganismen (*flagellates*) und ihnen verwandte Bakterien mitbringen: Diese verursachten neben einer verstärkten Rotfärbung des Wassers so ungünstige Bedingungen für die Fische, daß sie in großen Mengen starben. Ihre Ver-

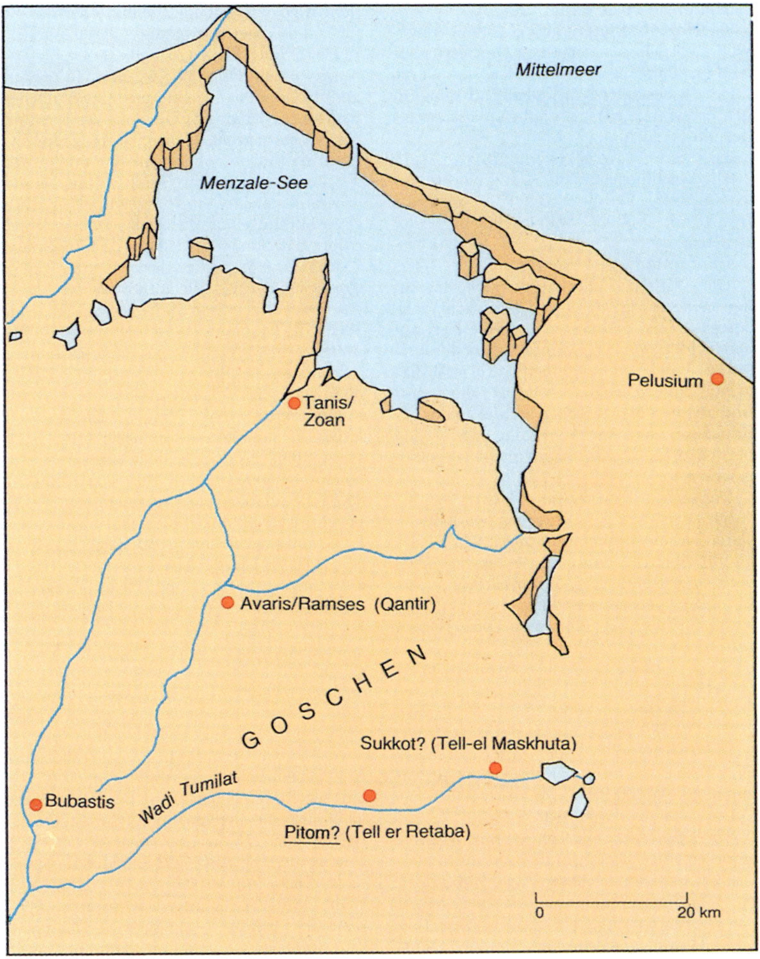

Die angenommene Lage von Pitom im Wadi Tumilat.

wesung verpestete das Wasser und verursachte großen Gestank. Der Anstieg des Nilwassers beginnt im Juli/August, erreicht im September seinen Höchststand und fällt dann wieder. Diese P. hat Ägypten somit etwa von Juli/August bis Oktober/November betroffen.

Die zweite Plage (2Mo 7,25-8,11).

Sieben Tage später (7,25) wurde Ägypten von Froschschwärmen heimgesucht, die gemäß Gottes Wort am folgenden Tag en masse starben und schnell verwesten. Daß die Frösche im August aus dem Fluß kamen, ist höchst ungewöhnlich und könnte darauf zurückzuführen sein, daß die vielen verwesenden Fische, die an das Ufer und in die Seitenarme des Nil gespült wurden, die Futterplätze der Frösche am Ufer verschmutzten und die Frösche selber infizierten. So kamen die Frösche in Massen an Land und suchten in Häusern und Feldern Schutz. Der plötzliche Tod und die schnelle, stinkende Fäulnis der Frösche weisen auf Eingeweideanthrax (*Bacillus anthracis*) als Infektionsursache hin.

Die dritte Plage (2Mo 8,12-15).

G. Hort vermutet, daß dies eine ungewöhnliche Moskitoplage war. Die bereits hohe Fortpflanzungsrate der Moskitos wurde durch die besonders günstigen Brutbedingungen eines ungewöhnlich hohen Wassertands des Nil begünstigt.

Die vierte Plage (2Mo 8,16-28).

Die Stechfliegenart hier war wohl Stomoxys calcitrans. Vgl. die sechste P., für die dieses Insekt mit größter Wahrscheinlichkeit der Urheber war.

Die fünfte Plage (2Mo 9,1-7).

Diese P. betraf alles ägypt. Vieh, das auf den Feldern war (nicht den gesamten Viehbestand). Eine Viehpest, die nur die Tiere auf den Feldern betraf, könnte darauf hinweisen, daß die Tiere sich einen Anthrax (Milzbrand) zugezogen hatten infolge der Infektion, die von den Fröschen auf die Felder getragen worden war. Vieh, das sich in den Ställen befand, wäre somit nicht betroffen gewesen.

Die sechste Plage (2Mo 9,8-12).

Die »in Massen ausbrechenden Beulen« waren vermutlich Hautanthrax (Hautmilzbrand), übertragen durch Insektenstiche. Die Stechfliege Stomoxys calcitrans brütet in verwesender Vegetation und könnte daher diese Krankheit von den infizierten Futterplätzen der Frösche und des Viehs übertragen haben. Die Beulen könnten vor allem Füße und Hände betroffen haben (2Mo 9,11: Die Zauberer konnten nicht vor Mose stehen; vgl. 5Mo 28,27.35). Das wäre ein weiterer Anhaltspunkt zugunsten der Identifizierung dieser Krankheit und ihrer Übertragung etwa im Dezember/Januar.

Die siebente Plage (2Mo 9,13-35).

Schwerer Hagel mit Donner, Blitz und Regen vernichtete Gerste und Flachs, nicht aber Weizen und Dinkelweizen (Spelt), die noch nicht hochgewachse waren. Das würde auf Anfang Februar zutreffen. Die Konzentration dieser Unwetter in dieser Jahreszeit in Oberägypten, nicht aber in Goschen nahe der Mittelmeerküste, entspricht den klimatischen Bedingungen dieser Gebiete.

Die achte Plage (2Mo 10,1-20).

Die ergiebigen Niederschläge in Äthiopien und im Sudan, die zu dem außergewöhnlich hohen Wasserstand des Nil führten, boten auch günstige Bedingungen für eine große Heuschreckenplage etwa im März. Der O-Wind blies die Tiere auf dem üblichen Weg direkt nach N-Ägypten; der »Westwind« – *ruach-jām* heißt wörtlich »Seewind«, d.h. der »Westwind« ist tatsächlich ein N- (oder NW)-Wind – trieb die Heuschrecken das Niltal aufwärts. G. Hort verbessert daher »Rotes Meer« (*jām sūph*) in »Süden« (*jāmīn*), aber das ist nicht unbedingt notwendig.

Die neunte Plage (2Mo 10,21-29).

Die »große Dunkelheit«, die man greifen konnte, war wohl ein außergewöhnlicher Sandsturm (Khamsin). Der hohe Wasserstand des Nil hatte große Mengen »roter Erde« angeschwemmt und abgelagert, die infolge der Trockenheit zu feinem Staub wurde. Wurde er vom Khamsin-Wind aufgewirbelt, machte er die Luft ungewöhnlich dick und dunkel und trübte das Sonnenlicht. Die »drei Tage« aus 2Mo 10,23 entsprechen der bekannten Länge eines Sandsturms: Die Intensität des Sandsturms läßt vermuten, daß es etwa März war. Wenn die Israeliten im Gebiet des Wadi Tumilat wohnten, entgingen sie den schlimmen Wirkungen des Sturms, denn dieses Gebiet blieb verschont.

Die zehnte Plage (2Mo 11,1-12,36).

Bis zur neunten Plage hatte Gott seine vollständige Kontrolle über die natürliche Schöpfung gezeigt. Er hatte seinen Knecht Mose veranlaßt, die aufeinanderfolgenden P. anzukündigen, und ließ sie sich in zwingender Folge und wachsender Ernsthaftigkeit zuspitzen, je länger sich der Pharao weigerte, Israels Gott angesichts der eindeutigen Zeugnisse seiner Autorität und Macht anzuerkennen. Die letzte Plage zeigt Gottes Allmacht am deutlichsten: der Tod aller Erstgeburt. Die Plage kam nicht ohne angemessene Vorwarnung (2Mo 4,23). Der Pharao hatte Gelegenheit gehabt, Gottes Willen anzuerkennen. Nun mußte er die Folgen seiner Weigerung tragen.

In Kanaan erinnert *Josua das Volk Israel an die machtvolle Befreiung aus Ägypten und läßt die P. nicht unerwähnt (Jos 24,5). Auch die Philister wußten davon und fürchteten ihren Urheber (1Sam 4,8). Auch der Psalmist besingt diese Ehrfurcht gebietenden Ereignisse (Ps 78,43-51).

In 2Mo 12,12 spricht Gott vom Strafgericht über alle Götter Ägyptens. Das hatte sich u.a. in den P. ereignet, denn die Götter Ägyptens wurden in einem engen Zusammenhang mit den Naturkräften gesehen. Einige Beispiele: Ha'pi, der für das Hochwasser zuständige Nilgott, hatte keinen Reichtum, sondern Vernichtung gebracht. Die Frösche, Symbol von Heqit, einer Fruchtbarkeitsgöttin, hatten Krankheit und Zerstörung gebracht. Hagel, Regen und Sturm waren die Boten eines furchtbaren Ereignisses (wie in den Pyramidentexten). Das Licht des Sonnengottes Rē' wurde ausgelöscht.

Der Bericht über die P. bildet eine literarische Einheit: Es sind vor allem die Einzelheiten in dem Bericht, die in bemerkenswerter Weise mit den beobachtbaren Naturereignis-

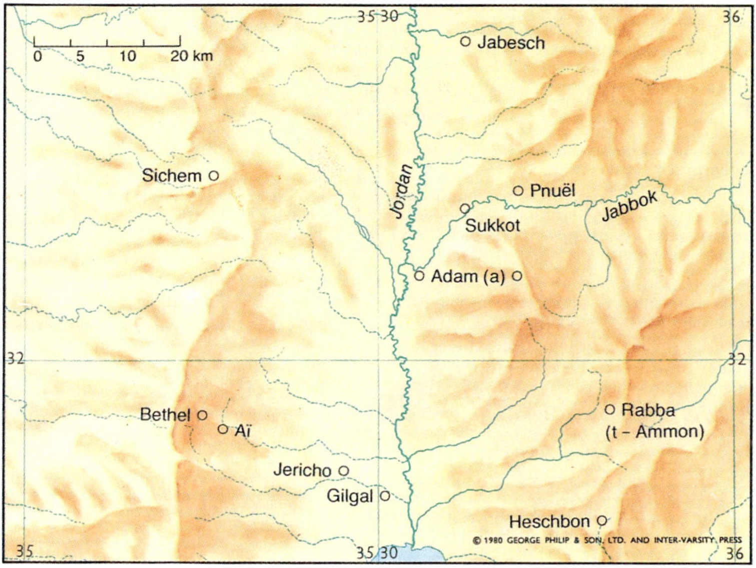

Pnuel am Jabbok.

sen übereinstimmen. Der Hypothese von einer willkürlichen Zusammenstellung bruchstückhafter, stilisierter Berichte zu einer neuen, zusammenhängenden Erzählung, die den in alter Zeit beobachtbaren Phänomenen in einem fremden Land entspräche, ist nach G. Hort die schlichte Erklärung und die Einheit des Berichts vorzuziehen. K.A.K.

PNUEL (PNIEL). *Jakob nannte die Stelle, an der er auf dem Weg zu seiner Begegnung mit seinem Bruder *Esau den *Jabbok überschritt, »das Angesicht Gottes«. Es ist möglich, daß der Ort bereits vorher P. hieß, vielleicht nach einem besonders geformten Felsen, und daß Jakob diesen Namen aufgrund seiner Erfahrung mit dem Engel bestätigte. Der Segen, den Jakob suchte (1Mo 32,27), verkörperte sich in Esaus versöhnlicher Haltung (vgl. 33,1ff).

P. war eine wichtige Furt. Das zeigt die Tatsache, daß dort eine Burg stand, die *Gideon nach der Niederlage der Midianiter zerstörte (Ri 8,8ff). *Jerobeam baute die dortige Stadt neu auf, vermutlich um die neue Hauptstadt *Sichem vor Eindringlingen aus dem O zu schützen (1Kön 12,25). Die genaue Lage P.s ist unbekannt. S. Merrill (East of Jordan, 1881, S. 390-392) könnte Recht haben, wenn er die auf zwei Hügeln gelegenen Ruinen Tulul ed-Dahab, 6 km östl. von Sukkot, mit P. identifiziert. J.B.J.

POLYGAMIE s. Ehe

PONTUS. Ein Küstenstreifen am Schwarzen Meer, der sich von Bithynien im *W bis ins armenische Hochland im O erstreckt. Aus einer Reihe griech. Kolonien entstand ein Königtum, dessen bedeutendster Herrscher Mithridates die Römer Anfang des 1. Jh.v.Chr. zeitweise aus Kleinasien vertrieb. Nach seiner Niederlage gegen Pompeius, wurde der westl. Teil von P. mit Bithynien zur röm. Provinz, während der östl. Teil unter einer griech. Dynastie blieb. Die Juden von P. (Apg 2,9; 18,2) kamen vermutlich aus den griech. Küstenstaaten. Wann das Christentum dort Eingang fand (Plin.epist. 96) ist unbekannt, aber es existierte z.Zt. der Abfassung von 1Petr 1,1.

Literatur: J. Keil: CAH, 11, S. 575ff; D. Magie: Roman Rule in Asia Minor, 1950. E.A.J.

POTIFAR. Hoher Beamter des Pharao, an den midianitische Händler *Josef verkauft hatten (1Mo 37,36; 39,1). Josef wurde sein oberster Verwalter (1Mo 39). Der ägypt. Name P. könnte in etwa bedeuten: »den der [Sonnengott] Re gegeben hat«. Möglicherweise handelt es sich bei diesem Namen um eine verkürzende Variante des ägypt. Namens *Potifera, den ein hoher Beamter am Hof des Pharaos trug. K.A.K.

POTIFERA. Der »Priester von On«, dessen Tochter Asenat *Josef vom Pharao zur Frau erhielt (1Mo 41, 45.50; 46,20). P. könnte der Hohepriester des Sonnengottes Re in *On (griech. Heliopolis) gewesen sein. P. (hebr. *pōtīphäraʿ*) geht auf ägypt. *Pʾ-di-PʾRʿ* zurück, »den PʾRēʿ [der Sonnengott] gegeben hat«, nach dem Muster *Pʾdi-X*, wobei für *X* jeweils der Name einer Gottheit steht. Die genaue Form von *Pʾ-dʾ-PʾRʿ* ist schriftlich erst sehr spät belegt (um 1000-300 v.Chr.), aber sie ist nur eine vollständige spätägypt. Form dieser Namensform, die wir aus der Zeit des Neuen Reiches, der Zeit Moses, besonders der 19. Dynastie (13. Jh. v.Chr.) kennen.

Potifera/*Pʾ-di-PʾRʿ* ist vielleicht eine Modernisierung der älteren Form *Didi-Rʿ* mit derselben Bedeutung und einem Namensmuster (*Di-di-X*), das im Mittleren Reich und der Hyksos-Periode, z.Zt. der Erzväter und *Josefs (um 2100-1600 v.Chr.) geläufig war. K.A.K.

PRÄDESTINATION.

I. DAS BIBLISCHE VOKABULAR.

Der Begriff P. stammt von dem latein. *praedestino*, das die Vulg. zur Wiedergabe des griech. *prohorizo* verwendet. Luther übersetzt *prohorizo* als »vorherbestimmen«. Das NT verwendet *prohorizo* nur, wenn Gott das Subjekt ist; es will so den Gedanken ausdrücken, daß eine Situation und eine Person im voraus (*pro-*) füreinander bestimmt sind. Das NT verwendet auch noch andere mit *pro-* zusammengesetzte Verben in einem ähnlichen Sinne: *protasso*, »festsetzen« (Apg 17,26); *protithemai*, »sich vornehmen« (Eph 1,9; von einem menschlichen Vorsatz), Röm 1,13; vgl. den Gebrauch des verwandten Nomens *prothesis*, »Vorsatz, Ratschluß« (Röm 8,28; 9,11; Eph 1,11; 3,11; 2Tim 1,9); *prohetoimazo*, »zuvor bereiten« (Röm 9,23; Eph 2,10); *procheirizo*, »zuvor bestimmen, erwählen« (Apg 3,20; 22,14); *procheirotoneo*, »vorher erwählen« (Apg 10,41). *problepo*, »voraussehen« (Gal 3,8; Hebr 11,40), enthält den Gedanken von Gottes wirksamer Vorherbestimmung, wie aus dem Kontext hervorgeht. Das gilt auch für *proginosko*, »zuvor ausersehen« (Röm 8,29; 11,2; 1Petr 1,20) und das verwandte Nomen *prognosis*, »Vorsehung« (1Petr 1, 2; Apg 2,23). Die gleiche Bedeutung haben manchmal auch die einfachen Verben *tasso* (Apg 13,48; 22,10) und *horizo* (Lk 22,22; Apg 2,23), wobei *tasso* ein genaues Anordnen und *horizo* ein genaues Bestimmen impliziert. Diese unterschiedlichen Begriffe zeigen deutlich die unterschiedlichen Aspekte, die sich mit dem Gedanken der P. verbinden.

Den Gedanken einer göttlichen Fügung drückt das NT auch noch auf andere Weise aus: Es nennt uns die Motive für Gottes Handeln in dieser Welt und sagt, was dieses Handeln bestimmt. Das Los und Schicksal, das er den Menschen widerfahren läßt, ist Gottes Wille (Nomen *boule*, Apg 2,23; 4,28; Eph 1,11; Hebr 6,17; *boulema*, Röm 9,19; *thelema*, Eph 1,5.9.11; *thelesis*, Hebr 2,4; Verben: *boulomai*, Hebr 6,17; Jak 1,18; 2Petr 3,9; *thelo* Röm 9,18.22; Kol 1,27) oder sein »Wohlgefallen« (Nomen: *eudokia*, Eph 1,5.9; Mt 11,26; Verb: *eudokeo*, Lk 12,32; 1Kor 1,21; Gal 1,15; Kol 1,19), d.h. sein eigener, unabhängiger und vorher getroffener Entschluß. Das NT spricht aber nicht nur in diesem Sinne von dem Willen Gottes. Die Bibel sieht Gottes Absicht für den Menschen auch ausgedrückt in seinen dem Menschen offenbarten Geboten und in seinem Arrangieren der menschlichen Lebensumstände. Sein »Wille« umfaßt in der Schrift also sowohl sein Gesetz als seinen Plan (in der Sprache der reformierten Orthodoxie: *voluntas signi* und *voluntas Dei beneplaciti*); daher werden einige der obigen Begriffe auch verwendet in bezug auf bestimmte göttliche Forderungen (z.B. *boule*, Lk 7,30; *thelema*, 1Thess 4,3; 5,18). Aber in den oben erwähnten Schriftstellen geht es um Gottes Planung der Ereignisse, und damit befaßt sich die P.

Das AT kennt keine Begriffe, um den Gedanken der P. abstrakt und allg. darzulegen. Oft sagt es aber, daß Gott bestimmte Dinge beabsichtigt, anordnet oder beschließt. Das geschieht dann in einem Kontext, aus dem die absolute Priorität und Unabhängigkeit seiner Absicht im Blick auf die Existenz oder das Auftreten der beabsichtigten Sache klar hervorgeht (vgl. Ps 139,16; Jes 14,24-27; 19,17; 46,10f; Jer 49,20; Dan 4,24f).

Die ntl. Wortgruppe wird vorwiegend im Sinne der traditionellen Definition von P. verwendet, wonach es sich bei ihr um Gottes Absicht im Blick auf die Umstände und Schicksale der Menschen handelt. Die weiteren Aspekte seines kosmischen Planes und seines Regiments sind unter der allg. Überschrift Vorsehung zusammengefaßt. Um das Wesen der P., wie sie in der Bibel dargelegt wird, erfassen zu können, muß man sie in den Gesamtplan Gottes einordnen.

II. DIE SICHT DER BIBEL.

1. Im Alten Testament.

Das AT schildert Gott, den Schöpfer, als persönlich, mächtig und zielbewußt und versichert uns, daß seine Pläne ebenso gewiß in Erfüllung gehen, wie seine Macht unbegrenzt ist (Ps 33,10f; Jes 14,27; 43,13; Hiob 9,12; 23,12; Dan 4,32). Er ist der Herr jeder Situation, ordnet und lenkt alles auf das Ziel hin, für das er es gemacht hat (Spr 16,4) und bestimmt jedes große oder kleine Ereignis, von den Gedanken der Könige (Spr 21,1) und den durchdachten Worten und Taten aller Menschen (Spr 16,1.9) zu dem scheinbar zufälligen Wurf des Loses (Spr 16,33). Nichts, was Gott sich vorgenommen hat, ist ihm zu schwer (1Mo 18,14; Jer 32,17); die Vorstellung, daß der organisierte Widerstand des Menschen ihn in irgendeiner Weise hindern könnte, ist einfach absurd (Ps 2,1-4). Umfassender als alle übrigen Bibelbücher erklärt Jesaja Gottes Plan als den entscheidenden Faktor in der Geschichte. Er betont, daß Gottes Plan ewig ist, daß Jahwe gegenwärtige und zukünftige Ereignisse »von ferne her«, »von Anfang an« plante (vgl. Jes 22,11; 37,26; 44,6-8; 46,10f). Gerade weil er – und kein anderer – alle Ereignisse lenkt, kann niemand ihr Eintreten verhindern (Jes 14,24-27; 44,24-45,25; vgl. 1Kön 22,17-38; Ps 33,9f; Spr 19,21; 21,30). Jahwes Fähigkeit, die scheinbar unglaublichsten Dinge vorherzusagen, beweist, daß er die Geschichte kontrolliert, während die diesbezügliche Unfähigkeit der Götzen zeigt, daß sie die Geschichte nicht beherrschen (Jes 44,6-8; 48,12-14).

Manchmal wird Jahwe so dargestellt, als reagiere er auf Situationen, die er nicht erwartet hatte (z.B. wenn ihn etwas reut und er früheres Handeln rückgängig macht, 1Mo 6,5; Jer 18,8.10; 26,3; Joel 2,13; Jona 4,2). Im Zusammenhang des gesamtbibl. Zeugnisses machen diese Aussagen deutlich, daß der Gott Israels kein unpersönliches Fatum ist, sondern lebendige Person. Es geht nicht darum, Zweifel zu säen, ob er das Geschick des Menschen wirklich bestimmt und kontrolliert.

Daß Jahwe die Geschichte teleologisch lenkt, um seinen Vorsatz Realität werden zu lassen, wird bereits in dem Protevangelium (1Mo 3,15) und der Verheißung an Abraham (1Mo 12,3) deutlich. Wir sehen dies auch in den in der Wüste gegebenen Verheißungen von Wohlstand und Schutz im Lande Kanaan (vgl. 5Mo 28,1-14) und in den prophetischen Bildern der messianischen Herrlichkeit nach dem göttlichen Gericht (Jes 9,1f; 11,1f; Jer 23,5f; Hes 34,20f; 37,21f; Hos 3,4f usw.). Am eindrücklichsten ist in diesem Zusammenhang Daniels Vision von Gottes Wirken zur Errichtung der Herrschaft des Menschensohnes bei dem Aufkommen und Vergehen der heidnischen Weltreiche (Dan 7; vgl. 2,31-45). Eine umfassende Eschatologie dieser Art kann nur dann ernsthaft vertreten werden, wenn sie auf der Voraussetzung beruht, daß Gott der unumschränkte Herr der Geschichte ist, der ihren Lauf vorhersieht und -bestimmt.

Im Rahmen dieses Verständnisses von Gottes Beziehung zur menschlichen Geschichte beschreibt das AT, wie Gott Israel zu seinem Bundesvolk erwählt, zum Gegenstand und Mittel seines Heilswerkes. Diese *Erwählung gründet nicht auf Verdienst (5Mo 7,6f; Hes 16,1f), sondern ausschließlich auf der *Gnade. Sie hatte ein Ziel; Israel wurde ein Geschick zugewiesen: Es sollte gesegnet werden und dadurch ein Segen für andere Völker sein (vgl. Ps 67; Jes 2,2-4; 11,9f; 60; Sach 8,20f; 14,16f). Zunächst war sie exklusiv; die Erwählung Israels bedeutete, daß die übrigen Völker übergangen wurden (5Mo 7,6; Ps 147,19f; Am 3,2; vgl. Röm 9,4; Eph 2,11f). Für über eintausend Jahre schloß Gott sie von dem Bund aus, waren sie wegen ihrer nationalen Verbrechen (Am 1,3-2,3) und ihrer Bosheit gegen Israel (vgl. Jes 13-19 usw.) Gegenstand seines Gerichts.

2. Im Neuen Testament.

Die Autoren des NT akzeptierten widerspruchslos den atl. Glauben, daß Gott der souveräne Herr der Ereignisse ist und die Geschichte lenkt, damit sich seine Absichten verwirklichen. Dies erweist sich darin, daß sie einmütig darauf bestehen, daß Christi Dienst und das Zeitalter der Gemeinde die Erfüllung der alten bibl. Prophetien sind (Mt 1,22; 2,15.23; 4,14; 8,17; 12,17f; Joh 12,38f; 19,24.28.36; Apg 2,17f; 3,22f; 4,25f; 8,30f; 10,43; 13,27f; 15,15f; Gal 3,8; Hebr 5,6; 8,8ff; 1Petr 1,10ff usw.) und daß Gottes letztendliches Ziel bei der Inspiration der hebr. heiligen Schrift die Unterweisung der Christen war (Röm 15,4; 1Kor 10,11; 2Tim 3,15f). (Beide Ansichten gehen auf Jesus selber zurück; vgl. Lk 18,31f; 24,25f.44f; Joh 5,39). Eine neue Entwicklung tritt jedoch ein: Der Gedanke der Erwählung, der nun nicht auf das Volk Israel, sondern auf die Christen angewendet wird, erhält einen immer individuelleren Charakter (vgl. Ps 65,5) und einen überzeitlichen Bezug. Das AT setzt die Erwählung mit Gottes historischer »Berufung« gleich (vgl. Neh 9,7), aber das NT macht hier eine klare Unterscheidung: Die Erwählung ist die Tat, wodurch Gott die Sünder zum Heil in Christus prädestiniert, »ehe der Welt Grund gelegt war« (Eph 1,4; vgl. Mt 25,34; 2Tim 1,9); diese Tat hängt damit zusammen, daß er Christus zuvor ausersehen hatte, »ehe der Welt Grund gelegt wurde« (1Petr 1,20). Die allg. Vorstellung des NT ist, daß die rettende Gnade, die dem Menschen in der Zeit zuteil wird, aus der göttlichen Erwählung in der Ewigkeit hervorgeht.

Der Sprachgebrauch in der Apostelgeschichte belegt eindeutig Lukas' Glauben, daß es Christus vorherbestimmt war, zu sterben, aufzuerstehen und zu herrschen (Apg 2,23.30f; 3,20; 4,27f), und daß die Rettung die Frucht der vorauswirkenden Gnade ist (2,47; 11,18.21-23; 14,27; 15,7f; 16,14; 18,27), die aufgrund der göttlichen Vorherbestimmung gegeben wird (13,48; 18,10).

Im JohEv. sagt Christus, daß er gesandt wurde, um diejenigen zu retten, die ihm sein Vater »gegeben« habe (Joh 6,37f; 17,2.6.9.24; 18,9). Sie sind seine »Schafe«, sein »Eigentum« (10,14f.26f; 13,1). Gerade für sie betet er (17,20). Er »zieht« sie zu sich durch seinen Geist (12,32; vgl. 6,44; 10,16.27; 16,8f), gibt ihnen ewiges Leben in der Gemeinschaft mit ihm und dem Vater (10,28; vgl. 5,21; 6,40; 17,2; Mt 11,27), hält sie und verliert keines (6,39; 10,28f; vgl. 17,11.15; 18,9), bringt sie in seine Herrlichkeit (14,2f; vgl. 17,24) und läßt ihre Leiber am Ende der Tage auferstehen (6,39f; vgl. 5,28f). Hier wird ganz klar, daß diejenigen, die in den Genuß der göttlichen Errettung kommen, dies aufgrund der göttlichen P. tun. Wir sollten jedoch nicht übersehen, daß die Annahme des Heils im JohEv. zugleich eine freie Entscheidung des Menschen ist, die ihm Gott nicht aufzwingt (vgl. Joh 1,12 f; 3,16; 5,24; 6,28f; 37,67; 7,17; 8,51).

Die umfassendste Erläuterung der P. finden wir in den Briefen des Paulus. Von Ewigkeit her, so erklärt der Apostel, hatte Gott einen Plan zur Errettung der Kirche, den er in früheren Zeiten jedoch nicht völlig offenbarte (Eph 3,3-11). Ziel des Planes war es, die Menschen zu Gottes aufgenommenen Söhnen zu machen und sie nach dem Bilde Gottes zu erneuern (Röm 8,29); die Kirche, die Gemeinschaft derjenigen, die auf diese Weise erneuert wurden, sollte zu dem vollen Maß der Fülle Christi gelangen (Eph 4,13). Die Gläubigen dürfen sich der Gewißheit freuen, daß Gott sie persönlich dazu bestimmt hat, an diesem Geschick teilzuhaben, da sie Teil seines Planes sind (Röm 8,28f; Eph 1,3f; 2Thess 2,13; 2Tim 1,9; vgl. 1Petr 1,1f). Die Wahl beruht ausschließlich auf Gottes Gnade (2Tim 1,9), nicht auf irgendeinem Verdienst; ja, sie wurde getroffen ungeachtet der vorhergesehenen Untreue (vgl. Joh 15,19; Eph 2,1f). Daraus ergibt sich die tatsächliche »Berufung«, die die verlangte Antwort des »Glaubens« hervorruft (Röm 8,28f; vgl. 9,23f; 1Kor 1,26f; Eph 1,13; 2Thess 2,14), die *Rechtfertigung (Röm 8,30), die *Heiligung (1Thess 2,13) und die Verherrlichung (Röm 8,30, wo die Vergangenheitsform die Gewißheit des Zustandekommens impliziert; 2Thess 2,14). Paulus gibt diese Lehre an Christen weiter – an Menschen also, die selber »berufen« waren – um ihnen Gewißheit über ihr gegenwärtiges und zukünftiges Heil zu geben und ihnen die Tatsache bewußt zu machen, wieviel sie der Gnade Gottes verdanken. Auch hier wird mit guten bibl. Gründen die Ansicht vertreten, daß Paulus mit alledem die freie Entscheidung des Menschen, Gottes Gnade anzunehmen, nicht aufheben will (vgl. Röm 9,32f; 10,14ff; 1Kor 9,27; 10,11ff; 2Kor 5,20). Von diesem Standpunkt aus rechnet man beim persönlichen Heil des Menschen zwar mit Gottes Vorherwissen, nicht aber mit einer Bestimmung der Willensentscheidung durch Gott. Von der Basis der reformierten Theologie herkommend, wird diese Ansicht aus folgenden Gründen abgelehnt:

a. Sie redet im Endeffekt der Erwählung aufgrund von Werken und Verdienst das Wort, während diese nach der Aussage der Schrift auf Gottes Gnade beruht (Röm 9,11; 2Tim 1,9), und Gnade alles ausschließt, was ein Mensch für sich selber tun kann (Röm 4,4; 11,6; Eph 2,8f; Tit 3,5).

b. Wenn Erwählung im Hinblick auf den Glauben (2Thess 2,13) und gute Werke (Eph 2,10) geschieht, kann sie nicht auf dem Vorhersehen dieser Dinge beruhen.

c. Bei dieser Sicht müßte Paulus nicht auf Gottes Erwählung, sondern auf den persönlichen Glauben des Christen als Grund der Gewißheit seiner letztendlichen Errettung hinweisen.

d. Für die Bibel sind Vorherwissen und Vorherbestimmung identisch (vgl. Apg 2,23).

III. ERWÄHLUNG UND VERWERFUNG.

»Verwerfen« erscheint zuerst in Jer 6,30 (vgl. Jes 1,22), in einer Metapher, die der Metallverarbeitung entnommen wurde. Der Gedanke ist der, daß eine Sache, die aufgrund ihres schlechten Zustandes Gottes Prüfung nicht besteht, deswegen von ihm verworfen wird. Die Metapher erscheint wieder im NT. Sie wird gebraucht für die heidnische Welt (Röm 1,28) und für Menschen, die behaupten, Christen zu sein (1Kor 9,27; 2Kor 13,5f; vgl. 2Tim 3,8; Tit 1,16). Seit Augustin versteht die Theologie unter Verwerfung nicht Gottes Zurückweisung bestimmter Sünder in der Geschichte, sondern das, was (angeblich) dahinter steckt: Gottes ewiger Entschluß, an diesen Menschen vorüberzugehen und ihnen keinen Anteil an seiner rettenden Gnade zu geben (vgl. 1Petr 2,8; Jud 4). Aus diesem Grunde wurde es üblich, P. als eine Kombination von Erwählung und Verwerfung zu definieren.

Man ist sich nicht darüber einig, ob die Verwerfung in diesem Sinne in Gottes ewige *prothesis* eingeschlossen werden sollte. Manche befürworten dies unter Berufung auf Röm 9,17f. 21f; 11,7f. Im Blick auf 9,22 scheint es schwer zu leugnen, daß die Verhärtung und Nicht-Errettung einiger Personen, wozu – so beweist Paulus in V. 19-21 – Gott durchaus berechtigt ist, tatsächlich Teil seiner prädestinierenden Absicht sind. Zu beachten ist allerdings, daß Paulus bemüht ist, nicht Gottes Unversöhnlichkeit gegenüber dem Verworfenen hervorzuheben, sondern vielmehr seine Langmut im Zurückhalten seines Zornes bei Personen, die reif sind für die Vernichtung (vgl. 2,4). Den genauen Sinn dieser Verse zu bestimmen ist jedoch nicht einfach; s. die Kommentare ad loc.

Literatur: J. Calvin: Institutio III, 21-24; O. Weber: Grundlagen der Dogmatik II, [6]1983, S. 458-562; G. Maier: Mensch und freier Wille nach den jüdischen Religionsparteien zwischen Ben Sira und Paulus, 1971; O. Michel: Brief an die Römer, KEK IV, [14]1978, S. 287; P. Jakobs. H. Krienke: TBLNT II, [4]1987, 1333-1339; M. Luther: Vom unfreien Willen. Übers. von B. Jordahn, Einf. von H.J. Iwand, (1954) 1986. J.I.P.

PRÄEXISTENZ. P. ist zunächst kein bibl. Begriff, sondern veranschaulicht sprachlich eine Beziehung, die ein zeitliches und damit auch qualitatives Vorgeordnetsein beinhaltet (Justin, 2.Jh.n.Chr.). Prägend wurden seit dem Nizänischen Glaubensbekenntnis (381 auf der Synode von Konstantinopel) vor allem die ganz spezifischen Aussagen zur P. Christi: seine geburtliche Herkunft vom Vater »vor aller Zeit (*pro pantōn tōn aiōnōn*)«; die tätige Anwesenheit bei der Schöpfung der Welt (»Schöpfungsmittlerschaft); das Kommen vom Vater (*katerchomai ek tōn ouranōn*) und die Menschwerdung (»*Inkarnation«). In den bibl. Texten lassen sich diese altkirchlichen Präexistenzaussagen über den Kyrios Jesus Christus in dieser geprägten Form natürlich noch nicht wiederfinden. Aber trotzdem sind vor allem in hymnisch-poetischen Abschnitten Gedanken und Formulierungen nicht zu übersehen, die weit mehr als eine bloße irdische Gestalt zu beschreiben beanspruchen: »(Gottes geliebter Sohn), der das Ebenbild des unsichtbaren Gottes ist, der Erstgeborene vor aller Schöpfung . . .; es ist alles durch ihn und zu ihm geschaffen. Und er ist vor allem . . . er machte Frieden durch sein Blut am Kreuz« (Kol 1,15ff). »In dieser Endzeit hat Gott zu uns gesprochen durch den Sohn . . . durch den er auch die Welt erschaffen hat; er ist der Abglanz seiner Herrlichkeit und das Abbild seines Wesens; er trägt das All durch sein machtvolles Wort« (Hebr 1,2f EÜ; vgl. Hebr 1,6.10; weiter 1Tim 3,16 und Joh 1-5.9-14; vgl. 15.18 und – im Zusammenhang der *Ich-bin-Worte – Joh 8,58). Hierbei ist bes. wichtig und aussagekräftig der Christushymnus Phil 2,6ff (vgl. 2Kor 8,9): »Er war Gott gleich, hielt aber nicht daran fest, wie Gott zu sein, sondern entäußerte sich und wurde wie ein Sklave . . . er erniedrigte sich und war gehorsam bis zum Tod, bis zum Tod am Kreuz« (EÜ).

Diese erstaunlichen Aussagen über das (präexistente) Verhältnis Christi, des Sohnes Gottes, zu seinem Vater und zur ursprünglichen Schöpfung haben eine jüd. Vorgeschichte, die zum Verständnis auf keinen Fall außer acht zu lassen ist.

1. Präexistenz Gottes.

Im AT wird auf diese Weise schon ganz selbstverständlich Gottes ursprüngliches Sein gepriesen und verherrlicht. Als Beispiel mag Ps 90,2 gelten: »Ehe denn die Berge wurden und die Erde und die Welt geschaffen wurden, bist du, Gott, von Ewigkeit zu Ewigkeit« (vgl. Ps 25,6; 93,2; auch Sir 42,21; 51,8 und in der Doppelformel wie hier »von Ewigkeit zu Ewigkeit« Jer 7,7; 25,5; Ps 41,14; 103,17; 106,48 u.ö.; s.E. Jenni THAT II,231f).

2. Präexistenz der Weisheit.

a. Im Alten Testament.

Innerhalb der Weisheitsbücher wird gelegentlich die Weisheit selbst Gegenstand der Reflexionen. Sie wird als ein eigenständiges Wesen vorgestellt im Gegenüber zu Gott und den Menschen, das personale Züge trägt. Ähnlich wie Gott selbst werden ihr präexistente Züge zugesprochen. Das älteste Zeugnis stellt das Gedicht über die transzendente Weisheit (Hiob 28) dar. Wiederholt wird die Frage nach dem Ort und dem Ursprung der Weisheit gestellt; ohne daß eine direkte Zeitangabe erscheint, wird ihr präexistentes Sein thematisiert: »Gott ist es, der den Weg zu ihr weiß, und er kennt ihren Ort . . . damals hat er sie gesehen und gezählt, sie festgestellt und erforscht« (Hiob 28,23.27 EÜ). Ganz eindeutig mit zeitlichen Angaben wird in einem anderen Text die präexistente Weisheit zum spielerischen Kind bei den allerersten Anfängen der Schöpfung: »Der Herr hat mich geschaffen im Anfang seiner Wege, vor seinen Werken in der Urzeit; in frühester Zeit wurde ich gebildet, am Anfang, beim Ursprung der Erde . . . als er die Fundamente der Erde abmaß, da war ich als geliebtes Kind bei ihm. Ich war seine Freude Tag für Tag und spielte vor ihm allezeit« (Spr 8,22f.30f EÜ; vgl. weiter Sir 1,1-10; 24,1-12; Bar 3,9-4,4). Diese Reflexionen über die Gabe und die Mittlergestalt der präexistenten Weisheit bilden dann den Grundstock für die weiterführenden Zeugnisse der jüd. Diaspora im ägypt. Alexandria (vgl. Aristobul, Fragment 5; Weish 7,22-8,1; 9,1-18; Philo, De Ebrietate 30f; De Virtutibus, 62). Ein bes. wirksamer Zug dieser Texte ist die Vorstellung der präexistenten Weisheit als Kind und Tochter Gottes (vgl. Philo, De Fuga et Inventione, 50; Legum Allegoriae, I 64.77 u.ö.; ähnlich für die Tora bei den Rabbinen bSan 101a) und entscheidendes Gegenüber bei der Schöpfung (Weish 7,12.27; Philo, Quis Rerum Divinarum Heres sit, 199 u.ö.). Vor allem nach der folgenreichen Identifizierung von Weisheit und Gesetz/Tora (Sir 24,23; Bar 3,37; 4,1; weiter Sir 1,5; 17,11f) tritt die direkte Formulierung ihrer Präexistenz zurück zugunsten der Beschreibung ihrer Funktionen und Tätigkeit als Schöpfer selbst (vgl. Weish 7,21; 8,4; 14,2 u.ö.). Weiterhin wurde bes. die spiritualisierende Identifizierung von Weisheit und Geist (Weish 1,5-7; 7,7; 9,17; schon Sir 39,6) und die Reflexionen über das Verhältnis von Weisheit und Licht (Weish 7,29f) wirksam. Entscheidend ist hierbei, daß in konsequenter Weise die Offenbarungsfunktion der präexistenten Weisheit vollendet wird, die in den Texten der reflektierten Weisheit im palästin. Judentum vorbereitet war (M. Küchler: Frühjüdische Weisheitstraditionen, 1979). Die Weisheit wird zur Heilsmittlerin selbst und tritt in das Heilswerk Gottes ein. Ähnliche – z.T. fast identische – Aussagen finden sich dann im NT über Christus (2Kor 3,17; 1Kor 6,17; 15,45; neben Kol 1,15; Hebr 1,2 auch 2Kor 4,4; 3,18 und Röm 8,29; Gal 2,20; vgl. H. Windisch: Die göttliche Weisheit der Juden und die paulinische Christologie, in: Ntl. Studien für G. Heinrici, 1914, S. 220-234).

b. Im Neuen Testament.

Spuren einer personifizierten Vorstellung der präexistenten Weisheit sind auch im NT wiederzufinden. Ausdrücklich wird sie in einem Jesuswort thematisiert, das der »Logienquelle-Q« entstammt: »Deshalb hat auch die Weisheit Gottes (*sophia tou theou*) gesagt: Ich werde Propheten und Apostel zu euch senden. . .« (Lk 11,49 EÜ). Die Weisheit spricht und handelt als Bevollmächtigte für die (Heils- und) Unheilsgeschichte Israels fast in der Funktion eines Richters (vgl. hierzu die breite Tradition der verborgenen Weisheit der Apokalyptiker: äthHen 95,7; 98,9; auch 92,1 u.ö.; J. Theisohn: Der auserwählte Richter, 1975; O.H. Steck: Israel und das gewaltsame Geschick der Propheten, 1967). In drei weiteren Logien erscheint das Stichwort selbst: Lk 11,31f par; 7,35 par.; 10,21f; *sophōn kai synetōn*. Genau dieser Vorstellungshintergrund ist aber auch dann für andere Worte Jesu vorauszusetzen, wenn das Stichwort selbst nicht erscheint (Lk 13,34f par.; Mt 11,28-30). Vermutlich waren auch Paulus diese Traditionen bekannt. Ganz selbstverständlich spricht auch er von der personifizierten Weisheit (1Kor 2,7f; R. Riesner: Der Christus-Offenbarung nachdenken, in: Evangelische Schriftauslegung, 1987, S. 416-423; P. Stuhlmacher: ThBeitr 18, 1987, S. 133-158) und verwendet ihren Deutungshintergrund (1Kor 10,4 mit Sir 24,4.10; Weish 11,1.4; 16,2-4). Ganz ähnliche setzen die hymnischen Aussagen über den »Logos« (Joh 1,1ff) die atl. Weisheitstexte voraus (H. Gese, Der Johannesprolog, in: ders., Zur biblischen Theologie 1977, S. 152-201).

3. Präexistenz Christi.

Eine breite, intensive Weisheitstradition stellt also der Urgemeinde die Sprachmittel und Denkvorstellungen zur Verfügung, mit denen sie das konsequent zu entfalten suchte, was die Erfahrung der Auferweckung Jesu als vorgegebene Wirklichkeit ihres Herrn erschloß. Die auslösenden Elemente waren z.T. schon in der Verkündigung Jesu vorgegeben, die neben den äußeren weisheitlichen Formelementen auch den eigenen Anspruch in weisheitlicher Sprache selbst formulierte (Mt 8,20 par in Bezug zu äthHen 42,1; vgl. Sir 24,7). Der Menschensohn, von dem Jesus spricht, ist eine angefochtene und erniedrigte Gestalt. Ein Baustein in dieselbe Richtung sind die sowohl bei Paulus als auch bei Johannes unabhängig voneinander verwendeten sogenannten Sendungsformeln (Joh 3,16f; 1Joh 4,3.9.10.14; Gal 4,4; Röm 8,3f; E. Schweitzer: Zur Herkunft der Präexistenzvorstellung bei Paulus, EvTh 19, 1957, S. 65-70). Dabei ist sicher nicht zufällig der Zusammenhang mit der Heilsbedeutung seines Todes am Kreuz konstitutiv. In der jüd. Apokalyptik sind die Motive der präexistenten Weisheit auf den Menschensohn übertragen worden, der von Gott bevollmächtigten, auserwählten Richtergestalt (äthHen 48,1-7; 62,7; vgl. 69,26; AssMos 1,12-14; auch Tg Micha 5,1-3; Tg Sach 4,7). Leider wissen wir nichts darüber, inwieweit solche Vorstellungen vom himmlischen Menschensohn und Messias auch auf Jesus und die Urgemeinde eingewirkt haben. Sicher ist, daß hier ganz parallele »Traditionsmischungen« (M. Hengel) stattgefunden haben. Allerdings aus den traditionellen Motiven der jüd. Messiasentwürfe allein sind die Aussagen über Christus nicht zu erklären. Die Trennung zwischen dem irdischen, geistbegabten Boten Gottes und dem himmlischen Bevollmächtigten und Erlöser ist überwunden und endgültig aufgehoben. Das Zitat des

Evangelisten Lukas beim ersten Auftreten von Jesus in der Synagoge von Kapernaum (Lk 4,18ff) hat dabei als ein entscheidender Schlüssel für die Entfaltung der frühen Christologie und damit zugleich der Vorstellung seiner P. zu gelten: »Der Geist des Herrn ruht auf mir; denn er hat mich gesalbt... Heute hat sich das Schriftwort, das ihr eben gehört habt, erfüllt« (Lk 4,18.21 EÜ). Mit der atl. Gottesknechtstradition wird Jesus hier als prophetischer Messias und vom Geist Gottes gesalbter Bote beschrieben, der sowohl bevollmächtigter Lehrer als auch eschatologischer Repräsentant der Weisheit war und damit den Heilsratschluß Gottes bis zum Ende erfüllt. Es ist ein konsequenter Weg, den die Urchristenheit (vielleicht schon in den griech. sprechenden Kreisen in Jerusalem) in den wenigen Jahren in ihrer Deutung von Jesus gegangen ist, vom schändlichen Sklaventod am Kreuz bis zur Entfaltung der kosmischen P. in den Hymnen vom Kyrios und Gottessohn und den anerkannten Aussagen zu seiner Schöpfungsmittlerschaft (1Kor 8,6; Kol 1,16f; Hebr 1,2; weiter Joh 1,3.10 und auch Offb 3,14; 22,13; H. Langkammer, SBFLA 18, 1968, S. 55-93). Das Zeugnis des Paulus am Anfang des Römerbriefes greift darum sicher ganz bewußt auf gemeinsame Glaubenstraditionen mit der röm. Gemeinde zurück, wenn er den »aus dem Samen Davids stammenden« Jesus Christus als den durch Gott erhöhten Sohn bekennt (Röm 1,3); d.h. er ist mit der Vollmacht betraut, die dem Heiligen Geist entspricht auf Grund der Auferweckung von den Toten. Natürlich bilden die Zeugnisse des NT noch keine Lehrtexte aus in dem Sinne, daß sie von Mißverständnissen abgegrenzt worden wären. Aber sie beschreiben in ihrer ganzen Spannbreite in unüberbietbarer Weise das Bekenntnis zur einmaligen, unwiederholbaren Offenbarung des Handelns Gottes in Jesus Christus; seinen Weg von Uranfang an, als präexistente Gestalt über seine Sendung in die Welt und den Tod am Kreuz bis zu seiner Erhöhung als Kyrios und Sohn Gottes. Diese Grundelemente der Vorstellung von der P. Christi »vor (Erschaffung) der Welt« ist als Basis anzusehen vor deren Hintergrund auch weitere Texte zu verstehen sind, die dann vor allem die Größe und Bedeutung des Heilswerkes Gottes und seines Heilsratschlusses betonen und zum Ausdruck bringen: »Er (Gott) hat uns selig gemacht und berufen... nach der Gnade, die uns gegeben ist in Christus Jesus vor der Zeit der Welt...« 2Tim 1,9; 1Petr 1,20, vgl. Titus 1,2 weiter auch Eph 1,4. Der Baustein der Präexistenzvorstellung wird vorausgesetzt und theologisch »weitergebaut«. Hier nimmt die Ausgestaltung der Präexistenzchristologie ihren weiteren Lauf, die dann in den christologischen Bekenntnissen des 4. Jh. ihren Höhepunkt finden wird.

Literatur: F.B. Craddock: The Pre-Existence of Christ in the NT, 1968; H. Gese: Die Weisheit, der Menschensohn und die Ursprünge der Christologie als konsequente Entfaltung der biblischen Theologie, SEA 44, 1979, S. 77-114; R.G. Hamerton-Kelly: Pre-Existence, Wisdom, and the Son of Man, 1973; M. Hengel: Jesus als messianischer Lehrer der Weisheit und die Anfänge der Christologie: Sagesse et Religion, 1979, S. 147-188; ders.: Der Sohn Gottes, [2]1977; W. Löser: Jesus Christus - Sohn Gottes, aus dem Vater geboren vor aller Zeit, IKaZ 6, 1977, S. 31-45; H. Merklein: Zur Entstehung der urchristlichen Aussage vom präexistenten Sohn Gottes, in ders.: Studien zu Jesus und Paulus, 1987, S. 247-276; R. Riesner: Präexistenz und Jungfrauengeburt, ThBeitr 12, 1981, S. 177-187; G. Schimanowski: Weisheit und Messias, 1985; G. Schneider: Christologische Präexistenzaussagen im NT, IKaZ 6, 1977, S. 21-30; ders.: Präexistenz Christi, in: Neues Testament und Kirche. FS für R. Schnackenburg, 1974, S. 399-412. G.Sch.

PRÄTORIUM.

1. Prätorien im Neuen Testament.

Das griech. *praitōrion* ist ein Lehnwort vom latein. *praetorium* und meint ursprünglich das Zelt des Militärbefehlshabers (*praetor*) im Feldlager. Später wurde der Ausdruck zur Bezeichnung der offiziellen Residenz röm. Statthalter, die sie nach Möglichkeit in den Königspalästen unterworfener Länder einrichteten (F. Lammert, PRE XXII, 2535-2537), um so die Überlegenheit des Imperiums zu demonstrieren. Auf deutschem Boden kann man Reste eines röm. P.s unter dem Kölner Rathaus besichtigen.

Im NT begegnet ein P. in drei Zusammenhängen: a. Paulus war im P. des Präfekten *Felix in *Caesarea inhaftiert. Es handelte sich um den ehemaligen Palast *Herodes' des Großen (Apg 23,35). b. In Phil 1,13 schreibt der Apostel, daß seine Gefangenschaft um Christi willen »im ganzen Prätorium und bei den übrigen« bekannt geworden sei. Hier ist offenbar in erster Linie an die Garnison des P.s gedacht (F.F. Bruce, BHH III, 1966, 1482). An welchem Ort sich dieses selbst befand, hängt davon ab, wo der *Philipper-Brief geschrieben wurde. Entscheidet man sich für Caesarea, handelte es sich um a. Denkt man an *Rom, so ist wohl die Prätorianergarde gemeint, die Leibwache des röm. Kaisers. Die Prätorianer-Kaserne, die *Tiberius hatte erbauen lassen und die auch P. genannt wurde (Tac.hist. IV 46; Sueton, Tiberius 37; Nero 9), lag im NO der Stadt. Die alte Ansicht, wonach Paulus den Regierungssitz von *Nero auf dem Palatin-Hügel meine (zB. Chrysostomus), ist kaum zutreffend, weil nach unserer Kenntnis

Felskliff südwestlich gegenüber der Klagemauer, das mit Gabbata und dem Ort des Prätoriums identisch sein könnte. (RR)

der Kaiser-Palast im 1. Jh.n.Chr. nie P. genannt wurde. Schließt man sich der Abfassung in *Ephesus an, muß das P. mit dem offiziellen Regierungssitz des Prokonsuls der Provinz *Asien identifiziert werden (J. Gnilka, Der Philipperbrief, [4]1987, 57f). Die Anwesenheit von Prätorianern im ntl. Ephesus ist nach Inschriften nicht auszuschließen (M. Dibelius, HNT 11, [3]1937). c. Besondere Bedeutung hat im NT das P. in *Jerusalem, da hier der *Prozeß Jesu vor dem Statthalter Pontius *Pilatus stattfand (Mt 27,27; Mk 15,16; Joh 18,28.33; 19,9). Das P. lag nach Mk 15,8 in einem höher gelegenen Teil der Stadt, denn man »stieg hinauf«. Pilatus hatte, wie es das röm. Recht erforderte, seinen Richterstuhl (griech. *bēma*) außerhalb des P.s (vgl. Joh 19,9) an einer öffentlich zugänglichen Stelle. Sie wurde *Gabbata (Anhöhe? vgl. Jos.bell.Jud. V, 51) genannt und war mit großen Steinen gepflastert (griech. *lithostrōton*; Joh 19,13). Das Jerusalemer P. wird in Übereinstimmung mit dem röm. Brauch ein Palast (griech. *aulē*) genannt (Mk 15,16). Für die Lage dieses P.s hat man in der neueren Diskussion drei Stätten vorgeschlagen.

2. Die Festung Antonia.

Die Stelle, die heute die meisten Jerusalem-Besucher als P. kennenlernen, ist der sog. Lithostrotos im Kloster der katholischen Zionsschwestern an der Via Dolorosa. Dieser zu gesammelter Andacht einladende Ort wird heute jedoch auch von seinen Besitzerinnen nicht mehr als die evangelische Stätte in Anspruch genommen, obwohl das in mangelnder Berücksichtigung der historischen und archäologischen Gegebenheiten sonst immer noch gelegentlich geschieht (B. van Elderen, ISBE III, 1986, 929; W.H. Mare, The Archaeology of the Jerusalem Area, 1987, 189). Diese Lokalisierung geht auf keinerlei alte Tradition zurück. Vielmehr hielten einige Kreuzfahrer (ELS, 588f) am Ende des 12. Jh. aufgrund der Lektüre des jüd. Historikers Flavius *Josephus (ant.Jud. XV, 403-409) die Festung *Antonia, die tatsächlich in diesem Bereich lag, für das P. Diese Burg beherbergte zwar eine ständige röm. Garnison zur Überwachung des Tempelplatzes (Jos.bell.Jud. V, 238-247 vgl. Apg 21,27-40), war jedoch nie Königspalast und kann deshalb nicht das P. sein (Benoit). Die Antonia schien allerdings durch die moderne Archäologie bestätigt, als man unter dem Konvent der Zionsschwestern ein prächtiges Kalksteinpflaster fand und es mit dem *lithostrōton* von Joh 19,13 identifizierte (L.H. Vincent, RB 42, 1933, 84-113; 46, 1937, 563-570; 59, 1952, 513-530). Abgesehen davon, daß nach Joh 18,28ff; 19,4f dieses Pflaster außerhalb des P.s lag, während es in der Rekonstruktion von Vincent seinen Innenhof bildete (Kroll, 342), gehörte die Pflasterung bei den Zionsschwestern zweifelsfrei erst zum O-Forum der spätröm., nach 135 n.Chr. errichteten Kolonie Aelia Capitolina (B. Bagatti, Recherches sur le site du Temple, 1979, 43-72). Die falsche Lokalisierung zog weitere Traditionen nach sich. Das angebliche P. wurde im 14. Jh. Ausgangspunkt für den noch heute von den Franziskanern durchgeführten Kreuzweg (Via Dolorosa) mit seinen teils ntl., teils legendären (auch in allen katholischen Kirchen wiedergegebenen) vierzehn Stationen. Ab dem 16. Jh. (B. Meistermann, Durch's Heilige Land, 1913, 142f) galt ein noch heute sichtbarer Triumphbogen aus der Zeit von Aelia (S. Loffreda, SBFLA 35, 1985, 323f; anders Y. Blomme, RB 86, 1979, 244-271 [vor 70 n. Chr.]) als die Stelle, wo *Pilatus nach Joh 19,5 die Worte sprach: »Seht, welch ein Mensch!« (daher Ecce-Homo-Bogen).

3. Die Zitadelle.

Weil der neue Wohnpalast, den *Herodes der Große ab 20 v.Chr. errichten ließ (Jos.bell.Jud. V, 156-171. 177-183), sich im Gebiet der ehemaligen türkischen Zitadelle befand (s. *Jerusalem VIII), suchen hier viele Forscher das P. (C. Mommert; M. van Bebber, ThQ 87, 1905, 179-230; R. Eckardt, ZDPV 34, 1911, 39-48; G. Dalman). Besonders im Anschluß an P. Benoit gewann diese Ansicht eine Mehrheit (zB. J. Starcky, DBS V, 1954, 87-107; J. Blinzler, Der Prozeß Jesu, ^{4}1969, 256-259; A. Vanel; J. Nelis). Näherhin wird der Platz östl. vor diesem Palast als das Pflaster von Joh 19,13 angenommen (D. Bahat, M. Broshi, IEJ 22, 1972, 171f). Die Schwäche dieser Annahme liegt darin, daß sie zwar gelegentlich einmal in der Kreuzfahrer-Zeit durch Johannes von Würzburg (1165) angedeutet wird (ELS, 588), aber nie eine Ortsüberlieferung besaß. Man kann einen solchen Erinnerungsverlust nicht einfach damit erklären, daß Christen nach der Zerstörung Jerusalems von 70 n.Chr. keinen Zugang mehr zu der Stätte hatten, die der röm. Legio X. Fretensis als Garnison diente (Jos.bell.Jud. VII, 1f). Auch die Ortstradition von *Golgatha wurde getreu bewahrt, obwohl es von 135 bis 326 n.Chr. unter einem heidnischen Tempel begraben lag.

4. Der Hasmonäer-Palast.

Nun gibt es tatsächlich eine alte Überlieferung von der Lage des P.s (ELS, 583-586), die sich wenigstens bis an den Beginn des 4. Jh. zurück verfolgen läßt (B. Bagatti, RBI 21, 1973, 429-433; B. Pixner, ZDPV 95, 1979, 60-72). Der älteste Pilgerbericht des Anonymus von Bordeaux (333 n.Chr.) findet die Ruinen des P.s am rechten Abhang des Tyropöon-Tals dem Tempel gegenüber (ELS, 583). Um 450 n.Chr. ist hier zum ersten Mal eine Kirche bezeugt, die später den Namen St. Sophia erhielt, weil an dieser Stelle die göttliche Weisheit (Jesus) vor einem irdischen Richter (*Pilatus) stand (ELS, 583f). Das Rätselraten um die Lage dieser Basilika (H. Donner, ZDPV 81, 1965, 49-55) wurde durch die Auffindung der als unmittelbarer Nachbarkirche genannten Hagia Maria Theotokos, auch Maria Nea genannt (N. Avigad, IEJ 20, 1970, 137f; 27, 1977, 145-151), gelöst. Die St. Sophia ist auf der *Medeba-Mosaikkarte (6. Jh) wirklich genau da zu sehen (Kroll, 338), wo sie nach der relativ genauen Ortsbeschreibung des Pilgers von Piacenza um 570 n.Chr. (ELS, 584f) zu suchen ist (Pixner, ZDPV 95, 1979, 62-64). Vermutlich wurden 1914 Reste der St. Sophia in dem Gebiet gefunden (L.H. Vincent, RB 11, 1914, 429-436), das heute durch die moderne Porat-Josef-Jeschiwa und die schön restaurierten Ruinen der Kreuzfahrer-Kirche »St. Maria der Deutschen« bezeichnet ist. So besteht über die ungefähre Lage des byzantin. P.s heute Einigkeit (E. Otto, Jerusalem, 1980, 152f). Noch nicht veröffentliche Ausgrabungen unter dem Sibenberg-House, südöstl. des modernen Gebäudekomplexes der Porat-Josef-Jeschiwa, können hier weiteren Aufschluß geben. Für die Zuverlässigkeit der Ortstradition spricht einmal, daß sie wahrscheinlich schon vorbyzantin. bezeugt ist. Nach Kyrill von Jerusalem (Mitte 4. Jh.n.Chr.) wurde diese Überlieferung von einer besonderen Priester-Gruppe (griech. *spoudaioi*) bewahrt (PG 33, 1145), die schon zur Zeit des Kaisers Caracalla (gest. 217 n.Chr.) existierte (Pseudo-Athanasius, PG 28, 435).

Vor allem weisen die Ortsangaben des Josephus (ant.Jud. XX, 189ff; bell.Jud. II, 344; VI, 358ff) für den hasmonäischen Königspalast, der ursprünglich auch von Herodes benutzt worden war, auf dasselbe Gebiet (Pixner, ZDPV 95, 1979, 78-85). Unter dem Wohl-Museum südl. der Kreuzfahrer-Kirche St. Maria sind herrliche Mosaiken zu besichtigen, die aus derselben Schule wie die in den herodianischen Palästen von *Masada stammen. Diese Mosaiken gehörten zu einem Raum von solchen Ausmaßen (Bühlmann, 117), daß der Ausgräber von einem palastartigen Ansitz (»palatial mansion«) spricht (N. Avigad, Discovering Jerusalem, 1983, 95-120). Vielleicht gibt die Auswertung bisher noch unveröffentlichter Funde (M. Ben-Dov, vgl. ZDPV 95, 1979, 77) weiteren Aufschluß über die Lage des Hasmonäer-Palasts. Es ist unwahrscheinlich, daß er nach dem Tod Herodes des Großen (4 v.Chr.) in der Hand seiner Familie blieb und deshalb scheidet dieser Palast auch als Ort des Verhörs Jesu durch *Herodes Antipas (Lk 23,6-12) aus. Vielmehr muß man annehmen, daß der alte Palast schon unter Herodes dem Großen und dann auch den röm. Statthaltern zu Verwaltungszwecken diente. Mit der beherrschenden Lage gegenüber dem Tempel konnte demonstriert werden, wer letztlich auch in der Religionspolitik das entscheidende Wort hatte. Vielleicht ist mit der Anhöhe Gabbata von Joh 19,13 jenes Felskliff gemeint, das der Klagemauer gegenüberliegt. Im 9. Jh. ging die Erinnerung an diese Ortstradition verloren, als schwere Erdbeben die Jerusalemer Kirchen zerstörten und die Christen immer mehr aus dem Gebiet des heutigen moslemischen wie jüd. Viertels verdrängt wurden. Man behalf sich mit einem Ersatz-Lithostrotos (ELS, 586-589) in der Nähe der Zions-Basilika (*Obergemach). Unzufrieden mit dieser unwahrscheinlichen Lokalisierung entschieden sich dann die Kreuzfahrer für das Antonia-Gelände (s.o.). Es ist ein Irrtum, wenn für die Antonia schon eine byzantin. Tradition angenommen wird (so B. Rauschenbach, Neues Bibellexikon, Lfg. 1, 1988, 120f). Erst die moderne Forschung (B. Pixner; K. Jaroš; R. Riesner; G. Kroll) hat die älteste christl. Ortsüberlieferung rehabilitiert: Das P. befand sich im ehemaligen hasmonäischen Königspalast gegenüber der S-W-Ecke des Tempels.

Literatur: P. Benoit: Exegese und Theologie, 1965, 149-166; ders.: Exégèse et Théologie IV, 1982, 311-346; ders.: RB 91 (1984) 161-177; W. Bühlmann: Wie Jesus lebte, 1987, 116-118; G. Dalman: Orte und Wege Jesu, [4]1967, 355-363; K. Jaroš: BiLi 53 (1980) 13-22; C. Kopp: Die heiligen Stätten der Evangelien, [2]1964, 412-421; G. Kroll: Auf den Spuren Jesu, [10]1988, 335-348; C. Mommert: Das Prätorium des Pilatus, 1903; J. Nelis: BL, [3]1982, 1400f; B. Pixner: ZDPV 95 (1979) 65-86; ders.: CNfI 27 (1979/80) 7-10.51-53; ders. in: A.L. Eckardt: Jerusalem – City of the Ages, 1987, 66-80; R. Riesner: BiKi 41 (1986) 34-37; G. Schneider: EWNT III, 1983, 346-348; M.A. de Sion: La forteresse Antonia à Jérusalem et la question du Prétoire, 1956; A. Vanel: DBS VIII, 1969, 513-554; L.H. Vincent, M.A. Stève: Jérusalem de l'Ancien Testament I, 1954, 193-221. R.R.

PREDIGEN s. Verkündigung

PREDIGER SALOMO, BUCH. In der hebr. Bibel gehört dieses Buch zu den fünf Festrollen (Megillot) und wird in der Synagoge am *Laubhüttenfest verlesen.

I. NAME.

Im MT lautet der Name des Buches *Kohelet.* Die hebr. Wurzel *qhl* bedeutet als Verb: »sich versammeln; versammeln, einberufen«, und als Nomen: »Versammlung, Volksgemeinde, Kultgemeinde«. Das von dieser Wurzel stammende Wort Kohelet bedeutet daher soviel wie Versammlungsleiter, Gemeindevorsteher oder Prediger und beschreibt denjenigen, der eine Gemeinde um sich sammelt. Daher verwendet LXX *Ekklesiastes* als Buchtitel. Luther übersetzt diesen Ausdruck mit »Prediger« und fügt den Namen Salomos hinzu.

II. VERFASSERFRAGE UND REDAKTION.

Der Text gibt deutliche Hinweise, die auf den König Salomo als Verfasser des Buches deuten (1,1.12 u.ö.). Sein Name wird jedoch an keiner Stelle genannt. Dies ist auffällig, denn in den beiden Büchern, die ihm sonst im AT zugesprochen werden *Sprüche und *Hoheslied, wird er als Verfasser gleich im ersten Vers mit seinem Namen genannt. Daher kann man in der Verfasserfrage zu zwei Ergebnissen kommen: Entweder sieht man hierin, zusammen mit anderen Argumenten, den Hinweis auf eine Fremdverfasserschaft oder man betrachtet Salomo als Verfasser des Buches. Die zeitgenössige Forschung geht fast einmütig von der ersten Version aus, daß einige Jahrhunderte nach Salomo jemand die Schrift verfaßt und unter dem großen Namen Salomos veröffentlicht habe. Aus folgenden Gründen ist dies denkbar:

1. So wie »David« bei den Israeliten Inbegriff der Psalmdichtung war, so stand der Name »Salomo« für die Weisheitsliteratur. Man nimmt an, daß unbekannte Verfasser ihr Werk unter dem Namen des Hauptvertreters der jeweiligen Literaturgattung veröffentlichten, um sich so Gehör zu verschaffen. (vgl. *Pseudepigraphie)

2. Ein anderer Grund für die Übernahme des fremden Namens könnte ein gattungsgeschichtliches Argument sein: Man schreibt z.B. unter dem Namen »Salomo«, um anzuzeigen, daß dieses Werk der Weisheitsliteratur angehört, dessen hervorragendster Vertreter König Salomo war. Mit dieser Vorgehensweise sollte niemand getäuscht werden, sondern zum Ausdruck kommen, daß diese Schrift der Gattung »Weisheit« zuzuordnen ist. Die meisten Forscher verbinden mit der Zuweisung des Buches an einen unbekannten Verfasser eine Spätdatierung des Werkes in die 2. Hälfte des 3. Jh.v.Chr. Hierfür scheint die gesellschaftliche und politische Situation der Ptolemäerzeit zu sprechen: Es ging den Menschen gut, sie lebten im Überfluß, eine Atmosphäre also, die eine kritische Reflexion wie die des Pred denkbar erscheinen läßt. Neben sprachlichen werden auch inhaltlich-theologische Argumente angeführt, um eine Spätdatierung plausibel zu machen. Man geht davon aus, daß eine kritische Reflexion im Rahmen der atl. Weisheit, wie sie Pred darstellt, erst einem sehr späten Stadium der Weisheitsdichtung entstammen kann. Dieses Argument ist jedoch nur hinreichend, wenn

man ausschließen kann, daß Salomo selbst schon diese Reflexionstiefe erreicht hatte. Pred selbst gibt keine Hinweise, die zu der Annahme eines fremden Verfassers oder zu einer Spätdatierung drängen. Im Gegenteil, der Text macht sehr deutlich, daß König Salomo der Sprecher oder Schreiber ist: »Worte des Predigers, des Sohnes Davids, König zu Jerusalem« (1,1) oder: »Siehe ich bin groß geworden und sammelte Weisheit, mehr als alle, die vor mir zu Jerusalem waren« (1,16 u.ö.). Diese Anspielungen in Kap. 1 und 2, die in den folgenden Kap. durch das redende »ich« (hebr. *ani*) weitergeführt werden, lassen auf keinen anderen Verfasser als König Salomo schließen. Die Reflexionen in unserem Buch sind sehr gut auf diesem Hintergrund zu verstehen: Die salomonische Zeit war für das Volk Israel eine Blütezeit und das Königshaus lebte im Überfluß. Es ist durchaus denkbar, daß Salomo gegen Ende seines Lebens eine kritische Bilanz zieht (z.B. 1,12-2,3). Im Rückblick auf seinen glanzvollen Werdegang entdeckt er die Schattenseiten der menschlichen Existenz und nennt sie beim Namen: das Schicksal des Todes, das Gerechte wie Toren in gleicher Weise trifft; die Tatsache, daß der Mensch nichts Bleibendes schaffen kann u.a.m. Manche Abschnitte klingen wie Konfessionen, die einen Einblick in die innersten Regungen seiner Person geben (Verzweiflung und Lebenshaß in 1,12ff u.a.m.). Da der Text selbst keinen Anhaltspunkt für einen Fremdverfasser bietet und die salomonische Verfasserschaft den besten Interpretationsrahmen abgibt, halten wir daran fest, daß König Salomo Autor der hier gesammelten Sprüche ist. An der Überschrift (1,1) und am Schluß (12,9ff) wird deutlich, daß eine andere Person oder Gruppe diese Sprüche gesammelt und veröffentlicht hat: zum einen wird hier in der 3. Person über den Prediger gesprochen, und zum anderen heißt es in 12,11: »Worte der Weisen sind wie Stachel und wie Nägel, sie sind eingeschlagen von den Herren der Sammlung; gegeben von *einem* Hirten« (wörtl. Übersetzung). Demnach hat Salomo, der als Versammlungsleiter auch Hirte genannt werden konnte, die Sprüche dieses Buches »gepredigt« (vgl. *Kohelet*), und eine Gruppe von Sammlern hat sie zusammengestellt und aufgezeichnet. Nachdem sich diese Sammler zu erkennen gaben, stellten sie als Höhepunkt dieses Werkes ein Wort in der Form einer einprägsamen Hauptsumme an den Schluß: »Fürchte Gott und halte seine Gebote; denn das gilt für alle Menschen. . .«

III. AUFBAU.

Die Meinungen über die Struktur des Buches differieren stark. Einige Forscher gehen davon aus, daß der Text aus unabhängigen aphoristischen Einheiten besteht, die keine einheitliche Ordnung oder Gedankenfolge aufweisen: K. Galling z.B. unterscheidet im Pred 37 Sentenzen, die inhaltlich nicht aufeinander bezogen sind. Im Gegensatz hierzu findet N. Lohfink einen konzentrischen Aufbau im Buch: Im Mittelpunkt (4,17-5,6) steht für ihn das Gedicht von der »Religionskritik«, das von vier thematischen Kreisen konzentrisch umschlossen wird. Einen dritten Weg weist W. Zimmerli: demnach ist Pred kein in einem Guß geschriebenes Traktat, aber auch keine lose Aneinanderreihung einzelner Sprüche, sondern besteht aus Abschnitten, in denen einzelne Gedankengänge oder Themen entfaltet werden, z.B. Gericht (3,16f), Stehen und Reden vor Gott (4,17-5,17), Reichtum (5,9-6,9), Frau (7,26-28), König (8,2-10) u.a.m. Diese Einheiten wurden nicht nach einem bestimmten logischen Aufbau im Buch zusammengestellt. Somit behält F. Delitzsch Recht, wenn er schreibt: »Alle Versuche, in dem Ganzen nicht nur Einheit des Geistes, sondern auch genetischen Fortgang, allesbeherrschenden Plan und organische Gliederung nachzuweisen, mußten bisher und werden inskünftig scheitern« (Delitzsch, S. 195).

IV. AUSLEGUNG.

R.B. Salters schreibt, daß kein Buch des AT, mit Ausnahme des Hohenliedes, »in a variety of ways, some of these in direct opposition to others« [so unterschiedlich, teilweise gegensätzlich] ausgelegt werde wie Pred. Dies zeigen schon einige Titel, mit denen es in der Auslegungsgeschichte charakterisiert wurde: »Das Hohelied der Skepsis« (H. Heine), »Das Hohelied der Gottesfurcht« (F. Delitzsch), »A gentle Cynic« (M. Gastrow) und eine »messianische Weissagung« (H.W. Hertzberg). Dies liegt zum einen daran, daß vieles beim Pred ungewohnt fremd und negativ klingt. Zum anderen reizt die Kürze des Buches, in dem nur vergleichsweise wenige Aussagen über Gott, Welt und Mensch gemacht werden, zu Spekulationen über einen geeigneten Interpretationsrahmen. Je nach dem auf welchem Hintergrund man Pred versteht (z.B. atl. Theologie, altorientalische Weisheitslehre oder griech. Philosophie), wird man es auch unterschiedlich auslegen. Deshalb sind die Interpretationen in der gegenwärtigen Forschung z.T. sehr gegensätzlich: Einige meinen, daß Pred die Höhe des atl. JHWH-Glaubens nicht erreicht hat (s.u. 1.); andere hingegen behaupten, daß Pred das AT hinter sich gelassen habe und schon an der Schwelle zum NT stehe (s.u. 2.).

1. H.-P. Müller spricht von der »Verflüchtigung Gottes zum fernen deus otiosus 5,1, zur

bloß pessimistischen Instanz 9,7, ja zur anonymen Schicksalsmacht« (Müller, Gast, 456). Für ihn und einige andere stimmt das *Gottesbild* des Pred nicht mit dem des AT überein. Der Mensch habe hier keine persönliche Beziehung zu Gott, denn der Gott des Pred trage »fatalistisch-unpersönliche Züge« und sei »letztlich den Menschen fremd und feindlich« (Galling, Predigerbuch, S. 512). *Gottesfurcht* ist dann »das auflehnungs- und erwartungslose Sich-Fügen unter eine uneinsehbare Vorherbestimmung« (Müller, Neige S. 246). Auch die *Lebensfreude* wird verstanden als »Arznei des Vergessens für den Menschen mit Todesgedanken, . . . Gott ist der gute Arzt, der das Narkotikum reicht und den Todesgedanken verscheucht« (Lang, Mensch, S. 19).

2. Ganz entgegengesetzt urteilt O. Kaiser: Für ihn ist Pred das »Büchlein vom Mensch unter Gott« (Schicksal, S. 49). Wenn der Mensch dieses Sein unter Gott annimmt, »verwandelt sich der ferne und verborgene, dunkle Gott in den nahen und gnädigen Gott« (Schicksal, S. 50). Hierin äußert sich ein Gottvertrauen, für das Pred selbst noch keine Worte findet, aber seine Sprüche über die Freude tragen einen überhöhten Sinn in sich, der die Schwelle zum NT überschreitet und in den Auferstehungsjubel einmündet (ibid.). Ähnlich weit geht H. Gese, wenn er im Pred eine »Lehre der Heilspräsenz« findet (Krise, S. 179). Zwischen diesen beiden Extrempositionen finden sich eine Reihe von Auslegern: u.a. M. Klopfenstein, A. Lauha, G. v. Rad, W. Zimmerli.

V. THEOLOGISCHE EIGENART.

Die Art und Radikalität, mit der Pred das Dasein hinterfragt, ist für das AT einmalig. Wegen der Kürze des Buches, und angesichts der unterschiedlichen Auslegungen seines Inhalts, ist die Interpretation einiger prägnanter Stellen für das Verständnis des gesamten Buches von entscheidender Bedeutung:

1. Nach der Überschrift in 1,1 folgt in Vers 2 das »Schlag- und Kampfwort des Predigers« (Seybold, S. 342), das durch seine Wiederholung in 12,8 der ganzen Sammlung einen Rahmen gibt: »Höchste Vergänglichkeit, spricht der Prediger, höchste Vergänglichkeit, alles ist Vergänglichkeit.« Die hebr. Wurzel *hbl*, die hier zugrunde liegt, bedeutet als Verb: »leer/nichtig sein«, und als Nomen: »Hauch, Vergänglichkeit, Flüchtigkeit, Nichtigkeit, Wertlosigkeit«. Als Superlativ geformt wird hier ein Höchstmaß an Vergänglichkeit ausgedrückt. Wie kommt Pred zu einem solch radikalen Urteil? V. 3 formuliert die Frage, die für seine gesamte Reflexion leitend ist: »Welchen Gewinn hat der Mensch von all seinem Bemühen?« Gewinn meint hier in nahezu kaufmännischem Sinn den Ertrag, der nach Abzug aller Unkosten bleibt: Pred fragt also danach, ob sich der Mensch einen bleibenden Wert erarbeiten kann. Der Zusammenhang des ganzen Buches zeigt, daß er hier nach einem Gewinn fragt, der über die Zeit des »Lebens unter der Sonne« hinaus Bestand hat und einen bleibenden Wert bei den Menschen und vor Gott darstellt. D.h.: Kann sich der Mensch etwas erarbeiten und schaffen, das er nach seinem Tod bei Gott vorweisen kann und das auch im göttlichen Gericht zählt? Diese Frage beantwortet Pred 2,11 eindeutig: »Es gibt keinen Gewinn unter der Sonne.« D.h.: Der Mensch kann sich keinen Verdienst bei Gott erwerben. Dies richtet sich gegen ein falschverstandenes Weisheitsstreben, bei dem der Mensch versucht, vor Gott durch einen konsequent weisen Wandel bestehen zu können. Weil es keinen bleibenden Gewinn für den Menschen gibt, kommt Pred zu der radikalen Vergänglichkeits- und Unwertaussage, die am Anfang des Buches steht (1,2), und die Luther in die fast sprichwörtliche Formulierung gekleidet hat: »Es ist alles ganz eitel.« Zu Beginn des Buches wird also nicht nur die grundsätzliche *Fragestellung* genannt (V. 3), sondern auch schon das *Ergebnis* seiner Reflexionen vorweggenommen (V. 2). Diese zwei Verse sollen den Leser oder Hörer nun durch das ganze Werk begleiten, d.h. er soll sie als Anfangs und Zielpunkte bei allen folgenden Überlegungen im Hinterkopf behalten.

2. Der Prediger geht den Weg reflektierter Erfahrungen, d.h. er beobachtet genau, prüft das Erfahrene und geht dabei neue und ungewohnte Wege (2,3). Die Entdeckungen, die er hierbei macht, sind verblüffend negativ (2,12ff u.ö.). Er selbst verfällt daraufhin in einen Lebenshaß, in eine tiefe *desperatio* (Verzweiflung). Der entscheidende Anstoß hierzu ist die Betrachtung des *Todes*. Er beschreibt den Tod als das »eine Widerfahrnis«, das den Toren wie den Gerechten in gleicher Weise trifft (2,14); dieses Wissen läßt ihn verzweifeln. Gleichzeitig relativiert es das ganze Weisheitsstreben, weil in dem gleichförmigen Erleiden des Todesschicksals die Unterschiede zwischen dem Weisen und dem Toren nivelliert werden. An dieser letzten Lebensstation treffen Weise und Toren wieder zusammen und nehmen das gleiche Ende (sogar mit dem Vieh 3,18ff). Dem Schicksal des Todes, das Vergehen und Vergessen bedeutet, kann auch der Weise nicht entgehen, der sich bemühte, durch seinen Wandel Gott und den Menschen gerecht zu werden. Darum beginnt der Prediger, sein Leben »unter der Sonne« zu hassen,

das nur Mühe und Plage bedeutet und dazu der Vergänglichkeit preisgegeben ist.

3. In dem Abschnitt 1,12-18 führt Pred Gedanken aus, die im Rahmen der traditionellen Weisheit äußerst ungewöhnlich sind. Er bezeichnet das Suchen und Forschen nach Weisheit als »böses Geschäft«, mit dem sich der Mensch »abmühen« muß. Für den traditionellen Weisen war die Beschäftigung mit der Weisheit die höchste der menschlichen Bemühungen. Diese relativiert der Prediger nun, indem er zeigt, daß auch der Weise mit seiner Weisheit der Vergänglichkeit unterliegt und daß auch sie, wie alles Arbeiten auf Erden, Mühe macht. Ja, er geht soweit, daß er »viel Weisheit« mit »viel Verdruß« parallel setzt und Erkenntnis sogar als »Schmerz« und »Leid« bezeichnet. Dies sind ganz neue, unerhörte Töne für einen Weisen, denn Schmerz und Leid sind Begriffe, die man sonst nur dem Toren als Strafe für falsches Verhalten zugeschrieben hatte.

4. Nachdem der Prediger in 3,2-8 einige Bereiche des menschlichen Lebens in Gegensatzpaaren aufgezählt hat, stellt er in V. 9 noch einmal die Frage nach dem Gewinn oder dem, was unter dem Strich nach allem menschlichen Mühen bleibt. Im darauffolgenden V. 10 beantwortet er diese Frage nicht wie in Kap. 2, sondern vertieft: »Ich sah das Geschäft, das Gott den Menschenkindern gab, um sich damit/darin abzumühen.« Damit spielt er auf 1Mo 3 an, wo von der Verfluchung des Ackers und von der Mühsal der Arbeit die Rede ist (1Mo 3,17b). Pred beantwortet die Frage also nicht: a. mit dem Hinweis auf die Vergänglichkeit allen Tuns im Angesicht des Todes, oder b. mit der Negativaussage angesichts des Bestehens im göttlichen Gericht, sondern führt die Mühe, die in allem Tun liegt, auf ihren *Ursprung* zurück: den Sündenfall!

5. Neben der Leitfrage (1,3) gibt es eine zweite Frage, die Pred stellt: »Welcher (Weg) ist gut für die Menschenkinder bei dem, was sie unter dem Himmel während der Tage ihres Lebens tun?« (2,3) Diese Frage wird beantwortet mit dem Hinweis auf die *Lebensfreude* und die *Gottesfurcht*. In der Freude hat der Mensch etwas, das ihm bei, in oder nach der mühevollen Arbeit als sein Teil bleibt (2,10.24; 3,12.22 u.ö.). Pred huldigt hier keinem billigen Hedonismus, sondern ist sich gerade auf dem Hintergrund von 1Mo 3 bewußt, daß Freude und Genießen Gaben Gottes darstellen, die nicht selbstverständlich sind. Pred 2,24 spricht davon, daß sie aus der Hand Gottes kommen. Die »Hand Gottes« beschreibt im AT die unwiderstehliche Macht Gottes, mit der er nehmen und geben kann: Hier betont sie sein Schenken und gnädiges Geben. Daher versteht der Prediger unter der Gottesfurcht nicht die blinde Unterordnung unter eine Schicksalsmacht, sondern eine vertrauensvolle Geborgenheit in Gott, der jedoch das Wissen um den Abstand nicht fehlt (5,1.6).

6. Im Buch der *Sprüche ist der *Tat-Folge-Zusammenhang* das grundlegende Prinzip: Dem Weisen geht es gut aufgrund seiner gerechten und richtigen Taten. Der Tor hingegen scheitert an seinem Fehlverhalten. Dies wird im Pred revidiert: Der Tat-Folge-Zusammenhang ist kein Prinzip, das uneingeschränkt gültig ist: »Es gibt Gerechte, denen geht es, als hätten sie Werke der Gottlosen getan, und es gibt Gottlose, denen geht es, als hätten sie Werke der Gerechten getan« (8,14). Indem der Prediger diese Vertauschung der Geschicke aufzeigt, wendet er sich gegen das Mißverständnis, daß sich das Leben eines Menschen durch weisheitliche Handlungsmuster schematisieren lasse, und somit berechenbar werde: »Dem, der weise handelt, geht es gut.«

7. Pred 8,12b.13 heißt es: »So weiß ich doch, daß es für die Gottesfürchtigen *gut sein wird*, weil sie sich vor ihm fürchten. Aber für den Frevler wird es nicht gut sein . . ., weil er sich nicht vor Gott fürchtet.« Zum einen wird hier der Gottesfürchtige vom Frevler unterschieden; zum anderen zeigt Pred, welches das entscheidende Kriterium für die Zukunft ist, die beide erwartet. Wenn wir, wie schon an anderen Stellen des Buches (vgl. Hertzberg), die Urgeschichte als Hintergrund annehmen, so schwingt in dem »gut« die Tatsache mit, daß der Zustand des Menschen bei Gott in einem Vollsinn gut war (1Mo 1,1-2,4). Dieses Gute, daß nach dem Sündenfall entstellt war, wird dem Gottesfürchtigen, im Gegensatz zum Frevler, als seine Zukunft verheißen. Als Begründung dafür nennt Pred nicht ein gerechtes Tun oder Handeln des Menschen, mit dem er sich die als gut qualifizierte Zukunft verdienen kann, sondern allein die Tatsache, daß er »sich vor Gott fürchtet«. Damit ist das entscheidende Kriterium für die Zukunft bei Gott die Gottesfurcht und nicht das Handeln des Menschen. Bei der schematischen Anwendung des Tat-Folge-Zusammenhangs stellte nämlich der Weise sein Tun in den Vordergrund und glaubte, damit vor Gott bestehen zu können. Dagegen betont Pred, daß es zuerst darauf ankommt, daß der Mensch in einer gottesfürchtigen Beziehung zu seinem Gott steht. Dieses Gottesverhältnis entscheidet über die Zukunft als einem Leben nach dem Tod.

VI. BEZIEHUNG ZUM NEUEN TESTAMENT.

Pred spricht vom Werk Gottes, das niemand finden oder ergänzen kann (3,11 u. 8,17): Auch wenn der Weise sich bemüht, es bleibt ihm verborgen. Deshalb bleibt das Verlangen der Seele ungestillt, das Verlangen nach dem Ewigen (3,11). In der Person Jesu findet der Glaubende die Erfüllung dieser Sehnsucht: »Wer (an mich) glaubt, der hat das ewige Leben« (Joh 6,47); oder: »Wer zu mir kommt, den wird nicht hungern; und wer an mich glaubt, den wird nimmermehr dürsten« (Joh 6,35). Damit sind die Fragen und Probleme des Pred nicht einfach vom Tisch gewischt. Denn auch der Glaubende kann sich selbst keinen bleibenden Gewinn schaffen, und das Verlangen seiner Seele ist nicht in der Weise gestillt, daß er die Ewigkeit unverlierbar hat. Vielmehr ist er durch die Begegnung mit Jesus Christus in die Nachfolge getreten. Und in dieser Glaubensbeziehung wird ihm von Christus ein Gewinn geschenkt, der bleibenden Wert hat: die Versöhnung und Rechtfertigung durch sein Sterben und Auferstehen! Mit diesem fremden Gewinn kann der Glaubende vor Gott bestehen.

Literatur: F. Delitzsch: Auslegung des Buches Koheleth, BC IV/4, 1875; K. Galling: Der Prediger, in: Die fünf Megilloth, HAT 18, ²1969; ders.: Kohelet-Studien, ZAW 50, 1932; S. 276-299; H. Gese: Die Krisis der Weisheit bei Koheleth, in: O. Kaiser: Schicksal, Leid und Gott: ein Gespräch mit dem Kohelet, Prediger Salomo, in: FS Antonius H.J. Gunneweg, Altes Testament und christliche Verkündigung, 1987, S. 30-51; M.A. Klopfenstein: Die Skepsis des Qohelet, ThZ 28, 1972, S. 97-109; B. Lang: Ist der Mensch hilflos?, ThMed 53, 1979 (= ders.: Wie wird man Prophet in Israel?: Aufsätze zum Alten Testament, 1980, S. 120-136); A. Lauha: Kohelet, BKAT XIX, 1978; ders.: Omnis Vanitas: die Bedeutung von hbl bei Kohelet, in: FS Rafael Gyllenberg, Glaube und Gerechtigkeit, 1983; N. Lohfink: Kohelet, in: Die neue Echter Bibel: Kommentar zum Alten Testament mit der Einheitsübersetzung, hg. v. J. G. Plöger/ J. Schreiner, ²1980; H.-P. Müller: Neige der hebräischen »Weisheit«, ZAW 90, 1978, S. 238-264; ders.: Der unheimliche Gast: zum Denken Kohelets, ZThK 84, 1987, S. 440-464; G.von Rad: Weisheit in Israel, ²1982; R.B. Salters: Exegetical Problems in Qoheleth, IBS 10, 1988, S. 44-59; K. Seybold: ThWAT II, 1977, 334-343; W. Zimmerli: Das Buch des Predigers Salomo, ATD 16/1, ³1980; ders.: Das Buch Kohelet – Traktat oder Sentenzensammlung?, VT 24, 1974, S. 221-230; ders.: Zur Struktur der alttestamentlichen Weisheit, ZAW 51, 1933, S. 177-204; ders.: »Unveränderbare Welt« oder »Gott ist Gott«?: Ein Plädoyer für die Unaufgebbarkeit des Predigerbuches in der Bibel, in: FS Hans-Joachim Kraus: »Wenn nicht jetzt, wann dann?«, 1983. M.G.

PRESBYTER s. Ältester

PRIESTER UND LEVITEN.

Die Beziehung zwischen den P.n, den Nachkommen Aarons, und den Leviten, den übrigen Mitgliedern des Stammes Levi, ist eins der heiklen Probleme der Religion des AT. Jede Darstellung der L. muß sich mit den bibl. Angaben befassen, ihrer Rekonstruktion von Julius Wellhausen und mit den vielfältigen Weisen, wie zeitgenössische Wissenschaftler auf seine evolutionistische Methode reagiert haben.

I. DIE BIBLISCHEN ANGABEN.

1. Der Pentateuch.

Die L. rücken im Pentateuch in Verbindung mit *Mose und *Aaron (2Mo 2,1-10; 4,14; 6,16-27) in den Vordergrund. Nachdem Aaron das Volk mit dem goldenen Kalb zum Abfall verführt hatte (2Mo 32,25ff), rächten die Söhne Levis die Ehre des Herrn, indem sie viele der Irrgläubigen bestraften. Dieser Erweis von Treue zu Gott mag teilweise die beispielhafte Verantwortung begründen, die dem Stamm Levi im Gesetz Moses gegeben wurde.

Die Rolle der L. als Diener in der Stiftshütte, die in 4 Mo im einzelnen klar beschrieben ist, wird in 2Mo 38,21 vorweggenommen, wonach die L. beim Bau der Stiftshütte unter der Aufsicht von Aarons Sohn *Itamar mitarbeiteten. In den Weisungen für die Wanderung durch die Wüste wurde Levi von Gott von den anderen Stämmen ausgesondert und damit beauftragt, die Stiftshütte abzubauen, zu tragen und wieder aufzustellen (4Mo 47-54). Die L. wohnten um die Stiftshütte herum und bildeten offensichtlich eine beschützende Zone, um die anderen Stämme vor Gottes Zorn zu bewahren, der sie bedrohte, wenn sie versehentlich mit der Stiftshütte oder ihren Einrichtungsgegenständen in Berührung kamen (4Mo 1,51.53; 2,17).

Da es ihnen bei Todesstrafe verboten war, als Priester zu dienen, ein Privileg, das Aarons Söhnen vorbehalten war (4Mo 3,10), wurden die L. zu Hilfsdiensten für die P. eingesetzt, besonders für die manuellen Arbeiten bei der Wartung des Zeltes (4Mo 3,5ff). Zusätzlich erwiesen sie den anderen Stämmen einen wichtigen Dienst. Sie traten nämlich an die Stelle des erstgeborenen Sohnes in jeder Familie, auf den Gott deswegen ein Anrecht hatte, weil er die Erstgeborenen Israels beim *Passa in Ägypten verschont hatte (vgl. 2Mo 13,2ff.13). Als Repräsentanten der Erstgeborenen der Stämme (4Mo 3,40ff) waren die L. Teil »des weitreichenden Prinzips der Repräsentation«, durch das die Idee, daß ein Volk sich voll und ganz Gott zur Verfügung stellt,

0 10 20 30 40 km
Freistädte
Nicht-levitische Städte
Mittelmeer
Dan
Kedesch
Abdon
ASSER
NAFTALI
Rehob
Mischal
Nahalel
Rimmon/
Dimna
Helkat
SEBULON
Kartan
Hammat
GESCHUR
Aschtarot
Golan
Daberat
Chislot-Tabor
Engannim
Jokneam
Kischion
ISSASCHAR
Jarmut
Ramot in
Gilead
Taanach
Jibleam
MANASSE
Jordan
Sichem
Mahanajim
Jokneam
Gat-Rimmon
GAD
EPHRAIM
Jaser
Elteke
Geser
Bet-Horon
Gibeon
Gibbeton
Ajalon
BENJAMIN
Almon
Anatot
Jerusalem
Mefaat
Heschbon
Bezer
PHILISTÄA
Bet-
Schemesch
Libna
RUBEN
Holon
JUDA
Totes
Meer
Jahaz?
Hebron
Kedemot
Debir
Jutta
Eschtemoa
Ain
Jattir
SIMEON
Beerscheba
MOAB
© 1980 GEORGE PHILIP & SON, LTD. AND INTER-VARSITY PRESS

verwirklicht werden konnte (vgl. H.W. Robinson: Inspiration and Revelation in the Old Testament, 1953, S. 219-221).

Jede der drei Familien Levis hatte spezielle Pflichten. Die Söhne von Kehat (die 4Mo 4,36 zufolge 2750 Männer im Alter zwischen 30 und 50 Jahren umfaßte) hatten die Aufgabe, die Einrichtung der Stiftshütte zu tragen, nachdem sie von den P.n, die sie allein berühren durften, sorgfältig abgedeckt worden war (4Mo 3,29-32; 4,1ff). Die Kehatiter wurden von Aarons Sohn Eleasar beaufsichtigt. Die Söhne von Gerschon (2630 an der Zahl; 4Mo 4,40) kümmerten sich um die Zelttücher, Umhänge und Vorhänge unter der Aufsicht von Aarons Sohn Itamar (4Mo 3,21-26; 4,21ff). Meraris Söhne (3200 an der Zahl; 4Mo 4,44) hatten die Aufgabe, den Rahmen der Stiftshütte und ihres Hofes zu tragen und aufzubauen (4Mo 3,35-37; 4,29ff).

Die repräsentative Funktion der L. wird in den Riten der Reinigung und der Weihe symbolisiert (4Mo 8,5ff). Die Tatsache beispielsweise, daß die Israeliten (wahrscheinlich durch ihre Stammesführer) ihre Hände auf die L. legten (8,10) und sie so als ihre Stellvertreter bezeichneten (vgl. 3Mo 4,24 usw.), und auch der Brauch, daß die P. die L. als Webopfer des Volkes Gott darbrachten, wahrscheinlich indem sie sie zum Altar brachten und wieder wegführten (4Mo 8,11), legt es nahe, daß die L. von den Israeliten dazu »gegeben« wurden, um an ihrer Stelle Aarons Söhnen zu dienen. Dies wird in 8,16ff deutlich, wo Levis Söhne als *netūnīm*, »Gaben«, bezeichnet werden.

Ihr Dienst begann, wenn sie 25 Jahre alt waren, und wurde fortgesetzt, bis sie 50 waren; dann trat der Levit in eine Art »Vorruhestand« mit begrenzten Pflichten (4Mo 8,24-26). Es gab möglicherweise eine fünfjährige Lehrzeit, da die volle Verantwortung für das Tragen der Stiftshütte und ihrer Einrichtungsgegenstände auf den Schultern der Männer im Alter von 30 bis 50 Jahren zu ruhen schien (4Mo 4,3ff). Als David einen ständigen Standort für die Lade einrichtete, wurde das Alter auf 20 Jahre herabgesetzt, da es keinen Bedarf mehr für ältere und erfahrene L. als Träger gab (1Chr 34,24ff).

Die Verantwortung der L., das Volk zu repräsentieren, war mit gewissen Privilegien verbunden. Da sie keinen Erbanteil am Land erhalten hatten (d.h. kein Losteil des Landes wurde ausschließlich ihnen zuerkannt: 4Mo 28,23.24; 5Mo 12,12ff), wurden die L. mit dem Zehnten des Volkes unterstützt, während die P. die Teile des Opfers erhielten, die nicht für das eigentliche Opfer gebraucht wurden: die Erstlinge der Herden und einen Zehnten des levitischen Zehnten (4Mo 18,8ff.21ff; vgl. 5Mo 18,1-4). Gelegentlich empfingen die P. und L. einen Anteil an der Kriegsbeute (z.B. 4Mo 31,25ff). Außerdem hatten die L. die Erlaubnis, in achtundvierzig Städten zu wohnen, die für sie zur Nutzung abgesondert wurden (4Mo 31,1ff; Jos 21,1ff). In der Umgebung dieser Städte war ein Stück Weideland für sie bestimmt. Sechs der Städte, je drei auf jeder Seite des Jordan, dienten als Asylstädte (*Freistädte).

Die den Leviten zugeteilten Städte.

Der Übergang von den Wanderungen des Volkes in der Wüste zur Niederlassung in *Kanaan (in 4Mo 35 durch die Gründung levitischer Städte vorweggenommen) brachte eine verstärkte Sorge um das Wohlergehen der L. mit sich und eine Ausweitung ihrer Pflichten, um den Anforderungen der dezentralisierten Lebensweise gerecht zu werden. Im Deuteronomium (5.Buch Mose) wird die Verantwortung der Israeliten gegenüber den L. stark betont: Sie sollten an der Freude der Stämme teilhaben (12,12), an ihrem Zehnten und an bestimmten Opfern (12,18.19; 14,28.29) und an ihren Hauptfesten, bes. am *Wochenfest und *Laubhüttenfest (16,11-14). Die L., die im ganzen Land verstreut waren, sollten den Dienst und die Opfer mit ihren Brüdern, die am zentralen Heiligtum lebten, zu gleichen Teilen vollziehen (18,6-8).

Während *Numeri (4.Buch Mose) bezeichnenderweise die P. als Söhne Aarons bezeichnet (z.B. 10,8), gebraucht 5Mo häufig den Ausdruck »die levitischen P.« (z.B. 18,1). Obwohl einige Exegeten (s.u.) behauptet haben, es werde in 5Mo kein Unterschied zwischen P.n und L. gemacht, legt die Tatsache, daß verschiedene Anteile an den Abgaben zum einen den P.n (5Mo 18,3-5) und zum andern den L. zuerkannt werden (5Mo 18,6ff), die Annahme nahe, daß der Unterscheid aufrecht erhalten wird. Der Ausdruck »die levitischen Priester« (z.B. 5Mo 17,9.18; 18,1; 24,8; 27,9; vgl. Jos 3,3; 8,33) scheint »die Priester aus dem Stamme Levi« zu bedeuten. Ihnen weist das deuteronomische Gesetzbuch zusätzlich zur Pflege des Heiligtums zahlreiche Pflichten zu: sie dienen als Richter in Fällen, in denen es um schwierige Entscheidungen geht (5Mo 17,8.9), regeln die Kontrolle von Leprakranken (24,8), bewachen das Gesetzesbuch (17,18) und stehen Mose bei der Zeremonie der Bundeserneuerung zur Seite (27,9).

Innerhalb der Familie Kehats wurde das Amt des Hohenpriesters (hebr. *hakkōhēn*, »der Priester« [2Mo 31,10 usw.]; *hakkōhēn hammaschīach*, »der gesalbte Priester« [3Mo 21,10 usw.]; *hakkōhēn haggādōl*, »der Hohepriester« [3Mo 21,10 usw.]) vom ältesten Repräsentanten der Familie Eleasars ausgeübt, es sei denn, daß die Ausnahmebestimmungen von 3Mo 21,16-23 Anwendung fanden. Er wurde wie die anderen P. geweiht und beteiligte sich an deren Routinepflichten. Er allein trug die besonderen Gewänder (2Mo 28; *Brusttasche des Hohenpriesters, *Kleidung) und interpretierte die Orakel (*Urim und Tummim). Am *Versöhnungstag repräsentierte er das auserwählte Volk vor Jahwe und sprengte das Blut des geopferten Bocks auf den Gnadenstuhl (*Opfer).

2. Die frühen Propheten.

Die P. spielen im Buch Josua eine wichtigere Rolle als die L., bes. bei der Geschichte von der Überquerung des Jordans und der Eroberung Jerichos. Manchmal als »die Priester der L.« bezeichnet (z.B. Jos 3,3; 8,33) und öfter einfach als »die Priester« (z.B. Jos 3,6ff; 4,9ff), hatten sie die entscheidende Aufgabe, die Bundeslade zu tragen. Die Stiftshütte jedoch, die von den L. befördert wurde, wird nicht erwähnt (mit der möglichen Ausnahme von 6,24), bis sie nach der Eroberung Kanaans in Silo (18,1; 19,51) aufgebaut wurde. Scheinbar wurde das Tragen der Bundeslade eher den P.n als den Kehatitern anvertraut (vgl. 4Mo 4,15), und zwar wegen der alles entscheidenden Bedeutung ihres Dabeiseins: Gott, dessen Gegenwart die Lade repräsentierte, zog voran, erobernd und um weiter zu erobern. Die L. traten erst dann hervor, als die Zeit, das Land aufzuteilen, nahe war (vgl. Jos 14,3ff). Der Unterschied zwischen P.n und L. wird klar aufrechterhalten: die L. erinnern Eleasar, den P., und Josua an Moses Befehl hinsichtlich der levitischen Städte (Jos 21,1-3); die Kehatiter sind in zwei Gruppen unterteilt – jene, die von Aaron abstammen (z.B. die P.), und die übrigen (Jos 21,4.5).

Die allg. Nachlässigkeit beim Gottesdienst in der Zeit zwischen der Eroberung Kanaans und der Errichtung des Königreiches wird in den beiden levitischen Geschichten des Richterbuches sichtbar. Der Levit Michas (Ri 17-18) stammt angeblich aus Bethlehem und soll ein Mitglied der Familie des Juda sein (17,7). Wie konnte er Levit und zugleich Angehöriger des Stammes Juda sein? Die Antwort hängt davon ab, ob der Levit mit *Jonatan, dem Sohn Gerschoms (18,30) identifiziert werden muß. Sind sie identisch – und das ist wahrscheinlich –, dann muß die Beziehung des L. zu Juda geographisch, nicht genealogisch sein, trotz des Ausdrucks »Familie von Juda« (17,7). Wenn die beiden Männer nicht identisch sind, mag der Levit ein Beispiel sein für die Möglichkeit, daß Männer anderer Stämme sich in jener Zeit dem priesterlichen Stamm anschließen konnten. Dies mag der Fall gewesen sein bei *Samuel, einem Ephraimiten (vgl. 1Sam 1,1; 1Chr 6,28). Es gibt einige Hinweise darauf, daß der Begriff »Levit« ein funktionaler Titel gewesen sein mag. Er bedeutet: »einer, der sich durch ein Gelöbnis verpflichtet hat«, und ist auch eine Stammesbezeichnung (vgl. W.F. Albright, Archaeology and the Religion of Israel, ³1953, S. 109, 204ff); T.J. Meek (Hebrew Origins, ³1960, S. 121ff) behauptet, daß die L. ursprünglich ein weltlicher Stamm waren, der eine Priesterfunktion nicht nur in Israel, sondern vielleicht auch in Arabien übernahm. Die makabre Geschichte von dem L. und seiner Konkubine (Ri 19) ist ein weiteres Zeugnis für das Umherziehen der L. und für die generell laxe Moral dieser Zeit. Das Fehlen einer zentralen Autorität beschnitt die Kontrolle, die das zentrale Heiligtum in Silo hätte ausüben sollen (Ri 18,31), und ließ zu, daß unzählige Heiligtümer bestanden, wo man sich wenig um die mosaischen Vorschriften kümmerte.

L. treten in den restlichen Büchern der frühen Propheten nur selten auf, wenn, dann meistens in ihrer Rolle als Träger der Bundeslade (1Sam 6,15; 2Sam 15,24; 1Kön 8,4). Als *Jerobeam I. konkurrierende Heiligtümer in Dan und Bethel errichtete, besetzte er sie mit nichtlevitischen P.n, wahrscheinlich um die Beziehungen zum Tempel in Jerusalem so vollständig wie möglich abzubrechen (1Kön 12,31; vgl. 2Chr 11,13.14; 13,9.10). Die Kontrolle über das Zentrum der Glaubensausübung war in beiden Königreichen ein wichtiges Vorrecht der Monarchie.

3. Die Chronikbücher.

Mit seiner priesterlichen Perspektive neigt der Verfasser der *Chronikbücher dazu, die Rolle der L. zu betonen, und ergänzt unzählige Einzelheiten über ihren Dienst, die von den Verfassern der *Königsbücher ausgelassen wurden. In den Genealogien von 1Chr 5/6, die auch die Rolle der Aaroniten (6,33-38) und die Verteilung der levitischen Städte beschreibt (6,39-66), wird den levitischen Sängern Heman, Asaf, Etan und ihren Söhnen, denen von David die Durchführung der Tempelmusik übertragen wurde, besondere Aufmerksamkeit gewidmet (6,16ff; vgl. 1Chr 15,16ff). Die Liste der L. in 1Chr 9 bietet vielerlei Probleme. Die Ähnlichkeiten zwischen ihr und Neh 11 haben einige Exegeten dazu bewogen, sie als das Verzeichnis der L. zu behandeln, die aus dem Exil nach Jerusalem zurückkehrten (vgl. 1Chr 9,1). Andere (z.B. C.F. Keil) sehen in ihr eine Liste der ersten Bewohner Jerusalems. Die sorgfältig organisierte Verteilung der Pflichten und die Anzahl der betreffenden L. (vgl. die 212 Torwächter in

1Chr 26,8-11 mit den 93 in 1Chr 26,8-11) legen eine Zeit unmittelbar nach der Davids nahe. Die enge Zusammenarbeit zwischen den L. und den Söhnen der P. (vgl. 1Chr 9,28f) und die Tatsache, daß die L. sich um einige der heiligen Gefäße kümmerten und bei der Herrichtung der Schaubrote halfen, mag darauf hinweisen, daß die strenge Aufteilung der Pflichten in 4Mo 4 und 18 während der Monarchie zusammenbrach, vielleicht deshalb, weil es nicht genug Aaroniten gab (die Zahl von 1760 in 1Chr 9,13 bezieht sich wahrscheinlich auf Angehörige, nicht auf die Zahl von Häuptern von Häusern), um mit den Anforderungen ihres Amtes zurechtzukommen. Daher mußten die L. neben ihren regelmäßigen Aufgaben als Sänger und Musiker, Torwächter, Träger usw. auch bei der eigentlichen Vorbereitung der Opfer helfen sowie bei der Pflege des Hofes und der Kammern, bei der Reinigung der heiligen Dinge und beim Herrichten der Schaubrote, beim Getreideopfer, beim ungesäuerten Brot, beim Brandopfer usw. (23,14).

Davids Anordnungen in 1Chr 23 illustrieren die zwei beherrschenden Faktoren, die zu wichtigen Veränderungen bei den levitischen Ämtern führten: Zum einen erhielt die Lade einen ständigen Standort in Jerusalem, was automatisch alle Regeln für die Rolle der L. als Träger überflüssig machte; zum andern wurde die Verantwortung für die offizielle Religion (wie auch für alle anderen Angelegenheiten des Lebens) beim König zentralisiert. Nach der hebr. Idee von der »corporate personality« war der König der große Vater des Volkes, dessen Wohl und Wehe durch ihn bestimmt wurde. Wie David Lade und Zelt nach Jerusalem brachte (1Chr 13,2ff) und dort in Übereinstimmung mit den Prinzipien der mosaischen Gesetzgebung die Art des Gottesdienstes festlegte (1Chr 15,1ff; 23,1ff), so baute, weihte und überwachte Salomo den Tempel und dessen Kult nach dem Plan seines Vaters (1Chr 28,11-13.21; 2Chr 5-8; beachte bes. 8,15: »Und man wich in keiner Hinsicht vom Gebot des Königs über die Priester und Leviten. . .«).

Ähnlich beauftragte Joschafat hohe Beamte, L. und P., das Gesetz in ganz Juda zu lehren (2Chr 17,7ff) und ernannte bestimmte L., P. und Familienoberhäupter zu Richtern in Jerusalem (2Chr 19,8ff), die unter der Aufsicht des Hohenpriesters standen. Joasch (2Chr 24,5ff), Hiskia (2Chr 29,3ff) und Josia (2Chr 35,2ff) überwachten die P. und L. und setzten sie wieder nach dem davidischen Vorbild in ihre Dienste ein.

Die Beziehung zwischen dem levitischen und dem prophetischen Amt ist problematisch. Waren manche L. Kult-Propheten? Eine sichere Antwort ist nicht möglich. Aber es gibt einige Hinweise, daß L. bisweilen prophetische Aktivitäten ausübten: Jahasiël, ein Levit von den Söhnen Asafs, prophezeite Joschafats Sieg über die Koalition zwischen Moabitern und Ammonitern (2Chr 20,14.19), und Jedutun, der Levit, wird als Seher des Königs bezeichnet (2Chr 35,15).

4. Die späten Propheten.

Jesaja, Jeremia und Hesekiel erwähnen die Rolle der L. nach dem Exil nur kurz. Jes 66,21 spricht davon, Gott werde zerstreute Israeliten (oder möglicherweise bekehrte Heiden) sammeln, damit sie ihm als P. und L. dienten. Jeremia (33,17ff) stellt sich einen Bund mit den levitischen Priestern vor (oder vielleicht mit den P.n und L.; vgl. Vulg.), der so bindend ist wie Gottes Bund mit Davids Haus (vgl. 2Sam 7). Hesekiel treibt einen scharfen Keil zwischen die levitischen P., die er als Söhne Zadoks bezeichnet (z.B. 40,46; 43,19), und die L.. Die ersteren werden als treu gegenüber Gott erachtet (44,15; 48,11), während die letzteren sich Götzen zugewandt hatten und sich daher dem Altar nicht nahen oder die besonders heiligen Dinge nicht handhaben konnten (44,10-14). Tatsächlich scheint Hesekiels Urteil eine Rückkehr zur sorgfältigen Unterscheidung zwischen P.n und L. zu sein, wie sie im 4. Buch Mose vorkommt, wobei die recht großzügige Ansicht, die während der Monarchie vorherrschte, wieder aufgegeben wird.

5. Die nachexilischen Schriften.

Unter Jeschua und *Serubbabel kehrten 341 L. zurück (Esr 2,36ff) mit den 4289 Mitgliedern von Priesterfamilien und den 392 Tempeldienern (*netīnīm*, »gegeben«, »ernannt«, die offensichtlich von Kriegsgefangenen abstammten, die zum Tempeldienst gezwungen wurden; vgl. Jos 9,23.27; Esr 8,20). Die Differenz zwischen der großen Zahl von P.n und der vergleichsweise kleinen Gruppe von L. mag darauf zurückzuführen sein, daß viele L. während des Exils den Priesterstatus annahmen. Die anderen L., die für niedrige Aufgaben im Tempel verantwortlich waren, waren offensichtlich nicht dazu bereit, in die Heimat zurückzukehren (Esr 8,15-20). Die L. spielten eine wichtige Rolle bei der Grundlegung (Esr 3,8ff) und Einweihung des Tempels (Esr 6,16ff). Nachdem Esra L. für seine Partei gewonnen hatte (Esr 8,15ff), setzte er eine Reform in Gang, um Mischehen, d.h. die Heirat mit Heiden zu verbieten, von der selbst P. und L. betroffen waren (Esr 9,1ff; 10,5ff).

Ähnlich kamen nach dem Buch Nehemia die L. und P. ihren gesamten Pflichten nach. Nachdem sie einen Teil der Mauer wieder aufgebaut hatten (Neh 3,17), waren die L. mit der

Unterweisung im Gesetz (Neh 8,7-9) und mit der Teilnahme am rel. Leben des Volkes (Neh 11,3ff; 12,27ff) sehr beschäftigt. Sie sollten den Zehnten vom Volk erhalten und wiederum einen Zehnten des Zehnten an die Aaroniten abgeben (Neh 10,37ff; 12,47). Die Notwendigkeit einer zentralen Autorität zur Durchsetzung der Regeln für die L. zeigte sich an dem Verfall des Kultes, während Nehemia von Jerusalem abwesend war. Tobija, der Ammoniter, durfte den Raum im Tempel beschlagnahmen, der als Lagerraum für den levitischen Zehnten dienen sollte (Neh 13,4ff); ihrer Unterstützung beraubt, hatten die L. den Tempel verlassen und waren zu ihren Feldern geflohen, um ihr Leben zu fristen (Neh 13,10ff).

Es mag während dieser Zeit gewesen sein, daß die P. persönlichen Gewinn über ihre vom Bund vorgeschriebene Verantwortung, das Gesetz zu lehren, stellten und korrupte Opfer annahmen (Mal 1,6ff; 2,4ff). Für Maleachi war die Reinigung der L. einer der zentralen eschatologischen Aufträge Gottes (3,1-4).

Die Hohepriesterschaft blieb bis zur Zeit *Elis, eines Nachfahren Itamars, in der Familie Eleasars. Die Verschwörung *Abjatars brachte Salomo dazu, ihn abzusetzen (1Kön 2,26f). Das Amt kehrte also wieder in das Haus Eleasars, eines *Zadokiden, zurück und blieb in dieser Familie, bis politische Intrigen zur Absetzung von Onias III. durch den Seleukidenkönig Antiochus Epiphanes führten (ca. 174 v.Chr.). Danach stand es unter der Gönnerschaft der jeweils herrschenden Macht.

II. WELLHAUSENS REKONSTRUKTION.

Die Entwicklung der Quellenscheidung mit ihrer Betonung einer nachexilischen Komposition und Redaktion des Priesterkodex (Pentateuch) führte zu einer drastischen Umwertung hinsichtlich der Entwicklung der Religion Israels. Diese neue Sicht der Dinge wurde von Julius Wellhausen (1844-1918) in seinen »Prolegomena zur Geschichte Israels« (1878) dargelegt.

Das entscheidende Problem der Beziehung zwischen P.n und L. bestand für Wellhausen in Hesekiels Bestimmung, die L. für priesterliche Aufgaben nicht mehr zuzulassen (44,6-16). Aus Hesekiels Ausssage zog Wellhausen zwei Schlußfolgerungen: Zum einen habe die Trennung des Heiligen vom Profanen nicht im Wesen des Tempeldienstes selbst gelegen; das zeigte die Verwendung von heidnischen Tempeldienern (s.o.). Zum andern habe Hesekiel die L., die bisher Priesterfunktionen wahrgenommen hatten, auf den Status von Tempelsklaven herabgestuft. Die Söhne Zadoks seien von Hesekiels Anklage ausgenommen gewesen, weil sie am zentralen Heiligtum in Jerusalem dienten und, anders als die L., sich nicht durch den Dienst an den im Land verstreuten Höhenheiligtümern befleckt hatten. Als die Zadokiden dagegen Einspruch erhoben, daß ihre exklusive Rolle aufgegeben werden müsse, habe Hesekiel »moralische« Gründe ersonnen, um ihre Ausschließlichkeit aufrechtzuerhalten, obwohl in Wahrheit der Unterschied zwischen P.n und L. zufälliger und nicht moralischer Art gewesen sei (die P. waren eben in Jerusalem, die L. aber an den Höhenheiligtümern). Wellhausen schloß daraus, daß das Priestergesetz im 4. Buch Mose zu Hesekiels Zeit nicht existiert habe.

Da das aaronitische Priestertum nur im Priesterkodex betont wird, betrachtete es Wellhausen als Fiktion, die dem Priestertum eine Verankerung in der mosaischen Zeit geben sollte. Die Genealogien in der Chronik seien demnach künstliche Versuche, die Zadokiden mit Aaron und Eleasar zu verbinden.

Ein zentraler Punkt in Wellhausens Rekonstruktion war der auffallende Gegensatz zwischen der »wohldurchdachten Maschinerie« des Kults während Israels Wüstenzeit und der Dezentralisierung in der Zeit der Richter, als der Gottesdienst nach Ri 3-16 scheinbar nur eine geringe Rolle spielte. Diese Periode war für Wellhausen die eigentliche Zeit für den Ursprung des israelit. Gottesdienstes. Er habe einfach damit begonnen, daß verschiedene Familienoberhäupter Opfer darbrachten, und sich weiterentwickelten, als einzelne Familien (z.B. Elis Familie in Silo) an bestimmten Heiligtümern bes. Bedeutung erlangten. Ein krasses Beispiel für den Gegensatz zwischen der hochentwickelten Religion in der Wüstenzeit und ihrer einfachen Handhabung während der Landnahme sei die Tatsache, daß Samuel, ein Ephraimiter, jede Nacht neben der Lade schlief (1Sam 3,3), an einem Orte also, den nach 4Mo nur der Hohepriester einmal im Jahre betreten durfte.

Als Salomo das bleibende Heiligtum für die Lade baute, dürfte die Vorherrschaft der Jerusalemer Priesterschaft (unter Zadok, den David ernannt hatte) schon gesichert gewesen sein. Und wie in Juda, so hätten auch in Israel Jerobeams Heiligtümer den Rang von königlichen Heiligtümern gehabt, und die P. seien ihm direkt verantwortlich gewesen (Am 7,10ff). In Juda habe der Prozeß der Zentralisierung seinen Höhepunkt erreicht, als Josias Reform die Höhenheiligtümer abschaffte, deren P. zu Gehilfen am Zentralheiligtum reduzierte und so für Hesekiels entscheidende Erklärung den Weg bereitete.

Mit dieser Entwicklung verglich Wellhausen die verschiedenen Schichten des Pentateuch und fand einen bemerkenswerten Grad von Übereinstimmung. In den Gesetzen (2Mo 20-23; 34) wird das Priestertum nicht erwähnt, während die anderen Teile Aaron (2Mo 4,14; 32,1ff) und Moses (2Mo 33,7-11) als Begründer des Klerus kennzeichnen. Die Erwähnung anderer P. (z.B. 2Mo 19,22; 32,29) wurde von Wellhausen nicht berücksichtigt, da er diese Stellen für spätere Einschübe hielt. Im Deuteronomium (5Mo 16,18-18.22) sah er den Anfang für den Gebrauch des Namens »Leviten« für die P. Der erbliche Charakter des Priestertums habe nicht mit Aaron begonnen (der nach Wellhausen »nicht ursprünglich in J [Jahwist] vorhanden war, sondern seine Einführung dem Redaktor verdankt, der J und E [Elohist] miteinander verband«), sondern mit den Zadokiden in der Zeit der Monarchie. Wellhausen erkannte die grundlegende Echtheit der Einbeziehung von Levi im Jakobssegen für die Stämme (1Mo 49). Aber er glaubte, daß dieser Stamm »zu einem frühen Zeitpunkt zusammenbrach«, und daß die angebliche Verbindung zwischen dem offiziellen Begriff »Leviten« und dem Stamm Levi künstlich war.

Der Priesterkodex [P] habe nicht nur die Stellung des Klerus gestärkt, sondern auch die grundlegende Teilung innerhalb der klerikalen Ränge eingeführt – nämlich die Trennung der P. (Aarons Söhne) von den L. (dem übrigen Stamm). Während das Deuteronomium also von »levitischen Priestern« spreche (d.h. »die Priester, die Leviten«), gebe es für die priesterlichen Schreiber – bes. für den Chronisten – P. und L..

Eine weitere priesterliche Neuerung sei die Figur des Hohenpriesters, der in 2Mo; 3Mo und 4 Mo eine größere Rolle spielt als irgendwo sonst in den vorexilischen Schriften. Während in den Geschichtsbüchern die Könige den Kult beherrschten, sei es im Priesterkodex der Hohepriester, dessen königlicher Status nach Wellhausen nur eine Zeit widerspiegeln könne, in der die Zivilregierung in den Händen von Ausländern lag und Israel eher eine Kirche als ein Volk war – die Zeit nach der Verbannung.

Man braucht nur einige repräsentative Arbeiten einzusehen (z.B. M. Loehr, A History of Religion in the Old Testament, 1936, S. 137-137; W.O.E. Oesterley, T.H. Robinson, Hebrew Religion, 1930, S. 255; R.H. Pfeiffer, Introduction to the Old Testament, 1948, S. 556-557), um zu erkennen, mit welcher Hartnäckigkeit Wellhausens Rekonstruktion weiter bestanden hat.

III. EINIGE REAKTIONEN AUF WELLHAUSENS REKONSTRUKTION.

Unter den Konservativen, die sich daran machten, Wellhausens Rekonstruktion zu Fall zu bringen, sind drei Namen erwähnenswert: James Orr (The Problem of the Old Testament, 1906), O.T. Allis (The Five Books of Moses, ²1949, S. 185-196), G.Ch. Aalders (A Short Introduction to the Pentateuch, 1949, S. 66-71).

Grundlage für Wellhausens Rekonstruktion ist die Annahme, daß die L., die in 5Mo 18,6.7 eingeladen wurden, am zentralen Heiligtum zu dienen, die P. waren, die durch die Abschaffung ihrer Höhenheiligtümer während Josias Reform entrechtet worden waren. Aber solide Beweise für diese Annahme fehlen. Tatsächlich bestätigt 2Kön 23,9 das Gegenteil: die P. der Höhenheiligtümer kamen nicht zum Altar des Herrn in Jerusalem. Die kritische Ansicht, im Deuteronomium werde nicht klar zwischen P.n und L. unterschieden, wurde oben diskutiert, wo man sah, daß ein klarer Unterschied zwischen ihnen gemacht wurde, und zwar was die Verantwortung und Versorgung des Volkes ihnen gegenüber betraf (5Mo 18,3-5.6-8). Auch kann die Meinung, der Ausdruck »die Priester der Leviten« (5Mo 17,9.18; 18,1; 24,8; 27,9), der sonst nirgendwo im Pentateuch auftaucht, beweise die Identität der beiden Ämter im Deuteronomium, nicht aufrechterhalten werden. Dieser Ausdruck dient allein dazu, die P. zu ihrem Stamm in Beziehung zu setzen. Eine Bestätigung dafür läßt sich scheinbar in 2Chr 23,18 und 30,27 finden, wo die »levitischen Priester« von anderen L. (30,25), Torwächtern usw. (23,19) unterschieden werden.

Häufig wurde von Wellhausen und anderen auf den offensichtlichen Widerspruch hingewiesen zwischen dem Gesetz des *Zehnten in 4Mo 18,21ff (vgl. 3Mo 27,30ff), das den Zehnten für die L. reserviert, und dem Gegenstück in 5Mo 14,22ff, das es den Israeliten erlaubt, von dem Zehnten bei einem Opfermahl zu essen und ihnen dabei befiehlt, ihn mit den L. zu teilen. Das Judentum hat diese Abschnitte traditionell so in Einklang gebracht, daß es den Zehnten in 5Mo »einen zweiten Zehnten« nannte, z.B. in dem talmudischen Traktat Ma'aser Sheni. Diese Erklärung mag nicht so plausibel sein wie die von J. Orr (op.cit., S. 188-189): er behauptete, daß die Gesetze in 5Mo für eine Zeit gelten, in der die Bestimmungen für den Zehnten (und jene, die sich auf levitische Städte bezogen) nicht völlig durchgesetzt werden konnten, da die Eroberung des Landes nicht abgeschlossen war und es keine zentrale Stelle gab, um diese Bestimmungen durchzusetzen. Mit anderen Worten: 4Mo 18,21ff handelt von Israels Ideal, während 5Mo 14,22ff ein Zwischenprogramm für die Landnahme und Besiedlung ist.

Zentral in Wellhausens Rekonstruktion ist seine Interpretation von Hesekiels Verurteilung der L. (44,4ff), in der er den Ursprung der Kluft zwischen P.n (Zadokiden) und L. (P., die sich vorher am Götzendienst an den Höhlenheiligtümern beteiligt haben) sieht. Aber J. Orr (op.cit., S. 315-319, 520) lenkt die Aufmerksamkeit auf den beklagenswerten Zustand der Priesterschaft kurz vor Hesekiels Zeit und betont, daß Hesekiel das Gesetz nicht begründete, sondern es eher wieder begründete. Denn er nahm den L. Privilegien, die sie nicht zu Recht besaßen, sondern in der Zeit der Monarchie an sich gerissen hatten; außerdem degradierte er P., die Götzendienst vollzogen, zu dem bereits bestehenden Rang von L.. Weiter legt der ideale Kontext von Hesekiels Erklärung nahe, daß die beabsichtigte Degradierung möglicherweise nie stattgefunden hat, zumindest nicht wortwörtlich. Hesekiels Ton steht insofern im Gegensatz zu dem des Priesterkodex, als dieser keine priesterliche Degradierung kennt, sondern die göttliche Einsetzung betont. Außerdem sind die P. im Priesterkodex nicht Zadokiden, sondern Aaroniten.

Das Amt des Hohenpriesters wurde von der Wellhausen-Schule weitgehend in die nachexilische Zeit verwiesen. Obwohl der Titel selbst nur in 2Kön 12,10; 22,4.8; 23,4 in vorexilischen Schriften auftaucht (meistens von den Kritikern der Quellenscheidung als Einschübe aus der nachexilischen Zeit betrachtet), scheint die Existenz des Amtes durch den Titel »der Priester« angezeigt zu werden (z.B. Ahimelech, 1Sam 21,2; Jojada, 2Kön 11,9.10.15; Urija, 2Kön 61,10ff) und durch die Tatsache, daß eine Priesterschaft jeder beliebigen Größe ein verwaltendes Oberhaupt braucht, selbst wenn der König Oberhaupt des Kultes ist. (Vgl. J. Pedersen, Israel, 3-4, S. 189).

Y. Kaufmann (The Religion of Israel 1960) untersucht eine Reihe von Wellhausens wichtigsten Schlußfolgerungen und ist der Meinung, daß sie mangelhaft sind. Der Hohepriester zum Beispiel ist weit davon entfernt, eine königliche Figur zu sein, die die rel. Führer der Zeit nach der Verbannung widerspiegelt. Vielmehr gibt er wahrheitsgetreu die Zustände in einem Militärlager wider, das der Autorität Moses und nicht der Aarons untersteht (op.cit., S. 184-187).

Kaufmann wendet seine Aufmerksamkeit der »einen Säule in Wellhausens Gebäude zu, die nicht von der späteren Kritik erschüttert wurde« – der Rekonstruktion der Beziehung zwischen P.n und L.. Er bemerkt das Fehlen von Beweisen für die Degradierung der P. auf dem Lande und lenkt dann die Aufmerksamkeit auf eine grundlegende Schwäche im Lager der Quellenscheidung: »Nichts kann die Theorie plausibel machen, daß dieselben P., die ihre Kollegen degradierten, sie mit umfassenden klerikalen Rechten versehen würden, eine Theorie, die umso unwahrscheinlicher wird, wenn man an die große Anzahl P. und die geringe Zahl von L. bei der Wiederherstellung nach dem Exil denkt« (4289 P., Esr 2,36ff; S. 194).

Warum behielten die P. die Geschichte von der Treue der L. während Aarons Abfall bei (2Mo 32,26-29), während sie den Götzendienst verschwiegen, der nach Wellhausen für ihre Degradierung verantwortlich war, und den L. die Ehre göttlicher Einsetzung gewährte, anstatt sie zu bestrafen? Nachdem Kaufmann klar bestätigt hat, daß die L. im Exil eine Klasse für sich sind, weist er darauf hin, daß sie sich in der kurzen Zeit zwischen Josias Reform (von Hesekiels Verurteilung ganz zu schweigen) und der Heimkehr nicht als eigener Stand hätten entwickeln können, schon gar nicht auf fremden Boden.

Kaufmanns Rekonstruktion ist allerdings nicht ganz zufriedenstellend. Er verneint eine genealogische Verbindung zwischen den Aaroniten und den L., da er die Aaroniten für die »alte, heidnische Priesterschaft Israels« hält (S. 197) und damit die feste bibl. Tradition zurückweist, die Mose, Aaron und die L. verbindet (vgl. 2Mo 4,14). Beim Abfall Israels zum goldenen Kalb habe sich der alte weltliche Stamm Levi mit Mose gegen Aaron verewigt, sei aber gezwungen gewesen, das Privileg des Altardienstes den Aaroniten zu überlassen (S. 198), während er selbst mit der Rolle von Tempelsklaven zufrieden sein mußte. Dies wirft die Frage auf, wie die Aaroniten, ohne eine Verbindung zu Mose, die Katastrophe des goldenen Kalbes überleben und weiterhin P. sein konnten. Kaufmanns Meinung, daß das Deuteronomium während der späteren Zeit der Monarchie zusammengestellt wurde und daher viel später als die priesterlichen Schriften entstanden ist, kann eher die Rückkehr zu einer alten kritischen Position (d.h. die von Th. Nöldeke und anderer) als ein Vorstoß gegen Wellhausen sein.

W.F. Albright weist die lineare Ansicht von der institutionalen Evolution, die ein Hauptgrundsatz bei Wellhausen war, zurück und bemerkt, Israel wäre einzigartig unter seinen Nachbarn gewesen, hätte es nicht in der Zeit der Richter und danach einen Hohenpriester gehabt, der gewöhnlich (in Übereinstimmung mit semit. Praxis) »der Priester« genannt wurde (Archaeology and the Religion of Israel, ³1953, S. 107-108). Daß das Amt des Hohenpriesters während der Monarchie nicht hervorgehoben wird, ist Beweis für einen Niedergang, während sich nach dem Zusammenbruch der Monarchie das Priestertum wieder zu einer Prestigeposition erhob. Albright akzeptiert die Historizität Aarons und sieht keinen Grund, Zadok nicht als Aaroniten zu betrachten. Er kommt zum Schluß, daß der »Levit« zuerst eine funktionale (s.o.) und dann eine Stammesbedeutung hatte, und weist darauf hin, daß L. bisweilen zu P.n aufgerückt sein mögen, und daß »wir nicht berechtigt sind, die geltende israelitische Tradition hinsichtlich der P. und L. über Bord zu werfen oder diese Klassen als harte und feste genealogische Gruppen zu betrachten« (op.cit., S. 110).

Die Annahme, daß die Stiftshütte der Wüstenzeit eine Idealisierung des Tempels darstellt, die keine historische Existenz hatte, ist für Wellhausens Rekonstruktion von grundlegender Bedeutung. Aber sie wurde jetzt im großen und ganzen aufgegeben (aber vgl. R.H. Pfeiffer, Religion in the Old Testament, 1961, S. 77-78). Es gibt Beweise für Bundesladen und tragbare Zeltheiligtümer bei Israels Nachbarn, wie die Archäologie offenbart hat. Weit davon entfernt, Phantasieprodukte einer späteren Zeit zu sein, können sie, wie J. Bright bemerkt, als Erbstücke des primitiven Wüstenglaubens Israels bezeichnet werden (A History of Israel, 1960,S. 146-147).

Es ist offensichtlich, daß das letzte Wort bei diesem verwirrenden Problem der Beziehung zwischen P.n und L. noch nicht gesprochen wurde. Die Daten aus der Zeit der Landnahme und der Besiedlung sind mager. Es ist gefährlich anzunehmen, daß die Gesetzgebung des Pentateuch, die freilich oft das Ideal darstellt, nie wörtlich befolgt worden sei. Selbst so beherzte Könige wie David, Joschafat, Hiskia und Josia waren nicht in der Lage, völlige Konformität mit dem mosaischen Vorbild sicherzustellen. Aber es ist noch riskanter, zu behaupten, daß die Gesetze, weil sie nicht durchgesetzt wurden, nicht existierten. Die Kombination einer Argumentation aus Schweigen (argumenta e silentio), geradliniger evolutionärer Rekonstruktion und einem Ausweichen auf Textverbesserung und literarkritischem Ausmerzen, wenn bestimmte Aussagen nicht passend erscheinen, haben mehr als einmal zu einer Interpretation bibl. Geschichte geführt, die sich als zu oberflächlich erwiesen hat, um angesichts der Komplexität bibl. Daten und der semit. Kultur für die Dauer Bestand zu haben. Wellhausens geniale Rekonstruktion der Geschichte der L. mag ein Beweis dafür sein.

IV. PRIESTERSCHAFT IM NEUEN TESTAMENT.

1. Stellung im Frühen Judentum.

Im Frühen Judentum wurden der Jerusalemer Tempel und der Dienst der dort amtierenden, in 24 Wochenabteilungen eingeteilten P. und L. sehr geschätzt; das zeigt der ausführliche Lobpreis Aarons sowie der des zeitgenössischen Hohenpriesters Simon im Buch Jesus Sirach (45,6-22; 50,1-24). Die Pharisäer waren bestrebt, die für die Tempelpriester geltenden Gebote zum Vorbild für die Heiligung des ganzen Volkes zu machen: Der Tisch des Hauses sollte eine Art von Altar und der Hausvater wie ein P. sein; jedes Mahl sollte wie ein Opfermahl im Tempel eingenommen werden. Die Qumrangemeinde, die vom Jerusalemer Tempel getrennt war, verstand sich als ein lebendiges Heiligtum, das durch seinen heiligen Dienst und vor allem durch den Toragehorsam für das Land Israel Sühne schaffen wollte (1 QS 8,5-9). Dabei sollte das gemeinsame, von priesterlicher Reinheit geprägte Leben (rituelle Waschungen und heilige Mahle, Ehelosigkeit und Verzicht auf Privateigentum) und das täglich dargebrachte Lobopfer der Lippen besser und wohlgefälliger sein vor Gott als die Tieropfer im Tempel, vor allem, wenn diese von einer unreinen Priesterschaft dargebracht wurden (1 QS 9,3-6; vgl. CD 4,12-21).

2. Die Beurteilung der P. und des Opferkults durch Jesus.

Jesus hat die im AT befohlenen Aufgaben der P. und deren Vorrechte durchaus anerkannt (Mk 1,42 par; Lk 17,14; Mk 2,26 par). Der Dienst des Priesters Zacharias, sein Räucheropfer im Tempel, wird in Lk 1,5-23 mit innerer Anteilnahme geschildert, und das Vorgehen der aus P.n und L. bestehenden Delegation, die das Sendungsbewußtsein Johannes' des Täufers zu überprüfen hatte, wird ohne Kritik dargestellt (Joh 1,19-28). Nach Apg 6,7 war eine große Zahl von (essenischen?) P.n zum Glauben an Jesus Christus gekommen und zur Gemeinde gestoßen. Allerdings hat Jesus die Ausdehnung der priesterlichen Reinheit auf die Lebensführung der Laien offensichtlich abgelehnt, so etwa das rituelle Abspülen der Hände vor dem Essen (Mk 7,1-13), außerdem die übertriebenen Abgaben an den Tempel (Mk 7,1-13) und das Verzehnten von Küchenkräutern (Mt 23,23f), sowie das Schwören beim Tempel (Mt 23,16-22). Er drängte auf die Reinheit des Herzens (Mk 7,19-23), auch gilt Barmherzigkeit bei Gott mehr als Opfer (Mt 9,13; 12,7 nach Hos 6,6; vgl. dazu das Gleichnis vom Barmherzigen Samariter Lk 10,31f). Die Versöhnung mit dem Bruder hat Priorität vor der Darbringung einer Opfergabe, die der Versöhnung mit Gott dienen soll (Mt 5,28f).

3. Der Konflikt Jesu mit den »Hohenpriestern« und den Sadduzäern.

Das Wirken Jesu, durch das er auf indirekte Weise sein messianisches Sendungsbewußtsein offenbarte, erregte das Mißtrauen des Priesteradels und der Führer der sadduzäischen Partei in Jerusalem. Die leitenden P. werden im NT insgesamt 64 mal als »Hohepriester« (*arch-hiereis*), besser: »Oberpriester« (J. Jeremias) bezeichnet und in Verbindung mit den Schriftgelehrten (Mk 11,28.27; 14,1.43) oder den Ältesten (Mk 8,31; 15,53), in Joh 11,47 auch mit den Pharisäern, genannt. Die Bezeichnung »Oberpriester« gilt einer Gruppe, zu der außer dem amtierenden Hohenpriester (Kaiphas) und dessen Vorgänger (Hannas) sonstige hohe Tempelbeamte gehörten, so etwa der Tempeloberst (vgl. Apg 4,1), der Tempelaufseher, die Schatzmeister u.a. (so J. Jeremias). Zusammen mit den Ältesten, den Häuptern des Laienadels, und den Schriftgelehrten, den berufsmäßigen Theologen und Rechtsexperten, waren diese »Oberpriester« im *Sanhedrin (»Hohen Rat«), dem obersten Gerichtshof der Juden, vertreten, dessen Vorsitz der Hohepriester innehatte (Mk 14,53; 15,1). Das NT bestätigt die aus Josephus und der Mischna bekannte konservative, allen theologischen Neuerungen abholde Haltung der priesterlichen Partei der Sadduzäer. Diese berief sich vor allem auf die Tora Moses und beharrte auf buchstäblicher Auslegung; sie lehnte die von den Pharisäern so hoch geachtete mündliche Überlieferung sowie den Glauben an die Totenauferstehung und das Jüngste Gericht ab, ferner die Verehrung der Engel und die Lehre von der Vorsehung, dazu die Humanisierung des Strafrechts (Jos.ant.Jud. 18,16f; bell.Jud. 2,164-166). Während Jesus sich ebenfalls gegen die mündliche Überlieferung aussprach, sofern sie das Gebot Gottes aufhob (Mk 7,6-13), verurteilte er die Leugnung der Totenauferstehung als schweren Mangel am rechten Schriftverständnis und als Mißachtung der schöpferischen Macht Gottes (Mk 12,24).

Der Hohepriester war in erster Linie der Leiter des Kults im Tempel (vgl. Sir 50,1-24), vor allem am Großen Versöhnungstag (mYom). Darüber hinaus spielte er auch eine wichtige politische Rolle, was besonders bei den Hasmonäern Johannes Hyrkan (134-104 v.Chr.) und Alexander Jannäus (103-76 v.Chr.) deutlich wird. In der Zeit Jesu waren die Hohenpriester allerdings dem röm. Statthalter unterstellt, der zeitweise den hohepriesterlichen Ornat in Gewahrsam hatte. Diesem gegenüber hatten sie vor allem für Ruhe im Lande und für die Ordnung im Tempel zu sorgen, etwaigen Aufständen gegen die röm. Besatzung vorzubeugen, was auch ihrem eigenen Interesse entsprach. Denn der im Jahre 66 n.Chr. ausbrechende Aufstand gegen Rom endete nicht nur mit der Zerstörung des Tempels, sondern führte auch zur Beseitigung der sadduzäischen Partei, und zwar nicht durch die Römer, sondern durch die aufständischen Zeloten. Aus diesem Grunde wurde das Auftreten prophetischer bzw. messianischer Gestalten von den Oberpriestern mit Argwohn betrachtet. Das zeigte sich schon bei der Befragung des Täufers (Joh 1,19-28). Erst recht mußte das Wirken Jesu, dem die Volksmassen folgten, nicht nur dem Landesherrn Herodes Antipas (Lk 13,31-33), sondern auch dem Priesteradel in Jerusalem als höchst bedenklich erscheinen. Deshalb gehören die »Oberpriester« in Jesu Leidensgeschichte; sie waren die treibende Kraft bei der Verhaftung und Verurteilung, sowie bei seiner Auslieferung an das römische Statthaltergericht.

Verständlich wird dieses Verhalten aus der Sorge um die Erhaltung der heiligen Stätte und des Gottesvolkes, die bei einem messianischen Aufruhr den Römern völlig in die Hände fallen konnten (vgl. Joh 11,47). Der Einzug Jesu in Jerusalem (Mk 11,1-11), die Reinigung des Tempels (11,15-19) und die von ihr ausgelöste Befragung Jesu nach seiner Vollmacht (11,27-33), ferner das gegen die Führer des jüd. Volkes gerichtete Gleichnis von den bösen Weingärtnern (12,1-12) und die Antwort Jesu auf die sadduzäische Anfrage nach der Totenauferstehung (12,18-27), schließlich Jesu Frage nach dem Davidssohn/Gottessohn (12,35-37; vgl. 2Sam 7,12-14 und Ps 110,1) – all dies mußte den Unwillen der Oberpriester erregen. Des Messiasanspruchs verdächtig war auch das im Verhör Jesu von Zeugen vorgebrachte Tempelwort (Mk 14,58; vgl. 2Sam 7,13). Aufgrund all dieser Vorfälle kam es zur Verhaftung Jesu durch die Tempelpolizei (Mk 14,43-52), dann zum Verhör vor dem Hohenpriester und dem Urteil, Jesu Messiasanspruch sei ein blasphemisches und somit todeswürdiges Vergehen, seine Überstellung an das röm. Gericht sei notwendig (Mk 14,52-65; 15,1). Das vom vierten Evangelisten berichtete und als prophetische Aussage bewertete Urteil des Hohenpriesters Kaiphas (Joh 11,50-52) offenbart die Furcht vor den damals häufig auftretenden Pseudopropheten und falschen Messiassen (vgl. Mt 24,11.23f): »Es ist besser für euch, wenn ein Mensch für das Volk stirbt und nicht das ganze Volk umkomme!« (11,50). Kaiphas hat dabei, ohne es zu wissen, den Opfertod des Messias für das Gottesvolk geweissagt; dieser sollte die Aufhebung des

Opferkults im Tempel und damit auch das Ende des priesterlichen Dienstes im Sinne des mosaischen Gesetzes bedeuten.

4. Das Opfer des endzeitlichen Hohenpriesters und das allg. Priestertum der Glaubenden.

In der ntl. Gemeinde gab es keinen P. und keinen Opferkult; auch die Feier des Herrenmahls war nicht als Opfer gedacht, das von der Gemeinde Gott dargebracht wird. Vielmehr wurden Brot und Wein als Gaben verstanden, mit denen Christus die Frucht seines Todes schenkt: Er wurde als unser Passalamm geschlachtet (1Kor 5,7). Der *Hebräerbrief zeigt Christus als den endzeitlichen Hohenpriester, der sich selbst als Opfer darbrachte und so das ewige Priestertum nach der Ordnung *Melchisedeks verwirklichte (nach Ps 110,4): Er vollzieht jetzt den Gottesdienst des Neuen Bundes im himmlischen Heiligtum und gewährt so den Seinen den Zugang zu Gott und zu der von ihm erbauten Ruhestätte des oberen Jerusalem. Diese priesterliche Deutung des Kreuzes hat im Dienst des Menschensohnes ihren geschichtlichen Grund, in seiner Bereitschaft, den Weg des leidenden Gottesknechts zu gehen (Mk 10,45; 14,24). Beim letzten Mahl mit seinen Jüngern hat Jesus im voraus dargestellt, was sein Kreuzestod bedeutet, und ausgeteilt, was der Glaubende durch ihn empfängt: Er trägt mit seinem dahingegebenen Leib die Sünden von vielen stellvertretend weg und schafft mit seinem vergossenen Blut die Sühne für unsere Vergehen (nach Jes 53,12). Der Tod Christi bedeutet auch den Zuspruch des Segens, den der Hohepriester nach dem Vorbild Aarons auf das Volk Israel legte (4Mo 6,24-26; Sir 50,19ff): Mit ihm schenkt Jesus »seinen Frieden« (Joh 14,27; 20,19.21), d.h. die Versöhnung des Sünders mit Gott (Jes 53,5; vgl. Röm 5,1.10f; 2Kor 5,18-21).

Der hohepriesterliche Dienst Jesu und sein endzeitlich wirksames Opfer am Kreuz bedeuten die Aufhebung des atl. Priesterstandes und des Tempelkults; der Opfergedanke und priesterliche Dienst werden auf eine Weise umgedeutet, die an die Spiritualisierung des Kults in der Qumrangemeinde erinnert. Aber der neue Gottesdienst ist auf das Kreuz des Messias und Gottessohnes gegründet und deshalb radikaler verändert als in Qumran, wo der Traum von einer idealen israelit. Theokratie und von einem wahren Tempel mit Hekatomben von Opfern stets lebendig blieb (Tempelrolle): Wie die Qumrangemeinde stellt auch die Kirche Christi ein von Gott aus lebendigen Steinen erbautes Heiligtum dar, wobei wie dort die Verheißung Jes 28,16 als wichtigster Schriftbeweis dient (1Petr 2,5f; vgl. Mt 16,18; Mk 14,58). Aber Christus ist in diesem geistlichen Bau das Fundament bzw. der Schlußstein (1Kor 3,11; Röm 9,33; Eph 2,20). Der Unterschied zwischen P.n, L. und Laien wird aufgehoben und das allg. Priestertum der durch den Glauben mit Christus Verbundenen aufgerichtet. Auch die Zusage 2Mo 19,5f wird durch das Kreuz des Messias verwirklicht: Die Christen sind das auserwählte Geschlecht und königliche Priestertum, weil sie durch das Blut Jesu Christi von ihren Sünden befreit (Offb 1,5f; 5,9f; 20,6) und so – in das lebendige Heiligtum der Endzeit eingefügt - geheiligte P. Gottes und Diener der Menschen sind. Ihr Gottesdienst besteht darin, daß sie ihre Leiber als lebendiges und wohlgefälliges Opfer darbringen und den Willen Gottes tun (Röm 12,1f). Paulus kann auch materielle Zuwendungen der Gemeinde als wohlgefälliges Opfer bezeichnen (Phil 4,8). Auch das Leben der Gemeinde ist priesterlicher Dienst und Darbringung eines Opfers, bei dem das Blut des Apostels als Trankopfer ausgegossen wird (Phil 2,17). Die Umdeutung der Zusage 2Mo 19,5f geht auf Jesus zurück, der das Gottesvolk des Neuen Bundes als Salz der Erde und Licht der Welt bezeichnete (Mt 5,13-16).

Literatur: O. Betz: Jesus der Messias Israels WUNT 42, 1988; J. Jeremias: Jerusalem zur Zeit Jesu, ^{3}1962, S. 166-252. O.B.

PROKURATOR. In der röm. kaiserlichen Verwaltung bezeichnet das Wort P. den Finanzbeamten einer Provinz. Es wurde aber auch als Titel des Statthalters einer röm. Provinz der dritten Klasse (wie Judäa) verwendet (griech. *epitropos*; aber im NT wird der Prokurator von Judäa gewöhnlich Statthalter, griech. *hēgemōn*, genannt). Judäa wurde von 6 bis 41 und 44-46 n.Chr. von kaiserlichen P.en oder Präfekten regiert. Das NT nennt drei: Pontius *Pilatus, 26-36 n.Chr. (Mt 27,2 usw.), Antonius *Felix, 52-59 (Apg 23,24ff) und Porcius *Festus, 59-62 (Apg 24,27ff). Die P.en stammten gewöhnlich aus dem Ritterstand (Felix, ein Freigelassener, war eine Ausnahme). Sie hatten Hilfstruppen zur Verfügung und waren allg. für die militärische und finanzielle Verwaltung verantwortlich. Sie unterstanden aber dem kaiserlichen Legaten (Proprätor) von Syrien. Ihr Regierungssitz war *Cäsarea (Maritima). Aus der 1961 in Cäsarea gefundenen Inschrift von Pilatus, die ihn als »Präfekt« von Judäa bezeichnet, hat man geschlossen, daß die Statthalter von Judäa vor 41 n.Chr. offiziell »Präfekten« genannt wurden. Tacitus nennt Pilatus jedoch »Prokurator« (Tac.ann. 15.44). F.F.B.

PROPHET s. Prophetie

PROPHETIE. Wer sich mit bibl. P. beschäftigt, sieht sich notgedrungen einem großen Teil der Bibel und einer langen Geschichte gegenübergestellt. Propheten begleiten Israel in seiner abwechslungsreichen Geschichte, und das NT nimmt häufig auf die atl. Propheten Bezug oder spricht von Propheten in der christl. Gemeinde. Daß es in dieser langen Zeit verschiedene Ausformungen von P. gab, ist fast selbstverständlich und soll berücksichtigt werden, daneben ist nach den gleichbleibenden Merkmalen der P. zu fragen.

A. Prophetie im Alten Testament.

I. DIE QUELLEN.

1. Befund.

Wir stoßen im AT auf eine Gruppe von Prophetenbüchern, die ausschließlich Prophetenworte und Erzählungen enthalten: die Bücher Jesaja bis Maleachi, die sogenannten Schriftpropheten. Angeordnet sind diese Bücher vor allem nach Umfang und Alter. Zunächst stehen die drei großen Propheten Jesaja, Jeremia, Hesekiel. Dt. Bibelausgaben rechnen Daniel dazu. Er steht jedoch in der hebr. Bibel nicht bei den Propheten, sondern im dritten Teil des hebr. AT, den »Schriften«. Es folgen die zwölf kleinen Propheten. Ihr Auftreten deckt sich zeitlich fast mit den großen Propheten. Das Auftreten dieser Propheten fällt in die Zeit der großen Katastrophen Israels, dem Ende der staatlichen Selbständigkeit von Nordreich (722 v.Chr.) und Südreich (586 v.Chr.), dem Exil und dem bescheidenen Neuanfang (um 539 v.Chr.). Es umfaßt einen Zeitraum von etwa 300 Jahren, von etwa 760 v.Chr. bis etwa 440 v.Chr. Nun gab es vor dieser Zeit ebenfalls eine Vielzahl von Propheten (z.B. *Mose, *Samuel, *Nathan, *Elia, *Elisa, um nur einige zu nennen), von denen wir keine gesonderten Bücher besitzen. Die Berichte und Worte von ihnen sind Teil der Geschichtsbücher. Von vielen erfahren wir sehr wenig, was jedoch über ihre Bedeutung nicht hinwegtäuschen sollte. Ist doch für das NT keineswegserfahren wir sehr wenig, was jedoch über ihre Bedeutung nicht hinwegtäuschen sollte. Ist doch für das NT keineswegs einer der Schriftpropheten der Repräsentant der atl. Propheten, sondern Elia. Das hebr. AT trägt diesen Vor-Schriftpropheten in seinem Aufbau entsprechend Rechnung. Die Bücher *Josua, *Richter, *Samuel und *Könige bilden zusammen mit den Prophetenbüchern den zweiten Teil des Kanons, genannt »Propheten«; dabei wird unterteilt in frühere Propheten (Josua, Richter, Samuel, Könige) und spätere Propheten (Jesaja bis Maleachi). Die Bezeichnung der Geschichtsbücher als frühere Propheten bringt außerdem zum Ausdruck, daß Darstellung von Geschichte im Lichte Gottes P. ist.

2. Entstehung der Prophetenbücher.

Der weithin größte Teil der uns heute schriftlich vorliegenden Prophetenworte war zunächst mündliche Verkündigung. Über den Weg zur schriftlichen Fixierung, über die Kriterien der Auswahl und Zusammenstellung erfahren wir fast nichts. Drei Stellen geben einen kleinen Einblick: Jes 8,16-18; 30,8; Jer 36. Gott gibt an diesen Stellen den Auftrag, die Botschaft aufzuschreiben; für spätere Zeiten (Jes 30,8), für einen Jüngerkreis (Jes 8,16), zur Bekräftigung der Verkündkgung (Jes 36,3). Für Jeremia schreibt Baruch, und Jes 8,16 erwähnt Prophetenjünger. Sie könnten bei der Bewahrung und Sammlung von Prophetenworten bis hin zur Entstehung der Prophetenbücher eine entscheidende Rolle gespielt haben.

3. Prophetenerzählungen und Prophetenworte.

Bei den Vor-Schriftpropheten finden wir überwiegend Prophetenerzählungen, in die die Verkündigung dieser Propheten oft in sehr knapper Weise eingeschlossen ist. Diese literarische Form entspricht überhaupt den Geschichtsbüchern bzw. früheren Propheten. Ganz anders die Schriftpropheten. Hier stoßen wir vor allem auf die Sammlung von Prophetenworten. Oft werden nicht einmal der konkrete Anlaß oder Ort und Zeit der Verkündigung mitgeteilt. Aber auch die Prophetenbücher enthalten teilweise Prophetenerzählungen, (z.B. Jes 36-39; Hos 1,3; Am 7,10-17), am ausführlichsten Jeremia, und Jona ist als einziges insgesamt eine Prophetenerzählung. Die Formen der prophetischen Verkündigung sind sehr vielfältig. Die typischste prophetische Form ist der sog. »Botenspruch«: »So spricht der Herr.« Er weist darauf hin, daß der Prophet nicht im eigenen, sondern in Gottes Namen redet und die von Gott empfangene Botschaft auszurichten hat. Zur Weitergabe der Botschaft dienten ganz unterschiedliche Formen. Wir stoßen z.B. auf Formen, wie sie aus dem Gericht bekannt sind (z.B. Jes 1,2; Hos 4,1-4; Jes 2,4-9), Leichen- und Klagelieder (z.B. Am 5,1), aber auch ein Liebeslied (Jes 5), weisheitliche Lobrede (Am 3,3ff) oder Gleichnisse (Hes 15,17) und manches mehr. Immer wieder bekräftigen die Propheten ihre Botschaft mit Zeichenhandlungen (1Kön 11,29ff; Jes 20,1ff; Jer 27,2; Hes 4-5). Durch diese verschiedenen literarischen Formen sollte die Botschaft in anschaulicher und aufrüttelnder Weise den Hörern verdeutlicht werden.

Name des Propheten	Ungefähre Wirkungszeit	Zeitgenössische Herrscher von:			Biblische Einordnung
		Juda	Israel	Babylon/Persien	
Joel	ca. 810?-750 v.Chr.	Joasch Amazja			2 Kön 11,1-15
Amos	ca. 760 v.Chr.	Usija (=Asarja)	Jerobeam II.		2 Kön 14,23;
Jona	ca. 760 v.Chr.		Jerobeam II.		2 Kön 14,23-
Hosea	760-722 v.Chr.		Jerobeam II. Sacharja, Schallum, Menahem, Pekachja, Pekach, Hosea		2 Kön 14,23-
Micha	742-687 v.Chr.	Jotam, Ahas, Hiskia			2 Kön 15,32- 2 Chr 27,1-32 Jes 7,1-8,22 Jer 26,17-19
Jesaja	740-700 v.Chr.	Usija (=Asarja), Jotam, Ahas, Hiskia			2 Kön 15,1-20 2 Chr 26,1-32
Nahum	zwischen 664 und 612 v.Chr.	Josia			2 Kön 22,1-23 2 Chr 34,1-36 Zef 2,13-15
Zefanja	ca. 640 v.Chr. und später	Josia			2 Kön 22,1-23 2 Chr 34,1-36
Jeremia	626-587 v.Chr.	Josia, Joahas, Jojakim, Jojachim, Zedekia			2 Kön 22,1-25 2 Chr 34,1-36
Habakuk	ca. 605 v.Chr.	Jojakim			2Kön 23,31-2
Daniel	605-535 v.Chr.	Jojakim, Jojachin, Zedekia		Nebukadnezar, Belsazar, Darius, Kores/Kyrus	2 Kön 24,1-25 2 Chr 36,5-23
Hesekiel	593-570 v.Chr.			Nebukadnezar	2 Kön 24,8-25 2 Chr 36,9-21
Obadja	ca. 587 v.Chr. und später			Nebukadnezar	2 Kön 25 2 Chr 36,11-2
Haggai	520 v.Chr.			Darius	Esr 5,1-6,22
Sacharja	ca. 520 v.Chr. und später			Darius und später	Esr 5,1-6,22
Maleachi	ca. 433 v.Chr.			Artaxerxes I.	Neh 13

*Die Daten des öffentlichen Wirkens alttestamentlicher Propheten in ihrem historischen Umfeld (vgl. *Chronologie des AT).*

II. BEZEICHNUNGEN DER PROPHETEN.

Die Begriffe »Prophet«, »Prophetie«, »prophezeien« sind abgeleitet vom griech. *prophētas, prophēteia, prophētenō*. Das Verbum hat zunächst die Bedeutung »öffentlich bekannt machen«, »verkünden«, dann aber auch »vorhersagen«. Der Prophet (*prophētēs*) ist demnach von der griech. Grundbedeutung her der »Verkündiger« oder einer, der die Zukunft vorhersagt. Letztere Erklärung (Propheten als Vorhersager) ist auch für die bibl. P. weit verbreitet, stellt aber eine wesentliche Verkürzung dessen dar, was P. in der Bibel ist (s. u. V.). Die griech. Übersetzung des AT (LXX) hat mit *prophētēs* fast ausschließlich das hebr. Wort *nābī'* übersetzt. *nābī'* hat wohl die Grundbedeutung »Berufener« (s. u. V.). Wir finden im AT neben *nābī'* noch weitere Begriffe, wenn auch bei weitem nicht so häufig, und beobachten, daß *nābī* sehr unterschiedlich gebraucht wird.

Neben *nābī'* begegnen vor allem die Bezeichnungen »Mann Gottes« (*'īsch ha'älohīm*) und Seher (*chōsäh* und *rō'äh*). Eine genaue Abgrenzung kann mit vorliegendem Quellenmaterial nicht vorgenommen werden.

»Mann Gottes« begegnet fast ausschließlich in früherer Zeit und wurde nicht nur für Propheten verwendet. Mose, David, Samuel, Elia, Elisa, Schemaja, (1Kön 12,22) Jigdalja (Jer 35,4) werden so bezeichnet, außerdem einige Männer, deren Namen nicht bekannt sind. Zum einen ist es wohl ein Würdename, zum anderen werden einzelne Propheten (Elia, Elisa, Samuel) aus einer Gruppe von Propheten herausgehoben, in einer Zeit, in der gerade Prophetengruppen (*nebī'im*) eine gewisse Rolle spielen (s. u. III.). Die Bezeichnung »Seher« (*chōsäh, rō'äh*) und »Prophet« (*nābī'*) decken sich zum Teil und teilweise folgt eine klare Abgrenzung. Ein Blick auf die Geschichte zeigt keine gleichmäßige Verwendung, sondern Entwicklungen, Übergänge und inhaltliche Verschiebungen, wie es sprachgeschichtlich überall begegnet. Ausdrücklich schildert dies 1Sam 9,9: »Die man jetzt Propheten (*nābī'*) nennt, nannte man früher Seher (*rō'äh*). Das Wort »Seher« verdeutlicht schon das bes. Charisma dieser Leute; sie sahen mehr, als die anderen bzw. es wurde ihnen von Gott mehr gezeigt. Saul und sein Knecht gingen zum »Seher« Samuel wegen entlaufener Eselinnen, und Gott hatte Samuel »das Ohr aufgetan«, so daß er den beiden antworten konnte (1Sam 9). Diese Geschichte zeigt auch, daß zumeist Wortoffenbarungen, nicht Visionen empfangen werden. *Gad wird in 2Sam 24,11 als »Prophet« und »Seher Davids« bezeichnet. Das zu »Seher« gehörende Verbum »sehen« (*chāsah*) und das Wort »Schau« (*chāsōn*) begegnen häufig, gerade in Überschriften (Jes 1,1; 2,1; Am 1,1; Obd 1; Mi 1,1; Nah 1,1). Jeremias Zeitgenosse *Habakuk wird zum erstenmal in der Buchüberschrift »Prophet« genannt, Jeremia wird ausdrücklich zum »Propheten« (*nābī'*) berufen. Die Zurückhaltung der frühen Schriftpropheten des 8. Jh.v.Chr. im Blick auf die Bezeichnung »Prophet« läßt sich zumindest für Jesaja und Amos noch weiter erhärten. Jesaja wird nur in der Prophetenerzählung Jes 36-39 »Prophet« genannt. Sonst redet er fast nur abwertend über die Propheten. Und Amos, von Amazja als »Seher« angesprochen (Am 7,12), sagt ausdrücklich: »Ich bin kein 'Prophet'« (Am 7,14). Weiter ist festzustellen, daß viele Propheten in der Auseinandersetzung mit anderen Propheten lebten. Wir können davon ausgehen, daß es in Israel eine Vielzahl von beamteten Berufspropheten gab, vielleicht sogar am Königshof und im Tempel, die für ihre Dienste Geld nahmen (Mi 3,5). Von diesen Propheten setzten sich Jesaja und Amos ganz bewußt ab. Amos verweist darauf, daß sein eigentlicher Beruf Hirte ist, und daß Gott ihn berufen hat. Erst die Schriftpropheten ab Jeremia werden eindeutig und häufig als Propheten bezeichnet. Dies zeigt auch die Wortstatistik. »Prophet« (*nābī'*) erscheint 315 mal im AT, davon 95 mal bei Jeremia, 17 mal bei Hesekiel, nur 7 mal bei Jesaja. Die dazugehörenden Verbformen kommen bei den Schriftpropheten 87 mal vor, davon 40 mal bei Jesaja und 37 mal bei Hesekiel. Wir beobachten also kein einheitliches Vorkommen der Begriffe im AT. Das Wort »Prophet« wird sowohl für die echten Jahwepropheten als auch für falsche Propheten verwendet; ja manche Jahwepropheten lehnen diesen Titel sogar für sich ab. Bei der Zusammenstellung der Prophetenbücher wurde das Spätstadium der Begriffsgeschichte zugrundegelegt und die Männer, die wirklich von Gott berufen waren, sein Wort empfingen und weitergaben, als Propheten zusammengefaßt.

III. GESCHICHTE DER PROPHETIE.

Propheten begleiten das Volk Israel in seiner langen Geschichte. In einer Darstellung der Geschichte der Prophetie erfaßt man am ehesten die Besonderheiten und Schwerpunkte einzelner Epochen, aber auch die durchgehenden Merkmale der P.

1. Väterzeit.

1Mo 20,7 wird *Abraham »Prophet« genannt in Verbindung mit der Fürbitte für *Abimelech. Die Fürbitte finden wir auch bei anderen Propheten: Mose (2Mo 32,11-14); Samuel (1Sam 7,5); Mann Gottes (1Kön 13, 6); Elia (1Kön 18,41-44); Amos (Am 7,2.5); Jeremia (Jer 7,16; 11,14; 14,11; 18,20; 37,3; 42,2). Bei Jeremia ist bes. schwer, daß Gott ihm mehrmals die Fürbitte verbietet, auch Amos erhält bei den weiteren Visionen keinen Raum mehr zur Fürbitte. Der Mittlerdienst der Fürbitte gründet bei den Propheten in ihrem bes. Gottesverhältnis. Jeremia umschreibt sowohl die Fürbitte als auch den Wortempfang mit der Wendung »vor Gott stehen« (Jer 15,19,18,20). Weil die Propheten auch Gottes Gerichtsgedanken kannten (Am 3,7), sahen sie auch in letzter Klarheit die Notwendigkeit der Fürbitte (z.B. 1Mo 18,16-32; Am 7,1-6). Es führt eine Linie ins NT, ohne dort als prophetischer Dienst gekennzeichnet zu sein: 1Tim 2,1-6. Wer von einem »prophetischen Amt der Kirche« redet im Rückgriff auf das AT und dabei die Fürbitte unterschlägt, verkürzt den prophetischen Dienst. Auf eine Parallele der Väterzeit zu den Propheten sei noch hingewiesen: das unmittelbare Reden Gottes zu den Vätern einschließlich der Berufung Abrahams. Freilich fehlt dafür bei den Vätern der Titel »Prophet«, es fehlt bei den Vätern auch der Auftrag zur Weitergabe des empfangenden Wortes, was grundlegend zum Prophetendienst gehört.

2. Die Zeit von Exodus und Landnahme.

a. Mose. Er wird nicht häufig Prophet genannt, und sein Dienst läßt sich unter diesem Titel allein auch nicht beschreiben. Er ist der größte Charismatiker des Alten Bundes, durch den Gott Israel aus der Knechtschaft geführt hat und durch den Gott Israel seinen grundlegenden Willen offenbarte. Als solcher ist er gleichsam der Repräsentant des Alten Bundes auch im heilsgeschichtlichen Gegenüber zu Jesus Christus (Joh 1,17). Die Stellen, an denen er Prophet genannt wird, zeigen aber ganz Wesentliches. Gott redet direkt mit Mose, »von Angesicht zu Angesicht« (4Mo 12,8; 5Mo 34,10) und dieser ist beauftragt, Gottes Wort weiterzugeben an das Volk, zu dem Gott nicht direkt redet, ja, das dies selbst nicht einmal möchte (2Mo 20,19; 5Mo 18,15-18;). Der Prophetendienst Moses ist Mittlerdienst des Wortes. Mit diesem Dienst ist Mose der Erzprophet, der Typus und das Maß für alle Propheten (5Mo 18,18). Mose ist auch der leidende Mittler, der unter seinem Volk und Dienst leidet (4Mo 11,11-17; 5Mo 1,37; 9,18ff). Wir finden dies immer wieder bei Propheten, bes. bei Jeremia (Jer 9,1), aber auch bei Hesekiel (Hes 4,4-6), bis hin zum stellvertretenden Leiden des Gottesknechtes (Jes 53).

b. Bileam (4Mo 22-24). Er ist eine äußerst schillernde, schwer faßbare Person. Einerseits heidnischer Seher aus Petor am Euphrat, wendet er sich andererseits an Jahwe (4Mo 22,8). Er bietet seine Dienste letztendlich doch Balak an, muß aber dann Israel im Namen Jahwes segnen. Mehrfach wird Bileam nur in negativem Zusammenhang erwähnt (4Mo 31,16; 2Petr 2,15; Jud 11; Offb 2,14).

Die Bileamsgeschichte verdeutlicht, daß es Seher und Propheten nicht nur in Israel und in der christl. Gemeinde gibt. Die Gabe der P. kann von oben, von unten oder aus bes. menschlichen Fähigkeiten und Veranlagungen kommen. Des weiteren gewinnen wir an Bileam auch eine umfassendere Kenntnis der unsichtbaren Welt. Er weiß um Jahwe. So erkannten die Dämonen Jesus sofort als Sohn Gottes (Mt 8,29) und Jakobus stellt fest: »die Teufel glaubens auch und zittern« – Glauben hier im Sinne des Wissens, »daß nur einer Gott ist« (Jak 2,19). Weiter wird die Macht Gottes deutlich, der selbst Bileam in seinen Dienst nimmt. Heidnische Propheten begegnen uns auch in der kanaan. Baalsreligion (1Kön 18). Ferner gibt es aus außerbibl. Schriften Informationen darüber (z.B. der Reisebericht des Wen-Amun).

3. Die Richterzeit.

a. Ekstatikergruppen.

In der Bibel finden sich drei Berichte darüber aus vorstaatlicher Zeit: 4Mo 11,10-17; 24-30; 1Sam 10,5f.10-13; 19,18-24. Bei allen Stellen begegnet ein ähnliches Wortfeld: es ist die Rede vom Geist (Moses oder Gottes), der über Menschen kommt, es ist immer eine Gruppe von Leuten und sie geraten in Verzückung. Gerade letzteres ist wichtig. Wir hören nichts von einer Verkündigung nach außen. Das Wort im hebr. AT für »in erzückung sein« ist die Verbform zu »Prophet« *(nābî - hitnabōt)*. Dieses Wort stand wohl in früherer Zeit in erster Linie für die prophetische Verzückung, mit der Zeit verschob sich die Bedeutung hin zur prophetischen Verkündigung. Weiter beobachten wir die ansteckende Wirkung der Verzückung und die Erwähnung von Musik (1Sam 10,5; s. a. 2Mo 15,20.21; 2Kön 3,15.)

Wir finden keine negative Wertung dieser Vorgänge, im Gegenteil (4Mo 11,29), sie geschehen um Mose und Samuel. Aber in der weiteren Geschichte der Propheten findet man sie innerhalb Israels nicht mehr. Die Rede vom »Geist« tritt zurück.

Bestimmend für die Propheten wird das Wort, der Wortempfang und die Weitergabe des Wortes. Und die Empfänger und Verkündiger dieses Wortes sind in der Regel Einzelgestalten. Ekstatische Phänomene, beschrieben mit dem gleichen Wortfeld, aber negativ bewertet, begegnen in 1Sam 18,10 und 1Kön 18. 1Sam 18,10: Ein böser »Geist« Gottes kommt auf Saul, er gerät in »prophetische Verzückung« *(hitnabōt)* und schleudert den

Speer auf David. 1Kön 18: Die Baalspropheten, eine große Gruppe, fällt auf dem Karmel zuletzt in »prophetische Verzückung« *(hitnabōt)*, Ergebnis eines stundenlangen, sich steigernden, liturgischen Rituals. Diese Beispiele machen deutlich, daß *Ekstase an sich nichts aussagt, ob sie von Gottes Geist gewirkt ist oder nicht; wir finden sie auch außerhalb Israels. Die spätere Distanzierung der Propheten rührt vielleicht von negativen Erfahrungen her, wenn das ekstatische Erlebnis in den Mittelpunkt gestellt wird und nicht das Wort. Anklänge finden sich noch in späterer Zeit: 2Kön 9,11 LÜ: »Rasender«; Am 7,16 LÜ »eifern«, wörtl.: »geifern«, »triefen«, wenn Speichel aus dem Mund fließt (vgl. Mi 2,6.11).

Prophetengruppen begegnen weiterhin in Israel, aber nicht ausdrücklich Ekstatiker, jedenfalls wird dieser Zug, etwa bei den Prophetenschülern Elias und Elisas nicht mehr betont. Inwieweit und wie die Propheten, die sonst noch in größerer Zahl genannt werden, zusammenlebten und auftraten, ist nach vorliegendem Quellenmaterial schwer zu sagen (1Kön 18,4; 22,6).

b. Samuel: Gegenüber den ekstatischen Prophetengruppen hebt sich zu gleicher Zeit Samuel ab.

Wir erkennen bei ihm geradezu eine Ämterhäufung. Er ist zunächst bestimmt zum *Nasiräer (1Sam 1,11), wird dann Priester (1Sam 2,18), Richter (1Sam 7,2-6.15-27), wird in seiner Eigenschaft als Seher und Gottesmann aufgesucht (1Sam 9) und einmal Prophet genannt (1Sam 3,20). Diese Ämterhäufung ist wohl auch Zeichen geistlicher Notzeit (wie schon bei *Debora, Ri 4,4), man denke an *Eli und seine Söhne.

Wo liegt nun das typisch Prophetische? Samuel wird persönlich berufen, er hört Gott und wird fortan Empfänger dieses Wortes (1Sam 3, 19.21).

Zu Lebzeiten Samuels vollzieht sich der Übergang von der Richter- zur Königszeit mit tiefgreifenden Folgen für die Geschichte Israels und der Propheten. Bis Samuel war das Amt des politischen Oberhauptes des Volkes und des Offenbarungsempfängers häufig auf eine Person konzentriert (Mose, Josua, z.T. Richter, Samuel), ab der Königszeit trat beides auseinander. Der Prophet tritt dem König gegenüber, ihn berufend und begleitend und häufig korrigierend, notfalls auch – oft – mit dem harten Gerichtswort Gottes über königliche Willkür und Eigenschaft. Diese Züge finden wir schon bei Samuel. Er, der Prophet, beruft die ersten zwei Könige Israels. Die Könige erfahren keine persönliche, direkte Berufung durch Gott, wie zuvor Mose und die Richter. Und Samuel tritt dem ersten König entgegen, als dieser gegen Gottes Auftrag handelt und setzt ihn ab.

Das Gegenüber von Prophet und König ist bestimmend für die frühen Propheten, hört aber nie ganz auf – man denke an Jeremia und Zedekia –, obwohl bei den Schriftpropheten das ganze Volk stärker in den Vordergrund rückt.

4. Die Vor-Schriftpropheten der Königszeit

a. Gad und Nathan: Beide sind nur im Zusammenhang mit David bzw. Salomo genannt, was einen weitergehenden Wirkungskreis nicht ausschließt, aber wir wissen nichts darüber. Gad wird »Seher Davids« genannt (1Sam 24,11). Er tritt David bei dessen Volkszählung im Namen Gottes entgegen (1Sam 24,11-19).

Nathan begegnet in drei Zusammenhängen. 2Sam 7 richtet er David die Verheißung eines ewigen Königreiches aus, ein heilsgeschichtliches Grundwort, denn Jesus ist Sohn Davids (Mt 1,1). 2Sam 12 deckt er Davids Schuld auf und 1Kön 1 ist Nathan die treibende Kraft für die Thronfolge Salomos. Wir stoßen hier auf drei Grundbereiche prophetischer Verkündigung:

- Verheißung
- Gerichtswort der Aufdeckung der Schuld
- Berufung oder Verwerfung von Königen.

b. Die Propheten von Nathan bis Elia.

Die weitere Geschichte nach Salomo ist gekennzeichnet von der Reichsteilung (926 v.Chr.) in ein Nordreich, Israel oder Ephraim genannt, und ein Südreich Juda. In Juda waren die Könige bis auf eine kurze Ausnahme Nachkommen Davids (dynastisches Königtum); im Nordreich wechselten die Dynastien (charismatisches Königtum).

Einige Propheten, mehrheitlich aus dem Nordreich (1Kön 11-16) werden nur kurz erwähnt, dabei geht es fast ausschließlich um Worte an Könige; ein Wirken der Propheten darüber hinaus ist nicht festgehalten. Gründe für das Auftreten der Propheten im Nordreich sind: Berufung von Königen oder Ansage des Endes einer Dynastie verbunden mit der Begründung durch Schuld. Gott offenbart durch das Wort der Propheten seine Geschichtspläne und gestaltet Geschichte.

c. Die Zeit Elias: Außer den Berichten von zwei namentlich unbekannten Propheten (1Kön 20), von denen mindestens einer zu einer Prophetengruppe gehörte, bei deren Auftreten gegenüber dem König aber betont wird, daß sie alleine sind, erfahren wir in 1Kön 22 von Micha ben Jimla und einer erschreckenden Situation in Israel. 400 Propheten sprechen dem König nach dem Mund und nur Micha ben Jimla spricht dagegen als echter Jahweprophet und behält recht. 1Kön 22 ist das erste ausführliche Beispiel der Auseinandersetzung zwischen wahrer und falscher Prophetie.

Über Elia und Elisa sind die Berichte ausführlicher. Auch Elia tritt dem König Ahab gegenüber, erfährt am Horeb das Ende der Dynastie der Omriden, verbunden mit dem Auftrag, Jehu zu salben (1Kön 19). Sein Wirken ist bestimmt durch den Kampf um das erste Gebot gegenüber dem Königshaus (wie die Propheten vor ihm) und dem ganzen Volk. Ähnlich wie Josua (Jos 24) ruft er das ganze Volk zusammen und stellt es vor die Entscheidung: Jahwe oder Baal. Und wie Nathan dem David, hält Elia Ahab seine Sünde vor und wird so zum Anwalt des Gotteswillens (1Kön 21). Konsequenzen aus dem prophetischen Dienst können Leiden und Verfolgung sein (1Kön 17,3; 19,2).

Das Besondere, fast Einmalige bei Elia und Elisa sind die Wunder. In dieser Häufigkeit finden wir sie bei den anderen Propheten nicht. Sie erinnern an die Mosezeit und an Jesu Wirken, vor allem die Speisungswunder, Totenauferweckungen und Krankenheilungen.

Außer den vielen Baalspropheten stoßen wir in dieser Zeit, bes. um Elisa, auf Prophetengruppen, deren Aufgaben schwer zu bestimmen sind, deren herausragendes Kennzeichen aber kaum die Ekstase war. Sie waren arm (2Kön 4,2ff; 6,1), an einem bestimmten äußeren Erscheinungsbild erkennbar (1Kön 19,10; 20,38; 2Kön 2,23) und lernten in ihren Versammlungen von ihrem Vorsteher. Verschiedentlich wird vermutet, daß hier der Jahweglaube weitergegeben wurde und daß deshalb auch Isebel die Propheten töten ließ.

5. Die Schriftpropheten.

Von der Sache her begegnet wenig Neues. Neu hingegen ist die Form der Überlieferung: Prophetenbücher, die ausführlich Prophetenworte überliefern; neu ist die Radikalität der Botschaft gegenüber dem Volksganzen, eine Fortführung von 1Kön 18. Noch immer stoßen wir auf das Gegenüber König – Prophet (Jes 7; 36-39; Jer 22,36-38), aber es ist nicht mehr bestimmend.

a. Die Zeit: Die Schriftpropheten begleiten Israel auf dem dunkelsten Wegabschnitt des AT, dem Ende der staatlichen Selbständigkeit für Israel und Juda; die späteren Schriftpropheten sind Zeugen eines bescheidenen Neuanfangs.

Drei Epochen können wir unterscheiden:

- Die assyr. Epoche. Durch das neuerstarkte assyr. Weltreich wird das Nordreich Israel 722 v.Chr. assyr. Provinz, das Südreich Juda entgeht unter Hiskia nur knapp derselben Katastrophe (s. Jes 1,2-8). Amos und Hosea treten im Nordreich auf, Jesaja und Micha im Südreich.

- Die babylon. Epoche. Das 626 v.Chr. von Assyrien abgefallene babylon. Reich treibt seinen Machteinfluß immer weiter voran und 586 v.Chr. verliert auch Juda seine Eigenständigkeit. Jerusalem mit dem Tempel wird zerstört, die Oberschicht des Volkes wird in die Verbannung geführt. Jeremia und einige kleine Propheten (Habakuk, Zefanja, Nahum, Obadja) gehören in diese Zeit, Hesekiel und Daniel wirken im Exil.

- Die medo-pers. Epoche. Die Blütezeit Babyloniens währt nicht lange. Der Perserkönig *Kores/Kyrus verfolgt eine ganz andere Politik. Er ermöglicht 539 v.Chr. durch das Kyrus-Edikt (Esr 1) die Rückkehr der Juden nach Israel und den Wiederaufbau des Tempels und der Stadt Jerusalem, allerdings bleibt die pers. Oberhoheit. Sacharja und Haggai schildern die Zeit des Tempelbaus um 520 v.Chr., Maleachi muß einige Jahrzehnte später wieder auf Mißstände hinweisen.

b. Die Botschaft: Die Botschaft läßt sich mit W. Rudolph folgendermaßen kurz zusammenfassen: »Das Heil ist vertagt« (HAT XII, S. III). Damit wird ein Doppeltes zum Ausdruck gebracht: das kaum mehr aufzuhaltende Gericht und ein neues Heilshandeln Gottes. Vor allem die Propheten unmittelbar vor den nationalen Katastrophen Israels und Judas richten ihre Gerichtspredigt nicht nur gegen Königshäuser, sondern gegen das ganze Volk. Eine Möglichkeit zur Umkehr wird fast nicht mehr gesehen (Am 5,15). Amos wird von Gott durch die fünf Visionen (Am 7-9) zu der harten Tatsache geführt: »Das Ende ist gekommen für mein Volk Israel; ich will ihm nichts mehr übersehen« (Am 8,2). Jesaja erhält auf die Frage »wie lange?« die Antwort, daß die Städte wüst werden und nur ein kleiner *Rest bleibt (Jes 6,11-13); Jeremia wird schon bei der Berufung verdeutlicht, daß Unheil von *Norden kommt (Jer 1,13-14). Hinzu kommt sehr ausführlich die Begründung des Gerichts. Sie liegt im Verhalten Israels gegenüber Gott und dem Nächsten. Sowohl der Bruch des ersten Gebots wie der anderen Gebote wird aufgedeckt. Und doch ist dieses Gericht in der Geschichte nicht die Verwerfung Israels. Gott verheißt einen Neuanfang – wir finden keinen Propheten ohne Heilsworte – aber erst nach der Katastrophe. Gott geht nicht mehr vorbei.

Es gibt kein Weitermachen, sondern nur einen Neuanfang: im Blick auf die Daviddynastie (Jes 11,1 – ein neuer Zweig aus dem Ursprung Isai), im Blick auf den Bund (Jer 31,31-34 – Neuer Bund). Nach der Katastrophe schlägt die Verkündigung Jeremias und Hesekiels um (Jer 44,29; Hes 11,14-21).

Daß gerade die Botschaft der Propheten dieser im Grunde für Israel so schweren Zeit in gesonderten Büchern verhältnismäßig ausführlich aufbewahrt werden, liegt wohl daran, daß diese Botschaft zunächst als Unheilsbotschaft eintraf, obwohl sie von wenigen geglaubt wurde.

6. Zusammenfassung. Im Überblick macht sich deutlich, daß man den Propheten nicht mit einer allg. Zusammenfassung gerecht wird, sondern daß ein geschichtlicher Überblick durchgehende Merkmale, aber auch Besonderheiten einzelner Epochen zeigt. Gleichzeitig zeigt sich, daß Gott nicht in jeder Zeit auf dieselbe Weise redet, daß es für bestimmte Zeiten bestimmte Gaben Gottes gibt, die von späteren Generationen nicht einfach eingefordert werden können.

Am stärksten fallen aus dem Gesamtbild die Ekstatiker, die im Unterschied zu den anderen Propheten keinen Wortdienst nach außen hin wahrnehmen. Sie sollen in den folgenden Punkten außer acht bleiben.

IV. DIE BOTSCHAFT DES PROPHETEN.

1. Das konkrete Wort.

Der geschichtliche Überblick zeigt den engen Bezug der Propheten zur jeweiligen Situation. Das prophetische Wort ist konkretes Gotteswort an ganz bestimmte Menschen oder Menschengruppen zu einer ganz bestimmten Zeit. Deshalb ist so häufig der Angesprochene genannt: (1Sam 2,27; 2Sam 12,1.7; Jes 7,3; Jer 2,1f).

Es unterscheidet sich damit vom überlieferten und an jede Generation weiterzugebenden Wort, wie es etwa die Gebote und die Berichte von Gottes Handeln in der Geschichte sind (heute: Katechismus). Ihre Weitergabe ist gleichfalls wichtig, obliegt aber im AT zuerst den Priestern (Hos 4) bzw. Vätern (5Mo 6,20). Für das konkret ergehende Wort Gottes bedarf es der je bes. Berufung und Offenbarung (s.u. V.). Das prophetische Wort ist eng gebunden an die jeweilige Situation, ohne in ihr aufzugehen. Die Situationsbezogenheit birgt die Gefahr von Mißverständnissen bis hin zur Konstatierung von Widersprüchen – wenn der gesamte Zusammenhang und die konkrete Lage nicht berücksichtigt wird, wenn etwa nur einzelne Prophetenworte einander gegenübergestellt werden. Wenn Amos schärfste Worte gegen den damaligen Kult und Gottesdienst schleudert (Am 5,21-24), so ist dies kein grundsätzliches Wort gegen alle Gottesdienste, sondern gegen nur noch äußerlich ablaufenden Kultbetrieb, ohne den Alltag unter den Gehorsam gegenüber Gottes Wort zu stellen. Diese Botschaft geht nicht auf in der Geschichte, sondern gilt überall dort neu, wo die Gottesdienstbesucher in gleicher Gefahr stehen.

P. nötigt somit zum genauen Hören auf den ganzen Zusammenhang. Und P. zeigt, daß Gott immer konkret spricht. Übertragen auf heute: Seelsorge und Predigt bedarf der prophetischen Gabe (ohne damit Seelsorger und Prediger als Propheten im Sinne des AT zu bezeichnen!), damit Verkündigung nicht nur Darstellung ewig gültiger Wahrheiten ist, sondern den Menschen konkret trifft.

2. Die Person des Propheten tritt in den Hintergrund.

Es ist erstaunlich, daß wir bei den meisten Propheten, auch großen Propheten, von ihren persönlichen Verhältnissen fast nichts wissen, teilweise, bes. bei frühen Propheten, erfahren wir nicht einmal den Namen (1Sam 2,27; 1Kön 13; 20,13). Das Ich des Propheten tritt zurück hinter seiner Botschaft. Der Prophet ist Bote. Wichtig ist seine Botschaft, das Wort Gottes. Deshalb auch die Botenformel: »So spricht der Herr«, die natürlich mißbraucht werden kann (s.u. VI.). Es geht nicht um die persönliche Meinung oder Einschätzung des Propheten, nicht um sein Wort zur Lage, sondern um Gottes Wort. Es ist der Vorwurf an die falschen Propheten, ihre eigene Meinung zu verkünden (s. VI).

Das heißt nicht, daß der Bote Gott gleichgültig wäre, daß er nur eine Funktion erfüllt. Der Bote steht unter Gottes persönlichem Schutz (Jer 1,8), wird von Gott versorgt und bewahrt (1Kön 17,2-16; 19,6-8), ja wird zu Gottes engstem Vertrauten, weil Gott ihm sein Wort anvertraut (Jer 1,9) und der Prophet in Gottes Thronrat Einblick erhält (1Kön 22,19-23; Jer 23,18; Am 3,7). Wo wir von einzelnen Propheten mehr erfahren, ist der Grund nicht allein ein verstärktes Interesse an der Biographie, sondern es verbindet sich auch damit eine Botschaft (Beispiele: Jer 16,1-9; Hes 24,15-24). So sind die Anfechtungen Jeremias überliefert, um zu zeigen, wie ein Prophet im Dienst Gottes unter der Last des Auftrages leiden kann.

3. Vergangenheit, Gegenwart und Zukunft in der prophetischen Verkündigung.

Das häufigste Mißverständnis ist die Definition von Prophetie als Voraussage künftiger Ereignisse. Mitbegründet ist dieses Mißverständnis durch die isolierte Betrachtung einzelner Prophetenworte, die auch im NT als Verheißung gekennzeichnet sind (Jes 7,14; 9,1-6; 11,1-5; 53; Mi 5,1; Sach 9,9, um nur wenige, aber sehr bekannte Beispiele zu nennen). Hinzu kommt ein weit verbreitetes Interesse, die Zukunft in groben Zügen zu kennen. Dies führt zu der bedauerlichen Verkürzung des prophetischen Wortes und zur Konzentration auf bestimmte Texte (z.B. Daniel, Sacharja).

Daß P. auch Verheißungen und Voraussagen umfaßt, steht außer Zweifel, aber P. umfaßt weit mehr. P. ist konkretes Wort Gottes in eine ganze bestimmte Situation hinein (s. IV. 1.), unabhängig, ob Vergangenheit, Gegenwart oder Zukunft betreffend.

P. offenbart, deckt auf, zeigt, wie Gott die Menschen und Völker und ihre Wege sieht, und zwar umfassend in Vergangenheit, Gegenwart und Zukunft. P. stellt in das Licht Gottes, ist nicht zuerst Vorausschau, sondern Durchblick mit Gottes Augen. Ausgangspunkt der prophetischen Verkündigung ist in der Regel die Gegenwart. Gott redet zu den Menschen hier und heute. Diesen Menschen gibt Gott eine Verheißung oder deckt ihre Schuld auf. Letzteres ist bei vielen Propheten der Hauptgrund für ihr Auftreten. Menschen und Völker, in erster Linie natürlich Israel, werden in Gottes Licht gestellt, ihre Schuld wird offenbart, sie werden zur Buße gerufen und je nach ihrem Verhalten wird Gericht oder Heil angesagt.

Damit wird aber deutlich, daß Vergangenheit, Gegenwart und Zukunft nicht isoliert betrachtet werden, sondern daß ein Zusammenhang besteht. P. offenbart menschliches Tun (*Sünde) in der Gegenwart und erinnert an Gottes Tun (*Erwählung, *Heilsgeschichte) in der Vergangenheit und zeigt auf, was Gott wegen dieses Mißverhältnisses in Zukunft tun wird. Es gibt viele Beispiele von prophetischen Reden, die nach diesem Zusammenhang aufgebaut sind (1Sam 2,27-36; Jer 2; Am 2,6-16).

Die Zukunftsaussage ist verwurzelt im Gestern und Heute. Die Geschichte Gottes hat einen inneren Zusammenhang. Zukunftsvorhersage ohne diesen Zusammenhang ist Wahrsagerei und nicht P.

Aber: Die Zukunftsaussage Gottes wurzelt in der Gegenwart, ist jedoch nicht menschlich aus ihr errechenbar, sondern ausschließlich Gottes Offenbarung. Dies zeigen die unterschiedlichen Aussagen der Propheten. So gibt Gott z.B. einmal noch Raum zur Buße (Jona, Zeit Elias), während ein andermal diese Möglichkeit nicht mehr gegeben wird (Jer 1,14; 15,1; Amos 8,2).

Es wäre für die christl. Gemeinde sehr hilfreich, wenn sie von einer Fixierung der Propheten als Vorhersager wegkäme, und das Sünde aufdeckende Wort der Propheten entdecken würde. Denn im Grunde geht es dabei immer um das erste Gebot und in Folge um die anderen Gebote. Paulus knüpft in 1Kor 14,24f an den Kern atl. P. an.

4. Verheißung und Erfüllung.

Das NT nennt sehr viele atl. Stellen, viele Prophetenworte, die nun erfüllt sind, vorrangig im Bezug auf Jesus Christus. Die Erfüllung von Verheißungen findet sich auch innerhalb des AT. Es wird deutlich, daß Gottes Wort nicht leer zurückkommt, sondern ausrichtet, wozu es gesandt ist. Es ist Kennzeichen des wahren Propheten, daß sich sein Wort erfüllt (s.u. V.). So ist hier nicht nur an die messianische Verheißung zu denken, die sich in Christus erfüllte, sondern auch an die Gerichtsaussagen, die in Erfüllung gingen.

Grundsätzlich gilt auch hier, daß die meisten Verheißungen zunächst an die lebende Generation gesprochen waren. Sie sollte getröstet und gestärkt oder ermahnt werden. Aber für viele Verheißungen gilt dann, daß sie über die jeweilige Zeit hinausweisen, in ihrer Zeit nicht aufgehen (etwa Jes 7,14; 9,1-6), ja geradezu auf eine tiefere Erfüllung warten. Manche Verheißung erfüllt sich nur in Etappen. So tritt etwa das Auftreten Jesu als herrschender Messias und als leidender Messias auseinander, was vom AT her so nicht in letzter Deutlichkeit zu erwarten war. Bei der Erfüllung der Verheißungen schieben sich also oft große Zeiträume dazwischen, was das Errechnen zukünftiger Ereignisse grundsätzlich verwehrt. D.h.: die Verheißungen geben uns keinen genauen Plan für die Zukunft an die Hand. Gott bleibt souverän über der Erfüllung. Die Geschichte ist nicht im Detail festgelegt, sondern mit abhängig von der Reaktion des Menschen in Glauben und Unglauben, Gehorsam und Ungehorsam. Die Verheißungen erfüllen sich, aber über den genauen Ablauf bestimmt Gott.

5. Gericht und Heil.

Sehr häufig begegnet die grobe Aufteilung der prophetischen Verkündigung in Gerichts- oder Heilsworte. Gerichts- und Heilsworte sind bei den einzelnen Propheten nicht gleichmäßig verteilt. So dominiert bei den vorexilischen Propheten das Gerichtswort, bei den exilischen und nachexilischen Propheten das Heilswort. Allerdings stoßen wir kaum auf ein Entweder – Oder, sind es z.B. bei Amos auch nur wenige Verse im ganzen Buch, die auf ein zukünftiges Heil hinweisen. Verschiedentlich wurde die Meinung vertreten, daß tatsächlich nur ein Entweder – Oder möglich sei. So seien die großen vorexilischen Schriftpropheten Amos und Jesaja reine Gerichtspropheten gewesen, die Heilsworte seien später hinzugefügt worden. Das spannungsvolle Nebeneinander wird damit zu oberflächlich gesehen. Gerichts- und Heilsworte gehören zusammen und haben gemeinsam eine Wurzel in der Treue Gottes zu seinen Verheißungen und zu seinen Warnungen.

Gott hat Israel berufen und erwählt, mit

ihm einen Bund geschlossen. Gott ist für Israel da, d.h. aber auch, daß Israel für Gott da ist, dazu gehört auch der Gehorsam gegenüber seinem Wort. Wenn nun Israel den Gehorsam aufkündigt und den Bund bricht, zieht Gott auch seine Hand zurück (5Mo 28,15). Das Zornesgericht hat Gott sehr oft aufgeschoben, wenn Israel Buße tat. Die Propheten vor dem Exil zeigen, daß die Geduld Gottes erschöpft ist. Er will Israel nichts mehr übersehen. Gott steht zu seiner Warnung. Die Berufung soll zum Gehorsam führen und nicht in eine falsche Sicherheit, die denkt: uns kann nichts passieren, Gott ist uns gnädig, egal was wir tun (Am 3,2; Jer 7,9-11).

Die Heilsworte knüpfen an Gottes Verheißungen an. Gott hat Israel berufen und seine Gaben und Berufungen können Gott nicht gereuen. Gott macht mit seinem Volk nicht ganz Schluß, er verheißt ihm neues Heil, aber nur durch das Gericht hindurch. So sind die Gerichtsworte nicht pure Drohung – Gott steht dazu; und so sind die Verheißungen nicht hinfällig – Gott erfüllt sie, wenn auch auf Umwegen.

Wir können bei manchen Propheten beobachten, wie ihre Verkündigung sofort nach erfolgter Strafe (z.B. Wegführung ins Exil) umschlägt von der Gerichts- in die Heilsverkündigung (Jes 8,23-9,6; Jer 24; 29,1-11).

Das verheißene Heil ist nicht lediglich eine Neuauflage des früheren Zustandes. Es wird erkannt, daß der frühere Zustand Mängel hatte, d.h. der Mensch muß sich verändern, um die bleibende Gottesbeziehung leben zu können. An zwei zentralen Stellen wird dies deutlich: auch das neue Heil ist geprägt von der Davidsverheißung (2Sam 7) und vom Bundesschluß. Die Propheten knüpfen daran an und doch wird es entscheidend verändert oder weitergeführt. So wird der Baum der Davidsdynastie abgehauen bis auf den Stumpf, aber daraus entsteht Neues, der Messias, auf dem Gottes Geist ruht (Jes 11,1ff). Und Gott schließt wieder einen Bund – aber einen Neuen Bund, der Mensch soll dabei verändert werden (Jer 31,31-34).

6. Politik und Geschichte.

Der geschichtliche Überblick (s.o. III.) macht deutlich, daß die Propheten zu politischen Vorgängen in und um Israel klar Stellung nahmen. Sie salben Könige, sagen die Dauer oder das Ende von Dynastien an, treten Königen gegenüber, um Schuld aufzudekken, geben konkrete Anweisungen für politische Entscheidungen und sehen politische Entwicklungen voraus (Beispiel: Salbung Sauls und Davids; die Parteinahme für Salomo durch Nathan; Elia und Ahab; Jesaja und Ahas; Jeremia und die Könige seiner Zeit). Auch hier begegnen wir den Grundarten prophetischer Verkündigung, Verheißung und Gerichtsrede, Weisung und Mahnung.

Diese deutliche politische Einflußnahme der Propheten im AT ist gerade zu erwarten. Israel ist als Volk, also als politische Größe, von Gott berufen. Israel soll Gottes Weg gehen, im Hören auf Gottes Wort seinen Weg finden in der Weltgeschichte und -politik, kein Wunder also, wenn die Propheten, die Gottes Wort sagen, auch zu politischen Fragen im Namen Gottes Stellung nehmen. Um keine falschen Schlüsse für die Verkündigung der ntl. Gemeinde zu ziehen, muß hier der Unterschied zwischen Israel und der Gemeinde des Neuen Bundes betont werden. Israel war als Volk berufen, die Gemeinde ist Gemeinde aus den Völkern.

Man kann grundsätzlich sagen, daß durch die Propheten des AT im Umfeld Israels die Geschichte in Gottes Licht gestellt wird. Geschichte wird nicht nur gesehen als äußerer Ablauf von Ereignissen, als Ringen verschiedener Kräfte um Macht und Einfluß. Die Verkettung der Ereignisse wird gedeutet und dabei aufgezeigt, wer letztlich den Gang der Geschichte in der Hand hat. Einige Beispiele sollen dies verdeutlichen:

a. Die Königsbücher notieren bei jedem König sein Verhältnis zu Gott, Gehorsam oder Ungehorsam. Für die allg. Geschichtsschreibung ist dies als geschichtsgestaltender Faktor in der Regel nebensächlich, für das AT von zentraler Bedeutung, denn der Fortgang der Königsfamilie und damit die Staatsgeschichte ist davon bestimmt (Beispiel: 1Kön 14,1-14).

b. Während Israel weiterhin die militärische Niederlage vor dem Exil als Ergebnis machtpolitischer Konstellation sieht oder die Niederlage rel. so deutet, daß die Götter der andern Völker mächtiger sind als Jahwe, zeigen die Propheten, daß es eben Jahwe selber ist, der im Gericht gegen Israel aufsteht (Am 9,1-5; Hos 13,4-8; Jer 1,13-16).

c. Die anderen Mächte werden dann als Werkzeug in Gottes Hand gesehen, und zwar sowohl zum Gericht (Assyrien und Babylonien) als auch zur Verwirklichung des neuen Heils (Meder-Perser). Könige dieser Länder werden von Gott sogar als Knecht, Hirte oder Gesalbte bezeichnet (Nebukadnezar: Jer 25,7; Kores: Jes 44,28; 45,1), weil sie Gottes Willen – unbewußt – tun. Jes 10 zeigt dann allerdings eindrücklich, daß der Hochmut dieser Mächte ebenfalls Folgen hat.

Hier ist zu erinnern an die Vision Daniels von den Weltreichen, aufgenommen in der Offenbarung: Gott gibt den einzelnen Reichen Macht und Zeit (Dan 7; Offb 13).

Ein Stück weit wird durch das Wirken der Propheten der Schleier von der Weltgeschichte weggezogen, um zu zeigen, wer hinter der Geschichte steht und was ihr Ziel ist.

7. Die offene Frage.

In Israels Geschichte geschieht durch das Wort der Propheten das Erschütterndste: das Wesen des Menschen wird offenbart. Er kann nicht mit Gott leben. Der Mensch ist böse, ist Sünder. Diese Erfahrung machen nicht die Heiden, sondern macht das von Gott in seine Gemeinschaft gerufene Volk Israel. Gott tat von seiner Seite her alles und Israel antwortet nicht mit Gehorsam. Dies ist nicht eine Aussage gegen Israel, sondern Israel übt einen Stellvertreterdienst für alle Menschen aus, wobei das Wesen des Menschen offenbart wird und auch die eigentlich verdiente Strafe: Gericht. Gleichzeitig zeigt sich die Unmöglichkeit aller menschlichen Bemühungen, Gott zu gefallen. Die Frage ist, ob es einen Ausweg gibt oder ob der große Versuch Gottes mit den Menschen mißlungen ist? Jeremia stellt die Frage: Wer gibt sein Leben als Pfand, um Gott zu nahen und Gott und Menschheit zusammenzubringen? (Jer 30,21) Und die Antwort wird gegeben bei Jeremia und in Jes 53: Es wird einer kommen, der sein Leben hingibt, um die Schuld zu tragen und die Kluft zwischen Gott und Mensch zu schließen. Worauf letztlich AT und die Propheten, als Ziel hinzielen ist in Jesus Christus geschehen und stellt die Mitte der Bibel und das Ziel der Geschichte dar.

V. MERKMALE DER PROPHETEN.

1. Berufung.

Berufung gibt es nicht nur bei den Propheten; Berufung gibt es auch ganz grundsätzlich im AT im Blick auf Israel, das Geschlecht Davids, die Priesterschaft. Das Besondere bei den Propheten ist die je persönliche Berufung (*Ruf, Berufung). Während das Priesteramt gebunden war an einen gewissen Stamm oder bestimmte Familien und also von Geschlecht zu Geschlecht weiterging, gab es keine »Vererbung« bei den Propheten.

Die Berufung geschah in der Regel unmittelbar durch Gott wie zuvor bei den Vätern, Mose und den Richtern; während etwa die Berufung der Könige nicht direkt durch Gott, sondern mittels der Propheten erfolgte. Eine Ausnahme ist hier zu nennen: Elisa, der von Elia auf Gottes ausdrücklichen Befehl hin berufen wurde; weiterhin gilt hier Gesagtes nicht für die Prophetengruppen z.Zt. Samuels und Elias.

Nicht von jedem Propheten wird die Berufung berichtet; und doch kann man wohl davon ausgehen, daß bei allen Propheten ein Berufungserlebnis in irgendeiner Form vorliegt. Es bildet den Anfang des Redens Gottes zu den einzelnen Propheten, setzt sie in ein exklusives Dienstverhältnis zu Gott und gibt die prophetische Gewißheit, Bote Gottes zu sein.

Die Berufungserlebnisse sind sehr unterschiedlich. Der junge Priester Samuel wurde des Nachts bei der Lade berufen, Amos von den Herden weg (wie Elisa), Jesaja im Tempel (umstritten, ob Berufung zum Propheten oder zu einem bes. Auftrag). Ausführlich wird die Berufung von Jeremia (Kap. 1) und Hesekiel (Kap. 1-3) wiedergegeben. Z.T. wissen wir, daß die Berufung die Propheten aus ihrem früheren Beruf herausriß (Amos war Landwirt, Am 7,15), oder daß sie die Berufung zunächst ablehnten (Jer 1,6); z.T. umfaßte die prophetische Tätigkeit nur eine kurze Zeit (bei Amos schätzt man etwa ein Jahr), bei manchen gab es längere Phasen ohne prophetische Verkündigung (Jesaja, Jeremia).

2. Offenbarung.

Berufung ist Reden Gottes, *Offenbarung Gottes und damit der Anfang weiterer Offenbarungen. 1Sam 3: Samuel war Gottes Wort noch nicht offenbart (V. 7), mit seiner Berufung beginnt das Reden Gottes mit ihm, beginnt Offenbarung (V. 11.19-21); 2Mo 3: ab der Berufung Moses am Dornbusch lesen wir, daß Gott mit ihm spricht. Die Frage, wie dies genau vor sich ging, ist schwer zu beantworten. Die bibl. Texte geben keine detaillierte Antwort. Sie erzählen schlicht, daß Gott hörbar geredet hat (2Mo 3,4; 1Sam 3,10-11; Jer 1,4). Falsch ist die Reduzierung der Vorgänge auf das Innere des Propheten. Falsch ist auch der Rückschluß von unserer Erfahrung auf die Zeit der Propheten, denn nach Hebr 1,1 gibt es ein besonderes Reden Gottes durch die Propheten im AT und wiederum das besondere Reden Gottes durch Jesus Christus im NT. Die Offenbarung an die Propheten war eindeutiges, unverwechselbares, mindestens teilweise auch akustisch klar vernehmbares Reden Gottes, das den Propheten absolute Gewißheit über seine Herkunft gab. Andere, zu gewissen Zeiten durchaus mögliche Offenbarungsquellen, werden hinter der Wortoffenbarung zurückgestuft, so etwa Träume (4Mo 12,6-8; Jer 23,28). Auch Visionen treten zuweilen zur Wortoffenbarung (Audition) hinzu, aber insgesamt gesehen nicht allzu häufig. Die Vision dient der Verdeutlichung und Vergewisserung der Audition und bedarf dieser wiederum zur Deutung (Jer 1,11-15; Am 7-9; Sach 1-6).

Die Offenbarung ist dem Propheten nicht verfügbar, sie geht allein von Gott aus (Jer 28,11-13).

3. Auftrag.

An die Offenbarung schließt sich in der Regel der Auftrag an, das Empfangene weiterzugeben. Der Prophet ist Verkündiger. Seine Aufgabe ist, Gottes Wort unverkürzt weiterzugeben, deshalb die häufige Einleitung: »So spricht der Herr.« Treue und Gehorsam ist gefragt. Es ist allerdings anzunehmen, daß die Propheten in der Form der Weitergabe durchaus mitgestaltend beteiligt waren. So läßt sich die unterschiedliche Sprache bei den verschiedenen Propheten erlären. Die Wahl bestimmter Ausdrucksmittel (Liebeslied, Klagelied usw.) konnte durchaus durch den Propheten geschehen. Es ist Gottes Wort, das aber von Menschen weitergegeben wird, die nicht nur Marionetten, sondern mitbeteiligt sind, und doch bleibt es ganz Gottes Wort. Man denke etwa an die Buchüberschriften (z.B. Jer 1,1-2).

Der Prophet hat nur dieses Wort Gottes, sonst nichts; nichts, um ihm Nachdruck zu verleihen, nichts Zusätzliches, um die Hörer zu überzeugen, vor allem keine Macht, um die Botschaft zu verwirklichen. Gott allein tut es. Er läßt sein Wort nicht leer zurückkehren (Jes 55,11). Das Wort wird erfüllt.

Mit diesem Wort ist der Prophet gesandt an eine bestimmte Adresse, da es konkretes Wort ist (s. IV). Der Prophet ist ein Gesandter. Dieser Auftrag: gehen und reden, ist beispielhaft zusammengefaßt in der Berufung Jeremias (Jer 1,7).

4. Zusammenfassung.

Der Prophet ist der »von Gott berufene Mittler des Wortes im weitesten Sinn« (ThWAT V, 145). Mit dieser Kurzdefinition ist in der Tat das Wesen der Propheten treffend umschrieben: berufen, begabt und beauftragt mit Gottes Wort, gesandt. Prophet und Wort Gottes gehören aufs innigste zusammen, alle anderen Näherbestimmungen und Erklärungen (etwa die Verbindung Prophet und Geist) treten dahinter zurück.

Mit dieser Beschreibung kommt dem atl. Propheten im NT eigentlich der *Apostel am nächsten, nicht der ntl. Prophet. Auf den Apostel treffen im großen und ganzen dieselben Merkmale zu, wenn auch deutliche Unterschiede zu beobachten sind.

VI. WAHRE UND FALSCHE PROPHETIE.

Die Geschichte der Propheten ist auch eine Geschichte der Auseinandersetzung zwischen wahrer und falscher. Im Rückblick ist diese Frage leicht zu beantworten, in der akuten Situation ist die Frage von existentieller Bedeutung: durch wen redet Gott? Jer 28 schildet eine spannungsvolle Situation: Zwei Propheten treten auf, beide sagen: »So spricht der Herr«, aber der Inhalt der folgenden Gottesworte widerspricht sich total. Wer hat recht? (vgl. 1Kön 22,24).

Wer sind jene falschen Propheten? Wir erhalten aus dem AT kein genaues Bild, weil sie nur ab und zu erwähnt sind, in der Regel in Auseinandersetzung mit wahren Jahwepropheten. Häufig sind es wohl – am Tempel oder am Königshof – angestellte Propheten, die entweder den König oder Besucher des Tempels in politischen oder persönlichen Fragen beraten. Gewiß gab es auch »selbständig« Tätige, die versuchten, durch Beratung und Vorhersage Geld zu verdienen.

In der Auseinandersetzung und für die Auseinandersetzung werden Merkmale der falschen Propheten genannt:

1. Woher kommt die Offenbarung? P., die nicht im Namen Jahwes, sondern unter Berufung auf andere Götter geschieht ist von vorne herein falsche P., selbst wenn das Gesagte eintreffen sollte (5Mo 13,2-4; 18,20; Jer 23,13). Hier ist auch an Techniken zu denken, die dem Wesen Jahwes nicht entsprechen (man denke an die Baalspropheten, 1Kön 18).

2. Der Lebenswandel (Jer 23,14). Wer Gottes Wort verkündigt, kann nicht bewußt gegen Gottes Gebote leben.

3. Die unter V. genannten Merkmale treffen nicht zu: Keine Berufung, Offenbarung und Sendung, bedeuten Handeln auf eigene Faust, Verkündigung im eigenen Namen und der eigenen Meinung (Jer 5,12; 14,14; 23,16-32; Hes 13; 22,28). Die Frage nach Berufung, Offenbarung und Sendung kann eigentlich nur vom Propheten selbst beantwortet werden, aber ein Hinweis für die Hörer könnte sein, wieweit die eigene Person des Propheten in den Mittelpunkt gestellt wird.

4. Verkündigung richtet sich nach dem Wunsch des Hörers oder Bestechlichkeit (1Kön 22; Mi 2,11; 3,5).

5. Die Heilsbotschaft ist grundsätzlich »verdächtiger«, weil sie dem Wunsch des Menschen entspricht. Vor allem die Heilsbotschaft an den Gottlosen und Ungehorsamen ist falsche P., weil sie den Menschen beruhigt, anstatt ihn zur Umkehr zu Gott zu rufen und weil ein falsches Bild von Gottes Handeln und Gottes Wesen entsteht (1Kön 22,8; Jer 5,12; 14,13-14; 23,16,16-17; 27,14). Deshalb ist die Heilsbotschaft erst dann endgültig als wahre P. ausgewiesen, wenn sie in Erfüllung gegangen ist (Jer 28,8-9).

6. Die Erfüllung. Über allen genannten Kriterien bleibt eine gewisse Unsicherheit. Letztendlich wird erst die Erfüllung der P. Klarheit schaffen (5Mo 18,22; 1Kön 22,28). Z.Zt. der Verkündigung gibt es nicht ein sicheres Kriterium, sondern die Berücksichtigung aller

Punkte ist wichtig, wobei dem unter 5. genannten ein bes. Gewicht zukommt.

Literatur: H.-P. Müller: ThWAT V, 1986, 140-163; A. Jepsen:ThWAT II, 1977, 822-835; J. Jeremias: THAT II, 1976, 7-26; H. Krämer, R. Rendtorff, R. Meyer, G. Friedrich: ThWNT VI, 1959, 781-863; G.v. Rad: Theologie des AT,Bd.Iu.II,1987; C. Westermann: Theologie des AT in Grundzügen, 1985; K. Koch: Die Profeten I und II, 1986 und 1980; P. Neumann (Hrsg.): Das Prophetenverständnis in der deutschsprachigen Forschung seit Heinrich Ewald, 1979; U. Galling (Hrsg.): Textbuch zur Geschichte Israels, 1979; R. Rendtorff, Erwägungen zur Frühgeschichte des Prophetentums in Israel. ZThK 59, 1962, S. 145-167; G.v. Rad: Die falschen Propheten, ZAW 51, 1933, S. 109-120; F.L. Hossfeld, I. Meyer: Prophet gegen Prophet, 1973. H.S.

B. Prophetie im Neuen Testament.

Im Unterschied zur reservierten Haltung des offiziellen Judentums spielen die Propheten des Alten Bundes im NT eine große Rolle, und zwar als Vorboten des *Messias und als Vorbilder für die rechte Evangeliumsverkündigung. Unter den Vorbildern ragen Mose und Elia heraus, während hinsichtlich der messianischen Weissagung das Buch Jesaja besonders geschätzt war.

I. DIE PROPHETIE IM FRÜHEN JUDENTUM.

Sowohl in Qumran als auch bei den Rabbinen galten die Propheten als Offenbarer des göttlichen Willens, wie er in der Tora festgelegt ist, und als Künder des göttlichen Plans, wie er in der Geschichte Israels und der Völker verwirklicht wird. Die Propheten haben in der Kraft des Heiligen Geistes die Tora Moses »offenbart« (QS 8,16); d.h. in ihrer Zeit neu bezeugt und aktualisierend zur Geltung gebracht; Gott hatte ihnen auch die Geheimnisse der geschichtlichen Zukunft offenbart (1 Qp Hab 2,9f; 7,1-5). Die prophetische Toraauslegung wurde vor allem von den Rabbinen betont. Für sie standen die Propheten im Schatten und im Dienst des mosaischen Gesetzes, das zum Inbegriff der ganzen Schrift wurde; sie haben nichts gesagt, was nicht schon in der Tora enthalten war. Deshalb wurde die prophetische Deutung der Geschichte in den Kreisen der *Apokalyptik weitergeführt; dort bildete sich die auch im NT verbreitete Anschauung heraus, die Propheten des AT seien um ihres Zeugnisses willen gewaltsam beseitigt worden (Jub 1,12; vgl. Mt 23,37). Während nach rabbin. Anschauung die Tora von Gott dem Mose mündlich gelehrt bzw. diktiert worden ist, waren die atl. Propheten vom Heiligen Geist inspiriert, der auf ihnen ruhte und durch sie redete. Ähnlich wird in 2Petr 1,20f die Inspiriertheit und Zuverlässigkeit der Propheten bezeugt: Keine in der Schrift überlieferte Weissagung ist durch eigenmächtige Auslegung verfälscht; »niemals wurde eine prophetische Weissagung durch den Willen eines Menschen hervorgebracht, sondern vom Heiligen Geist getrieben, redeten Menschen von Gott her«. Diese Inspirationslehre ist unter dem Eindruck der durch Christus erfüllten Weissagung entstanden (vgl. 2Petr 1,17-19) und in Übereinstimmung mit 4Mo 22,18; 23,19 und 5Mo 18,15-22 formuliert.

Im rabbin. Judentum bildete sich die Anschauung heraus, der Heilige Geist als Kraft der Prophetie habe mit Haggai, Sacharja und Maleachi zu wirken aufgehört und werde erst in der Endzeit wieder ausgegossen; diese werde durch das Auftreten des 5Mo 18,15-22 verheißenen Propheten wie Mose bzw. durch den wiederkommenden Elia angekündigt (vgl. schon 1Makk 4,46; 9,27; 14,41; 1 QS 9,11; 4 Q Testimonia). Aber das Warten auf eine Wiederkehr der prophetischen Zeit wurde des öfteren durchbrochen, da die Gewißheit, das Ende sei nahe herbeigekommen bzw. beginne sich zu verwirklichen, sich im Auftreten prophetischer Gestalten immer wieder öffentlich bekundete. Josephus berichtet von einzelnen essenischen Propheten, die das Schicksal führender Persönlichkeiten vorhersagten, wobei sie z.T. deutlich atl. Vorbildern folgten (Jos. bell. Jud. 1,78-80; 2,211f; ant. Jud. 15,372-379); ihnen kann man Gestalten wie Simeon (Lk 2,25-27) oder Hanna (Lk 2,36) vergleichen. Messianische Bewegungen wurden von Propheten wie Theudas (Jos. ant. Jud. 18,85-87; Apg 5,36) und dem aus Ägypten kommenden Juden (Jos. ant. Jud. 20,169-172; Apg 21,38) hervorgerufen. Diese wollten als Propheten wie Mose (5Mo 18,15-22) nicht nur Künder des Gotteswortes, sondern auch Werkzeuge der endzeitlichen Erlösung Israels sein; vor solchen falschen Propheten bzw. Messiassen wird Mt 24,5.1 par. gewarnt.

II. JOHANNES DER TÄUFER.

Eine besonders wichtige prophetische Gestalt (vgl. Lk 1,76; Mk 6,15; 11,32; Lk 9,8; 20,6) war Johannes der Täufer, der als ein Bußprediger in der Wüste auftrat, das nahe Endgericht verkündigte und dabei die Taufe als ein Zeichen der Buße und der göttlichen Sündenvergebung vollzog (Mk 1,4-6 par; vgl. Jos.ant. Jud. 18,116-119). Zwar fehlt eine Berufungsgeschichte; statt dessen wird die prophetische Rolle des Täufers vorherverkündigt (Lk 1,14-17.67-79). In die Bußpredigt dieses Mannes sind die prophetischen Gattungen des Scheltworts (Mt 3,7-9 par) und des Drohworts (Mt

3,10 par) aufgenommen; auch die scharfe Kritik an der Selbstsicherheit der Juden (Mt 3,9) und an der Moral des Landesherren (Lk 3,19; Mk 6,18; Jos. ant. Jud. 18,118f), die zusammen mit der messianischen Verkündigung den gewaltsamen Tod dieses großen Propheten herbeigeführt hat (Lk 3,19; Mk 6,17-29 par; Jos. ant. Jud. 18,116.118f), stehen ganz im Einklang mit der Tradition der klassischen Propheten; neu ist die sogenannte »Standespredigt« (Lk 3,10-14). In ihrer endzeitlichen Ausrichtung war die auch von Jesus als prophetisch anerkannte (Mt 11,9-15 par) Bußpredigt – sowie die Taufe und die asketische, priesterlich-prophetische Lebensführung – des Johannes von den Anschauungen und der Frömmigkeit der essenischen Qumrangemeinde geprägt (vgl. 1 QS 3-4; CD 4,2; 6,5). Aber Jesus selbst sah im Täufer den wiedergekommenen Elia (Mk 9,12; vgl. Lk 1,76), d.h. den Propheten, der dem zum Gericht erscheinenden Gott ein reines, unter sich versöhntes Volk darstellen wollte (vgl. Mal 3,24). Als solcher war er ein Vorläufer des Messias: Die Ankündigung eines »Stärkeren« (Mk 1,7) bzw. eines »Kommenden« (Mt 11,3), der dann mit dem Heiligen Geist und mit Feuer taufen wird (Mk 1,8 par), ist vom Hintergrund der Qumrantexte her ebenso gut historisch denkbar wie die (Selbst)-Einschätzung des Johannes als »Stimme eines Rufenden«, der die Wegbereitung für den kommenden Gott als das Gebot der Stunde verkündigte (Mk 1,3; Joh 1,23; vgl. 1QS 8,13-16). Für Jesus stand dieser Rufer auf der Schwelle zur neuen Zeit (Mt 11,9-13), weil er die Weissagungen des AT nicht nur weiterführte, sondern auch erfüllte (z.B. Mal 3,21-24). Matthäus stellt den Inhalt der johanneischen Prophetie unter das Thema »Gerechtigkeit« (21,32; vgl. 3,15; Jos.Ant. 18,117f); der vierte Evangelist hebt das Gesandtsein und Christuszeugnis des Täufers besonders hervor (1,6-8.15.29.34; 3,22-30); Josephus hat die genuin prophetischen Züge etwas verdeckt, indem er die endzeitliche Ausrichtung verschweigt und hellenisierend Johannes zu einem Lehrer der Tugend macht (Jos. ant. Jud.18,117). In der Tradition der Propheten steht auch die Tatsache, daß der Täufer einen Kreis von Jüngern um sich sammelte (Mk 2,18; Mt 11,2 u.a.).

III. DER MESSIANISCHE PROPHET AUS NAZARETH.

Jesus, der sich von Johannes hatte taufen lassen, nahm nach dessen Verhaftung durch *Herodes Antipas die prophetische Verkündigung und Bußpredigt des Täufers auf, machte aber die nahe herbeigekommene Gottesherrschaft zum Thema seiner Predigt (Mk 1,14f). Dabei betonte er deren beginnende Verwirklichung, die in den Wundertaten und Siegen über die Dämonen in Erscheinen trat (Mt 11,5; 12,28). Deshalb konnte Jesus die prophetische Freudenbotschaft von der Erfüllung der Heilszeit übernehmen (Jes 52,7; 61,1f; Mt 11,5; Lk 4,18ff); gegenüber der Gerichtspredigt des Johannes trat das Evangelium in den Vordergrund. Den Juden galt Jesus als ein Prophet (Mt 16,14; 21,11; Lk 7,16; Joh 4,19; 6,14 u.a.), und er selbst konnte sich mit den Propheten vergleichen (Mk 6,4; Lk 4,24-27). Jesus hat in der Tat die Tradition der klassischen Propheten aufgewertet und fortgesetzt. Den Sinn seines Gesandtseins sah er darin, das Gesetz und die Propheten zu erfüllen (Mt 5,17); dabei werden die letzteren nicht etwa unter die Tora subsumiert, sondern als selbständige Größe daneben gestellt. Sie sind wie diese normative Zeugen für den Willen Gottes (Lk 16,29.31). Aber sie haben wie – Mose – auch den von Gott beschlossenen Weg des Christus vorausverkündigt, den Jesus als Sohn Gottes gehen will und muß (vgl. Lk 24,27.44; Joh 5,45). Das messianische Zeugnis der Propheten fand Jesus besonders bei Jesaja. Vor allem die Stellen Jes 11,1-5; 43,3f; 52,7.13-53,12; 55,1-3; 56,1; 61,1f hat er als Weisung für seine prophetische Verkündigung und seinen messianischen Weg angesehen. Ferner haben Worte wie 2Sam 7,12-14 und in Verbindung damit Ps 2,7 und Ps 110,1, sowie auch Sach 6,12; 9,9; 13,7 und Dan 7,13, sein messianisches Wirken geleitet. Ein Teil dieser Weisungen wurde auch für die Ausbildung des Christuszeugnisses der Apostel verwendet.

Die Verheißung eines Propheten wie Mose sah man in Jesus erfüllt (Apg 3,22; 7,37). Das galt einmal für das prophetische Amt im engeren Sinn, nämlich die authentische Verkündigung des Gottesworts: Jesus ist es, auf den man hören soll (Mk 9,7 par; vgl. 5Mo 18,15). Vor allem aber erwartete man von ihm die Erlösung des Gottesvolkes, die der Messias analog zur Retterrolle Moses bewerkstelligen sollte (vgl. Joh 6,14). Aber Jesus, dessen Name schon den Retter anzeigt (Mt 1,21), wollte das Gottesvolk nicht von der Tyrannei eines neuen Pharao oder Fremdherrschers, sondern von der Knechtschaft der Sünde erlösen (Mt 1,21); dadurch unterschied sich sein Weg grundsätzlich von dem der zeitgenössischen jüd. Propheten und Messiasprätendenten.

Aber die von Jeremia und Jesaja angekündigte Wiederkehr der Mosezeit und des Exodus auf einer höheren, endzeitlichen Ebene wird in Jesu Wirken sichtbar, so etwa in den Wundern von der Sturmstillung und der Austreibung der Dämonen bei Gadara (Mk 4,35-5,20; vgl. 2Mo 14-15), dann im Seewandel und der wunderbaren Speisung (Mk 6,30-52; vgl. 2Mo 15 und 16). Das »Wertequadrat« der Mosezeit wurde durch Christus neu gezeichnet: Am Kreuz ist er für uns zur Weisheit und zur Gerechtigkeit, zur Heiligung und zur Erlösung geworden (vgl. 1Kor 1,30). Die Verbindung von gehorsamem Tun der Gebote und priesterlicher Sühne, wie sie bei der Aufrichtung des alten Bundes in Erscheinung trat (2Mo 19-24; vgl. 24,4-8), hat Jesus bei der Stiftung des neuen Bundes vollzogen: Der gehorsame Dienst des Menschensohns, der sein Leben für die Vielen in den Tod gibt, begründet die Erfüllung des Gesetzes durch das Liebesgebot (Mk 10,42-45; Röm 13,8-10); durch das von Jesus vergossene Blut werden die Sünden vergeben (Mk 14,24).

Vieles im Wirken Jesu ist prophetisch, aber das Prophetische wird stets transzendiert. Wie bei den klassischen Propheten könnte man bei Jesus von einer Berufung sprechen, in der er sich vor Gott gestellt, von ihm angeredet und gesandt wußte. Jedoch ging diese bei der Taufe durch Johannes erfolgende Beauftragung weit über die Berufung eines Propheten hinaus: Sie war die Einsetzung in die Würdestellung des Gottessohnes, des Königs und Hirten Israels (Mk 1,9-11; Mt 15,24); der Geist Gottes blieb dauernd auf Jesus, dem Gesalbten (Joh 1,31.33; vgl. Jes 11,2). Ebenso berief Jesus Jünger, die ihm nachfolgen sollten, so wie das ein Elia tat (Mk 1,16-20; vgl. 1Kön 19,19-21). Aber schon die Zwölfzahl (Mk 3,16-19) erweist sie als Vertreter des neuen Israels (Mt 19,28) und offenbart die messianische Bedeutung dieser Jüngerwahl. Auch konnte Jesus Wunder wie die der Propheten Elia und Elisa tun (Mt 8,5ff; Mk 5,35-45; Joh 4,46-5,9; vgl. Lk 4,26), aber noch wichtiger sind die an Mose erinnernden Zeichen der Befreiung. Und wenn Jesus nach Lk 4,18-21 sich mit dem prophetischen Heiland und Evangeliumsverkündiger in Jes 61,1f identifizierte, so wollte er sich damit als den Gesalbten im eigentlichen Sinn, als den »kommenden« Erlöser zu erkennen geben (Mt 11,2-6). Im Gleichnis von den bösen Weingärtnern hat Jesus sein Verhältnis zur prophetischen Tradition dargestellt. Er ist der geliebte Sohn, der vom Vater nach der fehlgeschlagenen Mission der (prophetischen) Knechte in den Weinberg Israel gesandt wurde; beides, die Kontinuität der Sendung, und der qualitative Unterschied, der mit seiner Beauftragung gemacht wurde, ist aus dem Gleichnis deutlich abzulesen (Mk 12,6f). Das Bewußtsein, von Gott gesandt und dessen Knecht zu sein, kennzeichnet den Schriftpropheten des AT, der deshalb seine Worte meist in der Form eines Botenspruchs verkündigte. Auch Jesus verstand sich als den von Gott Gesandten. Aber seine prophetische Verkündigung war in den Dienst der Erlösung Israels gestellt. Dieses messianische Sendungsbewußtsein wird in den für Jesus eigentümlichen Worten vom Gekommen-Sein (*ēlthon*; Mk 2,17; 10,45; Lk 12,49) zum Ausdruck gebracht (vgl. Mt 11,19; Lk 19,10; Mt 5,17; 20,28), denen die johanneischen *Ego-Eimi*-Worte (*Ich bin Worte) an die Seite zu stellen sind. In ihnen offenbarte sich Jesus als Generalbevollmächtigter Gottes und Bringer des ewigen Lebens, als zweiter Adam.

Auf solche Weise werden die Propheten erfüllt (Mt 5,17): Jesus wurde zum Gegenstand der prophetischen Weissagung. Das gilt nicht zuletzt auch von seinem Gang an das Kreuz, mit dem er die Weissagung vom leidenden Gottesknecht (Jes 52,13-53,13) bewahrheitete (Mk 10,45; 14,24). Jesus hat zwar in Jerusalem auch das Schicksal der Propheten Israels geteilt (Mt 23,37; Lk 13,34f). Aber sein Tod als »König der Juden«, d.h. als Messias Israels, hat endzeitliche Bedeutung; auch der Dienst eines endzeitlichen Hohenpriesters wurde durch dieses sühnende Opfer auf vollkommene Weise vollzogen (vgl. *Hebr.Brief). Deshalb hat man neben dem Amt des Propheten auch das eines Königs und Priesters Jesus später zuerkannt.

IV. DAS PROPHETISCHE AMT DER APOSTEL.

Auch die Apostel Jesu Christi standen in der Tradition der atl. Prophetie. Ihr singuläres Amt darf nicht von der Institution des rabbin. Gesandten *(schaliach)* oder von gnostischen Himmelsboten hergeleitet werden. Wie die Propheten waren die Apostel Träger des Heiligen Geistes (vgl. Joh 20,22). Hat Christus durch seinen Dienst an Israel die Wahrheit Gottes und die Verheißungen für die Väter bestätigt (Röm 15,8), so bewahrheitet das apostol. Evangelium die von den Propheten verkündigten Weissagungen vom Gottessohn (Röm 1,2); die Apostel waren demnach die Propheten der messianischen Zeit. Diesen Anspruch hat vor allem Paulus verteidigt. Wie einer der großen Propheten war er von Mutterleib an erwählt und durch Gottes Gnade berufen (Gal 1,15; vgl. Jer 1,5; Jes 49,1), und wie Jesaja wurde er durch die Schau des im Himmel thronenden Herrn zur Verkündigung gesandt (1Kor 9,1). Die Berufungsvision Jesajas (Kap. 6) diente dem Apostel als ein Schlüssel, um die volle Bedeutung seiner Vision vor Damaskus zu verstehen und apostolisch zu verwirklichen (vgl. Apg 22,17-21). Die Erfahrung der Vergebung und Bereinigung der Vergangenheit (Gal 1,13f; 1Kor 15,9; vgl. Jes 6,5-7) war dort zu finden, ebenso die Tatsache der Sendung, des »Apostolats« (1Kor 9,1; vgl. Jes 6,8), dann vor allem der Empfang des Evangeliums (Gal 1,12; vgl. Jes 6,9f) und dessen Adressaten, die Heiden (Gal 1,16; vgl. Jes 6,9f in Apg 28,26-28). Auch der Erweis der Gnade Gottes, die den Gesetzeseiferer und Verfolger der Kirche zum Apostel berief (Röm 1,5; Gal 1,13f; Phil 3,5f), und das neu gewonnene Gottes- und Selbstverständnis des Paulus haben eine Vorgeschichte bei den großen Propheten, so etwa bei Elia (Röm 11,2-5; vgl. 1Kön 19,10ff) oder in der Erfahrung Moses nach dem Abfall Israels zum Goldenen Kalb (2Mo 32,25-35; 33,12-23; 34,5,10): Es ist der gnädige Gott, der den gescheiterten Eiferer neu sendet (vgl. Röm 1,5; Gal 1,15). Paulus konnte seinen apostol. Dienst des Geistes (2Kor 3,8), seine Rolle als Diakon des Neuen Bundes (2Kor 3,6) mit dem Dienst Moses für den Alten Bund vergleichen (2Kor 3,7-10.13f). Auch war er wie Mose dazu bereit, für die Rettung Israels das eigene Leben und Heil herzugeben (Röm 9,3; 2Mo 32,32).

V. DIE PROPHETEN DER CHRISTLICHEN GEMEINDE.

Nach 4Mo 11,29 hatte Mose es sich gewünscht, daß das ganze Gottesvolk den Geist empfangen und weissagen könnte, und der Prophet Joel hatte verheißen, daß Gott diesen Wunsch einmal erfüllen werde (Joel 3,1). Davon wird im NT berichtet. Der auferstandene und erhöhte Christus hat nicht nur die Apostel mit dem Geist begabt (Joh 20,22; Apg 1,8), sondern auch den vom Vater empfangenen Geist über die pfingstliche Gemeinde ausgegossen (Apg 2,33); mit der Taufe auf Christus wird dieser Geist durch Handauflegung verliehen (Apg 2,38). Er wird nach Joel 3,1 als Kraft gedeutet, die dem Empfänger prophetische Gaben schenkt (Apg 2,17f). Neben das durch Christi Kreuz erworbene allgemeine Priestertum der Glaubenden (1Petr 2,9; Offb 1,6) tritt das kraft seiner Erhöhung gewonnene allgemeine Prophetentum; Paulus wünscht, jeder Christ möge vor allem die Gnadengabe der Prophetie erlangen (1Kor 14,1). Praktisch ist es in der Gemeinde freilich so, daß die Prophetie ein besonderes Charisma neben anderen ist (1Kor 12,10), und zwischen den charismatischen Ämtern des Apostels und des Lehrers das des Propheten steht (1Kor 12,28). Nach 1Kor 14 ist das Charisma der Prophetie dem der Glossolalie vergleichbar; jedoch gibt Paulus dem ersteren den Vorzug, da sich der Prophet in verständlicher Sprache äußert und deshalb die Gemeinde besser erbaut als dies mit der unverständlichen Zungenrede möglich ist. Der urchristl. Prophet ist somit ein Diener der Gemeinde und die Prophetie eine der Gnadengaben, die das Leben des Leibes Christi ausmachen (1Kor 12,10-13; Röm 12,4-7; 1Thess 5,19f; 1Petr 4,10f). Schon aus diesem Grunde hat der Gemeindeprophet kein besonderes Berufungserlebnis, abgesehen von der Taufe, die ihn in den Leib Christi eingliedert (1Kor 12,13).

Wie wurde das charismatische Amt eines Gemeindepropheten konkret ausgeübt und wie verhält es sich zur klassischen Prophetie? Charakteristisch für den in der Gemeindeversammlung sich zu Wort meldenden Propheten ist die Kraft des Zeugnisses, das auch dem Ungläubigen die Geheimnisse seines Herzens offenbart, ihn mit der Gegenwart des lebendigen Gottes konfrontiert und so zur Buße und zum Glauben führt (1Kor 14,24f). Ein Beispiel solcher prophetischen Rede ist die Pfingstpredigt des Petrus, in der das Ereignis der Geistausgießung und das Christusgeschehen als Erfüllung der Verheißungen Gottes bezeugt werden: Die Größe des angebotenen Heils, die einzigartige Bedeutung der Gegenwart sowie die Verlorenheit des Menschen, werden ins Bewußtsein der Hörer gehoben und diese zum Glauben geführt (Apg 2,36-41). Hat der Prophet des Alten Bundes das mosaische Erbe aktualisiert, so deutet der christl. Gemeindeprophet das Christusgeschehen als Erfüllung der Schrift, die er kraft des ihm verliehenen Geistes neu erforscht (vgl. 1Petr 1,10). Von der Aktivität christl. Propheten wird auch in der Didache berichtet (11,7-12). Dort erscheint neben dem Phänomen der Wanderpropheten auch die Problematik falscher Propheten, die aber schon im NT angesprochen ist (2Petr 2,1: 1Joh 4,1ff; vgl.Mt 7,20).

Unbegründet ist die Hypothese, christl. Propheten hätten Worte des erhöhten Herrn verkündigt, die dann später zum Teil zur Jesustradition hinzugefügt und mit den Logien des irdischen Jesus vermischt worden wären. Im Blick auf die sorgsam gehütete Jesusüberlieferung (vgl. Apg 2,42; Gal 2,2; 1Kor 7,10-12) und die von Paulus angedeutete Rolle der Gemeindepropheten ist solch ein Vorgang recht unwahrscheinlich.

Gelegentlich wird von übergemeindlich bedeutsamen Propheten berichtet, die eine seherische Gabe besaßen. Zu ihnen gehörte Agabus, der nach Apg 11,27f eine große Hungersnot vorhersagte und dann durch eine Zeichenhandlung dem Paulus ankündigte, daß er in Jerusalem gefangengenommen würde (Apg 21,10-14). Vielleicht ist auch die Prophetie der vier jungfräulichen Töchter des Philippus ähnlich zu verstehen (Apg 21,8f).

Der einzige, der sich im NT ausdrücklich als einen Künder prophetischer Worte bezeichnet, ist Johannes, der Seher auf Patmos (Offb 1,3). Seine Prophetie knüpft unmittelbar an die des AT, besonders an Hesekiel, Daniel und Sacharja an. In seinen Visionen von der Vollendung der Geschichte verbindet sich das Zeugnis vom gekreuzigten und auferstanden Christus mit vielen Einzelheiten der atl. Prophetie.

Literatur: O. Betz: Offenbarung und Schriftforschung in der Qumransekte, WUNT 6, 1960; ders.: Jesus, der Messias Israels, WUNT 42, 1987; ders.: Die Vision des Paulus im Tempel von Jerusalem, in: FS G. Stählin, 1970, S. 113-124; R. Riesner: Jesus als Lehrer, WUNT 2,7, ³1988. O.B.

PROPHETIN. Im AT wird auf prophetisches Wirken einer Frau sechsmal durch den Titel P. (2Mo 15,20; Ri 4,4; 2Kön 22,14-20; 2Chr 34,22-28; Neh 6,14; Jes 8,3), zweimal durch das entsprechende Verb hingewiesen.

Bei *Mirjam (2Mo 15,20) liegt kaum ein Anhaltspunkt für das Verständnis des Titels vor. Es im Zusammenhang einer kultisch-liturgischen Funktion (V. 20f) zu suchen, bleibt ebenso unbefriedigend wie die Annahme eines bloßen Ehrentitels. Ein Hinweis ist 4Mo 12,1ff, wonach Mirjam (- anscheinand als Wortführende zuerst genannt und bestraft -) zumindest zeitweise den Anspruch gehabt hat, gültiges Wort Gottes zu übermitteln. Etwas weiter führt Ri 4,4-7: Hier ist *Debora zunächst als P. gekennzeichnet und erfüllt erst als solche auch das Amt einer *Richterin. Ihre prophetische Aufgabe wird allerdings nur indirekt angedeutet, wenn sie *Barak an das an ihn (durch sie selbst?) ergangene Gotteswort erinnert. Am deutlichsten beschrieben ist das Wirken *Huldas (2Kön 22,14-20, par. 2Chr 34,22-28): z.Zt. *Josias wird sie in ähnlicher Weise um die Ausrichtung des Wortes Gottes gebeten wie ein Jh. zuvor *Jesaja (2Kön 19). Ausschließlich hier ist direkte Wortverkündigung einer Frau überliefert.

Unklar bleibt Jes 8,3: Wird die Frau Jesajas P. genannt aufgrund von Beruf und Berufung ihres Mannes oder aufgrund des zeichenhaften Geschehens in Geburt und Benennung ihres Sohnes? Ohne nähere Erläuterung erwähnt Neh 6,14 eine P. Noadja, die sich gegen den Wiederaufbau der Mauern Jerusalems stellt. Durch Hes 13,17-23 wird offensichtlich, daß das Problem »wahre und falsche Prophetie« auch Frauen betrifft. Aus den genannten Stellen ergibt sich: Prophetisches Wirken einer Frau wird in der Überlieferung Israels nicht als etwas völlig Außergewöhnliches behandelt. Was berichtet ist und eben die fehlende besondere Hervorhebung legen es nahe, prophetisches Wirken einer Frau aus dem Gesamtzusammenhang des Phänomens der Prophetie in Israel zu interpretieren.

In denselben Rahmen fügt sich schließlich Joel 3,1f, die Verheißung des Weissagens von Söhnen und Töchtern, Knechten und Mägden, die Erwartung einer Art »allgemeinen Prophetentums aller Gläubigen«.

Eben jene Stelle wird in der Pfingstpredigt des Petrus (Apg 2,16ff) aufgenommen, so daß es nicht verwundert, prophetisches Reden von Frauen in der ntl. Gemeinde als normalen Vorgang erwähnt zu finden (1Kor 11,5). Die verschiedenen Aspekte prophetischen Redens (s. *Prophetie) deuten sich an, wenn Weissagung (der Zukunft) als herauszuhebende Gabe einzelner daneben bestehenbleibt (Apg 21,9). Wohl eher zufälliger Natur ist es, daß der Titel P. im NT nur für *Hanna in der »Vorgeschichte« Jesu (Lk 2,36) und im Zusammenhang einer selbsternannten Verführerin (Offb 2,20) auftaucht. Im übrigen wird auch *Elisabeth zwar nicht begrifflich, aber der Sache nach als prophetisch redende Frau vorgestellt (Lk 1,41-45).

Literatur: vgl. *Prophetie. M.W.

PROSELYTEN.

1. »Proselyt« ist ein vom griech. Verbaladjektiv *prosēlytos*, »Hinzugekommener«, gebildeter Begriff, der in der griech. Übersetzung des AT (LXX) das hebr. Wort *gēr* (von *gūr*, »verweilen, in der Fremde sein«) wiedergibt. Hebr. *gēr* meint im AT den im Land Israel ansässigen Nichtisraeliten, der sich an die Sitte und den Gottesdienst des Landes mehr oder minder angepaßt hat. Als ein eingewanderter Fremder unterscheidet er sich nicht so sehr vom »Beisassen« (*gēr tōschāb*, 3Mo 25,30; 1Chr 29,15), als vielmehr vom »Eingeborenen«, dem gebürtigen Juden (*'äsrāch*, 2Mo 12,19) und vom Fremden außerhalb Israels (*nokrī*). Beispiel für die im Land wohnenden Nicht-Israeliten sind u.a. Frauen wie *Hagar (1Mo 16,1), *Rahab (Jos 2,2ff) und *Rut (1,4) oder Männer wie der Hetiter *Uria (2Sam 11,6. 11) und *Eliëser von Damaskus (1Mo 15,2), oder die Gibeoniten (Jos 9,27). Im Großreich Davids befanden sich viele Fremdstämmige; eine Zählung Salomos ergab 153600 *gērīm* (2Chr 2,16). Die assimilierten Nicht-Israeliten waren meist Lohnarbeiter (3Mo 22,10; 25,6.40); sie werden gelegentlich mit den Armen, Witwen und Waisen in einem Atemzug genannt (3Mo 19,10; 23,22; 5Mo 10,18; 24,19). Offensichtlich bedurfte ihre soziale und rechtliche Situation der Sicherung: Man soll den Fremdling nicht unterdrücken, sondern ihn lieben wie sich selbst (3Mo 19,33f), sich in seine Seele hineinversetzen,

zumal Israel selbst in Ägypten Fremdling war (2Mo 22,20; 23,9; vgl. 1Mo 15,13). Die rechtliche Gleichstellung wird für ihn gefordert (4Mo 15,15), die kultische wird ihm verheißen (Jes 56,6f); denn Gott liebt auch den P. (5Mo 10,18f). Andererseits wurde auch Kritik an den Fremden und deren Beschäftigung im Tempel geübt (Hes 44,7-9).

2. Die Spiritualisierung des rechtlichen Begriffs *gēr* beginnt in den Psalmen, wo der fromme Israelit als »Fremdling« auf Erden bezeichnet werden kann (Ps 39,13; 119,19, vgl. 1Chr 29,15). Sie setzt sich im frühen *Judentum fort. In der Damaskusschrift von *Qumran meint *ha-gēr* den bußfertigen, noch nicht voll an die Gemeinde angeschlossenen Novizen (CD 14,4.6). Im rabbin. Schrifttum ist a. *gēr* (aram. *giorā̓*) der zum Judentum ganz übergetretene ehemalige Heide, der Konvertit, der auch als »echter Proselyt« (*gēr zädäq*) bezeichnet werden kann (b Jeb 48 b; Midr. Ps 22,5 (98a)). Er wird durch *Beschneidung und Tauchbad in die jüd. Volksgemeinschaft aufgenommen und ist zum Halten des ganzen Gesetzes verpflichtet (vgl. Gal 5,3). b. Daneben gibt es die »*Gottesfürchtigen« (*jīrᵉ̓ē ͑shamajim*, Mekh Ex 22,20), eine Art von Halbproselyten, die unbeschnitten blieben, einen Teil der Reinheitsgebote hielten und vor allem den einen, wahren Gott ehrten. c. Der Fremde, der in Israel wohnte (*gēr tōschāb*), sollte die sieben noachitischen Gebote beachten (b Sanh vgl. Apg 15,20). Das jüd. Urteil über die P. schwankte: Einst werden die Heiden an ihrem Beispiel im Gericht beurteilt werden (Pesiqt.r. 35,161 a), andererseits verzögerten sie das Kommen des Messias (b Niddah 13 b); auch traute man ihrer Treue und Festigkeit nicht (b Jeb 109 b; Ab Zar 41 a). Nach Josephus (ant.Jud. 14,110-118; c.Ap. 2,10.39) gab es im 1. Jh.n.Chr. viele mit dem Judentum sympathisierende Heiden; prominente Beispiele waren die Königin Helena von Adiabene und deren Sohn Izates (Jos.ant.Jud. 20,34-53). Aber die positive Einstellung der Heiden zum Judentum schwächte sich nach den Kriegen von 66-70 und 132-135 n.Chr. sehr ab.

3. Diese rabbinische Terminologie ist bereits im NT ähnlich zu finden. a. griech. *prosēlytos*, hebr. *gēr* meint den Heiden, der ganz zum Judentum übergetreten ist und deshalb dem gebürtigen Juden an die Seite gestellt werden kann (Mt 23,15; Apg 2,11; 6,5, anders 13,43).

b. Ebenso wird dort der »Gottesfürchtige« (*phoboumenos ton theon*, Apg 10,2.22; 13,16.26), bzw. der »Gottesverehrer« (*sebomenos*, Apg 13,50; 17,4.17, bzw. *sebomenos ton theon*, Apg 16,14; 18,7, vgl. Jos.ant.Jud. 14,110) erwähnt. Beispiele für solche Halbproselyten sind *Lydia (Apg 16,14) oder *Cornelius (Apg 10,1f, vgl. Lk 7,1-10). In den paulin. Gemeinden haben die ehemaligen P. und Gottesfürchtigen offensichtlich eine wichtige Rolle gespielt; so dürfte der Konflikt zwischen starken und schwachen Christen in Rom aufgrund der Einhaltung jüd. Speisegebote durch ehemalige P. entstanden sein.

Literatur: J. Maier: Das Judentum, 1973, S. 242.253; M. Hengel: Judentum und Hellenismus, ²1973; H. Wißmann, O. Betz, F. Dexinger: TRE V, 1980, 714-724, bes. 716-722; W.B. Braude: Jewish Proselytizing in the First Centuries, 1940; C.K. Barrett: The New Testament Background, 1956, S. 136.164-166. O.B.

PROSTITUTION. P. gehörte zur Lebenswirklichkeit der Menschen des AT wie des NT. Soweit P. nicht schon unter dem allg. Begriff der *Hurerei im Sinne sexuellen Verkehrs außerhalb der Ehe zu fassen ist, geht es 1. um die nüchtern-elende Seite dieses »ältesten Gewerbes der Menschheit« und 2. um die theologische Wertung der Sexualität als Schöpfungsaspekt.

1. Entgegen der von Beginn der Schöpfung an zu beobachtenden durchgehenden Linie, daß die Sexualität des Menschen im Miteinander von Mann und Frau in deren geordnete und geschützte Beziehung gehört (1Mo 1,27; 2,24; 3,16), ist schon in der Urgeschichte vom Mißbrauch dieser Gabe berichtet (1Mo 6,1f; wahrscheinlich ist auch 1Mo 6,5.12 in diesem Sinne zu verstehen; vgl. 1Mo 19). Auch die Ehen der Erzväter waren in dieser Hinsicht zeitweise gefährdet, von Gott aber mit Nachdruck in Schutz genommen (1Mo 12,10ff; 20,1ff; 26,1ff). Hat Gott so einen Ehebruch verhindert, so war es andererseits für den Mann in der damaligen Kultur selbstverständlich, neben der Ehefrau eine oder mehrere Nebenfrauen zu haben. Solche über die eigentliche *Ehe hinausgehenden sexuellen Beziehungen waren unter dem Dach der Ehe entsprechend geordnet. Die Erzväter machten darin keine Ausnahme. Die damit verbundenen familiären Spannungen, die sogar die Nachkommensverheißung Gottes bedrohen konnten (1Mo 16), zeigen jedoch, daß diese Ordnung nicht dem ursprünglichen Gotteswillen entsprach.

Wo die Ordnung freilich gebrochen wurde, mit oder ohne böse Absicht, nahm menschliche Leidenschaft einen unheilvollen Lauf. Die Entehrung von Jakobs Tochter Dina durch Sichem, welcher offenbar das Gewohnheitsrecht des Stärkeren für sich in Anspruch nahm (1Mo 34), wurde blutig gerächt, weil

Dina zur Prostituierten (hebr. *sōnāh*) gemacht worden war (1Mo 34,31).

Aber auch die professionelle sowie die Gelegenheitsprostitution hatten ihre Ordnung. Die Art, wie Judas Schwiegertochter *Tamar ihr Recht auf Schwagerehe (5Mo 25,5-10) geltend macht (1Mo 38,13ff), zeigt, daß das Dirnen-Gewerbe festen Riten folgte (Kleidung, Schleier, Preisverhandlung, Pfand; vgl. Jes 23,15f: Hurenlieder; Jer 3,2: »auflauern am Weg«; Hes 16,15: »sich anbieten«; vgl. Jer 5,7: »Hurenhaus«). Im Unterschied zum Ehebruch in einer leidenschaftlichen Beziehung kommt es hier zu keiner personalen Begegnung. Der Kontakt wird auf den Geschlechtsakt beschränkt, Juda hat seine Schwiegertochter nicht erkannt. Die Illegitimität seiner Handlung kommt in seiner Reaktion zum Ausdruck, als er sein Pfand nicht zurückbekommt: Er fürchtet, in Verruf zu geraten (1Mo 38,23).

Unklar ist, wie weit bei der kultischen Prostitution (Tempeldirnen und -hurer, 5Mo 23,18-19; 2Kön 23,7; Hiob 36,14), bei der die Sexualität rel. überhöht wurde (Baalismus, *Götzendienst), persönliche Leidenschaft eine Rolle spielte. Die Erwähnungen der Merkmale solcher Begegnungen lassen vermuten, daß Leidenschaft mit im Spiele war (Jes 57,5.7-9: »Brunst«, »Lager«, »Salbe«; Jer 2,23: »Brunst einer Kamelstute«; Hes 16, 16-19: »Schmuck«, »bunte Kleidung«). Sicher war sie es dort, wo außerhalb des Kultus mit den Verlockungen von Erotik und Sexualität gespielt und auch die Grenzen der Ehe bewußt überschritten wurden (Spr 6,24-25; 7,6-21). Hier mündet die P. ein in die allg. Sitten- und Zuchtlosigkeit bis hin zum exzessiven Ausleben des Triebes.

Die Überbetonung der Sexualität bringt ein offensichtlich auch schon in den bibl. Texten erkennbares seelisches Ungleichgewicht mit sich. Geben die atl. Texte in dieser Hinsicht noch keinen Blick in das Innenleben der Betroffenen, so ist doch zu vermuten, daß die gesellschaftliche Ächtung der Prostituierten, besonders in Verbindung mit der Recht- und Schutzlosigkeit der alleinstehenden Frau, große äußere und innere Nöte bei den betroffenen Frauen zur Folge hatte. Umgekehrt waren wohl manche Witwen aus materieller Not zur P. gezwungen. Die bei *Salomo ihr Recht suchenden Dirnen (1Kön 3,16ff) gehören, wie man aus ihren Wohnverhältnissen schließen kann, wohl zu den gesellschaftlichen Randexistenzen.

Deutlicher läßt sich bei der Frau am Jakobs-Brunnen solche innere Vereinsamung erkennen (Joh 4); allerdings ist sie nicht als berufsmäßige Prostituierte anzusehen. Sie war offenbar auf eine feste Bindung aus, über der Fehlleitung ihrer Sehnsüchte durch die Fixierung auf die Sexualität jedoch unfähig geworden für eine personale Bindung. Dagegen ist die große Sünderin (Lk 7,36ff) wohl als stadtbekannte Prostituierte zu verstehen. Ihre selbstvergessene Hingabe bei der Salbung Jesu deutet auf die - nun durch die Begegnung mit der Barmherzigkeit Gottes im Gottessohn aufgehobene – tiefe Verzweiflung hin, unter der sie als die Verachtete gelitten haben muß.

2. So sehr P. dem ursprünglichen Willen Gottes widerspricht, sowenig ist P. unvergebbar. Gott scheut sich nicht, einer Prostituierten einen herausragenden Platz in der Heilsgeschichte zuzuweisen (Jos 2,1.4; 6,17. 22-25; Mt 1,5). Die in den Paulusbriefen angesprochenen Heidenchristen haben vielfach ein sexuell exzessives Leben hinter sich; aber durch die Versöhnung in Christus sind sie »reingewaschen«, geheiligt, gerecht geworden (1Kor 6,9-11). Die Art, wie Jesus der Ehebrecherin begegnet (Joh 8,1-11), ist maßgebend auch für den werbenden Umgang mit Männern und Frauen aus dem Prostituierten-Milieu. Für den Christen ist allerdings ein klares Nein zur P. gegeben. Mehrfach wird sie als »Hurerei« oder »Unzucht« (beides griech. *porneia*) unter anderen Lastern aufgezählt, die vom Gottesreich ausschließen (1Kor 6,9f; Gal 5,19-21; Eph 5,5; 1Tim 1,9-11; Offb 21,8; 22,15). Den Höhepunkt der Argumentation bringt Paulus mit dem Hinweis auf die Ausschließlichkeit des Ein-Leib-Seins, das auch mit dem sexuellen Verkehr bei der P. schon gegeben ist und den Leib als den »Tempel des Heiligen Geistes« schändet (1Kor 6,16-20). Gottes Einzigkeit und Ausschließlichkeit selbst steht auf dem Spiel, wo das Geheimnis der Einheit und Zweiheit von Mann und Frau, das er selbst gebraucht, um seine eigene Beziehung zum Menschen abzubilden (Hos 1,1-4; 2,1-12; 3,1ff u.ö.; Eph 5,23-32), mißbraucht wird. Umgekehrt ist keiner von Gottes Barmherzigkeit ausgeschlossen. Aber sie hat die Umkehr zur Folge. P. gehört dann auf alle Fälle der Vergangenheit an (Offb 2,14f.20-23).

Literatur: s. *Hure, Hurerei. C.D.St.

PROZESS JESU. Die viel diskutierten Probleme des P.es können mit Hilfe der neu entdeckten Handschriften von Qumran (*Schriftenfunde vom Toten Meer) weitgehend geklärt werden; auch die oft bezweifelte historische Zuverlässigkeit der Darstellung des P. es in den *Evangelien läßt sich von daher bestätigen.

1. Der Grund für die Gefangennahme Jesu

im Garten *Gethsemane und für seine Verurteilung zum Tod am *Kreuz war der Anspruch, der *Messias Israels, der »König der Juden«, zu sein; auf dem *titulus*, der von den Römern angebrachten Aufschrift am Kreuz, wurde die Ursache für Jesu Hinrichtung zutreffend formuliert (Mk 15,26). Die große politische Gefahr, die nach Ansicht der sadduzäischen Obrigkeit von einer messianischen Bewegung ausgehen kann (vgl. Joh 11,48-50), erklärt die ungewöhnlichen Schritte des jüd. Gerichts und die zum Teil befremdlich anmutenden Vorkommnisse beim P.: Das Zusammenwirken des obersten jüd. Gerichts mit dem röm. Präfekten *Pilatus; die Gefangennahme Jesu und das nächtliche Verhör vor dem Hohenpriester in der Passanacht (Mk 14,43-65); die Einberufung der Mitglieder des Synhedriums (*Sanhedrin) in der Frühe des ersten Mazzot-Feiertags und die Auslieferung Jesu an das röm. Gericht (Mk 15,1); schließlich die Verurteilung, Geißelung und Kreuzigung Jesu an diesem Feiertag (Mk 15,2-27). Merkwürdig sind auch gewisse Einzelheiten, so das Zeugenverhör und das dabei vorgebrachte Tempelwort (Mk 14,56-59), das Messiasbekenntnis Jesu, das als Gotteslästerung verurteilt wird (Mk 14,61-64), die Art der Verspottung und Mißhandlung Jesu im Haus des Hohenpriesters (Mk 14,65), die Beschimpfung des Gekreuzigten auf *Golgatha (Mk 15,29-32), das *privilegium paschale* und die Wahl des Barabbas durch die Juden (Mk 15,6-14), ferner die Kreuzigung Jesu zusammen mit zwei »Räubern«, d.h. zelotischen Rebellen (Mk 15,27).

2. Während in der neueren christl. und auch jüd. Forschung (z.B. H. Lietzmann; P. Winter) eine jüd. Beteiligung am Prozeß Jesu bestritten und das Verhör vor dem Synhedrium als unhistorische Bildung der Gemeinde bezeichnet wird, ist nach einer Notiz des Talmud (b Sanh 43a) Jesus ausschließlich von einem jüd. Gericht abgeurteilt worden; richtiger ist es, wenn im Testimonium Flavianum, dem Christuszeugnis des Josephus, gesagt wird, Pilatus habe Jesus auf die Anzeige der jüd. Oberen hin gekreuzigt (Jos.ant.Jud. 18,63f). Entscheidend für die Verurteilung Jesu war das nächtliche Verhör im Haus des Hohenpriesters *Kaiphas (Mk 14,53-65). Die innere Logik dieses Verhörs wird von der Weissagung 2Sam 7,12-15 bestimmt, die auch in Qumran auf den Messias gedeutet wurde (4 Q Florilegium). Die Zeugen verklagten Jesus durch das Tempelwort: Er habe gesagt, daß er den Tempel niederreißen und in drei Tagen einen neuen, nicht mit Händen gemachten, aufbauen wolle (Mk 14,56-59). In der Tat kann solch eine Aussage ein indirekter Hinweis auf ein messianisches Sendungsbewußtsein sein. Denn nach 2Sam 7,13 soll der für immer regierende Sohn Davids für Gott ein Haus, einen Tempel, erbauen. Jesus hat aber mit diesem nicht mit Händen gemachten Tempel das lebendige Heiligtum seiner Kirche gemeint (vgl. Mt 16,18). Das wurde aber von den Zeugen im P. ebensowenig richtig verstanden wie das Niederreißen des Jerusalemer Heiligtums, das keinesfalls von Jesus, sondern von den Feinden Israels zerstört werden wird (Mk 13,2). Insofern war das Zeugnis falsch (Mk 14,56) bzw. stimmte nicht überein (Mk 14,59; zur Terminologie vgl. m Sanh 3,6; 5,4). Deshalb ließ der die Verhandlung leitende Hohepriester die Aussage der Zeugen fallen und stellte direkt die Frage, ob Jesus der Messias, der Sohn des Hochgelobten, sei (Mk 14,61). Diese Frage wurde ihm von 2Sam 7,14f nahegelegt. Denn dort wird von Gott gesprochen, er werde dem endzeitlichen Davididen und Erbauer des Gotteshauses ein Vater sein und ihm seine Gnade nicht für immer entziehen; der Messias ist demnach ein Sohn Gottes, der unter dem Schutz seines himmlischen Vaters steht. Wahrscheinlich erwartete der Hohepriester, der Angeklagte werde nunmehr seinen Irrtum einsehen und die entscheidende Frage verneinen. Aber statt dessen sprach Jesus ein eindeutiges Ja: »Ich bin« (der Messias und Gottessohn), gab aber zu verstehen, daß die augenblickliche Lage nicht gegen solch ein Messiasbewußtsein spreche; denn die feierliche Inthronisation des Menschensohns und Weltenrichters, die Gott vor aller Welt vollziehen werde, steht noch aus (Mk 14,62 nach Dan 7,13f und Ps 110,1). Dieses Bekenntnis wertete der Hohepriester als Blasphemie, was er durch das Zerreißen seines Gewandes bekundete (V. 63; vgl. dazu m Sanh 7,5: Die Gotteslästerung ist eines der schlimmsten Vergehen; beim Anhören haben die Richter ihr Gewand einzureißen). Nach dem Urteil der anwesenden Synhedristen war Jesus des Todes schuldig (Mk 14,63f).

3. Warum wurde das Messiasbekenntnis Jesu als Blasphemie verurteilt? In einer paraphrasierenden Wiedergabe der Stelle 5Mo 21,22f, die sich in der Tempelrolle von Qumran befindet (11 Q Miqd 64,6-13), wird angeordnet, daß die Auslieferung des Gottesvolkes Israel an eine fremde Nation mit dem Tod bestraft werden soll: Der Delinquent soll »an das Holz gehängt werden und sterben« (Zeile 6-9). Diese Strafe kommt der von röm. Gerichten gegen Straßenräuber, aufständische Sklaven und Provinzialen, sowie wegen Hochverrats (*perduellio*) verhängten Todesstrafe der Kreuzigung gleich; der hasmonäische König Alexander Jannäus hatte sie gegen

eine große Zahl seiner pharisäischen Gegner angewendet (Jos. bell.Jud. I, 92-97). Die Begründung der Bestrafung des Hochverrats durch das Kreuz konnte wohl deshalb von der Stelle 5Mo 21,22f hergeleitet werden, weil dort der ans Holz Gehängte als ein »Fluch Gottes« (*qilelat' elohim*) bezeichnet wird; diese Wendung kann auch aktivisch, als »Verfluchung, Lästerung Gottes« verstanden werden. Ein falscher Messias, der das Volk Gottes einem heidnischen Volk ausliefert, indem er es zum Aufruhr anstiftet, macht sich nach dieser Deutung von 5Mo 21,23 der Gotteslästerung schuldig und verdient es, mit der Kreuzigung bestraft zu werden. Diese Argumentation muß für den P. vorausgesetzt werden. Nach Joh 19,7 gibt es ein jüd. Gesetz, nach dem Jesus, der sich zu Gottes Sohn machte, sterben muß; mit diesem Gesetz kann nur 5Mo 21,22f gemeint sein. Denn als Todesstrafe wurde für Jesus die Kreuzigung gefordert (Joh 19,15).

4. Da das jüd. Synhedrium kein Todesurteil selbst vollstrecken durfte, weil das *ius gladii* dem röm. Statthalter vorbehalten war (Joh 18,31; vgl. Jos.bell.Jud. 2, 117), mußte Jesus, dessen Schuld am Morgen des 15. Nisan vom versammelten Synhedrium bestätigt worden war, zur Verurteilung und Strafvollstreckung dem röm. Präfekten Pilatus überstellt werden (Mk 15,1). Aber das zu erwartende Urteil der Kreuzigung entsprach auch dem Rechtsempfinden der sadduzäischen Synhedristen. Die von ihnen vor Pilatus erhobene Anklage war nach Lk 23,2 als Aufruhr gegen Rom formuliert: Jesus hetze das Volk auf und hindere es daran, dem Kaiser die Steuer zu zahlen; auch behaupte er, der messianische König zu sein (vgl. Mk 15,3). Pilatus konnte dieser Anklage keinen Glauben schenken (Mk 15,9-14); sein Versuch, Jesus durch das *privilegium paschale* zu retten, mißlang. Denn die Juden, die das Recht hatten, auf das Passafest einen Gefangenen loszubitten (Mk 15,6), entschieden sich für den Aufrührer *Barabbas (Mk 15,7-14). Und da Jesus sich nicht verteidigte und die Frage, ob er der König der Juden sei, bejahte (Mk 15,2.4f), hatte Pilatus kaum eine andere Möglichkeit, als ihn nach röm. Rechtsbrauch als einen *confessus* zu verurteilen. Das Bekenntnis, König der Juden zu sein, mußte als Aufruhr (*seditio, stasis*) bewertet werden, was auch in der Tatsache zum Ausdruck kommt, daß Jesus zusammen mit zwei »Räubern« = Aufrührern gekreuzigt wurde (Mk 15,27). Schuld an der Verurteilung Jesu ist demnach – juristisch betrachtet – das »gute Bekenntnis«, das Jesus vor dem jüd. Gericht und vor Pilatus abgelegt hat (vgl. 1Tim 6,13); theologisch geurteilt, hat Jesus den Entschluß, als Menschensohn sein Leben für die Vielen dahinzugeben (Mk 10,45), bis zum Letzten durchgehalten.

5. Der messianische Charakter des P.es wird auch aus den Berichten von der Verspottung und Mißhandlung des Verurteilten nach dem Verhör vor dem Hohenpriester (Mk 14,65) und der Verurteilung durch Pilatus (Mk 15,16-20) ersichtlich. Ganz eindeutig ist dies bei der Verhöhnung durch die röm. Soldaten, die Jesus einen (königlichen) Purpurmantel umlegten, ihm eine Dornenkrone flochten und dem Judenkönig huldigten (Mk 15,17-19). Aber auch die Mißhandlung durch die Juden ist ähnlich zu verstehen: Jesus wurde geschlagen, nachdem man ihm das Gesicht verhüllt hatte; er sollte dann »weissagen«, wer ihn geschlagen habe (Mk 14,65; Mt 26,69). Dieses rohe Spiel war als eine Prüfung für den angeblichen Messias gedacht, wobei Jes 11,3 zugrundeliegt: Der ideale König und Davidide wird nicht richten nach dem, was seine Augen sehen, noch Urteil sprechen nach dem, was seine Ohren hören. Vielmehr soll er kraft des ihm geschenkten Gottesgeistes die Wahrheit intuitiv erkennen und den Schuldigen bestimmen (vgl. Bar Kosibas Prüfung nach b Sanh 93 b).

6. Nach dem JohEv hatte zuerst ein Verhör vor *Hannas stattgefunden, bei dem Jesus nach seinen Schülern und seiner Lehre gefragt wurde (18,13.19). Der Talmud hat aus dieser Notiz die Verurteilung von fünf namentlich erwähnten Jüngern Jesu durch ein jüd. Gericht herausgesponnen und im Anschluß an seine Darstellung von der Hinrichtung Jesu erzählt (b Sanh 43 a). Das Verhalten der Jünger soll die Irrlehre des Meisters beweisen und dessen Verurteilung rechtfertigen. Das in Joh 18,29-19,11 berichtete eingehende Gespräch Jesu mit Pilatus hat die Messianität Jesu zum Thema (vgl. Mk 14,61f; 15,2). Jedoch wird nun deren Besonderheit offenbart: Jesu Herrschaft ist nicht von dieser Welt (18,36); vielmehr wurde »der Mensch« (Joh 19,5; vgl. Dan 7,13) von Gott gesandt. Im Unterschied zu den Weltreichen, die von unten stammen und deshalb Tod und Chaos bringen (Dan 7,2-7; vgl. Mk 10,42), hat Jesus als König die Aufgabe, die Wahrheit, d.h. die Wirklichkeit Gottes, zu bezeugen (Joh 18,37).

Literatur: O. Betz: Probleme des Prozesses Jesu, ANRW 25,1, S. 566-647; J. Blinzler: Der Prozeß Jesu, [4]1969; D.R. Catchpole: The Trial of Jesus, 1971; K. Kertelge (Hrsg.): Der Prozeß gegen Jesus. Historische Rückfrage und theologische Deutung, 1988.

O.B.

PRÜFUNG s. Versuchung

PSALTER.

I. STELLUNG IN DER BIBEL UND NAME.
In der hebr. Bibel (vgl. *Kanon AT) ist der P. das erste Buch des dritten Teils, der Schriften (*ketūbīm*). Sie sind die Antwort des Volkes Gottes auf sein Handeln in der Geschichte und sein Reden durch die Propheten. In der LXX folgen die Ps auf die Geschichtsbücher und eröffnen die Reihe der poetischen und prophetischen Schriften. In der dt. Bibel erscheinen die Ps unter den sog. Lehrbüchern nach *Hiob an zweiter Stelle. Im Hebr. werden sie *tehillim*, »Lobgesänge«, genannt, eine seltsame Bezeichnung, wenn man bedenkt, daß über die Hälfte Klagen sind. Doch auch mit seiner Klage lobt der Beter Gott, denn er läßt auch im Leid nicht von ihm und ruft ihn an. Die Überschrift »Psalter« ist von der LXX A (Codex Alexandrinus) übernommen. Psalter, ein griech. Wort, bezeichnet den Spieler eines Saiteninstruments und, wie das verwandte *psalterion*, auch das entsprechende Instrument. LXX B (Codex Vaticanus) hat die Überschrift *psalmoi*, »Psalmen«. *Psalmos*, abgeleitet von *psallō*, »zupfen, rupfen«, ist das auf dem Saiteninstrument gespielte Stück oder das dazu gesungene Lied. Die Ps sind nicht dogmatische Abhandlungen, sondern Gedichte, die gebetet oder als Gebete gesungen werden wollen.

II. BEDEUTUNG.
Die Bedeutung der Ps ist kaum zu überschätzen. Die Glaubenserfahrung des Volkes Gottes wie des einzelnen Frommen bündelt sich in ihnen wie Licht im Brennglas. Der P. war das Gesangbuch des Zweiten Tempels und blieb das Gebetbuch der Synagoge. Der fromme Jude lebte damit in den unterschiedlichsten Lebenssituationen (vgl. Apg 16,25). Die apostol. Kirche benutzte ihn als Gebetbuch (Apg 4,25; Kol 3,16) und fand in ihm die Deutung des Leidens und der Auferstehung Christi (Lk 24,27; Apg 2,25f). Das Stundengebet der Klöster war Psalmgebet. Nach der benediktinischen Regel wurde der P. jede Woche durchgebetet. Die Liturgie nährte sich durch die Jh. aus dem P. in den festen und wechselnden Stücken. Das Kirchenlied, aber auch die neuen Lieder greifen ständig auf den P. zurück, und viele Christen beten täglich Ps. So verbindet der P. das Volk Gottes durch die Zeiten, in den verschiedenen Ländern und Denominationen. Warum das so ist, hat Luther in der Vorrede zum P. von 1528 erklärt. Er schreibt, daß der P. Christi Reich »und der ganzen Christenheit Stand und Wesen vorbildet, daß er wohl möchte eine kleine Biblia heißen, darin alles aufs schönste und kürzeste, wie in der ganzen Biblia steht, . . ., daß mich dünkt, der Heilige Geist habe selbst wollen die Mühe auf sich nehmen und ein . . .Exempelbuch von der ganzen Christenheit. . . zusammenbringen, auf daß, wer die Biblia nicht lesen könnte, hätte hierin doch fast die ganze Summa. . . . Da siehest du allen Heiligen ins Herz . . . das Allerbeste [ist], daß sie solche Worte gegenüber Gott und mit Gott reden, welches macht, daß zweifältiger Ernst und Leben in den Worten sind. . . . Daher kommt's, daß der Psalter aller Heiligen Büchlein ist, und ein jeder . . . Worte drinnen findet, die sich auf seine Sache reimen . . . als wären sie allein um seinetwillen also gesetzt«.

III. SAMMLUNG UND ENTSTEHUNG.
Wellhausen erklärte: »Die Frage ist nicht, wieviel vorexilische Psalmen es gibt, sondern ob es überhaupt vorexilische Psalmen gibt« (s. K. Galling: RGG^3 III, 689-691). Diese Sicht wird kaum noch vertreten. Die in Ras Schamra (*Ugarit) gefundenen Texte zeigen, daß die dichterischen Sprachformen der Ps schon eine lange Tradition hatten, als Israel in die Geschichte eintrat. Die Lieder *Moses (2Mo 15; 5Mo 32) und *Deboras (Ri 5) haben mancherlei Vorbilder in der außerisraelit. semit. Literatur. Zum Gottesdienst gehören von Anfang an die Musik und das Lied, das Gott lobt (2Mo 15,20f). So ist es keineswegs unwahrscheinlich, daß Ps auf Mose zurückgehen (Ps 90), auch wenn sie im Laufe der Zeit wie andere Ps dem Sprachwandel unterlagen. Mit dem Bau des Tempels kam es zu einem Aufbruch musikalischen und dichterischen Schaffens. Der eigentliche Ort der Pflege und Sammlung israelit. Liedgutes war der Tempel (vgl. Jes 30,29, Am 5,23; s. H.J. Kraus: Bd. 1, S. 77). Dort gab es Sängergilden wie die Korachiten (Ps 42-49; 84f; 87f) und Gesangsmeister wie *Asaf (Ps 50, 73-83). Es gibt keinen einsichtigen Grund, *David die Befähigung zum Psalmdichten abzusprechen, nur weil er ein Kriegsmann war. Im Altertum treten Heerführer öfter als Dichter und Sänger auf (s. die Texte aus Ras Schamra/Ugarit; Agamemnon). David wird als Musiker am Hof eingeführt (1Sam 16,14ff) und dichtet Klagelieder (2Sam 1,17ff; 3,33f). Es ist nicht einzusehen, warum 2Sam 22 (vgl. Ps 18) und 23,1-7 nicht auf David zurückgehen sollen. Noch zu Zeiten des *Amos ist im Nordreich (!) die Tradition über den Dichter und Musiker David lebendig (Am 6,5). Wenn 73 Ps die Bezeichnung *ledāwid* tragen, lassen sich diese David nicht einfach absprechen. Auch wenn die Präposition »*l*« als Widmung (für David bzw. den König) oder Registraturanweisung verstanden werden kann, ist die

Psalmenrolle (»Loblieder«) IQH, gefunden in der 1. Höhle von Qumran. Starke Anklänge an die biblischen Psalmen sind auffällig. 1. Jh. n. Chr. (vor 68 n. Chr.) (ELS)

ursprüngliche Bedeutung in diesem Zusammenhang wohl die Herkunftsbezeichnung: von David. Die letzten in den P. aufgenommenen Ps entstanden im Exil (Ps 137; 79; 89; 102) oder kurz danach (Ps 126). Doch hört die Psalm-Dichtung damit nicht auf, wie die pseudepigraphischen Ps Salomos aus der Zeit um 50 v.Chr. oder das in *Qumran gefundene Buch *Hodajot* (Loblieder) bezeugen. *Lob und *Klage sind die Urformen des Gebets, und in seiner ganzen Geschichte hat Israel das Lob Gottes und seine Klage in Ps gefaßt. Dafür sprechen auch die Ps außerhalb des P.s, wie das Loblied der *Hanna (1Sam 2,1ff), die Klage *Hiskias (Jes 38,10ff), das Gebet *Habakuks (Hab 3,1ff) oder die Klage *Jonas (Jona 2,2ff), bis zum Lobgesang der *Maria und des *Zacharias im NT (Lk 1,46ff.67ff).

Der P. erhielt sicher erst in nachexilischer Zeit seine heutige Gestalt. Voraus gingen verschiedene kleinere Sammlungen, die heute noch erkennbar sind und »vielleicht schon unter der Regierung Davids oder wenig später, also im 10. Jahrhundert v.Chr. veranstaltet worden« sind (C. Barth, S. 9). Solche Einzelsammlungen waren etwa die Jahwepsalmen Davids (Ps 3-41: Gottesname Jahwe), die elohistischen Davidspsalmen (Ps 51-72: Gottesname Elohim; Ps 72,20 mutet wie ein Nachwort dazu an) und die abschließenden Davidspsalmen (Ps 138-145); aber auch die Asafpsalmen (Ps 73-83), die Jahwekönigspsalmen (Ps 93-99 plus Ps 100 als Abschluß) oder die »Wallfahrtspsalmen« (Ps 120-134) können Einzelsammlungen gewesen sein. Daß verschiedene Ps ganz oder teilweise an verschiedenen Stellen erscheinen, spricht für frühere Einzelsammlungen (vgl. Ps 14 und 53; 40,13-17 und 70; 57,7-11 und 60,6-13 ergeben Ps 108). Vielleicht waren auch die sog. elohistischen Ps 42-83 einmal eine eigene Kollektion. Bei der abschließenden Ordnung – die Entstehung des Psalterbuches hat wenigstens 6 Jh. gedauert (C. Barth, S. 10) – teilte man den Ps. in 5 Bücher ein: Ps 1-41; 42-72; 73-89; 90-106; 107-150. Jedes schließt mit einem Gotteslob. Wie Ps 1 als Einladung zum guten Leben mit der Tora und Ps 2 mit der Ermahnung zum Gehorsam gegen Gottes König das Eingangstor bilden, so sind Ps 146-150 mit dem ständig wiederholten Halleluja, »gelobt sei Gott«, das große Finale, in das die gesamte Schöpfung einstimmt. Die Einteilung in fünf Bücher kann als Hilfe für die Lesung in Tempel oder Synagoge gedacht gewesen sein. Wahrscheinlicher wollen sie daran erinnern, daß der P. die fünfstimmige Antwort der Gemeinde auf Gottes Wort in den fünf Büchern Mose ist.

IV. EINTEILUNG UND GRUPPIERUNGEN DES PSALTERS.

Im Überblick bietet sich folgendes Bild über den Aufbau des P.s:

Buch I: Psalm 1-41.
Ps 1: Einladung zum guten Leben mit der Tora;
Ps 2: Mahnung zum Gehorsam gegen den König (zum Glauben an den Messias);
Ps 3-41: Jahwepsalmen Davids;
Nur Ps 33 ist ohne Überschrift.
Es handelt sich fast nur um Ps eines Einzelnen, vorwiegend Klagen (keine Klagen des Volkes). Eine ältere Sammlung trifft sich mit neuerer Einteilung.

Buch II: Psalm 42-72.
42-49: Korachpsalmen;
42: Psalmen eines einzelnen;
43-48: Gemeinschaftspsalmen;
49: Psalmen eines einzelnen;
(42-49: vorwiegend Klagepsalmen)
51-72: Elohistische Davidspsalmen, fast nur Ps des einzelnen.

Buch III: Psalm 73-89.
73-83: Asafpsalmen;
73: Psalm eines einzelnen;
74-82: Gemeinschaftspsalmen;
83: Psalm eines einzelnen;
(73-83: vorwiegend Klagepsalmen)
84-88: Korachpsalmen, in der Mehrzahl Gemeinschaftspsalmen;
86: Davidspsalm;
89: Königspsalm (von Etan);
(42-89: elohistische Psalmen)

Buch IV: Psalm 90-106.
93-100: Jahwekönigspsalmen;
101-103: Davidspsalmen;
104-106: Hallelujapsalmen;

Buch V. Psalm 107-150.
108-110: Davidspsalmen;
111-117: Hallelujapsalmen;
120-134: Wallfahrtspsalmen;
135: Hallelujapsalm;
138-145: Davidspsalmen;
146-150: Hallelujapsalmen.

Zum elohistischen P.:
Ps 42-89: 200 mal Elohim;
43 mal Jahwe; Rest des P.s: 29 mal Elohim;
642 mal Jahwe; zu Hallelujapsalmen:
Halleluja einleitend: Ps 111 und 112; abschließend: Ps 104; 105; 114; 115; 133; rahmend: Ps 106; 113; 117; 146-150.

V. FACHAUSDRÜCKE IM PSALTER.

Sie beziehen sich auf Liedgattung, Vortragstechnik, Melodie oder musikalische Begleitung. Dazu kommen Sammlungsbegriffe, historische Notizen oder Gebrauchsanweisungen. Schon den Übersetzern der LXX im 2. Jh.v.Chr. waren sie z.T. unverständlich. Die Übersetzung muß daher unsicher bleiben.

1. Sammlungsbegriffe:

schīr – »Lied«; Ps 30; 48; 65-68; 75f u.ö. Am 5,23 in Verbindung mit einem Musikinstrument. Ps 137 u.ö. in Zusammenhang mit *Zion gebraucht (vgl. 1Chr 6,16). Es könnten Lieder sein, die ursprünglich mit Musikbegleitung im Tempel auf dem Zion gesungen wurden.

mismōr – LÜ übersetzt grundsätzlich »Psalm«. Von der Wurzel *sāmar,* »rupfen, zupfen«. Vielleicht ein nicht an den Tempel gebundenes, mit Zupfinstrument vorgetragenes Lied.

schīr hamma'lōt – LÜ: »Lied im höheren Chor«; »Wallfahrtslied«. Bedeutungsmöglichkeiten: Reiselied heimkehrender Exulanten (vgl. Esr 2,1; 7,9); Lied auf den Stufen des Altars (*maʿalōt*, »Stufen, Aufstieg«); Pilger- oder Wallfahrerlied (Ps 120-134).

miktām – Ps 16; 56-60. LÜ: »Ein güldenes Kleinod«. Vom Stamm *katām*, »unauslöschbar sein«. Womöglich soll der P ein Geschehen unauslöschbar festhalten.

maskīl – Ps 32; 42; 44f; 52-55 u.ö. LÜ: »Unterweisung«. Stamm *sākal*, »klug oder kunstfertig sein«. Vielleicht handelt es sich hier um ein kunstreiches oder Einsicht bewirkendes Gedicht.

tephillāh – Ps 17; 86; 90; 102; 142; Hiob 3,1. LÜ: »Gebet«. Vom Stamm *pālah*, »klagen«; ein Wort für Bitte, Gebet, Fürbitte.

2. Musikalische Regieanweisungen.

Schwierigkeiten bestehen hier, da über die Musik Altisraels wenig bekannt ist.

bingīnōt – Ps 4; 6; 54; 55; u.ö. LÜ: »Zum Saitenspiel«. Vom Stamm *nāgan*, »die Saiten berühren«. So wird das Spielen Davids vor *Saul beschrieben (1Sam 16,16ff; 18,10; 19,9), bei *Elisa (2Kön 3,15), und bei Prozessionen (Ps 33,3; 68,26).

ʾäl-hannechīlōt – Ps 5; 61. LÜ: »Zum Flötenspiel«. Hebr. *nachalāh*, »Erbe«, könnte eine Melodieangabe sein (nach der Melodie: Das Erbe). *ʿalmāchalat* – Ps 53; 88. LÜ: »Zum Reigentanz«. Die LXX versteht den Ausdruck schon nicht mehr. Vom Stamm *chālah*, »schwach, krank sein, besänftigen«. Möglicherweise ist eine Melodieangabe gemeint: Nach der Besänftigenden.

sälāh – in 39 Ps kommt dieser Begriff 71 mal vor. Die LXX übersetzt: *diapsalma*, »Zwischenspiel«. Der Sinn ist ungewiß. Ableitungsmöglichkeiten wären: Von *sālal*, »erheben«, »das Auge erheben«, d.h. der Blick wandert zurück; eine Wiederholung ähnlich dem da capo. Oder »die Stimme erheben«, d.h. eine höhere Tonlage; oder: »man erhebe sich«, der Chor steht auf zur Anbetung.

3. Kultisch-liturgische Anweisungen.

lehaskīr – Ps 38; 71. LÜ: »Zum Gedenkopfer«. Vom Stamm *sākar*, »gedenken, erinnern«. Womöglich war zu diesem Ps ein Weihrauchopfer darzubringen oder trat er an dessen Stelle.

lamnazeach – insgesamt 55 mal, u.a. Ps 5; 6; 8; 9; LÜ: »Vorzusingen«. Vom Stamm *nāzach*, »hervorragen, leiten«. Möglicher Sinn: Für den Konzertmeister oder Chorleiter, oder als Widmung an den König verstanden.

līdītūn – Ps 39; 62; 77; vgl. 1Chr 9,16; 16,38. Hier ist wohl auf einen Namen Bezug genommen – evtl. von *Jedutun?

Ganz anderer Art ist die Anweisung Ps 102,1: »Ein Gebet für den Elenden, wenn er verzagt ist und seine Klage vor dem Herrn ausschüttet.« Sie läßt erkennen, daß Ps als Gebetshilfen für Menschen dienten, die ihr Anliegen vor Gott nicht in eigene Worte fassen konnten.

4. Melodien und Singweisen.

Wie heutige Komponisten oder Liedermacher griffen Psalmdichter und -sänger auf bekannte Volksweisen zurück.

- Ps 56: Eine Taube der Stummheit unter Fernen.
- Ps 22: Hinde der Morgenröte bzw. Die Hirschkuh, die früh gejagt wird.
- Ps 41; 69, 60; 80: Lilien.
- Ps 57; 58; 75: Laß es nicht verderben, oder: Vertilge nicht.
- Ps 8; 81; 84: Nach der gittischen (Volksname) oder Kelterweise.
- Ps 9,1 u.ö.: Jungfrauenweise, oder: Schöne Jugend.
- Ps. 6; 12: Auf acht (oder der achten) Saite(n) (hohe Tonlage?).

5. Bedeutung dieser Anweisungen.

Sie lassen erkennen, daß die Ps, auch wo sie als Gebet oder Dichtung eines Einzelnen entstanden, Gebetsgut des Volkes waren, im Gottesdienst und bei anderen Anlässen öffentlich gebetet, gesungen oder unter Musikbegleitung vorgetragen wurden. Hier begegnen die Frömmigkeit und der Glaube des ganzen Volkes Gottes.

6. Herkunft der Anweisungen.

Man wollte in ihnen späte Hinzufügungen sehen (Westermann und Kraus). Dabei wird übersehen, daß schon die Übersetzer der LXX sie z.T. nicht mehr verstanden. Das spricht für hohes Alter. Zudem bestehen zwischen diesen Anweisungen und Angaben im chronistischen Geschichtswerk manche Verbindungen. Das chronistische Geschichtswerk enthält alte Überlieferungen levitischer Kreise, die für vokale und instrumentale Tempelmusik zuständig waren. Auch das spricht dafür, daß diese Angaben in frühe Zeiten zurückreichen.

7. Historisierende Angaben.

Eine Anzahl Ps sind einer bestimmten historischen Situation zugeordnet, etwa Ps 18,1; 34,1; 51,2; 52,2 u.ö. Da diese Situationsangaben nur bei wenigen Ps erscheinen, lassen sie sich nicht einfach als Gewohnheit einer späteren Zeit erklären. Vielmehr sollten sie bei der Auslegung als eigentlicher historischer Hintergrund ernstlich beachtet werden (s. dazu Delitzsch, S. 7*.17). Bei Ps 30,1 ergibt sich eine Schwierigkeit: »Ein Psalm Davids, ein Lied zur Einweihung des Tempels«. David hat den Tempelbau nicht erlebt. Doch er plante den Bau. Es ist möglich, daß er im Blick auf die Einweihung einen Ps schrieb.

VI. RELIGIONSGESCHICHTLICHE EINORDNUNG DER PSALMEN.

Die Ps Israels sind keine isolierte Erscheinung in der Literatur des Alten Orients. In den Kulturen der Umwelt, ob in *Ägypten, *Babylon, *Syrien oder *Kanaan finden sich nicht nur die wesentlichen Psalmgattungen wie Dank, Klage, Lied für den König, Weisheitslied usw. Auch die entsprechenden poetischen Formen wie Parallelismen, Rhythmen, Wechselgesang oder Akrostik sind schon lange vor Israels Erscheinen bekannt gewesen. Auch im polytheistischen Umfeld hatten die Ps im Kult, der auch persönliche Frömmigkeit zuließ, ihren Sitz im Leben. Es läßt sich schwerlich leugnen, daß Israel die formalen Gestaltungsmittel von seinen Nachbarn übernahm (vgl. *Dichtung).

Inhaltlich sind indes wesentliche Unterschiede festzustellen. Alle polytheistischen und mythischen Elemente wurden abgestreift. In den Königspsalmen ist der König nicht vergottet noch der mythische Repräsentant der Gottheit. Der Versuch des norwegischen Wissenschaftlers S. Mowinckel (und der mit ihm verbundenen sog. Myth and Ritual School, deren Anhänger bes. in Skandinavien und England beheimatet waren), die Ps mehr oder weniger umfassend mit einem Kultdrama zu verbinden, das vom babylon. Neujahrsfest abgeleitet war, ist gescheitert. Seine Anregungen wurden im dt. Sprachraum von A. Weiser weitergeführt, der die Ps vor allem vom Bundeserneuerungsfest her zu verstehen versucht (5Mo 31,7ff, s. ATD Bd. 14/I, ^{8}1973, S. 22ff), während H.-J. Kraus meint, viele Ps seien von einem von ihm rekonstruierten Königs-Zions-Fest her zu verstehen. Es ist wohl nicht möglich, die Ps einem einzigen Fest oder kultischen Ereignis zuzuordnen; überliefert wurden viele Ps sicher im Rahmen des Tempelgottesdienstes. Entscheidend ist, daß Israels Ps ganz von der geschichtlichen und persönlichen Erfahrung mit Jahwe, dem Gott Israels, bestimmt sind. Er ist der Gott, der Himmel und Erde gemacht hat (Ps 121,2 u.ö.) und Israels Hilfe ist.

C. Westermann hat herausgearbeitet, daß es bei allen formalen Ähnlichkeiten in den babylon. Ps keine den Lobpsalmen des Einzelnen vergleichbare Gattung gibt. Die babylon. Ps kennen weder die gattungsgemäße Scheidung zwischen Lob- und Klagepsalmen noch begegnet der imperativische Lobruf. Das Lob, dessen Schwerpunkt nicht auf dem liegt, was die Götter an den Menschen getan haben, sondern auf dem, was sich zwischen den Göttern abspielte, nimmt zwar breiteren Raum ein als im AT, steht aber grundsätzlich im Dienst der Bitte. Das berichtende Lob, das auf ein einmaliges, rettendes Eingreifen Gottes zurücksieht, gibt es fast gar nicht. Hier liegt ein Proprium israelit. Glaubenserfahrung vor, daß nämlich der Gott Israels der Gott ist, der aus der Not errettet, was sich im Gebet Ausdruck verschafft. Dieser Gott wird nicht nur unter den Göttern gepriesen, sondern das die Rettung Gottes berichtende Lob ist ein öffentliches Bekenntnis zu ihm. Es hat eine missionarische Absicht: Andere sollen durch dieses Zeugnis zum Glauben gerufen werden (vgl. z.B. Ps 40: auf die Beschreibung der Not und den Bericht der Errettung, V, 1-5, folgt die Verkündigung in der Gemeinde, V. 6ff; vgl. Ps 22; 34; 116; 118; u.ö.).

VII. PSALTERAUSLEGUNG.

Eine ausführliche Besprechung bietet Delitzsch (S. 39-52). Durch die Jh. diente der P. der christl. Theologie und Gemeinde vor allem als christologischer Weissagungsbeweis und als Gebetbuch. Die wissenschaftliche Erforschung im strengen Sinn begann im ausgehenden 18. Jh.. J.G. Herder las die Ps als rel. Lyrik unter den Gesichtspunkten der Stimmungsunterscheidung, der Seelentätigkeit und der Frömmigkeitstypen. Bei W.M.L. de Wettes Psalmenkommentar (1811; ^{4}1836) dominiert die grammatikalische Untersuchung, doch es fehlt das theologische Empfinden. Die Ps sind ihm Nationallieder mit teilweise stark betonter patriotischer Gesinnung. J. Wellhausen und B. Duhm beurteilen gegen Ende des 19. Jh. die Ps als geringwertige Literatur der *Makkabäerzeit. E.W. Hengstenberg strebte eine grammatisch-historische Auslegung der Ps an und wollte vor allem der kirchlichen Verkündigung dienen, wozu er auch aus dem Erbe Luthers und Calvins schöpfte. F. Delitzsch möchte in seinem Psalmen-kommentar die Ps im Sinn desjenigen verstehen, der sie inspiriert hat. Dem dient die gewissenhafte philologisch-historische Exegese, bei der verwandte semit. Sprachen herangezogen werden. Vor allem ist der gesamtbibl., heilsgeschichtliche Bezug der Ps zu beachten. Nur vom NT her sind sie, wie Jesus selbst dargetan hat (Lk 24,44f), recht zu verstehen. Als Vater der modernen Psalmenforschung kann man H. Gunkel bezeichnen (Die Psalmen, 1913). Er will sie als hebr. Dichtung verstehen und ihrem rel. Geist gerecht werden. Als Dichtungen muß man sie nach den Gesetzen ihrer eigenen Art verstehen. Gunkel löst das Rätsel der eigenartigen Formelhaftigkeit vieler Ps, indem er darauf hinweist, daß die überindividuelle Gattung wichtiger ist als die individuelle Erfahrung, die in ihr Ausdruck findet. Damit ist der Anfang der Gattungsforschung gesetzt. In seinen minutiösen Einzeluntersuchungen leiten ihn folgende Grundsätze: a. Es dürfen nur solche Gedichte zu einer Gattung zusammengefaßt werden, die zu einer bestimmten Gelegenheit im Kultus gehören; der kultische Anlaß ist möglichst genau zu rekonstruieren. b. Sie müssen einen gemeinsamen Schatz an Gedanken und Stimmungen aufweisen. c. Es muß eine gemeinsame Formensprache vorhanden sein. Dazu kommt bei Gunkel ein starkes ästhetisch-emotionales Element. Er will die Ps von innen her hören: »Es müssen Stunden des Erlebens geschenkt werden, da die eigene Seele die Vergangenheit berührt, da die Melodien der Vorwelt, längst vom Sturm der Geschichte verweht, deutlicher und lauter zu erklingen beginnen, bis sie im Herzen des Gegenwärtigen wieder in alter Kraft und Schönheit ertönen.« Gunkel geht davon aus, daß am Anfang die reine Form steht. Gattungsmischungen deuten auf Spätzeit. Durch diese Hypothese kam es in der zeitl. Einordnung zu mancherlei Ungereimtheiten und auch zu manchen verwegenen Textrekonstruktionen. Die »reine Gattung« in der von Gunkel gewünschten Gestalt gab es wohl nie. Durch die universelle Gattung wurde die Person des Dichters nicht ausgelöscht. Er brachte seinen Glauben in diese Form ein, verdichtete ihn dadurch und machte ihn für die Gemeinde nachsprechbar und nachvollziehbar. Es ist zudem nicht möglich, für jeden Ps die kultische Situation oder den genauen Sitz im Leben zu rekonstruieren. Wenn für das Verständnis eines Ps die historische Situation wichtig ist, dann sollte man jedenfalls auch den mannigfachen Psalmüberschriften mit geziemendem Respekt begegnen, wie es schon Delitzsch forderte (S. 7*; 17).

Allg. durchgesetzt hat sich die Erkenntnis, daß den Ps weithin gewisse Gattungen zugrunde liegen. Von den Exegeten werden die Gattungen wieder unterschiedlich bestimmt und benannt. Man unterscheidet heute: die berichtenden Lobpsalmen des Einzelnen (Ps 9; 18; 30; 40; 116 etc.), die beschreibenden Lobpsalmen (Ps 8; 19; 29; 104 etc.; Beschreibung von Gottes Wesen und Tun in Geschichte und Schöpfung); Klagepsalmen des Einzelnen (Ps 3-7; 10-14; 51-59 etc. – mit etwa 50 Ps die am häufigsten begegnende Gattung); Klagepsalmen des Volkes (Ps 44; 74; 79 etc. – eine relativ kleine Zahl). Weisheits-, Schöpfungs-, Geschichts-, Königs-, Königs-Jahwe-, Torapsalmen etc. bilden literarisch gesehen eigentlich keine bestimmte Gattung, denn sie haben zwar jeweils ein gemeinsames Thema, aber keine gemeinsame literarische Form.

Durch die starke Betonung der Gattungsforschung ist die Untersuchung der Strophik und Rhythmik sowie die der anderen poetischen Mittel zurückgedrängt worden.

Bei der Psalmauslegung ist neben der philologischen Erhebung des Wortsinnes und der historisch-gattungsmäßigen Einordnung vor allem die gesamtbibl., heilsgeschichtliche Perspektive zu beachten. Eine Auslegung, die den rel. Anliegen und Glaubenserfahrungen der Psalmdichter verständnislos gegenübersteht, wird auch ihr Anliegen nicht erfassen.

VIII. DICHTUNG UND PERSÖNLICHE ERFAHRUNG IN DEN PSALMEN.

Die Ps sind nicht spontane Gebete oder Privatdichtungen, sondern in ihrer heutigen Gestalt schriftstellerische Kompositionen. So sind die Ps strikt metrisch aufgebaut, wobei uns die Regeln der hebr. Metrik keineswegs durchgehend bekannt sind; sie benutzen Mittel der Mnemotechnik, bedienen sich in großer Vielfalt des parallelismus membrorum, setzen etwa wie in Ps 42; 43; 46 Kehrverse ein, bedienen sich vorgegebener Gattungen usw. Ein bes. Stilmittel ist die Akrostik, wobei jeder Zeilenanfang (so in Ps 25; 34; 145), jeder zweite Zeilenanfang (Ps 9; 10; 37), jeder Halbvers (Ps 111; 112) oder jeder 8. Vers (Ps 119) mit dem nächsten Buchstaben des hebr. Alphabets beginnt.

Zugleich spürt man vielen Ps ab, daß hinter ihnen das persönliche Erleben und Beten steht (Ps 22; 23; 26; 32; 34; 51 u.a.). Dennoch läßt sich die konkrete Situation des Beters meist nur schwer erfassen, da Not und Hilfe so stereotypisch umschrieben sind, daß auch andere sich damit identifizieren können.

Diese zunächst widersprüchliche Beobachtung läßt sich aufklären, wenn man fragt, wie einzelne Ps entstanden sind. Sie sind weder ausschließlich Privatdichtungen noch exklusiv priesterliche oder levitische Kultdichtungen. Bei vielen Ps Einzelner wird davon auszugehen sein, daß Priester und Erretteter die entsprechenden Lieder formten und sich dabei vorgegebener Formulierungen und Stilmittel bedienten. Oft gingen Notleidende ins Heiligtum, um vor Gott ihr Herz auszuschütten (1Sam 1,9ff; Ps 73,17). Oder nach der erfahrenen Errettung feierte man ein Lobopfermahl (3Mo 7,12ff; vgl. Ps 22,23.26f mit dem Hinweis auf das Essen und Ps 116,13 mit dem Hinweis auf das Trinken beim Mahl) im Heiligtum im Freundeskreis, bei dem man erzählte, was einem widerfahren war (Ps 40,6; 66,16ff; 116,13-19). Dieses Zeugnis konnte dann verdichtet bzw. komprimiert für andere aufgeschrieben werden (Ps 40,8; s. dazu H.-J. Kraus, Bd. 1, S. 73-77 und H. Gese, Zur biblischen Theologie, ^{2}1983, S. 118ff).

Die Erfahrung des Einzelnen mit Gott ist

nicht Privatsache. Durch sie soll das ganze Volk Gottes zum Glauben ermutigt werden. Deshalb wird sie für nachfolgende Geschlechter aufgezeichnet, um so ein Gedächtnis der Wundertaten Gottes zu stiften (Ps 111,4ff). Der Herr »wendet sich zum Gebet der Verlassenen und verschmäht ihr Gebet nicht. Das werde geschrieben für die Nachkommen; und das Volk, das er schafft, wird den Herrn loben« (Ps 102,18f). Was für das Erleben einzelner gilt, das gilt auch für die Geschichte des ganzen Volkes: Was man von den Vätern gehört hat, muß dem kommenden Geschlecht weitererzählt werden, »daß sie setzten auf Gott ihre Hoffnung« (Ps 78,1-11). Damit das Weitersagen leichter fällt, entstehen Geschichtspsalmen wie Ps 78; 105; 106. Wie man sich den Vorgang vorzustellen hat, machen die Eingangsverse von Ps 78 deutlich, wo erzählt wird, wie ein Weiser im Dorf die junge Generation um sich sammelt. Königspsalmen wie Ps 2; 45; 72; 110 wurden vermutlich zu bes. Anlässen gedichtet, vorgetragen und aufgeschrieben. Gott hat sich in Schöpfung und Geschichte, in der Tora und dem Weisheitswort, in Not und Errettung bezeugt, und zur Weitergabe wurde dieses Zeugnis in gebundene Sprache, d.h. in Lied- und Gedichtform gefaßt und früher oder später aufgeschrieben. Das grundsätzliche Verständnis dieses Vorgangs reicht in die Zeit Moses zurück (vgl. 2Mo 17,14 und 5Mo 31,19): »So schreibt euch nun dies Lied auf und lehrt es die Kinder Israel und legt es in ihren Mund, daß mir das Lied ein Zeuge sei unter den Kindern Israel«.

IX. THEOLOGIE DER PSALMEN.

Es ist unangemessen, von einer Theologie des P.s zu reden. »Der Psalter schließt. . .Dichtungen aus beinahe einem ganzen Jahrtausend in sich« (H.-J. Kraus: Bd. I, S. 77) sowie aus den unterschiedlichsten Lebenskreisen. So trifft sich hier die ganze Theologie des AT mit ihrer Einheitlichkeit und Vielgestaltigkeit. Kaum ein Thema wird ausgelassen: die Schöpfung in ihrer Fülle (Ps 29; 104) oder der Mensch (Ps 8); Gottes Heiligkeit oder das Meerwunder (Ps 99; 66); die Erwählung des Zion (Ps 46; 48; 132) oder der Zionskönig (Ps 2; 45; 72; 110); das Leiden des Gerechten (Ps 22; 73) oder das alltägliche Leben und die Arbeit (Ps 128). Nirgends steht in Frage, daß Jahwe, der Gott Israels, allmächtig ist und sich zugleich herabneigt zu den Armen und Geringen (Ps 62,10-13; 66,7.16-20; 146). Gottesherrschaft und Gottesgemeinschaft ist das Grundthema nicht nur des P.s, sondern des ganzen AT. Es ist der eine Gott, der in den Werken der Schöpfung und in der *Tora redet (Ps 19), der sich mächtig erweist im natürlichen und geschichtlichen Bereich und auch dem einzelnen darreicht, was er bedarf (Ps 136). Im folgenden sollen nur einige Fragen näher bedacht werden.

1. Die persönliche Frömmigkeit und das Glaubensleben in Israel begegnen nirgends so klar wie im P. Das Leben mit der Tora führte gerade nicht zu einer toten Gesetzlichkeit, noch verleitete der Kult zu einem toten Liturgismus. Im Gegensatz zu dem, was im Pharisäismus ntl. Zeit und in Mißständen bei den Schriftpropheten erscheint, stößt man hier auf ein durch Tora, Tempeldienst und *Weisheit geformtes, inniges Glaubensleben, dem man den Herzschlag der persönlichen Gottesbeziehung in Glück und Leid abspürt (z.B. Ps 23; 42; 62). Das führt dennoch nicht zu einem frommen Egoismus, sondern aus der eigenen Gotteserfahrung heraus wird immer wieder an das ganze Volk Gottes gedacht (s. z.B. Ps 130,8; 131,3).

2. Die universelle Weite des Glaubens Israels zeigt sich auf unterschiedliche Weise. Die Jahwekönigspsalmen (Ps 93-100) betonen die schöpferische Allmacht Gottes, seine Herrschaft und sein Gericht über alle Völker, das weltumfassende Kundwerden seines Heils. Die Königspsalmen (Ps 2; 72; 110) beschreiben die universelle Herrschaft des Zionskönigs, der Gottes Herrschaftsauftrag in Recht und Gerechtigkeit ausübt und sein Friedensreich aufrichtet. Schöpfungspsalmen (Ps 8; 19; 29; 104 u.a.) loben Gott, der sich in seiner ganzen Schöpfung herrlich erweist und sie erhält. In einem Erntedankpsalm wie Ps 67 wird daran erinnert, daß Gott allen Völkern darreicht, was sie zum Leben brauchen. Der Gott, der Israel zum »Volk seiner Weide und zu Schafe(n) seiner Hand« gemacht hat, ist immer auch der »große König über alle Götter« und Mächte (Ps 95,3.7). So sind die Psalmen eine wesentliche Quelle für die bibl. Theologie der Mission.

3. Auferstehung und ewiges Leben erscheinen im P. nicht in der vom NT her bekannten Ausprägung. Zwar weiß man darum, daß Gottes Hand auch in das Totenreich reicht (139,8), daß er die Menschen sterben läßt (Ps 90,3), und der Tod keine Gott ebenbürtige Macht ist. Doch zu der Erkenntnis, daß Gott die Seinen auch im Vergehen hält (Ps 73,23ff), aus des Todes Gewalt erlöst (Ps 49,16) und seine Heiligen nicht dem Tode überläßt (Ps 16,9f; 17,15), kommt es nur durch große Anfechtung hindurch. Die Anfechtung hat ihren Grund gerade darin, daß man in den P. Gottes Recht schaffendes und richtendes Handeln grundsätzlich in diesem Leben auf dieser Erde erwartet. Wo dem Beter Gottes Hilfe aus der Todesnot zuteil wird, wobei auch eine schwere Erkrankung schon als Ausgeliefertsein an

den Tod erfahren wird, kann er aus seiner Erfahrung Hoffnung für die ganze Welt schöpfen. Der Gott, der ihn aus dem Tod erlöste, kann auch alle Welt dem Tod entreißen: »Es werden gedenken und sich zum Herrn bekehren aller Welt Enden ... Denn des Herrn ist das Reich ... Ihn allein werden anbeten alle, die in der Erde schlafen; vor ihm werden die Knie beugen alle, die zum Staube hinabfuhren und ihr Leben nicht konnten erhalten ... Denn er hat's getan« (Ps 22,26-32).

4. Die plötzliche Wende in den Klagepsalmen von der Klage zur Erhörungsgewißheit läßt fragen, wie es dazu kommt. Typisch dafür ist etwa Ps 22,22. Eben noch erklang die Klage. Völlig unvorbereitet erklingt das »Du hast mich erhört«, und das Lob setzt ein. Drei Lösungen bieten sich an, ohne daß man einer den absoluten Vorzug geben könnte:

a. Dem Beter ist durch einen Propheten oder Priester Gottes Hilfe zugesichert worden. Diese Zusicherung genügt ihm.

b. Die Hilfe ist tatsächlich unvorbereitet und wunderbar hereingebrochen.

c. Im Rückblick beim Erzählen anläßlich des Lobopfermahles, das Ps 22 als Sitz im Leben voraussetzt (s. V. 23.26f), wird, was sich über längere Zeit vollzog, als plötzlicher Umschwung gesehen. Gleich wie es dazu kam, wesentlich ist die Erkenntnis, daß Gott das Schreien seines Knechtes gehört hat (V. 22.25).

5. Die sog. »Rachepsalmen« stellen ein bes. Problem für den Psalmbeter dar (s. Ps 35,1-8; 59,6ff; 69; 109,6ff; 132,18; 137,7-9 etc.). Das Wort Rache hatte zwar, als A. Tholuck es Anfang des 19. Jh. in diesem Zusammenhang einführte, nicht den negativen Ton, sondern bedeutete zunächst »strafen«. Doch gibt es im AT klar ein Gegen-die-Feinde-(Gottes)-Anbeten (vgl. Jer 11,18ff; 15,15ff; 18,18ff; 20,11ff). Man fand darin oft ein un- oder unterchristl. Element und wollte die Stellen streichen. Doch sollte man zunächst um Verständnis darum ringen, warum Gott der Heilige Geist solche Worte in den Mund der Heiligen und Propheten und in die Schrift kommen ließ (M. Wittenberg: Die Wallfahrtspsalmen, 1983, S. 42f; 100f). Folgende Überlegungen mögen weiterhelfen.

a. Die Psalmbeter haben einen scharfen Blick für die Bosheit der Gottesverächter und leiden unter ihr. Ein jenseitiges Gericht und eine Ewigkeitsstrafe ist nicht in ihrem Blickfeld. Sie identifizieren sich mit Gottes Sache (Ps 69,8; Jer 15,15) und verlangen danach, daß die Bösen in dieser Welt gestraft werden und Gottes Gerechtigkeit und Regiment offenbar wird (Ps 59,14; 109,27). Denn richten heißt regieren, wie Luther in der Psalter-Vorrede von 1524 sagt.

b. In der Psalter-Vorrede von 1528 nennt Luther den P. »das rechte Gnothi seauton« (»Erkenne dich selbst«). Der P. hält uns und der ganzen Christenheit den Spiegel vor und zeigt uns unsere wahre Beschaffenheit. In den Psalmen gibt es keine allzu geschwinde Ergebung in das *Leiden. Immer geht es durch *Kampf, *Angst und *Zweifel hindurch. Gottes Gerechtigkeit steht in Frage. Sein Handeln ist unbegreiflich. Und doch wird mit Gott allein gerungen (vgl. D. Bonhoeffer, Beten mit der Bibel, 1970, S. 74). Wer kann sagen, daß ihm, wenn er vielleicht trotz Rechtschaffenheit, vielleicht durch gotteslästerliche Menschen ins Leiden kommt, nicht danach verlangt, daß Gottes Gericht offenbar werde. Die Märtyrer beten: »Herr, ... wie lange richtest du nicht und rächst nicht unser Blut an denen, die auf der Erde wohnen?« (Offb 6,10).

c. Es geht hier gerade nicht darum, sich an seinen Feinden selbst zu rächen (vgl. Röm 12,19f). Sondern in seinem Beten legt der Beter seine Empfindungen schonungslos vor Gott offen. Er läßt die Strafe seiner Feinde und der Feinde Gottes, wie auch das NT mahnt, in Gottes Hand. Aber der Beter hat auch ein tiefes Empfinden für Recht und Unrecht und weiß, daß Unrecht nicht ungestraft bleibt, wenn schon nicht zeitlich, dann doch nicht ewig. Das gilt auch für das NT.

d. Der Beter macht Gottes Sache zu der seinen. Die Feinde sind Feinde der Sache Gottes und greifen ihn um Gottes willen an (Bonhoeffer, S. 80). Nun darf er sich und seine Sache Gott anbefehlen. Ganz läßt sich der Konflikt nicht lösen, denn das »Vergeltet niemand Böses mit Bösem« (Spr 20,22; Röm 12,17) und das »Wenn deinen Feind hungert, gib ihm zu essen« (Spr 25,21f; Röm 12,20) zieht sich durch die ganze Bibel. Ob man sie nun mitbeten kann oder nicht, bleiben diese Gebete eine unauslöschliche Erinnerung daran, daß über allem Tun und Lassen des Menschen Gottes Gericht bleibt. »Dieses Gericht muß ergehen, wenn Gott zu seinem Wort steht« (Bonhoeffer, S. 80); und sie sind ein bleibendes Zeugnis für den brennenden Eifer dieser Beter, die nicht bereit waren, Unrecht recht und Böses gut zu nennen, wohl aber für Gerechtigkeit und Gottes Sache in dieser Welt zu kämpfen und zu leiden.

6. Man spricht zu recht von messianischen Ps, denn vom Messias hat nach Jesu eigener Auslegung der P. geweissagt (Lk 24,44; Zum Grundsätzlichen s. Delitzsch, S. 52ff). Sie tragen das Gepräge ihrer Zeit, reichen aber weit über das AT hinaus. Im AT ist der Messias, d.h. der Gesalbte Gottes, der jeweils herrschende König (Ps 2,2). Die ihm gewidmeten Ps beschreiben seine Herrschaft in Worten, die

weit über die geschichtliche Wirklichkeit hinausgehen. Es handelt sich um ein weltumfassendes Buch (Ps 2; 72), in dem Gottes Gerechtigkeit und Frieden regieren, ein Reich,das ewig währt (Ps 45; 72). Die Feinde des Zionskönigs sind Gottes Feinde (Ps 2), und Gott wird sie überwinden und ihm zu Füßen legen (Ps 110). Ähnliche Erwartungen finden sich bei den Propheten (Jes 9,1ff; 11,1ff u.ö.). Der Quellpunkt der Messiaserwartung ist die Nathansweissagung, in der der Davidssohn Gottes Sohn genannt und ihm eine ewige Herrschaft verheißen wird (2Sam 7,12ff). Aus diesen Ps spricht weder patriotische Begeisterung noch politischer Ehrgeiz, weder orientalische Übertreibungslust noch nachgemachte Königsvergottung. Mit Ausdrucksmitteln altorientalischen höfischen Stils wird das geschichtliche Endziel der Wege Gottes ins Auge gefaßt, das nicht von menschlicher Anstrengung, sondern von Gottes zukünftiger Heilstat erwartet wird.

Doch im Leiden und in der Klage der Gerechten sind auch die Leiden des Messias vorgebildet. Jes 53 hat seine Parallele u.a. in Ps 22. Jesus betete Ps 22 am Kreuz. Ps 69 war ihm nicht unbekannt. In den Vertrauensworten des 31. Ps fand er Stärkung in seinem Leiden. Jesus ist im tiefsten Sinne der, der unter der Sünde der Gottlosen leidet und dieses Leiden willig auf sich nimmt.

X. DIE PSALMEN UND DIE CHRISTLICHE GEMEINDE.

Die Jünger bitten Jesus: »Herr lehre uns beten« (Lk 11,1). Beten will bis zum heutigen Tag gelernt sein (*Gebet). Die Bibel ist nicht nur Lehr-, sondern auch Gebetbuch. Fangen wir an, mit ihr, vor allem mit dem P. zu beten, dann wird das Gebet nicht von der Armut unseres Herzens, sondern von dem Reichtum des Wortes Gottes bestimmt. Man betet sie recht, wenn man sie im Blick auf Jesus Christus, von dem der P. redet, betet, im Blick auf seinen Glauben, sein Leiden, auf seine Herrschaft und seine Zukunft (Bonhoeffer, S. 56ff). Die Psalmen lernt man letztlich nicht durchs Studieren, sondern durchs Beten kennen, denn sie sind Gebete.

Literatur: C. Barth: Einführung in die Psalmen, BS 32, 1961; K. Seybold: Die Psalmen, 1986; C. Westermann: Lob und Klage in den Psalmen, 51977; ders.: Der Psalter, 31974.

Kommentare: F. Delitzsch: Die Psalmen, 51894, ND 1984; H. Lamparter: Das Buch der Psalmen, BAT Bd 14, I+II, 21961; H.-J. Kraus: Psalmen, BKAT XV/1-3, 51978; A. Weiser: Die Psalmen, ATD, Bd 14/1+2, 81973.

H.E.

PSEUDEPIGRAPHIE.

I. DEFINITION.

Als P. bezeichnet man den Tatbestand, daß Schriften »unter einem nicht der Wirklichkeit entsprechenden Verfassernamen« (Speyer, JAC, S. 88) anzutreffen sind. Die einzelne Schrift, auf die dieser Tatbestand zutrifft, nennt man Pseudepigraph(on), Mehrzahl: Pseudepigrapha oder Pseudepigraphen.

Von einem Pseudepigraph(on) zu unterscheiden ist zunächst a. der Fall, daß ein Verfasser absichtlich einen falschen Namen für seine Veröffentlichung wählt. In diesem Falle spricht man besser von einem »Pseudonym«. Übrigens kann der Verfasser für eine solche Namenswahl berechtigte Gründe haben, z.B. künstlerische. Von einem Pseudepigraph(on) zu unterscheiden ist weiter b. der Fall, daß eine Schrift ohne einen Verfassernamen im Umlauf ist. In diesem Falle spricht man von einer »anonymen« Schrift. In welchem Verhältnis stehen nun die »Pseudepigraphen« zu den »Apokryphen«? Apokryphen sind Bücher, deren Zugehörigkeit zur Bibel umstritten ist. Das Thema »Apokryphen« bildet also gewissermaßen einen Bestandteil des Themas »Kanon der Bibel«. Dagegen haben die Pseudepigraphen mit dem Bibelkanon grundsätzlich nichts zu tun. Bei ihnen geht es nur um die Echtheit des Verfassernamens. Im Einzelfall kann freilich eine apokryphe Schrift zugleich ein Pseudepigraph sein, z.B. die Stücke zum Buch Daniel.

II. VERBREITUNG DER PSEUDEPIGRAPHIE IM ALTERTUM.

Obwohl die P. auch in modernen Zeiten vorkommt, interessiert den Bibelwissenschaftler vor allem die Verbreitung im Altertum.

Dabei sind manche Tatbestände heftig umstritten.

1. Umstritten ist z.B., ob die P. im Altertum eine ganz gewöhnliche, weit verbreitete Form von Literatur darstellte. Forscher wie K. Aland, M. Hengel, A. Meyer nehmen dies an. Hengel geht soweit, zu sagen, sie sei damals »eine Selbstverständlichkeit« gewesen (a.a.O., S. 278). Zugunsten dieser These führt man an, daß der Sinn für die historische Wirklichkeit unterentwickelt und das Bewußtsein eines geistigen Eigentums mangelhaft war, vor allem im jüd.-christl. Bereich. Dieser These stehen jedoch einige Bobachtungen und Argumente entgegen. So hat man z.B. sowohl außerhalb als auch innerhalb der Bibel Echtheitskritik getrieben und nicht einfach jede Verfasserangabe hingenommen. Für die bibl.

Betonung der Echtheit vgl. z.B. 2Thess 2,2; 3,17; Offb 22,18f. Aufschlußreich ist auch der Bericht des Livius, wonach man die dem Numa zugeschriebenen Bücher sofort verbrannte, nachdem sie als Fälschung erkannt waren (vgl. Torm, a.a.O., S. 16). Eindeutige Fälle von P. treten relativ spät auf. J. Baldwin rechnet mit solchen eindeutigen Fällen erst seit dem 3. Jh.v.Chr. (a.a.O., S. 7; ähnlich Gudeman, S. 47ff). Vor allem innerhalb der Bibel mußte das geistige Eigentum betont werden, um das Wort Gottes vom Wort der Götzen, echte Prophetie von falscher Prophetie, gesunde Lehre von Irrlehre zu unterscheiden. Da außerdem die meisten bibl.Schriften heilsgeschichtlich orientiert sind, kann man sich kaum vorstellen, daß sie an der historischen Wirklichkeit uninteressiert gewesen seien. So kann man z.B. 5Mo 26,5-10 als ein »geschichtliches Credo« (Glaubensbekenntnis) bezeichnen. Schließlich läßt sich nachweisen, daß die jüd. P. nur in einzelnen Gruppen des Judentums heimisch gewesen ist (so M. Smith, a.a.O., S. 215). Angesichts der uns bekannten Tatsachen müssen wir zusammen mit J. Baldwin, D.G. Guthrie, J.A. Sint, M. Smith, W. Speyer, F. Torm u.a. annehmen, daß die P. im Altertum kein allg. literarischer Brauch war, ja daß sie im jüd.-christl. Raum »außerordentlich selten vorkam« (so Torm, a.a.O., S. 31f).

2. Welche Gründe führten im Altertum zur Pseudepigraphie? Zunächst ist zu bemerken, daß »eine Reihe von Problemen noch ungeklärt« ist (Sint, a.a.O., S. 107). Sodann muß man sich vergegenwärtigen, daß hier vielerlei Gründe eine Rolle spielten, die u.U. kombiniert auftreten.

Da gibt es den Fall der Textverderbnis oder den Fall des Irrtums, die eine falsche Verfasserangabe veranlaßten. Da wollte ein anderer die Neugierde befriedigen und brachte deshalb gefälschte Briefe berühmter Männer in Umlauf. Da gab es kommerzielle Gründe, Gewinnsucht oder Ehrgeiz, die zu Fälschungen führten. Es konnte aber auch die Bosheit sein, die einem Werk einen falschen Verfassernamen unterschob. Oder man wollte den eigenen Ansichten eine möglichst hohe Autorität verschaffen. In diesem Falle interpolierte man in fremde Werke, d.h. man fälschte sie durch Einschübe, oder gab gleich ein ganzes Werk unter dem Namen eines Berühmteren heraus. Nahe dabei liegen die Fälle rel. Propaganda. Damit verwandt ist auch der literarische Diebstahl, d.h. man gibt einem fremden Werk den eigenen Namen, um sich mit fremden Federn zu schmücken. Positiver ist der Fall, daß man den gemeinsamen Besitz einer Schule überliefert und deshalb einen Namen verwendet, der diese Schule repräsentiert, z.B. den Namen des Pythagoras. Vermutlich konnte man in solchem Falle »voraussetzen, daß dies von den Lesern verstanden wird« (so Torm, a.a.O., S. 10). Hier fehlt also die Täuschungsabsicht. Man nimmt ferner an, daß Pseudepigraphen aus den Übungen der Rhetorenschulen entstehen konnten. Bei diesen Übungen hatten die Schüler berühmte Autoren möglichst genau nachzuahmen. Kamen nun solche Übungsstücke in Umlauf, dann wurden sie evtl. als echte Äußerungen der betreffenden Autoren betrachtet.

Außerordentlich schwer ist die rel. P. einzuschätzen. Deshalb wird die jüd. und christl. P. später gesondert behandelt. In jedem Falle aber muß ein Buch bzw. Werk solange als echt gelten, »bis das Gegentheil bewiesen ist« (so H. Hagen nach A. Boeckh, a.a.O., S. 79f). Die Beweislast liegt also bei dem, der die Unechtheit behauptet.

3. Wie ging man im Altertum mit den Pseudepigraphen um? In ungebildeten Kreisen hat es zweifellos ein gewisses Maß an Leichtgläubigkeit gegeben. Zugleich jedoch ist zu beobachten, daß Staat und Gesellschaft gegen Verfälschungen vorgingen.

So wurde im 6. Jh.v.Chr. ein Mann aus Athen verbannt, weil er die Ilias und die Orakel des Musaeus durch Einschübe (Interpolationen) veränderte und verfälschte. In Rom sollte »der strenge Schutz durch die Staatsmacht« (Sint, a.a.O., S. 33) eine Fälschung der Sibyllenorakel verhindern. Daß man in Rom auch solche Bücher verbrannte, die fälschlich dem Numa zugeschrieben wurden, wurde oben schon erwähnt.

Vor allem aber sah die frühe Kirche die P. als ein moralisch verwerfliches Verfahren an (vgl. dazu unten IV.). Bereits im Altertum haben also die Gebildeten, der Staat und die rel. Institutionen gegen die P. Front gemacht.

III. PSEUDEPIGRAPHIE IM JUDENTUM.

1. Verbreitung und Ursachen der Pseudepigraphie im Judentum sind äußerst umstritten.

Einerseits urteilt W. Baumgartner im Blick auf die Pseudepigraphen des Zeitraumes ca. 200 v.Chr. – 100 n.Chr.: »Alle Pseudepigraphen sind jüdischer Herkunft« (a.a.O., Sp. 692). Andererseits verwundert es, daß ausgerechnet das Judentum solche Pseudepigraphen produziert haben soll. Haben nicht Juden und Christen »den Buchstaben des Wortes und die Urkunde höher bewertet als die Heiden« (Speyer, Fälschung, S. 180)? Müßte man dann nicht erwarten, daß sie der P. ablehnend gegenüberstanden? Und haben nicht die Rabbinen darüber Rechenschaft abgelegt, woher ein bestimmtes Wort stammte? Wie kommt es dann zu pseudepigraphen Büchern? Ferner: Hat nicht auch die Bibliothek von Qumran relativ wenige Pseudepigrapha aufzuweisen (vgl. M. Smith, a.a.O., S. 196)? Das Rätsel der P. im Judentum wächst, je mehr man sich damit beschäftigt.

2. Zunächst sollte man dem Hinweis von Forschern wie W. Speyer oder F. Torm folgen, wonach einige der heute als »Pseudepigraphen« eingestuften Bücher im Judentum eben nicht als pseudepigraph, sondern als echt gegolten haben. Das betrifft z.B. die Weisheit Salomos, die man als echte Schrift Salomos betrachtete. Hieronymus und Augustin haben jedoch ihre salomonische Herkunft verworfen. Ferner ist Daniel für viele Forscher (u.a. M. Hengel, A. Meyer, F. Torm) ein Pseudepigraphon - nach dem Urteil des Judentums zu Unrecht. Jüd. Ausleger wie Josephus oder die Rabbinen der Mischna-Zeit, aber auch das NT (vgl. Mt 24,15), rechnen mit einer Abfassung durch den Daniel des 6. Jh.v.Chr.

3. Ähnlich steht es mit den »Zusätzen« oder »Erweiterungen« innerhalb der atl. Bücher, mit denen die moderne Kritik rechnet. So wollte z.B. A. Meyer (a.a.O., S. 270) Stücke des Pentateuch wie 1Mo 49,2-27; 2Mo 31,18; 32,15f.19; 34,1; 4Mo 23-24; 5Mo 31,9-13 für pseudepigraphisch erklären. Ein solches Verfahren ist mehr als zweifelhaft. Denn das Judentum ging von der mosaischen Verfasserschaft aus. Und auch ein guter Teil der heutigen Forscher bejaht die Abfassung des Pentateuchs durch Mose. Eigenartigerweise kann die moderne Kritik das Gesetzbuch des Hammurabi als echt betrachten (Sint, a.a.O., S. 146). Warum sollte dann das Fünfbuch des Mose nicht auch als echt gelten? Ein weiteres Beispiel ist das 5. Buch Mose, das M. Smith (a.a.O., S. 208) und andere als Fälschung ansehen, weil es erst im 7. Jh. v.Chr. entstanden sei. Smith wendet den Begriff der P. weiterhin auf den sog. Deuterojesaja (Jes 40-55), den sog. Tritojesaja (Jes 56-66) und Sach 9-14 an (a.a.O., S. 145ff). Man wird aber auch an diesen Stellen davon ausgehen müssen, daß das frühe Judentum von der Echtheit überzeugt war, d.h. die Verfasserschaft Jesajas und Sacharjas annahm. Man wird fernerhin bedenken müssen, daß eine ganze Anzahl moderner Gelehrter diese Anschauung des frühen Judentums teilt. Solange also kein endgültiger Beweis geführt ist, sollte man besser nicht von P. sprechen. Es gilt auch hier der Grundsatz der Altphilologen: Ein Buch muß solange als echt betrachtet werden, »bis das Gegenteil bewiesen ist«.

4. Sodann gibt es einige antik-jüd. Schriften, die anonym, aber nicht pseudepigrapisch sind. Dazu gehören die Makkabäerbücher, vermutlich auch die sog. »Psalmen Salomos«, falls deren Überschriften erst in späterer Zeit hinzugefügt wurden.

5. Einen Sonderfall stellt die jüd. Propagandaliteratur dar. Dazu gehört z.B. der Aristeasbrief. Hier handelt es sich um »eindeutige Fälschungen« (Speyer, JAC, S. 99), vorgenommen zur Förderung jüd. Glaubens.

6. Eine Gruppe für sich bilden diejenigen frühjüd. Schriften, die bibl. Berichte kommentieren oder über Geschehnisse der jüd. Geschichte berichten, ohne eine bestimmte Verfasserangabe zu machen. Selbst wenn sie im Titel einen Personennamen aufweisen, müssen sie deshalb noch keineswegs pseudepigraphisch sein. Zu dieser Gruppe gehören offensichtlich das Buch der Jubiläen, Judit, das Martyrium Jesajas, die Vita Adae und der 3. Esra. Selbst M. Smith beurteilt Judit, die Vita Adae und das Martyrium Jesajas als »erbaulichen Roman« (»edifying romance«, a.a.O., S. 211f), und nicht als Pseudepigraphen.

7. In diesem Zusammenhang muß besonders das Henochbuch diskutiert werden. Nach H. Odeberg, und M. Hengel liegt hier alte mündliche Geheimlehre vor, die schließlich niedergeschrieben wurde. Spuren dieser alten Überlieferung treffen wir in 1Mo 5,21-24; Sir 44,16; 49,14ff; Weish 4,10f; Jub 4,17-25; 7,38; 10,17; 19,24-27; 21,10; Philo Mut Nom 34; Abr 17, und auch im NT, nämlich Jud 14 (vgl. Odeberg, a.a.O., S. 553ff; Hengel, a.a.O., S. 273). Odeberg bietet eine interessante Erklärung für die Entstehung des Buches Henoch an. Er meint, der Titel sei nur eine Art »Stichwort, das die Art der behandelten Stoffe andeuten soll. . .. Es ist etwa, wie wenn heute Abhandlungen über die Entwicklungstheorie den Titel »Buch Darwin« hätten« (a.a.O., S. 553). In diesem Falle hätten wir es gewissermaßen mit einem »Buch der Henochüberlieferungen« zu tun. Von einem Pseudepigraphon oder einem Pseudonym könnte man dann eigentlich nicht mehr sprechen.

Trifft Odebergs Beurteilung zu, dann ist die Frage nach dem Charakter ähnlicher frühjüd. Schriften neu aufzurollen. Denn Baruch und 4. Esra gehören prinzipiell zu derselben Klasse von Schriften wie das Henochbuch. Da wir aber im Blick auf die soeben genannten Schriften noch zu unsicher sind, läßt man es am besten offen, ob es sich hier um wirkliche Pseudepigraphen handelt oder nicht.

8. Läßt man die Fälle 2-6 außer Betracht, dann ist die Zahl der rel. Pseudepigraphen im antiken Judentum nicht allzu hoch. M. Smith bemerkt, daß diese Art von P. sich auf gelegentliche Fälle beschränkt und nur bei einzelnen jüd. Gruppen auftaucht, die er als »sektie-

rerisch« bezeichnet (»sectarian«, a.a.O., S. 215). Es ist also ganz ausgeschlossen, die rel. P. im Judentum jener Zeit als eine ganz gewöhnliche Erscheinung aufzufassen. Sie ist die Ausnahme – selbst in Qumran.

Als Pseudepigraphen im wirklichen Sinne bleiben u.a. übrig: die Testamente der zwölf Patriarchen, die Elia-Apokalypse, die Esra-Apokalypse, der Aristeasbrief, die Sibyllinen und evtl. (äth und slaw) Henoch, 4. Esra und (syr und griech) Baruch. Vgl. aber das zu 7. Bemerkte.

9. Was sind die Gründe, die im Judentum zur rel. Pseudepigraphie geführt haben? Wir sind weit davon entfernt, solche Gründe überzeugend oder als allg. anerkannt angeben zu können. W. Speyer zufolge »hat die moderne Kritik auf diesem Gebiete nicht allzuviel geleistet« (JAC, S. 111).

Eine der vorgetragenen Erklärungen lautet, es sei die »visionäre Persönlichkeit«, die für solche rel. P. verantwortlich sei. Ihr Bewußtsein sei getrübt, »ein starkes Gefühl eigener Minderwertigkeit« beherrsche sie, sie verschmelze innerlich mit den Gestalten der Vergangenheit, die sie zu Wort kommen lasse (so Torm, a.a.O., S. 13.22f). Aber kann man solche Bewußtseinstrübung so dauernd und so oft voraussetzen? Und wie stimmt eine solche Bewußtseinstrübung zusammen mit den literarischen Produktionen, die uns vorliegen? Offensichtlich sind sie doch einer starken und sehr bewußten Gestaltungskraft entsprungen.

So nimmt es nicht wunder, daß man auch die ganz entgegengesetzte These vertreten hat. A. Meyer z.B. führt die P. auf die »dichterische Schöpfungskraft« zurück (a.a.O., S. 279; dagegen Sint, a.a.O., S. 162). Aber trifft die Bezeichnung als »Dichtung« zu? Liegen hier nicht ältere, mündliche, vielleicht sogar schriftliche Traditionen vor, die gesammelt, gesichtet und mit der Endgestalt des Werkes verbunden wurden? Die Gestaltung der rel. Pseudepigraphen des Judentums scheint ja die Verwertung älterer Traditionen eingeschlossen zu haben.

Eine dritte Antwort lautet: Die in Frage stehenden Pseudepigraphen weisen »einen charismatisch und pneumatisch geprägten Inhalt« auf, der vermuten lasse, daß sie »gleichsam unter höherem religiösem Zwang zustande gekommen sind« (so Speyer, Fälschung, S. 151). Man geht hier von der »Echtheit religiöser Erfahrung« aus, die auf einen »inneren Auftrag« deute (so Sint, a.a.O., S. 34.77). Allein auch diese dritte Erklärung stößt auf Bedenken. Wie kommt es, daß andere jüd. Verfasser jener Zeit, denen man die Echtheit rel. Erfahrung keineswegs abstreiten kann, unter eigenem Namen schreiben (wie z.B. Ben Sira) oder aber anonym bleiben? Und wie steht es mit dem »inneren Auftrag« unter Juden, die zu höchster Achtung vor rel. Dokumenten erzogen worden sind, und nicht ohne weiteres in das Gewand eines Henoch, Esra usw. schlüpfen können? Ist aber der »religiöse Zwang« so stark, daß er das eigene Bewußtsein überwältigt, dann sind wir wieder bei der oben erwähnten These von der Bewußtseinstrübung.

Eine vierte These ist dann auch wieder völlig rationaler Art. Sie geht davon aus, daß die Pseudepigraphen Autorität beanspruchen wollten, eine solche Autorität jedoch nach Abschluß des jüd. Bibelkanons nur dann erreichbar war, wenn sich die Verfasser als »Männer der Urzeit bzw. der Propheten der israelitischen Geschichte auszugeben« in der Lage waren (so z.B. Hengel, a.a.O., S. 284; Collins, S. 331; teilweise Speyer, JAC, S. 115). Diese These wendet man vor allem auf die jüd. Apokalyptik an. Auch diese These hat schwerwiegende Einwände gegen sich: Weshalb vermochten nicht-pseudepigraphische Schriften, wie z.B. das Sirachbuch oder die Pirke Aboth, einen mindestens ebenso großen Einfluß zu erringen wie die Pseudepigraphen? Und rührt die Absicht, sich als Gestalt der Vorzeit auszugeben, nicht bedenklich an den Tatbestand der Fälschung? Wie aber konnten sich solche Fälschungen innerhalb des Judentums durchsetzen?

Angesichts der Menge der Fragen halten wir fest: Eine befriedigende Antwort ist bis heute nicht gefunden. Vielleicht kommen wir der Antwort aber näher, wenn wir zweierlei bedenken: a. Nur am Rande stehende Gruppen des Judentums waren für P. tatsächlich offen; b. vieles von dem, was die moderne Forschung bisher als »Pseudepigraphie« ausgegeben hat, ist in Wirklichkeit alte mündliche Überlieferung bzw. Geheimlehre, die u.U. bis ins Exil (Esra, Baruch) hinaufreicht.

IV. PSEUDEPIGRAPHIE IM CHRISTENTUM.

1. Dieser Bereich ist nicht weniger umstritten als die P. im Judentum. Besonders beschwerend ist die Tatsache, daß noch nicht einmal die Methodenreflexion weit genug ist, um eine gemeinsame Forschung zu ermöglichen. »Es hat bislang noch keine konsequent betriebene Methodenreflexion für dieses Phänomen auf breiter Basis gegeben.« Deshalb liegen die »unterschiedlichste(n) Ergebnisse bzw. Ansichten« vor (Brox, Problemstand, S. 311) auch wenn E. Hirsch 1975 im 5. Band seiner Geschichte der neueren evangelischen Theologie schreibt, F.C. Baur habe »die Tatsa-

che, daß pseudapostolische Schriftstellerei auch im Neuen Testament einen breiten Raum einnimmt«, erwiesen (5. Aufl., S. 531).

Tatsächlich ist im NT die Liste angeblich pseudepigraphischer Schriften erheblich. K. Aland rechnet hierher 1Tim, 2Tim, Tit, 1Petr, 2Petr, 1Joh, 2Joh, 3Joh, Jak, Jud (a.a.O., S. 262). Aber die Verschiedenheit solcher Listen macht auch sofort ein Problem deutlich. Die Theologen sind nämlich durchaus verschiedener Ansicht darüber, ob und in welchem Umfange es P. im NT überhaupt gibt.

D. Guthrie zeigt die Entwicklung der Forschung auf, die zu solchen Annahmen führte. Über Jahrhunderte hinweg existierte für die christl. Theologie im NT selbst keine P. Der erste, der mit solchen Pseudepigraphen im NT rechnete, war Edward Evanson (1805). Er betrachtete Röm, Eph, Phil, Kol, Tit, Phlm und Jak als unechte bzw. pseudepigraphische Briefe. Ihm folgten dann Schleiermacher, Eichhorn, Baur u.a. Die Argumente, die man dabei benutzte, waren folgende: Schüler hätten den Namen ihres Meisters gebraucht, um ihm damit eine Ehre zu erweisen; Christen seien autoritätsgebunden gewesen und hätten deshalb gerne einer Autorität etwas in den Mund gelegt; außerdem sei es damals ein häufiger literarischer Brauch gewesen, pseudepigraphische Schriften zu verfassen; die Verfasser hätten folglich nicht als Betrüger, sondern in aller Unschuld gehandelt; schließlich habe die grenzenlose Leichtgläubigkeit kirchlicher Kreise zur Akzeptanz solcher Schriften beigetraten (vgl. Guthrie, Development, S. 15ff). K. Aland und A.Q. Morton betonen ein weiteres Argument: Der Heilige Geist habe das Individium des Verfassers zurücktreten lassen und als der eigentliche Autor gegolten, so daß der Geistbesitz es späteren Christen erlaubte, im Namen eines berühmten Apostels zu reden (Aland, a.a.O., S. 8; Morton, a.a.O., S. 42).

Nun kann man nach den Darlegungen unter II.1. das Argument, damals sei die P. ein allg. literarischer Brauch gewesen, sofort ausscheiden. Denn das war sie außerhalb des NT gerade nicht. Und daß sie es innerhalb des NT gewesen wäre, müßte erst noch nachgewiesen werden.

2. Um die anderen Argumente zu prüfen, ist zu fragen: Wie ging die Alte Kirche mit Pseudepigraphen um?

Interessanterweise trifft das NT eine sehr klare Entscheidung zu unserem Thema: es lehnt durchweg die P. ab. Das geschieht in einer doppelten Form. Erstens wird vor denjenigen gewarnt, die apostol. Schriften verändern, fälschen oder gar nachahmen (2Thess 2,2; Offb 22,18f). Zweitens sichert man die Echtheit der Briefe durch eigenhändige Bemerkungen (1Kor 16,21; Gal 6,11; Kol 4,18; 2Thess 3,17). Aus diesen Notizen lassen sich zwei Konsequenzen ziehen: a. »Allem Anschein nach haben die Irrlehrer mit Fälschungen begonnen«; b. für die frühen Christen ist »die Abfassung pseudepigraphischer Schriften in gutem Glauben ziemlich unwahrscheinlich« (Speyer, JAC, S. 120.123).

Diese Ergebnisse werden durch eine Reihe weiterer Erwägungen gestützt. Beispielsweise galten die Worte Jesu und die paulin. Schriften sehr früh schon als Heilige Schrift (Joh 18,9.32; Mt 24,35; 2Petr 3,15f). Die Heiligen Schriften jedoch durfte man nicht verändern (5Mo 4,2; 13,1; Spr 30,6; Offb 22,18f). Ferner kam es entscheidend auf den Verfasser einer Schrift an, wenn man ihren Wert bestimmen wollte. Denn die Autorität einer Schrift hing an ihrer Apostolizität, d.h.: sie hing davon ab, ob der Betreffende eine entsprechende göttliche Vollmacht aufweisen konnte. Die bloße Behauptung, *Apostel zu sein, ohne daß die Realität damit übereinstimmte, stempelte zum Fälscher und Lügner (vgl. 2Kor 11,13-15). So haben »die Christen den Begriff des geistigen Eigentums ... neu für sich gewonnen« (Speyer, Fälschung, S. 176; vgl. Torm, a.a.O., S. 19).

Es gibt daher im NT keinen einzigen Fall nachweisbarer Pseudonymität bzw. nachweisbarer P. Das *JohEv kann höchstens als anonyme Schrift betrachtet werden, wenn man rein formale Gesichtspunkte zugrundelegt. Inhaltlich jedoch weist es auf den Zebedaiden Johannes als seinen Verfasser. Diese Sicht wird durch die alten Kirchenschriftsteller einmütig unterstützt, und kann durch die moderne Forschung nicht widerlegt werden (vgl. dazu Torm, a.a.O., S. 33ff). Auch die Pastoralbriefe sind echte Paulusbriefe (also 1Tim, 2Tim, Tit, vgl. dazu Torm, a.a.O., S. 48ff). Erst recht muß man 2Thess, Eph, Kol als echte Briefe und nicht als Pseudepigraphen betrachten. Ihre Selbstaussage und die Fülle persönlicher Notizen lassen keine andere Deutung zu. Wendet man die alte philologische Beweisregel: »Ein Buch muß solange als echt gelten, bis das Gegenteil bewiesen ist« an, dann sind auch 1Petr, 2Petr, 1Joh, 2Joh, 3Joh, Jak und Jud keine Pseudepigrapha (vgl. Torm, a.a.O., S. 40ff). Zum 1Petr bemerkte Torm, man müßte mit »psychologischen Ungeheuerlichkeiten« rechnen, wenn man ihn einem pseudonymen Verfasser zuschreiben wollte (a.a.O., S. 44). Hebr dagegen ist eine anonyme Schrift, keine pseudepigraphische.

Denen, die dennoch mit der Annahme von P. im NT operieren wollen, hält D. Guthrie mit Recht entgegen, daß es keinen einzigen gesicherten Fall gibt, der uns einen Vergleich zwischen pseudepigraphischen und echten Schriften desselben Verfassers ermöglicht (Development, S. 28f).

In nach-ntl. Zeit begegnen uns ähnliche Verhältnisse. Wie W. Speyer beobachtete (JAC, S. 119), läuft bei den Christen »alles auf einen nachprüfbaren, auf wirklichen Zeugnissen beruhenden Zusammenhang hinaus«. Er kann sein Urteil u.a. auf die Apologie des Quadratus (ca. 123-130 n.Chr.) stützen, wo es heißt, die von Jesus Geheilten seien »ständig gegenwärtig« gewesen, denn »auch nachdem er geschieden war, lebten sie noch für geraume Zeit, so daß einige von ihnen sogar bis in unsere Zeiten hereinreichten« (vgl. Speyer, a.a.O., S. 118.196).

Wo man so am konkret-geschichtlichen Nachweis interessiert ist, gedeiht die P. und erst recht die Fälschung schlecht. Derselbe Schluß ergibt sich aus der Tatsache, daß die Kirche die Gnostiker immer wieder der Fälschung beschuldigte. Sie unterschied also recht wohl zwischen echten und unechten Schriften (vgl. Meyer, a.a.O., S. 273.278). Eine Fälschung der Heiligen Schrift galt für Justin als die schlimmste Sünde, »schlimmer als der Abfall zum goldenen Kalb, als das Molochopfer und der Prophetenmord« (Dial 73). Der Kanon Muratori, eine wohl noch vor 200 n.Chr. in Rom entstandene Liste kanonischer Schriften, verwirft einen Laodizenerbrief und einen Alexandrinerbrief, weil sie »auf des Paulus Namen gefälscht« seien (Z. 63ff). »Hier gilt also Pseudonymität als Argument gegen Zugehörigkeit zum Kanon« (Burkhardt, a.a.O., S. 209). Es liegt auf derselben Linie, wenn nach einem Bericht des Tertullian (De baptismo 17) ein Presbyter in Kleinasien gegen Ende des 2. Jh.n.Chr. sein Amt verlor, weil er »quasi titulo Pauli«, also pseudepigraphisch, Paulusakten veröffentlichte. Daß er aus »Liebe zu Paulus« (*amore Pauli*) gehandelt haben wollte, half ihm nichts. Wiederholt finden wir bei Tertullian Echtheitskritik an den überlieferten Schriften. Er beurteilte »das pseudonyme Verfahren als moralisch verwerflich« (Torm, a.a.O., S. 16), hielt am Henochbuch gerade deshalb fest, weil er »Henoch als den wirklichen Verfasser« ansah (Torm, a.a.O., S. 15), und verwarf teilweise Pseudepigraphen und Apokryphen des AT (vgl. Speyer, Fälschung, S. 153ff). Am Ende dieser Linie steht Hieronymus, der alle Stücke des AT ausschied, die im hebr. Originaltext fehlten (Speyer, a.a.O., S. 154). Die Alte Kirche führte also einen kontinuierlichen Kampf gegen Pseudonymität und P. Auch die nach-ntl. Situation macht es uns schwer, zu glauben, daß Pseudepigraphen in den *Kanon des NT hätten eindringen können.

3. Gibt es andere Gründe für die Annahme von Pseudepigraphie innerhalb des NT?

Nachdem die beiden Argumente, daß a. die P. damals allg. üblich, und b. die Christen grenzenlos leichtgläubig gewesen seien, unhaltbar geworden sind, bleibt zu fragen, wie es mit den anderen Argumenten zugunsten einer P. innerhalb des NT steht.

Wie erinnerlich, lautete eines dieser Argumente, Schüler hätten ihre Arbeiten unter dem Namen ihres Lehrers herausgegeben, um ihn damit zu ehren (vgl. oben 1.). Konkret gesprochen: Paulusschüler hätten Briefe unter dem Namen des Paulus veröffentlicht, und die damaligen Leser hätten dies gerne als Ehrung des Paulus akzeptiert. Nun macht schon die Fülle persönlicher Notizen in diesen angeblichen Schüler-Briefen skeptisch. Hätte ein Schüler sich so sehr mit Paulus identifizieren können, daß er z.B. 2Tim 4,9ff schrieb? Oder 2Thess 2,1-2? Oder Tit 3,12ff? Oder 1Tim 1,15? Das ist zumindest unwahrscheinlich. Sodann können wir beobachten, daß Schüler selbst dann unter eigenem Namen schrieben, wenn dieser in der Frühzeit keinen erstrangigen Einfluß gewährleistete. So schrieb zum Beispiel Lukas nicht nur das Evangelium, sondern auch die Apostelgeschichte unter seinem eigenen Namen. Andere Beispiele sind Markus und Judas. Der Hebräerbrief erschien ebenfalls nicht unter dem Namen des Paulus, sondern anonym. Die Reihe der Beispiele läßt sich sogar über das NT hinaus verfolgen, so zu Clemens Romanus und zu Papias. Weiterhin ist zu bedenken, daß in den Augen der frühen Christen die Autorität an die Person gebunden war. Eine »Vererbung« dieser Autorität auf Schüler fand nicht statt. Daß die Bischöfe später eine apostol. Sukzession geltend machten, steht auf einem anderen Blatt: sie produzierten deshalb ja keine Pseudepigraphen. Schließlich – und das wird in der Regel zu wenig beachtet - finden wir keinen einzigen Fall unzweifelhafter P. im NT, der uns vergleichende Urteile erlauben würde. Auch hier gilt die Feststellung von N. Brox (a.a.O., S. 311): »Der Dissens . . . ist groß«. Alles in allem muß das Argument, christl. Schüler hätten zu Ehren ihres Meisters zur P. gegriffen, wohl aufgegeben werden.

Sind aber nicht die Christen so autoritätsgebunden gewesen, daß sie dazu neigten, etwas einer anerkannten Autorität in den Mund zu legen? Dieses Argument spielt u.a. bei der Bildung der *Evangelien eine Rolle, aber auch bei den Briefen des NT. Man muß jedoch sehen, daß dieses Argument zweideutig ist. Denn gerade die Fassung des Autoritätsbegriffs schließt es aus, daß Fremde eine bestimmte, persönlich gebundene Autorität für sich in Anspruch nehmen. Wie weitreichend dieser Schutz der Autorität gepflegt wurde, erkennt man z.B. an 1Kor 7,10ff, wo Paulus das Apostelwort scharf vom Herrenwort unterscheidet. Gerade beim *Messias kam die messianische Einzigartigkeit hinzu, die eine sorgfältige Beachtung seiner Worte erheischte (vgl. Joh 21,23). Das NT führt uns also zu der Einsicht, daß das Autoritätsverständnis der frühen Christen die P. ausschloß.

So bleibt nur noch das Argument übrig, der Heilige Geist als der eigentliche Autor der ntl. Schriften habe den menschlichen Namen gleichgültig gemacht und den Gebrauch anderer Namen erlaubt. Hier hat aber D. Guthrie in der Auseinandersetzung mit D.G. Meade und früher mit K. Aland einen entscheidenden Einwand formuliert: In jeder P., die bewußt angewandt wird, steckt ein Element der Täuschung. Der Heilige Geist leitet jedoch nicht zur Täuschung, sondern zur Wahrheit an (vgl. Guthrie, Development, S. 37; Themelios, S. 58). Wer also mit dem Heiligen Geist argumentieren will, hat es desto schwerer, die Annahme der P. im NT zu verteidigen.

Insgesamt hat sich also gezeigt, daß die Annahme von P. innerhalb des NT unbegründet ist.

4. Christliche Pseudepigraphie außerhalb des NT. Auch wenn der Kanon des NT den Pseudepigraphen verschlossen blieb, so muß man andererseits doch sehen, daß die frühen Christen eine Reihe von Pseudepigraphen lasen. Hierzu gehörten jüd. Pseudepigraphen, wie die Test XII oder außerbibl. Apokalypsen. Falls man äth/slaw Hen, 4Esr und griech/syr Baruch als Pseudepigraphen betrachten wollte (zur Problematik vgl. oben III. 6.-8.), müßte man sie zu dieser Gruppe hinzurechnen. Hierzu gehörten ferner gewisse Apokryphen wie der Laodizenerbrief (der 3. Korintherbrief bildet einen Teil der Paulusakten!), der Alexandrinerbrief, das Thomas- und das Petrusevangelium, das Protevangelium des Jakobus (vgl. dazu Wilson, a.a.O., S. 316f).

Man muß jedoch beachten, daß keineswegs alle ntl. Apokryphen unter die Rubrik »Pseudepigraphen« fallen. Z.B. sind das HebrEv und das ÄgEv keine Pseudepigraphen, sondern anonym. Die apokryphen Apostelgeschichten scheiden ebenfalls aus, da sie nicht im Namen der Apostel geschrieben sein wollen (vgl. Torm, a.a.O., S. 31). Auch die Agrapha sind keine Pseudepigraphen. Die Gespräche des Auferstandenen mit seinen Jüngern fallen eher unter die Kategorie der falschen bzw. fingierten Tradition als unter die Kategorie der P.

Verläßt man den Bereich der ntl. Apokryphen, dann stößt man zunächst auf eine Gruppe von Schriften, die als Propagandaliteratur einzustufen sind. Beispiele sind hier der Briefwechsel zwischen Paulus und Seneca, der Brief des Pilatus an Tiberius oder der Briefwechsel zwischen Jesus und dem Abgar von Edessa (vgl. Torm, a.a.O., S. 38). Diese Literatur ist wohl ebenso gefälscht wie die jüd. Propagandaliteratur (vgl. oben III. 5.).

Doch wie steht es mit der Didache (Zwölfapostellehre)? A. Meyer rechnete sie zu den Pseudepigraphen (a.a.O., S. 274ff). Torm wies aber mit Recht darauf hin, daß hier keine Aussage über den (die) Verfasser gemacht, sondern lediglich alte Tradition kodifiziert werde (a.a.O., S. 30; vgl. *Apostolische Väter). Dann aber kann man die Didache nicht als ein Pseudepigraphon betrachten.

Dasselbe wird man hinsichtlich anderer Kirchenordnungen anzunehmen haben, z.B. hinsichtlich der sog. Apostolischen Konstitutionen (vgl. Torm, a.a.O., gegen A. Meyer, a.a.O.).

Es ist nun die Frage, wo die christl. Pseudepigraphen ihren Ursprung haben. Es scheint, daß sie weitgehend aus häretischen Kreisen stammen. Bei den Produkten der *Gnosis können wir dies mit Bestimmtheit sagen. Es hat sich ja auch gezeigt, daß für die »rechtgläubige« Kirche die P. moralisch verwerflich war und daß sie kontinuierlich gegen erkannte P. kämpfte. Selbst ehrwürdige jüd. Schriften wie das äthiopische Henochbuch wurden im Laufe der Zeit ausgeschieden.

Als Gesamturteil ergibt sich, daß die Christenheit des Altertums mit der P. vertraut war, ja daß wir im christl. Bereich eine ganze Reihe von Pseudepigraphen nachweisen können. Jedoch wurde die P. von rechtgläubigen Christen verworfen und kirchlicherseits bekämpft. In den Kanon sind, soweit wir es feststellen können, keine Pseudepigraphen aufgenommen worden.

Literatur: K. Aland: The Problem of Anonymity and Pseudonymity in Christian Literature of the First Two Centuries, in: Authorship, S. 1-13; ders.: The Autorship and Integrity of the New Testament, Theological Collections, 4, 1965, (abgekürzt: Authorship); H.R. Balz: Anonymität und Pseudepigraphie im Urchristentum, ZThK, 66, 1969, S. 403-436; G. Bardy: Betrug und Fälschungen in der Literatur der christlichen Antike, in: Brox, S. 163-184; W. Baumgartner: RGG^3 V, 692-693; A. Boeckh: Encyclopädie und Methodologie der philologischen Wissenschaften, Leipzig, 1877; L.H. Brockington: Das Problem der Pseudonymität, in: Brox, S. 185-194; N. Brox: Pseudepigraphie in der heidnischen und jüdisch-christlichen Antike, WdF 484, 1977, (abgekürzt: Brox); ders.: Zu den persönlichen Notizen der Pastoralbriefe, in: Brox, S. 272-294; ders.: Zum Problemstand in der Erforschung der altchristlichen Pseudepigraphie, in: Brox, S. 311-334; H. Burkhardt: Motive und Maßstäbe der Kanonbildung nach dem Canon Muratori, ThZ, 30, 1974, S. 207-211; J.J. Collins: Pseudonymity, Historical Reviews and the Genre of the Revelation of John, CBQ, 39/1977, S. 329-343; A. Gudeman: Literarische Fälschungen bei den Griechen, in: Brox, S. 43-73; D.G. Guthrie: New Testament Pseudonymity? A review, Themelios, Vol. 13, No 2, 1988, S. 58; ders.: The Development of the Idea of Canonical Pseudepigrapha in New Testament Criticism, in: Authorship, S. 14-39; A.E. Haefner: Eine einzigartige Quelle für die Erforschung der antiken Pseudonymität, in: Brox, S. 154-162; H. Hagen: Über litterarische Fälschungen, 1889; M. Hengel: Anonymität, Pseudepigraphie und »Literarische Fälschung« in der jüdisch-hellenistischen Literatur. Entretiens sur l'antiquité classique, 18, Pseudepigrapha I, 1972, S. 229-308; E. Hennecke: Apostolische Pseudepigraphen, in: Brox, S. 82-89; D.G. Meade: Pseudonymity and Canon, WUNT, 39, 1986; A. Meyer: Religiöse Pseudepigraphie als ethisch-psychologisches Problem ZNW, 35, 1936, S. 262-274; A.Q. Morton: Statistical Analysis and New Testament Problems, in: Authorship, S. 40-60; C.W. Müller: Die neuplatonischen Aristoteleskommentatoren über die Ursachen der Pseudepigraphie, in: Brox, S. 264-271; H. Odeberg: ThWNT, II, 1935, S. 553-557; J.I., Packer: »Fundamentalism« and the Word of God, 1983; H. Peter: Der Brief in der römischen Litteratur, Abhandlungen der königlich-sächsischen Gesellschaft der Wissenschaften, philologisch-historische Classe, 20, III, 1901; P. Pokorny: Rezension: Meade, Pseudonymity and Canon, ThLZ, 113/1988, 101f; L. Rost: Einleitung in die alttestamentlichen Apokryphen und Pseudepigraphen einschließlich der großen Qumran-Handschriften, 1971; H. P. Rüger: TRE, III, 1978, S. 289-316; E. Schulin: Die weltgeschichtliche Erfassung des Orients bei Hegel und Ranke, Veröffentlichungen des Max-Planck-Instituts für Geschichte, 2, 1958; J.A. Sint: Pseudonymität im Altertum, Commentationes Aenipontanae, XV, 1960; M. Smith: Pseudepigraphy on the Israelite Literary Tradition. Entretiens sur l'antiquité classique, 18, Pseudepigrapha I, 1972, S. 189-215; W. Speyer: Die literarische Fälschung im heidnischen und christlichen Altertum, HAW, I, 2, 1971; ders.: Religiöse Pseudepigraphie und literarische Fälschung im Altertum, JAC, 8/9, 1965/66, S. 88-125; E. Stemplinger: Das Plagiat in der griechischen Literatur, 1912; R. Syme: Fälschung und Betrug, in: Brox, S. 295-310; F. Torm: Die Psychologie der Pseudonymität im Hinblick auf die Literatur des Urchristentums, 1932; H. Willrich: Urkundenfälschung in der hellenistisch-jüdischen Literatur, FRLANT, NF, 21, 1924; R.McL. Wilson: TRE, III, 1978, S. 316-362; M. Wolter: Die anonymen Schriften des Neuen Testaments, ZNW, 79, 1988, S. 1-16. G.M.

PTOLEMÄER. Der Name ist auf die 14 Könige der ausschließlich mazedonisch-griech. Dynastie zurückzuführen, die Ägypten etwa von 323 bis 30 v.Chr. regierte.

1. Die ersten Ptolemäer.

Nach dem Tod Alexanders des Großen in Babylon 323 v.Chr. ernannte sich einer seiner Diadochen, Ptolemaios, der Sohn des Lagus, zum Satrapen Ägyptens. Wie die anderen Diadochen in Babylon, Syrien, Kleinasien und Griechenland erkannte er die nominelle Herrschaft von Alexanders Halbbruder Philip Arrhidäus sowie von Alexanders unmündigem Sohn Alexander dem Jüngeren an, der jedoch 310 v.Chr. ermordet wurde. Nach

Horus-Tempel mit Innenhof und eindrucksvoller Fassade, erbaut von der ptolemäischen Dynastie zu Edfu. 3.–1. Jh. v. Chr. (KAK)

Machtkämpfen unter den Diadochen wurde das gesamte Reich aufgeteilt. Ptolemaios nahm 304 v.Chr. den ägypt. Königstitel an und regierte bis 285. Unter ihm, seinem Sohn Ptolemaios II. Philadelphos (285-246 v.Chr.) und seinem Enkel Ptolemaios III. Euergetes I. (246-221 v.Chr.) wurde Ägypten erneut zur einflußreichen Macht im Nahen Osten, aber nicht als Pharaonenreich, sondern als hellen. Monarchie. Ptolemaios IV. Philopator (221-204 v.Chr.) war ein ausschweifender Herrscher, auf dessen syr. Kriege sich 3Makk 1,1-5 (s. *Apokryphen AT) bezieht.

Wie die ptolemäischen Könige selber waren alle Minister, alle höheren Beamten der ausgedehnten, zentralisierten Bürokratie Ägyptens sowie die Militärs Griechen; die offizielle Sprache war Griech. Ägypten war persönlicher Besitz des Königs und wurde streng geschäftsmäßig verwaltet, um den größtmöglichen Gewinn für die Krone zu erwirtschaften. *Alexandria, berühmt wegen seiner Gebäude, Einrichtungen (»Museum«, Bibliothek, Serapeion usw.) und seiner Ausfuhr von Korn, Papyrus, Parfüm, Glas usw. war die Hauptstadt. Es gab dort früh eine große Kolonie griech. sprechender Juden. Im 3. Jh. v.Chr. wurde die Tora für sie ins Griech. übersetzt; der Rest des AT folgte. So entstand die LXX-Übersetzung (s. *Texte und Übersetzungen).

Die P. suchten sich die Loyalität der ägypt. Bevölkerung zu erhalten, indem sie den großen traditionellen Priesterschaften Ägyptens Geld, Land und neue Tempel schenkten. Es wurden große Tempel im alten Pharaonenstil errichtet (z.B. in Edfu, Dendera, Kom Ombo), aber die auf den Wänden abgebildeten »Pharaonen« trugen in Hieroglyphenschrift die Namen der P.

Die langen Hieroglyphentexte dieser Tempel waren von den einheimischen Priestern auf eine besonders komplizierte Art und Weise geschrieben worden, damit kein Fremder ihre geheimen Traditionen ergründen sollte. Sie enthalten umfangreiches Informationsmaterial über die ägypt. Religion und Mythologie, das zu einem großen Teil aus dem Ägypten der Pharaonenzeit stammt und wertvoll für dessen Studium ist.

Zunächst gehörten Palästina – einschließlich der jüd. Bevölkerung - und Coelesyrien zusammen mit Zypern und Cyrenaika zum P.-reich. Nach einer Reihe von Schlachten von 202-198 v.Chr. vertrieb Antiochus III. von Syrien die Truppen des jungen Ptolemaios V. Epiphanes (204-180 v.Chr.) jedoch endgültig aus Syrien-Palästina. Dieses Gebiet mit seinen jüd. Bewohnern kam unter syr. (seleukidische) Herrschaft.

Der Rosetta-Stein dokumentiert einen Erlaß Ptolemaios' V. (um 196 v.Chr.), der auf Ägypt. (Hieroglyphen und vereinfachte Schrift) und Griech. verfaßt ist. Die Entdekkung des Steins 1799 lieferte den Schlüssel zur Entzifferung der ägypt. Hieroglyphen und begründete die moderne Ägyptologie (*Schrift).

2. Die späteren Ptolemäer.

Der Wechsel von der ägypt. zur syr. Herrschaft hatte unter Antio- chus IV. (etwa 30 Jahre später) drastische Folgen für die Juden. Einige der Zusammenstöße zwischen den Königreichen Ägypten und Syrien (dem Reich des »Südens« und dem des »Nordens«) bis zu dieser Zeit werden in Dan 11,2ff vorausgesagt (*Daniel, Buch). Unter Ptolemaios VI. Philometor (180-145 v.Chr.) entzweite ein dynastischer Streit die königliche Familie. Sein skrupelloser Bruder Ptolemaios VIII. Euergetes II. war einige Zeit Mitregent und schließlich sein Nachfolger. Ptolemaios VI. begünstigte die Juden Ägyptens und erlaubte Onias III. von Jerusalem, dem Sohn des vertriebenen Hohenpriesters, im ägypt. Leontopolis, gut 16 km nördl. von Heliopolis (*On), einen Tempel zu errichten. Die Aktivitäten Ptolemaios' VI. in Syrien werden in 1Makk 10,51-57; 11,1-18 erwähnt; die Ptolemaios' VIII. (145-116 v.Chr.) in 1Makk 1,18 und 15,16 (Verbindungen mit Rom) erwähnt. Weitere Personen mit Namen P., die in den Apokryphen erwähnt werden, sind ein General Antiochus' IV. Epiphanes (1Makk 3,38; 2Makk 4,45; 6,8; 8,8 und vielleicht 10,12) und ein Schwiegersohn des Simon Makkabäus, der seinen Schwiegervater und zwei Schwäger 135 v.Chr. in Dok nahe Jericho ermordete (1Makk 16,1ff).

Unter den späteren P.n verfiel der ägypt. Staat immer mehr. Die Aufstände der Einheimischen nahmen zu; die Könige und ihre skrupellosen Königinnen (z.B. Kleopatra und Berenike) lebten ausschweifend (nicht selten wurden Familienangehörige ermordet), während die Macht Roms zusehends wuchs. Die Dynastie endete mit der einflußreichen aber skrupellosen Kleopatra VII. und ihrem Sohn aus der Verbindung mit Julius Cäsar, Ptolemaios XIV. Cäsarion. Kleoprata zog Cäsar ebenso wie Antonius in ihren Bann, machte jedoch keinen Eindruck auf Oktavian (Augustus). Sie beging Selbstmord, um der Demütigung zu entgehen, in einem röm. Triumphzug mitgeführt zu werden. Im Jahre 30 v.Chr. wurde Ägypten röm. Provinz.

Literatur: KLP IV, 1217ff; H. Donner: Geschichte des Volkes Israel und seiner Nachbarn in Grundzügen 2, 1986, S. 441-446; M. Hengel: Juden, Griechen und Barbaren, 1976; ders.: Judentum und Hellenismus, ^{3}1988; B. Reicke: Neutestamentliche Zeitgeschichte, 1964; C.D.G. Müller: Grundzüge des christlich-islamischen Ägypten von der Ptolemäerzeit bis zur Gegenwart, 1968; E. Hornung: Grundzüge der ägyptischen Geschichte, [2]1978. K.A.K.

PTOLEMAÏS (AKKO).

I. ZUR ZEIT DES ALTEN TESTAMENTS.

1. Lage.

Dieser beste natürliche Hafen Palästinas liegt am Nordende der Bucht von Haifa (vgl. Karte *Galiläa). Seit dem Anfang des 2. Jt.v.Chr. wird er in ägypt. Texten erwähnt. Auch die archäologischen Funde reichen in diese Zeit zurück (Späte Bronzezeit). Eine Blütezeit erlebte die kanaan. Königsstadt vom 15.-13. Jh.v.Chr. Zu dieser Zeit lag sie noch auf einem Hügel 1,5 km östl. von der heutigen Altstadt (Tell el-Fukhar oder »Napoleons-Hügel«). In der pers. Zeit (6.-4. Jh. v.Chr.) wurde die Stadt an ihre heutige Stelle am Ende der Halbinsel verlegt. Durch alle folgenden Jh. war sie bedeutende Handelsstadt durch ihre Lage zugleich am Meer und an den Hauptstraßen nach Ägypten und zur Jordansenke.

2. Geschichte.

Nach Ri 1,31 konnte der Stamm Asser/Ascher »die Einwohner von Akko und die Einwohner von Sidon nicht vertreiben«. Die Stadt war in der Königszeit nie israelit. Besitz, obwohl sie in Jos 19,30 als Küstenstadt von

Tetradrachme des Ptolemäus VI. Philometor (180–145 v. Chr.). Durchmesser: 32 mm. (RG)

Ascher genannt wird (statt des hebr. *Umma* ist mit LXX *Akcho* zu lesen); vielleicht ist sie auch in Mi 1,10 erwähnt (*bacho*). Häufig wird sie dagegen in assyr. Texten des 9.-8. Jh. v.Chr. genannt. In der pers. Zeit war sie Festung und Ausgangspunkt für Unternehmungen gegen Ägypten. Ohne großen Widerstand fiel sie 333 v.Chr. in die Hand Alexanders d. Gr., der in der Stadt eine Münzstätte einrichtete, die über 600 Jahre lang tätig war und eine Unmenge von Münzen prägte; sie machen es uns möglich, die Entwicklung der Stadt, ihrer Be-

Ptolemäus III. Euergetes I. und seine Nachfolger ließen diesen Horus-Tempel in Edfu, Oberägypten erbauen. Das große Eingangstor (1. Jh. v. Chr.) führt in die Haupthalle des Tempels. (KAK)

Ein Erlaß zum Gedenken der Krönung Ptolemäus' V. Epiphanes. Inschrift auf dem Rosetta-Stein (schwarzer Basalt, Höhe: 1,14 m) in ägyptischen Hieroglyphen, demotischer Schrift sowie in griechischer Schrift. Rashid, Ägypten, ca. 196 v. Chr. (BM)

völkerung, ihres Kultes und ihrer wirtschaftlichen Lage genau nachzuzeichnen.

3. Name.

Erstmals erscheint der Name »Ptolemais« auf den ägypt. Münzen der Stadt im frühen 3. Jh.v.Chr., d.h. in der Zeit Ptolemäus' II. Philadelphus (285-246 v.Chr.). Die Seleukiden-Könige behalten diesen Namen bei, und er erscheint bis 268 n.Chr., dem Ende der Münzstätte, auf den Münzen dieser Stadt. Doch der alte Name Akko war nie ganz vergessen: Unter Augustus erscheinen 6-4 v.Chr. die Buchstaben AKH auf Stadtmünzen, und viel später, unter den Umayyaden, Abassiden und Fatimiden, steht auf den Münzen AKKA, bei den Kreuzfahrern ACON; der Name P. war vergessen. Heute heißt die Stadt bei den Arabern, die einen großen Teil der Bevölkerung ausmachen, ʿAkka, bei den Israelis wieder ʿAkko.

Ptolemais/Akko (vgl. Ri 1,31) war zur Zeit des Paulus eine römische Kolonie. Dieser Aquädukt stammt aus etwa dieser Zeit. (MEPhA)

II. ZUR ZEIT DES NEUEN TESTAMENTS. P. gehörte nie zum Territorium von Galiläa und wird auch nur einmal im NT genannt (Paulus beendet dort im Jahre 57 seine Seefahrt, kann hier bereits »Brüder« besuchen und wandert dann zu Fuß weiter nach Jerusalem: Apg 21,7). Diese für Galiläa wichtige Hafenstadt am Mittelmeer bildet aber den Hintergrund, vor dem erst die ntl. Zeitgeschichte, vor allem insoweit sie Galiläa betrifft, verständlich wird. In 1Makk 5,15 wird P. neben »Tyrus und Sidon und dem ganzen oberen Galiläa« als meist judenfeindlich gekennzeichnet. Von Alexander Balas erobert (1Makk 10,1), wird P. der Ort einer glänzenden Hochzeitsfeier, bei der sich der Seleukiden-König mit dem Ptolemäer-König verschwägert und Jonatan, der Makkabäer aus Jerusalem, anwesend ist (1Makk 10,51-66). Doch in dieser stark befestigten seleukidischen Stadt wird Jonatan auch bald darauf ermordet (1Makk 12,48). Der Hasmonäerkönig Alexander Jannäus (103-76 v.Chr.) versucht vergeblich, P. unter seine jüd. Oberhoheit zu bringen (Jos.ant.Jud. XIII,324). Um das Jahr 47 v.Chr. wurde P. von Julius Caesar besonders begünstigt, als dieser die syr. Verhältnisse ordnete. Herodes I., der 40 v.Chr. in Rom zum »König der Juden« gekrönt worden war, ging in diesem syr. P. an Land, um sich sein Königreich zu erobern. Z.Zt. des Kaisers Claudius (41-54 n.Chr.), der nach seinem Germanen-Sieg den Beinamen »Germanicus« erhält, steht auf den Münzen von P. »der Germanen von Ptolemais«, und seit Nero (54-68) heißt die Stadt offiziell »Colonia Ptolemais«; Nero läßt sich auf einer Münze darstellen, wie er mit dem Ochsenpflug die neue Colonia »begründet«, dabei sind im Hintergrund Feldzeichen der III., VI., X. und XII. Legion sichtbar. Beim Ausbruch des Jüd. Kriegs töten die Einwohner von P. 2000 Juden (Jos.bell.Jud. II, 477); Cestius Gallus, der Statthalter von Syrien, zieht sich nach P. zurück; und im Auftrag von Nero beginnt im Jahre 67 n.Chr. Vespasian von P. aus mit der Niederwerfung Galiläas.

Literatur: E. Schürer: Geschichte des jüdischen Volkes, II, S. 141-150; EAEHL 1, S. 14-25; Y. Meshorer: City-Coins of Eretz-Israel and the Decapolis in the Roman Period, 1985; W. Bösen: Galiläa als Lebensraum und Wirkungsfeld Jesu, 1985. B.Schw.

PUDENS. Röm. Eigenname, griech. Umschrift: *Pudēs*, »schüchtern«, »bescheiden«, »zartfühlend«, »von Ehrgefühl geprägt«. Da es sich nicht um einen Familiennamen, sondern um einen Beinamen handelt, ist es nur bei Annahme der erblichen Verbindung durch den Beinamen möglich, die verschiedenen Träger des Namens miteinander in Verbindung zu bringen.

Der im NT genannte P. erscheint neben Eubulus, *Linus und Klaudia in der Grußliste des *Paulus an *Timotheus (2Tim 4,21). Da er dort nicht näher beschrieben wird, sind wir auf sekundäre Information angewiesen. Schon in ntl. Zeit erscheint der Name P. mehrmals, und zwar jeweils als der eines Angehörigen vornehmer gesellschaftlicher Kreise bzw. der leitenden Beamtenklasse. Beispiel: die Aschenkiste des Lucius Magius Pudens im Trierer Landesmuseum, Inv. G 37; Aulus Pudens, der Freund des in Spanien geborenen, aber später in Rom seßhaften Dichters Martial (ca. 40-102 n.Chr.: Epigramme 1,31; 4,13; 6,58; 13,69 – deren teils anzüglicher Inhalt kaum auf einen Christen schließen läßt.)

Ein Teil der frühchristl. Tradition nennt den P. aus 2Tim 4,21 einen Senator (Acta Sanctorum Bollandiana, Maii IV, 1866, S. 296-301, hier S. 301). Die ältesten erhaltenen Textschichten des Liber Pontificalis (ed. Duchesne, 1886, S. 132-133 und 509) und der dem Bruder des Bischofs Pius I., Hermas, legendär zugeschriebenen, in einer Fassung des 6. Jh. erhaltenen Acta SS Pudentianae et Praxedis, der Töchter des P. (ed. Analecta Sanctorum Bollandiana, Maii IV, 1866, S. 296-301, hier S. 299), nennen keinen Rang des P., identifizieren ihn jedoch als Besitzer eines Hauses am Vicus Patricius (heute Via Urbana/Via Balbo). In diesem Haus soll *Petrus während seines (zweiten) Rom-Aufenthalts (ab ca. 60 n.Chr.) gewohnt und zusammen mit Paulus den P., später auch dessen beide Töchter getauft haben.

Obwohl die literarischen Quellen in ihrer heutigen Gestalt kaum vor das 6. Jh. zurückgehen dürften, verweisen die archäologischen Spuren in das 1. Jh. und damit in die Zeit des paulinischen P. aus 1Tim 4,21. Die unter Papst Siricius (384-399) erweiterte und mit Fresken und Mosaiken ausgeschmückte Kirche Santa Pudenziana steht auf einem großangelegten Privathaus des frühen 1. Jh.

Nach den Acta SS Pudentianae et Praxedis hat P. selbst noch vor seinem Tod das Haus zur Gemeindekirche (»Titulus«) gemacht; später habe Bischof Pius I. auf Bitten der Töchter die ungenutzten Thermen zu einer Kirche geweiht und ein Baptisterium eingerichtet. Diese Angaben des Textes, der aus zwei Briefen an und von Timotheus bestehen will, gehen zwar, wie die Archäologie zeigt, auf historisch zuverlässige Information zurück, würden jedoch chronologisch voraussetzen, daß sowohl P. als auch seine Töchter sehr alt, Timotheus aber mindestens 120 Jahre alt wurde(n), denn Pius I. amtierte von 140-150 n.Chr. Festzuhalten bleiben die drei Bauetappen: a. »Haus des Pudens« aus dem 1. Jh.; b. in und neben das Haus gebaute öffentliche Thermen des 2. Jh.; c. Kirchenbau des 4. Jh., den Namen des Pudens tragend, hervorgehoben u.a. durch das älteste erhaltene röm. Apsis-Mosaik. Denkbar ist die auch anderweitig in Rom anzutreffende dreiteilige Entwicklungsgeschichte: a. *»Hauskirche« als Teil eines Privathauses noch zu apostol. Zeit; b. Enteignung und Umwidmung des christl. Versammlungsortes im Zuge von Verfolgungsmaßnahmen, hier: Umbau zu einer Badeanlage; c. Rückgewinnung dank bewahrter Lokaltradition und Kirchenbau nach dem Mailänder Toleranzedikt des Konstantin und des Licinius (312).

Die heutige Kirche Santa Pudenziana trägt erst seit dem 8. Jh. den Namen der Tochter des P.; der Irrtum ist auf das späte Mißverständnis der alten Bezeichnung »Ecclesia Pudentiana« als Eigenname statt als Attribut (»dem Pudens zugehörig«) zurückzuführen.

P. wurde von der röm.-kath. Kirche im 6. Jh. heiliggesprochen; sein Festtag ist der 19. Mai.

Literatur: Fotos vom Inneren des Pudens-Hauses in: C. Mocchegiani Carpano et. al: Unter den Straßen von Rom, 1986, S. 100f.-123; Apsismosaik, Fresken und Inneres der Kirche in: U.V. Fischer Pace: Kunstdenkmäler in Rom, Band 1, 1988, S. 17.236-239.448; zur Ausgrabungs- und Überlieferungsgeschichte: B. Vanmaele: L'Église Pudentienne de Rome (Santa Pudenziana), 1965.

C.P.Th.

PUNON. Lagerstätte der Israeliten in *Edom (4Mo 33,42f), zwischen *Zalmona und *Obot. Hier hat *Mose wohl die eherne Schlange aufgerichtet (4Mo 21,4-10), wie es auch das *Medeba-Mosaik (6. Jh.n.Chr.) darstellt. P. ist das Grubengebiet von Feinan, das bereits in der Bronzezeit ausgebeutet wurde, etwa 50 km südl. des Toten Meeres. Nach den Funden, die in P. und den Orten nordwestl. davon gemacht wurden, war das Grubengebiet von 2200-1800 und 1200-800 v.Chr. besiedelt, ebenso in nabatäischer, röm. und byzantin. Zeit. Auf dem Höhenzug zur *Araba hin (Hamra el-Fidan) ließ *Salomo ein Fort anlegen, um den Zugang zu den Minen zu schützen. In der Aufzählung der nach ihren Gebieten benannten edomit. Fürsten ist Pinon (1Mo 36,41; 1Chr 1,52) wohl mit P. gleichzusetzen.

PURIM. Jüd. Fest vom 13.-15. Tag des Monats Adar. Zu dieser Gelegenheit wird das Buch *Ester gelesen. Traditionsgemäß schmäht die Versammlung in der Synagoge den Namen *Hamans wann immer dieser erwähnt wird. Das Buch Ester erzählt den Ursprung des Festes. Unter *Ahasveros, vermutlich Xerxes I., (486-465 v.Chr.) wollte der Wesir Haman alle Juden töten lassen. Da er ein abergläubischer Mann war, warf er das Los, um einen günstigen Tag zu finden. Das Wort *pūr*, das nach Est 3,7; 9,24.26 »Los« heißen soll, ist kein hebr. Wort, sondern mit hoher Wahrscheinlichkeit auf das assyr. *puru* zurückzuführen, daß »Kieselstein« oder »kleiner Stein« bedeutet, der zum Loswerfen benutzt wurde.

Der früheste Hinweis auf das Fest außerhalb des AT findet sich in 2Makk 15,37, wonach 161 v.Chr. der Erlaß erging, den Sieg von Judas Makkabäus (s. *Makkabäer) über Nikanor am »13. Tag des zwölften Monats, der auf Syrisch Adar heißt, einen Tag vor dem Tage Mordechais« zu feiern. Wenn man 2Makk etwa in die Mitte des 1. Jh.v.Chr. datiert, dann müßte um 50 v.Chr. das Purimfest am 14. Adar gefeiert worden sein. Die Parallelstelle in 1Makk 7,49 spricht von der Einrichtung eines Nikanortags am 13. des Adar, gibt aber keinen Hinweis auf P. am 14.

Josephus sagt am Ende des 1. Jh. n.Chr., daß der Nikanortag am 13. Adar gehalten wurde (Jos.ant.Jud. 12.412) und P. am 14. und 15. Adar (Jos.ant.Jud. 11.295). Merkwürdigerweise benutzt Josephus den Ausdruck P. nicht, sondern sagt, daß die Juden die zwei Tage *phroureas* (andere Lesarten schreiben *phrouraias, phroureous, phrouraios*) nennen. Dieses griech. Wort ist auf das Verb *phroureō*, »bewachen, beschützen« zurückzuführen.

Der Nikanortag wurde nach dem 7. Jh.n.Chr. nicht mehr beachtet, aber der 13. Adar wurde ein Teil des Purimfestes. Im Gegensatz zum 14. und 15. Adar, die Festtage waren, war der 13. Adar ein Fasttag.

Literatur: B. Chagall: Brennende Lichter, 1966; J.H. Greenstone: Jewish Feasts and Fast, 1946; B.M. Edidin, Jewish Holidays and Festivals, 1940; E. Otto, D. Mach: TRE XI, 1983, 96–115. (Lit.); R. North: ThWAT II, 1977, 759–780 (Lit.). J.S.W.

PURPUR. An der Küste Palästinas kommen bis heute zwei Arten von Purpurschnecken vor, *Murex brandaris* und *Murex trunculus.* Aus einer Drüse sondern sie eine Flüssigkeit ab, die zuerst weißlich bis grün aussieht, unter dem Einfluß der Sonnenbestrahlung aber violett (hebr. *tekēlät;* assyr. *takiltu;* LÜ meist: blauer Purpur) wird und durch Zusätze in Rot (hebr. *argāmān;* assyr. *argamannu;* LÜ meist: roter Purpur) umgefärbt werden kann. Herstellung und Handel von P. war im Altertum Monopol der Phönizier (*Phönizien), die P. nach Palästina und dem übrigen Vorderen Orient ausführten.

Z.Zt. des Auszugs aus Ägypten war P. den Israeliten bereits bekannt und wurde beim Bau der Stiftshütte für den Vorhang des Heiligtums (2Mo 26,31.36), für die Teppiche (2Mo 26,1-4) und für die Kleidung des Hohenpriesters und der anderen Priester (2Mo 28) verwendet. Nach 2Chr 3,14 sind die Vorhänge im Tempel aus P. hergestellt. Jer 10,9 nennt blauen und roten P. als Bekleidung der Götzenbilder. Sonst war P. die Farbe der königlichen und fürstlichen Würde (Est 8,15; Hes 23,6; Dan 5,7.16) und ein Zeichen von Reichtum (Spr 31,22; Lk 16,19). Der »Purpurmantel«, der Jesus zum Spott um die Schultern gelegt wurde, war ein gewöhnlicher, roter Soldatenmantel (griech. *kokkinos,* »scharlachrot«, Mt 27,28; *porphyra* bzw. *porphyrous,* »Purpur« bzw. »purpurfarben«, Mk 15,17.20; Joh 19,2).

Z.Zt. des NT war die Stadt *Thyatira in Kleinasien für ihren Purpurhandel berühmt (Apg 16,14; *Lydia). Sowohl der Farbstoff wie der gefärbte Stoff wurden P. genannt.

PUT.

1. Dritter Sohn *Hams (1Mo 10,6; 1Chr 1,8).

2. Krieger, die zusammen mit den Libyern, Ägyptern und Äthiopiern No-Amon (Theben) nicht vor Assyrien schützen konnten (Nah 3,8f). Jer 46,9 und Hes 30,5 bezeichnen P. als Verbündeten Ägyptens. P. ist wohl in Afrika zu suchen, aber seine Lage ist umstritten. Aufgrund der Beobachtung, daß Lubim (Libyer) und P. in Nah 3,9 unterschieden wurden, wollen manche P. mit dem Pw(n)t (O-Sudan?) aus ägypt. Texten gleichsetzen. Aber das altpers. *putija* und das babylon. *putha* (hebr. *pūth*) lauten im Ägypt. *T'mchw,* »Libyen«; dadurch wird P. zu Libyen (G. Posener, La Première Domination Perse en Égypte, 1936, S. 186-187). »Lubim und Put« in Nah 3,9 entsprechen »Lubim und Sukkijiter« in 2Chr 12,3. Da Tyrus eher libysche als somalische Hilfstruppen beschäftigt haben dürfte, könnte *pūth* vom ägypt. *pdty* »fremder Bogenmann« (oder ähnliche Bedeutung) herstammen, zumal die Libyer Bogenschützen waren (W. Hölscher, Libyer und Ägypter, 1937, S. 38-39). K.A.K.

PUTEOLI. Heute Pozzuoli, nahe Neapel; eine samische Kolonie von Cumae, die im 6. Jh.v.Chr. gegründet wurde. P. fiel vermutlich mit Capua 338 v.Chr. in röm. Hand und wurde bald ein bedeutender Kriegs- und Handels-

Überreste des flavischen Amphitheaters von Puteoli (heutiges Pozzuoli). Nach 69 n. Chr. (RS)

hafen. Livius erwähnt eine Garnison von 6000 Soldaten dort während des zweiten Punischen Krieges (24.13) und die Einschiffung großer Verstärkungstruppen für Spanien (26.17). Roms Osthandel, besonders mit Korn aus Ägypten, verlief über P. Seneca beschreibt die Ankunft der Getreideschiffe aus *Alexandria (epist. 77). Paulus kam in P. auf einem alexandrinischen Frachter an (Apg 28,13). Die jüngst entdeckte Kapelle in Herculaneum kennzeichnet wohl das Haus der Leute, bei denen sich Paulus sieben Tage aufgehalten hat. Die Via Domitiana verband P. mit der Via Appia. E.M.B.

PUTZ/VERPUTZ s. Haus

(I)

DAS GROSSE BIBELLEXIKON

Band 6: T – Z

Herausgegeben von
Helmut Burkhardt
Fritz Grünzweig †
Fritz Laubach
Gerhard Maier

R. BROCKHAUS VERLAG WUPPERTAL
BRUNNEN VERLAG GIESSEN

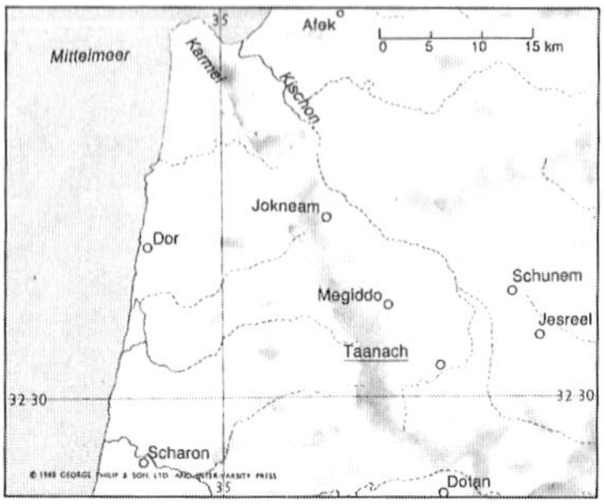

Die Lage von Taanach.

TAANACH. Das heutige Tell Ta'annek am S-Rand der *Jesreel-Ebene kontrollierte einen Weg über das Karmelgebirge, der dem Wadi Abdullah folgt. In ihren Berichten über die Eroberung Westpalästinas (ca. 1450 v.Chr.; ANET, S. 234ff) erwähnen die Pharaonen Thutmosis III. und *Schischak T. Im 248. Amarnabrief wird ein Überfall von Männern aus T. auf *Megiddo beklagt, das sich Ägypten gegenüber loyal verhielt. Die Israeliten besiegten den König von T.; der Stamm Manasse, dem die Stadt zugeteilt worden war, konnte sie jedoch nicht einnehmen (Jos 12,21; 17,11; Ri 1,27). T. wurde den Leviten zugeteilt (Jos 21,25). Salomos Verwaltungsreform verband T. eng mit Megiddo (1Kön 4,12); Deboras Siegeslied sieht T. »am Wasser Megiddos« (Ri 5,19), die Stätte der Niederlage Kanaans. Ausgrabungen in den Jahren 1901-1904, 1963, 1966 und 1968 legten eine Stadt aus der Frühen Bronzezeit frei, Besiedlung aus der Mittleren Bronzezeit II. mit typischem, allerdings gründlich zerstörtem Glacis (s. *Festungsbau und Belagerungstechnik) sowie eine blühende Stadt der Späten Bronzezeit I. (Man fand 14 Tontafeln mit akkad. Keilschrift). Gegen Ende der Späten Bronzezeit wurde T. ein weiteres Mal zerstört, vielleicht von Deboras Truppen. In den Trümmern von T. fand sich auch eine Tontafel mit einem in Keilschrift geschriebenen kanaan. Alphabet. Aus der Frühen Eisenzeit sind Befestigungen sowie ein Pferdestall (die vielleicht unter Salomo oder Ahab errichtet wurden) zutage gekommen, außerdem ein mit Löwenreliefs verzierter tönerner Ofen (wohl kaum ein Räucheraltar).

Literatur: E. Sellin: Tell Ta'annek, 1904; P.W. Lapp: BA 30, 1967, S. 1-27; ders.: BASOR 173, 1964, S. 4-44; 185, 1967, S. 2-39; 195, 1969, S. 2-49; D.R. Hillers: BASOR 173, 1974, S. 45-50; A. Glock: BASOR 204, 1971, S. 17-30. A.R.M.

TABOR, BERG.

1. Name und Lage.

Der Berg T. (hebr. *har tābōr*, griech. *oros Thabor*; LXX zu Hos und Jer: *to Itabyrion*) liegt ca. 9km östl. von *Nazareth und 19km südwestl. des Sees *Genezareth. Mit einer Höhe von 588 m erhebt er sich etwa 500 m über die *Jesreel-Ebene und rund 700 m über den *Jordan-Graben. Durch die isolierte Lage und seine charakteristische Form stellt dieser Kalksteinkegel eine weithin sichtbare Landmarke dar. Das Gipfelplateau hat eine Ausdehnung von ca. 1200 x 400 m. Die Hänge, die früher von Tabor-Eichen bewachsen waren, wurden in der Türkenzeit abgeholzt. Wegen der teilweise erfolgten Aufforstung bedeutet heute eine Besteigung zu Fuß auch ein Naturerlebnis.

Wie bei den meisten alten Landschaftsbezeichnungen ist die Bedeutung des Namens T. unsicher und umstritten. J. Lewy leitet T. von akkad. *tabira*, einem Namen des Gottes *Tammuz, ab (HUCA 23, 1950/51, 357-386). J. Boehmer weist auf hebr. *dober*, »Weide«, hin (ZSem 7, 1929, 161-169). Ein anderer Vorschlag versteht T. von hebr. *nābār* als »Höhe« (D.W. Thomas, VT 1, 1951, 229f). Möglich wäre auch eine Ableitung von der südsemit Wurzel *dbr*, »sich erheben« (Petrozzi, 124). Im Arab. heißt der T. heute einfach Dschebel et-Tor, »der Berg«. Zur griech. Schreibweise *Atabyrion/Itabyrion* kam es vermutlich durch die Beibehaltung des hebr. Artikels (*ha-tabor*) und die Anfügung einer Ortsendung.

2. Altes Testament.

Der T. bildete den markanten Grenzpunkt, an dem die Gebiete der Stämme *Issaschar, *Sebulon und *Naftali zusammenstießen (Jos 19,12. 22.34). Obwohl wesentlich niedriger als der *Hermon konnte der T. wegen seiner herausragenden Lage mit diesem Berg (Ps 89,13) wie auch mit dem etwa gleich hohen *Karmel (Jer 46,18) als Zeuge der Herrlichkeit Gottes nebeneinander gestellt werden. Eine besondere Heiligkeit des Berges dürfte schon in 5Mo 33,19 vorausgesetzt sein. Für den im östl. Mittelmeerraum (Tempel auf *Rhodos und in Agrigent) wohl durch *Phönizier verbreiteten Kult des Zeus Atabyrion/Itabyrion nimmt man einen Ursprung auf dem T. an (J. Boehmer, BZ 23, 1935/36, 333-341; O. Eißfeldt, Kleine Schriften II, 1963, 29- 54). Allerdings ist ein kanaan. Gott Baal-Tabor sonst nicht belegt. Jedenfalls polemisierte aber *Hosea gegen einen Fremdkult auf dem T. (Hos 5,1). Die Herleitung von Ps 68 aus besonderen Kulttraditionen des T. (H.J. Kraus, FS W. Freytag, 1959, 177ff) bleibt unsicher. Nicht weit vom SO-Fuß des T. kreuzten sich die große

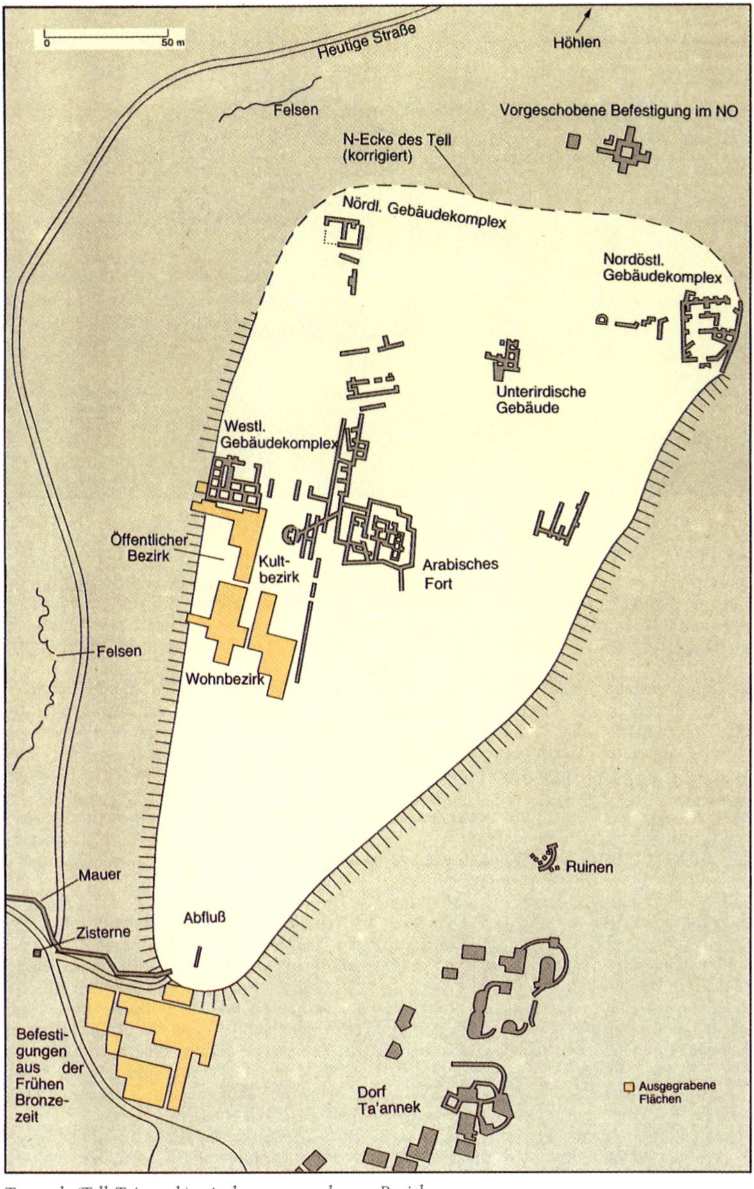

Taanach (Tell Ta'annek) mit den ausgegrabenen Bezirken.

Der Berg Tabor. (RS)

N-S-Straße von *Hazor und *Damaskus zum Paß von *Megiddo und die W-O-Verbindung zwischen dem Mittelmeer und dem Jordan-Tal. Das gab dem Berg eine besondere strategische Bedeutung, wie sich bei einer der wichtigsten Entscheidungsschlachten der Geschichte Israels zeigte. Auf dem T., vor den Streitwagen des kanaan. Feldherr *Sisera geschützt, sammelten *Debora und *Barak ihre Truppen (Ri 4,6.12), bevor sie in die Ebene hinunterstürmten (Ri 4,14), in der die Fahrzeuge wegen eines Wolkenbruchs steckengeblieben waren. In der Gegend des T. wurden die Brüder *Gideons von *Midianitern erschlagen (Ri 8,18).

217 v.Chr. eroberte der Seleukide Antiochus III. den T. von den ägypt. Ptolemäern und stationierte dort eine Garnison (Polybios V, 70,6). Um 100 v.Chr. entriß der jüd. König Alexander Jannäus den Syrern den Berg, der dann von Pompeius 63 v.Chr. eingenommen wurde (Jos.ant.Jud. XIII, 396). Nicht weit vom T. besiegte 53 v.Chr. der Prokonsul Gabinius den letzten Hasmonäer Aristobul II. (Jos.ant.Jud. XIV, 102; bell.Jud. I, 177). Während des Jüd. Aufstands (66 n.Chr.) befestigte Flavius Josephus in nur 40 Tagen den T. mit einer Mauer, doch mußten sich die Besetzer wegen Wassermangels den Römern ergeben (Jos.bell.Jud. II, 573; IV, 54-61; vita 188). Weil Polybios von der Stadt Itabyrion spricht, rechnet man für die hellen.-röm. Zeit meist mit einer größeren Siedlung auf dem T. Aber der Bericht des Josephus und der archäologische Befund sprechen nicht dafür. Während die prähistorische Zeit durch wichtige Reste vertreten ist (E.D. Stockton, SBFLA 15, 1964/65, 131-136), fand sich aus der hellen. Epoche fast nichts. Außer der Befestigung des Josephus lassen sich bisher nur einige Gräber der Wende vom 1. zum 2. Jh.n.Chr. nachweisen, in denen vielleicht im Kampf gegen die Römer Gefallene zweitbestattet wurden (S. Loffreda, SBFLA 28, 1978, 241-246). Auch wenn bisher keine systematischen Grabungen durchgeführt wurden, ist es daher eher unwahrscheinlich, daß der T. in ntl. Zeit in nennenswerter Weise besiedelt war.

3. Neues Testament.

Als älteste bekannte Ortstradition verlegt das Hebräer-Ev. (Origenes, In Ioannem 2,12) die Versuchung Jesu »auf dem hohen Berg« (Mt 4,8) auf den T. (NT Apo I, S. 146), obwohl im Evangelien-Bericht kaum an einen wirklichen irdischen Berg gedacht ist. Die Origenes zugeschriebene Schrift »Selecta in Psalmos«, nach der die Verklärung Jesu (Mt 17,1-8;Mk 9,2-8;Lk 9,28-36) auf dem T. stattfand (ELS 319), ist sicher unecht (R. Devresse, DBS I, 1928, 1121). Nach Eusebius (In Ps 88,13) fanden auf Hermon und T. »wunderbare Verwandlungen« (griech. *paradoxous metamorphōseis*) Jesu statt (ELS 320). Wahrscheinlich war ihm eine Überlieferung von der Verklärung im *Hermon-Gebiet bekannt, für die in der Tat der geographische Zusammenhang und der jüd. Hintergrund der Evv.-Berichte sprechen (R. Riesner, TynB 38, 1987, 56-58). Der Hermon erwies sich allerdings wegen seiner einsamen Lage für die Ausbildung einer konkreten Ortstradition als wenig geeignet. So zogen andere Berge die Aufmerksamkeit auf sich, die in der jüd. Überlieferung als besondere Offenbarungsorte galten. Der Pilger von Bordeaux (333 n.Chr.) findet das Gedenken der Verklärung auf dem *Ölberg (ELS 387), der schon nach alter jüd. Anschauung als besonderer Gottesberg galt (vgl. Jub 4,26). Wahrscheinlich fand der Pilger eine abgesonderte Gruppe von Judenchristen, die auch andere galiläische Ereignisse wie die *Bergpredigt und die Auferstehungserscheinung von Mt 28,16-20 auf den Ölberg verlegten (E. Testa, SBFLA 14, 1963/64, 97-99; Petrozzi, 108-113). In der rabbin. Literatur wird die Herabkunft des himmlischen Heiligtums auf die fünf Berge T., Hermon, Karmel, *Zion und *Sinai erwartet, die offenbar aufeinander getürmt werden sollen (Bill. IV/2, 930f). Die älteste gesicherte Notiz über die Verklärung auf dem T. bietet Kyrill von Jerusalem 348 n.Chr. (ELS 320), und diese Lokalisierung hat sich dann durchgesetzt. Erst im 17. Jh. wurde sie in Frage gestellt und der Hermon erneut ins Gespräch gebracht (J. Lightfoot). Die Bezeichnung »heiliger Berg« in 2Petr 1,18 für den Ort der Verklärung würde zwar gut zum T. passen (Strobel, 137), aber zu dem Ausdruck kann es auch erst wegen des ntl. Geschehens gekommen sein (Kopp, 301).

Theodosius (530 n.Chr.) findet auch die Erscheinung des Auferstandenen »auf dem [bestimmter Artikel] Berg in *Galiläa« (Mt 28,16) am T. lokalisiert. Handelt es sich dabei um eine nachträgliche Ortsansetzung, die anderen folgte? Vielleicht kennen aber auch schon Epiphanius von Salamis (R.P. Blake, Studies and Documents II, 1934, 152) am Ende (Petrozzi, 103) und Eusebius (s.o.) am Beginn des 4. Jh. diese Überlieferung (Kopp, 302). Es wäre gut möglich, daß Jesus gerade wegen der Bedeutung des Bergs im AT und in der jüd. Erwartung den T. als Ort einer besonders wichtigen Auferstehungserscheinung wählte, um deren endzeitlichen Charakter zu unterstreichen (Mt 28,16-20; vgl. 1Kor 15,6). Im 4. Jh. begegnet der T. dann bei Athanasius von *Alexandria (PG 28, 525-530) auch als Ort der Begegnung zwischen *Abraham und *Melchisedek (1Mo 14,17-20). Zwar hat man das gelegentlich für eine alte kanaan. Tradition gehalten (H.W. Hertzberg, JPOS 8, 1928, 169-179), aber mit dem *Salem in 1Mo 14,18 ist doch wohl *Jerusalem gemeint. Vielleicht wurde die Ortsübertragung auf den T. von der judenchristl.-gnostischen Sekte der Melchisedekianer vorgenommen. Die nachträgliche Anlagerung von Ortstraditionen an eine ursprüngliche Überlieferung, in diesem Fall wohl von einer Erscheinung des Auferstandenen (Dalman, 204), ist ein auch sonst bekanntes Phänomen.

4. Spätere Geschichte.

Die Nachricht von einem Kirchbau bereits durch die Kaisermutter Helena (ELS 326) ist zweifelhaft. Spätestens seit dem 6. Jh. erwähnen dann die Pilgerberichte Kirchen auf dem T. (ELS 321f). Der seit 518 bezeugte »Bischof des heiligen Berges Tabor« residierte allerdings wohl ursprünglich in Exaloth (*Kislot-Tabor). 614 wurde der T. von den Persern verwüstet. 1101 gründeten deutsche Benediktiner im Gefolge der Kreuzfahrer ein Kloster, dessen Ruinen erhalten sind, und bauten die Verklärungskirche wieder auf. Nach der Niederlage der Kreuzfahrer (1187) baute der Sultan Malik von Damaskus 1211 den Tabor zu einer mächtigen Festung aus, von der beträchtliche Reste erhalten sind (A. Battisti, B. Bagatti, La fortezza saracena del Monte Tabor, 1976). 1263 wurden alle christl. Gebäude zerstört, aber 1631 gelang es den Franziskanern, ein neues Kloster zu gründen. Wenig später ließen sich auch Griechisch-Orthodoxe auf dem T. nieder. 1911 erbauten die Griechen über den Trümmern einer Basilika des 4. oder 5. Jh. (V. Guérin, Galilée I, 1880, 145), die an die Begegnung von Abraham und Melchisedek erinnern sollte (ELS 328-331), eine neue Kirche. Westl. von der griech. Elia-Kirche liegt eine restaurierte Grotte, in der Melchisedek nach einer eigenartigen mittelalterlichen Überlieferung gelebt haben soll (ELS 331). Die Franziskaner folgten 1924 mit Bauten. Ihre neue, im syr. Stil des 5. Jh. errichtete Kirche orientiert sich an der dreiteiligen (nach den »drei Hütten für Mose, Elia und Jesus«, Mt 17,4 par.) byzantin. Verklärungsbasilika, von der Mauern und Mosaiken gefunden wurden (L.H. Vincent, RB 31, 1922, 124f). Byzantin. Apsis und Altar sind in der heutigen Krypta zu sehen. Leider wurden an beiden Orten keine systematischen archäologischen Untersuchungen vorgenommen. So konnte bisher nicht festgestellt werden, ob die unter den alten Kirchen gelegenen Höhlen auf judenchristl. Verehrung hinweisen. Auffällig ist, daß die Grotte unter der Verklärungskirche drei Untergrotten umfaßt (Petrozzi, 148). In neuerer Zeit wurde eine byzantin. Bestattungshöhle des 5./6. Jh. mit Inschriften gefunden (B. Bagatti, SBFLA 27, 1977, 119-122).

Die Verlegung der Verklärung auf den T. führte dazu, daß man in der Kreuzfahrerzeit im arab. Dorf Daburija eine Kirche an dem Ort baute (V. Corbo, SBFLA 28, 1978, 247-

251), wo man sich die zurückgelassenen neun Jünger dachte. Später verlegte man hierhin das Schweigegebot Jesu an die drei Jünger (Mt 17,9;Mk 9,9), dessen man sich früher in einer weiteren Höhle auf dem T. selbst erinnert hatte (ELS 330), wahrscheinlich bei der heutigen Kapelle Descendentibus, die auf byzantin. Resten errichtet ist (Petrozzi, 208-210). Noch jünger ist das Gedenken der Heilung des fallsüchtigen Jungen (Mt 17,14-21 par.) in dieser Kirche (Kopp, 305f). Daburija war vielleicht schon in ntl. Zeit besiedelt (B. Bagatti, Antichi villaggi cristiani di Galilea, 1971, 273f), aber es kann sich auch um eine christl. Neugründung des atl. *Daberat (Jos 19,12) handeln (*Tabor, Ort). Nicht zu identifizieren ist Daburija jedenfalls mit dem byzantin. Helenopolis (so F.M. Abel, Géographie de la Palestine II, [3]1967, 347), das vielmehr bei dem arab. Dorf Kafr Kama zu suchen ist (Bagatti, 274-280). Unklar bleibt, ob die seit dem 4. Jh. nachweisbare Bezeichnung des Dschebel ed-Dahi südwestl. des T. zwischen *Nain und *Sunem als Hermonim (Hieronymus, Briefe 46,12; 108,13) auf einen vorhandenen Ortsnamen oder auf eine geographische Ausdeutung von Ps 89,13 (vgl. die Pluralform *chermonim* in Ps 42,7) zurückgeht. Spätere Pilger nennen den Hügel den Kleinen Hermon (ELS 342f). Wohl schon Egeria (J. Wilkinson, Egeria's Travels, [2]1981, 192) fand hier am Ausgang des 4. Jh. die Überlieferung von einem Mahl Jesu (Mk 2,23 par.?). Noch in unserem Jh. zeigten einheimische Christen den von Egeria erwähnten verehrten Stein (S. Paton, Annual 1, 1920, 64).

Ein Besuch des T. lohnt sich heute schon allein wegen der einzigartigen Aussicht, die man vor allem von der arab. Bastion hinter der kathol. Kirche genießen kann. Der Blick reicht nach O über die Jordan-Senke und den See Genezareth zu den Golan-Höhen sowie den sich südl. anschließenden Bergen von *Gilead. Im S liegt die fruchtbare Jesreel-Ebene, die vom samaritanischen Bergland abgeschlossen wird, das im Gebirge *Gilboa ausläuft. Nach W jenseits des Passes von Megiddo gehen die *Samariter-Berge in das Massiv des Karmel über, der an das Mittelmeer reicht. Im N erheben sich die Berge von Ober-Galiläa bis hin zum majestätischen, meist schneebedeckten Hermon. Nazareth und auch Orte wie *Nain oder *Sunem liegen zum Greifen nahe. Der Betrachter hat eine Karte atl. Geschichte vor sich, wie sie auch Jesus sah.

Literatur: R. Bach: BHH III, 1966, 1962f; A. van den Born: BL, [3]1982, 1097f; G. Dalman: Orte und Wege Jesu, [3]1967, 203-206; E. Gorys: Das Heilige Land, [4]1985, 298-301; C. Kopp: Die heiligen Stätten der Evangelien, [2]1964, 299-306; K.G. Jung: ISBE IV, 1988, 713f; G. Kroll: Auf den Spuren Jesu, [10]1988, 263-268; J. Murphy-O'Connor: Das Heilige Land, 1981, 351-354; M.T. Petrozzi: CNfl 25 (1975), 139-143; dies.: Il Monte Tabor e Dintorni, 1976; A. Strobel: FS für G. Stählin, 1970, 133-146. R.R.

TABOR, EICHE.

(Hebr. *'elon tābōr*), ein Ort in der Nähe von *Bethel (1Sam 10,3), wo *Saul ein zweites Zeichen für seine Erwählung zum König erhielt. Die Stelle lag im Stammesgebiet von *Benjamin (1Sam 10,2-5) zwischen dem Grab *Rahels bei *Zelza und Bethel auf dem Weg nach *Gibea-Elohim (Y. Aharoni, M. Avi-Yonah, Der Bibel-Atlas, 1982, 59). Eine Textänderung (P.R. Ackroyd, The First Book of Samuel, 1971, 83) in »Eiche Deboras« (vgl. 1Mo 35,8) ist nicht notwendig (W.S. La Sor, ISBE IV, 1988, 714). R.R.

TABOR, ORT

Nach 1Chr 6,62 (hebr. *tābōr*, griech. *Thabōr*; Kodex B: *Thachcheia*) eine *Levitenstadt des Geschlechtes *Merari im Gebiet von *Sebulon, die allerdings in der parallelen Ortsliste Jos 21,34f nicht erwähnt wird. Der dort parallel stehende Name Nahalal (Jos 21,35) meint eine Siedlung in der Nähe von *Akko (A. Alt, PJB 25, 1929, 41f). Vermutlich taucht der Ort T. als Dapur auch in einer Liste galiläischer Orte auf, die von Ramses II. erobert wurden (F.M. Abel, Géographie de la Palestine II, [3]1967, 474f). Vielleicht ist T. eine Abkürzung von *Kislot-Tabor (Jos 19,12). Andere schlagen Chirbet Dabura vor, eine Ruinenstätte, 1,5km nordöstl. des heutigen arab. Dorfes Daburija auf dem Sattel, der den Berg Tabor mit dem Höhenzug von *Nazareth verbindet. Aber hier handelt es sich um einen anderen Ort, nämlich das *Daberat von Jos 19,12; 21,28 (A. Alt, PJB 22, 1926, 60), das Josephus als Dabaritta kennt (bell.Jud. II, 595; vita 126.318). Ob das z.Zt. des Eusebius und Hieronymus bestehende jüd. Dorf Dabira (Eus.onom 78,6) mit der Ruinenstätte oder dem arab. Dorf zu identifizieren ist, bleibt noch offen. Kaum infrage kommt für unser T. jedenfalls der Berg Tabor selbst, da auf ihm weder in atl. Zeit (W.F. Albright, FS für L. Ginzberg, 1945, 73) noch wohl auch später eine nennenswerte Siedlung lag.

Literatur: K.G. Jung: ISBE IV, 1988, 713; W. Rudolph: Chronikbücher, 1955, 62f. R.R.

TACHPANHES. Eine bedeutende ägypt. Siedlung im Ostdelta, die zusammen mit Migdol, Nof (Memfis), etc. genannt wird (Jer

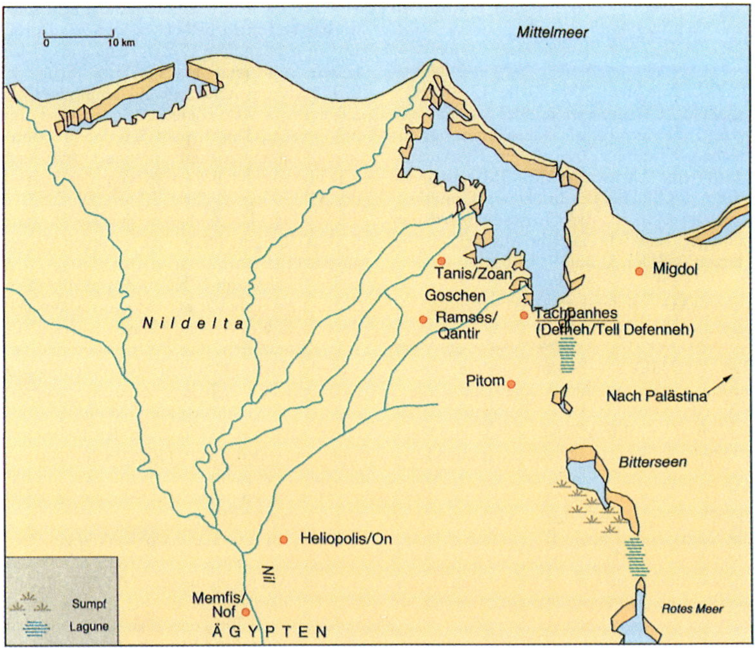

Die Lage von Tachpanhes im Nildelta.

2,16; 44,1; 46,14; Hes 30,18), in die ca. 586 v.Chr. eine Gruppe von Juden flüchtete, die *Jeremia dorthin verschleppte (Jer 43). Die gleiche konsonantische Schreibweise *Tchpnchs* taucht in einem phönizischen Papyrusbrief aus dem 6. Jh.v.Chr. auf, der in Ägypten gefunden wurde (vgl. A. Dupont-Sommer, PEQ 81, 1949, S. 52-57). Die LXX-Form *Taphnas, Taphnais* setzt vermutlich T. mit dem pelusischen Daphnai bei Herodot (2.30,107) gleich, wo Pharao Psammetich I. (664-610 v.Chr.) aus der 26. Dynastie eine Garnison griech. Söldner aufstellte. Aufgrund der geographischen Lage, der Gleichsetzung des arab. Defneh mit Daphnai und der Ausgrabung griech. Töpferwaren sowie anderer Gegenstände in Defneh, wird Tachpanhes-Daphnai im heutigen Tell Defneh lokalisiert (Defenneh), etwa 43 km südsüdwestl. von Port Said. Die ägypt. Schreibweise von T. ist nirgendwo auf Inschriften belegt, könnte aber *T'-h(wt)-p'-nhsy*, »Haus der Nubier«, lauten. Mit *nhsy*, »Nubier«, zusammengesetzte Namen kennt man aus anderen Orten in Ägypten (so Spiegelberg). »Pharaos Haus in Tachpanhes« sowie die Sandbettung (RevEB) an seinem Eingang, in die Jeremia Steine vergrub, um den Einfall Nebukadnezars in einer Zeichenhandlung anzukündigen (Jer 43,9), könnte möglicherweise die von Petrie ausgegrabene Festung Psammetichs I. sein, die an ihrer NW-Seite Spuren einer Ziegelterrasse aufweist. K.A.K.

TADMOR. Dieser Ortsname erscheint nur einmal im AT (2Chr 8,4) und wird allg. mit dem heutigen Tudmur, »Palmyra«, 200 km nordöstl. von Damaskus, identifiziert. In assyr. Texten aus ca. 1100 v.Chr. wird der Ort Tadmar genannt. T. (2Chr 8,4) ist zu unterscheiden von *Tamar (1Kön 9,18), dem heutigen Kurnub an der Straße zwischen Elat und Hebron, das Eusebius in seinem Onomasticon Thamara nennt. Diese Stadt war befestigt und sicherte den Handel mit S-Arabien und der Küstenstadt Elat. T. war das berühmte Handelszentrum nordöstl. von Damaskus und könnte bei Salomos Angriffen gegen die syr. Städte Hamat und Zoba unter seine Herrschaft gekommen sein. Tamar hingegen wird 1Kön 9,18 ausdrücklich als »im Land« und somit auf israelit. Gebiet liegend beschrieben (vgl. auch Hes 47,19; 48,28). F.C.F.

TAFEL. Aus Stein (2Mo 31,18; 32, 19; 34,1; vgl. Zehn *Gebote) oder Ton (Jes 8,1; 30,8) gefertigt, dienten T.n als Schreibmaterial für Bücher, Urkunden und Briefe (*Amarna-, Maribriefe, *Ugarit). In 2Kor 3,3 verwendet Paulus das Bild der beschriebenen T. im übertragenen Sinn für die Christen. Durch den Heiligen Geist schreibt Christus sich in ihre Herzen (vgl. Jer 31,33). S. *Schrift.

TAG s. Kalender; s. Zeitrechnung

TAG DES HERRN. Es gibt Tage, die von bestimmten Personen her bes. geprägt werden, wobei die inhaltliche Bestimmung grundsätzlich offen ist: »Mein Tag« kann – bei Menschen – den Geburtstag bezeichnen (den Hiob als Unglückstag verflucht, Hiob 3,1.3; vgl. Jer 20,14), jedoch auch den Sterbetag (Ps 37,13; Hes 21,30; vgl. 1Sam 26,10, wo LÜ mit »Zeit« übersetzt). So ist auch der »Tag des Herrn« (hebr. *jōm jahwäh*, griech. *hēmera kyriou*) zunächst einfach als ein Tag zu verstehen, der durch den Herrn bestimmt wird, ein Tag, an dem der Herr im Mittelpunkt steht.

I. IM ALTEN TESTAMENT.

Bei dem Propheten *Amos kommt der Begriff zum ersten Mal vor und ist in der Volksfrömmigkeit zu dem Tag geworden, an dem das Volk Gottes sein geschichtsmächtiges Eingreifen zur Rettung und zum Gericht über die Feinde konkret erfährt. Solche Tage lagen v.a. in der Vergangenheit und waren in bestimmten Redewendungen lebendig: der »Tag Midians« (Jes 9,3) z.B. greift den – durch Gottes Eingreifen bedingten – Sieg über die Midianiter (Ri 7) auf (ähnlich die »Tage von Gibea«, Hos 9,9; 10,9 in Verbindung mit Ri 19f, oder der »Tag Jesreels«, Hos 2,2). Preuß (S. 173) meint, bis in die Tage der nomadischen Vergangenheit Israels reiche dieser »Tag der Hilfe des 'eifernden' Gottes« zurück. Ein solcher Tag wird nun auch für die Zukunft erwartet, als ein lichtvoller Tag des Eingreifens Gottes hinein in die verfahrene politische Situation um 750 v.Chr.

Amos erklärt diese Erwartung jedoch als irrig: »Weh denen, die des HERRN Tag herbeiwünschen! Was soll er euch? Denn des HERRN Tag ist Finsternis und nicht Licht, gleichwie wenn jemand vor dem Löwen flieht und ein Bär begegnet ihm und er kommt in ein Haus und lehnt sich mit der Hand an die Wand, so sticht ihn eine Schlange! Ja, des HERRN Tag wird finster und nicht licht sein, dunkel und nicht hell« (Am 5,18-20). Der T. ist Gerichtstag über Gottes Feinde, aber »die Feinde sind jetzt Israel selbst« (Schunck, S. 322) als ungehorsames und damit von Gott abgefallenes Volk. Diese Bedeutung wird nun bestimmend. Der T. wird Teil der prophetischen Gerichtspredigt, flankiert von den gleichbedeutenden Worten »Tag der Rache« (Jes 34,8), »Tag des Zorns« (Hes 7,29; Zef 1,18 u.ö.), »Tag des Unheils« (Jer 46,21) etc. (s.THAT I, 723f). Dieser Tag wird von *Jesaja als ein Feuersturm beschrieben, der von den stolzen Zedern im N bis zu den prunkvollen Schiffen im S alles erfaßt, also auch jeden sich über Gott erhebenden Menschen (Jes 2,12-17). *Zefania sieht den T. ganz nahe und beschreibt ihn mit Worten voll unheimlichen Grauens (Zef 1,14ff), lädt ein zu einer makabren Opferfeier, in der die Abtrünnigen das Opfer sind (Zef 1,7ff). Ist in den bisher genannten Stellen dieser Tag zeitlich recht unbestimmt, so kann er auch mit bestimmten geschichtlichen Geschehnissen verbunden werden (Jes 22,5ff etc.).

Immer ist jedoch die Möglichkeit zur Rettung gegeben. Sie gilt denen, die »das Gute suchen« (Am 5,14f), die »den HERRN suchen« (Zef 2,3), dem »*Rest«, der sich auf den Herrn verläßt (Jes 10,20ff), denen, die an jenem Tag gerade nicht auf der Seite des Feindes Gottes stehen. Entscheidend ist nicht die nationale Zugehörigkeit – das machten die Propheten seit Amos deutlich –, sondern die geistliche Zugehörigkeit. Der T. »bringt Unheil für die Feinde Jahwes und Heil für die Seinen. Es hängt alles davon ab, auf welcher Seite Israel bzw. die Angeredeten zu rechnen sind« (THAT I, 726). Er kann sich gegen das abtrünnige Israel richten, aber – vor allem nach der Zerstörung Jerusalems 587 v.Chr. – sehr wohl auch gegen die Völker, die als Gerichtswerkzeuge Gottes sich gegen ihn und sein Volk vergangen haben. Das betrifft z.B. *Ägypten (Jer 46,10), *Babel (Jes 13,1ff) oder *Edom (Obd 15). Für den »Rest« ist dieses Eingreifen Rettung.

Das Ineinander von Gericht über Israel, die Völker und die Rettungsmöglichkeit wird bes. deutlich bei dem Propheten, bei dem die Verkündigung des T.s gleichsam »cantus firmus« ist, bei *Joel: Die Heuschreckenplage als Vorzeichen des Gerichts (1,15; 2,1.11), die kosmisch entschränkte Zukunftssicht von Gericht (3,4; 4,14) und Rettung (3,5) in der Verbindung mit der Geistausgießung (3,1), das alles weist weit in die Zukunft, zu dem Tag, an dem Gott durch das Gericht hindurch endgültig retten wird.

II. IM NEUEN TESTAMENT.

Das Besondere und Neue ist hier, daß die zuletzt skizzierte Erwartung beim Propheten Joel in der Person Jesu Christi eine neue Mitte erhält, so wie Joel 3 in der ersten christl. Missionspredigt an *Pfingsten (Apg 2) zitiert wird, wobei der rettende Herr, der angerufen werden soll, nun Jesus Christus ist. Er ist der kommende Richter, der in seiner Parusie am Ende der Tage die Gottlosigkeit der Gottlosen enthüllt und sie vom Thron der Hybris stürzt. Er ist der kommende Retter, der die an ihn Glaubenden erhöht. So ist es nicht verwunderlich, daß der Begriff »Tag des Herrn« im NT einesteils auf Christus bezogen ist – abgesehen von einigen Stellen wie z.B. 2Petr 3,12 oder Offb 16,14, wo vom »Tag Gottes« die Rede ist –, andernteils gleich durch »Tag Jesu Christi«, »Tag Christi«, »Tag des Menschensohns« oder durch »der Tag« ersetzt ist.

Als »Tag des Menschensohns« bezeichnet ihn Jesus selbst in seiner Endzeitrede (Lk 17,22ff). In dieser Rede werden alle Themen deutlich, die im NT mit dem T. zusammenhängen, ganz gleich, mit welchen der genannten Worte der Sachverhalt dort auch umschrieben wird:

1. Er kommt am Ende der Tage mitten in die Not der Gemeinde hinein (V. 22), als Gerichtstag (vgl. Röm 2,16), als »Tag des Zorns« (Röm 2,5), an dem sich die Spreu vom Weizen scheidet (1Kor 3,13).

2. Bezüglich des Zeitpunkts soll die Gemeinde sich nicht verwirren lassen (V. 23, vgl. 2Thess 2,2).

3. Dieser Tag kommt plötzlich in die falsche Sicherheit der Gottlosen hinein (V. 26-30; vgl. das Bild vom Dieb in der Nacht, 1Thess 5,2.4; 2Petr 3,10).

4. Um so wichtiger ist es deshalb für Christen, wachsam zu sein (vgl. dazu die synoptischen Parallelstellen Mk 13,33 und Mt 24,42, in denen allerdings der Begriff »Tag des Menschensohns« bei aller inhaltlichen Entsprechung nicht erscheint; vgl. Lk 12,40). Andere Ausdrücke dafür sind: In der Nachfolge Jesu fest werden (1Kor 1,8; Phil 1,6.10), am prophetischen Wort festhalten (2Petr 1,19) als die, die am Tage leben (Röm 13,12f), nämlich vom »Tag des Heils« her (2Kor 6,2). In allem geht es darum, das Ziel zu erreichen (2Kor 1,14; Phil 2,16), koste es, was es wolle (von der Endzeitrede Lk 17,33 fällt auch ein Licht auf die eigenartige Aussage 1Kor 5,5). Dieser kommende Tag wird in der Feier des Gottesdienstes – als Vorfreude und Paränese – schon vorweggenommen. So kann der Seher Johannes den Tag der Versammlung der Gemeinde zum Gottesdienst »Tag des Herrn« nennen (Offb 1,10).

Literatur: G. Delling: ThWNT II, 1935, 954f; E. Jenni: THAT I, [4]1984, 723ff; H.D. Preuß: Jahweglaube und Zukunftserwartung, 1968, S. 170-179; K.-D. Schunck: VT 14, 1964, S. 319-330; W. Trilling: EWNT II, 1981, 300f. H.Be.

TAGELÖHNER. Neben Knechten und Fronarbeitern gab es in Israel T. oder Lohnarbeiter. Sie gehörten im Gegensatz zu den *Knechten nicht zur Familie, durften also, wenn sie bei einem Priester arbeiteten, nicht mit vom Heiligen essen (3Mo 22,10). T. wurden nur auf bestimmte Zeit, vielleicht nur für einen Tag, gemietet (im hebr. Wort *sākīr* steckt der Begriff *sākar*, »mieten«, jedoch nicht »Tag«) und halfen in der Landwirtschaft (Lk 15,17), als Hirten (Joh 10, 12), beim Fischfang (Mk 1,20) und im Weinbau (Mt 20,2) mit. Weil der T. zum Leben allein auf seinen *Lohn angewiesen ist, schreibt das Gesetz die tägliche Lohnzahlung vor (3Mo 19,13; 5Mo 24,14f; vgl. Mt 20,8). Ausbeutung der T. wurde immer wieder angeprangert (Jer 22,13; Mal 3,5; Jak 5,4). Der Lohn des T.s betrug das Doppelte von dem, was zum Lebensunterhalt des Knechtes aufzuwenden war (5Mo 15,18). Die »Jahre eines Tagelöhners« (Jes 16,14; 21,16) sind genau auf den Tag abgezählte volle Jahre. Hiob 7,1f spielt auf das unsichere, mühevolle Leben des T.s an, der keinen eigenen Besitz hat.

TAGEREISE s. Maße und Gewichte

TAGEWÄHLER s. Zauberei und Magie

TAG, JÜNGSTER s. Gericht

TALMAI.

1. Nachkomme *Anaks, »des Riesen«, Einwohner Hebrons z.Zt. der *Landnahme (4Mo 13,22), der durch *Kaleb vertrieben wurde (Jos 15,14). Ri 1,10, bezeichnet T. als Kanaaniter.

2. Sohn Ammihuds und König von Geschur. David heiratete T.s Tochter *Maacha, die *Absalom gebar (2Sam 3,3; 13,37; 1Chr 3,2). Nach der Ermordung Amnons floh Absalom zu T. nach *Geschur (2Sam 13,37). Der (hurritische?) Name T. taucht in Texten aus *Alalah und *Ugarit aus dem 14. Jh.v.Chr. auf, später als nabatäischer Name. D.J.W.

TALMUD und MIDRASCH.

I. TALMUD.

1. Das hebr. Wort T. meint »Lehre, Unterweisung« und im rabbin. Schrifttum a. die Heiligen Schrift als Quelle und Norm aller

Lehre (z.B. in der Wendung *talmūd lōmar,* »die Schrift sagt [lehrend]«, b. die exegetische Begründung und Diskussion der rabbin. Lehrsätze. Von daher kommt es dann zur speziellen Bedeutung des Wortes »Talmud«: Es bezeichnet das große Kommentarwerk zur *Mischna (»Lehre«), d.h. zur mündlich tradierten und am Ende des 2. Jh.n.Chr. von Rabbi Jehudah Ha-Nasi' in 6 Ordnungen mit 63 Traktaten zusammengestellten und schriftlich niedergelegten Weisung, die das kultisch-rituelle und auch das »profane« Leben der jüd. Gemeinden regelt. Im Laufe des 3.-5. Jh.n.Chr. wurden die Rechtsentscheidungen der Lehrer der Mischna, der »Tannaim«, von den Weisen in den Schulen Palästinas und Babyloniens, den »Amoraim«, kommentiert (d.h. erklärt, präzisiert und näher begründet). Diese Kommentare wurden später gesammelt und gegen Ende des 5. Jh. schriftlich niedergelegt. Als »Gemara« (von *gāmar,* »vollenden«; *Gemara,* »Lehre, Wissensstoff«) wurde dieser Kommentar der abschnittsweise zitierten Mischna hinzugefügt und das Ganze als T. bezeichnet.

2. Hier ist zwischen zwei Ausgaben des T. zu unterscheiden:

a. Im Palästinischen oder Jerusalemer T. (eigentlich: »Talmud des Landes Israel«) werden nur die ersten vier der sechs Ordnungen der Mischna kommentiert, wobei die Namen der Redaktoren nicht bekannt sind; wahrscheinlich hat die schwierige politische Lage in Palästina den Abschluß der Sammlung verhindert.

b. Viel umfangreicher ist der normativ gewordene Babylonische T., der in den blühenden Schulen der jüd. Lehre in Babylonien (Nehardea, Pum-Beditha, Sura) entstand. Freilich sind auch in diesem Werk 26 1/2 von den 63 Traktaten der Mischna nicht kommentiert, vor allem solche, welche das Leben im Heiligen Land betrafen und daher für das babylon. Judentum weniger aktuell waren. Während der Text der im T. kommentierten Mischna hebr. ist, wird in der Gemara beider Talmudim oft das (W- bzw. O-) Aram. verwendet, vor allem in exegetischen Wendungen oder in illustrierenden Geschichten.

3. Wie z.T. schon in der Mischna werden im T. sehr verschiedene Ansichten und Entscheidungen geboten, die sich aber alle auf die Schrift gründen wollen. Sie sind oft durch den Namen des (der) Tradenten und des Lehrers eingeleitet (Rabbi X sagt im Namen des Rabbi Y). Der T. macht manchmal den Eindruck eines Protokolls der im Lehrhaus gebotenen Diskussion. Nicht alles ist deshalb verbindliches Gebot; manchmal wird die verbindliche Halacha (lehrgesetzlicher Teil der Überlieferung) eigens angegeben. Es ist deshalb nicht richtig, jede im T. geäußerte Meinung als eine für das ganze Judentum verpflichtende und dieses kennzeichnende Stimme anzusehen; die Freude am Reichtum und an der inneren Einheit der schriftlichen und mündlichen Tora, an den Möglichkeiten der Auslegung sowie am Durchdenken komplizierter und teilweise theoretischer Rechtsfälle ist stets in Rechnung zu stellen.

4. Eine der ältesten erhaltenen und vollständigen Handschriften des Babylonischen T. ist der aus dem Jahre 1343 stammende Codex 95 von München. – Zitiert wird eine Stelle im Babylonischen T. nach Traktat und Blatt (Folio; a: Vorderseite, b: Rückseite), also etwa: b Sanh(edrin) 98 a; beim Palästinischen T. nach Traktat, Blatt (Folio) und Kolumne (a,b,c,d), also etwa p (Palästinischer) bzw. y (Jerusalemer Talmud) Sota 23 d.

II. MIDRASCH.

1. Während der T. hauptsächlich die Weisung der Tannaim, d.h. die in der Mischna gesammelte mündliche Tora, kommentiert, geht es beim M. (vom hebr. Verbum *dārasch,* »suchen, forschen«) um die »Auslegung« der Bibel, d.h. der schriftlichen Tora. Das Wort »Midrasch« meint sowohl den Vollzug der Auslegung als auch deren Ergebnis: die einzelne Auslegung und auch die schriftliche Sammlung von Auslegungen, d.h. den bibl. Kommentar, der einen vielstimmigen Chor von Exegeten wiedergibt. Beim M. wird das auszulegende Schriftwort zunächst zitiert, wobei den Rabbinen oft ein kurzer Hinweis genügt; die dann folgende Auslegung soll der Erbauung der Gemeinde dienen. Vorläufer des rabbin. M. gibt es schon in der hebr. Bibel, z.B. die Auslegung von Jer 25,11f in Dan 9,24-27, dann in den Schriften von Qumran, z.B. die allegorisierenden Auslegungen in der Damaskusschrift (CD 4,1-4; 6,3-10) und die aktualisierenden Deutungen (Pescharim) von Propheten wie *Habakuk oder *Nahum. Midraschartige Schriftauslegung findet man auch im NT, so in Mt 1; 2; 5,21-48; Röm 10,6-10; Gal 4,22-25; Eph 4,8-10 und schließlich in den (palästin.) Targumen Jeruschalmi I und II und Neofiti, sowie im Prophetentargum; an manchen Stellen wird der bibl. Text nicht Wort für Wort ins Aram. übertragen, sondern statt dessen eine Auslegung geboten. Während in den Qumranschriften und im NT das Wort der Schrift auf die Gegenwart als die Zeit eschatologischer Erfüllung bezogen wird, bilden in den Targumen der Gesetzesgehorsam und die Messiaserwartung hauptsächliche Themen der midraschartigen Ausführungen, z.B. zu 1Mo 3,15; 4,7f; Jes 28,10-13; 52,13-53,12.

2. Beim rabbin. M. unterscheidet man hinsichtlich der Form zwischen Auslegungsmidraschim, die den Text der Schrift Satz für Satz kommentieren, und Homilienmidraschim, die bestimmte Toratexte, meist den Anfangsvers der Perikope, auslegen, aber in einem Proömium die Exegese eines Wortes aus den Hagiographen vorausschicken können. Hinsichtlich des Inhalts kann man zwischen Midrasch Halacha und Midrasch Haggada trennen.

a. Der Midrasch Halacha (von *hālak*, »gehen«) meint die Auslegung, welche den Wandel, d.h. das ethische Handeln des Menschen aufgrund der bibl. Gebote, darstellen will und Halachoth, d.h. Weisungen für das Halten der Gebote, bietet. Diese Art von M. findet sich vor allem in den älteren (tannaitischen) Midraschim (2.-3. Jh.n.Chr.), so in Sifra, einem Kommentar zum Buch *Leviticus (3Mo), und in Sifre zu *Numeri (4Mo) und Sifre zu *Deuteronomium (5Mo), ferner in der Mekhilta zum Buch *Exodus (2Mo).

b. Der Midrasch Haggada (*higgīd*, »erzählen«, von der Wurzel *hāgad*) soll trösten und erbauen. Er hat das Handeln Gottes an Israel und den Völkern zum Gegenstand, bringt Szenen aus der Geschichte und Erzählungen. Diese Art von M. wird vor allem in den späteren Sammlungen geboten, so im M. Rabba (»Großer Midrasch«), einem Kommentar zum *Pentateuch und den fünf Megilloth (abgeschlossen etwa 600 n.Chr.). Davon ist Bereschit Rabba, der Kommentar zur *Genesis (1Mo), ein Auslegungsmidrasch, während die Kommentierung der folgenden Bücher des Pentateuch eher homilienartig geschieht. Homilienmidraschim bieten auch die späteren Sammlungen Pesiqta de Rab Kahana, M. Tanchuma mit Homilien zum ganzen Pentateuch oder die Pesiqta Rabbati mit Homilien zu den Festtagen und Sabbaten.

3. Mehr noch als der halachische M. kommt der haggadische oft zu Ergebnissen, die spekulativ anmuten. Aber Voraussetzung und auch Ergebnis der Auslegung ist die Einheit und bleibende Aktualität der Heiligen Schrift. Es gibt eine Reihe von Auslegungsregeln (*middoht*, »Maße«): 7 Regeln Hillels, 13 des Rabbi Jischmael, 32 des Rabbi Eleazar. Einzelne von ihnen – z.B. die Verbindung zweier Schriftstellen aufgrund eines gemeinsamen Stichworts (*gēzēra schawā*) oder der Schluß vom Leichten zum Schweren (*qal wachomer*) – erscheinen andeutungsweise auch im NT.

Literatur: W. Bacher: Die exegetische Terminologie der jüdischen Traditionsliteratur, 1899/1905, ND 1965; H.L. Strack: Einleitung in Talmud und Midrasch, 1930; J. Neusner: What is Midrash?, 1987.

O.B.

TAMAR. (Hebr. *tāmār*, »Palme«).

1. T. war die Frau von Er, dem ältesten Sohn *Judas, nach dem Tod Ers heiratete sie *Onan (1Mo 38,6ff). Nach Onans Tod zeugte sein Vater Juda mit T., die sich ihrem Schwiegervater gegenüber als Hure ausgab, die Zwillinge Perez und Serach.

2. Tochter *Davids, die von ihrem Halbbruder *Amnon vergewaltigt wurde. Ihr Bruder *Absalom rächte die Schande, die ihr Amnon angetan hatte, und ließ ihn töten (2Sam 13,1ff; 1Chr 3,9).

3. Tochter Absaloms (2Sam 14,27).

4. Stadt im SO Judas (Hes 47,19; 48,28) nahe des Toten Meers. Zur Diskussion der Ortslage s. *Tadmor. J.D.D.

TAMARISKE s. Pflanzen

TAMMUS/TAMMUZ. In einer Vision sah *Hesekiel Frauen am N-Tor des *Tempels von Jerusalem sitzen und »den Tammus« (8,14; vgl. Jes 17,10; 66,17) beweinen. Über den T.-Kult ist wenig bekannt, außer daß er mit rituellen Opfern und Wehklagen verbunden war; und es ist keinesfalls sicher, daß das Beweinen dieses Gottes im vierten Monat des babylon. *Kalenders stattfand, der nach ihm benannt wurde. T. war ein vorsintflutlicher sumer. Hirtengott, der Gatte der Innana-Ischtar. Babylon. Quellen überliefern zwar Hymnen und Klagelieder für den Gott, aber wenig über seine Verehrung. T. scheint in Air und Arad (BASOR 208, 1970, S. 9-13) verehrt worden zu sein, später auch in *Phönizien und Syrien, wo eine der Tradition des T. ähnliche Legende von Adonis (in *Ägypten mit Osiris identifiziert) und Aphrodite erzählt wird, deren Tempel in Byblus (Gebal) das Kultzentrum in hellen. Zeit war.

Literatur: T. Jacobsen, in: W.L. Moran (Hrsg.): Towards the Image of Tammuz, 1970, S. 73-103; B. Alster: Dumuzi's Dream, 1972, S. 9-15; ANET, 1969, S. 637-642; H.W. Haussig (Hrsg.): Wörterbuch der Mythologie, 1961, 51ff; W. Beyerlin (Hrsg.): Religionsgeschichtliches Textbuch zum Alten Testament, 21985, S. 106.234; H. Ringgren: Die Religionen des Alten Orients, 1979; A. Moortgat: Tammuz, 1949. D.J.W.

TANZ. Der meist von *Musik begleitete T. ist eine der ältesten menschlichen Lebensäußerungen überhaupt. In der Antike handelt es sich dabei meist um ein gemeinschaftliches Tanzen von Männern oder von Frauen und Mädchen (Jer 31,13) untereinander. Gelegentlich traten auch einzelne Tänzerinnen zu besonderen Anlässen auf (Hld 7,1f; Mt 14,6 par.);

Tanzende Mädchen: Ausschnitt aus einem Grabgemälde in Theben. Höhe: 30 cm. Aus der Zeit Thutmosis' IV. (1412–1402 v. Chr.) (BM)

der moderne Paartanz war unbekannt. Im AT steht vor allem das Wort *chāwal* mit seinen Nebenformen, im NT das Wort *orcheomai.* Obwohl im NT, aber auch im AT, recht selten von T. oder Reigen die Rede ist (im NT weniger als 10mal), gehört er doch auch hier zu den als selbstverständlich vorausgesetzten natürlichen Lebensäußerungen des Menschen (Spr 26,7; Pred 3,4; Mt 11,17 par.; 14,6f; Mk 6,22). Als Zeichen der Freude ist im AT vor allem im Zusammenhang mit militärischem Sieg (2Mo 15,20) und beim Erntejubel nach der Weinlese (Ri 9, 27; 21,20-23; Jes 16,9f) vom T. die Rede. Frauen gehen mit Ge-

Etruskische Bronzefigur einer Tänzerin. Ca. 460 v. Chr. (BM)

sang und Reigen unter Pauken- und Zimbelspiel dem Sieger entgegen (1Sam 18,6; 21,12; 29,5). In spätjüd. Zeit hatte sogar jeder Weinberg seinen Tanzplatz, der aber nur von Frauen benutzt wurde.

So sehr gehört der T. nach bibl. Vorstellung zum Menschsein dazu, daß er sogar eines der Merkmale der Heilszeit und des Heils selbst ist (Jer 31,4.13; Lk 15,25). Darum verwundert es nicht, daß er im Gotteslob und damit auch im Gottesdienst der atl. Gemeinde einen festen Platz hatte. *David tanzte bei der Überführung der *Bundeslade vor ihr her (2Sam 6,14.16), und in den Psalmen wird immer wieder zum Lob Gottes im Reigen aufgerufen (Ps 30,12; 87,7; 149,3; 150,4). Aus der rabbin. Überlieferung wissen wir, daß beispielsweise am *Laubhüttenfest vornehme Männer im von vier großen Leuchtern erhellten Frauenvorhof des Tempels unter Lobgesängen Fakkeltänze aufführten (vgl. Joh 8,12). Von den ältesten atl. Propheten wird berichtet, daß der ekstatische T. für sie sogar Mittel der Prophetie war (1Sam 19, 19ff; ,Kön 18,29).

Literatur: H.H. Muchow: RGG[3] VI, 612ff. P.Z.

TAPPUACH. (»Quitte, Apfelbaum« ?).

1. Stadt in der *Schefela, östl. von Aseka (Jos 15,34.53, auch Bet-Tappuach), meist mit Beit Netif, ca. 18 km westl. von *Bethlehem, identifiziert.

2. Stadt im Gebiet *Ephraims an der Grenze zum Stamm *Manasse (Jos 16,8; 17,7.8), möglicherweise das heutige Sheikh Abu Zarad, ca. 12 km südl. von *Sichem. Ihr kanaan. König wurde von Josua besiegt (Jos 12,17). Bezieht sich 2Kön 15,16 auf denselben Ort (so LXX), wurde er später durch Menahem von Israel angegriffen.

3. Sohn Hebrons aus dem Stamm der Kalebiter (1Chr 2,43). B.H.

TARGUM.

1. Name, Entstehung und mündliche Überlieferung der Targumim.

Als T.e bzw. Targumim bezeichnet man die Übersetzungen (von *targem,* »übersetzen«, »auslegen«; vgl. *meturgeman,* »Übersetzer«) des hebr. Bibeltextes in das Aram., das im Perserreich als Amtssprache diente und in frühjüd. Zeit in Palästina zum Alltagsidiom geworden war. Der im Gottesdienst verlesene hebr. Text wurde deshalb oft nicht mehr richtig verstanden, so wie das auch beim griech. sprechenden Diasporajudentum der Fall war. Während seit den letzten Jh.v.Chr. die LXX als schriftlich verfaßte Übersetzung der hebr. Bibel ins Griech. sowohl für die gottesdienstliche Verlesung der Schrift als auch für deren Auslegung benutzt wurde, hat man die aram. Wiedergabe im Anschluß an die Lesung des Sederabschnitts aus der Tora bzw. der Haphtare, eines abschließenden Prophetentextes, durch einen versierten Mann individuell verschieden vollzogen; dabei erfolgte auch die erklärende Umschreibung schwieriger Begriffe und Aussagen der jeweiligen Perikopen. Schon die Toraverlesung durch Esra (Neh 8,8) wurde im Sinne solcher Praxis interpretiert, und das dort gebrauchte Wort *mephorasch,* »erklärt«, als Übersetzung des hebr. Textes in das Aram. gedeutet (b Meg 3 a). Vom Sabbatgottesdienst der Essener sagt Philo, einer nehme die Bücher und lese vor; ein anderer, der zu den Erfahrensten gehöre, trete auf und erkläre, was nicht verstanden wurde (Quod omnis probus § 82). In Qumran gab es auch schriftlich aufgezeichnete T.e; fragmentarisch erhalten ist ein T. zum Buch Hiob aus Höhle 11, der sprachlich dem bibl. Aram. nahe steht. Ein schriftlich überlieferter T. zu Hiob wird auch in der Tosefta erwähnt (Shab 13,2), und zwar für die Zeit des 1. Jh.n.Chr.; aber er wird dort als suspekt angesehen. Targumartig ist auch das aram. Genesisapokryphon aus der Höhle 1 von Qumran, das vor allem einen Teil der Abrahamsgeschichte z.T. midraschartig nacherzählt.

Wie die Lehre der Weisen zunächst nur mündlich überliefert werden sollte, so wurde auch längere Zeit hindurch der Gebrauch schriftlicher T.e für den Gottesdienst verboten. Aber auch die mündliche Targumtradition hat sich in Verbindung mit der gepflegten Überlieferung der mündlichen Lehre bald vereinheitlicht und verfestigt. Das zeigt der Vergleich mit den Qumrantexten, mit den Schriften Philos und des Josephus, mit dem NT und den rabbin. Midraschim; sie bieten Deutungen, die auch in den T.en bezeugt sind. Vor allem werden bestimmte theologische Tendenzen bei der Wiedergabe des hebr. Textes sichtbar. Ähnlich wie in der LXX vermied man den Gebrauch des Gottesnamens, dazu auch Theomorphismen und Theopathismen; ferner aktualisierte man bestimmte Ortsnamen und las bes. wichtige Anliegen in den Text hinein, so vor allem das Studium der Tora und die Messiaserwartung.

2. Schriftlich überlieferte Targumim.

Es ist schwer zu entscheiden, wann die schriftliche Abfassung der uns bekannten T.e erfolgte. Die Ansichten der Gelehrten schwanken; sie gehen vom 1. vorchristl. Jh. bis in das Mittelalter, eine Zeit also, in der das Aram. nicht mehr die Sprache des jüd. Volkes war und von diesem kaum mehr verstanden wurde. Wichtig ist eine Notiz im babylon. Talmud (Megilla 3 a), nach welcher der T. zum Pentateuch von Onkelos, dem Proselyten (*hager*), und der T. zu den Propheten von Jonathan ben Uzziel verfaßt worden sei; damit wird als Zeit der Entstehung das 1. bis 2. Jh.n.Chr. und als Ort der Raum Palästinas angenommen. Aber da Origenes und Hieronymus keine Targummanuskripte gekannt zu haben scheinen, wird zumindest die öffentliche Anerkennung solcher T.e erst später erfolgt sein.

Wie beim Talmud muß auch beim T. zwischen einer palästin. und einer babylon. Überlieferung unterschieden werden, wobei die letztere offiziellen Charakter erlangte. Palästin. sind der sog. Fragmententargum (Jeruschalmi II; er hat nur 850 Verse des Pentateuch) und der von A. Diez Macho in der Bibliothek des Vatikan entdeckte Pentateuchtargum Neofiti I, dessen Datierung freilich höchst umstritten ist. Einem gemischten Sprachtypus gehört der T. Jeruschalmi I an, der nach G. Dalman in Palästina entstand, aber in Babylonien redigiert wurde. Die Übersetzung dieser T.e ist manchmal paraphrasierend; auch fehlt es nicht an midraschartigen Einschüben (etwa zu 1Mo 3,24; 4,7f). Repräsentativ für die babylon. Tradition ist der T. Onkelos, dessen Sprache dem bibl. Aram. nahesteht. Er gibt – ähnlich wie die Übersetzung des Aquila ins Griech. – den hebr. Text möglichst wörtlich wieder und verzichtet weitgehend auf interpretierende Zusätze; deshalb wurde er zu dem für die Synagoge maßgeblichen T. Seine Entstehung könnte in die Mitte des 2. Jh. fallen; wesentlich später ist die in Babylonien vollzogene Redaktion.

Die Prophetenbücher werden im T. Jonathan ben Uzziel auf Aram. wiedergegeben; dieser stammte wohl aus Palästina und wurde in Babylonien (vom 3.-5. Jh. ?) redigiert. Auch seine Sprache ist dem bibl. Aram. verwandt. Bei den erzählenden »Frühen Propheten« (Jos; 1 und 2Sam; 1 und 2Kön) hält sich dieser T. besser an die Textvorlage als bei den inhaltlich schwierigeren »Späteren Propheten« (Jes, Jer, Hes, Dodekapropheton), wobei in den midraschartigen Stellen die Treue zum Gesetz und zum Tempel, ferner die volkstümliche Messiaserwartung eine wichtige Rolle spielen (vgl. Jes 28,10ff; 52,13-53,12). Der T. zu den Schriften (Hiob, Psalter, Sprüche, fünf Megilloth) ist wohl später entstanden, zumal diese Bücher im Gottesdienst nicht gelesen wurden. Neben recht wörtlicher Wiedergabe (etwa von Ps 103) findet sich auch freie Interpretation (etwa bei Ps 110).

3. Neues Testament.

Bei der Lehrtätigkeit Jesu in der *Synagoge, wo er vor allem am *Sabbat aufzutreten pflegte (Mk 1,21.39; 3,1; Lk 4,16), wird kein Dolmetscher (*meturgeman*) erwähnt. Jesus war sowohl der Vorleser des Textes als auch dessen Verkündiger (Lk 4,16-21), wobei seine unerhörte (messianische) Autorität auffiel (Mk 2,12; Mt 7,29). Die uns bekannten T.e lagen in ihrer schriftlichen Gestalt Jesus und den Autoren des NT natürlich nicht vor; dennoch sollte man sie bei der Auslegung des NT mit berücksichtigen. Denn vielen Hörern Jesu und auch der Apostel war der bibl. Text vor allem in der Fassung und Deutung vertraut, die von den im Gottesdienst auftretenden Übersetzern und Interpreten geboten wurde. An einzelnen Stellen des NT (etwa in Mk 4,10f; Röm 4,25) stimmt der dort verwendete atl. Text mit der im Jesajatargum gebotenen Übersetzung überein; der Sprachgebrauch vor allem des Matthäus erinnert manchmal an diesen T. Das Wort »Evangelium« ist wohl aus Jes 53,1 übernommen, wo der T. das hebr. Wort *schemūʿā*, »Kunde«, durch *besorethāʾ*, »Evangelium«, wiedergibt, und wo auch die Offenbarung der Kraft Gottes erwähnt ist (vgl. Tg Jes 53,1 mit Röm 10,16; 1Kor 1,18.24; Röm 1,16f). Wichtig ist auch das im T. angewandte Verfahren, bei seltenen, außer Gebrauch gekommenen hebr. Wörtern eine zweite, aktuelle Bedeutung zu suchen; ähnlich könnte manchmal auch im NT verfahren worden sein (vgl. bes. die Wiedergabe von Jes 53 im T. und die Kreuzestheologie des Paulus; *Kreuz/Kreuzigung).

Vom Evangelisten Markus wird überliefert, er sei der Dolmetscher (*hermeneutes*) des Petrus geworden (vgl. 1Petr 5,13) und habe als solcher genau aufgeschrieben, woran er sich erinnern konnte (Papias bei Eus.h.e. III, 39,15). Dabei ist er aber wohl kaum als *meturgeman* zu denken, der den Lehrvortrag des Petrus in das Griech. übertragen hätte. Petrus war ja von Hause aus zweisprachig und bedurfte keines Übersetzers. Vielmehr hat Markus eher die Predigt des Petrus zusammengefaßt und vereinfachend erklärt; dann hat er sie auch aufgezeichnet und später als ein Evangelium herausgegeben.

Literatur: O. Betz: Der gekreuzigte Christus, unsere Weisheit und Gerechtigkeit. FS E. Ellis, 1988, S. 195-215; G. Dalman: Grammatik des jüdisch-palästinischen Aramäisch und Aramäische Dialektproben, ND 1960; A. Diez-Macho: Neophyti I, Targum Palestinense, 1968ff; A. van der Kooij: Die alten Textzeugen des Jesajabuches, 1981; A. Sperber: The Bible in Aramaic, 1970; M. Sokoloff: The Targum to Job from Qumran Cave XI, 1974; G. Vermes: Scripture and Tradition in Judaism, 1961. O.B.

TARSIS. Hebr. *tarschisch*, griech. *Tartessos*.

1. Urenkel *Benjamins, Sohn Bilhans (1Chr 7,10).

2. Einer der sieben Fürsten Ahasveros', des Herrschers von Persien (Est 1,14).

3. Sohn Jawans, Urenkel *Noahs (1Mo 10,4; 1Chr 1,7).

4. 1Kön 10,22; 22,49; 2Chr 20,36 beziehen sich sowohl auf das Land T. als auch auf die Bewohner. Die letzteren Hinweise im AT und weitere stehen in Zusammenhang mit Schiffen und lassen vermuten, daß T. eine Küstenstadt war. So ging *Jona an Bord eines Schiffes, das von *Joppe nach T. segelte (Jona 1,3; 4,2), um in ein fernes Land zu fliehen (Jes 66,19). Das Land war reich an Metallen wie Silber (Jer 10,9), Eisen, Zinn und Blei (Hes 27,12), die über Hafenstädte wie Joppe und Tyrus (Hes 27) nach Palästina kamen. Es handelt sich bei T. um ein Gebiet im westl. Mittelmeerraum mit reichhaltigen Erzvorkommen, möglicherweise Tartessus in Spanien. Nach Herodot (4.152) lag Tartessus »jenseits der Säulen des Herkules«; Plinius und Strabo lokalisieren T. im Guadalquivir-Tal. Gewiß zogen die reichen Erzvorkommen Spaniens die Phönizier an, die dort Kolonien gründeten. Interessante Zeugnisse kommen aus Sardinien, wo Monumentalinschriften der Phönizier aus dem 9. Jh.v.Chr. den Namen T. beinhalten. W.F. Albright vermutet, daß das eigentliche Wort T. die Vorstellung von Bergbau oder Verhüttung nahelegt und daß jedes Gebiet mit Erzvorkommen T. genannt werden kann, auch wenn es sich bei Spanien mit hoher Wahrscheinlichkeit um das besagte Land handelt. Eine alte semit. Wurzel, die im akkad. Wort *raschāschu* vorhanden ist, bedeutet »schmelzen« oder »geschmolzen werden«. Ein davon abgeleitetes Substantiv *tarschīschu* könnte zur Definition einer Schmelzanlage oder Hütte verwendet worden sein (arab. *rschsch*, »tröpfeln«). Von daher könnte jeder Ort, an dem Erz abgebaut und verhüttet wurde, T. genannt werden. Hinsichtlich der Lage von T. existiert eine zweite Möglichkeit. Nach 1Kön 10,22 besaß *Salomo eine Flotte von Tarsisschiffen, die Gold, Silber, Elfenbein, Affen und Pfauen nach Ezjon-Geber am Roten Meer brachten, und in 1Kön 22,49 wird erwähnt, daß Joschafats Tarsisschiffe von Ezjon-Geber nach Ofir segelten. Ferner heißt es in 2Chr 20,36, daß Schiffe in Ezjon-Geber gebaut wurden, um nach T. zu segeln. Diese letzteren Hinweise scheinen ein Gebiet im Mittelmeerraum auszuschließen und auf einen Ort entlang des Roten Meers oder in Afrika hinzudeuten. Der Ausdruck *'onī tarschīsch*, »Flotte von Tarschisch« oder »Tarsisschiffe«, kann sich allg. auf Schiffe beziehen, die geschmolzenes Metall entweder von Ezjon-Geber in entfernte Gebiete oder vom westl. Mittelmeer nach Phönizien transportierten. Womöglich galten Schiffe mit großem Tiefgang generell als Tarsisschiffe (vgl. *Schiffe). Die Tarsisschiffe symbolisierten Reichtum und Macht. Ein eindrückliches Bild vom Tag des göttlichen Gerichts bildet die Zerstörung dieser großen Schiffe (Ps 48,8; Jes 2,16; 23,1.14). Die Tatsache, daß Jes 2,16 die Tarsisschiffe z.B. mit den für Erhabenheit und Stärke stehenden Zedern des Libanon in eine Reihe stellt, läßt annehmen, daß T. – wo auch immer es zu lokalisieren sein mag – in der Literatur und in der Vorstellung der Menschen einem entfernten Paradies gleichkam, von welchem alle Arten von Luxusgütern nach Phönizien und Israel gebracht werden konnten.

Literatur: W.F. Albright: New Light on the Early History of Phoenician Colonization, BASOR 83, 1941, S. 14ff; ders.: The Role of the Canaanites in the History of Culture, 1942, S. 11-50; C.H. Gordon: Tarshish, IDB 4, S. 517f; J.M. Blazquez: Tartessos, 1968; R.F. Gribble: ZPEB V, 1975, 597f; B.F. Harris: IDBA, 435. J.A.T.

TARSUS. In der Antike war T. (griech. *Tarsos*) ein bedeutendes kulturelles und wirtschaftliches Zentrum im SO Kleinasiens; als Geburtsstadt des Apostels *Paulus trägt die Stadt noch heute ihren ntl. Namen.

I. LAGE.

T. liegt am westl. Rand der zilizischen Ebene, die im S vom Mittelmeer, im N und W

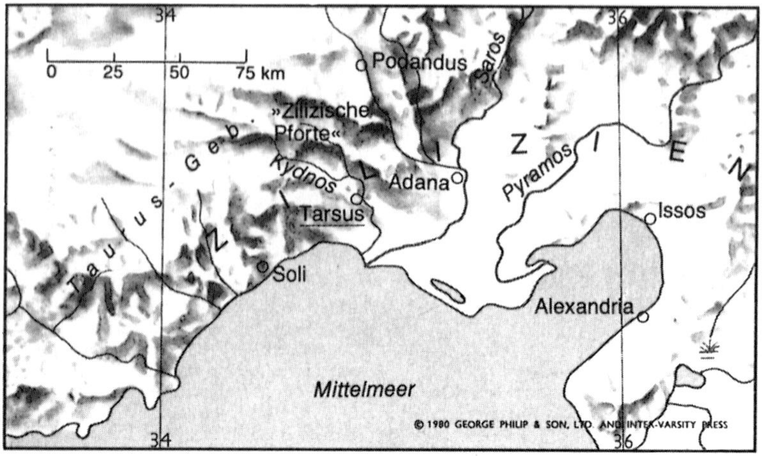

Die Lage von Tarsus in Zilizien.

vom über 3500 m hohen Taurusgebirge und im O vom etwas niedrigeren Amanusgebirge eingerahmt wird. Die Ebene wurde zum größten Teil durch die Flüsse Kydnos, Saros und Pyramos angeschwemmt. Die gute Bewässerung durch diese Flüsse und die klimatisch geschützte Lage machen heute sogar den Zitrusfrüchteanbau möglich. Schon Xenophon (401 v.Chr.) berichtet von der Fruchtbarkeit dieser Ebene. Der Kydnos, zum größten Teil aus Schmelzwasser des Taurus gespeist, fließt durch T. und mündet ungefähr nach 16 km ins Meer. Doch in der Antike befand sich wenige km südl. von T. eine große Lagune, der Rhegmasee, welcher durch einen Kanal mit dem offenen Meer verbunden war. Dort lag der Hafen von T. Kleinere Schiffe konnten aber auch den Kydnos befahren, der laut Xenophon (anab.1,2,23) in T. eine Breite von etwa 60 m besaß. Neben der Seeverbindung machten für T. vor allem die Straßen die strategisch günstige Lage aus. Westlich von T. fällt der Taurus so steil ins Meer ab, daß dort in der Antike nur eine gewundene kleinere Küstenstraße gebaut wurde. So führt die Fernhandelsstraße, die via Tauri, nach N, steigt dann steil bergan durch die zilizische Pforte, den wichtigsten Tauruspaß, auf die anatolische Hochebene und von dort wieder hinab zu den Küstenstädten der Provinz Asia (*Ephesus, *Milet, *Smyrna usw.). Nach O ging die Fernhandelsstraße durch die Ebene und teilte sich dann am östlichen Ende der Ebene; nach S an Issus vorbei über das Amanusgebirge durch die sog. syrische Pforte nach *Antiochia am Orontes, oder nach O durch die amanische Pforte nach *Mesopotamien. Die günstige Lage an der Hauptverbindungsstraße von Asien nach *Syrien und Mesopotamien, dazu der große und geschützte Hafen, begründeten die Bedeutung der Stadt, die sie über mehrere Jahrtausende hinweg besaß.

II. GESCHICHTE.

Wie Ausgrabungen im SW der Stadt zeigten, ist T. schon seit der Jungsteinzeit (ca. 5000 v.Chr.) besiedelt. In der Mitte des 2. vorchristl. Jt. hören wir von der Stadt Tarscha, wahrscheinlich der Hauptstadt des Landes Kizzuwatna im SO Kleinasiens. Ein Siegelabdruck eines frühen Königs von Kizzuwatna wurde in T. gefunden. Später übten die *Hetiter von Zentralanatolien die Kontrolle über Kizzuwatna aus. Nach der Zerstörung der Stadt durch die Seevölker (ca. 1200 v.Chr.), die archäologisch nachgewiesen werden konnte, siedelten sich mykenisch-griech. Flüchtlinge in *Zilizien an. Späte griech. Legenden sprechen daher die Gründung der Stadt Perseus, Herakles oder Triptolemus zu. Man hat verschiedentlich versucht, das *Tarsis der Bibel mit T. zu identifizieren und so mehr über die frühe Geschichte von T. zu erfahren. Diese Gleichsetzung schlägt sich in der Schreibweise von T. als *Tharsos* nieder, die schon bei dem jüd. Historiker Josephus (Jos.ant.Jud. I,127) anzutreffen ist. Mit Tarsis dürfte aber eher Tartessos in Südspanien westl. von Gibraltar gemeint sein.

Der assyr. König *Salmanassar III. (858-824 v.Chr.) vermerkte die Einnahme der Stadt (*tarzi*) auf dem schwarzen Obelisken, auf dem er seine Annalen einmeißeln ließ. *Sanherib von *Assyrien (704-681 v.Chr.) zerstörte T. (*tarzu*) bei seinem Feldzug gegen Zilizien. Ab der Mitte des 5. Jh.v.Chr. sind Münzen vorhanden, welche die Mischung von griech. und orientalischen Elementen in T. veranschaulichen. Auf der einen Seite ist ein Reiter mit pers. Tracht dargestellt, während die andere Seite einen schwerbewaffneten griech. Fußsoldaten zeigt und dabei in aram. Schrift den Namen der Stadt: *tarz.* 401 v. Chr. kam Kyrus der Jüngere auf seinem Zug gegen *Artaxerxes II. durch die zilizische Pforte nach T., wo ein König mit Namen Syennesis seine Burg hatte, und plünderte mit seinen Truppen Burg und Stadt, wie uns Xenophon (anab. 1,2,23ff) berichtet. In der Zeit bis zum Alexanderzug wurde T. nicht mehr von einheimischen Königen, sondern von pers. *Satrapen verwaltet. *Alexander der Große verhinderte die Zerstörung der Stadt durch die Perser im Jahre 333 v.Chr. Er schickte seine Vorhut in Eilmärschen voraus und ließ den Persern, die T. nicht unversehrt in seine Hände fallen lassen wollten, keine Zeit, die Stadt vor ihrem Rückzug anzuzünden. Als Alexanders Reich zerfiel, wurde T. seleukidisch. Irgendwann in dieser Zeit muß auch die Umbenennung der Stadt in Antiochia am Kydnos stattgefunden haben. Dieser Name war mindestens bis Antiochus IV. Epiphanes im Gebrauch. 2Makk 4,30 berichtet von einem Aufstand der Bürger von T. und Mallus, die sich dagegen wehrten, daß Antiochus diese beiden Städte einer Nebenfrau schenkte.

67 v.Chr. annektierte Pompeius Zilizien und machte es zur röm. *Provinz mit T. als Hauptstadt. Er hoffte, dadurch die Seeräuber, die sich vor allem im gebirgigen westl. Teil von Zilizien (»rauhes Zilizien«) eingenistet hatten, mehr unter Kontrolle zu bekommen. Der dauernde Wechsel von griech. und orientalischem Einfluß hinterließ Spuren im rel. Bereich. Der altanatolische Gott Tarku er-

Die »Zilizische Pforte« – der Übergang über das Taurus-Gebirge. (SH)

Die Überreste des Stadttors (3. Jh. n.Chr.) von Tarsus in Richtung Hafen werden heute »Tor der Kleopatra« genannt. (CR)

scheint als Baal Tarz auf Münzen (daher auch der Name T.), der orientalische Sandan, der bis ins 3. Jh.n.Chr. auf Münzen vorkommt, wurde mit Herakles gleichgesetzt, und der pers. Ahura-Mazda und Zeus wechseln sich in ihrer Funktion als oberste Gottheit ab. Im Jahre 51/50 v.Chr. wurde Cicero mit der Verwaltung der Provinz beauftragt. Als Caesar 47 v.Chr. nach T. kam und eine Neuordnung der Provinz vornahm, wurden die Bürger von T. seine begeisterten Anhänger und gaben ihrer Stadt ihm zu Ehren den Beinamen Iuliopolis. Sie blieben Caesar auch nach seiner Ermordung durch Cassius treu, und machten dessen Verbündeten alle erdenklichen Schwierigkeiten. Als Cassius selbst dann 42 v.Chr. nach T. kam, legte er ihnen zur Strafe 1500 Silbertalente Kontribution auf. Die Treue zu Caesars Partei zahlte sich jedoch aus. Nachdem Cassius bei *Philippi besiegt war, erließ Antonius T. alle Abgaben und machte sie zu einer freien Stadt. Hier spielte sich auch das berühmte Treffen von Antonius und Kleopatra ab. Nach dieser Begebenheit nennt man heute die Überreste des alten Stadttores in Richtung Hafen »Tor der Kleopatra«. Um 38 v.Chr. wurde der östl. Teil von Zilizien (»Cilicia pedias«) an die Provinz Syrien angegliedert. Augustus verlieh der Stadt die Gewässerrechte. Auch stattete er seinen stoischen Lehrer Athenodorus mit besonderen Vollmachten aus. Dieser setzte der Mißwirtschaft eines gewissen Boethus ein Ende, der die Stadt ausbeutete, und schickte ihn samt seinen Gefolgsleuten ins Exil. Nach Athenodorus übernahm der Stoiker Nestor die Führung von T. In diese Zeit fällt auch die Geburt des Apostels Paulus. T. war damals die unangefochtene Hauptstadt der zilizischen Städte, und der Historiker Strabon preist die Bildung in T., das mit seinen rhetorischen und philosophischen Schulen sogar Athen und Alexandria übertroffen habe (Geogr. XIV,5,131). In dieser Zeit der wirtschaftlichen und kulturellen Blüte hatte T. schätzungsweise eine halbe Million Einwohner.

72 n.Chr. wurde Zilizien wieder selbständige Provinz und umfaßte Zilizien, Isaurien (das »rauhe« Zilizien) und *Lykaonien mit T. als Hauptstadt, und erst im 3. Jh. konnten die umliegenden Städte, besonders Anazarbus im NO der zilizischen Ebene, mit T. konkurrieren. T. hatte teil an der allg. Schwächung des Römischen Reiches. So nahm in den Partherkriegen Schapur I. 260 n.Chr. für kurze Zeit die Stadt ein. Julian Apostata traf 362 auf dem Weg zu den Perserkriegen auf eine stark heidnische Bevölkerung in T. und ließ sich später dort begraben. Im 6. Jh. befahl Justinian aufgrund eines Hochwassers, den Kydnos um T. herumzuleiten. So gehen bis heute nur kleinere Arme des Kydnos durch die Stadt. Im 7. Jh. wurde T. von den Arabern eingenommen und im 11. Jh. von den Kreuzfahrern. Im 16. Jh. kam T. zum osmanischen Reich.

Heute hat T. seine einstige Bedeutung verloren. Nach der Verlandung des Hafens hat nun Mersin in der Nähe des antiken Soloi den größten Hafen der türkischen S-Küste, während Adana mit seinem Flughafen und durch die Eisenbahnverbindung über den Taurus T. längst überflügelt hat.

Das heutige T. steht auf den Trümmern der antiken Stadt, weshalb bis jetzt nur wenige Ausgrabungen vorgenommen wurden. Neben dem oben erwähnten Tor der Kleopatra ist im O der Stadt noch der Unterbau eines kaiserzeitlichen Tempels zu sehen. Er wird im Volksmund nach dem sagenhaften Gründer der Stadt auch »Grab des Sardanapal« genannt. Nördl. von T. stehen noch einige Bögen eines röm. Aquädukts.

III. PAULUS UND TARSUS.

Der berühmteste Sohn der Stadt ist ohne Zweifel der Apostel Paulus. Über seine Herkunft aus T. berichtet nur die *Apostelgeschichte. Er wurde in T. als Sohn einer jüd. Familie geboren (Apg 22,3; vgl. Phil 3,5). Zwar wissen wir fast nichts über Juden in T. (zwei Grabinschriften von tarsischen Juden wurden in Jaffa gefunden, einer davon war Leinenverkäufer, CIJ II,925.931), doch gab es Juden in den meisten Städten des Römischen Reiches, und so kann man auch in einer so bedeutenden Stadt wie T. mit einer größeren Anzahl von ihnen rechnen. In *Jerusalem gab es eigens eine Synagoge für Juden aus der *Diaspora, darunter auch für Zilizier (Apg 6,9).

Paulus verbrachte seine Jugend jedoch nicht in T., sondern siedelte schon im frühen Kindesalter nach Jerusalem über, wie W.C. van Unnik überzeugend nachwies. Der Lebenslauf des Paulus wird nämlich in Apg 22,3 nach einem feststehenden Schema beschrieben, das von vielen antiken Schreibern benutzt wurde: Geburt – Aufwachsen im Elternhaus – weitergehende Ausbildung.

Paulus besaß von Geburt an ein zweifaches Bürgerrecht, zum einen das der freien, »nicht unbedeutenden« Stadt T. (Apg 21,39), doch darüber hinaus war er röm. Bürger (Apg 22, 28). Wodurch sein Vater diese Bürgerrechte erlangt hatte, kann nur vermutet werden. Möglicherweise war seine Familie schon sehr lange in T., oder er erwarb es sich durch besondere Verdienste. Das röm. Bürgerrecht rührte wahrscheinlich von einem der großen Römer her, die T. besucht hatten: Pompeius, Caesar, Antonius oder Augustus. Sir W. Calder vermutet, daß Paulus es durch die Herstellung von Lederzelten für das Militär erlangt haben könnte, was aber eine reine Hypothese bleiben muß. Auch die Frage, ob der Zeltmacherberuf des Paulus (Apg 18,3) mit T. zusammenhängt, muß offenbleiben. Richtig ist, daß es in T. sehr viele Leineweber gab. Später hat man sogar verallgemeinernd die proletarische Bevölkerung von T. mit dem griech. Wort *linourgoi*, »Leineweber«, bezeichnet. Leinenzelte wurden von Privatpersonen benutzt, während das Militär Lederzelte verwandte. Eine Besonderheit von Zilizien ist die Herstellung von festem Zelttuch, auch *Cilicium* genannt, aus den langen schwarzen Haaren der dort beheimateten Ziegen.

Paulus verbrachte nach seiner Bekehrung viele Jahre in T., wohin ihn die Brüder zu seiner Sicherheit geschickt hatten (Apg 9,30). Nach seinen eigenen Angaben ging er nach Syrien und Zilizien (Gal 1,21), wobei wohl Syro-Zilizien, d.h. der zilizische Teil der Provinz Syrien gemeint ist (E.M.B.Green, ET 71(1959/60), 52f). Während dieser Jahre hat er wahrscheinlich auch in T. evangelisiert, denn in Apg 15,23 werden die Christen in Zilizien besonders erwähnt. Spätestens hier wird er auch in näheren Kontakt mit der griech. Bibelübersetzung, der LXX, und mit griech. Bildung gekommen sein. In der Rede vor dem *Areopag (Apg 17,28) zitiert er den stoischen Dichter Aratus, der aus Soloi in Zilizien stammte (Phaenomena 5). *Barnabas suchte Paulus in T. auf, um ihn zum Aufbau der Gemeinde nach Antiochia zu holen (Apg 11,25). Später kam Paulus noch zweimal auf dem Weg zu den galatischen Gemeinden durch T. (Apg 15,41; 18,23).

Literatur: F.F.Bruce: Zeitgeschichte des NT, Teil II, (1969) 1986, 35-47; J.Finegan: The Archeology of the New Testament, 1981, 51-54; C.J.Hemer: ISBE, IV, 1988, 734-736; S.E. Johnson: Paul the Apostle and His Cities, 1987, S.25-34; M.J.Mellink: IDB, III, 1962, 518f; W.Ruge: PRE (2.Reihe) Bd.II. 4, 1932, 2413-39; W.C. van Unnik: Tarsus or Jerusalem, The City of Pauls Youth, NTSuppl XXIX, 1973; C.B.Welles: Hellenistic Tarsos, MUSJ 38 (1962), 43-75; J.Wagner: Türkei, Die Südküste von Kaunos bis Issos, Kunst und Reiseführer,1986, S.227-229; T. Pekáry: ANRW II, Bd.7.2, 1980, S.650-655 (Literatur). C.Sch.

TASCHE. Meist aus gegerbtem Ziegenleder hergestellter Beutel oder Sack, der mit einem Riemen über der Schulter oder auf dem Rükken getragen wurde. Die T. gehörte zur Ausrüstung des *Hirten (1Sam 17,40.49) und des Reisenden (Mt 10,10; Lk 9,3; 10,4).

TAT, TÄTER, TUN.

1. Das Tun Gottes.

Der Gott der Bibel ist der immer im Tun begriffene Herr der Schöpfung und der Geschichte. Er tut große Dinge, die nicht zu erforschen sind (Hiob 5,9ff). Am nachhaltigsten hat sich der Erinnerung des atl. Gottesvolkes die »herrliche Tat« (2Mo 15,1) eingeprägt, die das Volk aus der Versklavung Ägyptens erlöste. Aber auch das »Unglück in der Stadt« tut der Herr, wenn die Seinen durch Abfall ihn zum Gericht herausfordern (Am 3,6). Es ist die Eigenart Gottes, daß bei ihm Denken, Reden und Tun eins sind (Jes 46,11). Gott wacht darüber, daß sein Wort Tat wird (Jer 1,12). Was sollten die Frommen lieber tun, als von allen Taten ihres Gottes zu reden (Ps 143,5)? Im NT ist Mitte des Werkes Gottes, daß er in der Sendung Jesu schafft und vollbringt, was dem Gesetz unmöglich ist: Erlösung des Menschen durch seinen Sohn (Röm 3,24). Die Hoffnung, daß wir an das ewige Ziel kommen, hat darin ihren Grund, daß der treue Gott, der uns gerufen hat, tun wird, was er verspricht (1Thess 5,24).

2. Das Tun Jesu.

Das Werk Jesu bestand darin, den Willen des Vaters zu tun. Der Wille des Vaters besteht darin, daß der, der den Sohn sieht und an ihn glaubt, das ewige Leben hat (Joh 6,38ff). Der Sohn Gottes auf Erden ist so mit seinem Vater eins, daß er nichts aus sich und für sich tut, sondern gehorsam auf des Vaters Wink sieht, hiermit dessen Tun gehorsam aufnimmt und vollzieht, was der Vater vorhat (Joh 5,19).

3. Das menschliche Tun.

Für das Volk Israel, dem Gott seinen heiligen Willen am Sinai kundgetan hat, besteht das Tun, das Gott ehrt, darin, daß Gottes Satzungen und Rechte gehalten werden. Solchem gehorsamen Tun ist das Leben verheißen (3Mo 18,5). Aber wer ehrt Gott durch völliges Tun seines Willens? Es ist der Kern der ntl. Botschaft, daß auf dem Weg der Gesetzeserfüllung niemand zur Errettung und Heilsgewißheit kommt, sondern allein der *Glaube an Christus Rettung wirkt. Dem Glauben folgen die *Werke, sie sind tätiges Sichtbarwerden und Echtheitszeugnis des Glaubens (Gal 5,6; Jak 1,22; 2,17). Ohne Verbindung mit seinem Herrn kann der Christ keine *Frucht wirken (Joh 15,5). Alles Tun soll zur Ehre Gottes (1Kor 10,31) und im Namen Jesu geschehen (Kol 3,17).

TAU. Das hebr. Wort *thal,* »versprengte Feuchtigkeit«, wird ohne Unterschied für T. (d.h. Kondensation von Wasserdampf auf einer kühlen Oberfläche) und Dunst (d.h. Kondensation in der Luft) verwendet. Feuchte, vom Meer her kommende Luft ist die Hauptursache von T. im W *Palästinas, besonders in den Gebieten nahe der Küste und auf den Westhängen der Berge. Im Sommer jedoch ist im Jordantal südl. von Beisan sowie auf dem westl. Hochland Transjordaniens kein T. festzustellen. Nach Aschbel variiert die Anzahl der Taunächte pro Jahr von 250 Tagen auf dem Sandboden in Gaza und den hohen Lagen des Karmelgebirges bis 100-150 Tagen im judäischen Hochland und sinkt nach O hin zum Jordangraben rapide. Die größte Taumenge bildet sich in den Sommermonaten, wenn die Pflanzen Feuchtigkeit am dringendsten benötigen. Duvdevani experimentierte mit zwei Arten von Kondensation. »Fallender Tau« ist charakteristisch für einen Sommer in Gebieten mit guten, bodenkühlenden Bedingungen. »Aufsteigender Dunst« ist das Ergebnis der Kondensation von Wasserdampf aus feuchtem Boden und kommt deshalb häufiger im Winter vor.

Belegstellen der Heiligen Schrift zeigen, daß das Auftreten von T. bekannt war, auch wenn seine Herkunft nicht erklärbar war. »Wer hat die Tropfen des Taus erzeugt?« antwortet Gott dem Hiob (38,28). Man nahm an, daß T. vom Himmel fällt (1Mo 27,28; 5Mo 33,28; Ri 6,36-40; Hag 1,10; Sach 8,12); daß er plötzlich fällt (2Sam 17,12), sanft (5Mo 32,2), die ganze Nacht über liegt (Hiob 29,19; RevEB); ihm ausgesetzt zu sein ist unbehaglich (Hld 5,2; Dan 4,12.20. 22.30); er verdunstet am Morgen schnell (Hos 6,4) und tritt zur Erntezeit im heißen Sommer auf (Jes 18,4; vgl. Hos 14,6; Mi 5,6). T. ist günstig für Sommerernten. Dies wurde durch agronomische Feldstudien, die seit 1937 gemacht werden, nachgewiesen. Die Alten haben also nicht übertrieben, wenn sie den T. als Quelle der Gnade betrachteten. T. reicht aus, um »Dry-farming«, d.h. Anbau ohne Regen bzw. Bewässerung durchzuführen (Sir 18,16; 43,22). Er ermöglicht den Anbau von Geophyten (Erdpflanzen, die Trocken- und Kältezeiten mit unterirdischen Knospen überdauern) im Negeb und fördert die Weinernte. Daher auch der Segenswunsch: »Gott gebe dir vom Tau des Himmels und von der Fettigkeit der Erde und Korn und Wein die Fülle« (1Mo 27,28; vgl. 5Mo 33,28). Ausbleibender T. war Ursache schwerer Not (Hag 1,10; vgl. Hiob 29,19; Sach 8,12) und verschärfte die Folgen der Dürre, wenn der Regen ausblieb (1Kön 17,1; vgl. 2Sam 1,21). T. wird aus diesem Grund zum Sinnbild der Auferstehung: »Denn ein Tau der Lichter ist dein Tau, und die Erde wird die Toten herausgeben« (Jes 26,19). Auf dieser Prophezeiung basiert der Talmud-Ausdruck »der Tau der Auferstehung«. Die Aussage von Ps 133,3, daß der T. vom Hermon auf die Berge Zions herabkomme, kann unmöglich eine geographische Interpretation sein. Sie könnte eine sprichwörtliche Wendung für im Überfluß vorhandenen T. sein, da auf dem Hermon am meisten T. fällt. Infolge des ergiebigen Taufalls auf dem Hermon und dem Karmelgebirge zerfällt der weiche, poröse Kalkstein rasch; der Boden wird somit häufig regeneriert. Daher stehen die Namen dieser Berge symbolisch für Fruchtbarkeit.

Literatur: D. Ashbel: Bioclimatic Atlas of Israel, 1950, S. 51-55; S. Duvdevani: Dew observations and their significances. Proc. United Nations Scientific Conference in the Conservation and Utilization of Resources, 1949, 4; Y. Karmon: Israel. Eine geographische Landeskunde, 1983. J.M.H.

TAUB s. Krankheit

TAUBE s. Tiere

TAUFE.

I. DIE TAUFE DES JOHANNES.

Über den Ursprung der christl. T. gibt es verschiedene Vermutungen. Sie wird teilweise auf die zeremoniellen jüd. Waschungen zurückgeführt, aber auch auf die Reinigungsriten der Qumrangemeinde, die Proselytentaufe oder auf die T. des Johannes (Beasley-Murray, 13-69). Die letztgenannte, durch die *Johannes der Täufer seinen Beinamen erhielt, steht der christl. T. sicher am nächsten: Wie Johannes der Vorläufer Jesu ist, so ist seine T. Vorläuferin der christl. T. Eine direkte Verbindung entsteht durch die T. Jesu durch Johannes; auch einige der ersten Jünger Jesu waren höchstwahrscheinlich von Johannes getauft worden (Joh 1,35-42). Jesus bzw. einige seiner Jünger scheinen die Taufpraxis des Johannes zunächst fortgesetzt zu haben (Joh 3, 22f. 26; aber 4,1f). Bei den Jüngern zu Pfingsten und bei den von Apollos unterwiesenen Christen hielt man es offenbar für unnötig, ihre johanneische T. durch eine T. auf den Namen Jesu zu ergänzen (Apg 2; 18,24-28). Vermutlich war es also diese frühere Praxis, die von Pfingsten an fortgesetzt, von dem auferstandenen Christus bestätigt und in seinem Namen durchgeführt wurde (Mt 28,19; Apg 2,38 usw.). Johannes' T. ist wohl am besten zu verstehen als eine Anpassung der rituellen jüd. Waschungen mit einer gewissen Beeinflussung insbesondere durch die Qumrangemeinde.

Die T. des Johannes war primär eine T. der Buße (Mt 3,11; Mk 1,4; Lk 3,3; Apg 13,24; 19,4). Indem sie sich von Johannes taufen ließen, bezeugten die Täuflinge ihre Reue (Mt 3,6; Mk 1,5) sowie ihr Verlangen nach Vergebung. Sie war außerdem ein vorbereitender und symbolischer Akt: sie bereitete den Täufling vor auf das Wirken des Kommenden und symbolisierte das Gericht, das dieser bringen würde. In bildhafter Sprache stellte Johannes das Gericht als das Fällen eines Baumes oder Worfeln des Getreides dar (Mt 3,10.12; Lk 3,9.17), oder als eine T. mit Geist und Feuer (Mt 3,11; Lk 3,16). Es ist nicht anzunehmen, daß der Täufer hier auf einen rituellen Akt verweisen wollte, der sich erheblich von seiner eigenen T. unterschied. Er bezog sich wohl vielmehr auf die machtvolle Symbolik von Worten wie Jes 4,4; 30,27f; 43,2; Dan 7,10 (vielleicht unter dem Einfluß der Qumrangemeinde – vgl. 1Q4,21; 1QH 3,29f). Konnte das göttliche Gericht mit einem Strom von Gottes feurigem Atem (= Geist – im Griech. und Hebr. dasselbe Wort) verglichen werden, war es passend, das zukünftige Gericht mit einem Eintauchen in jenen Strom zu vergleichen. Diejenigen, die sich aus Reue einem das Gericht symbolisierenden Akt unterwarfen, sollten das Gericht als etwas erleben, das rein und fleckenlos macht. Diejenigen, die die T. des Johannes ablehnten und sich weigerten zu bereuen, sollten die »Taufe« des Kommenden aber in aller ihrer Heftigkeit erfahren und wie die Spreu und die Bäume ohne Frucht verbrannt werden (Mt 3,10-12).

II. JESU TAUFE DURCH JOHANNES.

Daß sich Jesus einer T. der Buße unterzogen haben sollte, bereitete den ersten Christen einige Mühe (vgl. Mt 3,14f; Hieronymus, Contra Pelag. 3,2). Zumindest mußte diese T. für Jesus der Ausdruck seiner Hingabe an Gottes Willen und den Dienst für ihn gewesen sein, vielleicht auch ein Ausdruck seiner vollständigen Identifizierung mit seinem Volk vor Gott. Nach Jesu T. kam der Geist auf ihn herab (Mt 3,16; Mk 1,10; Lk 3,21f). Viele sehen darin den Prototyp der christl. T. – T. mit Wasser und Geist. Aber obwohl die Evangelisten das Herabkommen des Geistes eng mit der T. Jesu verbinden (geschehen unmittelbar nach seiner T.), setzen sie beide Ereignisse weder gleich noch fassen sie sie in dem einen Begriff »Taufe« zusammen. Tatsächlich spricht auch keiner der ntl. Autoren von der T. Jesu als von einem Vorbild für die christl. Taufe. In jedem Fall lenkt der Evangelist die Aufmerksamkeit des Lesers auf die Salbung des Geistes und die Stimme, die vom Himmel kam (Joh 1,32f erwähnt Jesu T. nicht einmal; vgl. Apg 10,37f; 2Kor 1,21: Gott macht uns fest in Christus und hat uns getauft/gesalbt; 1Joh 2,20.27).

Warum Jesus die Taufpraxis des Johannes nicht fortsetzte, ist unklar. Vielleicht war sie als ein Symbol des Gerichts weniger geeignet, das Schwergewicht in Jesu Dienst auszudrükken, das auf Erfüllung und eschatologischem Segen lag, auf Verzögerung des Gerichts und nicht auf dem Gericht selber (vgl. z.B. Mt 11,2-7; Mk 1,15; Lk 4,16-21; 13,6-9). Die T. des Gerichts und den Kelch des göttlichen Zornes nahm er selber (zugunsten anderer) hin bis zum Tod am Kreuz (Mk 10,38; 14,24.36; Lk 12,49f).

III. DIE TAUFE IM FRÜHEN CHRISTENTUM.

Was immer der genaue Hintergrund der T. ist, so war sie doch von Anfang an ein integraler Bestandteil des Christentums. Die ersten Bekehrten wurden getauft (Apg 2,38.41). Paulus, der sich zwei oder drei Jahre nach Jesu Auferstehung bekehrte, sieht die T. mit dem Beginn des christl. Lebens zusammen (s.u. IV.). Und wir kennen keinen Christen im NT, der nicht getauft wurde, sei es von Johannes oder auf den Namen Jesu.

Wie bei der T. des Johannes war die Annahme der T. bei den ersten Christen der Ausdruck von Buße und Glauben (Apg 2,38.41; 8,12f; 16,14f. 33f; 18,8; 19,2f; vgl. Hebr 6,1f). Einige bibl. Aussagen könnten darauf schließen lassen, daß von Anbeginn an die Ansicht vertreten worden sei, daß die Vergebung der Sünden durch die T. vermittelt wurde (Apg 2,38; 10,43; 22,16; 26,28). Nach 1Petr 3,21 aber war die frühchristl. T. mehr eine Bitte des Täuflings an Gott um ein reines Gewissen. Die mit der T. verheißene Gabe des Geistes wurde als Gottes Akt der Annahme und Erneuerung angesehen (bes. Apg 10,43-45; 11,14f; 15,8f). Mit Sicherheit war die Annahme der T. für den, der Christ sein wollte, ein entscheidender Schritt der Hingabe, der oft seine Ächtung und sogar Verfolgung durch seine früheren Freunde nach sich gezogen haben muß.

Anders als die T. des Johannes wurde die christl. T. von Anfang an »auf den Namen Jesu« vollzogen (Apg 2,38; 8,16; 10,48; 19,5). Dieser Ausdruck verweist wohl entweder darauf, daß sich der Taufende als Vertreter des erhöhten Christus sah (vgl. bes. 3,6.16 und 4,10 mit 9,34), oder daß der Täufling seine T. als Akt der Hineinnahme in die Heilswirklichkeit des gekreuzigten Auferstandenen verstand (vgl. 1Kor 1,12-16 s.o.; s.u. IV.). Höchstwahrscheinlich sollten die Worte beides zum Ausdruck bringen. Von Anfang an stellte die T. auf den Namen Jesu also einen Initiationsritus dar, durch den man in die neue Gemeinschaft derjenigen, die den Namen Jesu anriefen, aufgenommen wurde (Apg 2,21.41; 22,16; vgl. Röm 10,10-14; 1Kor 1,2). Manchmal folgte anschließend eine *Handauflegung. So muß die T. ein deutlicher Ausdruck der Annahme des Täuflings durch die Gruppe derjenigen, die wie er an Jesus glaubten, gewesen sein (Apg 8,14-17; 10,47f; 19,6; Hebr 6,2).

Über die Beziehung zwischen der T. und der Gabe des Geistes in der Apg gehen die Meinungen auseinander. Manche meinen, daß der Geist a. durch die T. gegeben wurde, b. durch Handauflegung, oder c. durch beides, wobei beide rituellen Handlungen als integrale Bestandteile eines einzigen Sakramentes galten. Jede Sicht läßt sich mit irgendeiner Stelle aus der Apg begründen: zu a.: 2,38; zu b.: 8,17; vgl. 9,17; zu c.: 19,6. Aber ohne umfassendere Begründung ist die Annahme schwer durchzuhalten, daß es in der allerersten Zeit des Christentums eine einheitliche Sicht zu diesem Thema gab, oder daß Lukas eine bestimmte Sicht zu propagieren suchte. Für Lukas und die ersten Christen kam es entscheidend darauf an, daß die Gabe des Geistes die wahre Hingabe einer Person an Gott und ihre Annahme durch Gott bezeugte, dabei konnte man die Gegenwart des Geistes an den Auswirkungen erkennen, die sein Kommen bei dem Empfänger hatte (Apg 1,5; 2,4; 2,38; 4,31; 8,17f; 10,44-46; 11, 15-17; 19,2). In dieser Begegnung Gott-Mensch spielte die T. (und manchmal das Handauflegen) eine wichtige Rolle, zumindest als Ausdruck der Reue und Hingabe, als Zeichen des Eintritts in den Dienst Jesu und in die Gemeinschaft seiner Jünger, und gewöhnlich als Kontext für die Begegnung Gott-Mensch, in der der Geist gegeben und empfangen wurde.

IV. DIE TAUFE IN DEN PAULUS-BRIEFEN.

Die einzigen sicheren Hinweise auf die T. bei Paulus sind Röm 6,4; 1Kor 1,13-17; 15,29; Eph 4,5 und Kol 2,12. Der eindeutigste ist dabei 1Kor 1,13-17; dort hält Paulus die T. »auf den (griech. *eis*) Namen Jesu« offensichtlich für etwas völlig Selbstverständliches. Er könnte hier eine bekannte Formulierung aus dem damaligen Rechnungswesen verwendet haben, wo »auf den Namen von« »auf Rechnung von« bedeutete. Das heißt: Die T. wurde als ein Akt des Übertragens verstanden, als eine Tat, durch die sich der Täufling dem Genannten als Eigentum oder Jünger übergab. Das Problem in Korinth war, daß zu viele sich benahmen, als seien sie Paulus' oder Kephas' oder Apollos' Jünger geworden, d.h., als seien sie auf deren Namen anstatt auf den Namen Jesu getauft worden. Von den anderen Schriftstellen bestätigt Eph 4,5, daß die T. einer der Grundsteine der christl. Gemeinschaft darstellte. Und 1Kor 15,29 verweist vermutlich auf die Praxis einer stellvertretenden Taufe, wobei sich ein Christ für einen Toten taufen ließ. (Paulus erwähnt dies nur im Vorübergehen, ohne Stellung zu nehmen).

Viel diskutiert sind Röm 6,4 und Kol 2,12. Hier ist die T. das Mittel, durch das man mit Christus begraben wird. Paulus bezieht sich an dieser Stelle offensichtlich auf den Symbolwert der T. (vermutlich durch Eintauchen) als eines Begrabens des alten Lebens. Das Auftauchen aus dem Wasser (6,4) versteht Paulus allerdings nicht als Symbol der Auferstehung; denn die Auferstehung mit Christus bleibt etwas Zukünftiges (6,5). Vielleicht suggeriert er diesen Zusammenhang in Kol 2,12, weil die Auferstehung mit Christus als etwas Vergangenes betrachtet wird (Kol 3,1). Der griech. Wortlaut von 2,12 läßt aber auch eine andere Interpretation zu. Wir sollten daran denken, daß Paulus das Sterben mit Christus nicht als ein isoliertes Ereignis der Vergangenheit sieht; die Identifizierung mit Christus in dessen Leiden und Sterben ist ein lebenslanger Prozeß (Röm 6,5; 8,17; 2Kor 1,5; 4,10; Gal 2,20; 6,14; Phil 3,10). Daher hielt Paulus die T. möglicherweise für das kontinuierliche Symbol dieses Aspektes des christl. Lebens, während der Geist das neue Leben in Christus anzeigte (Röm 8,2.6.10f.13; 1Kor 15,45; 2Kor 3,3.6; Gal 5,25; 6,8).

In den Briefen des Paulus gibt es nach verbreiteter Auffassung noch zahlreiche andere Hinweise auf die T. Sehr oft meint man, daß der Ausdruck »auf Christus getauft« direkt auf die T. verweist (Röm 6,3; 1Kor 10,2; 12,13; Gal 3,27). Eine oft vertretene Ansicht ist hier, daß »auf Christus« eine Abkürzung sei für »auf den Namen Christus«. Trifft das zu, dann war der Taufakt für Paulus von sakramentaler Bedeutung und Wirksamkeit. Andere meinen, daß »getauft auf Christus« eine Abkürzung sei für »durch den Geist auf Christus hin getauft« (wie explizit in 1Kor 12,13). In diesem Fall würde Paulus die Metapher wiederholen, die mit Johannes dem Täufer begann und nach der dieser Ausdruck nicht den rituellen Akt kennzeichnet, sondern jene Einheit mit Christus (in dessen Tod), die die T. (durch Eintauchen) so anschaulich symbolisiert (vgl. Mk 10,38; Lk 12,50).

Als Hinweise auf die T. gelten auch das Bild der Waschung in 1Kor 6,11; Eph 5,26 und Tit 3,5, und des Siegels des Geistes in 2Kor 1,22 und Eph 1,13; 4,30. Wenn Paulus eine streng sakramentale Sicht der T. hatte, dann könnte man hier eine Anspielung auf die T. annehmen, um so mehr, wenn Paulus in diesem Punkt von dem Mysterienkult beeinflußt war. Andererseits zeigen 1Kor 1,13-17 und 10,1-12 seine Ablehnung dieser Art von Sakramentalismus. Außerdem hält er denjenigen, die an der Beschneidung festhalten, nicht die T. (als wirksamere christl. Alternative), sondern ihren Glauben und die Realität des durch den Glauben empfangenen Geistes entgegen (Gal 3,1-4.7; Phil 3,3). So kann Paulus die Waschung sehr wohl symbolisch und nicht sakramental verstanden haben (vgl. Apg 15,9; Tit 2,14; Hebr 9,14; 10,22; 1Joh 1,7.9). Und wenn wir an den greifbaren Charakter der Gegenwart des Geistes im frühen Christentum denken, kann sich das »Siegel des Geistes« auf nichts anderes als auf die Gabe des Geistes selber beziehen.

V. DIE TAUFE IN DEN SCHRIFTEN DES JOHANNES.

Es ist schwierig, Johannes' Taufverständnis zu erfassen, da der reiche Symbolismus seines Evangeliums verschiedene Interpretationen zuläßt. Einige sehen überall sakramentale Anspielungen (in jedem Hinweis auf »Wasser«). Andere halten Johannes für einen Antisakramentalisten. Deutlicher Hinweis auf die T. ist sicher Joh 3,5: »geboren aus Wasser und Geist«. Dabei meint »Wasser« die Bußtaufe des Täufers Johannes (Joh 1,26.31.33) als ein Stellen unter das Gericht Gottes (Schniewind), in Verbindung mit »Geist« aber zugleich das reinigende und erneuernde Wirken des Gottesgeistes (Jes 44,3-5; Hes 36,25-27). Der Gedanke allerdings einer durch den bloßen Vollzug einer sakramentalen Handlung wirksamen T. im Sinne einer sog. Taufwiedergeburt liegt dabei Johannes wie dem ganzen NT fern (vgl. Jak 1,18; 1Petr 1,3.23; 1Joh 3,9).

VI. KINDERTAUFE.

Wurde die Kindertaufe im Urchristentum praktiziert? Es gibt im NT keine direkten Hinweise auf die Kindertaufe, aber die Möglichkeit der T. von Kindern innerhalb eines Haushaltes in Apg 16,15.33; 18,8 und 1Kor 1,16 kann nicht völlig ausgeschlossen werden. Daß die Kinder von Gläubigen zum Haushalt gehörten, kann man aufgrund von 1Kor 7,14 ohne weiteres behaupten, ganz zu schweigen von Mk 10,13-16. Auffallend ist auch die dem Glauben des Hausvaters für die Rettung des ganzen Hauses gegebene Verheißung (Apg 16,31) mit der darauffolgenden T. (V. 33). Andererseits sagt Paulus in Gal 3 ausdrücklich, daß man die Zugehörigkeit zu Christus nicht durch die natürliche Abstammung oder durch einen rituellen Akt (Beschneidung) erhält, sondern nur durch den Glauben und die Gabe des Geistes. Je mehr man bei der T. die Bedeutung des Glaubens des Täuflings betont, desto schwieriger ist es, die Kindertaufe zu vertreten. Je mehr man dagegen in der T. einen Ausdruck der göttlichen Gnade sieht, desto leichter kann man die Kindertaufe befürworten.

Auf jeden Fall sollten sich Christen davor hüten, die T. so überzubewerten wie die Juden die Beschneidung überbewerteten.

Literatur: K. Aland: Die Säuglingstaufe im NT und in der Alten Kirche, ²1963; M. Barth: Die Taufe – ein Sakrament?, 1951; G. Barth: Die Taufe in frühchristlicher Zeit, 1981; G. Beasley-Murray: Die christliche Taufe, 1968; O. Cullmann: Die Tauflehre des NT, 1948; G. Delling: Die Heilsbedeutung der Taufe im NT. KuD, 1970; J.D.G. Dunn: Baptism in the Holy Spirit, 1970; W. Heitmüller: Taufe und Abendmahl im Urchristentum, 1911; J. Jeremias: Die Kindertaufe in den ersten vier Jahrhunderten, 1958; ders.: Nochmals: Die Anfänge der Kindertaufe; C.H. Ratschow: Die eine christliche Taufe, 1972; R. Schnackenburg: Das Heilsgeschehen bei der Taufe nach dem Apostel Paulus, 1950; J. Schneider: Die Taufe im NT, 1952; J. Schniewind: Von der Neugeburt, 1937; G. Wagner: Das religionsgeschichtliche Problem von Römer 6,1-11, 1962. J.D.G.D.

TAUSEND s. Zahl

TAUSENDJÄHRIGES REICH.

Offb 20,1-6 spricht von dem Friedensreich Jesu Christi während tausend Jahren. Von Kreuz und Grab herkommend konnte Jesus sagen: »Mir ist gegeben alle Macht im Himmel und auf Erden« (Mt 28,18). Das wird noch ganz an den Tag kommen: In einer ersten Phase der Zielerreichung, eben in dem tausendjährigen Friedensreich, das Christus nach seiner sichtbaren Wiederkunft in Macht und Hoheit Gottes aufrichtet.

1. Warum Tausendjähriges Reich und nicht gleich Vollendung?

Wie Gott einst die Welt schrittweise schuf (1Mo 1), so schafft er sie auch schrittweise neu: Bei seinem ersten Kommen, durch Kreuz und Auferstehung schuf Jesus Christus die Voraussetzung für Frieden und Gemeinschaft der Menschen mit Gott, die durch unsere Sünde verloren gegangen war. Mit seinem Kommen heute, unscheinbar in seinen Boten und in seinem Wort und Geist, bietet Jesus den durch sein Kreuz ermöglichten Frieden, die neue Gemeinschaft mit Gott, die Gotteskindschaft an (2Kor 5,18-21; Offb 3,20). Und mit seinem Kommen in der Zukunft, seiner Wiederkunft, offenbart Jesus seinen Frieden, sein Friedensreich, in dem er mit wahrem Frieden, mit Gerechtigkeit regiert. Und auch die Zukunft jenseits der *Wiederkunft Jesu gleicht nicht einem in sich ruhenden Ozean, in den sozusagen die Bäche der Zeit eingemündet wären, vielmehr eher einem mächtigen Strom, den Gott weiterführt von Teilziel zu Teilziel. So gebraucht das griech. NT das Wort »Äon«, Gottes-Zeitalter, das meist mit »Ewigkeit« übersetzt wird, häufig in Mehrzahlform. Gott schreitet auch über die Wiederkunft Jesu hinaus machtvoll seinem Vollendungsziel entgegen: »Siehe, ich mache alles neu« (Offb 21,5; vgl. 1Kor 15,28).

2. Wer schafft das Tausendjährige Reich?

Nicht Menschen, auch nicht Christen während dieser Weltzeit, sondern allein der Herr nach seiner sichtbaren Wiederkunft (Offb 1,7; 19,11.16; 20,1-6), dann, wenn auch diejenigen wieder auferstanden sein werden, die in Christus gelebt haben und so auch in Christus gestorben sind (vgl. Offb 14,13); das letzte Buch der Bibel redet von der »Ersten Auferstehung« (Offb 20,5.6; vgl. 1Thess 4,16). – Gewiß muß Christen auch an einer guten, gerechten Ordnung auf dieser Erde während dieser Weltzeit heute liegen, zumal ja die »Erde des Herrn« ist (Ps 24,1). Das große kommende Friedensreich Jesu ist das, was wir hier zustande bringen mögen, jedoch noch nicht.

3. Wo ist dieses Friedensreich?

Nach dem letzten Buch der Bibel ist es noch auf dieser alten Erde. Erst nach dem T. findet die Auferstehung aller Menschen statt, zugleich der letzte große Gerichtstermin für alle, den keiner im Tod verschlafen kann. Und dann erst wird auch die alte Erde durch eine neue, die Gott nun schafft, ersetzt, wie Gott überhaupt alles neu macht (Offb 20,11-21,5) und vollendet. Das bedeutet, daß Gott also auch dieser alten Erde, die aus seiner Hand stammt, über der Jesu Kreuz aufgerichtet und die von seinem Blut benetzt wurde, eine Zeit der Erfüllung schenken wird. »Tausend Jahre sind vor Gott wie ein Tag« (Ps 90,4); so sagten die Väter, die mit einer kürzeren Dauer der Weltgeschichte rechneten als wir: »Auf eine harte, dunkle Arbeitswoche der Weltgeschichte folgt ein herrlicher Sabbat, Sonntag und Sonnentag, da Jesus Christus selber die Sonne ist.« Auf jeden Fall hat auch über dieser Erde nicht der Mensch mit seinem Wahn und seinen Zerstörungsmitteln das letzte Wort, nicht der *Antichrist und nicht der *Satan mit den Dämonen, sondern der, der das erste Wort über ihr sprach: »Es werde!«, der lebendige Gott, und der, der in der Mitte der Geschichte sagen konnte: »Es ist vollbracht!«, Jesus Christus (1Mo 1; Joh 19,30). Diese Perspektive bewirkt, daß Christen nicht verzagt und verzweifelt sein müssen im Blick auf die Zukunft.

4. Was sagt die Bibel im einzelnen über das Tausendjährige Reich?

Die Auskünfte sind sehr knapp (Offb 20, 1-6):

a. Der Feind ist weggetan, so daß er nicht mehr »die Völker verführen« und gegeneinander hetzen kann; es sind also auch dann noch Völker vorhanden.

b. Jesus Christus gibt den Seinen Anteil an seinem Weltregiment, an all dem, was er ist, hat und tut – das wird von den Märtyrern und überhaupt denen, die sich in der antichristl. Anfechtungszeit bewährt haben, hier ausdrücklich gesagt. Aber an anderem Ort stellt die Schrift das für alle Glaubenden fest (Offb 3,21). Auch dürfen sie wissen: »Die Fürbitte der Kinder Gottes ist schon jetzt ihre Teilhabe an seinem Weltregiment« (F.Chr. Oetinger).

c. Die Verheißungen im AT über den wundervollen Frieden zwischen Mensch und Mensch, zwischen Mensch und Tier und auch zwischen Tier und Tier finden gewiß ebenfalls hier ihre Erfüllung (Jes 2,4; 11,6-8; 65,25; Mi 4,3; vgl. Röm 8,19-22).

Jesus Christus wird in einer jetzt unvorstellbaren Weise unmittelbar die ganze Erde regieren (Sach 14,9) als der »König aller Könige und Herr aller Herren« (Offb 19,16). Gott hat seine Kinder, die Gemeinde, im Blick auf die Grundlinien seines Planes ins Vertrauen gezogen, im übrigen gilt es, ihm zu vertrauen und dort, wo die Bibel schweigt, keine Produkte menschlicher Phantasie einzutragen (Offb 22,18f).

5. Wer ist für das kommende Friedensreich Jesu bereit?

Wer jetzt den Frieden Gottes, den Jesus für die Menschen auf Golgatha erworben hat, erbittet und Jesus als seinen Herrn annimmt und sich von ihm führen und gebrauchen läßt, d.h. an ihn glaubt (vgl. Joh 1,12), wird dann von ihm angenommen. Wer jetzt sein Reich ist, in dem er unumschränkt regiert (Röm 8,14-17; 14,17), der hat einmal voll teil an seinem Reich.

Literatur: s. *Eschatologie; *Wiederkunft Jesu.
F.G.

TEBETH s. Kalender

TEBEZ. (Hebr. *tēbēz*, »Glanz«). Eine befestigte Stadt im Gebirge Ephraim, bei deren Eroberung *Abimelech tödlich von einem Mühlstein getroffen wurde, den eine Frau auf ihn geworfen hatte (Ri 9,50ff; 2Sam 11,21). T. ist das heutige Tubas, etwa 15 km nordöstl. von *Sichem (heute Nablus) am Weg nach *Bet-Schean. J.D.D.

TEKOA.

1. Stadt in Juda, etwa 8 km südl. von *Bethlehem, die Heimat des Propheten *Amos (Am 1,1). Als Joab »merkte, daß des Königs Herz an Absalom hing«, ließ er aus T. eine kluge Frau holen, die David und seinen Sohn Absalom versöhnen konnte (2Sam 14,1f). *Rehabeam baute die Stadt zur Festung aus (2Chr 11,6). Als *Joschafat *Ammonitern und *Moabitern gegenüberstand, beriet er sich mit dem Volk »in der Wüste Tekoa« (2Chr 20,20). *Jeremia forderte das Blasen einer Po-

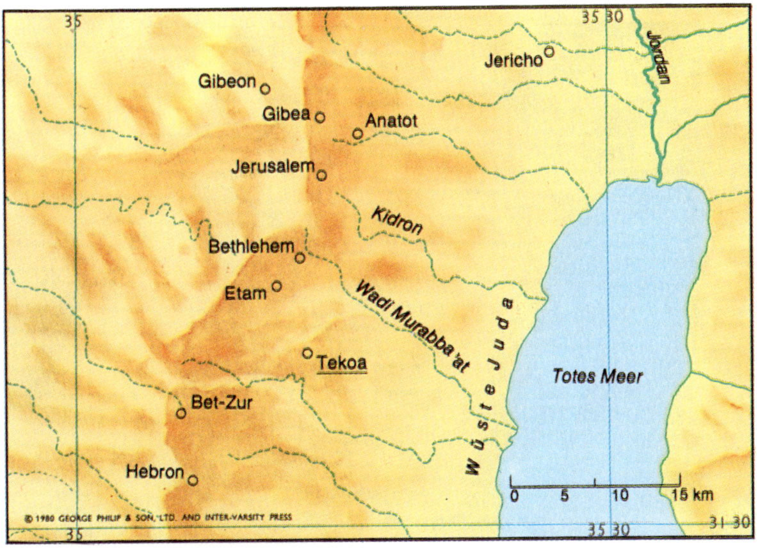

Die Lage von Tekoa in Juda.

saune in T. angesichts des heranrückenden Feindes (Jer 6,1). Nach dem babylon. Exil wurde die Stadt wieder besiedelt (Neh 3,5.27). Z.Zt. der *Makkabäer und Römer war der Ort bekannt, und der Name besteht auch heute noch als Chirbet Taqūʿa, ein zerstörtes Dorf auf einer Fläche von etwa 20 000 m^2.

2. Sohn *Kalebs und Efratas, Nachkomme *Hezrons, des Enkels *Judas (1Chr 2,24; 4,5).

Literatur: F.M. Abel: Géographie de la Palestine 2, 1933, S. 478; D. Baly: Geographisches Handbuch zur Bibel, 1973; LDB, 340, 432 u.ö.; OLB II, 662-669.
J.A.T.

TELASSAR. Ort, der von den »Leuten von Eden« bewohnt war und von *Sanheribs Boten gegenüber *Hiskia als Beispiel für die Städte erwähnt wird, die bei den Angriffen der Assyrer zerstört wurden (2Kön 19,12). Der Name *telaʾssār* (2Kön 19,12) oder *telassār* (Jes 37,12) steht für Tell Assur (»Hügel von Assur«). Die »Leute von Eden«, *benē-ʿeden*, lebten vermutlich im Gebiet zwischen den Flüssen Euphrat und Balich, assyr. *Bit-Adini* (Bet-Eden) genannt, aber Til-Aschschur wurde in dieser Gegend nicht gefunden, obwohl die Ortslage dem Kontext nach stimmt. Ein Til-Aschschur, das in den Annalen *Tiglatpilesars III. und *Asarhaddons erwähnt wird, scheint an der assyr. Grenze zu *Elam zu liegen. Die Form des Ortsnamens kann bedeuten, daß der Ort selbst noch nicht identifiziert ist. Es gibt keinen Grund, den Ort nach Tell Bassar (Bascher), südöstl. von Rakka am Euphrat zu verlegen.
D.J.W.

TELEM. Ort, an dem *Saul sein Heer vor dem Angriff auf die *Amalekiter sammelte (1Sam 15,4). Der in 1Sam 15 geschilderte Zwischenfall, als Saul Gottes Wort mißachtete, das ihm durch *Samuel überbracht wurde, endet 1Sam 15,22f mit dem Hinweis: »Gehorsam ist besser als Opfer« und der Verwerfung Sauls. Hebr. *thelaʾīm* wird von einigen mit T. (Jos 15,24) in der Wüste *Negeb identifiziert. Einige Mss. lesen in 1Sam 27,8 »diese von Telem« anstatt »von alters her«.
J.A.T.

TEMA. Name (hebr. *tēmāʾ*) des Sohns und der Nachkommen *Ismaels (1Mo 25,15; 1Chr 1,30) sowie des Gebiets, in dem sie wohnten (Hiob 6,19). T. wird zusammen mit Dedan und Bus als weit entfernter Ort erwähnt (Jer 25,23), als eine Oase in der Wüste an einem Haupthandelsweg durch Arabien (Jes 21,14). In den Ruinen von Taimaʿ, etwa 400 km nordnordwestl. von Medina in NW-Arabien, fand man aram. Stelen aus dem 5. Jh. v.Chr. Der Name der Stadt (babylon. *Temaʾ*) wird auch im Zusammenhang mit einer Besetzung durch Nabonid während seines Exils erwähnt (AnSt 8, 1958, S. 80; ANET^{3}, S. 562; TGI, S. 80).
D.J.W.

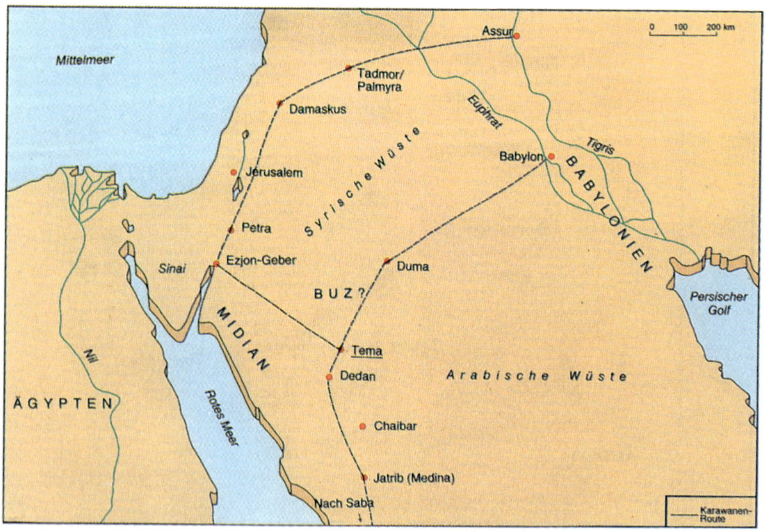

Tema, an einer der bedeutendsten arabischen Handelsstraßen gelegen.

TEMAN. Enkel *Esaus, Sohn Elifas (1Mo 36,11; 1Chr 1,36), nach dem das gleichnamige Gebiet, der Ort oder der Stamm in N-Edom benannt sein dürften (Jer 49,20; Hes 25,13; Am 1,12). Die Einwohner waren bekannt für ihre Weisheit und Stärke (Jer 49,7; Obd 8f). Elifas von T. war einer der drei Freunde, die Hiob beklagten und zu trösten versuchten (Hiob 2,11, etc.). Ein Fürst (*'allūph*) von Teman (*tēmān*) wird unter den Stammesfürsten der Edomiter genannt (1Mo 36,15.42; 1Chr 1,53), und Huscham war einer der frühen Herrscher von T. (1Mo 36,34). Die Propheten zählten T. zu den Städten Edoms, die zerstört werden würden (Jer 49,20; Hes 25,13; Am 1,12; Obd 9). In seiner großen Vision sah *Habakuk Gott von T. kommen (Hab 3,3). N. Glueck (The Other Side of Jordan, 1940, S. 25-26) identifizierte T. mit Tawilan, das ausgegraben ist und eine große edomit. Stadt aus der Zeit zwischen dem 8. und 6. Jh.v.Chr. darstellt (RB 76, 1969, S. 386ff). R. de Vaux legte dar, daß T. eine Bezeichnung für S-Edom sei (RB 77, 1969, S. 379-385). J.A.T.

TEMPEL.

I. ALLGEMEINES.

Mit den hebr. Wörtern *hēkāl*, »Palast«, »Tempel« (ein Lehnwort, von sumer. *É.GAL*, akkad. *ekallu*), *miqdāsch*, »Heiligtum«, und *bajit*, »Haus« kann das AT zwar T. für Gottheiten heidnischer Völker bezeichnen (z.B. 1Sam 5,2; Jes 16,12), überwiegend ist aber damit von T.n der Israeliten für ihren Gott die Rede. Nichtisraelit. Kultstätten werden allg. *bāmā*, *»Höhe«, genannt.

Bei archäologischen Ausgrabungen ist im syr.-kanaan. Raum eine Reihe von T.n zutagegefördert worden, die vor allem aus der vorisraelit. Frühen Bronzezeit (ca. 3150-2200 v.Chr. – u.a. in En-Gedi, *Megiddo, *Ai und Arad), Mittleren und Späten Bronzezeit (ca. 2200-1200 v.Chr. – u.a. in *Lachisch, Megiddo, *Bet-Schean und *Hazor) stammen. Aus der Eisenzeit (ca. 1200-587 v.Chr.) wurden Tempelanlagen freigelegt, von denen einige als nichtisraelit. zu erkennen sind (z.B. in *Aschdod und Bet-Schean), andere jedoch wahrscheinlich oder sicher als israelit. bzw. judäisch (u.a. in Hazor, Dan und *Arad; P. Welten, 20-29).

Der Aufenthaltsort der *Bundeslade war nach der *Landnahme das Zentralheiligtum der israelit. Stämme. Es lag zunächst vorübergehend in *Bethel (Ri 20,27) und dann für lange Zeit in *Silo, wo der Lade ein Tempelhaus errichtet worden war (1Sam 3,3). Aber auch andere israelit. Kultstätten sind im AT bezeugt, was dem archäologischen Befund entspricht, z.B. *Sichem (Jos 24,26), *Gibeon (1Kön 3,4), *Gilgal und *Beerscheba (Am 5,5). Nachdem David die Bundeslade nach Jerusalem gebracht und Salomo den T. gebaut hatte, sollten zur Sicherung des reinen Kultes nur noch an diesem einen Ort Opfer dargebracht werden (vgl. 5Mo 12). Nach der Reichsteilung jedoch wurden die alten Kultstätten in Dan und Bethel zu nationalen Jahweheiligtümern des Nordreichs (1Kön 12,26ff; vgl. Am 7,13). Auch viele andere Kultstätten bestanden weiterhin (1Kön 15,14; 22,44; 2Kön 12,4 u.ö.; vgl. den archäologisch belegten T. in *Arad). Obwohl der an diesen Orten entfaltete Kult sich bestimmt weitgehend als Anbetung Jahwes, des Gottes Israels, verstand, wurde er von den Propheten als synkretistischer Abfall zu den kanaan. Fruchtbarkeitsgottheiten entlarvt und verurteilt (Hos 4,13; 10,8; Jer 17,1-4 u.ö.). Erst in der Reform *Josias scheint die Zentralisation des Kultes durchgesetzt worden zu sein (2Kön 23,8-20).

In nachexilischer Zeit haben sich die Samaritaner von Jerusalem abgesetzt und einen eigenen T. auf dem Berg *Garizim gegründet, den Johannes Hyrkan ca. 128 v.Chr. zerstörte (Jos.ant.Jud. XIII, 255f). Auch nach der Zerstörung hielten die Samaritaner an diesem Kultort fest (vgl. Joh 4,20).

Unter den Diasporajuden in Ägypten sind zwei T. bekannt: Die jüd. Kolonie auf der Insel Elephantine im Oberen Ägypten, durch Papyri in aram. Sprache für das 5. Jh.v.Chr. bezeugt, besaß einen eigenen T., den T. des Jahu, also einen Jahwe-T., der um 410 v.Chr. auf Betreiben von ägypt. Priestern zerstört wurde (vgl. TGI 84-88). Der zweite jüd. T. wurde ca. 160 v.Chr. von dem Hohenpriester Onias IV. in Leontopolis im Unteren Ägypten gegründet und bestand bis 73 n.Chr., als ihn die Römer schließen ließen (vgl. Jos.bell.Jud. VII, 420-436; Jos.ant.Jud. XIII, 62-73). Die meisten der zahlreichen Juden in Ägypten schenkten dem T. in Leontopolis offenbar wenig Beachtung, sondern hielten weiterhin an der Verbindung zu Jerusalem fest und wallfahrteten wie andere Diasporajuden dahin.

Das NT benutzt zur Bezeichnung des T.s in Jerusalem die beiden griech. Wörter *hieron* und *naos*. Dabei meint das erstere die gesamte Tempelanlage und das letztere vorwiegend das Heiligtum im engeren Sinne, das Tempelgebäude, zu dem nur Priester Zutritt hatten. Sonst können auch *oikos*, »Haus«, und *topos*, »Stätte, Ort«, den T. bezeichnen (z.B. Lk 11,51; Joh 2,16; Apg 6,13f).

Kanaanäisches Kultgerät aus Megiddo: Dieser vierfüßige bronzene Ständer zeigt, wie ein Priester oder Anbeter einer sitzenden Gottheit ein Opfer darbringt. Höhe: ca. 10 cm; 1050–1000 v. Chr. (IM)

II. DER SALOMONISCHE TEMPEL.

1. Gründung.

Das Vorhaben Davids, der von ihm nach Jerusalem überführten Bundeslade (2Sam 6) einen T. zu bauen, wurde ihm von Gott durch den Propheten *Nathan verwehrt (2Sam 7). Stattdessen fiel diese Aufgabe seinem Sohn und Nachfolger *Salomo zu, der sie im 4. Jahr seiner Regierung im Angriff nahm und 7 Jahre später zum erfolgreichen Abschluß bringen konnte (1Kön 6,37f). Da der T. in den von Salomo gebauten königlichen Palastkomplex integriert wurde (vgl. den Baubericht 1Kön 6-7), erschien er immer auch als königlicher Besitz und damit als Staatsheiligtum (wie Bethel im späteren Nordreich, vgl. Am 7,13). Zwar ohne alle anderen israelit. Kultstätten zu verdrängen, übernahm der salomonische T. von Anfang an die Rolle als Zentralheiligtum des ganzen Volkes, weil die Bundeslade unter Mitbeteiligung der Stammesältesten in ihn übertragen worden war (1Kön 8,1-6).

2. Lokalisierung.

Es steht fest, daß Salomo seinen Palast und T. als nördl. Expansion der »Davidsstadt« anlegte. Weil sich dieses Gebiet innerhalb des heute von Mauern umgebenen moslemischen Heiligtums Haram asch-Scharif mit dem Felsendom und der Aksa-Moschee (s. *Jerusalem XI) befindet und die zuständigen Behörden wegen der Heiligkeit des Geländes bisher keine Ausgrabungen zugelassen haben, läßt sich die genaue Ortslage nicht eindeutig vermitteln. Traditionell wird der Ort des herausragenden Felsens, über dem der Felsendom errichtet ist, mit der Tenne identifiziert, die David dem Jebusiter Arauna abkaufte (2Sam 24,18-25) und auf der Salomo den T. baute (2Chr 3,1). Der Felsen wird von den Befürwortern dieser Lokalisierung des T.s gerne für den Ort des Allerheiligsten oder des Brandopferaltars gehalten. An der traditionellen Lokalisierung des Tempelgebäudes ist festzuhalten gegen abweichende Vorschläge, die den T. entweder südl. (B. Bagatti, Bib 43, 1962, 1-21; V. Fritz, Tempel Salomos, 53f) oder nördl. des Felsendoms (Th.A. Busink, I, 1-20; A.S. Kaufmann, BARev 9/2, 1983, 40-59) lokalisieren wollen. Schon die Tatsachen, daß die Bergkuppe, auf der der T. gebaut wurde, gerade in dem Bereich des Felsens am breitesten und höchsten ist und daß gerade hier sich keine der großen Zisternen befindet, die C.W. Warren auf dem Tempelplatz entdeckte (Underground Jerusalem, 1876), unterstützen die traditionelle Lokalisierung. Sie wird darüber hinaus von neueren Erkenntnissen zur Lage des zweiten T.s (s.u.) erhärtet, da mit derselben Lage für den salomonischen und den zweiten T. gerechnet werden kann.

3. Gestaltung.

Für die Rekonstruktion des salomonischen T.s sind wir auf die Angaben in 1Kön 6-7; 2Chr 3-4 und auf Vergleiche mit architektonisch verwandten Tempelbauten angewiesen, wie sie durch Ausgrabungen bekannt sind. Entsprechend dem Entwurf Hesekiels (47,1) war der salomonische T. nach O ausgerichtet, und zwar als ein dreiteiliger sog. Langraum-T., nach 1Kön 6,3.16 mit dem *ʾûlām*, »Vorhalle«, im O, westl. davon dem *hēkāl* (hier im engeren Sinne als »Tempelhalle«, auch *haqqōdäsch*, das »Heilige«, genannt, vgl. 1Kön 8,8) und im Innersten des Gebäudes dem *debīr*, »Chorraum« (auch *qōdäsch haqqodāschīm*, das »Allerheiligste«, genannt). Laut 1Kön 6,2 war der T. 60 Ellen lang, 20 Ellen breit und 30 Ellen hoch (s. *Maße und Gewichte). Dabei sind nur die Tempelhalle, 40 Ellen lang (V. 17), und der Chorraum, 20 Ellen lang (V. 20), mitgerechnet. Da der Chorraum auch in der Höhe nur 20 Ellen betrug (ibid.) und somit einen Kubus darstellte, ist er vielleicht erhöht gestellt und durch eine Treppe zugänglich gewesen, oder es hat einen Freiraum zwischen seinem Dach und der Decke des Gebäudes gegeben. Da in V. 31-35 nur von Türeingängen zur Tempelhalle und zum Chorraum die Rede ist und V. 3 eine Frontwand der Vorhalle nicht kennt, ist damit zu rechnen, daß die Vorhalle die ganze Breite des T.s einnahm und sich offen 10 Ellen vor dem T. erstreckte. Diese Deutung des Textes wird von archäologischen Funden bestätigt. Ein Haupttypus der syr.-kanaan. T. ist nämlich der sog. Langraum-T., von dem der sog. Anten-T., d.h. ein T., dessen Längswände sich

Dieses hebräische Ostrakon enthält die wahrscheinlich älteste außerbiblische Erwähnung des Jerusalemer Tempels. Die letzte lesbare Zeile lautet: »Das Haus des Herrn« (BJT JHWH). *Aus Arad. Frühes 6. Jh. v.Chr..* (IM)

über die Frontwand als vorgezogene Seitenmauern hinausstrecken, eine Variante darstellt, zu der der salomonische T. gehört (A. Kuschke, V. Fritz). Der Anschluß an diese syr.-kanaan. Bautradition wurde vermutlich von den am Tempelbau beteiligten Phöniziern (vgl. 1Kön 5,24.32; 7,13f) vermittelt. Die offene Vorhalle der Anten-T. bedarf zur Stützung ihres Daches von einer gewissen Tiefe ab zweier Säulen. Im salomonischen T. nahmen die *Jachin und Boas genannten Säulen (1Kön 7,15-22) diese Trägerfunktion wahr.

Innen war der salomonische T. mit Holz getäfelt. Die Wände und Türen waren mit eingeschnitzten Blumen, Palmen und *Cherubim versehen und mit Gold überzogen. Licht fiel in die Tempelhalle durch vergitterte Fenster. In ihr befanden sich der *Räucheraltar, der Schaubrottisch, 10 *Leuchter und weitere für den Opferdienst benötigte *Kultgeräte. Im Chorraum waren zwei 10 Ellen hohe Holzfiguren mit Flügeln nebeneinander aufgestellt (1Kön 6,23-28; *Cherubim).

Über die unmittelbare Umgebung des Tempelgebäudes erfahren wir wenig. Es scheint zwei Vorhöfe gegeben zu haben (vgl. 1Kön 7,12; 2Kön 23,12). Im inneren Vorhof befanden sich der *Brandopferaltar (2Chr 4,1), das sog. »Meer« (1Kön 7,23-26.39b, s. *Meer, ehernes) und 10 Kessel auf Gestellen (V. 27-39a).

4. Funktionen.

In seinem Gebet bei der Einweihung des T.s sagt Salomo zu Gott: »Siehe, der Himmel und aller Himmel Himmel können dich nicht fassen – wie sollte es dann dies Haus tun, das ich gebaut habe?« (1Kön 8,27). Wenn Israel dennoch bekennt, daß Gott im T. wohnt (1Kön 8,12f; Ps 132,13f), bzw. daß seine *Herrlichkeit (1Kön 8,11; Ps 26,8) oder sein *Name (1Kön 5,17.19; 9,3) dort wohnt, hat dies seinen Grund darin, daß sich Gott in freier Gnade den *Zion mit dem T. als den Ort erwählt hat, an den er seine Gegenwart bindet und wo er sein Volk empfangen und ansprechbar sein will (5Mo 12,5-7.11; 1Kön 8,29f). Während in heidnischen T.n *Bilder der Gottheiten und *Masseben aufgestellt waren, stand im Allerheiligsten des salomonischen T.s nur die *Bundeslade, mit der von alters her die Präsenz Gottes in Israel in bes. Weise verbunden war und mit deren Überführung nach Jerusalem und Aufstellung im T. sich die göttliche Erwählung dieser Stätte vollzogen hatte (Ps 132; 1Kön 8,1-13).

Als Ort der Begegnung mit Gott war der T. in Jerusalem das rel. Zentrum Israels. Vor allem zu den großen *Festen zogen Leute aus dem ganzen Land zum T. hinauf, in dem sich der *Gottesdienst in vielerlei Weise entfaltete.

Rekonstruktion des salomonischen Tempels: Plan und isometrische Projektion (von Th. Stahlheber).

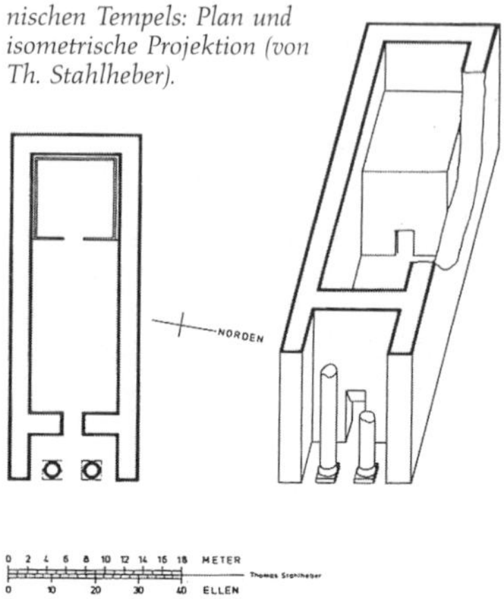

Er wurde von *Priestern, *Leviten, der *Gemeinde und einzelnen durch *Opfer und *Gebete, durch feierliche Prozessionen und Versammlungen, begleitet von *Musik, *Liedern/*Psalmen und *Tanz, gefeiert.

Als königliches Heiligtum nahm der salomonische T. in Entsprechung zu anderen T.n in der Umwelt auch die Funktion der staatlichen Schatzkammer wahr (1Kön 7,51).

5. Weitere Geschichte.

Während des über 350 Jahre dauernden Bestehens des salomonischen T.s wurden von Zeit zu Zeit Erweiterungen und Renovierungen vorgenommen (vgl. 2Kön 12,5-15; 22,4ff; das Jer 26,10; 36,10 bezeugte »neue Tor«). Das 1Kön 6,5-8 beschriebene dreigeschossige Seitengebäude rings um Tempelhalle und Chorraum dürfte zu diesen späteren Erweiterungen gehören (vgl. K. Rupprecht, ZDPV 88, 1972, 38-52).

Die im T. aufbewahrten Schätze wurden mehrmals von feindlichen Angreifern geplündert (1Kön 14,26; 2Kön 24,13) oder von den judäischen Königen zur Gewinnung von Verbündeten (1Kön 15,18f), zur Bezahlung von Tribut (2Kön 16,8) oder zur Abwendung eines Angreifers verwendet (2Kön 18,13-16).

Nach und nach fanden auch kanaan. und assyr.-babylon. Bräuche und *Kultgeräte Eingang in den T. und veranlaßten Veränderungen (vgl. 2Kön 16,10-18; 21,4f.7; 23,4-7.11f). Die sich gegen diesen Synkretismus richtenden Reformen der Könige *Hiskia (2Kön 18,4) und *Josia (2Kön 22-23) blieben ohne dauerhaften Erfolg, wie aus der scharfen Kritik der Propheten *Jeremia (Jer 7,1-15; 26) und *Hesekiel (Hes 8) hervorgeht.

Sein Ende fand der salomonische T. mit der

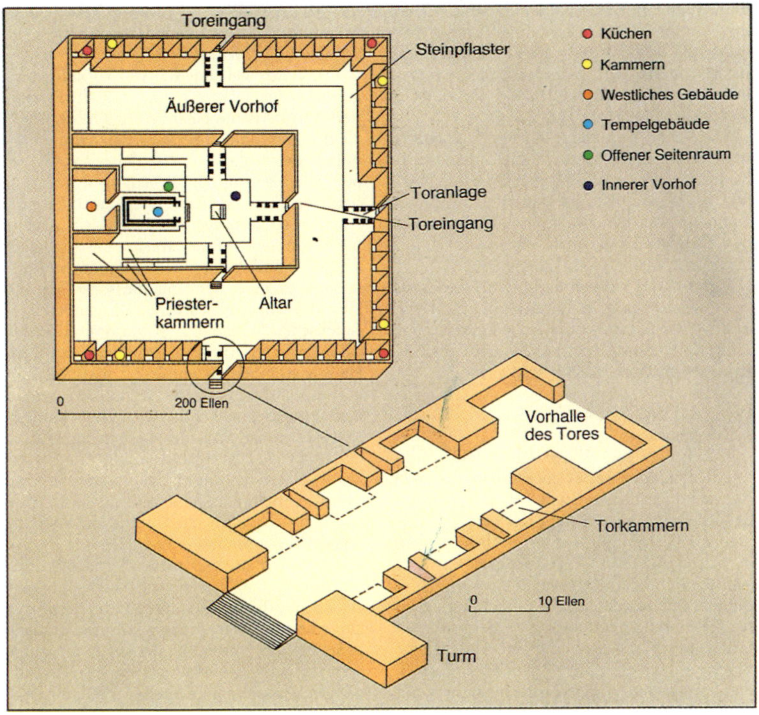

*Grundriß des Tempelentwurfs Hesekiels. Der Plan der Toranlagen entspricht dem der archäologisch belegten israelitischen Stadttore von *Hazor, *Megiddo und *Geser.*

Verwüstung durch die Truppen des babylon. Königs *Nebukadnezar 587 v.Chr. (2Kön 25,9; Jer 52,12f), der viele wertvolle Gegenstände aus dem T. in sein Land bringen ließ (2Kön 25,13-17; Jer 52,17-23). Sowohl der Verfasser der *Könige-Bücher als auch die Propheten sehen den Untergang des T.s als Gericht Gottes über Abfall und Sünde seines Volkes (u.a. 2Kön 23,26f; Hes 9-11).

III. DER TEMPELENTWURF HESEKIELS.

Im 14. Jahr nach der Zerstörung des T.s wurde dem Propheten Hesekiel in einer Vision ein großartiger Entwurf für eine neue Verfassung für Volk und Land vorgeführt (Hes 40-48). Hierin kommen dem T. und seinem Dienst bes. große Bedeutung zu. Das dort beschriebene Tempelgebäude stimmt mit einigen geringfügigen Modifikationen mit dem salomonischen T. überein (s. 40,48-41,4, wonach die Tiefe der Vorhalle 12 statt 10 Ellen beträgt). Wiederum ist es mit Holz getäfelt und mit Schnitzereien von Palmen und Cherubim ausgestattet (41,15ff). Das Gebäude liegt auf einer Plattform, zu der 10 Stufen führen (40,49). Den weitaus breitesten Raum nimmt jedoch die Beschreibung der das Tempelgebäude umgebenden beiden Vorhöfe mit ihren Toren und Räumen ein.

Der ganze Verfassungsentwurf Hesekiels ist auf die Sicherung der Heiligkeit des T.s hin angelegt. Das Heiligtum befindet sich auf dem für Gott abgesonderten Teil des Landes (45,1ff; 48,9ff), und zwar ist der äußere Tempelvorhof von einer 500 mal 500 Ellen messenden Mauer umgeben (42,16-20; LÜ »500 Ruten« [von jeweils 6 Ellen, vgl. 40,5] ist zu korrigieren, vgl. 45,2), »damit das Heilige vom Unheiligen geschieden sei«. Die Heiligkeit wird ferner gesichert durch strikte Trennung von T. und Königspalast (43,7-9) und durch riesige Toranlagen im O, N und S der beiden Vorhöfe (40,6-37), deren Entsprechung zu den archäologisch belegten israelit.

Stadttoren von *Hazor, *Megiddo und *Geser ihre Funktion als Posten für Wächter aufweist, die den Zutritt jedes Unbefugten abwehren sollen (vgl. 44,5ff). Auch die Kammern in den Vorhöfen (40,17.38-46; 42,1-12) dienen der Heiligkeit (42,13f).

Die Vision Hesekiels vom neuen T. gipfelt in dem Einzug der Herrlichkeit Gottes (43,1-5), die den alten entweihten T. verlassen hatte (vgl. 10, 18f; 11,22f). Gott will nun »für immer wohnen unter den Israeliten« (43,7) und ihnen und dem Land seinen Segen vom T. aus zuströmen lassen (47,1-12).

Obwohl der Verfassungsentwurf Hesekiels der *eschatologischen Zukunft gilt und sein T. deshalb nie gebaut wurde, haben einige Züge seiner Darstellung auf den nach dem *Exil errichteten zweiten T. eingewirkt (s.u.).

IV. DER ZWEITE TEMPEL.

1. Gründung.

Durch das sog. Kyrus-Edikt 538 v.Chr. wurde den Juden der Wiederaufbau des T.s in Jerusalem gestattet (Esr 1,1-4; 6,3-5). Kurz danach kehrte eine Gruppe der nach Babylonien ins *Exil Verschleppten nach Jerusalem zurück, der die von Nebukadnezar aus dem salomonischen T. genommenen Kultgeräte mitgegeben wurden (Esr 1,7-11; 5,14f). Bald war der Brandopferaltar an seiner früheren Stätte wiedererrichtet und der Opferdienst aufgenommen (Esr 3,2f). Man begann auch, die Grundmauern des Tempelgebäudes auf den Ruinen des früheren T.s zu legen (Esr 3,8ff; 5,15f), aber wegen lokaler Widerstände kam diese Arbeit nach kurzer Zeit zum Erliegen (Esr 4,1-5). Erst im Jahre 520 v.Chr., vor allem durch die Verkündigung der Propheten *Haggai und *Sacharja veranlaßt, wurden die Bauarbeiten unter der Leitung des von den Persern zum Statthalter von Juda ernannten *Serubbabel fortgesetzt (Esr 5,1f; Hag 1,14f). Die Arbeit wurde nun von den pers. Behörden gutgeheißen und mitgetragen (Esr 5,3-6,13) und im Frühjahr 515 v.Chr. zum Abschluß gebracht (Esr 6,14f).

Die Informationen über die Gestaltung und Ausstattung des zweiten T.s sind dürftig. Obwohl sich die Angaben im *Mischnatraktat Middot hauptsächlich erst auf den herodianischen T. beziehen, dürften einige jedoch auch die früheren Phasen des zweiten T.s betreffen. Der T. stand an der alten Stelle (Esr 2,68; 5,15) und wies wohl trotz der Angabe im Kyrusedikt (Esr 6,3) die alten Maße auf. Die Bundeslade war mit der Zerstörung des ersten T.s verlorengegangen und wurde im zweiten T. nicht ersetzt; also war sein Allerheiligstes leer. Anstelle der 10 Leuchter des salomonischen T.s stand in der Tempelhalle ein goldener siebenarmiger *Leuchter neben dem Schaubrottisch und dem Räucheraltar (vgl. 1Makk 1,21f LXX, [LÜ: 1,23]).

Das Tempelgebäude war von Vorhöfen umgeben, in denen sich Kammern für die Priester und Vorratsräume befanden (vgl. Neh 12,44; 13,4ff). In mMid 2,1 heißt es, daß der die Vorhöfe mit einschließende Bezirk des T.s 500 mal 500 Ellen betrug. Untersuchungen auf dem heutigen Tempelplatz, Haram asch-Scharif, scheinen zu bestätigen, daß diese Maßangabe nicht nur eine ideale Vorstellung (vgl. Hes 42,16-20; 45,2) ist, sondern daß der zweite T. tatsächlich nach dem quadratischen Vorbild Hesekiels angelegt wurde. Es ist nämlich dem israelischen Archäologen B. Mazar und seinem Mitarbeiter L. Ritmeyer gelungen, auf dem Haram asch-Scharif ein 262,5 mal 262,5 m großes Quadrat zu identifizieren, was gemäß dem von Hesekiel benutzten großen »königlichen« Ellenmaß (vgl. Hes 40,5; 1 Elle = 52,5 cm) exakt 500 mal 500 Ellen entspricht (B. Mazar, The Temple Mount). Die Rekonstruktion Mazars bezieht dabei einerseits so viele auffällige Beobachtungen mit ein (u.a. die erstmals von C.W. Warren in der O-Mauer des Haram beobachtete Beugung und den Verlauf der unterirdischen Eingänge der sog. Hulda-Tore und des Barclay-Tors) und stimmt andererseits mit der schon von der Topographie des Tempelbergs und der Verteilung der Zisternen unter dem Tempelplatz her vorgenommenen Lokalisierung des salomonischen T.s (s. II.2) überein, daß sie große Wahrscheinlichkeit für sich in Anspruch nehmen kann.

2. Weitere Geschichte.

Nach dem Verlust des Königtums und des staatlichen Eigenlebens bildeten die Juden im Heimatland und in der *Diaspora eine Kultgemeinschaft, deren Zentrum der T. in Jerusalem darstellte. Die wohlgesinnten pers. Herrscher (539-331 v.Chr.) ließen den Kultbetrieb z.T. aus öffentlichen Mitteln bestreiten (vgl. Esr 6,8-10; 7,20-23) und räumten dem Jerusalemer Kultpersonal Privilegien ein (7,24).

Erst aus der Übergangszeit vom 3. zum 2. Jh.v.Chr. sind wieder direkte Nachrichten über den T. auf uns gekommen. In Sir 50 wird der Hohepriester Simon II (ca. 220-195 v.Chr.) u.a. dafür gelobt, daß er den T. ausgebessert und befestigt hat (V. 1f). In Jos.ant.Jud. XII, 138-144 (vgl. TGI 89f) ist ein Erlaß des seleukidischen Königs Antiochus III., der 198 v.Chr. die Herrschaft über Palästina von den Ptolemäern übernahm, überliefert, in dem die o.g. Privilegien des Jerusalemer T.s und seines Kultpersonals aus der pers. Zeit bestätigt und sogar noch etwas erweitert werden und von Bauarbeiten im T., u.a. von Säulenhallen, die Rede ist.

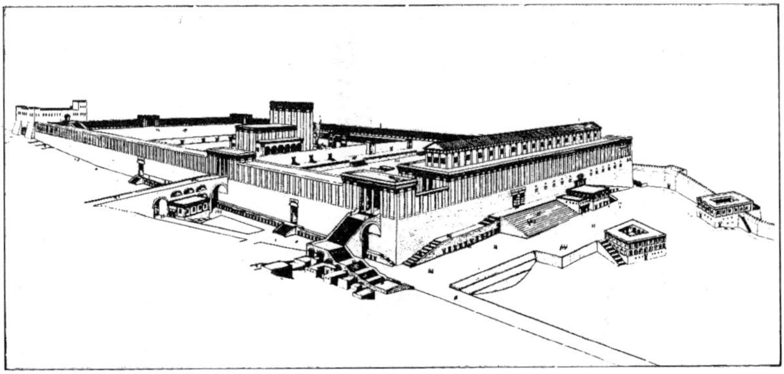

Rekonstruktion des herodianischen Tempels (von L. Ritmeyer).

Die Politik der Seleukiden gegenüber den Juden schlug nach anfänglichem Wohlwollen bald in schwerste Unterdrückung um. König Antiochus IV. Epiphanes (175-164 v.Chr.) beraubte und entweihte 169 den T. (1Makk 1,21-23 LXX [LÜ: 1,23f]; 2Makk 5,15f). Zwei Jahre später wandelte er im Rahmen seiner den Juden aufgezwungenen Hellenisierung, d.h. der Einführung griech. Kultur und Religion, den T. zu einem Zeus-Heiligtum um (1Makk 1,45f.54 LXX [LÜ: 1,47-49.57]; 2Makk 6,2; vgl. *Greuelbild der Verwüstung). Unter der Führung von Judas dem Makkabäer gelang es der jüd. Widerstandsbewegung, die syr. Truppen in mehreren Schlachten zu besiegen und Jerusalem zu erobern, wo dann 164 v.Chr. der T. vom heidnischen Kult gereinigt und erneut dem Gott Israels geweiht werden konnte (1Makk 4,36ff; vgl. *Tempelweihe/Tempelweihfest).

In der Folgezeit stieg die Familie Judas', die Hasmonäer, zu Führungspositionen in einer sich immer selbständiger betätigenden Provinz Juda auf; u.a. übernahm sie das Amt des Hohenpriesters (vgl. 1Makk 10,15-21; 14,47; 16,24). Da sie jedoch nicht zum Geschlecht der Zadokiden gehörte, das nach der Auffassung der Gesetzesstrengsten allein ein Anrecht auf dieses Amt hatte (vgl. u.a. Hes 40,46; 44,15), kam es zu Spaltungen, bei denen sich der Kreis um den Lehrer der Gerechtigkeit aus Jerusalem absetzte und in *Qumran die Gemeinde des Bundes gründete unter der Führung von »Söhnen Zadoks, den Priestern, die den Bund bewahren« (Gemeinderegel V, 2.9, s. *Schriftenfunde vom Toten Meer). Obwohl wenige Einzelheiten bekannt sind, wissen wir, daß die Hasmonäer den T. förderten (z.B. 1Makk 14,15) und ihn mitsamt der im NW davon sich befindenden Burg (s. *Antonia) zu einer Festung ausbauten (1Makk 13,52 LXX [LÜ: 13,53]), die der röm. Feldherr Pompeius im Jahre 63 v.Chr. erst nach dreimonatiger Belagerung einzunehmen vermochte (Jos.bell.Jud I, 149).

V. DER HERODIANISCHE TEMPEL.

1. Geschichte.

*Herodes der Große, König der Juden 37-4 v.Chr., ließ den T. in Jerusalem enorm vergrößern und verschönern. Unsere wichtigsten Quellen zu dieser Arbeit und dem erneuerten T. sind die Beschreibungen des *Josephus (Jos.bell.Jud V, 184-237; Jos. ant.Jud. XV, 380-425) und des *Mischnatraktats Middot. Nach ant.Jud. XV, 380.420f wurden die Arbeiten in den Jahren 20-10 v.Chr. ausgeführt. Dabei ließ Herodes »das Tempelgebäude wieder instandsetzen und ummauerte ein Gebiet, das doppelt so groß war wie das bis dahin bestehende« (bell.Jud. I, 401). Die Heiligkeit des alten quadratischen Tempelbezirks (s. IV. 1) mit den inneren Vorhöfen und dem Tempelgebäude wurde respektiert und dadurch gewahrt, daß Herodes 1000 Priester zurDurchführung der Bauarbeiten in diesen Teilen des Tempelkomplexes ausbildete und es unterließ, in den nur Priestern offenstehenden innersten Bereich zu treten (ant.Jud. XV, 390.420f).

Noch lange über die Lebenszeit des Herodes hinaus wurde am T. gebaut (vgl. Joh 2,20 und die sich auf das Jahr 64 n.Chr. beziehende Notiz, ant.Jud. XX, 219, über die Vollendung des Tempelbaus). Z.T. handelte es sich dabei um Reparaturen von durch Feuer entstandenen Schäden (z.B. ibid. XVII, 261f). Sein Ende fand der herodianische T. bei dem Angriff der Römer unter der Führung von *Titus (Flarius) im August 70 n.Chr., als er in Flammen aufging (bell.Jud. VI, 249ff).

2. Gestaltung.

a. Die inneren Teile des herodianischen T.s, die das o.g. alte Quadrat von 500 mal 500 Ellen umfaßt haben dürften, waren von den neu hinzugekommenen äußeren Vorhöfen und Säulenhallen durch eine steinerne Schranke getrennt. Nichtjuden durften sie nicht passieren (vgl. die gegen Paulus erhobene Anklage in Apg 21,27ff), worauf Warntafeln, von denen zwei aufgefunden worden sind, hinwiesen (vgl. TGI 91). Hinter der Schranke führten Treppenstufen zu einer Plattform hinauf, auf der sich hinter einer Schutzmauer die inneren, nur Juden zugänglichen Vorhöfe befanden, zu denen insgesamt 9 Tore hineinführten, 4 im N, 4 im S und 1 im O. Wenn man durch dieses O-Tor hindurchtrat, kam man in den sog. Vorhof der Frauen. Westl. davon befand sich der höher gelegene Vorhof der Israeliten, durch eine Mauer vom Frauenvorhof getrennt. In dieser Mauer war jedoch ein bes. großes Tor, zu dem eine halbkreisförmige Treppe mit 15 Stufen hinaufführte und durch das die Frauen auf den nur Männern zugänglichen Israelitenvorhof und den um 2,5 Ellen noch höher gelegenen und vom Israelitenvorhof durch eine steinerne Schranke getrennten Priestervorhof hineinschauen konnten. Im Priestervorhof stand u.a. der Brandopferaltar und gab es viele Räume, die v.a. kultisch-priesterlichen Funktionen dienten.

Der Priestervorhof umgab das Tempelgebäude, das immer noch dieselbe dreiteilige Grundstruktur wie der salomonische T. aufwies. Aus mMid IV, 6.7 kennen wir seine Maße: Von O nach W war das Gebäude insgesamt 100 Ellen lang, wovon 11 auf die Tiefe der Vorhalle, und, wie im salomonischen T., 40 auf die Tiefe der Tempelhalle und 20 auf die des Allerheiligsten fielen. Um die Tempelhalle und das Allerheiligste herum waren 38 Kammern, verteilt auf 3 Stockwerke (mMid IV, 3.4), gebaut. Die Breite des Tempelgebäudes war, mit den Kammern und dem sie verbindenden Gang, insgesamt 70 Ellen, davon 20 für die innere Breite wie im salomonischen T. Die Vorhalle ragte auf beiden Seiten um 15 Ellen hinaus, »gleichsam 2 Schultern« (bell.Jud. V, 207), also war sie insgesamt 100 Ellen breit. Die Höhe des Tempelgebäudes betrug auch 100 Ellen, die in bezug auf die Tempelhalle und das Allerheiligste in 2 Stockwerke getrennt war. Die Innenwände und die Durchgänge des Tempelgebäudes waren wunderschön ausgeschmückt; bes. ausführlich werden der goldene Weinstock über dem Eingang zur Tempelhalle und der dort angebrachte Vorhang beschrieben (u.a. bell.Jud. V, 210-214). Das Allerheiligste war von der Tempelhalle durch keine Wand, sondern nur durch zwei Vorhänge getrennt (mJoma V, 1; vgl. Mt 27,51 par.). Die Außenwände des Tempelgebäudes waren mit massiven Goldplatten belegt, die es bei Sonnenschein einen derartigen Lichtglanz ausstrahlen ließen, »daß die Beschauer, sogar wenn sie durchaus hinsehen wollten, ihre Augen ... abwenden mußten« (bell.Jud. V, 222).

b. Um diese heilige Mitte herum erweiterte Herodes den Tempelbezirk um das Doppelte. Wegen des Abfalls des Tempelbergs nach O, S und W hin mußte er dabei das Gelände durch Aufschüttungen ebnen und es mit riesigen Stützmauern umgeben. Das dadurch entstandene Tempelplateau steht bis heute und ist identisch mit dem o.g. Haram asch-Scharif, dessen Seiten folgende Maße aufweisen: im O 470 m, im S 280 m, im W 485 m und im N 315 m. Die Umfassungsmauern ruhen direkt auf dem Felsengrund, der sich bis zu 20 m unterhalb des Straßenniveaus der herodianischen Stadt befand. Mehrere Lagen der zur Errichtung dieser Mauern benutzten Quadersteine sind noch heute zu bewundern. Die meisten Quader sind 1 bis 1,20 m hoch und erreichen eine Länge bis zu 7 (in einem Fall sogar 12) m (vgl. Mk 13,1f). Die Quader schließen vollkommen ohne Mörtel oder andere Bindemittel.

Nach mMid I,3 gab es in der N- und O-Mauer jeweils ein Tor, von denen nichts Genaueres bekannt ist, und in der S-Mauer zwei, die sog. Hulda-Tore, deren Lage bekannt ist. Das westl. Hulda-Tor führt in eine kleine Halle hinein, die in ihrer herodianischen Ausschmückung erhalten geblieben ist; vor ihrem Eingang ist in den Ausgrabungen unter Leitung von B. Mazar eine 65 m breite Treppe mit 30 Stufen freigelegt worden. Von den Hulda-Toren führten unterirdische, schräg aufwärtsgehende Gänge zum T.plateau. Durch das östl. der beiden Tore gingen diejenigen hinein, die im T. beten oder Opfer darbringen wollten, durch das westl. Tor verließen sie wieder den T. (mMid II,2). Mit dem Apg 3,2 erwähnten »Schönen Tor« dürfte das östl. Hulda-Tor gemeint sein (M. Ben-Dov, 138). Von Jos.ant.Jud. XV, 410 ist bekannt, daß die zur Stadt hin gewandte W-Mauer vier Tore hatte. Eines davon war mit einer Brücke verbunden, die das sog. Tyropöon-Tal überspannte und einen direkten Zugang vom westl. Stadthügel zum T. herstellte (heute Wilson-Bogen). Durch die Ausgrabungen Mazars ist die Gestalt des südlichsten W-Tors erkennbar, von dem der 12 m nördl. der SW-Ecke des Haram sich befindende Robinson-Bogen zeugt. Dieser 15 m breite Bogen überspannte die am Fuß der westl. Tempelmauer entlangführende Straße. Die vom Bogen ge-

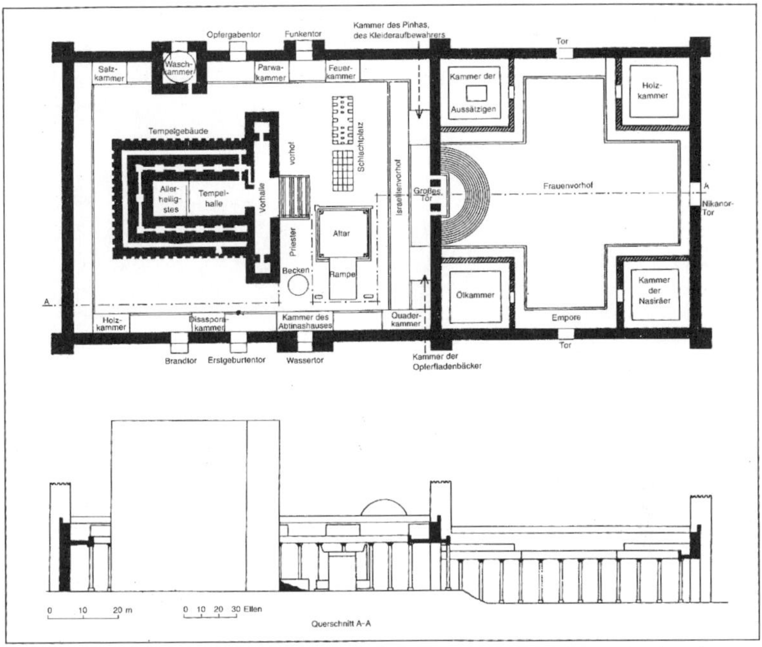

Rekonstruktion der inneren Teile des herodianischen Tempels aufgrund der Beschreibung bei Josephus und im Mischna-Traktat Middot.

tragene Treppenanlage bog an der gegenüberliegenden Straßenseite rechtwinkelig nach S hin ab und schaffte eine Verbindung mit dem Stadtviertel um die SW-Ecke des T.s.

Innen befanden sich an allen Tempelmauern schöne Säulenhallen, die im W, N und O doppelreihig waren. Die östl. wurde die Säulenhalle Salomos genannt (ant.Jud. XX, 221; Joh 10,23; Apg 3,11; 5,12). An der S-Mauer stand die mit 4 prächtigen Säulenreihen in Form einer dreiteiligen Basilika gebaute sog. Königliche Säulenhalle, die in der Mitte breiter und doppelt so hoch wie die beiden Seitenschiffe war. Mit großer Begeisterung schildert Josephus dieses Bauwerk, »das von den unter der Sonne vorhandenen Bauwerken am würdigsten war geschildert zu werden« (ant.Jud. XV, 411-416).

Dank der Respektierung der Heiligkeit des älteren Tempelareals kam es von seiten der jüd. Bevölkerung zu keinem Widerstand gegen das Vorhaben des Herodes, das erweiterte Gelände um das heilige Quadrat herum nach seinen eigenen Vorstellungen zu gestalten und einzurichten. Wie bei anderen Bauprojekten wie z.B. in *Jericho und auf *Masada legte er in der Architektur internationale hellen.-röm. Muster zugrunde, um damit als hellen. König anerkannt zu werden. Es scheint, daß v.a. das sog. Kaisareion in *Alexandria, später Zentrum des dortigen Kaiserkults, als bauliches Vorbild gedient hat (B. Mazar, Royal Stoa). Der Vergleich mit diesem Gebäude und auch die direkte Verbindung über die vom Robinson-Bogen getragene Treppe zu dem durch die Ausgrabungen als Marktquartier ausgewiesenen Viertel an der SW-Ecke des T.s deuten darauf hin, daß der Tempelmarkt in der Königlichen Säulenhalle untergebracht war und daß also der Zusammenstoß Jesu mit *Wechslern und Opfertierhändlern (Mk 11,15-17 par.) sich darin zugetragen hat.

VI. TEMPELKRITIK UND TEMPELERNEUERUNG.

1. Das Alte Testament und das Frühjudentum.

Schon bei atl. Propheten wird scharfe Kritik gegen eine T.ideologie laut, die aufgrund der verheißenen Gegenwart Gottes im T. mit einer ungefährdeten Heilsexistenz für Israel

Der zentrale Teil des herodianischen Tempels in Jerusalem. Ein Ausschnitt aus dem Jerusalem-Modell von M. Avi-Yonah im Holy Land Hotel, Jerusalem. (RS)

rechnet (u.a. Mi 3,11; Jer 7,4.10), dabei sich mit dem Vollzug des Tempelkults begnügt und die Verpflichtung zum Gehorsam gegenüber Gottes Geboten außer acht läßt (u.a. Jes 1,10-17; Jer 7; 26). Wie die Propheten sich als Gegenstück zu dem der Sünde verfallenen T. einen erneuerten T. erhofften, kommt am stärksten bei Hesekiel zum Ausdruck (s. III).

In mehreren zwischentestamentlichen Schriften wird der zweite T. wegen kultischer Unreinheit abgelehnt (z.B. äthHen 89,73; TestLev 15,1; PsSal 8,12f). Bes. scharf ist die Kritik von seiten der *Qumrangemeinde, die sich als Ersatz des entheiligten T.s in Jerusalem versteht. Die Gebete und Gesetzeswerke der Gemeinde werden von Gott als Sühnopfer angenommen (u.a. Gemeinderegel VIII, 1-10; IX, 3-6; s. *Schriftenfunde am Toten Meer). Eine eigenartige Form findet die Tempelkritik der Qumrangemeinde in der sog. Tempelrolle, in der ein Tempelentwurf dargelegt wird, der in Hes 40-48 die nächstliegende Parallele hat. Dieser Entwurf scheint trotz seiner gewaltigen Dimensionen (mit Vorhöfen von ca. 800 mal 800 m) nicht eschatologisch gemeint zu sein, sondern für den in Jerusalem real existierenden T. Die Anlage des T.s ist ganz von den Vorstellungen des Verfassers über den Kult und seine Reinheit bestimmt. Z.B. schreibt er entgegen der zeitgenössischen Praxis vor, daß die Passalämmer in den Höfen des T.s. verzehrt werden sollen, die daher auch entsprechend groß sein müßten. Die frühjüd. Schriften bezeugen auch die Hoffnung auf einen von Gott geschenkten neuen, eschatologischen T. (z.B. äthHen 90,28f; Jub 1,15-17.27-29; Tempelrolle XXIX,8-10), dessen Errichtung sie z.T. als Aufgabe des *Messias beschreiben (das Florilegium aus Qumranhöhle 4; TgJes 53,5).

2. Das Neue Testament.

Wie das AT nennt Jesus den T. Haus und Wohnstätte Gottes (Mt 23, 21; Joh 2,16) und bittet einen, den er vom Aussatz geheilt hat, das vorgeschriebene Opfer im T. darzubringen (Mt 8,4 par.), gibt gleichzeitig aber dem Tun des Gotteswillens und der Liebe deutlich den Vorrang vor dem Tempelkult (u.a. Mt 5,23f; 9,13). Da die Heilsgegenwart Gottes an die Person Jesu gebunden ist, wird die Bedeutung des T.s relativiert (Mt 12,6), und nach dem stellvertretenden Opfertod Jesu kann er nicht mehr Stätte des dadurch ein für allemal abgelösten Sühnopferkults sein, sondern ist vielmehr das Bethaus für alle Völker (Mk 11,17). Angesichts der Ablehnung seiner Sendung seitens aller führenden jüd. Kreise sagt Jesus jedoch nicht nur eine Umfunktionierung des T.s voraus, sondern sogar seine Zerstörung (Mk 13,1f par.). An die Stelle des T.s in Jerusalem wird das neue geistliche Heiligtum treten, das Jesus in seiner Auferstehung heraufführen wird (vgl. Mk 14,58; Joh 2,19-22).

Gemäß dem Brauch Jesu gingen die Mitglieder der Jerusalemer Urgemeinde regelmäßig in den T., um dort zu beten und zu verkündigen (u.a. Apg 3,1; 5,20f.42). Als *Stephanus in seiner Verkündigung die Überbietung des T.s durch Jesus unüberhörbar herausstellte (Apg 7,47-50; vgl. 6,13f), kam es zu einer Verfolgung, bei der viele Christen Jerusalem verlassen mußten (Apg 7,54ff; 8,1).

In gewisser Analogie zur o.g. Qumrangemeinde und im Anschluß an Jesu Worte über das neue Heiligtum bezeichnen die Christen ihre Gemeinde als den wahren T. bzw. das Haus Gottes (2Kor 6,16; Eph 2,20-22; 1Tim 3,15 u.ö.) und reden entsprechend von sich als Priestern und von ihrem Liebesdienst als geistlichem Opfer (1Petr 2,5.9; Röm 12,1 u.ö.). Diese übertragene Rede vom T. begegnet oft im Zusammenhang mit der Ermahnung zu einem geheiligten Lebenswandel (u.a. 1Kor 3,16f; 6,18f).

Im Hebräerbrief kommt die Vorstellung eines himmlischen T.s vor. Danach ist der irdische T. nur ein Abbild und Schatten des himmlischen T.s, der allein das wahre Heiligtum darstellt (8,5; 9,24). Dort hat sich Jesus als Hoherpriester ein für allemal selbst geopfert (9,11f.25ff; 10,11-14). Die Offb geht noch einen Schritt weiter, indem sie im Unterschied zu vergleichbaren jüd. Texten das himmlische Jerusalem (s. *Jerusalem – in seiner theologischen Bedeutung, III.) als eine Stadt ohne T. schildert, »denn der Herr, der allmächtige Gott, ist ihr Tempel, er und das Lamm« (21,22). In der Vollendung bedarf es keines T.s mehr, denn Gott und sein Sohn sind unmittelbar gegenwärtig, und »seine Knechte werden ... sein Angesicht sehen« (22,3f).

Literatur: M. Ben-Dov: In the Shadow of the Temple, 1985; Th.A. Busink: Der Tempel von Jerusalem I/II, 1970/80; V. Fritz: Tempel und Zelt, 1977; ders.: Der Tempel Salomos im Licht der neueren Forschung, Mitteilungen der Deutschen Orient-Gesellschaft 112, 1980, S. 53-68; ders.: What Can Archaeology Tell Us About Solomon's Temple?, BARev 13/4, 1987, S. 38-49; A. Kuschke: BRL², 333-342; B. Mazar: Der Berg des Herrn, 1979; ders.: The Royal Stoa in the Southern Part of the Temple Mount, in: H. Shanks (Hrsg.): Recent Archaeology in the Land of Israel, 1984, S. 141-147; ders.: The Temple Mount, in: Biblical Archaeology Today, 1985, S. 463-468; R.J. McKelvey: The New Temple, 1969; O. Michel: ThWNT IV, 1943, S. 884-895; A. Parrot: Der Tempel von Jerusalem, 1956; G. Schrenk: ThWNT III, 1938, S. 231-247; J. Simons: Jerusalem in the Old Testament, 1952; L.H. Vincent, M.A. Stève: Jérusalem de l'Ancien Testament I-III, 1954-56; P. Welten: Kulthöhe und Jahwetempel, ZDPV 88, 1972, S. 19-37. J.Å.

TEMPELDIENER/-KNECHTE.

T. (hebr. *netinim*, »Gegebene«) hatten die groben und schweren Arbeiten im Heiligtum zu verrichten. Josua machte die Gibeoniten zu Holzhauern und Wasserträgern an der Stiftshütte (Jos 9,23.27), weitere T. gaben David und die Oberen den Leviten zur Hilfe (Esr 8,20). Schon Mose hatte einen bestimmten Teil der gefangenen Midianiterinnen den *Priestern und Leviten übergeben (4Mo 31,28-30.40.41.47; vgl. V. 18). Unter den Heimkehrern aus der babylon. Gefangenschaft befanden sich auch T.; sie sind in den Geschlechtsregistern verzeichnet (Esr 2,43-54; Neh 7,46-56). Mit *Serubbabel kamen – die Sklaven Salomos (Es 2,55-58; Neh 7,57-60; 11,3) eingerechnet – 392 T. zurück (Es 2,58; Neh 7,60), mit *Esra weitere 220 (Esr 7,7; 8,17.20). Sie waren wie Priester und Leviten steuerfrei (Esr 7,24), wohnten in Jerusalem am Ofel (Neh 3,26; 11,21), aber wohl auch außerhalb der Stadt (Esr 2,70; Neh 7,72; 11,3). In Neh 3,31 wird ein Haus der T., in Neh 11,21 werden zwei ihrer Vorsteher genannt. Bei der Verpflichtung auf das Gesetz unter *Nehemia beteiligten sich auch die T. (Neh 10, 29f). Im NT werden sie nicht erwähnt.

TEMPELGERÄTE s. Kultgeräte

TEMPELSTEUER s. Abgaben

TEMPELWACHE s. Priester und Leviten; s. Türhüter

TEMPELWEIHE, TEMPELWEIHFEST.

1. Das hebr. und aram. Nomen *chanūkkāh* (griech. *egkainismos, egkainia*, wörtl. »Erneuerung«) bezeichnet den Akt der Einweihung eines fertiggestellten rel. Bauwerks, so des Altars der *Stiftshütte (4Mo 7,11) oder des salomonischen Tempels (2Chr 7,9) und auch die dabei dargebrachten Einweihungsgaben (4Mo 7,10.84.85), schließlich die Einweihung des zweiten Tempels, der nach der Rückkehr aus dem Exil gebaut worden war (Esr 6,16f). Großes Vorbild für diese Akte war die 1Kön 8 ausführlich geschilderte Einweihung des ersten Tempels durch Salomo.

2. Das noch heute am 25. Kislew (Dezem-

ber) gefeierte Chanukka-Fest geht jedoch auf ein Ereignis im Jahr 164 v.Chr. zurück. Damals hatten Judas *Makkabäus und seine Brüder nach der Eroberung der syr. besetzten Oberstadt (Akra) in Jerusalem den von Antiochus IV. Epiphanes entweihten Tempel wieder gereinigt, den Brandopferaltar eingerissen, neu erbaut und geweiht (1Makk 4,36-61; 2Makk 1,1-2, 19; 10,1-8; Jos.ant.Jud. 12,316-326; Fastenrolle [1. Jh.n.Chr.] 23). Das geschah am 25. Kislew, dem gleichen Tag, an dem drei Jahre vorher (nach 2Makk 10,3: zwei Jahre) die Entweihung durch die von Antiochus angeordneten Opfer für Zeus begonnen hatten (1Makk 4,54; 2Makk 10,3.5). Judas und seine Brüder sowie das versammelte Volk beschlossen damals, daß zur Erinnerung an diese Einweihung in jedem Jahr das Chanukka acht Tage lang freudig gefeiert werden sollte (1Makk 4,59; 2Makk 10,8). Nach der Fastenrolle ist das Fasten am 25. Kislew verboten. Bewußt wurde dieses Fest nach der Tradition der Feiern unter *Salomo und *Esra begangen (vgl. 2Makk 2,8-14), die jeweils am *Laubhüttenfest stattgefunden hatten (1Kön 8,2; Esr 3,4). Deshalb wurde auch der armseligen Laubhüttenfeste unter Antiochus (»in den Bergen und Höhlen«) gedacht (2Makk 10,6); in 2Makk 1,9 wird die Tempelweihe als »Laubhüttenfest des Monats Kislew« bezeichnet. Josephus, der in seinem Bericht (ant.Jud. 12,316-326) übertreibend den Judas Makkabäus einen völlig verödeten Tempel reinigen, erneuern und einrichten läßt, nennt Chanukka »Lichter«, (Fest der) (*phota*), 12,325; vgl. 2Makk 1,18: »Fest des Feuers«, weil an ihm das während des Exils wunderbar erhaltene heilige Feuer für den Altar wieder entzündet wurde (2Makk 1,19–32). Bei der heutigen Chanukka-Feier spielt das Anzünden der acht Kerzen des Leuchters, ferner das Gedenken an die von Gott vollbrachten Wunder eine wichtige Rolle; am Sabbat des Chanukka dient die Perikope vom goldenen Leuchter (Sach 4,1-14) als Festperikope. Die Vermutung, heidnische Riten für die Feier der Wintersonnenwende hätten die Entstehung von Chanukka bestimmt, sind schon wegen der genauen Datierung (1Makk 4,54) gegenstandlos. Wichtig für das NT ist die Notiz 1Makk 4,46, man habe die Steine des abgebrochenen Altars auf dem Tempelberg abgelegt »bis ein Prophet kommt, der sagt, was man mit ihnen tun solle«. Es ist an einen Propheten wie Mose (5Mo 18,15-22) oder an den wiederkommenden Elia (Mal 3,23f) gedacht.

3. Nach dem JohEv. trat Jesus am Fest der T. (*egkainia*) im Jerusalemer Tempel auf, und zwar zur Winterszeit (10,22f). Gewöhnlich sieht man keine Beziehung zwischen diesem Fest und der folgenden Diskussion Jesu mit den Juden (10,24-39; vgl. C.K. Barrett, S. 315f). Aber deren Frage: »Wie lange läßt du unsere Seele im Ungewissen? Bist du der Christus, so sage es frei heraus!« (V. 24) ist von der Erwartung eines Propheten am Fest der T. motiviert (1Makk 4,46). Ebenso erinnern die Steine, welche die Juden im Tempel aufhoben, um Jesus mit der Steinigung zu bedrohen (Joh 10,31), an die Tatsache, daß man unter Judas Makkabäus die Steine des Altars auf dem Tempelberg niedergelegt hatte (ibid.) Für das JohEv., das 2,20 den Neubau des Tempels durch Herodes erwähnt, ist ferner bedeutsam, daß Herodes diesen Neubau im Jahre 9 n.Chr. eingeweiht hatte, obwohl die Arbeiten erst 64 n.Chr. völlig abgeschlossen wurden. Auch auf die christl. Kirche hat die Tradition von der jüd. T. eingewirkt. So wurde der Einweihung der Grabeskirche in Jerusalem (13.9.335 n.Chr.) in jedem Jahr mit einer acht Tage währenden Feier gedacht, und zwar zum selben Termin, an dem Salomo den Tempel geweiht hatte (vgl. 2Makk 2,12; Eusebius, Vita Constantini IV; 43-47; Itinerarium Egeriae c.49,89f).

Literatur: C.K. Barrett: The Gospel according to St. John, 1965; O.S. Rankin: The Origins of the Festival of Hanukkah, 1930; J. Schwartz: The Encainia of the Church of the Holy Sepulchre, the Temple of Solomon, and the Jews Th 1987, S. 265-281; E. Otto, D. Mach: TRE XI, 1983, 96-115 (Literatur!); s. *Feste.

O.B.

TENNE s. Ackerbau

TEPPICH. Als T. (hebr. *jerīʿāh*) wird das Tuch oder der Behang der *Stiftshütte bezeichnet (2Mo 26,1ff; 36,8ff; 4Mo 4,25), wobei *jerīʿāh* in diesem Zusammenhang auch mit »Zelt« oder »Zeltdecke« wiedergegeben wird (2Sam 7,1; 1Chr 17,1). Auch in nicht-sakralen Zusammenhängen begegnet *jerīʿāh* und steht für das *Zelt als solches (z.B. Hld 1,5; Jes 54,2; Jer 4,20; 10,20; 49,29). In Ps 104,2 steht der T. bildlich für den Himmel. Das Handwerk des Teppich- oder Zeltmachers wird in ntl. Zeit als Beruf des *Paulus erwähnt (Apg 18,3; griech. *skēnopoios*).

TERACH.

1. Vater Abrams/*Abrahams, *Nahors und *Harans (1Mo 11,27; Lk 3,34). Möglicherweise ist das hebr. Wort *tärach* auf den Namen einer Mondgottheit zurückzuführen, vielleicht auch auf einen Ort namens Turahi, nahe Haran. T. wanderte aus *Ur in Chaldäa aus und siedelte in *Haran, wo er nach Abrams Weg-

gang starb. In Jos 24,2 wird er unter die eingereiht, die andern Göttern dienten.

2. Ein nicht identifizierter israelit. Lagerplatz in der Wüste zwischen *Tahat und *Mitka (4Mo 33, 27-28 LÜ; RevEB: Tarach). J.W.C.

TERAFIM s. Hausgötzen; s. Urim und Tummim

TEREBINTHE s. Pflanzen

TESTAMENT s. Bund

TESTAMENT, ALTES/NEUES s. Bibel; s. Chronologie AT/NT; s. Kanon AT/NT

TETRARCH. Dieser Titel (griech. *tetrarchēs,* gebildet aus *tetra archēs*) bezeichnet im klassischen Griech. den Herrscher über den vierten Teil eines Gebiets. Er wurde besonders auf die Herrscher der vier Gebiete in Thessalien angewendet. Die Römer bezeichneten jeden Herrscher über einen Teil einer orientalischen Provinz als T.en. Als *Herodes der Große, der

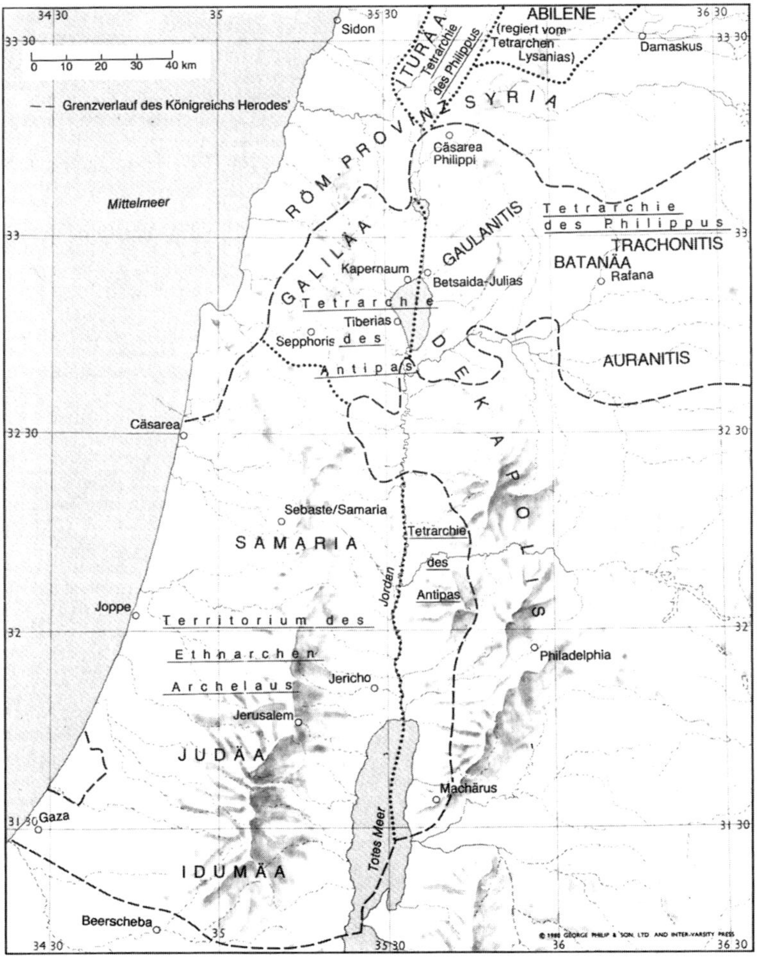

Von den Tetrarchen regierte Gebiete in Palästina.

Bronzemünze des Herodes Antipas, seit 4 v. Chr. Tetrarch von Galiläa und Peräa. Die Münze zeigt einen Palmwedel sowie die Worte: Herodes' des Tetrarchen und das etwa 29 n. Chr. entsprechende Datum. Durchmesser: 24 mm. (RG)

Palästina als abhängiger König unter den Römern regierte, im Jahr 4 v.Chr. starb, stritten seine Söhne um das Erbe ihres Vaters. *Augustus teilte daraufhin das Gebiet unter drei Söhnen auf: Archelaus wurde zum Tetrarchen von *Judäa, *Samaria und *Idumäa ernannt, Antipas zum T.en von *Galiläa und *Peräa und Philippus zum T.en von Batanäa, *Trachonitis, *Ituräa, Gaulanitis und Auranitis, Gebieten nordöstl. des Sees *Genezareth. Im NT wird der Begriff T. nur im Zusammenhang mit *Herodes Antipas gebraucht (Mt 14,1; Lk 3,19; 9,7; Apg 13,1 LÜ: Landesfürst; RevEB: Vierfürst, auch wenn Lk 3,1 das verwandte Verb für Antipas, Philippus und Lysanias, den T.en von Abilene, benutzt).

Literatur: E. Schürer: Geschichte des jüdischen Volkes im Zeitalter Jesu Christi, I, [5]1920; B. Reicke: Neutestamentliche Zeitgeschichte, 1964, S. 82-95; H. Donner: Geschichte des Volkes Israel und seiner Nachbarn in Grundzügen, Bd. II, 1986, S. 457-459.
D.H.W.

TEUERUNG. Hungersnöte drohten nach Ausbleiben von *Regen und *Tau (Jer 14,4; Am 4,7.9; Hag 1,10f), durch Kahlfraß von Heuschrecken (Joel 1) und als Kriegsfolge (Jer 14, 15), in Ägypten durch zu geringes Ansteigen des Nilpegels, demzufolge die notwendige Überschwemmung des Ackerlandes ausblieb. Eine örtlich begrenzte T. bewirkt ein Ausweichen in andere Gebiete. *Abraham (1Mo 12,10) und *Isaak (1Mo 26,1) verließen aus diesem Grunde vorübergehend *Kanaan. *Jakob zog mit seiner Familie nach *Ägypten (1Mo 45,6-11; 46), wo *Josef im Auftrag des Pharao für Notzeiten Vorsorge getroffen hatte (1Mo 41,25-57). Während einer T. zur Richterzeit wanderte *Elimelech mit seiner Familie nach *Moab aus (Rut 1,1). Jahrelange Hungersnöte herrschten z.Zt. *Davids (2Sam 21,1), *Elias (1Kön 17,1; 18,1f), *Elisas (2Kön 4,38; 8,1) und *Nehemias (Neh 5,3). Die T. unter Kaiser *Claudius (Apg 11,28) erfaßte nacheinander verschiedene Gebiete des Röm. Reiches, läßt sich aber für Judäa nicht mit Sicherheit datieren. Während langer Belagerungen machten Hungersnöte den eingeschlossenen Verteidigern schwer zu schaffen, so bei der Belagerung *Samarias durch *Ben-Hadad (2Kön 6,24-7,20), *Jerusalems durch *Nebukadnezar (2Kön 25,1-3) und durch *Titus 70 n.Chr. Dann wurde Brot den Bewohnern abgewogen zugeteilt und Wasser abgemessen (Hes 4,16); die Preise für Nahrungsmittel stiegen rapide (2Kön 6,25). Es kam sogar vor, daß Kinder verzehrt wurden (2Kön 6,28f; Klgl 4,10). Zeiten der T. sind aber auch Gelegenheiten, um Gottes Wirken zu erleben (1Mo 41,54ff; Rut; Lk 15,14ff). Der Glaubende erkennt in der T. Gottes Heimsuchung oder Strafe (2Sam 21,1; 24,13; 1Kön 17,1; Jer 24,10; 27,8; Hes 14,21). T. und Hunger gehören zu den Schrecken der Endzeit (Mt 24,7).

TEUFEL s. Satan

THADDÄUS. Dieser Name erscheint lediglich in der Aufzählung der 12 *Apostel (Mt 10,3; Mk 3,18). Der entsprechende Text in Lk 6,16 lautet »Judas, der Sohn des Jakobus« (vgl. Apg 1,13). In Mt 10,3 heißt es in manchen Mss. »Lebbäus mit Beinamen Thaddäus«. »Thaddäus« könnte auf das aram. Wort *tad* zurückzuführen sein, das die weibliche Brust bezeichnet und somit auf einen sanften Charakter und die Bereitschaft zur Hingabe deutet. »Lebbäus« läßt Verwandtschaft zu dem hebr. Wort *leb*, »Herz«, erkennen. Möglicherweise ist T. mit dem »Judas, Sohn des Jakobus« identisch (Lk 6,16; Apg 1,13; vgl. *Judas 2.)
R.E.N.

THEBEN. Ägyptens einstmals prachtvolle Hauptstadt. Die hebr. Bezeichnung *no'* entspricht dem ägypt. *nì'w(t)*, »die Stadt« (par excellence), und *No-Amon* dem ägypt. Ausdruck *nì'w(t)-'Imn*, »die Stadt (des Gottes) Amun«. In griech. Schriften wird die Stadt sowohl T. - der gebräuchliche Ausdruck in neueren Schriften – als auch *Dióspolis* genannt. Etwa 530 km stromaufwärts von Kairo an beiden Ufern des Nil gelegen, wird diese Stadt auf der östl. Seite von zwei riesigen Tempelbezir-

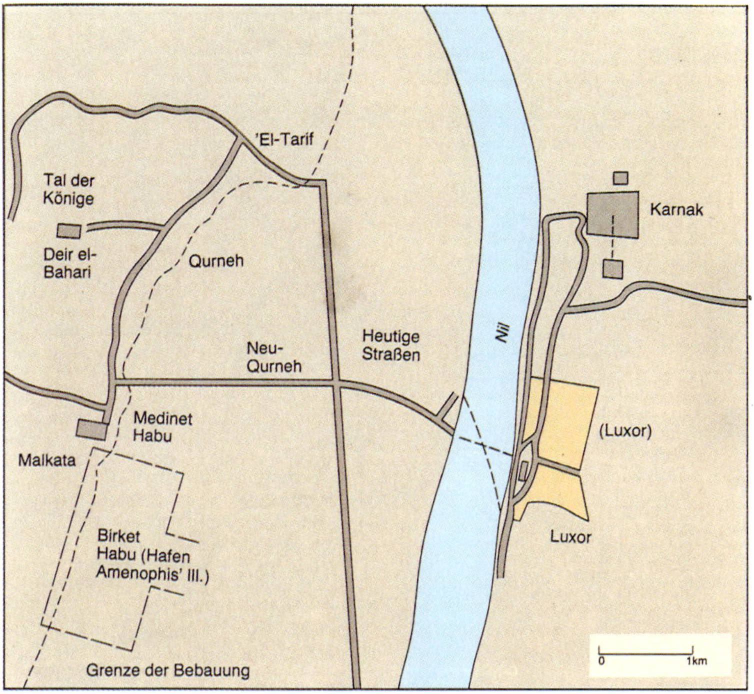

Theben am Ufer des Nil.

Der Tempel der Königin Hatschepsut in der Nekropole von Theben. (MEPhA)

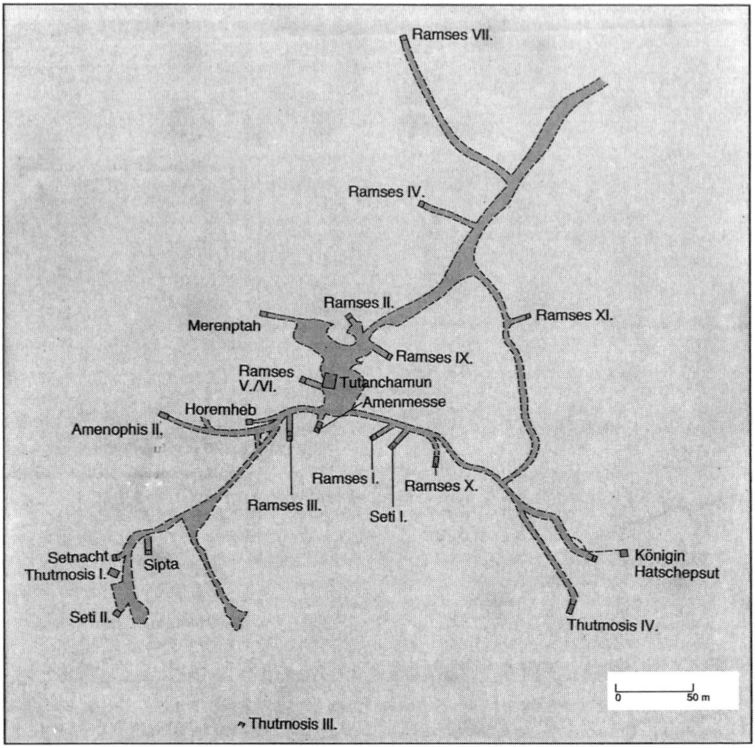

Theben: Die Lage der wichtigsten Königsgräber.

ken des Gottes Amun (Amon) gekennzeichnet, die heute unter ihren arab. Bezeichnungen Karnak und Luxor bekannt sind. Auf der westl. Seite kennzeichnet T. eine Reihe von Totentempeln der Könige zwischen dem heutigen Qurneh und Medinet Habu; dahinter erstreckt sich eine Nekropole aus Felsengräbern.

Im Mittleren Reich (frühes 2. Jt. v.Chr.) erlangte T. zum ersten Mal nationale Bedeutung als Residenzstadt der mächtigen Pharaonen der 12. Dynastie (s. *Ägypten, D. Geschichte). Jedoch wurde das Land dann nicht von T. im tiefen S aus verwaltet, sondern vom günstiger gelegenen Itjet-Tawy aus, südl. des früheren *Memfis und des heutigen Kairo. Während der zweiten Zwischenzeit wurde T. zum Zentrum der ägypt. Opposition gegen die ausländischen Hyksos-Könige. Aus T. stammen auch die Könige der berühmten 18. Dynastie, die die Hyksos schließlich vertrieben und das Neue Reich errichteten. Z.Zt. der Herrschaft der 18.-20. Dynastie, ca. 1550-1070 v.Chr., flossen die Schätze Asiens und Afrikas in die Schatzkammern Amuns von T., der zum Reichsgott geworden war. Der gesamte Reichtum sowie die ständigen Geschenke von Pharaonen aus späterer Zeit wie z.B. *Schischaks fiel an die *Assyrer, die 663 v.Chr. brandschatzend und mordend unter *Assurbanipal einfielen. Bei der Ankündigung des Untergangs der mächtigen Stadt *Ninive konnte der Prophet *Nahum als eindrückliches Beispiel das Schicksal T.s anführen (3,8-10). Für Versuche, das von Nahum genannte No-Amon mit einer Stadt gleichen Namens in Unterägypten zu identifizieren, spricht wenig. Der Nil, bei Nahum das »Wasser«, war tatsächlich T.s Bollwerk. Die Pharaonen der Spätzeit benutzten die Wasserläufe, Bewässerungs- und Abwasserkanäle des östl. Deltas als Ägyptens vorderste Verteidigungslinie. Zudem lag T. weit stromaufwärts, so daß Eindringlinge eine große Strecke zurücklegen mußten, um es zu erreichen. Im frühen 6. Jh.v.Chr. weissagten sowohl *Jeremia (46,25) als auch *Hesekiel (30,14-16) gegen T.

Literatur: C.F. Nims: Thebes of the Pharaos; H. Kees: Das alte Ägypten, 1955, 142ff; K.A. Kitchen: ZPEB V, 1975, 714-17; s.*Ägypten (Literatur). K.A.K.

THEOPHILUS. (Griech. *theophilos*, »von Gott Geliebter«, »Freund Gottes«). Ein Mann, dem beide Teile von *Lukas' Werk gewidmet sind (Lk 1,3; Apg 1,1). Manche Ausleger vermuten, daß der Name »den christlichen Leser« allg. bezeichne, andere, daß sich dahinter eine bekannte Person, beispielsweise Titus Flavius Clemens, der Neffe Kaiser *Vespasians, verberge (so B.H. Streeter: The Four Gospels, 1924, S. 534ff). Daß eine bestimmte Person gemeint ist, geht aus der Anrede »Exzellenz« (*kratistē*; vgl. Apg 23,26; 24,2; 26,25) hervor. Der ihr in Lk 1,3 verliehene Titel könnte eine Beamtenposition bezeichnen oder ein Höflichkeitstitel sein. T. war mindestens ein in den Anfängen des christl. Glaubens Unterrichteter, vielleicht bereits getaufter Christ. Lukas wollte ihm einen geordneten und verläßlichen, historisch fundierten Hintergrundbericht liefern. Und T. sollte – wie es damals üblich war – für die Vervielfältigung und Verbreitung des lukanischen Werkes sorgen. Er mußte damit auch über die hierfür erforderlichen Mittel verfügen. T. könnte zur gehobenen röm. Gesellschaftsschicht gehört haben, die Lukas für das *Evangelium interessieren wollte; gewisse Rücksichtnahmen auf diese Kreise (Verzicht auf anti-röm. Polemik; Zurückhaltung bei Berichten über Worte oder Handlungen, die als »Widerstand gegen die Staatsgewalt« gedeutet werden könnten), kennzeichnen dementsprechend das lukanische Doppelwerk. Neben *Paulus und *Kornelius ist T. der erste einflußreiche, namentlich bekannte röm. Bürger, der für den christl. Glauben gewonnen wurde.

Literatur: W. de Boor: Die Apostelgeschichte, 1983; H.-W. Neudorfer: Apostelgeschichte 1. Teil, 1986, S. 8.12; C.P. Thiede: Babylon, der andere Ort. Anmerkungen zu 1Petr 5,13; Apg 12,17, in: ders. (Hrsg.): Das Petrusbild in der neueren Forschung, 1987, 221-229, hier Anm. 16; A. Vögtle: »Hochverehrter Theophilus!«, in: Tätigkeit im rechten Sinne, FS H. Rombach, 1967, S. 29-45. F.F.B./C.P.Th.

THESSALONICH. (Griech. *Thessalonikē*).

1. Lage.

Thessaloniki ist heute mit über 800 000 Einwohnern die zweitgrößte Stadt Griechenlands. Ihre Wirtschaftskraft hängt mit der verkehrsgünstigen Lage am weit landeinwärts reichenden Thermäischen Golf zusammen, die sich schon die Gründer der hellen. Stadt zunutze machten. Hier kreuzen sich auch die kürzesten Landwege vom Bosporus zur Adria und vom Balkan durch das Tal des Axios (Vardar) in den Donau-Raum. Durch Erdbeben- und Brandkatastrophen, bes. das verheerende Feuer von 1917, wie auch ein ehrgeiziges Neubauprogramm nach dem Zweiten Weltkrieg verschwanden auch im Altstadtbereich die meisten älteren Häuser und machten modernen Zweckbauten Platz. Eine Reihe von archäologischen Stätten geben aber noch Aufschluß über Geschichte und Ausdehnung der antiken Stadt.

2. Die vorneutestamentliche Geschichte.

Seit dem Ende des 3. Jt.v.Chr. findet man um den Thermäischen Golf herum eine Reihe von Siedlungen. Etwa 2000 v.Chr. eroberten indogermanische Hellenen *Mazedonien. Da hier aber die einheimische Bevölkerung (Thraker) noch auf lange Zeit einen sehr starken Anteil stellte, ging die kulturelle Entwicklung langsamer vonstatten als in S-Griechenland. Die erste mazedonische Dynastie wurde im 6. Jh.v.Chr. von Perdikkas in Ägä südwestl. von T. begründet. Aus dieser Zeit stammen Trümmer eines ionischen Tempels, die im W-Teil der Altstadt gefunden wurden. Die neuere Forschung nimmt an, daß es sich bei den ersten Spuren einer städtischen Siedlung um das von Herodot (VII, 128) erwähnte Thermä handelt (M. Vickers, Festschrift für C. Edson, 1981, 327-333), nach dem der Golf heißt. Strabo setzt offensichtlich diese Identifizierung voraus (VIII Fragm. 24). Der Name Thermä weist wahrscheinlich nicht auf heiße Quellen zurück, sondern auf einen ekstatischen Dionysos-Kult, der seine Wurzeln in der Religion der thrako-phrygischen Urbevölkerung hatte (G. Bakalakis, Antike Kunst Beih. 1, 1963, 30-34). Die Gründung der Stadt T. geht auf Kassandros zurück. Er faßte 316 oder 315 v.Chr. 26 Siedlungen zu einer neuen politischen Einheit (griech. *synoikismos*) zusammen und nannte sie nach seiner Frau, einer Halbschwester *Alexanders des Großen, *Thessalonikē* (Strabo VIII Fragm. 21.24). Aufgrund seines günstig gelegenen Hafens lief T. bald der alten mazedonischen Hauptstadt Pella den Rang ab. Nach dem Untergang des selbständigen mazedonischen Königreiches in der Schlacht von Pydna machte der röm. Feldherr Aemilius Paullus 168 v.Chr. T. zur Hauptstadt von einem der vier Teilgebiete Mazedoniens. 146 v.Chr. wurde es dann Statthalter-Residenz der neugegründeten senato-

Thessalonich in Mazedonien.

rischen Provinz gleichen Namens, die auch Epirus und Teile von *Illyrien umfaßte. Durch diese politische Zentrumsfunktion und den Ausbau der Via Egnatia gewann T. noch größere Bedeutung als es bisher ohnehin schon besessen hatte. Diese große kaiserliche Straße verband die östl. und westl. Reichshälfte (F.O'Sullivan, The Egnatian Way, 1972). 58 v.Chr. weilte Cicero als Verbannter in T. Da sich die Stadt im röm. Bürgerkrieg 42 v.Chr. auf die Seite der künftigen Sieger Antonius und Octavianus, des späteren Kaisers *Augustus, schlug, erhielt sie weitere Privilegien. T. wurde freie Stadt (latein. *civitas libera*), die Bevölkerung (griech. *dēmos*) durfte sich selbst verwalten (Plin.nat. IV, 36), was bes. durch die Institution öffentlicher Volksversammlungen zum Ausdruck kam. Nach der Neuordnung der Balkanländer unter Augustus kam T. aus seiner gefährdeten Lage an der Reichsgrenze heraus und genoß so die Vorzüge der *Pax Romana*. Als allerdings die röm. Steuerlast drükkend wurde und sich die Provinzen *Achaja und *Mazedonien bei *Tiberius darüber beschwerten, entzog er ihnen 15 n.Chr. die prokonsularische Verwaltung und unterstellte sie direkter kaiserlicher Herrschaft (Tac.ann. I, 76). Unter *Claudius wurde diese Maßnahme rückgängig gemacht und Mazedonien ab 44 n.Chr. wieder senatorische Provinz.

3. Die neutestamentliche Stadt.

Trotz der Schwierigkeiten einer durchgehend besiedelten Stadt konnte durch die Pionierarbeit von H. Schoenebeck (6. Intern. Kongreß für Archäologie, 1940, 478-482) sowie weitere Untersuchungen von M. Vickers (Ancient Macedonia I, 1970, 239-251), G. Gounaris (The Walls of Thessalonica, 1982) und J.M. Spieser (BCH 98, 1974, 507-519) die Frage nach der Ausdehnung des hellen.-röm. T. in wichtigen Zügen beantwortet werden. Dabei stellte sich heraus, daß der Verlauf der heutigen, byzantin. Altstadtmauer außer im NO nicht mit dem der antiken Stadt identisch ist. Die sicherste Methode, die frühere Ausdehnung festzustellen, ist das hellen. Straßen-Gitternetz, das noch im Plan der türkischen Stadt erhalten blieb. Danach lagen beträchtliche Teile der heutigen N-Altstadt außerhalb der Mauern der ntl. Zeit. Die Einwohnerzahl der hellen.-röm. Zeit läßt sich nach der Größe des Stadtgebiets auf 50 000 bis 100 000 berechnen. Die beiden heutigen Hauptstraßen Hodos Demetriou und Egnatia entsprechen vielleicht den beiden röm. O-W-Hauptstraßen. Die röm N-S-Achse (*cardo*) mag in etwa mit der heutigen Venizelos-Straße gleichzusetzen sein. Obwohl dafür weitgehend archäologische Indizien fehlen, wird in der Regel der ntl. Marktplatz mit der ausgegrabenen Agora aus der Zeit des Kaisers Severus (um die Wende des 2. zum 3. Jh.) gleichgesetzt. Die hellen. Agora kann aber auch in der Gegend der Platia Diikitiriou gelegen haben. Jedenfalls befindet sich hier ein heiliger Bezirk. Die Akropolis der Stadt lag im NO auf einem Ausläufer des Choriatis in der Gegend der ehemaligen türkischen Zitadelle. Hier fanden die Bewohner 58 v.Chr. vor einem Barbareneinfall Zuflucht, wie Cicero berichtet (De Prov Cons 2,4). In hellen.-röm. Zeit lag auch das Meerufer bis zu 400 m weiter landeinwärts als heute (A. Mentzos). Die ntl. Küstenlinie mag etwa durch die Straßen Hodos Ermou und Pavlou Mela bezeichnet sein. Da T. einen der besten Naturhäfen der Ägäis besaß, ankerten in röm. Zeit die Schiffe auf einer Reede entlang der ganzen Meerseite der Stadt. Erst unter Konstantin dem Großen wurde am Beginn des 4. Jh. in der Gegend des heutigen Hafens ein künstliches Becken angelegt.

4. Paulus in Thessalonich.

An der Wende 49/50 n.Chr. erreichte Paulus von *Philippi her kommend auf der Via Egnatia über *Amphipolis (R. Riesner, BiKi 44, 1989, 79-81) und Apollonia T. (Apg 17,1). Die topographischen Gegebenheiten und vor allem der Fund eines röm. Meilensteins machen es nahezu sicher, daß die kaiserliche Straße die Stadt nicht von O, sondern genauso wie die moderne Fahrstraße nach Kavalla (*Neapolis) von N her erreichte (C. Makaronas,FS für D.M. Robinson, 1951, 391-398). Der Apostel betrat die Stadt wahrscheinlich durch das später Latäa genannte Tor, das am Beginn unseres Jh. von der türkischen Stadtverwaltung zur Straßenerweiterung abgerissen wurde. Als ersten Missionsstützpunkt suchte Paulus die *Synagoge auf (Apg 17,2), deren Lage verschieden bestimmt wird (A. Nar, Hoi Synagōges tēs Thessalonikē [Neugriech.], 1985, 17-26). Die Annahme, sie habe an der Stelle der späteren sefardischen Synagoge Etz Chajim in der Nähe der Platia Elefterias gestanden (B. Schiby, Makedonikon Hemerologion [Neugriech.], 1966, 55-58), ist durch die neuen Erkenntnisse über den Verlauf der Küstenlinie unhaltbar geworden. In der Nähe der byzantin. Kirche Panhagia Chalkeon wurde eine samaritan. Inschrift (CIJ I 693) aus dem 4. Jh. n.Chr. (J.D. Purvis, BASOR 221, 1976, 121-123) mit dem Priestersegen (4Mo 6,22-27) gefunden. Ist schon unsicher, ob der Fund als Hinweis auf eine Samaritaner-Synagoge genommen werden kann (B. Lifshitz, J. Schiby, RB 75, 1968, 368-378), so spricht erst recht nichts für eine dortige Lokalisierung der ntl. Synagoge (gegen Meinardus 95). Der älteste Hinweis auf ein jüd. Viertel in byzantin. Zeit deutet auf die Gegend des ehemaligen Dionysostempels (G. Bakalakis, Archaia Makedonika III [Neugriech.], 1983, 983-987). Christl. Ortstraditionen, welche die Synagoge in der Krypta der Demetrios-Kirche oder bei einer Quelle im südöstl. Vorort Hagios Pavlos suchen (Meinardus 96f) sind spät und phantastisch. Aus spätröm. Zeit existieren einige wenige jüd. Grabinschriften (E. Schürer, The history of the Jewish people III/1, 1986, 66f).

Der Missionserfolg des Apostels vor allem unter dem Judentum nahestehenden *Gottesfürchtigen, darunter, wie öfter, mehrere wohlhabende Frauen (Apg 17,4), führte zu Schwierigkeiten (vgl. 1Thess 1,6). Die neuentstandene Gemeinde fand Aufnahme im Haus des *Jason (Apg 17,6), der, nach seinem Namen zu schließen, jüd. Abstammung war. Bei ihrem Vorgehen gegen die Christen verstanden es die Führer der jüd. Gemeinde (vgl. 1Thess 2,14-16) geschickt, die soziale Unruhe (Evans) in der Stadt auszunutzen, indem sie am Markt Herumlungernde (Apg 17,5: *agoraioi andres*) gegen die junge Christengemeinde aufhetzten. Eine Volksversammlung (Apg 17,5: *dēmos*) sollte offenbar über den Fall entscheiden (C.J. Hemer, The Book of Acts in the Setting of Hellenistic History, 1989, 115). Die Entscheidung, Jason eine Bürgschaft aufzuerlegen (Apg 17,9), wurde dann aber von den leitenden Beamten der Stadt getroffen, die bei Lukas den für Mazedonien typischen und gerade auch für T. inschriftlich belegten Titel (G.H.R. Horsley, New Documents II, 1982, 34f; Elliger, 90-96) der Politarchen (griech. *politarchai*) trugen (Apg 17,6.8). Bei den gegen Paulus angeführten Verordnungen des Kai-

Thessalonich wurde z. Zt. des Paulus von »Politarchen« verwaltet. Sechs von ihnen erwähnt diese Inschrift aus dem Jahr 143 am Vardar-Tor. Weißer Marmor, Länge: 2,07 m. (BM)

sers (Apg 17,7) handelte es sich vielleicht um das Verbot von Voraussagen über das Ende oder den Wechsel von Herrschern (Dio LVI, 25,5f). Diese Dekrete wurden von den örtlichen Behörden durch die Abnahme von Loyalitätseiden bekräftigt (E.A. Judge, RTR 30, 1971, 1-7). Die jüd. Gegner appellierten also geschickt an die besondere Kaisertreue der Thessalonicher. T. besaß einen Augustus-Tempel, der nicht bei der byzantin. Kirche Hosios David (Elliger, 96f) gelegen haben kann, sondern nach Einzelfunden nordöstl. des archaischen Tempels. Auch der erste Brief des Paulus an die Gemeinde in T. spielt an zwei Stellen auf Begriffe des Kaiserkults an. »Friede und Sicherheit« (1Thess 5,3) waren Stichworte der *Pax Romana*. Von der Wiederkunft des Herrn spricht der Apostel im Bild eines Kaiserempfanges. Zur Einholung (griech. *apantēsis*) des Herrschers gingen ihm die lokalen Würdenträger entgegen (1Thess 4,17).

Der internationale Charakter von T. zeigte sich nicht nur in seinem Verkehr und Handel, sondern auch in der Fülle von rel. Kulten, auf die der Apostel *Paulus bei seinem Besuch der Stadt traf (C. Edson, HTR 41, 1948, 153-204; Evans, 63-87; Elliger, 96-99). Die Thessalonicher hatten Gelegenheit, sich von vielen Götzen zu dem einen wahren Gott hinzuwenden (1Thess 1,9). Neben ägypt. Heilgöttern (R.E. Witt, Ancient Macedonia I, 1970, 324-333), deren Heiligtum (Serapäum) im NW der Stadt ausgegraben wurde (C. Makaronas, Makedonika [Neugriech.] 1, 1940, 464f), und dem Fruchtbarkeitsgott Kabeiros (R.E. Witt, Ancient Macedonia II, 1977, 67-80) erfreute sich in T. der Wein- und Fruchtbarkeitsgott Dionysos großer Beliebtheit (Edson, 158-181). Sein Tempel befand sich an der Stelle der heutigen byzantin. Basilika Hagia Paraskevi (Elliger, 98). Bei einigermaßen klarer Sicht erblickt man von T. aus über dem Thermäischen Golf den Olymp, den Götterthron der griech. Mythologie. Am Fuß des Berges lag Dion, ein hervorragender Dionysos-Wallfahrtsort (D. Pantermalis, Dion, 1987, 7f). Mit einer Gefährdung der jungen Christen bes. durch diesen Kult könnten die häufigen Mahnungen des Apostels gegen Unzucht (1Thess 3,3f), Unnüchternheit (1Thess 5,6-8) und Unordentlichkeit (1Thess 5,12; 2Thess 3,6) zusammenhängen. Was ein Ruhmeskranz bedeutete (1Thess 2,19), das wußten die Thessalonicher aus ihrem Stadion, das vermutlich südl. der Hagios-Demetrios-Basilika lag (C. Bakirtzis, Balkan Studies 14, 1972, 305).

Obwohl offenbar keine offizielle Ausweisung vorlag, hat Paulus wegen der entstandenen Unruhe T. verlassen. Er stieß vielleicht auf der Via Egnatia nach W bis Pella vor, wie eine Ortstradition wissen will (T. Zahn, Einleitung in das Neue Testament I, [3]1924, 153). Wahrscheinlich machte damals die Nachricht vom röm. Judenedikt des Kaisers Claudius (Apg 18,2) den Plan des Paulus zunichte, an die Adria zu gelangen, um von dort nach Italien überzusetzen und so Rom zu erreichen (vgl. Röm 15,22f). Er wich deshalb in das abseits der Hauptstraße gelegene *Beröa aus und bog schließlich nach S in Richtung Achaja ab. Wahrscheinlich von *Korinth aus schrieb er einen ersten Brief an die Gemeinde. Die relativ rasche Abreise wurde ihm offenbar von einigen in der Gemeinde übelgenommen und sein Wirken mit dem anderer Wanderprediger verglichen, die sich nicht um die von ihnen Angesprochenen kümmerten. Gegen solche Vorwürfe setzt sich der Apostel im Brief zur Wehr (1Thess 2,1-12). Dieses Schreiben wie auch die vorausgegangene Sendung des *Timotheus waren wie oft Ersatz für einen verhinderten persönlichen Besuch des Paulus (1Thess 2,17f; 3,1-9). Über die historische Einordnung des Zweiten Thessalonicher-Briefs besteht weniger Einmütigkeit. Es wäre möglich, daß er wiederum Ersatz für einen weiteren geplanten Besuch des Apostels war (vgl. 1Thess 3,10f). Zwei weitere Male hat der Apostel später so gut wie sicher die Stadt besucht, als er auf der sog. dritten Missionsreise ca. 56/57 n.Chr. durch Mazedonien nach Achaja zog und Griechenland wieder auf dem Landweg verließ (Apg 20, 1-5).

5. Nachneutestamentliche Geschichte.

Im 3. Jh.n.Chr. konnten Angriffe der Goten abgeschlagen werden. Kaiser Galerius (305-311; s. Abb. links) machte T. zu seiner Reichshauptstadt und errichtete einen großzügigen Palast sowie ein Hippodrom im SO. Ob es sich bei einem Kreuz im achteckigen Teil (Oktogon) des Palasts um ein christl. Symbol handelt, ist umstritten (Elliger, 109f). Als Erinnerung an einen siegreichen Armenien-Feldzug ließ der Kaiser einen Triumphbogen (Karama) errichten, unter dessen Fresken sich auch eine Darstellung des opfernden Kaisers befindet. Der Christenverfolgung unter Galerius fiel der junge röm. Offizier Demetrios zum Opfer. Er wurde in einer Therme erdolcht. Noch am Beginn des 4. Jh. wurde über dem Ort seines Martyriums eine Memorialkapelle errichtet, die ebenso wie die röm. Badeanlage unter der großen byzantin. Demetrios-Basilika erhalten ist. Östl. der Altstadt wird z.Zt. ein frühchristl. Friedhof des 3./4. Jh.n.Chr. ausgegraben. In einem wohl als Kaisermausoleum geplanten Rundbau (Rotonda) wurde die erste große christl. Kirche eingerichtet. Auch sonst ist T. für seine byzantin. Kirchen mit ihren Fresken und Mosaiken berühmt. 380 erließ Theodosius I. in T. ein Edikt, das alle heidnischen Kulte verbot. Unter Justinian im 6. Jh. rückte T. zur zweitgrößten Stadt des byzantin. Kaiserreichs auf. Die wechselhaften politischen Schicksale der Stadt im 13. und 14. Jh. verhinderten nicht, daß T. zu einer bedeutenden kulturellen und rel. Metropole wurde. 1430 fiel es aber endgültig an die Türken.

Durch Emigranten aus Spanien und Bayern wurde in T. eine jüd. Gemeinde neugegründet, die vom 16. Jh. bis zum Beginn des 20. Jh. die größte Bevölkerungsgruppe stellte. Erst nach der griech. Eroberung im Balkankrieg von 1912 verlor sie die Mehrheit. Im 19. Jh. besaßen die Juden der Stadt unter den Türken eine weitgehende Selbstverwaltung, Umgangssprache war das judenspanische Ladino. In T. trat Zvi Sabbatai auf, der im 17. Jh. die bisher größte pseudo-messianische Bewegung der Geschichte entfachte, der sich weite Teile der jüd. Diaspora anschlossen (H. Ben-

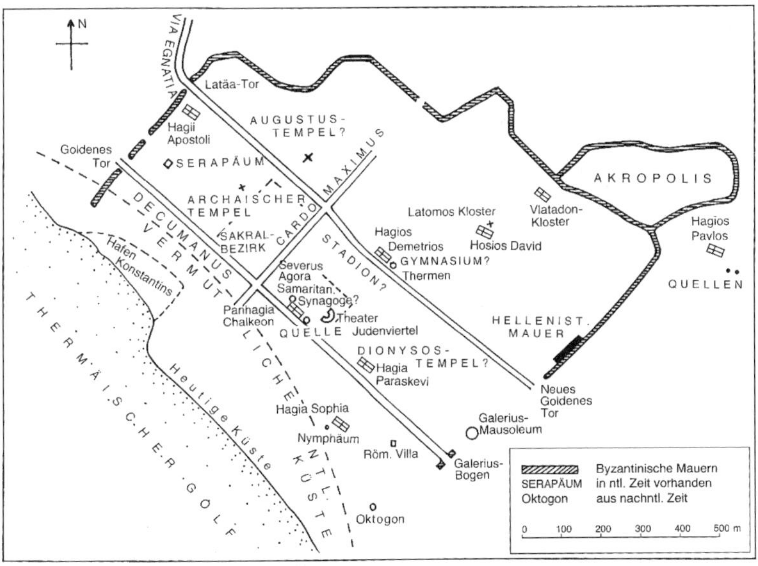

Thessalonich zur Zeit des Paulus. (RR)

Der römische Kaiser Galerius beim Opfer. (CR)

Sasson, Geschichte des jüd. Volkes II, 1979, 386-392). Viele Anhänger blieben ihm selbst dann noch treu, als er unter der Folter zum Islam konvertierte. Die Sabbatarier gründeten eine jüd.-mohammedanische Sondergemeinschaft, aus der nach dem Ersten Weltkrieg viele führende Männer der modernen Türkei stammten. Ihr Begründer, Kemal Atatürk, wurde in T. als Sohn eines türkischen Vaters und einer jüd. Mutter geboren. Den Holocaust überlebten nur wenige der 60.000 vor dem Zweiten Weltkrieg in T. lebenden Juden. Heute ist T. eine von der griech. Orthodoxie geprägte Stadt, in der es aber auch die zweitälteste evangelische Gemeinde Griechenlands gibt.

Literatur: M. Andronicos: Museum Thessaloniki, 1988; F.F. Bruce: 1 & 2 Thessalonians, 1982, XIX-XXVIII; P.E. Davies: BA 26 (1963), 103-105; C. Diehl: Salonique, 1920; T.L. Donaldson, in: R.K. Harrison: Major Cities of the Biblical World, 1985, 258-265; K.P. Donfried: NTS 31 (1985), 336-356; J.W. Drane: Paulus, [3]1984, 66-72; W. Elliger: Paulus in Griechenland, [2]1987, 68-113; R.E. Evans: Eschatology and Ethics: A Study of Thessalonica and Paul's Letters to the Thessalonians, 1968, 1-83; J. Finegan: The Archaeology of the New Testament II, 1981, 107-116; T. Holtz: Der erste Brief an die Thessalonicher, 1986, 9-23; N.Hugédé: Saint Paul et la Grèce, 1982, 67-84; R.K. Jewett: The Thessalonian Correspondence, 1986; S.E. Johnson: Paul the Apostle and His Cities, 1987, 76-80; D.H. Madvig: ISBE IV, 1988, 836-838; A.J. Malherbe: Paul and the Thessalonians, 1987; O.F.A. Meinardus: Die Reisen des Apostels Paulus, 1981, 90-98; J. Nehama: Histoire des Israelites de Salonique I/II, 1935; E. Oberhummer: PRE II, 6, 1963, 43-163; A. Papajannopoulos: Baudenkmäler Thessalonikis, 1983, 5-33; S. Pelekidis: Staat und Gesellschaft im alten Thessaloniki [Neugriech.], 1934; B. Schwank: EA 37 (1961) 409-413; R. Scheer: Nordgriechenland, 1984, 140-144; A. Suhl, B. Reicke: BHH III, 1966, 1968f; O. Tafrali: Topographie de Thessalonique, 1913; ders.: Thessalonique des origines au 14. siècle, 1919; A. Vacalopoulos: A History of Thessaloniki, 1963; M. Vikkers: JHS 92 (1972), 156-170.

R.R.

THESSALONICHERBRIEFE.

I. INHALT.

1. Thessalonicherbrief.

a. Zuschrift und Segenswunsch (1,1).

b. Dank an Gott für den Glauben, die Liebe und die Hoffnung der Gemeinde (1,2-5).

c. Lob der Gemeinde: sie ist ein Vorbild für andere geworden (1,6-10).

d. Rückblick auf das Wirken des Apostels in *Thessalonich: Er wirkte dem *Evangelium gemäß (2,1-12).

e. Dank gegen Gott, daß die Gemeinde das Wort angenommen und unter Bedrängnissen daran festgehalten hat (2,13-16).

f. Persönliche Nachrichten (2,17-3,10): Gern wäre Paulus nach Thessalonich gekommen, wurde aber bisher verhindert (2,17-20)

- darum hat er von Athen aus Timotheus dorthin gesandt (3,1-5)
- durch die guten Nachrichten, die dieser zurückbrachte, wurde Paulus getröstet (3,6-10).

g. Segenswunsch und Fürbitte (3,11-13).

h. Mahnung zu rechtem christl. Leben (4,1-12):

- Erinnerung an frühere Anweisungen (4,1f),
- Gott will unsere Heiligung (4,3-8),
- übt untereinander Bruderliebe und gebt nach außen keinen Grund zu böser Nachrede (4,9-12)!

i. Unterweisung über die Wiederkunft Christi (1. Teil): Bereits Verstorbene und dann Lebende werden gemeinsam bei Christus sein (4,13-18).

k. Unterweisung über die Wiederkunft Christi (2. Teil): Er kommt plötzlich, darum gilt es, wachsam zu sein (5,1-11).

l. Mahnungen an Gruppen in der Gemeinde und an alle (5,12-22).

m. Schlußwunsch und Grüße (5,23-28).

2. Thessalonicherbrief.

a. Zuschrift und Segenswunsch (1,1f).

b. Dank an Gott für den Glauben und die Liebe, die die Gemeinde unter Bedrängnissen bewährt hat (1,3-5).°

c. Blick auf die Feinde des Evangeliums und Fürbitte für die Gemeinde (1,6-12).

d. Warnung vor Verführung: Der Tag des Herrn ist noch nicht da (2,1-12)!

e. Dank und Fürbitte für die Gemeinde (2,13-17).

f. Mahnungen (3,1-15):

- Betet für mich (3,1f)!
- Fürbitte für die Gemeinde (3,3-5),
- gegen unordentliche Lebensführung (3,6-13),
- Gemeindezucht (3,14f).

g. Segenswunsch und Schlußgruß (3,16-18).

II. DIE THESSALONICHERBRIEFE UND IHRE EMPFÄNGER.

1. Die Gemeinde in Thessalonich.

*Thessalonich, Hauptstadt der röm. Provinz Mazedonien, an der Via Egnatia, der Heerstraße nach O, gelegen, war damals eine bevölkerungsreiche Stadt. Es gab eine Synagoge und auch zahlreiche nichtjüd. »Gottesfürchtige« (vgl. Apg 17,1.4). Paulus kam von *Philippi her nach Thessalonich und wirkte in dieser Stadt wohl im Jahre 50 n.Chr., unterstützt von *Timotheus und *Silvanus (1Thess 1,1.5-8; 2,1-14; 3,1-6). Wie lange Paulus dort wirken konnte, läßt sich nicht sicher sagen. Aus Apg 17,2 könnte man auf einen kurzen Aufenthalt schließen; beachtet man aber, daß die Gemeinde in Philippi ihm mehrmals Unterstützung nach dort zugeschickt hat, muß man einen längeren Zeitraum annehmen (Phil 4,16). Jedenfalls nötigten ihn Unruhen, die von Juden ausgingen, bei Nacht nach Beröa zu fliehen (Apg 17,5ff).

In beiden Briefen lobt der Schreiber die Gemeinde: Von ihrem Glauben spricht man in der ganzen Gegend (1Thess 1,7f). Unermüdliche Seelsorge des Apostels hat eine lebendige Gemeinde geschaffen und die Beziehungen des Apostels zu ihr fest und beständig gemacht (1Thess 2,5-12). Ja, das Verlangen des Apostels, die Gemeinde bald wiederzusehen, ließ ihn Timotheus aus Athen dorthin zurückschicken, um das Nötige zu erfahren (1Thess 3,1-6).

Paulus hat der Gemeinde offenbar keine besondere Ordnung gegeben (keine Bischöfe und Diakone wie in Philippi); lediglich »Vorsteher« werden in 1Thess 5,12 genannt, ohne daß ganz deutlich würde, ob und in welcher Weise diese einen ständigen geordneten Dienst versahen.

2. Die beiden Briefe an die Thessalonicher.

a. 1Thess wurde offenbar geschrieben, als Timotheus von seiner Erkundungsreise nach Thessalonich wieder bei Paulus eingetroffen war. Das dürfte nach 1Thess 3,6 und Apg 18,5 in Korinth gewesen sein, sicherlich noch im Jahr 50 n.Chr. So ist dieser Brief gewiß der älteste uns erhaltene Brief im NT. Anlaß, ihn zu schreiben, gaben die guten Nachrichten, die Timotheus brachte, sicherlich auch Anfragen, wie sie hinter den Ausführungen in 1Thess 4,13-5,11 erkennbar werden. Auch konkrete Mahnungen, wie sie 1Thess 5,12-15 bringen, gehen sicherlich auf Nachrichten zurück. Eine solch frühe Ansetzung des 1Thess wurde auch bestritten. Man hat dagegen vor allem ins Feld geführt, daß die ungewöhlich lobenden Worte über die Gemeinde und ihre Wirkung in Mazedonien und Achaja einen längeren Zeitraum voraussetzten (1Thess 1,6-8). Auch

Fragment eines griechischen Papyrus aus dem 3. Jh.: Kol 4,16–18 und 1Thess 1,1. (CBL)

sei es nicht gut denkbar, daß in so kurzer Zeit mehrere Todesfälle in Thessalonich eingetreten seien (vgl. 1Thess 4,13ff). Endlich wehre sich der Apostel gegen Angriffe auf sein Wirken, wie man diese aus der Zeit des *Galater- und des 2.*Korintherbriefs kenne (Schmithals und andere). Alle diese Gründe überzeugen jedoch nicht gegen die frühe Ansetzung des 1Thess. Paulus spricht davon, wie das Evangelium in Thessalonich aufgenommen wurde, und wie die Gemeinde alsbald die Botschaft weitergab (1Thess 1,6; 2,13f). Die Angaben in 1Thess 4,13f lassen gar keinen Rückschluß auf die Zeit zu, in welcher Gemeindeglieder verstorben sind. Und endlich wehrt sich Paulus nicht gegen Irrlehrer, sondern grenzt seine Tätigkeit in Thessalonich gegenüber dem Treiben von allerlei Wanderphilosophen und Religionspropagandisten ab (1Thess 2,1-12).

b. 2Thess ist vermutlich nicht lange nach 1Thess ebenfalls aus Korinth geschrieben worden (51 n.Chr.?): Die Lage der Gemeinde ist dieselbe wie im vorigen Brief; wieder sind Silvanus und Timotheus Mitabsender (2Thess 1,1); Paulus hat aber neue Nachrichten aus Thessalonich (2Thess 3,11 vgl. 2,1f). Daß dort etliche Gemeindeglieder im Enthusiasmus apokalyptischer Erwartung Grundregeln christl. Lebens mißachten, läßt den Apostel mit seinem neuen Brief eingreifen. Er legt dar, was erst noch geschehen muß, ehe der Tag des Herrn kommt – insgesamt Aussagen, die in der Apokalyptik des Judentums auch begegnen (2Thess 2,1-112). Und er ordnet, was in der Gemeinde geschehen muß, damit sie glaubwürdig nach dem Evangelium lebt (2Thess 3,6-13).

Gegen diese Sicht sind im Lauf der letzten 200 Jahre erhebliche Angriffe geführt worden. Einmal hat man das zeitliche Verhältnis der beiden Briefe zueinander gerade umgekehrt zu bestimmen versucht, als ihre Reihung im NT angibt. Der 2Thess sei als erster Brief verfaßt worden, von Timotheus nach Thessalonich gebracht und dort mißdeutet worden, so daß der 1Thess zur Korrektur geschrieben worden sei (u.a. Grotius, J. Weiss). Die Gründe gegen diese Vermutung wiegen schwerer als diejenigen, die dafür zu sprechen scheinen: Timotheus ist Mitabsender, nicht Überbringer; was im Anfang nur eine Schwäche war, muß nun energisch bekämpft werden (1Thess 5,14; 2Thess 3,5ff); 1Thess 4,13-5,11 reden in anderer Richtung als 2Thess 2,1-12, korrigieren nicht.

Zum andern hat man bestritten, daß Paulus Verfasser des 2Thess sei. Die Hauptgründe dafür: 2Thess 2,1-12 stehe Offb 13,3ff; 17,8ff nahe, sei also unpaulin.; der Abschnitt sei mit Anleihen aus dem 1Thess umrahmt und so den Paulusbriefen zugefügt worden (Kern, 1839). Daß 2Thess 3,17 das Zeichen der echten Paulusbriefe nennt, gilt als Hinweis auf die Unechtheit des 2Thess. Andere Ausleger haben 2Thess als literarisch von 1Thess abhängig beurteilt (Weizsäcker; Holtzmann; Wrede) und ihn in das ausgehende 1. Jh. gesetzt. Indessen können diese Gründe nicht hinreichend erweisen, daß 2Thess unecht sei. Denn einmal besteht zwischen den Aussagen in 1Thess 4,13-5,11 und denen in 2Thess 2,1-12 kein ausschließender Gegensatz: Beide Aussagereihen sind in der urchristl. Überlieferung verankert, sie blicken jedoch in verschiedene Richtungen. Zum andern lassen sich alle Wendungen, in denen 2Thess ähnlich redet wie 1Thess, auch aus der zeitlichen Nähe der beiden Briefe zueinander erklären. Und vor allem bieten beide Briefe gerade in der lockeren Fügung der Gedanken (es gibt keinen Lehrteil und Ermahnungsteil) und in der seelsorgerlichen Dichte der Aussagen einen schönen Eindruck von der missionarischen Wirksamkeit des Apostels. Daß schließlich in 2Thess 2,1f vor fälschlicher Berufung auf einen Paulusbrief gewarnt wird, muß nicht auf späte Zeiten deuten: Paulus hat öfters Briefe an seine Gemeinden verfaßt, so daß es glaubhaft schien, es sei ein Brief von ihm gekommen, auch wenn das nicht der Fall war.

III. DIE BEDEUTUNG DER THESSALONICHERBRIEFE FÜR UNSERE KENNTNIS DES URCHRISTENTUMS.

Daß besonders 1Thess 2,1-12 einen Einblick in die Wirksamkeit des Paulus gibt, war schon angemerkt. Besonderes Interesse aber findet inzwischen die Beobachtung, daß er vor allem in 1Thess 4,13-5,11, aber auch in 1Thess 5,12ff zu erkennen gibt, daß ihm Überlieferung aus dem Leben Jesu vertraut ist, die erst ein oder zwei Jahrzehnte später in den uns bekannten Evv. gesammelt vorliegt. Wie hat Paulus diese Worte Jesu kennengelernt? Etwa durch Petrus (vgl. Gal 1,18)? Diese Beobachtung zeigt jedenfalls, daß es falsch ist zu meinen, dem Apostel liege gar nicht an Wort und Wirken des irdischen Jesus, er verkünde nur den Gekreuzigten und Auferweckten (existentiale Auslegung des NT). Natürlich müssen alle Paulusbriefe unter diesem Gesichtspunkt befragt werden; aber 1/2Thess sind als erste Zeugnisse dafür besonders wichtig.

Literatur: G. Friedrich: Die Briefe an die Thessalonicher NTD 8, [15]1981; T. Holtz: Der 1. Brief an die Thessalonicher, EKK XIII, 1985; W. Trilling: Der 2. Brief an die Thessalonicher, EKK XIV, 1980; Feine, Behm, Kümmel: Einleitung in das Neue Testament, [13]1964, S. 179ff; H.M. Schenke, K.M. Fischer: Einleitung in die Schriften des NT I. Die Briefe des Paulus und Schriften des Paulinismus, 1978, S. 64ff. H.G.

THEUDAS.

1. Nach Apg 5,36 ist T. ein Betrüger (möglicherweise einer, der vorgab, der Messias zu sein), der um 6 n.Chr. etwa 400 Männer um sich sammelte. Er wurde getötet, seine Anhänger wurden zerstreut. Vermutlich stiftete er eine jener zahllosen Unruhen an, die nach

dem Tod des Herodes 4 v.Chr. in Judäa ausbrachen. Origenes (cCels, 1.57) sagt, T. habe sich »vor Jesu Geburt« erhoben, aber dies könnte einfach eine Folgerung aus dieser Passage sein, in der *Gamaliel davon spricht, daß T.' Erhebung der des *Judas voranging.

2. Nach Josephus (ant.Jud. 20.97-99) ist T. ein Zauberer, der viele Anhänger mit dem Versprechen an den *Jordan führte, auf seinen Befehl würde dieser sich teilen und sie könnten ihn trockenen Fußes durchqueren. Sie wurden von Reitern des Statthalters Fadus (ca. 44-46 n.Chr.) angegriffen, der Kopf des T. wurde nach Jerusalem gebracht. F.F.B.

THOMAS. Einer der zwölf *Apostel. In den Aufzählungen der zwölf Apostel in drei Vierergruppen erscheint T. in der zweiten Gruppe (Mt 10,2-4; Mk 3,16-19; Lk 6,14-16; Apg 1,13). In Mt 10,3 wird er zusammen mit *Matthäus genannt, in Apg 1,13 mit *Philippus. Der Name kommt vom aram. *te'ōmā'*, »Zwilling«; im JohEv. wird dreimal die griech. Form »Didymos« verwendet (11,16; 20,24; 21,2). Die Frage, wessen Zwilling er war, kann nicht beantwortet werden. Mehrere Überlieferungen (aus Syrien und Ägypten) deuten an, daß sein Eigenname Judas war. Erst im JohEv. gibt es persönliche Hinweise auf die Person des T. Er war bereit, mit Jesus zum Grab des *Lazarus zu gehen und durch die Hand der Juden zu sterben (Joh 11,16). Er bekannte, nicht zu wissen, wohin Jesus gehe, als dieser den zwölf Jüngern seinen bevorstehenden Abschied ankündigte (Joh 14,5). T.' Verhalten gegenüber der Nachricht von Jesu Auferstehung brachte ihm die sprichwörtlich gewordene Bezeichnung »ungläubiger Thomas« ein. T. war nicht im Kreis der Jünger gewesen, als der Auferstandene ihnen erschien (Joh 20,24) und wollte erst dann glauben, wenn er einen sichtbaren und greifbaren Beweis von Jesu Auferstehung bekäme (Joh 20,25). Eine Woche später erschien Christus den elf Jüngern erneut und gab T. die Gelegenheit, sich von der Wahrheit zu überzeugen. T. Glaubensbekenntnis »Mein Herr und mein Gott« (20,28) ist einer der Höhepunkte des JohEv.s. R.E.N.

THRON.

I. IM ALTEN TESTAMENT.

Hebr. *kissē'*, (assyr. *kussu* oder *kursu*) bezeichnet den Stuhl oder Hocker (2Kön 4,10), den Sitz des Priesters (1Sam 1,9.13.19), des Richters (Spr 20,8), des Statthalters (Neh 3,7), insbes. den T. des Königs und den T. Gottes.

1. Thronformen.

Prächtige Ausstattung, bes. Höhe (Jes 6,1), Podest und Fußschemel, häufig Arm- und Rückenlehne sowie Dekoration mit königlichen Symbolen unterscheiden den T. vom gewöhnlichen Sitzmöbel.

Im Zweistromland sind im 3. und 2. Jt. vorwiegend vierbeinige und würfelförmige Hokker als T.e belegt. Attributtiere von Gottheiten können als Thronsitz, Fußschemel oder Thronträger fungieren.

In Assyrien (2./1. Jt.) begegnen vor allem hohe Thronstühle mit hoher Rückenlehne (zumeist mit Armlehnen), mit Blattkränzen an den Füßen und Doppelvolutenverzierung an den Querstreben (Abb. S. 125).

In Ägypten kommt der würfelförmige Sitz mit kurzer Rückenlehne als Götter- und Königsthron, der löwenfüßige Stuhl mit hoher Rückenlehne (zumeist mit Armlehnen) und mit Löwenköpfen an der Vorderseite der Sitzfläche als Königsthron vor.

Charakteristisch für den syr.-kanaan. Bereich sind Sphingenthrone für Götter und Könige.

Der T. Salomos stand auf einem Podest mit sechs Stufen, war, wie ägypt. T.e, mit Elfenbein und Gold verziert, mit Arm- und Rükkenlehne ausgestattet (letztere, wie der ägypt. Löwenstuhl, am oberen Ende eingerollt) und von Löwen flankiert (1Kön 10,18-20). Die Wendung »Jahwe Zebaoth, der auf den Cherubim thront« (1Sam 4,4; 2Sam 6,1; 2Kön 19,15; Ps 80,2) läßt an einen T., der von Mischwesen, wahrscheinlich Sphingen, flankiert oder getragen wird, denken (vgl. hierzu kanaan. Sphingenthrone).

Die Vorstellung von der Lade als T. klingt Jer 3,17ff an, wird dort jedoch von der Vorstellung von Jerusalem als T. Jahwes abgelöst.

2. Sinngehalt.

Der T. ist Inbegriff der Königsherrschaft (1Mo 41,10; 2Mo 11,5). Darum können T. und Königsherrschaft (2Sam 7,16; Jes 9,6; Ps 103,19) sowie die Wendungen »auf dem Thron sitzen« und »als König herrschen« (1Kön 1,24; 16,11; Ps 47,9) synonym gebraucht werden, sind König und T. (2Sam 14,9), feststehender T. und dauernde Dynastie (»Haus«; 2Sam 7,16; Ps 132,11f; 89,5.30.37; Jes 9,7; Jer 33,17) eng aufeinander bezogen. Dem entspricht der Löwe als königliches Symboltier an ägypt. T.en und am T. Salomos (zum Löwen als Symbol des jüd. Königtums: 1Mo 49,9ff). Am T. werden die Charakteristika der Königsherrschaft manifest: Recht und Gerechtigkeit sind Fundament des T.s (Ps 89,15; vgl. Spr 16,12; 20,28; Jes 9,7); darum ist die Basis des ägypt. T.s häufig in Form der Hieroglyphe für *ma'at* (»gerechte, heilvolle Welt-

Tiglatpilesar III. auf seinem Thron, umgeben von Dienern, während einer Audienz. Wandgemälde aus dem Palast von Til Barsip, 8. Jh. v.Chr. (AP)

ordnung«) gestaltet. Der Bezug von T. und Herrschaftsbereich klingt an in 2Sam 3,10: (»Thron Davids über Israel und Juda von Dan bis Beerscheba«, und kommt zum Ausdruck, wenn auf mesopotam. Darstellungen die Herrschaftsbereiche von Göttern (Berg, Wasser, Kornhaufen) als deren T. oder *Fußschemel erscheinen (Berg als Fußschemel: Abb. S. 231, als T.podest: Abb. S. 231), wenn Repräsentanten unterworfener Völker an ägypt. und assyr. T.en dargestellt sind und das Zeichen für die Vereinigung der beiden Länder an ägypt. T.en begegnet. Daß Jahwe im Himmel (Ps 11,4; 103,19), über der Flut (Ps 29,10; zum

Thronen einer Gottheit über der Flut vgl. Abb. S. 231) thront, daß der Himmel sein T. und die Erde Schemel seiner Füße ist (Jes 66,1), besagt, daß der gesamte Kosmos sein Herrschafts- und Wirkungsbereich ist. Das gleiche besagen die vier Wesen unter seinem T. (Hes 1), die die vier Winde und damit den gesamten Bereich der Welt repräsentieren (O. Keel). Im T. Jahwes, der für immer feststeht, ist der Bestand der Welt garantiert (Ps 93,1f).

Der T. ist Inbegriff der Machtfülle und der Herrlichkeit (»Thron der Herrlichkeit«: Jer 17,12; Mt 19,4; 25,31), der Erhabenheit und der Heiligkeit Gottes (»Thron seiner Heiligkeit«, Ps 47,9; s.a. Jes 6,1.3) und darum Stätte der Anbetung (Jes 6,1f; Offb 4,5; 19,4; vgl. hierzu Adorationsszenen vor thronenden Gottheiten und Herrschern auf altorientalischen Darstellungen, Abb. S. 628). Der T. ist Inbegriff der Distanz und zugleich Stätte der Begegnung mit dem Herrscher. Der Thronraum trennt und verbindet den öffentlichen Bereich und die Privatgemächer des Königs in assyr. Palästen. Vom T. aus gewährt der König Audienz (1Kön 2,19; vgl. Audienz- und Einführungsszenen auf vorderorientalischen Bildern, z.B. Abb. S. 53.231.700), nimmt er die Huldigung unterworfener Völker entgegen (Abb. S. 376), vollzieht er Amtseinsetzungen (Abb. S. 1123).

Thronähnlicher Stuhl aus dem Grab der Schwiegereltern Amenophis' III. 18. Dynastie, (1552–1306 v. Chr.) (SI)

Sanherib, dem König von Assyrien, werden Beutestücke aus Lachisch vorgeführt. Ninive, ca. 690 v. Chr. (BM)

Ein Prinz, auf einem von Cheruben getragenen Thron (vgl. 1Sam 4,4) sitzend, empfängt Tribut. Elfenbeinschnitzerei aus Megiddo, Höhe: 4 cm; 8. Jh. v. Chr. (OIUC)

Jahwe versammelt um den himmlischen T. seinen himmlischen Hofstaat zur Beratung (1Kön 22,19), erscheint in der prophetischen Vision auf dem T. und läßt von dort aus die Prophetenbeauftragung ergehen (Jes 6,1ff; Hes 1). »Vom Himmel, der Stätte seines Thronens her« erhört er Gebete (1Kön 8,30.39.49). Vom T. aus übergibt der Sonnengott Schamasch dem König Hammurabi das Gesetz (Abb. S. 700). Osiris sitzt beim Totengericht auf dem T. (Abb. S. 35). Vom himmlischen T. aus vollzieht der »Hochbetagte« (Dan 7,9ff), der Menschensohn (1Hen 45,31; 51,3; 55,4ff) das Endgericht.

Da Palast und Tempel, wie der T., Inbegriff der Machtfülle, der Distanz und der Heiligkeit des Herrschers (der Gottheit) und zugleich Stätte seiner Gegenwart sind, können in Mesopotamien (Abb. S. 231.700) und in Ägypten (Abb. S. 35.938.1123) T.e wie Paläste oder Heiligtümer gestaltet sein, wird in Jer 17,12 der »Thron der Herrlichkeit« mit der »Stätte des Heiligtums« gleichgesetzt (vgl. auch Hes 40,2; 43,2ff.7; Jes 60,13).

II. IM NEUEN TESTAMENT.

Im NT lassen sich ähnliche Bezüge aufzeigen: Der Himmel als T. Gottes (Mt 5,34; Apg 7,49), der »Thron der Herrlichkeit«, auf dem der Menschensohn das Endgericht vollzieht (Mt 19,28; 25,31), Synonymität von T. und Herrschaft (Lk 1,32; Kol 1,16; Offb 13,2), Entsprechung von Heiligtum und T. (in Hes 47,1ff ist der Tempel, in Offb 22,1 »der Thron Gottes und des Lammes« Quellort des Lebensstromes), der T. Gottes als Stätte seiner Zuwendung (»Thron der Gnade«) und der Begegnung mit ihm (Hebr 4,16), als Stätte der Anbetung (Offb 4; 19,4) als Ausgangspunkt des endzeitlichen Handelns Gottes (Offb 5), als Sitz des Endgerichtes (Offb 20, 4ff.1ff), als Inbegriff der endzeitlichen Gegenwart Gottes (Offb 22,3).

Literatur: A. Salonen: Die Möbel des Alten Mesopotamien (Annales Academiae Scientiarum Fennicae B/127), 1963; B. Hrouda: Die Kulturgeschichte des assyrischen Flachbildes (Saarbrücker Beiträge zur Altertumskunde 2), 1965, S. 66-77. 125f; H. Kyrieleis: Throne und Klinen (Jahrbuch d. deutschen archäologischen Instituts 24, Ergänzungsheft), 1969; H.P. Kuhlmann: Der Thron im Alten Ägypten. Untersuchungen zu Semantik, Ikonographie und Symbolik eines Herrschaftszeichens (ADAI. Ä 10), 1977; O. Keel: Jahwe-Visionen und Siegelkunst (SBS 84/85), 1977; T.N.D. Mettinger: The Heavenly King on the Cherubim Throne, in: T. Ishida (Hrsg.): Studies in der Period of David and Salomon, 1982, S. 109-138; M. Metzger: Königsthron und Gottesthron. Thronformen und Throndarstellungen in Ägypten und im Vorderen Orient im 3. und 2. Jahrtausend v. Chr. und deren Bedeutung für das Verständnis von Aussagen über den Thron im Alten Testament (AOAT 15, 2 Bde.), 1985; ders.: Himmlische und irdische Wohnstatt Jahwes (UF 2), 1970, insbes. S. 156; ders.: Der Thron als Manifestation der Herrschermacht in der Ikonographie des Vorderen Orients und im Alten Testament, in: T. Rendtorff (Hrsg.): Charisma und Institution, 1985, S. 250-296. M.M.

THYATIRA. Stadt in der röm. Provinz Asia, im W des asiat. Teils der Türkei. T. hatte eine strategisch bedeutende Position in einem »Korridor«, der das Hermos- mit dem Kaikostal verbindet. T. war eine Grenzgarnison, zuerst an der W-Grenze des Herrschaftsbereichs Seleukos' I. von Syrien (gest. 281 v.Chr.) und - nachdem T. in andere Hände übergegangen war – an der O-Grenze des Königsreichs *Pergamon. Mit diesem Königreich gelangte T. 133 v.Chr. unter röm. Herrschaft. Die Stadt blieb jedoch ein bedeutender Ort im röm. Straßensystem, denn sie lag an der Straße, die von Pergamon über *Laodizea zu den O-Provinzen verlief. T. war außerdem ein bedeutendes Industriezentrum: Färbereien, Textilproduktionen, Keramik und das Kupferschmiedehandwerk bildeten die wichtigsten Wirtschaftszweige. Heute steht dort die große Stadt Akhisar.

*Lydia, die »Purpurkrämerin«, die *Paulus in *Philippi traf (Apg 16,14), war vermutlich für den Überseehandel eines Herstellers aus T. zuständig; sie könnte den Verkauf gefärbter Wollartikel organisiert haben, die unter dem Namen des Farbstoffs bekannt waren. Dieses »Purpur« wurde aus der Krappwurzel gewonnen und bis in unser Jh. in diesem Gebiet unter dem Namen »Türkischrot« hergestellt.

Die Gemeinde in T. ist die vierte (Offb 1,11) der »sieben Gemeinden in Asien«, an die ein Sendschreiben adressiert ist. Einige der im Brief an die Gemeinde enthaltenen Symbole (Offb 2,18-29) scheinen auf die Verhältnisse der Stadt anzuspielen. Die Beschreibung Christi: »der Augen hat wie Feuerflammen« und »Füße wie Golderz« (V. 18), stellt Bezüge her zu einer Stadt, die bekannt ist für ihre Kupferarbeiten (*chalkolibanos*, »Golderz«, kann ein technischer Begriff für einen lokalen Typ von Kupferwaren sein). Die Ausdrücke, die im Siegespreis benutzt werden (V. 26f), spiegeln möglicherweise die lange militärische Geschichte der Stadt wider. »*Isebel« (der Name ist wohl auch symbolisch gemeint) war offenbar eine Frau, die in die Gemeinschaft der Gemeinde aufgenommen war (V. 20). Ihre Lehren befürworteten Kompromisse mit Aktivitäten, die eindeutig heidnisch waren. Dabei handelte es sich wahrscheinlich um die Mitgliedschaft in gesellschaftlichen »Vereinen« oder »Zünften«, in denen die Hand-

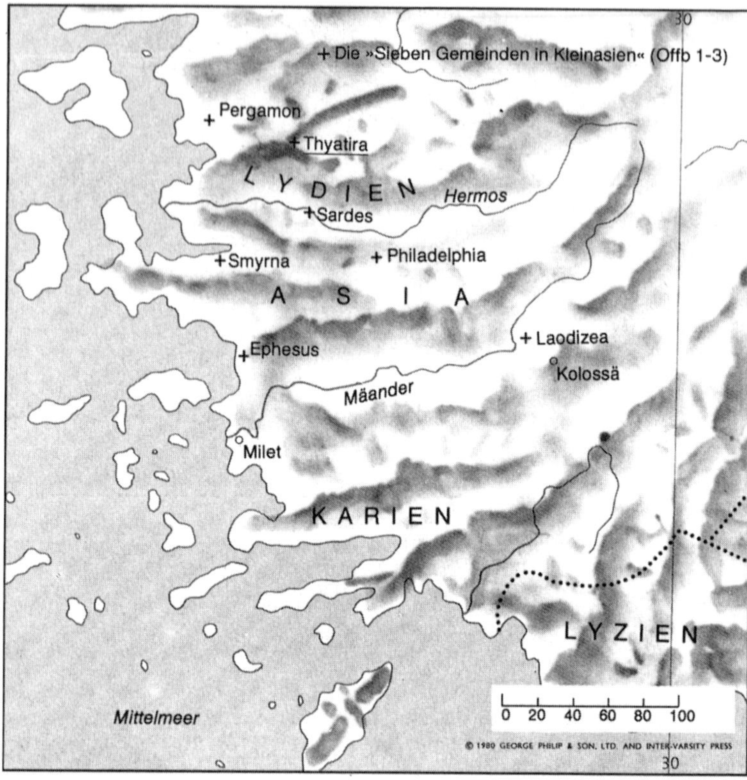

Thyatira, Sitz einer der sieben Gemeinden in Kleinasien (Offb 2,18–29).

werke organisiert waren. Diese Körperschaften nahmen standespolitische, z.T. auch soziale Aufgaben wahr; die Ausübung eines Handwerks war praktisch nur möglich, wenn man einer Zunft angehörte. Doch ihre Zusammenkünfte waren mit heidnischen Kulthandlungen und wohl auch mit dem Essen von Götzenopfer und Unzucht verbunden.

Literatur: W.M. Ramsay: The Letters to the Seven Churches of Asia, 1904, Kap. 23-24; A. Schlatter: Die Briefe und die Offenbarung des Johannes, 1965; A. Pohl: Die Offenbarung des Johannes, 1. Teil, 1969; C.J. Hemer: Buried History 2, 1975, S. 110-118; F. Grünzweig: Johannes-Offenbarung 1. Teil, 1981.

M.J.S.R./C.J.H.

TIBERIAS. (hebr. *teberjāh*; arab. *tabarīje*)

1. Die neue Landeshauptstadt von Galiläa. *Herodes Antipas, der *Tetrarch von *Galiläa-*Peräa, ließ auf dem Gebiet des atl. *Hammat und *Rakkat (Jos 19,35) T. anstelle von *Sepphoris als neue Landeshauptstadt erbauen und nannte sie nach seinem Gönner *Tiberius (Jos.ant.Jud. XVIII, 36-38). Das aus Josephus erschlossene Gründungsdatum 26/27 n.Chr. ist nach dem Münzbefund (beginnend mit 19/20 n.Chr.) zu spät. Der Bau fällt in die Jahre zwischen 17 und 20 n.Chr. (A. Spijkerman, SBFLA 13, 1962/63, 303f), die offizielle Gründung mag mit dem sechzigsten Geburtstag des Kaisers (18 n.Chr.) in Zusammenhang stehen (M. Avi-Yonah, IEJ 1, 1950/51, 160-169). Die Stadt erhielt eine gemischte Bevölkerung (Jos.ant.Jud. XVIII, 37), die von einem nach griech. Vorbild eingesetzten Parlament von sechshundert Mitgliedern und einem Stadtrat von zehn Beamten regiert wurde (Schürer, 179f). Obwohl nicht so groß wie Sepphoris, wurde T. als Behördensitz und

Von warmen Quellen gespeistes Badehaus in Tiberias. Byzantinische Epoche, 1. Jh. n. Chr. (MEPhA)

architektonisches Prunkstück zum Zentrum des Hellenismus in Galiläa. Nach dem Sturz des Antipas fiel es an *Agrippa I. (39-44 n.Chr.), war aber nach dessen Tod nur noch eine Mittelstadt der erweiterten röm. Provinz *Judäa. 61 n.Chr. trennte Kaiser *Nero T. von Galiläa ab und verlieh es an *Agrippa II. (Jos.ant.Jud. XX, 159; bell.Jud. II 252; vita 38). Beim Ausbruch des Aufstands gegen die Römer (66 n.Chr.) spielte die Stadt, die inzwischen offenbar vorwiegend jüd. war und von *Josephus zusätzlich befestigt wurde, eine hervorragende Rolle (Jos.vita 32ff.87ff.271ff). Die revolutionäre Partei fand Anhänger vor allem bei den Schiffsleuten (Jos.vita 66), während andere gegenüber Agrippa II. loyal blie-

Tiberias am Westufer des Sees Genezareth. (MEPhA)

Tiberias – links im Bild vor dem Tiberias-Plaza-Hotel: Kreuzfahreranlage (12./13. Jh.); rechts im Bild: Ausgrabung einer hellenistisch-jüdischen (?) Synagoge (2./3. Jh.). (CPTh)

ben (Jos.vita 155ff). Vespasian eroberte T. aber schon ein knappes Jahr darauf ohne Gegenwehr (Jos.bell.Jud. III, 445-461). Aus T. stammte der Verfasser eines Werks über den Jüd. Krieg mit Namen Justus (Jos.vita 336ff), gegen dessen Darstellung Josephus schrieb (T. Rajak, CQ 23, 1973, 345-368).

Für die Errichtung der Stadt an dieser Stelle gab es mehrere Gründe. Die Lage am SW-Ufer des Sees von *Genezareth war sehr verkehrsgünstig. Es herrscht ein subtropisches Klima (210 m unter dem Meeresspiegel) und nicht weit entfernt liegen die heißen Quellen von Hammat (M. Dothan, EAEe IV, 1978, 1178-1184). Der Burgberg oberhalb der Stadt, auf dem heute das Grab von Abu Huria, einem Gefährten des Mohammed liegt, war gut zu verteidigen. Von der Herodes-Burg, die ursprünglich über ein goldenes Dach verfügte und mit figürlichen Darstellungen sowie aus *Korinth stammenden Bronzeleuchtern ausgestattet war (Jos.vita 65f. 68), sind gegenwärtig nur spärliche Grundmauern und Zisternen zu sehen. Die anderen ntl. Hauptbauten (Stadion: Jos.bell.Jud. II, 618; III, 539, Markt, Kolonnadenstraßen und mindestens eine prächtige *Synagoge: Jos.vita 277) wurden bisher noch nicht ausgegraben. Der wichtigste Fund aus ntl. Zeit war bei einer Grabung von 1973/74 ein (freistehendes?) Tor mit zwei Rundtürmen im S-Bereich der Stadt (Foerster, 1173f). Die Grabungsstelle ist inzwischen wieder durch vom Regen gelöste Erdmassen verschüttet. Offenbar besaß T. ursprünglich keine Mauern, sondern wurde erst durch Josephus befestigt (vita 144.156). Vom Hafen der Stadt zeugen bisher nur Münzen mit Schiffsbildern und Funde von Steinankern und Steinbojen (M. Nun, Ancient Anchorages and Harbours around the Sea of Galilee, 1988, 15). Frühere Grabungen hatten u.a. eine spätröm. Markthalle und ein großes byzantin. Badehaus freigelegt.

2. Neues Testament.

Die Stadt T. ist nur ein einziges Mal im NT erwähnt: Nach der Speisung der Fünftausend kommen Boote von T. an den Ort des Geschehens (Joh 6,23). Zweimal wird der See Genezareth nach der Stadt »See von Tiberias« genannt (Joh 6,1; 21,1), was keinen Anachronismus darstellen muß (*Genezareth,See). Es bleibt auffällig, daß von den *Evangelien kein Besuch Jesu in seiner Landeshauptstadt berichtet wird. Kaum abgehalten hat ihn der hellen. Charakter, der auch für *Magdala, *Jericho und *Jerusalem zutraf. Frommen Juden galt T. früher als unrein, weil es teilweise über einem Friedhof erbaut worden war (Jos.ant.Jud. XVIII, 38), aber auch das zählte für Jesus sicher nicht als Grund. Völlig abwegig ist die Behauptung (J.H. Paterson, IBD III, 1980, 1562), T. sei eine völlig heidnische Stadt gewesen. Jetzt wird gern angenommen, daß die Evangelisten bewußt ein Scheitern Jesu in T. verschweigen wollten (W. Bösen, Galiläa, 1985, 72-75). Aber wahrscheinlich hat Jesus die Stadt schon deshalb gemieden, weil er seit der Gefangennahme von *Johannes dem Täufer selbst mit Nachstellungen durch seinen Landesherrn rechnen mußte (Lk 13,32 vgl. Mk 6,14-29). Vielleicht stammte die zu Jesu Nachfolgerinnen gehörende *Johanna, Frau des herodianischen Verwalters *Chuza (Lk 8,3), aus T. Möglicherweise setzt der Jerusalemer Talmud (y Sanh 7,25d) in T. an der Wende vom 1. zum 2. Jh. n.Chr. Judenchristen voraus (Bill.II, 473). Auch spätere rabbin. Nachrichten können auf eine judenchristl. Gemeinde hindeuten (Bagatti, 49f).

3. Spätere Geschichte.

Ab der Wende vom 1. zum 2. Jh.n.Chr. war T. wieder unter direkter röm. Verwaltung. Als der berühmte Mystiker Rabbi Schimeon Bar

Goldmünze (aureus) *des Kaisers Tiberius (14–37). Durchmesser: 19 mm.* (RG)

Jochaj nach einer erfolgreichen Badekur die Stadt am Ende des 2. Jh.nChr. für gereinigt erklärt hatte (StB II 473), zogen sowohl der *Sanhedrin (Hoher Rat) von Sepphoris wie auch die damals berühmteste Rabbinen-Schule von *Bet- Schearim nach T. um. Es wurde damit nach der Zerstörung Jerusalems zum Zentrum der jüd. Gelehrsamkeit in Palästina. Hier wirkte um 200 n.Chr. der sog. Patriarch Jehudah ha-Nasi, dem man die Endsammlung des Rechtswerks der *Mischna zuschreibt. Um 400 n.Chr. wurde in T. dann schließlich der Palästinische bzw. Jerusalemer *Talmud zusammengestellt. Seither gehört T. neben *Hebron, Safed und *Jerusalem zu den vier heiligen Städten des *Judentums. Der Babylonische Talmud nennt für diese Zeit dreizehn Synagogen in T. (Berachot 8a.30b). Wie sehr selbst in byzantin. Zeit hier jüd. Leben blühte, dafür zeugen die Überreste prächtiger Synagogen südl. der Stadtmauer (M. Dothan, Hammath Tiberias, 1983). Heute werden in T. die Gräber der großen Rabbinen Jochanan Ben Zakkai (1. Jh.), Akiba und Elieser Ben Hyrkanos (2. Jh.) gezeigt, die jedoch bis auf das von Moses Ben Maimon (Maimonides, 12. Jh.) legendär sind. Dessen Synthese aus jüdischer Tora-Weisheit und aristotelischer

Tiberius, römischer Kaiser von 14–37. Marmorbüste aus Capri, Höhe: ca. 47 cm. (BM)

Philosophie hatte bedeutenden Einfluß auf christl. Theologen wie Albertus Magnus und Thomas von Aquin.

Im 4. Jh. erbaute der zum Christentum bekehrte jüd. Adelige Joseph von T. unter mehreren galiläischen Orten in T. eine Kirche (Epiphanius, Pan 30,11 [PG 41, 425]). Es könnte damit allerdings auch jene von Tabgha (*Kapernaum IV) gemeint sein. Westl. der heutigen franziskanischen Petrus-Kirche wurden Reste einer byzantin. Kirche gefunden (Bagatti, 53f). Bevor Hieronymus am Ende des 4. Jh. in *Bethlehem seine berühmte latein. Bibelübersetzung, die sog. Vulgata, schuf, nahm er in T. bei Rabbi Bar Anina Hebräisch-Unterricht. Mit der Errichtung eines Bischofssitzes im 5. Jh. wurde der Einfluß der Judenchristen endgültig zurückgedrängt (Bagatti, 50f). Da sich die Juden von T. beim Einfall der Perser (614 n.Chr.) mit ihnen verbündet hatten, nahm der byzantin. Kaiser Heraklius grausame Rache. Kurz darauf (636 n.Chr.) eroberten die Araber T. kampflos. Im 8.-10. Jh. n.Chr. vereinheitlichte man unter Führung der Familie Ben Ascher in der Schriftgelehrtenschule von T. den hebr. Bibel-Text zur sog. Masora (Überlieferung, Tradition) und setzte durch Vokalzeichen und Akzente die heute noch geltenden Regeln für die Aussprache fest.

Im 11. Jh. erlebte T. nach einem der hier häufigen Erdbeben einen deutlichen Niedergang. Die Kreuzfahrer eroberten 1099 die Stadt, vertrieben Juden wie Moslems und machten T. unter dem Normannen Tankred zum Mittelpunkt ihres Fürstentums Galiläa. Die Kreuzfahrerfestung beherbergt heute ein Kunstzentrum. In der Kreuzfahrerzeit wurde die Heilung der Schwiegermutter des *Petrus (Mk 1,29-31) und die Auferstehungserscheinung von Joh 21 irrtümlich nach T. verlegt (C. Kopp, Die heiligen Stätten der Evangelien, [2]1964, 278-282).

Die mittelalterliche Franziskanerkirche (Bagatti, 58-60) erinnert an diese legendäre Tradition. Ganz in der Nähe von T., bei den Hörnern von Chattin, erlitten dann die Kreuzfahrer 1187 gegen Saladin ihre entscheidende Niederlage. Danach wurde der größte Teil des alten Stadtgebiets endgültig aufgegeben und nur noch der N-Teil blieb besiedelt. Unter Sultan Soliman dem Prächtigen erhielt der zwangsgetaufte spanische Jude Juan Mendez T. als Lehen. Er befestigte die Stadt und schuf das erste Beispiel einer systematischen Neuansiedlung von Juden im Heiligen Land, die allerdings während des folgenden Jh. T. wieder verließen. Erst seit 1738 kam es zu einer erneuten Zuwanderung. Ende des 19. Jh. lebte mit 5000 Personen ein Viertel der Juden Palästinas in T.. Im Verlauf des Befreiungskriegs von 1948 flohen die damals die Hälfte der Einwohnerschaft ausmachenden Araber aus T., das gegenwärtig rund 30 000 jüd. Bürger zählt. T. ist heute das Fremdenverkehrszentrum am See, wobei überdimensionale Hotels und die aus dem 18. Jh. stammenden gut restaurierten Türkenmauern aus blauschwarzem Basalt in merkwürdigem Kontrast stehen.

Literatur: F.M. Abel: Géographie de la Palestine II, [3]1967, 438f; A. Alt: Kleine Schriften II, [4]1977, 432-435; B. Bagatti: Antichi villaggi cristiani di Galilea, 1971, 48-61; G. Dalman: Orte und Wege Jesu, [4]1967, 195f; M.S. Enslin: BHH III, 1966, 1982f; J. Finegan: The Archaeology of the New Testament, 1969, 44f; G. Foerster: EAEHL IV, 1978, 1171-1177; E. Gorys: Das Heilige Land, [4]1985, 280-285; H.W. Hoehner: Herod Antipas, [2]1980, 91-100; A. Kindler: The Coins of Tiberias, 1961, 14-34; G. Kroll: Auf den Spuren Jesu, [10]1988, 205f; R.H. Mounce: ISBE IV, 1988, 846f; J. Murphy-O'Connor: Das Heilige Land, 1981, 231-234. 373-375; E. Schürer: The history of the Jewish people II, 1979, 178-183. R.R.

TIBERIUS. (42 v.Chr. – 37 n.Chr.). Sohn der Livia Drusilla und des Tiberius Claudius *Nero, Stiefsohn des *Augustus, den dieser 4 n.Chr. widerstrebend als seinen Erben adoptierte, als es keine Hoffnung auf eine direkte Nachfolge mehr gab. 12 v.Chr. mußte T. auf Befehl des Augustus seine Ehe mit Vipsania Agrippina lösen und 11 v.Chr. dessen Tochter Julia heiraten. 8 und 7 v.Chr. führte er das Kommando in Germanien und stieß bis zur Elbe vor. Nach einem Zerwürfnis mit Augustus ging T. 5 v.Chr. in die freiwillige Verbannung nach Rhodos, aus der er 2 n.Chr. zurückkehrte. 4-12 n.Chr. hatte T. weitere Kommandos u.a. in Germanien inne. Beim Tod des Augustus 14 n.Chr. besaß T., 55 Jahre alt, lange Regierungserfahrung. Trotzdem war es eine bedeutsame Entscheidung, als der Senat ihm am 19. August 14 Augustus' Macht vollständig übertrug (Tac.ann. 1,6,1ff) und so anerkannte, daß der tradierte Einfluß des Augustus nun ein unerläßliches Instrument des röm. Staates war. T. führte Augustus' Politik fort. Im Jahre 19 n.Chr. vertrieb er die Juden vorübergehend aus Rom (Jos.ant.Jud. 18, 81-84). Im Jahre 26 n.Chr. verließ er Rom und zog sich nach Capri zurück. Von dort aus griff er in Krisenfällen (Usurpationsversuch Sejans 31 n.Chr.; Wirtschaftskrise 33 n.Chr.; Partherkrise 35 n.Chr. u.a.) in die röm. Geschehnisse ein. Auf der Rückreise nach Rom starb T. am 16. März 37 bei Kap Misenum. In Lk 3,1 wird direkt auf ihn verwiesen und indirekt jedesmal (Ausnahme: Lk 2,1), wenn der »Kaiser« in den Evv. erwähnt wird. Der *»Pilatus-Stein«

von *Caesarea Maritima erwähnt das dem Kaiser geweihte Tiberieum; T. hatte den Pilatus im Jahre 26 n.Chr. als *praefectus* von Judäa eingesetzt. Der Silberdenar, mit dem Jesus die Frage nach der kaiserlichen Steuer beantwortet (MK 12, 13-17 par.) zeigte das Bildnis des T.

Literatur: R. Seager: Tiberius, 1972; B.M. Levick: Tiberius the Politician, 1976; KlP V, 814-818; E. Kornemann: Römische Geschichte Bd. 2: Die Kaiserzeit, [7]1977. E.A.J./C.P.Th.

TIDAL. Einer von vier Königen, die fünf Könige aus *Städten der Ebene (Sodom, Gomorra, etc.) unterwarfen und deren Aufstand 13 Jahre später zu Abrahams Zeit niederschlugen (1Mo 14,1-9). Das hebr. Wort *tid'āl* kommt von dem alten anatolischen Namen *Tudhali(j)a*, der auf die Benennung eines heiligen Berges zurückzuführen ist (E. Laroche: Les noms des Hittites, 1966, S. 191. 276.283) und ebenfalls in den alphabetischen Texten aus Ugarit als *tdgl, ttgl* bezeugt ist (C. Virolleaud: Palais royal d'Ugarit, 2, 1957, S. 64-66 (Nr. 39,21), 92 (Nr. 69,4)). »Tidal, der König von gojim« (Völkern, Gruppen) kann gegenwärtig nicht identifiziert werden. Die hetitischen Könige Tudhalijas II.-IV. (15.-13. Jh.v.Chr.) lebten, chronologisch gesehen, zu spät; ebenso ist ihr Auftreten in ugaritischen Texten zeitl. zu spät. Der Name datiert jedoch aus der ersten Hälfte des 2. Jt.v.Chr. Ein möglicher Tudhalijas I. (17. Jh.v.Chr. ?), Vater von Pusarruma, wird auf königlichen hetitischen Opferlisten erwähnt (»C«; H. Otten: Mitteilungen d. Deutsch. Orient-Gesellschaft 83, 1951, S. 62ff; K.A. Kitchen: Suppiluliuma and the Amarna Pharaohs, 1962, S. 53; H. Otten: Die hetitischen historischen Quellen und die altorientalische Chronologie, 1968, S. 26). In der Geschichte über die Belagerung von Urschu einige Zeit später erscheint ein Rückverweis auf einen Beamten (?) namens Tudhalijas (H.G. Güterbock: ZA 44, 1938, S. 122/3,17; S. 135). Noch früher (ca. 19./18. Jh.v.Chr.) taucht Tudhalijas mindestens zweimal als Eigenname auf altassyr. Tafeln aus Kappadozien auf (Laroche, op.cit., S. 191, 1389, 1; P. Garelli: Les Assyriens en Cappadoce, 1963, S. 160). Allianzen von Königen in Mesopotamien im 2. Jt.v.Chr. sind allg. bekannt; ebenso die Existenz oberster Herrscher und ihrer Vasallenkönige in Anatolien (A. Goetze, Kleinasien, 1957, S. 75; Garelli, op.cit., S. 61ff, 206, n.4). Jedoch sind bei weitem nicht alle genannt, die einmal lebten. Aus diesem Grund ist die Hypothese berechtigt, daß T. aus 1Mo 14 ein anatolischer Herrscher war, der (wie Anumhirbi) nach S in die Levante vordrang. (vgl. auch Kitchen: Alter Orient und Altes Testament, 1965). K.A.K.

TIERE.

Zwei Hauptgruppen von Tieren sind in den bibl. Schriften erkennbar: die wilden T., die vergleichsweise selten erwähnt werden, und die Haustiere, die zum täglichen Leben gehören und hier zuerst vorgestellt werden.

Der **Esel** heißt hebr. *chamor,* die Eselin *'ātōn,* und *'ajir* bezeichnet den (jungen) Eselhengst. Zwei andere hebr. Wörter, *'ārōd* und *pärä'*, werden gewöhnlich mit Wildesel übersetzt. *'ārōd* ist in Hiob 39,5 und Dan 5,21 (hier aram. *'arād*) belegt. *pärä'* kommt 9 mal vor, seine Übersetzung mit »Wildesel« in Hiob 39,5-8 wird durch den Kontext bestätigt. Diese Gattung ist heute als südwestasiat. Halbesel (*Equus onager*) bekannt und findet sich noch in W- und Zentralasien. Eine nah verwandte Untergattung, die gegen Mitte des 19. Jh. ausgestorben war, ist im Hay-Bar Reservat im S des Negeb erfolgreich rückgezüchtet worden. Der Esel stammt vom Nubischen Wildesel (*Equus asinus africanus*) ab. Er gelangte gegen Ende des 4. Jt.v.Chr. aus N-Afrika nach Asien. Dank seiner Trittsicherheit und Genügsamkeit fand er rasch Verbreitung. Die erste bibl. Erwähnung findet sich im Zusammenhang mit Abrahams Aufenthalt in Ägypten (1Mo 12,16), denn Abraham hat wahrscheinlich Esel als Lasttiere bei seinen Reisen von Mesopotamien aus benutzt. Die auf Steinreliefs und anderen Monumenten aus dem Mesopotamien des 3. Jt.v.Chr. bezeugten Equiden stellen den gezähmten Onager (*Equus hemionus onager*) dar. Esel waren lebensnotwendig für die Nomadenstämme und stellten deren wichtigstes Verkehrsmittel dar, das im Durchschnitt eine Strecke ca. 30 km pro Tag zurücklegen konnte. Königliche und vornehme Persönlichkeiten ritten zu friedlichen Anlässen auf Eseln, wohingegen Pferde zu Kriegszwecken benutzt wurden. Dieses Bild findet sich durchgängig im Alten Orient (vgl. Sach 9,9; Mt 21,2f).

Das AT enthält zahlreiche Belege für das **Pferd** (*sūs*), viele davon in übertragener Bedeutung. Das Pferd wird bes. häufig in den prophetischen Schriften und poetischen Büchern genannt und in der gesamten Bibel mit Krieg und Gewalt assoziiert. Es wird sehr selten allein erwähnt. *pārāsch* bezeichnet den Reiter, gelegentlich aber auch das Reitpferd. *räkäsch* (kollektiv) »Gespann-, Wagenpferde« kommt in Est 8,10.14 in der Bedeutung »Postpferde« vor. *Sūs* ist zwar eine allg. Bezeichnung, die aber bes. für Pferde, die vor Streitwagen gespannt waren, gebraucht wurde.

Kriegspferde des assyrischen Königs werden gestriegelt. Flachrelief aus dem Palast Assurbanipals II. (883–859 v. Chr.) in Kelach/Nimrud. (BM)

Von all den Tieren, die Lasten beförderten, ist das Pferd das wichtigste, obwohl es viel später als das Rind oder der Esel domestiziert wurde. Im Gegensatz zum Wildesel, der in den Halbwüsten N-Afrikas lebte, waren die Vorfahren des Pferdes im Grasland Europas und Asiens heimisch. Wahrscheinlich hat die Domestizierung unabhängig in verschiedenen Gebieten (W-Europa, SW-Asien, Mongolei) stattgefunden. Eine Muschelgravierung aus Susa (Iran) zeigt die bisher älteste Darstellung eines Pferdes in Vorderasien. Sie ist an das Ende des 4. Jt.v.Chr. zu datieren. In der 1. Hälfte des 2. Jt.v.Chr. wurden Pferde nach Ägypten eingeführt. Der Pharao verfolgte die Israeliten bei ihrem Auszug aus Ägypten mit seinen Pferden (2Mo 14,9.23; 15,1). Die Völker, die in Syrien-Palästina lebten, hatten Pferde und berittene Krieger (Jos 11,4 etc.). David kämpfte häufig gegen sie. 2Sam 8,4 ist der erste Hinweis darauf, daß David Pferde besaß. Salomo hatte eine große Anzahl von Pferden, die u.a. in Stallungen in *Hazor, *Megiddo und *Gezer gehalten wurden. Diese Pferde wurden aus Ägypten und Koe (S-Anatolien) importiert und in Nachbarstaaten exportiert. 150 Silberstücke (1Kön 10, 28f) war der Preis eines Pferdes.

Das **Maultier** (eine Kreuzung aus Eselhengst und Pferdestute) ist wahrscheinlich schon kurz nach der Einführung des Pferdes in solchen Gebieten, wo Esel gehalten wurden, gezüchtet worden. Diese Züchtung war jedoch für die Israeliten verboten (3Mo 19,19): »Laß nicht zweierlei Art unter deinem Vieh sich paaren« (»Vieh«, *behēmāh,* meint jeden domestizierten Tierbestand). Dies könnte der Grund dafür sein, daß das Maultier im AT nur eine geringe Rolle spielt. Neben der Erwähnung als Reittier des Königs (1Kön 1,33.44) kommt es gelegentlich auch als Lasttier vor. Die Bedeutung des hebr. Wortes *jēmīm* (1Mo 36,24), das mit »Maultier« oder »heiße Quelle« übersetzt wird, kann nicht eindeutig bestimmt werden. *Päräd* und *pirdāh* bezeichnen das männliche und das weibliche Tier, jedoch sind diese Mischlinge nicht fortpflanzungsfähig. Maultiere sind wertvoll, da sie die Kraft des Pferdes mit der Geduld, Anspruchslosigkeit und Trittsicherheit des Esels vereinen. Außerdem zeichnet sie jene bes. für Mischlinge charakteristische Vitalität aus.

Die Geschichte des **Kamels** (hebr. *gāmāl,* griech. *kamēlos*) läßt sich nicht rekonstruieren, aber es gibt einige Hinweise auf eine frühe Domestizierung. Das einhöckrige Kamel, gewöhnlich als das arab. bekannt, wird auch Dromedar genannt, obwohl sich dieser Name eigentlich nur auf die Rasse der schnellen Reittiere bezieht. Das Kamel ist typisch für die Wüsten des Vorderen Orients. Das zweihöckrige oder baktrische Kamel (benannt nach einer wohl nahe dem Oxus in SW-Asien liegenden Gegend) wird nun mit zentral- und nordostasiat. Wüsten in Verbindung gebracht, wo die Winter sehr kalt sind. Diese Kamelart gelangte weiter nach S; ein Obelisk aus Nimrud (841 v.Chr.) zeigt sie als Teil der Beute *Salmanassars III. Anatomisch besteht wenig Unterschied zwischen beiden Kamelarten, die auch miteinander gekreuzt wurden. Das Kamel ist hervorragend an das Leben in trockenen Zonen angepaßt. Der Höcker ist ein Speicherorgan, von dem bei knappem Futter z.B. bei Wüstendurchquerungen gezehrt wird. Seine Wasserspeicherung erlaubt es ihm, etwa eine Woche ohne Flüssigkeitsaufnahme auszukommen, wobei es bis zu einem Drittel seines Körpergewichts ohne Gefahr verlieren kann. Sobald es Zugang zu Wasser hat, wird die verbrauchte Flüssigkeit in ca. 10 Minuten ersetzt. Es hat noch einen anderen ungewöhnlichen physiologischen Mechanismus, durch den sich die Körpertemperatur von 34^0 C am Morgen bis zu 40^0 C am Nachmittag erhöht, wodurch ein Wasserverlust durch Schwitzen vermieden wird. Maul, Nase, Augen und Füße sind anatomisch an das Leben in der Wüste angepaßt. Das Winterhaar wird in robuste Kleidung eingewebt, und der Mist wird als Brennmaterial gesammelt; Kamelhaut wird gegerbt. Da das Kamel ein Wiederkäuer ist, aber keine gespaltenen Hufe hat, war es nach mosaischem Gesetz unrein. Es ist nicht sicher, ob sich dieser Bann auch auf die Milch bezog, die eine wertvolle Nahrungsquelle darstellt, denn eine Kamelstute kann bis zu zwei Jahre lang Milch geben.

Ein Kamel kann ca. 200 kg und seinen Reiter tragen, auf Wüstenstrecken jedoch nur die Hälfte. Frachtkamele haben eine durchschnittliche Tagesleistung von 45 km, ein schnelles Kamel kann bis zu 150 km in einem halben Tag zurücklegen. Die Frage nach der Nutzung des Kamels bei den Patriarchen ist umstritten und nicht endgültig zu klären. Zeugnisse für die frühe Nutzung des Kamels werden bei Zeuner (Kap. 13) und Cansdale (Kap. 4) eingehend dargestellt. Neuere Ausgrabungen in Oman bestätigen das Vorkommen von Kamelen dort für ca. 2500 v.Chr. Nach 1Mo 24,1ff galt der Besitz von Kamelen als Reichtum; die Tiere wurden auf langen Transportwegen verwendet (1Mo 24,10ff und 31,34), aber das mit der Nutzung von Kamelen verbundene Nomadentum war erst ab dem 16. Jh.v.Chr. allg. verbreitet. David ernannte einen Ismaeliten zum Aufseher über die Kamele (1Chr 27,30) und das Gepäck der Königin von *Saba wurde mit Kamelen transportiert (1Kön 10,2). Kamele waren nützlich für den Transport in und um Wüsten, doch bei den Hebräern waren sie zu keiner Zeit populär. Es gibt keinen klaren bibl. Hinweis auf Kamele als Zugtiere, jedoch sind sie im Akkerbau eingesetzt worden, gelegentlich zusammen mit einem Esel. Von den sechs Belegen im NT beziehen sich zwei auf die Kleidung Johannes des Täufers (Mt 3,4 und Mk 1,6). Die anderen finden sich in Vergleichen Jesu, die wohl auf Sprichwörter zurückzuführen sind: »Mücken aussieben, aber Kamele verschlucken« (Mt 23,24) und »ein Kamel, das durch ein Nadelöhr geht« (Mt 19,24).

Assyrischer Hirte mit Schaf- und Ziegenherde. Relief aus dem Palast Tilatpilesars III. (744–727 v. Chr.) in Kelach/Nimrud. (BM)

Angeleinte Hunde: Relief aus dem Palast Assurbanipals in Ninive. Ca. 640 v. Chr. (BM)

Die Wichtigkeit des domestizierten **Schafs** für die Israeliten zeigt sich an den ungefähr 400 Belegen in Form mehrerer hebr. Wörter, die noch nicht alle genau bestimmt werden können, zum größten Teil jedoch Alter und Geschlecht des Tieres bezeichnen. *zō'n* ist das häufigste Wort, als Kollektivum bezeichnet es im allg. eine Herde aus Schafen und Ziegen. *Käbäs,* »junger Widder«, erscheint über 100 mal und wird bis auf fünf Ausnahmen nur auf Opfertiere angewandt. Vier griech. Wörter finden sich bei den über 70 ntl. Belegen, wobei: *probaton* am häufigsten gebraucht wird. Die Ursprünge und die frühe Geschichte des Schafs sind kompliziert und umstritten. Schafzucht ist bereits um 9000 v.Chr. im

Ägyptische Rinderherde. Wandgemälde aus dem Grab Nebamuns in Theben, ca. 1400 v. Chr. (BM)

Zweihöckrige Kamele werden König Salmanassar III. als Tribut übergeben. Schwarzer Obelisk, Kelach/Nimrud, ca. 830 v. Chr. (BM)

nördl. Irak nachgewiesen. Die Vorfahren des Schafes waren wohl asiat. Mufflons. Eine Vielfalt an Züchtungen ist bis heute erreicht worden. Schafe sind in Gebieten heimisch, die vom Marschland bis zur Wüstennähe reichen. Zunächst wurden sie wohl wegen ihres Fleisches und Fettes domestiziert, bes. wegen des letzteren, von dem die früher genutzte Ziege wenig liefert. Der Zuchterfolg zeigte sich auch bei der Wolle, die bei der Herstellung von Kleidung besonders geschätzt war. Mescha, der König der Moabiter (2Kön 3,4), lieferte als jährlichen Tribut die Wolle von 100 000 Widdern. Die gegerbten Felle wurden zu Kleidung verarbeitet, aber auch für die Innenverkleidung der *Stiftshütte verwendet (2Mo 25,5, etc.). Schafsmilch wurde meist in Form von Quark verzehrt, als Grundnahrungsmittel war sie wahrscheinlich wichtiger als das Fleisch, das gewöhnlich nur als Teil eines Opfermahles gegessen wurde. Das Schaf nährt sich von verschiedenen Grassorten und ist anspruchsvoller in seiner Ernährung als die Ziege. Wie in bibl. Zeiten, so ist auch heute die Fettschwanzschaf die am weitesten verbreitete Art im Vorderen Orient. Sein Schwanz kann bis zu 5 kg wiegen und ist ein Speicherorgan wie der Höcker des Kamels.

Aus 1Mo 30,32 geht hervor, daß sowohl Schafe als auch Ziegen gescheckt waren und ihr Fell keineswegs ganz weiß war. Obwohl der archäologische Befund einen reichen Bestand an Werkzeugen und anderen Gegenständen aufweist, die aus Schafknochen hergestellt sind, gibt es bibl. Belege nur für den Gebrauch von Widderhörnern als Ölgefäße (1Sam 16,1) und als Musikinstrumente (Jos 6,4, u.ö.). Ein vertrautes Bild bot im Alten Orient der Hirte, der seine Schafe führte und schützte und Hürden für sie baute. Deswegen ist es nicht überraschend, daß das Schaf durchgängig ein Bild für den Menschen ist – hilflos, leicht irre geführt und verloren, wesensmäßig auf Gesellschaft angewiesen, unfähig, für sich selbst zu sorgen oder seinen Weg nach Hause zu finden (z.B. Jes 53,6): »Wir gingen alle in die Irre wie Schafe, ein jeder sah auf seinen Weg«. Der im Gegensatz hierzu umsorgte Mensch wird in Ps 23 gezeigt, den David aus seiner Erfahrung als Hirte formuliert hat. Im NT wird sowohl auf das Lamm als Opfertier als auch auf den Hirten Bezug genommen, um den Auftrag und das Wirken Jesu bildhaft zusammenzufassen: Joh 1,29: »Siehe, das ist Gottes Lamm, das der Welt Sünde trägt«, Joh 10,14: »Ich bin der gute Hirte«, Offb 5,6: »Und ich sah . . . ein Lamm stehen, wie geschlachtet . . .«.

Mehrere hebr. Wörter dienen zur Bezeichnung des **Rindes**, das auf das Ur oder den Auerochsen zurückgeführt wird. *bāqār* ist ein Kollektivum und schließt Rinder beiderlei Geschlechts ein. *schor* bezeichnet gewöhnlich den Stier, wird aber allg. auch kollektiv als Gattungsname benutzt. In 3Mo 22,27 steht es für ein Kalb, in V. 28 für die Kuh. *ʾäläp* bezeichnet das Rind. Dieses Wort dient im Hebr. auch zur Bezeichnung von 1000 – man hat sich folgenden Entwicklungsgang vorzustellen: Rinderherde → Menge → 1000 (im Äthiopischen 10 000). Es bezeichnet also einfach nur eine sehr große Menge. *par* wird oft im Zusammenhang mit dem Opfer genannt. Es bezeichnet den jungen oder eben erwachsenen Stier. *pārāh* ist die Kuh. *ʿēgäl* ist der Jungstier, *ʿäglāh* die Jungkuh. *merīʾ*, von der Wurzel »fett sein/werden« ist das Mastvieh (bes. Rinder). Zu Beginn der Bronzezeit stieg die Bedeutung des Rindes stark an, was vermutlich mit dem Aufschwung der Städte in Zusammenhang steht. Die durch das Rind ermöglichte hochentwickelte Ackerbau-Kultur dürfte eine Grundlage für diesen Aufschwung gewesen sein. Zur Bedeutung des Rindes s.a. Spr 14,4: »Wo keine Rinder sind, ist kein Korn. Aber groß werden die Erträge durch die Kraft des Stieres.« Von mehreren Tierschutzregeln berichten sowohl das AT als auch das NT. Sie waren in die Sabbat-Ruhe eingeschlossen (2Mo 23,12). Ein streunendes Rind sollte zu seinem Besitzer gebracht werden (2Mo 23,4). Das Tränken des Viehs war am Sabbat gestattet (Lk 13,15). Paulus zitiert zweimal (1Kor 9,9; 1Tim 5,18) den ausdrücklichen Befehl (5Mo 25,4), dem dreschenden Ochsen nicht das Maul zu verbinden (ob allerdings wirklich der Ochse gemeint ist, ist nicht sicher, da Kastration den Israeliten nach 3Mo 22,24 verboten war).

Die **Ziege** – sie stammt von der Bezoarziege (*Capra aegagrus*) ab – ist neben dem Hund das älteste Haustier Palästinas. Ziegen hatten gegenüber Schafen den Vorteil der Anspruchslosigkeit im Blick auf die Futterqualität. Die Geschichte von Jakob und Esau (1Mo 27,9) betont den Wert ihres Fleisches, normalerweise wurden nur die Zicklein gegessen. Ziegenmilch und -käse waren wichtige Nahrungsmittel, die Häute der Tiere wurden zu Leder verarbeitet oder dienten – zusammengenäht – als Flüssigkeitsbehälter (»Schläuche«). Der assyr. Armee dienten (mit Luft gefüllte) Schläuche als Auftriebskörper beim Überqueren von Flüssen (s. *Schiffe). Die Haare einiger Ziegenarten wurden zu Stoff verarbeitet. Die Ziegen haben im östl. Mittelmeerraum durch Verbiß schweren Schaden angerichtet. Hebr. *zāpīr, sāʿīr, tajīsch* bezeichnen den Ziegenbock; *es, seʿīrat* die Geiß und *gedī, gedājaj ʿissīm* (pl. *bene ʿissīm*) das Junge. Zwei

Stiere aus geschnitztem Perlmutt, in Bitumen eingelegt. Fries vom Tempel der Ninhursag aus al-'Ubaid bei Ur. Höhe: 22 cm, Länge: 115 cm; ca. 2900 v. Chr. (BM)

Kollektivbegriffe kommen bes. häufig vor: *zo᾿n* bezeichnet die Herde aus Schafen und Ziegen, gelegentlich auch nur aus Schafen; *säh* steht ebenfalls für gemischte Herden.

Das domestizierte **Schwein** Palästinas stammt von *Sus scrofa,* dem wilden Schwein Europas und W-Asiens, ab. Den Israeliten war es verboten, Schweinefleisch zu essen (s. 3Mo). Da Schweine (hebr. *chasīr*) häufig im Abfall wühlten, konnten sie selbst infiziert werden und Infektionen weitergeben. Auch ist das Schwein ein Wirt des Bandwurmes, der Trichinose hervorruft. Diese durchdringen einen Teil der Muskeln des Schweines und werden durch den Verzehr von Schweinefleisch übertragen.

Das Verbot, Schweinefleisch zu essen, führte dazu, daß Schweine sinnbildlich für all das standen, was zu verachten und zu hassen war. So assoziiert Spr 11,22 eine Frau von zweifelhaftem Charakter mit einem Schwein, und der verlorene Sohn hatte den absoluten Tiefpunkt erreicht, als er Schweine (griech. *choiros,* Lk 15,15) hüten mußte. Das NT berichtet davon (Mt 8,30ff par.), daß im Gebiet der Zehnstädte (*Dekapolis) Schweineherden gehalten wurden. Die Bitte der Dämonen, in eine Schweineherde fahren zu dürfen, wäre einem Juden, der Schweine und Dämonen auf eine Stufe stellte, nicht sonderbar erschienen. Ähnliches liegt in Mt 7,6 vor; dort warnt Jesus seine Zuhörer, Perlen nicht vor die Säue zu werfen. 2Petr 2,22 vergleicht Irrlehrer mit dem Schwein, das sich nach der Schwemme wieder im Dreck wälzt.

Gazellenherde. Relief aus dem Palast Assurbanipals in Ninive. (ca. 640 v. Chr.) (BM)

Die Verachtung und der Widerwille, mit denen der **Hund** im AT betrachtet wird, muten heute befremdlich an. Der Hund gilt als das erste domestizierte Tier und wurde bis zur späten Steinzeit in vielen Teilen der Erde gehalten. Die meisten Fachleute betrachten den Wolf als Vorfahren der variantenreichen Züchtung des Hundes. In vielen Teilen des Orients ist der Hund noch heute hauptsächlich Abfallbeseitiger. Hebr. *käläb* und griech. *kyōn* bezeichnen die verwilderten Hunde, die außerhalb der Stadtmauern umherstreiften und nach Abfällen und Kadavern, die über die Mauer geworfen wurden, suchten. Der Hund galt als unrein. In Ägypten wurden Hunde zur Jagd benutzt und ehrfürchtig behandelt. Ein zweites griech. Worte, die Diminutivform *kynarion,* wird bei der Begegnung Jesu mit der syrophönizischen Frau (Mt 15,26ff) verwendet. Der Kontext legt nahe, daß hier ein Hund gemeint ist, der zum Haus gehörte. Mit den Hunden in Offb 22,15 könnten, ähnlich wie in 5Mo 23,18, männliche Kultprostituierte gemeint sein. Als verbreitetes Schimpfwort findet sich die Bezeichnung »Hund« für Nichtjuden. Phil 3,2 werden diejenigen damit belegt, die den Neuen Bund in Christus verwerfen.

Hebr. *te᾿ō* bezeichnet eine Antilopenart. Der **Oryx** ist ein der Wüste angepaßtes Tier,

Einhöckrige Kamele werden Tiglatpilesar III. (744–727 v. Chr.) von einer arabischen Königin als Tribut überbracht. Relief aus Kelach/Nimrud. (BM)

das längere Zeit ohne Wasser aufzunehmen überleben kann. Es hat ein fast weißes Fell, hat etwa 1 m Schulterhöhe, und beide Geschlechter haben lange gerade Hörner. Der Bestand ist stark gefährdet, und der Oryx ist mit großer Wahrscheinlichkeit in freier Wildbahn schon ausgestorben. Jes 51,20 (LÜ »Hirsch«) spricht von einem im Netz gefangenen Tier, einer Jagdmethode, die von den Arabern bis zum Ende des 19. Jh. praktiziert wurde.

Der **Addax** ist eine weitere seltene Wüstenantilope. Er lebt noch in der Sahara, aber es gab ihn schon vor 1900 nicht mehr in Palästina. Auch hebr. *dīschōn* dürfte eine Gazellen- oder Antilopenart bezeichnen. Eine andere Deutung sieht in dem hebr. Wort den Wisent. Ein nicht eindeutig zu identifizierendes Tier bezeichnet hebr. *jachmūr,* das im Verzeichnis der reinen Tiere in 5Mo 14,5 und in der Bedarfsliste der Hoftafel Salomos (1Kön 5,3) belegt ist. »Rehbock« wäre eine mögliche Übersetzung. Der letzte Name dieser Liste ist ebenfalls schwierig. Mit hebr. *sämär* könnte das Wildschaf oder eine Gazellenart gemeint sein.

Der nubische **Steinbock** kann heute in den felsigen Hängen oberhalb der Oase von En-Gedi beobachtet werden. Mit hebr. *jāʿēl* könnte dieser Steinbock gemeint sein. Als weitere Deutung käme die Felsenziege in Betracht. Hebr. *ʾaqqō* (5Mo 14,5) bezeichnet möglicherweise die Wildziege (*Capra aegagros*), eventuell auch den Steinbock.

Hirsche stellen eine große Gruppe von Wiederkäuern dar. Sie zeichnen sich durch ihr Geweih aus, das jährlich abgeworfen wird und nachwächst, und sie sind typisch für die nördl. gemäßigten Zonen. In Palästina gab es drei Arten.

Das **Rotwild,** das auch in großen Teilen Europas und SW-Asiens weit verbreitet ist, ist die größte Art mit einer Schulterhöhe von ca. 1,5 m. Aus Palästina verschwand es, da ihm mit der Rodung der Wälder sein natürlicher Lebensraum entzogen wurde.

Das **Damwild** mißt bis zur Schulter etwa 1 m und zeichnet sich in allen Altersstufen durch ein geflecktes Fell aus. Diese Gattung verschwand aus Palästina Anfang des 20. Jh. Rehe mit einer Schulterhöhe bis 80 cm kamen bis Anfang des 20. Jh. auf dem Karmel vor. Hebr. *ʾajjāl* und die Femininform *ʾajjālāh* umfassen wahrscheinlich Damwild und Rotwild , so daß diese Wörter am besten mit »Wild« zu übersetzen sind.

Der Schlüssel zu hebr. *zebī* findet sich in Apg 9,36: »Tabita, das heißt übersetzt: Reh«

(griech. *dorkas,* Gazelle). In Palästina finden sich zwei Arten: die **Dorcas** und die palästin. **Gazelle,** beide mit einer Schulterhöhe unter 70 cm. Einst ernsthaft bedroht, ist ihr Bestand heute in den Hügeln Judäas und den zentralen Ebenen sowie am Rand der Wüste gesichert. Gazellen sind eine für die Trockenzone typische Antilopenart, hell gefärbt und oft mit nach vorne gebogenen Hörnern. Die Gazelle zählt zu den reinen Tieren (5Mo 14,5). Sie wurde häufig gejagt. Das scheue, graziöse Tier spielt bes. in der Liebesdichtung eine Rolle.

Das **Wildschwein** ist weiter oben als Vorfahr des Hausschweins erwähnt. Hebr. *chasīr* bezieht sich auf beide Formen. Wildschweine finden sich noch in bestimmten Gebieten des Vorderen Orients. Ihr Lebensraum sind der Wald und sumpfige Flächen mit Buschwerk; s. z.B. Ps 80,14 »Es haben ihn zerwühlt die wilden Säue«. In Ps 68,31 wird die Aussage »Bedrohe das Tier im Schilf . . .« auf Wildschweine bezogen.

Der **Elefant** wird in der Bibel nicht direkt erwähnt, aber es gibt 12 Belege für *Elfenbein, das von afrikanischen und asiatischen Arten kam. Methoden der Zähmung und der Unterrichtung von Elefanten wurden in Indien im 3. Jt.v.Chr. entwickelt. Dies war jedoch keine Domestizierung, denn die Tiere wurden jung gefangen und großgezogen, um als Lasttiere oder zu Kriegszwecken Verwendung zu finden. Die Bücher der Makkabäer haben mehrere Hinweise (z.B. 1Makk 6,30.35) auf Elefanten, die von dem Seleukiden Antiochus Epiphanes gegen die Juden eingesetzt wurden. Nach assyr. und ägypt. Quellen gab es im Altertum Elefanten in Vorderasien, und zwar in der Gegend am mittleren Euphrat. Die bildlichen Darstellungen lassen darauf schließen, daß es der asiat. Elefant war.

Löwen kamen einst in dem Gebiet von Kleinasien bis nach Indien und in einer verwandten Art in Griechenland bis fast 100 v.Chr. vor. Dieser europäisch/asiat. Löwe ähnelt dem afrikanischen sehr. Von allen fleischfressenden Tieren ist nur der Löwe mit Sicherheit aus dem Land der Bibel verschwunden, während Jagdleopard und Bär noch vereinzelt vorkommen können. Der letzte Löwe Palästinas ist wahrscheinlich im 13. Jh. nahe Megiddo getötet worden. In Persien kannte man Löwen noch bis 1900, spätestens seit 1930 gibt es keine mehr. Burton (Reisen in Syrien) berichtete von Löwen in Syrien bis Mitte des 19. Jh., und in Teilen des Irak gab es sie bis Anfang des 20. Jh. Ein kleiner Bestand an asiat. Löwen findet sich heute auf der Kathiawar-Halbinsel von Indien. Neben *'arjēh* gibt es sechs weitere Wörter für Löwe, die sich möglicherweise auf die verschiedenen Lebensphasen der beiden Geschlechter beziehen, jedoch dürften einige auch poetische Namen sein. Dieses reiche Vokabular legt nahe, daß der Löwe in atl. Zeit verbreitet und gut bekannt war; im poetischen Kontext ist der Löwe ein Bild für Stärke; im Alten Orient ein Symbol für die Königswürde (*Löwe von Juda). Löwen wurden in Gefangenschaft gehalten (vgl. Dan 6,7ff). Zahlreiche Darstellungen zeigen assyr. und ägypt. Könige bei der Löwenjagd.

Hebr. *nāmēr* könnte sich sowohl auf den echten **Leoparden** als auch auf den Jagdleoparden beziehen sowie auf ein oder zwei andere in Palästina vorkommende gefleckte Wildkatzenarten. In den wenigen Belegen wird *nāmēr* sprichwörtl. und metaphorisch gebraucht. Die bekannteste Verwendung des Wortes findet sich in dem Sprichwort in Jer 13,23 »Kann etwa ein Mohr seine Haut wandeln oder ein Panther seine Flecken?«

Der Leopard (*Panthera pardus*) kommt nur noch selten vor, aber mehrere Exemplare sind noch in den 60er Jahren gesehen oder erlegt worden.

Die **Dschungelkatze** (*Felis chaus*) lebt noch in den waldreicheren Gebieten Palästinas, bes. in Galiläa.

Hebr. *se'ēb* (Jes 11,6 etc.) und griech. *lykos* (Mt 7,15 etc.) bezeichnen den **Wolf.** Sein Lebensraum und sein Bestand sind durch das Anwachsen der Bevölkerung drastisch reduziert worden, aber bis z.Zt. des NT war er so weit verbreitet, daß er eine Gefahr für den Viehbestand war, obgleich heute übereinstimmend angenommen wird, daß Wölfe niemals eine Gefahr für den Menschen dargestellt haben. Auf ihre Raubtiernatur wird in den meisten bibl. Belegen Bezug genommen. Doch wird diese immer nur in übertragener Bedeutung erwähnt. In mehr als der Hälfte der Belege steht der Wolf sinnbildlich für einen Amtsinhaber, der seine Stellung mißbraucht, z.B. Zef 3,3: »und ihre Richter (sind) Wölfe am Abend«. Der Wolf Palästinas ähnelt dem Zentral- und N-Europas, obgleich jener kleiner ist.

Füchse und **Schakale** kommen überall im Vorderen Orient vor. Sie gehören zu den Caniden, der Familie der Hunde, jedoch ist der Fuchs gewöhnlich Einzelgänger, wohingegen Schakale in Rudeln auftreten. Wahrscheinlich bezeichnet hebr. *schū'al* und griech. *alōpēx* Fuchs und Schakal. Beide Arten sind Allesfresser (Hld 2,15). Die 300 von Simson gefangenen Tiere (Ri 15,4) waren wahrscheinlich Schakale. Ein anderes hebr. Wort, *tannīm* (immer Pl.), bezeichnet die Bewohner wüster Orte, eine Beschreibung, die durchaus für Schakale zutrifft.

Der syr. **Braunbär** kommt heute noch vereinzelt in Teilen des Vorderen Orients vor, im Hermongebirge und im Libanon lebten noch einige Exemplare Anfang des 20. Jh. Die hebr. Bezeichnung für ihn ist *dōb* (arab. *dub*); er wird der Unterart *Ursus arctos syriacus* zugeordnet. Wie die meisten seiner Artgenossen ist der Braunbär während des größten Teils des Jahres Vegetarier, so daß seine Angriffe auf den Viehbestand, bes. Schafe, am ehesten während des Winters zu befürchten waren. Die Wendung »Bärin, der die Jungen geraubt sind« (2Sam 17,8; Spr 17,12) scheint ein Sprichwort zu sein, ebenso der Ausdruck in Am 5,19: »gleichwie wenn jemand vor dem Löwen flieht und ein Bär begegnet ihm«. Der Bär wird mehr gefürchtet als der Löwe, weil er stärker und in seinem Verhalten weniger berechenbar ist.

Hebr. *chōled* begegnet nur in 3Mo 11,29 und bezeichnet den **Maulwurf.**

Hebr. *schāpān* findet sich an vier atl. Stellen (3Mo 11,5; 5Mo 14,7; Ps 104,18; Spr 30,26) und meint den syr. **Felsenhyrax** (Klippdachs). Er hat ungefähr die Größe eines Kaninchens, ernährt sich von Pflanzen und lebt in Felsspalten.

Die Identifizierung von hebr. *tachasch,* das im Zusammenhang mit der Stiftshütte (2Mo 25) und Bundeslade (4Mo 4) erwähnt wird, ist noch nicht geglückt. Es kann sich hierbei um Häute des großen Tümmlers, einer Delphinenart, um Dachsfelle oder Seekuhhäute handeln. *tachasch* könnte auch ein nach einem speziellen Verfahren gegerbtes Leder bezeichnen.

Hebr. *ʿakbār* findet sich sechsmal im AT und wird mit **Maus** übersetzt; die hebr. Bezeichnung wird jedoch auf mehrere Nagetiere angewandt. Mit dieser Bedeutung ist auch in der Liste der unreinen Tier in 3Mo 11,29 zu rechnen. Viermal erscheint der Begriff in 1Sam 6 im Bericht über die Seuche, mit der die Philister geschlagen wurden. Die Symptome entsprechen ziemlich genau denen der Beulenpest, was nahelegt, daß hebr. *ʿakbār* hier die **Hausratte** (*Rattus rattus*) bezeichnet, die als Pestüberträger bekannt ist.

Hebr. *ʾarnäbät* wird nur 1 mal erwähnt, aber aufgrund der Etymologie ist die Übersetzung »Hase« gesichert. 3Mo 11,6 »denn er ist auch ein Wiederkäuer, hat aber keine durchgespaltenen Klauen« (d.h. hat keine gespaltenen Klauen) ist mißverständlich, denn der Hase, der zu den Nagern gerechnet wird, ist kein echter Wiederkäuer. Man weiß jedoch heute, daß Hasen, wie das eng verwandte Kaninchen, zwei verschiedene Kotarten ausscheiden, von denen eine wieder verzehrt wird. Diese Eigenart dient demselben Zweck wie das Wiederkäuen, denn sie ermöglicht die Verdauung von Stoffen, die sonst kaum zu verwerten wären.

ʿathalēp ist die hebr. Bezeichnung für die **Fledermaus,** die in vielen Arten in großer Zahl überall im Vorderen Orient vorkommt; Fledermäuse zählen zu den verbotenen Tieren (3Mo 11,19 5Mo 14,18), denn die meisten Arten sind Insektenfresser.

Zur Bezeichnung des **Affen** diente im Hebr. das Wort *qōph, Kapi* in Sanskrit, wonach der Ursprung dieses Tieres im O zu su-

Darstellung eines Löwen aus glasierten Tonziegeln. Babylon, ca. 580 v.Chr. (SMB)

Ein Elefant und Affen werden Salmanassar III., König von Assyrien, als Tribut überbracht. Schwarzer Obelisk, Kelach/Nimrud, ca. 830 v. Chr. (BM)

chen wäre. Ägypt. *gif* gehört wohl nicht zu dieser Wurzel.

Hebr. *tannīn* findet sich meist in metaphorischer Bedeutung. Es bezeichnet dann ein Seeungeheuer, auch den Seedrachen, aber es ist nicht sicher, ob es sich an diesen Stellen überhaupt um ein lebendes Tier handelt. In der Bedeutung **»Schlange«** kommt *tannīn* in 2Mo 7,9-12 (dort werden aus Stäben Schlangen), 5Mo 32,33 (neben Viperngift) und Ps 91,12 (in Parallele zu Ottern) vor.

In Mt 12,40 ist griech. *kētos* mit **»Fisch«** übersetzt und bezieht sich auf den großen Fisch (hebr. *dāg*) in Jona 1,17. Aus anatomischen Gründen erscheint »Fisch« nicht korrekt, jedoch wird mehrfach von Zahnwalen im östl. Mittelmeer berichtet, einschließlich solcher, die einen Menschen verschlucken können. Griech. *kētos* kommt im NT nur einmal vor; Homer und Herodot gebrauchen die Bezeichnung für eine große Anzahl Seetiere, sowohl für wirklich existierende als auch für mythische, wobei die genaue Bedeutung nicht immer zweifelsfrei zu erklären ist.

Das hebr. Wort *behēmōt* kann für Getier überhaupt, für **Wild** und **Haustier/Vieh** stehen. Hiob 40 stellt ein bes. Problem dar. Die Pluralform hat hier offenbar eine intensivierende Funktion (»gewaltiges Tier«) und es ist sicher an ein bestimmtes Tier gedacht worden. Als eine der Möglichkeiten zur Identifizierung bietet sich das **Fluß-** oder **Nilpferd** (*hippopotamus amphibius*) an. Dieses massige Wassertier lebte im unteren Nil bis zum 12. Jh.n.Chr. und in früher Zeit auch im Orontes (Syrien). Andere Forscher sehen in dem Behemot das **Krokodil.** Das Tier wird als Vegetarier (was das Krokodil nicht ist!) beschrieben, lebt im Wasser und Sumpf und ist von kräftigem Körperbau.

Zu den nicht identifizierten hebr. Tiernamen gehört *qippōd.* Die Etymologie liefert keine Hinweise zur Klärung und wenig Aufschluß gibt der Kontext. Es ist dreimal belegt, in Verbindung mit Gottes Urteil über Babylon (Jes 14,23), Edom (Jes 24,11) und Ninive (Zef 2,14), wo es zu den Tieren gehört, die in wüsten Stätten leben. *qippōd* wird gewöhnlich mit **Igel** übersetzt. Möglich wäre auch eine Identifizierung mit dem **Stachelschwein,** dem größten Nagetier Palästinas mit einem Gewicht bis zu 20 kg. Nach Zef 2,14 wäre allerdings eher ein Vogel zu erwarten.

Palästina ist ein Land, das reich an Vögeln ist. Es bietet eine Vielfalt an Lebensräumen. Eine der Hauptrouten der Zugvögel von Afrika nach Europa und W-Asien verläuft von der N-Spitze des Roten Meeres über ganz Palästina hinweg. Dieser Vogelreichtum macht es schwierig, einige der in der Bibel genannten Vögel mit Sicherheit zu identifizieren, und in manchen Fällen ist nicht feststellbar, ob sich das hebr. Wort auf Vögel oder andere Tierarten bezieht.

Mit Ausnahme des »Habichts«, der auch in Hiob 39,26 erwähnt wird, erscheinen die folgenden Vögel nur in den Speiselisten in 3Mo und 5Mo: **Seemöwe** (*schachap*), **Habicht** (*nez*), **Nacht-Eule** (*tachmās*), **Kormoran** (*schālāk*), **Wiedehopf** (*dūkīpet*), **Seeadler** (*ʾosnijjāh*) und das **Wasserhuhn** (*tinschemet*). Möglicherweise zeigen diese Begriffe nicht einmal die Hauptgruppen an, zu denen jeder Vogel gehört. *zippōr* ist ein allg. Begriff, der kollektiv gebraucht wird, aber auch einzelne Vögel und verschiedene Vogelarten bezeichnet, die im Einzelfall kaum zu identifizieren sind. Ein weiteres allg. Wort für Vögel ist *ʿōph*.

Palästina hat eine große Anzahl an Raubvogelarten, die außerhalb der Städte zu beobachten sind. Hebr. *rāchām* (3Mo 11,19; 5Mo 14,17) bezeichnet wahrscheinlich den **Aasgeier**, einen schwarz-weiß gefiederten Vogel, der häufig auf Abfallhalden zu sehen ist. Zu den Raubvögeln, die als Nahrung verboten waren (3Mo 11,13), zählt hebr. *päras*, womit der **Lämmergeier** gemeint sein könnte. Dieser läßt aus der Höhe Knochen auf Felsen fallen, damit sie zerbrechen, und er an das Mark gelangen kann. *näschär* wird meist mit **Adler** übersetzt, dürfte jedoch den Geier bezeichnet haben. Mi 1,16: »mach dich kahl wie ein Geier« betrifft wohl den **Gänsegeier**. Für seine Identifizierung mit *näschär* sprechen auch Stellen wie Spr 30,17 und Hiob 39,29f. Griech. *aetos* (Mt 24,28) beschreibt Geier, die sich um einen Kadaver sammeln.

Hebr *ʾajjāh*, für den **Schwarzmilan**, *Milvus migrans* (3Mo 11,14; 5Mo 14,13; Hiob 28,7), ist ein Schallwort nach dem Ruf des Vogels wie arab. *juʾjuʾ*.

Mit *dāʾāh* (3Mo 11,14; 5Mo 14,13), ist ein unreiner Vogel, möglicherweise die **Gabelweihe** gemeint; bei hebr. *dajjāh* (5Mo 14,13; Jes 34,15) handelt es sich um einen (unreinen) Raubvogel, der in Ruinen und wüsten Gegenden lebt. Die Übersetzung des Namens ist unsicher.

Eulen werden im AT achtmal erwähnt. Vier hebr. Wörter dienen zu ihrer Bezeichnung. Hebr. *līlīt* findet sich nur in Jes 34,14 unter mehreren anderen – in ihrer Bedeutung ungewissen – Namen, die zusammen eine Situation der Verwüstung beschreiben. Akkad. *lilitu*, ein Lehnwort aus dem Sumer., bezeichnet eine Trias von Sturmdämonen. Volksetymologisch wurde *līlīt* mit Nacht in Verbindung gebracht. So war es nach rabbin. Tradition ein Geist in Gestalt einer gut gekleideten Frau, die die Nacht liegend und wartend verbrachte. Israelit. Zoologen schlagen den »Waldkauz« vor, aber es ist fraglich, ob mit *līlīt* tatsächlich ein Tier gemeint ist.

Der **Storch** ist einer der Zugvögel, die im März und April das Jordantal aufwärts ziehen. *chasidah*, ein unreiner Vogel, wird traditionell mit Storch übersetzt, neuere Übersetzungen bieten »Reiher«.

Die beiden Vogelnamen *ʿagūr* und *sūs/sīs* sind nur in Jes 38,14 und Jer 8,7 belegt. *ʿāgūr* könnte die **Kurzfußdrossel** oder **Turmschwalbe** sein. *sūs/sīs* ist ein lautmalender Name wie Kuckuck, er bezeichnet den **Mauersegler,** der im Arab. *sīs* (nach seinem Ruf *si-si-si*) heißt.

Zwei Belege (Ps 84,4; Spr 26,2) gibt es für *deror*, das traditionell mit **Schwalbe** oder **Taube** übersetzt wird. Ps 84,4 impliziert, daß dieser Vogel innerhalb des Tempels nistet. Das könnte auf einige Schwalbenarten zutreffen und auch auf die Turmschwalbe, ein ähnlich gebauter Vogel, der zwar wie die Schwalbe nistet, jedoch nicht mit ihr verwandt ist. Vier Arten der **Mauerschwalbe** und drei Arten der Turmschwalbe kommen in Palästina vor.

Sperlinge finden sich in vielen Teilen der Erde in der Nähe menschlicher Siedlungen; der heute in Palästina sehr verbreitete Hausspatz ist fast identisch mit demjenigen in W-Europa. Er dürfte der Vogel sein, auf den sich Jesus bezog (Mt 10,29; Lk 12,6, griech. *strouthion*). Ps 102,8: »Wie ein einsamer Vogel auf dem Dach« meint kaum den geselligen Spatzen, sondern könnte sich auf die **Blaudrossel** beziehen, die als Einzelgänger lebt.

Das Fehlen jeglicher Erwähnung von domestizierten Vögeln im AT ist überraschend, denn es gibt einige Zeugnisse dafür, daß ca. 1500 v.Chr. Assyrien an Ägypten Tribut in Form von **Hühnern** zahlte. **Hähne** sind auf Siegeln aus dem 7. Jh.v.Chr. abgebildet. Homer (ca. 9. Jh.v.Chr.) erwähnt keine Hühner, nennt jedoch **Gänse.** Einige Forscher sind der Ansicht, daß der gemästete Vogel in 1Kön 5,3 ein Huhn sein könnte. Die Einfuhr von **Pfauen** (1Kön 10,22) – die Übersetzung ist nicht sicher – legt nahe, daß Salomo mit Ceylon oder Indien, der ursprünglichen Heimat dieses Vogels, Handelsbeziehungen hatte. Von einem Huhn (griech. *ornis*) ist im NT Mt 23,37 und Lk 13,34 die Rede. Der Hahn (griech. *alektor*) wird bei zwei Ereignissen erwähnt. In Mk 13,35 erwähnt Jesus die vier Nachtwachen, wobei die dritte (Mitternacht bis 3 Uhr morgens nach röm. Berechnung) als »Hahnenschrei« bezeichnet wird. Man nimmt an, daß das Krähen des Hahns zu festen Zeiten stattfand, und in vielen Ländern wurde der Haushahn als eine Art Weckuhr betrachtet. Ob das in 1Kön 10,22 par. belegte *tukkijjim* den Pfau bezeichnet, ist unklar. *tukkijjim* könnte aus dem Sanskrit abgeleitet sein, wo es allerdings Huhn bedeutet. Die Erwähnung

Zwei Straußenvögel fliehen vor einer geflügelten Gestalt. Assyrisches Rollsiegel, 12.–11. Jh. v. Chr. (PML)

neben Affen führte auch dazu, *tukkijjim* mit »Paviane« zu übersetzen.

Die **Wachtel** (hebr. *selāw*), ein relativ kleiner Vogel, wird in 2Mo 16,13, 4Mo 11,31f und Ps 105,40 erwähnt (in Ps 78,27 steht im Hebr. nicht *selāw,* sondern wörtl. »geflügeltes Gevögel«). Wachteln werden heute wegen ihrer Schwerfälligkeit beim Fliegen von Hand gefangen.

Ein weiterer Hühnervogel, der identifiziert werden kann, ist das **Rebhuhn:** »wie man ein Rebhuhn jagt auf den Bergen« (1Sam 26,20). Hebr *qōrē̓* ist das **Steinhuhn** (*Alectoris graeca*), das in vielen Teilen des Vorderen Orients und SO-Europas gejagt wird. Jer 17,11 spielt wohl nicht auf die (vermeintliche) Eigenschaft des Rebhuhns an, fremde Eier zu bebrüten, sondern meint die Schutzlosigkeit des Rebhuhns und seines Geleges, womit der Prophet die falsche Sicherheit der Toren vergleicht.

Zwei Arten von Krähenvögeln kommen häufig in Palästina vor – der **Rabe** und die **Nebelkrähe.** Die Raben zählen zu den unreinen Tieren. In Jes 34,11 sind sie neben anderen Vögeln ein Bild für Verwüstung, aber auch Gottes Fürsorge durch den Raben kommt in mehreren Stellen zum Ausdruck.

Hebr. *renānīm* meint den weiblichen **Strauß.** Hiob 39,13-18 bietet eine Beschreibung des Tieres. Ob Hiob 30,29 (hebr. *jaʿanāh*) auch den Strauß oder eher eine Eulenart meint, muß offen bleiben. Hebr. *jeʿēnīm* (Klgl 4,3) wird ebenfalls mit »Strauß« übersetzt. Hebr. *qāʾāt* ist an sechs Stellen belegt. Alte Übersetzungen haben »Pelikan«; er ist jedoch ein Wasservogel, was zu den Stellen Jes 34,11; Zef 2,14; Ps 102,7 nicht paßt, die Ruinen und wüste Stätten als Wohnort dieses Vogels zeigen. Eher handelt es sich um eine Eulenart. Nach 3Mo 11,18 und 5Mo 14,17 ist dieser Vogel unrein.

Palästina kennt mehrere Taubenarten. Hebr. *jōnāh* ist wohl die **Felsentaube** (*Columba livia*), die schon früh domestiziert wurde und weitverbreitet als Brieftaube diente, aber auch zum Verzehr geeignet war. Hebr. *tōr* kann mit der gemeinen **Turteltaube** oder der **Türkentaube** identifiziert werden. Bunter Vogel (hebr. *zābūaʿ*, Jer 12,9) wird nach Ansicht vieler Fachleute besser mit Hyäne übersetzt.

Eidechsen sind mit ca. 40 Arten bei weitem die auffälligsten Reptilien in Palästina. Zu ihnen zählen der **Agama** oder die **Regenbogeneidechse,** die an Straßenrändern und in der Nähe von Siedlungen zu finden ist, leicht erkennbar an ihrer Gewohnheit, »Liegestützen« zu machen, und der **Fels-Gecko,** der sich früh morgens gerne auf Felsbrocken sonnt. Es gibt sechs hebr. Wörter, die jedoch alle nur in der Speiseliste in 3Mo 11,20f erscheinen und aufgrund der Überlieferung als Namen von Reptilien verstanden werden. Da diese unter den unreinen Tieren erwähnt werden, waren sie vermutlich Fleischfresser.

Eine Identifikation ist außerordentlich schwierig; es gibt lediglich einige Anhaltspunkte: Hebr. *zāb* wird identifiziert mit der **Dornschwanzeidechse,** die ungefähr 50 cm groß wird; *ʾanāqāh* meint wahrscheinlich den **Gecko;** *kōach* steht für eine nicht näher bestimmbare Eidechsenart; *lethāʾāh* bezeichnet wohl auch den Gecko; *chomāth* ist ein nicht näher zu bestimmendes unreines Reptil, vielleicht handelt es sich um den schnellen, stromlinienförmigen **Skink,** der in sandigen Gegenden vorkommt und im Altertum zu medizinischen Zwecken gebraucht wurde.

Hebr. *tinschämät* könnte evtl. das **Chamäleon** bezeichnen. Auch *semāmīt* (Spr 30,28) könnte einen Gecko meinen, der in mehreren Arten in Palästina heimisch ist. Geckos sind in der Lage, sich an glatten Wänden und selbst an der Decke festzuhalten. Eine Art der Gekkos, *Ptyodactylus hasselquisti,* wurde *abubrais,* »Vater des Aussatzes«, genannt, vielleicht wegen seiner fleischartigen Färbung, oder seiner (fälschlicherweise) vermuteten giftigen Eigenschaften. Das Chamäleon ist klein (bis zu 15 cm) und kommt ziemlich selten vor in Palästina. Seine Farbe, Gestalt und Gewohnheiten machen es unauffällig, und man würde nicht erwarten, daß es auf den Speiselisten erscheint.

Ein hebr. Wort für die **Schildkröte** ist nicht sicher auszumachen. Schildkröten waren im antiken Assyrien bekannt, ein Fluch lautete: »Mögest du verkehrt herum gewendet werden wie eine Schildkröte (und sterben)« (Iraq 20, 1958, S. 76).

Hebr. *nāchāsch* ist das gebräuchlichste Wort für **Schlange,** das wahrscheinlich auch andere kriechende Reptilien einschließt. *sārāph* bezeichnet ebenfalls die Schlange (in 4Mo 21,8 wird dieses Wort für die eherne Schlange verwendet). Die Verbindung *nāchāsch sārāph,* wörtl. »die Schlange, der Saraf«, ist in 5Mo 8,15 und in 4Mo 21,6 (hier im Plural) belegt. *sārāph* ist möglicherweise mit der hebr. Wurzel von »brennen« in Verbindung zu bringen. Die in Jes 14,29 und Jes 30,6 erwähnten »fliegenden Schlangen« sind nicht zu identifizieren. Die »Seraphim« in Jes 6,2.6 werden als Wesen mit sechs Flügeln beschrieben. Griech. *ophis,* speziell für Schlange, findet sich 14 mal in verschiedenen Zusammenhängen, die u.a. auch Bezug auf atl. Stellen nehmen, so z.B. Joh 3,14 (»Und wie Mose die Schlange erhöhte . . .«) und Offb 12,9, wo mit der »alten Schlange« die Schlange im Zusammenhang mit dem Sündenfall (1Mo 3) gemeint ist. Schlangen sind überall heimisch, von der Wüste über Wälder bis zu Sumpfgebieten, in einer großen Artenvielfalt, einige mit einer Länge unter 30 cm, wohingegen andere 2 m erreichen können. Die meisten sind harmlos, sechs Arten sind bes. gefährlich. Schlangen ernähren sich nur von Tieren, von Insekten bis zu Säugetieren, die sie, ohne zu kauen, ganz verschlucken. Sie können lange Perioden, manchmal über ein Jahr, ohne Futter durchstehen, aber Wasser brauchen sie öfter. Schlangen, die weithin mit Entsetzen betrachtet wurden, sind in der Bibel nicht immer eindeutig zu identifizieren, aber der Zu-

Skorpion. (AA)

sammenhang und die Etymologie erlauben manche Herleitungen. Hebr. *pätän* ist sechsmal belegt und dürfte nach 5Mo 32,33 (hier ist von Viperngift die Rede) und Hiob 20,14 (Viperngalle – im Altertum dachte man sich das Gift der Schlange in deren Galle) eine giftige Art bezeichnen. Schlangenbeschwörung wird in Ps 58 erwähnt. Diese Stelle und Jes 11,8 sprechen für eine Identifizierung mit einer **Kobra,** da diese in Höhlen lebt und traditionell für Schlangenbeschwörungen benutzt wurde. Als die Israeliten um Hilfe riefen, befahl Gott Mose, eine Schlange in Bronze zu gießen und auf einen Pfahl zu setzen, so daß die, die darauf blickten, gesund würden (*Schlange, eherne). Womöglich wurde die bronzene Schlange oder eine Kopie von ihr neben Gedenksteinen und Ascherabildern angebetet, so daß Hiskia diese im Zuge seiner Kulturreform zerstörte (2Kön 18,4). Es gibt Hinweise auf einen Schlangenkult im frühen Palästina sowie eine direkte Aussage in Weish 11,15, daß »unvernünftiges Gewürm« angebetet werde. Eine flache Reliefstele der Schlangengottheit wurde bei Beit Mirsim gefunden. Eine bronzene Schlange von Geser (ca. 15. Jh.v.Chr.) hat den aufgeblähten Hals der Kobra; darüber hinaus gibt es viele Beispiele an Töpfen und Weihrauchgefäßen mit Schlangereliefs. Es ist zu vermuten, daß Schlangen unter den Bildern »von Gewürm und scheußlichem Getier« (Hes 8,10) waren, die die Ältesten Jerusalems angebetet haben. Vier hebr. Schlangennamen scheinen das Züngeln und Zischen der Schlange nachzuahmen. *ʾäpʿäh* (arab. *ʾafan*) könnte die arab. **Sandrasselotter** (*Eschis coloratus*) sein. Sie wird bis zu 60 cm lang, ist sehr aggressiv und ihr Gift ist das gefährlichste Schlangengift Palästinas. Manche Forscher möchten die Schlangen von 4Mo 21,4-9 mit dieser Schlangenart identifizieren. Hebr. *ziphʿonī* und *zäpaʿ* bezeichnen giftige Arten, die aber nicht näher identifiziert werden können. *zäpaʿ* wird vielfach mit »Otter« wieder gegeben. Die hebr. Bezeichnung *schephīphōn* findet sich nur in 1Mo 49,17: »Dan ist eine Schlange am Weg, eine Hornotter am Pfad, die in die Ferse des Pferdes beißt und rücklings fällt sein Reiter.« Ob tatsächlich die **Hornotter** gemeint ist, ist unsicher. Nach arab. Etymologie müßte es sich um die **Zornnatter** handeln. Hebr. *ʿakschūb* (arab. *ʿikbäsch,* »Hörnersprossen der Gazelle«) bezeichnet die giftige **Hornviper.** Die größte Viper Palästinas (*Vipera palaestinae*) ist in einem Großteil des Landes – ausgenommen die Wüste – verbreitet. Sie kann nicht mit der o.g. identifiziert werden, aber sie ist in Galiläa und Judäa häufig und könnte die Art sein, auf die sich griech. *echidna* hauptsächlich bezieht. Vier von fünf Belegen gelten einer »Brut Vipern«, einer Bezeichnung, die von Christus und Johannes dem Täufer auf die Pharisäer angewandt wurde (Mt 3,7; 12,34; 23,33; Lk 3,7). Das ist zutreffend, denn diese Vipern gebären mehrere lebende Junge. Die fünfte Stelle ist Apg 28,3, wo die Schlange, die Paulus biß, nach der Überlieferung für eine Kreuzotter gehalten wird, die man noch auf Sizilien und anderen Inseln, jedoch nicht auf Malta findet (ein Argument, *Malta/Melite mit der Insel Kephallenia zu identifizieren, wo diese Schlange häufig vorkommen und zum Namen der Inselgruppe (Echinaden) beitrug).

Ob mit dem in Hiob 40,25ff als Leviathan (Meeresungeheuer) beschriebenen Tier ein **Krokodil** gemeint ist, bleibt dahingestellt. Zu bibl. Zeiten war das Krokodil am Nil von der Quelle bis zur Mündung zu finden. Während seine Ausbreitung im N Ägyptens zu dieser Zeit unbekannt ist, berichteten Kreuzfahrer über Krokodile im Fluß Zerka, der in der Nähe von Cäsarea (M.) ins Mittelmeer mündet und stellenweise heute noch als Krokodilfluß bekannt ist.

Außer der metaphorischen Verwendung in Offb 16,13 (griech. *batrachos*) kommt der **Frosch (hebr.** *zepardēʿa*) nur einmal in Verbindung mit der zweiten von Gott über Ägypten verhängten Plage vor (2Mo 8,2ff). Frösche gehören zu der Klasse der Amphibien; im Niltal kommen vor allem solche der Gattung Rana häufig vor.

Neun hebr. Wörter bezeichnen die **Heuschrecke,** die ungefähr 56 mal im AT belegt ist und in erster Linie im Zusammenhang mit Kahlfraß und Ernteausfall gesehen wird. Es ist schwierig, die hebr. Wörter im einzelnen zu deuten. Sie bezeichnen wahrscheinlich verschiedene Arten und Entwicklungsphasen (so z.B. die Liste in Joel 1,4). Heuschrecken aus der Untergruppe *Saltatoria* (Springer) aus der

Ägyptische Wanderheuschrecke. (RH)

Die Hieroglyphenzeichen Schilf und Biene bedeuten »König von Ober- und Unterägypten«. Aus dem Sommerhaus Sesotris' I. in Karnak, 1940 v. Chr. (PAC)

Klasse *Orthoptera* waren die einzigen Insekten, die als »rein« betrachtet wurden. Sie werden anschaulich beschrieben als Tiere, die oberhalb der Füße noch zwei Schenkel haben, womit sie auf der Erde hüpfen (3Mo 11,21). Hebr. *chagāb* bezeichnet eine zum Verzehr erlaubte, nicht näher bestimmbare Art. Der Kopf der *solʿām* soll nach dem Talmud vorn glatt sein, was auf die Art der *Tryxalinae* zutreffen würde. Hebr. *ʾarbäh* kommt 24 mal vor (immer im Zusammenhang mit der achten Plage Ägyptens) und meint wohl die **Wanderheuschrecke.** *chāsīl* könnte ein bestimmtes Entwicklungsstadium der Heuschrecke bezeichnen, evtl. aber auch die **Küchenschabe** oder **Kakerlake.** *gōbāg* beschreibt den Heuschreckenschwarm. Es ist typisch für Heuschrecken, daß sie in Schwärmen auftreten, aber sie durchleben auch solitäre Phasen. Das Schwärmen könnte eine (physiologische) Reaktion auf bestimmte Bedingungen sein. Die Wanderungen folgen keinem genauen Muster, die Schwärme werden über weite Strekken vom Wind getrieben (s. 2Mo 10,13: »Am Morgen führte der Ostwind die Heuschrekken herbei«). Die Fortpflanzung und Entwicklung aller Arten ist annähernd gleich. Die Weibchen legen Eierpäckchen direkt unter die Erdoberfläche, wo sie viele Monate verbleiben können, bevor die Feuchtigkeit das Ausschlüpfen ermöglicht. Die Heuschrecke durchläuft nicht die drei Entwicklungsstufen eines typischen Insekts. Wenn das Ei ausgebrütet ist, hat die Larve die Gestalt des erwachsenen Tieres, jedoch ohne Flügel, die sie schrittweise über fünf oder sechs Häutungen erlangt. Die Jungen sind als hüpfende Insekten erkennbar. Heuschrecken sind reine Vegetarier und kommen in so großer Anzahl vor, daß sie verheerenden Schaden anrichten. Ein Schwarm Wüstenheuschrecken, der im Jahre 1889 das Rote Meer überquert hat, soll eine Fläche von 5000 km² bedeckt haben. Es ist nicht sicher, ob die Israeliten Heuschrecken aßen, aber die Erwähnung der Insekten in der Liste der Nahrungsmittel legt es nahe. Als Nahrungsmittel sind Heuschrecken nicht zu unterschätzen, zu bestimmten Jahreszeiten sind sie wichtige Lieferanten von Eiweiß, Fett und Mineralien. Das Auftreten von Heuschrecken war weithin gleichbedeutend mit Zerstörung, eine Heuschreckenplage wurde häufig als ein Gericht Gottes betrachtet; bei vier Gelegenheiten wurden nach bibl. Zeugnis Heuschrecken von Gott als Strafe gesandt oder angedroht.

Ameisen, Bienen und **Wespen** bilden die Insektenklasse *Hymenoptera* (Hautflügler), die oft eine komplexe soziale Organisation haben. Zahlreiche Arten finden sich in Palästina, die wichtigste ist die **Honigbiene.** Hebr. *debōrāh* könnte als allg. Bezeichnung auch bienenähnliche Fliegen umfaßt haben. Die atl. Stellen (5Mo 1,44; Ri 14,8; Ps 118,12) meinen (mit Ausnahme von Jes 7,18) jeweils die Honigbiene, was aus dem Kontext klar hervorgeht. Eine Überlieferung, daß die Bewohner Palästinas ihre Bienen riefen, indem sie pfiffen oder zischten, läßt jedoch annehmen, daß sich *debōrāh* auch hier auf die Honigbiene bezieht. Der relativ seltenen Erwähnung der Biene – neben den oben genannten Stellen kommt *debōrāh* noch zehnmal als weiblicher Personennamen vor – stehen 60 Belege für Honig gegenüber. Es könnte sich hierbei jedoch auch um Trauben- oder Dattelhonig gehandelt haben. »Milch« und »Honig« in der bekannten Beschreibung. (2Mo 3,8 u.ö.) kann auch zwei Honigsorten meinen. Eindeutige Belege für Bienenhonig bieten Ri 14,8 und 1Sam 14,29. Neben diesem von wilden Bienen erzeugten Honig hat es sicher auch in Palästina wie in anderen Ländern der Region schon in frühester Zeit Bienenzucht gegeben. Hierzu ließ man die Bienen in Tongefäßen oder Körben nisten. Die Bedeutung von *zirʿāh* ist umstritten, in Frage kommen »Hornisse« und »Wespe«. Die **Hornisse** ist eine große, Kolonien bildende Wespe; ihr Stich ist sehr schmerzhaft und kann u.U. tödliche Wirkung haben. Sie ist häufig in Palästina anzutreffen. Alle Erwähnungen in der Bibel weisen ähnlichen Kontext wie z.B. 2Mo 23,28 auf: »Ich will Angst und Schrecken vor dir hersenden«. Diese Stelle könnte wörtl. zu verstehen sein, denn es gibt Berichte, daß Hornissen und sogar Bienen bei Pferden und Rindern Panik und wilde Flucht verursachten. Die Ameise, hebr. *nemālāh,* wird nur Spr 6,6; 30,25 erwähnt. Ameisen variieren in Größe und Verhalten, aber alle bilden z.T. riesige soziale Verbände. Die **Getreideameise,** die um das Mittelmeergebiet verbreitet ist, legt sich große Vorräte an Samen an und gräbt ihre Nester tief in die Erde. Die Nester der nordafrikanischen Getreideameise können ein Areal von 50 m Durchmesser umfassen und tausende von Speicherkammern besitzen. Es ist gut möglich, daß die atl. Stellen diese Ameisenart meinen.

Nachtfalter ist der Name einer Untergruppe der Klasse der *Lepidopterae* (Schuppenflügler), die die buntesten und auffälligsten Insekten umfaßt. In Palästina gibt es viele Schmetterlings- als auch Nachtfalterarten, die bibl. Stellen beziehen sich jedoch alle nur auf die atypische **Kleidermotte,** hebr. *ʿāsch* und griech. *sēs* (Hiob 4,19; Lk 12,33 u.a.), deren zerstörerisches Werk zum Ausdruck gebracht wird (Ps 39,12).

Flöhe gehören zu einer flügellosen Insektenklasse. Der hebr. Begriff *parʿōsch* erscheint nur in 1Sam 24,15; 26,20 (Der König jagt einem einzelnen Floh nach). Obwohl meistens nur als Plage betrachtet, sind Flöhe potentielle Überträger bedrohlicher Krankheiten, insbes. der Beulenpest.

Die Bezeichnung **Fliege** wird strenggenommen nur auf die Dipteren angewandt, eine Insektenklasse, die solche mit nur einem Flügelpaar umfaßt. Hebr. *sebūb,* »Fliege«, ist zweimal belegt. Der Kontext ermöglicht jedoch keine genauere Identifizierung. In Jes 7,18 hat der Name übertragene Bedeutung,

Pred 10,1 erscheint er sprichwörtlich »Tote Fliegen verderben gute Salben«. Die genaue Bedeutung von *ʿārōb* ist ungewiß. Es bezeichnet allg. Geschmeiß, Ungeziefer, steht aber auch speziell für eine Fliegenart (vielleicht für die Stechmücke). Die bibl. Stellen (2Mo 8,17ff; Ps 78,45; 105,31) handeln alle von der Fliegenplage in Ägypten. Viele Fliegenarten brüten in Schwärmen, die von daher z.T. gefährlich, jedenfalls extrem lästig sein können.

Stechmücke ist ein allg. Wort für mehrere Gruppen von kleinen Insekten mit zwei Flügelpaaren. Griech. *kōnōps* erscheint im NT nur in Mt 23,24 und sollte »die ihr Mücken aussiebt« gelesen werden. Diese Aussage bezieht sich auf die Praxis der Pharisäer, das Wasser durch ein Tuch zu filtern, um so keinesfalls ein unreines Insekt zu verschlucken. Hebr. *kinnām* wird nur im Zusammenhang mit der Mückenplage erwähnt (2Mo 8,12-14; Ps 105,31). Eine genaue Identifizierung ist nicht möglich.

Der **Skorpion** (hebr. *ʿaqrāb*, griech. *skorpios*) ist einer der Arthropoden, der mit Sicherheit identifiziert werden kann. Mitglieder dieser Klasse variieren beträchtlich in Größe und Giftigkeit. Die größte in Palästina vorkommende Art kann bis zu 15 cm lang werden, die meisten der 12 Arten sind jedoch kleiner. Charakteristisch ist der Schwanz mit dem Stachel, mit dessen Gift der Skorpion seine Beute lähmt. Das Gift der palästin. Arten kann für Erwachsene kaum, allenfalls für Kinder lebensgefährlich sein. Skorpione sind hauptsächlich Nachttiere, die den Tag unter Steinen oder in Höhlen versteckt verbringen und nachts kleinere Tiere jagen. Mehrere Erwähnungen im AT und NT haben sprichwörtliche Bedeutung, z.B. 1Kön 12,11: »ich will euch mit Skorpionen züchtigen«, wahrscheinlich ein Hinweis auf die vielschwänzige Peitsche, an der Metallhaken befestigt waren und die als Skorpion bekannt war (vgl. 1Makk 6,51: »stellte die verschiedensten Geschütze [griech. *skorpidia*] dagegen auf«). Jesus erwähnt einen Skorpion in Lk 11,12.

Palästina besitzt einen großen Reichtum an **Spinnen,** einer weiteren Klasse der achtbeinigen Arthropoden. Für hebr. *ʿakkābīsch* gibt es zwei Belege, die beide im Zusammenhang mit dem Netz der Spinne stehen: Hiob 8,14 (wörtl. »Haus der Spinne«) und Jes 59,5.

Schließlich gibt es noch eine Reihe von Namen, die sich auf nicht sicher zu identifizierende wirbellose Tiere beziehen. Der Kontext weist auf **Schnecke** als Übersetzung für hebr. *schablūl* in Ps 58,9: »wie die Schnecke, die zerschmelzend dahingeht« (RevEB). Diese Übersetzung nimmt eine alte Vorstellung auf, daß die Schleimspur, die die Schnecke hinterläßt,

Eine Kolonie von Ernteameisen im Negeb. (FNH)

ein Zeichen für deren Sich-Auflösen ist. Die Übersetzung von hebr. *chōmeth* mit »Schnekke« in der Liste der verbotenen Tiere in 3Mo 11,30 ist nicht gerechtfertigt. Es handelt sich um ein nicht sicher zu bestimmendes Reptil.

Das Wort **Wurm** trifft nur für einzelne Stämme der wirbellosen Tiere zu, aber in der Umgangssprache wird es umfassender verwendet. Drahtwürmer und Holzwürmer sind Käfer, Mahdwürmer sind Nachtfalterraupen, Blindschleichen sind Eidechsen usw. Fünf hebr. Wörter werden mit »Wurm« übersetzt und im populären Sinn kann diese Übersetzung akzeptiert werden. Bei den meisten Stellen ist die Verwendung ausschließlich metaphorisch, eine nähere Identifizierung ist schwierig (vgl. Cansdale, S. 235f). Die Übersetzung des in Spr 30,15 belegten hebr. Worts *ʿalūqāh* ist unsicher. Wahrscheinlich ist der **Blutegel** gemeint. Eine im Wasser lebende Art, der Pferdeegel, findet sich heute noch in stehenden Gewässern im Vorderen Orient. Diese sind eine ernste Bedrohung für Mensch und Tier, wenn sie in den Organismus gelangen. Egel gehören zur weltweit verbreiteten Gruppe der Ringelwürmer *(Phylum Annelida)*. *ʿalūqāh* könnte aber auch einen Dämon bezeichnen, der bei den Arabern unter dem Namen *ʿAlūq* bekannt war.

Hebr. *rämäs* vom Verb *rāmās*, »kriechen, sich regen«, hat gemeinsam mit dem Partizip die Bedeutung »kriechendes Tier«. In 1Mo 9,3 wird es offenbar als allg. Begriff verwendet, während es gelegentlich auch ausschließlich Wassertiere (1Mo 1,21; Ps 104,24) oder Landtiere (1Mo 1,24 u.ö.) bezeichnet. In 1Kön 5,13 und Hes 38,20 wird es von Tieren (*behēmāh*), Vögeln (*ʿōp*) und Fischen (*dāg*) unterschieden.

Hebr. *schäräz* von dem Verb *schāraz*, »kriechen, wimmeln«, hat ebenfalls die Bedeutung »Kriechtier, Gewürm« (1Mo 7,21; 3Mo 5,2; 11,21.23.29.41-44; 22,5; 5Mo 14,19). Es könnte Lebewesen im Wasser (1Mo 1,20; 3Mo 11,10) wie auch solche an Land (1Mo 7,21) bezeichnen. In 3Mo 11,29 schließt es ausdrücklich Wiesel, Mäuse und Eidechsen ein.

Im NT wird griech. *herpeton*, abgeleitet von *herpō*, »kriechen, schleichen«, viermal gebraucht (Apg 10,12; 11,6; Röm 1,23; Jak 3,7). Es bedeutet »kriechendes Tier«. In der LXX wird es hauptsächlich als Übersetzung für hebr. *rämäs* und *schäräz* eingesetzt.

Literatur: B. Brentjes: Die Haustierwerdung im Orient, 1965; OLB I, 100-181; F.S. Bodenheimer: Animal and Man in Bible Lands, 1960; ders.: Figures and Plates, 1972; G.S. Cansdale: Animals of Bible Lands, 1970; G.R. Driver: Birds in the Old Testament, PEQ 86, 1954, S. 5ff; 87, 1955, S. 129ff; ders.: Once again, Birds in the Bible, PEQ 90, 1958, S. 56ff; F.E. Zeuner: A History of Domesticated Animals, 1963. G.S.C./M.Sch.-Sch.

TIGLATPILESAR. Name mehrerer assyr. Herrscher. T. I. (1117-1077 v.Chr.) und T. II. (965-933 v.Chr.) werden in der Bibel nicht erwähnt. T. III. (745-727 v.Chr.) ist unter mehr als einem Namen bekannt. Hebr. *tiglath-piľ-äsär* (2Kön 15,29; 16,7-10) ist eng verwandt mit dem assyr. *Tukulti-apal-Escharra* (»Mein Vertrauen liegt im Sohn Escharras«) und dem aram. *tgltpľsr* (Stele aus Zincirli; Tonscherbe aus Assur). Die Variante *tilgat-pilneʾäsär* (1Chr 5,6; 2Chr 28,20; LXX: *Algathphellasar*) könnte eine inner-hebr. Form darstellen (JSSt 21, 1976, S. 7). Sein anderer Name, Pul, wird ihm sowohl im AT (2Kön 15,19; 1Chr 5,26) als auch in der babylon. Chronik (Pulu) gegeben. T. III. war der Sohn Adadniraris III. (AfO 3, 1926, S. 1, Anm. 2) und eigentlicher Gründer des neuassyr. Reiches. Die Geschichte seiner Herrschaft kennt man nur unvollständig, da Inschriften, hauptsächlich aus Nimrud (*Kelach), nur fragmentarisch erhalten sind; aber die wichtigsten Ereignisse werden im assyr. Eponymkanon aufgeführt. T.s erster Feldzug richtete sich gegen die *Aramäer in Babylonien, wo er Bel besiegte und die Kontrolle bis zum Aufstand Ukin-zers 731 v.Chr. und der Belagerung von Sapia zurückgewann. Im Anschluß daran ergab sich der chaldäische Herrscher Marduk-apla-iddina (*Merodach-Baladan) den Assyrern. Weitere Feldzüge richteten sich gegen *Medien und Urartu (Armenien). 743 v.Chr. setzte T. sein Heer in Bewegung, um die nordsyr. Stadtstaaten unter urartäischer Herrschaft zu unterwerfen. Während der dreijährigen Belagerung Arpads erhielt er Tribut von den Städten *Karkemisch, *Hamat, *Tyrus, Byblus, von *Rezin von Damaskus und anderen Herrschern. Unter den aufgeführten Königen war auch *Menahem (Menuhimme) von Samaria, der bald darauf starb, (TGI, S. 55f). Dieser hatte seine Tributleistung zusammengebracht, indem er von jedem der 60 000 Männer im wehrfähigen Alter 1 Mine (50 Schekel) einzog, »damit er's mit ihm hielte und sein Königtum befestigte« (2Kön 15,19-20; vgl. Iraq 18, 1956, S. 117). Während T. selbst gegen Sarduri von Urartu kämpfte, wurde durch *Az-ri-a-u von Ja-u-di* (Asarja von Juda; TGI, S. 54) ein Aufstand angestiftet. Als Urartu die Kontrolle über Karkemisch, Bit-Adini (Bet-Eden) und Zilizien übernahm, schien es, als kämen die geschwächten aram. Staaten im S Syriens unter die Herrschaft Asarjas von Juda, das zu dieser Zeit mächtiger war als das Nordreich Israel. Asarja/Usija (die Namen *ʿzr* und *ʿzz* sind Varianten; G. Brin: Leshonenu 24, 1960, S. 8-14) starb jedoch bald darauf (2Kön 15,7); unter den Gefangenen, die in Ullubu (nahe Bitlis) angesiedelt wurden, werden auch »Judäer« genannt. N-Syrien wurde als assyr. Provinz (Unki) unter lokalen Statthaltern organisiert. Als der Widerstand gegen Assyrien anhielt, brach T. 734 v.Chr. erneut in Richtung W auf. Die phönizischen Hafenstädte wurden geplündert. Aschkelon und Gaza, dessen Herrscher Hanun nach Ägypten floh, wurden hohe Tributleistungen auferlegt. In ihren Tempeln wurden Statuen des assyr. Königs aufgestellt. Die Armee, die über die israelit. W-Grenzen marschiert war (Bit-Humri; die frühere Deutung der Namen Galiläa und Naftali in diesen Annalen hat sich als falsch erwiesen), rückte bis an den »*Bach Ägyptens« (nahal-musur, Wadi el Arisch) vor. Rezin von Damaskus, *Ammon, *Edom, *Moab und *Ahas von Juda (TGI, S. 54) leisteten dem König von Assyrien Tribut (2Chr 28,19-21). Ahas aber erhielt keine unmittelbare Unterstützung von Assyrien gegen die gemeinsamen Angriffe Rezins von Damaskus und *Pekachs von Israel, der Juda mit den Edomitern und Philistern überfiel (2Chr 28,17f). Jerusalem selbst wurde belagert (2Kön 16,5-6) und bekam erst durch den assyr. Marsch auf Damaskus im Jahr 733 v.Chr. Hilfe. Als Damaskus 732 v.Chr. fiel, kapitulierte auch Metenna von Tyrus; Israel einschließlich Ijon, Abel-Bet-Maacha, Janoach, Kedesch, Hazor, Gilead, Galiläa und ganz Naftali wurden geplündert, die Gefangenen wurden weggeführt (V. 9). Eine Schicht, die Spuren der Zerstörung *Hazors zeigt, wurde ausgegraben und wird dieser Periode zugeschrieben. T. behauptet, Pekach (Paqaha) auf Israels Thron durch *Hoschea (Ausiʾ) ersetzt zu haben (TGI I, S. 58f); er könnte auch die Ermordung des erstgenannten – wie in 2Kön 15,30 beschrieben – geplant haben. Ahas bezahlte für die Hilfe Assyriens, indem er dessen Vasall wurde (TGI, S. 59). Dies erforderte vermutlich weitgehende Konzessionen im Hinblick auf rel. Kultausübung.

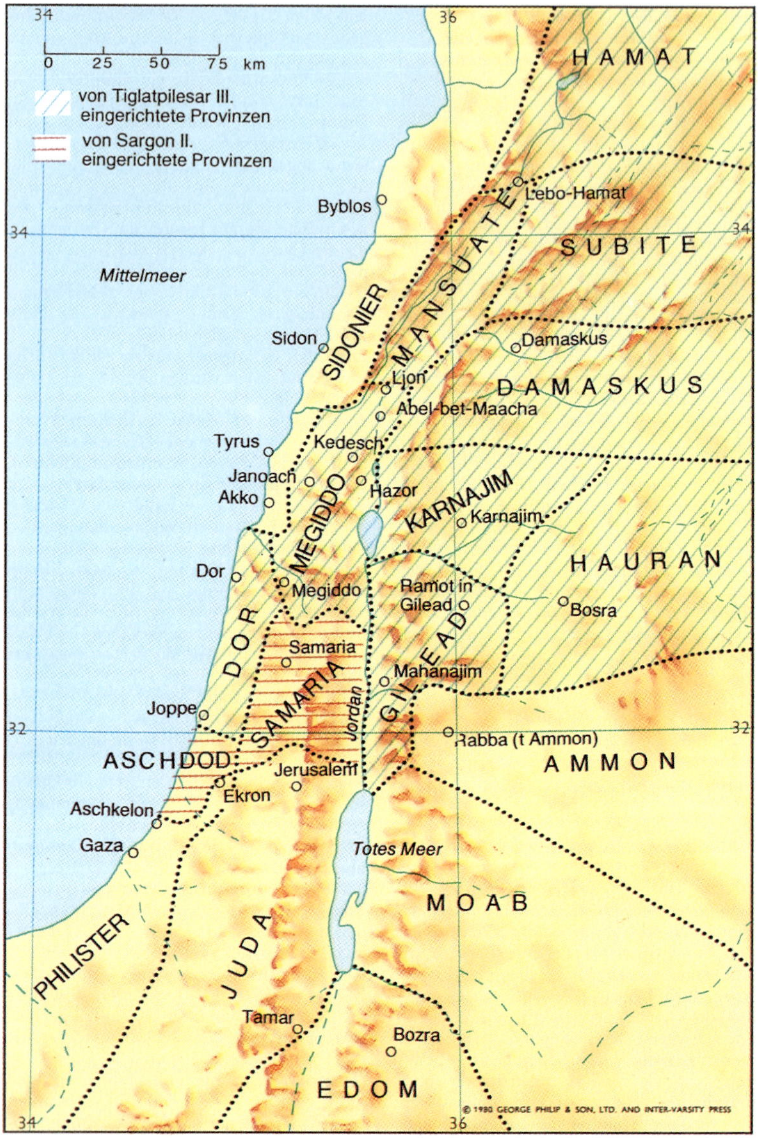

Von Tiglatpilesar III., dem König von Assyrien (745–727 v.Chr.), eingerichtete Provinzen.

Tiglatpilesar III., König von Assyrien (745–727 v. Chr.), auf seinem Wagen zusammen mit dem Lenker und dem »dritten Mann«. Relief aus Nimrud, ca. 740 v. Chr. (BM)

Ahas stellte dem assyr. Reichsgott Assur im Jerusalemer Tempel einen Altar auf und baute den Tempel um (vgl. 2Kön 16,7-16). T. vergrößerte seine Macht; er kontrollierte auch Samsi, die Königin von Aribi (Arabien), ebenso die Sabäer und Idiba'il (Adbeel aus 1Mo 25,13). Von den Gefangenen ließ sich T. III. einen Palast in Kalach errichten; von diesem sind Reliefs erhalten, auf denen der König selbst sowie Szenen aus seinen Feldzügen dargestellt sind.

Literatur: D.J. Wiseman: Iraq 13, 1951, S. 21-24; ders.: Iraq 18, 1956, S. 117-129; H.W.F. Saggs: Iraq 19, 1957, S. 114-154; ZDPV, 1974, S. 38-49; R.D. Barnett, M. Falkner: Sculptures of Tiglath-pileser III, 1962; H. Tadmor: Inscriptions of Tiglath-pileser III, 1978; HdArch I; P. Rost: Die Keilschrifttexte Tiglat-Pilesers III., 1893; A. Alt: Kleine Schriften zur Geschichte des Volkes Israel II, [2]1959, 150ff.188ff. D.J.W.

TIGRIS. Griech. Name eines der vier Flüsse, die im Zusammenhang mit dem Garten *Eden erwähnt werden (Hiddekel; 1Mo 2,14; akkad. *Diglat*; arab. *Dijlah*). Er entspringt in den armenischen Bergen, fließt 1900 km in südöstl. Richtung an Diyarbakir vorbei durch die mesopotamische Ebene und vereint sich schließlich 64 km nördl. des Persischen Golfs, in den dann beide münden, mit dem *Euphrat. Der T. windet sich als breiter Strom durch Babylonien (Dan 10,4), gespeist durch Zuflüsse aus den pers. Bergen, den Oberen und Unteren Zab, den Adhem und dem Dijala. Infolge der Schneeschmelze tritt der Fluß in der Zeit von März bis Mai sowie von Oktober bis November über die Ufer. Alte Städte wie *Ninive, *Kelach/Nimrud und *Assur liegen am Ufer des T. D.J.W.

Der Tigris entspringt in der Türkei und fließt an Mosul und Bagdad/Irak vorbei. (JLH)

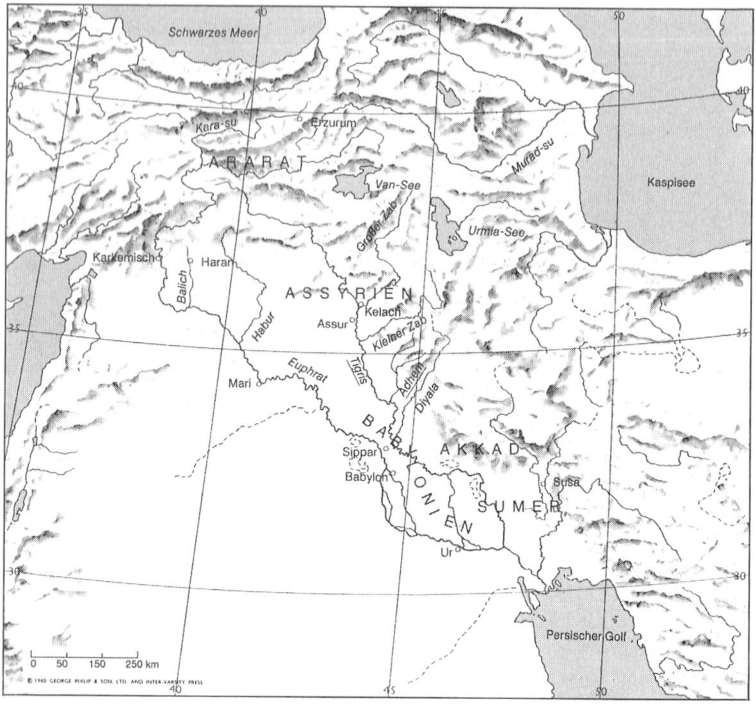

Der Lauf des Tigris.

Die Quelle des Tigris im Innern eines Berges war Ziel einer assyrischen Expedition. Bronzerelief an den Balawat-Toren Salmanassars III., ca. 845 v.Chr. (BM)

TIMNA (Hebr. *timnaʿ* oder *timnāʿ*).

1. Nebenfrau des Elifas, des Sohnes *Esaus. Sie war die Mutter Amaleks (1Mo 36,12).

2. Tochter Seïrs und Schwester Lotans (1Mo 36,20-22).

3. Fürst von *Edom (1Chr 1,51). J.D.D.

TIMNA (Hebr. *timnāh*).

1. Ort an der N-Grenze Judas, der früher dem Stammesgebiet *Dans zugerechnet wurde (Jos 15,10; 19,43). Israeliten und Philister wechselten sich mehr als einmal in der Herrschaft über diesen Ort ab (Ri 14,1; 2Chr 28,18). *Simsons erste Frau lebte dort. Es könnte sich dabei um das in den Annalen *Sanheribs, ca. 701 v.Chr. (II. 83) erwähnte Tamna handeln, vermutlich Tell Bataschi, 9 km südl. von Geser; vom Namen her käme jedoch auch Chirbet Tibneh (4 km südöstl.) in Frage (s. B. Mazar, IEJ 10, 1960, S. 65-73).

2. Ort südl. von *Hebron (1Mo 38,12; Jos 15,57), in dem Kupfer abgebaut wurde (B. Rothenberg: Timna, 1972; N. Glueck: Rivers in the Desert, 1968, S. 36). J.P.U.L.

TIMNAT-HERES, TIMNAT-SERACH. (Hebr. *timnat-chäräs, timnat-särach*). Das persönliche Erbteil *Josuas, in dem er auch begraben wurde (Jos 19,50; 24,30; Ri 2,9). Die Samaritaner identifizierten T. mit Kafr Haris, 16 km südwestl. von *Sichem, H.W. Hertzberg (PJ 22, 1926, S. 89ff) argumentiert für Chirbet Tibneh, einen Ort aus der Späten Bronze- und Frühen Eisenzeit, etwa auf halbem Wege zwischen Sichem und Jerusalem an der Südseite einer tiefen Schlucht (vgl. Jos 24,30). Das Grab Josuas, das Euseb erwähnt, liegt der Überlieferung zufolge auf der Talseite, die nach O blickt. J.P.U.L.

TIMOTHEUS.

T. entstammte einer Mischehe: seine Mutter, die ihn offenbar in der Heiligen Schrift unterwiesen hat, war Jüdin gewesen, sein Vater Grieche (Apg 16,1; 2Tim 1,5). T. war ein Einwohner Lystras (Apg 16,1) und von seinen christl. Brüdern dort als auch in Ikonion sehr geschätzt (Apg 16,2). Es wird nicht ausdrücklich erwähnt, wann er Christ wurde; jedoch kann man mit Recht schließen, daß er sich auf Paulus' erster Missionsreise bekehrte, die diesen auch nach Lystra führte, und T. dabei Zeuge von Paulus' Leiden wurde (2Tim 3,11).

Der Apostel nahm den jungen Mann als seinen Begleiter auf - obwohl er erst kurz zuvor *Barnabas durch *Silas ersetzt hatte –, vielleicht als Ersatz für Johannes *Markus, von dem Paulus sich getrennt hatte (Apg 15,36f). Seine Wahl scheint auch eine weitere Bestätigung zu haben, denn Paulus bezieht sich später auf prophetische Äußerungen, die bekräftigten, daß T. für diese Aufgabe ausgesucht wurde (vgl. 1Tim 1,18; 4,14). Zu jener Zeit hatte T. eine besondere Gabe durch Handauflegung der Ältesten und durch Paulus erhalten (1Tim 4,14; 2Tim 1,6). Um nicht unnötigen Widerstand dort ansässiger Juden zu provozieren, wurde T. beschnitten, bevor

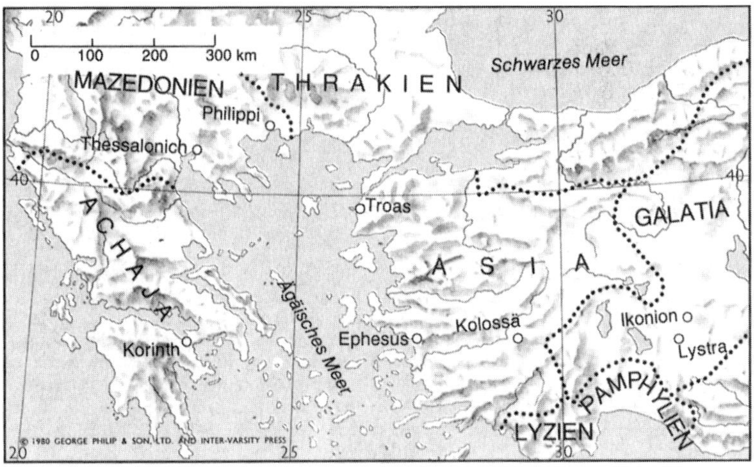

Stätten, die mit dem Leben und Wirken des Timotheus in Beziehung stehen.

er seinen Dienst antrat. Zunächst schickte man ihn mit besonderem Auftrag nach *Thessalonich, um die verfolgten Christen zu ermutigen. Er wird zusammen mit Paulus und *Silvanus in den Grußformeln beider Briefe an die Gemeinde genannt und war mit Paulus zusammen, als dieser in Korinth predigte (2Kor 1,19). Das nächste Mal hört man von T., als der Apostel in Ephesus wirkte; er wurde zusammen mit Erastus mit einer weiteren wichtigen Mission nach Mazedonien gesandt, von wo aus er nach *Korinth weiterreisen sollte (1Kor 4,17). Offensichtlich war T. etwas schüchtern, denn Paulus drängt die Korinther, es ihm behaglich zu machen und ihn nicht zu verachten (1Kor 16,10-11; vgl. 4,17ff). Aus der sich in Korinth ergebenden Situation (s. 2Kor) war T.' Mission nicht erfolgreich, und es ist bedeutsam, daß *Titus und nicht T. der apostolische Delegierte wurde, obwohl letzterer zusammen mit Paulus in der einleitenden Grußformel des Briefes erwähnt wird. Er begleitete Paulus auf dessen nächster Reise nach Korinth, denn er war sein Mitarbeiter, als der *Römerbrief geschrieben wurde (Röm 16,21). T. begleitete Paulus auch, als dieser die Kollekte nach Jerusalem brachte (Apg 20,4-5), und wird erneut erwähnt, als Paulus als Gefangener an die *Kolosser, an *Philemon und an die *Philipper schrieb. Im zuletzt genannten Brief wird er wärmstens empfohlen, und Paulus beabsichtigt, ihn bald zu ihnen zu senden, um sich über ihr Wohlergehen zu vergewissern. Als der Apostel freigelassen wurde und weiter im O tätig war, wie es die Hirtenbriefe andeuten, scheint es, daß Paulus T. in Ephesus verließ (1Tim 1,3) und ihn beauftragte, gegen falsche Gesetzeslehrer vorzugehen, den Gottesdienst der Gemeinde und die Ernennung der Gemeindeleiter zu überwachen. Auch wenn Paulus hoffte, T. erneut zu treffen, veranlaßte ihn seine Angst, daß er sich verspäten könnte, den ersten Brief an ihn zu schreiben. Ein zweiter folgte, als Paulus erneut gefangengenommen wurde und es beim Prozeß um sein Leben ging. T. wurde gedrängt, zu ihm zu eilen. Ob er jedoch rechtzeitig eintraf, ist nicht zu ermitteln. Wie in Hebr 13,23 beschrieben, wird T. später selbst gefangengenommen. Es gibt aber keine Einzelheiten darüber, und auch über seine Geschichte von da an ist nichts Definitives bekannt. Er war liebevoll (2Tim 1,4) aber furchtsam (2Tim 1,7ff) und brauchte nicht wenige persönliche Ermahnungen von seinem Vater im Glauben: Er wird gewarnt vor den Begierden der Jugend (2Tim 2,22) und ermahnt, sich nicht des Evangeliums zu schämen (2Tim 1,8). Und doch wird kein anderer von Paulus' Begleitern so herzlich wegen seiner Treue gelobt (1Kor 16,10; Phil 2,19ff; 2Tim 3,10ff). D.G.

TIMOTHEUSBRIEFE/TITUSBRIEF.

I. INHALT.

1. Timotheusbrief.

1. Briefzuschrift mit Segenswunsch (1,1-2).

2. Gemeinschaft in der Kirche und Gottesdienst (1,3-4,11):

a. Bedrohung der Gemeinschaft durch solche, die das Gesetz aufs neue aufrichten wollen (1,3-11);

b. Was die Gemeinschaft in der Kirche trägt und erhält (1,12-4,11):

- das Apostolat des Paulus als Grundlage (1,12-20),
- das Gemeindegebet als Vollzug (2,1-7),
- der Gebetsdienst der Männer und Frauen (2,8-15),
- Gesichtspunkte für die Auswahl von Bischöfen und von Diakonen (3,1-13),
- das Geheimnis des Glaubens (3,14-16),
- Überwindung falscher Askese und Übung im Glauben (4,1-11).

3. Zurüstung zum Dienst als Gemeindeleiter (4,12-6,21):

a. Persönlicher Zuspruch: Die Gnadengabe, die Timotheus empfangen hat (4,12-16);

b. Seelsorge in besonderen Fällen (5,1-6,2):

- die Familie als Beispiel für die Gemeinde (5,1f),
- die Versorgung der Witwen (5,3-16),
- der rechte Umgang mit den Alten (5,17-25),
- Anweisungen für die Sklaven (6,1-2).

c. Warnungen vor Gefahren (6,3-21):

- Warnung vor geistlicher und materieller Profitgier (6,3-10),
- Mahnung an Timotheus, unbeirrt den Kampf des Glaubens zu führen (6,11-16),
- Mahnung an die Reichen, ihr Vertrauen nicht auf Reichtum zu setzen (6,17-19),
- Warnung vor der falschen Gnosis, Schlußwunsch (6,20f).

2. Timotheusbrief.

1. Briefzuschrift mit Segenswunsch (1,1f).

2. Paulus ruft Timotheus zu sich (1,3-2,13):

a. Dank und Fürbitte für Timotheus verbunden mit der Sehnsucht, ihn wieder zu sehen (1,3-5);

b. Bitte an Timotheus, sich des Evangeliums und dessen, der um dieses Evangeliums willen gefangen gehalten ist, nicht zu schämen (1,6-14);

c. Nachrichten über Mitarbeiter und Helfer (1,15-18);

d. Aufforderung an Timotheus, als Streiter Jesu zu leiden (2,1-13).

3. Mahnungen an Timotheus (2,14-4,5):

a. mit Gegnern des Evangeliums sich nicht in endlose Streitgespräche einzulassen (2,14-21);

b. vielmehr durch rechtes Verhalten auf Umkehr der Gegner hinzuwirken (2,22-26);

c. Hinweis auf schwere Zeiten, die den Gemeinden künftig bevorstehen (3,1-9);

d. Mahnung an Timotheus, fest an dem zu bleiben, was er gelernt hat und ihm anvertraut ist (3,10-4,5).

4. Schlußbitte: Komm rasch! (4,6-18).

5. Grüße und Schlußwunsch (4,19-22).

Titusbrief.

1. Briefzuschrift mit Segenswunsch (1,1-4).

2. Titus wird beauftragt, Älteste und Bischöfe einzusetzen (1,5-9).

3. Kampf mit den Gegnern, die die Gemeinden verwirren, tut not (1,10-16).

4. Mahnung zu christl. Verhalten an verschiedene Altersgruppen und die Sklaven in der Gemeinde (2,1-10).

5. Begründung: Gott hat sein Volk durch Christus erlöst und zu guten Werken berufen (2,11-15).

6. Auch gegenüber den Vertretern des Staates und allen Menschen muß christl. Verhalten bewährt werden (3,1f).

7. Durch die Taufe sind die Gläubigen aus dem alten Wesen befreit und zum Gehorsam gegen Gott verpflichtet worden (3,3-11).

8. Aufträge, Grüße, Segenswunsch (3,12-15).

II. DIE EIGENART DER PASTORALBRIEFE.

Seit der Mitte des 18. Jh. faßt man die beiden Briefe an Timotheus (1Tim; 2Tim) und den Brief an Titus (Tit) unter der Bezeichnung *Pastoralbriefe zu einer Gruppe zusammen. Dadurch werden sie von den an Gemeinden gerichteten Briefen des Apostels unterschieden. Zugleich wird gesagt, daß es sich zwar um Briefe an Einzelpersonen, nicht aber um Privatbriefe handelt: Die beiden Mitarbeiter des Apostels empfangen Weisungen, Rat und Erinnerung im Blick auf ihr Wirken in den ihnen anvertrauten Gemeinden.

Paulus überträgt den Empfängern Fürsorge und Aufsicht über die Gemeinden ganzer Gebiete (*Ephesus und Hinterland bzw. *Kreta: 1Tim 1,3; Tit 1,5). Dabei begegnen Elemente einer kirchlichen Ordnung, die teilweise Vorbilder in der Verfassung der hellen. Synagoge haben (zumal die sozialen Hilfen: 1Tim 5,3-16). Paulus ordnet auch den Gottesdienst (1Tim 2) und nennt ausführlich die Gesichtspunkte, unter denen Personen für die ständigen Dienste in der Gemeinde und in ihrem Gottesdienst gewonnen werden können (1Tim 3,1-13; Tit 1,5-9). Schließlich fehlen auch Weisungen für den Kampf mit den Gegnern, zumal den Irrlehrern innerhalb der Gemeinden, nicht (1Tim 1,3-11; 2Tim 2,14-3,9; 4,3-5; Tit 1,10-16). Kurz, diese Weisungen lassen einen Zug zur Verrechtlichung erkennen: Der Apostel kann nicht überall selbst eingreifen, wo das not täte; auf Stetigkeit angelegte Regeln werden nun wichtig. Einem Vermächtnis an Timotheus kommen Stellen nahe wie 1Tim 6,11-16; 2Tim 2,8-13 und die Mahnung, bei dem zu bleiben, was er gelernt hat (2Tim 3,14-17). Darin wird man die Grundlage der »heilsamen Lehre« erkennen können, um die es dem Apostel geht (1Tim 1,10; 2Tim 4,3 u.ö.).

III. DIE VERFASSERFRAGE.

1. Die in den Pastoralbriefen vorausgesetzte Situation.

Der 1Tim geht nach Ephesus, wo der Empfänger in der Missionsarbeit steht (1,3). Paulus ist von dort in Richtung Mazedonien fortgezogen (1,3), will aber nach Ephesus zurückkehren (4,13). Er befindet sich offenbar nicht in Gefangenschaft (vgl. 3,14). Diese Angaben lassen sich in dem Bericht der *Apostelgeschichte nicht unterbringen. Nach Apg 19,21f hatte Paulus Timotheus von Ephesus nach Mazedonien vorausgesandt, war ihm gefolgt, und dieser hatte ihn dann weiterhin begleitet (Apg 20,4). Die in 1Tim vorausgesetzte Situation kann nur nach den in Apg 28 berichteten Ereignissen liegen: Timotheus ist nach Ephesus zurückgekehrt, Paulus offenbar auch (1,3). Von dort ist er nun neuerlich nach Mazedonien fortgezogen, während Timotheus in Ephesus blieb. Von wo aus der 1Tim geschrieben ist, läßt sich nicht feststellen. Auch der 2Tim geht offenbar nach Ephesus: Paulus grüßt Priska und *Aquila, auch *Onesiphorus, die dort leben (4,19; 1,16-18). Paulus befindet sich nach 1,17 in *Rom, und zwar in schwerer Haft (1,8; 2,9), er erwartet das Martyrium (4,6ff.18). In der ersten Verhandlung wurde er noch nicht zum Tode verurteilt (4,16f). Aber nun ruft er Timotheus zu sich; er soll rasch kommen (4,9; 1,4). Offenbar ist Paulus erst vor kurzem in *Troas (4,13) und *Milet (4,20) gewesen – hat er auch *Korinth besuchen können? Alle diese Angaben weisen in die gleiche Richtung: Was hier erzählt wird, ist erst nach dem geschehen, wovon Apg 28 berichtet; neue Missionstätigkeit ist Paulus nach der dort genannten leichten Haft in Rom geschenkt worden. Im Tit deutet Paulus an, daß er auf Kreta missioniert hat; *Titus soll diese Arbeit und deren Frucht festigen (1,5). Kann damit der erzwungene Aufenthalt als Gefangener nach Apg 27,7ff gemeint sein?

Wohl kaum. Paulus will in Nikopolis den Winter verbringen und ruft Titus dorthin (3,12) – die Apg berichtet von einem solchen Aufenthalt nicht. Daher läßt sich auch der Tit nur nach den Ereignissen ansetzen, von denen die Apg berichtet. Wenn sich also diese Angaben nicht in den Bericht der Apg einzeichnen lassen, erhebt sich die Frage, ob sie in das Bild passen, das Paulus von seinem Wirken in seinen übrigen Briefen gibt. Dem Römerbrief zufolge will er sich von dort aus in den westl. Mittelmeerraum wenden, nach *Spanien, weil der O mit dem *Evangelium schon erreicht ist (Röm 15,15-29). Sollte der Apostel dann, wenn er wirklich aus der ersten Gefangenschaft in Rom freigekommen ist, sich nun wieder in den O zurückbegeben haben? Erwartet man das nicht, erwacht die Vermutung, die Pastoralbriefe könnten unter fremdem Namen ausgegangen sein, also dem Apostel nicht zugehören.

2. Beobachtungen zum Sprachgebrauch der Pastoralbriefe.

Der Streit um die Echtheit dieser Briefe wird vor allem mit Beobachtungen an der sprachlichen Gestalt der Schreiben begründet. Diese Beobachtungen sind nicht eindeutig.

Einerseits hat A. Schlatter nachgewiesen, daß sich 67 Stellen aus diesen Briefen wörtl. mit gleichen Wendungen aus Paulusbriefen berühren, deren Echtheit unbestritten ist. Auf der anderen Seite aber hat man darauf hingewiesen, daß gerade für Paulus wichtige Ausdrücke in den Pastoralbriefen fehlen (aus dem Bereich der Rechtfertigungslehre), und daß die Zahl von Worten, die nur hier und sonst im NT nicht vorkommen, ungewöhnlich hoch ist. Allerdings muß man berücksichtigen, daß unter diesen Worten auch viele sind, die an sich für jeden, der griech. spricht, geläufig sind, also nur zufällig in den Schriften des NT fehlen. Die Wortstatistik allein gibt ein unzutreffendes Bild. Großes Gewicht haben Ausdrücke, die in den sonstigen Paulusbriefen nicht oder nur am Rande vorkommen, wie etwa »heilsame Lehre«, »gutes Gewissen«, »Erscheinung«, Gott als »Heiland«, etc. Man hat auch darauf hingewiesen, daß in den Pastoralbriefen häufiger als sonst bei Paulus zusammengesetzte Verben begegnen und einige Hauptwörter, die sich hier finden, sonst durch Verben vertreten werden. Ist anzunehmen, daß sich der Schreibstil eines Menschen so stark verändert? – Alle drei Briefe zeigen wiederum im Aufbau die gleichen Eigenheiten wie die Paulusbriefe überhaupt: Der Zuschrift am Eingang mit Segenswunsch entsprechen Gruß und Segenswunsch am Ausgang; der Verfasser erörtert grundlegende Lehrfragen und kümmert sich um das Leben der Gemeinden im Alltag; die Länge der Schreiben ähnelt derjenigen der unbestrittenen Paulusbriefe (s. dagegen die beiden Clemensbriefe!). Wie lassen sich diese Beobachtungen werten und verstehen?

3. Die sog. Sekretärshypothese.

Wir wissen, daß Paulus seine Briefe diktiert hat (Röm 16,22; 1Kor 16,21; Gal 6,11). Dies ist wegen der mühseligen Arbeit, die besondere Schulung und Fertigkeit voraussetzte, eigentlich selbstverständlich. Ausgeschlossen ist es ferner wohl kaum, daß der Apostel seine Briefe mit seinen Gefährten auch sachlich durchgesprochen hat, so daß sie Mitabsender in solchem Sinn sein können (vgl. die Zuschriften der meisten Paulusbriefe). Auf solchem Hintergrund ist die Vermutung kaum abzuweisen, daß Paulus einen vertrauten Mitarbeiter damit beauftragt hat, die Pastoralbriefe auszufertigen, ohne daß er sie selbst diktiert hätte. In schwerer Haft dürfte das kaum anders möglich gewesen sein (2Tim); auf Reisen könnte es sich durchaus nahelegen (2Tim). Die oben genannten Beobachtungen am Sprachstil dieser Briefe lassen sich von solcher Überlegung her am besten erklären. Die Sekretärshypothese selbst ist nicht neu; sie taucht bereits 1830 auf, verknüpft mit der weiteren Vermutung, dieser Sekretär könnte *Lukas gewesen sein (wegen 2Tim 4,11). So äußerte sich H.A. Schott in seiner Einführung in die Bücher des Neuen Testaments (1830). Doch Lukas, dessen Stil wir ja kennen, scheidet aus; der Wortschatz der Pastoralbriefe unterscheidet sich zu stark von dem seinen. Wer der Sekretär gewesen ist, können wir nicht sagen. Die Annahme eines Sekretärs ist auch energisch bestritten worden; man setzt dann allerdings diese Briefe erst um das Jahr 100 n.Chr. an und kennzeichnet sie damit als nicht von Paulus stammend. Die Gegengründe sind so lange nicht überzeugend, wie sie nicht den sprachlichen Befund erklären können.

4. Sind die Pastoralbriefe einheitlich überliefert?

Läßt sich etwa wahrscheinlich machen, daß einige Abschnitte der Pastoralbriefe von Paulus abgefaßt sind, andere dagegen von fremder Hand? Das ist nicht möglich; derartige Fragmente lassen sich nicht herausschälen. Die Gliederung der Briefe läßt erkennen, daß diese Schriftstücke sich durch ihren gedanklichen Zusammenhang als Einheiten darbieten. Zögern kann man in dieser Hinsicht beim 2Tim. Hier gehören 1,3-2,13 und 4,6-18 so eng zusammen, daß man zu der Auffassung gelangen mag, diese Stücke seien in einen anderen Brief, eben in den restlichen Bestand, eingefügt worden. Der Verfasser aber ist derselbe für beide Stücke; so entscheidet sich G. Holtz in seinem Kommentar (s.u.). Auch diese Auffassung ist nicht unbestritten, gewinnt jedoch Anhänger unter Vertretern verschiedener Richtungen.

IV. DIE KIRCHE IN DEN PASTORALBRIEFEN.

1. Der Gottesdienst.

Paulus erteilt in 1Tim 2,1-10 Anweisungen für den Gebetsdienst der Christen. Wenn sie zusammenkommen, soll das Gebet für alle Menschen nicht fehlen. Das ist in der Tatsache begründet, daß Gott das Heil aller Menschen will und Christus diesen Willen mit seiner Lebenshingabe erfüllt hat. Das Gebet selbst aber darf in großer Vielfalt vor Gott geschehen: Paulus spricht von einem ganz knappen Ruf um Hilfe, etwa in einen Satz gefaßt, auch nennt der Apostel jenes Gebet, das Gott ausdrücklich anredet und damit dann eine Bitte verbindet; weiter ist vom Fürbittengebet die Rede, durch das die Christen für andere eintreten; endlich nennt Paulus das Dankgebet, welches später der Abendmahlsfeier den Namen gegeben hat (»Eucharistie«). Diese Formen des Gebets kennt der Bibelleser aus dem *Psalter: Der wird gleichsam in den Gottesdienst der Christenheit hineingenommen – wie das bis heute geblieben ist. In 1Tim 4,13 mahnt Paulus seinen Mitarbeiter, an Vorlesung, Mahnrede und Unterweisung unbedingt festzuhalten. Hier nimmt er Gepflogenheiten auf, die in der synagogalen Gemeinde heimisch waren: Aus der Schrift, also dem AT, wird vorgelesen; daran knüpft sich eine Rede an, die die Hörer ermuntert und ermahnt; endlich ist Raum für Unterweisung in der Erkenntnis des Willens Gottes in geradezu didaktischer Form. Diese Hinweise deuten auf den Wortteil des Gottesdienstes der Christen: Die Lesung aus dem AT, dann bald diejenige aus den Briefen des Apostels und aus den Evv., gehören notwendig zum Gottesdienst; in ihm kommt »der Apostel« und »der Herr« durch Vorlesen selbst zu Wort. Daran knüpfen sich dann Mahnungen und Unterweisungen (»Predigt«).

2. Die Ämter.

Von ihnen ist als von stetigen *Diensten im Leben der Gemeinden in 1Tim 3 und Tit 1 die Rede. Neben diesen *Bischöfen und *Diakonen werden 1Tim 5,17ff auch *Älteste genannt, die als *Vorsteher gedient haben. An Rangunterschiede denkt Paulus dabei nicht. Wohl aber haben diejenigen, die diese Dienste übernehmen, bestimmte Aufgaben. Von Bischöfen und Diakonen wird erwartet, daß sie in jeder Hinsicht den Anforderungen genügen, die auch außerhalb der Gemeinden, also in der Öffentlichkeit, an Inhaber besonderer Ämter gestellt werden. Weiter gibt es bei Diakonen eine Art Probezeit; sie müssen sich bewähren, ehe sie auf Dauer diakonische Dienste übernehmen können. Offenbar haben sie Aufgaben, die ein hohes Maß an Verläßlichkeit erfordern, wohl besonders die Verwaltung der Opfergaben und deren sachgemäße Verteilung. Auch zu einem Bischof soll niemand gemacht werden, der noch nicht in die Gemeinde gleichsam eingepflanzt ist: im Glauben und im Leben bewährte Christen kommen für solche Dienste in Frage.

3. Der Grund des Glaubens.

Wiederholt kommt Paulus auf die Mitte des Glaubens der Christen zu sprechen. Er erinnert dabei auch an gefügte Formulierungen, die wie Stücke eines Katechismus wirken. So z.B. in 1Tim 2,5f; 3,16; 2Tim 1,9f; 2,11-13; Tit 2,11-14; 3,4-7. Die durch Christus geschehene Erlösung wird in diesen Wendungen ebenso eingeschärft wie seine Erniedrigung und seine Erhöhung. Hier hat das »mit Christus« seinen Ort, dort das »durch Christus«; hier ist er Beispiel für den Weg des Christusgläubigen, dort Grund für die Teilhabe am ewigen Leben und am Heil. Ausführlich macht Paulus beides an sich selbst deutlich, wenn er seinen Weg gleichsam gegen denjenigen der Irrlehrer setzt, vor denen er warnt (1Tim 1,12-17).

Man gewinnt den Eindruck, daß solche katechismusartigen Aussagen sich in der Auseinandersetzung mit den Irrlehrern bewährt haben. Der Apostel warnt davor, sich mit ihnen in Wortgefechte einzulassen; die Worte des Glaubens und der guten Lehre sind es, an denen man dagegen festhalten soll (1Tim 4,6f; 6,3-5; 2Tim 2,14-18; Tit 1,10f). Wenn die Irrlehrer die Gemeinden auch auf verschiedene Weise anfechten, so kann man ihnen doch mit den Grundsätzen des Glaubens allezeit begegnen. Ob sie als Gesetzeslehrer Anerkennung suchen oder strenge asketische Forderungen aufstellen oder ob sie, verblendet, ihre eigene Lehre nicht verstehen – immer dient der Hinweis auf die Worte, in denen der Glaube klar und knapp gefaßt ist, als Hilfe und auch als Waffe gegen die Verführer. Auf solche Weise begegnet Paulus jetzt der Bedrohung der Gemeinden durch Irrlehrer; früher hatte er deren Auffassungen in ausführlicher Argumentation zu widerlegen gesucht, wie etwa Gal 2,15-4,11 zeigt. Im Kern aber geht es dort wie hier um den nachdrücklichen Hinweis, daß an Christus, an seiner Person und an seinem Werk, die Wahrheit Gottes offenbar und die Lüge der Irrlehre überwunden wird.

V. DIE BEDEUTUNG DER PASTORALBRIEFE.

Ein Blick in die Auslegungsgeschichte zeigt, daß man das Gewicht dieser Briefe für den Aufbau und dieOrdnung der Kirche, für ihre Ämter und deren Verständnis kaum überschätzen kann. Weiter haben die katechismusartigen Stücke auf die Lehre und die Frömmigkeit der Kirche stark gewirkt, waren sie doch wie ein Vermächtnis des Apostels auf seinem Weg ins Martyrium. Hatte die Kirche mit Abfall vom Glauben und mit Irrlehre besonders zu tun, erinnerte sie sich auch dieser Briefe immer neu.

Literatur: M. Dibelius: Die Pastoralbriefe, HNT 13, [3]1953; A. Schlatter: Die Kirche der Griechen im Urteil des Paulus, 1936; J. Jeremias: Die Briefe an Timotheus und Titus. NTD 9, 1963; Ch.K. Barret: The Pastoral Epistles (The New Charendon Bible) 1962; J.N.D. Kelly: A Commentary on the Pastoral Epistles in: Black's Harper's NT Com., 1963/64; N. Brox: Die Pastoralbriefe. RNT 7,2, 1969; G. Holtz: Die Pastoralbriefe, ThHK XIII, [4]1986; H. Bürki: Der erste Brief des Paulus an Timotheus, WStB, 1983; ders.: Der zweite Brief des Paulus an Timotheus, die Briefe an Titus und Philemon, WStB, 1983; A. Schlatter: Die Briefe an die Thessalonicher, Philipper, Timotheus und Titus. Erläuterungen zum Neuen Testament 8, 1987; J. van Bruggen: Die geschichtliche Einordnung der Pastoralbriefe, 1981; O. Michel: Grundfragen der Pastoralbriefe, in: Auf dem Grunde der Apostel und Propheten, FS für Th. Wurm, 1948, S. 83-99. H.G.

TINTE. Im Altertum wurde T. aus Ruß von verbranntem Harz, Pech oder Nadelholz gewonnen, der mit Gummi und Wasser oder Essig vermengt wurde. T. war also schwarz. Die *Mischna fordert: »Eine Gesetzesrolle ist mit Tinte zu schreiben, die angefertigt wurde aus Ölruß, aufgelöst in Gallapfelsaft.« T. diente zum Beschreiben von Leder, Papyrus (Jer 36,18; 2Kor 3,3; 2Joh 12; 3Joh 13) und Tonscherben (Ostraka, vgl. *Papyri und Ostraka; *Brief; *Buch). T. wurde oft in einem aus Horn, Holz oder Metall angefertigten Behälter aufbewahrt, der am Gürtel getragen wurde (Hes 9,2.11). Neben dem Tintenfäßchen war ein Schaft angebracht, der das Schreibgerät aufnahm.

TIRAS. Sohn *Jafets und Bruder *Gomers, Magogs, Madais, *Jawans, Tubals und *Meschechs (1Mo 10,2; 1Chr 1,5), die vermutlich alle Völker aus dem *Norden sind (*Völkertafel).

TIRHAKA. Der Pharao T. (ägypt. *Taharka*) aus der 25. (»äthiopischer«) Dynastie regierte 26 Jahre (690-664 v.Chr.). T. wehrte im 7. Jahr

Tirhaka, der König von Äthiopien, der Verbündete Hiskias (2Kön 19,9), unter dem Schutz des Gottes Amun, hier dargestellt als ein ruhender Widder. Aus Kawa, grauer Granit, Höhe: 63,5 cm; ca. 675 v.Chr. (BM)

seiner Regierungszeit einen Angriff Asarhaddons an der O-Grenze des Reiches ab, wurde jedoch im 20. Jahr (671 v.Chr.) von diesem nach der Thebaïs verdrängt. 669 v.Chr. konnte T. *Memfis wieder gewinnen, ein assyr. Heer vertrieb ihn aber 667 v.Chr. (z.Zt. Assurbanipals) wieder. 2Kön 19,9 (vgl. Jes 37,9) scheint darauf hinzudeuten, daß T. die ägypt. Kräfte anführte, die *Sanherib 701 v.Chr. bei *Elteke besiegen mußte, als er *Hiskia von Juda angriff. Wenn dies zutrifft, dann war T. zu jener Zeit nur Feldherr, da er erst 11 Jahre später König (Pharao) wurde. Der Beiname »König von Äthiopien« wird in der Quelle benutzt, die Jes und 2Kön zugrundeliegt und etwa aus 690 v.Chr. oder danach datiert. Nimmt man dagegen an, daß Sanherib zu Beginn von T.s Herrschaft als Pharao erneut in Palästina einfiel (ca. 688 v.Chr.?), dann müssen zwei Voraussetzungen erfüllt sein: – ein weiterer, sonst unbekannter Feldzug Sanheribs müßte stattgefunden haben; – die Autoren des AT müßten beide Feldzüge zu einem verschmolzen haben (W.F. Albright: BASOR 130, 1953, S. 8f; J.Leclant, J. Yoyotte: Bulletin de l'Institut Français d'Archéologie Orientale 51, 1952, S. 17-27; K.A. Kitchen: The Third Intermediate Period in Egypt, 1972, S. 383-385, vgl. S. 154ff, 164ff).

K.A.K.

TIRZA.

1.Jüngste Tochter Zelofhads (4Mo 26,33; 27,1; Jos 17,3).

2. Stadt in Kanaan, die für ihre Schönheit berühmt war (Hld 6,4). Sie lag im nördl. Teil des Gebirges Ephraim am Ende des Wadi Farʿah, dem die Straße von Transjordanien in das Zentralbergland z.T. folgte, wo *Sichem, *Samaria, Dotan und andere Städte lagen. T.

Die Lage von Tirza.

Blick über ausgegrabene Ruinen von Tirza, der Hauptstadt Israels unter Bascha, Ela und Zimri. (GW)

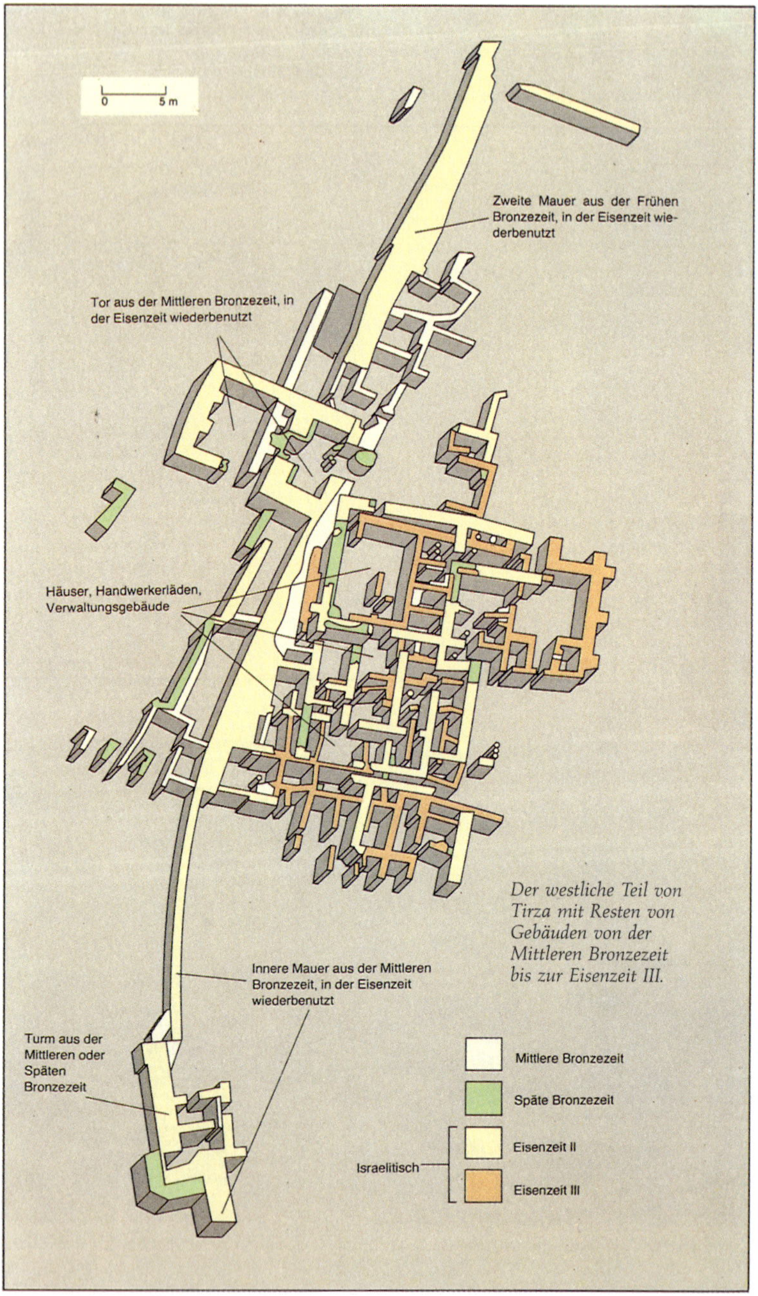

Der westliche Teil von Tirza mit Resten von Gebäuden von der Mittleren Bronzezeit bis zur Eisenzeit III.

wurde von Josua erobert (Jos 12,24) und dem Stamm *Manasse zugeteilt (Jos 17,2-3). *Jerobeam I. lebte in T. (1Kön 14,17); z.Zt. *Baschas wurde T. Hauptstadt des Nordreichs (1Kön 15,21.33; 16,6), *Elas und *Simris (1Kön 16,8-9.15). Als er von *Omri belagert wurde, verbrannte sich Simri im Königspalast mit dem ganzen Königshaus (1Kön 16,17-18). Nach sechs Jahren verlegte Omri seine Hauptstadt nach Samaria, das zentraler gelegen und leichter zu verteidigen war. *Menahem aus T. konnte ca. 752 v.Chr. den damaligen König *Schallum stürzen und den Thron an sich bringen (2Kön 15,14.16).

R. deVaux identifizierte den großen Hügel von Tell el-Far'ah, etwa 11 km nordöstl. von Sichem/Nablus, mit dem früheren T., und im Laufe von mehreren Jahren offenbarten Ausgrabungen die archäologische Geschichte der Stätte. Vom Chalkolithikum (vor 3000 v.Chr.) bis zur Assyrerzeit war der Ort ständig besiedelt. Die letzte Periode des Stadtlebens (Schicht I) spiegelt die Jahre assyr. Herrschaft wider, die in der Zerstörung der Stadt gegen Ende des 7. Jh.v.Chr., vielleicht durch *Nebukadnezar, gipfelte. Die israelit. Besiedlung während der Zeit des Nordreichs ist in den Schichten I-III sichtbar. Die Schicht des 9. Jh.v.Chr. zeigt ein Stadtgebiet, daß neben einem Standard-Haustyp die Spuren eines größeren Verwaltungsgebäudes nahe dem Tor (Stratum III) aufweist. Bis zum 8. Jh.v.Chr. gab es mehrere große Häuser, ein großes Verwaltungsgebäude sowie eine beträchtliche Anzahl sehr armseliger Häuser, die das von den Propheten des 8. Jh.v.Chr. gezeichnete Bild bestätigen (Am 5,11; Jes 9,8-10). Diese Phase der Stadt endete mit der assyr. Invasion von 723-721 v.Chr. (Schicht II).

Literatur: W.F. Albright: The site of Tirzah and the Topography of Westen Manasseh, JPOS 11, 1931, S. 241-251; R. de Vaux u. A.M. Steve: RB, 1947 (Vol 54) – 1962 (Vol 69), bes. Vol 62, 1955, S. 587-589; AOTS, S. 371-383; »The Excavation at Tell el-Far'ah and the site of ancient Tirzah«, PEQ, 1956, S. 125-140; G.E. Wright: BA 12, 1949, S. 66-68. J.A.T.

TISCH.

1. Mit einem T. nach unserer Vorstellung kann in den normalen Häusern der bibl. Zeit nicht gerechnet werden. Das hebr. Wort für T., *schulchan*, scheint nach seiner wörtl. Bedeutung (»abgezogene Haut, Fell« oder »Ausspannung«) eine Lederdecke oder Matte zu bezeichnen, die auf dem Boden oder auf einer niedrigen Platte ausgebreitet wurde, und um die herum man lag oder hockte. Nur in den Häusern der Fürsten und Vornehmen waren T.e vorhanden (Ri 1,7; Hes 23,41), die aber nur wenigen Personen Platz boten. Wir haben also bei den Mahlzeiten der Fürsten mit einer großen Zahl von Einzeltischen zu rechnen. Nach 1Sam 20,24.25 haben am T. *Sauls offenbar nur *Jonatan, *Abner und *David gesessen.

2. In ntl. Zeit benutzte man unter dem Einfluß griech. Sitte bes. für festliche *Mahlzeiten

Ein assyrischer Diener trägt einen Tisch herbei. Relief aus dem Palast Sargons II. in Chorsabad. (ca. 710 v. Chr.) (MC)

Sorgfältig gedeckter Tisch. Das Relief stellt ein Bankett für König Assurbanipal und seine Königin dar. Höhe: 75 cm, Ninive, ca. 640 v.Chr. (RS)

Ein Tisch, gedeckt für das Fest eines vornehmen Ägypters. Wandgemälde aus einem Grab in Theben, ca. 1415 v.Chr. (RS)

niedrige Tische, um die man zu T. lag (Mt 9,10; 26,7; Mk 16,14; Lk 7,36; LÜ stets »sitzen« statt »liegen«). Diese T.e hatten an allen vier oder auch nur an drei Seiten, um dem bedienenden Sklaven den Zutritt zu erleichtern, Bänke oder Polster.

3. Für die Tische der *Stiftshütte und des *Tempels vgl. *Schaubrottisch.

4. Der gemeinsame T. bedeutet den Mittelpunkt der Familie und ihrer Gemeinschaft (Ps 128,3). Jemandem einen T. bereiten heißt, ihn in den Schutz der Gemeinschaft aufnehmen (Ps 23,5).

5. »Tisch des Herrn« bezeichnet in Mal 1,7.12 den *Altar; zu 1Kor 10,21 vgl. *Abendmahl.

TISCHBITER. (Hebr. *hattischbi*). Ein Beiname *Elias (1Kön 17,1; 21,17.28; 2Kön 1,3.8; 9,36). Allg. eine Bezeichnung für jemanden, der aus der Stadt Tischbe in *Gilead stammt. N. Glueck liest 1Kön 17,1 als »Jabeschiter aus Jabesch in Gilead« (vgl. RevEB ad loc.). Eine Stadt Tischbe in Gilead ist nicht bekannt (Tob 1,2 nennt eine in Naftali), aber die Überlieferung siedelt sie bei el-Istib, 12 km nördl. des *Jabbok, an.

Literatur: N. Glueck: AASOR 25-28, 1951, Abb. 218.225-227; F.M. Abel: Géographie de la Palestine, 2, 1937, S. 486. D.W.B.

TISCHRI s. Kalender

TITUS.

Obwohl er in der Apostelgeschichte nicht erwähnt wird, war T. einer von *Paulus' Begleitern, in den dieser großes Vertrauen setzte. Zum ersten Mal hört man anläßlich der Kontroverse mit den Heiden von T., als er Paulus und Barnabas nach Jerusalem begleitete (Gal 2,1). Er stellte einen Testfall dar, da er Nichtjude war; offensichtlich mußte er sich aber nicht beschneiden lassen (Gal 2,3). T. begleitete Paulus vermutlich auch auf seinen weiteren Reisen; es gibt jedoch keine definitiven Angaben über seine Arbeit bis z.Zt. der Krise in *Korinth. Er war offensichtlich ein Jahr, bevor der 2Kor geschrieben wurde (vgl. 8,16), Paulus' Vertreter in Korinth mit dem speziellen Auftrag, die für die Gemeinde in Jerusalem bestimmte Kollekte dort zu organisieren. Die Aufgabe war unvollendet, denn T. wird später von Paulus zur Rückkehr nach Korinth gedrängt, um sie zu beenden (2Kor 8,6). Die schwierige Aufgabe, die zwischen Paulus und den Korinthern entstandenen Spannungen zu schlichten, erforderte einen Mann mit Takt und Charakterstärke. T. scheint eine stärkere Persönlichkeit als *Timotheus gewesen zu sein (vgl. 1Kor 16,10; 2Kor 7,15) und administrative Fähigkeiten besessen zu haben. Ein Vergleich von 2Kor 2 und 7 läßt vermuten, daß T. einen Brief des Paulus an die Korinther überbrachte, der jedoch verloren ist (der »traurige Brief«), in welchem der Apostel sie aus Sorge wegen ihrer anmaßenden Einstellung zur Rede stellt. Später traf T. Paulus mit guten Nachrichten in Mazedonien wieder (2Kor 7,6). Im Anschluß daran wurde der 2Kor geschrieben, den T. bereitwillig überbrachte (2Kor 8,16f), der eine besondere Zuneigung zu den Korinthern besessen und sich ernstlich um sie gesorgt zu haben scheint. Paulus bezeichnet ihn als seinen »Gefährten und Mitarbeiter« (8,23), der nie daran denken würde, die ihm Anvertrauten auszunutzen (12,18). Aus dem Brief an ihn könnte man vermuten, daß T. Paulus nach dessen Freilassung aus röm. Gefangenschaft nach *Kreta begleitete und dort zurückblieb, um die Arbeit zu festigen (Tit 1,5f). Der Brief betont nachdrücklich den Einsatz von Autorität beim Aufbau einer mündigen Gemeinde, beim Überwinden von Widerständen und im Blick auf die Vermittlung heilsamer Lehre. T. wurde nach Nikopolis zu Paulus gerufen und entweder von Artemas oder *Tychikus abgelöst (Tit 3,12). Vielleicht erhielt er in Nikopolis einen weiteren Missionsauftrag (nach Dalmatien?), den er zu der Zeit, als Paulus den 2Tim schrieb, gerade ausführte (2Tim 4,10). Spätere Überlieferungen vermuten jedoch seine Rückkehr nach Kreta, wo er als Bischof bis ins hohe Alter gelebt haben soll (Eus.h.e. 3.4.6). Die Vermutung, daß T. Lukas' Bruder war, könnte das Fehlen seines Namens in der Apg. erklären (vgl. W.M. Ramsay, SPTR, S. 390)

Literatur: H. Bürki: Der zweite Brief des Paulus an Timotheus, die Briefe an Titus und Philemon, WStB, 1983; A. Schlatter: Die Briefe an die Thessalonicher, Philipper, Timotheus und Titus. Erläuterungen zum Neuen Testament 8, 1987. D.G.

TITUSBRIEF s. Timotheusbriefe/ Titusbrief

TITUS FLAVIUS VESPASIANUS.

T. Flavius Vespasianus, röm. Kaiser 79-81. Geboren am 30.12.39 in Rom als Sohn des späteren Kaisers *Vespasian, wurde T. 69 zum Cäsar erhoben, machte sich durch die Einnahme Jerusalems (70) einen Namen und war praktisch Mitregent seines Vaters. T.' kurze Regierung – er starb am 13.9.81 – war überschattet vom Untergang der Städte Pompeji und Herculaneum infolge des Vesuvausbruchs (24.8.79), von einem Großbrand in Rom sowie einer Pestepidemie (80). Durch Hilfsaktionen und Besonnenheit erwarb sich T. ein gutes Verhältnis zu Volk und Senat und nicht zuletzt – wegen des Gegensatzes zu seinem Bruder *Domitian – den Ehrentitel: »Liebe und Wonne des Menschengeschlechtes«.

Literatur: G. Daltrop, U. Hausmann, M. Wegner: Die Flavier. Das röm. Herrscherbild 2,1, 1966. K.G.

TOBIAS s. Apokryphen

TOBIJA.

1. Einer von *Nehemias Hauptwidersachern. Er wird als »der Knecht (oder Sklave) der Ammoniter« (Neh 2,10) beschrieben. »Knecht« kann ein Ehrentitel für einen hochrangigen pers. Beamten sein; »Ammoniter« kann sich auf seine Vorfahren beziehen, auch wenn er zumindest Halbjude gewesen zu sein scheint, da sein Name »Jahwe ist gütig« bedeutet. Sein Sohn wird *Johanan genannt (»Jahwe ist gnädig«; Neh 6,18). T. hat auch viele bedeutende Freunde und Verwandte unter den Juden (6,18f; 13,4f). Einige sahen in ihm den pers. Statthalter der Unter-Provinz *Ammon oder sogar den Statthalter von Jerusalem vor der Ankunft Nehemias (vgl. Neh 5,15). Seine enge Verbindung mit *Sanballat, dem Statthalter *Samarias (Neh 4,1; 6,1), läßt eher vermuten, daß er Sanballats Stellvertreter war. Es ist ungewiß, ob dieser T. mit der berühmten Familie der Tobijaden verwandt war, die im 3. Jh. v.Chr. ein großes Gebiet Ammons von ihrer Festung bei ʿArak el-Amir, 20 km nordwestl. von Heschbon, aus beherrschte und eine der einflußreichsten pro-griech. Familien in Jerusalem war (Jos.ant.Jud. 12.160-236). Die Inschrift in ʿArak el-Amir, auf der ein T. erwähnt wird, ist vermutlich nicht älter als aus dem 2. Jh. v.Chr.

2. Name einer Sippe, die ihre israelit. Herkunft bei der Rückkehr aus dem babylon. Exil im 6. Jh. v.Chr. nicht nachweisen konnte (Esr 2,60; Neh 7,62; 3 Esr 5,37). Der T. in Sach 6,10.14, einer der Vornehmen in Jerusalem (ca. 520 v.Chr.), ist möglicherweise ein Mitglied der Familie der Tobiaden.

Literatur: B. Mazar: IEJ 7, 1957, S. 137-145.229-238; C.C. McCrown: BA 20, 1957, S. 63-76; P.W. Lapp: BASOR 171, 1963, S. 8-39; B. Reicke: Neutestamentliche Zeitgeschichte, 1964, S. 31-41. D.J.A.C.

TOCHTER. Es gibt drei Bedeutungskreise für T. (hebr. *bat*, griech. *thygatēr*) in der Bibel.

1. Tochter als Verwandtschaftsbezeichnung.

T. bedeutet hier »weibliches Kind«, wobei »Kind« ein sehr weites Spektrum umfaßt, neben dem leiblichen Kind (z.B. 2Mo 2,5 u.ö.) auch das adoptierte (Est 2,15) oder das Enkelkind (2Kön 8,26), ja die weibliche Nachkommenschaft überhaupt (die kranke Frau in Lk 13,16 wird »Abrahams Tochter« genannt) und weitergehend auch die geistliche Nachkommenschaft: die Christinnen werden als »Saras Töchter« (1Petr 3,6) bzw. »Töchter Gottes« (2Kor 6,18) bezeichnet. »Tochter« bildet mit »*Sohn« zusammen ein Wortpaar (1Mo 5,4 u.ö.), wobei T. – zumindest im AT – deutlich nachgeordnet ist, und zwar nicht nur von der Wortstatistik her (»Sohn« kommt im AT ca. zehnmal so oft vor wie »Tochter«), sondern von der ganzen Einstellung zu Kindern her; Söhne und Töchter sind ein Segen des Herrn (vgl. Ps 144,12), aber bes. die Söhne (was aus Ps 127,3 und Ps 128,3 – im Gegensatz zur LÜ – deutlich wird). Die T. ist der Verfügungsgewalt des Vaters unterworfen. Er setzt sie ein als Arbeitskraft im Hause (1Mo 24,15; 29,9 u.ö.); für ihn ist sie Vermögenswert, empfängt er bei ihrer Verheiratung doch den Brautpreis (1Mo 29,15ff – ganz davon abgesehen, daß er sie auch als Sklavin verkaufen kann, wie es 2Mo 21,7 andeutet). Bleiben die bisher genannten Aussagen im Kontext des alten Orients, so gehen manche Bibelstellen darüber hinaus: Gleichberechtigung in Erbschaftsangelegenheiten (4Mo 27,1ff), herzliche Liebe des Vaters zu seiner T. (Gleichnis vom Schäflein 2Sam 12,3), bis dahin, daß Paulus 2Kor 6,18 beim Zitieren bewußt »Töchter« neben die »Söhne« aus 2Sam 7,14 setzt.

2. Tochter als Geschlechtsbezeichnung.

Die »Töchter der Stadt« sind Mädchen aus dieser Stadt (1Mo 24,13f), so wie »Töchter Hets« in 1Mo 27,46 Hetitermädchen meint, »Töchter Kanaans« in 1Mo 36,2 Kanaanitermädchen und »Töchter der Moabiter« in 4Mo 25,1 Moabitermädchen. Mädchen: in diesem Sinne ist auch die vertrauliche Anrede »Tochter« zu verstehen, mit der *Boas *Rut anspricht (Rut 2,8; 3,10) oder Jesus die blutflüssige Frau (Mk 5,34), wobei hier durchaus ein väterliches Verantwortungsgefühl mitschwingt.

3. Tochter als geographische Bezeichnung.

Von der Bezeichnung der gesamten Mädchen einer Stadt (»Töchter von Jerusalem«, Hld 1,5 u.ö.) über die der gesamten Frauen einer Stadt oder eines Landes (die »Töchter Israels«, die um Saul trauern sollen, 2Sam 1,24, oder die »Töchter Jerusalems«, die um sich selbst weinen sollen, Lk 23,28) ist es nicht mehr weit zur Bezeichnung einer ganzen Stadt oder eines ganzen Landes als »Tochter Babel« (Jes 47,1), »Tochter Edom« (Klgl 4,21), »Tochter Ägypten« (Jer 46,11) bzw. – als bekannteste dieser personifizierenden Aussagen – »Tochter Zion« oder »Tochter Jerusalem« (Jes 1,8; Zef 3,14; Sach 9,9; Mt 21,5; Joh 12,15). In dieser Aussage steckt sicherlich mehr als nur eine nüchterne geographische Bezeichnung, sondern manche der unter 1. und 2. genannten Phänomene lassen sich hier erneut einzeichnen: die jungfräuliche Schönheit z.B., um die Klgl 2,13 (hier auch in direkter Verbindung mit »Jungfrau«) getrauert wird; die erfahrene und neu zu erfahrende liebevolle Wertschätzung (Jes 62,11); jedoch auch die Abhängigkeit von Gott, dem Vater, als Lebensgrundlage, die die T. nur zu ihrem eigenen Schaden zerstören kann (Hes 16).

Literatur: H. Haag: ThWAT I, 1973, 867-872; H.-J. Ritz: EWNT II, 1981, 392-394. H.Be.

TOD. Nirgendwo in der Bibel findet sich eine gedankliche Bewältigung des T.es, wie sie in der griech. *Philosophie vorkommt. So wäre z.B. das, was Epikur zum T. schreibt, für den bibl. Menschen eine unmögliche Vorstellung: »Das schauerlichste Übel, der Tod, geht uns nichts an, weil, solange wir sind, der Tod nicht da ist; ist er aber da, so sind wir nicht mehr. Der Tod geht demnach weder die Lebenden noch die Toten etwas an, da er für die ersteren nicht vorhanden ist, die letzteren aber nicht mehr sind.« (Epikur, Brief an Menoikeus). Anstatt auf diese oder ähnliche Weise gedanklich bewältigt, wird der T. in der Bibel illusionslos hingenommen (2Sam 14,14), ja, insbes. im NT, als furchtbarer Feind angesehen: Jesus gerät angesichts des T.es von *Lazarus in großen Zorn (Joh 11,33.38).

Was sich in der Bibel ebenfalls nicht findet, ist eine Todesmystik oder Todessehnsucht, die gar nicht so selten vorkommt, man denke z.B. an die deutsche Romantik. Auch im frühen

Christentum, bei bestimmten Märtyrern, ist eine starke Todessehnsucht nachweisbar, vor allem bei Ignatius von Antiochia, der als Gefangener an die Gemeinde von Rom schreibt (um sie davon abzuhalten, bei den Behörden für seine Begnadigung einzutreten): »Laßt mich ein Fraß für Bestien sein, durch die es möglich ist, zu Gott zu gelangen!« (IgnRöm 4,1). Paulus, der sich in einer bestimmten Phase seines Lebens in einer ähnlichen Lage wie Ignatius befand (auch er war um des Evangeliums willen gefangen und wußte nicht, ob er mit dem Leben davonkommen würde), reagierte völlig anders: Gemäß Phil 1,23f will er am Leben bleiben, obwohl es auch ihn zum T. hinzieht, weil er bei Christus sein möchte. Hier, bei Paulus, ist das genuin ntl. Verständnis des Todes gut greifbar, welches letztlich ein Einverständnis mit dem T. ist, weil dieser – obwohl er eigentlich der Feind schlechthin ist – als Durchgang zum Leben begriffen werden kann.

Im AT gibt es nicht nur – wie 2Sam 14,14 nahelegen könnte – dem T. gegenüber die Haltung der Resignation; der atl. Mensch kann den T. durchaus auch als Erfüllung und Vollendung des Lebens begreifen – dies allerdings nur dann, wenn das Leben wirklich »reif« geworden ist. Das Ideal ist es, alt und lebenssatt zu sterben (1Mo 15,15; 25,8; 35,29; Ri 8,32 u.ö.). Erstrebt wird einerseits eine quantitative Fülle (Länge der Tage, Ps 21,5) und andererseits eine qualitative Fülle (inhaltsreiches, glückliches Leben, Ps 34,13). Schlimm ist ein vorzeitiger, jäher T. (Jes 38,10; Ps 102,24f); er gilt als göttliche Strafe (1Sam 25,38 u.ö.). Schlimm ist es ferner, nicht begraben zu werden und den Tieren als Beute zu dienen (1Kön 14,11; Jer 16,4; 22,19; Hes 29,5). Leben und T. sind der atl. Vorstellung gemäß nicht definitiv voneinander geschieden, sondern der T. kann schon vor dem endgültigen Ende des Lebens in dieses eindringen und es beeinträchtigen; so werden Krankheit und Schwachheit, Gefangenschaft und Feindesnot bereits als eine Art von T. aufgefaßt. Dementsprechend ist derjenige, der aus solchen Bedrängnissen gerettet wurde, von Jahwe »aus dem Reich des Todes« geholt worden (Ps 30,4). Da im Klima Palästinas die Verwesung rasch einsetzt, wurde der Tote sofort bestattet. Umgeben war die Beisetzung von Trauerzeremonien, von denen als wichtigste eine rituelle Klage um den Toten anzuführen ist. Der Klagegesang konnte einem eigenen Rhythmus folgen, den man *qīnāh*-Metrik nennt; der bewegendste Klagegesang dieser Art im AT ist das Lied Davids auf den T. *Sauls und *Jonatans (2Sam 1,17-27). Weitere Zeremonien neben dem Klagegesang waren Speise- und Kleiderriten; als allererste Reaktion auf eine Todesnachricht zerriß man seine Kleider (vgl. z.B. Hiob 1,20), worauf man dann ein sackartiges Trauergewand anlegte (1Mo 37,34; 2Sam 3,31). Eine regelrechte Einbalsamierung des Toten wie in Ägypten kannte man nicht, wohl eine Parfümierung. Zu seinem letzten Ruheort wurde der Verstorbene auf einer Bahre getragen, nur selten in einem Sarg. Als Grab benutzte man meist eine in weiches Felsgestein geschlagene Höhle. Sie wurde – als Familiengrab – über viele Generationen hinweg gebraucht; um immer wieder Platz für weitere Verstorbene zu schaffen, verwahrte man die Gebeine nach dem Verwesungsvorgang in einer Sammelgrube. Verschlossen wurde die Grabkammer mit einem Stein, den man weiß strich, und zwar mit gelöschtem Kalk (vgl. die Anspielung Jesu auf diesen Brauch in Mt 23,27); die Farbe Weiß sollte den Lebenden signalisieren, daß sie sich einem Tabubereich näherten, in dem man sich rituell verunreinigt (jegliche Berührung mit Totem führte in Israel zu äußerster Unreinheit, bereits die Teilnahme an Trauerriten verunreinigte).

Streng untersagt war den Israeliten jede Form des Totenkults. Gegenüber der außerbibl. Umwelt drängte der Jahweglaube auf eine äußerst nüchterne Haltung zum T., auf Entmythologisierung und Entsakralisierung dieses Phänomens. So wurden die Toten z.B. nicht mit Beigaben ausgestattet (allerdings zeigen Ausgrabungen, daß es zumindest eine Zeitlang Brauch war, Speisen mit ins Grab zu legen). Textstellen wie 5Mo 18,11 und Jes 8,19 beweisen, daß eine gewisse Versuchung bestand, Totengeister zu beschwören und um Rat zu fragen; gemäß 1Sam 28,3ff ist es tatsächlich einmal zu einer solchen Totenbeschwörung gekommen (Saul läßt durch die Hexe von En-Dor Samuel aus dem Totenreich heraufsteigen). Über das Schicksal des Menschen nach dem T. gibt es im AT nur wenige Andeutungen. Der atl. Glaube ist ein Glaube der vollen Diesseitigkeit, d.h. die Beziehung zu Gott ist beschränkt auf das diesseitige Leben und das Leben ist keine Vorbereitung auf ein Jenseits. Dennoch nimmt das AT an, daß der Mensch nach seinem T. in gewisser Weise weiterexistiert oder -vegetiert (andernfalls wäre eine Totenbeschwörung wie in 1Sam 28,3ff nicht möglich), freilich ist der Tote von Jahwe definitiv geschieden. Eine Totenauferweckung kennt das AT nicht, jedenfalls nicht in seinen frühen Schichten; diese Vorstellung kommt erst später im Judentum auf (*Mensch).

Im NT wird über den T. theologisch mehr nachgedacht als im AT. Das zentrale Theologumenon des NT ist das Kerygma vom T. und von der *Auferstehung Jesu, und im Lichte dieses eschatologischen Heilsereignisses wird die Bewertung des menschlichen T.es entscheidend verändert. Der T. gehört auf die Seite der Unheilsmächte und ist – wie Sünde, Welt und Teufel – bereits besiegt (1Kor 15,54-57), wenngleich er bis zur *Wiederkunft Jesu noch weiter herrschen wird. Das ntl. Denken mutet dem Glaubenden hier eine fast unerträgliche Spannung zu zwischen einem »Schon« (nämlich dem bereits vollzogenen Sieg über den T.) und einem »Noch nicht« (nämlich der noch nicht erfolgten endgültigen Vernichtung des T.es). Besondere Beachtung wird dem T. in der paulin. und in der johanneischen Theologie gewidmet. Für Paulus ist der T. die Strafe für die Sünde (vgl. Röm 6,23 u.ö.). Zurück geht, wie Röm 5,12ff lehrt, dieser Verhängniszusammenhang auf Adam. Ganz bes. deutlich wird das Dilemma, in dem sich der (unerlöste) Mensch befindet, in Röm 7,7-25: Der Mensch strebt nach Leben und handelt sich dabei den T. ein; die Sünde täuscht dem Menschen vor, er werde das Leben erlangen, wenn er seinen Begierden nachgibt, aber das Ergebnis ist der T. Unter T. ist in den angeführten Aussagezusammenhängen zunächst der leibliche, natürliche T. verstanden, aber es ist bei Paulus vorausgesetzt, daß zu diesem natürlichen T. das Verdammungsurteil Gottes hinzutritt. Nur durch das eschatologische Heilsereignis von Jesu T. und Auferstehung ist Rettung zu erlangen, Rettung aus der Macht des Gesetzes und der Sünde und damit auch Rettung aus der Todesverfallenheit: dem Glaubenden ist verheißen, an der Auferstehung Jesu teilzuhaben (vgl. Röm 6,8). Im JohEv. ist der zentrale Begriff der Verkündigung Jesu »Leben« bzw. »ewiges Leben«. Die Betonung dieses Begriffs wird erst recht verständlich von der Todesverfallenheit des Menschen her (vgl. 5,24; 8,23f u.ö.). Derjenige, der mit Jesus im Glauben verbunden ist, ist dieser Todesverfallenheit entronnen; auch er geht zwar dem leiblichen T. entgegen, aber der T. vermag das übernatürliche Leben des Glaubenden nicht zu zerstören.

Literatur: R. Bultmann: ThWNT III, 1938, S. 7-25; G. Fohrer: Das Geschick des Menschen nach dem Tode im AT, in: KuD 14 (1968), S. 249-262; E. Jüngel: Tod, 31985; O. Kaiser, E. Lohse: Tod und Leben, 1977; G. von Rad: Theologie des AT. Bd. I, 71978, S. 288f.399ff.417ff; K.H. Schelkle: Theologie des NT. Bd. IV, 1, 1974, S. 52-60; R. de Vaux: Das AT und seine Lebensordnungen. Bd. I, 21964, S. 99-107; L. Wächter: Der Tod im AT (AzTh II/8), 1967. W.R.

TODESSTRAFE s. Stafe/Straftat

TOFEL. Ein Ort, der nur in 5Mo 1,1 erwähnt wird, an dem Mose zu den Israeliten sprach. Die Identifizierung mit el-Tafileh, 25 km südöstl. des *Toten Meers, ist sprachwissenschaftlich unwahrscheinlich (N. Glueck: AASOR 18-19, 1939, S. 42-43). T. kann durchaus ein Rastplatz der Israeliten auf dem Zug durch die Wüste gewesen sein. D.J.W.

TOFET. »Anhöhe« im *Hinnomtal außerhalb Jerusalems, wo Kinder als Brandopfer dem Gott *Moloch dargebracht wurden. *Josia entweihte den götzendienerischen *Altar (2Kön 23,10), und *Jeremia prophezeite, daß der Ort als Friedhof Verwendung finden würde (Jer 7,32f). D.F.P.

TOHUWABOHU. Eine Zusammensetzung aus den hebr. Worten *tōhū*, *bōhū* und der vokalisierten Konjunktion *w*, »und«. *tōhū* bezeichnet die weglose, verderbenbringende Wüste, ödes Land (5Mo 32,10; Hiob 6,18; 12,24; Ps 107,40), das Nichts (1Sam 12,21 – parallel zu *'ajin*, »Nichtsein«, Jes 40,17.23), das Nichtige (Jes 29,21 RevEB: »nichtige Beweisgründe« – parallel zu *häbäl*, »Nichtigkeit«, Jes 49,4). Von den 20 Vorkommen sind 11 bei Jes. Hebr. *bōhū* bedeutet immer »Leere, Öde« und kommt dreimal, immer in Verbindung mit *tōhū* vor; Jes 34,11; Jer 4,23 sind von 1Mo 1,2 übernommen. Das für den Hebräer Grauen erregende Wortpaar beschreibt in 1Mo 1,2 mit dem nächsten Satz den Zustand der Erde unmittelbar nach der Erschaffung des Weltganzen (Keil): Ungeordnet, chaosähnlich, unbewohnbar. Es ist grammatikalisch nicht möglich, darin die Folge eines Urfalles zu sehen. Schrittweise schuf Gott den belebten, »sehr guten« (1Mo 1,31) Kosmos.

Literatur: F. Delitzsch: Neuer Kommentar über die Genesis, 1887; C.F. Keil: Genesis und Exodus, (41878) 1983, S. 10f: C. Westermann: Genesis, BKAT I/1, 1976, S. 142ff. H.E.

TON. T. oder Lehm (im Hebr. nicht unterschieden) verwendete man in Israel im *Töpferhandwerk und beim *Hausbau. Er wurde vom Töpfer und Ziegelmacher mit den Füßen bearbeitet (Jes 41,25; Nah 3,14) und auf der Töpferscheibe in die rechte Form gebracht (Jer 18,3.4.6) bzw. mit Stroh vermischt zu Ziegeln verarbeitet (2Mo 1,14; 5,7f). T. diente häufig wohl auch als Mörtel (1Mo 11,3) und zum Verputz des Hauses (3Mo 14,41ff).

TONNE s. Maße und Gewichte

TONSCHERBEN s. Papyri und Ostraka

TOPAS s. Edelsteine

TOPF s. Töpfer; s. Schüssel

TÖPFERACKER s. Hakeldama

TÖPFER/TÖPFERHANDWERK/KERAMIK.

I. ALLGEMEINE BEMERKUNGEN.

Bei der Erforschung der Geschichte und Kultur Palästinas spielen die Keramikfunde eine bedeutende Rolle, da das reichhaltige Material wichtige Kriterien für die Chronologie liefert und Schlüsse auf die sozio-kulturelle Entwicklung zuläßt. Auf der Grundlage der systematischen Erfassung der K. nach Form, Größe und Farbe, des Beobachtens der Veränderung von Keramiktypen und des Vergleichs mit der K. anderer Siedlungen und Regionen können Methoden entwickelt werden, die es ermöglichen, die Wirtschaft, Geschichte und Kultur einer Gesellschaft zu untersuchen, die nur durch vergleichsweise wenige schriftliche Zeugnisse repräsentiert wird.

II. DIE ENTWICKLUNG DER KERAMIK.

Ton wurde schon in sehr früher Zeit für die Herstellung von Lehmziegeln benutzt. Man wußte, wie man Ton durch Zusatz anderer Stoffe bearbeiten konnte und wie Feuer sich auf seine Beschaffenheit auswirkte. Ab dem Neolithikum experimentierte man mit gebranntem Ton, und als die richtige Zusammensetzung des Tons gefunden war, konnte man Gefäße aus Ton formen und brennen. Diese Errungenschaft erleichterte die Aufbewahrung und den Transport landwirtschaftlicher Produkte. Die Keramikindustrie wurde so zu einem bedeutenden Faktor innerhalb der Handelsbeziehungen zwischen Siedlungen und Staaten (zunächst regional, später auch überregional).

Bestimmende Faktoren für T. waren die praktischen Bedürfnisse des täglichen Lebens und nicht so sehr der künstlerische Geschmack; auch spielte die z.T. (aus großer Entfernung) importierte Ware für den täglichen Bedarf keine Rolle. Die Geschicklichkeit des Töpfers ist entscheidend für sehr große Behälter und Qualitätsware, aber auch sehr geschickte Töpfer haben nicht jegliche Art von K. herstellen können. Das liegt zum einen an dem Bedarf der Leute, zum anderen sind die handwerklichen Möglichkeiten durch die Beschaffenheit des Rohmaterials begrenzt. Es gibt viele Beispiele von Töpfern, die Imitationen versuchten, die importierten Stücke jedoch nicht kopieren konnten. Durch die chemische Analyse der K. (jede Lagerstätte weist unterschiedlich zusammengesetzten Ton auf) lassen sich Importware und Imitation unterscheiden. Bestimmte Gefäßtypen (bes. die Vorratsgefäße und die für den Transport bestimmten Behälter) wurden in Produktionszentren oder überregional organisierten Betrieben hergestellt. Diese Zentren waren oft über einen langen Zeitraum in Betrieb. Änderungen in der K. können auf technischen Fortschritt, auf Beziehungen mit anderen Kulturen und auf veränderte Möglichkeiten der Produktion zurückgeführt werden.

Krug mit Deckel. In solchen Krügen wurden Schriftrollen aufbewahrt. Höhe: 70 cm, Chirbet Qumran, 1. Jh. n.Chr. (BM)

Kännchen (Höhe: ca. 16 cm, aus Jerusalem) und Krug (Höhe: ca. 20 cm, aus Bet Schemesch) aus der Eisenzeit. (BM)

Die Funktion eines Gefäßes ist nicht immer leicht feststellbar. Der archäologische Kontext, Spuren von zurückgebliebenem Material, Größe und Form, technische Aspekte und die Verbreitung geben jedoch Hinweise zu einer Funktionsbestimmung. Stätten, die plötzlich verlassen wurden (wegen Erdbeben oder Feuer) bieten hierfür wertvolles Material. Auf zahlreichen Gefäßen sind Abdrücke von *Siegeln erhalten geblieben, die in der Regel Namen und Vatersnamen enthalten. Eine bes. Gattung stellen die Stempelabdrücke auf Krughenkeln dar, die noch vor dem Brennen eingedrückt wurden. Neben der Kennzeichnung *lmlk*, »dem König (gehörend)«, wird in ihnen einer der vier Ortsnamen Hebron, Sif, Socho oder *mmscht* genannt. Diese Städte waren wahrscheinlich Zentren der königlichen Verwaltung (s.a. *Papyri und Ostraka).

Der Übergang vom akeramischen zum keramischen Neolithikum (Jungsteinzeit) vollzog sich in Palästina im 6./5. Jt.v.Chr. Bei der K. als dem neuen Element dieser Kultur kann man zwei Arten unterscheiden: eine grobe und eine fein verzierte, die in der Form jedoch weitgehend übereinstimmen. Die Bandbreite der Formen ist noch gering: Schalen mit flachem Boden und schräger oder gerundeter Wandung, Krüge mit kugelförmigem Körper, der mit Ösen- oder Schlingenhenkeln versehen sein kann, sowie Amphoren. Im Vergleich zur Form ist die Dekoration vielfältig. Roter Schlickerüberzug im Zick-zack-Muster oder in Form aneinandergereihter Dreiecke sowie eingeritzte Verzierungen im Fischgratmuster, die auf cremefarbenem Schlicker aufgetragen wurden, stellen eine weitverbreitete Art der Verzierung dar. Die Oberflächengestaltung wurde vor dem Brennen vorgenommen. Alle Gefäße sind handgeformt, sie wurden z.T. auf geflochtenen Matten, den Vorgängern der Töpferscheibe, abgedreht. Die K. verbindet die neolithischen Siedlungen Palästinas mit den an der phönizischen Küste, in Syrien, Anatolien und dem oberen Euphrat gelegenen Fundstätten.

Im Chalkolithikum (Kupfersteinzeit) nimmt der Formenreichtum zu. Ein besonde-

Töpferscheibe aus Basalt. Durchmesser: ca. 15 cm, aus Hazor, kanaanäische Periode, ca. 1500–1200 v. Chr. (IM)

Krüge aus der Mittleren Bronzezeit, links (Höhe: ca. 12 cm) mit flachem Boden; rechts (Höhe: ca. 18 cm) mit spitzem Boden. (BM)

res Gefäß ist das sog. »Butterfaß«, das einer aufgeblasenen Tierhaut nachgebildet ist. Seine Funktion ist umstritten. Es dürfte sich um einen »Wassersack« gehandelt haben, möglicherweise ist in ihm auch ein Gärungsgefäß zu sehen. Die Gefäße sind sorgfältig aus abgemagertem Ton hergestellt und wurden bei relativ niedrigen Temperaturen gebrannt. Ihre Farbe ist gelbbraun. In der Dekorationstechnik sind regionale Unterschiede erkennbar: im N herrschen Seilabdruckverzierungen vor, im S cremefarbene Oberflächen.

Durch eine verbesserte Technik und Oberflächengestaltung läßt sich in der Frühen Bronzezeit I (ca. 3150-2950 v.Chr.) die Variationsbreite der Gefäßformen weiter steigern. Nun herrschen die Knickwandschalen, »Teekannen« (Kannen mit Ausguß), Kännchen mit übergroßen Henkeln und Kochtöpfe mit nach innen gewölbtem Boden vor. Im N dominiert die rautenförmige Bandbemalung in rotem, braunem und schwarzem Schlicker sowie die rot bzw. grau polierte Ware vor. Charakteristisch für den S sind (meist rote) Netzmuster.

Weiterhin ist der Anteil an ägypt. Importware auffallend. Verbindungen gibt es auch zur sumer. Kultur der Uruk- und Gemdet-Nasr-Zeit.

In der Folgezeit ist eine gegenüber den vorangegangenen Epochen verbesserte Aufbereitung des Tons und eine höhere Brenntemperatur feststellbar. Die Ware klingt beim Anschlagen metallisch. Die Verbesserung der

Ägyptischer Töpfer an der Töpferscheibe. (SH)

Typischer Vorratskrug aus Hazor (Eisenzeit II). Höhe: 68,58 cm, 8. Jh. v. Chr. (BM)

Brenntechnik wurde durch den geschlossenen Ofen erreicht (dieser Typ war noch bis in die röm. Zeit gebräuchlich). Neu ist die Oberflächenbearbeitung des noch feuchten Tons mit Kammstrichen. Für die Frühe Bronzezeit III (ca. 2650-2350 v.Chr.) charakteristisch ist die nach ihrem ersten Fundort genannte Chirbet el-Kerak-Ware (ihre Verbreitung ist auf den N beschränkt), die sich durch einen dicken Schlickerüberzug, Handpolitur und eine durch Schmauchbrand hervorgerufene schwarz-rote Färbung auszeichnet. Sie wird mit einem neuen Bevölkerungselement in Verbindung gebracht, dessen Ursprung möglicherweise in Ostanatolien oder Armenien zu suchen ist. Die Chirbet el-Kerak-Ware wurde auch im syr., anatolischen und mesopotam. Raum nachgewiesen. In der sich anschließenden Periode (Frühe Bronzezeit IV ca. 2350-2150 v.Chr./Mittlere Bronzezeit I, ca. 2150-1950 v.Chr.) ist ein Rückgang der Zahl der Gefäßtypen erkennbar. Neu sind u.a. ein- oder vierschnäuzige Lampen. Der Ton erscheint in einem hellen Grüngrau, was auf eine veränderte Brenntechnik schließen läßt. Der Schlickerüberzug zur Dekoration der Oberfläche ist fast völlig verschwunden, dagegen finden sich jetzt häufig Einritzungen. Auffallend ist das weitgehende Fehlen von Henkeln. Der Körper der Gefäße ist mit der Hand geformt, während Hals und Rand Drehspuren aufweisen. Der Gebrauch der Töpferscheibe (sie besteht aus zwei Scheiben, von denen entweder die obere einen zentralen Zapfen aufweist, der sich in einer Vertiefung der unteren Scheibe dreht oder umgekehrt) erlaubt es, schwierigere Formen herzustellen. So treten in der Mittleren Bronzezeit II (ca. 1950-1550 v.Chr.) zahlreiche neue Formen auf. Typisch sind die offenbar Metallschalen nachempfundenen Knickwandschalen. Eine bes. Gattung ist die Tell-el-Yehudiye-Ware (vorwiegend Kännchen), deren Ursprung in

Tonschale aus Hazor, Eisenzeit II, 8. Jh. v. Chr. (BM)

Kännchen (Höhe: ca. 10 cm) und Flasche (Höhe: ca. 12 cm) aus der Frühen Bronzezeit. (BM)

Krug: zyprische Ware (Höhe: ca. 24 cm); Flasche: mykenische Ware (Höhe: ca. 16 cm). Aus Geser, Späte Bronzezeit. (BM)

Gegenüberliegende Seite: Entwicklung von Keramik in Palästina vom Neolithikum bis zur Römerzeit.

Ägypten liegt. Sie wurde jedoch vielfältig imitiert. In dieser Epoche beginnt ein umfangreicher Import zyprischer und mykenischer K. (z.T. handgeformt).

In der Späten Bronzezeit I (ca. 1550-1400 v.Chr.) tritt mit der Wasserflasche (auch »Pilgerflasche« genannt) ein neuer Gefäßtyp in Erscheinung, dessen Ursprung unbekannt ist. Ansonsten sind in dieser Epoche in der Formgebung deutliche Qualitätseinbußen erkennbar. Es tritt jedoch eine reichhaltigere Oberflächengestaltung hervor, wovon bes. die sog. bichrome (zweifarbige) Ware zu erwähnen ist. Diese unterscheidet sich von der übrigen K. durch eine bes. sorgfältige Ausführung. Zwischen umlaufenden Bändern und geometrischen Mustern finden sich Darstellungen von Vögeln, Fischen und Steinböcken. Hauptsächlich Kannen, Mischkrüge und Schalen weisen diese Bemalung auf. Eine andere spezifische Ausbildung der Späten Bronzezeit I ist die Braun-auf-Weiß-Ware: der noch feuchte Ton wird mit einem cremefarbenen Schlikkerüberzug versehen. Nach dem Trocknen

Kännchen mit hellenistischen Stilmerkmalen (Höhe: ca. 20 cm). (BM)

Diese Flasche imitiert importierte mykenische Ware. Aus Hazor, Späte Bronzezeit II A, 1400–1340 v. Chr. (BM)

wird er geglättet und mit schokoladen- oder rotbrauner Farbe werden meist geometrische Muster aufgetragen.

Gegen Ende der Epoche finden sich nicht nur plumpe, unregelmäßige Formen, auch die Bemalung wird zunehmend oberflächlicher und verschwindet z.T. ganz. Diese Entwicklung dürfte mit der sozio-kulturellen Situation in Syrien/Palästina zu erklären sein.

In der Eisenzeit I (ca. 1200-1000 v.Chr.) sind einige frühere Formen verschwunden (z.B. die Knickwandschale). In der Formgebung und Oberflächengestaltung sind gewisse Unterschiede zwischen N und S feststellbar. Eine bes. Gattung stellt der Pithos (ein großes Vorratsgefäß) der sog. Collared-Rim-Ware dar. Sein charakteristisches Merkmal ist ein »Kragen« unter dem Hals, der wohl so zu erklären ist, daß Körper und Hals gesondert geformt wurden und die Nahtstelle dann nach der Zusammensetzung verstrichen werden mußte. Kennzeichnend für diese Periode ist der weitgehende Verzicht auf Dekoration. Anstelle der Bemalung wird jetzt jedoch verstärkt die Technik der Polierung angewandt.

Der schon früher zu beobachtende Unterschied zwischen N und S tritt auch in der Eisenzeit II (ca. 1000-587 v.Chr.) in Erscheinung. Insgesamt werden die vorhandenen Formen weitergeführt. Neu ist der Dekanter (ein Wasserkrug). Die Oberflächenpolierung wird nun auf der Scheibe vorgenommen. Die so polierten Gefäße waren weniger wasserdurchlässig. Von bes. Qualität ist die Samaria-Ware. Es handelt sich hierbei um eine K. (vorwiegend Schalen), die sich durch eine bes. Form und Oberflächenbehandlung auszeichnet.

In der K. der Eisenzeit III (ca. 587-332 v.Chr.) kann eine Weiterentwicklung der bisherigen Formen festgestellt werden, was insbes. die Gefäße des täglichen Bedarfs betrifft. Daneben finden sich Imitationen griech. K. (vor allem Amphoren, geschlossene Lampen, Schalen und Mischkrüge mit horizontalen Henkeln), wobei jedoch ein merkwürdiger Qualitätsverlust festzustellen ist. Ebenfalls nachgeahmt wurde assyr. Palastware, wie sie etwa aus den Ausgrabungen in *Kelach/Nimrud bekannt ist (vor allem die Knickwandschale und verschiedene Flaschentypen, die sich jedoch durch ihre wenig sorgfältige Ausführung und durch das Fehlen der Dekoration von der Originalware unterscheidet). Zahlreich waren die Importe griech. und zyprischer K. Im 5. Jh.v.Chr. umfaßt diese Einfuhr aus dem W vor allem athenische K.

III. GEFÄSSE IM ALTEN TESTAMENT.

Der archäologisch bezeugte Formenreichtum spiegelt sich in den atl. belegten Gefäßnamen wieder, die sich jedoch nur in wenigen Fällen näher bestimmen lassen, da der Kontext meist nur Aussagen über die Funktion, nicht aber über die Form der Gefäße macht. Der archäologische Befund läßt sich aus diesem Grund nur schwer in Beziehung zu den Textangaben setzen. Gelegentlich finden sich eindeutige Hinweise auf das Material (z.B. *chäräs*, »Tongefäß«, in 3Mo 6,21 u.ö.; *kelī jōzēr*, »Töpfergefäß«, in Ps 2,9 u.ö., oder auch *nēbäl jōzerīm*, »Töpferkrug«, in Jes 30,14; der Krug in Jer 19,10 wird durch Jer 19,1 als Tongefäß bestimmt), oft ist jedoch unklar, ob es sich um ein Gefäß aus Ton oder um eines aus Metall, Stein oder Holz handelt.

Hebr. *sap* (2Mo 12,22, an anderen Stellen, z.B. 2Kön 12,14, handelt es sich jedoch eindeutig um ein Metallgefäß), *zelōchīt* (nur 2Kön 2,20) und *zallachat* (2Kön 21,13, nach 2Chr 35,13 konnte darin gekocht werden) bezeichnen wohl Schalen. *sepäl* scheint sich in Ri 6,38 auf eine Schale, in Ri 5,25 jedoch eher auf ein Trinkgefäß (möglicherweise aus Holz) zu beziehen. Zur Gattung Kelch/Becher gehören *kōs* (2Sam 12,3 u.ö.) und *qubba'at* (Jes 51,17.22). Nach bildlichen Darstellungen dürfte es sich um einen fuß- und henkellosen, napfartigen Bechertyp gehandelt haben, dessen Durchmesser ungefähr eine Hand ausfüllte. *gābīa'* (in 1Mo 44,2.12.16f der silberne Becher Josefs) bezeichnet in Jer 35,5 ein größeres Weingefäß, das verschieden von *kōs*, »Becher«, ist. Ein Mischgefäß für Wein und Wasser war *'aggān* (Hld 7,3). Zu den Kochgefäßen zählen *sīr*, das häufig belegt ist (z.B. 2Kön 4,38-41), *marchäschät* (3Mo 2,7; 7,9) und die in 1Sam 2,14 aufgeführten *kijjōr* (das häufig allerdings einen Becher aus Bronze zum Waschen bezeichnet), *dūd* (u.a. 1Sam 2,14; Hiob 41,12, kann also auch einen Korb meinen), *qallachat* (1Sam 2,14; Mi 3,3) und *pārūd*.

Vorratsgefäße waren *kad* (nach 1Mo 24,14-18 ein Wasserkrug, der auf der Schulter getragen wurde; in 1Kön 17,12-16 wird darin Mehl aufbewahrt) und *nēbäl* (z.B. Jes 30,14), das auch den (Wein-)schlauch bezeichnet. Die Ostraka von Samaria erwähnen *nēbäl* als großes Vorratsgefäß für Wein und Öl. *'asūk schāmän* (2Kön 4,2) und das für die Salbung Sauls (1Sam 10,1) und Jehus (2Kön 9,1) verwendete *pak* gehören wohl zur Gattung Kanne/Kännchen. Diese Gefäße mit ihrer engen Mündung und der durch einen oder mehrere Henkel einfachen Handhabung dürften zur Aufbewahrung von kleinen Mengen und zur Entnahme von Flüssigkeiten aus großen Behältern gedient haben. Das in 1Kön 14,3 (ein Gefäß zur Aufbewahrung von Honig) und Jer 19,1.10 belegte *baqbuq* dürfte ebenfalls dieser Gattung zuzurechnen sein. *zappachat* könnte nach 1Sam 26,11f.16 die Wasserflasche (die sog. »Pilgerflasche«) bezeichnet haben (in 1Kön 17,12ff ist dagegen eher an einen Krug zu denken). In diesen Gefäßen führte man kleinere Vorräte an Wasser und Öl mit sich.

Literatur: V. Fritz: Einführung in die biblische Archäologie, 1985; ders.: Kleines Lexikon der biblischen Archäologie, 1987; HdArch I und II/1; R. Amiran: Ancient Pottery of the Holy Land, 1969; M. Ibrahim: Socio-Economic Aspects of Pottery-Making in Palestine, in: Studies in the History and Archaeology of Palestine II, 1987, S. 139-144; U. Müller: BRL², 168-185. 345f.

A.R.M./M.Sch.-Sch.

TOR, TORHEIT.

I. DIE TORHEIT DES KREUZES UND DIE TORHEIT DIESER WELT.

Das Sterben Jesu ist der Mittelpunkt von Gottes Rettungswerk. Hier ist der Mensch an seine Grenze gestoßen: Alle menschlichen Versuche und Anstrengungen können keine *Erlösung bewirken, weder für den einzelnen Menschen, noch für die ganze *Schöpfung. Der Mensch muß sich völlig aus der Hand geben und sich ganz Christus anvertrauen. Dieses bedingungslose Vertrauen ist aber der menschlichen Weisheit fremd; sie baut auf überlegenes Wissen und Können. Am Kreuz Jesu prallen zwei Prinzipien aufeinander: menschliche Weisheit, welche diesen Weg Gottes für T. erachtete, und Gottes Weisheit, vor der alle Menschenweisheit zur T. wird (1Kor 1,18ff).

II. GESAMTBIBLISCHE TRADITION.

Im AT – vor allem in den Weisheitsbüchern (Spr, Pred) und in den Psalmen – wird eine Linie aufgezeigt, die Jesus und auch Paulus aufnehmen: Der von Gott losgelöste Mensch sieht Gottvertrauen und Gottesfurcht als T. an und merkt dabei nicht, wie er selber darüber zum Toren wird, der sich dem Verderben preisgibt.

1. Die Ursache der T. ist die Leugnung der Wirklichkeit Gottes (Ps 14,1; 53,2) und die Weigerung, dem Wort Gottes zu gehorchen (Mt 7,24-27). Der Tor baut auf Vergängliches (vgl. Lk 12,16-21).

2. Dies zieht Folgen nach sich:

a. Der Maßstab wird verwechselt. Das Gute wird böse, das Böse gut genannt; was das Leben zerstört, wird als erstrebenswert betrachtet (Jer 4,22). Das Unterscheidungsvermögen zwischen Gott und dem Bereich der Finsternis ist dem Toren verloren gegangen, da er nur um sich selber kreist und sich selber der Maßstab ist.

b. Der Tor nimmt die Wirklichkeit nur eingeschränkt wahr (Pred 7,4; der Bereich der Trauer ist bei ihm ausgeblendet). Er kann sich selber nicht einschätzen, ist rechthaberisch, nimmt weder Mahnung noch Korrektur an (Spr 12,15; 17,10; Pred 10,3), ja er haßt Erkenntnis (Spr 1,7.22). Allerdings, wer sich selber für weise hält, übertrifft den Toren noch (Spr 26,12).

c. Der Tor kann sich nicht beherrschen, weder seinen Zorn (Spr 12,16; 14,16.17.29; 20,3; 29,11; Pred 7,9), noch seine Zunge (Spr 10,14; 12,23; Pred 5,2; 10,14).

d. Der Tor zerstört die gute Gabe der Sexualität. Er will sie nicht nur in der Ehe leben (2Sam 13,13), sondern geht sexuelle Beziehungen außerhalb der Ehe ein (5Mo 22,21; Jer 29,23), läßt sich zu Vergewaltigung hinreißen (1Mo 34,7) oder praktiziert Homosexualität (Ri 19,23f). In diesem Zusammenhang wird immer der hebr. Begriff *nābāl* gebraucht.

e. Der Tor bringt sich und anderen Verderben (Ps 49,14), sowohl seinen Eltern (Spr 10,1; 17,21.25) als auch denjenigen, die mit ihm Umgang pflegen (Spr 13,20). Zusammenfassend läßt sich sagen: Die T. nimmt die Fähigkeit, das Leben zu meistern; ihre steten Begleiter sind Elend und Unglück.

3. Für den Umgang mit der T. und dem Toren gilt: sie meiden (Spr 13,20; 14,7; 23,9) und den Toren in die Schranken weisen (Spr 19,29; 26,3; 29,11).

4. Bei den *Propheten bedeutet T. Gericht Gottes. Gott schlägt die Verantwortungsträger im Volk für ihren Ungehorsam mit T. (Jes 9,16; 19,11; 44,25; Hos 9,7). Als Gegenbild verheißt *Jesaja, daß in der Heilszeit nicht mehr der Tor Fürst geheißen wird (Jes 32,5).

5. T. ist eine grundsätzliche Gefährdung für jeden Menschen (Ps 69,6). Schutz bietet nur, sich im Lichte Gottes zu sehen und sich so seiner eigenen Fehlerhaftigkeit bewußt zu bleiben. Besonders gefährdet sind die heranwachsenden, jungen Menschen; ihnen ist jedoch noch am besten zu helfen, und zwar durch eine strenge Hand (Spr 22,15).

6. Im Blick auf die Vergänglichkeit stehen Toren und Weise auf einer Stufe: Beider Werk vergeht (Pred 2,16; 6,8).

7. Für den Toren gibt es eine Hoffnung, nämlich wenn der Ruf zur Gotteserkenntnis sein Herz erreicht und er sich beugt und umkehrt zu Gott (Ps 107,17ff).

III. BEGRIFFE IN DER BIBEL.

1. Die beiden im AT häufigsten hebr. Begriffe sind *kesīl* und *'äwīl.* Sie werden häufig kombiniert gebraucht; der Handelnde heißt *kesīl,* die Tat *'iwwälät.* Beide Begriffe, die sich am besten mit »Torheit« wiedergeben lassen, kommen überwiegend in der Weisheitsliteratur (*Sprüche *Prediger) vor, aber auch in den *Psalmen. Der in der Bedeutung breitere, in der Anwendung aber schärfere Begriff, der die Abkehr von Gott und die zerstörerische Wirkung radikaler zum Ausdruck bringt, ist der Begriff *nābāl.* LÜ gibt ihn oft mit »Schandtat« oder »ruchlos« wieder. Dieser Begriff kommt auch in den Mosebüchern, bei den »vorderen Propheten« (Jos; 2Kön) und bei einigen Schriftpropheten (Jes, Jer, Hes, Hos, Mi) vor.

2. Das NT gebraucht zwei Begriffe. *mōros* ist hierbei der umfassendere Begriff, der die Kurzsichtigkeit der törichten Jungfrauen (Mt 25,1-13) bezeichnet und die vermessene, sich

gegen Gott stellende Menschheit (Röm 1,22). Die meisten Belege finden sich bei Paulus. Er gebraucht dieses Wort als Gegenbegriff gegen die Weisheit des griech.-röm. Menschen, der meinte, der Mensch sei das Maß aller Dinge. Der zweite Begriff, *aphrōn,* bedeutet »unbesonnen, unverständig«. Paulus gebraucht ihn in 2Kor 11-12, wo er sich dazu hinreißen läßt, sich selber zu rühmen; solches Tun gilt für ihn als »unbesonnen«. Aber auch der »reiche Kornbauer« (Lk 12,20) wird mit diesem Wort charakterisiert; er hat nicht wirklich besonnen gehandelt, denn er klammerte Gott aus seinen Überlegungen aus.

Literatur: J. Goetzmann: TBLNT II, [4]1986, 1373-1375; M. Sæbø: THAT I, [4]1984, 77-79; 836-838; ders.: THAT II, [3]1984, 26-31; 495-498; 824-828. H.R.

TOR s. Tür/Tor

TORA s. Gesetz

TORHÜTER s. Türhüter

TÖTEN s. Gebote, Zehn; s. Strafe, Straftat

TOTENAUFERSTEHUNG s. Auferstehung

TOTENBESCHWÖRUNG s. Zauberei und Magie

TOTENKLAGE s. Begräbnis- und Trauersitten; s. Klage

TOTENREICH s. Hölle; s. Scheol

TOTES MEER. (Hebr. *jām hammelach,* »Salzmeer«: 1Mo 14,3; *hajjām haqqadmōnī,* »östliches Meer«: Hes 47,18; Joel 2,20; Sach 14.8; *jām hāʿarābā,* »Wüstenmeer« 5Mo 4,49, Rev-EB: »Meer der Ebene«; 2Kön 14,25; griech. *Asphaltitis,* latein. *Mare mortuum,* »Totes Meer«; arab. *bachr Lūth* »Meer Lots«: 1Mo 13,10ff). Der Jordangraben mit seinen steil abfallenden Hängen erreicht seinen tiefsten Punkt im Becken des Toten Meeres. Die Wasseroberfläche liegt im Durchschnitt 427 m unter NN, der tiefste Punkt liegt 794 m unter NN. Das T. ist etwa 80 km lang und zwischen 10 und 18 km breit. An der W-Seite gibt es einen schmalen Uferstreifen, der von Terrassen begrenzt ist, die Überreste früherer Strände sind. Abgesehen von einigen Oasen (z.B. 'Ain Feschka (bei Qumran) und En-Gedi, vgl. Hld 1,14) ist die jüd. Küste öde und leer. Vier größere Zuflüsse münden von O in das Meer: Arnon, Zerqa Maʿin, Kerak und Sered. Die Verdunstung ist so stark (die Temperatur erreicht 43°C im Sommer), daß das Wasser dieser Flüsse und des Jordan nur knapp reicht, den Wasserspiegel annähernd konstant zu halten. Der jährliche Niederschlag beträgt etwa 50 mm. Üppige Vegetation findet man nur an den Flußmündungen oder an Frischwasserquellen. Die Oasen im Mündungsbereich der Zuflüsse Kerak und Sered lassen ahnen, daß dieses Becken so fruchtbar sein könnte (vgl. 1Mo 13,10), wie es Hesekiel in seiner Vision von einem Fluß, der in Jerusalem entspringt und ins T. einmündet (Hes 47,8-12), schaut.

Bis zur Mitte des 19. Jh. konnte man das Meer von Lisan (»Zunge«) aus, einer Halbinsel, die sich von der Mündung des Kerak bis 3 km vor die gegenüberliegende Küste erstreckt, durchwaten. Spuren einer röm. Straße sind dort noch vorhanden. Da dem Jordan für Bewässerungszwecke heute immer mehr Wasser entnommen wird, sinkt der Wasserspiegel des T. Die Becken sind heute durch feste Salzablagerungen voneinander getrennt, d.h. das T. besteht aus zwei Seen. *Masada, eine schier uneinnehmbare, durch die *Makkabäer und *Herodes gebaute Festung, sicherte die Straße am Rande Judäas. Südl. der Halbin-

Das Tote Meer.

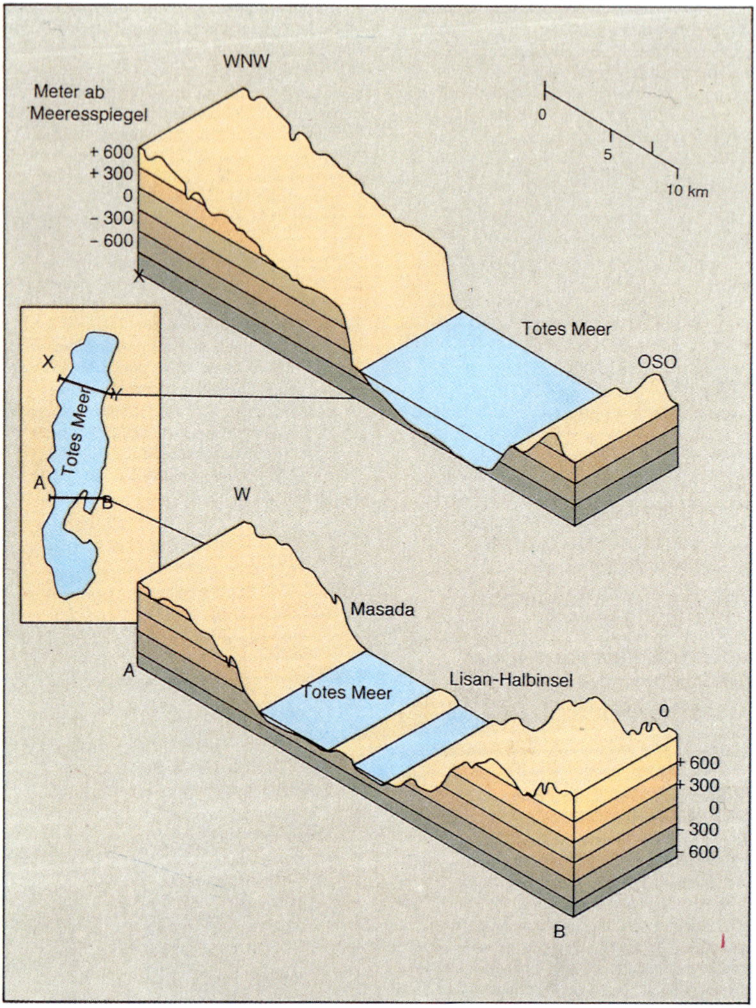

Schnitt durch das nördliche Becken des Toten Meeres und durch das südliche Becken bei der Halbinsel Lisan.

sel Lisan ist das T. sehr flach und geht allmählich in den Salzsumpf, genannt Sebcha, über (Zef 2,9). Die in hoher Konzentrierung im Wasser gelösten Mineralien (Salz, Pottasche, Magnesium sowie Kalziumchloride und Bromide), bewirken, daß man als Schwimmer im T. nicht untergehen kann, daß darin aber auch keine Fische existieren können. Es ist denkbar, daß die Mineralien bei einem Erdbeben explosionsartig zutage traten (*Städte der Ebene). *Lots Frau, die stehenblieb, um sich umzuschauen, wurde von herabregnendem Salz verschüttet, während ihre Familie weitereilte und entkam (1Mo 19,15-29). Archäologische Hinweise lassen auf eine Lücke von mehreren Jh. in der Besiedlung seit dem frühen 2. Jt.v.Chr. schließen. Ein Salzberg (Dschebel Usdum, Berg Sodom), im SW ist zu seltsamen

Salzablagerungen am Ufer des Toten Meeres. (JLH)

Formen erodiert, die auch Säulen einschließen, die in der örtlichen arab. Bevölkerung als »Lots Frau« bekannt sind (vgl. Weish 10,6f). Salz gewann man an der Küste (Hes 47,11) und die *Nabatäer handelten mit Asphalt, der auf der Oberfläche des T. trieb (s. P.C. Hammond, BA 22, 1959, S. 40-48). Während der gesamten atl. Periode bildete das T. die Grenze zwischen Juda, Moab und Edom (vgl. 2Chr 20,1-30). Auf ihm könnten jedoch auch – wie zu röm. Zeit – kleine Handelsschiffe gefahren sein. (S.a. *Jordan; *Araba; *Schriftenfunde vom Toten Meer)

Literatur: G.A. Smith: Historical Geography of the Holy Land, 1931, S. 499-516; D. Baly: Geographisches Handbuch zur Bibel, 1973; LDB; OLB II.

A.R.M.

TRACHONITIS. (Griech *trachys,* »steinig, felsig«).

T. (Josephus: Trachon) bezeichnet seit röm. Zeit das Lavaplateau von etwa 900 km² Fläche, das sich südöstl. von *Damaskus bis zum Dschebel Hauran erstreckt. Im SW grenzt T. an Batanäa und Gaulanitis, im O an die syr.-arab. Wüste.

In röm. Zeit hielten sich dort räuberische Nomaden auf, die von dem zerklüfteten Gelände profitierten. *Augustus überließ 23 v.Chr. T. zusammen mit Batanäa und Auranitis *Herodes dem Großen, der dort Ordnung schaffen sollte. Herodes gelang das, indem er Idumäer in T. ansiedelte, dazu Juden aus Babylon (Jos.ant.Jud. XI-XVII). Nach Herodes' Tod fiel das nunmehr hellen. Gebiet zusammen mit Batanäa und Auranitis an seinen Sohn Philippus (Lk 3,1). K.G.

TRADITION. (Griech. *paradosis;* latein. *traditio*). Das Wort »Überlieferung« meint sowohl den Akt der Überlieferung als auch den Inhalt derselben. Meist geht es um die Über-

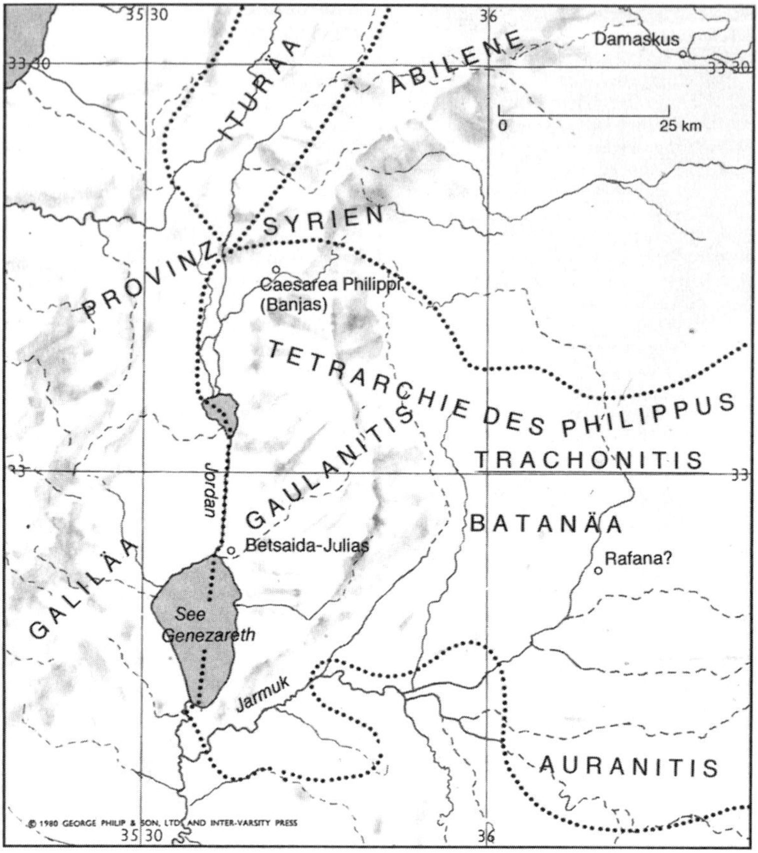

Das Gebiet der Trachonitis in der Tetrarchie des Philippus.

lieferung von Lehren oder Anweisungen. In der Bibel enthält der Begriff an sich noch keine Wertung: Überlieferung kann göttliche und menschliche, richtige und falsche sein.

1. Im Alten Testament.

Das AT kennt kein spezielles Wort für »Überlieferung«. Der Vorgang selbst wird jedoch mit zahllosen Worten beschrieben. Echte, auf Tatsachen oder *Offenbarung von Jahwe beruhende T. muß der nächsten Generation verkündigt werden, falsche, auf Menschenweisheit beruhende Überlieferung wird bekämpft: »Ihr sollt nicht nach den Geboten eurer Väter leben und ihre Gesetze nicht halten ... nach meinen Geboten sollt ihr leben, und meine Gesetze sollt ihr halten...« (Hes 20,18-19). Das Festhalten der wahren T. bedeutet nämlich Leben (Spr 4,13) und beengt nicht (Spr 4,12).

2. Die göttliche Tradition.

Im NT wird neben »Überlieferung« auch das Verb »überliefern« gebraucht, das jedoch auch »ausliefern« heißen kann. Die Belege verteilen sich auf die positive Überlieferung, die es festzuhalten gilt, und die negative Überlieferung, der gewehrt werden muß. *Lukas nennt als Quelle seines Ev.s die mündliche Überlieferung der Augenzeugen (Lk 1,2). Auch *Paulus beruft sich in 1Kor 15,3ff ausdrücklich auf die Zeugen, um die im Einklang mit der Schrift stehenden, überlieferten Tatsachen von Tod und Auferstehung Jesu zu verteidigen. Auch das Abendmahlsgeschehen geht auf Überlieferung zurück (1Kor 11, 23ff).

Neben die Überlieferung der historischen Tatsachen tritt die Überlieferung spezieller Weisungen der *Apostel oder des *Evangeliums und des *Glaubens überhaupt. Die Beschlüsse des *Apostelkonzils werden den Gemeinden als »Dogmen« überliefert, »damit sie sich daran halten« (Apg 16,4). In 2Thess 2,15; 3,6 sollen die »Weisungen« festgehalten werden, die überliefert wurden, »es sei durch Wort oder Brief von uns« (2,15). In 2Petr 2,21 wird von »heiligen, überlieferten Geboten« gesprochen. Eine Abkehr von ihnen entspricht der Abkehr vom Glauben überhaupt. In Jud 3 wird parallel dazu die Ermahnung ausgesprochen ». . .daß ihr für den Glauben kämpft, der ein für allemal den Heiligen überliefert ist«. Die positive Überlieferung im NT umfaßt also die Schrift (vgl. zum AT: 2Tim 3,15ff), das Evangelium und den Glauben als ganzes und die speziellen Tatsachenberichte und Anweisungen der Apostel.

3. Die menschliche Tradition.

So sehr das NT das Evangelium selbst als T. darstellen kann, so sehr bekämpft es andere T.en, die göttlichen Rang beanspruchen. In 1Petr 1,18 ist von einer »Erlösung von dem von euren Vätern überlieferten eitlen Wandel« nötig. (Das Wort *patroparadotos* erscheint nur hier und in späteren Schriften und scheint speziell für diesen Sachverhalt geprägt zu sein.) Das Urteil trifft jede menschliche Überlieferung: »Seht zu, daß euch niemand einfange durch Philosophie und leeren Trug, gegründet auf die Überlieferung von Menschen. . .« (Kol 2,8). Bei aller Unterschiedlichkeit soll nicht über das hinausgegangen werden, was geschrieben steht (1Kor 4,6), weil das Aufblähen gegeneinander führt, während das Empfangene eint (1Kor 4,6-7). Die Auseinandersetzung betrifft bes. die jüd. Überlieferung neben dem AT. Paulus lehnt diese »Überlieferungen der Väter«, für die er einst eiferte, ausdrücklich ab (Gal 1,14).

In bes. Maße findet sich diese Auseinandersetzung in den Evv. im Gespräch zwischen Jesus und den *Pharisäern und *Schriftgelehrten. (Die *Sadduzäer lehnten die mündliche Überlieferung neben dem AT weitgehend ab.) In Mt 15,1ff, Mk 7,1ff wird die T. dem Gebot und Wort Gottes scharf entgegengesetzt. Indem die T. beachtet wird, wird das Wort Gottes zunichte gemacht (Mk 7,13; vgl. Jesu Hinweis auf Jes 29,13). In der *Bergpredigt grenzt Jesus an speziellen Beispielen die Gebote des AT gegen die Überlieferung der Ältesten ab (Mt 5,17-6,18). Er verschärft das Gesetz nicht, sondern erinnert nur daran: Das Fluchwort, das Begehren einer Frau (10. Gebot), die Scheidung außer bei vorehelicher Unzucht, die Feindesliebe etc. finden sich schon im AT.

4. Zur Entstehung der Evangelien.

Die Frage nach der Tradition wird vor allem in der *Hermeneutik (Bibelverständnis), der Diskussion zur Entstehung der Evv. und in der Theologiegeschichte erörtert. Zur Entstehung der Evv. hat R. Riesner im Abschluß an B. Gerhardsson die Bedeutung der mündlichen T. im Judentum hervorgehoben und die zuverlässige Überlieferung der Evv. begründet.

5. Zur religionswissenschaftlichen Fragestellung.

Die Religionswissenschaft geht davon aus, daß jede Religion nicht nur eine grundlegende T. hat, sondern diese ständig ergänzt und umarbeitet. Aus der Stellung zur T. ergibt sich meist das Auseinanderstreben verschiedener Schulen und Konfessionen. Die christl. Theologiegeschichte stellt für sie daher zu Recht keine Ausnahme dar. Wenn das NT jedoch hinzukommende Gesetze ablehnt und ein Auseinanderdriften verschiedener Richtungen mit dem Hinweis auf die gemeinsame Schrift verhindern will, wird die Frage nach dem ambivalenten Charakter der T. neu zu diskutieren sein.

Literatur: B. Gerhardsson: Die Anfänge der Evangelientradition, 1977; R. Riesner: Jesus als Lehrer, [3]1988; H. Stadelmann: Grundlinien eines bibeltreuen Schriftverständnisses, 1985; R. Pache: Inspiration und Autorität der Bibel. F. Büchsel: ThWNT II, 1935, 174f. T.Sch.

TRAJAN.

T. (Marcus Ulpius Traianus), röm. Kaiser 89-117, wurde am 18.9.53 in Italica (Spanien) geboren, stieg als Offizier in der senatorischen Ämterlaufbahn bis zum Konsulat (91) empor und wurde von *Nerva am 27.10.97 adoptiert und zum Mitregenten bestellt. Im Jahre 101 eröffnete T. eine Offensive gegen das Dakerreich und machte es nach zwei Kriegen (106) zur röm. Provinz Dacia; zur gleichen Zeit wurde das nabatäische Arabien (*Nabatäer) ins Reich eingegliedert. Der Partherkrieg (114) führte T. an den Persischen Golf (116), ein jüd. Aufstand zwischen *Alexandria und *Zypern und die Erschöpfung der Kräfte zwangen ihn jedoch zum Abbruch der Offensive und zur Aufgabe großer Teile der neu eroberten Gebiete. Auf dem Rückweg starb T. am 8.8.117 in Selinus am Schwarzen Meer. Innenpolitisch hielt T. an *Domitians Absolutismus fest, vermied aber verletzende Formen. Von reger Bautätigkeit profitierten die Hauptstadt (u.a. Markthallen) und die Provinzen (Straßenanlagen). Sozialpolitische Maßnahmen, wie sie *Nerva eingeführt hatte (*alimenta*), setzte T. fort, jedoch wurde die Erschöpfung der Staatsfinanzen immer deutlicher sichtbar. T.s maß- und kraftvolles Kaisertum sowie seine humane Art sorgten für eine allg. Anerkennung des *optimus princeps,* der »Philosoph auf dem Thron«, der »Wohltäter der Menschheit« wurde gepriesen.

Literatur: Plinius der Jüngere: Briefe. Lateinisch und deutsch, hrsg. von H. Kasten, 51984; ders.: Panegyrikus. Lobrede auf den Kaiser Trajan. Lateinisch und deutsch, hrsg. von W. Kühn, 1985. K.G.

TRÄNEN s. Weinen

TRANK.

1. Der gewöhnliche T. der Israeliten war *Wasser, das man aus Brunnen oder Zisternen schöpfte (Jer 2,13). Daneben trank man *Milch von Schafen und Ziegen (5Mo 32,14; Spr 27,27), *Wein und berauschende Getränke. Der Wein war gegorener Traubensaft, der rein oder mit Gewürzen vermengt getrunken wurde. Außerdem kannte man ein saures Getränk, *Essig oder Weinessig mit Wasser oder Öl gemischt (Rut 2,14; Mt 27,48; Mk 15,36; Joh 29,29), bei den Römern ein Getränk der kleinen Leute, der Soldaten und Sklaven.

2. Das hebr. Wort *schēkār* bezeichnet das berauschende Getränk (LÜ: »starkes Getränk«; 1Sam 1,15; Spr 20,1; 31,4.6; Jes 29,9 u.ö.); der Stamm *schākar* hat die Bedeutung »sich betrinken, betrunken sein«. Welche Getränke mit *schēkār* jeweils gemeint sind, wissen wir nicht sicher. Neben dem Wein gab es noch andere gegorene Fruchtsäfte, etwa aus Äpfeln oder Datteln, vor allem aber Bier. Bekannt ist das ägypt. Bier, das aus Gerste, Weizen, wildem Safran und Salz gebraut wurde; doch auch aus Assyrien, Babylonien und Syrien ist Bier bekannt, z.T. kennt man auch verschiedene Zutaten und Zubereitungsarten. Das Destillieren dagegen war noch unbekannt.

Ein Kind trinkt aus einem Wasserschlauch. Relief vom Palast Sanheribs, Ninive, ca. 690 v. Chr. (BM)

3. Die im Heiligtum dienenden Priester und die Gottgeweihten (*Nasiräer) durften weder Wein noch starkes Getränk zu sich nehmen, ebenso keinen aus Wein oder starkem Getränk hergestellten Essig (3Mo 10,9; 4Mo 6,3; vgl. Lk 1,15). Auch die *Rechabiter tranken keinen Wein (Jer 35,6). Die Bibel enthält einerseits das Lob des Weines (Ps 104,15), sie billigt das Trinken von Wein und starkem Getränk (5Mo 14,26) und berichtet das Wunder von *Kana (Joh 2,1-11), andererseits aber warnt sie vor *Trunkenheit und verurteilt sie (1Mo 9,21ff; Spr 31,4.5; Eph 5,18). Der Betäubungstrank, den man den Verurteilten vor der Kreuzigung reichte (Mk 15,23), wird auf den Rat von Spr 31,6 zurückgeführt.

TRANKOPFER s. Opfer

TRAUBE s. Wein/-stock

TRAUER s. Begräbnis- und Trauersitten; s. Klage

TRAUM.

1. Religionsgeschichtlich betrachtet kommt dem T. schon im Altertum eine große Bedeutung zu. Man nahm an, der Mensch komme durch ihn mit der übersinnlichen Welt in Berührung. So findet sich z.B. in nicht wenigen Kulturen die Vorstellung, daß die Seele den Körper während des Schlafs verlasse. Nach weitverbreiteter Überzeugung sind T.e als Botschaften aus der jenseitigen Welt und damit als Mittel göttlicher *Offenbarungen zu verstehen. An dieser Einstellung änderte auch der schon früh vorgebrachte Einwand nur wenig, daß T.e doch auch von dämonischen Mächten eingegeben und deshalb trügerisch oder durch physische Ursachen (Essen, Wein, Erotik) hervorgerufen bzw. von Gedanken und Stimmungen des Tages bestimmt und deshalb nichtssagend sein könnten. Da jedoch nur ein kleiner Teil der T.e unzweideutige Mitteilungen enthielt, die Theorie aber dazu zwang, auch den anderen einen Sinn abzugewinnen, stellte sich die schwierige Aufgabe der Traumdeutung.

Zum einen versuchte man den Sinn der T.e

auf intuitiv-spekulativem Weg zu erfassen, etwa durch Wortspiele, zum anderen von einer empirischen Grundlage aus, indem man eine gesetzmäßige Verknüpfung zwischen einem bestimmten T. und einem ihm folgenden auffallenden Ereignis annahm. So wurde umfangreiches Material gesammelt, um die Traumdeutung zu erleichtern und in verschiedenen Traumbüchern überliefert (Babylonien, Indien, Ägypten, Griechenland). Schließlich aber wurde die Materie so kompliziert, daß nur noch der Fachmann beide in der Praxis verbundene Methoden richtig handhaben konnte, die Traumdeutung wurde zur »Wissenschaft«.

2. Auch im AT begegnet der T. in verschiedener Form als Offenbarungsmittel Gottes. So gibt es. T.e, die unmißverständliche Botschaften oder Anweisungen Gottes enthalten (1Mo 31,11-18.24; 1Kön 3,5-15) und solche, in denen er durch Bilder spricht (1Mo 37,5-11; 40,9ff; Ri 7,13ff; Dan 2; 4), die der Auslegung bedürfen. Da T.e aber kein Mensch von sich aus deuten kann, denn »Auslegen gehört Gott zu« (1Mo 40,8), ist er es auch, der Menschen von Fall zu Fall dazu befähigen kann.

Die Traumoffenbarungen des AT beziehen sich auf heilsgeschichtliche (1Mo 28,12ff), politische (1Mo 41) oder persönliche (1Mo 40,9ff) Bereiche. Gott benutzt sie, um in der jetzigen Zeit Gegenwart (1Sam 28,6.15) oder Zukunft (1Mo 37,5ff) zu enthüllen. Aber nicht nur mit den Seinen redet Gott im T., sondern auch Heiden teilt er sich auf diese Weise mit (1Mo 20,3; 41; Dan 2; 4). T.e werden also als göttlich legitimierte Offenbarungsmittel verstanden (4Mo 12,6; 1Sam 28,6.15; Dan 7,1ff) und vom Propheten *Joel den Ältesten der Israelgemeinde für die Endzeit verheißen (3,1). Dennoch haben sie für die atl. Offenbarung keine beherrschende Bedeutung gefunden. Keiner der großen Propheten beruft sich auf sie, und die direkte persönliche Begegnung Gottes mit seinem Boten zählt mehr als T.e (4Mo 12,6). Wird schon auf diese Weise dem Wort Gottes eine deutliche Priorität zugemessen, so warnt 5Mo 13,1-5 sogar ausdrücklich vor der Gefahr, T.e fälschlich als Offenbarungen zu verstehen und sich durch sie zum Abfall von Gott verleiten zu lassen. Aus dem gleichen Grund kritisiert der Prophet *Jeremia die Berufung der falschen Propheten auf T.e und weist sie entschieden zurück (23,25ff; 27,9f; 29,8f; vgl. auch Sach 10,2).

Von den Voraussetzungen her warnt die atl. *Weisheitsliteratur vor einer Überbewertung der T.e Sie werden als flüchtiger und nichtiger Trug (Ps 73,20; Hiob 20,8; vgl. auch Jes 29,7f), als Zeichen mangelnder Gottesfurcht (Pred 5,6) oder auch als Spiegelbilder menschlicher Wünsche (Pred 5,2; Sir 34,5ff; vgl. auch Jes 29,7f; Jer 23,25ff) betrachtet.

3. Gegenüber den zahlreichen Belegen im AT findet sich der T. (griech: *onar*) als Offenbarungsmittel in den Berichten des NT viel seltener. Zwar scheidet er auch hier als Mittel der Selbstkundgabe Gottes nicht völlig aus – Joel 3,1 kann noch zustimmend zitiert werden (Apg 2,17) – aber er bleibt auf Einzelfälle göttlicher Leitung beschränkt. Jud 8 hingegen warnt sogar vor Irrlehrern, die sich wohl auf T.e berufen (*enypniazomai*). So sucht auch kein ntl. Zeuge die zentrale Botschaft des Evangeliums oder auch nur wesentliche Teile derselben auf T. zu gründen. Auch Paulus erwähnt T.e in keinem seiner Briefe und führt nirgends einen Offenbarungsempfang auf sie zurück.

Die ntl. T.e unterscheiden sich aber von den atl. nicht nur durch seltenere Erwähnung, sondern auch von ihrem Inhalt her. Zum einen sind sie durchweg heilsgeschichtlich orientiert und nicht nur auf das Geschick des Individuums bezogen, zum anderen sind sie alle so klar und verständlich, daß keiner einer Deutung oder Auslegung bedarf. Der Träumende empfängt entweder direkte Weisung von Gott (Mt 2,12. 22), oder als Beauftragter erscheint ein Engel und verkündet, was geschehen wird oder zu tun ist (Mt 1,20; 2,13.19). Einzig der T., den die Frau des Pilatus im Zusammenhang mit der Verurteilung Jesu hat, ist womöglich von Bedeutung, bleibt von seinem Inhalt her jedoch undeutlich (Mt 27,19).

Auch die *Apostelgeschichte berichtet von einer Reihe von Offenbarungen, die Paulus in der Nacht empfing. Dabei wird allerdings entweder ausdrücklich von einer »Erscheinung« gesprochen (*horama*, Apg 16,9; 18,9), oder aber es bleibt offen, ob der Apostel träumte oder wach war (Apg 23,11; 27,23). Somit läßt es sich nicht mit Sicherheit sagen, ob es sich wirklich um T.e gehandelt hat. Für eine unscharfe Grenze zwischen visionärem nächtlichem Erleben und T. spricht auch, daß schon Dan 4,2 und 7,1ff dieselbe Offenbarung zunächst als T. (LXX: *enypnion*) und dann als Gesicht (LXX: *horasis/horama*) bezeichnet wird.

Literatur: A. Oepke: ThWNT V, 1954, 220-238; E.L. Ehrlich: RGG³ VI, 1001-1005. U.Th.

TRES TABERNAE.

Der für verschiedene Orte (vgl. Itinerarium Burdigalense 613,6; 617,2) belegte Name (griech. *Treis Tabernai*) weist entweder auf drei Läden oder Gasthäuser (»Tavernen«) hin. Die ntl. Straßenstation lag am Fuß der Albaner Berge an der Kreuzung der Via Appia mit der

Nebenstraße von Antium (heute Anzio) nach Norba, 33 röm. Meilen (ca. 48 km) südöstl. von *Rom zwischen den 16 bzw. 43 Meilen von der Reichshauptstadt entfernten Orten Aricia und Forum Appii (Meilenstein: CIL X, 6825). Christen aus Rom empfingen hier, eine Tagesreise auf dem Weg zum SO-Hafen Roms, Brundisium (heute Brindisi), wohl 60 n.Chr. *Paulus (Apg 28,15). Andere kamen ihm sogar bis Forum Appii entgegen. Bis dorthin hat er vermutlich mit seiner Bewachung den vom Tempel der Feronia bei Tarracina aus bis Tripontium (Torre di Triponti) die Pomptinischen Sümpfe durchquerenden Decemnovium-Kanal benutzt (vgl. Lucan, De bello civili 3,85; Tac. ann. 15,42,2), wie es auch die apokryphen Paulus-Akten (Lipsius II/1, 306) voraussetzen. Diese Reisemöglichkeit wird durch eine Beschreibung des röm. Dichters Horaz gestützt (Sat I 5,1-19; vgl. Strabo V 3,6 (233)). T. ist auch mehrere Male in den Briefen Ciceros erwähnt (Ad Atticum 1,13,1; 2,10; 2,12,2; 2,13,1; 2,10 wurde in Forum Appii geschrieben). Da die Trasse der Via Appia nachgewiesen werden kann, ist T. nicht, wie oft vermutet, beim heutigen Ort Cisterna zu suchen, sondern in der Nähe des Casale Torre Ubaldo (Esch, 25f). Der Ort, der schon 313 Bischofssitz war (Synode von Rom 313: »Felix [episcopus] a Tribus Tabernis«), am Ende des 6. Jh. verödete und nur zwischen 761 und 869 noch einmal aufblühte, harrt noch seiner Wiederentdeckung. Leider ist das großartige Kulturdenkmal der Via Appia noch immer nicht genügend vor modernen Zerstörungen geschützt, manches ist unwiederbringlich verloren; doch der Weg des Paulus von T. nach Rom ist noch begehbar. Jüngst angekündigte Sicherungsmaßnahmen sollen den Bestand retten und durch Grabungen ergänzen.

Literatur: A. Esch: Die Via Appia in der Landschaft, Antike Welt 19/1 (1988) 15-29; E.M.B. Green: NIDBA, 1983, 450; C.J. Hemer: ISBE IV, 1988, 843f; ders.: The Book of Acts in the Setting of Hellenistic History, 1989, 156; K. Miller: Itineraria Romana, 1916, 335; H. Philipp: PRE II 4,2, 1932, 1875. R.R./C.P.Th.

TREUE. Die hebr. Worte *'ämät* und *'ämunāh* gehören zum Grundstamm *'āman*. Die Herkunft der hebr. Wurzel *'āman* ist kaum eindeutig zu klären. Auch verwandte semit. Sprachen geben hierüber keinen Aufschluß. Mit dieser Wurzel eng verwandt ist das hebr. Wort *'āmēn*. Die Bedeutung von *'āman* und seinen Ableitungen ist vielschichtig. Der Sinn muß jeweils aus dem Zusammenhang erschlossen werden. Übersetzt wird das Wort mit »fest, zuverlässig, dauerhaft, beständig« bis hin zu »treu sein, vertrauen« und »glauben«. Die nominalen Ableitungen *'ämät, 'ämunāh* werden übersetzt mit »Treue, Zuverlässigkeit, Wahrhaftigkeit«. Bezeichnet *'ämät* mehr das treue Verhalten, so charakterisiert *'ämunah* stärker die Eigenschaft. Beide Begriffe stehen im engen Zusammenhang mit *Glaube und *Wahrheit. In der LXX und im griech. NT wird das hebr.*'āman* meist mit *pisteuein* und seinen Ableitungen wiedergegeben.

I. IM ALTEN TESTAMENT.

Der Begriff wird vieldeutig gebraucht und kommt in verschiedenen Ableitungen vor. Eine bes. Bedeutung hat das Verb in der Partizipialform bekommen: Betreuerin, Amme (4Mo 11,12), Betreuer, Vormund (2Kön 10,1.5; Est 2,7; Jes 49,23). Es handelt sich jeweils um Männer und Frauen, denen Kinder zu »treuen« Händen übergeben worden sind. Der überwiegende Gebrauch des Grundstammes *'āman* und seiner Ableitungen beschreibt die Beziehung von Menschen untereinander oder die Beziehung zwischen Gott und Mensch. In diesem Bedeutungsumfeld gewinnt dieses Wort einen theologischen Schwerpunkt im AT und wird zu einem Schlüsselbegriff in der Beschreibung des Verhältnisses des Volkes Israel zu seinem Gott sowie der T. Gottes zu seinem erwählten Volk. T. und Glauben, Untreue und Unglauben sind eng miteinander verbunden so wie Gottes Bundesschließung und Bundestreue zu seinem Volk. Er bleibt seinen *Verheißungen treu, trotz aller Untreue seines Volkes; darum ist sein Wort wahrhaftiges Wort, Wahrheit, denn es hat Bestand, ist fest und bleibt zuverlässig. Mit den hebr. Ableitungen von *'āman* wird auch das Verhalten gegenüber einer Botschaft von Menschen oder von Gott beschrieben. Darum die enge Bindung der Begriffe an das Wortfeld *Glauben. T. und Glauben bedingen einander.

1. Treue in der Beziehung von Menschen untereinander.

Positiv wird von zuverlässigen und gewissenhaften Menschen gesprochen (1Sam 22,14: David; 2Kön 12,16; 22,7; 2Chr 34,12: Bauleute, die Geld in Treu und Glauben verwalten; 1Chr 9,22: Torhüter; 2Chr 19,9: Richter; 2Chr 31,12.15: Priester; Neh 13,13: Priester und Schreiber; Spr 25,13: Boten; Jes 8,2: Priester als Zeugen). Mose bekommt den Rat, zuverlässige, aufrichtige und treue Männer an der Spitze des Volkes einzusetzen (2Mo 18,21). Doch zuverlässige und treue Menschen sind nicht leicht zu finden. Darum werden diese Eigenschaften bes. hervorgehoben (Spr 11,13; Ps 101,6); zur Wahrhaftigkeit wird ermahnt, bes. bei Gerichtsverfahren. Sowohl der Zeuge als auch der König als oberster Richter sollen der Wahrheit verpflichtet sein und treu bleiben (Spr 14,5.25; Sach 7,9; Spr 20,28; 29,14). Wahrhaftigkeit und Zuverlässigkeit sind Inhalte weisheitlicher Ermahnung (Ps 119,30 Weg und Wahrheit; Spr 3,3f; 23,23 vgl. auch Ps 37,3) und stehen im Gegensatz zum Leben in der Lüge (Spr 12,17.22; 14,5; Jes 59,4; Jer 5,1; 9,2), das sich auch auf die zwischenmenschlichen Ordnungen auswirkt (vgl. dagegen die positive Schilderung menschlichen Zusammenlebens in Sach 8, vor allem V. 8.16.19). Ein Leben in T., Wahrheit und Zuverlässigkeit ist ein Zeichen der Weisheit (Spr 22,21; Pred 12,10), bringt *Segen (Spr 28,20; vgl. dazu auch die Schilderung des Unaufrichtigen: Spr 23,1ff) und wird von Gott geschützt und vergolten (1Sam 26,23; Ps 31,24: Gläubige sind die Treuen, Aufrichtigen; Hab 2,4: statt Glauben auch T.). T., Aufrichtigkeit, Zuverlässigkeit, Glaubwürdigkeit und Wahrhaftigkeit dürfen nicht leichtfertig vorausgesetzt werden. Vor falschen Menschen wird gewarnt, Zeichen eines *Toren ist seine leichtfertige Vertrauensseligkeit (Spr 14,15; 26,25, s.a. Spr 20,6; Ps 12,2). Im Buch *Hiob wird die Skepsis zum Höhepunkt getrieben, indem selbst Gott keinem Menschen mehr Vertrauen entgegenbringt (Hiob 4,18; 15,15). Der Mensch ist also grundsätzlich nicht vertrauenswürdig. Dies kommt auch bei Jeremia in der Warnung vor seinen Brüdern zum Ausdruck (Jer 12,6). Auch *Josef traut seinen Brüdern nicht (1Mo 42,16) und überprüft ihre Rede auf ihren Wahrheitsgehalt. Ebenso mißtrauisch gibt sich *Jakob, als er hört, daß sein Sohn Josef noch lebe (1Mo 45,26). Grundsätzliches Mißtrauen und grundsätzlicher Vertrauensbruch sind die Zeichen der Verderbtheit Israels und der kommenden Schreckenszeit (Mi 7,5). Schwerwiegend ist auch die Klage, die der Prophet *Hosea erhebt: »Denn es ist keine Treue, keine Liebe und keine Erkenntnis Gottes im Land« (Hos 4,1). Dies hat seine Ursache in der fehlenden Gottesbeziehung des Volkes; und wo T. und Wahrhaftigkeit fehlen, werden Recht und Gerechtigkeit, welche das menschliche Miteinander regeln, mißachtet (Jes 59,14; Jer 5,1.3; 7,28).

2. Beziehung zwischen Gott und Israel.

Gott hält sich zu seinem Bund und erweist sich in der Geschichte als der Treue (5Mo 7,7-9). Er hat sich in T. mit Israel verlobt (Hos 2,22) und hält die T., die er geschworen hat (Mi 7,20). Er wird König und somit Herr der Geschichte bleiben, denn er ist der wahrhaftige Gott (Jer 10,10; vgl. Ps 93 und 96,13). Auf Gott ist Verlaß und sein *Wort hat Bestand, weil er sich zu seinem Wort hält. Darum ist sein Wort wahrhaftiges Wort, Wort der Wahrheit (2Sam 7,28; Ps 33,4; 93,5; 119,43.160). Dieses Wort erweist sich auch in der Konfrontation mit Lügenpropheten als wahr (Jer 23, 28); Träume des Menschen werden dem Wort Gottes gegenübergestellt (vgl. Jer 28,1f). Ebenso werden die Visionen des *Daniel als zuverlässig und wahr bezeichnet, weil diese Gott offenbaren (Dan 8,26; 10,1.21; 11,2). Dasselbe gilt auch von den Geboten und Ordnungen Gottes (Neh 9,13; Ps 19,8; 111,7; 119,43.86.138). Gottes Wort als wahrhaftiges und zuverlässiges Wort ernstnehmen und seine Gebote befolgen ist der Weg der Wahrheit (Ps 119,30 vgl. 26,3; 43,3; 86,3.11: Bitte um Weisung).

Güte (Gnade) und T. sind Gottes unverkennbare Eigenschaften und entsprechen seinem Wesen (2Mo 34,6; Ps 86,15; 89,15; Spr 3,3). Um seine Güte und T. wird gebeten, Gott wird in schwierigen Situationen an sie erinnert (Ps 40,11f; 57,4; 61,8; in Todesnot: Ps 30,10; 31,6; in Bedrängnis: Ps 40,12; 69,14). Seine T. gewährt Schutz und Geborgenheit (Ps 31,6; 91,4; vgl. Klgl 3,23). Gott führt Wege der »Güte und Treue die, welche seinen Bund und seine Gebote halten« (Ps 25,10). Hier wird deutlich, daß seine Güte und T. nach Antwort des Menschen verlangen, nach *Gehorsam und *Glauben. Ps 89 zeigt Gottes Bundestreue in der Geschichte seines Volkes auf, um diese T. in der Not einzuklagen (Ps 89,2.3.6.9.15.25. 34.50). In V. 38 wird auf das Bundeszeichen Gottes im Noahbund, den Regenbogen, zurückgegriffen. Auch in Ps 85 wird Gott um seine Hilfe gebeten, daß »Güte und Treue einander begegnen, Gerechtigkeit und Friede sich küssen, daß Treue auf der Erde wachse« (Ps 85,11f). Die Erfahrung der T. Gottes ist Grund zum Lob, zur Dankbarkeit und zum Bekenntnis, weil sie sich als zuverlässig und wahr erweist (Ps 33,4; 36,6, vgl. 57,11; 108,5: Wolken als Bild der grenzenlosen Treue; 40,11: Bekenntnis vor der Gemeinde; 71,22: im Alter; 89,2f: Bund mit David; 92,3: Danbkarkeit bei Tag und Nacht; Ps 100,5: Dank für die immerwährende Wahrheit/Treue Gottes; vgl. Ps 117,2; 119,90; 111,7: Ordnungen Gottes; 115,1: Gott allein die Ehre; 146,6: Treue des Schöpfers; Jes 25,1: Gottes Wirken; vgl. 5Mo 32,4: Lied des Mose). Die Geschichte Gottes mit Israel und dieser Welt ist von Beginn an die Geschichte seiner T. zu seinen Verheißungen (vgl. *Bund). Die Abrahamserzählung setzt ein mit Gottes Verheißung 1Mo 12,1ff. *Abraham verläßt sich auf Gottes Verheißung und seine T.; er vertraut sich Gott an und macht die Erfahrung der T. und Güte Gottes. Abraham bleibt Gott auch in der Anfechtung treu (1Mo 22,1ff). Auch hier erweist sich Gott als der Treue, der zu seinen Verheißungen steht. Abrahams Glaube und Vertrauen wird ihm zur Gerechtigkeit gerechnet (1Mo 15,6); er gilt vor Gott als treu (Neh 9,7f). Auch Abrahams Knecht *Eliëser macht bei der Brautwerbung für *Isaak die Erfahrung der Güte und T. Gottes 1Mo 24,27.48.49. *Jakob erkennt angesicht der Begegnung mit *Esau seine Schuld und erkennt, daß er Gottes Barmherzigkeit und T. nicht würdig ist. Er beruft sich aber auf die Verheißungen Gottes (1Mo 32,11ff). Das Verhältnis Israels zu seinem Gott ist schon in der Frühzeit belastet durch Untreue und mangelndes Vertrauen d.h. Unglauben. Dies wird auch im Rückblick auf den Zug durch die Wüste festgehalten (Ps 78, 8.32.37: das Herz war nicht fest, das Volk war nicht treu; Ps 106,24: sie glauben nicht, vgl. 4Mo 14,11; 5Mo 1,32; 9,23). *Mose zweifelt daran, daß das Volk ihm Vertrauen entgegenbringen wird. Gott aber gibt Zeichen der Beglaubigung (2Mo 4,1; 14,31; 19,9), damit sich seine Berufung als zuverlässig erweist. Nach der Landnahme fordert *Josua das Volk auf, Gott treu zu dienen (Jos 24,14). Auch die Königszeit fällt unter das Urteil der Untreue und des Unglaubens Israels (2Kön 17,14: Verwerfung des Nordreiches; Hos 12,1: Klage gegen das Nordreich und Juda). Der Prophet *Hosea fragt nach der T. im Land und zeigt die gesellschaftlichen Folgen auf, die die Untreue Israels gegenüber Gott mit sich bringt (Hos 4,1). Ebenso klagt *Jeremia über Israel, es sei ein »treuloser Haufe« (Jer 9,1). In Hes 14,13 wird von Israels Treubruch gesprochen, wodurch es dem Gericht verfällt. Gottes Gericht geschieht in Wahrheit, in T. zu sich selbst (Ps 96,13). In Israel wird sich ein *Rest in T. auf den Herrn verlassen (Jes 10,20). Doch trotz der Untreue Israels bleibt Gott sich in seinen Verheißungen und seinem Bund mit Israel treu (Jes 49,7) und wird einen ewigen Bund schließen als Lohn in T. (Jes 61,8). In T. wird Gott Israel, sein Volk, in sein Land einpflanzen (Jer 32,41: »gewiß« ist mit »Treue« zu übersetzen). Gott wird der Gott sein in T. und Gerechtigkeit (Sach 8,8). Die untreue Stadt Jerusalem wird wieder zu einer treuen Stadt werden, in der Gerechtigkeit wohnen wird (Jes 1,21.26). Israel wird Zeuge der T. Gottes werden vor allen Völkern, die wiederum anerkennen müssen: Es ist Wahrheit (Jes 43,9f). Der kommende Gottesknecht wird sich durch Gerechtigkeit und T. auszeichnen (Jes 11,5; 43,3f). Wie vielschichtig dieses Wort in bezug auf die Übersetzung mit »Glauben« ist, zeigt die Reaktion der Leute aus Ninive auf die Botschaft des Jona (3,5); sie glaubten, d.h. sie nahmen die Botschaft als zuverlässig, sie nahmen sie ernst (dagegen Mt 12,41). Ebenso steht hinter dem Begriff »Glauben« in Hab 2,4 die T.: »der Gerechte wird aus Glauben leben«, T. und Glauben gehören im AT eng zusammen und geben die wechselseitige Beziehung zwischen Gott und seinem Volk Israel wieder. Gott bleibt seinen Verheißungen, sich selbst treu; sein Wort ist verläßlich, darum auch wahrhaftig und die Wahrheit.

II. IM NEUEN TESTAMENT.

Die Vielschichtigkeit und die verschiedenen Bedeutungen der atl. Begriffe von *'āman* werden im NT aufgenommen und verschmolzen in dem griech. Begriff *pisteuein* und dessen Ableitungen *pistis*, »Glaube, Vertrauen«, und *pistos* »treu, zuverlässig, gläubig«. *Pisteuein* bedeutet: »sich verlassen auf, vertrauen, Glauben schenken, glauben«. Im Unterschied zum AT ist der Glaube nicht mehr die Antwort auf Gottes Wirken und auf seine Verheißungen dem Volk Israel gegenüber, sondern die Verheißungen und die T. Gottes haben ihre Zuspitzung und Erfüllung in Jesus Christus als dem Gekreuzigten und Auferstandenen. In ihm schließt Gott den neuen Bund des Heils und seiner T.

1. Gottes Treue in Jesus Christus.

In Anspielung auf den Davidbund (Jes 55,3) wird in der Predigt des Apostels Paulus in Antiochia darauf hingewiesen, daß Gott durch die Auferweckung seines Sohnes den alten Bund treu bewahrt und vollendet hat (Apg 13,34; vgl. 2Kor 1,20). Die T. Gottes wird von Paulus in Röm 3 entfaltet. Die Untreue des Volkes Israel kann Gottes T. nicht aufheben (Röm 3,3). Gott bleibt sich selbst treu und ist wahrhaftig (Röm 3,4). Paulus verweist auf Abrahams Vertrauen und seine T. den Verheißungen Gottes gegenüber bei der Entfaltung dessen, was Glaube ist (Röm 4,13f; Gal 3,9). Gott beruft im neuen Bund in die Gemeinschaft seines Sohnes (*Ruf/Berufung, *Erwählung). Er bleibt der treue Gott und bewahrt bis auf den Tag Jesu Christi (*Gericht) in allen Anfechtungen und Versuchungen (1Kor 1,8f; 10,13; 1Thess 5,24; 2Thess 3,3). Darum dürfen sich alle, die nach Gottes Willen leiden, geborgen wissen (1Petr 4,19). Gott bleibt treu, trotz der Untreue des Menschen (2Tim 2,13), und vergibt unsere Sünden (1Joh 1,9). Gottes Wort in Jesus Christus ist das wahrhaftige Wort und ist des Vertrauens wert (1Kor 1, 18f; 1Tim 1,15; 4,9; Offb 21,5; 2Kor 1,18f). Es wird angeknüpft an das AT, das Gottes Wort als zuverlässig und wahrhaftig kennzeichnet (Dan 8,26; 10,1.21; 11,2; vgl. Offb 21,5). Dieses gewisse, zuverlässige Wort gibt Kraft, der *Irrlehre zu widerstehen (Tit 1,9).

Christus selbst ist der wahrhaftige, treue Zeuge dieses Wortes Gottes (Offb 1,5; 3,14). Wer diesem Wort treu bleibt, wird die »Krone des Lebens« tragen (Offb 2, 10). Jesus Christus wird als der treue Hohepriester bezeichnet, der vor Gott die Sünden sühnt (Hebr 2,17, vgl. auch 1Sam 2,35). In ihrer T. zu Gott werden Mose und Christus gegenübergestellt: Mose war treu als Knecht, Christus als Sohn Gottes (Hebr 3,1-6). Christi Heilstat ist das Bekenntnis der Hoffnung, an dem es festzuhalten gilt, denn Gott ist getreu, der solche Hoffnung verheißen hat (Hebr 10,19-23). Die Glaubenszeugen des AT vertrauten auf Gott, der sich als treu erwiesen hat in seinen Verheißungen (Hebr. 11,1f). Glauben heißt nach dem Brief an die Hebräer, Gott für treu halten und aufsehen zu Jesus, dem Anfänger und Vollender des Glaubens (Hebr. 12,2).

2. Treue in der Verkündigung Jesu. Die T. und das Treusein werden in den Evv. des Matthäus und Lukas im Horizont der *Wiederkunft Jesu Christi gesehen und in Gleichnissen zum Ausdruck gebracht (Mt 25,14-30 par.; Lk 19,12-27: Gleichnis von den anvertrauten Pfunden, Mt 24,45-51 par., Lk 12,41-46: treue und böse Knechte). T. meint die Bereitschaft für das Kommen Jesu Christi. Lukas mahnt zur T. im Geringsten, zur T. in der Verwaltung von Geldgeschäften als Vertrauenserweis (Lk 16,10-13). Paulus benutzt das Bild vom treuen Haushalter zur Abwehr von Vorwürfen seitens der Korinther (1Kor 4,1f). Im JohEv. ist die T. zu Gott und seine T. zu uns in dem Wort »bleiben« ausgedrückt (Joh 15,4f).

3. Treue in bezug auf Menschen.

Der Begriff *pistos* wird auf Menschen bezogen und meist mit »gläubig« übersetzt (u.a. Joh 20,27; Apg 10,45; 2Kor 6,15; Eph 1,1; 1Tim 4, 10.12; 5,16; 6,2; 2Tim 2,2). In Offb 17,14 kann *pistos* auch als die »Treuen« übersetzt werden. In der Bedeutung »treu, zuverlässig« wird auch im NT von Menschen gesprochen. Indirekt, ohne das Wort zu gebrauchen, wird von den Pharisäern und Schriftgelehrten gesagt, daß sie sich selbst nicht treu sind, sondern Heuchler sind (Mt 23,23). Paulus bezeichnet etliche seiner Mitarbeiter als treu: *Timotheus (1Kor 4,17), *Tychikus (Eph 6,21; Kol 4,7), *Epaphras (Kol 1,7) sowie den Sklaven *Onesimus (Kol 4,9). Paulus dankt Gott für seine große Barmherzigkeit, daß er ihn selbst als treu befunden und in das Apostelamt berufen hat (1Tim 1,12f). Timotheus gibt er den Rat, die Botschaft von Jesus Christus treuen Menschen als Zeugen anzubefehlen (2Tim 2,2). In 1Petr 5,12 wird *Silvanus als treuer Bruder bezeichnet. Als ein treuer Zeuge (Märtyrer) wird in Offb 2,13 *Antipas aus der Gemeinde in Pergamon erwähnt (vgl. Offb 2,10). T. wird in den Familien vorausgesetzt, ohne daß der Begriff erwähnt wird (Eph 5,21-6,9; vgl. Kol 3,18-4,1; 1Tim 3,12; 5,9-14; 1Petr 2,18-3,7), ebenso im Bischofsamt (1Tim 5,17-25; 1Petr 5,1-9) und auch im Verhältnis der Sklaven zu ihren Herren (1Petr 2,18-25). Hier zeigt sich, daß im gemeindlichen, familiären und gesellschaftlichen Leben die T. unabdingbare Voraussetzung ist und solches Leben vorbildlichen Charakter hat. In 3Joh 5 wird die treue Hilfeleistung eines Mannes namens *Gajus gegenüber den fremden Brüdern bezeugt. Diese kleine Notiz zeigt, daß sich der Glaube an Jesus Christus und das Leben in seiner Wahrheit auch in den zwischenmenschlichen Beziehungen auswirken. Darum wird neben anderen Früchten des Geistes auch die T. erwähnt (Gal 5,22.25). Der Glaube an Jesus Christus hat auch eine ethische Konsequenz, nicht als Gesetz, aber als Frucht des Geistes. Das Zeugnis der Heiligen Schrift ist das Zeugnis und die Botschaft von der T. Gottes, der sich in seinen Verheißungen und in der Sendung seines Sohnes treu bleibt gegen die Untreue der Menschen. Er bleibt sich selbst im Gericht treu; seine T. hält uns gegen all unsere Untreue.

Literatur: E. Brunotte: Bibl. Theol. Handwörterbuch zur Lutherbibel, 1957, S. 606; R. Bultmann: ThWNT VI, 1959, 197ff; O. Michel: TBLNT I, [4]1986, 565f; A. Weiser: ThWNT VI, 1959, 174ff; H. Wildberger: THAT I, [4]1984, 210f. M.He.

TRIBUT. T. im Sinne einer Pflichtabgabe, die ein Staat einem anderen als Zeichen der Unterwerfung entrichtet, ist ein weitverbreitetes Merkmal zwischenstaatlicher Beziehungen in der bibl. Welt. Der Tributär konnte entweder ein feindlicher Staat oder ein Alliierter sein. Wie Deportation zielte auferlegter T. darauf ab, einen feindlichen Staat zu schwächen. Deportation zielte auf die Verringerung der Menschenzahl; das Ziel der Tributabgabe war ein doppeltes: den unterworfenen Staat materiell zu schwächen und gleichzeitig das Staatseinkommen des Eroberers zu erhöhen und diesem Lebensunterhalt auch in Zeiten von Versorgungsengpässen im eigenen Land zu sichern. Es handelt sich um eine einfache, aber wirkungsvolle politische Maßnahme von einem unterworfenen Land T. zu fordern. Die Weigerung, T. zu leisten, wurde als ein Zeichen der Rebellion angesehen und zog Strafexpeditionen nach sich, mit denen die Widerspenstigen zur Räson gebracht werden sollten (vgl. 1Mo 14). Bereits in sumer. Literatur finden sich Hinweise auf Tributzahlung, wenngleich ein spezieller Begriff dafür anscheinend nicht in Gebrauch war. Die Szene auf der

Nubier überbringen Gold als Tribut. Wandgemälde aus einem Grab in Theben, ca. 1400 v. Chr. (MH)

Rückseite der Standarte von *Ur könnte darstellen, wie T. überbracht wird, da die Träger in ihrem Aussehen den auf der Vorderseite abgebildeten Feinden entsprechen (Woolley, Ur Excavations 2, S. 266ff). Auch im alten Ägypten ist oft auf Tributzahlungen hingewiesen. Eine thebanische Grabinschrift lautet z.B.: »Die Darbringung von Steuerabgaben aus Rtnw [Syrien etc.] und die Abgaben der nördlichen Länder: Silber, Gold, Malachit, wertvolle Steine, aus dem Land des Gottes, von den Großen aller Länder, als sie zu dem

Israeliten bringen im Auftrag Jehus Salmanassar III. von Assyrien Tribut in Form von Edelmetallen, wertvollen Gefäßen und Früchten. Schwarzer Obelisk, Nimrud, ca. 840 v. Chr. (BM)

guten Gott kamen [d.h. zum König] um sich zu unterwerfen und um Milde zu bitten« (Urkunden des ägypt. Altertums 4, 1007, 8ff; AOT, S. 82ff). Die ägypt. Könige sind allerdings nicht darüber erhaben, Geschenke als T. anzusehen. Thutmosis III. berichtet den Empfang von T. von Assyrien; wir wissen aber, daß er eine Gegengabe von 20 Talenten Gold an Aschschur-nādin-ahhē machte (Amarna-Brief 16,21).

In Assyrien hatte die Tributzahlung die größte Bedeutung. Der erste Hinweis auf T. findet sich bei Schamschi-Adad I. im 18. Jh.v.Chr. T. wird durchgehend bis in neubabylon. Zeit bezeugt. *Kores/Kyrus prahlte, daß alle Könige der Mittelmeerwelt bis zum Pers. Golf ihm T. entrichteten. Aus assyr. Quellen erfahren wir, daß auch Israel dazu gezwungen wurde. *Salmanassar III. (858-824 v.Chr.) verpflichtete *Jehu zu Tributleistungen. Auf einer der Bildtafeln des Schwarzen Obelisken ist Jehu dargestellt, wie er sich vor dem assyr. König niederwirft. Adadnirari III. (810-782 v.Chr.) rechnete Israel zu den Staaten (*Tyrus, *Sidon, *Edom, Philistäa), von denen er T. erhielt (TGI, S. 53f). *Tiglatpilesar III. (745-727 v.Chr.) empfing Tributzahlungen von *Menahem von Israel und von *Ahas (den er Jehoahas nennt). Später gibt er an, *Pekach entthront, *Hoschea (als Marionettenkönig) inthronisiert und T. in Form von Gold und Silber empfangen zu haben (TGI, S. 55f.59; 2Kön 15,17-30; 16,7-18). *Sargon II. (722-705 v.Chr.) trieb nicht nur T. von Israel ein, sondern deportierte auch einen Teil der Bevölkerung Samarias (2Kön 17,6; 17,24-34; 18,11 vgl. TGI, S. 60). Die genaueste Tributliste bietet *Sanherib (705-681 v.Chr.). Sie führt nicht nur große Mengen Gold und Silber auf, sondern auch wertvolle Einlegearbeiten und sogar Musiker, die *Hiskia ihm sandte (TGI, S. 67ff). *Manasse, König von Juda, wird von Asarhaddon (681-669 v.Chr.) und Assurbanipal (668-627 v.Chr.) als tributpflichtig erwähnt (TGI, S. 70). Im AT gibt es eine Anzahl von Begriffen, die Steuerabgaben im allg. bezeichnen, keiner davon scheint jedoch ausschließlich die Bedeutung von Tributzahlung zu haben. Hebr. *ʾäschkār,* zweimal belegt (Ps 72,10; Hes 27,15), könnte zumindest im Psalm die Bedeutung T. haben. *mas* begegnet 22mal, scheint aber allg. mehr die Bedeutung von Fronarbeit zu haben (vgl. 2Mo 1,11; 1Kön 5,27f); an einer Stelle wie Est 10,1 könnte T. gemeint sein. *massāʿ* scheint zweimal eine Steuer oder *Abgabe zu bezeichnen (Hos 8,10; 2Chr 17,11). *ʿōnäsch* in 2Kön 23,33, und möglicherweise auch in Spr 19,19, bezeichnet T., das Verb derselben Wurzel kann aber auch eine Geldstrafe meinen (vgl. 2Mo 21,22). *mäkäs,* in der LÜ mit »Abgabe« übersetzt (4Mo 31,28.37-41), war eine Zwangsabgabe aus der Kriegsbeute. *belō* (aram.) kann sich nicht auf »Tribut« im strengen Sinn beziehen (Esr 4,13.20; 6,8; 7,24). *middāh,* in hebr. und aram. Kontext gebraucht, könnte sich auf Zinsabgaben beziehen (Esr 4,13.20; 6,8; 7,24; Neh 5,4). In manchen Abschnitten könnte hebr. *minchāh* T. bedeuten (wie in 2Sam 8,2.6), der von unterworfenen *Moabitern und *Syrern zu *David gebracht wird, oder von Ägyptern an Assyrien gesandt wird (2Kön 17,4); aber in 2Kön 20,12 ist eindeutig ein Geschenk gemeint, da *Merodach-Baladan kein Vasall *Hiskias war. Daß T. im AT nicht mehr Bedeutung zugemessen wird, mag der Tatsache zuzuschreiben sein, daß Israel als kleiner Staat wenig Möglichkeiten hatte, T. zu fordern. Die Geschenke, die *Hiram, der König von *Tyrus, *Salomo brachte, waren die Gaben eines Alliierten und Freundes, die mit der Erwartung überreicht wurden, daß Salomo sich revanchieren würde (1Kön 5,15ff; 9,11.14).

Literatur: W.J. Martin: Tribut und Tributleistungen bei den Assyrern, 1936; J.N. Postgate: Neo-Assyrian Royal Grants and Decrees, 1969, S. 9-16; J. Nougayrol: PRU, 3, S. 31-32; M. Clauss: Geschichte Israels, 1986; H. Donner: Geschichte des Volkes Israel und seiner Nachbarn in Grundzügen I, 1984, II, 1986.

W.J.M./A.R.M.

TRINITÄT. Der Grundbegriff der überlieferten kirchlichen Gotteslehre (*Gott): Von dem einen Gott redet die Christenheit in den drei »Personen« Vater, Sohn und Heiliger Geist. Das latein. Wort *trinitas* ist eine Verbindung der beiden Bestandteile *tri-* (»drei«) und *unitas* (»Einheit«) und wird im Deutschen mit »Dreieinigkeit« oder (röm.-katholisch) »Dreifaltigkeit« wiedergegeben.

Bereits das NT kennt die Zusammenstellung der Größen Vater, Sohn und Heiliger Geist (Mt 28,19). Eine Trinitätslehre, wie sie im 4. Jh. zur verpflichtenden Lehrnorm (Dogma) erhoben wurde, liegt hier jedoch noch nicht vor. Es ergeben sich folgende Fragen: Worin entspricht das Dogma des 4. Jh. den im NT gegebenen Grundlinien der Gotteslehre? Wo bringt es anderes, Neues oder Fremdes gegenüber dem bibl. Zeugnis? Und auf der anderen Seite: Welche bibl. Grundanliegen werden durch das Trinitätsdogma zur Geltung gebracht? Welche bleiben in der Lehrbildung der Kirche auf der Strecke?

Hieraus ergeben sich die Aufgaben: 1. die im Bekenntnis der Alten Kirche niedergelegte Trinitätsauffassung am bibl. Zeugnis zu überprüfen;

Semitische Gesandte überbringen Tribut, u. a. ein Salbhorn. Wandgemälde aus dem Grab Sebekhoteps in Theben, ca. 1420 v. Chr. (BM)

2. die dreigliedrigen (»triadischen«) Gottesaussagen des NT in ihrer Eigenart und ihrer Bedeutung im gesamten Zusammenhang der Bibel aufzuzeigen.

I. ZUR DOGMENGESCHICHTLICHEN ENTWICKLUNG.

Der Begriff T. findet sich zuerst bei dem latein. schreibenden Kirchenlehrer Tertullian (Ende des 2. Jh.). Die griech. schreibenden Theologen vor ihm hatten von der »Dreiheit« (*trias*) gesprochen. Bereits bei Tertullian und dann verstärkt in den folgenden zwei Jh. wird in Auseinandersetzung mit Irrlehren eine kirchliche Trinitätslehre ausgebildet, die zwar die Eigenart des bibl. Gotteszeugnisses zu bewahren sucht, die durch ihr Eingehen auf philosophische Begriffe (*Stoa, Platonismus) aber auch ein gegenüber der Bibel eigenständiges dogmatisches Denken begründet. Das trinitarische Dogma (Konzil von Nizäa, 325, ergänzt in der Aussage über den Heiligen Geist im Konzil von Konstantinopel, 381) bildet zusammen mit dem christologischen Dogma (Konzil von Chalzedon, 451: Christus ist »wahrer Gott und wahrer Mensch«) den Kernbestand des kirchlichen Dogmas, nicht nur der röm.-katholischen und der orthodoxen, sondern auch der evangelischen Kirchen. Bei den sog. Apologeten, den das Christentum mit Hilfe der Philosophie gegen jüd. und heidnische Bestreiter verteidigenden Theologen der zweiten Hälfte des 2. Jh., ging es um die Gestalt Jesu in ihrem Verhältnis zu Gott und zur Welt. Bereits hier wird weniger auf den Erdenweg als auf die vorzeitliche Existenz des Gottessohnes geachtet, (s. *Präexistenz). Er ist »das Wort«, das vor der Weltschöpfung beim Vater war (vgl. Joh 1,1), durch das die Welt geschaffen wurde und das in Jesus Fleisch geworden ist (Joh 1,3.10. 14). Das in Joh 1 verwendete griech. Wort *Logos* nimmt den atl. und hellen.-jüd. Gedanken der »Weisheit« auf, die als eigene Größe neben Gott an der Weltschöpfung beteiligt gewesen ist (Spr 8,22-36; Weish 7,21; 8,3). *Logos* ist aber auch »Vernunft«, und der von der stoischen Philosophie geprägte Theologe des 2. Jh. versteht Joh 1 im Sinne der Weltvernunft, des Ordnungsprinzips aller Dinge.

Mit der Logoslehre konkurrierte eine andere Auffassung, die in Christus nicht eine eigene Größe neben und unter Gott dem Vater sah, sondern eben diesen Vater selbst, nur in einer anderen Erscheinungsweise (Modus), weswegen ihre Vertreter Modalisten genannt wurden. Je nach Entschluß habe der eine Gott einmal als Schöpfer und Gesetzgeber gewirkt, dann als Erlöser und schließlich als der Heilige Geist. Ob er sich damit aber wirklich offenbart hat? Ist er nicht vielmehr hinter verschiedenen »Masken« letztlich verborgen geblieben? Gegenüber dieser schillernden Beliebigkeit hatte die Logos-Christologie den Vorteil, daß sie die geschichtliche Gestalt Jesu als gültige *Offenbarung Gottes ansprechen und gleichzeitig eine vermittelnde Stellung des Sohnes im Verhältnis zum ewigen und unveränderlichen Gott ausdrücken konnte.

Der entscheidende trinitarische Streit des 4. Jh. setzt den Sieg der Logos-Christologie voraus. Der alexandrische Presbyter Arius († 336) sah in Christus keineswegs einen bloßen Menschen, sondern durchaus den präexistenten (vorzeitlichen) Logos, wollte aber die Einzigartigkeit des ewigen Gottes dadurch wahren, daß er den Logos als – wenn auch »vor allen Zeiten« – »geschaffen« vom Vater abrückte und ihm nicht das Prädikat »wesensgleich« (*homo-usios*) zuerkannte. Im strengen Sinn kann Arius den Sohn nicht »Gott« nennen. Konnte dieser dann aber die Erlösung bringen? Diese Frage wurde ausschlaggebend, zumal sie in einer Zeit zu beantworten war, die die Erlösung im Sinne des Hellenismus wesentlich naturhaft verstand (vgl. bereits 2Petr 1,4). Den Streit der Theologen, bei dem die Vertreter des *homo-usios* bei den westl. Theologen Unterstützung fanden, wurde auf dem Konzil von Nizäa 325 durch persönliches Eingreifen des Kaisers Konstantin gegen Arius und seine Anhänger entschieden: Der Logos ist »wahrer Gott vom wahren Gott, gezeugt, nicht geschaffen«. Die Unterordnung des Sohnes (Subordinationismus) war abgewiesen, gleichzeitig die Tendenz eines modalistischen Mißverständnisses geöffnet. Hier brachten die an Nizäa anschließenden Streitigkeiten, die vor allem aus der Opposition der östl. Kirchen herrührten, eine gewisse Korrektur, insofern mit dem Stichwort des »einen Wesens« jetzt eine deutlichere Auffassung der drei Personen bzw. Wesenheiten (Hypostasen) verbunden wurde: »ein Wesen – drei Hypostasen« war die Formel, die sich durchgesetzt hat, endgültig auf dem Konzil von Konstantinopel, 381. Daß die Lehre ausdrücklich auch den Heiligen Geist in das *homo-usios* mit einschloß, war durch nachnizänische Auseinandersetzungen mit Jungarianern nötig geworden. Dabei wurde der Geist nicht wie der Sohn als vom Vater gezeugt (bzw. geboren), sondern als vom Vater »ausgehend« bezeichnet.

Auf der Grundlage der Lehrentscheidungen des 4. Jh. hat die theologische Arbeit an der Trinitätsfrage weiter aufgebaut, insbesondere in der Unterscheidung einer immanenten (=Wesens-)Trinität von der ökonomischen (heilsgeschichtlichen) (Offenbarungs-) Trinität. Der bedeutendste Trinitätstheologe wurde Augustin († 430). Ihn beschäftigten neben den innergöttlichen Beziehungen der drei Personen besonders deren Entsprechungen (Analogien) in der Weltwirklichkeit und vor allem in der Seele des Menschen. Im Geheimnis der Liebe, wo ein Liebender mit einem geliebten Gegenüber durch das Geschehen der Liebe verbunden ist, werden wir nach Augustin auf die T. zurückverwiesen.

Ein Nachklang zu den trinitarischen Kämpfen, in denen östl. und westl. Kirchen immer wieder kontrovers gegenüberstanden, ergab sich durch das sog. *Filioque.* Westl. Theologen hatten im Text des Nizänischen Glaubensbekenntnisses das Ausgehen des Geistes vom Vater durch den Zusatz »und vom Sohne« (latein. *filioque*) ergänzt, eine Formulierung, die sich seit Ende des 6. Jh. im W immer mehr durchsetzte, die sich auch auf ntl. Belege stützen kann (Joh 16,7; Apg 2,33), die aber im O auf scharfen Widerstand stieß und bei der großen Kirchenspaltung zwischen röm.-katholischer und griech.-orthodoxer Kirche im Jahre 1054 eine Rolle gespielt hat. Der bekenntnismäßige Niederschlag der trinitarischen Lehrentscheidungen findet sich noch nicht im Apostolischen Glaubensbekenntnis – dieses läßt sich vielmehr durchaus noch subordinatianisch verstehen –, sondern erst im Nizänischen (sog. Nicaeno–Constantinopolitanum): Hier ist ein älteres Taufbekenntnis durch die entsprechenden dogmatischen Zusätze (im folgenden kursiv gesetzt!) erweitert worden:

Ich glaube ... an einen Herrn Jesus Christus, den Sohn Gottes, den eingeborenen, der gezeugt ist vom Vater,

d.h. aus dem Wesen des Vaters Gott von Gott, Licht von Licht,

wahren Gott vom wahren Gott, gezeugt, nicht geschaffen, dem Vater wesensgleich, durch den alles geworden ist, das im Himmel und das auf der Erde, der um uns Menschen und unserer Seligkeit willen herabgekommen und Fleisch geworden, Mensch geworden ist ...

Und an den Heiligen Geist, den Herrn und Lebendigmacher,

der aus dem Vater hervorgeht, der mit dem Vater und dem Sohn zugleich angebetet und verherrlicht wird der durch die Propheten geredet hat.

Insbesondere aber spricht sich im sog. Athanasianischen Glaubensbekenntis (6. Jh.) die trinitarische Lehrfassung aus: »Dies ist aber der rechte christliche Glaube, daß wir einen einzigen Gott in drei Personen und drei Personen in einer einzigen Gottheit ehren und nicht die Personen untereinander vermischen noch das göttliche Wesen (*substantia*) zertrennen ... Denn gleichwie wir nach christlicher Wahrheit eine jede Person für sich als Gott und Herrn bekennen müssen, so dürfen wir doch im christlichen Glauben nicht drei Götter oder drei Herren nennen. Der Vater ist von niemand weder gemacht, noch geschaffen, noch geboren (gezeugt). Der Sohn ist allein vom Vater, nicht gemacht, noch geschaffen, sondern geboren (gezeugt). Der Heilige Geist ist vom Vater und vom Sohne, nicht gemacht, nicht geschaffen, nicht geboren (gezeugt), sondern ausgehend ...«

Im Vergleich zur denkerischen Arbeit der Kirchenväter haben Mittelalter und Reformation wenig Neues zur Trinitätslehre beigetragen. In der Neuzeit, bereits seit dem 16. Jh. und vollends im Zeitalter der Aufklärung, gerät das Trinitätsdogma wie aller Offenbarungsglaube in eine tiefe Krise, die damit zusammenhängt, daß der Mensch sich mit seinen eigenen Möglichkeiten des *Erkennens von den überkommenen Autoritäten und ihrem Wahrheitsanspruch freizumachen versucht. Werden in der Neuzeit grundsätzlich die Wissenschaften als Hort und Garanten jeglicher Erkenntnis von Wirklichkeit verstanden, so kann das überlieferte Dogma teils als bedeutungslos gewordenes Überlieferungsgut fallengelassen (z.B. im Atheismus), teils als Interpretament einer wissenschaftlich begriffenen Wirklichkeit herangezogen (Hegel), teils aber auch in einer lehrmäßigen Entfaltung wieder aufgenommen werden, die seine Wahrheit in einem von den Wissenschaften nicht erreichbaren eigenen Bereich aufzuweisen sucht (Schleiermacher, Barth). Pietistische Frömmigkeit der Gegenwart, hierzu durchaus unterschieden von den pietistischen Vätern der Barockzeit, hat für die Ergebnisse der Dogmengeschichte im allg. wenig Verwendung. Charakteristisch ist die Ersetzung der Segens- und Vollmachtsformeln (»Im Namen des Vaters und des Sohnes und des Heiligen Geistes«) durch das einfache »Im Namen Jesu«. Allerdings stellt sich der neuere Pietismus auch bekenntnismäßig zur dogmatischen Tradition (Bekenntnisbewegung, Evangelikale). Elemente sowohl der calvinistischen, der anglikanischen als auch der lutherischen Orthodoxie werden aufgenommen, wo man heute – z.B. in den Kommunitäten und Kreisen der Liturgischen Erneuerung – das Trinitätsdogma herausstellt. Ja, die Verbindung zur röm.-katholischen und zur ostkirchlichen Überlieferung kommt in den Blick, obwohl die ökumenische Bewegung nicht auf einem Konsens in der Trinitätslehre aufbaut.

II. DER BIBLISCHE BEFUND.

1. Neues Testament.

In der Christusoffenbarung, wie sie das NT bezeugt und wie sie in Gottes Weg mit Israel vorbereitet ist, haben wir die entscheidende sachliche Grundlage der kirchlichen Trinitätslehre. Jüd. und urchristl. ist die Bekräftigung der in den Zehn Geboten und im »Höre Israel« (5Mo 6,4) ausgesprochenen Einheit und Einzigkeit Jahwes. Bereits innerhalb des AT kann neben Jahwe sein Gesalbter treten (Ps 2), im nachexilischen Judentum finden sich zwei- oder mehrgliedrige Formeln, die neben Gott den Tempel, das Volk oder die Tora stellen, wobei die Einzigkeit Gottes durch die jeweils folgenden Glieder keineswegs in Frage gestellt, sondern gerade bestätigt wird. Jesus selbst spricht von Gott in der Weise, daß dabei neben den Vater der Sohn (bzw. der Menschensohn) und die heiligen Engel treten (Mk 13,32 par.; Mt 10, 33; Lk 9,26; vgl. 1Tim 5,21). In Offb 3,12 erscheinen Gott, neues Jerusalem und Menschensohn nebeneinander in einer Dreierformel (vgl. auch 1.4f).

Historisch gehört die Urchristenheit in die endzeitlichen (eschatologischen) Bewegungen des Judentums, die aufgrund einer bes. Erfüllungsgewißheit die messianische Vollendung des Gottesvolkes erwarten. Im Christentum ist diese Erfüllungsgewißheit an die Gestalt Jesu gebunden, dessen Tod und Auferstehung einerseits und dessen *Wiederkunft andererseits den Rahmen bilden, in dem die Kirche als eschatologische Größe lebt. Auch der Geist Gottes wird – zusätzlich zu seinen Funktionen im Alten Bund – streng auf Jesus Christus bezogen, und zwar in zweifacher Weise: Einmal in der Frage der Herkunft bzw. Sendung Jesu von Gott her, und zum andern im Blick auf das Leben der Gemeinde, das sie vom erhöhten Christus her empfängt.

a. Jesus ist irdischer Mensch, gehört aber zugleich ganz auf die Seite Gottes. Es gab judenchristl. Anschauungen, nach denen der Mensch Jesus durch ein Geistgeschehen in der

Taufe (Lk 3,22 mit der an Ps 2 angelehnten Lesart »Heute habe ich dich gezeugt«) oder in der Auferweckung (Apg 2,33.36; Röm 1,4; vgl. 1Tim 3,16) zum Sohn Gottes geworden ist. Durchgesetzt hat sich die Überlieferung von der Zeugung des Sohnes Gottes aus dem Geist durch die Jungfrau Maria (Vorgeschichten bei Mt und Lk).

b. Daß die Glaubenden als einzelne und als Gemeinde in der Lebensbeziehung zum erhöhten Jesus, dem »Herrn« (*Kyrios*), leben und in seinem Namen wirken, wird in der Erfahrung des Geistes zur Gewißheit, der in einer noch nicht durch die Wiederkunft Jesu beendeten Geschichte die erfüllte Zeit kennzeichnet, in der sich die Gemeinde sowohl als wartende als auch von charismatischen Erfahrungen gestärkte erfährt. Christus und der Geist gehören also aufs engste zusammen, ja in der Zeit der noch ausgebliebenen Wiederkunft des Herrn tritt er heilsgeschichtlich an seine Stelle: Apg 1,7f; Joh 14-16. Er ist mitgemeint, wo im NT vom Christus die Rede ist, so daß auch zweigliedrige Aussagen (Gott und sein Sohn, Gott und sein Gesandter, z.B. Joh 17,3) durchaus nicht unvollständig sind, sondern das Ganze des christl. Bekenntnisses umschreiben. Ja: Die grundlegende und häufigste Bekenntnisformel ist die zweigliedrige (Gott und Christus, oder ähnlich, z.B. 1Kor 8,6), die wohl im liturgischen Gebrauch und vielleicht erst im Zusammenhang der Heidenmission durch den Geist als drittes Glied erweitert wurde. Bei der zweigliedrigen Formel ist auch der Anschluß an das AT (Jahwe und sein Messias, Ps 2) am deutlichsten zu erkennen.

Dreigliedrige (triadische) Gottesaussagen des NT können die Trinitätslehre stützen, sie müssen es aber nicht in jedem Fall. Im NT liegt eine Vielfalt von Aussagen über Jesus und den Heiligen Geist vor, die aufgrund späterer Frontstellungen und Schwerpunktsetzungen, vor allem in einem anderen Sprachraum, nicht in ihrem ursprünglichen Reichtum bewahrt werden konnte. Beispiel: Während das nizänische und das athanasianische Bekenntnis den Sohn als gezeugt (geboren) bezeichnen, diese Aussage aber scharf vom »geschaffen« trennen - gegen die Lehre des Arius von Jesus als »Geschöpf« –, sagt der Hebräerbrief (3,2) noch in alter judenchristl. Tradition, daß Jesus »treu ist dem, der ihn geschaffen hat«. Die geschichtliche Wirklichkeit ist reicher und spannungsvoller als die dogmatische Kampfformel!

Zu den ntl. Grundlagen, auf denen die spätere Trinitätslehre aufbauen konnte, gehört insbesondere die vorzeitige Existenz des Christus, von der *Paulus und der *Hebräerbrief, in bes. betonter Weise aber auch das *Johannesevangelium sprechen. Endzeitlich wird in Christus enthüllt, was schon immer bei Gott »da war« (Joh 1,1f; Hebr 1,2f). Jüd. gesprochen: Die »Weisheit«, die als »Gespielin« mit dem Schöpfer zusammen an dessen Werk der Weltschöpfung beteiligt war (Spr 8,22-31), das »Wort«, das schon immer den Bestand der Welt trug, ist jetzt in dem Mann aus Nazareth erschienen, »wohnte unter uns« und hat ein umfassendes Erlösungswerk vollbracht.

Zum einzelnen: Das gesamte NT bezeugt Jesus als den »Herrn« (*kyrios*). In ihm offenbart sich Gott selber. Nach Phil 2,10 bringt die vollendete *Schöpfung Gott den Lobpreis dar. Hier tritt der Jesusname in die Stelle des durch das AT-Zitat zugrundegelegten Jahwe-Namens ein! Neben den verschiedenen Würdebezeichnungen, mit denen im NT der Name Jesu verbunden ist, erscheint die Aussage, daß er »Gott« ist, jedoch verhältnismäßig selten (Joh 1,1; 20,28; 1Joh 5,20; vgl. Kol 2,9): Das spätere Dogma macht aus einer »Spitzenaussage« des NT eine systematische Basisaussage! In vielfacher Weise bringt das NT den Weg Jesu mit einem einmaligen endzeitlichen Handeln Gottes durch seinen »Geist« in Verbindung (Geburt, Taufe, Vollmacht zum Wirken, Auferstehung), ja: die in die Nachfolge Jesu berufene Gemeinde lebt aus diesem Geist (Joh 14-16; 20; Apg 2), und mit dem Sohn Gottes sind diejenigen verbunden, die den »Geist der Sohnschaft« (Gal 4,6) empfangen haben.

Von den Stellen im NT, die am meisten an die spätere Trinitätslehre denken lassen, sind zuerst Mt 28,19 und 2Kor 13,13 zu nennen. Hier und auch sonst legt sich ein Ursprung in liturgischen Formeln nahe. Im Taufbefehl – Mt 28,19: »im Namen des Vaters und des Sohnes und des Heiligen Geistes« – ist zunächst die liturgisch-rechtliche Bedeutung des Namens Gottes zu beachten. Sie entspricht der atl. Verwendung des Namens beim *Segen (4Mos 6,24-26; Ps 118,26). Die dreifache Gottesbezeichnung ist vielleicht direkt als deutende Umschreibung des Jahwe-Namens zu verstehen und lehnt sich möglicherweise sogar an die Dreigliedrigkeit des aaronitischen Segens (4Mo 6) an. Innerhalb des Taufritus begegnet sie auch in der Zwölfapostellehre (Didache), einer Kirchenordnung aus dem Anfang des 2. Jh., die in Syrien entstanden ist. Im NT erfolgt die Taufe sonst aber stets »auf den Namen Jesu« bzw. »des Herrn Jesu« (Apg 2,38; 8,16; 19,5; vgl. 1Kor 1,13.15). Auch hier gilt, daß der Jesusname in die Funktion des atl. Jahwe-Namens eintritt. Wurde die Jesusgemeinde auf diese Weise gegenüber dem (übrigen) Judentum in ihrem Reden von Gott eindeutig (und anstößig!), so mußte in der Welt des Heidentums zusätzlich zum Jesusnamen auch der Glaube an den einen und einzigen Gott herausgestellt werden. Auch hier ist die Zweigliedrigkeit (Gott und Jesus Christus) das Normale: in 1Thess 1,9f. Zu vergleichen sind die Eingangsgrüße in den Briefen. In 1Kor 8,6 liegt wohl das Bekenntnis zu dem »einen Gott« (5Mo 6,4) zugrunde, das durch das Bekenntnis zu dem »einen Herrn« ergänzt ist. In einem kunstvollen Aufbau ist hier die Gottesaussage mit der Schöpfung der Welt und der Bestimmung des Gottesvolkes, die »Herr«-Aussage mit der Mittlerschaft in Schöpfung und Erlösung verbunden. 2Kor 13,13 bietet den seltenen Fall einer dreigliedrigen Gottesaussage in der Grußformel. Sie beginnt mit Jesus Christus, schreitet fort zu Gott dem Vater und dann zum Heiligen Geist. Wie wenig einheitlich hier die Gestaltung noch ist, zeigt sich in den weiteren Grußformeln Offb 1,4f und 1Petr 1,2.

Auch in bestimmten thematischen Darlegungen der Paulusbriefe liegt eine triadische Formel zugrunde: Sie setzen ein beim - gegenwärtig in der Gemeinde wirkenden – Geist, zeigen dann auf den hinter dem Geist stehenden Kyrios und finden ihr Ziel im Lobpreis des ewigen Vaters: Eph 4,4-6; 5,18b-20; 1Kor 12,4-6; Röm 8, 9-11.

Weniger von der liturgischen Formel als von sachlich-heilsgeschichtlichen Gegebenheiten sind andere ntl. Stoffe bestimmt, die ebenfalls die Größen Vater, Sohn und Geist im Zusammenhang nennen, deutlicher als bei Paulus bei Johannes und Lukas: Die Zeit des Geistes wird als die Zeit der Kirche von der Zeit des irdischen Wirkens Jesu abgehoben: Joh 14-16; Apg 1.

Daß man in der Alten Kirche gerade im NT ein eindeutiges Bekenntnis zur Trinität vermißt hat, zeigt ein Zusatz zum Text von 1Joh 5,7f, der in der Zeit der trinitarischen Auseinandersetzungen des 4. Jh. in einen ntl. Text eingefügt worden ist. Der ursprüngliche Text hebt die Einheit der drei Zeugen Geist, Wasser und Blut hervor: Taufe und Kreuz Jesu fallen nicht auseinander, wie die Gnostiker wollen, und eben die Erfahrung des Heiligen Geistes bestätigt auch Gottes Weg mit dem gekreuzigten Herrn. (Möglich ist auch eine Beziehung von Wasser und Blut auf die gemeindliche Praxis von Taufe und Abendmahl.) Der erweiterte Text stellt diesem Zeugnis, das er als das »Zeugnis auf Erden« faßt, ein ebenso einheitliches Zeugnis »im Himmel« voran, in dem Vater, Wort (*Logos) und Geist die Zeugen sind: »Drei sind es, die da Zeugnis geben im Himmel, Vater, Logos, Geist, und diese drei sind eins. Und drei sind es, die Zeugnis geben auf Erden, Geist, Wasser, Blut und die drei sind übereinstimmend.« Schließlich kennt die *Offenbarung des Johannes noch eine satanische Trias: Drache – Tier – falscher Prophet (16,13).

2. Altes Testament.

Grundlegend ist hier das Gegenüber des einen Gottes zu dem einen Volk. Wo andere Völker oder auch Einzelpersonen auftreten, sind sie in ihrem Gegenüber zu Gott auf das Gottesvolk Israel bezogen. Dies gilt gerade auch für die Schlüsselgestalten der Heilsgeschichte (König, Priester, Prophet, »Knecht« Gottes, Menschensohn). Bei ihnen ist auch die Bevollmächtigung durch Gottes »Geist« ein ständig wiederkehrendes Grundelement, z.B. Jes 61,1 (vgl. Lk 4,18). Bei solcher Bevollmächtigung bleibt der Beauftragte Mensch. Er bekommt Anteil an Gottes Heiligkeit, der »Name« wird auf ihn gelegt im Segen, er wird unter die Hand Jahwes genommen, die schwer auf ihm lastet. Der hebr. Ausdruck für »Herrlichkeit, Ehre« hat die Bedeutung des Schweren, Lastenden. Aber ein Gedanke an ein göttliches Sein des Beauftragten fehlt völlig. Er wird in ein Geschehen hineingenommen, das ihn zutiefst umgestalten kann und schicksalhaften Charakter bekommt. Auch von Gott wird neben der gestaltenden Macht eine eigene Gestalthaftigkeit angedeutet, die nicht in Seinskategorien, sondern im Geschehnis, in Offenbarung und Verhüllung sich als wirklich erweist. So ist gerade die für die ganze Bibel zentrale Namensoffenbarung bereits in ihrer Grundstelle 2Mo 20,2 mit einer Geschichtsaussage verbunden, die auf keinen Fall in der Gotteslehre fehlen darf: »Der dich aus Ägypten, aus dem Hause der Knechtschaft, herausgeführt hat«. Besonders wichtig wird an dieser Stelle der Vergleich mit den antiken Religionen in der Umwelt der Bibel: Dort wird in Mythen von den Handlungen der Götter untereinander geredet, die Geschichte der Menschen ist ein Randphänomen. In Israel liegt alles Gewicht auf der Zuwendung des einen Gottes zu seinem Volk. Innergöttliche Vorgänge treten nicht in den Blick oder jedenfalls nur ganz am Rande. »Es kann ... kaum ein Zufall sein, daß mit der Zuwendung der frühchristlichen Theologie zu innergöttlichen Problemen in der Christologie und in der Trinitätslehre die Abwendung von der Geschichte Hand in Hand ging« (C. Westermann). Folgenschwer war, daß die altkirchliche Lehrentwicklung sich in einer Phase der intensiven Auseinandersetzung mit und Abgrenzung von den Juden (und Judenchristen) vollzog, so daß auch das AT immer weniger in seiner heilsgeschichtlichen Bezogenheit auf Israel und immer mehr als Beleg für die theologische Lehrbildung des neuen Gottesvolkes Kirche gebraucht und z.T. eben mißbraucht wurde.

Unter diesem Aspekt einer verfremdenden und entfremdenden AT-Auslegung sind auch die (heute weithin preisgegebenen) Versuche zu sehen, die Trinität aus dem AT zu belegen. Dabei wurden z.B. folgende Stellen herangezogen: 1Mo 1,2f: Gott, sein Geist und sein Wort (»und Gott sprach«), ähnlich Jes 63,8-10 oder 2Sam 23,2f; ferner die Belege, aus denen man die Gottheit des Christus herleitete: Ps 2,7; Jes 7,14; 9,16. Wichtig wurde auch die Rede von Gott in der Pluralform: 1Mo 1,26; 3,22; 11,7; Jes 6,8 sowie überhaupt die pluralische Gottesbezeichnung Elohim. Besonders deutlich schien der Hinweis auf die T. in den drei Besuchern des Abraham im Hain Mamre, in denen Gott erscheint und den Isaak verheißt (1Mo 18, 2: »drei Männer«). Schließlich wurden die dreifache Segensformel in 4Mo 6,24-26 und das Dreimal-Heilig in Jes 6,3 als Hinweise auf die Trinität gewertet, vgl. u.a. G. Tersteegens Trinitatis-Lied »Brunn alles Heils, dich ehren wir« (EKG 112), in dem die drei Glieder des aaronitischen Segens auf Vater, Sohn und Heiligen Geist bezogen werden. Daß auch bei dieser traditionellen Auslegung viel Richtiges gesehen wird, soll nicht bestritten werden: Der Gott des AT ist auch der des NT, er ist nicht in einer starren Singularität zu fassen, die Präexistenz Jesu kann nicht ohne entscheidenden Verlust für das Ganze des christl. Glaubens preisgegeben werden und eben damit auch nicht eine – wie auch immer geartete – christologische Interpretation des AT. Aber: So wie wir als Christen (und nicht nur als Christen!) die Kenntnis Jesu nötig haben, um den Gott des AT zu vernehmen, so ist doch und bleibt doch dieser Jesus nur dann der Christus, wenn er der für Israel verheißene Erretter ist, so sind wir doch bleibend auf die geschichtliche Wirklichkeit Israels und auf die hebr. Sprache angewiesen, um die Kenntnis Jesu nicht zu verfehlen oder zu verfälschen.

III. ZUSAMMENFASSENDE HINWEISE.

1. Historische Arbeit an der Geschichte der Alten Kirche stellt die Notwendigkeit der Entwicklung zum trinitarischen Dogma in Frage, indem sie auf die vornizänischen Gestalten der Gotteslehre zu achten lehrt und vor allem die Differenz triadischer Formeln im NT zur späteren Seinslehre (»wesensgleich«) aufzeigt. »Das ganze Substanzdenken der Christologie und des darauf aufgebauten Trinitätsdenkens kommt nicht aus dem biblischen Denken« (O. Michel).

2. Biblische Gotteslehre wird mit dem heiligen Namen Jahwe einzusetzen haben. Er ist nicht hinterfragbar, aber seinerseits offenbarungs- und geschichtsmächtig. Das Geschehniselement ist in der Bibel nur ganz am Rande mit Seinskategorien verbunden (etwa im Logos: Joh 1,14; 1Joh 1,1; Offb 19,13; in der »Gestalt«: Phil 2,5; in der »Weisheit«: Hebr 1,3 oder in der »Natur«: 2Petr 1,4), grundlegend dagegen mit dem Gebot und der Beauftragung, der neuen Lebensgestalt, die die Auseinandersetzung mit der Macht der Finsternis aufnehmen kann und muß.

Der atl. und jüd. Lobpreis des Gottesnamens wird im Christentum aufgenommen, indem gerade der in die Niedrigkeit und äußerste Tiefe geführte Jesus von Nazareth als derjenige gepriesen wird, dessen Name über alle Namen sein wird (Phil 2).

3. Gerade dort, wo im NT Seinsaussagen gemacht werden, sind sie nicht im philosophischen Sinne gemeint: Nicht das abstrakte Sein soll sich dem menschlichen Denken erschließen (Ontologie), sondern im Vorgang der Enthüllung fällt Licht auf ein Geheimnis, das aber Geheimnis bleibt und weiterhin seiner letzten Enthüllung entgegenharrt. Wenn Jesus im JohEv. als der Gesandte begegnet, dann wird seine Herkunft enthüllt und seine gegenwärtige Vollmacht unterstrichen, sie bleibt aber für die Welt ein Geheimnis und wird erst am jüngsten Tage allen offenbar. Auch diese bis ins letzte reichende Spannung zwischen Offenbarung und Verhüllung ist charakteristisch für bibl. Denken, ohne daß sie Eingang gefunden hätte in die Lehre von der T.

4. Die Heilsgeschichte des AT bleibt mit Israel und dem Judentum verbunden. Der neue Bund gibt einen neuen Einsatz, der aber den alten voraussetzt und bei aller Überbietung nicht einfach in sich aufhebt. Dieses Verhältnis kann mit den Mitteln der altkirchlichen Trinitätslehre nicht gefaßt werden. Ganz ähnlich wie im AT geht das NT von der Namensoffenbarung Gottes aus, wendet sich zum heilsgeschichtlichen Wirken in Kreuz und Auferstehung Jesu und zur Beauftragung der Boten, wobei der Name Jesu eine einzigartige Bedeutung erhält, indem er immer wieder in die Stelle des atl. Jahwe-Namens einrückt.

Literatur: (zur Dogmengeschichte): A. Gilg: Weg und Bedeutung der altkirchlichen Christologie, 1955; A. Adam: Lehrbuch der Dogmengeschichte, Bd. 1: Die Zeit der Alten Kirche, [5]1985; (konservativ:) W. Künneth: Fundamente des Glaubens. Biblische Lehre im Horizont des Zeitgeistes, 1975; H. Rohrbach: Das anstößige Glaubensbekenntnis, 1987; U. Asendorf, F.W. Künneth (Hrsg.): Christuszeugnis im Nebel des Zeitgeistes. Nicänisches Christusbekenntnis heute, 1979; (modern bzw. vermittelnd:) K. Barth: Kirchliche Dogmatik I, 1, [6]1952;

H.-G. Fritzsche: Lehrbuch der Dogmatik, II: Lehre von Gott und der Schöpfung, 1967; E. Jüngel: Gott als Geheimnis der Welt, [5]1986; J. Moltmann: Trinität und Reich Gottes. Zur Gotteslehre, 1980; K. Rahner: Grundkurs des Glaubens, 1976; (bibl.-theologische Neubesinnung:) A. Peters und O. Michel in: H. Burkhardt (Hrsg.): Wer ist das – Gott?, 1982; C. Westermann: Theologie des Alten Testaments in Grundzügen, 1978; O. Michel: Die hebräischen Wurzeln des Neuen Testaments, in: J. Cochlovius, P. Zimmerling (Hrsg.): Evangelische Schriftauslegung, 1987, S. 410-415. H.L.

TRIUMPH.

1. Der prunkvolle Festzug, mit dem ein siegreicher röm. Feldherr zur Feier des Sieges und zu seiner persönlichen Ehrung in *Rom einziehen durfte. Er fuhr auf einem von vier weißen Pferden gezogenen Prachtwagen, begleitet von den kostbarsten Beutestücken und den vornehmsten Gefangenen, gefolgt von seinem siegreichen Heer. Die Gefangenen wurden vielfach nach dem T. getötet, das Heer erhielt reiche Geschenke. Der triumphierende Sieger wurde als Imperator bezeichnet; diesen Titel übernahmen die röm. Kaiser, als sie das Recht auf den Triumphzug für sich allein beanspruchten und ihre siegreichen Feldherrn nur noch mit den Triumphzeichen (Ehrengewändern, Lorbeerkranz usw.) auszeichneten. Wurde nun ein Feldherr auf dem Schlachtfeld von seinen siegreichen Truppen doch zum Imperator ausgerufen, so bedeutete das den Anspruch auf die Herrschaft, er wurde dadurch also zum Gegenkaiser.

2. Im AT wird vom Feind gesprochen (Klgl 1,9), der über das Elend Jerusalems triumpiert. Im NT wird das Bild des T.s verwendet, um den Sieg Christi, den er allein über alle Mächte und Gewalten errungen hat, deutlich zu machen (Kol 2,15). Das Ziel seines Kampfes war die Befreiung der durch die *Sünde und den *Tod Gefangenen (Joh 8,34-36; Röm 7,6.23; 8,21), damit sie durch ihn leben sollen (1Joh 4,9). Darum brach er in das Reich des Widersachers ein bis in die Tiefen der Erde (Eph 4,9), predigte den Geistern im Gefängnis, daß sie los sein sollten (1Petr 3,19.22; Lk 4,18). Paulus sieht sich selber als Besiegten und Befreiten Christi in dessen Triumphzug mitgehen (2Kor 2,14-16).

TROAS. Eine bedeutende Hafenstadt im nordwestl. Kleinasien. Etwa 20 km südsüdwestl. von Troja (Ilion) wurde es von Antigonos Monophtalmos (»dem Einäugigen«; ca. 382-301 v.Chr.), einem der Nachfolger *Alexanders des Großen, durch Umsiedlung der Bevölkerung verschiedener nahegelegener

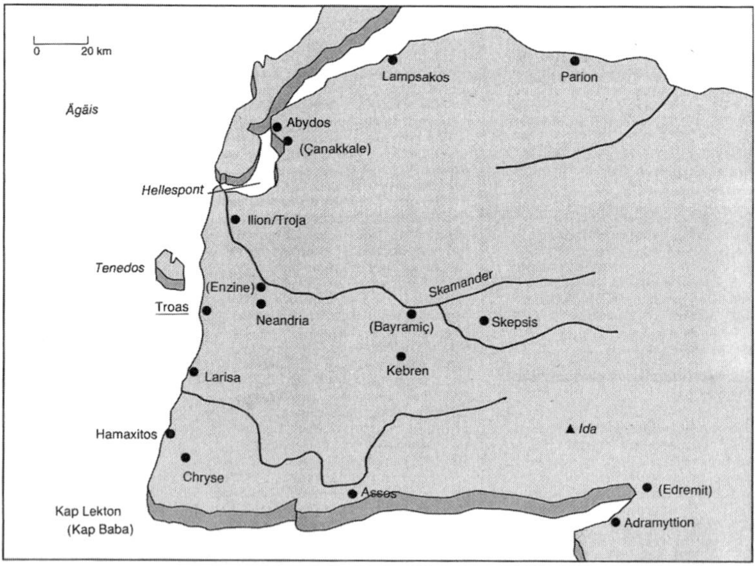

Troas (Alexandria Troas), die in hellenistischer und vor alle römischer Zeit bedeutende Hafenstadt im Nordwesten Kleinasiens.

Städte an die Küste gegründet und Antigonia genannt (Strabo XIII, 1,26.33.47.52). Sein Gegner und Nachfolger in der Herrschaft über Kleinasien (bis zum Tauros), der thrakische König Lysimachos, der Antigonos in der Schlacht von Ipsos in Phrygien (301 v.Chr.) besiegte, ließ eine etwa 5 km lange Stadtmauer errichten und änderte den Namen in Alexandria (vgl. Plin.nat. V, 124), das zur besseren Unterscheidung von den anderen Städten gleichen Namens »Alexandria Troas« genannt wurde. Es folgte ein rapider Aufschwung mit zunehmenden Einflußmöglichkeiten für T. (vgl. Liv. XXXV, 42; XXXVII, 35), das 216 v.Chr. die Nachbarstadt Troja von der Belagerung der plündernden Gallier befreien mußte und für die Attaliden von *Pergamon durch die Versorgung mit Rohstoffen und der Garantie des freien Zugangs zum Hellespont nicht ohne Bedeutung war. Aufgrund des von der Stadtmauer umschlossenen Gebietes wurde die Zahl der Einwohner auf 100 000 geschätzt, was trotz der zentralen Bedeutung der Stadt etwas zu hoch sein dürfte. Nachdem *Augustus in »Alexandria Troas« eine röm. Kolonie geschaffen hatte, wurde »Troas« zur geläufigen Bezeichnung der Hafenstadt (vgl. Plin.nat. V, 124).

Aufgrund der günstigen Lage in der Nähe der Mündung des Hellespont (Dardanellen) und des künstlichen Hafens mit seinen zwei Hafenbecken entwickelte sich T. vor allem in röm. Zeit zu einem Knotenpunkt, an dem sich zwei sehr wichtige, wenn auch von ihrer Funktion her verschiedene Wege von O in Richtung *Rom kreuzten. Zum einen der schnelle und zu jeder Jahreszeit nutzbare Landweg, auf dem die kaiserliche Nachrichtenübermittlung lief, und der im Anschluß an die kurze Seefahrt nach *Neapolis, dem Seehafen von *Philippi, auf der Via Egnatia bis zur W-Küste *Mazedoniens (Dyrrhachium) führte, von wo aus man nach Italien (Brundisium) übersetzen konnte, um auf der Via Appia Rom zu erreichen. Zum anderen der Seeweg vom Pontischen Reich nach Rom, der vom Hellespont durch die Ägäis führte. Diese zentrale Stellung im röm. Reich macht verständlich, warum das Gerücht aufkommen konnte, Julius Caesar wolle das Zentrum des Reiches nach Alexandria (Troas) oder Ilion verlegen (Sueton, Caesar 79,3), was 380 Jahre später von Konstantin verwirklicht wurde, auch wenn er sich für eine Stadt auf europäischem Boden entschied. In byzantin. Zeit war T. zwar Bischofssitz, wurde jedoch durch Konstantinopel abgelöst und diente seit dem Mittelalter als Steinbruch für die Hauptstadt, wovon zwei im Hafen liegengebliebene Granitsäulen und der Name des heutigen Dorfes Kestambol (von Eski Istanbul = Alt-Istanbul) zeugen.

Paulus erreicht T. zum erstenmal mit seinen Mitarbeitern *Silas (Apg 15,40) und *Timotheus (Apg 16,1-3) am Beginn seiner Missionstätigkeit im W Kleinasiens und in *Griechenland (sog. »2. Missionsreise«). Sie ziehen durch das im S der Provinz Galatien gelegene Gebiet »Phrygo-Galatien« und besuchen dort die Gemeinden, die auf der sog. »1. Missionsreise« entstanden und an die möglicherweise der *Galaterbrief gesandt wurde (Frühdatierung mit »Provinzhypothese«). Der weitere Weg führt sie in die (Provinz) *Asia, wo ihnen vom Heiligen Geist verwehrt wird, das Evangelium (in der Hauptstadt *Ephesus?) zu verkündigen. So kommen sie nach *Mysien und versuchen, nach *Bithynien zu reisen. Doch der »Geist Jesu« läßt es nicht zu, so daß sie möglicherweise in Kotiaion, dem Verkehrsknotenpunkt Dorylaion oder auch schon früher den Plan, zu den wichtigen Städten am Bosporus (Byzantium) oder am Propontis (Nikomedaia) zu gelangen, aufgeben und sich wohl entweder über *Pergamon und *Adramyttion, über die Küstenstraße des Propontis oder möglicherweise auf Nebenstraßen hinab nach T. begeben (Apg 16, 6-8). Hier stehen ihnen alle Möglichkeiten offen: sie können die südl. Küstenstädte Kleinasiens anlaufen, zurück nach Syrien fahren oder auch *Achaja oder Mazedonien ansteuern. Letzteres wird Paulus in einer nächtlichen Vision/Audition aufgetragen, so daß nun die zweifache Verhinderung der Verkündigung in Asien und Bithynien durch das neue Ziel ihre Erklärung findet und T. der Ausgangspunkt für die Mission Europas wird.

Möglicherweise hängt mit dieser für die paulin. Mission zentralen Stellung der Vision/Audition in T. der Beginn des »Wir-Berichts« in Apg 16,10 zusammen, der immer wieder unvermutet einsetzt und vor allem die Schiffsreisen beschreibt (Apg 16, 10-17; 20,5-15; 21,1-18; 27,1-28,16). Verfasser dieses »Reisetagebuchs« könnte entweder *Lukas selbst sein, der hier zur Reisegruppe stößt (F.F. Bruce), oder Timotheus, der seit *Lystra Paulus begleitet (R. Pesch).

Obwohl Lukas keine Missionstätigkeit in T. erwähnt und Paulus mit seinen Begleitern sofort (*eutheos*; Apg 16,10) nach einem Schiff in Richtung Mazedonien Ausschau hält, muß eine gemeindegründende Verkündigung nicht ausgeschlossen werden, da nicht angenommen werden kann, daß die Suche schon am selben Tag zum Erfolg geführt hat. Spätestens beim zweiten Besuch des Paulus auf der Reise (sog. »3. Missionsreise«) von Ephesus über Mazedonien nach Griechenland (*Hella-*

da; im NT nur Apg 20,2) fand Paulus in T. eine »offene Tür« für das Evangelium von Christus (2Kor 2,12).

Allerdings berichtet Lukas auch diesmal nicht von einem längeren Aufenthalt in der Hafenstadt, da Paulus, bedrängt von der unklaren Situation in Achaja, dem nach *Korinth gesandten *Titus nach Mazedonien entgegenreist (2Kor 2,13; 7,5-7). Erst auf der erzwungenen (vgl. Apg 20,3; 2Kor 11,26) Rückreise (Kollektenreise nach *Jerusalem) durch Griechenland kommt er mit seinen Begleitern über Philippi, wo er die Passafestwoche verbringt, wiederum nach T. und bleibt dort sieben Tage; möglicherweise um auf eine günstige Schiffsverbindung der kleinasiatischen W-Küste entlang nach S zu warten (Apg 20,4-13).

Eine Sonntagsfeier, an der Paulus mit seinen Begleitern kurz vor seiner Abreise von T. teilnimmt, wird für den Autor der »Wir-Berichte« wohl aufgrund der dramatischen Einzelepisode vom Sturz des *Eutychus (»der Glück hat«) erwähnenswert gewesen sein. Schon die enge Verbundenheit der Erzählung mit dem Reisebericht macht die Annahme einer »vermutlich isoliert umlaufenden Paulus-Legende« (J. Roloff, Apg 297) oder gar einer auf Paulus übertragenen profanen »Anekdote« (M. Dibelius, Stilkritisches, 23) unnötig. Sowohl die Herkunft der Erzählung aus dem Reisebericht, der von einem Augenzeugen verfaßt worden ist, als auch der Vergleich mit anderen Totenerweckungserzählungen, der zeigt, wie wenig schematisch und wie sehr konkret (Personen-, Zeit- und Ortsangaben) hier erzählt wird, macht deutlich, »daß mit hoher Wahrscheinlichkeit historisch glaubwürdige Überlieferung über ein Ereignis beim Abschied des Paulus und seiner Begleiter von Troas vorliegt« (R. Pesch, Apg II, 193). Einem nur diagnostischen Bemühen des Paulus widerspricht V. 9, während V. 10b ein solches konstatiert (vgl. Mk 5,39) und V. 10a in Anlehnung an 1Kön 17,21 tatsächlich an eine Totenauferweckung denken läßt.

Der Erzählung vom Sturz des Eutychus verdanken wir so einen der »ältesten Belege für die frühchristliche Sonntagsfeier« (J. Roloff, Apg 297), die möglicherweise so »normal« war, daß im NT kaum über sie berichtet wird. Der »erste Tag der Woche« (1Kor 16,2), später auch »Tag des Herrn« (Offb 1,10; Did 14,1) genannt, war der Tag, an dem Jesus auferstanden war und die Jünger um sich versammelt hatte (vgl. Lk 24,1.33-36), und an dem sich nun die Christen zum Wortgottesdienst, der in Analogie zum synagogalen Gottesdienst gestaltet wurde, und zum »Brotbrechen« (vgl. Apg 2,42.46; Did 14,1), nach dem die ganze Feier genannt wurde, versammeln sollten (vgl. Apg 4,31; 1Kor 5,4; 11,17; Did 16,2; 1Klem 34,7). Nach dem sich bis zum Morgen hinziehenden *Gottesdienst besteigen die Reisegefährten das Schiff, das den beschwerlichen (Wind!; vgl. Liv. XXXVII, 37)

Blick über die Ruinen von Troas zum Meer. Im Vordergrund wohl die Reste antiker Thermen. (MBr)

Das antike Hafengelände von Troas. Zum Meer hin ist die ehemalige Hafenausfahrt vor dem äußeren, noch nicht völlig verlandeten Hafenbecken zu erkennen. (MBr)

und längeren Seeweg um das Kap Lekton bewältigen muß, während Paulus den kürzeren (ca. 35 km) und leichteren Landweg nach *Assos zu Fuß oder zu Pferd (so C. Hemer) zurücklegte, um länger in T. zu bleiben oder dem gefährlicheren Seeweg zu entgehen.

Die Bitte in 2Tim 4,13 könnte einen eiligen Aufbruch von T. möglicherweise in Gefangenschaft widerspiegeln. Ebenso mußte Ignatius, nachdem er drei Briefe (ad Phld./Sm./Pol.) von T. aus geschrieben hatte, als röm. Gefangener schnell nach Neapolis weitersegeln (Ign. ad Pol. 8) als es das Wetter erlaubte.

Heute sind die Ruinen (Bäder, Stadion, Theater) von T. mit schütterem Eichenbuschwald bedeckt und erstrecken sich über ein weitläufiges, von Resten der Stadtmauer eingefaßtes Areal. Beeindruckend ist der Blick über den antiken Hafen mit der ehemaligen Hafenausfahrt und den zwei Hafenbecken, von denen eines gänzlich verlandet ist und in deren Umgebung verschiedene Säulenreste von der einstigen Pracht der Hafenstadt zeugen.

Literatur: W.P. Bowers: Paul's Route through Mysia. A Note on Acts XVI.8, JThS 30 (1979), S. 507-511; F.F. Bruce: Paul: Apostle of the Free Spirit, 1977; J.M. Cook: The Troad. An Archaeological and Topographical Study, 1973; M. Dibelius: Stilkritisches zur Apostelgeschichte (1923), in: ders.: Aufsätze zur Apostelgeschichte, hrsg. von H. Greeven, FRLANT 60, ³1957, S. 9-28; C.J. Hemer: Alexandria Troas, TynB 26 (1975), S. 79-112; ders.: The Book of Acts in the Setting of Hellenistic History, hrsg. v. C.H. Gempf, WUNT 49, 1989; W. Koenigs: Türkei. Die Westküste von Troja bis Knidos, ³1987; R. Pesch: Die Apostelgeschichte (Apg 13-28), EKK V/2, 1986; J. Roloff: Die Apostelgeschichte, NTD 5, 1981. M.Br.

TROMMEL s. Musik

TROMPETE s. Musik

TROPHIMUS. Ein Heidenchrist aus *Ephesus, der Paulus nach dem Aufstand in Ephesus offensichtlich nach Europa begleitete, später zurückkehrte und Paulus in *Troas zur Reise nach Jerusalem erwartete als einer der Vertreter der kleinasiat. Gemeinden (*Kollekte; Apg 20,1-5; 1Kor 16,1-4). In Jerusalem jedoch erkannten ihn jüd. Pilger aus der Provinz Asia in Paulus' Gesellschaft und klagten diesen, als sie ihn im Tempel sahen, an, daß er T. dorthin geführt hätte (Apg 21,27ff). Weiter als in den Vorhof der Heiden zu gehen würde für T. als »Heiden« den Tod bedeutet haben. Der Vorfall gipfelte in einem Aufruhr, bei dem Paulus verhaftet wurde. Später wird berichtet, daß Paulus seinen Begleiter T. krank in *Milet zurücklassen mußte (2Tim 4,20). A.F.W./Red.

TROST.

I. WORTBEDEUTUNG.

1. Die hebr. Wurzel *nācham* im AT wird überwiegend mit »trösten lassen« übersetzt. An einigen Stellen bedeutet dasselbe Wort auch »es sich leid tun lassen, bereuen«. Als Grundbedeutung scheint eine Einflußnahme auf eine Situation vorzuliegen, indem man die Einstellung gegenüber derselben verändert.

2. Das griech. Wort *parakalein* (das wichtigste Wort für T. im NT; eingedeutschtes Substantiv: Paraklese = Ermahnung/T.) hat im griech. Sprachgebrauch den Bedeutungsrahmen: »herbeirufen«, auch im Sinne von »zu Hilfe rufen«. Damit verbunden ist das Bitten. Eine nachdrückliche Bitte wird zur Ermahnung. In diesem Sinn findet es sich in militärischen Zusammenhängen, beim Aufmuntern der Soldaten vor der Schlacht. Ermahnung durch freundliches Zureden ist schließlich der T. In dieser Bedeutung begegnet das Wort im klassischen Griech., allerdings auffallend spärlich. Andere Worte, die mit »Trost/trösten« übersetzt werden, sind *paramythein, tharsein.*

3. Dem dt. Wort T. liegt die indogermanische Wurzel *geru* zugrunde, von der auch das englische Wort »trust« und die dt. Wörter *»Treue« und »Trutz« herstammen. Auch besteht Verwandtschaft zum griech. Wort für »Eichbaum«. Es ist also ursprünglich etwas gemeint, das Bestand, Sicherheit und Schutz gewährt. Die Wortgruppe wird im juristischen Kontext mit dem Bürgen verbunden. Noch in der Reformationszeit hat es die Bedeutung von »Kraft« und »Hilfe«. Luther verwendet auch den Ausdruck: »Trost wider etwas«, was die Bedeutung »Beistand« nahe legt (s.u. V).

II. TROST IN DER ANTIKE.

Anlässe für T. waren Grenzsituationen, die das alltägliche Leben abrupt unterbrechen, deren bedeutendste der *Tod ist, aber auch Alter, Trennung, Krankheit und andere Schicksalsschläge. Jeder war als Tröster der Trostbedürftigen gefordert, insbesondere Philosophen und Dichter, die sich für ihr Trostamt auch entlohnen ließen. Cicero nennt sogar regelrechte Trostkliniken, wo methodisch gegen das *Leid vorgegangen wurde – Vorläufer der modernen Psychotherapie. Grabsteininschriften zufolge traten sogar Tote als Tröster der Lebenden auf. Wichtig war außerdem der Selbsttrost; er war sittliches Gebot, denn nur wer sich selbst tröstet, kann anderen ein Vorbild sein.

Beileidsbesuche gehörten zur Konvention. Man erwartete den lebhaftesten Ausdruck des *Mitleids und der Teilnahme sowie das Einstimmen in die Klage des Trauernden. War ein Besuch nicht möglich, sollte ein Trostbrief oder eine Trostschrift seine Funktion übernehmen. Einige Mittel wurden immer wieder empfohlen: Mahnungen und vernünftige Erwägungen, Wein und Musik, Rätsel und Märchen, Schlaf, sogar der Selbstmord, schließlich noch rel. Mittel wie Mythen, Zaubersprüche, Mysterienfeiern und gelegentlich auch das Gebet.

Die philosophische Schule der *Epikureer verwarf die *Sorge als töricht, da nach dem Tode sowieso alles aus sei; man solle das Leben in vollen Zügen genießen. Ansonsten gab es viele gemeinsame Trostmotive: früheres Glück, Reichtum und große Taten, die Gewißheit eines gerechten Lebenwandels, das Gute, das noch bleibt, der Gedanke, daß auch die anderen sterben müssen. Der entscheidende T. war aber der Gedanke an die Unsterblichkeit der *Seele, an himmlischen Lohn und Gemeinschaft mit den Göttern im Jenseits. Trauern galt als Unglaube gegen die Götter, Klage durfte nicht sein, weil der Zeitpunkt des Todes von der Vorsehung bestimmt wurde. Hoffnung auf das ewige Leben war nur vage, wußte doch niemand so recht, ob es ein solches auch wirklich gab. So war alles Trösten immer mit dem Vorbehalt versehen »wenn es wahr ist«. Alles in allem war die Antike eine Zeit, in der man nach echtem T. suchte, aber ihn nirgends fand. Trösten hatte in der Antike denn auch meist eine gesetzliche Gestalt: Es will die Klage zum Verstummen bringen. Das Herz ist aber meist genau so ungetröstet wie zuvor. Das platonische Ideal vom Überwinden des Schmerzes ist der Grund für den T. Wirkliche Veränderung der Situation kann solcher T. allerdings weder versichern noch bewirken.

III. TROST IM ALTEN TESTAMENT.

Das AT redet zunächst vom Trösten in der Trauer über den Verlust von Menschen (2Sam 12,24), aber auch von tröstendem Zuspruch in anderer menschlicher Betrübnis (Hiob 7,13; Pred 4,1), auch im Sinne des Mut-Zusprechens (5Mo 3,28) oder des freundlichen Zuredens (Rut 2,13). Zum T. sind Fernstehende und Freunde aufgerufen (Hiob 2,11). Tröster ist ein Ehrentitel (Hiob 29,24f). Trostbrot und Trostbecher gehören mit zum Ritus des Tröstens Trauernder (Jer 16,5.7). Trostbesuche sind üblich (1Mo 37,35; Hiob 42,11). Bei solchen Trostbesuchen ist das Mit-Leiden der Tröstenden ein wichtiger Aspekt. *Hiob ist nach antiker Vorstellung durch sein Unglück und seine Krankheit bereits in die Sphäre des Todes eingetreten, »mit einem Bein im Grab«. Die Freunde des Hiob vollziehen deshalb die Trauerriten beim Tod eines Menschen, um an seinem Schicksal teilzuhaben, um sich einzufühlen in seinen Schmerz, um sich solidarisch zu erklären. Durch Zerreißen des Kleides, durch Werfen von Staub auf das Haupt und durch Schweigen symbolisieren sie den Tod mit seiner Macht (Hiob 2, 12f). T. besteht somit aus echtem Mit-Leid, auch und gerade da, wo menschliche Hilfe versagt und falsche Ermahnung als überheblich und fehl am Platze entlarvt wird (Hiob 16,2; vgl. *Begräbnis- und Trauersitten).

Der älteste aller Tröster der Bibel ist nach rabbin. Überlieferung der Wein: Noah (»Tröster«) pflanzte einen Weinberg auf den um Adams willen verfluchten Acker und erntete Freudenwein (1Mo 9,20). Oft wird auch zum Selbsttrost ermahnt, vor verkehrtem Selbsttrost (Gold und Güter) wird allerdings gewarnt (Hiob 31,24).

Bei schweren Heimsuchungen stößt der Mensch als Tröster an seine Grenzen. Hier kann er nur machtlos zusehen und mit-leiden (Hiob 2,12f). Daher verweist schon das AT auf Gott als den eigentlichen Tröster, der zwar Trostlosigkeit als Gericht verhängt (Jes 51,19), sich aber eigentlich die Tröstung zum Ziel seines Handelns setzt (Klgl 3,31-33). Er tröstet schon jetzt die, die sich an ihn wenden (Ps 86,17; Jes 54). Für den Gottestrost kennt das AT die Bilder des Hirten (Jes 40,11) und der Mutter (Jes 66,13). Mittler des göttlichen T.es sind die Propheten (Hes 14,21-23) und das göttliche Wort (Ps 119,50). Der eigentliche Trostbringer aber ist der Gottesknecht, der den Armen jetzt schon die frohe Botschaft bringt (Jes 61,1f). Getröstet zu sein ist das Merkmal des Gottesvolkes der Zukunft (Jes 25,8).

IV. TROST IM JUDENTUM (1.-4. JH.N.CHR.).

Im *Judentum ist der T. eines der allen gebotenen Liebeswerke. Die Liebeswerke sind eine der drei Säulen, auf der die Welt ruht. Trostbedürftig sind v.a. Hinterbliebene im Todesfall, Leidende und Menschen mit angefochtenem Gewissen. Die Pflicht zum Trösten haben Angehörige, Nachbarn und Freunde. Wer das Trösten vernachlässigt, verdiente es, lebendig begraben zu werden.

Beim Trösten der Hinterbliebenen wurde eine Trostzeit von sieben Tagen festgesetzt. Der erste Tag begann, sobald die Leiche aus dem Sterbehaus entfernt war. Nach der Bestattung sprachen die Tröstenden den Trauernden ihr Beileid aus. Anschließend fand das Trauermahl statt. Die Trauernden wurden auf ihren Gängen, v.a. zum Grab, begleitet und in den sieben Trosttagen häufig besucht (Joh 11,31).

Auch Krankenbesuche waren Pflicht. Vorbild ist dabei Gott, der nach 1Mo 18 schon Abraham besucht hat, der nach rabbin. Auslegung unter Beschneidungsschmerzen litt. Weil Gott am Krankenbett weilt, ist das Krankenlager eine Stätte besonderer göttlicher Gegenwart. Wer den Krankenbesuch unterläßt, wird dem gleichgeachtet, der Blut vergießt. Wer den Kranken besucht, nimmt diesem ein Sechzigstel seiner Leiden ab. Die Nahestehenden sollen in den ersten drei Tagen kommen (Joh 11,6!), die Fernerstehenden erst nach drei Tagen.

Beherrschend ist auch hier das Wissen darum, daß Gott allein der Herr des T.es ist. Jetzt gibt es mehrere Mittler des göttlichen T.es (v.a. der Engel Michael). Vollkommenen T. gibt es aber erst in der Heilszeit des Messias, die sogar »Trost Gottes« heißt. Der T. Israels ist die Auferstehung. Der Messias hat auch den Beinamen *Menachem*, »Tröster«.

V. TROST IM NEUEN TESTAMENT.

Jesus gibt in seinen *Gleichnissen Beispiele für rechten T. Das bekannteste ist die Geschichte vom barmherzigen Samariter (Lk 10,26ff). Der von den Räubern schwer verletzte Mann erhält vom Samariter alles, was er von Menschen bekommen kann, um wieder gesund zu werden. Entscheidend ist dabei nicht die Theorie, sondern die Praxis. Aber auch andere Gleichnisse Jesu sprechen den T. an, wie z.B. der Umgang des Vaters mit dem verlorenen wie auch mit dem älteren Sohn. Hier kommen die beiden Aspekte des T.es zum Tragen: Erbarmen für den gefallenen (Lk 15,22-24), Ermahnung für den trotzigen Sohn (Lk 15,31f).

Wie im Judentum ist der tröstende Beistand geboten. Die »Böcke« und »Schafe« werden im Weltgericht danach beurteilt, ob sie ihren Brüdern in Grenzsituationen beigestanden haben (Mt 25,35ff). Drei der vier Bedeutungen des griech. *parakalein* treten im NT auf:

1. Das bittende Ersuchen findet sich vor allem in den synoptischen Evv.: Hilfesuchende wenden sich an Jesus (Mt 8,5). Dabei ist wichtig, daß Jesus nicht allein durch Worte, sondern auch durch Taten hilft: »Sei getrost, deine Sünden sind dir vergeben!« schließt die erlösende Tat ein (Mt 9,2 par.). Durch dieses Tun greift Jesus das Vorbild des atl. Gottesknechtes auf. Auch Gott wird um seinen Beistand angerufen (Mt 26,53; 2Kor 12,8).

2. Als ermahnender Zuspruch hat das Wort zwei Bedeutungsfelder: Zuerst ist es werbende Heilsverkündigung der apostol. Predigt (Apg 2,40). Dabei wird der verpflichtende Charakter der Heilsbotschaft zum Ausdruck gebracht (Lk 3,18). Dann ist es Mahnwort an die bereits Gewonnenen (Lk 3,10-14): eine Anleitung zu einem dem *Evangelium würdigen Wandel. Die ermahnenden Teile der ntl. Briefe werden oft mit *parakalein* eingeleitet (Röm 12,1 u.ö.). Die Ermahnungen geschehen »in Christus«. Es wird in der Ermahnung also auf das Heilsgeschehen zurückgegriffen. Es handelt sich immer um Erweisung der Kraft des Heiligen Geistes. Man kann von einem eigenen Charisma der Tröstung sprechen, das vornehmlich von den Propheten ausgeübt wird (1Kor 14,3). Aus dem Kontext kann man ersehen, daß in solcher Paraklese nichts Polemisches oder Kritisches liegt, aber auch, wie ernst das in der Kraft des Geistes gesprochene Mahnwort ist. »Die apostolische Ermahnung ist ein besorgter und andringlicher Zuspruch an die Brüder, der Bitte, Trost und Mahnung zugleich in sich birgt« (Schlier).

3. Das Wort steht für die tröstende Hilfe durch das gegenwärtige und zukünftige Heil Gottes. Gott ist der letztlich und wesentlich Tröstende, auch durch menschlichen T. hindurch. Der T. hängt zusammen mit der Liebestat Gottes in Christus und seiner Ausrichtung auf das eschatologische Ziel. Gott erweist sich schon jetzt in seinen Taten als Tröster: Wenn er durch andere Menschen wirkt (Phlm 7) und Situationen verändert (2Kor 7,6.13). Im Trostkapitel 2Kor 1 wird Gott als der beschrieben, der uns tröstet, damit wir auch andere trösten können. Aber in dieser Welt ist letztlich der T. immer nur eine Abschattung des kommenden T.es, wie auch die Gegenwart Gottes in dieser Welt nur eine Abschattung der eschatologischen Gegenwart Gottes ist. Endgültiger T. erwartet uns erst in der Zukunft: Da wird aller Grund für das Leid,

die Sünde und der Tod, beseitigt sein (Offb 19f). Da wird Gott unter seinem Volk wohnen und alle Tränen abwischen, und Tod, Leid, Wehgeschrei und Schmerz werden mit dem Ersten vergangen sein (Offb 21,3f).

VI. DER PARAKLET DES JOHANNESEVANGELIUMS.

Die Übersetzung »Tröster« kann nur im Sinne von »Fürsprecher« verstanden werden (s.o. I.1.). Schon im Judentum findet sich die Vorstellung von solchen Fürsprechern: meist Engel oder auch Menschen (Mose), später auch der Heilige Geist. Es ist an einen Mittler zwischen Gott und den Menschen gedacht, der Gott beschwichtigt und den Menschen an seine Pflichten erinnert. Genau dieselbe Bedeutung liegt wohl auch im JohEv. vor.

VII. ZUSAMMENFASSUNG.

Für die Heilige Schrift ist wirklicher T. wirksame Hilfe. Die für den Leidenden ausweglose Situation wird wegsam gemacht. T. kämpft also an gegen falsches Selbstmitleid und will den Trostsuchenden aus der Depression befreien. Das geschieht durch Beistehen. Dieses Beistehen kann aber nicht in einem billigen Appell (»Reiß dich zusammen«) oder in oberflächlicher Beschwichtigung (»Es ist doch nicht so schlimm«) bestehen, sondern nur in der herzlichen Beteiligung an der Situation des Leidenden durch Mittragen und durch praktische Hilfe hin zu einem Ausweg. Ziel dieser Begleitung ist, daß der Trauernde einen Weg als den eigenen erkennt und ihn aus eigener Kraft gehen kann und will.

Bibl. Trösten zeigt dabei immer den Weg zum wahren Tröster auf. Wahrer T. ist nur möglich durch den, der durch die Veränderung der leidvollen Gegenwart wirklichen T. spenden kann. Daher besteht rechter T. immer darin, den Leidenden aufrichtigen Herzens zum Vertrauen auf den allmächtigen Vater zu rufen, ohne die Klage zu ersticken. Dabei muß aber gewiß sein, daß endgültiger T. erst in Gottes Zukunft geschehen wird, wenn Gott unter den Menschen wohnen wird.

Literatur: C.H. Spurgeon: Ich bin der Herr, dein Arzt, 1988; W. Jentsch: Der Seelsorger, 1982; H.J. Stoebe: THAT II, 31984, 59-66; W. Mundle, G. Braumann : TBLNT II, 41986, 1235-1237; W. Grundmann: ThWAT III, 1938, 25ff; G. Stählin: ThWNT V, 1954, 815ff; Bill. IV, Exk 23, 81986. M.Schr.

TRÖSTER s. Trost; s. Geist, Heiliger

TROTZ, TROTZEN, TROTZIG.

T. ist törichte (Spr 14,16) Selbstüberhebung im Vertrauen auf das, was nicht helfen kann: auf Götzen (Jer 50,38), Reichtum (Ps 49,7) oder menschliche Macht (Ps 52,3). Das verleitet zum Widerstand gegen Überlegene, gegen Gott (1Sam 2,3; Jes 30,12; Jer 50,24; 1Kor 10,22) oder stärkere Feinde (2Kön 18,19; Ps 10,5; 1Petr 3,14), oder zur Unterdrückung von Schwächeren, Waisen und Witwen (Ps 10, 18; 31,21). Der Fromme jedoch kann allen Anfechtungen trotzen, weil er den Weg des Herrn geht und sich allein auf den Herrn verläßt (Spr 3,25f; 10,29). Der Scheinfromme aber trotzt vergeblich im Vertrauen auf den Herrn, denn der wird ihm nicht beistehen (Jes 48,2). Von Natur neigt des Menschen Herz zum T. (Jer 17,9), denn es ist gottlos (Ps 94,4) und ruhmredig (Ps 73,6).

TRÜBSAL.

I. DER BEGRIFF.

Das griech. Wort *thlipsis* bedeutet ursprünglich »Beengung, Bedrängnis«. Es bezeichnet etwas, was den Menschen in seinem Menschsein einengt, bedrängt und damit offenbar macht, daß er nicht sein eigener Herr ist. T. umschließt die verschiedensten Nöte und Bedrängnisse: *Verfolgung (Apg 11,19; 1Thess 1,6; 2,14f), Gefängnis (Apg 20,23; Eph 3,13; Offb 2,10), Kriegsnot (Ri 10,14; 1Sam 26,24), Schmähungen (Hebr 10,33), Streit (2Kor 7,5), *Krankheit, Hunger. Neben diesen äußeren stehen innere Nöte: Furcht (2Kor 7,5), Traurigkeit (Jak 1,27). Der T. stellt Paulus die *Ruhe gegenüber (2Kor 7,5), die hinweist auf die Ruhe bei Christus (2Thess 1,7; vgl. Hebr 4,9.11), wo alle Bedrängnis ein Ende hat.

II. DIE TRÜBSAL IN GOTTES HEILSPLAN.

T. gehört weder zur ursprünglichen Erschaffung der Welt, die nach Gottes Urteil »sehr gut« war (1Mor 1,31) und für den Menschen ein Leben im *Paradies vorsah (1Mo 2), noch zu Gottes neuer *Schöpfung nach dem Ende dieser Zeit (Jes 65,17; 66,22; 2Petr 3,13; Offb 21,1), wo »Gott abwischen wird alle Tränen« (Offb 21,4; 7,16f; Jes 25,8; 35,10). T. ist vielmehr Kennzeichen dieser gefallenen Welt (Joh 16,33 LÜ: Angst) und erscheint in der Bibel in einem dreifachen Zusammenhang.

1. Als Folge der *Sünde.

Mit dem Sündenfall brachte der Mensch alle mögliche T. über sich und sein Leben (1Mo 3,15ff), deren Tiefpunkt und letzte Auswirkung der *Tod ist (Röm 6,2). Dies ist nicht nur als einmaliges historisches Ereignis zu verstehen, das als Verhängnis über unserem Leben lastet, sondern wiederholt sich im Leben eines jeden einzelnen (1Mo 42,21; Jes 8,21f). Der Mensch muß erfahren, »was es für

Jammer und Herzeleid bringt, den Herrn zu verlassen« (Jer 2,19). T. ist die Kehrseite alles Lebens geworden (Pred 1,18; Spr 23,29ff).

2. Als Folge der Bekehrung.

Umkehr zu Gott bedeutet nicht, wie weithin »geglaubt« wird, Aufhören oder Minderung der T., sondern im Gegenteil ihre Vermehrung (Mt 24,9; Apg 9,16). Das haben bereits die Frommen des AT erfahren (2Sam 4,9; Ps 34,20; 73 u.ö.). Im NT wird das Wort T. fast ausschließlich für die Bedrängnisse gebraucht, die dem Christen um seines Christseins willen widerfahren (Apg 11,19; 2Kor 1,4-11; 4,8; Phil 1,16f; 4,14; 1Thess 1,6; Hebr 10,33; Offb 2,9f). Diese T. ist nicht nur eine Folge der Umkehr in der damaligen Zeit, sondern gehört notwendig zum Wesen des Christenstandes. Wie Jesus unter dem göttlichen »Muß« des Leidens stand (Mt 16,21; Lk 24,26-46), so »müssen« Christen »durch viele Bedrängnisse in das Reich Gottes eingehen« (Apg 14,22). So sehr gilt dieses geistliche Gesetz, daß Paulus es den Thessalonichern geradezu voraussagte (1Thess 3,3f). Was alle Christen betrifft – oder sie sind keine Kinder Gottes, sondern Bastarde (Hebr 12,7f) – gilt in verstärktem Maß für den Apostel (2Kor 1,5). Ihm widerfährt T. zusätzlich um der Gemeinde willen (Eph 3,13), er trägt das über die Gemeinde verhängte Maß an T. ab (Kol 1,24).

3. Als Zeichen der Endzeit.

Was die Christen erleiden müssen, hat endzeitlichen Charakter, ist Hinweis darauf, daß die »letzte Stunde« angebrochen ist (1Joh 2,18). Diese Endzeit ist durch eine wachsende ungeheure Verdichtung und kosmische Ausweitung des Leidens gekennzeichnet, wogegen alles vorhergehende verblaßt (Mt 24; Mk 13; Offb). So wird geradezu von der »großen Trübsal« gesprochen (Mt 24,21; Mk 13,19; Offb 7,14). Sie ist Beginn des göttlichen *Gerichts, das für die Ungläubigen ein »Tag der Trübsal« ist (Zef 1,15; vgl. Röm 2,9), weil Gott denen mit Bedrängnis vergilt, die die Christen bedrängen (2Thess 1,6).

III. TRÜBSAL IM CHRISTENLEBEN.

Alle T. stellt eine ständige Versuchung zum Abfall dar (1Thess 3,3-5; Mk 4,17). Dennoch ist sie für den Glaubenden nicht sinnlos. Ihm eröffnet sich der weite Glaubenshorizont, der auch über die Todesgrenze hinausführt. T. kann nicht von der Liebe Christi scheiden (Röm 8,35), sondern soll erst recht mit ihm in Verbindung bringen.

1. Der Sinn.

Es geht bei der T. um die Bewährung und Erprobung unseres Glaubens (2Kor 8,2; 1Petr 1,6; Jak 1,12). Sie geschieht, damit »wir unser Vertrauen nicht auf uns selbst setzen, sondern auf Gott« (2Kor 1,8f). Sie treibt ins Gebet (Jes 26,16; Jona 2,2f) und soll uns zur *Geduld erziehen, dem Darunterbleiben (griech. *hypomonē*) unter einer Last (Röm 5,3; 12,12; 2Kor 1,6; 2Thess 1,4). Darüber hinaus kann sie zur Ausbreitung des Evangeliums dienen (Apg 8,4; 11,19ff) und hilft dazu, daß »wir auch trösten können, die in allerlei Trübsal sind« (2Kor 1,4ff).

2. Das Ziel.

Das alles ist aber letztlich nur von der gewissen Hoffnung des Zieles her zu ertragen, daß die T. zeitlich begrenzt ist und der Herrlichkeit Gottes weichen muß (2Kor 4,17), die den Gläubigen verheißen ist (V. 18; Röm 8,17) und alles bei weitem aufwiegt, was uns hier widerfährt (V. 18). Als Unterpfand für dieses Ziel darf der Christ seine T. ansehen (2Thess 1,4f). Denn Gott selbst ist sein Erretter aus aller T. (Hiob 5,19; 19,25) und wird alle Tränen abwischen (Offb 7,16f).

3. Die Freude.

So ist die T. nicht mehr ein Hemmnis der Freude (2Kor 7,4), wie es der natürlichen Vernunft erscheinen muß, sondern gibt nur das (freilich notwendige) Gefäß ab (2Kor 4,7f) für die durch den Heiligen Geist gewirkte Freude (1Thess 1,6). Aus dieser Erkenntnis und Erfahrung heraus kann sogar die T. selbst als Gegenstand der Freude erscheinen (Kol 1,24; 2Kor 8,2), deren Paulus sich rühmt (Röm 5,3). Denn daß Jesus diese Welt mit ihrer T. überwunden hat (Joh 16,33), ist für den Glauben erfahrene Realität und überschwenglicher Grund zur Freude (Phil 2,17f). Der Glaube überwindet die T. im geistgewirkten Vorgriff auf die zukünftige Welt (1Joh 5,4).

TRUNKENHEIT.

1. T. verursachen berauschende Getränke, wenn sie im Übermaß genossen werden. Der Trunkene verliert das Urteilsvermögen (Joh 2,10), die Beherrschung und das Bewußtsein (1Mo 9,21; Spr 26,9). Sein Gang wird taumelnd und unsicher (Jes 19,14; Ps 107,27), er irrt ohne Orientierung umher (Hiob 12,25). Er redet lallend und unverständlich, man erkennt den Sinn seiner Worte nicht (vgl. 1Sam 1,13; Apg 2,15). Betrunkene werden hemmungslos (Spr 20,1), sind aufgelegt zu Zank und Streit (Spr 23,20f), vielfach erst übertrieben fröhlich und dann schläfrig (Jer 51,39.57). Häufig übergeben sie sich (Jes 19,14; 28,7f), benehmen sich schamlos (Klgl 4,21) und lassen sich leicht zur Unzucht reizen (Spr 23,30.33). Aus der Trunkenheit, die zum Wesen des unerlösten Menschen gehört (Röm 13,13; Gal 5,21; 1Petr 4,3), wächst unordentliches, liederliches Handeln und Leben (Eph

5,18). Die ganze Tiefe von Davids Fall wird daran offenbar, daß er Uria bewußt trunken macht, um ihn zu täuschen und seinen Absichten zugänglich zu machen (2Sam 11,13). Zusammenfassende Schilderungen vom Zustand der Trunkenen bieten Spr 23,29-35; Jes 28,7-13.

Im AT ist der Genuß von *Wein und anderen berauschenden Getränken den *Priestern und *Nasiräern verboten (3Mo 10,9; 4Mo 6,3); das NT betont, daß die leitenden Männer der Gemeinde keine Weinsäufer, d.h. dem Trunk ergeben, sein dürfen (1Tim 3,3.8; Tit 1,7). Ja, es fordert die Aufhebung der Gemeinschaft, wenn jemand, der sich Bruder nennen läßt, an das Trinken gebunden bleibt (1Kor 5,11). Denn Trunkenbolde werden das Reich Gottes nicht ererben (1Kor 6,10), und wo T. herrscht, gerät das *Wachen und Warten auf die *Wiederkunft Jesu in Vergessenheit (Lk 21,34). Daß hier aber auch für den Gebundenen und Süchtigen aus der Kraft Gottes eine Befreiung möglich ist, bezeugt Paulus mit der knappen Feststellung: »Solche sind einige von euch gewesen. Aber ihr seid reingewaschen, ihr seid geheiligt, ihr seid gerecht geworden durch den Namen des Herrn Jesus Christus und durch den Geist unseres Gottes« (1Kor 6,11).

2. Im übertragenen Sinn ist T. ein Bild für den Zustand des ungehorsamen Knechtes (Mt 24,49) und der gefallenen Menschen in dieser Welt (1Thess 5,7). Die vom Gericht Gottes heimgesuchte Weltmacht wird trunken werden vom eigenen Blut (Jes 49,26; vgl. 34,7), während die große Hure betrunken ist vom Blut der Heiligen (Offb 17,6). Wie der Sturm auf dem Meer die Seefahrer ratlos taumeln läßt wie Trunkene (Ps 107,27), so wird auch die Wirkung der Verblendung und des göttlichen Gerichts durch das gleiche Bild gekennzeichnet (Jes 19,14; 29,9; 63,6; vgl. 24,20). Die Warnung vor T. durch übermäßigen Weingenuß ist mit der Aufforderung verbunden, sich stattdessen vom Geist Gottes erfüllen zu lassen (Eph 5,18-20; vgl. Apg 2,13-18).

TRYPHÄNA und TRYPHOSA. Zwei Frauen – von der Art und Weise, wie sie erwähnt werden und aufgrund der Ähnlichkeit ihrer Namen – vermutlich Schwestern, vielleicht Zwillingsschwestern, die in Röm 16,12 von Paulus gegrüßt werden. Wie andere Frauen, die in diesem Abschnitt erwähnt werden (*Maria, V. 6; *Persis, V. 12), waren sie bekannt für ihre »Mühe«. Das mehrmalige Erscheinen dieses Begriffs könnte auf eine regelmäßige Form des Dienstes hinweisen. Die Namen (»empfindlich« und »verwöhnt«) waren weitverbreitet, auch in *Rom, wie Lightfoot (Philippians, S. 175f) an Beispielen im »Haus des Kaisers« zu Paulus' Zeit belegt. A.F.W.

TUCH s. Kleidung

TUGEND, TUGENDSAM.

1. Im Alten Testament.

Das AT bezeichnet Ruths Verhalten und Treue ihrer Schwiegermutter gegenüber als tugendsam (Rut 3,11), dann allg. die praktische, umsichtige Tüchtigkeit der Hausfrau (Spr 12,14; 31,10).

2. Im Neuen Testament.

a. Im NT bezeichnet T., von Gott ausgesagt, seinen Retterwillen und seine Barmherzigkeit (2Petr 1,3), seine Kraft und seine mächtigen Heilstaten (1Petr 2,9), die die Gemeinde verkünden soll.

b. Beim Menschen ist T. das Verhalten und Handeln, das aus dem Glauben wächst (2Petr 1,5) und ihm entspricht: wahrhaftiges, anständiges, gerechtes, reines, angenehmes und wohllautendes Reden und Tun (Phil 4,8). Es beruht nicht auf eigener Kraft, sondern auf der Gabe Gottes (2Kor 3,5f) und ist allein von seinem Urteil abhängig (2Kor 10,18). So erscheinen auch in den sog. Tugendkatalogen (Gal 5,22; Eph 4,1-3; Kol 3,12-14) diese T.en ausdrücklich als Frucht des Geistes und der Vergebung Gottes.

TÜR/TOR/PFORTE. Hebr. *dälät, pätach*; griech. *thyra*.

1. Durch Türen bzw. Tore konnten in bibl. Zeit v.a. *Paläste (2Sam 11,9; 13,17f), *Tempel (1Sam 3,15) und *Städte (Neh 3,1) verschlossen werden, aber auch *Häuser (1Mo 19,10; 2Kön 4,4f; Mt 25,10), Höfe (Joh 10,1f; 18,16; Apg 12,13) und einzelne Räume (Mt 6,6; Apg 5,23; 12,6), selbst wenn man sich in früher Zeit einfache Häuser mit offenen Eingängen denken muß (vgl. *Architektur; *Befestigungsbau und Belagerungstechnik; *Haus). Außer bei großen Gebäuden wurden die Türen niedrig gehalten (Spr 17,19), und sie bestanden gewöhnlich aus einem, bei Palast-, Tempel- oder Stadttoren auch aus zwei Flügeln (Ri 16,3). Die Türen wurden normalerweise aus Holz gefertigt und waren mit einem Riegel (1Sam 23,7; Hld 5,5; Jer 49,31) oder seltener mit einem Schloß (Ri 3,25; Neh 3,3) verschließbar. Die »Bänder« der Türen bildeten Zapfen, die sich in entsprechend gebohrten Angelsteinen drehten (Spr 26,14).

2. Im übertragenen Sinne begegnet die Tür als Bezeichnung für einen Ausgang, Durch-

Die Tore aus Holz und Bronze stammen vom Tempel Salmanassars III. in Balawat bei Ninive. Die geflügelten Löwen bewachten die Palasttore Assurbanipals (ca. 850 v. Chr.) (BM)

gang oder Eingang (Pred 12,4; Mi 7,5; Joh 10,7.9), als Ausdruck großer zeitlicher Nähe (»vor der Tür«, Mt 24,33; Mk 13,29; Apg 5,9; Jak 5,9), als Öffnung des Himmels und Zugang zu Gottes Reich (»Himmelstür«, Ps 78,23; Offb 4,1; vgl. auch Mk 1,10; Joh 1,51; Apg 7,55f; 10,11; Offb 19,11), wie auch als Eingang des Herzens, vor dem die Sünde als Versucherin lauert (1Mo 4,7), zu dem aber auch Jesus Einlaß erbittet (Offb 3,20). Aber auch die Möglichkeit zur Verkündigung des Evangeliums (1Kor 16,9; 2Kor 2,12; Kol 4,3; Offb 3,8) und zum Glauben (Apg 14,27) kann mit einer »offenen Tür« umschrieben werden. Die »verschlossene Tür« ist demgegenüber dann gleichnishafter Ausdruck eines unwiderruflichen Zu Spät (Mt 25,10; Lk 13,25). Wenn Jesus sich selbst als »die Tür« bezeichnet (Joh 10,7.9), dann will er damit zu erkennen geben, daß er allein Zugang zum Vater und Anteil an Gottes Reich vermitteln kann.

Tor in der äußersten Südwestecke des SW-Hügels von Jerusalem, Zugang zum Essener-Viertel nahe dem ersten Versammlungsort der Urgemeinde. Dieses Tor dürfte Jesus mehr als einmal benutzt haben. Der Weg führte u. a. durch das Hinnom-Tal ins Kidron-Tal, nach Bethlehem und nach Qumran. Im Hintergrund rechts oben der Turm der Dormitio-Abtei auf dem Zion. (CPTh)

Literatur: J. Jeremias: ThWNT III, 1938, 173-180; K. Galling, H. Rösel: BRL², 348f (Literatur); Z. Herzog: Das Stadttor in Israel und in den Nachbarländern, 1986.

U.Th.

TÜR-/TORHÜTER.

1. Die T. (hebr. *schō'ēr,* griech. *thyrōros*) überwachten den Verkehr durch die Stadttore (2Kön 7,10f), sie waren für das Öffnen und Schließen der Tore verantwortlich (Neh 7,1.3) und konnten Verhaftungen vornehmen (Jer 37,13f).

2. T. gab es außerdem am Palast des Königs (1Kön 14,27; 1Chr 9,18; Est 2,21; vgl. 2Kön 11,5) und des Hohenpriesters (Joh 18,16f), sowie in den Häusern vornehmer Bürger (Mk 13,34; vgl. auch Joh 10,3; Apg 12,13).

3. Sehr viele T. gab es am Heiligtum. Hier gehörte die Bewachung des Hauses Gottes mit zu den Aufgaben der Leviten (1Chr 9,19ff). David hatte zu diesem Dienst 4000 von ihnen (1Chr 23,5) nach regelmäßigem

Turnus (1Chr 9,25) eingesetzt. Sie hatten an den Toren, den Kammern (1Chr 9,26) und Vorratshäusern (1Chr 26,17) Tag und Nacht zu wachen und diese morgens zu öffnen (1Chr 9,27). Außerdem sammelten sie die Geldgaben der Israeliten ein (2Kön 22,4; 2Chr 31,12.14). Diese Tempelwache unter Führung eines Hauptmanns wird auch im NT mehrmals erwähnt (Lk 22,4.52; Joh 7,32; 18,3; Apg 4,1; 5,24.26). In kritischen Situationen scheint man sie als bes. zuverlässige Truppe auch an den Stadttoren eingesetzt zu haben (Neh 13,22; vgl. *Tempeldiener/-knechte) U.Th.

TÜRKIS s. Edelsteine

TÜRPFOSTEN. Die beiden aus Holz (1Kön 6,31.33) oder Stein gefertigten T. (hebr. *'ajil, 'omenāh, mesūsāh)* bildeten gemeinsam mit dem Türsturz und der Schwelle die Türöffnung. Beim *Passafest wurden sie mit dem Blut des Passalammes bestrichen (2Mo 12,7.22f). Hes 45,19 erwähnt im Zusammenhang mit einem Sündopfers die Besprengung der Pfosten an der Tempeltür. Nach 5Mo 6,9; 11,20 sollen die Weisungen Gottes zum Gedächtnis auf die (Tür-)Pfosten des Hauses geschrieben werden, aber auch Gegenstände der Götzenverehrung und des Aberglaubens wurden hier angebracht (Jes 57,8). Einem hebr. Sklaven schließlich, der nach sechsjährigem Dienst nicht freigelassen werden wollte, wurde am T. das Ohr mit einem Pfriem durchbohrt als Zeichen dafür, daß er nun für immer als Sklave im Haus seines Herrn bleiben wollte (2Mo 21,6; 5Mo 15,17).

Literatur: K. Galling, H. Rösel: BRL², 348f. U.Th.

TURM. 1. Zum babylon. T. (1Mo 11,4-5) s. *Babel, *Babylon.

2. Mauertürme (2Chr 26,9; Neh 3,1.11.25-27; Ps 48,13) dienten zunächst der Verstärkung bes. gefährdeter Teile der Stadtbefestigung, wurden dann aber auch auf den gesamten Mauerzug verteilt. *Usia versah die T.e in Jerusalem mit Geschützen für Steine und Pfeile (2Chr 26,15; s.a. *Festungsbau und Belagerungstechnik).

3. Außerdem bezeichnet das Wort T. (Ri 9,45-52) noch die Zitadelle der Stadt. Sie war ein turmartiges Gebäude, das auch nach der Eroberung der Stadt noch letzte Zuflucht bot. Solche T.e sind charakteristisch für die ägypt. Darstellungen palästin. und syr. Städte, entsprechende Anlagen wurden in *Hazor und in *Bet-Schean ausgegraben. Der T. in Bet-Schean hatte eine Grundfläche von 24 x 15 m und besaß außerordentlich dicke Mauern. Vom Untergeschoß führte ein Treppenhaus zu den oberen Stockwerken.

4. Für die Wächter in den Weinbergen errichtete man vielfach statt der Hütten oder kleinen Häuschen (Jes 1,8) steinerne Türme (Jes 5,2; Mt 21,33; Mk 12,1). Auch zum Schutz der Hirten und Herden in der Wüste baute man solche T.e (2Chr 26,10), meist wohl neben den Brunnen. (Vgl. *Migdal-Eder, *Migdal-El, *Migdal).

TÜTTEL s. Jota

TYCHIKUS. Ein Mann aus der Provinz Asia – »westliche« Texte meinen: ein Epheser –, der als Delegierter seiner Gemeinde Paulus mit der *Kollekte nach Jerusalem begleitet (Apg 20,4; vgl. 1Kor 16,1-4). Er war der persönliche Repräsentant des Apostels, vermutlich der Überbringer der Briefe an die *Kolosser (Kol 4,7-9) und *Epheser (Eph 6,21-22) und – sollte der *Epheserbrief ein Rundschreiben sein – auch an andere Gemeinden in Kleinasien. Paulus scheint ihn als möglichen Helfer für *Titus auf *Kreta in Betracht gezogen zu haben (Tit 3,12); er sandte T. nach Ephesus (2Tim 4,12). Diese Aufträge spiegeln eine Vertrauenswürdigkeit wider, die von Paulus gelobt wird (Eph 6,21; Kol 4,7). T.' Bezeichnung als »Diener« in diesen Kontexten bezieht sich wahrscheinlich auf den Dienst für die Gemeinde, womöglich auch auf den Dienst für Paulus; unwahrscheinlich ist, daß die Aufgabe eines *Diakons damit gemeint ist. A.F.W.

TYPOLOGIE. Unter T. versteht man eine hermeneutische Methode, die mit der Gegenüberstellung von alten und neuen Sachverhalten bzw. Personen arbeitet. Die Logik der T. erklärt sich von dem allg. menschlichen Bestreben her, Sachverhalte und Personen über Analogien zu begreifen, neue Phänomene in Beziehung zu setzen zu längst bekannten.

T. findet sich gelegentlich bereits im AT, öfter jedoch im NT. In den außerkanonischen frühchristl. Schriften »Barnabasbrief« und »Hirt des Hermas« (s. *Apostolische Väter) wurde die typologische Methode dann weiter verfeinert, und in der Patristik sowie in der mittelalterlichen Bibelauslegung hatte sie ein großes Gewicht. Erst die Reformatoren drängten diese Art der Auslegung zurück, im Zeitalter des Rationalismus wurde die T. schließlich völlig abgelehnt. Der gekünstelten Ergebnisse wegen, die sie zu zeitigen neigt, hat die typologische Exegese ihr Ansehen bis heute nicht wiedererlangt; dennoch gibt es von ernst zu nehmenden Bibelauslegern der jüngeren Zeit (zu nennen sind hier z.B. W. Eichrodt, G. von Rad und P. Stuhlmacher) Versuche, die T. als Auslegungsmethode zu rehabilitieren, ihr ein gewisses (begrenztes) Recht einzuräumen.

Im AT sind Beispiele für typologische Auslegung vor allem bei den *Propheten zu finden. Was die Propheten als zukünftiges Heil erwarten, wird gelegentlich als »Antitypus« (gesteigertes, vollkommenes Gegenbild) zu bereits geschehenen Heilsereignissen entworfen. Die wichtigste Rolle im Sinne einer Präfiguration des Kommenden spielt dabei die Herausführung Israels aus Ägypten mitsamt dem *Wüstenzug und der *Landnahme. So rechnet z.B. *Hosea mit einer neuen Wüstenzeit, die dem Vorbild der ersten entspricht (2,14f); auf diese Wüstenzeit folgt dann – genau wie einstmals - die Heilszeit (2,16f). Typologisch ausgelegt wird der Motivkreis der Exodustradition auch von *Jeremia (23,7f) und besonders von Jesaja, der immer wieder die Befreiung aus dem Exil mit der Befreiung aus Ägypten parallelisiert (Jes 40,3; 41,17ff; 42,16; 43,16ff; 48,20F, 49,10; 52,11f). Neben der Exodustradition werden von den Propheten bei ihrem Bemühen, aus der bisherigen *Heilsgeschichte Modelle (»Typen«) für die künftige Heilsgeschichte zu finden, auch die Zionstradition und die Davidsgestalt herangezogen (vgl. z.B. Jes 11,1ff). Ob die Propheten wirklich in allen Fällen, wo sie auf vorangegangene Heilsereignisse zurückgreifen und von ihnen her künftige zu verstehen suchen, typologische Auslegung betreiben, muß dahingestellt bleiben; mitunter scheint es, als werde das vorangegangene Heilsereignis mehr als illustrierendes Beispiel denn als Typos (d.h. »Vorabbildung« im eigentlichen Sinne) verstanden.

Neben der heilsgeschichtlichen T. findet sich im AT noch eine weitere, der platonischen Abbildlehre verwandte Form des typologischen Denkens. Hierbei wird davon ausgegangen, daß irdische Phänomene ein »Modell« im Himmel haben. Das gilt z.B. für die »Stiftshütte«: Mose muß sie exakt nach dem himmlischen Modell errichten (2Mo 25,9.40).

Im ntl. Denken und auch später in der patristischen und mittelalterlichen Auslegung des NT wird die Methode der T. dazu benutzt, den Christusglauben zu verknüpfen mit atl. Sachverhalten bzw. Personen. Das, was Gott in Christus offenbart hat, ist nach ntl. Verständnis in der vorangegangenen Heilsgeschichte Gottes mit seinem Volk im voraus abgebildet worden. Die eminent wichtige theologische Dimension eines solchen Denkansatzes liegt darin, daß dadurch die Kontinuität der Heilsökonomie Gottes herausgearbeitet wird. Können wir auch heute die typologischen Denkfiguren der ntl. Autoren und ihrer späteren Ausleger nicht mehr in jedem Fall nachvollziehen (vgl. oben), so ist es dennoch gerade heute als wichtige theologische Aufgabe erkannt worden, sich um die Verklammerung von AT und NT zu bemühen; in der Tat wird in unseren Tagen im Rahmen der sog. »Biblischen Theologie« diese Aufgabe energisch in Angriff genommen. In der »Biblischen Theologie« nun muß intensiv über die strukturelle Parallelität zwischen atl. und ntl. Glaubensaussagen nachgedacht werden – und nichts anderes tut im Prinzip die typologische Auslegung.

Im Corpus Paulinum ist die wohl wichtigste T. der Adam-Christus-Vergleich in Röm 5,12ff; *Adam wird hier ausdrücklich als *typos tou mellontos* (Typos des Zukünftigen) bezeichnet. Noch einmal taucht der Begriff *typos* (im technischen Sinne der T.) bei Paulus in 1Kor 10,6 auf; es geht hier um Ereignisse der Wüstenzeit Israels, die den Christen als Warnung dienen sollen; V. 11 faßt den Gedankengang des Abschnitts 1Kor 10,1-11 zusammen und zeigt zugleich sehr schön, was paulin. Verständnis gemäß T. ist: »Dieses aber (das göttliche Strafhandeln) widerfuhr jenen (den Israeliten in der Wüste) 'in typischer, musterhafter Weise' (*typikōs*) und ist zu unserer Warnung aufgeschrieben«.

In den Typologien von Röm 5,12ff und 1Kor 10,1-11 arbeitet Paulus mit den technischen Begriffen *typos* und *typikōs*. Aber er kann, wenn er typologisch argumentiert, auch ohne diese Begriffe auskommn (vgl. Röm 4; 1Kor 5,7; 15,45-49 u.ö.).

Exzessiv wird von der T. im *Hebräerbrief Gebrauch gemacht; so deutet der Briefschreiber z.B. in den Kap. 7-10 Jesu Weg und Werk vom hohepriesterlichen Sühnopfer her. Neben der heilsgeschichtlichen T. kennt der Hebräerbrief auch jene andere Art von T., die der platonischen Abbildlehre ähnelt (vgl. 8,5; 9,24 u.ö.).

Ein bes. feinsinniger Umgang mit typologischem Denken findet sich im *JohEv. Nirgendwo wird hier – anders als im Corpus Paulinum - eine T. ausführlich entfaltet, sondern sie ist stets ein wenig unter der Textoberfläche verborgen (vgl. z.B. die Brotrede in Joh 6).

Als weiteres und abschließendes Beispiel typologischer Argumentation im NT sei die wichtige Stelle 1Petr 3,21 genannt, wo die Taufe als Gegenbild (Antitypus) der Sintflut verstanden wird. (S.a. *Hermeneutik.)

Literatur: D.W. Buchanan: Typology and the Gospel, 1987; R. Bultmann: Ursprung und Sinn der Typologie als Hermeneutischer Methode, in: ders.: Exegetica, 1967, S. 369-380; W. Eichrodt: Ist die typologische Exegese sachgemäße Exegese?, in: ThLZ 81/1956, S. 641-654; L. Goppelt: Typos. Die typologische Deutung des Alten Testaments im Neuen, 1981 (1939); U. Luz: Das Geschichtsverständnis des Paulus. BEvTh 49/1968, S. 52ff.80ff.120ff; G. von Rad: Theologie des AT. Bd. II, [6]1975, S. 350ff.387ff; G. Schunack: EWNT III, 1983, 892-901. W.R.

TYRUS. Der wichtigste Hafen an der phöniz. Küste, ca. 40 km südl. von *Sidon und 45 km nördl. von Akko. T. (heute *Sur*; hebr. *zor*; assyr. *Sur(r)u*; ägypt. *Daru*; griech. *Tyros*) besaß zwei Häfen. Einer lag an einer Insel; beim »alten« Hafen am Festland könnte es sich um das *Uschschu* assyr. Inschriften handeln. Die Stadt, die ihr Frischwasser vom Litani-Fluß bezog, beherrschte die sie umgebende Ebene bis Sarepta (*Zarpat) im N.

I. GESCHICHTE.

Nach Herodot (Hist. 2,44) wurde T. ca. 2700 v.Chr. gegründet. Der Ort wird in ägypt. Verwünschungstexten (ca. 1850 v.Chr.) und einem kanaan. Gedicht (Keret, ANET, S. 142f) aus Ras Schamra (*Ugarit) erwähnt. T. spielte früh eine aktive Rolle im Seehandel (Luxusgüter) mit Ägypten, was zu ägypt. Feldzügen führte, die zum Ziel hatten, die phöniz. Küste zu kontrollieren. Während der *Amarna-Periode (14. Jh.v.Chr.) verhielt sich Abimilki, der Herrscher von T., gegenüber Ägypten loyal; von Nachbarstädten bedrängt, bat er Amenophis III. um Hilfe gegen Aziru, den amorit. König von Sidon. Als die Philister Sidon plünderten (ca. 1200 v.Chr.), flohen viele der Einwohner nach T., das jetzt zur »Tochter Sidons« (Jes 23,12) wurde, zum wichtigsten phöniz.

Bronzemünze aus Tyrus mit dem Bild einer Kriegsgaleere. Durchmesser: 22 mm; 3 n.Chr. (RG)

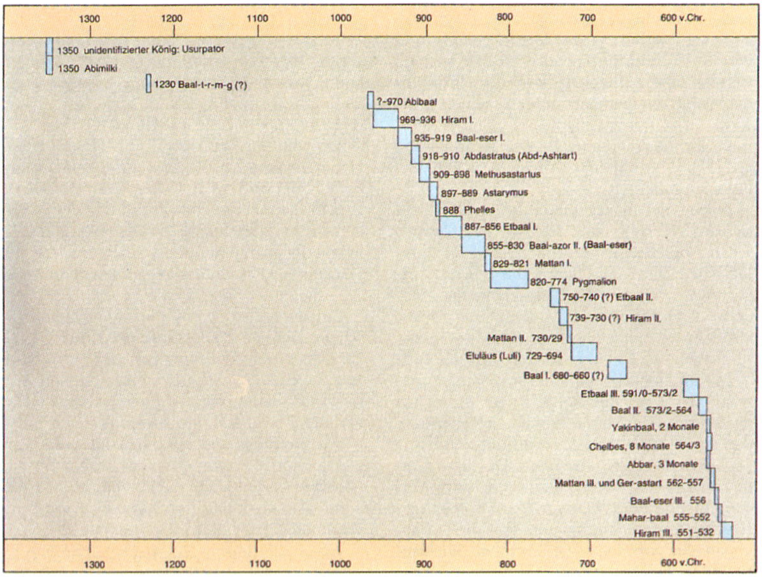

Könige und Regenten des alten Tyrus (nach H.J. Katzenstein).

Hafen. Bis ins späte 2. Jt.v.Chr. galt T. als eine stark befestigte Stadt an der Grenze des Gebiets, das Asser zugeteilt worden war (Jos 19,29); dieser Ruf hatte längere Zeit Bestand (2Sam 24,7: »feste Stadt«). Mit dem Niedergang Ägyptens wurde T. unabhängig; seine Herrscher dominierten die meisten der phöniz. Küstenstädte einschließlich des libanesischen Hinterlandes. *Hiram I. war ein Freund *Davids und lieferte Materialien zum Bau des Königspalastes in Jerusalem (2Sam 5,11; 1Kön 5,15; 1Chr 14,1), eine Politik, die er während der Regentschaft *Salomos fortsetzte, als er Holz und Steine zum Bau des *Tempels lieferte (1Kön 5,15-32; 2Chr 2,2-15). Als Gegenleistung erhielt Hiram Nahrungsmittel und Land (1Kön 9,10-14). Männer aus T., unter ihnen ein Kupferschmied, ebenfalls mit Namen Hiram, halfen bei Salomos Projekten (1Kön 7,13-14). Während seiner Regierungszeit ließ Hiram I. einen Damm zwischen dem Festland und der Insel aufschütten und einen Tempel zu Ehren der Gottheiten Melkart und Astarte errichten. Ein Teil seiner Expansions- und Handelspolitik bestand darin, Salomo beim Ausbau des Hafens von Ezjon-Geber (*Elat) am Roten Meer zu unterstützen (1Kön 9,27); dadurch erreichten seine Schiffe weit im S gelegene Orte (1Kön 9,28; *Ofir). Von dieser Zeit an, die als »das goldene Zeitalter von Tyrus« galt, waren seine Kaufleute im östl. Mittelmeer dominierend (Jes 23,8) und berühmt für ihre Fähigkeiten als Seefahrer (Hes 26,17; 27,32f). Sie handelten hauptsächlich mit *Glas und Farbstoff (*Scharlach; *Purpur; *Farben;) der als »tarische« Farbe bekannt war und aus den dort gezüchteten *murex*-Schnecken gewonnen wurde (*Handwerk; *Phönizien). Die Aufstellung des *Ptolemäus bildet eine der Quellen für die Königsliste, auch wenn nach Abgleich mit der assyr. und hebr. Geschichte in der Chronologie der früheren Könige eine Abweichung von etwa 10 Jahren bestehen bleibt. Die Regierungszeit Hirams I. wird dort auf ca. 979-945 v.Chr. datiert (vgl. Albright, Katzenstein: ca. 969-936 v.Chr.). Auf seinen Nachfolger Baal-Eser I. (Balbazeros) folgte Abd-Aschtart, der von seinen Brüdern ermordert wurde, deren ältester, Methus-Astartus, sich den Thron aneignete. Phelles, ca. 897 v.Chr. der Nachfolger des Astarymus, wurde vom Hohenpriester Etbaal (Ittobaal) gestürzt, dessen Tochter *Isebel mit *Ahab von Israel verheiratet wurde, um die Allianz zwischen beiden Ländern zu stärken (1Kön 16,31). Etbaal war ein Zeitgenosse *Ben-Hadads I. (ca. 895 v.Chr.). Sein Erfolg gegen Phelles könnte mit der Invasion Assurnasirpals II. von *Assyrien zusammenhängen, der von T. hohen Tribut forderte. 841 v.Chr. erlitt der Hafen einen weiteren Rückschlag, als *Salmanassar III. von Assur im 18. Jahr seiner Herrschaft von Ba'alimansar Tribut erhielt, zur selben Zeit, als *Jehu ihm bei Nahr-el-Kelb huldigte (Sumer 7, 1951, 3-21). Baal-Eser II. folgten Mattan I. (ca. 829-821 v.Chr.) und Pygmalion (Puʿm-yaton), in dessen siebtem Jahr (825 v.Chr.; andere meinen 815 v.Chr.) Karthago von T. aus gegründet wurde. Der assyr. Druck auf Phönizien hielt an und T. leistete 803 v.Chr. Tribut an Adadnirari III. von Assyrien; König Hiram II. sandte Geschenke an *Tiglatpilesar III., der behauptete, sein *Rabschake hätte 150 Talente Gold von Mattan II., dem König von T., genommen (ca. 730 v.Chr.; ANET, S. 282; TGI, S. 55). Durch freiwillige Unterwerfung behielt die Stadt weitgehende Autonomie. Nach Josephus (Jos.ant.Jud. 9,283) belagerte *Salmanassar V. von Assyrien (dessen eigene Aufzeichnungen fehlen) T. 724 v.Chr.; 722 v.Chr. fiel die Stadt zusammen mit Samaria in die Hände *Sargons II. Assyr. Amtleute überwachten die Steuerabgaben in Form von Naturalien an *Ninive. Aber Ägypten, an das sich T. um Hilfe wandte, schürte beträchtliche Unruhe. Hebr. Propheten im Gefolge *Jesajas sowie *Joel (4,4-6) klagten T. an, weil es Israeliten als Sklaven an die Griechen verkaufte. T. kam unter die Herrschaft Sidons, und als *Sanherib heranrückte, floh ihr Herrscher Luli (Eluläus) und starb im Exil. Dies bewahrte die Stadt vor einem Angriff; die Assyrer setzten 701 v.Chr. ihren Kandidaten Tubaʿalu (Etbaal III.) als König ein.

*AsarHaddon ließ Abdi-Milkitti von Sidon

Tribut für Assyrien wird von der befestigten Inselstadt Tyrus zum phönizischen Festland transportiert. Bronzerelief von den Balawat-Toren Salmanassars III. (858–824 v. Chr.). (BM)

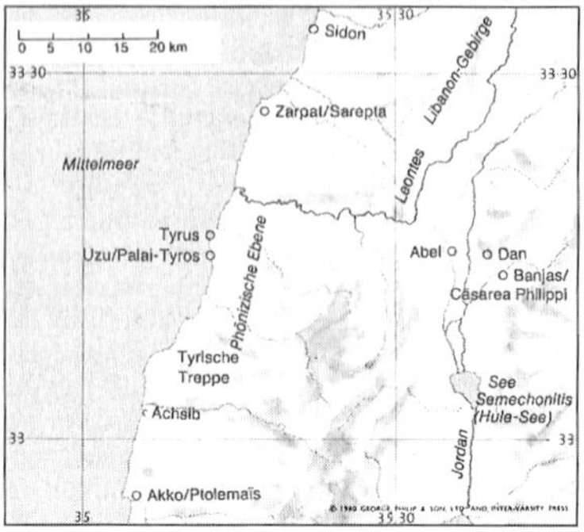

Tyrus, der bedeutendste Seehafen Phöniziens.

hinrichten (ca. 677 v.Chr.), setzte Baʿali (I.) auf den Thron, und band ihn durch einen Vertrag an Assyrien. Auf Betreiben *Tirhakas von Ägypten, lehnte sich T. dagegen auf, und Asarhaddon belagerte den Hafen, der aber nicht fiel, da Baʿali sich unterwarf. Sein Einfluß und seine Unabhängigkeit in Phönizien müssen sehr groß gewesen sein, da er sein ganzes Leben lang seinen Thron behielt. Als er sich 664 v.Chr. erneut auflehnte, fiel die Stadt an *Assurbanipal, der Asi-Baal zum König erhob und dessen Schwestern sowie zahlreiche Beamte als Geiseln nach Ninive mitnahm. Mit dem Niedergang Assyriens am Ende der Herrschaft Assurbanipals (ca. 636-627 v.Chr.) erhielt T. seine Autonomie sowie einen Großteil seines früheren Seehandels zurück. Trotzdem prophezeiten Jeremia (25,22; 27,1-11), später auch *Hesekiel (26,1-28,19; 29,18-20) und *Sacharja (9,2ff) die Unterwerfung von T. durch die Babylonier. *Nebukadnezar belagerte T. 13 Jahre lang: ca. 587-574 v.Chr. (Jos.ant.Jud. 10,228; JBL 51, 1932, S. 94ff), jedoch existiert darüber kein zeitgenössischer Bericht (vgl. Hes 29,18-20). Die Stadt (unter Baʿali II.) erkannte schließlich die babylon. Lehnsherrschaft an. Eine Anzahl babylon. Verträge bestätigt dies und führt die Namen der lokalen babylon. Amtleute auf. 10 Jahre lang wurde die Stadt von »Richtern« (*schōpēth*) regiert. 332 v.Chr. belagerte *Alexander der Große den Inselhafen sieben Monate lang und konnte ihn erst nach dem Bau eines Damms zur Inselfestung einnehmen. Trotz schwerer Verluste erholte sich der Hafen bald unter dem Schutz der *Seleukiden. *Herodes I. baute den Haupttempel wieder auf, der dort noch gestanden haben dürfte, als Jesus in dem Gebiet weilte, das an T. und Sidon grenzte (Mt 15,21-28; Mk 7,24-31). Leute aus T. hatten von seinen großen Taten gehört und waren zu ihm gekommen (Mk 3,8; Lk 6,17f); Jesus erwähnt T. als eine jener heidnischen Städte, denen es im Gericht erträglicher ergehen würde als jenen galiläischen Städten, die sein Predigen und Handeln miterlebt und doch keine Buße getan haben (Mt 11,21-22; Lk 10,13-14). Im 1. Jh. (Apg 21,3-6) lebten in T. Christen; der Kirchenvater Origenes wurde dort begraben (254 n.Chr.)

II. ARCHÄOLOGIE.

Die bedeutendsten Ruinen hängen mit dem Fall der Kreuzfahrerstadt 1291 zusammen; aber Ausgrabungen im Jahr 1921 (Syria 6, 1922) und 1937 im Hafen haben einige der früheren Fundamente zutage gefördert. Die vielen in T. ab dem 5. Jh.v.Chr. geprägten Münzen, die im gesamten Vorderen Orient sowie im Mittelmeerraum gefunden wurden, bezeugen die Bedeutung der Stadt. Die »tyrische Treppe« (Jos.bell.Jud. 2.188), die die Trennung zwischen Phönizien und dem eigentlichen Palästina markierte (1Makk 11,59), wird mit dem schwer zugänglichen Vorgebirge auf halbem Weg zwischen T. und *Ptolemaïs/Akko identifiziert.

Literatur: N. Jidejian: Tyre through the Ages, 1969; H.J. Katzenstein: The History of Tyre, 1973; H. Weippert: BRL^2, 349f (Literatur); LDB; W. Röllig: KIP V, 1027- 1029. D.J.W.

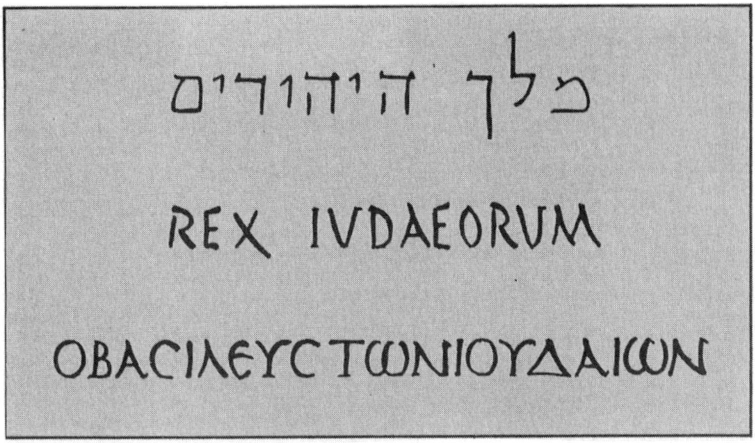

Die Überschrift am Kreuz in hebr., latein. und griech. Sprache lautete: Der König der Juden (Joh 19,19f); hier wiedergegeben in Buchstaben, wie sie im 1. Jh. n. Chr. üblich waren. (ARM)

ÜBEL s. Böse

ÜBERLIEFERUNG s. Bibel; s. Kanon AT; s. Kanon NT; s. Tradition

ÜBERSCHATTEN. Ü. (griech. *episkiazō*) bezeichnet an einigen Stellen der Bibel ein bes. Wirken der schaffenden und bewahrenden Kraft Gottes am Menschen:

1. In Lk 1,35 ist die wunderbare Kraftmitteilung Gottes an Maria gemeint, die sie zur Mutter Jesu machte.

2. Bei seiner *Verklärung wird Jesus von einer hellen Wolke überschattet, als eine Stimme vom Himmel ihn den Sohn Gottes nennt (Mt 17,5; Mk 9,7; Lk 9,34).

3. Nach Apg 5,15 teilt sich die in den *Aposteln wohnende Gotteskraft durch ihren Schatten den Kranken mit (s. *Schatten).

ÜBERSCHRIFT.

1. Die Umschrift einer Münze, die die Stadt oder den Herrscher nennt, der sie prägen und ausgeben ließ. Bild und Name des Kaisers kennzeichnen den röm. Denar als sein Eigentum; wenn die Pharisäer diese Münzen als Zahlungsmittel gebrauchen, haben sie kein Recht, die in der gleichen Münze

Die Überschrift auf dem Silberdenar mit dem Kopf des Kaisers Tiberius lautet: TI CAESAR DIVI AUG. F. AUGUSTUS. *Eine ähnliche Münze dürfte auch Mt 22,17–21 gemeint sein. Durchmesser: 21,5 mm.* (RG)

geforderte Kopfsteuer abzulehnen (Mt 22,19-21 par.).

2. Bei Todesurteilen war es nach röm. Recht üblich, die Urteilsbegründung auf eine Tafel zu schreiben und dem Verurteilten auf dem Weg zur Hinrichtung voranzutragen. Diese Ü. (griech. *epigraphē* oder *titlos*) wurde über Jesu Kopf am Kreuz angebracht (Mt 27,37; Mk 15,26). *Pilatus ließ die Ü. dreisprachig (aram., latein., griech.) verfassen: »Jesus von Nazareth, der Juden König« (Joh 19,19.20; Lk 23,38). In dieser Form empfanden die Juden sie als Verhöhnung (Joh 19,20.21; vgl. V. 15), aber Pilatus bestand auf dem Wortlaut (V. 22), vielleicht als Vergeltung dafür, daß die Juden ihn zur Verurteilung Jesu gezwungen hatten (V. 12).

ÜBERWINDEN. Der in der LÜ verwendete Begriff »überwinden« steht im AT und NT für »stark sein«, »besiegen«. Das Ü. setzt eine feindliche Auseinandersetzung voraus und hat einen Siegespreis zur Folge. Es hat zur Bedingung, daß der Sieger sich durch kräftemäßige Überlegenheit gegenüber dem Feind qualifiziert. Dies deutet auf das Kommen Jesu Christi als Überwinder. Er ist als Gottgesandter der erste Mensch, der den Satan als Herrn der Welt grundsätzlich überwand. In Lk 11,20-22 stellt Jesus dar, daß er durch den »Finger Gottes« die bösen Geister austreibe, womit offenbar wird, daß in ihm das Reich Gottes gekommen ist. Er hat die »Welt überwunden« (Joh 16,33) und ist damit der Sieger über die in ihr herrschenden Kräfte wie Teufel, *Sünde und *Tod. Er hat die Sünde überwunden, indem er stellvertretend für alle Menschen das von Gott dem Sünder ausgesprochene Todesurteil übernahm. Er hat durch seine *Auferstehung den Tod überwunden und hat seither alle Gewalt in seiner Hand.

In diesen *Sieg werden Menschen durch *Wiedergeburt im Heiligen *Geist und *Glauben an den Überwinder Jesus Christus eingeschlossen: »Denn alles, was von Gott geboren ist, überwindet die Welt; und unser Glaube ist der Sieg, der die Welt überwunden hat« (1Joh 5,4). Der Kampf ist zu dessen Gunsten entschieden, der vertrauensvoll bei Jesus Christus steht. Allerdings ist dieser Sieg noch in der Unsichtbarkeit des Glaubens verhüllt.

Diese Linie des Glaubenssieges setzt sich in der *Offenbarung des Johannes fort, die mit Abstand am häufigsten vom »Überwinden« redet. Jetzt wird der Sieg im Schauen offenbar: »Nun ist das Heil und die Kraft und das Reich unseres Gottes geworden und die Macht seines Christus; denn der Verkläger unserer Brüder ist verworfen, der sie verklagte Tag und Nacht vor unserm Gott. Und sie haben ihn überwunden durch des Lammes Blut und durch das Wort ihres Zeugnisses und haben ihr Leben nicht geliebt, bis hin zum Tod« (Offb 12,10f). Der Gegner im Kampf ist der *Satan, der die Nachfolger und Brüder Jesu nicht nur durch innerweltlichen Druck vom Glauben abbringen will, sondern sie auch vor Gott des Unrechts beschuldigt. Zum Ü. gehört demnach dreierlei:

1. Das Stehen in der *Buße und *Vergebung. Wie das Blut des stellvertretend geopferten Passalammes die Israeliten in Ägypten vor dem Würgeengel bewahrte, so bedeckt auch uns das Blut Jesu gegenüber den Angriffen des Teufels, der umhergeht »wie ein brüllender Löwe und sucht, wen er verschlinge« (1Petr 5,8).

2. Das Zeugnis von Jesus in Wort und Tat, das auch in und trotz der Bedrängnis nicht unterbleiben darf. Durch das Zeugnis wird der Feind überwunden. Es ist aber auch nötig um der anderen willen, damit sie gerettet werden können, und um unserer selbst willen, damit unser Glaube nicht erlahmt und wir abfallen.

3. Die Absage an das eigene Leben. »Wer sein Leben verliert um meinetwillen, der wird's finden« (Mt 10,39). Um zu überwinden, muß die Liebe zu Jesus größer sein als zum Nächstliegenden, zu unserem eigenen Leben. So weicht der Feind, denn: »Nahet euch zu Gott, so naht er sich zu euch« (Jak 4,8).

Einen breiten Raum nehmen in der Offenbarung des Johannes die Stellen ein, die vom Siegespreis reden. Besonders sind die sieben Überwinderworte der Sendschreiben zu nennen. Zuerst wird das Essen vom Baum des Lebens genannt (Offb 2,7). Was *Adam im *Paradies nicht gelungen ist, soll dem, der in der *Nachfolge ausharrt, zuteil werden: Empfang eines geistlichen Leibes und Erhöhung zur *Herrlichkeit Gottes. Andererseits wird der Überwinder vor dem zweiten, ewigen Tod bewahrt (Offb 2,11). Er erhält das »verborgene Manna« (Offb 2,17), Gemeinschaft mit Jesus, dem Brot des Lebens, und den »weißen Stein«, das Gnadenzeichen des Richterkönigs. Er empfängt »weiße Kleider« (Offb 3,5), d.h. er hat vollständige Vergebung seiner Schuld. Er wird zu einem »Pfeiler« (Offb 3, 12) in der ewigen Gottesgemeinde. Er bekommt Teil an der Regierungsmacht Gottes über die Welt (Offb 2, 26; 3,21) und darf mit Christus auf dem Thron sitzen. Das Ü. mündet in die unmittelbare Gottesnähe der Sohnschaft, der das volle Erbe gehört: »Wer überwindet, der wird es alles ererben« (Offb 21,7). R.F.U.

UGARIT, RAS SCHAMRA.

U. (moderner Name: Ras Schamra, »Fenchelkap«) war im 2. Jt.v.Chr. ein bedeutender Stadtstaat in N-Syrien. Der Ort liegt ca. 1 km von der Mittelmeerküste landeinwärts und 15 km nördl. von Latakia. U. wird in den Mari- und Amarna-Briefen erwähnt, im AT allerdings nicht.

Nachdem ein Bauer bei der kleinen Hafenstadt Minet el-Beida beim Pflügen auf eine Steinplatte, die zu einer Grabkammer gehörte, gestoßen war, wurde dort 1929 mit Ausgrabungen begonnen, die sich bald auf das nahegelegene Ras Schamra ausweiteten. Der Franzose C.F.A. Schaeffer leitete von 1929 bis 1969 (mit Unterbrechungen während des 2. Weltkriegs) diese Ausgrabungen, die später von M. Margueron fortgeführt wurden.

Vom akeramischen Neolithikum an (7. Jt.v.Chr.) war U. besiedelt. Schriftliche Dokumente tauchen im 2. Jt.v.Chr. auf. Im 19. Jh.v.Chr. muß U. ein bedeutendes Zentrum gewesen sein, das über mindestens drei Tempel verfügte. Pharaonen bedachten diese Tempel mit Weihegeschenken. Der hurritische Einbruch in den syr. Raum brachte für U. den Untergang. Das Leben der Stadt scheint ab 1750 v.Chr. nahezu erloschen zu sein. Ganze Viertel wurden aufgegeben und verfielen. Erst 200 Jahre später entstanden im N der Stadt neue Viertel. Die Hurriter scheinen sich in der Stadt fest angesiedelt zu haben. Hurritische Personennamen und Texte kommen in U. auch noch im 14. Jh.v.Chr. vor. Von 1400-1200 v.Chr. erlebte U. eine Blütezeit. Um 1400 v.Chr. hatte es ca. 100 kleinere Ortschaften unter sich. Die Texte aus U. legen nahe, daß die Stadt in der damaligen Zeit einer der wichtigsten Häfen für den Handel mit *Kreta war. Einen deutlichen Einschnitt markiert die Brandkatastrophe, die U. 1364 v.Chr. heimsuchte. Unklar ist, wer für diese Zerstörung verantwortlich ist. Um 1200 v.Chr. fand die Geschichte U.s durch den Ansturm der Seevölker ein jähes Ende. Eine spärliche Neubesiedlung kann um 1000 v.Chr. beobachtet werden. *Tiglatpilesar III. (745-727 v.Chr.), der die syr. Küstenebene durchzog, erwähnt die Stadt nicht. Spuren von Besiedlung können jedoch noch bis in die arab. und türk. Zeit verfolgt werden.

Zu den wichtigsten freigelegten Bauten zählen zwei Tempel, die man in Schicht II (ca. 2100 v.Chr.) entdeckt hat. Einer davon war El geweiht (man hielt ihn zunächst für einen Tempel Dagons). Der Ausgräber versuchte, sie mit Religion und Kultur der *Amoriter in Verbindung zu bringen. Das wichtigste Gebäude aus der Späten Bronzezeit

Statue einer sitzenden Göttin. Aus Ugarit (Ras Schamra). Höhe: 24,8 cm; 19.–17. Jh. v. Chr. (MC)

Mit Granatäpfeln verzierter Dreifuß aus Bronze, der als Ständer für ein rituelles Gefäß benutzt wurde. Teil der Opfergabe eines Bronzeschmieds an den Hohenpriester von Ugarit. Höhe: 12 cm; 15.–14. Jh. v. Chr. (MC)

(ca. 1550-1180 v.Chr.) ist ein riesiger Palast von über 900 m^2 Größe. Man hat auch Häuser von Beamten, Schreibern und von einem Hohenpriester aus derselben Zeit freigelegt.

Der kosmopolitische Charakter der Stadt zeigt sich an den verschiedenen Fundobjekten, unter denen sich Importe aus *Ägypten, Kleinasien, *Mesopotamien und vor allem der Ägäis befinden. Von bes. Bedeutung sind die Textfunde, die in einer Vielfalt von Sprachen abgefaßt sind (u.a. ugarit., akkad., sumer., hurritisch, hetitisch). Die meisten Texte stammen aus dem 14./13. Jh.v.Chr. Der Königspalast erwies sich dabei als der ergiebigste Fundort, in dem sich mehrere Teilarchive befanden, die jeweils eine bestimmte Gruppe von Rechts- und Wirtschaftstexten, Verträgen und diplomatischer Korrespondenz enthielten. In Privaträumen fand man Briefe, literarische Werke und Handelskorrespondenz. Die akkad. und sumer. Keilschrifttafeln übertreffen die ugarit. um mehr als das Doppelte.

Die Schreiber erlernten die ugarit. Keilschrift Mesopotamiens, einige ihrer Übungshefte und Nachschlagewerke sind uns erhalten geblieben. Sie kopierten akkad. Literatur oder entwarfen ihre eigenen Variationen, beispielsweise einen Sintflutbericht (Atrahasis), eine Gilgamesch-Erzählung und eine einzigartige Version des »Babylonischen Hiob«. Es gibt auch Sprüche, Rätsel und Liebesgedichte. Die Anmerkungen zu einer hurritischen Hymne enthalten Anweisungen zu ihrer musikalischen Begleitung (RA 68, 1974, S. 69-82). Da das Akkad. nicht die Muttersprache der Schreiber war, erstellten sie neben den Standardlisten mit sumer. und akkad. Wörtern auch Listen mit den Entsprechungen in

Eine der mit alphabetischer Keilschrift beschriebenen Tafeln, die in Ugarit (Ras Schamra) gefunden wurden. Auf dieser wird von König Danel berichtet, den die Götter Baal und El von seiner Unfruchtbarkeit heilten und dem dann ein Sohn, Aqhat, geboren wurde. 13. Jh. v.Chr. (MC)

ihrer eigenen (»ugaritischen«) und in der hurritischen Sprache. Diese Listen sind von hohem Wert für unser Verständnis der weniger bekannten Sprachen.

Da U. zeitweilig den Hetitern unterstellt war, sind mehrere Verträge in hetitischer Sprache geschlossen worden. Diese Texte weisen nach formalen Gesichtspunkten Ähnlichkeiten mit den atl. Bundestexten auf.

Unter den bisher gefundenen ugarit. Texten (ca. 1350) befinden sich über 700 Wirtschaftstexte, 72 Briefe, 9 Verträge, 22 Schreibübungen, 161 sind mythologischen und rel. Inhalts. 200 Texte/Textfragmente sind nicht klassifizierbar bzw. unleserlich.

Texte in ugarit. Sprache wurden nicht nur in U., sondern auch in einigen anderen Orten gefunden: in Ras Ibn Hani und Tell Sukas

Goldener Teller aus Ugarit (Ras Schamra), auf dem eine Jagdszene dargestellt ist. Durchmesser: 19 cm; 14. Jh. v. Chr. (MC)

Die Überreste des Palasts von Ugarit (Ras Schamra). Vom hier gezeigten Haupteingang führte eine Treppe zu einer ca. 8,5 m breiten Vorhalle, deren Dach von zwei hölzernen Säulen auf Steinsockeln getragen wurde. Ca. 1350–1180 v. Chr. (ARM)

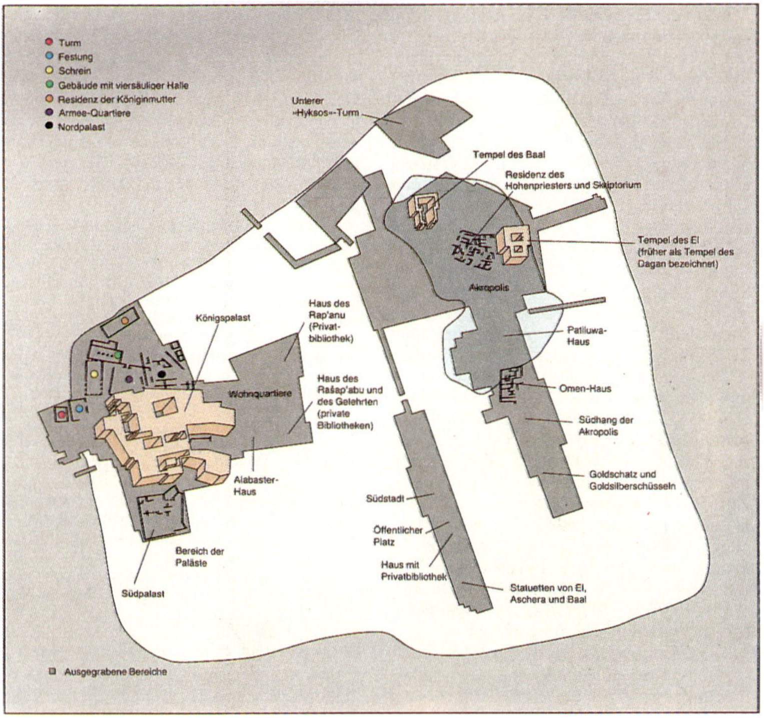

Ausgegrabene Areale des Stadthügels von Ugarit/Ras Schamra.

(beide Orte liegen südl. von U.), in *Kadesch (Syrien), Kamid el-Loz und Zarpat (Libanon) und in *Bet-Schemesch, *Taanach und in der Nähe vom Berg *Tabor (Palästina).

Das ugarit. Alphabet umfaßt 30 Schriftzeichen, die der Form nach den einfacheren Zeichen der mesopotam. Keilschrift ähnlich sind. Das Prinzip einer alphabetischen Schrift wurde von anderen westsemit. Alphabeten (mit Ausnahme der sekundären Zeichen, die drei vokalische Werte anzeigen) übernommen, wie sie aus bronzezeitl. Inschriften aus *Byblos, *Palästina und dem Sinai bekannt sind. Das Ugarit. zählt zum Zweig des Nordwestsemit. Die genaue sprachliche Einordnung ist noch umstritten.

Unter den sprachlichen Parallelen sind besonders die Beziehungen zum Hebr. zu erwähnen. Für den Bereich des Kultus ergeben sich hinsichtlich der Opfertermini auffallende Vergleichsmomente mit den bibl. Angaben, doch läßt sich aufgrund eines gemeinsamen Wortbestandes nicht auf eine identische Opferpraxis schließen. Den ugarit. Epen, Mythen und Hymnen ist ein bestimmter dichterischer Stil mit unregelmäßiger Metrik, mit Wiederholungen und Parallelismen eigen, der Albright und seine Schüler dazu veranlaßte, für die Datierung einiger hebr. Dichtungen auf das 10.-13. Jh.v.Chr. oder früher einzutreten, z.B. für das Mirjam- (2Mo 15,21; JNES 14, 1955, S. 237-250) und das Debora-Lied (Ri 5) den Segen des Mose (5Mo 33; JBL 67, 1948, S. 191-210) und die Ps 29 und 58 (HUCA 23, 1950-1, S. 1-13).

Der Baal-Zyklus schildert, wie Baal seinen Rivalen Jam (»Meer«) und Mot (»Tod«) begegnete und sie mit Waffen besiegte, die Ktr(*whss*), der Gott der Kunsthandwerker, angefertigt hatte. Wahrscheinlich waren dies Donner (eine Keule oder ein Trommelschlegel) und Blitz (eine Lanze oder ein Keil), worauf dort gefundene Bronzestatuetten des Gottes Baal schließen lassen. Nach einem siegreichen Krieg, in dem Anat, die Schwester des Baal, eine Hauptrolle spielte, errichtete der Gott der Kunsthandwerker auf den Befehl Els einen Tempel für Baal. Mot rebellierte später, und Baal fuhr in die Unterwelt hinab, in der er sich ein halbes Jahr lang aufhielt. Indessen welkte die Erde dahin, bis Baal von der Sonnengöttin gerettet wurde.

Das Keret-Epos erzählt von einem Gottkönig, der ohne Erben war, bis El ihm im Traum erschien und ihm befahl, auszuziehen und Udm zu besiegen, damit er Huriya, die Tochter des Königs Pabil, gewänne. Sie gebar ihm Söhne und Töchter. Er hatte es jedoch versäumt, der Göttin Atherat ein Gelübde zu erfüllen; infolgedessen wurde er krank und starb. Zu dieser Zeit wurde sein ältester Sohn zugunsten des jüngeren enterbt (vgl. 1Mo 25,29-34).

Das Aqhat-Epos berichtet über die Taten des frommen Königs und Helden Danel (vgl. Hes 14,20), der aufgrund eines Mißverständnisses starb, als er sich weigerte, auf ein Versprechen von Reichtum und Unsterblichkeit hin den Bogen der Göttin Anat herzugeben, den er zuvor erworben hatte.

Diese Epen lassen etwas vom rel. Gedankengut der Kanaanäer und ihrer rel. Praxis erkennen, doch sollte man bei der Beurteilung ihres Einflusses auf die Hebräer Vorsicht walten lassen. Dies gilt auch für die Verwendung ugarit. Texte zur Erklärung des AT.

Die Götterwelt der ugarit. Texte ist vielfältig und nicht einheitlich. Aus den akkad., hurritischen und ugarit. Götterlisten sind über 250 Namen bekannt. El ist die Vatergottheit und das Haupt einer Götterfamilie. Er fungiert als oberster Schiedsrichter und trägt den Titel »Schöpfer der Erde und der Menschen«. *Baal erscheint aufgrund der mythologischen und epischen Texte als eine der wichtigsten Gottheiten von U. Als Gott des Gewitters und des Regens ist er der Gott der Fruchtbarkeit par excellence. Baal wird auch im Zusammenhang mit *Dagon genannt (Sohn des Dagon). Dagon, der im Baal-Zyklus nicht als eigenständiger Gott vorkommt, hatte in U. einen eigenen Tempel und wird in den Götterlisten erwähnt. Aterat, die Gemahlin des Il, hat ihm 70 Söhne geboren. Einer ihrer Titel ist »Erzeugerin der Götter«. Anat ist die Gefährtin und Schwester Baals. Sie erscheint in Baalzyklen als kämpfende Gottheit, sonst ist sie auch die Göttin der Liebe. Jam verkörpert das Meer und die Flüsse, Mot, wie Jam ein Sohn des El, ist der Gott der Unterwelt und des Todes.

Literatur: J. Aistleitner: Die mythologischen und kultischen Texte aus Ras Schamra (Bibliotheca Orientalis Hungarica VII), 1959; ders.: Wörterbuch der ugaritischen Sprache, ^{3}1967; W.F. Albright: Die Bibel im Licht der Altertumsforschung, 1957; A. Caquot, M. Sznyzer: Ugaritic Religion, 1980; P.C. Craigie: Ugarita and the Old Testament, 1982; M. Dietrich et al.: Ugarit - Bibliographie 1928-1966, 1973; J. Gray: The Legacy of Canaan, 1965; A. Herdner: Corpus des tablettes en cunéiformes alphabétiques découvertes à Ras Shamra de 1929-1939, 1963; A. Jirku: Die Welt der Bibel. Fünf Jahrtausende in Palästina-Syrien, ^{2}1957 (mit Übersetzung der wichtigsten Texte); A.S. Kapelrud: The Ras Shamra Discoveries and the Old Testament, 1965; J. Nougayrol: Palais royal d'Ugarit, 3, 1955; 4, 1956; 6, 1970; C.F.A. Schaeffer: Mission de Ras Shamra, 1-18, 1929-78; S. Segert: A. Basic Grammar of the Ugaritic Language, 1984 (Literatur!); D. Kinet: Ugarit – Geschichte und Kultur einer Stadt in der Umwelt des Alten Testaments, 1981 (Literatur!). D.J.W./M.Sch.-Sch.

ULAI. Kanal oder Fluß östl. von *Susa in *Elam (SW-Persien), an dem *Daniel die Stimme eines Mannes hörte (Dan 8,16). Der Fluß (hebr. *'ulai*; assyr. *Ulai*; altgriech./latein. *Eulaeus*) hat heute seinen Lauf geändert, und die jetzigen Flüsse Oberer Kercha und Unterer Karun (Pasitigris) können damals ein Strom gewesen sein, der im Delta im N des Persischen Golfes mündete. Der Fluß ist auf assyr. Reliefs abgebildet, die *Assurbanipals Angriff auf Susa 646 v.Chr. darstellen (R.D. Barnett: Assyrien Palace Reliefs, 1960, Bild-Tafeln 118-127; vgl. Abb. S. 1614). D.J.W.

Die elamitischen Einwohner von Susa (Persien) fliehen über den Fluß Ulai, als assyrische Truppen auf die Stadt vorrücken. Relief aus dem Palast Assurbanipals, Ninive, ca. 640 v.Chr. (BM)

UNBEFLECKT. Nicht beschmutzt oder verunreinigt durch Sünde ist das Erbteil im Himmel, das die Gläubigen erwartet (1Petr 1,4). Christus ist das »unbefleckte Lamm«, das zur Erlösung geopfert wurde (1Petr 1,19; mit griech. *aspilos*, das hier im Text steht, übersetzt LXX hebr. *tāmmîm*, »fehlerfrei, vollkommen, unversehrt« z.B. 2Mo 29,1; 4Mo 6,14 u.ö.). Als ein »unbefleckter Hoherpriester« (Hebr 7,26) kann Jesus für immer retten. Die, die an ihn glauben, sollen ihre Ehe u. halten (Hebr 13,4) und sich von der Welt u. halten (Jak 1,27), um vor ihm u. und untadelig im Frieden befunden zu werden, wenn der Tag Gottes kommt (2Petr 3,12.14).

UNBEKANNTER GOTT. (Griech. *agnōstos theos*). In Apg 17,23 bezieht sich *Paulus auf einen *Altar in *Athen, der »dem unbekannten Gott« geweiht war. Hierauf bezeugt der Apostel in seiner Ansprache auf dem *Areopag den Gott, der Himmel und Erde gemacht hat. Pausanius (1.1.4) berichtet, daß es in Athen »Altäre von als unbekannt bezeichneten Göttern« gab, und Philostratus (Biographie des Apollonios, 6.3.5) spricht ebenfalls von Altären »unbekannter Gottheiten«, die dort aufgestellt waren. Häufig wird mit ihnen eine von Diogenes Laertius erzählte Geschichte in Verbindung gebracht (Philosophen-Geschichte, 1.110), die davon handelt, daß in und um Athen Altäre für anonyme Gottheiten aufgestellt wurden, um sich damit vor der Pest zu schützen. Ähnliche Widmungen werden von anderen Orten bestätigt, falls der Name der regionalen Gottheit ungewiß oder der Wortlaut einer ursprünglichen Widmung verlorengegangen war.

Literatur: Kommentare zur *Apostelgeschichte.

F.F.B.

UNBESCHNITTEN s. Beschneidung

UNEHRE. Der Begriff (griech. *atimia*) schwankt in seiner Bedeutung von entehrender *Schande (1Kor 11,14; Jak 2,6; vgl. 5Mo 27,16 LXX; Joh 8,49) bis zum Verächtlichen, Unansehnlichen (1Kor 15,43) oder auch Alltäglichen. In diesem Sinn unterscheidet das Wort in Röm 9,21; 2Tim 2,20 die Gefäße des täglichen Gebrauchs von den kostbaren Gefäßen für festliche Gelegenheiten.

UNFRUCHTBARKEIT. Daß eine Frau keine Kinder bekam, wurde im Morgenland nicht nur als schmerzlich angesehen, sondern als *Schande, die zur Scheidung (s. *Ehe) führen konnte. Darin liegt der Grund für *Saras verzweifeltes Lachen (1Mo 18,12), *Hannas flehentliches Gebet (1Sam 1,10ff), *Rahels leidenschaftliche Alternative zwischen Kindern oder Tod (1Mo 30,1) und *Elisabeths Ausruf, daß Gott die Schande von ihr genommen habe (Lk 1,25). Der Schrecken des kommenden Gerichts über Jerusalem wird auch hervorgehoben durch die gegenüber dem bisherigen Zustand unfaßbare Aussage: »Selig sind die Unfruchtbaren. . .« (Lk 23,29). Das Geschenk von Kindern oder ihre Vorenthaltung galt als ein Indikator für den *Segen oder *Fluch Gottes (2Mo 23,26; 5Mo 7,14; Ps 127,3-5), ebenso wie die *Fruchtbarkeit oder U. eines Landes (Ps 107,33-38). (Vgl. auch *Krankheit; *Krankenheilung).

J.W.M.

UNGERECHT s. Gerechtigkeit; s. Recht

UNGESÄUERT s. Brot; s. Sauerteig

UNGLAUBE.

1. Im Alten Testament.

Einen eigenen Begriff für »Unglauben« kennt das AT nicht. Der Tatbestand des U.s kann aber als *Abfall, Abtrünnig-Werden, Widerspenstig-Sein, Ungehorsam oder *Verstockung beschrieben werden. *Abrahams *Glaube, der auch im NT als beispielhaft angeführt wird (Röm 4,20), zeichnet sich durch das Festhalten und Nichtzweifeln an Gottes Verheißung aus. Demgegenüber steht der Zug Israels durch die Wüste nach dem *Auszug aus Ägypten ganz im Zeichen der Klage über den U.n des Volkes, der sich im *Murren und in der Auflehnung gegen Gottes Führung äußert (2Mo 14,11f; 15,22-25; 16,2-8; 4Mo 14,11; 5Mo 1,6-8.19-46 u.ö.).

In der Geschichte Israels ist es immer wieder der *Götzendienst, also der Verstoß gegen das 1. Gebot, der als U. bezeichnet werden kann. U. ist deswegen Abwendung und Abfall von Gott und hat die Mißachtung seiner Weisungen zur Folge. Schließlich ist es diese Haltung, die zum Untergang Israels und Judas führt (2Kön 17,7ff; 22,17-20). Gegen den Versuch, die politische Selbständigkeit durch glaubenslose Bündnispolitik und militärische Stärke zu erhalten, wendet sich *Jesaja (Jes 7,8; 30,15-17; 31,1).

Bereits im AT ist U. letztlich nicht erklärbar. Gottes beständige Zuwendung zu seinem Volk in *Gnade und *Gericht wird nicht erwidert (Hes 16, 23-34; Am 4,6-13). Deutlich geht es dem Propheten *Jeremia »immer wieder um die tiefe Unfreiheit, in der der Mensch der Gefangene seiner eigenen Widergöttlichkeit ist.« (von Rad, S. 225; Jer 2,22; 10,23; 13,23). Erst der verheißene Neue *Bund und das durch den Geist Gottes erneuerte Herz bringen einen grundlegenden Neubeginn (Jer 31,31ff; Hes 36,26ff).

2. Im Neuen Testament.

Im Gegensatz zum »Glauben« erwähnt das NT nur selten ausdrücklich den U.n oder die Tatsache des »Nicht-Glaubens«. Die beiden griech. Worte für U., *apeitheia* und *apistia*, bezeichnen Vertrauenslosigkeit, Untreue, Ungehorsam, Mangel an Glauben. In den synoptischen Evv. wird die Abweisung Jesu in seiner Heimatstadt als U. bezeichnet, der weitere Wunder Gottes (ver)hindert (Mt 13,55-58; Mk 6,5f). Am schärfsten spricht das JohEv. vom U.n. Trotz öffentlicher *Zeichen Jesu will das Volk nicht glauben (Joh 8,45f; 10, 25.37f; 12,37). Joh 16,9 wird U. als *Sünde bezeichnet. Neben diesem U.n als Ablehnung Jesu kennen die Evv. den U.n, der eher als Mangel an *Vertrauen oder als Noch-Nicht-Glauben gedeutet werden kann. So schilt Jesus den Kleinglauben seiner Jünger (Mt 6,30; 8,26; 14,31; 16,8; Lk 12,28). In diesem Sinne kann auch Mk 9,24 verstanden werden: »Herr, ich versuche zu glauben, hilf meinem Mangel an Glauben.« (so Haacker, S. 294).

Besonders die Nachricht von der *Auferstehung Jesu stößt bei den Jüngern auf U.n, und erst die Begegnung und das Wort des Auferstandenen überwinden ihren *Zweifel (Mt 28,17ff; Mk 16,11ff; Lk 24,11ff; Joh 20,24ff). Auch in der Apg, wie in den Evv. ist es die Botschaft von der Auferstehung, an der sich der U. manifestiert und die Spott und Ablehnung hervorruft (Apg 17,32-34; 23,8; 26,8).

Das bes. Problem des U.ns Israels thematisiert Paulus ausführlich in Röm 9-11. Hier besteht U. in dem Versuch der Aufrichtung eigener Gerechtigkeit, bei gleichzeitiger Ablehnung der in Jesus Christus erschienenen *Gerechtigkeit aus Glauben. Durch Israels U.n gelangt das *Heil jedoch zu allen Menschen (Röm 11, 11.30). *Paulus spricht kein endgültiges Urteil über die Haltung seines Volkes. Vielmehr leidet er unter ihr (Röm 9,2f) und hofft aufgrund der *Erwählung und *Treue Gottes auf Israels endzeitliche Umkehr (Röm 11,23.25ff; s.a. 3,3). Dem Menschen ist es jedoch verwehrt, Gottes Gnadenwahl richtend zu beurteilen (Röm 9,20f). Vielmehr schließt Röm 9-11 mit der Anbetung Gottes (Röm 11, 33-36). In den ntl. Briefen werden die Nichtchristen, also die außerhalb der Gemeinde stehenden Menschen, als »Ungläubige« bezeichnet (1Kor 6,6; 7,12ff; 10,27; 14,22ff; 1Petr

Dieses Relief stellt die Niederlage Tammaritus, des Königs von Elam, gegen den assyrischen König Assurbanipal dar. 653 v.Chr., Ninive. (BM)

2,7). U. ist auch ein Kennzeichen der Irrlehrer (Tit 1,15). Die Folge des U.ns ist die Verwerfung im Endgericht (Mk 16,16; Lk 12,46; Joh 3,18; Offb 21,8). U. wird überwunden durch seine Erkenntnis und die Hinwendung zu Jesus Christus; das entspricht dem Willen Gottes (1Tim 2,4). Die ntl. Botschaft beinhaltet immer wieder den Ruf zur Umkehr vom U.n zum Glauben (2Kor 5,20), die Warnung vor dem Abfall (Hebr 3,12f) und die beständige Ermutigung und Stärkung eines Glaubens, der solange angefochten bleibt, wie er nicht im Schauen lebt (1Kor 13,12).

Literatur: G. Barth: EWNT I , 1980, 290-295; ders.: EWNT II, 1981, 1237f; R. Bultmann: ThWNT VI, 1959, 11-13; K. Haacker: TRE XIII, 1984, 277-304; G. von Rad: Theologie des Alten Testaments, II, 1960. D.Ch./R.Ch.

UNGLÜCK. Mit dem rein formalen Wort U. können die verschiedensten negativen Inhalte verbunden werden; erst eine nähere Beschreibung der Sachlage ermöglicht ein Erkennen des mit U. Bezeichneten. Im persönlichen Bereich sind es *Krankheit, Schmerzen, Trauer, *Tod, Kränkung, Verleumdung, Trennung von geliebten Menschen, Kinderlosigkeit, Armut, Verluste und Gefährdungen aller Art, die als U. beschrieben werden können. Im Leben des Volkes sind es Natur- oder Kriegsnöte, politische Unsicherheit, sittlicher und rel. Verfall, die so bezeichnet werden. Darum gibt es auch eine Vielzahl hebr. Wörter, die im Dt. mit U. wiedergegeben werden. In vielen Fällen ist »Unglück« jedoch nur eine Nebenbedeutung, die sich ergibt, wo ein an sich konkreteres Wort (z.B. Angst, Not, Bedrängnis) in einem allg. Sinn verwandt wird. Im NT kommt das Wort weder im Griech. noch in dt. Übersetzungen vor, weil dort als U. anzusprechende Erlebnisse präzise als Krankheit, Trauer, Verderben etc. bezeichnet werden.

Das AT kennt nur ein Wort, das »einen relativ feststehenden Terminus« für U. darstellt (THAT I, 123), nämlich *'ēd.* Er kommt 24 mal vor, davon 10 mal in der Wendung »Tag des Unglücks« (*jōm 'ēd*). Auch hier ist das individuelle U. (2Sam 22,19/Ps 18,19; Hiob 21,30; Spr 27,10) unterschieden vom Unglück des Volkes (5Mo 32,35; Jer 18,17; 46,21; Obd 13: 3 mal; vgl. Hes 35,8: »Zeit des Unglücks«, *'ēt 'ēd*), das als Jahwes Gerichtshandeln verstanden wird (5Mo 32,35; Jer 18,17; 46,21). Er ist es, der U. kommen läßt über *Edom (Jer 49,8) und die arab. Stämme (Jer 49,32), und Hiob bekennt, daß er Gottes Unglück (*'ēd'ēl*), d.h. das vergeltende Gerichtshandeln Gottes fürchten müßte, hätte er Unrecht getan.

Wie sehr das U. als besonderes Wirken Gottes an dem davon Betroffenen verstanden wurde, zeigen außerdem die Stellen, wo das Ausnützen des U.s anderer getadelt wird. Besonders Edom wird angeklagt, über Israel hergefallen zu sein, als dieses durch Gottes Gericht schon niedergebeugt war (Hes 35,5; vgl. das ganze Kapitel). Sie haben gleichsam das von Gott vorgesehene Strafmaß mißachtet und ihren eigenen Gewinn gesucht (vgl. auch Jer 50,10f; 51,20-24.34-36.49). Das ganze Büchlein *Obadja ist eine Anklageschrift gegen Edom, das sich am Unheil Jerusalems bereicherte. Besonders die Verse 12-15 sind hier zu nennen. Die Wegführung ins Exil ist für das Gottesvolk der »Tag des Unheilvollen« (12a, *jōm nekār*), der »Tag des Zugrundegehens« (12b, *jōm 'obad*) und der »Tag der Not« (12c, *jōm zārāh*, so auch V. 14). In V. 13 steht dreimal *jōm'ēd*, »Tag des Unglücks«, wodurch die Notschilderung aufs Höchste gesteigert wird. Dieses Erleiden ist nur noch durch den »Tag Jahwes« (*jōm JHWH*) zu überbieten. An ihm wird Edom sein Urteil über diesen Frevel empfangen (Obd 15).

In der *Weisheitsliteratur (Hiob, Spr) kommt das Wort am häufigsten vor, um den Zusammenhang zwischen Tun und Folge zu beschreiben. So ist nach Bildads Meinung U. die unabwendbare Folge für den Gottlosen und seine Taten (Hiob 18,12, vgl. Spr 1,26f; 6,15; 24,22). Hiob bestreitet dieses Vergeltungsprinzip nicht grundsätzlich (Hiob 31,23), aber er stellt die Einfachheit der Handhabe durch seine Freunde in Frage (Hiob 21,17.30; 31,3). Nicht nur Gott, sondern auch böse Menschen können U. verüben (Hiob 30,12), dessen Sinn verborgen bleibt. In den weisheitlichen Texten ist die Abstraktheit des Begriffes greifbar. Der Mensch kann nur erkennen, daß ein wie auch immer geartetes U. der bösen Tat folgt, aber er vermag nicht zu sagen, in welcher konkreten Form (Krankheit, Armut, Unfall etc.) es auftritt. Fast ausnahmslos bleibt aber das so verursachte Leiden positiv auf Gott bezogen. Nicht ein blindes Schicksal wütet hier gegen den Menschen, sondern es ist Gott, der das U. herbeiführt und dem es damit auch untergeben bleibt. Darum kann der atl. Mensch mit dieser Not vor Gott treten (vgl. *Weinen) und ihn um Hilfe bitten.

Ähnlich umfassend wie *'ēd*, nur seltener sind *pīd* (nur Hiob 12,5; 30,24; 31,29; Spr 24,22) und *kīd* (nur Hiob 21,20), während *hawwāh* (eigentlich: »Willkür, Gier«) mehr die Folgen des gegen Gott aufrührerischen Menschen meint, also den Frevel, den er verübt, der dann ebenfalls als Verderben oder U. bezeichnet werden kann (Ps 52,4.9; 55,10-12). Gelegentlich ist *hawwāh* aber auch ganz allg.

für U. gebraucht (Hiob 6,2 als Oberbegriff für alles Leid, das Hiob getroffen hat; Hiob 30,13; Ps 57,2). Weiter kann für U. stehen *rāʿāh,* »Unheil«, oder *zārāh,* »Not«.

Allen Begriffen gemeinsam ist, daß Gott Urheber des damit Bezeichneten sein kann. Dies gilt nicht für das mit *ʾāwān* gemeinte Unheil (80 mal im AT). Nie wird Gott als Urheber genannt; hier sind vielmehr die gottwidrigen Mächte im Spiel, die ihrerseits die Schöpfung Gottes in ein unheilvolles Chaos zu verwandeln trachten. Das dadurch bewirkte U. ist schöpfungswidrig und Gott selber bekämpft diese Unheilsmacht.

Literatur: S. Erlandsson: ThWAT II, 1977, S. 379-381; R. Knierim: THAT I, [4]1984, 81-84; M. Sæbø: THAT I, [4]1984, 122-125. R.D.

UNKRAUT s. Pflanzen

UNMÜNDIG s. Kind; s. Waise

UNREIN s. Rein/Unrein

UNSCHULDIG, UNSTRÄFLICH, UNTADELIG.

1. Diese drei eng zusammengehörigen Begriffe aus dem Zusammenhang der *Schuld geben verschiedene hebr. und griech. Worte wieder. Sie bezeichnen die Tatsache, daß bei einem Menschen allg. oder in bestimmter Hinsicht keine Schuld vorhanden und damit kein Grund zu Tadel oder Strafe besteht.

2. Wenn im AT von der Unschuld eines Menschen gesprochen wird (Spr 11,3), so besteht sie darin, daß er sich nicht gegen das Gesetz vergangen hat (Ps 119,1.9; Spr 13,6; Lk 1,6; Phil 3,6) oder daß sein Handeln in einer bestimmten Angelegenheit richtig war (4Mo 32,22) und eine Rechtfertigung von Gott erwarten darf (Hiob 31,6; Ps 26,1.2.11); auch Jesus nimmt seine Jünger in solchem Fall in Schutz und nennt sie unschuldig (Mt 12,7). Daneben bezeugt das AT jedoch auch, daß kein Mensch vor den Augen Gottes völlig unschuldig ist (2Mo 34,7; Hiob 9,28).

a. Von dieser Erkenntnis her legt nun das NT einen anderen Maßstab an. Die Auslegung der Gebote, die Jesus in der Bergpredigt gibt, zeigt, daß die Verschuldung nicht erst mit der vollbrachten Tat des Ungehorsams beginnt, sondern schon in der Gesinnung, in den Gedanken und Empfindungen liegt (Mt 5,22.28). Die Forderung solchen Gehorsams läßt die Jünger fragen: »Wer kann denn selig werden?« (Mt 19,25), d.h. vor Gott schuldlos dastehen. Alle Menschen sind böse in ihrem *Wesen (Mt 7,11; Lk 11,13). Das wird noch dadurch unterstrichen, daß der *Tod als Folge der *Sünde in die Welt gekommen ist (Röm 5,12). Die Schuld der Menschen wird noch gesteigert dadurch, daß die Menschen Jesus nicht glauben, in dem die Liebe Gottes erschienen ist (Joh 16,9).

b. Wenn im NT von Untadeligkeit, Makellosigkeit und Unsträflichkeit gesprochen wird (Phil 2,15; 1Tim 5,7), so ist sie nicht eigenes Werk des Menschen. Unschuldig ist vielmehr der, der im Glauben annimmt (Röm 3,22-26), daß seine Schuld aufgehoben ist, weil Jesus sie getragen und bezahlt hat (Jes 53,6; Mk 10,45). Das bedeutet jedoch nicht nur eine Beseitigung der alten Schuld und Übernahme der Strafe durch Jesus (Jes 53,5), sondern auch die Gabe eines neuen Wesens, das Wesen des Geistes und das Eingesetztsein im Himmel in Christus (Röm 7,6; Eph 2,6). Der Mensch ist eine neue Kreatur geworden (2Kor 5,17; Gal 6,15), geschaffen und fähig in Christus zum Wandel in guten Werken (Eph 2,10). Auf diesem Wege ist er nun untadelig (Eph 1,4; 1Thess 2,10; 5,23; Tit 1,6f), es ist nichts Verdammliches mehr an ihm (Röm 8,1).

c. Doch auf dieser Erde fallen Christen immer wieder in Ungehorsam und Schuld (Jak 3,2). Aber Christus ist der Fürsprecher beim Vater (1Joh 2,1), so daß durch *Bekenntnis der Sünde und *Vergebung die Reinigung von aller Ungerechtigkeit erlangt werden kann (1Joh 1,9). Doch Gottes *Gnade will dazu bewahren, in der entscheidenden Stunde des Gerichts am Tag des Herrn Jesus Christus untadelig zu sein (1Kor 1,8; Phil 1,6.10; 1Thess 3,13; 5,23), weil alle Sünde vergeben ist. In dieser Weise will Christus seine Gemeinde unsträflich darstellen (Eph 5,27; Kol 1,22), deren Glieder einander in Ermahnung und *Zucht helfen sollen, damit niemand auf dem Weg zurückbleibt (Hebr 4,1; 12,15; 13,17).

d. In bes. Weise spricht das NT von der Unschuld Jesu, der in seinem Wesen schuldlos und ohne Sünde war (Hebr 7,26; 1Petr 1,19) und an dem auch *Pilatus keine Schuld fand (Joh 18,38; 19,4.6). Darum konnte er als das Lamm Gottes (Joh 1,29) die Sünde der Welt tragen und als Hoherpriester ohne Fehl mit seinem eigenen Blut in das wahre Heiligtum Gottes eingehen und eine ewige Erlösung erwerben (Hebr 9,11-14).

UNSER VATER s. Gebet des Herrn

UNSICHTBAR
s. Sichtbar/Unsichtbar

UNTERRICHT s. Schule; s. Erziehung

UNTREUE s. Treue

UNVERWESLICHKEIT
s. Verweslichkeit; s. Tod; s. Seele

UNZUCHT. Mit dem dt. Wort U. wird vor allem der ntl. Begriff *porneía*, »Unzucht, Hurerei« wiedergegeben sowie das atl. *simmāh*, »Unzucht, Schandtat«. Obwohl *porneía* auch zur Bezeichnung der geschlechtlichen Ausschweifung Verheirateter verwendet werden kann (Mt 5,32; 19,9), unterscheidet das NT im allg. doch zwischen Ehebruch (*moicheía*) und U. zur Kennzeichnung außerehelicher sexueller Verhaltensweisen (vgl. Mt 15,19; Mk 7,21f; 1Kor 6,9; 7,2). Darüber hinaus werden auch unerlaubte Verwandtschaftsehen mit dem Begriff *porneía* bezeichnet (vgl. 1Kor 5,1). Was die bibl. Bewertung der U. anbelangt, so wird inbesondere in der Auseinandersetzung des Apostels Paulus mit den auf griech.-röm. Boden weitverbreiteten Lastern deutlich, daß U., so wie andere Sünden, unvereinbar ist mit dem christl. Glauben, denn Unzüchtige werden das Reich Gottes nicht erben (1Kor 6,9f; Gal 5,19-21; 1Kor 6,9f).

In 1Kor 6,9 stellt Paulus wohl deshalb, neben anderen sexuellen Lastern, die U. unmittelbar neben die Hauptsünde des Götzendienstes (vgl. Apg 15,20.29; 21,25; vgl. Offb 2,14.20).

In ähnlicher Weise hatte schon das AT umgekehrt die Treulosigkeit und den Götzendienst Israels als Hurerei (4Mo 25,1.9; vgl. 1Kor 10,8) und U. (*simmāh*) bezeichnet (Hes 16,43; 23,21.27.29f.35). Weil der Christ nicht mehr sich selbst, sondern Christus gehört (1Kor 6,13.19), gilt es für ihn, auch mit seiner Sexualität in Verantwortung vor Gott zu leben. Die Zugehörigkeit zu Christus aber und *porneía* schließen einander aus (1Kor 6,13.15). Deshalb gilt es sowohl für den einzelnen wie auch für die Gemeinde, solche Sünden und auch die Unzüchtigen selbst zu meiden (1Kor 5,9.13; 6,18). (Vgl. auch *Hure, *Hurerei).

Literatur: F. Hauck, S. Schulz: ThWNT VI, 1959, 578-595; H. Reißer: TBLNT II, [4]1986, 1506-1509.
U.Th.

UR IN CHALDÄA. Die Stadt, aus der *Terach und *Abram nach *Haran zogen (1Mo 11,28.31; 15,7; Neh 9,7), lokalisiert *Stephanus in Mesopotamien (Apg 7,2.4). Eine alte Identifizierung des hebr. *'ūr* mit Urfa (Edessa), 32 km nordwestl. von Haran, ist philologisch betrachtet unwahrscheinlich; *Uraʿ* ist der Name verschiedener Orte in Kleinasien. Zudem würde diese Zuordnung bedeuten, daß man den Weg Abrams zunächst nach O verfolgen müßte, bevor er sich westwärts nach *Kanaan wandte. Das hätte zur Folge, daß Chaldäa, das die Lokalisierung des Ortes definiert, mit Chaldai (einem Teil des antiken Armenien) gleichgesetzt werden müßte. Die Chaldäer waren ein semit. Volk, das in Babylonien etwa seit Ende des 2. Jt.v.Chr. nachzuweisen ist, aber es gibt keinen Beleg für ihr Vorhandensein in N-Mesopotamien. Die Formulierung der LXX: »das Land (*chōra*) der Chaldäer«, läßt annehmen, daß man mit den geographischen Gegebenheiten nicht vertraut war. Eupolemus (um 150 v.Chr.) beschreibt jedenfalls Ur als eine Camarina (»Mond«) oder Ouria genannte Stadt in Babylonien. Die Interpretation von Ur als Erech im *Talmud ist unwahrscheinlich, weil Erech in 1Mo 10,10 davon unterschieden wird.

Weithin akzeptiert wird die Identifizierung mit der antiken Ortschaft Ur (Uri), dem heutigen Tall el-Muquejjir, ca. 15 km südl. von Nasrīje am Euphrat im S-Irak. Systematische Ausgrabungen in den Jahren 1854, 1918/19 und 1922-34, erforschten die Geschichte des Ortes von der 'Al ʿUbaid Periode (5. Jt.v.Chr.) bis zu seinem Niedergang um 300 v.Chr. Vor allem in den Königsgräbern aus der Frühzeit der Dynastie der 3. Periode (um 2500 v.Chr.) machte man spektakuläre Funde. Eine darunterliegende Schlickablagerung wurde

Figur eines Ziegenbocks, die mit Gold und Silber, Lapislazuli und Perlmutt verziert ist. Wahrscheinlich wurde sie als Weihrauch- oder Opferständer benutzt. Aus den Königsgräbern von Ur. Höhe: ca. 46 cm; ca. 2500 v.Chr. (BM)

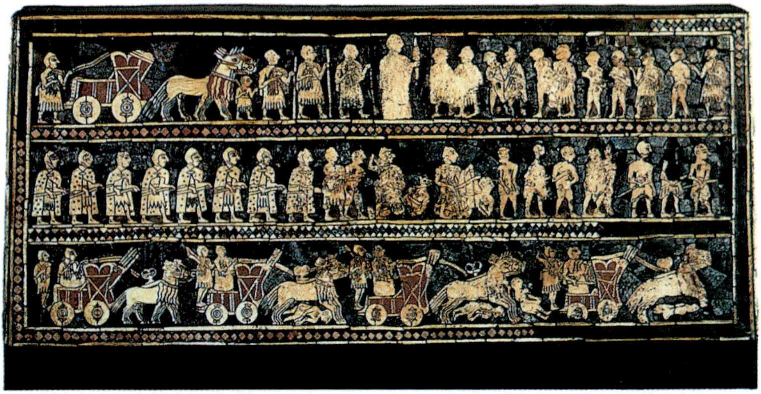

◀ *Standarte aus den Königsgräbern von Ur. Vorderseite: Krieg; Rückseite: Frieden. Das Mosaik ist aus Lapislazuli und Perlmutt hergestellt, die in Bitumen auf Holz eingelegt sind. Länge: 48,3 cm, Höhe 21,6 cm; ca. 2500 v. Chr.* (BM)

Zum Zaumzeug am Schlitten der Königin Pu-abi von Ur gehörte dieser silberne Zügelring mit der Figur eines Esels aus Gold-Silber-Legierung. Aus den Königsgräbern von Ur, ca. 2500 v. Chr. (BM)

zunächst mit der *Sintflut aus dem Gilgamesch-Epos und der *Genesis in Verbindung gebracht (s. dazu Irak 26, 1964, S. 65ff). Die Ruinen des von Urnammu, dem Begründer der 3. Dynastie (ca. 2150-2050 v.Chr.), erbauten Tempel-Turmes (Zikkurat), beherrschen den Ort noch immer (*Babel). Geschichte und Wirtschaft der Stadt sind aus Tausenden von Schrifttafeln und vielen freigelegten Gebäuden gut bekannt. Die Hauptgottheit war Nannar (semit. Sin oder Su'en), der auch in Haran verehrt wurde. Die Stadt wurde später

◀ *Goldenes Gefäß aus dem Grab der Königin Pu-abi in Ur. Ca. 2500 v. Chr.* (BM)

von neubabylon. (chaldäischen) Königen Babyloniens regiert.

Literatur: C.L. Woolley: Excavations at Ur, 1954; H.W.F. Saggs: Ur of the Chaldees, Iraq 22, 1960; C.J. Gadd: Ur, in: AOTS, 1967, S. 87-101; CAH, 1/2, 1971, S. 595-617; Orientalia 38, 1969, S. 310-348; HdArch I; S. Lloyd: Die Archäologie Mesopotamiens, 1981. D.J.W.

URBANUS. Sklaven oder Freigelassene in Rom werden mehrfach in Aufzeichnungen über den kaiserlichen Hof erwähnt (z.B. CIL, 6.4237) – möglicherweise gehörte der in Röm 16,9 gegrüßte U. dazu (vgl. Phil 4,22; Lightfoot: Philippians, S. 174). »Unser Mitarbeiter« muß nicht auf unmittelbar gemeinsames Arbeiten mit Paulus verweisen. Für den Kreis seiner engeren Mitarbeiter (vgl. Röm 16,3.21) gebraucht Paulus die Formulierung »mein Mitarbeiter«. A.F.W.

URGEMEINDE. Die erste, für alle Christengemeinden maßgebliche örtliche Gemeinschaft derer in Jerusalem, die an Jesus von Nazareth als »Christus« glaubten. Nachrichten darüber finden sich in Apg, Gal 1f und in der Kirchengeschichte des Eusebius.

1. Entstehung.

Der Auferstandene veranlaßte, daß »die Zwölf«, viele Jünger und die Verwandten Jesu (nach Apg 1,15: 120 Leute) vor Ende der vierzigtägigen Erscheinungszeit nach Jerusalem gingen. Dort erlebten sie die letzte Erscheinung (»Himmelfahrt«), erhielten den Auftrag, auf den Empfang des Geistes Gottes zu warten und als Zeugen für Jesus, den Heiland Gottes, zu wirken (Apg 1,4-11; Lk 24,44-53; vgl. Mt 28,16-20). Simon Petrus, den der Herr durch eine Ersterscheinung ausgezeichnet (1Kor 15,5; Lk 24,34) und dem er die Verantwortung für seine Herde übertragen hatte (Joh 21,15-17), ließ zunächst den Zwölferkreis durch die Zuwahl des Matthias ergänzen (Apg 1,15-26). Er war das Zeichen für die Juden, daß Gott sein Volk endgültig sammeln und sein Reich aufrichten wollte (Mk 1,15; 3,13-19; Mt 19,28; Lk 22,30). Die zwölf Apostel sollten dies durch ihr Zeugnis in Gang setzen (Apg 1,6-8; 2,36; 3,17-26; 5,30-32), beginnend bei den jüd. Führern in Jerusalem (Apg 2,46; 6,1-6; 8,1; auch 21,20). Am fünfzigsten Tag (*Pentekostēs*, Pfingsten), dem sog. jüd. Wochenfest (*Schawuot*, 3Mo 23,15-21), an dem im 1. Jh.n.Chr. auch des Bundesschlusses am Sinai gedacht wurde (2Mo 19), erfuhr die betende Jüngergemeinde die verheißene Mitteilung des Geistes Gottes (Apg 2,3-13; s. die Pfingstpredigt des Petrus 2,14-

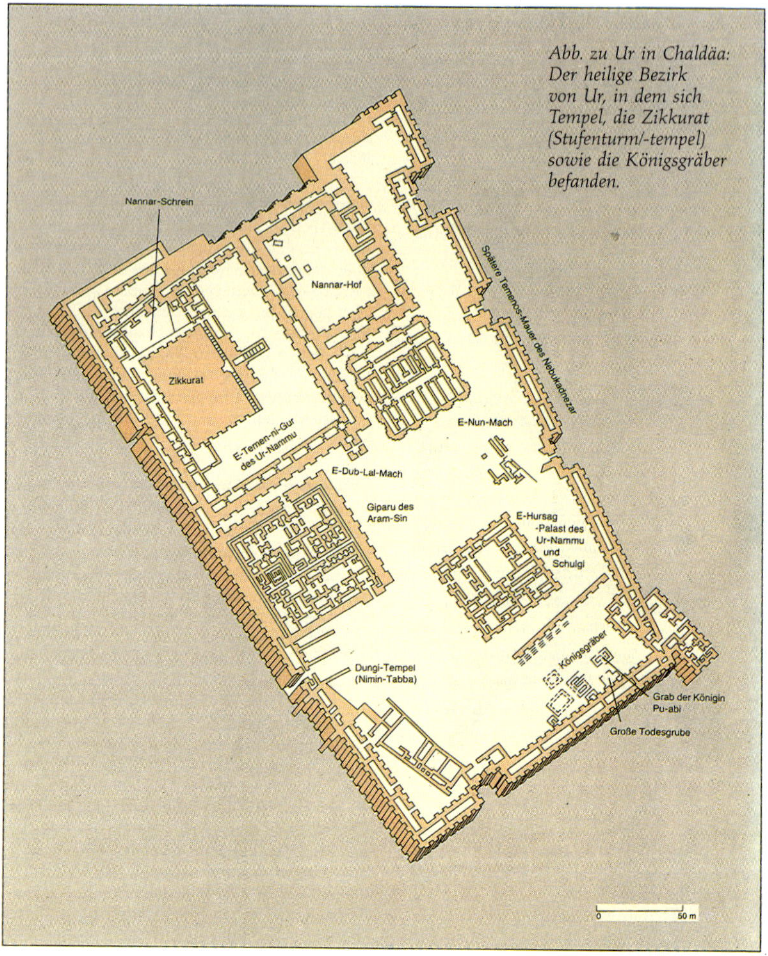

Abb. zu Ur in Chaldäa: Der heilige Bezirk von Ur, in dem sich Tempel, die Zikkurat (Stufenturm/-tempel) sowie die Königsgräber befanden.

21), die sich im Zungenreden (Glossolalie) und im Zeugnis äußerte: »Gott hat diesen Jesus, den ihr gekreuzigt habt, zum Herrn und Messias gemacht« (Apg 2,36).

2. Verfassung.

Eine doppelte Gliederung zeigt sich: Die universale Autorität der zwölf *Apostel mit Petrus an der Spitze, wobei *Johannes bes. hervortritt (Apg 1,13-26; 3f; 6,1-7; 8,14-25; 15); daneben eine lokale mit dem Herrenbruder *Jakobus als Leiter und *Ältesten (*Presbyteroi*, Apg 12,17; 15,2.4.6.13-29; 21,18-25; Gal 1,19; 2,7-9). Für die griech.-sprachigen Diasporajuden (Hellenisten) wird ein Sieben-Männer-Kreis durch die Apostel bestellt mit *Stephanus als Sprecher (Apg 6,1-6). Nach der Tötung des Stephanus und der Verfolgung seines Kreises wird dieser zum Träger der Samariter- und Heidenmission (Apg 8,4-13.26-40; 11,19-26). Nach der Hinrichtung Jakobus' des Älteren (Apg 12,1f, um 44 n.Chr.) verlassen auch die Apostel Jerusalem (Apg 12, 17). Nach dem Vorbild der U. werden in den christl. Gemeinden später Älteste (»Presbyter«) durch Handauflegung apostol. Autoritäten unter Gebet als Gemeindeleiter bestellt mit einem Episkopos (»Aufseher«) als Gesamtverantwortlichem der Ortsgemeinden

(Apg 14,23; 20,17.28; vgl. 1Tim 4,14; 2Tim 1,6; 1Petr 5,1-4). Daneben finden sich christl. Propheten (Apg 11,27f; auch 13,1-4) und »Diakone« (Apg 6,1-6: »Dienst an den Tischen«).

3. Christliches Leben.

Grundlegend war das Bekenntnis zu Jesus Christus, dem Herrn und künftigen Richter, nach der »Lehre der Apostel« (Apg 2,42; 4,10-12; 8,38; 10,36-43; 15,11), dazu die »*Taufe auf den Namen Jesu« (Apg 2,38; 8,38; 10,44-48; 19,1-7), verbunden mit einer *Handauflegung der Apostel (Apg 8,14-17; vgl. 19,6f) zur Vergebung der Sünden und Mitteilung des Heiligen *Geistes. Die U. nahm noch voll am jüd. Leben teil, hielt auch die Speise- und Reinheitsvorschriften (Apg 2,46; 3,1; 11,2; 15, 19-29; 21,18-25), war aber bereit, *Heidenchristen darauf nicht zu verpflichten (Apg 15). Daneben hielt sie täglich eigene Gebetsversammlungen (Apg 2,42) und vor allem »das Brotbrechen«, d.h. das Herrenmahl (Lk 24,30; Apg 2,42; 20,7-12), und feierte neben dem *Sabbat den ersten Tag der (jüd.) Woche als »*Tag (der Auferstehung) des Herrn« (Apg 20,7-12; vgl. 1Kor 16,2; Offb 1,10). Deutlich treten auch die charismatischen Gaben der *Zungenrede/Glossolalie (Apg 2,4-13; 10,44-47; 19,6; vgl. 1Kor 12,10), der *Krankenheilung (4,30; 5,12-16; 8,13; 9,17; 9,32-43; vgl. 1Kor 12,9), der *Lehre und der *Prophetie (vgl. 13,1-4; vgl. 1Kor 12,8.29) hervor. Die Gemeinde sorgte für die Armen (Apg 2,43-45; 4,32-37). Ihre Leiter übten Gemeindezucht (Apg 5,1-11). Die Sorge um die Einheit und das missionarische Zeugnis war Sache aller (Apg 2,44-47; 4,23-31; 6,1-7; 8,4; 11,19-26.27-30).

4. Bedeutung und Geschichte.

Als Muttergemeinde war die U. Zentrum und Vorbild aller Gemeinden. Dort trafen sich die führenden Apostel mit Jakobus zum sog. *Apostelkonzil (48/49 n.Chr.). Am Vorabend des jüd. Aufstands ließ der Hohepriester Ananus den Herrenbruder Jakobus steinigen (62 n.Chr.). Die Glieder der Gemeinde flüchteten (s. Mk 13) ins *Ostjordanland (*Pella) und kehrten nach dem Fall der Stadt Jerusalem (70 n.Chr.) dorthin zurück. Nach dem Ausschluß der *Judenchristen aus der *Synagoge und der Lähmung der Judenmission wird die Gemeinde Roms zum Mittelpunkt der Kirche (Tod des Petrus und Paulus dort unter Nero).

Literatur: A. Vögtle: LThK 10, ²1965, S. 551-554; W.G. Kümmel: RGG³, VI, 1187-1193; G. Schneider: HThK V, 1, 1980, S. 283-290, 1980; B. Reicke: Neutestamentliche Zeitgeschichte, 1962, S. 81-237; L. Goppelt: Die apostolische und nachapostolische Zeit, 1962; K. Baus: Von der Urgemeinde zur frühchristlichen Großkirche, 1962; J. Daniélou: Théologie du Judéo-Christianisme, 1958; R. Pesch: Das Evangelium der Urgemeinde, 1979. O.B.K.

URIA. (Hebr. *'urijjāh, 'urijjāhū,* »Jahwe ist mein Licht«).

1. Hetiter, dessen hurritischer Name Arija dem hebr. U. entsprochen haben kann; einer der Nicht-Israeliten unter Davids Helden (2Sam 23,29; 1Chr 11,41). Während U. mit der Armee *Rabba belagerte, beging *David in Jerusalem mit U.s Frau *Batseba Ehebruch (2Sam 11,1-4; vgl. 1Kön 15,5). David ließ U. in der Schlacht auf einen ungeschützten Posten stellen, an dem er getötet wurde (2Sam 11,6-21). In der Genealogie Jesu wird U. als Mann der Batseba, der Mutter *Salomos, erwähnt (Mt 1,6).

2. Ein Priester und einer der beiden »treuen Zeugen« bei Jesajas Zeichenhandlung, die Gottes Gericht über *Aram und *Israel ankündigte (Jes 8,2). U. unterstützte *Ahas bei der Errichtung eines heidnischen Altars im Tempel und bei der Durchführung weiterer Änderungen am Tempel und am Kult (2Kön 16,10-16).

3. Der Sohn *Schemajas, ein Prophet aus *Kirjat-Jearim, der dieselbe Botschaft wie sein Zeitgenosse *Jeremia zu sagen hatte. Seine Flucht nach Ägypten, um *Jojakims Zorn zu entkommen, der durch die prophetischen Ankündigungen entfacht worden war, rettete U. nicht das Leben; er wurde zurückgeholt und hingerichtet (Jer 26,20-24).

4. Vater des Meremot, eines Priesters z.Zt. *Esras (Esr 8,33; vgl. Neh 3,4.21; 8,4). D.W.B.

URIËL. »(Mein) Licht ist Gott«.

1. Levit aus dem Geschlecht *Kehats, Sohn Tahats (1Chr 6,9).

2. Oberster der kehatitischen Leviten z.Zt. Davids (1Chr 15,5.11).

3. Vater Michajas, der Mutter König *Abijas; U. stammte aus *Gibea (2Chr 13,2).

URIM UND TUMMIM.

Die U. u. T. gehören wie Efod, Terafim und Goral in den Bereich des Orakelwesens. Mit ihrer Hilfe suchte man Gottes Willen in Erfahrung zu bringen.

I. URIM UND TUMMIM.

1. Befund: Nach 4Mo 27,21 wird *Josua als dem Nachfolger *Moses zugesagt, daß ihm durch den Priester Eleasar der Urimentscheid (*mischpath hā'ūrīm*) über den Beginn von Kampfhandlungen und über ihr Ende zuteil werden solle. Ebenfalls werden (nur) die Urim

(LÜ: Los »Licht«) in 1Sam 28,6 neben *Träumen und Prophetenbotschaften als Weg genannt, auf dem Jahwe Antwort gibt auf die Frage nach militärischer Aktion. Schwierig zu deuten ist 1Sam 14,41ff. Die LXX bietet hier *dēloi* und *hosiótēs,* womit sie sonst *'ūrīm* und *tummīm* übersetzt. Der MT dagegen weist die Lesart »Gott Israels, gib tāmīm!« auf, was wohl heißen soll: gib eine klare, vollständige Antwort (vgl. Lindblom, S. 173ff). Hier empfiehlt es sich deshalb nicht, statt *tāmīm* das Wort *tummīm* zu lesen, weil dies dann der einzige Beleg für alleinstehendes *tummīm* wäre. So wird zwar in 1Sam 14 eindeutig von einem Losentscheid erzählt, aber wohl nicht vom Einsatz der U. u. T. (ähnlich Lindblom, S. 176f; anders Noort, S. 97 und Friedrich, S. 69, Robertson, S. 68). In Esr 2,63/Neh 7,65 verbietet der Statthalter Heimkehrern aus dem Exil, die ihre priesterliche Abstammung nicht nachweisen können, die Teilnahme an Opfermahlzeiten (und setzt damit ihre Priesterrechte aus, vgl. z.St. Gunneweg, Esra, KAT, 1985), bis »ein Priester [nach Neh 7,65 der Priester, also der Hohepriester] für Urim und für Tummim aufsteht«, der offensichtlich diese Frage mittels U. u. T. klären soll. Hier findet sich der einzige Beleg für eine U. u. T.-Befragung in nichtmilitärischer Angelegenheit. Ob man aus dieser Notiz schließen darf, daß die Handhabung der U. u. T. nach dem Exil nicht mehr bekannt war (so Press, S. 231)? Oder soll damit lediglich gesagt sein, daß in dem betreffenden Augenblick kein Priester zur Stelle war, der diese Befragung Jahwes mittels U. u. T. durchführen konnte; daß diese aber durchaus noch gepflegt wurde? In 2Mo 28,30 und 3Mo 8,8 gehören die U. u. T., in einer Lostasche (hebr. *choschän*) getragen, zum hohenpriesterlichen Ornat Aarons. Über eine Verwendung der U. u. T. durch einen Hohenpriester gibt es keine direkten Belege im AT, woraus man geschlossen hat, sie seien vom Hohenpriester nicht mehr verwendet worden (Friedrich, S. 62, Eißfeldt, S. 272). Es wird jedoch davon auszugehen sein, daß diese zumindest in frühen Zeiten verwendet wurden (vgl. Noort, S. 100). Der dunkle Stammesspruch 5Mo 33,8 läßt mit einiger Sicherheit nur soviel erkennen, daß die U. u. T. dem Stamm *Levi erbeten werden, also seinen Anspruch auf das Priesteramt bestätigen (vgl. v. Rad, ATD 8, 41983 z.St.; Sellins Lösung in JPOS 14, S. 192 geht zu weit).

2. Auswertung: U. u. T. waren offensichtlich ein priesterliches Orakelmittel, mit dem man, nach dem AT hauptsächlich in militärischen Fragen, Auskunft über Jahwes Willen einholte. Die Namen werden verschieden gedeutet. Man hat *'urīm* von *'ōr,* »leuchten« (Wellhausen dagegen von *'ārar,* »fluchen«) und *tummīm* von *tōm,* »verständig, einfältig«, ableiten wollen (so schon die LXX in Esr 2,63; daher auch Luthers Übersetzung »Licht und Recht«). Aber auch an Kunstworte ohne tiefere Bedeutung, aus dem ersten und letzten Buchstaben des hebr. Alphabets gebildet, ist gedacht worden (Lindblom, S. 170). Auf Ablehnung stieß Robertsons Theorie, je elf Buchstaben auf Plättchen seien den beiden Klassen zugeteilt worden, und der Priester habe jeweils einen Buchstaben der U. u. T. gezogen und ein bedeutsames Wort aus ihnen gebildet.

Woraus U. u. T. bestanden und wie durch sie eine Entscheidung herbeigeführt wurde, wurde unterschiedlich rekonstruiert. Man hat daran gedacht, daß es sich um einen Gegenstand (aus Holz, Stein oder Metall) mit unterschiedlich gefärbten Seiten handelte. Aber auch zwei Steine, Plättchen oder Würfel in verschiedenen Farben werden erwogen (s. Dommershausen, ThWAT I, 995, der sich für einen Kalk- und einen Basaltstein ausspricht). Für diese Lösung spricht auch eine Parallele in einem assyr. Text: Dort ist ein Orakel belegt, das aus zwei Würfeln, genannt *aban erēschi,* »gewünschter Würfel« (wohl die positive Antwort) und *aban la erēschi,* »unerwünschter Würfel« (der negative Bescheid) besteht, die offensichtlich farblich unterschieden waren (s. Reiner, S. 25). Auf jeden Fall konnte das U.-T.-Orakel nur auf alternative Fragen mit Ja oder Nein antworten. Vermutlich galt das Urimlos als positive, das Tummimlos dagegen als negative Antwort Gottes (Press, S. 229 sieht es umgekehrt). Elhorst hat die Tatsache, daß das U.-T.-Orakel auch keine Antwort geben konnte (vgl. 1Sam 28,6), durch die Annahme zu erklären versucht, es habe sich um zwei Würfel mit jeweils drei weißen und schwarzen Seiten gehandelt, wobei die Kombination weiß/schwarz als Antwortverweigerung galt (ZAW 30, S. 269). Auch drei Gegenstände sind vermutet worden (Michaelis, s. Robertson, S. 70). Ausbleibende Antwort bei nur zwei Möglichkeiten wäre aber auch denkbar durch eine Art »Gegenprobe«, so daß sich die Antworten gegenseitig blockieren könnten. Erwägenswert ist aber auch, ob beide Lose auf die Erde geworfen wurden und der Priester ihre Lage interpretieren mußte (vgl. Lindblom, S. 171). Maiers These, die T. hätten nie etwas mit dem Orakel zu tun gehabt, sondern seien ursprünglich »Beschlüsse des Königsvertrages« (S. 34) gewesen, die durch die dynastische Struktur der Davididenherrschaft später nicht mehr verstanden und dann mit dem U.-Dynastieorakel vereint worden seien, erscheint zu gekünstelt. Das Fehlen von T. in 4Mo 27,21 und 1Sam 28,6 ließe sich auch so verstehen, daß die U. pars pro toto für das ganze Orakel stehen (vgl. Noort, S. 98; Dommershausen, ThWAT, 995). Zu erwägen wäre auch, ob U. u. T. nur zwei Antwortarten bedeuteten, aber nichts mit dem Orakelmittel zu tun hätten (in diese Richtung ziehen die bei Robertson, S. 70 aufgeführten Lösungen Nr. 8 und 9).

Hinter den U. u. T. steht wie bei allen Losorakeln der Glaube, daß die Gottheit das Fallen des Loses beeinflußt und so auf Fragen ihren Willen kundtut. Daß die U. u. T. zur Ausstattung des Hohenpriesters gehören, ist nicht verwunderlich, wenn sie priesterliches Mittel waren. Allerdings erwecken die Texte den Eindruck, daß sie nicht mehr von ihm zu Orakelzwecken verwendet wurden. Träfe dies zu, ergäbe sich daraus eine Funktions- und Sinnverschiebung, wie sie auch bei Efod und Choschän zu beobachten ist. Dann wären aus U. u. T. »Symbole für die richterliche Gewalt des Hohenpriesters« geworden (Dommershausen, ThWAT I, 997).

Im jüd. Schrifttum werden die Meinungen vertreten, U. u. T. wären in der Zeit nach David (vgl. dazu Press, S. 231; Robertson, S. 70) oder zur Makkabäerzeit (Josephus; vgl. Robertson, S. 69) außer Gebrauch gekommen. Ihre Wiederverwendung wird für die messianische Zeit erwartet.

II. EFOD.

Aus der Beobachtung, daß die U. u. T., in einer Lostasche hebr. (*choschän*) aufbewahrt, Teil des hohenpriesterlichen Ornates sind, ergibt sich die Frage, ob der hohepriesterliche Efod (hebr. *'ēphōd*) etwas mit der Orakelpraxis zu tun hatte. Aus den atl. Texten über die hohepriesterliche Bekleidung ergibt sich dies nicht unmittelbar, sondern für die Endgestalt dieser Texte ist es wahrscheinlicher, daß sie im E. nur ein Bekleidungsstück sehen, über dessen Sinn nichts ausgesagt wird. Eindeutig eine Rolle bei der Orakelpraxis spielt aber ein ebenfalls E. genannter Gegenstand in Ri 8,27; 17,5; 1Sam 23,9; 30,7 u.ö. Dieser Befund hat eine Vielzahl von Deutungen hervorgerufen.

1. Ausgehend von Ri 8,24ff; 17;18 hat man wegen der Verwendung einer großen Goldmenge und des Aufstellens des E. vermutet, dieser sei ursprünglich eine Götterstatue gewesen (Elhorst, S. 271f). Diese Grundthese hat verschiedene Ausprägungen erhalten. Budde meint, es habe sich um ein goldenes Stierbild gehandelt. Später sei das Wort *'abīr* durch *'ephōd* ersetzt worden, um den theologischen Anstoß zu mildern. Auch Mowinckel sieht in E. ein (oder zwei) Stierbild(er), was er für den ursprünglichen Inhalt der von den Kanaanäern übernommenen Lade hält (und von einem anderen Orakelefod unterscheidet?, vgl. Schroer, S. 155). Soggin vermutet eine kultische Statue aus dem Heiligtum von Ofra (Judges, 1981, S. 160). Zur Kritik dieser Thesen vgl. Friedrich, S. 17-19.

2. Schon Arnold hatte vermutet, daß durch E. ein anderes Wort verdrängt worden sei. Von 1Sam 14,18 her meinte er, dieses in *'ārōn* (»Kasten, Lade«) gefunden zu haben. Nach ihm gab es im frühen Israel mehrere Laden, die er als Miniaturtempel deutete, von dem aus die Gottheit das Fallen des Loses beeinflußte (S. 133). Lade und E. identifiziert auch Davies. Auch Schroer (S. 157) vermutet im ursprünglichen E. ein metallbeschlagenes Kästchen, das der Lade ähnlich gewesen sei und die Lossteine (U. u. T.) enthalten habe. Zur Kritik s. Schmitt, S. 166-173. Vom beduinischen Khubbe her, einem kleinen Lederzelt, das Bethylen (kleine Gottesbilder) enthielt und als Wanderheiligtum auf Kamelrücken transportiert wird, deutet May die Lade als Miniaturtempel, in den später in Analogie zu den Bethylen die U. u. T. gelangt seien, während Morgenstern im E. den Vorgänger der Khubbe sieht, in dem die Terafim (s.u.) als Losmittel aufbewahrt wurden. Zur Kritik s. Friedrich, S. 15-17.

3. Foote u.a. hielten den E. für eine Losurne. Friedrich (S. 20.55) versteht den Orakelefod als eine Lostasche (wie den späteren Choschän). Aber auch er vermutet, daß der Name sekundär sei und ein ursprüngliches *'ārōn* ersetzt habe, das wegen des Gebrauchs dieses Wortes für die Bundeslade unverständlich geworden sei.

4. Am wahrscheinlichsten ist die von Sellin (JPOS, S. 189), Galling (BRL^2, 343), Elliger, Dommershausen (TrThZ, S. 201) vertretene Meinung, der Orakelefod sei ursprünglich ein Bekleidungsstück von Götterstatuen gewesen. Die Verwendung eines solchen sakralen Gewandes durch den Priester beim Vollzug des Orakels wäre im Alten Orient nichts Außergewöhnliches gewesen. Dafür und für die Einarbeitung großer Mengen an Edelmetallen in solche Gewänder gibt es genügend mesopotam. Zeugnisse. Da für die Frühzeit und sogar für die Königszeit mit polytheistischen Zügen und Bilderverehrung gerechnet werden muß (vgl. neben Schroer etwa B. Lang (Hrsg.), Der einzige Gott. Die Geburt des biblischen Monotheismus, 1981; O. Keel (Hrsg.), Monotheismus im Alten Israel und seiner Umgebung, 1980), wäre es auch möglich, daß die Orakelbefragung vor Statuen stattgefunden hat. Träfe diese Lösung zu, ließe sich auch relativ leicht erklären, wie der Orakelefod und der hohepriesterliche E. zusammenhängen.

III. TERAFIM.

In Ri 17,5; 18,14.17f.20 und Hos 3,4 wird neben dem Orakelefod der T. (hier keine Pluralendung, sondern Mimation) genannt (LÜ: »Hausgötze«, »Hausgott«). Alleine und deutlich als Orakelmittel wird er noch in 1Sam 15,23 2Kön 23,24; Hes 21,26; Sach 10,2 erwähnt (vgl. auch 1Mo 31, 19.34f; 1Sam 19,13.16). Das Wort leitet man heute meist vom hetitischen *tarpisch*, »(böser) Dämon« ab (über andere Ableitungsversuche unterrichtet Jaroš, S. 124f), das über die Kanaanäer in die hebr. Sprache gelangt ist.

Die genannten atl. Belege ergeben folgendes Bild des T.: Es handelt sich um einen Gegenstand, der im Privathaus oder Privatheiligtum aufbewahrt wird, von länglicher Gestalt mit klar unterscheidbarem Oben und Unten. Er war tragbar, man hatte vor ihm keine allzu große Scheu und verwendete ihn zur Zukunftserforschung. Der T. war offenbar zunächst legitimes Orakelmittel, da Hos 3,4 noch keine direkte Kritik an ihm übt, obwohl man meist wegen Hos 4,12 die Kritik am T. in der Zeit Hoseas beginnen läßt (so Sellin, JPOS, S. 191 u.a.). Nach 2Kön 23,24 hat sich König *Josia um die Abschaffung des T. bemüht. Trotzdem muß der T. noch in nachexilischer Zeit in Gebrauch gewesen sein, da er prophetischen Widerspruch in Sach 10,2 erhält. Daß der T. ein Götterbild gewesen sei (so z.B. Sellin, Lindblom; zu anderen Deutungen vgl. Jaroš, S. 124f), wird heute kaum noch vertreten, vor allem dadurch begründet, daß Hosea Gottesbilder mehrfach äußerst scharf verurteilt (4,17 u.ö.). Von daher wäre nicht zu verstehen, warum er den T. von dieser Verwerfung hätte ausnehmen können, wenn es sich bei ihm um ein Bild gehandelt hätte (vgl. Jaroš, S. 131). So hat sich – unter Einbeziehung archäologischen Materials (vgl. Schroer, S. 146-154) – die Meinung durchgesetzt, der T. sei eine tier- oder mischwesengestaltige Maske gewesen, »welche zur Orakelverkündigung. . . von dazu befugten Personen, wohl nicht nur Priestern, getragen wurde und sich in Israel jahrhundertelang der Beliebtheit erfreute« (Schroer, S. 154; zum ganzen Komplex s. Jaroš, S. 124-146 und Schroer, S. 136-158).

IV. GORAL.

Der am häufigsten gebrauchte Begriff für das Los ist im AT *gōrāl* (77 mal). Neben *gōrāl* wird noch *qāsam* »das Losorakel befragen« (20 mal), *qäsäm* »Losorakel« (11 mal) und *miqsām* »Befragung des Losorakels« verwendet. Nach Plöger (BKAT XVII, 1984, S. 192) ist *qsm* im AT »durchweg mit dem negativen Akzent der Wahrsagerei versehen«. Daher bleibt er hier außer Betracht.

1. Der Begriff *gōrāl* hängt wohl mit arab. Wörtern zusammen, die darauf schließen lassen, daß es sich dabei um kleine Steine handelt, die entweder farblich markiert oder auch beschriftet (vgl. 1Chr 26,13-16) waren. Die Technik des Losvorgangs wird im AT nirgends beschrieben, weil sie den Lesern vertraut war. Aber auch hölzerne Lose ähnlich den arab. Pfeilorakeln waren wohl im Gebrauch (vgl. Hes 21,26; Hos 4,12). Das Los wird geworfen (*jārah*, Jos 18,6; *jādad*, Joel 4,3; Obd 11; Nah 3,10), fällt zur Erde (*nāphal*, 1Chr 24,31; 25,8; Neh 10,35; 11,1; Hes 24,6; Jona 1,7 u.ö.) bzw. wird fallengelassen (*hippīl*, Jes 34,17) oder hingeworfen (*hischlīch*, Jos 18, 8.10; *nātan*, 3Mo 16,8). Die Aussagen vom Geschütteltwerden (*hūthal*, Spr 16,33 bzw. *qilqal* von den Pfeilorakeln in Hes 21,26) und vom Hervorgehen des Loses (*jāzaʾ*, 4Mo 33,54; Jos 19,1 u.ö.; 1Chr 24,7 u.ö.) lassen auf eine Losurne o.ä. schließen. Nach Spr 16,33 wird das Los im *chēq*, dem Gewandbausch, aufbewahrt. Das vom Los bezeichnete Objekt »wird getroffen« (*nilkad*, Jos 7,15-18; 1Sam 10,20f; 14,41f; s. Lindblom, S. 166-170; Dommershausen, ThWAT I, 992).

2. Das Los wurde im Alltag angewandt, um unparteiische Entscheidungen zu erlangen. Nach Spr 18,18 werden so Rechtsstreitigkeiten gelöst, nach Hiob 6,27 eine Waise jemand zugelost (vgl. auch Ps 22,19). Die Verteilung des Nachlasses durch Los bezeugt Sir 14,15 (auch in Babylonien und Susa belegt, s. Oppenheim, S. 208f). Sogar Diebesbanden regeln auf diese Weise die Verteilung ihrer Beute (Spr 1,14). Vielleicht wurden auch Termine für Geschäfte und Unternehmungen ausgelost (vgl. Est 3,7; 9,24 – in Mesopotamien durch Omendeutung, vgl. Oppenheim, S. 206-227). Daß z.B. die Leberschau auch in Israel geübt wurde, wird durch Funde von Lebermodellen in *Hazor nahegelegt (vgl. Oppenheim, S. 213).

3. Auch im Kriegswesen hatte das Los seinen Platz. Beute an Menschen, Tieren und Wertsachen wurde durch Los verteilt (Nah 3,10; Obd 11; Joel 4,2f). Nach Jes 34,17 verteilt sogar Jahwe das verwüstete *Edom per Los an die Tiere! Teilnehmer an der Strafexpedition gegen Benjamin werden ausgelost (Ri 20,9f). Vgl. auch die Auslosung des Beginns der Kampfhandlungen durch U. u. T. (s.o.).

4. Die Aufgaben und Dienstleistungen im Bereich des Tempels werden ebenfalls durch Los festgelegt (1Chr 24-25; 26,13-16; Neh 10,35; 11,1f; vgl. zu ähnlichen Vorgängen in Mesopotamien Oppenheim, S. 99f.208f). Diese Praxis wurde offenbar auch noch in ntl. Zeit geübt (Lk 1,8f).

5. In bes. wichtigen Fällen geschieht das Lo-

sen »vor Jahwe«. Allerdings sollte man »profanen« und »sakralen« Gebrauch des Loses nicht zu stark voneinander abgrenzen (gegen Dommershausen und Lindblom; mit Schmid, S. 414). Denn was ist im Alten Orient schon »rein profan«? In allen Fällen ist doch wohl der Glaube vorauszusetzen, daß der Losentscheid von der Gottheit bzw. von Jahwe herbeigeführt wird (vgl. Spr 16,33). So wird die Verteilung des verheißenen Landes an die Stämme Israels durch Los entschieden (Jos 18-20; vgl. 4Mo 26,55f; 33,54; 34,13; 36,2f; 1Chr 6,39.46.48.50 u.ö.), ebenso die Verteilung von Wohnstätten an Priester und Leviten (Jos 21; 1Chr 6,39ff). Und das bedeutet, daß Jahwe selbst die Landverteilung vollzogen hat (vgl. Dommershausen, TrThZ, S. 199 und ThWAT I, 994; Lindblom, S. 170). Hes 45,1; 47,22 stellt dasselbe Verfahren für die Landverteilung in der messianischen Heilszeit in Aussicht.

Nach 1Sam 10,20f wird *Saul durch das Los aus der Menge derer, die sich vor Jahwe aufgestellt hatten, als König ausgewählt. Die Auswahl einer Person für ein wichtiges Amt wird auch in der ntl. Zeit noch geübt, wie Apg 1,23-26 zeigt. Auch hier ist der Losentscheid eine Gottesantwort.

Am *Versöhnungstag wird nach 3Mo 16 per Los entschieden, welcher Ziegenbock für Jahwe als Sündopfer geschlachtet und welcher mit der Sünde des Volkes beladen in die Wüste gejagt wird.

6. In einigen Fällen wird durch das Losen zutage gebracht, wer in der Vergangenheit schuldig geworden war und an einer gegenwärtigen Misere Schuld trug (sog. Losordal), so Achan (Jos 7) und Jonatan (1Sam 14,41f). Heiden vollziehen ein solches Ordal in Jona 1,7.

7. Das Los bezeichnet auch den zugefallenen Anteil an dem Land, das Jahwe gegeben hat (Jos 15,1; 16,1; 17,1.14.17; Ps 125,3, LÜ: »Erbteil«; Mi 2,5 LÜ: »Anteil«). Hier steht *gōrāl* häufig parallel zu *nachalāh*, »Erbe, Erbteil«, und *chēläq*, »Anteil« (vgl. Foerster, Herrmann, S. 768ff). Von dieser Verwendung ist es kein weiter Weg zu der übertragenen Bedeutung von »Los« als Lebensschicksal, das Gott einem zumißt (Ps 16,5f; vgl. Weish 2,9). Negatives Schicksal durch Gottes Eingreifen wird in Jes 17,14; 57,3-6; Jer 13,20-27 angekündigt, während Daniel eine tröstliche Zusage über sein »Los« am Ende erhält (Dan 12,13). Im NT begegnet das »Los« (griech. *klēros*) als Anteil, der einem zufällt (Apg 1,17; 8,21; 26,18; Kol 1,12). Nach Eph 1,11 ist den Christen Bestimmung und Ziel »zugeteilt« (griech. *eklērōthēmen*). (Vgl. Foerster, S. 762-765).

Literatur: W.R. Arnold: Ephod and Ark. HThSt 3, 1917, S. 1-141; K. Budde: Ephod und Lade, ZAW 39/1921, S. 1-42; P.R. Davies: Ark or Ephod in 1Sam XIV. 18? JTS 26/1975, S. 82-87; W. Dommershausen: ThWAT I, 1973, 991-998 (Literatur!); ders.: Das »Los« in der alttestamentlichen Theologie. TrThZ 80/1971, S. 195-206; O. Eißfeldt: Wahrsagung im AT, in: Kleine Schriften IV, S. 271-275; H.J. Elhorst: Das Ephod. ZAW 30/1910, S. 259-276; K. Elliger: Ephod und Choschen. Ein Beitrag zur Entwicklungsgeschichte des hohenpriesterlichen Ornats. VT 8/1958, S. 19-35; W. Foerster, J. Herrmann: ThWNT III, 1938, 757-786; I. Friedrich: Ephod und Choschen im Lichte des alten Orients. WBTh 20, 1968; K. Jaroš: Die Stellung des Elohisten zur kanaanäischen Religion. OBO 4, 1974; J. Lindblom: Lot-casting in the Old Testament. VT 12/1962, S. 164-178; J. Maier: Urim und Tummim. Recht und Bund in der Spannung zwischen Königtum und Priestertum im alten Israel. Kairos NF 11/1969, S. 22-38; H.G. May: The Ark – a Miniature Temple. AJSL 52/1936, S. 215-234; J. Morgenstern: The Ark, the Ephod, and the »Tent of Meeting«. HUCA 17/1942/43, S. 153-266; 18/1944, S. 1-52; S. Mowinckel: Wann wurde der Jahwäkultus in Jerusalem offiziell bildlos? AcOr 8/1930, S. 257-279; E. Noort: Untersuchungen zum Gottesbescheid in Mari. Die »Mariprophetie« in der alttestamentlichen Forschung. AOAT 202, 1977; A.L. Oppenheim: Ancient Mesopotamia. Portrait of a Dead Civilization, ²1965; R. Press: Das Ordal im alten Israel. ZAW 51/1933, S. 121-140.227-255; E. Reiner: Fortune-Telling in Mesopotamia. JNES 19/1960, S. 23-35; E. Robertson: The 'URIM and TUMMIM; what where they are? VT 14/1964, S. 67-74; H.H. Schmidt: THAT I, ⁴1984, 412-415; R. Schmitt: Zelt und Lade als Thema alttestamentlicher Wissenschaft. Eine kritische forschungsgeschichtliche Darstellung, 1972; S. Schroer: In Isrsael gab es Bilder. Nachrichten von darstellender Kunst im Alten Testament. OBO 74, 1987; E. Sellin: Efod und Terafim. JPOS 14/1934, S. 185-193; ders.: Das israelische Ephod. in: Orientalische Studien. FS Th. Nöldeke, 1906, S. 699-717. F.Fe.

URTEIL s. Richten; s. Recht; s. Gericht

USA. (Hebr. *ʿussāh/ussāʾ*).

1. Benjaminit und Nachkomme Ehuds (1Chr 8,7).

2. Sohn des Merari (1Chr 6,14).

3. Das Oberhaupt einer Familie von *Tempeldienern (Nethinim), die aus dem Exil zurückkehrten (Esr 2,49).

4. Sohn des Abinadab, wahrscheinlich ein Levit (vgl. 1Sam 7,1),der den neuen Wagen lenkte, auf dem die Bundeslade aus *Kirjat-Jearim abgeholt wurde (2Sam 6,3). Als die Rinder stolperten, »griff Usa zu und hielt die Lade Gottes fest«. Für diese Berührung der Lade wurde er von Gott mit dem Tod bestraft (2Sam 6,6f).

5. Besitzer eines Gartens, in dem *Manasse und *Amon, die Könige von Juda, begraben wurden (2Kön 21, 18.26). M.A.M.

Die angenommene Lage von Usal.

USAL.

1. Hebr. *ʾûzāl* aus 1Mo 10,27 und 1Chr 1,21 ist der Name eines arab. Nachkommens Joktans; womöglich ist hier ein Zusammenhang zu sehen mit ʿAzal, dem ursprünglichen Namen des Ortes Sanʿa im Yemen.

2. Hes 27,19 erwähnt U.: »Wedan und Jawan haben von Usal auf deine Märkte geformtes Eisen, Zimt und Kalmus gebracht«. U. könnte in diesem Zusammenhang mit Isalla in NO-Syrien identifiziert werden, woher *Nebukadnezar Wein bezog (s. Langdon, Neubabylonische Königsinschriften, no. 9, I, 1.22). Eine Identifikation von U. ist trotz mancher erwägenswerter Vorschläge bislang nicht möglich (vgl. ISBE IV, 960). A.R.M.

USI.

1. Ein Priester aus der Nachkommenschaft *Eleasars (1Chr 5,31; Esr 7,4), wahrscheinlich ein Zeitgenosse *Elis.

2. Sohn Belas aus dem Geschlecht *Benjamin (1Chr 7,7; 9,8).

3. Sohn Tolas aus dem Geschlecht *Issaschar (1Chr 7,2f).

4. Sohn Michris und Vater des Ela, aus dem Geschlecht Benjamin (1Chr 9,8).

5. Sohn Banis, Vorsteher der Leviten in Jerusalem nach der Rückkehr aus der babylon. Gefangenschaft (Neh 11,22).

6. Oberhaupt des Priestergeschlechts Jedaja z.Zt. *Jojakims (Neh 12,19).

7. Priester, der an der Einweihung der Stadtmauern Jerusalems teilnahm (Neh 12,42). D.J.W.

USIËL. (»Gott ist eine Kraft«).

1. Levit, Vater Mischaels und Elizafans, Sohn *Kehats und Verwandter Agrons (3Mo 10,4). Seine Nachkommen sind die Usiëliten (2Mo 6,18.22; 4Mo 3,19.27.30; 1Chr 15,10).

2. Benjaminit, Sohn Belas (1Chr 7,7).

3. Levit, Sohn Hemans (1Chr 25,4); in V. 18 wird er Asarel genannt.

4. Levit aus dem Geschlecht Jedutuns, z.Zt. *Hiskias (2Chr 29,14).

5. Simeonitischer Fürst z.Zt. Hiskias (1Chr 4,41-43).

6. Sohn Harhajas, Goldschmied z.Zt. *Nehemias, der half, nach dem babylon. Exil die Stadtmauer von Jerusalem wieder aufzubauen (Neh 3,8).

USIJA. Hebr. *ʿussijjāh, ʿussijāhû,* »Jahwe ist meine Stärke«; eine andere Form seines Namens ist Asarja, hebr. *ʿasarjāh, ʿasajāhû,* »Jahwe hat geholfen«; die unterschiedliche Schreibweise resultiert aus einem veränderten Buchstaben im Hebr. Die Wörter »Stärke«, hebr. *ʿōs* und »Hilfe«, hebr. *ʿäsrāh* wurden

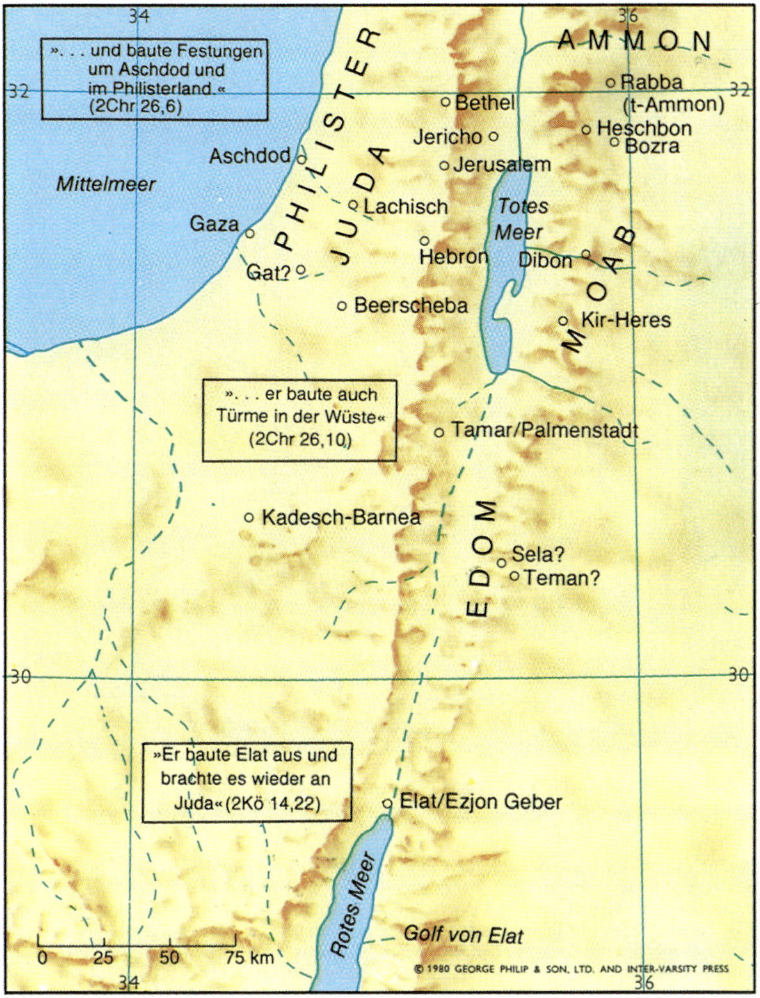

Usijas Expansionspolitik vergrößerte das Territorium Judas.

annähernd zu Synonyma und waren wahrscheinlich austauschbar.

1. Sohn des *Amazja, nach der Ermordung seines Vaters vom Volk zum 10. König von *Juda ernannt (um 767 v.Chr.; 2Kön 14,18-21; 2Chr 25,27-26,1). Es ist anzunehmen, daß er seit der Niederlage seines Vaters gegen *Joasch von Israel, ca. 791 v.Chr., als Mitregent fungierte (vgl. 2Kön 14,13; 2Chr 25,23). Im Text wird dies nicht explizit ausgedrückt, aber die Chronologie seiner 52-jährigen Herrschaft läßt diesen Schluß zu (2Kön 15,2; 2Chr 26,3). Im allg. handelte U. nach Gottes Willen, und seine Herrschaft wurde eine Zeit äußerer Blüte für Juda (2Chr 26,4-5). U. weitete Judas Grenzen aus, er erlangte die Kontrolle über *Elat am *Roten Meer, dessen Hafen er ausbaute (2Kön 14,22), und war erfolgreich in Feldzügen gegen die *Philister, *Araber und *Ammoniter (2Chr 26,6-8). Zur inneren Si-

Die in Jerusalem entdeckte Kalksteinplatte mit der Inschrift: »Hierhinein wurden gebracht die Gebeine Uzijahus, des Königs von Juda – und [es] darf nicht geöffnet werden«. Höhe: 35 cm. (IM)

cherheit verstärkte er die Befestigung von Jerusalem, evtl. durch Entwicklung neuer Verteidigungstechniken (2Chr 26,9-15; Y. Yadin: The Art of Warfare in Biblical Lands, 1963, S. 326), und unterhielt ein stehendes Heer. Ein König namens *Az-ri-a-ú,* von *Tiglatpilesar III. als Anführer einer Revolte gegen Assyrien erwähnt, wurde mit Asarja/Usija identifiziert (TGI, S. 54; DOTT, S. 54-56; ANET, S. 282; H. Tadmor: Scripta Hierosolymitana 8, 1961, S. 232-271), aber die jüngere Quellenforschung hat dies in Frage gestellt (N. Na'aman, BASOR 214, 1974). Für die Übertretung seiner Befugnisse, als er am Räucheraltar Opfer darbrachte, wurde U. mit Aussatz bestraft, sein Sohn *Jotam wurde Mitregent (2Chr 26,16-21). Josephus (ant.Jud. 9.225) hält eine Überlieferung fest, nach der im Zusammenhang mit diesen Ereignissen im Tempel ein Erdbeben auftrat, an das man sich lange erinnerte (s.a. Am 1,1; Sach 14,5). Eine in Jerusalem gefundene Steintafel aus dem 1. Jh.n.Chr. enthält folgende Notiz in Aram.: »Hierhinein wurden gebracht die Gebeine Uzijahus, des Königs von Juda, – und [es] darf nicht geöffnet werden.« (TGI, S.55). Dies deutet auf eine womöglich durch Baumaßnahmen unter *Herodes Antipas notwendige Umbettung der sterblichen Überreste U.s hin.

2. Ein Levit aus dem Geschlecht *Kehat (1Chr 6,9.21: Asarja).

3. Aschtarotiter, einer der Helden Davids (1Chr 11,44).

4. Vater *Jonatans, des Vermögensverwalters über die Städte, Dörfer und Türme unter David (1Chr 27,25).

5. Vater des Judäers Ataja, der nach dem babylon. Exil in Jerusalem lebte (Neh 11,4).

D.W.B./A.R.M.

VATER, GOTT DER VATER.

1. Menschliche Vaterschaft.

In der patriarchalisch strukturierten Gesellschaft des AT ist die Person des V.s die entscheidende Instanz in allen die Sippe und ihre Mitglieder betreffenden Fragen; er entscheidet, wohin die Herden ziehen, er genehmigt Eheschließungen etc. Die zentrale Stellung des V.s beruht nicht auf menschlichen Konventionen, sondern sie ist eine von Gott gegebene Rechtsstellung, die darin ihren sichtbaren Ausdruck findet, daß der V. der Träger des göttlichen Segens ist, den er an den ältesten Sohn weitergibt. Ein einmal gegebener Segen kann seitens des V.s nicht mehr zurückgenommen werden (1Mo 27,38), er bleibt mit der Person als dem neuen Träger des Segens verbunden.

Der V., als Oberhaupt der Sippe, handelt und entscheidet im Auftrag Gottes und trägt vor Gott die Verantwortung für die ihm anvertrauten Menschen und Tiere (5Mo 5,14).

Im Gegensatz zur orientalischen Umwelt Israels, in der die Macht des V.s nahezu grenzenlos ist (z.B. entscheidet die Annahme eines Kindes durch den V. darüber, ob es am Leben bleiben darf oder nicht), findet in Israel die Macht des V.s ihre Grenzen in den Geboten Gottes. Sich den Geboten Gottes selbst zu unterstellen, sie den Angehörigen seiner Sippe vorzuleben und sie dazu anzuhalten, selbst nach den Geboten zu leben, ist die vornehmste Aufgabe des V.s (5Mo 6,20-25; Jos 24,15). Wie Abraham durch seinen Glauben (1Mo 15,6) zum V. des Volkes Israel wurde (1Mo 15,18), so sollen die V. im Glauben ihren Sippen vorstehen, damit der Segen Gottes unter ihnen wirksam werden kann.

Der Verantwortung des V.s gegenüber den ihm anvertrauten Menschen entspricht auf seiten der Nachgeborenen die Verantwortung für die Versorgung der alten Eltern, die im 4. Gebot ihren Ausdruck findet (2Mo 20,12). Beide, die Eltern und die Kinder, stehen unter dem Segen Gottes, der ihnen das Land als Lebensraum gegeben hat.

Wer seinem V. flucht, versündigt sich gegen Gott, in dessen Auftrag er handelt, und schließt sich damit aus dem Gottesvolk aus (3Mo 20,9). Die bes. Verantwortung der V. gegenüber den nachwachsenden Generationen wird deutlich, wenn Gott das Unheil, das über das Gottesvolk hereingebrochen ist, ausdrücklich damit begründet, daß die Väter das Volk falsch gelehrt haben (Jer 9,13). Auch in den christl. Gemeinden der ntl. Zeit behält der V. seine dominierende Stellung innerhalb der Hausgemeinschaft (das NT kennt nicht den Begriff »Familie«, s. z.B. Apg 16,31). Er hat wie im AT (5Mo 6,20-25) die Pflicht, die nachwachsende Generation in der »Vermahnung zum Herrn« zu erziehen (Eph 6,4). Er soll der ihm anvertrauten Hausgemeinschaft als ein von der Liebe Christi geprägter Mensch vorstehen (Eph 5,22ff), nicht als ein Tyrann (Eph 6,4).

2. Gott als Vater.

Die vorderasiat. Kulturen mit ihren Zeugungsmythen, die eine unmittelbare verwandtschaftliche Beziehung zwischen Göttern und Menschen beschreiben, verwehren es Israel, Gott im offiziellen Kultus als »Vater« anzurufen. Man will auf diese Weise jede Assoziation einer geschöpflich-natürlichen Verbindung zwischen dem ewigen Schöpfer des Kosmos und dem vergänglichen Menschen schon im Ansatz vermeiden. Entsprechende Stellen, die eine solche Vorstellung hervorrufen könnten, sind streng im Sinn einer *Adoption des erwählten Menschen – oder des ganzen Volkes – zu verstehen (z.B. 2Sam 7,14 und Jes 63,16). In Ps 68,6 wird Gott als »Vater der Waisen und Helfer der Witwen« angesprochen; d.h. der Gott Israels nimmt sich in bes. Weise derer an, die ohne den Rechtsschutz eines Sippenoberhauptes im Land leben. Wer sich an diesen Menschen versündigt, lädt nicht nur eine moralische Schuld auf sich, sondern begeht einen Rechtsbruch gegenüber Jahwe selbst. Hier klingt an, daß sich auch im sozialen Leben derjenige, der sich für die Sache der Rechtlosen einsetzt, »Vater« nennen darf (Hiob 29,16). In der Verkündigung Jesu spielt der Begriff »Vater« in bezug auf Gott eine zentrale Rolle. Indem er Gott als seinen V. bezeichnet, bekräftigt er vor seinen Zuhörern die Einzigartigkeit seines Auftrages: Wenn der Sohn im Auftrag des V.s handelt, dann besitzt er auch dessen Vollmacht. Wenn Jesus sich ganz mit seinem Vater identifiziert (Joh 10,30), dann wird damit in klarer Deutlichkeit ausgesagt, daß sich in ihm Gott selbst der Welt offenbart (Hebr 1,2f).

Es gehört zu den ältesten Traditionen der ntl. Überlieferung, daß Jesus seinen Vater im Himmel mit der aram. Form »Abba« angeredet hat. Diese kindlich-vertrauensvolle Anrede Gottes ist in der jüd. Tradition einmalig. Für Paulus ist die Abba-Anrede ein vom Heiligen Geist gewirkter Gebetsruf (Röm 8,15).

Im Glauben an Jesus Christus erkennt der Mensch Gott als seinen himmlischen V. (Joh 1,12). Die individuelle Beziehung des einzelnen Christen zu seinem himmlischen V. bleibt jedoch immer eingebettet in das »Unser Vater im Himmel« der Gemeinde (Mt 6,9). Der Glaube an Gott als den V. hat so auch eine gemeinschaftstiftende Seite. In der Geborgenheit Gottes, der für die Seinen sorgt, weil er weiß, was sie brauchen, erfahren die Christen die fürsorgende Liebe des Vaters, den sie nicht sehen, aber an den sie glauben (Mt 6,32 und Joh 20,29). So wenig, wie ein rechter irdischer V. seine Kinder in der Not im Stich läßt, so wenig enttäuscht der himmlische V. seine Kinder, die auf ihn hoffen (Mt 7,11).

Literatur: O. Michel: EWNT III, 1983, 125-135; E. Jenni: THAT I, [4]1984, 1-17; O. Hofius: TBLNT II, [4]1986, 1241-1247f. E.K.

VATER UNSER s. Gebet des Herrn

VE-ADAR s. Kalender

VEGETATION s. Palästina; s. Pflanzen

VERANTWORTEN, VERANTWORTUNG. Während das Wort V. in der Bibel nur für den Akt des Sich-Verantwortens gebraucht wird, spricht man heute von V. meist nur in dem Sinn, daß man über die Erfüllung auferlegter Pflichten Rechenschaft ablegen muß. Wenn in der Bibel das Wort V. in diesem Sinn auch nicht vorkommt, so spricht sie doch oft von der Sache, so daß hier auch darauf eingegangen werden muß.

1. V. im engsten Sinn ist die Antwort auf eine Anklage, die Verteidigungsrede (*apologia*, Apg 22,1; vgl. 11,1ff; 24,10ff; 26,2.24). Nach der Rechtsordnung kann der Beklagte die Möglichkeit der V. verlangen (Apg 19,33), man muß ihm den Kläger gegenüberstellen (Apg 25,16). So lag Paulus auf Grund der Anklage der Juden im Gefängnis, um das Evangelium bis vor der obersten Instanz der röm. Justiz zu verantworten (Apg 26,2; Phil 1,7.17; 2Tim 4,16). Der Begriff V. wird in der Bibel auch noch weiter gefaßt; es bedarf nicht immer erst einer formulierten Anklage bei Gericht (Lk 12,11), sondern die Glaubenden sollen jederzeit zur V. bereit sein, wenn jemand *Rechenschaft verlangt über die *Hoffnung, die in ihnen ist (1Petr 3,15).

2. V. im heute üblichen Sinn ergibt sich daraus, daß der Mensch von Gott unter Pflichten gestellt ist, für deren Erfüllung er Rechenschaft ablegen muß, d.h. die V. trägt.

Aus der *Offenbarung und Erkenntnis Gottes ergibt sich auch eine Verpflichtung und damit V. So tragen alle Menschen die V. dafür, daß ihr Schöpfer durch sie gepriesen und ihm gedankt wird (Röm 1,21). Größere Verpflichtung und V. trug Israel, dem Gott sich durch Befreiung und Leitung offenbarte und das sich im *Bund unter die Ordnungen Gottes stellte (5Mo 10,12). Das höchste Maß der V. tragen aber alle, denen die Liebe Gottes in Christus offenbart wurde (1Joh 4,9.19) und die durch das Gnadenhandeln Gottes an ihnen zu neuen Menschen geschaffen wurden (2Kor 5,17), fähig gemacht zu guten Werken (Eph 2,10). Ihr Leben soll nun die Auswirkung des Handelns Gottes an ihnen zeigen (Röm 12,1f; Kol 1,10). Gott erwartet, daß alle den Christen verliehenen Gaben zu seiner Ehre fruchtbringend verwendet werden (2Tim 1,6; 1Kor 12,7; 1Petr 4,10). So tragen Menschen des neuen Bundes eine V., die sie für immer bindet an die Leitung Gottes zur Erkenntnis seines Willens (Eph 5,17), an die Kraft Gottes, ohne die sie nicht eins der erwarteten *Werke vollbringen können (2Kor 4,7), und an die immerwährende *Vergebung durch Christus (1Joh 1,8f), da sie bei aller Achtsamkeit und allem Eifer doch mannigfaltig fehlen (Jak 3,2).

VERBANNUNG s. Bann; s. Diaspora; s. Exil; s. Fluch

VERBERGEN. Es gibt zahlreiche hebr. Wörter, die V. ausdrücken können (etwa *satar, kachad, chaba'*, im Griech. findet sich *krypto, kalypto*, vgl. Oepke, 967). Der Begriff V. ist theologisch bedeutungsreich, hängt er doch eng mit dem Gottesbild und der Beziehung des Menschen zu Gott zusammen. Denn der Gott des AT ist grundsätzlich der verborgene Gott (vgl. etwa 2Mo 20,21; 5Mo 4,11f; 1Kön 8,12 u.ö.), der sich aber gleichwohl seiner Verborgenheit begibt, und sich dem Menschen mitteilt. Aber auch indem er sich mitteilt und den Menschen sein Handeln erkennen läßt, ja ihn in eine »*Heilsgeschichte« stellt, scheint er dennoch oft gerade gegen seine Verheißung zu arbeiten (vgl. etwa die Opferung *Isaaks, oder die Gefangenschaft in Ägypten), und so ist auch sein Heilshandeln nur im Vertrauen und Glauben zugänglich. Der Mensch erfährt diese Verborgenheit Gottes auf eine doppelte Weise. Er selbst wünscht sich, vor Gott verborgen zu sein, weil er Sünder ist und die Aufdeckung seiner Schuld fürchtet (diese Bewegung des Fliehens und sich Verbergen-Wollens vor Gott finden wir bereits am Anfang, 1Mo 3,8.10; 4,14). Aber ein solches V. gibt es nicht, vor Gott ist alles offenbar (vgl. Jer 16,17; 28,24; Hiob 34,22; Ps 139). Die Flucht des Menschen kann in der Kapitulation enden - und Gott vergibt und wendet sich dem Menschen gnädig zu (vgl. Ps 32,3-5). In diesem Zustand nun ist für den Menschen bzw. das Volk der Gedanke, daß sein Weg, sein Schicksal vor Jahwe verborgen ist, unerträglich (vgl. Jes 40,27; Ps 38,10; 102,3). Dann fleht der Beter: »Jahwe, verbirg dein Antlitz nicht vor mir!« Das vielleicht eindrücklichste Verhalten gegenüber dem Verborgensein Gottes im AT finden wir in Jes 8,17, wo es heißt: »Ich will hoffen auf Jahwe, der sein Antlitz verbirgt vor dem Hause Jakob, und harren auf ihn«. Verborgenheit Gottes meint hier wie auch anderswo die Überantwortung zum Gericht, das er etwa durch fremde Völker an seinem Volk vollziehen läßt.

Für das ntl. Verständnis der Verborgenheit ist Jesu Jubelruf (Mt 11,25) von grundsätzlicher Bedeutung: »Ich preise dich, Vater, Herr des Himmels und der Erde, weil du dies den Weisen und Klugen verborgen hast und hast es den Unmündigen offenbart.« Dem entspricht die Aussage des Paulus (1Kor 2,6-9), daß die Weisheit Gottes (die im *Evangelium offenbar wird) den Menschen töricht erschien, vor ihnen verborgen war (vgl. 1Kor 1,20). Den Erwählten aber hat er bereitet, was niemand zuvor gesehen hat. Das Reich Gottes wird mit einem im Acker verborgenen *Schatz verglichen (Mt 13,44), und mit dem *Sauerteig, der unter Mehl gemengt (wörtl. verborgen) wird (Mt 13,33). Trotz ihrer Verborgenheit drängt die Königsherrschaft Gottes dahin, offenbar zu werden. In der Auseinandersetzung mit den Pharisäern betont Jesus, daß die Übungen der Frömmigkeit (Fasten, Beten etc.) im Verborgenen geschehen sollen – und Gott, der in das Verborgene sieht, wird es vergelten (Mt 6,4.18). Denen, die in dem Bewußtsein des Anbruches der Gottesherrschaft leben, wird zugesichert, daß sie Licht für die Welt sind, und wie eine Stadt, die auf einem Berge liegt, nicht verborgen bleiben können (Mt 5,14).

Literatur: W. Mundle: TBLNT II, [4]1986, 1247-1253; F. Nötscher: Das Angesicht Gottes schauen, [2]1969, S. 131-135; A. Oepke: ThWNT III,1938, 558f.959ff; L. Perlitt: Die Verborgenheit Gottes, in: FS G. von Rad 1971, S. 367ff; G. von Rad: Theologie des AT, Bd. II, [8]1984, S. 398-402; H. Schrade: Der verborgene Gott, 1949; G. Wehmeier: THAT II, [2]1979, 173-181. G.Le.

VERBLENDEN, VERBLENDUNG
s. Blenden; s. Versuchung

VERBOT s. Gesetz

VERDAMMEN, VERDAMMNIS.

1. Begriff.

V. als Hauptwort findet sich nur im NT und gibt dort verschiedene griech. Wörter wieder: *apōleia*, »Verderben, Untergang, Verlust«; *krima*, »richterliche Entscheidung«; *katakrima* (*katakrisis*), »Verurteilung einschließlich Vollzug des Urteils«. Die dazugehörigen Verben werden, ebenso wie im AT das hebr. Verbum *rascha*, »für schuldig erklären, überführen, widerlegen«, mit »verdammen« übersetzt.

Das Wort V. schließt also den übereinstimmenden Inhalt aller dieser Wörter ein. Zu beachten ist dabei, daß V. zugleich das Urteil wie seine Vollstreckung bezeichnet. Das gilt bes., wenn Gott verdammt.

2. Verdammen als Urteil.

V. ist Verurteilung des Menschen als Sünder und damit Folge des zerstörten Gottesverhältnisses. Als Urteil ist ihr Endgültigkeit und Unaufhebbarkeit eigen (Mk 9,43-48). Deshalb ist V. eigentlich nur Gottes Sache (Jak 4,12).

a. Ursache findet die V. immer am Leben des Verdammten allein, an seiner Gottlosigkeit und Missetat (5Mo 25,1; Hes 21,29f; 2Petr 2,6; Röm 3,8; 5,16; Phil 1,28; 3,19), seinen Begierden und Gelüsten (1Tim 6,9), deren letzte Wurzel der Unglaube ist (Mk 16,16; vgl. auch Röm 14,23). Damit verdammt sich der Gottlose selber (Spr 12,2; 2Petr 2,1) und wird zum »Sohn der Verdammnis« (*hyios tēs apōleias*; Joh 17,12 LÜ: das verlorene Kind; 2Thess 2,3 LÜ: Kind des Verderbens).

Letztlich aber entscheidet sich die V. an der Stellung zu Jesus Christus (2Petr 2,1). Denn im Glauben an ihn ist alle V. aufgehoben (Röm 3,34). Zwar sieht Gott nicht über die *Sünde hinweg – er verdammt sie vielmehr durch das *Gesetz (vgl. 2Kor 3,9), darum ist die Verkündigung des Gesetzes »das Amt, das die Verdammnis predigt« (ebd.) – aber diese V. trifft die, die im Glauben »in Christus Jesus« sind, nicht mehr, weil sie an Jesus Christus in seinem Sterben vollzogen wurde (Röm 8,1.3).

b. Aber auch Menschen können v., innerhalb der Gemeinschaft des Gottesvolkes werden sie sogar von Gott damit beauftragt (5Mo 25,1), insofern sie den Störer der Ordnung des Gottesvolkes v. und sich dadurch vom Sünder scheiden sollen (vgl. dagegen das Verhalten der Ankläger in Joh 8,10), wie Gott sich vom Sünder scheidet. Deshalb sieht sich der Hohe Rat im Recht, wenn er Jesus wegen Gotteslästerung verdammt (Mk 14,64). Das Urteil der V. ist, wenn es von Menschen in göttlicher *Vollmacht gesprochen wird, mehr als ein nur im menschlichen Bereich gültiges Urteil. Es ist Vorwegnahme des endgültigen Urteils Gottes und bestimmt die Ewigkeit (vgl. Mt 16,19). Das ungerechtfertigte V. aber fällt auf den Verdammenden zurück; darum warnt die Heilige Schrift vor leichtfertigem V. (Mt 12,7; Lk 6,37; Röm 3,1). Menschliches Urteil ist und bleibt an Gottes Urteil gebunden (Joh 5,30). Das V. anderer kann auch durch den bloßen Wandel, also ohne einen ausdrücklichen Urteilsspruch vollzogen werden. Durch Gehorsam gegen Gott (Hebr 11,7) und Glauben (Mt

12,41f; Lk 11,31f) werden Ungehorsam und Unglauben verdammt, und zwar bei denen, die hätten gehorsam sein und glauben sollen. Gehorsam und Glaube an Gott bedeuten das Urteil für jeden, der nicht so lebt (Joh 3,18), daraus erklärt sich der Haß, der dem Glaubenden begegnet (V. 20; 15,19.24).

3. Das Wesen der Verdammnis.

Unterscheidet die Heilige Schrift im wesentlichen bei dem Gebrauch des Begriffs V. bzw. Verdammen nicht zwischen Urteil und Vollzug, sondern sieht beides in einem, so schweigt sie fast völlig über das Wesen der V. Sie ist das Gegenteil des ewigen *Lebens (Mt 7,13.14) und damit völliges Scheitern, aber nicht einfach ein Verlöschen, sondern hoffnungsloses Bleiben im *Tode (Mk 9,43f; vgl. auch Röm 2,5-10). Sie ist Verstoßensein von Gott und wird offenbar am Tage des Gerichts (2Petr 3,7). Vgl. *Fluch, *Gericht, *Hölle, *Recht, *Richten.

Literatur: W. Schneider, H. Beck: TBLNT I, [4]1986, 509-516 (Literatur).

VERDERBEN. Das Verbum v. bedeutet: vernichten, umbringen, töten, zerstören, zugrunde richten; umkommen, verloren gehen. Das Substantiv V. hat die Bedeutung: Untergang, Tod, Verlust.

1. Das AT denkt bei V. zunächst an ein irdisches Umkommen und Zunichtewerden (2Mo 21,26; 3Mo 26,26; 4Mo 32,15; Ri 16,24; Ps 80,14), gebraucht das Wort aber häufig schon für die Gerichte Gottes (1Mo 6,13; 9,11; 18,28; 5Mo 9,26; Jes 13,5). Dem tieferen Sinn von *Leben und *Tod entsprechend kann V. im NT auch für das endgültige Scheitern am Heilsziel stehen und ist dann gleichbedeutend mit Verdammnis (Mt 10,28; 1Thess 5,3; 2Thess 1,9). In 1Tim 6,9 werden »Verderben und Verdammnis« nebeneinandergestellt, um ein hoffnungsloses Todesgeschick auszudrükken, das das Erlöschen der physischen Existenz übersteigt.

2. Die Übergabe des Blutschänders in 1Kor 5,5 erfolgt an den *Satan, damit das *Fleisch verderbe, sein Geist aber gerettet werde am *Tag des Herrn.

3. Der »Verderber« in 2Mo 12,23 ist ein Würgeengel, der in Gottes Auftrag handelt (vgl. 2Sam 24,16; 1Kor 10,10); in Jes 49,19; Jer 6,26; 22,7 hingegen ist es der Landesfeind.

Literatur: H.Ch. Hahn, F. Merkel: TBLNT II, [4]1986, 1254-1260; D. Vetter: THAT II, [2]1979, 891-894.

VERDIENST. Mit V. wird Gottes Reaktion auf das menschliche Tun beschrieben. Dabei wird der Begriff nicht wertneutral gebraucht, sondern beschreibt ein negatives Tun, das deshalb verkehrt ist, weil es den Erwartungen Gottes nicht entspricht. V. bezeichnet die Handhabe für die Verurteilung des Menschen im Gerichtshandeln Gottes (vgl. Hiob 34,11; Ps 62,13; Jer 25,14). Die Verantwortung für das Urteil trägt somit nicht Gott, sondern der Mensch, dessen V. die Rechtsgrundlage für die Bestrafung schafft. Auch das AT spricht nicht davon, daß der Mensch sich ein V. durch bloß äußeres Tun erwerben könne, das im Gerichtsverfahren Gottes zum Freispruch und zu ehrenvoller Anerkennung führen würde. Statt dessen wird das als verdient angekündigte Gericht zur Warnung (Jes 3,11; Jer 6,19), das Verharren in Ungerechtigkeit und Gottlosigkeit aufzugeben und umzukehren (Hes 14,4).

Der unter der Heuchelei und Falschheit der Gottlosen leidende Fromme kann Gott bitten, ihnen zu vergelten, wie sie es verdienen (Ps 28,4). Es ist ihm ein Trost, daß *Recht doch Recht bleiben muß (Ps 94,15) und Gottes *Gerechtigkeit sich in der Vertilgung der Bösen durchsetzen wird (vgl. Jer 50,29; Obd 15).

Im NT bezieht sich das V. des Gerichts in der Stellungnahme des Menschen gegenüber Jesus Christus und seinem Heilswerk (Hebr 10,29). Vor allem dem bereits durch die Erkenntnis Jesu Christi geheiligten, dann doch mutwillig sündigenden und die Gnade Jesu verwerfenden Menschen wird im Hebräerbrief eine härtere Strafe angekündigt als dem Durchbrecher des mosaischen Gesetzes.

Bei der Vollstreckung des Urteils tut Gott niemals Unrecht, »und der Allmächtige beugt das Recht nicht« (Hiob 34,12). Vergolten wird dem Menschen nach dem »Werk seiner Hände« (Spr 12,14; Jer 25,14). Gott »trifft einen jeden nach seinem Tun« (Hiob 34,11; s.a. Ps 62,13; Röm 2,6), welches das Ergebnis seines Verhältnisses zu Gott ist. Wer sich gegen Gottes Willen und Ordnung erhebt, bekommt Gottes Macht als niederschmetternde Strafe zu spüren, und wer seinen Willen in Gottes Willen ergibt, erfährt Gottes Macht als überschwengliche *Gnade und *Treue.

Im *Römerbrief betont Paulus nachdrücklich, daß der Mensch ohne eigenes V., also geschenkweise gerechtfertigt wird (Röm 3,24; 9,12; 11,6). Diese *Rechtfertigung(-slehre) wurde von M. Luther bes. hervorgehoben. In seiner Römerbriefvorlesung 1515/16 bemerkt er zu Röm 3,24, daß es die Gnade nicht in der Weise umsonst gebe, daß Gott überhaupt keine Gegenleistung forderte, sondern er hat Christus als Geber der Gegenleistung für uns dahingegeben, um sie damit denen, die durch Christus Genugtuung leisten, schließlich doch unverdientermaßen umsonst zu geben. R.F.U.

VERFLUCHEN s. Bann; s. Flucht

VERFOLGUNG. V. und Bedrängnis durch Feinde waren nach altisraelit. Glauben nicht nur Folge von Israels Ungehorsam gegenüber Gott und somit Strafe (vgl. die Geschichte Israels in 1Mo bis 2Kön; Neh 9,32f), sondern widerfuhren besonders den Boten Gottes, den *Propheten (vgl. etwa Neh 9,26), oder den Gerechten (vgl. Ps 7,2ff; 31,16; 35,3 u.ö.). In der Zeit der *Seleukiden, besonders unter Antiochus IV. (175-164 v.Chr.), haben die V. und Bedrängnis der Frommen, der Asidäer, um ihres Glaubens willen zugenommen (Makkabäer-Bücher, z.B. 1Makk 9,23ff). Zeiten der V. waren bes. Zeiten der Bewährung des Glaubens und des göttlichen Beistandes. Die Zuspitzung der V. kennzeichnet die letzte Zeit (Dan 12,1-3).

So wie Israel einst die Propheten verfolgte, so hat es auch Jesus Christus verfolgt (Mt 5,12; Apg 7,52 u.ö.). Auf der V. des gerechten Boten Gottes liegt eindeutig das Hauptgewicht der ntl. Aussagen über V. Und weil sie Jesus verfolgten, verfolgen sie auch seine Jünger (Mt 5,11f.44; 10,23; Joh 15,20). Damit wollen sie den Herrn selbst treffen (Joh 15,18ff). Deshalb kann (!) V. geradezu zum Kennzeichen des Christseins werden (2Tim 3,12). Jesus preist jene selig, die geschmäht und verfolgt werden um seinetwillen (Mt 5,11; Lk 6,22).

V. erwächst aus dem Haß der Welt gegenüber Gott und seiner *Offenbarung in Christus (Joh 15,18ff), aus dem Kampf des Fleisches gegen den Geist wie schon in atl. Zeiten (Gal 6,12). In den V.en erfahren die Christen, daß auch diese sie nicht von Christus scheiden können (Röm 8,35ff; 2Kor 4,9; 12,10). In Übereinstimmung mit Dan 12,1-3 und unter Rückbezug auf diesen Text gewinnen die V.en heilsgeschichtliche Bedeutung: sie sind Kennzeichen der letzten Zeit (Mt 24,9.15-22; Mk 13,9-20), ihnen folgt die Befreiung und endgültige Errettung (Mt 24,29-31; Mk 13,24-27).

I. VERFOLGUNG DURCH DIE JUDEN.

Die Jünger Jesu waren zunächst im *Tempel in Jerusalem grundsätzlich geduldet (Apg 2,46). Gleiches gilt wohl auch für die *Synagogen des Landes. Der Widerstand auf jüd. Seite entzündete sich an der öffentlichen *Verkündigung des auferstandenen Christus und an den mit der Verkündigung verbundenen *Zeichen durch Christen (Apg 4; 5). Dabei nutzten Synedrium (*Sanhedrin) und Synagoge die ihnen zur Verfügung stehenden Zuchtmittel (Apg 4,7.17-21; 5,40; vgl. Mt 10,17f; 23,34).

Diese Haltung änderte sich, als *Stephanus den Tempel und das damit zusammenhängende Kultgesetz grundsätzlich als vorläufig erklärte (Apg 6,14; 7,48). Auf die Hinrichtung des Stephanus folgte eine erste V. der Gemeinde (Apg 8,1-3; 9,1). Ein zweites Mal wurde die Gemeinde in Jerusalem von *Herodes Agrippa I. um 43/44 verfolgt, der dadurch die Gunst der Juden zu erwerben suchte (Apg 12,1ff). Dabei kam *Jakobus, der Bruder des *Johannes, um (Apg 12,2) und *Petrus mußte fliehen (Apg 12, 17). Seit den 50er Jahren nahmen zelotische Kräfte unter den Juden Palästinas zu, die mit ihrem Haß jeden Juden verfolgten, der mit Griechen oder Römern Kontakt hatte und vom mosaischen Gesetz abwich. Dies übte auf die Christen, insbes. die Judenchristen, Druck aus (Apg 21,28f; 23,12-15). Wie sehr jedoch die röm. Oberhoheit Übergriffe auf die Christen verhinderte, zeigt sich daran, daß 62 n.Chr., als gerade kein Statthalter in Palästina war, die *Sadduzäer *Jakobus, den Herrenbruder, töteten (Jos.ant.Jud. 20,9.1). Nach der Zerstörung Jerusalems im Jahre 70 n.Chr. und der Flucht der Christen nach *Pella kam es zur endgültigen Trennung zwischen Juden und Christen. Die Ablehnung der Christen durch die Juden gipfelte in der Verfluchung der »Ketzer und Christen«, die gegen Ende des 1. Jh. in das Achtzehnbittengebet aufgenommen wurde.

II. VERFOLGUNG DURCH DIE RÖMER.

1. Quellen und Gründe.

Das Martyrium gehörte als Kreuzesnachfolge von Anfang an zum Christsein hinzu. Dementsprechend wurden die frühen Erfahrungen der Christen im Röm. Reich zum unverlierbaren und immer erinnerbaren Bestandteil des christl. Selbstverständnisses. In Zeiten des Friedens wurden die Anfangserfahrungen der Stoff von Predigten und Erbauungsliteratur über vorbildliche Glaubenstreue. Die seit der Mitte des 2. Jh. aufkommenden Märtyrerakten geben, soweit sie echt sind, wie schon einige Schriften der *Apostolischen Väter, ein anschauliches Zeugnis vom Hergang der V. und lassen die Verehrung der Blutzeugen deutlich erkennen. Die Apologeten versuchten seit ca. 130 (Quadratus; Aristides), die V. der Christen als ungerecht zu erweisen und hoben hervor, daß nur die auch von Heiden verachteten Herrscher wie *Nero und *Domitian Christen verfolgten, während die guten Herrscher christenfreundlich waren (Melitos v. Sardes in Eus.h.e. 4,26,9f; Tertullian, bes.apol. 5). Sie forderten, die Christen rechtlich zu schützen. Aus der apologetischen Zuordnung der V. zu einzelnen Kaisern wurden in der Tradition zehn V.en, eine Einteilung, die sich trotz Augustins Einspruch (De civ. Dei 18,52) im W durchsetzte.

Grund und Anlaß der V.en war nicht ein Spezialgesetz gegen die Christen, wie es das bei Tertullian erwähnte Institutum Neronianum (Ad nat. 1,7,9) nahelegt; denn auf ein solches Gesetz hat sich kein Herrscher berufen. Aufgrund der spärlich fließenden heidnischen Nachrichten und der christl. Apologien gilt als Begründung für die V. – abgesehen von dem der Präjudiz –, daß der Begründer des Glaubens vom röm. Prokurator Judäas Pontius *Pilatus hingerichtet worden war (Tac.ann. 15,44,3); eine Auffassung, die bis zur Mitte des 3. Jh. das Erscheinungsbild prägte, das die christl. Gemeinden den Römern boten. Die Christen traten für die heidnische Umwelt als Anhänger einer sich isolierenden, die Lebensweise der Heiden negierenden, ihre Götter verachtenden Korporation in Erscheinung. Diese verächtlich scheinende Abgrenzung führte zum Vorwurf des Menschenhasses (*odium humani generis*; s. Tac.ann. 15,44) und zu Haßausbrüchen der Bevölkerung. Nero nutzte diese Stimmung aus, als er (64 n.Chr.) die Christen für den Brand Roms verantwortlich machte (Tac.ann. 15,44). Angesichts der engen Verbindung der Christen untereinander kam es zu politischen Verdächtigungen (Plin.epist. 10,96). Ferner boten die Zusammenkünfte der Christen zahlreiche Ansatzpunkte für Verdächtigungen und Verleumdungen (*flagitia*; s. Tac.ann. 15,44). Ausschlaggebend wurde allerdings die Ablehnung der röm. Religion, was als Angriff auf die Grundlagen des röm. Staates empfunden wurde. Denn die Römer waren überzeugt, daß ihre Religion allen anderen überlegen sei (Cicero, De nat. deorum II, 8), und der röm. Kult bildete das einigende Band des wachsenden Reiches. Nur die Juden waren als Mitglieder einer *religio licita* (»erlaubten Religion«) seit *Caesar und *Augustus von der röm. Staatsreligion, den jeweiligen Lokalkulten und dem Militärdienst befreit. Dieses Privileg genossen bis zur Zerstörung Jerusalems 70 n.Chr. auch die Christen, weil es bis dahin zu keiner eindeutigen Trennung zwischen Judentum und Christentum gekommen war. So mußten aufgrund eines Ediktes von 49 n.Chr. unter *Claudius Juden und mit ihnen Judenchristen Rom verlassen, da in der Judengemeinde durch einen gewissen »Chrestos« (wohl Christus) ständige Unruhen herrschten. Nach der Trennung von Juden und Christen mußte die Ablehnung der röm. Staatsreligion speziell durch die Christen als Verweigerung der Loyalität gegenüber dem Staat gewertet werden, so daß Plinius d.J. (112) den christl. Glauben als »starrsinnigen Aberglauben« bezeichnete (Plin.ep. 10,96; vgl. Tac. ann. 15,44), der die Grundlagen von Gesellschaft und Imperium antastete, weil er die Götter der Vorfahren zu bösen Dämonen erniedrigte.

Dieses Erscheinungsbild und das Präjudiz führten zu staatlichen Maßnahmen, deren eigentliches Ziel bis 249 nicht die Unterdrükkung einer Religion und Ausrottung ihrer Anhänger war, sondern die Aufrechterhaltung der öffentlichen Ordnung und Sittlichkeit, dann die Bestrafung von Staatsfeinden, schließlich die Bewahrung des staatlichen Kultes und die Sicherung der Göttergnade. So erfolgten die staatlichen Eingriffe gegen die Christen aufgrund der magistratischen Polizeigewalt (*coercitio*) im Dienste der öffentlichen Ordnung, die bis zur Hinrichtung führen konnte, und aufgrund allg. strafrechtlicher Kategorien wie *maiestas, sacrilegium, infanticidium, incestum,* Magie, Anhängerschaft einer *factio illicita oder religio externa/ nova.*

2. Verlauf der Verfolgungen.

a. Bis zur Mitte des 3. Jahrhunderts.

Die Christenverfolgungen im Röm. Reich standen bis zu Decius' (249-251) Opferedikt im Jahre 250 durchweg im Zusammenhang mit sporadischen, auf bestimmte Reichsgebiete beschränkten Volkstumulten. Bis in die 2. Hälfte des 2. Jh. fanden die V.en überhaupt nur in Rom (49 Claudiusedikt; 64 unter Nero; unter Antonius Pius das Martyrium von Ptolemäus und Lucius) und Kleinasien (unter Domitian 81-96, s. Offb; unter Trajan 98-117, s. Plin. d.J.; unter Hadrian 117-138, s. Brief an Minucius Fundanus um 123) statt. In Kleinasien kam es durch die Verbreitung des Montanismus, dessen Anhänger häufig das Martyrium provozierten, zu dieser Häufung. Demgegenüber erlaubte das stark gnostisch geprägte Christentum Ägyptens, sich dem Martyrium zu entziehen, wodurch dort erst relativ spät V.en auftraten (201). Seit Marc Aurel (161-180) nahm die christenfeindliche Haltung der röm. Regierung zu, was sich in der vermehrten Abfassung von Apologien spiegelt. Erst jetzt dehnten sich die V.en auf die westl. Provinzen aus (177 Lyon, 180 Afrika). Eine erste Zuspitzung fand diese christenfeindliche Haltung der röm. Regierung in dem vermutlich 201 erlassenen Verbot des Septimius Severus, zum Judentum oder zum Christentum überzutreten. Seit Septimius Severus gewann der Kaiserkult durch die Entwicklung zum Absolutismus an Bedeutung. Dennoch folgte eine Zeit, in der sich die Regierungen gegenüber den Christen zum Teil wohlwollend oder sogar fördernd verhielten, auch wenn einzelne Christen und Gemeinden der V. ausgesetzt waren.

b. Bis zum Beginn des 4. Jahrhunderts.

Im Jahre 250 ordnete Kaiser Decius (249-251) an, daß alle Bürger eine Bescheinigung (*libellus*) über die Teilnahme an einem Bittopfer besitzen müßten. Dadurch wurde eine erste systematische und umfassende V. der Christen im Röm. Reich eingeleitet. Motiv des Ediktes war die Solidarisierung des ganzen Reiches angesichts der äußeren Gefahr, in Gestalt der eindringenden Goten (ab 248). Viele Christen fanden den Märtyrertod; andere fielen ab, flohen oder kauften sich eine Bescheinigung. Unter Valerian (253-260) kam es dann wieder zu einer umfassenden Christenverfolgung. Ein erstes Edikt (257) befahl das Opfer für den Klerus und verbot die Abhaltung von Gottesdiensten und die Versammlung auf Friedhöfen. Ein zweites Edikt (258) verschärfte die Strafe und richtete sich auch gegen die Vornehmen unter den Christen. Dieses Edikt zielte vor allem auf die Vermehrung des Staatsschatzes und die Beseitigung der führenden christl. Kreise. Valerians Sohn Gallienus erließ 260/61 ein Toleranzedikt und gab auf Petition von Bischöfen hin beschlagnahmte Kirchen und Friedhöfe zurück. Außer einer vorübergehenden Episode erfreute sich die Kirche dann bis 303 ungestörten Friedens.

Der sog. Entscheidungskampf zwischen Christentum und spätröm. Staat (303-313) ereignete sich nach der Neuordnung des Reiches unter Diokletian (284-305). Diokletian gab dem Drängen christenfeindlicher Ratgeber nach, als er 303 mehrere Edikte gegen die Christen erließ. Aufgrund eines ersten Ediktes sollten die Kirchen zerstört, Bibeln und liturgische Bücher ausgeliefert, die heiligen Gefäße beschlagnahmt und die gottesdienstlichen Zusammenkünfte verboten werden. Ein zweites Edikt verfügte die Verhaftung des Klerus. 304 mußten im O des Reiches alle Bürger opfern unter Androhung der Todesstrafe bei Zuwiderhandlung; 305 erhob Diokletian dies zum Reichsgesetz. Allerdings sind diese Edikte nur im O des Reiches, wo die Christen in der Überzahl waren, mit aller Härte durchgeführt worden, während im W, wo die Christen eine Minderheit bildeten, schon 305 alle Aktionen gegen die Christen eingestellt wurden, nachdem dort zuvor nur wenige Kirchen zerstört worden waren.

311 erließ der Ostkaiser Galerius ein Toleranzedikt. 313 einigten sich Licinius und Konstantin in Mailand, die Religionsfreiheit reichseinheitlich zu proklamieren. Nun durften die Christen ihre Religion »frei, in ihrem ganzen Umfang, ohne gestört und belästigt zu werden« ausüben; alles Eigentum wurde zurückerstattet, und die christl. Gemeinden wurden Träger körperschaftlicher Rechte. Damit waren die Christenverfolgungen im Röm. Reich abgeschlossen, wenn es auch noch später V. - bes. unter Licinius und Julian (361-63) – gab, die aber ohne nachhaltige Wirkungen vorübergingen.

Literatur: J. Moreau: Die Christenverfolgung im römischen Reich, ²1971. U.K.

VERFÜHRUNG s. Versuchung

VERGEBUNG.

1. Bezeichnungen.

Das dt. Wort V. bezeichnet das Weggeben, Fortgeben der Schuld, so daß nichts mehr zurückbleibt. Es ist verwandt mit dem Wort verzeihen, das den Verzicht auf Gericht, Strafe, Vergeltung beinhaltet. Die griech. Bezeichnungen *aphiémai, áphesis* beinhalten ein »Loslassen, Preisgeben« und werden in der LXX verwendet als Übersetzung von hebr. *sālách,* »vergeben« (3Mo 4,20; 4Mo 15,25f; 1Kön 8,34.36.39.50; Ps 25,7.18; 41,5; 86,5; 103,3; 130,4; Jer 5,1; 31,34; 33,8; 36,3; Dan 9,9.19; Am 7,2), von *nasā',* »aufheben, tragen«, im Sinn von »wegtragen, wegnehmen« (1Mo 18,24.26; 2Mo 32,32; 34,7; 4Mo 14, 18f; Jos 24,19; Hiob 7,21; Ps 25,18; 85,3; Jes 53,12; Hos 14,3; Mi 7,18), und von *kippär,* »sühnen, entsühnen«, meist in Verbindung mit Bußriten und Opferdarbringungen (3Mo 4,20.25.35: Stier; 5,6: Schaf oder Ziege; 5,10: Taube; 16,10.16: Bock; 4Mo 15,27f: Ziege; Hes 45,13-17: verschiedene Opfer; Ps 65,4; 79,9).

An all diesen Stellen wird vorausgesetzt, daß der Mensch als Geschöpf in Verantwortung gegenüber Gott steht und daß er nicht nur sündigt, sondern in seinem Wesen Sünder ist. Er bedarf daher der V. durch Gott, seinen Herrn und Richter, hat aber keinen Anspruch darauf. Es gibt auch keine Möglichkeit, die V. zu bewirken. Gleichzeitig wird vorausgesetzt, daß Gott grundsätzlich vergebungsbereit ist, falls der Mensch um V. ehrlich nachsucht.

Im NT sind *aphiénai* und *áphesis* die Fachbezeichnungen für die V. von *Schuld und Verfehlungen durch Gott, entsprechend auch von Menschen. Eine Ausnahme bildet das Wort *páresis,* das nur Röm 3,25 im Sinne von V. gebraucht ist. In ähnlichem Sinn werden bei Paulus *dikaiousthai,* »gerecht machen«, und *katallássein, katallagē,* »versöhnen«, »*Versöhnung« gebraucht, im Hebräerbrief und bei Johannes *hagiázein,* »heiligen«, und *katharízein,* »reinigen«, daneben im NT Bezeichnungen wie *hilasmós,* »Sühne« (*apo-*) *lýtrosis, apolýein,* »Erlösung, erlösen«, *charízesthai,* »begnaden« (vgl. Röm 3,24f; 4,7; Eph 1,7; Kol 1,14; 1Joh 1,9; Hebr 9,22f.)

2. Das Zeugnis des Alten Testaments.

Gott ist gut und gerecht (Ps 25,9; 119,68) und daher ein Anwalt der *Gerechtigkeit (Ps 37); er ist *heilig und vollkommen (2Mo 15,11; 3Mo 11,44; 19,2; 5Mo 7,6; Jos 24,19; 1Sam 2,2; Hiob 15,15; Ps 99,9; Jes 6,3; 40,25; 57,15; Hos 11,9); vor ihm kann kein Mensch bestehen (Hiob 15,15f; Jes 6,5). Und doch gilt die Forderung: »Seid heilig, denn ich, der Herr, euer Gott, bin heilig« (3Mo 11,44f; 19,2; 20,7). Gott aber weiß um die Schwäche und Sündigkeit der Menschen (1Mo 6,5; 8,21; 18,27; Ps 51,7; Ps 103,14). Denn er ist seinem Wesen nach »barmherzig und gnädig und geduldig und von großer Gnade und Treue«. Er »vergibt Missetat, Schuld, Übertretung und Sünde«, wenn er auch die *Sünde nicht ungestraft läßt und sie bis in die dritte und vierte Generation verfolgt (2Mo 34,6f). Diese Grundaussage begegnet mehrfach im AT (4Mo 14,18; Neh 9,31; Ps 86,15; 103,8; 111,4; 116,5; 145,8; Jes 63,7). Gott »will nicht den Tod des Sünders, sondern daß er umkehrt und am Leben bleibt« (Hes 18, 23; 33,11). Er hat Mitleid mit den Menschen, die durch die Sünde in Not geraten und denen der *Tod droht (Hos 11,8f). Das gilt besonders seinem Volk gegenüber, das er als *Vater, Ehepartner (Jes 54,4-8; Jer 2,2; Hos 1-3) und als *Hirte liebt (Ps 77,21; 80,2; Hes 34,16). Darum zielen seine Strafen auf die Umkehr und Rettung seines Volkes, nicht auf dessen Vernichtung (Jes 1,18f; 9,7-12; 10,20f; 19,22; 30,15; 44,2; 55,6f; Jer 4,1; 15,19; 18,8: »Kehrt das Volk, dem ich gedroht habe, um von seinem bösen Tun, so reut mich das Unheil. . .«; 25,5; Hes 18,32; Am 4,6). Dabei wird eine eigenartige Dialektik sichtbar: Gott will die Sünder zur Umkehr führen; diese bitten, Gott möge ihnen zur Umkehr helfen (Jes 31,18; Mal 3,7; auch Klgl 5,21). Voraussetzung auf seiten des Menschen sind Reue, Sündenbekenntnis und Umkehrbereitschaft (2Chr 7,14; Ps 51). Für die Sühne der Sünden hat Gott Sühnemittel gegeben, bestimmte Opfer und Sühneriten (3Mo 1-7; 16; Hes 45,13-46,15; Ps 79,9). Deren Wirksamkeit ist an die Umkehr des Herzens gebunden (Jes 1,11-17; Jer 7,22f; Hos 8,13; Am 5,21-37). Denn die V. ist jeweils ein Akt unverdienter *Gnade Gottes (Jes 43,25; Dan 9,19), der allein Sünden vergeben kann (2Mo 34,6f; Jes 44,22) und zuweilen die V. auch verweigern muß (1Sam 3,14; 15,24f; Jes 2,9; Jer 14, 10). Deshalb ruft V. beim begnadeten Sünder neben der Dankbarkeit neue Bereitschaft hervor, Gottes Willen zu erfüllen (Ps 32,1.5; 51,8-19; 130,3f; Weish 11,23). Wenn Gott vergibt, ist die Schuld völlig beseitigt (2Sam 12,13; Ps 32,1f; Jes 38,17; 43, 25; 44,24; Mi 7,18f), der Mensch wird dadurch neugeschaffen in seiner Stellung vor Gott (Ps 51,12; Jes 1,18). Die V. der Sünden und die Verwandlung des sündigen Herzens des Menschen bilden die Voraussetzung für das verheißene endgültige Heil im Neuen Bund (Jes 43,25; 44,22; Jer 31,20.34; Hes 36,25f; Hos 14,3-5). Dazu hilft die stellvertretende Sühne des leidenden Gottesknechts (Jes 52, 13-53,12; *Knecht Gottes) und das geisterfüllte Wirken des *Messias (Jes 11,1-9; 61,1-11; 65,25).

3. Das Zeugnis des Neuen Testaments.

Mit dem Aufruf zur Umkehr und dem Angebot der Sündenvergebung bereitet *Johannes der Täufer Israel für das *Reich Gottes vor (Mk 1,4; Lk 3,3). Er stellt fest, daß Gesetzeserfüllung und Vollzug der Opfer- und Sühneakte im Tempel vor Gott nicht genügen (Mt 3,7-10) und verweist auf den kommenden »Stärkeren«, der »mit dem heiligen Geist und mit Feuer taufen« wird (Mt 3,11). Jesus greift den Umkehrruf auf, bietet aber zugleich Sündenvergebung und Teilhabe am Reich Gottes jedem an, der an ihn glaubt (Mk 1,15; 2,1-12; Lk 7,36-50; 19,1-10; 23,41-43; Joh 7,53-8,11). Er stürzt die Herrschaft Satans und befreit die Menschen zum Tun des Willens Gottes (Mt 12,28; Lk 11,20; Lk 7,48-50; 8,2f; Joh 8,11). Denn in Jesus wendet sich Gott voll Erbarmen allen Sündern in Liebe zu und bietet sein Heil allen an, die dafür bereit sind (Lk 4,17-21; 11,20; 15; 19,10; Mt 9,12f; 12,7). Er ist »der Knecht Gottes, der ... den glimmenden Docht nicht auslöscht« (Mt 12,17-21; Jes 42, 1-4).

Zugleich macht er in der *Bergpredigt den Bundeswillen Gottes endgültig bekannt und fordert dazu auf, das Leben am Verhalten Gottes, des Vaters, auszurichten (Mt 5,17-48: Antithesen; Lk 6,27-36: »Seid vollkommen [barmherzig], wie euer Vater im Himmel!«; Mt 7,12; 22,37-40; Lk 6,31: Weisungen des Hauptgebots und der Goldenen Regel). Dazu bedarf es einer Läuterung des Herzens (Mk 7,20-23; Mt 5,8; 7,17-20; 12,35; Lk 6,43-46). Für die endgültige Erfüllung des Willens Gottes verheißen Johannes der Täufer und Jesus die Gabe des Heiligen Geistes (Lk 3,16; 24,49; Joh 7,37-39; 14,16f; 15,1-8.16).

4. Die Erlösungstat Jesu als Voraussetzung universaler Vergebung.

Durch die Hingabe an den Willen des Vaters gewinnt Jesu Sterben sühnende Kraft »für die Vielen«, d.h. alle umkehrbereiten Menschen (Mk 10, 45; 14,22-24: »Das ist mein Blut des Bundes, das für viele vergossen wird«, Jes 53,11); zugleich wird der Neue Bund gestiftet (2Mo 24,8; Jer 31,31-34; Lk 22,20 par.; 1Kor 11,23f). Der Auferstandene verleiht den Aposteln die Vollmacht zur Sündenvergebung (Joh 20,19-23; Mt 16,19).

Diese bieten nach *Pfingsten allen, die dem *Evangelium glauben, Sündenvergebung und ewiges Leben an (Apg 2,38; Mt 28,19). Die *Verkündigung hat die Erlösungstat Christi zunehmend herausgestellt (Joh 1,29; Röm 3,23-26; 4,24f; 2Kor 5,18f »Gott hat in Christus die Welt mit sich versöhnt«; Gal 1,4; Eph 1,6f; 4,32; Kol 1,14; Hebr 7,25-27: »Durch ein einziges Opfer hat Christus die, die geheiligt werden, für immer zur Vollendung geführt«). Von der alle Sünden tilgenden und das sündige Wesen des Menschen verwandelnden Kraft der *Taufe sprechen viele Zeugnisse des NT (Mk 16,16; Apg 10,47; Röm 6,3f; 1Kor 12,13; Gal 3,27; Eph 4,5; Kol 2,12; Hebr 6,2; 1Petr 3,21). Durch die Kraft des Heiligen Geistes können die Glaubenden den Willen Gottes auch erfüllen; denn der Christ wurde durch die Lebensgemeinschaft mit dem Auferstandenen (»in Christus« und »im Leib Christi«, der Kirche) von der Macht »der Sünde und Satans« frei, wie vor allem Paulus (Röm 5,1-21; 7,4-6.25; 8,1-15; 1Kor 13; Gal 5,1-6. 13-26; Phil 2,12f) und der 1.*Johannesbrief (1,8-2,2; 3,1-10; 5,18) bezeugen. Dennoch ist damit weder die *Versuchung (s. *Gebet des Herrn) noch die Schwäche des erlösten Menschen endgültig aufgehoben (1Joh 1, 8-10). Aber der Christ »hat einen Beistand beim Vater, Jesus Christus, den Gerechten« (1Joh 2,1f); insofern »ist er stark« (1Joh 2,14; vgl. 2,27), denn Gott, »der in (ihm) ist, ist größer als jener, der in der Welt ist« (1Joh 3,20).

Für die Kirche stellte sich mit der Zeit das Problem der nach der Taufe begangenen Sünden und des Glaubensabfalls. Einerseits versucht sie, durch Exkommunikation unbußfertige Sünder zur Umkehr zu bewegen (Mt 18,15-18; 1Kor 5,1-5; 1Tim 1,20), andererseits will sie dadurch weiterer Ansteckung wehren und die Treue zu den Weisungen Christi festmachen (1Kor 5,11; 6,9-11). Während Paulus nach 1Kor 5,5 auf eine endgültige Rettung Exkommunizierter hofft (»Rettung des Geistes am Tag des Herrn«, vgl. 1Petr 4,6), stellt Hebr 6,4-8 fest, daß jemand, der bewußt »abfällt vom Sohn Gottes, unmöglich wieder zur Umkehr gebracht werden kann«. Hier ist wohl eher auf die psychologische Unfähigkeit abgehoben, da nach Jak 5, 14-20 durch Gebet, Almosen, gegenseitiges Sündenbekenntnis und durch die kirchliche Krankensalbung Umkehr bewirkt und Sünden vergeben werden können. Die Kirche unterscheidet später zwischen »Sünden, die nicht -« und »Sünden, die zum Tod führen« (1Joh 5,17). Bei ersteren bewirkt Fürbitte V. durch Gott; zu letzteren ist sicher zu rechnen »die Sünde wider den Heiligen Geist« (Mk 3,28f; Mt 12,31f; Lk 12,10), d.h. der bewußte Widerstand gegen die klare Erkenntnis des Willens Gottes und die böswillige Mißdeutung von Person und Werk Jesu Christi. Grundsätzlich wird von allen gefordert, die um Sündenvergebung ansuchen oder solche empfangen, daß sie ihren Mitmenschen in allem vergeben. Davon hängt Gottes V. ab (Sir 28,2-4; Mt 6,12.14f; 7,1-5; 18,23-35; Kol 3,13; Eph 4,32). Das Erbarmen Gottes will sich in der Nächstenliebe vollenden (Mt 18,21f; 1Joh 4,7-16; »Gott ist die Liebe, und wer in der Liebe bleibt, bleibt in Gott, und Gott bleibt in ihm«).

Literatur: R. Bultmann: ThWNT 1, 1949, 506-509; H. Leroy: EWNT I, 1980, 436-441; J. Heuschen: Bibellexikon (hrsg. von H. Haag) 1968, 1678-1682; ders.: Versöhnung, ibid., 1833-1837; E. Sjöberg: Gott und die Sünder im palästinischen Judentum, 1938; J.J. Stamm: Erlösen und Vergeben im Alten Testament, 1940; A. Kirchgässner: Erlösung und Sünde im Neuen Testament, 1950; P. Fiedler: Jesus und die Sünden, 1976; H. Leroy: Zur Vergebung der Sünden, Die Botschaft der Evangelien, 1974; H. Thyen: Studien zur Sündenvergebung im Neuen Testament und seinen alttestamentlichen und jüdischen Voraussetzungen, 1970; E.K. Dietrich: Die Umkehr im Alten Testament und im Judentum, 1936; J. Schniewind: Das biblische Wort von der Bekehrung, 1947; Th.C. Vriezen, R. Hermann: RGG[3] VI, 507-513. O.B.K.

VERGELTUNG s. Lohn; s. Rache; s. Recht; s. Strafe, Straftat

VERHÄRTEN s. Verstockung

VERHEISSUNG UND ERFÜLLUNG.

1. Das Wesen der biblischen Verheißungen.

Gott hat Menschen ins Vertrauen gezogen im Blick auf seine Absicht, den Schaden, der durch den Einbruch der menschlichen *Sünde eingetreten ist, wieder zu heilen. Zugleich hat Gott im Blick auf dieses Heilshandeln in seiner ganzen *Heilsgeschichte, die er macht, bindende Zusagen gegeben. In der Schrift hat er seine Zusagen sogar, um das schwache Vertrauen der Menschen zu stützen, manchmal eidlich erhärtet (1Mo 22,16; 5Mo 4,31; Jes 45,23; Hebr 6,17). Der verheißende Gott selbst ist der gewisseste Grund für unser Vertrauen, daß er seine Verheißungen erfüllen will und kann.

2. Verheißungen im Alten Testament.

a. Nach dem Einbruch der ersten Sünde sagte Gott zu, daß der Erlöser kommen wird (1Mo 3,15), dann, wie er ist und was er tut (Jes 11,1-5; 42, 1-4; 49,1-6; 50,4ff; 52,13-53,12). Weiter verheißt Gott den neuschaffenden Geist (Jer 31,31-34; Hes 36, 26f; Joel 3,1f), das Übergreifen des Heils auch auf andere Völker (z.B. Jes 49,6; Sach 8,23) und schließlich die sichtbare Herrschaft des *Messias über die Erde, die Teilhabe der Seinen an dieser Herrschaft und die *Auferstehung der Toten (Dan 7,13f. 27; 12,2f; Sach 14,5.9).

b. Sein Bundesvolk Israel bereitete Gott als Werkzeug seiner Heilsgeschichte zu, denn er wollte in dieses Volk seinen Erlöser für alle Welt hineinstellen (1Mo 12,1-3; 18,18; 22,18; 2Sam 7, 11-13). Alles, was Gott an und mit Israel tut, ist seine freischenkende Gnade (5Mo 7,7f). Und doch ist Israels Gehorsam von größter Bedeutung (2Mo 19,5; 5Mo 28,1-15).

c. Kennzeichnend für die atl. Verheißungen ist die »prophetische Perspektive«. So wie der Blick von einem Berg aus Nahes in der Umgebung, aber auch weit Entferntes im Dunstschleier am Horizont erkennen kann, so wird auch hier oft zusammengeschaut, was damals schon in naher Zukunft geschehen sollte, z.B. die Heimkehr Israels aus der Babylon. Gefangenschaft, in größerer zeitl. Entfernung das erste Kommen Jesu mit dem, was es brachte, und in großer zeitl. Entfernung das zweite Kommen Jesu und sein Friedensreich. Oft fällt es nicht leicht, die Ereignisse im einzelnen auseinanderzuhalten und recht einzuordnen.

3. Die Erfüllung von Verheißungen im Alten Testament.

a. Gott hat die Welt trotz der menschlichen Sünde in Langmut erhalten (1Mo 8,21f; 9,13.17).

b. Gott macht die Nachkommenschaft Abrahams zu seinem Volk (2Mo 19,1ff), errettet es aus Ägypten (2Mo 20,2; 5Mo 5,6; Ri 6,8; Jer 34,13), führt es in das verheißene Land, verheißt, in seinem Heiligtum gegenwärtig zu sein (5Mo 12, 5; 2Chr 7,15) und half, wenn er in Buße angerufen wurde (Jes 37,1ff; Dan 9).

c. Gott ließ das Gericht der Babylon. Gefangenschaft nicht das Letzte sein, sondern führte Israel in sein Land zurück und setzte seine Heilsgeschichte durch das Volk fort (*Esra; *Nehemia; Jer 25,11f; 29,10; Dan 9,2; Hag 2,3.9).

4. Die Erfüllung der Verheißungen im Neuen Testament.

a. Durch Wirkung des Heiligen Geistes und vom Weibe geboren ist der Erlöser in Erfüllung aller V.en in die Menschheit eingetreten (Mt 1,21; 2Kor 1,19f; Gal 4,4). Er hat den Willen Gottes vollkommen uns zugut erfüllt (Mt 3,15.17; 5,17).

b. Jesu Kreuz bedeutet die große Wende (Offb 5): Er trug das gerechte *Gericht Gottes über aller Welt Sünde und ermöglichte damit Gottes *Vergebung. Er nahm dem *Satan alles Anrecht auf den Menschen und seine Erde (Mt 1, 21; 20,28; Röm 1,16; Kol 1,13).

c. Jesus wurde von den Toten auferweckt und zur Rechten des Vaters erhöht. Den Glaubenden ist damit der Weg durch den *Tod zum Leben gebahnt (Ps 110,1; Joh 14,19; Apg 2,24; Phil 2,6-11; 2Tim 1,10).

d. Das Heil wird denen zuteil, die darum bitten (Mt 7,7; Apg 2,21), denen, die Jesus ihr Leben öffnen, sich ihm anvertrauen, an ihn glauben (Joh 1,12; 3,16; Röm 1,16; Offb 3,20).

e. Gott gibt denen, die an Jesus glauben, den Heiligen Geist. Er wohnt in ihnen, regiert sie, schafft sie neu, macht sie zu Gottes Kindern und wirkt durch sie (Joh 7,39; Röm 8,14-17; 2Kor 3,17; Gal 2,20; Eph 1,13; Kol 1,27).

f. Die Gemeinde Jesu ist der *Leib Christi, durch den er wirkt (1Kor 12, 27; Eph 1,23). Die einzelnen Glaubenden sind Glieder dieses Leibes, mit den zum Dienst nötigen *Gaben des Geistes ausgestattet (Eph 4,8-16). Jesus bevollmächtigt sie dazu, seine Zeugen zu sein (Mt 28,18-20). Er läßt durch sie sein Friedensangebot allen Menschen ausrichten (2Kor 5,20). Als die, die er von dem zukünftigen Zorn errettet hat, warten sie auf den Wiederkommenden (1Thess 1,10). Mit dem ersten Kommen Jesu tut Gott den ersten Schritt und heilt die verborgene Ursache allen Übels (1Mo 3): Er vergibt Sünde, schenkt seinen Geist und die Gotteskindschaft. Erst mit dem zweiten Kommen Jesu und der *Vollendung tut Gott den zweiten Schritt und heilt auch alle sichtbare Wirkung der Sünde (Offb 21,4). Das Heil schenkt Gott jedem, der es empfangen will (1Tim 2,4), die Heilung nur da und dort, als »Zeichen«, als Kostprobe dessen, was er einmal ganz im Großen tun wird; denn jetzt sind die Nachfolger Christi noch im Glauben ohne zu schauen (Joh 20,29; 2Kor 5,7).

5. Neue Verheißungen im Neuen Testament.

Im Grundriß ist alles schon im AT angelegt. Doch manches tritt im NT noch deutlicher hervor: Das früher verborgen gewesene »Geheimnis der Gemeinde«, der Schar der an Jesus Glaubenden aus Israel und den andern Völkern, tritt in Erscheinung (Eph 3,1-6; Kol 1,26). Diese Gemeinde soll auch im Leiden ihrem Herrn folgen. Doch auch die Pforten der Hölle können sie nicht überwältigen (Mt 16,18.24; Phil 3,10). Und gerade so wird sie schließlich mit ihrem Herrn zur Herrlichkeit erhoben und ist schon jetzt die königliche Priesterschaft für alle Welt (Röm 8,17.18; 1Petr 2,9; Offb 1,6; 3,21; 21,7; 22,5). Doch auch Israel ist darum nicht enterbt (Röm 11,29). Und schließlich wird ganz Israel gerettet (Sach 12,10; Röm 11,26).

6. Erfüllung der Verheißung heute und auf dem letzten Wegstück der Gemeinde Jesu.

a. Die Jesus darum bitten und ihm ihr Leben anvertrauen, die glauben, erlangen den Frieden mit Gott, seinen Geist und die Gotteskindschaft (Joh 1,12; 3,3.5; 7,39; Apg 2,21; Eph 1,13).

b. So sind sie versiegelt mit dem Heiligen Geist, verschlossen, verriegelt gegen die Verführungsmacht auch der letzten Zeit und werden so für das Ziel bewahrt (Eph 1,13; Phil 1,6; 1Petr 1,5; Offb 3,10).

c. Da die Glaubenden sich in der Bewährungsprobe des Glaubens ohne zu schauen befinden, ist die Erfüllung der V.en für sie, sind ihre Glaubenserfahrungen in der Regel nicht ohne weiteres von der Art, daß sie Nichtglaubenden gegenüber aufgewiesen werden können. Doch Gottes Geist stärkt sie dazu, daß sie selbst aufs Wort glauben können und entsprechend auch Zeugen ihres Herrn zu sein vermögen.

7. Die Erfüllung der Verheißungen in der Zukunft.

a. Gott hat uns im Blick auf die Grundlinien seines zukünftigen Handelns ins Vertrauen gezogen. Viele Einzelheiten wissen wir noch nicht. Etwas von dem in der Schrift Gesagten hinweg- oder dazuzutun, steht unter dem gleichen Gericht (Offb 22, 18.19).

b. Nach dem NT haben wir den Eindruck einer bestimmten Reihenfolge der zukünftigen heilsgeschichtlichen Schritte Gottes: Gegen Ende der kurzen Herrschaft der letzten widergöttlichen, alle Völker umfassenden Weltmacht, des *Antichrists, die die Gemeinde Jesu verfolgt (2Thess 2,3-12; Offb 13,1-8), wird die Gemeinde Jesu verwandelt und zu ihrem Herrn heimgeholt; sie darf ihm entgegengehen (1Kor 15,51; 1Thess 4,17). Auch die bereits verstorbenen Glaubenden sind dabei (1Thess 4,16; Offb 20,4-6). Dann zieht Jesus mit den Glaubenden in enthüllter Macht und Hoheit Gottes in diese Welt ein (1Thess 3,13; Offb 19,11-16). Der Antichrist mit seinem Anhang und der Satan selbst werden beseitigt (2Thess 2,8; Offb 19,19-20,3). In der Folge richtet Jesus in einer ersten Phase der Zielerreichung während »tausend Jahren« noch auf dieser alten Erde sein Reich des Friedens und der Gerechtigkeit auf (Offb 20,1-6; vgl. 20,11; 21,1). Gott gibt auch noch dieser alten Erde, die aus seiner Hand stammt und über der Jesu Kreuz errichtet wurde, noch eine Zeit wunderbarer Erfüllung. Danach wird der *Satan, für die Bewährungsprobe der inzwischen Gerufenen, noch einmal kurz losgelassen und dann endgültig beseitigt. Darauf folgt der große Gerichtstermin, den niemand im Tod verschlafen kann. Und abschließend kommt es auf der neuen Erde zu der großen endgültigen Wiedervereinigung Gottes mit seinen Menschenkindern. So ist der furchtbare »Zwischenfall« der menschlichen Sünde ganz überwunden (1Mo 3; Offb 20,7-21,5).

c. Vor dem Horizont der gewaltigen Zukunft, die Gott schafft, leben zu dürfen, bedeutet einen machtvollen Ansporn, froh und getrost mit bibl. Akzent zu arbeiten, dem Herrn mit allem gefallen zu wollen, das verordnete Leiden willig zu tragen und auch andere zu ganzer Liebe zu Jesus einzuladen (s.a. *Eschatologie; *Heilsgeschichte; *Prophet/Prophetie; *Wiederkunft Jesu). F.G.

VERHÖR. Befragen und Anhören von Kläger(n), Beklagten und Zeugen durch den Richter (5Mo 1,16f; Apg 23,25), das die Schuldfrage klären (Lk 23,14; Apg 28,18) und dem Urteilsspruch vorangehen soll (Joh 7,51). Im röm. Recht war es vielfach üblich, den Beschuldigten unter Geißelung zu befragen (Apg 22,24ff), ein röm. Bürger war davor geschützt. Jesus verheißt den Jüngern, daß der Heilige Geist ihnen die rechten Antworten geben wird, wenn man sie ihres Glaubens wegen verhört (Mt 10,19f). (s.a. *Prozeß Jesu; *Recht; *Richten).

VERHÜLLEN.

1. V. des Hauptes ist:

a. eine Gebärde der Ehrfurcht, Zurückhaltung und Trennung. Man verhüllte das Gesicht vor Gott und seiner Nähe (2Mo 3,6; 1Kön 19,13). Vor der Hochzeit verhüllte sich die Braut vor dem Bräutigam. Der Bräutigam durfte sie erst bei der Hochzeit sehen (1Mo 24,65). Einem zum Tod Verurteilten verhüllte man das Haupt (Est 7,8f);

b. eine Gebärde der Trauer (2Sam 15,30; 19,5; vgl. *Begräbnis- und Trauersitten).

2. Das Verhüllen der Lippen oder des Mundes (eigentlich: des Lippenbartes) deutet beim Aussätzigen seine Unreinheit an; sonst ist es ein Zeichen der Trauer (Hes 24,17) oder des beschämten Schweigens (Mi 3,7).

3. Auch Dirnen scheinen sich durch Verschleiern – vielleicht in einer bestimmten Weise – kenntlich gemacht zu haben (1Mo 38,14).

4. In übertragenem Sinn bedeutet V., jemandem die klare Sicht und Erkenntnis oder die Erkennbarkeit nehmen. In Gerichtszeiten verhüllt Gott das Angesicht der Richter, so daß sie nicht gerecht urteilen (Hiob 9,24), und er verhüllt die Seher, so daß niemand ihre Gesichte versteht (Jes 29,10-12). Einst aber wird Gott diese Hüllen beseitigen, so daß alle Völker ihn erkennen werden (Jes 25,7).

VERKAUFEN s. Kauf

VERKEHR s. Handel und Verkehr; s. Reisen

VERKLAGEN s. Recht; s. Strafe, Straftat

VERKLÄRUNG.

1. Die Erzählung von der V. Jesu (Mt 17,1-8; Mk 9,2-8; Lk 9,28-36) verteidigt ihr Geheimnis gegen den Zugriff der Exegeten hartnäkkig. In zahlreichen, nicht immer seriösen Anläufen hat die Bibelwissenschaft versucht, dem ursprünglichen Sinn des Stückes beizukommen. Mit Bestimmtheit zurückzuweisen sind alle Auslegungen, die eine Grundschicht (z.B. Mk 9,2a.b.7) von einer späteren Erweiterung (z.B. Mk 9,2c-6.8) unterscheiden wollen – es handelt sich deutlich um eine Erzählung aus einem Guß. Auch hat das Berichtete nichts mit einer Wiederkunft von *Elia und *Mose zu tun – beide verbleiben in der himmlischen Existenz.

2. Die Verklärungsgeschichte ist wie die Weihnachtsgeschichte (Lk 2,8-20), der Seewandel (Mk 6,45-52) und die Engelsverkündigung am Grab Jesu (Mk 16,1-8) zu den »Aufleuchtungen«, einer besonderen Art von Wundererfahrung, zu zählen: Göttliche Lichtherrlichkeit scheint für einen Augenblick an bestimmten Stationen des irdischen Weges Jesu auf. Die vermutlich älteste Fassung, von der wir hier ausgehen, liegt in Mk 9,2-8 (9-15) vor. Den klaren und stilgemäßen Aufbau – mit Parallelen in den oben genannten »Aufleuchtungen« und schon in 2Mo 19,11-20,21 – zu durchschauen, hilft, das Erzählte besser zu verstehen:

V. 2a-b: die Vorbereitung;
V. 2c-4: die Erscheinung;
V. 5-6: die Reaktion des Petrus;
V. 7: die Verkündigung;
V. 8: das Ende der visionären Wahrnehmung.

3. Nach der letzten großen *Vision *Daniels, die die Geschichte der Weltreiche bis zum Ende der Zeit (Dan 10-12) darstellt, begründen zwei Vorgänge das »Ewige Leben«: die allg. Totenauferstehung (Dan 12,2) und die besondere Lichtglanzherrlichkeit der herausragenden »Lehrer der Gerechtigkeit« (Dan 12,3). Vor diesem Erwartungshorizont erzählt Markus in 16,1-8 den Anbruch der Auferstehung der Toten in der Erweckung des einen Gerechten, in 9,2-8 – gleichsam ergänzend - die ewige Lichtherrlichkeit, die Gott Jesus schenkt: Er spricht mit Elia und Mose, erscheint also unter den in den Himmel entrückten großen Propheten (und Leidensgestalten ?) Israels (vgl. für Elia: 2Kön 2,11; für Mose: Jos.ant.Jud. 4.326).

4. Den drei auserwählten Jüngern Jesu wird also ein »Sehen« gewährt, wie es charakteristisch ist für den Ein-Blick in die himmlische Welt, den apokalyptische Seher nehmen (*Apokalyptik). (Auch von Daniel heißt es, daß »nur er allein« sehen durfte; Dan 10,7f.11; vgl. 4Mo 23,3.) Für den Augenblick solchen Sehens ist die Scheidewand zwischen Diesseits und Jenseits, Zeit und Ewigkeit aufgehoben; so können die drei Jünger wahrnehmen, was für ihre Zeitgenossen in der Verborgenheit der Zukunft liegt: Jesus in seiner himmlischen Herrlichkeit.

5. Die Reaktion Petri ist keineswegs so unangemessen, wie meist gesagt wird. Zunächst entspricht sie der Erschütterung, die Israel bei der Gotteserscheinung am Sinai und Daniel bei der Engelserscheinung erlebte: Schauder und Ehrfurcht vor dem unfaßbaren und unter den Bedingungen leiblichen Daseins kaum auszuhaltenden »Heiligen« (vgl. 2Mo 20,18; Dan 10,7-11), Hilflosigkeit im Versuch, das Erlebte rational zu bewältigen. Vor allem aber entbehrt der Wunsch des Petrus nicht der Folgerichtigkeit. Nach apokalyptischer Vorstellung leben die Auferweckten in einem engelgleichen Lichtleib (vgl. syr Bar 51; Lib.Ant. 19,16; 1Kor 15,51f; 2Kor 3,18); »weiße Kleider« symbolisieren die überirdische Existenzweise (z.B. 2Kor 5,2ff; äthHen 62,15f); das Miteinanderreden deutet eine personale Existenz der Himmelsbewohner und eine beglückende Kommunikation an (ApkSoph 14,3; vgl. schon 2Mo 34,29.35). So weit kann sich Petrus also in den von den Apokalyptikern geschauten Himmel versetzt fühlen. Was aber zur vollen Seligkeit und vor allem zu ihrer Dauer fehlt, sind die von Petrus prompt gewünschten »himmlischen Wohnungen« (vgl. Lk 16,9; Joh 14,2f; äthHen 39,7; 45,1; 71,16). Die uns etwas verwirrt anmutende Antwort des Petrus signalisiert die Sehnsucht, aus der erlebten Ewigkeit nicht mehr zurückgestoßen zu werden, ewig in Jesu »Hütte« zu bleiben. Seine Fehlleistung besteht nur darin, daß er im Augenblick intensivsten visionären Erlebens dieses nicht als solches erkennt.

6. Dagegen stellen Mk 9,7-9 klar: Die Tür zur Ewigkeit war nur einen Augenblick einen Spalt offen (V. 8); einzuordnen ist diese Erfahrung der drei Jesus am nächsten stehenden Jünger nur in Verbindung mit der späteren Erfahrung des auferstandenen Jesus (V. 9).

7. Beachtung verdient aber auch die Ausgestaltung der Erzählung mit Anklängen an die Sinaiereignisse und die Mosezeit.

a. Das Abwarten von sechs Tagen (eines *Sabbats?), die Aussonderung dreier Jünger und der Gang auf einen Berg (den *Tabor?; Mk 9,2) ist zunächst ein willentlicher, eine

Gottesbegegnung suchender Akt, wie die nächste Formulierungsparallele ausweist: »Es sagte Bileam zu Balak: '. . .Ich will aber beiseite gehen; vielleicht begegnet mir Jahwe'. . . Dann ging er auf die kahle Höhe« (4Mo 23,3). Doch fällt auf, wie alle drei Maßnahmen von Mk 9,2 mit je einem Zug der Sinaierzählung (2Mo 24) parallel laufen: Auch Mose stieg »allein« mit »drei« namentlich benannten Auserwählten »auf den Berg« (2Mo 24,1f), um dort gleichsam den Himmel Gottes zu betreten (2Mo 24,9-11); auch im Sinaigeschehen ist die Erscheinung der »Herrlichkeit des Herrn« nach sechs Tagen Wartezeit auf den »siebten Tag« datiert (2Mo 24,16).

b. Kaum zufällig »erscheint« Mk 9,3f außer Elia noch Mose. Vom Entrückungsgedanken her hätte man Henoch erwarten können. Aber gerade Mose ist ja der erste »Verklärte« der Heilsgeschichte (2Mo 34,29-35); und wie sich die Israeliten vor der strahlenden Haut seines Gesichtes fürchteten (2Mo 34,30), so hatte auch das Licht, das Jesus nach Mk 9,2-4 umleuchtete, eine nachhaltige, furchterregende Wirkung (Mk 9,6 und noch 9,15).

c. Möglicherweise denkt Petrus bei den drei Zelten auch an eine Gottesnähe, wie sie Mose im »Zelt der Begegnung« beschieden war (2Mo 33,7-11; 34,29-35; vgl. *Stiftshütte); Offb 21,3 erwartet eine solche innige Gemeinschaft Gottes mit den Menschen vom »neuen Himmel und der neuen Erde«.

d. Die »Wolke« zeigt nach 2Mo 24,16 die Gegenwart Gottes an und verhüllt und schützt zugleich seine Heiligkeit; nach 2Mo 40,3f »überschattet« sie das Zelt, in dem die Herrlichkeit Gottes anwesend ist. Das »Überschatten« der Wolke hat dabei die Funktion, Menschen den Zutritt zum Allerheiligsten zu verwehren. Deshalb kann Mk 9,6 eigentlich nur ein Überschatten der verklärten Gestalten Jesu, Moses und Elias (nicht: der Jünger!) meinen, deren Seligkeit dem Zugriff der Irdischen entzogen bleibt. Die Wolke schafft also Distanz zu den Jüngern, wie ja auch die »aus der Wolke« erschallende Gottesstimme einen Abstand der Jünger zu ihr voraussetzt.

e. Die Gottesstimme klärt die Jünger über die Bedeutung des wie Mose (2Mo 24,18) in die Wolke Gottes genommenen Jesus auf und verbindet die Offenbarung Jesu als des Messias (»geliebter Sohn«, s. Ps 2,7) mit einer Weisung: Man soll »auf ihn hören«, wie einst Israel auf Mose als den Mittler der Gottesworte zu »hören« sich verpflichtete (2Mo 24,7; 5Mo 18,15).

Zusammengefaßt: Die Verklärungsgeschichte lehrt uns, Jesus als den zu sehen, in dem eine in Israel verbreitete Hoffnung erfüllt ist: Wenn Gott sein Volk wieder sammelt und ihm wieder gnädig ist, »dann bringt der Herr dies alles wieder ins Licht, und die Lichtherrlichkeit des Herrn wird erscheinen und auch die Wolke, genauso wie sie sich in den Tagen des Mose gezeigt hat« (2Makk 2,8).

Literatur: H. Baltensweiler: Die Verklärung Jesu, 1959; J.M. Nützel: Die Verklärungserzählung im Markusevangelium, (FzB 6) 1973; O. Betz, W. Grimm: Wesen und Wirklichkeit der Wunder Jesu. Heilungen – Rettungen – Aufleuchtungen, 1977. W.G.

VERKÜNDIGUNG/PREDIGT.

I. BEGRIFFE.

Beide Begriffe meinen heute das öffentliche Bezeugen der christl. Botschaft.

Verkündigung: von »Kunde«, »kund machen« (bekannt-machen);

Predigt: vom latein. *praedicare,* »öffentlich bekanntmachen, laut erklären, ankündigen, preisen, rühmen«.

M. Luther hat mit »verkündigen« übersetzt, wenn »stärker das Mitteilen, Berichten und Weitersagen, das Reden *von* im Sinne von *über* etwas« (L. Coenen) gemeint ist. Mit »predigen« hat er offensichtlich stets dann übersetzt, »wenn eine Rede vor einer größeren Menschenmenge auf Grund eines gegebenen Auftrages geschah und ihr das Element des auf Umkehr zielenden Zeugnisses eignete« (L. Coenen).

Die Begriffe V. und P. haben im Laufe der Kirchengeschichte eine gewisse Verengung erfahren. Sie werden weithin auf die kirchenöffentliche, gottesdienstliche Rede eingegrenzt, die als Lehrvortrag bzw. als Kunstrede gestaltet ist.

Der bibl. Bedeutungshorizont reicht über diese eingeschränkte Bedeutung weit hinaus.

II. VERKÜNDIGUNG/PREDIGT IM ALTEN TESTAMENT.

1. Zwei zentrale Begriffe begegnen im AT: *sch'muah,* das »zu Hörende«, die Predigt; *qara,* »rufen, öffentlich ausrufen, herbeirufen, einladen«. In der prophetischen Literatur wird das Verb zum »terminus technicus für 'verkünden'« (C.F. Labuschagne).

Predigen im heutigen geordneten Sinn war im Gottesdienst Israels zunächst unbekannt. Erst in exilischer Zeit kam es zur interpretierenden Auslegung der prophetischen Lesung (s. Lk 4,17-21).

2. Predigen im heutigen Sinn treffen wir am ehesten bei den *Propheten an, die von Gott zum Dienst der V. berufen werden - meist gegen ihren ausdrücklichen Willen (s. Jer 1,6). Die prophetische Verkündigung ist

an keine festgelegten Zeiten und Räume gebunden (s. Jer 7). Auch die Verkündigungsform fällt höchst variabel aus. Die verbale V. wird häufig durch zeichenhaftes Handeln ergänzt, das dazu dient, die Botschaft augenfällig zu unterstreichen, so z.B. die Ehe des *Hosea (Hos 1,2) und das hölzerne Joch des *Jeremia (Jer 27,1).

Die V. der Propheten besteht im Weitergeben dessen, was ihnen Gott geoffenbart hat (Jer 1,9). Deshalb die stereotype Botenformel, die die V. einleitet: »So spricht der HERR . . .«. Hier zeigt sich der Unterschied zu den sog. falschen Propheten, die ihre eigenen Träume und Visionen verkündigen (z.B. Jer 23,28), um den Erwartungen des Volkes entgegenzukommen.

Der rechte, d.h. von Gott gesandte Prophet muß sich um die Wirkung seiner V. keine Sorgen machen. Mag der äußere Erfolg oft bescheiden ausfallen (s. Jes 53,1), kann er dennoch gewiß sein: Gottes Wort kommt niemals »leer zurück« (Jes 55,11). Gott selber übernimmt die Verantwortung für die Wirkung seines Wortes.

3. Des weiteren treffen wir im AT das Wortfeld noch in einem allgemeineren Sinn an. Vor allem in den Psalmen wird »verkündigen« geradezu deckungsgleich gebraucht mit »loben«, »rühmen« und »preisen« (z.B. 51,17; 71,17). Immer geht es dabei um die erfahrenen Heilstaten Gottes, die anderen Menschen bekanntgemacht werden (z.B. 75,2), um Gott zu ehren. Hier sind Ort und Stil der V. eng mit der Gebrauchsweise der betreffenden Psalmen verknüpft (z.B. »in der großen Gemeinde«, Ps 40,10).

III. VERKÜNDIGUNG/PREDIGT IM NEUEN TESTAMENT.

1. Einige Hauptbegriffe im NT, die hinter unserem Wortfeld stehen, sind:

keryssein, »ausrufen, verkündigen, durch einen Herold öffentlich bekanntmachen« (über 60mal);

angellein, »verkündigen, melden« (*Engel; Wortgruppe mehr als 80mal im NT), davon abgeleitet:

eu-angellizein, »frohe Botschaft (*Evangelium) verkündigen, evangelisieren« (z.B. Lk 2,10; Apg 8,4; über 50mal).

2. Grundlage aller christl. V. bildet die V. *Jesu Christi, der als der *Sohn Gottes gekommen ist, um »zu suchen und selig zu machen, was verloren ist« (Lk 19,10). In ihm hat Gott ewiges und für alle Menschen gültiges Heil geschaffen.

Im Mittelpunkt der V. Jesu steht die Botschaft vom angebrochenen *Reich Gottes: »Die Zeit ist erfüllt, und das Reich Gottes ist herbeigekommen.« Daraus ergibt sich für die Hörer: »Tut Buße und glaubt an das Evangelium!« (Mk 1,15). Jesu Wirken »kreist um einen faszinierenden Begriff. Auf ihn ist alles bezogen, und von ihm strahlt alles aus. Diese Mitte ist das Reich Gottes« (L. Goppelt).

Im gesamten Handeln Jesu ereignet sich das Kommen des *Reiches Gottes. Dieses darf nicht territorial verstanden werden, ist doch die gesamte Erde »des HERRN« mit allem, »was darinnen ist« (Ps 24,1). Beim Reich Gottes geht es um ein personales Geschehen: Gott will sich zum Heil des Menschen durchsetzen. Wo Jesus wirkt, kommt das Reich Gottes auf die Menschen zu. Die satanische Macht wird gebrochen (Lk 11,20).

3. Jesu V. geschieht nicht nur verbal. Ihr sind häufig »Zeichen« zugeordnet, welche die angebrochene Gottesherrschaft signalisieren (Mt 4, 23). Gottes heilvolle Herrschaft umgreift auch den körperlichen und seelischen Sektor des Menschen. Dennoch ist diese »sichtbare« V. Jesu nur eine bescheidene, weil vereinzelte Vorankündigung dessen, was einmal Gottes neuer Welt vorbehalten sein wird (Offb 21). Jesus heilt keineswegs alle Kranken. Sein zeichenhaftes Tun bleibt begrenzt und auf Gottes großen Tag ausgerichtet.

4. Jesus trägt seinen Jüngern die V. des Reiches Gottes auf (Mt 10,7). Er sendet sie zwar »wie Schafe mitten unter die Wölfe« (Mt 10,16). Aber in der Kraft des Heiligen Geistes (*Geist, Heiliger) wird Jesus als der auferstandene und erhöhte Herr mit ihnen sein (Mt 28,20; Apg 1,8) und ihren Dienst segnen und beglaubigen.

IV. INHALT CHRISTLICHER VERKÜNDIGUNG.

Der Inhalt christl. V. ist eine Person: Jesus Christus selbst. In ihm ist Gottes Reich Ereignis geworden. Gott hat ihn durch sein Sterben und Auferstehen zum Herrn über alles gemacht (Phil 2,9-11). Deshalb liegt in Jesus Christus alles Heil beschlossen. Jesus ist die Schlüsselfigur Gottes für unsere Welt.

Deshalb knüpft Paulus an die atl. Prophetentradition an, die einzig auf das Ausrichten der aufgetragenen Botschaft abzielt: »Wir verkündigen nicht uns selbst, sondern Jesus Christus, daß er der Herr ist« (2Kor 4,5).

Christl. V. ist Jesus-V. Denn in seinem Kommen auf diese Erde, in seinem Sterben und Auferstehen haben die »großen Taten Gottes« (Apg 2,11) ihren Höhe- und Schlußpunkt erreicht. In Jesus hat sich Gott der Welt unüberbietbar zugewandt (Hebr 1,1). Hier hat Gott endgültig *Frieden gemacht, der den »Fernen« (*Heiden) und den »Nahen« (Juden) gleichermaßen verkündigt werden soll (Eph 2,

17). Allen gilt die Botschaft: »Laßt euch versöhnen mit Gott« (2Kor 5, 20). Das Evangelium, das den christl. Boten aufgetragen ist, besteht substantiell in Jesus Christus.

V. ZIEL CHRISTLICHER VERKÜNDIGUNG.

Das Ziel christl. V. liegt zunächst darin, den Hörer in eine Lebens-, d.h. Glaubensgemeinschaft mit Jesus Christus einzuladen (Apg 16,31). Mit der actio Gottes wird die re-actio des Menschen ermöglicht. Wo Gott naht, muß sich der Mensch gänzlich ändern (Mk 1,15). Deshalb zielt christl. V. zunächst elementar auf Umkehr (*Buße) und *Glauben ab (Röm 10,8; 1Kor 15,11). Glaube, d.h. gegründetes Vertrauen auf das angebotene Heil, entsteht aus »dem Gehörten« (so Röm 10,17). Ohne Umkehr und Glauben kann es keinen Zugang zum Reich Gottes geben (Joh 3,3).

In der Apg wird mehrfach berichtet, daß die V. der Apostel eine Spaltung bei den Hörern bewirkt: zuversichtlichen Glauben bei den einen, Spott und kühle Ablehnung bei den anderen (so 17, 32-34). Von vielen wird die Jesus-V. als ärgerlich und töricht empfunden (1Kor 1,22ff). Deshalb zieht sie häufig die Verfolgung der Boten nach sich (Mt 5,10-12). In der V. wird der Herrschaftsanpruch Gottes auf den Menschen ausgerichtet. Sie zielt auf Glauben und Gehorsam ab (Röm 1,5) und benennt den Anspruch Gottes konkret auf verschiedenen Gebieten der Lebensführung. Die dem Glauben geschenkte »Gerechtigkeit Gottes« soll ihre Konturen im Alltag hinterlassen (*Heiligung; s. 1Thess 4,3-7).

VI. GESTALT CHRISTLICHER VERKÜNDIGUNG.

Die Gestalt christl. V. kann unterschiedlich aussehen. Es finden sich erste Anzeichen für eine gewisse Institutionalisierung von V. im unter I. genannten Sinn. Unter dem göttlichen Wirken bildet sich Gemeinde, die sich Ordnungen gibt und hilfreiche Strukturen ausbaut, die den jeweiligen Gegebenheiten Rechnung tragen können.

So begegnen uns neben zahlreichen spontanen Verkündigungselementen auch geordnete, klar strukturierte Verkündigungseinheiten (so die Missionsreden, z.B. Apg 2,14-36). Auch die ausführliche Briefliteratur versteht sich im Dienst der V.

1. Liebevoll geht die V. auf das Denken und Leben derjeweiligen Hörer ein und holt sie dort ab, wo sie innerlich stehen (1Kor 9,19-23). Nicht der Gehalt, wohl aber die Gestalt der V. ist hörerorientiert und insofern höchst variabel (Bericht, Lehre, Zuspruch, Einladung etc). Wichtigstes Element ist die Liebe (1Kor 13,1f)!

2. Durchgängig ist zu beobachten, daß zwischen dem angebotenen kostbaren Heil und dem Menschen, dem die V. obliegt, eine qualitative Differenz besteht, die sich nicht auflösen läßt. Der »Schatz« wird in »irdenen Gefäßen« dargeboten (2Kor 4,7), was häufig Anlaß zu überheblicher Geringschätzung und Verachtung (1Kor 2,3-5) bei solchen Menschen führt, »die verloren werden« (1Kor 1,18).

Dennoch kann nicht gleichgültig sein, wie der Bote lebt, der die Heilsnachricht überbringt. Sein Verhalten soll seiner V. entsprechen (Röm 2,21). Paulus: Es geht nicht, daß »ich . . . anderen predige, und selbst verwerflich werde« (1Kor 9,27).

3. Für die V. innerhalb der gemeindlichen Veranstaltungen setzt Paulus deutliche Maßstäbe. Er wehrt aller enthusiastischen Willkür: »Laßt es alles geschehen zur Erbauung« (1Kor 14,26). Was zum Erbauen dient, entfaltet er konkret im gleichen Kapitel und faßt dann zusammen: »Laßt aber alles ehrbar und ordentlich zugehen« (1Kor 14,40).

VII. SUBJEKT DER VERKÜNDIGUNG.

Als Subjekt der V. versteht sich die gesamte Gemeinde (so Apg 8,4), die mit den ihr verliehenen *Gaben den Verkündigungsdienst nach innen und außen wahrnimmt (Röm 12,3-8; 1Kor 14). In der Gemeinde beruft der erhöhte Herr zum speziellen Dienst der V. (Apg 26,16-18), so daß der Prediger aus innerster Nötigung heraus spricht (1Kor 9,16). An der Berufung hängt die *Vollmacht, die einer V. innewohnt (Mk 3,14f).

VIII. WESEN DER VERKÜNDIGUNG.

Das Wesen der V. liegt im ihr innewohnenden göttlichen Geist begründet, der alleine Entscheidung und Glauben bewirken kann (1Kor 2,4). Insofern versteht sich christl. V. nicht primär als bloße Information über vergangenes Heilsgeschehen, sondern sie gehört als »Wort vom Kreuz« (1Kor 1,18) untrennbar in das aktuelle Heilsgeschehen hinein. Sie ist integraler Bestandteil des gegenwärtig wirkenden Jesus Christus. In der V. aktualisiert sich das Wort Gottes. So hat die Gemeinde in Thessalonich das »Wort der göttlichen Predigt. . . nicht als Menschenwort aufgenommen, sondern als das, was es in Wahrheit ist, als Gottes Wort, das in euch wirkt, die ihr glaubt« (1Thess 2,13). »Verkündigung ist Dienst am Wort Gottes. In ihr geschieht die Vergegenwärtigung und Aktualisierung des Wortes Gottes« (T. Filthaut). Hierin liegt die geheimnisvolle Würde christl. V. begründet. Ihr wohnt eine »Gotteskraft« inne (1Kor 1,18), die die Hörer von ihrer *Sünde überführen und auf den Weg des Heils bringen kann.

Christl. V. bringt ihren Hörern das ganze Heil, ob sie von sichtbaren Wundern begleitet ist oder nicht. Das NT kennt die »mitfolgenden Zeichen« (Mk 16,20), weiß aber auch von vollmächtiger V., die zum positiven Ziel führt, obwohl sie nicht von augenfälligen Zeichen begleitet wird (z.B. Apg 10).

Literatur: J. Schniewind: ThWNT I, 1933, 56-71; G. Friedrich: ThWNT III, 1938, 682-717; U. Becker, D. Müller, L. Coenen: TBLNT II, [4]1986, 1273-1287 (Literatur); C.L. Labuschagne: THAT II, [2]1979, 666-674; G. Harder: BHH III, 1966, 2088-2090. Ch.M.

VERLEUGNEN, VERLEUGNUNG.

Die Tragweite der Handlungsweise, die man mit dem Begriff V. belegt, kann nur der richtig ermessen, der um die Wichtigkeit des positiven Gegenstückes von V., nämlich des Bekennens, für das Leben eines Christen weiß. Sowohl Bekennen als auch V. sind nach Jesu Worten unter die eschatologische Verheißung bzw. unter das eschatologische *Gericht gestellt (Lk 12,8f; Mt 10,32f). Beide haben entscheidenden Charakter für das ewige Schicksal eines Menschen (2Tim 2,12). Ist das Bekenntnis die der *Nachfolge Jesu entsprechende Verhaltensweise und erhält sie den Bekennenden in dem neuen Leben auch über den Tod hinaus, so stellt das V. eine schlimme Verfehlung des ganzen Menschen in bezug auf seine Wahrheit vor Gott dar, welche das ewige Heil gefährdet oder gar dieses Heils beraubt. Herausragendes bibl. Beispiel für V. ist die Person des *Petrus (Mk 14,68-72; Joh 18,25.27), dessen *Glaube durch die Fürbitte Jesu über diese Gefährdung hinaus gerettet wurde (Lk 22,32).

Es zeigt sich, daß V. im NT viel weniger in Beziehung zu einer Sache als vielmehr zu einer Person steht, gegenüber deren Anspruch man sich versagt, also »Nein« sagt. Diese Person, an die ein Christ gebunden ist und an der sich Leben und Seligkeit entscheidet, ist Jesus Christus. V. heißt dann, zu der engen Beziehung, die seit der *Wiedergeburt zwischen Jesus Christus und seinem Nachfolger besteht, nicht mehr zu stehen, sei dies in der Öffentlichkeit oder im privaten Leben. Das Gehorsams- und Treueverhältnis zu Jesus Christus, das in allen Lebensbereichen gleichermaßen besteht, ist Voraussetzung für ein V.; V. kann also nur dort geschehen, wo vorher Anerkennung und Verpflichtung bestand. Dies gilt nicht erst für die Christen, sondern schon für das Volk Israel gegenüber dem Gott, der es sich zu eigen wählte. Israel verleugnet Gott, d.h. es wird den Verpflichtungen untreu, die sich aus Gottes Berufung ergeben (Jos 24,27; Spr 30,9). Wichtiger Bestandteil dieser Bundesverpflichtung sind die Gebote Gottes, deren Mißachtung als V. Gottes begriffen wird (Hiob 6,10). Entsprechend gibt es auch für den ntl. Bund Bundesverpflichtungen, die eingehalten werden müssen. Der Loskauf aus *Sünde und Schuld (2Petr 2,1) verpflichtet zu neuem Leben, das dem Herrn entspricht, dem man sich durch Herrschaftswechsel unterstellt hat. So mahnt Paulus, nicht die Kraft des Glaubens zu v., d.h. zwar der äußeren Form nach noch Christ zu sein, aber sich innerlich schon distanziert zu haben (2Tim 3,5), nicht mehr den dem Glauben entsprechenden Gehorsam im Lebensvollzug zu üben (2Tim 2,12). V. geschieht also ebenso dort, wo das sündige menschliche Wesen, das eigenwillige Begehren und Wünschen immer noch im Vordergrund steht und nicht in Selbstverleugnung unter den Gehorsam Christi gestellt wird (Tit 2,12; Mt 16,24).

Drei aktuelle Verhaltensweisen, die als Untreue gegen die Person Jesu Christi begriffen werden müssen, sollen hier genannt sein:

1. Wer den Anspruch Jesu auf bekennende Nachfolge nicht konkret, d.h. in seiner jeweiligen Lebenswirklichkeit durchhalten will, verleugnet seinen Herrn. Entscheidend ist dies vor allem in Verfolgungszeiten, wo Christen um ihres Bekenntnisses willen um ihr Leben zu fürchten haben (Offb 2,13). Die Seligkeit bei Gott für wertvoller zu erachten als das irdische Leben, will in solch schweren Zeiten bes. durchgehalten sein. Aber auch schon sich seines Herrn zu schämen, d.h. die Ehre anstatt allein von ihm noch von der *Welt zu erwarten, wird als »Christus verleugnen« bezeichnet.

2. Christus v. geschieht auch dort, wo ich die Anforderung meines Nächsten, die mir von Christus her als Aufgabe zukommt, nicht erfülle und so seinen Verfügungsanspruch über mich nicht anerkenne (1Tim 5,8; Tit 1,16). Ebenso sind alle sittlichen Verfehlungen als V. Jesu Christi zu begreifen (Tit 2,12).

3. Die dritte Weise, Christus zu v., steht in Zusammenhang mit der reinen Lehre. Wer abstreitet, daß Jesus der Christus ist (1Joh 2,22), verfehlt sich nicht nur in seinem Denken oder Reden, sondern als ganzer Mensch vor Gott und verfällt so dem *Verderben (2Petr 2,1). Jede Häresie ist nicht nur wegen der inneren Zusammengehörigkeit von Lehre und Leben gefährlich, sondern noch mehr wegen der darin vollzogenen V. Christi als Herrn und Mitte jeglicher Theologie.

Wo ein Mensch aber im lobenden Bekenntnis sich Christus anvertraut, hat er in diesem Herrn einen so festen Halt, daß er alle Not und Anfechtung, ja selbst den *Tod überwinden wird. Denn Gott steht zu seinen Zusagen; er kann und wird sich niemals verleugnen (2Tim 2,13). J.Kn.

VERLEUMDEN/VERLEUMDUNG.
V. meint, hinter dem Rücken des andern Schlechtes und Unwahres über ihn zu reden, während sich der andere weder verteidigen, noch etwas richtigstellen kann. Ein Verleumder erreicht es, Freunde uneins zu machen (Spr 16,28), denn verleumderisches Reden trifft oft auf offene Ohren (Spr 18,8; 26,22). V. wird neben Totschlag aufgeführt (3Mo 19,16), Sir 26,6 wertet sie schlimmer als den Tod. Der Verleumder gilt als *Tor (Spr 10,18), er wird härter verurteilt als ein Dieb (Sir 5,17). Angemessenes Verhalten gegenüber dem Verleumder ist es, ihn zum Schweigen zu bringen (Ps 101,5) oder sich von ihm fernzuhalten (Spr 20,19), um nicht selbst in Streit hineingezogen zu werden (Spr 26,20). Im NT gilt V. als todeswürdiges Verhalten (Röm 1,30). Christen sollen sich vor V. hüten (1Tim 3,11; Tit 2,3). Unter den Mißständen der Endzeit wird auch V. genannt (2Tim 3,3).

VERLOBEN s. Ehe

VERLOREN s. Gericht; s. Verdammen; s. Verstoßen

VERNICHTEN. Im Hebr. etwa *'abad* (aber auch noch andere Worte in dieser Bedeutungsmöglichkeit), im Griech. *apollymi, olothreuō, phtheirō.* Im AT tritt – theologisch bedeutsam – sehr oft Jahwe selbst als Vernichter bzw. Zerstörer auf. So etwa beim Exodus (5Mo 4,11) und bei der *Landnahme, wo er sich gegen Israels Feinde wendet. Aber nicht nur gegen die Völker (vgl. Hes 25,7.16; 30,13 u.ö.) richtet sich der Vernichtungswille Gottes, sondern auch gegen sein eigenes Volk (5Mo 8,20), wenn es nicht im Gehorsam und in der Bundestreue lebt (vgl. die Alternativen von *Segen und *Fluch in 5Mo 28, wo in V. 63 die Vernichtung angedroht wird). Dieser Wille Gottes wird im AT als Ausdruck seiner *Gerechtigkeit, seines *Zorns und seines *Eifers um Israel verstanden (vgl. 4Mo 25,11; 5Mo 8,19f). Oftmals gibt es Anklänge an das Sakralrecht und die Bannterminologie (vgl. 3Mo 23,30; aber auch Mi 5,9ff). Bemerkenswert ist auch noch, daß das prophetische Wort bzw. der Träger desselben Anteil an der Macht Gottes, zu vernichten, bekommen hat (Jer 1,10). *Abaddon, hebr. *'abhaddon* bezeichnet im AT mehrmals den Ort der Vernichtung, und wird mit dem Totenreich, der Unterwelt, gleichgesetzt (Hiob 26,6; Spr 15,11; 27,20).

In der eschatologischen Verkündigung des NT gibt es nur mehr zwei Pole, Heil oder Unheil, Erlösung oder Vernichtung (besser Verderben). Es gilt: Wer sein Leben zu bewahren versucht, der wird es vernichten, wer es aber um Jesu willen dahingibt (vernichtet), der wird es gewinnen (Mk 8,35 par.). Im Glauben an den Sohn wird das Leben gewonnen, dessen Gegenteil das Verderben ist (Joh 3,16).

Literatur: G. Harder: ThWNT IX, 1970, 94ff; H.Ch. Hahn: TBLNT II, [4]1986, 1254ff; A. Oepke: ThWNT I, 1933, 393ff; B. Otzen: ThWAT I, 20ff; J. Schneider: ThWNT V, 1954, 168ff; Schüpphaus: ThWAT I, 658ff. G.Le.

VERNUNFT, VERSTAND.

I. DER BIBLISCHE BEFUND.

Im AT und NT gibt es keine Äquivalente für unsere durch eine spezifische geistesgeschichtliche Tradition bestimmten Begriffe »Vernunft« und »Verstand«. Es ist darum nicht möglich, den deutschen »Vernunft/Verstand« bestimmte hebr. Worte des AT bzw. bestimmte griech. Worte des NT zuzuordnen, wie überhaupt solche Identifikationen von bestimmten Worten verschiedener Sprachen das Verständnis nur scheinbar erleichtern, in Wahrheit aber den Zugang zu der anderen Sprach- und Denkwelt eher verstellen.

1. Das Alte Testament.

Auch wenn keine Zuordnung bestimmter hebr. Worte zu den deutschen »Vernunft/Verstand« möglich ist, gibt es im AT (neben *bin(ah),* »verstehen«) mit *leb(ab),* »*Herz«, ein Wort, mit dem zahlreiche geistige Aktivitäten bezeichnet werden können. *leb* kann je nach Zusammenhang stehen für »Erkenntnisvermögen« (Hiob 8,10), »vernehmende Vernunft/Geist« (1Kön 3,9-12; 2Kön 5,26), »Einsicht« (Spr 10,13; 18,15; Jes 42,25), »Bewußtsein/Geistesgegenwart« (5Mo 6,6; Spr 7,3), »Gedächtnis/Erinnerung« (Dan 7,28; Ps 27,8), »Wissen« (Ri 16,17f), (»Nach-) Denken« (Spr 10,13; 24,30; 1Sam 9,20; 2Mo 14,5), »Orientierungsvermögen/Verstand« (Hos 4,11f; Hiob 12,3; 34,10; 34,34). Es ist aber falsch, davon zu sprechen, daß *leb(ab)* »im Hebräischen den Sitz und die Funktion der (!) ratio bezeichnet« (so H.W. Wolff, 1974, 84). Das eigentlich Charakteristische des atl. Sachverhaltes liegt ja gerade darin, daß das AT keinen »Begriff« von *ratio* hat, keine isolierte »Vernunft« kennt. Denn die Vielzahl der Wortverbindungen, in denen sich *leb(ab)* findet, läßt einen Bedeutungsspielraum sichtbar werden, der von der Bezeichnung für das körperliche Organ über das Innenleben (den Charakter, die Persönlichkeit), die Emotionalität und

Sensibilität bis hin zum Verlangen und Begehren und zum Intentionalen (Wollen, Planen, Beabsichtigen) reicht. Mit seinen 858 Vorkommen (incl. 8 aram. Stellen) ist *leb(ab)* der zentrale anthropologische Grundbegriff des AT. Daß er für all die genannten Aspekte des Menschseins stehen kann, daß er diese Dimensionen menschlicher Existenz umfaßt, das macht seine besondere »Bedeutung« aus und läßt auch – im Gegenüber zu der heutigen Wortbedeutung von »Vernunft«/»Verstand« – das spezifische Profil dessen erkennen, was im hebr. AT unter »Vernunft/Verstand« zu verstehen ist. Die »geistigen« Aktivitäten werden nicht isoliert und auf einen für sie reservierten Begriff gebracht, der es dann auch erlauben würde, sie als abstrakte Größen zu begreifen, sondern sie werden – im Gesamt der Aussageverbindungen, in denen sie vorkommen – in nicht zu übersehender, nicht aufzuhebender Weise eingeordnet in die Bezüge menschlicher Existenz. Schon durch diesen philologischen Sachverhalt nehmen »Vernunft« und »Verstand« im AT teil am Menschsein des Menschen. »Vernunft« und »Verstand« sind für das AT keine vom menschlichen Dasein ablösbaren »geistigen Wesenheiten«, sondern Funktionen des Menschseins, Betätigungen des Menschen.

2. Der Sprachgebrauch der LXX.

Der Sprachgebrauch der ntl. Schriften ist vorbereitet durch die LXX, die Übersetzung des AT in die griech. Sprache. In der LXX finden wir, v.a. als Übersetzung von *leb(ab)*, schon die Worte, die auch im NT begegnen. Neben *nous*, »Vernunft, Verstand« sind dies v.a. *dianoia* »Verstand, Denkweise«, *noema* »Gedanke, Orientierung«, *ennoia* »Gedanke, Einstellung«, und *anoia*, »Unverstand«; zu vergleichen ist aber auch *synesis*, »Verständnis, Einsicht«. Gegenüber der Bedeutung, die dieser Wortgruppe im Griechentum zukommt, fällt schon bei der Verwendung der genannten Worte und der zugehörigen Verben und Adjektive in der LXX dreierlei auf:

a. Der – verglichen mit der zentralen Rolle in der griech. Antike - »sparsame Gebrauch« (Harder, 1290);

b. der Verzicht auf die Bedeutungskomponente eines Vernunft*begriffes;*

c. die anthropologische Verankerung der Wortbedeutungen, die eine Vorstellung der Vernunft als göttlicher und unsterblicher Größe gar nicht erst aufkommen läßt. Durch die LXX tritt das AT zwar in den griech. Sprach- und Denkraum ein, aber nicht, ohne die Bedeutungsvarianten der rezipierten Begriffe in spezifischer Weise zu verändern (eine bezeichnende Ausnahme stellen lediglich die Belege in den apokryphen Büchern dar).

3. Das Neue Testament.

a. Vorkommen und Bedeutung:

Die genannten Begriffe sind in ihrer Bedeutung schwerlich gegeneinander abgrenzbar. Vielmehr werden sie z.T. als Parallelbegriffe gebraucht: so *nous* und *dianoia,* (Eph 4,17f); *nous* und *ennoia* (1Petr 4,1), *dianoia* und *kardia* (griech. Herz; Hebr 8,10; 10,16); *noema* und *kardia* (Phil 4,7); *synesis* und *dianoia* (vgl. Mk 12,33 mit Mt 22,37). Generell sind zu »Vernunft/Verstand« zu vergleichen die Aussageverbindungen, in denen *Erkennen/Erkenntnis, *Weisheit (vgl. Kol 1,9; Röm 1,21ff; 2Kor 2,6.16; Offb 13,18; 17,9) und *Herz vorkommt. Die Wortgruppe *nous* etc. findet sich schwerpunktmäßig in den Paulus-Briefen. So stehen 21 von 24 Belegen für *nous* in der paulin. Briefsammlung; *noema* (sechs Belege) wird nur von Paulus und – mit einer Ausnahme (Phil 4,7) – nur im zweiten Korintherbrief gebraucht. Der zweithäufigste Begriff, *dianoia* (12 Belege), ist in seinem Vorkommen gleichmäßiger über die ntl. Schriften verteilt und gängiger als *nous* und *noema,* also Begriffe, die deutlich einen philosophischen Beiklang haben. *Synesis* (sieben Belege) findet sich wiederum schwerpunktmäßig bei Paulus. Obwohl das Wort streng genommen nicht zum Bedeutungsfeld »Vernunft/Verstand« gehört, einen anderen Stamm besitzt und v.a. weisheitlichen Hintergrund hat, soll es hier am Rande mitberücksichtigt werden, weil es z.T. eine prägnante, mehr als alltagssprachliche Bedeutung (»Verständnis«) aufweist.

b. Bezeichnung von Aspekten des Menschseins:

Mit *nous, dianoia, noema, synesis* etc. macht das NT Aussagen über den Menschen und seine Existenz: seine Bezüge zu Gott und der Welt, dem Nächsten und sich selbst. Damit steht diese Wortgruppe in Kontinuität zum hebr. *leb(ab).*

So dienen *nous, dianoia* und *noema* zur Bezeichnung der Personmitte, des inneren Menschen (Röm 7,22ff; 12,2; Eph 4,23; Hebr 8,10; 10,16; Phil 4,7). Sie meinen den Ort der kognitiven (Röm 12,2; 1Kor 1,10; Eph 4,23 und v.a. 2Thess 2,2) wie der normativen (Röm 1,28) Orientierung. So kann *nous* nicht nur als spezifisch menschliches Kalkulieren der in der Wirklichkeit sich bietenden Möglichkeiten (Phil 4,6f) verstanden werden; er ist – vergleichbar dem *Gewissen – auch der Ort der Verantwortung für das eigene Handeln (vgl. Röm 14,5; Tit 1,15; für *dianoia* vgl. Hebr 8,10; 10,16). Die ntl. Aussagen nehmen schon die moderne Reflexion des Theorie-Praxis-Problems vorweg. Der *nous* als Zentrum der Person ist der Ort, an dem und von dem aus sich sowohl die Erneuerung und Umgestaltung des Menschen vollzieht (Röm 12,2; Eph 4,23) als auch Verderben und Untergang der Existenz des einzelnen und der Gemeinschaft, in der er steht, ihren Ausgang nehmen (1Tim 6,4f.9; 2Tim 3,8f). Auf Grund der sozialen Dimension des *nous* wirkt eine verderbte Gesinnung sich immer auch aus auf die Praxis des Handelns (Eph 4,17-19). Die unheilvolle, den Menschen wie die Gemeinschaft bedrohende Praxis wirkt aber auch zurück auf das Urteils- und Wahrnehmungsvermögen (vgl. Röm 1,21-32).

c. Geistige Aspekte des Menschseins:

Die Wortgruppe bezeichnet aber nicht nur die Mitte des Person-Seins und das Theorie-Praxis-Feld, in dem der Mensch steht, sondern auch die intellektuellen, geistigen Aspekte des Menschseins in einem engeren Sinne.

Nous kann das rationale Vermögen des Menschen ansprechen (Offb 13,18), besitzt eine rationale Komponente (Röm 12,1-2). *Nous* und *dianoia* sind anfällig für Schwärmerei und Spekulation (Kol 2,18f; vgl. 1Petr 1,13); sie können verstockt, verderbt werden (2Kor 4,4; 1Tim 6,5). Demgegenüber gilt gerade die Nüchternheit der Orientierung (1Petr 1,13), die Wahrnehmung (*synesis*; Mk 12,30), das intellektuelle Durchdringen und Begreifen der Welt als Wert (vgl. Lk 2,47; Eph 3,4; Kol 2,2; 2Tim 2,7). Hervorzuheben ist die positive Wertung des Verstandes für die Gottesbeziehung (Mt 22,37; Mk 12,30; Lk 10,27; für *noema* vgl. 2Kor 3,14; 4,4).

Nous, dianoia und *noema* meinen aber nicht nur den konstativen Aspekt, eine bestimmte Denkweise, Orientierung (vgl. noch 1Kor 1,10; 2Kor 11,3; Phil 4,7; 1Petr 1,13) und Einstellung (Lk 1,51; 1Petr 4,1, *ennoia*). Sie sprechen auch die zielbezogene Dimension des menschlichen Geistes an, die Pläne und Absichten des Menschen (*nous*: Röm 7,23.25; *nous* kann auch für Gottes Planen stehen: Röm 11,34; 1Kor 2,16; *dianoema*: Lk 11,17; vgl. 2Kor 2,11 zu den *noemata*, den Gedanken und Absichten des Satans) und bezeichnen sogar seinen Willen (Röm 7,23.25). In sehr aktuell anmutender, die postmoderne Aufklärung über die Aufklärung vorwegnehmender Weise (vgl. Hempelmann, 1988, 25f) wird die *dianoia* des Menschen sogar als eine dynamische Größe, als durch einen Willen bestimmt vorausgesetzt (Eph 2,3; vgl. Kol 1,21; 2Kor 10,5; die *noemata* müssen gefangen genommen werden).

Das Vernunft- und Orientierungsvermögen ist keine abstrakte, von der Existenz ablösbare Größe. Vielmehr tut der »natürliche Mensch« den »Willen seiner Gedanken« (Eph 2,3). Die Leibhaftigkeit, das Eingebundensein »der« Vernunft in die Existenz des Menschen als »*Fleisch« (*sarx*) wird im NT - wiederum in erstaunlicher Parallelität zu heutigen selbstkritischen philosophischen Einsichten (s.u. II.) – aber noch radikaler gekennzeichnet. Der Mensch erfährt nicht nur immer wieder die Ohnmacht seines *nous* gegenüber der ihn beherrschenden Verfaßtheit als Fleisch und eine daraus resultierende quälende Zerrissenheit (Röm 7,18-24). Das Fleisch kann die Orientierung eines Menschen sogar ganz bestimmen, zum Subjekt seiner Vernunft werden (Kol 2,18; vgl. Röm 8,6f; Eph 2,3 sind *dianoia* und *sarx*, »Fleisch«, deshalb parallel gebrauchte Begriffe). Daß Vernunft (als Orientierungsvermögen und -wille) und Verstand (als Denkweise) durch *sarx* bestimmt sind, bedeutet aber nicht nur, daß jeder geistige Akt eine Willens-komponente besitzt und daß alles Denken des natürlichen Menschen bestimmt ist durch sein Fleisch als – in der Konsequenz - widergöttlichen Selbstbehauptungswillen (Kol 1,21). Es schließt auch die Teilhabe von *nous, dianoia, noema* etc. an der Konstitution des Menschen als *sarx* ein (vgl. 1Petr 1,24f). Vor diesem Hintergrund werden die Aussagen des NT verständlich, die nicht die Allmacht, sondern die Ohnmacht des *nous* hervorheben (Röm 7,23.25), die Bedrohtheit des Orientierungs- und Denkvermögens voraussetzen, wenn sie von seiner Verderbtheit reden (vgl. 1Tim 6,5), die Begrenztheit des menschlichen *nous* behaupten, für den die Welt in ihrer Struktur und ihrem Verlauf eben nicht überschaubar ist (Phil 4,7) und schließlich auch die Horizonthaftigkeit und unüberholbare Individualität menschlicher Einsichten betonen (vgl. Phil 3,15f). Es liegt im Stückwerkcharakter menschlicher Erkenntnis (1Kor 13,12) begründet, daß – auch in der Gemeinde Jesu Christi –jeder für sich völlig von seiner Einsicht überzeugt sein kann, ohne daß alle derselben Ansicht sein müßten (Röm 14,5). Die Horizonthaftigkeit, »Beschränktheit« des an den einzelnen (»Starken« oder »Schwachen«; Röm 14) gebundenen *nous* wird ausdrücklich anerkannt, wenn verschiedene Weisen christl. Orientierung in der Praxis als legitim anerkannt und kein letzter, erkenntnismäßiger Ausgleich gesucht wird.

d. »Vernunft/Verstand« als Teil des Gottesverhältnisses des Menschen:

Dem Verhältnis des Menschen zu Gott kommt nach den bibl. Zeugnissen eine elementare Bedeutung für das menschliche Orientierungs- und Wahrnehmungsvermögen zu. Der Unverstand des Menschen (*anoia*), sein Unverständig-Sein resultiert aus seinem Widerstand gegen Gott, und sein Widerstand, seine Feindschaft gegen Gott (Kol 1,21; vgl. Röm 8,6f), ist Resultat des Hochmutes seiner *dianoia* (vgl. Lk 1,51; 2Tim 3,8), der der Hochmut seines Fleisches ist. Die Verwerflichkeit des *nous*, die Verderbtheit des geistigen wie sittlichen Orientierungsvermögens ist Resultat der Abwendung von Gott, der Entfremdung vom Leben Gottes (Eph 4,17f). Dieser Widerstand gegen die Wahrheit, aus dem notwendig Unverstand entsteht, ist begründet in dem Bestreben des Menschen, Weisheit aus sich selbst zu haben, verständig zu sein bei sich selbst und durch sich selbst, d.h. unabhängig von Gott. Im Wort vom Kreuz (1Kor 1,18) geht Gott an dieser »Weisheit« der »Weisen« und an diesem »Verstand« der »Verständigen« vorbei. Die Konfrontation mit dem Handeln Gottes in dem Fleisch gewordenen (Joh 1,14), gekreuzigten und aus den Toten auferstandenen Jesus Christus deckt die Hohlheit und Nichtigkeit einer Vernunft auf, die »durch die Weisheit Gott nicht erkannte« (1Kor 1,21); und sie läßt die Sünde des Hochmutes als eigentliche Ursache der Perversion des *nous* zur *anoia* des Menschen erkennen, der sich und seine Gedanken, Vorstellungen von Gott, Welt und Mensch für weise, für absolut gültig hält und so an der Offenbarung des lebendigen Gottes vorbei in sein Unheil geht (Röm 1,28).

Eine – im Gegenüber zu neuzeitlich-modernem Denken – wesentliche Einsicht bibl. Sprachzeugnisses besteht in dem Wissen um die in der *sarx*-haftigkeit begründete Labilität von Vernunft und Verstand des Menschen. Weil *nous* immer *nous* des Menschen, ja eines bestimmten Menschen mit seiner Prägung und Geschichte ist, ist er immer gefährdet und bedroht, verfinstert und verderbt zu werden. Gerade weil der Mensch immer wieder die in seinem Fleisch angelegte Möglichkeit realisiert, dem Geschöpf mehr Verehrung und Gottesdienst darzubringen als dem Schöpfer und ewigen Gott (Röm 1,25), weil er sich zum Feind Gottes macht, indem er seine Erkenntnis (seine Vernunftschlüsse, 2Kor 10,5) absolut setzt (damit für göttlich, unbedingt hält), kann das Erkenntnis-, Wahrnehmungs- und Orientierungsvermögen nur heil werden bzw. gesund bleiben, wenn der Mensch vor Gott steht, im Angesicht Gottes seine bloß menschliche Konstitution und Gott als seinen Herrn (an-)erkennt. Vernünftig ist und wird der Mensch darum nur dort, wo er seine *noemata* (Gedanken, Überlegungen, Orientierungen) gefangen nimmt unter den Gehorsam des Christus (2Kor 10,5), d.h. seinen *nous* und seine *noemata* als Teil seiner menschlichen Existenz hin- und einordnet in seine Beziehung zu Christus als dem Herrn seines ganzen Lebens. Da Sünde die eigentliche Ursache für das fehlende, zerstörte Orientierungsvermögen ist, da der Gott dieser Welt die *noemata* der Ungläubigen verblendet hat (2Kor 4,4), ist Gott selber, indem er den Glauben zu ihm schenkt, in der Beziehung zu sich neues Leben gibt, derjenige, der den Menschen öffnet für die Erkenntnis Gottes und das Verständnis seiner Wege (Lk 24,45; Kol 1,9; 2Kor 3,6; 2Tim 2,7; 1Joh 5,20).

Durch den Geist Gottes zur Wahrnehmung, zum Verstehen und zur Vernunft befreit (2Kor 3,17) werden die Gläubigen verwandelt, indem sie mit aufgedecktem Angesicht die Herrlichkeit des Herrn anschauen (2Kor 3,18). Durch die Anschauung des *nous* (Planes) Gottes mit dieser Welt, wie er sich in Jesus Christus verkörpert (vgl. 1Kor 2,6-16, v.a. V 6f.16), werden sie umgestaltet, indem sie nicht mehr in den Strukturen, Schemata und Begriffen dieses Äons denken, sondern ihren *nous* erneuern lassen durch den Heiligen Geist (Röm 12,1-2), der ihnen Christus als Gekreuzigten vor Augen stellt (Gal 3,1; vgl. 1Kor 2,2). Eine solche Erneuerung der Vernunft und des Verstandes hat aber auch Konsequenzen für die Welterkenntnis des Christen. So wie die Verweigerung der Anerkennung der Gottheit Gottes die Wahrnehmung der Schöpfung und ihres Charakters als Hinweis auf ihren Urheber verstellt, so hat die Anerkennung Gottes im Glauben eine unverstellte, vernünftige Wahrnehmung der Welt und des in ihr vom unsichtbaren Gott Sichtbaren zur Folge (Röm 1,19-21; vgl. Spr 1,7; *Erkennen/Erkenntnis).

II. GLAUBE UND VERNUNFT.

1. Vielfach werden Glaube und Vernunft als zwei Erkenntnisweisen verstanden, die sich nur im Grad ihrer Gewißheit unterscheiden. Man »glaubt« an das, was man eben nicht mehr vernünftig einsehen, »wissen« kann. So ist es nach dem rationalistischen Philosophen Chr. Wolff »klar, daß Gott nichts offenbart, was wir durch die Vernunft erkennen können« (1733, §§ 1012.1014); umgekehrt gilt, daß das, »was Gott soll geoffenbaret haben, den Wahrheiten der Vernunft nicht zuwider sein« kann. Gemäß den bibl. Aussagen hört die Vernunft aber nicht dort auf, wo der »Glaube« anfängt; vielmehr kommt der Mensch durch den Glauben erst zur Vernunft. »Vernunft« ist gar nicht möglich ohne Glauben, ohne die Einordnung des labilen, von der Perversion des *nous* zur *anoia* bedrohten Erkenntnisvermögens in die Gottesbeziehung als Ort, der allein Erkenntnis und heilvollen Weltumgang garantiert.

2. Für neuzeitlich-modernes, »aufgeklär-

tes« Denken ist die Vorstellung prägend, daß es sich bei »der Vernunft« um ein sicheres, weil un-bedingt gültiges Erkenntnisvermögen handelt. Die bibl. Aussagen kennzeichen dagegen *nous, noema, dianoia* und *synesis* als Funktion der *sarx* des Menschen und damit als eminent gefährdetes Orientierungsstreben. Die für abendländische Konzepte von Philosophie und Wissenschaft charakteristische Redeweise von »der« Vernunft ist aus bibl. Perspektive als unkritische Ablösung von der Geschichtlichkeit, Horizontgebundenheit, Individualität und Leiblichkeit, Endlichkeit und Irrtumsfähigkeit menschlicher Existenz, an der »Vernunft« wie »Verstand« eines Menschen partizipieren, abzuweisen.

3. Biblischer Gebrauch von *nous* etc. vermeidet bezeichnenderweise alles Reden von einem Vernunft-Begriff. Gegenüber der Vergöttlichung *des* ewigen, unbedingten, göttlichen *nous* klingt die Rede von den Gedanken (*noema* wird in den meisten Fällen im Plural gebraucht) fast schon polemisch. Indem das NT von der Vernunft des Fleisches eines Menschen spricht, wendet es sich gegen alle abstrakten Begriffe von »der« Vernunft und betont die Individualität der »Gedanken« *eines* Menschen. Gegen alle Versuche einer »vernünftigen«, allg. gültigen und verbindlichen Letztbegründung von Positionen muß heute gerade auch aus philosophischer Perspektive eingewandt werden, daß das Fundament solcher Anstrengungen nicht »vernünftig«, durch »die« Vernunft, begründet werden kann.

4. Bei aller noch so berechtigten Kritik eines ideologisierten und personifizierten Vernunft-Begriffes kann es freilich nicht das Ziel einer am bibl. Denken orientierten Theologie sein, die Reichweite vernünftiger Argumentation soweit wie möglich einzuschränken, um zum »Glauben« – möglichst viel – Platz zu bekommen, oder das kritische Potential vernünftiger Reflexion so weit wie möglich zu entschärfen, um – vermeintlich – den »Glauben« zu schützen. »Glauben« er hielte auf diese Weise einen irrationalen, ja antirationalen Charakter, der nicht nur der zentralen, aus dem Glaubensbekenntnis Israels (5Mo 6,5f) abgeleiteten Weisung Jesu widerspräche, Gott auch mit dem ganzen Verstand zu lieben (Mt 22,37), sondern auch der Einsicht zuwiderliefe, daß die Vernunft eines Menschen nur da zur Vernunft kommt, wo der Mensch zum Glauben an Gott kommt und den höchst irrationalen »Glauben« an »die« Vernunft verliert.

Literatur: H.Albert: Die Wissenschaft und die Fehlbarkeit der Vernunft, 1982; O. Bayer: Die Geschichten der Vernunft sind die Kritik ihrer Reinheit, in: B. Gajek (Hrsg.) Hamann – Kant - Herder. Acta des vierten Internationalen Hamann-Koloquiums 1985, 1987, S. 9-81; J. Goetzmann, G. Harder: TBLNT, [4]1986, 1288-1296; P. Hazard: Die Krise des europäischen Geistes, 1939; H. Hempelmann: »Gott ein Schriftsteller!« Johann Georg Hamann über die End-Äußerung Gottes ins Wort der Heiligen Schrift und ihre hermeneutischen Konsequenzen, 1988; ders.: ». . . keine ewigen Wahrheiten, als unaufhörlich Zeitliche«. Hamanns Kontroverse mit Kant über Sprache und Vernunft, in: ThBeitr 18/1987, S. 5-33; ders.: Kritischer Rationalismus und Theologie als Wissenschaft. Zur Frage nach dem Wirklichkeitsbezug des christlichen Glaubens, [2]1987; W. Hoffmeister: Philosophisches Wörterbuch, 1955; K.H. Michel: Immanuel Kant und die Frage der Erkennbarkeit Gottes. Eine kritische Untersuchung der »Transzendentalen Ästhetik« in der »Kritik der reinen Vernunft« und ihrer theologischen Konsequenz, 1987; K.-R. Popper: Logik der Forschung, [5]1973; R. Riesner: Der Christus-Offenbarung nach-denken. Anmerkung zur paulinischen Hermeneutik in 1. Kor 1,18-2,16, in: J. Cochlovius, P. Zimmerling: Evangelische Schriftauslegung. Ein Quellen- und Arbeitsbuch für Studium und Gemeinde, 1987, S. 416-423; S. Scharrer: Theologische Kritik der Vernunft, 1977; P. Stuhlmacher: Zur hermeneutischen Bedeutung von 1.Kor 2,6-16, in: ThBeitr 18/1987, S. 133-158; H.W. Wolff: Anthropologie des Alten Testaments, [2]1974; Chr. Wolff: Vernünftige Gedanken von GOTT . . ., [5]1733.

H.H.

VERRAT. Im Dt. auch: durch falschen Rat irreleiten und auf jemandes Verderben sinnen.

1. Im AT geschieht V. auf vielerlei Weisen und wird mit verschiedenen hebr. Worten wiedergegeben. V. erscheint zunächst im klassischen Sinn von »verpetzen«, »anzeigen« (*Rahab in Jericho, Jos 2,14; *Saul in Nob, 1Sam 22,22). In der *Weisheitsliteratur steht V. – hebr. *pātah* – im Sinne von unbedachtem »Schwatzen«, von Unfähigkeit, Geheimnisse zu bewahren (Spr 11,13; 20,19; 25,9). Hier besteht auch eine Nähe zur *Verleumdung und damit zum 8. Gebot (2Mo 20,16). Selten findet sich auch V. – hebr. *gālah* – als »aufdekken« und »entblößen« (Jes 16,3). V. wird aber hauptsächlich mit hebr. *ramāh*, »verraten«, »täuschen«, »betrügen« ausgedrückt. (*Laban betrügt *Jakob um seine Frau, 1Mo 29,25; *Saul wird betrogen durch seine Tochter *Michal, 1Sam 19,17). Nicht nur Menschen, auch Gott kann verraten werden, was bes. durch die prophetische Kritik deutlich wird. V. wird hier zu »Trug« (Jer 9,5), zur »Lüge« (Hos 12,1); Gott wird verkannt. Ganz konkret wird V. bei einer »falschen Waage« oder bei »falschem Gewicht« (Hos 12,8; Am 8,5; Mi 6,11), d.h. das Volk und der Gerechtigkeit fordernde Gott (Ps 24,4) werden verraten, weil die Oberschicht sich ohne Reue schamlos bereichert (»keine Sünde« Hos 12,9).

2. Im NT liegt dem dt. »verraten« das

griech. *paradidomi* - ein vielschichtiger Begriff – zugrunde. Er bezeichnet ebenso das »Anvertrauen« (Mt 11,27; 25,14) wie das »Überliefern« im Sinne von »weitererzählen« (Lk 1,2), »-geben« (Apg 6,14). Die Hauptbedeutung liegt freilich in »verraten«, »ausliefern«, »übergeben«, oft in Verbindung mit *Judas Iskariot (Mt 10,4; 26,25; 27,3). Durch Geld gelockt (Mt 26,15) oder vom Teufel verführt (Joh 13,2) verrät Judas »unschuldiges Blut« (Mt 27,4). *Paradidomi* ist das Schlüsselwort für das Verstehen der Passionsgeschichte Jesu. Jesus ist das wehrlose Opfer von »Verrätern«, die ihn »ausliefern«: Judas liefert ihn aus an das Synedrium (*Sanhedrin; Mt 26,15), dieses übergab Jesus dem Statthalter Pontius *Pilatus (Mt 27,2 »überantworten«), Pilatus übergab Jesus den Soldaten, die ihn ans Kreuz schlugen (Mt 27,26). Vom allg. »Preisgeben« bis zum juristischen »Überantworten« ereignet sich der V. Auch *Petrus (Mt 26,73) und die fliehenden Jünger (Mt 26,56) übernehmen ihren Anteil am V., d.h. alle werden schuldig aus Angst, Enttäuschung oder aus dem Wunsch, die Verhältnisse aufrecht zu erhalten. Theologisch wichtig ist, daß der Vater selbst den Sohn nicht verraten, aber »ausgeliefert«, »dahingegeben« hat (Röm 4,25; 8,32). Im Versagen der Menschen vollzieht sich Gottes Heilshandeln. Jesus hat diese Auslieferung durch den Vater angenommen (Mt 26,42; vgl. aber Mt 27,46). Er hat sich, wie Paulus schreibt, selbst ausgeliefert (»dahingegeben« Gal 2,20; Eph 5,2) aus Liebe zu den Menschen. In den Paulusbriefen kann *paradidomi* im Kontext der Gemeindezucht auch »übergeben« (. . .dem Satan, 1Kor 5,5) bedeuten, aber auch »dahingeben« (. . .in den Tod, 2Kor 4,11; . . .in den Begierden ihrer Herzen, Röm 1,24).

Literatur: L. Goppelt: Theologie des Neuen Testaments 1, 1976, S. 273-776. W.Be.

VERSAMMLUNG. Mit dem Substantiv »Versammlung« werden verschiedene hebr. Wörter wiedergegeben, wovon eines auch mit »Zusammenkunft« übersetzt wird.

1. *mōʿēd* und *ʿēdah* leiten sich ab von der Wurzel *jāʿad*, »vereinbaren, festlegen, bestimmen«. *mōʿēd* bezeichnet einen vereinbarten Ort, Zeit oder Treffpunkt und taucht 223 mal auf (z.B. 1Mo 18,14; Hos 9,5 - »vereinbartes Fest«). Die am häufigsten gebrauchte Verbindung *ʾōhäl mōʿēd* bedeutet »Zelt der Zusammenkunft« (RevEB: »Zelt der Begegnung«, LÜ: »Stifthütte«) – eine Übersetzung, die die Bedeutung einer »ewigen Ordnung« nicht vermittelt (z.B. 2Mo 27,21). In Jes 14,13 bezeichnet *mōʿēd* den »Berg der Versammlung« im fernsten *Norden. *ʿēdah* erscheint 149 mal (jedoch nicht in 5Mo) und bezeichnet eine durch Verabredung versammelte Gruppe von Menschen.

2. Der Begriff *qāhāl*, der abgeleitet ist aus einem Stamm mit der Bedeutung »sich versammeln«, kommt 123 mal vor – für Kriegszwecke (z.B. 2Sam 20,14), zu Aufruhr (4Mo 16,3) oder zum Gottesdienst (z.B. 4Mo 10,7). In 5Mo 5,22 steht *qāhāl*, als sich ganz Israel versammelt (RevEB), um das Wort Gottes zu hören, und in 5Mo 23,3, wo feierlich erklärt wird, wer aus der Gemeinde ausgeschlossen bleibt. Es zeigt sich, daß *ʿēdah*, das ältere Wort, im 2Mo und 5Mo durchgehend als eher technische Bezeichnung für »die Versammelten« (zu einem spezifischen Zweck) gebraucht wird, wogegen *qāhāl*, in 5Mo und von späteren Schreibern bevorzugt, die Bedeutung »ganz Israel durch Gott zu einem theokratischen Staat zusammengefügt« bekommt.

3. Das seltene Wort *ʾazärät*, aus einem Stamm mit der Bedeutung »zurückhalten« oder »einschließen«, wird in Verbindung mit hohen Festen – z.B. *Passa – oder *Laubhüttenfest (5Mo 16,8; 3Mo 23,36) – mit »Versammlung« oder »Festversammlung« wiedergegeben (z.B. Neh 8,18; Jes 1,13; Am 5,21). Dieses Wort, mit *panēgyris* im Griech. wiedergegeben, findet sich auch bei der »(Fest)versammlung« in Hebr 12,22.

4. In der LXX wurde *ekklēsia* normalerweise zur Übersetzung von hebr. *qāhāl* verwendet, manchmal für *ēdah*, das im Griech. auch mit *synagōgē* übersetzt wurde. Im NT bezeichnet *ekklēsia* normalerweise die »Kirche« oder »Gemeinde«; Apg 19,39f erscheint es in seiner klassichen Bedeutung als Ausdruck für eine politische Versammlung. LÜ übersetzt in Apg 13,43 *synagōgē* mit »Gemeinde« (RevEB, ZÜ: »Synagoge«); Jak 2,2 meint ein jüd.-christl. Treffen. Nachdem *synagōgē* ähnlich wie »Kirche« im Dt., sowohl die V. als auch den Versammlungsraum bezeichnen konnte, und nachdem sich die Christen nicht mehr in Synagogen versammelten, wählten sie *ekklēsia* als Bezeichnung für sich selbst als *Gemeinde.

Literatur: K.L. Schmidt: ThWNT III, 1930, 502-539; L. Coenen: TBLNT II, [4]1986, 784-799 (Literatur). M.R.W.F.

VERSCHLIESSEN. Verschlossen werden *Türen und Tore (Ri 3,23; Jes 24,10; 45,1; Joh 20,19; Apg 5,23), Häuser (3Mo 14,38) oder auch Städte (Jos 6,1: Jericho; Jer 13,19: Städte im Südland), eine Wasserquelle (2Chr 32,30) oder Kerker (Jes 42,22).

Häufig wird V. in der Bibel im übertragenen Sinn gebraucht für Gottes Handeln. Er verschließt den Mutterleib und macht unfruchtbar (1Mo 16,2; 20,18; 1Sam 1,5f; Hiob 3,10; Spr 30,16; Jes 66,9), den *Himmel und versagt den *Regen um der *Sünde willen (1Kön 8,35; 2Chr 6,26; 7,13; Lk 4,25). Bevor der *Glaube kam, waren die Menschen »unter dem *Gesetz verwahrt und verschlossen« (Gal 3,23f), das sie auf Christus hinwies.

Im letzten *Gericht verschließt Gott manchen Menschen auch die Tür zum Heil (Mt 25,10; Lk 13,23) oder auch sein Erbarmen (Ps 77,10; vgl. auch *Verstockung). Den *Satan wird Gott einst im Abgrund verschließen (Offb 20,3), ebenso das »Heer der Hölle«, und die »Könige der Erde« (Jes 24,21f). Die Türen des neuen *Jerusalem werden nicht verschlossen sein (Offb 21,25). Die beiden Zeugen aus Offb 11 haben wie Gott selbst Macht, den Himmel zu v. (V. 6).

Verschlossen sein können das Ohr (Ps 58,5), die Augen (Apg 28,27) und das Herz (Ps 17,10; 1Joh 3,17) für die Not des Nächsten und für die Wahrheit. Der Prophet Jesaja soll in Gottes Auftrag die Offenbarung, die er von Gott erhalten hat, v. (8,16). Hld 4,12 wird die Braut mit einem verschlossenen Garten und einer verschlossenen Quelle verglichen.

VERSCHNITTENER. An den orientalischen Fürstenhöfen wurden V., d.h. auf verschiedene Weise (vgl. 5Mo 23,2) zeugungsunfähig gemachte Männer als Haremswächter (Est 2,3. 14; 4,5), vielfach aber auch für andere Hofämter verwendet. *Isebel hatte in ihrem Hofstaat V. (2Kön 9,32), auch *Zedekia hatte Ebed-Melech als Kämmerer nach dem Vorbild heidnischer Höfe (Jer 38,7). Damit unterlag das ursprünglich eindeutige hebr. Wort *saris*, das LÜ mit »*Kämmerer« wiedergibt, einer Bedeutungserweiterung, so daß nicht an sämtlichen Stellen, an denen es in der Bibel vorkommt, wirklich V. gemeint sein müssen. Die Gerichtsdrohung in 2Kön 20,17; Jes 39,7 schließt aber sicher die körperliche Verstümmelung mit ein. In Israel war das Verschneiden sowohl bei Menschen wie bei Tieren verboten, kein V. durfte in der Gemeinde des Herrn Aufnahme finden (5Mo 23,2; 3Mo 22,24). Entmannung schloß vom Priesterdienst aus (3Mo 21,20). Denn in Israel betrachtete man die Zeugung von Kindern als Pflicht, Nachkommenschaft als Segen und Potenz in der Ehe als eine göttliche Gabe, die deshalb durch Gott geordnet ist (1Mo 1,28; 30,1ff; 33,5; 1Sam 1,1ff; 2Sam 6,21ff; Ps 127,3; 128,3).

Für die Heilszeit Gottes aber gilt, daß der Herr auch den V. annimmt (Jes 56,3-5; vgl. Jer 38,7ff; 39,15-18); von daher erhält die Taufe des Kämmerers (griech. *eunouchos*) der Kandake (Apg 8,27-39) bes. Bedeutung.

In Mt 19,12 wird »verschnitten« (*eunouchos*) für Menschen verwendet, die von Geburt an mißgebildet sind, ebenso für solche, die von Menschen verschnitten wurden. Schließlich werden auch die, die um der Gottesherrschaft willen freiwillig auf die Ehe verzichten, als V. bezeichnet (vgl. 1Kor 7,7.18-20.25-40).

VERSCHWÖRUNG. (Hebr. *qäschär*, griech. *systrophē, synhōmosia, epiboulē*). V. kann in der LÜ auch mit den Begriffen »Anschlag« und »Aufruhr« übersetzt werden. Der Begriff V. wird dort gebraucht, wo ein Beschluß mehrerer Personen, etwas zu tun, mißbilligt wird; sei es aufgrund des negativen Ziels des Beschlusses, sei es wegen der negativen Absicht der sich Verschwörenden. Meist steht der Begriff beim Vorsatz des Mordes in Verbindung mit dem Sturz der Regierung. So finden sich die meisten Belege in der Königszeit: *Absaloms Aufruhr (2Sam 15,12), der Putsch *Simris (1Kön 16,20), die V. gegen *Atalja (2Chr 23,13), bei *Joasch (2Kön 12,21), *Amazja (2Kön 14,19; 2Chr 25,27), *Schallum (2Kön 15,15), *Hoschea (2Kön 15,30), ebenso beim Kampf gegen Israels Abhängigkeit von Assur (2Kön 17,4).

Im AT (Jer 11,9-11) nennt Jahwe die andauernde Sünde des Südreiches eine fortgesetzte V. des Volkes gegen ihn, die sein *Gericht zur Folge hat. Der Bund der Sünde ist dem Jahwebund vom Sinai entgegengesetzt (11,3). So fordert Gott auch in Jes 8,12f, daß sich das Volk mit Jahwe selbst verschwören soll: er ist als Gott Israels zu fürchten.

Im NT wird die Tötungsabsicht der *Pharisäer gegenüber Jesus schon früh »Verschwörung« genannt (Mt 12,14). Auch Paulus ist seit seiner Begegnung des Auferstandenen vor *Damaskus von V.en, die seine Ermordung zum Ziel haben, bedroht (Apg 9,29; 20,3.19; 23,12.13.30). In Apg 19,40 ist »Aufruhr« im Sinne von »Zusammenrottung« zu verstehen. (Vgl. *Abfall/*Apostasie). J.E.

VERSIEGELN s. Siegel

VERSÖHNUNG.

I. WORTBEDEUTUNG UND –VORKOMMEN.

In der LÜ des NT begegnet »Versöhnung« bzw. »versöhnen« für zwei griech. Ausdrücke.

1. Der eine von ihnen, *katallagē/katallassein*, findet sich im außerbibl. Griech. nicht

oft, hat aber einen festen Platz im Ehe- und Familienrecht (vgl. 1Kor 7,11). Dem Grundwort, *allagē*, eignet der Sinn von Änderung. Es kann die Änderung der Staatsform und der Verfassung meinen. Dann handelt es sich um eine rechtsgültige, allg. bindende Änderung der Bedingungen, unter denen man das Leben führen kann bzw. muß. Diesen Ausdruck, der rel. nicht besetzt ist, nimmt allein Paulus auf; er »macht ein neues Wort« (Luther). Für diesen paulin. Sprachgebrauch findet sich im AT kein Beleg.

2. Der andere Ausdruck, *hilasmos*, gehört dagegen in die Sprache des Gottesdienstes. Hier erinnert »Versöhnung« daran, daß Gott in Israel V. für die Sünden gewährt und geordnet hat, bei welcher Opferdarbringung, Flehen um Vergebung und Anerkenntnis der Verantwortung und Schuld unlöslich verbunden sind (vgl. *Sühne). Eine Wiedergabe dieses Ausdrucks durch »Befreiung« von Sünde oder ähnlich bringt daher diesen Zusammenhang nicht zur Sprache (so bei Wilckens).

3. Der oben zuerst angeführte Ausdruck *katallagē* findet sich an zwei Stellen, die für die *Verkündigung des Paulus besondere Bedeutung haben, nämlich Röm 5,10f und 2Kor 5,18-20. Außerdem steht er noch Röm 11,15 in demselben Sinn wie in Röm 5,10f; 2Kor 5,18-20, und in 1Kor 7,11 in eherechtlicher Bedeutung. Röm 5 spricht Paulus von den durch Gott geschaffenen Bedingungen, unter denen die Christusgläubigen ihr Leben bis zur *Wiederkunft Jesu führen müssen bzw. dürfen. 2Kor 5 verteidigt und begründet er Auftrag und Dienst eines Apostels Jesu Christi mit der Entfaltung des Handelns Gottes, in dem er die Welt mit sich versöhnt hat. An beiden Stellen stehen »Versöhnung« und »*Rechtfertigung« einander im Zusammenhang sehr nahe: die V. empfangen haben und gerechtfertigt sein meint im Blick auf den Menschen, von dem das gesagt wird, letztlich dasselbe.

4. Der andere Ausdruck, *hilasmos*, findet sich 1Joh 2,2 und 4,10, stammgleiche Wörter außerdem Lk 18,13; Hebr 2,17; 9,5 und Röm 3,25. Auch diese Stellen haben im Zusammenhang jeweils bes. Gewicht. 1Joh 2,2 spricht von der Sendung Jesu als des Versöhners für die Sünden der Welt; 4,10 faßt im Anklang an Ps 51,3 das bittende Flehen des Sünders darin zusammen: »Gott, sei mir Sünder gnädig« (d.h. gewähre in deinem Erbarmen V.). Von der V. für die Sünden des Volkes in der Weise, in der dies der Hohepriester alljährlich üben sollte, reden die restlichen Stellen: Dieser von Gott gegebene Auftrag wird als von Christus allein erfüllt beschrieben.

II. VERSÖHNUNG BEI PAULUS.

Paulus spricht davon, daß Gott das Verhältnis zwischen sich selbst und den Menschen grundlegend gewandelt hat, als er »in Christus war und die Welt mit sich selber versöhnte« (2Kor 5,19).

1. Gott ist es, und zwar Gott allein, der hier handelt. Menschen widerfährt die V. (wir sind mit Gott versöhnt worden: Röm 5,10), sie empfangen die V. (Röm 5,11), und wenn ihnen gesagt wird: »Laßt euch versöhnen mit Gott!« dann meint das, sie sollen die V. empfangen, sich schenken lassen (2Kor 5,20).

2. Die V. ist geschehen für alle und gilt auch allen. Parallel stehen »Welt«, »wir« und »alle« als diejenigen, denen zugut und an denen Gott in der V. handelt (»uns«: 2Kor 5,18; »Welt«: V. 19; »alle«: V. 14f). Sie ist geschehen (in der Vergangenheit); da Gott aber zugleich den Dienst der V. (LÜ: das Amt, das die Versöhnung predigt) gegeben hat, ist Gottes Handeln an der Welt noch nicht abgeschlossen. Noch immer werden alle Lebenden gerufen: »Laßt euch versöhnen mit Gott!« (2Kor 5,19f).

3. Dieser Dienst der V., zugleich mit ihr selbst gestiftet, wird von den Botschaftern (Gesandten) Christi ausgerichtet. Sie verkündigen das Wort vom Kreuz und rufen dadurch die V. Gottes mit der Welt als die Grundverfassung aus, in welcher Gott mit den Menschen handeln will und wird. Im Gesandten aber redet der Sendende selbst (»Botschafter an Christi Statt«: 2Kor 5,20). In seinem Namen und in seiner Vollmacht ist der sendende Herr selbst mächtig und kräftig. Er, also der Versöhner selbst, bittet: »Laßt euch versöhnen mit Gott!«

4. Der Dienst der V. rückt V. und Rechtfertigung zusammen: Wer auf das Wort von der V. hin an Gott in Christus glaubt, der ist in solchem Glauben ohne alle Werke und Leistungen auch gerechtfertigt; er hat in der Rechtfertigung die V. empfangen (Röm 5,1.11). In der Weise des Bekenntnisses wird sowohl von der Rechtfertigung wie von der V. gesprochen (das »Wir« des Bekenntnisses). Das schließt ein, daß der Versöhnte sich Gottes rühmt, d.h., daß er Gott preist als den, der das alles an ihm getan hat (Röm 5,1-11).

5. Warum heißt dieser Vorgang aber »Versöhnung«? Paulus sagt es deutlich. Es bestand Feindschaft zwischen Gott und den Menschen (»... als wir noch Feinde waren...«: Röm 5,10). Diese Feindschaft bestand nicht nur von einer Seite. Daß die Menschen Gott gegenüber feindlich waren, steht in der Bibel (Jes 1,2) zwar im Vordergrund solcher Aussagen; ihr Verhalten wird einer Rebellion verglichen und *Sünde ist Abbruch an dem, was Gott ge-

hört (hebr. *päscha*). Ja, unter der Macht der Sünde ist »Fleisch« gleichbedeutend mit Feindschaft gegen Gott (Röm 8,7). Also lebt der Mensch wie von Natur her in solcher Feindschaft gegen Gott (vgl. Eph 2,3). Aber in Röm 5 geht es darum, daß wir umgekehrt auch Gott verhaßt sind, daß er mithin gegen den Menschen steht (beachte die Reihe: wir sind »schwach«, »Sünder«, »Feinde«, nämlich von Gott her gesehen: V. 6,8.10).

Dieses beiderseitige Widereinander hat Gott durch die V. beendet – aber nicht so, wie Menschen sich versöhnen mögen: daß die Vernunft dazu rät, daß man am besten fährt, wenn man die Feinschaft begräbt und im Geist der V. miteinander umgeht. Vielmehr hat Gott die Welt mit sich selbst so versöhnt, daß er in Christus war (2Kor 5,19). Die V. wurde in der Lebenshingabe Jesu, in seinem Opfer für alle, Wirklichkeit (2Kor 5,14f). Dadurch deutet Paulus es an: Gott hat uns Menschen und sich selbst in der V. ernstgenommen. In Bezug auf den Menschen: Haben wir uns von ihm abgekehrt, befinden wir uns im Aufstand gegen ihn, hören wir nicht auf sein Wort, dann macht er uns auch dafür verantwortlich. Haben wir unverantwortlich gehandelt, so entläßt er uns doch nicht aus dieser Verantwortung für uns und unser Tun. Er zieht den Menschen zur Rechenschaft (vgl. 1Mo 3,8ff und Röm 7,7-25). Und Gott nimmt sich ernst: Ungehorsam, Aufstand, Abkehr vom Schöpfer ziehen den Tod nach sich (vgl. Röm 1,19-32). Ist die Tötung Jesu am Kreuz der Höhepunkt des Aufstands gegen Gott, so ist eben dieser Tod Jesu zugleich die Wende im Widereinander von Gott und Menschen. Denn da hat Gott »den, der von keiner Sünde wußte, für uns zur Sünde gemacht« und »verdammte die Sünde im Fleisch« (2Kor 5,21; Röm 8,3). So ist von Gott her Neues geworden, eben V. als Grundverfassung des Verhältnisses von Gott und Menschen (2Kor 5,17). So geht es fortan darum, daß »wir in ihm (Christus) die Gerechtigkeit würden, die vor Gott gilt« (2Kor 5,21).

V. meint also zunächst nicht eine Umstimmung im Innern der Menschen, ist nicht eine vernunftgemäße Einsicht und deren Umsetzung in die Tat, überhaupt nicht eine Einstellung, die man sich aneignen müßte oder könnte. Sie ist Gottes Tat in Christus, die neue Verfassung des Alls.

6. Das »Wort von der Versöhnung«, das Gott »aufgerichtet« hat, zeigt die gleiche Eigenart: Auch hier nimmt Gott den Menschen und sich selbst ernst. Er verfügt die V. nicht, setzt sie nicht mit Macht durch, zwingt niemanden, sich auf sie auch einzulassen. Im Gegenteil, Gott ermuntert durch seine Gesandten, diese bitten anstelle des sendenden Herrn: »Laßt euch versöhnen mit Gott!« (2Kor 5,20). Mit dem bittenden Wort von der V. sucht Gott das Herz der Menschen; er nimmt sie darin ganz ernst, daß er ihr Vertrauen sucht. Und dadurch nimmt er auch sich ernst: Er will den Menschen, der hört, hinhört und so für das Vertrauen zu dem gewonnen wird, der sich selbst ihm mit allem schenkt, was er ist und hat.

7. Aus diesen Aussagen des Paulus ergeben sich weitreichende und grundlegende Folgerungen für die Verkündigung der Kirche und das Menschenbild des christl. Glaubens.

a. Die Verkündigung der Kirche kann und muß die geschehene V. bezeugen; mit dieser Botschaft wendet sie sich an die Völker der Welt. Die Botschaft mündet in die Bitte: »Laßt euch versöhnen mit Gott!«. Damit ist der zentrale Inhalt ihres Auftrags beschrieben.

b. Daß Gott den Menschen für sein Tun verantwortlich macht, kann dabei nicht verschwiegen werden. Gründet nicht die Würde des Menschen und sein Recht in dieser Tatsache, auch dann noch oder gerade dann, wenn er unverantwortlich gehandelt hat? Diese Erkenntnis bleibt ein christl. Beitrag für die Rechtsfindung allg., besonders aber auch für die Verfolgung von Straftaten; der Täter ist »mündig«, also verantwortlich, jedenfalls vor Gott und seinem Willen.

III. VERSÖHNUNG AN DEN ÜBRIGEN STELLEN IM NEUEN TESTAMENT.

An diesen Stellen findet sich das unter I.2 angeführte griech. Wort *hilasmos.*

1. Der Zusammenhang dieses Ausdrucks mit dem Gottesdienst des atl. Israel erinnert zuerst daran, daß Gott V. für die Sünden gestiftet und geordnet hat. Es handelt sich daher nicht darum, daß Menschen auf Gott einzuwirken versuchen, sich bemühen, ihn günstig zu stimmen, sondern darum, daß Gott selbst in seinem Erbarmen für Israel solche V. gewährt. Nun heißt 1Joh 2,2 Christus selbst »die Versöhnung für unsre Sünden«. Nach 4,10 hat Gott den Sohn »zur Versöhnung für unsre Sünden« gesandt und darin seine Liebe gezeigt. Dadurch wird zweierlei hervorgehoben:

a. Gott selbst vollendet den Gottesdienst Israels durch die Sendung des Sohnes zur V. für unsere Sünden; in ihm beschafft er V. für die Sünden aller (1Joh 2,2).

b. Christus erfüllt seine Sendung damit, daß er als »Gottes Lamm, das der Welt Sünde trägt«, stirbt (Joh 1 ,29). Er ist Opfernder und Opfer zugleich.

2. Dem Zusammenhang bei Paulus vergleichbar geht es auch hier darum, daß sich die Menschen auf diese von Gott geschaffene

neue Grundverfassung des Verhältnisses von Gott und Mensch einlassen. Im Blick hat der Apostel dabei diejenigen, die an Christus glauben. Sie haben in ihm auch dann »einen Fürsprecher bei dem Vater«, wenn sie gesündigt haben (1Joh 2,1). Die Liebe Gottes aber, die ihnen in der Sendung Jesu Christi aufgeleuchtet ist, die sollen sie untereinander üben (1Joh 4,11).

3. Hebr. 2,17 nennt Jesus den treuen Hohenpriester, dessen Sendung darin besteht, die Sünden des Volkes zu versöhnen (LÜ: zu sühnen). Der Verfasser erinnert damit an den *Versöhnungstag nach 3Mo 16 und bezieht auch diesen Hinweis in die Aussage ein, daß Jesus den Gottesdienst Israels erfüllt hat. Hebr 9,5 und auch Röm 3,25 nennen den »Gnadenstuhl« (so Luther 1545; LÜ 1984: »Gnadenthron« bzw. »Sühne«). Damit ist der von Gott bestimmte Ort gemeint, an dem die V. für die Sünden Israels durch den Hohenpriester vollzogen werden sollte (3Mo 16,13f): der Deckel der *Bundeslade, gebildet durch die Flügel der Cheruben. Dort glaubte man Gott selbst gegenwärtig. Röm 3,25 nennt Christus als diesen Ort für die V. aller Menschen, nicht mehr für Israel allein.

4. Lk 18,13: »Gott, sei mir Sünder gnädig!«, steht außerhalb der Reihe der bereits genannten Stellen. »Sei gnädig« meint: Gewähre V. kraft deines Erbarmens. Dadurch wird allerdings in der Redeweise des AT zum Ausdruck gebracht, daß der Sünder seine Schuld anerkennt und bekennt, damit Gott in seinem Wort die Ehre gibt, das ihn als Sünder bezeichnet, und zugleich bei Gott und bei ihm allein Hilfe gegen die Sünde und gegen ihre Folgen erfleht. So aber, das sagt Jesu Wort, empfängt der Sünder die V., wird ihm vergeben (Lk 18,14).

Literatur: Kommentare zu den genannten Bibelstellen, besonders zu Röm und 2Kor; ferner in den Theologien des NT die Darstellung der Verkündigung des Paulus, z.B. W.G. Kümmel: Die Theologie des NT, 1980, S. 121ff; zum Stichwort »Versöhnung«: F. Büchsel: ThWNT I, 1933, 254-259; F. Büchsel, S. Herrmann: ThWNT III, 1938, 300-324; P. Stuhlmacher: Versöhnung, Gesetz und Gerechtigkeit. Aufsätze zur bibl. Theologie, 1981. H.G.

VERSÖHNUNGSTAG.

I. IM ALTEN TESTAMENT.

Der V. (hebr. *jōm ha-kippūrīm*) wird am 10. Tischri (September/Oktober; s. *Kalender), 10 Tage nach dem Neujahrstag und 5 Tage vor dem *Laubhüttenfest, begangen (4Mo 29,7); im Laufe der Zeit ist er zum feierlichsten aller jüd. Festtage geworden (vgl. 3Mo16,31; 23,32; s. *Feste). Damals wie heute ist er äußerlich charakterisiert durch Arbeitsverbot und striktes *Fasten (4Mo 29,7; 3Mo 16,29; 23,26-32), das von 3Mo 23,32 hergeleitet wird: »Ihr sollt euch kasteien (= fasten)!« Auf einen ursprünglich nomadischen Ritus könnte das Hinaustreiben eines Ziegenbocks für den Wüstendämon Asasel hinweisen, zumal die Deutung dieses Aktes als eines Wegtragens der Sünde neben der sühnenden Blutsprengung als eine Verdoppelung erscheint (vgl. 3Mo 16,21f mit V. 15f). Die kultische Begehung und theologische Bedeutung des V.s, wie sie vor allem im Heiligkeitsgesetz (3Mo 16) geschildert werden, weisen auf die Entsühnung (*kappārā*) Israels »von allen Verschuldungen und Übertretungen« (V. 21, vgl. V. 16) als das eigentliche Motiv (3Mo 16,30). Diese *Sühne wird vom Hohenpriester vollzogen, der als einziger und nur an diesem Tag hinter den Vorhang gehen und das Allerheiligste der *Stiftshütte (vgl. 3Mo 16, 20.33) bzw. des *Tempels betreten darf; dort thront Gott unsichtbar auf dem »Gnadenstuhl« mit den Cherubim (vgl. V. 12f). Nachdem der Hohepriester weiße Kleider angelegt hat (V. 4), werden für seine und seines Hauses Entsühnung ein junger Stier (V. 6) und für die des Volkes zwei Ziegenböcke bereitgestellt (V. 5f); von diesen wird durch Auslosung der eine Bock zum Opfer für Gott, der andere zur Austreibung in die Wüste bestimmt (V. 8-10). Beim ersten Betreten des Allerheiligsten verhüllt der Hohepriester den Gnadenthron der *Bundeslade durch ein Räucheropfer, um sich selbst vor der numinosen Heiligkeit Gottes zu schützen (V. 12f). Den Höhepunkt der Kulthandlung bildet die zweimalige Blutsprengung im Allerheiligsten. Der Hohepriester sprengt zur Entsühnung der Priesterschaft vom Blut des zuvor geopferten Stiers gegen die Vorderseite der Deckplatte (V. 14) und dann vom Blut des für Gott bestimmten Ziegenbocks auf die Deckplatte, um für die ganze Gemeinde Israel die Tilgung der Sünden zu erwirken (V. 15-18); desgleichen wird mit dem Blut beider Tiere das Heiligtum gereinigt (V. 16-20). Schließlich hat man auf den für Asasel bestimmten Ziegenbock durch das Aufstemmen der Hände die Sünden des Volkes aufgeladen und diesen dann in die Wüste gejagt (V. 20-22).

II. IM JUDENTUM.

In der Tempelrolle von *Qumran (11 Q Miqd) ist der V. ausführlich behandelt, wobei die atl. Vorschriften miteinander verschmolzen sind (Kol 25,10-27,13). Besonderes Gewicht wird auf die Darbringung der Opfer (4Mo 29,7-10) und das Hinaustreiben des Sündenbocks gelegt. Nach dem Mischnatraktat Joma (»der Tag«) soll sich der Hohepriester 7 Tage lang im Tempel auf seinen Dienst am V. vorbereiten und auf die eigene rituelle Reinheit bedacht sein. Für die Durchführung der Blutsprengung im Allerheiligsten werden detaillierte Vorschriften gegeben (5,1ff). Der Hohepriester hat ferner ein vorgeschriebenes Sündenbekenntnis für sich abzulegen (3,8) und bei der Auslosung des Ziegenbocks den Gottesnamen offen auszusprechen (4,1). Wichtig ist der Satz: »Der Tod und der Versöhnungstag bewirken Sühne, wenn sie mit der Buße verbunden sind« (... *mekapperīm ͑im ha-teschūbā;* 8,8). Im heutigen Judentum wird der V. als abschließender Höhepunkt der ersten 10 Tage des Monats Tischri gefeiert (»Bußtage«, *jamīm nōrā'īm*). Das Fasten beginnt am Abend des 9. Tischri, an dem durch das Blasen des Widderhorns zum Gottesdienst geladen wird; in diesem wird u.a. das *Kol Nidre* (»alle Gelübde«) gebetet. Thema der Gottesdienste am V. und ihrer Gebete ist die *Buße, das Erkennen und Bekennen der Sünden.

III. IM NEUEN TESTAMENT.

Der Verfasser des *Hebräerbriefs sieht im Sühneritus des V.s, vor allem im Dienst des Hohenpriesters im Allerheiligsten (9,7.12), eine – freilich unvollkommene – Vorausdarstellung des endzeitlichen Opfers Jesu als des wahren Hohenpriesters. Dabei wird die in der Mischna (Joma 8,8) zum Ausdruck gebrachte Sühne von Tod und V. (s.o. II) im Kreuz des messianischen Hohenpriesters Jesus zusammengefaßt und als endgültig, einmal für immer wirkend, verkündigt: Jesus hatte es nicht nötig, zuerst für die eigenen Sünden ein Opfer darzubringen (7,27), sondern hat sich selbst als makelloses Opfer Gott dargebracht (14.26f). Er ist »durch sein eigenes Blut einmal in das (himmlische) Heiligtum hineingegangen und hat eine ewige Erlösung erlangt« (9,12); er hat »durch die (Hingabe) sein(es) Fleisches« für alle Glaubenden den Zugang zum Allerheiligsten ermöglicht (10,19-22). Mit der Tatsache, daß der Stier und der Bock, mit deren Blut die Sühnung der Sünden im Allerheiligsten vollzogen worden war, vor das Lager geschafft und draußen verbrannt werden sollten (3Mo 16,27), wird im Hebr 13,11f das Leiden Jesu außerhalb des Tores verbunden. Diese Deutung des Kreuzes hat im Weg Jesu ihren geschichtlichen Grund: Er krönte seinen Dienst durch die Hingabe des Lebens als eines Lösegelds (griech. *lytron*; hebr. *kōphär*) für die Vielen (Mk 19,45 par.; vgl. Jes 43,3f; 53,12). Nach Paulus hat Gott den Gekreuzigten der Welt als Sühne (*hilastērion; kappārā*) und als Erweis seiner (heilschaffenden) Gerechtigkeit angeboten (Röm 3,25). Und Jesus war als *Knecht Gottes auch das Lamm Gottes, das die Sünde der Welt wegträgt (Joh 1,29). Damit wird die das Volk Israel entsühnende Wirkung des V.s durch das *Kreuz des *Messias überboten: Durch Christus versöhnte Gott die ganze Welt mit sich selbst (2Kor 5,18); das Kreuz bedeutet die *Vergebung Gottes für die Vielen, d.h. für alle Menschen.

Literatur: A. Büchler: Studies in Sin and Atonement 1928; S. Landersdorfer: Studien zum biblischen Versöhnungstag 1924; M. Noth: Leviticus, 1965, S. 115-126; R. Rendtorf: Die Gesetze in der Priesterschrift 1955; R. de Vaux: Ancient Israel 1961, S. 505-510. O.B.

VERSTAND s. Vernunft, Verstand

VERSTOCKUNG.

1. Philologischer Befund.

Sowohl das AT wie auch das NT sprechen von der V. des menschlichen Herzens, der menschlichen Augen und Ohren. Im AT drükken bes. *kbd* (hiph.), »verstocken« (z.B. 2Mo 8,11.28; 9,34; 10,1), *chsq*, »fest, stark werden oder sein, verhärten« (z.B. 2Mo 7,13.22), *qschh* (hi), »hart, schwer sein, verhärten« (z.B. 2Mo 7,3; 5Mo 2,30; Ps 95,8; Spr 28,14) und *'mz* (pi), »verstocken« (z.B. 5Mo 2,30; 15,7; 2Chr 36,13), im NT vor allem *sklērynō*, »erhärten« (z.B. Apg 19,9; Röm 9,18; Hebr 3,8.13.15; 4,7; vgl. Röm 2,5), *pōroō*, »erhärten« (z.B. Mk 6,52; Joh 12,40/Jes 6,10; Röm 11,7; 2Kor 3,14; vgl. Mk 3,5; Röm 11,25) sowie *pachynō*, »unempfindlich, dumpf sein« (z.B. Mt 13,15 par./Jes 6,9f; Apg 28,27) diesen Sachverhalt aus.

2. Das Problem.

Wichtigster Bestandteil des bibl. Befundes ist die Tatsache, daß Gott V. bewirken kann (2Mo 4,21; 7,3; 14,4.17; 5Mo 2,30; Jes 6,10; 63,17; Joh 12,40; Röm 9,17f). Jedoch weist der AT- und NT-Befund das Paradox auf, daß Gott zwar nach seinem souveränen Willen (2Mo 4,21) verstockt, der Mensch dennoch *Verantwortung für sein verstocktes Herz trägt (2Mo 9,34f) bzw. sich selbst verstockt (5Mo 15,7; 1Sam 6,6). Wie ist hier menschliche Verantwortung der Souveränität Gottes zuzuordnen?

3. Analyse und Ergebnis.

V. geschieht weder allg. noch unvermittelt, sondern an einzelnen Menschen oder Menschengruppen (Objekt) und immer aufgrund eines spezifischen Anlasses. V. als Höchstwarnung Gottes betont letztendlich die Tatsache der *Erlösung des Menschen allein durch Gott (Absicht).

Objekt der V. ist im AT zunächst Israel

(Jes 6,10; Hos 13,8; vgl. Ps 95,8). Ferner nimmt die V. des *Pharao (2Mo 4,21ff) einen nicht geringen Platz ein. Im NT sind Juden (Röm 9, 18; 11,7-10; 11,33), Jünger Jesu (Mk 6,52; 8,17) und andere Christen (Hebr 3,8.13.15; 4,7) der V. oder der Gefahr der V. ausgesetzt.

Neben dem souveränen Wirken Gottes läßt sich mehr oder weniger deutlich ein menschlicher, äußerer Anlaß für Gottes Verstocken ermitteln. Im AT sind z.B. Israels unreine Lippen als Ausdruck innerer Unreinheit Anlaß zur V. (Jes 6,5. 6,9f). Israel befindet sich vor Gott in einem gerichtsreifen Zustand der selbstgewählten Gottesferne. Die göttliche Absicht der richtenden und für viele unentrinnbaren V. Israels ist letztendlich, einen heiligen, glaubenden *Rest (durch *Buße) zu gewinnen (Jes 6,13). Der äußere Anlaß für Pharaos V. ist die Absicht, den Exodusgedanken der Israeliten wegen des Verlusts an Arbeitskräften zu vereiteln (vgl. 2Mo 5,4f). Pharao sündigt in Verstocktheit und hat dafür Verantwortung zu tragen (2Mo 9,34). Die göttliche Absicht der V. Pharaos ist klar ersichtlich: Trotz – und gerade mit – der V. des Pharao führt Gott seinen Plan des Exodus Israels durch »eine starke Hand« aus (2Mo 6,1). Damit nimmt Gott seinem Volk jegliche Berechtigung, seine Befreiung nachträglich einer etwaigen Milde des Pharao zuschreiben zu können. Gott allein ist Befreier aus der Knechtschaft Ägyptens. Die V. des Pharao bedeutet besiegelnde Erhärtung seiner eigenen, ungerechten Habgier zur Bekräftigung des ausschließlichen Heilswirkens Gottes (Röm 11,32).

Israels Haltung dem *Messias gegenüber wird im NT bei Abweisung als »Verstockung« (Röm 11,25), bei Aufnehmen heilsgeschichtlich als »Auswahl eines Restes« (Röm 11,7) beschrieben (vgl. 1Kön 19,18; Röm 11,5). Bemerkenswert ist hierbei, daß das abweisende Israel nur für eine bemessene Zeit unter dieser V. lebt und letztendlich zur Buße finden darf (Röm 11,25f). Die göttliche Absicht ist wiederum, zu zeigen, daß Erlösung nur durch seine Hand geschieht (Röm 11,32). Ferner beabsichtigt Gott durch die V. Israels den Heidenvölkern das Heil zuteil werden zu lassen (Röm 11,11). Schon Jesus zeigt trotz des Gerichtscharakters seiner Gleichnisrede (Mt 13,15 par.), daß ein Hören, Verstehen und Eingehen des Verstockten auf sein verschlüsseltes Wort vielleicht doch noch möglich ist (Mk 4,33; Mt 13, 34f; vgl. Jes 6,13). Die Herzen der Jünger werden verstockt und sie verstocken sich selbst (Mk 6,52: *pepōrōmenē* als resultatives passivum divinum, vgl. 8,17). Zum einen können (oder wollen – Anlaß ?) sie die wahre Identität Jesu nicht erkennen, zum anderen verkennen sie die Gefahr der pharisäischen Lehre. V. ist in diesem Zusammenhang die geistliche, von Gott bestimmte Unfähigkeit, den wahren Sachverhalt hinsichtlich Jesus zu erkennen. Trotz V. gelangen die Jünger durch Jesu Eingreifen zu einer wahren *Erkenntnis des Messias. Wiederum ist Gott alleiniger Erlöser. Schließlich droht dem Christen V., der nicht aus der sündenvergebenden Gnade Jesu Christi lebt und durch Buße um Vergebung der Sünden bittet. V. wird in Hebr 3,13 als Ereignis der Verhärtung durch den Betrug der Sünde definiert. Dieser Zustand entsteht bei Unglauben und Abfall vom lebendigen Gott (Hebr 3,12, Anlaß). Absicht der Warnung ist es, den Glaubenden an die von Gott bereitete Erlösung zu erinnern, damit er durch Ausschöpfen dieser Erlösung den Segen der Ruhe Gottes empfangen kann und vor unwiderruflicher Verhärtung bewahrt bleibt.

Ein rational nicht völlig definierbares und unterschiedlich stark vertretenes Element menschlichen Vergehens gilt als Bestandteil der V. (reaktives Handeln Gottes). Vor allem erweist sich aber die souveräne Macht Gottes an derartigen Verstockungsgeschehnissen (effektives Handeln Gottes) und läßt damit die Verstockten und die davon betroffenen Mitmenschen an der ausschließlich von Gott gewirkten Erlösungstat aus Knechtschaft und Sünde nicht in Zweifel. In diesem Gesamtrahmen besteht bei dem/den Verstockten – allerdings nur aufgrund von Gottes erneutem Eingreifen – die Möglichkeit der Umkehr.

Literatur: W. Elert: Der christliche Glaube, ^{5}1960, S. 459ff; K.L. Schmidt, M.A. Schmidt: ThWNT V, 1954, 1024-1032; J. Gnilka: Das Problem der Verstockung Israels nach den synoptischen Evangelien und der Apostelgeschichte, 1961; F. Hesse: Das Verstockungsproblem im AT, Beiheft ZAW, 74, 1955; J. Moltmann: RGG^{3} VI, 1384f; K.L. Schmidt: Die Verstockung des Menschen durch Gott. Eine lexikologische und biblisch-theologische Studie, ThZ, 1/1945, S. 1-17. H.F.B.

VERSTOSSEN. V. bedeutet die einseitige Auflösung einer Gemeinschaft, wobei ein Glied seinen bisherigen Platz in der Gemeinschaft verliert.

1. Von V. durch Menschen ist in der Bibel die Rede bei der Auflösung einer *Ehe, wenn die Frau mit dem Scheidebrief weggeschickt wird (4Mo 30, 10; 3Mo 21,7.14; Jes 54,6), oder bei der Entfernung eines Menschen, etwa eines Priesters, aus seinem Amt (1Kön 2,27; 2Chr 11,14). Menschen können auch Gott v., wenn sie sich wie Israel nicht weiter seiner Führung anvertrauen wollen (4Mo 11,20), an Stelle Gottes einen Menschen als König ver-

langen (1Sam 8,7; 10,19) oder das Wort Gottes verwerfen (Jer 8,9; Hos 4,6).

2. Meist ist Verstoßung zu verstehen als Gericht Gottes (Ps 27,9; Jer 7,29). Dieses Gericht trifft Israel, als es in fremde Länder zerstreut wird (Jer 8,3; 24,9), und wird auch einer unbußfertigen Gemeinde angedroht (Offb 2,5). Dabei kann Gott die Verstoßenen zurückrufen (Jes 54,6-8; 56,8; Jer 23,3.8) und auf ihre Bitten achten (Ps 31,23; 43,2), es gibt aber auch eine unwiderrufliche Verstoßung (2Petr 2,4). Als Antwort auf die Ablehnung Jesu durch die Juden hat Gott sein Volk v., jedoch nicht völlig, als Ganzes, vom Heil ausgeschlossen (Röm 11,1); ein *Rest von Auserwählten erlangt, was Israel suchte, während die Masse verstockt ist (V. 5.7; s. *Verstocken).

VERSUCHUNG.

I. IM ALTEN TESTAMENT.

Hebr. *massa* wird traditionell als Verbalabstraktum von der Wurzel *nsh*, »prüfen, versuchen«, gedeutet. Das Nomen (nur im Plural) ist 3 mal, das Verb 36 mal belegt.

1. Allgemein.

In der Bedeutung »ausprobieren, einen Versuch wagen«, begegnet es bei dem jungen David, der es noch nie gewagt hat, in Soldatenrüstung zu kämpfen (1Sam 17,39), Ähnlich bei Elifas, der den von Gott hart geprüften Hiob mitfühlend fragt, ob er ein Wort an ihn wagen dürfe (Hiob 4,1; vgl. 5Mo 3,34; 28,56; Ri 6,39; Pred 2,1; 9,1).

2. Im menschlichen Bereich.

Menschen können einander testen; z.B. die Königin von *Saba *Salomos Weisheit (1Kön 10,1; 2Chro 9,1); Daniel, der sich und seine Freunde einem Test unterzieht, auf Fleischgenuß zu verzichten (Dan 1,12.14). Hier ist ein Nachprüfen gemeint, das den auf die Probe Gestellten als bewährt erweisen soll.

3. Im Verhältnis zwischen Jahwe und seinem Volk.

Der Mensch als Subjekt des Testens kann Gott auf die Probe stellen und ihn darin »versuchen«. Die Gottlosen, die Jahwes kultische und ethische Weisungen mißachten (Mal 3, 15), lassen es auf einen Versuch ankommen, womit sie freilich Jahwe, in gefährlicher Verkennung seines Anspruchs, geradezu herausfordern. Entsprechend ist das Verbot, Gott zu versuchen (5Mo 6,16), mit der Einschärfung verbunden, Jahwes Weisungen umfassend zu beachten (V. 17). »Gott versuchen« artikuliert sich aber auch in Israels Mangel an Vertrauen, daß er nach dem ereignis-haften Handeln seiner Rettung aus Ägypten auch zum stetigen Handeln seiner Bewahrung und seines Segens fähig sei und kontinuierlich geben könne, was sein Volk für das tägliche Leben braucht. Exemplarisch wird das deutlich an den Erzählungen über Israels Unglauben und *Murren in der Wüste (2Mo 17,2.7; 4Mo 14,22; Ps 78,18.41.56; 106,14). Durch Zeichen- und Wunderforderungen stellen die Israeliten, »obwohl sie« sein »Werk gesehen haben«, Jahwe auf die Probe (Ps 95,9), so daß »Gott versuchen« geradezu mit »Zeichen fordern« gleichgesetzt werden kann. Hierbei spielen die Wüstenorte *Massa und Meriba, als »Prüfung und Streit« gedeutet, eine exemplarisch bedeutungsvolle Rolle (2Mo 17,7; 5Mo 33,8; Ps 95,8; vgl. 5Mo 6,16; 9,22) als Kristallisationspunkt eines frevelhaften Trotzes im Gottesvolk, der eine elementare Störung des Gemeinschaftsverhältnisses zwischen Israel und Jahwe signalisiert (vgl. speziell 2Mo 17,7b). Jahwe erwartet hingegen von seinem Volk einen Glauben, der in der Rettungstat vom Exodus gründet und nicht in je neu von Gott ertrotzten Mirakeln seine Vergewisserung sucht. Gerade darin unterscheidet sich der Jahweglaube von der Zeichendeuterei in den Religionen der Umwelt. Freilich kann Gott selbst eine Zeichenforderung als Ausdruck des Glaubens in einer bestimmten geschichtlichen Stunde anbieten (Jes 7,11). Die fromme Ablehnung durch *Ahas 7,12: ich will Jahwe nicht versuchen) offenbart, daß er das von Gott erwartete Vertrauen in dessen Hilfe gerade nicht bewährt und darin der Wüstengeneration gleicht. So kann das »Prüfen« Gottes durch Zeichenforderung wie auch der fromme Verzicht darauf in je verschiedenen Herausforderungen jeweils Ausdruck einer gestörten Jahwebeziehung sein.

4. Jahwe als Subjekt der Versuchung.

Auch hier läßt sich für den semantischen Hof von *nsh* ein Gebrauch im Sinn von »testen, auf die Probe stellen, prüfen« erheben. Immer hat solche Erprobung des Menschen auch etwas mit dessen Jahwegemeinschaft zu tun. Drei Kategorien werden erkennbar:

a. Gott prüft sein Volk oder den einzelnen, »um zu erfahren, was in seinem Herzen ist«, (5Mo 8,2; 2Chr 32,31), bzw. ob er Gott fürchtet (1Mo 22,1.12) oder Jahwe von ganzem Herzen liebt (5Mo 13,4) und nach seinem Gesetz lebt (2Mo 16,4). Es wird also der Fromme in seiner Treue auf die Probe gestellt.

b. Jahwe prüft sein Volk mit der Absicht, es auf dem Weg der Nachfolge zu halten (so z.B. die Begründung für den Verbleib von Kanaanäern im Land in Ri 2,22; 3,4), bzw. vor Sünde zu bewahren (2Mo 20,22).

c. Als Ziel der Prüfungen Gottes kann schließlich genannt werden, daß Jahwe seinem Volk Gutes tun will (5Mo 8,16). Zugleich sind solche V.en eine Möglichkeit Gottes, seine Heilsgeschichte aktiv fortzuführen. Die V. wird von den Betroffenen selbst bisweilen erst in der Rückschau als Erprobung Jahwes verstanden (so Abraham, 1Mo 22,12b, der als bes. Geprüfter, aber auch Bewährter zum Vorbild wird, das aus der Erprobung glaubensstark hervorgeht). Im Vergleich mit sinnverwandten hebr. Wörtern, wie z.B. *bhn*, »erproben«, das sich oft auf Teilgebiete des Menschen (Nieren, Herz, Worte) bezieht, bzw. *hqr*, »erforschen«, das mehr den kognitiven Bereich erfaßt, ist *nsh* immer auf den ganzen Menschen und sein Verhalten, seine Bewährung ausgerichtet. So betet der zu Unrecht Angeklagte: »Erprobe mich, Jahwe, und prüfe mich, . . . denn in deiner Wahrheit lebte ich.« Während das Versuchen Gottes durch den Menschen (bzw. der »fromme« Verzicht auf einen von Gott gewährten »Test«) immer aus einer Vertrauenskrise kommt, zielt die V., die von Gott ausgeht, stets auf Bewährung und Festigung des Gemeinschaftverhältnisses zwischen Jahwe und seinem Volk bzw. dem einzelnen Frommen.

5. Das hebr. Nomen *massoth*, »Prüfungen«, hält sich durchgängig im Bedeutungsrahmen von »Wundern«, wie das ausschließliche Vorkommen in Verbindung mit *'otōt* und *mofetīm* (»Zeichen« und »Wunder«) zeigt (5Mo 4,34; 7,19; 29,2).

II. IM NEUEN TESTAMENT.

Hier begegnet die Intensivform *peirázo*, »versuchen«, 36 mal; *ekpeirázo* (bedeutungsgleich) 4 mal, die mediale Form *peiráomai*, »versuchen«, nur Apg 26,19; das Verbaladjektiv *apeírastos*, »unversuchbar«, ist Jak 1,13 belegt. 21 mal findet sich das Nomen *peirasmós*, »Versuchung, Anfechtung«, 2 mal *peíra*, »Versuch« (Hebr 11,29) »durch den Versuch gewonnene Erfahrung« (11,36).

1. Semantischer Überblick.

Neben dem profanen Gebrauch »Erfahrung/Bekanntschaft machen« (mit Peitschen: Hebr 11,36), einen »Versuch wagen« (11,29), etwas »versuchen« (Apg 9,26; 16,7; 26,21), »prüfen« (2Kor 13,15; Offb 2,2), findet sich die Bedeutung »auf die Probe stellen« (im negativen Sinn, um eine Handhabe gegen den Getesteten zu gewinnen) von den Gegnern Jesu (z.B. Mt 16,1 par.; Joh 8,6); als Erprobung des Glaubens (Joh 6,6; Offb 2,10). Als »Gott versuchen« wird in Apg 15,9 die gesetzliche Forderung abgewiesen, die Gemeinde auf die Einhaltung der Tora zu verpflichten, sonst noch in Mt 4,7 (als Zitat von 5Mo 6,16); 1Kor 10,9 (vgl. Ps 78,18); Hebr 3,8f/Ps 95,8f; (durch Unterschlagung) den »Geist des Herrn versuchen« in Apg 5,9. In den synoptischen Evv. wird das Verb ausschließlich für die V. Jesu durch den *Satan oder Menschen verwendet.

2. Der Versucher.

Während im AT in Verbindung mit der Wurzel *nsh*, »versuchen«, ausschließlich der Mensch und Gott als Subjekte erscheinen, wird im NT eine widergöttliche Gegenmacht erkennbar, der Versucher (Mt 4,3; 1Thess 3,5), der die Christen (1Kor 7,5), wie auch den Gottessohn (Mt 4,1 par.; Lk 4,13) zu Fall bringen will. Dabei macht Mt 4,1 (der Geist als Initiator der 40-tägigen V., Mk 1,13; Lk 4,1f) deutlich, daß der Satan nicht anders als unter Gottes Regie wirkt und keine gleichwertige Kraft gegen oder neben Gott darstellt. Jak 1,13 betont – wohl als Einwand gegen solche, die die Verantwortung für ihr Versagen nicht übernehmen wollen –, daß Gott niemanden versucht, daß er selbst nicht vom Bösen versuchbar ist. Vielmehr entspringe die V. dem im Menschen steckenden Begehren (hier *nicht* auf den Versucher zurückgeführt). Allg. gilt, daß Gott aus V. rettet (2Petr 2,9), den Glauben erprobt (Offb 2,11), dabei aber in seiner Treue ein für die Christen ertragbares Maß nicht überschreitet (1Kor 10,13). Wer sich der V. stellt, wird erfahren, daß Gott mit ihr nicht auf Scheitern, sondern auf Bewährung und Belohnung (Jak 1,12), sowie auf den eschatologischen Jubel in der Vollendung (1Petr 1,6.8; 4,12f) abzielt.

3. Jesus in der Versuchung.

Die gesamte Zeit des öffentlichen Wirkens Jesu ist begleitet von vielfältigen V.en (so vor allem Lk 4,13; 22,28; Hebr 2,18; 4,15). Die Gegner Jesu stellen ihm mit Scheinfragen Fallen (Mt 19,3 par.; 22,19 par. 35; Lk 10,25; Joh 8,6). Zeichenforderungen (vgl. Ps 95,9) – in Mk 8,11 vielleicht als kosmisches Wunder apokalyptischer Art – mit denen die Fragenden anzweifeln, daß Jesus der vom Vater gesandte eschatologische Heilsbringer ist, sind für ihn V. und Prüfung (vgl. »Zeichen und Wunder« als Merkmal falscher Propheten und Messiasse in Mk 13,22). Die mannigfachen V.en, denen Jesus in seinem Erdenleben ausgesetzt war, werden in der Versuchungsgeschichte brennpunktartig konzentriert. Sie lassen erkennen, daß es in allen V.en um die Frage geht, die auch der Hohepriester beim Verhör und die Spötter unter dem Kreuz stellen: »Bist du Gottes Sohn. . .?«. Wird Jesus als Gottessohn die Sendung und den Auftrag des Vaters an die Welt ausführen und darin ungeteilt Gott gehören? Das Gebet in Gethsemane: »doch nicht wie ich will, sondern wie du willst«, macht deutlich, was es heißt, daß Jesus »ohne Sünde« blieb, obwohl er »in allem in gleicher Weise [wie wir] versucht worden ist« (Hebr 4,15). Eben darum aber dürfen die

Christen die Gewißheit haben, daß ihr Herr ihnen in ihren Anfechtungen hilft, ungeteilt den Willen des Vaters zu tun.

4. Die Gemeinde in der Versuchung.

Im NT bezieht sich die gegen Menschen gerichtete V. ausschließlich auf solche, die Gott in seine Gemeinschaft gerufen hat; *peirasmos* wird so zur Anfechtung, die das Verhältnis zu Gott bedroht (1Thess 3,5b). Dabei kann sie einerseits in der Gestalt der Prüfung, die die Echtheit des Glaubens auf die Probe stellt (Jak 1,2f.12; 1Petr 1,6; 4,12) auftreten, darin ganz dem vergleichbaren semantischen Sektor des atl. *nsh* entsprechend, andererseits als Verführung zur Sünde (1Kor 7,5; 1Thess 3,5), eine Bedeutung, die im AT in Verbindung mit der Wurzel *nsh* unbekannt ist. *Verfolgung (1Petr 4,12) und Anfeindung (1,6; wohl gesellschaftlicher Art) sind schmerzlich, dienen aber der Bewährung von Treue (Offb 2,10) und wahrer Jüngerschaft. Als Ausdruck der Christusgemeinschaft, die als Teilhabe an dessen Leiden manifest wird, erscheint die in der Verfolgung begegnende V. nicht nur ertragbar, etwa im Blick auf die zukünftige Freude, sondern gar als Anlaß zur Freude (1Petr 4,13; vgl. Jak 1,2). Wie die Verfolgung vom Satan ausgehen kann (Offb 2,10), so auch die V. zum Bösen (1Kor 7,5). Dabei tritt gegenüber dem AT der Gedanke hervor, daß vielfältige (nicht näher genannte) Versuchungen (Jak 1,2; vgl. 1Petr 1,6) die Gläubigen ständig bedrohen. Nicht nur, daß Geldgier, der *auri sacra fames* (der »verfluchte Hunger nach Gold«, Horaz), über dem Christen wie das Fangnetz eines Vogelstellers zuklappen kann (1Tim 6,9); nicht nur daß eine als gesetzliche Heilsmöglichkeit mißverstandene eheliche Enthaltsamkeit zu sexuellen Konflikten führen (1Kor 7,5) oder ein unbedenklich erscheinender Verkehr mit den Heiden zum Götzendienst verleiten kann (1Kor 10,13); sogar ein seelsorgerliches Bemühen um jene, die der V. nicht standhielten, kann zum Anlaß für V. werden (Gal 6,1); dahinter steht das Bemühen des Versuchers, die Frucht christl. Missionsarbeit zu zerstören (1Thess 3,5). So sind die Christen ständig angefochten und stehen in einem geistlichen Kampf, der mit geistlichen Waffen geführt werden muß, um »dem Teufel keinen Raum« zu geben und »am bösen Tag widerstehen« zu können. Der Gläubige kann sich gegen die V. wappnen, indem er den willigen Geist durch Wachsamkeit und Gebet gegen das schwache Fleisch stärkt (Mt 26,41 par.). Paulus warnt die »Starken« in Korinth vor einer gefährlichen Sicherheit auch im Blick auf menschlich ertragbare V. (1Kor 10,12f). Auf dem Hintergrund des Judentums, wo der Fromme die zum Erweis seines Gehorsams dienende V. geradezu begehrt, erhält die Bitte »und führe uns nicht in Versuchung, sondern errette uns von dem Bösen« ihre Bedeutung: Christen müssen ihren Glauben nicht heroisch unter Beweis stellen. Sie dürfen den Vater bitten, sie vor V. zu bewahren, die ebenso in üblichen Anfechtungen zur »Zeit der Versuchung« (Lk 8, 18; vgl. Mt 4,17) bestehen können, wie auch in speziell apokalyptischen Verführungen (Offb 3,10; vgl. Mk 13, 22). Dabei macht die dialektische Spannung, die der antithetische Parallelismus der Bitte erzeugt, deutlich: Gott kann in V. führen, und doch begegnet in ihr die Macht des Bösen, aus der nur Gott erretten kann. So richtet das Ende des Gebets seine Hoffnung auf das endgültige Kommen der Gottesherrschaft, wo die Zwiespältigkeit christl. Existenz in einer Gottesgemeinschaft aufgehoben sein wird, in die nichts mehr eindringen kann, was Gott widerstreitet.

Literatur: D. Bonhoeffer: Versuchung, 1953; J. Carmignac: Fais que nous n'entrions pas dans la tentation, RB 72, 1965, S. 218ff; ders.: Recherches sur le »Notre Père«, 1969, S. 236ff; G. Gerleman: THAT II, 1979, 69-71; A. Köberle: Die Stunde der Versuchung 1958; ders.: RGG³ VI, 1385f; K.G. Kuhn: Peirasmos – hamartia – sarx im NT und die damit zusammenhängenden Vorstellungen, ZThK 49/1952, S. 200ff; H. Seesemann: ThWNT VI, 1959, 28-37; H. Thielicke: Das Gebet, das die Welt umspannt, ¹³1973; ders.: Zwischen Gott und Satan, ³1955. B.Br.

VERTRAG s. Bund

VERTRAUEN.

1. V. ist eng verwandt mit *Glauben und *Treue, darf mit diesen aber doch nicht einfach gleichgesetzt werden. Wer treu ist, im Denken und Handeln einen geraden Weg geht und zu seinem Wort steht, ist des V.s würdig. Glauben und V. setzen das gleiche Fürwahrhalten voraus, doch sind beide Begriffe damit nicht erschöpft, denn sie schließen die Hingabe an den andern ein, aus der beim Glauben die Tat des Gehorsams entspringt, während das V. sich vorwiegend in der Not beweist im Verzicht auf eigenes Handeln in der Erwartung, daß der Helfer eingreift.

2. Im Vollsinn des Wortes ist nur Gott treu (5Mo 7,9; 32,4), der Unwandelbare (Jak 1,17), der sein Wort nie bricht (Ps 33,4). Darum erwartet Gott, daß man ihm vertraut und dies durch die Hingabe beweist (Ps 84,13; Jes 26,4; Jer 17,7). Solange man keine Erfahrung mit Gott hat, muß man sich zu solchem V. entscheiden, und Gott antwortet auf das V. mit seiner Hilfe (1Chr 5,20; Jer 39,18; Dan 3,28). Die ihm v., erfahren, daß er Treue hält (Weish 3,9), sie erkennen ihn als den Helfer (Sir 2,6),

Heiland (Ps 17,7) und Schild (Ps 18,31) und retten ihr Leben (Jer 39,18).

3. Der Sohn Gottes beweist die gleiche Treue wie der Vater (Hebr 2,17; Offb 1,5; 3,14; 19,11), ist ebenso unwandelbar (Hebr 13,8), und sein Wort steht fest bis zur Erfüllung (Mt 24,35). Darum kann man ihm v. und auf sein Wort hin gehorsam handeln (Lk 5,5). Aber er ist auch das *Vorbild des V.s zu seinem Vater. Er hat sich auf Erden in der *Versuchung entschieden für das uneingeschränkte V. zum Vater (Hebr 2,13) und an dieser Entscheidung unbeirrt festgehalten, auch als man ihn an das Kreuz schlug und die Gegner ihn höhnend aufforderten, indem sie sich auf sein Gottvertrauen beriefen (Mt 27,43), sich selbst zu helfen (V. 40) – und damit in Wahrheit sein V. wegzuwerfen.

4. Die Verkündigung der Treue Gottes stellt die Menschen vor die Entscheidung, ob sie die Treue durch ihr V. beantworten wollen. Die Entscheidung zu solchem V. ist ein Bruch mit dem bisherigen Verhalten, da der Mensch von Natur geneigt ist, allen Enttäuschungen zum Trotz sein V. auf Reichtum (Mk 10, 22f), Menschen (Ps 41,10) oder auf Lügen (Jer 29,31) zu setzen. Da sich der Hebräerbrief an Menschen wendet, welche die rechte Entscheidung getroffen haben, spricht er von dem V. zu Gott als einem Gut, das man nicht wegwerfen darf (3,6; 10,35). Hier steht zwar im Griech. *parrēsia,* was eigentlich Freimütigkeit und Offenheit im Umgang mit dem Vater bedeutet (*Freudigkeit), aber solche Haltung setzt auch das volle V. zu Gott voraus.

5. Die Bibel spricht von V. auch in dem heute durch »anvertrauen« oder »verloben« wiedergegebenen Sinn. Es bedeutet dann das Geloben der Treue bei der Verlobung und Eheschließung (Mt 1,18; Lk 1,27; 5Mo 28,30; im übertragenen Sinn Jer 3,14; Hos 2,21; vgl. *Ehe) oder ein Sich-Mitteilen (Joh 2,24). Meist aber wird im NT ein Heilsgut anvertraut (vgl. Lk 16,11). So ist den Gläubigen das *Evangelium anvertraut, damit sie es bewahren (1Tim 1,11; 6,20) und den rechten Gebrauch davon machen, denn es ist ihnen auch als Botschaft an die Heiden gegeben (Gal 2,7; 1Thess 2,4), für deren Weitergabe sie verantwortlich sind (1Kor 9,16).

Literatur: E. Gerstenberger: THAT I, [3]1978, 300-305; R. Bultmann: THWNT VI, 1959, 1-12; ders.: ibid., 174-182.

VERWALTER s. Amtmann; s. Hauptmann; s. Prokurator

VERWANDTSCHAFT s. Adoption; s. Ehe; s. Familie; s. Haus; s. Sohn; s. Stämme Israels; Tochter

VERWERFEN. In der LÜ werden verschiedene Worte des Urtextes mit »verwerfen« wiedergegeben. Sie alle bezeichnen ein prüfendes, wägendes, richtendes Verhalten mit der Konsequenz des Verachtens, Verdammens und Vernichtens. An dem Gegenbegriff »retten« wird die Schärfe des »Verwerfens« sichtbar.

1. Der Mensch verwirft.

In der ganzen Heiligen Schrift findet sich der Tenor, daß Israel, d.h. der Mensch, seinen Gott verwirft (4Mo 11,20). In der Königswahl Israels liegt die Ablehnung des Königtums Gottes verborgen (1Sam 8,7; 10,19). Israel verwirft Gottes Wort (1Sam 15,23.26; Jes 30,12; Jer 8,9) und Gottes Gesetz (Jer 6,19; Hes 5,6; vgl. 3Mo 26,15). Das ist umso erstaunlicher, als sich gerade in der Gabe des Wortes und des Gesetzes Gottes ganze Liebe zu seinem Volk offenbart. Was hätte Gott noch tun sollen, um seines Volkes Liebe zu gewinnen? (Jes 5,4) Wie verworfenes Silber ist Israel in Gottes Augen, denn »der Blasebalg schnaubte . . ., aber das Schmelzen war umsonst, denn die Bösen sind nicht ausgeschieden«: Israel verwirft Gottes Zucht (Jer 5,27-30; vgl. Spr 3,11f).

Israel verwirft auch seinen wahren König im NT. »Des Menschen Sohn muß . . . verworfen werden« (Mk 8,31; Lk 9,22; 17,25), er ist der »verworfene Baustein« (Mt 21,42 par.). Das Gleichnis von den Weingärtnern (Mk 12,1-12) zeichnet die atl. Geschichte Gottes mit seinem Volk nach (2Chr 36,15f) und steigert sie bis zur Verwerfung des Sohnes, des einzigen und geliebten, und schließt mit der Frage: »Was wird nun der Herr des Weinberges tun?« (Mk 12,9).

2. Gott verwirft.

a. Der Herr antwortet auf dieses Tun des Menschen: »Darum will ich dich auch verwerfen.« Das betrifft den einzelnen: *Esau (Hebr 12,17); König *Saul (1Sam 15,23). Das gilt auch der ganzen Gottesgemeinde Israel mit ihren Priestern und Propheten: Du verwirfst Gottes Wort, »darum will ich dich auch verwerfen« (Hos 4,5f). Am stärksten hat wohl *Jeremia unter der Verwerfung des Gottesvolkes gelitten (Jer 6,19.30; 7,29; 14,19; 52,3; Klgl 2,7; 5,22).

Es gibt keine Garantien gegen diese Verwerfung. Die heilige Stadt ist kein Schutz vor Gottes Zorn (2Kön 23,27). »Das Haus, das ich meinem Namen geheiligt habe, will ich verwerfen« (1Kön 9,7), ebenso den Altar (Klgl 2,7). Die *Erwählung schließt die Verwerfung nicht aus, sondern ein: »Seid ihr Israeliten mir nicht gleichwie die Mohren? spricht der Herr. Habe ich nicht Israel aus Ägyptenland geführt und die Philister aus Kaftor und die Aramäer aus Kir? Siehe, die Augen Gottes des Herrn sehen auf das sündige Königreich, daß ich's vom Erdboden vertilge« (Am 9,7f). Wer hoch begnadet ist, wird umso tiefer fallen (Mt 11,20ff). Die Kinder des Reiches werden hinausgestoßen in die Finsternis (Mt 8,12).

Nur an einer einzigen Stelle wird die Erwählung fest und wandelt sich auch die Verwerfung in Annahme. Christus als der »verworfene« Stein (Mk 12,10 par.) ist der Fels der Entscheidung in doppeltem Sinn: »Wer auf diesen Stein fällt, der wird zerschellen; auf wen er aber fällt, den wird er zermalmen« (Lk 20,18; 1Petr 2,8). Und: »Wer an ihn glaubt, der soll nicht zuschanden werden« (V. 6). Denn der verworfene Stein wurde der *Eckstein, der Schlußstein, der den neuen Tempel, das Gottesvolk, vollendet und trägt.

b. An der Tatsache der Verwerfung Israels (Röm 11,15) trägt Paulus, der selber die Annahme in Christus erfahren hat, mit tiefem Schmerz. Israel besaß doch die Sohnschaft, die *Herrlichkeit Gottes, den *Bund, das *Gesetz, den Gottesdienst, die Verheißungen, die Erzväter, sogar den *Messias nach dem Fleisch (Röm 9,1ff). Sind Gottes Verheißungen hingefallen? Nach der Annahme der Heiden schlägt noch einmal Israels Stunde (Röm 11,11ff). Wenn Gott in den alten Wurzelstock des Gottesvolkes die Heiden als neue Zweige eingepfropft hat, wieviel mehr vermag er dann auch Israel, die jetzt ausgebrochenen Zweige, wieder einzupfropfen! Aber Gottes Verheißungen sind Ja und Amen nur in Christus (2Kor 1,20). Um des Unglaubens willen hat Gott Israel ausgebrochen (Röm 11,20) und zusammen mit den Heiden unter dem Ungehorsam veschlossen, um allen Erbarmen widerfahren zu lassen (V. 32). Wenn Israel aber im Unglauben verharrt, wird es nicht wieder eingepfropft werden (V. 23; vgl. *Rest).

c. Widerspricht nicht eine endgültige Verwerfung der erbarmenden Gnade Gottes – er liebt doch die Welt (Joh 3,16) und alle Dinge sind »von ihm und durch ihn« (Röm 11,36)?

Dagegen steht die klare Aussage der Schrift, daß die Rettung allen gilt, die glauben (Mk 16,16; Joh 3,16.18). Der unerbittliche Ernst Jesu, mit dem er heute zur Entscheidung des Glaubens ruft, wäre Spiel und Unernst, wenn es letztlich gleichgültig wäre, wie und wann wir uns entscheiden. »Laß die Toten ihre Toten begraben, du aber geh hin und verkündige das Reich Gottes!« (Lk 9,60). Diese Verkündigung von Gottes Gnade und Gericht darf in ihrem letzten Ernst auch nicht durch das Leben seiner Boten harmlos und unglaubwürdig gemacht werden. Darum arbeitet Paulus an sich, damit er nicht selbst verwerflich werde (1Kor 9,27). Es gibt einen letzten Tod, ein definitives Scheitern, ein letztes »Draußen« (Offb 22,15), eine letzte Verwerfung (Mt 25,31ff; Offb 20,14f). Wäre es anders, so wäre Gottes Liebe nur ein zwangsläufig abrollendes Fatum. Begnadigen ist nicht Gottes Beruf und Pflicht, er ist in seiner rettenden Gnade frei (Röm 9,15). Darum kann er auch v. In beidem erweist er seine Allmacht, der gegenüber nur die Bitte bleibt: »Verwirf mich nicht von deinem Angesicht« (Ps 51,13).

Literatur: H. Wildberger: THAT I, ^{3}1978, 879-892; W Schneider, H. Beck: TBLNT I, ^{4}1986, 509-516 (Literatur).

VERWESLICHKEIT. Griech. *phthora, diaphthora* bezeichnet für gewöhnlich die Vergänglichkeit der gegenwärtigenWeltordnung. In Röm 8,21 steht V. für die Tendenz des sichtbaren Universums zu Wandlung und Verfall; dem gegenüber steht das »unvergängliche« (griech. *aphthartos*) Erbe, das den Gläubigen vorbehalten ist (1Petr 1,4). In 1Kor 15,42ff bezeichnet V. die Abhängigkeit des »natürlichen« Leibes von *Tod und Vergehen; »vergänglich« griech. *phthartos,* ist praktisch gleichbedeutend mit »sterblich«, griech. *thnetos,* so wie »unvergänglich«, griech. *aphtharsia,* dem »geistlichen« Leib zugesprochen, ein Synonym für »Unsterblichkeit« ist, griech. *athanasia.* Die »Verwesung« in Apg 2,27ff; 13,35ff (im Sinne von Zersetzung) ist die Wiedergabe des griech. *diaphthora,* zitiert nach Ps 16,10, LXX, anstelle von hebr. *schachat* im MT (LÜ: Grube), parallel zu *Scheol. Als messianisches »Zeugnis« läßt sich Ps 16,10 nach der LXX sogar besser als nach dem MT auf Jesus beziehen, dessen Leib, auferstanden von den Toten, »die Verwesung nicht gesehen« hat (Apg 13,37). (S.a. *Auferstehung, *Eschatologie, *Tod).

Literatur: S. Kettling: Du gibst mich nicht dem Tode preis, 1989; s. Literatur zu *Auferstehung; *Eschatologie; *Tod. F.F.B.

VERZAGEN, VERZAGTHEIT.

V. bezeichnet ein völliges Mut- und Ratlossein, ein aufgeregtes Zittern des Herzens. Der verzagte Mensch vergeht vor Angst, ihm werden die »Knie weich«, er bebt vor *Furcht. In der hebr. und griech. Sprache wird für V. eine Vielzahl von Begriffen verwandt. Gott selbst wirkt V. bei Völkern und Menschen, die seinem Heilshandeln entgegenstehen und Feinde des Gottesvolkes sind (2Mo 23,27; Jos 2,10f; Ps 46,7; 1Makk 4,32). Doch auch Gottes Volk kennt V., z.B. vor der militärischen Übermacht der *Philister (1Sam 13,7) oder vor dem Schwert des Feindes, der Gottes Gericht auszuführen hat (Hes 21,12.20). Angesichts des Heeres der Philister verzagt Saul, der Führer des Volkes, und befragt in En-Dor *Samuel durch eine Totenbeschwörerin (1Sam 28,5). Sauls V. ist die Folge seines Ungehorsams gegen Gott. Jedoch gelingt es auch Menschen, das Herz des Volkes Gottes verzagt zu machen, so etwa den *Kundschaftern, als sie von ihren Erkundungen im verheißenen Land zurückkehrten (Jos 14,8). V. wird bei Gottes Volk hervorgerufen, wenn es sein Vertrauen von Gott und seinen Verheißungen abwendet und den Blick auf die drohende Gefahr richtet. V. kann verbunden sein mit dem *Murren gegen Gottes Handeln (z.B. 5Mo 1,27ff). Die Gefahr, die V. mit sich bringt, wird daran deutlich, daß vor den Kämpfen des Gottesvolkes die Verzagten zurückgeschickt wurden, um die anderen nicht mit ihrer Furcht anzustecken (5Mo 20,8; Ri 7,3). Doch in alles menschliche V. hinein spricht Gott seinen Trost und sagt seine Hilfe zu (Jes 35,4; Jer 46,27). Er fordert sogar auf: »seid getrost und unverzagt« (5Mo 3,28; 31,6.7.23; Jos 1,6.7.9.18; 10,25 u.ö.). Im Vertrauen auf Gottes Hilfe kann darum Paulus sagen: »uns ist bange, aber wir verzagen nicht« (2Kor 4,8).

VERZEHNTEN s. Abgaben; s. Zehnten

VERZEIHEN s. Vergebung

VERZIEHEN, VERZÖGERUNG.

1. Philologischer Befund.

Die Begriffe *bradyno*, »zögern, säumen« (2 mal im NT; vgl. *bradytes*, »Trägheit, Saumseligkeit«) und *chronizo*, »sich Zeit lassen, lange nicht kommen, ausbleiben« (5 mal im NT) vermitteln im NT die bedenkliche Vorstellung einer Verzögerung der *Wiederkunft Jesu (Parusie). Während die Begriffe menschliches Verhalten beschreiben können (1Tim 3,15; Lk 1,21), enthalten 2Petr 3,9 (*bradyno*) und Hebr 10,37 (*chronizo*) eindeutige Hinweise auf die Tatsache, daß sich die Wiederkunft Jesu nicht verzögern wird. Gegner (in 2Petr 3,3 als »Spötter« bezeichnet) unterstellen Gott, er verzögere die Verheißung der Ankunft Jesu und des *Tages des Herrn. Gott verzögert die Erfüllung seiner Verheißung jedoch nicht (Hebr 10, 37), vielmehr verkürzt er die Tage der Drangsal vor der Wiederkunft Jesu (Mk 13,20-27).

2. Die »Dehnung« der Zwischenzeit.

Der Mensch mag dennoch das vermeintliche Ausbleiben der Wiederkunft Jesu als Dehnung der Zwischenzeit erleben. Die gleichnishaften Hinweise auf die längere Abwesenheit des Herrn (Mt 24,48 par.; Lk 12,45; Mt 25,19) bzw. des Bräutigams, der auf sich warten läßt (Mt 25,5, vgl. Mk 2,18ff), vermitteln jedoch die Einsicht, daß dieses Ausbleiben nicht Verlegenheit Gottes bedeutet, sondern Gelegenheit zur Bewährung bietet (vgl. Lk 12,35-38; Mt 24,43). 2Petr 3,9 betont überdies, daß die scheinbare Dehnung dieser Zwischenzeit der Langmut Gottes entspricht, so daß »alle zur Buße kommen« und niemand verloren gehe. Was menschlich gesehen als Verzögerung erscheinen mag, ist in Wahrheit Seelsorge Gottes.

3. Die Imminenz der Wiederkunft.

Die Erwartung des unmittelbar bevorstehenden Kommens Jesu ist als dritter Aspekt im NT zu beobachten neben der Treue Gottes gegenüber seiner Verheißung sowie der möglichen Erfahrung der längeren Abwesenheit Jesu. (Entgegen Käsemanns und Conzelmanns Thesen ist die Nähe des Kommens Jesu auch bei Lukas betont: vgl. Lk 10,9ff; 21,27f; 21,32; Apg 1,11; 3,20f; 10,42; 17,31; 28,31). Paulus rechnet ca. 51 n.Chr. mit der grundsätzlichen Möglichkeit, bis zur Ankunft des Herrn zu leben (1Thess 4,15.17; vgl. 1Kor 7,29; 15,52). Andererseits wird dieses Imminenzdenken hinsichtlich der Wiederkunft Jesu nie mit einer zeitlich festgelegten Naherwartung identifiziert. Diese Gleichsetzung liegt auch nicht bei den mehrdeutigen, sog. »Naherwartungslogien« Jesu vor (Mk 9,1; 13,30; Mt 10,23, vgl. Offb 22,20; vgl. hierzu Wenham, Rediscovery, und Bayer, Yarbrough, O. Cullmann's Konzeption). Jesus betont, der Tag und die Stunde seien nicht bekannt (Mk 13,32); er warnt davor, Wachsamkeit durch zeitliches Festlegen der Wiederkunft des Messias zu ersetzen (Mk 13,33ff; vgl. Apg 1,7; 1Thess 5,1ff). Ebenso betont Paulus, die Erwartung des imminenten Kommens Jesu nicht außerhalb des von Gott verordneten Heilsplanes zu hegen. Heilsgeschichtliche Voraussetzungen (Entstehen der Gemeinde und Mission, Mt 18,15ff; Mk 13,10 par., vgl. Röm 11,25ff, und das Kommen des *Antichristen, der *Verfolgung und *Trübsal, 2Thess 2,2-12; Mk 13, 14ff) müssen vor der Wiederkunft Jesu erfüllt sein. Wenn der Zeitpunkt allerdings eingetroffen ist, so erfolgt das Kommen Jesu überraschend und plötzlich (Lk 17,22ff; 1Thess 5,1ff).

4. Heilsgeschichtliche Einordnung.

Delling betont treffend, daß nicht nur bei Lukas, sondern im ganzen NT die »sachliche Zusammengehörigkeit, ... des Handelns Gottes im Rahmen des Heilsgeschehens« im Vordergrund steht und nicht der »zeitliche

Abstand« zwischen dem ersten und zweiten Kommen Jesu (Zeit und Endzeit, 47). Entscheidend ist, daß das zentrale »Heilsereignis in Kreuz und Auferstehung Christi bereits geschehen ist. Von daher ist die Frage des Termins der Vollendung nicht maßgebend« (ibid. 46). Die Tatsache, daß das zentrale Ereignis schon in der Vergangenheit liegt, berechtigt zur legitimen Imminenzerwartung. Das Vorrücken der Zeit gibt jedoch keinen Anlaß zum spöttischen Zweifel an den Verheißungen Gottes, sondern ermahnt zu erhöhter Wachsamkeit, zum Auskaufen der noch bleibenden Zeit sowie zur Dankbarkeit gegenüber der Langmut Gottes.

Literatur: H.W. Bartsch: Zum Problem der Parusieverzögerung bei den Synoptikern, EvTh, 19/1959, S. 116-131; H.F. Bayer, R. Yarbrough: O. Cullmanns progressiv-heilsgeschichtliche Konzeption, in: H. Stadelmann (Hrsg.): Glaube und Geschichte, 1986, S. 319-347; J.C. Breytenbach: Nachfolge und Zukunftserwartung nach Markus, 1983; G. Delling: Zeit und Endzeit, 1970; O. Cullmann: Christus und die Zeit. Die urchristliche Zeit- und Geschichtsauffassung, 1946; ders.: Heil als Geschichte. Heilsgeschichtliche Existenz im Neuen Testament, ²1967; ders.: Parusieverzögerung und Urchristentum, ThLZ, 83/1958, S. 1-12; E. Gräßer: Das Problem der Parusieverzögerung in den synoptischen Evangelien und in der Apostelgeschichte, ³1977; W.G. Kümmel: Verheißung und Erfüllung, ³1956; W. Michaelis: Der Herr verzieht nicht die Verheißung, 1942; ders.: Kennen die Synoptiker eine Verzögerung der Parusie? in: Synoptische Studien, 1953, S. 107-123; A.L. Moore: Parousia in the New Testament, 1966; A. Strobel: Untersuchungen zum eschatologischen Verzögerungsproblem, 1961; D. Wenham: The Rediscovery of Jesus' Eschatological Discourse, 1984. H.F.B.

VERZWEIFELN s. Zweifel

VESPASIAN.

V. (Titus Flavius Vespasianus), röm. Kaiser 69-79, am 17.11.9 n.Chr. geboren, wurde nach ehrenvollem Aufstieg 67 von *Nero mit der Niederwerfung des jüd. Aufstands betraut. Im Jahre 70 erfolgte die Beendigung des jüd. Krieges durch *Titus, den älteren Sohn V.s, in dem er zeit seiner Regierung eine wertvolle Hilfe fand. V.s Innenpolitik war auf Frieden und Ausgleich bedacht, durch sparsames Finanzgebaren wurden beträchtliche Schulden getilgt und Reformen im Heer sowie zahlreiche Bauvorhaben durchgeführt (Erneuerung des zerstörten Kapitols, Tempel und Forum des Friedens in Rom). Durch seine nüchterne und schlichte, energische wie auch ironische Art gelang es V. nach der Krise des »Dreikaiserjahres« (69), den Prinzipat und das Reich, das sich nunmehr stärker auf die Provinzen stützte, zu erneuern.

Literatur: G. Daltrop, U. Hausmann, M. Wegner: Die Flavier. Das röm. Herrscherbild 2,1, 1966. K.G.

VIEHZUCHT.

1. Allgemeines.

V. ist Kennzeichen und Lebensgrundlage des wandernden Nomaden - im Gegensatz zum seßhaften Ackerbauer (1Mo 4,2). Den Reichtum der Erzväter bildeten in der Hauptsache Viehherden (1Mo 12,16; 29,6-10; 30,36), weshalb ihnen auch in *Ägypten die Landschaft *Goschen zugewiesen wurde (1Mo 47,3-6). Mit der *Landnahme in Kanaan tritt der *Ackerbau stärker in den Vordergrund. Einige Stämme der Israeliten bleiben jedoch weiterhin vorwiegend Viehzüchter, vor allem im südl. *Juda (1Sam 25), in der *Scharon-Ebene (1Chr 27,29; Jes 33,9; 65,10) und im *Ostjordanland (4Mo 32,1; Jer 50,19).

Welche Bedeutung die V. für Israel hat, ergibt sich daraus, daß mit dem hebr. Wort für »Vieh«, *miqnäh*, der Besitz überhaupt bezeichnet wurde. Wie bei *Hiob (Hiob 1,3) und Nabal (1Sam 25,2) besteht auch der Reichtum des Königs weithin in Herden (1Sam 25,2; 1Chr 27,29-31; 2Chr 26,10). Spr 27,23-27 zeigt etwas von der Wertschätzung des Viehs. Die Gesetzgebung im 2Mo 21,23 setzt ein Volk voraus, das z.T. von V. lebt. Vielfach betreibt die gleiche Familie Ackerbau und V. nebeneinander, bzw. auch die Ackerbau treibende Bevölkerung hält für ihren eigenen Bedarf und die Feldbestellung Tiere. Die Herden finden ihre Nahrung hauptsächlich in den das ganze Jahr über - wenn auch nur dürftig mit Gräsern und niedrigem Buschwerk – bewachsenen Steppengebieten, in der Regenzeit allerdings auch bis hinein in die Wüste (Joel 1,19f; Jer 49,4). Futterbau und Wiesenwirtschaft in dem uns in Mitteleuropa vertrauten Sinn sind in Israel unbekannt.

2. Viehbestand.

Es wurde zwischen Klein- und Großvieh unterschieden.

a. Zum Kleinvieh gehört zunächst das Schaf, das in großer Zahl bes. in Südjuda und im Ostjordanland vorhanden ist (vgl. 1Sam 25,2; 4Mo 31,32). Herden von mehreren tausend Fettschwanzschafen sind offenbar keine Seltenheit (2Kön 3,4), und Ps 144,13 rechnet mit ihrer tausendfachen Vermehrung. Ferner gehört die Ziege dazu, die auch noch in Gegenden gehalten werden kann, in denen das Schaf nicht mehr genügend Nahrung findet. Sie kommt nur in kleineren Herden vor und wird oft mit den Schafen gemeinsam geweidet.

b. Unter das Großvieh der Herden werden im wesentlichen Rinder gezählt (1Mo 18,7;

32,5f; 46,32). Sie sind wertvoller als die Schafe, brauchen bessere Weide und setzen zugleich eine stärkere Seßhaftigkeit voraus. Berühmt sind die Rinder von Baschan (Jer 50,19; Am 4,1 RevEB). Außerdem finden sich Kamele (1Mo 24,10; Jes 60,6; Hiob 1,3; Esr 2,67). Häufiger als in Israel werden sie bei den Wüstenstämmen gehalten (vgl. die Midianiter Ri 6,5). Sie dienen als Last- und Reittiere.

Zu diesem Zweck verwendet man aber auch den Esel (1Mo 12,16; 1Sam 9,3; Neh 13,15; Sach 9,9) und das Maultier (1Kön 1,33). Dagegen ist das Pferd in Israel selten und wird wohl erst z.Zt. *Salomos in größerem Umfang eingeführt (1Kön 10,28f), war bei den Ägyptern aber schon früher und häufiger zu finden (2Mo 14,9; 15,19).

c. Als Geflügel findet sich die Taube und – erst nach der babylon. Gefangenschaft sicher nachgewiesen – auch das Huhn, während Gänse und Enten nirgends genannt werden.

d. Schweine sind in Israel als unreine Tiere verboten (3Mo 11,7), während sei bei den angrenzenden Völkerschaften in Herden gehalten werden (Mt 8,30; Mk 5,11; Lk 15,15).

3. Erträge.

Rind und Esel dienen als Zugtiere für Pflug und Wagen. Begehrt ist weiterhin die Milch, aus der man Butter und Käse gewinnt; in der Regenzeit ist sie reichlich vorhanden, im Sommer knapp. Man genießt sie von Schaf (Jes 7,21f), Ziege (Spr 27,27), Rind und Kamel (1Mo 32,16). Von Schaf (1Sam 25,18), Ziege (Ri 6,19) und Rind (Lk 15,23) ißt man auch das Fleisch, nicht dagegen vom Kamel (3Mo 11,4). Von allen Tieren finden die Häute Verwendung, bes. die der Ziege zur Anfertigung von Taschen und Schläuchen, weiterhin auch die Haare der Ziege bzw. die Wolle des Schafs; Ziegenhaar wird dabei bes. für Zeltdecken gebraucht.

4. Herdenleben.

Die Herden befinden sich unter freiem Himmel (Dan 4,22; 5,21). Nachts nimmt man sie in Hürden, d.h. ummauerte bzw. umzäunte, aber nicht überdachte Schutzplätze (4Mo 32,24; 2Chr 32,28; Mi 2,12; Hab 3,17; Lk 2,8). Zur besseren Übersicht werden bei den Hürden manchmal Wach- oder Herdentürme errichtet (2Chr 26,19). Zur Bewachung der Herden bedient man sich der Hunde (Hiob 30,1; Jes 56,10). Auf der Wanderung mit seiner Herde ist der *Hirte für die Tiere verantwortlich; er muß für ihren Schaden oder Verlust in manchen Fällen sogar Ersatz leisten (2Mo 22,9-14). Die Tiere werden gezählt, indem sie unter dem Hirtenstab hindurchgehen (3Mo 27, 32). Der Hirte hat sich um geeignete Wasserstellen zu bemühen (Ps 23,2), hat aber auch sein Augenmerk auf Gefahren zu richten, die durch Raubtiere wie Löwe, Bär und Wolf (1Sam 17,34; Am 3,12) oder Räuber (1Sam 25,7; Joh 10,10) drohen. Zwischen Hirten verschiedener Herden kam es immer wieder zum Streit um Wasserstellen und Weidegebiete (z.B. 1Mo 13,3; 26,20). Ansässige Bauern brachten ihr Vieh in Ställen unter (2Chr 32,28; Ps 50,9), z.T. auch in Höhlen. Sicherlich haben die Tiere den Wohnraum mit den Menschen geteilt (2Sam 12,3).

Literatur: s. *Tiere; *Ackerbau; *Palästina (Klima, Boden).

VIER s. Zahl

VIERFÜRST s. Tetrarch

VIERZIG s. Zahl

VISION. Das in den Religionen verbreitete Phänomen der V. begegnet in der Bibel vorwiegend als von Gott gewährtes »bildhaftes Sehen im Wach- oder Trancezustand« (Delekat). Im AT fungiert V. in der Regel als ein Medium des Offenbarungsempfangs und findet sich als solches bereits bei alten Sehern (z.B. Bileam: 4Mo 24,3f; Micha ben Jimla: 1Kön 22,19; vgl. 4Mo 12,6), vor allem aber bei den Schriftpropheten. Ihnen läßt Gott »Gesichte« zuteil werden, um sie zur Verkündigung seines Wortes zu beanspruchen und zu ermächtigen, weswegen der Vorgang der Schauung gewöhnlich in einer Audition gipfelt, die das zu verkündigende Wort betrifft (z.B. Jes 6,9ff; Jer 24,4ff; Hes 2,1ff; Am 7,3.6.8). Deshalb ist in diesem Zusammenhang vielfach vom »Sehen« des Wortes Gottes die Rede (z.B. Jes 13,1; Jer 38,21; Hes 11,25; Mi 1,1; Hab 1,1), auf das letztendlich alles hinausläuft.

In ihren »geheimen Erfahrungen« (Gunkel) nehmen die *Propheten sowohl Hintergründiges (z.B. Jahwe auf seinem Thron, umgeben vom himmlischen Hofstaat: Jes 6; Jahwe am Altar: Am 9,1ff) als auch Vordergründiges (z.B. Mandelzweig: Jer 1,11f; Korb mit Obst: Am 8,1ff) wahr, meist zum Zweck der Ansage oder Deutung zukünftiger Ereignisse und Entwicklungen. Die visionären Widerfahrnisse, die sich in mannigfache Einzelformen aufgliedern lassen (z.B. Berufungsvisions: Hes 1,1-3,15; Wortspielvision: Am 7,7ff; Ereignisvision: Nah 2,4-11), begegnen literarisch in Gestalt von Visionsschilderungen. Dabei fällt auf, daß nicht selten bekanntes Traditionsgut visionäres Erleben und literarische Fixierung bestimmt (z.B. Motiv des himmlischen Hofstaats Jahwes: Jes 6; des Gottesfeuers und der Urflut: Am 7,4), so daß die Frage naheliegt, inwieweit die Visionsschilderung nicht auch als stilistische Einkleidung der prophetischen Verkündigung anzusehen sind. Hier wird man zurückhaltend sein müssen, da die Propheten von alters her als »Seher« galten (1Sam 9,9; Am 7,12) und Wert darauf legten, daß ihre V.en von Gott gewährt (Jer 24,1; Am 7,1. 4.7; 8,1) und nicht der eigenen Phantasie entsprungen waren (Jer 23,16; vgl. Hes 13,3). Grundsätzlich wird bei den Schilderungen »ein gewisses Maß an Übereinstimmung mit visionären Vorgängen zum Beweis der Echtheit« (Koch). Selbst wo theologische Reflexion und typisierender Stil verstärkt auftreten (z.B. Hes 1,1-3,15; Sach 1,7-6,15) finden sich »immer wieder Spuren davon, daß man . . . die visionäre Sphäre und ihre Unableitbarkeit ernstnehmen muß« (Rudolph). Jedoch nimmt mit dem apokalyptischen Visionstypus (beginnend mit Dan 7-12; später z.B. Hen, ApkBar) die Erlebnisechtheit immer mehr ab, so daß die Visionsschilderung hier zum rein literarischen Stilmittel werden kann.

Im NT tritt V. aufgrund der alles umfassenden *Offenbarung Gottes in Person und Geschichte Jesu Christi, der selbst kaum als Visionär gelten kann, in ihrer Bedeutsamkeit zurück. So enthält die synoptische Überlieferung nur eine Visionsschilderung (Lk 10,18) und ansonsten lediglich Anklänge an prophetische Berufungsvisionen bei der Taufe Jesu (Mk 1,10f; Mt 3,16f). Ob dagegen die Verklärungsszene (Mk 9,2-13; Mt 17,1-13) und die Erscheinungen des Auferstandenen als V. zu deuten sind, muß angesichts der äußeren Umstände (mehrere Beteiligte; personale Begegnung) und des Gebrauchs des atl. terminus technicus für Theophanien (*ōphtē*) bezweifelt werden (vgl. aber 1Kor 9,1). Eine Reihe von Visionsberichten unterschiedlicher Formung und Aussagekraft enthält die Apostelgeschichte (z.B. Stephanus: 7,55f; Paulus: 9,12; 22,17ff; Petrus: 10,11ff; andere: 9,10f; 10,3), woraus erhellt, daß V. zum Erscheinungsbild der pneumatisch geprägten *Urgemeinde gehörten. Gleichwohl äußert sich Paulus – wenn überhaupt – sehr zurückhaltend zu analogen Erfahrungen (2Kor 12,1ff), was aber z.T. in der Situation der Auseinandersetzung mit seinen Gegnern begründet sein dürfte. Erheblich an Bedeutung gewinnt V. erst in der *Offenbarung des Johannes als ein hervorragendes Darstellungselement im Dienst der Enthüllung der Zukunft (1,1.10-20; Kap. 4ff). Diese geht zweifellos auch auf visionäre Schauungen zurück, ist aber im Endeffekt »durch den Prozeß einer am Alten Testament orientierten theologischen Interpretation und Reflexion so stark überlagert, daß Rückschlüsse auf die Inhalte der ursprünglichen Visionen sich verbieten« (Roloff; vgl. z.B. Kap. 4/Hes 1; Kap. 13/Dan 7; Kap. 21f/Hes 40-48).

Literatur: L. Delekat, B. Reicke, W. Schmithals: BHH III, 1966, 2109f; J. Gnilka: Das Evangelium nach Markus, 1. Teilband, EKK 2/1, 1978, S. 51-53; F. Horst: Die Visionsschilderungen der alttestamentlichen Propheten, EvTh 20, 1960, S. 193-205; P. van Imschoot: Bibel-Lexikon, ²1968, 1849f; W. Keilbach, V. Maag, A. Strobel: RGG³, VI, 1408-1412; K.Koch, J. Roloff: Reclams Bibellexikon, ⁴1987, S. 536f; J. Kremer: EWNT II, 1981, 1287-1293 (bes. 1290-1292); E. Pax: LThK X, 1965, 811f; R. Pesch: Die Vision des Stephanus, SBS 12, 1966; G. von Rad: Theologie des Alten Testamens Bd. 2, ⁸1984, S. 67-80; J. Roloff: Die Offenbarung des Johannes, ZBK 18, ²1987, S. 12-15.21-25; W. Rudolph: Haggai – Sacharja 1-8 – Sacharja 9-14 - Maleachi, KAT 13/4, 1976, S. 62f.133-135; D. Vetter: THAT II, ²1979, S. 692-701 (bes. 694.697-700); S. Vollenweider: »Ich sah den Satan wie einen Blitz vom Himmel fallen« (Lk 10,18), ZNW 79, 1988, S. 187-203. R.G.

VOGEL s. Tiere

VOGT s. Amtmann; s. Hauptmann

VOLK s. Stämme Israels; s. Völkertafel; s. Volk Gottes

VOLK GOTTES.

I. IM ALTEN TESTAMENT.

Das AT verwendet vor allem den Begriff *ʿām*, griech. *laós*, zur Bezeichnung der Stämmegemeinschaft der Hebräer als Volk (des wahren) Gottes. Drei Elemente prägen Israel als V.: die Abstammung von den Patriarchen (1Mo 12,1ff; 17,4-8), die Erwählung durch Jahwe und die Bundesgemeinschaft mit ihm als dessen Segensträger für alle »Völker« (hebr. *gōj, gōjim*, griech. *ethnos, ethnoi*). Bundesmerkmal ist – neben dem Bundesgesetz – die *Beschneidung (1Mo 17,10-14).

Gott hat die Israelstämme aus Ägypten befreit und zu seinem Eigentumsvolk aus freier Liebe (5Mo 4,37; 7,8) erwählt (2Mo 19,3-6: »Wenn ihr auf meine Stimme hört. . ., werdet ihr unter allen Völkern mein besonderes Eigentum [*laós periousios*], sein. . . Ihr sollt mir als ein Reich von Priestern und als ein heiliges Volk gehören!. . .« (2Mo 6,7; vgl. 5Mo 7,6; 14,2; 27,9); die Israeliten traten in den *Bund durch *Mose ein (2Mo 24; 5Mo 5,2f; 7,6; 27,9; 3Mo 26,12; 1Chr 17,21f). Gott versprach seinem Volk Schutz, Heimat, Wohlergehen unter der Bedingung, daß es seine Bundesbedingungen erfüllt (5Mo 5,31ff; 6,13ff). Die Zugehörigkeit zu Jahwe, dem heiligen Gott (heilig sein: dem heiligen Gott gehören, kultischer Heiligkeitsbegriff), forderte auf seiten des Volkes ein »heiliges« Leben (3Mo 17-26: Heiligkeitsgesetz; 2Mo 19,6; 3Mo 11,44; 19,2; 5Mo 26,19; 28,9). Das Ziel der Erwählung ist das Zeugnis für den wahren Gott und die Vermittlung seines Segens an alle Völker (1Mo 12,3; 18,18f; 22,18; 28,14; Jer 4,2). Insofern ist Israel eine rel. Gemeinschaft auf völkischer Grundlage. Die Zukunft des V. und das Leben im geschenkten Land sind von der Treue zum Bundesgott abhängig (Ps 37,9. 29). Die Propheten weisen darauf nachhaltig hin, als Israel nach der *Landnahme neben Jahwe auch andere Götter verehrt (Jer 7,23; 32,36ff; Hes 36,28; Jes 41,8-10); denn es handelt sich im Bund mit Gott um ein Verhältnis der Liebe, vergleichbar der Brautschaft und der Ehegemeinschaft (Hos 1-3; Jer 3,1-13; Hes 16). Deshalb ist die Schuld des treulosen Volkes ungeheuer groß (Hos 1,9; Jes 1,10: »Ihr seid nicht mein Volk!«). Aber Gott bleibt seinem Bund treu. Er wird Israel läutern und dem heiligen *Rest neu gnädig sein (Hos 3; Jes 10,20-25; Hes 34). Vor allem wird er einen Neuen Bund schließen und durch seinen Geist das Volk zur Bundestreue von innen heraus befähigen (Jer 31,31-34; Hes 36,23-28; Jes 41,8-10; Sach 8,8). Bereits dem alten Israel konnten Heiden angehören (durch Eintritt ins Judentum); dem Bundesvolk der Endzeit werden auch die Völker zugehören (Jes 11,10; 25,6f; 26,2; 45,18-25; 55,4f; Jer 12,16; 16,19; Hes 47,22; Sach 2,14f; 9,7; Zef 3,9; Ps 67). Erst dann wird Israel V. im Ganzen der erlösten Menschheit im Vollsinn des Begriffs sein.

II. IM NEUEN TESTAMENT.

Jesus weiß sich entsprechend den Verheißungen Gottes unmittelbar »nur zu den verlorenen Schafen des Hauses Israel gesandt« (Mt 15,24). Er will zuerst Israel sammeln (s. Auswahl der Zwölf: Mt 10,2-4.6; 19,28) und für das *Reich Gottes vorbereiten; über Israel soll Gottes Heil zu den Völkern kommen. Da die Führer Israels ihn, den *Messias des V.es (vgl. Lk 2,10f.32), ablehnen, wird »das Reich Gottes... einem Volk gegeben, das die erwarteten Früchte bringt« (Mt 21,43). Es werden all jene sein, die an Jesus als Heilbringer glauben (Mt 8,1-13). So stiftet Jesus den Neuen Bund (Lk 22, 15-20) und sendet nach seiner Auferstehung seine Boten auch zu den Samaritanern und Heiden (s. den Missionsauftrag, Mt 28,19f; Apg 1,6-8; auch 10,34f; 15,14). Saulus/*Paulus wird als *Apostel der Heiden berufen (Gal 1,15f; 2,7-9). Wenn »die Vielzahl der Heiden« in die Kirche Jesu Christi eingetreten sein wird, wird auch die Stunde der Bekehrung für Israel kommen (Röm 10f). Die Kirche aus Juden und Heiden (Eph 1,10; Kol 1,20; 2,11-22) ist die Erbin der atl. Verheißungen an das V. (Gal 3,29; Röm 9,7), ist das: »Israel Gottes« (Gal 6,16; 2Kor 56,15). Ihr eignen im Vollsinn die Ehrentitel Israels »auserwähltes Geschlecht, königliche Priesterschaft, heiliger Stamm, besonderes Eigentum Gottes« (1Petr 2,9; vgl. Tit 2,14; Offb 18,4), weil sie auf Jesus Christus, dem Fundamentstein des endgültigen V.es aufgebaut ist (1Petr 2,4-7). Sie ist noch unterwegs auf dem Weg des Glaubens in die Sabbatruhe des ewigen *Reiches Gottes (Hebr 4,9; 8,10; 13,12); vollendet wird das V. in der verwandelten Welt, wenn Gott und der Auferstandene unter ihm wohnen werden (Offb 21,3). Bis dahin muß jedes Glied der Kirche sich im Glauben bewähren. Der Auferstandene lebt durch seinen Geist in seiner Kirche und in jedem Christen, so daß der Wille Gottes erfüllt werden kann (Joh 14,16-21.26; 15,1-8; Röm 7,17f; 8,9-17; 1Kor 3,16f; 6,19; 12,4-13; Gal 5,5-26; Phil 2,12f; Hebr 10,14f). Durch die Gnade Jesu Christi hat jedes Glied der Kirche, des Hauses Gottes (1Tim 3,15), »Bürgerrecht« im Himmel und damit Zugang zu Gott (Eph 2,19f).

Der V.-Gedanke tritt im NT hinter der Vorstellung von der Kirche Jesu Christi zurück und verbindet sich mit diesem. Die Glieder der Kirche wissen sich aber als Glieder des endzeitlichen V.es.

Literatur: R.Meyer, H. Strathmann: ThWNT IV, 1942, 29-57; J. Blinzler: Volk Gottes, LThK X, ^{2}1965, S. 845-847; J. Scharbert: Volk (Gottes) in: J.B. Bauer: Bibeltheologisches Wörterbuch, Bd. 2, 1959, S. 1428-1439; H. Wildberger: Jahwes Eigentumsvolk, 1960; H.-J. Kraus: Das Volk Gottes im Alten Testament, 1958; N.A. Dahl: Das Volk Gottes, 1941; R. Schnackenburg: Die Kirche im Neuen Testament, 1961; J. Schmid: Volk Gottes, in: H. Fries: Handbuch theologischer Grundbegriffe, Bd. 1, 1962, S. 790-800; J. Blinzler: 'Ieráteuma. Zur Exegese von 1Petr 2,5 und 9 in: Episkopus, FS für M. Faulhaber, 1949, S. 49-65; J.H. Elliott: The Elect and the Holy (zu 1Petr 2,4-10), NTS 12, 1966; O. Michel: Das Zeugnis des Neuen Testaments von der Gemeinde, ^{2}1983. O.B.K.

VÖLKERTAFEL. Die V. findet sich 1Mo 10 und mit einigen Abweichungen nochmals in 1Chr 1,23. Sie steht gegen Ende der Urgeschichte und zeichnet das Bild der Völkerwelt, in der sich Israel bei seinem Auftreten in der Geschichte zu orientieren hat. Immer noch gilt die Bewertung von Delitzsch: »Nirgends findet sich eine der biblischen Völkertafel vergleichbare Übersicht des Völkerzusammenhanges, eine nach Maßgabe des Gesichtskreises so universale und jedenfalls ihrer Abzwekkung nach so allumfassende« (zitiert bei G. von Rad und C. Westermann).

I. ZUSAMMENHANG.

Wie 1Mo 5 die Spanne von *Adam zu *Noah und 1Mo 11,10 die von Noah bis *Abraham mit einer Genealogie von jeweils 10 Geschlechtern überbrückt, so zeichnet 1Mo 10 mit der Aufzählung von 70 Völkern das völkische Umfeld, im Blick auf das die Berufung Abrahams ergeht. Dabei knüpft 1Mo 10,1: »Dies ist das Geschlecht der Söhne Noahs: . . .« inhaltlich unmittelbar an 9,19 an: »Das sind die drei Söhne Noahs; von ihnen kommen her alle Menschen auf Erden«. Die Schlußformel 10,32 nimmt den Faden nochmals auf und verdeutlicht, worum es geht: aufzuzeigen daß sich nach der Flut alle Völker der Erde von Noah und seinen Nachkommen ableiten. Damit wird zugleich die Erwählungs- bzw. *Heilsgeschichtevorbereitet. »Die Völker (bzw. Geschlechter) der Erde« (10,32) begegnen wieder in 1Mo 12,3 als die potentiellen Empfänger des nunmehr an Abraham und seine Nachkommen gebundenen Segens. So steht die V. an der Nahtstelle zwischen Ur- und Vätergeschichte. Schon die Eingangsformel: »Dies ist das Geschlecht. . .«, eine der zehn sog. Tholedotformeln, die 1Mo gliedern, hebt die Besonderheit der V. hervor. Daß die nächste Tholedotformel erst 11,10 nach der Turmbaugeschichte erscheint, ist ein Hinweis darauf, daß V. und Turmbaugeschichte zusammengehören. Es geht jeweils um die Völker. Betont 1Mo 10: Alle Völker kommen von dem einen, so ist der Akzent in 1Mo 11,1-9, daß sich die Völker einig sind im Aufstand gegen Gott, daß aber die Einigkeit in der Gegnerschaft zu Gott zu einer Zerrissenheit und zum Nichtmehrverstehen der Völker untereinander führt. Damit stellt sich die Frage, wie Gottes Weg mit den Völkern weitergeht. Die Antwort wird mit der Erwählung Abrahams gegeben, dessen Abstammung aus der Fülle der Völker nachgezeichnet wird (1Mo 10,10ff), und dessen Linie bis Peleg (1Mo 10,25; vgl. 11,18) schon in der V. vorgegeben ist.

II. AUFBAU.

Die V. ist als Geschlechtsregister aufgebaut. Zunächst werden die Nachkommen *Jafets genannt (1Mo 10, 2.5), die Israel am fernsten liegen, dann die *Hams (V. 6-20), mit denen Israel vor allem feindliche Berührungen hatte, und dann die *Sems (V. 21-31), mit denen Israel sich verwandtschaftlich am engsten verbunden wußte. Israel selbst begegnet nicht. Die Reihenfolge ist insofern auffällig, als Sem, der älteste, an letzter Stelle erwähnt wird. Das wird bes. herausgestellt (V. 21). Doch auch an anderen Stellen in 1Mo wird die Linie, mit der Gott seine Geschichte weiterführt, am Schluß genannt (vgl. 1Mo 5 und 37,2ff). Jede der drei Geschlechterlinien schließt mit der nur geringfügig variierten Formel: »Dieses sind die Söhne . . . nach ihren Geschlechtern, Sprachen, Ländern und Völkern« (V. 5b.20.31). Unterstreichend betont die zusammenfassende Abschlußformel (V. 32): »Dieses sind die Sippen der Söhne Noahs gemäß ihren Geschlechtern in den Völkern und von diesen haben sich ausgebreitet die Völker auf der Erde nach der Flut«.

Die Verwandtschaft innerhalb der einzelnen Linie wird entweder angezeigt durch die Formel: »Die Söhne . . . sind. . .« (V. 1a. 2-7.20.22. 23.32.32) oder durch den Ausdruck: »A zeugte B« (V. 1b.8-19.21.24-30). In der Vergangenheit wollte man aufgrund dieser unterschiedlichen Wendungen die V. auf die mutmaßlichen Quellen P (»Die Söhne. . .«) und J (». . .zeugte. . .«) aufteilen. Es läßt sich indes schwer erklären, welchen Sinn solche fragmentarischen Tafeln gehabt haben sollten. Zudem zeigt sich in den drei Abschlußformeln (V 5. 20.31) auch ein leicht abweichender Sprachgebrauch, indem in V. 5 die Reihenfolge umgekehrt als in V. 20 und 31 »Länder, Sprachen, Geschlechter« lautet und das abschließende Kolophon die Formel noch fragmentarischer aufnimmt. Das könnte darauf hinweisen, daß die Formelsprache gerade nicht so perfekt durchgehalten wurde, wie es sich der moderne Wissenschaftler wünscht. Zudem ist die gesamte Quellenscheidung in letzter Zeit fragwürdig geworden. Die eigentliche Aussage läßt sich nur erfassen, wenn man die V. als ganzes ins Auge faßt.

Die an sich kommentarlose Aufzählung wird an einigen Stellen unterbrochen. *Nimrod wird als erster Großreichgründer herausgestellt (V. 8-12). Von *Peleg wird erwähnt, daß in seiner Zeit die Erde geteilt wurde (V. 25). Keil und Westermann sehen darin einen Hinweis auf das mit dem Turmbau verbundene oder ein ähnliches Geschehen. Da aber von Peleg die Terachlinie abzweigt, aus der Abraham kommt, könnte es auch ein Hinweis darauf sein, daß sich die Völker der Erde so aufteilen, daß auf der einen Seite Israel steht, dem Gott seine Offenbarung hat zuteil werden lassen, und auf der andern die Völker stehen, die von Gott nichts wissen. V. 5a deutet an, daß die V. nicht alle Völker umfaßt. Von den Söhnen Jawans (auf sie bezieht sich wohl das »diese«) leiten sich noch andere Völker ab. Ähnlich ist wohl die Bemerkung V. 18b zu verstehen: »Nachher haben sich die Geschlechter der Kanaaniter weiter ausgebreitet, . . .«. Es sind also absichtlich nicht alle bekannten Völker- und Ländernamen genannt, sondern nur die wichtigsten (so Dillmann und Cassuto, zitiert bei Westermann). Wahrscheinlich ging es, falls eine Auswahl stattfand, nur darum, siebzig damals bekannte

Völker aufzulisten. So macht die V. den Eindruck einer bewußten Komposition, die in sich selbst eine gewisse Botschaft darstellt.

III. INHALTE.

Es sind rund 70 Völker genannt. Die Zahl ist nicht genau zu erfassen und hängt davon ab, ob man etwa Nimrod und andere eindeutig auf Einzelpersonen verstandene Namen mitzählt. Die Rabbinen rechneten mit 70 (bzw. 72) Völkern. Wenn man weiß, wie ernst 1Mo auch an anderer Stelle die Zahlensymbolik nimmt, kann man die Siebzig nicht als Zufall abtun. 1Mo enthält 10 Tholedot; 10 Generationen stehen zwischen Adam und Noah (1Mo 5), nochmals 10 zwischen Noah und Abraham (1Mo 11,10ff). Zehn ist die bevorzugte Zahl für das abgerundete Ganze (s. F. Hauck, ThWNT II, 35f). Diese Genealogien verdeutlichen die von Gott geordnete Tiefe der Zeit. Die Sieben (vgl. 1Mo 1: sieben Schöpfungstage) trägt den Charakter der von Gott gewollten und geordneten Totalität (vgl. K. Rengstorf, ThWNT II, 623ff). Die zehn mal sieben Völker sind Ausdruck der von Gott gewollten und geordneten umfassenden Völkervielzahl. So führt die V. in die Weite der Völkerwelt und der Geschichte als gottgewolltes Ziel der Urgeschichte. Doch die Völker sind nicht gleichmäßig auf die drei Noahsöhne verteilt. Von Jafets Nachkommen sind 14, von Hams 31 und von Sems 25 Namen genannt. Ein System läßt sich dahinter nicht entdecken.

Die redaktionellen Schlußformeln machen deutlich, daß es um Völker geht. Bei den einzelnen Namen selbst ist indes keineswegs immer zu erkennen, ob es sich um Einzelpersonen (z.B. Nimrod, Arpachschad, Peleg), um Völker (z.B. Kusch) oder um Länderbezeichnungen (z.B. Mizrajim = Ägypten) handelt. Von daher ist eine Identifizierung der einzelnen Bezeichnungen mit Völkern gleichen Namens in geschichtlicher Zeit nicht unproblematisch. Denn Volksbezeichnungen können sich auf ein Land übertragen, in dem dann später andere Völker siedeln, die diese Bezeichnung übernehmen und umgekehrt. Wiederum kann sich der Name einer herrschenden Sippe auf andere Völker oder weitere Landstriche übertragen. Will man aufgrund einer historischen Geographie die Namen auf bestimmte Volksgruppen übertragen, muß man fragen, ob die Bezeichnungen aus der gleichen Zeit und der gleichen Situation stammen. Nur so ist zu verstehen, daß ein an sich semit. Volk, die Kanaaniter (das Hebr. ist ursprünglich die Sprache Kanaans), den Hamiten zugerechnet wird, da bis in die Zeit der *Landnahme *Kanaan wenigstens nominell unter ägypt. Herrschaft bzw. Einfluß stand. Ein Großteil der Namen konnte mit in geschichtlicher Zeit aufgetretenen Völkern oder Länder der alten Welt in Verbindung gebracht werden; andere sind weiterhin ungeklärt oder bleiben problematisch. Schon Keil äußert sich zurückhaltend: »Aber wie die Entstehung und Bildung der Menschenracen jenseits der Grenzen empirischer Naturforschung liegt, so wird auch keine Linguistik jemals aus den geschichtlich erhaltenen Sprachen die ursprüngliche Einheit der Menschheitssprache dartun oder deduciren können, je weiter auch die vergleichende Sprachforschung immerhin in dem Nachweise der genealogischen Verwandtschaft der verschiedensten Völkersprachen fortschreiten mag«. Erschwert wird die Einordnung schließlich dadurch, daß das hebr. *äräz* sowohl »Land« als auch »Erde« bedeuten kann. (Zu Einzelheiten über den gegenwärtigen Erkenntnisstand s. Westermann)

IV. HERKUNFT UND GESICHTSKREIS.

Seit dem 4. Jt.v.Chr. bestehen von *Mesopotamien aus internationale Kontakte. Seit etwa 3000 v.Chr. lassen sich Handelsverbindungen mit *Arabien, Anatolien, Iran und *Indien nachweisen. Um 2000 v.Chr. bestehen weitere Handelsverbindungen über Bahrain mit Ländern am Indischen Ozean, mit der Mittelmeerküste und ins Taurusgebirge hinein. Im 18. Jh. v.Chr. befindet sich eine Handelskolonie in Kappadozien. Schon in vorhistorischer Zeit hatten die Bewohner des Niltals Handelsverbindungen nach Nubien, Libyen und bis an die Küste des Roten Meeres aufgebaut. Aus dem 3. Jt.v.Chr. sind regelmäßige Expeditionen an den *Sinai, nach *Byblos, im 2. Jt.v.Chr. auch nach *Zypern, *Zilizien und *Kreta bezeugt. Ächtungstexte aus dem 18. Jh. v.Chr. listen Völker und Städtenamen auf. All das zeigt indes lediglich, daß weite internationale Kontakte bestanden und damit auch die Notwendigkeit einer geistigen Ordnung der geographischen und politischen Welt, in der man lebte, gegeben war. Und doch läßt sich die V. mit anderwärts zu findenden Aufzählungen von Völkern und Ländern nicht vergleichen.

Es geht hier weder um höfische noch politische noch kommerzielle Interessen. Liest man sie lediglich als historische Ethnographie, übersieht man die eigentliche Intention. Wenn die Bibel in die Urgeschichte solch ein einmaliges Gebilde einbaut, dann ist es von tiefer, bleibender Bedeutung. Im Mittelpunkt steht ein geistlich-theologisches Anliegen. So neutral wird sonst kaum von andern Völkern gesprochen. Auch die Weite des Blickfeldes ist einmalig, vor allem, wenn man bedenkt, daß

Israel ein Binnenvolk war. »Es reicht im Norden bis an das Schwarze Meer, im Osten bis an das iranische Hochplateau, im Süden bis zur Somaliküste, und im Westen bis an die Mittelmeerküste Spaniens« (G. von Rad). Damit ist praktisch die ganze Welt der damaligen Zeit erfaßt. Die Fragen, wann, von wem und wo diese Tafel verfaßt wurde, muß man wohl anstehen lassen. Sie bleibt eine erstaunliche und für die Zeit einmalige Leistung. Wichtiger ist es, nach ihrer Bedeutung zu fragen.

V. BOTSCHAFT.

Die V. ist eine in sich geschlossene Darstellung, hinter der eine schriftstellerische und theologische Konzeption steht.

Die Grundaussage ist offensichtlich, daß alle Völker der Erde von der einen Familie abstammen, die durch Gottes Gnade in der Flut bewahrt wurde. Paulus greift darauf in der Areopagrede zurück: Gott hat von einem Menschen alle Völker abstammen und sie auf dem ganzen Erdboden wohnen lassen und hat im voraus ihre Zeiten und die Grenzen ihres Wohnens bestimmt (Apg 17,26). Die Völker bilden somit eine Verwandtschaft bzw. eine Familie. Die sonst so gebräuchliche Überbewertung des eigenen Volkes und die negative Wertung der anderen ist zurückgedrängt. Vor Gott sind die Völker gleich. Selbst den Semiten wird keine Bevorzugung zuteil. Wie in 1Mo 5 der Schöpfungssegen Gottes sich in der Lebenslänge niederschlägt, so hier der in 1Mo 9,1 erneuerte Schöpfungssegen in der Völkervielfalt. Die ganze komplexe Wirklichkeit der Völkerwelt ist Ausdruck der Schöpferkraft und -freude Gottes. Gottes Erhaltungswille (8,22) gilt nicht nur »solange die Erde besteht«, er umfaßt auch die ganze Menschheit in ihrer gesamten Erstreckung über den Raum der Erde. Die Völker sind, weil Gott sie will. Sie leben, weil er, obwohl er sie ihre eigenen Wege gehen läßt, ihnen viel Gutes tut und sie ernährt (Apg 14,16f).

Zugleich wird der Erkenntnis Ausdruck verliehen, daß Menschen grundsätzlich im Rahmen von Völkern existieren. Es gibt kein Menschsein an sich. Die Kolophone (1Mo 10, 5.20.31.32) heben das unübersehbar hervor. Zur Identität des Menschen gehört die Volkszugehörigkeit. Ein Volk braucht ein Land als Lebensraum, hat eine Sprache, mit der es die *Wirklichkeit erfaßt, gliedert sich in Sippen (*mischpaschot*, »Familie, Sippe«), die in ihrer Überschaubarkeit dem einzelnen Geborgenheit und Sinn von Zugehörigkeit vermitteln, und so besteht die Menschheit in Gestalt von Völkern (10,5) von je eigener Identität. Das hebr. *gōj* tritt eben vor allem da auf, wo eine Menschengruppe bezeichnet wird, die »nach Abstammung, Sprache, Land, Gottesverehrung, Recht und Heerwesen zu einer Einheit zusammengefaßt und gegen Außenstehende abgeschlossen ist« (L. Rost zit. bei Hulst, THAT II, 311). Das alles ist an sich – sieht man von der völkischen Gottesverehrung ab – nicht sündig. Es reflektiert die Wirklichkeit der geschichtlichen Welt. Gerade der Versuch, diese Aufteilung der Menschheit ohne bzw. im Gegensatz zu Gott zu überwinden, ist Sünde (1Mo 11,1ff). Damit wird aber auch die Kultur als etwas Volkseigenes dargestellt. Daß schon hier auf die Sprachen Bezug genommen wird, ist angesichts von 11,7 eine Schwierigkeit. Sie liegt z.T. darin begründet, daß wir es, wie Keil sagt, mit einer »vorgeschichtlichen Geschichtsdarstellung« zu tun haben. Man kann sie wohl nur so erklären, daß 1Mo 10 und 11,1-9 zwei Teile eines Bildes sind, das die Wirklichkeit der Völker jeweils unter einem anderen Aspekt wiedergibt. 1Mo 10 stellt die Wirklichkeit der Völker in ihrer kulturellen, sprachlichen und rassischen Vielfalt positiv und gottgewollt dar. 1Mo 11 zeigt ähnlich wie Ps 2 die Wirklichkeit der Völker in ihrem rel. Widerspruch gegen Gott, der gerade dazu führt, daß die an sich verwandten Völker einander nicht mehr verstehen. 1Mo 11 macht zugleich deutlich, daß die Volksreligion, die geschichtlich gesehen immer auch schon zur Volksidentität dazugehört – *gōj* bzw. *gōjim* ist nicht nur ein ethnischer oder politischer Begriff, sondern weitgehend auch ein rel., der nicht zu Unrecht als »Heide/Heiden« übersetzt wird –, eben nicht das Gottgewollte ist, sondern das, was unter dem Urteil Gottes steht. Denn im Namen der Volksreligion schließen sich Völker zusammen und verschließen sich gegen Gott. Das wird noch dadurch unterstrichen, daß in 1Mo 10 Gott überhaupt nicht erscheint. Die Wirklichkeit der von Gott gewollten und von ihm erhaltenen Völker ist eben eine Wirklichkeit ohne den lebendigen Gott, die sich als widergöttliche erweist.

Auffällig ist in diesem Zusammenhang das völlige Fehlen Israels. Israel weiß aus seiner eigenen Geschichte, daß es durch Gottes Erwählungshandeln an einem Menschen, an Abraham, aus der Schar der Völker herausgerufen wurde (vgl. 5Mo 26,5; Jos 24,2f), daß es sich mit den andern Völkern nicht messen kann (5Mo 7,7) und als Spätling unter den Völkern des Vorderen Orients erscheint. Israel ist als natürliches Volk weder die Mitte der Völker noch der Nabel der Welt noch ist es irgendwie »göttlicher Natur«. »Blickte Israel von Abraham aus zurück, so war in der Linie zum urzeitlichen Anfang hin ein entscheidender Bruch, die Völkertafel. Das bedeutet: Israel sah sich illusionslos und ganz unmythisch inmitten der Völkerwelt. Was Israel von Jahwe her erfährt und erlebt, das wird sich ausschließlich im Raum der Geschichte begeben. Die Einfügung der Völkertafel bedeutet biblisch theologisch den radikalen Bruch mit dem Mythus« (G. von Rad, S. 110). Was Israel den Völkern voraus hat, ist Gottes Offenbarung: »Er verkündigt Jakob sein Wort, Israel seine Gebote und sein Recht. So hat er an keinem Volk getan; sein Recht kennen sie nicht« (Ps 147,19f; vgl. Röm 3,2). Was Israels Aufgabe an den Völkern ist, drückt 1Mo 12,3 aus: Durch Israel soll der Segen Gottes die Völker erreichen; dieser Segen besteht inhaltlich nicht mehr in schöpfungs- oder naturgemäßen Kräften, sondern in der Überwindung der *Sünde, deren Folge der *Fluch über die *Schöpfung ist (vgl. 1Mo 3 und Gal 3,13f und den jeweiligen Zusammenhang zwischen Sünde und Fluch). Bibl.-theologisch kann man von den hier stellvertretend genannten Völkern nur im Zusammenhang mit Israel reden und von Israel, dessen Grundlegung 1Mo 12,1ff beschrieben wird, nur im Zusammenhang mit den hier stellvertretend genannten Völkern. So gehören Israel und die V. von Abraham her zusammen (vgl. 2Mo 19,5f).

Die V. ist folglich missionstheologisch von ausgesprochener Bedeutung. Das AT vergißt nie, daß der Gott Israels Herr, Gebieter und Erhalter der ganzen Völkerwelt ist. Das drückt sich in den Fremdvölkerorakeln der Propheten aus, in der im Psalter an die Völker ergehenden Aufforderung zum Lobpreis Gottes, in der Beschreibung des die Völker umfassenden Auftrags des kommenden Heilskönigs, aber auch in der apokalyptischen Darstellung der Machtübergabe über »alle Völker« an den Menschensohn und Weltenrichter (Dan 7,14ff vgl. Mt 25,31f), vor dem »alle Völker« versammelt werden. Wenn im NT der Auftrag ergeht, hinzugehen zu allen Völkern (Mt 28,18), die Jünger als Zeugen Jesu bis an die Enden der Erde gesandt werden oder Paulus sich als Lehrer der Völker im Glauben und in der Wahrheit versteht, dann ist das nur auf dem Hintergrund von 1Mo 10 verständlich. Ob die Aussendung der 70 Jünger im Rückblick auf die V. geschieht, um die Sendung des Evangeliums von der Gottesherrschaft zu allen Völkern symbolisch vorwegzunehmen, oder ob es ein Hinweis auf die 70 Ältesten Israels (4Mo 11,24) ist, muß offenbleiben. Und das letzte Buch der Bibel weiß um die Gemeinde des Lammes, die sich aus »allen Stämmen, Sprachen, Völkern und Nationen« versammelt (Offb 5,9 u.ö.). Am Ende werden die Völker im Licht der Gottesstadt wandeln und die ganze Vielfalt, die Pracht und der Reichtum der Völker werden in die Gottesstadt einbezogen werden (Offb 21,24ff). So bezeugt die V. rückblickend die Treue Gottes zu seinem nach der Flut geschlossenen *Bund, durch den er den Fortbestand der das Leben ermöglichenden Naturordnung (1Mo 8,22) und der von Gewalttat bedrohten menschlichen Gemeinschaft (9,6) gewährleistet. Sie bildet vorausblickend den Rahmen der *Heilsgeschichte, in deren Verlauf es Gottes Ziel ist, den Völkern nicht nur die natürlichen Lebensbedürfnisse zukommen zu lassen und den Bestand der menschlichen Gesellschaft zu ermöglichen, sondern vor allem den Anteil an seinem Heil zu geben. So verdeutlicht die V. den Wirkungsbereich der Mission: So wie alle Menschen zu der von Gott geschaffenen Menschheit gehören, so ist die Mission an alle Völker und in den Völkern an alle Menschen gewiesen.

Literatur: S. jeweils zu 1Mo 10: C.F. Keil: Genesis und Exodus, (⁴1878), 1983; G.von Rad: Das Erste Buch Mose, ATD 2-4, ¹⁰1976; C. Westermann: Genesis, BKAT I/1, ²1976 (Literatur). H.E.

VOLKSZÄHLUNG s. Schätzung

VOLLENDUNG. Die Heilige Schrift bezeugt, daß Gottes Wirken auf dieser Erde einem letzten Ziel zustrebt zur Erfüllung und V. der ewigen Heilsabsichten Gottes (vgl. *Reich Gottes).

1. Der Zeitpunkt der V. bleibt göttliches Geheimnis (Mt 24,36; Apg 1,7), aber die Vorzeichen des Endes zeigen, wie einerseits die Mächte des Bösen weltweit zunehmen und sich in ihrer satanischen Widergöttlichkeit offenbaren, wie anderseits aber mitten in den politischen (Mt 24,6), gesellschaftlichen (2Tim 3,1ff) und rel. (1Joh 2,18; 2Thess 2,3; 2Petr 3,3) Erschütterungen der ganzen Welt eine aufhaltende Macht (2Thess 2,7) am Werk ist, wie das *Evangelium allen Völkern zum Zeugnis verkündigt (Mt 24,14) und die »Vollzahl der Heiden« zum Heil gelangt ist (Röm 11,25). Dies alles wird ein innerlich zusammenhängender, sich mehr und mehr über alle Völker ausdehnender Prozeß des Zunehmens und Ausreifens sein, bei dem aufeinander folgende und ineinander greifende Weltereignisse zu einem bestimmten Ziel und Ende in der Geschichte der Menschheit hinführen.

2. Die Art der V. hängt unlöslich und ausschließlich mit der sichtbaren *Wiederkunft Jesu Christi zusammen (Mt 24,27; Apg 1,11; Offb 1,7), die in der Offenbarung der Gerechtigkeit und *Herrlichkeit Gottes die große,

ewige Scheidung mit sich bringt. Die V. der Gottesverheißungen über die, die Gott vertrauten geschieht zunächst durch ihre *Entrückung dem Herrn entgegen (1Kor 15,51f; 1Thess 4,16f; Offb 20,4-6). In dieser »ersten Auferstehung« erfahren die Gläubigen die Erlösung ihres Leibes (Röm 8,23), sie erhalten »die Krone des Lebens« (Offb 2,10; vgl. 2Tim 4,8) und bekommen Anteil an dem Gericht über die gottlose Welt (1Kor 6,2). Sie sind zur »Hochzeit des Lammes« berufen (Offb 19,7.9) und werden »bei dem Herrn sein allezeit« (1Thess 4,17). Die V. der Gottesverheißungen über Gottes Feinde beginnt mit Jesu Sieg über *Satan und seine Helfer, die gestürzt und abgetan werden (Offb 19,11-20,3). Satans zerstörender und verderblicher Einfluß hört für tausend Jahre auf; statt dessen wirkt sich der Einfluß Jesu und seiner verklärten Gemeinde auf die Völker zum Segen aus, daß sie sich der Gnade Gottes öffnen (Jes 2,1-4; Mi 4,1-8; 7,11-17; Offb 20,4b). Die Kräfte des Heiligen Geistes wirken ungehindert auf der Erde. Nach dieser Gnaden- und Missionszeit führt Satan einen letzten Angriff , wird aber endgültig besiegt und verworfen (Offb 20,7ff). Nach der allg. Auferstehung (V. 13) kommt für die ganze Menschheit das Endgericht, die ewige Scheidung. Wohl ist Gottes Erbarmen unbegrenzt und sein Retterwille gilt allen Menschen (1Tim 2,4; Röm 11,32), wer aber diese Gnade ablehnt und verachtet, wird in die absolute Gottesferne verdammt (Mt 13,30.49.50).

3. Das Ziel der V. ist die ewige Königsherrschaft Gottes und das Offenbarwerden seiner Herrlichkeit im neuen Himmel und der neuen Erde (2Petr 3,13). Was Gott von Ewigkeit her beschlossen und von Anfang an verheißen hat, kommt nun zur völligen Erfüllung. Die Zuverlässigkeit der göttlichen Verheißungen und Drohungen, der volle Sieg Gottes über Satan, Sünde und Tod, seine Wahrheit, Heiligkeit und Gnade werden sichtbar; denn das Ende des Weges Gottes zielt auf die völlige Enthüllung seiner himmlischen Herrlichkeit, seiner göttlichen Majestät und Größe und seiner uneingeschränkten Macht und Gnade. Sein Name wird geheiligt, sein Reich kommt, sein Wille geschieht auf Erden wie im Himmel!

In der neuen Welt Gottes ist jeder Einfluß der Sünde und des Todes völlig aufgehoben (Mt 19,28; 1Kor 15,25f; Offb 21,4.27; 22,15). Dieses wiedergeschenkte *Paradies, in dem Gerechtigkeit (2Petr 3,13), Friede und Freude wohnen (vgl. Offb 21,4), ist die Gestaltwerdung und V. der ewigen Pläne Gottes. Damit hat Christus sein Werk vollendet und übergibt die Herrschaft auf ewig dem Vater (1Kor 15,24.27f), der nun »alles in allen« ist (vgl. Eph 4,6) und von allen gepriesen und angebetet wird (Phil 2,10.11; Offb 22,3-5).

Literatur: s. *Eschatologie, *Heilsgeschichte, *Reich Gottes, *Wiederkunft Jesu.

VOLLKOMMEN, VOLLKOMMENHEIT.

V. ist, was das durch Vorbild oder Norm gesetzte Maß erfüllt und vollendet, d.h. nicht zu verbessern ist. Der V. Gottes ist eine Sonderstellung gegeben, denn sie ist normsetzendes Maß, während alle andere V. nur als Nachbildung (1Mo 1,27) geschaffen oder gestaltet wird. Das ist zu beachten, wo die Heilige Schrift von V. von Menschen spricht.

1. Gottes V. ist nicht Steigerung menschlicher V., sondern sie ist primär gesetzt als uns unerreichbares Maß und Vorbild. Nicht Gott überragt die Menschen, als ob diese Vorbild und Maß seien; der Mensch bleibt hinter Gott zurück, der wahres Maß ist. Gott ist nicht geworden und kann kein vorher gesetztes Maß erfüllen, kann nicht fertig geworden oder zum Ziel gekommen sein. So spricht die Heilige Schrift nur einmal von Gottes V. als Maß der unseren (Mt 5,48). Seine V. erscheint uns in seinen Eigenschaften, seinem Wissen (Hiob 37,16; 11,7), Willen (Röm 12,2) und Handeln (2Sam 22,3; Sir 18,1).

2. Jesus als der eingeborene Sohn vom Vater (Joh 1,14) hat an dieser V. teil. Er war göttlicher Gestalt, Gott gleich (Phil 2,6); in ihm wohnt die Fülle der Gottheit leibhaftig (Kol 2,9), er ist v. (Hebr 7,28). Auch als Mensch ist er v., durch Leiden vollendet (Hebr 2,10). Er lebte V. vor durch seinen völligen Verzicht auf jedes eigenwillige Handeln in der Bindung an den Willen des Vaters (Joh 5,19), wie es der Prophet im Bild der Blindheit des Gottesknechtes sah (Jes 42,19).

3. Die V. der Menschen ist anderer Natur. Der Fromme des AT konnte leicht und mit Berechtigung sich für v. halten, wenn er sich an der ihm gegebenen Norm des *Gesetzes maß, wie er es verstand (vgl. Hiobs Selbstaussagen; vgl. *Gerechtigkeit). Im NT scheinen sich die Aussagen über V. zu widersprechen. Einerseits ist V. das Ziel des Strebens (Mt 5,48; Phil 3,12), andererseits werden Gläubige als v. bezeichnet (Phil 3,15). Der scheinbare Widerspruch löst sich durch die Erkenntnis, daß es im NT nur eine V. des Wachstums gibt, die als dem jeweiligen Stadium des Wachstums entsprechende V. immer Wirklichkeit sein soll, und doch noch einem vollen Ziele entgegenwächst. Niemand kann bei der Wiedergeburt sofort ein Vater in Christus sein, aber er soll ein vollkommenes Kind sein (vgl. 1Joh 2,12-14). Nicht v. ist, wer nach dem Alter Vater in

Christus oder Lehrer der Schrift sein müßte, aber noch von Kindernahrung lebt (1Kor 3,1f) und die ersten Buchstaben der Schrift nicht verstanden hat (Hebr 5,12f). So ist in jedem Alter und jederzeit v., wer »in Christus« ist (Kol 2,10) und V., dem Ziel, nachjagt (Phil 3,14), dem Schauen des Herrn in der vollen Erkenntnis (1Kor 13,12; vgl. 1Joh 3,2).

4. V. ist alles, was von Gott kommt: Sein Gesetz (Ps 19,8), die Freude, die Jesus gibt (Joh 15,11), die Liebe zu Gott, die aus dem Halten seiner Gebote fließt (1Joh 2,5), die Liebe zum Bruder, die Paulus das Band der V. nennt (Kol 3,14), die Schönheit Israels in seiner Jugend- und Brautzeit (Hes 16,14). V. ist insbes. die Offenbarung im NT. Der v.e Hohepriester (Hebr 9,11) hat im v.en Heiligtum (Hebr 9,11) das Opfer ohne Fehl dargebracht (V. 14), das allein v. machen (Hebr 10,1) und zubereiten kann für die vollendete Gemeinschaft mit Gott, der gegenüber alles Vorläufige Stückwerk ist (1Kor 13,10). Vgl. *Vollendung.

Literatur: G. Sauer: THAT I, [3]1978, 828-830; E. Tiedtke, R. Schippers, R. Klöber: TBLNT II, [4]1986, 1046-1050; G. Delling: ThWNT I, 1933, 474f; W. Foerster: ibid., 378-380; H. Preisker: ThWNT V, 1954, 450-453.

VOLLMACHT.

I. WORTBEDEUTUNG UND VORKOMMEN.

Das dt. Wort V. gibt das griech. *exousia* wieder. Ähnlich der dt. Bedeutung von V. im Rechts- und Geldverkehr: »das einem anderen erteilte Verfügungsrecht«, meint *exousia* allg. »die von einer höheren Norm oder Instanz gegebene Möglichkeit und damit das Recht, etwas zu tun, das Recht, über etwas zu verfügen« (nach Foerster, 559). Der Begriff ist abgeleitet von *exestin*, »es steht frei, es ist erlaubt«. Je nach Bedeutungsschwerpunkt kann *exousia* auch mit *Macht, *Autorität oder Obrigkeit übersetzt werden. Der Begriff V. findet sich in der Bibel relativ selten. Im AT erscheint er (in der LÜ) nur einmal (Dan 2,15). Das NT verwendet V.: im Blick auf Jesu Wirken in sechs verschiedenen Textzusammenhängen (vgl. unten III 2.); im Blick auf das Wirken der Jünger bei der Berufung der Zwölf (Mk 3,15), bei der Aussendung der Zwölf (Mk 6,7 par.; LÜ und ZÜ: »Macht«, EÜ und RevEB: »Vollmacht«) und in einem Gleichnis (Mk 13,34); im Blick auf das apostol. Wirken des Paulus (2Kor 10,8; 13,10); im profanen Sinne im Blick auf die Vollstreckungsrechte des Saulus (Apg 9,14; 26,10.12). Während das Wort V. relativ selten erscheint, zieht sich die Sache als breiter Themenstrang durch die ganze Bibel, sowohl in profanem als auch in theologischem Sinn.

II. IM ALTEN TESTAMENT.

1. Botenrecht.

Nach altem semit. Botenrecht kann eine Handlungsvollmacht auf einen Boten übertragen werden; charakteristisch ist dafür, daß der Bote in seiner Person völlig den Sendenden repräsentiert (nach der späteren rabbin. Regel: »Der Abgesandte eines Menschen ist wie dieser selbst«; Rengstorf, 415). So werden z.B. die Boten des Gesalbten geehrt wie der Gesalbte selbst (vgl. 1Sam 25,40f). Zugleich ordnet sich der Bevollmächtigte bewußt dem Willen des Sendenden unter; er hat streng auftragsgemäß zu handeln (zur Sache vgl. Dan 2,15; 1Mo 41,41).

2. Prophetenberufung.

Die Motive von völliger Repräsentanz des Sendenden und völliger Unterordnung unter den Sendenden finden sich auch bei den atl. Gottesboten (bes. deutlich 2Mo 7,1f: »Ich habe dich zum Gott gesetzt für den Pharao. . . Du sollst alles reden, was ich dir gebieten werde«; vgl. auch die prophetische Botenformel: »So spricht der HERR«). Berufung und Sendung der Propheten schließen explizit oder implizit die Bevollmächtigung mit ein (vgl. Jes 6,8-10; Jer 1,7.9f; Hes 2; 3, 16ff). Diese Bevollmächtigung ist in der Regel – als außerordentliche und auftragsgebundene – zeitlich begrenzt und vom Gehorsam des *Propheten abhängig (vgl. Jer 15,19).

3. Geistbegabung.

Jene Wesensmerkmale kennzeichnen im AT – anders als im NT – auch die Begabung mit dem Geist Jahwes: Der Geist Jahwes ist eine außerordentliche, zeitlich begrenzt als Ausrüstung für bestimmte Aufgaben verliehene Gabe (vgl. z.B. Hes 11,4f; Jes 42,1 u.ö.). Der Vorgang, den das NT als Übertragung von V. bezeichnet, wird im AT allg. als Kommen des Geistes Jahwes auf einen Beauftragten beschrieben: vgl. die Bevollmächtigung der Richter (Ri 3,10; 6,34; 11,29; 14,6); Sauls (1Sam 10,6; aber: 16,14); Davids (1Sam 16,13); von Propheten (2Chr 15,1; Mi 3,9 u.ö.; vgl. auch H.W. Wolff, 61f).

4. Amt

Als außerordentliche Gabe tritt V. nicht selten in Spannung zum geordneten Amt, sowohl im Königtum als auch in der kultischen »Berufsprophetie«. Gott verheißt dem von ihm berufenen Amtsträger V. für seine Amtsführung (1Sam 10,6; 1Kön 3, 5ff), aber die V. will in gehorsamer Abhängigkeit stets neu bewährt werden (1Kön 9,4ff; vgl. Jer 22,15). Dem, der sein Amt eigenmächtig mißbraucht, entzieht Gott die V. (vgl. Saul: 1Sam

15,23ff; 16,14). Das Amt ist keine Garantie für V. und göttliche Sendung (Jer 28, bes. V. 15) und kann nicht als Legitimation herangezogen werden für den Anspruch, mit göttlicher V. aufzutreten (vgl. 1Kön 22,24; Jer 28; 29).

III. VOLLMACHT JESU CHRISTI.

Jesus Christus hat als der *Sohn alle Macht und V. vom Vater verliehen bekommen (vgl. dazu ausführlich *Macht III.).

1. Wesen der Vollmacht Jesu.

Jesus ist vom Vater gesandt, um die Werke zu tun, die ihm der Vater gegeben hat (Joh 5,36). »Der Sohn kann nichts von sich aus tun, sondern nur, was er den Vater tun sieht« (Joh 5,19), er verwirklicht nicht seinen, sondern den Willen dessen, der ihn gesandt hat (Joh 5,30), er sucht nicht seine, sondern seines Vaters Ehre (Joh 5,41.44; 17,4). Er und der Vater sind eins (Joh 10,30).

2. Zeichen der Vollmacht Jesu.

In seinem Erdenleben war Jesus göttliche V. gegeben zur *Verkündigung (»Er lehrte mit Vollmacht«, Mt 7,29; vgl. Lk 4,32), zur Sündenvergebung (Mt 9,6 par.), zur *Krankenheilung und Dämonenaustreibung (Mk 1,27), zur Totenauferweckung (Mk 5,41 par.; Joh 11,43), allg. zur Durchsetzung des göttlichen Willens (vgl. Mt 21,12f.23). Als Auferstandener hat er »alle *exousia* im Himmel und auf Erden« (Mt 28,18), auch die V., Gericht zu halten (Joh 5,27).

3. Übertragung der Vollmacht Jesu.

Jesus Christus behält seine V. nicht für sich, sondern überträgt sie während seines Erdenlebens seinen Jüngern und als Auferstandener der ganzen christl. Gemeinde. »Denen, die an seinen Namen glauben«, gibt er »Macht [*exousia*], Gottes Kinder zu werden« (Joh 1,12) und rüstet sie aus für den Dienst (Joh 20,21-23; Apg 1,8).

IV. DIE VOLLMACHT DER GLAUBENDEN.

Das Wort V. wird im NT im Blick auf menschliche V. nie absolut gebraucht. Stets wird die Qualität der V. näher bezeichnet, sowohl ihr Ursprung als auch ihr Ziel bzw. Bereich (in den Evangelien: »Und er... gab ihnen *exousia* über..., daß sie...«, Mt 10,2 par.; vgl. Lk 10,19; bei Paulus: »Vollmacht, die mir der Herr gegeben hat, um zu...«, 2Kor 13,10; vgl. 10,8; Apg 9,14). Wenn es um rechte oder falsche V. geht, wird stets die Frage nach dem Woher gestellt: »Aus welcher Vollmacht tust du das, und wer hat dir diese Vollmacht gegeben?« (Mt 21,23 par.; vgl. Apg 4,7). Ebenso geht es um die Frage, wozu die V. eingesetzt wird bzw. werden soll (z.B. 2Kor 10,8). Für die Charakterisierung von V. ist die Frage nach der jeweiligen Qualität der V. von entscheidender Bedeutung für das NT. Dagegen steht die Frage nach der Quantität (ob jemand viel oder wenig V. hat) an keiner Stelle des NT im Vordergrund; Paulus weist gerade das korinthische Verständnis von apostolischer V., das quantitativ argumentiert und von den äußeren Phänomenen ausgeht, eindeutig ab (vgl. 2Kor 10-12). Das ntl. Verständnis von V. ist also nicht zuerst quantitativ, sondern vielmehr qualitativ ausgerichtet. Entscheidend ist: Woher hat jemand V.? (vgl. dazu unten 1.) und: Wozu dient diese V.? (vgl. dazu unten 2.).

1. Der Ursprung der Vollmacht.

a. Vollmacht und Ohnmacht.

V. ist stets abgeleitete, verliehene Macht (vgl. die Aussendungsberichte Mt 10,1 par.). Vollmächtiges Handeln ist Handeln »im Namen«, d.h. in Repräsentanz Jesu und als solches (im Blick auf Recht wie auf Mittel zur Durchführung) völlig abhängig von ihm. Wenn Jesus »nichts von sich aus tun kann« (Joh 5,19), gilt erst recht für den Jünger: »Ohne mich könnt ihr nichts tun« (Joh 15,5), denn der Nachfolger Jesu hat nichts (weder Recht noch Mittel), das er nicht empfangen hätte (1Kor 4,7; vgl. 3,5; 15,10a). Insofern ist gerade menschliche Ohnmacht die Grundlage für das Geschenk der V. Gottes Kraft will gerade in den Schwachen, die nichts aus sich selbst heraus sind, mächtig sein (2Kor 12,9; vgl. auch den Einwand der eigenen Unzulänglichkeit bei der Berufung der atl. Gottesboten, 2Mo 4,10; Jes 6,5; Jer 1,6). Denen, die sich im Bewußtsein ihrer Ohnmacht bittend an ihn wenden, »wird der Vater im Himmel den heiligen Geist geben« (Lk 11,13). Der Heilige Geist »teilt einem jeden das ihm Gebührende zu, wie er will« (1Kor 12,11) und wirkt V. zum auftragsgemäßen Handeln, zum Reden (Mt 10,20; Joh 14,26; Apg 1,8; 1Kor 2,4) und zum Tun (1Kor 12,4ff; Gal 5,22f). Sobald das Wissen um die eigene Ohnmacht verblaßt und V. nicht mehr als freie »Leihgabe« Gottes erkannt wird, kann sie als verfügbarer Besitz, als menschliche Fähigkeit oder Eigenschaft (vgl. falsche Propheten) oder als Methode (vgl. Apg 8,19) mißdeutet und somit mißbraucht werden. – Gegenbegriff zu V. ist also gerade nicht »Ohnmacht«, sondern »Eigenmächtigkeit«.

b. Vollmacht und Heiligung.

V. kann nie erwirkt, erworben oder gar »gemacht« werden – Gott beruft und bevollmächtigt voraussetzungslos (vgl. Joh 15,16). Aber V. lebt aus der völligen Abhängigkeit von Gott und wird gefährdet, sobald sich der Mensch aus dieser Abhängigkeit zu lösen beginnt. Weil V. nie autonom handhabbare General-V. ist, sondern stets geliehene und je und je neu verliehene, darum ist - wie für den Bevollmächtigten einer Regierung die ständige Tuchfühlung mit dem Souverän – die personale Bindung an Christus, die Hingabe an ihn, das »Bleiben« »in ihm« entscheidend: »Wer in mir bleibt und ich in ihm, der bringt viel Frucht. . .« (Joh 15,5; vgl. Mk 3,14f: »Daß sie bei ihm sein sollten und. . . Vollmacht hätten«). Insofern stehen V. und *Heiligung in organischer Wechselbeziehung zueinander. In V., also im Namen Jesu handeln heißt dann u.a. auch:

- in Treue zum Wort und im *Gebet selber ständig Empfangender sein; nur wer vorher empfangen hat, kann im Namen Jesu geben (vgl. Joh 15,7; Apg 3,6),
- in hörendem *Gehorsam sich senden lassen (vgl. Jes 6,8); nur wer ihm zur Verfügung steht, kann an Jesu Statt handeln (vgl. Mk 3,14f; Apg 13,2),
- in *Demut und Selbsthingabe die *Ehre Gott überlassen (vgl. Mk 8,34f; 1Thess 2,6); wer V. benutzt, um den eigenen Machtanspruch zu festigen (vgl. Mk 9,38f) oder sich selbst einen Namen zu machen (vgl. Mt 20,20ff), kann nicht im Namen Jesu handeln,
- in Hingabe des eigenen Willens die Wirkungen Gott überlassen; wer V. als Methode benutzt, um bestimmte Wirkungen zu erzielen (vgl. Apg 8,18-20), handelt nicht vollmächtig, sondern eigenmächtig.

2. Das Ziel der Vollmacht.

a. Vollmacht und Auftrag.

Beauftragung und Bevollmächtigung fallen im NT stets zusammen. Wenn Jesus in bestimmte Aufgaben beruft, verleiht er auch die zur Erfüllung der Aufgaben nötige Ausrüstung, die entsprechende V. (Mk 6,7 par.; vgl. Lk 22,35: »Als ich euch ausgesandt habe. . ., habt ihr da je Mangel gehabt?. . .«). Jeder Glaubende hat als Glied am Leibe Jesu Christi bestimmte Aufgaben – und damit auch entsprechende V. erhalten bzw. erhält sie je und je neu (vgl. 1Kor 12).

Bedingt der Auftrag die entsprechende Bevollmächtigung (keine Beauftragung ohne Bevollmächtigung!), so ist umgekehrt die V. als Dienstausrüstung auch gebunden an den jeweiligen Auftrag (im Gleichnis: »Er hat. . . seinen Knechten Vollmacht erteilt, jedem für seinen Aufgabenbereich«, Mk 13,34, Wilckens-Übers.): es gibt keine V. ohne Beauftragung bzw. an der Beauftragung vorbei. Über den auftragsgemäßen Einsatz der V. fordert Gott Rechenschaft (Mt 25,14.19). Wer eine bestimmte Aufgabe vom Herrn empfangen hat, soll sie ausfüllen (Kol 4,17; 1Petr 4,10f) und nicht nach Auftrag, Gabe oder V. anderer schielen (1Kor 12,15-18); Gott gibt verschiedene Aufgaben und verleiht jedem V. nach seiner Aufgabe (Röm 12,4-8; 1Kor 12,4-11).

b. Vollmacht und machtvolle Taten.

V. als Wirken im Namen Gottes, d.h. an seiner Statt, kommt da zu ihrem Ziel, wo die Gegenwart und Herrschaft Gottes in der menschlichen Welt durchbricht (vgl. Mt 12,28). So vielfältig die Wirkungen der V. Jesu waren – durchgängig heben die Evangelisten hervor, daß die Menschen »unmittelbar merkten, hier sei Gottes eigene Gegenwart« (so die Bedeutung des hier verwendeten griech. Wortes *ekplēssomai,* »sich entsetzen, verwundern«, Mt 7,28 par.; 13,54 par.; 22,33; Mk 1,22 par.; 7,37; Lk 9,43; Schniewind, s. 11, Anm. 1). Das grundlegende Ziel von V. ist also, Menschen in die Gegenwart Gottes zu stellen. Am Einbruch der Gegenwart, der Herrschaft Gottes scheiden sich die Geister. So ist die grundlegende Wirkung von V. die Krisis: Menschen wenden sich neu Gott zu, werden von ihm ergriffen – oder verschließen sich ihm (vgl. Lk 12,51-53; Apg 2,12f). V. kann also auch »negative« Auswirkungen haben (vgl. Mt 21,45f; Lk 4,22.29; Joh 6,60f.66). Daher ist V. nicht mit »Erfolg« zu verwechseln. Entscheidendes Kriterium für V. sind nicht bestimmte imponierende Wirkungen (vgl. 1Kor 1,22f), so daß machtvolles immer auch vollmächtiges Wirken wäre. Auch der *Satan bietet machtvolle, imponierende Wirkungen an (vgl. die Versuchung Jesu), von den Phänomen her kaum von wahrer V. zu unterscheiden (Phänomene sind immer mehrdeutig, vgl. z.B. 2Mo 7,11) – und doch in ihrem Ursprung und in ihrem Ziel (»Alle diese Macht will ich dir geben,. . . wenn du mich anbetest« Lk 4,6f) das genaue Gegenteil von wahrer V. (vgl. auch Mt 7,22f). Die Wirkungen von V. sind als Hereinbrechen der Herrschaft Gottes (Mt 12, 28; 10,7) eine je und je geschenkte Vorschattung der zukünftigen Vollendung und sollen als Tat-Zeichen auf Gott »zeigen« (1Kor 14,24f): Vollmächtiges Wirken weist immer zurück auf seinen Urheber. Darum verkehren jene die V., die sich ihrer Wirkungen selber rühmen (1Kor 4,7; 5,6; vgl. auch 2Kor 10-12; Lk 10,20).

Im einzelnen können die Wirkungen von V. – je nach Auftrag – sehr verschieden sein und ganz unterschiedliche Bereiche umfassen: Menschen werden getroffen durch das Wort und ihrer Sünde überführt (Apg 2,37; 1Kor 14,24f); Sünder erlangen Vergebung ihrer Sünden (Joh 20,22f); Kranke werden geheilt (Mk 16,18; Apg 3,6; Jak 5,15f), Dämonen fahren aus (Mt 10,1; Mk 16,17; Lk 10,19) - damit die Gemeinde auferbaut (1Kor 12,7) und Gott gepriesen werde (Mt 9,8).

Literatur: O. Betz: TBLNT II, [4]1986, 926-929; W. Foerster: ThWNT II, 1935, 557-572; K.H. Rengstorf: ThWNT I, 1933, 397-448; J. Schniewind,

O. Michel: Vollmacht, 1988; T. Sorg: Berufung und Vollmacht, [2]1985; H.W. Wolff: Anthropologie des AT, [4]1984.
M.J.

VORHANG s. Stiftshütte

VORHERBESTIMMUNG
s. Prädestination; s. Vorsehung

VORHOF s. Tempel

VORSATZ s. Erwählung

VORSEHUNG. Vorsehung (latein. *providentia*) bezeichnet Gottes Wirken zu allen Zeiten in den Naturereignissen und der allg. Geschichte. Gott erhält alle seine Geschöpfe in Allmacht, Weisheit und Güte. Deshalb ist V. zu unterscheiden von *Prädestination, da diese Gottes Handeln bezogen auf das Heil der Menschen benennt, also in der *Heilsgeschichte, während V. auf die Natur und den Menschen als solchen bezogen ist, insofern auch in jeder Hinsicht und in ihrem ganzen Umfang unter der väterlichen Herrschaft Gottes stehen.

1. Die biblischen Grundlagen: Das Wort V. wird zurückgeführt auf 1Mo 22,8.14, wonach *Abraham die Stätte, an der Gott die Opferung Isaaks verhindert hat, *Jahwe jir'ä* nannte. Jahwe hatte für Isaak ein anderes Brandopfer »ersehen« (latein. *providere*). Im älteren Deutsch übersetzte man das Wort V. genauer mit »Fürsehung«. Gott sieht für die Welt, für die Menschen, für sein Volk das, was ihnen in ihrem Dasein nötig und gut ist. In diesem Sinne wird der Begriff V. im AT (hebr. *pāqad, pequddāh*; nicht *da'at* und *bāchar*, die im Zusammenhang der Heilsgeschichte stehen) nur an wenigen Stellen gebraucht: bezogen auf die außermenschliche Schöpfung nur: Ps 65,10; bezogen auf die Menschen ganz allg.: Ps 8,5; Hiob 10,12; bezogen auf das Volk Israel: 1Mo 50,24f; 2Mo 3,16; 4,31; Rut 1,6. Die Vorstellung der V. ist jedoch für das AT grundlegend. Gott hat nicht nur Lebensraum und Lebewesen geschaffen und den Lebensraum mit allem Notwendigen ausgestattet sowie den Lebewesen durch den Segen Fortbestand verliehen (1Mo 1), sondern er wirkt in der Welt machtvoll und unmittelbar fort und erhält und regiert alles mit väterlicher Fürsorge (Ps 65, 7ff; 104,27-30; 145,15f; 147,8f; Hos 2,10; Hiob 9,5ff; 1Mo 8,22; Jes 6,3 usw.).

Der atl. Glaube erkennt in der Zeit selbst Gottes V. Gott gibt allem seine Zeit (Pred 3). Überall im Großen wie im Kleinen ist Gottes V. als Fürsorge wirksam.

Im NT wird das griech. Wort für V., *(pronein, pronoia)*, nicht im Sinne von V. Gottes gebraucht. Dennoch ist der Glaube an Gott, der in väterlicher Fürsorge und Güte die Welt regiert und zu ihrem Heilsziel führt, dem NT keineswegs fremd oder nebensächlich. Gott versorgt und schützt die Tier- und Pflanzenwelt bis ins Kleinste (Mt 6,26ff par.; 10,29ff par.); Sonnenschein und Regen schenkt er allen Menschen ohne Unterschied (Mt 5,45); seine besondere Fürsorge gilt denen, die ihn lieben, ihnen wird alles zum Guten dienen (Röm 8,28), und keine Macht kann sie von dieser liebenden Fürsorge trennen (Röm 8,35-39). Gerade diese letzte Überzeugung setzt voraus, daß Gott die gesamte Wirklichkeit bis ins Einzelne regiert. Die ganze Schöpfung wird von ihm zur herrlichen Freiheit der Kinder Gottes geführt werden (Röm 8,21).

2. In der Geschichte der Kirche (vgl. U. Krolzik, Säkularisierung der Natur, 1988) wird die Vorsehungslehre entfaltet in Abgrenzung vom Determinismus, d.h. alles, was geschieht, folgt einer Gesetzmäßigkeit, oder vom Fatalismus, d.h. alles, was geschieht, ist zufällig. Die Alte Kirche erkannte Gottes V. insbesondere in der sinnvollen Ordnung der Wirklichkeit; denn eine sinnvolle Ordnung entsteht nicht notwendig aus der Natur der Dinge, daraus würden höchstens verschiedene Ordnungen herrühren, aber sie ergibt sich auch nicht aus Zufall oder spontan, da sie sich immer wieder einstellt. Die sinnvolle Ordnung der Welt kann allerdings die V. zur Schöpfung schrumpfen lassen und so deistische Züge gewinnen. Gott stiftete der Welt ihren Sinn ein und stellte dies auf Dauer, so daß die göttliche V. ganz eng mit der Schöpfung verbunden war; in dem nichtmenschlichen Bereich fielen beide sogar zusammen.

Thomas von Aquin († 1274) löste die V. von der Schöpfung. Sie wirkt aktuell als Gottes Weltregierung, die das Einzelne und das Ganze zu seinem Ziel *(telos)* leitet. Wie der Pfeil von dem Bogenschützen zu seinem Ziel gelenkt wird, so werden alle Einzeldinge von der göttlichen Vernunft zu ihrem jeweiligen Ziel geführt. Deshalb kommt aus einem Kirschkern immer ein Kirschbaum. Aber auch das Ganze bedarf eines einheitlichen Willens, sonst käme es nicht bei den oft unterschiedlichen oder sogar entgegengesetzten Dingen zu einer einheitlichen Ordnung. Eine einheitliche Ordnung kann sich nur dann bilden, wenn alle Naturdinge ausschließlich unter einer Leitung stehen, die sie auf ihr angestrebtes Ziel hin ausrichtet wie der Feldherr seine Armee. V. erkennt Thomas also in der Zielgerichtetheit (Teleologie) der Einzeldinge wie auch des Ganzen. Die Lösung der V. von der Schöpfung erlaubt es Thomas, die V. in Gottes

Heilswillen aufzunehmen; sie ist die allg. Form der Prädestination: Gott hat das Weltganze und jedes Teil auf sein Heil hin ausgerichtet.

Der franziskanische Theologe Bonaventura († 1274) erkennt in der V. den aktuellen Ausdruck Gottes in der Schöpfung. Deshalb ist die Welt auch in der Gegenwart Zeichen der göttlichen Wirklichkeit. Da Bonaventura die Welt wie einen Strom versteht, der aus Gott, der fruchtbaren Quelle, hervorgeht und sich verbreiternd Gott spiegelt, um schließlich zu Gott zurückzukehren, zeigt sich die V. auch als diejenige, die dem Strom die Richtung gibt. Demzufolge kommt die V. in einer zweifachen Ordnung der Dinge zum Ausdruck: eine bezogen auf das Universum und die andere bezogen auf das Ziel. Das eine ist die sinnvolle Ordnung der Gleichzeitigkeit, in der jedes seinen sinnvollen Platz hat, wie die Bücher in einer Bibliothek, das andere ist die teleologische Ordnung der Abfolge, in der jede Station des Weges seine Bedeutung für das Erreichen des Zieles hat. Beide Ordnungen sind harmonisch miteinander verbunden, so daß Bonaventura sie mit einem »sehr schönen Lied« vergleicht, »das dahinfließt gemäß äußerst schöner Harmonien«.

Für Martin Luther (1483-1546) tut sich in der V. die Vaterliebe Gottes kund. Gott ist nicht wie ein Zimmermann, der das Haus baut und es dann verläßt, sondern er bleibt und erhält, was er geschaffen hat. Die Schöpfung würde im Nichts versinken, wenn Gott von seiner Vaterliebe abließe und sein Wirken zurückzöge. Obgleich die Natur den Willen Gottes verwirklicht, vor allem seinen Zorn, kann das Naturgeschehen nicht mit dem Wirken Gottes gleichgesetzt werden, da dabei vielmehr die Kräfte der Natur mitspielen und so Gottes Tun nicht rein erscheint. Gott wirkt nur verborgen in jeglicher Kreatur. Die Kreaturen sind Masken Gottes. Wer Gott in der Natur erkennen will, ist auf Offenbarung angewiesen. Die V. Gottes als seine Vaterliebe nimmt nur der Glaube wahr, und zwar ein sehr reifer Glaube.

In der lutherischen Orthodoxie erfuhr die Vorsehungslehre eine differenzierte Bearbeitung. Nach der Form, in der die göttliche V. wirkt, unterschied man zwischen Erhaltung *(conservatio)*, Zusammen- oder Mitwirken (*cooperatio* oder *concursus*) und Leitung oder Lenkung *(gubernatio)*. Die Erhaltung bewirkt, daß die Geschöpfe in ihrem Sein und ihrer Wirkkraft fortbestehen. Das Zusammen- oder Mitwirken tritt im Moment der Handlung oder Wirkung eines Geschöpfes hinzu und ermöglicht ihr Zustandekommen. Indem Gott so Mit-Ursache aller Wirkungen ist, ist er allgegenwärtig. Die Leitung oder Lenkung besagt, daß Gott alle Dinge in optimaler Weise anordnet und sie auf sein und ihr Ziel hinlenkt und leitet. Nach dem Objekt, dem die V. zugute kommt, unterschied man zwischen der allg. V. *(providentia generalis)* über alle Kreaturen, der speziellen *(specialis)* über die Menschen und der ganz besonderen *(specialissima)* über die Gläubigen. Im allg. bedient Gott sich der üblichen Naturzusammenhänge, um das Ziel seiner V. zu erreichen. Von dieser gewöhnlichen V. *(providentia ordinata)* wurde die außergewöhnliche *(extraordinata)* unterschieden, bei der Gott außerhalb, über und gegen den Naturlauf handelt, also ein Wunder geschieht.

In der Auseinandersetzung mit den entstehenden Naturwissenschaften wurde die V. immer mehr als Zusammen- oder Mitwirken ausgearbeitet. Dabei kam der Physikotheologie eine große Bedeutung zu. Sie nahm die naturwissenschaftliche Beschreibung der Natur auf und sah in ihrer bleibenden Gültigkeit und in dem Zusammenspiel der einzelnen Naturdinge zu einem sinnvollen Ganzen Gottes V. wirken. Mit der vollständigen Säkularisierung der Natur durch die Selektionstheorie verlor die V. ihre Bedeutung in der Theologie, obgleich sie als Behauptung immer noch mitgeschleppt wurde. Das theologische Desinteresse war auch in der Abneigung gegen die natürliche Theologie begründet, zu der die V. in der Geschichte der Kirche immer eine große Nähe besaß. Erst in der neuesten Theologie wird die V. als die täglich lebendige Gegenwartserfahrung der Schöpfung wieder ernst genommen.

Literatur: P. Jakobs, H. Krienke: TBLNT II, [4]1986, 1333-1339; L. Scheffczyk: Schöpfung und Vorsehung, in: Handbuch der Dogmengeschichte, Bd. II/2a, 1963; K. Barth: KD III/3, 1950, S. 1-326; U. Krolzik: Säkularisierung der Natur, 1988, S. 16-132. U.K.

WAAGE s. Geld; s. Maße und Gewichte

WACH, WACHEN.

Untersucht man die hebr. und griech. Begriffe, die mit W. wiedergegeben werden, so eröffnet sich ein wesentlich weiterer Bedeutungszusammenhang, als es der dt. Begriff vermuten läßt. Neben W. bezeichnen die Begriffe: »bewachen, beschützen, behüten, bewahren (fest)halten, bedacht sein auf, achtgeben, sich hüten«.

I. IM ALTEN TESTAMENT.

Die hebr. Begriffe, die im Dt. u.a. mit W. wiedergegeben werden, sind: *schāmar, schāqad, zāphah* (v.a. »genau beobachten, spähen«), *nāzar* (v.a. »behüten, beobachten«), *ʿūr* und *qīz* (»erwachen«).

1. Gottes Wachen.

W. beschreibt einen Wesenszug des Handelns Gottes. Es bildet die entscheidende Garantie für die Sicherheit seines Volkes (Ps 127,1; 121,4; 5Mo 32,10) wie des einzelnen, der sich zu Gott hält (Ps 121,3.5-8; 31,24; 40,12; vgl. 1Mo 28,15). Gott wird darum gebeten, daß er vor feindlicher Bedrängnis bewahrt (Ps 17,8; 25,20; 32,7; 140,5; Spr 3,26 u.ö.), aber auch davor, in Sünde zu fallen (Ps 141,3f). Mehrmals ergeht an Gott die Bitte, aufzuwachen, d.h. tätig zu werden (Ps 7,7; 35,23; 44,24; 59,5; Jes 5,9; vgl. Hiob 8,6; Ps 73,20; 79,65; Sach 2,17; s. a. *Erwecken). Gottes W. besteht auch darin, daß er

- darüber wacht, sein Wort auszuführen (Jer 1,12);
- seine Treue bewahrt (2Mo 34,7; 1Kön 3,6; Ps 146,6), u.a. im Rahmen der Erhaltungsordnung der Schöpfung (Jer 5,24);
- seine Zusagen hält (1Kön 8,24);
- auf das (sündige) Tun des Menschen acht hat (Hiob 10,14; 14,16; Spr 24,12; vgl. Ps 33,13-15);
- die feste Absicht verfolgt, sein angekündigtes Gericht auszuführen (Jer 31, 28; 44,27; Dan 9,14), aber auch nach erfolgtem Gericht einen Neuanfang zu schenken (Jer 31, 28.31ff).

Die Aussagen von Gottes Wächtersein überschneiden sich mit denen, die ihn als *Hirten beschreiben (z.B. Jer 31,10). Gott wacht mit seiner Liebe und Treue (Ps 40,12; 61,8). Das AT kennt auch die Wächtertätigkeit von *Engeln (1Mo 3,24; Ps 34,8; 91, 11; Dan 4,10.14.20; vgl. 2Mo 14,19; 2Kön 6,16f; Mt 18,10; Hebr 1,14; Offb 7,1). Selbst der *Satan muß bei all seinem zerstörerischen Tun den Menschen bewahren (im Sinn von »schonen«), wo Gott es ihm gebietet (Hiob 2,6).

2. Wachen bei Menschen.

Die Tätigkeit eines Wächters besteht darin, daß er auf einem erhöhten Punkt steht (2Sam 18,24; Jes 21,8; Jer 31,6; vgl. Hab 2,1), das Geschehen beobachtet (Ri 1,24; 2Sam 13,34; 18,24; Jes 21,9) und gegebenenfalls Informationen bzw. ein Warnsignal weitergibt (2Sam 18,25f; Jes 62,6; Jer 6,17; Hes 3,17; 33,2-7). Für die Wächtertätigkeit ist entscheidend, daß sie beständig geschieht, Tag und

Wachstubeneingang: Teil eines Gebäudekomplexes Salomos in Megiddo. (FNH)

Rekonstruktion der von König Herodes (37–4 v. Chr.) zum Schutz seines Palastes in Jerusalem errichteten Wachtürme: (von links nach rechts) Phasael, Hippicus, Mariamne. (JPK) (HC)

Nacht (Neh 4,9.21-23; Jes 21,8.11; vgl. Ps 130,6; s. auch *Nachtwache). Von hier abgeleitet haben auch die Propheten in übertragener Bedeutung ein Wächteramt (Jes 62,6; 21,11f; Jer 6,17; Hes 3,17; 33,2-7; Hab 2,1). Die hebr. Begriffe für W. bezeichnen einen zentralen Punkt in der Beziehung des Menschen zu Gott: das sehr häufig angesprochene Halten des Bundes und der Gebote Gottes (1Mo 17,9f; 26,5; 3Mo 22,9; Ps 119,2.22.33f.56.69; Spr 4,13 u.ö.). Der angemessene Umgang mit Gottes Geboten ist: auf sie achtgeben (2Mo 23,13), sie »beob-achten«, sie halten. Darin ist das Gehorchen und das Handeln nach ihnen eingeschlossen (5Mo 4,6; 5,1; 7,12; 32,46ff; 2Kön 10,31). Im Menschen wohnt der Antrieb zum Sündigen. Diesem hat er wachsam entgegenzutreten: Er soll sich, sein *Herz, seine *Seele hüten, bewahren (2Mo 34,12; 5Mo 4,9.23; 11,16; 12,30; 15,9; Jos 6,18; Ps 18,24; 39,2; 119,9; Spr 4,23; 13,3; Mal 2,15f; vgl. Jes 56,2). So gibt es eine doppelte Wachsamkeit in bezug auf die Weisungen Gottes; einerseits auf die Gebote gerichtet: sie zu befolgen; andererseits auf sich selbst gerichtet: sich davor zu hüten, von den Geboten abzuweichen. Es bringt für den Menschen Bewahrung und Schutz mit sich, wenn er sich Gerechtigkeit (Spr 13,6), Güte, Treue (Spr 20,28), Weisheit (Spr 4,6), Besonnenheit und Einsicht (Spr 2,11) zu eigen macht. Die umfassende Bezeichnung für den Dienst der Leviten am Heiligtum, *mischmärät* (abgeleitet von *schāmar*), verweist darauf, daß ihr Dienst den Charakter des W.s trägt (4Mo 1,53; 3,5-38; 18,4; 1Chr 23,32; Neh 13,14). Neben dem Erwachen aus dem Schlaf (z.B. 1Mo 28,16) und aus der Trunkenheit (1Mo 9,24; Spr 23,35; Joel 1,5; vgl. Ps 78, 65) kennt das AT auch die Hoffnung auf das Erwachen vom Tod (Jes 26,19; Dan 12,2; vgl. Hiob 14,12).

II. IM NEUEN TESTAMENT.

Die griech. Begriffe für W. und sein Bedeutungsumfeld sind: *phylassō, grēgoreō, agrypneō, tērēo, krateō* (v.a. »halten, festhalten«), *apechō* (v.a. »sich enthalten«), *katecho* (v.a. »festhalten«), *prosechō* (v.a. »achthaben, sich hüten«). In der LXX bilden diese Begriffe auch die griech. Übersetzung für die o.g. hebr. Worte.

1. Gottes und Jesu Wachen.

Auch das NT weiß um das bewahrende Handeln Gottes und Christi an den Seinen (Joh 17,11.15; 1Thess 5,23; 2Thess 3,3; 2Tim 1,12; 2Petr 2,5; Jud 1,24; Offb 3,10). Weiter bewahrt Gott im Himmel für die Seinen das Erbe auf (1Petr 1,4), aber er bewahrt auch sündige Engel (2Petr 2,4; Jud 6) und Menschen (2Petr 2,9.17; 3,7; Jud 13; vgl. Röm 9,22; Spr 16,4) auf zum Gericht. Während seines Erdenweges war Jesus wachsam gegenüber dem Wort seines Vaters im Himmel, d.h. er hielt es (Joh 8,55; 15,10). Er wachte über seine Jünger und bewahrte sie (Joh 17,12). Als der Auferstandene hält er die Gemeinden in seiner Hand (Offb 2,1). Aber auch von Satan wird gesagt, daß er über seinen Machtbereich wacht (Lk 11,21).

2. Wachen bei Menschen.

a. Von Menschen bewacht werden Personen, etwa im *Gefängnis (Apg 12,4; vgl. Mt 27,36.54; Lk 8,29) und Gegenstände (Mt 28,4; Apg 22,20).

b. Wie im AT ist auch im NT der angemessene Umgang mit Gottes Wort, das Achthaben darauf (Apg 16, 14; 2Petr 1,19; Hebr 2,1) und das W. darüber

- im Sinn von bewahren und halten (Lk 11,28; Joh 8,51; 1Kor 7,19; Offb 14,12). Dies bedeutet:
- das Wort Gottes annehmen (Joh 17,6-8),
- dessen Inhalte festhalten, bewahren (Lk 8,15; 1Kor 11,2; 15,2; 1Thess 5,21; 2Thess 2,15; 1Tim 6,14.20; 2Tim 1,13; Offb 1,3; 3,3.8.10f; 22,7) durch den Heiligen Geist (2Tim 1,14; vgl. V. 12),
- das konkrete Tun des Wortes (Mt 23,3; Lk 8,15; Röm 2,25f; 1Tim 5,21; vgl. Apg 16,4; 21,24),
- Buße tun (Offb 3,2f).

Daran, daß das Halten des Wortes Gottes auch das Tun des Wortes einschließt, wird einerseits die konkrete Forderung deutlich, die das Gesetz Gottes an den Menschen stellt – und der er aus eigenem Vermögen nicht gerecht werden kann (Mt 19, 16-20; Apg 15,5.10; Jak 2,10; vgl. Lk 10,28; Röm 3,12.20.23; 4,4; 10,5; Gal 3,12). Andererseits wird daran die notwendige Verbindung von *Rechtfertigung und *Heiligung deutlich (Mt 28,20; 1Joh 2,3f; vgl. Joh 3,36; Gal 5,6; Jak 2,17.26). Die Liebe zu Christus wird konkret im Halten seiner Gebote (Joh 14,15.21.23; 15,10; 1Joh 5,3). Das Beachten von Irrlehren und das Halten menschlicher Gebote laufen dem Halten des Wortes Gottes zuwider (Mk 7,9; 1Tim 1,3f; 4,1; Tit 1,14; vgl. Kol 2,8).

c. Wer Gottes bzw. Jesu Wort hält, dem ist verheißen, daß Gott und Christus bei ihm Wohnung machen werden (Joh 14,23), er den Tod in Ewigkeit nicht sehen (Joh 8,51) und in der Liebe Jesu bleiben wird (Joh 15,10), daß Gott seine Bitten erhören (1Joh 3,22) und fest mit ihm verbunden bleiben wird (1Joh 3,24) und daß er durch Gott »aus« der Stunde der Versuchung »heraus« (wörtliche Übersetzung) bewahrt werden wird (Offb 3,10; ferner Joh 8,31; 15,5; Offb 2,26).

d. Die Wachsamkeit des Christen ist vonnöten, weil die Mächte der Sünde (z.B. Mt 26,41; Lk 12,15; 21,34), der gefallenen Welt (Jak 1,27; vgl. 1Joh 2,15-17) und des Satans (1Petr 5,8; vgl. Lk 22,31; 2Kor 2,11; 11,3; Eph 4,27) noch die Möglichkeit haben, ihn zu versuchen und auf ihn Einfluß zu nehmen, solange er auf der Erde lebt. Gegenüber diesen Einflüssen hat er wachsam zu sein (Mt 26,41; 1Petr 5,8f), sich vor ihnen zu hüten (konkret vor Heuchelei: Mt 6, 1; vor Habsucht: Lk 12,15; vor Beschwerung des Herzens mit Völlerei und Lebenssorgen: 21,34; gegebenenfalls auch vor Menschen: Mt 7,15; 10, 17; 2Tim 4,15; vor Irrlehren: 2Petr 3,17; vor Götzen: 1Joh 5,21), sich rein zu halten (1Tim 5,22; Jak 1,27; vgl. 2Kor 7,1). Enthalten soll er sich von *Hurerei (1Thess 4,3), jeder Gestalt des Bösen (5,22), von fleischlichen Begierden (1Petr 2,11; vgl. ferner Apg 15,29; 21,25; 1Kor 7,37). Da es nicht selbstverständlich ist, daß der Christ wachsam ist, muß er immer wieder zur Wachsamkeit ermahnt werden (z.B. Mk 13,37; Röm 13,11; 1Thess 5,6.11).

e. Zur Wachsamkeit wird der Christ besonders im Blick auf die *Wiederkunft Christi aufgefordert, weil sie plötzlich erfolgen wird (Mt 24,42-44; 25,13; Mk 13,32-37; Lk 12, 36-40; Röm 13,11; Offb 3,3; 16,15; vgl. 2,25; 14,12).

f. Die Aufforderung zu w. ist oft mit anderen Ermahnungen verbunden: zu beten (Mt 26,38-41; Lk 21,36; Eph 6,18; Kol 4,2), nüchtern zu sein (1Thess 5,6; 1Petr 5,8), dem Teufel fest im Glauben zu widerstehen (1Petr 5,8f; vgl. Jak 4,7), die geistliche Waffenrüstung gegen die Mächte der Finsternis anzulegen (Eph 6,10-20; 1Thess 5,6-8; Röm 13,11f), fest im Glauben zu stehen, mannhaft und stark zu sein und alles in Liebe zu tun (1Kor 16,13f).

g. W. bildet den Gegensatz zu schlafen (Mt 26,40; Mk 13,35-37; 1Thess 5,6) oder trunken sein (1Thess 5,7; vgl. Röm 13,11.13). Vom Vorgang des Erwachens vom Schlaf ist die Rede in Mt 1,24; Mk 4,39; Lk 9,32; Apg 16,27.

h. Das NT kennt auch den Ruf zum Aufwachen aus dem Schlaf des geistlichen Totseins (Eph 5,14). Dieser Ruf zum Aufwachen konkretisiert sich u.a. in der *Buße und im Festhalten an der apostol. *Lehre (Offb 3,2f).

i. Weiterhin erscheinen im NT Aussagen über W. im Sinne von bewahren (über die bereits genannten Stellen hinaus): im Gedächtnis bewahren (Lk 2,19.51; vgl. 1Mo 37,11); den Glauben festhalten (2Tim 4,7; Offb 14,12); seine Seele zum ewigen Leben erhalten (Joh 12,25); sich in der Liebe Gottes erhalten (Jud 21); Gottes Werke bewahren (Offb 2,26; vgl. Röm 12,9); die Einheit des Geistes bewahren (Eph 4,3). Festhalten sollen die Christen die Überlieferung der Apostel (2Thess 2,15), das Bekenntnis (Hebr 4,14), die Hoffnung (Hebr 3,6.14; 10,23; vgl. 6,11), den Namen Christi (Offb 2,13) – das, was sie haben (Offb 2,25; 3,11).

j. Die Gemeindeleiter haben die Verantwortung, über die ihnen anbefohlenen Seelen zu w. (Hebr 13,17). Angesichts der Bedrohung ihrer »Herde« konkretisiert sich dieses W. u.a.

darin, daß sie sich an Gott und sein Wort halten (Apg 20,28-32).

k. Beachtet man den weiten bibl. Bedeutungszusammenhang von W., so zeigt sich, daß die Beziehung des Christen zu Gott in ihrem Wesen keineswegs in einer passiven, sondern durchaus in einer aktiven, wachsamen Hingabe besteht.

Literatur: G. Bertram: ThWNT IX, 1973, 232-240; R. Kratz: EWNT III, 1983, 1058ff; J.M. Nützel: EWNT I, 1980, 638f. J.L.

WACHE. Das Wort dient im AT als Übersetzung von vier hebr. Ausdrücken.

1. *thabbāch* bezeichnete ursprünglich die »Schlächter« des Königs, bekam dann die Bedeutung Leibwache und wurde für die Leibwache des Pharao (1Mo 37,36; 39,1) und *Nebukadnezars (2Kön 25,8-10) verwendet. In Israel bildeten ägäische Söldner, *Kreter und Pleter, Davids Leibwache; z.Zt. *Ataljas scheinen Truppen der Karer mit ähnlichen Aufgaben betraut gewesen zu sein (2Kön 11,4.19).

2. Mit *mischmaʿat*, von *schāmaʿ*, »hören«, »gehorchen«, dem Verhalten gehorsamer Untergebener, wurde gelegentlich die Leibwache bezeichnet (2Sam 23,23; vgl. 1Sam 22,14).

3. *mischmār* bezeichnet die »Wache«, »den Gewahrsam« oder das »Gefängnis« in einem Lager (3Mo 24,12; 4Mo 15,34) oder »Wachposten« (Neh 7,3).

4. *rāzim*, wörtl. »Läufer«, waren die Kuriere des Königs, die auch als königliche Leibwache fungierten (1Sam 22,17; vgl. 1Kön 1,5; 14,27).

»Wache« kommt im NT einmal vor (Apg 28,16), aber der Wortlaut ist strittig (*Hauptmann). Der Tempel besaß seine eigene Polizeitruppe, hauptsächlich Leviten, die als Tempelwache bekannt sind; ihre Aufgabe bestand u.a. darin, Nichtjuden vom Tempel fernzuhalten (vgl. Mt 27,65). Mit dem Latinismus *spekoulatōr*, der in Mk 6,27 begegnet, wird einer der zehn zu jeder röm. Legion gehörenden Offiziere bezeichnet, die meist als Kuriere, manchmal aber auch als Henker fungierten; ein solcher stand im Dienst des *Herodes Antipas. R.P.G.

WACHTEL s. Tiere

WÄCHTER, WACHEN. W. hatten in Israel eine verantwortungsvolle Aufgabe. Bei Kriegszügen umgaben sie das Heer als Wache und bildeten auch den bes. Schutz des Königs (1Sam 14,15ff). Die Mauern einer Stadt wurden mit W.n besetzt, die nach anrückenden Feinden Ausschau hielten (Hes 33,2.3.6; vgl. Jer 51,12) und von besonderen Vorgängen außerhalb der Stadt Meldung zu machen hatten (Ri 1,24; 2Sam 18,24ff; 2Kön 9,17). Als höchsten W. über alle Menschen nennt die Bibel Gott, ohne dessen Beistand alles menschliche Wachen umsonst ist (Ps 127,1). Er ist der Hü-

Wachsoldat des persischen Königs. Teil eines Reliefs aus glasierten Ziegeln aus dem Palast Artaxerxes' II. Mnemon (404–358 v. Chr.) in Susa, Iran. (MC)

ter Israels, der niemals schläft (Ps 121,4). Er wacht auch über sein Wort und sorgt dafür, daß es in Erfüllung geht (Jer 1,12), er ist darauf bedacht, daß seine Widersacher ihrem Untergang nicht entgehen (Jer 31,28; 44,27). Von Gott eingesetzte W. sind seine Propheten (Jer 6,17; Hes 3,16-19), die über sein Volk wachen, es vor Sünde und Abgötterei warnen sollen und ihm die Zeichen der Zeit zu deuten haben (Jes 21,5ff). Nach dem *Hebräerbrief sind es die *Lehrer, die über die Gemeinden zu wachen und die Verantwortung für sie zu tragen haben (Hebr 13,17).

WAFFEN UND SCHWERES KRIEGSGERÄT.

Der Begriff »Waffe« umschließt einen vielfältigen Bereich von Kriegs- und Jagdgeräten, die man herkömmlicherweise grob danach gliedert, ob sie dem Schutz oder dem Angriff dienen. Innerhalb dieser Gruppierung ist zu unterscheiden zwischen Hand- und Körperwaffen und dem schweren Kriegsgerät für Feldschlacht und Belagerung. Zu den persönlichen Schutzwaffen, der Rüstung im engeren Sinn, gehören Helm, Panzer, Beinschiene und Schild, zu den offensiven Handwaffen rechnen Schlag- und Hiebwaffen wie Keule, Streitaxt und das sog. Sichelschwert, Stichwaffen wie Schwert/Dolch und Lanze, Schuß- und Wurfwaffen wie Bogen und Schleuder. Letztere sind Fernkampfwaffen; aber auch Nahkampfwaffen wie Keule, Axt und Lanze können über eine weitere Distanz hin eingesetzt werden. Der Ausdruck »schweres Kriegsgerät« meint vor allem Streitwagen und Belagerungsmaschinen.

Schild ionischen Typs mit Gorgonenhaupt im Zentrum, den ein ionischer Söldner getragen haben dürfte, der auf ägyptischer Seite in der Schlacht bei Karkemisch (605 v. Chr.) gekämpft hat. (BM)

Helm des Meskalamdug aus Gold-Silber-Legierung; aus Ur, Irak. Der Helm wurde über einer Kappe aus Leinen und Wolle getragen, befestigt wurde er mit Riemen, die man durch die Bohrungen am Rand zog. Höhe: 23 cm; ca. 2500 v. Chr. (SAOB)

Umfassendere Zusammenstellungen der Hand- und Körperwaffen bieten die Beschreibung von *Goliats Rüstung, 1Sam 17,5-7, *Usias Heeresausrüstung, 2Chr 26,14, und der »Waffenrüstung Gottes«, Eph 6,13-17.

Literatur (in den folgenden Abschnitten nur noch gelegentlich zitiert): H. Bonnet: Die Waffen der Völker des Alten Orients, 1926; W. Wolf: Die Bewaffnung des altägyptischen Heeres, 1926; J. Kromayer,G. Veith: Heerwesen und Kriegführung der Griechen und Römer, Handbuch der Altertumswissenschaft IV 3,2, 1928; Y. Yadin: The Art of Warfare in Biblical Lands in the Light of Archaeological Discovery, 1963; E. Salonen: Die Waffen der alten Mesopotamier, Studia Orientalia 33/1, 1965; A. Snodgrass: Early Greek Armour and Weapons, 1964; B. Hrouda: Die Kulturgeschichte des assyrischen Flachbildes, Saarbrücker Beiträge zur Altertumskunde, 2, 1965, S. 80ff.148ff; K. Galling: Goliath und seine Rüstung, VT.S 15, 1966; T. Solyman: Die Entstehung und Entwicklung der Götterwaffen im Alten Mesopotamien und ihre Bedeutung, 1968; H.G. Buchholz, J. Wiesner: Kriegswesen, Teil 1 u. 2, Archaeologia Homerica I E 1 u. 2, 1977 u. 1980; A.M. Snodgrass: Wehr und Waffen im Antiken Griechenland, Kulturgeschichte der antiken Welt, 20, 1984; M.C. Bishop: The Production and Distribution of Roman Military Equipment, BAR International Series, 275, 1985; M. Junkelmann: Die Legionen des Augustus. Der römische Soldat im archäologischen Experiment, 1986; T.G. Kolias: Byzantinische Waffen, Byzantina Vindobonensa, 17, 1988; J.C. Coulston: Military Equipment and the Identity of Roman Soldiers, BAR International Series, 394, 1988; C. van Driel-Murray (Hrsg.): Roman Military Equipment: The Sources of Evidence, BAR International Series, 476, 1989.

I. PERSÖNLICHE SCHUTZWAFFEN.

1. Der Helm (hebr.*k/qōba*^{c}, griech. *perikephalaía*) gehört als Kopfschutz zur Standard-

ausrüstung des Kriegers (vgl. 1Sam 17,5.38; Hes 23,24; 27,10; 38,5; 2Chr 26,14; weitere Belege Jes 59,17; Jer 46,4; Eph 6,17; 1Thess 5,8). Dem scheint zu widersprechen, daß Helmfunde im syr.-palästin. Raum überaus rar sind und keine einheimischen Typen repräsentieren. Sie beschränken sich, soweit es das vorhellen. Palästina betrifft, auf eine assyr. Helmraupe aus *Lachisch/Tell ed-Duwēr (ANEP, Abb. 175) und einen korinthischen Bronzehelm des 6./5. Jh. v.Chr., der bei Aschkelon aus dem Meer geborgen wurde (IEJ 8, 1958, Tafel 32C). Helme dieser Zeit bestanden in der Regel wohl aus Leder, einem vergänglichen Material. Daß bei Goliat und *Saul ausdrücklich von einem Bronzehelm gesprochen wird (2Sam 17,5.38), kennzeichnet diesen als Ausnahme. Doch tragen auf dem Reliefbild von Sanherībs Eroberung der Stadt Lachisch (701 v.Chr.) die judäischen Verteidiger nicht nur runde, offenbar lederne Kappen, sondern auch assyr. Spitzhelme aus Bronze. Beide Helmtypen sind mit Wangenschutzklappen versehen. Die Angreifer sind mit Kegel-, Spitz- und Raupenhelmen ausgestattet (Abb. S. 200. 617. 626. 645; ANEP, Abb. 372f). Ohne Helmschutz kämpfen die Philister des 12. Jh.v.Chr. auf den Darstellungen der Seevölkerschlachten Ramses' III. in Medinet Habu; nur ein Lederband mit Kinnriemen zieht sich um Stirn und Hinterkopf, um das Haupthaar – fälschlich auch als Federkrone interpretiert - hochzubinden. Die Helme der syr.-palästin. Asiaten des 2. Jt.v.Chr. sind runde bis spitzovale Kappen aus Leder (?), z.T. mit Ohren- und/oder Nackenschutz. Röm. Legionäre trugen bis zum 3. Jh.n.Chr. einen runden, oben z.T. spitz zu- oder in einem Knauf auslaufenden, unten glatt abschließenden oder zum Nacken hinabgezogenen Kappenhelm aus Bronze mit einem waagrecht oder schräg abstehenden Nackenschirm und an Scharnieren befestigten Wangenklappen.

Literatur: K. Galling: Die Kopfzier der Philister von Medinet Habu, Ugaritica IV, 1969, S. 247-265; K.H. Edrich: Der ionische Helm, Diss. Göttingen 1969; J. Borchardt: Homerische Helme. Helmformen der Ägäis in ihren Beziehungen zu orientalischen und europäischen Helmen der Bronze- und frühen Eisenzeit, 1972; G. Wanrick: Die römischen Militärhelme von der Zeit der Republik bis ins 3. Jh.n.Chr., Diss. Mainz 1976; H. Weippert: BRL^2, 146; S. James: Evidence from Dura Europos for the Origins of the Late Roman Helmets, Syria 63, 1986, S. 107-134.

2. Der Panzer (hebr. *s/schiryōn*, griech. *thórax*) oder wenigstens der Schuppenpanzer (hebr. *schiryōn qasqassīm* 1Sam 17,5) ist nach allem, was wir wissen, eine kleinasiat.-mesopotam. Erfindung des frühen 2. Jt.v.Chr. Der frühste Schuppenfund kommt aus Bogazköy (18. Jh.v.Chr.), aus Nuzi/Yorgan Tepe ein Ensemble von 55 Platten, etwa 35 noch im ursprünglichen Verbund (um 1500 v.Chr.; Abb. S. 2573; ANEP, Abb. 161). Auf die nördl. Herkunft weist auch das nichtsemit. Lehnwort *s/schiryōn* (VT 8, 1958, S. 107f). In Ägypten und Syrien sind Schuppenpanzer erst seit der Späten Bronzezeit belegt. Pharao Thutmosis III. (1490-1464 v.Chr.) erbeutete bei Megiddo 2 Bronzepanzer des Stadtfürsten und 200 gewöhnliche, d.h. wohl lederne Panzer seines Heeres (TGI, 19). Auch in Israel gehört der Schuppenpanzer zunächst zur Rüstung von Helden (1Sam 17,5.38) und Königen (1Kön 22,34; 2Chr 18,33), erst in nachexilischer Zeit zur allg. Heeresausstattung (Neh 4,10; 2Chr 26,14).

Über die Konstruktion der bronzezeitl. Schuppenpanzer unterrichten uns das Nuzi-Fragment und ein Fund von von 180 Bronzeplatten eines Panzers aus dem spätbronzezeitl. Palast von Kumidi/Kamid el-Lōz (Südlibanon). Die langrechteckigen, durch eine Mittelrippe verstärkten Bronzeplatten aus Nuzi sind an einer Schmalseite abgerundet und überlappen sich mit diesen Enden. Die aus Rohblech herausgeschnittenen oder -geschlagenen Schuppen von Kumidi gliedern sich nach Größe, Form, Blechstärke und Rippenzahl in 4 Typen für verschiedene Körperzonen. Drei der länglich rechteckigen bzw. leicht trapezförmigen Lamellentypen sind unten zugespitzt, einer ist glatt abgeschnitten, weil offensichtlich für den Bereich unterhalb der Gürtellinie bestimmt. Von der Rückseite herausgeprägte Längsrippen – bei 3 Typen Mittel- und Seitenrippen, beim kleinsten, Hals- und Schultergegend abdeckenden Typus nur eine Seitenrippe – dienten einerseits der Verstärkung, ermöglichten andererseits ein Einrasten der übereinanderliegenden Platten. Viereckige und/oder runde Ösenlöcher, in regelmäßiger Anordnung in die Platten geschlagen oder gebohrt, hielten Lederriemen und Roßhaarschnüre, mit denen die Schuppen auf eine lederne Unterlage aufgenäht waren. Das mehrteilige Lederfutter wurde wohl von den fast 40 Bronzekrampen desselben Fundkontextes zusammengehalten. Es gab im wesentlichen vier Formen der Panzerkleidung, für die man aufgrund des Befundes von Kāmid el-Lōz die ungefähren Durchschnittswerte von Plattenzahl und Gesamtgewicht errechnet hat: die Weste mit 1300 Platten und 9,5 kg, das Kurzhemd mit 2000 Platten und 11 kg, das Rockhemd mit 2700 Platten und 19 kg, das lange Kleid mit 4000 Platten und 27 kg. In der späteren Eisenzeit kamen auch eiserne Schuppen in Gebrauch. Ein Panzerstück des 9./8. Jh.v.Chr., das die Spuren

Teil eines Panzerhemds: die überlappenden Bronzeschuppen wurden mit Lederriemen verschnürt. Aus Nuzi, Irak, ca. 1500 v.Chr. (SAOB)

der Schuppenbindung noch klar erkennen läßt, wurde in Nimrud gefunden (ANEP, Abb. 789).

Der ursprünglich orientalische Schuppenpanzer fand auch in die röm. Bewaffnung Eingang (*lorica squamata* bzw. *plumata*. Die Bronze- oder Eisenplättchen wurden auf einen sog. Klappenpanzer griech. Typs aus miteinander verleimten Leinenschichten aufgebracht oder auf ein Leinenhemd genäht. Silberne Schuppen, wie man sie in Masada fand (IEJ 15, 1965, Tafel 23A), schmückten wohl die Paradeuniform ranghoher Offiziere. Neben dem Schuppenpanzer kennt die röm. Armee den Muskelpanzer (*thorax*) aus festem Vorder- und Rückenteil und beweglichen Schulterstücken, den Kettenpanzer (*lorica hamata*), ein fast knielanges Kettenhemd aus ca. 30 000 Eisenringen von 3-9 mm Durchmesser, und den Schienenpanzer (*lorica segmentata*) aus beweglich ineinandergeschobenen Eisenschienen und -platten, die auf genieteten Riemen saßen.

Literatur: A. R. Neumann: KlP III, 737f; V, 773f; H. Weippert: BRL², 248; H.W. Catling: Panzer, in: H.-G. Buchholz, J. Wiesner: Kriegswesen, Teil 1, Archaeologia Homeria I E 1, 1977, S. 74-118; W. Ventzke: Zur Rekonstruktion eines bronzenen Schuppenpanzers, in: R. Hachmann (Hrsg.): Frühe Phöniker im Libanon, 1983, S. 94-100.

3. Beinschienen (hebr. *mesāchōt*) erwähnt das AT nur 1Sam 17,6 im Zusammenhang mit Goliats Rüstung – ein Hinweis darauf, daß sie als fremdes Element der Körperrüstung empfunden wurden. In der Tat war die Beinschiene in Ägypten, Palästina-Syrien und Mesopotamien nicht in Gebrauch. Der *se'ōn* Jes 9,4, »der mit Gedröhn einherstampft«, ist nicht die metallene Beinschiene, sondern der assyr. Soldatenstiefel, dessen geschnürte und oben abgeschrägte Schäfte fast bis zu den Knien reichen. Die Beinschiene gehört in den ägäisch-mykenischen und griech. Bereich, wo sie seit dem 15. Jh.v.Chr. belegt ist. Die ältesten Beinschienen bestanden aus Leder, Filz oder Stoff, verstärkt durch ein aufgenähtes Besatzstück aus dünnem Metall. Im 13. Jh.v.Chr. kam die durch eine Verschnürung gehaltene Beinschiene auf. Seit dem 7. Jh.v.Chr. gibt es die elastische, frei am Bein klemmende Schiene. Im Heer der röm. Kaiserzeit war die Beinschiene nur noch Bestandteil der Paradeuniform von Offizieren.

Literatur: H. Weippert: BRL², 37; H.W. Catling: Beinschienen, in: H.-G. Buchholz, J. Wiesner: Kriegswesen, Teil 1, Archaeologia Homerica, I E 1, 1977, S. 143-161.

4. Beim Schild unterscheidet das AT (1Kön 10,16f u.ö.) zwischen dem großen Langschild (hebr. *sinnā*, griech. *thyreós*, »Tür«) und dem kleineren Rundschild (hebr. *māgēn*, griech. *aspís*).

Bis zum Aufkommen des Rundschilds in der Späten Bronzezeit hatten die Schilde des Vorderen Orients eine ausschließlich eckige Grundform (Abb. S. 2576), repräsentiert vor allem durch den kleinen Rechteckschild, der erstmals durch eine Ritzzeichnung in einem Grab der Mittleren Bronzezeit I (2200-2000 v.Chr.) in Jericho (K. M. Kenyon, Excavations at Jericho, II, 1965, Abb. 76) belegt ist. Auf dem Wagenkasten Thutmosis IV. (1412/11-1405/2 v.Chr.) tragen die asiat. Gegner des Pharao Rechteckschilde mit einem verstärkenden und zugleich dekorativen Metallbeschlag. Späteren Gebrauch bezeugen Funde aus Megiddo, zwei Bronzefigurinen des 13. und 10. Jh.v.Chr. (ANEP, Abb. 496.494) und die sog. Kriegervase des 8./7. Jh.v.Chr. (AOB, Abb. 24; ANEP, Abb. 60). Neben der eben rechteckigen gab es die halbzylindrische Form, die auch in Ägypten neben dem herkömmlichen Schild mit gerader Unterkante und runder oder spitzovaler Oberseite Eingang fand (ANEP, Abb. 180. 344. 476).

Der Rundschild, der während des Marsches mit Hilfe eines über die linke Schulter laufenden Riemens auf dem Rücken getragen und beim Kampf an einem zentralen Handgriff gehalten wurde, deckte in der Regel nur den Rumpf des Kriegers (Abb. s.u.). Er ist im Orient erstmals im 13.Jh.v.Chr. belegt, in Palästina auf zwei Elfenbeinplaketten aus Megiddo für Fußsoldaten (Abb. S. 454 und 455; ANEP, Abb. 332) und Wagenkämpfer. Auch die Seevölker (Schardana, *Philister) sind auf Reliefs Ramses' II. und III. damit ausgerüstet (AOB, Abb. 111f; ANEP, Abb. 813). Darstellungen des älteren 1. Jt.v.Chr. zeigen ihn bei nordsyr. Aramäern (Abb. S. 744; ANEP, Abb. 164), Assyrern (ANEP, Abb. 184. 472/3) und den israelit. Verteidigern von Lachisch (701 v.Chr.; AOB, Abb. 141; ANEP, Abb. 472/3). Unter Sanherib (704-681 v.Chr.) kam als Variante der Rundschild mit kreiskegelförmiger Wandung auf. Die Assyrer benutzten u.a. den oben abgerundeten, halbzylindrischen Turmschild. Bei Belagerungen schützten sie sich gegen Geschosse von der Stadtmauer durch übermannshohe, oben einwärts einbiegende oder einknickende Setztartschen aus Schilf oder ähnlichem Material (Abb. S. 2577 unten; ANEP, Abb. 10.368). Der achtförmige, d.h. seitlich eingezogene Schild begegnet im minoisch-mykenischen Kulturkreis, andererseits bei den Hetitern, die ihn an ihre späthetitischen Nachfolger vererbten (ANEP, Abb. 36). Frühe Schilde wurden z.T. aus

Thrakische (?) Krieger mit Speeren und runden, konkav gewölbten Schilden. Relief aus dem Audienzpalast (Apadana) *in Persepolis. 5. Jh. v.Chr.* (SMB)

hartgetrockneten Tierhäuten gefertigt. Holzschilde (Hes 39,10) erhielten eine Lederbespannung, die mit Öl behandelt werden mußte (2Sam 1,21; Jes 21,5), oder einen Metall- bzw. Nagelbeschlag (»eherne« Schilde, 1Kön 14,27; 2Chr 12,10). Goldüberzogene Schilde (2Sam 8,7; 1Kön 10,16f; 14,26; 2Chr 9,16; 12,9) wurden bei Paradeaufzügen getragen. Nah 2,4 spricht von »geröteten« Schilden. Rundschilde besaßen häufig einen Buckel (Hiob 15,26), in Assyrien auch als Löwenkopf gestaltet. Im Nahkampf bediente man sich hier stachel- oder dornenbewehrter Schilde auch als Angriffswaffen. Das Entblößen der Schilde Jes 22,6 deutet auf eine Schildhülle hin, wie sie griech. und röm. Autoren bezeugen.

Das röm. Heer war vor allem mit viereckigen Lang- oder Türschilden und länglich ovalen Schilden ausgestattet. Beide waren leicht zylindrisch gewölbt und bestanden aus geleimten Lagen dünner Holzleisten, die mit Leder und Leinwand überzogen waren. In der Kaiserzeit kamen auch runde, sechseckige und herzförmige Schilde in Gebrauch.

Literatur: A. R. Neumann: KlP V, 8f; H. Borchardt: Frühe griechische Schildformen, in: H.-G.Buchholz, J. Wiesner: Kriegswesen, Teil 1, Archaeologia Homerica, I E 1, 1977, S. 1-56; H. Weippert: BRL², 279f.

II. PERSÖNLICHE ANGRIFFSWAFFEN.

1. Die Keule ist eine Urwaffe des Menschen, eine Schlagwaffe im Nahkampf, seltener für den Fernkampf. Schon im 3. Jt.v.Chr. wurde sie zum Herrschaftsattribut von Göttern und Königen, trat aber als Kampfwaffe allmählich in den Hintergrund. Obwohl sie diese Funktion in der 1. Hälfte des 2. Jt.v.Chr. gänzlich verlor, lebte sie als Herrschaftssymbol noch lange fort (Abb. S. 173. 196. 213. 646; ANEP, Abb. 296. 298. 414. 439. 442. 447). Als solches erscheint sie auch im AT in der Hand von Königen, Würdenträgern und Helden unter der – allerdings umfassenderen – Bezeichnung *schēbät*. Ps 2,9 spricht vom »eisernen Zepter« (*schēbät*), mit dem der davidische König seine Feinde wie Töpfergeschirr zerschmettern soll; in Ps 23,4 steht der vorn keulenartig verdickte »Schlagstock« des königlichen Hirten Jahwe neben seinem »Leitstock«. Ursprünglich wohl – wie bei den arab. Hirten Palästinas z.T. heute noch (G. Dalman, Arbeit und Sitte in Palästina, VI, 1939 [1964], 222, Abb. 34.36) – aus einem Holzstab gefertigt, ist die Keule nachweislich schon im 5. Jt. v.Chr. als Kompositwaffe belegt. Ein durchbohrter Kopf aus Stein oder Metall (Bronze, später vereinzelt auch Eisen) wurde auf einen zumeist hölzernen Stab geschoben und, wenn nötig, mittels eines Lederbandes fest mit ihm verbunden. Ägypt. Keulen haben in halber Höhe des Griffs, assyr. am Griffende eine Halteschlaufe. Die Keulenköpfe haben Birnen-, Kugel-, Scheiben- oder Dreiecksform und sind bisweilen verziert.

Das Formrepertoire in seiner ganzen Breite repräsentieren bereits die rund 240 kupfernen Keulenköpfe des chalkolithischen (4. Jt.v.Chr.) Hortfunds aus dem Wadi Mahras (Nahal Mischmār) in der Wüste Juda. Er enthielt außerdem ca. 80 kupferne Keulenstäbe bzw. -röhren, 10-40 cm lang, mit stumpfen Stacheln, kugeligen Noppen und anderem besetzt und verziert, z.T. auch in fester Kombination mit dem erstgenannten Typus (ANEP, Abb. 841). Eine Keule und drei Röhren tragen oben Horntierapplikationen (Abb. S. 467; ANEP, Abb. 839), was sie als Waffe unbrauchbar und eher zu Standarten macht. Vermutlich handelt es sich insgesamt nicht um Gebrauchswaffen, sondern um Weihegaben und Zeremonialgerät.

Literatur: H. Weippert: BRL², 185; D.O. Edzard, P. Calmeyer, M. Korfmann: RLA V, 1976-1980, 578-586 ; H.-G. Buchholz: Keule, in: H.-G. Buchholz (Hrsg.): Kriegswesen, Teil 2, Archaeologia Homerica I E 2, 1980, S. 319-338; P. Bar-Adon: The Cave of the Treasure: The Finds from the Cave in Nahal Mishmar, 1980; A. Lemaire: »Avec un Sceptre De Fer«. Ps. II,9 et l'archéologie, Biblische Notizen 32, 1986, S. 25-30.

2. Die Streitaxt ist im AT nicht sicher belegt. Jer 46,22, wo Feinde »mit Äxten (*qardōm*) wie Holzfäller« heranziehen, könnte auch die gewöhnliche Axt meinen, weil im nächsten Vers vom Fällen des Waldes die Rede ist. Als Waffe scheint die Axt im 1. Jt. v.Chr. außer Gebrauch geraten zu sein, nur noch als Gottessymbol besteht sie fort (Abb. S. 265; ANEP, Abb. 476.499.531f). Die Äxte, die neuassyr. Streitwagen im Köcher am Wagenkasten mit sich führen, könnten auch Werkzeuge sein (B. Hrouda, Die Kulturgeschichte des assyrischen Flachbildes, 1965, 88). Im 2. Jt.v.Chr. ist die Streitaxt noch gut bezeugt. Ein syr. Gegner des Helden der ägypt. Sinuhe-Erzählung (um 1962 v.Chr.) ist damit ausgerüstet, auf einem Relief der 1. Dynastie von Babylon (ca. 1830-1530 v.Chr.) trifft sie den Kopf eines niedergesunkenen Feindes (ANEP, Abb. 308; Abb. 310 der Fund einer königlichen Zeremonialaxt), und Pharao Thutmosis IV. (1412/11 – 1405/2 v.Chr.) schwingt sie im Wagenkampf gegen die Asiaten (ANEP, Abb. 315). Zwei Grundformen sind erkennbar, die einander gewissermaßen ablösen. Der Prototyp der älteren ist die Hellebardenaxt der späteren Frühbronzezeit (ca. 2650-2200 v.Chr.), bei der das ungefähr viertelmondförmige Axtblatt mittels einer vom Zentrum der Innenseite abgehenden Zunge am Stiel befestigt

Eannatum, der König von Lagasch, führt seine in Schlachtreihen geordneten Truppen an. Die Soldaten tragen runde sumerische Helme, haben Speere in der Hand und schützen sich mit großen Schilden. Abbildung auf der »Geier-Stele« aus Tello (Lagasch). Höhe: ca. 75 cm; ca. 2500 v. Chr. (RS)

ist. Die Enden wurden dann so weit verlängert, daß das Blatt drei Zungen erhielt, die in das gespaltene Schaftholz eingeschoben oder um den Schaft gebogen wurden. Letztere Möglichkeit führte in der Mittleren Bronzezeit I (2200-2000 v.Chr.) zur Verbindung mit einer durchgehenden Tülle und damit zur sog. Fensteraxt, einer Tüllenaxt mit halbrundem, von zwei ovalen oder runden »Fenstern« durchbrochenem Blatt, das in der Mittleren Bronzezeit II A (2000 - 1750 v.Chr.) zu einer ellipsoiden Form ausgezogen wurde (»duckbill axe«). Nach dieser Zeit lebte dieser Typ nur noch als archaisches Göttersymbol weiter (ANEP, Abb. 476.499). Die zweite Grundform ist die Tüllenaxt mit langem, schmalen Blatt von rechteckiger oder leicht bikonkaver Form. Ihr bes. Merkmal ist eine Einbuchtung am unteren Blattansatz. Die im hinteren Ende der Axt sitzende Tülle konnte verziert, z.T. auch thereomorph ausgestaltet werden, etwa zu einem Löwenkopf, aus dem das Blatt wie eine Zunge heraustritt (s.u. 4. Schwert). Bei einer Variante dieser Tüllenaxt geht von der Tülle eine Reihe von drei oder vier stachelartigen Zapfen horizontal nach hinten ab, während das Blatt nach unten biegt und sich dabei fächerartig verbreitert (Abb. S. 2578; ANEP, Abb. 178). Die zweite Grundform der Tüllenaxt verschwindet mit der Späten Bronzezeit (gegen 1200 v.Chr.).

Literatur: R. Maxwell-Hyslop: Western Asiatic Shafthole Axes, Iraq 11, 1949, S. 90-129; dies.: Bronze Sugged Axe – ore Adze Blades from Asia, Iraq 15, 1953, S. 69-87; E.D. Oren: A Middle Bronze Age I Warrior Tomb at Beth-Shean, ZDPV 87, 1971, S. 109-139, bes. S. 111-115; H. Weippert: BRL², 23-26.

3. Das sog. Sichel- oder Krummschwert ist keine Stich-, sondern eine Hiebwaffe. Sie besteht zur Gänze aus Bronze, ist in einem Stück gefertigt und gliedert sich in einen Griff und eine Klinge, die in ihrem oberen Drittel oder – in einem späteren Stadium der Entwicklung – auch in der oberen Hälfte der ganzen Waffe sichelförmig gebogen ist, im Gegensatz zur Sichel aber auf der konvexen Au-

Elamitische Krieger, Fries aus glasierten Ziegeln aus dem Palast Darius' I. in Susa, Persien. 5. Jh. v. Chr. (MC)

Assyrische Bogenschützen setzen im Schutz von großen Schilden zum Schuß an. Relief aus dem Palast Sanheribs in Ninive. Ca. 690 v. Chr. (BM)

Assurbanipals Diener spannen die Bogen zur Jagd. Ninive, ca. 650 v. Chr. (BM)

ßenseite geschärft ist. Sie wurde im 3. Jt.v.Chr. in Mesopotamien erfunden und verbreitete sich von dort über ganz Vorderasien. Im 19./18. Jh.v.Chr. bereits tauchen Sichelschwerter einheimischer Produktion als Grabbeigaben in Byblos auf, und von da an sind sie für den syro-palästin. Raum bis Ende des 2. Jt. belegt, durch Funde (ANEP, Abb. 48) wie durch Abbildungen, so etwa auf einer Elfenbeinplakette aus Megiddo (Abb. S. 454. 455; ANEP, Abb. 332 [14./13. Jh. v.Chr.]), wo ein Krieger sie geschultert trägt, (ebenso auf dem hetitischen Relief ANEP, Abb. 539). Auf ägypt. Darstellungen des Neuen Reichees (ab 1514/04 v.Chr) schwingen die siegreichen Pharaonen statt der traditionellen Keule nun das Sichelschwert. Nach der Späten Bronzezeit erscheint das Sichelschwert nur noch als Symbolwaffe eines Königs oder Gottes, nicht mehr als Gebrauchs-waffe. Schon die Laufzeit dieser Waffe macht es unwahrscheinlich, daß das noch im Qumran belegte hebr. Wort *kīdōn,* wie bisweilen behauptet, das Sichelschwert meine (s.u. 4). Wohl aber erinnert *Simsons befremdliche Waffe, der Eselskinnbacken (Ri 15,15-17), in seiner Form und Handhabung an das Sichelschwert. Zu diesem die kriegerischen Philister vielleicht kennzeichnenden Siegessymbol stellt wohl der

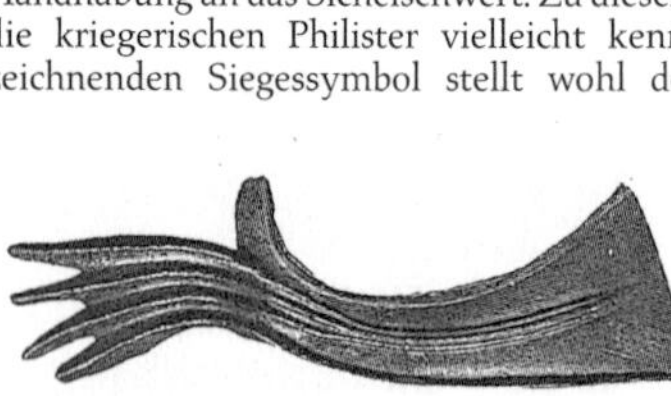

Bronzekopf einer Zeremonialaxt aus Bet-Schean. Länge: 20,5 cm; 18. Jh. v. Chr. (ZR)

Eselskinnbacken, so wie in anderer Weise Davids Schleuder, das karikierende Gegenstück dar.

Literatur: O. Keel: Wirkmächtige Siegeszeichen im Alten Testament, OBO 5, 1974, S. 11-88; H. Weippert: BRL^2, 61; H. Gese: Die ältere Simsonüberlieferung (Richter c. 14-15), ZThK 82/1985, S. 261-280, 276-278.

4. Schwert und Dolch sind Nahkampfwaffen mit beidseitig geschärfter, spitz zulaufender Klinge, die zwar zum Hauen geeignet waren, doch in erster Linie zum Stechen benutzt wurden (ANEP, Abb. 817) und dort zum Einsatz kamen, wo die Lanze nichts mehr ausrichtete. Das Hebr. bezeichnet Schwert und Dolch mit dem einen Begriff *chäräb,* benutzt darüber hinaus aber für das Langschwert das Wort *kīdōn* (Jos 8,18.26; 1Sam 17,6.45; Jer 6,23 u.ö.). Ähnlich unterscheidet das Griech. die *máchaira,* den Dolch, das kleine Schwert, von der *rhomphaía,* dem großen und breiten Schwert. Der Übergang ist allerdings fließend, und für eine typologische Klassifizierung ist das Merkmal der Länge gänzlich unbrauchbar, zumal die palästin. Exemplare über ca. 40 cm kaum hinausgehen. Eine genauere Einteilung erlaubt allein der Griff bzw. seine Halterung. Danach lassen sich etwa folgende Typen ausmachen (nach H. Weippert):

a. Einfache Klingen mit Nietlöchern in der Schulter zur Befestigung des Griffs;

b. Klingen mit Griffzapfen oder -zunge, über die eine Griffsäule geschoben oder ein Paar Griffplatten geklemmt wird (ANEP, Abb. 176);

c. Klingen mit Angelhakenzapfen, der ein Abgleiten des Griffs verhindert;

d. Klingen mit Griffzunge, die die Klingenschulter zangenförmig umgreift (Abb. S. 142);

e. Klinge in durchgehendem Verbund mit einem Schalengriff für Holz- oder Knocheneinlagen (ANEP, Abb. 141.176);

f. Klingen mit Vollgriff. Neben der geraden gibt es seit der Späten Bronzezeit auch die leicht gebogene Klinge (ANEP, Abb. 38. 494. 496).

Schwert und Dolch (ANEP, Abb. 176) bestanden in der Regel aus Bronze (ANEP, Abb. 785), seltener aus Eisen (ANEP, Abb. 181). Eine Scheide aus Leder, Holz oder Metall (ANEP, Abb. 159. 181), z.T. mit umgebogener Spitze (Abb. S. 213), schützte bei Nichtgebrauch Gerät und Träger. Dolch und Kurzschwert trug man an oder hinter dem Gürtel (AOB, Abb. 345), längere Schwerter (Abb. S. 767) an einem Schulterband (ANEP, Abb. 36; AOB, Abb. 380). Letzteres meint 1Sam 17,6, wenn es vom »Langschwert (*kīdōn*) zwischen den Schultern« spricht.

Der gängige Ausdruck »schlagen gemäß dem Maul des Schwertes« (1Mo 34,26 u.ö., Übersetzung gewöhnlich: »schlagen mit der Schärfe des Schwertes«) wird illustriert durch Schwerter und Streitäxte, deren Klinge gleichsam als Zunge aus dem Maul eines Löwen oder Drachen heraustritt (Th.J. Meek, BASOR 122, 1951, 31-33; modifizierende Kritik dazu bei O. Keel, Wirkmächtige Siegeszeichen im Alten Testament, OBO 5, 1974, 77 – 79).

Literatur: R. Maxwell-Hyslop: Daggers and Swords in Western Asia, Iraq 8, 1946, S- 1-65; H. Weippert: BRL², 57-62; St. Foltiny: Schwert, Dolch und Messer, in: H.-G. Buchholz: Kriegswesen, Teil 2, Archaeologia Homerica, I E2, 1980, S. 231-274.

5. Lanze und Speer (hebr. *chanīt, rōmach*). Eine Unterscheidung zwischen der längeren (Stoß-)Lanze (Abb. S. 2570) und dem kürzeren (Wurf-)Speer ist bei Funden kaum mögich, weil nur die metallenen Spitzen erhalten sind, die signifikanten Holzschäfte (2Sam 23,7) dagegen allenfalls noch rudimentär. Der Übergang ist ohnehin fließend, bei der Länge wie bei der Handhabung; auch die Lanze, die Stoßwaffe des Nahkampfs zu Fuß (Abb. S. 454. 455. 602. 617. 626. 645; ANEP, Abb. 36.37.39.174.177.332), zu Pferde (ANEP, Abb. 375) und zu Wagen (ANEP, Abb. 172.184.332), kann einmal als Wurfwaffe gebraucht werden (1Sam 18,11; 19,9f; 20,33). Bei Goliats »Weberbaum-Lanze« (1Sam 17,7) meint der Vergleich wohl nicht den dicken Weberbaum, sondern den dünneren und mit Schlaufen versehenen Webstock (Jochstab), der an eine bestimmte Art des Wurfspeers erinnert, die sog. Ankyle (griech.), die in der Nähe des Schwerpunktes eine Schlaufe besaß, mit deren Hilfe die Waffe gezielt und weit geworfen werden konnte (Y. Yadin, PEQ 87, 1955, 58-69; etwas anders K. Galling, VT.S. 15, 1966, 158-161). Die Länge der Lanze bewegt sich zwischen 1,25 und 1,80 m. Die Lanzen-/Speerspitze hat ein lanzettförmiges (ANEP, Abb. 141. 176. 805) oder dreieckiges (ANEP, Abb. 783) Blatt, häufig verstärkt durch eine Mittelrippe. Sie endet hinten in einem geraden, bis in die Späte Bronzezeit hinein auch angelhakenartig gebogenen Zapfen, der in das angebohrte bzw. gespaltene Schaftende gesteckt wurde, oder in einer über das Schaftende zu schiebenden Tülle (ANEP, Abb. 176). Über das Gegenende wurde bisweilen ein Lanzenschuh in Form einer unten zugespitzten oder gegabelten Röhre geschoben, um die Waffe in den Boden stecken zu können. Die pers. Palastgarde hatte Lanzen mit einem Lanzenschuh in Gestalt eines Granatapfels, der ihr bei den Griechen die Bezeichnung »Apfelträger« einbrachte (Abb. S. 37. 790. 1656. 1660).

Literatur: A. de Maigret: Le lance nell'Asia anteriore nell'etá del bronzo. Studio tipologico, Studi Semitici 47, 1976; T. Dothan: Forked Bronze Butts from Palestine and Egypt, IEJ 26/1976, S. 20-34, Pl. 4-6; H. Weippert: BRL², 201f; O. Höckmann: Lanze und Speer, in: H.-G. Buchholz (Hrsg.): Kriegswesen, Teil 2, Archaeologia Homerica, I E 2, 1980, S. 275-319.

6. Bogen und Pfeil. Der Bogen (hebr. *qäschät*, griech. *tónos*) ist Jagdgerät (1Mo 27,3; Jes 7,24; Abb. S. 377; ANEP, Abb. 182-185) und Kriegswaffe des Fußsoldaten (Ps 78,9; Abb. S. 572. 991; ANEP, Abb. 362. 368), des Streitwagenkämpfers (2Kön 9,24; ANEP, Abb. 362.368) und des Reiters (ANEP, Abb. 63; Offb 6,2). In älterer Zeit konnten sich nur Vornehme einen Bogen leisten, Könige (2Sam 22,35; 2Kön 13,15; Ps 45,6), Prinzen (1Sam 20,20; 2Sam 1,22), Offiziere (2Kön 9,24); erst unter assyr. Einfluß fand der Bogen Eingang in die allg. Heeresausrüstung (1Kön 22,34; 1Chr 5,18; 2Chr 26,11-15; Ps 78,9).

Die Herstellung eines Bogens war kostspielig und zeitaufwendig. Das gilt bedingt schon für die älteste Form, den einfachen Holzbogen, einen elastischen Holzstab mit einer an den Enden befestigten Sehne, den der Schütze mit zunehmender Muskelkraft spannen muß, um den Pfeil in Ziel- und Schußposition zu bringen, und bei dem der Pfeil im Augenblick des Loslassens seinen größten Beschleunigungsschub erhält, weshalb die im Bogen gespeicherte Energie nicht voll ausgenutzt werden kann. Das damit gegebene Problem löst der den Pfeil beschleunigende Kompositbogen, der, in Mesopotamien entwickelt, in der Späten Bronzezeit in Palästina und Ägypten Eingang fand. Der Rücken dieses Bogens wurde mit Sehnen belegt, die Innenseite mit in eine Rinne eingesetzten Hornstücken verstärkt

Schleudersteine aus dem Haupttor von Lachisch. Sie könnten dort verwendet worden sein im Zuge der Belagerung durch Sanherib (701 v. Chr.) oder bei dem babylonischen Angriff (ca. 588/87 v. Chr. (BM)

und das Ganze normalerweise mit Birkenbast umwickelt. Im schlaffen Zustand war der Kompositbogen z.T. nach außen gekrümmt (sog. Reflexbogen). Die Durchschlagskraft dieses Bogens ermöglichte das Durchschießen von kupfernen Zielscheiben, das in Ägypten als sportliches Training betrieben wurde (AOB, Abb. 53; ANEP, Abb. 331; Zielschießen auch 1Sam 20,20), und einen zielgenauen Schuß über eine Strecke von ca. 100 m (Abb. S. 2577 unten). Neben dem kreissegmentförmigen oder auch leicht geknickten Bogen ist schon seit dem frühen 3. Jt.v.Chr. der doppelkonvexe Bogen (sog. skythischer Bogen) mit einer starken Einwärtskrümmung im Griffbereich belegt (Y. Yadin, IEJ 22, 1972, 89-94; AOB, Abb. 51; Abb. S. 27;ANEP, Abb. 3.12). Um die Spannkraft des Bogenholzes zu erhalten, wurde die Sehne erst kurz vor dem Gebrauch aufgezogen, wozu beim Kompositbogen der Fuß oder das Knie mit vollem Körpergewicht gegen den Bogen »getreten« (Jes 5,28; 21,15; Ps 7,13) wurde und u.U. ein zweiter Mann zur Hilfe kommen mußte (Abb. S. 2578 oben). Die Sehne bestand aus einer gedrehten Leinenschnur (Ps 21,13 Hanfleinen) oder mehrfach gedrehten Tierdärmen. Zum Schutz gegen die zurückschnellende Sehne und den abfliegenden Pfeil trug der Schütze links einen ledernen Arm- und Fingerschutz. Eine Bogentasche schirmte vor allem den auf Witterungseinflüsse empfindlich reagierenden Kompositbogen gegen Nässe und Hitze ab (Abb. S. 396. 1663 unten). Im röm. Heer waren bis weit in die Kaiserzeit hinein nur Auxiliartruppen mit Bogen ausgestattet.

Literatur: R. Ghirsman: Anneaux destinés a tendre la corde de l'arc, Syria 35, 1958, 61-72; W. McLeod: Composite Bows from the Tomb of Tut'ankhamun, 1970; M. Korfmann: Schleuder und Bogen in Südwestasien, Antiquitates III 13, 1972; W. Decker: LÄ I, 1975, 842-844; H. Weippert: BRL², 49f; W. McLeod: Self Bows and other Archery Tackle from the Tomb of Tut'ankhamun, 1982; J.C. Coulston: Roman Archery Equipment, in: M.C. Bishop (Hrsg. The Production of Roman Military Equipment, BAR International Series.): 1985, 220–366; U. Rüterswörden: Der Bogen in Genesis 9. Militärhistorische und traditionsgeschichtliche Erwägungen, UF 20, 1988, S. 247-263.

Der Pfeil (hebr. *chēs*, griech. *bélos*) besteht aus einem leichten, runden Rohr- oder Holzschaft mit einer aufgesetzten Metallspitze, deren Gewicht im Verein mit der Fiederung am hinteren Schaftende dem Geschoß einen stabilen Flug verleiht (Abb. S. 2578 oben). Die Pfeilspitze endet hinten in einem Zapfen (Steckspitze) oder einer Tülle (Tüllenspitze), mittels derer sie in bzw. über das vordere Schaftende geschoben wurde. Steckspitzen (ANEP, Abb. 176.805) konnten durch eine Drahtumwicklung noch fixiert, Tüllenspitzen durch einen Holzzapfen mit dem Schaftende verbunden werden. Pfeilspitzen wurden »geglättet«, d.h. geschärft (Jes 49,2; Jer 51,11;

Blick auf das Lager der 10. römischen Legion unter Flavius Silva bei Masada (72–73 n. Chr.). (RP)

Ps 120.4) und auch vergiftet (Hiob 6,4). Eine Spezialform stellen die Brandpfeile dar (Ps 7,14; 120,4; Eph 6,16), deren Spitze mit ölgetränkten, durch Löcher im Pfeilblatt gezogene Wergfäden umwickelt war. In der 1. Hälfte des 2. Jt.v.Chr. lösen Bronzespitzen die bis dahin gebräuchlichen Spitzen aus Flintstein ab. Seit der Frühen Eisenzeit (1200-1000 v.Chr.) treten in wechselndem Mengenverhältnis eiserne Spitzen neben die bronzenen, selten aber eiserne Tüllenspitzen, weil der dafür erforderliche Eisenguß noch nicht möglich war. Die lanzettförmigen bis dreieckigen Spitzen sind annähernd flach oder drei- bis vierkantig gestaltet. Die Flügel der Dreieckspitzen bilden bisweilen Widerhaken. Auch an Tüllen kann ein Widerhaken sitzen. Bei den flachen – häufig durch eine Mittelrippe verstärkten - Steckspitzen verhindert vielfach eine Verdickung zwischen Blatt und Zapfen, daß sich die Spitze zu tief in den Schaft schiebt.

Der über der Schulter getragene Köcher (Abb. S. 645) aus Leder oder Metall (hebr. *'aschpā*) nahm bis zu ca. 40 Pfeile auf, der am Streitwagen befestigte bis zur doppelten Menge.

Literatur: F. Lammert: PRE XIX 2, 1938, 1425-1430; H. Weippert: BRL², 249f.

7. Die Schleuder (hebr. *qela'*) ist Waffe des Hirten (1Sam 17,39f.49f) wie des Kriegers (1Chr 12,2). Sie ist die älteste Fernwaffe, und als Kriegswaffe behauptete sie ihren Platz bis zum Aufkommen der Feuerwaffen.

Die Schleuder besteht aus einem geflochtenen Band, das sich in der Mitte zu einer Pfanne oder Tasche (hebr. *kap haqqela'*, 1Sam 25,29) zur Aufnahme des Geschosses verbreitert. Mittels einer Schlaufe hängt das eine Ende am Mittelfinger der Hand, das andere wird vom Daumen und Zeigefinger derselben Hand gehalten. Nach einigen beschleunigenden Kreisdrehungen (Abb. S. 2583 oben) gibt der Daumen sein Bandende und damit das Geschoß frei. Als Geschosse dienen glatte Steine (1Sam 17,40.49f; 1Sam 25,29; Hiob 41,20; Abb. S. 2580), luftgetrocknete Toneier oder – seit der hellen. Zeit – aus Blei gegossene, nicht selten mit Bildzeichen und Inschriften versehene »Eicheln« (latein. *glandes*). Davids Schleuderstein, der Goliats Stirn trifft und durchschlägt, illustriert anschaulich die hohe Zielgenauigkeit (vgl. auch Ri 20,16) und Kraft der Schleuder, mit der Weiten bis zu 400 m erreicht werden konnten.

Die Schleuderer bildeten mit den Bogenschützen die leichtbewaffneten Heereskontingente (vgl. 1Chr 12,2), ohne die eine antike Armee im Kampf nicht bestehen konnte. Auf Sanheribs Relief mit der Eroberung von Lachisch im Jahre 701 v.Chr. stehen die Schleuderer in Reihen hinter den Bogenschützen, benutzt aber auch ein Judäer auf der Mauer diese Waffe.

Literatur: G. Dalman: Arbeit und Sitte in Palästina, II, 1932 [1964], S. 57f; VI, 1939 [1964], S. 223f. 240f; M. Korfmann: Schleuder und Bogen in Südwestasien, Antiquitates III 13, 1972; ders.: Die Waffe Davids, in: H. von Stietencron (Hrsg.): Krieg und Kultur, Saeculum 37:2, 1986, S. 129-149; W.B. Griffiths: The Sling and its Place in the Roman Imperial Army, in: C. van Driel-Murray: Roman Military Equipment: the Sources of Evidence, BAR International Series, 476, 1989, S. 255-279.

III. SCHWERES KRIEGSGERÄT.

1. Der Streitwagen (s. *Wagen).

2. Belagerungstaktik und -technik.

Die Belagerung (hebr. *māsōr*, 5Mo 20,19 u.ö.) einer Stadt kann ihren Zweck, die Unterwerfung (5Mo 20,11f), durch verschiedene Schritte und Mittel erreichen. Blockade der Wasserversorgung (2Sam 12,26f), Aushungern (2Kön 6,25-29), ein Überraschungscoup (2Sam 5,7f) oder eine List (Jos 8,3-22) können eine Stadt zur Übergabe veranlassen oder sie reif machen für einen Sturmangriff (Ri 9,45-49; 2Sam 12,26-29), dessen Vorbereitungen bereits eine hinreichend demoralisierende Wirkung auf die Belagerten auszuüben vermögen (2Sam 20,14-22). Die Belagerungstechnik erlernte Israel erst unter David, dessen stehendes Heer die Heranbildung des entsprechend geschulten Personals ermöglichte. Dazu gehörten einerseits Truppen, die in der Handhabung von weittragenden Fernwaffen wie Bogen und Schleudern trainiert waren, andererseits Spezialisten, die Belagerungsanlagen und -maschinen bauen und bedienen konnten. Israel konnte dabei auf Erfahrungen und Kenntnisse seiner altorientalischen Umwelt zurückgreifen.

Schon ägypt. Grabbilder des 3. Jt. v.Chr. schildern detailliert das Geschehen der Belagerung (ANEP, Abb. 311; Y. Yadin, The Art of Warfare in Biblical Lands, 1963, 146f): Sturmleitern werden an die Mauern gelehnt oder auf Rädern herangefahren, Männer auf den Leitersprossen schlagen mit Äxten Breschen in das Mauerwerk oder unterhöhlen es mit Brechstangen vom Boden aus; im Innern lauschen männliche Verteidiger ängstlich auf diese Attacken und versorgen Frauen die Verwundeten. Am Anfang des 2. Jt. v.Chr. bereits belegt ein Wandbild eine Frühform des Sturmwidders: drei Männer führen aus einem überdachten Gehäuse heraus eine lange Stange mit metallbewehrter Spitze gegen die Mauer der nubischen Stadt Buhen (Yadin, Warfare, 158-161). In Belagerungsszenen aus der Zeit Ramses' II. und III. (1290-1159/52 v.Chr.) besteigen Soldaten mit Schilden auf dem Rücken die Sturmleitern und bearbeiten andere mit Äxten das Tor (Abb. S. 178; ANEP, Abb. 334.344). Doch ehe eine Stadt zum Sturm reif war, bedurfte es u.U. langer und aufwendiger Maßnahmen. So belagerte Thutmosis III. um 1468 v.Chr. Megiddo mehrere Monate lang und schloß die Stadt durch einen Erdwall mit Palisadeneinfassung aus Fruchtbäumen ein (TGI, 19-21). Mit einem aufgeschütteten Belagerungswall (hebr. *sōlalā*) umgab auch Davids Heerbannführer *Joab die Stadt Abel Bet-Maacha (2Sam 20,14-22). Nach Jer 6,6 werden dafür Fruchtbäume umgehauen (in 5Mo 20,19f verboten), was auf eine Palisadenkonstruktion hinweist. Auch die mehr als anderthalbjährige Belagerung Jerusalems in den Jahren 588/7 v.Chr. führte Nebukadnezar II. mit Hilfe einer *circumvallatio* (hebr. hier *dāyēq*) durch (2Kön 25,1).

Auch in Mesopotamien stammt das früheste bildliche Zeugnis einer Belagerung aus dem 3. Jt.v.Chr. (Y. Yadin, IEJ 22, 1972, 89-94); und im 18. Jh.v.Chr. ist der Sturmbock bereits schriftlich belegt. Bes. Aufmerksamkeit widmeten die neuassyr. Herrscher der Belagerungstaktik und -technik. Instruktiv ist vor allem Sanheribs Bericht und Reliefdarstellung von der Eroberung der Stadt Lachisch im Jahre 701 v.Chr. Der Herrscher rühmt sich mit den Worten: »Hiskia von Juda jedoch, der sich meinem Joch nicht unterworfen hatte – 46 seiner festen ummauerten Städte, sowie die zahllosen kleinen Städte in ihrem Umkreis, belagerte und eroberte ich durch das Anlegen von Belagerungsdämmen, Einsatz von Sturmwiddern, Infanteriekampf, Untergrabungen, Breschen und Sturmleitern« (TGI, S. 68). Das Lachisch-Relief zeigt eine Fülle von Details (Abb. S. 572 unten; ANEP, Abb. 372-374). Vor der Stadt sind zunächst Lanzenwerfer, dahinter Bogenschützen und Schleuderer postiert. Zur Mauer der erhöht liegenden Stadt hinauf führen Rampen, die mit Ziegeln belegt sind. In Wirklichkeit gab es nur eine Rampe, eine etwa 50 m lange, unten rund 60 m breit ausfächernde, auf der Oberfläche mit hartem Mörtel zementierte Aufschüttung aus Steingeröllbrokken an der ca. 25 m hohen Steilböschung der südlichen Ecke des Stadthügels. Die Verteidiger stützten und schützten die Mauer hier von innen durch eine Gegenrampe aus Erdschüttungen (I. Ephʿal, Tel Aviv 11, 1984, 60-70; D. Ussishkin, Biblical Archaelogical Review X 2, 1984, 66-73). Auf den Rampen des Reliefs rücken einerseits Lanzenwerfer und Schützen hinter großen Setztartschen gegen die Mauer vor, andererseits Sturmböcke. Diese bestehen aus einem fahrbaren Gehäuse mit einem turmartigen Aufbau, von dem aus ein im Innern aufgehängter und von der Mannschaft geschwungener Balken gegen die Mauer dirigiert wird. Wassergüsse schützen das Gerät vor den brennenden Fackeln, die die Verteidiger nebst großen Steinen von der – auch mit Bogenschützen und Schleuderern besetzten - Mauerkrone werfen. Auch Sturmleitern kommen zum Einsatz (Abb. S. 784; ANEP, Abb. 359.362.365). Neben dem Sturmbock (s. Abb. S. 626. 692; ANEP, Abb 367-369) gab es den Rammwidder, dessen zu einem Rammsporn ausgebildetes Vorderteil mit Wucht gegen die Mauer gefahren wurde (Abb. S. 572). Die eroberte Stadt ging in Flammen auf, ihre Mauern wurden mit Spitzhacken niedergerissen (Abb. S. 573). Was Lachisch widerfuhr, kündigt *Hesekiel der Stadt Jerusalem an (4,2): »Und verhänge über sie die Belagerung (*māsōr*) und baue Belagerungswerke (*dāyēq*) wider sie und schütte einen Belagerungswall (*sōlalā*) wider sie auf und errichte Lager wider sie und setze ringsherum wider sie Sturmböcke (*kārīm*) an« (vgl. auch Hes 26,9).

Zwei bedeutende Neuerungen der Belagerungstechnik entwickelten im 4. Jh.v.Chr. die Griechen: den Belagerungsturm (1Makk 13,44) und die Torsionsgeschütze (1Makk 11,20), die nach dem Prinzip des Bogens mit

Assyrische Schleuderer mit Kupferhelmen und Panzerhemden. Relief aus dem Palast Sanheribs in Ninive. Ca. 690 v. Chr. (BM)

Zelt in einem Heerlager. Ein Offizier bekommt ein Getränk angeboten, während ein Bett bereitet wird und im benachbarten Zelt ein Tier geschlachtet wird. (SMB) (AMM)

einer gedrehten und mechanisch gespannten Sehne Pfeil- oder Wurfgeschosse mit beträchtlicher Antriebskraft beförderten. Beide Geschützarten waren gegen lebende Ziele gerichtet, das Wurfgeschütz, das eine 2 kg schwere Steinkugel über eine Entfernung von 300 m schleuderte, auch gegen Mauerwehren, Geschützabdeckungen etc. Sie ersetzten keineswegs die herkömmlichen Mauerbrecher, die beträchtlich vergrößert wurden. Bei der sieben Monate währenden Belagerung der Inselstadt Tyrus setzte *Alexander der Große etwa 50 m hohe Türme mit 20 Stockwerken ein, die über einen zwischen Festland und Insel aufgeschütteten Damm von 600 m Länge auf Walzen (?) gegen die Mauer vorgeschoben wurden. Die oberen Stockwerke waren mit Bogenschützen und leichter Artillerie besetzt. Eine Fallbrücke ermöglichte das Entern der Stadtmauer.

Durch Schilderungen des jüd. Historikers Flavius *Josephus und archäologische Funde sind wir über die röm. Belagerungstaktik und -technik in Palästina wohlunterrichtet. Ausführlich beschreibt Josephus die Belagerung von Jotapa (bell.Jud. III, 141-339), Gamala (bell.Jud. IV, 4-83), *Jerusalem (bell.Jud. V, 47-VI 442), *Machärus (bell.Jud. VII, 163-209) und *Masada (bell.Jud. VII, 252-406) im 1. jüd. Krieg (66–73 n.Chr.). Archäologische Untersuchungen haben die Berichte über Gamala, Machärus und Masada ergänzt und verdeutlicht, Masada fiel als letzte jüd. Festung erst im Frühjahr des Jahres 74 nach mehrmonatiger Belagerung. Der isolierte Felsen, den die Festung krönt, wurde durch eine 4,5 km lange und 1,5 bis 1,8 m breite Mauer (*circumvallatio*) eingeschlossen, die durch Türme und befestigte Lager, letztere innerhalb wie außerhalb des Mauerverbandes an strategischen Punkten des Geländes (Abb. S. 2581), verstärkt und überwacht wurde. Der Angriff auf die Festung erfolgte an der Westseite des Felsens über eine 196 m lange, an der Basis etwa ebenso breite, 55 m hoch ansteigende Sturmrampe, deren Aufschüttung durch Holzkonstruktionen abgestützt wurde. Der etwa 20 m breite Kamm der Rampe führte auf eine Plattform ca. 18 m unterhalb der Mauer. Dort wurde ein ca. 30 m hoher, eisengepanzerter Belagerungsturm hinaufgeschoben, von dem aus mittels eines gewaltigen Rammbocks eine Bresche in die Mauer geschlagen wurde, wobei Pfeil- und Steinkugelgeschütze die Verteidiger von der Mauer fernhielten. Der Rest der anfänglich etwa 1000 Mann starken Besatzung gab sich und den Angehörigen daraufhin selbst den Tod. Ähnlich dem Kampf um Masada markiert die Belagerung und Eroberung von Bet-Ter das Ende des 2. jüd. Aufstands (132-135 n.Chr.).

Literatur: H. Strathmann: Der Kampf um Beth-Ter, PJ 23, 1927, S. 92-123; J. Kromayer, G. Veith: Heerwesen und Kriegführung der Griechen und Römer, Handbuch der Altertumswissenschaft IV 3/2, 1928; A. Schulten: Masada: Die Burg des Herodes und die römischen Lager, mit einem Anhang: Beth-Ter, ZDPV 56, 1933, S. 1-185; R. de Vaux: Das Alte Testament und seine Lebensordnungen, II, 1962, S. 41-45; T. Madhloum: Assyrian Siege-Engines, Sumer 21, 1965, S. 9-15; Y. Yadin: Masada. Der letzte Kampf um die Festung des Herodes, 1967; H. Strobel: Das römische Belagerungswerk um Machärus, ZDPV 90, 1974, S. 128-184; H. Weippert: BRL², 37-42; OLB II, S. 368-401 (Masada). S. 737-743 (Bet-Ter). S. 889-923 (Lachisch); D. Ussishkin: The Conquest of Lachis by Sennacherib, 1982.

IV. SYMBOLIK DER WAFFEN.

Zum atl. Gottesbild gehört die vielfältig ausgeprägte Vorstellung von Jahwe als Krieger (Jes 42,10; 59,17). Sie hat ihren »Sitz im Leben« in der israelit. »Kriegsideologie«, wonach die Kriege Israels Jahwekriege sind. 4Mo 21,13 erwähnt »das Buch der Kriege Jahwes«, und schon die älteste Dichtung Israels, wie sie uns im Mirjamlied 2Mo 15,21, im Losungswort 2Mo 17,16 oder im Deboralied Ri 5 entgegentritt, redet von Jahwes kriegerischem Eingreifen: Jahwe selbst »zieht aus«, um unter Aufbietung kosmischer Elemente gegen seine und seines Volkes Feinde zu kämpfen (Ri 5,4f.20f.31; vgl. auch Jes 42,13), er wirft Roß und Wagen lenker ins Meer (2Mo 15,21), und für den Kampf gegen die Amalekiter gilt die Parole »Die Hand an die 'Standarte' Jah(we)s! Krieg hat Jahwe mit Amalek von Geschlecht (zu) Geschlecht!« (2Mo 17,16). Diese Auffassung teilte Israel mit seiner altorientalischen Umwelt, die vor allem die staatstragenden Götter häufig in kriegerischer Pose und Rüstung darstellte. Auf einer Kalksteinstele aus Ugarit (14. Jh.v.Chr.) schreitet der Gott Baʿal über Berge und Wasser (?), mit erhobener Keule in der Rechten, in der Linken eine Blitzlanze, auf dem Haupt einen Spitzhelm mit Hörnern, am Gürtel über dem kurzen Schurz ein Schwert (Abb. S. 213). Dieser Bildtyp des mit erhobener Waffe einherschreitenden Gottes läßt sich bis weit in das 1. Jt.v.Chr. hinab verfolgen (Abb. S. 775; 265 mit geschulterter Axt). Dem entspricht auf der atl. literarischen Ebene die bildliche Rede von Jahwes Waffen.

Nach Jes 59,17 zieht Jahwe Gerechtigkeit an wie einen Panzer und setzt er den Helm des Heils auf sein Haupt, um Vergeltung an den Frevlern zu üben und Heil für die Frommen zu schaffen. Der Schild ist ein stehendes Symbol des göttlichen Schutzes in den Bitten und Vertrauensäußerungen der Psalmen. So ergeht in Ps 35,1-3 die Bitte, Jahwe möge Schild und Lanze ergreifen, um die zu bekriegen, die den Beter bekriegen. Jahwe ist hier wie auch in Ps 5,13; 7,11 gleichsam der Schildträger, der den Bedrängten abschirmt; häufiger aber wird er selbst als der schützende Schild bezeichnet (Ps 3,4; 18,3.31 u.ö.).

Oft tritt das Schwert in metonymischer Verbindung mit Jahwe oder himmlischen Wesen auf. Den Weg zum Lebensbaum bewachen nach 1Mo 3,24 Cheruben und »die Flamme des sich hin- und herwendenden Schwertes«, bei dem es sich um »die Blitzwaffe des Zwei- und Dreizacks« mit zickzackförmigen »Klingen« handelt, wie sie in der Hand des vorderasiat. Wettergottes dargestellt ist (ANEP, Abb. 500.531f), auf assyr. Bildwerken (ANEP, Abb. 651) auch in Kombination mit einem Schwert (H. Gese, Der bewachte Lebensbaum und die Heroen, in: Wort und Geschichte, FS K. Elliger, AOAT 18, 1973, 77-85, 80f). Vom »Blitz des Schwertes« spricht expressis verbis 5Mo 32,40. Dem Seher *Bileam tritt der Bote Jahwes mit gezücktem Schwert entgegen (4Mo 22,23.31), dem *Josua gibt sich ein »Mann« mit gezogenem Schwert als »Anführer des Heeres Jahwes« zu erkennen (Jos 5,13-15), und *David sieht den zwischen Himmel und Erde stehenden Boten Jahwes mit entblößtem und gegen Jerusalem ausgestrecktem Schwert in der Hand (2Chr 21,16). Mit »seinem harten, großen und starken Schwert« wird Jahwe im eschatologischen Endkampf die Chaosschlangen und -drachen töten (Jes 27,1). Aber auch zum Gericht über seine menschlichen Feinde schärft er sein Blitzschwert (5Mo 32,40-42). Die Metapher »Schwert« steht hier wie häufig auch sonst für den Krieg (Jer 4,10; 46,14.16; Hes 11,8 u.ö.), der in Gestalt des Schwertes »kommt« (Jer 4,10 u.ö.) bzw. von Jahwe »gebracht« wird (3Mo 26,25 u.ö.), bisweilen zusammen mit anderen Heimsuchungen wie Hunger und Pest (Jer 14,12 u.ö.). Dabei »frißt« das Schwert Fleisch und berauscht sich an Blut (5Mo 32,42; 2Sam 3,26; 11,25; Jes 31,8) »wie ein reißender Löwe« (Jer 2,30; s.o. unter 2,4). Als Symbol kriegerischen Blutvergießens erscheint das Schwert auch in ntl. Endzeitschilderungen (Lk 21,24; Offb 6,4). Andererseits wird Jahwe in der Endzeit das Schwert und andere Waffen der gegen die Gottesstadt Jerusalem anstürmenden Feindvölker zerbrechen (Ps 76,4; vgl. auch Ps 46,10); und unter seiner Königsherrschaft wird kein Volk mehr wider das andere das Schwert erheben, sondern wird man die Schwerter zu Pflugscharen umschmieden (Jes 2,4; Mi 4,3).

Im Gegensatz zum Schwert, anders auch als in der altorientalischen Ikonographie und Metaphorik spielt der Bogen als Symbol göttlicher Macht im AT keine wesentliche Rolle. Nur indirekt, über den Pfeil, kommt der Bogen als Waffe Gottes ins Spiel. Jahwe schießt Pfeile auf die Gottlosen (5Mo 32,23.42; Ps 64,8; 144,6), aber auch der klagende Beter weiß sich von Jahwes Pfeil getroffen (Klgl 3,12; Ps 38,3; Hiob 6,4). Die Blitze sind Jahwes Pfeile (Hab 3,11; Ps 77,18; 91,5).

Auf Menschen bezogen kennzeichnen Bogen und Pfeil vor allem die Feinde des klagenden Beters und ihre Anschläge: sie spannen den Bogen und schießen Pfeile (Ps 11,2; Klgl 3,12f), ihre Zähne sind Pfeile (Ps 57,5), ihre Zunge ist ein tödlicher Pfeil (Jer 9,7). Andererseits sind Pfeile Symbol königlicher Herrschaft (Ps 45,6) und väterlicher Zeugungskraft (Ps 127,4). Das Schwert dient vor allem als weisheitliche Metapher menschlichen Verhaltens. So gleichen die Worte der »fremden Frau« einem zweischneidigen Schwert (Spr 5,4), kann Geschwätz verwunden wie ein Schwertstich (Spr 12,18), ist ein falscher Zeuge wie Hammer, Schwert und scharfer Pfeil (Spr 25,18), sind die Bedrücker der Elenden »ein Geschlecht, dessen Zähne Schwerter sind« (Spr 30,14). Ähnlich schildern Psalmen die Feinde des Beters: auf ihren Lippen sind Schwerter (Ps 59,8), sie schärfen ihre Zungen wie ein Schwert (Ps 64,4; vgl. auch 57,5).

Mehrfach werden im NT Waffen als geistliche Rüstung des Christen erwähnt, allg. Röm 13,12 (»Waffen des Lichts«); 2Kor 6,7 (»Waffen der Gerechtigkeit«); 10,4; 1Petr 4,1, unter Nennung einzelner Waffen Eph 6,14-18 und 1Thess 5,8. 1Thess 5,8 ermahnt die Gemeinde, sich zu wappnen gegen die Angriffe des Versuchers (vgl. 3.3.5) mit dem Panzer des Glaubens und der Liebe und dem Helm der Heilshoffnung, wobei Panzer und Helm nicht einen spezifischen Entsprechungsbezug zu den ihnen zugeordneten Größen haben, sondern sie insgesamt unter dem Aspekt der Wappnung veranschaulichen. In seiner Schlußparaklese (6,10-20) ruft der Epheserbrief die Christen auf, mächtig zu werden in der Macht des Herrn, indem sie, um den Mächten der Finsternis am »bösen Tag« zu widerstehen, Gottes Rüstung anlegen, die »Vollrüstung«, wie sie der schwerbewaffnete Fußsoldat trägt: den Gurt der Wahrheit, den Panzer der Gerechtigkeit, die Sandalen des Friedens, den Schild des Glaubens gegen die Brandpfeile des Bösen, den Helm des Heils, das Schwert des Geistes. Die Aufzählung der Waffen ist weder vollständig noch geordnet, und auch hier ist kein spezieller Bezug zwischen Bildgegenstand und charismatischer Tugend angestrebt. (Zum traditionsgeschichtlichen Hintergrund der Vorstellung von der geistlichen Waffenrüstung vgl. H. Schlier, Der Brief an die Epheser, [6]1968, 288-300).

Literatur: H. Fredriksson: Jahwe als Krieger, 1945; M. Weippert: »Heiliger Krieg« in Israel und Assyrien, ZAW 84/1972, S. 460-493; O. Keel: Die Welt der altorientalischen Bildsymbolik und das Alte Testament, [2]1977, S. 198-203; ders.: Der Bogen als Herrschaftssymbol, ZDPV 93/1977, S. 141-177; O. Kaiser: ThWAT III, 1982, 164-176. S.M.

WAGEN.

I. IM ALTEN ORIENT.

Entdeckungen aus *Ur, Kisch und Tell Agrab zeigen, daß im 3. Jt.v.Chr. in S-Mesopotamien von Eseln gezogene, schwere Gefährte auf Rädern zu Kriegszwecken, aber auch bei feierlichen Anlässen zum Einsatz kamen. Der W. als eine leichtere Konstruktion, von einem Pferd gezogen, findet sich nicht vor dem 2. Jt.v.Chr. Es ist anzunehmen, daß das Pferd (*Tiere) durch Völker aus der südrussischen Steppe eingeführt wurde, die im 2. Jt.v.Chr. mehrere Wanderungswellen auslösten. Die Wahrscheinlichkeit, daß der Ausdruck für Pferd in vielen alten Sprachen des Vorderen Orients, einschließlich des Hebr. (*sūs*), aus dem Indogermanischen abzuleiten ist, läßt auf eine wesentliche Rolle dieser Völker bei der Einführung des Pferdes schließen. In Keilschrifttexten wird »Pferd« für gewöhnlich durch ein Logogramm mit der Bedeutung »ausländischer Esel« gekennzeichnet, wogegen die phonetische Schreibweise (*sisu*) sich erstmals auf Tafeln aus dem 19. Jh.v.Chr. im kleinasiat. Kültepe findet. Diese sprachliche Beobachtung könnte auf den Einfluß der Vorläufer der Nomaden aus dem N hinweisen, die bald darauf in großer Zahl im Vorderen Orient einfielen. Ein mögliches Resultat dieser frühen Kontakte wäre die Entwicklung des leichten, von Pferden gezogenen (Streit-) Wagens. Und als in der ersten Hälfte des 2. Jt.v.Chr. weitere Völker die antike Weltbühne betraten - Hetiter in Anatolien, Kassiten in Mesopotamien und Hyksos in Syrien/ Palästina und Ägypten –, brachten sie den Streitwagen mit.

Das Ungewohnte, das mit dem Anblick eines W.s verbunden war, kommt in seiner Bezeichnung in vielen semit. Sprachen des Altertums zutage, die aus dem Stamm *rakab*, »fahren«, abgeleitet ist, was beispielsweise zu akkad. *narkabtu* führte, zu ugarit. *mrkbt*, hebr. *märkabah*. Auch in Ägypten wurde im Neuen Reich die Form adaptiert (*mrkb.t*). In der zweiten Hälfte des 2. Jt.v.Chr. finden sich in *Alalah, *Ugarit, in den *Amarnabriefen und im Neuen Reich in Ägypten Zeugnisse einer gesellschaftlichen Schicht, deren Angehörige als *mariannu* bekannt waren: Persönlichkeiten von hohem Ansehen, die sich vor allem durch den Besitz eines Kriegs- oder Transportwagens auszeichneten. Die treffende Übersetzung scheint »Wagen-Soldat« zu sein. Man nimmt einen indogermanischen Ursprung dieser Bezeichnung an (mitunter wird auch eine Ableitung aus dem Hurritischen in Erwägung gezogen), was der Rekonstruktion der Einführung des W.s im Vorderen Orient entgegenkäme. Als weiteres Argument läßt sich die Abhandlung über Pferdedressur eines Kikkuli von Mitanni anführen, die in den Keilschrift-Archiven von Bogazköy gefunden wurde (*Hetiter). Diese in hurritischer Sprache abgefaßte Arbeit enthält eine Anzahl indogermanischer Fachausdrücke, die also aus demselben Sprachraum kamen, aus dem die im 2. Jt.v.Chr. vordringenden Völker stammten.

In der zweiten Hälfte des 2. Jt.v.Chr. waren die beiden Großmächte, Hetiter und Ägypter, ebenso mit Pferdewagen ausgerüstet wie viele der kanaan. Stadtstaaten in Syrien/Palästina, denen die Stämme Israels bei der *Landnahme gegenüberstanden. Im 1. Jt.v.Chr. entwikkelten die Assyrer den W. zu einem wesentlichen Element der Kriegsführung, vor allem in der Ebene.

In der Regel waren die Streitwagen relativ leichte Konstruktionen, wobei weitestgehend Holz und Leder verarbeitet wurden und nur die notwendigen Beschläge aus Bronze oder Eisen waren. Die Rückseite war offen, Halterungen für Schilde und Köcher der Bogenschützen befanden sich an der Außenseite der Front- oder Seitenteile. Die Räder hatten im allg. sechs, manchmal aber auch vier, in späterer Zeit in Assyrien acht Speichen. Während die meisten Räder etwa hüfthoch waren, zeigt ein Flachrelief aus dem Palast *Assurbanipals ein mannshohes Rad mit acht Speichen und einem nagelbeschlagenen, wahrscheinlich aus Eisen geschmiedeten Reifen. Die Gepflogenheit, Klingen an den Rädern zu befestigen, dürfte vor der Zeit der *Perser nicht üblich gewesen sein. Vorgespannt wurden gewöhnlich zwei Pferde, die auf jeder Seite der Deichsel angeschirrt wurden; z.Zt. Assurnasirpals II. ließen die Assyrer ein drittes Pferd als Ersatz nebenherlaufen. Das *Joch, das zum Anschirren von Ochsen entwickelt worden war, war für Pferde ungeeignet, aber das praktischere Pferdekummet war bis weit in die christl. Ära hinein nicht gebräuchlich.

Die Mannschaft im W. bestand aus zwei bis vier Personen. Die Ägypter bevorzugten zwei, einen Lenker und einen Krieger, wogegen die Assyrer einen dritten Mann, *salsu rakbu*, im W. hatten, der einen Schild zum Schutz für

Speichenräder an einem Ochsenkarren. Teil eines Reliefs aus dem Palast Assurbanipals in Ninive. Ca. 640 v. Chr. (MC)

Bogenschütze auf einem von zwei Pferden gezogenen Wagen. Abdruck eines neuassyrischen Rollsiegels. 9.–7. Jh. v. Chr. (MC)

Der früheste Radtyp war aus Brettern gefertigt, die mit Leisten zusammengehalten wurden. Das Fragment eines Kalksteinreliefs aus Ur zeigt einen zweirädrigen Wagen aus der Mitte des 3. Jt. v. Chr. (UMUP)

die anderen handhabte. Diese Anzahl war auch bei den Hetitern üblich; z.Zt. Assurbanipals war gelegentlich ein vierter Mann auf den assyr. W.

Der Streitwagen diente offensichtlich in der Hauptsache für Feldzüge auf flachem Land und konnte bei unebenem Gelände hinderlich sein, wie as den Abbildungen auf den Bronzetoren *Salmanassars III. ersichtlich ist. Sie zeigen die Schwierigkeiten, mit denen man sich bei einem Feldzug zur Quelle des *Tigris konfrontiert sah.

II. WAGEN IM ALTEN TESTAMENT.

Wie andere Völker aus dem semit. Sprachraum beschrieben die Hebräer Streitwagen hauptsächlich durch Ableitungen von der Wurzel *rakab*. Die gebräuchliche Form, die mehr als 100 mal verwendet wird, ist *räkäb*, »Wagenzug«; *märkabah*, »Kriegswagen«, kommt etwa 44 mal vor, *rikba*, »Reiten«, (Hes 27,20) und *rekub*, »Wagen«, (Ps 104,3) je einmal. Das Wort *märkab*, in 1Kön 5,6 mit »Streitwagen« wiedergegeben, scheint eher die Bedeutung »Reitsitz« wie 3Mo 15,9 (LÜ: »Sattel«) und Hld 3,10 (LÜ: »Sitz«) gehabt zu haben. Ebenfalls von *rakab* wird *rakkab*, »Wagenlenker«, gebildet (1Kön 22,34; 2Kön 9,17 und 2Chr 18,33). Von den Ausdrücken, die sich nicht von *rakab* ableiten, bezeichnet der gebräuchlichste, *ʿagalah*, wahrscheinlich den Transportwagen oder Karren, obwohl eine poetische Umschreibung in Ps 46,10 damit wohl einen Streitwagen meint. Hes 23,24 spricht von einer Invasion: »Und sie werden über dich kommen, gerüstet mit *hozän räkäb. . .*«, wobei *hozän* ein nur einmal belegtes Wort mit ungewisser Bedeutung ist. LÜ, RevEB, ZÜ geben den Ausdruck mit »Wagen« wieder. Diese Übersetzung von *räkäb* mit »Streitwagen« ist der mit »Transportwagen« vorzuziehen. Ein weiteres, nur einmal belegtes Wort, *ˀappirjōn* in Hld 3,9, wird mit »Wagen« wiedergegeben, aber die Bedeutung »Tragsessel« (RevEB), »Sänfte« (LÜ) ist vorzuziehen; wahrscheinlich handelt es sich um ein Lehnwort aus dem Pers.

Nahezu alle Erwähnungen von Streitwagen im Pentateuch stehen im Zusammenhang mit Ägypten. Auch *Josef verfügte über einen W. (1Mo 41,43; 46,29; 50,9). Die aus Ägypten ziehenden Israeliten wurden von einem Heer mit W. verfolgt (2Mo 14; vgl. 2Mo 15,4.19; 5Mo 11,4). 5Mo 20,1 stellt eine Ausnahme dar; hier wird Vorschau gehalten auf Dinge, die im Zusammenhang mit der Landnahme zu erwarten sind. Streitwagen waren unter militärischen Gesichtspunkten in hügeligem Gelände von geringem Nutzen, und die Israeliten, die keine Streitwagen besaßen, scheinen die bergigen Teile des Landes zuerst in Besitz genommen zu haben. Die »eisernen Wagen« (d.h. solche mit Beschlägen aus Eisen) der Kanaaniter in der Ebene (Jos 17,16; Ri 1,19) und der Philister an der Küste (1Sam 13,5) waren eine schlagkräftige Waffe. Die Ausgrabungen von Hazor lassen darauf schließen, daß eine Stadt zu jener Zeit über eine erhebliche Anzahl Streitwagen verfügen konnte (Jos 11; Ri 4-5). Streitwagen symbolisierten die Größe eines Königs (vgl. 1Sam 8,11), aber obwohl David nach einer Schlacht 100 erbeutete Zugpferde behielt (2Sam 8,4; vgl. auch 2Sam 15,1), dauerte es doch bis z.Zt. Salomos, bis

Wagenräder, die in einem Grab in Susa gefunden wurden, waren aus drei Brettern gefertigt, die mit Querlatten zusammengefügt waren. Die »Reifen« dieser sumero-elamitischen Räder bildeten Kupfernägel. Durchmesser: ca. 83 cm bzw. ca. 66 cm; ca. 2500 v. Chr. (MC)

Das Wandgemälde aus dem Palast in Til Barsip, Syrien, zeigt einen von einem Pferd gezogenen Wagen. 8. Jh. v. Chr. (AP)

König Tutanchamun auf seinem Wagen bei der Löwenjagd. Linke Seite eines bemalten hölzernen Deckels aus dem Königsgrab. Ca. 1350 v. Chr. (PAC)

Streitwagen in die Armee der Israeliten als wesentlicher Truppenteil integriert wurden. In dieser Zeit wurden in *Zilizien die besten Pferde gezüchtet und in Ägypten die besten Streitwagen gebaut, weshalb Salomo sich als Zwischenhändler für diese Waren etablierte (1Kön 10,28-29). Für seine eigene Armee errichtete er »Wagenstädte« in *Hazor, *Megiddo, *Geser und *Jerusalem und strukturierte seine Armee um, die über 1400 Streitwagen verfügte (1Kön 9,15-19; 10,26).

Ein israelit. Wagen hatte drei Mann Besatzung, von denen der dritte, wie sein assyr. Vorbild, der *salsu rakbu, schalisch* genannt wurde (z.B. 1Kön 9,22: »Ritter«). Beim Zerfall des Reiches nach Salomos Tod behielt Israel den größten Teil der Wagentruppen, da Hazor, Megiddo und Geser auf seinem Gebiet lagen; da der größte Teil Judas aus hügeligem Gelände bestand, waren hier Streitwagen von geringem Nutzen. *Ahab unterhielt in Israel eine große Wagenstreitmacht; dies belegt die Aussage Salmanassars III., daß er mit 2000 (wahrscheinlicher ist 200) Streitwagen zur Schlacht bei Qarqar anrückte (853 v.Chr.; Kurkh-Stele 2.91). Weiter ist anzunehmen, daß die bei Megiddo ausgegrabenen Ställe, die zunächst Salomo zugeschrieben wurden, Ahab gehörten, während die auf Salomos Anordnung errichteten Ställe vielleicht noch

Goldener Wagen aus dem Oxus-Schatz. Auf dem von vier Pferden gezogenen Wagen befindet sich neben dem Lenker eine weitere Person. Ungewöhnlich bei diesem Modell sind die zwei Jochstangen. 5. Jh. v. Chr. (BM)

Tiglatpilesar III. von Assyrien (745–727 v.Chr.) auf seinem Wagen. Relief aus Kelach/Nimrud. (BM)

unter dem Schutt begraben liegen. In den aram. Kriegen wurde diese große Streitmacht durch die erlittenen Rückschläge so dezimiert, daß *Joahas nicht mehr als zehn Streitwagen blieben (2Kön 13,7).

*Samaria unterhielt als Hauptstadt eine Wagenstreitmacht; *Sargon erbeutete bei der Einnahme der Stadt jedoch nur 50 Wagen (Annalen 15) – wohl ein Zeichen für die Schwäche der israelit. Streitkräfte. Juda verfügte auch über Streitwagen, denn *Josia führte bei Megiddo zwei persönliche Streitwagen mit sich (2Chr 35,24).

III. WAGEN IM NEUEN TESTAMENT.

Streitwagen spielen im NT keine große Rolle. Ein Hinweis findet sich im Bericht von der Taufe des Kämmerers aus Äthiopien durch Philippus (Apg 8). Das hier verwendete griech. Wort *harma,* allg. Ausdruck für »Streitwagen« bei Homer, wird in der LXX üblicherweise für hebr. *räkäb* eingesetzt. Zweimal werden in der Offb Streitwagen erwähnt: 9,9, *harma*; 18,13, *rheda.*

Literatur: zu I: V.G. Childe, in: Singer, Holmyard, Hall (Hrsg.): A History of Technology, 1954, S. 724-728; S. Piggott: Prehistoric India, 1950, S. 266-267.273-281; Lefèvre des Noettes: L'Attelage, le Cheval de Selle à travers les ages, 1931; O.R. Gurney: The Hittites, 1952, S. 104-106.124-125; T.G.E. Powell, in: Culture and Environment Essays in Honour of Sir Cyril Fox, 1963, S. 153-169; C.J. Gadd: The Assyrian Sculptures, 1934, S. 27-28.30-35; A. Salonen: Die Landfahrzeuge des Alten Mesopotamien, 1951; Hippologica Accadica, 1955, S. 11-44; zu II. R. de Vaux: Ancient Israel, S. 222-225.535; Y. Yadin: The Art of Warfare in Biblical Lands, 1963, S. 4-5.37-40.74-75.113.284-287.297-302; N. Na'aman: Tel Aviv 3, 1976, S. 97-102 (Ahab's chariots); F. Schachermeyer: Streitwagen und Streitwagenbild im Alten Orient und bei den mykenischen Griechen, Anthropos 46, 1951, 705–753; A. R. Schulman: The Egyptian Chariotry: A Reexamination, Journal of the American Research Center in Egypt 2, 1963, 75–98; B. Hrouda: Die Kulturgeschichte des assyrischen Flachbildes, Saarbrücker Beiträge zur Altertumskunde, 2, 1965, 93–100.134f; W. Nagel: Der mesopotamische Streitwagen und seine Entwicklung im ostmediterranen Bereich, Berliner Beiträge zur Vor- und Frühgeschichte, 10, 1966; J. Wiesner: Fahren und Reiten, Archaeologia Homerica, I F, 1968; H. Weippert:

BRL², 250255; M.A. Littauer: Wheeled Vehicles and Ridden Animals in the Ancien Near East, Handbuch der Orientalistik VII 1:2 B 1, 1979;1 W. Farber, M.A. Littauer, J.H. Crouwel: RLA V, 1976-1980, 336–351; A.R. Schulman: Chariots, Chariotry and the Hyksos, JSSEA 10, 1980, 105–153; M.A. Littauer, J.H. Crouwel, Chariots and Related Equipment from the Tomb of Tutᶜankhamūn, 1985; W. Decker: LÄ VI, 1986, 1130–1135; W. Treue (Hrsg.): Achse, Rad und Wagen, 1986. T.C.M.

WAHL s. Erwählung; s. Ruf, Berufung

WAHNSINN s. Krankheit

WAHRHEIT. Im AT wird dieses Wort wie der mit ihm zusammenhängende Begriff *Erkenntnis auf zweierlei Weise gebraucht: zum einen intellektuell in bezug auf Tatsachen, deren Richtigkeit oder Falschheit man feststellen kann (5Mo 17,4; 1Kön 10, 6); zum andern existentiell und ethisch, wobei Wahrheit das Attribut einer Person ist. Josef hielt seine Brüder mit folgender Begründung im Gefängnis: »Ich will eure Rede prüfen, ob ihr mit Wahrheit umgeht« (1Mo 42,6), d.h. ob ihr vertrauenswürdig, beständig und zuverlässig seid. Bedeutsam ist, daß von den hebr. Worten, die mit »Wahrheit« übersetzt werden: *emet, ʾemuna,* das letztere manchmal auch mit »Treu(e)« wiedergegeben wird (5Mo 32,4; Hos 2,22; *Amen). Das AT sieht die Grundlage der Wahrheit viel mehr in einer zuverlässigen Person als in den reinen Tatsachen eines bestimmten Sachverhalts. Diese Zuverlässigkeit ist ein wesentliches Merkmal Gottes (Ps 31, 6; Jer 10,10), dessen »Wahrheit reicht so weit die Wolken gehen« (Ps 108,4). Der Gott der Bibel unterscheidet sich dadurch erheblich von den launischen Gottheiten der Heiden. Er ist wahr, d.h. beständig, sowohl in seiner liebenden Fürsorge für seine Kinder (1Mo 32,10f) wie in seiner unversöhnlichen Feindschaft gegen die *Sünde (Ps 54,7).

W. als Merkmal der Person Gottes hängt eng zusammen mit W. als Merkmal seines Handelns. So richtet er mit seiner Wahrhaftigkeit (Ps 96,13). Sein Wort ist in dem Sinne wahr, daß es ewig gültig ist. »Wie du Wahrheit bist, so ist dein Wort Wahrheit, denn es steht geschrieben: 'Herr, dein Wort bleibt ewiglich, so weit der Himmel reicht'« (Ps 119,89; Exodus Rabbah zu 29,1). Vom Menschen wird W. verlangt als Antwort an Gott im Gehorsam gegenüber dem Gesetz (Ps 119,151) und in seinem innersten Wesen (Ps 51,8); sie ist die Grundlage aller menschlichen Beziehungen (2Mo 20,16; 5Mo 5,20).

In der griech. Literatur haben die Worte für W. (*aletheia, alethes, alethinos)* nicht dieselbe persönliche und ethische Bedeutung. W. ist vielmehr intellektuell. Sie ist der »volle oder wirkliche Tatbestand . . . Wie in der Gerichtsrede die *aletheia* der den verschiedenen Behauptungen gegenüber festzustellende Tatbestand ist, so ist sie bei den Historikern der geschichtliche Tatbestand gegenüber dem Mythos und beim Philosophen das wirklich Seiende schlechthin« (R. Bultmann, ThWNT I, 239). Im NT haben diese griech. Worte sowohl die atl. wie die klassische und hellen. Bedeutung, so daß die Entscheidung, welche Nuance jeweils dominiert, oft sehr schwierig ist. Man kann jedoch drei Hauptweisen unterscheiden, in denen die Worte gebraucht werden, obwohl diese sich vielleicht überschneiden.

1. W. als Zuverlässigkeit, Wahrhaftigkeit und Aufrichtigkeit des Charakters (die hebr. Bedeutungsnuance dominiert). In diesem Sinn wird es im Blick auf Gott (Röm 3,7; 15,8) und im Blick auf Menschen (2Kor 7,14; Eph 5,9) gebraucht. Der Gebrauch des Wortes »Wahrheit« in diesem Sinn ist zwar nicht häufig, aber die Vorstellung von einem Gott, der sein Wort wirklich hält, ist im ganzen NT implizit enthalten.

2. W. in dem absoluten Sinn von dem, was wirklich und vollkommen ist, im Gegensatz zum der W. nicht Entsprechenden und zur Lüge (Mk 5,33; Eph 4,25). Im bes. ist das *Evangelium die W. (Gal 2,5; Eph 1,13). Jesus nannte sich selber die personifizierte W. (Joh 14,6; vgl. Eph 4,21). Er vermittelt die W. (Joh 1,17), und der Heilige Geist führt den Menschen in die W. (Joh 16,13; vgl. 14,17; 1Joh 4,6), so daß Jesu Jünger sie kennen (Joh 8,32; 2Joh 1), tun (Joh 3,21) und in ihr bleiben (Joh 8,44). Auch ihre Wiedergeburt als Gottes Kinder beruht auf dem Wort der W. (Jak 1,18). Diese W. ist mehr als ein Glaubensbekenntnis; sie ist Gottes lebendiges Wort, dem man gehorchen muß (Röm 2,8; Gal 5,7).

3. Besonders das Adjektiv *alēthinos* hat manchmal die »platonische« Bedeutung von etwas Realem im Gegensatz zu einer bloßen Erscheinung oder Kopie. Der Christ ist daher ein Diener am wahren Heiligtum (Hebr. 8,2) im Gegensatz zu dem Abbild und Schatten des levitischen Rituals (Hebr 8,4f). In klarer Anspielung auf die Einsetzungsworte des *Abendmahls erklärt Jesus, er sei das wahre Brot (Joh 6,32.35) und der wahre Wein (Joh 15,1), d.h. daß er die ewige,durch Brot und Wein symbolisierte Wirklichkeit Gottes ist. Ähnlich sind die wahren Anbeter (Joh 4,23) nicht so sehr ernste als wohl echte Anbeter. Ihr Gottesdienst ist eine echte Annäherung an Gott, der Geist ist, im Gegensatz zu dem Ritual, das Gott auf Jerusalem oder den Berg Garizim begrenzt (Joh 4,21).

Literatur: H. Cremer: Biblisch-theologisches Wörterbuch, [2]1902, S. 119-136; R. Bultmann: ThWNT I, 1933, 233-251; K. Haacker: Wie redet die Bibel von Wahrheit?, ThBeitr 10/1979, S. 4-18.
F.H.P.

WAHRSAGEN s. Zauberei und Magie

WAISE. Nach atl. und ntl. Rechtsauffassung steht der Vater seinem Haus als der vor Gott verantwortliche Beschützer vor; W.n sind somit als vaterlose Kinder oft schutzlos aller Bosheit der Menschen preisgegeben. Sie werden bedrängt (2Mo 22,21), man legt Hand an sie (Hiob 31,21) und bringt sie sogar um (Ps 94,6). Bewegliche Habe wird ihnen entwendet (Hiob 24,3), unbewegliche Habe, z.B. Äcker, benutzen andere (Spr 23,10). Suchen die W.n bei den Richtern ihr Recht, so finden sie es vielfach nicht (Jes 1, 23; Jer 5,28); ihnen zum Schaden wird das Recht gebeugt (5Mo 24,17). Hier greift der barmherzige Gott ein, setzt der Willkür Schranken und gibt auch den W.n Recht und Lebensunterhalt (5Mo 10,18; Ps 146,9). Darum ist jedes dritte Jahr ein Zehntjahr, in dem alle *Zehnten den W.n und anderen Rechtlosen gegeben werden müssen (5Mo 26,12f). Außerdem haben die W.n ebenso wie *Witwen und Fremdlinge Anrecht auf die vergessene Garbe und die *Nachlese im Weinberg und in Obstgärten (5Mo 24,19-21). Wer sich an den W.n vergeht, wird verflucht (5Mo 27,19) und verfällt dem Gericht Gottes (Mal 3,5). Abkehr vom Bösen beinhaltet auch, den W. Recht zu schaffen (Jes 1,17f). Das NT erinnert daran, daß die den Witwen und W.n geleistete Hilfe rechter und Gott wohlgefälliger Gottesdienst ist (Jak 1, 27). Jesus gibt seinen Jüngern den Trost, daß er sie nicht als W.n zurücklassen wird, sondern wieder zu ihnen kommt (Joh 14,18). Damit wissen sie, die in dieser Welt Fremdlinge (1Petr 1,1) und rechtlos wie W.n sind, sich mitten in der Bosheit und Feindschaft der Welt unter dem Schutz dessen, der auch auf Erden alle Macht hat (Mt 28,18).

WALD.

1. Hebr. *choräsch*, »Dickicht, Wald, bewaldete Anhöhe«, erscheint z.B. 2Chr 27,4; Hes 31,3.

2. Hebr. *pardes*, »Park«, ein Lehnwort vom pers. *pari-daeza*, »Einfassung«, das für ein Gehege oder einen Park mit Bäumen (Neh 2,8, LÜ: Wald, RevEB: Forst), Obstbäumen (Hld 4,12; LÜ, RevEB: Lustgarten) und für außerhalb gelegene Gärten (Pred 2,5; LÜ, RevEB: Lustgarten) benutzt wurde.

3. Hebr. *ja'ar*, »Gestrüpp, Gebüsch, Hochwald, künstlich angelegter Park« findet sich 35 mal im AT. In bibl. Zeiten war ein Großteil des hügeligen Geländes bewaldet. Die Bibel erwähnt zudem verschiedene Verbindungen mit »Wald«, z.B. »Libanon-Waldhaus« (1Kön 7,2; 10,17.21; Chr 9,16.20; Jes 22,8), »Wald Ephraim« (2Sam 18,6. 8.17), »Waldgebirge« (Jos 17,15.18) und »fester Wald« (Sach 11,2). S. *Pflanzen/Bäume.

Literatur: D. Baly: Geographisches Handbuch zur Bibel, 1973; OLB I, 72-99. J.D.D./Red.

WALKER s. Handwerk

WALL s. Befestigungsbau und Belagerungstechniken

WALLEN, WALLFAHRT.

1. Die Wanderung zum Heiligtum in Jerusalem (Ps 42,5) war für alle israelit. Männer zu den drei jährlichen Wallfahrtsfesten (*Passa, *Pfingsten, *Laubhüttenfest) vorgeschrieben (5Mo 16,16; vgl. Lk 2,41ff). Vielleicht haben wir in den Psalmen 120-134 »Wallfahrtslieder« vor uns, die dabei gesungen wurden (vgl. *Psalmen.)

2. Ein Bild für die Bewegung des Meeres (Ps 46,4), im übertragenen Sinn auch die des Herzens (Klgl 1,20).

3. In älteren Bibelausgaben ist W. eine Bezeichnung für die nicht seßhafte Lebensweise des Nomaden oder des Fremdlings (2Mo 6,4 Wallfahrt = Fremdlingschaft; Rut 1,1 wallen = sich als Fremdling aufhalten), auch auf das Leben überhaupt und seine Dauer bezogen (1Mo 47,9). Im NT wird das Bild auf das irdische Leben des Christen, fern von seiner Heimat im Himmel (Phil 3,20), übertragen (2Kor 5,6.8.9; 1Petr 1,17).

Christl. W.en im heutigen Wortsinn entwickelten sich erst in der Folge der »Konstantinischen Wende« nach 312 n.Chr., obwohl es in Rom (Tropaion des *Petrus, ca. 200 n.Chr.) und in *Jerusalem (Schiffszeichnung in der St. Vartankapelle; frühes 2. Jh.?; s. *Schiffe, Abb. S. 1371) auch ältere Anzeichen für die Verehrung von Wallfahrtsstätten gibt (vgl. auch *Kapernaum, Haus des Petrus).

WANDEL, WANDELN.

1. Im Blick auf das menschliche Leben.

a. Das Wort kann in der Bibel allg. für die Bewegung des Gehens und Laufens gebraucht werden, ohne den Nebensinn des Langsamen und Feierlichen, den wir damit verbinden (Jes 40,31).

b. Da die Bibel das ganze Menschenleben

als ein Vorwärtsgehen in bestimmter Weise und Richtung sieht, wird das Wort zur häufigsten bibl. Bezeichnung für das Gesamtverhalten des Menschen auf seinem *Weg durch das Leben. Gottes Wort zeigt, daß es bei den Menschen nicht so sehr um Tugenden und Fehler eines ruhenden Wesens geht, sondern um das Verhalten ständig bewegter und strebender Personen. Somit ist »Wandeln« ein Grundbegriff der bibl. Ethik. Dabei betont die Bibel, daß der Mensch nicht frei über seine Bewegung verfügt, sondern von ihn bestimmenden Mächten abhängt. Darum wird das Wort bes. häufig mit der Präposition »in« verbunden.

c. Diese Mächte können schicksalsmäßiger Art sein: es gibt ein W. in der Angst oder im Dunkel (Ps 138,7; Jes 50,10; 59,9; 28,14). Doch sind es auch in solchen Stellen nie bloße »Schicksale« im Sinne griech. oder modernen Denkens. Es ist in der Bibel deutlich, daß es zugleich um sittlich bestimmte Gewalten geht, die ganz allg. mit den Grundworten »Licht« und »Finsternis« (Jes 2,5; 9,1f; Joh 8,12; Offb 21,24) bezeichnet oder auch konkret als »Gerechtigkeit, Liebe, Wahrheit, aufrichtiges, ungeteiltes Herz, Treue« (1Kön 3,6; Jes 33,15; 38,3; 2Joh 4; 3Joh 3) bzw. »Bosheit, Neid, Unzucht, Gelüste, Begierden, Ausschweifung, Trunkenheit, Fresserei, Sauferei, Götzendienst« (Tit 3,3; 1Petr 4,3) beschrieben werden. Auch wo der Mensch »nach seinem verstockten Herzen« wandelt (Jer 23,17; 5Mo 29,18f; Jer 3,17; 18,12), ist er in Wirklichkeit der Macht des Bösen verfallen.

2. Im Blick auf das Leben der Gläubigen.

a. Klarheit kommt in das Leben des Menschen, sobald der lebendige Gott sich ihm offenbart. Nun kann die ganze Ethik in einem einzigen Wort ausgesprochen werden: wandelt vor Gott (1Mo 17,1; 24,40) oder »dem Herrn« bzw. »dem Evangelium würdig« (1Kol 1,10; Eph 4,1; Phil 1,27; 1Thess 2,12). Menschen, die von Gott wissen, können ihn bitten, sie »zu lehren den Weg, auf dem sie wandeln sollen« (2Mo 18, 20; Ps 32,8; 86,11; Jer 6,16). Für Israel wurde dieses »Wandeln vor Gott« bis ins einzelne bestimmt vom *Gesetz. Darum redet das AT immer wieder von dem »Wandeln in allen Wegen, die der Herr geboten hat« (5Mo 5,33; Jer 7,23) oder »im Gesetz, nach den Rechten, in den Satzungen, in den Geboten Gottes« (2Mo 16,4; 3Mo 18,4; 26,3; 1Kön 6,12; 8,61; Neh 10,29f; Hes 36,27; Jer 32,23; Sach 3,7) oder »in seinen Wegen« (1Kön 11,38; 2Kön 21,22; Ps 119,3; Jes 2,3; Jer 7,23). Es geht aber in allen Einzelheiten zentral um die Gottesbeziehung, wie das Gegenbild des »Wandels in dem Wege Jerobeams« (1Kön 15,34; 2Kön 13,6) zeigt.

b. Im Neuen Bund gibt es zwar auch bestimmte Anweisungen für den rechten W. der Christen (1Thess 4,1f; 2Thess 2,15; 3,6). Aber wie die Quelle alles verkehrten W.s im fleischlichen Wesen des Menschen erkannt worden ist, so ist Quelle und Kraft des neuen göttlichen W.s nicht mehr das eigene (vergebliche) Mühen unter dem Gesetz, sondern das Erfülltsein mit dem Heiligen Geist. »Lebt nach dem Geist, lebt durch den Geist, wandelt im Geist« heißt nun die ntl. Mahnung (Röm 8, 1.4.12.13; 2Kor 10,2-4; Gal 5,16.25). W. »in Christus« (Kol 2,6; 1Joh 2,6; vgl. auch Röm 13,14; Eph 4,22-24) ist der Vollzug der für uns schon bereiteten guten *Werke (Eph 2,10).

c. Für unseren W. gibt es Vorbilder, die den rechten W. vor Augen stellen und zugleich helfende Kraft haben (1Kön 3,3; 2Kön 22,2; 2Chr 11,17; Röm 4,12; Phil 3,16; 1Tim 3,15; 4,12). Das vollkommene Vorbild ist Jesus selbst (1Joh 2,6).

d. Das Substantiv »Wandel« faßt alles Gesagte zu einer einheitlichen Größe zusammen. Wie immer die einzelnen Taten des Menschen unterschiedlich aussehen mögen, sein Leben wird zuletzt zur Einheit eines »bösen, nichtigen, ausschweifenden, gottlosen« (Jer 26,3f; 44,22; 1Petr 1,18; 2Petr 2,7; Jud 15) oder »heiligen, rechtschaffenen, ordentlichen, guten« W.s (1Petr 1,15; 2,12; 3,2.16; 2Petr 1,3; 3,11; Hebr 13,18; Jak 3,13). Denn auch im NT ist der W. keine unwichtige Nebensache neben dem *Glauben. Wenn die apostol. Briefe nach ihren grundlegenden Ausführungen (z.B. Röm 1-11) sich eingehend um den rechten W. der Gemeinden mühen (z.B. Röm 12,1-15,11), so sind diese Teile der Briefe nicht »Anhänge«, bei denen unser Interesse aufhören könnte, sondern stellen das praktische Ziel der Unterweisung dar, dem der gesamte Brief dient.

WASCHEN s. Rein, Unrein

WASSER. (Hebr. *majim*, griech. *hydōr*). Wo, wie im Vorderen Orient, nur wenig W. zur Verfügung steht, spielt es eine dominierende Rolle im Leben der Menschen. Eine einschneidende Erfahrung ist Mangel an W. (1Kön 17,1ff; Jer 14,3; Joel 1,20; Hag 1,11). Regen ist ein Zeichen der Güte und des Wohlwollens Gottes. Eine ebenso ernstliche Bedrohung des Lebens stellt W. dar, das verschmutzt oder ungenießbar gemacht wurde wie z.B. bei der ersten *Plage in Ägypten (2Mo 7,17ff). Die Israeliten fanden bei Mara bitteres W. vor (2Mo 15, 23), und die Quelle bei *Jericho war in den Tagen *Elisas »böse« (2Kön 2,19-22). In Kriegszeiten zählte es zur Taktik der Angreifer, die Wasserversorgung belagerter Städte

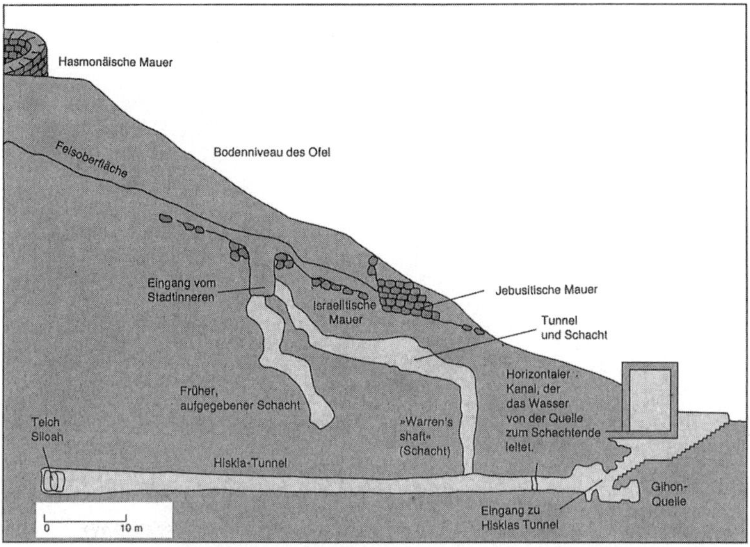

Die Wasserversorgung (einschließlich des Tunnels Hiskias) des alten Jerusalem im Querschnitt.

Brunnen im Nordwestpalast Assurnasirpals II. (884–858 v. Chr.) in Kelach/Nimrud während der Ausgrabungsarbeiten. Den Brunnenschacht bildeten speziell geformte gebrannte Ziegel, die z. T. Inschriften tragen (z. B. der Stein links unterhalb der zweiten Leitersprosse von oben). Der Brunnen war 25,4 m tief und versorgte die Zitadelle mit Wasser. (DJW)

Der Brunnen in Beerscheba, gebaut im 12./11. Jh. v. Chr., war bis in hellenistische Zeit in Gebrauch. Im oberen Teil bilden gerundete Steine den Schacht, der untere Teil des Schachts ist kreisrund in den Felsen gehauen unmittelbar neben dem Stadttor. Tiefe: 35–40 m. Durchmesser: 2 m. (TAU)

abzuschneiden, wie es die Israeliten mit den Brunnen der Moabiter taten (2Kön 3,19.25) und Holofernes bei Betulia (Jdt 7,7ff). *Hiskia beugte dieser Gefahr durch den Bau eines Tunnels vor, der noch heute in Jerusalem existiert; er verläuft von der Gihonquelle, außerhalb der damaligen Stadtmauern, bis zum Teich von *Siloah (2Chr 32,30). In manchen

Situationen mußte W. rationiert werden (Klgl 5,4; Hes 4,11.16).

1. Häufig symbolisiert W. *Segen Gottes und geistliche Erneuerung (Ps 23,2; Jes 32,2; 35,6f; 41,18; u.ö.), und das Verlangen danach weist auf geistlichen Mangel hin (Ps 42,2; 63,2; Am 8,11). In *Hesekiels Vision vom Tempel (47,1-12) stellt das unter der Schwelle des Tempels herausfließende W. den Strom des Segens Gottes für sein Volk dar (vgl. Sach 14,8). *Jeremia beschreibt Jahwe als »die Quelle des lebendigen Wassers« (17,13; vgl. 2,13), ein Ausdruck, der in Joh 7,38 auf den Gläubigen angewendet wird.

Im NT ist das W. verbunden mit dem ewigen Leben, der höchsten Segensgabe Gottes (Joh 4,14; Offb 7,17; 21,6; 22,1.17). In Eph 5,26 und Hebr 10,22 ist die Vergebung der Sünden durch die Reinigung der Taufe der vorherrschende Gedanke.

2. Der Gedanke der Reinigung steht dem der Erneuerung nahe. Im jüd. Kultus hatten Waschungen besondere Bedeutung (*Rein/Unrein). Priester wurden bei ihrer Einsegnung gewaschen (2Mo 29,4); auch Leviten wurden mit W. besprengt (4Mo 8,7). Besondere Waschungen wurden vom Hohenpriester am *Versöhnungstag verlangt (3Mo 16,4.24.26), vom Priester beim Ritus des »Reinigungswassers« (4Mo 19,1-10) und von allen Männern zur Beseitigung kultischer *Unreinheit (3Mo 11,40; 15,5ff; 22,6; 5Mo 23,11f). Das Becken vor der Stiftshütte diente der ständigen Erinnerung an die Notwendigkeit der Reinigung für den Zugang zu Gott (2Mo 30,18-21). Eine erweiterte Form der rituellen Waschungen praktizierte die Sekte der *Qumran-Essener und eine Vielzahl jüd. Täufer-Sekten, die vor und nach der Wende zum christl. Zeitalter aufblühten. Dies bildet auch den Hintergrund der *Taufe zur Buße *Johannes des Täufers und der christl. Taufe der Reinigung, Aufnahme und Einverleibung in Christus.

3. Ein dritter Aspekt des Wassers ist der von Gefahr und *Tod. Die Geschichte der *Sintflut, das Ertrinken der Ägypter im Roten Meer und die allg. Furcht vor dem Meer und tiefen Gewässern, die z.B. die Psalmen ausdrücken (18,17; 32,6; 46,3f; 69,2ff; etc.), deuten an, daß W. in der Hand Jahwes ein Instrument des *Gerichts sein konnte, obwohl der Gedanke an eine Errettung der Gläubigen aus Gefahr gleichzeitig mitschwang (vgl. Jes 43,2; 59,19).

Literatur: O. Böcher: TBLNT II, 41986, 1366-1373 (Literatur); L. Goppelt: ThWNT VIII, 1969, 313-333; C. Westermann: THAT II, 21979, 1027. J.B.Tr.

WASSERLEITUNG s. Siloah

WASSERSÜCHTIG s. Krankheit

WEBEN s. Handwerk

WEBER s. Handwerk

WEBOPFER s. Opfer

WECHSLER.

1. Im NT kommt die im Griech. häufigste Bezeichnung für einen W., *trapezitēs*, nur einmal vor (Mt 25,27). Dieses Wort ist von *trapeza*, »Tisch«, abgeleitet, denn die Geldwechsler standen oder saßen hinter einem Tisch, auf dem sie ihre Münzen ausbreiteten. Auch im Hebr. wurden sie entsprechend nach ihren Münztischen benannt (*schūlchānī*, von *schūlchān* abgeleitet).

Mit den in Mt 25,27 erwähnten W.n sind Bankiers gemeint, die normale Bankgeschäfte durchführten, zu denen etwa Kreditvergabe und Zinsnehmen gehörten.

Das Wort *trapezitēs* kommt noch in der Ermahnung »Werdet tüchtige Wechsler!« vor, die in der Alten Kirche Jesus zugeschrieben und häufig zitiert wird (J. Jeremias, Unbekannte Jesusworte, 31963, S. 95-98). Die frühchristl. Schriftsteller ziehen dabei ständig das Pauluswort 1Thess 5,21f als Erläuterung heran. Von daher ist dieses außerevangelische Bildwort als eine Aufforderung zu verstehen, das Gute vom Bösen zu unterscheiden wie die Bankiers zwischen echten und falschen Münzen zu unterscheiden wissen.

2. Mit der Bezeichnung *kollybistēs* (Mt 21,12; Mk 11,15; Joh 2,15) bzw.*kermatistēs* (Joh 2,14) für diejenigen Geldwechsler, auf die Jesus nach dem Bericht der Evv. im *Tempel stieß, wird eine Gruppe von W.n mit einer Sonderfunktion angesprochen. Im Auftrag des Tempels tauschten sie allerlei Münzen (s. *Geld) in die für den Tempel einzig gültige Währung, den tyrischen Silberschekel, ein (vgl. Tosefta Ket XIII, 3: ». . . Überall, wo in der Tora von Geld schlechthin gesprochen wird, ist es tyrische Währung«). Ihren Rang als »Schekel des Heiligtums« verdankten diese Münzen tyrischen Standards ihrer einzigartigen Wertbeständigkeit (A. Ben-David, Jerusalem und Tyros, 1969, S. 5-18).

Bes. gut bezeugt ist die Aufgabe der Geldwechsler in Verbindung mit der Entrichtung der jährlichen Tempelsteuer. Aufgrund von 2Mo 30,11-16 wurde sie in der Höhe eines halben Schekels von jedem männlichen Juden über 20 Jahren eingefordert. Die Geldwechsler stellten am 15. Adar (s. *Kalender) ihre Tische in den Provinzen und am 25. desselben Monats im Tempel in Jerusalem auf, als die zum Passafest kommenden Pilger eintrafen, und tauschten gegen ein geringes Aufgeld die verschiedenen Münzen der steuerpflichtigen Juden in die tyrische Währung ein (vgl. Bill. I, 760ff).

Die nach Jerusalem wallfahrtenden Juden konnten auf dem Tempelmarkt alles kaufen, was sie zur Darbringung ihrer *Opfer brauchten (vgl. Mt 21,12; Mk 11,15; Joh 2,14). Auch dafür bedurften sie tyrischen Geldes, das sie bei den Geldwechslern erhielten. Vielleicht war dieser Handel allg. so organisiert, wie es mSheq V,4 für die Trankopfer bezeugt. Danach wurde dem Käufer bei der Bezahlung eine Siegelmarke ausgehändigt, die zur Ausgabe der betreffenden Opfermaterie berechtigte.

Die Geldwechsler des Tempels hielten sich in der sog. Königlichen Säulenhalle auf (s. *Tempel V.2.b.), wo Jesus mit ihnen und den Opfertierhändlern zusammenstieß. Jesu Auftreten ist nicht als Reaktion gegen ein des Tempels unwürdiges Markttreiben zu verstehen, denn sowohl die Dienste der W. als auch die der Opfertierhändler waren für den Kult unerläßlich, und ihr Aufenthaltsort befand sich außerhalb der inneren Teile der Tempelanlage, deren Heiligkeit folglich davon nicht gefährdet war. Jesu Aktion war vielmehr eine das Ende des Sühnopferkults im Tempel ankündigende Zeichenhandlung. J.Å.

WEG.

1. Zur wörtlichen Bedeutung s. *Handel und Verkehr; *Reisen.

2. Häufig und in unterschiedlicher Nuancierung wird in der Heiligen Schrift von W. (ebenso von Straße, Pfad, Steg und Steig) in übertragenem Sinn gesprochen. Dabei schwingt die räumliche Vorstellung z.T. noch mehr oder weniger stark mit: 5Mo 8,2 meint sowohl den W. während des Zugs durch die Wüste wie auch Gottes Taten auf diesem W. und während dieser Zeit.

a. Das ganze Leben des Menschen kann als W. bezeichnet werden (Hiob 31,4; Spr 20,24), der Gott nicht verborgen ist (Jes 40,27; Ps 139,3). Er hat alle Wege in seiner Hand (Dan 5,23) und bewahrt den W. der Heiligen (Spr 2,8). Gott kennt auch den dem Menschen noch verborgenen zukünftigen Lebensweg (Hiob 3,23); darum kann man sich ihm anbefehlen (Ps 37,5). Schließlich wird auch das Sterben der »Weg aller Welt« genannt (1Kön 2,2; Hiob 16,22); ein Sprachgebrauch, der sich auf das AT beschränkt.

b. Mit W.en, die Gott selber geht, sind seine bes. Pläne (Jes 55,8f) oder sein Handeln (Spr 8,22; Ps 145,17) gemeint, bes. sein Heilsplan mit der Menschheit (Apg 13,10; 18,25f). Sie sind »eitel Güte und Wahrheit« (Ps 25,10; Offb 15,3) und unterstehen keiner menschlichen Kritik (Jes 40, 14), denn sie übersteigen alles menschliche Fassungsvermögen (Jes 55,8f; Röm 11,33).

c. Zahlreich sind die Stellen, bei denen der W. das Verhalten, die Lebensführung, den *Wandel des Menschen bezeichnet (Hes 23,31; Ri 2,17; Jak 1,8; 5,20; Apg 14,16). 2Mo 18,20 zeigt, wie W. und *Werke zusammengehören. Immer wieder steht in den Königsbüchern die Redewendung von dem Wandel »in dem Weg seines Vaters und in seiner Sünde« (1Kön 15,26.34; 16,2.19.26; 22,43,53). Von dieser Bedeutung her hat Luther hebr. *däräk*, »Weg«, auch verschiedentlich mit »Tun« übersetzt (1Sam 18,14; Ps 49,14; 5Mo 32,4). Seine geistliche Bedeutung erhält der W. von daher, daß Gott diesen W. vorschreibt (5Mo 11,28; Jer 7,23). Die W.e des Paulus sind dadurch gekennzeichnet, daß sie »in Christus sind« (1Kor 4,17). Der »gute Weg« (Jer 6,16; 1Sam 12,23) ist das Leben nach Gottes Willen, und immer wieder ergeht an Israel der Aufruf, »in Gottes Wegen zu wandeln« (5Mo 8,6; 10,12; 11,22; 19,9; Jos 22,5). Der Ausdruck »Gottes Wege« meint also vielfach (im Unterschied zu 2.b.) geradezu das Gebot bzw. das von Gott gebotene menschliche Verhalten (1Mo 18,19; 2Chr 17,6; Ps 119,15; Mk 12,14; Hebr 3,10). Das Bild vom W. ist demnach nicht vom Ende her geprägt, das der Mensch erstrebt, sondern von derVoraussetzung, daß am Anfang Gottes Befehl steht, dem man gehorsam (Hiob 23,11) oder ungehorsam (Mal 2,9; Jes 56,11) werden kann. Damit ist über Wert oder Unwert des menschlichen W.s vor Gott entschieden (Ps 1,6).

d. Von hier aus ist es kein großer Schritt zu dem Bild von den zwei W.en, das im AT bereits anklingt (Ps 1,6; Spr 4,18f; 15,19; Ps 119,29f; 139,24), auch im Spätjudentum bekannt ist, aber seine Entfaltung erst Mt 7,13f findet (eigentlich ein Doppelbild: Pforte und W.). Es geht hier nicht um lasterhaften oder tugendhaften Wandel, sondern um Jesu Aufforderung zur *Nachfolge. Die Nachfolge Jesu ist eine schwere Forderung, ist ein schmaler W. (wörtl.: »mit *Trübsal behafteter Weg«; *tethlimmenos* gehört sprachlich zu *thlipsis*, »Trübsal«), darum weicht ihr die Menge aus. Aber die Nachfolge allein hat die Verheißung des ewigen Lebens. Zugleich zeigt dieses Zwei-Wege-Schema die Notwendigkeit, Dringlichkeit und auch die Tragweite der Entscheidung für oder gegen Gott. Einen dritten, neutralen W. gibt es nicht.

e. Im NT steht W. auch für das Mittel oder die Möglichkeit, die Rettung zu erlangen (Apg 16,17; vgl. V. 30f). Diese Möglichkeit, die Jesaja als den heiligen W. vorausgeschaut hatte (Jes 35,8-10), hat erst Jesus Christus durch sein Blut geschaffen (Hebr 10, 19f), vorher war der »Weg zum Heiligen« zur Gemeinschaft mit Gott »noch nicht offenbart« (Hebr 9,8). So ist der Höhepunkt der bibl. Aussagen über den W. die Selbstbezeichnung Jesu als »der Weg« (Joh 14,6). Es zeigt Jesu Hoheit und Einzigartigkeit, daß er nicht selbst einen W. zum Vater braucht, sondern der W. ist, insofern er hingeht und den Jüngern »die Stätte bereitet« (Joh 14,3) durch seinen Tod und seine Auferstehung. V.6b zeigt die Ausschließlichkeit dieses Anspruchs. Christus ist nicht nur Verkünder oder Wegweiser, den man zurückläßt und über den man hinausgelangt, wie es etwa beim Täufer war (Joh 1,36f). Darum liegt alles am Bleiben auf diesem W. (Nachfolge). W. und Ziel sind hier identisch. Jesus ist der W., weil er die Wahrheit und das Leben ist (vgl. Hebr 10,20: »lebendiger Weg«), d.h. Antwort auf die Grundfragen der Menschheit.

f. Ein eigenartiger und einzigartiger Sprachgebrauch findet sich in der Apostelgeschichte, wo W. – absolut gebraucht – als Bezeichnung für Christen und Christenleben verwendet wird (Apg 9,2; 19,9.23; 22,4; 24,14.22). Apg 24,14 zeigt, daß der gleiche Tatbestand gemeint ist, den die Juden abschätzig als Sekte kennzeichnen. Es ist also eine neutrale Selbstbezeichnung der Christen (der Name »Christen« wird ihnen von Außenstehenden gegeben; Apg 11,26). In ähnlicher Weise kann das Evangelium als »Weg der Wahrheit« oder »Weg der Gerechtigkeit« bezeichnet werden (2Petr 2,2.15.21).

WEHE. Mit »Wehe!« (hebr. *'ōj* oder *hōj*) beginnt der israelit. Klageruf, den man über sich selbst oder über andere ausstößt (1Sam 4,8; Ps 120,5; Pred 4,10). Im Munde der *Propheten nimmt das W. einen ernsteren Klang an, weil es jetzt im Auftrag Gottes gesprochen wird. Die Weherufe der Propheten drohen das Gericht Gottes an und richten sich an fremde Völker (Jes 10,5; Jer 48,46; Zef 2,5), an Israel (Hos 7,13), an Jerusalem (Jer 13,27) oder auch an einzelne Gruppen des Volkes (Jes 3,11; 5,8.11.18.20). Nicht selten wird über die führenden Schichten Israels das W. ausgerufen, über *Hirten, Propheten, *Schriftgelehrte (Jer 23,1; Hes 13,3; 34,2; Jes 10,1), weil sie ihre Verantwortung dem Volk gegenüber nicht wahrgenommen und sich als unfähig und treulos erwiesen haben. Mit den Weherufen Jesu findet die atl. Gerichtsandrohung ihre Fortsetzung und eine ungeheure Verschärfung. Den *Seligpreisungen an die Armen und Hungernden (Lk 6,20-23) stellt Jesus das Urteil über die Reichen und Satten gegenüber (V. 24-26). Ebenso kündigt er den unbußfertigen Städten *Chorazin, *Betsaida und *Kapernaum das Gericht an, weil sein Wirken ohne Eindruck auf sie blieb (Lk 10,13; Mt 11,21). Den hartnäkkigen Widerstand der *Pharisäer beantwortet Jesus schließlich mit den Weherufen über diese frommen und selbstgerechten Repräsentanten des Hauses Israel (Mt 23,13ff; Lk 11,42ff). Im Zusammenhang mit dem endgültigen Gericht Gottes über die Erde werden auch die letzten Weherufe ausgesprochen werden (Offb 8,13; 12,12). Unter einem dreifachen Wehe (Offb 9,12; 11,14) geht das Gericht durch Entfesselung dämonischer Mächte (Offb 9,1-18), Erdbeben größten Ausmaßes (Offb 11,13) sowie das Auftreten *Satans in großem Zorn (Offb 12,12) seinem Ziel entgegen.

WEIB s. Frau

WEIDE s. Pflanzen

WEIHE s. Nasiräer; s. Salbe, Salbung; s. Tempelweihe/-weihfest

WEIHRAUCH. Das Wort bezeichnet zum einen die brennbare Substanz, zum anderen den aromatischen Duft, der dabei entsteht. Es gibt dafür zwei hebr. Bezeichnungen: *lebonah*, »echter Weihrauch«, und *qethorät*, »Räucherwerk« (z.B. Jes 1,13). Unter den Israeliten war es nur Priestern erlaubt, W. zu opfern. Die Anweisungen für Aaron, die Gott Mose gab, enthielten strenge Regeln für den Gebrauch von W. im Heiligtum (3Mo 16,12f). W. war ein Teil des Räucheropfers (2Mo 30,34) und des Speisopfers (3Mo 2,1-16); seine Verwendung beim Sündopfer (3Mo 5,11) und beim Eifersuchtsopfer (4Mo 5,15) ist ausdrücklich verboten. In der Bibel wird W. auch als Symbol für das Gebet verwendet (z.B. Ps 141,2; Offb 8,3f, griech. *thymiama*).

Echter W., Olibanum, hebr. *lebonah*, besteht aus dem harzigen Saft bestimmter Boswellia-Bäume; die Hauptarten sind *B. frereana*, *B. carteri* und *B. papyrifera* in NO-Afrika, *B. sacra* in Dhofar in S-Arabien, und *B. serrata* in NW-Indien.

Das weißlich-gelbe aromatische Harz von bitterem Geschmack, das natürlicherweise von den Blättern ausgeschieden wird, kann vermehrt gewonnen werden, indem man den Stamm des Strauches einritzt. W. war ein Bestandteil des heiligen Salböls (2Mo 30,34) und wurde zusammen mit anderen Stoffen bei den Speisopfern verbrannt (3Mo 6,15). W. wurde auch auf die *Schaubrote in der Stiftshütte gelegt (3Mo 24,7). Er war sowohl eine Freude für die Sinne (Hld 3,6; 4,6.14) als auch

Darstellung eines Weihrauchgefäßes, das bei einem von Assurbanipal benutzten Altar stand. Ninive, ca. 650 v. Chr. (BM)

ein Symbol für rel. Eifer (vgl. Mal 1,11). Das Weihrauchgeschenk der *Weisen für Jesus (Mt 2,11; griech. *libanos*; s.a. Offb 18,13) wird auf sein Priesteramt hin gedeutet.

Galbanum, ein Gummibaumharz, eine Zutat zum W., hebr. *chälbenah*, ist eine stark riechende Spezerei (2Mo 30,34), die aus dem Harz der *Ferulagummosa*, einem Doldengewächs, gewonnen wird. Weitere Bestandteile des heiligen W.s waren Stakte sowie das Harz (Labdanum oder Ladanum) einiger Zitronenarten.

S.a. *Kräuter und Gewürze; *Opfer; *Pflanzen.

Literatur: M. Zohary: Pflanzen der Bibel, 2 1986, S. 197 u.ö. F.N.H.

WEIN/-ESSIG/-STOCK/-BERG.

I. WEIN UND »STARKES GETRÄNK«.

1. Im Alten Testament.

Von den zahlreichen im AT verwendeten Synonymen sind die gebräuchlichsten *jajin* (gewöhnlich mit »Wein« übersetzt) und *schēkār* (gewöhnlich mit »starkes Getränk« übersetzt). Unabhängig davon, ob der Schreiber W. oder starkes Getränk als etwas Gutes darstellen oder aber vor ihren Gefahren warnen will, werden diese Begriffe oft zusammen verwendet. Ein dritter Begriff, *tīrōsch*, manchmal mit »neuer« oder »süßer Wein« übersetzt, wurde oft als ungegorener und deshalb nicht berauschender Wein angesehen, aber ein Beispiel wie Hos 4,11 (RevEB: »Most«) sowie der Gebrauch im *Talmud verdeutlichen, daß auch dieses Wort, genau wie die anderen, mit einem negativen Vorzeichen versehen sein konnte. Darüber hinaus spricht für sich, daß zwar Beispiele genannt werden, wonach zum sofortigen Genuß des Saftes Trauben in einen Becher gepreßt wurden (1Mo 40,11), der Begriff »Wein« jedoch nie in Verbindung mit frisch gepreßtem Traubensaft vorkommt. Der Ausdruck »süßer Wein« bezieht sich nicht auf ungegorenen W., da der Prozeß der Gärung sehr schnell abläuft und ungegorener W. folglich mehrere Monate nach der Lese (das *Pfingstwunder fand am jüd. Fest zum Abschluß der Getreideernte statt) nicht mehr verfügbar sein konnte (Apg 2,13). Es handelt sich vielmehr um W. aus den ersten Tropfen des Saftes, noch bevor die Kelter in Betrieb war. Solcher W. war bes. stark und stieg sofort zu Kopf, was den Spott angesichts der in Zungen redenden Jünger Jesu erklären könnte. Auch die heutigen Bräuche in Palästina sowie im Volk Israel, das in bezug auf rel. Feste konservativ ist, lassen vermuten, daß der damals zu festlichen Anlässen ausgeschenkte W. gegoren war. Man kann deshalb sagen, daß die Bibel bei den verschiedenen Synonymen keine durchgängige Unterscheidung trifft.

Wo sich Land und Klima bes. für den Weinanbau eignen, wird W. häufig mit Getreide in Verbindung gebracht. Gemeinsam stehen sie für eine reiche und angemessene Versorgung an Nahrungsmitteln und für die guten Gaben des Lebens. So können sie als Zeichen des Segens Gottes verheißen werden (1Mo 27,28), und Gott nimmt sie an, wenn sie ihm als Opfer auf dem Altar zurückgegeben werden (2Mo 29,40). Bei bestimmten Anlässen jedoch mußte darauf verzichtet werden, etwa wenn ein Mann in den Priesterdienst trat (3Mo 10,9); auch durfte ein *Nasiräer für die Dauer seines Gelübdes keinen Wein zu sich nehmen

(4Mo 6,3). Die Abstinenz der *Rechabiter fällt in eine andere Kategorie; sie war Teil des Versuchs, das Leben als Nomaden in Zelten fortzuführen, und ihr Verzicht auf W. ging demnach nicht auf die Gefahren des Mißbrauchs zurück, sondern auf die Voraussetzung für den Genuß von W., nämlich die Anlage eines Weinbergs, Hausbau und Seßhaftigkeit (Jer 35,7). Aber auch diejenigen, die sich für ein bäuerliches Leben entschieden, waren sich der Gefahren starker Getränke bewußt. Das Buch der *Sprüche warnt eindeutig vor Wein und starkem Getränk; z.Zt. *Jesajas werden sie selbst den Priestern zum Fallstrick. Diese beiden Aspekte des W.s, sein Nutzen und sein Mißbrauch, sein Segen und sein Fluch, seine Anerkennung aus Gottes Sicht und die Abscheu davor, sind im AT eng miteinander verknüpft. So kann W. des Menschen Herz erfreuen (Ps 104,15) oder seinen Verstand verwirren (Jes 28,7); Begleiterscheinungen können Heiterkeit (Pred 10,19) oder Streitsucht sein (Jes 5,11); nach dem Genuß von W. lag *Noah entblößt in seinem Zelt (1Mo 9,21); *Melchisedek ehrte *Abraham mit W. (1Mo 14,18). Im bildlichen Gebrauch repräsentiert W. das, was Gott selbst bereitet hat (Spr 9,5) und allen anbietet, die es aus seiner Hand entgegennehmen (Jes 55,1); und doch kann W. genauso den verderblichen Einfluß der babylon. Vorherrschaft verkörpern, der den Ruin nach sich zieht (Jer 51,7).

2. Im Neuen Testament.

Im NT ist das griech. Wort *oinos* üblich (vgl. hebr. *jajin*). Einmal begegnet *sikera*, »starkes Getränk« (Lk 1,15), ein semit. Lehnwort (vgl. hebr. *schekar*), und einmal *gleukos*, »süßer Wein« (Apg 2,13). Im NT wird W. erwähnt, aber auch hier stehen seine guten und schlechten Seiten nebeneinander und viele der bereits erwähnten Punkte haben im NT ihr Gegenstück. *Johannes der Täufer muß sich aufgrund seiner bes. Aufgabe des W.s enthalten (Lk 1,15), woraus aber nicht zu folgern ist, daß W. an sich schlecht sei, denn Jesus nimmt nicht nur an der Hochzeit in *Kana teil, er ergänzt sogar auf wunderbare Weise die zur Neige gehenden Weinvorräte (Joh 2,1-11), und später gibt seine Bereitschaft, mit Zöllnern und Sündern zu essen und zu trinken, Anlaß zu dem Vorwurf, er sei ein Fresser und Weinsäufer (Mt 11,19; Lk 7,34). Jesus lehnte den ihm bei seiner Kreuzigung nach jüd. Sitte angebotenen W. – mit Myrrhe vermischt als Schmerzmittel –nicht aus Prinzip ab, sondern weil er bei klarem Verstand sterben wollte (Mt 27,34; Mk 15,23). Später nahm er jedoch Wein(Essig) zu sich, den normalerweise die Feldarbeiter und Soldaten tranken (Mk 15,36 par.; s.u.3.). Auch metaphorisch hat das Wort »Wein« im NT sowohl positive wie negative Gehalte. Negativ erscheint es mehrmals in der *Offenbarung des Johannes (z.B. Offb 17,2). Paulus stellt fest, daß aus dem maßlosen Genuß von W. ein unordentliches Wesen resultiert. Er ermahnt, sich vom Heiligen Geist erfüllen zu lassen, anstatt sich mit W. zu berauschen (Eph 5,18).

*Timotheus wird von Paulus ermahnt, der heilenden Wirkung wegen etwas W. zu trinken (1Tim 5,23). Im Gleichnis vom barmherzigen Samariter dient W. als Desinfektionsmittel (Lk 10,34). Die *Pastoralbriefe sprechen auch die ernsten Gefahren von Ausschweifungen an, und jeder, der einen Dienst oder eine Leitungsposition in der Gemeinde übernommen hat, wird vor übermäßigem Weingenuß gewarnt, der für die Aufgabe untauglich macht (1Tim 3,8; Tit 2,3). Trunkenheit paßt nicht zu einem Leben zur Ehre Christi, weil sie die im Blick auf die Wiederkunft Jesu gebotene Wachsamkeit und Nüchternheit außer acht läßt (Röm 13,13), beschämender noch ist dieser Zustand am Tisch des Herrn, wo er nicht nur Gleichgültigkeit gegenüber Gott offenbart, sondern auch Rücksichtslosigkeit gegenüber der Gemeinschaft der Gläubigen (1Kor 11,21). So kann es aus Rücksicht auf schwächere Geschwister oder um Alkoholkranker willen (Röm 14,21) angebracht sein, auf den Genuß von W. zu verzichten. F.S.F./Red.

II. WEINESSIG.

(Hebr. *chōmäz*, griech. *oxos*). Eine saure Flüssigkeit, die aus essigsaurer Gärung in Wein oder anderen starken Getränken entsteht. Auf den sauren Geschmack von Essig verweisen Spr 10,26 und 25,20, während seine Erwähnung in Ps 69,22 ihm nicht nur ekelerregenden Geruch bescheinigt, sondern andeutet, daß er zu Bestrafungszwecken verwendet wurde. Der Essig in Rut 2,14 ist ein typisches Beispiel für die gegorenen sauren Getränke, mit denen Arbeiter ihren Durst stillten. Diese Getränke waren zudem billiger als Wein. Der *posca* der Römer war von ähnlichem Charakter und gehörte zur Verpflegung der Soldaten. Solcher Wein (Essig) wurde dem gekreuzigten Christus als Erfrischung angeboten (Mt 27,48; Mk 15,36; Lk 23,36; Joh 19,29f) und unterschied sich von dem mit Myrrhe aromatisierten Schmerzmittel, das er zuvor abgelehnt hatte (Mt 27,34; Mk 15,23). W. war den *Nasiräern verboten (4Mo 6,3; Am 2,12). R.K.H.

III. WEINSTOCK, WEINBERG.

Der gewöhnliche Weinstock, *Vitis vinifera L.*, ist eine schlanke Pflanze, die am Boden

Ägyptische Weinpresse: Die Trauben werden ausgetreten, der Saft wird in Krüge abgefüllt. Kopie eines Wandgemäldes aus dem Grab des Nakht, Theben, ca. 1420 v. Chr. (NDGD)

Traubenlese in einem ägyptischen Weinberg. Kopie eines Wandgemäldes aus dem Grab des Nakht, Theben, ca. 1420 v. Chr. (NDGD)

Weinstock mit Trauben im königlichen Garten. Relief aus dem Palast Assurbanipals in Ninive, ca. 640 v. Chr. (BM)

kriecht oder an Stützen in die Höhe rankt. Sie wird an vielen Stellen in der Bibel erwähnt, häufig in symbolischer Bedeutung; das erste Mal begegnet sie 1Mo 9,20; Wandgemälde in ägypt. Gräbern zeigen die verschiedenen Stadien der Weinproduktion; Inschriften und Skulpturen sind Zeugen seiner Bedeutung.

Weinbau gab es in Kanaan bereits vor der Besiedlung durch die Israeliten (*Melchisedek: 1Mo 14,18, Bericht der *Kundschafter: 4Mo 13,20.24; Beschreibung des Gelobten Landes: 5Mo 6,11). Daß Juda für seinen Weinanbau bekannt war, kann aus dem Segen Jakobs abgeleitet werden (1Mo 49,11f). Das Gebiet bei Timna war damals wie heute ein ertragreiches Gebiet, ebenso das Tal *Sorek im Land der *Philister (Ri 14,5; 15,5; 16,4). Die Weinberge von En-Gedi waren ebenso bekannt (Hld 1,14) wie die von Sibma (Jer 48,32), über deren Verwüstung Jeremia weinte. Hesekiel verzeichnet, daß Wein aus Helbon nach Tyrus exportiert wurde (Hes 27,18), während Hosea den Ruhm des Weins vom Libanon erwähnt (Hos 14,8). Das Ideal der einfallenden nomadischen Israeliten wurde verwirklicht, als seßhaftes Leben es jedermann ermöglichte, »unter seinem Weinstock und unter seinem Feigenbaum« zu sitzen (1Kön 5,5).

Die Anlage eines Weinbergs (Jes 5,1ff; Mk 12,1) machte es in der Regel erforderlich, auf den Hängen Terrassen anzulegen und die auf dem Boden liegenden Steine zu beseitigen; sie wurden für die Stützmauern verwendet, die in eindrucksvoller Größe angelegt wurden, wenn der Boden sehr steinig war; außerdem wurden am Rande der Felder mit der Zeit noch Steinhaufen aufgetürmt (vgl. Hos 12,12). Eine Hecke aus Bocksdorn (*Lycium*) wurde gepflanzt – heute Opuntia-Kakteen und dornige Akazienbüsche – oder man errichtete niedrige Mauern, auf die Zweige des dornigen Becherstrauches (*Poterium spinosum*) gelegt wurden, um wilde Tiere und Diebe abzuhalten. Ein Wachturm oder eine Steinhütte diente im Sommer als kühle Behausung, wenn die Arbeiter im Weinberg lebten. Das umzäunte Gelände wurde sorgfältig umgegraben, und wenn der Boden aufgelokkert war, pflanzte man junge Weinstöcke im Abstand von etwa 2,5 m. Sobald sich fruchttragende Triebe entwickelten, wurden sie an Stöcken hochgebunden (Hes 17,6). In jedem Frühjahr wurden die Weinstöcke mit Hilfe von speziellen Messern (»Sicheln«, Joel 4,10) beschnitten (3Mo 25,3; Joh 15,2). Weingärtner, die die Weinstöcke beschnitten und kultivierten, gehörten offenbar zu den ärmeren Schichten (Jes 61,5). Ein überdachter Holzbau,

Wein oder Bier wird mit »Trinkhalmen« aus einem Gefäß getrunken. Darstellung auf einem aus Lapislazuli gefertigten Rollsiegel aus Ur. Höhe: 4,5 cm; ca. 2500 v. Chr. (BM)

der Wachturm, wurde auf einer den Weinberg überragenden Erhebung errichtet (Mk 12,1), von wo aus der Besitzer und seine Familie die Weinlese beaufsichtigen konnten (Hiob 27,18; Jes 1,8).

Wenn die Trauben reif waren, wurden sie in Körben gesammelt und zu den Keltern gebracht, die z.T. in den Fels gehauen waren (Hos 9,2). Die Trauben wurden von Helfern unter Zurufen und Gesang gekeltert (getreten; Jes 16,10; Jer 25,30; Am 9,13). Den gärenden Wein lagerte man in robusten, neuen Schläuchen aus Ziegenleder (Mt 9,17) oder in großen Tongefäßen. Steuereintreiber forderten einen Teil der Erzeugnisse (vgl. Jes 3,14), und aufgelaufene Schulden wurden oft in Form von Wein beglichen. Wein wurde auch als Tauschobjekt eingesetzt (2Chr 2,9). Mit der Weinlese beschäftige Männer waren vom Militärdienst befreit. Keine andere Pflanze durfte in einem Weinberg gepflanzt werden (5Mo 22,9), und in jedem siebten Jahr sollte er brachliegen (2Mo 23,11; 3Mo 25,3f). Wenn die Weinlese vorüber war, wurde den Armen erlaubt, im Weinberg *Nachlese zu halten (3Mo 19,10; 5Mo 24,21). Ein nicht mehr ertragreicher Weinstock wurde ausgerissen (vgl. Jes 16,8); dürre Weinstöcke verwendete man als Brennholz und zur Holzkohleproduktion (Hes 15,2-4; Joh 15,6). Neben ihrer Verwendung als Wein kam den Trauben durch ihren Gehalt an Eisen und anderen wichtigen Mineralstoffen auch als Bestandteil der Ernährung große Bedeutung zu. Ein Teil der Ernte wurde in Form von Rosinenkuchen konserviert. Rosinen (hebr. *zimmuqim*, »getrocknete Früchte«) gehörten seit der Frühzeit zu den Grundnahrungsmitteln in bibl. Ländern (vgl. 4Mo 6,3). Die Beeren wurden z.T. auf Hausdächern ausgelegt und in der Sonne getrocknet (Plin.nat. 16). Als Willkommensgruß für Hungrige, voll energiespendenden Zuckers (1Sam 30,12; 1Chr 12,41), waren Rosinen ein leicht transportierbares und akzeptables Geschenk (1Sam 25,18; 2Sam 16,1).

Der Weinstock war ein Sinnbild für Wohlstand und Frieden. In engerem Sinn symbolisierte er das erwählte Volk Gottes (Ps 80,9). Es hatte alle Fürsorge erhalten, die für das Wachstum bester Früchte nötig war, brachte aber stattdessen nur schlechte Früchte hervor. Dafür wurde der Weinberg seinen Feinden als Raub überlassen (Jes 5,1-7).

Fünf *Gleichnisse Jesu haben den Weinstock und sein Wachstum zum Inhalt: »Feigenbaum im Weinberg« (Lk 13,6-9), »Arbeiter im Weinberg« (Mt 20,1-16), »neuer Wein in alten Schläuchen« (Mt 9,17), »zwei ungleiche Söhne« (Mt 21,28-32) und »die bösen Weingärtner« (Mt 21,33-41; Mk 12,1-11; Lk 20,9-18). Bes. Bedeutung kommt Christi Selbstbezeichnung als »wahrer Weinstock« zu (Joh 15,1ff), mit dem alle Glaubenden organisch verbunden sind. Beim letzten *Abendmahl symbolisiert die Frucht des Weinstocks das sühnende Blut Christi, woraus der sakramentale Charakter des Weins beim christl. Abendmahl resultiert. In der christl. Kunst symbolisiert der fruchttragende Weinstock oft die Einheit von Christus mit seinen Nachfolgern.

Literatur: M. Zohary: Pflanzen der Bibel, [2]1986, S. 54 u.ö. R.K.H./F.N.H.

WEINEN. Einer der stärksten Ausweise von Schmerz, innerer Erregung oder sonstiger existentieller Betroffenheit psychischer oder physischer Art ist W. Diese dem Menschen eigene Form der Gefühlsäußerung findet sich durch die ganze Bibel hindurch, wie überhaupt die Geschichte der Menschen auf dieser Erde eine Geschichte von *Schmerz, *Leid und W. ist. Deren endgültige Überwindung ist erst der neuen Schöpfung vorbehalten, dann aber wird Gott selber die Tränen der Weinenden trocknen (Offb 21,4).

I. IM ALTEN TESTAMENT.

1. Zur Terminologie.

Das AT gebraucht für »weinen, beweinen« das Wort *bkh*, das 114 mal vorkommt. Dazu kommen die davon abgeleiteten Nomina (33 mal). Daneben steht das nur in Jer 13,17 vorkommende Verb *dm'*, »Tränen vergießen«, sowie das davon abgeleitete Nomen *dim'ah*, »Träne« (23 mal). Dabei ist *bkh* das vom Mund und Stimme Ausgehende, während bei *dm'* die Augen betroffen sind. Da W. vielfach im Zusammenhang mit Trauer vorkommt, stehen die Ausdrücke oft parallel zu »klagen« (*spd*, bes. von der Totenklage gebraucht, vgl. 1Mo 23,2; 2Sam 1,12 kommt noch ›fasten« dazu). Das Beweinen der Toten war mit verschiedenen Trauersitten verbunden (vgl. Jes 15,2-5; Hes 24,16-18; 27,30f; Apg 8,2, s. dazu *Begräbnis- und Trauersitten), zu denen auch Klagemänner und -frauen gehörten (Am 5,16f; Pred 12,5; 2Sam 1,24; Jer 9,16.19). Dem orientalischen Denken gemäß wird Trauer laut und auffällig verkündet. Das Gegenteil zu W. ist *Lachen, antithetisch zusammengestellt Jes 65,19; Mi 1,10; Ps 30,6 u.ö.

2. Weinen als Ausdruck kreatürlicher Emotionen.

Abgesehen von dem normalen W. kleiner Kinder (2Mo 2,6) ist W. Zeichen der verschiedensten Gemütsbewegungen wie Unzufriedenheit (4Mo 11,4ff), Furcht (Ri 14,16), Wiedersehensfreude (1Mo 29,11; 42,24) und Abschiedsschmerz (1Sam 20,41; Rut 1,9), Kränkung (1Sam 1,8ff), Angst (Est 8,3) und Mitleid (Hiob 2,12).

3. Das Weinen vor Gott.

Theologisch bedeutsamer ist die sog. »Notklage« (vgl. *Not), wo der Mensch oder auch ein ganzes Volk zu Gott flieht, um vor ihm seine Bedrängnis auszubreiten. Durch das W. (wieder oft mit Fasten verbunden) soll der bittenden Klage Nachdruck verliehen werden, und Gottes Mitgefühl wird so zu erreichen gesucht (vgl. Ri 21,2f; Jes 38,3; 2Kön 22,19). Darum finden sich in den Klageliedern des einzelnen wie des Volkes, die bes. zahlreich im Psalter vertreten sind (vgl. *Lied) viele Hinweise auf die bereits vergossenen Tränen (Ps 6,7; 42,4; 126,4-6; 137,1-6). Auch Sündenbekenntnisse sind oft mit W. als Zeichen des Schuldbewußtseins und der Reue verbunden, und zwar sowohl bei Einzelpersonen (Neh 1,4; Ps 6; 32,1-5) als auch bei Bußtagen des ganzen Volkes (Joel 2,12-17; Esr 10,1; Neh 8,9-11). Im W. und Wehklagen ist das Bekenntnis enthalten, daß die darin beklagten Dinge den Tod der Klagenden bedeuten. Dieses Bedrohtsein ist durch das Tränenvergießen ausgedrückt (oft im Zusammenhang mit »vertrocknen«), denn »im Stöhnen und Weinen ist nicht nur eine Gemütsbewegung zu sehen, sondern mit den aus inneren Quellen hervorströmenden Tränen verlassen Kräfte den Körper und mit dem Röcheln der Kehle entweicht Leben« (H.W. Wolff, Anthropologie des Alten Testaments, [4]1984, S. 213, vgl. Ps 6,7; 31,11; 126,5; Klgl 2,11, dazu ThWAT I, 639f).

Zu beachten ist, daß das W. nie zugunsten Gottes geschieht und von ihm selber auch nicht gesagt wird, daß er weine. Hier steht Israel in einem deutlichen Gegensatz zu den kanaan. und babylon. Vorstellungen von sterbenden, beweinten und dann wieder auferstehenden Göttern, die meist im Zusammenhang mit Vegetations- und Fruchtbarkeitskulten stehen. Nur im Sinne eines götzendienerischen Verhaltens hat dieser Brauch in Israel Einlaß gefunden (Hes 8,14; vgl. a. die sog. »Adonisgärten« Jes 17,10f; s. dazu H. Ringgren, Die Religionen des Alten Orients, 1979, S. 127-129.209, sowie W. Beyerlin (Hrsg.), Religionsgeschichtliches Textbuch zum AT, 1975, S. 233f).

II. IM NEUEN TESTAMENT.

1. Zur Terminologie.

Gewöhnlich hat das NT für »weinen, beweinen« das Verb *klaiō* (40mal im NT; in der LXX bevorzugte Übersetzung von hebr. *bkh*). Das dazugehörige Substantiv *ho klauthmos*, »Weinen«, begegnet 9mal im NT. Nur einmal kommt *dakryō*, »Tränen vergießen« (Joh 11,35) vor, das Substantiv *to dakryon*, »Träne«, erscheint 10mal. Ein Bedeutungsunterschied bzgl. des damit gemeinten Gefühls- oder Schmerzausdrucks besteht nicht.

2. Weinen als Teil der menschlichen Emotionalität.

Im Gegensatz zum AT wird W. im NT nur mit negativen Erfahrungen und Erlebnissen verbunden. Am häufigsten wird der Tod eines Menschen beweint (Mt 2,19; Mk 5,38f; Lk 7,13; Joh 11,31.33; 20,11ff; Apg 9,39). Daneben findet sich W. aus Mitleid (Lk 19,41; 23,28; Röm 12,15), Enttäuschung (Phil 3,18; Offb 5,4f), physischem (Offb 18,9ff) und psychischem Schmerz (Apg 20,31.37; 2Kor 2,4). Als bes. Kennzeichen seines apostol. Dienstes nennt Paulus seine Tränen (Apg 20,19.31; 2Kor 2,4; Phil 3,8; vgl. 1.; 2Tim 1,4), die bes. in der Seelsorge die Ernsthaftigkeit seines Ringens bezeugten. Hervorzuheben ist, daß nie der Versuch gemacht wird, diese Gefühlsregungen zu mildern, daß sie aber auch nirgends den Menschen beherrschen und ihn auch nicht beherrschen sollen (1Kor 7,30).

3. Weinen aus Scham oder Reue über Sünde.

Dieses ebenfalls im AT schon vorkommende Verhalten wird im NT mehrfach berichtet. Die Sünderin weinte, als sie Jesus salbte (Lk 7, 32.38), ebenso Petrus nach der Verleugnung (Mt 26,75 par.). Die Sünder und bes. die Reichen fordert der *Jakobusbrief auf, über ihr Unrecht zu weinen und zu klagen (Jak 4,9; 5,1; vgl. Hebr 12,17), d.h. Buße zu tun. Die Möglichkeit, vor Gott weinen zu können, indem der Grund des W.s vor ihm ausgebreitet wird, ja indem letztlich er auch als Urheber des W.s gesehen wird, unterscheidet das bibl. Denken deutlich von der griech. Umwelt. Der vor Gott Weinende bekennt, von Gott abhängig zu sein, alles von ihm erwarten zu müssen, aber auch zu dürfen. So ist dieses W. »ein Zugeben und Bejahen der Abhängigkeit von Gott«, während es dem Griechentum »nur eine kräftige Umschreibung für das Ertragenmüssen einer peinlichen Lage« ist, »in die man sich vielleicht sogar selbst gebracht hat« (ThWNT III, 723). So ist auch die Seligpreisung der Weinenden zu verstehen (Lk 6,21.25, vgl. Joh 16,10): Sie werden lachen, während den Lachenden antithetisch W. und Klagen zugesprochen wird. Das Lachen ist hier Ausdruck der menschlichen Sicherheit gegenüber Gott, ist Kennzeichen des Autonomie erstrebenden Menschen. Das W. dagegen impliziert die Gewißheit und Annahme des völligen Abhängigseins von Gott. Der Gedanke der materiellen Armut und Not und das daraus resultierende W. ist dabei aber nicht vergessen.

4. Das Weinen Jesu.

Als Jesus zum Grab seines Freundes *Lazarus tritt, weint er (Joh 11, 35). Er nimmt Anteil am Schmerz der Schwestern und Freunde (Joh 11,31. 33). Weiter wird berichtet, daß er »im Geiste ergrimmte« (*embrimazomai*, vgl. V. 38) und innerlich »aufgewühlt« war (*tarassō*). Unter den Auslegern ist umstritten, ob diese Erregung aufgrund des Unglaubens der Juden, zu dem sich anscheinend Maria gesellt hatte (Joh 11,32), entstanden war, oder ob hier Jesus angesichts der Todesverfallenheit der Welt erschauert. Im Hinblick auf das *Seufzen Jesu (Mk 7,34; 8,12) löst sich diese Alternative. Der Tod ist nur eine Folge des Unglaubens. Die Welt bleibt im Dunkeln, weil sie das Licht nicht zu begreifen vermag. In Lk 19, 41 weint Jesus über Jerusalem und auch hier ist der Grund seines W.s der Unglaube der Bewohner, zugleich aber die Folgen, die er für ihn und die Stadt haben wird (vgl. Lk 23,28). Wie sehr Jesus auch sein eigenes ihn in Jerusalem erwartendes Geschick gefürchtet hat, zeigen Hebr 5,7 und Lk 23,44. Auch hier gilt ein Doppeltes: seine Tränen sind Zeichen seiner freiwillig um des Menschen willen ertragenen Ohnmacht, die ihn Schmerzen und Tod erleiden ließen, und zugleich geben sie den Gläubigen die feste Gewißheit, daß er ihr Flehen und W. verstehen wird (vgl. Hebr 2,17f).

5. Das Weinen als Zeichen der Verdammnis.

Die feststehende Wendung »Heulen und Zähneklappern« (Mt 8,12; 13,42.50; 22,13; 24,51; 25,30; Lk 13,28) bezeichnet das Schicksal der für immer von Gott Getrennten (vgl. Offb 21,8, s.a. *Schmerz) Im Heulen (*ho klauthmos*) liegt das Erschrecken beschlossen, das Gottes volle Selbstoffenbarung zur Folge hat. Die dann Heulenden sind die, die früher lachten und Gottes Güte für Schwäche hielten (vgl. auch Offb 18,9ff). Das Klappern der Zähne ist Ausdruck für die den ganzen Körper erschütternde Verzweiflung, die nun keine Hoffnung mehr hat.

Literatur: H. Haarbeck: TBLNT II, 41986, 799f; V. Hamp: ThWAT I, 1973, 638-643; F.F. Hvidberg: Weeping and Laughter in the Old Testament, 1962; W. Janzen: Mourning Cry and Woe Oracle, BZAW 125, 1972; H.J. Kraus: Psalmen, BKAT XV/2, 1978, 1034f; J. Scharbert: Der Schmerz im Alten Testament, BBB 8, 1955, S. 111f; F. Stolz: THAT I, 41984, S. 313-316; K.H. Rengstorf: ThWAT III, 1938, S. 721-725. R.D.

WEISE, WEISHEIT.

W. (hebr. *daat*; griech. *sophia*) bedeutet Einsicht in die Fülle der Dinge und Lebenszusammenhänge. Der Mensch gewinnt sie teils aus Veranlagung, teils aus Erfahrung, immer aber als Gabe Gottes (Spr 2,6).

I. DIE WEISHEIT GOTTES.

Gottes W. zeigt sich in dem Wunderwerk seiner *Schöpfung (Spr 3,19f; Ps 104,24; Jer 10,12) und seiner Regierung der Welt (Jer 31,2; Dan 2, 20f), vor allem aber in der *Offenbarung seines Heilswillens und seiner Heilstaten (Röm 11,33; Eph 3,10; 1Tim 1,16.17). Jesus faßt die heilsgeschichtliche Botschaft des AT als »die Weisheit Gottes« zusammen (Lk 11,49).

II. DIE WEISHEIT CHRISTI.

Schon das AT spricht andeutend von der W. wie von einer Person (Spr 1,20-33; 8,1-9,12), während das NT Christus als die verkörperte W. Gottes nennt (1Kor 1,24); in ihm liegen alle Schätze der W. und der *Erkenntnis verborgen (Kol 2,3). Jedoch hat Gott diese rettende W. in einer Weise offenbart, die dem natürlichen Menschen als Torheit erscheint (1Kor 1,21-25). Sie wird deshalb auch die geheime, verborgene W. Gottes genannt (1Kor 2,7), die sich nur denen erschließt, die sich dem Wirken des Heiligen Geistes nicht widersetzen (V. 1-16). An ihnen als dem Leib Christi wird auch der unsichtbaren Welt die »mannigfaltige Weisheit Gottes« offenbar (Eph 3,10). Schon in seiner Jugend war Jesus mit göttlicher W. und Gnade ausgerüstet (Lk 2,40.52), und sein öffentliches Wirken weckte immer wieder die Frage, woher er solche W. und Vollmacht habe (Mt 13, 54; Mk 6,2). Dem erhöhten Herrn ist alle W. Gottes übergeben (Offb 5,12); darum kann er denen, die an ihn glauben, Quelle und Geber aller W. sein (1Kor 1,30; Kol 2,3).

III. WEISHEIT UNTER MENSCHEN.

Wie das AT (s. *Weisheitsliteratur) geht das NT davon aus, daß im eigentlichen Sinn w. allein Gott ist (Röm 16,27; 1Tim 1,17; Jud 25). Deshalb steht der Mensch ohne Gott in Gefahr, seine eigene W. selbstherrlich zu überschätzen (Röm 1,22; Jes 5,21), bevor er bekennt, daß alle von Gott gelöste W. irren muß und vor Gott nur als *Torheit gelten kann (1Kor 3,19.20). Bes. der Botschaft des *Evangeliums gegenüber erweist sich alle Menschenweisheit als unzureichend und schlägt in ihr Gegenteil um. Mit dem Evangelium macht Gott alle menschliche W. zu Schanden (1Kor 1,19.20.27), es bleibt den Weisen dieser Welt verborgen (Mt 11,25; Lk 10,21) und ist ihnen eine Torheit (1Kor 1,18). Darum beruht die ntl. Verkündigung nicht mehr auf menschlicher W., sondern auf Gottes Geist und Kraft (1Kor 2, 4.5.13). Christl. Leben wird nicht in »fleischlicher Weisheit«, sondern in der Gnade Gottes geführt (2Kor 1, 12). Christus ist unsere W. (1Kor 1,30), nur in ihm ist die »Weisheit in bezug auf das Gute« (Röm 16,19), der vorsichtige Wandel in der W. (Eph 5,15; Jak 3,13-15) möglich. Die Gabe der W. wird dem Menschen zusammen mit dem und durch den Heiligen Geist gegeben (Apg 6,3.10). Jesus verheißt seinen angeklagten Jüngern Mund und W., denen ihre Feinde nicht widerstehen können (Lk 21,15), denn der Geist des Vaters wird durch sie reden (Mt 10,20). Geistgewirkte W. kann Geheimnisse enthüllen (Offb 13,18; 17,9; 1Kor 2,7-10) und zeigt sich im Alltag des Christenlebens (Kol 4,5; Jak 1,5; 3,13.17) wie in der geistlichen Erkenntnis der Gemeinde (Eph 1,8; Kol 1,9; 3,16).

Literatur: J. Goetzmann, H. Weigelt: TBLNT II, [4]1986, 1373-1381 (Literatur); G. von Rad: Weisheit in Israel, 1970; M. Sæbø: THAT I, [3]1978, 557-567; J. Ebach: WCh, 1355.

WEISE AUS DEM MORGENLAND. Das griech. Wort *magoi* bezeichnet zum einen die Mitglieder einer pers. und dann babylon. Priesterkaste, die sich mit *Sternkunde und Astrologie beschäftigt. Zum andern sind *magoi* ganz allg. babylon. oder sonstige Astrologen. Die Magier (LÜ: »Weisen«) aus dem O (Mt 2,1-12), die nach Bethlehem kommen, um Jesus anzubeten (d.h. politische und rel. Huldigung darzubringen), waren vermutlich aus Babylonien. Seit etwa 600 v.Chr. war durch das baylon. Exil der Juden jüd. Einfluß in Babylonien deutlich (s. z.B. Dan 1-6). Dort war der babylon. Talmud entstanden; Mitte des 1. Jh.n.Chr. trat das Fürstenhaus von Adiabene zum Judentum über. In Babylonien wußte man sicherlich von jüd. Messiaserwartungen. Die W.n wurden durch die eigenartige Stellung der Sterne nach Judäa geleitet. Im Jahre 7 v.Chr. waren Jupiter und Saturn im Tierkreiszeichen der Fische in einer besonderen Verbindung zusammengetroffen. Ein babylon. astrologischer Keilschrifttext verzeichnet die Stellung der beiden Planeten für 5 Monate dieses Jahres (vgl. *Stern von Bethlehem). Nach Mt 2,7.16 hat man vermutet, daß die W.n erst zwei Jahre nach dem Erscheinen des Sterns nach Judäa gekommen seien; doch geht das aus dem Text nicht eindeutig hervor. Nach den astronomischen Daten schließt man, daß die Geburt Jesu (die sicher vor dem Tod des Herodes, 4 v.Chr., liegt) im Jahr 7/6 v.Chr. anzusetzen ist.

WEISHEITSLITERATUR.

1. Umfang und Sprachgebrauch.

W., im jüd. Sprachgebrauch auch »Chochma-Literatur« genannt, ist zunächst die Bezeichnung für eine Reihe von atl. und außerkanonischen Schriften, in denen sich eine bestimmte »weisheitliche« Weltsicht, wie sie im Alten Orient verbreitet war, mit ihren Merkmalen niedergeschlagen hat.

a. Dazu gehören im Kanon des AT die Bücher *Hiob, *Sprüche (Proverbien), *Prediger (Kohelet, Ecclesiastes) und einige *Psalmen bzw. Psalmteile (1; 37; 49; 73; 112; 127; 128; 133; 107,33-42). Auch das Hohelied weist manche Zusammenhänge mit der W. auf, gehört allerdings nicht im Vollsinn dazu. Bezeichnenderweise finden sich diese Schriften alle im dritten Teil des AT unter den »Lehrbüchern« (griech. Hagiographen, hebr. *Ketubim*). Schon rein äußerlich unterscheiden sie sich durch ihre poetische Form von den Geschichts- und Prophetenbüchern. Aber auch außerhalb der kanonischen W., sowohl in den Geschichtsbüchern (z.B. *Genesis/1Mo; *Deuteronomium/5Mo; *Richter; *Rut; 1*Könige) als auch bei einzelnen Propheten (z.B. *Jesaja; *Jeremia; *Amos), finden sich literarische Elemente der W. als Ausdruck der dahinter stehenden Haltung und Weltsicht der *Weisheit (hebr. *chokhma*, griech. *sophía*). Insbesondere die Josefsgeschichte (1Mo 37;39-50), die Thronnachfolge-Geschichte Davids (2Sam 9-20; 1Kön 1-2), das Esterbuch und Daniel werden, allerdings umstritten, in solchem Zusammenhang gesehen. Weisheitlicher Einfluß ist dort am deutlichsten, wo in einem Text Vokabular, Technik und Lehrinhalte vorkommen, die eindeutige weisheitliche Merkmale tragen.

b. Unter den *Apokryphen und *Pseudepigraphen gehören insbes. Sirach und die Weisheit Salomos zur W. Des weiteren das sog. 4. Makkabäerbuch (über den wahren Philosophen), einzelne Abschnitte aus Tobias, der Aristeasbrief, die Testamente der 12 Patriarchen etc. Auch der Mischna-Traktat Pirqe Abot (»Sprüche der Väter«) zählt zu diesem Literaturtypus. In dieser Linie findet sich dann auch in der Fortsetzung die Schriftgelehrsamkeit der Rabbinen in ntl. Zeit, die in den Diskussionen in den Lehrhäusern gepflegt wurde und in schriftlicher Aufzeichnung in *Mischna und *Talmud ihren Niederschlag fand.

c. Sowohl die kanonischen als auch die außerkanonischen weisheitlichen Schriften sind Teil der W. im speziellen Sinne, wie sie insbesonders in den antiken Hochkulturen *Mesopotamien (*Sumer, *Akkad) und *Ägypten gepflegt und überliefert wurde (vgl. Beyerlin, S. 70ff; 157ff). Dort bildete sich seit ca. 3000 bzw. 2450 v.Chr. ein spezieller Stand der Weisen oder Lehrer heraus, der wahrscheinlich aus dem Vater-Sohn- bzw. Lehrer-Schüler-Verhältnis des Schreiberberufes am Königshof und an den Heiligtümern hervorging und dann an den Schreiberschulen, Priesterschulen und am Königshof weiter gepflegt wurde. Hier wurden die rechten menschlichen Verhaltensweisen vermittelt sowie unter dem Vorzeichen strukturierenden Erkennens Kenntnisse auf technischem Gebiet, der Mathematik, der Sternkunde, der Geographie, der fremden Sprachen usw. Im Grunde handelte es sich um die ersten Zentren der Wissenschaft (Psychologie, Medizin, Naturwissenschaft, Theologie, Philosophie), deren Vertreter entsprechend hohes Ansehen genossen (vgl. Jer 8,8f; 18,8). In diesem Sinn vermittelt die W. allg. die wissenschaftlichen Erkenntnisse und Anliegen ihrer Zeit.

2. Vertreter.

a. Es sind zunächst einfache Männer, die ihre Beobachtungen machen, sich mit anderen darüber austauschen und im Rahmen von Erziehung und Unterricht ihre Einsichten in Gestalt von Sprüchen und Sprichwörtern weitergeben. Besonders der Rat der lebenserfahrenen Alten war dazu ein geeigneter Ort.

b. Als in der israelit. Königszeit seit Salomo die Weisheit von Staats wegen gefördert wurde, wurde sie neben der natürlichen, an Brauchtum und Sitte orientierten Weisheit zur Kunstform am Königshof, die von beamteten Lehrern als Wissenschaft an Schüler weitergegeben wurde. Hier wurden die Beobachtungen und Schlußfolgerungen intensiviert, gesammelt, systematisch geordnet und in geeignete mündliche und schriftliche Form gebracht, auch ganze Spruchsammlungen unter bestimmten Gesichtspunkten zusammengestellt.

c. Daß auch Könige zu solcher Gelehrsamkeit fähig waren, ist durch die herausragende Rolle Salomos für die W. und auch die Erwähnung Hiskias (Spr 25,1) belegt.

d. Als weitere berühmte Spruch-Begabte sind Agur (Spr 30,1) und Lemuel (Spr 31,1) zu nennen, daneben allg. Weise (Spr 22,17; 24,23), die offensichtlich nicht unbedingt als Angehörige des Volkes Israel anzusehen sind. Im Gegenteil: Spr 22, 17-23,11 erweist sich als fast wörtl. Parallele zur ägypt. Lehre des Amenemope (vgl. Beyerlin, 75ff), so daß die in 22,17 erwähnten Weisen wohl auf ägypt. Gelehrte zu beziehen sind. Dazu wird in 1Kön 5,10f auch die Weisheit »derer im Osten« und der Ägypter anerkennend erwähnt, sowie die des Esrachiters Etan, Hermans, Kalkols und Dardas. Auch von den Edomitern wird der Stand der Weisen bezeugt (Jer 49,7; Obd 8). Hiob und seine Freunde sind ebenfalls typische Vertreter ihres Standes, ohne daß sie deswegen beamtet gewesen sein müssen. Auch ihre Heimat ist im O außerhalb Israels anzusiedeln (Hiob 1,1; 2,11). Am Hof wurden von den jeweiligen Herrschern einzelne Weise bei verschiedensten Anlässen auch als königliche Berater zu Rate gezogen (vgl. 1Mo 41,8; 2Mo 7,11; 2Sam 16,23; Dan 2,2). Bei ihnen läßt sich beobachten, daß die Weisheit zu einer Art Geheimwissenschaft werden kann und manche Parallelen zu den Erscheinungsformen der *Zauberei aufweist (vgl. 1Mo 41,8; 2Mo 7,11; Jes 3,3; Dan 1,20; 2,2; 4,6). Daß bei den notwendigen diplomatischen Kontakten Weisheit und Wissenschaft viele Grenzen überschritten, ist insofern natürlich zu erwarten. Wenn wesentliche Inhalte der atl. W. auf solche Kreise zurückgehen, geht es in der W. offensichtlich nicht zuerst um Lehre im Unterricht, sondern um das Bemühen, der weisheitlich gebildeten Oberschicht der israelit. Gesellschaft weiterbildende Lektüre anzubieten (Hermisson). Sie soll aber auch für den einfachen Menschen gültig gewesen sein (Gese).

3. Merkmale.

a. Rein äußerlich fällt zunächst einmal die poetische Struktur der W. auf, die an den allg. Kennzeichen hebr. Poesie Anteil hat (vgl. O. Kaiser; W.C. Kaiser, S. 211ff; s. *Dichtung). Dazu gehört insbes. der meist zweigliedrige Parallelismus membrorum, je nach Gattung ein bestimmtes Metrum und immer wieder auch die Unterteilung in Strophen. Neben dem synonymen Parallelismus (der zweite Versteil wiederholt mit anderen Worten den ersten Versteil, z.B. Spr 17,4; 19,8) und dem klimaktischen (der zweite Versteil führt den ersten in Anknüpfung an ein Stichwort weiter, z.B. Spr 20,1) kommen bes. der synthetische (der zweite Versteil führt den ersten in ähnlicher Weise fort, z.B. Spr 16,4; 19,17) und der antithetische Parallelismus (der zweite Versteil bringt einen Gegensatz zum ersten, z.B. Spr 10,1; 15,1) vor. Fragen nach der Herkunft dieser Sprachstruktur werden in der Regel mit dem Hinweis auf liturgische Zusammenhänge, Wechselreden in der Schule oder auch der weisheitlichen Einsicht beantwortet, »daß man eine Sache nicht nur in einem Satz ausreichend beschreiben kann, sondern sich ihr von mehreren Seiten her nähern muß« (Preuß). Ein wichtiger Grund dürfte freilich auch in den gängigen Memoriertechniken jener Zeit liegen, die im »Rat der Alten« (hebr. *sod;* vgl. Köhler) schon in der vorstaatlichen Zeit Israels gepflegt wurden.

b. Je nach Inhalt der Aussagen begegnen unterschiedliche Formen, die ähnlich auch im altorientalischen Umfeld vorkommen und teilweise von dort her auch beeinflußt sind. Als Grundform menschlicher Weltdeutung ist der kurze Spruch anzusehen, der eine konkrete Erfahrung knapp zusammenfaßt. Verallgemeinert und verdichtet wird er dann zum Sprichwort (z.B. Spr 20,14). Eine weitere natürliche Grundform stellen das Rätsel (hebr. *chida,* vgl. Ri 14,15.18) und der Zahlenspruch (z.B. Spr 6,16-19; 30,15-31) dar. Die berufsmäßigen Gelehrten entwickelten zunächst, wie aus Sumer bekannt ist, die Form der Liste, die einen geordneten Überblick über das Erfaßte ermöglichte.

c. Inhaltlich sind unter den Sprüchen (hebr. *mashal, meshlim*) zwei Gattungen unterschieden, das Aussagewort (Wahrspruch; z.B. Spr 17,27; 18,3) und das Mahnwort (Rat; z.B. Spr 22,28; 24,1.21), die beide auffällige Ähnlichkeiten mit den ägypt. Lehren oder Instruktionen aufweisen. Durch Kombinationen können daraus auch mehrzeilige Sprüche und weitere komplexere Formen entstehen. Zum Aussagespruch gehören Unterformen wie der Besser-als-Spruch (z.B. Spr 15,16; 17,1), die damit zusammenhängenden Vergleichssprüche (z.B. Spr 26,14; 25,11) oder die Makarismen (z.B. Spr 16,20). Als eine geordnete und abgerundete Sammlung einzelner Sprüche stellt sich schließlich die Lehrrede dar, die durch die Anrede: »mein Sohn«, die Aufforderung zum Hören, den Tat-Folge-Aufweis (»damit«) und die häufige Warnung vor Verführung gekennzeichnet ist (z.B. Spr 1-9).

4. Themen und Theologie.

a. Im Unterschied zu den Geschichts- und prophetischen Teilen des AT stehen, dem ersten Eindruck nach, nicht Gott, sondern der Mensch und sein Verhalten im Mittelpunkt sowie Einsichten aus der Beobachtung der Natur, die auf das Ergehen des Menschen Auswirkungen haben können. Gott ist dabei nicht ausgeschaltet, er kommt zusammen mit seiner Schöpfung zur Geltung. Aber die außerhalb der W. wichtigen Heilsgrößen Kultus, *Bund, *Gericht, Heil, *Erwählung usw. treten ganz zurück. »Weisheitliches Denken, Fragen und Lehren zielt auf die Eingliederung des menschlichen Verhaltens in die alles umfassende Weltordnung« (Schmid), die durch Einsicht, Erfahrung, Vergleich usw. zu ergründen gesucht wird. Insofern geht es in der W. auch dort, wo vordergründig offenbar nur kluge Ratschläge vermittelt werden, um mehr. Im Zentrum steht die Frage nach dem rechten Verhalten, das in Einklang mit der Weltordnung und damit mit Gott steht und somit ein unangefochtenes Leben zu gewährleisten verspricht.

b. Zum Bemühen um den Einklang mit der Weltordnung gehören Beobachtungen und Einsichten zum Alltagsleben (Landwirtschaft, Familie, Erziehung, Rolle der Frau), der Erfahrung von Freude und Leid, Leben und Tod, Reden und Schweigen, Klugheit und Torheit, Armut und Reichtum, Faulheit und Fleiß. Stillschweigende Voraussetzung solcher Einsichten ist der sog. Tun-Ergehen-Zusammenhang, der von Jahwe selbst in Kraft gesetzt ist: Der Mensch erntet, was er gesät hat, es ergeht ihm entsprechend seiner Vorleistung (vgl. Spr 16,5-7.9; 19,21; 20,24; 21,30f). Kennzeichnend für die W. ist allg. die Intention, vor solchen negativen Folgen menschlichen Verhaltens zu warnen.

c. Zwei gegenläufige Tendenzen lassen sich in der W. beobachten: Einerseits eine Rückbindung alles Wissens an Jahwe, womit eine entscheidende Grenze aller Weisheit angegeben ist (Spr 16,9). Damit in Zusammenhang steht die Hervorhebung der Jahwe-Furcht (*Furcht Gottes) als oberstes Ziel aller Weisheit (Spr 1,7; 2,1ff; 3,5ff.23), das in der weiteren Entwicklung sogar den geoffenbarten Gotteswillen und die natürliche weisheitliche Erkenntnis ineinssetzen kann. Zugleich ist mit der bleibenden Souveränität Jahwes auch eine Grenze des Tun-Ergehen-Zusammenhangs angedeutet, die besonders dort akut wird, wo der Gerechte – entgegen allen weisheitlichen Erwartungen - doch leiden muß. Andererseits ist eine gewisse Verselbständigung des Wissens zu erkennen, mit der die Einsichten aus der Rückbindung an Jahwe gelöst werden. Selbst der hochgehaltene Wert der Jahwe-Furcht ist davor nicht geschützt. Vielleicht handelt es sich um eine natürliche Folgewirkung der Verkünstlichung der Weisheit in den Schreibstuben und Lehrsälen, die sie aus ihrer praktischen Einbindung in das Alltagsleben herauslöste. Damit wurde auch das Gleichgewicht zwischen Theorie und Praxis, das für die frühe Weisheit kennzeichnend war, zur Theorie hin verschoben.

d. Damit mußte es früher oder später zur Krise der Weisheit kommen, die insbesondere bei Hiob, Prediger, Ps 73 und Ps 90 zu bewältigen gesucht wird. Die Theodizee-Frage, warum Gott das Tun des Gerechten nicht belohnt, wie es der Tun-Ergehen-Zusammenhang erwarten ließe, wurde nicht nur für die Weisen des AT zum bleibenden Thema. Versucht Ps 73,17 noch eine Antwort mit dem Blick auf das Ende des Gottlosen zu geben, so zeigt das Hiob-Buch in den Lehrdiskussionen Hiobs und seiner Freunde, wie wenig natürliche Einsicht letztlich das persönliche Ergehen bestimmen kann. In der Krise der Weisheit findet der Weise zurück in die allein auf Gottes Zusage gegründete Vertrauensbindung und -beugung an Gott, die keinen dauerhaften Halt in der Erfahrung aufzuweisen vermag (Hiob 42; vgl. Ps 73,23-26; 90,2). Die Hoffnung richtet sich jetzt (wieder ?) auf die Souveränität, Allmacht und Barmherzigkeit Gottes. Daneben wird allerdings die allg. Weisheit weitergepflegt bis hin zur Gleichstellung von Weisheit und Gottesgesetz (Sirach, z.B. Sir 34,8; Weisheit Salomos).

e. Mit dieser Thematik ist auch der Unterschied zwischen der Weisheit der übrigen Völker des Alten Orients und der Israels deutlich markiert. So viele Parallelen es verständlicherweise gibt, so unverwechselbar ist die Weisheit in Israel in ihrer Jahwe-Bindung. Wo die Weisen der Welt aus der Beobachtung der Natur Rückschlüsse auf bleibende Wahrheiten Gottes allg. Art ziehen, sind sie vor Mißverständnissen nicht bewahrt. Damit ist nicht ausgeschlossen, daß auch den Heiden Gottes Wahrheit und Wille über schöpfungsmäßige Einsicht zugänglich werden. So können sie z.B. erkennen, daß Israel sich gegen seinen Gott verfehlt (Jer 2,10-11; 18,13), und umgekehrt war es für Israel selbstverständlich, daß das weisheitliche Denken der Völker von Jahwe gelenkt war (Jes 44,25; 45,5-8). Aber ohne den Interpretations- und Korrekturmaßstab des explizit geoffenbarten Gotteswillens sind die gottgewollten Zusammenhänge zwischen Schöpfung und Schöpfungsziel nicht zureichend zu verstehen. Die W. hat insofern eine hinführende, dienende Funktion, die freilich nicht genügend wertgeschätzt werden kann.

f. Gewisse Berührungspunkte der W. mit Prophetie und Apokalyptik im AT stellen die Frage nach einem möglichen Zusammenhang. G. von Rad (S. 229ff) sieht in der Polemik gegen die Götterbilder einen Zusammenhang zwischen Weisheit und Prophetie. Es wäre für die Weisheit Israels undenkbar, daß sie eine fremde Gottheit proklamierte. Robinson geht sogar so weit, die Weisheitsbewegung als die Disziplin zu definieren, über welche die Anwendung prophetischer Wahrheit auf das individuelle Leben im Licht der Erfahrung gelehrt wurde (S. 241). Aber der Zugang zum Leben kommt bei der W. doch zuerst von der Schöpfung her und nicht von der expliziten Offenbarung wie bei den Propheten. Diese haben sich allerdings in der Gestaltung ihrer eigenen Botschaft von Traditionen der W. anregen lassen (z.B. Jes 5,1-7). Aber auch die Weisen am Hof, zumindest soweit sie sich als Vertreter von Geheimwissenschaften darstellen und als Wahrsager o.ä. auftreten (s.o.), üben eine ähnliche Funktion aus wie die beamteten Propheten (und Priester), wenn es um die göttliche Weisung in anstehenden weitreichenden Entscheidungen geht, und können entsprechend in einer Reihe mit ihnen gesehen werden (Jes 3,2f; Jer 18,18; vgl. 1Sam 28,6f; Jes 44,24f; 47,10-13; Jer 27,9; 29,8; Hes 13,4.6.16). In der apokalyptischen Literatur (Jes 24-27; Hes 36-48; Dan; Joel 3-4; Sach 14), die bis weit in das NT hineinwirkt, scheinen dann beide Strömungen verschmolzen zu sein, wenn das Wissen um den göttlichen Weltenplan sich auf Inspiration gründet. In der Apokalyptik, vollends der außerkanonischen (Henoch), erhielten die Weisen prophetische Züge, und die Propheten wurden darüber zu inspirierten Weisen (Hengel), wenn die Erkenntnis in eine Fülle kosmologischer

Spekulationen eingebettet wird. Ohne die Tradition der W. wäre die spezielle Ausprägung der Apokalyptik nicht möglich geworden, genausowenig ohne die Prophetie. Damit hat die W. auch für wichtige Aussagen des NT den Boden bereitet.

Literatur: W. Beyerlin (Hrsg.): Religionsgeschichtliches Textbuch zum Alten Testament, 1975; W. Dyrness: Themes in Old Testament Theology, 1979, S. 189ff; H. Gese: Lehre und Wirklichkeit in der alten Weisheit, 1958; ders.: RGG[3] VI, 1962, 1574-1577; ders.: ibid. 1577-1581; M. Hengel: Judentum und Hellenismus (WUNT 10), 1973; H.-J. Hermisson: Studien zur israelitischen Spruchweisheit (WMANT 28), 1968; ders.: Weisheit, in: H.J. Boecker et.al. (Hrsg.): Altes Testament, [2]1986, S. 165-188; O. Kaiser: Einleitung in das Alte Testament, 1978, S. 287ff; W.C. Kaiser Jr.: Toward an Exegetical Theology, 1981; C.A. Keller: BHH III, 1966, 2153-2155; ders.: ibid. 2155-2157; D. Kidner: The Wisdom of Proverbs, Job, and Ecclesiastes, 1985; L. Köhler: Der hebräische Mensch, 1976, S. 89-94; M. Krause, H.-P. Müller: ThWAT II, 1977, 920ff; S. Krauss: Jüdisches Lexikon IV/2, (1927)1982, 1362; H. Lamparter: Das Buch der Weisheit (BAT 16), 1955, S. 12ff; D. Michel: Israels Glaube im Wandel, 1968, S. 223-251; H.D. Preuß: Einführung in die alttestamentliche Weisheitsliteratur, 1987; G.von Rad: Weisheit in Israel, 1970; H. Graf Reventlow: Hauptprobleme der alttestamentlichen Theologie im 20. Jahrhundert (EdF 173), 1982, S. 183-202; H.W. Robinson: Inspiration and Revelation in the Old Testament, 1946; H.H. Schmid: Wesen und Geschichte der Weisheit (BZAW 101), 1966; W.H. Schmidt: Einführung in das Alte Testament, 1982, S. 320ff; C.-D. Stoll: Partikularität und Universalität in der Ethik des Alten Testaments, in: H. Burkhardt (Hrsg.): Begründung ethischer Normen, 1988, S. 67-79, bes. 74-77; U. Wilckens, G. Fohrer: ThWNT VII, 1964, 465ff; W. Zimmerli: Grundriß der alttestamentlichen Theologie (Theol. Wissenschaft 3), [3]1978, S. 136-146. C.D.St.

WEISSAGEN, WEISSAGUNG.

1. Begriffsbestimmung.

Das Begriffspaar weissagen/Weissagung wird synonym mit voraussagen/Voraussage benützt. Die W. nimmt einen wichtigen Teilbereich in der Prophetie des AT ein, erschöpft jedoch nicht das breitere Bedeutungsspektrum der Prophetie. Im folgenden wird ausschließlich untersucht, in welcher Form Jesus den weissagenden Aspekt des prophetischen Dienstes nach dem Zeugnis der *Evangelien wahrnimmt (vgl. grundsätzlich zum Bereich der W.: *Prophet, Prophetie!).

2. Jesus als weissagender Prophet.

In Apg 3,22 und 7,37 wird Jesus als »Prophet wie Mose« identifiziert (vgl. 5Mo 18,15). Zwar läßt sich die Größe Jesu mittels dieser Bezeichnung bei weitem nicht erfassen, wenngleich sie den prophetischen Charakter seiner Person dennoch betont. Ohne auf die komplexe Frage einzugehen, in welcher Beziehung dieses Prophetenamt zu dem des erwarteten *Elia (Mt 11,14; Joh 1,21) steht, kann folgendes über die prophetische Funktion Jesu gesagt werden: Nach atl.-Vorbild hat der Prophet die Aufgabe, die Ereignisse aus Gottes Perspektive zu deuten, zu predigen und die letzten Ratschlüsse Gottes zu enthüllen. Dieser grundsätzlichen prophetischen Aufgabe entspricht Jesus nicht zuletzt mittels seiner W..

3. Zukunftsaussagen Jesu in den Evangelien.

Jesus kündigt in prophetischer Weise Nähe und Eigenschaften des Königreiches Gottes an (z.B. Mk 1,14f; 4,1-34, hier u.a. 4,10–12!). Er verweist in Gerichtsdrohungen auf die Zerstörung Jerusalems (z.B. Lk 13,33-35) und des Tempels (z.B. Mk 13,2). Er spricht von seiner *Wiederkunft als richtender Menschensohn (Lk 17,24f). Bes. auffällig sind jedoch Jesu W.en über ein unumgängliches, kurz bevorstehendes Ereignis in seinem irdischen Leben.

4. Jesu Leidens- und Auferstehungsvoraussagen.

Hinweise Jesu auf seine unmittelbar bevorstehende Verwerfung und Rechtfertigung bzw. auf Leiden und Auferstehung sind bes. in den synoptischen Evv. überaus reichhaltig und vielgestaltig überliefert.

a. Voraussagen der Verwerfung und Rechtfertigung Jesu.

Zu den impliziten Hinweisen gehören der eschatologische Ausblick (Mk 14,25; Mt 26,29; Lk 22,16.18), die Metaphern des Kelches (Mk 10,38f par.; Mk 14,36 par.; Joh 18,11), der Taufe (Mk 10,38f par.; Lk 12,50) und der Stunde (Mk 14,35.41 par.; Lk 22,53), das Gleichnis der bösen Winzer mit Psalmzitat (Mk 12,1ff par.) sowie das Zeichen des Jona (Mt 12,38-40; Lk 11,29f). Ferner weissagt Jesus in Joh 2,19-22 (vgl. Mk 14,58 par.; Mk 15,29 par.) metaphorisch die Zerstörung seines »Tempels« und spricht von seiner Erhöhung (Joh 8,28) bzw. Verherrlichung (Joh 12,23f). Eine ausschließliche Leidensvoraussage enthält die Bräutigam-Metapher in Mk 2,19f (vgl. Joh 8,21). Welche inhaltlichen Aussagen liegen hinter diesen verschiedenen W.en Jesu?

Der eschatologische Ausblick steht in einem großen Spannungsbogen zwischen Jesu Tod und der Vollendung des endgültigen Herrschaftsantritts Jesu im messianischen Königsmahl. Der Tod Jesu markiert somit nicht das vorzeitige Ende des von ihm proklamierten Königreiches, sondern kennzeichnet einen notwendigen Aspekt seiner Verwirklichung.

Die Metaphern des Kelches und der *Taufe (vgl. die der »Stunde«) präzisieren das unmittelbar bevorstehende Ereignis als vorübergehendes, obgleich verheerendes Zorngericht Gottes. Die Bilder sprechen auf atl. Hintergrund von innerer und äußerer Gerichtsüberflutung. Das Ende dieses Gerichtes ist die erste Voraussetzung für Jesu Herrschaftantritt im zukünftigen Königreich Gottes. Die Metapher des Kelches und vor allem der Taufe betonen ferner, daß das über Jesus hereinbrechende Gericht Vorläufer des weltweiten Feuers der Trennung und der Zwietracht (Lk 12,49–50) ist.

Das Gleichnis der bösen Weingärtner betont, daß der messianische Grundstein eingesetzt werden wird, auch wenn ihn die jüd. Machthaber verwerfen. Die Verwerfung Jesu wird durch die Grundsteinlegung beendet. Wie nebenbei identifiziert sich Jesus indirekt als der verworfene Stein – vgl. hiermit den verworfenen Sohn im Gleichnis, der trotz der Verwerfung von Gott in seine Funktion eingesetzt werden wird.

Das Zeichen des Jona bekundet, daß die Rechtfertigung des Verkündigers (Jona-Jesus) als eschatologisches Warnzeichen zur Buße zu verstehen ist. Jesus weist die Zeichenforderung der Pharisäer jedoch entschieden ab. Das einzige »Zeichen«, das Jesus seinen Gegnern gewährt, ist seine bevorstehende Errettung als göttliche Bestätigung des Verkündigers (vgl. Jona).

Fügen wir diese verhüllten Hinweise auf Jesu Verwerfung und die ihr folgende Rechtfertigung zusammen, so ergibt sich die W. eines Ereignisses, dessen Tragik und Trauma kaum zu ergründen und dennoch vereinbar sind mit dem Kommen des Königreiches Gottes, denn es weist auf eine zeitlich begrenzte, obschon folgenschwere Krisis im Leben Jesu. Bei den meisten Voraussagen ergeben sich Konsequenzen, nachdem die Rechtfertigung erfolgt ist: Das Einsetzen des verworfenen Steines begründet einen neuen Bau nach göttlicher Planung. Die Errettung aus dem Innern der Erde wird als Zeichen eingesetzt werden (Apg 2,23–27). Die Gerichtstaufe Jesu leitet das Feuer der Trennung ein (Lk 12,50). Die Rechtfertigung Jesu löst somit folgenschwere eschatologische Ereignisse aus.

b. Explizite Voraussagen des Leidens und der Auferstehung.

Zu den expliziten Voraussagen gehören vor allem die drei großen Leidens- und Auferstehungsvoraussagen Jesu in Mk 8,31 par.; Mk 9,31 par.; Mk 10,33f par. Explizite Auferstehungsvoraussagen befinden sich u.a. in Mk 9,9 par.; Mk 14,27f par., ausschließliche Leidensvoraussagen in Lk 17,23f; Joh 10,11; 12,7.

Die expliziten Voraussagen des Todes und der Auferstehung Jesu gehören aufgrund des bisher Gesagten zu einem Kontext bedeutungsträchtiger, authentischer W.en Jesu, die allesamt auf ein kurz bevorstehendes Ereignis weisen.

Bedenkt man ferner, daß die »Drei-Tage«-Aussage Jesu in diesen Voraussagen durchaus auch in übertragenem Sinne als Hinweis auf eine kurz bemessene Zeit gedeutet werden kann (vgl. z.B. Hos 6,2), so besagt die Voraussage Jesu, daß die Auferstehung kurze Zeit nach dem Tod erfolgen wird.

Schließlich gibt die Frage der Jünger in Mk 9,10 zu bedenken, ob sie Jesu Hinweis auf eine leibhaftige Auferstehung zur Unsterblichkeit (der Messias sollte nach ihrer und Jesu Vorstellung ewigliche Königsherrschaft übernehmen; Dan 7,13f!) schon derartig ausdrücklich verstanden haben, wie er nach 1Kor 15,4 klingt. Gingen die Jünger davon aus, daß alle Menschen nach Dan 12,2 am Ende der Tage zum Endgericht auferstehen werden, so mußte die Aussage Jesu, nach kürzester Zeit auferweckt zu werden, eigenartig anmuten. In den Ohren der Jünger mag somit auch die W. des Todes und der rasch darauf folgenden Auferstehung zusammen mit den indirekten Verwerfungs- und Rechtfertigungsvoraussagen zunächst schwer begreiflich gewesen sein. Erst im Licht der ihnen folgenden Auferstehung Jesu konnten diese W.en im Sinne Jesu verstanden werden. S.a. *Prophetie.

Literatur: H.F. Bayer: Jesus Predictions of Vindication and Resurrection, 1986; J. Blank: Der eschatologische Ausblick Mk 14,25 und seine Bedeutung, in: P.-G. Müller, W. Stenger (Hrsg.), Kontinuität und Einheit, FS F. Mussner, 1981, S. 508-518; G. Delling: Baptisma, baptisthenai, in: Studien zum Neuen Testament und zum hellenistischen Judentum, hrsg. von F. Hahn et.al., 1970; L. Ruppert: Jesus als der leidende Gerechte? 1969; H. Schürmann: Wie hat Jesus seinen Tod bestanden und verstanden?, in: P. Hoffmann (Hrsg.): Orientierung an Jesus. FS J. Schmid, 1973, S. 325-363; E. Schweizer: Erniedrigung und Erhöhung bei Jesus und seinen Nachfolgern, 2 1962; K.R. Snodgrass: The Parable of the Wicked Tenants, 1983; V. Taylor: The Origin of the Markan Passion Sayings, in: New Testament Essays, 1970, S. 60-71; A. Vögtle: Der Spruch vom Jonaszeichen, in: Das Evangelium und die Evangelien, 1971, S. 103-136; ders.: Messiasbekenntnis und Petrusverheißung, ibid, S. 137-170; ders.: Todesankündigungen und Todesverständnis Jesu, in: E.K. Kertelge (Hrsg), Der Tod Jesu, 1976, S. 51-113; ders., R. Pesch: Wie kam es zum Osterglauben?, 1975. H.F.B.

WEISS s. Farben

WEIZEN s. Ackerbau; s. Ernährung

WELT. Für dieses dt. Wort gibt es keine vorchristl. Belege. Im Althochdeutschen und Mittelhochdeutschen bezeichnet W. die menschliches Leben fördernden Gegebenheiten im Gegensatz zur lebensfeindlichen Wildnis. Dabei gehen räumliche und zeitliche Aspekte ineinander. Von daher kann W. sowohl für kirchenlatein. *saeculum* als auch *mundus* stehen. Beide Begriffe sind wiederum abhängig von griech. *aion* und *kosmos.*

1. Das hebr. AT kennt den Begriff W. noch nicht. Es nennt statt dessen die beiden wichtigsten Weltbereiche »Himmel und Erde«. Diese Zweiteilung des Weltalls ist vor allem in den Texten anzutreffen, die die Schöpfung oder die Größe des Schöpfers beschreiben (1Mo 1,1; 14,19.22; 24,3; Ps 89,12). Außer Himmel und Erde kennt das AT noch das Meer (z.B. Ps 104,6-9; 146,6) und die Unterwelt, die im Wasser unter der Erde angesiedelt ist (Hiob 26,5; 38,16; Ps 18,5; Jona 2,3f u.ö.), als weitere kosmologische Räume. Nur in wenigen Texten wird der Begriff »All« (hebr. *kōl* bzw. *hakōl*) verwendet (Ps 8,7; Jes 44,24; Pred 3,1). Das israelit. Weltbild ist das allg. altorientalische, nach dem die Erde eine im Weltozean auf Grundfesten oder Säulen ruhende Scheibe ist, über die sich die Himmelskuppel spannt, die die Wasser über der Himmelsfeste zurückhält. Diesen atl. Vorstellungen ist der dem griech. Kosmos eigene Ordnungsgedanke völlig fremd. Jahwe hat die Ordnungen in der W. erstellt (1Mo 1; Jer 33,25; Ps 148,6), und diese Ordnungen haben auch Beständigkeit (Ps 78,69; Pred 1,4), aber ihre Beständigkeit gründet allein in Jahwe (*Sintflut; Ps 104,27-30). Erst die jüd.-hellen. Autoren, vor allem die von der griech. Philosophie beeinflußten, haben den griech. Begriff *kosmos* aufgenommen, der im Hebr. durch *ʿōlām* wiedergegeben wird (Weish 2,24; 6,24; 7,6.17; 9,3.9; 11,17.22; 13,2; 16,17; 2Makk 3,12; 7,9.23; 12,15; 13,15; 4Makk 5,25; 16,18 u.ö.). Er bedeutet W. im räumlichen Sinne und ersetzt den alten Ausdruck »Himmel und Erde«. Allerdings bleibt wohl der ursprünglich zeitliche Sinn des Wortes *ʿōlām* erhalten, wie die Verwendung im Buch Sirach zeigt, in dem neben einem eindeutig zeitlichen Sinn (11,33; 14,17; 15,6 u.ö.) auch die Bedeutung »Weltzeit« (38,20) und »Welt« (3,18A) stehen, und Stellen, die sowohl zeitlich als auch räumlich zu verstehen sind (36,22B; 42,21). Die Verschränkung des zeitlichen und räumlichen Aspektes wird in der frühjüd. Literatur immer mehr bestimmend, indem der Gegensatz zwischen »dieser« Welt und der »kommenden« Welt herausgebildet wird (Weish 13,9; Tob 3,2S; 13,18BA; Sir 3,18A u.ö.) Dieser zeitliche Sinn im Verständnis von W. verändert den Kosmosbegriff, so daß neben den griech.-philosophischen Kosmosbegriff nun ein bibl. trat. Die folgende Begriffsgeschichte war von der Auseinandersetzung dieser zwei Kosmosbegriffe in ihrer Unterschiedenheit und Zusammengehörigkeit geprägt.

2. Der griech. Kosmosbegriff ist wesentlich ein Ordnungsbegriff, der das Schöne akzentuiert (*kosmos* bezeichnet auch den Schmuck der Frauen). Seit der ionischen Naturphilosophie wird *kosmos* als die Ordnung verstanden, die die Summe der Einzeldinge zu einem Ganzen zusammenfaßt, und schließlich als das Ganze selbst, das von dieser Ordnung zusammengehalten wird. In diesem letzteren räumlichen Sinne versteht Plato den Kosmos als das All, das alle Einzeldinge und Einzelwesen, Himmel und Erde, Götter und Menschen durch eine universale Ordnung zusammenfaßt. Für Plato ist der Kosmos ein beseelter Leib, ein vernünftiges Wesen. Aristoteles hat von Plato das Verständnis des Kosmos als des räumlichen Universums übernommen. Die Weltseele Platos kennt er allerdings nicht mehr. Unausgeglichen zu der Vorstellung vom göttlichen und daher ewigen Kosmos steht bei Plato die Vorstellung von der Entstehung des Kosmos durch einen Demiurgen; denn der Schöpfungsgedanke setzt immer einen Anfang und damit auch ein Ende der Schöpfung und die unüberschreitbare Grenze zwischen Gott und Geschöpf voraus. Aristoteles lehrt deshalb die Anfangs- und Endlosigkeit der W. und verzichtet auf die Vorstellung eines Demiurgen. Der Kosmos, ohne Anfang und Ende in der Zeit gedacht, umfaßt alles, was an Zeit und Raum gebunden ist. Das Überweltliche, Transzendente, das an keinen Ort gebunden ist und keine Zeit kennt, führt unveränderlich und leidenslos das vollkommenste Leben. Dieses Überweltliche ist die Ursache für alles Weltliche, indem sich die Welt nach ihm sehnt, zu ihm hinstrebt. Gott ist damit kein Schöpfergott, der handelnd die Welt schafft, sondern die Welt strebt nach Gott, Gottes Tätigkeit ist reines Denken. Charakteristisch für den griech. Kosmosgedanken ist damit die Einheit des Ganzen, die in einer ihr immanenten Norm beruht, und durch Schönheit gekennzeichnet ist. Dabei ist der Kosmos göttlich und von daher ewig.

3. Im NT wird nur an wenigen Stellen W. im atl. Sinne als die gesamte Schöpfungswelt bezeichnet (Joh 1,10; 21,25; Apg 17,24; Röm 1,20; Gal 4,3; Phil 2,15). Entsprechend der atl. Auffassung kann W. auch durch ihre Bereiche bezeichnet (Apg 4,24; 14,15; 17,24; Offb 10,6; 14,7) oder synonym zu »All« (*ta panta*) gebraucht werden (z.B. Joh 1,3; 1Kor 3,22; 8,6; 15,27f; Phil 3,21; Kol 1,16f.20; Eph 1,10; Hebr 1,2f; 2,8.10; 1Petr 4,7). W. ist in diesen ntl. Aussagen der Inbegriff alles Geschaffenen.

Dieses Verständnis unterscheidet sich vom griech. Kosmos, der wesentlich Ordnungsbegriff ist. Wie alles Geschaffene ist auch die Welt von begrenzter Dauer. Dieser zeitliche Aspekt knüpft an atl. Vorstellungen der *ʿōlām* an und kommt zum Ausdruck in der Formulierung »diese Welt« (z.B. 1Kor 7,31-34). Zum Wesen der W. als Inbegriff des Geschaffenen gehört im NT demnach seine Vergänglichkeit (1Kor 7,31; 1Joh 2,17). Dieser zeitliche Aspekt von W. wird im Griech. häufig durch *aion* statt *kosmos* oder *aion tou kosmou* ausgedrückt (Eph 2,2). Entsprechend kann Paulus *kosmos houtos* neben *aion houtos* gebrauchen (1Kor 3,19; 5,10; 7,31). Ist *kosmos* hier kein kosmologischer, sondern geschichtlicher Begriff, so ebenfalls an den zahlreichen Stellen, an denen er im Sinne von »Menschenwelt«, »Menschheit« gebraucht wird (Röm 1,8; 3,6.19; 5,12f; 11,12.15; 1Kor 1,20.27f; 4,9.13; 11,32; 2Kor 5,19). An all diesen Stellen enthält der Begriff *kosmos* ein theologisches Urteil. Er bezeichnet ausgesprochen oder unausgesprochen den Gegensatz zur Sphäre Gottes. Dies ist vor allem dann der Fall, wenn von »dieser Welt« die Rede ist; so wird W. zunehmend zu der Gott verschlossenen, feindlichen W. Es ist die Sphäre der Mächte dieser W. (1Kor 2,6.8), des Gottes dieser W. (2Kor 4,4). Die W. als Sphäre der irdischen Lebensbedingungen gewinnt Macht über den Menschen, wenn er seine Sorge auf das richtet, was zu dieser W. gehört (1Kor 7,32-34). Der Mensch ist solange an diese W. gebunden (Kol 2,20), bis Christus ihn davon befreit. Solange der Mensch nicht »von Gott geboren ist« (1Joh 5,4), kann er die W. nicht überwinden. Christus, den der Vater als Erlöser dieser W. sandte (1Joh 4,14), und dessen Gegenwart in ihr auch zu ihrem Gericht diente (Joh 9,39), befreite die Menschen von den Mächten dieser W. (Joh 16,11). Die Christen können, sofern sie noch im Fleisch sind, dieser W. nicht davonlaufen, obgleich sie schon jenseits ihrer als widergöttliche Macht stehen.

Das NT besitzt also neben einem ontologischen Verständnis von W. als allem Geschaffenen ein existentielles, das die im Gegensatz zu Gott stehende Welt meint. Diese existentielle Bedeutung ergibt sich von selbst, indem *kosmos* als Menschheit verstanden wird. Dieses existentielle Verständnis von W. hat dazu geführt, daß *kosmos* zunehmend als Begriff für den Herrschaftsbereich Gottes – sei es der gegenwärtige oder der zukünftige – gemieden wird und statt dessen der wohl der liturgischen Sprache entnommene Begriff *aion* gewählt wird (1Tim 1,17). Erst wenn der Sieg über den *kosmos* vollendet, das Gericht über den Fürsten und die Mächte der W. gehalten sein wird, soll der Triumphgesang erschallen, in dem die Herrschaft des Gesalbten über den *kosmos* gepriesen wird (Offb 11,15). Wird der existentielle Charakter dieses ntl. Weltbegriffs nicht erkannt, kommt es zu einem gnostisch dualistischen Verständnis des ntl. Weltbegriffs. Die Materie ist böse, der Geist ist gut. In der *Gnosis wird die W. prinzipiell verneint. Sie ist von der Finsternis beherrscht; der Mensch hat in seinem innersten Wesen einen Funken aus der Lichtwelt, der durch Erkenntnis (*gnosis*) befreit und zu seinem Ursprung zurückgeführt werden muß. Das wahre Ich ist in den Kosmos gesperrt und irrt in ihm umher. Die Gestirne werden zu Wächtern dieses Gefängnisses. Demgegenüber ist festzuhalten, daß die W. im NT ontologisch verstanden gut ist: Gott hat sie nicht aufgegeben. Erst der sündige Mensch reißt die W. aus der Beziehung zu Gott und macht sie zu seinem Gott. Die Sünde ist die Mißhandlung der guten W., ihre Vergötzung (Röm 1,21ff). Luther bezeichnet den Teufel treffend als den Affen Gottes. Indem der Mensch Gott und W. vertauscht, wird die W., was sie nicht ist: Sie wird zur mich beherrschenden Macht. Damit aber wird sie zur falschen, zur dämonischen W.

4. In der Geschichte der Kirche sind sowohl das ontologische als auch das existentielle Verständnis von W. überliefert worden. Indem die Alte Kirche unter Rückgriff auf antike, insbes. stoische Vorstellungen die W. als von Gott geschaffene Ordnung verstand, wehrte sie die gnostische Dämonisierung der W. zur »Fülle des Schlechten« (Corp. Herm. VI,4) ab. In der mittelalterlichen Kirche wird die W. als »Ausfluß« aus Gott (Thomas von Aquin) oder »Entfaltung« Gottes (Nikolaus von Kues) verstanden. Dabei wird im 12. Jh. verstärkt die W. als geschichtliche begriffen, die Gott mit Hilfe des Menschen zur Vollendung führen will. Indem Luther die W. radikal aus dem Rechtfertigungsgeschehen herausnimmt, kann er die vorfindliche W. als Herrschaftsbereich Gottes festhalten. Während Gott in seinem geistlichen Regiment auf die Erlösung aller Menschen wirkt, zielt sein weltliches Regiment auf die Erhaltung der W. Die W. erhält Gott durch bestimmte Ordnungen, wie Ehe, Familie, Wirtschaft und die politische Herrschaft. Beide Regimente dienen dem Kampf gegen das Reich des Bösen. So sind die lebensfördernden Ordnungen der W. Ausdruck des Reiches Gottes. Der Glaubende ist kraft der durch Christus geschenkten neuen Lebendigkeit neu an die W. verwiesen. Die W. ist das Feld, auf dem der Glaube sich in der Liebe zu bewähren hat. Er kann nicht die W. sich selbst überlassen und nur ein paar Seelen aus ihr herausretten. Der Pietismus hat aus

dieser Weltverpflichtung des Glaubenden anders als die lutherische Orthodoxie die sich wandelnde W. des natürlichen und geschichtlichen, sozialen und politischen Lebens wahrgenommen. Daneben gibt es aber auch in der ganzen Geschichte das existentielle Verständnis von W. So kann im Mittelalter der Bereich außerhalb des Klosters als W. bezeichnet werden. Und die mittelalterliche Mystik steigt aus der W. auf zum wahren Sein. Der lutherische Erbauungsschriftsteller Johann Arndt spricht in seinen ersten drei Büchern der »Vier Bücher vom wahren Christentum« von W. in diesem gottfeindlichen Sinne. Das 19. Jh. hat dann fast allg., sei es aus einer falsch verstandenen Zwei-Reiche-Lehre oder aus einer Verinnerlichung der pietistischen Frömmigkeit in der Erweckungsbewegung heraus W. nur in dem existentiellen Sinne verstanden. Der ontologische Weltbegriff wurde an das naturwissenschaftliche und philosophische Denken preisgegeben.

Literatur: G. Gloege: RGG³ VI, 1595-1603; J. Guhrt: TBLNT II, ⁴1986, 1381-1385; H. Sasse: ThWNT III, 1938, 867-896; W. Kranz: Kosmos, Archiv für Begriffsgeschichte Bd. 2, Teil 1 und 2, 1955-57; O.H. Steck: Welt und Umwelt, 1978; U. Krolzik: Säkularisierung der Natur, 1988. U.K.

WERK.

1. Im Alten Testament.

Mit »Werk« können im AT sowohl das Handeln Gottes als auch das Tun des Menschen sowie die jeweiligen Resultate bezeichnet werden.

a. Das W. Gottes umfaßt sein Walten in der *Schöpfung (1Mo 2,2) und in der Geschichte (5Mo 11,2-7). Sei es die Erschaffung des Himmels und der Erde (Ps 8,4; 102,26) oder des Menschen (Hiob 34,19; Jer 64,7), sei es die Rettung am Schilfmeer (Ps 106,22), die Führung durch die Wüste (Ps 95,8f), die Einnahme des verheißenen Landes (Jos 24,31) oder auch das Heraufziehen des Gerichts über das gottlose Volk (Jes 10,12; 28,21), in allem ist Gott am W. und sehen Israel bzw. einzelne aus dem Volk in Gott den Schöpfer und Erhalter der Welt und den Lenker der Geschichte, dessen Größe (5Mo 11,7; Ps 11,2), *Vollkommenheit (5Mo 32,4; Ps 66,3), *Wahrheit (Ps 111,7), *Herrlichkeit (Ps 104, 31) und Heiligkeit (Ps 145, 17) sich in seinen W.en erweisen. Dennoch wird kaum von Gottes Handeln an sich geredet, sondern primär in Relation zum Menschen, auf den es ausgerichtet ist. So ist der Mensch zum Herrscher über das Schöpfungswerk eingesetzt (Ps 8,7), bleibt aber als Geschöpf immer von Gottes Wirksamkeit abhängig (Ps 138,8). Dem Menschen ist es gegeben, Gottes W. in Schöpfung und Geschichte wahrzunehmen (5Mo 11,7; Ps 46,9; Jes 5,12), auch wenn er das Geheimnis des göttlichen Waltens nie in seiner letzten Tiefe ergründen kann (Pred 8,17; vgl. 7,13). Weil Gottes W. auf seine Liebe und Herrlichkeit verweist, erweckt es im Menschen Freude (Ps 92,5; 107,22), Verkündigung (Ps 77,12; Jer 51,10) und als letzten Zweck das Lob Gottes (Mi 36,24; Ps 103,22; 106,2; 145,4).

b. Das W. des Menschen ist von dem Gottes grundsätzlich verschieden. Es hat als menschliche Arbeit und Tat seinen Ursprung nicht in sich selbst, sondern ist ihm von Gott aufgetragen (5Mo 5,13; vgl. 1Mo 2,15; 2Mo 18,19f; 3Mo 18,5) und von daher auf den Segen Gottes angewiesen (5Mo 14,29; 28,12; Hiob 1,10; Ps 90,17), ohne den es dem sündhaften Wesen des Menschen entsprechend mißraten muß (5Mo 31,29; 2Kön 22,17; Jes 59,6; Hag 2,14). Es trägt in sich den Hang zu Verselbständigung und Vergötzung (Jes 2,8; Jer 1,16; Mi 5, 12) und führt so zum Konflikt mit Gott (Esr 9,13), auf den es eigentlich positiv ausgerichtet sein soll (5Mo 33,11; Spr 16,3). Von daher bleibt alles menschliche Tun dem Gericht unterstellt (Pred 12,14), in dem Gott alles vergelten wird (Ps 62,13; Spr 24,12; Jer 17,10), weil ihm nichts entgangen ist (Ps 33,15; Jona 3,10).

2. Im Neuen Testament.

Das NT hält an der Unterscheidung von W. Gottes und des Menschen fest, setzt jedoch mit dem Christusgeschehen einen völlig neuen Bezugspunkt der Rede vom W.

a. So ist das W. Gottes nicht mehr primär sein Walten in Schöpfung und Geschichte, sondern sein Heilshandeln in der Person Jesu Christi und allen darauf beruhenden heilsrelevanten Vorgängen. Vor allem das JohEv. bezeugt Jesus als den, der das eschatologische W. Gottes vollbringt, indem er in seinem Reden und Handeln Gott den Menschen offenbart (4,34; 5,36; 9,4; 10,25; 14,10; 17,4 u.ö.). Aus dem W. Gottes in Christus resultiert das W. Gottes in den Menschen: Er wirkt in ihnen den Glauben (Joh 6, 29) und das Heil (Eph 2,10; Phil 1,6) und dessen Gestaltwerdung im christl. Leben (1Kor 15,58) und in der Gemeinde (Röm 14,20), wie er auch in der das Heil vermittelnden Missionsarbeit am W. ist (1Kor 16,10).

b. Vom W. des Menschen als seinem Tun bzw. Verhalten wird nur noch selten an sich geredet, sondern in einer vom Christusgeschehen her zu erhebenden Qualifikation. Deren negative Seite bezeichnet als Sphäre des Handelns den Teufel (1Joh 3,8; vgl. Eph 2,2), die Finsternis (Röm 13, 12; Eph 5,11) und die menschliche Selbstherrlichkeit (Gal 5,19) mit dem Resultat der Boshaftigkeit (Joh 3,19;

7,7; Kol 1,21; 1Joh 3,12; 2Joh 11) und Gottlosigkeit (Jud 15) seines Tuns. Erst wenn der alte Mensch mit seinen W.en ausgezogen ist (Kol 3,9), wird sein Leben in »guten Werken« möglich, zu denen die Glaubenden »in Christus Jesus geschaffen« sind (Eph 2,10). Jetzt sind der Glaube (1Thess 1,3; 2Thess 1,11) und Gott im Heiligen Geist (Apg 13,2; 2Kor 98; Eph 2,10; 2Thess 2,16f; Hebr 13,20f) die neue Sphäre, in der sich das Handeln des Menschen abspielt (Kol 3,17), innerhalb dessen die heilschaffenden Tätigkeiten der Mission (Apg 13,2), Verkündigung (2Tim 4,5), Gemeindegründung (1Kor 9,1) und Gemeindeleitung (1Thess 5,13; 1Tim 3,1) bes. hervorgehoben werden. In den *Pastoralbriefen werden die guten W.e in ihrer Gesamtheit zum Inbegriff der Gestaltwerdung einer sich in der Welt einrichtenden Frömmigkeit (1Tim 2,10; 6,18; 2Tim 2,21; 3,17; Tit 2,7.14; 3,1.8.14).

c. Zu einem bes. Problem wird das Verhältnis von *Glaube und W. bei Paulus und im *Jakobusbrief. Wenn Paulus mit der Behauptung, »daß ein Mensch durch Glauben gerechtfertigt wird, ohne Gesetzeswerke« (Röm 3,28; vgl. 4,2; Gal 2,16 u.ö.), sich für eine Trennung von Glaube und W. bezüglich der *Rechtfertigung ausspricht, so wendet er sich damit »nicht gegen das Werk als Tat des Gehorsams, sondern nur gegen das Werk als Versuch des Menschen, Gott gegenüber durch das Erheben eines ihn bindenden Anspruchs im Recht zu bleiben und sich gegen ihn eigenmächtig zu behaupten« (Roloff). Wenn dagegen Jakobus feststellt, »daß ein Mensch aus Werken gerechtfertigt wird und nicht aus Glauben allein« (2,24), so spricht sich darin die Wendung gegen einen mißverstandenen Paulinismus aus, der meint, es gebe einen heilschaffenden Glauben, der von entsprechenden W.en als seiner Frucht absehen könne (vgl. Gal 5,6; Phil 1,11).

d. Bes. Interesse hat seit jeher die Frage erweckt, wie Paulus, wenn er die *Rechtfertigung allein aus *Glauben lehrt, noch an der allgemeinbibl. Vorstellung des *Gerichts nach den Werken festhalten kann (Röm 2,6; 1Kor 3,12-15; 2Kor 5,10; 11,15; vgl. Mt 16,27; 2Tim 4,14; 1Petr 1,17; Jud 15; Offb 2,23; 20,12; 22,12; atl. Stellen s.o.). Hier lassen sich nur Ansätze der Interpretation dieses scheinbaren Widerspruchs skizzieren, die darin zu sehen sind, daß der Apostel keinen Glauben ohne aus ihm erwachsende W.e kennt und bei der Vorstellung des Gerichts offenbar Person und W. trennen kann (1Kor 3,15), so daß sich sagen läßt: Auch nach ihm bleibt bestehen, daß die Täter des Willens Gottes gerechtfertigt werden (Röm 2,13), da der Glaube Gehorsam mit sich bringt. Der Ungehorsam dagegen wird Gottes Zorn auf sich ziehen, aber dem Glaubenden um Christi willen nicht die Verurteilung einbringen. Gleichwohl läßt sich eine für das neuzeitliche Bewußtsein allseits befriedigende Harmonisierung des Gerichts nach den W.en mit der Rechtfertigung des Glaubens nicht erzielen. Der fragwürdige Sachverhalt, daß hier von zwei verschiedenen Kriterien die Rede ist, bleibt bestehen

Literatur: F. Amiot, Y. Léon-Dufour: Wörterbuch zur biblischen Botschaft, 1964, S. 758-761; G. Bertram: ThWNT II, 1935, 631-649; J. Blank: Warum sagt Paulus: »Aus Werken des Gesetzes wird niemand gerecht«?, EKK-Vorarbeiten Heft 1, 1969, S. 79-95; G. Eichholz: Glaube und Werk bei Paulus und Jakobus, ThEx.NF 88, 1961; H.Ch. Hahn: TBLNT II, [4]1986, 1386-1390; V. Hamp, J. Schmid, W. Pesch: LThK X, [2]1965, 1049-1052; R. Heiligenthal: EWNT II, 1981, 123-127; F. Mußner: Der Jakobusbrief, HThK 13/1, [3]1975, S. 127-157; J. Roloff: Neues Testament, [2]1979, S. 157-166; ders.: Reclams Bibellexikon, [4]1987, 547; W.H. Schmidt, G. Delling: Wörterbuch zur Bibel, [2]1973, 653-658; U. Wilckens: Der Brief an die Römer, 1. Teilband: Röm 1-5, EKK 6/1, [2]1987, S. 131-160; ders.: Was heißt bei Paulus: »Aus Werken des Gesetzes wird niemand gerecht«?, EKK-Vorarbeiten Heft 1, 1969, S. 51-77. R.G.

WESEN.

1. In der LÜ taucht der Begriff W. sehr oft auf, und zwar als Übersetzung bzw. Umschreibung verschiedener Ausdrücke wie etwa »Lebewesen«, »Gestalt« u.v.m. (s. dazu BHH III, 2167). Dieser Sprachgebrauch ist eine Eigentümlichkeit der Übersetzung Luthers und hat keine Entsprechung im Grundtext.

2. Im Hebr. gibt es keine eigentlichen Äquivalente für den Begriff W. (bzw. die Streubreite der Begriffe ist so groß, daß der Begriff W., wie er im Griech. gebraucht wird, völlig seine Konturen verliert). Im NT bezeichnet *hypostasis*, »Wesen, Wirklichkeit«; aber auch vom alltäglichen Gebrauch abgeleitet »Plan, Unternehmen« (so vermutlich in 2Kor 9,4; 2Kor 11,17 eher »Wagnis, Unterfangen«). Bedeutsam ist die Stelle Hebr 1,3: »Christus ist das Abbild (Prägebild) des Wesens Gottes«. Gerade weil das NT kaum an philosophischen Gedankengängen interessiert ist, wird man dieser Formulierung besonderes Augenmerk schenken müssen. In den Konsequenzen bedeutet das: In Christus wird Gott in seinem W. anschaubar. Es geht hier also nicht um einen Begriff, der das W. Gottes umschreiben soll (also etwa Gerechtigkeit o.ä.), sondern Gottes W. tut sich in einer konkreten geschichtlichen Person und ihrem Geschick kund. In Hebr 3,14 und 11,1 ist *hypostasis* wohl am besten mit »Wirklichkeit« wiederzugeben (und nicht mit »Zuversicht«, vgl. Köster 584ff).

3. Die Frage nach dem W. des Menschen bzw. dem W. Gottes kann nur durch die Erschließung eines komplexen Sachverhaltes beantwortet werden. In dieser abstrakten Form ist sie dem AT und NT fremd (doch s. Hebr 1,3). Es werden immer nur Teilaspekte in geschichtlicher Erfahrung sichtbar. Diesen komplexen Tatbestand zu systematisieren muß Aufgabe einer Theologie des AT bzw. NT sein.

Literatur: K.-H. Bernhardt, B. Reicke: BHH III, 1966, 2167f; W. Eichrodt: Theologie des Alten Testaments Bd. I, [7]1962, S. 131-189; G. Harder: TBLNT I, [4]1986, 544ff; L. Köhler: Theologie des Alten Testaments, [2]1947, S. 2-17; H. Köster: ThWNT VIII, 1969, 571ff; H.H. Rowley: The Faith of Israel, 1956, S. 48-98; A. Schlatter: Der Glaube im Neuen Testament, [6]1982, S. 614-617; H.W. Wolff: Anthropologie des Alten Testaments, [3]1977. G.Le.

WESTEN. Für die Bezeichnung des W.s sind im AT zwei Bedeutungsebenen prägend: der W. ist der Ort des Sonnenuntergangs und in bezug auf die Topographie Israels der Ort des großen Meeres (Mittelmeer). Dies spiegelt sich wider in den Vokabeln, die hauptsächlich für W. benutzt werden. Am häufigsten wird *jām,* »Meer«, gebraucht und so der W. mit dem Meer gleichgesetzt (1Mo 28,14; 2Mo 10,19; 1Chr 9,24 u.ö.). An diesen Stellen ist *jam* eindeutig eine feste Bezeichnung für den W. Unsicherer ist Jes 49,12, wo z.B. LÜ nicht W., sondern »Meer« übersetzt. Die Gleichsetzung von W. mit dem Ort des Sonnenuntergangs zeigt sich in mehreren Ausdrücken: zum einen in dem von *ʿäräb,* »Abend«, abgeleiteten *maʿarab* (1Chr 7,28; 26,16; Ps 103,12 u.a.), zum andern in dem noch deutlicheren Ausdruck *mebō haschämäsch,* »Sonnenuntergang« (5Mo 11,30; Sach 8,7). Somit ist der Ausdruck »Vom Aufgang der Sonne bis zu ihrem Niedergang« (Ps 50,1; 113,3; Mal 1,11) für den Hebräer nicht nur eine zeitliche, sondern auch eine räumliche Größe. In Jos 1,4 verbinden sich die Elemente »Meer« und »Sonnenuntergang« als Bezeichnung für den W. Neben diesen beiden Hauptbedeutungen taucht vereinzelt noch eine dritte auf: Der W. wird mit Worten beschrieben, die eigentlich »hinten, das Hintere« bedeuten (5Mo 11,24; Joel 2,20; Sach 14,8; immer in Verbindung mit »Meer«). Das entspricht der Vorstellung, daß der Betrachter nach *Osten blickt und so den W. im Rücken hat (s.a. *Süden).

Das NT bezeichnet den W. grundsätzlich mit dem griech. Wort für »Sonnenuntergang«, *dysmē* (z.B. Mt 8,11; Lk 12,54; Offb 21,13). M.Sch.

WESTWIND s. Wind

WETTER s. Palästina

WIDDER s. Tiere

WIDERCHRIST s. Antichrist

WIDERSACHER s. Satan

WIEDERBRINGUNG. Die Sache kommt in der Bibel oft vor, das entsprechende griech. Wort *apokatástasis,* nur einmal (Apg 3,21); es bedeutet »Wiederherstellung«, »Neuordnung«.

1. Schon nach der ersten Sünde stellt Gott den in Aussicht, der »der Schlange den Kopf zertritt«, es also bei dem Triumph des Feindes nicht bleiben läßt (1Mo 3,15). Und Abraham verheißt Gott den Nachkommen, durch den »alle Geschlechter auf Erden gesegnet werden« (1Mo 12,3; 22,18). Schon vor und während der Babylon. Gefangenschaft verheißt Gott, daß das Gericht nicht das Letzte ist, und daß er den guten Hirten senden wird, seinen Knecht, der stellvertretend alles Gericht trägt und schließlich mit großer Kraft und Herrlichkeit erscheint (Jes 53,5; Jer 25,12; 27,22; Hes 34,23; Dan 7,13; Sach 9,9).

2. Mit Christi Geburt, Kreuz, Auferstehung und Erhöhung auf den Thron des Vaters und mit der Sendung des Heiligen Geistes ist im Grunde in *einem* alle Verheißung, auch die auf die »Wiederherstellung aller Dinge«, erfüllt (2Kor 1,20). Aber noch tritt das weitgehend nicht in Erscheinung; es ist noch nicht enthüllt. Wenn alles in Erscheinung tritt, vor allem, wenn Jesus Christus sich selber in göttlicher Macht und Herrlichkeit enthüllt, dann werden die Menschen festgelegt auf die Entscheidung, die sie bis dahin getroffen haben; wie sich die Menschen jetzt entscheiden, so wird dann über sie entschieden. Deshalb verhüllt sich Jesus noch immer, damit die Menschen noch immer die Chance haben, sein Friedensangebot anzunehmen und sich freiwillig für ihn zu entscheiden. Gott selbst wartet noch immer auf uns Menschen; allen soll das große Friedensangebot Gottes gebracht werden, weil er alle retten will (Apg 1,6-8; 2Kor 5,20; 1Tim 2,4; 2Petr 3,15a).

3. Bei seiner *Wiederkunft zur Errichtung seines Friedensreiches auf dieser Erde (Offb 19,11-16; 20,1-6) und bei der *Vollendung (Offb 21,1-22,5), tritt Jesus Christus und das, was er wirkt, ganz in Erscheinung (Kol 3,3.4): Der Feind ist dann weggetan (Offb 20,1-3.10); auf Golgatha hat Jesus ihm sein Recht genommen, jetzt nimmt er ihm auch seine Macht. Alles, was der Feind den Menschen durch die *Sünde geraubt hat, gibt Jesus wie-

der zurück; er »beraubt den Räuber; er nimmt den gefangen, der uns gefangen hielt«; Jesus »ist gekommen, daß er die Werke des Teufels zerstöre« (Mt 12,29; Eph 4,8; 1Joh 3,8). Die Erde ist vom Fluch der Sünde befreit. Zwischen Mensch und Mensch, Mensch und Tier und auch Tier und Tier herrscht Friede. Das *Paradies, der »Urstand« ist wiederhergestellt, ja überhöht. Und vor allem kommt es zu der »Wiedervereinigung« zwischen Gott und den Menschen (Jes 2,4; 4,2; 11,6-8; 65,20.25; Hes 47,12; Mi 4,3; Offb 21,3). Das Wort »Wiederbringung/Wiederherstellung« hat in diesem Zusammenhang in der Bibel die Bedeutung: Gott in Jesus Christus merzt allen Schaden der menschlichen Sünde wieder aus und kommt trotz allem zu seinem Ziel.

4. Viele beschäftigt auch heute die Frage, ob die »Wiederbringung aller Dinge« auch die »Wiederbringung«, die schließliche Rettung aller Menschen bedeutet: Zwar gibt es Schriftstellen (wie Jes 45,23f; 1Kor 15,28; Phil 2,10f; Offb 5,13; 22,2f), aus denen auf ein Weiterwirken Gottes in der Ewigkeit geschlossen werden könnte. Aber zu einer Lehre von der schließlichen Seligkeit aller Menschen reichen diese Schriftstellen nicht aus, zumal andere Schriftstellen deutlich von dem Gericht ohne zeitliche Begrenzung über die redet, die Gott in diesem Leben widerstrebt haben, so über den *Antichrist, den falschen Propheten und ihre Anhängerschaft (Offb 14,11; 20,10). Jesus Christus sagt, daß das Feuer des Gerichtes nicht verlöscht (Mk 9,48). Auf jeden Fall ist es eine falsche Beruhigung zu sagen, das Kreuz Jesu bedeute eine Generalamnestie ab sofort, Gott sitze »nur noch auf dem Gnadenthron, nicht auch auf dem Richterthron«. Vom Ernst der Schrift darf nichts abgebrochen werden (vgl. Offb 22,18f). Was in der Schrift in der Mitte steht, muß auf jeden Fall in der Mitte bleiben: »Heute, so ihr seine Stimme hört, so verstockt eure Herzen nicht« (Hebr 3,7). F.G.

WIEDERGEBURT.

1. Vorkommen des Begriffs in der Bibel.

Das Wort W. ist eine Übersetzung des griech. Wortes *paliggenesia,* »Wiederentstehung«. Ein hebr. Äquivalent fehlt (Dalman). *Paliggenesia* findet sich im NT nur in Mt 19,28 und Tit 3,5: an der erstgenannten Stelle im Sinne der Erneuerung des Kosmos oder (so Schlatter) Israels, an der zweiten Stelle im Sinne einer geistlichen Erneuerung einzelner Menschen. Der letztere Gedanke findet sich auch in Joh 3 in den Worten *anothen gennethenai,* »von oben bzw. von neuem geboren oder gezeugt werden« (V. 3.7; vgl. V. 8: »geboren werden aus dem Geist«, V. 5: »aus Wasser und Geist«; 1,13: »aus Gott«; vgl. 1Joh 2,29; 3,9; 4,7; 5,1.4.18). 1Petr spricht von *anagennan,* »wieder zeugen bzw. gebären« durch die Auferstehung (1,3) und das lebendige Wort Gottes (1,23), Jakobus von *apokyo,* »gebären, hervorbringen« durch das Wort der Wahrheit (1,18). In den Umkreis des Gedankens der W. gehören schließlich auch die Aussagen über das Kind-Gottes-Werden (Joh 1,12; vgl. 1Petr 2,2) bzw. -Sein (1Joh 3,1f.10; 5,2), aber auch von der neuen Schöpfung (2Kor 5,17; Gal 6,15; vgl. Eph 2,10).

2. Religionsgeschichtliche Zusammenhänge.

a. Im Sinne eines kosmischen Ereignisses begegnet das Wort W. außerhalb der Bibel vor allem im stoischen Denken als zyklisch wiederkehrende Wiederentstehung der im Feuer untergegangenen Welt (Philo, De aeternitate 9.47.76.85.93.99.103.109; vgl. Vita Mosis II, 65). Wenn auch das Jesuswort Mt 19,28 im kosmischen Sinn zu deuten ist, dann im Unterschied zur stoischen Auffassung und in Einklang mit anderen bibl. Aussagen über ein künftiges Neuwerden von Himmel und Erde (Jes 65,17; 66,22) als ein einmalig-endzeitliches Ereignis (2Petr 3,10-13). Sollte an eine Wiederherstellung Israels zu denken sein (vgl. den Gedanken der Apokatastasis, Mt 17,11; *Wiederbringung), so wäre die bibl. Wurzel des Gedankens (vgl. Mal 3,23f) noch direkter gegeben (vgl. auch Jos.ant. Jud. XI, 63).

b. Die individuelle Bedeutung des Wortes W. findet sich außerhalb der Bibel zunächst ebenfalls in der *Stoa, gleichzeitig aber auch in pythagoräischer Überlieferung, und zwar jeweils als Terminus der Seelenwanderungslehre (W. als Wiederverkörperung der Seele).

Dieser Gedanke liegt in Tit 3 offensichtlich fern. Deshalb wird weithin versucht, diese bibl. Stelle im Zusammenhang der zeitgenössischen Mysterienreligionen zu deuten, bei denen der Gedanke der W. der Mysten im Sinne einer Vergöttlichung zentral sei (Reitzenstein).

Für diese Hypothese fehlen aber überzeugende Belege. Der Gedanke der W. ist in den Mysterienreligionen bestenfalls eine späte Randerscheinung (Dey). So ist uns aus dem phrygischen Mysterienkult der Taurobolien eine Inschrift aus dem Jahr 376 n.Chr. erhalten mit den Worten: *in aeternum renatus,* »in Ewigkeit wiedergeboren« (CIL VI, 510). Der gleiche Begriff *renatus* findet sich auch in den ebenfalls nachchristl. Metamorphosen des Apuleius (um 175 n.Chr.) in seiner Darstellung der Isisweihe (X, 21). Der Myste empfängt in der Weihe ein »von den Bedrohungen durch Schicksal und Tod freies Leben«

(Dey, 99). Nach der Mithrasliturgie (4. Jh. n.Chr.) erfährt der Myste in der *Ekstase als allerdings nur vorübergehendem Erlebnis eine (ebenfalls nur momentane) »Geburt zur Unsterblichkeit«. Ähnlich lehrt der XIII. Traktat der hermetischen Schrift des Poimandres (3. Jh.n.Chr.) die Notwendigkeit der W. als vergeistigende Befreiung vom Sinnlichen. Der personale Gedanke der Gotteskindschaft fehlt auffallenderweise in den Mysterien und der hermetischen Literatur (Nilsson).

Als wirklich eindeutig vorchristl. Zeuge bleibt nur Philo: W. im individuellen Sinn kann bei ihm ein Wiederaufleben nach dem Tod bedeuten (Post 124: die Geburt Sets erscheint als Wiederentstehung des ermordeten *Abel; LegGai 325: Agrippa vergleicht seine Befreiung aus dem Gefängnis mit einer Erweckung vom Tod und damit W.), aber auch im Sinne eines platonisierenden Körper-Geist-Dualismus den Übergang in ein neues Sein: nach Cher 114 trennt sich die Seele im Tod vom Körperlichen und vereint sich mit dem Unkörperlichen; in Quaest in Ex II, 46 kann Philo Gleiches auch ohne Tod vom Aufstieg des Mose am Sinai zu Gott sagen: in ihm vollzieht sich eine »zweite Geburt, besser als die erste«, d.h. nach der ersten, natürlichen Geburt, in der Seele und Leib sich vereinen, kommt es nun zu einer zweiten, göttlichen Geburt, in der die Seele reiner Geist ist, unvermischt mit Körperlichem.

3. Das biblische Verständnis von Wiedergeburt.

Anders als in der *Stoa mit ihrer ewigen Wiederkehr des Gleichen hat im NT die neu entstehende Welt (Mt 19,28) nicht nur endgültigen Charakter, sondern auch eine ganz neue Qualität (»in denen Gerechtigkeit wohnt«, 2Petr 3,13; Offb 2,1.27). Dieser Unterschied gilt erst recht bei der individuellen Verwendung des Bildes von der W. im NT. W. ist nicht einfach Wiederbelebung, nicht nur erneute, sondern erneuerte, veränderte Existenzweise. Die W. ist ein »von oben« Gezeugtwerden (Joh 3,3), d.h. aus dem Geist Gottes (3,5), im Unterschied zur natürlichen Geburt »aus dem Fleisch« (3,6). »Fleisch« aber ist bei Johannes nicht nur irdische, körperliche Existenz als solche, sondern zugleich immer schon von der Sünde bestimmte, im Widerspruch zur Herrschaft Gottes stehende (3,5.19f). Das Leben »aus dem Geist« (3,8) ist entsprechend nicht eine entweltlichte Geistigkeit, sondern ein von der im geschichtlichen Ereignis des Kreuzes Christi offenbaren Liebe Gottes verändertes Leben (3,16.21). Wer wiedergeboren ist, tritt damit in den Bereich der Herrschaft Gottes ein (3,5b; vgl. auch Mt 18,3).

Damit aber werden im NT, unter Verwendung des in der hellen. Kultur geläufigen Bildes von der W., atl. Überlieferungen aufgenommen, die von der Bitte um den »neuen Geist« (Ps 51,12) und der Verheißung einer Erneuerung des Herzens durch den von Gott gegebenen Geist wissen (Hes 11,19; 36,26f). Die Verwirklichung solcher Verheißung wird jetzt vom Werk Jesu her möglich: im Glauben an den Sohn Gottes, der sein Leben für das der Welt gab (Joh 3,14-16). Aus solcher Neugeburt des Menschen entsteht ein neues, bleibendes Verhältnis zu Gott, das der Kindschaft (Joh 1,12f; 1Joh 3,1). Es ist geprägt von der dankbaren Liebe zum himmlischen Vater wie zum menschlichen Bruder (1Joh 5,1f). Als Beginn des Christseins ist W. damit zugleich Ansatz neuer, brüderlicher Gemeinschaftsbildung.

Beide Grundelemente des johanneischen Gedankens der W. (daß sich in ihr eine das ganze Leben bestimmende Wende vollzieht, und daß diese Wende nicht vom Menschen her möglich ist, sondern von Gott her in freier Gnade gegeben wird), kommen ebenso auch bei Paulus zum Ausdruck: Gott rettete uns in der W. »nicht um der Werke willen der Gerechtigkeit, die wir getan hatten, sondern nach seiner Barmherzigkeit« (Tit 3,5). Dieses Wirken des Geistes Gottes gründet auf der Erscheinung der »Freundlichkeit und Menschenliebe Gottes unseres Heilands« in Jesus Christus (3,4.6). Aber als Wende unseres Lebens vollzieht es sich jetzt: »die wir vormals unweise, ungehorsam, verirrt, dienstbar den Begierden waren« (3,3), jetzt aber erneuert wurden »im heiligen Geiste, welchen er ausgegossen hat über uns reichlich durch Jesus Christus, damit wir durch desselben Gnade gerecht und Erben seien des ewigen Lebens nach der Hoffnung« (3,6f). Hier stellt Paulus auch sprachlich den Zusammenhang mit der für sein Denken so zentralen Botschaft von der Rechtfertigung des Gottlosen her: W. ist für ihn Bildwort für das, was in der *Rechtfertigung geschieht (Cremer). Gott nimmt den Schuldigen in seine Gemeinschaft auf. Dieser darf »Vater« zu ihm sagen (Röm 8,15; Gal 4,6). Die so erfahrene Liebe Gottes wird zum bleibenden, stets neu im Sinne Christi verändernden Motiv im Leben des Glaubenden.

Genauso gründet auch Petrus die W. im einmaligen Heilsgeschehen in Christus (1Petr 1,3: »durch die Auferstehung Jesu Christi«), das uns durch das »lebendige Wort Gottes« vermittelt wird (1Petr 1,23).

Jakobus verbindet die jetzt schon durch das Wort personal vermittelte W. mit dem Gedanken der zukünftigen kosmischen Erneuerung als deren Anfang (Jak 1,18: »auf daß wir wären Erstlinge seiner Kreaturen«; vgl. Röm 8,19-21).

4. Wiedergeburt und Taufe.

Nach Joh 3,5 vollzieht sich die W. »aus Wasser und Geist«. Bei »Wasser« ist offensichtlich an eine Taufhandlung gedacht, in der Situation von Joh 3 aber kaum an die spätere christl. *Taufe, sondern eher an die des Johannes (1,25-277; 3,23; 4,1f), die »Taufe der Buße« (Mk 1,4) als Zeichen dessen, daß der Täufling sich unter Gottes gerechtes Gericht stellte, als Zeichen des Sterbens (Schniewind), während der Geist das neue Leben wirkt.

Dagegen ist in Tit 3,5 sicher an die christl. Taufe gedacht, umstritten ist nur, in welchem Sinn. Nach einer Deutung gibt die in urchristl. Zeit in der Regel an Erwachsenen und sehr bald nach ihrer Entscheidung für die christl. Botschaft vollzogene Taufe nur den Anlaß zum Vergleich der W. mit einem (die Sünde abwaschenden) Bad. »Bad der Wiedergeburt« und »Erneuerung des Heiligen Geistes« sind dann ein epexegetischer Parallelismus. Nach der anderen Deutung ist die Taufe selbst das »Bad der Wiedergeburt«. Sie ist also nicht nur Symbol, sondern Mittel des rettenden Handelns Gottes. Diese exegetisch mögliche, ja naheliegende Deutung darf aber nicht – wie es weithin geschieht - kurzschlüssig zu einem magischen Verständnis der Wirkung der Taufe verführen, das in offenem Widerspruch zu den personalen Kategorien des Kontextes stünde. Vielmehr kann vom Kontext her die Wirkung der Taufhandlung prinzipiell nicht anders als die des Wortes, nämlich personal, gedacht werden. D.h., daß der in der Urchristenheit als Normalfall gegebene enge zeitliche Zusammenhang von Taufe und W. in einer anderen kirchengeschichtlichen Situation auch gelöst werden kann, und die Wirkung der Taufe in das umfassende Wirken des Wortes integriert wird.

Literatur: F. Büchsel, K.H. Rengstorf: ThWNT I, 1933, 663-674; F. Büchsel: ibid. 680-688; H. Burkhardt: Das biblische Zeugnis von der Wiedergeburt, ²1981; E. Cremer: Rechtfertigung und Wiedergeburt, BzFchTh 11/1907; G. Dalman: Die Worte Jesu, 1930, S. 145f; J. Dey: Paliggenesia. Ein Beitrag zur Klärung der religionsgeschichtlichen Bedeutung von Tit 3,5, NTA XVII, 5, 1937; M.P. Nilsson: Geschichte der griechischen Religion II, 1974, S. 687ff; A. Schlatter: Die Kirche der Griechen im Urteil des Paulus, 1936; J. Schniewind: Von der Neugeburt. Das Gespräch Jesu mit Nikodemus, in: Zur Erneuerung des Christenstandes, S. 20-32, 1966. H.B.

WIEDERKUNFT JESU.

I. BEGRIFF.

Als »Wiederkunft« oder »Parusie« bezeichnet man das zweite Kommen Jesu. Während sein erstes Kommen in Niedrigkeit geschah und in *Kreuz und *Auferstehung endete, wird sein zweites Kommen in Macht und Herrlichkeit erfolgen und mit dem Weltgericht und der Ausschaltung aller bösen Mächte enden (Mt 24,30f; 1Kor 15,21ff; Offb 19-20).

II. HINWEISE IM ALTEN TESTAMENT.

1. Daniel 7.

Eine Grundstelle ist Dan 7; V. 13ff wird berichtet, daß der »Menschensohn« bis zum Thron Gottes gelangt und danach aus der Hand Gottes ein ewiges Reich empfängt. Wenn dieser Menschensohn aber erst vor den Thron Gottes gebracht werden muß, dann muß er aus einem Bereich kommen, der außerhalb der himmlischen Thronwelt liegt, d.h. praktisch von der Erde. Dan 7 läßt also folgenden Ablauf erkennen: Irdischer Aufenthalt des Menschensohnes – Aufstieg des Menschensohnes zum Himmel – Übernahme der Herrschaft durch den Menschensohn.

Jesus hat sich intensiv mit diesem Kapitel des AT beschäftigt. Er gibt dazu in Joh 3,13 einen Kommentar, dessen wesentliche Aussage lautet: Wenn der Menschensohn nach Dan 7 zum Himmel aufgestiegen ist, dann muß er zuvor vom Himmel herabgestiegen sein. Denn der Menschensohn ist eine himmlische und sündlose Gestalt, die nicht der Erde entstammt. In Jesu Augen geht also der Menschensohn folgenden Weg: Abstieg vom Himmel zur Erde – irdischer Aufenthalt – Aufstieg zum Himmel – Übernahme der Herrschaft.

Dan 7 im AT und dem Kommentar Jesu im NT ist dies gemeinsam: Während der irdischen Tätigkeit des Menschensohnes gibt es noch kein Reich des Menschensohnes. Dieses kommt erst später, nach dem Aufstieg des Menschensohnes zum Himmel. Da aber sein Reich universal ist, muß er den Menschen als Herrscher »wieder« zu Gesicht »kommen«. Damit ist die »Wiederkunft« des Messias als ein Teil des Heilsplanes Gottes festgelegt und verkündigt.

2. Weitere Stellen.

Neben Dan 7 steht Jes 53 als eine weitere Grundstelle für Jesu Verkündigung. Hier ist vom Gottesknecht die Rede. Dessen Weg weist manche Parallele zum Weg des Menschensohnes auf. Als ein Gesandter Gottes, als Knecht und Geistträger, als der Bringer der wahren Tora für Israel und die Völker steht er in einem einzigartig engen Verhältnis zu Gott. Sein irdisches Wirken endet in der Passion. Das ist das Besondere an ihm: Er gibt sein Leben zum Schuldopfer. Doch damit ist sein Geschick keineswegs zu Ende. Vielmehr setzt sich sein Leben und sein Wirken in geheimnisvoller Weise fort. Und zwar so, daß er in Herrlichkeit weiterlebt ohne daß uns die Einzelheiten seiner Herrlichkeit gezeigt werden. Er erscheint also gewissermaßen zweimal, und zwar in einem zeitlichen Nacheinander: zuerst als der Leidende, danach als der in Herrlichkeit Weiterwirkende. Diese beiden Epochen seines Wirkens können sich ohne Schwierigkeiten mit der Lehre von einem zweimaligen Kommen des *Messias verbinden.

Jesus hat seinen Weg aber nicht nur mit Dan 7 und Jes 53 verbunden, sondern auch mit dem Propheten *Jona (Mt 12,39ff; 16,4). Jona war dem Tode preisgegeben. Gott aber hat ihn aus dem Rachen des Todes befreit und zu einer neuen Mission benutzt. Auch Jesus weiß, daß er dem Tode preisgegeben wird. Auch Jesus weiß, daß er aus den Banden des Todes befreit werden wird. Auch er weiß, daß dann erst seine Mission im weiteren Bereich beginnt (vgl. die Leidensweissagungen). So läßt sich auch der Weg des Propheten Jona als ein Modell für das zweimalige Auftreten des Messias verstehen.

Wichtig ist in diesem Zusammenhang auch Ps 22. Es handelt sich um den Psalm, den Jesus am Kreuz gebetet hat (vgl. Mt 27,46ff). Er sah also sein Sterben im Lichte dieses Psalmes. Nun zeigt uns aber auch Ps 22 den Weg eines Gerechten, der auffallende Parallelen zu Dan 7; Jes 53; Jona 1-4 aufweist. Dieser Gerechte ist ebenfalls in der Hand seiner Feinde, durchlebt eine Passion, scheint dem Tode ausgeliefert und wird danach zum Verkündiger der wunderbaren Taten Gottes in einer Gemeinde, die sich aus »aller Welt Enden« sammelt. Auch hier also finden wir einen Zusammenhang von Ereignissen, in deren Verlauf der Gerechte zweimal auftritt, wobei die beiden Auftritte durch die Zäsur der Passion getrennt sind.

Fazit: Eine Wiederkunft des Messias ist zwar nirgends im AT mit dürren Worten ausgesagt. Aber sie ergibt sich als naheliegende Schlußfolgerung aus einer Gesamtschau der messianisch-prophetischen Texte. Überdies zeigt uns das NT, daß Jesus und seine Jünger in der Tat diese Texte in einer solchen Weise verstanden haben.

III. IN DER INTERTESTAMENTARISCHEN LITERATUR.

Hinweise auf eine W. des Messias finden sich in der intertestamentarischen jüd. Literatur nur selten, z.B. in 4Esr 7,28ff. Sie sind ähnlich spärlich wie die Aussagen über einen leidenden Messias. Es scheint, als habe die allg. jüd. Messiaserwartung die atl. Hinweise auf das Leiden und die W. des Messias weniger ernst genommen als die Aussagen des AT über die Herrlichkeit des Messias. Außerdem muß man berücksichtigen, daß 4Esr unter dem Verdacht steht, von Christen überarbeitet worden zu sein.

IV. NEUTESTAMENTLICHE BELEGE.

Das Thema der W. des Messias nimmt im NT den breitesten Raum ein.

1. Jede der speziellen Leidensweissagungen Jesu (Mt 16,21; 17,22f; 20,17ff) ist bereits mit der Auferstehungsweissagung verbunden. In der Auferstehung ist aber schon das Weiterwirken des Auferstandenen enthalten. Darüber hinaus lehrte Jesus, daß er als der Menschensohn am Ende der Zeiten Gericht halten, die Bösen ausschalten und die Gerechten in sein und des Vaters Reich sammeln werde (Mt 13,41ff; 25,31ff). Ja mehr noch: Er lehrte, daß er mit seinen Engeln als dieser Menschensohn – Weltenrichter wiederkommen und das sichtbare Gottesreich aufrichten werde (Mt 16,27f; 24,30f). Um die Jünger auf eine lange Spanne bis zu dieser W. (Parusie) vorzubereiten, benutzte er die sog. Parusiegleichnisse (z.B. Mt 25,1ff; 25,14ff; vgl. auch Mt 24,36ff; 24,45ff). Obwohl die kritische Forschung die Authentizität aller drei Aussagegruppen in den Evv. – Leidens- bzw. Auferstehungsweissagungen; Identifizierung Jesu mit dem Menschensohn; Lehre von seiner Parusie – bezweifelte, setzt sich heute die Überzeugung von ihrer Authentizität mehr und mehr durch (vgl. z.B. Bayer, Bittner, Caragounis, Kim).

2. Die Apostel schauen mit einem brennenden Herzen nach der W. Jesu aus (vgl. Apg 1,11; 10,42; 17,31; 26,23; 1Kor 15,21ff; 1Thess 1,10; 1Tim 6,14; Tit 2,13; 1Petr 1,7; 1Joh 2,28; Jak 5,7f). Die apostol. Paränese wie auch die Mission der *Urgemeinde ist undenkbar ohne die Orientierung an der W. Sogar die wenigen Wortfetzen der aram. Gebetssprache, also der Muttersprache Jesu, die noch im NT erhalten sind, sind mit ihrem *Maranata-Ruf Zeugnisse dieser Erwartung (vgl. 1Kor 16,22; Offb 22,20).

Ein bes. Problem stellt sich hier durch die Annahme vieler Forscher, die Urgemeinde habe unter einer »Parusieverzögerung« gelitten, ja infolge einer solchen »Parusierverzögerung« sogar einen Umbau ihrer Theologie und Mission vornehmen müssen (s. *Verziehen). Außerdem wird angenommen, daß Jesus und die Urgemeinde in einer Erwartung des nahen Endes gelebt hätten. Diese Erwartung Jesu und der Urgemeinde habe sich dann im Laufe der Zeit als ein Irrtum erwiesen. Was ist darauf zu sagen?

Erstens muß festgehalten werden, daß Jesus von einer langen Zeitspanne bis zu seiner W. ausgegangen ist. Sonst hätte er nicht die Jüngerschaft beten gelehrt: »Dein Reich komme« (Mt 6,10). Sonst hätte er nicht die warnenden Parusiegleichnisse vorgetragen (Mt 24,43f; 25,5; 25,19). Sonst hätte er nicht vor jeder Datierung gewarnt (Mt 24,36; Apg 1,7).

Zweitens sind die Apostel sowohl einem Erlahmen der Parusieerwartung als auch einer zu schnellen Annahme der baldigen W. entgegengetreten (1Kor 15,21ff; 2Thess 2,1ff; 2Petr 3,3ff). Sicherlich haben sie sich gelegentlich danach gesehnt, die W. noch selbst zu erleben (evtl. Paulus nach 1Kor 15,51), aber sie haben daraus niemals die Lehre gemacht, daß Jesus noch zu ihren Lebzeiten wiederkommen werde (vgl. 1Thess 4,13ff; 5,1ff; 2Thess 2,1ff; 2Petr 3,8ff). Jedenfalls haben sie genauso wie Jesus vor der W. gewarnt (1Thess 5,2f; 2Petr 3,10).

Drittens ist bei der Auslegung des NT zu beachten, daß das letzte Buch der Bibel, die *Offenbarung des Johannes, mit dem Ausblick auf die W. schließt (Offb 22,17ff). Auch vom Kanon her ist also die Orientierung der Christenheit an der W. gefordert.

V. WIRKUNG DER WIEDERKUNFT JESU.

Was wird mit der W. eigentlich erwartet? Welchen Stellenwert hat sie für eine bibl. Glaubenslehre?

1. Die W. beendet die Aporien (Ausweglosigkeiten) der Geschichte. Die Menschheit kann die Probleme, die sich mit dem Abfall von Gott ergaben, nicht selbst lösen. Das gilt z.B. vom Wachsen und Wirken des Bösen. Erst Jesu W. in Macht und Herrlichkeit wird die bösen Mächte ausschalten (vgl. 1Kor 15,21ff; Offb 19-20). Das gilt ferner von *Tod, *Leid und *Schmerzen. Erst mit der W. wird der Tod besiegt und weggenommen. Erst dann kann auch ein dauerhaftes Friedensreich entstehen (vgl. Offb 21,4f). Das gilt auch von der Unordnung im Kosmos, die wir z.B. in Gestalt von Katastrophen und Umweltzerstörung erleben. Erst mit der W. werden die alten, unzureichenden Kräfte des Kosmos gestürzt und den dämonischen Fehlentwicklungen ein Ende gesetzt (vgl. Mt 24,29; Offb 21,1).

2. Die W. beendet die Leiden der Gemeinde. *Verführung und *Verfolgung begleiten die Gemeinde Jesu, solange sie auf Erden ist (vgl. Mt 24,9ff; 2Thes 2,1ff; Offb 13). Auch Israel ist ständig verfolgt und geschunden (Dan 7). Wenn aber Jesus wiederkommt, müssen alle Weltreiche weichen (Dan 7; Offb 19). Die letzte größte Trübsal ist dann vorbei (vgl. Mt 24,21ff; vgl. auch Lk 21,28; Offb 6,9ff).

3. Die W. führt zur ersten Auferstehung von den Toten und zur Sammlung seiner ganzen Gemeinde aus schon Verstorbenen und noch Lebenden. Die Sammlung der noch lebenden Gemeindeglieder beim wiedergekommenen Jesus wird im NT »Entrückung« genannt (vgl. Mt 24,31; 1Kor 15,23.51; 1Thess 4,16f; Offb 19,7ff; 20,4ff).

4. Die W. leitet das *Tausendjährige Reich ein. Einer Zusammenschau von Mt 13,41ff; 1Kor 15,21ff; Offb 19; 20 ist zu entnehmen, daß dann eine Segensherrschaft des Christus und der Erlösten noch auf der alten Erde beginnt. Jerusalem gewinnt eine Mittelpunktstellung (Offb 20,9; s. *Jerusalem – in seiner theologischen Bedeutung), und viele Verheißungen des AT werden wenigstens anbruchsweise noch in diesem Tausendjährigen Reich erfüllt.

5. Die W. leitet die sichtbare Neuschöpfung ein. Nach dem bibl. Heilsplan kann die Neuschöpfung nicht stattfinden, bevor nicht der äußere, sichtbare Sieg Gottes über die Abtrünnigen der Schöpfung stattgefunden hat. Es gibt ein Böses, das sich nicht bekehrt. Dieses Böse muß durch den Sieg Gottes überwunden werden. Eben dies ist die Aufgabe des wiederkommenden Jesus Christus (Offb 19,11ff; 20,7ff). Es muß sodann noch vor der Neuschöpfung das Gericht stattfinden. Auch dieses Gericht hat der Vater dem Sohn übertragen (Joh 5,22ff). Entsprechend der Folge der Auferstehungen (1Kor 15,21ff) gibt es auch eine Folge von Gerichten: zuerst über die Gemeinde (Mt 25,14ff; 2Kor 5,10; 1Petr 4,17), dann über die Welt (Mt 25,31ff; 1Kor 6,3; Offb 20,11ff). Der wiederkehrende Jesus wird dieser Richter über seine Gemeinde und über die ganze Welt sein. Schließlich ereignet sich in diesem Endgericht auch die Scheidung von Guten und Bösen, genauer gesagt: von Erlösten und Verdammten. Auch diese Scheidung wird der wiederkehrende Jesus durchführen. Dann, wenn der Christus die *Heilsgeschichte ans Ziel gebracht hat, wird er »das Reich Gott, dem Vater übergeben« (1Kor 15,24). So kann die Neuschöpfung ins Werk treten (Offb 21,1ff).

Literatur: P. Althaus: Die letzten Dinge, SASW 9, 1. Aufl., 1922; L. Atzberger: Geschichte der christlichen Eschatologie innerhalb der vornicänischen Zeit, D 1970; C.A. Auberlen: Der Prophet Daniel und die Offenbarung Johannis, 1854; ders.: Die göttliche Offenbarung, 1, 1861; Ph. Bachmann: Der neutestamentliche Ausblick in die Endgeschichte und seine Bedeutung für die Gegenwart, NKZ 34, 1928, S. 25-46; 85-109; 171-190; H.F. Bayer: Jesus Predictions of Vindication and Resurrection, WUNT, 2. Reihe, Bd. 20, 1986; J.A. Bengel: Erklärte Offenbarung Johannis oder vielmehr Jesu Christi, [2]1773; H. Bietenhard: Das tausendjährige Reich, [2]1955; W. Bittner: Gott-Menschensohn-Davidssohn, Freiburger Zeitschrift für Philosophie und Theologie, 32, 1985, S. 343-372; R. Bultmann: Heilsgeschichte und Geschichte. Zu Oscar Cullmann, Christus und die Zeit, ThLZ, 73, 1948, 659-666; C.C. Caragounis: The Son of Man, Vision and Interpretation, WUNT, 38, 1986; H. Corrodi: Kritische Geschichte des Chiliasmus, 3 Bde., o.J. (1781); O. Cullmann: Christus und die Zeit, 1946; F. Delitzsch: Die biblisch-prophetische Theologie, Biblisch-theologische und apologetisch-kritische Studien, 1, 1845; R. Frick: Die Geschichte des Reichs-Gottes-Gedankens in der alten Kirche bis zu Origenes und Augustin, BZNW, 6, 1928; K. Hartenstein: Der wiederkommende Herr, 1940; K. Heim: Jesus der Weltvollender, [5]1975; M. Kähler: Die Bedeutung, welche den »letzten Dingen« für Theologie und Kirche zukommt, Dogmatische Zeitfragen, 2. Bd. [2]1908, S. 487-521; S. Kim: The Son of Man as the Son of God, WUNT, 30, 1983; Th. Kliefoth: Christliche Eschatologie, 1886; W. Münscher: Historische Entwicklung der Lehre vom tausendjährigen Reiche, in den drey ersten Jahrhunderten, MRP, 6, 1796, S. 233-254; H. Schmidt: Die eschatologischen Lehrstücke in ihrer Bedeutung für die gesamte Dogmatik und das kirchliche Leben, JDTh, 13, 1868, S. 577-621; E. Staehelin: Die Verkündigung des Reiches Gottes in der Kirche Jesu Christi, 1. Bd., 1951; N.B. Stonehouse: The Apocalypse in the Ancient Church, 1929; J. Taubes: Abendländische Eschatologie, BSSP, 3, 1947; E. Wadstein: Die eschatologische Ideengruppe: Antichrist, Weltsabbat, Weltende und Weltgericht, 1896; H.E. Weber: Die Kirche im Lichte der Eschatologie, NKZ, 37, 1926, S. 299-339; H.D. Wendland: Geschichtsanschauung und Geschichtsbewußtsein im Neuen Testament, 1938. G.M.

WILLE, WOLLEN.

1. Der Begriff.

a. Die dt. Wörter »Wille, wollen« geben mehrere hebr. und griech. Begriffe wieder, die im Hebr. nicht so sehr einen Entschluß, sondern ein Wirken und Handeln bezeichnen. Häufig übersetzt LÜ mit »wollen« diejenige Form des hebr. Tätigkeitswortes, die man genauer mit »werden« oder »fortfahren« wiedergeben kann (vgl. 1Mo 8,21; 12,3 u.ö.).

b. W. meint im AT deutlicher als im NT die bewegende Kraft des Herzens. So kann LÜ W. setzen, wo im Hebr. *näphäsch* (*Seele, *Herz, *Gemüt), ja sogar *ruach* (*Geist, auch Geist Gottes) steht. Der W. ist hier also oberste Funktion des Menschseins überhaupt. Durch die enge Verbindung zwischen Geist und W. wird die Beziehung des menschlichen W.ns zum göttlichen oder auch dämonischen *ruach* und seine Abhängigkeit davon angedeutet (vgl. Ri 9,23 wörtl.: »Gott sandte einen bösen Geist«). Der W. ist somit das Zentrum, der Sitz der beeinflußbaren Regungen des Menschen (vgl. 2Chr 15,15; Est 9,5).

c. Im NT entspricht die dt. Übersetzung W. in ihrer Bedeutung einheitlicher und genauer dem griech. Wort *thelema*, das sowohl den W.n Gottes wie den des Menschen bezeichnet.

2. Gottes Wille/Wille des Menschen.

a. Durch Gottes W. sind die Erde und alle Dinge geschaffen (Offb 4,11). Gott handelt aus freiem W.n. Er herrscht unumschränkt im Himmel (Mt 6,10). Niemand kann auf die Dauer seinem W.n widerstehen (Röm 9,19). Der W. Gottes soll Mittelpunkt des gesamten Lebens, auch des Menschenlebens, sein, denn alle Dinge sind zu ihm geschaffen (Röm 21,36; 1Kor 8,6). Daß dieser unumschränkte Gotteswille auch auf Erden zur Geltung komme, ist der Inhalt jedes rechten Gebets eines Christen (Mt 6, 10). Der Mensch, seit dem Sündenfall unfrei geworden, den W.n Gottes zu tun, ist mit der gesamten Kreatur (Röm 8,20) der *Sünde und der Nichtigkeit (*Nichts) unterworfen (vgl. Röm 7, 15ff). Sein W. neigt sich vorwiegend dem Bösen zu, er ist gefangen, um des Teufels W.n auszuführen (2Tim 2,26). Der natürliche Mensch tut nicht mehr den W.n Gottes, sondern den W.n des *Fleisches und seiner selbstherrlichen Vernunft (Eph 2, 3); er lebt nach seinem »heidnischen Willen« (1Petr 4,3). Das bedeutet nicht, daß der natürliche Mensch nicht im Rahmen der Schöpfung und der relativen menschlichen Ordnungen eine gewisse Entscheidungsfreiheit hätte (vgl. 3Mo 22,18; 1Kor 7,37). Aber erst durch die *Wiedergeburt, die nicht »durch den Willen eines Mannes« (Joh 1,13), sondern nach dem W.n Gottes aus seinem Wort geschieht (Jak 1,18; 1Petr 1,23), wird der natürliche Mensch befreit, den W.n Gottes zu tun (2Kor 8,10f).

b. Daß dies geschehen kann, verdanken wir dem Heilswillen Gottes. Gott will, daß kein Mensch verloren gehe (Joh 6,3ff), sondern jeder ewiges *Leben empfange. Dafür sandte er seinen Sohn, dessen Lebensinhalt es war, den W.n des Vaters zu tun (Mt 26,42; Lk 22,42; Joh 4,34; 5,30) und sich als Opfer für alle Menschen dahinzugeben (Gal 1,4). Der W. Gottes ist nach dem NT immer sein Heilswille. Gottes Liebe wird darin sichtbar, daß er sündige Menschen zu seinen Kindern bestimmt (Eph 1,5). Dieser Liebeswille Gottes trägt universalen Charakter. Das Geheimnis seines W.ns (Eph 1,9) besteht darin, daß nicht nur dem Volk Israel, sondern auch den Heiden die Botschaft der Versöhnung gebracht und der Gehorsam des Glaubens unter ihnen aufgerichtet werde (Röm 16,25f). Dazu wurde *Paulus zum *Apostel berufen und mit *Vollmacht von Gott ausgerüstet, damit Gottes Heilsratschluß (Eph 1,11) ausgeführt würde. Paulus kann sich deshalb in seinem Apostelamt stets auf Gottes W.n berufen (2Kor 1,1; Eph 1,1; Kol 1,1; 2Tim 1,1).

3. Gott will die Rechtfertigung und Heiligung des Sünders (1Thess 4,3). Der Schreiber des *Hebräerbriefes wünscht seinen Lesern, daß Gott sie durch die Kraft der Auferstehung befähige, seinen W.n zu tun (Hebr 13,20f). Um Gottes W.n tun zu können, muß man jedoch wissen, was sein W. ist; um diese Erkenntnis bittet Paulus den Herrn für die Kolosser (Kol 1,9). Solche Erkenntnis und der daraus folgende Gehorsam geben dem Gebet die rechte Richtung und die Verheißung der Erhörung (Joh 9, 31; 1Joh 5,14). Der tätige Gehorsam wirkt wiederum Erkenntnis (Joh 7,17; Kol 1), die Gottes W.n getan haben, werden im Gericht nicht mit der Welt vergehen, sondern in Ewigkeit bleiben (1Joh 2,17). Gottes W. an seinen Kindern geschieht u.a. auch im Leiden (1Petr 3,17; 4,19; vgl. Apg 21,14), wobei er ihre Einwilligung erwartet und sie mit Geduld ausrüstet (Hebr 10,36).

4. Durch Gottes Schöpfungswillen (Offb 4,11) wie durch seinen Heilswillen (Joh 6,38ff), durch seine Liebe (Eph 1,5f) wie durch sein Gericht über die, die ihn nicht hören wollen und ihm beständig widerstehen (1Sam 2,25; Jer 5,3.6; 6,10f; 25,7ff; Mt 23,37f), wird sein Name geheiligt und seine Herrlichkeit erhöht. Das aber ist das Ziel alles Wirkens und Wollens Gottes.

Literatur: G. Schrenk: THWNT III, 1938, 52–63; H.W. Wolff: Anthropologie des AT, 1973, S. 65–67.84–90.

WIND. (Hebr. *ruach*).

1. Das Klima galt als durch die vier W.e von den vier Enden der Erde beeinflußt (Jer 49,36; Dan 7,2; Offb 7,1). Der W. kann eine Quelle des Segens als auch des Fluchs sein. Er untersteht Gott (Ps 107,25; Spr 30,4; Mk 4,41), ist von ihm gemacht (Am 4,13) und wird für seine Ziele eingesetzt (Hes 37,9).

2. Die »vier Winde« bezeichnen die Gesamtheit der Himmelsrichtungen (Hes 37,9; Dan 8,8; Sach 2,10; Mt 24,31; Offb 7,1).

a. Mit dem Nordwind (*ruach zaphon*) verbindet man Kälte und Regen (Hiob 37,9.22; Spr 25,23 RevEB; s. *Norden).

b. Der Südwind (*ruach darom*) hat mehrere Eigenschaften. Er ist stürmisch (Jes 21,1; Sach 9,14) aber auch mild (Apg 27,13). Der Schirokko, gewöhnlich mit dem S-Wind assoziiert, ist außergewöhnlich heiß und trocken. Er ist ein Fallwind, der vom Hochland des Sinai und Arabiens kommt (Hiob 37,16f; Jer 4,11; Lk 12,55). Die Auswirkungen der Fallwinde können jedoch in allen Regionen mit krassen Höhendifferenzen entstehen, so daß sie dann auch als O-Winde bezeichnet werden (Jes 27,8; Hes 17,10; Hos 13, 15; Jona 4,8). Sie trocknen das Gras aus, und die gesamte Vegetation verdorrt (Ps 103,16; Jes 40,6-8; Jak 1,11; s. *Süden).

c. Auch der Ostwind wird als trockener Wüstenwind beschrieben (*ruach qadim*; Hiob 1,19; Jer 4,11; 13,24), als ein heftiger, böiger W. (2Mo 14,21; Hiob 27,21; 38,24; Jer 18,17), der durch glühende Hitze der Vegetation zusetzt (1Mo 41,6.23.27; Hes 17,10; 19,12; s. *Osten).

d. Der Westwind (*ruach jām*) gilt als der W., der Regen bringt (1Kön 18, 44f; Lk 12,54). Zu unterscheiden ist jedoch zwischen den täglichen Meeresbrisen, die im Sommer das Klima an der Küste kennzeichen und sich mäßigend auf die hohen Temperaturen auswirken, und den heftigen Westwinden im Winter, die in der Schiffahrt vor allem als NW-Stürme gefürchtet sind. Der W. ist ein Symbol für die Nichtigkeit (Jes 41,29) und Vergänglichkeit des Menschen (Ps 78,39), er wird auch in Zusammenhang mit dem Geist Gottes genannt (griech. *pneuma*: Joh 3,8; Apg 2,2; *Geist, Heiliger).

e. Griech. *eurakylon* (s. RevEB) nannte man den Sturmwind (LÜ: »Nordost«), der zum Schiffbruch führte bei der Fahrt des Paulus als Gefangener nach Rom (Apg 27,14). Der Name Eurakylon ist zusammengesetzt aus griech. *euros*, »Ostwind«, und latein. *aquilo*, »Nordwind« (s.a. *Malta/Melite; *Reisen; *Palästina; *Paulus).

WINTER s. Palästina

WIRBELSTURM s. Sturm

WIRKLICHKEIT.

I. DAS FEHLEN DES BEGRIFFS IN DER BIBEL.

»Wirklichkeit« ist kein bibl., sondern ein philosophischer Begriff. Es gibt zwar nicht »den« philosophischen Begriff von W., weil es nicht »die« Philosophie gibt, sondern eine Vielfalt philosophischer Konzeptionen. Bezeichnend ist aber der Sachverhalt, daß alle diese philosophischen Ansätze eine Ontologie besitzen: eine Lehre vom Sein, von dem, was W. ist. Auch dort, wo man nicht mehr Metaphysik im herkömmlichen Sinne treiben will, wo man diese gar für überwunden hält, bedient man sich notwendig ontologischer Voraussetzungen (das gilt sogar für die dem Anspruch nach völlig abstrakte Logik). Die Bedeutung dieses Sachverhaltes und die – an ihm gemessen – »ontologische« Radikalität des bibl. Denkens wird darin erkennbar, daß wir im Hebr. keinen Begriff für »Wirklichkeit«, »Sein« etc. finden, in der Bibel keine – auch nur implizit mit-gegebene, weil vorausgesetzte – Ontologie zu finden ist.

In der Bibel kommt das Wort »Wirklichkeit« nicht vor. Die bibl. Sprachen kennen keine dem dt. »Wirklichkeit« entsprechenden Äquivalente. Dieser philologische Sachverhalt ist von kaum zu überschätzender theologischer Bedeutung. Das Hebr. (und Aram.) des AT verzichtet nicht nur auf einen Begriff für »Wirklichkeit«. Es fehlen auch alle anderen Worte, die im Deutschen an die Stelle von »Wirklichkeit« treten, also die Vorstellung eines an sich existierenden, unabhängig von Gott zu denkenden Zusammenhanges begründen könnten. Weder AT noch NT kennen unseren modernen Begriff von »Geschichte«, »Natur« oder »Welt«.

Daß sich Israel nicht in der Lage sieht, seine Umwelt durch den Begriff der »Natur« wie »durch eine Zauberformel zu beschwören und zu verobjektivieren und das, was vielmehr ein Geschehen war, ein persönliches Widerfahrnis, in einem neutralen Begriff sozusagen gerinnen zu lassen« (von Rad, 1974a, 153), ist nicht in einer Unfähigkeit des Hebräers zu systematischem Denken begründet, sondern in einer spezifischen Gotteserfahrung, die ein Begreifen der Welt als »Natur« von vornherein unterläuft: Sie wird so gesehen, »wie sie vor Gott daliegt, ganz und gar offen nach ihm hin« und seiner in jedem Augenblick bedürftig (ebd., 151; vgl. Ps 104).

Daß Israel keinen Geschichtsbegriff ausbildet, schon gar nicht unser modernes Verständnis von Geschichte teilt, liegt darin begründet, daß es erfährt und weiß: »Alle Aktivität geht von Gott aus« (ebd., 155). Darum ist vor einer Rückprojektion unseres Geschichtsbegriffes in das AT und NT zu warnen. Der Hebräer stellt sich nicht »Geschichte« als Gesamtzusammenhang vor, innerhalb dessen dann Gott und der Mensch am Werk sind oder dessen Subjekt der Mensch gar ausschließlich ist. Er sieht vielmehr die Heils- und Handlungstreue des Gottes der Väter, des Gottes Israels am Werk.

Es erstaunt nicht mehr, daß Israel auch »der uns geläufige Begriff 'Welt' fremd« ist (von Rad, 1969, 165). »Welt« ist für Israel »viel weniger ein Sein als ein Geschehen« (ebd.). »Welt« ist wie »Natur« und »Geschichte« nicht ein in sich ruhender, an sich zu denkender Ordnungsorganismus (griech.: *kosmos*), sondern unmittelbares Handlungsfeld Gottes. Welt ist ihm »ein unablässiges, tragendes, ordnendes Handeln Gottes« (v. Rad, 1974a, 151).

Die Unfähigkeit des Hebräers, in seiner Sprache, die Ausdruck seiner Lage und Geschichte ist, Begriffe wie Natur, Welt, Geschichte oder gar W. zu bilden, ist also im eigentlichen Sinne theologisch begründet. Da er das, was wir »Welt«, »Geschichte« »Natur« oder »Wirklichkeit« nennen, als »Domäne des Waltens Jahwes« erfährt (von Rad, 1969, 440), also gar nicht unabhängig von Gott denken kann, sieht er sich auch nicht in der Lage, solche abstrakten, losgelöst von Gott und von der eigenen Existenz zu denkenden Begriffe zu bilden.

Gott-lose, weil unabhängig von Gott zu denkende, als an und für sich existierend zu begreifende Vorstellungszusammenhänge wie »Natur«, »Welt« und »Wirklichkeit« kann der Hebräer nicht denken, weil alle Details seiner »Welt«-Erfahrung »in ihrer Gegenständlichkeit auf Gott bezogen« werden (von Rad, 1974b, 121). Diese konsequente, das Denken wie Sprechen über W. in Beschlag nehmende Theonomie führt einerseits zu einer fast beispiellosen Intensität konkreter Wahrnehmung von »Wirklichkeit« (Köhler, 1953, 106.118 u.ö.), die sich – nicht beeinflußt von Theorien über das Wesen des Kosmos – dem Staunen und Wundern über das, was da ist, öffnet. Umgekehrt führt dieses unvoreingenommene Wahrnehmen, das auf Objektivationen verzichtet, die sich zwischen Gott und den Menschen schieben, dazu, daß die Erkenntnis der Natur als Schöpfung und der Geschichte als Handlungsfeld Jahwes, seines ihm treuen Gottes, zu einem einzigen Lob der Güte und Gnade Gottes werden (vgl. z.B. Ps 96,12; 98,8; Ps 104). Unverdeckte Wahrnehmung macht den Anredecharakter der Schöpfung deutlich; sie läßt erkennen, daß die Schöpfung den Menschen auf Gott hin anredet (vgl. Röm 2,27f), daß sie eine »Rede an die Kreatur durch die Kreatur« ist (Hamann (1762, 198)). »Natur«, »Geschichte«, »Welt« – die gesamte W. zeugt da von Gott, wo der Mensch nicht sich und seine Begriffe als Strukturen »der« W. absolut setzt – ihnen kommt ja nur ein Modellcharakter zu – wo er darauf verzichtet, seine unter bewußter Abstraktion vom Gottesgedanken gebildeten Begriffe von »Wirklichkeit« als die Wahrheit über W. auszugeben (s.u. IV.).

Der Sachverhalt, daß es für die hebr. Sprache und darum für das hebr.-bibl. Denken keine »Natur«, keine »Geschichte«, keinen »Kosmos« gibt, findet seinen positiven Ausdruck in der zentralen Aussage 2Mo 3,14 (vgl. Ratschow, 1941, 80-84). In dieser Schilderung der Selbstvorstellung Gottes verdichtet sich in unüberbietbarer Weise die »Wirklichkeits«-Erfahrung Israels. Auf die Frage nach seiner Identität antwortet Jahwe, indem er auf das hebr. *hajah*, »sein, werden, wirken«, zurückgreift. Indem er die Bedeutung von *hajah* in seiner Namensoffenbarung auf sich bezieht, nimmt er es faktisch exklusiv für sich in Anspruch. Im Kontext der Lage des verzweifelten Volkes, das nach der Macht fragt, die im Stande ist, es aus der Hand des Pharao von Ägypten zu befreien, erhebt diese Antwort einen unerhörten Anspruch: Die W. – das bin Ich; das, worauf ihr euch verlassen könnt, das bin Ich; das, was sich – wie in der Geschichte eurer Väter (2Mo 3,15) – auch in eurer Geschichte als wirksam und überlegen erweisen wird, das bin Ich, Ich allein. Der Sache nach nichts anderes besagen Jes 43,10-13 und 45,5f: »Ich, ich allein, ich Jahwe.« Jahwe ist hier nicht nur Eigenname, sondern auch – vgl. den Rekurs auf *hajah* – Anspruch. Jahwe zu sein, – das kommt nur dem bibl. Gott zu, neben dem kein anderer Gott, keine andere Macht bestehen kann.

Vor dem Hintergrund der Ausschließlichkeit und Bestimmtheit, mit der hier *hajah* für Jahwe, der der Gott Israels ist, reserviert und reklamiert wird, erscheint der linguistische Sachverhalt der »Schwerfälligkeit des Hebräers in der Bildung von Abstraktbegriffen« (von Rad, 1969, 439; Köhler, 1953, 118) plausibel. Das Schweigen der Bibel über W. und verwandte Abstraktbegriffe wird sprechend angesichts dieses Gottes, der Jahwe ist. Das Schweigen ist also ein beredtes Schweigen, insofern der Verzicht auf die für uns so selbstverständlichen Begriffe über sich hinausweist und zum Fragen treibt nach der »Wirklichkeits«-Erfahrung, die dieses Sprechen bestimmt. Wo die »Wirklichkeit« und Wirkmächtigkeit Gottes so radikal erfahren und ausgesagt wird, daß – in unserer Sprache gesprochen – »Wirklichkeit« zur exklusiven Aussage über Gott wird, da ist für Vorstellungen und Begriffe wie Natur, Geschichte, Kosmos etc. kein Raum. Da wird gerade der Sachverhalt, daß Jahwe in seiner Selbstvorstellung durch *hajah* eines der häufigsten Wörter der hebr. Sprache, ja geradezu ein »Allerweltswort« (Bartelmus, 1982) für sich reklamiert, von Bedeutung, – verdeutlicht er doch nur ein weiteres Mal den elementaren Wirklichkeitsbezug des Gottesglaubens Israels: »Die Erfahrungen von der Welt waren ihm immer auch Gotteserfahrungen, und die Erfahrungen von Gott waren ihm Welterfahrungen.« (von Rad, 1970, 87).

Vor diesem Hintergrund wird es auch plausibel, daß Paulus in seiner Rede auf dem *Areopag unter Bezug auf den griech. Dichter Epimenides von Knossos den Satz wagen kann: In Gott »leben, weben (= bewegen) und sind wir« (Apg 17,28). Es ist nun aber nicht nur einem, Gott in reiner Jenseitigkeit vorstellenden, sondern auch dem pantheistischen, Gott und Welt identifizierenden Mißverständnis zu wehren. Die W. , die dieser Gott ist, ist nicht von einem offenbarungsfremden Prinzip her zu bestimmen. Die W., die der Gott ist, der sich unter Bezug auf das lebensweltliche Sein/Werden/Wirken vorstellt, ist die W. des dreieinigen Gottes. Wenn Gott und »Wirklichkeit« nicht zu trennen sind, aber auch nicht einfach ein vorgegebener Begriff von »Wirklichkeit« mit Gott identifiziert werden darf, dann kann nur an Gott-Vater, Gott, dem Sohn, und Gott, dem Heiligen Geist, recht abgelesen werden, was »Wirklichkeit« und was »wirklich« ist.

II. TRINITARISCHE BESTIMMUNG VON »WIRKLICHKEIT«.

Gott, der **Vater**, ist der Schöpfer der Welt. *Schöpfung vollzieht sich als Strukturwerdung aus dem Chaos durch das Ordnung gebietende und setzende Schöpfungswort (1Mo 1,2-31; Joh 1,3; Kol 1,15-20). Schöpfung ist darum *creatio contra nihilum* (Schöpfung gegen die Mächte des Nichts, des Chaos; Kraus, 1979, 76f; vgl. Ps 89; 93). Hebr. *bara* als allein vom Handeln Gottes gebrauchte Bezeichnung des Schöpfungsaktes meint: dem Nicht-Sein entreißen (Kraus, 1983, 216). Die Schöpfung ist errungen im Kampf gegen die Chaos-Mächte. »Wirklichkeit«, »Welt«, »Natur« lassen sich also nicht unabhängig von Gott denken, da sie Bestand haben nur durch Gottes beständiges Erhalten der Welt (1Tim 4,19; Hebr 1,3) gegen die Leben bedrohenden, weil Ordnung nichtenden (*Nichts) Mächte des Chaos. Die Beziehung zu diesem Gott ist die Quelle des Lebens (Ps 87,7).

Gott, der das All trägt durch sein machtvolles Wort (Hebr 1,3), setzt in seinem **Sohn** sein eigenes Leben ein für das verwirkte Leben der Welt (Joh 3,16; Mk 10,45). Der Tod Jesu am Kreuz vor den Toren Jerusalems ist der »Tod des Todes« (M. Luther, EKG 76,4; vgl. Hebr 2,14; 1Kor 15, 54f). Im Sühnetod seines Sohnes erwirkt Gott seiner Schöpfung neues Leben, indem er sein eigenes Leben ein-setzt (vgl. Mk 15,34; 2Kor 5,14; Hebr 5,7). Am Tod Jesu werden die Chaos-Mächte identifizierbar als die Macht des *diabolos*, »Durcheinanderwerfers«, dessen Wesen darin besteht, als »Menschenmörder« (Joh 8,44) die Leben schaffenden und erhaltenden Verhältnisse und Ordnungen durch Lüge (Joh 8,44) und Tod (Hebr 2,14) »durcheinander zu werfen« und zu zerstören. Im Ringen Gottes mit dem Tod steht die Existenz der Welt selbst auf dem Spiel (». . . wär er nicht erstanden, so wär die Welt vergangen«, EKG 75). Als Sieger über den Tod ist Gott der Retter der Welt (1Tim

1,1; Tit 3,4). Mit der Auferweckung Jesu Christi als des Erstgeborenen aus den Toten (Kol 1,18; Offb 1,5) und Erstlings der Entschlafenen (1Kor 15,20) vollzieht sich die Geburt und der Anbruch einer neuen Schöpfung in der alten (2Kor 5,17), wird ein neuer Äon im alten.

Wo der Mensch diesem Gott vertraut, der seine Wirklichkeitsmächtigkeit im Kampf gegen die stärkste »Nicht-Utopie«, den Tod, geschichtlich erwiesen hat (Eph 1,19f), da greift neues, unverwesliches, ewiges Leben inmitten des alten, vergehenden Äons Platz (1Kor 7,31; 1Joh 2,8). Wo Menschen in ihrem Leben nicht dem *diabolos*, sondern der wirksamen Macht der Stärke Gottes Raum geben (Eph 4,27; 6,10), da sind sie ein Tempel des **Heiligen Geistes** (1Kor 3,16f; 6,19). Wo Menschen Gott, die Quelle und den Geber ihres Lebens, ihren Herrn sein lassen, ihm und seinem *hajah*-Sein Raum ein-räumen, da hat »Wirklichkeit« Bestand, da entsteht neues Leben, weil Jahwe selbst anwesend ist. Wo der Mensch sich nicht mehr selbst garantieren und konstituieren will, wo er sich also nicht mehr betrügt, indem er glaubt, etwas zu sein, obschon er doch nichts ist (Gal 6,3), da kann Gottes W. wirksam sein, da will der Gott, der das erwählt, was nicht ist (1Kor 1, 28), Leben spendend und W. schenkend, präsent sein. Gott kann nur da »wirken« (im qualitativen Sinn von »Leben setzend und bewahrend«), wo der Mensch nicht aus eigener »Machtvollkommenheit« W. erhalten, seine eigene Gerechtigkeit aufrichten will und darin Gottes Wirksamkeit Raum gibt. Gott ist der Herr der W., indem seine allein »Wirklichkeit« setzende und erhaltende Macht in Schwachheit vollbracht wird (2Kor 12,9). Im Geist bibl. Denkens gilt: Wenn ich schwach bin, bin ich stark (2Kor 12,10; vgl. Ps 84,5). Gott widersteht den Hochmütigen, die meinen, aus sich heraus bestehen zu können; den Demütigen, die sich in ihrem Angewiesensein auf Gott erkennen, gibt er Gnade (Spr 3,34 (LXX); Jak 4,6; 1Petr 5,5).

III. GRUNDZÜGE BIBLISCHEN »WIRKLICHKEITS«-VERSTÄNDNISSES.

Bei diesen »Grundzügen« handelt es sich nicht um »Kategorien« im Sinne aristotelischer Metaphysik oder Kantischer Transzendentalphilosophie. Wesensbestimmungen von W., wie sie an sich ist oder wie sie uns durch die Leistungen unseres Wahrnehmungsapparates erscheint, kommen für bibl., in der Begegnung mit Jahwe geprägtes Denken ja gerade nicht in Frage. Christl. Theologie kann keine abstrakte Ontologie (Lehre vom Sein) entwickeln: Sie kann (s.o. II.) eine solche »Ontologie« nur nach-erzählen, indem sie die Merkmale der Schöpfung (»Natur«, »Geschichte«, »Wirklichkeit«) nennt, die aus dem Sich-Beziehen des dreieinigen Gottes auf diese Welt resultieren. In diesen Grundzügen ist etwas vom Wesen Gottes selbst erkennbar, der sich - wesenhaft demütig (Mt 11,29; Phil 2,5-8) – als Vater, Sohn und Heiliger Geist in der Schöpfung und Erhaltung der Welt, in der Versöhnung der Welt am Kreuz und in seiner Präsenz in der Geschichte Israels wie der Kirche herabläßt.

1. »Wirklichkeit« ist eine qualitative Größe.

Entgegen griech. bestimmter Seinsmetaphysik ist W. nicht ein einheitlicher Rahmen, eine Art Bühne, auf der dann Gott, Menschen und die Mächte der Finsternis miteinander kommunizieren. »Wirklichkeit« kommt – bibl. gedacht – nur Gott selbst (Ich bin Jahwe und keiner sonst) und – in abgeleiteter Weise – den Räumen zu, die er durch sein Sich-Beziehen konstituiert und erhält und die – umgekehrt – seiner wirksamen, Leben schenkenden Macht Raum geben. Alles, was nicht in Abhängigkeit von Gott (in Relation zu Gott) geschieht (Röm 14,23), ist »Sünde«, gebiert Verhältnislosigkeit und Tod (Röm 6,23); ihm kommt gar nicht die Qualität von »Wirklichkeit« bzw. die Bezeichnung »wirken/Wirkung« zu. Ohne Gott kann der Mensch gar nichts »tun« (Joh 15,5; vgl. 5,19.30), – »tun« verstanden in einem qualitativen Sinn, verstanden als Leben setzend und erhaltend. »Wirklich(keit)« ist also kein Prädikat, das einem jedem Subjekt zugeordnet werden könnte, sondern ein qualitativer Begriff.

2. »Wirklichkeit« ist eine apokalyptisch-geschichtliche Größe (O. Michel, 1978, 184-193 u.ö.).

Entgegen der in der abendländischen Ontologie herrschenden Vorstellung von der Einheit von W. (s.o. 1.), wäre – im Rahmen philosophischer Begrifflichkeit – davon zu sprechen, daß es (mindestens) zwei »Wirklichkeiten« gibt: das Reich Gottes und den Herrschaftsbereich des Diabolos und seiner Weltbeherrscher dieser Finsternis (Eph 6,12). Diese ineinander liegenden W.en stehen in einem Kampf auf Leben und Tod um Leben oder Tod. Auch wenn in Kreuz und Auferstehung Jesu Christi über den Ausgang dieses Kampfes entschieden ist, ist dieser Kampf selbst noch nicht beendet (1Kor 15,24-28; Eph 6,13-17; Hebr 2,8). Er entzieht sich einem, ihn auf einen Begriff bringenden, der W. Gottes und dem Nicht-Sein des Diabolos übergeordneten Nenner. Dieser Kampf, der nicht »in« der W., sondern um die W. stattfindet, hat eine Geschichte, die mit dem Zurückdrängen der

Chaosmächte im Akt der Gründung der Welt beginnt, die sich mit der Strukturveränderung des ganzen kosmischen Daseins durch den Einbruch der *Sünde fortsetzt (Röm 5,12), ihren Höhepunkt im Tod des Todes in Kreuz und Auferweckung Jesu besitzt und ihren Endpunkt in der end-lichen Unterwerfung aller Mächte, v.a. des Todes finden wird (Phil 2,10f; 1Kor 15,24-26; Offb 20,11-15; 21,4).

3. »Wirklichkeit« ist eine relationale Größe.

Etwas existiert nicht »an und für sich«, sondern nur in Abhängigkeit und Relation zu Jahwe, der allem *hajah* sein Leben gibt, und in Beziehungen zueinander. Leben ist darum ständig bedroht durch Verhältnislosigkeit, d.h. durch die den Tod wirkenden Akte der Sünde. W. ist darum zu schützen durch Gebote, die die Relationen (zu Gott, dem Nächsten, der Gemeinschaft etc.) bewahren, die Leben ermöglichen und bedeuten (vgl. 2Mo 20,1-17). Die Bibel redet nicht von eherner Naturgesetzlichkeit, sie hat keinen Begriff von Wundern, die als »übernatürliche« Geschehnisse eine gegebene Größe »Natur« durchbrechen. Denn Gottes ständiges Sich-beziehen-auf ist es, das aller »Wirklichkeit« erst Bestand gibt, Wirkungen erst ermöglicht (vgl. Mt 5,45) und sie auch empfängt. Jahwe ist es, der die Konstanz der in der Schöpfung beobachtbaren Geschehenskonstanzen garantiert und als Zeugen seiner Treue (*ämät*) verläßliche Lebenszusammenhänge erhält. Gott durchbricht keine Natur-»gesetze«, die als an sich gegebene und als an sich zu denkende Größen seinem Handeln zuwider sein könnten; er ist vielmehr der, der in der Macht seiner Möglichkeiten »wunderbar handelt« (Ps 98,1). Für bibl. Denken ist »Wirklichkeit« kein geschlossenes, sondern ein offenes, sich ganz und gar Jahwe verdankendes »Gebilde«.

4. »Wirklichkeit« ist eine dynamische Größe.

Sie trägt Macht- und darum Kampfcharakter. Sie ist nicht ein Ensemble von – gegeneinander mehr oder weniger indifferenten - »Substanzen«, »Individuen«, sondern ein Mit- und v.a. ein Widereinander von »Willen zur Macht« (Plural!). Gegenüber der W. nichtenden Macht des *diabolos* gilt es, sich nicht auf die eigene (Ohn-)Macht zu verlassen, sondern stark zu sein im Herrn und in der Kraft seiner Stärke (Eph 6,11; vgl. Jes 40,29), die er in und mit der Auferstehung Jesu erwiesen und durchgesetzt hat. Diesen Charakteristika entsprechend stellt »Erkenntnis« bibl. ein kognitives, kommunikatives, konstatives und konstitutives Geschehen dar (vgl. *Erkenntnis).

IV. KONSEQUENZEN.

1. Wenn sich die Unfähigkeit bibl. Denkens zu Abstraktbegriffen der Begegnung mit dem verdankt, der allein Jahwe genannt zu werden verdient, dann kommt dieser spezifisch bibl. Sprachgestalt eine theologische Bedeutung zu. Der Verzicht auf Begriffe, die abstrakt zu erhebende theoretische Zusammenhänge unterstellen, bedeutet ein Lob der W., ja eine Anbetung der Herrlichkeit Gottes, der sich der Christ dadurch anschließt, daß auch er in seinem Reden über »Wirklichkeit« auf solche Begriffsgötzen zu verzichten sucht, die die Existenz unabhängig von Gott gegebener, insofern gott-loser Größen unterstellen. Die W. Gottes, Jahwe, kann dort Platz greifen, wo der Mensch schon auf der Ebene der sein Denken prägenden sprachlichen Einteilungen von W. auf die Konstruktion und Übernahme von faktisch in Konkurrenz zum bibl. Gotteszeugnis stehenden theoretischen Zusammenhängen wie W., Welt, aber auch Geist, Materie etc. verzichtet. Da, wo z.B. nicht mehr von »Natur«, sondern von »Schöpfung« gesprochen wird, wird sich dann auch das Handeln des Menschen ändern. Denn der Begriff der Schöpfung weist über sich hinaus; er ist nicht zu denken ohne den eines »Schöpfers«. Der Mensch steht dann »Wirklichkeit« nicht als beliebig objektivierbarem und manipulierbarem Handlungsfeld gegenüber. Schon durch seinen Sprachgebrauch bekennt er dann, daß er in seinem Wirken in der Schöpfung, deren Teil er ist, vielmehr vor dem Schöpfer steht, dem sich die Schöpfung als ihrem Urheber verdankt. Und wo der Mensch nicht von »Geschichte« redet, sondern nach dem Wirken Gottes fragt, da wird er sich nicht als exklusives Subjekt einer allein seiner Selbstverwirklichung dienenden W. verhalten. Wo der Mensch von *Fleisch (griech. *sarx*; hebr. *basar*) redet statt von »Materie«, da wird er sich in seinem Weltumgang auf die Endlichkeit, Vergänglichkeit und Zerbrechlichkeit der Schöpfung einstellen, in der er sich bewegt und deren Teil er ist, und nicht in vergeblichem Bemühen nach Unendlichkeit seiner selbst und seiner Konstruktionen streben (vgl. Jes 40,6f).

Schon auf der Ebene der Sprache wird dann die Untüchtigkeit (2Kor 3,5) erfahrbar, die einzuräumen Vorbedingung der Kraft Gottes in der eigenen Schwachheit ist.

2. Nach I. Kants Reduktion des »stolzen Namens Ontologie« auf eine bloße »Analytik des reinen Verstandes« (1787, 303) hat sich christl. Theologie weithin im Gefolge neuzeitlicher Philosophie über das menschliche Bewußtsein zu konstituieren versucht, sich zur Begründung eines christl. Verständnisses von »Wirklichkeit« unfähig gesehen (Ausnahmen

v.a.: Gollwitzer, 1963; Ratschow, 1968; Härle/ Herms, 1979; Dalferth 1984) und die Frage des Wirklichkeitsbezuges christl. Glaubens vernachlässigt (vgl. Hempelmann, 1987). Christl. Theologie hätte sich auf die in der bibl. Sprachgestalt gegebene Einteilung von W. einzulassen und auf ihrer Basis den Mut zur Bezeugung dessen zu finden, was an der trinitarischen Kondeszendenz Gottes als »Wirklichkeit« ablesbar ist und seinen spezifischen Niederschlag in der bibl. Sprachgestalt gefunden hat.

3. Das auffällige Fehlen der Abstraktbegriffe »Wirklichkeit«, »Natur« und »Geschichte« hat aber nicht nur Bedeutung für die Sprachpraxis christl. Glaubens und die Theoriebildung christl. Theologie. Wenn christl. Glaube das im bibl. Gottesglauben selbst begründete völlige Fehlen einer Ontologie ernstnimmt, dann kommt christl. Theologie ein für wissenschaftliche Methodologie unverzichtbares »Wächteramt« zu (von Rad, 1974a, 159). Christl. Theologie kann aufdecken, wo Abstraktbegriffe in wissenschaftlichen Theoriezusammenhängen nicht mehr den Charakter bloß vorläufiger Hilfskonstruktionen tragen, sondern zu weltanschaulichen, darin eben nicht mehr wissenschaftlichen Strukturen von W. verabsolutiert werden. Weil sie sich in der Nachfolge bibl. Denkens unfähig sieht zu ontologischen Abstraktbegriffen, wird sie – als Zeugin dessen, der allein Jahwe zu heißen verdient, und um der Wissenschaft willen – dort warnen, wo Begriffe wie Materie, Kausalität, Wirkung etc. nicht mehr als bloße Instrumente weltanschaulich möglichst unverstellter Wahrnehmung dienen, sondern zum Mittel theoretischer, metaphysischer Letztbegründung werden.

So wird Theologie gerade dann, wenn sie *Theo*logie ist, also bei dem auch in der bibl. Sprachgestalt und seiner Verweigerung einer Ontologie präsenten Gotteszeugnis bleibt, auch einen unverzichtbaren Beitrag zur wissenschaftlichen Erkenntnis von »Wirklichkeit« leisten und gerade so die einzelnen wissenschaftlichen Disziplinen einbinden in das staunende Lob der »unbegreiflichen«, nicht auf einen philosophischen Begriff zu bringenden W. des in seinen Werken gegenwärtigen Gottes.

Literatur: R. Bartelmus: HYH. Bedeutung und Funktion eines hebräischen »Allerweltswortes«, 1982; I.U. Dalferth: Existenz Gottes und christlicher Glaube. Skizzen zu einer eschatologischen Ontologie, 1984; H. Gollwitzer: Die Existenz Gottes im Bekenntnis des Glaubens, 1963; J. Guhrt: TBLNT II, [4]1986, 1381-1385; W. Härle, E. Herms: Rechtfertigung. Das Wirklichkeitsverständnis des christlichen Glaubens, 1979; J.G. Hamann: Aesthetica in nuce, Ges. Werk, ed. J. Nadler, Bd. 2, 1762, 195-217; H. Hempelmann: . . . auferstanden aus den Toten, in: F. Laubach, H. Stadelmann (Hrsg.): Was Evangelikale glauben. Das Glaubensbekenntnis der Evangelischen Allianz erklärt, 1989, S. 50-56; ders.: »Gott ein Schriftsteller!« Johann Georg Hamann über die End-Äußerung ins Wort der Heiligen Schrift und ihre hermeneutischen Konsequenzen, 1988; ders.: Kritischer Rationalismus und Theologie als Wissenschaft. Zur Frage nach dem Wirklichkeitsbezug des christlichen Glaubens, [2]1987; I. Kant: Kritik der reinen Vernunft, [2]1787; L. Köhler: Der hebräische Mensch. Eine Skizze, 1953; H.-J. Kraus: Systematische Theologie im Kontext biblischer Geschichte und Eschatologie, 1983; ders.: Theologie der Psalmen, 1979; D. Michel: Nur ich bin Jahwe, Theologia Viatorum Bd. 2, 1973, 143-156; O. Michel: Der Brief an die Römer, [5]1978; W. Pannenberg: Das Wirklichkeitsverständnis der Bibel, in: ders.: Glaube und Wirklichkeit. Kleine Beiträge zum christlichen Denken, 1975, S. 18-30; G. von Rad: Natur- und Welterkenntnis im Alten Testament, in: ders.: Gottes Wirken in Israel. Vorträge zum Alten Testament, 1974, S. 119-140 (= 1974b); ders.: Theologie des Alten Testaments Bd. 1, Die Theologie der geschichtlichen Überlieferungen, [6]1969; ders.: Weisheit in Israel, 1970; ders.: Die Wirklichkeit Gottes, in: ders.: Gottes Wirken in Israel . . ., S. 141-162 (=1974a); C.H. Ratschow: Gott existiert. Eine dogmatische Studie, [2]1968; ders.: Werden und Wirken. Eine Untersuchung des Wortes hajah als Beitrag zur Wirklichkeitserfassung des Alten Testamentes, 1941 (BZAW Bd. 70); W. Zimmerli: Grundriß der alttestamentlichen Theologie, [3]1978. H.H.

WITWE. Die Witwen (hebr. *'almanah,* griech. *chera*) in ihrer notvollen Situation beschäftigen durch die ganze Bibel hindurch den »Helfer der Witwen« (Ps 68,6), der sich durch die grundlegenden Worte der Gebote ebenso als dieser Helfer erweist wie durch die klärend auf sie rückverweisenden der Propheten oder die neue Wege weisenden der Apostel: Er schenkt ihnen durch seine Fürsorge Halt und gibt ihnen durch seinen Auftrag neuen Lebenssinn. »Der Herr, euer Gott, . . . der Gott aller Götter und der Herr über alle Herren . . . schafft Recht den Waisen und Witwen und hat die Fremdlinge lieb« (5Mo 10,17f).

1. Zur Situation.

In diesem Vers kommt die W. neben den oft mit ihr zusammen genannten *Waisen und Fremdlingen unter dem Gesichtspunkt der Hilflosigkeit und Hilfsbedürftigkeit vor: beraubt ihres ehelichen Beschützers, verliert sie »ihren sozialen und wirtschaftlichen Rückhalt« (Kühlewein, 169). Sie ist kenntlich durch ihre bes. Kleidung (1Mo 38,14.19). Durch Gläubiger kann ihr und ihren unmündigen Kindern die Schuldsklaverei drohen (vgl. 2Kön 4,1ff) bzw., falls sie kinderlos ist, die *Schande (vgl. Jes 4,1; 54,4: die Fortführung der Familie gilt als absolutes Muß, verstärkt durch die Erwartung, evtl. dem Messias das Leben zu schenken). Auch wenn man den

Umstand, daß sie in der Gesetzes-Vorschrift, die die Wiederheirat des Hohenpriesters regelt, in einer Linie mit Dirne und Geschiedener steht (3Mo 21,14), vom Prinzip des Heiligkeitsgesetzes her verstehen muß (der Hohepriester darf nur eine Unberührte heiraten, vgl. Stählin, 434), so mindert das in keiner Weise das traurige Los, ungeschützt und wirtschaftlich unversorgt existieren zu müssen. Dieses einsame und hilflose Witwenleben wird auch bildlich verwendet, z.B. für das zerstörte Jerusalem (Klgl 1,1) oder für Babel (Jes 47,8f; Offb 18,79).

2. Fürsorge.

a. Nach dem Gesetz.

Den solchermaßen notleidenden Witwen, vorausgesetzt, sie entgingen ihrer prekären Lage nicht durch eine erneute Ehe oder durch die Rückkehr ins Vaterhaus, gilt die bes. Fürsorge Gottes (ein im Alten Orient übrigens nicht einmaliger Tatbestand, wie die Hinweise bei Hoffner, 309f zeigen; in Israel war allerdings nicht nur der König – so 2Sam 14 –, sondern ein jeder von Gott zur Verantwortung gerufen, z.B. gegen alle anderslautenden Vorwürfe auch Hiob: Hiob 22,9; 29,13). Gottes Fluch gilt denen, die das Recht der W. brechen (2Mo 22,21-23; 5Mo 27,19). Und sein Recht ermöglicht ihr folgendes:

– Die Möglichkeit, der Schande der Kinderlosigkeit durch die Schwagerehe zu entgehen: der Schwager kauft ihr das Gut des Verstorbenen ab, nimmt sie zur Frau, wobei der erste Sohn dieser Verbindung als Sohn des Verstorbenen gilt und seinen Namen weiterträgt (5Mo 25,5-10; z.B. 1Mo 38; Rut 4).

– Schutz vor Übervorteilung und Verpfändung (5Mo 24,17).

– Die Versorgung durch den *Zehnten jedes dritten Jahres (5Mo 14,28f), durch die Beteiligung am Wochen- und Laubhüttenfest (5Mo 16,11.14) und durch das Recht der *Nachlese (5Mo 24, 19ff, vgl. Rut 2).

b. Durch die Propheten.

Der Übertretung dieser Rechte wehrt der Herr, der selbst »den Grenzstein der Witwe« schützt (Spr 15,25), durch die Verkündigung der Propheten: sie entlarven nicht geahndete Übervorteilungen (Jes 1,23; Mal 3,5 u.ö.), die übrigens auch z.Zt. Jesu vorhanden sind (s. Mk 12,40 bzw. als Beispiel für das laxe Eingreifen zum Schutz der W.n Lk 18,1ff), und ermahnen zur rechten Konsequenz des Glaubens auch hinsichtlich der W.n (Jer 7,3-6; dazu Jes 1,17; Sach 7,10 u.ö.).

c. Durch die Apostel.

Die christl. Gemeinde übernimmt den Ernst des gelebten Glaubens in bezug auf die W.n (Jak 1,27). Nach Spannungen wird ihre Versorgung durch die Berufung der sieben Diakone (Apg 6,1ff) geregelt. In der Nachfolge *Elias, der den Sohn der W. in *Zarpat, der ihre einzige Stütze war, vom Tod erweckte (1Kön 17, 17ff), und Jesu, der mit dem Sohn der W. in *Nain als ihrer einzigen Hoffnung das gleiche tat (Lk 7,11-17), erweckt Petrus Tabita, eine Wohltäterin an den W.n in *Joppe, wieder zum Leben (Apg 9,36ff).

3. Aufgabe.

Die W. ist nicht nur Empfängerin göttlicher Hilfe, sondern auch Mittlerin derselben: die schon genannte W. in Zarpat, die den Propheten Elia versorgte, ist ein Beispiel dafür. Öfters wird bei herausragenden Männern erwähnt, daß sie Witwensöhne sind (z.B. der Baumeister *Hiram von *Tyrus, 1Kön 7,14, oder König *Jerobeam I., 1Kön 11,26), und die Leistung der W. wird z.T. dadurch hervorgehoben, daß die Söhne nach ihr benannt werden (»Söhne der Zeruja«, 2Sam 2,18). Aber auch die totale Hingabe von W.n an Gott wird erwähnt, z.B. bei *Hanna, die als Prophetin diente (Lk 2,36f), oder bei der W. am Gotteskasten (Mk 12,41-44). Die genannte opfernde Hingabe bzw. dienende Hingabe an den Nächsten führt zur Ausbildung eines Witwenamts in der Gemeinde, ansatzweise im 1. Korintherbrief, ausgeprägter im 1. Timotheusbrief: Auch wenn Paulus fern davon ist, die Wiederverheiratung zu verbieten, empfiehlt er doch ein Leben des ungebundenen Dienstes, wie er es führt (1Kor 7,8f. 39f). In 1Tim 5,3-16 modifiziert er diese Gedanken: Er will auf keinen Fall die innerfamiliäre Versorgung der W. unterbinden (V. 4.8), ebensowenig ein Verbot der Wiederverheiratung aufstellen (V. 11ff). Was er will, ist, daß die »rechten Witwen« als von der Gemeinde berufene (V. 9) und versorgte (V. 16) Frauen seelsorgerliche Hausbesuche machen (V. 13; vgl. Tit 2,3-5). Er nennt als Voraussetzung für das Witwenamt: Mindestens 60 Jahre alt, nur eines Mannes Weib (V. 9), im Gebet lebendig (V. 5), im Glauben bewährt (V. 10), durch keine Familie gebunden, sondern ganz auf Gott, den Hort der W.n, geworfen (V. 5).

Literatur: H.A. Hoffner: THWAT I, 1973, 308-313; J. Kühlewein: THAT I, [2]1975, 169-173; G. Stählin: ThWNT IX, 1973, 428-454. H.Be.

WOCHE s. Kalender; s. Zeitrechnung

WOHLGEFALLEN, GEFALLEN.

1. Begriff.

Wenn jemand tut, was ihm wohlgefällt, handelt er so, wie es ihm richtig erscheint (Jos 24,15; Est 1,8; Jer 40,4; 1Kor 7,12f) und er tut, woran er Freude oder Lust hat (Ri 14,3; Spr 16,13; Pred 11,9). Von dem, was einem Menschen gefällt, kann man auf sein Wesen schließen; nicht selten zeigt das Gefallen an Greueln (Jes 66,3), Sünde (Röm 1,32) und Unrecht (Apg 8,1; 12,3) die tiefe menschliche Bosheit (vgl. 1Mo 6,5).

2. In der Beziehung zwischen Gott und Mensch.

a. Das Verhältnis zwischen Gott und Mensch ist davon bestimmt, daß Gott W. am Menschen haben möchte. Ihm gefällt kein gottloses Wesen (Ps 5,5), kein Mensch, der sein Gelübde nicht hält (Pred 5,3), sich von ihm abwendet (1Kor 10,5ff; Hebr 10,38) oder im Unglauben verharrt (Hebr 11,6). Dem Herrn mißfallen äußerliche Opfer, wenn es der Mensch an Gehorsam (1Sam 15,22), Liebe (Hos 6,6) oder Barmherzigkeit (Mt 9,13) fehlen läßt. Gott hat aber auch kein Gefallen am Tod des Gottlosen (Hes 33,11).

b. Dagegen ruht sein W. auf allen, die ihn fürchten und auf seine Güte hoffen (Ps 147,11), die sich seiner *Gerechtigkeit, seinem Frieden, seiner Freude öffnen (Röm 14,17f) und nach seinem W. fragen (Ps 143,10; Kol 1, 9f). Wer tut, was Gott wohlgefällt, dem schenkt er Weisheit, Verstand und Freude (Pred 2,26), dessen Feinde söhnt er mit ihm aus (Spr 16,7) und dessen Gebete erhört er (1Joh 3,22). Für den Christen als Knecht Jesu Christi ist maßgebend, was seinem Herrn gefällt (2Kor 5,9; Eph 5,10; 6,6), er kann nicht mehr den Menschen zu Gefallen leben (Gal 1,10; 1Thess 2,4). Dabei muß er aber allen unnötigen Anstoß vermeiden (1Kor 10,32f); für den gläubigen Sklaven wird der Gehorsam gegen seinen menschlichen Herrn nicht aufgehoben, sondern ausdrücklich gefordert (Tit 2,9). In der *Ehe aber sieht Paulus es als Gefahr, daß das, »was dem Herrn gefällt«, zu kurz kommt vor dem, was dem Mann bzw. der Frau gefällt (1Kor 7,32-34). Gott aber erwartet unser ganzes Leben als Opfer (Röm 12,1). Ein wohlgefälliges Opfer ist ihm außerdem, wenn sich jemand mit Lob und Dank (Ps 69,31f; 119,108; Hebr 13,15f) oder auch mit einem geängstigten, zerschlagenen Herzen (Ps 51,19) zu ihm wendet, ebenso wie die tätige Nächstenliebe (Hebr 13,16; Phil 4,18).

c. Den Widerspruch, der auf seiten des Menschen besteht zwischen dem, was Gott gefällt, und dem, was ihm mißfällt, überwindet der Herr durch seine Erlösung und sein Heilshandeln, den Ausdruck seines göttlichen W.s unabhängig von allem menschlichen Bemühen und aller Unbeständigkeit menschlichen Wesens. Schon Israel wußte, daß es seine besondere Stellung als auserwähltes Gottesvolk allein dem W. Gottes verdankte (1Sam 12,22), und mehr noch rühmen sich die Erlösten des neuen Bundes, durch das W. Gottes zu seinen Kindern geworden zu sein (Eph 1,4f). Mit der Sendung seines Sohnes schenkt Gott »Frieden auf Erden den Menschen seines Wohlgefallens« (Lk 2,14). Jesus ist Gottes geliebter Sohn, auf dem sein ganzes W. ruht; das hat der Prophet vorausgesagt (Jes 42,1), und Gott hat es bei der Taufe Jesu (Mt 3,17; Mk 1,11; Lk 3,22) und vor Beginn seines Leidensweges (Mt 17,5) bestätigt. Es geschah nach Gottes W., daß in Christus alle Fülle wohnen sollte und alles durch ihn versöhnt würde, indem er durch sein Sterben am Kreuz Frieden machte (Kol 1,19f). Gott hat W. an seinem Heilsplan (Eph 1,9f), und es gefiel ihm, sein Geheimnis vor Weisen und Klugen verborgen zu halten, es aber den Unmündigen (Lk 10,21) und durch törichte Predigt zu offenbaren (1Kor 1,21). Die kleine Schar, die dieser Botschaft glaubt, weiß, daß ihr das Himmelreich durch Gottes W. gegeben wird (Lk 12,32). Solche Menschen haben erkannt, daß nur Gottes W. und Gnade ihnen die Augen für seinen Sohn geöffnet haben (Gal 1,15f), und daß der Herr in ihnen das Wollen und Vollbringen schafft, das vor ihm wohlgefällig ist (Phil 2,13; Hebr 13,21).

WOHNUNG s. Haus

WOLF s. Tiere

WOLKE. Die klimatischen Verhältnisse im Mittelmeerraum erlauben, auch aus der Wolkenbildung Wetterprognosen abzuleiten. Mit Ausnahme der Windrichtung und der Farbe des Abendhimmels gibt es allerdings wenig Anzeichen dafür, daß die Hebräer meteorologische Erscheinungen zu deuten wußten. W.n wurden mit Recht als Vorboten von Regen angesehen. Während der Regenperiode im Winterhalbjahr wurden regenbringende Luftströmungen mit Cumuluswolken, die über dem Mittelmeer aufsteigen, in Verbindung gebracht ». . . wenn ihr eine Wolke aufsteigen seht vom Westen her« (Lk 12,54). Deshalb hielt *Elias Diener in Meeresrichtung nach ersten Anzeichen Ausschau, ob der Bann der Trockenheit gebrochen war (1Kön 18,44). Spr 16,15: »seine Gnade ist wie ein Spätregen«, beschreibt die Güte eines Königs. Die W.n gegen Ende der Regenperiode im April/Mai sorgen für die notwendige Feuchtigkeit, um reiche Kornähren reifen zu lassen. Davon unterscheiden sich die hohen, regenlosen Cirruswolken (Jud 12), die heiße Wüstenwinde von SO oder O heranführen (Schirokko oder Kamsin), die mit Bedrückung assoziiert werden. »Wolken und Wind ohne Regen« (Spr 25,14), die Hitze, die »durch den Schatten der Wolken« bricht (Jes 25,5) und der nachfolgende »eherne« Himmel (5Mo 28,23) sind eindrückliche Beschreibungen dieser z.T. mit Sandstürmen einhergehenden heißen Winde.

Durch Brisen vom Meer herangeführte W.n lösen sich schnell auf, wenn sie auf die heiße Luft über dem Binnenland treffen. So wird die »Wolke am Morgen« (Hos 6,4) zum Symbol für vergängliche Dinge, für menschliches Glück (Hiob 30,15) oder auch für das Leben des Menschen (Hiob 7,9). Sie ist aber auch ein Bild für die Realität göttlicher Vergebung (Jes 44,22).

Die übliche Helligkeit des Himmels über Palästina macht bes. deutlich, daß W.n verdecken und verfinstern (Hes 32,7), und die Freude eines »Morgens ohne Wolken« (2Sam 23,4) wird lebhaft beschrieben. So wie die W. die Sonne verhüllt, kann Gottes Gnade sich verhüllen, so daß kein Bittgebet mehr zu ihm hindurchdringt (Klgl 2,1; 3,44). Hiob betet, daß W.n den Tag seiner Geburt verdecken mögen (Hiob 3,5).

Die W. bezeichnet häufig das gesamte Himmelsrund (vgl. den »Bogen ... in den Wolken«, 1Mo 9,14). Sie repräsentiert eine Sphäre teilweiser Erkenntnis und verborgener Herrlichkeit, deren Bewegung vom Geheimnis von Gottes Absichten zeugt (Hiob 36,29; 37,16; 38,37; Ps 78,23). So beendet auch eine W. die *Verklärung Jesu (Mt 17,5; Mk 9,7; Lk 9,34) und die Zeit seiner Inkarnation (Apg 1,9); W.n künden das zweite Kommen Christi an (Offb 1,7; s.a. * Wolkensäule). Die W. der Gegenwart Gottes war untrennbar mit der Geschichte des Volkes Israel verbunden (2Mo 13,21; 40,34; 1Kön 8,10). Die W.n in Mk 14,62, etc., beziehen sich eher auf die Himmelfahrt als auf die Wiederkunft Jesu. J.M.H.

WOLKENSÄULE. Eine W., die sich nachts in eine Feuersäule verwandelte, leitete das Volk Israel auf dem *Wüstenzug (2Mo 13,21f; 14,19; 4Mo 14,14) und bestimmte die Aufbruchs- und Lagerzeiten (2Mo 40,36f). Als sichtbares Zeichen der Gegenwart Gottes (2Mo 33,9; 40,34f.38; 4Mo 12,5; 5Mo 31,15) wird sie auch später noch, lange nach der Wüstenwanderung, erwähnt (Neh 9,12.19; Ps 78,14; 99,7; 105,39; 1Kor 10,1). Auch die Heilsweissagung Jes 4,5 spielt auf Wolken- und Feuersäule an; beide erscheinen hier als Sinnbild der ständigen, schützenden und helfenden Gegenwart Gottes.

WOLLE. Die Bedeutung, die W. als Ausgangsmaterial für Kleidung beigemessen wird

Der lange wollene Rock ist ein typisch sumerisches Kleidungsstück. Statue des Schreibers Dudu, Höhe: 39 cm; ca. 2500 v. Chr. (SAOB)

(Hiob 31,20; Spr 31,13; Hes 34,3), spiegelt sich in ihrer Aufnahme unter die Erstlingsgaben, die den Priester abgegeben werden mußten (5Mo 18,4), und in ihrem Wert als Bestandteil der Tributzahlungen Meschas, des Königs der Moabiter, an den israelit. König (2Kön 3,4). W. aus Zahar war auf dem Markt von Tyrus geschätzt (Hes 27,18). Der Grund für das mosaische Verbot, Mischgewebe aus W. und Leinen zu tragen (5Mo 22,11), ist nicht klar. Josephus (ant.Jud. 4.208) behauptet, Gewebe aus W. und Leinen sei den Priestern vorbehalten gewesen, gibt aber keinen Beleg dafür an. Die statische Aufladung in einer derartigen Mischung der Fasern wäre für den Träger unangenehm (NBCR, S. 223). Das leuchtende Weiß gründlich gewaschener W. wird zum Bild für Reinheit (Jes 1,18), erinnert an schöne Zähne (Hld 4,2) und führt zum Vergleich mit Schneeflocken (Ps 147,16). N.H.

WOLLUST s. Lust

WONNE. Als Bezeichnung gesteigerter *Freude finden sich beide Worte häufig auch in der Wendung »Freude und Wonne« (Est 8,17; Ps 51,10; Jes 22,13; Jer 7,34 u.ö.). Das Wort W. kann ganz allg. Bedeutung haben (2Sam 1,26; Jer 7,34) und nähert sich zuweilen unserem Begriff »Wohlleben« (Neh 9,25; Jes 22,13). Häufiger aber wird es in geistlicher Beziehung gebraucht: Gott selbst ist die Freude und W. des Frommen (Ps 43,4); er tränkt alle, die zu ihm fliehen, mit W. wie mit einem Strom (Ps 36,9) und sättigt den Bußfertigen mit Freude und W. (Ps 51,10). Seine Mahnungen sind die W. der Seinen (Ps 119,111). Nach Not- und Leidenszeiten wird die W. der Erlösung durch Gott bes. stark empfunden (Jes 35,10; 1Petr 4,12f). Wo Gott jedoch richtet, hören Freude und W. auf (Jes 16,10; Jer 7,34; 16,9; 48,33).

WORT.

I. IN DER GRIECHISCHEN ANTIKE.

Im Gegensatz zu *rhēma,* mit dem lediglich ein artikuliertes Reden ausgedrückt wird, und zu *lalia* bzw. *laleō,* das für »ausschweifende Rede, Geschwätz« steht, bedeutet *legō* ursprünglich »sammeln«, dann »zählen, aufzählen« und schließlich (8. Jh. v.Chr.) »erzählen, sagen«, also »vernünftig reden« im Gegensatz zu *laleō.* Z.Zt. Platos ist *logos* längst ein Symbolbegriff für das griech. Welt- und Daseinsverständnis geworden, der zwar zur Bezeichnung von Gesprochenem steht, aber in erster Linie den Sinngehalt des Wortes bzw. der Rede zum Ausdruck bringen will. Im Unterschied zum Gebrauch von *logos* im bibl. Zeugnis bezeichnet *logos* im Griechentum eben gerade nicht das befehlende, schöpferische Machtwort – Mt 8,16, wo Jesus die Geister durch das W. austreibt, bringt das Gegenteil des antiken griech. Denkens zum Ausdruck. Auch wenn im Hellenismus (4./3. – 1. Jh. v.Chr.) dem *logos* vermehrt die Bedeutung der ununterbrochenen, schöpferischen Kraft beigelegt und sogar mit Hermes, einer der (schon vorhandenen!) Gottheiten der Volksreligion, identifiziert wird, so bleibt doch der Gegensatz zur ntl. Verwendung von *logos* charakteristisch (vgl. ThWNT IV, 88f).

II. IM ALTEN TESTAMENT.

1. Allgemeines.

Das W. ist schon im AT das entscheidende Medium der Verständigung zwischen Personen, zwischen Mensch und Mensch und v.a. zwischen Gott und Mensch. Für den Begriff »Wort« verwendet die hebr. Sprache *millāh* (fast nur bei Hiob), *'ōmär* bzw. *'imrāh,* »Wort, Spruch« (inhaltlich noch unbestimmt) sowie v.a. *dābār* (über 1400 mal im AT, zehnthäufigstes Substantiv, davon ca. 400 mal theologisch bedeutsam, weil es um eine Mitteilung Gottes an die Menschen geht). Etymologisch steht *dābār* wohl im Zusammenhang mit *debīr,* »Allerheiligstes, Hintergrund des Tempels«, was auf die Grundbedeutung »Rückseite« führt. *dābār* steht ursprünglich für den inhaltlich bestimmten Sinn bzw. Hintergrund eines W.es, weniger für das W. selbst. Wenn das entsprechende Verbum *dibbēr* (über 1000 mal im AT) ursprünglich bedeutet: »das, was hinten ist, nach vorne treiben«, so läßt sich auch aufgrund dieser Etymologie leicht die Doppelstruktur von *dābār* im atl. Gebrauch deutlich machen: einerseits bedeutet *dābār* »Wort«, das stets eine Sache enthält und nie von seinem Inhalt zu trennen ist, andererseits »Sache«, die aber nur im Wort vorhanden ist. Es haftet an *dābār* immer etwas von der Tätigkeit des Verbums (Jer 23,29) und kann deswegen auch mit »Angelegenheit, Vorfall, Begebenheit« wiedergegeben werden.

2. Das Wort Gottes in der Schöpfung.

Schon ein Blick auf die ersten Sätze der Bibel bestätigt diese Aussage von der Tatkraft des Wortes Gottes: In 1Mo 1 wird die *Schöpfung der Natur nachdrücklich auf Gottes W. zurückgeführt. Selbst wenn *dābār* hier noch vermieden wird, so ist doch in 1Mo 1,3.6.9. u.ö. (Gott sprach: »es werde ... und es ward. . .«) eindeutig vom mächtigen Gebieten Gottes die Rede. Das Werk Gottes wird durch sein W. ersetzt. W. und Inhalt, Befehl und Tat sind untrennbar. Eine sachliche Parallele zur Schöpferkraft des Wortes Gottes in 1Mo 1 – ebenfalls unter Vermeidung von *dābār* – liegt in Ps 33,9 vor: »wenn er spricht, so geschieht's, wenn er gebietet, so steht's da«. Alle Dinge treten unter dem schöpferischen Tatwort Gottes ins Sein, sein W. ist ein heilschaffendes Kraftwort, das die Natur bestimmt (Ps 147,15-18; 148,5.8). Aber nicht nur in Vergangenheit (1Mo 1; Hiob 38,12; Ps 148,5) und Gegenwart (Ps 29; 33,9; 147,15-18; 148,8; Jes 40,26; 48,13; 55,10f: das *dābār,* das aus Gottes Mund geht, »wird nicht wieder leer zu mir zurückkommen«) behält das W. Gottes diese schöpferische Tatkraft. Durch sein W. lenkt Gott auch das zukünftige Geschick seines Volkes: Unter Gottes Anrede entsteht etwas Neues aus den Trümmern Judas (Jes 44,24-28), die verdorrten Knochen, d.h. das Volk Israel, werden durch das W. Gottes neu (Hes 37,4), und auch am Ende der Geschichte behält das W. Gottes, das von Jerusalem ausgehen wird, seine neuschaffende Kraft (Jes 2, 2-5).

3. Das Wort Gottes als Bundesgebot.

Die Erwählung Gottes begründet den Bund mit dem Volk Israel, zu dem eine Bundesordnung nötig ist. Das Bundeswort ergeht mittels einer Erscheinung (2Mo 3,1ff; 5,3; 19,19) an den berufenen Führer Israels (2Mo

3,4; 4,28 u.ö.). Um das Volk mit dem Gotteswillen bekannt zu machen, offenbart Gott sein Gehorsam forderndes W., seinen göttlichen Rechtswillen Mose als dem Führer des Volkes (2Mo 19f). Dieses Bundeswort stellt das Grundgesetz Israels, die Grundlage des Gottesbundes dar, dessen Aufhebung zum unweigerlichen Untergang des Volkes führen muß. Das Bundeswort ist schriftlich überliefert (2Mo 24,4.8; 32,16 u.ö.), um die gegenwärtige und für alle Zeit gültige Forderung des Gebotes zu verdeutlichen. Trotz der schriftlichen Abfassung steht als terminus technicus für dieses Bundesgebot die Pluralform *debārīm* (2Mo 20,1; 24,4.8; 34,27; 5Mo 1,1; Jos 24,27; 2Kön 23,2f.21, vgl. 2Mo 24,7) bzw. ausdrücklich *ʿasärät haddebārīm* (»Zehn Worte«: 2Mo 34,28; 5Mo 4,13; 10,4). Jedoch ist auch die Singularform *dābār* möglich zur Bezeichnung des Bundesgebotes (5Mo 4,2; Jos 1,13 RevEB), des *Gesetzes, das weder ergänzt noch verkürzt werden darf (5Mo 13,1), und der *Verheißung, daß Gott sein W. hält (5Mo 9,5). Dabei fällt auf, daß schon in 5Mo *dābār* synonym gebraucht wird mit *tōrāh*, »Gesetz« (4,44), *ʿēdōt*, »Mahnungen«, *chuqqīm*, »Satzungen«, *mischpātīm*, »Rechte« (alle in 4,45) und *mizwāh*, »Gebot« (30,11), das aber die Tatkraft Israels nicht übersteigt, weil es in sich die Kraft zur Verwirklichung trägt. Auch wenn *dābār* in der priesterlichen Gesetzgebung eine noch geringe Rolle spielt (es kommt nur in 3Mo 4,13; 8,5.36; 9,6; 17,2 vor), so zeigt bes. Ps 119, der sich auf das niedergeschriebene W. Gottes bezieht, vollends den synonymen Gebrauch von W., Gesetz, Satzung, Gebot.

4. Das Wort Gottes als prophetisches Wort.

Von dem 242-fachen Vorkommen von *debar Jahwe* im AT beziehen sich 225 Stellen auf die prophetische Wortoffenbarung; wenn es davon allein 113 mal heißt: »und des Herrn Wort geschah«, ist damit der dynamisch-geschichtliche Charakter des *dābār* unterstrichen. Neben *debar Jahwe*, dem terminus technicus für die prophetische Gottesrede, meint absolutes *dābār* (bzw. *debārīm*) zusätzlich in etwa 240 Fällen die prophetische Wortoffenbarung. Da der *Prophet nicht im eigenen Namen redet, sondern den Anspruch hegt, Gottes Offenbarung zu verkündigen (Jes 7,7-12; Jer 7,2-7), kann alles Reden der Propheten als »Wort Gottes« bezeichnet werden und können ganze Prophetenbücher – und später das gesamte AT – den Namen »Wort Gottes« tragen (Jes 2,1 RevEB; Hos 1,1; Mi 1,1; Zef 1,1; vgl. Hes 2,9-3,3, wo *Hesekiel aufgrund des Essens der Buchrolle mit dem W. Gottes eins wird). In der Offenbarung des Wortes liegt größter Segen (Jes 2,3), und ohne das W. Gottes hört die Gnade auf (Am 8,11f). So kann es größte Gnade (Jer 15,19), aber auch schwerste Aufgabe bedeuten (Jer 20,7ff; Am 3,8), zum Mund Gottes bestellt zu werden. Im Unterschied zum falschen Propheten erkennt man den wahren daran, daß er das W. Gottes hat (Jer 23,28; 27,18) und seine Prophezeiung eintrifft (1Kön 22,28; Jes 55,11; Jer 28,9; Hes 33,33).

Das W. Gottes, das der Prophet durch eine reine Wortoffenbarung (z.B. 1Sam 3,1ff) oder durch eine Bild- und Wortoffenbarung (4Mo 24,4.15; 2Sam 23,1ff) empfangen kann, beruft ihn in den Dienst (Jes 6; Hes 1,f; vgl. auch Jer 1,4-19, wo Gott unter Aufnahme des prophetischen Widerspruches beruft). Der Berufene ist zum Boten Gottes in einer bestimmten Situation beauftragt und tritt unter Verwendung der einleitenden Formel »so spricht der Herr« selbst ganz hinter der ihm aufgetragenen Gottesbotschaft zurück (Jes 56,1 u.ö.; vgl. zum altisraelit. Botenrecht 1Mo 32,4-6; 2Kön 18,19.29. 31); dies bedeutet allerdings nicht, daß der Prophet nur unbeteiligtes Sprachrohr Gottes wäre (vgl. die prophetischen Zeichenhandlungen 1Kön 11,29ff; Jer 32; Hos 1 u.ö., die zur Sichtbarmachung der Botschaft dienen). Die Freiheit Gottes, den Propheten auf einen neuen Gottesbescheid warten zu lassen, wie auch seine Verfügungsgewalt über sein W. bleiben stets gewahrt (Jer 28,11; Am 8,11). Die weiterzugebende Botschaft hat oft Unheil zum Inhalt (1Kön 21, 17ff; 2Kön 1,3f; Jes 8,5-8; Am 4,1-3), jedoch finden sich trotz allen Ungehorsams des Volkes auch Heilsworte, die, weil sie allein auf der Bundestreue Gottes beruhen, dem Volk eine völlig neue Zukunft ansagen (Jes 54,10; 65,17ff; Jer 31,31ff; Hes 37,1ff).

III. IM NEUEN TESTAMENT.

1. Allgemeines.

Für den Begriff »Wort« verwendet das NT meist synonym *logos* (330 mal) bzw. *rhēma* (68 mal). In den verschiedenen Zusammenhängen, in denen beide Begriffe auftreten, können sie ganz unterschiedliche Bedeutung annehmen. Neutraler Gebrauch (»Gesagtes«) liegt u.a. vor in Mk 7,29 und Apg 1,1 (vgl. Lk 4,36, wo *logos* allerdings mit »Sache« übersetzt werden muß). Der neutrale Gebrauch macht auch eine negative Bewertung möglich (z.B. »leere Worte«: Eph 5,6; vgl. 1Thess 2,5; 3Joh 10 u.ö.).

Theologisch bedeutsam ist die Tatsache, daß das NT sehr häufig atl. Worte als »Schrift«, *graphē*, bzw. »Wort«, *logos*, zitiert. Als Subjekt dieser atl. Worte werden entweder Gott (Mt 22,31f; Apg 3,25) oder Menschen (z.B. Mose: Mt 22,24; David: Apg 2,25;

Jesaja: Joh 12,38f) genannt, jedoch können auch Propheten- bzw. Psalmworte als von Gott gesprochen zitiert werden (Mt 1,22; Apg 4,25; Hebr 1,5ff), was auf das Ineinander von Gottes- und Menschenwort hinweist. Wenn Kol 1,25 und Hebr 4,12 sich auf AT und NT beziehen, dann ist hier schon die Einheit von AT und NT im Blick.

2. Das Wort Jesu.

Die atl. Formel, daß das W. Gottes an bestimmte, von Gott berufene Menschen ergeht, findet sich nur in Lk 2,29; 3,2 auf *Simeon bzw. *Johannes den Täufer bezogen. Damit werden sie von Lukas in die Reihe der atl. Propheten eingeordnet. Zwar gibt es auch Einzelweisungen in der apostol. Zeit (Gal 2,2; Apg 10,10ff), aber aus Ehrfurcht vor Jesus, dem W. Gottes, werden diese Weisungen nie als »Wort Gottes« bzw. »Wort des Herrn« bezeichnet, sonderen als Offenbarung o.ä. Auch in bezug auf Jesus fehlt stets die atl. Wortereignisformel (»das Wort geschah zu . . .«), weil aufgrund von Mt 11,27 diese Vorstellung als unangemessen angesehen wurde, um das Gottesverhältnis Jesu zu beschreiben.

Wenn Jesus seine Rede einleitet mit »Amen, ich sage euch/dir« (Mt 5,18,26; 8,10; Joh 3,3.5 u.ö.) bzw. mit den Antithesen »Ich aber sage euch« (Mt 5,22.28. 32.34 u.ö.), so zeugt dies von Jesu göttlichem Selbstbewußtsein, weil er sein W. neben das atl. W. Gottes stellt. Dem W. Jesu wird höchste Autorität beigemessen: Jesus selbst schreibt seinen eigenen W.en Unvergänglichkeit zu (Mt 24,35), und andere stellen fest, daß sich an Jesu W. die Geister scheiden (Mt 15,12; Joh 6,60), wobei auch dies auf die *Vollmacht seiner Rede hinweist (Mt 7,28f; Lk 2,34). Seine W.e, die ewiges Leben beinhalten (Joh 6,68), rufen zum *Glauben (Lk 5,5). Wenn schließlich außerhalb der Evv. Bezug genommen wird auf Jesu W., so bedeutet auch die freie Zitationsweise (z.B. 1Kor 13,2 zitiert Mt 17,20; 21,21; Mk 11,23) keine Geringschätzung des W.es Jesu, sondern weist ebenso hin auf den autoritativen Charakter der W.e Jesu (vgl. 1Kor 7,10).

Die *Vollmacht der W.e Jesu zeigt sich ebenso am Zusammenhang von W. und Tat (vgl. die beiden Bedeutungen von *dābār*!): die Austreibung der Geister (Mt 8,16), das heilende Handeln (Lk 7,7; Mt 8,8) und die Wundertaten (Mk 1,25; 2,10ff; 4,39; Lk 7,14f) geschehen durch das W. Jesu. W. und Handeln Jesu bilden stets eine Einheit, Jesus erweist sich als Messias in W. (Mt 5-7) und Tat (Mt 8f), und seine W.e sind immer Teil seines gesamten Wirkens (Kittel weist in diesem Zusammenhang auf die »innere Unwahrscheinlichkeit der Theorie einer sogenannten Logien- oder Reden-Quelle« hin: ThWNT IV, S. 109). Ebenso gehört es zur Nachfolge Jesu, seine Worte zu hören und zu tun.

Noch eines gilt es festzuhalten: Bei den Synoptikern wird die Singularform *logos* nur selten im Munde Jesu (Mt 13,18-23par.; Lk 8,21; 11,28) und zur Bezeichnung seiner gesamten Botschaft (Mk 2,2; 4,33; Lk 10,39; vgl. Apg 10,36) verwendet. Dieser sparsame Gebrauch von *logos* als Verkündigung Jesu weist zum einen darauf hin, daß Jesus nicht einfach mit dem *Lehrer, dem *Rabbi, identisch ist, und zum anderen, daß die Synoptiker um den Tatbestand wissen, daß Christus nicht nur den *logos* bringt, sondern selbst der *logos* ist (vgl. Joh 1; 1Joh 1; *Logos).

3. Jesus, das Wort.

Der menschgewordene Jesus Christus ist das letztgültige W. Gottes (Mt 21,33-39; Hebr 1,1f). In ihm hat Gottes W. menschliche Gestalt angenommen, ist das Kraftwort Gottes Personwort geworden und das Verheißungswort des AT zur Erfüllung gekommen (Mt 1,21; 2,5f u.ö.). Allein die johanneische Literatur redet von Jesus Christus als dem *logos* bzw. dem *logos* Gottes: Während Offb 19, 13 nur den Namen *ho logos tou theou*, »das Wort Gottes«, verwendet, wird in Joh 1 und 1Joh 1 die Präexistenz des *logos* bzw. das Sein bei Gott festgehalten (1Joh 1,1f; Joh 1,1-5.18; vgl. Phil 2,1ff; Kol 1,12ff) sowie die Tatsache, daß der *logos* eine geschichtliche Gestalt (Joh 1,14; 1Joh 1,2: *ephanerōthē*) und somit anschaubar wird (Joh 1,14; 1Joh 1,1). Im Johannesprolog wird zudem auf die Schöpfungsmittlerschaft des *logos* verwiesen (Joh 1,3-5; vgl. 1Mo 1,1) und die Wesenseinheit von *theos*, »Gott«, und *logos* betont (Joh 1,1).

4. Das Wort von Jesus.

Zur Bezeichnung der urchristl. Botschaft steht meist *logos* (seltener *rhēma*), entweder absolutes *ho logos*, »das Wort«, oder *ho logos tou theou* bzw. *tou kyriou*, »das Wort Gottes bzw. des Herrn«. Stets ist dieses W. auf das Werk Jesu in Leben, Leiden, Kreuz (2Kor 5,17-21) und Auferstehung (1Kor 15,3-5) bezogen. Predigt des Wortes ist somit Predigt dessen, was in Jesus Christus geschehen ist. In der Apostelgeschichte steht *ho logos*, »das Wort«, v.a. zur Beschreibung der urchristl. Missionspredigt (Apg 4-19), deren Inhalt allein das W. des Heils (13,26) und der Gnade (14,3; 20,32) in Christus ist. Für diesen Dienst am W. (6,2.4) ist die Augenzeugenschaft der Geschichte Jesu (1,21f; vgl. 1Joh 1,1) eine unerläßliche Voraussetzung. Ebenso ist das von Paulus verkündigte W. der *Wahrheit (Eph 1,13) identisch mit der Botschaft von Christus und mit dem *Evangelium (Eph 1,13; Kol 1,5; vgl. Apg 15,7), das als W. vom *Kreuz (1Kor 1,18; 2,2; Gal 3,1) im Gegensatz zur *Weisheit der *Welt steht und die Mitte seiner *Verkündigung bildet. Als W. von der *Versöhnung (2Kor 5,19) weist es hin auf das stellvertretende Sühneleiden Christi und als W. des *Lebens (Phil 2,16; vgl. Joh 6,63.68) beinhaltet es die Verheißung eines neuen Lebens (2Kor 5,17), das Bestand hat über den Tod hinaus (1Kor 15,54).

Weil Gott selbst der Urheber dieses W.es ist (Apg 13,26; 2Kor 5,19f; Tit 1,3), und der Mensch als Botschafter nur für die Weitergabe des bereits gegebenen W.es verantwortlich ist, hütet sich Paulus vor jeder Verfremdung des W.es (2Kor 2,17; 4,2; 2Tim 2,15). Nur als von Gott selbst gesprochenes und gehandeltes W. ist es wirksam (Eph 6,17; 1Thess 2,13; Hebr 4,2.12), ist nicht nur Hinweis auf *Gnade, *Rettung und *Leben, sondern ist Gnade, Rettung und Leben selbst.

Literatur: A. Debrunner, H. Kleinknecht, O. Procksch, G. Kittel, G. Quell, G. Schrenk: ThWNT IV, 1943, 69-147; G. Stählin: ibid. 769-803; G. Gerlemann: THAT I, 41984, 433-443; H. Haarbeck, G. Fries, B. Klappert, O. Betz: TBLNT II, 41986, 1407-1440 (Literatur); G. Harder: EKL2 III, 1848-1850; T. Boman: Das hebräische Denken im Vergleich mit dem griechischen, 31959; J. Schniewind: Die Begriffe Wort und Evangelium bei Paulus, 1910; C.D. Stoll, T. Pola, M. Pfizenmaier, R. Mayer: Wort und Erfahrung, Theologische Auseinandersetzung mit dem Denken unserer Zeit (hrsg. von W. Veeser et al.), IV, 1985.

J.S.

WUNDE s. Krankheit

WUNDER.

I. UNTERSCHEIDUNGEN.

Bei Vernachlässigung ganz weniger Außenseiter und Formenmischungen kann man die bibl. Wundergeschichten in zwei Kategorien und vier Typen gliedern: »Erweiswunder«, nämlich: Epiphanien und Zeichen, und »Wunder (der Hilfe) an Menschenkindern« (Ps 107,8. 15.21.31), nämlich: Heilungen und Rettungen. Die Urtypen sind in jeweils einer zentralen atl. Überlieferung gut zu greifen: die Erweiswunder in der Exodustradition: am Berg Sinai manifestiert sich Jahwe nach allen Regeln der Epiphanie (2Mo 3; 19-20; 24); in Ägypten vollbringt Mose die »Zeichen«, mit denen er sich als von Gott Gesandter ausweist (2Mo 4,1-9.30f; 7-11); die Wunderhilfen in der Liturgie eines Dankfestes: Ps 107 fordert verschiedene Gruppen zum Dank für erfahrene Hilfe auf. V. 4-9 und V. 23-32 beziehen sich auf Rettungen, V. 17-22 auf Heilungen.

In den Erweiswundern geht es um die Wahrheit: Ein Zeichen beweist die Gottgesandtheit und Legitimität dessen, der es vollbringt; in der Epiphanie wird Gottes Existenz und der Inhalt einer Offenbarung zwingend evident. Wunderhilfen geschehen ausschließlich um des Lebens der betreffenden Menschen willen.

II. HEILUNGEN.

1. Für die wunderbaren Heilungen, die Jesus und – in seinem Namen – andere an einzelnen notleidenden Kranken wirken, ist die häufigste Bezeichnung *dynameis,* »Krafttaten« (vgl. Mk 5,30; 6,2.5.14; 9,39; Mt 7,22; 11,20-23 par.; Lk 10, 13; Apg 8,14; 1Kor 12,10.28f). Sie entspricht den atl. *gebūrōt Jahwe,* erster Gegenstand des Gotteslobs im Psalm des frommen Israeliten (z.B. 71,16; 145,4.12; 150,2).

2. Der Name führt unmittelbar hinein in die Dynamik des Heilungswunders Jesu und leitet an, nach den darin wirksamen Kräften zu fragen. Dabei kann man unterscheiden:

-das Motiv, das den Messias zur Intervention bewegt,

-das Medium, das er gebraucht,

-»menschheitliche« und

-»gottheitliche« Kräfte, über die er verfügt.

a. Hauptmotiv ist die stumme Not oder auch die flehentliche Bitte des Leidenden bzw. des Mitleidenden (z.B. Mk 1,40; Lk 17,13; Mk 10,48). Ihr entspricht das Erbarmen Jesu. Die dafür verwendeten Vokabeln (z.B. *eleein*) geben die hebr. Bezeichnungen des »Erbarmens Gottes« wieder, die sich von *rächäm,* »Mutterschoß«, herleiten (vgl. dazu Jes 49,14f). So kann man von einem »mütterlichen Erbarmen« Jesu als einem starken Gefühl sprechen, das sich sogleich in Kraft umwandelt und Tat wird (z.B. Mk 1,41; 5,19; 10,48f; Lk 7,13; 17,13f; Mt 15,22). Die gleiche Gemütsbewegung wendet sich gegen die Feinde der verletzten Geschöpfe als »Heiliger Zorn« (vgl. das »Schelten« Jesu, Mk 1,25; 9,25; Lk 4,39, und sein »Zürnen«, Mk 1,41 D; 3,5). Die ungemein starke Gefühlsbeteiligung Jesu äußert sich als »Stöhnen« (Mk 7,34), »Weinen« (Joh 11,35) oder »Schnauben« (Mk 1,43; Joh 11,33.38). Schließlich ist der Sabbat für Jesus als Messias zwingender Anlaß zu heilen (und eben nicht ein Tag, an dem er es notfalls auch tut). Es ist der Tag, an dem Gott seine Schöpfung vollkommen sehen will (1Mo 2,1-3), zugleich der Tag vorläufiger Darstellung der endzeitlichen Gottesherrschaft (Jub 50,9). »(Sabbat-)Jahr der Gnade Gottes« (Lk 4,16-19 = Jes 61,1f), Sabbattag und in ihm außerdem noch die herausragende Stunde des Sabbatgottesdienstes – wenn überhaupt, dann muß in solchermaßen qualifizierter Zeit einem verletzten Geschöpf Heil widerfahren (z.B. Mk 1,21-31; 3,1.4; Lk 13,10-17)!

b. Als äußeres Medium der Kraftübertragung fungiert die Hand (Jesu), während Medikamente nur ausnahmsweise eine Rolle spielen. Jesus ergreift die Hand eines Geschwächten (Mk 1,31; 5,41; 8,23; 9,27; Lk 14,4) oder legt einem Kranken die Hände auf (Mk 5,23; 6,5; 7,32; 8,25; Lk 4,40; 13,13). (Anders z.B. Tob 6,1-9.16ff; 8,2ff!)

c. Im Heilungswunder wirksame Kräfte sind:

-ein konzentriertes Wollen als »Vermögen« des Messias (z.B. Mk 1,40f; 9,22ff);

-der Glaube des Kranken (Mk 5,28f.34; 6,5f; 10,52; Lk 17,19). Damit könnte ein Geschehen-Lassen, ein Stille-Halten, Sich-Einbergen in die Kraft des Heilands oder ein eher voluntativer, »bergeversetzender« Glaube (vgl. Mk 11,23; Mt 15,28; 17,20; Joh 5,6) gemeint sein;

-Fürsprache, stellvertretender Glaube und Liebe derer, die aus eine vorgegebenen Beziehung heraus für einen Kranken »eintreten« (z.B. Mk 2,3-5; 5,36; 7,25ff; 9,23f; Mt 8,5ff; 15,28);

-Kooperation der Kräfte des Messias und anderer (Mk 9,24).

d. Doch übersteigen die Kräfte Jesu die Menschen möglichen psychischen Energien. Als Träger des Heiligen Geistes hat Jesus Anteil an Gottes Schöpferkraft, die aus dem Chaos bzw. aus dem Nichts Leben schafft. So genügt ein ausgesprochenes Wort; es wird »sogleich« (*eythys, parachrēma*) in Wirklichkeit überführt (vgl. 1Mo 1,3.9.11.14f.24; Mt 8,8.13; Mk 1,41f; 2,11f; 3,5; 7,34f; Lk 13,12f). Diese Schöpferkraft unterscheidet sich kategorial von allen Kräften der Geschöpfe. Weil Jesus aus Gottes Schöpferkraft wirkt, ereignet sich in seinen Heilungen »Apokatastasis«, Wiederherstellung verletzter Schöpfung (Mk 3,5; 7,37; 8,25).

3. Aus den Wunderberichten der Evv. erfährt man in keinem Fall eine Diagnose im Sinne der Medizin; immerhin lassen die genannten Symptome manche Krankheit identifizieren (z.B. Mk 5,25-34: Anomalie der Periode; Mk 1,30: Fieber; Lk 13,10-17: Rückenverkrümmung; Mk 2,1-12; 3,1-6: Lähmungen; an mehreren Stellen: Erkrankungen an Sinnesorganen, verschiedene Formen des »Aussatzes«; Mk 9,14-29: Epilepsie; Mk 5,1-20: akute Psychose). Auch organische Krankheiten werden vielfach auf verborgene persönliche Lebensschuld und/oder auf dämonische Einwirkung zurückgeführt (z.B. Lk 4,39ff; 13,12.16). Heilungen sind darum, je nach äußerem Erscheinungsbild, häufig als Dämonenaustreibung und Kampf mit dem *Satan, der widergöttlichen, das Heer der Dämonen befehligenden Macht, geschildert. Gegen den Bösen, der sich – wiewohl Geschöpf! – doch zum Gott aufgeworfen hat, setzt sich im eschatologischen Kampf der Geister der Heilige Geist durch (vgl. Mk 3,22-30; Mt 12,28).

Die wunderbaren Heilungen Jesu sind den vier Heilssymbolen des Evangeliums zugeordnet: Sie wollen als *Ereignisse* (keineswegs nur als – verweisende - Zeichen) der *Gottesherrschaft* (Mt 12,28), des *Sabbats* (Mk 3,4; Lk 13,16) und als Taten des *Messias* entsprechend der Verheißung (Mt 11,5 = Jes 35,3-6; 61,1f) verstanden werden; sie sind aber auch konstitutives Element der eschatologischen »Friedensstadt« Jerusalem (Mt 21,14 = Jes 33,20.23f).

Die Sabbatruhe des Gottesreiches (Mt 11,28) schließt für die Erlösten Heilung von Schuld und Leid ein. Man vergleiche Mk 2,1-12 mit Ps 103,3 und Jes 33,22-24: »Der Herr wird unser König sein, er wird uns retten... Dann verteilen Blinde große Beute untereinander; die Lahmen machen einen ergiebigen Raubzug. Kein Mensch in der Stadt wird mehr sagen: Ich bin krank. Dem Volk, das in Zion wohnt, ist seine Schuld vergeben«.

Aus dem Gesagten erhellt, daß die nächsten Analogien zu den ntl. Wunderheilungen keineswegs – wie immer noch häufig behauptet – in der hellen. und heidnischen Umwelt zu suchen sind, sondern im AT, dem Dokument der vor-läufigen Heilsgeschichte (vgl. die von *Elia und *Elisa innerhalb 1Kön 17 – 2Kön 8 erzählten Wunder; Jes 38 und vor allem die atl. Dankpsalmen, die im Bekenntnisstil von erfahrenen Rettungen aus tödlicher Krankheit berichten, z.B. Ps 22,23ff). Insofern Jesu Erbarmen wirkmächtig Not wendet, unterscheiden sich seine Wundertaten freilich von denen Elias und auch rabbin. Charismatiker, die Gottes wunderbares Eingreifen im Gebet erflehen.

Daß im Unterschied zur antiken Umwelt Strafwunder in den Evv. fehlen, erstaunt den nicht, der die ntl. Erzählungen von wunderbaren Heilungen als Gebetserhörungsgeschichten nach dem Vorbild der atl. Dank-(*Todā*-)Psalmen begreift (s. Glöckner, 1983). Die Struktur von Ps 50,15 »Rufe mich an am Tag der Not; dann rette ich dich, und du wirst mich ehren« spiegelt sich in der Tat in den ntl. Erzählungen, bildet ihr Gerüst, und nicht zufällig kommen sie im Lobpreis Gottes zum einzig wahren Ziel (vgl. etwa Mk 2,12; 7,37; Mt 15,31; Lk 5,25f; 7,16; 13,13; 17,15; 18,43).

4. Traditionell sah man den Nährboden der ntl. Wundergeschichten in der urchristl. Mission; die Missionare – in Konkurrenz mit Propagandisten anderer Religionen und Kulte – hätten für den neuen Glauben geworben, indem sie drastische W. Jesu erzählten. Als

Handbücher für derartige Zwecke wären die ersten Sammlungen von Wundergeschichten entstanden.

Angemessener ist es, ihren primären Sitz im Leben im Gottesdienst zu denken. »Damit ist nicht gemeint, die Erzählungen seien unmittelbar für den Kult... verfaßt worden. 'Gottesdienstlicher Sitz im Leben' will hier sagen, daß die Tradition der Wunder Jesu primär im Dienst innergemeindlicher Glaubensbezeugung und Paränese (Ermutigung zum Beten und Vertrauen) steht... Wie die Analogie zu den Psalmen zeigt, drängt religiöse Erfahrung immer dazu, sich mitzuteilen... führt mit innerer Notwendigkeit zur Antwort an Gott und zur Bezeugung vor anderen Menschen. Die Adressaten dieses öffentlichen Gotteslobes müssen nicht vorrangig unter Andersgläubigen gesucht werden.« (Glöckner, 59).

Wovon die Betroffenen voll Dank gegen Gott und Jesus – in der jeweiligen Synagoge? – berichteten, ist dann nach Ostern in den Ortsgemeinden zusammengetragen und dabei von der 1. in die 3. Person transponiert und in eine einigermaßen stereotype Form umgegossen worden.

5. Die Tatsächlichkeit der einzelnen W. ist mit den Möglichkeiten historischer Kritik weder zu beweisen noch zu widerlegen. Doch verdient das Erzählte, wie schon angedeutet, begründetes Vertrauen. Es verstärkt sich durch die Überlegung, daß einige von kaum einem Forscher als solche bestrittene Jesusworte wie Mt 12,28; Lk 13,31ff ein Bewußtsein Jesu, wunderbare Heilungen zu vollbringen, voraussetzen, und daß jüd. Polemik schon im NT und später im Talmud nirgends und niemals in Zweifel gezogen hat, daß Jesus W. tat, sondern nur ausschloß, daß er sie kraft des Geistes Gottes wirkte (vgl. Mk 3,22-30).

6. Wenn sich im »Jahr der Gnade Gottes« (Lk 4,16ff) die Basileia (»Königsherrschaft«) – wenn auch episodal und punktuell - ereignete und Jesus über Schöpferkraft verfügte, dann ist ein Abstand aller heute als »Geist-Heilungen« berichteten W. zu den W.n des einzigartigen Geistträgers nicht zu überbrücken. Andererseits geben die im W. Jesu mitwirkenden psychischen Energien jedem Christen genügend Impulse, im eigenen Menschsein heilende Kräfte, v.a. im Blick auf geliebte Menschen, zu mobilisieren. Zu gewinnen ist die Kraft der guten Gedanken (positive Telepathie), des Gebets, des Vertrauens auf Gott, der Hände als Aus-Drucks-Möglichkeit von Zuwendung und Liebe, wiederzuentdecken der psycho-somatische Zusammenhang und die Erkenntnis, daß Gott leibliche und seelische Nöte, den ganzen Menschen, ernst nimmt, aber auch die Einsicht in den Übermachtscharakter mancher dämonischen Krankheit, der gegenüber jegliche Selbststeuerung ihres »Opfers« so gründlich versagt, daß Rettung nur vom »starken Erlöser« zu hoffen ist und jedes moralische Urteil verstummen muß (z.B. bei Formen der Schizophrenie und der schweren endogenen Depression).

III. RETTUNGEN.

1. Eine zweite Kategorie Hilfe-Wunder, ebenfalls unter den »staunenswerten Taten«, *niflā'ōt*, der Dankfestliturgie Ps 107, nennen wir nach Mt 14,30 »Rettungen«. Dem griech. *sōzein* liegen die atl.-hebr. Verben für »retten«, *hōschīa'* und *hassīl*, zugrunde. Die assoziierte Vorstellung bei ersterem ist: aus der Enge in die Weite führen, bei letzterem: aus dem Rachen eines wilden Tieres herausreißen.

2. Wesen und Dynamik der Rettungswunder kann man am besten in der dichtgerafften Erzählung Mt 14,28-33 studieren:

V. 28: Ausgangspunkt ist eine akute Bedrohung (in Differenzierung zum chronischen Leiden der Kranken), hier symbolisiert durch die »Wasser«. Petrus repräsentiert den Menschen, der sich der Gefahr stellt.

V. 29f zeigen den Menschen, wie er in höchster Gefahr schwankt zwischen Glaubenszuversicht (vgl. V. 31: »du Kleingläubiger«) und heftiger (Todes-)Furcht; in dieser Situation hat der elementare Hilferuf seinen Ort.

V. 31 berichtet die messianische Intervention: das »Ein-Greifen« Gottes in die Angst,

V. 32 den Umschlag der Angst in die »Meeresstille«,

V. 33 das ehrfürchtige spontane Bekenntnis zum Retter als Gottessohn (in Mk 4,41 zur Epiphaniefurcht gesteigert): Ausdruck der im W. erfahrenen Gottesnähe.

3. Die ntl. Rettungswunder (Mk 4,35-41 par.; Mt 14,28-33; Mk 6, 30-44; 8,1-10 par.) zeigen den Menschen von zwei Seiten her akut gefährdet; die zwei Pole des Bedrohtseins verhalten sich wie Ebbe und Flut: Die Speisungswunder beziehen sich auf akute Mangelnöte. Als hungriges, angewiesenes, bedürftiges Wesen kommt der Mensch in Situationen, in denen er zu verschmachten droht (eine anthropologische Aussage, die im atl. Begriff für die einzelne Person, *näfäsch*, mitgesetzt ist) – der Christus rettet, indem er ungeahntes »Brot« gibt: Getreideprodukt und (Lebenssinn vermittelnde) Lehre (Mk 6,34.37). Die Seesturmstillungen beziehen sich auf die aggressiven »Wasser«-Nöte, die mit Verzweiflung und Todesangst einhergehen. Der Christus ruft zum Vertrauen, birgt

und rettet, indem er die Wellen beruhigt. Diese Rettungswunder sind ihrem Wesen nach vor-läufige Todüberwindungen, wie unsere tiefen Krisen und Ängste Vor-Erfahrungen des Todes mitten im Leben sind (2Kor 1,9f).

Struktur, innerer Sinn und teilweise sogar der Wortlaut der Rettungswunder Jesu entsprechen atl. Präfigurationen: einerseits dem Manna-Wunder (2Mo 16; vgl. 2Kön 4,2-7.38-44), andererseits dem Schilfmeerwunder (2Mo 14; vgl. Jona 2).

4. Unter den Lobpreisenden des Ps 107 ist u.a. eine Gruppe, die aus dem »Verschmachten« (V. 4-9), und eine andere, die aus Wasser-Not »errettet wurde« (V. 23-32) – ein Indiz dafür, daß auch solche Wundererzählungen ihren ursprünglichen Sitz im (gottesdienstlichen?) Bekenntnis der Gemeinde haben, die an ihren allerstärksten Erfahrungen Anteil gibt und wirbt, sich auf diesen Christus vertrauend einzulassen.

5. Es fällt auf, daß die Rettungswunder schwerpunktmäßig die »seelischen Entsprechungen« zum äußeren Geschehen schildern (Todesangst, Kleinglauben, Orientierungslosigkeit u.a.). In den die Heilungswunder zusammenfassenden Summarien der Evv. bleiben sie ausgespart. Ferner sind sie von vornherein auffallend transparent auf viele andere strukturell gleiche Lebenssituationen hin, nämlich durch ihre zahlreichen Symbole und Metaphern (z.B. das »Wasser« – im Psalter für Angriffe auf das Leben, das »Brot« - vgl. etwa Am 8,11!; der sinkende Petrus – für den Menschen zwischen Glauben und Zweifel; die Zwölfzahl (der Jünger, der Körbe) – für die Gesamtheit des (neuen) Gottesvolks; die 7 (Körbe) – für die Vollzahl der Völker; die 5000 und die 4000 - für die Kirche aus Israel und den Völkern).

6. Gerade durch ihre das erzählte äußere Geschehen weit transzendierende Symbolik betreffen die Rettungswunder von vornherein alle, denen sie so erzählt werden; sie sprechen in jeder akuten Angst der geschilderten Art Vertrauen zu; man vernimmt sie richtig, wenn sie einen Ps 23 von neuem zu beten lehren.

IV. ZEICHEN.

Das JohEv. nennt die W. Jesu konsequent »Zeichen«, griech. *sēmeion*; atl.-hebr. *'ōt*; s. *Zeichen.

V. AUFLEUCHTUNGEN.

1. Die Bezeichnung »Aufleuchtungen« sucht Wesen und Eigenart der Erzählungen über plötzliches Aufscheinen von Ewigkeit in der Zeit - in der Geschichte Jesu – zu treffen. Sie ist orientiert an Lk 2,9. Zu den Aufleuchtungen gehören vor allem die beiden Engelsverkündigungen (Angelophanien) der Weihnachts- und der Ostergeschichte (Lk 2,8-15; Mk 16,1-8) sowie die »Abglänzungen« (des göttlichen Lichtes an der Gestalt Jesu): *Verklärung und wunderbarer Seewandel (Mk 9,2-8.9f.15 par.; 6,. 45-52 par.; vgl. auch die epiphanen Züge der Himmelfahrts- und der Pfingstgeschichte, Apg 1-2).

2. Der typische Ablauf in den betreffenden Erzählungen:

a. eine kurze Situationsangabe (Ort und Zeit, Umstände, Voraussetzungen des Epiphaniegeschehens);

b. die (plötzliche) Erscheinung: *Engel, verklärtes Angesicht bzw. Gestalt, leuchtend weiße Kleider, Licht als Fluidum;

c. die Reaktion der Betroffenen: Erschrekken vor dem Heiligen, z.B. Furcht, Zittern, Verwirrtsein, Flucht, Verstummen;

d. die Verkündigung des Engels, des »verklärten« Christus oder der Himmelsstimme, die in der Regel zunächst mit einem Beruhigungsruf wie »Fürchte dich nicht« aus dem Griff der Angst löst (Lk 2,10; Mk 6,59b; 16,6a) und dann mehr oder weniger komplett die Elemente »gute Botschaft«, »Ansage eines Bestätigungszeichens«, »Weisung (an die Offenbarungsempfänger)«, »Verheißung« enthält.

e. Mit (bedeutungsvoller) Ausnahme von Mk 16,8 wird abschließend jeweils das Ende des Epiphaniegeschehens kurz festgestellt.

3. An markanten Stationen des Weges Jesu scheint der göttliche Lichtglanz auf und überwältigt die »Begleiter«. Die Erkenntnis Jesu als des Christus und aller damit verbundenen, rational nicht faßbaren Wahrheit leuchtet, zwingend und überführend, im Augenblick keinen Zweifel übrig lassend, auf und ein in alle Schichten des Menschseins. Der Getroffene ist bis in die tiefsten Fasern seines Leibes und seiner Seele ergriffen, so daß ihm gar keine Wahl, zu glauben oder nicht zu glauben, bleibt. Daß Gott die Toten auferweckt (Mk 16,1-8), daß Christi Worte »ewige« Wahrheit vermitteln (Mk 9,7), daß alles Gespenstisch-Schreckliche in der Geschichte sich letztlich als eine Wirklichkeit entpuppen wird, aus der uns Christus klärend und entängstigend entgegentritt (Mk 6,49f) – das wurde jäh gewiß in einigen »lichten Augenblicken«, in denen man freilich nicht verweilen, von dessen Nachglanz der christl. Glaube jedoch leben konnte. Dennoch haben auch diese Wunder in der Geschichte des Alten Bundes ihre Präfigurationen: in den Angelophanien (z.B. 1Mo 28,12-17; Ri 6,11-24; Dan 10-12), der Theophanie am Sinai (2Mo 19,16-20; 20,18-21; 5Mo 33,2) und im »Abglanz« des göttlichen Lichtes auf Moses Gesicht (2Mo 34,29-35).

Eine nachexilische prophetische Verheißung (Jes 60,1-5) weist dann schon in die Richtung der evangelischen Aufleuchtungen: In der Heilszeit wird sich hinsichtlich der Epiphanie-Reaktion der Akzent vom hellen Entsetzen zur entsetzlichen Helle, von der Ehrfurcht zum unsagbaren Glück verlagern.

4. Die Aufleuchtungswunder verdichten tiefgreifende, »intime« Gotteserfahrungen, die den Augenzeugen und Wegbegleitern Jesu in der Begegnung mit ihm zuteil wurden. Sie gehen auf Erinnerungen einzelner zurück und stellen einen Versuch dar, das Unsagbare zu sagen. Dies geschieht im Rückgriff auf atl. geprägte Sprache und Symbole.

5. Die Ewigkeitswahrnehmungen, die sich in den Aufleuchtungswundern spiegeln, liegen gewiß nicht auf der Ebene des Fotografierbaren, was ihrem Wirklichkeitscharakter keinen Abbruch tut. Wenn es nicht den betreffenden Menschen von außerhalb ihrer selbst zustoßende Widerfahrnisse gewesen wären, hätten sie kaum eine universale Religion gezeitigt.

VI. BEURTEILUNG.

Durchweg zeigt sich, daß die ntl. Wundergeschichten auf bibl. Boden erwachsen sind. Ihre Form, Sprache, Motive und Bedeutung erklären sich in kaum einem Fall aus literarischer Abhängigkeit von außer-israelit. Erzählungsgut. Der Antrieb, sie zu erzählen, kommt aus genuin israelit. Empfinden, wie es sich schon in den wichtigsten atl. Überlieferungen Ausdruck verschafft hat: Widerfuhr einem frommen Israeliten über alles Erwarten Gutes, so versetzte ihn das in Staunen und tiefen Dank gegen Gott. Dazu gehörte, daß man das Erlebte nicht für sich behielt, sondern bekennend erzählte (vgl. Mk 5,20 mit den atl. Dankpsalmen). Die Mitmenschen werden gefragt, ob sie sich nicht auch auf diesen erbarmenden Gott vertrauend einlassen wollen – in der Hoffnung auf ähnliche Erfahrungen –, und werden zur Mitfreude aufgerufen.

Nun reagiert der »verkopfte Mensch« des 20. Jh., gefangen in seiner puren Rationalität und in den Denkschemata der Naturwissenschaften, auf den An-Spruch der bibl. Wunder gar nicht unmittelbar existentiell, sondern mit dem buchstäblich vorgeschobenen Denkproblem: Sind, so fragt er, Einbrüche einer transzendenten Macht in eine durch Naturgesetze völlig durchgeordnete und in sich geschlossene Welt möglich? Gegenüber dieser bloß-intellektuellen Frage an die W. aber bleibt die Bibel stumm. Das von ihnen Erzählte ist im Bewußtsein der Evangelisten nicht an einem (ihnen unbekannten) Naturgesetz, sondern an durchschnittlicher Lebenserfahrung gemessen W. Da sie alles Geschehen in der Schöpfung entweder auf den Menschen oder unmittelbar auf den Schöpfer zurückführen, kann es für sie gar keine ein Kausalitätsprinzip verletzende Ereignisse geben. Interpretationen, die der herrschenden Wirklichkeitssicht, wonach nur das wirklich geschehen sein kann, was die Naturwissenschaft »erlaubt«, Reverenz erweisen, indem sie die bibl. W. in verschiedener Weise entleeren, erscheinen wie eine Flucht vor dem An-Spruch dieser Wundergeschichten.

Literatur: O. Betz: Das Problem des Wunders bei Flavius Josephus im Vergleich zum Wunderproblem bei den Rabbinen und im Johannesevangelium, in: Josephus-Studien, FS O. Michel, 1974, S. 23-44; R. Glöckner: Neutestamentliche Wundergeschichten, 1983; W. Grimm: Der Ruhetag, ANTI 4, 1980; G. Theissen: Urchristliche Wundergeschichten, StNT 8, 1974. W.G.

WUNSCH, WÜNSCHEN. Das Verlangen nach einem nicht verfügbaren Gut oder Ereignis. Gott selbst wünscht nicht, er beschließt, weil alles in seiner Hand liegt und zu seiner Verfügung steht (vgl. Ps 115,3; 135,6). Der Inhalt des W.es charakterisiert das Herz des Verlangenden (Spr 21,10.25; 23,3.6; Apg 26,29; Röm 9,3). Weisheit ist das höchste Ziel aller W.e (Spr 3,15; 8,11). »Glück, Heil und Frieden« (Ps 122,7f; Apg 15,23) sind Gruß- und Segenswünsche und feste Bestandteile des orientalischen Grußes. Auch 3Joh 2: »Ich wünsche, daß es dir in allen Dingen gut gehe«, liegt eine gängige Briefformel vor, die ebenso aus dem profanen Briefwechsel der ntl. Zeit bekannt ist.

WURFSCHAUFEL s. Ackerbau

WÜRZE s. Kräuter und Gewürze

WÜSTE. In der Bibel beziehen sich die Wörter »Wildnis« oder »Wüste« nicht nur auf trockene Sand- oder Felsenwüsten, wie sie allg. Vorstellungen entsprechen, sondern auch auf für extensive Weidewirtschaft geeignetes Steppengebiet. Das gebräuchlichste hebr. Wort für W. ist *midbār*, ein bereits in kanaan. Epen aus *Ugarit (14. Jh.v.Chr., auf frühere Quellen zurückgehend) als *mdbr* belegtes Wort (Gordon, Ugaritic Manual, 3, 1955, S. 254, Nr. 458). Dieses Wort kann Steppe (Ps 65,13; Joel 2,22), von der Sommerhitze verbranntes Land (Jer 23,10; Joel 1,19-20), wie auch trostlose Gegenden aus Fels und Sand bezeichnen (5Mo 32,10; Hiob 38,26). Dasselbe Bedeutungsspektrum hat das griech. *erēmos* im NT.

Hebr. *jeschīmōn* wird manchmal als Eigenname wiedergegeben (1Sam 23,24; 26,1.3) und bezeichnet weithin kahle Wüstengebiete in Judäa. Zu der vom Gipfel des Pisga überschaubaren Wildnis (4Mo 21,20; 23,28; vgl. 5Mo 34,1ff) gehören das mergelige Ödland beiderseits des Jordan vor dessen Einmündung in das Tote Meer, die Hänge des Pisga und seine Ausläufer in das Jordantal, und evtl. die Randbezirke der gegenüberliegenden judäischen W., die sich südl. von *Jericho sowie nördl. und südl. von *Qumran erstreckt (vgl. 5Mo 32,10; Ps 107,4; Jes 43,19). Neben seiner Verwendung als Eigenname für den langen Senkungsgraben vom Toten Meer zum Golf von Aqaba (*Elat) kann der Ausdruck *ʿarābāh* als allg. Bezeichnung für Steppe oder Buschland (im Gegensatz zu wasser- und pflanzen-

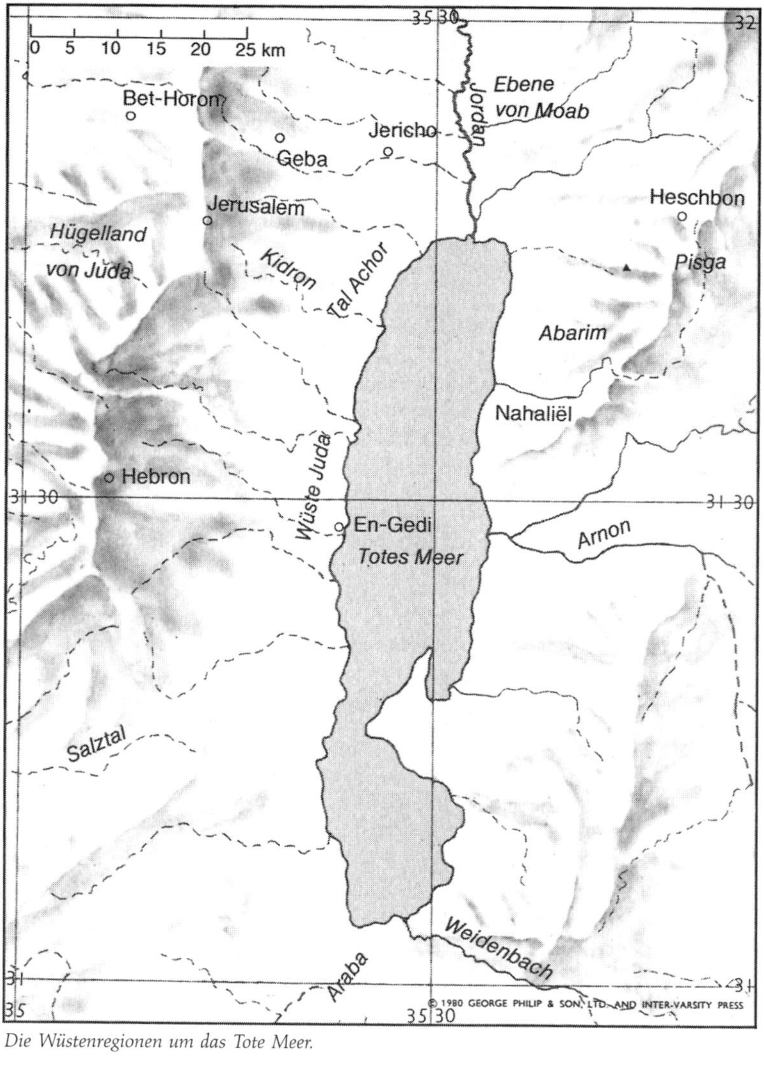

Die Wüstenregionen um das Tote Meer.

Oasen wie z.B. Wadi Feran im Sinai bilden einen starken Kontrast zu der Unfruchtbarkeit der Wüste, durch die die Israeliten zogen. (MEPhA)

reichem Land) stehen, in dem wilde Tiere ihre Nahrung suchen müssen (Hiob 24,5; Jer 17,6), oder für trockene Wüsten (in Hiob 39,6 als Parallele zur Salzwüste). Die hebr. Begriffe *schemāmāh* (Hiob 30,3) und *zijjāh* »trockenes Land« (Psalm 78,17), sowie *tohu*, »leere Einöde« (Hiob 6,18 LÜ: »Nichts«; RevEb: »Öde«; Ps 107,40 LÜ: »Wüste«), beziehen sich ebenfalls auf trockene, unbewohnbare Wüste.

K.A.K.

WÜSTENZUG, WÜSTENWANDERUNG.

I. EINGRENZUNG.

Nachdem die Israeliten Ägypten verlassen und das Schilfmeer durchquert hatten (2Mo 14,10-15,27) und bevor sie an Edom und Moab vorbei an den Jordan gelangten (4Mo 20ff), verbrachten sie etliche Jahre in der »Wüste«: Dazu rechnet zum einen die Sinaihalbinsel, eingefaßt vom Golf von Suez und vom Golf von Aqaba (*Elat), im N bis zum »Weg durch das Land der Philister« reichend, der *Ägypten mit Palästina verband; zum anderen den Araba-Senkungsgraben, der südl. des *Toten Meeres bis zum Golf von Aqaba (und darüber hinaus) verläuft; schließlich die Wüste Sin südl. von *Beerscheba.

II. GEOGRAPHISCHE STRUKTUREN.

Die Straße von Ägypten nach Rafia und *Gaza über den »Weg durch das Land der Philister« verläuft annähernd parallel zur Mittelmeerküste. Dabei durchquert und streift sie die Ausläufer einer trockenen Sandwüste (Schur), die zwischen dem heutigen Suezkanal und dem Wadi el-ʿArisch (*Bach Ägyptens) liegt, und führt dann durch kultivierbares Land, was zwischen El-ʿArisch und Gaza deutlicher zutage tritt (*Negeb; vgl. A.H. Gardiner: JEA 6, 1920, S. 114f; C.S. Jarvis: Yesterday and Today in Sinai, 1931, S. 107). 30-60 km südl. der Küstenstraße verläuft der »Weg durch die Wüste Schur« von Ägypten bis in das Gebiet von *Kadesch und nordöstl. nach *Beerscheba. Südl. dieser Straße erheben sich stufenförmig die Hügel und Wadis der Kalksteinplateaus von Et-Tih, die, ausgehend von einer »Basis« nördl. einer gedachten Linie zwischen den Spitzen der Golfes von Suez und Aqaba, einen großen Halbkreis bilden, der in die Sinaihalbinsel vorspringt. Über das Plateau verlief eine antike Handelsstraße nach Aqaba. Südl. des Plateaus liegt eine dreiecksförmige Region mit Gebirgszügen aus Granit, Gneis und anderem harten, kristallinen Gestein, zu denen auch der traditionsreiche Berg Sinai gehört; einige Gipfel erheben sich bis zu 2000 m. Im NW und NO schieben sich zwischen Dreieck und Kalksteinplateau Sandsteinformationen, in denen Kupfererze und Türkise zu finden sind. Im O weicht das Plateau von Et-Tih den Felsen und Wadis des südl. Negeb, begrenzt durch den Senkungs-

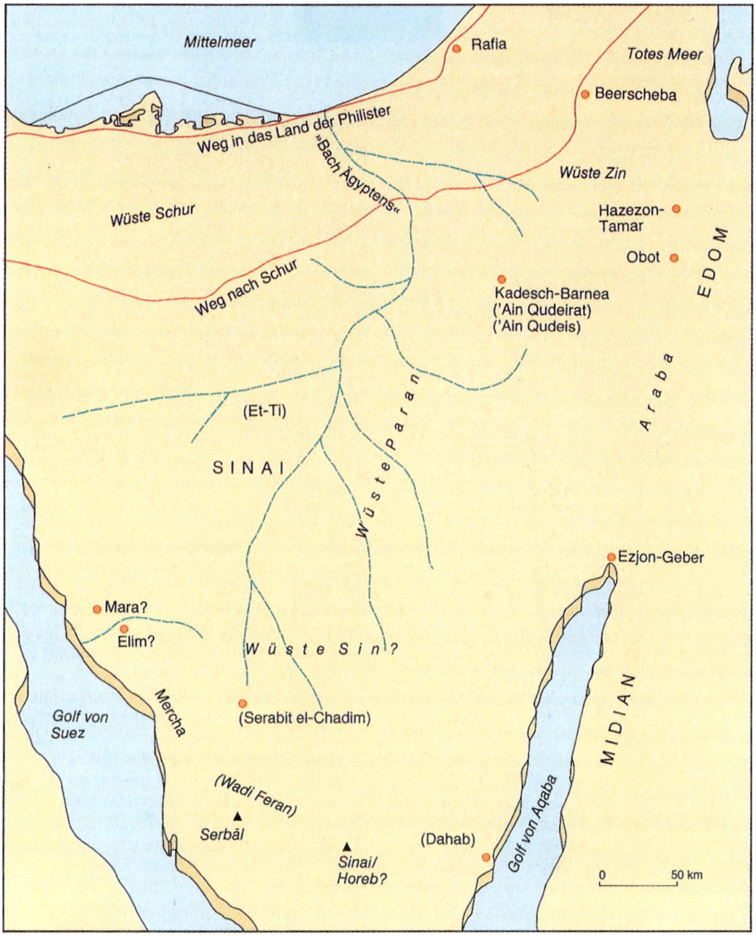

Die »Wüste«, durch die die Stämme Israels nach dem Auszug aus Ägypten zogen.

graben der Araba zwischen dem Toten Meer und dem Golf von Aqaba. An der gesamten W-Küste zwischen der Suez-Region und Merkha verteilen sich Brunnen und Quellen im Abstand von einer Tagesreise; der Grundwasserspiegel liegt normalerweise knapp unter der steinigen Oberfläche. Die Wadis besitzen in der Regel eine karge Vegetation; im Bereich perennierender Flüsse – gut sichtbar im breiten Wadi Feiran (der schönsten Oase der Sinai-Halbinsel) – gedeiht die Vegetation dementsprechend. Im Winter gibt es eine »Regenzeit« (bis zu 20 Tagen) mit Dunst, Nebel und Tau. Die Tamarisken- und Akazienbestände wurden abgeholzt und als Brennholz verwendet bzw. zu Holzkohle verarbeitet, die bis zum 19. Jh. nach Ägypten transportiert wurde. In alter Zeit kann demnach auf der Sinaihalbinsel durchaus üppigere Vegetation in den Wadis existiert haben, und folglich gab es dann auch mehr Regen. Einschneidende klimatische Veränderungen haben jedoch allem Anschein nach seit der Antike nicht stattgefunden.

III. DIE ROUTE DER WÜSTENWANDERUNG.

Die genaue Route der Israeliten vom Schilfmeer (zwischen Qantara und Suez; *Rotes Meer) bis an die Grenzen Moabs läßt sich nur in etwa rekonstruieren, da fast keiner der Namen der Lagerorte in der arab. Nomenklatur der Sinaihalbinsel überlebt hat. Verschiedene Stellen wurden von den Israeliten nach Ereignissen benannt, die sich unterwegs ereigneten, z.B. Kibrot-Hattaawa »Lustgräber/Gräber der Gier« (4Mo 11,34); jedoch blieb keine seßhafte Bevölkerung zurück, die derartige Namen erhalten hätte. Darüber hinaus wurden die Überlieferungen im Zusammenhang mit dem Berg Sinai (Dschebel Musa und Umgebung) nicht über die frühen christl. Jh. hinaus zurückverfolgt. Die traditionell den Israeliten zugeschriebene Route geht davon aus, daß sie sich nach S in Richtung der Wüste Schur wandten und am westl. Küstenstreifen der Sinaihalbinsel entlag zogen; Mara und Elim wurden oft bei ʿAin Hawarah bzw. Wadi Gharandel lokalisiert. Daß das Lager nach Elim (2Mo 16,1) am *jam sūph* (4Mo 33,10), d.h. am Schilfmeer liegt, hier gleichbedeutend mit dem Golf von Suez (vgl. *Rotes Meer), ist ein Hinweis dafür, daß Israel auf der W-Seite der Halbinsel geblieben und nicht nach N gegangen war (Route ins Land der Philister). Der Golf von Aqaba ist zu weit entfernt, um mit diesem *jam sūph* gemeint zu sein. Einige Zeit später lagerte Israel bei Dofka (4Mo 33,12f), ein Name, dem bisweilen die Bedeutung »Schmelze« (G.E. Wright, Biblical Archaeology, 1957, S. 64; Wright and Filson, Westminster Historical Atlas of the Bible, 1957 edn., S. 39; s. *Bergbau und Metallgewinnung) und damit eine Lage beim ägypt.Bergbauzentrum von Serabit el-Khadim zugeschrieben wird. (Zu Kupfer- und vor allem Türkisminen in diesem Gebiet, s. Lucas, Ancient Egyptian Materials and Industries, 1962, S. 202-205; 404f; J. Černý, A.H. Gardiner, T.E. Peet, Inscriptions of Sinai, 2, 1955, S. 5-8).

Da ägypt. Expeditionen nur von Januar bis März (selten später) in diese Region kamen und nicht ständig bei den Minen wohnten (vgl. Petrie, Researches in Sinai, 1906, S. 169), hätten die Israeliten dort niemanden angetroffen, da sie Ägypten im Monat Abib verlassen hatten (2Mo 13,4), d.h. ab Mitte März (vgl. *Plagen Ägyptens), und Elim einen Monat später (2Mo 16,1), d.h. etwa im April. Dofka könnte eine weitere Kupfermine des erzhaltigen Sandsteingürtels im südl. Zentralsinai sein (was ebenfalls für eine südl. Route der Israeliten spräche). *Refidim wird manchmal als Wadi Feiran, manchmal als Wadi Refajid identifiziert, der Berg Sinai als Gipfel des Dschebel Musa. Die nächsten festen Punkte sind Kadesch-Barnea (*Kadesch) zwischen den Wüsten Zin und *Paran (4Mo 12,16; 13,26) bei ʿAin Qudeirat oder ʿAin Qudeis und Umgebung, einschließlich ʿAin Qudeirat, sowie *Ezjon-Geber an der Spitze des Golfs von Aqaba (4Mo 33,35f).

Zu dem Phänomen der Erde, die *Korach, Datan und Abiram verschlang (4Mo 16), bietet G. Hort eine interessante Erklärung (Australian Biblical Review 7, 1959, S. 2-26, bes. S. 19-26). Sie verlegt dieses Ereignis in den Araba-Graben, wo es Schlammfelder (*Kewirs*) gibt; eine harte (etwa 30 cm mächtige) Schlammkruste bedeckt Ablagerungen aus Salz und Schlamm, die dann in einen tiefreichenden Untergrund aus flüssigem Schlamm und Schlick übergehen. Die harte Kruste kann überquert werden, aber Feuchtigkeit (besonders Regenstürme) läßt die Oberfläche aufbrechen und verwandelt das ganze in zähen Sumpf. Nach G. Hort könnten sich Datan, Abiram und Korachs Gefolgschaft vom Hauptlager zu einem dieser trügerisch ebenen, harten Schlammfelder begeben haben. Durch seine langjährige Erfahrung auf dem Sinai und in Midian (2Mo 2-4) dürfte Mose dieses Phänomen bekannt gewesen sein, nicht jedoch den Israeliten. Als ein Sturm aufzog, erkannte er die Gefahr und rief die Israeliten von den Zelten der Aufrührer zurück. Die Kruste brach auf, und die Aufrührer, ihre Familien und ihr Besitz versanken ausnahmslos im Schlamm; die 250 Männer mit Räucherpfannen wurden von Blitzen erschlagen – verzehrt durch das Feuer des Herrn.

Die Liste 4Mo 33,19-35 umfaßt die 38 Jahre der Wanderschaft; daher können Ortsnamen im Einzelfall nicht lokalisiert werden. Unklar ist auch die Route ab *Edom (4Mo 20,22ff; 21; 33,38-44). Einige Ereignisse dieser langen Reise spiegeln natürliche Phänomene dieser Region. Daß wiederholt Wasser aus einem aufgeschlagenen Felsen kommt (2Mo 17,1-7; 4Mo 20,2-13), läßt an die hydrophilen Eigenschaften des Sinaikalksteins denken (s. Jarvis, Yesterday and Today in Sinai, 1931, S. 174f). Das Graben von Brunnen, wie in 4Mo 21,16-18 aufgezeichnet (vgl. 1Mo 26,19), erinnert an das Vorkommen unterirdischer Flüsse in verschiedenen Regionen des Sinai, Negeb und S-Transjordaniens (N. Glueck, Rivers in the Desert, 1959, S. 22). Das Auftreten von Wachteln (2 Mo 16,13; 4Mo 11,31-35) spricht für die südl. Route entlang der Golfs von Suez und Aqaba via »Berg Sinai«: die Wachteln kehren im Frühling nach Europa zurück – die Jahreszeit, in der die Israeliten sie zweimal fingen. Dabei kreuzen die Vögel die oberen Golfregionen von Suez und Aqaba, und zwar abends (Lucas, The Route of the Exodus, 1938, S. 58-63.81).

IV. DIE ZAHL DER ISRAELITEN.

Als Israel aus Ägypten auszog, waren es 600 000 »Männer zu Fuß« mit ihren Familien; eine Zählung aller Stämme mit Ausnahme Levis ergab 603 550 wehrfähige Männer über 20 Jahre (4Mo 2,32). Aus diesen Zahlen wird gemeinhin auf eine Gesamtzahl – Männer, Frauen und Kinder – von etwas mehr als zwei Millionen geschlossen. Die Sinaihalbinsel bot keine Möglichkeit, eine derartige Menge zu versorgen; aus dem bibl. Bericht geht deutlich hervor, daß Israels Hauptnahrung das von Gott geschenkte *Manna war (2Mo 16; vgl. V. 3-4.35). Israel blieb niemals unversorgt (5Mo 2,7), obwohl das Wasser manchmal knapp wurde (z.B. bei Refidim, 2Mo 17,1; Kadesch, 4Mo 20,1f).

Es wäre völlig falsch, sich vorzustellen, daß die Israeliten in langen »Viererreihen« kreuz und quer über die Sinaihalbinsel marschierten und versuchten, bei jedem Halt en masse in einem Wadi zu kampieren. Sie waren vielmehr in Stammes- und Familiengruppen aufgeteilt und besetzten eine Anzahl benachbarter Wadis in vielen verstreuten Lagern; nachdem sie die Gegend am Berg Sinai mit *Bundeslade und *Stiftshütte verlassen hatten, dürften die Orte, an denen diese nacheinander aufgebaut wurden, die Zentren der verschiedenen Stammeslager gewesen sein (4Mo 2). In vielen Teilen der Sinaihalbinsel liegt der Grundwasserspiegel dicht unter Oberflächenniveau; die verstreuten Lager der Israeliten konnten ihren Bedarf an Wasser decken, indem sie - über eine große Fläche verteilt – flache Mulden aushoben (vgl. Lucas, The Route of the Exodus, 1938, S. 68).

Theologisch wurde die Wüstenperiode zum doppelten Symbol: für Gottes Führung und Schutz sowie für das auflehnende Wesen des Menschen (vgl. z.B. 5Mo 8,15f; 9,7; Am 2,10; 5,25 [vgl. Apg 7,40-44]; Hos 13,5f; Jer 2,6; Hes 20,10-26.36; Ps 78,13-54; 95,8-11 [vgl. Hebr 3,7-19]; Ps 136,16; Neh 9,11-21; Apg 13,18; 1Kor 10,3-5).

Literatur: C.P. Lepsius: Letters from Egypt, Ethiopia and the Peninsula of Sinai, 1853, S. 306f; A.P. Stanley: Sinai and Palestine, 1905, S. 16-19, 22,24-27; E.H. Palmer: The Desert of the Exodus, 1, 1871, S. 22-26; W.M.F. Petrie und T.E. Lawrence: Palestine Exploration Fund Annual, 3, 1915, S. 33; C.S. Jarvis: Yesterday and Today in Sinai, 1931, S. 99; A.E. Lucas: The Route of the Exodus, 1938, S. 19, 44f, 68; W.F. Albright: BASOR 109, 1948, S. 11; G.E. Wright: Biblical Archaeology, 1957, S. 62-64; L.H. Grollenberg: Shorter Atlas of the Bible, 1959, S. 76f; W.M.F. Petrie: Researches in Sinai, 1906; B. Rothenberg: God's Wilderness, 1961; H. Donner: Geschichte des Volkes Israel und seiner Nachbarn in Grundzügen, I, 1984, II, 1986; M. Clauss: Geschichte Israels, 1986; vgl. Literatur zu *Auszug aus Ägypten; *Exodus/2. Buch Mose; *Landnahme; *Numeri/4. Buch Mose; *Sinai. K.A.K.

XERXES s. Ahasveros

YSOP s. Pflanzen

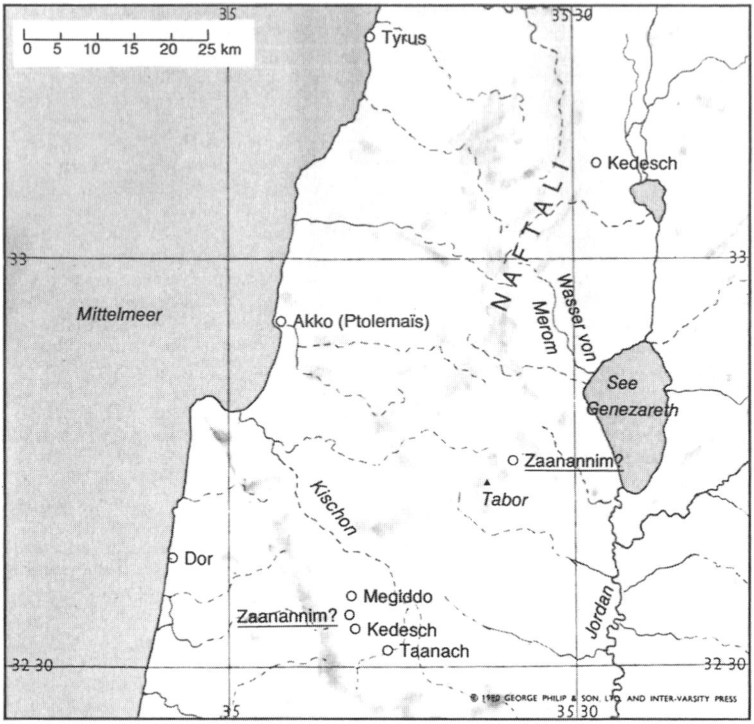

Mögliche Ortslagen von Zaanannim.

ZAANANNIM.
Bei der »Eiche von Zaanannim« (hebr. *'elōn beza'anannim*) hatte der *Keniter *Heber sein Zeltlager aufgeschlagen (Ri 4,11). Dieser Ort in *Naftali (Jos 19,33) lag nicht im N-Teil des Stammesgebiets (M. Noth, Josua, ³1971, 121), sondern an dessen S-Grenze in der Umgebung von *Jabneel (2) und *Kedesch (3), wie der Bericht über die Schlacht gegen *Sisera (Ri 4) zeigt (Noth, 231-233). Die genauere Identifizierung mit Chan et-Tudschār bzw. Chan Ledschūn im Wadi *Megiddo (F.M. Abel, Géographie de la Palestine II, ³1967, 439) ist unsicher. R.R.

ZACHARIAS. Griech. Form des hebr. Namens *Sacharja. Vater *Johannes des Täufers, Priester aus der Dienstabteilung Abija. Er war mit *Elisabeth verheiratet, die ebenfalls einer priesterlichen Familie entstammte. Sie führten ein Leben nach Gottes Willen, d.h. sie waren »gerecht«, jedoch kinderlos. Zu einer Zeit, als es nach menschlichem Ermessen für Elisabeth nicht mehr möglich war, von der Schmach der Kinderlosigkeit befreit zu werden, wird Z. während seines Dienstes im Tempel z.Zt. des Mincha-*Opfers, die auch eine Gebetszeit ist, durch einen *Engel Gottes Eingreifen angekündigt. Gott bestimmt auch den Namen des Kindes: Johannes, »Gott ist gnädig«; das bedeutet, daß er dieses Kind in bes. Weise für sich in Anspruch nehmen will. Was Z. aus dem Mund des Engels hört, ist so gewaltig, daß er um ein *Zeichen bittet. Als Antwort offenbart ihm der Engel seinen Namen und nennt seinen Auftrag. Danach erfolgt das Zeichen: Z. verstummt. Nach Beendigung seines Dienstes im Tempel kehrt Z. an seinen Wohnort zurück. Seine Frau gebiert im hohen Alter. Bei der Beschneidung besteht Z. auf dem ihm für das Kind geoffenbarten Namen, woraufhin sein Mund wieder geöffnet wird. Erfüllt vom Heiligen Geist preist Z. Gott. Im ersten Teil seines Lobpreises, des *Be-*

nedictus, drückt sich die jüd. Zukunftshoffnung aus, die sich auf die atl. Verheißungen gründet. Der zweite Teil ist eine Weissagung über die Aufgabe, zu der Gott das Kind Johannes bestimmt hat (Lk 1,5-25.57-79).

Literatur: K.H. Rengstorf: Das Evangelium nach Lukas, NTD 3, [17]1978; A. Schlatter: Die Evangelien nach Markus und Lukas, 1961. Ri.Sch.

ZACHÄUS. Gräzisierte Kurzform des hebr. Namens *Sacharja. Z. war ein jüd. Generalpächter der röm. Zölle in Jericho (Lk 19,1-10). Sein Begehren, Jesus beim Durchzug durch *Jericho zu sehen, ist größer als der ihm durch die Menschenmenge entgegengebrachte Widerstand. Z. eilt voraus und steigt auf einen Maulbeerfeigenbaum. Dort sieht ihn Jesus und gewährt ihm nicht nur seinen Anblick, sondern auch seine Gemeinschaft, indem er Z. bittet, in seinem Haus einkehren zu dürfen. Z. hieß ihn willkommen und kehrte von seinem bisherigen Weg um, indem er die Hälfte seiner Güter den Armen und vierfache Wiedergutmachung denen gab, die er betrogen hatte. Dies läßt seinen Ernst erkennen, denn damit greift er weit über das hinaus, was in solchen Fällen gefordert wurde (3Mo 5,20ff).

Literatur: K.H. Rengstorf: Das Evangelium nach Lukas, NTD 3, [17]1978; F. Rienecker: Das Evangelium des Lukas, WStB, 1983; A. Schlatter: Die Evangelien nach Markus und Lukas, Erläuterungen zum Neuen Testament 2, 1987.

ZADOK. (Hebr. *zādôq*, »der Gerechte«?).

1. Sohn des *Ahitub, der nach 2 Chr 5,29ff; 6,35ff ein Nachkomme Eleasars, des dritten Sohnes *Aarons, war. Er war Priester an Davids Hof, zusammen mit *Ahimelech und dessen Vater *Abjatar (2Sam 8, 17), und verantwortlich für die *Bundeslade (2Sam 15,24). Z. nahm an der Salbung *Salomos als Nachfolger Davids teil, während Abjatar *Adonija unterstützte (1Kön 1,7ff). Z. und seine Nachkommen vollzogen den hohepriesterlichen Dienst im salomonischen Tempel bis zu dessen Zerstörung im Jahre 587 v.Chr. Über die Herkunft des Z. sind verschiedene Vermutungen angestellt worden, etwa daß er ursprünglich Priester des Zeltheiligtums in Gibeon oder der Bundeslade in Kirjat-Jearim gewesen sei, daß er ein jebusitischer Oberpriester gewesen sei, den David nach der Eroberung Jerusalems integrierte, oder gar der jebusitische Stadtkönig von Jerusalem selber. Doch diese Hypothesen lassen sich aus den bibl. Angaben nicht erheben. *Hesekiel beschränkt in seiner Schau der neuen Gottesstadt die priesterlichen Vorrechte auf die zadokidische Familie, weil sie allein nicht durch den Abfall vom Königtum schuldig geworden war (Hes 44,15ff). Im zweiten Tempel bekleideten die Zadokiden das Priesteramt ohne Unterbrechung, bis es 171 v.Chr. von *Antiochus IV. auf Menelaus übertragen wurde. Aber auch danach verwaltete eine zadokidische Priesterschaft den jüd.Tempel zu Leontopolis in Ägypten, bis *Vespasian diesen bald nach 70 n.Chr. schloß. Die *Qumran-Gemeinde blieb dem zadokidischen Priestertum treu und wartete auf dessen Wiederherstellung.

2. Ein Nachkomme Z.s, der Großvater *Hilkijas (1Chr 5,38f; 9,11; Neh 11,11).

3. Schwiegervater des Königs *Usija von Juda und Großvater *Jotams (2Kön 15,33; 2Chr 27,1).

4./5. Zwei Miterbauer der Mauer in Jerusalem unter *Nehemia (Neh 3,4.29), einer von ihnen könnte auch Z., ein Unterzeichner der Bundesverpflichtung (Neh 10,22) oder »Zadok der Schreiber« (Neh 13,13) sein.

Literatur: H.H. Rowley: Zadok and Nehushtan, JBL 58, 1939, S. 113ff; ders.: Melchizedek and Zadok, in: FS für A. Bertholet (hrsg. von W. Baumgartner), 1950, S. 461ff; R. de Vaux: Das Alte Testament und seine Lebensordnungen I, [2]1964, II, [2]1966; J.R. Bartlett: Zadok and his successors at Jerusalem, JTS n.s. 19, 1968, S. 1-18; K. Koch: BHH III, 1966, 2200.F.F.B.

ZAHL.

I. ALLGEMEINER GEBRAUCH.

Israel teilte mit den meisten seiner Nachbarn im Mittelmeerraum und Nahen Osten, z.B. Ägypten, Assyrien, Griechenland, Phönizien und Rom, das dezimale Zählsystem. Die im hebr. Text des AT aufgezeichneten Zahlen sind, wie auch die meisten Ziffern im griech. Text des NT, in Worten geschrieben. Zahlen sind auch auf der *Mescha-Stele und in der *Siloah-Inschrift in Worten ausgeschrieben. Im Hebr. ist die Zahl Eins ein Adjektiv. Eine Reihe von Substantiven bezeichnet die Zahlen von 2 bis 10. Kombinationen dieser Zahlen mit 10 ergeben die Zahlen 11 bis 19. Über 20 sind die Zehner nach einem ähnlichen Muster wie im Deutschen gebildet (mit der Endung -zig). Ein eigenes Wort bezeichnet 100. Die Dualform davon bedeutet 200, und von 300 bis 900 werden die Zahlworte wieder ähnlich gebildet wie im deutschen Zählsystem. Die höchste Zahl, die mit einem Wort ausgedrückt wird, ist 20 000 als eine Dualform von 10 000.

Aram. Papyri aus Ägypten aus dem 6. bis 4. Jh. v.Chr., aram. Anmerkungen auf Keilschrifttafeln aus Mesopotamien und hebr.

Ostraka und Gewichte lassen vermuten, daß es ziemlich früh in atl. Zeit ein leistungsfähiges System von Zahlbegriffen gegeben hat. Senkrechte Striche bezeichneten die Einer, horizontale die Zehner. Horizontale Striche übereinander angeordnet bezeichneten Mehrfache von Zehnern, oft mit einem senkrechten Strich an der rechten Seite. Ein stilisiertes »mem« (מ) bedeutete 100, senkrechte Striche daneben weitere Hunderter. Eine Abkürzung des Wortes »Eintausend« wurde für die Bezeichnung dieser Ziffer benutzt. Es wird aufgrund des hebr. Materials vermutet, daß ein Zeichen ähnlich dem griech. Buchstaben »lambda« die Zahl 5 bedeutete, und ein Zeichen ähnlich einem frühen hebr. »gimel« für 4 stand; (vgl. Y. Yadin, Scripta Hierosolymitana, 8, 1961, S. 9-25; s. *Maße und Gewichte).

H.L. Allrick (BASOR 136, 1954, S. 21-27) nimmt an, daß die ursprünglichen Listen in Neh 7 und Esr 2 in der frühen hebr.-aram. Zahlenbezeichnung verfaßt waren und möchte die Erklärung gewisser Unterschiede zwischen den Listen darauf zurückführen. (vgl. A.R. Millard, TynB 11, 1962, S. 6f für den Nachweis hebr. Zahlzeichen).

Der Gedanke, Buchstaben des Alphabets für Zahlen zu setzen, geht auf griech. Einfluß oder zumindest auf die Zeit des griech. Einflusses zurück und begegnet, soweit bekannt ist, erstmals auf *makkabäischen Münzen. (vgl. aber auch G.R. Driver, Textus 1, 1960, S. 126f; 4, 1964, S. 83 für Anzeichen eines früheren Ursprungs). Die ersten neun Buchstaben wurden für die Ziffern 1 bis 9 benutzt, die Zehner von 10 bis 90 durch die folgenden neun und die Hunderter von 100 bis 400 durch die verbleibenden vier Buchstaben bezeichnet. Die Zahl 15 wurde allerdings durch Kombination von »teth«, ט, (9) und »waw«, ו, (6) bezeichnet, da die beiden Buchstaben »jod«, י, (10) und »he«, ה, (5) die Konsonanten von »Jah« waren, einer Schreibform des den Israeliten heiligen Jahwenamens. Weitere Zahlen wurden durch Kombinationen von Buchstaben bezeichnet. Ordinalzahlen gibt es im bibl. Hebr. von 1 bis 10, bei höheren Zahlen werden die Kardinalzahlen verwendet. Auch für Bruchzahlen von ein halb bis ein fünftel gibt es Worte. Zahlwörter im bibl. Griech. folgen dem Gebrauch im hellen. Griech..

Ein Hinweis auf die mathematische Vorstellung der Unendlichkeit könnte in Offb 7,9 zu finden sein, wo die Erlösten bezeichnet sind als »eine große Schar, die niemand zählen konnte«. Als konkretes Bild ist dieser Gedanke im AT z.B. in 1Mo 13,16 formuliert: ». . ..deine Nachkommen machen wie den Staub auf Erden«. (vgl. 1Mo 15,5).

Die elementaren arithmetischen Operationen sind ebenfalls im AT festgehalten, z.B. Addition (4Mo 1,17ff; 1,45), Subtraktion (3Mo 27,18) und Multiplikation (3Mo 25,8). An verschiedenen Stellen ist deutlich, daß Zahlen in einem ungefähren Sinn gebraucht werden. Die Zahlen »2«, »2 oder 3«, »3 oder 4« und »4 oder 5« werden manchmal in der Bedeutung »einige« verwendet, z.B. 1Kön 17,12: »ich habe ein Scheit Holz oder zwei aufgelesen«, oder 3Mo 26,8; »fünf von euch sollen hundert jagen«. Ein ähnlicher Gebrauch findet sich 2Kön 6,10; Jes 17,6; (vgl. Spr 30,15ff; Am 1,3ff).

Aus dem NT läßt sich der Gebrauch runder Zahlen durch Paulus in 1Kor 14,19 belegen: »Aber ich will in der Gemeinde lieber fünf Worte reden mit meinem Verstand, damit ich auch andere unterweise, als zehntausend Worte in Zungen« (vgl. auch Mt 18,22). Es scheint, daß »10« für »mehrmals, einige Male« benutzt wurde (vgl. 1Mo 31,7, wo berichtet wird, daß Laban »zehnmal« Jakobs Lohn veränderte; vgl. auch 4Mo 14,22). Die Angaben, daß David und Salomo 40 Jahre regiert hätten, sowie die wiederholte Aussage im Richterbuch, daß das Land 40 Jahre Ruhe hatte (Ri 3,11; 5,31), scheinen darauf hinzuweisen, daß »40« gewöhnlich für eine Generation, eine größere Anzahl oder eine längere Zeitspanne stand. 100 wäre dementsprechend eine große Anzahl (z.B. Pred 6,3) und 1000, 10 000 (5Mo 32,30; 3Mo 26,8) und 40 000 (Ri 5,8) wären Beispiele für runde Zahlen. Bei großen Zahlenangaben, z.B. der Heeresstärke (2Chr 14,7ff), sind diese aller Wahrscheinlichkeit nach Schätzungen. Dies scheint auf die Zahlen von Davids Volkszählung ebenso zuzutreffen (2Sam 24,9; vgl. 1Chr 21,5) wie auf die Angabe, daß 7 000 Schafe in Jerusalem geopfert wurden (2Chr 15,11).

II. GROSSE ZAHLEN IM ALTEN TESTAMENT.

Die im AT vorkommenden großen Z.en geben mitunter Probleme auf. Sie betreffen vor allem die frühen Perioden atl. Geschichte, wenn z.T. abweichende Zahlenangaben in verschiedenen Texten und Übersetzungen vorliegen, über die Anzahl der Israeliten z.Zt. des Exodus oder die Zahl der Soldaten, bes. feindlicher Armeen. So gibt der hebr. Text für die Zeit zwischen Schöpfung und Sintflut 1656 Jahre an, die LXX 2 263 Jahre und der Samaritanische Pentateuch 1 307 Jahre. Das Alter Metuschelachs wird im hebr. Text mit 969 Jahren (so LÜ, RevEB: 1Mo 5,27), im samaritanischen dagegen mit 720 Jahren angegeben. (*Chronologie des AT; *Geschlechtsregister). Ein ähnliches Problem liegt im NT vor hinsichtlich der Anzahl der Passagiere an Bord des Schiffes, mit dem Paulus nach Rom reiste. Einige Handschriften führen 276, andere 76 an (Apg 27,37). Auch die Zahl des Tieres (Offb 13,18) ist einmal mit 666, einmal mit 616 wiedergegeben.

Ein Argument, daß Z.en bei der Übertragung durch Textveränderungen differieren können, ist durch abweichende Zahlenangaben in parallelen Texten gegeben; z.B. wird das Alter *Jojachins bei seinem Regierungsantritt in 2Kön 24,8 mit 18, in 2Chr 36,9 aber mit 8 Jahren angegeben. Archäologische Funde haben wichtige Hintergrundinformationen für die Zeit des Auszugs aus Ägypten und der Eroberung Palästinas sowie über die zeitgenössische Bevölkerung geliefert. Setzt man voraus, daß die Israeliten den Kanaanitern zahlenmäßig unterlegen waren, wie aus 2Mo 23,28-30 und 5Mo 7,7.17.22 geschlossen werden kann, so bedürfen die Angaben der Volkszählung (4Mo 1; 26), die eine Bevölkerung von 2-3 Millionen voraussetzen, genauerer Überprüfung.

Vorschläge zur Interpretation der Zahlen bewegen sich zwischen wörtlicher Annahme der Angaben (z.B. TNBC, 1953, S. 165) und der Position J. Brights (Geschichte Israels, 1966): »diese Listen ... repräsentieren eine spätere Periode der israelitischen Geschichte«. Man hat versucht, die Z.en zurückzuübersetzen und damit zu reduzieren. Das hebr. Wort *'äläp*, »eintausend«, kann auch als »Familie«, »Zeltgemeinschaft« oder »Sippe« übersetzt werden, z.B. Ri 6,15: »mein Geschlecht (*'alpī*) ist das geringste in Manasse«. (vgl. F. Petrie, Egypt and Israel, 1911, S. 42ff; G.E. Mendenhall, The Census Lists of Numbers 1 and 26, JBL 77, 1958, S. 52ff; C.S. Jarvis: Yesterday and Today in Sinai, 1936; R.E.D. Clark, The Large Numbers of the OT, JTVI 87, 1955, S. 82ff).

J.W. Wenham (TynB 18, 1967, S. 19-53) folgte R.E.D. Clarks Umpunktation von hebr. *'äläp*, »eintausend«, zu *'allūp*, »Offizier/ausgebildeter Soldat«, und interpretiert *me'ōt*, »Hunderte«, als »Mengen«. Die Anzahl der Kämpfer würde dann entsprechend auf 18 000 reduziert werden und unter Berücksichtigung der Leviten und Alten eine geschätzte männliche Bevölkerung von 36 000 ergeben in Übereinstimmung mit der Anzahl der Erstgeborenen (22 273 nach 4Mo 3,43). Diese Z., die zur Einbeziehung der Frauen verdoppelt würde, ergäbe eine geschätzte israelit. Bevölkerung von 72 000. Die Revokalisation von *'äläp* zu *'allūp*, »Offizier, Hauptmann«, könnte auch zur Lösung des Problems der großen Zahlenangaben bei Gefallenen in den Schlachten beitragen, zudem würde sie der Auffassung entgegenkommen, daß einzelne Männer den Hauptteil der Kampfhandlung bestimmten, z.B. *David und *Goliat.

III. WICHTIGE ZAHLEN.

Z.en kommen auch mit symbolischer oder theologischer Bedeutung vor. »Eins« wird verwendet, um den Gedanken der Einheit und Einmaligkeit Gottes zu formulieren, z.B. 5Mo 6,4: »der HERR ist unser Gott ist ein HERR«. Das Menschengeschlecht geht auf einen zurück (Apg 17,26); die Sünde fand durch einen Menschen Eingang in die Welt (Röm 5,12); die Gnade wird durch einen Menschen, Jesus Christus, geschenkt (Röm 5,15). Sein Opfertod gilt ein für allemal (Hebr 7,27), er ist der Erstgeborene von den Toten (Kol 1,18), der Erstling unter denen, die entschlafen sind (1Kor 15,20). »Eins« bezeichnet auch die Einheit zwischen Christus und dem Vater (Joh 10,30), die Einheit zwischen Glaubenden und Gott und die Einheit der Christen untereinander (Joh 17,21; Gal 3,28). »Eins« bezeichnet fernerhin die Einmaligkeit bzw. Vorrangigkeit einer Angelegenheit (Lk 10,42). Der Einheitsgedanke findet sich nicht zuletzt auch im Wort Jesu über die Ehe, daß »die zwei ein Fleisch sein« werden (Mt 19,6).

»Zwei« kann sowohl für Einheit wie auch für Trennung stehen. Mann und Frau bilden die elementare Familieneinheit (1Mo 1,27; 2,20.24). Tiere finden sich in Paaren zusammen und betreten die Arche zu zweit (1Mo 7,9). Zwei Menschen arbeiten oft in einer Arbeitsgemeinschaft zusammen, z.B. Josuas *Kundschafter (Jos 2,1), und die zwölf bzw. die siebzig Jünger wurden paarweise ausgesandt (Mk 6,7; Lk 10,1). Mose nahm am Sinai zwei Steintafeln in Empfang; Tiere wurden oft paarweise geopfert. »Zwei« deutet aber auch entgegengesetzte Richtungen an: »Wie lange hinket ihr auf beiden Seiten?« (1Kön 18,21; s.a. Mt 7,13)

Bei »Drei« liegt es nahe, den Zahlbegriff mit der *Trinität zu verbinden, wofür u.a. folgende Stellen angeführt werden können: Mt 28,19; Joh 14,26; 15,26; 2Kor 13,13; 1Petr 1,2. Die Zahl »Drei« ist darüber hinaus mit machtvollen Taten Gottes verbunden. Am Berg *Sinai wollte der Herr »am dritten Tage« herabkommen, um sein Gesetz zu verkünden (2Mo 19,11). Nach *Hosea will der Herr sein Volk »am dritten Tage« aufrichten, womit wahrscheinlich eine kurze Zeitspanne gemeint ist (Hos 6,2). Ein ähnlicher Gebrauch findet sich in Lk 13,32, dort steht der »dritte Tag« sinngemäß für den Moment, in dem etwas beendet, vervollkommnet und vollendet wird (N. Geldenhuys: Commentary on the Gospel of Luke, 1950, S. 384, n. 4). Am dritten

Tag wurde Jona aus dem Bauch des Fisches befreit (Jona 2,1; Mt 12,40), Christus von den Toten auferweckt (1Kor 15,4). Drei Jünger standen Jesus besonders nahe (Mt 26,37; Mk 9,2), auf *Golgatha wurden drei Kreuze aufgerichtet; Paulus betont drei christl. Tugenden (1Kor 13,13). »Drei« im Zusammenhang mit Zeitspannen begegnet bei der Wahl, vor die sich David gestellt sieht: drei 3 Tage Pest, drei Monate Flucht oder drei Jahre Hungersnot (1Chr 21,12). Die Aufstellung von *Gideons Heer gibt ein Beispiel für eine Dreiteilung (Ri 7,16); die Bruchzahl, ein Drittel begegnet Offb 8,7-12.

»Vier« ist in der Bibel eines der Symbole für Vollkommenheit. Der göttliche Name »Jahwe« hat im Hebr. vier Konsonanten (JWHW). vier Flüsse gingen vom Garten Eden aus (1Mo 2,10) und es gibt vier »Enden der Erde« (Offb 7,1; 20,8), von denen her die vier Winde wehen (Jer 49,36; Hes 37,9; Dan 7,2). In seiner Vision der Herrlichkeit Gottes sah Hesekiel vier lebendige Wesen (Kap. 1), mit denen wir die vier himmlischen Gestalten von Offb 4,6 vergleichen können. Die Weltgeschichte von der Zeit des babylon. Reiches an ist in vier Weltreiche eingeteilt (Dan 2; 7).

Vier ist eine häufig vorkommende Zahl in der prophetischen Rede und in der apokalyptischen Literatur: vier Schmiede und vier Hörner (Sach 2,1-4), vier Wagen (Sach 6,1-7), vier Hörner des Altars (Offb 9,13), vier Engel der Zerstörung (Offb 9,14). Darüber hinaus gibt es vier Evangelien, und zu der Zeit, als das Evangelium auch zu den Heiden gebracht wurde, sah Petrus in einer Vision ein Tuch, das an seinen vier Enden herabgelassen wurde (Apg 10,11).

»Fünf« und »zehn« und ihre Vielfachen kommen aufgrund des in Palästina verwendeten Dezimalsystems oft vor. Im AT werden 10 Patriarchen vor der Sintflut erwähnt. Ägypten wurde von zehn Plagen heimgesucht; es gab Zehn Gebote. Die Bruchzahl ein Zehntel bezeichnete den »Zehnten« (1Mo 14,20; 28,22; 3Mo 27,30; 2Chr 31,5; Mal 3,10). Im Gleichnis vom verlorenen Groschen (Lk 15,8ff) besitzt die Frau zehn Münzen und im Gleichnis von den anvertrauten Pfunden werden zehn Pfunde, zehn Knechte und zehn Städte erwähnt (Lk 19,11-27). Von den zehn Jungfrauen waren fünf klug und fünf töricht (Mt 25,2). Fünf Sperlinge wurden für zwei Groschen verkauft (Lk 12,6), der Reiche hatte fünf Brüder (Lk 16,28), die Frau am Brunnen hatte fünf Männer (Joh 4,18) und bei der Speisung der 5 000 hatte der Junge fünf Brotlaibe (Joh 6,9 par.). Es werden zehn Gewalten genannt, die den Gläubigen nicht von der Liebe Gottes trennen können (Röm 8,38f), und zehn Sünden, die vom Reich Gottes ausschließen (1Kor 6,9f). Die Zahl zehn drückt daher auch Vollkommenheit aus; zehn Älteste bilden einen Rat (Rut 4,2).

»Sechs«. Nach dem Schöpfungsbericht schuf Gott Mann und Frau am sechsten Tag (1Mo 1,27). Sechs Tage waren dem Menschen für die Arbeit erlaubt (2Mo 20,9; 23,12; 31,15; vgl. Lk 13,14). Ein hebr. Sklave mußte sechs Jahre dienen, bevor er freigelassen wurde (2Mo 21,2). Die Zahl »Sechs« ist daher bes. eng mit dem Menschen verbunden.

»Sieben« hat eine bes. Stellung unter den Zahlen in der Bibel und ist mit Vollendung und Vollkommenheit verbunden. Nach dem Schöpfungsbericht ruhte Gott am siebten Tag von seinem Werk und heiligte ihn (1Mo 2,2f). Dies wurde ein Vorbild für den jüd. Sabbat, an dem sich der Mensch von der Arbeit fernhalten sollte (2Mo 20,10), für das *Sabbatjahr (3Mo 25,2-7) und für das Jobeljahr/Erlaßjahr, das nach siebenmal sieben Jahren folgen sollte (3Mo 25,8). Das Fest der ungesäuerten Brote und die Heilige Versammlung dauerten sieben Tage (2Mo 12,15.19; 4Mo 29,12). Auch der Versöhnungstag lag im siebten Monat (3Mo 16,29); die Zahl begegnet mehrfach im Zusammenhang mit der atl. Kultordnung, z.B. der Besprengung mit Stierblut (3Mo 4,6), dem Brandopfer von sieben Lämmern (4Mo 28,11), der siebenmaligen Besprengung des gereinigten Aussätzigen (3Mo 14,7) oder dem siebenmaligen Untertauchen *Naamans im Jordan (2Kön 5,10). Der Leuchter im Heiligtum hatte sieben Arme (2Mo 25,32). Andere bemerkenswerte Belege sind: die Mutter von sieben Söhnen (Jer 15,9; 2Makk 7,1ff), sieben Frauen für einen Mann (Jes 4,1), eine liebevolle Schwiegertochter, die sieben Söhnen vorzuziehen ist (Rut 4,15). Die *Sadduzäer konstruierten den Fall einer Leviratsehe mit sieben Brüdern (Mt 22,25). Sieben Priester mit sieben Posaunen umrundeten *Jericho siebenmal (Jos 6,4). *Elias Diener hielt siebenmal nach Regen Ausschau (1Kön 18,43). Der Psalmist lobte Gott siebenmal am Tag (Ps 119,164) und 1Mo 29,18.27; 41,29f.47f.53f und Dan 4,20 erwähnen sieben Jahre (Zeiten). Die frühe Kirche hatte sieben Diakone (Apg 6,3); Johannes spricht in der Offenbarung sieben Gemeinden an, dort sind auch sieben goldene Leuchter und sieben Sterne erwähnt (1,4.12.16). Bei der wunderbaren Speisung der 4000 mit sieben Broten und einigen Fischen (Mk 8,1-9) könnten die sieben Körbe mit Brocken, die nachher eingesammelt werden, andeuten, daß Jesus vollkommen sättigen kann. Die Besessenheit der Maria Magdalena wird durch die sieben Dämonen zum Ausdruck gebracht, die von ihr ausgefahren sind

(Lk 8,2); der Drache von Offb 12,3 und das Tier von Offb 13,1; 17,7 haben jeweils sieben Köpfe.

»Acht«. 1Petr 3,20 hält fest, daß acht Menschen in Noahs Arche gerettet wurden. Die Beschneidung eines jüd. Knaben fand am achten Tag statt (1Mo 17,12; Phil 3,5). In Hesekiels Vision des neuen Tempels bringen die Priester ihr Opfer am achten Tag dar (43,27).

»Zehn«, vgl. »Fünf«.

»Zwölf«. Das hebr. Jahr war in zwölf Monate eingeteilt, der Tag in zwölf Stunden (Joh 11,9). Jakob/Israel hatte zwölf Söhne (1Mo 35,22-26; 42,13.32) und zwölf Stämme Israels bildeten das Volk Gottes (1Mo 49,28). Christus erwählte zwölf Apostel (Mt 10,1ff). »Zwölf« ist daher mit dem erwählenden Handeln Gottes verbunden.

»Vierzig« ist in der Geschichte mehrfach mit Gottes machtvollen Taten verbunden, z.B. der Sintflut, der Befreiung aus Ägypten, mit Elia und der prophetischen Zeit, dem Kommen Christi und der Entstehung der Kirche. Zeiträume von 40 Tagen begegnen bei dem Regen der Sintflut (1Mo 7,17), der Aussendung des Raben (1Mo 8,6), dem Fasten Moses auf dem Berg (2Mo 24,18; 34,28; 5Mo 9,9), der Erkundung des Landes Kanaan (4Mo 13,25), Moses Gebet für Israel (5Mo 9,25), Goliats Herausforderung gegenüber den Israeliten (1Sam 17,16), Elias Weg zum Horeb (1Kön 19,8), Hesekiels Liegen auf seiner rechten Seite (Hes 4,6), Jonas Ankündigung des Untergangs (Jona 3,4), dem Aufenthalt Christi in der Wüste vor seiner Versuchung (Mt 4,2), der Zeit seiner Erscheinung nach der Auferstehung (Apg 1,3). Für »40 Jahre« als allg. Angabe für eine Generation können die folgenden Belege angeführt werden: die Abschnitte im Leben Moses (Apg 7,23.30.36; 5Mo 31,2), die Zeit, die das Volk Israel nach dem Auszug aus Ägypten in der Wüste zubrachte (2Mo 16,35; 4Mo 14,33; Jos 5,6; Ps 95,10), die wiederholte Abwechslung von Knechtschaft und Freilassung in der Richterzeit (z.B. Ri 3,11; 13,1), die Regierungszeiten von Saul, David und Salomo (Apg 13,21; 2Sam 5,4; 1Kön 11,42), die Verwüstung Ägyptens (Hes 29,11).

»Siebzig« ist als Zahl mehrfach mit der Weltregierung Gottes verbunden. Nach der Sintflut wurde die Erde durch 70 Nachkommen Noahs wieder bevölkert (1Mo 10), 70 Personen zogen nach Ägypten (1Mo 46,27), 70 Älteste wurden ernannt, um Mose in der Wüste das Volk leiten zu helfen (4Mo 11,16), die Bewohner Judas verbrachten 70 Jahre des Exils in Babylon (Jer 25,11; 29,10), 70 Wochen (»Jahrwochen«) wurden von Gott als die Zeit festgesetzt, nach der die messianische Erlösung erfolgen sollte (Dan 9,24), Jesus sandte die Siebzig aus (Lk 10,1) und forderte, »siebzigmal siebenmal« zu vergeben (Mt 18,22).

666 (oder 616) ist die Zahl des Tieres in Offb 13,18. Viele Interpretationen dieser Zahl wurden vorgeschlagen. Mittels der Gematrie, in der Zahlen die Bedeutung korrespondierender Buchstaben bekommen, ist die Zahl 666 mit den numerischen Wert der Namen einer Reihe von berühmten Personen identifiziert worden, u.a. mit Kaisern *Caligula und *Nero. Für eine umfassende Diskussion und zu »tausend« vgl. Kommentare zur *Offenbarung des Johannes.

Offb. 7,4; 14,1 spricht von 144000, »die versiegelt waren«. Hierbei ist die Zahl 12, die im Zusammenhang mit göttlicher Erwählung begegnet, quadriert und mit 1 000 multipliziert; 144 000 steht also für eine unzählbar große Menge und symbolisiert die Gesamtzahl aller Heiligen der beiden Bundesschlüsse, die durch Gott bewahrt werden.

Literatur: E.D. Schmitz: TBLNT II, ^{4}1986, 1452-1456 (Literatur); Lexikon der Alten Welt, 1965, 323-326. 1863-1868. 3297-3301; A. Schimmel, W. Funk: RGG^{3} VI, 1861ff; K. Menninger: Zahlwort und Ziffer I/2, 1957/58. R.A.H.G.

ZAÏR. 2Kön 8,21 berichtet, daß König *Joram von Juda nach Z. zog, um einen Aufstand der Edomiter niederzuschlagen, so daß die wahrscheinliche Lage des Ortes an der Grenze zu *Edom ist. Einige Handschriften der LXX lesen hier Z(e)īor, möglicherweise ist Z. identisch mit *Zior im Gebirge Juda, das Jos 15,54 erwähnt. R.A.H.G.

ZALMON.

1. Einer der Helden Davids, der ein Ahoachiter sein soll (2Sam 23,28) und 1Chr 11,29 Ilai genannt wird.

2. Name eines Berges in der Nähe der Burg von *Sichem (Ri 9,48). Seine Identifikation ist unsicher, sowohl *Garizim wie auch *Ebal wurden vorgeschlagen.

3. Ein weiterer Berg, der in Ps 68,15 erwähnt wird. Da dieser Berg östl. des *Jordan liegen müßte und in der Regel mit dem Dschebel Hauran identifiziert wird, scheidet eine Identifikation mit 2. aus. D.F.P.

ZALMONA. (»Dunkel«). Lagerort der Israeliten (4Mo 33,41f) zwischen dem Berg Hor und Punon. Man hat Z. in Bir Madhkur, 12 km nordwestl. von *Petra, vermutet, wo in nabatäischer und röm. Zeit ein wichtiger Stützpunkt an der Straße durch die *Araba lag.

ZANGE s. Kultgeräte

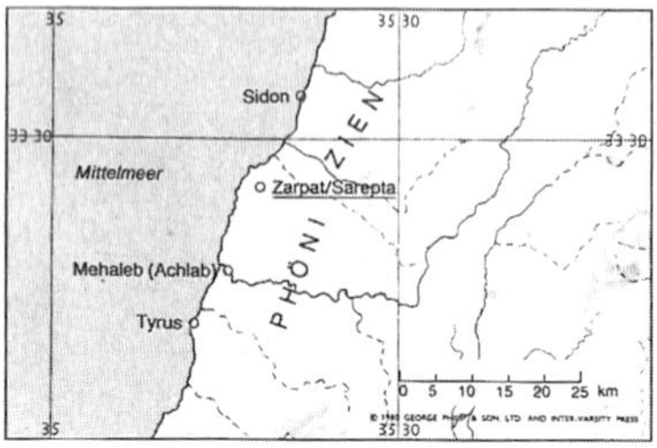

Die Lage von Zarpat in Phönizien.

Zeichnung eines Siegelabdrucks, auf dem der Name Zarpat (Sarepta) in phönizischer Schrift (srpt) *erscheint. Breite: 1,9 cm; spätes 5. Jh. v. Chr.*

ZARPAT. »Schmelzort«, akkad. *sariptu,* vgl. *sarāpu,* »(Metall) läutern«, »schmelzen«, »(Ziegel) brennen«. Eine kleine phönizische Stadt (heute: Sarafand), die ursprünglich zu *Sidon gehörte und im Papyrus Anastasi 1 aus dem späten 13. Jh.v.Chr. erwähnt ist (ANET, S. 477). 701 v.Chr. wurde Z. von *Sanherib eingenommen (Zarebtu, ANET, S. 287), später und von Asarhaddon (ca. 680-669 v.Chr.), der Z. Ba'ali, dem König von *Tyrus, übergab (J.B. Pritchard: Sarepta in History and Tradition, in: J. Reumann (Hrsg.): Understanding the Sacred Text, 1971, S. 101-114). 13 km südl. von Sidon an der libanesischen Küste an der Straße nach Tyrus gelegen, wird Z. 1Kön 17,9ff erwähnt als der Ort, wohin *Elia während der Hungersnot z.Zt. *Ahabs ging und wo er den Sohn der Witwe, bei der er wohnte, wieder zum Leben erweckte. Lk 4,26 bezieht sich auf dieses Ereignis und nennt die Stadt mit ihrem griech. und latein. Namen Sarepta. Der Prophet *Obadja sagte vorher, daß am *Tag des Herrn diejenigen der Israeliten, die von *Sargon nach dem Fall *Samarias deportiert worden waren, *Phönizien bis hin nach Z. besitzen sollen (Obd 20). Zu den Ausgrabungen, die im Jahr 1969 begannen, s. AJA 74/1970, S. 202; 76/1972, S. 216, Archaeology 24/1972, S. 61-63; J. Pritchard: Sarepta, 1975. R.A.H.G.

ZAUBEREI UND MAGIE.

I. BEGRIFF UND BEDEUTUNG.

1. Z. als Ableitung des aus dem Urgermanischen stammenden Begriffes Zauber hat mit Zauberhandlungen und Zaubermitteln zu tun. Magie als Zauberkunst ist dagegen ein seit dem 17. Jh. eingebürgertes, aus dem latein. *magia* abgeleitetes Lehnwort, das selbst wiederum vom griech. *mageia* stammt. Der griech.-latein. Begriff hängt mit der gewandelten Bedeutungsgeschichte des Standes der Magier zusammen. Ursprünglich war Magier die Bezeichnung für die Mitglieder einer medischen Priesterkaste (Herodot I, 101, 132; vgl. hebr. *rab mag,* babylon. *Rab Mugi,* als Titel des höchsten neubabylon. Beamten in Jer 39,3.13) und hat erst später, wohl im Zusammenhang des herausgebildeten Geheimwissens des Weisen-Standes (*Weisheit/*Weisheitsliteratur), die Bedeutung »Astrologe«, »Chaldäer« (hebr. *kasdim,* Dan 2,2), »Traumdeuter«, »Zauberer«, sogar »Betrüger« angenommen (vgl. Jes 44,25; Jer 50,36, wo die »Wahrsager« als »Schwätzer«, hebr. *baddim,* bezeichnet werden; vgl. Hes 13,6). In diesem Sinne ist unter Z. und M. eine methodisch geordnete Handlung zu verstehen, mit der der Mensch in die geglaubte Dynamik magischer Kräfte eingreift, »um in Ausnützung der ihm geeignet erscheinenden Kräfte seine Ziele zu erreichen, Schaden von sich abzuwehren und sich positive Vorteile zu verschaffen« (Bertholet). Es geht bei der Z. um Kraftübertragung vermittels bestimmter Formeln und magischer Gegenstände.

2. Bestimmte Symbole, der Zahlenglauben und andere Vorstellungen bekunden das damit verbundene magische Weltbild. So findet sich z.B: das Hexagramm, der sog. Drudenfuß, schon als Siegel im 7. Jh.v.Chr., in byzantin. Zeit und, verstärkt im Mittelalter und der Neuzeit, in eindeutig magischen Zusammenhängen (Alchemie, Rosenkreuzer, Freimaurer; zum Davidsstern als jüd. Symbol wurde es erst im 16. Jh. durch Isaak Luria im Zuge der Kabbala). Ähnliches gilt vom Symbol des Pentagramm, dem sog. Siegel Salomos, das in alten Zauber-Papyri mit dem Tetragramm, dem Jahwe-Namen, auftritt. Überhaupt wurde *Salomo in der jüd. Tradition und auch außerhalb als der Urtypus des Weisen zum Magier, der sämtliche Sprachen, auch der Tiere und Pflanzen verstand, der mit einem Ring

Magische Formeln finden sich bisweilen auf Haushaltsgeräten, um böse Geister fernzuhalten. Der aramäische Text auf dieser Schüssel wendet sich an Michael und Gabriel sowie an weitere gute Geister mit der Bitte, Eigentum und Gesundheit ihres Besitzers zu schützen. Irak, vorislamisch. (DJW)

und einer Kette, auf der der Gottesname stand, die Geister in Bann hielt und sich mit Hilfe des Dämonen Aschmodai den Wurm Schamir verschaffte, mit dem er dann den Tempel baute (bSot 48b; Git 68a/b; vgl. Jos.ant.Jud. VIII, 2,5).

II. BIBLISCHE BEGRIFFE UND ERSCHEINUNGEN.

Entsprechend der Vielfalt der Anwendungsbereiche magischer Kräfte und Handlungen gibt es auch im Hebr. ganz unterschiedliche Begriffe, mit denen magische Praxis und Praktiker bezeichnet werden.

1. Häufig findet sich das Wort *käshäf* (z.B. 2Kön 9,22; Jes 47,9.12; Mi 5,11; Nah 3,4; eine Substantivbildung des Verbs *kshf,* »Zauberei treiben«, 2Chr 33,6) mit den Nebenformen *mekhashshefim* (2Mo 7,11; 5Mo 18,10; Dan 2,2; Mal 3,5) und *kashaf* (Jer 27,9) sowie *'ashshaf* (Dan 1,20; 2,2) für »Zauberer«. Mit diesen Begriffen werden wohl mehr jene Tätigkeiten bezeichnet, die mittels magischer Kräfte auf Dinge und Personen einwirken. In diesen Bereich gehören sachgemäß auch die Bezeichnungen *chartummim,* »Gelehrte, Zauberer« (1Mo 48,8.24; 2Mo 7,11.22; 8,3.14.15; 9,11; Dan 1,20; 2,2), *chäbär,* »Bannspruch« (5Mo 18,11; Ps 58,6; Jes 47,9.12), *chäräsh,* »Zauberkünste(?)« (Jes 3,3), *lachash,* »Schlangen-Beschwörung, Zauber« (Jes 3,3; Jer 8,17; Pred 10,11), im Plural »Amulett« (Jes 3,20) und *lat,* »Geheimes, verborgene Künste« (2Mo 7,22; 8,3.14). Nicht auszuschließen ist, daß auch Schwurhandlungen in Verbindung mit dem Namen einer Gottheit in einem ursprünglich magischen Zusammenhang stehen (vgl. 1Mo 21,23; 24,3; 31,54; 3Mo 19,12; 5Mo 6,13; 10,20; Jos 2,12; 23,7; 1Sam 20,17; 24,22; 28,10; 30,15; 2Sam 19,8 u.ö.).

2. Auf der anderen Seite stehen Bezeichnungen, die mehr mit der *Mantik, dem Erkennen künftiger Ereignisse zu tun haben: *qämsäm,* »Orakel, Wahrsagung« (4Mo 23,23; 5Mo 18,10; 1Sam 15,23; 2Kön 17,17; Spr 16,10; Jer 14,14; Hes 13,6.23), auch »Los/Orakel« selbst (Hes 21,26f) und »Wahrsagelohn« (4Mo 22,7) mit der Verbform *qsm,* »durch Los[pfeile] eine Entscheidung suchen, wahrsagen« (1Sam 28,8; 2Kön 17,17; Hes 13,23; 21,26.28.34; Mi 3,6.11) und dem Partizip *qosem, qosemim,* »Orakler, Wahrsager« (5Mo 18,10.14; Jos 13,22; 1Sam 6,2; Jes 3,2; 44,25; Jer 27,9; 29,8; Hes 13,9; 22,28; Mi 3,7; Sach

10,2); dazu *nachash,* »Hellsehen« (4Mo 23,23; 24,1) mit dem Verb *nchsh,* »wahrsagen« (1Mo 30,27; 44,5.15; 3Mo 19,26; 5Mo 18,10; 2Kön 17,17; 21,6; 2Chr 33,6), das Partizip ʿonen, ʿonenim oder *meʿonen,* »Wahrsager, Zeichendeuter« (5Mo 18,10.14; 2Kön 21,6; 2Chr 33,6; Jes 2,6; Jer 27,9; Mi 5,11), in der weiblichen Form *ʿonena,* »Zauberin« (Jes 57,3) von *ʿnn,* »wahrsagen, deuten«, ursprünglich wohl als Wolkenschau, vgl. *ʿanan,* »Wolke« (3Mo 19,26) und die Tätigkeit der Traumdeutung: *ptr, pshr,* »deuten« (1Mo 41,12.15; Dan 2,4.7.9), vgl. *cholemim,* »Traumspezialisten« (Jer 27,9). Wenn es um Deutung und Anwendung von Symbolen geht (vgl. prophetische Symbolhandlungen, z.B. Jer 27,2; 28,10f), berührt sich die mantische Seite mit der magisch-mystischen.

3. Weitere Begriffe weisen auf den spiritistischen Kontakt mit (Toten-)Geistern hin: *ʾob,* »Totengeist (-Beschwörer)« (3Mo 19,31; 20,6.27; 5Mo 18,11; 1Sam 28,3.7.8.9; 2Kön 21,6; 23,24; 1Chr 10,13; 2Chr 33,6; Jes 8,19; 19,3; 29,4), *jiddʿoni,* »Wahrsagegeist (-Beschwörer)« (3Mo 19,31; 20,6.27; 5Mo 18,11; 1Sam 28,3.9; 2Kön 21,6; 23,24; 2Chr 33,6; Jes 8,19; 19,3), *ʾittim,* »Totenbeschwörer« (Jes 19,3), *doresh älhammetim,* »die Toten befragen« (5Mo 18,11). Die auf Geheimwissen spezialisierten »Weisen«, *chakhamim* (s. *Weisheit/*Weisheitsliteratur) sind wohl als Vertreter magischer wie mantischer Fähigkeiten anzusehen.

4. Die so beschriebenen verschiedenen Aspekte der Z. liegen mangels eingehender Kenntnisse weithin im Dunkel und kommen in den Übersetzungen nur unzureichend, teilweise eher verfälschend, zur Geltung. Im Zuge einer auf die Dauer eher generalisierenden Zusammenschau ist auch damit zu rechnen, daß einzelne Begriffe in ihrem jetzigen Zusammenhang kaum noch einen Bedeutungsunterschied mehr zu anderen kennen. Entsprechend finden sich im ntl. Griech. mehr verallgemeinernde oder zusammenfassende Begriffe wie *mageía* (Apg 8,11), *perírga,* »Unnützes« (Apg 19,19; vgl. 2Thess 3,11; 1Tim 5,13), *pharmakeía,* »Giftmischerei« (Gal 5,20; Offb 9,21; 18,23) für Z.; *mágos* (Mt 2,1.7.16; Apg 13,6.8) und *pharmakós,* »Giftmischer« (Offb 21,8; 22,15) für »Zauberer«, sowie *pneúma pythona,* »Wahrsagegeist« (Apg 16,16); *mageúein* (Apg 8,9), *manteuesthai,* »wahrsagen« (Apg 16,16) für »zaubern« und *exorkízein* (Mt 26,63) sowie *horkízein* (Mk 5,7; Apg 19,13) für »beschwören« (vgl. *exorkistés,* »Beschwörer«, »Exorzist«: Apg 19,13). Schließlich gibt es noch eine Bezeichnung für die Faszination: *baskaínein,* »bezaubern«, »behexen« (Gal 3,1).

Als Grabbeigabe vorgesehene Instrumente zum »Öffnen des Mundes«, einen Teil der ägyptischen Bestattungszeremonie. Evtl. Neues Reich, ca. 1570–1085 v.Chr. (BM)

5. Neu im NT ist das Phänomen der Besessenheit und das damit verbundene Auftreten von Dämonen und ihrer Austreibung (*daímon, daímones, daímonion,* z.B. Mt 7,22; 8,31; Mk 1,34; Lk 7,33; 8,2.27; Joh 8,48 u.ö.; s.*Satan). Besessene sind entsprechend von Dämonen Beherrschte (*daimonizómenos*: Mt 4,24; 8,16.28.33; Mk 1,32; 5,15f; Joh 10,21 u.ö.; *daimonistheís*: Mk 5,18; Lk 8,38). Die Dämonen werden ausgetrieben (*ekbállein*, »hinaustreiben«, »hinauswerfen«: Mt 9,34; 10,1.8; 12,26; Mk 1,34.39; 3,15.23; Lk 9,40; 11,14f.18f u.ö.). Das Mittel dazu ist die Vollmacht (*exousía*) des Gottessohnes, an der er seinen Jüngern Anteil gibt (Mt 10,1), oder eine Beschwörungshandlung durch einen Kraftnamen (Apg 19,13; vgl. *en tō onómatí mou,* »in meinem Namen«: Mk 16,7).

III. ZAUBEREI IM ALTEN TESTAMENT.

1. Zunächst ist zu beobachten, daß Z. die ganze Zeit des AT hindurch allen Verboten zum Trotz eine gängige Praxis darstellte. Gerade die betont scharfen Verbote (s.u.) setzen einen allg., fast selbstverständlichen Gebrauch voraus (vgl. Jes 28,15; Mi 5, 12). Z. wird in 2Kön 17,17 ausdrücklich als ein Grund genannt, der zum Untergang des Nordreiches Israel führte. Bereits bei den Erzvätern finden sich verschiedene Zauberbräuche, so *Leas Liebesäpfel (1Mo 30,14) und *Jakobs Fruchtbarkeitsstäbe (1Mo 30,37f; vgl. 2Mo 15,25; 2Kön 2,19-22). Unter den »fremden Göttern in ihren Händen« und Ohrringen (*älohe hannekhar*), die von Jakobs Sippenangehörigen abgeliefert und unter der Eiche bei Sichem vergraben wurden, sind wohl auch Amulette gewesen (1Mo 35,2-4; vgl. den *Hausgötzen *Rahels, 1Mo 31,34). Sicher sind Amulette, *lechashim,* und Anhänger mit Abbildungen von Mond und Sonne *(shebisim, saharonim)*, bei den Frauen der gehobenen Gesellschaft Jerusalems z.Zt. Jesajas erwähnt und werden darin keinen Sonderfall dargestellt haben (Jes 3,18-23). Die Zauberkraft von Aarons und Moses Stab (2Mo 7,11f.20.22; 8,1-3.12-14) wird ausdrücklich mit der Zauberkunst der ägypt. Weisen verglichen und stellt sich schließlich als überlegen heraus (2Mo 8,14f). Der körperlichen Überlegenheit *Simsons suchte man durch Zaubermittel Herr zu werden (Ri 16, 4-19). Obwohl *Saul ausdrücklich alle Geisterbeschwörer des Landes verwiesen hatte, nahm er in seiner höchsten Not, als das legitime Orakel der Befragung Jahwes durch Träume, *chalomot,* Licht-Los, *'urim,* oder Propheten versagte, Zuflucht bei der Hexe von Endor (1Sam 28). *Ahabs aus dem phönizischen *Sidon eingeheiratete Frau *Isebel war für ihre Z. öffentlich bekannt und wurde vom König darin unterstützt (1Kön 16,31-33; 2Kön 9,22). Die von den Propheten *Elia und *Elisa berichteten Wunder hängen u.a. mit der offensichtlichen Zauberkraft von Elias Mantel zusammen (1Kön 19,19; 2Kön 2,8.14). Manasse von Juda hielt neben allem Götzendienst, zu dem auch das Menschenopfer seiner Söhne gehörte, persönliche Wahrsager und pflegte spiritistische Kontakte mit Geistern (2Kön 21,6; 2Chr 33,6).

Eine bes. Rolle bei der Z. nehmen – wie auch außerhalb der bibl. Welt – Frauen ein, sei es, daß sie passiv wegen ihrer sexuellen Verführungskraft als Hexen angesehen werden (Jes 57,3; *Hure), sei es, daß sie aktiv als solche oder in ähnlicher Gestalt auftreten. Z.B. wenden Hes 13,17-23 falsche »Prophetinnen« im Unterschied zu sonstigen Lügenpropheten ausdrücklich auch magische Praktiken an, auf die sich die »Seelen« (Kunden) bewußt einlassen. In 2Mo 22,17 dürfte es sich um aktive Zauberinnen handeln. Weitere Phänomene, die im Zusammenhang mit magischen Kräften gesehen werden können, sind die Praxis von *Segen und *Fluch (z.B. 1Mo 9,25; 27,12f.29.33; 2Mo 21,17; 3Mo 24,10-16.23; 4Mo 5,18-27; 22-23; Ri 5,23; 9,20.57; 1Sam 14,24; 2Sam 16,5.7-13 u.ö.; vgl. 2Mo 23,20-33; 3Mo 26; 5Mo 27,11ff; 28), Wunder (z.B. 1Kön 17,14-16; 2Kön 20,11), Heilungen (z.B. 4Mo 21,8f; 2Kön 5, 10.14; 20,1.7), Totenauferweckungen (z.B. 1Kön 17,17-23; 2Kön 4,31-35), die Unterscheidung zwischen rein und unrein und die damit verbundene Einhaltung kultischer Reinheitsvorschriften (3Mo 11ff); selbst die Opferhandlungen (*Opfer) könnten im Sinne einer Besänftigung der Gottheit magisch verstanden werden, und auch bei prophetischen Symbolhandlungen ist eine magische Bedeutung nicht auszuschließen (z.B. Jer 28, 10; Hes 3,1-3; 4,1-5,4).

2. Die damit belegte weit verbreitete und durchgehende magische Praxis in Israel wird durch den Einfluß der heidnischen Umwelt verständlich, hängt sie doch vielfach mit deren rel. Riten und der damit verbundenen Vorstellungswelt zusammen. Entsprechend wird Z. des öfteren in einem Atemzug mit dem *Götzendienst erwähnt (z.B. 3Mo 20,6; 1Sam 15,23; 2Kön 9,22; 17,16f; Jes 19,3; Mi 5, 11f). Interessanterweise nennt Jesaja als Ursprungsort der magischen Praxis den *Osten (*Mesopotamien), für die mantische Praxis (»Wahrsagen«) die *Philister (Jes 2,6). Daß die Israeliten vor dem *Auszug aus Ägypten dort schon eindrückliche Zeugnisse priesterlicher Magie erlebt haben (vgl. 2Mo 7-8; nach 2Tim 3,8 gehörten zu den ägypt. Zauberern Jannes und Jambres), ist ebenfalls zu berücksichtigen

Bronzene Votivtafel in Form einer Brustplatte der Göttin Isis, der Schirmherrin der ägyptischen Magie. 26. Dynastie, ca. 664–525 v.Chr. (BM)

(zur Zauberei Ägyptens und Babyloniens vgl. K.A. Kitchen).

3. So sehr auf der einen Seite die magische Welt zur Wirklichkeit des Lebens im AT gehörte, so sehr steht sie im radikalen Gegensatz zum Jahwe-Glauben, sobald dieser bei der Sinai-Offenbarung mit seinem exklusiven monotheistischen Anspruch proklamiert wurde. Die Abgrenzung zur Z. wird mehrfach deutlich vollzogen, Z. wird mit der Todesstrafe belegt (2Mo 22,17; 3Mo 19,26.31; 20,6.27). Das ausgeprägteste Verbot findet sich in 5Mo 18,9-15. Verschiedene magische Praktiken werden aufgezählt, zu denen über die bisher erwähnten hinaus auch das Kinderopfer für den Moloch gehört: *ma'abir beno-ubitto ba'esh*, »einer, der seinen Sohn und seine Tochter durchs Feuer gehen läßt« (*Götzendienst); auffälligerweise übt Manasse gerade solche Praktiken aus (2Kön 21,6; 2Chr 33,6). Sie werden alle als Kennzeichen der Völker Kanaans bezeichnet, in deren Land Israel kommt. Ihre Funktion beschreibt das Verb »hören auf« (V. 14). Damit ist die Beachtung jener Kräfte und Mächte gemeint, die auf das persönliche Ergehen und das des Volkes Einfluß nehmen, so daß für das eigene Ergehen förderliche Auswirkungen erwartet werden können (vgl. die Funktion der *Weisheit). Genau diese Funktion findet sich auch in Israel, wird dort aber ausdrücklich von der von Gott selbst bevollmächtigten Prophetie wahrgenommen: »Einen Propheten wie mich [Mose] wird dir Jahwe, dein Gott, erwecken; auf den sollt ihr hören« (*'elaw tishma'un*, V. 15). Z. stellt den Menschen damit deutlich vor die Entscheidung: Entweder Vertrauen auf Schöpfungsmächte oder auf den einen Herrn, den Schöpfer selbst, entweder sein Leben an Gott vorbei meistern - und damit in den Bann

finsterer Mächte geraten, oder mit Gott - und damit unter seinem Segen bleiben (vgl. 5Mo 28).

IV. ZAUBEREI IM JUDENTUM.

In der Überlieferung des *Talmud werden wunderhafte Vorgänge aus Erzählungen des AT sehr viel stärker hervorgehoben und ausgeschmückt. Auch hier wird Z. ausdrücklich verboten, doch wird der Gelehrte verpflichtet, sie zu erlernen, um sie verstehen und beurteilen zu können (bSanh 17a; 68a). Man unterscheidet erlaubte und verbotene Z. Nur mit dem Gottesnamen durften übernatürliche Wirkungen hervorgebracht werden (weiße Magie). Einzelne Gelehrte des Talmud sind gerade für ihre Wundertaten bekannt (z.B. Elieser ben Hyrkanos, Josua ben Chananja). Es werden u.a. Wunderheilungen, Tötung durch den Blick, Dämonenaustreibungen, Liebeszauber genannt; zauberkräftige Heilmittel werden als bewährte Arzneien gegen verschiedene Krankheiten empfohlen. In verschiedenen Überlieferungen werden insbesondere Frauen mit der Z. in Zusammenhang gebracht. Insbes. alleinstehende Frauen, Jungfrauen und Witwen scheinen der Hexerei verdächtigt worden zu sein. Wo etwas nicht mit rechten Dingen zugeht, wird schnell Z. vermutet. Auch in der mittelalterlichen Kabbala lebten magische Vorstellungen weiter (Wortzauber, Gebetsformeln; zum Ganzen vgl. Günzig und Müller).

V. ZAUBEREI IM NEUEN TESTAMENT.

1. Auch in ntl. Zeit gehörten magische Vorstellungen und Z. – wie auch durch die jüd. Quellen belegt – zur Alltagswirklichkeit der röm.-hellen. Welt. So kam es zur Auseinandersetzung der Apostel mit dem Zauberer Simon (Apg 8,4ff) und des Paulus mit dem jüd. Zauberer Barjesus, bzw. Elymas (Apg 13,6f). Auch hier stoßen letztlich Götzendienst (Aberglauben) und der Ausschließlichkeitsanspruch der Herrschaft Gottes, das Reich des Teufels (Apg 13,10) und Gottes Reich aufeinander.

2. Entsprechend scharf und in Fortführung der atl. Verbote wird die Trennlinie zur Z. gezogen (Gal 5,20), wobei das griech. *pharmakeía*, »Giftmischerei«, generalisierend verstanden werden muß. Auch hier wird Z. in ei-

Babylonisches Tonmodell einer zum Wahrsagen benutzten Schafsleber. Die 50 Felder der Leber sind jeweils mit Omina und magischen Formeln beschrieben. Ca. 13,3 x 8,3 cm; 1830–1530 v.Chr. (BM)

nem Atemzug mit Götzendienst genannt. Wie dieser und die übrigen heidnischen Praktiken schließt Z. vom Reich Gottes aus. Dies wird am Ende der Johannes-Offenbarung noch einmal ausdrücklich hervorgehoben (Offb 21,8; 22,15).

3. Auffällig sind in den Evv. und der Apostelgeschichte die Berichte von Dämonenaustreibungen. Dies ist gegenüber dem AT ein neues Phänomen. Zwar wird dort auch von bösen Geistern berichtet (5Mo 32,17; Ri 9,23; 1Sam 16,14-16.23; Ps 106,37), aber Exorzismen sind erst in der Zeit der Apokryphen (z.B. Tob 6) und aus ntl. Zeit belegt. Jesus, seine Jünger und die Apostel, soweit sie an Exorzismen beteiligt waren, wurden entsprechend als Wundertäter oder Zauberer angesehen. Jesus mußte sich jedenfalls gegen den Vorwurf wehren, selber ein Vertreter finsterer Mächte und damit ein Zauberer zu sein (Mt 12,22-30). Auch hier geht es letztlich wie bei der Zauberei um den Gegensatz zwischen dem Reich der Finsternis und dem Reich Gottes (Mt 12,28).

VI. BEURTEILUNG.

1. Daß Z. trotz des scharfen Verbotes zur Alltagswirklichkeit des AT gehörte, ist eigentlich als »Normalität« zu betrachten. Es gehört zu den Urträumen des Menschen, durch ein Wort (Zauberspruch, Befehl) oder eine Bewegung (Ritual, Knopfdruck), ohne jede Anstrengung verwirklichen zu können, was er sich wünscht. Er hält sich nicht von Natur aus an Gottes Gebote; sein natürlicher Hang geht dazu, den eigenen – auch den gutgemeinten, für andere eingesetzten – Vorteil zu suchen und sich dazu alles dessen zu bedienen, was wirksam und machbar ist. Bis heute hat das Prinzip der Effektivität und Machbarkeit nichts von seiner Aktualität verloren. Nach wie vor heiligt der Zweck die Mittel und üben auch die Errungenschaften von Wissenschaft und Technik eine Faszination (»Bezauberung«) aus. Dies galt für die Israeliten des AT genauso wie für die Menschen der ntl. und auch unserer Zeit. Christen machen darin keine Ausnahme. Das ausschließliche Vertrauen auf Gottes Zusage – gerade angesichts der Versprechen der (Zauber- oder auch technischen) Mittel und Möglichkeiten, die sich als Lösung in einer schwierigen Lage anbieten – erfordert ein nüchternes, verantwortungsvolles Abwägen und willentliches Entscheiden, kostet immer wieder die Kraft des Neinsagens und die Bereitschaft, die daraus folgenden Anfechtungen auf sich zu nehmen.

2. So verstanden sind die Berichte von magischen Praktiken in Israel Zeugen menschlicher Verfehlungen gegen Gottes Willen. Schon die heidnischen Bräuche und Zaubermittel der Erzväter, mit denen sie von ihrer mesopotam. Heimat her vertraut waren, wurden verworfen und erforderten die Entscheidung, sie zu entfernen und zu vergraben (1Mo 35,4). Bis ans Ende der Bibel bleibt die Alternative eindeutig. Aber wie bei den anderen heidnischen Praktiken gilt auch hier das Angebot von Umkehr und Vergebung, die Möglichkeit des Neuanfangs (1Kor 6,9-11) mit der Konsequenz, das Gewesene gewesen sein zu lassen.

3. Eine andere Frage ist die nach dem vermuteten magischen Hintergrund von Zeichen und Wundern, Heilungen, Segen, Handauflegung und Exorzismen. Die bibl. Berichte wären falsch verstanden, wenn man sie zum Anwalt eines rationalistischen Weltbildes machen würde. Deutlich bezeugen sie eine geistige Wirklichkeit hinter unserer sichtbaren, die offensichtlich mit zu Gottes Schöpfung gehört. Die Kräfte und Mächte, mit denen die Magie rechnet, gehören zur geschöpflichen Welt wie die Götzen. Auch die Geister und Dämonen müssen dazu gezählt werden. Die mit ihrer Hilfe ausgeübten übernatürlichen Wirkungen beinhalten einen Herrschaftswechsel. Nicht der Mensch beherrscht die magischen Kräfte, sondern sie ihn. Die Folge ist ein von Angst beherrschtes Leben, das nach immer neuen Abwehrmitteln verlangt und damit die magische Sklaverei verstärkt. Solch ein Leben steht im Gegensatz zu dem vom Vertrauen auf Gottes Zusage geprägten, das aus der Angstherrschaft befreit und die erlebte Not nicht zum Anlaß nimmt, sich selbst zu suchen, sondern mit dem gewährten Leben und seinen Möglichkeiten Gott, den Schöpfer und Erlöser, zu loben.

In diesem Sinne ist auch weiße Magie (Z. im Namen des dreieinigen Gottes) für Christen ausgeschlossen, weil Magie grundsätzlich mit ihren aus der Rückbindung an Gott losgelösten Zauberformeln an Gott vorbeigeht. Wo von ihm bevollmächtigte Menschen kraft des Heiligen Geistes Wunder tun, sind diese in ihrer äußeren Erscheinung in keiner Weise von Wirkungen fremder Mächte unterscheidbar. Entscheidend ist die Vertrauenseinheit mit Gott, an die seine *Vollmacht gebunden ist. Wo der Mensch nur auf Wirkungen achtet, läuft er Gefahr, Wirkung und Verwirklichung zur Herrschaft zu machen und damit erneut gottfremden Kräften zu verfallen. Eine solche Sichtweise bewahrt davor, menschliche Erfahrungen nur durch die Brille eines eindimensionalen Denkens zu bewerten. Es kann nicht darum gehen, in idealistischer Manier oder geistlichem Perfektionismus alle Probleme mit einem scharfen Entweder-Oder lösen zu wollen, wie es für manche Sekten kennzeichnend ist. Eine einseitige Verurteilung alles Magischen könnte dann genauso unseren Umgang mit der Technik heute treffen. In der Regel sind die Verhältnisse aber viel komplizierter, als wir sie mit unseren Bewertungen darstellen. Vorschnelle Urteile, ob eine Sache dämonisch oder okkult sei, sind deshalb unangebracht. Der natürliche Hang des Menschen, sich selbst zu suchen, und die verschiedensten Faktoren, die sein Denken und Wollen beeinflussen, sind in Rechnung zu stellen. Wenn auch die magischen Kräfte und Mächte zu Gottes Schöpfung gehören, dann hat der Mensch vom Schöpfungsauftrag her die Aufgabe, die Dinge zu untersuchen, zu prüfen und – entsprechend dem Schöpfungsauftrag ständig auf der Gratwanderung zwischen vertrauensvollem Gehorsam und Seinwollen wie Gott – in der Verantwortung vor Gott (d.h. gerade in der gehorsamen Vertrauensbindung an ihn) damit umzugehen. Solange er sich jedoch von der Angst leiten läßt, befindet er sich auf einem gefährlichen Fehlweg.

Literatur: A. Bertholet (C.-M. Edsman), K. Galling: RGG[3] IV, 595-601; E. Eilers: ibid., 602; G. Fohrer: BHH III, 1966, 2204-2205; I. Günzig: Jüdisches Lexikon IV/2, 1927/82, 1535-1538; K.A. Kitchen: IBD II, 1980, S. 933-935; E. Müller: Jüdisches Lexikon III, 1927/82, Sp. 1287-1289; B. Reicke: BHH II, 1964, 1122; H. Ringgren: Die Religionen des Alten Orients 1979, S. 45f.98-100.141-143. 150-154.239f; E. Stiglmayr: RGG[3] VI, 1871-1873. C.D.St.

ZEBAOTH s. Namen Gottes

ZEBEDÄUS. (Griech. *zebedaios*, von hebr. *sebadjāhū*, »das Geschenk Jahwes«). Der Vater der Apostel *Jakobus und *Johannes (Mk 1,19), der Mann der *Salome (Mt 27,56; Mk 15,40), ein – wahrscheinlich begüterter - galiläischer Fischer (vgl. Mk 1,20), der offensichtlich in oder nahe bei *Betsaida lebte. J.D.D.

ZEBOIM.

1. Ein Tal nahe *Michmas auf benjaminitischem Gebiet (1Sam 13,18), das heutige Wādi Abu Dabaʿ. Die hebr. Bezeichnung *gē zebōʿīm* bedeutet »Tal der Hyänen«.

2. Eine benjaminitische Stadt in nachexilischer Zeit nahe *Lydda (Neh 11,34). D.F.P.

ZEBOJIM. Eine der *Städte der Ebene (1Mo 10,19; 14,2.8), die mit Sodom und Gomorra zerstört wurde (5Mo 29,22). Sie scheint nahe bei *Adma gelegen zu haben. D.F.P.

ZEDAD. Einer der Orte an der nördl. Grenze des verheißenen Landes (4Mo 34,8), der auch in *Hesekiels Vision der Grenzen des wiederhergestellten Israel begegnet (Hes 47,15). Es gibt zwei Möglichkeiten der Identifikation, entsprechend den zwei herrschenden Sichtweisen über den Verlauf der nördl. Grenze. Die vorherrschende Meinung (z.B. LDB) findet den Namen in Sadād bewahrt, ein Ort ca. 110 km ostnordöstl. von Byblus; dieses stimmt gut mit der bevorzugten Lokalisierung des »Zugangs nach *Hamat« (Lebo-Hamat) überein, des benachbarten Punktes der Grenzlinie. Andere votieren für eine Lage weiter südl., bei Chān Serādā, nördl. von *Dan, und lesen den Namen als Zerad, wie LXX und Samaritanischer Text.

Literatur: LDB, S. 72ff; F.M. Abel: Géographie de la Palestine I, 1933, S. 300ff. R.A.H.G./G.I.D.

ZEDEKIA. (Hebr. *zidqijāhū; zidqizāh* nur in 1Kön 22,11; Jer 27,12; 28,1; 29,3; »Jahwe ist (meine) Gerechtigkeit«).

1. Der Sohn Kenaanas, einer von 400 Hofpropheten unter *Ahab von Israel, der dessen Sieg in *Ramot in Gilead voraussagte (1Kön 22,1-12; 2Chr 18,1-11). Als *Micha, der Sohn Jimlas, die Wahrheit offenbarte, bezeichnete ihn Z. als einen Lügner und schlug ihn auf die Backe (1Kön 22,13-28; 2Chr 18,12-27).

2. Der Sohn Kolajas, ein falscher Prophet unter den Exulanten in Babylon, dessen Tod durch die Hand *Nebukadnezars vom Propheten *Jeremia vorausgesagt wurde (Jer 29,21-23).

3. Einer der Oberen unter *Jojakim, dem die Schriftrolle Jeremias während der Regierung *Jojachins vorgelesen worden war (Jer 36,11-13).

4. Der einundzwanzigste und letzte König von Juda (ca. 597-587 v.Chr.). Als dritter Sohn *Josias und der Hamutal (1Chr 3,15) wurde er von Nebukadnezar anstelle seines Neffen *Jojachin inthronisiert. Sein Name wurde durch Nebukadnezar von *Mattanja zu Z. abgeändert (2Kön 24,17). Er wurde mit 21 Jahren zum König eingesetzt und regierte 11 Jahre (V. 18; 2Chr 36,11). Da die Oberschicht der Bevölkerung mit Jojachin nach Babylon deportiert worden war, wurde Z. mit der Unterschicht zurückgelassen (2Kön 24,14-16). Er war nicht fähig, ihrem drängenden Rat zum Abfall von Babylon zu widerstehen, was schließlich zu Gottes Strafgericht führte (Jer 24,8-10; 29,16-19; Hes 11,14-21). Ein Aufstand in Babylon etwa im Jahre 594 v.Chr. (A.K. Grayson, Assyrian and Babylonian Chronicles, 1975, S. 102; Hes 11,21-24) gab

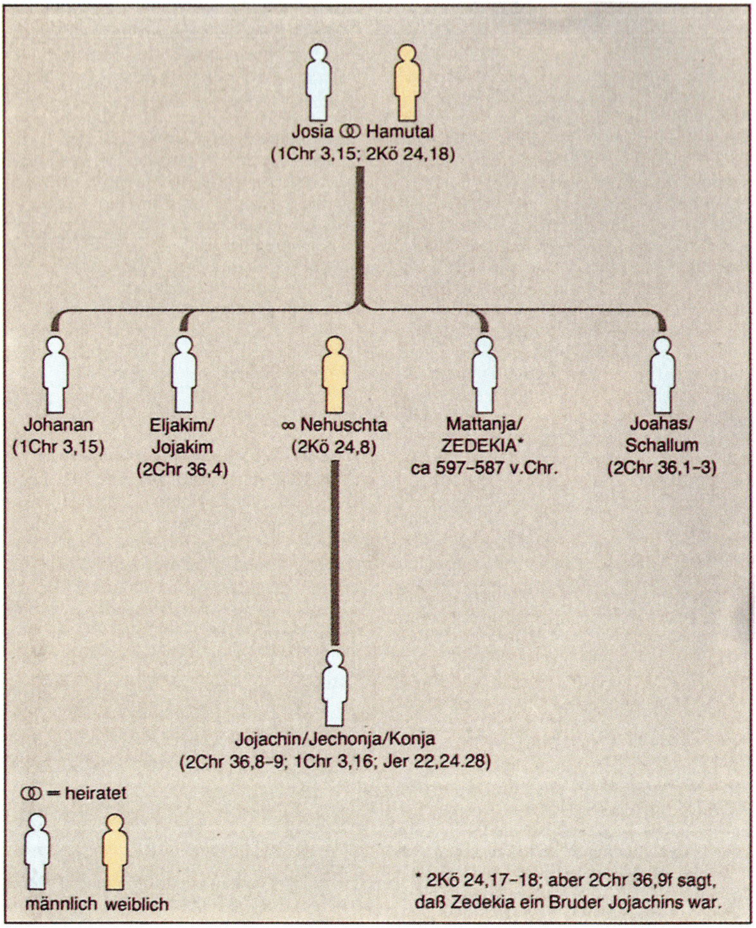

Zedekias Familie.

den westl. Vasallen eine Gelegenheit zur Verschwörung, ihre Unterdrücker abzuschütteln. Sie baten Juda, wo es Anzeichen einer antibabylon. Bewegung gab (Jer 28,1-10), um Unterstützung (27,3). Jeremia hingegen sah die babylon. Oberherrschaft als von Gott angeordnet an (Jer 27; vgl. 28,12-14). Z. ging 593 v.Chr. nach Babylon, wahrscheinlich um den Verdacht gegen seine Beteiligung an dem Komplott entgegenzutreten (Jer 51,59).

Schließlich revoltierte Z. doch (2Kön 24,20) und brach den Vertrag mit Babylon (Hes 17,12f); Lachisch-Brief[3] (TGI, S. 75f) läßt darauf schließen, das Z. mit Unterstützung durch Pharao Hofra rechnete (Jer 44,30). 588 v.Chr. nahm Nebukadnezar mit seinem Heer Juda ein und belagerte Jerusalem. Die Belagerung wurde für einige Zeit aufgehoben, um die heranziehenden Ägyptern zurückzuschlagen (Jer 37,5), aber, wie Jeremia vorausgesagt hatte (Jer 37,6-10; 34,21f), wieder aufgenommen. Als die Hungersnot in der Stadt ihren Höhepunkt erreichte, wurde im Juli 586 v.Chr. die Stadt erobert (2Kön 25,3f; Jer 52,6f). Der Tempel wurde geplündert und niedergebrannt, das Volk in die Verbannung ge-

Dieses Bruchstück der babylonischen Chronik berichtet, daß Nebukadnezar nach der Einnahme Jerusalems im März 597 v. Chr. einen »König seiner Wahl«, d. h. Zedekia (Mattanja) anstelle von Jojachin einsetzte. (BM)

führt (2Kön 25,8-21). Z. floh in Richtung Jordan, wo er gefangengenommen und zu Nebukadnezars Hauptquartier in *Ribla gebracht wurde. Dort wurden seine Söhne vor seinen Augen hingerichtet. Z. selbst wurde geblendet und nach Babylon weggeführt, wo er bis zu seinem Tod im Gefängnis blieb (2Kön 25,4-7; Jer 52,7-11).

5. Priester, der z.Zt. *Nehemias (Neh 10,2) die Verpflichtung auf das Gesetz unterzeichnete.

Literatur: M. Clauss: Geschichte Israels, 1986; H. Donner: Geschichte des Volkes Israel und seiner Nachbarn in Grundzügen, II, 1986, S. 370-381.
D.W.B./Red.

ZEDER s. Pflanzen

ZEFANJA, -BUCH.

I. ZUR PERSON ZEFANJAS.

Z. (»Jahwe hat schützend verborgen«) tritt z.Zt. des Königs *Josia (639-609 v.Chr.) öffentlich in Erscheinung. Nach Zef 1,5ff war in Juda der Götzendienst noch voll im Gange. Somit dürfte Z. vor 627 v.Chr. berufen worden und tätig gewesen sein. Gegen diesen zeitlichen Ansatz scheint zu sprechen, daß Zef 1,4 vom »Rest Baals« spricht, wobei um 627 v.Chr. jedoch der Baalskult in Juda noch in großem Ausmaß getrieben wurde. In der LXX begegnet dieses Problem nicht, sie überliefert hier anstatt »Rest« »Namen« Baals. Andererseits wäre es denkbar, daß Z. verächtlich vom »Rest Baals« redet, weil er schon jetzt den Baalskult in prophetischer Vorausschau bis auf einen Rest beseitigt sieht. Eine genauere Zeitangabe bzgl. des Wirkens Z.s findet sich auch in Zef 1,8; dort werden nur die »Söhne des Königs«, nicht aber der König selbst, erwähnt. Josia war zu dieser Zeit also noch unmündig und wurde vom Thronrat vertreten. Über Z.s Leben erfahren wir in seinem Buch wenig. Der Bote tritt hinter seiner Botschaft zurück. Nur in Zef 1,1 wird sein Stammbaum angegeben, der vier Generationen zurückgeht. Für die Annahme, daß Z.s Ururgroßvater *Hiskia, der fromme König (719-691 v.Chr.) gewesen war, sprächen Z.s reicher Wortschatz, der auf eine vornehme Herkunft hindeutet, ebenso wie seine gute Ortskenntnis. Z. ist ein Zeitgenosse *Habakuks, *Nahums und des jungen *Jeremia. Wie die 100 Jahre zuvor gleichzeitig wirkenden Propheten *Amos, *Hosea, *Jesaja und *Micha erwähnen auch die erstgenannten ihre Zeitgenossen nicht. Ihr Schweigen könnte theologische Gründe haben; womöglich beruft sich keiner auf den andern, weil er dessen Autorität nicht bedarf, sondern sich als Gottes Bote gesandt weiß.

II. DIE ZEIT ZEFANJAS.

Nachdem *Assur im Jahr 671 v.Chr. mit der Eroberung von Memfis und im Jahr 663 v.Chr. mit dem Sieg über Theben (Zef 3,8:

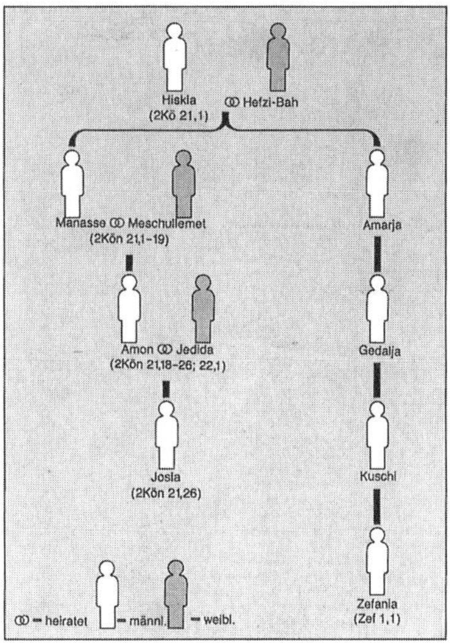

Genealogie des Zefanja, die davon ausgeht, daß mit Hiskia (Zef 1,1) der König von Juda gemeint ist.

»No-Amon«) den Höhepunkt seiner Macht überschritten hatte, redete Z. im Namen Gottes. Der assyr. Herrscher *Assurbanipal (669-627 v.Chr.) verbreitete nach außen den Glanz einer unumstrittenen Weltmacht (Keilschriftbibliothek in Ninive, glanzvolle Bauten). Doch der Keim des Verfalls zeigte sich bereits an der Anzahl der Aufstände. 650-648 v.Chr. revoltierte der Bruder Assurbanipals; 625 v.Chr. fand der erste Sturm der Skythen statt und unter Nabopolassar (Chaldäer) machte sich Babylon selbständig. 616 v.Chr. fanden Kämpfe um das assyr. Kernland statt; 612 v.Chr. fiel Ninive und wurde zerstört, womit das Ende der Weltmacht Assyrien besiegelt wurde. Israel bestand in dieser Zeit noch aus dem Südreich Juda. Das Nordreich war 701 v.Chr. von Assyrien unter *Sanherib erobert, die Bevölkerung nach Assyrien deportiert worden. Z.Zt. Z.s war *Josia (639-609 v.Chr.) König auf dem Davidsthron. Er schickte sich an – angesichts des zerfallenden assyr. Reiches –, sein Territorium nach N auszudehnen. Nach 2Chr 34,4-7 hatte Josia schon zu Beginn seiner Regierung (627 v.Chr.) mit rel. Reformen begonnen. Aber erst im Jahr 622 v.Chr. begann infolge der Auffindung einer Gesetzesrolle im Jerusalemer Tempel – die in einer nicht näher feststellbaren Weise mit dem uns vorliegendem *Deuteronomium/ 5. Buch Mose in Zusammenhang stand – Josias umfassende Kultreform (2Kön 23). Er schaffte die Höhenheiligtümer ab, wo eine Mischform aus Jahweglauben und Baalsfrömmigkeit (Sexualkult zur Garantie der Fruchtbarkeit des Landes) gepflegt wurde. Fortan gab es nur noch in *Jerusalem die Möglichkeit, Gott die gebotenen Opfer darzubringen. Diese an sich lobenswerte Reform, für die ihm in der Bibel auch höchstes Lob zuteil wird, führte jedoch zu neuen Problemen. Es ist anzunehmen, daß der »arbeitslos« gewordene »niedere Klerus«, die z.B. bei *Jeremia mehrfach erwähnten Prophetenscharen, nun am zentralen Heiligtum in Jerusalem erschien und sich äußerlich der Kultreform anpaßte. Diese Propheten entfalteten eine fatale Heiligtumstheologie: Weil Gott im Tempel sei, könne dieser Tempel nicht zerstört werden. Hand in Hand mit der rel. Reform ging eine politische Machterweiterung. Die Grenzen des ehemaligen davidischen Großreichs standen manchem wieder vor Augen. 609 v.Chr. stellte sich Josia in der Schlacht bei *Megiddo Pharao *Necho entgegen. Dieser wollte Palästina als Durchzugsgebiet benutzen, um Assyrien gegen die Babylonier zu unterstützen. Josia kam bei dieser Schlacht ums Leben.

III. AUFBAU DES BUCHES.

1,1: Einleitung.

1,2-18: Das drohende Gericht über Juda:

1,2-13: Das Gericht über die Sünden Judas;

1,14-18: Der Gerichtstag Jahwes.

2,1-15: Aufruf zur Buße, denn das Gericht kommt:

2,1-3: Kehrt um!

2,4-6: Das Gericht über die Philister;

2,7.9b: Die Verheißung für den Rest Judas;

2,8-10: Das Gericht über Moab und Ammon;

2,11-12: Das Gericht über die Völker im Süden;

2,13-15: Das Gericht über Assyrien.

3,1-5: Weheruf über Jerusalem.

3,6-20: Jahwe hilft seinem Volk im Gericht.

IV. DIE BOTSCHAFT ZEFANJAS.

Kap. 1 spricht vom *Tag des Herrn (vgl. Am 5,18), dem Kerngedanken der Botschaft Z.s. Auf ihn wartete Israel im Vertrauen auf Gottes Verheißung an sein auserwähltes Volk (2Sam 5,22ff; Joel 3,1ff; Jer 7,21ff). Gott aber nennt diesen Tag einen »Tag des Zorns« (Zef 1,15; s.a. Klgl 2,22; Röm 2,5) und einen »Tag der Angst« (Zef 1,14-18; vgl. Jes 2,6-21; Jer 30,5-7; Joel 1,15-20; 2,1-11), weil er an diesem Tag über alles zu Gericht sitzen wird, wobei er bei Israel anfangen wird (Zef 1,4ff; vgl. 1Petr 1,17; Apg 10,34). Mensch und Tier sind vom Gericht betroffen (V. 2f). Dieser Gerichtstag wird schauerlich mit einem Schlachtopfer verglichen (1,7f). Die Angst will heilsam sein, indem sie zur Buße ruft: Gott schweigt nicht zum Unrecht. Die Gründe für das Gericht sind: die Entehrung Gottes durch Religionsvermischung (V. 4-6.8f), die Geringschätzung Gottes (V. 6.12f), der Ungehorsam im Geschäftsleben (V. 9.11), an dem alle Stände (Oberschicht: V. 8f; Kaufleute: V. 10f; die »kleinen« Leute: V. 12f) Anteil haben. Nachdem Z. in Kap. 1 Gottes Gericht über die ganze Welt und über Juda angekündigt hat, ruft er in Kap. 2 sein Volk zur Umkehr auf (V. 1-3), zur Einsicht in die eigene Schuld und die Vergebungsbedürftigkeit, aber auch zur gehorsamen Nachfolge in Demut und Gerechtigkeit. Das Gericht Gottes über Juda und Jerusalem (Zef 1,4-2,3; 3,1-7) weitet sich aus zum Gericht über die damals bekannte Völkerwelt (Zef 2,4-15). Auch sie ist Gott verantwortlich (vgl. Am 1; 2). In V. 4-15 wird das Gericht Gottes über alle Heiden verkündigt, für die stellvertretend die vier philistäischen Hauptstädte (V. 4-7) genannt sind. Der Ernst des Rufs zur Umkehr an Israel wird dringlich, weil Juda an den umliegenden Völkern den Ernst des *Zornes Gottes erfahren wird.

Nach den Drohworten an die Völker wendet sich Z. in Kap. 3 im Auftrag Gottes noch einmal warnend an den Rest seines Volkes, an den Stamm Juda (V. 1-5). Vor allem die Beamten (V. 3), Richter (V. 3), (falschen) Propheten (V. 4) und Priester (V. 4) werden als Gefährdete angesprochen. Vorgeworfen werden ihnen die Ablehnung Gottes (V. 1), fehlende Liebe (V. 1), mangelnde Bereitschaft, auf Gottes Wort zu hören (V. 2) und sich zurechtweisen zu lassen (V. 2), fehlendes Gottvertrauen (V. 2). Neben die Klage über die Heillosigkeit der Welt (V. 6-8) tritt (V. 9-20) die Freude Gottes. Gott schafft sich Lob aus allen Völkern (V. 9f). Einmütig werden Juden und Heiden gemeinsam Gott die Ehre geben (V. 9). Am Tag des Gerichts scheiden sich die Menschen (V. 11-13), denn nicht alle geben Gott die Ehre (V. 12). Die Menschen der neuen Gemeinde (12f) sind »arm« (sie wissen um ihre geistliche Armut; Mt 5,3), »gering«, dürfen ungestört im Frieden mit Gott leben und bei Jahwes Namen Schutz suchen. In dieser Gemeinde bricht Jubel (V. 14f) auf über Jahwe, den König der Welt, weil er vergibt und so die Jugendliebe (V. 16f) neu erweckt. Z. zeigt (V. 18ff) das Ziel dieser Wege Gottes: Gott bringt sein Volk zu Lob und Ehre unter allen Völkern, so daß es alle sehen. Darin kommt er selbst zu Ehren.

V. DAS BUCH ZEFANJA UND DAS NEUE TESTAMENT.

Auf Z. wird im NT viermal Bezug genommen: Mt 13,41 schildert den Tag des Zornes Gottes: »sie werden sammeln aus seinem Reich alles, was zum Abfall verführt, und die das Unrecht tun« (s. Zef 1,3). In Offb 6,17 wird auf den Tag des Zorns hingewiesen (s. Zef 1,2ff). Offb 16,1 spricht von der Ausgießung des Zornes Gottes auf die Erde (s. Zef 3,8). Über die, die im Gericht zum Lamm Gottes gehören, sagt Offb 14,5 aus: »In ihrem Mund wurde kein Falsch gefunden; sie sind untadelig«. Entsprechendes gilt von den Übriggebliebenen in Israel (Zef 3,13). So weist das Buch Z. über die Zerstörung Jerusalems 587 v.Chr. und 70 n.Chr. hinaus auf die in Jesus anbrechende Heilszeit.

Literatur: A. Alt: Zur Geschichte des Volkes Israel (hrsg. von S. Herrmann), ^{2}1979; H. Brandenburg: Die kleinen Propheten, ^{3}1982; O. Eißfeldt: Einleitung in das Alte Testament ^{3}1964; K. Elliger: Die Propheten Nahum, Habakuk, Zephanja, ATD 25, ^{7}1975; G. Fohrer: Geschichte der israelitischen Religion, 1969; M. Holland: Die Propheten Nahum, Habakuk und Zephanja, WStB, 1986; O. Kaiser: Einleitung in das Alte Testament, ^{5}1984; E. Kautzsch: Die Heilige Schrift des Alten Testaments, ^{4}1923; M. Noth: Geschichte Israels, ^{2}1954; G. von Rad: Theologie des Alten Testaments I, 1962, II, 1965; W. Rudolph: Die kleinen Propheten, KAT, 1975; E. Sellin: Das Zwölfprophetenbuch, Bd. II, ^{3}1930; R. von Ungern-Sternberg, H. Lamparter: Der Tag des Gerichtes Gottes, (Habakuk, Zephanja, Jona, Nahum), BAT 23./4., ^{2}1975; A. Weiser: Das Buch der zwölf kleinen Propheten, ATD 24, ^{2}1956. M.H./Red.

ZEHN s. Zahl

ZEHN GEBOTE s. Gebote, Zehn

ZEHNSTÄDTE s. Dekapolis

ZEHNTER. Der Z., hebr. *maʿasēr*, griech. *hē dekatē* ist eine Abgabe weltlicher oder kultischer Art. Sie kann einmalig oder in festen Abständen gegeben werden und umfaßt 1/10 des betreffenden Besitzes oder Einkommens. Sie war in atl. und ntl. Zeit überall in der Welt verbreitet. So z.B. bei den Phöniziern und Karthagern, den Neubabyloniern, Persern und Arabern, wie auch bei den Griechen und Römern. Auch in Israel war die Abgabe des Z.n bekannt. Sie wurde dort allerdings weniger als weltliche, als vielmehr als Abgabe für Gott verstanden. Nur in 1Sam 8,15 findet sich der Hinweis auf die Abgabe des Z.n für den König. Alle anderen Stellen beziehen sich auf den Z.n für Gott, als Reaktion des Menschen auf das Gute, das Gott tut. In 1Mo 14,20 begegnet der Z. schon bei *Abraham, der, als er von *Melchisedek gesegnet wird, diesem den Z.n geben will. Auch *Jakob verspricht nach der Gottesbegegnung in *Bethel, Gott den Z.n von allem zu geben, das Gott ihm gibt (1Mo 28,22).

1. Im Gesetz in 3Mo 27 wird neben den freiwilligen Gelübden Gott gegenüber und den Vorschriften für die *Erstgeburt, die Gott gehört, auch der Z. näher bestimmt.

a. Der zehnte Teil vom »Ertrag des Landes« und »den Früchten der Bäume« sowie jedes zehnte Stück Vieh, sollen »dem Herrn heilig sein« (V. 30.32), d.h. für ihn ausgesondert werden. Der Getreide- und Früchtezehnte bezieht sich auf Getreide, Wein und Öl (5Mo 14,23; vgl. auch 4Mo 18,30), meint also die gebrauchsfertigen Erträge. Diese Abgabe konnte, wenn sie zur Eigenversorgung gebraucht wurde, auch mit Geld geleistet werden. Allerdings mußte der Betrag den Wert der Abgabe um 1/5 übersteigen (3Mo 27,31).

b. Der Viehzehnte (3Mo 27,32f) wurde so bestimmt, daß die Tiere nacheinander unter dem Hirtenstab hindurchgehen mußten, und streng der Reihenfolge nach jedes zehnte Tier ausgesondert wurde. Dabei kam es nicht darauf an, daß fehlerlose Tiere gefunden wurden. Ein Auslösen der Tiere mit Geld war nicht möglich.

2. Zur Verwendung des Zehnten.

a. Der so für Gott ausgesonderte Z. sollte einerseits nach 4Mo 18,21ff den *Leviten als Erbteil übergeben werden, da die Leviten nach 4Mo 18,21ff; 35,2ff und Jos 21,2ff im Land Kanaan nur Städte mit Weideplätzen für ihr Vieh und nicht ein ganzes Gebiet als Lebens- und Versorgungsgrundlage erhalten hatten. Ausdrücklich erwähnt werden als Zehntabgaben für die Leviten nur der Getreide- und Früchtezehnte (4Mo 18,28; 5Mo 12,17; 14,22f), nicht aber der Viehzehnte (vermutlich wegen der Erstgeburten, die sowieso dem Herrn gehören). Von den Abgaben, die die Leviten erhielten, sollten auch sie, wie alle Israeliten, den Z.n für den Herrn aussondern und ihrerseits den Priestern übergeben (4Mo 18,26ff).

b. Andererseits aber war ein Teil des Z.n auch als Opfermahlzeit für die vorgesehen, die diese Abgabe leisteten (vgl. 4Mo 18,31; 5Mo 12,7.17f; 14,22ff).

3. Der Ort, an den die Israeliten den Z.n zu bringen hatten, war das Heiligtum (5Mo 12,5f.11; 14,22f). Sollte die Reise mit den Naturalgaben zum Heiligtum zu beschwerlich sein, konnte statt dessen auch der Gegenwert in Geld am Ort des Heiligtums wieder in Naturalien umgesetzt werden, um damit dann die Abgabe zu leisten und die Opfermahlzeit einzunehmen (5Mo 14,24ff).

In jedem dritten Jahr allerdings sollte der Z. nicht an den Ort des Heiligtums gebracht werden, sondern im Heimatort den Leviten und den sozial Schwachen, den Fremdlingen, den Waisen und Witwen überlassen bzw. mit ihnen ein Festmahl veranstaltet werden (5Mo 14,28f; 26,12).

4. Ob die Abgabe des Z.n, so wie im Gesetz gefordert, im Volk Israel tatsächlich konstant durchgeführt wurde, wird durch die wenigen Belegstellen, die wir darüber haben, fraglich.

a. Im Nordreich spricht der Prophet *Amos ironisch vom Z.n, den das Volk bringt (Am 4,4). Die Qualität und die Durchführung dürfte mangelhaft gewesen sein.

b. König *Hiskia ordnete im Zuge seiner Reform im Südreich auch die Versorgung der Priester und Leviten, indem er die Abgabe des Z.n von Getreide, Wein, Öl, Honig, von allem Feldertrag und vom Vieh wieder neu durchführen ließ (2Chr 31,5f).

c. Nach der babylon. Gefangenschaft verpflichteten sich die nach Israel Zurückgekehrten wieder zu freiwilligen Abgaben für Gott und auch zur Abgabe des Zehnten (Neh 10,38ff). Mal 3,8ff aber weist darauf hin, daß auch diese Verpflichtung nicht dem Gesetz gemäß eingehalten wurde.

5. In der Zeit zwischen den Testamenten, in ntl. Zeit und danach wurden die Vorschriften über den Z.n noch differenziert und vermehrt. So hat es drei verschiedene Formen des Z.n gegeben: den ersten Z.n, den Getreide- und Früchtezehnten, der den Leviten zustand, den zweiten Z.n, der am Tempel verzehrt wurde, und den Armenzehnten (vgl. Tob 1,6-8). Der Armenzehnte war in jedem 3. und 6. Jahr zu entrichten und wurde dann an Stelle des zweiten Z.n gegeben. Verzehntet wurden alle Früchte und die Erträge des Feldes, die als Nahrungsmittel dienten. So wurde nach der Ernte von den zum Verzehr bereiten Früchten und Erzeugnissen zuerst der erste Z. abgenommen, von dem dann die Zehnthebe für die Priester gegeben wurde. Danach wurde der zweite Z. abgeschöpft, der allerdings beim Besitzer blieb als Zwangssparkasse, aus der ein Festaufenthalt in Jerusalem bestritten werden sollte (mit der Zerstörung des Tempels, 70 n.Chr., fiel der zweite Z. weg). Die Beachtung dieser Zehntabgabe wechselte im Laufe der Geschichte immer wieder.

6. Z.Zt. Jesu wurden die Zehntabgaben von den Pharisäern genau wahrgenommen (Lk 18,12; vgl. Bill. IV.2, S. 655). Jesus schätzte diese Praxis, wies aber bes. auf den theologischen Zusammenhang hin, der bei den Pharisäern in den Hintergrund getreten war: ». . .dies sollte man tun und jenes nicht lassen« (Mt 23,23; Lk 11,42).

7. Theologisch geht es beim Z.n um die Ehre Gottes. Der Mensch bringt mit dem Z.n zum Ausdruck, daß er alles, was er besitzt und erntet, von Gott empfangen hat. Darüber hinaus hat der Z. zugleich auch eine soziale Dimension (die Versorgung der Leviten und der sozial Schwachen). Vgl. *Abgaben.

Literatur: Bill. IV, 2, S. 640-697; W. Schmidt: RGG[3], VI, 1877-1879; H.-F. Weiß: BHH III, 1966, 2208f. M.Gr.

ZEICHEN.

I. BEGRIFFE.

1. Mit dem deutschen Wort »Zeichen« wird in der Regel hebr. *'ōt*, manchmal auch *mōfēt*, aram. *'āt* bzw. griech. *semeion* wiedergegeben.

2. Gemeint ist mit allen Begriffen ein Hinweis-Z., d.h. eine Sache, eine Tat oder ein Ereignis weist auf etwas anderes hin, auf das es aufzumerken gilt. Man erfaßt die Bedeutung, wenn man die mit »Zeichen« benannte Sache als Hinweis, als Anzeichen, als Aufmerkzeichen versteht und nach der Sache fragt, auf die damit hingewiesen werden soll. Damit ist auch der Funktionsrahmen, in den der Begriff Z. gehört, benannt: Z. dienen der Erkenntnis der Sache, auf die sie hinweisen bzw. der rechtlich zu fassenden Vergewisserung dieser Erkenntnis, die ohne das Z. noch nicht gewiß genannt werden konnte. Wer ein Z. erfährt, erfährt es als eindeutig, hat es damit rechtlich

gewiß erkannt und ist auf diese Erkenntnis hin auch rechtlich behaftbar.

3. Für das Verständnis sind zwei Abgrenzungen wichtig. »Zeichen« ist ursprünglich kein theologischer Begriff (gegen C. A. Keller), der der *Offenbarung Gottes dient. Der profane Gebrauch als gewöhnlicher Hinweis ist älter, wird aber dann in theologische Zusammenhänge übernommen. Es handelt sich um einen Funktionsbegriff (K. H. Rengstorf; W. Bittner) im Zusammenhang eines Erkenntnisverfahrens.

Verhängnisvoll ist, daß der Begriff »Zeichen« zum Synonym für *Wunder wurde. Damit verbaut man sich das Verständnis. Die hebr. Wendung *'ōt ūmōfēt,* die man eigentlich mit »Hinweis und Anzeichen« wiedergeben müßte, wurde von LXX mit *semeion kai teras,* »Zeichen und Wunder«, übersetzt und drang so als Uebersetzung auch in unser Sprachempfinden ein. Aber: Z. sind Hinweise. Sie können aus ganz gewöhnlichen Vorgängen oder aus Wundern bestehen, das ist gar nicht entscheidend. Entscheidend ist, daß ihnen die Kraft des Hinweises und der rechtlichen Vergewisserung innewohnt. Als *Samuel *Saul zum König salbte, gab er ihm drei Z. (1 Sam. 10,1-16), an denen er erkennen konnte, daß dieses Wort von Gott her ergangen sei - und keines dieser Z. bestand in einem wunderhaften Vorgang. Was diese drei Vorgänge zu Z. machte war zweierlei: einmal waren sie nach menschlichem Ermessen nicht voraussehbar, wurden aber von Samuel angesagt und trafen dann genau entsprechend der Ansage auch ein; und dann wurden sie in ihrem Hinweischarakter in einen Erkenntniszusammenhang eingefügt: Daran, daß diese Z. eintrafen, daran, daß der Zusammenhang zwischen Ansage und Eintreffen wahrnehmbar wurde, sollte Saul eindeutig erkennen, daß Gott an ihm gehandelt und ihn zum König eingesetzt hatte.

II. ZEICHEN IM ALTEN TESTAMENT.

1. Zeichen als Hinweise.

Der Bedeutungsraum der »Hinweise« ist vielfältig. Sonne, Mond und Sterne dienen der Bestimmung der Zeiten (1 Mo 1,14; Ps 65,9). Familienzeichen dienen im Militär als Feldzeichen (4 Mo 2,2; vgl. Ps 74,4). Auch Menschen werden an ihren Z. erkannt (Hiob 21,29). Vor der Auffassung, daß die Sterne Hinweis auf das Lebensschicksal geben können, warnt schon der Prophet; es gilt ihm als heidnische Weise (Jer 10,2).

*Regenbogen (1Mo 9,12ff), *Beschneidung (1Mo 17,11) und *Sabbat (2Mo 31,13.17; Hes 20,12.20) machen den *Bund Gottes mit der Schöpfung bzw. mit Israel erkennbar. Gottes außerordentliches Geschichtshandeln an seinem Volk ist Z., weil es Aufmerken, Erinnerung und Erkenntnis der Einzigkeit Gottes im Gegenüber zu den Göttern ermöglicht (5Mo 4,34f; 7,19; 11,3; 26,8; Jos 24,17 u.ö.). Wie der Stab Aarons (4Mo 17,25) sollen auch die Räucherpfannen der Rotte *Korach (17,3) und die Steine aus dem Jordan (Jos 4,6.12) als Erinnerungszeichen an Gottes Handeln aufbewahrt werden. Die *Gebetsriemen/-kapseln (Phylakterien) sind Erinnerungszeichen an Gottes Befreiungshandeln im Exodus, der Herausführung aus Ägypten unter Mose und Aaron (2Mo 13,9.16; 5Mo 6,8; 11,18). Gott gibt im Gestalten der Geschichte Z., d.h. unübersehbare und unmißverständliche Hinweise. Israel muß nicht blind glauben. Gott macht sich durch seine Taten, die er mit seinem Wort begleitet, für Israel wahrnehmbar und erkennbar. Er begründet durch die Art, wie er die Geschichte gestaltet, den Glauben Israels. Dem entspricht, daß nach der Hoffnung der Propheten Gottes kommendes Befreiungshandeln dem ersten, dem mosaischen Exodus entsprechen, ja diesen sogar überbieten wird (Jes 55,13; vgl. 66,19).

Endlich sind auch die Schutzzeichen (»Kainszeichen«, 1Mo 4,15; Blut des Passa-Lammes, 2Mo 12,13; vgl. Ps 86,17) als Hinweiszeichen aufzufassen, die als unmißverständlich gelten.

2. Ansage und Eintreffen.

Wird bei den Hinweiszeichen der Zusammenhang zwischen dem Z. und der Sache, auf die mit dem Z. hingewiesen wird, als gegeben vorausgesetzt, so gibt es Vorgänge, in denen dieser Zusammenhang ausdrücklich bestimmt werden muß. Z. werden ausdrücklich »angesagt«. Dabei geht es um Vorgänge, die nach menschlichem Ermessen nicht vorauszusehen sind, die aber als Z. angekündigt und mit einem Erkenntnisinhalt verbunden werden, den sie als rechtlich glaubwürdig, als »eindeutig« erkennbar erweisen sollen. Der Zusammenhang zwischen der Ansage und dem Eintreffen des Z.s ist für den Betrachter wahrnehmbar und überprüfbar, die Erkenntnis also rechtlich eindeutig und gesichert.

So setzt Gott zu seinem Mose berufenden Wort das Z. (2Mo 3,12). Mose setzt im Rechtsstreit gegen Pharao die Z. ein, an denen erkennbar wird, daß Jahwe Gott allein ist (vgl. 2Mo 8,19; 10,1ff u.ö.). *Gideon fordert ein solches Z., damit er erkennen kann, daß er es wirklich mit Gott zu tun hat (Ri 6,17). Dem prophetischen Wort wird das Z. als Bestätigung prophetischer Sendung zugeordnet (Gottesmann zu Eli: 1Sam 2,34; Samuel zu Saul: 10,2-6.7.9), ja Gott werden Z. vorgelegt, um seinen Willen unmißverständlich zu erkennen (1Sam 14,10).

3. Zeichen verpflichten.

Wichtig für das Verständnis ist, daß Z. denjenigen, der sie erfährt, rechtlich verpflichten. So ist der Unglaube Israels angesichts der Z. Gottes unverständlich (4Mo 14,11.22; 5Mo 6,22). Besonders ist das bei denen der Fall, die die Ansage solcher Z. hören und den Zusammenhang zwischen Ansage und Eintreffen überprüfen und bestätigen können. Das ist vor allem bei den prophetischen Legitimationen der Fall (vgl. II.4.), die für denjenigen, der die Z. wahrnimmt, eindeutig sind. Unglaube trotz angesagter und eingetroffener Z. wird zum abgründigen Rätsel, sind Z. doch Rechtsmittel. Als solches fordert es Rahab (Jos 2,12).

4. Zeichen und prophetische Sendung.

Z. gelten als Bestätigung prophetischer Sendung bzw. prophetischer Rede. Ein Wort eines Propheten wird durch ein Z. legitimiert (vgl. 1Kön 13,3.5 *mōfēt*, nicht *'ōt*), das angesagt wird und dann gemäß der Ansage eintrifft. Formelhafte Wendungen (z.B. »dies sei/habt zum Zeichen«: 1Sam 2,34; 2Kön 19,29; 20,8f) und die Selbstverständlichkeit, mit der solche Z. erwartet bzw. angesagt werden, und die feste Terminologie lassen vermuten, daß die Fähigkeit, solche Z. anzusagen und eintreffen zu lassen, schon früh als Teil der Sendung von Propheten aufgefaßt wurde. War das Nebeneinander von Wort und Z. bei Mose so prägend? Liegen ältere Wurzeln in der Sendung des »Gottesmannes« (vgl. 1Sam 2,34; 1Kön 13,1ff – dort aber *mōfēt*)? *Hiskia erhält bzw. fordert auf den Prophetenspruch des *Jesaja hin ein Zeichen (2Kön 19,29 = Jes 37,30; 2Kön 20,8.9 = Jes 38,7.22; vgl. auch Jer 44,29). Deutlich macht diese enge Verbindung zwischen Z. und prophetischer Sendung das Gesetz vom Propheten in 5Mo 13,1ff.

Selbstverständlich wird auch hier die Fähigkeit, ein Z. »zu geben« (d.h. also jenseits normaler menschlicher Voraussicht »anzusagen«), vorausgesetzt, aber als unter Umständen nicht genügendes Kennzeichen des echten Propheten problematisiert.

Es ist entscheidend, daß man die enge Verbindung erkennt, die zwischen prophetischer Sendung und der Fähigkeit, Z. zu »geben« und dann auch »eintreffen« zu lassen, besteht. Zumindest in den späteren Schichten des AT, in der Literatur des Frühjudentums, des NT, des *Josephus und des Rabbinats werden Z. nur vom Propheten erwartet, bei ihm aber vorausgesetzt. Werden Z. in Verbindung mit einer göttlichen Sendung gebracht, dann dienen sie nicht einfach dem Erweis irgendeiner göttlichen Sendung, sondern nur bei der eines bzw. des Propheten (5Mo 18,15ff).

5. Der Exodus als Urtypus von Zeichen?

Für die Geschichtsschreibung des AT wird Mose immer mehr zum Vorbild, die Auseinandersetzung mit dem Pharao und Gottes Handeln im Exodus immer mehr zum Urbild prophetischen Handelns. Sagt Gott dem Mose zur Vergewisserung ein Z. an, damit Israel seiner Sendung glaubt (2Mo 4,8.9.17.28.30), so besteht der prophetische Dienst des Mose darin, im Namen Gottes Gottes Recht gegenüber dem Pharao durchzusetzen, indem ihm Gottes Befehlswort übermittelt und durch die Ansage von Zeichentaten, die genau gemäß der Ansage auch eintreffen, seine Sendung von Gott erwiesen wird (vgl. 2Mo 7,3 u.a.). Im Verlauf der Geschichtsbetrachtung Israels wird der Ausdruck »Zeichen und Wunder« (hebr. *'ōtōt ūmōfetīm*, eigentlich »Hinweise und Anzeichen«) zur Zusammenfassung von Gottes Handeln am Pharao, an Ägypten im Verlauf des Exodusgeschehens (2Mo 7,3.; 5Mo 4,34; 6,22; 7,19; 26,8; 28,46 29,2; Jer 32,20-1; Ps 78,43; 125,27; 135,9; Neh 9,10 u.a.). Mose wird in 5Mo 34,11 ausdrücklich als Grundtyp des Propheten bezeichnet, der an seinen Zeichentaten erkennbar wurde.

6. Zeichenhandlungen.

Prophetische Symbolhandlungen sind uns vor allem von Jesaja, Hananja und v.a. von Hesekiel berichtet. Der Begriff Z. wird dafür in Jes 20,3 (*'ōt ūmōfēt*), Hes 4,3 (*ōt*) bzw. Hes 12,6 (*mōfēt*) verwendet. Wichtiger erscheint, daß Propheten selbst als »Zeichen«, also als Hinweise, als Anzeichen des Redens Gottes bezeichnet werden (Jes 8,18 *'ōt ūmōfēt*, bzw. Hes 12,11; 24,24.27 *mōfēt*). Wahrscheinlich ist dieser Sprachgebrauch auch in Ps 74,9 vorausgesetzt.

7. Das Immanuel-Zeichen (Jes 7,10-16).

Die Auslegung dieses Abschnittes hat sich auf die Frage konzentriert, wer denn der Immanuel sei. Handelt es sich um einen Sohn des Königs *Ahas, um einen Sohn des Propheten (der Prophetin?) oder um den kommenden *Messias? Stimmt das oben vorgetragene Verständnis eines Z.s, dann ergibt sich folgende Perspektive: Ein prophetisches Z. besteht in einem Ereignis, das menschlich nicht voraussehbar ist. Der Zusammenhang zwischen Ansage und Eintreffen muß einsehbar und überprüfbar sein. Das bedeutet, daß vielleicht nur der König, dem ja das Zeichen galt, wußte, daß die junge Frau schwanger war. Daß sie einen Sohn bekommt, der den Namen Immanuel erhalten soll, das muß dem Propheten unbekannt, dem König aber einsehbar gewesen sein. Damit fällt sowohl die Deutung auf den kommenden Messias als auch auf den Sohn des Propheten/der Prophetin dahin. Die naheliegendste Lösung ist, daß Immanuel ein Sohn des Königs Ahas ist. Zu vermuten ist, daß es sich bei Immanuel um einen Namen handelt, in dem die Königs-Ideologie des regierenden davidischen Hauses ausgedrückt werden soll: »Gott ist mit uns«. Der Kampf des Propheten geht gerade um diese Ideologie. Ist Gott wirklich noch mit diesem Königshaus, wenn es sich nicht mehr vertrauensvoll zu ihm hält und versucht, sich außenpolitisch an Ägypten zu sichern? Gottes Zusage: »Gott ist mit Israel«, die in diesem Namen aufklingt, kann sich zum Gericht, ja zum Grauen wandeln (vgl. Jes 8,8.10). Für die Auslegung des Abschnittes ist entscheidend, daß ein prophetisches Z. seine Zielbotschaft nicht in sich trägt. Es ist einem prophetischen Wort zugeordnet, von dem es inhaltlich unabhängig sein kann. Dieses prophetische Wort liegt in Jes 7,16f vor. Damit ist auch klar, daß es sich beim Immanuel-Zeichen nicht um ein Heils-Zeichen handelt. Im NT (Mt 1,21-23) wird dieses Wort neu aufgenommen. Erst in einer zweiten Erfüllungsebene wird es zum Heilswort, zur Verheißung des Messias.

8. Wer versteht die Zeichen?

Es wird selbstverständlich vorausgesetzt, daß die Hinweise, die durch Z. gegeben werden, auch verständlich sind. Das gehört ja zum Z. hinzu, daß es, bevor es eintritt, in seinem Informationswert genau bezeichnet wird. Und doch wird bereits dem AT zum Problem, daß Israel seinen Gott trotz der Z. nicht erkennt, ihm nicht Gehorsam leistet. Weist es im Warten auf einen schöpferischen, eschatologischen Eingriff Gottes (5Mo 29,2ff; vgl. Jer 31,31-34; Hes 11,18ff; 36,24-27) über sich hinaus?

III. AUSSERBIBLISCHE BELEGE.

Im 4. *Lachisch-Ostrakon wird ein (Rauch-/Feuer-?)Z. zur Nachrichtenübermittlung erwähnt (588 v.Chr.). In *Qumran verwendet man den Begriff als Bezeichnung der Gestirne (1 QH 12,8: astronomische Zeichen) bzw. in der Kriegsrolle für militärische Feldzeichen (1 QM 3,12ff). Gottes Handeln an den Gottlosen, den Frevlern und Geistern ist Z., das von Gottes Macht und dem nahen Ende kündet (1 QH 15,20 u.ö.). Aber auch die Taten des Menschen zeigen an, ob er zur Welt des Lichtes oder der Finsternis gehört (1 QS 3,13b.14).

Auch *Philo hält sich an den bekannten Sprachgebrauch. Er kennt Z. außerdem vor allem als Argumente in logischen Folgerungen.

Ebenso verwendet Josephus den Begriff im atl. Sinn. Er unterscheidet streng zwischen »Zeichen« (*semeia*) des Mose und den »Wundern« (*terata*) der Zauberer am ägypt. Königshof. Er scheint die kommende Heilszeit als antitypische Wiederholung des Exodus unter Mose zu verstehen (vgl. 5Mo 18,15ff). In seinem Bericht über den jüd. Krieg stellt Josephus das Problem deutlich dar. Falsche Zeichenpropheten (Samaritaner, Jos.ant.Jud. 18,85-87; Theudas, ibid. 20,97-99; anonyme Personen unter Antonius Felix, ibid. 20,167-168; bell.Jud. 2,259; Ägypter, ant.Jud. 20,168-172; bell.Jud. 2,261-263; vgl. Apg 21,38; Anonymus unter Porcius Festus, ant.Jud. 20,188; Prophet des Jahres 70, bell.Jud. 6,285-286; Weber Jonathan im Jahr 73, ibid. 7,438) seien aufgestanden, die Zeichentaten (Z. der Freiheit, Z. der Rettung) analog zu denen des Mose ankündigten. Sie wollten damit den eschatologischen Exodus einleiten. Keine dieser Zeichentaten sei aber eingetroffen. Damit bestätigt sich: Z. werden vom kommenden eschatologischen Propheten erwartet, während die Messiashoffnung nie mit dem Ansagen und Tun von Z. verbunden wird.

Dasselbe Bild ergibt sich bei den Rabbinen. Sie verwenden den Begriff für Buchstaben bzw. für verschiedenartige Kennzeichen. Zeichentaten, d.h. also Taten, die angekündigt werden und dann auch eintreffen, werden von einem Propheten erwartet. »Woran erkennt man einen Propheten? Wenn jener ein Zeichen gegeben [=angekündigt] hat« (bSanh 89b par.). Vom Schriftgelehrten wird kein Z. erwartet, solange er Tradition weitergibt. Sobald er aber prophetisch spricht, kommt die Forderung nach einem Z. an ihn (vgl. eindrücklich R. Jose b. Qisma in bSanh 98a.b.). Auch hier zeigen die Z. der Exoduszeit vorbildhafte Wirkung. Prophetische Zeichentaten wurden in Analogie zu den mosaischen erwartet bzw. gegeben. Rabbin. Schriften kennen den Ausdruck »Zeichen des Messias«, verstehen aber darunter kosmische bzw. geschichtliche Z., die das Kommen des Messias ankündigen. Nie aber wird dem Messias die Fähigkeit zugeschrieben, Z. anzusagen und zu tun. Der Zeichenbegriff gehört in die Tradition des eschatologischen Propheten (5Mo 18,15ff), die von der Messiastradition klar zu trennen ist (vgl. Bittner, Zeichen 38ff.155ff).

IV. NEUES TESTAMENT – OHNE JOHANNES.

1. Auch das NT verwendet den Begriff für »Kennzeichen«, deren Informationsgehalt durch Abmachung oder Konvention klar ist und die somit Erkenntnis ermöglichen, z.B. der Kuß des Judas (Mt 26,48), Krippe und Windeln Jesu (Lk 2,12), die Unterschrift des Paulus (2 Thess 3,17), die Glossolalie (1 Kor 14,21f), die Beschneidung (Römer 4,11).

2. Auch von kosmischen bzw. eschatologischen Z., an denen der Verlauf der Zeiten er-

kannt werden kann (Mt 16,2f) und die den eschatologischen Anbruch des Endes der Welt bzw. die Wiederkunft des Menschensohnes begleiten (Mt 24,3ff.30 par., bes. Lk 21,7.11.25), spricht das NT: Verführung, Kriege, Hungersnöte, Erdbeben usw. sowie Veränderungen an Sonne, Mond und Sternen (vgl. auch Joel 2,30, Apg 2,19; Offb 12,1.3; 15,1).

3. Ausgeprägt ist das Wissen um eine kommende Verführungszeit durch falsche, antichristl. Propheten, deren Wirksamkeit mit Z. bestätigt wird (Mt 24,4 par; Grundlage ist 5Mo 13,2-6). Auch die Ankunft des Menschen der Gesetzlosigkeit (2Thess 2,9) wird von Z. und Wundern begleitet sein. Deutlich wird diese Erwartung eines den *Antichristen begleitenden Propheten in der *Offenbarung des Johannes. Das zweite Tier (13,11ff), das in 16,13; 19,20 ausdrücklich als der falsche Prophet bezeichnet wird, tut vor den Augen des ersten Tieres (des Antichristen) Z. (Offb 19,20; vgl. 13,13ff). Auch hier wird also die Festigkeit der Tradition deutlich: die Fähigkeit, Z. zu tun, wird dem falschen Propheten, nicht dem falschen Messias, zugeschrieben. Auch inhaltlich handelt es sich um Z., die nach prophetischem Vorbild ausgeführt werden (13,13: Feuer vom Himmel, vgl. 1Kön 18,38; 2Kön 1,10.12; 4Mo 16,35; Lk 9,54f).

4. Es ist auffallend, daß Jesu Wundertaten in den synoptischen Evv. nie Z. genannt werden. Daß Jesus Wunder (der ntl. Ausdruck lautet »Krafttat«, *dynamis,* und geht wohl auf die dem Messias zugeschriebene Begabung mit dem Geist der Kraft in Jes 11,2 zurück) getan hat, wird deutlich hervorgehoben, die Forderung nach Z. dagegen wird ausdrücklich zurückgewiesen. Tatsächlich fällt auf, daß die Wundertaten Jesu inhaltlich in einer ganz anderen Tradition stehen. Es sind die helfenden Taten des Messias, der messianischen Zeit (Jes 29,18; 35,4ff; 42,7; 61,1ff; vgl. Mt 11,2ff), nicht aber die Strafzeichen des Exodus.

5. Diese Beobachtung deckt sich damit, daß Jesus die Erwartung, er sei der Prophet wie Mose, zurückgewiesen hat. Sie wird zwar an ihn herangetragen, von Jesus selbst aber nie positiv aufgenommen. Im lukanischen Sondergut gibt es Spuren, daß Jesus im Jüngerkreis (Lk 9,54f) und im frühen Judenchristentum (auch?) als Prophet verstanden wurde (Lk 24,19) und seine Wirksamkeit unmittelbar politisch interpretiert worden ist (Lk 24,21; Apg 1,7). Auch in der Petrusrede (Apg 3,22ff) bzw. der Stephanusrede (Apg 7,37) wird für das Verständnis Jesu auf die Mose-Typologie zurückgegriffen. In diesen Zusammenhang gehört wohl auch die Aussage in der Pfingstrede des Petrus, in der das einzige Mal im NT von »Machttaten, Wundern und Zeichen« Jesu die Rede ist. Gehören diese Aussagen zu einem Verständnis Jesu, das im späteren Verlauf als häretisch ausgeschieden wurde und in denen Jesus ausdrücklich »der wahre Prophet« genannt wird? Interessant ist, daß auch hier Petrus eine zentrale Rolle spielt (vgl. PsClem Hom III,17-28; Epiphanius Pan 30 18 5f; Pseudo Hieronymus, indic. de haer. X).

6. Erkennt man, daß die Fähigkeit, ein Z. anzusagen und dann auch zu tun, nichts mit dem Messias zu tun hat, sondern Legitimation des Propheten ist, dann versteht man auch die Zeichenforderungen, die an Jesus herangetragen wurden (Mt 12,38 par.; 16,1-4 par.; Lk 11,16; 23,8; Joh 2,18; 6,30). Es handelt sich keineswegs um die Aufforderung, ein Wunder zu tun. Das hätte ja keinen Sinn, denn Jesus hat ja Wunder getan. Die Terminologie ist sehr exakt. Ein Z. zu »geben« bedeutet, ein Z. »angeben«, das dann gemäß dieser »Angabe« auch eintritt. Wer aber so fragt, der vermutet, daß Jesus der kommende eschatologische Prophet (5Mo 18,15ff), der Führer im politischen Befreiungskampf ist. Darin liegt auch der Grund, warum Jesus Zeichenforderungen immer ablehnte, während er sich der Bitte um ein Wunder (»Krafttat«, *dynamis*) zur Hilfe an einem bedrängten Menschen nie (!) verschloß.

7. Auf Zeichenforderungen hat Jesus mit dem Z. des Jona geantwortet (Mt 16,4 par.). Es ist ein Rätselwort, dessen Deutung offen und mehrschichtig bleibt. Da der Zeichenbegriff den Zusammenhang von Ankündigung und späterem Eintreffen voraussetzt, liegt die Deutung auf die Auferstehung Jesu nahe genug.

8. Wird der Zeichenbegriff für die Taten Jesu vermieden, so gilt er doch für die Boten Jesu. Wie der Prophet weist sich Paulus durch die »Zeichen des Apostels«, nämlich durch »Zeichen und Wunder und Krafttaten« vor der Gemeinde aus (2Kor 12,12; vgl. Röm 15,18f; sachlich auch 1Kor 2,4 und 1Thess 1,4, wo aber der Begriff Z. nicht vorkommt). Dasselbe Bild zeigt die Apostelgeschichte. Durch den erhöhten Herrn geschehen Zeichentaten im Raum der Gemeinde (2,43; 4,16.30; 5,12; 14,13; 15,12; vgl. 6,8; 8,6). Vom Handeln des erhöhten Herrn, der den Fortgang des Evangeliums im Dienst der Gemeinde durch Z. bestätigt, sprechen Mk 16,17.20 und Hebr 2,4.

V. ZEICHEN – BEI JOHANNES.

1. Es fällt auf, daß der Begriff Z. im JohEv. als Bezeichnung für die Wunder Jesu zentrale Bedeutung für die Darstellung und die Deutung der Sendung Jesu hat. Nach 20,30f besteht gar das Ziel des Evangeliums in der ausgewählten Überlieferung von Taten Jesu, die als Z. bezeichnet werden.

2. Meist wird diese Besonderheit des JohEv.s durch die Semeia-Quellen-Theorie (vgl. *Johannesevangelium, XI.) erklärt. Die Darstellung und positive Wertung der Wunder als Erweis der göttlichen Sendung Jesu entstammen einer Quellenschrift (Semeia-Quelle), die den Charakter eines Wunder-Evangeliums gehabt habe. Diese Schrift, die der Gemeinde bekannt gewesen sei, habe der Evangelist aufgenommen und in sein Evangelium eingebaut, um sie so zu korrigieren. Das bedeutet: Zwischen dem positiven Verständnis der Wunder als Erweis der göttlichen Sendung, das in der Semeia-Quelle vertreten werde, und dem wunderkritischen Verständnis Jesu des JohEv.s bestehe eine unüberbrückbare Spannung. Unabhängig von der Frage, ob dieser literarische Erklärungsversuch, der heute allg. vertreten wird (Bultmann, Fortna, Nicol, J. Becker), durchgehalten werden kann (vgl. dagegen Bittner, Jesu Zeichen), bleibt völlig unerklärt, warum hier für die Wunder Jesu der Begriff Z. verwendet wird.

3. Der Einblick in die Gestalt des JohEv.s macht auf die Bedeutung der als »Zeichen« verstandenen Taten Jesu aufmerksam. In 12,37 wird mit diesem Begriff die öffentliche Wirksamkeit Jesu zusammengefaßt. Aufgrund der Zeichentaten hätte Glauben entstehen sollen. Die Untersuchung von 20,30f (vgl. Bittner, Jesu Zeichen, 197ff) zeigt, daß hier eine echte Zielangabe des JohEv.s vorliegt. Durch Auswahl und schriftliche Überlieferung von Zeichentaten Jesu, die rechtlich bezeugt werden können, wird das Bekenntnis zu Jesus als dem Christus, und zwar präzis: dem Christus als Sohn Gottes, erkennbar und damit als glaubwürdig erwiesen. Wer an diesem Bekenntnis festhält, hat Anteil an der Gabe des Lebens. Das bedeutet einerseits, daß das JohEv. einen positiven Zusammenhang zwischen Jesu Zeichentaten und Glauben(serkenntnis) anerkennt. Andererseits wird deutlich, daß der Begriff Z. (im Unterschied zu den Synoptikern) positiv verwendet wird.

4. Die Durchsicht der Stellen, an denen im JohEv. der Begriff Z. vorkommt, zeigt eindrücklich, daß Z. und Glauben(serkenntnis) einander positiv zugeordnet sind. Die erste Tat Jesu (Weingabe in Kana, 2,1ff), in der Jesus seine Herrlichkeit aufzeigt: »und seine Jünger glaubten an ihn« (2,11; vgl. auch 2,23; 2,24 ist nicht als Kritik an 2,23 zu verstehen!), gilt als »Anfang der Zeichen«. Aufgrund der Zeichentaten Jesu setzt ein Erkenntnisprozeß ein, der die rechte Erkenntnis Jesu möglich macht – auch dort, wo es zu dieser rechten Erkentnis nicht kommt (3,2; 6,2; 7,31; 9,16; 11,47; 12,18).

Die meisten Ausleger erkennen in 4,48 ein Tadelwort, in dem Jesus einen Glauben, der ein Z. fordert, zurückweist. Aber diese Auslegung läßt sich nicht halten (vgl. Bittner, Jesu Zeichen 122ff.169f). Es handelt sich ja auch nicht um eine Zeichenforderung. Der Vater bittet um Hilfe für seinen kranken Knaben. Die Aussage Jesu ist ein »Regelwort«, grammatikalisch ein Bedingungssatz, der keinen ironischen Unterton enthält. Jesu Zeichentaten sind die Erweise, die in Zusammenschau mit dem atl. Verheißungswort die Erkenntnis Jesu ermöglichen. Die Erkenntnis des Eintreffens des Z.s genau gemäß der Vorausage Jesu führt ja auch hier zum vertieften Glauben (4,54). Daß es sich in 4,48 um keine Polemik gegen eine Zeichenforderung handelt, macht der Unterschied zu 6,30 klar. Der Zusammenhang zwischen der Sendung Jesu und seinen Wundertaten, die genau jenen entsprechen, die dem Weg des Messias verheißen sind, soll eingesehen werden und damit den Glauben, daß Jesus der Messias (und zwar: Messias als Sohn Gottes; nicht der Prophet wie Mose!) ist, als glaubwürdig erweisen. Dahinter steht die Bezugnahme auf ein bibl. Messiasbild, das dessen Wirksamkeit als Täter helfender Wunder- und Befreiungstaten verheißt (vgl. IV.4.).

5. Johannes geht es bei seiner Akzeptanz des Begriffes »Zeichen« um das genaue Verständnis der Sendung Jesu. Nicht die Tatsache des Gesandtseins Jesu steht auf dem Spiel, sondern die Frage: WER ist er? Das wird eindrücklich in Joh 6 dargestellt. Die Speisung der 5000 wird von der Menschenmenge als »Zeichen« verstanden – und zwar in Analogie zur Mannagabe des Mose. Der Schluß auf das Verständnis der Sendung Jesu scheint klar (6,14): Er ist der eschatologische Prophet, den Mose verheißen hat (5Mo 18,15ff). Damit wird Jesus eine unmittelbar politische Sendung als Führer im Befreiungskampf gegen Rom zuerkannt. Aber nicht nur die Aussage, daß Jesus sich dem Erhöhungszugriff der Menge sofort entzieht (6,15), sondern auch die nachfolgende Rede zeigt, daß Johannes dieses unmittelbar politische Verständnis seiner Sendung klar zurückweist. Er steht nicht in Analogie zu Mose, sondern zum Manna; er ist nicht der neue Mose, sondern das gebrochene Brot des Vaters (6,35). Wir haben es hier mit einer strikten Ablehnung eines unmittelbar politischen Verständnisses der Sendung Jesu als einem der christologischen Grundmotive des JohEv.s zu tun (vgl. dazu 11,47-53; 18,31; 19,7).

6. Warum übernimmt aber das JohEv. den Begriff Z. für die Wundertaten Jesu? Da das Rätsel des JohEv.s nicht endgültig geklärt ist,

handelt es sich auch hier nur um eine Hypothese. Das JohEv. hat mit einem Christentum zu tun, das die Wunder Jesu als Z. versteht und von daher die Sendung Jesu als unmittelbar politische Sendung interpretiert: Jesus soll der Prophet sein (6,14), also der Führer im politischen Befreiungskampf. Das könnte sowohl der Zeit Jesu als auch dem zeitgeschichtlichen Rahmen der johanneischen Gemeinden entsprechen: Die johanneischen Christen sollen für die Teilnahme am terroristisch-politischen Befreiungskampf gegen Rom gewonnen werden. Das JohEv. aber weist dieses Verständnis der Wunder Jesu strikt zurück. Jesus ist nicht der Prophet wie Mose, sondern der Messias, der Sohn Gottes.

Zu fragen ist, warum der Zeichenbegriff, der ja nur zur Sendung des Propheten gehört, mit übernommen wird. Auch die Taten Jesu sind zuvor angekündigt. Aber nicht, wie bei einem Propheten, durch sein eigenes Wort, sondern im Zeugnis, das der Vater in der Schrift abgelegt hat (5,37). Damit besteht ein unwiderlegbarer Zusammenhang zwischen dem Wort des Vaters und dem Tun des Sohnes (5,36), der seinerseits die Erkenntnis Jesu als Messias – und zwar als Sohn Gottes! – »eindeutig« macht. Wer das erkennt und als Bekenntnis festhält, der hat auch rechtlich guten Grund dazu, während der Unglaube als »grundlos« erkannt wird. Gerade für die umkämpfte Bekenntnissituation wird so der Zeichenbegriff wichtig: Der Zusammenhang zwischen Ansage und Eintreffen einer Tat, der ja dem Zeichenbegriff zugrunde liegt, ermöglicht es dem johanneischen Denken, von einer »gewissen« Erkenntnis der Sendung Jesu zu sprechen und damit das johanneische Bekennntnis zu Jesus als dem Messias, dem Sohn Gottes (im Gegensatz zum Propheten wie Mose, dem unmittelbar politisch verstandenen Führer im Befreiungskampf: 20,30f), als »rechtlich« begründet und damit »eindeutig« zu erweisen. Gerade weil der Begriff »Zeichen« zu einem rechtlich verstandenen Legitimationsverfahren (eigentlich *nur* des Propheten) gehört, wird er in der Polemik übernommen und eignet sich für einen solchen rechtlichen Erweis des Glaubens, d.h. der Erkenntnis der Sendung Jesu gemäß dem johanneischen Bekenntnis.

Literatur: vgl. Lit. zu *Johannesevangelium; O. Hofius: TBLNT II, [4]1986, 1447-1451; F.J. Helfmeyer: ThWAT I, 1983, 182-205; K.H. Rengstorf: ThWNT VII, 1964, 199-268; F. Stolz: THAT I, [4]1984, 91-95; O. Betz: EWNT III, 1983, 569-575; R. Bultmann: Das Evangelium des Johannes, KEK 2, [20]1978; J. Becker: Das Evangelium des Johannes, ÖTK 4/1, 1979, 4/2, 1981; W.J. Bittner: Jesu Zeichen im Johannesevangelium, WUNT II/26, 1987 (Literatur!); C.A. Keller: Das Wort OTH als »Offenbarungszeichen Gottes«, 1946; R.T. Fortna: The Gospel of Signs. A Reconstruction of the Narrative Source underlying the Fourth Gospel, 1970; W. Nicol: The Semeia in the Fourth Gospel, Tradition and Redaction, NTSupp XXXII, 1972; H.-P. Heekerens: Die Zeichenquelle der johanneischen Redaktion. Ein Beitrag zur Entstehungsgeschichte des vierten Evangeliums, SBS 113, 1984. W.B.S.

ZEIT. Die Bibel redet in so vielen Bezügen und vor so verschiedenen Hintergründen von dem, was im abendländischen Denken als Z. verstanden wird, daß rein terminologisch angelegte Abhandlungen dieses Phänomen nicht erfassen können. Deswegen muß das Verständnis dieses Begriffes aus einer gesamtbibl. Schau erhoben werden.

I. ZEIT ALS SCHÖPFUNG GOTTES.

Indem Gott am Anfang der Welt schöpferisch ist, werden die sieben Tage (1Mo 1,5ff). Mit aller Kreatur schafft er also neben dem Raum auch die Z. Beide bilden den Rahmen, in dem das Geschaffene sein kann (1Mo 1,14). Wie der Mensch sich räumlich an links und rechts, oben und unten orientiert, so kann er sich auch zeitlich orientieren, indem er die Gegenwart zwischen den Erfahrungen der Vergangenheit und den Erwartungen für die Zukunft erfährt und einordnet. Alle Tage der Welt-Z. entspringen dem ewigen Ratschluß dessen (Ps 139,16), der dieser auch das Ende setzen wird (Offb 10,6) und selbst an ihrem Ende steht (Jes 48,12).

Diese bibl. Sicht von Z. widersteht vehement dem neuzeitl. Denken, in dem Z. nicht als *Schöpfung Gottes verstanden wird, sondern selbst Schöpferkraft zugesprochen bekommt. Im Laufe der abendländischen Geistesgeschichte hat sich ein evolutionistisches Denken durchgesetzt, in dem Z. als kreatorische Größe »Unmögliches möglich, Mögliches wahrscheinlich und Wahrscheinliches praktisch sicher macht« (G. Wald). Empirisch nicht nachvollziehbare Entwicklungen naturwissenschaftlicher und gesellschaftspolitischer Art (Marxismus, Sozialdarwinismus) werden als möglich postuliert, indem der Z. eine aus sich heraus schöpferische Qualität zugesprochen wird.

Nach bibl. Zeugnis ist Z. nicht nur eine einmal geschaffene Konstante dieser Welt, sondern sie wird, wie alles Geschaffene, je und je neu gegeben und qualifiziert. Die Lebenszeit des einzelnen wird vom Schöpfer bestimmt und gegeben (Pred 3,2; Hiob 14,5). So sieht derjenige, der dieses Handeln Gottes für sich im Glauben annimmt, die ihm zugemessene Z. in der Hand dessen verwahrt, von dem er

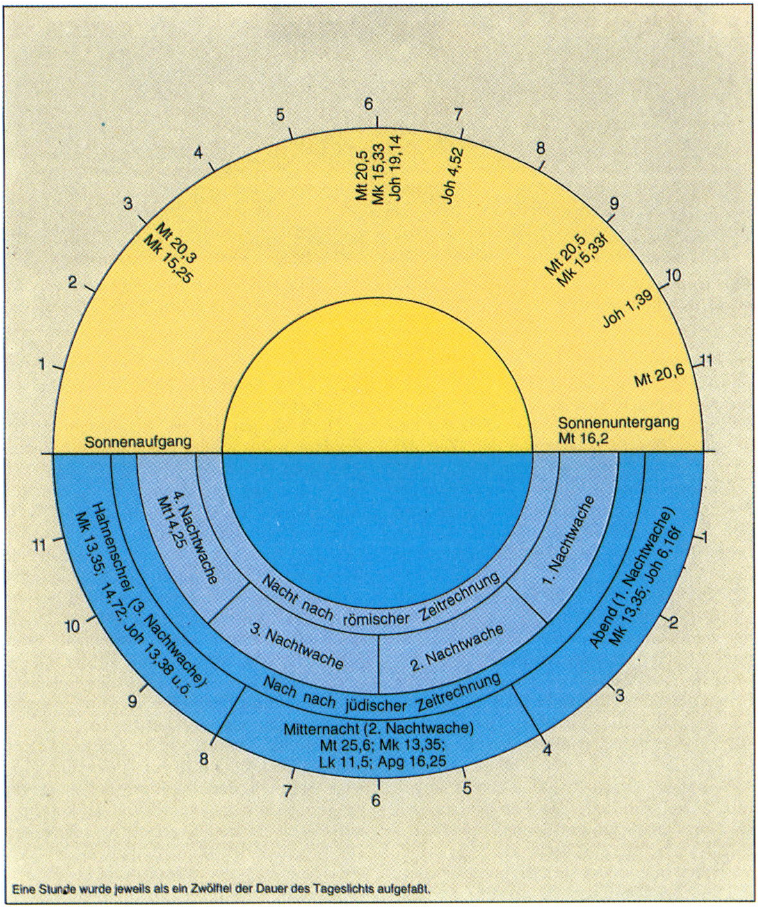

Biblische Zeiteinteilung mit den entsprechenden Nachtwachen. Die Stunden variieren in der Länge, da sie jeweils von Sonnenaufgang bis -untergang gerechnet werden.

sie empfängt: »Meine Zeit steht in deinen Händen« (Ps 31,16). Der Schöpfer selbst qualifiziert jeden Zeitabschnitt, sowohl im Verlauf der Heilsgeschichte als auch im Leben des einzelnen, dazu, daß darin geschehe, wozu er ihn bestimmt hat (vgl. Pred 1). Von dieser Erkenntnis zeugt in der deutschen Sprache noch das Wort »Datum«, das als Partizip Perfekt Passiv von latein. *dare,* »geben«, wörtl. bedeutet: »das Gegebene«.

Mit dieser Einsicht korrespondiert die Verantwortung, die der Mensch seinerseits für die Z. als Bestandteil der ihm anvertrauten Schöpfung hat (1Mo 1,28). Nicht wir sind der Z., ihren Gesetzen und ihrem Gefälle ausgeliefert, sondern sie muß von uns genutzt und verantwortet werden (Eph 5,16).

II. ABLAUFENDE ZEIT UND ERFÜLLTE ZEIT.

Charakteristisch für den Sprachgebrauch des AT ist das hebr. Wort *ʿēt.* Es wird meistens mit erläuternden Zusätzen gebraucht und beschreibt dann einen auf bestimmte Weise charakterisierten Zeitabschnitt. Das geschieht teils im profanen Sinn, so z.B. wenn

Ägyptische »Sonnenuhr«: Der von dem Quader in der Mitte der Anlage geworfene Schatten streicht über Markierungen, die bestimmte Zeiteinheiten bezeichnen. Länge: 38 cm. (MNAC)

verschiedene Tageszeiten (1Mo 8,11) oder Z. im Lauf der Natur (Esr 10,13; Hiob 5,26; 39,1) gemeint sind, teils mit heilsgeschichtlicher Bedeutung, so z.B. wenn von »Zeit der Bedrängnis« (Jes 33,2) oder von der »Zeit der Heiden« (Hes 30,3) gesprochen wird.

Häufig wird auch das hebr. Wort *semān* gebraucht. Es ist, ebenso wie *ʿēt*, zumeist kein rein formaler, technischer Begriff, sondern kennzeichnet eine besonders charakterisierte Zeitspanne.

Das neben vielen anderen Vokabeln auch noch auftauchende hebr. Wort *mōʿēd* bezeichnet immer einen im voraus festgelegten Zeitpunkt, seien es ständig wiederkehrende Termine, wie z.B. *Feste (Hos 3,5) und Gegebenheiten der Natur (Ps 104,19; Jer 8,7), oder einmalige Ereignisse göttlichen Handelns (Ps 102,14) und bes. Gnadenstunden (Ps 145,15; Jes 49,8).

Wie alles Geschaffene, so ist auch Z. im atl. Denken keine formale Größe an sich, sondern wird aus dem Bezug zum Schöpfer heraus betrachtet, der sie zur Verwirklichung seiner Vorhaben mit und an der Schöpfung einsetzt.

Diese Anschauung der Z. als von Gott qualifizierte Größe gegenüber einer rein formalen, technischen Rede von Z. wird greifbar in der ntl. Unterscheidung zwischen *kairos* und *chronos.*

1. Chronos.

An den wenigen Stellen, an denen das NT bzw. die LXX von Z. im profanen, kalendarischen Sinn redet, wird in der Regel das griech. Wort *chronos* gebraucht. Damit ist die lineare und gleichmäßig dahinfließende Z. gemeint, die unabhängig von der subjektiven Bedeutung und Gewichtung einzelner Zeitpunkte abläuft, die sich also quantitativ erfassen und mit der Uhr, dem »Chronometer« messen läßt (so z.B. Mt 25;19; Lk 8,27; Lk 20,9f; Joh 5,6; Apg 14,28; Hebr 11,32). Dieser Wortgebrauch ist allerdings keine starre Regel, da *chronos* auch durch Zusätze spezifiziert werden kann und dann einen bes. qualifizierten Zeit-Punkt meint (z.B. Lk 1,57; Gal 4,4).

2. Kairos.

Die LXX gibt das atl. *ʿēt* mit dem griech. Pendant *kairos* wieder, das auch im NT entsprechend verwendet wird. *Kairos* bedeutet zunächst »günstige Gelegenheit«, »geeigneter Augenblick«. Diese Grundbedeutung wird anschaulich in der bildhaften Darstellung der Griechen vom Kairos als einem Knaben mit wehendem Schopf. Dieser huscht vorbei und muß augenblicklich gepackt werden, soll er nicht unwiederbringlich entschwinden. Es gilt also, den Kairos, »die Gelegenheit beim Schopfe zu ergreifen«. Damit ist der Kairos immer auch der Augenblick der Entscheidung, der Augenblick also, in dem Entscheidendes getan oder versäumt wird.

Nach bibl. Denken ergibt sich der Kairos nicht zufällig, geht nicht auf eine zufällig günstige Konstellation der Umstände zurück, sondern wird von Gott selbst in der kontinuierlich ablaufenden Z. gezielt heraufgeführt. Der Kairos ist der Moment, der von Gott her, gleichsam aus der »Senkrechten«, in den »waagrechten« Chronos hineinbricht, und einen Punkt im Chronosfluß (Gal 4,4) zu einem heilsrelevanten Augenblick der Entscheidung macht. Dementsprechend bezeichnet Kairos in der Regel ohne weitere Erklärung bereits einen von Gott bes. qualifizierten, erfüllten Zeitpunkt, einen aus göttlicher Perspektive günstigen Augenblick. Dabei kann es sich um eine kürzere (1Kor 7,5; 2Kor 8,14; 1Thess 2,17) oder längere (Mk 10,30; Lk 21,24; Röm 8,18; 11,5) Zeitspanne handeln.

Fazit: Auch das NT ist nicht so sehr am Ablauf der kalendarischen Z. interessiert, als vielmehr an der göttlichen Qualifizierung bestimmter Momente der Geschichte.

III. ZEIT UND EWIGKEIT.

Über aller Schöpfung, also auch über aller Z., steht die überzeitliche Dimension Gottes, die *Ewigkeit, hebr. *ʿōlām*, griech. *aion*. Gott selbst personifiziert das Ewige (1Mo 21,33; Jes 40,28; Röm 16,26), was seiner Einzigartigkeit ebenso entspricht wie seiner Überzeitlichkeit (vgl. Jes 44,6). Letztere wird im Lobpreis Gottes, als dem, der von Ewigkeit zu Ewigkeit ist, gesteigert ausgesagt (Ps 90,2). Dementsprechend als ewig qualifiziert sind auch die Eigenschaften Gottes (Ps 104,31; 135,13; 2Kor 9,9), seine Gnade (Jes 54,8) und sein Bund (Jes 55,3; Jer 32,40; Hos 2,21).

An manchen Stellen fließen die an sich gegensätzlichen Größen Z. und Ewigkeit zusammen, indem von »ewiger Zeit« geredet wird (Röm 16,25; 2Tim 1,9; Tit 1,2). Dies ist der Versuch, die unvorstellbare Länge der jeweils angesprochenen Zeiträume in Worten zu erfassen, ohne daß ihre Begrenztheit und Geschöpflichkeit damit in Abrede gestellt würden. Außerdem tangieren sich die Begriffe Z. und Ewigkeit (Äon) auch da, wo die zeitlose Ewigkeit Gottes von der geschaffenen Z. abgegrenzt wird, die der irdischen Kreatur als Rahmen gesetzt wird. Letztere wird dann auch als Äon bezeichnet (Mt 12,32; 13,40; 24,3; 28,20; Mk 4,19; Röm 12,2; 2Kor 4,4; Tit 2,12). Damit ist aber keinesfalls eine Abfolge gleichbedeutender Abschnitte gemeint. Im Gegenteil: ihre Gegensätzlichkeit wird gerade hervorgehoben, indem die Weltzeit als alter, böser, gegenwärtiger Äon dem kommenden Äon als dem *Reich Gottes, dem neuen Himmel und der neuen Erde, gegenübergestellt wird.

Es gibt also auch keine Wiederkehr einer dem alten Äon ähnlichen Epoche. Dieser wird vom neuen Äon endgültig abgelöst werden. Damit widerspricht die bibl. Lehre von der Z. ausdrücklich jedem gnostischen Zeitverständnis (*Gnosis), das heute, im Zuge des New-Age-Denkens, neuen Einzug hält. Dort »wird geradezu abgöttisch der aus-sich-selbst und in-sich-selbst erlösende Geschichtsfluß angebetet« (Ruppert, S. 78). Während also dort Sinn und Ziel des Seins in ständiger Wiederkehr sich ablösender zeitl. Entwicklungsstufen verborgen liegend gedacht werden, weist die bibl. Botschaft ganz eindeutig auf die Ablösung des zeitl. Bestimmten durch den neuen Äon. Die Bibel hat in diesem Sinne kein zyklisches, sondern ein lineares Zeitverständnis.

So deutlich alter und neuer Äon getrennt sind, so unwiderruflich ist mit Christus der neue Äon schon im alten präsent (Joh 11,26). So bekommt der Glaubende in den Begrenzungen der Zeitlichkeit durch Christus bereits vollen Anteil an der Ewigkeit Gottes (Joh 5,24; 1Joh 2,17), hat er doch in ihm bereits jetzt teil am ewigen Leben (Joh 3,36).

IV. ZWISCHEN DEN ZEITEN.

Der heilsgeschichtliche Kairos schlechthin leuchtet mit dem Erscheinen Jesu Christi auf (Mk 1,15). In ihm personifiziert sich die Fülle aller Gnadenzeit, die Fülle aller **kairoi* (Eph 1,10). Das entspricht ganz der Aussage, daß in ihm bereits der neue Äon angebrochen ist (s.o. III).

Seit Christus leben wir in der letzten Zeit, in den letzten Tagen (Hebr 1,2), der Übergangszeit zwischen dem alten und dem neuen Äon. Dergestalt zwischen den Z.en behaust, umgibt uns bereits die »zukünftige Welt« (Apg 2,17; 1Petr 1,20; 1Joh 2,18; Hebr 1,2). Diese wird allerdings erst mit der *Wiederkunft Jesu in Vollendung heraufgeführt (Mk 10,30; Tit 2,12f).

Auftrag jedes Glaubenden ist es, den in seinem Leben von Gott heraufgeführten Kairos zu erkennen und zu ergreifen (Eph 5,16; Kol 4,5). Auch hierin ist uns Christus selbst das Vorbild, der sein Heilswerk zu dem dafür bestimmten Kairos ausführte (Mt 26,18; Joh 7,6). Diesem Vorbild nachzueifern ist dadurch möglich, daß die letzte Z. die Z. des Heiligen Geistes (*Geist, Heiliger) ist, durch den wir bereits realen Anteil an der Erlösung haben (Eph 1,13f; Hebr 6,4-6).

Literatur: J. Barr: Biblical Words for Time, 1962; E. Jenni: THAT II, ^{2}1979, 370-385; H.W. Hohn: Die Zerstörung der Zeit, 1984; H. Blumenberg: Lebenszeit und Weltzeit, ^{2}1986; H.J. Ruppert: New Age, 1985; J. Guhrt, H.Chr. Hahn: TBLNT II, ^{4}1986, 1457-1478 (Literatur!). R.W.

ZEITRECHNUNG.

Die Erfahrung des Vorher und Nachher, des Werdens und Vergehens führt zum Nachdenken über Wesen und Sinn der *Zeit. Es findet sich in der abendländischen Tradition schon früh bei den Griechen. Sie sahen von ihrer physikalisch-kosmologischen Betrachtungsweise, von der Beobachtung der geordneten Umläufe von Sonne, Mond und Sternen her (vgl. Ps 104,19), lediglich den Zeitabschnitt bzw. das Zeitmaß für eine bestimmte Zeit. In einer so verstandenen Zeit ist jeder Moment von gleicher Bedeutung und jeder lebt von der Aufhebung des vorhergehenden, da ist dann eine Sekunde wie die andere, ein Moment nur auf des Messers Schneide. Bald aber stellen sie auch die Frage nach dem Wesen der Zeit. So rechnet der Orphiker Pherekydes (7./6. Jh.v.Chr.) den Chronos zu den drei Urelementen, aus denen die Welt entstanden ist. Und während sich nach Kritias, einem Schüler des Sokrates, die Zeit in »unermüdlich stetem Fluß« selbst erneuert, versucht sein Zeitgenosse Zenon nachzuweisen, daß sie überhaupt nicht existiert. Es handle sich lediglich um eine Bezeichnung. Für Platon aber ist die Zeit ein Abbild der Ewigkeit, die mit dem Ouranos (All, Himmel), mit Sonne, Mond und Sternen entstanden ist. Und sie besteht und vergeht mit dem Ouranos, diesem Abbild der Zeit schlechthin. Nach Aristoteles dagegen ist der Ouranos ewig, ungeworden und unvergänglich. Außerhalb des Alls aber sind weder Raum noch Leeres noch Zeit vorhanden. Der aristotelische Himmel umfaßt das Sein schlechthin. Die Zeit selbst definiert der Philosoph als die zahlenmäßige Bestimmung der Bewegung von Früher und Später. Und dieses »Früher« und »Später« gibt es nicht nur in der Bewegung, sondern auch in der Ruhe. Der jüd.-hellen. Philosoph Philo, ein Zeitgenosse Jesu, verbindet die platonische Auffassung mit der Aussage der Bibel, wonach die Zeit mit der Erschaffung des Weltalls entstanden ist (vgl. 1Mo 1,14f; 2,14f). 250 Jahre nach Christus verweist Plotin nochmals auf die Schwierigkeiten der überlieferten Zeitbestimmungen als Intervalle oder Meßzahlen der Bewegung. »Sie ruhte im Seienden ohne zu existieren, trat aber mit dem Entstehen der Welt, zusammen mit dem Tätigwerden des Weltalls hervor«.

Das atl. Zeitverständnis begegnet uns vor allem in dem 296 mal verwendeten hebr. Nomen *ʿēt*. Den atl. Autoren geht es um die einzigartige Beziehung des Menschen zu Gott; der nach israelischem Glauben in seiner Schöpfung, in der Geschichte seines Volkes und seiner Welt stets wirksam anwesend ist. Von daher verstehen wir, daß im Alten Israel auch die Tages- und Jahreszeiten der Aktivität Gottes zugeschrieben werden. Er allein führt die Sterne des Tierkreises »zu ihrer Zeit« heraus (vgl. Hiob 38,32; vgl. Ps 148,6); und wegen seines Bundes mit Tag und Nacht treten auch sie regelmäßig »zu ihrer Zeit« ein (vgl. Jer 33,20). Diese von Gott bestimmten und bewirkten Tages- und Jahreszeiten bezeichnet das AT als *mōadim*, u.a. als Termine der Festzeiten, in deren Feier das Geheimnis der anderen Welt aufgeschlossen wird. Dazu versammelt sich das Volk im *ohäl moëd*, im Festzelt, im Tempel (vgl. 5Mo 16; 26 u.ö.). Gott selbst aber, der Schöpfer der Zeiten, ist nicht von ihnen abhängig. Für das Judentum ist die Zeit darum mehr als eine quantifizierbare mathematische Größe. Zeit und Zeiten streben ihrer Fülle, der Erfüllung ihres Maßes, entgegen (Dan 7,22). Nach Gottes Plan sollten sie im Kairos des Evangeliums, der im Christusgeschehen qualifizierten Zeit, ihre Erfüllung finden.

So beginnt Jesus nach Mk 1,15 sein öffentliches Wirken mit dem Ruf: »Der Kairos ist erfüllt und nahegekommen ist die Königsherrschaft Gottes«. Beide Verben sprechen im Perfekt Passiv von einem Handeln Gottes von bleibender Bedeutung. Damit ist im Blick auf die Vergangenheit gesagt, daß Gott in Jesus Christus zur Erfüllung gebracht hat, worauf Israel mit der gesamten Menschheit gewartet hat; im Blick auf die Zukunft, daß im Wirken Jesu (in Wort und Tat) und seiner Passion die Zeit des eschatologischen Heilshandelns Gottes bereits angebrochen (1Petr 1,20) und mit seiner Wiederkunft ihr *pleroma*, ihr Vollmaß (vgl. Eph 1,9f), ihre ganze Fülle, erlangen wird.

Literatur: J. Hirschberger: Geschichte der Philosophie I, 1962; E. Jenni: HAT II, [2]1979, 370-385; G. Delling: ThWNT, IX, 1973, 576-589.

Der Tag, hebr. *jōm/jāmīn*, (zu Jahr und Monat s. *Kalender und *Mond/Mondkalender), der am leichtesten zu beobachten ist und das ganze öffentliche wie private Leben ordnet, bildet die Grundeinheit der Z. Mit 2304 Belegstellen ist er das fünfthäufigste Nomen des AT. Im Unterschied zu *lajlā*, »Nacht«, bezeichnet *jōm* die Zeit vom Sonnenaufgang bis Sonnenuntergang, dann auch wie in Ägypten die 24 Stunden von Tag und Nacht. In Israel rechnete man zunächst von Morgen bis Morgen (1Mo 1,3ff,14.18; 1Sam 3,12; Jes 28,19 u.ö.) Dabei verweist die Formel in 1Mo 1,5.8 (RevEB): »Und es wurde Abend und es wurde Morgen«, offenbar auf die Beschreibung des Schöpfungswerkes, das sich in der Lichtzeit vollzieht. Der Wechsel in der Zählweise von »Abend zu Abend« (3Mo 23,32; 2Mo 12,18ff) fällt in die Zeit zwischen dem Ende der Monarchie und der Epoche des *Nehemia. So bestimmte man dann auch in ntl. Zeit und im späteren Judentum den *Sabbat, die religiösen *Feste und das bürgerliche Leben. In vielen Fällen hat *jōm* seine Bedeutung »Tag« verloren und wurde zur allg. Bezeichnung für die Zeit, den Zeitpunkt. Die Einteilung der Tageszeiten richtete sich nach den Erscheinungen der Natur: Morgen und Abend (2Mo 18,13 u.ö.), Mittag (1Mo 43,16), Morgenröte, Sonnenuntergang, Abendwind, Zeit des Abendopfers.

Als kürzester Abschnitt des Tages erscheint die Stunde. Sie wurde gezählt von Sonnenaufgang zu Sonnenuntergang, von 6 Uhr morgens bis 18 Uhr abends (Joh 11,9; Mt 20,1 u.ö.). Sie bezeichnet außerdem die Zeit, die durch ein Ereignis bestimmt ist (Mt 8,13; 9,22; vgl. Jer 27,7; Hes 30,3; Joh 4,21 u.ö.).

Die Nacht war zunächst in drei Nachtwachen eingeteilt (Klgl 2,19; Ri 7,19 u.ö.). In der Zeit des NT zählte man nach röm. Vorbild vier Nachtwachen (Mt 14,25; Mk 13,35 u.ö.).

Das griech. *hēmera*, (389 mal im NT) folgt in seiner Bedeutungsvielfalt weitgehend dem atl. *jōm.* Ein besonderes Gewicht erhält jetzt der dritte Tag als Tag der Auferstehung (1Kor 15,4; Lk 24,7.21.46 u.ö.) und Tag des Gerichts, des Endes und der Heimsuchung (Lk 10,12ff u.ö.), sowie Tag des Zorns (Röm 2,5; vgl. *jōm Jahwe,* Jes 13,6.9; Am 5,18 u.ö.). Es wird dies zugleich der Tag der Erlösung und Heimholung sein (2Kor 6,2 u.ö.).

Eine Periode von sieben Tagen innerhalb des Monats bildet die Woche. Es handelt sich dabei offenbar um eine Vierteilung des Monats, die den Mondphasen entspricht, bei einer konsequenten Anwendung jedoch zu einer Verschiebung gegenüber diesen Phasen führte. Wesentlich bestimmt wurde dies vermutlich durch den Symbolwert der Zahl 7 im babylon. Gilgameschepos, dessen Bericht über die Sintflut eine Parallele in 1Mo 8,10ff gefunden hat. Ihr bes. Gepräge von der Ruhe am 7. Tag erhält die Woche durch den Sabbat. Das Sabbatgebot gewinnt im Spätjudentum immer größeres Gewicht (5Mo 5,12) und wird zum kennzeichnenden Unterscheidungsmerkmal Israels. Die Christen hingegen wählten bereits in der apostol. Zeit den ersten Tag der Woche, den Tag der Auferstehung Christi und damit den Anbeginn der Neuen Schöpfung. So wurde der christl. Sonntag zugleich zum achten Tag.

Wie Untersuchungen an Menschen in vollständiger Umweltisolierung zeigen, ist die »7-Tage-Woche nicht nur eine äußere, durch den Mondumlauf vorgegebene und als soziokulturelle Einrichtung übernommene Zeitordnung, sondern ist auch in den Lebensprozessen des Organismus verankert« (G. Hildebrandt, in: zur debatte, Nr. 6, 1988).

Literatur: R. de Vaux: Das Alte Testament und seine Lebensordnungen, I, S. 290-302, 1960; E. Jenni: THAT I, 31978, 707-726; F. Stolz: THAT II, 21979, 863-869; W. Trilling: EWNT II, 1981, 296-302. A.D.

ZELOFAD. Sohn *Hefers, Enkel *Gileads vom Stamm *Manasse, Vater von fünf Töchtern (4Mo 26,33; Jos 17,3; 1Chr 7,15). Nach seinem Tod während der Wüstenwanderung beanspruchten die Töchter vor *Mose und *Eleasar erfolgreich sein Erbe, da Z. ohne männliche Nachkommen war (4Mo 27,1-7). So entstand das Gesetz, nach dem das Eigentum eines Mannes ohne einen männlichen Erben zuerst auf seine Töchter übergehen soll (V. 8). Dies ist der Beleg für eine Sitte, die in Syrien, Babylonien und Elam von früher Zeit an bezeugt ist, wodurch der Familienbesitz, wenn keine männlichen Erben vorhanden waren, durch Töchter weitergegeben werden konnte. Die Töchter hatten nach israelit. Recht innerhalb des Stammes ihres Vaters zu heiraten (4Mo 36,2-9; vgl. Z. Ben-Zarak, JSSt 24, 1979). D.J.W.

ZELOTEN. Die Z. (von griech. *zēlōtēs,* »Eiferer«) waren eine der maßgeblichen Gruppen im Judentum des 1. nachchristl. Jh. Informiert werden wir über sie vor allem durch *Josephus, in geringem Ausmaß auch durch rabbin. und christl. Zeugnisse. Zelotische Selbstaussagen sind uns – wenn man von einigen Münzen absieht – nicht überkommen. Erschwert wird die exakte historische Rekonstruktion der zelotischen Bewegung dadurch, daß die Mitteilungen des Josephus lückenhaft und in mehreren Punkten widersprüchlich bzw. nicht eindeutig sind. Josephus hat zudem als ein ausgemachter Gegner der Z. zu gelten, was den Verdacht nahelegt, daß seine Auskünfte über sie nicht objektiv sind. Mit aller gebotenen Vorsicht wird man folgendes Bild der zelotischen Bewegung zeichnen dürfen: Ins Leben gerufen wurde sie im Jahre 6 n.Chr. durch den ehemaligen *Pharisäer Zadok und den Freischärler Judas von Galiläa, und zwar als Reaktion auf eine Steuerregistrierung des röm. Statthalters *Quirinius. Die Z. rekrutierten sich zum größten Teil aus Pharisäerkreisen. Sie hielten weiterhin an den Lehren der Pharisäer fest, riefen aber zum aktiven Widerstand gegen Rom auf, weil sie der Meinung waren, man dürfe nicht passiv auf die messianische Wende warten, sondern müsse aktiv in die Geschichte eingreifen. Getrieben waren sie von einem theokratischen Ideal: allein Gott sollte König sein, und die Römer als Fremdherrscher standen der Herrschaft Gottes über Israel im Wege. Zu diesem rel. Ideal gesellte sich soziales Engagement: die Z. prangerten die Ausbeutung des Landes durch die Römer an. Mit der Zeit brachten sie breite Volksschichten hinter sich und sorgten beständig für Unruhen. Schließlich schafften sie es, das Volk zum offenen Kampf gegen Rom anzustacheln, der im Jahre 70 n.Chr. zum Untergang Jerusalems führte. Noch einmal regten sich zelotische Umtriebe in den Jahren 132-135 n.Chr. im sog. Bar-Kochba-Aufstand; auch er endete mit einem Fiasko. Eine gewisse Anziehung auf die Z. muß Jesus ausgeübt haben, vielleicht aufgrund der sozialen Dimension seiner Botschaft: immerhin befand sich in seinem engsten Jüngerkreis ein ehemaliges Mitglied der zelotischen Bewegung: Simon der Zelot (Lk 6,15; Apg 1,13, wohl identisch mit Simon Kananaios, Mk 3,18 par.; *Kananaios* ist die aram. Transkription für Zelot). Auch *Judas Iskariot war möglicherweise ein ehemaliger Zelot. In einem nichttechnischen Sinne kann

Die Zeloten verbargen sich in Höhlen wie diesen bei Arbela in Galiläa. (RP)

der Begriff Zelot ganz allg. für »Eiferer« stehen (vgl. Apg 21,20; 22,3; Gal 1,14).

Literatur: G. Baumbach: Einheit und Vielfalt der jüdischen Freiheitsbewegung im 1. Jh.n.Chr., EvTh 45/1985, S. 93-107; W.R. Farmer: Maccabees, Zealots and Josephus, (1956) 1973; M. Hengel: Die Zeloten, [2]1976; H. Merkel: EWNT II, 1981, 250-252; D.M. Rhoads: Israel in Revolution: 6-74 C.E., 1976.
W.R.

ZELT. Eine zusammenlegbare Konstruktion aus Tuch oder Häuten, die durch Stangen aufrechtgehalten und mit Seilen zwischen den Stangen und rundum in den Boden geschlagenen Pflöcken verspannt wird (vgl. Jes 54,2, wo die Decken, Seile und Pfähle oder Pflöcke erwähnt sind, nicht aber die Stangen). Das Zeltdach war oft von dunkler Farbe (Hld 1,5). Z.e dürften zu den ersten Behausungen zählen, die der Mensch selbst herstellte (1Mo 4,20; 9,21). Sie bildeten die normale Unterkunft nomadischer und halbnomadischer Völker. Die Patriarchen lebten in Z.en (1Mo 18,1.6.9f u.ö.); dabei hatten die Frauen manchmal ihre eigenen Z.e (*Sara, 1Mo 24,67; *Lea, *Rahel, 1Mo 31,33). Auf ihrem Zug von *Ägypten nach *Kanaan lebten die Israeliten in Z.en (2Mo 16,16; 33,8; 4Mo 16,26; 19,14) und gingen erst nach der Eroberung Kanaans zu dauerhafteren Wohnungen über. In den Tagen des Propheten *Jeremia hielt die Gruppe der *Rechabiter an dem nomadischen Ideal der Zeltwohnungen fest und lehnte die seßhafte Lebensweise ab (Jer 35,7). Der Tod wird in Hiob 4,21 mit dem Abbrechen des Z.es verglichen (vgl. 2Kor 5,1). Die Bibel erwähnt die Z.e der *Midianiter (Ri 6,5; 7,13), von Kedar (Hld 1,5) und Kuschan (Hab 3,7, dort auch Midian), wobei es sich jedoch um Bewohner der Wüstenrandgebiete von Transjordanien und NW-Arabien handelt. In seßhaften Völkerschaften hatten Z.e spezielle Funktionen. Außer dem friedlich bei seiner Herde zeltenden Hirten (Hld 1,8; Jes 38,12)

Das Zelt Sanheribs (704–681 v.Chr.) bei der Belagerung von Lachisch. Relief aus Ninive. (BM)

Typisches Beduinenzelt aus Ziegenhaar. (SH)

wohnten auch Könige und Armeen im Feldlager in Zelten (vgl. 1Sam 17,54; 2Kön 7,7.8.10). Schließlich wurde »zelten« in der Umgangssprache für jede Art von Wohnen gebraucht, nicht nur im wörtl. Sinn (vgl. 1Kön 8,66 LÜ: »Heim«; 2Kön 13,5 LÜ: »Haus«), was womöglich darauf zurückzuführen ist, daß Z.e im Sommer häufig auch von Stadt- und Dorfbewohnern benutzt wurde. Die außerbibl. Angaben über Z.e ergänzen die bibl. Berichte. Z.Zt. der Patriarchen hielt sich der Ägypter Sinuhe in Kanaan auf und plünderte die Z.e seines Gegners (ANET, S. 20b, Z. 145). Aus der Zeit nach Israels Auszug aus Ägypten und der ersten Besiedlung stammt ein Bericht *Ramses' III. (ca. 1192-1161 v.Chr.), daß er »Se'ir [d.h. *Edom] verwüstete und unter die nomadischen Stämme vertrieb und ihre Zelte [*'hr*, hebr. *'ohäl*] von Menschen und Waren plünderte« (ANET, 262a). S.a. *Stiftshütte.
K.A.K.

ZEMARAJIM.
1. Eine benjaminitische Stadt, die zusammen mit Bet-Araba und *Bethel aufgeführt ist (Jos 18,22). Vorgeschlagene Lokalisierungen sind Chirbet-al-Samra, Ras-al-Zaimara und Ras-al. Ṭāhūna.

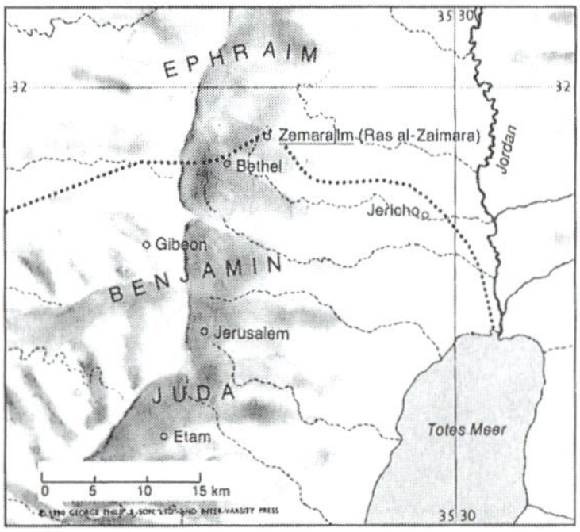

Die wahrscheinliche Ortslage von Zemarajim.

2. Ein Berg im Gebirge Ephraim (2Chr 13,4). Bethel befand sich vermutlich in der gleichen Gegend (vgl. V. 19), so daß der Berg wahrscheinlich nahe der Stadt Z. lag und nach ihr benannt wurde.
D.F.P.

ZENAS. Kurzform des griech. Namens Zenodorus. Z. ist ein Rechtsgelehrter (griech. *nomikos*), der *Apollos zu einem unbekannten Ziel begleitete; *Titus sollte sie mit Vorräten versorgen und ihnen ein gutes Weggeleit geben (Tit 3,13). Sie überbrachten Titus den Brief des Paulus (vgl. Zahn, Einführung in das Neue Testament). Trotz seiner Beziehung zu Apollos bezeichnet *nomikos* hier wohl nicht einen Experten für die Tora (*Gesetz AT). Z.' Beruf umfaßte wahrscheinlich das röm. Gesetz; *nomikos* wird für bekannte Juristen wie Mucius Scaevola (Plutarch, Sulla 36) oder Rechtsanwälte gebraucht. Die »Titusakten« (5. Jh. n.Chr.) berichten von Z.' Autorität und die »Menologien« (liturgische Monatsbücher der Orthodoxen Kirche mit Lebensbeschreibungen von Heiligen des Monats) nennen ihn unter den Siebzig (Lk 10,1.17). A.F.W.

ZENTNER s. Geld, s. Maße und Gewichte

ZEPTER. Das hebr. Wort *schēbāth* hat ursprünglich die Bedeutung »Stock« oder »Stab« (Ps 23,4; vgl. *Stecken und Stab) und bezeichnet dann speziell den Stab des Herrschers, das Z. (1Mo 49,20), als Zeichen seiner herrschenden (Ps 110,2; Am 1,5) und richtenden Macht (Ps 45,7; Hebr 1,8). Assyr. Abbildungen zeigen das Z. in Form einer Keule, einer von alters her bekannten Waffe. Bei Ausgrabungen in Palästina fand man Keulen aus Stein, Kupfer und Eisen (vgl. Ps 2,9). Wahrscheinlich ist aus der ursprünglichen Kampfwaffe das königliche Stabzepter entwickelt worden. Nach Est 4,11 ist das Entgegenstrekken des goldenen Z.s ein Zeichen königlicher Gnade.

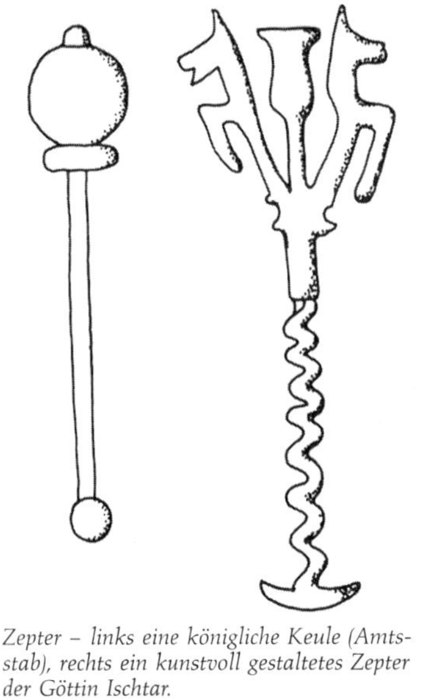

Zepter – links eine königliche Keule (Amtsstab), rechts ein kunstvoll gestaltetes Zepter der Göttin Ischtar.

ZERREISSEN s. Kleidung; s. Begräbnis- und Trauersitten

ZERSTREUUNG s. Diaspora

ZERUJA. (Hebr. *zerūjāh, zerujāh*; möglicherweise aus einer arab. Wurzel abzuleiten, entweder mit der Bedeutung »Blut fließen, bluten«, oder Name eines süßlich duftenden Baumes bzw. seines Harzes). Z. war die Mutter *Abischais, *Joabs und *Asaëls (»Männer Davids«, 1Sam 26,6; 2Sam 2,18; 8,16). Z.s Mann ist nirgends erwähnt, wofür verschiedene Erklärungen möglich sind. Er könnte jung verstorben sein, oder sie mag die herausragende Persönlichkeit gewesen sein. Die Nennung ihres Namens könnte auch die alte Sitte widerspiegeln, die Verwandtschaftslinie mütterlicherseits weiterzuführen; Z. könnte einen Ausländer geheiratet haben, aber weiter in ihrer eigenen Sippe gelebt haben, so daß ihre Kinder zu dieser Sippe gerechnet wurden. Z. wird außerdem Davids Schwester genannt (1Chr 2,16; 2Sam 17,25). J.G.G.N.

ZEUGE/MÄRTYRER.

I. IM ALTEN TESTAMENT.

1. Begriff.

Das Wort Z. kommt aus der Sprache des Rechts. Mit dem Gebot: »Du sollst kein falsch Zeugnis reden wider deinen Nächsten!« (2Mo 20,16), wird absolute Wahrhaftigkeit verlangt. Der Z. bringt die Anschuldigung vor (4Mo 5,13); ein Todesurteil durfte nur gefällt werden, wenn mehrere Z.n übereinstimmten (5Mo 17,6). Bei der Hinrichtung warfen die Z.n den ersten Stein (V. 7). Wer falsches Zeugnis gibt, fällt unter strenges Urteil (5Mo 19,16ff). Bei wichtigen Entscheidungen wird Gott als der verläßlichste Z. angerufen (1Mo 31,50).

2. Für Gott Zeugnis ablegen.

»Ihr seid meine Zeugen!« bestimmt Gott in dem Streit mit den nichtigen Götzen (Jes 43,10.12; 44,8). Israel hat Gottes Führung, Rettung und Offenbarung erfahren und kann darum aus der Sicht der Glaubenserkenntnis heraus bezeugen. Leidenschaftlich muß vor der Welt bekannt werden, daß es nur einen einzigen Gott und Herrn gibt.

3. Gottes Selbstzeugnis.

Gott zeugt wider sein Volk, wenn er den Ungehorsam verurteilt (2Kön 17,13). Gottes *Gesetz wird auch »Zeugnis Gottes« genannt (Ps 119). Die *Bundeslade heißt »Lade des Zeugnisses« (2Mo 25,16), weil sie die Tafeln des Gesetzes enthält. Es wird in der Einzahl vom Zeugnis gesprochen, weil Gott im Gesetz sich selbst bezeugt (2Mo 25,22). Auch ein Stein (Jos 24,27) kann Z. sein. Er dient als Beweismittel vor Gott für die Absprachen, die hier getroffen worden sind. Es kann Zeugnis zum Leben, aber auch Zeugnis zum Gericht Gottes sein.

II. IM NEUEN TESTAMENT.

Auch hier findet sich vielfach die juristische Bedeutung. Die *Verkündigung des *Evangeliums wird für die Ungläubigen ein belastendes Zeugnis der Anklage sein, wenn sie die Boten des Evangeliums abweisen (Mk 6,11). Auch die weltweite Evangelisation unter allen Völkern macht alle Menschen haftbar für ihren Unglauben (»zu einem Zeugnis über sie«, Mt 24,14). Daneben werden aber dem Begriff des Zeugnisses im NT neue, zusätzliche Bedeutungen gegeben:

1. Glauben weckende Verkündigung.

»Ihr sollt meine Zeugen sein!« (Apg 1,8). Die *Apostel sollen mit dem Bezeugen der erlebten Taten Jesu andere zum Glauben an ihn, den Auferstandenen, führen. Weil sie die Wahrheit und das tatsächliche Geschehen bezeugen können, sind sie dazu berufen (Lk 24,48). Sie bezeugen, was sie »gesehen und gehört« haben und verkündigen jetzt einladend und werbend »das Leben, das ewig ist« (1Joh 1,2f). Beides gehört unauflöslich zusammen: das treue Weitergeben des in der Bibel bezeugten tatsächlichen Geschehens, aber auch das Angebot und der Zuspruch des neuen Lebens, das durch den Glauben empfangen wird.

2. Im Auftrag des Auferstandenen.

Die Jünger sind zum Zeugendienst bevollmächtigt, weil sie von Anfang an bei Jesus dabei waren (Joh 15,27). Besonders wichtig wird aber beim Zeugnis die Tatsache der Auferweckung Jesu (Apg 1,22). So werden alle die Z.n genannt, denen der Auferstandene erschienen ist (Apg 13,31). Auch Paulus wurde dadurch zum Z.n berufen, daß er vor Damaskus den Auferstandenen sah und hörte (Apg 22,15). Er bezeugt aber auch, was Jesus ihm »noch zeigen will« (Apg 26, 16). Darum besteht das Zeugnis nicht bloß in Worten, sondern auch im Leben. Voraussetzung des Zeugendienstes ist zweifellos, daß Jesus wirklich auferweckt wurde (1Kor 15, 15). Aber diese wichtige Wahrheit soll so verkündigt werden, daß Menschen gerettet werden. Menschen sollen Jesus Christus entdecken, weil in ihm das ewige Leben gefunden werden kann (1Joh 5,11). So ist für den Zeugendienst keineswegs nötig, Augenzeuge des Gekreuzigten und Auferstandenen zu sein. Vielmehr bevollmächtigt allein die Annahme des Zeugnisses durch den Geist (1Joh 5, 6.9) zum Zeugendienst. »Wer an den Sohn Gottes glaubt, der hat dieses Zeugnis in sich« (V. 10).

3. Das Martyrium.

Der Begriff »Marytium« ist direkt vom griech. Wort für »Zeugnis«, *martyria*, abgeleitet. Mit dem Wort »Märtyrer« bezeichnen wir heute einen Z.n, der sein Eintreten für Jesus mit der Hingabe seines Lebens besiegelt. In der Offb wird dieses Wort aber nur für solche Blutzeugen gebraucht, die gleichzeitig evangelistisch werbend tätig waren (Offb 17,6). Wahre Z.n sind »treue« Z.n. Jesus Christus ist das Urbild des Märtyrers (Offb 1,5; 3,14). Die Sendung des Gekreuzigten vollendet sich in seinem Martyrium für die Wahrheit (Joh 18,37). Petrus spricht von den Verfolgungsleiden, die der evangelistische Dienst mit sich bringt. Er hat sie selbst durchlitten und kann sie bezeugen (1Petr 5,1). Während in der Antike der Begriff Z. und Zeugnis allg. für das Mitteilen von Ansichten und Meinungen verwendet wird, haben diese Worte im NT einen ganz neuen Sinn. Um Jesu willen wird das Wort des Zeugnisses wichtiger als das eigene Leben (Offb 12,11). Alle müssen das Evangelium von Jesus hören können (Apg 23,11). Die »Wolke der Zeugen« (Hebr 12,1) ruft zum entschlossenen Ausharren im Kampf, der uns verordnet ist. »Darum schäme dich nicht des Zeugnisses von unserem Herrn!« (2Tim 1,8).

Literatur: C. van Leeuwen: THAT II, ²1979, 209-221; L. Coenen: TBLNT II, ⁴1986, 1478-1486 (Literatur); H. Strathmann: ThWNT IV, 1943, 477-520; O. Michel: Prophet und Märtyrer, BFChTh 37,2/1932. W.S.

ZEUGEN.

1. Zu Z. im biologischen Sinn (5Mo 4,25; 28,41; Spr 23,22) vgl. *Adoption; *Geburt; *Kind/-schaft; *Mutter; *Vater.

2. Im übertragenen Sinn wird Z. gelegentlich vom Schaffen Gottes gebraucht (5Mo 32,18; Hiob 38,28f); ebenso, wo der Mensch sein Verhältnis zum Schöpfer auf den Götzen überträgt (Jer 2,27). Unter Anführung von Ps 2,7 wird im NT davon gesprochen, daß Gott *Jesus Christus in einzigartiger Weise als seinen Sohn gezeugt hat (Apg 13,33; Hebr 1,5; 5,5). Von den wiedergeborenen Gläubigen (1Petr 1,23) heißt es, daß sie Gott durch das Wort der Wahrheit (Jak 1,18) oder der *Apostel in Christus durch das *Evangelium gezeugt hat (1Kor 4,15; Phlm 10).

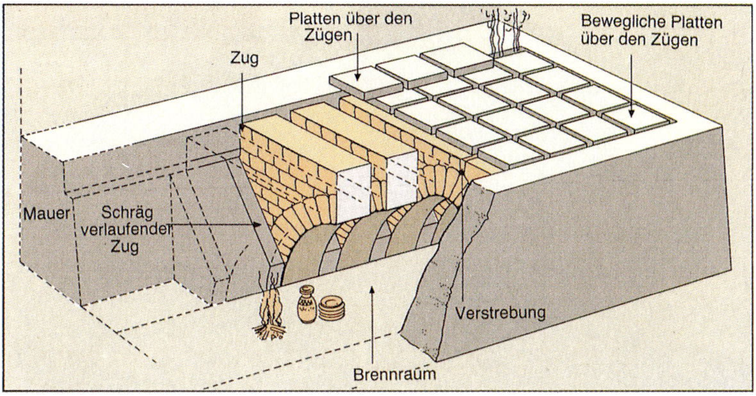

Modell eines in Nippur ausgegrabenen Brennofens für Ziegel.

ZIBA. (»Faser, Zweig, Ast«).

Knecht *Sauls, von dem *David erfuhr, daß *Jonatans Sohn Mefi-Boschet noch am Leben war. Der König holte Mefi-Boschet an den Hof und gab ihm Z. zum Diener, der mit seinen 15 Söhnen und 20 Knechten den Besitz Sauls für Mefi-Boschet bewirtschaften mußte (2Sam 9). Als David auf der Flucht vor *Absalom war, kam Z. ihm mit zwei Eseln und Verpflegung entgegen und beschuldigte seinen Herrn, er sei in Jerusalem geblieben, um die Herrschaft Sauls zurückzuerlangen. Daraufhin sprach David ihm Mefi-Boschets gesamten Besitz zu (2Sam 16, 1-4). Bei der Rückkehr des Königs nach dem Tod Absaloms erschien Z. erneut vor David (2Sam 19, 18), mit ihm aber auch Mefi-Boschet, der sich rechtfertigte. David entschied, daß der Landbesitz Sauls unter beiden geteilt werden soll (V 25-31).

ZIEGE s. Tiere

ZIEGEL. Lehm- oder Tonziegel, in der Sonne getrocknet oder im Ofen gebacken (»gebrannt«), sind als Baumaterial in der alten bibl. Welt bekannt. Der mit Sand, gehacktem Stroh etc. vermischte Lehm wurde zuerst mit der Hand geformt, später in offene, rechteckige, hölzerne Formen »gestrichen«, die in langen Reihen zum Trocknen aufgestellt wurden (vgl. Petrie, Egyptian Architecture, 1938, S. 3-13; Lucas, Ancient Egyptian Materials and Industries, [4]1962, S. 48-50). In die Z. wurden oft Zeichen eingeprägt, in *Ägypten der Name des Pharao oder des Gebäudes, für das sie benutzt wurden, in *Babylonien ebenfalls der Name des Königs und ihre Bestimmung; von Nebukadnezar sind fünf verschiedene Prägezeichen bekannt (vgl. dazu R. Koldewey, Excavations at Babylon, 1914, S. 75-82). In der Sonne getrocknete Z. waren das gebräuchliche Baumaterial in Mesopotamien, ofengebrannte Z. wurden für Verkleidungen und als Ziegelpflaster benutzt (vgl. ebenso 1Mo 11,3). In Ägypten waren in der Sonne getrockene Z. gebräuchlich, (Tempel und Grabmale hingegen waren aus Stein). Im Ofen gebrannte Z. sind vor der röm. Zeit nahezu unbekannt.

2Mo 5,6-19 gibt die Ziegelherstellung im alten Ägypten wieder; Z. aus mit Stroh oder Häcksel vermischtem Lehm finden sich aus der Zeit der 19. und 20. Dynastie (13.-12. Jh.v.Chr.); Z. aus diesem Materialgemisch erwiesen sich als dauerhafter als solche aus reinem Lehm. In zeitgenössischen Papyri berichtet ein Beamter über seine Arbeiter, »sie machen täglich ihren Anteil Ziegel«, während sich ein anderer beklagt »... in

Ziegel aus sonnengetrocknetem Nilschlamm, gemischt mit gehäckseltem Stroh. Der Ziegel ist mit dem Namen und den Titeln Ramses' II. gestempelt. Ca. 1290 v. Chr. (DJW)

Der Plan der babylonischen Stadt Nippur ist in einen Ziegel (vgl. Hes 4,1) eingeritzt. Aufgeführt sind der Tempel, Mauern, Tore und Kanäle. 15 x 20 cm; ca. 1500 v. Chr. (UMUP)

Ziegelmacher, u. a. syrische Sklaven, arbeiten unter einem ägyptischen Aufseher. Wandgemälde aus dem Grab des Rekh-mi-Rè' in Theben, ca. 1450 v. Chr. (LD)

Quenquenento ... gibt es weder Männer zur Ziegelherstellung noch Stroh in der Umgebung« (vgl. R.A. Caminos, Late-Egyptian Miscellanies, 1954, S. 106.185). Stroh selbst ist kein Bindemittel, vielmehr setzt sein Zerfall im Lehm eine Substanz frei, die dem Ton eine höhere Plastizität verleiht. Dieser Effekt war offenbar wohlbekannt. In Palästina waren sonnengetrocknete Z. ebenfalls gebräuchlich; Stadt- und Hausmauern wurden oft aus Z.n auf einem Steinfundament errichtet. s. *Ägypten; *Architektur; *Befestigungsbau und Belagerungstechnik; *Haus; *Mesopotamien.

Literatur: K.A. Kitchen: From the Brickfields of Egypt, TynB 27, 1976, S. 137-147; K. Galling: BRL², 364 (Literatur). K.A.K.

ZIEGELOFEN. Im Orient waren in der Sonne getrocknete Lehmziegel immer das billigste und gebräuchlichste Baumaterial, sie waren jedoch (z.B. bei regnerischem Wetter) nicht bes. dauerhaft im Vergleich mit gebrannten *Ziegeln. Letztere wurden in Mesopotamien von früher Zeit an für Verkleidungen, Pflaster etc. bei wichtigen Bauwerken verwendet, waren aber in Palästina oder Ägypten vor röm. Zeit kaum bekannt. Deshalb finden sich Z. normalerweise in Mesopotamien, aber nicht am Nil oder am Jordan. In der LÜ ist der Begriff *malbēn* von 2Sam 12,31 mit »Ziegelofen« wiedergegeben. Hebr. *malbēn* ist jedoch die rechteckige, hohle, hölzerne Ziegelform in 2Sam 12,31 und ebenso in Neh 3,14 (LÜ: »Ziegel«). Jer 43,8 wird *malbēn* bildlich gebraucht, um das rechteckige Ziegelsteinpflaster in Tachpanhes zu beschreiben (LÜ: »Boden«).

Der »glühende Ofen«, in den Daniels drei Freunde zur Strafe geworfen wurden (Dan 3,6.11.15.19-23), dürfte ein Z. gewesen sein. Der Begriff, *'attūn*, »Ofen«, scheint dem assyr.-babylon. Wort *utūnum*, »Ofen, Brennofen«, zu entsprechen. Außerhalb des Danielbuches ist Nebukadnezars grausame Bestrafung nicht nur durch Jer 29,22, sondern auch durch Inschriften belegt: in einem babylon. Brief von ca. 1800 v.Chr. und in einem assyr. Hofbefehl von ca. 1130 v.Chr. werden Menschen zur Bestrafung in einen Brennofen geworfen (zumindest wird diese Art der Bestrafung erwähnt; vgl. G.R. Driver, AfO 18/1957, S. 129, und E.F. Weinder, AfO 17/1956, S. 285-286). Ps 21,10 nimmt ebenfalls Bezug auf den Z. Dem Bild vom »glühenden Ofen« entsprechen Schilderungen R. Koldeweys, nach denen moderne Z. den Himmel nahe Babylon erleuchten (R. Koldewey, The Excavations at Babylon, 1914, S. 81f). Die Z. des alten Babylonien mögen der großen Tonbrennerei vergleichbar gewesen sein, die in Nippur ausgegraben wurde (B. Meissner, Babylonien und Assyrien, 1, 1920, S. 234; Abb. 55-56). K.A.K.

ZIKKURAT s. Babylon; s. Turm

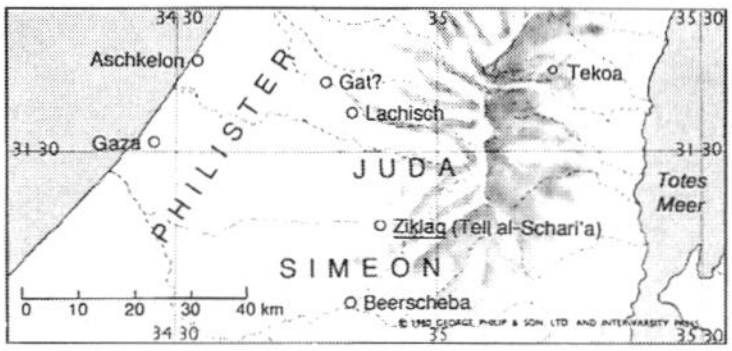

Die wahrscheinliche Ortslage von Ziklag.

ZIKLAG. Jos 15,31 erwähnt Z. als Ort im S *Judas, nahe der edomit. Grenze gelegen. Er wurde dem Stamm *Simeon zugeteilt (Jos 19,5; 11Chr 4,30), fiel aber später in die Hand der *Philister (1Sam 27,6). *David herrschte über Z., als er philistäischer Vasall war und konnte es später gewinnen und seinem eigenen Reich einverleiben (1Sam 30). Z. verblieb in der Hand Judas in vor- und nachexilischer Zeit (2Sam 1,1; 4,10; 1Chr 12,1.21; Neh 11,28). Mindestens vier Lokalisationen wurden vorgeschlagen; Y. Aharoni votiert für Tell Sera', 25 km südöstl. von *Gaza, (LDB, S. 295.297f); O. Keel, M. Küchler entscheiden sich für Tell Chalig (OLB II, S. 935), etwa 40 km südöstl. von Gaza und ca. 18 km nordöstl. von Beerscheba. D.F.P.

ZILIZIEN. Eine Region im SO Kleinasiens, deren westl. Teil, bekannt als Trachäa, als schwer zugängliches Plateau des Taurusgebirges bis in röm. Zeit Piraten und Räubern Zuflucht bot. Den östl. Teil Z.s (Cilicia Pedias) bildete eine fruchtbare Ebene zwischen dem Amanusgebirge im O, dem Taurus im N und dem Mittelmeer im S. Die wichtige Handelsstraße zwischen Syrien und Kleinasien führte über zwei Pässe, die syr. und zilizische »Pforte«. Z. wurde vor 100 v.Chr. offiziell röm. Provinz, die tatsächliche Herrschaft begann jedoch erst nach der vernichtenden Niederlage, die Pompeius 67 v.Chr. den Seeräubern beibrachte. Cicero war 51 v.Chr. Gouverneur von Z. Augustus gab Trachäa z.T. den einheimischen Königen zurück, z.T. unterstellte er es den benachbarten Klientelstaaten Galatien und Kappadozien. Cilicia Pedias, das aus 16 halbautonomen Städten bestand, deren bedeutendste *Tarsus war, wurde von Syrien verwaltet, bis Antiochus IV. von Komagene

Zilizien, eine strategisch wichtige römische Provinz am Handelsweg zwischen Syrien und Kleinasien durch die »Zilizische Pforte«.

72 n.Chr. Trachäa einnahm. Vespasian vereinigte dann die beiden Regionen wieder zu der Provinz Z. (Sueton: Vespasian 8). Daher berichten Paulus, selbst Bürger der Provinz (Apg 9,11; 21,39; 22,3), und Lukas völlig korrekt, wenn sie sich auf die frühere Zeit beziehen und Z. (d.h. Cilicia Pedias) zusammen mit Syrien nennen (Gal 1,21 u.ä.; Apg 15,23.41; vgl. E.M.B. Green, Syria and Cilicia, ExpT 71, 1959-60, S. 50-53; KlP III, 208f). E.M.B.G./C.J.H.

ZIMBEL s. Musik

ZIMMERMANN s. Handwerk

ZIMT s. Kräuter und Gewürze

ZIN. Eine Wüste, die die Israeliten während des Auszugs aus Ägypten durchquerten, nahe der Grenze *Kanaans (4Mo 13,21) zwischen dem Lagerplatz der Israeliten bei der Oase von *Kadesch-Barnea im nordöstl. *Sinai und dem Akkrabim-Paß oder Skorpionensteig, der die Grenze zwischen *Edom und Juda bildet (Jos 15,1-4; vgl. 4Mo 34,1-5). Die Wüste *Paran lag südl. davon, obwohl Kadesch anscheinend zu beiden Gebieten gehörte, und die beiden Wüstengebiete zum *Negeb gehören (OLB II, 178, 335). J.M.H.

ZINN s. Bergbau und Metallgewinnung

ZINNE s. Befestigungsbau und Belagerungstechnik; s. Tempel

ZINS-/GROSCHEN s. Abgaben; s. Geld

ZION s. Jerusalem

ZIPPORA. (»Vogel«). Die Tochter des midianitischen Priesters Reguel oder *Jitro, war die Frau des *Mose (2Mo 2,21f; 4,25; 18,1ff).

ZISTERNE. (Hebr. *bōr* oder *bō'r,* von *bā'ar,* »graben, bohren«); ein unterirdisches Reservoir zur Speicherung von Wasser aus Regenfällen oder Quellen. Den zylindrischen Brunnen (*be'ēr*) dagegen speist Grundwasser. Allerdings ist der hebr. Begriff *bōr* oft auch mit *»Brunnen« oder »Grube« übersetzt. Z.n finden sich häufig in Palästina, wo Regen von Mai bis September sehr selten ist. Z.n sind meist birnenförmig. Die Öffnung kann verschlossen werden, um Unfälle (2Mo 21,33f) oder unerlaubte Benutzung zu verhindern. *Josef (1Mo 37,22) und *Jeremia (Jer 38,6) wurden in solche Gruben geworfen (vgl. Sach

Wadi (Zin) in der Wüste Zin, einem Teil des Negeb. (PP)

9,11). Die meisten Häuser in Jerusalem hatten private Z.n (2Kön 18,31; vgl. Spr 5,15), aber es gab auch große öffentliche Z.n; eine Z. im Tempelbereich hatte eine Kapazität von über 7,5 Mio. Liter Inhalt. Seit etwa 1500 v.Chr. wurden Z.n ausgemauert (P.W. Lapp, BASOR 195, 1969, S. 2-49) und ermöglichten somit auch Ansiedlungen in der trockenen *Negebregion (vgl. 2Chr 26,10), bes. in nabatäischer und byzantin. Zeit.

Literatur: N. Glueck: Rivers in the Desert, 1959, S. 94; S.M. Paul, W.G. Dever: Biblical Archaeology, 1974, S. 127-162; EJ V, 578f. J.C.W.

ZOAN. Eine alte Stadt, mit deren ägypt. Bezeichnung *ḏʿnt* das Hebr. *ṣōʿan* exakt korrespondiert; ihr griech. Name ist Tanis, heute heißt der Ort nahe des Menzale-Sees im nordöstl. Nildelta San-el-Hagar. Die Bemerkung in 4Mo 13,22, daß *Hebron sieben Jahre vor Z. in *Ägypten gebaut wurde, könnte auf einen Wiederaufbau Z.s im Mittleren Reich (ca. 2000-1800 v.Chr) oder durch die Hyksos-Könige im 16. Jh.v.Chr. hindeuten, deren nördl. Hauptstadt Avaris möglicherweise Z. ist (im Blick auf den Namen Tanis vgl. *Chronologie des AT, III. 2). Ps 78,12.43 lokalisiert die Wunder beim Auszug aus Ägypten im »Gefilde von Zoan«, hebr. *sedēh ṣōʿan*, genauer im ägypt. *sht ḏʿ(nt)*, »Feld von Djaʿ(ne)«, ein Begriff, der offensichtlich auf das Gebiet von Z. angewendet wurde. Eine Identität von Z. und *Ramses ist jedoch unwahrscheinlich. Von 1100 v.Chr. bis etwa 660 v.Chr. war Z. in der 21. bis 23. Dynastie faktisch die Hauptstadt Ägyptens und die nördl. Basis der 25. (äthiop.) Dynastie. Daher resultiert die Hervorhebung Z.s als Sitz der Räte des Pharao und der Fürsten (Jes 19,11.13; 30,4) sowie unter den großen ägypt. Städten in *Hesekiels Gerichtswort (30,14).

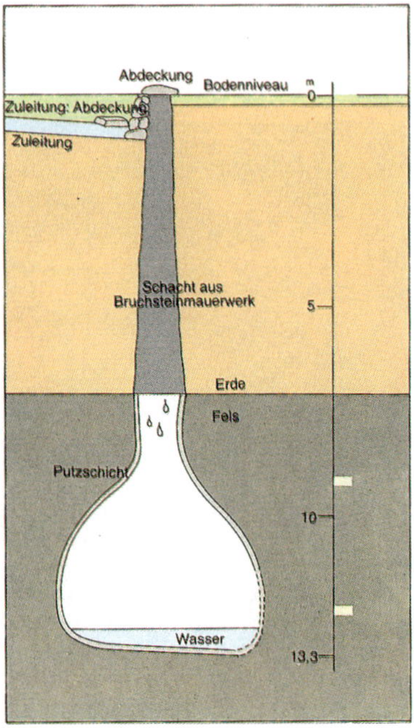

Querschnitt durch eine Zisterne mit unterirdischem Zulauf, ausgegraben in Tell Ta'annek. Wasser wurde mit Hilfe eines Eimers geschöpft.

Literatur: A.H. Gardiner: Ancient Egyptian Onomastica 2, 1947, S. 199*-201*; P. Montet: Les Énigmes de Tanis, 1952; H. Kees: Tanis, 1964. K.A.K.

ZOAR. Z., ursprünglich Bela genannt (1Mo 14,2.8), war eine Stadt am S-Ende des *Toten Meeres (5Mo 34,3), die beim Gericht über Sodom und Gomorra (*Städte der Ebene) um *Lots willen verschont wurde (1Mo 19,20-23.30). Später war der Ort moabitisch (Jes 15,5; Jer 48,34). Die Ortslage von Z. markiert heute vermutlich Chirbet Scheich Isa, 4,5 km südl. vom Toten Meer und 12 km ostnordöstl. von Tamar. Der Ort liegt am linken Ufer des Seil el-Kurahi, des Unterlaufs des Wadi el-Hesa (Sered) dicht unterhalb der Stelle, an der der Fluß das Gebirge verläßt.

ZOBA. Ein aram. Königreich, das seine Blütezeit während des frühen hebr. Königtums hatte und gegen *Saul (1Sam 14,47) und *David (2Sam 8,3; 10,6) ins Feld zog. Einer seiner Könige war *Hadad-Eser (1Kön 11,23). Z. lag zwischen *Hamat im N und *Damaskus im S und hatte während seiner Blütezeit Einfluß auf diese Städte.

Literatur: M. Clauss: Geschichte Israels, 1986, S. 77.84. D.F.P.

ZOFAR. Einer der drei Freunde *Hiobs aus Naama (Hiob 2,11; 42,9), das wohl östl. des Jordan lag. Z. zeichnet sich durch sachliche, lebenserfahrene Argumentation aus. Er spricht in Kap. 11 und 20, evtl. auch 27,13-23. H.L.E.

ZOFIM. (Von hebr. *zōphīm*, »Wächter«). Die Lokalisierung des »Späherfeldes« (4Mo 23,14, hebr. *sedēh zōphīm*) ist schwierig. Es muß auf der Höhe des Pisga-Gebirges gelegen haben, von wo aus *Bileam das Lager der Israeliten in *Schittim sehen konnte. Einige schlagen vor, hier das hebr. *sādeh* in der Bedeutung des akad. *schādū*, »Berg«, einzusetzen (»der Berg

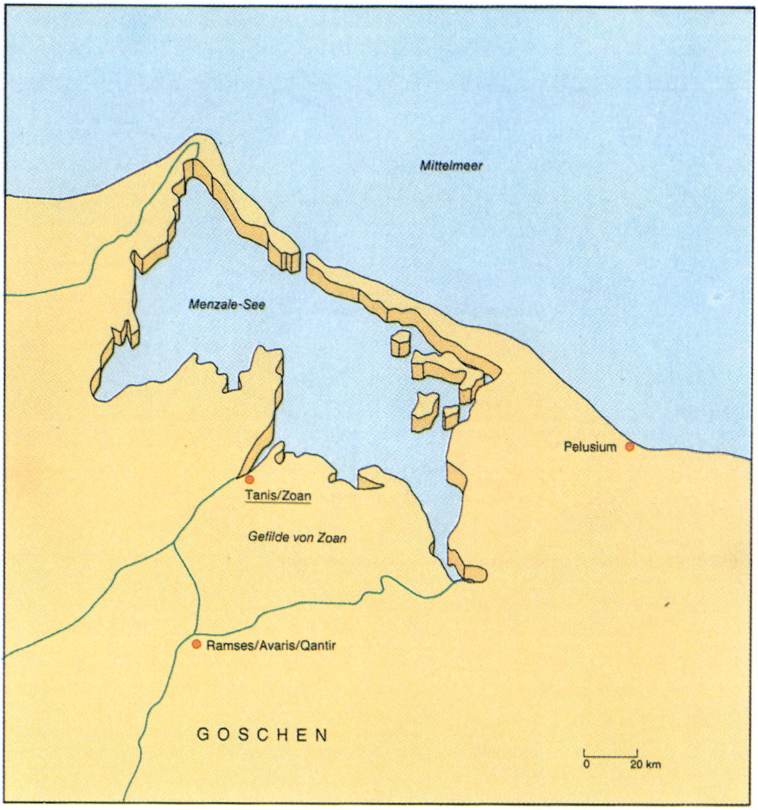

Die Lage von Zoan/Tanis in Ägypten.

der Wächter«). Das Wort »Wächter« wird manchmal für einen Propheten gebraucht (vgl. Jes 52,8; 56,10) und wäre daher bes. auf Bileam anwendbar. F.C.F.

ZÖLLNER. M. Luther gab – zutreffend für seine Zeit – das griech. Wort *telōnēs* mit »Zöllner« wieder. Aufgrund eingeschränkten Sprachgebrauchs ab Mitte des 18. Jh. müssen wir *telōnēs* mit »Steuerpächter« (wörtl. Abgabenkäufer) übersetzen. Im Unterschied zum röm. *publicanus*, »Großsteuerpächter«, der Steuern einer ganzen röm. Provinz pachtete, kaufte der *telōnēs* als hellen. Kleinpächter das Recht, lokale Steuern und Abgaben einzunehmen. Bezeichnungen für ihm Untergebene (z.B. *logeutai, hypēretai, symbolophylakes*) sind nur in Ägypten (Papyri) nachweisbar (vgl. hebr. *gabbai*). Auch aus diesem Grund kann *telōnēs* nicht mit latein. *portitor*, »(Hafen-)Zolleinnehmer«, gleichgesetzt werden.

Den ältesten Beleg für *telōnēs* stellt Aristophanes (equ 248; 424 v.Chr.) dar. Die griech.-röm. Literatur gibt nur bedingt ein objektives Bild vom *telōnēs*, was lange verkannt wurde; ähnliches trifft für die rabbin. Literatur zu.

Das Wort *dēmosiōnēs* (frühester Beleg: Ende 2. Jh.v.Chr.) wurde im Griech. für den röm. *publicanus*, »Großsteuerpächter«, verwandt (vgl. z.B. den Steuertarif von Palmyra [CIS II, 3913] und die Fastenrolle [MegTaan 9]).

Die Synoptiker (nur hier in der Bibel) bezeichnen mit *telōnēs* (hebr. *mokhes*) den hellen. Kleinpächter, keineswegs den (Untergebenen des) *publicanus*. Sehr wahrscheinlich gehörte er der gehobeneren Gesellschaft an (vgl. Jos.bell.Jud 2,287ff). Eine Kollaboration

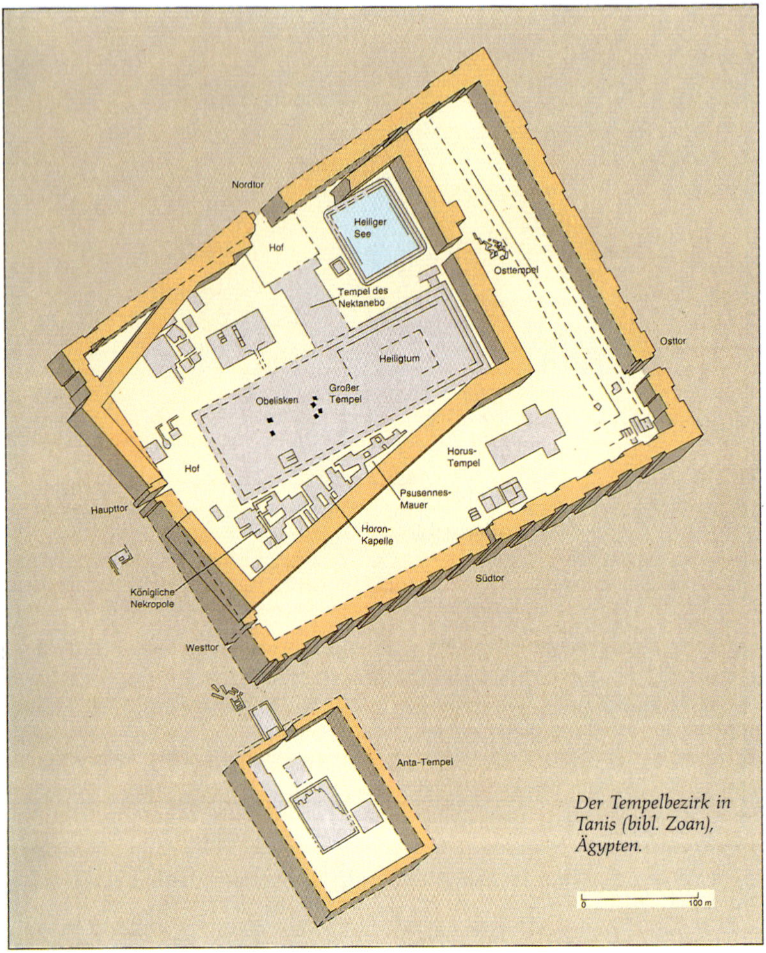

Der Tempelbezirk in Tanis (bibl. Zoan), Ägypten.

mit Rom kann so gut wie ausgeschlossen werden.

Mit der Wendung »Zöllner und (= d.h.) Sünder« (Mk 2,16b; Lk 7,34) interpretieren die *Pharisäer die Z. als Sünder (erklärendes »und«, vgl. Lk 19,7). Demgegenüber behaftet Jesus die Z. nicht mit einem (Berufs-) Makel, sondern ruft auch sie in seine Nachfolge (Mk 2,13ff parr.; vgl. Lk 19,1ff). Der idealtypische Gegensatz zu den Pharisäern ist damit gegeben (vgl. Lk 18,10ff). Indem Z. Jesu Ruf in die Nachfolge annehmen, geben sie Gott recht (Lk 7,29).

Literatur: L. Schottroff, W. Stegemann: Jesus von Nazareth - Hoffnung der Armen, 1978; F. Herrenbrück: Jesus und die Zöllner, (WUNT), 1990; ders.: Wer waren die »Zöllner«?, ZNW 72 (1981), S. 178-194; ders.: Zum Vorwurf der Kollaboration des Zöllners mit Rom, ZNW 78 (1987), S. 186-199; M.N. Ebertz: Das Charisma des Gekreuzigten (WUNT 45), 1987; F.H.

ZOPF s. Haar

ZORA. Eine Stadt im Hügelland Judas (Jos 15,33; 10,41), nordnordöstl. von *Bet-Schemesch, eng verbunden mit der Gestalt des *Simson. Die Ortslage markiert Sarʿa, am nördl. Rand des Wadi al-Sarar (s. *Sorek, Tal; Ri 13,2.25; 16,31). Die Amarna-Briefe bezeichnen Z. als Zarka. Z. wurde von *Rehabeam zur Festung ausgebaut (2Chr 11,10) und nach dem babylon. Exil wieder besiedelt (Neh 11,29).

Literatur: OLB II, 802-805. D.F.P.

ZORN.

1. Es gibt im Hebr. etwa zehn verschiedene Ausdrücke für Z., die häufigsten sind *'aph* und *chēmāh* (s.ThWNT V, 392f). Im Griech. begegnen *orgē* und *thymos*.

2. Im Alten Testament.

Im AT ist auffälligerweise viel öfter vom Z. Gottes als vom Z. des Menschen die Rede. Ein eher negatives Urteil über den Z. des Menschen fällt die *Weisheitsliteratur (vgl. Spr 19,19; 27,4; 30,33; Ps 37,8). Der zornige, jähzornige Mensch ist ein Tor (Spr 14,17.29).

Dagegen kennt das AT auch einen »gerechten« Z., der sozusagen stellvertretend gegen die Verletzung des Gehorsams, der Heiligkeit bzw. des Herrschaftsanspruchs Jahwes auftritt (vgl. 2Mo 16,20; 32,19.22; 4Mo 31,14; 2Kön 13,19). Von Gott in Dienst genommen in der Verkündigung seines Z.s sind bes. die Propheten, so daß *Jeremia sagen kann: »... bin ich von des Herrn Zorn so voll« (Jer 6,11). Der Z. Gottes richtet sich im AT vor allem gegen Israel, das Volk des Bundesschlusses. Eben darin tut sich eine unauflösliche Relation kund. Jahwe wendet sich Israel in einzigartiger Weise zu. Er wird der Gott Israels, er schließt einen Bund und begegnet dem Volk mit seiner Güte und seinem Heilswillen. Dafür aber fordert er die ganze und ungeteilte Hingabe des Volkes an ihn. Gottes Z. wird nun gerade durch eine Verletzung dieses Bundes provoziert (etwa durch Abfall, Ungehorsam, soziale Ungerechtigkeit gegenüber Gliedern des eigenen Volkes). Ganz klar unter diesem Gesichtspunkt hat das 5. Buch Mose die israelit. Geschichte in Vergangenheit und Zukunft begriffen. Es ist Gottes verletzte Liebe und Heiligkeit, die mit Z. auf die menschliche Schuld reagiert.

Die Wirkungen des Z.s Gottes sind mannigfaltig. Sie werden mit den Bildern von Feuer, Glut und Sturm oder Wasserflut geschildert. Für Israel besteht eine Wirkung des Z.s Gottes etwa in der Vertreibung aus dem verheißenen Land. Dadurch wird das Exil zum Paradigma für Gottes Z. über Israel. Andere Wirkungen sind Hungersnot, Seuchen, Bedrängung durch Feinde (vgl. 4Mo 11,1.33; 12,9; 17,11; 1Sam 6,19; 2Sam 24). Dabei bedient sich Jahwe fremder Völker, um Israel zu züchtigen (vgl. bes. die Botschaft der Propheten, die den Lauf der Geschichte in bezug auf Israel als Auswirkungen des göttlichen Z.s aussagen).

Der Z. Gottes richtet sich aber auch gegen die Völker (vgl. die Fremdvölkerorakel bei den Propheten *Amos, *Jesaja, *Jeremia und *Hesekiel). Die Ursache dafür kann die Demütigung seines Volkes sein, die Jahwes Ehre antastet (vgl. Jes 48,9-11), oder die Überhebung der Völker, die Jahwe als Medium seines Z.es gebrauchte (Jes 10,5-15).

Es gibt Situationen, in denen die Wirkungen des göttlichen Z.s überraschend und »blitzartig« eintreten (vgl. 4Mo 11,33; 12,9; 17,6-11; 2Sam 6,7), aber auch Situationen, in denen Jahwe sich langmütig zeigt, und indem er wartet und seinem Z. nicht freien Lauf läßt, Israel Raum zur Buße und Umkehr gibt (vgl. 2Mo 34,6f; Jes 48,9; Ps 103,8). Er warnt wohl durch einzelne Ausbrüche seines Z.s, aber er wartet zu mit der völligen Vernichtung. Gerade die prophetische Verkündigung zeigt, daß Gottes Verhalten auf die Umkehr seines Volkes zielt (vgl. Am 4,6-11; Jes 9,12; Hos 11,8f). Der Z. Gottes gegen sein Volk ist also die Kehrseite seiner Liebe zu ihm. Doch gibt es im AT auch Stellen, die durch die Unableitbarkeit des Z.s Gottes deutlich machen, daß die Rätselhaftigkeit göttlichen Z.s sich nicht allzu einfach in eine Schuld-Strafe Relation verrechnen läßt (vgl. 1Mo 32,23-33; 2Mo 4,24f; 2Sam 24,1).

3. Im Neuen Testament.

Das NT – vgl. die Schlüsselstelle Jak 1,20: »Menschenzorn bewirkt nicht Gottes Gerechtigkeit« – warnt vor dem Z. des Menschen (vgl. etwa Mt 5,22; Röm 12,19; Eph 4,26.30; 6,4; Kol 3,8; 1Tim 2,8; Tit 1,7).

Der Z. Jesu ist der Z. des eschatologischen Heilsbringers, der zugleich der Richter ist; sein Z. ist nicht eine nur menschliche, allzumenschliche Regung. Dabei hat dieser Z. sehr verschiedene Komponenten. So wendet er sich etwa gegen den *Satan, der ihn versucht (Mt 4,10; 16,23), gegen die Menschen, denen das Vertrauen in seine heilschaffende Gegenwart fehlt (Joh 11, 33.38, wobei der Z. mit Traurigkeit verbunden ist!). So auch in Mk 3,5: die Verstocktheit der *Pharisäer, die sich gegen die Liebe Gottes verschließen, löst Z. und Trauer aus. Der Z. über die Menschen, welche die erwiesene Gnade nun nicht dem Nächsten zuwenden (Mt 18,34), und die, welche die Einladung zum Mahl ausschlagen (Lk 14,21.24 vgl. auch Mt 11,20-24), ist bereits der Z. des Richters. Eng verwandt mit dem »gerechten« Zorn des AT ist Jesu Handlung in Mt 21,12f.

Im übrigen NT steht Z. Gottes meist für das Gericht Gottes (vgl. Röm 2,5: »Tag des

Zorns«). Schon in der Verkündigung *Johannes des Täufers geht es um die Rettung vor dem Z., die durch die Umkehr (*metanoia*) zu geschehen vermag. In Jesus sind die Christen vor dem Z. Gottes errettet (1Thess 1,9f; Röm 5,9). Neben dem eschatologischen Z. Gottes, wie er etwa in der Offenbarung geschildert wird, gibt es bei Johannes und Paulus auch einen gegenwärtigen Z. Gottes. Joh. 3,36 sieht diese Zeit als unter dem Z. Gottes stehend – einzig der Glaube an Jesus vermag diesen Horizont des göttlichen Z.s zu durchbrechen. Ähnlich Paulus, der in Röm 1,16ff die Offenbarung der Gerechtigkeit mit der Offenbarung des Z.s parallelisiert. Außerhalb der Offenbarung der Gerechtigkeit im *Evangelium gibt es nur die Wirklichkeit des Z.s Gottes. Das bedeutet: im Evangelium von Jesus begegnen die Menschen dem Heil, wenn sie glauben, oder dem Z., wenn sie nicht glauben. Dabei kennt das NT auch den Gedanken der Langmut Gottes. Er verzögert die Parusie, den Tag des Z.s, um den Menschen Raum zur Umkehr zu geben (2Petr 3,9.15).

4. Im Lauf der Kirchengeschichte.

Vielfach hat im Laufe der Kirchengeschichte der Gedanke Anstoß erregt, daß der Gott der Liebe zugleich der Gott des Z.s und des Gerichtes sein soll. Dabei darf jedoch nicht übersehen werden, daß im AT und NT beides untrennbar miteinander verwoben ist, ja im Grunde genommen das eine ohne das andere gar nicht verständlich wird. Es ist also nicht statthaft, die Rede vom Z. Gottes als unerlaubten Anthropomorphismus zu eliminieren. Es ist vielmehr so, daß wir gerade durch diesen Gegensatz auf Christus gewiesen werden: »Nur in ihm können wir die unerhörte Spannung zwischen Zorn und Liebe Gottes in eins zusammenschauen« (G. Stählin, ThWNT V, 448).

Literatur: J. Bergman, E. Johnson: ThWAT I, 1973, 376–389; G. Bornkamm: Die Offenbarung des Zornes Gottes (Röm 1-3), in: ders.: Studien zum NT, 1985, S. 136-160; N.J. Hein, W. Eichrodt, H. Conzelmann, H. Baudt: RGG[3] VI, 1929-1933; W. Eichrodt: Theologie des Alten Testaments, [7]1962, S. 168-176; H.Chr. Hahn, H. Schönweiß: TBLNT II, [4]1986, 1497-1503; F. Büchsel: ThWNT III, 1938, 167.173; H.Kleinknecht, O. Grether, O. Procksch, J. Fichtner, G. Stählin, G. Sjoeberg: ThWNT V, S. 382-448; W. Pesch: EWNT II, 1981, 1293-1297; G. Sauer: THAT I, [3]1978, 220-224; ders.: THAT II, [2]1979, 205-207. G.Le.

ZUCHT. Z. ist in der klassischengriech.-philosophischen Ethik neben Weisheit, Tapferkeit und Gerechtigkeit eine der Kardinaltugenden. Umso auffälliger ist, daß dieser Begriff in der Bibel selten vorkommt. Wird der Begriff auf die Gemeinde angewandt (Gemeindezucht), so ist dafür überhaupt kein Beleg im NT zu finden. Wohl aber wird die damit gemeinte Sache mit anderen Begriffen beschrieben.

I. ZUCHT ALS PERSÖNLICHE TUGEND.

1. Begriff.

Zwei griech. Begriffe werden in den Übersetzungen mit Z. wiedergegeben: *egkrateia*, »Selbstbeherrschung, Enthaltsamkeit«, ist abgeleitet von dem Wortstamm *krat-*, »Macht, Herrschaft«. Gemeint ist die Fähigkeit, sich selber in der Gewalt zu haben, obwohl man die Kraft der Triebe spürt; *sophrosyne*, »Besonnenheit, Selbstbeherrschung«, ist abgeleitet von dem Adjektiv *sophron*, »besonnen«. Gemeint ist die Gelassenheit, die über den Leidenschaften steht.

2. Vorkommen.

Die Wortgrupe *egkrateia* kommt nur an 6 Stellen des NT vor: In den Evangelien fehlt sie ganz; bei Paulus kommt sie in 1Kor 7,9; 9,25; Gal 5,23; Tit 1,8 vor; ansonsten ist sie in Apg 24,25 und 2Petr 1,6 zu finden. Die Wortgruppe *sophrosyne* kommt insgesamt 16 mal vor, davon an 10 Stellen der Pastoralbriefe: Mk 5,15; Lk 8,35; Apg 26,25; Röm 12,3; 2Kor 5,13; 1Tim 2,9.15; 3,2; Tit 2,6.12 u.ö.; 1Petr 4,7.

3. Bedeutung.

Daß die Autoren der ntl. Schriften gegenüber diesen zentralen Begriffen der griech.-philosophischen Ethik so zurückhaltend sind, hängt wohl damit zusammen, daß für sie die Lebensgestaltung nicht durch den autonomen Menschen gelöst wird, sondern durch die menschliche Antwort auf Gottes Heilshandeln (vgl. H. Goldstein, 915). Im einzelnen lassen sich folgende Bedeutungsschwerpunkte erkennen: *egkrateia* meint Selbstbeherrschung in vielen Bereichen des Lebens (Reden, Essen, Trinken, Sexualität): Gal 5,23; Tit 1,8; 2Petr 1,6. In 1Kor 9,25 zeigt Paulus an einem Vergleich, daß sie nötig ist, um ein bestimmtes Ziel zu erreichen. Auf die Sexualität ist sie wahrscheinlich in Apg 24,25 und sicher in 1Kor 7,9 bezogen. *sophrosyne* meint geistig-seelische Gesundheit im Gegensatz zur Besessenheit (Mk 5,15 par.; Lk 8,35), Bewußtheit im Gegensatz zur *Ekstase (2Kor 5,13), Bescheidenheit im Gegensatz zur Selbstüberschätzung (Röm 12,3), Wachsamkeit angesichts des baldigen Endes (1Petr 4,7). Ein bes. Gewicht bekommt der Begriff in den Tugendkatalogen der Pastoralbriefe. Dort ist er Ausdruck für ein von der Gnade Gottes bestimmtes, den Nächsten wahr- und ernstnehmendes, rücksichtsvolles Leben.

II. ZUCHT ALS GEMEINDEZUCHT.

1. Begriff und Wesen.

Obwohl das NT den Begriff Gemeindezucht nicht verwendet, beschreibt es doch die damit gemeinte Sache: Gott will seine Gemeinde zu einem Leben führen, das seiner Heiligkeit und seiner Berufung entspricht (vgl. 3Mo 9,2). Um dieses Ziel zu erreichen, wird die Gemeinde erzogen (griech. *paideuo*), ermahnt (griech. *parakaleo*), getadelt (griech. *elegcho*): vgl. Tit 2,11-15; Offb 3,19. Paulus gebraucht gelegentlich den noch stärkeren Ausdruck »zurechtweisen« (griech. *noutheteo*): 1Kor 4,14; 1Thess 5,14. Am weitesten geht sicher Hebr 12,5-11: Gott züchtigt (griech. *mastigoo*) jeden Sohn, den er liebt. Alle diese Begriffe beschreiben die Erziehung, die notwendig ist, damit die Gemeinde ihrem Wesen als Volk Gottes, Leib Christi und Bau des Heiligen Geistes entsprechend lebt. Die Verantwortung dafür hat Gott zunächst den *Aposteln und später den *Ältesten der Gemeinden übertragen.

2. Anlaß.

Der Anlaß für Gemeindezucht ist gegeben, wenn Gemeindeglieder im Widerspruch zum Wort Gottes handeln (Apg 5; 1Kor 5; 2Kor 2,5-11; 2Thess 3,6-16) oder lehren (2Tim 3,1-9; Tit 3,10.11; 3Joh 9,10). Das NT läßt keinen Zweifel daran, daß sexuelle Verfehlungen (Ehebruch, Ehescheidung, Homosexualität, Hurerei) Sünde und darum Anlaß für Gemeindezucht sind. Aber sie werden immer im Zusammenhang mit den vielen anderen Sünden gesehen: Geiz, Götzendienst, Verleumdung, unlautere Bereicherung, Zuchtlosigkeit in Essen und Trinken, Heuchelei, Arbeitsscheu (vgl. u.a. die Lasterkataloge in 1Kor 5,10f; 6,9f). Noch strenger gehen die Autoren der ntl. Briefe vor, wenn Gemeindeglieder an falscher Lehre festhalten (vgl. Röm 16,17f; Gal 1,8.9; 2Tim 3,1-9; Tit 3,10f; 3Joh 9f). Denn durch solche werden die Grundlagen der Gemeinde gefährdet.

3. Ziel.

Entsprechend dem Evangelium geht es bei der Gemeindezucht darum, die sündigenden und irrenden Gemeindeglieder von ihren falschen Wegen zurückzuholen, damit sie das Heil nicht verlieren (Mt 18,15ff; Gal 6,1; 1Kor 5,5; Jak 5,19f; vgl. Hes 3,20f). Entsprechend dem Auftrag Gottes für seine Gemeinde muß sie sich von allem offensichtlich Bösen trennen (vgl. 1Kor 5,6-8), will sie nicht ihre Wirksamkeit als Salz und Licht in der Welt verlieren. Da die Gemeinde immer durch den Widersacher Gottes gefährdet ist, müssen ihre Ältesten sie gegen jede erkennbare Gefahr schützen (vgl. Apg 20,28-35).

4. Mittel.

Die Briefe des NT sind zum großen Teil Belege für bibl. Gemeindezucht. Ihre Korrekturen in Lehrfragen und ihre Zurechtweisungen in ethischen Konflikten wurden öffentlich vorgelesen. Die Verfasser haben dabei deutliche Worte nicht gescheut. Die Reisen der Apostel waren u.a. auch durch Gemeindezucht bedingt (vgl. 1Kor 4,14-19; 2Kor 10,4-6; 12,20f; 13,1-3; 3Joh). Das wichtigste Mittel der Gemeindezucht ist sicher das persönliche ermahnende Gespräch, das Offenheit, Demut und Einfühlungsvermögen erfordert (vgl. Mt 18,15; Gal 6,1; 2Tim 4,2). Wer aber dieses ermahnende Wort nicht annimmt, muß offiziell zurechtgewiesen werden (Mt 18,16f; 2Kor 2,6; Tit 1,9.13). Wer sich nicht zurechtweisen läßt, soll gemieden werden; das bedeutet Abbruch der menschlichen Beziehungen (2Thess 3,6.14; Tit 3,10f). Das äußerste Mittel gegenüber dem unbußfertigen Gemeindeglied ist der Ausschluß aus der Gemeinde (Mt 18,17; 1Kor 5,6-8.13). Die weiterreichenden Zuchtmittel des NT – Übergabe an den Satan (1Kor 5,5; 1Tim 1,20), keine Fürbitte (1Joh 5,16), Tötung (Apg 5) - sind wohl den Aposteln vorbehalten und übersteigen die geistliche Kompetenz heutiger Gemeindeältester.

Literatur: H. Baltensweiler: TBLNT II, [4]1986, 1503-1506; S. Wibbing: ibid. 1509-1510; H. Goldstein: EWNT I, 1980, 913-915; D. Zeller: EWNT III, 1983, 790-792; U. Luck: ThWNT VII, 1964, 1094-1102; R. Bohren: Das Problem der Kirchenzucht im NT, 1952; J. Schneider: Die Gemeindezucht nach dem Zeugnis des NT, Wort und Tat, 1956, S. 129-135. G.H.

ZUKUNFT. Die Bibel kennt den Begriff der Z. im Sinne einer ungewissen, noch-nicht-seienden Zeit, abgelöst von Inhalt und Geschehen, nicht. Wo sie von den zukünftigen Zeiten spricht (Eph 2,7), geht es nicht um die Zeitalter an sich, sondern um ihren Inhalt, daß nämlich in den kommenden Zeiten Christus den überschwenglichen Reichtum der Gnade erzeigen wird. An allen anderen Stellen wird das Wort Z. gebraucht, um die *Wiederkunft Jesu zu bezeichnen, der die Z. des Bösen (*Antichrist), der nach der Wirkung Satans kommt, vorausgeht (2Thess 2,9). Mit diesem Kommen Christi wird das endgültige *Gericht (Apg 24,25), der zukünftige *Zorn (Lk 3,7; 1Thess 1,10) über die, die nicht glauben (Röm 1,18; 1Thess 2,16) offenbar. Die Gläubigen aber werden dann aller zukünftigen Güter teilhaftig werden, deren Hoherpriester Christus ist (Hebr 9,11): des ewigen Lebens (1Tim 4,8) in der neuen Welt (Hebr 2,5; Eph 1,21) und Gottesstadt (Hebr 13,14), der kommenden *Herrlichkeit (Röm 5,2). Das ganze Leben der Gläubigen ist auf diese Z., auf ihren Inhalt ausgerichtet und durch ihn bestimmt, denn er ist für sie bereits heute Gegenwart, da die Kräfte der zukünftigen Welt jetzt schon an und in ihnen wirken (Hebr 6,5). S.a. *Eschatologie; *Heilsgeschichte.

ZUNGE. Hebr. *läschōn,* griech. *glōssa* bezeichnen die Z., im übertragenen Sinn die *Sprache des Menschen. Der hebr. Ausdruck wird auch für die Z. von Reptilien benutzt (Hiob 20,16), mit der gemeinhin vorhandenen falschen Deutung, daß das Gift einer Schlange in ihrer Z. liege. Er wird auch für zungenförmige Dinge oder Erscheinungen gebraucht, z.B. eine Stange von Gold (Jos 7,21) oder eine Meeresbucht (Jos 15,2). Offensichtlich war man zu bibl. Zeit der Ansicht, daß Stummheit aus einer Lähmung oder Bindung der Z. oder ihrem Kleben am Gaumen resultiere (Ps 137,6; Mk 7,35; Lk 1,64). »Zunge« wird parallel oder austauschbar mit *»Lippe« oder *»Mund« gebraucht, die als »Erzeuger« der Sprache bzw. der lautlichen »Äußerung« überhaupt angesehen werden und als gut oder falsch (Ps 120,2; Spr 6,17; 10,20), gelehrt (Jes 50,4), rühmend (Ps 51,16), von Gottes Gerechtigkeit redend (Ps 71,24), beschrieben werden. Hierbei wird angenommen, daß das Böse unter der Z. verborgen sei (Hiob 20,12). Im Bild wird die Z. als scharf wie ein Schwert bezeichnet (Ps 64,4; vgl. Ps 140,4; Hebr 4,12; Offb 1,16), das Bild von Pfeil und Bogen wird ebenfalls für die Z. gebraucht (Jer 9,2.7). Der große Einfluß von Worten, um Gutes oder Böses zu bewirken, wird dadurch ausgedrückt, daß der Z. Kraft zugeschrieben wird (Spr 18,21; Jak 3,5f). Hunger und Durst lassen die Z. am Gaumen kleben (Klgl 4,4), Krankheit läßt sie im Mund verwesen (Sach 14,12). In Ps 55,10 wird die Z. als Bild gebraucht, um auf die Verwirrung der Sprache hinzuweisen, wie etwa in *Babel (1Mo 11,1ff, wo für Sprache »Lippe«, *sāpāh* steht; vgl. Jes 19,18). Die Entfremdung der Menschen untereinander durch sprachliche Unterschiede, die sich u.a. beim Ausdrücken von Gefühlen und Interessen oder durch unterschiedliche »Besetzung« bestimmter Begriffe zeigen, schreibt 1Mo 11,1ff dem sündigen Stolz des Menschen zu, der diese Heimsuchung Gottes hervorrief. Das Wort »Zunge« wird daher auch benutzt, um die verschiedenen Nationen oder Stämme zu bezeichnen, die unterschiedliche Sprachen haben (Jes 66,18; Offb 5,9). Vgl. *Zungenrede.

B.O.B.

ZUNGENREDE Z., Sprachenrede oder Glossolalie (gebildet aus den griech. Worten *glossa,* »Zunge, Sprache«, und *lalein,* »reden«) ist eine *Gabe des Geistes, die in Mk 16,17; Apg 10,44-46; 19,6 erwähnt und in Apg 2,1-13; 1Kor 12-14 näher beschrieben wird.

I. BEGRIFF UND WESEN.

Während in den älteren Übersetzungen und Kommentaren der Begriff Z. vorherrscht, hat sich inzwischen bei den Exegeten die Überzeugung durchgesetzt, daß diese Bezeichnung unangemessen und irreführend ist (vgl. Dautzenberg, S. 609). Sie erweckt den Eindruck, als würde bei diesem Charisma die Zunge als Organ, von einer anderen Macht beherrscht, unartikulierte Laute bilden. Die ausführlichen Belegstellen (Apg 2,1-3; 1Kor 14) lassen aber erkennen, daß es sich um ein sprachliches Phänomen handelt: Z. ist Rede (*lalein*), die übersetzt werden kann, die manchmal auch ohne Übersetzung verstanden wird. Deswegen ist es sinnvoll, an die Bedeutung von *glossa,* »Sprache«, anzuknüpfen und von Sprachenrede oder Glossolalie zu reden. In 1Kor 14 nimmt Paulus zu den Charismen Prophetie und Glossolalie Stellung. Seine Äußerungen helfen, das Wesen der Glossolalie zu verstehen. Sie ist nicht Rede für Menschen, sondern Rede für Gott (V. 2). Es geht um Gebet (V. 14), in dem die »Geheimnisse« (*mysteria*) Gottes, d.h. seine großen Taten (vgl. Apg 2, 11) gepriesen werden. Das geschieht in einer fremden Sprache, die der Betende nicht gelernt hat, sondern die ihm vom Heiligen Geist erschlossen wird. Dabei kann es sich um Fremdsprachen handeln, die auf dieser Erde gesprochen werden, oder um überirdische Sprache (Sprache der Engel: 1Kor 13,1). An ihrer Bildung ist der Verstand des Menschen nicht beteiligt; sie ist eine Eingebung des Geistes Gottes (V. 14.15). Insofern hat sie etwas mit *Ekstase zu tun: Der Beter ist »außer sich«, weil er seine Worte nicht mit seinem Verstand kontrolliert. Aber andererseits behält der Beter die Kontrolle über sich selbst: Er kann entscheiden, ob er in einer Gemeindeversammlung die Z. gebrauchen will oder nicht. Er wird von diesem Charisma nicht überwältigt. Z. ist also ein Reden mit Gott in einer fremden Sprache, die der Beter nicht gelernt hat und über die er frei verfügen kann.

II. AUFGABE UND DAUER.

In der Auseinandersetzung mit den Schwärmern in Korinth, die die Z. offensichtlich überschätzten, beschreibt Paulus, welche Bedeutung dieses Charisma für den einzelnen Glaubenden und für die Gemeinde hat. Es liegt ihm fern, wegen eines möglichen Mißbrauchs dieser Gabe des Geistes die Z. geringzuschätzen. Er selber hat diese Gabe empfangen (V. 11.15) und benutzt sie häufig (V. 18). Weil er sie als ein Geschenk von Gott erlebt, wünscht er sie jedem Gemeindeglied in Korinth (V. 5). Sie fördert den, der diese Gabe empfangen hat, in seinem Glauben (V. 4), erfährt er doch die Wirkung des Geistes Gottes in seinem eigenen Leben unmittelbar. Aber was dem einzelnen hilft, fördert nicht in jedem Fall die Gemeinde. Das gilt insbes. für die Z., die im Gottesdienst der Gemeinde unverständlich bleibt, wenn sie nicht ausgelegt wird (V. 5). Ohne Auslegung vermittelt die Z. der Gemeinde kein eindeutiges Signal (V. 6-14), hindert andere Gemeindeglieder daran, das Dankgebet mit ihrem Amen zu bekräftigen (V. 16) und erweckt bei Ungläubigen den Eindruck, daß sie es mit Verrückten zu tun haben (V. 23). Da es Paulus vor allem um die Förderung der Gemeinde geht, empfiehlt er die Z. für das persönliche Beten und läßt sie in der Gemeinde nur zu, wenn sie übersetzt werden kann. Paulus setzt voraus, daß jeder, der diese Gabe empfangen hat, sie auch immer wieder einsetzen kann. Ein anderes Bild ergibt sich aus den Belegstellen der Apostelgeschichte. Dort tritt die Z. im Zusammenhang mit einer ersten Geisterfahrung auf: Geistausgießung zu *Pfingsten (Apg 2,1-13), Geistvermittlung an die ersten Heiden (Apg 10,44-46) und an die Johannesjünger in Ephesus (Apg 19,1-6). Es wird nichts darüber berichtet, daß die Z. von den damit Begabten weiter gepflegt wurde. Auffällig ist, daß im Gegensatz zu Korinth die Z. in Jerusalem ohne Übersetzung verständlich war. Die beim Pfingstfest anwesenden Diasporajuden erkennen in den Worten der Apostel die Dialekte ihrer Wohnorte wieder (Apg 2,6-8). Petrus deutet dieses Geschehen als Erfüllung der Weissagung von Joel 3,1-5: Ausgießung des Geistes Gottes auf alle Menschen. Die Aufgabe der Z. in der Apg besteht in dem zeichenhaften Hinweis, daß Gott seine Gemeinde aus allen Völkern sammeln will.

III. HERKUNFT UND VERBREITUNG.

Die beschriebenen Unterschiede zwischen Apg und 1Kor veranlassen viele Exegeten zu der Frage, ob es sich überhaupt um dasselbe Phänomen handelt. Im Gegensatz zu älteren Untersuchungen, in denen die Herkunft der Z. aus den hellen. Religionen behauptet wurde, hat sich inzwischen die Überzeugung durchgesetzt, daß die Z. von Anfang an zur Geisterfahrung der christl. Gemeinde gehörte. Viele Exegeten äußern allerdings Zweifel, ob Lukas die Z. in Jerusalem historisch zuverlässig dargestellt habe. Sie vermuten, daß er seine Quellen, die von Z. zu Pfingsten sprachen, im Sinne einer für viele Völker verständlichen Sprachenrede gedeutet habe. Wer aber der Selbstauskunft des Verfassers vertraut (Lk 1,1-4), kann diesen Zweifel nicht teilen. Die Unterschiede lassen sich auch anders erklären. Daß die Z. beim Pfingstereignis ohne Übersetzung verständlich war, hängt mit der Anwesenheit von Festpilgern aus allen Teilen des röm. Reiches zusammen. Paulus setzt voraus, daß die Z. in vielen Formen begegnen kann (1Kor 13,1; 14,10). Das schließt auch unbekannte Dialekte ein. Was am Pfingstfest erstmalig geschah, hat sich dann an verschiedenen Orten wiederholt und wird nur von Korinth als ein ständig gepflegtes Charisma berichtet. Die anderen Briefe des NT schweigen darüber (Röm 8,26.27 ist kein eindeutiger Beleg). Deswegen hat die Z. in den Gemeinden des NT wohl nur zeitlich und örtlich begrenzte Bedeutung gehabt.

Literatur: J. Behm: ThWNT I, 1933, 719-726; H. Haarbeck: TBLNT II, ^{4}1986, 1407-1409; G. Dautzenberg: EWNT I, 1980, 604-614; Kommentare zu Apg.: H. Conzelmann: HNT, 1963; E. Haenchen: KEK III, ^{13}1961; R. Pesch: EKK V, 1986; J. Roloff: NTD 5, ^{17}1981; G. Schille: ThHK ^{2}1984; G. Schneider: HThK, 1980; G. Stählin, NTD 5, ^{10}1962; Kommentar zu 1Kor.: W. de Boor: WStB, 1969; H. Conzelmann: KEK, 1969; W.G. Kümmel, H. Lietzmann: HNT, 1949; F. Lang: NTD 7, 1986; A. Schlatter: Paulus der Bote Jesu, ^{2}1962. G.H.

ZUVERSICHT/ZUFLUCHT. Z. ist das feste *Vertrauen, das man grundsätzlich zu Gott haben soll und darf, der aus aller Not helfen kann. Die Armen und Elenden lernen, sich an ihn zu klammern (Ps 14,6; Jes 14,32), und die Verfolgten und Angefochtenen finden bei ihm die Sicherheit bietende Zuflucht (Ps 91,2; 94,22), wie sie Menschen nicht geben können (Jes 20,6). Die Z. wird ein bleibendes Heilsgut für alle, die unter Gottes Schutz leben (Rut 2,12; vgl. Ps 62,8; 73,28). Sie wächst durch die Erfahrung, daß Gott jedes begonnene Werk zur Vollendung führt (Phil 1,6). Solche Z. auf Gott ist Kennzeichen des *Glaubens (Hebr 11,1) und bringt Segen, der im Leben sichtbar wird (Jer 17,7f). Trügerisch jedoch ist die Z. der Gottlosen auf irdischen Besitz und Reichtum (Hiob 8,13-15; 31,24).

ZWEI s. Zahl

ZWEIFEL.

I. IM ALTEN TESTAMENT.

Das AT kennt wohl den Unglauben als eine Ablehnung des göttlichen Wortes (vgl. 1Mo

18,12; Ps 73,11; Jes 7,1-25 u.ö.), nicht aber den Z. als einen geistigen »Zwischenraum« zwischen *Glauben und Unglauben. Die innere Zerspaltenheit und Zerrissenheit, die »Zwiespältigkeit«, die im dt. Wort »Zweifel« ebenso wie im griech. Wort *diakrinomai* zum Ausdruck kommen, sind dem atl. Denken fremd. Selbst *Hiob ist kein Zweifler an Gott, sondern ein Kämpfer gegen Gott.

II. IM NEUEN TESTAMENT.

Das NT redet vom Z. in den geläufigen griech. Begriffen *distazō* (Mt 14,31; 28,17) und *dialogismos* (Phil 2,14; 1Tim 2,8), es prägt jedoch neu den Begriff *diakrinomai* (wörtl.: »ich unterscheide mich«), um die Zerspaltenheit des Zweiflers zu beschreiben (Mt 21,21; Mk 11,23; Apg 20,20; Röm 4,20; 14,23; Jak 1,6-8; 2,4 LÜ: Gedanken; Jud 22). *Diakrinomai* im Sinne von »Zweifeln« ist vor dem NT nicht nachweisbar. Die Haltung, die das NT mit *diakrinomai* ausdrückt, zeigt sich im Gebet und im Handeln, niemals im rein reflektierenden Denken, d.h. der Z. ist nie rein theoretisch. Mt 14,31 sowie Mk 11,23 bzw. Mt 21,21 wird der Z. von Jesus in Nachbarschaft zum »Kleinglauben« gestellt. Mt 28,17 ist die innere zweifelnde »Distanzierung« (*edistasan*) der Jünger von dem, was sie sehen, gemeint. Röm 4,20 wird der Z. dem radikalen Vertrauen *Abrahams auf Gottes Verheißung entgegengestellt. In Phil 2,14; 1Tim 2,8 wird der Z. in einer Linie gesehen mit »*Murren« und »*Zorn« Gott gegenüber. Die ausführlichste und anschaulichste Beschreibung des Zweiflers im NT finden wir jedoch in Jak 1,6-8: Der Zweifler steht nicht fest auf dem sicheren Grund der göttlichen Verheißung, sondern schwankt haltlos wie eine Meereswoge im Wind. Er ist »unbeständig in allen seinen Wegen«, weil er *dipsychos* ist, d.h. »doppelseelig«. *Dipsychos* macht die innere Zerspaltenheit, die Zerrissenheit des Zweiflers zwischen Vertrauen und Mißtrauen gegenüber Gott sehr deutlich. Wichtig bleibt jedoch die Aufforderung, den Zweiflern mit Barmherzigkeit zu begegnen (Jud 22).

Literatur: F. Büchsel: ThWNT III, 1938, 948-951; G. Gärtner: TBLNT II, [4]1986, 1510-1512. S.Ku.

ZWEISTROMLAND s. Mesopotamien

ZWIEBEL s. Ernährung

ZWILLING. In der Bibel wird uns von zwei Zwillingsgeburten berichtet. Bei *Jakob und *Esau wird der Gegensatz zwischen beiden schon auf die Zeit vor ihrer Geburt zurückgeführt (1Mo 25,22-26); er setzt sich dann in Jakobs Streben nach dem Segen des Erstgeborenen fort. Auch bei der Geburt von *Tamars Söhnen ist nicht *Serach, dessen Hand zuerst erschien, der Erstgeborene, sondern *Perez (1Mo 38,27-30), der dann zum Vorfahren Jesu wird (Mt 1,3; Lk 3,33). Im NT wird der Apostel *Thomas durch seinen Namen als Z. gekennzeichnet (Joh 11,16). Das Zeichen der Z.e (Apg 28,11) am Schiff des Paulus ist das Zeichen oder Bild der griech. Zwillingsgottheiten Kastor und Pollux, unter deren Schutz das Schiff gestellt war.

ZWÖLF s. Zahl

ZYPERBLUME s. Pflanzen

ZYPERN. Die drittgrößte Insel des Mittelmeers, 227 km lang und bis zu 95 km breit, liegt im östl. Mittelmeerraum, etwa 100 km westl. von *Syrien und in ungefähr der gleichen Entfernung von der türkischen Küste.

Z. begegnet im AT nicht unter diesem Namen, sondern vermutlich als *Elischa; die als Kittäer bezeichnete Bevölkerung könnte ebenfalls in einer späteren Zeit dort gesiedelt haben (1Mo 10,4). Das NT nennt die Insel in

Bronzefigur einer gehörnten Gottheit. Enkomi, Zypern, 12. Jh. v. Chr. (SH)

Die Insel Zypern zur Zeit des Alten Testaments.

der Apg *kypros.* *Barnabas war dort geboren (4,36), ebenso einige andere der ersten Jünger (21,16). Flüchtende Christen aus Jerusalem brachten die Botschaft von Jesus zunächst den Juden in Z. (Apg 11,19). Männer aus Z. gehörten mit zu denen, die den Heiden die Botschaft von Jesus verkündigten (Apg 11,20). *Paulus und Barnabas durchzogen die Insel von *Salamis nach *Paphos zu Beginn ihrer ersten Missionsreise (Apg 13,4-13). In Paphos begegneten sie dem falschen Propheten Barjesus und dem Prokonsul (griech. *anthypatos*) *Sergius Paul(l)us. Auf seiner zweiten Missionsreise besuchte Paulus die Insel nicht, Barnabas ging jedoch mit *Markus dorthin (Apg 15,39). Bei der Rückkehr von seiner dritten Reise passierte das Schiff des Paulus Z. westl. (Apg 21,3), und bei Paulus' Reise nach Rom fuhr das Schiff an Z. vorbei (Apg 27,4). Es gibt in der Bibel keine weitere Erwähnung der Insel, aber die Kirche dort wuchs und sandte drei Bischöfe zum Konzil von Nicäa im Jahre 325 n.Chr.

Die Insel trägt Spuren von Siedlungen aus der Jungsteinzeit, und ihre bronzezeitl. Kultur läßt Kontakte zu Kleinasien und Syrien vermuten. Im 15. Jh.v.Chr. dehnte sich die minoische Kultur *Kretas bis nach Z. aus, und aus dem folgenden Jh. gibt es Hinweise auf eine Kolonisation durch die Mykener, die der Macht der Kreter auf dem griech. Festland folgten. Es ist anzunehmen, daß in diesem Jh. die Ausbeutung der Kupferminen begann, die in röm. Zeit berühmt genug waren, um das Metall nach der Insel zu benennen (latein. *cyprium*), und in Folge davon taucht Z. regelmäßig in den Aufzeichnungen benachbarter Völker (*Elischa) während dieser Periode auf. Trotz ausländischen Einflusses blieb die

Goldener Brustschild aus der mykenisch-kanaanitischen Epoche aus Enkomi, Zypern. Ca. 1400–1200 v.Chr. (MH)

Bronzekrug aus Enkomi, Zypern, ca. 1400–1200 v. Chr. (MH)

grundlegende minoisch-mykenische Kultur vorherrschend und ist bes. durch die sog. zypro-minoischen Inschriften bezeugt (zwei frühe Sammlungen aus dem 15. und 12. Jh. v.Chr.), die enge Berührungen mit der kretischen Linearschrift zeigen. Diese Schrift war auch noch im späten 1. Jt.v.Chr. in Gebrauch, zusammen mit dem arkadischen Dialekt des Griech., der sehr enge Beziehungen zu den minoischen Linear-B-Tafeln aufweist und in Südgriechenland und *Kreta durch das Dorische vermutlich verdrängt wurde.

Z. lag auf dem Wege der »Seevölker«, und Ausgrabungen in Enkomi und Sinda haben einen späten Typ mykenischer Töpferarbeit zutage gefördert, aus der die sog. »philistäische« Keramik Palästinas offensichtlich entwickelt worden ist. Im 9. und 8. Jh.v.Chr. siedelten die Phönizier auf der Insel, und später begegnet eine Anzahl zweisprachiger Inschriften (ca. 600-200 v.Chr.) aus Phönizisch und Griech. mit dem Zypro-Minoischen, das zu dieser Zeit immer noch in Gebrauch war. Daß die Phönizier keine große Macht entfalteten, wird durch eine Tributliste Asarhaddons (672 v.Chr.) deutlich, auf der ein phönizischer König neun griech. Königen gegenübersteht (Tribut wurde auch an *Sargon, 709 v.Chr., entrichtet). Im 6. Jh.v.Chr. beherrschte Ägypten die Insel, bis sie unter Kambyses 525 v.Chr. Teil des Pers. Reiches wurde. 333 v.Chr. unterwarf sich Z. *Alexander dem Großen und ging nach einer kurzen Zeit unter Antigonos an die Ptolemäer über. Z. wurde 58 v.Chr. röm. Provinz und schließlich 22 v.Chr. senatorische Provinz. Seit dieser Zeit wurde Z. von einem Prokonsul regiert (griech. *anthypatos*, vgl. Apg 13,7).

Literatur: Sir G.F. Hill: A History of Cyprus, [2]1971; E. Gjerstad: The Swedish Cyprus Expedition 4, 2, 1948 (Geometric, Archaic and Classical periods); 4, 3, 1956 (Hellenistic and Roman periods); V. Karageorghis: The Ancient Civilization of Cyprus, 1969; KlP III, 404-408; F.G. Maier: Cypern – Insel am Kreuzweg der Geschichte, [2]1982; J. Seibert: Zur Bevölkerungsstruktur Zyperns, Ancient Society 7, 1976, 1-28. T.C.M.

ZYPRESSE s. Pflanzen

FOTONACHWEIS

AA	ANIMALS ANIMALS (c) Jim Bockowski
AAI	Austrian Archaeological Institute / M. Bietak
AAM	A.A. Meads
ACL	A.C.L. Bruxelles
AEHL	Archaeological Encyclopedia of the Holy Land (hrsgg. v. A. Negev, 1986)
AIA	Australian Institute of Archaeology
ÄMK	Saleh, Sourouzian: Das Ägyptische Museum Kairo, Abb. 266, Verlag Philipp von Zabern, Mainz, 1987
AMM	A.M. Morris
AMO	Ashmolean Museum, Oxford
AN	A. Northedge
AP	A. Parrot
ARM	A.R. Millard
ASCS	American School of Classical Studies
ASt	A. Strobel
AU	Andrews University, Michigan
BAV	Biblioteca Apostolica Vaticana
BIAAH	British Institute at Amman for Archaeology and History
BL	British Library
BLO	The Curators of the Bodleian Library, Oxford
BLS	The Bible Lands Society
BM	British Museum
BN	Bibliothèque Nationale
BPK	Bildarchiv Preussischer Kulturbesitz, Ägyptisches Museum, Staatl. Museum; Preuss. Kulturbesitz, Berlin
BPL	Barnaby's Picture Library
BRL	Britisches Reallexikon (hrsgg. v. Kurt Galling), ^{2}1977
BrM	Courtesy of The Brooklyn Museum
BSAI	British School of Archaeology in Iraq
BSchw	B. Schwank
Bu	E. Buchner: Die Sonnenuhr des Augustus, 1982, S. 43
CBL	Chester Beatty Library
CD	C. Davey
CH	C. Hemer
CP	Camera Press
CPTh	C.P. Thiede
CR	C. Riesner
DAA	Department of Antiquities, Amman
DJD II	Discoveries in the Judean Desert II
DJW	D.J. Wiseman
DM	Damascus Museum
DO	D. Oates
DR	D. Rubinger
DWG	D.W. Gooding
ELS	E.L. Sukenik: »Megillot Genuzot«, hrsgg. v. M. Bialik, Jerusalem, 1948, Tafel 10
FMB	Fondation Martin Bodmer
FN	F. Ninow
FNH	F.N. Hepper
GGGR	G.G.G. Reinhold
GIO	Photograph, Griffith Institute, Ashmolean Museum, Oxford
GLCW	Green Lake Centre, Wisconsin
GNJ	G. Nalbandian, Jerusalem
GW	G. Wenham
HC	The Holyland Corporation
HDr	H. Drescher, in: Antike Welt 20/1 C 1989
HK	H. Knübel
HSM	Harvard Semitic Museum
HW	W. Williamson
IA	Institute of Archaeology. By permission of the Wellcom Trust
IGS	Institute of Geological Sciences
IM	Israel Museum
IsM	Istanbul Museum
JCL	J.C. Lennox
JCT	John C. Trever
JDH	J.D. Hawkins
JEF	Jericho Excavation Fund
JLH	John L. Hillelson Photographic Agency
JPK	J.P. Kane
JR	John Rylands Library
KAK	K.A. Kitchen
KHMW	Kunsthistorisches Museum Wien
KK	K. Kenyon
KMK	Koptisches Museum, Kairo
KSJ	G. Kroll SJ, Auf den Spuren Jesu
MAIC	Missione Archeologica Italiana a Cesarea
MBr	M. Brändl
MC	Maurice Chuzeville / Louvre, Paris
MCM	Merseyside County Museums, Liverpool
MELM	M.E.L. Mallowan: »From Nimrud and its Remains«, 2 vols.
MEPhA	Middle East Photography Archive, London
MetNY	Metropolitan Museum of Art, New York

MH	M. Holford
MK	Moshe Kochavi
MNAC	Museum of National Antiquities, Cairo
MuC	Museo Capitolini
NA	N. Avigad
NAMA	National Archaeological Museum, Athen
NASA	National Aeronautic and Space Administration; Washington, D.C.
NDGD	N.D.G. Davies: »The Tomb of Nakht at Thebes«, 1917
NMBL	National Museum of Beirut, Libanon
NMMH	National Maritime Museum, Haifa
NPAI	National Parks Association, Israel
OIUC	Oriental Institute; University of Chicago
OLB 2/487	O. Keel, M. Küchler: Orte und Landschaften der Bibel, Bd. 2, S. 768, Abb. 487
PAC	P.A. Clayton
PAJ	Pictorial Archive, Jerusalem
PCAS	Pontificia Commissione di Archeologia Sacra, Rom
PEF	Palestine Exploration Fund
PHAN	P.H.A. Neumann
PM	P. Matthiae
PML	Pierpont Morgan Library
PP	Picturepoint, London
PS	P. Stephens
PSR	Pacific School of Religion
RC	R. Cleave, Pictorial Archive
RFSP	Rev. Fabbrica S. Pietro, Citta del Vaticano
RG	Ray Gardner
RH	Robert Harding Picture Library
RM	Rockefeller Museum
RP	R. Pitt
RR	R. Riesner
RS	Ronald Sheridan's Photo-Library
RVO	Rijksmuseum van Oudheden, Leiden, Niederlande
RVS	R.V. Schoder
S	Shell K.K., Administrative Services
SAOB	The State Antiquities Organisation Baghdad
SAOS	School of Archaeology and Oriental Studies
SH	Sonia Halliday Photographs
SI	Foto Scala Firenze, Italien
SMB	Staatliche Museen zu Berlin/DDR, Ägyptisches Museum
SOAS	School of Oriental and African Studies
SZC	Sisters of Zion Convent
TAU	Institute of Archaeology, Tel-Aviv University / Avraham Hay
TNT	K. Aland, B. Aland: Der Text des Neuen Testamentes, 1982
UC	Petrie Museum, University College, London
UMUP	University Museum, University of Pennsylvania
UW	U. Worschech
VI	Vision International
W	Günther S. Wegener, 6000 Jahre und ein Buch, 10. Aufl. 1975
WAG	Walters Art Gallery, Baltimore
WM	W. MacQuitty
YY	Yigael Yadin
ZR	Zev Rodovan

AUTOREN

A.C.
R.A. Cole, B.A., B.D., M.Th., Ph.D., University of Sydney.

A.D.
A. Deubler, Prof. Fremdingen.

A.E.C.
A.E. Cundall, B.A., B.D., London Bible College.

A.F.W.
A.F. Walls, M.A., B.Litt., University of Aberdeen.

A.G.
A. Gelston, M.A., University of Durham.

A.J.M.W.
A.J.M. Weddeburn, M.A., B.D., Ph.D., University of St. Andrews.

A.R.
A. Ross †, Prof., M.A., B.D., D.D.

A.Re.
A. Rehn, StAss., Altdorf.

A.S.
A. Stuart, M.Sc., Dip.R.M.S., University of Exeter.

A.S.W.
A.S. Wood, B.A., Ph.D., F.R.Hist.S., Cliff College, Calver, Derbyshire.

A.R.M.
A.R. Millard, M.A., M.Phil., F.S.A., University of Liverpool.

A.St.
A. Strobel, Prof., Dr. theol., Deutsches Evangelisches Institut für Altertumswissenschaft des Heiligen Landes, Jerusalem.

A.vanS.
A. van Selms, Th.D., University of Pretoria.

B.A.
B. Affeld, Pastor, Osnabrück.

B.Br.
B. Brockhaus, Mag. theol., Dozent, Bergneustadt.

B.F.C.A.
B.F.C. Atkinson †, M.A., Ph.D.

B.F.H.
B.F. Harris, B.A., M.A., B.D., Ph.D., Associate Prof., Macquarie University, New South Wales.

B.H.
B. Huwyler, wiss. Assistent, Evangelisch-Theologische Fakultät, Universität Basel.

B.L.S.
B.L. Smith, B.D., Th.School, Moore Theological College, Sydney.

B.O.B.
B.O. Barnwell, B.A., M.A., Rhodes University, S. Africa.

B.P.
B. Pixner OSB, Dozent, Jerusalem.

B.Schw.
B. Schwank OSB, Prof., Dr. theol., Erzabtei Beuron.

C.D.St.
C.D. Stoll, Pfr., Filderstadt.

C.D.W.
C. de Wit, Dr. phil., Prof. em., Conservateur honoraire Musées Royaux d'Art et Histoire, Bruxelles.

C.F.P.
C.F. Pfeiffer †, B.A., B.D., Ph.D.

Ch.M.
Ch. Morgner, Pfr., Präses des Gnadauer Verbandes, Dollbergen.

C.J.D.
C.J. Davey, B.Sc., M.A., Victoria, Australia.

C.J.H.
C.J. Hemer †, M.A., Ph.D.

C.P.Th.
C.P. Thiede, M.A., Deutsches Institut für Bildung und Wissen, Paderborn; Lektor, Wuppertal.

C.Sch.
C. Schilling, stud.theol., Gomaringen.

D.A.H.
D.A. Hubbard, B.A., B.D., Th.M., Ph.D., D.D., L.H.D., Fuller Theological Seminary, Pasadena, California.

D.Ch.
D. Chudaska, Pastor, Plettenberg.

D.F.
D. Freemann, B.A., Th.B., Th.M., Ph.D., Rhode Island Junior College.

D.F.P.
D.F. Payne, B.A., M.A., The Queen's University, Belfast.

D.G.
D. Guthrie, B.D., M.Th., Ph.D., Vice-Principal, London Bible College.

D.G.S.
D.G. Stradling, Magdalen College, Oxford.

D.H.F.
D.H. Field, B.A., Oak Hill College, London.

D.H.W.
D.H. Wheaton, M.A., Oak Hill College, London.

D.J.A.C.
D.J.A. Clines, M.A., Senior Lecturer, Department of Biblical Studies, University of Sheffield.

D.J.W.
D.J. Wiseman, O.B.E., M.A., D. Lit., F.B.A., F.S.A., University of London.

D.K.I.
D.K. Innes, M.A., B.D., Rector of Alford and Loxwood, West Sussex.

D.O.S.
D.O. Swann, B.A., D.D., Middlesex.

D.R.H.
D.R. Hall, M.A., M.Th., Superintendent Minister of the North of Scotland Mission Circuit of the Methodist Church, Aberdeen.

D.Sch.
D. Schneider, Pfr., Lemgo.

D.T.
D.H. Trapnell, M.A., M.D., F.R.C.P., F.R.C.R., Consultant Radiologist, Westminster Hospital, London.

D.W.
D. Wenham, M.A., Ph.D., Research Fellow, Tyndale House, Cambridge.

D.W.B.
D.W. Baker, A.B., M.C.S., M.Phil., Bethel College, St. Paul, Minnesota.

D.W.B.R.
D.W.B. Robinson, M.A., University of Sydney.

D.W.G.
D.W. Gooding, M.A., Ph.D., M.R.I.A., The Queen's University, Belfast.

E.A.J.
E.A. Judge, M.A., Macquarie University, New South Wales.

E.E.E.
E.E. Ellis, Prof., Ph.D., New Brunswick, Theological Seminary, New Jersey.

E.H.
E. Hahn, Dr. theol., Pfr., Sao Bento do Sul, Brasilien.

E.J.S.
E.J. Schnabel, Dr. theol., Dozent, Bergneustadt.

E.J.Y.
E.J. Young †, B.A., Th.M., Ph.D.

E.K.
E. Kollmar, Pfr. OStR., Leonberg.

E.M.B.
E.M. Blaiclock, O.B.E., M.A., Litt.D., Prof.em., University of Auckland.

E.M.B.G.
E.M.B. Green, Prof., M.A., B.D., Regent College, Vancouver.

E.M.Y.
E.M. Yamauchi, Prof. B.A., M.A., Ph.D., Oxford, Ohio.

E.v.E.
E. von Eicken, Dr. theol., Pfr., Marburg.

F.C.F.
F.C. Fensham, M.A., Ph.D., D.D., University of Stellenbosch.

F.F.
F. Flückiger, Dr. theol., Pfr., Affoltern i.E.

F.F.B.
F.F. Bruce, Prof.em., M.A., D.D., F.B.A., University of Manchester.

F.Fe.
F. Fellert, wiss. Mitarbeiter, Fakultät für Evangelische Theologie, Ruhr-Universität Bochum.

F.G.
F. Grünzweig, Dr. Theol. h.c., Pfr., Korntal.

F.H.
F. Herrenbrück, Dr. theol., Pfr., Löffingen.

F.H.P.
F.H. Palmer, M.A., Lichfield.

F.L.
F. Laubach, Dr. theol., Diakonieleiter, Hamburg.

F.N.
F. Ninow, M.A., Dozent., Darmstadt.

F.N.H.
F.N. Hepper, F.I.Biol., B.Sc., F.I.S., Royal Botanic Gardens, Kew.

F.R.S.
F.R. Steele, A.B., M.A., Ph.D., Assistant Director North America for the North Africa Mission; formerly Assistant Prof. of Assyriology, University of Pennsylvania.

F.S.F.
F.S. Fitzsimmonds, B.A., B.D., M.Th., Vice-Principal, Spurgeon's College, London.

G.G.G.
G.G. Garner, B.A., B.D., Australian Institute of Archaeology, Melbourne.

G.G.G.R.
G.G.G. Reinhold, Dr. phil., Dipl. theol., Murrhardt.

G.H.
G. Hörster, Rektor, Theologisches Seminar des Bundes Freier evangelischer Gemeinden in Deutschland, K.d.ö.R., Dietzhölztal-Ewersbach.

G.I.D.
G.I. Davies, M.A., Ph.D., University of Cambridge.

G.K.
G. Kretschmar, Prof., Dr. theol., Evangelisch-Theologische Fakultät der Universität München, Institut für Kirchengeschichte.

G.L.
G. Lüderitz, cand. theol., Tübingen.

G.Le.
G. Lehner, stud. theol., Wien.

G.M.
G. Maier, Dr. theol., Pfr., Rektor des Albrecht-Bengel-Hauses, Tübingen.

G.O.
G. Ogg †, M.A., B.St., D.D., D.Litt.

G.R.B.M.
G.R. Beasley-Murray, M.A., Ph.D., D.D., Southern Baptist Theological Seminary, Louisville, Kentucky.

G.S.C.
G.S. Cansdale, B.A., B.Sc., F.L.S., Consultant Biologist.

G.S.M.W.
G.S.M. Walker †, M.A., B.D., Ph.D.

G.Sch.
G. Schimanowski, Dr. theol., Pfr., Dozent, Theologisches Seminar der Evang.-methodist. Kirche, Reutlingen.

G.T.M.
G.T. Manley †, M.A.

G.W.G.
G.W. Grogan, B.D., M.Th., Bible Training Institute, Glasgow.

H.A.G.B.
H.A.G. Belben, M.A., B.D., Cliff College, Calver, Derbyshire.

H.Be.
H. Bergmann, Pfr., Naila.

H.B.
H. Burkhardt, Dr. theol., Pfr., Dozent, Prediger-Seminar St. Crischona, Bettingen/Basel.

H.Bd.
H. Bärend, Pastor, Direktor der Arbeitsgemeinschaft MBK (Missionarisch-biblische Dienste unter Jugendlichen und Berufstätigen e.V.), Bad Salzuflen.

H.Bhd.
H. Bietenhard, Prof., Dr. theol., Steffisburg (CH).

H.Br.
H. Bräumer, Dr. theol., Pfr., Vorsteher der Lobetalarbeit e.V., Celle.

M.C.H.
H.C. Hahn, Pfr., Bad Boll.

H.D.McD.
H.D. McDonald, B.A., B.D., Ph.D., D.D., London Bible College.

H.E.
H. Egelkraut, Dr. theol., Pfr., Dozent, Evang. Missionsschule der Bahnauer Bruderschaft, Weissach im Tal.

H.F.B.
H.F. Bayer, Dr. theol., Dozent, Freie Theologische Akademie, Gießen.

H.G.
H. Günther, Dr. theol., Prof., Theologische Hochschule, Oberursel (Ts.).

H.G.M.W.
H.G.M. Williamson, M.A., Ph.D., University of Cambridge.

H.H.
H. Hempelmann, M.A., Vikar, Ammersbuch.

H.Ha.
H. Hafner, Pfr., Marburg.

H.J.E.
H.J. Eckstein, Dr. theol., wiss. Assistent, Evangelisch-Theologische Fakultät der Universität Tübingen.

H.K.
H. Krimmer, Dr. theol., Pfr., Dettingen/Teck.

H.L.
H. Lindner, Dr. theol., Pfr., Dautphetal-Holzhausen.

H.L.E.
H.L. Ellison, B.A., B.D., Moorlands Bible College.

H.M.C.
H.M. Carson, B.A., B.D., Minister of Hamilton Road Baptist Church, Bangor, Northern Ireland.

H.P.
H. Petri, Prof., Dr. theol., Katholisch-Theologische Fakultät der Universität Regensburg.

H.Pe.
H. Pehlke, Th.M., Th.D., Dozent, Freie Theologische Akademie Gießen.

H.P.R.
H.P. Rüger, Prof., Dr. theol., Evangelisch-Theologisches Seminar der Universität Tübingen.

H.R.
H. Rockel, Pfr., Freudenstadt-Grüntal.

H.S.
H. Schmid, Pfr., Baiersbronn.

H.Sch.
H. Schmid, Prof., Dr. theol., Wil SG.

H.St.
H. Stadelmann, Dr. theol., Dekan der Freien Theologischen Akademie, Gießen.

H.W.N.
H.W. Neudörfer, Dr. theol., Pfr., Studienleiter, Tübingen.

I.H.M.
I.H. Marshall, Prof., B.A., M.A., B.D., Ph.D., University of Aberdeen.

J.Ä.
J. Ådna, wiss. Assistent, Evangelisch-Theologische Fakultät, Universität Tübingen.

J.A.M.
J.A. Motyer, M.A., B.D., Trinity College, Bristol.

J.A.T.
J.A. Thompson, M.A., M.Sc., B.D., B.Ed., Ph.D., University of Melbourne.

J.B.J.
J.B. Job, M.A., B.D., Tutor in Old Testament, Cliff College, Derbyshire.

J.B.Tr.
J.B. Taylor, M.A., Bishop of St. Albans.

J.C.
J. Cochlovius, Dr. theol., Pfr., Studienleiter, Krelingen.

J.C.J.W.
J.C.J. Waite, B.D., South Wales Bible College.

J.C.W.
J.C. Whitcomb, Th.D., Grace Theological Seminary, Winona Lake, Indiana.

J.D.D.
J.D. Douglas, M.A., B.D., S.T.M., Ph.D., Editor-at-Large, Christianity Today.

J.D.G.D.
J.D.G. Dunn, M.A., B.D., Ph.D., University of Nottingham.

J.E.
J. Eber, wiss. Mitarbeiter, Theologische Fakultät, Universität Erlangen.

J.E.G.
J.E. Goldingay, B.A., St. John's College, Nottingham.

J.G.B.
J.G. Baldwin, B.A., B.D., Trinity College, Bristol.

J.G.G,N.
J.G.G. Norman, B.D., M.Th., Pastor of Rosyth Baptist Church, Fife.

J.G.S.S.T.
J.G.S.S. Thomson, B.A., M.A., B.D., Ph.D., Minister at Wigtown, Scotland.

J.H.
J.W.L. Hoad, M.A., Clinical Supervisor, Princeton, New Jersey.

J.H.H.
J.H. Harrop, M.A., University of Sierra Leone.

J.H.P.
J.H. Paterson, M.A., University of Leicester.

J.I.P.
J.I. Packer, M.A., D.Phil., D.D., Regent College, Vancouver, BC.

J.Kn.
J. Knab, Pfarrvikar, Heddesheim.

J.L.
J. Lange, Pfarrvikar, Villingen.

J.M.
J. Murray †, M.A., Th.M.

J.M.H.
J.M. Houston, M.A., B.St., D.Phil., Regent College, Vancouver, B.C.

J.N.B.
J.N. Birdsall, M.A., Ph.D., University of Birmingham.

J.O.C.
J.O'Callaghan, SJ, Prof., Dr., Pontificio Istituto Biblico, Rom.

J.P.K.
J.P. Kane, Ph.D., Dipl.Ed., University of Manchester.

J.P.U.L.
J.P.U. Lilley, M.A., F.C.A., Magdalen College, Oxford.

J.R.
J. Rea, Prof., M.A., Th.D., Anaheim, California.

J.Ru.
J. Ruffle, M.A., Keeper of Archaeology, Birmingham City Museum.

J.S.
J. Singer, Vikar, Fürth/Bayern.

J.S.W.
J.S. Wright, M.A., Tyndale House, Bristol.

J.T.
J.A. Thompson, B.A., M.Div., Th.M., Ph.D., American Bible Society.

J.T.W.
J.T. Whitney, M.A., L.C.P., Ph.D., South East Essex Sixth Form College.

J.v.O.
J. van Oorschot, Dr. theol., Pastor, Marburg.

J.W.C.
J.W. Charley, M.A., Warden of Shrewsbury House and Rector of St Peter's, Everton, Liverpool.

J.W.D.
J.W. Drane, M.A., Ph.D., University of Sterling.

J.W.M.
J.W. Meiklejohn, M.B.E., M.A., Inter-School Christian Fellowship in Scotland.

K.A.K.
K.A. Kitchen, B.A., Ph.D., University of Liverpool.

K.B.
K. Brandt, Pastorin, Bad Salzuflen.

K.G.
K. Günther, M.A., Lektor, Wuppertal.

K.H.
K. Haacker, Prof. Dr. theol., Kirchliche Hochschule, Wuppertal.

K.H.M.
K.H. Michel, Pfr., Mainz.

K.L.McK.
K.L. McKay, B.A., M.A., The Australian National University, Canberra.

K.S.
K. Seidel, Dozent, Theologisches Seminar des Bundes Freier evangelischer Gemeinden in Deutschland, K.d.o.R., Dietzhölztal-Ewersbach.

K.W.
K. Wetzel, Dr. theol., Asian Theological Seminary, Manila.

L.E.v.P.
L.E. von Padberg, Prof., Dr. phil., Everswinkel.

L.M.
L.L. Morris, M.Sc., M.Th., Ph.D., Melbourne.

M.A.M.
M.A. Macleod, M.A., Director, Christian Witness to Israel.

M.B.
M. Beeching, B.A., B.D., M.E.d., Cheshire College of Education, Alsager.

M. Brändl, M.A., Theol. Mitarbeiter der Pfarrer-Gebete-Bruderschaft, Tübingen.

M.D.
M. Dieterich, Prof., Dr. phil., Fachbereich Erziehungswissenschaften der Universität Hamburg.

M.F.P.
M.F. Printz, Pfarrvikar, Karlsruhe.

M.G.
M. Grundmann, Vikar, Lage/Lippe.

M.G.K.
M.G. Kline, Th.M., Ph.D., Prof., Gordon Cornwell Theological Seminary, South Hamilton, Mass.

M.Gr.
M. Gräßer, Theologischer Mitarbeiter, Lobetalarbeit, Celle.

M.H.
M. Holland, Pfr., Korntal.

M.H.C.
M.H. Cressey, M.A., Westminster College, Cambridge.

M.He.
M. Hermann, Pfarrvikar, Mannheim.

M.J.
M. Janz, Pastor, Lüdenscheid.

M.J.S.
M.J. Selman, B.A., M.A., Ph.D., Spurgeon's College, London.

M.J.S.R.
M.J.S. Rudwick, M.A., Ph.D., Prof., Freie Universität Amsterdam.

M.M.
M. Metzger, Prof. Dr., Institut für Alttestamentliche Wissenschaft und Biblische Archäologie, Universität Kiel.

M.R.W.F.
M.R.W. Farrer, M.A., Vicar of St Paul's Church, Cambridge.

M.Sch.
M. Schanz, stud. theol., Tübingen.

M.Sch-Sch.
M. Schütz-Schuffert, cand. phil., Berlin.

M.Schr.
M. Schröder, cand. theol., Tübingen.

M.W.
M. Wacker, Studienassistent, Tübingen.

N.H.
N. Hillver, B.D., S.Th., A.L.C.D., Hatherleight, Devonshire.

N.H.R.
N.H. Ridderbos, Prof. em., Dr. theol., Freie Universität Amsterdam.

O.B.
O. Betz, Prof. em., Dr. theol., Evangelisch-Theologische Fakultät, Universität Tübingen.

O.B.K.
O.B. Knoch, Prof., Dr. theol., Lehrstuhl für Biblische Einleitungswissenschaften und Biblische Kerygmatik, Universität Passau.

O.H.
O. Hofius, Prof., Dr. theol., Evangelisch-Theologische Fakultät, Universität Tübingen.

O.K.
O. Kohler, Drs. phil., Stuttgart.

P.Z.
P. Zimmerling, Theologe, Reichelsheim.

R.A.H.G.
R.A.H. Gunner, B.A., M.Th., Brooklands Technical College, Weybridge, Surrey.

R.A.S.
R.A. Stewart, M.A., B.D., M.Litt.

R.Ch.
R. Chudaska, Pastor, Bergkamen-Oberraden.

R.D.
R. Deines, cand. theol., Tübingen.

R.E.N.
R.E. Nixon †, Prof., M.A.

R.Fi.
R. Findeisen, Neumünster.

R.F.
R. Frische, Pfr., Eriswil i.E.

R.G.
R. Gebauer, Dr. theol., wiss. Assistent, Theologische Fakultät, Universität Erlangen.

R.F.U.
R.F. Uhlmann, Dr. theol., Pfr., Wilhelmsdorf.

R.H.
R. Hille, Pfr., Studienleiter, Stuttgart.

R.H.M.
R.H. Mounce, B.A., B.D., Th.M., Ph.D., Western Kentucky University.

Ri.Sch.
R. Schneider, Theologin, Sulzfeld.

R.J.A.S.
R.J.A. Sheriffs, B.A., B.D., Ph.D., Rhodes University, Grahamstown.

R.J.B.
R.J. Bauckham, M.A., Ph.D., University of Manchester.

R.J.T.
R.J. Thompson, M.A., B.D., Th.M., D.Theol., New Zealand Baptist Theological College, Auckland.

R.J.W.
R.J. Way, M.A., Minister of St. Columba's United Reformed Church, Leeds.

R.K.H.
R.K. Harrison, M.Th., Ph.D., D.D., University of Toronto.

R.P.G.
R.P. Gordon, M.A., Ph.D., University of Cambridge.

R.P.M.
R.P. Martin, M.A., Ph.D., Fuller Theological Seminary, Pasadena, California.

R.R.
R. Riesner, Dr. theol., wiss. Assistent, Evangelisch-Theologische Fakultät der Universität Tübingen.

R.S.
R. Scheffbuch, Dekan, Schorndorf.

R.Sch.
R. Schippers, Prof., Dr. theol., Amsterdam.

R.S.W.
R.S. Wallace, M.A., B.Sc., Ph.D., Prof. em., Columbia Theological Seminary, Decatur, Georgia.

R.Sz.
R. Schultz, B.A., M.D., M.A., Dozent, Freie Theologische Akademie, Gießen.

R.T.B.
R.T. Beckwith, Ph.D., M.A., Latimer House, Oxford.

R.V.G.T.
R.V.G. Tasker †, M.A., D.D.

R.W.
R. Westerheide, Pfr., Studienleiter, Marburg.

S.F.
S. Findeisen, Pastor, Neumünster.

S.K.
S. Kettling, Pfr., Dozent, Evang. Missionsschule der Bahnauer Bruderschaft, Weissach im Tal.

S.Ku.
S. Kunz, Dr. theol., Pfr., Fränkisch-Crumbach.

S.M.
S. Mittmann, Prof., Dr. theol., Biblisch-Archäologisches Institut, Universität Tübingen.

S.S.S.
S.S. Smalley, M.A., B.D., Ph.D., Canon Residentiary and Precentor of Coventry Cathedral.

T.C.M.
T.C. Mitchell, M.A., Deputy Keeper, Department of Western Asiatic Antiquities, British Museum.

T.H.J.
T.H. Jones, M.A., B.D., A.M.B.I.M., Hind Leys College, Shepshed, Leicestershire.

T.M.
T. Moos, Vikar, Alsbach.

T.P.
T. Pola, wiss. Assistent, Evangelisch-Theologische Fakultät, Universität Tübingen.

T.Sch.
T. Schirrmacherr, Dr. theol. (NL), Dozent, Bonn.

U.K.
U. Krolzik, Dr. theol., M.A., Kirchen- und Dogmengeschichtliches Seminar, Universität Hamburg.

U.S.
U. Swarat, Dr. theol., Pastor, Dozent, Theologisches Seminar des Bundes Evangelisch-Freikirchlicher Gemeinden in Deutschland, K.d.ö.R., Hamburg.

U.Th.
U. Thümmel, Pfr., Niefern-Öschelbronn.

U.W.
U. Worschech, Dr. phil., Dozent, Darmstadt.

U.We.
U. Westerheide, Theologin, Extertal-Silixen.

V.S.
V. Schmidt, Realschullehrer, Ratzeburg.

W.B.
W. Bauder, Pfr., Köln.

W.Be.
W. Becker, Pfr., Neuried.

W.Bm.
W. Bühlmann, Prof., Dr. theol., Theologische Fakultät Luzern, Theologische Hochschule Chur.

W.B.S.
W. Bittner-Schwob, Dr. theol., Pfr., Fahrwangen (AG).

W.D.
W. Dietrich, Pastor, DDR-Waren (Müritz).

W.E.
W. Eisenblätter, Dr. theol., Dozent, Theologisches Seminar des Bundes Evangelisch-Freikirchlicher Gemeinden in Deutschland, K.d.ö.R., Hamburg.

W.G.
W. Grimm, Dr. theol., Pfr., Stuttgart.

W.H.
W. Haubeck, Dr. theol., Dozent, Theologisches Seminar des Bundes Freier evangelischer Gemeinden in Deutschland, K.d.ö.R., Dietzhölztal-Ewersbach.

W.J.M.
W.J. Martin †, M.A., Th.B., Ph.D.

W.N.
W. Neuer, Dr. theol., Gomaringen.

W.O.
W. Osborne, M.A., M.Phil., The Bible College of New Zealand.

W.P.
W. Popkes, Dr. theol. habil., Dozent, Theologisches Seminar des Bundes Evangelisch-Freikirchlicher Gemeinden in Deutschland, K.d.ö.R., Hamburg.

W.R.
W. Rebell, Prof., Dr. theol., Fachbereich Evangelische Theologie, Gesamthochschule Siegen.

W.S.
W. Scheffbuch, Pfr. Stuttgart.

W.Sch.
W. Schlichting, Dr. theol., Pfr., Augsburg.

W.St.
W. Stoy, OStR, Seminarleiter, Brüderhaus Tabor, Seminar für Innere und Äußere Mission, Marburg.

W.T.
W. Trick, Studienassistent, Tübingen.

W.W.W.
W.W. Wessel, M.A., Ph.D., Bethel College, St. Paul, Minn.

W.Z.
W. Zwickel, wiss. Mitarbeiter, Theologische Fakultät, Universität Kiel.

Übersetzer

Dieter Bode, Lörrach; Sigrid Buttkewitz, Essen; Irene Buttkus, Marburg; Beate Gorman, Marl; Christiane Halket, Hamburg; Gudrun Hoffmann, Solingen; Reinhilde Klatte, Helmstedt; Uwe Krüger, Lörrach; Regina Pagel, Haan; Thomas Pfeiffer, Hilden; Gerhard Raabe, Hannover; Thomas Sandner, A-Retz; Dr. Eckhard J. Schnabel, Bergneustadt; Albert Martin Steffe, Lörrach; Dagmar Völker, Tübingen; Johannes Volkert, Lörrach; Ingo Zwinkau, Burgthann.

DAS GROSSE BIBELLEXIKON

Band 2: E – H

Herausgegeben von
Helmut Burkhardt
Fritz Grünzweig †
Fritz Laubach
Gerhard Maier

R. BROCKHAUS VERLAG WUPPERTAL
BRUNNEN VERLAG GIESSEN

EBAL, BERG. Der höhere von jenen zwei Bergen, in deren Schatten *Sichem, das heutige Nablus liegt. Er erhebt sich im N des Sichemtals 427 m über das Tal und 938 m über den Meeresspiegel. Das Gebiet zwischen dem E. und seinem Nachbarberg Garizim im S des Tals bildet ein natürliches Amphitheater mit erstaunlichen akustischen Eigenschaften. Am Schluß seiner Rede in 5Mo 5-11 weist Mose auf die beiden Berge am westl. Horizont hinter *Gilgal und *More (Sichem) hin und kündigt an, daß nach dem Einzug ins Land auf dem *Garizim ein Segen gesprochen werden soll und auf dem E. ein Fluch.

Nach dem Gesetzesteil in 5Mo 12-26 wird die Erzählung wieder aufgenommen, und Mose erläßt für den Segen und den Fluch genaue Anordnungen. Zuerst sollten große kalkgetünchte Steine auf dem E. aufgestellt und das Gesetz darauf geschrieben werden. Der früher nur aus Ägypten bekannte Brauch, auf gipsgetünchten Steinen zu schreiben, ist jetzt durch die Wandinschriften aus dem 8.Jh.v.Chr. vom Tell deir Alla auch für Palästina selbst belegt worden (J. Hoftijzer: BA 39/1976, S. 11, 87). Anschließend mußte ein Altar aus unbehauenen Steinen errichtet und dann darauf geopfert werden (5Mo 27,1-8). Der samaritanische Pentateuch (*Texte und Übersetzungen) liest in V. 4 »Garizim« für »Ebal«; diese Textvariante scheint irgendwie mit der Existenz eines samaritanischen Tempels auf dem Garizim zusammenzuhängen. Es ist aber auch möglich, daß die samaritanische Lesart auf das später empfundene Unbehagen über die Opferpraxis (V. 6f) auf dem »Berg des Fluches« (vgl. 11,29) zurückgeht.

Bei einer weiteren Ansprache (5Mo 27,9-28,68) befahl Mose, daß sich sechs Stämme auf dem Garizim aufstellen sollten, um den Gehorsam zu segnen, und sechs auf dem E., um den Ungehorsam zu verfluchen (27,9-13). Anschließend sollten die Leviten für Sünden gegen Gott und Menschen, von denen viele auch heimlich getan werden konnten, Flüche auf die Stämme herabrufen (27,15-26). Mit der Antwort »Amen« sollte das Volk solche Handlungen öffentlich verdammen. Nach Siegen in Mittelpalästina versammelte Josua das Volk bei Sichem, wo diese Rituale dann pflichtgetreu ausgeführt wurden (Jos 8,30-35).

Die genannten Rituale sind als Beweis dafür angesehen worden, daß 5Mo eine Vertragsurkunde darstellt und daß in der Frühzeit bei Sichem wiederholt ein Fest zur Bundeserneuerung stattfand. Was diese Theorien im einzelnen auch wert sein mögen, fest steht, daß 5Mo 27 alte Überlieferungen von großer Bedeutung für die Frühgeschichte der israelit. Religion enthält. G.T.M./G.I.D.

EBAL (OBAL).

1. Ein Nachkomme *Joktans (1Mo 10,28; 1Chr 1,22); eine der semit. Sippen in S-Arabien.

2. Ein Nachkomme Esaus (1Mo 36,23). J.D.D.

EBED-MELECH.
(»Diener des Königs« ein geläufiger Name). Ein äthiop. Diener des Königs *Zedekia, der *Jeremia aus einem Kerker befreite (Jer 38,7-13). Dafür wurde sein Leben durch Gottes gnädige Bewahrung bei der Zerstörung Jerusalems verschont (Jer 39,15-18). D.J.W.

EBENBILD s. Bild

EBEN-ESER. »Stein der Hilfe«.

1. Der Schauplatz der zweifachen Niederlage Israels durch die *Philister bei *Afek, südl. von Scharon. Die Söhne *Elis wurden getötet und die Lade weggenommen (1Sam 4,1-22). Die hiermit beginnende Vorherrschaft der Philister dauerte bis zu den Tagen der nationalen Wiedererstarkung Israels unter der Monarchie an.

2. Der Stein, den Samuel zwischen Mizpa und Schen zur Erinnerung an seinen Sieg über die Philister aufrichtete (1Sam 7,12), wurde wohl nach dem Ort der früheren Niederlage Israels genannt, um so den Eindruck zu verstärken, daß sich diese Niederlage nun in ihr Gegenteil verkehrt hatte. Der genaue Standort des Steins ist unbekannt. R.J.W.

EBER. 1. Der Sohn *Schelachs (1Chr 1,18f.25) und Urenkel *Sems, der mit 34 Jahren der Vater *Pelegs wurde (1Mo 11,16) und später weitere Söhne und Töchter hatte, unter ihnen auch *Joktan (1Mo 10,21.25). Nach 1Mo 11,16f wurde E. 464 Jahre alt. Manche sehen in ihm Ebru(m), den König von *Ebla, Syrien, um 2300 v.Chr.

E. (»einer, der auswandert«) bedeutet das gleiche wie der Name »Hebräer« (Habiru). Seine Söhne lebten zu einer Zeit als »die Erde geteilt wurde« wie beim Turmbau zu *Babel. Diese »Teilung« geschah vielleicht zwischen den »Arabern« (wahrscheinlich durch Lautverschiebung dasselbe wie oder eine Dialektvariante zu *eber*) unter Joktan und den Halbseßhaften im bewässerten Land (akkad. *palgu*) unter Peleg. Der Name E. wird in 4Mo 24,24

Einige der 18.000 Keilschrift-Tafeln, die im Archiv des königlichen Palastes in Ebla lagen. Ca. 2300 v.Chr. (PM)

Blick auf einen Lagerraum im Königspalast von Ebla, in dem über 1000 schriftliche Dokumente gefunden wurden. Ca. 2300 v.Chr. (PM)

als poetische Umschreibung Israels gebraucht.

2. Eine gaditische Sippe (1Chr 5,13).

3. Zwei Benjaminiten (1Chr 8,12.22)

4. Das Oberhaupt der Priestersippe Amok, die mit *Serubbabel von Babylonien nach Jerusalem zurückkehrte (Neh 12,20). D.J.W.

EBLA. Hauptstadt eines Stadtstaats 70 km südl. von Aleppo, Syrien, heute Tell Mardih; seit 1964 werden dort Ausgrabungen von italienischen Archäologenteams durchgeführt. Die Entdeckung eines Archivs mit über 18 000 Texten aus der Zeit um 2300 v.Chr. ist für den geschichtlichen Hintergrund der Erzählungen von 1Mo von Bedeutung.

Zur Zeit der protosyr. Perioden I und II (ca. 3000-2400 und 2400-2000 v.Chr.) war die Stadt bewohnt. Im Königspalast und in der Akropolis wurden Texte aus Periode II gefunden. Zerstört wurde die Stadt entweder von Sargon (2330-2274 v.Chr.) oder Naramsin von Akkad (2250-2213 v.Chr.). Als Handelszentrum wurde E. von Königen regiert, darunter Eb(e)rum, oft mit *Eber (1Mo 10,24) oder *ibri* (»Hebräer-Habiru«) gleichgesetzt. Um 2350 v.Chr. fiel E. in *Mari ein, und Ebrum schloß einen Vertrag mit Dudya von Assur, der sonst nur aus Königslisten als erster »der siebzehn Könige, die in Zelten wohnten«, bekannt ist. Manche sehen in ihm eine legendarische Gestalt. E. erscheint später in Texten aus *Ur, *Alalach, Kanisch in Anatolien und *Ägypten. Die Stadt florierte bis ca. 1450 v.Chr.

Die Texte sind in Sumer. sowie in einem frühen nordwestsemit. Dialekt abgefaßt (zunächst »paläo-kanaanäisch« oder »eblaisch/eblaitisch« genannt), ein Beleg für den frühen semit. Einfluß in jener Gegend. Die literarischen Formen entsprechen den zeitgenössischen mesopotamischen Gattungen (Fara, Abū Salabikh) und der Schultradition, die sich noch in den akkad. *Ugarit-Texten finden. Es gibt dort Schöpfungsberichte, eine Fluterzählung, Mythen, Zauberformeln, Hymnen und Sprüche. Historische und Rechtstexte, königliche Erlasse, Briefe und wohl auch einige Gesetzesformeln spiegeln die große Bedeutung dieses Ortes. Die lexikalischen Texte enthalten 32 zweisprachige Texte (sumer.-eblaitisch) und viele Duplikate. All das sowie zahlreiche Verwaltungs- und Wirtschaftstexte ergeben ein Bild von der Aktivität eines Handelszentrums mit einer Viertelmillion Einwohner, das mit *Zypern, *Palästina und den wichtigsten Hauptstädten Korn, Textilien, Holz und Wein handelte. Das Königshaus besaß viel Macht, doch setzte es »Älteste« (*abū*) und »Statthalter« (*schāpitum*) ein, die eine ähnliche Funktion hatten wie später die bibl. Richter.

Die lexikalischen Texte umfassen die üblichen Schulkataloge von Tieren, Fischen, Vögeln, Berufen und Dingen (vgl. 1Kön 5,12f). Eine Liste mit über 500 Ortsnamen führt angeblich auch *Hazor, *Lachisch, *Geser, *Dor, *Megiddo, *Aschtarot, *Jerusalem, *Joppe und *Sinai auf. Zu den bisher zitierten Personennamen gehören Ischra'el, Isma'el, Abarama, Mika'el und Mikaya, doch gibt es bisher keinen Grund, sie mit ähnlichen bibl. Namen gleichzusetzen oder Endungen auf die Kurzform *-ya* auf einen frühen Gebrauch des Gottesnamens Yah(we) hin zu deuten.

Man erwartet, daß diese und die späteren syr. Texte (*Mari, *Alalach) für unser Verständnis der Patriarchenzeit wichtig werden und uns neue Details über Sprache, Leben und Literatur der frühsemit. Völker liefern. Sie sind allgemein zu alt, um sich anders als durch die literarische Überlieferung frühen Schrifttums auf das AT zu beziehen. Eine definitive Stellungnahme muß noch auf die vollständige Veröffentlichung der Texte warten.

Literatur: P. Matthiae: Orientalia, N.S. 44/1975, S.337-360; ders. in: BA, 39/1976, S.94-113; ders.: Ebla, an Empire Rediscovered, 1981; G. Pettinato: Orientalia, N.S. 44/1975, S.361-374; ders. in: BA, 39/1976, S. 44-52; ders.: The Archives of Ebla, 1981; K.A. Kitchen: The Bible in Its World, 1977; C. Bermant, M. Weitzman: Ebla, A Revelation in Archaeology, 1979.

D.J.W.

EBRON s. Abdon

ECKSTEIN. Die ntl. Bedeutung dieses Wortes leitet sich von drei atl. Stellen ab; zunächst von Ps 118,22, wo der von den Bauleuten verworfene Stein zum »Haupt der Ecke« (hebr. *rō'sch pinnā*, LXX: *kephalē gōnias*) geworden ist. Ursprünglich drückte der Psalmist hier seine Freude am Sieg über seine Feinde aus, die ihn verstoßen hatten, doch galt der Psalm im liturgischen Rahmen des Laubhüttenfestes eher der nationalen als der persönlichen Befreiung. Die rabbinische Exegese verlieh ihm eine messianische Bedeutung, so daß Christus ihn später auf sich selbst beziehen konnte (Mt 21,42; Mk 12,10; Lk 20,17). In Apg 4,11 und 1Petr 2,7 benutzte auch Petrus diesen Text, um zu erklären, wie Christus von den Juden verstoßen und von Gott zum Haupt der Kirche erhöht wurde. Der Ausdruck »Haupt der Ecke« könnte sich auf einen der großen Steine im Fundament eines Gebäudes beziehen, die allein durch ihre Größe zwei oder mehr Steinreihen zusammenhal-

Süd-Ost-Ecke der Mauer im Tempelbezirk von Jerusalem. Die unteren Schichten sind herodianisches Mauerwerk. (RP)

ten, aber er meint wohl eher den Schlußstein, der einen Bogen vollendet oder auf einen Dachgiebel gesetzt wird (so Jeremias). Dieser Gedanke steht hinter Eph 2,20 (griech. *akrogōniaios,* ergänze *lithos*), wo Paulus beschreibt, wie Christus die Steine des neuen Tempels als E. zusammenhält und dem Gebäude Einheit und Vollkommenheit verleiht. Eine andere Stelle bezeichnet Christus als Fundament der Kirche (1Kor 3,11), doch Eph 2,20 dreht dieses Bild um und betrachtet die erste Generation der Apostel und Propheten als Fundament, Christus aber als Krone und Vollendung.

Die zweite Stelle (Jes 28,16) bezog sich wohl ursprünglich auf das massive Steingefü-

Typische Materialien aus der Werkstatt eines Siegelschneiders: Serpentin, Hämatit (ein Eisenerz), Lapislazuli, Achat, Karneol, Schildplatt und Marmor. (DJW)

ge des Tempels, das die beständige Gegenwart des Herrn unter seinem Volk symbolisierte. Da die Worte »Grundstein« und »Eckstein« bei Jesaja nebeneinander stehen, liegt es nahe anzunehmen, daß sie dieselbe oder eine ähnliche Bedeutung haben. Doch hat das NT in Röm 9,33 und 1Petr 2,6 diese Stelle mit dem dritten atl. Beleg (Jes 8,14) verschmolzen, dadurch die Verbindung gelockert und herausgestellt, daß Christus der Stein des Anstoßes für die Ungläubigen und eine sichere Grundlage für die Gläubigen ist. J.B.Tr.

ECKTOR s. Jerusalem

EDELSTEINE. Nicht anders als heute wurden in bibl. Zeit von Männern und Frauen verschiedene Arten von Schmuck getragen und für kostbar gehalten (2Mo 11,2; Jes 3,18-21). Man gab E. als Geschenk (1Mo 24,22.53) und nahm sie als wichtigen Teil der Kriegsbeute (2Chr 20,25). Sie waren eine Form des Reichtums, vor allem vor der Einführung der Münzen (2Chr 21,3), und dienten als Wertmaßstab (Hiob 28,16; Spr 3,15; Offb 21,11). Von den vielen damals gebräuchlichen Schmuckstücken werden uns im AT Armreifen (1Mo 24,22.30.47; Hes 16,11), Fußkettchen und -spangen (Jes 3,18.20), Halsketten (1Mo 41,42; vgl. Lk 15,8, wo mit den zehn Silbergroschen vielleicht zum Halsband aufgezogene Münzen gemeint sind), Diademe (Sach 9,16; hier wird das Volk des Herrn mit den funkelnden Steinen in einem Diadem verglichen), Ohrringe (1Mo 35,4), Nasenringe (Jes 3,21) und Fingerringe (1Mo 41,42; Est 3,10; Lk 15,22) genannt. Sie wurden aus Gold, Silber oder anderen Metallen gefertigt (2Mo 3,22).

In der Schmuckherstellung kannte und verwendete man eine ansehnliche Anzahl ed-

Assyrische Sandsteinform zur Herstellung von Schmuck. Gefunden in Kalach/Nimrud. 9.–7. Jh. v.Chr. (BM)

Goldene Halskette mit Karneolen, die in einem Grab in Enkomi, Zypern, gefunden wurde. 14.–13. Jh. v.Chr. (MH)
Ägypt. Schmuckgürtel aus der Zeit der 12. Dynastie (ca. 1850 v.Chr.)

Onyx-Siegel in Skarabäus-Form mit althebräischer Inschrift, rechts ein Abdruck. Ca. 600 v.Chr. (IM) (PSR)

Belegstellen im AT: Edelsteine an der Brusttasche der Hohenpriester
(2Mo 28,17–20; 39,10–13; vgl. Hes 28,13)

	MT	LXX	LÜ	EÜ	RevEB	ZÜ	GN
1.	*'ōdem*	*sardion*	Sarder	Rubin	Karneol	Karneol	Rubin
2.	*pitedā*	*topazion*	Topas	Topas	Topas	Topas	Topas
3.	*bāreqet*	*smaragdos*	Smaragd	Smaragd	Smaragd	Smaragd	Smaragd
4.	*nōphek*	*anthrax*	Rubin	Karfunkel	Rubin	Rubin	Karfunkel
5.	*sappīr*	*sappheiros*	Saphir	Saphir	Saphir	Saphir	Saphir
6.	*yāhalōm*	*iaspis*	Diamant	Jaspis	Jaspis	Jaspis	Jaspis
7.	*leschem*	*ligyrion*	Lynkurer	Achat	Hyazinth	Hyazinth	Achat
8.	*schebō*	*achatäs*	Achat	Hyazinth	Achat	Achat	Hyazinth
9.	*'achlāmā*	*amethystos*	Amethyst	Amethyst	Amethyst	Amethyst	Amethyst
10.	*tarschīsch*	*chrysolithos*	Türkis	Chrysolith	Türkis	Chrysolith	Chrysolith
11.	*schōham*	*beryllion*	Onyx	Karneol	Onyx	Soham	Karneol
12.	*yaschepeh*	*onychion*	Jaspis	Onyx	Nephrit	Onyx	Onyx

Weitere Belegstellen im AT

		LÜ	EÜ	RevEB	ZÜ	GN
zekokit	Hiob 28,17	edles Glas	Glas	Glas	Glas	Glas
rā'mot	Hiob 28,18	Korallen	Korallen	Korallen	Korallen	Korallen
	Hes 27,16	Korallen	Korallen	Korallen	Korallen	Korallen
gābīsch	Hiob 28,18	Kristall	Kristall	Bergkristall	Kristall	Kristall
penīnīm	Hiob 28,18	Perlen	Perlen	Perlen	Perlen	Perlen
	Klgl 4,7	Korallen	Korallen	Korallen	Korallen	Korallen
	Spr 3,15	Perlen	Perlen	Korallen	Korallen	Edelsteine
kadkōd	Jes 54,12	Kristall	Rubin	Rubine	Rubin	Rubin
	Hes 27,16	Rubine	Rubine	Edelsteine	Granaten	Edelsteine
'eqdach	Jes 54,12	Rubin	Beryll	Karfunkel	Karfunkel	Karfunkelstein
qerach	Hes 1,22	Kristall	Kristall	Kristall	Kristall	Kristall

Belegstellen im NT (Offb 21,19f)

	griech.	LÜ	EÜ	RevEB	ZÜ	GN
1.	*iaspis*	Jaspis	"	"	"	"
2.	*sappheiros*	Saphir	"	"	"	"
3.	*chalkedon*	Chalzedon	"	Chalcedon	Chalzedon	"
4.	*smaragdos*	Smaragd	"	"	"	"
5.	*sardonyx*	Sardonyx	"	"	"	"
6.	*sardion*	Sarder	Sardion	Sardis	Karneol	Karneol
7.	*chrysolithos*	Chrysolith	"	"	"	"
8.	*berylos*	Beryll	"	"	"	"
9.	*topazion*	Topas	"	"	"	"
10.	*chrysapragos*	Chrysapras	"	"	"	"
11.	*hyakinthos*	Hyazinth	"	"	"	"
12.	*amethystos*	Amethyst	"	"	"	"

Schmuck-, Edel- und Halbedelsteine, wie sie in verschiedenen Bibelübersetzungen vorkommen.

Ein grüner Aventurin-Quarz. (IGS)

Granat, in Cobachon-Form geschliffen. (IGS)

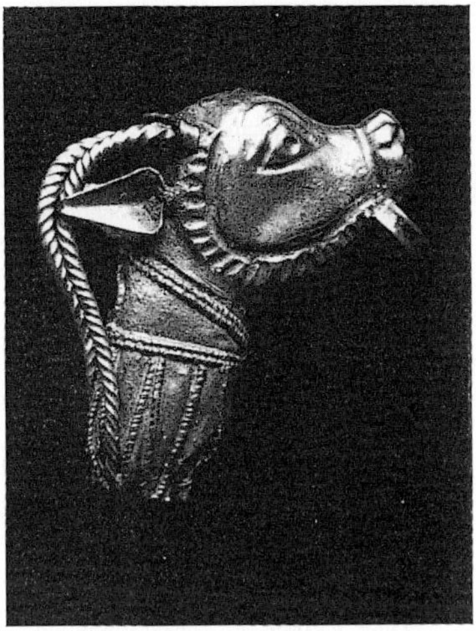

Ein goldener Ohrring, der in Aschdod, Philistäa, ausgegraben wurde. 2,0 cm × 1,5 cm. 4.–6. Jh. v.Chr. (IM)

ler und halbedler Steine. Man hat beschriftete *Siegel aus Karneol, Chalzedon, Jaspis, Achat, Onyx, Bergkristall, Hämatit, Jade, Opal und Amethyst gefunden (D. Diringer: »Seals«, in DOTT, S. 218-226). Diese Steine wurden ihrer Seltenheit, Schönheit und Lebensdauer wegen geschätzt. Sie wurden nicht nach der heute üblichen Flächenschliffmethode bearbeitet, sondern gerundet und poliert, oft auch graviert oder reliefiert.

Das Altertum war im allg. mit Halbedelsteinen eher vertraut als mit E.n. Da viele Steinarten in mehreren Farben vorkommen und eine wissenschaftliche Nomenklatur noch nicht entwickelt war, sind die verschiedenen in der Bibel genannten Steine nicht immer leicht zu identifizieren; zuweilen kann die Bedeutung der gebrauchten Begriffe nur erraten werden. Die Etymologie liefert kaum Anhaltspunkte, da viele Wurzeln einfach nur »funkeln, gleißen« oder dergleichen bedeuten.

Achat (*schĕbō,* 2Mo 28,19; 39,12) entspricht wahrscheinlich dem heutigen Achat, einer durchscheinenden Quarzart mit verschiedenfarbigen Bändern, oder dem sehr ähnlichen Onyx. In Jes 54,12 und Hes 27,16 könnte mit »ein roter Stein« (*kadkōd*) Karfunkel, roter Jaspis oder ein Rubin (LÜ) gemeint sein (vgl. Hes 27,16, wo Symmachus *karchēdonion,* d.i. Karfunkel, liest).

Das Wort **Alabaster** (*alabastron,* Mk 14,3; Mt 26,7; Lk 7,37), ursprünglich das Neutrum des Adjektivs *alabastros,* bezeichnete langhalsige Alabasterfläschchen, in denen man Parfüm aufbewahrte. Wollte man den Inhalt verwenden, mußte man den Hals abbrechen. Mit dem Wort bezeichnete man aber auch derartige Fläschchen aus jedem anderen Material. Antiker Alabaster umfaßte eine Gruppe verschiedener Kalziumkarbonate, die wie Stalaktiten durch allmähliches Ausfällen aus einer wäßrigen Lösung entstanden waren; heutiger Alabaster ist ein weicherer Stein, eine Art Gips (Kalziumsulphat).

Amethyst (*ʾahlāmā,* 2Mo 28,19; 39,12) entspricht dem gut bekannten gleichnamigen Stein, einer purpurnen Art transparenten kristallinen Quarzes. So auch in Offb 21,20.

Beryll (*tarschīsch,* 2Mo 28,20; 39,13; Hld 5,14; Hes 1,16; 10,9; 28,13; Dan 10,6) wurde mit Spanien (Tarsis) in Verbindung gebracht und entspricht wohl spanischem Goldtopas, in der Antike als Chrysolith bekannt. In Offb 21,20 (*beryllos*) ist gemeiner grüner Beryll gemeint.

Rubin. In Jes 54,12 (*ʾeqdach*) ist ein roter Stein gemeint, da das Wort von *qādach* (»anzünden«) abgeleitet ist, evtl. Granat.

Chalzedon (Offb 21,19) war nach allgemeiner Auffassung ein grüner Stein, da Plinius von chalzedonischem Smaragd und Jaspis spricht (aus Chalzedon in Kleinasien). (Heutige Autoren bezeichnen mit diesem Wort verschiedene Arten durchscheinenden Quarzes, darunter Achat, Onyx, Karneol und Chrysopras.)

Chrysolith (Offb 21,20) ist das antike Wort für gelben Topas (Aluminium-Fluor-Silikat) oder gelbes Quarz. Antiker Chrysolith ist der heutige Topas und umgekehrt.

Chrysopras (Offb 21,20) ist nach heutigem Sprachgebrauch ein apfelgrüner Chalzedon, kann aber nicht sicher bestimmt werden. Der Name läßt an eine goldgetönte Unterart denken.

Koralle (*rāʾmōt,* Hiob 28,18; Hes 27,16) kann sowohl rote wie schwarze Koralle sein. Natürlich ist sie als Skelett unzähliger kleiner Meerespolypen kein E. in strengem Sinn. *Rāʾmōt* erscheint auch in Spr 24,7 (MT), doch ist hier wohl *rāmōt,* »hoch«, zu lesen. In Klgl 4,7 übersetzt die LÜ *penīnīm* mit Koralle; dort geht es um irgendeinen roten Stein (s.u. Perlen).

Kristall (*gābīsch,* Hiob 28,18a) ist ein lichtdurchlässiger Stoff (vgl. *ʾelgābīsch,* »Hagel«), doch nach G.R. Driver ist damit Gips gemeint. *Qerach* (Hes 1,22) wird an anderen Stellen mit »Frost« oder »Eis« übersetzt. In Offb 4,6; 21,11; 22,1 (*krystallon, krystallizō*) kann es sowohl mit Bergkristall als auch Eis wiedergegeben werden.

Anordnung der zwölf Edelsteine auf der Brusttasche des Hohenpriesters.

Diamant (*yāhalōm,* 2Mo 28,18; 39,11; Hes 28,13) ist nicht sicher zu bestimmen. Der heutige Diamant war in atl. Zeit wohl unbekannt, denn Manilius ist der erste, der ihn mit Gewißheit erwähnt (1.Jh.n.Chr.). Wahrscheinlich geht es um einen undurchsichtigen weißen Stein (vielleicht Mondstein). G.R. Driver schlägt Jadeit oder Nephrit vor. In Jer 17,1 (*schāmīr*) ist Adamant oder Schmirgel gemeint, eine Art Korund (die härteste bekannte Substanz neben dem Diamanten, vgl. Hes 3,9; Sach 7,12).

Smaragd (*nōpēk,* 2Mo 28,17; 39,10; auch Hes 28,13, manche halten diesen Text für unsicher) war wohl ein grüner Stein wie der heutige Smaragd, doch in Anbetracht der LXX-Übersetzung (*anthrax,* »eine glühende Kohle«), neigen einige Gelehrte mehr zur Übersetzung Almandingranat. In Offb 4,3 (*smaragdinos*) und 21,19 (*smaragdos*) ist der grüne Smaragd gemeint. Der Smaragd (in Mo 28,17; 39,10 »bareget«; Hes 28,13 »baregat«) war vielleicht grüner Feldspat.

Lynkurer (*leschem,* 2Mo 28,19; 39,12) wird allg. für einen gelben Stein gehalten; G.R. Driver neigt eher zu einem blauen Stein ähnlich dem Türkis.

Hyazinth (Offb 21,20) ist ein blauer Stein, ein Aquamarin (blauer Beryll), Saphir oder Türkis. (Der heutige Hyazinth ist ein völlig anderer Stein.) Das Wort bezeichnete auch einen blauen Farbton (im klass. Griech. wurde das Substantiv für die Sternhyazinthe oder Glockenblume gebraucht) wie in Offb 9,17 (*hyakinthinos*).

Jaspis (*yāschepeh,* 2Mo 28,20; 39,13; Hes 28,13) ist ein durchscheinender grüner Stein. In Offb 4,3; 21,11.18f (*iaspis*) ist wohl grüner Quarz gemeint. Der Vergleich mit Kristall in 21,11 läßt vermuten, daß es um einen durchsichtigen Stein geht.

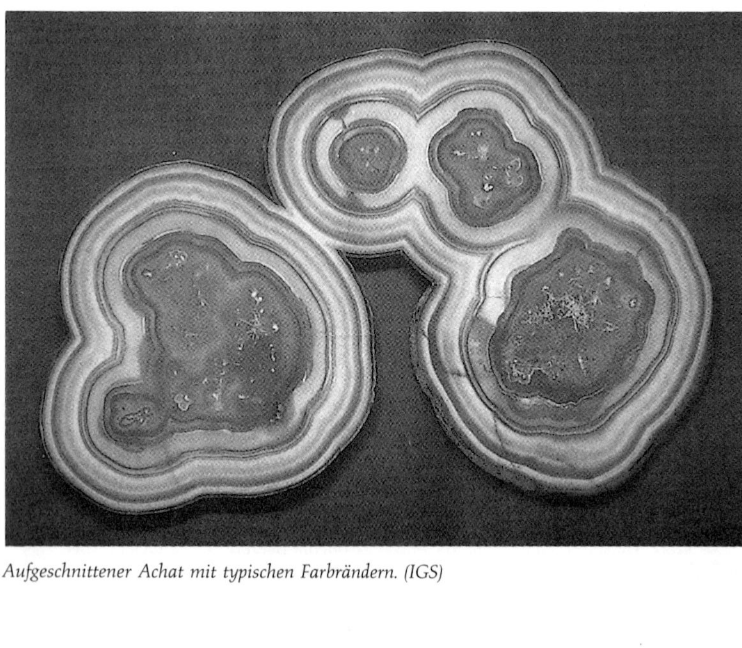

Aufgeschnittener Achat mit typischen Farbrändern. (IGS)

Sumerischer Schmuck aus dem Grab der Königin Pu-abi in Ur (Süd-Irak). Gold, Lapislazuli und Karneol zählen zu den am häufigsten verwendeten Edelsteinen. Ca. 2500 v.Chr. (BM)

1. Perlen. 2. Karneol, vielleicht der biblische Sarder (s. Offb 21,20), geschliffen und poliert. 3. Türkis. (IGS)

Onyx (*schōham,* 2Mo 25,7; 28,9.20; 35,9.27; 39,6.13; 1Chr 29,2; Hiob 28,16; Hes 28,13; mit Schoham wiedergegeben in 1Mo 2,12) ist als grüner Stein (vgl. LXX »Beryll« in einigen dieser Verse) oder Onyx (durchscheinender Achat mit weißen oder schwarzen Bändern) identifiziert worden. Das Wort bedeutet Fingernagel; der Stein wird wegen seines Aussehens so genannt. S.R. Driver neigt zu rotem Karneol. Zu Offb 21,20 s.u. Sardonyx.

Perlen (*penīnīm*) werden im AT in Hiob 28,18b erwähnt. Dasselbe hebr. Wort erscheint in Spr 3,15; 8,11; 20,15; 31,10 und Klgl 4,7 (manche verbessern damit auch den Text von Ps 45,14). An all diesen Stellen liest die LÜ »Perlen«, ausgenommen Klgl 4,7, wo es »Koralle« heißt. Unger's Bible Dictionary (1957, S. 742) vermutet, daß die rosafarbenen Perlen des Roten Meeres gemeint sind, und dies würde das Problem von Klgl 4,7 lösen, wo es um einen roten Stein geht.

Daß *margaritēs* im NT »Perlen« bedeutet, steht außer Frage. Sie werden als weibliche Schmuckartikel (1Tim 2,9; Offb 17,4) und als Handelsware (Mt 13,45f; Offb 18,12.16) erwähnt. Die Tore des neuen Jerusalem bestehen aus je einer einzigen großen Perle oder vielleicht auch aus Perlmutt (Offb 21,21). Das Himmelreich gleicht einer kostbaren Perle, die ein Mensch auch um den Preis seines gesamten Besitzes zu erlangen sucht (Mt 13,45f). Die christl. Botschaft Menschen vorzulegen, die sie nicht zu schätzen wissen, ist genauso töricht, wie Perlen vor die Säue zu werfen (Mt 7,6; vgl. Didache 9,5, wo der Ausschluß Ungetaufter vom Herrenmahl mit diesem Ausspruch Christi gerechtfertigt wird).

Saphir (*sappīr,* 2Mo 24,10; 28,18; 39,11; Hiob 28,6.16; Hld 5,14; Jes 54,11; Klgl 4,7; Hes 1,26; 10,1; 28,13) ist die antike Bezeichnung für Lapislazuli, einen tiefblauen Stein mit goldenen Tupfen aus Eisenpyrit (vgl. »Goldstaub«, Hiob 28,6). Auch in Offb 21,19 (*sap-*

phiros) ist Lapislazuli gemeint. Den heutigen Saphir (blauer Korund) kannte man in der Antike wohl nicht.

Sarder (*'ōdem,* 2Mo 28,17; 39,10; Hes 28,13) war mit Sicherheit ein roter Stein (von adam, »rot sein«), wahrscheinlich der heutige Sarder (eine Art Karneol; vgl. Hes 28,13), eine dunkelbraune oder -rote Quarzart. Er wird auch in Offb 21,20 (*sardios*) erwähnt, und er ist der sardinische Stein in Offb 4,3 (*sardinos*).

Sardonyx (Offb 21,20) ist nach heutigem Sprachgebrauch eine Achatart mit weißen und braunen Bändern; doch nach LSJ wurde ein Stein in der Antike »Onyx« genannt, wenn er auf dunklem Grund einfache weiße Punkte oder Streifen aufwies, und Sardonyx, wenn die verschiedenen Farben in Bändern angeordnet waren.

Topas (*pitedā,* 2Mo 28,17; 39,10; Hiob 28,19; Hes 28,13) entspricht einem gelben Stein, wahrscheinlich gelbem Bergkristall oder Chrysolith (einer blaßgelben Olivinart);

Unpolierter Lapislazuli. (IGS)

Juweliere in ihrer Werkstatt. Aus dem Grab des Sebek-hotep in Theben, ca. 1420 v.Chr. (BM)

vgl. Hes 1,16; 10,9; 28,13 (*tarschīsch*). So auch Offb 21,20 (*topazion*).

Die vollständigste Liste von Steinen im AT bietet die Beschreibung der hohenpriesterlichen *Brusttasche (2Mo 28,17-20, in 39,10-13 wiederholt). Sie war besetzt mit vier Dreierreihen von Steinen, und in jeden Stein war der Name eines der zwölf Stämme Israels eingraviert. Antike Ausleger sahen in diesen Steinen Symbole für die Monate eines Jahres oder für die Tierkreiszeichen (Philo, VitMos 2.124ff; Ant. 3.186), doch ist es unmöglich, hier irgendeine Beziehung dieser Art herzustellen.

In Hes 28,13 liegt eine kürzere Fassung dieser Liste vor. Sie beschreibt die Kleidung, die der König von Tyrus trug, als er - wie es die hier gebrauchte poetische Bildsprache ausdrückt – in Eden war, im Garten Gottes. Neun Steine werden genannt, Lynkurer, Achat und Amethyst fehlen. In der LXX ist dieser Text auf zwölf Steine ergänzt werden.

Offb 21,19f zählt die zwölf Steine auf, die das Fundament des neuen Jerusalem schmükken. Diese Beschreibung geht eindeutig auf Jes 54,11f zurück (vgl. auch Tob 13,18-22). Wahrscheinlich wurde die Vision aber auch von der Beschreibung der zwölf Steine auf der Brusttasche des Hohenpriesters beeinflußt. R.H. Charles (ICC, ad loc.) vertritt die oben erwähnte Symbolik der Tierkreiszeichen. Da die Steine dem Lauf der Sonne durch den Tierkreis genau entgegengesetzt angeordnet seien, drückten sie aus, daß weder das neue Jerusalem noch das Christentum etwas mit einer sonnenverehrenden Religion zu tun haben. Diese Theorie ist jedoch unwahrscheinlich (T.F. Glasson: JThS N.S. 26/1975, S. 95-100). Vielleicht symbolisieren die Steine auch die zwölf Stämme Israels, wie es die zwölf Stadttore tun (A.M. Farrer: A Rebirth of Images, 1949, S. 216ff), aber es ist nicht möglich, einzelne Steine einzelnen Stämmen zuzuordnen. Im Licht von Offb 21,14 spricht wohl mehr dafür, daß die zwölf Steine die zwölf Apostel darstellen. In diesem Fall sollten natürlich keine Einzelidentifikationen versucht werden. Doch über dem Streit um die Symbole steht die Tatsache, daß wir im neuen Jerusalem die Erfüllung der atl. Prophezeiung von der vollkommenen Stadt Gottes vor uns haben, in der die Heiligen des alten und des neuen Bundes Raum finden. (*Bergbau und Metallgewinnung, *Schmuck).

Literatur: H. Quiring: Sudhoffs Archiv 38/1954, S. 193-213; G.R. Driver: HDB[2], S. 497-500; J.S. Harris: Annual of the Leeds University Oriental Society 4, 1962-3, S. 49-83; 5, 1963-5, S. 40-62; U. Jart: Studia theologica 24/1970, S. 150-181; RAC, 4, S. 505-535; C. Aldred: Jewels of the Pharaohs, 1971; O. Böcher, C. Weier-Staubach: Art. Edelsteine in: TRE IX, 1982, S.266-277. I.H.M.

EDEN.

1. Der oder die an den Reformen Hiskias beteiligte(n) Levit(en) (2Chr 29,12; 31,15).

2. Ein mit *Haran und Kanne verbündeter Ort, der mit *Tyrus Handel trieb (Hes 27,23). Dieses E. und seine Einwohner sind mit dem Bet-Eden (Haus E.) in Am 1,5 und den »Leuten von Eden« in 2Kön 19,12 und Jes 37,12 identisch. Dazu gehört auch die assyr. Provinz (das frühere Königreich) Bit-Adini zwischen Haran und dem Euphrat bei Karkemisch. S. auch *Telassar. K.A.K.

EDEN, GARTEN. Der Lebensraum, den Gott für *Adam schuf, aus dem Adam und *Eva nach dem *Sündenfall vertrieben wurden.

I. DER NAME.

Im MT heißt es, daß Gott einen Garten in E. pflanzte (*gan-be'ēden*; 1Mo 2,8). Das bedeutet, daß der Garten sich nicht über ganz E. erstreckte, sondern ein begrenztes Gebiet in E. einnahm. Die LXX, die Vulg. und ihnen folgende Kommentatoren merken an, daß im Namen *'ēden* für einen Hebräer die gleichlautende Wurzel für »Wonne« mitklingt; doch halten viele Gelehrte heute E. nicht für einen Eigennamen, sondern für ein entweder direkt aus dem Sumer. (*edin*, Ebene, Steppe) oder über das Akkad. (*edinu*) entlehntes Alltagswort; somit befände sich der Garten in einer ebenen oder flachen Gegend. Da der Garten in E. lag, nannte man ihn »Garten Eden« (*gan-'ēden*; 1Mo 2,15; 3,23f; Hes 36,35; Joel 2,3), doch bezeichnete man ihn auch als »Garten Gottes« (*gan-'elōhīm*, Hes 28,13; 31,9) und »Garten des Herrn« (*gan-Jahwe*, Jes 51,3). Die LXX gibt in 1Mo 2,8ff das Wort *gan* (Garten) und in Jes 51,3 selbst *'ēden* mit *paradeisos* wieder, das dem alt-pers. (awestischen) *pairidaēza* entlehnt ist. Es bedeutete »Park« oder »Lustgarten«, daher stammt die deutsche Bezeichnung *»Paradies« für den Garten E.

II. DIE STRÖME.

Ein Strom ging aus von E. oder der Ebene und bewässerte den Garten, dann teilte er sich in vier Hauptarme (*rā'schīm*, 1Mo 2,10). In Fachkreisen wird das Wort *rō'sch* (Haupt, Spitze, Anfang) unterschiedlich ausgelegt: es handelt sich entweder um den Anfang eines Nebenarms, der weiter stromab fließt wie in einem Delta, oder den Anfang bzw. die Einmündung eines weiter oben am Strom entspringenden

Nebenflusses. Beide Auslegungen sind möglich, doch ist die zweite wohl wahrscheinlicher. Die vier Nebenarme oder Mündungen befinden sich offenbar außerhalb des Gartens; sie werden *pīschōn* (1Mo 2,11), *gīhōn* (2,13), *hiddeqel* (2,14) und *perāt* (2,14) genannt. In den beiden Letzteren sieht man einhellig den *Tigris bzw. *Euphrat, doch die Bestimmungen von Pischon und Gihon sind so verschieden wie zahlreich. Sie reichen von Nil und Indus bis zu den mesopotamischen Nebenflüssen des Tigris. Die Angaben reichen nicht aus, um einen der beiden Flüsse sicher zu identifizieren.

1Mo 2,6 berichtet, daß »ein Nebel (*'ēd*) von der Erde aufstieg und alles Land feuchtete«. Möglicherweise entspricht *'ēd* dem akkad. *edū*, einem Lehnwort von sumer. *id*, »Fluß«, und deutet an, daß dort ein Strom vorbeifloß oder den Boden überschwemmte, so daß es eine natürliche Bewässerung gab. Die Annahme liegt nahe, daß hier vom Inneren des Gartens gesprochen wird.

III. IM GARTEN.

Wenn man annimmt, daß 1Mo 2,5f die genaue Reihenfolge der Ereignisse im Garten wiedergibt, läßt sich dort Ackerland voraussetzen (*sādeh*, »Feld«), das Adam bebauen sollte. Darauf sollten Pflanzen (*siah*) und Kräuter (*'ēseb*) wachsen; vielleicht ist darunter Strauchwerk bzw. Getreide zu verstehen. Es gab auch Bäume jeder Art, die schön waren und Früchte trugen (1Mo 2,9), und zwei besondere Bäume inmitten des Gartens, den Baum des Lebens, dessen Frucht dem Menschen ewiges Leben verliehen hätte (1Mo 3,22), und den Baum der Erkenntnis des Guten und Bösen, von dem zu essen dem Menschen bei Todesstrafe verboten war (1Mo 2,17; 3,3). Zur Bedeutung der »Erkenntnis des Guten und Bösen« an dieser Stelle sind viele Meinungen geäußert worden. Meistens wird darunter das Wissen um Richtig oder Falsch verstanden, doch ist schwerlich anzunehmen, daß Adam dieses Wissen nicht bereits besaß, bzw. es nicht erlangen durfte. Für andere hängt es mit dem weltlichen Wissen zusammen, daß der Mensch mit der Reife gewinnt und zum Guten oder Bösen gebrauchen kann. Wieder andere sehen in dem Ausdruck »gut und böse« ein Beispiel für eine Redewendung; ein Gegensatzpaar würde dann Totalität ausdrücken und so »alles« bedeuten, an dieser Stelle eben »allumfassendes Wissen«. Dagegen spricht die Tatsache, daß Adam kein allumfassendes Wissen erhielt, als er vom Baum gegessen hatte. Wieder andere halten den Baum für einen ganz gewöhnlichen Baum, den Gott nur ausgewählt hatte, um den Menschen ethisch zu prüfen, so daß er durch sein Bleiben im Gehorsam oder seinen Abfall in den Ungehorsam Erfahrungswissen vom Guten oder Bösen erlangen konnte (*Sündenfall, *Versuchung). Im Garten gab es auch *Tiere, Vieh (*behēmā*, Tier) und wilde Feldtiere (1Mo 2,19f), womit vielleicht die zur Domestizierung geeigneten Tiere gemeint sind. Auch Vögel waren vorhanden.

IV. ANGRENZENDE GEBIETE.

In Verbindung mit den Flüssen werden drei Gebiete genannt. Der Tigris verlief »östlich von Assyrien« (*qid-mat, 'aschschūr*, wörtl. »*vor 'aschschūr*«, 1Mo 2,14); dieser Ausdruck kann auch »zwischen *'aschschūr* und dem Betrach-

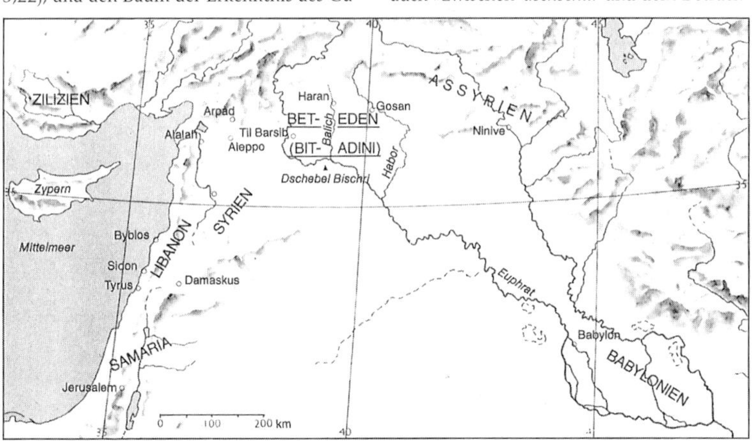

Bet-Eden (»Haus Eden«), vermutlich identisch mit dem aramäischen Staat Bit-Adini.

ter« bedeuten. Der Name *'aschschūr* bezieht sich entweder auf den Staat Assyrien, der sich erstmals im frühen 2.Jt.v.Chr. herausbildete, oder auf die Stadt Assur, die älteste Hauptstadt Assyriens, heute Qal'at Schergāt am W-Ufer des Tigris. Ausgrabungen haben gezeigt, daß ihre Blütezeit im frühen 3.Jt.v.Chr. lag. Da zu Assyrien beide Tigrisufer gehörten, selbst zur Zeit seiner geringsten Flächenausdehnung, ist sicherlich die Stadt gemeint. Es wird also richtig festgestellt, daß der Tigris östl. von Assur floß. Zweitens heißt es vom Gihon, daß er sich durch »das ganze Land Kusch« (*kūsch*, 1Mo 2,13) windet (*sābab*). *Kusch ist in der Bibel meist *Äthiopien und wird normalerweise auch hier so verstanden, doch gab es östl. vom Tigris ein weiteres Gebiet dieses Namens, aus dem die Kassiten im 2.Jt.v.Chr. auswanderten, und das hier vielleicht gemeint ist. Drittens heißt es vom Pischon, daß er sich durch das ganze Land Hawila windet (1Mo 2,11), und mehrere Produkte des Landes werden aufgezählt: Gold, Bedolachharz und Schoham-Stein (1Mo 2,11f). Da Bedolach gewöhnlich aromatisches Harz, ein typisch arab. Produkt, bezeichnet, und da der Name Hawila noch zweimal in der Bibel vorkommt (1Mo 10,7.29; vgl. 1Chr 1,9.23) und dort für Teile Arabiens steht, wird er hier fast immer in bezug auf die arab. Halbinsel verstanden.

V. DIE GENAUE LAGE.
Es gibt zahlreiche Theorien über die genaue Lage des Gartens E. Die am häufigsten vertretene Ansicht, wie man sie z.B. bei Calvin und in neuerer Zeit bei F. Delitzsch findet, meint, daß der Garten irgendwo im südl. Mesopotamien lag. Pischon und Gihon waren dann Kanäle, einmündende Nebenarme, die Euphrat und Tigris miteinander verbanden. Eine Theorie sieht im Pischon auch die Wassermasse, die sich vom Persischen Golf um die Arabische Halbinsel ins Rote Meer erstreckt. Diese Ansicht geht davon aus, daß die vier »Hauptarme« in 1Mo 2,10 Nebenflüsse sind, die sich zu einem Hauptstrom vereinigen, der dann in den Persischen Golf mündet; doch andere Theorien verstehen unter den »Hauptarmen« Zweigströme, die von einer mutmaßlichen gemeinsamen Urquelle herkommend auseinanderfließen, und versuchen, den Garten in Armenien anzusiedeln, wo Euphrat und Tigris entspringen. Pischon und Gihon werden dann mit mehreren kleineren Flüssen in Transkaukasien und Armenien identifiziert. Einige Theorien holen noch weiter aus und sehen in ihnen sogar Flüsse wie Indus und Ganges, wobei sie voraussetzen, daß der Verf. von 1Mo die wirklichen geographischen Verhältnisse nicht kannte.

Der Ausdruck »in E. gegen Osten« (1Mo 2,8), wörtlich »in E. von vorne«, bedeutete entweder, daß der Garten im östl. Teil von E. lag, oder daß E. vom Standpunkt des Erzählers aus im O lag. Einige Kommentatoren haben darunter auch »in E. in alter Zeit« verstanden. Jedenfalls kann der Ort auch mit dieser Angabe nicht näher bestimmt werden, da die Bedeutung der anderen Ortsangaben unsicher ist.

In Anbetracht der Möglichkeit, daß die Sintflut tatsächlich so weltumfassend war, wie aus dem bibl. Bericht hervorgeht, und sich die geographischen Merkmale, die zur Ortsbestimmung von E. beitragen würden, dadurch verändert haben, bleibt die Lage von E. ungewiß.

VI. DILMUN.
Unter den sumer. Texten, die man Anfang dieses Jh. in Nippur in S-Babylonien entdeckte, befand sich auch ein Text, der einen Ort namens Dilmun schildert, einen heiteren Ort, an dem man weder Krankheit noch Tod kannte. Erst gab es dort kein frisches Wasser, doch der Wassergott Enki befahl dem Sonnengott, Abhilfe zu schaffen. Als dies geschehen war, gab es eine Reihe anderer Ereignisse, in deren Verlauf die Göttin Ninti (vgl. *Eva) erwähnt wird. Später übernahmen die Babylonier den Namen und die Vorstellung vom Land Dilmun und nannten es das »Land der Lebendigen«, die Heimat ihrer Unsterblichen. Da dieser sumer. Begriff von einem irdischen Paradies gewisse Ähnlichkeiten mit dem Garten E. aufweist, schließen einige Forscher, daß die Erzählung in 1Mo der sumer. Tradition entstammt. Doch ist es ebensogut möglich, daß sich beide Berichte auf einen realen Ort beziehen und die sumer. Version im Verlauf der Überlieferung mythologische Zusätze aufgenommen hat.

Literatur: C. Westermann: Genesis 1-11, BK AT I/1, ³ 1983, S.283 ff (Literatur). T.C.M.

EDOM, EDOMITER.

I. BIBLISCHER BEFUND.
Das Wort Edom (*'ědōm* von *'ādom*, »rot«) steht entweder für den zweiten Namen Esaus zur Erinnerung an das rote Gericht, für das er sein Erstgeburtsrecht eintauschte (1Mo 25,30; 36,1.8.19), oder für die Gesamtheit der E. (4Mo 20,18.20f; Am 1,6.11; 9,12; Mal 1,4) bzw. für das Land, das die Nachkommen Esaus bewohnten, zuvor das Land Seïr (1Mo 32,4; 36,20f.30; 4Mo 24,18). Es erstreckte sich vom Wadi Sered aus ca. 160 km weit bis zum Golf von Aqaba zu beiden Seiten der *Araba oder der Wüste E. (2Kön 3,8.20), jener großen

Das Gebiet der Edomiter zwischen dem Toten Meer und dem Golf von Aqaba.

Abdruck des edomitischen Königssiegels, aus Umm el-Biyāra. Durchmesser: 2 cm. 7. Jh. v.Chr. (BIAAH)

Edomitische Berge bei Petra. (ARM)

Senke, die das Tote Meer mit dem Roten Meer verbindet (1Mo 14,6; 5Mo 2,1.12; Jos 15,1; Ri 11,17f; 1Kön 9,26 u.ö.). Es ist eine zerklüftete Berglandschaft mit Gipfeln bis zu 1067 m Höhe. Obwohl E. kein fruchtbares Land darstellt, gibt es doch gut bebaubare Gebiete (4Mo 20,17.19). In bibl. Zeit verlief auf der Hochebene im O die Königsstraße (4Mo 20,14-18). Die Hauptstadt *Sela lag auf einer kleinen Hochebene nahe bei Petra. Auch *Bozra und *Teman gehörten zu den wichtigen Städten.

Die E. (*'ädōm, 'adōmīm*) waren Nachkommen E.s (Esau, 1 Mo 36,1-19). Die moderne Archäologie hat nachgewiesen, daß das Land schon vor Esau bewohnt war. Daraus entnehmen wir, daß die Nachkommen Esaus in das Land einwanderten, allmählich zur dominierenden Volksgruppe wurden und die dort ansässigen Horiter (1Mo 14,6) und andere Völker in sich aufsogen. Nach ca. 1850 v.Chr. wurde die edomit. Kultur bis ca. 1300 v.Chr. unterbrochen. In dieser Zeit nutzten Nomaden das Land.

Esau wohnte bereits in E., als Jakob aus Haran zurückkehrte (1Mo 32,4; 36,6-8; 5Mo 2,4f; Jos 24,4). Es gab dort recht früh Stammesführer (»Fürsten«, 1Mo 36,15-19.40-43; 1Chr 1,51-54), und Könige hatten die E. »ehe in Israel ein König regierte« (1Mo 36,31-39; 1Chr 1,43-50).

Während des Auszugs bat Israel die E. um die Erlaubnis, auf der Königsstraße weiterziehen zu dürfen, doch die Bitte wurde verwehrt (4Mo 20,14-21; 21,4; Ri 11,17f). Trotz dieser Unfreundlichkeit durfte Israel nach Gottes Gebot seinen Bruder E. nicht verabscheuen (5Mo 23,8f). Zu jener Zeit sagte *Bileam auch die Eroberung E. voraus.

Josua teilte Juda Land bis an die Grenzen E.s zu (Jos 15,1.21), doch deren Land tastete er nicht an. 200 Jahre später kämpfte der König Saul gegen die E. (1Sam 14,47), obwohl einige von ihnen in seinem Dienst standen (1Sam 21,8; 22,9.18). David eroberte E. und setzte im ganzen Land Statthalter ein (2Sam 8,13f; vgl. 1Chr 18,13). Damals gab es unter den E. ein großes Blutbad (2Sam 8,13), und 1Kön 11,15f berichtet, daß Joab, der Feldherr Davids, sechs Monate lang in E. blieb, »bis er ausgerottet hatte alles, was männlich war in Edom«. Dennoch müssen einige entkommen sein, denn Hadad, ein königlicher Prinz, floh nach Ägypten und bereitete Salomo später einige Schwierigkeiten (1Kön 11,14-22). Ausgrabungen haben bestätigt, daß die Eroberung E.s Salomo in die Lage versetzte, in Ezjon-Geber einen Hafen einzurichten und die dortigen Kupferminen abzubauen (1Kön 9,26-28).

Zur Zeit *Joschafats schlossen sich die E. den *Ammonitern und *Moabitern bei einem Überfall auf Juda an (2Chr 20,2), doch dann bekämpften sich die Verbündeten gegenseitig (V. 22f). Joschafat versuchte, den Hafen von Ezjon-Geber zu nutzen, aber seine Schiffe schlugen leck (1Kön 22,49). Damals regierte in E. ein Statthalter, der Königsgewalt besaß (1Kön 22,48). Dieser »König« akzeptierte die Vorherrschaft Judas. Bei einem Angriff auf *Mescha, den König von Moab, schloß er sich der Koalition Juda-Israel an (2Kön 3,4-27).

Unter Joram rebellierten die E. und er

konnte sie nicht wieder unterwerfen, obwohl er sie im Kampf besiegte (2Kön 8,20-22; 2Chr 21,8-10). Die E. hatten so eine Atempause von gut 40 Jahren.

Später fiel *Amazja in E. ein, erschlug 10 000 E. im Salztal, eroberte die Hauptstadt Sela und tötete weitere 10 000, indem er sie von der Höhe Selas stürzen ließ (2Kön 14,7; 2Chr 25,11f). Sein Nachfolger Asarja (Usija) restaurierte den Hafen von *Elat (2Kön 14,22), doch als Pekach und Rezin Juda angriffen, fielen auch die E. in das Land ein und nahmen Gefangene mit (2Chr 28,17). Der Hafen von Elat war wieder verloren (2Kön 16,6). Juda konnte Elat nie mehr erobern. Assyr. Inschriften bezeugen, daß E. nach ca. 736 v.Chr. zum Vasallenstaat Assyriens wurde.

Über den Untergang Judas und Jerusalems wurde in E. gejubelt (Ps 137,7). Wegen ihres bitteren Hasses kündigten Israels Propheten den E. das Gericht Gottes an (Jer 49,7-22; Klgl 4,21f; Hes 25,12-14; 35,15; Joel 4,19; Am 9,12; Obd 10ff). Ein paar E. drangen in S-Juda ein und siedelten südl. von *Hebron (*Idumäa). Im 5.Jh.v.Chr. fiel E. in arab. Hände, und im 3.Jh.v.Chr. wurde es von den Nabatäern überrannt. Doch flohen damals weitere E. nach Juda. Judas Makkabäus unterwarf sie (1Makk 5,65); Johannes Hyrkanus zwang sie zur Beschneidung und gliederte sie in das jüd. Volk ein. Die Herodianer waren allesamt edomit. Abstammung.

II. ARCHÄOLOGISCHER BEFUND.
Wenn wir das Auftreten der E. zurecht auf das Ende der Späten Bronze- und den Anfang der Eisenzeit datieren (um 1200 v.Chr.), dann liegt uns eine begrenzte Anzahl archäologischer Zeugnisse für die Jh. bis zur Römerzeit vor. Ein paar wichtige Orte wurden ausgegraben - Tawilan war vom 8. bis zum 6.Jh.v.Chr. bewohnt. Der Tell el-Kheleifeh am Golf von Aqaba war zur Zeit der israelit. Könige und später bewohnt. Man hat Umm el-Biyara (bei Petra) erforscht. Auch kennt man eine Anzahl kleinerer Festungen aus der Eisenzeit an den Grenzen von E. In assyr. Inschriften aus der Zeit zwischen ca. 733 v.Chr. und dem Untergang des assyr. Reichs ca. 612 v.Chr. haben sich wichtige Daten erhalten. Allmählich treten einige Aspekte der Kultur hervor; z.B. enthüllen wichtige Siegel und Tonscherben Namen und Gottheiten und werfen etwas Licht auf die Handelswege. Der Gottesname *Qaus* erscheint in Personennamen. Doch archäologisches Material ist zur Zeit verhältnismäßig knapp.

Literatur: D. Baly: Geograpisches Handbuch zur Bibel, 1973; N. Glueck: The Other Side of the Jordan, 1940; I.M. Abel: Geographie de la Palestine, 2, 1973; LDB; M.Clauss: Geschichte Israels, 1986. J.A.T.

EDREÏ.
1. Eine wichtige Stadt im Amoriterreich; dort besiegte Israel die *Amoriter unter Og in offenem Kampf (4Mo 21,33; 5Mo 1,4; 3,1; Jos 12,4; 13,12.31). Wahrscheinlich lag E. an der Stelle des heutigen Derʿa, 24 km ostnordöstl. von Irbid; es ist ein Verkehrsknotenpunkt in der Region Baschan und birgt Überreste aus der Frühen Bronzezeit.

2. Eine Stadt in Naftali (Jos 19,37); in der Liste von Thutmosis III. gleich neben Abel-Bet-Maacha erwähnt. J.P.U.L.

EFA s. Maße und Gewichte

EFER. »Gazelle« (die kleinste, am Rücken rötliche Gazellenart).

1. Sohn Midians (1Mo 25,4; 1Chr 1,33) und seine Nachkommen.

2. Judäer, Sohn Esras, wohl aus dem Geschlecht Kalebs (1Chr 4,17).

3. Familienhaupt von Halbmanasse im Ostjordanland (1Chr 5,23f).

EFOD.
1. Der Priesterschurz (hebr. *ephod*) war ein für den Dienst des *Hohenpriesters bestimmtes Kleidungsstück, angefertigt aus Gold, blauem und rotem Purpur, Scharlach und gezwirnter weißer Leinwand. Er bedeckte nur Brust und Rücken; Vorder- und Hinterblatt waren durch Schulterstücke verbunden, auf denen je ein großer, in Gold gefaßter Onyx-Stein mit den Namen der Stämme Israels angebracht war (2Mo 28,6-14; 39,2-7). Am E. war mit goldenen Kettchen die *Brusttasche befestigt, in der sich *Urim und Tummim (Licht und Recht, die beiden Lossteine; 2Mo 28,30) befanden, durch die man den Herrn befragte. Darauf bezieht sich offenbar die Erwähnung des E.s in 1Sam 23,6.9-12; 30,7.8.

2. Ein einfacher leinener Schurz (*ephod bad*) gehörte zur Kleidung der übrigen Priester (1Sam 22,18); auch der junge Samuel trug ihn (1Sam 2,18), ebenso David, als er die Bundeslade nach Jerusalem holte (2Sam 6,14).

3. In assyr. Keilschrifttafeln des 19.Jh.v.Chr. und ugaritischen Texten des 15.Jh.v.Chr. kommt *epadu* als Bezeichnung eines Gewandes vor, das hauptsächlich von Frauen getragen wurde.

4. An einigen Stellen wird der E. in Verbindung mit Hausgötzen (Teraphim) genannt (Ri 17,5; 18,14.17f; Hos 3,4). Es könnte sich hier um die Bekleidung eines Götzenbildes handeln, vielleicht auch (bes. Ri 8,27) um das Götzenbild selbst.

Drei Orte mit dem Namen Efron: an der Grenze des Gebietes von Juda, bei Bethel und in der Nähe von Bet-Schean, südöstl. vom See Genezareth.

EFRATA.

1. Der alte Name für *Bethlehem in Juda. *Rahel wurde dort auf dem Weg nach Bethel begraben (1Mo 35,16.19; 48,7; vgl. 1Sam 10,2). Es war die Heimat von Noomis Familie (Rut 4,11), die Efratiter (Rut 1,2) genannt werden; die Heimat von David, dem Nachkommen Ruts (1Sam 18,12; vgl. Ps 132,6) und die irdische Heimat des Messias, wie es Mi 5,1 voraussagt.

2. Die zweite Frau Kalebs, des Sohnes Hezrons (1Chr 2,19.50; 4,4; vgl. 2,24).

EFRON.

1. Name eines Hetiters, Sohn des Zohar, von dem Abraham die Höhle bei Machpela als Grab für Sara kaufte (1Mo 23,8; 25,9; 49,29f). Ein ähnlicher Name (Apran) ist aus *Alalah in Syrien bekannt.

2. Hügelland zwischen Meneftoach und *Kirjat-Jearim, das die Grenze zu Juda bildet (Jos 15,9; 18,15).

3. Ein Ort bei *Bethel, der *Jerobeam von Abija abgenommen wurde (2Chr 13,19); gleichzusetzen mit Ofra (Jos 18,23) und *Ephraim (2Sam 13,23).

4. Eine Festung zwischen *Aschtarot-Karnajim und *Bet-Schean (Skythopolis), die Judas Makkabäus einnahm (1Makk 5,46-52; 2Makk 12,27-29; Jos.ant.Jud 12,346). Möglicherweise aber mit (3) identisch.

D.J.W.

EGGE s. Ackerbau

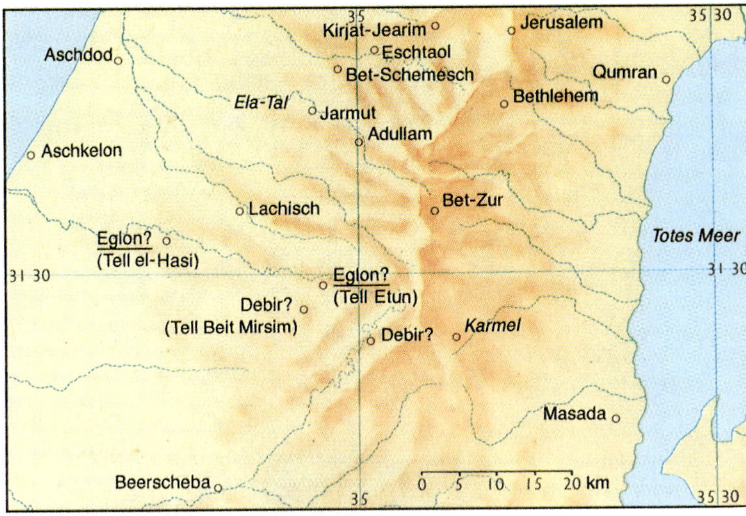

Zwei Vorschläge, Eglon zu identifizieren: Tell el-Hasi oder Tell Eitun.

EGLON.

1. Eine Stadt nahe bei *Lachisch; sie war an einem Bündnis gegen Josua beteiligt und wurde schließlich von Juda besetzt (Jos 10,3; 15,39). Ihre Identifizierung mit dem Tell el-Hasi (BASOR 17/1925, S. 7) durch W.F. Albright ist allg. akzeptiert worden und widerspricht Jos 10,34 nicht. Lage und Stratigraphie bereiten dennoch Schwierigkeiten, so daß M. Noths Identifikation mit Tell Etun sich noch als richtig erweisen mag (s. G.E. Wright: BA 34/1971, S. 76-88; S. Yeivin: Israelite Conquest of Canaan, 1971, S. 52,81).

2. Ein König von Moab. Er wohnte in der frühen Richterzeit im Westjordanland und wurde von *Ehud ermordet (Ri 3,12ff). J.P.U.L.

EHE, EHESCHEIDUNG, EHELOSIGKEIT.

A. Ehe, Ehescheidung und Ehelosigkeit im Alten Testament.

I. EHE IM ALTEN TESTAMENT.

1. Die Ehe als Schöpfungsordnung und Stiftung Gottes.

Die Ehe ist nach atl. Verständnis eine in Gottes Schöpfungswillen begründete Liebes- und Lebensgemeinschaft zwischen Mann und Frau, die sich von nichtehelichen Sexualbeziehungen durch ihre öffentlich-rechtliche Anerkennung unterscheidet. Sinn und Aufgabe der Ehe besteht einerseits in der dauerhaften liebenden Ergänzung (1Mo 2,18) und im liebenden Einswerden von Frau und Mann (1Mo 2,24), andererseits in der Fortpflanzung (1Mo 1,28). Diese doppelte Sinngebung ist für das atl. Verständnis der Ehe grundlegend: Einerseits wird die eheliche Liebe als beglückende gegenseitige Ergänzung angesehen (5Mo 24,5; Spr 5,18f; 31,10-31; Pred 9,9; Rut 1,9; 3,1) und die eheliche Sexualität auch unter Absehung der Fortpflanzung ganz unbefangen als gute Schöpfungsgabe gewürdigt (Hld). Andererseits werden die menschliche Fruchtbarkeit als kostbare Segensgabe des Schöpfers (1Mo 1,28; 9,1.7; 22,17; 5Mo 7,13f; Jer 23,3; Hes 36,11 u.ö.), Kinder als »Gabe des Herrn« (Ps 127,3) und Kinderreichtum als besonderer Segen Gottes hochgeschätzt (1Mo 24,60; Ps 128,1.3; Hiob 43,12f). Die Eheschließung enthält daher für atl. Denken sowohl den Willen zur dauerhaften Liebes- und Lebensgemeinschaft mit dem Ehegatten als auch die Bereitschaft zur Fortpflanzung.

In 1Mo 2 findet sich eine genauere theologische Wesensbestimmung der Ehe als Schöpfungsordnung, die nicht nur für das AT, sondern auch für das NT von grundlegender Bedeutung ist. Dieses Kapitel zeigt, daß die Ehe aus Gottes liebender Fürsorge für den Menschen hervorgegangen ist (V. 18) und gipfelt in dem Vers: »Darum wird ein Mann seinen Vater und seine Mutter verlassen und seinem Weibe anhangen, und sie werden sein ein

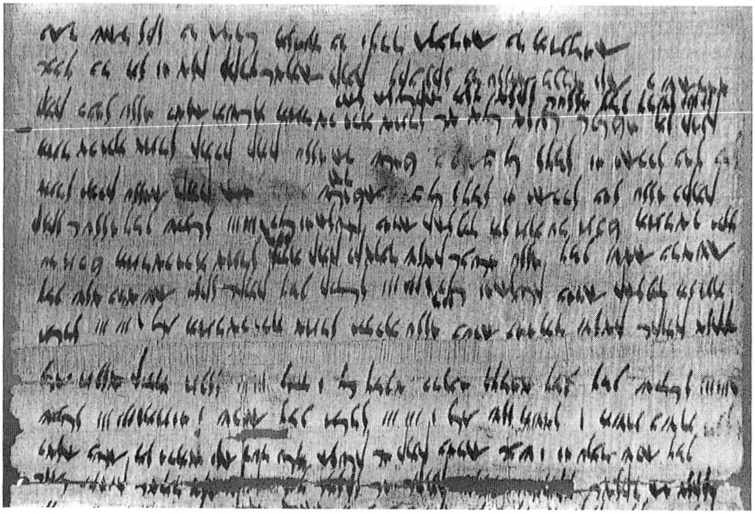

Ausschnitt aus einem auf Papyrus verfaßten aramäischen Heiratsvertrag aus Elephantine, Ägypten. Der Text behandelt zu leistende Zahlungen im Falle der Scheidung sowie die Aufteilung des Eigentums, wenn Anania oder seine Frau Tamut sterben sollten. 449 v.Chr. (BRM)

Fleisch« (V. 24). Dieser Vers enthält fünf elementare Merkmale der Ehe nach Gottes ursprünglichem Schöpferwillen:

a. Die Ehe hat einen deutlichen Anfang: Der Vers beschreibt ein endgültiges Heraustreten des Mannes aus der elterlichen Familie (Verlassen von Vater und Mutter) und den definitiven Beginn einer unzerreißbaren Lebenseinheit zwischen Mann und Frau (anhangen, ein Fleisch werden). Der hier verwendete hebr. Begriff *le* in Verbindung mit *hājāh* (zu etwas werden) drückt eine definitive Zustandsänderung aus.

b. Die Ehe ist von Gott als Einehe gewollt: Der Vers beschreibt die Verbindung zwischen einem Mann und einer Frau (ein Mann wird seiner Frau anhangen).

c. Die Ehe ist eine totale Lebens- und Liebesgemeinschaft: »Zu einem Fleisch werden« umfaßt nicht nur die sexuelle Gemeinschaft, sondern schließt das Einswerden der Gatten in geistig-seelischer und körperlicher Hinsicht, im Wollen und Handeln mit ein. Die hier zum Ausdruck gebrachte Hingabe an den Ehepartner wird eindrucksvoll dadurch unterstrichen, daß die Bindung des Mannes an die Frau über die Bindung an sein Elternhaus gestellt wird.

d. Die Ehe ist von ihrem Wesen her unauflöslich: Das hebr. Wort für »anhangen« (wörtl. »kleben«) drückt ein unbedingtes Treueverhältnis aus und wird in 5Mo daher als terminus technicus für die unbedingte Hingabe des Israeliten an den Gott Israels verwendet (vgl. 5Mo 10,20; 11,22; 13,5; 30,20). Auch der Begriff »Fleisch« bringt eine unzerreißbare organische Lebenseinheit zum Ausdruck. Er wird deshalb im AT auch zur Bezeichnung von Blutsverwandtschaften verwendet (vgl. 1Mo 29,12-14; 37,27; 2Sam 19,13). Von diesem Hintergrund her wird begreiflich, warum Jesus in 1Mo 2,24 einen schlagenden Schriftbeweis für die Unauflöslichkeit der Ehe sah (Mt 19,3ff).

e. Die Ehe ist der legitime Ort der Sexualität: Das Ein-Fleisch-Werden meint zwar nicht nur, aber auch die sexuelle Gemeinschaft zwischen Mann und Frau (s.o. c.). Der Vers bringt zum Ausdruck, daß die sexuelle Gemeinschaft dort ihren legitimen Ort hat, wo das »Verlassen« der Eltern und das »Anhangen« des Mannes an die Frau als Akt der Treueverpflichtung stattgefunden hat (s.o. a. und d.).

Die theologische Wesensbestimmung der Ehe in 1Mo 2 zeigt, daß die Ehe im AT nicht nur als öffentlich anerkanntes Rechtsverhältnis betrachtet wird, sondern daß sie als organische Lebens- und Liebesgemeinschaft, als im Grund unauflösliche Schöpfungsordnung und Stiftung Gottes eine denkbar hohe theologische Würdigung erfährt. Diese Wertschätzung der Ehe findet im AT ihren Höhepunkt in all jenen Stellen, die in der Ehe ein Abbild des Bundes Gottes mit seinem Volk sehen (vgl. Jes 54,5ff; Jer 2,2; 3,8f; Hes 16,7-14; Hos 2-3 u.ö.).

2. Die Ehe als Rechtsverhältnis.
Das atl. Verständnis von Ehe als Schöpfungsordnung und göttliche Stiftung prägt auch die israelit. Ehegesetze. Der hohe Stellenwert der Ehe manifestiert sich schon im 6. Gebot des Dekalogs (2Mo 20,14; 3Mo 20,10), aber auch in den vielfältigen gesetzlichen Bestimmungen, die dem Schutz von Ehe und Familie dienen. Allerdings bleibt die atl. Rechtsordnung z.T. hinter dem in 1Mo 2 dargelegten Leitbild zurück.

a. Die atl. Gesetzgebung ist sichtlich vom Bemühen geleitet, die Ehe als den legitimen Ort der Sexualität sicherzustellen. Von daher sind sowohl jene Gesetze zu verstehen, welche gegen vorehelichen Geschlechtsverkehr gerichtet sind, als auch jene, welche außereheliche Sexualbeziehungen betreffen:

a.a. Beim Vorkommen von vorehelichem Sexualverkehr zwischen Unverlobten war der Mann verpflichtet, für das Mädchen den »Brautpreis« zu entrichten und sie zu heiraten, wobei er auch dann einen stattlichen Brautpreis zahlen mußte, wenn der Vater des Mädchens die Eheschließung verweigerte (2Mo 22,15f). Im Falle der Vergewaltigung durfte er sie ein Leben lang nicht entlassen (5Mo 22,28f). Diese Bestimmungen dienten sowohl dem Schutz der Frau als auch der Eindämmung vorehelicher Sexualität. Beim Verkehr mit einer verlobten Frau drohte dem Paar sogar die Todesstrafe (5Mo 22,22-24), da die Verlobung nach atl. Verständnis die gleiche Treuepflicht einschloß wie die Eheschließung.

a.b. Die außereheliche Sexualität (Ehebruch) wurde nicht nur als schwere Verletzung der zehn Gebote mißbilligt (2Mo 20,14), sondern auch strafrechtlich verfolgt und mit dem Tod durch Steinigung bestraft (3Mo 20,10; 5Mo 22,22; vgl. Hes 16,38-40). Diese harten Bestimmungen zeigen, daß die Ehe als ähnlich hohes Rechtsgut betrachtet wurde wie das Leben.

b. Die atl. Gesetzgebung behandelt die Ehe als klar umrissenes Rechtsverhältnis, dessen Zustandekommen und Fortdauer ganz bestimmten rechtlichen Bestimmungen unterliegt. Entsprechend der hebr. Sprache, welche die Begriffe »verloben« (*'rs*) und »heiraten« (*lach,b'l*) deutlich voneinander unterscheidet, unterscheidet auch das mosaische Gesetz klar zwischen Unverheirateten (vgl. 2Mo 22,15f; 5Mo 22,28f), Verlobten (vgl. 5Mo 20,7; 22,23-27; 28,30) und Verheirateten (vgl. 3Mo 20,10; 5Mo 22,22; 24,1-5). Voraussetzung für eine rechtskräftige Ehe waren Verlobung und Hochzeit. Die eigentliche Eheschließung erfolgte durch den öffentlichen Akt der Hochzeit. Unabdingbare rechtliche Voraussetzung für die Eheschließung aber war die Verlobung:

b.a. Die Verlobung (2Mo 22,15; 5Mo 20,7; 28,30) verpflichtete das Brautpaar zur Eheschließung (5Mo 20,7) und zur vorehelichen Treue (5Mo 22,23-27) und war mit der Zahlung des »Brautpreises« (*mōhar*) an den Brautvater durch den Bräutigam oder dessen Vater verbunden (1Mo 34,12; 2Mo 22,16; 1Sam 18,25; 2Sam 3,14). Es ist umstritten, ob es sich beim *mōhar* um einen Brautpreis oder um ein Brautgeschenk handelt. Fest steht, daß der *mō*har nicht nur symbolische, sondern auch rechtliche und ökonomische Bedeutung besaß. Sicherlich aber wird man ihn nicht als Kaufpreis betrachten dürfen, denn eine Frau wurde nicht gekauft wie eine Sklavin. Dagegen spricht auch die Tatsache, daß der *mōhar* nicht nur durch Geld (5Mo 22,29), sondern auch durch Dienstleistungen erstattet werden konnte (1Mo 29,18; 34,11f; Jos 15,16; 1Sam 17,25; 18,25). Außerdem stellte der *mōhar* eine Gegenleistung dar für die Mitgift (LÜ: »Segensgabe«), die der Brautvater an den Bräutigam zu zahlen hatte (Jos 15,19).

b.b. Die Hochzeit wurde als »Heimholung« der in der Verlobung versprochenen Braut angesehen. Die Heimholung fand ihren symbolischen Ausdruck im Brautzug: Die Braut wurde geschmückt und verschleiert (Ps 45,14f; Jes 61,10; Jer 2,32) dem ebenfalls geschmückten (Jes 61,10; Hld 3,11) Bräutigam entgegengeführt (1Mo 29,23; Ps 45,13-16). Als Symbol für den ehelichen Schutz bestand die Sitte, daß der Bräutigam die Braut mit seinem Mantel umhüllte (Rut 3,9; Hes 16,8) – ein Brauch, der bei den Beduinen bis ins 20.Jh. hinein existierte. Die sich anschließenden Hochzeitsfeierlichkeiten dauerten eine Woche (1Mo 29,27; Ri 14,17). Sie hatten ihren Schwerpunkt im Hochzeitsmahl (Ri 14,10.12.17; vgl. Mt 22,4) und waren von Freudenjubel (Jer 7,34), Musik (Ps 45), Liedern (Hld) und Rätseln (Ri 14,12-18) begleitet. Die Eheschließung war aber nicht nur mit ausgelassener Festlichkeit verbunden, sondern hatte auch eine rel. Dimension. Sie war verknüpft mit der Segnung des Brautpaares (1Mo 24,60; Rut 4,11; Tob 7,15) und mit dem zunächst mündlich, in späterer Zeit auch schriftlich (Tob 7,16) erklärten ehelichen Treueversprechen, das als vor dem Angesicht Gottes geschlossener Akt nicht nur rechtliche Geltung hatte, sondern auch religiöse Bedeutung besaß (Spr 2,17; Hes 16,8; Mal 2,14). Vollendet wurde die Eheschließung durch den Ehevollzug (1Mo 29,23).

Das mosaische Gesetz gab genaue Richtlinien, welche ehelichen Verbindungen rechtlich zulässig waren und welche nicht. Ehen zwischen Blutsverwandten (zu denen auch die angeheirateten Gatten gehörten) durften grundsätzlich nicht eingegangen werden (3Mo 18,6-18; 20,17-21; 5Mo 27,20.22f). Bezüglich der angeheirateten Ehegatten bestand als einzige Ausnahme das Leviratsgesetz (5Mo 25,5-10; vgl. 1Mo 38,8-10): Wenn ein verheirateter Mann kinderlos starb, wurde von einem bei ihm wohnenden unverheirateten Bruder erwartet, die Witwe zu heiraten. Der erste Sohn aus dieser Ehe trug den Namen des Verstorbenen und galt als dessen Erbe.

3. Die atl. Rechtsordnung bleibt hinsichtlich der Einehe hinter dem in 1Mo 2,24 dargelegten Leitbild zurück, da sie die Einehe nirgends vorschreibt, sondern die von alters her bei den Israeliten bestehende Praxis der Vielehe (Polygamie) ausdrücklich toleriert (3Mo 18,18; 5Mo 21,15-17). Allerdings werden im AT die aus der Polygamie entstehenden Schwierigkeiten nicht verschwiegen (1Sam 1, 2Sam 11,13; 1Kön 11,1-8; vgl. auch 1Mo 16; 21,9-11), und es wird allgemein angenommen, daß im gesellschaftl. Leben Israels die Einehe schon aus wirtschaftlichen Gründen das Normale war.

4. Auch hinsichtlich der Unauflöslichkeit der Ehe blieb die atl. Rechtsordnung hinter dem in 1Mo 2,24 zum Ausdruck gebrachten Leitbild zurück, da die Ehescheidung ausdrücklich geduldet wird (5Mo 24,1-4).

Zusammenfassend läßt sich sagen, daß das atl. Verständnis der Ehe als Schöpfungsordnung und göttliche Stiftung, wie es in 1Mo 2 zum Ausdruck kommt, in der atl. Rechtsordnung durchaus seinen Niederschlag gefunden hat, ohne diese allerdings in jeder Hinsicht zu bestimmen. Die atl. Ehegesetzgebung trägt so einerseits den Stempel der göttlichen Offenbarung, andererseits aber auch noch den Stempel menschlicher Sündhaftigkeit und »Herzenshärtigkeit« (Mt 19,8). Gottes neue Offenbarung in Jesus Christus wird an der atl. Offenbarung über die Ehe anknüpfen, sie vertiefen und die ihr widersprechenden Aspekte der Ehegesetzgebung überwinden (s.u. B).

II. EHESCHEIDUNG.

Ehescheidung widerspricht der atl. Grunderkenntnis von der Ehe als einer göttlichen Stiftung, die von ihrem Wesen her unauflöslich ist (s.o. I.1.d.). Die atl. Rechtsordnung ist insofern nicht völlig von dieser Grunderkenntnis bestimmt, als sie die Scheidung nicht verbietet, sondern ausdrücklich toleriert (5Mo 24,1-4). Immerhin ist auffällig, daß wir nirgendwo im mosaischen Gesetz eine Scheidungsgesetzgebung finden, welche positiv Scheidungsgründe legitimiert. Statt dessen finden wir für bestimmte Fälle ein ausdrückliches Verbot der Ehescheidung (5Mo 22,19.29). 5Mo 24,1-4 hat nicht (wie manche Ausleger meinen) zum Ziel, zu klären, wann Scheidung legitim ist, sondern will lediglich verdeutlichen, daß im Falle der Entlassung einer Ehefrau wegen etwas »Schändlichem« (der Ausdruck ist inhaltlich unklar) diese nach dem Tod ihres zweiten Mannes, weil »sie unrein geworden ist« (V. 4), auf keinen Fall zu ihrem ersten Gatten zurückkehren darf. Auch wenn die Gründe für diese in der altorientalischen Rechtsprechung völlig einmalige Bestimmung nicht mit letzter Sicherheit zu klären sind (Craigie z.B. vermutet dahinter die Auffassung, daß die Zweitehe wegen der Unauflöslichkeit der ersten als ehebrecherisch angesehen wurde), so zeigt gerade diese Stelle, daß selbst Scheidung und Wiederverheiratung die erste Ehe in ihrer Besonderheit nicht zunichte machen können. In die gleiche Richtung weisen die Bestimmungen über verbotene Ehegrade (3Mo 18,6-18). Indem diese Gesetze die ehelichen Bande wie Blutsbande einstufen, bringen sie zum Ausdruck, daß durch die Ehe nicht nur unwiderrufliche vertikale Blutsbande (d.h. Kinder) entstehen, sondern auch eine horizontale »Blutsverbundenheit«, nämlich jene unauflösliche organische Verbindung, welche in 1Mo 2,24 mit dem Ausdruck »zu einem Fleisch werden« bezeichnet wird. Wir sehen daher sowohl an 5Mo 24,1-4 als auch an 3Mo 18,6-18, daß die atl. Rechtsprechung den Grundsatz der Unauflöslichkeit der Ehe von 1Mo 2 nicht einfach fallen gelassen hat. Daß das Bewußtsein von der Unauflöslichkeit der Ehe trotz der Scheidungspraxis in Israel nicht verloren ging, lassen jene Stellen erkennen, welche die Treue zum »Weibe der Jugend« betonen (Spr 5,15-19) und nicht nur die leichtfertige Handhabung der Ehescheidung, sondern diese überhaupt bekämpfen (Mal 2,14-16). Auch das in der prophetischen Verkündigung geltend gemachte Verständnis der Ehe als Abbild des (trotz Israels Untreue) unverbrüchlichen Treuebundes zwischen Gott und seinem Volk (Jes 54,5ff; Hos 2; 3) war indirekt ein Hinweis auf die Unverbrüchlichkeit des Ehebundes.

III. EHELOSIGKEIT IM ALTEN TESTAMENT.

Ehelosigkeit wird im Alten Testament als schmachvoll gewertet (vgl. Jes 4,1). Sie »gilt als Schande, ist doch mit ihr dem Menschen versagt, ein ganzes Leben zu verwirklichen« (H.W. Wolff). Ein hebr. Wort für »Junggeselle«

gibt es nicht. Allerdings zeigt sich beim Propheten Jeremia erstmalig die Möglichkeit der Ehelosigkeit aufgrund göttlicher Berufung (Jer 16,1ff), ohne damit freilich die atl. Einschätzung des ehelosen Lebens als schmerzliche Entsagung zu überwinden (vgl. Jer 15,17f).

B. Ehe, Ehescheidung und Ehelosigkeit im Neuen Testament.

I. EHE IM NEUEN TESTAMENT.

Das ntl. Verständnis der Ehe setzt die im AT grundlegende doppelte Sinngebung der Ehe als Lebens- und Liebesgemeinschaft von Mann und Frau (vgl. Mk 10,6f; Mt 19,4f; 1Kor 7,3-5; 1Petr 3,7) und als auf Fortpflanzung angelegte Verbindung (vgl. 1Tim 2,15; 5,10.14) voraus. Es nimmt einerseits das atl. Leitbild der Ehe als Schöpfungsordnung und Stiftung Gottes, wie es in 1Mo 1 und 2 dargelegt wird, positiv auf (s.u. 1.) und führt es im Lichte des Erlösungsgeschehens weiter (s.u. 2.), andererseits aber korrigiert es die atl. Überlieferung dort, wo sie diesem Leitbild widerspricht. Alles entscheidende Grundlage für die ntl. Sicht der Ehe ist die Verkündigung Jesu.

1. Die Ehe als Schöpfungsordnung und Stiftung Gottes.

Jesus hat in seinen Worten zu Ehe und Ehescheidung den ersten beiden Kapiteln der Bibel grundlegende Bedeutung für das rechte Verständnis der Ehe zuerkannt (vgl. Mk 10,6f; Mt 19,4f). Was dort über die Ehe ausgesagt wird, bringt nach Jesu Botschaft Gottes ursprünglichen Schöpferwillen zum Ausdruck und besitzt daher für seine Jünger bleibende Gültigkeit. In Mt 19,3-9 hat Jesus durch die feierliche Zitierung von 1Mo 1,27 und 2,24 für die Gemeinde des Neuen Bundes jene fünf Merkmale der Ehe als Stiftung Gottes bekräftigt, die 1Mo 2,24 deutlich werden läßt (s.o. A. I.1.):

a. Die Ehe hat einen deutlichen Anfang: Jesus unterstreicht diese Aussage in Mt 19,6 durch die Erläuterung, daß die Zweiheit der vorehelichen Beziehung in der Ehe »nicht mehr« besteht, sondern unwiderruflich zur Einheit des »einen Fleisches« geworden ist (V. 6a). Jesus bestätigt damit nicht nur die atl., sondern auch die antike Praxis seiner Zeit, die durchweg an der deutlichen Unterscheidbarkeit von ehelichen und nichtehelichen Gemeinschaften – und damit an einem deutlich sichtbaren Ehebeginn - festgehalten hat. Von daher wird verständlich, daß die ntl. Gemeinden keine Unsicherheit bzgl. des Ehebeginns kennen (vgl. 1Kor 7,8.10).

b. Die Ehe ist von Gott als Einehe gewollt: Durch die Zitierung von 1Mo 2,24 bekräftigt Jesus, daß die Ehe in der Verbindung von »zwei« Gatten zu »einem« Fleisch besteht. Paulus hat diese Einsicht in die klassische Formulierung gefaßt, daß jeder Mann »seine eigene Frau haben (soll) und jede Frau ihren eigenen Mann« (1Kor 7,2). Die urchristl. Gemeinden haben sich, diesem Grundsatz folgend, von Anfang an dadurch von ihrer jüd. Umgebung unterschieden, daß sie die Polygamie ablehnten, während das Judentum diese erst im 20.Jh. abschaffte.

c. Die Ehe ist eine totale Lebens- und Liebesgemeinschaft: Jesus hat die Totalität der ehelichen Gemeinschaft nach Zitierung von 1Mo 2,24 (Mt 19,5) besonders hervorgehoben durch die betonte Wiederholung: »So sind sie nun nicht mehr zwei, sondern ein Fleisch« (V. 6a). Durch sein unbedingtes Liebesgebot (Mt 5,43-48; 7,12; 22,34-40) hat er darüber hinaus dem atl. Verständnis der Ehe als totaler Liebesgemeinschaft eine wesentliche Vertiefung gegeben – eine Vertiefung, die später durch Paulus in Eph 5,22-33 weitere Ausdeutung erfuhr (s. u. 2.).

d. Die Ehe ist von ihrem Wesen her unauflöslich: Jesus hat die Unauflöslichkeit der Ehe durch sein absolutes Verbot der Ehescheidung (Mt 19,6; Mk 10,9) nachdrücklich bestätigt (s.u. II. 1.).

e. Die Ehe ist der legitime Ort der Sexualität: Jesus brauchte diese Einsicht nicht weiter zu erläutern, da darüber sowohl im AT als auch im Judentum seiner Zeit Einmütigkeit bestand (vgl. Mt 1,18f). Wenn Paulus in 1Kor 7,2 sexuelle Gemeinschaft vor und außerhalb der Ehe generell als »Unzucht« wertet, dann steht er damit nicht nur in Übereinstimmung mit Jesus, sondern auch mit dem zeitgenössischen Judentum.

Durch die Verknüpfung von 1Mo 1,27 und 1Mo 2,24 in Mt 19,4f hat Jesus über diese fünf elementaren Merkmale der Ehe hinaus folgendes deutlich werden lassen:

f. Die Ehe ist letztlich nicht im Handeln des Menschen, sondern im Handeln Gottes begründet: Weil Gott Mann und Frau füreinander geschaffen hat (1Mo 1,27), ist das »Ein-Fleisch-Werden« von Mann und Frau nicht nur ein menschlich-rechtlicher Zusammenschluß, sondern zutiefst eine Zusammenfügung Gottes. Jede Ehe ist daher nicht nur ein menschliches Rechtsverhältnis, sondern ausdrückliche Stiftung Gottes und als solche der Willkür des Menschen (z.B. die Ehe zu lösen) enthoben: »Was Gott zusammengefügt hat, soll der Mensch nicht scheiden!« (Mt 19,6).

Zusammenfassend läßt sich sagen, daß Jesus das atl. Verständnis der Ehe als Schöpfungsordnung und Stiftung Gottes positiv aufgenommen und als bleibend gültige Offenbarung für die ntl. Gemeinde bestätigt hat. Gleichzeitig hat er das atl. Zugeständnis von

Scheidung und Polygamie endgültig überwunden.

2. Die christliche Ehe als Gnadenbund.

Das NT sieht in der christl. Ehe nicht nur eine Schöpfungsordnung, da die Ehe von Christusgläubigen in die ihnen zuteil gewordene Wirklichkeit der Erlösung mit hineingenommen ist. Die christl. Ehe ist deshalb nicht nur Segensbund, sondern auch Gnadenbund, d.h. ein Bund, der im Dienste der Erlösungsgnade steht. Von diesem Hintergrund her ist es zu verstehen, daß Paulus in 1Kor 7 die christl. Ehe als »Charisma« bezeichnen kann (V. 7), aufgrund dessen sogar der ungläubige Partner durch den gläubigen Gatten »geheiligt« ist (V. 14). Besonders eindrücklich wird das Verständnis der christl. Ehe als Gnadenbund in Eph 5,22-33 entfaltet: die christl. Ehe ist dieser Stelle zufolge als Abbild des Bundes zwischen Christus und der erlösten Gemeinde anzusehen. Sie ist daher nicht nur eine Gemeinschaft der natürlichen Liebe, sondern darüber hinaus eine Gemeinschaft jener selbstlosen göttlichen Liebe (Agape), die für den unverbrüchlichen Liebesbund zwischen Christus und der Gemeinde kennzeichnend ist. Die christusgläubigen Männer sind in diesem Text zu einer selbstlosen Regentschaft der Liebe nach dem Vorbild Christi (V. 25-30), die christusgläubigen Frauen zu jener liebenden Unterordnung aufgerufen, welche die Kirche als Braut Christi charakterisiert (V. 22f). Beide Ehepartner aber sind dazu berufen, in ihrem Denken, Wollen und Handeln so eins zu werden, daß sich die innige Verbundenheit zwischen Christus und seiner Gemeinde in ihrer Ehe widerspiegelt (V. 28-30). Daß auch Eph 5,22-33 zur Veranschaulichung der ehelichen Einheit 1Mo 2,24 zitiert, unterstreicht noch einmal die tragende Bedeutung dieses atl. Verses für das ntl. Verständnis der Ehe.

II. EHESCHEIDUNG IM NEUEN TESTAMENT.

1. Ehescheidung bei Jesus.

Aufgrund der in Gottes ursprünglichem Schöpferwillen begründeten Unauflöslichkeit der Ehe (Mk 10,2-9; Mt 19,3-8) hat Jesus für seine Jünger sowohl die Ehescheidung (Mk 10,9; Mt 19,6) als auch die Wiederverheiratung Geschiedener (Mk 10,9; Mt 19,6) untersagt. Letztere wird von Jesus scharf als »Ehebruch« gebrandmarkt (ebd.). Mit seinem strikten Verbot von Scheidung und Wiederverheiratung Geschiedener hat Jesus eine Revolution im Verständnis der Ehe herbeigeführt. Denn das Zugeständnis der Ehescheidung war nicht nur fester Bestandteil des mosaischen Gesetzes, sondern aller antiken Rechtsordnungen. Von daher ist die schokkierte Reaktion seiner Jünger wohl zu verstehen (Mt 19,10). In seinen Worten zur Ehescheidung geht es Jesus nicht um eine Kritik an der mosaischen Scheidungserlaubnis, da diese durch die »Herzenshärte« der Menschen veranlaßt war (Mt 19,8), aber er bekräftigt, daß für die Gemeinde des Neuen Bundes wieder der ursprüngliche Schöpferwille zu gelten hat. Jesu Verneinung von Scheidung und Wiederverheiratung ist nicht nur eine Wiederherstellung der von Gott gewollten Schöpfungsordnung, sondern auch eine Konkretisierung seines Gebotes unbedingter Liebe (Mt 5,43-48; 7,12; 22,34-40) für den Bereich der Ehe. Sie ist in besonderer Weise ein Schutz der Frau vor der in Judentum und Antike verbreiteten willkürlichen Entlassung durch den Mann. Denn die Worte Jesu zur Scheidung machen den Mann dafür verantwortlich, wenn er durch die Entlassung seiner Frau diese zur von Jesus als »Ehebruch« gewerteten Wiederverheiratung veranlaßt.

Manche Ausleger meinen, daß Jesus in der sog. »Unzuchtsklausel« von Mt 5,32 und 19,9 im Falle von Ehebruch Scheidung und Wiederverheiratung zugestanden habe. Doch die Klausel »es sei denn wegen Ehebruchs« (LÜ) ist zum einen aus sprachlichen Gründen nicht auf die Wiederverheiratung, sondern auf die Scheidung zu beziehen und bedeutet zum anderen keine Legitimierung der Scheidung, da Jesus diese ausdrücklich verworfen hat (Mk 10,9; Mt 19,6). Außerdem meint das in der LÜ mit »Ehebruch« übersetzte Wort (griech. *porneia*) wahrscheinlich nicht die spezielle Verfehlung des Ehebruchs (denn dafür stand das griech. Wort *moicheia* zur Verfügung). Ein Teil der Exegeten (F.F. Bruce, H. Baltensweiler u.a.) hat gewichtige sprachliche und inhaltliche Gründe dafür angeführt, daß *porneia* wie in Apg 15,20.29 und 21,25 jene illegitimen ehelichen Verbindungen meint, die in 3Mo 18 verurteilt werden (s.o. A. I.2.). Andere Ausleger (A. Isaksson) deuten *porneia* vom jüd. Hintergrund her auf den vorehelichen Verkehr von Verlobten (vgl. dazu Joh 8,41, Mt 1,18f). Beide Deutungen haben den Vorzug, plausibel zu erklären, warum das judenchristl. MtEv. als einziges Ev. diese Klausel überliefert, während sie bei den heidenchristl. Evv. Mk und Lk fehlt: Mt wollte seinen judenchristl. Lesern deutlich machen, daß Jesu Scheidungsverbot nicht auf die Trennung einer von vornherein ungültigen Verwandtenehe nach 3Mo 18 (1. Deutung) oder auf die Entlassung einer untreuen Verlobten zu beziehen ist (2. Deutung), sondern nur auf rechtmäßig zustandegekommene Ehen. Möglich ist auch die Deutung von *porneia* auf »Unzucht« im allgemeinen Sinne von schweren sexuellen Verfehlungen einschließlich des Ehebruchs (G.J. Wenham; W.A. Heth). Auch bei dieser Interpretation würde die Klausel nicht Scheidung oder Wiederverheiratung rechtfertigen, sondern nur den Ehemann vom Vorwurf des Ehebruchs freisprechen, falls er seine Frau wegen schwerer sexueller Verfehlung entläßt und diese dadurch zur (als Ehebruch zu wertenden) erneuten Heirat veranlaßt. Wie auch immer man *porneia* deuten mag, eine Ermächtigung zu Scheidung und Wiederverheiratung wird man in die Porneia-Klausel nicht hineinlesen können, denn dagegen sprechen das vorbehaltlose Verbot von Scheidung und Wiederverheiratung bei Markus und Lukas (Mk 10,9-12; Lk 16,18), das ausdrückliche Scheidungsverbot bei Matthäus (Mt 19,6), das klare Zeugnis des Paulus (s.u. 2.) und das übrige NT, das an keiner Stelle Scheidung und Wiederverheiratung für Christen in Betracht zieht.

2. Ehescheidung bei Paulus.
Paulus hat sowohl Jesu Scheidungsverbot (1Kor 7,10f) als auch ein Verbot der Wiederverheiratung Geschiedener (1Kor 7,11) bekräftigt. Die paulin. Briefe lassen klar erkennen, daß erst der Tod den Ehebund auflöst (Röm 7,2f; 1Kor 7,11.39), eine Wiederheirat bei Lebzeiten des Partners aber als Ehebruch zu werten ist (Röm 7,3). Wenn in einer Mischehe mit einem Nichtchristen der ungläubige Gatte aber auf Scheidung besteht, ist der gläubige Teil »nicht gebunden« (1Kor 7,15). In diesem Falle darf er um des »Friedens« willen in die Scheidung einwilligen (ebd.). Das hier ausgesprochene sog. »Privilegium Paulinum« kann schwerlich als Erlaubnis zur Wiederverheiratung des gläubigen Teils gedeutet werden, denn dies widerspräche dem ausdrücklichen Verbot der Wiederverheiratung einige Verse zuvor (V. 11) und dem Kontext von 1Kor 7 (V. 17-24). Im übrigen hat Paulus durch sein Verständnis der Ehe als Abbild des unverbrüchlichen Bundes zwischen Christus und der Kirche die wesenhafte Unauflöslichkeit der Ehe in eindrucksvoller Weise bestätigt.

III. EHELOSIGKEIT IM NEUEN TESTAMENT.
Während im AT Ehelosigkeit allgemein als schmachvoll angesehen wird und selbst bei dem zur Ehelosigkeit berufenen Jeremia (s.o. A. III.) noch unter dem negativen Vorzeichen der beim kommenden Gottesgericht zu erwartenden Leiden steht (vgl. Jer 16,3ff) spricht Jesus erstmalig von der Ehelosigkeit als positiver Berufung zur Förderung der Gottesherrschaft: In Mt 19,11ff deutet Jesus die Möglichkeit einer charismatischen Ehelosigkeit »um des Himmelreichs willen« an. Gemeint ist »ein freiwilliger Verzicht..., der sich wegen Gottes Herrschaft, im Dienst Gottes als notwendig erweist« (Schniewind), ein Verzicht, bei dem Gott zum Wollen auch das Vollbringen schenkt und der nichts zu tun hat mit Leibfeindlichkeit oder asketischer Verkrampfung.

Der ehelose Apostel Paulus nimmt dieses Jesuswort positiv auf und empfiehlt in 1Kor 7,26-40 den noch ledigen Korinthern um der endzeitlichen Bedrängnisse und der Verfügbarkeit für Gott willen die Ehelosigkeit als vorzuziehende Lebensform. Allerdings setzt Paulus auch in diesem Kapitel die Ehe als normale Berufung des Christen voraus (V. 2), kennzeichnet die Ehelosigkeit ausdrücklich als Charisma, das nicht jedem gegeben ist (V. 9), und läßt daher den Korinthern volle Freiheit (V. 28.35.36.38) hinsichtlich der Befolgung seines »Rates« (V. 25.26.40). Auch bei Paulus darf die Empfehlung der Ehelosigkeit nicht als leibfeindliche Abwertung der Ehe interpretiert werden, hat doch gerade Paulus wie kein anderer den gnadenhaften Charakter des Ehebundes betont (s.o. B.I. 2.).

Literatur: E. Staufer: ThWNT I, 1933, 646ff; F. Hauck: ThWNT IV, 1942, 737ff; J. Jeremias: ThWNT IV, 1942, 1092ff; A. Bardtke, H. Thimme: Art. Ehe, EKL I, 1956, 944ff; F. Horst, H. Greeven: Art. Ehe im AT und NT, RGG³ II; 1958, 316ff; F. Hauck: ThWNT VI, 1959, 579ff; E. Lövestam: Art. Ehe, Ehebruch, Ehelosigkeit, BHH I, 1962, 369ff; A. Isaksson: Marriage and ministry in the new temple, Lund 1965; H. Baltensweiler: Die Ehe im Neuen Testament, 1967; W. Günther, H. Reißer: Art. Ehe, TBLNT I, 1967, 196ff; H. Reißer: Art. Unzucht, TBLNT III, 1967, 1506ff; H.H. Wolff: Anthropologie des Alten Testaments, 1975; T. Sorg: Ehe und Familie, 1981; M. Holland: Art. Ehe, Brockhaus Bibl. Wörterbuch, 1982, 74ff; W. Schrage: Ethik des Neuen Testaments, 1982; W. Neuer: Mann und Frau in christlicher Sicht, ²1982; C.-D. Stoll: Ehe und Ehescheidung, 1983; W.A. Heth, G.J. Wenham: Jesus and divorce, 1984; W. Klaiber: Wann beginnt die Ehe und was begründet sie?, ThBeitr 12/1981, 221ff; R. Schnackenburg: Die sittliche Botschaft des Neuen Testaments I, 1986.W.N.

EHELOSIGKEIT s. Ehe

EHERN. Eine Bezeichnung für Gegenstände aus Kupfer bzw. Bronze (4Mo 21,8; 1Sam 17,6; 1Kön 4,13 u.ö.). Im übertragenen Sinn bezeichnet das Wort Unnachgiebigkeit (5Mo 28,23), Festigkeit (Mi 4,13) und Trotz (Jes 48,4).

EHERNES MEER s. Meer, Ehernes

EHESCHEIDUNG s. Ehe

EHRE, EHREN.

I. GOTTES EHRE.

Das ist seine *Herrlichkeit (2Mo 24,16; 40,34; 1Kön 8,11; 2Chr 7,1; Jes 6,3), das ewige Licht, in dem er wohnt, das er anhat als ein Kleid, sein eigenstes Wesen, das auch als Feuer- und Lichtglanz erscheint (Lk 2,9).

II. BEI DEN MENSCHEN.

1. E. ist die dem Menschen wegen des ihm anerschaffenen göttlichen Ebenbildes gebührende Achtung. Weil jeder das, was er hat, nur empfangen hat, kann niemand sich selbst die E. geben. An und für sich auf E. Anspruch erheben kann nur Gott (Hebr 5,5). Gott ist auch in Wahrheit die einzige E. des Menschen, und ohne Gott hat keiner E. (Ps 62,8; Joh 5,44). Die Krone der E. wird denen am jüngsten Tag zuteil werden, die dem Sohn Gottes dienen (Joh 12,26), die den Lauf im Glauben vollendet haben und mit Geduld in guten Werken nach dem ewigen Leben trachteten (Röm 2,7; 1Petr 5,4).

2. Hier auf Erden ist E. zu geben, dem E. gebührt (Röm 13,7), Vater und Mutter (2Mo 20,12), den Alten (3Mo 19,32), den Königen (1Petr 2,17; 1Sam 15,30), den Witwen, die rechte Witwen sind (1Tim 5,3), den Herren (1Tim 6,1), auch den Wunderlichen (1Petr 2,18).

3. Ist es Pflicht, andern ihre E. zu geben, so ist es ebenso Pflicht, die eigene E. nicht zu suchen, außer bei Gott allein (Joh 5,44; 12,43; 7,18; 1Thess 2,6). Ehrsucht oder Ehrgeiz, das Haschen nach Menschenehre, die doch nur eitel ist, verbieten Gal 5,26; Phil 2,3. Andere ehren, um von ihnen wieder geehrt zu werden, ist dem Sinn Christi zuwider (Joh 5,44) und macht zum Glauben an das Wort vom Kreuz untüchtig. Statt E. bei den Leuten zu suchen, sollen Christen einander mit Ehrerbietung zuvorkommen (Röm 12,10). Das heißt aber nicht, seine eigene E. wegzuwerfen (1Tim 4,12; 2Kor 11,23; Apg 13,46; 16,37).

EHUD. Ein benjaminitischer Name (1Chr 7,10; 8,6; Ri 3,15). Ehud, der Sohn Geras, führte den Aufstand gegen die moabitische Besatzung in O-Benjamin an (Ri 3). Er erreichte eine Privataudienz beim König *Eglon und tötete ihn in dessen eigenen Gemächern. Dann rief er die Israeliten zusammen, um die Verwirrung der Moabiter für eine militärische Überrumpelung auszunutzen. J.P.U.L.

EICHE s. Pflanzen

EID. (Hebr. *schebū'ā* und *'ālā*; griech. *horkos*). *'Ālā* ist verwandt mit einem Verb der Grundbedeutung »einen bedingten Fluch aussprechen«, bzw. einer noch unbekannten Person fluchen (THAT I, 149-152). 1Sam 14,24 bietet dafür ein deutliches Beispiel. Der Eid lautet: »Verflucht sei jedermann, der etwas ißt bis zum Abend, bis ich mich an meinen Feinden räche!« Er diente hier zur Bekräftigung eines Befehls (vgl. 1Mo 24,41). Derartige Eidesleistungen konnten in juristischen Verfahren gebraucht werden, wenn sich ein Streit nicht auf normale Art und Weise beilegen ließ (1Kön 8,31; 2Chr 6,22). Außerdem machten sie einen regulären Bestandteil von Verträgen oder Bündnissen aus (1Mo 26,28; Hes 16,59; 17,13-19; Hos 10,4), wie jetzt auch durch Texte gleichen Alters aus dem Nahen Osten bekannt geworden ist (z.B. ANET, S. 201,205,538-541,659,660; vgl. D.R. Hillers: Treaty-Curses and the OT Prophets, 1964). So ein Fluch war nicht unwiderruflich (vgl. 1Sam 14,45; auch Ri 17,1f), und seine Macht lag weniger in dem Glauben an eine magische, den gesprochenen Worten innewohnende Kraft als vielmehr in der unabhängigen Antwort Gottes selbst (1Kön 8,31f; vgl. AC. Thiselton: JThS N.S. 25/1974, S. 283-299, bes. 295f). Es ist keineswegs sicher, daß andere atl. Eide, für die das hebr. Wort *schebū'ā* gebraucht wird, stets einen derartigen Fluch implizierten, obwohl dies möglich ist (Ri 21,18). Häufig wäre »ernstes Versprechen« die passendere Übersetzung (vgl. THAT I, 151).

Wollte man einen E. ablegen, bediente man sich verschiedener Mittel (1Mo 24,2f; 5Mo 32,40) und Formeln (1Mo 31,50; 4Mo 5,22; Ri 8,19; 2Kön 2,2; Jer 42,5; Mt 5,34-36; 23,16). Oft sprach man die negativen Folgen einer Eidesverletzung nicht mit aus (2Sam 3,9, doch s. Jer 29,22).

Das mosaische Gesetz hebt den Ernst hervor, der einem E. zu eigen ist (2Mo 20,7; 3Mo 19,12). Die Israeliten durften ihre E.e nicht bei falschen Göttern schwören (Jer 12,16; Am 8,14). Hesekiel spricht, als könne Meineid mit dem Tod bestraft werden (17,16ff), doch nach dem Gesetz konnten ein falscher Zeugeneid und das eidliche Leugnen, etwas gefunden oder empfangen zu haben, mit einem Schuldopfer abgebüßt werden (3Mo 5,1-6.20-26).

Der Brauch des E.es ist in ähnlicher Weise gemeinantik. Dabei gab es angesichts eines weitverbreiteten Mißbrauchs mit dem E. schon früh Versuche einer Refom des Eidwesens, insbesondere bei den Pythagoräern und in der Stoa. Unter solchem Einfluß forderte Philo, daß man den E. möglichst vermeiden solle.

Bündnisse, Verträge und andere Übereinkünfte wurden durch Fluch- oder Eidesformeln für verbindlich erklärt. Der Vertrag, den der Assyrerkönig Asarhaddon seinen Vasallen (einschließlich Manasse) diktiert hat, enthält über 60 Eides- und Fluchformeln. Er wurde in Kalach (Nimrud) im Mai 672 v.Chr. geschlossen. (SAOB)

Jesus setzt voraus, daß ein E. bindet (Mt 5,33). Das tägliche Reden eines Christen soll ebenso heilig sein wie ein Gelübde. Er soll die Wahrheit nicht mit zweierlei Maß messen, wie gewisse Juden es taten, die eine gleitende Wertskala für E.e eingeführt hatten. Deshalb lehnt Jesus den E. ab (Mt 5,34-37; vgl. Jak 5,12).

Diese Weisungen wurden in der Urchristenheit allerdings nicht gesetzlich ausgelegt: Paulus etwa schwur mit einem E. (2Kor 1,23; Gal 1,20). Die Schrift bezeugt, daß Gott sich selbst mit einem E. gebunden hat (Hebr 6,13-18). Der Herr hat sich daran gebunden, daß er die Verheißungen an sein Bundesvolk erfüllt: z.B. seine Verheißungen an die Väter (1Mo 50,24), die Davidsdynastie (Ps 89,20-38.50) und den messianischen Priesterkönig (Ps 110,1-4). Der Garant all dieser Verheißungen ist Jesus Christus; in ihm sind sie mit »Amen« beantwortet (2Kor 1,19f, vgl. Jes 65,16 wörtl. »der Gott des Amen«). Mit seinem Kommen hat Christus die alten Verheißungen Gottes an die Väter (Lk 1,68-73; 2,25-32), an David (Apg 2,30) und den atl. Priesterkönig (Hebr 7,20f.28) erfüllt.

Literatur: M.R. Lehmann: ZAW 81/1969, 74-92; C.A. Keller: Art. schaba , THAT II, 1979, 855-863; J. Schneider: Art. omnyo, ThWNT V, 177-185; Ders.: Art. orkos, ThWNT V, 458-467; O. Bauernfeind: Eid und Frieden, 1956; J. Heinemann: Philos Lehre vom Eid, Judaica 1912, 109-118. J.G.S.S.T./G.I.D.

EIFER/EIFERSUCHT. Das intensive und ernsthafte Bemühen um die Erreichung eines Zieles, im Deutschen mit Eifer wiedergegeben, wird im Griech. durch *zēlos* und *spoudē* wiedergegeben. Während letzteres die Ernsthaftigkeit und Anspannung solchen Bemühens immer in positiver Wertung meint, kann *zēlos*, wo dieser von selbstsüchtigen Motiven bestimmt sich gemeinschaftsstörend oder -zerstörend auswirkt, auch eine negative Färbung annehmen. Das dem griech. *zēlos* entsprechende hebr. *qine'āh* hat stärker den Sinn von »Eifersucht«.

Im AT bezeichnet die Wortfamilie um *qine'āh* zunächst affektgeladene zwischenmenschliche Beziehungen in Konkurrenzsituationen. Der Bedeutungsspielraum reicht von »beneiden/eifersüchtig sein auf« (1Mo 26,14; 30,1; 37,11; Jes 11,13; Hes 31,9; Spr 24,1), über »sich entrüsten, sich ereifern« (Ps 37,1; 73,3; Spr 24,19) zu »eifern für« (4Mo 11,19; 2Sam 21,2) und bezieht sich auf eheliche Eifersucht (4Mo 5,14f.18.25.29f; Spr 6,34; 27,4), leidenschaftliche Liebe (Hld 8,6), wirtschaftliche Konkurrenz (Pred 4,4; 9,6), Feindschaft unter den Völkern (Jes 11,13; Hes 35,11) und die blinde Leidenschaft des Toren (Hiob 5,2; Spr 14,30). Dabei fehlt die Bedeutung des Strebens nach ethischer Vervollkommnung, die bei Philo ausschließlich erscheint. Statt dessen taucht E. mit dem besonderen Sinngehalt des an Gott orientierten E.s auf, jener leidenschaftlichen Einsatzbereitschaft, die sich vom Willen Gottes, vom Gesetz bestimmen läßt (vgl. Ps 69,10; 1Kön18,21ff; 2Kön 10,15ff). »Dieser Eifer um Jahwe ist Israel aufgetragen, und an ihm ist die besondere Berufung Israels erkennbar« (O. Michel, KEK IV, 223A).

Häufiger noch aber ist vom E. Gottes selbst die Rede, nämlich von der Intensität und dem kompromißlosen Engagement, mit denen Gott am Menschen handelt. In 2Mo 20,5f stellt sich Gott als Eiferer vor. Und im Zusammenhang dieser Stelle wird auch die zweifache Wirkungsweise des göttlichen E.s genannt: einmal richtet er sich auf die Missetäter, sie heimzusuchen – hier weist E. auf den *Zorn Gottes (5Mo 29,19) und seinen Grimm (4Mo 25,11); zum andern richtet er sich auf die Gottesfürchtigen, ihnen *Barmherzigkeit zu erweisen (Jes 63,15). Insbesondere ist von dem E. Gottes als des Herrn der Geschichte die Rede, mit dem er sich für sein Volk Israel gegenüber anderen Völkern einsetzt (2Kön 19,31; Hes 36,6; 38,19; Jes 9,6; 26,11; 37,32; 42,13; u.ö.). Wie exklusiv das Verhältnis Jahwes zu Israel ist, zeigt sich auch daran, daß Gott gegenüber Israels Untreue, die oft im Bild des Ehebruchs dargestellt wird, geradezu Eifersucht empfindet (Hes 16,38; 23,25).

Der atl. Sprachgebrauch lebt im palästin. Judentum weiter fort. So sprechen z.B. die Qumrantexte vom E. Gottes, der in seinen gerechten Gerichten zum Ausdruck kommt. Im rabbinischen Judentum zeigt sich eine gewisse Scheu, vom E. Gottes zu sprechen. Die einschlägigen atl. Stellen werden deshalb umgedeutet. Noch klarer ausgeprägt ist diese Scheu vor dem Anthropomorphismus im hellen. Judentum (Philo).

Spoudē tritt in der LXX meist in der Bedeutung Eile auf (1Mo 19,15; 2Mo 12,11.33), selten und erst spät in der von Eifer (Sir 27,4, LÜ: »sehr bald«; Weish 14,17). Im hebr. Text hat *spoudē* keine eigentliche Entsprechung. Oft wird es zur Übersetzung von *bāhal*, erschreckt, fassungslos sein, verwendet (Hiob 4,5; 21,6; Jes 21,3), was jedoch eine Bedeutungsverengung gegenüber dem Hebr zur Folge hat.

Im NT finden wir die Wortgruppe um *zēlos* in positiver wie in negativer Wertung. Negativ etwa in der Bedeutung Neid/Eifersucht (der Stammväter Josef gegenüber: Apg 7,9; der Juden angesichts der Erfolge der Apostel: Apg 5,17; 13,45; 17,5; an diesen Stellen klingt das atl. »sich ereifern für Gott« noch schwach durch). Eifersucht (Neid) und Zank bedrohen den Bestand einer Gemeinde aufs schwerste (Jak 3,16; vgl. Jak 3,14; 4,2; 1Kor 3,3; 2Kor 12,20). Ein Christ darf sich nicht in Eifersucht verlieren, sondern soll geistlich (Gal 5,20ff) bzw. ehrbar handeln (Röm 13,13). Doch nicht nur dem ethisch verwerflichen E. steht das NT kritisch gegenüber, sondern auch dem Eifern um das *Gesetz. So distanziert sich Paulus von seinem einstigen E. »für die Satzungen der Väter« (Gal 1,14). Gerade das eifrige Bemühen um Gott (Apg 22,3) ließ ihn zum Verfolger der Gemeinde werden (Phil 3,6). Rückblickend erkennt er, daß er so als frommer Israelit mit Unverstand gehandelt hat, wie zu seiner Zeit noch die Mehrzahl der Juden (Röm 10,2).

Doch nicht das Eifern an sich wird verworfen. Im Gegenteil! Paulus freut sich, daß die Betrübnis Buße und Eifer gewirkt hat (2Kor 7,11). Und er ruft eindringlich zum Eifern auf, denn es ist gut, wenn es um Christi willen geschieht, der selbst um Gott eiferte (vgl. Joh 2,17). So wird ausdrücklich der missionarische E. gelobt, der andere »mit Gutem« umwirbt (Gal 4,18; vgl. 2Kor 11,2, wo Paulus geradezu von »göttlichem Eifer« spricht). Vornehmlich wird dazu aufgefordert, nach den Gnadengaben (Charismen, *Gaben des Geistes) zu »eifern« (1Kor 12,31; 14,1.12.39), die freilich nur in der eiferfreien Liebe recht angewandt werden (1Kor 13,4). Schließlich gibt es noch einen positiven E. für das Wohlergehen anderer Menschen (2Kor 7,7; 9,2, LÜ: »euer Beispiel«) und für ein gütiges Wesen und gute Werke, wobei die Liebe allerdings über allem Eifern stehen muß (1Petr 3,13; Tit 2,14).

Eine besondere Bedeutung hat *Zēlōtēs* (Eiferer) als Attribut des Simon (Lk 6,15; Apg 1,13), wo es besagt, daß dieser Jünger »ein (ehemaliger) Angehöriger der theokratischen antiröm. Zeloten-Partei« (G. Klein, RGG³ VI, 39f) war. Er dürfte mit dem Mk 3,18; Mt 10,4 genannten Simon identisch sein. Der Beiname Kananäus entspricht dem aram. *qana'n*, das die Bedeutung Eiferer hat.

Spoudē hat nicht nur in der LXX, sondern auch im NT die Bedeutung Eile (Lk 1,39; 2,16; 19,5f; Phil 2,28; 2Tim 4,9.21; Tit 3,12). – In der Bedeutung »eifriges Bemühen« betont es Intensität und Dringlichkeit eines Handelns: inständiges Bitten, das Gehör finden und Bedenken überwinden will (Lk 7,4), intensives Bemühen um ein Wiedersehen (1Thess 2,17; 2Tim 1,17), gründliche Ausrüstung von Reisenden (Tit 3,13), das Schreiben eines wichtigen Briefes (2Petr 1,15; Jud 3).

Bei Paulus ist *spoudē* eine notwendige Lebensäußerung der christl. Gemeinde, ihr sittliches Handeln und Verhalten bestimmend, eine Gabe Gottes, die es zu entfalten gilt. Ihre Kraft soll sich zeigen im Ringen um Einigkeit (Eph 4,3), bei der Unterstützung anderer Christen (Gal 2,10; 2Kor 8,7f.16), beim Wiedergutmachen von Unrecht (2Kor 7,11f), bei der Leitung einer Gemeinde (Röm 12,8 »der vorsteht, mit Eifer«). Volle Hingabe wird von jedem erwartet (Röm 12,22 »im Eifer nicht säumig«) und kann beispielhaft-ansteckend wirken (2Kor 8,8).

In den späteren Schriften des NT hat *spoudē* eine etwas allgemeinere und grundsätzlichere Bedeutung: Die ganze Lebensführung muß durch *spoudē* gestaltet werden, wenn der Christ das Geschenkte nicht verlieren und Gefahr laufen will, das ihm gesteckte Ziel nicht zu erreichen (2Tim 2,15; 2Petr 1,5.10; 3,12.14; Hebr 4,11; 6,11). *Spoudē* drückt hier etwas von der großen Verantwortung aus, die der Christ für die Gestaltung seines Lebens hat.

Literatur: A. Stumpff: Art. zēlos, ThWNT II, 1935, 879ff; O. Michel: Der Brief an die Römer, KEK IV, [11]1957; R. Bultmann: Theologie des NT, [3]1958, 225f; M. Hengel: Die Zeloten, 1961; A. Strobel: Art. Eifer, BHH I, 1962, 379f; G. Harder: spoudazō, ThWNT VII, 1964, 559ff.

H.C.H./W.B.

EIFEROPFER s. Opfer

EIGENTUM. E. ist nach bibl. Verständnis von Gott anvertrautes Gut. Deshalb muß der Mensch den Umgang mit seinem E. nicht nur vor sich selbst verantworten – dies entspricht unserem Verständnis von Privateigentum (s. BGB § 903) -, sondern vor allem vor Gott, dem wirklichen Eigentümer. Gleichzeitig gewinnt E. dadurch den Charakter einer Aufgabe, denn der Mensch verwaltet Gottes Gut für einen bestimmten Zweck und im Zusammenhang der göttlichen Absichten.

1. Im AT ist die Auffassung von Gott als dem Eigentümer »der Erde und allem, was darinnen ist« (5Mo 10,14) vor allem bezogen auf den Landbesitz. Der Satz »Das Land ist mein, und ihr seid Fremdlinge und Beisassen bei mir« (3Mo 25,23; vgl. Jos 22,19) kann als theologischer Zentralsatz des altisraelit. Bodenrechts bezeichnet werden. Daraus ergaben sich konkrete Folgerungen für die Nutzung des Landes: jede Großfamilie/Sippe empfing Land zu dauerhafter Nutzung (Jos 18 und 19), das nicht frei veräußert werden durfte (Vorkaufs-, Loskaufsrecht; 3Mo 25,25); bei Verschuldung gingen nur die Nutzungs-, nicht die Eigentumsrechte an den Gläubiger über (3Mo 25,16; vgl. 27,22-24); Rückfall an den Schuldner im »Jobeljahr« oder »Erlaßjahr« (3Mo 25,10.13); keine Anhäufung von Grundbesitz (Jes 5,8ff); Neuverteilung des Landes nach dem Exil (Hes 45,1-8; 47,13-48,29); Abgaben an Jahwe; Agrarbrache jedes 7. Jahr (3Mo 25,1-7) u.a.

Da Jahwe die ganze Erde gehört (2Mo 19,5), haben alle Völker von ihm ihr Erbteil erhalten (Jer 12,15; vgl. Ps 111,6). Israel hat durch Gottes Beistand mit dem Einzug ins gelobte Land auf exemplarische Weise verwirklicht, was bei der Schöpfung der Menschheit allgemein aufgetragen war: die Erde sich untertan zu machen (vgl. die gleichen Begriffe in 1Mo 1,26.28 und Jos 18,1).

2. Das NT betont ebenfalls, daß die Welt Gottes und seines Sohnes E. (Joh 1,11; 1Kor 10,26) und dem Menschen zur Verwaltung anvertraut ist (Mt 21,33-43; 25,14-20). Die Besitzlosigkeit Jesu (Mt 8,20) und seiner Jünger (Mt 10,9f) und Jesu Verkündigung von der Nähe des Gottesreiches entlarven sündige Bindungen ans E. (Mt 6,19ff.24; 19,21f), die den Dienstwert des E.s (Sicherung der eigenen Existenz und der des Nächsten) in einen Darstellungswert verkehren. Die Jerusalemer Urgemeinde bringt diesen Dienstwert durch ihre weitgehende Gütergemeinschaft deutlich zum Ausdruck (Apg 4,32-5,11). Auch Paulus betont den Dienstwert des E.s ganz entschieden (z.B. Eph 4,28; 1Tim 6,17ff; vgl. Hebr 13,16), so auch bei der Sammlung für die Jerusalemer Gemeinde (2Kor 8,13f). Seine Haltung »zu haben, als hätte man nicht« (1Kor 7,29-31) bringt die ntl. Auffassung vom E. pointiert zum Ausdruck.

3. Auch die Kirchenväter betonen, daß der Mensch nur ein Vermögen verwaltet, das Gott gehört. Dieses Vermögen hat er zur Sicherung der eigenen Existenz und der des Nächsten empfangen. Einen Sonderweg ist

das Mönchtum gegangen, das Privateigentum ablehnte.

Literatur: Art. Eigentum in: BHH I, 1962, 377f; RGG³ II, 1958, 363-366; TRE IX, 1982, S.404-417. U.K.

EILE s. Eifer

EIMER s. Maße und Gewichte

EINFALT, EINFÄLTIG. Eine klare, einlinige (Gegensatz: zwiespältig), saubere Gesinnung, frei von Arglist und Berechnung (1Kön 22,34; 1Mo 20,5f; 2Kor 8,2; 9,11.13; 11,3). Eph 6,5 ist E. besser mit »Ehrlichkeit« und 2Kor 1,12 mit »Heiligkeit« zu übersetzen.

EINGEBOREN(ER SOHN). Das griech. Wort *monogenēs*, »einzig in seiner Art« wird im NT auf Christus angewandt in der Bedeutung, daß er als der Gottessohn seine einmalige, ewige Existenz in Gott dem Vater hat und in diesem Sinne keine Brüder kennt (Joh 1,14.18; 3,16.18; 1Joh 4,9). Vgl. *Jesus Christus. In Hebr 11,17 bezeichnet *monogenes* den einzigen Sohn Abrahams von der Sara.

EINGEBUNG s. Inspiration

EINGEWEIDE.

1. In den Opfervorschriften wird das E. verschiedentlich erwähnt. Beim Brandopfer wird es mit dem ganzen Opfertier zusammen verbrannt (2Mo 29,17f), beim Sündopfer dagegen kommt nur das *Fett, das das E. bedeckt und am E. sitzt, mit den Nieren und dem Netz über der Leber auf den Altar, das übrige E. wird mit dem Rest des Opfertieres aus dem Lager geschafft (3Mo 4,8-12). Das Passalamm mußte am Feuer gebraten und ganz, mit Kopf, Schenkeln und E. verzehrt werden (2Mo 12,9).

2. Die E.krankheit des Königs *Joram (2Chr 21,15.18f) läßt sich nicht bestimmen, vgl. *Krankheiten: Ruhr. Zweimal wird das Herausfallen des E.s bei Unterleibsverletzungen erwähnt (2Sam 20,10; Apg 1,18).

3. Während uns heute als Bild für das Innere des Menschen, den Sitz und das Zentrum des Lebens und der Empfindung allein das *Herz geläufig ist, gebraucht die Bibel in diesem Sinn außerdem *Leber, *Nieren und E. Jes 16,11 ist dafür »Herz« gesetzt, Klgl 1,20; 21,11 »es tut mir im Leibe weh«. Ebenso steht im NT für das griech. Wort, *splanchna*, das ursprünglich E. (Apg 1,18) bezeichnet: herzlich (Lk 1,78; Kol 3,12), herzliche Liebe (Phil 2,1), von Herzensgrund (Phil 1,8) und Herz (Phlm 12,20; 1Joh 3,17).

EINHORN s. Tiere

EINIG, EINIGKEIT. Eph 4,3 ermahnt Paulus die Gemeinde, die E. im Geist zu wahren, d.h. die E., die der Heilige Geist schenkt, der im Herzen der Gläubigen wohnt. Dies Einssein der Jünger ist auch das Hauptanliegen im hohenpriesterlichen Gebet Jesu (Joh 17,11.21-23). Solche E. läßt sich aber nur da bewahren, wo eine klare Trennung ist:

1. der Gläubigen von der Welt (2Kor 6,17; Jak 4,4);

2. der Gemeinde von den Gläubigen, die in bewußter, offenbarer Sünde leben (Mt 18,15-19; 1Kor 5,2.6f.13) und

3. der Jünger Jesu von denen, die eine falsche Lehre verkündigen (Gal 1,6-9; 2Joh 9,11 u.a.). Bei einer Einheit um jeden Preis und ohne diese Scheidung entsteht statt E. Vermischung, und der Heilige Geist, der ein Geist der Wahrheit ist, zieht sich zurück.

EINKOMMEN, EINKÜNFTE. Während der einfache Israelit für seine Arbeit *Lohn empfing, wurde bei den Leviten, Priestern und Königen von E. (hebr. *tebuah*) gesprochen.

1. Da die Leviten kein Erbteil im Lande Kanaan erhielten (4Mo 18,20) und auch keinem Gewerbe nachgehen durften, empfingen sie den *Zehnten von den Erzeugnissen des Landes und vom Vieh (4Mo 18,21-24). Bei den Festmahlzeiten werden sie mit den Armen, Witwen und Waisen zusammen genannt (5Mo 14,29; 16,11). In der Zeit der Könige und auch nach der Gefangenschaft scheint das Volk diese Verpflichtungen vernachlässigt zu haben, so daß es gemahnt werden mußte (2Chr 31,4ff; Mal 3,8-10; Neh 10,36ff).

2. Die Einkünfte der Priester bestanden aus den Erstlingen des Viehs und Feldes (4Mo 18,8-19) und dem Zehnten der Leviten (V. 26-32). Ferner erhielten sie einen Teil der Kriegsbeute (4Mo 31,25ff) und der Opfer (3Mo 5,16; 7,8; 2Kön 12,17).

3. Das Einkommen der Könige setzte sich aus freiwilligen Geschenken (1Sam 10,27; 1Kön 10,25), aus dem Ertrag des königlichen Grundbesitzes (1Sam 8,12; 1Chr 27,25-31; 2Chr 26,10) und aus dem Tribut unterworfener Völker (2Sam 8,2) zusammen. Als *Abgaben forderte *Salomo Naturallieferungen (1Kön 4,7) und *Fronarbeit (1Kön 5,27). Weiter zog er auch aus Handel und Schiffahrt Gewinn (1Kön 10,28).

EINSAMKEIT, FEST DER
s. Laubhüttenfest

EINWEIHUNG. Einweihen bedeutet: feierlich in Gebrauch nehmen. Die E. der *Stiftshütte erfolgte durch Bestreichen mit Salböl (2Mo 30,26-28; 40,9f; 3Mo 8,10f) und Vollzug der vorgeschriebenen Opfer (2Mo 40,29). Der Brandopferaltar wurde sieben Tage hindurch geweiht (2Mo 29,37), darauf folgte ein zwölftägiges Opfer der Stammesfürsten (4Mo 7,10f.84). In ähnlicher Weise weihte Salomo den Tempel (1Kön 8,62-66; 2Chr 7,9), und ebenso geschah die E. des zweiten Tempels (Esr 6,16). Vgl. *Tempelweihfest.

5Mo 20,5 hören wir von einer E. neugebauter Häuser, und Nehemia weihte die wiederhergestellten Mauern und Tore Jerusalems ein (Neh 12,27-43).

EISEN s. Bergbau und Metallgewinnung

EITEL, EITELKEIT. Im Althochdeutschen bedeutet diese Wortgruppe »leer«. Im übertragenen Sinn ist damit ein Mensch gemeint, der inhaltslos ist, aber etwas darstellen will, ein »eingebildeter« Mensch, der »selbstgefällig« ist oder sich herausputzt, aber im Grunde Inhaltsloses, Nichtiges redet. In älteren Lutherübersetzungen findet sich das Wort auch in dem Sinn, daß hinter einer Sache sich nichts anderes verbirgt als »nur« das eine: z.B. »eitel Freude«.

Einen ähnlichen Sinn haben die entsprechenden Wörter im Hebr. und im Griech.

In einem Psalm Davids findet sich der Ausruf: »Wie habt ihr das Eitle (*rijg*, leer) so lieb!« (Ps 4,3). Gemeint ist das Oberflächlich-Vordergründige ohne Tiefsinn, das nicht aus Gott kommt und nicht auf Gott hinzielt, besonders der Prediger Salomo liebt diese Wörter: »Es ist alles ganz eitel« (Pred 1,2 insges. 30mal). Hier steht das hebr. Wort *häbäl*, d.h. Hauch, Nichts, Wahn. Der gefallene Mensch außerhalb des Paradieses ist »vergänglich«, wenn Gott ihm nicht seinen Atem erhält. Nur was mit Gottes Segen »gefüllt« und damit inhaltsreich ist, hat Bestand und wird sinnvoll. Ohne Gott ist das Leben »eitel« (Pred 7,15). Vor allem das Reden, das aus der Tiefe der Seele kommt, zeigt sich als »leer«/»eitel«, wenn die Seele nicht vom Wort Gottes gespeist ist: »Je mehr Worte, desto mehr Eitelkeit« (Pred 6,11). Der fehlende Inhalt muß durch Wortfülle und Wortgewandtheit, überheblich vorgetragen, ersetzt werden. »Wo viel Träume sind, da ist Eitelkeit und viel Gerede« (Pred 5,6), denn wenn Menschen sich auf Träume berufen, die viel über die Seele und ihre Wünsche aussagen, aber nur selten von Gottes Offenbarung gespeist sind, führt das zur Eitelkeit und ist nichts dahinter.

Ein anderes hebr. Wort (*thohu*, »Wüste«, »Öde«) umschreibt ebenfalls die inhaltslose Leere: »Alle Völker (der Heiden) ... gelten ihm als nichtig und eitel« (Jes 40,17). Da Gott sie nicht erwählt hat und sie nicht von ihm her ihren Sinn haben, sind sie »eitel«, d.h. »leer«, und verbrämen ihre Leere mit viel Aufgebauschtem und Wichtigtuerei.

In dem selben Sinn spricht Paulus mehrfach von »eitler Ehre« (wörtl. »leere Ehre« Gal 5,26; Phil 2,3). M.H.

EITERFLUSS s. Krankeit

EKBATANA (ACHMETA). Die ehemalige Hauptstadt des Mederreiches, heute Hamadan. Nach der Gründung des *Perserreichs durch *Kyrus (um 550 v.Chr.) wurde E. zur Sommerresidenz der pers. Könige. Herodot (1.98) und Judit 1,1-5 beschreiben ihre Herrlichkeit. Das Kyrus-Dekret (Esr 6,2-5), das den Wiederaufbau des Tempels unter *Serubbabel veranlaßte (Esr 1,2; 3,8-13), wurde dort in den königlichen Archiven aufbewahrt. D.J.A.C.

EKRON. Eine der fünf großen Philisterstädte, ein bedeutender Ort, von abhängigen Dörfern umgeben (Jos 15,45f). Nach jüngeren Untersuchungen läßt E. sich mit Chirbet el-Muqanna identifizieren, wo man bisher *Elteke vermutet hat. 1975 hat man aufgrund von Oberflächenuntersuchungen festgestellt, daß der Ort in der Frühen Bronzezeit bewohnt war, dann aber bis zur Frühen Eisenzeit unbewohnt blieb. Seine Hauptblütezeit ist von der typisch philistäischen Keramik gekennzeichnet. Damals bedeckte die befestigte Stadt ein Gebiet von gut 40 Morgen; damit ist sie die größte Siedlung der Eisenzeit, die bisher in Palästina entdeckt wurde. An der NO-Seite des Tells befindet sich ein Vorsprung, der möglicherweise der Akropolis entspricht, und an den S-Hängen konnte man eine Doppelmauer mit Toren und Türmen nachweisen. Bei der Landverteilung führte die Grenze zwischen Juda und Dan durch E. (Jos 15,11.45f; 19,43), doch als Josua starb, war es immer noch nicht eingenommen (Ri 1,18). Als die Philister die Bundeslade Israels aus *Gat entfernen mußten, brachten sie sie nach E. (1Sam 5,10). Von dort wurde sie auf einem Wagen, vor den man Kühe gespannt hatte, nach *Bet-

Ekbatana, die Hauptstadt Mediens zur Zeit der Achämeniden.

Goldenes Trinkgefäß in der Form eines Löwen.

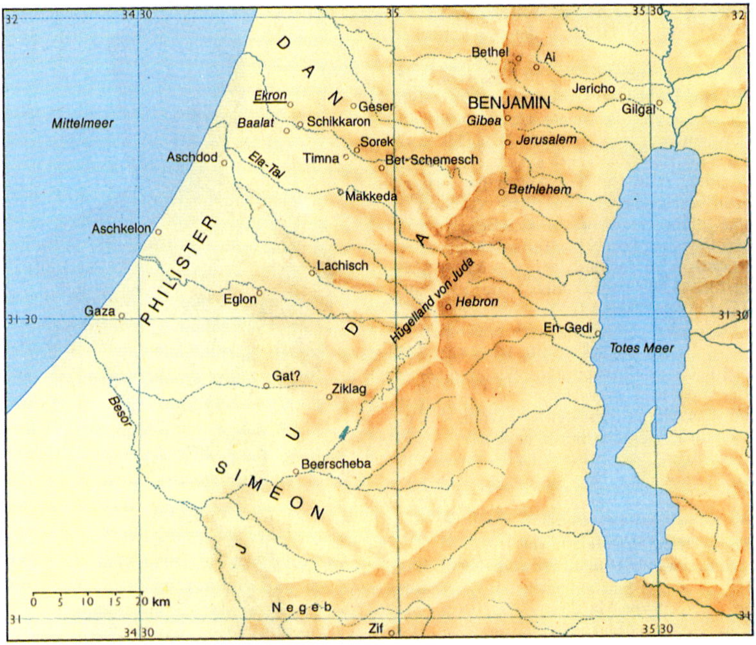

Ekron, eine der bedeutenden Philisterstädte.

Schemesch geschickt (1Sam 6). Zu Samuels Zeit war E. in israelit. Hand (1Sam 7,14), doch zur Zeit Sauls gehörte es wieder den Philistern (1Sam 17,52). Sie besaßen es auch noch zu Amos' Zeit (1,8). 701 v.Chr. wurde Padi, der Herrscher von E. und ein Vasall der Assyrer, von einigen seiner Untertanen vertrieben und von Hiskia in Jerusalem gefangengehalten. Sanherib eroberte E. (Amqaruna) erneut und setzte Padi wieder ein (ANET, S. 287-288; DOTT, S. 66-67; TGI, S. 68f). Die Annalen *Asarhaddons erwähnen E. unter den tributpflichtigen Städten (ANET, S. 291; DOTT, S. 74; TGI, S. 70), doch betrachtete man es damals vom ethnischen Standpunkt aus als Philisterstadt (Jer 25,20; Zef 2,4; Sach 9,5.7). Über die weitere Stadtgeschichte sagt die Bibel nichts mehr.

Literatur: Y. Aharoni: PEQ 90/1958, 27-31; Honigmann: Reallexikon der Assyriologie 1, 1932, 99.

T.C.M.

EKSTASE. Mit E. bezeichnen wir einen Bewußtseinszustand, der sich von dem normalen, von der Vernunft gesteuerten Erleben des Menschen wesentlich unterscheidet. Menschen in diesem Zustand reagieren nicht mehr auf äußere Einflüsse; oft sind sie schmerzunempfindlich. Es können unbeherrschbare Bewegungen der Glieder auftreten. Sie haben das Gefühl, in einer anderen Welt zu sein, dem Göttlichen unmittelbar zu begegnen, Gott zu schauen. Sie haben keine Kontrolle mehr über sich selbst. Sie sind »außer sich«.

Die E. gilt bei vielen als der Höhepunkt rel. Erfahrung. Darum haben sich die Mystiker aller Religionen, auch des christl. Glaubens, darum bemüht, sie durch besondere Übung und Versenkung vorzubereiten. Das Ziel der christl. Mystik ist das unmittelbare Erleben der Nähe Gottes, die Gottesschau.

Auch die Bibel weiß von ekstatischen Erfahrungen zu berichten. Das AT kennt zwar den Begriff der E. nicht, berichtet aber ekstatische Erfahrungen im Zusammenhang mit der Prophetie: z.B. die Begegnung des Königs Saul mit den Propheten (1Sam 10,5ff; 19,18-24). Der hebr. Begriff für diese Erfahrungen (*hitnabe*) ist aus dem Wortstamm gebildet, der die gesamte prophetische Erfahrung (Auditionen, Visionen) beschreibt (*naba*). Besonders Hesekiel machte außergewöhnliche Erfahrungen mit dem Geist Gottes (Hes 3,12.14; 8,3; 11,1.24; vgl. Hos 9,7), die man E. nennen kann.

Im NT kommt der Begriff E. (griech. *ekstasis*) vor. Er bedeutet »Entsetzen«. In diesem Sinn begegnet das zugehörige Verb im Zusammenhang mit Wundern Jesu (Mk 2,12; 5,42; Lk 5,26): Die Leute sind außer sich vor Staunen. Aber ihr Bewußtsein hat sich im oben beschriebenen Sinn nicht verändert.

E. im Sinn eines völlig neuen Bewußtseinszustandes wird im NT selten beschrieben. Petrus erlebt im Zustand der E. eine Vision (Apg 10,10ff; 11,5ff). Paulus erlebt in der E. die jenseitige Welt (2Kor 12). Der Seher der Offenbarung führt ekstatische Erfahrungen auf den Geist Gottes zurück (Offb 1,10; 4,2; 17,3; 21,10). Ob das Zungenreden ekstatisch zu erklären ist, muß geprüft werden (Apg 2; 1Kor 14). Trotz der reichen Geisterfahrung wird im NT von E. ziemlich selten berichtet. G.H.

EL s. Gott, Namen Gottes

ELA. (Hebr. *'ēlā*, »Terebinthe«).

1. Ein Stammesfürst in *Edom (1Mo 36,41; 1Chr 1,52); er war vielleicht das Oberhaupt des Gebietes von Ela, das möglicherweise mit dem Seehafen *Elat identisch ist.

2. Sohn *Baschas, zwei Jahre lang König von Israel, bis er bei einem Trinkgelage im Hause seines Hofmeisters von Simri ermordet wurde (1Kön 16,6-14).

3. Vater *Hoscheas, des letzten Königs von Israel (2Kön 15,30; 17,1; 18,1.9).

4. Der zweite Sohn von *Kaleb, dem Sohn Jefunnes und Gefährten Josuas (1Chr 4,15).

5. Ein nach dem Exil in Jerusalem lebender Benjaminiter (1Chr 9,8). In der parallelen Aufzählung in Neh 11 fehlt sein Name.

6. Ein Tal (1Sam 17,2; 21,10; LÜ: Eichgrund), über das die Philister nach Palästina einzudringen versuchten, Schauplatz des Sieges Davids über Goliat. Das Tal wird gewöhnlich mit dem Wadi es-Sant identifiziert, etwa 18 km südwestl. von Jerusalem. J.G.G.N./J.D.D.

ELALE. (Hebr. *'el'ālēh*, »Gott ist erhöht«). Eine Stadt östl. des Jordan, die immer in Verbindung mit *Heschbon genannt wird. Von Gad und Ruben erobert (4Mo 32,3), von Ruben wieder aufgebaut (32,37), später moabitisch. Auch in prophetischen Gerichtsworten wird E. genannt (Jes 15,4; 16,9; Jer 48,34). Die Stadt wird mit dem heutigen el- Al etwa 3 km nordöstl. von Heschbon, identifiziert.

J.D.D.

Elamitische Statuette: Betender mit einem Opfertier, einem jungen Stein- oder Ziegenbock. Teil einer Grabbeigabe, die in der Nähe des Inschuschinak-Tempels in Susa entdeckt wurde. Höhe 6 cm. 13.–12. Jh. v.Chr. (MC)

ELAM, ELAMITER. Der antike Name der Flachlandprovinz Chusistan, bewässert durch den Kercha, der nördl. vom Persischen Golf in den Tigris mündet. Die Zivilisation ist dort so alt wie die Kultur Niedermesopotamiens und eng mit ihr verbunden. Sehr bald nach der Erfindung der *Schrift in Babylonien entstand auch in E. eine lokale Bilderschrift. Die Elamiter können keiner anderen bekannten Völkergruppe sicher zugeordnet werden, obwohl ihre Sprache der drawidischen Gruppe entstammen könnte. Daß E. als ein Sohn *Sems bezeichnet wird (1Mo 10,22), spiegelt wohl die frühe Anwesenheit von Semiten in diesem Gebiet wider. Aus der Zeit Sargons I. (um 2350 v.Chr.) und seiner Nachfolger gibt es archäologische Belege für semit. Einfluß auf die dortige Kultur. Steinskulpturen zeigen typisch akkad. Merkmale und tragen akkad. Inschriften, obwohl sie für elamitische Herrscher gemeißelt wurden. Die Gebirgsregion im N und O hieß Anschan: sie gehörte schon früh zu E. Für sumer. und semit. Flachlandbewohner waren die Bergketten der Wohnsitz böser Geister. Frühe Epen schildern das Entsetzen, das jene packte, die die Berge auf der Suche nach dem Mineralienreichtum der dahinter liegenden Länder durchwanderten (S. N. Kramer: History Begins at Sumer, 1958, S. 57ff, 230f).

Daß es die Handelsstraßen zum iranischen Plateau und in den SO kontrollierte, machte E. zum Ziel ständiger Angriffe aus den mesopotamischen Ebenen, die wiederum selbst jedem Angreifer verlockenden Reichtum boten.

Der besiegte König Ummanaldasch von Elam wird, von einer Eskorte geleitet, zu König Assurbanipal von Assyrien gebracht. Ninive, ca. 640 v.Chr. (BM)

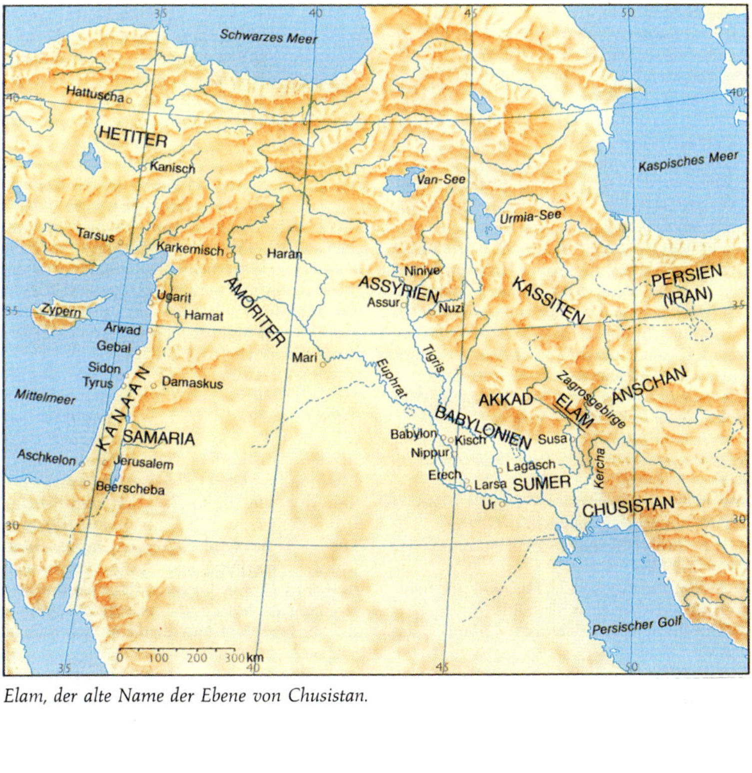

Elam, der alte Name der Ebene von Chusistan.

Um 2000 v.Chr. trat eine starke elamitische Dynastie hervor, in der die Thronfolge zunächst vom Bruder des Königs, dann erst von dessen Sohn, angetreten wurde. Diese Dynastie kontrollierte bald mehrere babylon. Städte und plünderte auch das sumer. Ur (s. ANET, S. 455f, 480f). *Kedor-Laomer (1Mo 14,1) wird in dieser Zeit der elamitischen Vorherrschaft regiert haben. Hammurabi von Babylon vertrieb die E. um 1760 v.Chr., doch fiel auch die »amoritische« Dynastie, der er angehörte, um 1595 v.Chr. unter den Angriffen der Hetiter und E. Kassitische Invasionen aus dem mittleren Zagrosgebirge (*Babylonien) drängten die E. nach Susa zurück, bis sie wieder erstarkten, Babylonien neu eroberten und dort ca. zwei Jh. lang regierten (ca. 1300-1120 v.Chr.). Unter der Kriegsbeute, die man damals nach Susa brachte, befand sich auch die bekannte Gesetzesstele Hammurabis. Von ca. 1000 v.Chr. bis zu den Feldzügen Sargons II. von Assyrien (ca. 721-705 v.Chr.) liegt die elamitische Geschichte im Dunkeln. Sanherib (704-681 v.Chr.) und Assurbanipal (668-631 v.Chr.) unterwarfen die E. , deportierten einige nach Samarien und brachten dafür Israeliten nach E. (vgl. Esr 4,9; Jes 11,11).

Nach dem Untergang *Assyriens wurde E. von den Indo-Europäern annektiert, die um 1000 v.Chr. im Iran zur Macht gekommen waren. Teispes (ca. 675-640 v.Chr.), ein Vorfahr des *Kyrus, trug den Titel »König von Anschan«; Susa war möglicherweise eine der drei Hauptstädte des medisch-persischen Reiches.

Jesaja rief E. auf, gegen Babylon heraufzuziehen (Jes 21,2), und so geschah es auch (vgl. Dan 8,2). Doch E. wird wiederum zerschlagen, selbst seine berühmten Bogenschützen werden besiegt (Jer 25,25; 49,34-39; vgl. Jes 22,6; Hes 32,24). Unter der Volksmenge an Pfingsten (Apg 2,9) befanden sich auch E., vermutlich Mitglieder jüd. Gemeinden, die im teilautonomen Staat Elymais im Exil geblieben waren. Dieser Staat war trotz der aram. Umgangssprache ein letztes Aufflackern elamitischer Unabhängigkeit. (*Archäologie, *Medien, *Persien, *Susa)

Literatur: W. Hinz: The Lost World of Elam, 1972; E. Porada: Ancient Iran, 1965. A.R.M.

ELASA. »Gott hat gemacht«.

1. Sohn des Helez aus dem Stamme Juda (1Chr 2,39f).

2. Sohn des Rapha und Nachkomme Sauls und Jonatans (1Chr 8,37; 9,43).

3. Sohn Schafans, Gesandter König Zedekias (Jer 29,3).

4. Priester, Sohn Paschhurs, der sich von seiner heidnischen Frau trennte (Esr 10,22).

ELAT, EZJON-GEBER. Siedlung(en) an der N-Spitze des Golfs von Aqaba. Erstmals erwähnt wird E. als Lagerplatz Israels während seiner Wüstenwanderung im 13.Jh.v.Chr. (4Mo 33,35f; 5Mo 2,8). Damals waren Elat und/oder Ezjon-Geber wohl nur wenig mehr als Brunnen und Palmenhaine in der Nähe des heutigen Aqaba, das in jener Region schon immer der eigentliche Siedlungsplatz war. Salomo (um 960 v.Chr.) betrieb Abbau und Verhüttung von Eisen und Kupfer in der Araba nördl. von Ezjon-Geber (Tell el-Chulefi) an einem neuen Ort 4 km westl. von Aqaba, dem alten E. Die Hypothese, daß Ezjon-Geber selbst eine Schmelzhütte gewesen sei, hat man zwar wieder aufgegeben (Rothenberg: PEQ 94, 1962, S. 44-56; N. Glueck: The Other Side of the Jordan, 1970, S. 113-115), doch könnte dort eine Lagerstätte gewesen sein. In Phase I war Elat/Ezjon-Geber der Heimathafen für die Handelsflotte Salomos, die über das Rote Meer nach *Ofir und *Arabien segelte (1Kön 9,26; 2Chr 8,17). Nach Salomos Regierungszeit brannte Ezjon-Geber nieder. Es wurde im 9.Jh.v.Chr. wieder aufgebaut (Phase II), wahrscheinlich von *Joschafat von Juda (um 860 v.Chr.), dessen Flotte, die er nach Salomos Vorbild aufbaute, wohl aufgrund der starken regionalen Winde auf den dortigen Felsen leck schlug (1Kön 22,49; 2Chr 20,36f). Unter *Joram von Juda (um 847 v.Chr.) rebellierte *Edom (2Kön 8,20), schnitt Ezjon-Geber ab, brannte es nieder und nahm es wieder in Besitz. Gut 60 Jahre später nahm Usija (Asarja) von Juda (um 780 v.Chr.) den Edomitern Ezjon-Geber wieder ab (2Kön 14,22; 2Chr 26,2) und baute es als E. neu auf (Phase III). In diesem neuerbauten E. hat man ein Siegel seines Nachfolgers Jotam gefunden. Doch Rezin von Aram (Syrien) entriß dem Ahas von Juda (um 730 v.Chr.) E. wieder und übergab es erneut der (verbündeten ?) edomitischen Herrschaft (2Kön 16,6).

Vom 4. bis zum 7.Jh.v.Chr. blieb E. edomitisch (Phasen IV und V); man hat mehrere Siegelabdrücke des fraglos edomitischen »Qosʿanal, Diener des Königs« (von Edom) aus dem 7.Jh. entdeckt. Unter der pers. Herrschaft blühte der Handel mit Arabien über E. weiterhin, wie die Entdeckung aram. Ostraka aus dem 5. und 4.Jh.v.Chr. (darunter Quittungen für Weinlieferungen) zeigt. Man schlug sogar feine attische Keramik nach Arabien um. Als die Nabatäer die Edomiter verdrängten, hatte E. die heutige Größe Aqabas. Die Nabatäer und die Römer nannten es Aila.

Literatur: Über Nelson Gluecks Ausgrabungen in Ezjon-Geber s. E.K. Vogel: Bibliography of Holy Land

Die Lage von Elat/Ezjon-Geber.

Sites, 1974, S. 85-86; N. Glueck: The Other Side of the Jordan, 1970, S. 103-137. Eine Rekonstruktion des alten Ezjon-Geber in N. Glueck: The River Jordan, 1946, S. 142 fig. 75.

K.A.K.

ELDAD. »Gott hat geliebt«. Ein Ältester der Israeliten, der in 4Mo 11,26-30 neben Medad genannt wird; vielleicht ist er identisch mit Elidad (4Mo 34,21). Er und Medad blieben der Stiftshütte fern, als Mose die 70 Ältesten dort zusammenrief. Trotzdem wurde auch ihnen die Gabe der Prophetie zuteil, die die Ältesten vom Herrn empfingen. Mose dachte nicht daran, diese scheinbar ungeregelte Entfaltung göttlicher Macht zu unterbinden. Er freute sich und wünschte, daß alle im Volk des Herrn zu Propheten würden. Ekstatisches Verhalten war ein auffallendes Charakteristikum früh-atl. *Prophetie. J.B.Tr.

ELEASER. »Gott hat geholfen«. Der Name mehrerer atl. Gestalten. Außer in wenigen Fällen (1Sam 7,1; 2Sam 23,9f; vgl. 1Chr 11,12-14; 1Chr 23,21f; 24,28; Esr 8,33; 10,25; Neh 12,42; Mt 1,15) ist immer Eleasar, der dritte Sohn *Aarons, gemeint, der nach seinem Vater Hoherpriester wurde (4Mo 20,25-28; 5Mo 10,6). Schon vor dem Tod seines Vaters nahm er in der priesterlichen Hierarchie eine wichtige Position ein (4Mo 3,32; 4,16; 16,37-40; 19,3f), weil seine älteren Brüder *Nadab und *Abihu mit dem Tode bestraft worden waren (3Mo 10,1f). Als Hoherpriester stand E. neben Mose oder Josua als ein Führer Israels (z.B. 4Mo 26,1; Jos 14,1).

Fast alle atl. Angaben zu E., dem Sohn Aarons, stammen aus der sog. Priesterschrift oder vom Chronisten, so daß sich hier die gleichen kritischen Fragen stellen wie bei *Aaron. In der nachexilischen Zeit bildeten »die Söhne Eleasars« eine der beiden Hauptabteilungen der ganzen Priesterschaft, der »Söhne Aarons« (1Chr 24,4-6; in Esr 8,2 gilt sein Sohn Pinhas als Vorfahr der Gruppe). Da *Zadok als Nachkomme E.s angesehen wurde (1Chr 5,27-34; 24,3), war das Hohepriestertum wohl den Mitgliedern dieser Abteilung vorbehalten. Ein wichtiges Mitglied dieser Sippe war *Esra (Esr 7,5). Nach weit verbreiteter Ansicht wurde die E.-Überlieferung in Priesterkreisen entwickelt, um ihre Vorrechte als Nachkommen jener Priester abzusichern, die vor dem Exil in Jerusalem amtierten (vgl. Cody). Wenn das zutrifft, muß es bei der Interpretation der Texte berücksichtigt werden. Doch daß Aaron einen Sohn namens E. hatte, der sein Priesteramt übernahm und einen Sohn namens Pinhas hatte, ist durch ältere Texte (5Mo 10,6; Jos 24,33 und Ri 20,28) sicher belegt. Nach Jos 24,33 wurde E. in Gibea im Land Ephraim begraben.

Literatur: A. Cody: A History of Old Testament Priesthood, 1969, S. 171-174. G.I.D.

ELEMENTE. Mit »Elemente« wird in 2Petr 3,10.12 und Kol 2,20 das griech. Wort *stoicheia* übersetzt, für das in Kol 2,8 und Gal 4,3.9 allerdings »Mächte« steht. *Stoicheia* ist das Neutrum pl. des Adjektivs *stoicheios*, das »in einer Reihe stehend, ein Element in einer Serie« bedeutet. Daher wird *stoicheia* gebraucht, um

1. die Buchstaben des Alphabets zu bezeichnen, wenn sie in einer Reihe aufgeschrieben sind. Daraus ergibt sich die Bedeutung »Anfangsgründe«, das »ABC« einer Sache, wie in Hebr 5,12.

2. Es kann auch die Bestandteile körperlicher Gegenstände bezeichnen. Die Stoiker gebrauchten es besonders für die vier Elemente: Feuer, Wasser, Luft, Erde.

3. Christliche Autoren um 150 n.Chr. belegen den Gebrauch von *stoicheia* für Himmelskörper in astronomischem Sinn (vgl. Justin der Märtyrer, Apologie 2.5.2.).

4. Belege aus orphischen Hymnen und den hermetischen Schriften zeigen in Verbindung mit dem heutigen Sprachgebrauch, daß *stoicheia* auch »Engel«, »Geister« (»Elementargeister«) bedeutete. Doch ob es schon im 1.Jh.n.Chr. so gebraucht wurde, ist unsicher. Angeblich frühe Beispiele sind entweder unsicheren Datums oder von unklarer Bedeutung. Jüd. Autoren verknüpfen Geister oder Engel mit verschiedenen physischen Objekten (vgl. äthHen 40,11-21; Jubiläen 2,2), nennen sie aber nicht *stoicheia* (slHen 16,7 wird manchmal zum Beweis zitiert, doch liegt uns der griech. Text nicht vor).

Zur Deutung des paulin. Sprachgebrauchs wurden alle vier Bedeutungen herangezogen. Die zweite entspricht dem Befaßtsein mit Vorschriften für Materielles in Kol 2,21 und dem Hinweis auf die Philosophie in 2,8. Die dritte entspricht der Beachtung bestimmter Kalenderzeiten in Gal 4,10. Die vierte entspricht dem Hinweis auf falsche Götter in Gal 4,8 und Engel in Kol 2,18. Offenbar wendet Paulus sich sowohl an die jüd. als auch an die heidnische Welt, doch bietet dies kein Kriterium für die Auslegung. Die Juden legten im Gesetz großen Wert auf physische und astronomische Sachverhalte; sie glaubten an die Vermittlung von *Engeln (vgl. Gal 3,19; 1,8). Die Heiden befaßten sich philosophisch mit den Elementen und der Astronomie; sie dienten falschen Göttern, die Paulus böse Geister nennt (1Kor 10,20). Vielleicht verknüpft man hier am besten, wie es die Sibyllinischen Bücher (2,206; 8,337) tun, die Bedeutungen 2 und 3 miteinander. Bedeutung 1, »das ABC der Religion«, entspricht zwar dem Gesamtzusammenhang des Galaterbriefs, in dem Paulus nachdrücklich betont, daß die Gläubigen nicht in Strukturen zurückfallen dürfen, die für die rel. »Kindheit« bestimmt sind, doch strapaziert diese Bedeutung stark den Genitiv »der Welt«, der als »von der Welt begünstigt« oder »charakteristisch für die Welt« verstanden werden muß. Die Frage wird seit den Kirchenvätern diskutiert und muß bis zur Entdeckung weiterer Belege offen bleiben.

In 2Petr 3,10 legt der Gebrauch von *stoicheia* zwischen »Himmel« und »Erde« die Bedeutung 2 sehr nahe. Die Befürworter der Bedeutung 4 bei Paulus haben auch hier dafür plädiert und auf das Testamentum Levi 4,1 und äthHen 68,2 verwiesen, wo es um Geister geht, die sich im Feuer auflösen.

Literatur: G. Delling: Art. stoicheion, ThWNT 7, 1964, S. 670-687; E. Lohse: Die Briefe an die Kolosser und an Philemon, [2]1977, S. 146-150. M.H.C.

ELEND. Elend sein bedeutet ursprünglich Heimatlosigkeit (1Mo 41,52; Jes 58,7), Vertreibung (2Sam 16,12), Bedrückung in der Fremde (2Mo 3,7: 4,31; 5Mo 26,7) und Verbannung (Klgl 1,3; Obd 12), dann Leid, Not, Kummer und Sorge überhaupt (Hiob 10,15; 30,16; Ps 22,25; 44,25; 119,153; Spr 31,7). Im einzelnen wird Unfruchtbarkeit (1Sam 1,11), Verachtung von seiten des Mannes (1Mo 29,32), Verachtung überhaupt (2Sam 16,12), Hungersnot und Armut (Ps 107,41; Jak 5,1) als E. angesehen. Gegen Elende soll Gastfreundschaft (Jes 58,7.10), Gerechtigkeit (Ps 82,3; Spr 31,9) und Barmherzigkeit (Spr 14,21) geübt werden. Gott schickt das E. als Erziehungsleiden (Hebr 12,5f), um die Seinen auserwählt zu machen (Jes 48,10). Im E. sind das Gebet und Gottes Wort ein Trost (Ps 102,1ff; 119,50 u.a.). Röm 7,24f wird Christus der Erlöser der Elenden genannt.

ELFENBEIN. (Hebr. *schēn,* »Zahn«, oder *schänhabbīm* 1Kön 10,22; 2Chr 9,21), wird manchmal als »Elefantenzahn« (so LXX) verstanden, bedeutet möglicherweise aber »Elfenbein (und) Ebenholz« wie in Hes 27,15 (vgl. akkad. *schin piri*).

E. war ein Bestandteil luxuriöser, feiner Gegenstände (1Kön 10,18-22; Offb 18,12, griech. *elephantinos*). Man fertigte daraus Throne an, die manchmal mit Gold überzogen wurden (1Kön 10,18), Ruhelager (Am 6,4) und die Einrichtung und Vertäfelung von Räumen oder Palästen; daher das »Elfenbeinhaus« *Ahabs in *Samaria (1Kön 22,39; vgl. Ps 45,9), das von Amos (3,15) verdammt wurde. Meist wurde E. zur Herstellung von kleinen Gegenständen und Modellen aus mehreren Materialien verwendet; es stellte dann menschliches Fleisch dar. So ging es bildhaft in die Dichtkunst ein (Hld 5,14; 7,8; doch kann sich »Turm von E.« in der zweiten Stelle auch auf einen konkreten Ort beziehen).

Das meiste in Syrien und Palästina verarbeitete E. stammte von syr. (sog. »asiatischen«) Elefanten (*Elephas maximus*), die bis zu ihrer Ausrottung durch die Jagd im 1.Jt.v.Chr. am oberen Euphrat lebten, oder auch aus Indien. Auf Hochseeschiffen (2Chr 9,21), die mit E. getäfelt wurden (Hes 27,6),

Ein kanaanäischer Elfenbeinkamm aus Megiddo, den man in einer Schatzkammer des Palastes (Schicht II) fand. Die dargestellte Szene (ein Hund fällt einen Steinbock an) ist auf beiden Seiten zu sehen. Ca. 1350–1300 v.Chr. (RS)

Stuhllehne oder Teil eines Bettes aus Elfenbein, bestehend aus sechs geschnitzten Tafeln. Fläche insgesamt: 84 cm × 60 cm. Kalach (Nimrud). 8. Jh. v.Chr. (BSAI)

führten die Phönizier von dort Stoßzähne (*qarnōt schēn*) nach Babylonien (Ur) ein. Man holte es auch über Land aus dem sudanesischen Nilgebiet über Dedan in Zentralarabien (Hes 27,15). Bei den Ausgrabungen von *Alalah (Syrien) hat man fünf Stoßzähne gefunden.

Im frühen 3.Jt. v.Chr. schnitzte man aus E. kleine Figürchen (Region um Beerscheba), Tierköpfe (Jericho), Silhouetten für Holz-Einlegearbeiten frühmesopotamischer Art (El-Jisr). Im folgenden Jt. blühte der Handel. Ägypt. Malereien und assyr. Skulpturen zeigen Stoßzähne als Kriegstrophäen. Der syrophönizische Handel und von Ägypten beeinflußte Gilden von Elfenbeinarbeitern versuchten, dem wachsenden Außenhandel nach Assyrien mit Einlege-, Auflege-, Durchbruch-, Furnier- und Laubsägetechniken zu begegnen. Man findet Möbel, vor allem Stühle und Betten, Kästchen und Dosen (Pyxide), deren Muster manchmal fremde Einflüsse

Der ägypt. Wesir erhält Tribut aus Nubien, darunter einen Stoßzahn. Wandgemälde aus dem Grab des Rekh-mi-re, Theben. Ca. 1470–1445 v.Chr. (PAC)

Elfenbeinschnitzerei mit Goldauflage und Einlegearbeiten aus Karneol und Lapislazuli auf den stilisierten Lotos- und Papyrusblüten. Nordwestpalast Assurnasirpals II., Kalach (Nimrud). 9. Jh. v.Chr. (BM)

Kanaanäische Elfenbeinschnitzerei aus Megiddo, die eine Siegesfeier mit Musik, Festschmaus und einem Umzug der Gefangenen zeigt. Länge 26 cm. 1350–1150 v.Chr. (OIUC)

aufweisen. In Ras Schamra, Megiddo (um 1200 v.Chr.) und Nimrud (*Kalach) in Assyrien (um 700 v.Chr.) hat man beachtliche Elfenbeinlager entdeckt. Elfenbeinfunde in Samaria und Hazor belegen dessen Verwendung in israelit. Zeit für Damenhaarkämme, Salbengefäße, Flacons und kunstvoll gearbeitete Löffel, auch für Mädchenfiguren und Möbel, s. auch *Phönizien, *Handwerk und Kunst.

Literatur: R.D. Barnett: A Catalogue of the Nimrud Ivories, 1975; Ders.: Phoenicia and the Ivory Trade, Archaeology 9/1956, S. 87-97; I.V. und G.M. Crowfoot: Early Ivories from Samaria, 1938; I.J. Winter: Phoenician and North Syrian Ivory Carving in Historical Context, Iraq 38/1976, S. 1-22; H. Weippert: Art. Elfenbein in BRL, S. 67–72 (Literatur!).

D.J.W.

ELHANAN.

1. Wir lesen in 2Sam 21,19, daß E., der Sohn Jaïrs aus Bethlehem, den Gatiter Goliat erschlug. In 1Chr 20,5 heißt es jedoch, daß »Elhanan, der Sohn Jaïrs, den Lachmi, den Bruder Goliats, den Gatiter« erschlug. Anhand der Namen und Ortsangaben ist klar zu erkennen, daß beide Verse vom gleichen Ereignis berichten.

Ein Vorschlag zur Lösung des Problems lautet, daß wir in 2Sam 21,19 eine unschwer mögliche Entstellung des Textes vor uns haben. Die hebr. Worte für »aus Bethlehem« und »Lachmi, den Bruder« sind so ähnlich, daß das eine so gut wie sicher die Entstellung des anderen ist. Deshalb sollten wir in 1Chr 20,5 die ursprüngliche und echte Lesart sehen. Ein anderer Lösungsversuch hält 1Chr 20,5 für einen harmonisierenden Midrasch-Text, der die Diskrepanz zwischen 2Sam 21,19 und 1Sam 17,12ff auflösen soll, wo es heißt, daß der Gatiter Goliat von David getötet wurde. Doch könnte E. der ursprüngliche Name Davids gewesen sein.

2. In 2Sam 23,24 und 1Chr 11,26 wird E., der Sohn Dodos, zu den Mächtigen Davids gezählt. Es handelt sich hier um eine andere Person als bei 1. G.T.M./F.F.B.

ELI. 1Sam 1-4 erzählt die Geschichte Elis. Er war »Priester« im »Haus [oder Tempel] des Herrn« zu Silo (1Sam 1,3.7.9). Dieses »Haus« muß ein Heiligtum aller Stämme Israels gewesen sein, das aus der Stiftshütte (Jos 18,1; Ri 18,31) und einigen Zusatzbauten bestand. Hier befand sich auch die Lade des Bundes (1Sam 4,3). Die Vorfahren Elis werden nicht genannt, doch aus dem Vergleich von 1Kön 2,27 mit 1Chr 24,3.6 läßt sich entnehmen, daß E. ein Nachkomme von Itamar war, Aarons jüngstem Sohn.

Aus 1Sam 14,3 und 22,9f geht hervor, daß die Nachkommen E.s das Priesteramt in Nob noch eine Zeitlang durch Pinhas und dessen Sohn Ahitub ausgeübt haben.

Wegen des skandalösen Verhaltens der Söhne E.s, die von ihrem Vater vergeblich ermahnt wurden, erschien ein Mann Gottes, um ein Urteil über sie und ihre Söhne zu sprechen (1Sam 2,27-36). Dieses Urteil wurde durch eine Offenbarung bestätigt (1Sam 3,11-14), die das Kind *Samuel empfing. Mit dem Tod Hofnis und Pinhas' (1Sam 4,11) und dem ruchlosen Mord an den Priestern in Nob (1Sam 22,9-20) war das Urteil zum Teil vollstreckt worden. *Abjatar entkam und teilte unter David das Priesteramt mit Zadok (2Sam 19,12). Aber Salomo enthob ihn des Amtes, so daß die alte Prophezeiung weiterhin erfüllt wurde (1Kön 2,26f).

E. »richtete aber Israel vierzig Jahre« (1Sam 4,18), ein Zeugnis für den Dienst, den er seinem Volk erwiesen hatte. Doch daß seine Söhne bewußt frevelten, und er sie trotzdem nicht aus ihrem geheiligten Amt entfernte, verdarb diesen Dienst. G.T.M

ELIA. Ein Prophet Israels im 9.Jh. v.Chr. Sein Name lautet im hebr. AT *'elijjahu,* in der Kurzform *'elijja* (nur 2Kön 1,3f.8.12; Mal 3,23; für andere Personen: 1Chr 8,27; Esr 10,21.26) und bedeutet »Jah ist mein El« oder »Jahwe ist mein Gott«.

In 1Kön 17,1 wird E. der »Tischbiter aus Tischbe in Gilead« genannt; weitere Angaben zu seiner Herkunft gibt es nicht, und auch diese ist unklar. Der MT legt nahe, daß E. zwar in *Gilead wohnte, sein Geburtsort aber ein anderer war (vielleicht Tischbe in Naftali). Die LXX verweist auf Tischbe in *Gilead. Josephus scheint dem beizustimmen (ant.Jud. 8.319). Seit jeher identifiziert man damit Lisdib (el-istib) ca. 13 km nördl. vom Jabbok.

1Kön 17-19; 21 und 2Kön 1-2 erzählen vom Prophetenamt E.s. Diese Berichte sind im reinsten klass. Hebr. geschrieben, »in einer Form, die kaum später als im 8.Jh. entstanden sein kann« (W.F. Albright: From the Stone Age to Christianity, S. 307). Sie schildern seinen Dienst im N-Reich unter der Omriden-Dynastie (*Omri). E. war ein Zeitgenosse *Ahabs (871-852 v.Chr.) und *Ahasjas. Der Ort der Entrückungserzählung (2Kön 2) sowie die Antwort auf die Frage Joschafats in 2Kön 3,11 lassen darauf schließen, daß die Entrückung wohl ungefähr zur Zeit der Thronbesteigung *Jorams von Israel (851-845 v.Chr.) geschah. Die Schwierigkeit, die sich für diese Auffassung aus 2Chr 21,12-15 ergibt, kann möglicherweise dadurch gelöst werden,

Orte, die mit dem Wirken der Propheten Elia und Elisa im Zusammenhang stehen.

daß man die umstrittene Stelle 2Kön 8,16 im Sinne einer gemeinsamen Regierung von Joschafat und Joram deutet (*Chronologie des AT) oder daß man den Brief E.s als prophetische Weissagung versteht, die vor der Entrükkung niedergeschrieben wurde.

Der E.-Zyklus berichtet sechs Ereignisse aus dem Leben des Propheten: Ankündigung der Dürre und anschließende Flucht, Gottesurteil auf dem Karmel, Flucht zum Horeb, die Nabot-Geschichte, Weissagung über Ahasja und Entrückung. Eigentlich geht es, die Entrückungserzählung ausgenommen, immer um den Konflikt zwischen der Jahwe- und Baalsverehrung. Dieser *Baal ist Baal-Melkart, der offizielle Schutzgott von Tyrus. Nach seiner Heirat mit der tyrischen Prinzessin *Isebel (1Kön 16,30-33) förderte Ahab diese phönizische Variante der kanaan. Naturreligion, doch trug Isebel die Hauptverantwortung für die systematische Ausrottung der Jahweverehrung und die Verbreitung des Baalskultes in Israel (1Kön 18,4.13.19; 19,10.14).

In der ersten Geschichte (1Kön 17) tritt E. unvermittelt in Erscheinung. Nachdem er Ahab eine Dürre angekündigt hat, zieht er sich aus dessen Machtbereich zurück, zuerst in das Wadi Krit östl. vom Jordan, dann nach *Zarpat/Sarepta (Lk 4,26), das heutige Sarafand, 12 km südl. von Sidon. An beiden Orten wurde E. auf wunderbare Weise ernährt. In Zarpat tat er ein Heilungswunder (1Kön 17,17-24).

Die zweite Geschichte (1Kön 18,1; vgl. Lk 4,25 und Jak 5,17, die die jüd. Tradition aufnehmen) erzählt, wie die Dürre drei Jahre später, nach dem Sturz des organisierten Baalskultes auf dem *Karmel, endet. Die Dürre, durch Jahwes Wort auferlegt und aufgehoben, forderte die Herrschaft Baals über die Natur heraus. 1Kön 17 hatte beschrieben, wie E. in der Hochburg des Baal-Melkart-Kults von Jahwe ernährt wurde, während das Land dahinschmachtete (1Kön 17,12; Jos.ant.Jud. VIII.320ff). 1Kön 18 macht die Herausforderung öffentlich bekannt und stellt Jahwes Überlegenheit eindrucksvoll dar. Aus späteren Textstellen geht aber hervor, daß der Baalskult auf dem Karmel nicht vollständig ausgelöscht wurde (z.B. 2Kön 10,18-21). Zum Vorhandensein eines Jahwe-Altars auf dem Karmel s. *Altar.

Die dritte Geschichte (1Kön 19) schildert, wie E. vor Isebels Zorn zum *Horeb flieht. Der Horeb war der heilige Berg, auf dem sich der Bundesgott Mose offenbart hatte. E.s Rückkehr an diesen Ort steht für die Rückkehr eines treuen, aber entmutigten Propheten an den Ursprung des Glaubens, für den er sich eingesetzt hat. Hier will er sterben, weil ihm Gottes Auftrag zu schwer geworden ist (vgl. Jer 20,7ff). Der abschließende Auftrag in 1Kön 19,15-18 ist von E. wohl nur teilweise ausgeführt worden. Die Thronbesteigung Hasaëls und Jehus in Syrien bzw. Israel wird im *Elisa-Zyklus berichtet.

Die Nabot-Geschichte (1Kön 21) verdeutlicht und verteidigt den Grundsatz, daß das Land Gottes *Eigentum ist und von ihm durch Los (3Mo 25,23-28) jeder israelit. Familie oder Sippe zugeteilt wird. Wer dieses Recht des einzelnen und der Familie in der Bundesgemeinschaft nicht anerkennt, zieht das Gericht Gottes auf sich. E. tritt als Verfechter der strengen ethischen Forderungen des mosaischen Gesetzes hervor, die dem Baalskult, der auf Lebensgenuß aus war, fehlten.

Die fünfte Geschichte in 2Kön 1 malt den Konflikt zwischen Baal und Jahwe weiter aus. Die Abhängigkeit Ahasjas vom syr. Lebensgott Baal-Sebub (der Baal-Zebul der Ras-Schamra-Texte, vgl. Mt 10,25; die Titulierung mit Baal-Sebub, »Herr der Fliegen«, sollte die syr. Gottheit wohl ins Lächerliche ziehen) führte das Gericht Gottes herbei (2Kön 1,6.16). Ein Feuergericht fiel auch auf die herab, die Jahwes Wort dadurch Widerstand leisteten, daß sie seinen Propheten angriffen (2Kön 1,9-15). E.s Entrückung in einem Wirbelsturm (*sᵉ'āra*) beendet seine beeindruckende prophetische Laufbahn dramatisch. Der Ausruf E.s (2Kön 2,12) wird in 2Kön 13,14 in bezug auf Elisa selbst wiederholt.

Zur Bedeutung E.s lassen sich zwei Beobachtungen anstellen. Zunächst steht er in der atl. Tradition ekstatischer Prophetie, die noch aus der Zeit Samuels stammt, andererseits ist er ein Vorläufer der Schrift-*Propheten des 8.Jh. Seine Verbindung zur älteren Tradition zeigt sich darin, daß er vor allem ein Mann der Tat ist, und daß sich seine vom Geist bestimmten Ortsbewegungen menschlicher Voraussicht entziehen (1Kön 18,12). Im Hintergrund der E.-Perikope bestehen die Prophetenschulen aus den Tagen Samuels weiter (1Kön 18,4.13; 2Kön 2,3.5.7). E.s Verbindung zum späteren Prophetentum liegt in dem ständigen Bestreben, sein Volk zum wahren Glauben an Jahwe zurückzurufen, sowohl in der alleinigen Verehrung Jahwes wie in der Aufrichtung seiner Gerechtigkeitsmaßstäbe in der Gemeinschaft, wie sie Mose geoffenbart wurden. In beiden Fällen greift er den Mahnungen *Amos' und *Hoseas vor. E.s Eintreten für den mosaischen Glauben wird von vielen Einzelheiten begleitet, die eine Parallele zwischen Mose und E. nahelegen: E. kehrt an den Horeb zurück; er wird von seinem Nachfolger Elisa begleitet wie einst Mose von Josua; wie E.s Tod so ist auch der des Mose (5Mo 34,6) geheimnisvoll; ebenso sichert sich sein Nachfolger Josua den Gehorsam Israels dadurch, daß er am selben Geist wie Mose teilhatte und seine Amtsfähigkeit mit einer wunderbaren Flußdurchquerung bewies (5Mo 34,9; Jos 4,14). Die »zwei Anteile«, die Elisa sich erbittet, sind nicht Ausdruck seines Ehrgeizes, sondern er will den doppelten Erbanteil (5Mo 21,17), weil ihm sonst die Aufgabe zu schwer wird. Auch, daß Gott E. zweimal durch Feuer antwortet (1Kön 18,38; 2Kön 1,10.12), scheint auf die Offenbarung der Gegenwart Gottes und auf die Feuergerichte in den Auszugserzählungen zurückzugehen (z.B. 2Mo 13,21; 19,18; 24,17; 4Mo 11,1; 16,35). Der Bibel entsprechend sieht die jüd. Haggada in E. das Gegenstück zu Mose.

Zweitens heißt es von E.s Amt, daß es wiedererweckt werden soll, »ehe der große und schreckliche Tag des HERRN kommt« (Mal 3,23f). Dieses Thema ist in der jüd. Mischna stark verbreitet (*Talmud und Midrasch), und zur Zeit Jesu wurde es allgemein diskutiert (Mk 8,28). Jesus deutete an, daß sich die Prophezeiung Maleachis auf das Wirken *Johannes des Täufers bezog (Mt 11,14; 17,12f). Auf dem Berg der Verklärung erscheint E. (Mk 9,4). Er wird auch an anderen Stellen im NT erwähnt (Lk 4,25f; Röm 11,2-4; Jak 5,17f).

Drittens: Wie alle Propheten kämpft E. gegen die Religionsmischung. Beachte: Gott stellte oft neben den König einen Propheten (Saul – Samuel, David – Nathan, Ahab – Elia usw.). Weil aber dieser Weg auf die Dauer ohne Erfolg war, kam er selbst in Jesus als König und als Prophet in einem.

Im AT gibt es noch drei weitere Männer mit diesem Namen, zunächst einen benjaminitischen Priester (1Chr 8,27; hebr. *'elijjā*), zweitens und drittens einen Priester bzw. Laien. Sie hatten Ausländerinnen geheiratet (Esr 10,21.26; hebr. *'ēlījjā*).

Literatur: H. Seebaß, N. Oswald: Art. Elia in TRE IX, 1982, S. 498–504 (Literatur!). B.L.S./M.H.

ELIAB. »Gott ist Vater«, ein gebräuchlicher Name im AT.

1. Ein Sohn Helons, ein Fürst aus dem Stamm Sebulon (4Mo 1,9; 2,7 u.ö.).

2. Ein Rubeniter, der Sohn Pallus und Vater von Datan, Abiram und Nemuël (4Mo 26,8f).

3. Der älteste Sohn *Isais und Bruder Davids (1Sam 16,5ff), der Vater Abihajils (2Chr 11,18); in 1Chr 27,18 »Elihu« genannt.

4. Ein gaditischer Krieger und Gefährte Davids (1Chr 12,9f).

5. Ein levitischer Musikant aus der Zeit Davids (1Chr 15,18ff).

6. Ein Vorfahr Samuels (1Chr 6,12), auch Eliël (1Chr 6,19) und Elihu (1Sam 1,9) genannt. G.W.G.

ELIËL. »(Mein) Gott ist Gott«.

1. Sohn des Tohus und Vater Jerohams, Vorfahr des Leviten und Musikers Heman (1Chr 6,19), wohl identisch mit Eliab (6) und Elihu (1).

2. Ein Mahawiter, einer der Helden Davids (1Chr 11,46).

3. Ein anderer der Helden Davids (1Chr 11,47).

4. Einer der Gaditer, die zu David in die Bergfeste kamen (1Chr 12,12).

5. Ein Levit und Sohn des Hebron z.Zt. Davids, der bei der Überführung der Bundeslade nach Jerusalem behilflich war (1Chr 15,9-11).

6. Levit, Aufseher über die Opfergaben und Zehnten z.Zt. Hiskias (2Chr 31,13).

7. Sippenhaupt in Ostmanasse (1Chr 5,24).

8. Benjaminit, Sohn des Schimi, der mit seiner Familie in Jersusalem wohnte (1Chr 8,20).

9. Ein anderer Benjaminit, Sohn des Schaschak, ebenfalls in Jerusalem (1Chr 8,22).

ELI, ELI, LAMA ASABTANI. Einer der Ausrufe Jesu am Kreuz (Mk 15,34; Mt 27,46), ein Zitat aus Ps 22,1: »Mein Gott, mein Gott, warum hast du mich verlassen?«

Die Schwierigkeiten, die die Erklärung dieses Ausrufs bereitet, stellen das beste Argument für seine Echtheit dar. Unzulängliche Erklärungsversuche sind: daß er die Intensität des menschlichen Fühlens unseres Herrn wiedergibt; daß er die Enttäuschung seiner Hoffnung auf den Anbruch des neuen Zeitalters zum Zeitpunkt seiner größten Not offenbart, oder daß Jesus den Psalm zum Zeichen seiner Hingabe zitiert. Das Wort kann nur im Licht der ntl. Lehre vom Sühnopfer verstanden werden, nach der Christus sich selbst mit dem sündigen Menschen identifizierte und die Trennung von Gott erduldete (vgl. Phil 2,8; 2Kor 5,21). Dieses Geheimnis können wir nicht ergründen. A.G.

ELIËSER. »Gott ist [meine?] Hilfe«.

1. Eliëser von Damaskus, der oberste Knecht Abrahams und vor der Geburt *Ismaels bzw. *Isaaks sein Wahlerbe (1Mo 15,2f). Der Brauch, daß ein kinderloses Ehepaar einen Außenstehenden zum Erben einsetzen konnte, ist für 2000-1500 v.Chr. sehr gut belegt; ein solcher Wahlerbe mußte an die zweite Stelle zurücktreten, wenn später noch ein erstgeborener Sohn eintraf, (s. auch D.J. Wiseman: IBA, 1959, S. 25,26). Zu diesen Bräuchen in Ur um 1800 v.Chr. s. D.J. Wiseman: JTVI 88, 1956, S. 124. Zu ähnlichen Bräuchen, aufgezeichnet auf den *Nuzi-Tafeln s. Speiser: AASOR 10, 1930, Texte H 60, H 67, S. 30,32. usw).

2. Der zweite Sohn Moses. Sein Name spielt auf Moses Rettung vor dem Schwert des Pharao an (2Mo 18,4; 1Chr 23,15). E. hatte nur einen Sohn, Rehabja, der aber hatte viele Nachkommen; einer davon (Schelomit) wurde Schatzmeister über Davids Weihgaben (1Chr 23,17f; 26,25f).

3. Enkel *Benjamins und Stammvater einer benjaminitischen Sippe (1Chr 7,8).

4. Einer der sieben Priester, die die Trompeten vor der Bundeslade her bliesen, als David sie nach Jerusalem brachte (1Chr 15,24).

5. Sohn Sichris, ein Stammesfürst in Ruben unter David (1Chr 27,16).

6. Ein Prophet, der dem König Joschafat von Juda ankündigte, daß seine Flotte in Ezjon-Geber (*Elat) zur Strafe für seinen Vertrag mit dem gottlosen König Ahasja von Israel vernichtet werden würde (2Chr 20,35-37).

7. Einer der elf Männer, denen Esra den Auftrag erteilte, Leviten für die Rückkehr nach Jerusalem 458 v.Chr. auszuwählen (Esr 8,16ff).

8.-10. Drei Männer, darunter ein Priester und ein Levit, die ausländische Frauen hatten (Esr 10,18.23.31).

11. Bei Lukas taucht ein E. im Stammbaum Christi auf (3,29). K.A.K.

ELIFAS. Viell. »Gott siegt«.

1. Sohn des *Esau und der Ada, Stammvater einiger edomitischer Volksgruppen (1Mo 36,4.10f.16; 1Chr 1,35f).

2. Freund Hiobs aus Teman im Norden *Edoms (Hiob 2,11). Vielleicht ein Nachkomme von Teman, dem Sohn des E. (1.).

ELIFELET. »(Mein) Gott ist Rettung«.

1. Sohn Davids, der ihm in Jerusalem geboren wurde (2Sam 5,16; 1Chr 3,8; 14,7).

2. Anderer Sohn Davids, auch in Jerusalem geboren (1Chr 3,6), vielleicht richtiger Elpelet, wie er 1Chr 14,5 genannt wird.

3. Sohn Ahasbais des Maachatiters (2Sam 23,34), einer der Helden Davids (Eliphal).

4. Sohn des Eschek, Nachkomme Sauls (1Chr 8,39).

5. Nachkomme des Adonikam, der mit weiteren 62 Männern unter Esra aus der babylon. Gefangenschaft heimkehrte (Esr 8,13).

6. Nachkomme Haschums, der sich von seiner heidnischen Frau trennte (Esr 10,33).

ELIHU. »Mein Gott ist er«.

1. Ein Ephraimiter, der Urgroßvater Samuels väterlicherseits (1Sam 1,1), dessen Name in 1Chr 6,12 wohl Eliab und in 1Chr 6,19 Eliël lautet.

2. Einer der Obersten Manasses, die kurz vor der Schlacht bei Ziklag zu David überliefen (1Chr 12,20f).

3. Ein Korachiter, Mitglied bei den Torhütern, Enkel Obed-Edoms und Sohn Schemajas (1Chr 26,7).

4. Ein Fürst in Juda, Bruder (oder naher Verwandter) Davids (1Chr 27,18), vielleicht mit Eliab identisch (1Sam 16,6).

5. Ein junger Freund Hiobs, ein Sohn Barachels, eines Busiters aus dem Geschlecht Ram (Hiob 32,2.4-6; 34,1; 35,1; 36,1). D.A.H.

ELIM. (Hebr. »Terebinthen« oder »Eichen«). Die zweite Station der Israeliten nach der Durchquerung des Roten oder Schilf-Meeres. Zunächst lagerten sie jenseits der Wüste *Schur östl. des heutigen Suez-Kanals in *Mara in der Wüste Etam (nach *Etam im östl. Delta benannt). Von dort kamen sie nach E. mit seinen zwölf Quellen und siebzig Palmen. Dann zogen sie weiter »und lagerten sich am Schilfmeer«, ehe sie schließlich die Wüste *Sin erreichten, (2Mo 15,27; 16,1; 4Mo 33,9-11).

Da der Aufenthalt bei E. kurz nach der Flucht aus Ägypten und dem Durchzug durch dessen Randwüste (Schur) erfolgte und sich ein Aufenthalt am Roten Meer anschloß, ehe die Wüste *Sin erreicht war, läßt sich aus den Bibelstellen entnehmen, daß E. am W-Ufer der Sinai-Halbinsel am Golf von Suez liegt. Eine nähere Ortsbestimmung bleibt unsicher, doch wird E. schon seit langem und mit guten Gründen im Wadi Gharandal vermutet, einer bekannten Wasserstelle mit Tamarisken und Palmen, ca. 60 km von Suez in Richtung SSO an der Westküste der Sinaihalbinsel gelegen (s. *Wüstenwanderung). K.A.K.

ELISA. Ein Prophet Israels im 9.Jh.v.Chr.; im hebr. AT lautet sein Name *'ālīscha*, in der LXX Elisaie, bei Josephus Elissaios und im NT Elisaios. Der Name bedeutet »Gott ist Rettung«. E.s Vater hieß Schafat.

In 1Kön 19,16.19-21 ist alles enthalten, was wir über die Herkunft E.s wissen. Weder sein Alter noch sein Geburtsort werden angegeben, doch war sein Wohnort *Abel-Mehola (Tell Abu Sifri?) im Jordantal vermutlich auch sein Geburtsort. Er war offenbar der Sohn einer wohlhabenden Familie und noch recht jung, als *Elia ihn aufsuchte.

Wenn E. sein Amt zum Zeitpunkt der Berufung antrat, umfaßte es die Regierungszeit von *Ahab, *Ahasja, *Joram, *Jehu, *Joahas und *Joasch, also einen Zeitraum von über 50 Jahren. 1Kön 19; 2Kön 2-9 und 13 berichten von seinem Wirken; die Erzählung umfaßt 18 Episoden, deren zeitliche Reihenfolge unsicher ist, da es in den Ereignisfolgen deutliche Unterbrechungen gibt (vgl. z.B. 2Kön 6,23 mit 6,24; 5,27 mit 8,4ff; 13,13 mit 13,14ff). Aus den Elisa-Erzählungen spricht nicht die gleiche Spannung zwischen der Jahwe- und der Baalsanbetung wie aus den Elia-Geschichten. E.s Amt umfaßt die Leitung der Prophetenschulen und die Ausübung von Zeichen und Wundern. Er tut sich als ein Seher nach der Art Samuels hervor, den Bauern und Könige gleichermaßen um Hilfe angehen.

Wenn wir diese Erzählungen ihrer bibl. Reihenfolge nach untersuchen, läßt sich folgendes beobachten:

1. Die Berufung E.s (1Kön 19,19-21) bestand in einer Umhüllung mit dem Prophetenmantel Elias und nicht in einer Salbung (vgl. 1Kön 19,15f; Lk 9,61f). Bis zur Entrükkung Elias blieb E. dessen Diener (1Kön 19,21; 2Kön 3,11).

2. 2Kön 2,1-18 berichtet, wie E. die Aufgabe seines Herrn übernimmt. Der Wunsch E.s nach einem zweifachen Anteil am Geist erklärt sich aus 5Mo 21,17, während die Geschichte als ganze daran erinnert, wie Josua Moses Rolle als Führer Israels übernahm.

3. Auch für die Heilung des ungesunden Wassers (2Kön 2,19-22) gibt es eine Parallele im Exodusgeschehen (2Mo 15,22-25).

4. Der Vorfall in 2Kön 2,23-25 (zwei Bären zerreißen 42 Kinder) muß als Gericht über die bewußte Verspottung des neuen Oberhauptes der Prophetenschule Jahwes verstanden werden. Manche Ausleger vertreten die Ansicht, daß es sich bei der Kahlheit E.s um eine Prophetentonsur handelte.

5. Der Bericht von E.s Teilnahme am Feldzug der drei Könige gegen *Moab (2Kön 3,1-27) erzählt, daß er um Musik bat, als er ein Wort Jahwes erhielt (V. 15). Das ist wie 1Sam 10,10 (vgl. 1Chr 25,1) ein Hinweis auf ekstatische Prophetie (*Ekstase).

6. 2Kön 4,1-7 ist eine Parallele zu Elias Wundertat in 1Kön 17,8-16.

7. Bericht von E. und der Schunemiterin (2Kön 4,8-37), der ebenfalls 1Kön 17,8-24 sehr ähnlich ist.

8. Die Wundertaten in 2Kön 4,38-41 und

9. 4,42-44 geschahen bei Zusammenkünften der Prophetenschule in Gilgal, wahrscheinlich zur Zeit der in 2Kön 8,1 erwähnten Hungersnot. Das zweite Wunder weist auf das in Mk 6,35-44 berichtete Wunder Jesu voraus.

10. Die Geschichte von *Naaman (2Kön 5,1-27) läßt sich nicht genau datieren. Sie muß sich während einer der zwischen Israel und Syrien vorübergehend kampffreien Phasen abgespielt haben. Naaman gewinnt ein Jahwe-Verständnis, das Gottes Größe auch in bezug auf die Völker erkennt (V. 15); sein Verlangen nach israelit. Boden muß nicht bedeuten, daß er glaubte, die Macht Jahwes sei auf israelit. Gebiet beschränkt. E. äußert sich dazu nicht, sondern schickt Naaman heim (V. 19). Da die meisten Israeliten nichts dabei fanden, andere Götter in der Anbetung neben Jahwe zu stellen, konnte man schwerlich einen Syrer tadeln, der sich dem Monotheismus nicht sofort anschloß. (*Rimmon)

11. 2Kön 6,1-7 berichtet von einem Wunder E.s und wirft nebenbei Licht auf die Größe und die Wohnsituation der Prophetenschule (vgl. 2Kön 4,38-44).

12. 2Kön 6,8-23 und

13. 6,24-7,20 erzählen, wie E. die Könige berät und das Volk vor der nationalen Katastrophe rettet (vgl. 2Kön 3,1-27). In der ersten Erzählung steht das wirkungsgeschichtlich bedeutende Gebet E.s für seinen Diener angesichts eines gewaltigen feindlichen Heeres: »HERR, öffne ihm die Augen, daß er sehe! Da öffnete der HERR dem Diener die Augen, und er sah, und siehe, da war der Berg voll feuriger Rosse und Wagen um Elisa her« (2Kön 6,17).In der zweiten Geschichte treten *Ben-Hadad von Aram und ein »König von Israel« auf; die näheren Umstände sind leider unklar.

14. 2Kön 8,1-6 gehört eindeutig vor 5,1-27. Es handelt sich um eine Fortsetzung der Geschichte mit der Schunemiterin (2Kön 4,8-37).

15.,16.u.17. 2Kön 8,7-15; 9,1-13 und 13,14-19 schildern, wie sich E. um Staatsangelegenheiten kümmert. Der erste Abschnitt beschreibt die Thronbesteigung *Hasaëls in Damaskus (vgl. 1Kön 19,15). E.s Antwort (V. 10) könnte so verstanden werden, daß der König zwar von seiner Krankheit genesen, doch aus anderen Gründen sterben werde. Vielleicht gab der Prophet auch nur spontan eine Antwort, die durch eine Vision von Jahwe korrigiert werden mußte (vgl. 2Sam 7,1-16; 2Kön 4,25-36). Mit der Salbung Jehus war der letzte der Aufträge, die Elia empfangen hatte, erfüllt (1Kön 19,15f). Der angekündigte Sturz der Omriden-Dynastie wurde dadurch beschleunigt (1Kön 21,21-24). Dieser prophetisch inspirierte Aufstand bildet das Gegenstück zum entsprechenden priesterlichen Aufstand im S, durch den Atalja den Thron verlor (2Kön 11). Wenn E. die Regierungszeit Joaschs von Israel noch erlebt hat, muß er ungefähr 80 Jahre alt geworden sein. Er besaß das Wohlwollen des Königs, der seinen politischen Wert erkannt hatte (2Kön 13,14). Unterstreichende oder zeichenhafte Handlungen wie in 13,15ff begleiten im AT des öfteren prophetische Weissagungen.

Obwohl E. ein Prophet des 9.Jh. ist und der prophetischen Tradition angehört, die die Schriftpropheten des 8.Jh. hervorbrachte, steht er der unmittelbar vom Gottesgeist geleiteten Prophetie des 11.Jh. näher. Mit seinen Gaben der Erkenntnis und der Voraussicht sowie der Fähigkeit, Wunder zu tun, ist er Samuel sehr ähnlich. Obwohl es heißt, daß E.

ein Haus in Samaria hatte (2Kön 6,32), reiste er wie Samuel ständig im Land umher und genoß freien Zugang sowohl zu Königshäusern als auch zu Bauernhöfen. Sein Verhältnis zu *Elia erinnert stark an die Beziehung zwischen Josua und Mose. Wichtiger noch ist es aber, daß E.s Amt in dem Johannes des Täufers wieder auflebt und daß E.s Wirken den wunderhaften Teil des Dienstes Jesu vorwegnimmt. Im NT wird E. nur einmal erwähnt (Lk 4,27).

Literatur: R.S. Wallace: Elijah und Elisha, 1957; J.A. Montgomery and H.S. Gehmann: The Books of Kings, ICC, 1951; F. James: Personalities of the Old Testament, 1939; H.Seebaß: Art. Elisa, TRE IX, 1982, S. 506-509; (Literatur!). B.L.S.

ELISABETH. Griech. Form des hebr. Elischeba, »(Mein) Gott ist Fülle, Vollkommenheit«.

Eine Frau aus dem Geschlecht Aarons (Lk 1,5), die den Namen ihrer Stammutter *Elischeba (2Mo 6,23) trägt. Ihre Ehe mit dem Priester *Zacharias aus der Dienstabteilung Abija blieb lange kinderlos, bis Gott ihrem Mann die Geburt eines Sohnes, Johannes, des späteren Täufers, verhieß. E. war verwandt mit *Maria, der Mutter Jesu, der der Engel bei der Verkündigung als Zeichen nennt, daß E. in ihrem Alter noch Mutter geworden sei. Maria bricht nach E.s Dorf im judäischen Bergland auf, erkennt bei der Begegnung, noch ehe sie ein Wort hat sagen können, daß der Engel wahr gesprochen hat, und empfängt zugleich von E., der Gott es offenbart, die Bestätigung ihrer eigenen Mutterschaft. Drei Monate bleibt Maria dann bei E., und in der Gemeinschaft mit der älteren Verwandten findet die junge Frau die Geborgenheit, in der sie innerlich fassen und aufnehmen kann, was überwältigend in ihr Leben eingebrochen ist (Lk 1,5-56).

ELISCHA. Der älteste Sohn *Jawans (1Mo 10,4; 1Chr 1,7), dessen Name später auch von seinen Nachfahren übernommen wurde. Sie bewohnten ein maritimes Gebiet (*'iyyē*, »Inseln« oder »Gestaden«), von dem aus Purpur nach Tyrus verkauft wurde (Hes 27,7). Sehr wahrscheinlich entspricht der bibl. Name *'elīschā* (LXX: Elisa) dem Alaschia nichtbibl. Quellen. Dieser Name findet sich in ägypt. Inschriften und Keilschrifttexten (Bogazköy, Alalah, Ugarit). Von dort stammen auch acht der *Amarna-Briefe, in denen es gewöhnlich a-la-schi-ia geschrieben wird. Aus diesen Texten geht hervor, daß Alaschia Kupfer exportierte. Möglicherweise ist es der Ort Enkomi an der Ost-Küste Zyperns. Ausgrabungen unter C.F.A. Schaeffer haben dort ein wichtiges Handelszentrum der Bronzezeit freigelegt. Der Name Alaschia bezog sich auch auf den politischen Einzugsbereich der Stadt und kann zeitweilig auch Außenstellen an der phönizischen Küste gegolten haben. T.C.M.

ELISCHAMA. »(Mein) Gott hat gehört«.

1. Sohn Ammihuds und Führer der Ephraimiten z.Zt. der Wüstenwanderung (4Mo 1,10; 2,18; 7,48.53; 10,22), Vorfahr Josuas (1Chr 7,26).

2. Vermutlich verschriebene Namensform (1Chr 3,6) für einen Sohn Davids, der sonst *Elischua heißt (2Sam 5,15; 1Chr 14,5).

3. Anderer Sohn Davids (2Sam 5,16; 1Chr 3,8; 14,7).

4. Sohn des Jekamja, Nachkomme des Jerachmeel aus dem Stamme Juda (1Chr 2,41).

5. Israelit aus der Familie Davids, Großvater Ismaels, des Mörders *Gedaljas (2Kön 25,25; Jer 41,1).

6. Einer der Priester, die Joschafat in die Städte Judas sandte, um das Volk im Gesetz zu unterrichten (2Chr 17,8).

7. Kanzler des Königs Jojakim (Jer 36,12.20f).

ELISCHEBA. »(Mein) Gott ist Fülle, Vollkommenheit«. Tochter des Judäers Amminadab und Schwester Nachschons, des verantwortlichen Führers des Stammes Juda auf der Wüstenwanderung. Sie heiratete Aaron und gebar ihm die Söhne Nadab, Abihu, Eleasar und Itamar (2Mo 6,23; vgl. 4Mo 1,7).

ELISCHUA. »(Mein) Gott ist Hilfe«. Sohn Davids, der ihm in Jerusalem geboren wurde (2Sam 5,15; 1Chr 14,5). 1Chr 3,6 erscheint der Name in *Elischama verschrieben.

ELIZAFAN. »(Mein) Gott hat verborgen/geborgen«.

1. Levit, Nachkomme Usiëls und Kehats (2Mo 6,18.22; 3Mo 10,4); er war der Oberste der Kehatiter während der Wüstenwanderung (4Mo 3,30). Nachkommen von E. werden bei der Überführung der Bundeslade nach Jerusalem unter David (1Chr 15,8) und bei der Reinigung des Tempels z.Zt. Hiskias genannt (2Chr 29,13).

2. Sohn Parnachs, Fürst des Stammes Sebulon (4Mo 24,25), einer der Männer, die die Verteilung des Landes Kanaan zu überwachen hatten.

ELJADA. »Gott hat gewußt«.

1. Sohn Davids, in Jerusalem geboren (2Sam 5,16; 1Chr 3,8). 1Chr 14,7 wird er Beeljada genannt.

2. Vater des Reson aus Zoba (1Kön 11,23).

3. Benjaminit, Offizier des Königs Joschafat (2Chr 17,17).

Siegel mit der Inschrift »Eljakim gehörend, dem Gehilfen Jojachins« (l'liqm n'r jwkn). Abdrucke dieses Siegels fand man auf Krughenkeln in Tell beit Mirsim, in Bet-Schemesch und Ramat Rahel. Vielleicht war dies das Siegel Eljakims (6. Jh. v.Chr.), es könnte aber auch älteren Datums sein.

ELJAKIM. (Hebr. *'el-yāqīm*, »Gott erbaut«(?); griech. *Eliakeim*).

Name von mindestens fünf verschiedenen Personen. Zwei gehörten zu den Vorfahren Jesu (Mt 1,13; Lk 3,30); einer war Priester zur Zeit Nehemias (Neh 12,41). E. hieß auch der König, den der Pharao Necho anstelle seines Vaters *Josia einsetzte, und dessen Namen in *Jojakim geändert wurde (2Kön 23,34; 2Chr 36,4).

Der bekannteste Träger dieses Namens war der Sohn Hilkijas, der für den abgesetzten Schebna zum Hofmeister ernannt wurde (Jes 22,15ff). Von Salomos Regierungszeit an (1Kön 4,6) gab es ein derartiges Amt sowohl im N- wie im S-Reich (1Kön 16,9; 18,3; 2Kön 10,5); es wurde offenbar sogar von *Jotam ausgeübt, nachdem *Usija an Lepra erkrankt war (2Kön 15,5). Als Sanherib Jerusalem belagerte, führte E. eine Unterredung mit dem assyr. Rabschake (2Kön 18,18.26f; Jes 36,3.11.22), und *Hiskia sandte E. dann als Boten zu Jesaja (2Kön 19,2; Jes 37,2). E. erscheint auch als »Knecht Jojachins« (*n'r ywkn*) auf drei Siegelabdrücken aus dem 6.Jh.v.Chr.

E.J.Y.

ELJASCHIB. »Gott möge zurückbringen«.

1. Priester, der Oberste der elften Dienstabteilung z.Zt. Davids (1Chr 24,12).

2. Levit und Sänger (Esr 10,24) sowie zwei Israeliten aus dem Geschlecht Satthu (V. 27) und Bani (V. 36), die heidnische Frauen genommen hatten.

3. Sohn Jojakims, Hoherpriester z.Zt. Nehemias (Neh 12,10.22). Er baute mit den Priestern zusammen das Schaftor in der Nordmauer Jerusalems, sein Haus lag in der Nähe der Ostmauer (Neh 3,1.20f). E. überläßt dem Ammoniter Tobija, mit dem er durch Heirat verwandt ist, eine große Kammer am Tempel, was Nehemia wieder rückgängig macht (Neh 13,4f.7-9). E.s Söhne sind der spätere Hohepriester Jojada (Neh 12,10) und wohl der Esr 10,6 genannte Johanan. E.s Enkel heiratete eine Tochter des Horoniters Sanballat (Neh 13,28). Diese Familienverhältnisse des Hohenpriesters machen deutlich, mit welchen Schwierigkeiten Nehemia zu kämpfen hatte.

4. Sohn *Eljoënais und Nachkomme Serubbabels (1Chr 3,24).

ELJOËNAI. Kurzform von Elihoënai, »Meine Augen sind auf den Herrn gerichtet« (wörtl. »sind bei dem Herrn«).

1. Benjaminit, Sohn des Becher (1Chr 7,8).

2. Nachkomme Simeons (1Chr 4,36).

3. Sohn des Meschelemja, levitischer Torhüter z.Zt. Davids (1Chr 26,3).

4. Israelit, der mit Esra heimkehrte (Esr 8,4).

5. Israelit aus den Söhnen Sattus, der sich von seiner heidnischen Frau trennte (Esr 10,27).

6. Priester aus der Nachkommenschaft des Paschhur, der seine heidnische Frau entließ (Esr 10,22). In Neh 12,41 handelt es sich wohl um den gleichen Mann.

7. Sohn des Nearja aus der Nachkommenschaft Serubbabels (1Chr 3,23).

ELKANA. »Gott hat geschaffen«.

1. Levit, Nachkomme *Korachs aus dem Geschlecht Kehats. Nach 1Chr 6,7f sind Assir, E. und Abiasaf, die 2Mo 6,24 nur nebeneinander aufgezählt werden, Vater, Sohn und Enkel. Im gleichen Stammbaum finden wir den Namen E. noch dreimal, wobei die Angaben nicht immer eindeutig zugeordnet werden können.

2. Der erste E. erscheint als Sohn Sauls oder Joels und Vater des Amasai und Ahimot (1Chr 6,9f.20f).

3. Der zweite E. wird als Sohn Ahimots

oder Mahats und Vater des Zofai (RevEB) oder Zuf genannt (1Chr 6,11.20).

4. Der dritte E. ist der Sohn Jerohams und Vater des Propheten *Samuel (1Chr 6,12.18f; 1Sam 1,1). Er wohnte in Ramatajim-Zofim oder Rama (V. 19), seine Frauen waren *Hanna und Peninna. Hanna war kinderlos, bis sie sich bei einem der jährlichen Besuche der Familie im Heiligtum in Silo einen Sohn vom Herrn erbat (V. 2f.19f). Nach der Geburt Samuels schenkte sie ihrem Mann noch drei Söhne und zwei Töchter (1Sam 2,21) zu seinen Söhnen und Töchtern von Peninna. Ephraimiter wird E. als Levit, der seinen Wohnsitz im Gebiet des Stammes Ephraim hat, genannt (1Sam 1,1).

5. Levit, ebenfalls ein Nachkomme Korachs, der in Ziklag zu David kam (1Chr 12,7). Vielleicht ist der 1Chr 15,23 genannte Torhüter der Bundeslade mit ihm identisch.

6. Oberster Beamter des Königs Ahas von Juda, der bei einem Einfall Pekachs von Israel von dem Ephraimiter Sichri erschlagen wurde (2Chr 28,7).

7. Levit aus dem Geschlecht Meraris, dessen Enkel Berechja nach der babylon. Gefangenschaft in den Dörfern der Netofatiter wohnte (1Chr 9,16).

ELLASAR. Die Stadt oder das Reich, in der bzw. dem Arjoch regierte, ein Verbündeter *Kedor-Laomers, des Königs von *Elam, der Sodom angriff und Abrahams Neffen Lot gefangennahm (1Mo 14,1.9). Die Ortsbestimmung hängt von der Identifizierung der betreffenden Könige ab. Vorgeschlagen wurden: a. āl Aschschur - Assur, Assyrien (so Dhorme, Böhl, Dossin); b. Ilānsura – in den Mari-Texten, zwischen Haran und Karkemisch (Yeivin); c. Telassar – (2Kön 19,12; Jes 37,12) in N-Mesopotamien, doch ist der Name Til-Baseri zu lesen; d. Larsa – in S-Babylonien. Letzteres geht von der veralteten Gleichsetzung *Amrafels mit Hammurabi (von Babylon) aus.

Literatur: M.C. Astour in: A. Altmann (Hrsg.:) Biblical Motifs, 1966, S. 77f. D.J.W.

ELLE s. Maße und Gewichte

ELON.

1. Ein Hetiter aus Kanaan (1Mo 26,34; 36,2).

2. Ein Sippenoberhaupt Sebulons (1Mo 46,14; 4Mo 26,26). (»Helon«, 4Mo 1,9; 2,7 u.ö.).

3. Ein Richter Israels aus dem Stamm Sebulon (Ri 12,11f).

4. Eine Stadt im S Dans (Jos 19,43); vielleicht Chirbet W. Allin, 2 km östl. von Bet-Schemesch (GTT, S. 349). Dieses Elon könnte Elon-Bet-Hanan (1Kön 4,9) sein (Mazar, IEJ 10, 1960, S. 67) oder Ajalon (LDB, S. 322). Der Name E. bedeutet wie *Ela »Terebinthe« (LÜ: »Eiche«, Jos 19,33). J.P.U.L.

ELTEKE. Eine Stadt in Palästina, die dem Stamm Dan zugeteilt (Jos 19,44) und später zur Levitenstadt gemacht wurde (Jos 21,23). Sanherib erwähnt sie zusammen mit Timna unter seinen Eroberungen in seinen Annalen von 701/700 v.Chr. (TGI S. 68). Manche sehen darin Chirbet el-Muqanna ca. 40 km westl. von Jerusalem (Albright), doch könnte das *Ekron sein; Tell-esch-schallaf 16 km nordnordöstl. von Aschdod bietet eine Alternative (Mazar). T.C.M.

ELTERN s. Erziehung

ELUL s. Kalender

EMITER. Frühe Bewohner *Moabs, die zu Abrahams Zeit in der Ebene *Kirjatajim von Kedor-Laomer geschlagen wurden (1Mo 14,5). Mose schilderte sie als großes und zahlreiches Volk; ihr Äußeres verglich er mit dem der hochgewachsenen *Anakiter (5Mo 2,10). Man rechnete die E. zu den *Refaitern, doch die Moabiter, die das Gebiet nach ihnen bewohnten, nannten sie *'ēmīm,* »schreckliche Wesen« (5Mo 2,11). Außerhalb der Bibel sind sie nicht bekannt (vgl. *Riesen). T.C.M.

EMMAUS. Der Name (griech. *Emmaous*) kommt von hebr. *hammath,* »warme Quelle«. Am Ostertag erschien Jesus zwei früheren Anhängern auf dem Weg von *Jerusalem in das Dorf (griech. *kōmē*). E. (Lk 24,13; vgl. Mk 16,12). Vielleicht waren *Kleopas (Lk 24,18) und der Ungenannte, nach Origenes (C. Cels. II, 62.68) sein Sohn Simon, der zweite Bischof Jerusalems nach dem »Herrenbruder« *Jakobus (Eusebius, HE III, 11), dort (vgl. Lk 24,29) zu Hause (T. Zahn: Das Evangelium des Lucas, [4]1920, 711-719). Denn sie laden Jesus zum Abendessen ein und erkennen ihn am Brechen des Brotes (Lk 24,28-31). Offenbar noch in derselben Nacht kehren beide in höchster Eile nach Jerusalem zurück, um die Nachricht von der Begegnung mit dem Auferstandenen weiterzugeben (Lk 24,33-36). Nach der ältesten Lesart (Papyrus 75 [3.Jh.], Cod. Vaticanus [4.Jh.]) war E. 60 *Stadien (ca. 11,5 km) von Jerusalem entfernt, nach einer anderen (Cod. Sinaiticus [4.Jh.]) 160 Stadien (ca. 31 km).

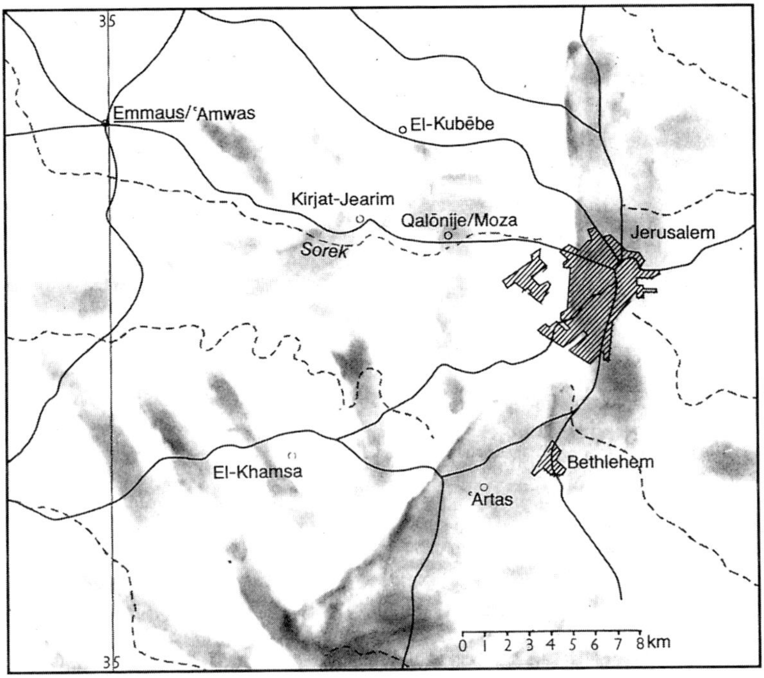

Orte, die zu verschiedenen Zeiten mit Emmaus (Lk 24,13) identifiziert wurden.

Ohne Wert sind die neueren Identifizierungsversuche von E. mit El-Khamsa südwestl. von Jerusalem (A. Henderson: PEFQS 1879, 105-107) und Artas südl. von *Bethlehem (M. Finn: PEFQS 1883, 53–64; ähnlich schon J. Lightfoot, vgl. PEFQS 1879, 106f). Manche Kreuzfahrer suchten E. im 12.Jh. (ELS 714f) bei *Kirjat Jearim westl. von Jerusalem (OLB 2,793-801) und wieder einige andere seit dem 13.Jh. (ELS 715ff) in El-Kubēbe nordwestl. davon. Beide Orte liegen zwar an Römerstraßen und sind ungefähr 60 Stadien von Jerusalem entfernt, trugen aber früher nicht den Namen E. Es handelt sich um bloßes Raten nach dem Traditionsabbruch durch die moslemische Eroberung. El-Kubēbe wird noch gelegentlich vertreten (K. Elliger: BHH I, 1962, 404; S. de Sandoli: Le Sanctuaire d'Emmaüs, 1966), aber die dortige Kreuzfahrerkirche hatte keine byzantin. Vorgängerin (B. Bagatti: I monumenti di Emmaus El-Qubeibeh, 1947), und auch eine Quelle fehlt am Ort selbst.

Mehrere Forscher identifizieren E. mit Chīrbet mizze (z.B. P. Benoit: Passion and Resurrection, 1969, 271-274; Mackowski; Möller/Schmitt). Die Ruinenstätte liegt nicht weit vom Geburtsort Johannes des Täufers (*Kerem), ca. 2 km nördl. des zerstörten arab. Dorfes Qalōnije bei der heutigen jüd. Siedlung Moza. Es handelt sich um das *Mozah (*hamozah*, LXX: *Amōsa*) von Jos 18,26, das noch in talmudischer Zeit (Bill. II 217) als jüd. Siedlung existierte (OLB 2, 790-793). Auch hier verlief eine Römerstraße (V. Tsaferis: IEJ 17,1967, 278f). Gelegentliche Ausgrabungen haben Siedlungsreste der ntl. Zeit (E. Eisenberg: RB 82, 1975, 587) und Spuren einer byzantin. Kirche (G. Baki: Hadashot Arkheologiyot 13, 1965, 8-10; vgl. schon C. Schick: PEFQS 1887, 51-55) zutage gebracht. Laut Josephus (bell. Jud. VII, 217) gründete Kaiser Vespasian nach der Zerstörung Jerusalems (70 n.Chr.) hier eine Kolonie (daher der arab. Name) für röm. Veteranen. Während die griech. Textüberlieferung *Ammaous* schreibt, bietet die ältere latein. *Amassada*, was beides auf ein ursprüngliches *Amassa* oder *Amosa* (*ha-mozah*) zurückweist (O. Michel, O. Bauernfeind: De bello Judaico II/2, 1969, 258f). Der griech. Josephus-Text gibt also nicht den ursprünglichen Ortsnamen, und auch die gegebene Entfernung von 30 Stadien paßt schlecht zum ntl. E. Ein erster Vertreter dieser Hypothese war vielleicht schon Johannes Euchaita im 11.Jh. (ELS 711), aber jeder Hinweis auf eine Ortstradition fehlt.

Die älteste Überlieferung führt nach E.-Nikopolis, ca. 23 km westl. von Jerusalem, dessen Name sich in dem des zerstörten arab. Dorfes ʿAmwas erhalten hat. Zeugen im 4.Jh.n.Chr. sind Eusebius (onom. 90,16) und Hieronymus (ELS 708) sowie wahrscheinlich schon im 3.Jh. Origenes (ELS 706 Anm. 1). 166 v.Chr. schlug Judas der Makkabäer bei diesem strategisch wichtigen Ort, der den Aufstieg aus der Küstenebene ins judäische Bergland um Jerusalem beherrscht (1Makk 9,50), die syr. Truppen (1Makk 3,40, 4,3). 4 v.Chr. zerstörte der röm. Feldherr Varus anläßlich eines zelotischen Aufruhrs E. (Jos. ant. Jud. XVIII 282-291; bell. Jud. II, 60-71). Beim Ausbruch des Jüd. Krieges (66 n.Chr.) hatte sich der Ort aber schon so weit erholt, daß er Sitz einer Toparchie (Bezirkshauptstadt) war (Jos. bell. Jud. III, 55; Plinius V, 14). Die 5. Legion begann hier 70 n.Chr. ihren Marsch auf Jerusalem (bell. Jud. IV, 444). Im 2. und 3.Jh. erscheint E. als Aufenthaltsort berühmter Rabbinen (Bill. II 270f), und zur selben Zeit wohnte dort auch der christl. Schriftsteller Julius Africanus, der u.a. die Überlieferungen der Familie Jesu erforschte (Eus. h.e. I,7). Eine Gesandtschaft unter seiner Führung erreichte wohl 223 n.Chr. die Umbenennung von E. in Nikopolis (PG 92,657). Mindestens seit dem Konzil von Nicäa (325 n.Chr.) war der Ort Bischofssitz.

Das Haus des Kleopas soll in eine Kirche umgewandelt worden sein (ELS 708.710f). Tatsächlich wurde über einer röm. Villa (3./4. Jh.?) eine byzantin. Basilika errichtet, die man meist dem 5.Jh. zuweist (M. Avi-Yonah: EAEHL II, 1976, 362-364), welche aber auch etwas älter sein könnte (Kopp, 447). Daß ihre Apsis merkwürdig in eine Felswand hineingebaut ist (Kroll, 411), könnte auf eine vorliegende Lokaltradition hindeuten. Die Kirche wurde im Samariter-Aufstand von 529 zerstört, danach aber an ihrer Nordseite eine andere errichtet. Schließlich erbauten auch die Kreuzfahrer eine allerdings viel kleinere Kirche, denn selbst zu ihrer Zeit suchte ein Teil der Tradition E. hier (ELS 712ff). Röm. Badeanlagen weisen auf die heißen Quellen von E.-Nikopolis hin, die erst in verhältnismäßig neuer Zeit durch Erdbeben verschüttet worden zu sein scheinen (M. Gichon: IEJ 29, 1979, 101-110). Im 5.Jh. wurde ihre Existenz einem vorösterlichen Wunder Jesu zugeschrieben (ELS 709f). Reste der Unterstadt von E. (Y. Hirschfeld, IEJ 33, 1983, 207-218) findet man heute in einem großen Freizeitgelände (Canada Park), die Oberstadt lag wohl auf dem Hügel der Kreuzfahrerfestung (J. Murphy-O'Connor: Das Heilige Land, 1981, 288-291), die teilweise von den (evangelischen) Jesus-Brüdern zur Begegnungsstätte ausgebaut wird. Ein Inschriftenfund bezeugt die Anwesenheit von Samaritern im 1.Jh. (J. Naveh: IEJ 23, 1973, 84).

Die Entfernung von 160 Stadien entspricht ziemlich genau dem Verlauf der am meisten benutzten Römerstraße von Jerusalem über *Bet-Horon nach E.-Nikopolis (RB 34, 1925, 350-355; M. du Buit, DBS X, 1987, 1026-1032), wiewohl es sich gleichzeitig um eine runde Zahl (vgl. Appian, bell. Civ. V, 140), nämlich 20 röm. Meilen, handelt. Vielleicht geht diese jüngere Lesart auf eine bewußte Korrektur aufgrund der vorhandenen Ortsüberlieferung zurück (M.J. Lagrange: RB 5, 1896, 87-92). Es ist aber nicht völlig ausgeschlossen, daß bei der älteren Lesart 60 Stadien entweder ein Schreibfehler (Auslassung aufgrund von Homöoarkton) oder eine absichtliche Verringerung der Entfernung vorliegt (RB 34, 1925, 355-357). Die Marschleistung der Jünger wäre aber auch für die weitere Entfernung bei Palästinern der Zeit Jesu durchaus glaubhaft (Dalman, 243-245). Die Bezeichnung von E.-Nikopolis als »Dorf« (Lk 24,13) ist für das Jahr 30 n.Chr. angesichts des Sprachgebrauchs zeitgenössischer geographischer Quellen nicht erstaunlich (RB 34, 1925, 360-362).

Literatur: F.M. Abel: RB 34 (1925), 347-367; G. Dalman: Orte und Wege Jesu, [4]1967, 235-249; P. Duvignau: Emmaüs, 1937; C. Kopp: Die hl. Stätten der Evangelien, [2]1964, 445-450; G. Kroll: Auf den Spuren Jesu, [10]1988, 408-412; R.M. Mackowski: ScE 32 (1980), 93-103; I.H. Marshall: The Gospel of Luke, 1978, 892f; C. Möller, G. Schmitt: Siedlungen Palästinas nach Flavius Josephus, 1976, 15-17; L.H. Vincent, F.M. Abel: Emmaüs, sa basilique et son histoire, 1932; J. Wanke: EWNT I, 1980, 1082f. R.R.

EMPÖRUNG s. Abfall

ENDE s. Alpha und Omega

EN-DOR. Die ca. 5 km südl. vom Berg Tabor gelegene Stadt war zwar Manasse zugeteilt worden, doch konnte sie den Kanaanäern nie ganz entrissen werden (Jos 17,11f). Wahrscheinlich gehörte das Medium von En-Dor, das Saul vor seiner letzten Schlacht befragte (1Sam 28,7), zur kanaan. Bevölkerung, denn unter den Hebräern hatte man solche Praktiken auszumerzen versucht (1Sam 28,3). R.J.W.

EN-GANNIM. »Gartenquelle«.

1. Eine Stadt aus dem Erbteil Judas in der *Schefela (Jos 15,34); vielleicht das heutige Beit Jamal 2 km westl. von Bet-Schemesch.

2. Eine Levitenstadt im Gebiet Issaschars (Jos 19,21; 21,29; 1Chr 6,58), mehrfach mit Jenin, Olam und Chirbet Beit Jann südwestl. von Tiberias identifiziert. G.G.G.

EN-GEDI. »Bocksquelle«. Wichtige Oase und Frischwasserquelle westl. vom Toten Meer, die bei der Landnahme Juda zugeteilt wurde (Jos 15,62). David versteckte sich dort (1Sam 24,1ff); die zerklüftete Umgebung und ihre Fruchtbarkeit machen sie zur idealen Zuflucht. E. war bekannt für wohlriechende Pflanzen und Parfüm (Hld 1,14). Ausgrabungen legten mehrere Festungsanlagen und eine spätere Synagoge frei. Hazezon-Tamar ist En-Gedi (1Mo 14,7; 2Chr 20,2; s. EAEHL, S. 370ff). G.G.G.

ENGEL, BOTE. (Hebr. *mal'āk*, griech. *angelos*, Engel, Bote; *archangelos*, Erzengel; *isangelos*, engelgleich).

I. IM ALTEN TESTAMENT.

Im AT heben sich zwei Engelvorstellungen deutlich voneinander ab:

1. Es ist die Rede von E.n als himmlischen Wesen, die zum Hofstaat Jahwes gehören (Hiob 1,6), um ihm zu dienen und ihn zu preisen (vgl. Jes 6,2f). Sie spielen in den älteren Schriften des AT jedoch keine besondere Rolle. Religionsgeschichtlich kommt diese E.-Vorstellung aus der kanaan. Umwelt. Dabei blieb Jahwe aber die einzige schöpferische Kraft in Natur und Geschichte, weshalb die E. nie autonom wurden und keinen Kult genossen. Zu dem Hofstaat Jahwes werden aber auch andere himmlische Gestalten gerechnet, die nicht immer ausdrücklich als E. bezeichnet werden, wie z.B. die »Heiligen«, die »Starken«, die »Helden«, die »Gottessöhne« (was

Teil eines Fundes von mehr als 100 Bronzegegenständen in der »Schatzhöhle« von Nahal Mishmar bei En-Gedi. Spätes 4. Jt. v. Chr. (RS)

besser mit »Himmelswesen« übersetzt würde). Sie treten z.T. kriegerisch auf (1Mo 32,2f; Jos 5,13ff u.ö.). Sie sind Zeugen der Schöpfung (Hiob 38,7), aber als Geschöpfe nicht makellos (Hiob 4,18; 15,15); dennoch können sie Offenbarungsmittler sein (Sach 1,9.11ff; 2,2ff; Hes 40,3). Erwähnt werden Unheilsengel (Ps 78,49), Würgeengel (2Mo 12,23), Todesengel (Hiob 33,22ff; Spr 16,14; Ps 78,49; 91,11; 103,20). Besondere E. sind die Cherubim, geflügelte Mischwesen von Mensch und Tier (1Mo 3,24; Hes 1; 10,19; 11,22; Ps 18,11), und die Serafim, die sechs Flügel haben (Jes 6,2).

Daß nach dem *Exil der Glaube an E.wesen stark zunahm, ist wohl darauf zurückzuführen, daß Israel stärker mit anderen Religionen in Berührung kam und Jahwes Wesen mehr und mehr transzendent aufgefaßt wurde, ohne daß aber sein Wirken in der Welt geschmälert werden durfte; vermutlich wird das ein wesentlicher Grund zu so starker Ausprägung von Mittelwesen gewesen sein (vgl. Hiob 5,1; 15,15; Ps 89,6.8; Sach 14,5). Bei Daniel wirken sie als gewaltige Zwischenmächte, die auch Namen tragen; es gibt Erz-, Wächter- und Völker-E., andere Hunderttausende stehen um Gottes Thron (Dan 4,10.14; 7,10; 8,16; 9,21; 10,5f; 12,1).

2. Davon zu unterscheiden ist die Gestalt des *Engels des Herrn (*mal'āk*). Er ist ein himmlisches Wesen, dem Jahwe einen bestimmten Auftrag gibt, hinter dem die Gestalt des E.s selbst völlig zurücktritt.

3. Im Spätjudentum griff die E.lehre im Volk weit um sich, ungehindert vom Rabbinat, aber abgelehnt von den Sadduzäern (vgl. Apg 23,8). Man betrachtete den Glauben an E. als Erfüllung der atl. Frömmigkeit, wenn er nicht verselbständigt oder zum E.kult wurde: Die E. stellen Jahwes Allwissenheit und Allgegenwart dar, bilden seinen Hofstaat und sein Gefolge, sind seine Boten. Sie stehen in Verbindung mit Gestirnen, Elementen, Naturerscheinungen und -kräften, die sie in Gottes Auftrag regieren. Der einzelne Mensch hat seinen Schutz-E., über die Völker sind Völker-E. gesetzt (Michael über Israel nach Dan 10,13.21). Erz-E. gibt es vier, sechs oder sieben; andere E.klassen sind Kräfte, Herrschaften, Throne, Fürsten, Mächte, Dienstengel. Stark ausgebildet, mit Spekulationen über den Fall der E. (vgl. 1Mo 6) ist die E.lehre in 1Hen 6,16 sowie im 3Hen. E. vermitteln Menschen Geheimnisse Gottes in Raum und Zeit.

4. In den Schriften der Gemeinde vom Toten Meer (*Essener, *Qumran) erscheint der kosmische Dualismus vor allem in der Lehre von den E.n ausgeprägt: Gott hat zwei Bereiche geschaffen (Licht und Finsternis), über die je ein »Fürst« (*sar*) oder E. gesetzt ist. Unter diesem Fürsten stehen alle Menschen und andere E.-Wesen, die dann auch »Fürsten« (1QS 3,20; CD 5,18; 1QM 13,10) oder »Geister« (*ruchoth*; 1QS 3-4) genannt werden (1QS 3,18-20.25). Die E. des Lichts werden oft Heilige genannt (1QS 4,22; 1QH Frg. 2,10), auch Göttersöhne (1QH Frg. 2,3). Sie sind besondere Diener Gottes (1QH 5,21), sind »Angesichts-E.« (1QH 6,13). Israels Gott und der »E. seiner Wahrheit« – in 1QM 17,7f wird er mit Michael gleichgesetzt – helfen allen »Söhnen des Lichts« (1QS 3,24f). Wer sich bekehrt, tritt in das Heer der E. vor Gott (1QH 11,13), vor ihm weicht der »E. der Anfeindung« (CD 16,5). Dagegen sind die »Wächter-E.« gefallen (CD 2,18; vgl. auch 1 Q Gen Apokr 2,1-5.16). Gott hat die E. gerichtet (1QH 10,34f; 1QM 14,15). In der Endzeit rast der Krieg der »Recken des Himmels« über die Erde (1QH 3,35f), wobei Gott mit seinen E.n, die sich im Lager der »Söhne des Lichts« befinden (1QM 7,6; vgl. 10,11f; 12,7f.9; 15,14), gegen die »Söhne der Finsternis« streitet (1QM 1,10f). An E.-Namen begegnen Michael, Gabriel, Raphael, Sariel. Doch bleibt ganz das Bewußtsein erhalten, daß es der Fromme in den verschiedenen E.-Gestalten immer mit der Fürsorge Gottes und mit seinem Handeln zu tun hat.

Philo von Alexandria versteht oft unter dem im AT erwähnten E. den Logos (*Wort); sonst sind für ihn E. und Dämonen Erscheinungen und Kräfte des Universums. Bei Josephus erscheint *angelos* sowohl in der Bedeutung Bote wie auch E. Jüd. Tradition entspricht es, wenn er E. bei der Gesetzgebung mitwirken läßt (ant.Jud. 15,136). Von den Essenern berichtet er, sie hätten Spekulationen über die E. getrieben.

II. IM NEUEN TESTAMENT.

Im NT kommt *angelos* 175mal vor (in den Synoptikern 51mal, Apg 21mal, Offb 67mal), wobei an drei Stellen sicher menschliche Boten gemeint sind (Lk 7,24; 9,52; Jak 2,25); im atl. Zitat Mt 11,10 ist der Täufer E. Gottes bzw. Jesu. Im allg. werden die atl.-jüd. Anschauungen übernommen: Die E. sind Vertreter der himmlischen Welt und Boten Gottes; wo sie erscheinen, bricht die jenseitige Welt in diese Welt hinein. Weil in Jesus Gott gegenwärtig ist, ist sein Weg auf Erden von E.n begleitet (Mt 1,20; 2,13.19f; 28,2.5f; Mk 1,13; Lk 1,19; 2,9; 22,43; Joh 1,51; vgl. Apg 1,1f). Sie werden auch bei der Wiederkunft an seiner Seite sein (Mt 13,49; 16,27; 25,31; 2Thess 1,7f). Als Sohn Gottes ist Jesus den E.n eindeutig übergeordnet (Mk 13,27; Hebr 1,4ff; Phil 2,9f).

Die Vorstellung vom Schutz-E. begegnet in Mt 18,10 als Ausdruck der Liebe Gottes zu den Kleinen und in Apg 12,15. Nach 1Kor 11,10 wachen E. über die Schicklichkeit. Sie vermitteln Gottes Gericht (Apg 12,23), handeln zugunsten der Apostel (Apg 5,19; 12,7ff) und tun ihnen Gottes Willen kund (Apg 8,26; 10,3ff; 27,23).

Bei Paulus ist die Vorstellung von den E.n ganz von der Christustatsache überschattet (Eph 1,20f; Phil 2,9f). Selbst der Apostel mit seinem vom Herrn erhaltenen Auftrag ist mehr als das Wort eines E.s (Gal 1,8), die Liebe mehr als »Engelszungen« (1Kor 13,1). Kein Natur- oder Elementar-E. kann uns von der Liebe Gottes trennen (Röm 8,38; vgl. Gal 4,3). Paulus polemisiert gegen gnostische E.verehrung (Kol 1,15ff; 2,18; vgl. Offb 19,10; 22,8f), weil sie die Erkenntnis der einzigartigen Mittlerstellung Christi verdunkelt, kennt aber E.klassen (Röm 8,38f; 1Kor 15,24; Eph 1,21; Kol 1,16).

Bei der Gesetzgebung am Sinai waren E. beteiligt (Gal 3,19; vgl. Apg 7,53; Hebr 2,2). Sie nehmen Anteil am Geschick der Menschen (Lk 15,10) und der Apostel (1Kor 4,9), tragen die Seele ins Paradies (»Abrahams Schoß«) (Lk 16,22). E. umgeben Gottes Thron und erfüllen die himmlische Welt mit Lobgesang (Offb 5,11; 7,11). Sie vermitteln die Offenbarung und geben Gesichte (Offb 1,11; 10,1.8f; 14,6ff; 17,1); sie richten Gottes Gerichte aus (Offb 7,1; 8,2f; 9,1.13; 11,15; 12,7ff; 14,15.17ff; 15,5ff; 16; 18,1f; 19,17; 20,1f). Andererseits hat aber auch der Satan E. (Mt 25,41; 2Kor 12,7), wie 1Petr 3,19f; 2Petr 2,4; Jud 6 vom Fall der E. reden.

Über die »Engel der Gemeinden« gehen die Anschauungen auseinander, ob wirkliche E. oder die Bischöfe der Gemeinden gemeint sind (Offb 1,20; 2f; vgl. *Engel der Gemeinden).

Das Wort *archangelos,* Erzengel (eine aus den Himmelswesen besonders herausragende Gattung), begegnet im NT nur 1Thess 4,16 und Jud 9. Die Vorstellung liegt aber auch vor in Offb 8,2.7f.10.12; 9,1.13; 11,15. Mit Namen genannt werden nur *Gabriel (Lk 1,19) und *Michael (Jud 9; Offb 12,7).

Der Ausdruck »engelsgleich« (griech. *isangelos;* Lk 20,36; vgl. Mt 22,30; Mk 12,25) bezeichnet den Zustand der Auferstandenen, die den natürlichen Bedingungen des irdischen Lebens, darum auch der Ehe, entnommen sein werden. H.Bhd.

ENGEL DER GEMEINDEN. In Offb 1,12-20 berichtet Johannes von einer Vision des erhöhten Christus, der inmitten von sieben goldenen Leuchtern stand und sieben Sterne in seiner rechten Hand hielt. »Die sieben Sterne«, heißt es in V. 20, »sind Engel [*angeloi*] der sieben Gemeinden, und die sieben Leuchter sind sieben Gemeinden«. Darauf folgen in Offb 2 und 3 sieben Sendschreiben des erhöhten Christus an die Gemeinden in Ephesus, Smyrna, Pergamon, Thyatira, Sardes, Philadelphia und Laodizea, also an jene kleinasiatischen Gemeinden, an die auch das Buch der *Offenbarung als ganzes gerichtet ist (1,11). Die Sendschreiben in Kap. 2 und 3 sind jedoch nicht direkt an die Gemeinden, sondern jeweils »an den Engel [*angelos*] der Gemeinde in Ephesus, in Smyrna, in Pergamon usw.« adressiert. Wer oder was unter diesen »Engeln der Gemeinden« zu verstehen ist, wird von den Auslegern sehr verschieden beantwortet.

1. Man kann sie als wirkliche *Engel verstehen, also als himmlische Mittlergestalten, durch die Christus seine Gemeinde regiert, als persönliche Schutzengel der Gemeinden bzw. als überirdische Personifikationen ihrer geistlichen Natur. Dafür spricht, daß *angelos* in den übrigen Teilen der Offb immer wirkliche Engel bezeichnet. Dagegen spricht jedoch zunächst, daß es weder nach jüd. noch nach urchristl. Anschauung Engel gibt, die in bestimmten Städten wohnen (vgl. 2,13). Es läßt sich auch nicht begreiflich machen, warum der erhöhte Christus über den Menschen *Johannes Briefe an himmlische Wesen schreiben lassen sollte, zumal deren Inhalt deutlich an den gleichen Personenkreis gerichtet ist wie die Offb als ganze. Schließlich können Engel weder wegen ihrer guten Werke, ihrer Liebe und ihres Glaubens gelobt noch wegen ihrer Versäumnisse getadelt und zur Buße aufgefordert werden. Die konkrete seelsorgerliche Abzweckung der Sendschreiben setzt vielmehr einen irdischen Empfängerkreis voraus.

2. Da *angelos* zunächst einfach »Bote« heißt, könnten die »Engel der sieben Gemeinden« auch Abgesandte sein, die aus den Gemeinden zu Johannes geschickt wurden. Dagegen spricht jedoch erstens, daß diese Boten sonst nirgendwo in der Offb erwähnt werden, zweitens, daß sich Johannes auf der Insel Patmos in der Verbannung befand und dort keine Gesandtschaften empfangen konnte, und drittens, daß die *angeloi* der Gemeinden als Empfänger der Briefe angesprochen werden und nicht als Boten, die sie überbringen.

3. Man hat die »Engel« auch als reine Symbolfiguren für die Gemeinden verstanden, so daß »der Engel der Gemeinde in Ephesus« niemand anderes ist als die Gemeinde selbst. Dafür spricht, daß die sieben Sendschreiben tatsächlich die Gemeinden selbst betreffen (s. vor allem die Überwindersprüche 2,7.11.17 u.ö.), und daß auch die Offb als ganze an diese

Gemeinden als Brief gerichtet ist. Dagegen spricht aber, daß die Anrede in den Sendschreiben zwischen »du« und »ihr« wechselt (s. 2,10. 13.24f). Wenn das »du« die Gemeinde meint, wer wird dann mit »ihr« angesprochen? Außerdem macht nicht nur Kap. 1,20 ganz deutlich einen Unterschied zwischen Engeln und Gemeinden, sondern auch Kap. 2,14f; 3,4 (»du hast Leute dort« usw., d.h. du als Engel in deiner Gemeinde).

4. Mit den »Engeln der sieben Gemeinden« können daher nur ihre Leiter oder Bischöfe gemeint sein. Daß eine solche übertragene Redeweise durchaus möglich war, zeigen verschiedene Parallelen. In Mal 2,7 wird der Priester ein »Engel des Herrn« (LÜ: Bote) genannt und in Hag 1,13 der Prophet. Daniel 12,3 vergleicht die Lehrer der Gottesgemeinde mit Sternen (siehe Offb 1,20). Der griech. Schriftsteller Plutarch, ca. 45-120 n.Chr., nennt einen bedeutenden Mann »den großen Engel des Vaterlandes« (Marcell 30,8). Der Talmud schließlich kennt den »Boten der Gemeinde« (*scheliach zibbūr*), der die jüd. Gemeinde vor Gott vertritt, indem er als Vorbeter wirkt und den Gottesdienst leitet. Daß die kleinasiat. Christengemeinden um 95 n.Chr., als die Offb geschrieben wurde, jeweils einen einzelnen *Bischof besaßen, der ihre Gottesdienste leitete, läßt sich auch deshalb nicht bestreiten, weil Ignatius (*Apostolische Väter) es um 110 n.Chr. eindeutig als eine längst eingeführte Ordnung bezeugt.

Man kann dagegen einwenden, daß der Bischof im NT sonst nirgendwo so klar von der Gemeinde unterschieden wird und daß er als einzelner nicht in dieser Vollständigkeit die Verantwortung tragen konnte für das, was in der Gemeinde geschieht. Die Unterscheidung von Bischof und Gemeinde ist hier jedoch weder sakramental noch hierarchisch-rechtlich gemeint, sondern beruht auf der besonderen Beauftragung Gottes und geht insofern nicht über das hinaus, was wir etwa in Apg 20,28ff; 1Tim; 2Tim und Tit finden. Daß der Bischof für den Zustand seiner Gemeinde verantwortlich gemacht wird, entspricht durchaus dem stärker korporativen Denken der Antike und insbesondere dem semit. Botenrecht (*Apostel). Bischof und Gemeinde werden als Einheit gesehen und angesprochen. So verstanden bleiben die sieben Sendschreiben der Offb davor bewahrt, als zeitlose Belehrung mißverstanden zu werden, und behalten ihren geschichtlichen Situationsbezug ebenso wie die volle seelsorgerliche Konkretheit, die ihrem Wortlaut eigen ist. U.S.

ENGEL DES HERRN. Der E.d.H., manchmal auch »E. Gottes« oder »mein/sein E.« genannt, ist in der Hl. Schrift ein himmlisches Wesen, das Gott zu den Menschen sendet, damit es vor ihnen als sein Vertreter und Sprecher auftrete. An vielen Stellen wird es mit Gott gleichgesetzt und spricht nicht nur im Namen Gottes, sondern als Gott in der 1. Person Singular (z.B. mit Hagar, 1Mo 16,7ff; 21,17ff; bei der Opferung Isaaks, 1Mo 22,11ff; mit Jakob 1Mo 31,13 »Ich bin der Gott, der dir zu Bethel erschienen ist«; mit Mose im brennenden Busch, 2Mo 3,2ff; mit Gideon, Ri 6,11ff). Manchmal wird der E.d.H. aber auch von Gott unterschieden, wie in 2Sam 24,16; Sach 1,12f; 3,1f; Sacharja behält die Unterscheidung jedoch nicht bei (vgl. Sach 12,8).

Im NT wird der E.d.H. nie mit Gott selbst identifiziert, sondern in Lk 1,19 *Gabriel genannt. Einige Ausleger meinen aufgrund von Apg 8,26.29, er sei mit dem Heiligen Geist identisch.

Von seiner Aufgabe her ist der E.d.H. der Mittler der Zerstörung und des Gerichts (2Sam 24,16; 2Kön 19,35; Ps 35,5f; Apg 12,23), aber auch des Schutzes und der Befreiung (2Mo 14,19; Ps 34,8; Dan 3,28; 6,23; Apg 5,19; 12,7.11); er führt und gibt Anweisungen (1Mo 24,7.40; 2Mo 23,23; 1Kön 19,7; 2Kön 1,3.15; Mt 2,13.19f; Apg 8,26); kündigt auch Geburten an – Simsons (Ri 13,3ff), Johannes des Täufers (Lk 1,11ff) und Jesu (Mt 1,20.24; Lk 2,9ff). In Ri 13,3ff wird er nicht sofort erkannt, und *Bileam ist er nicht sichtbar (4Mo 22,22ff), doch in den meisten Fällen wird er bei Erscheinen von den Menschen erkannt, und zwar als göttliches Wesen, wenn auch in Menschengestalt, und wird als Gott angeredet (1Mo 16,13 u.ö.). J.B.Tr.

ENGELSZUNGEN s. Zungenrede

ENOSCH. Sohn *Sets und Vater Kenans (1Mo 4,26; 5,6-11; 1Chr 1,1; Lk 3,38). Seine Lebenszeit wird mit 905 Jahren angegeben. Zu seiner Zeit begannen die Menschen, den Bundesnamen Gottes, Jahwe, zu gebrauchen. Das hebr. Wort *änosch*, »Mensch«, kommt 42mal im AT vor. Oft enthält es die Bedeutung von Schwäche und Sterblichkeit (Hiob 4,17); das entsprechende Verb *ānasch* bedeutet »Schwach sein« (vgl. *Adam). N.H.

EN-RIMMON. »Quelle des Granatapfels«. Ein Dorf in Juda, das nach dem Exil wieder bezogen wurde (Neh 11,29). Es wurde entweder durch Zusammenlegung von zwei selbständigen Dörfern Ajin und Rimmon geschaffen (vgl. Jos 19,7; 1Chr 4,32) oder, was wahrscheinlicher ist (weil schon Jos 15,32 En-Rimmon hat), es war immer schon ein einziger Ort. Ursprünglich gehörte E. zu Judas Erbe (Jos 15,32). Dann aber wurde es Simeon übertragen (Jos 19,7). E. ist mit dem heutigen Umm er-Ramamim, 15 km nördl. von Beerscheba, identifiziert worden. M.A.M.

EN-ROGEL. »Brunnen des Füllers«. Eine Quelle am Rande Jerusalems, 200 m südl. der Vereinigung von Hinnom- und Kidrontal. Heute als Hiobsbrunnen bekannt. Ein markanter Punkt an der Nordgrenze Judas (Jos 15,7), ehe David Jerusalem einnahm (2Sam 5,6ff). Die Erzählung von Adonijas vergeblichem Versuch, David im Alter den Thron zu nehmen, läßt erkennen, daß die Stätte kultische Bedeutung gehabt haben muß (1Kön 1,9ff). R.J.W.

EN-SCHEMESCH. »Sonnenquelle«. Ein Punkt an der Grenze zwischen Juda und Benjamin, 4 km südöstl. von Jerusalem, unterhalb des Ölberges und genau südl. der Straße nach Jericho (Jos 15,7; 18,17). Heute »Apostelquelle« bzw. Ain Haud genannt. J.D.D.

ENTÄUSSERUNG s. Kenosis

ENTBLÖSSEN. E. heißt der Kleidung (Jes 47,2) oder des Schutzes berauben (Jer 49,10).

Die Kleidung über das gewohnte, standesgemäße Maß ablegen, bedeutet Schande (2Sam 6,20). Blöße (hebr. *arwah*; 1Mo 9,22; 2Mo 20,26) bezeichnet die Geschlechtsteile. »Die Blöße aufdecken« wird bildlich vom Götzendienst und dem darauf folgenden Gericht gebraucht (Jes 47,3; Hes 16,36f; Nah 3,5).

ENTHALTEN, SICH. Selbstbeherrschung üben im Blick auf

1. erlaubte Dinge (*Fasten):

a. um des Dienstes Gottes willen (4Mo 6,2f; 1Sam 21,5); Paulus empfiehlt (1Kor 9,25) diese Haltung auch für die ntl. Gläubigen, warnt aber 1Kor 7,9 vor gezwungenem Enthalten;

b. um der Bruderliebe willen (Apg 15,20);

2. unerlaubte Dinge, solche, die alle Welt zwar tut, die aber dem Christen schaden (1Petr 2,11).

ENTMANNUNG s. Eunuch

ENTRÜCKUNG.

1. Paulus schreibt: »Wir werden entrückt werden auf den Wolken in die Luft, dem Herrn entgegen« (1Thess 4,17). Das griech. Wort für »entrücken« *(harpazō)* meint, daß jemand überraschend, schnell und mit überlegener Macht ergriffen wird. Nach dem Zusammenhang hier handelt es sich um eine Machterweisung Gottes. – »Entgegen«: Hier steht im Urtext ein Wort *(apantēsis)*, das ein stehender Ausdruck war für die Sitte im Altertum, hochgestellte Personen bei ihrem Besuch in einer Stadt feierlich »einzuholen«. – Der bibl. Ausdruck »Entrückung dem Herrn entgegen« sagt dementsprechend, daß die Generation der an Jesus Glaubenden, die die Wiederkunft ihres Herrn erlebt, plötzlich dem Herrn entgegengehen und ihn einholen darf. Das erfordert gleichzeitig die »Verwandlung« der Glaubenden aus ihrer irdischen, erdhaften Leiblichkeit in die neue »Geistleiblichkeit«, d.h. in ein dem kostbaren Inhalt, dem Geist Gottes, dem Leben aus Gott ganz entsprechendes »Gefäß« (1Kor 15, 50-53; vgl. 1Mo 3,19; 1Kor 15,35-49; 2Kor 4,7).

2. Wann erfolgt die E.? Kurz bevor Jesus in enthüllter Macht und in der Herrlichkeit Gottes wiederkommt. Die E. erfolgt nicht vor der großen antichristlichen »Trübsal«. Wenn die Seligen einmal »aus der großen Trübsal« kommen, dann müssen sie zuvor in sie hinein- bzw. durch sie hindurchgegangen sein (Offb 7,14). Entsprechend lautet auch die oft erwähnte Schriftstelle Offb 3,10 wörtlich: »Ich will dich bewahren aus der Stunde der Versuchung heraus.« Der Herr erspart den Seinen das Leiden nicht (vgl. Apg 14,22), wie er ja auch selber, ihnen voran, durch Leiden zur Herrlichkeit ging.

Andererseits müssen die Glaubenden nicht wie die unbußfertige Welt unter allen Gerichten bleiben. Mit den Glaubenden, die verwandelt dem Herrn entgegengehen dürfen, um ihn einzuholen, feiert Jesus zunächst das Fest der Vereinigung (Offb 19,6-9). Anschließend zieht er mit ihnen als Triumphator, als der Sieger von Golgatha, in diese Welt ein (Sach 14,5b; 1Thess 3,13; Offb 17,14; 19,11-14). Nach dem letzten Buch der Bibel werden die Glaubenden »eingeerntet« bereits vor dem letzten großen »Erntetermin« (Offb 14,14-20); auch das bedeutet, daß Jesus die Glaubenden zu sich nimmt, bevor er als der Wiederkommende auf die unbußfertige Welt stößt (Offb 19,19-21).

Auch die zuvor im Glauben an Jesus Christus Verstorbenen sind dann dabei (1Thess 4,16). In einer »Vorweg-Auferstehung«, einer »Auferstehung aus den Toten heraus« (so Phil

3,11 wörtlich), in der »Ersten Auferstehung« (Offb 20,4-6) werden die im Glauben Verstorbenen mit der neuen Leiblichkeit, der Geistleiblichkeit »bekleidet« (vgl. 1Kor 15,42-44; 2Kor 5,4).

3. Wer gehört zur Schar derer, die entrückt werden? An der mit der E. vergleichbaren Ersten Auferstehung haben »die Toten in Christus« teil (1Thess 4,16); das sind die, die zuvor mit und in ihm gelebt haben. An der E. werden auch diejenigen teilhaben, die jetzt Christus »angehören« (1Kor 15,23). Christus gehört an (und ist damit auch Gottes Kind), wer ihn jetzt als seinen Herrn annimmt (Joh 1,12); der wird dann einmal auch von ihm angenommen. Wenn wir jetzt in Christus sind, dann ist er mit seinem Geist auch in uns (Joh 15,4; 2Kor 3,17), und so sind wir dann auch aller Hoffnung teilhaftig (Kol 1,27). F.G.

ENTSCHLAFEN. Wie in vielen Religionen, so wird auch in der Bibel vom *Tod oft als einem »Schlaf« gesprochen; nur hier mit dem Recht, weil der, der hier spricht, »die Schlüssel der Hölle und des Todes« hat (Offb 1,18).

Der Tod Moses (5Mo 31,16) und Davids (2Sam 7,12) wird »Schlaf« genannt. Im NT nennt Jesus den Tod des Lazarus einen »Schlaf« (Joh 11,11).

E. ist dann der Übergang zum »Schlaf des Todes« (Ps 13,4; 1Kor 15,6; 1Thess 4,13). Dabei wird zwischen dem Sterben bzw. E. von Gläubigen und Ungläubigen, dem seligen und unseligen Hinscheiden im allgemeinen nicht unterschieden (Ps 76,6; 1Kor 7,39); 1Kor 15,18 wird dagegen von denen gesprochen, die in Christus e. sind.

ENTWEIHUNG s. Frevel

ENTWÖHNEN. Die israelit. Mutter nährte ihr Kind lange Zeit (1Sam 1,22-24), oft zwei bis drei Jahre (2Makk 7,28). Daher ist die Vorstellung vom Reden der Säuglinge (Ps 8,3; Mt 21,16) nichts Ungewöhnliches. Die Entwöhnung eines Kindes wurde gelegentlich festlich begangen (1Mo 21,8).

ENTZÜCKUNG s. Ekstase

EPAPHRAS. Er wir in Kol 1,7; 4,12 und Phlm 23 erwähnt als einer von Paulus' Freunden und Helfern, von Paulus »Mitknecht« und »Mitgefangener« genannt. Der Name ist abgekürzt aus *Epaphroditus, doch ist Epaphras wahrscheinlich nicht (wie vereinzelt angenommen wird) der in Phil 2,25; 4,18 erwähnte Epaphroditus. Wir können aus diesen Texten schließen, daß E. unter Leitung des Paulus die Städte im Lykostal in *Phrygien missionierte, als Paulus in Ephesus arbeitete, und daß er die Gemeinden zu *Kolossae, *Hierapolis und *Laodizea gründete. Später besuchte er Paulus in dessen röm. Gefangenschaft und überbrachte ihm jene Nachrichten aus dem Lykostal, die Paulus zum Schreiben des Kolosserbriefes veranlaßten.

Literatur: J.B. Lightfoot: St. Paul's Epistles to the Colossians and to Philemon, 1879, S. 29ff. F.F.B.

EPAPHRODITUS. Ein makedonischer Christ aus Philippi. Ihn für den *Epaphras aus Kol 1,7; 4,12 oder Phlm 23 zu halten, gibt es keinen Grund. Sein Name bedeutet »liebreizend« oder »bezaubernd«. Paulus nennt ihn »euer Abgesandter« (*hymōn apostolon,* Phil 2,25). Das dabei benutzte Wort wird sonst gewöhnlich mit Apostel übersetzt. Das bedeutet jedoch nicht, daß E. ein Amt in der Gemeinde zu Philippi innehatte. Er war lediglich ein Bote (vgl. 2Kor 8,23), der Paulus in der Gefangenschaft in Rom eine Gabe der Gemeinde überbrachte. E. wurde dort krank, möglicherweise aufgrund von tiefer Erschöpfung durch die Reise von Philippi nach Rom oder auch im Dienst für Paulus in Rom. Die LÜ von Phil 2,30 lautet: »Er hat sein Leben nicht geschont.« Genauer aber ist: »Er hat sein Leben aufs Spiel gesetzt« (EÜ) oder: »Er hat sein Leben gewagt« (RevEB). D.O.S.

EPHESERBRIEF.

I. INHALT.

1. Briefzuschrift mit Segenswunsch (1,1f).

2. Das Geheimnis Christi: Die Heiden gehören zum Leib Christi (1,3-3,21).

a. Lobpreis Gottes, der uns reichlich segnet (1,3-14).

b. Fürbitte um Erkenntnis der Hoffnung, die mit der Berufung geschenkt ist (1,15-23).

c. Gott hat durch die Rettung der Heiden seine Gnade erwiesen (2,1-10).

d. In Christus haben Juden und Nichtjuden Zugang zum Vater und bleibende Gemeinschaft mit ihm (2,11-22).

e. Dem Apostel ist dies Geheimnis enthüllt und zur Austeilung anvertraut (3,1-13).

f. Bitte um vollkommene Erkenntnis der Liebe Jesu Christi (3,14-19).

g. Lobpreis Gottes in Christus (3,20f).

3. Lebt aus der Berufung in die Gemeinschaft mit Gott (4,1-6,20)!

a. Wahrt die Einigkeit im Geist (4,1-6)!

b. Die verschiedenen Gaben sollen der Einheit des Leibes Christi dienen (4,7-16).

c. Nicht wie die Gottfernen leben, sondern Christus nach (4,17-24)!

d. Folgt dem Beispiel Gottes durch die Liebe (4,25-5,2)!

e. Bewährt euch als Menschen, die im Licht Gottes leben (5,3-14)!

f. Führt euer Leben als weise Menschen (5,15-20)!

g. Die christl. Haustafel (5,21-6,9): Frau und Mann (5,21-33); Kinder und Väter (6,1-4); Sklaven und Herren (6,5-9).

h. Kämpft in der Rüstung, die Gott gibt (6,10-20)!

4. Briefschluß: Tychikus kommt als Bote (6,21f); Segenswunsch (6,23f).

II. DER BRIEF UND SEINE EMPFÄNGER.

1. Die Empfänger des Epheserbriefes.

In der Zuschrift werden »die Heiligen in Ephesus« als Empfänger genannt (1,1). In wichtigen alten Handschriften fehlt diese Ortsangabe jedoch. Tertullian, Origenes und Basilius kennen keine Ortsangabe, und Marcion nennt den E.»Brief an die Laodizener«. Hinweise im Inhalt des E.s stützen eine solche Auffassung: Hat Paulus zwei Jahre und länger in Ephesus gewirkt (Apg 19,1-22; 20,1-3), läßt es sich schwer verstehen, daß der E. keine Grußliste bringt. Auch sind dann Sätze wie 1,15; 3,2 oder 4,21 kaum möglich. Nach 6,21f hat Tychikus den Brief befördert. Er reist aber nach Kol 4,7-9 zusammen mit Onesimus, einem früheren Sklaven des Philemon, nach Kolossae. Der Brief an die Kolosser soll auch in Laodizea gelesen werden und umgekehrt (Kol 4,16). Da liegt die Annahme nahe, daß der E. an Christen in Laodizea gerichtet ist. Sie kennen Paulus nicht persönlich (Kol 2,1). Aber er ist ihnen verbunden, weil sie infolge seiner Tätigkeit in der Provinz Asia zum Glauben gekommen sind (Apg 19,10). Die Überschrift »An die Epheser« erklärt sich am besten als Angabe, die bei der Sammlung der Paulusbriefe diesem Brief vorangestellt wurde; ist Ephesus doch die Hauptstadt der Provinz Asia.

2. Die Eigenart des Epheserbriefes.

Man kann den E. eine große Meditation nennen (so Schlier). Sie kreist um das Geheimnis Christi, daß nämlich Gott in ihm Juden und Nichtjuden zu einem Leibe zusammengebracht hat, zur Kirche (2,14-17; 3,4). In feierlicher, ja liturgisch geprägter Ausdrucksweise wird dieses Geheimnis lobpreisend entfaltet. Nicht Abwehr von Mißdeutungen des Evangeliums, auch nicht der Angriff auf gegnerische Parolen bestimmt die Aussagen, sondern aus der Ruhe sinnender Betrachtung heraus tritt Mitte und Ziel des Heilshandelns Gottes vor Sinn und Herz der Leser. Auch der ermahnende Teil des E.s ist dem Gedanken der Einheit zugeordnet: »Seid darauf bedacht, zu wahren die Einigkeit im Geist« – das lautet wie eine Überschrift (4,3). Die weiteren allgemeinen Mahnungen bringen diesen Gedanken in Gestalt des Hinweises auf das Einssein in Christus bzw. in Gott (4,13; 5,1). Dabei nimmt der Verfasser auch Überlieferungsgut auf, das in gewisser Weise vorgeprägt ist (vgl. die sog. Haustafel 5,21-6,9; dazu Kol 3,18-4,1; 1Petr 2,18-3,7).

3. Die Verfasserfrage.

Bis zum Ausgang des 18.Jh. galt der E. als Brief des Paulus. E. Evanson aber kam damals zu der Vermutung, dieser Brief stamme von einem Schüler des Apostels. Für F.Chr. Baur und seine Schüler galt es als klar, daß der E. nicht von Paulus stammt und recht spät anzusetzen ist. Die Gründe für diese Annahme sind vor allem diese:

a. Die Wortstatistik zeigt, daß im E. 42 Wörter begegnen, die sonst im NT nicht vorkommen. Weitere 44 Wörter kommen sonst bei Paulus nicht vor, finden sich aber in den Schriften des Lukas und im 1Petr. Die Statistik allein aber kann ein Urteil in der Verfasserfrage nicht begründen. Ein besonderer Gegenstand der Darstellung, aber auch die persönliche Lage des Verfassers können für einen veränderten Sprachgebrauch verantwortlich sein.

b. Sache und Stil stimmen nicht mit den

Aramäischer Papyrus aus Assuan, zum Versand gerollt und versiegelt. Auch die Paulusbriefe sind wohl auf diese Art und Weise transportiert worden. Datierung ungewiß. (BM)

übrigen Briefen des Apostels zusammen. Im E. geht es mit Nachdruck um die Kirche; vom Leib des Christus wird hier anders als im 1Kor oder im Röm gesprochen; die Rechtfertigung wird nur erwähnt (2,8-10); die Mahnungen sind ganz allgemein gehalten. Der Stil zeigt nicht das dialogische Element, welches für Paulus sonst kennzeichnend ist; lange Sätze mit vielen Relativsätzen und Partizipien fallen besonders auf (1,3-14; 3,1-7 u.ö.). Dem gegenüber muß man aber zwischen vorgeprägter Sprache (Liturgie!) und eigenem Stil des Verfassers unterscheiden. Was die Gegenstände der Mitteilung angeht, so kann man dem Verfasser nicht vorschreiben, daß er immer dieselben behandeln müsse.

c. Besonderes Gewicht hat die Tatsache, daß zwischen E. und Kol eine große Ähnlichkeit besteht: Inhalt, Ausdrucksweise und Anordnung der Themen gehen weithin parallel. Literarische Abhängigkeit läßt sich allerdings nur für Eph 6,21f und Kol 4,7-9 vermuten. Man hat die Ansicht vertreten, daß der Kol von einem Späteren wie eine Vorlage für ein eigenes Schreiben genutzt worden ist, das er unter dem Namen des großen Apostels hat hinausgehen lassen. Andere haben dagegen die große Ähnlichkeit der beiden Briefe damit erklären wollen, daß sie zur gleichen Zeit mit demselben Boten an Christen abgesandt worden sind, für deren Verhältnis zu Paulus dasselbe gilt: Er ist weit von ihnen entfernt und kennt sie persönlich nicht.

Läßt sich eine Lage im Leben des Paulus vorstellen, aus der heraus er den E. und den Kol geschrieben haben könnte? Er nennt sich »der Gefangene Christi Jesu für euch Heiden« (3,1; ähnlich 4,1; Kol 1,24; 4,18). Nach der Überlieferung hat er den Brief aus Rom geschrieben, also am Ende seines Lebens (vgl. die Schlußzeile in den meisten Handschriften). Jahre schon ist er von den Gemeinden in der Provinz Asia getrennt. Hat er Nachrichten von dort bekommen? Jedenfalls hat er einen Boten dorthin gesandt, den »treuen Diener und Mitknecht in dem Herrn«, Tychikus (Kol 4,7). Dem gibt er Briefe mit, geschrieben nicht aus der Hitze des Streits um das eine *Evangelium, sondern aus der erzwungenen Ruhe und Einsamkeit der Haft. Da wird ihm, was ihm immer am Herzen lag - die Einheit der Kirche aus Juden und Nichtjuden – als Gottes Geheimnis in Christus offenbar. Davon erfüllt teilt er sich den fernen Brüdern in Christus mit und lädt sie so ein, im Lobpreis Gottes ganz mit ihm eins zu sein. So mag der E. kurz nach dem Jahr 60 geschrieben sein.

Ausleger, die meinen, dem Apostel die Urheberschaft absprechen zu sollen, denken daran, daß der E. zwischen 80 und 100 verfaßt sein wird (so Schnackenburg).

III. DIE BEDEUTUNG DES EPHESERBRIEFES FÜR DIE KIRCHE.

1. Die Kirche als Leib Christi.
Im E. wird die Kirche insgesamt – nicht die Ortskirche – wiederholt Leib Christi genannt (1,22f; 4,12.16; 5,23.29; vgl. auch 3,6; 4,4; Kol 1,18.24). Dadurch kommt das Verhältnis der Kirche zu Christus zum Ausdruck: Er ist das Haupt, die Kirche sein Leib. So ist die unzertrennliche Zusammengehörigkeit von Christus und Kirche angezeigt, zugleich auch, daß dies nach Gottes Willen so ist (1,22f). Ebenso deutet Paulus dadurch an, daß die Kirche Christus untergeordnet ist, daß sie also zu ihm im Verhältnis des Gehorsams steht. Weiter wird damit gesagt, daß die Kirche von Christus her wächst und daß sie auf ihn hin zum Ziel gelangen soll (4,15f). Ferner kann Paulus von hier aus auch das Verhältnis von Mann und Frau, die in der Liebe verbunden sind, als Ausdruck des Geschehens anführen, das Christus und die Kirche verbindet (5,22.25). Endlich aber erschaut der Apostel in dieser Gleichsetzung von Kirche und Leib des Christus auch die Einheit der Christenheit aus Juden und Nichtjuden durch und in Christus, unter ihm als Haupt (2,15f).

Diese Kennzeichen unterscheiden die Rede von der Kirche als dem Leib Christi von den Ausführungen im 1Kor und im Röm (jeweils Kap. 12), wo der Leib als Vergleich für die Zuordnung der vielen Glieder und ihrer Gaben und Aufgaben steht.

2. Das Geheimnis Christi.
Bereits in Kap. 1,9f genannt, tritt das Geheimnis Christi in Kap. 3,1-7 in den Mittelpunkt. Paulus erläutert, daß Gott dies Geheimnis früher nicht, sondern jetzt kundgetan hat. Allerdings hat er es nicht den Menschen überhaupt enthüllt, sondern »seinen heiligen Aposteln und Propheten durch den Geist« (3,5). Den Menschen kann es daher nur durch die Verkündigung bekannt werden. Das Geheimnis ist aber, »daß die Heiden Miterben sind und mit zu seinem Leib gehören und Mitgenossen der Verheißung in Christus Jesus sind durch das Evangelium« (3,6). Der Apostel selbst dient dieser Verkündigung so, daß er in seiner Person Beispiel für die Kraft der Gnade Gottes geworden ist, die ihn aus einem Pharisäer zum Heidenapostel machte (3,7; vgl. 1Kor 15,8-10).

Vom Geheimnis Gottes redet Paulus in 1Kor 2,1 auch, dort besonders unter Betonung der Weisheit Gottes, die im Geheimnis offenbart werde. Dieser Bezug liegt auch im E. nicht fern: Gott will seine vielfältige Weisheit kundwerden lassen durch die Predigt des Evangeliums, heißt es 3,9f.

3. Die Begründung für die Aufforderung zur Einheit.
Zahllose Male im Laufe der Kirchengeschichte sind die einprägsam formulierten Kurzsätze in 4,4-6 zitiert worden. Sie sind theologisch bedeutsam. Denn für die Mahnung, die Einigkeit im Geist zu bewahren, dienen sie dem Apostel als Begründung. Gott hat die Einheit der Kirche selbst gegründet: Seine Gaben und Wirkweisen sind durch das Zahlwort Eins gekennzeichnet (Berufung, Hoffnung, Herr, Glaube, Taufe, Gott selbst, und so auch ein Leib und ein Geist). Sie fließen alle aus dem Einssein Gottes, wie das in 5Mo 6,4 bekannt wird.

Darum setzt die Frage nach der Einheit der Kirche immer wieder an diesen Sätzen aus dem E. an. Das Bekenntnis zu diesem Grund der Einheit ordnet die tatsächliche Zugehörigkeit zur »Kirche der Zeit«.

Literatur: H. Schlier: Der Brief an die Epheser. Ein Kommentar, 1965; H.Conzelmann: Der Epheser- und der Kolosserbrief NTD 8, 1981; F. Mußner: Der Brief an die Epheser, 1982; R.Schnackenburg: Der Brief an die Epheser, 1982. H.G.

EPHESUS. Die Hauptstadt der röm. Provinz Asia an der W-Küste der heutigen Türkei. E. lag ursprünglich an der Mündung des Flusses Kaystros zwischen dem Koressos-Bergmassiv und dem Meer. Eine säulenbestandene

Münze aus Ephesus zur Zeit der römischen Herrschaft; abgebildet ist eine Statue der Göttin Diana (Artemis) in ihrem Tempel. Ca. 235 n.Chr. (BM)

Prachtstraße von 11 m Breite lief durch die Stadt zum Hafen, über den die Ausfuhr der auf der asiat. Karawanenstraße transportierten Güter abgewickelt wurde, der aber auch natürlicher Anlaufpunkt für Schiffe war, die aus Rom kamen. Die heute unbewohnte Stadt ist hauptsächlich von österreichischen Expeditionen systematisch ausgegraben worden und stellt wohl die flächenmäßig größte und eindruckvollste Ruinenlandschaft Kleinasiens dar. Infolge des Verlandung beträgt der

Ephesus: vom Hafen führte eine Prachtstraße zum Theater, das in der hellen. Periode (3./2. Jh. v.Chr.) erbaut und während der Regierung Claudius (41–54 n.Chr.), Neros (54–68 n.Chr.) und Trajans (98–117 n.Chr.) jeweils umgebaut worden ist. Das Auditorium faßte ca. 24.000 Personen. (SH)

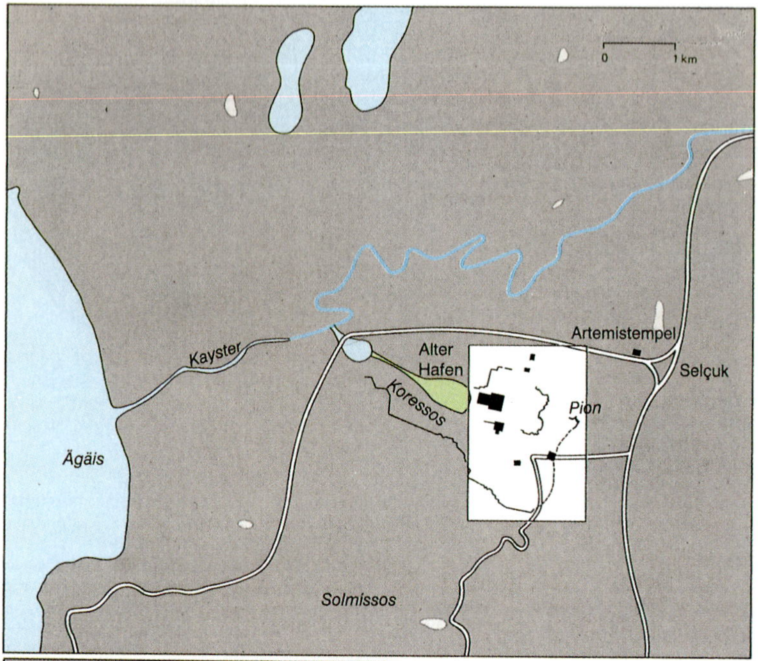

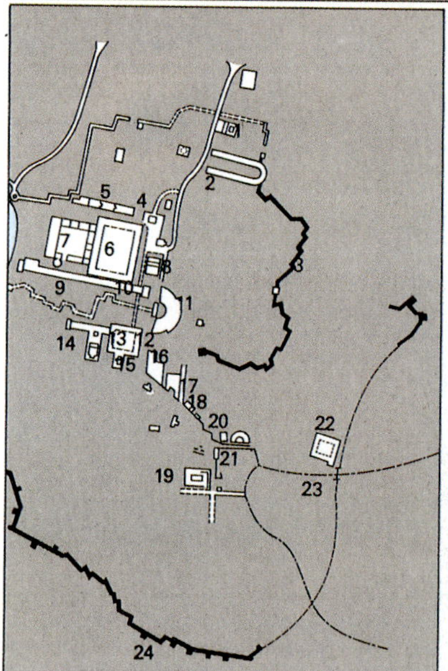

1 Vedius-Gymnasium
2 Stadion
3 Stadtmauer
4 Byzantin. Bäder
5 Konzilskirche
6 Verulanushallen
7 Große Thermen
8 Theatergymnasium
9 Arkadiane
10 Quelle
11 Theater
12 Marmorstraße
13 Agora
14 Serapeum
15 Kelsosbibliothek
16 Scholastikiatherme
17 Hadrianstempel
18 Trajanquelle
19 Domitiantempel
20 Odeion
21 Nördl. Stoa der Agora
22 Östl. Gymnasium
23 Magnesisches Tor
24 Lysimachische Mauer

Plan mit den wichtigsten Gebäuden von Ephesus, soweit man sie bisher entdeckt hat. Die Stadt wurde im Jahre 263 n.Chr. von den Goten zerstört.

Abstand zum Mittelmeer heute etwa 10 km. Der Hafen mußte schon vom 2. Jh. v.Chr. an immer wieder ausgebaggert werden. Vielleicht ist das auch der Grund, warum Paulus in Milet an Land gehen mußte (Apg 20,15; 16). Der wichtigste Teil der Stadt mit Theater, Bädern, Bibliothek, Markt und gepflasterten Straßen lag zwischen dem Koressos-Bergmassiv und dem Kaystros, der Tempel aber, für den Ephesus berühmt war, lag 2 km nordöstl. Dieser Ort war ursprünglich einer anatolischen Fruchtbarkeitsgöttin geweiht, deren Stelle die griech. Artemis und die röm. Diana einnahmen. Der oströmische Kaiser Justinian (527-565) ließ auf einem benachbarten Hügel eine Johanneskirche bauen. Daher stammt der spätere Name Ayasoluk, verderbt aus *hagios theologos*. Auf diese Kirche folgte dann eine Seldschukenmoschee. Die benachbarte Siedlung heißt heute Seldschuk.

Die ursprünglich karische Siedlung wurde vor dem 10. Jh. v.Chr. von Ioniern erweitert, so daß eine Doppelstadt entstand. Die Göttin von E. bekam einen griech. Namen, behielt aber ihre früheren Eigenschaften bei, denn auch später wurde sie wiederholt als vielbrüstiges Wesen dargestellt. Krösus eroberte E. im Jahre 560 v.Chr. Nach seinem Sturz im Jahre 546 v.Chr. kam E.' unter pers. Herrschaft. Krösus hatte die Stadt von ihrer ursprünglichen Lage weg zum Standort des Tempels verlegen lassen. Lysimachus, einer der Nachfolger Alexanders d.Gr., verlegte E. im 3. Jh. v.Chr. mit Gewalt an den ursprünglichen Standort zurück. E. wurde später die Hauptstadt des Reiches Pergamon, das Attalus III. im Jahre 133 v.Chr. Rom vermachte. E. entwickelte sich zur größten Handelsstadt der röm. Provinz *Asia. Zu der Zeit bedeckte sie eine Fläche von über 300 ha und hatte vermutlich um 300.000 Einwohner. Das Fassungsvermögen des großen Theaters auf dem Berg Pion inmitten der Stadt wird mit etwa 24.000 Menschen angenommen.

E. behielt auch unter den Römern seine rel. Bedeutung bei. Es wurde Mittelpunkt des Kaiserkultes und besaß schließlich drei offizielle Tempel, so daß es sich dreifach für den stolzen Titel »Tempelwächter« (*neōkoros*) der Kaiser qualifizierte und darüber hinaus auch als »neokoros« der Artemis (Apg 19,35). Es ist bemerkenswert, daß Paulus Freunde unter den Asiarchen (Apg 19,31) hatte, die Beamte und als solche Pfleger des Kaiserkultes waren.

Der Artemistempel war nach einem großen Brand im Jahre 356 v.Chr. wiederaufgebaut worden. Er zählte als eines der sieben Weltwunder, bis ihn die Goten im Jahre 263 n.Chr. zerstörten. Nach Jahren geduldiger Suche fand J.T. Wood im Jahre 1870 in den Sümpfen am Fuße des Berges Ayasoluk die Reste dieses wohl größten Gebäudes der griech. Welt. Der Tempel enthielt ein Bildnis der Göttin, das angeblich vom Himmel gefallen war (vgl. Apg 19,35). Es könnte sich evtl. um einen Meteoriten gehandelt haben. Silbermünzen aus verschiedenen Orten beweisen, daß die Göttin von E. in der ganzen Welt verehrt wurde (Apg 19,27); sie tragen die Inschrift »Diana Ephesia« (Apg 19,34).

E. besaß eine beachtliche jüd. Kolonie, die unter röm. Herrschaft lange Zeit eine bevorzugte Stellung genoß (Jos. ant. Jud. 14,255f; 14,262ff). Der früheste Hinweis auf ein Herannahen des Christentums findet sich im Jahr 52 n.Chr., als Paulus nach einem kurzen Besuch *Aquila und Priszilla dort zurückließ (Apg 18,18-21). Bei seiner dritten Missionsreise hatte Paulus E. als Ziel und blieb dort über zwei Jahre (Apg 19,8.10), wozu sicherlich die strategische Lage von E. als Zentrum von Handel, Politik und Religion einlud. Paulus' Wirken beschränkte sich zunächst auf die Synagoge. Später debattierte er in der Lesehalle des Tyrannus und machte so E. zum Ausgangspunkt der Mission in der Provinz Kleinasien. Die Verbreitung des Christentums, das einen Mischglauben ablehnte, führte zum Konflikt mit den alteingesessenen Religionen. Es betraf nicht nur die Zauberkulte, die dort blühten (Apg 19,31ff – eine Art von Zauber war als »Ephesia grammata« bekannt), sondern auch den Artemiskult (Apg 19,27) und im Zusammenhang damit den Handel mit Kultgegenständen, der eine Quelle des Wohlstandes für E. war. Diese Entwicklung führte zu dem in Apg 19 beschriebenen Aufruhr. Inschriften zeigen, daß der *grammateus* (Stadtschreiber), der die Unruhe mit Mühe unter Kontrolle bekam, der oberste Beamte war, der den Römern unmittelbar verantwortlich war. Vielleicht enthält die Aussage: »Es gibt Prokonsuln (Landvögte)« (19,38), wenn es sich nicht um eine verallgemeinernde Formulierung handelt, einen Anhaltspunkt für die Datierung der Ereignisse. Bei Neros Thronbesteigung 54 n.Chr., wurde M. Junius Silvanus, Prokonsul Kleinasiens, von den ihm unterstellten Helius und Celer vergiftet, die beide solange als Prokonsuln regierten bis ein regulärer Nachfolger ernannt war.

Christliche Gemeinden entstanden in *Kolossae und anderen Städten im Lykostal, während Paulus in E. wirkte (vgl. Kol 1,6.7; 2,1). Von E. aus könnte Paulus die Auseinandersetzung mit der Gemeinde in Korinth geführt haben (1Kor 16,8). Die Erfahrung, die er als »Kampf mit wilden Tieren« beschreibt (1Kor 15,32), bezieht sich auf Ereignisse in E., die den Korinthern bekannt waren, vielleicht auf einen Massenaufruhr.

Nach Abreise des Paulus blieb *Timotheus in E. zurück (1Tim 1,3).

In E. wohnte später jener Johannes, der den sieben Gemeinden in Kleinasien vorstand, die in Offb 2 und 3 angesprochen werden. Er ist wahrscheinlich mit dem Apostel *Johannes identisch, von dem Irenäus (adv.haer. III,3,4) und Eusebius (h.e. III,23,1ff) bezeugen, daß er bis in die Zeit Kaiser Trajans (98-117) in E. gelebt hat. Die Gemeinde aus E. wird in Offb 2 zuerst genannt (V. 2,1-7); sie liegt am Ausgangspunkt der röm. Heerstraße, über die die sieben Orte der Gemeinden miteinander verbunden waren. Die Gemeinde in E. blühte, wurde aber von Irrlehrern gestört und hatte »die erste Liebe« verloren. Die falschen Apostel (2,2) könnten *Nikolaiten gewesen sein, die eine Mischung von Heidentum und Christentum befürworteten. Die Gemeinde in E. blieb zwar standhaft, doch mangelte es ihr an Liebe.

Nur wenig später (um 110 n.Chr.) sprach Ignatius (*Apostol. Väter) vom dauerhaften Ruhm und der Glaubenstreue der Gemeinde in E. (Eph 8f) In der Marienkirche von E., deren Ruine noch sichtbar ist, trat das dritte allg. Konzil im Jahr 431 zusammen, um die Nestorianische Christologie zu verwerfen.

Literatur: G.E. Bean: Aegean Turkey. An Archaeological Guide, 1966; E. Akurgal: The Ancient Ruins and Civilisations of Turkey, 1973; F.F. Bruce: Zeitgeschichte des Neuen Testaments, 1986; A. Hamman: Die ersten Christen, 1985; B. Reicke: Neutestamentliche Zeitgeschichte, ³1982. E.M.B.G./C.J.H.

EPHRAIM.

1. Zweiter Sohn Josefs, den ihm *Asenat, die Tochter Potiferas, in Ägypten schenkte, bevor die sieben Hungerjahre begannen (1Mo 41,50.52). Jakob nahm die beiden Söhne Josefs, indem er den jüngeren E. dem älteren Manasse vorordnete, zu seinen eigenen Söhnen an (1Mo 48,5.8-20). Daher zählt die Nachkommenschaft Josefs als zwei Stämme. An Stelle von Ruben wird E. damit das Erstgeburtsrecht übertragen (1Chr 5,1f). Im Segen Jakobs (1Mo 49,11-26) und dem des Mose (5Mo 33,13-17) werden E. und Manasse auch unter dem Segensspruch über Josef zusammengefaßt.

Bei einem Raubzug, den sie von Ägypten aus nach Gat unternahmen, fielen mehrere Söhne E.s (1Chr 7,20-23).

Das hügelige Land in Westpalästina wurde dem Stamm Ephraim zugeteilt.

Das Gebirge Ephraim. (RS)

2. Die Nachkommen des Josefsohnes E. und ihr Gebiet. Der Stamm E. ist einer der kleinsten. Er sinkt während der Wüstenwanderung von 40.500 (4Mo 1,33) auf 32.000 wehrfähige Männer, dh. vom drittletzten auf den vorletzten Platz – wenn auch E. und Manasse zusammen an Zahl Juda noch übertreffen (4Mo 26,22. 34.37). In der Lagerordnung führt E. den Teil des Volkes, der im W des heiligen Zeltes lagert, außer ihm noch Manasse und Benjamin. Sie brechen nach den Leviten mit dem Zelt auf (4Mo 2,18-24; Ps 80,3).

Bei der Verteilung des Landes Kanaan erhielten die Ephraimiter ein Gebiet in der Mitte des Landes vom Jordan bis zum Mittelmeer, im S durch Dan und Benjamin, im N durch Manasse begrenzt (Jos 16,5-8). Dazu kamen noch einige Städte im Land Manasses (Jos 16,9; 17,8f). Den Leviten wurden im Gebiet E. die *Freistadt *Sichem und drei andere Orte zugewiesen, von denen *Geser aber im Besitz der Kanaaniter blieb (Jos 21,20-22; 16,10). Die Stadt Bethel dagegen konnten die Ephraimiter, vielleicht mit Hilfe Manasses, erobern (Ri 1,22-25). Als sich beide Stämme bei Josua darüber beklagen, daß ihr Gebiet zu klein sei, fordert er sie auf, den Wald auf dem Gebirge zu roden (Jos 17,14-18). Dies Bergland wird, soweit es in das Gebiet E.s fällt, auch als Gebirge E. bezeichnet (Ri 2,9; 4,5; 1Kön 4,8). Da Josua Ephraimiter war (4Mo 13,8.16; Jos 19,49f) und das Heiligtum in Silo im Bereich E.s aufgerichtet wurde (Jos 18,1), gewann der Stamm trotz seiner geringen Zahl eine Bedeutung, über die er eifersüchtig wachte. Barak schlug Sisera u.a. mit ephraimitischer Hilfe (Ri 5,14). Als aber Gideon sie erst an der Verfolgung der geschlagenen Midianiter beteiligte, mußte er ihren Zorn über diese Zurücksetzung mit klugen Worten besänftigen (Ri 7,24-8,3). Nach Jeftahs Sieg über die Ammoniter waren die Ephraimiter ähnlich ungehalten, aber die Gileaditer wehrten sich mit Waffen und brachten E. eine große Niederlage bei (Ri 12,1-6). Hierbei erfahren wir von einem kennzeichnenden Dialektunterschied: die Ephraimiter können kein »sch« aussprechen, das Losungswort Schibbolet wird in ihrem Munde zu Sibbolet (Ri 12,6).

Während der Zeit Sauls und Davids steht E. auf der Seite der übrigen Nordstämme, ohne sich bes. hervorzutun (2Sam 2,8f; 1Chr 12,31). Erst durch den Abfall der zehn Stämme von Salomos Sohn *Rehabeam – der sich in Sichem vollzog, das dann Königsstadt wurde (1Kön 12,1.16.25) – erlangt E. neuen Einfluß. Der erste König des Nordreiches, Jerobeam, und der Prophet Ahija sind Ephraimiter (1Kön 11,26.29). Zur politischen tritt die religiöse Trennung. Eins der goldenen Stierbilder Jerobeams wird in Bethel aufgestellt (1Kön 12,28f). Die Vorrangstellung E.s im N läßt die Propheten den Namen vielfach für das ganze Reich Israel verwenden (Jes 7,5.9; 17,3; Hos 4,17; 9,3.16; Sach 9,10). Als die Assyrer 723/2 v.Chr. Samaria erobern, führen sie auch E. in die Gefangenschaft, aus der der Stamm als Ganzes nicht mehr zurückkehrt.

Danach werden die Boten *Hiskias, die zur Passafeier in Jerusalem einladen, vom Rest des Stammes, der noch im Land geblieben ist, verlacht und verspottet (2Chr 30,1.10). Hiskia dehnt aber seine Vernichtung der Ascherabilder und heidnischen Altäre auch auf E. aus (2Chr 31,1) – ebenso wie später *Josia, der außerdem Gaben zur Ausbesserung des Tempels von Ephraimitern empfängt (2Chr 34,6.9). Einzelne Ephraimiter haben sich noch bei der Rückkehr aus der babylon. Gefangenschaft zu Juda hinzugefunden (1Chr 9,3). Die Propheten kündigen die endgültige Wiedervereinigung von E. und Juda an (Jes 11,13; Hes 37,16-19), und Hesekiel teilt dem Stamm in seiner Weissagung seinen Anteil am verheißenen Land zwischen Manasse und Ruben zu (Hes 48,5f). In der Offenbarung wird der Name E. jedoch nicht genannt. Dort steht neben Manasse (Offb 7,6) Josef (V. 8).

EPHRAIM (ORT). Identisch mit dem benjaminitischen *Ofra (hebr. *ʿophrāh*) von Jos 18,23. Hier brachte *Abimelech seine Brüder um (Ri 9,5). Der Ort wurde von den *Philistern geplündert (1Sam 13,17). Er ist ebenfalls gleichzusetzen mit Ephraim (*ʿephrajim*) oder Efron (*ʿephron*) in der Nähe von *Baal-Hazor (2Sam 13,23) bzw. *Bethel (2Chr 13,19). Der stark befestigte Ort (2Makk 12,27; griech. *Ephrōn*) versperrte den Zugang nach *Judäa (1Makk 5,46). Vielleicht wurde das Gebiet Ephraims von *Samaria zu Judäa geschlagen (1Makk 11,34; griech. *Aphairema*). Josephus kannte den Ort in der Nähe von Bethel (bell.Jud. IV, 551) und gebrauchte dieselbe Schreibweise wie das Joh-Ev. Nach »E. nahe der Wüste« hat sich Jesus vor der Passion zurückgezogen (Joh 11,54). Es muß hier eine Gruppe existiert haben, unter der er sich sicher fühlen konnte. – Eusebius bestätigt die Gleichsetzung des atl. und ntl. Ortes (Onom 29,4). Seine Angaben (Onom 86,1) und die der Madaba-Mosaikkarte (6.Jh. n.Chr.) zeigen, daß E. bei dem heutigen christl.-arab. Dorf *et-tajibe* lag, dessen Name erst in der Neuzeit aus *ʿafrā* geändert wurde. Der Ort liegt 9 km nordöstl. von Beitin (Bethel?) auf einem beherrschenden Bergrücken über dem wüstenartigen Jordantal. Der Blick reicht bis nach Jerusalem und zum Toten Meer. Ruinen von zwei byzantin. Kirchen (A.M. Schneider: OrChr III/5, 1931, 15-22) bezeugen die frühchristl. Verehrung, aber systematische Ausgrabungen fehlen noch.

Literatur: B. Bagatti: Antichi villaggi cristiani di Samaria, 1979, 31-36; C. Kopp: Die heiligen Stätten der Evangelien, [2]1964, 310-312; G. Kroll: Auf den Spuren Jesu, [10]1988, 288f; B. Schwank: EA 51 (1975), 346-351. R.R.

EPHRAIM, TOR s. Jerusalem

EPIKUREER. Einige der Philosophen, denen Paulus in Athen begegnete (Apg 17,18), gehörten dieser Schule an. Ihr bekanntester Anhänger ist der röm. Dichter Lukrez. Der Gründer, Epikur, wurde 342 v.Chr. auf der Insel Samos geboren. Seine frühen Studien unter Nausiphanes, einem Schüler Demokrits, lehrten ihn, die Welt als das zufällige Ergebnis der Bewegung und Kombination atomischer Partikel anzusehen. Eine Zeit lang lebte Epikur in Exil und Armut. Allmählich sammelte er Freunde um sich, denen er seine Lehren vermittelte. Im Jahre 306 v.Chr. richtete er sich in Athen in einem Haus mit einem Garten ein, nach welchen seine Schule auch benannt wurde (griech. *kēpos*). Er starb 270 v.Chr. nach schwerem Leiden in innerer Gelassenheit. Die Erfahrungen Epikurs und die allgemeine Unsicherheit des Lebens in den letzten Jh.v.Chr. gaben seinen Lehren ein besonderes Gepräge. Sein philosophisches System hatte ein praktisches Ziel vor Augen, nämlich in heiterer Gelassenheit glücklich zu werden. In Anlehnung an den demokritischen Atomismus lehnte Epikur jegliche Furcht vor einem göttlichen Eingreifen oder vor einer Strafe nach dem Tode ab. Die Götter lebten in vollkommener Gelassenheit und kümmerten sich nicht um das menschliche Leben. Der Tod sei nur ein Auseinanderfallen der uns aufbauenden Atome.

Die E. fanden Zufriedenheit im Begrenzen ihrer Wünsche, in den Freuden und im Trost der Freundschaft. Die ihnen nachgesagte Vorliebe für ausschweifende Vergnügungen, wodurch das Wort epikureisch seinen üblen Beiklang bekam, war eine spätere Verfälschung ihrer Suche nach Glück.

So ist einleuchtend, daß die E. die Lehre des Paulus von der Auferstehung als seltsam und geschmacklos empfanden. Die jüd. Rabbiner benutzten das Wort *apiqoros* für jemanden, der das Leben nach dem Tode bestreitet, und später gar als gleichbedeutend mit »Ungläubiger«.

Literatur: H. Usener: Epicurea, 1887; A.J. Festugière: Epicurus et ses dieux, 1946; H. Dörrie: Art. Epikur, KlP 2, 1975, 314-318 (Lit.); W.F. Otto: Epikur, 1975. M.H.C.

EPIPHANIE s. Erscheinung

EPISTEL s. Brief

ERASTUS.

1. Helfer des Paulus, der mit *Timotheus nach *Mazedonien reiste, damit Paulus die Arbeit in Ephesus fortsetzen konnte (Apg

19,22). Letztes Ziel dieser Reise war möglicherweise Korinth (vgl. 1Kor 4,17), so daß E. einer der »Brüder« in 2Kor 8 gewesen sein könnte; doch ist diese Annahme nicht gesichert. Zweifellos handelt es sich jedoch um denselben E., der laut 2Tim 4,20 in Korinth zurückgeblieben war.

2. Der Stadtkämmerer in Korinth, der in Röm 16,23 Grüße nach Rom bestellt (Quartus). Auf einer latein. Inschrift in Korinth heißt es: »Erastus ließ diesen Weg auf eigene Kosten pflastern aus Freude über seine Ernennung zum Ädil«. Möglicherweise handelt es sich bei diesem E. um den christlichen Kämmerer.

Manche wollen die unter 1. und 2. genannten Personen miteinander identifizieren und machen dafür geltend, daß 2Tim 4,20 andeutet, E. sei in Korinth geblieben (im Unterschied zu Tim); dort könne er ein oder zwei Jahre später Kämmerer geworden sein. Ein so rascher Aufstieg ist jedoch unwahrscheinlich, und der Name ist zudem recht verbreitet.

A.F.W.

ERBARMEN s. Barmherzigkeit

ERBE, ERBRECHT.

I. IRDISCHES ERBE.

1. Nach dem Erbrecht z.Zt. Abrahams waren nur die Söhne der rechtmäßigen Frau erbberechtigt, nicht die der Nebenfrau (1Mo 21,10; vgl. später Ri 11,2); diese konnten jedoch eine einmalige Abfindung erhalten (1Mo 25,6). Auch Töchter erbten manchmal mit den Söhnen zusammen (Hiob 42,15). Waren keine Kinder da, so konnte auch ein Knecht als Erbe eingesetzt werden (1Mo 15,2f; vgl. *Eliëser).

2. Nach dem mosaischen Gesetz wurde das Eigentum eines Mannes nach seinem Tode unter die Söhne verteilt, wobei der älteste Sohn doppelt so viel erhielt wie die jüngeren Brüder (5Mo 21,15-17). Waren keine Söhne vorhanden, erbten die Töchter (4Mo 27,1-8), diese durften dann jedoch nicht außerhalb des väterlichen Stammes heiraten (4Mo 36,1-12). Heiratete ein Mann eines anderen Stammes oder Volkes doch eine Erbtochter, so zählten die Kinder aus dieser Verbindung offenbar zur Familie der Mutter (1Chr 2,34-41; Esr 2,61). Das Erbe eines kinderlos Verstorbenen fiel an seinen Bruder; hatte er keinen, an die Brüder seines Vaters; und wenn es auch die nicht gab, an den dann nächsten Verwandten (4Mo 27,9-11).

3. Blieb jedoch eine Witwe zurück, so hatte der Bruder des Toten die Pflicht, sie zu heiraten. Der erste Sohn aus dieser Ehe erhielt

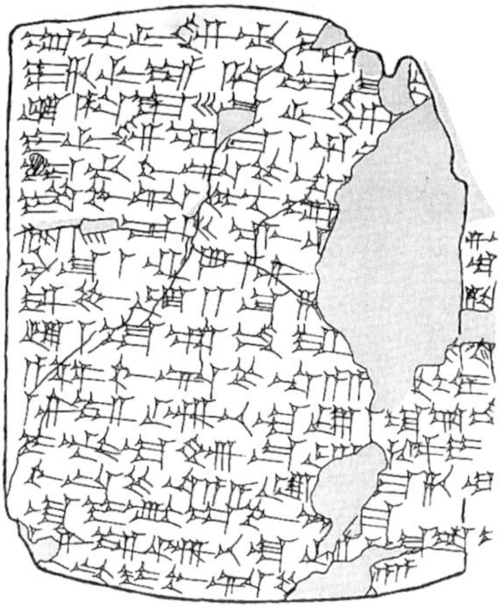

Dieser Keilschrifttext aus Nuzi stellt die Willenserklärung eines Mannes namens Hupitaya dar, der seiner Frau volle Autorität über die Söhne erteilt. Die Erbschaft soll so aufgeteilt werden, daß der älteste Sohn den doppelten Anteil erhält (vgl. 5Mo 21,15–17). Gefunden bei Kirkuk, Irak. 15.–14. Jh. v.Chr. (HSM)

dann Namen und Erbe des Verstorbenen (5Mo 25,5ff). War kein Bruder vorhanden, so sollte einer der nächsten Verwandten die Ehe mit der Witwe eingehen (Rut 3,12f). Damit war die Pflicht verbunden, das in der Not verkaufte oder verpfändete Grundstück zu lösen (Rut 4,1: *goel*, Löser). Wenn sich niemand fand, die Witwe zu heiraten, so blieb das Erbe mit allem, was dazu gehörte, ihr Eigentum, und fiel nach ihrem Tode an ihre nächsten Angehörigen.

4. Den Leviten wurde kein Erbteil gegeben, denn der Herr sprach zu Aaron: »Ich bin dein Anteil und dein Erbgut inmitten der Israeliten« (4Mo 18,20; 5Mo 10,9; Hes 44,28 u.ö.).

5. Über Enterbungen sind erst im *Talmud nähere Bestimmungen zu finden.

6. Schriftliche Testamente kamen erst unter der griech. und bes. der röm. Herrschaft auf (Gal 3,15; Hebr 9,17); in fürstlichen Familien wurden sie in bezug auf die Erbfolge aufgesetzt (Jos.ant.Jud. XIII, 16,1; XVII, 13,2). Der Talmud versuchte dann das stets beschränkte Recht der Testamentserrichtung mit dem altüberlieferten Erbrecht in Übereinstimmung zu bringen.

II. HIMMLISCHES ERBE.

Im übertragenen, geistlichen Sinn wird E. hauptsächlich von Paulus gebraucht, außerdem in 1Petr 1,4; 3,9 und Jak 2,5. Das »Erbteil der Heiligen im Licht« (Kol 1,12) ist das ewige Leben, zu dem die Gläubigen aus allen Nationen durch die Gnade Jesu Christi erwählt und so selbst des Herrn Erbteil und Erbvolk geworden sind (Eph 1,11.18), wie es schon im AT verheißen wurde (Ps 82,8). Dies E. ist unvergänglich, unbefleckt und unverwelklich (1Petr 1,4). Es steht den Christen zu, weil sie Kinder Gottes sind, ist aber unverdient und kann nicht aus eigener Kraft erworben werden (Röm 4,14; Gal 3,29; 4,7; Tit 3,7). Doch gehören Mitleiden und Miterben zusammen (Röm 8,17). Treuen Knechten und Mägden wird für ihren Dienst im Reiche Gottes zugesichert, daß sie »als Lohn das Erbe empfangen« werden (Kol 3,24). Das Pfand dafür ist der Heilige Geist, der im Herzen des Wiedergeborenen wohnt und die Gewißheit der Berufung zum himmlischen E. wachhält (Eph 1,14; 2Kor 1,22).

ERDBEBEN. Aufgrund der geologischen Struktur Palästinas ereignen sich E. dort sehr häufig. E. und mit ihnen verbundene Erscheinungen werden in der Bibel aus verschiedenen Zeitaltern berichtet, etwa am Berg Sinai bei der Gesetzgebung (2Mo 19,18), zur Zeit Sauls (1Sam 14,15), Elias (1Kön 19,11), Usijas (Am 1,1; Sach 14,5), Paulus' und Silas' (Apg 16,26). Ein E. mit Spaltenaufbrüchen vernichtete *Korach und seine Angehörigen (4Mo 16,31ff), und ein ähnliches E. könnte Sodom und Gomorra vernichtet haben (vgl. Am 4,11; *Städte in der Ebene). Das E. bei der Kreuzigung Jesu wurde laut Mt 27,51f von wunderbaren Zeichen begleitet.

Bezugnahmen auf diese schreckliche Naturerscheinung sind zahlreich: Ri 5,4; Ps 18,8; 29,6; 97,4; 114,4; Joel 2,10; 4,16; Am 8,8; Nah 1,5; Hab 3,6; Sach 14,4; Offb 6,12; 8,5; 11,13; 16,18. Das E. gilt als Gottesgericht (Jes 29,6; Hes 38,19ff). J.M.H./D.J.W

ERDE.

1. »Erde« bezeichnet die äußere Erscheinung der *Welt des Menschen, im Gegensatz zum Himmel, z.B. 1Mo 1,1; 5Mo 31,28; Ps 68,9; Dan 6,28 u.ö.; hebr *'äräs* oder aram. *'ara'*. Das Wort hat zwei Bedeutungen: den weiteren Sinn von »Erde« und manchmal den begrenzten von »Land«. Im Bericht von der Sintflut (1Mo 6-9) und der Sprachverwirrung (1Mo 11,1) sind beide Bedeutungen von Auslegern vertreten worden. Auch das ägypt. Wort *ta'* bedeutet sowohl Land (wie in »Eroberer des Landes«) als auch E. (»ihr Erdbewohner« – d.h. »Lebewesen«).

2. »Erde« bezeichnet auch trockenes Land im Gegensatz zum Meer; 1Mo 1,10 u.ö. (hebr. *'äräs;* auch *jabbäschät,* »trockenes Land« in 2Mo 4,9; Ps 95,5). Formulierungen wie »Pfeiler der Erde«, »Grundfesten der Erde« (1Sam 2,8; Hiob 9,6; Ps 102,26; Jes 48,13) sind nur dichterische Ausdrücke aus dem frühen Semit., die auf keine wirkliche Lehre von einer tischartigen Oberfläche auf Pfeilern hinweisen. Das »Wasser unter der Erde« (2Mo 20,4) bezieht sich wahrscheinlich auf unterirdische Quellen und Brunnen, die Hauptwasserquellen in Palästina, auf die sich poetische Abschnitte wie Ps 24,2; 136,6; (vgl. 1Mo 8,2) beziehen.

3. »Erde« kann auch das Erdreich als Träger der Vegetation und somit allen Lebens bedeuten (1Mo 1,11f; 5Mo 26,2) – sowohl *'äräs* als auch *'adamā* werden so gebraucht. E. diente auch dem Bau von provisorischen Altären (2Mo 20,24). Der Aramäer Naaman nahm israelit. Boden mit, um auf diesem Gott anbeten zu können (2Kön 5,17). Zerreißen von Kleidern und Bestreuen des Kopfes mit E. waren Zeichen der Trauer (2Sam 1,2; 15,32).

4. An Stellen wie 1Mo 11,1; Ps 89,9; Klgl 2,15 bedeutet das Wort im übertragenen Sinne »Erdbewohner« oder einen Teil von ihnen. Im NT wird das griech. *gē* verschieden übersetzt, meistens mit E.; es kann aber alle vier Bedeutungen annehmen. Zu 1. siehe z.B. Mt 6,10 und den eingeschränkten Gebrauch in Joh 3,22, »Land Juda«; zu 2. siehe Apg 4,24; vgl. Mk 4,1; zu 3. siehe Mt 25,18.25; vgl. Mt 10,29; zu 4. siehe Offb 13,3. K.A.K.

ERDHARZ. Erdharz oder Asphalt ist ein erhärtetes Erdöl, das sich in den meisten Formationen der Erdkruste findet. Chemisch ist es ein schwerer Kohlenwasserstoff, der sich durch die Zersetzung organischer Stoffe pflanzlicher und tierischer Art gebildet hat. Z.Zt. des AT wie heute war E. ein begehrtes und gesuchtes Naturprodukt. Der Hauptfundort war im Altertum der südl. Teil des Toten Meeres, das daher den Namen Asphaltsee (latein. *Lacus Asphaltitis*) bekam. Hier tritt der Asphalt bes. im Wasser zutage. Er steigt in unregelmäßigen Abständen vom Meeresgrund auf und wird in größern Mengen ans Ufer getrieben. E.gruben werden 1Mo 14,10 im Tal Siddim genannt. In ntl. Zeit besaßen die Nabatäer das Monopol für die Lieferung von Asphalt vom Toten Meer nach Ägypten.

Man verwendete den Asphalt zu verschiedenen Zwecken, zum Abdichten der Schiffe (vgl. 2Mo 2,3), Einbalsamieren von Leichen und zur Herstellung wasserdichter Böden. In Babylon diente er auch als Mörtel (1Mo 11,3).

ERECH. Alte Stadt in Mesopotamien, in der Völkertafel (1Mo 10,10) erwähnt als ein Besitztum Nimrods im Lande *Schinar. Die Sumerer nannten sie *Unu(g)*, die Akkadier *Uruk*. Sie war eine der Großstädte der sumer. Zeit. In der sumer. Königsliste erscheint E. als Sitz der 2. Dynastie nach der Flut. Dieser gehörte auch Gilgamesch an, der später ein großer Held der sumer. Legende wurde. Obwohl der Ort auch in späterer Zeit noch besiedelt war (griech. *Orchoē*), erreichte die Stadt nie mehr die Bedeutung der Frühzeit. Uruk besteht heute aus einer Anzahl von Hügeln, die bei den Arabern Warka heißen. Es liegt im S. Babyloniens, etwa 64 km nordwestl. von Ur und 6 km abseits des heutigen *Euphratlaufs. Der Siedlungsplatz wurde schon vor über 100 Jahren von W.K. Loftus untersucht, die Hauptausgrabungen wurden von einer Reihe deutscher Expeditionen (1912/13, 1928-39 und seit 1954) durchgeführt. Die Ergebnisse sind von herausragender Bedeutung für die frühe Geschichte Mesopotamiens. Prähistorische Überreste aus der Obed-Zeit sind von monumentaler Architektur und Steinskulpturen aus der späten vorgeschichtlichen Zeit überlagert. Sie bieten reiches Anschauungsmaterial für die Kultur Mesopotamiens am Beginn der historisch faßbaren Zeit. In diesen Schichten aus dem 4.Jt.v.Chr. fanden sich die ältesten bisher bekannten Schriftdokumente, und zwar in Gestalt von Tontafeln. Obwohl die Zeichen nur Piktogramme (bildhafte Zeichen) sind, läßt sich als Sprache das Sumerische wahrscheinlich machen.

Literatur: R. North: Status of the Warka Excavations, Orientalia n.s. 26/1957, S. 185-256; P. Amiet: Die Kunst des Alten Orient, 1977, S. 537-547.613 (Lit.). T.C.M.

ERFÜLLUNG s. Verheißung und Erfüllung

ERHÖHEN s. Erniedrigen und Erhöhen

ERKAUFEN.

1. Im AT wird wiederholt davon gesprochen, daß die Israeliten ausländische Knechte und Mägde als Leibeigene kauften (1Mo 17,12f.27; 2Mo 12,44). Tote Gegenstände (1Mo 50,13; Rut 4,8) aber auch die Juden aus der Gefangenschaft wurden »losgekauft« (Neh 5,8).

2. Dieser Doppelsinn (von anderen »frei« und zugleich »für sich« kaufen) bestimmt auch den Gebrauch des Wortes im NT. Hier ist es Christus, der die Sünder mit seinem Blut als teurem Lösegeld aus der Herrschaft des Satans für Gott »erkauft« hat (1Kor 6,20; 2Petr 2,1; Offb 5,9; 14,3f). Ein solcher Mensch ist nun Knecht, Sklave Gottes und darf sich nicht wieder in die Knechtschaft von Menschen begeben (1Kor 7,23; vgl. Gal 5,1; *Erlösung).

ERKENNEN, ERKENNTNIS.

I. VORBEMERKUNG.

Sprachen bezeichnen nicht an sich gegebene, unabhängig von der Sprache zugängliche Sachverhalte (so mit v. Humboldt und Simon, 1981 und 1971, gegen Aristoteles, S. 95f (16a), und Chomsky); vielmehr teilt jede Sprache die *Wirklichkeit in einer für sie charakteristischen Weise ein: durch das ihr eigene Inventar von grammatischen und syntaktischen Möglichkeiten und mit den in ihr gegebenen begrifflichen Unterscheidungen (Whorf).

Es gibt also nicht den Begriff »Erkenntnis«, der nur in den Einzelsprachen mit verschiedenen Vokabeln bezeichnet werden müßte (vgl. v.a. Quine, 169ff). Die Übersetzung des hebr. Wortes *jāda*ᶜ und des griech. Wortes *ginosko* (sowie - z.T. – *eidenai*) durch das deutsche »erkennen« darf darum nicht im Sinne einer quasi mechanisch möglichen Identifikation mißverstanden werden. Vielmehr ist »die Bedeutung eines Wortes ... sein Gebrauch in der Sprache« (Wittgenstein, § 43). Die Bedeutungsangabe »erkennen« für die bibl. Worte *jāda*ᶜ und *ginosko* besitzt darum nur vorläufigen Wert; es ist vielmehr nötig, die konkreten Zusammenhänge, in denen die Worte vorkommen, aufzusuchen und von der Art und Weise her, wie sie dort gebraucht werden, auf ihre Bedeutung zurückzuschließen. Es wird sich zeigen müssen, ob sich die Bedeutungsfelder von *jāda*ᶜ, *ginosko* und »erkennen« einfach decken, oder ob wir für die Wiedergabe der bibl. Worte auch deutsche Begriffe heranziehen müssen, die in unserer Sprache traditionell mit »erkennen« nicht in Zusammenhängen stehen (vgl. Haacker, 4-6).

Angesichts der fast unüberschaubaren Fülle der bibl. Belege (Schottroff, Sp. 685, gibt allein für das AT 1119 Stellen an) sind einer detaillierten Kenntnisnahme der Zusammenhänge pragmatische Grenzen gesetzt. Eine vorsichtige Systematisierung der Bedeutungsaspekte unter Hinweis auf besonders charakteristische Aussagen ist darum auch dann unumgänglich, wenn gerade die Art und Weise, wie die bibl. Bücher von »erkennen« sprechen, zur Vorsicht im Umgang mit Abstraktionen und Begriffen mahnt (vgl. unten IV.).

Der einzelne Bibelleser ist aber nicht nur

Grabungen in Erech förderten Stadtmauern, zwei Zikkurats und Tempel aus dem späten 5. und 3. Jh. v.Chr. zutage. (RH)

Frauenkopf, annähernd Lebensgröße, aus weißem Stein gearbeitet. Aus Erech (Warka, Irak). Ca. 3000 v.Chr. (RH)

Wände und Säulen wurden mit Mosaiken verziert, die aus farbigen Terrakotta-Kegeln bestanden (rot, blau, orange und schwarz). Die Kegel waren nach einem bestimmten Muster im Mörtelbett verlegt. Erech (Warka, Irak). Ca. 2900 v.Chr. (BM)

aus sprachwissenschaftlichen (Kedar), sondern noch mehr aus theologischen Gründen gehalten, den jeweiligen Kontext des Vorkommens eines Wortes zu beachten: So verlangt gerade die immer konkrete, auf einen bestimmten Adressaten bezogene Kondeszendenz (Herunterlassung) Gottes das spezifische Profil eines biblischen Zeugen, die Art und Weise, wie er von »erkennen« spricht, wahrzunehmen und nicht rationalistisch einen dann philosophischen Erkenntnisbegriff für die ganze Bibel zu unterstellen. Wir kommen dieser hermeneutischen Leitlinie wenigstens ansatzweise durch die Unterscheidung von AT und NT, durch die Nennung schwerpunktmäßig vertretener Bedeutungen und durch die Skizze von gesamtbibl. Entwicklungslinien nach.

II. UNSER ERKENNTNISBEGRIFF.

Um einer Eintragung des spezifischen Bedeutungsprofils der deutschen Worte »Erkenntnis«, »erkennen« in bibl. Zusammenhänge zu wehren und um (vgl. IV.) von der eigentümlichen Semantik (Bedeutung) der bibl. Worte *jāda*ʿ und *ginosko* zu profitieren, empfiehlt es sich, zunächst die charakteristische, durch neuzeitliche Philosophie und Wissenschaft bestimmte Bedeutung unseres Erkenntnisbegriffs zu klären. Wir greifen dazu auf die Werke des 17.Jh. zurück, deren Einfluß auf den Weg und das Selbstverständnis moderner Wissenschaft und Philosophie kaum überschätzt werden kann. Bei allen Unterschieden im einzelnen sind den »Meditationen« **Descartes'**, dem »Neuen Organ der Wissenschaften« **Bacons** und der »Ethik« **Spinozas** doch die drei folgenden Einsichten und Intentionen gemeinsam (vgl. Mildenberger, 15-23):

1. Wer nach letztgültiger, unbezweifelbarer Erkenntnis strebt, muß seinen »Geist von den Sinnen abziehen« (Descartes); sinnliche Wahrnehmung kann täuschen, und Erfahrung bezieht sich immer nur auf zufällig gegebene und nie auf alle, sondern immer nur auf eine bloß endliche Zahl von Sachverhalten. Allgemeingültige und damit wahre Erkenntnis findet nur, wer sich aufs reine Denken zurückzieht. Aus dieser Denkbewegung resultiert bei Descartes die Aufspaltung der Wirklichkeit in »denkende Sache« (*res cogitans*) und »ausgedehnte Sache« (*res extensa*), in ein im Prinzip körperloses Erkenntnissubjekt und eine von diesem aus kritischer Distanz ins Auge, oder besser ins Denken gefaßte Welt von ausgedehnten, materiellen Dingen. Diese Spaltung in Erkenntnis-Subjekt und Erkenntnis-Objekt und die mit ihr gegebene Distanz ist bis heute die grundlegende Bedingung für die Rede von »objektiver Erkenntnis« (Popper, [5]1973; vgl. Hempelmann, [2]1987, 233-264).

2. Voraussetzung für die reine Erkenntnis ermöglichende Distanz zwischen Erkenntnis-Subjekt und Erkenntnis-Objekt ist freilich die vor allem von Bacon thematisierte Befreiung von den »Vorurtheilen«, die die Wahrnehmung verstellen: Neben den »Vorurtheilen der Gattung« (wie vorgefaßte Meinungen, Kleinmut, Hast, leidenschaftliche Verblendung; 37) sind es v.a. die »Vorurtheile des Standpunktes« (37-39) und die »Vorurtheile der Gesellschaft« (39-42), die die klare Erkenntnis hindern. Während Bacon mit letzteren die Verführungen anspricht, »womit die Sprachen den Verstand erfüllen« (40), meinen die zuerst genannten die den einzelnen auszeichnenden individuellen Merkmale. Sichere Erkenntnis kann nur da gewonnen werden, wo die Individualität, Partikularität und Kontingenz (historische Zufälligkeit) eines Standpunktes überwunden ist. Ziel ist eine »Erkenntnistheorie ohne erkennendes Subjekt« (Popper, [2]1974), d.h. eine völlige Ausscheidung jedes subjektiven individuellen Faktors, und das bedeutet die Abstraktion von allen den einzelnen Menschen bestimmenden Bezügen.

3. Wo sowohl die individuellen wie die gesellschaftlich und geschichtlich gewordenen Vorurteile überwunden sind, ist eine klare und deutliche Erkenntnis gegeben, die göttlichen Charakter besitzt. Für Descartes hat »jeder klare und deutliche Begriff ... notwendig Gott zum Urheber« (113); für Spinoza wird »Gott« gar zum Inbegriff des Allgemeinen, des ewig allgemein Gültigen. Der Mensch wird wenigstens vorübergehend Gott, wenn er seine eigene Standortbezogenheit und d.h. auch Endlichkeit überwindet und die Welt sieht, wie Gott sie sieht: Unbedingt und ortlos wie Gott selbst vermag er das ewige Sein, das Wesen der Dinge zu erkennen.

Als Kennzeichen unseres heutigen Erkenntnisbegriffs und des ihn leitenden Ideals »objektiver Erkenntnis« können darum gelten

- der »Graben« (die Distanz) zwischen einander nicht beeinflussenden Erkenntnis-Subjekt und Erkenntnis-Objekt (Subjekt-Objekt-Spaltung);
– als dessen Voraussetzung das Absehen von allen individuellen Bezügen des Erkenntnis-Subjekts, d.h. seine »Ort-losigkeit«;
– als dessen Konsequenz Einsicht in das ewige, allem Wandel zugrundeliegende Wesen der Wirklichkeit (»Natur-Gesetze«), d.h. die Erkenntnis des für alle Sachverhalte gültigen »Begriffes«.

Neben diese im 17.Jh. geschaffene Bestim-

mung des Erkenntnisbegriffes tritt eine zweifache, für die Bedeutung des deutschen »Erkennens« ebenfalls maßgebliche Einteilung bei dem Aufklärungsphilosophen
I. Kant (1724-1804).

1. Wenn er die Frage »Was ist der Mensch?« aufgliedert in drei Fragen: »Was kann ich wissen?«, »Was soll ich thun?« und »Was darf ich hoffen?« (25), wird nach dem Wissen bezeichnenderweise unter dem Gesichtspunkt des dem Menschen eigenen Erkenntnisvermögens gefragt; gefragt wird nach der Eigenmächtigkeit des Subjektes in der Tradition der res cogitans Descartes'.

2. Kant unterscheidet »meinen, glauben und wissen« als Weisen des Fürwahrhaltens (66). Während das bloße Meinen ungewiß ist, unterscheidet Kant Glauben und Wissen so, daß das, was ich *glaube*, »als subjektiv notwendig (nur für mich geltend)« bestimmt wird, während allein das *Wissen* und Erkennen, »apodiktisch gewiß, d.i. für allgemein und objektiv nothwendig (für alle geltend)« sein soll. Auch diese bis heute weit verbreitete Trennung von Glauben und Wissen müssen wir im Auge behalten, wenn wir uns nun der bibl. Semantik zuwenden.

III. »ERKENNEN/ERKENNTNIS« IN DER BIBEL.

Sowohl das hebr. *jāda'* als auch das griech. *ginosko* und *eidenai* (das teilweise mit berücksichtigt werden muß) besitzen eine große Bedeutungsbreite. Die vielfach angegebene Grundbedeutung »(er)kennen, wissen« (z. Schottroff, 682,683) entspricht nicht dem sich durch alle Bedeutungen durchhaltenden relationalen Aspekt (Beziehungsaspekt). Angesichts der umfassenden Bedeutungsskala wird man v.a. das hebr. *jāda'*, aber auch die griech. Ableitung in ihrer Grundbedeutung besser bezeichnen mit »sich beziehen auf, in Beziehung sein zu«. Es ist sinnvoll, die folgenden fünf Bedeutungsaspekte zu unterscheiden, auch wenn sich diese wegen der ihnen gemeinsamen relationalen Qualität nicht scharf trennen lassen: dem kognitiven, konstativen, kontaktiven, kommunikativen und konstitutiven Aspekt.

1. Altes Testament.

a. Der kognitive (wahrnehmende) Aspekt: *jāda'* zur Kennzeichnung einer sinnvollen, inhaltlich bestimmbaren Erfahrung, die die Existenz des Erkennenden beansprucht: *jāda'* kann parallel zu »sehen« gebraucht werden (2Mo 16,6f; 1Sam 14,38; 1Sam 12,17; Jes 61,9; jeweils nach der RevEB, so auch im folgenden). Fast positivistisch kann das AT von der geschichtlichen Erfahrung Gottes reden: Die vor allem im Buche Hes, aber auch sonst häufig im AT zu findende Formulierung »und du wirst (ihr werdet, sie werden) erkennen, daß ich Jahwe bin; daß ich, Jahwe, Gott bin« etc. bindet Gott und Wirklichkeit aufs engste zusammen (allein bei Hes finden sich 54 Belege; vgl. Hes 6,7.10.13f; 7,4.9.27; 2Mo 6,7; 7,5.17; 5Mo 29,5; 1Kön 8,60; 20,28; Jes 49,23.26; 60,16; s.a. Zimmerli, 1963). Dieses Erkennen der Gottheit, d.h. der Über-Macht Jahwes, vollzieht sich nicht spekulativ, sondern in der Erfahrung von Geschichte, nicht bloß intellektuell, sondern in z.T. äußerster persönlicher Betroffenheit. Selbst die kognitive Dimension von *jāda'* hat die Bedeutung von erkennen als anerkennen, einsehen (z.B. Hes 14,23; 17,24; Joel 4,17).

Auch das prophetische Wort ist am empirischen Kriterium zu messen (5Mo 18,20-22; 2Kön 5,8; Jer 28,9; vgl. auch 1Kön 18,17-41): Falschprophetie zeigt sich darin, daß sie nicht eintrifft. Daß Prophetie im Namen Jahwes und Wirklichkeitserfahrung zur Deckung kommen müssen, liegt darin begründet, daß Israel in seiner Geschichte Jahwe als die allen Mächten überlegene Wirklichkeit erkannt hat. Von Bedeutung ist die schon hier zu findende Einsicht in die Zusammengehörigkeit von Wort und Wirklichkeit: Das Wort wird identifizierbar durch die Wirklichkeit und umgekehrt (K.H. Michel, 1986, 115).

Gegenüber der prinzipiellen Eindeutigkeit der Erkenntnis des Handelns Gottes ist jedoch schon hier (s. vor allem unter d). geltend zu machen, daß selbst der Weise das Werk Gottes nicht zu erfassen vermag (Pred 8,17; vgl. Jes 19,12). Auch die in kognitiven Kategorien zu beschreibende Erkenntnis (Gottes) versteht sich nicht von selbst und ist sogar dem Weisheitslehrer nicht einfach verfügbar.

b. Der konstative (feststellende) Aspekt: *jāda'* bzw. *d'at* (»Erkenntnis«) zur Kennzeichnung eines aus Erfahrung gewonnenen Wissens, das kein toter Besitz ist, sich vielmehr dem Stehen vor Gott verdankt (Zimmerli, 1978, 126f).

Neben einigen wenigen Stellen, die von der Identifikation eines konkreten Sachverhaltes (Esra 4,15) oder einer Person (Rut 3,14?) handeln, macht schon 1Mo3,7 (»sie erkannten, stellten fest, daß sie nackt waren«) deutlich, was wir bereits unter a. beobachten konnten: selbst das Wissen als Resultat einer Wahrnehmung stellt eine Größe dar, die die Wirklichkeit des Erkennenden nicht unberührt läßt (das gilt selbst im Blick auf Gott: Hiob 31,6). Auch die 90 Belege für die substantivierte Verbform *d'at* (»Erkenntnis«) stellen entgegen dem Augenschein keinen Beweis für ein neutral-distanziert handhabbares Wissen dar. »Erkenntnis« ist vor allem ein Traditionsphänomen (Spr 2,1.5; 22,17-19). Sie ist Niederschlag der Erfahrung vieler Generationen und wird – etwa in der Weisheitsliteratur (Spr, Hiob, Pred etc.; vgl. Kreuzer) – an die kommende Generation weitergegeben (hier findet sich denn auch die überwiegende Zahl des Vorkommens von *d'at*; vgl. G. von Rad, 1974, und v.a. 1971, 245ff). »Erkenntnis haben« bedeutet: verständig sein (Spr 2,6; 15,14; 19,25), sich im Leben orientieren können (Spr 1,22; Pred 7,12), klug sein. Diese Klugheit ist aber allein gegründet in der »Furcht Jahwes« (Spr 9,10); sie ruht nicht in sich. Im Gegenteil wird die Gefahr der Verselbständigung der Weisheit, der Loslösung der »Erkenntnis« aus der sie erzeugenden und bewahrenden Beziehung zu Gott deutlich gesehen: So soll sich der Weise eben nicht seiner Weisheit rühmen, sondern: »Wer sich rühmt, rühme sich dessen, Einsicht zu haben und mich zu erkennen, daß ich Jahwe bin, der Güte, Recht und Gerechtigkeit übt auf der Erde« (Jer 9,23). Dem Wirken Jahwes allein verdankt also der Weise die Möglichkeit einer Ordnungen identifizierenden Erkenntnis (Spr 2,6). Nicht der Besitz der Erkenntnis, der den scheinbar Weisen bei sich selbst zur Ruhe kommen läßt, sondern die Suche (Spr 2,4) nach Verständnis, die Offenheit der Wahrnehmung steht unter der Verheißung, Erkenntnis Gottes zu finden und d.h. auch einzusehen, wie Gott die Welt eingerichtet hat und erhält (Spr 2,6; vgl. d.). »Besitz der Erkenntnis« ist also nur möglich im demütigen, anbetenden Gegenüber zu Gott (4Mo 24,16); diese »Furcht Jahwes« wiederum ist dem Menschen nicht verfügbar, aber dort verheißen, wo er sich nicht seiner selbst rühmt, sondern sucht, d.h. offen ist für Erkenntnis.

c. Der kontaktive (Berührungs-) Aspekt: *jāda'* als ein handelndes Sicheinlassen relationaler, wirklichkeitsverändernder Qualität.

Schon in der mehr handwerklichen bzw. künstlerischen Bedeutung des »sich verstehen auf«, »vertraut sein mit« (1Sam 16,16.18; 1Kön 7,14) kommt die zentrale Bedeutungskomponente von *jāda'* zum Tragen, die den Menschen in ein Geflecht von Beziehungen eingebunden sieht. Es zeichnet den bibl. Sprachgebrauch aus, daß er diese Handlungsaspekte als Dimensionen von Erkenntnis sehen lehrt. So bezeichnet *jāda'* nicht nur das zwischenmenschliche Sich-kümmern-um (Ps 142,4), sondern auch das außerordentliche Vertrautsein Moses mit Jahwe, den Gott »von Angesicht zu Angesicht« gekannt hatte (5Mo 34,10).

Die Bedeutung des »umgehen mit« wird in Jer 22,16 geradezu zugespitzt zum »handeln, tun«, wenn gefragt wird: »Heißt das nicht mich erkennen, spricht Jahwe, sich der Rechtssache der Elenden und Armen annehmen?«.

»Jahwe erkennen« bedeutet geradezu, Gutes tun (Jes 11,9; Hiob 34,4; Hos 14,10; Spr 29,7; vgl. Spr 11,9), freilich nicht in einem verkürzten, bloß moralischen Sinne, sondern als Praxis der weisheitlich wahrgenommenen Rechtsordnungen Gottes. »Gott erkennen« meint dann, ihm gemäß leben (Hos 6,1-3), ja Leben schaffen bzw. bewahren (Pred 7,12). Umgekehrt gilt: Wer nicht in der Erkenntnis Gottes lebt, der tut auch Böses, bedroht das Leben (Pred 4,17; Jes 5,13; 44,18f; Hos 4,6). Indem dieses relationale Erkennen das Kognitive und das Ethische als Einheit begreift, wird die Spaltung zwischen Sein und Sollen vermieden, die bis heute die Begründung ethischer Normen ein philosophisch unlösbares Problem sein läßt.

Seinen deutlichsten und eindringlichsten Ausdruck findet die kontaktive Erkenntnisdimension in der Beschreibung des geschlechtlichen Verkehrs von Mann und Frau als »Erkenntnis-Akt« (1Mo 4,1.17.25; 19,8: 4Mo 31,18; Ri 19,25). Dieser äußerste Intimität, letzte Vertrautheit und größtes Engagement aussagende Begriff findet sich Hos 2,21f im Kontext der Verlobung Jahwes mit seinem Volk sogar als Ausdruck für das Gottesverhältnis des abgefallenen, aber eines Tages umkehrenden Volkes Israel.

Daß der Erkenntnisakt das Sein des Erkennenden wie des Erkannten berührt, läßt sich für *jāda'* auch im Sinne des deutschen »erkennen« zeigen: Erkenntnis gewinnt der Weise nicht im luftleeren Raum; um zu erkennen muß er sich auf einen Weg begeben, sich also selbst in Bewegung setzen (Spr 3,6; 14,8; Ps 95,10). Konkret: er muß sich in eine bestimmte Beziehung setzen; der Vers Spr 1,7, der »in nuce ... die ganze Erkenntnistheorie Israels« enthält (G. von Rad, 1971, 94), bestimmt diesen Ort als »Furcht Jahwes« (vgl. auch Spr 9,10; 15,33; Ps 111,10; Hiob 28,28), d.h. als ehrfürchtige »Bindung an« Jahwe (G. von Rad, 1971, 92). Diese konkrete Verhältnisbestimmung gibt den Ort an, den der Weise einnehmen muß, wenn er erkennen will. Der Glaube als Stehen vor Gott behindert die Erkenntnis der Wirklichkeit nicht, sondern setzt die Wahrnehmung der Welt erst frei. Die Bindung an Gott verstellt die Erkenntnis nicht, sondern bedeutet vielmehr die Bedingung der Möglichkeit rechter Welterkenntnis. Diese nur Israel eigene Verankerung der Erkenntnis in der Gottesfurcht (G. von Rad, 1971, 93 Anm. 11) wird anschaulich in den drei Gliedern der Aussage von Ps 119,125: (1) »Dein Knecht bin ich«: der nach Erkenntnis suchende Mensch tritt in eine konkrete Relation zu Gott ein; er bestimmt sich selbst als Knecht und nimmt damit eine demütige, offene Haltung ein. (2) »Gib mir Einsicht!« Als für die Erkenntnis Offener ist er in der Lage zu lernen und auf Gott zu hören. Er bittet ihn um Einsicht, die ihm von sich aus nicht zugänglich ist. (3) »So werde ich deine Zeugnisse erkennen«. Das Resultat einer offenen Haltung in der konkreten Ortsbestimmung der Relation zu Gott, die unter der Verheißung der Einsicht steht, ist die Erkenntnis der Wirkungen Gottes in der Welt.

d. Der kommunikative (Mitteilungs-) Aspekt: Gott *ver*schließt und *er*schließt Erkenntnis.

Es ist bezeichnend, daß die Offenbarung Gottes nicht nur eine Kundgabe von Wissen über Gott bedeutet (4Mo 12,6; 2Mo 6,3), sondern eine wirkungsvolle Erschließung der Wirklichkeit Jahwes (Hes 35,11). So gibt sich Gott etwa zu erkennen, indem er das Volk Israel aus Ägypten herausführt (Hes 20,5.9). Das Sich-zu-Erkennen-Geben Gottes als Erschließung und Eröffnung der (machtvollen) Wirklichkeit Jahwes liegt aber nicht in der Menschen, sondern allein in Gottes Hand (vgl. Jes 19,12 mit 19,21). Gott erschließt und verschließt Erkenntnis der Wirklichkeit (Jes 6,9; 44,18f; vgl. auch 1Mo 19,11; 2Kön 6,17). Dazu gehört auch eine »für das biblische Erkennen ... charakteristische Umkehrung des üblichen, vom Menschen ausgehenden Erkenntnisweges: Hier geht unserem »Erkennen« das »Erkanntwerden« durch Gott voraus« (Diem, 1974, 283, s.a. ders. 1970; vgl. Jer 24,7).

Es liegt in der Dimension von Erkennen als Interaktion (vgl. c.) begründet, daß der kommunikative Aspekt von Erkenntnis nicht nur die kognitive Schau von bisher verschlossenen Wirklichkeiten bedeutet, sondern auch die spürbare Macht des »Erkannten« enthält: Wo Gott sich mitteilt, da gibt er Teil an seiner Wirklichkeit, da wird diese Wirklichkeit wirksam (vgl. a.). Diese wirksame, Wirklichkeit erschließende und verändernde, ja neue Lebensmöglichkeiten schaffende Erkenntnis kann schon im AT den Charakter des Leidens und der Hingabe tragen (Jes 53,11).

e. Der konstitutive (begründende) Aspekt: Erkennen als Wirklichkeit stiftendes und Leben schenkendes Beziehungsgeschehen (vgl. auch d.).

Jāda' kann eine erwählende, aussondernde Bezugnahme Gottes (1Mo 18,19; 5Mo 9,24; Jer 1,5; vgl. 2Mo 33,12.17) bezeichnen, die dem einzelnen dadurch Identität schenkt, daß sie ihn von anderen unterscheidet und in eine konkrete Beziehung zum lebendigen Gott setzt (Amos 3,2; vgl. 5Mo 7,6f). Daß das Rettungs- (Hos 13,5) und selbst das Schöpfungshandeln als Erkenntnisakt Gottes beschrieben werden kann (Spr 3,20), beleuchtet wohl am stärksten die Bedeutung von *jāda'* als Setzen von Wirklichkeit. Unserer landläufigen Trennung von Erkenntnisebene und Seinsebene steht hier eine Erfahrung gegenüber, die Wirklichkeit als Geflecht von Beziehungen begreift und die darum der Erkenntnis als relationaler Größe eine Wirklichkeit bestimmende und mitkonstituierende Bedeutung (vgl. 2Mo 5,2; 5Mo 11,28; Jes 45,4; Jer 7,9; 19,4; Dan 11,38) zusprechen kann (vgl. Hempelmann, 1985, 51-54). Erkennen als Leben geben bzw. neues Leben schenken wird aber nicht nur Gott, sondern auch dem Menschen zugesprochen (Pred 7,12; Spr 11,9, vgl. c.).

2. Neues Testament.

Die fünf für das hebr. *jāda'* erhobenen Bedeutungsaspekte gelten auch für das griech. *ginosko* und - z.T. – für *eidenai,* allerdings mit zwei für das Griechisch der ntl. Schriften charakteristischen Einschränkungen: Zum einen schlägt sich die hellen. Umwelt, der veränderte Adressatenkreis und die Auseinandersetzung mit einem vor allem griech. bestimmten, dem AT jedenfalls fremden Erkenntnisbegriff (*Gnosis) auch in der Semantik von *ginosko* nieder (s.u.); zum anderen führt das Christus-Ereignis, die Offenbarung Gottes in Jesus von Nazareth, die damit verbundene Infragestellung jüd. wie heidnisch-griech. Erkenntnisansprüche und die aus dieser Krisis erwachsende Ablehnung bzw. Annahme Gottes in Jesus Christus zu einer spezifischen Zuspitzung bzw. Brechung des Wortgebrauchs (so selbst Schmithals, 600).

a. Der kognitive Aspekt: Außer dem alltäglichen Wahrnehmen, Innewerden und Bemerken (Mk 13,28) ist im NT wie im AT auch die »geistliche« Erkenntnis erfahrungsorientiert (Mt 7,16; 12,33). Erkenntnis (der Sünde, Röm 3,20) überführt den Erkennenden und verändert sein Leben (s. c.).

Eine christologische Zuspitzung ergibt sich aus der Erfahrung, daß die Welt Christus als Wort Gottes nicht (aner)kennt (Joh 1,10; vgl. Apg 2,36); da die Welt durch ihre Weisheit Gott nicht erkannte (1Kor 1,21), gerät das atl. Weisheitsdenken durch die Erfahrung der Ablehnung Christi als der Weisheit Gottes (1Kor 1,30) in eine letzte Krise (vgl. auch Röm 1,19): Gottes- und Welterkenntnis ist hinfort nur noch möglich als Erkenntnis des gekreuzigten Christus Jesus (1Kor 2,4), d.h. (1) als Anerkenntnis der historischen, lokalisierbaren Partikularität der Offenbarung Gottes in dem einen Jesus von Nazareth; (2) als Zerbrechen der eigenen Denk- und Erfahrungskategorien angesichts der »Torheit Gottes« (1Kor 1,25); (3) als Wahrnehmung des Charakters dieser Welt, die dadurch bestimmt ist, daß sie die Liebe Gottes in Person ans Kreuz schlug; und das heißt (4) als Kreuzesnachfolge.

b. Der konstative Aspekt: Auch das NT spricht viel von Erkenntnis Gottes (Röm 11,33; 15,14; 2Kor 2,14; 10,5; Kol 1,10) und von gottgegebenem Wissen der Christen über Geheimnisse des Reiches Gottes (Mk 4,11). Aber auch dieses Wissen bläht nicht auf (1Kor 8,1), weil es zurückgebunden wird an und in die Gottesbeziehung hinein: Wissen/Erkenntnis ist kein den »Weisen« auszeichnender Besitz; vielmehr gilt: Wer sich rühmt, der rühme sich des Herrn. (Jer 9,23 wird zweimal im NT zitiert: 1Kor 1,31; 2Kor 10,17). Die Krise der Weisheit dieser Welt in der Begegnung mit dem inkarnierten Wort Gottes (Joh 1,10) macht es ganz deutlich, daß Erkenntnis Gottes nur da möglich ist, wo der Mensch seine eigene Untüchtigkeit, Unfähigkeit und Schwäche einsieht (vgl. u.a. 1Kor 1,18-29). Erkenntnis der Herrlichkeit Gottes geschieht im Angesicht Christi (2Kor 4,6), in welchem verborgen sind alle Schätze der Weisheit und der Erkenntnis (Kol 2,2). Weisheitliche Erkenntnis Gottes und der Welt ist nicht unmöglich, aber sie ist (1) absolut enggeführt; sie ist nicht allgemein, sondern partikular; in dem Einen, in Christus ist alle Erkenntnis da; sie ist damit (2) verborgen, weil sie den Denk- und Erfahrungskategorien des natürlichen Menschen ein Skandalon ist (1Kor 1,23); sie ist (3) möglich nur relational, im Gegenüber, im Verhältnis zum gekreuzigten und auferstandenen Herrn.

Wenn die Christen »alles wissen« (1Joh 2,20 RevEB), dann stellt dieses »Wissen« (1Joh 2,21; 3,2.5.14; 5,13. 15.18-20; 3Joh 12) keine philosophische Allwissenheit dar, sondern ist Resultat der sich in der Geistbegabung der Christen (1Joh 2,20a; vgl. Joh 14,26) bekundenden äußersten Nähe zu Gott; Jesus qualifiziert sie als ein »Freund«-Sein Gottes (Joh 15,15).

Gerade die Polemik gegen die »fälschlich sogenannte Erkenntnis« (1Tim 6,20; *Gnosis und Gnostizismus) und die durchgehende Kritik des Apostels Paulus im 1Kor an einem rein kognitiven Erkenntnisideal (1Kor 8,1f.11; 13,2.8.12) bedeutet einen von der hebr. Semantik und von der hinter dieser stehenden Gotteserfahrung her vollzogene Korrektur. Das bloße Wissen »bläht auf« (1Kor 8,1), stellt noch gar keine Erkenntnis dar (8,2); erst die Liebe, d.h. die relationale Einbettung und der relationale Vollzug von Erkenntnis (1Kor 8,1; 13,2.8.12; Eph 3,19) führt zu einem Erkennen, das die Gemeinschaft nicht schwächt und den Nächsten nicht umkommen läßt (1Kor 8,11), sondern zum Leben verhilft (s. c.).

Selbst die sich an philosophisches Gedankengut anschließende Argumentation des Paulus in Röm 1,19 spricht von dem, »was man von Gott erkennen kann«, nicht als von einem dem »natürlichen Menschen« frei verfügbaren Besitz (vgl. 1Kor 2,14); denn »diese Erkennbarkeit Gottes [ist] nicht zufällig oder selbstverständlich, sondern von ihm selbst bewirkt« (O. Michel, [14]1978, 99; vgl. den Nachsatz V. 19b und das göttliche Passiv »er läßt sich schauen« in V. 20; vgl. d.).

c. Der kontaktive Aspekt: Auch im NT findet man die Bedeutungen »umgehen mit« (Mt 7,23; 2Kor 5,16; vgl. zu dieser Stelle O. Betz), »einen Weg gehen«, »leben«, v.a. »mit Christus leben« (2Petr 2,21; Phil 3,10), »handeln« (1Joh 4,7f; 2Kor 5,21) und »geschlechtlich verkehren« (Mt 1,25 RevEB; sachlich bildet Eph 5,25, die Liebe Christi zu der von ihm schmerzhaft errungengen Gemeinde, eine Fortsetzung und Erfüllung von Hosea 2,21).

Hinsichtlich der »Erkenntnis« im engeren Sinne des deutschen Wortes führt v.a. das Joh-Ev. – allerdings gebündelt in einer Konzentration auf Christus, in dem allein wir Gott erkennen (Lk 10,22) – die atl. Tradition fort (vgl. Schnackenburg): Die Erkenntnis Gottes ist nicht abstrakt, aus sicherer neutraler Distanz heraus möglich, sondern eröffnet sich – so Joh 7,17 – nur dem, der sich selbst ins Spiel bringt, seine Existenz aufs Spiel setzt und sich auf die Botschaft und den Anspruch Jesu einläßt. Der Glaube (vgl. Joh 6,69) bedeutet keine inhaltliche Vorgabe, sondern entspricht sachlich der »Furcht des Herrn« (Spr 1,7), konkret der Bindung an den Kyrios Jesus und damit der Einnahme eines bestimmten Erkenntnisstandortes.

d. Der kommunikative Aspekt: Die apokalyptische Tradition (*Apokalyptik) des AT, die darum weiß, daß der Mensch von sich aus nicht zur Erkenntnis Gottes in der Lage ist, erhält im NT auf dem Hintergrund der Ablehnung Jesu Christi ein unüberbietbar deutliches Profil: Der sündige, in autonomer Selbstherrlichkeit (1Mo 3,4f) lebende Mensch ist unfähig zur Erkenntnis, d.h. zum Umgang mit dem heiligen Gott. Daß der sich selbst absolut setzende Mensch nicht fähig ist zur Einordnung in die Gehorsam und Demut fordernde Beziehung zu Gott, hat auch die Unfähigkeit zur Wahrnehmung geistlicher Sachverhalte zur Folge (1Kor 2,16; Joh 3,10; 16,3; Lk 23,34)), die sich bis in den sinnlichen Bereich hinein auswirkt (Joh 21,4; Lk 24,31.35), ja zur Verstockung führt, wo ein Mensch den Anspruch Gottes in Jesus Christus bewußt ablehnt (Mk 4,12 im Anschluß an Jes 6,9f;

44,18f und vor dem Hintergrund von 1Tim 2,4).

Erkenntnis Gottes, Erschließung der den Menschen heil machenden Gemeinschaft mit Gott, ist darum allein Gottes Gabe (vgl. 2Kor 4,6a und e). Erkenntnis Gottes durch den Menschen ist darum begründet in der Erkenntnis des Menschen durch Gott (Gal 4,9), die in der Liebe des für uns dahingegebenen Sohnes Gottes manifestiert ist (1Kor 8,3).

e. Der konstitutive Aspekt: Erkenntnis Gottes als die in Jesus Christus eröffnete Beziehung zu Gott befreit den Menschen (Joh 8,32) und bedeutet wie erschließt (ewiges) Leben (Joh 17,3; 1Tim 2,4; 2Tim 2,25; 3,7).

IV. ZUR BEDEUTUNG BIBLISCHER REDE VON »ERKENNTNIS«.

1. Das Gewicht des sprachlichen Befundes. Bevor wir nach der Bedeutung des geschilderten sprachlichen Befundes für den christl. Glauben, die kirchliche Verkündigung und die missionarische Verantwortung fragen, müssen wir zwei Einwänden begegnen, die eine solche Bedeutung bestreiten:

a. Sprache als Ausdruck einer »Lage«: Ist der gegebene sprachliche Befund überhaupt von Gewicht? Ist er nicht bloß sprachlicher Natur? Mit J.G. Hamann antworten wir: »Das ganze Vermögen zu denken beruht auf Sprache« (III, 286). Gerade das scheinbar »klare und deutliche«, weil von allen Vorurteilen gereinigte Denken (vgl. II.) lebt vom Vor-Urteil der vorausgesetzten sprachlichen Einteilungen von Wirklichkeit (z.B. glauben – meinen – wissen; Subjekt – Objekt; a priori – a posteriori). Selbst die ihrem Anspruch nach unbedingt geltende »Kritik der reinen Vernunft« I. Kants (z.B. A Vorrede; B 550) lebt von Unterscheidungen, die letztlich sprachlicher Natur sind (Hamann 1784; dazu Hempelmann, 1987). Je mehr wir uns gewohnheitsmäßig in den sprachlich gegebenen Einteilungen bewegen, umso absoluter scheinen die uns durch unsere Sprache gegebenen Begriffe, Vorstellungen und Kategorien zu gelten, jedenfalls bis wir auf eine andere Sprache stoßen, die das uns Selbstverständliche in Frage stellt und andere Einteilungen von Welt präsentiert. Denken und also Erkennen sind unüberholbar bezogen auf Sprache (Nietzsche); Sprache aber ist geschichtlich geworden; ihre Unterteilungen, die Semantik ihrer Wörter u.a. gelten nicht abstrakt, sondern sind Ausdruck einer Geschichte, einer »Lage« (Hamann, II, 122). Damit verdient aber die Semantik der hebr. Sprache insofern besondere Beachtung, als Gott (1) mit dem Volk Israel auch diese semit. Sprache mit ihren spezifischen Möglichkeiten erwählt hat (5Mo 7,7f) und (2) diese Sprache mit ihrer speziellen Semantik (G.v. Rad, 1971, 93.95) Spiegel der langen Geschichte des Gegenübers Jahwes zu seinem Volk ist. Diese Geschichte hat sich in Form von ganz bestimmten sprachlichen Einteilungen und Ausdrucksformen (Bergsträsser, 41; Jepsen) niedergeschlagen. Wir nehmen die bibl. Sprachen (auch das Griech., das die Semantik des Hebr. aufnimmt; vgl. 3.2) ernst, weil sie die von Gott erwählten Sprachen sind, und weil sich in ihnen die Geschichte des Gegenübers vom lebendigen Gott zu seinem auserwählten Volk eingeprägt hat.

b. »Gibt« es einen hebr.-bibl. Erkenntnisbegriff?

Wenn das Einnehmen eines bestimmten Ortes, wenn die Relation zu Gott (Spr 1,7; vgl. III.1.c. und III.2.c.) Voraussetzung von Erkenntnis ist, widerspricht es dann nicht gerade dem erhobenen Befund, eine abstrakte, an sich gültige Theorie über Erkenntnis in der hebr. Sprache zu erheben? Bedeutet die Frage nach einem hebr. Erkenntnisbegriff nicht wiederum ein philosophisches Korsett, dem sich das bibl. Zeugnis gerade verweigert?

Diesem stichhaltigen Einwand können wir nur dadurch gerecht werden, daß wir erklären: Das, was bibl. »Erkennen/Erkenntnis« heißt, wird – im bibl. Sinne – nur der erkennen, der sich auf den einläßt, der allein Erkenntnis zu geben vermag (Spr. 1,7; Joh 7,17). »Wahr« wird hebr. »Erkennen« nur für den, der sich auf den Anspruch, daß die demütige Beziehung zu Gott Voraussetzung der Erkenntnis ist, einläßt und damit die falsche Abstraktheit überwindet.

Unter dieser einschränkenden Voraussetzung bestimmen wir die den Erkenntnisvorgang konstituierenden Elemente: (a.) Philosophisches Denken (vgl. dazu durchgehend Kaulbach) und bibl. Sprachgestalt (b.) werden einander jeweils gegenübergestellt, um (c.) nach der möglichen Bedeutung des bibl. Befundes für die Gegenwart zu fragen.

2. Erkenntnis-»Subjekt«.

a. Bestimmend für die meisten philosophischen Erkenntnistheorien ist das Bemühen um die Ort-Losigkeit des Erkenntnis-Subjekts. Die vom Erkenntnis-Subjekt gewonnene Einsicht ist nur dann allgemein-gültig, wenn alle individuellen Bezüge als »Vorurteile« eliminiert werden. Ziel ist ein Standpunkt jenseits der Bedingtheit der körperlich-empirischen Welt, der dem Erkenntnis-Subjekt eine zeitlose, quasi göttliche Perspektive eröffnet.

b. Erkenntnis ist nach bibl. Zeugnissen nur da gegeben, wo der Mensch sich nicht selbst für weise hält, sondern sich öffnet für die Beziehung zu Gott und im Gegenüber zum

Schöpfer demütig den Platz des Geschöpfes einnimmt (G.v. Rad, 1971,92-94). »Objektive Erkenntnis« ist also nur da möglich, wo der Mensch sich als Erkenntnis-Subjekt aufs Spiel setzt.

Aus bibl. Sicht stellt sich gerade der philosophische Versuch, einen autonomen, unbedingten Standpunkt einzunehmen, als »Sündenfall« schlechthin dar: Der Mensch tritt aus dem Umsorgt-Sein durch Gott, der für ihn bestimmt, was gut ist (1Mo 2,18), heraus. Er will sein wie Gott (3,5), d.h.: er will »Gutes und Böses erkennen«. Gemeint ist nicht eine Erweiterung der kognitiven Erkenntnisfähigkeit, sondern das Eintreten in eine Eigenmächtigkeit (G.v. Rad, 1972, 63), in der der einzelne Mensch sich selbst Gesetz ist, d.h. selbst bestimmt, womit er Umgang hat und womit nicht, was er tut und was nicht. Dieses Sich-Herauslösen aus der geschöpflichen Beziehung zu Gott und die Beanspruchung einer auto-nomen, göttlichen, unbedingten Position steht in schärfstem Kontrast zu der gemessen an bibl. Maßstäben allein möglichen Erkenntnishaltung.

c. Auch wenn es im Widerspruch zum aufgeklärten Zeitgeist steht, bewährt sich das »biblische Modell« in mehrfacher Weise:

c.a. Gerade die dem Anspruch nach exakteste aller Wissenschaften, die moderne Elementarteilchenphysik, hat der klassischen Vorstellung objektiver Erkenntnis im Sinne Descartes' den Abschied gegeben und bestimmt den Ort und Standpunkt des Erkenntnis-Subjekts als einen das Sein des Erkenntnis-Objekts beeinflussenden Faktor (Heisenberg, [16]1979, 21 u.ö.; 1979; [8]1949; Hübner; von Weizsäcker [12]1976; 1985).

c.b. Durch die Unterscheidung von Entdeckungszusammenhang und Begründungszusammenhang hat die moderne Wissenschaftstheorie den Weg dafür freigemacht, die Erkenntnis erschließende Bedeutung eines engagiert eingenommenen, bewußt subjektiven Standortes zu würdigen (vgl. Schlatter, 1985, 9f).

c.c. Nicht nur Theologen (Luther, 1960,17), sondern auch Profanhistoriker betonen die Bedeutung erkenntnistheoretischer »Demut« für das Verstehen der ihnen vorliegenden Erkenntnis-Objekte (Marrou 119f; Ricoeur 33).

c.d. Die hermeneutische Forderung einer »demütigen Haltung« entspricht in der Sache dem wissenschaftstheoretischen Postulat der methodischen, die Wahrnehmung des Textes nicht verstellenden Offenheit (früher sprach man von »Sachgemäßheit«, vgl. Hempelmann, [2]1987, 151ff). Wie ist aber solch eine methodische Offenheit als Axiom einer wissenschaftlichen Erkenntnis zu gewährleisten? Luther bestimmt den »natürlichen« Menschen als ein auf sich selbst zurückgekrümmtes, radikal in allem auf sich selbst bezogenes Wesen (*homo incurvatus in se*; [3]1965, 187). Rein anthropologisch steht der Mensch damit immer in der Gefahr, die Welt nach seinen Begriffen zu »erklären«, sie aber nicht zu verstehen, sich seinen Reim auf sie zu machen, ohne ihr wirklich zu begegnen. Auch in der Wissenschaftstheorie kann dieses auf eigene Begriffe zentrierte Beharrungsvermögen bei sich selbst als eine der größten Gefährdungen des Fortschritts von Welterkenntnis begriffen werden (Popper [15]1973; Albert 1968, 29ff). Aus geistlicher Sicht kann diesem Drang zu erkenntnistheoretischer Verabsolutierung letztlich wirkungsvoll nicht durch einen Pluralismus miteinander wetteifernder Erkenntnisansprüche begegnet werden, sondern nur durch die Wiedereingliederung des Menschen als Erkenntnis-Subjekt in die ihn allein bewahrende und tragende Relation zu Gott. Im Gegenüber zu Gott erfährt der Mensch die eigene Endlichkeit, wird er demütig und identifiziert die Verabsolutierung der eigenen Begriffe und Vorstellungen über Wirklichkeit als eine gegen Gott gerichtete Hybris.

c.e. Dem natürlichen Menschen ist freilich die Beziehung der Demut gegenüber Gott und der Offenheit gegenüber der Welt selbst nicht erreichbar. Bedingung der Möglichkeit eigener Welt- und Gotteserkenntnis ist darum die unser Erkennen freisetzende, uns zuvor erkennende und damit das Scheitern unserer erkenntnistheoretischen Autonomieansprüche aufdeckende Liebe Gottes (Gal 4,9; 1Kor 8,3).

3. Erkennen.

a. Der Vorgang des Erkennens wird philosophisch oft bestimmt als ein unter der Voraussetzung der Distanz des Erkenntnis-Subjekts zum Erkenntnis-Objekt vollzogener »rein noetischer« (auf der Ebene des Intellekts liegender), in keiner Weise ontischer (auf der Ebene des Seins liegender) Vorgang.

b. Erkennen bedeutet demgegenüber biblisch vor allem ein Sich-Beziehen auf einen anderen, das diesen in seiner Existenz mitbestimmt. Erkennen und Sein können nicht getrennt werden, weil »Erkennen« biblisch eine das kognitive Moment übersteigende, umfassende Form der Mit-Teilung eigener Existenz einschließen kann (vgl. Tillich).

c.a. Wie schon oben (vgl. IV.2.c.) ist darauf hinzuweisen, daß in der modernen Elementarteilchenphysik der Erkenntnisbezug als ein das Sein des Erkenntnis-Objekts mitbestimmender Faktor erklärt wird. Konsequenterweise wird hier auch eine in erstaunlicher Parallelität zum bibl. Zeugnis stehende relationale Ontologie vertreten (vgl. Davies 10f; Hübner 34ff.138ff.193ff; zum Ganzen Hempelmann, 1985).

c.b. Der bibl. Begriff von »Erkennen« als Sich-Einlassen-auf wird aber auch fruchtbar für die Frage der Begründbarkeit ethischer Normen. Der heute zu beobachtende beispiellose Pluralismus ethischer Weisungen hat seine Ursache darin, daß eine wirkliche Begründung ethischer oder moralischer Maximen nicht möglich ist, weil jede Begründung weiter hinterfragt werden kann (Albert 11ff). Dies wiederum ist begründet in dem Sachverhalt, daß es unmöglich ist, Sollens-Forderungen argumentationslogisch auf die Wirklichkeit, wie sie ist, zurückzuführen.

Gegenüber dieser in der Trennung von Sein und Sollen, Wirklichkeit und Werten begründeten philosophischen Ausweglosigkeit gewinnt das bibl. Zeugnis von Erkenntnis an Interesse, weil hier Erkennen und Handeln unter dem kontaktiven Aspekt (III.1.c. und III.2.c.) zusammenfallen. Die ethische Dimension jedes Erkenntnisaktes ist hier von vornherein im Blick, muß also nicht erst nachträglich argumentativ eingeholt werden. Während es für die philosophische Ethik charakteristisch ist, daß verantwortliches Handeln einer Erkenntnis der richtigen Normen erst nachfolgen kann, finden wir in den bibl. Büchern eine Gleichzeitigkeit, ja Einheit von Erkennen und Handeln. Während das philosophische Handlungssubjekt erst Übersicht gewinnen will und einen allgemeinen, vom Individuum losgelösten Standpunkt sucht, wegen des Scheiterns an der Erkenntnisproblematik dann aber zu einer »provisorischen Ethik« (Descartes) Zuflucht nehmen muß, verzichtet der sich bibl. orientierende Mensch auf ethische »Vorstellungen«, die – um gültig zu sein – so allgemein sein müssen, daß sie vom Individuum wegen der Begrenztheit seines Horizontes nicht verantwortet werden können. Ausgangspunkt ist für ihn keine allgemein gültige Ethik, sondern die Gottesbeziehung, die Furcht Jahwes. Im Rahmen dieser konkreten Verhältnisbestimmung ist die der praktischen Philosophie zu schaffen machende Trennung von Ethik und Erkenntnis (des Seins) im Ansatz überwunden: Erkennen vollzieht sich als Handeln, als konkretes Sich-Einlassen des einzelnen auf seine Welt und umgekehrt: Handeln an dieser Welt vollzieht sich im Rahmen des Stehens vor Gott von vornherein als Ethik. Die Furcht Gottes ist auch hier der Anfang der Erkenntnis. Der Mensch, der anerkennt, daß Gott Gott ist, wird davor bewahrt, sich erkennend und handelnd zu verabsolutieren, sieht sich damit als Mensch unter anderen Menschen. Gerade daß der einzelne sich vor Gott als Mensch begreift, hat also zur Folge, daß er dem anderen Lebensrechte einräumt und den anderen als – ihm – Fremden respektiert, daß der andere nicht zum verfügbaren Objekt wird, daß auf »Bilder« vom anderen verzichtet wird, die ihn erklären, ohne ihn verstehen zu müssen (vgl. die Arbeiten des jüd. Philosophen E. Lévinas). Die »Furcht Gottes« wird damit zur Praxis der Beziehungen und d.h. Leben schützenden Weisungen des Dekalogs, und umgekehrt: Das erste Gebot als »der anderen Gebote Haupt« (Luther [2]1967, 27), wird zur Grundlage bibl. »Erkenntnis – Theorie«. Der Dekalog wird identifizierbar als Erkenntnisethik und umgekehrt: Die in der Bindung an Gott begründeten Erkenntnisakte werden identifizierbar als ethische Praxis des Dekalogs (vgl. z.B. 1Kor 8,11). Daß die »Erkenntnistheorie« Israels und der »ethische« Dekalog als Einheit begriffen werden können, hat seinen Grund wiederum darin, daß das AT Jahwe als die alles bestimmende Wirklichkeit bezeugt (vgl. Ratschow, 1941).

4. Erkenntnis-»Objekt«.

a. Für die traditionelle philosophische Erkenntnistheorie ist Gegenstand der Erkenntnis vielfach gerade kein Ob-jektum, kein Gegen-Stand, sondern ein Sub-jektum, etwas, das meinem Erkenntnis-Handeln passiv unterworfen ist, dessen »Natur« abstrakt, ohne Begegnung, auf den Begriff zu bringen ist.

b. Für bibl. Sprache ist der Verzicht auf Abstrakta wie »Natur« (nur an wenigen Stellen im NT) oder gar »Natur-Gesetz« charakteristisch (vgl. G.v. Rad, 1970,99ff; 1974,159f). Die Wirklichkeit Gottes wird so intensiv und bestimmend erfahren, daß Vorstellungen von an sich gegebenen und existierenden Größen nicht denkbar sind (so auch v. Rad, 1970,101). Die in der Weisheit erkannten Ordnungen bedeuten keine Vergegenständlichungen oder Begriffsbestimmungen, sondern die Einsicht in Verhältnisse, die von Jahwe geschaffen wurden und getragen werden.

c. Der Verzicht auf Wesensbestimmungen, die das andere oder gar den anderen auf den Begriff bringen, hat sowohl ethische (vgl. IV.3.c.) als auch wissenschaftstheoretische Bedeutung. Im Umgang mit den Mitmenschen schließt diese Einsicht den Verzicht auf eine letzte Festlegung des anderen auf eine eben unabänderliche Natur ein, damit die Bereitschaft zur Vergebung (Mt 18,21ff), und so die Eröffnung neuer Lebensmöglichkeiten. Der Glaubende weiß ja, daß »die« Wirklichkeit im ganzen wie das Leben des einzelnen nicht ehernen Gesetzen, sondern dem Walten des Gottes unterliegt, der will, daß allen Menschen geholfen werde und sie zur Erkenntnis der Wahrheit kommen (1Tim 2,4).

Die im engsten Sinne theo-logisch begründete Einsicht in die Vorläufigkeit und Aspekthaftigkeit unserer Erkenntnis und der damit verbundene Verzicht auf Wesensschau ist geeignet, der Gefahr der Überschätzung wissenschaftlicher Erkenntnisse zu wehren. Das in den modernen Wissenschaften konsequent vollzogene Absehen von weltanschaulichen Fragen, der Verzicht auf die Frage nach der Wahrheit des Ganzen (vgl. Schlatter, 1985), bedeutet für wissenschaftliche Arbeit die programmatische Beschränkung auf perspektivische, einzelwissenschaftliche Fragestellungen (»methodische Reduktion«). Demzufolge kommt wissenschaftlichen Ergebnissen auch nicht der Rang von weltanschaulichen Erkenntnissen, sondern nur von Modellen von Welt zu. Einer in dem Orientierungsstreben des Menschen begründeten, gleichwohl intellektuell nicht redlichen Inanspruchnahme wissenschaftlicher als weltanschaulicher Ergebnisse kann der in der Gotteserkenntnis begründete Verzicht auf abstrakte Vergegenständlichungen ebenso wehren, wie er sensibel macht für weltanschauliche, »dogmatische« Voraussetzungen von wissenschaftlicher Arbeit, die über die Methodik einfließen (vgl. etwa die Rede von »sich selbst organisierender Materie«, von »der Natur« als Subjekt oder auch von »Natur-Gesetzen«).

5. Erkenntnis.

a. Ziel wissenschaftlicher wie philosophischer Bemühungen ist eine abgeschlossene Erkenntnis, die den Menschen befriedigt, weil sie seine Suche nach Orientierung zu einem letzten allgemein-gültigen Ende kommen läßt (Simon, 1986).

b. Die Bibel formuliert – weisheitliche – Welterkenntnis, betont aber polemisch (1) den Stückwerkcharakter, d.h. die Unabgeschlossenheit allen kognitiven Wissens (1Kor 13,12) und (2) die Abhängigkeit der Relevanz von Erkenntnis vom Eingebundensein des einzelnen mit seiner Erkenntnis in die Beziehung zu Gott.

c. Angesichts der allgemein zu beobachtenden Tendenz zu einer Abschottung gewonnener Einsichten gegen Einwände und weitere mögliche Erkenntnis kommt der bibl. Einsicht »Unser Erkennen ist Stückwerk, immer nur Teil, nie das ganze, immer unabgeschlossen« eine elementare ideologie- und auch theologiekritische Bedeutung zu. Der Mensch bedarf zu seiner Orientierung in der Welt einer verläßlichen Erkenntnis, steht aber in der Praxis ständig vor der Erfahrung der eigenen Endlichkeit, der Unabgeschlossenheit seiner Existenz und der auf dieser Basis gewonnenen Einsichten. Die Leugnung der eigenen Endlichkeit, die Verdrängung der Einsicht in die Unfähigkeit, sich erkenntnismäßig selbst zu begründen (Albert, 11ff), liegt also quasi in der anthropologischen Verfaßtheit des Menschen begründet. Jeder philosophische Versuch, die intellektuelle Unbegründbarkeit auch nur einfacher Erkenntnisse zur Geltung zu bringen und absolute Offenheit zu fordern, ist in der Praxis zum Scheitern verurteilt, denn ein solcher Versuch übersieht, daß für das menschliche Leben ein sicheres Fundament - und sei es auch nur die Fiktion eines Fundamentes – unabdingbar ist.

Die Forderung nach radikaler Prüfung aller Erkenntnisse entspricht zwar der Einsicht in den Stückwerkcharakter unseres »Wissens«, stellt aber eben nicht die biblisch-reformatorische Einsicht in den »natürlichen Menschen« als »homo incurvatus in se« dar. Außerhalb der Beziehung zu Gott kann der Mensch nicht anders, als »Gutes und Böses zu erkennen« (1Mo 3,5) und sich selbst zum Maß aller Dinge zu machen, d.h. absolute Positionen zu beziehen.

Einen Ausweg aus dieser philosophischen Ausweglosigkeit weist der bibl. Erkenntnisweg: Die gerade in den bibl. Schriften anerkannte Begrenztheit und damit Offenheit kognitiver Erkenntnis kann vom Menschen da ertragen, ja bejaht werden, wo kognitives Erkennen des einzelnen umfaßt wird von dem Erkanntwerden durch Gott, wo die kognitiv nicht überwindbare Distanz und philosophisch nicht zu bewältigende Skepsis unterlaufen wird durch die Liebe des sich mir zu erkennen gebenden, meine erkenntnistheoretische Distanz durch Eröffnung seiner Wirklichkeit überwindenden Gottes (Eph 3,19).

6. Zusammenfassung.

Im Hinblick auf die (in II.) genannten, neuzeitlich-modernes Denken bis heute bestimmenden Unterteilungen I. Kants ist vom bibl. Sprachgebrauch geltend zu machen:

a. Glauben und Erkennen stehen nicht in einer inhaltlichen Konkurrenz zueinander. Der Glaube schließt kein inhaltliches Sonderwissen ein, sondern gibt den Ort an, von dem her sich Erkenntnis Gottes und der Welt erschließt.

b. Glauben (Hoffen), Erkennen und Handeln fallen nach bibl. Zeugnis nicht auseinander, sondern bilden eine Einheit in der Existenz des Menschen vor Gott.

c. Der »reinen Vernunft« steht bibl. die Selbst-Mitteilung Gottes in das Fleisch gegenüber, d.h. ein partikulares, örtlich und zeitlich in unsere vergängliche Wirklichkeit eingebundenes Geschehen (Joh 1,14; Hebr 5,8). An diesem Erkenntnisakt Gottes, der am

Sohn Gottes selbst seine Spuren hinterläßt (vgl. Joh 20,27), ist ablesbar, was nach bibl. Sprachgebrauch für alles Erkennen gilt. Da Erkennen ein die Existenz, die Wirklichkeit selbst betreffendes Geschehen ist, wissen wir mit Hamann von der Bibel her »dem allgemeinen Geschwätze und schön aus der Ferne her, in die weite Welt hinein«, d.h. der beanspruchten Ortlosigkeit einer abstrakten, allgemein-gültigen Erkenntnis über das Wesen einer Sache »nichts besseres als die genaueste Localität, Individualität und Personalität entgegen zu setzen« (III, 352).

Literatur: H. Albert: Traktat über kritische Vernunft, 1968 (³1975); Aristoteles: Lehre vom Satz (Peri hermeneias), in: ders.: Kategorien. Lehre vom Satz (Peri hermeneias) (Organon I/II); Porphyrius, hg. von E. Rolfes, (PhB 8/9), (²1925); F. Bacon: Neues Organ der Wissenschaften (Novum organon, 1620), hg. von A.Th. Brück (1830) ND 1981; L.G. Bergsträßer: Einführung in die semitischen Sprachen, ³1977; O. Betz: Fleischliche und »geistliche« Christuserkenntnis nach 2. Korinther 5,16, in: ThBeitr 14/1983, 167-179; G.J. Botterweck: Gott erkennen im Sprachgebrauch des Alten Testamentes (BBB 2), 1951; R. Bultmann: Art. ginosko, in: ThWNT I, 688-719; N. Chomsky: Aspekte der Syntax-Theorie, 1969; P. Davies: Mehrfachwelten, Entdeckungen der Quantenphysik, 1981; R. Descartes: Meditationes de prima philosophia/Meditationen über die Grundlagen der Philosophie (Paris 1641; Amsterdam ²1642), hg. von H.G. Zekl (PhB 250a), ²1977; H. Diem: Zur Problematik theologischer Wahrheitsfindung, in: ThLZ 95/1970, 162-172; ders.: Ja oder nein, 50 Jahre Theologie in Kirche und Staat, 1974; K. Haacker: Wie redet die Bibel von Wahrheit?, in: ThBeitr 10/1979, 4-18; J.G. Hamann: Entkleidung und Verklärung, Ein fliegender Brief an Niemand, den Kundbaren (1786), in: ders.: Sämtliche Werke, Historisch-kritische Ausgabe von J. Nadler, Bd. III, 1951, 347-407; ders.: Metakritik über den Purismum der Vernunft (1784), in: ders.: Sämtliche Werke Bd. III, 281-289; ders.: Versuch über eine akademische Frage (1762), in: ders.: Sämtliche Werke Bd. II, 1950, 119-126; W. Heisenberg: Das Naturbild der heutigen Physik, ¹⁶1979; ders.: Quantentheorie und Philosophie, Vorlesungen und Aufsätze, 1979; ders.: Wandlungen in den Grundlagen der Naturwissenschaft, ⁸1949; H. Hempelmann: Heilsgeschichte am Ende? Von der Möglichkeit heilsgeschichtlicher Theologie im Rahmen der philosophisch-wissenschaftlichen Denkvoraussetzungen der Gegenwart, in: H. Stadelmann (Hg.): Epochen der Heilsgeschichte, Beiträge zur Förderung heilsgeschichtlicher Theologie, 1984, 39-54; ders.: »...keine ewigen Wahrheiten, als unaufhörlich Zeitliche...«, Hamanns Kontroverse mit Kant über Sprache und Vernunft, in: ThBeitr 18/1987, 5-33; ders.: Kritischer Rationalismus und Theologie als Wissenschaft, Zur Frage nach dem Wirkichkeitsbezug des christlichen Glaubens, ²1987; K. Hübner: Kritik der wissenschaftlichen Vernunft, 1978; W. von Humboldt: Ueber die Verschiedenheiten des menschlichen Sprachbaues und ihren Einfluß auf die geistige Entwicklung des Menschengeschlechts, in: ders.: Werke in fünf Bänden, hg. von A. Flitner/K. Giel, Bd. III Schriften zur Sprachphilosophie, ⁵1979, 368-756; A. Jepsen: »Hebräisch« - die Sprache Jahwes?, in: Beiträge zur alttestamentlichen Theologie, FS für W. Zimmerli zum 70. Geb., hg. von H. Donner u.a., 1977, 196-205; I. Kant: Logik, hg. von G.B. Jäsche, in: Kants Werke, Akademie-Textausgabe, Bd. IX (1923), 1968, 1-150; F. Kaulbach: Art Erkenntnis/Erkenntnistheorie, in: TRE X, 1982, 144–159 (dort philosophische Literaturhinweise); B. Kedar: Biblische Semantik, Eine Einführung, 1981; S. Kreuzer: Gottesglaube und Welterkenntnis am Beispiel der alttestamentlichen Weisheit, in: ThBeitr 18/1987, 34-41 (hier weitere Literatur zum Thema); H. Krings/H.M. Baumgartner: Art. Erkennen, Erkenntnis I (philosphisch), in: HWP Bd. 2, 1972, Sp. 643-622; E. Lévinas: Ethik und Unendliches, Gespräche mit Philippe Nemo, 1986; M. Luther: Der große Katechismus, Calwer Luther Ausgabe Bd. 1, ²1967; ders.: Tischreden, hg. von K. Aland, 1960; ders.: Vorlesung über den Römerbrief 1515/1516, hg. von H. Borcherdt/G. Merz, ³1965; H.-I. Marrou: Über die historische Erkenntnis, Welches ist der richtige Gebrauch der Vernunft, wenn sie sich historisch betätigt?, 1973; K.H. Michel: Gottes Wirken in der Geschichte, in: H. Stadelmann (Hg.): Glaube und Geschichte, Heilsgeschichte als Thema der Theologie, 1986, 88-133; O. Michel: Der Brief an die Römer (KEK IV), ¹⁴1978; ders.: Um lautere und reine Lehre, in: ders.: Dienst am Wort, Gesammelte Aufsätze, hg. von K. Haacker, 1986, 72-91; F. Mildenberger: Geschichte der deutschen evangelischen Theologie im 19. und 20. Jahrhundert, 1981; F. Nietzsche: Die »Vernunft« in der Philosophie, in: ders.: Sämtliche Werke.Kritische Studienausgabe in 15 Bänden, Bd. 6,1980, 74-79; K.R. Popper: Erkenntnistheorie ohne erkennendes Subjekt, in: ders.: Objektive Erkenntnis, Ein evolutionärer Entwurf, ²1974, 123-171; ders.: Logik der Forschung, ⁵1973; W.V. Quine: Wort und Gegenstand, 1980; G. von Rad: Das erste Buch Mose, Genesis (ATD 2-4), ⁹1972; ders.: Natur- und Welterkenntnis im Alten Testament, in: ders.: Gottes Wirken in Israel, Vorträge zum Alten Testament, hg. von O.H. Steck, 1974, 119-140; ders.: Weisheit in Israel, 1970; C.H. Ratschow: Gott existiert. Eine dogmatische Studie, ²1968; ders.: Werden und Wirken. Eine Untersuchung des Wortes hajah als Beitrag zur Wirklichkeitserfassung des Alten Testamentes, BZAW Bd. 70 (1941); P. Ricoeur: Philosophische und theologische Hermeneutik, in: ders./E. Jüngel: Metapher, Zur Hermeneutik religiöser Sprache, 1974, 24-44; A. Schlatter: Atheistische Methoden in der Theologie, hg. von H. Hempelmann, 1985; ders.: Der Glaube im Neuen Testament, 1985; W. Schmithals: Art. ginoska, gnosis, gnostos, in: EWNT I, 1980, 596–604; E.D. Schmitz: Art. Erkenntnis, Erfahrung, TBLNT Bd. 1, ²1979, 241-253 (dort weitere Literatur); R. Schnackenburg: Exkurs: Der johanneische Wahrheitsbegriff, in: ders.: Das Johannes-Evangelium II. Teil (Kap. 5-12), (HThK IV,2), 1971, 265-281; W. Schottroff: Art. jāda', in: THAT I, 1971, 682-701; J. Simon: Philosophie und linguistische Theorie, 1971; ders.: Sprachphilosophie, 1981; ders.: Vornehme und apokalyptische Töne in der Philosophie, in: Zeitschrift für philosophische Forschung 1986/4, 489-519; Baruch de Spinoza: Die Ethik nach geometrischer Methode dargestellt (Ethica ordine geometrico demonstrata, 1677), hg. von O. Baensch, eingel. von R. Schottlaender (PhB 92), 1976; P. Stuhlmacher: Biblische Theologie als Weg der Erkenntnis Gottes, in: JBTh 1, 1986, 91-114; P. Tillich: Trennung und Einigung im Erkenntnisakt, Probleme einer Ontologie des Erkennens, in: Tillich-Auswahl Bd. 1 Das Neue

Sein, hg. von M. Baumotte, 1980; 183-193 (GW IV, 107-117); C.F. von Weizsäcker: Aufbau der Physik, 1985; ders.: Zum Weltbild der Physik, [12]1976; L. Wittgenstein: Philosophische Untersuchungen (1953), in: ders.: Werkausgabe in acht Bänden, Bd. 1, 1984, 225-280; B.L. Whorf: Sprache, Denken, Wirklichkeit, Beiträge zur Metalinguistik und Sprachphilosophie, [13]1978; W. Zimmerli: Erkenntnis Gottes nach dem Buche Ezechiel, in: ders.: Gottes Offenbarung, Gesammelte Aufsätze zum Alten Testament, 1963, 41-119; ders.: Grundriß der alttestamentlichen Theologie, 1978. H.H

ERLASSEN.

1. Zum E. der Schuld, d.h. Verlängerung der Zahlungsfrist vgl. *Sabbatjahr. – Einen völligen Schulderlaß für arme Israeliten veranlaßte dagegen Nehemia während der Zeit des Wiederaufbaus der Mauer Jerusalems (Neh 5,9-12).

2. In bezug auf die Schuld der Sünde gibt der Herr Jesus seinen Jüngern die Vollmacht zum E. derselben (Joh 20,23). Dieser Auftrag ist eine Erneuerung der Berufung von Mt 16,19; 18,18 und bezieht sich nicht auf einen einzelnen Jünger, z.B. Petrus, sondern auf die Jünger als Gemeinde Jesu Christi (vgl. dazu Mt 18,15-19). Ihr Beschluß im Namen Jesu soll auch im Himmel anerkannt werden.

Daß sich die Bereitschaft Gottes zum völligen Erlaß der Schuld des Menschen nicht nach deren Größe richtet, zeigt Jesus in seinem Gleichnis vom Schalksknecht (Mt 18,27.32). Er erwartet aber von dem, der Vergebung empfangen hat, daß er nun seinerseits bereits ist, seinem Nächsten die Schuld zu e. (vgl. Mt 6,12). Dabei sollte dies so gründlich geschehen, wie Gott es tut (Mi 7,18f), d.h. Schuld vergessen als sei sie nie gewesen (vgl. *Vergebung).

ERLASSJAHR s. Sabbatjahr

ERLEUCHTUNG.

1. Gott ist als das *Licht die Quelle aller E. (Ps 118,27; 18,29). Vor der Ausstrahlung des göttlichen Lichtes muß die Finsternis weichen.

2. Daß der Mensch den Willen Gottes nicht aus sich erkennen kann, sondern Gott ihn belehren muß, ist im AT allgemeine Überzeugung. Daher die häufigen Bitten um klare E.: »Gott lasse uns sein Antlitz leuchten, daß man auf Erden erkenne seinen Weg, unter allen Heiden sein Heil« (Ps 67,2f). »Laß Dein Antlitz leuchten über deinem Knecht und lehre mich deine Gebote« (Ps 119,135). »Die Gebote des Herrn erleuchten die Augen« (Ps 19,9). Für Jesaja geschieht diese Ausstrahlung des göttlichen Lichtes durch den Messias (Jes 9,1; 59,9; 42,6; vgl. Lk 1,78f; 2,32).

3. Im NT hat Jesus Christus, der erschienene Messias, als das Licht der Welt (Joh 8,12) die voraussagenden Erkenntnisse der Propheten des AT herrlich und wunderbar erfüllt. Das Licht, das Gott in Christus in die finstere Nacht sandte (Joh 1,5), leuchtete zunächst in Israel, ist aber für die ganze Welt bestimmt. Im Evangelium wird es weitergetragen (2Kor 4,3-6). Zuerst sind es die Apostel, in deren Herzen durch den Heiligen Geist ein heller Schein entsteht. Dadurch werden sie ausgerüstet, Werkzeuge zu sein, durch die die E. zur Erkenntnis der Herrlichkeit Gottes im Angesicht Jesu Christi entsteht (vgl. Eph 3,9).

4. Die erleuchtende Kraft des Evangeliums scheint hinein in das Dunkel der Sünde und der Lüge, macht sie offenbar (Eph 5,13) und gibt Licht über den einzigen Weg der Rettung (V. 14). Der Mensch hat sich diesem Ruf gegenüber zu entscheiden (Joh 3,19-21). Nimmt er den Ruf an, so beginnt die Bekehrung von der Finsternis zum Licht. Dieser Bekehrung geht eine E. voraus, aber es folgt ihr auch eine E. nach, da der Geist Gottes denen, die sich für das Licht entschieden haben, das Auge immer mehr erleuchtet (Joh 16,13). Sie bekommen immer geübtere Sinne, Böses und Gutes zu unterscheiden und das Gute, das Göttliche zu erwählen (Hebr 5,14). In diesem Sinn gehört die E. zur *Heiligung, die ohne sie nicht möglich ist. Daher erbittet Paulus den Gemeinden »erleuchtete Augen des Herzens« (Eph 1,18).

ERLÖSUNG. Hinter dem bibl. Begriff der E. steht die Vorstellung vom Loskauf aus Sklaverei und Kriegsgefangenschaft. Dieser Loskauf erfolgt gegen Zahlung eines *Lösegelds. Wenn Gott Menschen loskauft, tritt im AT häufig – aber nicht immer – die Zahlung eines Preises zurück. Ist diese Zahlung ausgeschlossen, spricht man statt von Loskauf besser von E.

Voraussetzung für die Verwendung des Bildes vom Loskauf ist, daß Menschen sich in Sklaverei befinden. Im AT handelt es sich meist um Schuldsklaverei; in ntl. Zeit werden Sklaven vorwiegend schon als solche geboren, d.h. als Kinder von Sklaven. Auch wurden Kriegsgefangene oder von Seeräubern Entführte häufig versklavt. Gegen Zahlung eines Lösegelds konnten sie losgekauft werden. Die Praxis des Loskaufs ist in ntl. Zeit allgemein bekannt. Für Juden gab es sogar eine Verpflichtung zum Loskauf versklavter Volksgenossen.

Im AT werden für den Loskauf bzw. die E. vor allem zwei Begriffe gebraucht: *pādāh* und *gāʾal.* Beim zuletzt genannten Begriff geht es um die Wiederherstellung eines ursprünglich heilvollen Zustands, der durch eine soziale Notlage verloren wurde, etwa wenn Sippenmitglieder sich in die Schuldsklaverei verkaufen mußten (3Mo 25,27-55), oder wenn Erbbesitz verkauft werden mußte (3Mo 25,23-34). Ein naher Verwandter ist zum Loskauf verpflichtet; er wird Löser (*gōʾēl*) genannt.

Von Gottes erlösendem Handeln wird im AT vor allem im Blick auf zwei Ereignisse gesprochen. So wird zum einen die Herausführung aus Ägypten als befreiendes Handeln Gottes verstanden, weil Isrsael seine Dienstbarkeit in Ägypten als Sklavendasein verstanden hat (2Mo 6,6-8; 5Mo 7,6-8; 15,15). Aus dieser Sklaverei hat Gott Israel befreit, wie jemand Menschen aus der Sklaverei loskauft. Allerdings wird nirgends gesagt, daß Gott ein Lösegeld für Israel zahlen mußte. Durch die E. aus Ägypten ist Israel zu Gottes kostbarem und dauerndem Eigentum geworden, für das er sorgt, das er schützt und dem er hilft. Diesem Handeln Gottes soll auf seiten des Volkes der Gehorsam entsprechen. Israel hat durch die E. eine heilvolle Existenz in Freiheit gewonnen, weil der Dienst gegenüber Gott im AT keine Knechtschaft im negativen Sinn bedeutet.

Zum zweiten wird insbesondere in Jes 40-55 die Befreiung aus dem babylon. Exil in Analogie zum Loskauf eines Sklaven aus der Schuldsklaverei geschildert (Jes 43,1-7). Gott erlöste Israel aus der Sklaverei einer fremden Macht und handelte so wie ein Löser (*gōʾēl*) an seinem Volk (Jes 49,7-12.24-26). Er stellte einen heilvollen Zustand wieder her, indem er dem Volk die Freiheit und sein Land zurückgab. Die Ursache für die Sklaverei in Babylon war die Schuld des Volkes gegenüber seinem Gott (Jes 50,1; 44,21f). Durch die Vergebung ist die E. bereits in die Wege geleitet. Die Zahlung eines Lösegelds durch Gott tritt zurück, obwohl sie deutlich nachklingt (Jes 43,3f; 52,3). Die Ansage einer Lösegeldzahlung in Jes 43,3f hebt hervor, welch hohen Preis Gott für die Freiheit seines Volkes zu zahlen bereit ist, weil er es liebt.

Im frühen Judentum findet sich häufig die Erwartung der zukünftigen messianischen E. Diese wird als von Gott selbst bewirkte ewige E. erhofft im Unterschied zur vergänglichen durch Fleisch und Blut in der Vergangenheit (z.B. durch Mose). Die zukünftige E. wird in Parallele zur E. aus Ägypten gesehen. Dafür steht auch die Formel: Wie der erste Erlöser (Mose), so auch der letzte Erlöser (Messias).

Im NT ist es vor allem Paulus, der von der E. bzw. vom Loskauf der Menschen durch Christus spricht. Er gebraucht dazu das Substantiv *apolytrōsis* (Loskauf, E.) und die Verben *agorazō* (kaufen), *exagorazō* (loskaufen) und *lytroō* (loskaufen, erlösen). Voraussetzung für das Bild vom Loskauf ist, daß die Menschen unter der Macht der Sünde stehen und ihretwegen dem Todesfluch des Gesetzes verfallen sind (Gal 3,13). Jesus Christus kaufte sie los aus der Herrschaftsgewalt der Sünde, des Gesetzes und des Todes, indem er sein Leben als Lösegeld für alle Menschen in den Tod gab (Mk 10,45; 1Tim 2,5f). Wenn dafür die Wendung »durch sein Blut« steht, so wird dieses als Mittel und Preis des Loskaufs verstanden (Eph 1,7; 1Petr 1,18f; Offb 1,5; 5,9).

Paulus sagt ausdrücklich: »Ihr seid um einen Preis erkauft« (1Kor 6,20; 7,23 – RevEB). An wen Christus den Loskaufpreis bzw. das *Lösegeld gezahlt hat, wird an keiner Stelle im NT gesagt, weil das Bild des Loskaufs wesentlich durch die Sühnevorstellung geprägt ist. Das zeigt schon der Gebrauch des Wortes Blut für den Tod Christi. Darauf verweist aber auch die Erläuterung des Loskaufs als Vergebung der Sünden (Eph 1,7; Kol 1,14) sowie die Aussage, daß der Loskauf vom Fluch des Gesetzes (Gal 3,13) bzw. von der Sünde erfolgte (Tit 2,14; Offb 1,5). Durch seinen stellvertretenden Tod sühnte Jesus Christus die Sünden. Alle Menschen hatten aufgrund ihrer Sünde ihr Leben verwirkt und waren dem endzeitlichen Zorngericht Gottes verfallen (Röm 1,18; 3,9.22f; 5,12). Mit der Sühne durch sein Blut befreite Christus die Menschen von der Sünde und stiftete eine neue Gemeinschaft mit Gott. Weil diese Sühnevorstellung der Hintergrund ist, von dem her Paulus den Tod Jesu versteht, kommt keine fremde Macht als Empfänger des Lösegeldes in Betracht.

Der Grund für Gottes befreiendes Handeln durch den Loskauf Christi liegt in seiner erwählenden Liebe bzw. seiner heilschaffenden *Gnade (Röm 3,24; Eph 1,4-7). Er hat sich in der Freiheit seiner Liebe über die Menschen erbarmt, die unter der Macht von *Sünde, *Gesetz und *Tod versklavt waren und das Lösegeld selber niemals hätten zahlen können.

Durch den Loskauf findet ein Eigentums- bzw. Herrschaftswechsel statt. Aus der versklavenden Herrschaft der Sünde, des Gesetzes und des Todes hat Jesus Christus die Menschen befreit zu einem Leben unter der heilvollen Herrschaft Gottes bzw. Christi (1Kor 7,22f; Kol 1,13f; Eph 1,14; Hebr 9,14). Dieses Leben unter der Herrschaft Christi versteht Paulus vom AT her als Freiheit (vgl. Gal 5,1), weil der Mensch erst unter der Herrschaft seines Schöpfers seine Bestimmung verwirklichen und so in wahrer Freiheit leben kann.

Als Befreite sind die Glaubenden zum Eigentum Gottes geworden (Tit 2,14; Offb 1,5f).

Die durch den Loskauf Christi Befreiten nimmt Gott zugleich als seine freien Söhne an. Sie werden zu Erben Gottes und erhalten schon in der Gegenwart den verheißenen Geist der Kindschaft als Angeld des zukünftigen Erbes (Röm 8,14-23; Gal 4,4-7; Eph 1,11-14). Die durch Christus Losgekauften erlangen also nicht nur die Freiheit, sondern sie erhalten durch den Loskauf zugleich eine neue Existenz als Kinder Gottes. Während nach einer jüd. Tradition (Sifre Num § 115 zu 4Mo 15,41) die Israeliten von Gott aus Ägypten als Sklaven losgekauft wurden und nicht als Söhne, damit sie ihm zum Gehorsam verpflichtet wären, dienen die durch Christus Losgekauften Gott als Söhne in der Freiheit des Geistes.

Durch die stellvertretende Lebenshingabe Christi für die wegen ihrer Sünde dem Gerichtstod verfallenen Menschen ist der Loskauf ein für allemal geschehen. Die Glaubenden sind aus der Sklaverei der Sünde befreit und als Kinder Gottes angenommen. Und doch hoffen sie noch auf eine zukünftige E. (*apolytrōsis*). Diese zukünftige E. (Eph 1,14; 4,30) erwarten sie als Befreiung von der Macht der Vergänglichkeit, als E. des Leibes (Röm 8,20-23). Beim Antritt ihres himmlischen Erbes wird die Herrlichkeit der Kinder Gottes offenbar und vollendet.

Mit dem Bild vom Loskauf beschreibt das NT den Tod Christi in seiner Heilsbedeutung für die Menschen. Dabei knüpfen die ntl. Verfasser an atl.-jüd. Vorstellungen an, und zwar insbesondere an den Loskauf des Volkes Israel aus Ägypten und aus dem babylon. Exil zum Eigentumsvolk Gottes. Indem die frühe Gemeinde die jüd. Erwartung einer zukünftigen messianischen E. aufnahm, konnte sie die durch Jesus Christus geschehene E. als Erfüllung dieser Erwartung verkündigen. Zugleich erklärt sich von daher, daß Paulus die E. (*apolytrōsis*) als durch Christi Tod bereits geschehen versteht, sie andererseits aber noch in der Zukunft – bei der Wiederkunft Christi – erwartet.

Daß die frühe Gemeinde die Heilsbedeutung des Todes Jesu mit dem Bild des Loskaufs beschrieben hat, hat seinen letzten Grund darin, daß Jesus selbst seine stellvertretende Lebenshingabe als Lösegeld für alle Menschen gedeutet hat (Mt 20,28; Mk 10,45).

Literatur: O. Procksch, F. Büchsel, in: ThWNT IV, S. 329-359; J.J. Stamm, in: THAT I, 383-394, THAT II, 389-406; K. Kertelge, in: EWNT I, 331-336; E. Pax: Der Loskauf, in: Antonianum 37/1962, S. 239-278; W. Haubeck: Loskauf durch Christus, 1985. W.H.

ERMAHNUNG. Das Wort E. gibt das sowohl im griech. AT (LXX) wie im NT häufig vorkommende griech. *parakalein* wieder, das jedoch vielfach auch mit bitten, trösten u.ä. übersetzt wird.

Im NT wird es in dreifachem Sinn verwendet.

1. Herbeirufen, einladen, zureden, bitten. Paulus ruft die Vornehmsten der Juden zu sich (Apg 28,20). Lydia lädt Paulus ein, in ihrem Hause zu bleiben (Apg 16,15). Freunde des Paulus reden ihm zu, sich nicht in Gefahr zu begeben (Apg 19,31). Die Menschen bitten Jesus, ihre Kranken zu heilen (Mk 6,56; 7,32; 8,22).

2. Zu etwas aufrufen, ermahnen, (freundlich) zurechtweisen (2Kor 5,20; Phil 4,2; 1Tim 5,1).

Das Wort steht hier im geistlichen Sinne, insbes. enthält es die Aufforderung zum rechten, heiligen Wandel (Apg 15,32; Eph 4,1). In diesem Zusammenhang trägt es nicht nur allg. seelsorgerlichen Charakter, sondern die E. wird zu einem Element der Einzelseelsorge überhaupt (vgl. 1Thess 2,11f; 5,11 u.ö.). In der Hauptsache ermahnen die Jünger Jesu ihre Brüder und Schwestern zu ganzer Hingabe an Gott (Röm 12,1), zum Gebet (Röm 15,30), zur Wachsamkeit (Röm 16,17), zur Besonnenheit (Tit 2,6). Lehre und E. (1Tim 6,2) sind zwei Hauptelemente evangelischer Predigt, wovon das Lehren in erster Linie auf Erkenntnis und Glauben, das Ermahnen auf Willen und Tat, d.h. den praktischen Lebenswandel, gerichtet ist. Wo die Förderung der Erkenntnis die Förderung der praktischen Bewährung mit einschließt, da umgreift »das Ermahnen« die ganze Predigt; Predigt und Wortverkündigung werden bisweilen mit dem Wort Ermahnen wiedergegeben (Apg 20,2 u.ö.). Diese E. hat die Praktizierung des Evangeliums zum Ziel, das sich ja nie auf reine Wissensvermittlung beschränkt. Paulus geht darum noch weiter und fordert seine Mitbrüder auf, bes. die, denen das Wort vertraut ist, den willigen Zuhörer zu ermahnen, den Unwilligen zurechtzuweisen (2Tim 4,2; Tit 1,9). Diese Verbindung von E. und Zuchtübung in der Seelsorge wird bereits in der Predigt Jesu deutlich (Mt 18,15ff; vgl. auch Gal 6,1).

E. ist hauptsächlich Pflicht der *Lehrer und wurde von den *Aposteln reichlich geübt (Röm 12,1; 1Thess 4,10; 5,14; 1Petr 2,11), ihren Schülern aufgetragen (1Tim 4,13; 6,2; 2Tim 4,2; Tit 1,9; 2,6.15), aber auch den Christen untereinander befohlen (1Thess 5,11). Es ist ein gefährliches Zeichen, wenn in einer Gemeinde diese gegenseitige Förderung in der Heiligung aufgehört hat.

3. Ermutigen, trösten, ermuntern (Mt 5,4; Apg 20,12; 2Kor 7,6; 1Thess 3,2; 4,18 u.ö.). Hier hat das Wort seinen tiefsten und schönsten Sinn. Es wird zum Träger göttlichen Erbarmens über menschliches Versagen und menschliche Mutlosigkeit (2Kor 1,4).

4. Im Grundtext ist von *parakalein* das Hauptwort *paraklētos* (Tröster, Beistand) abgeleitet, eine Bezeichnung des Heiligen *Geistes (Joh 14,26; 15,26; 16,7).

ERNÄHRUNG. Unter diesen Oberbegriff fallen alle pflanzlichen und tierischen Produkte, die der Mensch braucht, um sein Leben erhalten zu können.

I. IM ALTEN TESTAMENT.

1. In frühesten Zeiten.
Schon von Anfang an (1Mo 1,29-30; 2,16) dienten dem Menschen alle samentragenden Pflanzen, wohl hauptsächlich Getreide und Gemüse, und die fruchttragenden Bäume als

Nahrungsmittel	Latein. Bezeichng.	Bibl. Belegstellen	Hebr./Arab.	Ägypt.	Sumerisch	Akkadisch
Getreide (allg.)		1 Mo 42,2.25; 43,2; 44,1f; 5 Mo 7,13; Neh 5,11	*zēr 'oim (H)* *kischne (A)*		SCHE ^{u}SCHE.SCHESCH	*sche'n* *siguschu*
Emmer	*Triticum dicoccon*		*Kussemeth (H)*		ZIZ.AM	*Kunaschu*
Hartweizen	*Triticum durum*	2 Mo 9,32; 5 Mo 8,8;		*hrnt* *bd.t*	SCHE.IR.ZI	*qutru*
Brotweizen	*Triticum aestivum*	1 Kor 15,37;	*hittâ (H)*	*sw.t*	SCHE.GIG	*kibtu*
Dinkel/Spelt	*Triticum spelta*	Jes 28,25; Hes 4,9;				
Gerste	*Hordeum vulgare*	2 Mo 9,31; 5 Mo 8,8; Ri 7,13;	*se'ōra (H)* *shaeir (A)*	*'it* *'nch.t*	SCHE.BAR	*uttatu*
Sechsreihige Gerste	*Hordeum hexastichon*	2 Kön 4,42; Joh 6,9.13;		*sm'j* *sch.t*	SCHE.IN.NU.CHA	*inninu*
Malz					MUNN SCHE	*buglu*
Hirse	*Andropogon Sorghum (Paniceum milioceum)*	Hes 4,9;	*dôchan (H)* *dura, duchn (A)*		SCHE.AR.ZIB	*duchnu*
Reis	*Oryza sativa*		*ōrez (H)*		^{u}SCHE.LI.A	^{scham}*karangu?*
Linsen	*Lens culinaris (Ervum lens)*	1 Mo 25,24; *2 Sam 17,28; 23,11;*	*'ădāschim (H)* *addes (A)*	*'rschn*	GUG, KUKKA	
Bohnen	*Vicia faba* *Phaseolus maximus* *Phaseolus vulgare*	2 Sam 17,28; Hes 4,9;	*pōl (H)* *tul (A)* *lûbâ (A)*	*iwrj.t* *pr*	LU.UB.SCHAR	*lubbu (luppu)*
Kichererbsen	*Cicer arientinum*		*hummes (A)*		ZID.MAD.MAL	*upuntu, maschâti*
Wicke	*Vicia nissoliana*		*kursenni (H)*		GU.MG.HAR.RA	*kischschenn?*
Kresse	Lepiddium sativum			*(chlin)*	ZAG.CHI.LI.SCHAR	^{scham}*sachlû*
Johannisbrot	Ceratonia siliqua	*Lk 15,16;*		*ndm*	^{u}URU.TIL.LA	^{scham}*charubu*
Lauch	*Allium kurrat*	4Mo 11,5;	*hāsir (H)*	*iz kt*	GA.RASCH	*karaschu*
Knoblauch	*Allium sativum*	4 Mo 11,5;	*schum (H)*	*hdt*	SUM	*schûmu*
			tûm (A)	*hdw*		
Zwiebeln	*Allium cepa*	4 Mo 11,5;	*besalim (H)* *basal (A)*	*hdw*		^{scham}*andachschum* ^{scham}*amu(sch)schu*
Gurken	*Cucumis melo*	4 Mo 11,5; Jes 1,8;	*qischschu'â (H)* *qittā' (A)*	*schspt*	UXUSCH	*qischschû*
Feigen	*Ficus carica*	5 Mo 8,8; Jes 36,16; Jer 5,17; Hos 2,14; Joel 1,7.12; Hab 3,17; Mt 7,16; Mk 11,13; Lk 13,6f;	*teenâ (H)*	*dzb*	^{gis}MA	*tittu*
Datteln	*Phoenix dactylifera*		*debasch (H)*	*bnr*	ZU.LUM.MA	*suluppu*
Äpfel	*Pyrus malus*	Spr 25,11; Hld 2,3.5; 7,9; 8,5; Joel 1,12;	*tappûach? (H)*	*tph* *dph*	^{gis}CHASCH CHUR	*chaschchûru* *arsappu*
Aprikosen	*Prunus armeniaca*		*tappûach (H)*		^{gis}CHASCHCHUR KUR.RA	*armânu?*
Birnen	*Pyrus communis*		*Tappûach? (H)*		^{gis}CHASCHCHUR GIS.DA	*kameschscharu*
Quitten	*Cydonia vulgaris*		*tappûach? (H)* *safarjal (A)*		^{gis}CHASCHCHUR ^{gis}PESCH ^{gis}CHASCHCHUR KUR.RA	*tiitânû* *supurgillu*
Mispel	*Mespilus germanica*				SCHENNUR	*schalluru*
Pfirsiche	*Prunus persica*				^{gis}DAR.RU.UG	*darrugu*
Granatäpfel	*Punica granatum*	5 Mo 8,8; Hld 8,2; Joel 1,12;	*rimmôn (H)*	*inhmn*	NU.UR.MA	*nurmû*
Trauben	*Vitis vinifera*	4 Mo 6,3; 5 Mo 23,25; Jes 5,2; Mt 7,16;	*eschqôl (H)*	*izzrt*	^{gis}KIN.GESCHTIN ^{gis}GESCHTIN	*ischunnatu* *karânu*
Melonen/Kürbisse	*Citrullus vulgaris*	4 Mo 11,5;	*abattihim (H)*	*bddw-ks*		

GETREIDE — HÜLSENFRÜCHTE UND GEMÜSE — FRÜCHTE

Die wichtigsten pflanzlichen Nahrungsmittel des antiken Nahen Ostens mit latein. Bezeichnung, bibl. Belegstellen und Entsprechungen in den damals gebräuchlichen Sprachen

Nahrung, während sich die Tiere von Grünfutter ernährten. Durch den Sündenfall wurde die Nahrungssuche und -herstellung für den Menschen zur mühseligen Arbeit (1Mo 3,18.23; 4,2-3). Die auf der Arche vorhandene Nahrung war offenbar typisch für die zu der damaligen Zeit üblichen Nahrungsmittel, obwohl darüber keine Einzelheiten angegeben sind (1Mo 6,21). Nach der Sintflut machte Gott die Zusage, daß es Aussaat und Ernte solange geben soll, wie die Erde besteht, und daß außer der Vegetation alle Kreatur als Nahrung dienen darf, nur das Blut nicht (1Mo 8,22-9,4). Als Noah nach der Flut wieder seßhaft wurde, baute er erstmals Wein an, durch dessen Genuß er betrunken wurde (1Mo 9,20-21).

2. Das Zeitalter der Erzväter.

In Ägypten, Palästina und Mesopotamien gehörten im 2.Jt.v.Chr. Getreide und verschiedene Brotsorten zusammen mit Milch, Butter, Käse, Wasser, Wein und Bier zu den Hauptnahrungsmitteln. Ohne Zweifel lebten die Patriarchen, die Halbnomaden waren, hauptsächlich von den Milchprodukten ihrer Rinder-, Schaf- und Ziegenherden. Sie verfügten aber auch über Brot (s. die Versorgung Hagars in 1Mo 21,14) und bauten nur gelegentlich Getreide an wie das Isaak (1Mo 26,12) und wahrscheinlich auch Jakob taten (vgl. 1Mo 37,7), weil dieser während der Hungersnot darauf angewiesen war, in Ägypten Korn zu kaufen (1Mo 42,2.25f; 43,2; 44,1-2). Die Linsensuppe, für die Esau sein Erstgeburtsrecht eintauschte (1Mo 25,29-34), dürfte zu seiner Zeit wie auch später (z.B. 2Sam 17,28) das allgemein übliche Gericht gewesen sein. Für Ehrengäste wurde ein gemästetes Kalb geschlachtet, außerdem reichte man ihnen Quark und dicke Milch (1Mo 18,6-8). Mit Abrahams Art der Bewirtung von Gästen lassen sich Hinweise in den nordkanaan. Schriften aus Ugarit vergleichen, in denen das Schlachten und Zubereiten eines »Lammes aus der Herde« oder auch »des bestgenährten des Mastviehs« erwähnt wird (ANET, S. 146.149.151). Obwohl nicht jeden Tag Fleisch gegessen wurde, war im Syrien-Palästina der Erzväter der Verzehr von Wüstenwild sehr beliebt. Isaak schätzte dieses auf der Jagd erbeutete schmackhafte Fleisch (1Mo 27,3-4) ebenso wie der Ägypter Sinuhe, der etwas früher in Palästina war (ANET, S. 20). Geschenke an Würdenträger konnten als besondere Delikatessen auch Nüsse und Honig enthalten (1Mo 43,11). Die Tontafeln des aus dem 18.Jh. v.Chr. stammenden Palastes von Mari lassen darauf schließen, daß den königlichen Gästen auf Gastmahlen große Mengen Honig zur Verfügung standen, und daß König Ischme-Dagan von Assyrien seinem in Mari regierenden Bruder zu der gleichen Zeit Pistazien(mandeln) schickte. Auch in Ägypten gehörte Honig in erster Linie zu den Privilegien des Königshauses und der Oberschicht, wurde aber gelegentlich auch von den Untergebenen gegessen. Schließlich war das gemeinsam eingenommene Mahl ein Zeichen von Freundschaft zwischen den zwei vertragschließenden Parteien, z.B. zwischen Isaak und den Philistern in 1Mo 26,30 und zwischen Jakob und Laban in 1Mo 31,54. Über das Mahl, zu dem Josef seine Brüder in Ägypten einlud, sind keine Einzelheiten bekannt (1Mo 43,31-34).

3. Israel in Ägypten.

In Ägypten hatten die gefangenen Israeliten trotz ihres harten Lebens eine große Auswahl an Nahrungsmitteln, an die sie während der Wüstenwanderung sehnsüchtig zurückdachten: Fisch, Gurken, Melonen, Lauch, Zwiebeln und Knoblauch (4Mo 11,5). Diese Liste stimmt sehr genau mit den im Ägypten des 13.Jh.v.Chr nicht zuletzt aus dem Ostdelta, dem Lande Goschen, bekannten Lebensmitteln überein. So wird die Gegend von Raamses von einem Schreiber wegen ihres Reichtums an Nahrungsmitteln gerühmt: Zwiebeln und Lauch, sieben verschiedene Sorten von Fisch in seinen Gewässern und zahlreiche Obst- und Gemüsesorten (ANET, S. 471; besser, R.A. Caminos: Late-Egyptian Miscellanies, 1954, S. 74).

4. Ernährung in Israel.

a. Pflanzliche Nahrungsmittel. Getreide, Wein und Olivenöl zählten zu den drei Hauptnahrungsmitteln (5Mo 7,13; 4Mo 5,11; Hos 2,10). Bei dem Getreide handelt es sich hauptsächlich um Gerste, Weizen und manchmal auch Emmer, eine Weizenart von geringerer Qualität (s. 2Mo 9,31f; 5Mo 8,8 und Jes 28,25 – man beachte die Reihenfolge des dort genannten Getreides. Zum Backen und Zubereiten von Brot s. *Brot). Brot als Grundnahrungsmittel war die geeignetste und anschaulichste Beschreibung für Christus selbst, das Brot des Lebens (vgl. Joh 6,33.35).

Der *Weinstock trug maßgeblich zur Versorgung bei: man genoß nicht nur die frischen Trauben (4Mo 6,3; 5Mo 23,25), sondern auch getrocknete Trauben als Rosinen (1Sam 25,18; 30,12); man trank süßen Traubensaft, *ʿasīs* (Jes 49,26; Am 9,13; Joel 1,5; 4,18), halbgegorenen Most oder jungen Wein (Ri 9,13; Hos 4,11; Spr 3,10; etc.) und den vollausgegorenen Wein (*yayin*). Den roten Traubensaft nannte man gerne »Traubenblut« (1Mo 49,11; 5Mo 32,14). *Wein in seinen verschiedenen Formen war im alten Palästina ein allgemein übliches Getränk. Manche Weine aus Ägyp-

Essenszubereitung in einem assyrischen Lager. Wandrelief aus dem Palast Assurbanipals in Kalach (Nimrud). 883–859 v.Chr. (BM)

ten, Palästina und Kleinasien (z.B. der Wein von Helbon in Hes 27,18 und in assyr. Texten) waren im Altertum berühmt. Essig, sauer gewordener Wein mit Wasser verdünnt, wurde den Feldarbeitern als Erfrischung gereicht (Rut 2,14).

Abgesehen davon, daß *schēkār* (»starkes Getränk«) eine allg. gebräuchliche Bezeichnung für gegorene Getränke war, wurden mit diesem Wort wohl speziell solche Getränke benannt, die aus Getreide, (Herodot 2,77), Datteln (ebd., 1,193) und vielleicht sogar Honig gewonnen wurden. Bier war Lieblingsgetränk in Mesopotamien, Wein in Palästina; beide waren in Ägypten bekannt, wo Dattelwein und andere Getränke erwähnt werden. (s. *Wein/-essig/-stock/-berg).

Als weiteres Nahrungsmittel wurde Olivenöl sowohl direkt zur Ernährung als auch als Fett zum Kochen benutzt. Zusammen mit Mehl benötigte man das *Öl für Brot und Kuchen, die auch in Öl gebacken wurden (2Mo 29,2); so war das Öl vielseitig verwendbar (vgl. die Witwe von Zarpat in 1Kön 17,12).

Als Gemüse (vgl. 2. und 3.) verwendete man Bohnen, *pōl* (2Sam 17,28; Hes 4,4.9). Seit dem 13.Jh.v.Chr. kommt dieses Wort auch in Ägypten vor. Neben den schon erwähnten Weintrauben und Oliven gehörten zum üblichen Obst *Feigen, (manchmal in Form von Feigenkuchen vgl. Jes 38,21 für den medizinischen Gebrauch; auch in Ugarit in der Pferdeheilkunde verwendet), die man ritzen mußte, damit sie zu eßbarer Größe anschwollen. Dieses Ritzen war einer der bürgerlichen Berufe des Amos (Am 7,14). Man aß auch Granatäpfel und trank ihren Saft (Hld 8,2). Zu den verschiedenartigen damals vorhandenen Nüssen gehörten Mandeln (Jer 1,11) und Pistazien. In Spr 25,11; Hld 2,3.5; 7,8; 8,5; Joel 1,12 bedeutet das Wort *tappūach* höchstwahrscheinlich »Apfel«, obwohl diese Übersetzung oft in Frage gestellt wird. Außerhalb von Ägypten und Palästina lassen babylon. Texte darauf schließen, daß der Apfel (*haschūru*) sowohl in Mesopotamien als auch im SO Kleinasiens (Puruschanda in der Nähe des heutigen Topada) schon lange bekannt war (s. *Pflanzen).

b. Tierprodukte. Darin einbegriffen sind Honig, Fett und Fleisch. Der Honig von wilden Bienen, den man in Felsen, in Bäumen etc. fand, war weit verbreitet (5Mo 32,13; Ri

14,8; 1Sam 14,25; 2Sam 17,29). Die Verfasser des AT sagen nichts darüber aus, ob man, wie bei den Ägyptern, auch bei den Hebräern Bienenzucht betrieb. Honig war eine sehr begehrte Delikatesse (Ps 19,11; Spr 24,13). Palästina war in der Tat ein Land von »Milch und Honig« (2Mo 3,8); im 15.Jh.v.Chr. brachte der Pharao Thutmosis III. von seinem 7. und 14. Feldzug Hunderte von Krügen mit Honig als Tribut aus Syrien-Palästina mit. Man beachte die überschwengliche Beschreibung des Überflusses an Getreide, Wein, Öl, Honig, Früchten und Vieh in Palästina durch Sinuhe (ANET, S. 19-20).

Auch Milch gehörte zusammen mit den aus ihr gewonnenen Produkten Butter und Käse zu den Hauptnahrungsmitteln. (Zu Milch vgl. Spr 27,27; Jes 7,22; Hes 25,4, zu Butter vgl. Spr 30,33; zu Käse vgl. Hiob 10,10; 1Sam 17,18; 2Sam 17,29 (– Käse wird hier als Geschenk überreicht). Einem unerwarteten Besucher oder Gast wie dem Sisera in Ri 4,19; 5,25 und Jahrhunderte zuvor dem ägypt. Flüchtling Sinuhe (ANET, S. 19) wurde Milch angeboten.

Fleisch nahm man, außer bei den reichen Leuten, die es vielleicht regelmäßig aßen, nur gelegentlich zu sich. So wie bei Abraham, bot man den Gästen Kalb, Ziege oder Lamm an (vgl. Ri 6,19ff; 2Sam 12,4); ob lebend oder schon zubereitet, waren diese Tiere willkommene Geschenke (1Sam 16,20; 25,18). Ein gemästeter Ochse ergab manchmal ein fürstliches Mahl (Spr 15,17). Das gilt für Palästina ebenso wie für Ägypten und Mesopotamien, wo ein Beamter, der dafür verantwortlich ist, das Bankett für königliche Gäste zu bereiten, von einem gemästeten Ochsen berichtet, der so gut im Fleisch steht, daß, »wenn er aufsteht, sein Blut in die Füße stürzt und er dann nicht mehr stehen kann«. Elis abtrünnige Söhne zogen dem gekochten Fleisch gebratenes vor, und dem Propheten Hesekiel diente ein in einem Topf mit Wasser gekochtes Stück Fleisch als Beispiel (Hes 24,3-5). Ein Ziegenböcklein sollte man jedoch nicht in der Milch seiner Mutter kochen (2Mo 23,19), weil das vielleicht mit kanaan. Opferpraktiken verbunden war und von daher ähnliche Bedeutung hatte wie das Essen von Götzenopferfleisch z.Zt. des NT. In 3Mo 11,1-23.29ff (vgl. 41ff) und 5Mo 14,3-21 findet man das Gesetz über die als Nahrung erlaubten oder verbotenen Tiere. Neben Ochsen, Schafen und Ziegen waren sieben Arten Wild (5Mo 14,5) und alle anderen Tiere mit gespaltenen Hufen, die wiederkäuen, erlaubt. Diejenigen *Tiere, die nicht beide Bedingungen erfüllten, waren als Nahrung verboten und zählten zusammen mit einer großen Anzahl verschiedener Vogelarten zu den »unreinen« Tieren. Was Fische betraf, so durften nur solche mit Flossen und Schuppen gegessen werden. Von den Insekten durften nur die Heuschrecken verzehrt werden. Das Fleisch einiger der verbotenen Tiere war für den menschlichen Genuß unbrauchbar, Schweinefleisch war in dem heißen Klima zu riskant; einige der »unreinen« Tiere brachte man mit der Götzenverehrung der Umwelt in Verbindung. (Zu Fisch s. *Fisch, Fischfang.)

c. Die Versorgung von Salomos Palast mit Nahrungsmitteln. In 1Kön 4,7.22-23,27-28 wird berichtet, daß jeder der Statthalter der zwölf israelit. Verwaltungsbezirke den Hof Salomos einen Monat im Jahr mit Nahrungsmitteln versorgen mußte: eine Tagesration betrug 30 kōr feines Mehl, 60 kōr groben Mehls, 30 Stück Vieh, 100 Schafe, Wildbret und Geflügel, außerdem noch Viehfutter für die königlichen Ställe. Ähnlich bezahlte Salomo Hiram I. von Tyrus dessen Holz und Holzfäller mit 20.000 kōr Weizen pro Jahr und einer entsprechenden Menge Öls. Solche Lebensmittelversorgung war für die altorientalischen Höfe typisch, wie aus ägypt. und mesopotamischen Wirtschaftslisten hervorgeht. Die Höfe Nebukadnezars II. von Babylonien und Kyrus' von Persien wurden offensichtlich in monatlichem Wechsel durch Bezirksbeamte versorgt, ähnlich wurde es am Hofe Salomos gehandhabt (R.P. Dougherty: AASOR 5, 1925, S. 23-41, 40-46). Wahrscheinlich wurden die monatlichen Lieferungen an Salomo entweder aus zusätzlichen Abgaben oder aus den örtlichen Steuern der zwölf Bezirke in Form von Naturalien (Getreide für Mehl, Viehbestände) bezahlt.

Nicht nur das System, sondern auch die Menge und die Verteilung der Versorgungsmittel am Hofe des Salomo halten einem Vergleich mit dem Lebensmittelverbrauch an anderen Königshöfen stand. Das Hofpersonal im Alten Orient kann man in drei Klassen einteilen: zunächst der König, die königliche Familie und alle höheren Beamten des Königreiches, dann das Gros der Höflinge und untergeordneten Beamten, die eng mit den »Abteilungen« der höheren Minister zusammenarbeiteten, und schließlich die wohl am stärksten vertretene Klasse der in allen möglichen Bereichen tätigen Hausangestellten. Der alte nahöstl. Palast war nicht nur eine königliche Residenz, sondern der eigentliche Mittelpunkt der Zentralregierung des Staates. Teilweise erhaltene Statistiken aus Ägypten und Mesopotamien stehen für einen Vergleich zur Verfügung. Für das 18.Jh.v.Chr. geben königliche Archive aus Mari und Chagar Bazar im NW-Mesopotamien Auskunft über die tägli-

Nahrungsmittel erscheinen oft als Opfergaben, die einem Gott geweiht werden. Wandgemälde aus dem Grab Meneas in Theben. 1570–1314 v.Chr. (MH)

che Nahrungsversorgung des Königs und seiner obersten Beamten (d.h. der »ersten Klasse«). Die Mengen umfassen täglich Hunderte von Litern (qa) an Getreide, Brot, Backwaren, Honig und Sirup, wobei der Tagesdurchschnitt in Chagar Bazar bei 945 l für das »königliche Mahl« liegt (J. Bottéro: Archives Royales de Mari, 7, 1957, S. 270-273). Man vergleiche allein die riesigen Mengen an Gerste, die im Palast von Mari verzehrt wurden (s. Birot: ebd., 9, 1960, S. 264-265). Ähnliche Rechnungen sind auch vom ägypt. Hof der damit gleichzeitigen 13. Dynastie erhalten. Direkt vergleichbar damit ist der Verbrauch von 726 l Mehl (10 har, d.h. Säcke) täglich zum Brotbacken für den ägypt. Hof Sethos' I. (ca. 1300 v.Chr.) in Unterägypten (Spiegelberg: Rechnungen, Zeit Setis' I., 1896). Zu den Vorbereitungen für die Ankunft eines Pharao gehörte im späten 13.Jh.v.Chr. die Beschaffung von 92.000 Brotlaiben (acht verschiedene Sorten), 20.000 Keksen (zwei verschiedene Sorten) und riesigen Mengen anderer Lebensmittel (R.A. Caminos: Late-Egyptian Miscellanies, 1954, S. 198-201). All diese Zahlen beziehen sich ebenfalls hauptsächlich auf Konsumenten der ersten Klasse und eventuell, wie beim letzten Beispiel, auf die zweite Klasse, berücksichtigen jedoch keinesfalls die zahlreichen niederen Hausangestellten (»dritte Klasse«), wie z.B. die 400 Palastfrauen in Mari. Keilschrifttafeln aus Babylon aus dem 10. bis 35. Regierungsjahr Nebukadnezars II. (595-570 v.Chr.) informieren genau über die Mengen an Getreide und Öl, die königliche Gefangene, darunter König Jojachin von Juda und seine Söhne, sowie zahlreiche Handwerker aus Ägypten, Philistäa, Phönizien, Jonien, Lydien, Zilizien, Elam, Medien und Persien erhielten (weitere Einzelheiten s. ANET, S. 308; DOTT, S. 84-86; Hauptquelle ist E.F. Weidner: Mélanges R. Dussaud, 2, 1933, S. 923-935; wertvolles Hintergrundmaterial liefert W.F. Albright: BA 5, 1942, S. 49-55).

Wenn bei Salomo 1 kōr (Maß) 220 l sind (R.B.Y. Scott: BA 22, 1959, S. 31; vgl. *Maße und Gewichte), dann ergeben die 30 kōr feinen plus 60 kōr groben Mehls insgesamt ca. 6.600 l plus 13.200 l täglich, was ingesamt 19.800 Liter täglich oder 594.000 l monatlich ausmacht. Nach den oben angegebenen Vergleichszahlen würde das bedeuten, daß täglich 600 l an die oberste Schicht, d.h. an Salomo, seine Familie und seine oberen Beamten geliefert wurden (vgl. die 726 l in Ägypten, die 945 l in Chagar Bazar), weitere 6.000 l feinen Mehls für die »zweite Klasse«, also für das Gros der wichtigsten Höflinge und Beamten, und 13.200 l einfachen Mehls für die vielen Hausangestellten (»dritte Klasse«) gebraucht wurden. Zeugnisse aus Mari lassen darauf schließen, daß auf einem *iku* Land (3600 m^2) ein *ugar* (1.200 l) Getreide angebaut wurde. Wenn die Getreideerträge in Israel ähnlich waren, und wenn ein Liter Getreide etwa einen Liter Vollmehl ausmachte, dann kann man wohl annehmen, daß die monatliche Mehllieferung an Salomos Hof (594.000 l) ungefähr der Menge Getreide entspricht, die auf 495 *iku* oder ca. 424 Morgen Land angebaut wurde. Das entspricht einer Fläche von etwa 1,7 km^2, eine Abgabe, die mit Sicherheit keine unerträgliche Belastung für jeden der zwölf Verwaltungsbezirke Israels darstellte. Die jährlich an Hiram zu zahlenden 20.000 kōr Weizen würden ganz entsprechend den Ertrag von ca. 305 iku oder 262 Morgen pro Monat, d.h. 1,06 km^2 Land erfordern, was eine vernünftige Zahl ist.

d. Würzen und Kochen.
Im Kochen inbegriffen war das Brot- und Kuchenbacken mit oder ohne Sauerteig, das Zubereiten von Suppen und Eintopfgerichten und das Braten und Kochen von Fleisch (s.o.). *Salz war das für eine Mahlzeit wichtigste Gewürz (Hiob 6,6). Wie schon erwähnt, war das gemeinsame Einnehmen einer Mahlzeit ein Zeichen für einen Bundesschluß (1Mo 26,30; 31,54), und die Wendungen »Bund des Salzes« (4Mo 18,19) oder »jemandes Salz essen« (Esr 4,14) bezeichneten Einvernehmen oder Loyalität. Zu den *Gewürzkräutern zählten Schwarzkümmel (Jes 28,25.27) und Koriander (2Mo 16,31; 4Mo 11,7). Der im Altertum übliche Gebrauch dieser Gewürze wird durch Funde von Pflanzen und Samen in ägypt. Gräbern von der 18. Dynastie an und durch ihre Erwähnung in ägypt. und babylon. Texten belegt (vgl. L. Keimer: Die Gartenpflanzen im Alten Ägypten, 1, 1924).

Auf mykenisch-griech. Tontafeln aus Kreta und Griechenland, die in der Linear-B-Schrift geschrieben und ins 15.-13.Jh.v.Chr. datiert sind, tauchen u.a. die Gewürze Kümmel (*ku-mi-no*), Koriander (*ko-ri-a-da-na/do-no*) und Sesam (*sa-sa-ma*) auf. Diese Namen und wahrscheinlich auch einige dieser Gewürze waren Einfuhrartikel aus dem Nahen Osten über Syrien-Palästina und Zypern und bezeugen dadurch das hohe Alter der Verwendung dieser Gewürze und ihrer Namen in den bibl. Ländern. (Weitere Einzelheiten dazu bei M. Ventris und J. Chadwick: Documents in Mycenean Greek, 1956, S. 131, 135-136, 221-231; J. Chadwick: The Decipherment of Linear B, 1958, S. 64,120). Der Gebrauch von Sesam ist für die selbe Zeit auch in Syrien selbst, nämlich in Ugarit als *schschmn* belegt (Gordon: Ugaritic Textbook, 3, 1965, S. 495, Nr. 2496).

Honig durfte man zum Backen (2Mo 16,31), jedoch nicht als eine Gabe für Gott verwenden (3Mo 2,11), obwohl man in Ägypten den Göttern Honig als Opfer darbrachte. Gesüßte und gewürzte Weine (Hld 8,2) und Biersorten sind ebenfalls in ägypt. und mesopotamischen Texten erwähnt; man verwendete Honig dazu und Kräuter. Mit dem etwas unklaren Ausdruck »den Salbtopf salben lassen«, der in Hes 24,10 (vgl. RevEB, Fußnote) im Zusammenhang mit dem Kochen vorkommt und vielleicht das Würzen von Fleisch bezeichnet, könnte man »gewürztes«, wörtl. »gesüßtes Fleisch« *(iwf sndm)* in Ägypten vergleichen (Gardiner, Ancient Egyptian Onomastica, 2, 1947, S. 225*-256*, A. 610).

Mit der Wendung »das Weiße vom Ei« (*rīr hallāmūt*, Hiob 6,6), durch die etwas fade Schmeckendes ausgedrückt wurde, war wahrscheinlich der Saft einer Gemüseart gemeint. D.J. Wiseman (The Alalakh Tablets, 1953, S. 87) stellt einen möglichen Zusammenhang zwischen *hilimitu*, das zum Getreide zählt, und dem syr. *hallāmūt* her (vgl. die oben genannte hebr. Form; vgl. A.R. Millard: Ugarit-Forschungen 1, 1969, S. 210).

II. IM NEUEN TESTAMENT.
Da die typische hebr. Familie sich hauptsächlich vegetarisch ernährte, ist es nicht verwunderlich, daß sich die ntl. Hinweise auf Ernährung fast ausschließlich auf solche Nahrungsmittel beziehen.

1. Pflanzliche Kost.

a. Getreidearten. Das Hauptnahrungsmittel des Menschen in der Bibel ist Brot, das entweder aus Weizenmehl (Mt 13,33; Lk 13,21) oder Gerstenmehl gebacken wurde (Joh 6,9.13; vgl. Ri 7,13; 2Kön 4,42). Letzteres wurde für das Brot der ärmeren Leute verwendet (vgl. Jos.bell.Jud. V, 427; für das Wertverhältnis von Weizen und Gerste s. Offb 6,6). Das NT berichtet über die einfache Methode, das Korn zu gewinnen, indem man die reifen Ähren pflückte (3Mo 23,14) und die Schale durch Reiben in der Hand entfernte (5Mo 23,26; Mt 12,1; Mk 2,23; Lk 6,1). Wenn das auf dem Feld eines fremden Mannes geschah, dann wurde es von den Rabbinen mit dem Ernten gleichgesetzt und deshalb am Sabbat verboten (Mischna, Shabbat 7.2). Weitere Stellen, die sich auf den Umgang mit Korn beziehen, sind Mt 3,12; Lk 3,17; Lk 22,31. Besondere Erwähnung verdienen die *massōt* oder Fladen aus ungesäuertem Teig, weil nur sie in jüd. Haushalten während des Passafestes erlaubt waren und sind (2Mo 12,19; 13,7 etc.; 1Kor 5,7f).

b. Früchte und Öl. Aus dem Garten kamen die Weintrauben und damit zugleich die »Frucht des Weinstockes« (Mt 26,29 etc.); auch Oliven fand man im Garten, obwohl sie nirgendwo ausdrücklich als Nahrungsmittel genannt werden (vgl. Röm 11,17ff; Jak 3,12). Aus den Oliven ließ sich jedoch ein sehr gutes Öl gewinnen, das bei der Zubereitung von Nahrung verwendet wurde; die Frucht selber wurde konserviert, indem man sie in Salzwasser einlegte. In Salzwasser eingelegte Oliven wurden als pikante Beilage zu Brot gegessen. In diesem Zusammenhang sei auch die *harōset* genannte Soße erwähnt, die aus Datteln, Feigen, Rosinen und Essig zubereitet wird, und die für das Passafest charakteristisch ist (Mk 14,20; Joh 13,26; in der Mischna, Pesachim 2,8; 10,3).

Von der Frucht des Feigenbaumes spricht Mt 7,16 in gleichem Zusammenhang wie von der Traube. Diese beiden Früchte waren in Palästina sehr geschätzt, wohingegen die Frucht des Johannisbrotbaumes nur wenig beliebt war; diese Schoten hätte der verlorene Sohn in seiner Not gerne gegessen (Lk 15,16), obwohl sie eigentlich als Schweinefutter dienten.

2. Tiere und Tierprodukte.

a. *Tiere (allg.). In der jüd. Welt der ntl. Zeit wurde die Einhaltung der Speisegesetze strengstens durchgesetzt, insbesondere in Hinblick auf die Unterscheidung zwischen reinen und unreinen Tieren und Vögeln (3Mo 11,1-23; 5Mo 14,4-20; Apg 10,9ff; Mischna-Traktat 'Avoda Zara). Daß diese Speisevorschriften nicht mehr gelten, ist ein wichtiges Thema im NT (Mk 7,18-20; Apg 15,29; Röm 14; 1Kor 8,10; *Götzenopferfleisch). Zu den reinen Tieren, die als Nahrung dienten – vorausgesetzt, daß sie korrekt geschlachtet worden waren und das Blut ganz ausgeflossen war, wodurch sie rein, koscher, wurden –, zählten das Ziegenböcklein (Lk 15,29) und das Kalb (Lk 15,23), die beide für einen festlichen Anlaß gemästet waren.

b. Fisch. Fisch wurde ganz ähnlich als rein oder unrein klassifiziert, entsprechend den Bestimmungen 5Mo 14,9f (vgl. 3Mo 11,9-12). Der Leser des Evangeliums ist sicher vertraut mit den Namen der galiläischen Städte, die, am Ufer des Sees Genezareth gelegen, Zentrum der Fischindustrie waren. Die ersten Jünger werden »Fischer« genannt (Mk 1,16 par.). Außer dem Hinweis in Lk 11,11 wird Fisch sowohl bei der Speisung der Fünftausend (Mk 6,41ff par. sowie Mk 8,7ff par) als auch bei den Mahlzeiten erwähnt, die der

Opfergaben in Form von Trauben und Granatäpfeln. Kopie eines ägyptischen Grabgemäldes. Theben. 18. Dynastie. (RH)

Diener tragen ein mit Früchten beladenes Tablett. Wandrelief aus dem Palast Sanheribs. 704–681 v.Chr. (BM)

Auferstandene mit seinen Jüngern teilte (Lk 24,42-43; Joh 21,9ff). Die Popularität des Fischsymbols im frühen Christentum (vgl. die detaillierte Studie von F.J. Dölger: Ichthys, 1928) und Verwendung von Fisch beim Heiligen Abendmahl in frühchristl. Kreisen haben wahrscheinlich ihren Ursprung in diesen im Evangelium erwähnten Ereignissen.

c. Vögel. Im NT sind Vögel als Nahrungsmittel nicht erwähnt, abgesehen von dem allg. Hinweis in Apg 10,12 und der indirekten Erwähnung des Verkaufs von Spatzen in Mt 10,29 und Lk 12,6; in Lk 11,12 wird jedoch auf Eier angespielt.

d. Insekten. Zu den eßbaren Insekten gehört die Heuschrecke, die zusammen mit wildem Honig Johannes dem Täufer in der Wüste Juda als Nahrung diente.

3. Gewürze.
Um den Genuß des Essens zu steigern, bediente man sich verschiedener Zutaten. Das wichtigste Gewürz war das Salz, das die Eigenschaft besaß, einer Mahlzeit Geschmack zu verleihen (Hiob 6,6). Diese Eigenschaft des Salzes wird in einigen ethischen Anweisungen der Evangelien (Mt 5,13; Mk 9,50; Lk 14,34) und in den Briefen (Kol 4,6) zum Kernstück der Aussage. Mit den Gewürzen Minze, Dill, Kümmel und Raute (Mt 23,23 und Lk 11,42) wird die Liste der *Kräuter und Gewürze, die Speisen schmackhaft machen, fortgesetzt; in Mt 13,31f findet man den Hinweis auf die Senfpflanze, deren zerschnittene Blätter den Gerichten zusätzlich Würze gaben.

Der kleine Senfsame soll nach jüd. Brauch auf das Feld und nicht in den Garten gesät werden; in Palästina erreichten die Pflanzen eine Höhe von bis zu 3 m. (Zu den verschiedenen Problemen der Gleichnisse vom Senfkorn s. C.-H. Hunzinger: ThWNT VII, S. 286-290).

Literatur: H. Carey: The Art of Syrian Cookery, 1960; R.J. Forbes: Studies in Ancient Technology 3, 1955, S. 50–105; ders.: op.cit. 5, 1957, S. 78–88, 97f; H. A. Hoffner: Alimenta Hethaeorum, 1974; Reallexikon der Assyriologie, 3, 1957–71, 211ff, 302ff, 308ff. K.A.K./R.P.M./H.P.R.

ERNEUERUNG.

1. E. ist Ziel des göttlichen Heilshandelns (Offb 21,5). Die ganze Kreatur ist nach dem Sündenfall erneuerungsbedürftig, denn nicht nur die Menschheit ist dahingegeben unter die Verderbensmächte von *Satan, *Sünde und *Tod, sondern auch die übrige Kreatur ist der Vergänglichkeit und Sinnlosigkeit unterworfen (Röm 8,19ff).

2. Diese Neuschöpfung hat Gott in Jesus Christus beschlossen. Jesus selbst, der Bringer und Mittler der rettenden, göttlichen Königsherrschaft, ist der neue Mensch, Haupt und Anfang der neuen Schöpfungsreihe (Röm 5,12ff; 1Kor 15,21ff). Er selbst bringt und verkörpert den »neuen Bund« (Lk 22,20). Wer in Christus ist, der ist im Glauben eine »neue Kreatur« (2Kor 5,17), er lebt nach dem »neuen Gebot« (Joh 13,34) und wird je länger je mehr umgewandelt in seinem innersten Wesen (Eph 4,23), daß Christus in ihm »Gestalt gewinnt« (Gal 4,19) und er verwandelt wird in Jesu Bild von einer Herrlichkeit zur anderen (2Kor 3,18).

3. Diese Erneuerung wird uns zuteil durch die Kraft des Heiligen Geistes. Wer im Glauben dem Willen und Wirken Gottes gehorsam wird, wird wiedergeboren zu einem neuen Leben. Er hält sich dafür, daß sein »alter Mensch« mit Christus gekreuzigt ist (Röm 6,6) und zieht den »neuen Menschen« an, »der nach Gott geschaffen ist« (Eph 4,24). So ist die Erneuerung zugleich gnädige Gabe (1Petr 1,3) und heilige Aufgabe (Röm 13,14; Kol 3,10) für den wahren Christen.

4. In solches Neuwerden wird auch unser Leib hineingezogen. In dem neuen Leben in Christus haben wir jetzt schon die »Erstlingsgabe des Geistes« und strecken uns doch, solange wir noch im Fleisch leben, sehnsüchtig aus nach der »Erlösung unseres Leibes« (Röm 8,23) und der Vollendung bei der Wiederkunft unseres Herrn. Dann erst wird offenbar und sichtbar, was wir sein werden, dann wer-

den wir Jesus gleich sein in verklärter Leiblichkeit und werden ihn sehen, wie er ist (1Joh 3,1f).

5. In der Vollendung wird sich verwirklichen, was verheißen ist. Der neue Himmel und die neue Erde (Offb 21,1), das neue Jerusalem (Offb 21,2), der neue Name der Erlösten (Offb 2,17) und das neue Anbetungslied des Volkes Gottes (Offb 5,9; 14,3) werden den Glanz der ewigen göttlichen Herrlichkeit widerspiegeln.

ERNIEDRIGEN UND ERHÖHEN.

1. Der Herr allein ist hoch und erhaben, er wohnt im Heiligtum und in der Höhe (Jes 57,15). Das entspricht der israelit. Vorstellung von der Welt (Ps 14,2; 33,12f; 104,3), ist jedoch keine nur äußerliche Feststellung, sondern entspricht dem Verhältnis des Menschen und der Schöpfung zu ihrem Schöpfer.

2. Der Mensch, dem die Demut vor seinem Herrn gebührte (Mt 18,4; 23,12 u.ö.), die Erniedrigung vor dem König der Welt (vgl. Phil 2,9ff), erhob sich wider den Herrn (vgl. Dan 5,23) und wider seinen Bruder (1Mo 4,8). Der Mensch will selbst König sein. Darum stößt ihn Gott von der angemaßten Höhe (Jes 2,11ff) und erniedrigt die Augen des Stolzen (2Sam 22,28).

3. Jesus Christus, der Sohn des lebendigen Gottes, hat dieses Gericht Gottes über den Menschen auf sich genommen und sich von den Höhen seiner Herrschaft zur Erde erniedrigt (Phil 2,8; Hebr 2,9), er ist gehorsam geworden und für die Menschen den Weg der Erniedrigung und der Verdammnis bis ins Totenreich, in die *Hölle, gegangen (1Petr 3,19; 4,6; vgl. Eph 4,8f). Darum hat ihn sein himmlischer Vater erhöht über alle Götter (Ps 97,9), alle Menschen (Apg 5,31) und die gesamte Kreatur (Phil 2,9), ein Geschehen, das bereits im erhöhten Kreuz angedeutet war (Joh 3,14; 12,34). Diesen Weg zur Erhöhung führt Gott diejenigen (Jak 4,10), die an sich das Gericht der Selbsterniedrigung und Demütigung vollziehen (Hes 21,31; Mt 23,12).

4. Alle falschen Propheten (Mt 24,11) und falschen Christusse (Mk 13,22), die sich gegen den Herrn erhoben haben, werden am letzten Tag (*Gericht), an dem der erhöhte Herr wiederkommen wird, sich beugen. Dann werden alle Höhen erniedrigt und die Täler zu einem gangbaren Weg Gottes geebnet (Jes 40,4). Dann werden sich alle Hohen endgültig beugen müssen (vgl. Jes 10,33), die hohen Städte (Jes 26,5), die hohen Bäume (Hes 17,24), ja die gesamte Kreatur, die sich gegen Gott erhebt, wird erniedrigt werden (Jes 2,11-17). Das Niedrige aber wird der gerechte Richter erheben (1Sam 2,7; Ps 75,8), damit das, was nichts ist, etwas sei (1Kor 1,28), durch ihn und zu seinem Ruhm.

ERSATZOPFER s. Opfer

ERSCHEINUNG.

1. Im allg. bezeichnet dieser Ausdruck ein Geschehen, das von außen in sinnhaft wahrnehmbarer Form an den Menschen herantritt. Doch können damit gelegentlich auch Vorgänge angedeutet sein, die nur als *Träume oder *Gesichte dem inneren Auge wahrnehmbar sind (1Kön 3,5; Dan 8,1; Apg 16,9). An besonderen Wendepunkten des Reiches Gottes hat der Herr durch E. die himmlische Welt den Seinen zur Stärkung des Glaubens nahegebracht (1Mo 18,1; Ri 6,12; 13,3; Mt 17,3). Dazu gehören auch die sog. Gotteserscheinungen in Gestalt sinnhaft wahrnehmbarer *Engel (1Mo 18; 32,2f; 4Mo 22,32; Jos 5,13-15; Mt 28,2; Mk 1,13; 16,5; Lk 1,11; 22,43; Apg 12,7-11 u.ö.) oder Naturerscheinungen (2Mo 19,16; 20,18; 24,17 u.ö.). Die Herrlichkeit des Herrn tat sich Israel auch in Wolken und Feuererscheinungen kund (2Mo 16,10; 3Mo 9,4.23f. u.ö.).

2. Die Verheißungen des AT von der E. des Herrn (Ps 94,1; 102,17; Jes 60,2; Sach 9,14; Mal 3,2; Lk 1,79) sind teilweise in Jesus erfüllt oder warten noch auf die Wiederkunft Jesu Christi. Nachdem der Sohn Gottes durch seine Menschwerdung hier in dieser Welt sichtbar geworden ist (2Tim 1,10; 1Joh 1,2; 3,8; Hebr 9,26), und nachdem sich der Auferstandene nicht allein den Engeln, sondern auch seinen Aposteln leibhaftig gezeigt hat (1Tim 3,16; Apg 13,31; 9,17; 26,16.19), wird er am Ende der Tage in seiner göttlichen Herrlichkeit sichtbar erscheinen (Mt 24,30; 2Thess 1,10; 1Petr 5,4; Hebr 9,28). Dies Erscheinen bei seiner Wiederkunft wird dem Gläubigen zur Rettung, dem Ungläubigen aber zum Verderben werden (2Thess 2,8; 1Tim 6,14; 2Tim 4,1; Tit 2,13). Vgl. *Wiederkunft Jesu.

ERSTGEBURT.

I. IM ALTEN TESTAMENT.

Die hebr. Wortwurzel *bkr*, die sich auch in vielen anderen semit. Sprachen findet, hat die allgemeine Bedeutung »früh sein«. *bekōr*, »Erstgeborener« (weiblich *bekīrā*) wird bei Mensch und Tier gebraucht, verwandte Ausdrücke auch für Erstlingsfrüchte. Die Rechte und Pflichten des Erstgeborenen gelten als sein »Erstgeburtsrecht« (*bekōrāh*). In 1Mo 25,23 wird der älteste Sohn *rab* genannt. Das ist ein Ausdruck, der sonst nur noch in Keilschrifttexten aus dem 2. Jt. vorkommt.

Das Erstgeborene galt als »Erstling von seiner Kraft« (*rēschīt ōn*, 1Mo 49,3; 5Mo 21,17; vgl. Ps 78,51; 105,36) und »Durchbrecher des Mutterschoßes« (*päthär rächäm* - 2Mo 13,2.12.15; 4Mo 8,15 u.ö.), womit sowohl väterliche als auch mütterliche Aspekte ausgedrückt sind. Die herausragende Stellung des Erstgeborenen wurde auch auf das Volk Israel (2Mo 4,22) und die davidische Dynastie (Ps 89,27) übertragen.

Die besondere Stellung des ältesten Sohnes findet man im Nahen Osten alter Zeit weit verbreitet, doch nicht auf Kinder von Nebenfrauen und Sklavinnen ausgedehnt (vgl. 1Mo 21,9-13; Ri 11,1f). Die damit einhergehenden Vorrechte besaßen zur Zeit des AT hohen ideellen Wert; zudem waren sie verbunden mit einem umfangreichen Erbe, besonderem väterlichen Segen, Leitung der Familie und einem Ehrenplatz bei den Mahlzeiten (1Mo 25,5f; 27,35f; 43,33; 5Mo 21,15-17). Der doppelte Anteil aus dem Erbe (5Mo 21,15-17), den Erzvätern offenbar unbekannt (1Mo 25,5f), wird in mehreren altbabylon., mittelassyr. und Nuzi-Texten erwähnt und an anderen Stellen im AT (2Kön 2,9; Jes 61,7) angedeutet.

Die Vorrechte aus der Erstgeburt konnten nur bei schlimmen Vergehen (1Mo 35,22; 49,4; 1Chr 5,1f) oder durch Verkauf (1Mo 25,29-34) verfallen, doch die königliche Erbfolge konnte gelegentlich auch durch väterliche Bevorzugung außer Kraft gesetzt werden (1Kön 1-2; 2Chr 11,22f; vgl. 1Chr 26,10). Ein deutliches Interesse liegt auch auf dem jüngsten Sohn, so vor allem im 1Mo. (Jakob, Ephraim, David, vgl. Isaak, Josef), doch entsprachen solche Fälle mit Sicherheit nicht den Erwartungen (1Mo 48,17ff; 1Sam 16,6).

Wenn keine Söhne da waren, übernahm die älteste Tochter Verantwortung für die jüngeren Töchter (1Mo 19,30ff). Es war aram. Sitte (1Mo 29,26), vielleicht auch eine israelit. (1Sam 18,17-27), daß die älteste Tochter zuerst heiratete. Ein ugaritischer Text erwähnt die Übertragung des Erstgeburtsrechts von der ältesten zur jüngsten Tochter.

In der israelit. Gottesdienstordnung hatten die Erstgeborenen von Mensch und Tier einen besonderen Platz. Das männliche Erstgeborene gehörte Jahwe (2Mo 13,2; 22,28b-29; 4Mo 3,13). In der Generation der Wüstenwanderung wurden die erstgeborenen Kinder durch die Leviten ausgelöst (4Mo 3,40f); in späterer Zeit durch die Zahlung von fünf Schekeln (4Mo 18,16; vgl. 3,42-51), wenn die Kinder einen Monat alt waren. Daß erstgeborene Kinder geopfert wurden, wie es bei den Kanaanäern üblich war, wird auch von Israel gelegentlich berichtet (2Kön 3,27; Hes 20,25f; Mi 6,7; vgl. 1Kön 16,34), doch das war eine Fehldeutung von 2Mo 22,28.

Männliche Erstgeborene von reinen Tieren wurden geopfert (4Mo 18,17f; 5Mo 12,6.17), Tiere mit Fehlern dagegen in den Städten verzehrt (5Mo 15,21-23). Männliche Erstgeborene von unreinen Tieren wurden ausgelöst (4Mo 18,15), wobei ein Esel durch ein Lamm ausgelöst wurde oder ihm der Hals gebrochen wurde (2Mo 13,13; 34,20).

Literatur: I. Mendelsohn: BASOR 156/1959, S. 38-40; R. de Vaux: Das Alte Testament und seine Lebensordnungen, [2]1964/1966; Ders.: Studies in OT Sacrifice, 1964, S. 70-73; J. Henninger, in: E. Gräf (Hrsg.): Festschrift W. Caskel, 1968, S. 162-183; M. Tsevat: ThWAT II, S. 121-127. M.J.S.

II. IM NEUEN TESTAMENT.

Jesus war der Erstgeborene (*prōtotokos*) seiner Mutter (Mt 1,25; Lk 2,7). Aus der Verwendung dieses Ausdruckes läßt sich schließen – allerdings ohne zwingende Notwendigkeit -, daß Maria später weitere Kinder bekam (vgl. Mk 6,3; *Brüder des Herrn). Als Erstgeborener wurde Jesus von Maria und Josef zum Tempel gebracht als Darbringung vor Gott (Lk 2,22-24). Da Lukas nichts von der Zahlung eines Preises zur Auslösung des Erstgeborenen sagt, könnte er diese Darbringung als Hingabe des Sohnes an den Dienst für Gott gedeutet haben (vgl. 1Sam 1,11.22.28). Jesus ist Erstgeborener auch seines Vaters im Himmel. Er ist der Erstgeborene aller Schöpfung (so nach dem griech. NT; LÜ: »Erstgeborene vor aller Schöpfung«). Nicht in dem Sinne, daß er selbst auch Geschöpf sei; als Gottes Sohn war er vielmehr Gottes Mittler in der Schöpfung und besitzt dadurch Vollmacht über alle geschaffenen Wesen und Dinge (Kol 1,15-17). Dementsprechend ist er Erstgeborener der neuen Schöpfung, insofern er als erster vom Tode auferweckt und dadurch Herr der Gemeinde wurde (Kol 1,18; Offb 1,5). So ist er der Erstgeborene der ganzen Familie von Kindern Gottes, die dazu bestimmt sind, seinem Bilde gleich zu werden (Röm 8,29). Hebr 1,6, wonach Gottes Sohn bei seinem Kommen in die Welt von den Engeln angebetet wird, ist wahrscheinlich ein Nachklang auf Ps 89,28. (Ob es sich dabei um die Menschwerdung, die Auferstehung oder die Wiederkunft Christi handelt, ist eine offene Frage). Schließlich kann auch das Volk Gottes – Lebende wie auch bereits Verstorbene – als E., die im Himmel aufgeschrieben ist, bezeichnet werden, weil es die Vorrechte des Sohnes teilt (Hebr 12,23).

Literatur: O. Eißfeldt: Erstlinge und Zehnten im Alten Testament, 1971; W. Michaelis: ThWNT, S. 871-881; K.H. Bartels: TBLNT 1, S. 280-282.I.H.M.

ERWÄHLUNG. Erwählung ist der Vorgang der Wahl, durch die Gott einen einzelnen oder eine Gruppe von Menschen aus einer größeren Menge auswählt, aus einem Grund und zu einem Zweck, den er allein bestimmt. Das gebräuchlichste atl. Wort dafür ist das Verb *bāchar*; es bedeutet jemanden oder etwas nach sorgfältiger Abwägung der Möglichkeiten in aller Freiheit auswählen (z.B. Schleudersteine, 1Sam 17,40; einen Zufluchtsort, 5Mo 23,17; eine Ehefrau, 1Mo 6,2; Gutes oder Böses, Jes 7,15f; Leben oder Tod, 5Mo 30,19; Gottesdienst oder Götzendienst, Jos 24,22). Der Begriff enthält eine entschiedene Vorliebe für ein ausgewähltes Objekt, manchmal auch wahre Lust (vgl. z.B. Jes 1,29). In der LXX und im NT ist das entsprechende griech. Verb *eklegomai. Eklegō,* im klass. Griech. normalerweise aktiv gebraucht, wird von den bibl. Verfassern immer medial verwendet. Es trägt reflexive Nebentöne und bedeutet daher etwa »sich (oder: für sich) auswählen«. Synonym dazu wird in 1Thess 2,13 und 5Mo 26,18 (LXX) *haireomai* gebraucht. Die abgeleiteten Adjektive, hebr. *bāchīr* und griech. *eklektos,* bedeuten »erwählt« oder »ausgewählt«; das NT benutzt auch das Substantiv *eklogē,* »Erwählung«. Das hebr. Verb *jāda'* »erkennen«, das für verschiedene Formen des Kennens gebraucht wird und, jedenfalls der Vorstellung nach, Zuneigung ausdrückt (z.B. Beziehungen zwischen den Geschlechtern oder das Anerkennen Gottes durch den Glaubenden), wird in 1Mo 18,19; Hos 13,5 und Am 3,2 (vgl. RevEB) verwendet, um Gottes E. (d.h. sein liebendes Erkennen von Personen) zu bezeichnen. Das griech. *proginōskō,* »vorher erkennen oder wissen«, wird in gleicher Weise Röm 8,29; 11,2 in der Bedeutung »vorher lieben« benutzt (vgl. auch den Gebrauch von *ginōskō* in 1Kor 8,3 und Gal 4,9).

I. ERWÄHLUNG IM ALTEN TESTAMENT.

Der Glaube Israels gründete sich auf das Vertrauen, daß Israel Gottes erwähltes Volk sei. Seine E. erfolgte durch zwei miteinander verbundene, sich gegenseitig ergänzende Handlungen.

1. Gott erwählte *Abraham und seine Nachkommen, indem er ihn aus Ur holte und ihn in das verheißene Land Kanaan brachte, dort einen ewigen *Bund mit ihm und seinen Nachkommen schloß und ihm versprach, daß seine Nachkommen ein Segen für die ganze Welt sein sollen (1Mo 11,31-12,7; 15; 17; 22,15-28; Neh 9,7; Jes 41,8).

2. Gott erwählte Abrahams Nachkommen durch die Erlösung aus der Sklaverei in Ägypten, indem er sie aus der Bedrückung herausführte, den Abrahamsbund mit ihnen am Sinai in erweiterter Form erneuerte und sie in das verheißene Land als neue Heimat brachte (2Mo 3,6-10; 5Mo 6,21-23; Ps 105). Jeder dieser Erwählungsakte wird auch als Gottes Ruf bezeichnet, d.h. als souveränes Reden und machtvolles Gestalten der Ereignisse, wodurch Gott zunächst Abraham und dann dessen Nachkommen aufrief, ihn als ihren Gott anzuerkennen und als sein Volk für ihn zu leben (Jes 51,2; Hos 11,1; *Berufung). Israelit. Glaube betrachtete diese beiden Akte als die eigentliche Gründung des Volkes (vgl. Jes 43,1; Apg 13,17).

Die Bedeutung der E. Israels wird aus folgenden Tatsachen deutlich:

a. Ihr Ursprung war Gottes freie, allmächtige Liebe. Dies betonen die Reden Moses im 5Mo. Als er Israel erwählte, »liebte« Gott Israel (5Mo 7,7f; 23,6) – warum? Weder weil Israel ihn zuerst erwählt hatte, noch weil es seine Zuneigung verdiente. Es war überhaupt nicht anziehend, weder zahlreich noch rechtschaffen, sondern schwach, klein und widerspenstig (5Mo 7,7f; 9,4-6). Gottes Liebe zu Israel war spontan und frei, allen seinen Mängeln entgegenstehend, nichts anderem als Gottes eigenem Wohlgefallen entspringend. Es machte ihm Freude, Israel Gutes zu tun (5Mo 28,63; vgl. 30,9), weil er es so beschlossen hatte. Zwar war die Befreiung Israels aus Ägypten die Erfüllung eines Versprechens an die Erzväter (5Mo 7,8) und von Gottes Wesen her, der seinen Verheißungen immer treu ist (vgl. 4Mo 23,19; 2Tim 2,13), notwendig; dieses Versprechen selber aber war ein Akt freier, unverdienter Liebe. Die Erzväter waren nämlich selber Sünder: Gott erwählte Abraham, den ersten Empfänger der Verheißung, aus dem Götzendienst (Jos 24,2f). Auch hier liegt der Grund der E. in Gott, nicht im Menschen. Gott ist Herr über seine Welt, und seine Liebe ist allmächtig. Deshalb vollzog er die E. Israels so, daß er es aus hilfloser Gefangenschaft durch ein Wunder befreite (»mit mächtiger Hand«, 5Mo 7,8 u.ö.). Hes 16,3-6 bedenkt Israels erbarmungswürdigen Zustand, als Gott es erwählte, und Ps 135,4-12 rühmt die Entfaltung von Gottes Allmacht, als er das erwählte Volk aus der Knechtschaft in das verheißene Land führte.

b. Das Ziel der E. Israels war zunächst die Rettung und Segnung des Volkes durch seine Aussonderung für Gott (Ps 33,12), letzten Endes aber Gottes eigene Ehre durch das Gotteslob Israels vor der Welt (Jes 43,20f; vgl. Ps 79,13; 96,1-10) und durch sein Zeugnis von Gottes großen Taten (Jes 43,10-12; 44,8). Israels E. bedeutete auch Absonderung. Gott machte Israel zu einem heiligen, d.h. für ihn ausgesonderten Volk (5Mo 7,6; 3Mo 20,26b). Er nahm es zum Erbteil (5Mo 4,20; 32,9-12) und kostbaren Eigentum (2Mo 19,5; Ps 135,4) und versprach, es zu schützen und wachsen zu lassen (5Mo 28,1-14) und in seiner Mitte zu wohnen (3Mo 26,11f). Die E. machte Israel zu seinem Volk und ihn zu seinem Gott, im *Bund einander verbunden. Sie zielte auf eine lebendige Gemeinschaft zwischen beiden. Bestimmung des auserwählten Volkes war es, Gottes Gegenwart in seiner Mitte freudig anzuerkennen und die Menge der Wohltaten zu empfangen, mit der er es überschütten wollte. E. war also als ein Akt des Segens die Quelle aller anderen Segnungen. Von da her formulieren die Propheten die Hoffnung, daß Gott sein Volk und seine Gegenwart in Jerusalem nach dem Exil wiederherstellen und so die Bedingungen neuen Segens schaffen möge, wenn sie davon sprechen, daß Gott Israel »noch einmal erwählen« wird (Jes 14,1; Sach 1,17; 2,16; vgl. 3,2).

c. Durch die E. wurden für Israel weitreichende rel. und ethische Verpflichtungen geschaffen. Gottes E. und die darauf gegründete Bundesgemeinschaft, die Israel von allen anderen Völkern unterschied, waren Beweggrund zu dankbarem Lob (Ps 147,19f), treuer Gesetzesbeachtung (3Mo 18,3f) und vollständiger Abwendung vom Götzendienst und den Untaten der nichterwählten Welt (3Mo 18,2f; 20,22f; 5Mo 14,1f; Hes 20,5-7 u.ö.). Ebenso gab sie aber Israel das Fundament für eine unerschütterliche Hoffnung, festes Gottesvertrauen und Ermutigung in Zeiten der Gefährdung (vgl. Jes 41,8-14; 44,1f; Hag 2,21-23; Ps 106,4f). Manche Israeliten ließen sich vom Glauben an die nationale E. allerdings auch dazu verleiten, andere Völker selbstzufrieden zu verachten und darauf zu bauen, daß sie bei Gott immer, ungeachtet ihres praktischen Lebens, einen Anspruch auf Schutz und bevorzugte Behandlung hätten (vgl. Mi 3,11; Jer 5,12). Dies aber war eine Selbsttäuschung, ebenso wie der Gedanke, daß Jerusalem als die Stadt Gottes unverwundbar sei, den falsche Propheten vor der Exilszeit propagierten (Jer 7,1-15; 23,9f; Hes 13). Dagegen hatte Gott von Anfang an klargestellt, daß die E. des Volkes auch eine strenge Verurteilung der Sünden des Volkes einschloß (3Mo 26,14ff; 5Mo 28,15ff; Am 3,2). Das Exil bewies schließlich, daß Gottes Strafandrohung ernst gemeint war.

d. Innerhalb seines Volkes erwählte Gott bestimmte Personen für spezielle Aufgaben, die den Zweck der E. des Volkes weiter vorantreiben sollten: Israels Freude an Gottes Segen und letztlich auch der Auftrag, Segen für die ganze Welt zu sein. Gott erwählte sich *Mose (Ps 106,23), *Aaron (Ps 105,26), die Priester (5Mo 18,5), die Propheten (vgl. Jer 1,5), die Könige (1Sam 10,24; 2Sam 6,21; 1Chr 28,5) und den »*Knecht Gottes« der Prophetie Jesajas (Jes 42,1 »mein Auserwählter«; vgl. 49,1.5), der Verfolgung erleidet (Jes 50,5f), für Sünden stirbt (Jes 53) und den Heidenvölkern das Licht bringt (Jes 42,1-7; 49,6). Gottes Berufung des *Kyrus, eines Mannes, der Gott nicht kannte, als Wohltäter des erwählten Volkes (Jes 45,4), und vorher Assyriens und Nebukadnezars, »meines Knechts«, als Zuchtruten (Jes 7,18ff; 10,5ff; Jer 25,9; 27,6; 43,10) nennt H.H. Rowley »Erwählung ohne Bundesschluß« (The Biblical Doctrine of Election, 1950, Kap. 5). Der Begriff ist jedoch unrichtig; die Bibel beschränkt die Begrifflichkeit der E. immer auf das Bundesvolk und die Amtsträger des Bundes, die aus Israels eigenen Reihen kommen.

e. Die verheißenen Segnungen der E. wurden verloren durch Unglauben und Ungehorsam. Die Propheten betonten angesichts der weitverbreiteten Heuchelei, daß Gott die Gottlosen in seinem Volk verstoßen werde (Jer 6,30; 7,29). Jesaja prophezeite, daß nur ein glaubender Rest überleben werde, um das goldene Zeitalter zu erleben, das dem unausweichlichen Gericht über die Sünde Israels folgen werde (Jes 10,20-22; 4,3; 27,6; 37,31f). Jeremia und Hesekiel, die in der Zeit dieses Gerichtes lebten, warteten auf den Tag, an dem Gott als Teil seines Wiederherstellungswerkes diejenigen seines Volkes neu schaffen würde, die er übriggelassen hat, um ihnen ihre Bundestreue für die Zukunft durch die Gabe eines neuen Herzens zu sichern (Jer 31,31ff; 32,39f; Hes 11,19f; 36,25ff). Diese Prophetien legten das Gewicht auf persönliche Frömmigkeit und deuteten dadurch bereits eine Individualisierung des Erwählungsgedankens an (vgl. Ps 65,5). Sie begründeten die Unterscheidung zwischen äußerer und innerer E.: Gott habe zwar das ganze Volk zu dem Vorrecht des Lebens unter dem Bund auserwählt, aber nur einige von ihnen (die durch die Erneuerung zur Glaubenstreue Gekommenen) dazu bestimmt, den Reichtum der Verbindung zu Gott zu erben, den der Bundesschluß anbot. Der Rest habe diese Reichtümer durch Unglauben verloren. Die ntl. E.slehre nimmt diesen Gedanken auf; vgl. besonders Röm 9.

II. ERWÄHLUNG IM NEUEN TESTAMENT.

Das NT verkündigt die Ausdehnung von Gottes Bundesverheißungen auf die Heidenwelt und die Übertragung der Bundesvorrechte von der direkten Abrahamsnachkommenschaft auf eine überwiegend nichtjüd. Gemeinschaft (vgl. Mt 21,43). Sie besteht aus all denen, die durch den Glauben an Christus wahre Nachkommen Abrahams und das wahre Israel Gottes geworden sind (Röm 4,9-25; 9,6f; Gal 3,14ff; 6,16; Eph 2,11ff; 3,5-7). Die ungläubigen natürlichen Zweige wurden aus Gottes Ölbaum (der erwählten Gemeinschaft, erwachsen aus den Erzvätern) herausgebrochen, und wilde Ölzweige (gläubig gewordene Heiden) wurden an ihrer Stelle eingepfropft (Röm 11,16-24). Das ungläubige Israel wurde verworfen und gerichtet, und die völkerübergreifende Gemeinde Jesu Christi nahm Israels Platz als Gottes auserwähltes Volk ein, das als sein Eigentum in der Welt lebt und ihn als seinen Gott anbetet und verkündigt. Das NT entfaltet den Erwählungsgedanken wie folgt:

1. Jesus wird vom Vater selber als Gottes Auserwählter gegrüßt (Lk 9,35, wo *eklelegmenos* als Anklang an Jes 42,1 (LXX) steht), und wahrscheinlich auch von Johannes dem Täufer (Joh 1,34, wenn *eklektos* die richtige Lesart ist). Der Spottruf von Lk 23,35 zeigt, daß »der Auserwählte« in den Tagen Jesu als messianischer Würdetitel gebraucht wurde (wie im äthHen 40,5; 45,3-5). In 1Petr 2,4.6 wird Christus Gottes auserwählter *Eckstein genannt. Diese Bezeichnung nimmt Jes 28,16 (LXX) auf und deutet auf das einzigartige Amt Jesu hin sowie auf das besondere Wohlgefallen, das Gott an ihm hat.

2. Das Adjektiv »auserwählt« bezeichnet die christl. Gemeinde als das auserwählte Volk Gottes im Gegensatz zur übrigen Menschheit. Dieser Sprachgebrauch nimmt das AT auf. Die Gemeinde ist »das auserwählte Geschlecht« (1Petr 2,9, in Aufnahme von Jes 43,20f; vgl. auch 2Joh 13), das bevorzugten Zugang zu Gott hat und die Verantwortung trägt, ihn zu loben und zu verkündigen und seine Wahrheit treu festzuhalten. Wie bei der Erwählung Israels hat Gott seine Gnade dadurch deutlich entfaltet, daß er die Armen und Verachteten für diese wichtige Bestimmung auserwählt hat (1Kor 1,27ff; Jak 2,5; vgl. 5Mo 7,7). Wie zuvor hat Gottes gnädige Wahl und Berufung ein Volk erschaffen – sein Volk -, das vorher keine Existenz als Volk hatte (1Petr 2,10; Röm 9,25f; wo Hos 2,25 und 2,1 zitiert wird).

In den synoptischen Evv. spricht Christus in verschiedenen eschatologischen Zusammenhängen von den *eklektoi* (Pl.). Es sind die, die Gott annimmt bzw. annehmen wird, weil sie auf die Einladung des *Evangeliums eingegangen sind (Mt 22,14). Gott wird ihnen Recht schaffen (Lk 18,7) und sie in der kommenden Verfolgung und Gefahr bewahren (Mk 13,20.22), denn sie sind Gegenstand seiner besonderen Fürsorge.

3. *Eklegomai* wird gebraucht für Christi Wahl der *Apostel (Lk 6,13; vgl. Apg 1,24; 9,15), für die *Diakonen- (Apg 6,5) und Delegiertenwahl (Apg 15,22.25) durch die Gemeinde. Dies ist die E. zu einem speziellen Dienst aus den Reihen der erwählten Gemeinschaft, wie wir sie schon im AT fanden. Die Wahl der Apostel schloß ihre Auswahl aus der Welt heraus ein, die ihnen am Heil Anteil gab (vgl. Joh 15,16.19), außer bei Judas (vgl. Joh 13,18).

III. THEOLOGISCHE LINIEN IM NEUEN TESTAMENT.

Die gesamte theologische Entfaltung des Erwählungsgedankens findet sich in den Paulusbriefen (vgl. besonders Röm 8,28-11,36; Eph 1,3-14; 1Thess 1,2-10; 2Thess 2,13f; 2Tim 1,9f). Paulus beschreibt Erwählung als gnädige, souveräne und ewige Wahl von einzelnen Sündern, die in und durch Christus gerettet und verherrlicht werden sollen.

1. Erwählung ist gnädige Wahl. E. »nach der Wahl der Gnade« (Röm 11,5; vgl. 2Tim 1,9) ist die unverdiente, freie Zuwendung Gottes zu den Gliedern eines gefallenen Geschlechts, das nichts anderes als Zorn verdient hat (Röm 1,18ff). Gott erwählt Sünder nicht nur zu ihrer eigenen Rettung (vgl. Röm 4,5; 5,6-8; Eph 2,1-9), sondern auch dazu, daß seine Gnade gegenüber ihrer Sündhaftigkeit deutlich hervortritt. Er läßt seine Auserwählten, Juden wie Heiden, im Zustand des Unglaubens und Ungehorsams eingeschlossen sein, so daß ihr wahres sündiges Wesen deutlich wird und sie in der Geschichte als Ungläubige offenbar werden, bevor er sich ihnen gnädig erweist (Röm 11,30-32; für die Heiden 9,30; 10,20; für die Juden 10,19.21; 11,11.25f; »so« in V. 26 bedeutet »durch das Hinzukommen der Heiden«). Auf diese Weise wird auch durch den Vollzug der E. die menschliche Grundlosigkeit der Gnade noch weiter verdeutlicht.

2. E. ist souveräne Wahl, begründet weder durch irgendwelche ausgeführten oder beabsichtigten Werke von Menschen (Röm 9,11f) noch durch menschliche Bemühungen, die Zuneigung Gottes zu erlangen (Röm 9,15-18), sondern allein durch das Wohlgefallen Gottes (Eph 1,5.9). Solche Bemühungen wären ohnehin vergeblich; so sehr Sünder sich auch anstrengen, sie bleiben doch im Wesen Sünder (Röm 8,7f). In seiner souveränen Freiheit behandelt Gott einige Sünder, wie sie es verdienen, d.h. er verhärtet (Röm 9,18; 11,7-10; vgl. 1,28; 1Thess 2,15f) und vernichtet sie (Röm 9,21f); andere aber erwählt er zu »Gefäßen

der Barmherzigkeit«, die den »Reichtum seiner Herrlichkeit« empfangen (Röm 9,23). Diese Unterscheidung ist nicht ungerecht, denn der Schöpfer schuldet niemandem Gnade und hat das Recht, mit seinen widerspenstigen Geschöpfen zu verfahren, wie es ihm beliebt (Röm 9,14-21). Unerklärlich ist nicht, daß er manchen die Gnade verwehrt, sondern daß er sich überhaupt jemandem gnädig erweist.

Gottes Plan einer souveränen Unterscheidung zwischen Sünder und Sünder zeigte sich bereits sehr früh in der Begrenzung der Abrahamsverheißung auf die Nachkommen Isaaks und seiner Überordnung Jakobs über Esau (Röm 9,7-13). Es war von Anfang an wahr, daß »nicht alle Israeliten sind, die von Israel stammen« (Röm 9,6), und daß jene Israeliten, die wirklich die verheißene Rettung freudig annahmen, nur »einige Übriggebliebene nach der Wahl der Gnade« (Röm 11,5; 9,27-29) darstellen. Und es bleibt nach Paulus wahr, daß allein Gottes souveräne Wahl erklärt, warum nicht alle das Evangelium annehmen, wenn es gepredigt wird. Nicht der Unglaube der anderen bedarf der Erklärung, denn kein Sünder kann aus sich heraus glauben (1Kor 2,14), sondern der Glaube derer, die die Botschaft annehmen. Paulus erklärt, daß Gott durch seinen Geist den Erwählten zum Glauben bewegt, so daß der wahre und tätige Glaube eines Menschen die Wirklichkeit seiner E. erweist (1Thess 1,4; Tit 1,1; vgl. Apg 13,48).

3. E. ist eine ewige Wahl. Gott erwählte uns, sagt Paulus, »ehe der Welt Grund gelegt war« (Eph 1,4; 2Thess 2,13; 2Tim 1,9). Diese E. war ein Akt der *Prädestination (Eph 1,5.11), ein Teil von Gottes ewigem Plan (Eph 1,9), ein liebendes Vorherwissen, nach dem Gott die zu erretten beschloß, die er vorher ausersehen hatte (Röm 8,29f; vgl. 1Petr 1,2). Während das AT in bezug auf die irdische Erwählung des Volkes Gottes Erwählen mit seinem Rufen gleichsetzt, unterscheidet Paulus in bezug auf die persönliche E. zum Heil zwischen E. und *Berufung. Er bezeichnet Gottes Berufung (die für Paulus eine Einladung zum Glauben ist, die eine positive Antwort hervorruft) als eine Stufe in der zeitlichen Ausführung des ewigen Ratschlusses der Liebe (Röm 8,30; 9,23f; 2Thess 2,13f; 2Tim 1,19). Daß E. ewig gilt, betont Paulus, um seine Leser zu versichern, daß die E. unwandelbar ist, und daß nichts, was in dieser Zeit geschieht, Gottes Beschluß zu ihrer Rettung erschüttern kann.

4. Erwählung ist eine Wahl einzelner Sünder zur Errettung in und durch Christus. E. geschieht »in ihm« (Eph 1,4), dem fleischgewordenen Sohn, dessen Erscheinung in der Geschichte und Mittleramt auch in Gottes ewigem Plan inbegriffen waren (1Petr 1,20; Apg 2,23). E. in Christus bedeutet erstens: Das Ziel der E. liegt darin, daß Gottes Auserwählte das Bild Christi tragen und seine Herrlichkeit teilen (Röm 8,29; vgl. V. 17; 2Thess 2,14). Sie sind erwählt zur Heiligkeit (Christusähnlichkeit in der ganzen Lebensführung) in diesem Leben (Eph 1,4) und zur Verherrlichung (Christusähnlichkeit im ganzen Wesen; vgl. 2Kor 3,18; Phil 3,21) im zukünftigen Leben. E. in Christus bedeutet zweitens, daß die Auserwählten von der Schuld und Befleckung der Sünde durch Christus, seinen erlösenden Tod und die Gabe seines Geistes, erlöst sind (Eph 5,25-27; 2Thess 2,13; vgl. 1Petr 1,2). Wie Christus selbst sagte, hat der Vater ihm eine gewisse Anzahl von Menschen zur Erlösung gegeben, und er hat alles Nötige unternommen, sie zur ewigen Herrlichkeit zu bringen (Joh 6,37-45; 10,14-16.27-30; 17,2.6. 9ff.24). E. in Christus bedeutet drittens, daß die Auserwählten durch die Vereinigung mit Christus der Segnungen der E. teilhaftig werden. Vereinigung mit Christus meint Christi Einheit mit ihnen, durch die er sie als letzter Adam repräsentiert und zugleich lebendig wirksam ist als Lebensspender, der ihnen durch seinen Geist innewohnt, und sie meint ihre Einheit mit ihm durch den Glauben.

IV. DIE BEDEUTUNG DER ERWÄHLUNG FÜR DEN GLAUBENDEN.

Nach Paulus ist das Bewußtsein des Erwähltseins für den Glaubenden in dreierlei Hinsicht bedeutsam:

1. Es zeigt ihm, daß sein Heil von Anfang bis Ende nur von Gott herkommt und eine Frucht der souveränen, unterscheidenden Gnade ist. Die Erlösung, die er nur in Christus findet und nur durch den Glauben empfängt, hat ihren Grund nicht in irgendeiner persönlichen Qualifikation, sondern allein in der Gnade – der Gnade der E. Jeder geistliche Segen fließt ihm aus Gottes erwählendem Beschluß zu (Eph 1,3ff). Die Erkenntnis dieser E. soll ihn dazu führen, Gott allein zu rühmen (1Kor 1,31) und ihm die Ehre zu geben, die ihm gebührt (Röm 11,36). Das letzte Ziel der E. ist das Lob Gottes (Eph 1,6.12.14); der E.sgedanke sollte den begnadigten Sünder zu andauerndem Dank und Lobpreis Gottes führen (Röm 11,33f; Eph 1,3ff; 1Thess 1,3ff; 2Thess 2,13ff). Was Gott Paulus über seine E. offenbart hat, ist diesem nicht Gegenstand der Diskussion, sondern der Anbetung.

2. Es versichert den Glaubenden seines ewigen Gerettetseins und beseitigt allen Grund für Furcht oder Hoffnungslosigkeit.

Nichts kann seinen gerechtfertigten Stand vor Gott erschüttern (Röm 8,33f) und nichts kann ihn von der Liebe Gottes in Christus scheiden (Röm 8,35-39). Dies ist eine wertvolle Erkenntnis; deshalb ist es auch wichtig, die E. als eine Tatsache festzumachen (vgl. 2Petr 1,10).

3. Es ist dem Glaubenden ein ethischer Ansporn. Weit davon entfernt, ein Freibrief zu sein (vgl. Eph 5,5f) oder menschliche Überheblichkeit zu fördern (vgl. Röm 11,19-22), ist die Erkenntnis der E. und der daraus fließenden Wohltaten für einen Menschen der größte Ansporn zu demütiger, freudiger und dankbarer Liebe, die Triebfeder zu heiligender Dankbarkeit (Kol 3,12-17).

Literatur: H.H. Rowley: The Biblical Doctrine of Election, 1950; G. Nordholt, L. Coenen: Art. Erwählung in: TBLNT (Stud.Ausg.), Bd. 1, 21979, S. 282-291; H. Wildberger: Art. bachar, in: THAT, Bd. I, 31978, 275-300; G. Schrenk, G. Quell: eklegomai, ekloge, eklektos, ThWNT IV, 1942, S. 147-197. J.I.P.

ERWECKEN, ERWECKUNG.

I. DER BEGRIFF.

Wenn wir seit dem Pietismus in einem ganz bestimmten Sinn von Erweckung sprechen und damit ein besonderes vorbereitendes Stadium der *Bekehrung und *Wiedergeburt meinen, so werden wir vergeblich in der Bibel nach einer gleichen Verwendung dieses Wortes suchen, obwohl sie natürlich um die Sache weiß. Das Hauptwort Erweckung fehlt in der Hl. Schrift völlig, und das Tätigkeitswort wird in einem andern Sinne gebraucht.

II. DER BIBLISCHE BEFUND.

1. Das hebr. Wort, das LÜ mit e. wiedergibt, lautet *qum* bzw. *heqīm* und bedeutet aufstehen, auftreten, bzw. auftreten lassen, erwekken. In dieser Bedeutung finden wir im AT das Wort e. sehr häufig. Es handelt sich dabei ausschließlich um ein Tun Gottes. Gott erweckt (d.h. läßt auftreten) einzelne Personen: einen Propheten (5Mo 18,15), einen Richter (Ri 2,18), einen Retter (Ri 3,9.15), einen treuen Priester (1Sam 2,35), einen König (1Kön 14,14), einen Widersacher (1Kön 11,14.23), *Kyrus als sein Werkzeug (Jes 45,13), einen einzigen Hirten (Hes 34,23) u.a.m. Gott erweckt auch Nachkommenschaft (2Sam 7,12), kann sogar dem Abraham aus »diesen Steinen« Kinder e. (Mt 3,9). Wenn der Herr den Geist von Menschen erweckt, dann bewegt er sie zu bestimmtem Handeln (Esr 1,1.5; 1Chr 5,26 u.ö.). Gott erweckt auch ganze Völker und setzt sie zu kriegerischen Handlungen in Bewegung (Jes 13,17; Jer 50,9). Umgekehrt beten gläubige Fromme zum Herrn, er möge seine Kraft e., um Israel wiederherzustellen (Ps 80,3).

2. Im NT sind es zwei griech. Wörter, die mit e. wiedergegeben werden: *diegeirō* und *anazōpyreō*. Sie bedeuten »aufwecken« und »wieder zum Leben anfeuern«. Im Blick auf seinen nahe bevorstehenden Tod hält es Petrus für recht, seine Leser zu e., wach zu rütteln, daß sie nach seinem Tode seine mahnenden Worte beherzigen können. Vor allen Dingen wendet sich der Apostel an ihren »lauteren Sinn«, den es zu e. gilt (2Petr 1,13; 3,1). Auch hier handelt es sich um keine E. im modernen Sinn, sondern nur darum, daß gläubige Christen nicht einschlafen. Bezeichnend ist ferner die Stelle 2Tim 1,6, in der Paulus Timotheus erinnert, die Gnadengabe (*charisma*) Gottes zu e., aufzufrischen (»zu neuem Leben anzufeuern«), die in ihm schlummere durch die Auflegung seiner Hände. Offenbar hat der Apostelschüler seine Geistesgabe nicht gebührend gepflegt und geübt. Darum der berechtigte Appell, diese Gabe neu zu beleben.

ERZ s. Bergbau und Metallgewinnung

ERZENGEL s. Engel

ERZIEHUNG.

I. KLÄRUNG DER BEGRIFFE.

1. Das Verhältnis von Erziehungszielen zur Erziehungsmethode. Beschreibt man E. als einen zielorientierten Prozeß zur Hinführung junger Menschen in die Welt der Erwachsenen, so muß zwischen E.szielen und E.smethoden unterschieden werden. Während die E.swissenschaft als empirische Disziplin nur beschreibende Aussagen machen kann (vgl. Brezinka 1975), darf von der Bibel im Sinne einer E.sphilosophie die Klärung der Ziele bzw. der Normenfrage erwartet werden.

Direkte methodische E.shinweise sind in der Bibel nur spärlich zu finden, was darauf hinweist, daß die E.sziele einen Vorrang vor den E.smethoden haben – ein Ansatz, der in der sog. »geisteswissenschaftlichen Didaktik« (Klafki 1964) auf säkularem Hintergrund viele Anhänger gefunden hat.

2. Funktionale und intentionale Erziehung. Sucht man neben den in der Bibel vordergründigen E.szielen eine nachgeordnete »Erziehungslehre« zu finden, also Methoden, die das praktische Vorgehen (einschließlich möglicher didaktischer Hilfsmittel) beschreiben, ist eine Erweiterung des E.sbegriffes im Sinne der »Sozialisation« hilfreich. Durkheim hat diesen Begriff im Jahre 1902 eingeführt. Es läßt sich auch bei Rousseau, Pestalozzi, Her-

bart, Petersen usw. zeigen, daß sie davon ausgingen, daß das soziale Umfeld auch ohne ausdrücklich formulierte erzieherische Absicht auf das E.sgeschehen einwirkt. Es hat sich in den vergangenen Jahrzehnten eingebürgert, auf diesem Hintergrund zwischen einer funktionalen und intentionalen E. zu unterscheiden. Funktionale E. meint eine nicht direkt beabsichtigte, sondern eher beiläufig erfolgte E. Intentionale E. ist ein Vorgehen mit ausformuliertem Programm, genau beschriebenen Lehrplänen usw., insgesamt gesehen also eher in der Schule als E.sinstitution anzusiedeln (obwohl es auch dort funktionale E., »geheime Lehrpläne« usw. gibt).

Bezieht man einen derart erweiterten E.sbegriff auf die pädagogischen Inhalte der Bibel, so läßt sich deutlich nachweisen, daß dort die funktionale E. überwiegt – mit der Gewißheit, daß ein Primat der E.sziele vorgegeben ist. Man könnte davon ausgehen, daß die bibl. Weisungen das E.sverhalten der Eltern und der Gemeinden durchgängig steuern, ohne daß hierzu ein fester und präzise vorformulierter E.splan vorgegeben wäre. Eine solche Art der E. benötigt allerdings Erzieherpersönlichkeiten, die selbst von den bibl. Leitlinien her leben und die davon abgeleitet das E.sgeschehen als einen dialogischen Prozeß (Buber 1962) ihres Verhältnisses zu Gott widerspiegeln. Mit den Termini Erich Fromms würde dies bedeuten: Erzieher »sein« – und nicht Erziehung »haben«.

Selbstverständlich finden sich in der Bibel auch Ansätze zu einer intentionalen E., insbesondere in Schule und Synagoge, jedoch sind diese Aussagen im Vergleich zum vorherrschenden Prinzip einer funktionalen E. spärlicher und müssen häufig auch aus dem historischen Kontext erschlossen werden.

Als Folge der deutlicheren Gewichtung der E.sinhalte vor den E.smethoden zeigt sich bis zur Gegenwart eine gewisse Vernachlässigung der E.spraxis von seiten der Theologie. Es haben sich zwar einzelne Vertreter hin und wieder um »Realien« bemüht (z.B. A.H. Francke dadurch, daß er u.a. auch Vorgaben für einen naturkundlichen bzw. technischen Unterricht lieferte, vgl. Bockmühl 1985). Insgesamt gesehen sind jedoch die Beiträge zum praktischen Vollzug des E.sgeschehens von seiten der Theologie eher dürftig geblieben. Dies gilt in ähnlicher Weise für den großen Bereich der mit der E.swissenschaft verwandten Psychotherapie, zu dem auch wenig konkrete Methoden von theologischer Seite erarbeitet worden sind.

II. JÜDISCHE VOLKSBILDUNG.
Wenn nachfolgend einige Elemente der jüd. Volksbildung dargestellt werden, so soll damit gezeigt werden, in welchem Umfeld E. im AT und NT stattfand.

Das hebräische Alphabet auf einer Scherbe, möglicherweise von einem Kopisten-Schüler aus Qumran am Toten Meer niedergeschrieben. Ca. letztes Jh. v.Chr. (RM)

Wie schon weiter oben bemerkt, sind in der Bibel die E.smethoden den E.szielen nachgeordnet, und es spielt neben einer intentionalen E. in Elternhaus, Schule und *Synagoge vor allem die funktionale E. durch ein realisiertes Glaubensleben eine bedeutsame Rolle.

1. Jüdische Volksbildung im Elternhaus.
Z.Zt. des AT war das Elternhaus wichtigste jüd. Bildungsinstitution. In der Regel wurden die Kinder erst im dritten Lebensjahr entwöhnt (2Makk 7,28); einige Zeit danach ging die Hauptverantwortung für die E. der Söhne von der Mutter auf den Vater über. In atl. Zeit blieb die Verantwortung für das E.sgeschehen der Mädchen bei der Mutter, die ihre Töchter auf Ehe und Haushalt vorbereitete (Spr 31,10-31). Für den Vater war die Tochter ein »trügerischer Schatz, die Sorge um sie läßt den Schlaf vergehen« (Sir 42,9ff); trügerisch, weil er einerseits darauf achten mußte, daß sie nicht verführt wurde, und andererseits, daß sie verheiratet wurde (Pola 1984, 108). Normalerweise ließ das niedrige Heiratsalter der Mädchen (es lag zur Zeit des NT zwischen 13 und 14 Jahren) nur wenig Raum für eine qualifiziertere Ausbildung. Während die intentionale Ausbildung der Frauen also recht dürftig war, stellten sie einen beträchtlichen Anteil unter den Zuhörern des Synagogengottesdienstes (vgl. Apg 16,13-17,4), die jüd. Schule blieb ihnen allerdings verschlossen. In hellen. Zeit hat sich jedoch, zumindest in der Oberschicht, die Forderung Platons durchgesetzt, die Mädchen auch eine Elementarschule besuchen zu lassen (Riesner 1984, 103ff).

Anders sah es bei der Ausbildung der Söhne aus. Die Pflicht der Väter zu deren E. ist be-

Mit Wachs überzogene Holztafel, die als »Schulheft« benutzt wurde. Die beiden oberen Zeilen sind sorgfältig geschrieben und stammen vermutlich vom Lehrer. Sie wurden darunter auf vorgezogenen Linien zweimal abgeschrieben: Man erkennt die weniger regelmäßige Handschrift eines Schülers. Dieses Vorgehen entspricht der Schulpraxis der ntl. Zeit und davor. 26 cm × 18 cm. 2. Jh. v.Chr. (BL)

reits in 1Mo 18,19 beschrieben, wo Gott über Abraham sagte: »Dazu habe ich ihn auserkoren, daß er seinen Kindern befehle und seinem Hause nach ihm, daß sie des HERRN Wege halten und tun, was recht und gut ist.«

Besonders wichtig war es, die Söhne in die rel. Traditionen Israels einzuführen (vgl. u.a. 5Mo 11,19 oder Ps 78,3f). Als dann in den ersten Jh. nach Christi Geburt öffentliche Schulen mehr und mehr zur Regel wurden, konnte die in 5Mo 11,19 den Vätern vorgegebene Hinführung zu den rel. Traditionen zumindest formal dadurch bewahrt werden, daß der Vater verpflichtet wurde, seinen Sohn den Toravers 5Mo 6,4f zu lehren, sobald dieser sprechen konnte.

Was das Lesen und Schreiben angeht, darf wegen des großen Ausmaßes der erhaltenen althebr. Literatur angenommen werden, daß es in Israel eine breite literarisch gebildete Schicht gab. Wenn Jesaja (8,1) und Habakuk (2,2) ihre Verkündigung durch geschriebene Transparente unterstützten, so weist dies auf eine weite Verbreitung von Lesekenntnissen hin. Methodisches Vorgehen bei der E. war das Auswendiglernen. Obwohl das AT noch keine fest geprägten Ausdrücke dafür enthält, war die Sache als solche weit verbreitet. Eine der Umschreibungen für das Auswendiglernen lautet z.B. »Schreiben auf die Tafeln des Herzens« (Spr 7,3).

Die Erwähnung der Lippen (Hiob 23,12; Spr 22,18 oder Mal 2,7) weist auf die im Altertum allgemein verbreitete Methode zurück, laut auswendig zu lernen, um so die Texte besser behalten zu können.

Wie überall in der antiken Welt bediente man sich auch in Israel bei der E. überaus strenger Mittel. Es ist bezeichnend, daß der hebr. Begriff für E. ebenso wie der ägypt. Begriff von einem Verb gebildet wurde, das »züchtigen« heißt.

Auch in der LXX hat das griech. Wort *paideia,* von dem sich »Pädagogik« ableitet, sehr stark die Bedeutung der hebr. Äquivalente angenommen; dasselbe gilt beim ntl. Sprachgebrauch. Es war demnach zur Zeit des AT möglich, daß die Eltern körperlich züchtigten und im äußersten Fall sogar die Todesstrafe verhängen konnten (5Mo 21,18-21). Auch für das NT erinnert der Schreiber des Hebräerbriefes daran, daß die E. durch die Väter für die Kinder nicht nur mit Freude, sondern auch mit Leid verbunden war (Hebr 12,9-11).

Man sollte allerdings, insgesamt betrachtet, nicht übersehen, daß E.smethoden, die ihren Schwerpunkt auf die Züchtigung legten, eher Extremfälle im familiären Alltag waren.

Verständnisvolle E. der Kinder gab es auch in der Antike, und Paulus zeigt in geradezu klassischer Weise das Aufeinanderangewiesensein der Partner bei einer E., die auf dem Prinzip der Begegnung begründet ist (Eph 6,1-4).

2. Die Synagoge.

Im ersten Jh.n.Chr. war die Synagoge eine fest etablierte Institution, von deren Ursprüngen man allerdings keine zutreffenden Erinnerungen mehr besaß, über die historischen und geographischen Anfänge besteht in der Forschung nach wie vor kein Konsens (Riesner 1984, 124).

Als grundlegender Schritt auf dem Weg zur Bildung der Synagoge als wichtigster jüd. Volksbildungseinrichtung können die öffentlichen Tora-Lesungen gelten, die *Esra durchführte (Neh 8,1-18; 9,3).

Die Ausformung des Gottesdienstes in der Synagoge, die in der Zeit nach der Tempelzerstörung immer mehr zu einem Ersatz für den Tempel wurde, war zentral auf die Tora-Lesung ausgerichtet. Alle übrigen Bestandteile konnten wechseln.

3. Die Schule.

Es darf angenommen werden, daß Kinder bereits im Kanaan des 14. Jh.v.Chr. zur Schule geschickt wurden. Israel hatte wohl den Stand der dortigen Schreiber übernommen.

Es ist zu vermuten, daß die Verwaltung des Großreiches von David und Salomo die Ausbildung von Beamten und damit den Beginn eines Schulbetriebs notwendig machte. Das AT bestätigt, daß der Hof Salomos eine Pflegestelle der Literatur war, und es kann angenommen werden, daß die »*Sprüche Salomos« aus einem Schulbetrieb heraus entstanden sind. Auch die Ausbildung der Priester dürfte in vorexilischer Zeit in Jerusalem in einer Tempelschule durchgeführt worden sein. Dort wurde mit Ritualgesetzen, Psalmen und anderen liturgischen Formularen eine ganz spezifische Literatur gepflegt. Schon z.Zt. Jeremias gab es Priester, deren Hauptaufgabe darin bestand, »Hüter des Gesetzes« zu sein (Jer 2,8; vgl. 8,8).

Durch den starken Einfluß des Griechentums z.Zt. der Makkabäer war das Judentum in seiner Identität aufs schwerste bedroht. Die griech. Bildung übte eine ungeheuere Faszination besonders auf die jüngere Generation aus (2Makk 4,12-15). Toratreue Schriftgelehrte übernahmen als Antwort darauf die Führung einer antihellen., chassidischen Bewegung und gründeten ein Volksbildungsprogramm: Auf die intellektuelle Herausforderung durch den Hellenismus antworteten sie mit der Intellektualisierung der eigenen Religion. So konnte in den ersten nachchristl. Jh. insbesondere die Elementarschule Gestalt gewinnen.

Aufgrund der engen Verbindung zwischen Schule und Synagoge lag es nahe, daß der Synagogendiener auch das Amt des Elementarlehrers versah. Sein Ansehen war jedoch sehr niedrig, weil er für sein »Handwerk« bezahlt wurde, was man als Makel empfand. Das Anfangsalter für die Elementarschüler lag bei sechs bis sieben Jahren, und die Elementarausbildung endete mit dem 14. Lebensjahr. Über die Dauer des täglichen Elementarunterrichts gibt es nur wenig Aussagen. Sie zeigen, daß der Unterricht früh morgens begann und bei Sonnenuntergang aufhörte. Ferien gab es nur an Feiertagen, und selbst am Sabbat repetierten besonders gewissenhafte Väter das wöchentliche Schulpensum – so wie sie auch sonst die Schule durch häuslichen Unterricht unterstützten (Riesner 1984, 187).

Hinweise auf Unterrichtsstoff und -methoden finden sich in der Tora, die Hauptgegenstand des Schulunterrichts war. Schon in Ps 1,1 wird das Auswendiglernen und Meditieren über der Tora zur Lebensaufgabe gemacht, und es gibt kaum Hinweise darauf, daß säkulare Lehrgegenstände in den Elementarschulen eine eigenständige Bedeutung gehabt hätten. Auch musischer und Sportunterricht wurde nicht erteilt (Riesner 1984, 190).

Das Lesen und Schreiben wurde, sofern es nicht bereits im Elternhaus erlernt wurde, im Elementarunterricht erworben. Der Lehrer schrieb auf einem Täfelchen, oder aber er sprach Buchstabe für Buchstabe vor und ließ diese die Schüler wiederholen. Das Lesenlernen begann mit dem Buch Leviticus (3Mo).

Der Brauch, mit Kantillation auswendig zu lernen, ist für die altägypt., griech. und röm. Schulen gleichermaßen bezeugt. Die jüd. Schulen machten hier keine Ausnahme. In der nachexilischen Tempelschule »murmelte« man über der Tora, und auch die rabbinischen Quellen verraten an vielen Stellen, daß laut gelesen und auswendig gelernt wurde.

Der Unterricht wurde häufig mit feststehenden Fragen und Antworten durchgeführt. Beliebt war auch der Brauch, die ersten Worte eines Bibelverses aufzusagen und dann den Schüler fortfahren zu lassen.

III. JESUS ALS LEHRER UND ERZIEHER. Jesus hat nicht nur in Synagogen, sondern häufig auch auf freien Plätzen gepredigt. Diese besondere Form des Wirkens ergab sich aus seiner messianischen Absicht, ganz Israel (Mt 15,24) zu erreichen. Die Besonderheit der Predigt Jesu zeigt sich daran, daß sie in der Regel aus kurzen Stücken besteht und sehr bilderreich ist, sicherlich deshalb, weil sich Bilder

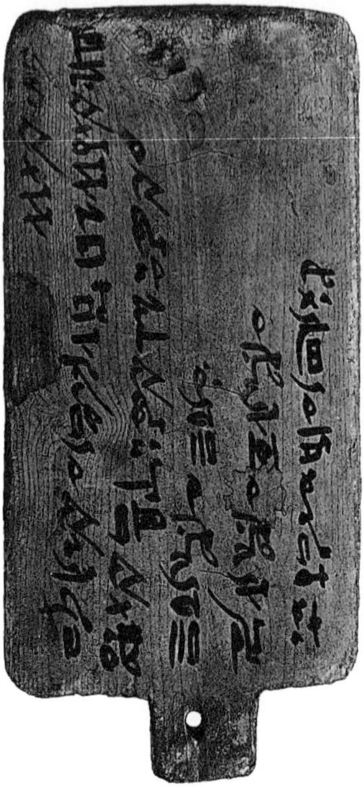

Hölzerne Schreibtafel aus einer ägyptischen Schule. Listen, in diesem Fall vermutlich kretische Namen, wurden auf solchen Tafeln aufgezeichnet. Ca. 1000 v.Chr. (BM)

dem Gedächtnis fester einprägen als abstrakter Stoff. Auch die Eindringlichkeit seiner Worte ist sehr deutlich. Sie wird dadurch gesteigert, daß er in reichem Ausmaß Stilmittel wie Paradoxien, Rätsel, Kontraste, Ironie, Witz und Groteske, sprichwortartige Redewendungen und Vergleiche verwendet. Besonders typisch für die Reden Jesu sind – im Vergleich zum partizipialen Lehrstil der Rabbinen – die häufigen Imperative (Riesner 1984, 395). Die persönliche Anrede seiner Hörer in der zweiten Person Pl. (ihr, euch ...) hatte er mit den Propheten gemeinsam. Viele Worte Jesu zeichnen sich auch durch eine poetische Formung aus, die nicht Zufall sein kann. Man kann daraus schließen, daß es sich um Formen handelte, die mit der ganz bewußten Absicht des Memorierens geprägt wurden.

Wichtig war bei der Verkündigung Jesu auch das Auswendiglernen. Er setzte sich zum Lehren nieder, wie es bei den jüd. Lehrern üblich war (Mt 13,1; 24,3; Mk 13,3). Und weil die Hörer seine Gleichnisse weiter bedenken sollten, blieb ihnen kaum etwas anderes übrig, als sie durch Wiederholung zu erlernen. Vielleicht darf man davon ausgehen, daß die rabbinische Maxime »zuerst auswendig lernen und dann verstehen«, die schon eine Grundlage der Elementarschulen in vorchristl. Zeit war, auch von vielen Zuhörern Jesu beherzigt wurde.

IV. DIE ERZIEHUNG BEI LUTHER.

Aus dem »Kleinen Katechismus« kennen wir das dritte Gebot: »Wir sollen Gott fürchten und lieben, daß wir die Predigt und sein Wort nicht verachten, sondern dasselbe heilig halten, gerne hören und lernen.«

Luther zeigt die ganze Spannung einer christl. E. – und damit auch die weiter oben beschriebenen Ansätze einer intentionalen und funktionalen E. – indem er zwei scheinbar widersprüchliche Gedanken nebeneinanderstellt. Er geht davon aus, daß die E. einerseits ein weltliches Werk ist, das mit Vernunft getan wird, und andererseits die E. in ständiger Beziehung zu Gott getan werden muß, wenn sie nicht scheitern soll.

Er verzichtet mit diesem Hintergrund auf alle Belehrung in erzieherischen Sachfragen, und auch seine bekannteste Schrift zur E., der Sendbrief an die Ratsherren, daß man die Kinder zur Schule halten solle, ist keine intentional-pädagogische Schrift, sondern nur »christliche Ermahnung zum guten Werk der Erziehung« (Asheim 1961). Dies bedeutet zusammengefaßt: »Der Theolog ist kein Fachmann in Erziehungsfragen. Erziehung ist ein weltliches Werk, das auch die Heiden tun (und oft so, daß sich Christen schämen müssen), denn Gott hat dem Menschen dazu die Vernunft gegeben« (zit. bei Bohne, 1970).

Die Weltlichkeit jedoch – und das ist der zweite Gedanke Luthers - ist eine fragliche Sache im Blick auf das E.sziel, denn in dieser Welt ist der Teufel wirksam, der die Menschen so verführt, daß sie ihrer Verantwortung nicht gehorchen. Damit wird auch die Vernunft verdorben. Die natürliche Vernunft reicht zum Erkennen des gottgewollten E.szieles nicht aus, und deshalb hat das Evangelium dann doch sehr viel zur E. zu sagen. Der nur vernünftige Mensch stellt seine eigenen Gesetze auf und erwartet, daß die Wirklichkeit seiner Vernunft entspricht, daß vernünftiges Handeln zum gewünschten Ergebnis führt. Dies jedoch ist eine Verneinung des Weltregimentes Gottes, d.h. gottlose Existenz. In die Zusammenhänge der göttlichen Führung hat der Mensch mit seiner natürlichen Vernunft keine Einsicht. Deshalb übersteigt auch der Versuch, den Menschen durch planmäßige (intentionale) E. zur schöpfungsgemäßen Erfüllung zu bringen, die menschliche Kraft. Hinzu kommt die existentielle Begrenzung des Menschen durch die Sünde, die ihn dazu verleitet, daß er wie Gott sein will. Gottes E. am Menschen geht hier ganz besondere Wege. Sie führt nicht stufenweise, in fortschreitender Erfahrung, oder dadurch, daß sie die Kräfte des Menschen unterstützt, zu einem göttlichen Ziel, sondern an ihrem Anfang steht die Wiedergeburt. Gott läßt den Menschen zuerst scheitern – das ist seine Art der E. - um ihn dadurch die Wahrheit und seine Gnade erfahren zu lassen. »Die Gott lehren will, die führt er in die Hölle und wieder heraus. Die das erlitten haben, das sind die Allergelehrtesten gewesen.« Auf diesem Wege geschieht dann auch eine »Unterweisung« Gottes, die zu einer Umbewertung aller Werte führt. Er schenkt das Auge, die wahren Werte zu erkennen.

Zusammengefaßt ergibt sich dadurch das christl. Verständnis der E. *(oeconomia christiana)*, das zwei Grundgedanken enthält:

1. Die Vernunft ist eine Gabe Gottes; wer sie jedoch ohne Gottesbeziehung gebraucht, mißbraucht sie. Die Bibel ruft den Menschen zum rechten Verhältnis zu Gott und damit zum rechten Gebrauch seiner Vernunft auf. So wird er als Erzieher zum Mitarbeiter Gottes, indem er sich mit seiner E. dem Willen Gottes einfügt. Dies bewahrt nicht vor Mißerfolg, berechtigt aber zu dem Glauben, daß Gott die menschliche Bemühung in der E. gebraucht.

2. In Luthers Zwei-Reiche-Lehre gibt es die Obrigkeit, das »Reich Gottes zur Linken«, die das Regieren der Menschen, die Sorge um den Lebensunterhalt usw. umfaßt. Die Verkündigung des Evangeliums gehört zum »Reich Gottes zur Rechten«. Hier erfährt der Mensch, daß ihn Gott bedingungslos annimmt und daß er Vergebung empfängt. E. ist damit »Reich Gottes zur Linken« – aber es ist Reich Gottes! Es wird dort menschlich gehandelt, auch mit Macht und Strafe. Sie steht jedoch unter Gott, und so sind Weltlichkeit und Gottgebundenheit der E. bei Luther untrennbar miteinander verwoben (Bohne 1970).

Literatur: I. Asheim: Glaube und Erziehung bei Luther, 1961; K. Bockmühl: Die Aktualität des Pietismus, 1985; G. Bohne: Erziehungslehre II, in: J. Speck, G.Wehle: Handbuch pädagogischer Grundbegriffe, Bd. 1, 1970, 437-455; W. Brezinka: Von der Pädagogik zur Erziehungswissenschaft, [3]1975; M. Buber: Werke, 1962; E. Durkheim: Erziehung, Moral und Gesellschaft. Soziologische Texte Bd. 86, 1973; E. Fromm: Haben oder Sein, 1976; W. Klafki: Didaktische Analyse als Kern der Unterrichtsvorbereitung, 1964, 5-34; Th. Pola: Die Frau in der Weisheit, in: W. Veeser (Hg.): Theologische Auseinandersetzung mit dem Denken unserer Zeit, Bd. 3, 1984; R. Riesner: Jesus als Lehrer, [2]1984. M.D.

ERZVÄTER. Im NT wird David von Petrus der E. genannt (Apg 2,29). Stephanus nennt die zwölf Söhne Jakobs die zwölf E. (Apg 7,8f). Auch Abraham heißt Hebr 7,4 der E. oder Patriarch. Dies griech. Wort bedeutet: der vornehmste oder älteste Vater. Im Zusammenhang mit dem Volk Israel sind vor allem *Abraham, *Isaak und *Jakob mit den E.n gemeint. Die Ausgrabungen, etwa von Ras Schamra (*Ugarit) und *Mari, haben neues Licht auf die Zeit der E. geworfen. Die in Ras Schamra gefundenen Texte geben uns u.a. ein Bild von dem Heidentum jener Jahrhunderte. Nach den Ausgrabungen in Mari schenkt man allg. der bibl. Angabe, daß die Vorfahren der Israeliten aus der Gegend von Haran nach Palästina gekommen seien, mehr Glauben (1Mo 11,31f; 12,4).

Auch auf Tontafeln, die in der nordmesopotamischen Stadt *Nuzi ausgegraben wurden, finden sich Parallelen zu Einzelheiten aus den Lebensberichten der E. Vermächtnisse, die ein Vater auf dem Sterbebett mit seinem Segen traf, galten dort in jeder Beziehung als rechtsverbindlich (vgl. 1Mo 27,37). Dann hören wir, daß ein Mann sein Erbrecht für drei Schafe verkaufte (vgl. 1Mo 25,29-34). Die Hausgötzen, die zugleich das Anrecht auf das Familienerbe sicherten, sollten nur an den leiblichen Sohn, nicht an den Schwieger- oder Adoptivsohn weitergegeben werden (vgl. 1Mo 31,19ff). Um in kinderlosen Ehen einen Erben zu erlangen, nahm man Sklavinnen zu Nebenfrauen (vgl. 1Mo 16,2; 30,3.9) oder adoptierte einen anderen, der dann das Erbe antrat (vgl. 1Mo 15,2).

In der Geschichte der Offenbarung ist die Zeit der E. von großer Bedeutung. Der Herr offenbarte sich ihnen durch seine Erscheinung, durch Träume und Gesichte. An das Volk, das aus ihren Nachkommen entstehen sollte, wurde die Verheißung des Segens und des kommenden Retters geknüpft. Zu den Daten der E.zeit vergleiche die Artikel *Abraham, *Isaak, *Jakob und *Chronologie des AT. Allg. kann man den Zeitabschnitt der E.geschichte zwischen 2200 und 1650 v.Chr. ansetzen.

ESAU. Esau war der ältere von *Isaaks Zwillingssöhnen (1Mo 25,21-26). Seine Beziehung zu seinem Bruder *Jakob ist Gegenstand wohlbekannter Geschichten aus 1Mo 25,27-

34; 27,1ff; 32,3-22; 33,1-16. E. war der Liebling seines Vaters, und Isaak beabsichtigte, ihm den Segen zu erteilen, auf den er als Ältester Anrecht hatte (1Mo 27,1ff). Die Überlegenheit Jakobs über den älteren Bruder aber, die sich vor und bei der Geburt bereits andeutete (1Mo 25,21-26), besiegelte der alte Isaak unwillentlich selbst (1Mo 27,22-29.33-37). Aus diesem Doppelspiel Jakobs, dem Stammvater der Israeliten, stammte die tiefverwurzelte Abneigung in der Beziehung zwischen Israel und *Edom, dessen Stammvater E. war (vgl. z.B. 4Mo 20,18-21; 1Kön 11,14ff; Ps 137,7).

Die Hauptbedeutung der bibl. Bezugnahmen auf E. liegt in der theologischen Bedeutung seiner Verwerfung, trotz seines Vorrechts durch die Erstgeburt. Die bibl. Erklärung lautet, daß Gott E. haßte und Jakob liebte (Mal 1,2f; Röm 9,13). E. steht für die, die Gott nicht erwählte, Jakob steht für die von Gott Erwählten. Der Grund für diese Bevorzugung liegt aber nicht im Leben und Charakter Jakobs und E.s. Jakob wurde erwählt, ehe er und sein Bruder geboren waren. Auch Gottes »Liebe« und »Haß« könnten nicht der Grund für die göttliche Wahl sein; denn dann wäre sie eine schiere Laune. Gott vollzog vielmehr seinen erhabenen Willen im freien Ratschluß seiner Gnadenwahl, deren moralische Grundlage alleine in ihm begründet ist (vgl. *Erwählung).

In Hebr 12,16f steht E. für alle, die die Hoffnung auf Glaubensruhm aufgegeben haben um des willen, das man sieht und das nicht ewig ist. J.G.S.S.T.

ESCHATOLOGIE.

A. Allgemeines.

1. E. nennt man die Gesamtheit von Anschauungen und Lehren, die sich auf das Ende der Geschichte beziehen (griech. **eschatos,** letzter).

2. Eine E. gibt es in allen Religionen. So ersehnte man bei den Römern ein kommendes glänzendes Zeitalter: »Endigen wird das Geschlecht von Eisen, erstehen das goldne rings in der ganzen Welt« (Vergil, Bucolica, 4. Ekloge).

3. Unter den nichtchristl. Religionen beansprucht die islamische mit ihrer E. unser besonderes Interesse. Der Islam rechnet – und ist darin von Juden und Christen abhängig – mit einem doppelten Ausgang der Menschheitsgeschichte: Die Gläubigen werden mit dem Paradies belohnt; die Frevler erleiden Verdammnis. Im Gegensatz zur Bibel werden jedoch Paradies und Hölle ausgemalt. So heißt es in der 32. Sure (»Die Anbetung«) des Koran: »Die glauben und rechtschaffen handeln, erhalten Gärten zur ewigen Wohnung, zur Vergeltung dessen, was sie getan haben. Die Wohnung der Frevler aber ist das Höllenfeuer, und sooft sie demselben entfliehen wollen, so oft werden sie auch wieder hineingestoßen« (20f). Zugleich wird hier deutlich, daß Paradies und Hölle aufgrund der Taten des Menschen zugeteilt werden: der Mensch erlöst sich durch seine Werke selbst.

Die 56. Sure (»Der Unvermeidliche«, d.i. der Jüngste Tag) stellt ausführlich dar, was am Ende der Tage sein wird. Der Tag des Gerichts für alle Menschen ist unvermeidlich. Allah (Gott) selbst wird das Gericht durchführen. Die alte Welt vergeht. Die Menschen werden dann in drei Klassen geteilt: »Wenn die Erde heftig erschüttert wird und die Berge in Stükke zerschmettert und wie dünner, zerfliegender Staub werden, dann werdet ihr in drei Klassen geteilt« (5-8; vgl. 2Petr 3,12!). Die erste Klasse besteht aus den Propheten oder denen, die sich zuerst zum Islam bekehrten. »Diese werden Allah am nächsten sein« (12) und das herrlichste Glück genießen. Die zweite Klasse besteht aus den »Gefährten der rechten Hand«, d.h. den gewöhnlichen Frommen. Auch sie erwartet eine herrliche Zukunft: wunderbare Bäume, immer fließendes Wasser, Früchte, »die nie weniger und nie verboten werden« (vgl. 1Mo 2,17; 3,1ff!), ewig junge und schöne Frauen (28-39). Die dritte Klasse besteht aus den »Gefährten der linken Hand«, d.h. den Verdammten und Übeltätern. Sie »werden in glühendem Winde wohnen und siedend heißem Wasser und unter dem Schatten eines schwarzen Rauches« (42-44). Sie haben ja die Auferstehung geleugnet; ebenso haben sie eine zweite Schöpfung geleugnet. Sie waren nur »der Lust dieser Welt« hingegeben und haben Allahs Gebote übertreten (46-63). Deshalb haben sie ewiges Unglück verdient. Vgl. auch Sure 55,40ff.

B. Biblisch – historisch:

I. IM ALTEN TESTAMENT.

1. Schon in der Genesis/1Mo gibt es Andeutungen über ein Leben ohne bzw. nach dem Tod. Der Überblick über das Schöpfungshandeln Gottes in 1Mo 1 kennt noch keinen Tod. Vielmehr wird der Tod erst nach dem Sündenfall zu einer Realität (1Mo 2,17; 3,19ff; vgl. Röm 5,12ff). Die Existenz Abels endet nicht einfach mit seiner Ermordung durch Kain. Vielmehr ist in geheimnisvoller Weise Abel weiterhin existent, und zwar in seinem Blute, das andernorts als Träger des Lebens erwähnt wird (vgl. 1Mo 4,10 mit 9,4). Geheimnisvoll ist auch 1Mo 5,24, wo *Henoch von Gott

»hinweggenommen« wird, ohne einen normalen Tod zu erleiden. Für das Sterben wird gelegentlich der Ausdruck »zu seinen Vätern versammelt werden« gebraucht (1Mo 25,8; 35,29). Dieser Ausdruck scheint ebenfalls eine Fortexistenz nach dem Tode anzudeuten.

2. Mehrfach wird im Mosegesetz der Umgang mit den Geistern der Toten verboten (vgl. 3Mo 19,31; 20,6.27; 5Mo 18,10f). Der Bericht von Saul in 1Sam 28 zeigt, daß das AT in solchen Totengeistern keine reine Einbildung sieht. Vielmehr wird mit einer zunächst noch ganz verhüllten Form des Weiterlebens der Menschen gerechnet.

3. Beim Tode *Elias (ca. 850 v.Chr.) macht Israel die Erfahrung, daß es ein Ende irdischen Lebens ohne Sterben gibt. Der Bericht benutzt wieder jenes auffallende »Hinwegnehmen« wie in 1Mo 5,24. Hinzu kommt das Wort »aufsteigen (zum Himmel)«, so daß man mit Recht von einer »Himmelfahrt« Elias sprechen kann (2Kön 2,1ff).

4. Die Propheten enthüllen in göttlicher Vollmacht, was in der Zukunft geschehen wird. Dabei entsteht zunächst die Gewißheit der doppelten Auferstehung, nämlich zum ewigen Leben oder zur ewigen Verdammnis (Dan 12,2; Mal 3,16ff). Immer klarer wird Israel vor Augen gestellt, daß Gott mächtiger ist als der Tod, und daß der Tod das Verbundensein mit Gott nicht zerstören kann: »Aus der Gewalt des Scheol (Unterwelt der Toten) werde ich sie befreien, vom Tod sie erlösen!« (Hos 13,14 RevEB; Jes 25,8). Der Offenbarung durch die Propheten antwortet die Gewißheit des Glaubens in den Psalmen (Ps 49,16; 73,24; vgl. Hiob 19,25). Die Errettung Jonas oder Daniels aus dem Tode wird zum Vorbild und Typus des den Tod überwindenden Handelns Gottes (vgl. Jona 2,1ff; Dan 6,12ff mit Mt 12,38ff).

5. Ein wesentlicher Teil des Geschehens am Ende der Geschichte hat mit dem *Messias zu tun. Dabei ist »Messias« (Gesalbter, Christus) nur die zusammenfassende Bezeichnung für den von Gott gesandten und bevollmächtigten Erlöser der Endzeit. Wichtig sind hierbei folgende Linien:

a. Aufgrund der Verkündigung des Propheten Nathan erwartet man ein ewiges Königtum aus der Familie Davids (2Sam 7,12ff). Als »Hütte Davids« (Am 9,11), als »Sproß Davids« (Jer 23,5; Sach 3,8) oder »mein Knecht David« (Hes 37,24f) bezeichnet, wird der Messias im wiederbesiedelten Israel herrschen, vom Heiligen Geist erfüllt regieren, Recht und Gerechtigkeit üben und ewigen Frieden bringen (vgl. Jes 9,5f; 11,1ff; Jer 23,5ff; Hes 37,23ff). Nach dem Exil wird diese Verheißung an die Davididen fortgesetzt (Hag 2,20ff; Sach 3,8).

b. Die Propheten fügen im Laufe der Jh. viele Einzelzüge zum Bild des kommenden Messias hinzu, z.B. seine Geburt in Bethlehem (Mi 5,1ff), seinen Einzug in Demut in Jerusalem (Sach 9,9) oder seinen geheimnisvollen Tod (Sach 12,10ff). Dabei gibt es Aussagen, die auf seine wunderbare Geburt hinweisen (z.B. Jes 7,14; 9,5f).

c. Schon vor der Verheißung eines davidischen Messias hat es Hinweise auf einen kommenden Erlöser gegeben, so z.B. der »Held aus Juda« (1Mo 49,8ff) oder der »Stern aus Jakob« (4Mo 24,17).

d. Jesaja verkündigt einen »*Knecht Gottes«, der sich von allen anderen »Knechten« des Herrn unterscheidet. Er ist der Auserwählte, der Träger des Geistes Gottes, der Heilbringer für alle Nationen. Er sammelt Israel. Zugleich aber wird er erniedrigt und überhört. Am Ende gibt er sein Leben als Schuldopfer hin und verhilft damit vielen zur Gerechtigkeit, indem er ihre Sünde trägt und wegschafft (Jes 42,1ff; 49,1ff; 50,4ff; 52,13ff; 53,1ff).

e. Der Prophet Daniel berichtet an zentraler Stelle (Dan 7,13f) von einem himmlischen Menschensohn (»einer wie eines Menschen Sohn« V. 13). Wie Gott selbst erscheint er auf den Wolken des Himmels. Er ist Gott so nahe, daß er zu seinem Thron kommen kann. Er erhält eine ewige Herrschaft in universalem Ausmaß über alle Völker.

f. Daneben gibt es Hinweise auf einen priesterlichen Messias (vgl. Sach 4,2f.11ff), so daß im fünften »Nachtgesicht« Sacharjas sogar zwei Messiasse nebeneinander stehen können (Sach 4,14).

g. Aufgrund der Verheißung von 5Mo 18,15ff erwartet man in Israel »den« Propheten schlechthin als einen zweiten Mose, der die Weisung Gottes verbindlich auslegt, ähnliche Wunder wie beim Auszug aus Ägypten ermöglicht (Mi 7,15) und Israel in eine neue, endgültige Heilszeit hineinführt.

6. Diese ist nämlich im ganzen AT angesagt: Israel wird am Ende der Tage eine unvergleichliche Heilszeit erleben. Zwar werden schreckliche Gerichte vorausgehen. Aber nach ihrem Ende wird Israel wieder im verheißenen Land wohnen. Seine Stämme werden wieder vereinigt sein. Es wird in ewigem Frieden, in Recht und Gerechtigkeit leben (vgl. Jes 9,5f). Das Gotteslob kommt zu einer wunderbaren Vollendung (Jes 12). Die Feinde beten Gott an statt Israel zu bekämpfen (Jes 2,1ff). Eine wunderbare Fruchtbarkeit verwandelt das Israelland in einen herrlichen Garten, in ein einzigartiges Land voller Akkerfrüchte, Vieh und Obst (Hes 34,23ff; 37,15ff; 47,1ff; Joel 4,18ff). Die Völker bringen

ihren Reichtum nach Jerusalem und zu Israel (Jes 60,5ff; Hag 2,7ff). Immer wieder wird jene Zeit als eine Zeit des »Lichts« gekennzeichnet (Jes 8,23f; 42,6f; 60,1ff; 62,1). Alle Heilsgaben werden zusammengefaßt in der Verheißung eines »Neuen Bundes« (Jer 31,31ff; Hes 34,25; 37,26; Dan 9,24ff). Dann wird Israel rein werden von aller Sünde, ein neues Herz und einen neuen Geist empfangen (Hes 36,25f; Joel 3,1ff; Jer 31,33f).

7. Aber nicht nur für Israel, sondern auch für die Völker wird eine unvergleichliche Heilszeit anbrechen. Sie werden den wertvollsten Besitz Israels, Gottes Offenbarung, erhalten (Jes 42,6; 51,4f). Sie kommen nach Jerusalem, um anzubeten und belehrt zu werden (Jes 2,1ff; Sach 14,16ff). Friede breitet sich unter ihnen aus, so daß »Schwerter zu Pflugscharen und Spieße zu Sicheln« gemacht werden (Jes 2,4). Der Messias wird auch ihr Heilbringer sein (1Mo 49,8ff; Jes 42,1ff; Dan 7,14). Auch über sie wird Gottes Geist ausgegossen (Joel 3,1ff).

8. Noch weiter greift Gottes Verheißung hinaus, die er durch seine Propheten gibt. Am Ende der irdischen Geschichte verschwindet die alte Schöpfung: »Der Himmel wird zusammengerollt werden wie eine Buchrolle, und all sein Heer wird hinwelken« (Jes 34,4). Eine Zeit zieht herauf, die bis in die Tierwelt hinein den paradiesischen Frieden wiederbringt (Jes 11,6ff; 65,25). Ja, Gott verspricht: »Ich will einen neuen Himmel und eine neue Erde schaffen, daß man der vorigen nicht mehr gedenken wird« (Jes 65,17; 66,22).

Doch bleiben alle diese Zukunftsweissagungen für das Ende der irdischen Geschichte ohne eine Datumsangabe. Ausrechnungen sind nicht möglich.

II. IM JUDENTUM DER ZEITENWENDE. Das Judentum der Zeitenwende ist weithin ein Judentum der *Diaspora. Nur etwa 80 Jahre (142-63 v.Chr.) lang existierte noch einmal ein unabhängiger jüd. Staat, der Staat der *Makkabäer. Dann wurde das Israelland dem *Römischen Reich einverleibt. Staat, Priestertum und Königtum verschwanden oder wandelten sich tiefgreifend. Das verstärkte die Sehnsucht und Hoffnung auf die Heilszeit.

In eindringlicher Beschäftigung mit der Bibel und aufgrund mündlicher Lehrtraditionen, die bei den einzelnen jüd. Richtungen vielfach unterschiedlich waren, ergaben sich folgende Linien (wir sind natürlich abhängig von denjenigen Quellen, die noch vorhanden sind):

1. Die Auferstehungshoffnung war allgemein verbreitet (u.a. bei *Pharisäern, *Zeloten, *Essenern, Herodianern). Nur die *Sadduzäer machten eine Ausnahme aus Gründen, die wir nicht mehr genau kennen (vgl. für die Sadduzäer Mt 22,23ff; Apg 23,6ff; ansonsten Mt 14,2; 22,34; Jos.bell.Jud. II, 119ff; PsSal 14,3; 2Makk 7,1ff; 12,43ff).

2. Daß aus Davids Familie der Messias kommen sollte, war ebenso eine allg. Erwartung und ein häufiges Gebetsanliegen. Am stärksten war diese Erwartung bei den Pharisäern und den von diesen beeinflußten Volksteilen. So heißt es in den Psalmen Salomos, ca. 50 v.Chr. in pharisäischen Kreisen entstanden: »Du, Herr, erwähltest David zum König über Israel, und du schwörst ihm für seinen Samen in Ewigkeit, daß sein Königtum vor dir nicht aufhöre« (17,4). In einer gewaltigen Zusammenschau bibl. Verheißungen wird von ihm ausgesagt, daß er Jerusalem von den Heiden reinigen, ungerechte Fürsten zermalmen, Sünder züchtigen und ein heiliges Volk sammeln, in Weisheit und Gerechtigkeit regieren und alle Völker unterwerfen werde, von Gott gelehrt sei, den Heiligen Geist habe, der rechte Hirte sei und die Gaben der Völker entgegennehme in einem Jerusalem, um das wieder alle Stämme Israels geschart sind (17,4ff; 18,1ff). Auch in *Qumran wurde ein davidischer Messias erwartet. Qumran findet ihn schon in 1Mo 49,8ff prophezeit und nennt ihn den »Sproß Davids« oder »Messias Israels« (1QS.IX,11; 1QSa.II,11f; 4Q patr.1ff; 4Q flor.I,10ff). Wie man sieht, ist dieser davidische Messias von den Juden der Zeit Jesu vor allem als ein politischer Herrscher betrachtet worden, der »das Reich für Israel aufrichtet« (Apg 1,6).

3. Es gab aber auch eine Erwartung, wonach am Ende der Tage zwei Messiasse auftreten würden, ein davidischer und ein priesterlicher. In Qumran war man der Ansicht, daß der Priestermessias dem davidischen vorgeordnet sei. Man nennt ihn den »Messias Aarons« oder einfach »den Priester« (1QS.IV,11; 1QSa.II,11ff). Dabei ging man wohl von Sach 4,3ff.11ff; 6,9ff aus. Vgl. auch Test Lev 18.

4. In anderen frühjüd. Schriften wird der Messias als der himmlische Menschensohn aus Dan 7,13f dargestellt. Das geschieht z.B. im äthiopischen Henochbuch, in dem jüd. Lehrüberlieferungen gesammelt sind, die teilweise bis ins 2.Jh.v.Chr. zurückreichen. Hier ist vom »Auserwählten« Gottes die Rede, der auf dem »Thron der Herrlichkeit« sitzt und eine erneuerte Schöpfung regiert (45,3ff). In einer Auslegung von Dan 7,13f steht der Menschensohn im Zentrum: »Dies ist der Menschensohn, der die Gerechtigkeit hat und bei dem die Gerechtigkeit wohnt« (äthHen 46,3). Mit diesem Menschensohn werden nun viele messianische Aussagen der Bibel verbunden,

auch solche, die sich auf den Davidsmessias beziehen. Er besiegt die Mächtigen und Könige dieser Welt (vgl. Ps 2). Er beendet die Weltreiche (vgl. Dan 7). Der Menschensohn ist von Ewigkeit her bei Gott (äthHen 48,3). Er ist das Licht der Völker (vgl. Jes 42,6; 49,6). Er wird in Ewigkeit fortleben (äthHen 48,6). Er ist der Träger des Heiligen Geistes (vgl. Jes 11,2). Er richtet die Menschen (äthHen 49,4). Er verkündigt alle Weisheit Gottes (51,3). Vgl. insgesamt äthHen 46-51; 69. Auch im 4Esr (entstanden um 100 n.Chr.?) wird Dan 7 ausgelegt: »Der Sturm führte aus dem Herzen des Meeres etwas wie die Gestalt eines Menschen herauf. Ich sah, und siehe, dieser Mensch flog auf den Wolken des Himmels« (13,3). Dieser Menschensohn wird von Gott bis zur Zeit der Erlösung »aufbewahrt« (13,26). Er wird sogar Gottes »Sohn« genannt (7,28; 13,32.52). Mit dem Hauch seines Mundes vernichtet er die Gegner Israels (13,4ff.37f). Er sammelt die zwölf Stämme (13,39ff). Interessant ist, daß Gottes »Sohn, der Messias« 400 Jahre lang regiert, dann aber sterben muß. Anschließend vergeht die alte Welt, und eine neue wird geschaffen (7,28ff).

5. Dem Messias geht ein Vorläufer voraus. Die atl. Ausgangsstelle ist hierbei Mal 3,23f. Einmal heißt dieser Vorläufer »Elia« (Sir 48,1.10; Mt 16,14; 27,47ff), ein andermal »Prophet« (1QSIX,11; Mt 16,14). Seine Aufgabe wird schon im Sirachbuch um 175 v.Chr. wie folgt beschrieben: »den Zorn zu stillen, ehe der Grimm kommt, das Herz der Väter den Kindern wieder zuzuwenden und die Stämme Jakobs wieder aufzurichten« (Sir 48,10).

6. Bevor die messianische Heilszeit anbricht, kommt es zu höchster Not. Wie schon in Dan 9,24ff; 12,1 beschrieben, wird die letzte Drangsal des Volkes Gottes die größte sein. Jerusalem wird von unübersehbaren Völkerscharen bedrängt (4Esr 13,33ff). Aber auch die Gesamtheit der »Erdenbewohner« wird von Entsetzen geschüttelt: »Sie werden danach trachten, Krieg gegeneinander zu führen, Stadt gegen Stadt, Ort gegen Ort, Volk gegen Volk und Reich gegen Reich« (4Es 13,30f; vgl. syrBar 35ff). Doch dann wird der Messias siegen. In Qumran rechnete man mit einem endzeitlichen heiligen Krieg der »Söhne des Lichts gegen die Söhne der Finsternis« und schrieb dazu die sog. »Kriegsrolle« (1QM).

7. Betont wird die Heilszeit für Israel. Gottes Liebe gilt ja »dem Samen Abrahams, den Söhnen Israels« (PsSal 18,3). Am Ende wird Israel ein geheiligtes Volk sein. Gottes Messias »wird nicht erlauben, daß Ungerechtigkeit ferner in ihrer Mitte wohnt« (PsSal 17,27). Die Heidenvölker müssen Frondienste für Israel leisten, das wie zu Josuas Zeiten sein zugeteiltes Land bewohnt, aber ohne Fremde und Ausländer (17,28ff). In dem späten, außerbibl. PsSal 17,44 kann man beten: »Wohl denen, die leben in jenen Tagen, in der Versammlung der Stämme zu sehen das Glück Israels, das Gott schaffen wird.«

8. Demgegenüber tritt die Erwartung des Heils für alle Völker zurück. Nur gelegentlich findet man Stimmen wie diese: »Durch ihn (d.h. den Stern aus Jakob bzw. den Messias) wird ein Zepter der Gerechtigkeit für die Heiden aufgehen, zu richten und zu retten alle, die den Herrn anrufen« (Test Jud 24).

9. Mit der Auferstehung verbunden ist die Erwartung eines allgemeinen Weltgerichts. Menschen und Engel werden gerichtet (äthHen 91,14f). Die Gerechten und Heiligen werden von den Bösen geschieden und für das ewige Leben auserwählt (äthHen 51,1ff). Eindrücklich ist die Schilderung in 4Esr 7,33ff: »Der Höchste erscheint auf dem Richterthron: dann kommt das Ende, und das Erbarmen vergeht, das Mitleid ist fern, die Langmut verschwunden; mein Gericht allein wird bleiben, die Wahrheit bestehen, der Glaube triumphieren; der Lohn folgt nach, die Vergeltung erscheint; die guten Taten erwachen, die Bösen schlafen nicht mehr. Dann erscheint die Grube der Pein und gegenüber der Ort der Erquickung; der Ofen der Gehenna wird offenbar und gegenüber das Paradies der Seligkeit.«

10. Auch eine neue Schöpfung wird immer wieder angedeutet, vor allem in der sog. apokalyptischen Literatur. So nimmt z.B. äthHen 91,16 die Verheißung von Jes 65,17; 66,22 auf. In Ewigkeit wird »Güte und Gerechtigkeit sein, und die Sünde wird ... bis in Ewigkeit nicht (mehr) erwähnt werden« (äthHen 91,17; vgl. 71,15ff). Die Erlösten »werden Engel im Himmel werden« (äthHen 51,4). Das Paradies wird immer geöffnet sein, die Erlösten haben Zugang zum Baume des Lebens, und ihr Antlitz wird vor Freude leuchten (TestLev 18; äthHen 51,5).

11. Vergleicht man die E. des Judentums der Zeitenwende mit jener des AT, so kann man neben zahllosen Übereinstimmungen auch folgende Unterschiede feststellen:

a. Der Messias ist Davidssohn, Erwählter, Menschensohn, gelegentlich Gottes Sohn, aber sehr selten »der Knecht«. Der leidende und sterbende Erlöser tritt stark in den Hintergrund.

b. In den Hintergrund treten auch die Heilserwartungen für die Völker. Israels Rolle wird stark betont. Man kann allerdings diese Entwicklung gut verstehen, da ja Israel in einer bedrückenden und demütigenden Situation lebte.

c. Ein weiterer Unterschied zum AT liegt in der drängenderen Erwartung des Weltendes sowie in der vermehrten Beschäftigung mit künftigen und himmlischen Dingen. Die Sehnsucht greift vor allem in der apokalyptischen Literatur immer wieder zu dem Mittel der Berechnung des nahenden Weltendes (vgl. *Apokalyptik). Positiv muß man sagen, daß dadurch der Boden für die ntl. Verkündigung aufs beste vorbereitet war.

III. IM NEUEN TESTAMENT.
Das NT versteht sich als eine Erfüllung der atl. Weissagungen. Sein Grundton lautet: »Die Zeit ist erfüllt, und das Reich Gottes ist herbeigekommen« (Mk 1,15; Mt 3,2; 4,17; Lk 4,21). Dennoch ist die bisherige E. nicht einfach »verwirklicht« (»realisierte E.«) und damit gewissermaßen abgehakt. Vielmehr ergibt sich aus der Erfüllung auch eine neue Verheißung und damit eine neue E. (»futurische E.«).

1. Der Messias ist da. Dieser Satz unterscheidet Christen und Juden. »Heute ist dieses Wort der Schrift erfüllt vor euren Ohren« (Lk 4,21) – so beginnt Jesus seine Predigt in seiner Heimatstadt Nazareth. Er ist der Messias Israels und der Erlöser und Heilbringer der ganzen Welt (vgl. Joh 4,42). Die vielfachen Versuche, Jesus das Messiasbewußtsein abzusprechen, haben sich als unhaltbar erwiesen.

2. Die Evangelien enthalten zahlreiche Bezeichnungen, die Jesus als den göttlichen Messias verdeutlichen. Er selbst bevorzugt die Bezeichnung »Menschensohn« (vgl. Dan 7,13f), weil sie seine himmlische Herkunft und seine göttliche Würde am besten wiedergibt (vgl. Mt 22,41ff; 26,64). Als Menschensohn ist er auch der Wiederkommende, der alle Welt richten wird (vgl. Mt 24,29ff; 25,31ff; 26,63f). Seine Jünger erkennen ihn als den »Messias« und »Gottessohn« aus Ps 118,26 und Dan 7,13, den die Juden sehnsüchtig erwarteten (vgl. Mt 11,3; 21,9; Joh 6,14). Er ist der »Messias/Christus Gottes« (Lk 2,26), der »Heiland der Völker« (Lk 2,30f), das »Licht der Heiden« (Lk 2,32), der »Sohn Davids« (Mt 20,30), der ewige König aus Davids Familie (Lk 1,32f; Röm 1,3), der »König von Israel« (Mt 27,37; Joh 1,49), »der Prophet« und zweite Mose aus 5Mo 18,15ff (Joh 6,14), der Sohn der Jungfrau aus Jes 7,14 (Mt 1,22f), der »Sohn Gottes« aus Ps 2 (Mt 3,17), der leidende und sühnende Gottesknecht aus Jes 42-53 (Mt 3,17; 12,17ff; 20,28), der Träger des Geistes aus Jes 11,2 (Mt 3,16), der verbindliche Ausleger der Tora (Mt 5,17ff; 7,29), der göttliche Herr über die Schöpfung (Mt 8,23ff par.). Er ist das Lamm, das der Welt Sünde trägt, und der Hohepriester, der Sühne erwirkt (Joh 1,29ff; Hebr 4,14ff; 7,1ff; 9,1ff). Er ist derjenige, mit dem eine neue Zeit und eine neue Schöpfung beginnt (Mt 9,14ff; Joh 2,1ff). Mit ihm bricht Gottes Reich an (Mt 10,5ff; Lk 10,17ff; 11,20; 17,21). Er ist »Licht« (Mt 4,15ff; Joh 8,12), »Brot« (Joh 6,35), »Auferstehung« (Joh 11,25), »Leben« (Joh 11,25; 14,6), »der Weg«, »die Wahrheit« (Joh 14,6), »der Weinstock« (Joh 15,5). Mit einem Wort: Er ist »Herr und Gott« (Joh 20,28).

3. Wie man sieht, vereinen sich in Jesus alle Linien der messianischen Verheißung des AT. Doch wie ist sein Verhältnis zur jüd. Messiaserwartung? Hier ergeben sich neben Übereinstimmungen auch Unterschiede:

a. Bei Jesus ist der leidende und sterbende Gottesknecht von der Taufe an viel stärker betont. Sein ganzes öffentliches Wirken ist ein Weg zum Kreuz.

b. Demgegenüber ist die Rolle eines nationalen Messias viel stärker zurückgedrängt.

c. Daß er der Heilbringer für die Völker ist, betont Jesus sehr viel mehr.

d. Die Gottheit Jesu, die er als himmlischer Menschensohn und als präexistenter Gottessohn innehat, ist wiederum weit stärker herausgestellt als in der Erwartung seiner jüd. Umgebung. – So konnten zwischen dem Messias und Gottessohn Jesus und den Juden seiner Zeit Reibungen und Konflikte entstehen.

4. Wie im Judentum seiner Zeit spielt im NT das »Reich Gottes« (oder: »Gottesherrschaft«) eine zentrale Rolle. Nach ntl. Auffassung ist das Reich Gottes schon angebrochen, aber keineswegs vollendet. Es ist insoweit angebrochen, als der Messias erschienen ist, Sündenvergebung geschieht (Mk 2,1ff), der Heilige Geist empfangen wird (Apg 2), Menschen dadurch von neuem geboren werden (Joh 1,12f; 3,1ff; Gal 3,26ff; 1Petr 1,3), gläubige Juden und Heiden zusammen das neue Gottesvolk bilden (Eph 2,11ff), als Kinder Gottes leben (Röm 8,14ff) und Frieden mit Gott und Freude im Heiligen Geist haben (Röm 14,17; 5,1ff). Es steht aber insofern noch aus, als noch das Böse in der Welt geschieht und sogar anwächst (Mt 13,24ff), die Reiche dieser Welt vom Bösen regiert werden (Mt 4,8ff), Haß und Not sich steigern (Mt 24,3ff) und schließlich sogar ein antichristl. Reich entsteht, dessen Herrscher sich göttliche Würde anmaßt (Mt 24,23ff; 2Thess 2; Offb 13). Deshalb bittet man im Vaterunser: »Dein Reich komme« (Mt 6,10).

5. Gerade weil das Reich Gottes noch nicht sichtbar ist, und das Böse immer noch den Kosmos infiziert, erwächst aus dem NT eine neue E. für die Zukunft, verheißen durch Jesus und die Apostel im Heiligen Geist. Diese neue E. hat u.a. folgende Inhalte:

a. Die menschliche Geschichte wird mehr und mehr zu einer Geschichte von Not, Leid, Schuld und Gesetzlosigkeit (vgl. Mt 24,3ff).

b. Auch die Gemeinde Jesu Christi wird von Streit und Abfall erfaßt (Mt 24,9ff). Große Teile der Christenheit werden mit dem Bösen paktieren (Offb 17). Die treue Gemeinde wird verfolgt (Offb 13).

c. Der *Antichrist wird vor dem zweiten Kommen Jesu sein Reich errichten, und zwar durchaus mit religiösen Zügen, und dabei den Beifall der Massen finden (Mt 24,21ff; 2Thess 2; Offb 13). Er scheint die Nöte der Welt zu lösen (vgl. Mt 4,1ff).

d. In dieser ganzen Zeit breitet sich das Evangelium über die Erde aus. Unzählige werden in die Nachfolge Jesu treten und sich trotz aller Bedrängnisse zu ihm bekennen (Mt 24,14; Apg 1,8; Offb 7,9ff).

e. Die wahre Gemeinde Jesu überdauert alle Verführungen und Verfolgungen und wird bei seiner Wiederkunft mit ihm vereinigt (erste Auferstehung, vgl. Mt 16,18; 1Thess 4,13ff).

f. Der wiederkommende Jesus beseitigt alle widergöttlichen Reiche und Gewalten (2Thess 2,8; Offb 19). Er stellt die Gottesherrschaft sichtbar über die ganze Welt her (Mt 24,29ff; 1Kor 15,21ff; Offb 19f). Nach dem Tausendjährigen Reich wird noch einmal eine Revolte des Satans und der von Gott Abgefallenen stattfinden, die aber scheitert (Offb 20,7ff).

g. Am Ende stehen die allgemeine (zweite) Totenauferstehung, die Scheidung in Gerettete und Verlorene, das allgemeine Weltgericht und die neue Schöpfung mit dem himmlischen Jerusalem (Offb 20,11-22,5). Die Schöpfung ist an dem Ziel, das ihr Gott gesetzt hat.

6. Umstritten ist gelegentlich, inwieweit man von einem zukünftigen Tausendjährigen Reich reden kann. Der späte Augustin z.B. und auch Luther verlegten das Tausendjährige Reich in die Vergangenheit. Das ist aber nach dem Aufbau der Johannesoffenbarung und nach 1Kor 15,21ff nicht möglich. Manchmal versuchte man, das Tausendjährige Reich ganz aus der ntl. Erwartung zu streichen. Jedoch ist es in Offb 20,1-10, 1Kor 15,23ff zu deutlich angesagt, als daß man streichen könnte. Das Tausendjährige Reich wird eingeleitet durch die sichtbare Wiederkunft Jesu (Mt 24,30f; 1Thess 4,16; Offb 19,11ff), gekennzeichnet durch die Herrschaft Jesu und der mit ihm vereinigten Gemeinde vom Himmel her (Offb 20,1ff; 1Thess 4,13ff; Mt 19,28; 1Kor 6,2f), bestimmt durch eine paradiesische Herrlichkeit und die Einlösung der noch ausstehenden Verheißungen an Israel, während der Satan gebunden ist (Offb 20,1ff). In der Ausdeutung von Einzelheiten sollte man aber große Vorsicht walten lassen.

7. Die neue Schöpfung umfaßt nicht nur einen neuen »Himmel«, sondern auch eine neue »Erde« (2Petr 3,13; Offb 21,1). Sie kennt nicht nur einen neuen Menschen mit einer neuen, vom Geist gebildeten Leiblichkeit (1Kor 15,35f), sondern auch eine neue Pflanzen- und Tierwelt (vgl. Offb 22,1ff; Röm 8,19ff). Insofern gilt der Satz, daß die Geistleiblichkeit das Ende der Wege Gottes darstellt.

8. Das NT untersagt jede Berechnung (vgl. Mt 24,36; Apg 1,7). Statt der Ausrechnung von Daten ist vom Christen jederzeitiges Bereitsein gefordert (Mt 24,42ff). Dabei hat Jesus mehrfach darauf hingewiesen, daß bis zu seiner Wiederkunft eine lange Zeit vergeht (vgl. Mt 24,44.48; 25,5.19; vgl. 2Thess 2,2; 2Petr 3,3ff). Daß die Gemeinde oder gar Jesus selbst das Weltende irrtümlich als unmittelbar bevorstehend erwartet hätten, wird vom NT widerlegt.

9. Im Mittelpunkt der Erwartung des NT stehen nicht irgendwelche Zustände oder Dinge, sondern die persönliche Gemeinschaft mit dem dreieinigen Gott. Jesu erster Gedanke bei seiner Wiederkunft gilt den Seinen (Mt 24,31). Beim Herrn zu sein, ist die innigste Sehnsucht des Christen (2Kor 5,8; Phil 1,23). Wir werden Gott sehen, wie er ist (1Joh 3,2) und ihm in Ewigkeit dienen (Offb 22,3f). So fassen Augustins Worte die christliche Hoffnung in großartiger Weise zusammen: »Wir werden schauen und lieben, lieben und loben.«

C. Biblisch – theologisch.

1. Jede heilsgeschichtliche Theologie betont auch die E. Letztere ist der unentbehrliche Schlußstein im Ganzen der *Heilsgeschichte. Wo dagegen der Mensch, das Individuum, im Zentrum der Theologie steht, schrumpft die E. So hat z.B. die existentiale Theologie zu einem radikalen Umbau der E. geführt, stellenweise sogar zu einem Ausverkauf.

2. Die bibl. E. lehrt, daß es nicht nur um die Rettung der Seelen geht. Vielmehr ist Gottes Zielsetzung umfassend: sie umgreift die Erneuerung der gesamten Schöpfung. Insofern steht z.B. die »Reichseschatologie« des Pietismus in einem weiteren und der Bibel angemesseneren Horizont als die Engführung auf eine »Individualeschatologie«.

3. Die bibl. E. will uns sowohl vor einer falschen Vergröberung (Materialisierung) als auch vor einer falschen Vergeistigung (Spiritualisierung) bewahren. Sie ist real, insofern sie die Leibhaftigkeit der göttlichen Ziele

ernst nimmt. Z.B. wäre eine Lehre vom Fortleben der Seele ohne leibliche Auferstehung unbibl., ebenso die Leugnung der leiblichen Wiederkunft Jesu. Die bibl. E. verwehrt uns aber auch die einfache Übertragung menschlicher Vorstellungen über die Zukunft. So wäre es z.B. falsch, sich den Auferstehungsleib als irdisch-materiell zu denken. »Sie sind wie Engel« sagt Jesus in Mt 22,30, und Paulus erklärt in 1Kor 15,44: »Es wird gesät ein natürlicher Leib und wird auferstehen ein geistlicher Leib.« Auch die irdischen Familienverhältnisse enden und werden durch eine viel liebevollere geistliche Gemeinschaft ersetzt (Mt 22,23ff).

4. Die bibl. E. ist der Wurzelboden der christl. *Ethik. Es ist alles andere als ein Zufall, daß die Weisung »Handelt, bis ich wiederkomme!« in einem der Wiederkunftsgleichnisse Jesu steht (Lk 19,13). Wer bereit ist zur Wiederkunft des Herrn, nützt die hier noch geschenkte Zeit aus (vgl. Kol 4,5 mit Mt 24,43f.45ff; 25,14ff). Deshalb kann man z.B. an den Erweckungsbewegungen beobachten, daß die belebte Hoffnung auf die Wiederkunft Jesu begleitet wird vom Ernst der Nachfolge. Diakonie, Mission und Evangelisation sind Früchte des Pietismus und der Erwekkung. Allerdings darf man auch nicht übersehen, daß manche Zirkel die Neigung hatten, sich in eine Art Ghetto zurückzuziehen oder Phantastereien über die Zukunft zu verbreiten.

5. Die E. läßt sich schwer aus einer Erfahrungstheologie ableiten. Denn die Zukunft wird im Heute noch nicht erfahren, sondern höchstens geahnt. Deshalb kann eine gesunde und umfassende E. nur auf dem Boden einer Offenbarungstheologie gedeihen, d.h. dort, wo man das Wort Gottes, insbesondere die Prophetie, ernst nimmt.

6. Die bibl. E. nötigt zu einer Unterscheidung der Zeiten. Was Gott für morgen verheißt, kann noch nicht heute sein. Was heute getan sein soll, läßt sich nicht auf morgen verschieben. Deshalb wehrt sich die bibl. E. auch gegen den Begriff der »Antizipation« (Vorwegnahme). Man kann keine Sekunde vorwegnehmen. Wenn Sündlosigkeit für die neue Schöpfung verheißen ist, kann es sie heute noch nicht geben. Wenn Gerechtigkeit im Tausendjährigen Reich und in der Neuschöpfung herrschen soll, können wir sie in der gegenwärtigen Weltzeit noch nicht verwirklichen. Wenn Krankheit und Leid ebenfalls erst in der neuen Schöpfung aufhören sollen, muß ich sie heute auch als Christ noch tragen. Umgekehrt: Wo die eschatologische Unterscheidung der Zeiten praktiziert wird, da gewinnt die bibl. E. und die Bibel überhaupt eine staunenswerte Einheit. »Distingue tempora et concordabit scriptura« urteilte J.A. Bengel (»Unterscheide die Zeiten und die Schrift stimmt zusammen«).

7. Bibl. E. wird vor allem den Zusammenhang mit der Christologie, d.h. mit der bibl. Zentralgestalt des Christus wahren. Es gibt keine von Jesus losgelöste Zukunft. So dient die bibl. E. nicht einer abstrakten Zukunftsprognose oder der Beruhigung von Zukunftsangst bzw. Zukunftsneugier, sondern zeigt den Weg zu dem zukünftigen Richter, der unser Retter werden kann, Jesus.

Literatur: P. Althaus: Die letzten Dinge, SASW 9, ([1]1922), [8]1961; L. Atzberger: Geschichte der christlichen Eschatologie innerhalb der vornicäischen Zeit, ND 1970; C.A. Auberlen: Der Prophet Daniel und die Offenbarung Johannis, 1854; Ph. Bachmann: Der neutestamentliche Ausblick in die Endgeschichte und seine Bedeutung für die Gegenwart, NKZ, 34/1928, S.25-46. 85-109. 171-190; K. Barth: Die Auferstehung der Toten, 1924; J.T. Beck: Die christliche Lehr-Wissenschaft nach den biblischen Urkunden, 1. Theil, [2]1875; J.A. Bengel: Erklärte Offenbarung Johannis oder vielmehr Jesu Christi, [2]1773; H. Bietenhard: Das tausendjährige Reich, [2]1955; M.W. Bloomfield, M.E. Reeves: The Penetration of Joachism into Nothern Europe, Spec., 29/1954, S.772-793; E. Brunner: Erlebnis, Erkenntnis und Glaube, [3]1923; R. Bultmann: Heilsgeschichte und Geschichte. Zu Oscar Cullmann, Christus und die Zeit, ThLZ, 73/1948, Sp. 659-666; ders.: Weissagung und Erfüllung, Glauben und Verstehen, 2, [5]1968, S.162-186; J. Coccejus: Summa doctrinae de foedere et testamento Dei, Operum Johannis Coccei, VI, 2.Abt., hrsg. von J.a. Someren, Amstelodami, MDCLXXIII, 1948; H. Corrodi: Kritische Geschichte des Chiliasmus, 3 Bde., 1781; O. Cullmann: Christus und die Zeit, 1946; F. Delitzsch: Die biblisch-prophetische Theologie. Biblisch-theologische und apologetisch-kritische Studien, 1, 1845; R. Frick: Die Geschichte des Reichs-Gottes-Gedankens in der alten Kirche bis zu Origenes und Augustin, BZNW, 6/1928; K. Hartenstein: Der wiederkommende Herr, 1940; K. Heim: Jesus der Weltvollender, [5]1975; J.C.K. Hofmann: Weissagung und Erfüllung im alten und im neuen Testamente, 1. Hälfte, 1841, 2. Hälfte, 1844; F. Holmström: Das eschatologische Denken der Gegenwart, [2]1936; M. Kähler: Die Bedeutung, welche den »letzten Dingen« für Theologie und Kirche zukommt. Dogmatische Zeitfragen, 2.Bd., [2]1908, S. 487-521; E. Ludwig: Schriftverständnis und Schriftauslegung bei Johann Albrecht Bengel, 1952; W. Nigg: Das ewige Reich, 1944; H. Preuss: Die Vorstellung vom Antichrist im späteren Mittelalter, bei Luther und in der konfessionellen Polemik, 1906; H. Rusche: Die Eschatologie in der Verkündigung des schwäbischen und niederrheinischen Biblizisimus des 18. Jahrhunderts, 1943 (masch. Diss.); R. Schäfer: Das Reich Gottes bei Albert Ritschl und Johannes Weiß, ZThK, 61/1964, S. 68-88; H. Schmidt: Die eschatologischen Lehrstükke in ihrer Bedeutung für die gesamte Dogmatik und das kirchliche Leben, JDTh, 13/1868, S. 577-621; M. Schmidt: Das Verständnis des Reiches Gottes im hallischen Pietismus, Gottesreich und Menschenreich, 1969, S. 311-342; G. Schrenk: Gottesreich und Bund im älteren Protestantismus, BFChTh, 2. Reihe,

5. Bd., 1923; Ph.J. Spener: Behauptung der Hoffnung künftiger Besserer Zeiten, 1693; N.B. Stonehouse: The Apocalypse in the Ancient Church, 1929; J. Taubes: Abendländische Eschatologie, BSSP, 3/1947; B. Töpfer: Das kommende Reich des Friedens, FMAG, 11/1964; E. Wadstein: Die eschatologische Ideengruppe: Antichrist, Weltsabbat, Weltende und Weltgericht, 1896; H.D. Wendland: Geschichtsanschauung und Geschichtsbewußtsein im Neuen Testament, 1938. G.M.

ESCHKOL.

1. Bruder Mamres und Aners, die Bündnispartner Abrahams in Hebron waren und ihm bei der Rettung Lots halfen (1Mo 14,13-24).

2. Der Bach, an dem die Kundschafter Moses eine Riesenweintraube (hebr. *'äschkol*) pflückten, die typisch für die Fruchtbarkeit des Landes war (4Mo 13,23f; 32,9; 5Mo 1,24). Der Überlieferung nach liegt der Ort ein paar km nördl. von Hebron (so schon Hieronymus, Ep.108,11; PL 22,886), wo die Weingärten auch heute noch für ihre Qualität bekannt sind.

Einige Gelehrte ziehen einen Standort von E. südl. von Hebron vor. Zwar geben die Texte die Richtung nicht genau an, doch sie scheinen vorauszusetzen, daß die Kundschafter von Hebron aus nach N in das Eschkoltal weiterwanderten (4Mo 13,22f).

Literatur: G.B. Gray: Numbers, ICC, 1903, S. 142f; P. Thomsen: Loca Sancta, 1907, S. 62. G.T.M./G.I.D.

ESCHTAOL. Eine Stadt im W von Jerusalem, die möglicherweise mit dem heutigen Eshwa' zu identifizieren ist. E. gehörte zum Territorium des Stammes Juda (Jos 15,33), zählte aber auch wegen des durch den Druck der Amoriter (Ri 1,34) und Philister wechselnden Grenzverlaufs zwischen beiden Stämmen zeitweilig zum Gebiet von Dan (Jos 19,41). Die Einwohner von E. rechnen zu den Kalebiten und somit zum Stamm Juda (1Chr 2,53).

In der Gegend von E. und Zora wurde *Simson zum ersten Mal vom Geist Gottes bewegt (Ri 13,25); dort wurde er zuletzt auch

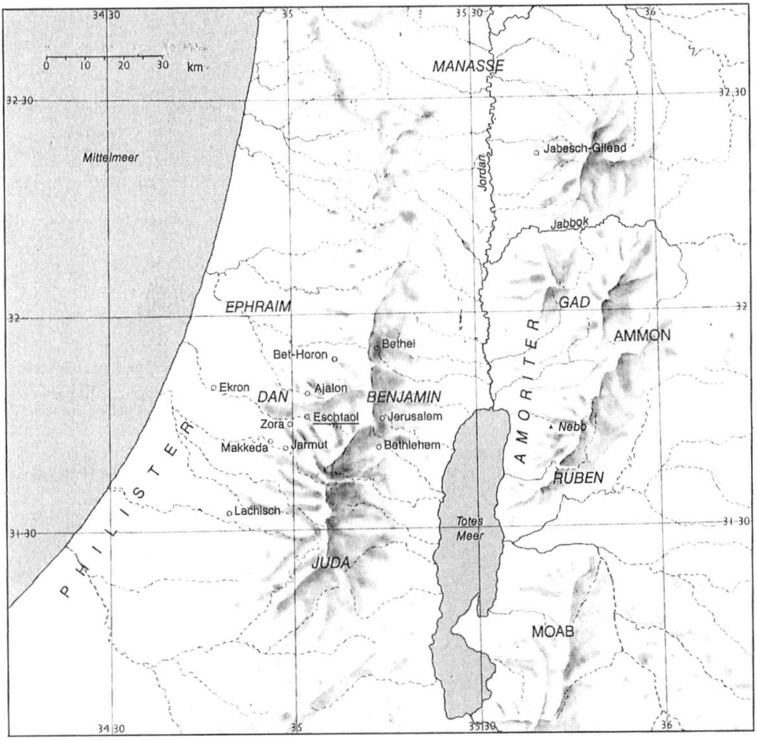

Eschtaol, eine Stadt, die sowohl zum Gebiet Dans als auch zu dem Judas gezählt wurde.

im Grab seines Vaters beigesetzt (Ri 16,31).

Aus E. und dem benachbarten Zora kamen jene fünf »tüchtigen Männer«, die für den Stamm Dan ein Erbteil auskundschaften sollten (Ri 18,2.11). A.E.C.

ESEL s. Tiere

ESER. »Helfer, Beistand«.

1. Vater des Huschka, ein Judäer (1Chr 4,4).
2. Sohn Ephraims, der mit seinen Brüdern von den Männern aus *Gat getötet wurde, weil sie deren Vieh rauben wollten (1Chr 7,21).
3. Gaditer, der zu David in die Bergfeste kam (1Chr 11,9f).
4. Israelit. Sohn des Jeschua und Vorsteher von Mizpa. Er half bei der Ausbesserung der Mauer Jerusalems (Neh 3,19).
5. Priester, der bei der Einweihung der Mauer Jerusalems die Trompete blies (Neh 12,42).

ESRA. Nach dem Bericht in Esr 7 wurde E. im Jahre 458 v.Chr. vom pers. König Artaxerxes I. nach Jerusalem gesandt. Das deutet darauf hin, daß E. am pers. Hof etwa die Stellung eines Staatssekretärs für jüd. Angelegenheiten innehatte. Seine Aufgabe bestand darin, die aus dem Exil zurückgekehrten Juden neu auf das jüd. Gesetz zu verpflichten; zur Durchführung dieser Aufgabe war E. vom pers. König mit Vollmachten ausgestattet worden. Mit E. kehrte eine große Zahl Juden aus dem Exil zurück, die für den Wiederaufbau des Tempels wertvolle Geschenke des pers. Königs und der im Exil verbleibenen Juden mitbrachten. In der Frage der Mischehen, die Juden während des Exils mit heidnischen Frauen eingegangen waren, sollte E. eine Klärung herbeiführen; nach Fasten und Gebet erstellte er zusammen mit einem Ausschuß eine Liste derjenigen, die sich durch eine Mischehe schuldig gemacht hatten; daraufhin trennten sich etliche von ihren nichtjüd. Frauen (Esr 10,19).

E. wird danach erst wieder bei der öffentlichen Verlesung des Gesetzes erwähnt (Neh 8), die im Jahre 444 v.Chr. stattgefunden hat. Da der Auftrag des pers. Königs zeitlich begrenzt war, ist es gut denkbar, daß E. zwischenzeitlich zur Berichterstattung an den pers. Hof zurückgekehrt und mit einem ähnlichen Auftrag wieder nach Jerusalem gekommen war, als die Bauarbeiten dort abgeschlossen waren. Nehemia berichtet, daß er selbst bei der Einweihung der Mauer eine Abteilung des Dankchores anführte, E. die andere (Neh 12,36ff).

Auf drei Stellen stützt sich die Argumentation derer, die E.s Ankunft in Jerusalem erst zur Zeit Artaxerxes' II. (398 v.Chr.), also lange nach Nehemia, ansetzen.

1. Esr 9,9 erwähnt ein »Bollwerk«, obgleich die Stadtmauer Jerusalems bis zur Zeit Nehemias noch nicht wieder aufgebaut war. Esr 4,12 spricht hingegen von einer Art Befestigungsmauer, die in der Zeit Artaxerxes' I. errichtet worden war, deren Zerstörung möglicherweise in Esr 4,23 und Neh 1,3 angedeutet wird. Diese schwache Befestigung nennt E. im Glauben ein »Bollwerk«.

2. Esr 10,1 erwähnt eine »sehr große Gemeinde« in Jerusalem, während Neh 7,4 von »wenig Volk« in der Stadt spricht. Der Kontext von Esr 10 läßt jedoch erkennen, daß die Gemeinde auch aus der Umgebung Jerusalems zusammengekommen war (vgl. Esr 10,7); Neh 7 dagegen bezieht sich auf die tatsächlich bewohnten Häuser in der Stadt selbst.

3. Esr 10,6 stellt Johanan, einen Sohn Eljaschibs, als E.s Zeitgenossen vor. Aus Neh 12,22f wissen wir aber, daß Johanan Eljaschibs Enkel war und – das geht aus den Papyri von Elephantine hervor – im Jahr 408 v.Chr. das Amt des Hohenpriesters bekleidete. Johanan war allerdings ein weitverbreiteter Na-

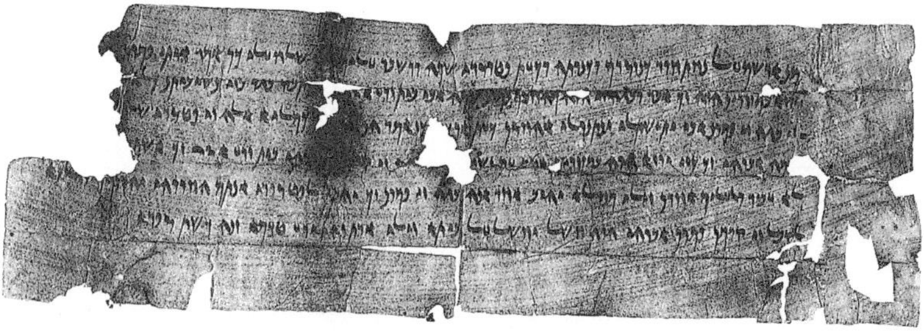

Aramäischer Brief, der z.Zt. Esras von Babylonien nach Ägypten geschickt wurde. Er beinhaltet die Übertragung eines Grundstückes auf den Sohn des verstorbenen Pächters. 5. Jh. v.Chr. (BLO)

me, so daß man durchaus annehmen kann, daß Eljaschib einen Sohn namens Johanan hatte als auch einen Sohn namens Jojada, dessen Sohn wiederum den Namen Johanan trug und der erwähnte Hohepriester war. Esr 10,6 behauptet nicht, daß Johanan Hoherpriester z.Zt. E.s war.

Gegen die Annahme, der Autor des Esra- und Nehemiabuches hätte Artaxerxes I. und II. nicht zu unterscheiden gewußt (was die Theorie von der zeitlichen Priorität des Nehemia verlangt), spricht, daß er die Reihenfolge von E. und Nehemia selbst dann nicht hätte vertauschen können, wenn er erst um 330 v.Chr. geschrieben hätte. Wenn E. wirklich 398 v.Chr. nach Jerusalem gekommen wäre, dann hätten sich einige der Zeitgenossen des Autors noch an E. erinnert, und viele würden ihn noch aus den Erzählungen ihrer Eltern gekannt haben. An Nehemia dagegen würde sich um jene Zeit niemand mehr erinnert haben. Der Autor konnte also E. nicht versehentlich in die Zeit vor Nehemia setzen; und daß er es absichtlich getan haben sollte, dafür sind bis jetzt noch keine Gründe genannt worden. (J.S. Wright: The Date of Ezra's Coming to Jerusalem, 1958; H.H. Rowley: The Chronological Order of Ezra, in: The Servant of the Lord and other Essays, 1952). Besonders zu beachten ist noch, daß E. unter den Juden der nachbibl. Zeit großes Ansehen besaß. Nach 4Esr 14 konnte er durch Eingebung Gottes das Gesetz, das im *Exil verlorengegangen war, wieder neu niederschreiben und eine große Anzahl anderer Schriften noch dazu.

Literatur: H. H. Schäder: Esra der Schreiber, 1930; W.F. Albright: The Date and Personality of the Chronicler, in: JBL 40/1921, S.104ff. J.S.W.

ESRA, BUCH.

I. INHALT.

Kap. 1: *Kyrus gestattet den Juden, unter der Führung Scheschbazars aus dem Exil zurückzukehren und den Tempel in Jerusalem wieder aufzubauen (538 v.Chr.);

Kap. 2: Verzeichnis der Heimkehrer;

Kap. 3: Der Brandopferaltar wird errichtet, der Wiederaufbau des Tempels in Jerusalem beginnt (536 v.Chr.);

Kap. 4,1-5.24: Während der Regierungszeit des Darius (521-485 v.Chr.) gibt es Versuche, den Wiederaufbau des Tempels zu verhindern;

Kap. 4,6-23 (Exkurs): Versuche, den Bau der Stadtmauer um Jerusalem zu verhindern während der Regierungszeit Xerxes' (485-465 v.Chr.) und Artaxerxes' (464-424 v.Chr.) – vorläufige Einstellung der Bauarbeiten;

Kap. 5 und 6: Wiederaufnahme der Bauarbeiten am Tempel aufgrund der Weissagungen der Propheten *Haggai und *Sacharja; trotz der an Darius gerichteten Einsprüche wird der Tempelbau vollendet (520-515 v.Chr.);

Kap. 7: Esra wird mit einer Vollmacht des pers. Königs Artaxerxes nach Israel gesandt (458 v.Chr.);

Kap. 8: Verzeichnis der mit Esra Zurückgekehrten; Esras Reise nach Jerusalem;

Kap. 9 und 10: Esra und die Juden befassen sich mit dem Problem der Mischehen.

Aus dieser Inhaltsangabe geht hervor, daß der Verfasser des Esrabuches in Form eines Exkurses in Kap. 4,6-23 Beispiele des Widerstands gegen den Bau der Mauer um Jerusalem zusammengetragen hat. Gegen den Vorschlag, den Ahasveros (V. 6) mit Kambyses (529-522 v.Chr.) zu identifizieren und den Artahsasta (V. 7) mit dem Usurpator Gaumata oder Pseudo-Smerdis, der nur ein paar Monate regiert hat (522-521 v.Chr.), spricht, daß Esr 4,6-23 vom Bau der Stadtmauer handelt, nicht des Tempels. Der in V. 22 erwähnte Schaden bezieht sich wahrscheinlich auf dasselbe wie Neh 1,3.

II. AUTOR UND ENTSTEHUNGSZEIT.

Etwa 150 Jahre herrschte die Meinung vor, Esra/Nehemia bildeten zusammen mit den Chronikbüchern ein einziges Werk. Diese Anschauung wird inzwischen zunehmend in Frage gestellt und Esra/Nehemia als eigenständig betrachtet.

Nach traditioneller Auffassung ist Esra selbst der Autor des Buches; manche Gelehrte allerdings datieren die Entstehung des Buches erst etwa um 330 v.Chr. Unabhängig davon, ob Esra der Endredaktor des Buches war, ist doch festzuhalten, daß die Kapitel 7-9, die in der ersten Person Singular (Ich-Form) geschrieben sind, auf Esra selbst als Autor hinweisen. Die Kapitel 1-6 enthalten Berichte, Dekrete (1,2-4; 6,3-12), Genealogien, zwei Namenslisten und Briefe (4,7-22; 5,6-17). Zwei Abschnitte sind in aram. Sprache überliefert (4,8-6.18; 7,12-26). Aram. war die diplomatische Sprache jener Tage und ist daher dem Inhalt der Abschnitte angemessen, die diplomatischen Briefwechsel zwischen dem pers. Hof und Palästina sowie politische Verfügungen wiedergeben. Da Esra/Nehemia zusammengehören und die spätesten erwähnten Personen (Neh 12,10.22) der Hohepriester Jaddua II. (geb. ca. 420 v.Chr.) und der König Darius II. (423-404 v.Chr.) sind, ist anzunehmen, daß das Buch Esra/Nehemia zwischen 420 und 404 v.Chr. entstanden ist.

Daten v. Chr.	Persische Könige	Daten v. Chr.	Ereignisse in Jerusalem
559-529	Kyrus	538	Erster Versuch, den Tempel wiederaufzubauen
529-522	Kambyses		
521-485	Darius I.	520-515	Wiederaufbau des Tempels
485-465	Xerxes I. (Ahasveros)		
464-424	Artaxerxes I. (Artahsasta)	458	Esra wird von Artaxerxes nach Jerusalem gesandt
		445-433	Nehemia Statthalter von Juda
424-404	Darius II.		Briefe der Juden von Elephantine
		410	- an Johanan, den Hohenpriester in Jerusalem;
404-358	Artaxerxes II.	407	- an Bagaos, den Gouverneur von Juda;
358-338	Artaxerxes III.		
337-336	Arses		
336-331	Darius III.		

Chronologie des Buches Esra.

III. HISTORISCHE ZUVERLÄSSIGKEIT. Die historischen Angaben, die das Buch Esra macht, stimmen untereinander überein und decken sich mit denjenigen der säkularen Geschichtsschreibung.

1. Der Erlaß des Kyrus (Esr 1,2-4), in dem Jahwe als der Gott Israels anerkannt wird, entspricht inhaltlich zeitgenössischen Belegen, die von einem ähnlichen Verhalten des Kyrus gegenüber babylon. Gottheiten berichten. Es handelt sich um einen öffentlichen Erlaß, der sich direkt an die Juden wendet. Der offizielle Text, der in den Bericht eingebaut ist (6,3-5), handelt von den Maßen des Tempels, die der pers. König gestattet, und den Materialien, die er dafür zur Verfügung stellt.

2. Nach der Überlieferung des Propheten Haggai (1,1; 2,18) fand die Grundsteinlegung zum Wiederaufbau des Tempels im Jahre 520 v.Chr. statt, aus Esr 3,10 hingegen ergibt sich das Jahr 536 v.Chr. Tatsächlich wurden angesichts der in Esr 4,1-5.24 geschilderten Behinderung des Tempelbaus so geringe Baufortschritte erzielt, daß die Arbeiten mit einer neuen Grundsteinlegung zu dem späteren Zeitpunkt wieder aufgenommen wurden. Auch andere Quellen berichten bei bedeutenden Bauwerken von mehrmaligen Grundsteinlegungen.

3. Die Datierung der Reise Esras nach Jerusalem hängt mit dem Buch Nehemia zusammen und wird im Art. *Esra behandelt. (vgl. *Nehemia, *Serubbabel).

IV. DAS BUCH ESRA UND DIE APOKRYPHEN ESRASCHRIFTEN
Die Apokryphen (vgl. *Apokryphen des AT) enthalten mit 3Esr ein Werk, das dem kanonischen Buch E. zwar sehr ähnlich ist, an manchen Stellen aber auch deutliche Unterschiede aufweist. Der wohl im 2.Jh.v.Chr. entstandene 3Esr, der die drei für den nachexilischen

Tempeldienst wichtigsten Reformen unter Josia, Serubbabel und Esra schildert, beginnt mit 2Chr 35,1, enthält Esr und fügt noch Neh 8,1-12 hinzu. Die geschichtliche Darstellung ist jedoch willkürlich: So gestattet Kyrus die Rückkehr der Juden unter Scheschbazar und beauftragt Darius Serubbabel, den Tempel und die Stadt Jerusalem wieder aufzubauen; 5,70-73 besagt dagegen, daß Serubbabel in Juda tätig war »solange wie der König Kyrus lebte«. Ein Vergleich der beiden Versionen macht deutlich, daß der kanonische Text die zuverlässigere Überlieferung bietet. 3Esr berichtet außerdem noch über den berühmten Wettstreit der drei Leibpagen des Königs Darius (3Esr 3).

Zu 4Esr s. *Apokryphen (AT).

Literatur: D.J. Clines: Ezra, Nehemiah and Esther, 1984; F.C. Fensham: The Books of Ezra and Nehemiah, 1982; K. Galling: Die Bücher der Chronik, Esra, Nehemia, ATD, 1954; F.D. Kidner: Ezra and Nehemiah, 1979; W. Rudolph: Esra und Nehemia, HAT, 1949, H.G.M. Williamson: Ezra-Nehemiah, 1985; C. Hensley: The Official Persian Documents in the Book of Ezra (Diss. Liverpool), 1977; S. Japhet: The Supposed Common Authorship of Chronicles and Ezra/Nehemiah, in: VT 18/1968, S. 330-371; E.M. Yamauchi: The Archaeological Background of Ezra, in: BibSac 137/1980, S. 195-211; ders.: The Archaeological Background of Nehemia in: BibSac 137/1980, S. 291-309. J.S.W./H.St.

ESSEN.

1. E. bezeichnet die Nahungsaufnahme des Menschen (1Mo 2,9; s.a. *Ernährung). Gott ist Geber aller Speise (Ps 136,25). An der Stellung zu ihm entscheidet sich, ob der Mensch sein Brot unter Kummer und Sorgen (1Mo 3,19; Ps 127,2) oder im Segen ißt (Spr 13,25; Mt 6,31-33). Auch das E. steht unter Gottes Ordnung. Adam war verboten, vom Baum der Erkenntnis zu e. (1Mo 2,17; 3,6). Der Herr untersagte auch den Genuß des Blutes (1Mo 9,4; 3Mo 17,10-14) und des Fettes der Opfertiere (3Mo 7,23-27). Während der Passazeit durfte kein gesäuertes Brot verzehrt werden (2Mo 12,15). Das Gesetz zählt die reinen Tiere, die gegessen werden durften, und die unreinen, deren Genuß nicht erlaubt war, auf (3Mo 11; *Rein und unrein). Im NT wird das Verbot, Blut und Ersticktes zu essen, um der Tischgemeinschaft zwischen Juden- und Heidenchristen willen aufrecht erhalten (Apg 15,29). Paulus kennt sonst keine Bindung an Vorschriften in bezug auf das E., erwartet aber die Rücksicht auf das Gewissen der Schwachen (Röm 14; 1Kor 10,25-31; 1Tim 4,1-5; vgl. Hebr 13,9). E. ist zwar wichtig, aber nicht das Wichtigste im Leben. Man stellt es um anderer Dinge willen zeitweise zurück (1Mo 24,33), bes. in der Gemeinschaft mit dem Herrn (2Mo 34,28; Mt 11,18; Apg 9,9; *Fasten). Zum unfreiwilligen Nahrungsentzug vgl. *Hunger und Durst.

2. Das gemeinsame E. bedeutet für den Gast Aufnahme in die Haus- und Familiengemeinschaft. Daher stoßen sich die Pharisäer daran, daß Jesus mit Zöllnern und Sündern ißt (Mt 9,11). Könige lassen an ihrem Tisch e., wem sie bes. Ehre erweisen wollen (2Sam 9,7; 1Kön 2,7; 2Kön 25,29). Um so verwerflicher ist der Verrat an dem, dessen Brot man gegessen hat (Ob 7; Ps 41,10; Joh 13,18; Mk 14,18).

3. Ausdruck enger Gemeinschaft ist die rel. oder Opfermahlzeit (*Opfer) bei den Juden wie beim heidnischen Götzendienst (4Mo 25,2; 2Mo 32,6). Die Ältesten Israels aßen und tranken vor dem Herrn (2Mo 24,11), ebenso soll das Volk vor dem Herrn essen und fröhlich sein (5Mo 12,7). Die Übung setzt sich fort im letzten Mahl Jesu mit seinen Jüngern (Mt 26,26-28), ihrem E. und Trinken mit dem Auferstandenen (Joh 21,12f; Apg 10,41) und dem *Abendmahl der Gemeinde (1Kor 10,14-21; 11,20-34). Sie deutet hin auf das himmlische Mahl in der Vollendung (Lk 14,15; 23,30).

4. Im übertragenen Sinn bedeutet e. die Früchte seines Wesens (Spr 1,31) oder seiner Werke genießen (Jes 3,10), die Folgen des eigenen Handelns im Bösen oder Guten erfahren (vgl. Ps 141,4). Weiter wird e. vom Empfangen geistlicher Gaben und des Lebens aus Gott gebraucht (Jes 55,1-3; 1Kor 10,3; Offb 2,7.17). Jesus spricht vom E. seines Fleisches und Trinken seines Blutes (Joh 6,54-56) und sagt: wer mich ißt (aufnimmt), wird leben (V. 57). Hesekiel und Johannes erkennen im Gesicht das Wort, das sie verkündigen sollen, durch das E. einer Schriftrolle (Hes 3,1-3; Offb 10,9f).

5. Oft wird die Verbindung »Essen und Trinken« gebraucht. Sie bezeichnet zunächst die gewöhnliche Nahrungsaufnahme (Rut 3,3; 2Chr 28,15; Mt 11,19), das Leben miteinander (Lk 13,26) und die Zufriedenheit im täglichen Auskommen (Pred 2,24; 3,13). Sie bedeutet aber auch ein sorgenloses Dasein (1Mo 39,6) und ferner eine falsche Sicherheit (Lk 12,19, 17,27f) oder ein völliges Versinken im Genuß der äußeren Annehmlichkeiten (Jes 22,13; 1Kor 15,32). Röm 14,17 wendet sich Paulus gegen eine falsche Bewertung von E. und Trinken für das geistliche Leben.

ESSENER. Die E. sind eine der großen rel. Gemeinschaften, die zur Zeit Jesu und der ersten Christen das Bild des Judentums bestimmten. Ihr Name ist in den beiden griech. Schreibweisen *essenoi* und *essaioi* überliefert worden;

durchgesetzt hat sich die erste Form. Die Herkunft des Wortes ist unklar; vielleicht ist es von aram. *hassaja,* »die Frommen« abzuleiten. Entstanden sein dürfte die Gemeinschaft der E. in der Mitte des 2. vorchristl. Jh., als das Judentum sich gegen die drohende hellen. Überfremdung wehrte. Untergegangen sind die E. in den Wirren des jüd.-röm. Krieges (66-74 n.Chr.). Im NT werden sie nicht erwähnt.

Informiert werden wir über die E. vor allem durch Philo von Alexandria (Quod omnis probus liber sit 72-91; Pro Judaeis defensio [erhalten bei Euseb, praeparatio evangelica VIII 11]), Josephus (bell.Jud. I, 78-80; II, 111-113.119-161.566-568; III, 9-12; V, 142-145; ant.Jud. XIII, 171f; XV, 371-379; XVIII, 18-22) und eine kurze Notiz bei Plinius d.Ä. (Hist. nat. V, 73). Weitere Quellen, so z.B. Hippolyt, Refutatio IX, 18,2-28,2, sind größtenteils von den genannten abhängig und historisch nicht sehr ergiebig.

Das Zentrum der essenischen Bewegung war mit hoher Wahrscheinlichkeit das Kloster *Qumran am Westufer des Toten Meeres. Zwar kommt in den Schriften der Klostergemeinde, die 1947 in den Höhlen in der Nähe der Siedlung entdeckt wurden, die Selbstbezeichnung E. nicht vor, aber was wir aus diesen Schriften über Lehre und Eigenart der Qumran-Gemeinschaft finden, läßt sich mit den antiken Zeugnissen über die E. gut zur Deckung bringen, so daß heute die meisten Forscher die Qumran-Leute als E. identifizieren. Wir verfügen demnach seit 1947 auch über Selbstzeugnisse der E. und haben nicht länger nur Fremdberichte über sie in der Hand. Trotzdem ist es sinnvoll – und zwar deshalb, weil immer noch ein Rest von Fragen ungeklärt ist -, die Fremdberichte über die E. und die Qumrantexte nicht zu einem Gesamtbild zu verweben, sondern bei der Behandlung der E. nur die Fremdberichte sprechen zu lassen und Qumran und seine Schriften separat abzuhandeln.

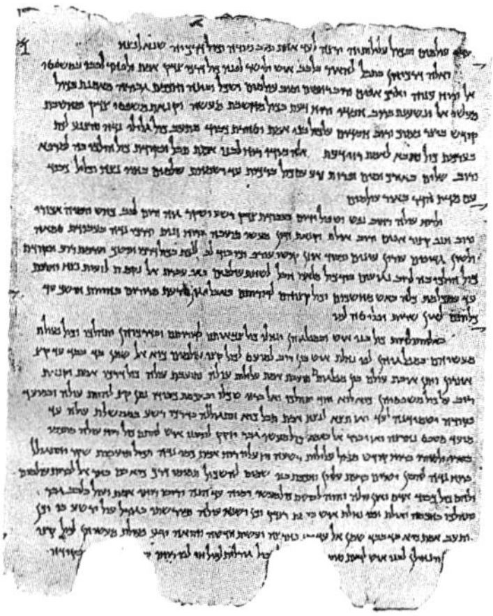

Spalte 4 der Schriftrolle, die die Gemeinderegel enthält (IQS). Sie gibt einen Überblick über die Geschichte der Essener, über ihre Lehre und die Gesetze, nach denen sie lebten. Höhe ca. 24 cm. Ca. 100–75 v.Chr. (JCT)

Auszuwerten sind die längeren Berichte, die Philo und Josephus über die E. geben, mit einer gewissen Vorsicht. Beide Schriftsteller sind hellen. Juden und wollen das Judentum ihrem hellen. Leserkreis verständlich machen. Daß es dabei zu Verfremdungen der historischen Wirklichkeit kommt, liegt auf der Hand; so stellt Josephus z.B. die drei jüd. Religionsgemeinschaften *Pharisäer, *Sadduzäer und E. als »Philosophenschulen« dar (bell.Jud. II, 119; ant.Jud. XVIII, 11), was sie jedoch niemals gewesen sind. Bei Philo ist festzustellen, daß seine Darstellung der E. von seinen platonischen und stoischen Moralvorstellungen gefärbt ist; die E. sind Heroen der Sittlichkeit, Vorbilder einer freien Existenz.

Das Charakteristische der E. bekommt man am besten in den Blick, wenn man diese Gruppe mit den Pharisäern und Sadduzäern vergleicht. Pharisäer und Sadduzäer waren große politisch-rel. Parteien, die E. eher ein Mönchsorden, viel stärker als die beiden anderen Gruppen von der Gesellschaft abgesondert und kaum beteiligt am politischen Leben. Während Pharisäer und Sadduzäer Repräsentanten des offiziellen Judentums waren, standen die E. also am Rande, wenngleich sie – im Gegensatz zu anderen jüd. Gruppen – die herrschenden Lehren nicht verwarfen, sondern im Gegenteil radikal ausleben wollten. Die Gesetzespraxis der Pharisäer, die uns bereits als streng erscheint, war ihnen noch zu lax. Sie wollten die reine Gemeinde Israels der Endzeit darstellen und waren der Überzeugung, der »Heilige Rest« des Volkes zu sein.

Der Gedanke eines heiligen Restes, der allein gerettet wird, während das Volk als Ganzes untergeht, ist tief im atl.-jüd. Denken verwurzelt, vgl. z.B. 1Kön 19,18; Jes 10,21; Am 5,15 u.ö. Immer wieder traten im Judentum Gruppen auf, die behaupteten, daß die prophetischen Rest-Verheißungen auf sie zuträfen. Nicht nur die E., sondern auch die Pharisäer waren der Meinung, Restgemeinde zu sein, aber in ihrem Bemühen, die Rest-Verheißungen zu aktualisieren und eine entsprechende Gesetzestreue an den Tag zu legen, übertrafen die E. die Pharisäer bei weitem.

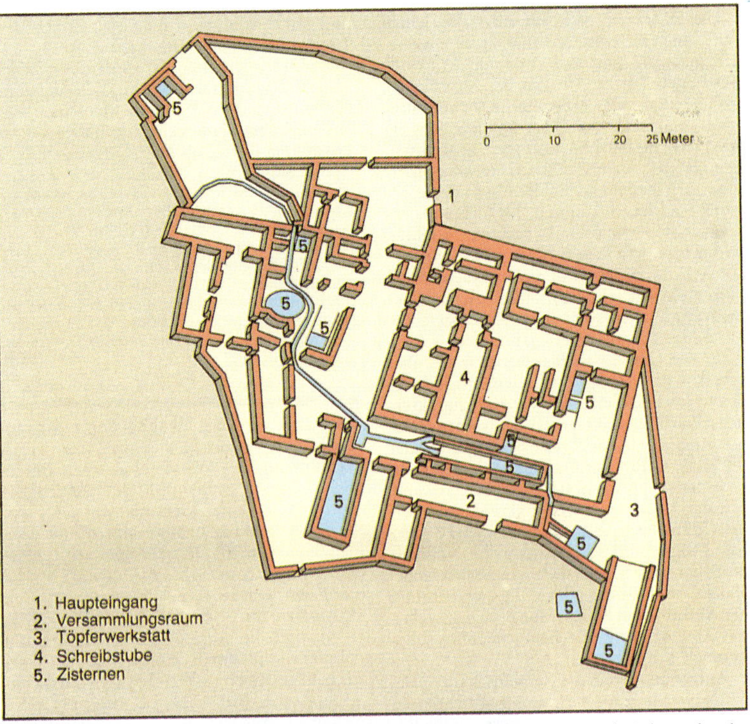

Grundriß der Gebäude in Chirbet Qumran, die vermutlich von einer Essener-Gemeinschaft bewohnt wurden. 2. Jh. v. Chr. – 1. Jh. n.Chr.

Ein Teil der in Qumran ausgegrabenen Gebäude. (RS)

Die E. lebten verstreut über das ganze Land; auch in Jerusalem dürften sie angesiedelt gewesen sein, und zwar auf dem Südwesthügel, Tür an Tür mit der Jerusalemer Urgemeinde, die ebenfalls dort vermutet wird. Die Anzahl der E. betrug insgesamt etwa 4000. Sie bildeten Gütergemeinschaften, heutigen Kibbuzim ähnlich, in denen sie ganz unter sich waren und ihre Reinheitsideale ungestört ausleben konnten. Neu Hinzukommende, an denen es laut Plinius nicht fehlte, hatten es nicht leicht: sie mußten ein beschwerliches Noviziat durchlaufen. Zunächst hatten sie ein Jahr lang außerhalb der Gemeinschaft nach essenischen Regeln zu leben, um danach zwei weitere Jahre lang – nunmehr der Gemeinschaft nähergetreten, aber von den Betätigungen des Gemeinschaftslebens noch ausgeschlossen – auf ihr charakterliches Verhalten hin geprüft zu werden. Ausgestattet wurde der Novize bei Beginn seiner dreijährigen Probezeit mit einer kleinen Hakke, einem Schurz und einem weißen Gewand. Mit der Hacke waren die Exkremente in einem fußtiefen Loch zu vergraben. Der Schurz sollte während des Verrichtens der Notdurft die Schamteile bedecken, um nicht den Lichtglanz Gottes zu beleidigen. (Die Verrichtung der Notdurft am Sabbat war übrigens verboten.) Und das weiße Gewand schließlich sollte Reinheit symbolisieren.

Aufgenommen in die Gemeinschaft wurde der Novize laut Josephus unter »furchtbaren Eiden« (bell.Jud. II, 139). Und hart war die Bestrafung, wenn Gemeinschaftsmitglieder gegen die Ordnungen verstießen. Ein Ausschluß aus der Gemeinschaft kam mitunter einem Todesurteil gleich, da die Ausgestoßenen, wenn sie sich den Idealen der Gemeinschaft weiterhin verpflichtet fühlten, außerhalb von ihr praktisch keine Nahrung zu sich nehmen konnten, da nur innerhalb der Gemeinschaft die kultische Reinheit der Mahlzeit gewährleistet war.

Die E. lebten ehelos, da sie allen weltlichen Begierden abgesagt hatten. Es gab allerdings in der essenischen Bewegung, die als nicht ganz einheitlich gedacht werden muß, auch Gruppen, in denen Ehen geschlossen wurden, allerdings nur, um Nachkommen zu zeugen; Enthaltsamkeit während der Schwangerschaft war der Beweis dafür, daß der Geschlechtsverkehr wirklich nur aus diesem Grunde ausgeführt wurde.

Der Tagesablauf der E. war streng geregelt. Er begann vor Sonnenaufgang mit Gebet. Am Vormittag wurde gearbeitet, in der Mittagspause wurden rituelle Waschungen durchgeführt, worauf dann das gemeinsame Mahl folgte. Nachmittags wurde wieder gearbeitet, und am Abend fand man sich erneut zur Tischgemeinschaft zusammen.

An Besonderheiten der essenischen Lehre ist ein eigentümlicher Schicksalsglaube zu nennen: Ob der Weg eines Menschen zum Heil oder zum Verderben führt, hängt von der Erwählung Gottes ab (s. *Obergemach).

Literatur: W. Bauer: Essener, in: ders.: Aufsätze und kleine Schriften, 1967, S. 1-59; G. Baumbach: Essener, in: BHH I, 443f; O. Betz: Essener und Therapeuten, TRE X, 386-391; Bibel und Kirche 40 (1985), Heft 2 (Thema: Die Essener); W. Bousset-H. Greßmann: Die Religion des Judentums im spät-hellenistischen Zeitalter (HNT 21), [4]1966; C. Burchard: Essener, in: Der Kleine Pauly II, 375-378; B. Reicke: Neutestamentliche Zeitgeschichte, [3]1982; E. Schürer: Geschichte des jüd. Volkes im Zeitalter Jesu Christi. 2. Bd., 1964 (1907). W.R.

ESSIG. E. wird aus alkoholhaltigen Flüssigkeiten durch E.gärung oder aus E.säure durch Verdünnung mit Wasser hergestellt. Der in der Hl. Schrift genannte E. ist eigentlich ein saurer Wein, der als Getränk nicht genießbar (Ps 69,22) und bes. unangenehm für die Zähne war (Spr 10,26). Dem Nasiräer war E. in jeder Form verboten (4Mo 6,3; RevEB). Mit Öl vermengt wurde E. bei Wassermangel als durststillendes Getränk genommen (Rut 2,14), und die röm. Soldaten tranken mit Wasser verdünnten E., von dem sie auch Jesus zu trinken gaben (Mk 15,36). Den zuerst angebotenen E. (Mt 27,34, LÜ 1912; LÜ 1984: »Wein«) lehnte Jesus wegen der Beimischung eines Narkotikums ab.

ESTER. Laut Est 2,7 war E.s jüd. Name *Hadassa* (Myrthe). Der Name E. könnte eine Entsprechung des pers. *stara* (Stern) sein, obwohl einige ihn auf die babylon. Göttin *Ischtar* zurückführen.

E. wurde laut Est 2,17 vom pers. König Ahasveros (Xerxes I. 485-465 v.Chr.) zur Frau genommen. Herodot und Ktesias berichten jedoch, daß Xerxes' Frau Amestris hieß und daß sie mit Xerxes auf dessen Feldzug nach Griechenland ging. Dieser fand nach den Ereignissen von Est 1 statt. Auf dem Heimweg rief sie Xerxes Zorn dadurch hervor, daß sie die Mutter einer seiner Mätressen verstümmelte und beinahe eine Revolution in Gang setzte (Hdt. Hist. 9,108f). Kein Wunder, daß Xerxes sich von ihr scheiden ließ und Ausschau hielt nach einer Nachfolgerin, die er in E. fand. Amestris kam als Königinmutter während der Herrschaft ihres Sohnes Artaxerxes I. (464-424 v.Chr.) wieder zur Macht und mag durchaus die »Königin« aus Neh 2,6 gewesen sein. Wenn man annimmt, daß E. ein paar Jahre nach den im *Esterbuch behandelten Ereignissen starb, müssen die verschiedenen Namen der pers. Königin (Ester oder Amestris) keinen Widerspruch darstellen.

Nach einer anderen Auffassung war die Hauptfrau des Ahasveros tatsächlich Amestris; E. war dann eine der Nebenfrauen, die zur Lieblingsfrau des Herrschers wurde. I.S.W.

ESTER, BUCH. Dieses Buch gehört in der hebr. Bibel zu den fünf Megillot (»Rollen«) und wird am Purimfest gelesen. Für die Juden ist es das wichtigste unter den Megillot. Es wird in manchen jüd. Bibelhandschriften sogar unmittelbar hinter den fünf Büchern Moses eingeordnet.

I. INHALT.

Im Zusammenhang mit einem Fest verstößt der pers. Großkönig Ahasveros (Xerxes I., 485-465 v.Chr.) seine bisherige Lieblingsfrau Waschti (Kap. 1). An ihrer Stelle wird Ester, mit dem jüd. Namen Hadassa, Cousine und Pflegetochter des Juden Mordechai, der in Susa wohnt und aus vornehmer jüd. Familie stammt, Königin (Kap. 2). Danach plant der zweite Mann des Perserreiches, der Agagiter *Haman, einen vernichtenden Schlag gegen die Juden, ohne zu wissen, daß Ester Jüdin ist (Kap. 3). Mordechai bewegt Ester zur Fürbitte für ihr Volk, worauf Ahasveros Haman hinrichten läßt (Kap. 4-7). Mordechai wird Hamans Nachfolger. Als solcher gewinnt er zusammen mit Ester den Perserkönig zu einem neuen Edikt, das den Juden Notwehr gegen ihre Feinde erlaubt (Kap. 8). Als die Juden am 13. Adar (vielleicht am 8. März 473 v.Chr.) angegriffen werden, siegen sie (Kap. 9,1-19). Zum Gedächtnis an diese Bewahrung der Juden setzen Mordechai und Ester das Purimfest ein (Kap. 9,20-32). Mordechais Regierung ist für Persien und für sein jüd. Volk höchst segensreich (Kap. 10).

II. VERFASSERFRAGE.

Der Verfasser von E. bleibt uns unbekannt. Man dachte schon an Mordechai selbst oder Esra. Das sind jedoch Vermutungen. Die Vertrautheit mit den pers. Sitten und auch mit pers. Wörtern deutet allerdings darauf hin, daß der Verfasser ein in Persien lebender Jude gewesen ist.

III. ABFASSUNGSZEIT.

Über das Datum der Abfassung sind die Forscher unsicher. Die Bandbreite ihrer Vorschläge reicht vom 5. Jh.v.Chr. bis in die Zeit Jesu. Die pers. Ausdrücke legen eine Abfassung noch in pers. Zeit nahe. Daß das ca. 175 v.Chr. entstandene Sirachbuch über Ester und Mordechai schweigt, ist kein Argument gegen eine solche Datierung. Denn auch Esra und Hiob werden im Sirachbuch nicht erwähnt. Für eine Abfassung in pers. Zeit sprechen weiter folgende Gründe:

1. Das Verhältnis Juden-Heiden ist im Esterbuch positiver als z.B. in der Makkabäerzeit.

2. In pers. Zeit hatten die Juden ein lebhaftes Interesse an der Aufzeichnung dieser Vorgänge, um spätere pers. Herrscher daran erinnern zu können. Der Hinweis auf die pers. Archive (2,23; 6,1; 10,2) ist wohl auch unter diesem Gesichtspunkt zu verstehen.

3. Die jüd. Überlieferung sagt: »Die Männer der Großen Synagoge schrieben Hesekiel, die Zwölf, Daniel und die Esterrolle« (b Baba bathra 15 a). Gemeint sind die Schüler Esras um 400 v.Chr. Vermutlich ist also das E. im 5. Jh.v.Chr., spätestens aber im 4. Jh.v.Chr., abgefaßt worden.

IV. GESCHICHTLICHKEIT.

E. ist »jahrhundertelang unbeanstandet als geschichtlicher Bericht ... betrachtet worden« (Schedl). Das gilt sowohl für die christl. als auch für die jüd. Auslegung. Erst mit dem 17./18. Jh.n.Chr., d.h. mit der Aufklärung, beginnt man, an seinem geschichtlichen Charakter zu zweifeln. Seither sind die Forscher in zwei Lager gespalten. Für die einen ist E. Dichtung, für die andern ist E. im strengen Sinne geschichtlich.

Gegen die Geschichtlichkeit wird z.B. geltend gemacht, daß nach Herodot die Frau des Xerxes Amestris und nicht Ester geheißen habe. Aber die pers. Könige hatten viele Frauen, und die offizielle Hauptfrau muß nicht zugleich die (zeitweilige) Lieblingsfrau gewesen sein. Weiter wird geltend gemacht, Xerxes habe seine Frau nur aus den vornehmsten pers. Familien wählen dürfen. Aber Herodot berichtet eine solche Regelung nur vom Vater des Xerxes (Hdt. Hist. III,84), und selbst wenn sie Xerxes übernommen hätte, hätte sie nur die Hauptfrau betroffen. Bezieht man Est 2,6 auf Mordechai, dann wäre Mordechai unter Nebukadnezar ins Exil geführt worden und zur Zeit des Xerxes um die 120 Jahre alt gewesen. Aber hätte selbst eine Dichtung so etwas behauptet? Vielmehr ist es Mordechais Urgroßvater Kisch, der unter Nebukadnezar ins Exil gehen mußte. So entfallen hier alle Bedenken. Viele meinen, es sei undenkbar, daß die Juden als »Gastvolk« 75 000 Untertanen des pers. Königs töten durften (Est 9,16). Aber ähnliche »Bürgerkriege« hat es im Orient mehrfach gegeben. Außerdem waren die Juden kein Gastvolk, sondern normale pers. Untertanen. Die Getöteten hingegen galten als Feinde des Königs und des damaligen Premierministers. Aber konnte ein Jude wie Mordechai überhaupt zu einer solchen Spitzenstellung im pers. Reich aufrücken? Wie Tcherikover, Dandamayev u.a. zeigen, ist dies durchaus möglich. Vor allem dann, wenn die Familie, wie die Mordechais, seit über 100 Jahren außerhalb Palästinas lebte und weitgehend assimiliert war. Andere halten es für unglaubwürdig, daß zwischen Hamans Ausrottungs-Edikt und dessen Ausführung elf Monate liegen sollten. Aber Haman mußte sich an das Datum halten, das – seinem Glauben gemäß – die Götter durch das Los bestimmt hatten.

Während sich alle Einwände gegen die Geschichtlichkeit des Buches widerlegen lassen, gibt es andererseits eine Reihe von Gründen, die für die Geschichtlichkeit des Berichteten sprechen.

1. Vor allem geben auch kritische Forscher die Vertrautheit des Buches mit den pers. Sitten und Verhältnissen zu.

2. Wo man die Archäologie zu Rate ziehen kann, hat sie die Aussagen von E. bestätigt.

3. Die Chronologie von E. paßt hervorragend in den Verlauf der pers. Geschichte. Im Jahr 3 seiner Herrschaft (Est 1,3) hatte Xerxes alle Widerstände gegen seine Regierung niedergeschlagen. Ein Festmahl, das seine Pracht zeigte, war also damals gut denkbar. In den folgenden vier Jahren war Xerxes mit dem Feldzug gegen Griechenland in Beschlag genommen. In seinem Jahr 7 kehrte er offensichtlich nach Susa zurück und konnte Ester heiraten (Est 2,16). Der Griechenland-Feldzug scheint seine politischen Energien ein Stück weit aufgezehrt zu haben. Jedenfalls gaben danach Frauen und wohl auch Höflinge den Ton an. Gerade das aber ist die Zeit Hamans und Mordechais (Est 3,1.7). Übrigens hören wir von jenem Jahr 7 an nichts mehr über Amestris.

Insgesamt ist es empfehlenswert, von der Geschichtlichkeit des im E. Berichteten auszugehen.

V. ZUSÄTZE ZU ESTER.
E. weist in der griech. Bibel (LXX) sog. »Zusätze« auf, die erheblich über den Text der hebr. Bibel hinausgehen. Umfaßt der hebr. Estertext ca. 160 Verse, so sind es beim griech. 270. Die Lutherbibel bezeichnet diese Zusätze als »Stücke zum Buch Ester«. Einige Forscher glauben, daß der griech. Textumfang der ursprüngliche ist und der hebr. nur eine Kurzform darstellt. Die meisten aber meinen, daß der hebr. Text der ursprüngliche ist, und von der griech. Bibel nachträglich erweitert wurde. Weil es die Zusätze nur auf Griech. gibt, die ursprüngliche Sprache des Buches aber Hebr. sein muß, ist sehr wahrscheinlich die Annahme im Recht, daß die Zusätze sekundär sind.

VI. THEOLOGISCHE EIGENART.
1913 schrieb Cornill: »Von den ATlichen Schriften ist keine so lebhaft bekämpft und so stark angegriffen worden, wie das Buch Esther.«

Warum? Man spricht dem Buch teilweise einen rel. oder sittlichen Wert ab. Gelegentlich nennt man Ester das »Zeugnis eines engherzigen und fanantischen Nationalismus« (Kuhl); sehr oft spricht man sogar von »fanatischem Haß« und dgl. (z.B. Eissfeldt, Würthwein, Ringgren, Rowley). Ja, man findet in der Literatur geradezu antijüd. Äußerungen. Kein Wunder, daß man das Urteil fällte: »Dem Buch Esther gebührt in der Bibel eines evangelischen Christen kein Platz« (Erbt).

Bei einem sorgfältigen Studium muß man solche Urteile revidieren. Die Botschaft von E. enthält:

a. das Wunder des Überlebens des Volkes Gottes;

b. die Aussage von Gottes Walten (obwohl der Gottesname fehlt!);

c. die Betonung der menschlichen Verantwortung;

d. den Gedanken der Vergeltung für unser menschliches Tun: was der Mensch sät, das wird er ernten;

e. den Blick auf den mächtigen Gott, der über allen Weltherrschern steht und seinem Volk Ruhe gibt vor allen Feinden.

E. enthält also eine reiche und wichtige Botschaft. Es läßt sich charakterisieren als das Buch der göttlichen Bewahrung.

VII. AUSLEGUNGSGESCHICHTE.
Die Geschichte der Auslegung von E. ist überaus reich. Seit dem 2. Makkabäerbuch (Mitte des 1. Jh.v.Chr.) beschäftigt man sich mit dem Purimfest und vermutlich auch mit Ester (2Makk 15,36 »Mordechai-Fest«). Zwar waren die priesterlichen Gruppen der Sadduzäer und Essener keine Freunde des Buches (in Qumran fehlen bisher Funde aus Ester). Aber der pharisäisch gesonnene Josephus, Zeitgenosse der Apostel, schreibt vieles über E. (ant.Jud. XI, 184-296) und rechnet es offensichtlich zu den heiligen Schriften (Jos.c.Ap. I,8). Er findet im E. reale geschichtliche Vorgänge aus dem 5. Jh.v.Chr. Reich sind auch die Auslegungen, die der Talmud zu E. gibt. Ein ganzer Traktat ist unserem Buch gewidmet (Megillat). Auch hier steht prinzipiell fest, daß E. heilige Schrift ist. Wie selbstverständlich

halten die Rabbinen das dort Berichtete für reale Geschichte. Wie geschätzt E. schon im frühen Judentum war, geht daraus hervor, daß es auch Frauen lesen mußten; ja man hielt es für wichtiger als den Tempeldienst. Im Mittelalter erklärte dann der berühmte jüd. Ausleger Maimonides (1135-1204), nach dem Kommen des Messias blieben nur noch die Mosebücher und Ester!

Seit dem 1. Jh.n.Chr. beschäftigen sich auch Christen mit dem Buch, z.B. Clemens von Rom (um 95 n.Chr.), Clemens von Alexandria (gest. vor 215 n.Chr.), Origenes (gest. 253/54), Hieronymus (347-420). Im Mittelalter überwog die geistliche Deutung: Ahasveros als Symbol für Christus, Ester ein Urbild der Maria, Mordechai »ein Lehrer der Kirche« u.a. Luther hat die »fromme Hester« gepriesen und hielt das Buch für historisch. Andererseits konnte er in einer Tischrede (WATi 1,208) zu 2Makk und Est äußern: er wollte, »sie wären gar nicht vorhanden; denn sie judenzen zu sehr, und haben viel heidnische Unart«. Die Aufklärung kritisiert dann E. aufs schärfste: man erklärt es für unglaubwürdig, für uninspiriert und für einen Mythus. Seither bleibt das Buch umstritten (s.o. VI.).

Für die Künstler war das Buch sehr anziehend. Rembrandt, Michelangelo, Veronese, Tintoretto, Rubens, Händel, Hans Sachs, Racine, Goethe u.a. haben sich damit auseinandergesetzt. Es gilt als »Perle der Welterzählungsliteratur« (Bardtke).

Literatur: G.Ch. Aalders: Het Boek Esther, KVHS, 11, [2]1950; B.W. Anderson und A.C. Lichtenberger: The Book of Esther, The Interpreter's Bible, III, 1954, S. 821-874; H. Bardtke: Das Buch Esther, KAT, XVII, 4-5, 1963, S. 239-419; ders.: Zusätze zu Esther, JSHRZ, I/1, S. 15-62; S.B. Berg: The Book of Esther, SBL Dissertatin Series, 44, 1979; D.J.A. Clines: The Esther Scroll, 1984; C.H. Cornill: Einleitung in die Kanonischen Bücher des Alten Testaments, [7]1913; M.A. Dandamayev: Politische und wirtschaftliche Geschichte, in: Walser, S. 15-58; W. Dommershausen: Ester, Die Neue Echter Bibel, 1980; O. Eissfeldt: Einleitung in das Alte Testament, [3]1964; W. Erbt: Die Purimsage in der Bibel, 1900; G. Gerleman: Esther, BK XXI, 1973; J. Hoschander: The Book of Esther in the Light of History, 1923; C. Kuhl: Die Entstehung des Alten Testaments, [2]1960; G. Maier: Das Buch Esther, WStB, 1987; L.B. Paton: Critical and Exegetical Commentary on the Book of Esther, ICC, 22, 1916; H. Ringgren: Das Buch Esther, ATD, 16, [3]1981, S. 387-421; C. Schedl: Das Buch Esther und das Martyrium Israels, Kairos, 5, 1963, S. 3-18; V. Tcherikover: The Cultural Background, WHJP, 6, The Hellenistic Age, London, 1976, S. 33-50; G. Walser (Hrsg.): Beiträge zur Achämenidengeschichte, Hist. Einzelschriften, Heft 19, 1972; J.S. Wright: The Historicity of the Book of Esther. New Perspectives of the Old Testament, hrsg. von J. Barton Payne, 1970, S. 37-47; E. Würthwein: Esther, HAT, 1. Reihe, 18, 1969, S. 165-196; H.H., Rowley: The Growth of the Old Testament, 1950. G.M.

ETAM.

1. Lager der Israeliten in der Nähe des Isthmus von Suez (2Mo 13,20; 4Mo 33,6f), dessen genaue Lage unter den Gelehrten umstritten ist. Der Name wird von einigen mit dem ägypt. Gott Atum in Verbindung gebracht, von anderen mit Edom, von wieder anderen schließlich mit dem altägypt. Wort *chtm* für »Festung«, ein Name, der mehreren Orten gegeben wurde. Keiner dieser Vorschläge besitzt jedoch größere Wahrscheinlichkeit. Das altägypt. *chtm* scheint eher die Grenzstadt Silo zu bezeichnen.

2. Ein Ort im Hügelland Judas, wiederaufgebaut durch Rehabeam (2Chr 11,6). Wahrscheinlich beziehen sich auch 1Chr 4,3 und Jos 15,59 auf diesen Ort. Er wird gewöhnlich mit dem heutigen Chirbet el-choch, etwa 10 km südsüdwestl. von Jerusalem identifiziert.

3. Ein Dorf im Gebiet des Stammes Simeon (1Chr 4,32). Seine Lage ist unbekannt. Einige Gelehrte wollen es mit 1. gleichsetzen.

4. Die Höhle (*seʿīph sälaʿ*, Felskluft), in der Simson Zuflucht vor den Philistern suchte (Ri 15,8.11). Ihre Lage ist unbekannt, muß sich aber im W Judas befinden.

Literatur: F.M. Abel: Géographie de la Palestine 2, 1938, S. 321. C.D.W/T.C.M.

ETAN. »Ausdauernd«, »fest«. Ein Weiser aus der Zeit Salomos, aus dem Stamm Juda, »der Esrachiter« genannt. Er wird in 1Kön 5,11, der Überschrift von Psalm 89, vielleicht auch 1Chr 2,6 genannt, wenn man Serach als eine Form von Esrach ansieht.

Zwei weitere Männer namens E. werden in der Bibel kurz erwähnt: 1Chr 6,29; 15,17.19 (vielleicht mit *Jedutun identisch) und 1Chr 6,27. J.D.D.

ETANIM s. Jahr

ETHIK, BIBLISCHE.

I. DAS BESONDERE PRINZIP.

Die Besonderheit der bibl. ethischen Unterweisung wird schon am Vergleich mit der Herleitung des Begriffs »Ethik« deutlich. Er hat sich aus dem griech. Wort *ethos*, »Gewohnheit, Brauch« entwickelt. Unser Verhalten ist danach ethisch richtig, wenn wir tun, was der Brauch uns vorschreibt. Wir nehmen wahr, was gewöhnlich getan wird, und schließen, daß wir uns ebenso verhalten sollen.

Die bibl E. unterscheidet sich von diesem Ansatz darin, daß sie primär theozentrisch ausgerichtet ist. Sie folgt nicht einfach der

Meinung der Mehrheit und paßt sich den üblichen Verhaltensweisen nicht an; statt dessen ermutigt die Schrift dazu, die Suche nach ethischen Richtlinien bei Gott und seinen Forderungen zu beginnen. An ihnen haben sich menschliches Verhalten und dann auch Brauchtum zu orientieren. Dieses zentrale und einigende Prinzip findet in der Bibel auf vielfache Weise Ausdruck:

1. Der Maßstab für Gutheit oder Gutsein ist Gott selbst. Er allein ist gut (Mk 10,18), und sein Wille bringt zum Ausdruck, »was gut und wohlgefällig und vollkommen« ist (Röm 12,2). In der Wüste Sinai hatte Gott Mose versprochen: »Ich will vor deinem Angesicht all meine Güte vorübergehen lassen« (2Mo 33,19); dieses Versprechen wurde durch eine besondere Offenbarung des göttlichen Wesens bekräftigt (2Mo 34,6f). Gott ist, was er will.

2. Die maßgebliche Quelle ethischer Erkenntnis ist die Offenbarung. Aus der Bibel geht hervor, daß die Frage der Erkenntnis des Richtigen oder Falschen primär nicht Sache philosophischer Untersuchungen, sondern der Annahme der göttlichen Offenbarung ist. Die Erkenntnis des göttlichen Willens (die dem Wissen um das Richtige gleichkommt) erwächst primär aus der Unterweisung in seinem Gesetz (Röm 2,18). Sekundär wird auch Heiden die Möglichkeit zugestanden, dem Gesetz entsprechende Erkenntnis des Sittlichen zu finden, und zwar durch Selbsterkenntnis (Röm 2,14f; vgl. 1,26 ; 1Kor 11,14). Solche Selbsterkenntnis allerdings bedeutet nicht sittliche Autonomie des Menschen, sondern ist ebenfalls letztlich theonom, sofern Gott den Menschen zu seinem Bilde geschaffen hat (1Mo 1,26f). Auf der gleichen Linie liegt Jesu Begründung der Unauflöslichkeit der Ehe in der Schöpfungsordnung (Mt 19,8). Hier berührt das bibl. Zeugnis sich mit der im hellen. Judentum (Philo) rezipierten stoischen Naturrechtslehre.

3. Die vom Gesetz abgeleitete ethische Unterweisung geschieht in Form von Geboten. Wer in der Bibel nach durchdachten Argumenten für die ethischen Forderungen sucht, wird diese fast ausschließlich in der atl. Weisheitsliteratur (vgl. Spr 5,1ff) finden. Sonst werden die ethischen Urteile einfach getroffen, aber nicht logisch begründet. Ein Philosoph, der seine Aussagen nicht mit einer gut fundierten Beweiskette stützt, kann nicht erwarten, daß er ernst genommen wird. Die bibl. Autoren jedoch hatten, soweit sie sich als Botschafter des göttlichen Willens verstanden, nicht das Bedürfnis, ihre ethischen Gebote mit logischen Argumenten zu untermauern.

4. Das grundlegende ethische Gebot ist das der Nachahmung Gottes. Da Gott selbst die Summe alles Gutseins in Person ist, ist die Nachahmung Gottes das höchste Ziel des Menschen. Dies spiegelt sich wider in dem atl. Gesetz »Ihr sollt heilig sein, denn ich bin heilig« (3Mo 11,44f u.ö.) und in der Art, wie große, alte Bundesworte wie *chäsäd*, »unerschütterliche Liebe«, und *'ämūnāh*, »Treue«, gebraucht werden, um Gottes Wesen und zugleich seine ethischen Ansprüche an den Menschen zu beschreiben. Das NT spricht genauso. Jesus hat gesagt, daß Christen die Barmherzigkeit ihres himmlischen Vaters und selbst seine ethische Vollkommenheit anstreben sollen (Lk 6,36; Mt 5,48). Und da Jesus das »Ebenbild seines Wesens« (Hebr 1,3) ist, ergeht der Aufruf zu seiner Nachahmung mit gleicher Kraft (vgl. 1Kor 11,1). Wir werden zu Nachahmern des Vaters, wenn wir aus der Liebe des Sohnes leben (Eph 5,1f).

5. Religion und E. sind untrennbar. Alle Versuche, einen Keil zwischen die ethischen Gebote der Bibel und ihre Erkenntnis Gottes zu treiben, müssen scheitern. Da die bibl. E. theozentrisch ausgerichtet ist, wird sie in dem Moment unglaubwürdig, in dem man sie von ihrem Hintergrund trennt (vgl. z.B. die Seligpreisungen Mt 5,3ff). Gotteserkenntnis und E. verhalten sich zueinander wie Fundament und Gebäude. Die ethischen Forderungen des Dekalogs z.B. gründen auf der Tatsache des göttlichen Erlösungshandelns (2Mo 20,2); viele ethische Lehren Jesu werden uns als Konsequenzen aus rel. Voraussetzungen geschildert (vgl. Mt 5,43ff). Der literarische Aufbau der Paulusbriefe veranschaulicht dieses Prinzip recht deutlich. Paulus bietet uns nicht nur einzelne Beispiele für die ethische Unterweisung auf rel. Basis (z.B. 1Kor 6,18ff; 2Kor 8,7ff; Phil 2,4ff); er gestaltet seine Briefe auch nach eben diesem Muster. Ein sorgfältig ausgearbeiteter theologischer Hauptteil wird zum Sprungbrett eines scharf umrissenen ethischen zweiten Teils (vgl. besonders Röm, Eph, Phil). Die christl. E. entspringt einer christl. Dogmatik; beides ist nicht voneinander zu trennen.

II. IM ALTEN TESTAMENT.

1. Der Bund. Der Bund, den Gott durch Mose mit Israel schloß (2Mo 24), hatte eine unmittelbare und weitreichende ethische Bedeutung. Der Grundton der Gnade, der in der göttlichen Wahl des Bundespartners erstmalig hörbar wurde (5Mo 7,7f; 9,4f), bestimmt das Thema der gesamten ethischen Lehren des AT.

In der Gnade Gottes liegt das Hauptmotiv für den Gehorsam seinen Geboten gegenüber;

zwar fehlen im AT auch Appelle an die Gottesfurcht nicht (vgl. 2Mo 22,21ff), doch gibt weit häufiger die Gnade den wesentlichen Anstoß zum guten Verhalten. Die Menschen werden als Bundespartner Gottes zu einer dankbaren Antwort auf seine vorhergehenden unverdienten Liebestaten eingeladen; sie werden weit eher dazu aufgefordert, seinen Willen aus Dankbarkeit für seine Gnade zu tun, als sich in Angst und Schrecken den Strafandrohungen zu beugen. So sind Sklaven deshalb großzügig zu behandeln, weil Gott mit den hebr. Sklaven in Ägypten großzügig umging (5Mo 15,12ff). Die Geschäftsleute sollen ihre Waagschalen nicht fälschen und daran denken, daß es der Gott der Gerechtigkeit war, der ihre Vorfahren befreite (3Mo 19,36f). Fremden soll die gleiche Freundlichkeit erzeigt werden, die der Herr der Gnade seinem Volk erzeigt hat – »denn ihr seid auch Fremdlinge gewesen in Ägyptenland« (3Mo 19,33f). Die Bundesforderung Gottes lautet mit einem Wort: »Darum haltet meine Gebote und tut danach«, denn »ich bin der Herr ..., der euch aus Ägyptenland geführt hat, um euer Gott zu sein« (3Mo 22,31ff).

Der Bund förderte auch ein intensives Bewußtsein gemeinschaftlicher Solidarität in Israel. Er wirkte sich nicht nur auf die Vereinigung des Menschen mit Gott aus, sondern er verband auch alle Bundesmitglieder zu einer einzigen Gemeinschaft (vgl. die Sprache, mit der Paulus in Eph 2,11ff die Auswirkungen des neuen Bundes beschreibt). Die in der Bibel wiederholt auftretende »Fleisch-und-Bein«-Formel macht dies bildhaft deutlich. Sie wurde zunächst in 1Mo 2,23 zum Ausdruck einer Zweierbeziehung gebraucht, sie konnte von einem einzelnen auf seine ausgedehnte Verwandtschaft angewandt werden (Ri 9,1f), von einem Volk, das seinem Oberhaupt Treue gelobt (2Sam 5,1) und – in späterer Zeit – von einem Juden, der seine Zugehörigkeit zu seinem Volk beschreibt (Röm 11,14 RevEB: »sie, die mein Fleisch sind«). Wenn nun ein Mensch eins der göttlichen Gebote verletzte, betraf seine Sünde die gesamte Gemeinschaft (Jos 7,1ff), und wenn ein einzelner in Not geriet, fühlten sich alle anderen zur Hilfeleistung verpflichtet.

Aus diesem Grunde legt das AT großes Gewicht auf die Sozialethik. Aus der Solidarität erwuchs unmittelbar die Nächstenliebe. In der einen geschlossenen Gemeinschaft war jeder einzelne wichtig. Der Arme besaß dieselben Rechte wie der Reiche, weil beide unter dem einen Dach des Bundes wohnten. Schwächere Mitglieder der Gesellschaft wurden in besonderer Weise geschützt (vgl. die Regelungen in 2Mo 22 und 23 mit ihren Sicherheitsvorkehrungen für Witwen, Waisen, Fremde und Arme).

2. Das Gesetz. Die göttliche Gesetzgebung erfolgte vor dem Hintergrund des Bundesschlusses. Deshalb wurde es zu einem ausgeprägten Charakterzug des atl. Gesetzes, auf die Aufrechterhaltung der rechten Beziehungen Gewicht zu legen. Sein Hauptanliegen war nicht die Errichtung eines Zauns um abstrakte ethische Ideale herum, sondern die Befestigung guter Beziehungen der Menschen untereinander und zu Gott. So wird die Mehrheit der Gebote eher in der zweiten als in der dritten Person formuliert. Hier hat auch das innerliche Ja des Menschen zur Einhaltung der Gebote (vgl. Ps 19,8ff; 119,33ff) seinen Ursprung sowie die Erkenntnis, daß die ärgste Folge der Gesetzesübertretung nicht die materielle Bestrafung ist , sondern der nachfolgende Zusammenbruch von Beziehungen (vgl. Hos 1,2).

Das Herzstück des Gesetzes bilden die Zehn *Gebote (2Mo 20,2ff; 5Mo 5,6ff), die sich mit den grundlegenden Beziehungen befassen. Keine Zusammenfassung könnte inhaltsreicher sein. Sie schreiben die grundlegenden heiligen Prinzipien fest, die den Glauben, den Gottesdienst und das Leben regieren – die Heiligkeit des göttlichen Wesens, seiner Anbetung, seines Namens und seines Tages sowie die Heiligkeit von *Ehe und *Familie, des *Lebens, des *Eigentums und der *Wahrheit. Sie werden im Zusammenhang mit der Erlösung gegeben (2Mo 20,2); ihre Gültigkeit bleibt auch über das Kommen Christi hinaus bestehen (Mt 5,17ff; Röm 13,9f; Jak 2,10f).

In gleicher Weise wie der Dekalog die Frucht des göttlichen Erlösungswerkes darstellt, ist er auch tief in den Schöpfungsordnungen in 1Mo 1 und 2 verwurzelt. Dies sind die Ordnungen der Zeugung und der leitenden Verantwortung für die übrige *Schöpfung (1Mo 1,28), des *Sabbats (1Mo 2, 2f), der *Arbeit (1Mo 2,15) und der Ehe (1Mo 2,24). In ihrer Gesamtheit berühren sie alle wichtigen Bereiche des menschlichen Lebens und Verhaltens und bieten denen, die nach einem Lebensstil suchen, der mit dem Entwurf des Schöpfers harmoniert, die grundlegenden Richtlinien.

Der Sündenfall des Menschen hat diese Ordnungen keineswegs aufgehoben. Die übrige Schrift bestätigt ihre bleibende Gültigkeit (vgl. 1Mo 3,16.19; 4,1f.17.25; 5,1ff; 9,7). Aber der genaue Inhalt des atl. Gesetzes ist durch den Sündenfall erheblich beeinflußt worden. Neue Bestimmungen und Strafandrohungen wurden zur Bewältigung der drastisch veränderten Situation, die die Sünde geschaffen hatte, unerläßlich. Die Scheidungserlaubnis des Mose (5Mo 24,1ff) bietet hier ein gutes Beispiel. Diese Bestimmung war das Zugeständnis Gottes für von der Sünde völlig zerrüttete Eheverhältnisse, keine Annullierung seiner in der Schöpfung gesetzten Eheordnung (1Mo 2,24; vgl. Mt 19,3ff). Hier wie sonst auch müssen wir darauf achten, daß wir Gottes Duldsamkeit nicht mit Zustimmung verwechseln, geradeso wie wir immer wieder klar zwischen der bibl. E. und dem von der Bibel berichteten, zeitweise fragwürdigen Verhalten des Gottesvolks unterscheiden müssen.

3. Die Propheten. Im 8. Jh. hatten sich die sozialen Verhältnisse gegenüber der Zeit des Mose dramatisch verändert. Die Wohlhabenden unter den Zeitgenossen des *Amos besaßen Sommer- und Winterhäuser. Das große Geschäft blühte. Es gab großangelegte Spekulationen und hohe Geldanleihen. Man schloß Bündnisse und pflegte den Kulturaustausch mit anderen Ländern. Oberflächlich betrachtet bot das Bundesgesetz denen, die in einer derart pluralistischen Umwelt mit moralischen Konflikten zu kämpfen hatten, nur wenig Hilfe. Doch die Propheten machten die Auslegung des Gesetzes zu ihrer Aufgabe; sie erarbeiteten seine Grundaussagen und wandten diese auf die konkreten Probleme ihrer Zeit an.

Aus ihnen sprach vor allem das tiefe Anliegen des Gesetzes für soziale Gerechtigkeit. Hosea und Amos brachten den vom Bundesgedanken bestimmten Geist der Besorgtheit um die Schwachen zum Ausdruck; sie kritisierten diejenigen erbarmungslos, die die Bedürftigen um ein Paar Schuhe verkauften, Bestechungsgelder annahmen, falsche Maße und Gewichte benutzten oder allgemein die Armen unterdrückten (Am 2,6; 5,12; Mi 6,11). Der Zorn Jesajas und Hoseas richtete sich vor allem gegen jene, die ihre sittlichen Verfehlungen hinter einer Fassade der Befolgung rel. Vorschriften zu verbergen suchten (Jes 1,10ff; Hos 6,6). Gott findet ihre Feiertage und Festgesänge widerlich; sie schmettern Lieder, während Ungerechtigkeit und Unrecht überhandnehmen (Am 5,21ff). Zu einem demütigen Wandel mit Gott aber gehört die Ausübung von Gerechtigkeit und Liebe (Mi 6,8).

Die Propheten korrigierten auch falsche Folgerungen aus dem Bundesgedanken. Die nachdrückliche Betonung der Bundessolidarität z.B. mag in einigen Köpfen den Begriff der persönlichen Verantwortung verschleiert haben. Deshalb gibt sich besonders Hesekiel Mühe zu zeigen, daß nach Gottes Ansicht jeder einzelne für sein Tun verantwortlich ist; niemand kann den Tadel für seine Verfehlungen einfach auf sein Erbgut und seine Umgebung abschieben (Hes 18,1ff). Zudem hatte die besondere Bundesbeziehung Gottes zu Israel bei einigen einen Nationalismus hervorgerufen, der sie die Fremden verachten ließ. Die Propheten gaben das nötige Korrektiv durch den nachdrücklichen Hinweis darauf, daß die moralischen Maßstäbe Gottes für alle gleicherweise gültig sind. Seine Liebe gilt den Äthiopiern ebenso wie den Israeliten (Am 9,7), und Israel wird dem Gericht über seine Sünde nicht dadurch entgehen, daß es seine besondere Stellung als das vom Herrn erwählte Volk geltend macht; Amos sagt, daß eine bevorzugte Gotteserkenntnis eine größere Verantwortung und ein größeres Risiko mit sich bringt (Am 1,1-3,2).

Die Ungeheuerlichkeit der Sünde und die Breite der Kluft zwischen dem heiligen Gott und dem sündigen Menschen machten einen nachhaltigen Eindruck auf die Propheten (vgl. Hab 1,13; Jes 6,3ff). Sie wußten, daß außer durch eine Tat göttlicher Gnade keine Brücke über diesen Abgrund gebaut werden kann (vgl. Jer 13,23). Die Erneuerung des Menschen hängt vom Handeln des göttlichen Geistes (Hes 37,1ff) ab, durch den Gott selbst sein Gesetz in die Herzen der Menschen seines Volks schreiben will (Jer 31,31ff).

III. IM NEUEN TESTAMENT.

1. Die Evangelien. Jesus zeigte eine große Achtung vor dem atl. Gesetz; er war nicht gekommen, um es abzuschaffen, sondern um es zu erfüllen (Mt 5,17ff). Aber er selber lehrte nicht in der Eigenschaft des Gesetzgebers. Obwohl er viele seiner ethischen Lehren durch Imperative ausdrückte (z.B. Mt 5,39ff; Mk 10,9) und mit der Autorität eines Gesetzgebers lehrte (z.B. Mt 7,24ff; Mk 1,22), wollte er keinen umfassenden Regelkodex für ein moralisches Leben aufstellen. Das Gesetz gebietet oder verbietet gewisse Dinge; Jesu Interesse konzentrierte sich auf die Darstellung und Veranschaulichung der Wesenszüge des göttlichen Willens und die aus innerer Zustimmung zu ihm kommende Tat des Menschen.

An der *Bergpredigt wird deutlich sichtbar, wie Jesus die Forderungen des Gesetzes auf den inneren Menschen bezog. Das Gesetz untersagte Mord und Ehebruch. Jesus legte seinen Finger auf die Gedanken und die Haltung, die hinter diesen Taten stehen. Wer einen persönlichen Haß gegen seinen Nächsten hegt oder dessen Frau in Gedanken lüstern entkleidet, kann sich dem ethischen Tadel nicht durch die Behauptung entziehen, er habe den Buchstaben des Gesetzes nicht übertreten (Mt 5,21f.27f). Die *Seligpreisungen zu Beginn der Predigt (V. 3ff) unterstreichen eben diesen Sachverhalt. Es handelt sich um keine Regelliste, sondern um eine Reihe von Glückwünschen, die denen gelten, deren Leben ein Beispiel für göttliche Wesenszüge darstellt. Umgekehrt sind die von Jesus verurteilten Sünden überwiegend solche des Geistes, nicht des Fleisches. Zu sexuellen Verfehlungen z.B. hat er überraschend wenig zu sagen. Bewußt stellte er zweimal die unlauteren Motive der Ankläger bloß, als ihm sexuelle Sünden hinterbracht wurden (Lk 7,37ff; Joh 8,3ff). Seine schärfsten Verweise blieben den falschen Herzenshaltungen – wie ethischer Blindheit, Gleichgültigkeit und Stolz – vorbehalten (Mt 7,3ff; Mk 3,5; Lk 18,9ff).

Jesu Verständnis der Liebe macht uns noch einmal deutlich, wie er die atl. Sittenlehre verstärkte und weiterentwickelte. Beide Teile seiner bekannten Zusammenfassung des Gesetzes im Liebesgebot (Mk 12,28ff) stammen direkt aus dem AT (5Mo 6,4f; 3Mo 19,18). Doch mit seiner radikalen Auslegung des zweiten Teils durchbrach er die egoistischen Abgrenzungen vieler seiner Zeitgenossen. Zu oft wurde unter »Liebe deinen Nächsten« verstanden »Liebe deinen nächsten Bundesgenossen – und nur ihn.« Insbesondere im Gleichnis vom barmherzigen Samariter (Lk 10,29ff) lehrte Jesus, daß sich die Nächstenliebe auf jeden, der in Not ist, ausdehnen soll, ungeachtet seiner rassischen, rel. oder kulturellen Zugehörigkeit. So verlieh er den Forderungen der Liebe einen universalen Charakter.

Als Jesus das Wesen der Nächstenliebe erläuterte, machte er die Gnade zu ihrem entscheidenden Kennzeichen. Andere Arten der Liebe - im NT werden sie alle positiv betrachtet – stellen entweder eine Reaktion auf eine anziehende Eigenschaft des Geliebten dar (wie bei geschlechtlichem Verlangen oder in einer Freundschaft), oder es ist die Art Liebe, die sich auf die Mitglieder einer Gruppe beschränkt (wie Hingabe an die Familie). Jesus lehrte, daß wahre Nächstenliebe unabhängig von irgendeiner Liebenswürdigkeit handelt. Sie wird durch Not hervorgerufen, nicht durch Verdienst, und verlangt keine Gegenleistung (Lk 6,32ff; 14,12ff). Sie kennt auch keinerlei Beschränkung auf eine Gruppe. Und in all dem ist sie ein Abbild der göttlichen Liebe (Joh 3,16; 13,34; Lk 15,11ff; vgl. Gal 2,20; 1Joh 4,7ff).

Als ein Schriftgelehrter begeistert auf Jesu Zusammenfassung des Gesetzes reagierte, erwiderte Jesus: »Du bist nicht fern vom Reich Gottes« (Mk 12,34). In gleicher Weise, wie die Liebe der Dreh- und Angelpunkt des göttlichen Gesetzes ist, ist sie also auch die Tür zu Gottes Reich; Jesu Lehre vom Reich ist voll von ethischer Bedeutung. Die in das Reich eingehen, sind jene, die sich Gottes Herrschaft unterwerfen; wenn sein Reich kommt, wird sein Wille geschehen. Gott rüstet die Menschen seines Reiches mit königlicher Führung und der Kraft aus, ethisch richtige Entscheidungen in die Praxis umzusetzen.

Nur so werden auch einige der sonst nicht erfüllbaren Forderungen Jesu sinnvoll (vgl. Mt 5,48). Die meisten seiner ethischen Imperative richten sich an jene, die schon zum Reich gehören und schließen die Versicherung ein, daß alle, die sich der Gottesherrschaft unterwerfen, auch Anteil an seiner Kraft haben, so daß ihre ethischen Überzeugungen zur Tat werden können.

Da das Königreich in Christus gegenwärtige Realität ist, stehen uns hier und jetzt die Führung des Königs sowie seine Kraft zur Verfügung. Diese Gegenwart des Reiches ermöglicht das Befolgen des Bußrufs Jesu (Mt 4,17). Doch da die Fülle des kommenden Reiches noch aussteht, schwingt in der ethischen Lehre Jesu auch ein fordernder Ton mit. Wenn die Herrschaft Gottes über die Menschheit vollständig offenbar sein wird, wird ein Gericht stattfinden; nur ein Narr würde die Warnung überhören, die vom Reich ausgeht (vgl. Lk 12,20).

2. Die übrigen Bücher des NT.

Wie zu erwarten ist, enthalten die Briefe deutliche Parallelen zu den ethischen Lehren der Evv., wenn Jesu Worte auch nur selten ausdrücklich zitiert werden (vgl. 1Kor 7,10; 9,14). Doch da die Briefe als praktische Antworten auf dringende Fragen lebendiger Gemeinden verfaßt wurden, klingt ihre ethische Unterweisung etwas anders. Aus den Evv. scheint hervorzugehen, daß Jesus meist einfache, allgemeine Grundsätze lehrte und es seinen Hörern überließ, sie auf ihre Situation anzuwenden. In den Briefen aber werden die Anwendungsbereiche oft sehr genau durchbuchstabiert, z.B. wird auf sexuelle Sünden sehr konkret eingegangen (vgl. 1Kor 6,9; 2Kor 12,21); die Sünden des Redens werden ähnlich detailliert behandelt (vgl. Röm 1,29f; Eph 4,29; 5,4; Kol 3,8; Jak 3,5ff).

Ein weiteres Charakteristikum der ethischen Unterweisung in den Briefen ist das wiederholte Vorkommen der sogenannten Haustafeln (Eph 5,22ff; Kol 3,18ff; 1Tim 2,8ff; Tit 2,2ff; 1Petr 2,18ff). Es handelt sich dabei um kleine Lehrtexte über die rechten Beziehungen vor allem in der Ehe, zu Hause und am Arbeitsplatz. Sie berühren sich in Form und Inhalt mit ähnlicher Paränese in zeitgenössischer hellen. Popularphilosophie und sind in konservativem Ton gehalten. Dies gilt auch für Paralleltexte über das Verhältnis der

Gläubigen zu den weltlichen Autoritäten (vgl. Röm 13,1ff; Tit 3,1; 1Petr 2,13f). Wie sehr die frühe Christengemeinde auch auf die Vollendung des Gottesreiches gewartet haben mochte, sie verwarf doch die von der Schöpfung her vorgegebenen Ordnungsstrukturen, auf denen das Leben der Gesellschaft beruhte, nicht. Selbst im Buch der Offb, wo der dünne, durchsichtige Schleier der apokalyptischen Sprache das johanneische Urteil über die Regierung in Rom, die antichristliche Züge angenommen hatte, kaum verdeckt, werden die Heiligen nicht zur Revolution, sondern zum Martyrium aufgefordert. Dennoch gibt es im NT auch Ansätze zu gesellschaftlicher Veränderung, vor allem in Beziehungen der Christen untereinander (vgl. Gal 3,28 und den *Philemonbrief zur Sklavenfrage).

Die Rede vom Reich taucht in den Briefen längst nicht so häufig auf wie in den Evv., doch die Notwendigkeit der göttlichen Führung und Kraft für das ethische Leben des Menschen wird in gleicher Weise betont. Paulinisch gesprochen hebt die Verbindung mit Christus (2Kor 5,17) und dem im Christen wohnenden Geist (Röm 8,14; Phil 2,13) das sittliche Leben des Christen auf eine neue Ebene. Vom göttlichen Wort gespeist (Hebr 5,14), gewinnt der erlöste Glaubende genauere Einsicht in die Unterschiede zwischen gut und böse (vgl. Röm 12,2); und durch den in ihm wohnenden Geist hat er die Kraft, nach seiner richtigen Erkentnnis zu handeln (Röm 8,4). Manchmal wird behauptet, daß besonders Paulus, in seiner Auflehnung gegen die jüd. Gesetzlichkeit und getrieben von seinem Vertrauen in die Macht des Geistes, den gläubigen Christen zu belehren und zu verändern, das atl. Sittengesetz als durch Christus überholt betrachtete. Es gibt sicherlich Abschnitte in den Briefen, die für sich allein genommen derartige Aussagen nahelegen (z.B. Gal 3,23ff; Röm 7,6; 10,4; 2Kor 3,6); doch darf nicht übersehen werden, daß Paulus das Wort »Gesetz« in unterschiedlichem Sinn verwendet. Wo er es als Kurzform für die »Gerechtigkeit durch Werke« gebraucht (z.B. Röm 10,4), ist das Leben aus dem Gesetz seiner Meinung nach für Christen sowohl überholt als auch gefährlich. Doch wo er mit diesem Wort einfach die göttliche Willensäußerung bezeichnet (z.B. Röm 7,12), versteht er es weitaus positiver. Ohne Scheu zitiert er den Dekalog (Eph 6,2f; vgl. Röm 13,9) und spricht von dem Gesetz Christi, das im Leben eines Christen wirksam ist (Gal 6,2; 1Kor 9,21; vgl. bei Jakobus das »Gesetz der Freiheit« Jak 1,25; 2,12). Hier wie auch anderswo verzahnt sich die ntl. mit der atl. Lehre. Das Gesetz behält seine Gültigkeit in dem Maße, in dem es die grundlegenden ethischen Forderungen Gottes aussagt, denn er allein drückt durch seine Person und durch seinen Willen alles Gute und Richtige aus.

Literatur: H. Burkhardt: Der Naturrechtsgedanke im hellenistischen Judentum und das NT, in: ders.: Begründung ethischer Normen, 1988; C.H. Dodd: Gospel and Law, 1951; W. Eichrodt: Theologie des AT, Bd. 3, 1939; Th. Herr: Naturrecht aus der kritischen Sicht des NT, 1976; R.N. Longenecker: New Testament Social Ethics for Today, 1984; W. Lütgert: Die Liebe im NT, 1905, ([2]1987); T.W. Manson: Ethics and the Gospel, 1960; H. van Oyen: Ethik des AT, 1967; K.H. Schelkle: Theologie des NT, Bd. 3, 1970; R. Schnackenburg: Die sittliche Botschaft des NT, 1954; W. Schrage: Ethik des NT, 1982; J.H. Yoder: The Politics of Jesus, 1972. D.H.F./H.B.

EULE s. Tiere

EUNIKE. Mutter des Timotheus, eine Frau von »ungefärbtem Glauben« (2Tim 1,5). Sie war gläubige Jüdin (Apg 16,1) und unterrichtete ihren Sohn in der Hl. Schrift (2Tim 3,15). Ihr Mann aber war Heide und der Sohn deshalb unbeschnitten (Apg 16,3). Späte latein. Handschriften von Apg 16,1 und Origenes zu Röm 16,21 nennen E. eine Witwe, und das *hypärchen* aus Apg 16,3 (»daß sein Vater ein Grieche *war*«) könnte dies bestätigen. Sie lebte in Derbe oder Lystra; sprachlich läßt sich beides belegen. Ihr Name ist griech. und scheint nicht allzu gewöhnlich gewesen zu sein. Von manchen wird angenommen, daß sich Paulus in 2Tim 1,5 auf den jüd. Glauben der E. bezieht, die näherliegende Deutung aber ist, daß der christl. Glaube »zuvor« (d.h. vor der Bekehrung des Timotheus) in *Lois und E. »gewohnt hat«. (Die griech. Zeitform des Aorist ist vielleicht eine Anspielung auf ihre Bekehrung während der 1. Missionsreise des Paulus). A.F.W.

EUNUCH. (Hebr. *sārīs*). Die Herkunft des atl. Wortes ist unklar; man glaubt aber, daß es von einem assyr. Wort mit der Bedeutung »der zu Häupten [des Königs]« stammt (so Jensen: ZA 7/1892, S. 174 A 1 und Zimmern: ZDMG 53/1899, 116 A 2). Die Grundbedeutung ist »Hofbeamter«. Im Hebr. findet sich eine zweite Bedeutung, nämlich »Kastrierter« oder »Eunuch«. Von Herodot erfahren wir, daß in den Ländern des Ostens Eunuchen als in jeder Hinsicht besonders vertrauenswürdig galten (Hdt. Hist. 8.105). Solche Personen wurden von den östlichen Herrschern häufig als Haushofmeister in Dienst genommen. Daher ist es in den Quellen aus jenen Gegenden oft schwer zu entscheiden, welche der beiden Bedeutungen beabsichtigt ist oder ob beide gemeint sind. Potifar wird *sārīs* (LXX: *eunouchos;* LÜ: Kämmerer) genannt, war aber verheiratet (1Mo 39,1.7), daher ist die Wiedergabe als »Hofbeamter« hier die beste. In Jes 56,3 (hebr. *sārīs*) ist die Bedeutung »Kastrierter« offensichtlich (daher auch LÜ: »Verschnittener«). In Neh 1,11: »Ich war des Königs Mundschenk«, haben einige Handschriften der LXX und auch Origenes (gest. 253/54) *eunouchos,* was aber vermutlich aus *oinochos* »Mundschenk« verdorben ist. Der Kastrierte war aus der Gemeinde Jahwes ausgeschlossen (5Mo 23,2). Mit Josephus (ant. Jud. 10.186) anzunehmen, daß Daniel und seine Freunde Kastrierte waren, besteht keine Notwendigkeit, denn sie hatten »keine Gebrechen« (vgl. Dan 1,4).

Im NT wird das Wort *eunouchos* gebraucht. Es ist wahrscheinlich abzuleiten von *eunä echo,* »Betthüter«. Wie sein atl. Gegenstück *saris* muß auch dieses Wort nicht unbedingt einen Kastrierten bezeichnen. In Apg 8,27 könnten beide Bedeutungen gemeint sein; in Mt 19,12 steht die Bedeutung »Kastrierter« dagegen außer Zweifel. In dem letztgenannten Vers werden drei Gruppen von E. aufgezählt, nämlich E. von Geburt her, solche, die von Menschen dazu gemacht wurden, und geistliche E. Zu dieser Gruppe gehören alle, die völlig legitime, natürliche Bedürfnisse um des Himmelreiches willen aufgeben. Einem Bericht aus der Frühzeit der Kirche zufolge hat Origenes sich aus einem wörtlichen Mißverständnis dieses Verses heraus selbst verstümmelt.

Das Judentum (vgl. das Mischnatraktat Zabim 2,1) kannte nur zwei Arten von E.: von Menschen gemachte (*sārīs 'ādām*) und natürliche (*sārīs chammā*). Der letzte Begriff, *sārīs chammā,* »Eunuch der Sonne«, wird (von Jastrow: Dictionary of Babylonian Talmud, 1, S. 476) so erklärt, daß er ein E. von dem Zeitpunkt an war, als er die Sonne sah, d.h. also von Geburt an. R.J.A.S.

EUPHRAT. Der E. ist der größte Fluß in Westasien und wird deshalb im AT gewöhnlich *hannāhār,* »der Fluß«, genannt (z.B. 5Mo 11,24). Manchmal wird er auch mit Namen genannt. Die hebr. Form ist *perāt* (z.B. 1Mo 2,14; 15,18), abzuleiten vom akkad. *purattu,* die für sumer. *buranunū* steht und im NT *Euphratäs* (Offb 9,14; 16,12) heißt. Der E. entsteht durch zwei Hauptzuflüsse in der Osttürkei, dem Muradsu, der in der Nähe des Van-Sees entspringt, und dem Karasu, der bei Erzerum entspringt. Er verläuft dann, verstärkt durch den Zufluß des Belich und des Chabur (Habar) über 2000 km bis zum Persischen Golf. Vom Niedrigwasser im September steigt er im Winter allmählich um ca. 3 m bis zum

Der Euphratstrom.

Am Ufer des Euphrat bei Babylon. (DJW)

Mai und fällt dann wieder bis zum September, verhält sich also gemäßigter als der *Tigris. In der Flußablagerungsebene Babyloniens (*Mesopotamien) hat sich sein Verlauf seit dem Altertum nach W verschoben, so daß die meisten der bedeutenden Städte, die heute einige km östl. von ihm liegen, an seinem Ufer oder in dessen Nähe lagen. Die Sumerer gaben seinen Namen in Bildschrift mit »Fluß von Sippar« (*Sepharvaim) wieder, einer Stadt, die heute 6 km östl. liegt. Neben den vielen wichtigen Städten, einschließlich *Babylon, die an seinem Ufer im S lagen, ist an seinem Mittellauf die Stadt *Mari zu nennen, unweit des Zusammenflusses mit dem Chabur. Die strategisch wichtige Grenze zwischen Nordmesopotamien und Nordsyrien wurde von der Festungsstadt *Karkemisch beherrscht.

Literatur: S.A. Pallis: The Antiquity of Iraq, 1956, S. 4-7. T.C.M.

EUTYCHUS. »Der Glückliche«; ein weit verbreiteter griech. Name. E. hieß der junge Mann aus *Troas, der während einer langen nächtlichen Ansprache des Paulus aus einem Fenster im Obergeschoß fiel (Apg 20,7-12). Von einem ähnlichen Unglücksfall wird im Oxyrhynchos-Papyrus 3,475 berichtet.

Man hat den wunderhaften Ausgang des Geschehens – Paulus erweckt den toten E. wieder zum Leben – in Frage gestellt und die Worte des Paulus in V. 10 als Diagnose und nicht als Heilung verstanden. V. 9 jedoch läßt erkennen, daß Lukas selbst den Tod des E. für sicher hielt. »Leben« ist also erst von dem Moment wieder »in ihm«, wo Paulus ihn umarmt (vgl. 2Kön 4,34). Bei der Abreise des Paulus am nächsten Morgen hatte E. sich schon wieder erholt (V. 12; nach der Lesart des Codex Bezae Cantabrigiensis schloß er sich der Abschiedsfeier an). Die Vermutung, daß eine bekannte Anekdote auf Paulus übertragen wurde, daß Lukas sie so vorfand und seinem Bericht einflocht (Dibelius), verdunkelt die Sache nur.

Literatur: W.M. Ramsay: St. Paul the Traveller and Roman Citizen, [4]1920; S. 290f; M. Dibelius: Aufsätze zur Apostelgeschichte, 1951, [5]1968. A.F.W.

EVA. Sie war das erste weibliche Wesen, die Frau Adams und Mutter Kains, Abels und Sets (1Mo 3,20; 4,1f.25). Als Gott *Adam geschaffen hatte, beschloß er, ihm eine »Gehilfin, die um ihn sei« (*ʿēzär kenägdo*, 1Mo 2,18.20, wörtl.: »ein Helfer, der ihm entspricht«), zu machen. Also ließ er ihn einschlafen, entnahm ihm eine Rippe (*zelaʿ*, 1Mo 2,21) und schuf (*banā*, 1Mo 2,22; heißt sonst »bauen«) daraus die Frau (*ʾischschā*). Adam erkannte die Ähnlichkeit und nannte die Frau »*ʾischschā*«, weil sie aus (*min*) dem Mann (*ʾisch*, 1Mo 2,23) genommen war (vgl. 1Kor 11,8). Einige Forscher meinen, daß *ʾisch* und *ʾischschā* verschiedene sprachliche Wurzeln haben. Im Text kommt es jedoch nur auf die äußere Ähnlichkeit der Wörter an.

E. wurde von der Schlange benutzt, Adam zum Essen der verbotenen Frucht (*Sündenfall) zu bringen. Daraufhin verurteilte Gott sie dazu, unter Mühen Kinder zu gebären und von Adam beherrscht (*māschal be*) zu werden (1Mo 3,16). Adam nannte sie E. (*chawāh*, 1Mo 3,20), weil sie »Mutter aller Lebendigen«

(*chaj*) wurde. Über die Herkunft des Namens *chawāh* wurden zahlreiche Theorien aufgestellt. Einige sehen in ihr eine alte Form von *chajjāh*, »Lebendiges« (so auch die LXX, die in 1Mo 3,20 nicht Eva, sondern *zoä*, »Leben«, liest), andere beobachten eine Ähnlichkeit mit dem aram. *chiwjā'*, »Schlange«, womit eine phönizische (Schlangen-)Gottheit *chwt* verbunden sei. Aber wie im Falle von *'isch* und *'ischscha* scheint im Text nichts als die Lautähnlichkeit beabsichtigt zu sein. Der Name E. kommt im AT nur zweimal vor (1Mo 3,20; 4,1). In der LXX und im NT erscheint er als *Heua* (in einigen Handschriften auch *Eua*), in der Vulgata als *Hava* (1Mo 3,20; 4,1) und *Eva* (1Tim 2,13).

Ein Seitenlicht auf die bibl. Aussagen über E. fällt auch aus sumer. Mythen über den Gott Enki. Danach litt Enki an einer Reihe von Gebrechen, zu deren Heilung die Göttin Ninchursanga eine besondere Göttin schuf. Als er sagte »Meine Rippe (*ti*, mit einem Logogramm geschrieben, das dem akkad. *zīlu*, »Seite, Rippe«, entspricht), schmerzt mich«, antwortete sie, daß sie eine Göttin Ninti (»Frau der Rippe«) für ihn geboren werden ließ. Das Sumerische Nin-Zi kann aber auch »Frau, die Leben schafft« bedeuten. So könnte diese Geschichte mit der von 1Mo eine gemeinsame Wurzel haben.

Literatur: G.I. Spurrell: Notes on the Text oft the Book of Genesis, 2. Aufl. 1896, S. 45; S.N. Kramer: Enki und Ninhursag, A. Sumerian Paradise Myth (BASOR Supplementary Studies 1), 1945, S. 8f; From the Tablets of Sumer, 1956, S. 170f «History Begins at Sumer», 1958, S. 195f; I.M. Kikawada: Two Notes on Eve, JBL 91/1972, S. 33-37. T.C.M.

EVANGELIEN. Die Mehrzahl »Evangelien« (*euangelia*) wäre weder im apostol. Zeitalter noch während der nächsten beiden Generationen verstanden worden. Dem apostol. Zeugnis ist wesenseigen, daß es nur ein wahres *euangelion* gibt. Wer ein anderes predigt, sagt Paulus, der sei verflucht (Gal 1,8f). Die vier Berichte, die am Anfang des NT stehen, sind daher genaugenommen vier Aufzeichnungen des einen Evangeliums – »des Evangeliums Gottes ... von seinem Sohn Jesus Christus« (Röm 1,1-3). Erst um die Mitte des 2. Jh.n.Chr. kam sprachlich die Mehrzahl in Gebrauch. So schreibt Justinus Martyr (gest. ca. 165 n.Chr.), daß man die Erinnerungen der Apostel »Evangelien« nenne (*Apologie* I, 66). Ältere Autoren gebrauchen die Einzahl, unabhängig davon, ob sie sich auf eine einzelne Evangelienschrift oder eine Sammlung beziehen (vgl. Didache 8,2; Ignatius: An die Philadelphier 8,2; vgl. *Apostolische Väter). Die überlieferten Überschriften weisen für alle vier E. darauf hin, daß wir in ihnen das *euangelion* oder die »frohe Botschaft« von Jesus Christus in der Fassung jedes der vier Evangelisten vor uns haben (Evangelium nach Matthäus, nach Markus etc.). Und der Gebrauch der Einzahl blieb noch lange nach dem ersten Auftauchen der Mehrzahl üblich; Irenäus von Lyon (haer. 3, 11, 8)war der erste, der ca. 185 n.Chr. zu erklären versuchte, warum die Kirche zwar nur ein *euangelion*, aber vier »Evangelien« besitzt (Hengel).

I. DIE MÜNDLICHE ÜBERLIEFERUNG. Der überwiegende Teil des in unseren E. enthaltenen Materials existierte zunächst in Form von mündlicher Überlieferung, ehe es die schriftliche Ausformung erhielt, die wir heute kennen.

1. Die Worte Jesu.
Jesus begann seine Tätigkeit in Galiläa, indem er »das Evangelium Gottes predigte«. Der Inhalt seines Evangeliums war, daß die Zeit erfüllt und das Königreich Gottes herbeigekommen war; er forderte seine Zuhörer auf, Buße zu tun und an das Evangelium zu glauben (Mk 1,14f; vgl. Lk 4,17-21). Seine Predigt war keine spontane Eingebung; sie war die Erfüllung der Verheißung Gottes, wie sie in vorangegangenen Jh. von den Propheten mitgeteilt worden war. Nun endlich hatte Gott sein Volk besucht (Lk 7,16); unter dieser Erwartung stand nicht nur die Predigttätigkeit Jesu, sondern auch seine »mächtigen Taten« (vgl. Lk 24,19). Worte und Taten waren Zeichen dafür, daß die Herrschaft des Bösen vor dem Anbruch des Königreiches Gottes ins Wanken geriet (Mt 12,22-29; Lk 11,14-22). Das gleiche Thema zieht sich durch die *Gleichnisse Jesu, die ihre Hörer zur Entscheidung und zur Wachsamkeit angesichts des anbrechenden Königreiches aufrufen.

Neben seiner öffentlichen Predigttätigkeit unterrichtete Jesus seine Jünger systematisch, und zwar auf eine Weise, die sich vorzüglich zum Auswendiglernen eignete. Auch seine Auseinandersetzungen mit den *Pharisäern und anderen Gegnern führten zu Formulierungen, die nicht leicht zu vergessen waren und die den Jüngern später zugute kamen, als sie selbst mit schwierigen Themen konfrontiert wurden und sich auf die Anweisungen ihres Lehrers beziehen konnten. Neben die Kunst Jesu, besonders behältlich zu formulieren, trat die jüd. Elementarschulbildung, wie sie die Jünger genossen hatten; in ihr war es seit jeher ein Lernziel gewesen, Techniken des Auswendiglernens zu beherrschen (Riesner, Gerhardsson; s.a. *Erziehung).

In der 7. Höhle von Qumran wurde 1955 dieses Papyrusfragment (Originalgröße) entdeckt. Die Textstelle ist Mk 6,52.53.

2. Die apostolische Überlieferung.
In den Briefen des NT wird fünfmal Bezug genommen auf die »Überlieferung« (griech. *paradosis,* Luther: Überlieferung, Satzung, Lehre), die die Apostel vom Herrn empfangen und der Gemeinde weitergegeben haben (1Kor 11,2; Gal 1,14; Kol 2,8; 2Thess 2,15; 3,6; der Begriff erscheint außerdem Mt 15,2f.6; Mk 7,3.5.8f.13). Diese Überlieferung schließt das Zeugnis der *Apostel »von all dem, was Jesus von Anfang an tat und lehrte, bis zu dem Tag, an dem er aufgenommen wurde« mit ein (Apg 1,1f; vgl. Apg 1,21f). Es wurde auf unterschiedliche Weise ausgedrückt und verbreitet – vorwiegend in der missionarischen Predigt, in der Unterrichtung Bekehrter und im Gottesdienst. Ein Grundriß missionarischer Predigt wird von Paulus in 1Kor 15,3-5 gezeichnet: »daß Christus gestorben ist für unsre Sünden nach der Schrift; und daß er begraben worden ist; und daß er auferstanden ist am dritten Tage nach der Schrift, und daß er gesehen worden ist« von einer großen Zahl von Augenzeugen, von denen einige genannt werden und von denen die meisten noch lebten, als Paulus schrieb. Paulus fügt dem hinzu, daß die grundlegenden Tatsachen der Botschaft die gleichen blieben, unabhängig davon, ob das Evangelium von ihm selbst oder von den ursprünglichen Aposteln gepredigt werde (1Kor 15,11). Dies wird durch die Aussage der nichtpaulinischen Briefe und durch die in der *Apostelgeschichte zusammengefaßten Auszüge aus frühchristlichen Predigten bestätigt. In der Predigt wurden die heilbringenden Ereignisse mitgeteilt, Jesus als Herr und Christus verkündet und die Menschen aufgerufen, Buße zu tun und durch ihn die Vergebung zu empfangen.

Einige Beispiele für die Unterrichtung Bekehrter finden sich in den Briefen. Aus ihnen wird deutlich, daß die Grundlage dieser Unterrichtung das war, was Jesus selbst gelehrt hatte. So zitiert Paulus in seiner Anweisung über die Ehe das Scheidungsverbot Jesu (1Kor 7,10) und auf ähnliche Weise Jesu Lehre über den Unterhalt der Verkündiger des Evangeliums (1Kor 9,14). Wir finden aber auch Hinweise auf systematischeren Unterricht nach katechetischer Methode; in dem Maße, in dem die Zahl der Bekehrten zunahm, mußten »Schulen« für die Ausbildung von Lehrern geradezu eine Notwendigkeit werden. Zwangsläufig mußte man dann auch Zusammenfassungen der Lehren Jesu erstellen – zuerst sicher mündlich, dann aber auch schriftlich. Ungeklärt ist nach wie vor die Frage, ob es von den E. unabhängige, ihnen teilweise vielleicht zugrunde liegende Sammlungen von Jesusworten und Lehreinheiten gegeben hat, etwa in der hyopthetischen Quelle »Q«, von der jedoch keine literarhistorisch nachweisbaren Fragmente erhalten geblieben sind, oder ob es für die von Lukas vorausgesetzte Mehrzahl von Quellen (Lk 1,1f) nicht auch andere Erklärungen gibt. Ohnehin schmilzt in der neueren Forschung der zeitliche Abstand zwischen der Auferstehung Jesu und der Entstehung der ersten Evangelienschriften immer mehr zusammen; für Markus schwanken die Datierungen in den letzten Jahren zwischen 40 und 69 n.Chr. (Zuntz, Robinson, Hengel).

Auch in den Gottesdiensten der ersten Gemeinden wurden selbstverständlich die Worte und Taten Jesu in Erinnerung gerufen. So war das *Abendmahl eine regelmäßig wiederkehrende Gelegenheit, die Geschichte vom Tode Jesu mit den vorausgehenden und folgenden Ereignissen zu erzählen (1Kor 11,26). Tatsächlich dürfte gerade die Passionsgeschichte, die im Gottesdienst und in der missionarischen Predigt immer wieder erzählt wurde (vgl. 1Kor 2,2; Gal 3,1), schon zu einem sehr frühen Zeitpunkt eine feste Form erhalten haben.

II. DAS SCHRIFTLICHE EVANGELIUM.
Während bisher weitgehend Übereinstimmung darüber herrschte, daß die vier kanonischen E. in der Zeit zwischen ca. 69 und ca. 100 n.Chr. entstanden, d.h. frühestens mit dem Ende der ersten Christengeneration nach der neronischen Verfolgung bzw. nach der Zerstörung Jerusalems, weisen neue Forschungen und die Wiederentdeckung älterer Arbeiten darauf hin, daß sowohl die Synoptiker als auch Joh. vor dem Jahre 70 entstanden sein dürften (Harnack, Edmundson, Robinson, Ellis, Reicke). Sollte sich das in Qumran

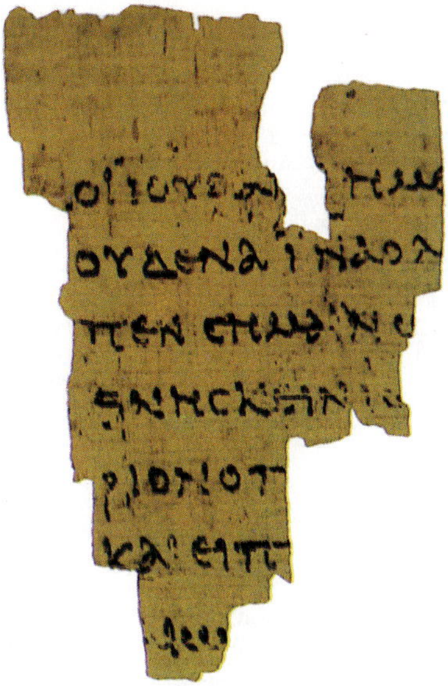

Ausschnitt aus der wahrscheinlich ältesten Abschrift eines ntl. Buches: Joh 18,31–33 in griech. Sprache auf Papyrus. Ca. 125–150 n.Chr. (JR)

vor dem J. 68 deponierte und ca. 50 n.Chr. geschriebene Fragment 7Q5 endgültig als Mk 6,52f erweisen (Thiede), gäbe es für die literarhistorisch erarbeiteten Daten zumindest einen urkundlichen Beleg; das bisher älteste allg. anerkannte Handschriften-Fragment ist der in Manchester aufbewahrte Papyrus 52 aus dem ersten Viertel des 2. Jahrhunderts (Joh 18,31-33.37f). Hypothetisch sind Überlegungen, neben der mündlichen Überlieferung schon in der Zeit der Lehrtätigkeit Jesu entstandene stenographieartige Mitschriften anzunehmen, wie sie unter der Bezeichnung Tachygraphie aus der Antike auch vorchristlicher Zeit bekannt sind und deren Technik ein Zollbeamter wie Matthäus von Berufs wegen hätte beherrschen können (Goodspeed, Gundry).

Auf jeden Fall können in allen vier E. verschiedene Überlieferungsstränge vorausgesetzt werden. Die deutlichen Berührungen zwischen Markus, Matthäus und Lukas haben dazu geführt, daß man sie seit Griesbach 1774 »synoptische« (zusammenschauende) E. nennt; gleichwohl ist auch eine Verbindung mit Joh. immer wieder postuliert und jüngst sogar eine Priorität des Joh. vorgeschlagen worden (Robinson).

1. Die Synoptischen Evangelien.
Eine vergleichende Untersuchung von Mt, Mk und Lk führt zu dem Ergebnis, daß allen dreien, bzw. zwei von dreien eine erhebliche Materialmenge gemeinsam ist. Die Substanz von 606 der 661 Verse des Markusevangeliums (das später hinzugefügte Ende Mk 16,9-20 nicht mitgerechnet) findet sich in verkürzter Form bei Matthäus wieder; etwa 380 der 661 Verse des Mk tauchen auch bei Lukas wieder auf. Anders gesagt: von den 1068 Versen des Mt enthalten etwa 500 die Substanz von 606 Versen des Mk, während von den 1149 Versen des Lk rund 380 Parallelen in Mk haben. Nur 31 Verse des Mk haben weder in Mt noch in Lk Parallelen. Mt und Lk haben je bis zu 250 Verse gemeinsames Material, das sich nicht in Mk findet. Mitunter erscheint dieses gemeinsame Material bei Mt und Lk in praktisch identischer Sprache, während an anderen Stellen die Unterschiede in der Formulierung erheblich sind. Rund 300 Verse des Mt haben in keinem der anderen E. Parallelen; das gleiche gilt für etwa 520 Verse des Lk.

Für die Verteilung dieses gemeinsamen und je besonderen Materials gibt es keine einfache und zugleich befriedigende Erklärung. Bis in die jüngste Zeit hat es für die Reihenfolge der »Abhängigkeiten« bei den Synoptikern unterschiedliche Erklärungsversuche gegeben, wenngleich sich die Priorität des Mk bisher durchsetzte (vgl. Tuckett, Stoldt). Die Annahme der Mk-Priorität geht im wesentlichen auf die Forschungen Lachmanns zurück (De ordine narrationum in evangeliis synopticis, 1835) - danach hängt sie nicht nur von dem Nachweis ab, daß Mt und Mk mitunter in der Anordnung des Materials gegen Lk übereinstimmen, Mk und Lk häufiger gegen Mt, nie jedoch Mt und Lk gegen Mk (wofür es auch andere Erklärungen geben könnte), sondern vor allem von der detaillierten, Abschnitt für Abschnitt vergleichenden Analyse der Art und Weise, wie das gemeinsame Material in den drei E. wiedergegeben ist. Für die überwältigende Mehrzahl der Abschnitte kann die Sachlage am besten erklärt werden, wenn der Bericht des Markus von einem oder von beiden der anderen als Quelle benutzt wurde. Nur selten ist in Erwägung gezogen worden, daß möglicherweise Lukas die Quelle der beiden anderen war, während die Ansicht, daß Mk eine Kurzfassung des Matthäus sei, seit Augustinus bis heute ihre Vertreter hat. Wo aber Mt und Mk Material gemeinsam haben, ist Mk ausführlicher als Mt und keineswegs eine Kurzfassung; und Stelle für Stelle können die beiden Parallelberichte viel besser damit erklärt werden, daß Mt den Mk zusammenfaßt, als mit der Annahme, daß Mk den

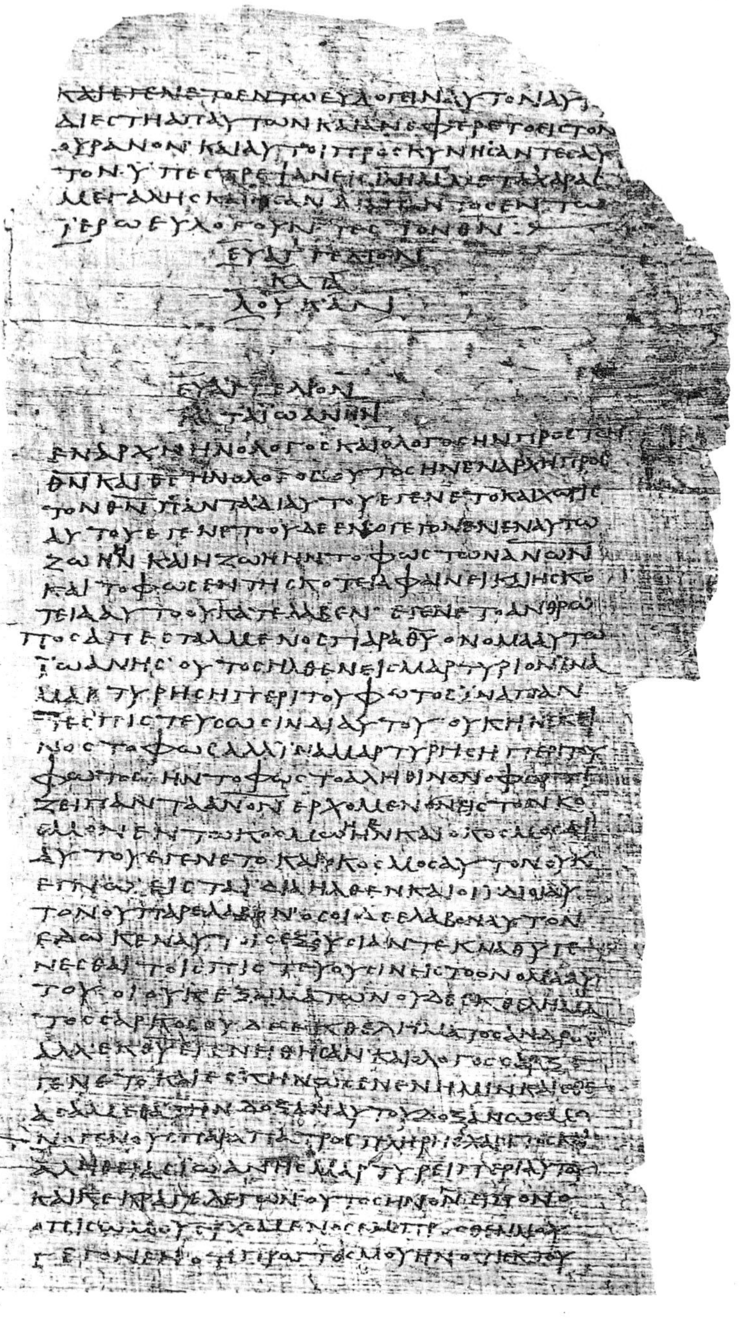
ΕΥΑΓΓΕΛΙΟΝ
ΚΑΤΑ
ΛΟΥΚΑΝ
ΕΥΑΓΓΕΛΙΟΝ
ΚΑΤΑ ΙΩΑΝΝΗΝ

Mt erweitert. Während Mt und Lk nie in der Anordnung gegen Mk übereinstimmen, weisen sie gelegentlich verbale Übereinstimmung gegen ihn auf. Doch handelt es sich an solchen Stellen vorwiegend um grammatische oder stilistische Verbesserungen gegenüber Mk, die weder zahlreich noch bedeutsam genug sind, um gegen die grundsätzliche Beweiskraft der Hinweise auf die Priorität des Mk ins Gewicht zu fallen.

Das gemeinsame markinische Element in der synoptischen Tradition ist umso wichtiger, als es eine enge Beziehung zwischen dem Grundgerüst des Mk und der apostolischen Predigt gibt. Diese Beziehung hängt nicht so sehr von der Tradition ab, die hinter der Darstellung des Markus den Apostel Petrus als Autorität sieht (Papias, bei Eusebius, h.e. 3,39,15; Irenäus, haer. 3,1,1; u.a.; auch Spuren im Text des Mk selbst), sondern vor allem von der Tatsache, daß ein Grundriß der urchristl. Predigt, der vergleichbar ist mit den Grundrissen, die an einigen Stellen der Briefe und in den Reden der Apg festgestellt werden können, den »roten Faden« liefert, an den Markus die verschiedenen Einheiten seines Materials knüpfte (Dodd). Das Material, das Mk und einer oder beide der anderen Synoptiker gemeinsam haben, besteht im wesentlichen aus Erzählungen. (Die wichtigsten Ausnahmen sind die Gleichnisse in Mk 4 und die Endzeitrede in Mk 13; vgl. D. Wenham.) Auf der anderen Seite besteht das nicht-markinische Material, das Mt und Lk gemeinsam haben, vorwiegend aus Worten Jesu. Man könnte fast sagen, daß das markinische Material wiedergibt, was Jesus tat, das nicht-markinische Material dagegen das, was Jesus lehrte. Diese Unterscheidung könnte verglichen werden mit jener, die man gemeinhin (wenngleich in übertriebenem Maße) zwischen apostolischer »Predigt« (*kērygma*) und »Lehre« (*didachē*) trifft.

Das nicht-markinische Material, das Mt und Lk gemeinsam ist, wird seit Anfang des 20. Jh. »Q« genannt. Es handelt sich dabei, grob gesagt, um rund 200 bis 250 Verse, die der eine Evangelist vom anderen übernommen hat oder die beide einer gemeinsamen Quelle entnommen haben sollen. Kaum jemand wird behaupten, daß Matthäus dieses Material von Lukas hat (vgl. Stoldt). Größere Verbreitung findet bis heute die Annahme, daß Lk es Mt entnahm, doch stößt dies auf das erhebliche Problem, daß dann Lk die saubere Anordnung des »Q«-Materials bei Mt in eine relative Unordnung gebracht haben würde, ohne daß ein Grund dafür ersichtlich wäre. So bleibt die Mehrheitsmeinung, daß das »Q«-Material von Mt und Lk einer gemeinsamen Quelle entnommen wurde. In dieser Form existiert die »Zwei-Quellen-Theorie« seit 1801 (H. Marsh, Anhang zur englischen Übersetzung von J.D. Michaelis' »Neutestamentlicher Einleitung«). Doch seit den 70er Jahren mehren sich auch an diesem Punkt die methodischen Zweifel; man muß sagen, »daß die synoptische Frage keineswegs gelöst ist und die ganze Diskussion über das alte Problem neu in Fluß gekommen ist« (R. Morgenthaler). Traditions- und Mehrquellenhypothesen, verschiedene Ur-Evangeliums-Hypothesen, unterschiedliche Benutzungshypothesen stehen gegeneinander (Riesner). Ein Ende der Debatte ist nicht abzusehen. In diesen Zusammenhang gehört auch die Frage, ob wenigstens eines der Evangelien (Mt) ursprünglich nicht griech., sondern hebr. bzw. aram. verfaßt war. Während alle unsere handschriftlichen Quellen, einschließlich des im hebr.-aram. Umfeld von *Qumran gefundenen Fragments 7Q5, in griech. Sprache abgefaßt sind (sieht man einmal von den späteren Übersetzungen ins Lateinische, Bohairische, Sahidische, Syrische usw. ab), hat eine Äußerung von Papias (bei Eusebius, h.e. 3,39,16), die zu Beginn des 2. Jh. entstand, nach einem hebr. Ur-Matthäus suchen lassen (*Apostolische Väter). Doch setzt sich die Auffassung durch, daß die Formulierung *hebraidi dialekto,* die Papias gebrauchte, nicht die Sprache meint, sondern die literarische Form und Struktur (Kürzinger). Gleichwohl waren zumindest die mündlichen Evangelienquellen wohl überwiegend aram., da dies die Sprache der Lehrtätigkeit Jesu war (vermutliche Ausnahmen sind z.B. das Gespräch Jesu mit der Syrophönizierin, Mk 7,24-30; das Gespräch mit Pilatus, Mk 15,1-5; Joh 18,33-38; vgl. neuerdings Schwank). Rückübersetzungsversuche ins Aram. haben für die Lehreinheiten zum Teil überzeugende Ergebnisse gezeitigt. Bei Mk kann eine starke Nähe zum Latein. festgestellt werden, ohne daß man an einen latein. »Ur-Markus« denken dürfte. Beim derzeitigen Forschungsstand muß von Griech. als der Grundsprache aller Vollevangelien ausgegangen werden.

◄
Die Evangelien zählen zu den ersten literarischen Werken, die in Buchform seitenweise verfaßt wurden (Codices), während man vorher Schriftrollen verwendete. Hier die letzten drei Verse des Lukasevangeliums und der Beginn des Johannesevangeliums (1,1–16) aus einem 144seitigen Papyruskodex, der im frühen 3. Jh. n.Chr. kopiert wurde. Bodmer Papyrus XIV–XV. (FMB)

Zu zwei Dritteln erhaltener Kodex des Johannesevangeliums, der 1957 von der Bodmer Bibliothek erworben wurde.

Der einzige Evangelist, der über seine Methode Auskunft gibt, ist Lukas (Lk 1,1-4). Da er »alles von Anfang an sorgfältig erkundet« hat und eine größere Zahl von Informationen und Quellen voraussetzt (1,1f), steht er unter den Evangelisten als der historiographisch anspruchsvollste Autor da. Daß er bei seinen Recherchen auf Material stieß, das andere vor ihm nicht entdeckt bzw. nicht ausgewertet hatten, erscheint aus dieser Sicht nicht als überraschend, sondern als selbstverständlich.

Wie nützlich es auch ist, den Quellenfragen nachzugehen - wichtiger bleibt die Aufgabe zu prüfen, welchen Gebrauch die Evangelisten von ihren Quellen machten. Jedes der synoptischen E. ist ein unabhängiges Ganzes, keine mit Schere und Klebstoff zusammengebastelte Kombination von Überlieferungsschnipseln. Jedes zeigt eine eigene Sichtweise von Jesus und seinem Wirken, und jedes leistet einen besonderen, charakteristischen Beitrag zum Gesamtbild Jesu, das uns das Neue Testament bietet (vgl. *Matthäusev; *Markusev.; *Lukasev.; *Johannesev.).

2. Das vierte Evangelium.
Johannes vertritt eine ursprüngliche Tradition, die weitgehend unabhängig von der synoptischen Überlieferung verlief und dies nicht zuletzt durch die Rolle des Lieblingsjüngers und die spezifische Messias-Erkenntnis (Bittner) kennzeichnet. Dennoch gibt es grundlegende Gemeinsamkeiten, angefangen beim Ziel, eine Darlegung historischer Begebenheiten zur Grundlage des lebendigen Glaubens zu machen (vgl. Lk 1,4 mit Joh 20,31). Gemeinsamkeiten, Unterschiede und scheinbare Widersprüche in Inhalt, Darstellungsweise und chronologischen Angaben bei Johannes

und den Synoptikern sind (gerade im Bereich der Passionsgeschichte) vor allem in jüngster Zeit wichtigen Lösungsversuchen unterzogen worden (Smalley, Robinson, Ruckstuhl). Trotz der auffälligen Andersartigkeit hat auch Johannes die bewußte Entscheidung getroffen, eine Schrift zu verfassen, die zur Gattung Evangelium gehört: mit keiner anderen literarischen Form der Antike ist sein Werk so eng verwandt wie mit den drei synoptischen E. Und obwohl das herausragende Kennzeichnen im Joh.Ev. die Reden Jesu sind, hat er – anders als z.B. das spätere Thomas-Evangelium (*Apokryphen des NT) – keineswegs nur Herrenworte oder Reden wiedergegeben, sondern von den Wunderberichten bis zur Passionsgeschichte die von Markus modellhaft ausgearbeitete Grundform einer Evangelienschrift benutzt (Dunn). Dabei ist die Freiheit, die Joh gegenüber der synoptischen Tradition zeigt, nicht notwendigerweise auf eine chronologisch erheblich spätere Entwicklungsphase (zwischen Mk und Joh wurden bisher ca. 30 Jahre angenommen) zurückzuführen (Robinson).

III. DAS VIERFACHE EVANGELIUM. Waren die vier E. ursprünglich für eine je besondere Leserschaft geschrieben, so setzte ihre Verbreitung in Form einer Sammlung dennoch relativ früh ein. Marcion (ca. 140 n.Chr.), der für seine Gemeinde nur ein »dogmatisch gereinigtes« Lukasev. gelten läßt, setzt die Verbreitung und Bekanntheit aller vier E. voraus, Tatians Diatessaron (ca. 160 n.Chr.) ist bereits der Versuch einer Evangelienharmonie, und Irenäus bietet ca. 185 n.Chr. in Adversus haereses 3,1,1 eine Aufzählung der vier kanonischen E. in der noch heute üblichen Reihenfolge Mt, Mk, Lk, Joh. Das heißt nicht, daß in allen Gemeinden alle vier E. als gleichrangig galten. Vor allem der »zu kurze« Markus und der andersartige Johannes hatten Gegner oder wurden nur selten benutzt; in den erhaltenen Handschriften aus vorkonstantinischer Zeit kommt Markus, wenn man von 7Q5 absieht, nur einmal vor, nämlich im Papyrus 45, Anfang des 3. Jh.

Dieser kurz nach 200 entstandene Codex ist auch der älteste erhaltene Handschriftenbeleg für die Sammlung der vier E. (und der Apg), während es für die Einzelevangelien frühere Fragmente gibt – Matthäus im Papyrus 77 und im Papyrus 64 (beide spätes 2. Jh.), Markus – wahrscheinlich – im 7Q5 (ca. 50 n.Chr.), Lukas im Papyrus 75 und im Papyrus 69 (beide spätes 2. oder frühes 3. Jh.), Johannes im Papyrus 52 (Anfang 2. Jh.) und im Papyrus 66 (Mitte 2. Jh.). u.a.m.

Vergleicht Irenäus (haer. 3,11,8) den vierfachen Charakter des Evangeliums in seiner Selbstverständlichkeit mit den vier Regionen der Welt und den vier Himmelswinden, so unterscheidet etwa gleichzeitig (kurz nach 180 n.Chr.) Clemens von Alexandria in seinen Stromateis 3,13 genau zwischen den vier überlieferten E. und unkanonischen Schriften, die ebenfalls kursierten, wie etwa dem von ihm auch zitierten Ägypterevangelium (*Apokryphen des NT).

Ca. 230 n.Chr. faßt dann Origenes die Haltung der Kirche zusammen, indem er von vier E. schreibt, »die allein in der Kirche Gottes unter dem Himmel angenommen werden« (Matthäus-Kommentar, bei Eusebius, h.e. 6,25,4).

Da mit Ausnahme des Abschnitts Joh 21,20-24 die Evangelientexte selbst keine Angaben über ihre Verfasser machen, sind wir bei der Feststellung der Autorennamen auf sekundäre Informationen angewiesen. Die erste Quelle ist Papias, ca. 110 n.Chr., der Markus und Matthäus nennt (bei Euseb, h.e. 3,39,15f.16). Lukas, Johannes und wiederum Markus und Matthäus werden bei Irenäus (s.o.) und in den sogenannten anti-marcionitischen Evangelienprologen genannt (um 180 n.Chr.). Doch reicht die Verfasserbezeichnung mit Sicherheit weiter zurück. Die älteste Evangelienhandschrift, deren Überschrift erhalten ist, der um die Mitte des 2. Jh. geschriebene Papyrus 66, nennt das Ev. *Euangelion kata Ioannen;* der gegen Ende des 2. Jh. entstandene Papyrus 75 nennt in Unter- bzw. Überschrift Lukas und Johannes; ebenfalls noch aus dem 2. Jh. stammen die zusammengehörigen Papyri 64 und 67 mit der Nennung des Matthäus. Darüber hinaus ist aber eine Nennung des Verfassernamens schon für die Zeit der Entstehung anzunehmen; Lukas wird sein Evangelium nicht einer Exzellenz Theophilus (Lk 1,3, vgl. Apg 1,1) gewidmet haben, ohne sich an passender Stelle selbst auszuweisen. Bei antiken Schriftrollen (und literarhistorisch müssen wir davon ausgehen, daß in der Anfangszeit die Christen wie ihre jüd. Nachbarn Rollen benutzten, ehe sie – mit dem ältesten Beleg im Papyrus 52 aus dem ersten Viertel des 2. Jh. – zum Codex übergingen) wurde außen sichtbar ein Sittybos angebracht, ein (Pergament)-Streifen, der den Titel des Werks, und oft – jedenfalls wenn, wie bei der Existenz mehrerer Evv.; Verwechslung drohte – auch den Namen des Verfassers nannte. Hier können wir die Ursprünge für das *kata Ioannen* usw. vermuten, das damit in die Anfangszeit der schriftlichen Überlieferung und der Benutzung der Evv. in den Gemeinden zurückverweist.

Die Evangelien-Tradition geht sowohl mündlich als auch schriftlich in die ältesten Zeiten der Augenzeugen zurück; wer namentlich dahinter stand, dürften die ersten Gemeinden nicht nur genau gewußt, sondern auch im Rahmen des Möglichen und Notwendigen schon aus praktischen Gründen festgehalten haben (Hengel).

Literatur: W.J. Bittner: Jesu Zeichen im Johannesevangelium, 1987; C.H. Dodd: The Apostolic Preaching and its Developments, 1936; ders.: History and the Gospel, 1938; J.D.G. Dunn: Let John be John – A Gospel for its Time, in: P. Stuhlmacher (Hrsg.): Das Evangelium und die Evangelien, 1983, S. 309-39; G. Edmunson: The Church in Rome in the First Century, 1913; E.E. Ellis: Die Datierung des Neuen Testaments, in: ThZ 42 (1986), S. 409-30; B. Gerhardsson: Der Weg der Evangelientradition, in: P. Stuhlmacher (Hrsg.): Das Evangelium und die Evangelien (WUNT 28), 1983, S. 79-102; E.J. Goodspeed: Matthew, apostle and evangelist, 1959; R.H. Gundry: The Use of the OT in St Matthew's Gospel, 1967; Ders.: Matthew: A Commentary on his Literary and Theological Art, 1982; A.v. Harnack: Neue Untersuchungen zur Apostelgeschichte und zur Abfassungszeit der synoptischen Evangelien, 1911; M. Hengel: Entstehungszeit und Situation des Markusevangeliums, in: H. Cancik (Hrsg.): Markus-Philologie, 1984, S. 1-45; ders.: Die Evangelienüberschriften, 1984; J. Kürzinger: Papias von Hierapolis und die Evangelien des Neuen Testaments, 1983; R. Morgenthaler: Statistische Synopse, 1971; B. Reicke: The Roots of the Synoptic Gospels, 1986; R. Riesner: Wie sicher ist die Zwei-Quellen-Theorie?, ThBeitr 8 (1977), S. 49-73; ders.: Jesus als Lehrer, [3]1987; J.A.T. Robinson: Wann entstand das Neue Testament?, 1986 (engl. 1976); ders.: The Priority of John, 1985; E. Ruckstuhl: Zur Chronologie der Leidensgeschichte Jesu, I, SNTU 10 (1985), S. 27-61; ders.: Zur Chronologie der Leidensgeschichte Jesu, II, SNTU 11 (1986), S. 97–129; St. Smalley: John – Evangelist and Interpreter, 1978; B. Schwank: Ein griechisches Jesus logion? Überlegungen zur Antwort Jesu auf die Steuerfrage (Mk 12,16–17), in: Anfänge der Theologie. FS J.B. Bauer, 1987, S. 61–64; H.-H. Stoldt: Geschichte und Kritik der Markushypothese, [2]1986; C.P. Thiede: Die älteste Evangelienhandschrift? Das Markus-Fragment von Qumran und die Anfänge der schriftlichen Überlieferung des Neuen Testaments, 1986; C.M. Tuckett (Hrsg.): Synoptic Studies, 1984; D. Wenham: The Rediscovery of Jesus' Eschatological Discourse (Gospel Perspectives Vol. 4), 1984; G. Zuntz: Wann wurde das Evangelium Marci geschrieben?, in: H. Cancik (Hrsg.): Markusphilologie, 1984, S. 47-71.

F.F.B./C.P.Th.

EVANGELIEN, APOKRYPHE

s. Apokryphen NT

EVANGELIST.

Zum Verständnis dieses Begriffs ist es notwendig, sich den Hintergrund klar zu machen.

I. ALTES TESTAMENT UND HELLENISMUS.

Das hebr. Äquivalent für »Evangelist« wird gewöhnlich und völlig zutreffend mit »Freudenbote« übersetzt. Der Sache nach ist der Begriff schon früh nachweisbar und bezeichnet vor allem denjenigen, der die Nachricht vom Sieg in einer Schlacht überbringt (vgl. 1Sam 31,9). Im rel. Sinn wird der Begriff bei Jesaja wichtig, wo der »Freudenbote« den Sieg Gottes über die Feinde Israels verkündigt (vgl. Jes 52,7 u.ö.). Indem der Bote das ausruft, bricht die neue Zeit der Herrschaft Gottes an. Bei den Griechen finden wir zunächst einen ähnlichen Gebrauch für frohmachende Nachrichten, besonders aber für die Siegesbotschaft. In hellen. Zeit, in der die Person des Herrschers mehr und mehr göttliche Züge bekam und der Kaiser schließlich sogar als »Heiland der Welt« verehrt wurde, wurde speziell die Botschaft von der Geburt oder Thronbesteigung eines neuen Kaisers als »Evangelium« angesehen.

II. DER BEGRIFF IM NEUEN TESTAMENT.

Das griech. Wort für E. kommt im NT nur dreimal vor (Apg 21,8; Eph 4,11; 2Tim 4,5), weit seltener also als das zugrundeliegende Verb. Jedesmal ist es Bezeichnung eines Amts innerhalb der Gemeinde. Seine Aufgabe war vor allem die glaubenweckende Verkündigung der Botschaft vom Sieg Jesu über die Mächte dieser Welt. *Philippus ist dafür ein gutes Beispiel (vgl. Apg 8,4-40). Von Gottes Geist getrieben wandert er umher und gründet Gemeinden, um sie alsbald wieder zu verlassen. In Eph 4,11 führt Paulus das Evangelistenamt auf eine Einsetzung Jesu selbst zurück und stellt es mitten zwischen die übrigen Ämter der Verkündigung und Gemeindeleitung. Obgleich die glaubenweckende Bezeugung des Evangeliums Aufgabe jedes Christen ist, ist der E. als ein hierin besonders Begabter anzusehen, der seinen Dienst zugunsten des Aufbaus der Gemeinde tut.

Literatur: M. Green: Evangelisation zur Zeit der ersten Christen, 1977; J. Schniewind: Euangelion I + II, 1927/1931; G. Friedrich: Art. euaggelizesthai, ThWNT II, 1935, S. 705-735.

H.W.N.

EVANGELIUM.

I. WORTBEDEUTUNG.

E. (griech. *eu-angelion*) heißt wörtlich »gute, frohmachende Nachricht« (Geburt, Hochzeit).

II. HINTERGRUND DES GEBRAUCHS IM NEUEN TESTAMENT.

1. Primär: die atl. Prophetie. Die Kernstelle ist Jes 52,7: Der Freudenbote (*Evangelist) proklamiert als Herold »Dein Gott ist König« und so den umfassenden Antritt der Gottesherrschaft (»Reich«). Indem er dies ausruft, werden »Frieden« und »Heil« Ereignis.

2. Sekundär: In der griech.-röm. Welt ist E. Fachausdruck für die Siegesbotschaft. Am »E. von Marathon« (Sieg der Griechen über die Perser) läßt sich das innere Gefälle gut erfassen: a. die für die Griechen aussichtslose Lage; b. die wunderbare Wende; c. der Bote, der den Sieg proklamiert (»Marathonläufer«); d. die Hörer, die aufgefordert sind, der »guten Nachricht« zu trauen. Hier gibt es (in der Struktur) eine klare Parallele zu dem E. vom Sieg Jesu. – Das Wort E. spielt aber auch eine Rolle im Kaiserkult: Wo der Kaiser seine Regierung als E., sich selbst als »Herr«, »Heiland« und »Gott« anpreist, gilt der scharfe Gegensatz: Jesus oder der Cäsar (entsprechend betont Lukas, Jesu Geburt sei das E.; 2,10f).

III. JESUS WEISS SICH ALS DER »EVANGELIST« (JES 52,7).

In seiner »Antrittspredigt« bezieht er Jes 61,1f auf sich; der Spitzensatz lautet: »Heute ist dieses Wort erfüllt vor euren Ohren« (Lk 4,16ff). Jesus bringt das E. für die »Armen« (d.h. Verlorenen). Das ist Antwort genug auf die Frage des Täufers: »Bist du es, der da kommen soll?« (Mt 11,2-6). Mit dem »E. von dem Reich« proklamiert Jesus die Herrschaft Gottes (Mt 4,23), ja er verkörpert sie: In seiner Person (Wort, Werk, Weg) setzt sich Gott endgültig durch.

IV. FÜR PAULUS IST EVANGELIUM DAS SCHLÜSSELWORT FÜR THEOLOGIE UND DIENST.

Sein Apostelamt (direkte Beauftragung durch den Auferstandenen) hat nur ein Thema: »das Evangelium Gottes« (Röm 1,1).

1. Dies E. hat einen eindeutig definierten Inhalt. Er lautet in der ältesten Erkenntnisformel so: »Christus – gestorben für unsere Sünden nach den Schriften und begraben, auferweckt am dritten Tage nach den Schriften und erschienen dem Kephas...« (1Kor 15,3-5). Gott bringt in Christus die atl. Verheißung (vgl. Jes 53) zur Erfüllung – »für uns«. Dies E. als »Wort vom Kreuz« (1Kor 1,18), als »Wort von der Versöhnung« (2Ko 5,19) hat Gott selbst »aufgerichtet«. Dies E. hat somit »amtlichen« Charakter: Es gilt unbedingt!

2. »E. Gottes«, bzw. »Christi« (Röm 1,1; 15,19; 1Thess 3,2; Gal 1,7) meint nicht nur das gute Wort über Jesus (Jesus als Thema), auch nicht nur von Jesus (Jesus als Ursprung und Auftraggeber), sondern das Wort, das Jesus (Gott) selbst sagt: Der Auferweckte ist Subjekt und Herr des E.s. E. ist also Jesu Selbstverkündigung - in, mit und unter dem menschlichen Zeugenwort (1Thess 2,13). Jesus wirkt im lebendigmachenden Geist (»Worte, die der Geist lehrt«, 1Kor 2,12f). Darum ist das E. »Gotteskraft«, die rettet; die »Gottesgerechtigkeit« (d.h. Heil) wird hier offenbar, so daß sie uns einschließt (1Kor 1,18; Röm 1,17). Als »Kraft Gottes« ist das E. nicht ein Sonderfall menschlicher Worte, sondern Selbstoffenbarung Gottes (1Thess 2,13). E. ist nicht primär Bericht von oder Information über etwas oder jemand; im schöpferischen E. wird Jesus selbst gegenwärtig. Das E. tut, was es sagt, bringt, was es verheißt, schenkt, was es gebietet.

3. Glaube und E. gehören zusammen (Röm 1,17). Der Glaube – auf Jesus hören, ihm gehören – wird vom E. geschaffen, »kommt aus der Predigt« (Röm 10,17). Ein neuer Mensch wird »gezeugt durchs E.« (1Kor 4,15; vgl. 1Petr 1,23). Im E. leuchtet die »Herr-lichkeit« Jesu auf: Wir erkennen in ihm unsern Herrn (2Kor 4,4). Wirkt das E. den Glauben, so entsteht am E. (bei denen, die »nicht gehorsam sind dem E.«, 2Thess 1,8) auch der Unglaube; es kommt zu einer letzten Scheidung in der Menschheit; Leben und Tod stehen auf dem Spiel (2Kor 2,15f).

4. Das eine, universale E.: Dies Jesus-E. ist die eine, einzige Lebensbotschaft; »das Evangelium« heißt es ganz absolut (1Kor 9,16). Alle anderen »Heilsbotschaften« sind Verführung; die Verführer trifft das »Anathema« (»Verflucht«!). Hier gilt ganz exklusiv: »Kein anderes E.!« (Gal 1,6-9) Dies E. ist das eine für alle! E. ist Fachausdruck der Missionssprache. E. ist Vollzug des umfassenden Retterhandelns Gottes: Der »Kosmos« soll hören, daß er versöhnt ist (2Kor 5,19f). Paulus weiß sich als »Schuldner« aller Menschen (Röm 1,14f). Die Zeit bis zu Jesu Wiederkunft ist Missionszeit: »Das Evangelium muß gepredigt werden unter allen Völkern« (Mk 13,10). Durch das E. entsteht die eine Gemeinde aus Juden und Heiden, die Vorhut der neuen Menschheit.

5. Das freie E. bindet. Sitzt Paulus im Gefängnis, so ist das E. nicht gebunden (2Tim 2,9). Als Gottes E. ist es souveränes, »selbstherrliches«, »eigen-mächtiges« Wort. Wie von einer Person ist die Rede, die beschlagnahmt, zum »Diener« macht (Röm 1,9; Kol 1,23). Paulus »muß« das E. verkündigen (sonst »wehe ihm«, 1Kor 9,1ff). Zugleich ist dieses »Muß« seine ganze Freude: Er verzichtet auf jede Bezahlung, um zu demonstrieren, daß das E. (die Gnade) nur umsonst zu haben ist. Das E. prägt den Lebensstil ganz und gar. Nur

nicht dem E. im Wege stehen (1Kor 9,12)! Gerade im Leiden für das E. wird das Leben christusähnlich (2Kor 11,23ff; vgl. Mk 10,29). Der Zeuge verschmilzt mit der Botschaft: Das eine E. nennt Paulus »mein E.« (Röm 2,16; 16,25; 2Kor 4,3). »Ich schäme mich des E.s nicht« (Röm 1,16).

6. Das E. ruft über das Horchen ins Gehorchen; es schafft den »Gehorsam des Glaubens« (Röm 1,5). Es will das Alltagsleben in allen Bereichen evangeliumsgemäß prägen. Dazu ist es Kraftquelle und Maßstab. Die ganze Ethik des Paulus steckt in dem einen Satz: »Wandelt nur würdig des Evangeliums Christi« (Phil 1,27).

7. Daß Markus zu Recht seine Missionsschrift mit E. überschrieb (Mk 1,1), baute die Brücke zu der späteren Redeweise von den »Vier Evangelien«.

Literatur: G. Friedrich: Art. Evangelium ThWNT II, S. 705ff; L. Goppelt: Theologie des Neuen Testaments, 1976, § 36; H. Schlier: Grundzüge einer paulinischen Theologie, 1979, S. 200ff. S.K.

EWIG, EWIGKEIT. Im griech. Text (LXX und NT) steht für E. *aiōn* und für ewig *aiōnios*. Hauptwort wie Eigenschaftswort schillern in mancherlei Bedeutungen, die z.T. auch schon den hebr. Ausdrücken im AT innewohnen. Erst der Textzusammenhang läßt erkennen, ob im Vollsinn des Wortes »Ewigkeit«, d.h. Endlosigkeit steht, oder nur »lange Zeit«, »Weltzeit«, »Welt« gemeint sind.

I. »LANGE ZEIT«, »ANFANGSLOSE UND ENDLOSE DAUER«.

1. Im Neuen Testament.

a. In mancherlei Redewendungen wird eine unbegrenzte Vergangenheit und unbegrenzte Zukunft zum Ausdruck gebracht: »vor der Zeit der Welt« – »von Ewigkeit her« (Joh 9,32; 1Kor 2,7; 2Tim 1,9; Tit 1,2); ferner Jud 25; Joh 4,14 u.ö. »für immer«, »in Ewigkeit«.

b. In der gehobenen Sprache der Anbetung und Lobpreisung bedient man sich in der Hl. Schrift gerne der Mehrzahl »in die Ewigkeiten« – »in alle Ewigkeiten« (Mt 6,13; Lk 1,33; Röm 9,5; 11,36; 2Kor 11,31; Hebr 13,8). Der Gebrauch der Mehrzahl soll eine Steigerung des schon in der Einzahl vorhandenen Begriffes der E. zum Ausdruck bringen.

c. Doch setzt solche pluralische Redeweise bereits voraus, daß man von einer Mehrzahl von »Zeiträumen«, »Zeitaltern«, »Weltzeiten« weiß. So dringt hier die Bedeutung des langen, aber nicht grenzenlosen Zeitraumes in den E.sbegriff ein. Ja, wir finden im NT Stellen, in denen »Zeit« und »Ewigkeit« unmittelbar zu einer Einheit verschmelzen: Röm 16,25 (so auch im Griech. in 2Tim 1,9; Tit 1,2). »Ewige Zeiten«, eigentlich ein Widerspruch in sich selbst, wird nur durch die Vorstellung »ungeheuer langer, aber nicht unbegrenzter Zeiträume« sinnvoll.

d. Für die paulin. Schriften, Hebr, Petr und Offb sind Verdoppelungen des Ewigkeitsbegriffes bezeichnend: »in die Ewigkeiten der Ewigkeiten« (Hebr 13,21; 1Petr 4,11; Eph 3,21 u.v.a.).

2. Im Alten Testament.

Die oben genannten E.sbegriffe und Redeformen wurzeln bereits im Sprachgebrauch der LXX, die eine unübersehbare Fülle von Ausdrücken für E. bietet und darin wiederum auf den hebr. Urtext zurückgeht. Jes 45,17 finden wir schon den pluralischen E.sbegriff; und im Sinne eines langen, aber nicht grenzenlosen Zeitraumes haben wir auch die »höfische Formel« zu verstehen: »Der König lebe ewig«: Neh 2,3; Dan 2,4; 3,9 u.a.

II. DIE EWIGKEIT GOTTES.

1. Die volle Bedeutung »E.« gewinnt der biblische Begriff *aiōn, aiōnios,* wenn er mit Gott in Verbindung gebracht wird. Wenn z.B. in 1Mo 21,33; Jes 40,28; Röm 16,26 Gott der »Ewige« genannt wird, dann ist nicht nur die anfangs- und endlose Dauer, sondern Gottes unendliche Lebens- und Daseinsfülle gemeint. Vgl. auch 2Mo 3,14 und Jes 44,6: »Ich bin der Erste, und ich bin der Letzte, und außer mir ist kein Gott.« Als Schöpfer und Weltvollender ist Gott der Ewige (1Mo 1,; 1Kor 15,28; Offb 21,5). Er ist von E. zu E. (Ps 90,2). Ehe die Welt geschaffen wurde, ist er (Ps 90,2). Wenn der jetzige Himmel und die jetzige Erde vergangen sein werden, wird Gott und sein Wort bestehen (Jes 40,8; Ps 119,89, Mt 5,18; Lk 21,33; 1Petr 1,25). Das alles gilt auch auf Christus bezogen; vgl. Hebr 1,10f und alle »Ich bin«-Stellen in den johanneischen Schriften. So stehen die unendliche E. Gottes und die durch Schöpfung und Ende begrenzte Welt einander gegenüber. Da Gott der ewige König und der Unvergängliche ist (1Tim 1,17), so sind auch im Vollsinn des Wortes »ewig«: sein Name (Ps 135,13), seine Herrlichkeit (Ps 104,31), seine Gerechtigkeit (Ps 119,142; 2Kor 9,9), seine Güte Ps 136), seine Gnade (Jes 54,8), sein Bund (Jes 55,3).

2. Gott schließt mit sterblichen und wankelmütigen Menschen einen ewigen Bund (1Mo 9,16; 17,7; 13,19). Er offenbart eine ewige Erlösung (Jes 45,17; Hebr 9,12) durch Christus, den ewigen Priester (Hebr 7,17). – Ja, Gott gibt sogar denen, die durch Christus an ihn glauben und seinen Willen tun, Anteil an seiner E. (Joh 5,24; 6,51; 1Joh 2,17). Das »ewige Leben«, das Christus den Seinen verleiht,

ist in erster Linie Anteil an Gottes und Christi Lebensfülle, Existenz, Herrlichkeit, Kraft, Vollkommenheit, unendlich erhaben über alle Störungen dieses durch Raum, Zeit, Sünde begrenzenten Erdenlebens. – Für solche Wohltat und Gnade gebührt Gott auch Dank und Preis in E. (Ps 41,14; 113,2; 115,18; Röm 11,36; 16,27; Gal 1,5; Eph 3,21 u.v.a.).

III. DER »GEGENWÄRTIGE« UND DER »ZUKÜNFTIGE ÄON«.

1. Der Begriff *aiōn*, »Äon«, kann sowohl im bibl. Bereich des AT und NT, als auch im profanen Sprachgebrauch der Griechen und Hellenisten die Bedeutung von »Weltzeit«, »Weltlauf«, »Welt« (vgl. *Welt) annehmen. Ferner legt der pluralische Gebrauch von *aiōn* in manchen Redewendungen den Gedanken nahe, daß der Weltlauf in eine Reihe von kleineren Äonen zerfällt (s.o. I.1.c.). Dadurch kann die Vorstellung auftauchen, daß der Äon (d.h. die Welt und Weltzeit) nicht etwas Einmaliges, Unwiederholbares ist, sondern sich im unendlichen Strom der Zeit ständig wiederholt. Dann wäre Schöpfung und Ende nicht als unbedingter Anfang und unbedingtes Ende anzusehen. Die E. setzte sich dann zusammen aus einer unendlichen Reihe von kleineren »Ewigkeiten«, kleineren »Äonen«. Das war in der Tat die Meinung der altorientalischen Astrologie und der hellen. *Gnosis mit der Lehre von der ewigen Wiederkehr aller Dinge. Wir müssen uns aber aufs strengste davor hüten, solche Gedankengänge in die Bibel hineinzulesen. Die Zeit-Ewigkeitslehre der Hl. Schrift widerspricht radikal der heidnisch-gnostischen Lehre von der ewigen Wiederkehr. Weltschöpfung und Weltende bedeuten in der Bibel einen absoluten Anfang und ein absolutes Ende.

2. Aber unüberhörbar deutlich ist im NT das Zeugnis von den beiden Äonen, dem »gegenwärtigen« und dem »zukünftigen Äon«. Der »gegenwärtige Äon« ist die durch Schöpfung und Weltende begrenzte Welt des Raumes, der Zeit, der Sünde und des Todes. Er wird im NT genannt: »der Äon«, »dieser Äon«, »der jetzige Äon«, »der gegenwärtige Äon«, »der gegenwärtige böse Äon«. Der zukünftige Äon ist »der kommende, der bevorstehende Äon«, »die neue Weltzeit«, »das Reich Gottes«, »die Vollendung der Welt«, »der neue Himmel und die neue Erde«; das sind lauter Bilder für ein letztlich unaussprechliches Leben, das mit diesem Erdendasein nicht mehr zu vergleichen ist (Mt 12,32; 13,22.39f.49; 24,3; 28,20; Mk 4,19; 10,30; Lk 18,30; 16,8; 20,34f; Röm 12,2; 1Kor 1,20; 2,6.8; 3,18; 2Kor 4,4; Gal 1,4; Eph 1,21; 2,2.7; 1Tim 6,17; 2Tim 4,10; Tit 2,12; Hebr 6,5; 9,26). Am »zukünftigen Äon« nehmen teil »die Kinder des Lichtes« (Lk 16,8). Sie sind gewürdigt, an »jenem Äon« und »an der Auferstehung« teilzuhaben (vgl. II.2.), d.h. sie haben Anteil als Gläubige am Leben Gottes und Christi.

3. Eine wichtige Aussage der ntl. Verkündigung liegt sodann darin, daß der »kommende Äon« nicht nur in der Zukunft, nicht erst bei der durch Christi Wiederkunft herbeigeführten Weltvollendung anbricht. Die Gläubigen sind schon jetzt vom »gegenwärtigen bösen Äon« erlöst (Gal 1,4) und haben schon jetzt die Kräfte des »zukünftigen Äon« geschmeckt (Hebr 6,5). Mit der *Auferstehung Christi, insofern sie der Anfang der allgemeinen Auferstehung ist (1Kor 15,20.23), hat der »neue Äon« bereits begonnen, wenn auch verborgen vor den Augen der Menschen. Die Geistmitteilung an die Gläubigen zeitigt »Geistesfrüchte« (Gal 5,22) und »Geistesgaben« (1Kor 12 u. 14; Röm 12; Eph 4) und nimmt dadurch schon jetzt anbruchsweise das ewige Leben der vollendeten Gotteswelt vorweg. Zur ewigen Seligkeit der Gläubigen – ewigen Verdammnis der Ungläubigen s. *Seligkeit, *Himmel, *Verdammnis, *Hölle. E.v.E.

EWIL-MERODACH. Der babylon. König, der im ersten Jahr seiner Regierung *Jojachin von Juda aus dem Gefängnis entließ (Jer 52,31; 2Kön 25,27-30). E.-M. oder Amēl-Marduk (Mann des Marduk) folgte Anfang Oktober des J. 562 v.Chr. seinem Vater Nebukadnezar II. auf den Thron. Nach Josephus herrschte er »gesetzlos und launisch« (c.Ap. 1,146). Die einzigen, noch heute erhaltenen Hinweise auf ihn finden sich auf Verwaltungstafeln. E.-M. wurde zwischen dem 7. und 13. August 560 v.Chr. bei einer Verschwörung, die sein Schwager Nergal-schar-usur (Neriglissar) anführte, getötet.

Literatur: R.H. Sack: Amēl-Marduk: 562-560 B.C., 1972. D.J.W.

EXEGESE s. Auslegung

EXIL.

I. ZUM BEGRIFF.

Der Begriff E. (von latein. *exilium*, zwangsweiser Aufenthalt außerhalb des Vaterlandes infolge politischer Verhältnisse oder Vergehen, von daher Verbannung, auch Verbannungsort) wird heute als Fremdwort im politischen Bereich z.B. im Zusammenhang emigrierter Schriftsteller gebraucht. Im Judentum bezeichnet er die »Galut«, das Vertriebensein der Juden aus Palästina genauso wie die außerhalb Palästinas, in der *Diaspora lebenden Juden und ihre Wohnorte. Im christl. Sprachraum ist seine Bedeutung stark von der atl. Tradition der »Babylonischen Gefangenschaft« geprägt.

II. IM HISTORISCHEN KONTEXT. Historisch wird von E. in unterschiedlichem Zusammenhang gesprochen:

1. Im Alten Orient sind Zwangsdeportierungen der Oberschicht unterlegender Städte seit dem 2. Jt.v.Chr. belegt. Der Sieger beabsichtigte damit, daß die besiegte Stadt wirtschaftlich und militärisch keinen baldigen Aufschwung erlebte. Zudem wurde die deportierte Bevölkerung an die Kultur der Sieger assimiliert. Besonders die Assyrer waren für diese Art »Befriedungspolitik« bekannt. Zudem tauschten sie die Deportierten gegen die Bevölkerung anderer eroberter Gebiete aus. Die Identität des ansässigen Volkes wurde damit verändert. Auch in der pers. und hellen. Zeit kam es zu Exilierungen. Die Folge solcher Maßnahmen war ein zunehmender Verkehr unter den in das Großreich eingegliederten Völkern und damit die Bereitschaft einzelner Bevölkerungskreise, ihr angestammtes Land aus wirtschaftlichen und politischen Gründen freiwillig zu verlassen und ins E. zu gehen. Besonders seit der pers. Zeit suchten unter den in Palästina lebenden Juden viele in der wachsenden Diaspora eine neue Heimat.

2. Im AT ist mit dem E. ein tiefer, datumsetzender Einschnitt gegeben. Man unterscheidet in der Geschichte Israels die vorexilische und nachexilische sowie die Exilszeit selbst.

a. Dem eigentlichen, babylon. E. geht das assyr. E. des Nordreiches voraus. Die Hegemonialpolitik der Assyrer unter Tiglatpilesar III. (745-727 v.Chr., der »Pul« von 2Kön 15,19; vgl. V. 29) machte vor dem palästin. Raum nicht Halt. Im syr.-ephraimitischen Krieg 733 v.Chr. rief der judäische König *Ahas gegen den Rat des Propheten Jesaja (Jes 7,1-9) den Assyrer gegen die Koalition aus Samaria und Damaskus (2Kön 16,5.7-9) zu Hilfe. Weite Teile des N-Reiches wurden damals als Provinzen dem assyr. Großreich eingegliedert (2Kön 15,29). Der von Assur abhängige Usurpator Hoschea stellte nach dem Tode des Großkönigs die Tributzahlungen an Tiglatpilesars Nachfolger Salmanassar V. (726-722 v.Chr.) ein (2Kön 17,4). Eine assyr. Strafexpedition unter Sargon II. (721-705 v.Chr.) führte dann um 722 v.Chr. zum Ende des Nordreiches, das in die assyr. Provinz Samaria umgewandelt wurde (2Kön 17,5f). Die israelit. Oberschicht wurde fast vollständig nach Mesopotamien und Medien (2Kön 17,6) deportiert. Umgekehrt wurden Leute aus Babylon, Kuta, Awa, Hamat und Sefarwajim in Samarien angesiedelt (2Kön 17,24), die sich dann ethnisch wie rel. mit den zurückgebliebenen Landbewohnern vermischten. Damit bildeten sie den Stamm für das Mischvolk der Samaritaner, das später die aus Babylon zurückgekehrten Juden beim Wiederaufbau störte (2Kön 17,25-41). Diese erste Wegführung der Zehn Stämme gilt als Beginn der bis heute währenden jüd. Diaspora.

b. Der Schwerpunkt der atl. Verheißungslinie liegt auf dem judäischen Südreich mit seiner Hauptstadt Jerusalem und der herrschenden Dynastie der Davididen. Der Untergang Jerusalems 587 v.Chr. mit der vorangegangenen Krisenzeit und dem anschließenden E. hat nicht nur der nationalen, sondern auch der rel. Existenz des Volkes den schwersten Schlag seiner Geschichte versetzt. Schon unter *Hiskia war Jerusalem nur knapp einer Katastrophe entgangen (2Kön 18f). An der schwerbefestigten Garnisonsstadt *Lachisch hat der assyr. Großkönig Sanherib (704-681 v.Chr.) damals ein grausiges Exempel seines Eroberungsdranges statuiert. Nach einer kurzen Blütezeit unter *Josia wurde Juda unter *Jojakim zum Vasallenstaat (2Kön 24,1) des aufstrebenden neubabylon. Großreiches unter Nebukadnezar II. (605-562 v.Chr.). Jojakims Abtrünnigkeit erzwang eine Strafexpedition gegen Jerusalem, die am 16. März 597 v.Chr. zur Kapitulation der Stadt führte. Jojakims Sohn Jojachin lieferte sich mit der königlichen Familie dem Großkönig aus. Tausende aus der Oberschicht Jerusalems und Judas wurden nach Babylon deportiert, Tempel und Königspalast geplündert (2Kön 24,1ff). Die Labilität von Jojachins Nachfolger *Zedekia im Spannungsfeld der politischen Interessengruppen Judas führte schließlich – der Botschaft des Propheten Jeremia zum Trotz (vgl. Jer 27) – zu erneuter, langer und schwerer Belagerung der Stadt. Im Juli 587 v.Chr. wurde Jerusalem gestürmt und einen Monat später mit seinem Tempel und Palast eingeäschert und niedergerissen. Die wenigen Überlebenden wurden weithin gefangengenommen (2Kön 24,14.16 nennt für die erste Wegführung 597 v.Chr. 10000 bzw. 8000 Gefangene, Jer 52,28 3023, Jer 52,29 für die zweite Wegführung 832 Jerusalemer). Da die babylon. Hegemonialpolitik keinen Bevölkerungsaustausch wie bei den Assyrern vorsah, blieb das der Provinz Samaria angegliederte judäische Staatsgebiet während der Exilszeit weithin brach und offen für feindliche Raubzüge. Die im babylon. Raum neu angesiedelten Judäer lebten in geschlossenen Ortschaften und konnten so ihre ethnische und rel. Identität als Gemeinde (*Golah*) wahren. Die anfänglichen Hoffnungen auf eine baldige Rückkehr zum Zion wurden schon für die Siedler der ersten Deportation (zu denen auch der Prophet *Hesekiel gehörte) durch einen Brief Jeremias enttäuscht, der dazu aufforderte, sich auf längere Zeit fest einzurichten, bis »für Babel siebzig Jahre voll sind« (Jer 29,4ff). Erst nach dem Edikt des Perserkönigs Kyrus um 538 v.Chr. (Esr 1; 6,3-5; vgl. Jes 44,28-45,7) fanden sich zunächst vereinzelt, dann in größeren Gruppen Rückkehrer, die unter großen Mühen den Wiederaufbau betrieben. Viele sind jedoch - wohl aus wirtschaftlichen Gründen – in den Orten des E.s zurückgeblieben und bildeten so den Grundstamm des Exil- oder Diaspora-Judentums.

III. DER UMBRUCH DES EXILS HATTE WEITREICHENDE THEOLOGISCHE KONSEQUENZEN.

1. Die späteren Schreiber des AT lassen erkennen, daß das Volk von der Katastrophe Jerusalems tief betroffen war. Soweit sich der Glaube am sichtbaren Erleben orientiert, waren nun sämtliche Verheißungen (Abrahams- und Davidsbund, Zionstradition) in Frage gestellt: Das Land als Gottes Erbteil war verloren, die davidische Königslinie abgebrochen, der Tempel als Gottes Gnadenort zerstört. Die Frage nach den Ursachen wird fast überall gleich beantwortet (vgl. Jes; Jer; Klgl; Hes; 2Kön 24,2-4; 2Chr 36,13-21; Esr 9; Neh 9): Gott selbst hat sich seinem Volk richtend in den Weg gestellt, weil dessen Untreue und Ungehorsam nicht länger zu ertragen waren. Unter diesem Gesichtpunkt wird die ganze Vergangenheit, vor allem die königliche Verantwortung, sehr kritisch beurteilt. Daraus ergibt sich auch die Zukunftsperspektive: Gott hält seine Verheißungen grundsätzlich aufrecht. Er ist keineswegs der Unterlegene, sondern hat sich im ganzen Geschehen des Untergangs als der eigentlich Handelnde in der Weltgeschichte erwiesen. Er bleibt der Herr der Geschichte, auch wo die Seinen mitten in Bedrückung stehen. Die Verborgenheit des wirkenden Gottes wird zum Faktor, mit dem der Glaube rechnet und wofür Israel zum Zeugen gegenüber den Völkern wird. Der Umbruch des E.s hat damit den vom äußeren Ergehen unabhängigen Glauben gefördert, der die Erfüllung aller Hoffnung vom kommenden, noch jenseitigen Gottesreich erwartet.

2. Dieser Umbruch setzt sich im Zeugnis des NT fort. So wie Gott sich als der Richter seines eigenen Volkes erwies, muß das *Gericht anfangen »an dem Hause Gottes« (Hes 9,6; 1Petr 4,17). Das über dem Gottesvolk ergangene Gericht wird zum Prototyp des Endgerichts. Der bei Jes, Dan und Sach dokumentierte Umbruch im eschatologischen Ausblick (*Eschatologie) wird in den apokalyptischen Passagen des NT (*Apokalyptik) wieder aufgenommen. Damit wird das E. zum Bild für die Existenz des glaubenden Menschen überhaupt, der als Fremdling auf dieser Erde lebt und seiner eigentlichen Heimat, dem Himmel, zustrebt (Phil 3,20; Hebr 11; 13,14). Inmitten der Bedrängnis kann der Christ getrost sein und selbst dem Tod gelassen entgegensehen (Röm 5,1-5). Die damit gesetzte Andersartigkeit christl. Existenz in der Heiligung hat ihre atl. Entsprechung in der Aussonderung und im Toragehorsam des exilischen und nachexilischen Judentums.

Literatur: K. Bätz: Judentum, Wege und Stationen seiner Geschichte, 1984; H. Donner: Geschichte des Volkes Israel und seiner Nachbarn in Grundzügen, ATD Erg.Bd. 4/2, 1986, S. 287-390; B. Oded: Judah and the Exile, in: J.H. Hayes, J.M. Miller (Eds.): Israelite and Judaean History, 1977, S. 469-488; K. Schubert: Die Kultur der Juden im Altertum, 1980; D. Ussishkin: The Conquest of Lachish by Sennacherib, 1982; D.J. Wiseman: Chronicles of Chaldaean Kings (625-556 B.C.) in the British Museum, 1956. C.D.S.

EXODUS s. Auszug

EXODUS/2. BUCH MOSE.

I. NAME.

In der griech. Übersetzung des AT (LXX) erhielt das zweite Buch des *Pentateuch den Namen Exodus. Dieses griech. Wort mit der Bedeutung »Auszug« weist hin auf einen inhaltlichen Schwerpunkt des Buches, den Auszug aus Ägypten und die Wüstenwanderung bis zum Berg Sinai. In der hebr. Bibel wird dieses Buch, wie alle Bücher des Pentateuch, nach seinen Anfangsworten, also »Dies sind die Namen« benannt.

II. INHALT.

1. Auszug aus Ägypten und Wanderung zum Sinai: Kap. 1,1-19,2.

Kap. 1 und 2: Bedrückung in Ägypten, Moses Jugend und Flucht;

Kap. 3-6: Berufung Moses und Rückkehr nach Ägypten;

Kap. 7-11: Mose und Pharao, die ersten Plagen;

Kap. 12,1-15,21: Passa, letzte Plage, Auszug aus Ägypten und Errettung am Schilfmeer;

Kap. 15,22-19,2: Vom Schilfmeer bis zum Sinai;

2. Aufenthalt am Sinai: Kap. 19,3-40,38.

Kap. 19-24: Sinaibund – die Zehn Gebote, Bundesbuch und -schluß;

Kap. 25-31: Anweisungen zum Bau der Stiftshütte;

Kap. 32-34: Bruch und Erneuerung des Bundes;

Kap. 35-40: Errichtung der Stiftshütte.

Die zwei Hauptteile des Buches weisen uns auf einen größeren Zusammenhang hin. Kap. 1 weist zurück auf den Schluß des Buches *Genesis (1Mo). Aus den zwölf Söhnen Jakobs war in der Fremde ein Volk geworden. Gott hatte die Verheißung zahlreicher Nachkommenschaft erfüllt. Die Schilderung des Aufenthaltes am Sinai beschränkt sich nicht auf das Buch Exodus, sondern füllt auch das Buch *Levitikus (3Mo) und reicht bis in das Buch *Numeri (4Mo) hinein. Erst in 4Mo 10,11-36 wird der Aufbruch vom Sinai berichtet.

Es besteht aber auch ein innerer Zusammenhang zwischen den Hauptteilen des Exodusbuches. Gott offenbart sich in der rettenden Tat und im fordernden Willen. Zur *Erwählung gehört beides. 2Mo 19,3-6 und 2Mo 20,2f zeigen den Zusammenhang. Das Gebot ist Forderung des Gottes, der zuvor rettend gehandelt hat.

Der *Auszug aus Ägypten wird auf dem Hintergrund der in Kap. 1 geschilderten Unterdrückung zu dem zentralen Rettungserlebnis Israels (s. 5Mo 26,5-9; Jer 2,6 sowie die regelmäßige Feier des Passafestes, bei der die Erzählung vom Auszug aus Ägypten ein fester Bestandteil ist).

Dabei ist auch zu sehen: Gott läßt sein Volk zunächst einen schweren Gang gehen. Nach Moses erster Vorsprache beim Pharao wird es sogar noch schwerer, so daß Moses Tun sogar bei seinem eigenen Volk auf Widerstand stößt (2Mo 5). Und doch bereitet Gott zu seiner Zeit und zunächst von niemandem erkannt sein rettendes Eingreifen vor in der wunderbaren Bewahrung, Führung und Vorbereitung Moses.

*Mose ist die menschliche Hauptfigur im 2.-5. Mosebuch. Aber er ist es nicht aus eigenem Antrieb (2Mo 3,11; 4,1.10-14). Mose ist ein von Gott Berufener und Begabter, ja, ein von Gott Überwältigter. Mose wird zum *Mittler zwischen Gott und Mensch, zum Propheten. Durch ihn wird einerseits Gottes Handeln offenbart. Er tritt dem Pharao entgegen, stellt Gottes Forderung, kündigt die Plagen an und bittet um ihre Beendigung (2Mo 7-11). Auch beim Durchzug durchs Schilfmeer verbindet sich Gottes mit Moses Handeln (2Mo 14,16.27f), und doch ist es allein Gott, der hier das Entscheidende tut (2Mo 14,14.31). Andererseits wird durch Mose Gottes Willen offenbart. Er erhält die Gebote, um sie an Israel weiterzugeben. So steht Mose an ganz besonderer Stelle in Gottes Heilsgeschichte, auch in einer besonderen Beziehung zu Gott (2Mo 33,11-23).

Das Auftreten Moses ist nicht vorstellbar ohne die Offenbarung Gottes bei seiner Berufung (2Mo 3) und deren Befestigung nach dem ersten Mißerfolg (2Mo 6). Gott offenbart sich als der Gott der Väter, dessen damalige Hilfe und Führung bekannt ist, um dessen Verheißung man weiß. Und Gott hat sich offenbart als ein persönlicher Gott, der einen Namen hat, der anrufbar ist (2Mo 3,13-15; 6,3; vgl. 2Mo 20,2: »dein Gott«).

Wunderbare Hilfe wird Israel aber nicht nur beim Auszug, sondern auch auf dem weiteren Weg zuteil. Gott sorgt für Speise und Trank (2Mo 15,22-17,7) und hilft im Kampf gegen Feinde (2Mo 17,8-16).

Im zweiten Hauptteil ist zuerst auf den Bundesschluß zwischen Gott und Israel hinzuweisen (2Mo 19,3-9; 24,3-8). Dieser *Bund ist die Bestätigung des Abrahambundes (2Mo 2,24), aber jetzt mit ganz Israel im Hinblick auf das Leben des Volkes im verheißenen Land geschlossen. Dieser Bund ist nicht ein Abkommen gleichberechtigter Partner; Gottes Erwählung und sein rettendes Handeln gehen vielmehr dem menschlichen Tun und Wollen voraus (2Mo 6,7). »Ich bin der Herr, dein Gott« ist Gottes Bundeszusage. Dieser Berufung in die Gottesbeziehung, zum »heiligen Volk« (2Mo 19,6), entspricht dann ein diesem Gott angemessenes Leben. Deshalb gehört zum Bund die Verpflichtung auf das Gesetz. Israel antwortet: »Alles, was der Herr geredet hat, wollen wir tun« (2Mo 19,8; 24,7). Der Bundesschluß geschah durch Besprengung des Altars und des Volkes mit dem Blut des Bundes (2Mo 24,6.8).

Das dem Bundesschluß zugrundeliegende *Bundesbuch (2Mo 24,7) enthielt wohl die Gebote von 2Mo 20-23. Dieser Abschnitt beginnt mit dem bis heute bekanntesten Gesetzesabschnitt: den Zehn *Geboten (2Mo 20,1-17). Hier werden die zwei Beziehungsebenen des Gottesvolkes geordnet, das Verhältnis zu Gott und das Verhältnis der Menschen untereinander. Die Formulierungen sind prägnant und grundsätzlich. Angesprochen werden die wichtigsten Bereiche wie Familie, Leben, Ehe, Eigentum, Reden, Wollen.

2Mo 21-23 enthalten verschiedene Rechtsordnungen. Hier werden im Unterschied zu den Zehn Geboten Einzelheiten geregelt. Angesprochen werden unter anderem soziale Ordnungen (21,2-11; 22,20-26; 23,10-12); Regelung der Strafe bzw. der Ersatzleistung bei verschiedenen Vergehen (21,12-22,19);

Warnung vor Parteilichkeit (23,1-9) sowie einige kultische Anweisungen (23,14-19). Der ausgesprochen soziale Charakter, die unbestechliche Gerechtigkeit sowohl im Strafmaß (21,24f) als auch in der Behandlung der Armen (23,6), sowie die Verbindungen ethischer und kultischer Gebote sind Kennzeichen des von Gott gegebenen Gesetzes.

Einen sehr breiten Raum nehmen die Anweisungen zur Errichtung der *Stiftshütte sowie deren Ausführung ein (Kap. 25-31.35-40). Es handelt sich um ein transportierbares Heiligtum, für die Situation der Wüstenwanderung geschaffen. Die Stiftshütte weist hin auf die Gegenwart Gottes inmitten seines Volkes. Dennoch ist er der Heilige, dem man nur unter gewissen Bedingungen nahen kann.

Überraschend nach dem freudigen Ja in 2Mo 19,8 ist der in 2Mo 32 geschilderte Abfall. Wie gering die menschliche Geduld und Treue oft ist, wie schwach der Mensch als Bundespartner, wird hier deutlich. Gott möchte darauf hart reagieren, und doch geht er auf die Fürbitte Moses ein (2Mo 32,7-14), geht den Weg mit Israel weiter und erneuert den Bund (34,10-28).

III. VERFASSER.

1. Nach Aussagen des Exodusbuches schrieb Mose mindestens einige Teile davon selbst nieder (2Mo 17,14; 24,4; 34,27). Hervorzuheben ist, daß dies an zwei Stellen ausdrücklich auf Gottes Anweisung hin geschah. Auch andere Bücher des AT bestätigen die Herkunft vor allem des Gesetzes von Mose (Jos 8,31; 1Kön 2,3; Esra 3,2; Mal 3,22 u.ö.). Das Judentum teilte diese Sicht weithin (Sir 45,5f; Philo, Josephus). Den Verfassern des NT gilt in gleicher Weise Mose als Verfasser (Mk 12,26; Joh 1,17.45; Röm 10,5; 1Kor 9,9; Hebr 8,5; 9,19 u.ö.).

Die christl. Kirche übernahm diese Auffassung, die lange Zeit fast unangefochten gültig war. Die Benennung der Bücher Genesis, Exodus, Levitikus, Numeri und Deuteronomium in den deutschen Bibeln (1-5Mo) bezeugt dies bis heute. Vereinzelte kritische Stimmen, die dagegen Bedenken äußerten, konnten sich bis zur Mitte des 18. Jh. nicht durchsetzen.

2. Erst unter dem Einfluß der Aufklärung entstand die historisch-kritische Forschung und setzte sich mehr und mehr durch. Dieser geistesgeschichtliche Hintergrund kann nicht stark genug betont werden (vgl. Kaiser, S. 47).

Aber was sagt nun die historisch-kritische Forschung zur Entstehung des Pentateuch insgesamt und somit auch zum Buch Exodus? Die sogenannte Urkundenhypothese, die bis in unsere Tage wohl die meisten Befürworter fand, sieht im Pentateuch ein aus mehreren Quellen von mehreren sog. Redaktoren zusammengesetztes Werk. Die Entstehung vollzog sich in einem jahrhundertelangen Prozeß, der erst nach dem Exil, im 5. Jh. vor Christus, zum Abschluß kam.

Diese Anschauung führt dann aber über ein anderes Verständnis der Entstehung des Pentateuch auch zu einem anderen Verständnis von Offenbarung und Geschichte. Die Überlieferung des Gesetzes an Mose am Sinai wird entweder ganz abgelehnt, oder es bleibt nur ein minimaler Bestandteil übrig. Die Gesetze stammen, so wird behauptet, größtenteils aus einer Zeit, als Israel schon im Lande war, und spiegeln die dortige Situation wieder. Die historisch-kritische Forschung führte also zur Auflösung des überlieferten Geschichtsbildes. Die Darstellung des Exodusbuches gilt als Fiktion aus einer späteren Zeit, mit der Folge, daß man über ein Minimum hinaus nicht mehr sagen kann, wie es geschichtlich wirklich war (Donner, S. 92,96).

3. Obwohl die atl. Forschung in Deutschland fast geschlossen die eben skizzierte Sicht vertritt, sind doch erhebliche Bedenken dagegen anzumelden. So besteht in Einzelfragen der historischen Kritik keinerlei Übereinstimmung. Vielfach ist man sich nur im »So nicht« einig, nicht aber im »Wie dann«. Dies ist durchaus naheliegend. Geht man nämlich vom vorliegenden Wortsinn des Textes ab, kann die Folge nur ein Gewirr höchst widersprüchlicher Hypothesen sein (vgl. Rendtorff S. 169; Kaiser S. 92-95).

Vor allem im englischsprachigen Raum gibt es aber auch viele Forscher, die weniger vom literarkritischen Ansatz als von der Archäologie herkommen und sowohl die Geschichtlichkeit der Ereignisse als auch die frühe Enstehung des Exodusbuches vertreten. Es sprechen sowohl die damals bestehenden Möglichkeiten als auch die Bräuche jener Zeit für eine frühe Verschriftung und eine treue Überlieferung der bibl. Stoffe (Millard: Bibel S. 18-22). Auch wenn keine außerisraelit. Quellen den Auszug Israels bezeugen, paßt dieser mühelos in die damalige Zeit. Dasselbe gilt für die Stiftshütte (Millard: Bibel, S. 27-29) und die Gesetzestexte (Millard: Schätze, S. 81-83). Nicht vergessen sollte man die Bedeutung der Geschichte für das ganze AT und das Judentum.

Man steht also auf gutem Grund, wenn man von den Aussagen des Textes ausgeht. Das heißt für das Exodusbuch: Mindestens die oben genannten Teile gehen auf Mose selber zurück, der Rest ist entweder zu Lebzeiten Moses von ihm oder von andern Schreibern oder kurz nach Moses Tod verfaßt worden. Eine Zufügung einzelner erklärender Sätze aus späterer Zeit ist sicher möglich, nicht aber eine tiefgreifende Veränderung. Das Exodusbuch ist sowohl in seiner Geschichtsdarstellung als auch in der Schilderung der Gesetzesvermittlung vertrauenswürdig. (Weitere Literatur: Möller, Harrison).

Literatur: H. Donner: Geschichte des Volkes Israel und seiner Nachbarn in Grundzügen I, 1984; R.K. Harrison: Introduction to the Old Testament, [2]1982; O. Kaiser: Einleitung in das Alte Testament, [5]1984; A.R. Millard: Bibel und Archäologie, 1980; ders.: Schätze aus biblischer Zeit, 1986; W. Möller: Grundriß für Alttestamentliche Einleitung, 1958; R. Rendtorff: Das Alte Testament, 1983. H.S.

EZJON-GEBER s. Elat

FABEL. Erzählung, in der die Tier- oder Pflanzenwelt menschlich redet und handelt. Sie hat den Zweck, eine Lehre zu vermitteln (Ri 9,8ff; 2Kön 14,9).

In der Bedeutung »Erdichtetes, Unwahres« wird F. gebraucht in 1Tim 1,4; 4,7; Tit 1,14; 2Petr 1,16.

FACKEL. In der LÜ ist F. gewöhnlich die Übersetzung für das hebr. *lappīd*, bzw. für das griech. *lampas. Lappīd* bezeichnet die von Alters her gebräuchliche F.: ein langer Stock mit einem ölgetränkten Lappen am oberen Ende (Ri 7,16.20; Jes 62,1; Hes 1,13; Nah 2,5 u.ö.). In 2Mo 20,18 wird seine Pluralform mit »Blitz« (RevEB »Flammen«) übersetzt. *Lampas* wird zweimal mit »Fackel« wiedergegeben (Offb 4,5; 8,10). In Joh 18,3 und Apg 20,8 übersetzt es LÜ mit »Lampen«. Das ergibt sich im zweiten Fall aus dem häuslichen Bereich, in dem das Geschehen sich vollzieht, und im ersten Fall daraus, daß LÜ bereits das voranstehende Wort *phanon* (RevEB: »Leuchten«) mit »Fackeln« übersetzt hat. *Lampas* steht auch in Mt 25,1-8, dem Gleichnis von den klugen und den törichten Jungfrauen. Obwohl die meisten deutschen Übersetzungen hier den Begriff »Lampe« verwenden, muß man wohl eher an die Fackeln denken, die für Hochzeitszüge verwendet wurden (s.a. *Lampe/ Leuchter). R.E.N.

FALL s. Sündenfall

FAMILIE, HAUSHALT.

I. IM ALTEN TESTAMENT.

Im AT gibt es keine genaue Entsprechung für den modernen Begriff »Familie«, also für die natürliche Gemeinschaft von Vater, Mutter und Kindern. Am nächsten kommt ihm das Wort *bajit* (»Haus«). Ursprünglich war damit ein festes Haus gemeint, später aber wurde das Wort auch auf die in dem Haus lebenden Menschen übertragen. In der Bibel bezeichnet dieses Wort dann aber nicht nur Menschen, die unter einem Dach wohnen, sondern auch weit größere Gruppen, z.B. das »Haus Israel« (Jes 5,7), das die ganze Nation einschließt. Der Begriff *bēt'āb*, »Vaterhaus«, tendiert vielleicht schon zur modernen »Familie«. Sachlich verwandt ist auch das Wort *mischpāchā*, das in LÜ mit »Geschlecht« übersetzt wird. Damit ist eher die Sippe als der kleinere Familienverband gemeint. Zum Beispiel werden 600 Daniten aus zwei Dörfern (Ri 18,11) so bezeichnet.

Der Bericht in Jos 7,16-18 über die Entdekkung *Achans veranschaulicht die Bedeutungsunterschiede. Die Suche richtet sich zunächst auf den »Stamm« (*schebäth*), dann weiter auf die Sippe (*mischpāchā*), in diesem Fall der Serachiter, und schließlich auf das »Haus« (*bajit*) von Sabdi. Wie weitgefaßt die letztere Bezeichnung tatsächlich war, zeigt der Umstand, daß Achan zwar verheiratet und Vater eigener Kinder war (Jos 7,24), aber dennoch dem *bajit* seines Großvaters Sabdi zugerechnet wurde. Bildlich gesprochen stellen die Stammesangehörigen einen Kegel dar, mit dem Stammvater an der Spitze und der lebenden Generation an der Basis. *Schebäth* mit der Grundbedeutung »Stab« – vielleicht ein Hinweis auf den Stab des Stammvaters als Autoritätssymbol – galt für den ganzen Stamm, *mischpāchā* für einen kleineren Teil weiter unten im Kegel. Unter *bajit* konnte man einen noch kleineren Teil verstehen. Das war jedoch abhängig vom Kontext: Wurde *bajit* mit dem Namen eines Stammvaters in Verbindung gebracht, konnte auch der ganze Stamm gemeint sein. Auf jeden Fall konnten die drei Begriffe entweder nur die Basis des betreffenden Kegels – die lebenden Stammesgenossen – oder das Gesamtvolumen – alle lebenden und bereits gestorbenen Mitglieder - bezeichnen.

1. Gattenwahl.

Enge Blutsverwandte und angeheiratete Verwandte waren bei der Partnerwahl tabu (3Mo 18,6-18; 5Mo 27,20-23). Davon abgesehen war Heirat innerhalb der Verwandtschaft grundsätzlich erwünscht, wie die Verbindung von *Isaak und *Rebekka (1Mo 24,4), *Jakob und *Lea (1Mo 28,2; 29,19) und der Wunsch von *Simsons Eltern (Ri 14,3) zeigen. Dennoch kamen auch Ehen mit Fremden wie Hetitern (1Mo 26,34), Ägyptern (1Mo 41,45), Midianitern (2Mo 2,21), Moabitern (Rut 1,4) und Sidoniern (1Kön 16,31) vor. Einen Sonderfall stellte die gesetzlich vorgeschriebene Leviratsehe dar, nach der der Bruder eines kinderlos Verstorbenen dessen Witwe heiraten und Kinder mit ihr großziehen mußte, um den Namen des Toten zu erhalten (5Mo 25,5.10; Rut 3,9.12; 4,1.3.6.).

2. Arten der Brautwahl.

In den meisten Fällen lagen die Brautwahl und die Vereinbarung der Hochzeit bei den Eltern. So bittet etwa Simson seine Eltern um die Durchführung der Hochzeit, obwohl er selbst Gefallen an dem Mädchen aus Timna hatte. Üblicherweise wurde die Braut erworben, obwohl das Wort »Brautpreis« (*mōhar*; 1Mo 34,12; 2Mo 22,16; 1Sam 18,25) nicht ganz den Kern der Sache trifft. Der Preis wurde nämlich als Entschädigung der Familie für den Verlust eines geschätzten Familienmitgliedes gezahlt und nicht so sehr als direktes Entgelt. Der Preis konnte auch abgearbeitet werden, wie bei Jakob, der Laban 14 Jahre für Lea und Rahel diente. Während der Monarchie wurde dies allerdings selten praktiziert. An außergewöhnlichen Methoden der Brautwahl, an denen Eltern nicht unbedingt beteiligt waren, nennt das AT die Kriegsbeute (5Mo 21,10-14), den Überfall (Ri 21) oder die Verführung. In letzterem Fall mußte der Verführer die verführte Jungfrau heiraten (2Mo 22,15f, vgl. 1Mo 34,1-4).

3. Wohnung.
Die israelit. Ehe war patrilokal: Die Frau verließ ihr Elternhaus, um bei ihrem Mann zu leben. Zur Zeit der Patriarchen bedeutete das in der Regel, daß sie in derselben Gruppe, *bajit* oder *mischpāchā*, wie der Vater und die Brüder ihres Mannes lebte; zur Zeit der Monarchie gründete der Sohn nach der Heirat vermutlich seinen eigenen *bajit*. Darauf lassen Ausgrabungen von vielen kleinen Privathäusern schließen. Drei Fälle werden gelegentlich als matrilokale Beispiele angeführt: Jakob, Gideon (Ri 8,31; 9,1f) und Simson. Eine solche Interpretation ist jedoch nicht berechtigt: Jakob wohnte nur in Labans Haus, während er um seine Frauen arbeitete, und es war eher die Art und Weise seiner Abreise als die Tatsache selbst, die Labans Mißfallen erregte (1Mo 31,26-28). Gideon lebte nicht selbst mit der betreffenden Frau zusammen, und sie war auf jeden Fall nicht mehr als eine Konkubine. Das gilt auch für Simson und die Frau aus Timna, die er nur besuchte, mit der er aber nicht zusammenlebte.

4. Anzahl der Ehefrauen.
Der Schöpfungsbericht zielt auf Monogamie. Im Zeitalter der Patriarchen jedoch gab es Polygamie (Polygynie, nicht Polyandrie). *Abraham war mit nur einer Frau verheiratet: *Sara. Da sie unfruchtbar war, zeugte er nach der Sitte jener Zeit Kinder mit ihrer Magd *Hagar (1Mo 16,1). Nach Saras Tod nahm er Ketura zur Frau (1Mo 25,1). In späteren Generationen aber nahm man mehrere Ehefrauen: Jakob hatte zwei Gattinnen und deren Mägde. Die Möglichkeit der Ehe mit zwei Frauen war im mosaischen Gesetz vorausgesetzt (5Mo 21,15), und zur Zeit der Richter und Könige gab es noch weniger Einschränkungen. Nur die ökonomischen Möglichkeiten setzten Grenzen. Daß dies nicht Gottes ursprünglichem Plan entsprach, zeigen auch die Propheten, wenn sie Israel als alleinige Braut Gottes bezeichnen (Jes 50,1; 54,6f; 62,4f; Jer 2,2; Hes 16; Hos 2,4f; vgl. *Ehe). Außer Ehefrauen und deren Mägden hatten die wohlhabenden Männer noch Konkubinen. Kinder aus diesen Verbindungen konnte der Vater als gleichberechtigt neben ehelichen Söhnen anerkennen.

5. Mann und Frau.
'īsch und *'ischā* bedeuten Mann und Frau und gleichzeitig »Ehemann« und »Ehefrau«. Der Ehemann war darüber hinaus der *ba'al*, »Meister«, und *'ādōn*, »Herr«, der Frau. Das veranschaulicht, in welcher Beziehung die beiden rechtlich und auch praktisch zueinander standen. Bis zu ihrer Verheiratung war eine Frau ihrem Vater unterworfen, danach ihrem Mann. Für beide war sie eine Leibeigene. Ein Mann konnte sich scheiden lassen, eine Frau wahrscheinlich nicht; das Erbe des Mannes ging nicht an seine Frau, sondern an seine Söhne, und sie mußte sich gelegentlich mit anderen Frauen als Konkurrentinnen abfinden. Andererseits gab es große Unterschiede in der Praxis, je nach Persönlichkeit und Charakterstärke. Einige Frauen rückten sogar ins öffentliche Interesse, wie z.B. *Debora (Ri 4-5), *Atalja (2Kön 11), *Hulda (2Kön 22,14ff) und *Ester. Die Pflichten der Frau bestanden an erster Stelle im Gebären und Aufziehen von Kindern, in Hausarbeiten wie Kochen und in gelegentlicher Hilfe bei der Feldarbeit des Mannes. Treue war für beide Teile wichtig; deshalb sah das Gesetz strenge Bestrafung für Ehebruch vor. Unfruchtbarkeit gereichte der Frau zur Schande.

6. Eltern und Kinder.
Die vier Worte »Vater« (*'āb*), »Mutter« (*'ēm*), »Sohn« (*ben*) und »Tochter« (*bat*) haben Entsprechungen in den meisten semit. Sprachen und kamen zur Zeit des AT derart häufig vor, daß sie lexikalisch nicht eindeutig festzulegen sind. Größter Wunsch für Mann und Frau war reicher Kindersegen (Ps 127,3-5), hauptsächlich an Söhnen. Der älteste Sohn hatte eine besondere Vorrangstellung. Nach dem Tode des Vaters erbte er einen doppelten Anteil und wurde Familienoberhaupt. Manchmal bevorzugte jedoch ein Vater seinen jüngsten Sohn, wie es Jakob bei Josef und dann bei Benjamin tat. Eine Tochter konnte nur erben, wenn keine Söhne vorhanden waren (vgl. jedoch *Hiob 42,13-15; s. auch *Erbe).

In Alt-Mesopotamien gab es, wie aus den Nuzi-Texten hervorgeht, die Praxis der *Adoption, d.h. daß jemand von kinderlosen Ehepaaren an Sohnes Statt angenommen wurde (*Nuzi, *Patriarchenzeitalter). Dieser Rgelung entsprechend wollte *Abraham einen seiner Knechte zum Erben machen (1Mo 15,3). Im AT findet sich dennoch keine besondere Gesetzgebung für die *Adoption. Die erwähnten Fälle fanden entweder in der Fremde statt (wie bei Abraham, bei der Adoption Moses durch die Tochter des Pharao, 2Mo 2,10 und der Esters durch Mordechai, Est 2,7.15), oder es waren keine echten Adoptionen, da die Adoptierten bereits Nachkommen des Adoptivvaters waren, wie z.B. bei Jakob und Josefs Söhnen (1Mo 48,5.12) sowie bei Noomi und Ruts Kind (Rut 4,16f). In sehr jungen Jahren waren alle Kinder in der Obhut der Mutter, später wurden die Söhne von ihren Vätern mit zur Arbeit herangezogen. Allgemein oblag dem Vater die Erziehung des Sohnes, der Mutter die der Tochter. Das fünfte Gebot (2Mo 20,12) besagt, daß Kinder ihre Mutter so wie den Vater ehren sollen.

7. Andere Verwandte.
Die Begriffe »Bruder« (*ʾāch*) und »Schwester« (*ʾāchōt*) konnten auch für Halbgeschwister angewandt werden. Auch für diese galt das Verbot der Blutschande (3Mo 18,9.11; 5Mo 27,22). Oft waren Onkel und Tanten für die Kinder besonders wichtig; d.h. für den Sohn der Bruder der Mutter, für die Tochter die Schwester des Vaters. Dafür gab es exakte Benennungen wie *ʾachōt-ʾāb*, »Vaterschwester«, manchmal auch *dōd*, »Onkel«, und *dōdā*, »Tante«. Eine Frau nannte ihren Schwiegervater *chām* (1Mo 38,13.25; 1Sam 4,19.21) und ihre Schwiegermutter *chāmōt* (Rut 1,14). Ein Mann nannte seine Schwiegereltern möglicherweise *chōtēn* (so z.B. 2Mo 3,1; 4,18) und *chōtänät* (5Mo 27,23).

8. Zusammenhalt in der Verwandtschaft.
Gemeinsame Abstammung einerseits, das Zusammenleben und die Verpflichtungen aus Sitten und Gesetzen andererseits förderten die Solidarität in der Zeit der Patriarchen. Zwar kam es nach der Besiedelung des Landes durch Aufsplitterung der Familien zu einer Schwächung des Zusammenhaltes, dennoch blieb er während der ganzen atl. Zeit von großer Bedeutung. Gemeinsame Interessen der Mitglieder eines Hauses, einer Sippe und eines Stammes machten ebenfalls aus diesen Gruppen eine Einheit. Aus dieser Einheit erwuchs das Recht jedes einzelnen Mitgliedes, bei der Gruppe Schutz und Hilfeleistungen zu suchen. Am weitesten gingen die Pflichten des *gōʾēl* (LÜ: »Löser«). Er mußte die Witwe eines Verwandten heiraten (Rut 2,20; 3,12;4) oder einen Verwandten aus der Sklaverei freikaufen, in die er sich durch Schulden gebracht hatte (3Mo 25,48; s. auch *Blutrache).

T.C.M.

II. IM NEUEN TESTAMENT.
Familie (griech. *patria*) kommt im NT nur dreimal vor, die verwandten Begriffe von »Haus« oder »Hausgenossenschaft« (griech. *oikos, oikia*) tauchen jedoch öfter auf. *patria* (»Abstammung«, »Volk«, »Geschlecht«) bezeichnet eher den historischen Ursprung einer Hausgenossenschaft, d.h. seinen »Patriarchen«, als sein gegenwärtiges Oberhaupt. Eine »Familie« in diesem Sinn konnte ein Stamm oder sogar eine Nation sein. In Apg 3,25 wird Gottes Verheißung an Abraham so zitiert: »Durch dein Geschlecht sollen gesegnet werden alle Völker (*patriai*) auf Erden«. In der LXX steht »Stämme« (*phylai*), wo die Verheißung zum ersten Mal an Abraham ergeht (1Mo 12,3) und »Nationen« (*ethnē*), wo an sie erinnert wird (1Mo 18,18 und 22,18). Josef war »aus dem Hause und Geschlechte (*patria*) Davids« (Lk 2,4). Wie dieser Vers zeigt, kann »Haus« (*oikos*) im gleichen Sinn wie *patria* gebraucht werden (vgl. Lk 1,27); vgl. auch »das Haus Israel« (Mt 10,6; 15,24; Apg 2,36; 7,42 u.ö.), »das Haus Jakob« (Lk 1,33).

Die Bedeutung der Vaterschaft zeigt sich deutlich bei der dritten Erwähnung von *patria*, Eph 3,14f: »Daher beuge ich meine Knie vor dem Vater, nach dessen Namen jedes Geschlecht (*patria*) im Himmel und auf der Erde benannt wird« (EÜ). D.h., so wie hinter jeder einzelnen *patria* ein *patēr* (»Vater«) steht, so steht hinter ihnen allen Gottes universelle Vaterschaft, aus der alle geordneten Beziehungen unter Menschen erwachsen sind. An anderen Stellen begegnen wir allerdings einem engeren Verständnis von Gottes Vaterschaft, das sie nur auf die Hausgenossenschaft der Gläubigen bezieht.

Das Wort *oikia* »Hausgenossenschaft« steht – wo es nicht bloß Synonym für »Familie« ist – für eine gesellschaftliche Einheit, welche uns überall in der röm.-hellen. und jüd. Welt des 1.Jh. begegnet. Die *Oikia* bestand nicht nur aus dem Herrn (griech. *kyrios* bzw. *despotēs*) oder Familienvater (*pater familias*), seiner Frau, seinen Kindern und Sklaven, sondern auch aus verschiedenen Abhängigen – Sklaven, Angestellten und sogar »Klienten« (z.B. *Freigelassene oder Freunde), die sich freiwillig zu gegenseitigem Nutzen einem Haushalt anschlossen (*Haus des Kaisers). Für das Wachstum und den Bestand der Gemeinde war die Hausgenossenschaft ein wesentlicher Faktor. Schon bei den Juden war sie der Rahmen für rel. Feiern, wie das Passafest, das wöchentliche heilige Mahl, Gebete und rel. Unterweisung (*Erziehung). Lukas sagt von den ersten Christen: »Sie ... brachen das Brot hier und dort in den Häusern« (Apg 2,46). Der hier verwendete Ausdruck *kat ʾoikon* steht in den Papyri im Gegensatz zu *kata prosōpon*, »persönlich« (s. VGT).

Nicht weniger wichtig war die Rolle der Hausgenossenschaft für die Gründung von Gemeinden in den hellen. Städten. Als erste Nichtjuden ließen sich *Kornelius in Cäsarea und sein ganzes Haus taufen; dazu gehörten Knechte, ein Soldat, Verwandte und nahe

Freunde (Apg 10,7.24). Als Paulus nach Europa gekommen war, gründete er die Gemeinde in *Philippi mit der Taufe der »Häuser« *Lydias und des Gefängniswärters (Apg 16,15.31-34). In *Korinth wurde als erstes in Achaja das »Haus« des Stephanus bekehrt (1Kor 16,15). Paulus hat es auch selber getauft – wahrscheinlich zusammen mit dem »Haus« des Krispus, des Vorstehers der Synagoge (Apg 18,8; 1Kor 1,14-16), und dem seines Gastgebers Gajus (Röm 16,23). Andere namentlich aufgeführte Häuser waren die von Priska und Aquila (in Ephesus, 1Kor 16,19; und vielleicht in Rom, Röm 16,5), Onesiphorus (in Ephesus, 2Tim 1,16; 4,19), Philemon (in Kolossä, Phlm 1f), Nymphas oder Nympha (in Laodizea, Kol 4,15), Asynkritus und Philologus (in Rom?, Röm 16,14f).

In der Gemeinde von Jerusalem empfingen offenbar »Häuser« als Einheit geistlichen Unterricht (Apg 5,42); auch Paulus ging so vor, wie seine Rede an die Ältesten von Ephesus bezeugt (Apg 20,20). In dem regelmäßigen geistlichen Unterricht wurden auch die wechselseitigen Rechte und Pflichten der Glieder eines christl. Haushaltes eingeschärft: sie betrafen Frauen und Männer, Kinder und Väter, Sklaven und Herren; s. Kol 3,18-4,1; Eph 5,22-6,9; 1Petr 2,18-3,7.

Im Zusammenhang mit Priska und Aquila (Röm 16,5 und 1Kor 16,19), Nymphas oder Nympha (Kol 4,15) und Philemon (oder ist Archippus gemeint? – Phlm 2) werden Gemeinden in deren Häusern erwähnt. Das heißt entweder, daß die Hausgenossenschaft selbst als *Gemeinde angesehen wurde, oder daß die Gemeinde eines bestimmten Ortes reihum in verschiedenen Häusern zu Gast war (s.o. »hier und dort in den Häusern«). Wenn Gajus als »Gastgeber der ganzen Gemeinde« (Röm 16,23) angesprochen wird, schließt das wohl die Existenz noch anderer Hauskirchen in Korinth ein. Bei bestimmten Anlässen, wahrscheinlich vor allem beim Herrenmahl, kamen auch alle »in der Gemeinde« zusammen (1Kor 11,18-22). Dennoch ist es nicht unwesentlich festzuhalten, daß sowohl Taufen wie Abendmahlsfeiern - ganz abgesehen von der Unterweisung von Frauen und Kindern (1Kor 14,35; Eph 6,4) – unter Umständen auch in einem Haus stattfanden, und daß die Aufseher(Bischöfe) und Diakone der Gemeinde aus den Reihen der bewährten Haushaltsvorstände kamen (1Tim 3,2-7.12).

Wichtig ist die Begründung neuer, *geistlicher* Familien, deren Mitgliedschaft die Zugehörigkeit zu einer leiblichen Familie ersetzen kann. So dankt in den Lobliedern von Qumran der Lehrer der Gemeinde dafür, daß Gott ihn zu einem »Vater für die Söhne der Gnade« bestimmt habe, die sich an ihn halten »wie Säuglinge im Schoß der Amme« (1QH VII, 20-22). Solche geistliche Vaterschaft hat in Gottes Vaterwillen ihren Grund: Er ist der Vater »aller Kinder seiner Wahrheit« und sorgt für sie wie eine Mutter. Wenn der leibliche Vater sein Kind nicht mehr kennen will und die Mutter es verläßt, tritt Gott für es ein; er hat den Lehrer von Geburt an erkannt und geheiligt und ihn von Jugend auf mit Einsicht und dem heiligen Geist begabt (1QH IX, 30-36). Auch die Jünger Jesu wurden in eine neue, geistliche Familie eingegliedert: Wer den Willen Gottes tut, ist Jesu Bruder, Schwester und Mutter (Mk 3,34f). Paulus konnte die Korinther als seine lieben Kinder ermahnen, die er durch das Evangelium gezeugt hat (1Kor 4,14f. vgl. 17), er konnte ihnen aber auch die Rute androhen (4,21). Auch das Bild von der Geburt der Gemeinde kann verwendet werden (1 QH III, 7ff; Offb. 12,2.5.13.17). Paulus kann die Glieder der galatischen Gemeinden als seine Kinder bezeichnen, um die er noch einmal Geburtsschmerzen erleiden möchte, bis Christus in ihnen Gestalt gewinnt (Gal 4,19); zu dieser Vorstellung gehört auch das Bild von der Milch, die der Apostel den Unmündigen in Christus gibt (1Kor 3,1f). Andererseits sind die Christen durch den heiligen Geist zu Söhnen Gottes geworden (Röm 8,15-17.19).

Es überrascht daher auch nicht, daß die Gemeinde selbst als Hausgenossenschaft Gottes (Eph 2,19, wo dies Bild mit dem der Bürgerschaft der Heiligen verbunden ist), bzw. Hausgenossenschaft des Glaubens (Gal 6,10) betrachtet wurde. Auch die Beschreibung der Gläubigen als Adoptivsöhne Gottes (Röm 8,15-17) und als »Haushalter« (*oikonomoi*) der Gnade (1Petr 4,10) entspricht dieser Metapher. Paulus betrachtet sich als Knecht Jesu Christi (Röm 1,1), als Haushalter (1Kor 4,1), der »mit einer Verwaltung (*oikonomia*) betraut« ist (1Kor 9,17, RevEB). Mit einem ähnlichen Bild stellt der Verfasser des Hebräerbriefes Mose als treuen Knecht in Gottes ganzem Hause dar (Hebr 3,1-6), als Vorschattung Christi, des Sohnes und Erben (vgl. Gal 3,23-4,7). »Sein Haus sind wir«, heißt es dann (Hebr 3,6), »wenn wir das Vertrauen und den Ruhm der Hoffnung festhalten.«

Literatur: O. Michel: ThWNT V, 1954, 122-138; G. Schrenk, G. Quell: ThWNT V, 1954, 946-1021; E.A. Judge: The Social Pattern of Christian Groups in the First Century, 1960; S. Keil: Art. Familien, in: TRE XI, S.1-23 (Lit.) O.B./D.W.B.R.

FARBEN. Farbadjektive sind im AT und NT nur spärlich vertreten, aus einer ganzen Reihe von Gründen. Der Hauptgrund: Die Bibel ist der Bericht über Gottes Beziehung zu seinem Volk und nicht eine subjektive Schilderung von der ästhetischen Erfahrung einer Nation. Daher spart sie an Formen der Darstellung, die ausführlichen und präzisen Gebrauch von Farbadjektiven erfordern würden. Selbst wo im AT die Natur - belebt oder unbelebt – beschrieben wird (wie z.B. oft im Pentateuch, bei Hiob und in den Psalmen), geschieht dies vor allem unter den Aspekten, die Ehrfurcht gebieten, als angemessene Reflexion ihres Schöpfers.

Der zweite Grund ist allgemeiner und linguistischer Natur: das bibl. Hebr. besaß kein komplexes und hochentwickeltes Farbvokabular wie es heute in den meisten modernen indogermanischen Sprachen existiert. Eine genaue Farbbestimmung wäre daher schwierig oder gar unmöglich gewesen, es sei denn, man hätte Gleichnisse oder Metaphern verwendet. Dieser Grund – auf den ersten Blick scheinbar rein linguistisch – entpuppt sich als ein psychologischer: Es ist nämlich ein allg. anerkannter linguistischer Grundsatz, daß jede noch so primitive Kultur das Vokabular entwickelt, mit welchem sie ihre Gedanken und Wünsche völlig angemessen ausdrücken kann. Das erwähnte linguistische Manko entspricht also einem Desinteresse des hebr. Volkes an der F. als ästhetischer Erfahrung; ihr praktisches Interesse galt eher der Natur des Materials, aus dem etwas gemacht war und durch das es seine besondere F. erhielt. Tatsächlich waren viele ihrer Farbwörter Beschreibungen des Ursprungs, nicht der Farb-

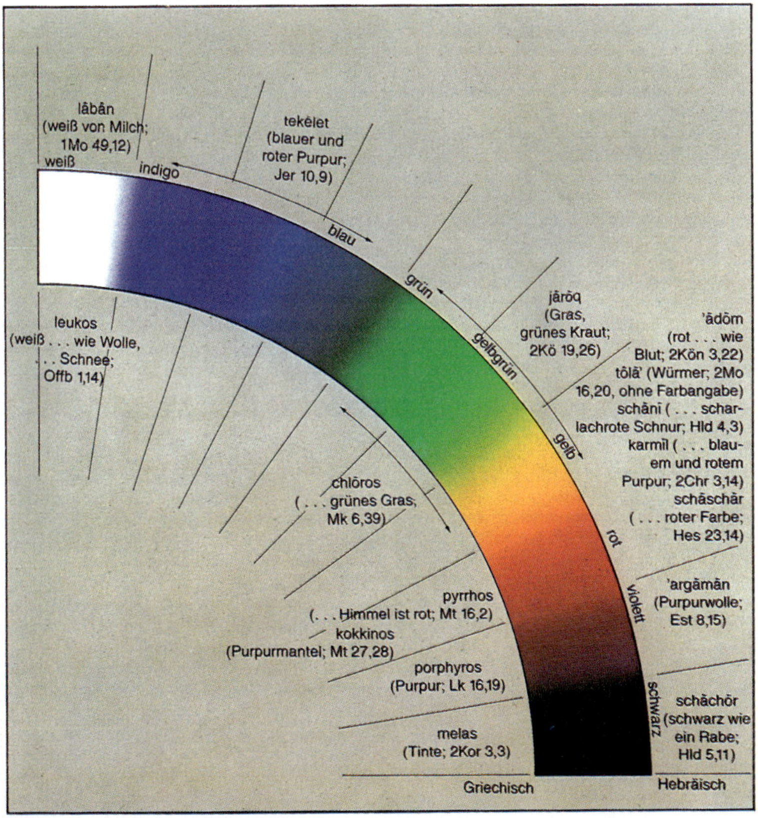

Schematische Darstellung der in der Bibel erwähnten Farben. Die biblische Sprache hat einen verhältnismäßig kleinen Wortschatz zur Benennung von Farben.

nuance. *'argāmān*, generell mit »Purpur« übersetzt (2Mo 25,4), bezeichnet rötlich-purpurfarbenes Tuch, gewöhnlich aus Wolle; es ist ein Lehnwort und bedeutet vermutlich »Tribut«. Ähnliche Wörter *(schānī, karmīl, tōlā')* nehmen entweder Bezug auf die Purpurschnecke (murex), aus deren Saft der kostbare Farbstoff gewonnen wurde oder auf die Kermerschildlaus, aus der man ein sattes Rot gewann. Demnach ist jemand, der Purpur trägt, für den Hebräer nicht in erster Linie schön. Er ist ein König oder ein wohlhabender Mann; so ist auch jemand, der in Sackleinen gekleidet ist, nicht in erster Linie häßlich, sondern einer, der bettelt oder trauert. Diese Haltung erleichtert den symbolischen Gebrauch der F., welcher im AT hin und wieder vorkommt und in der Apokalypse voll entwickelt ist. *Schāschar*, »Zinnober« (vgl. Jer 22,14 und Hes 23,14), war ein Blei- oder Eisenoxyd und lieferte einen leuchtend roten Farbstoff für den Wandanstrich, nicht zum Textilfärben.

Die Verfasser des NT verfügten natürlich über den ausgeprägten und flexiblen Farbwortschatz des Griech. Aber aufgrund ihres Themas waren sie noch weniger als die Verfasser des AT an F. als solchen interessiert. Ohnehin gibt es normierte F. und damit eine präzise Terminologie erst, seitdem F.auf chemischem Wege gewonnen und Farbtabellen entwickelt wurden. Wie andere Völker des Altertums waren auch die Griechen mehr beeindruckt von dem Kontrast zwischen Licht und Schatten als von dem Unterschied zwischen verschiedenen F. Sie neigten dazu, alle F. als Abstufungen zwischen schwarz und weiß zu sehen. Als Ausgleich verfügten sie über ein bemerkenswertes Vokabular, um verschiedene Grade des gebrochenen Lichtes zu beschreiben. So betrachtet, verflüchtigen sich viele vermeintliche Probleme; die Felder in Joh 4,35 sind nicht »schon weiß für die Ernte« (RevEB), sondern »leuchtend«; in 2Mo 25,4 werden »blau«, »purpurn« und »scharlachrot« zusammen genannt, nicht nur, weil sie alle Reichtum symbolisieren, sondern mangels Differenzierung durch den Schreiber, für den sie allesamt »dunkel« und »nicht hell«, auf ähnliche Weise hergestellt und Textilf. waren. Zu Josefs Rock vgl. *Josef. A.C./H.P.R.

FÄRBER s. Handwerk

FARREN s. Opfer

FASTEN. In der Bibel heißt fasten, für eine bestimmte Zeit vollständig auf Essen und Trinken und nicht nur auf bestimmte Speisen zu verzichten (Est 4,16).

I. IM ALTEN TESTAMENT.
Die entsprechenden hebr. Wörter sind *zūm* (Verb) und *zōm* (Substantiv). Auch der Ausdruck *winnā naphschō* (»seine Seele kasteien«) bezieht sich auf das F. Zunächst gab es bestimmte jährliche F.zeiten. So fasteten die Hebräer etwa am Versöhnungstag (3Mo 16,29.31; 23,27-32; 4Mo 29,7). Nach dem Exil wurden vier weitere F.zeiten pro Jahr eingehalten (Sach 8,19). Nach dem Talmud sollen sie alle an Katastrophen in der jüd. Geschichte erinnern. Est 9,31 kann man so verstehen, daß hier noch ein weiteres F. festgelegt wird. Darüber hinaus kannte man gelegentliches F. von einzelnen (z.B. 2Sam 12,22) oder auch gemeinsam (z.B. Ri 20,26; Joel 1,14). F. drückte Kummer aus (1Sam 31,13; 2Sam 1,12; 3,35; Neh 1,4; Est 4,3; Ps 35,13f) und Reue (1Sam 7,6; 1Kön 21,27; Neh 9,1f; Dan 9,3f; Jona 3,5-8), konnte Selbstdemütigung bedeuten (Esr 8,21; Ps 69,11), gelegentlich wohl auch ein Mittel der Selbstkasteiung sein (vgl. die Formulierung »seine Seele kasteien«). Durch F. wollte man sich oft der Führung und Hilfe Gottes versichern (2Mo 34,28; 5Mo 9,9; 2Sam 12,16-23; 2Chr 20,3f; Esr 8,21-23). Man konnte auch stellvertretend für andere fasten (Esr 10,6; Est 4,15-17). Manche glaubten gar, Gott würde automatisch einen Fastenden erhören (Jes 58,3f). Dagegen erklärten die Propheten, daß das F. ohne die richtige Lebensführung vergeblich wäre (Jes 58,5-12; Jer 14,11f; Sach 7).

II. IM NEUEN TESTAMENT.
Die für das F. üblichen griech. Wörter sind *nēsteuō* (Verb), *nēsteia* und *nēstis* (Substantive). In der Apg 27,21.33 werden *asitia* und *asitos* (»Nichtessen«, »Appetitlosigkeit«, bzw. »nicht essend«, »nüchtern«) gebraucht.

Aus der jüd. F.praxis wird im NT nur der Versöhnungstag als jährlicher F.tag erwähnt (Apg 27,9). Einige strenge Pharisäer fasteten jeden Montag und Donnerstag (Lk 18,12), und von anderen frommen Juden wie Hanna ist anzunehmen, daß sie es noch öfter taten (Lk 2,37).

Von Jesus wird nur einmal berichtet, daß er gefastet hat, und zwar zur Zeit seiner Versuchung in der Wüste. Sein F. war dabei durchaus nicht freiwillig. Wie die erste Versuchung zeigt, gab es dort, wo er sich einige Wochen lang auf seinen kommenden Dienst vorbereiten wollte, einfach keine Nahrung (Mt 4,1-4). Vgl. die 40 F.tage Moses (2Mo 34,28) und Elias (1Kön 19,8).

Jesus setzte voraus, daß seine Zuhörer fasten würden. Er lehrte sie, dabei auf Gott und nicht auf die Menschen zu schauen (Mt 6,16-18). Danach gefragt, warum seine Jünger nicht wie die Jünger Johannes des Täufers und die Anhänger der Pharisäer fasteten, lehnte er das F. zwar nicht ab, erklärte es aber für seine Jünger unangemessen, »solange der Bräutigam bei ihnen ist« (Mt 9,14-17, Mk 2,18-22; Lk 5,33-39). Später würden sie fasten wie die anderen.

In der Apg fasten die Leiter der Gemeinde, wenn sie Missionare auswählen (13,1-3) und Älteste einsetzen (14,23). Paulus erwähnt zweimal, daß er gefastet hat (2Kor 6,5; 11,27). Im ersten Fall scheint freiwilliges F. zur Selbstdisziplinierung gemeint zu sein (*nēsteia*). Im zweiten Fall steht unfreiwilliger »Hunger« (*limos*) neben freiwilligem Verzicht auf Nahrung (*nēsteia*).

Einige ntl. Handschriften erwähnen auch in Mt 17,21; Mk 9,29; Apg 10,30 und 1Kor 7,5 das F. neben dem Beten. Ihr Gewicht als Textzeugen reicht zwar nicht aus, um diese Lesarten für usprünglich zu halten. Sie belegen jedoch, daß es in der Frühen Kirche eine wachsende Überzeugung vom Wert des F.s gab.

Literatur: P.Gerlitz, H. Mantel, St.G. Hall, J.H. Crehan: Art. Fasten/Fastentage, in: TRE XI, 1983, S. 41-59 (Lit.). H.A.G.B.

FAUL, FAULHEIT.

1. Die Faulheit des Menschen im Sinne von Trägheit, Müßiggang.
An fleißigen Tieren sollte sich ein fauler Mensch ein Beispiel nehmen (Spr 6,6-8). Ein Fauler ist für andere Menschen eine Qual (Spr 10,26). Während er sich durch dumme Ausreden zu rechtfertigen sucht (Spr 22,13), straft er sich selbst, indem er die eigene Armut und den Spott der anderen heraufbeschwört (Spr 6,9-11; 10, 4; 12,24; 13,4; 14,23; 18,9; 19,15; 20,4; 24,30-34). Ein unbarmherziges Gericht ergeht über den, der nur für sich gelebt und nicht mit den ihm anvertrauten Gaben gearbeitet hat (Mt 25,26ff), denn Trägheit ist eine Folge der Sünde (Hebr 12,1; LÜ 1912: »die Sünde, so uns immer anklebt und träge macht«).

2. In bezug auf Pflanzen und Tiere heißt f. »verdorben, morsch, ungenießbar«. Mit dem faulen Baum, der auch nur faule, ungenießbare Früchte hervorbringen kann (Mt 7,17ff; 12,33), vergleicht Jesus den Menschen, der nicht von Grund auf von Gott erneuert wurde. Doch auch der Gläubige kann der Fäulnis wiederum Raum geben, wenn er faules Geschwätz, unnütze, schlechte Reden führt (Eph 4,29), die das Wirken des Geistes hindern (V. 30).

FEDER s. Schrift

FEHL, FEHLER, VERFEHLUNG.

1. Opfertiere durften keinen körperlichen F. haben oder sonstwie beschädigt sein (3Mo 22,17ff; 5Mo 15,21). Ähnliches galt für die opfernden Priester selbst (vgl. *Priester und Leviten; *Krankheit und Heilung; *Opfer).

2. F. im Sinn von Fehltritt in geistlicher bzw. sittlicher Hinsicht ist etwas, was »an der Vollkommenheit fehlt«, d.h. *Sünde. Diese F. können den Menschen unbewußt unterlaufen (Ps 19,13), bedürfen aber dennoch der Vergebung, ebenso die Verfehlung, von der der Gläubige »übereilt« wird (Gal 6,1). Hier setzt die seelsorgerliche Liebe der Jünger Jesu ein, die dem Gefallenen zurechthilft und auch vergibt (Mt 6,14; 18,35; Gal 6,1), denn nur dem, der vergeben hat, wird von Gott vergeben werden (Mt 6,15). Christus aber, der sich selbst als das fehlerlose Lamm Gott opferte (Hebr 9,14), ist mächtig, die Seinen vor jedem F. (LÜ:»Straucheln«) zu bewahren und wird einst diejenigen, die sich von ihm bekleiden ließen mit seiner *Gerechtigkeit, unsträflich, d.h. fehlerlos vor das Angesicht Gottes stellen (Jud 24).

FEIERJAHR s. Sabbatjahr

FEIERTAG s. Sabbat

FEIGENBAUM s. Pflanzen

FEIND, FEINDSCHAFT.

1. Feindschaft auf der Erde hat ihren Ursprung im *Sündenfall (1Mo 3,15) und gehört zu den Werken des *Fleisches (Gal 5,20). Wenn die Hl. Schrift von F. und Feindschaft redet, meint sie in erster Linie Feindschaft gegen Gott (Röm 8,7; Jak 4,4; Apg 13,10; Phil 3,18; Mt 13,25.39), der auf menschlicher Ebene der Haß gegen das Gottesvolk (Est 3,8f; Hes 35,5) und die Gläubigen entspricht (Mt 10,22.36; Joh 15,18-20; 16,2). Seit Kain und Abel (1Mo 4) tötet der Gottlose den Gerechten um seiner Gerechtigkeit willen (1Joh 3,12; Joh 8,37-44; Weish 2,10-20). Diese menschliche Feindschaft läßt nun aber den gerechten Gott zum F. der F.e seines Volkes werden (2Mo 23,22) und derer, die sich von ihm abgewendet haben (1Sam 28,16). Von daher ist die unversöhnliche Feindschaft Israels gegen die Kanaanäer zu verstehen (5Mo 7), an denen es das Gericht des Herrn vollziehen soll (1Mo 15,16), ebenso der Feindeshaß in den Psalmen (Ps 139,19-22). Hier geht der *Haß auf das Böse in den Haß auf den über, der es tut. Anderseits fordert aber schon das AT neben der Nächstenliebe (3Mo 19,18) die Barmherzig-

keit gegen den persönlichen F. (2Mo 23,4f; Spr 25,21f; 24,17; vgl. Hiob 31,29).

2. Eine besondere Rolle wird den F.en Israels dadurch zuteil, daß der Herr sie gebraucht, um das Gericht an seinem treulosen Volk zu vollziehen (Ri 2,14f; Jer 21,7). Wenn sie dabei auch im Auftrag und als Werkzeuge Gottes handeln, so machen sie sich doch durch ihren Hochmut selber schuldig (2Kön 19,25-28; Jes 10,5-16), und dann erfüllt sich an ihnen die Verheißung des Herrn, die er Abraham gegeben hat: »Ich will verfluchen, die dich verfluchen« (1Mo 12,3), das Urteil über jeden Antisemitismus.

3. Jesus Christus ist für uns am Kreuz gestorben, als wir noch F.e waren (Röm 5,10; Kol 1,21). Damit ist die Feindesliebe sichtbare Wirklichkeit geworden (Lk 23,34) und kann nun »in Christus« von Menschen erwartet und gelebt werden (Mt 5,44; Lk 6,27f; Röm 12,14.20f; vgl. Lk 1,74f). Auch die grundsätzliche Feindschaft zwischen Juden und Heiden, dem Gottesvolk und den Völkern, ist nun in der Gemeinde abgetan (Eph 2,14-16). Feindesliebe bedeutet jedoch kein weichliches Umgehen der Wahrheit; Jesus trennt eindeutig zwischen Freund und F. (Schafen und Wölfen, Mt 10,16), nennt seine F.e mit den Namen, die ihnen zukommen, und kündigt ihnen das *Gericht an (Mt 23,13-33), um sie zur Umkehr zu rufen (Mt 9,13; Lk 19,10).

4. Am Ende der Zeit aber, wenn Gott Christus alle F.e unter die Füße gelegt haben wird (Ps 110,1; 1Kor 15,25), und als letzter F. der Tod vernichtet ist (V. 26), wird alle Feindschaft auch zwischen Mensch und Tier und unter den Tieren aufhören (Jes 11,6-8). Darauf wartet die gesamte Schöpfung (Röm 8,19-22).

FELD.

1. Im Gegensatz zu Gebirge, Wald und Wüste bebautes oder anbaufähiges Land (1Mo 2,5; 3,18; 2Mo 23,19; 3Mo 23,22 u.ö.). Zur Ernte reife Felder sind ein Bild für heilsbegierige, dem Evangelium aufgeschlossene Herzen (Joh 4,35).

2. Im Gegensatz zu Städten, Dörfern und menschlichen Wohnungen: das freie F. (1Mo 4,8; 3Mo 17,5; Mt 24,18; Lk 17,7 u.ö.). In übertragener Bedeutung meint »aufs Feld werfen« (Hes 16,5; 32,4: hilflos liegen lassen.

3. Von der Bedeutung »Schlachtfeld« (vgl. 1Sam 4,2) kommen die Wendungen: zu F. ziehen (Jer 51,30), d.h. Krieg führen; das F. behalten, d.h. als Sieger auf dem Schlachtfeld bleiben (Eph 6,13).

FELDGEIST s. Satan

FELDGESCHREI s. Kriegsgeschrei

FELDZEICHEN s. Banner

FELIX. Felix war ein Bruder des *Freigelassenen Pallas, eines Günstlings des *Claudius; durch Pallas' Einflußnahme wurde er zum Prokurator von Judäa ernannt. Allgemein hält man Antonius Felix für seinen vollen Namen (Tac. hist. 5,9). In den Hss. von Josephus (ant.Jud. 20,137) und der Suda lautet er »Claudius F.«; man hält dies jedoch gewöhnlich für einen Schreibfehler. Eine neu entdeckte Inschrift nennt einen Prokurator namens Claudius; einige meinen, dies müsse Felix gewesen sein; dieser Beiname ist jedoch nicht erhalten (IEJ 16/1966, S. 259-264). Dieser Name würde anzeigen, daß F. ein von Claudius selbst Freigelassener war und nicht wie Pallas ein Freigelassener der Antonia, der Mutter des Claudius.

Tacitus (ann. 12.54) und Josephus (bell.Jud. 2.247ff) gehen auch hinsichtlich der Zeit und der Umstände der Ankunft F.' in Palästina auseinander: Tacitus sieht ihn in Samaria vor dem Prozeß des Prokurators Ventidius Cumanus (sind die »vielen Jahre« in Apg 24,10 eine Bestätigung hierfür?); auf jeden Fall scheint F. seit ca. 52 n.Chr. Prokurator in Judäa gewesen zu sein. Unter seiner Regierung wuchs die Unruhe, denn »mit Wildheit und Gier übte er die Macht eines Königs mit dem Gemüt eines Sklaven aus« (Tac. hist. 5,9). Opposition unterdrückte er gnadenlos. Im Jahre 55 ließ er die Anhänger eines Ägypters, der vorgab, der Messias zu sein, töten; der Mann selbst konnte jedoch fliehen (Jos. bell. Jud. 2.261ff). Als der Aufruhr von Apg 21,27ff ausbrach, hielt

Eine Bronzemünze, geprägt während der Amtszeit des Felix, des Prokurators von Judäa, im Namen des Kaisers Claudius. Zwei gekreuzte Palmzweige sind zu erkennen. Datiert ist die Münze auf das 14. Regierungsjahr des Claudius, 54 n.Chr. (RG)

der Tribun *Claudius Lysias Paulus irrtümlich für diesen Ägypter (Apg 21,38).

Nach seiner Festnahme wurde Paulus nach *Cäsarea Maritima gebracht, der röm. Hauptstadt von Palästina. Dort wurde ihm vor F. der Prozeß gemacht. Zwei auch sonst wohlbezeugte Wesenszüge dieses Herrschers treten in der Erzählung der Apg hervor: seine Mißachtung des Rechts und seine Habgier. Er hielt Paulus zwei Jahre lang gefangen, weil er auf eine hohe Bestechungssumme hoffte (Apg 24,26). Als er sich in dieser Hoffnung getäuscht sah, zögerte er die Urteilsverkündung weiter hinaus, obwohl in diesem Fall reichlich Beweismaterial für die Unschuld des Gefangenen vorlag (23,29). Bei seiner Abberufung ließ er Paulus im Gefängnis, um den Juden bzw. – wie einige Hss. lesen – seiner Frau *Drusilla eine Gunst zu erweisen (24,27).

Nero berief F. ab, vermutlich im Jahre 59 n.Chr. (s. *Festus). Nur der Einfluß von Pallas konnte ihn vor einem Prozeß retten, den die Juden gegen ihn anstrengten. Von F.' späterer Geschichte ist nichts bekannt.E.M.B.G./C.J.H.

FELL.

1. Nach dem *Sündenfall waren F.e die von Gott bestimmten Kleidungsstücke der Menschen (1Mo 3,21), später werden sie nur noch selten verwendet (2Kön 1,8; *Kleidung). Jakob verbarg seine glatte Haut unter einem F. (1Mo 27,16).

2. Das F. des Opfertieres vom Sündopfer mußte mit dem Fleisch und Mist vor dem Lager verbrannt werden (2Mo 29,14; 3Mo 4,11; 8,17; 9,11), während das vom Brand- und Dankopfer dem Priester gehörte (3Mo 7,8).

FELS. Im AT bezeichnet »Fels« (hebr. *säla*ʿ, *zūr*) die Sicherheit eines steilen und unzugänglichen Zufluchtsortes (vgl. Jes 32,2; 33,16). In ähnlichem Sinn wird F. für einen unverrückbaren Grund gebraucht (vgl. Ps 40,3): den F. »verschieben« bedeutet soviel wie »die Welt erschüttern« (vgl. Hiob 18,4). Da Gott seinem Volk Sicherheit und Schutz gewährt, überrascht es nicht, daß auch er ein »Fels« genannt wird (vgl. 2Sam 22,32). In Jes 8,14 bezeichnet *zūr* den messianischen Stein, den die jüd. »Tempelbauleute« verworfen haben. Zusammen mit Ps 118,22 und Jes 28,16 wird dieser Vers in der Typologie des NT wichtig: Jesus Christus, der verworfene »Stein des Anstoßes«, wird zum *Eckstein des wahren Tempels Gottes, der christl. *ekklēsia* (Röm 9,33; 1Petr 2,6ff; vgl. Ellis: Paul, S. 88ff). Bei Paulus wird Christus auch mit dem F. gleichgesetzt, dessen lebenserhaltendes Wasser den Israeliten in der Wüste folgte (1Kor 10,1ff; vgl. Ellis: Prophecy, S. 209-212). In welcher Beziehung Petrus zu dem in Mt 16,18 genannten F. steht, ist eine offene Frage.

Literatur: O. Cullmann: Petrus, Jünger, Apostel, Märtyrer, [3]1985; E.E. Ellis: Paul's Use of the Old Testament, 1957; ders.: Prophecy and Hermeneutic, 1977; O. Cullmann: ThWNT VI, 1959, S. 94-112; W. Mundle: Art. Fels, in: TBLNT I, S. 312-314.E.E.E.

FENSTER s. Haus

FERSE. F. steht im Zusammenhang mit dem Schlangenbiß (1Mo 3,15; 49,17) und auch sonst (Hiob 18,9; 1Mo 49,19) für Fuß oder Bein.

*Jakob hielt bei seiner Geburt die F. seines Bruders *Esau fest und erhielt darum seinen Namen, der »Fersenhalter« bedeutet (1Mo 25,26). Darin kommt bereits die Rivalität der Brüder zum Ausdruck.

FESSEL s. Kette

FEST/FESTE.

I. IM ALTEN TESTAMENT.

Die F.e werden im Hebr. als *mōʿade Jahwe*, als »Festzeiten des Herrn«, bezeichnet (3Mo 23,2.4; 4Mo 15,3); das Wort *chag*, »Fest«, wird fast nur für die drei großen Wallfahrtsfeste verwendet.

1. Die meisten dieser F.e galten freudigen Anlässen, vor allem dem Einholen der Ernte, das wohl schon vorher von den kanaan. Bewohnern des Landes gefeiert worden war. Bei den agrarischen F.en der Kanaanäer wurde der Götter des Pantheon gedacht, die miteinander oder auch mit den Menschen Gastmähler hielten und F.e feierten (4Mo 25,1-5; s. C.H. Gordon: Ugaritic Literature, 1949, S. 57.103; T. Gaster: Thespis, 1950, S. 6-108). Dem Israeliten galt jedoch das Reifen des Getreides und das Gedeihen der Herden als das Werk des einen wahren Gottes und Schöpfers der Welt, der sich seinen Geschöpfen gegenüber als ein gütiger Ernährer und Erhalter erwies (vgl. Ps 104,13-29).

Neben diesen F.en, die den Wechsel der Jahreszeiten und den Ertrag des Landes dankbar bezeugten (vgl. 1Mo 8,22), gab es auch Festtage, an denen man der großen Heilstaten Gottes in der Geschichte, der Errettung Israels aus der Hand seiner Feinde, gedachte. Man pries demnach den Gott, der die Schöpfungsordnung gegenüber den zerstörerischen Mächten des Chaos aufrecht erhält, und den Herrn der Geschichte, der sich für eine gerechte Weltordnung einsetzt, die auch einem

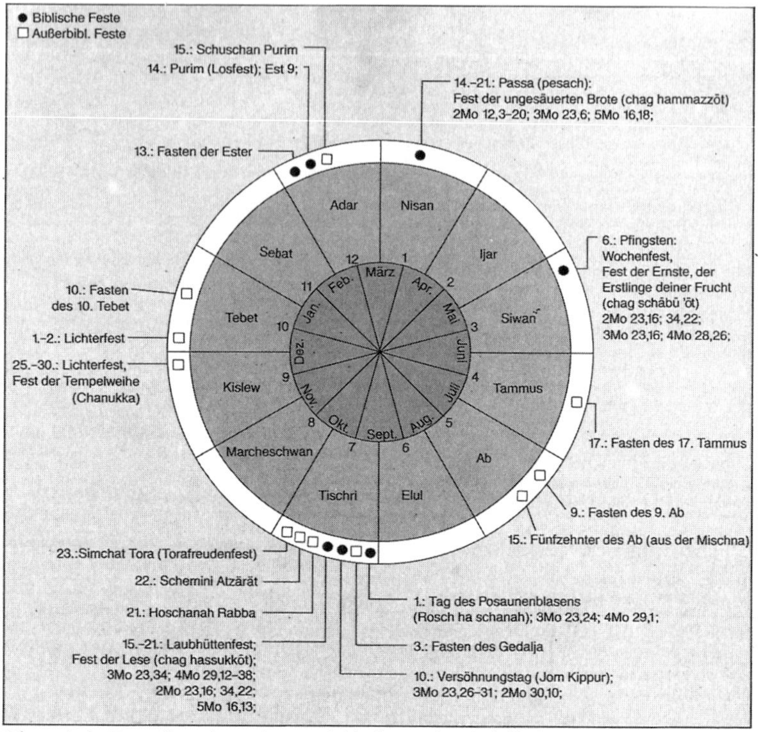

Schematische Darstellung der wichtigsten biblischen und außerbiblischen Feste.

kleinen Volk wie Israel das Recht auf Leben sichern soll. Gerade die heilsgeschichtliche Orientierung, das Gedenken an die alten Traditionen von den großen Heilstaten Gottes, den geschichtlichen Erweisen seiner Gerechtigkeit (*zideqot Jahwe*), ist für die F.e Israels besonders charakteristisch. Das Rezitieren dieser Heilstaten Gottes hat manchmal den ursprünglich naturbezogenen Charakter eines F.es mehr und mehr in den Hintergrund gedrängt.

Die F.e wurden gemeinsam gefeiert. Es galt als Verlust oder als Einschränkung eines Privilegs, wenn man an einem F. nicht teilnehmen konnte (4Mo 9,7). Der Israelit erschien beim F. als Empfänger der göttlichen Gnade und dankte auch mit einem Opfer dem Herrn für dessen Segen (5Mo 16,1.10). F.e, bei denen man aß, trank und spielte, galten manchmal fremden Göttern (2Mo 32,6; 4Mo 25,2-5; vgl. 1Kor 10,7f).

Den F.en des AT ging keine Zeit ritueller Kasteiung vorauf (T. Gaster: Thespis, S. 6.12). Das bibl. F. selbst enthielt, vor allem im Opfer durch den sündigen Menschen, das Element der Trauer (3Mo 23,27; 4Mo 29,7); zwischen dem Leid über der eigenen Sünde und der Freude am Herrn gab es keine scharfe Trennung.

Die Propheten kritisierten manchmal die Art und Weise, in der die Israeliten ihre F.e feierten (Am 5,21-24; Jes 1,13-20). Diese Kritik bezog sich nicht auf die F.e als solche – als stünden sie mit ihrer Volkstümlichkeit und dem freudigen Feiern auf einer niedrigeren Stufe der Frömmigkeit. Vielmehr konnte die Freude an F.en und Erfolgen die Pflicht zur Gottes- und Nächstenliebe, zum Tun des Guten am leidenden Nächsten (Jes 1,16f) und das Achten auf Recht und Gerechtigkeit (Am 5,24) leicht vergessen lassen. Auch im NT werden die F.e des Alten Bundes nicht als solche kritisiert, sondern von Jesus und seinen Jüngern mitgefeiert (Lk 22,8; Joh 4,45; 5,1; 7,2.11).

2. Die vom Alten Israel gefeierten F.e lassen

sich in zeitlicher Hinsicht nach dem Siebener-Rhythmus (Mondkalender) gliedern.

a. Der siebte Tag der Woche wurde als Ruhetag (*Sabbat) gefeiert. Ursprünglich war er wohl von den Mondphasen bestimmt, aber er wurde dann als Setzung und Tag des Herrn angenommen (1Mo 2,1-3; 2Mo 20,8-11; 23,12; 34,21; vgl. Am 8,4f); auch der Erlösung Israels aus der Gefangenschaft wurde an diesem Tag gedacht (5Mo 5,12-15). Das Sabbatjahr (2Mo 23,10f; 5Mo 15,1-6) und das Jubeljahr (nach sieben Sabbatjahren 3Mo 25,8-55; 27,17-24) entsprechen ebenfalls der heiligen Siebener-Ordnung. Als ein Ruhetag wurde auch der Neumond, das erste Erscheinen der Mondsichel, gefeiert (vgl. Hes 46,1f; 4Mo 28,11-15); ein besonderes Ereignis war der Neumond des siebten Monats Tishri (3Mo 23,24f).

b. Die Siebenzahl machte sich auch geltend bei den F.en, die an sich durch die Ernte zeitlich bestimmt waren. Nach 3Mo 23,6-8 wurde als Abschluß der Gerstenernte sieben Tage lang das F. der ungesäuerten Brote (*mazzōth*) gefeiert. War die sieben Wochen lang dauernde Getreideernte mit dem Einbringen des Weizens abgeschlossen, so beging man das Wochenfest (*Pfingsten, von griech *pentēkostos* »fünfzigster«), am 50. Tag nach der Darbringung der Gerstengarbe (Omer); 3Mo 23,15-21. Als letztes folgte an der Jahreswende das Erntedankfest für die Früchte von Baum und Weinstock (Lesefest oder *Laubhüttenfest 3Mo 23,33-43). Dieses dauerte ebenfalls sieben Tage lang, so wie später auch das F. der *Tempelweihe (Chanukka, 1Makk 4,36ff). In den ältesten Festkalendern werden das F. der ungesäuerten Brote, das Wochen- oder Erntefest und das Lesefest als Wallfahrtsfeste ausgezeichnet (2Mo 23,14-17; 34,18-24) und dann im Heiligkeitsgesetz (3Mo 23) und im Opferkalender 4Mo 28 mit genauem Datum versehen.

c. An diesen drei F.en wurden die Erstlinge der Ernte Gott als dem Herrn der Ernte dargebracht (3Mo 23,10-12.16; 4Mo 28,26). Kennzeichnend für diese Wallfahrtsfeste war auch die feierliche Versammlung an deren Anfang oder Schluß (3Mo 23,7.24.35; 4Mo 28,18, vgl. 2Mo 13,6). In der Tempelrolle von Qumran ist darüber hinaus ein siebentägiges F. der Priesterweihe (*millu'īm*) vorgesehen (2.-10. Nisan; 15,3-17,5); nach dem Wochenfest folgen dort jeweils in siebenwöchigem Abstand das F. des (neuen) Weins (3.Ab; 18,11-21,10) sowie das F. des Öls (22.Elul; 22,11-23) und das des Holzes (für den Tempel; 23.Elul; 23-25,2).

d. Die Darbringung der Omergarbe (vgl. 3Mo 23,11) geschieht nach dem Qumrankalender an einem Sonntag, dem 26. Nisan (18,10-19,9), so daß auch Pfingsten – wie bei den Christen - stets auf einen Sonntag fällt. Nach dem Qumrankalender fallen die F.e stets auf den gleichen Wochentag; eine Kollision mit dem Sabbat wird dadurch vermieden.

e. Im Mittelpunkt aller Feste standen die Opfer; in alter Zeit waren sie vielfach als Gemeinschaftsmahle gedacht, an denen auch Gott teilnahm (vgl. 2Mo 18,12). Besonders betont werden die Opfer in der Tempelrolle von Qumran.

3. Das Gedenken an die Heilstaten Gottes, an die Offenbarung seiner helfenden Gerechtigkeit, trat jedoch bei den meisten F.en immer mehr in den Vordergrund. Das *Passa, ursprünglich wohl ein Hirtenfest, wurde schon früh auf die Herausführung Israels aus Ägypten bezogen; das Gleiche geschah mit dem sich unmittelbar anschließenden F. der ungesäuerten Brote (2Mo 12 und 13). Beim *Laubhüttenfest gedachte man der Wüstenwanderung. Später wurde auch die Errettung der Juden aus einer kritischen Lage in Persien zum Anlaß eines Festes, und zwar des nachexilischen und in der *Diaspora entstandenen *Purimfestes (Est 3,7; 9,26-28).

Heilsgeschichtlich orientiert ist auch das Fest der *Tempelweihe (*chanukka*, griech. *engkainia*, auch Lichterfest), bei dem man der Neueinweihung des von Antiochus IV. entheiligten Jerusalemer Tempels gedenkt (1Makk 4,56-59; 2Makk 1,18), dann der Nikanortag (1Makk 7,47-49) und das F. der Eroberung der von den Syrern besetzten Oberstadt in Jerusalem, Akra (1Makk 13,51-53). Später wurde auch das Wochenfest von der Tendenz zur heilsgeschichtlichen Deutung erfaßt und schon in Qumran durch das Eintreten in den Gottesbund gefeiert (1 QS I, 16-III,12), während man bei den Rabbinen an diesem Tag die Perikope von der Gesetzgebung (2Mo 19f) verlas. Auch der Bericht über das erste Pfingstfest der Jerusalemer Urgemeinde erinnert an diese rabbinische Sinaitradition; nur treten jetzt das Evangelium von Christus und die Gabe des Heiligen Geistes an die Stelle des Gedenkens an den Empfang der Tora. Später hat man an das Laubhüttenfest das F. der Freude am Gesetz (*Simchat Tora*) angehängt.

4. Das Neujahrsfest wurde durch Blasen auf dem Widderhorn (LÜ: »Posaunenblasen«) gefeiert (3Mo 23,24f; 4Mo 29,1-6). Besondere Bedeutung erlangte der Große Versöhnungstag (3Mo 16), der jedoch ein Tag des gemeinsamen Fastens und nicht des Feierns ist. Aber auch das Fasten und die Klage konnten eine öffentliche Sache des Volkes sein und in ei-

nem Heiligtum verrichtet werden (Ri 20,26f; 1Sam 7,5f; 1Makk 3,42-54; vgl. Jona 3,5-8).

Daß es im Alten Israel ein jährlich gefeiertes Jahwe-Bundesfest zum Gedenken an die Sinaigesetzgebung gab (A. Weiser), wird neuerdings bestritten (C. Westermann); fraglich ist auch die Existenz eines Thronbesteigungsfestes Jahwes am Neujahrstag (S. Mowinckel) oder eines Landnahmefestes und eines königlichen Zionsfestes (H.J. Kraus).

II. NEUES TESTAMENT.
Im NT wird die heilsgeschichtliche Deutung der israelit. F.e entschlossen fortgesetzt, jedoch auf das endzeitliche Christusgeschehen bezogen.

1. Jesus hat dem Sabbat seine ursprüngliche Bedeutung als eines Tages zum Aufatmen und zum Schöpfen neuer Lebenskraft wiedergegeben. Dies hat er zeichenhaft durch Heilungen am Sabbat offenbart (Mk 3,1-6 par; Lk 13,10-17; 14,1-6; Joh 5,1ff). So beteiligte er sich als der messianische Gottessohn an dem auch am Ruhetag weitergehenden, lebensfördernden Wirken seines himmlischen Vaters (vgl. Joh 5,17-23) und machte den Glanz des ewigen Sabbats der Gottesherrschaft sichtbar. Für die Christen wurde der erste Tag der Woche zum Gedenken an die Auferstehung Jesu als »Tag des Herrn« bestimmt (Offb 1,10).

2. Das letzte Mahl mit seinen Jüngern feierte Jesus in der Passanacht und stiftete dabei das Herrenmahl, das jedoch in der Kirche nicht mehr an den Termin des Passa gebunden blieb. Außerdem galt das erlösende Handeln des Christus nicht der politischen Befreiung Israels, sondern der Rettung von seinen Sünden (Mk 14,24; vgl. Mt 1,21) und damit der Aufrichtung des Neuen Bundes (Jer 31,33f). Einen neuen Inhalt erhielt auch das Wochenfest (Apg 2). Ferner wurden durch Jesu Wort das Laubhüttenfest (Joh 7,2ff. 37-39) und das F. der Tempelweihe christologisch ausgerichtet (Joh 10,22-30); jedoch wurden die beiden letzteren von der christlichen Kirche nicht übernommen.

3. Im Gegensatz zu der in der Tempelrolle von Qumran und dann auch in der Mischna (Seder Mo'ed) hervortretenden Tendenz, die Darbringung von Opfern als wichtiges Element der F.e herauszustellen, werden in der Kirche solche Opfer als durch das Kreuz des Christus aufgehoben angesehen. Nach dem Hebräerbrief hat Jesus als endzeitlicher Hoherpriester sein Blut gleichsam an einem letzten Großen Versöhnungstag im himmlischen Heiligtum dargebracht (Hebr 9,6-15). Für das Judentum führte die Zerstörung des Jerusalemer Tempels 70 n.Chr. zu einer tiefgreifenden Veränderung der durch Opfer charakterisierten F.e; das eine Opfer Jesu hob nicht nur sachlich, sondern auch geschichtlich das atl. Opferwesen auf.

Literatur: O. Betz: Jesus und das Danielbuch II, Frankfurt 1985; W. Grimm: Der Ruhetag, Frankfurt 1980.

D.F./O.B.

FESTUNG s. Festungsbau und Belagerungstechnik

FESTUNGSBAU UND BELAGERUNGSTECHNIK.

I. VERTEIDIGUNG IN DER ALTEN WELT.

1. Lage und Größe der Festungen.
In der bibl. Zeit waren die Wörter »Stadt« und »Festung« (*mibzār* u.a.) in Palästina fast immer faktisch gleichbedeutend. Manchmal hebt auch der Ausdruck »Stadt mit Mauern« diesen normalen Verteidigungsaspekt einer Stadt im Gegensatz zu den mauerlosen Dörfern (*Dorf) hervor. Der Bericht über den Wiederaufbau Jerusalems unter Nehemia erweist eindeutig, daß eine Stadt sich durch Mauern definierte.

Wenn irgend möglich, wurde die Stadt an einer Stelle angelegt, die auf Grund ihrer natürlichen Lage leicht zu verteidigen war und überdies eine Wasservorratsstelle aufwies. Eine hochragende Bergkuppe wie Samaria oder der schwer einzunehmende Höhenzug des Ofel, die Stätte des davidischen Jerusalem, stellten ausgezeichnete Stadtlagen dar. Einige Städte wurden jedoch auch aus regionalen strategischen Erwägungen – zum Schutz von Straßen und Verbindungswegen – erbaut oder, wie im Falle Bethels, aus Gründen der einfacheren Wasserversorgung. Diese Orte erforderten ebenso wie die Unterstädte, die gebaut wurden, wenn die auf einem Hügel gelegene Oberstadt infolge des Bevölkerungszuwachses zu klein wurde, künstliche Befestigungsanlagen.

Der Ausdruck »Festung« meint gewöhnlich einen begrenzten Verteidigungsring. In Palästina bedeckte eine Stadt im Durchschnitt etwa 2-4 ha Boden. Einige umfaßten nur die Hälfte dieser Fläche, andere waren größer. So bedeckten z.B. das Jerusalem der Zeit Davids und Megiddo 4,5 – 5,3 ha, das kanaan. Hazor indes etwa 81 ha. Die Hauptstädte Ägyptens, Assyriens, Babyloniens, Persiens und Roms waren außergewöhnlich groß und unterschieden sich auch in anderer Hinsicht von Städten wie *Ninive, *Kalach oder *Babylon).

Die Stadtmauern unterschieden sich nach Dicke, Höhe und Anlage beträchtlich voneinander. Massive Mauern waren im Durchschnitt 3 m, der Sockel aber manchmal 6 bis

9 m dick. Kasemattenmauern, ein aus zwei Parallelmauern mit Querverbindungen bestehendes System, waren in der Regel je etwa 1,5 m dick. Die Höhe der Mauern betrug etwa 6 bis 9 m und mehr. Das Fundament bestand gewöhnlich aus Feldsteinen, und die Mauern selbst waren über einer wechselnden Zahl von Steinlagen aus Steinen, Lehmziegeln oder Ziegeln aufgeführt. Durch Hinzufügung einer Außenmauer in Pfeilschußweite von der Hauptmauer konnte man die Festungsbauten verstärken.

2. Entwicklung der Stadtbefestigungen. Obschon man den offenen Kampf auf dem Schlachtfeld bevorzugte, konnten sich Verteidigungskräfte notfalls in ihre Stadt zurückziehen. Mauern und Befestigungsanlagen waren erforderlich, sowohl um den Feind am Eindringen zu hindern als auch um den Verteidigern geschützte Kampfstellungen zu bieten. Mauern und freistehende oder mit der Wehrmauer verbundene Wälle, Bastionen, Türme und eine vorspringende Kanzel oder Brustwehr mit Zinnen wurden sämtlich zu verschiedenen Zeiten verwandt.

Bei den Ausgrabungen in Syrien-Palästina wurden Überreste von wahrscheinlich unter mesopotamischem Einfluß errichteten Stadtmauern aus dem 3.Jt. freigelegt. Zwischen diesen und den frühesten uns bekannten Befestigungsanlagen klafft eine große zeitliche Lücke. Im präkeramisch-neolithischen *Jericho fand man mehrere Mauern aus unbehauenen Steinen wie auch einen Rundturm von 9 m Durchmesser und mit einer 22 Stufen aufweisenden Innentreppe. Diese und ein aus dem Felsen gehauener, 9 m breiter Graben sind auf 7000-6000 v.Chr. zu datieren, über 4000 Jahre vor Abraham. Auf offene Dörfer ohne Befestigungsanlagen folgten um 3000 v.Chr. einige befestigte Städte – Jericho, *Megiddo, *Geser, *Ai, *Arad usw. Dort begegnen verschiedenartige Stein- und/oder Ziegelmauern, zum Teil mit Bastionen und Wällen, sowie halbrunde und viereckige Ecktürme.

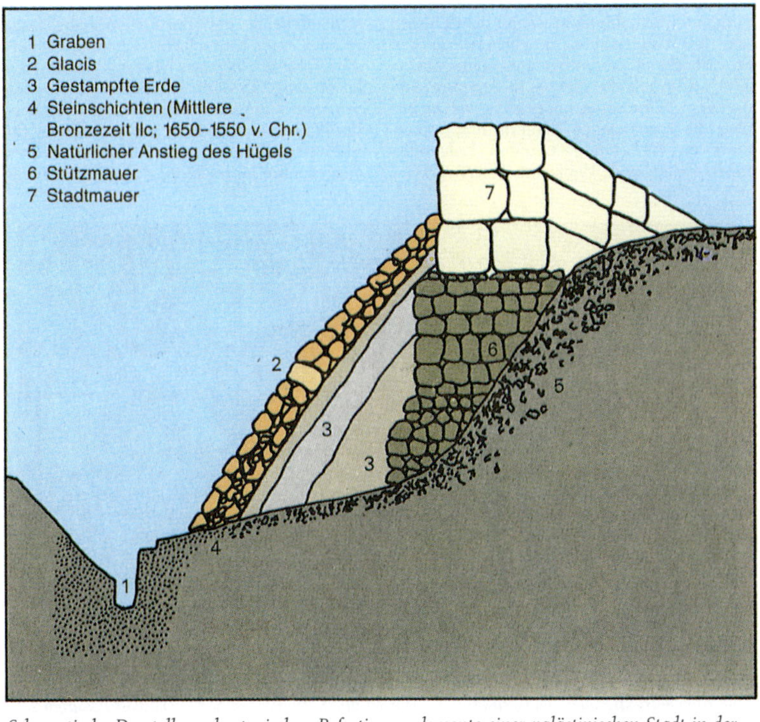

Schematische Darstellung der typischen Befestigungselemente einer palästinischen Stadt in der Mittleren Bronzezeit.

Ein vierrädriger Rammbock bei der Attacke auf ein Bollwerk (Angriff der Assyrer auf die Stadt Perga). Tore Salmanassars III. (858–824 v.Chr.) am Tempel von Imgur, Balawat bei Ninive. (BM)

Während der Periode der Mittleren Bronzezeit (Erzväter bis Josef) wurden an Mauern und Toren einige bedeutsame Änderungen vorgenommen, die teilweise mit dem Einsatz von Streitwagen und möglicherweise des Sturmbocks in Zusammenhang standen. Um 1700 v.Chr., als die Hyksos in Ägypten eindrangen (*Chronologie des AT), verstärkte man die vorhandenen Mauern durch einen massiven Wall aus gestampfter Erde oder führte freistehende Wälle auf. Bisweilen wurde auf dem Wall noch eine Mauer errichtet. Später begegnen auch massive Steinmauern (*Sichem). Der Wall oder das »Glacis« – eine steil abfallende, mit Pflastersteinen abgedeckte oder einer Kalkschicht verputzte Erdaufschüttung am Fuß der Mauer - wurde vielleicht als Abwehrmaßnahme gegen den Sturmbock eingeführt (EAEHL, S. 113). Dieser Wall umschloß nicht etwa ein Lager für Streitwagen und deren Soldaten, sondern ausgedehnte Unterstädte (*Hazor). Offenbar

Eine Rekonstruktion der Belagerung von Lachisch durch die Armee Sanheribs von Assyrien 701 v.Chr. Man erkennt doppelte Mauern, das Stadttor, eine Belagerungsrampe, Rammböcke sowie Angriffs- und Verteidigungswaffen. Flüchtlinge verlassen die Stadt. (BM)

ging das neue Verteidigungssystem auf die Hyksos zurück, obschon die Städte noch von den Kanaanäern bewohnt waren. Schließlich war dem Wall häufig ein Graben vorgelagert, wobei das Aushubmaterial den Damm bildete (CAH, 2,1, S. 77-116).

Josua drang in der Späten Bronzezeit, im 13.Jh.v.Chr., in das Land Kanaan ein. Ausgrabungen haben nur wenig Zeugnisse der Fortifikationen dieses Zeitalters zutage gefördert. Es gab kaum Neuentwicklungen, und die Befestigungsanlagen der Mittleren Bronzezeit wurden weiterhin benutzt oder nach denselben Plänen wiederaufgebaut. Dies könnte erklären, warum in der Schicht *Jerichos, die der Zeit Josuas zuzuweisen ist, offensichtlich keine Mauern vorhanden sind. Derzeit sind keine israelit. Befestigungsanlagen aus der Zeit vor Saul und David bekannt.

In der Zeit des vereinigten Königreichs Juda-Israel wurden in mehreren Städten Kasemattenmauern errichtet. Diese bestehen aus zwei (im Durchschnitt 1,5 m dicken) Parallelmauern, zwischen denen ein durch Querwände in Kammern unterteilter Abstand von etwa 2 m besteht. Die langen, schmalen Kammern konnten zu Wohnzwecken (Jos 2,15) oder als Magazine benutzt oder zur Verstärkung mit Geröll aufgefüllt werden. Solch eine Mauer war billiger herzustellen, aber trotzdem hinreichend massiv. Kasemattenmauern wurden von ca. 1600 bis zum 2.Jh.v.Chr. gebaut. Sauls Residenz in Gibea war eine Festung, 52 mal 35 m, mit Ecktürmen und Kasemattenmauern. Andere Mauern fanden ebenfalls Verwendung. In Beerscheba fand man zwei dünnere, parallel verlaufende Mauern vor massiven, 4 m dicken Mauern, die der Zeit Davids und Salomos zuzuschreiben sind. In Salomos Städten begegnen verschiedenartige Fortifikationen, wenngleich, wie sich in *Megiddo, *Hazor und *Geser zeigt, die Befestigungen seiner Zeit durch die Verwendung von Kasemattenmauern und einer Toranlage mit drei Pfeilerpaaren und zwei Türmen gekennzeichnet sind. Während der weiteren atl. Zeit wurden stets sowohl massive als auch Kasemattenmauern gabaut, hin und wieder ein doppelter Mauerring (*Lachisch).

Königsburgen wie Sauls Gibea wurden während der Eisenzeit gebaut. Eine Reihe von entweder rechteckig oder unregelmäßig angelegten Festungswerken, die zwischen dem 10. und 6.Jh.v.Chr. im Negeb errichtet wurden, markiert Israels Ausdehnung nach S hin. Die Zitadelle von *Arad war eine wichtige königliche Grenzfestung. Auch die Römer errichteten im Negeb, in der *Araba und im Ostjordanland Festungen.

Ausgrabungen in *Jerusalem haben einige der dort zu verschiedenen Zeiten angelegten Festungswerke an den Tag gebracht. K. Kenyon legte zwei Mauertrakte im Kidrontal frei, bei denen es sich im einen Fall um die bis zum 7.Jh.v.Chr. benutzten Mauern und im andern um eine im 7. Jh. neu aufgeführte und 586 v.Chr. von Nebukadnezar zerstörte Mauer handelte. Eine hoch darüber auf der Ostspitze des SO-Hügels von Jerusalem verlaufende Mauer scheint die zu sein, die Nehemia aufführte, weil er den von der Zerstörung durch die Babylonier herrührenden Schutt nicht beseitigen konnte. Bei der über 40 m langen und 7 m dicken, aus großen Steinen errichteten Mauer im W, 275 m vom Tempelplatz entfernt, dürfte es sich um die von *Hiskia angefügte Erweiterung der Mauern Jerusalems (2Chr 32,5) handeln.

In der Zeitspanne zwischen den beiden Testamenten und der ntl. Zeit war eine Stadt gewöhnlich von einer oder zwei massiven Steinmauern umgeben. In Marescha hatte die fast quadratische Stadtmauer vorspringende Kanzeln und Ecktürme. Die offenbar von Herodes gebaute, hervorragende röm. Mauer in Samaria umschloß 69 Hektar. *Herodes der Große war überhaupt der ideenreichste Bauherr in der gesamten Geschichte Palästinas. Seine Bautätigkeit in Jerusalem tritt besonders in den massiven Stützmauern des Tempelplatzes, an dessen SO-Ecke und in den unter Leitung von B. Mazar ausgegrabenen Abschnitten zutage. Abschnitte hasmonäischer Festungswerke und der drei Mauern *Jerusalems in ntl. Zeit werden im Zuge der derzeitigen Ausgrabungen aufgedeckt. An der Zitadelle am Jaffator sind ein Trakt der »ersten Mauer«, ein massives hasmonäisches Turmfundament und der Turm Phasael am Palast des Herodes (Davidsturm) für die freigelegten Festungswerke typisch.

3. Das Stadttor.

Der schwächste Punkt einer städtischen Befestigungsanlage war das Tor. Um dieses sicherer zu machen, entwickelte man mehrere Verfahren, darunter Tortürme, gewinkelte Zugänge und Innentore mit mehreren Pfeilerpaaren. Zum Schutz des toten Winkels an ihrem Fuß, dem auch das »Glacis« diente, verstärkte man die Mauern durch Türme. Die meisten der auf Tells erbauten Städte hatten ein Haupttor oder ein Innen- und ein Außentor. Große Städte wie Jerusalem hatten in der Regel mehrere Tore. Bis um 1000 v.Chr. ermöglichte eine Anzahl Ausfallpforten – kleine, leicht zu verteidigende Tore – den Soldaten ein rasches Verlassen oder Betreten der Stadt; man kämpfte eben lieber in offener Feldschlacht.

Nach dem Aufkommen von Streitwagen

Herodeion, einer der befestigten Paläste, die Herodes der Große in Judäa errichten ließ. Letztes Jh. v.Chr. (JPK)

Turm in der Stadtmauer des akeramischen, jungsteinzeitlichen Jericho, ca. 7500 v.Chr. Er mißt 9 m im Durchmesser und ist 8,5 m hoch. Im Inneren verläuft eine Treppe vom Boden bis zum Ausgang in der Mitte. (JEF)

(ca. 1700 v.Chr.) boten Türme und eine Toranlage mit mehreren Pfeilern oder Pilastern größere Sicherheit. Die Türme und Obergemächer befähigten die Verteidiger, den heranrückenden Feind unter Beschuß zu nehmen. Ein Obergemach war, wie Reliefs im Obergeschoß des Hohen Tores von Medinet Habu vermuten lassen, möglicherweise eigens für den König eingerichtet (vgl. 2Sam 19,1). Im *Patriarchenzeitalter wiesen die Tore drei Pfeilerpaare auf; desgleichen die salomonischen Tore, bei denen aber durch Eingangstürme und Mauern drei Wachkammern gebildet wurden. Zwei Wachkammertypen waren vor und nach der Zeit Salomos gebräuchlich. In *Dan und auf dem Tell en-Nasbe (wahrscheinlich *Mizpa) wurde durch das Übergreifen zweier Mauerenden ein hohles Viereck gebildet, an dessen Rückseite das Tor lag. Auf dem Tell en-Nasbe konnten Angreifer von einem großen Turm zur Rechten aus (in der äußeren Mauer) von drei Seiten be-

Während assyrische Truppen die äußere Mauer der Stadt Hamanu niederreißen, gehen die Türme und Tore in Flammen auf. Ein Relief am Nordwestpalast Assurbanipals in Ninive. Ca. 640 v.Chr. (BM)

schossen werden. Steinbänke vor dem Tor und zwischen dem äußeren und dem inneren Tor in Dan, wo auch ein als Thronsitz gedeutetes Postament und ein Schutzdach gefunden wurden, bezeichnen die Gerichtsstätte (Rut 4,1f; 2Sam 19,9). Das Stadttor wurde durch zwei massive Holztore verschlossen. Die Torflügel wurden an Pfosten aufgehängt, die sich in Angelsteinen drehten. Bei der Entdeckung dieser Steine stellte man fest, daß jedes Tor nur mit einem Türpaar versehen wurde. Zur Sperrung der durch eine Schwelle abgedichteten Tür diente ein großer, durch Höhlungen in den beiden Türpfosten festgehaltener Riegelbalken. Da Angreifer die Türen in Brand zu setzen versuchten, wurden sie oft mit Metallbeschlägen verstärkt.

4. Zitadellen und kleine Forts. Die durch einen Turm um- und überbaute Toranlage war faktisch eine Festung oder Zitadelle in sich. Das Wort »Turm« (*migdal* u.a.) kann auch eine innere Zitadelle, einen Palast oder Tempel (*Baal-Berit in Sichem) bezeichnen, der im Falle, daß die Mauern nicht standhielten, eine innere Ausweichfestung darstellte. Manchmal war eine Stadt aus ähnlichen Verteidigungsgründen in Abschnitte eingeteilt. »Turm« kann auch eine kleine Festung meinen oder eine Anlage, die wir »Bunker« nennen würden. Die Kette von Festungsanlagen im Negeb und Ostjordanland sind dafür Beispiele.

5. Wasserversorgung.
Kaum weniger wichtig als die Mauern und Tore einer Stadt war ihre Wasserversorgung. Bis zur Erfindung von wasserundurchlässigem Putz zum Auskleiden von Zisternen benötigte jede Stadt eine nahegelegene Quelle oder einen Wasserlauf. Durch Zisternen wurden dann die Festungen in die Lage versetzt, auch langdauernden Belagerungen zu widerstehen, wie Masada veranschaulicht. Auf Tells erbaute Städte brauchten jedoch einen Zugang zu den Quellen am Fuße des Hügels. Im 10.Jh. und später bohrte man vom Stadtinnern aus Tunnel und Schächte, die den Zugang zum Wasser auch dann ermöglichten, wenn alle Stadteingänge abgeriegelt waren. Solche Schächte wurden in Megiddo, Hazor, Geser, Gibeon und Jerusalem (*Siloah-Tunnel) gebaut. Diese Anlagen zur Wasserversorgung bezeugen ein beachtliches technisches Wissen und Können. Die Verteidiger suchten die Eindringlinge von jeder Wasserzufuhr abzuschneiden, indem sie Zisternen zuschütteten, Teiche trockenlegten und Quellen möglichst verbargen. Um Belagerungen durchzustehen, mußte man auch über genügend Nahrungsvorräte verfügen; daher findet man in den Städten Getreidespeicher und Magazine.

II. ANGRIFFSARTEN.
Das am wenigsten verlustreiche Verfahren zur Einnahme einer Stadt bestand natürlich darin, sie zur kampflosen Übergabe zu überreden. Der Assyrerkönig Sanherib suchte vergeblich, sich dieser Technik gegen Jerusalem zu bedienen (2Kön 18,17ff; 19). Andere Methoden bestanden darin, eine Stadt durch irgendeine List oder im Handstreich zu erobern, so wie David Jerusalem einnahm. Joab drang vermutlich über ihren Wassertunnel in die Stadt ein (2Sam 5,6ff). In der Regel mußten größere Städte jedoch im Sturmangriff oder durch langdauernde Belagerung genommen werden.

1. Sturmangriff.
Bei einem Sturmangriff konnte der Angreifer versuchen, die Stadtmauer mit Leitern zu erklettern, sie zu untergraben, die Mauern mit Hilfe von Geräten wie dem Rammbock einzustoßen oder in das Tor einzudringen, indem er es in Brand steckte oder niederriß. Wenn Wälle, Wallgräben oder ein Glacis einen Sturmangriff erschwerten, wurde eine Angriffsrampe eingesetzt. Ein Teil des Wallgrabens wurde mit Erde oder Bruchsteinen zugeschüttet und eine sanft ansteigende Rampe bis an die eigentliche Stadtmauer vorgetrieben. Eine 1977 in Lachisch untersuchte assyr. Sturmrampe bestand ganz aus großen Feldsteinen. Sanheribs Angriff auf *Lachisch (vgl. Jes 37,33) darstellende assyr. Wandreliefs aus Ninive zeigen, daß die Rampen einen Holzbelag hatten. Von großen Schilden geschützte Sturmtruppen und die ebenfalls durch Schilde gedeckten Rammböcke rückten auf den Rampen vor, deren Schutz Bogenschützen und Schleuderern oblag. Der hölzerne Balken des Sturmbocks war mit einer eisernen, axtförmigen Spitze versehen.

Sobald diese das Mauerwerk durchstoßen hatte, versuchte man, die Bresche rasch zu vergrößern.Von einem Turm aus am Kopf des Sturmbocks nahmen Bogenschützen die Verteidiger auf den Mauern unter Beschuß. Man konnte auch fahrbare Belagerungstürme an die Mauern heranführen. Gegen die oberen Abschnitte der Mauern und deren Verteidiger wurden Steinkugeln schleudernde Katapulte eingesetzt. Um die Belagerten am Entkommen zu hindern, wurde rund um die Stadt ein Erddamm oder -wall aufgeworfen (Jer 6,6; Hes 17,17). Die Verteidiger pflegten die Angreifer von den Mauern aus mit einem Hagel von Pfeilen, Wurfspießen und Steinen zu überschütten, mit kochendem Wasser zu übergießen und mit brennenden Fackeln zu bewerfen, um die Rammböcke in Brand zu setzen. Gelegentlich machten sie auch Ausfälle, um die Belagerungsgeräte zu zerstören

Rekonstruktion des westlichen Teils der Stadtmauer von Ninive unter Verwendung alter Steine und Ziegel. Kuyunjik: gegenüber von Mosul, Irak. (DJW)

und die sie schützenden und bedienenden Truppen anzugreifen.

2. Belagerung.
Zu einer langdauernden Belagerung entschloß man sich, wenn eine Stadt für einen Sturmangriff zu stark befestigt war, oder der Angreifer es aus anderen Gründen vorzog, zu warten. Durch Einschließung der Stadt suchten die Angreifer sie von jeder Versorgung wie auch von Entsatz abzuschneiden und die Verteidiger auf diese Weise zur Übergabe zu zwingen. Der Schutz des sich mehr passiv verhaltenden Angriffsheeres erforderte die Errichtung eines Einschließungswalls und befestigter Lager. Belagerungen konnten sich über Jahre hinziehen, wie z.B. die assyr. Belagerung von Samaria (2Kön 17,5).

3. Einnahme und Zerstörung.
Nach der Einnahme wurde eine Stadt gewöhnlich geplündert und in Brand gesteckt. Die meisten Städte wurden dann jedoch neu aufgebaut und wieder benutzt. Die überlebenden Verteidiger wurden entweder deportiert, versklavt oder tributpflichtig gemacht, ihre Anführer hat man gefoltert, getötet oder als Geiseln genommen. Die berühmteste Zerstörung aus atl. Zeit war die Verwüstung sämtlicher judäischer Städte einschließlich Jerusalems durch Nebukadnezar 588-587 v.Chr. Die Zerstörung Jerusalems durch *Titus 70 n.Chr. war ebenso vollständig, obschon kleinere Städte in der Römerzeit weitaus glimpflicher davonkamen.

Literatur: Y. Yadin: The Art of Warfare in Biblical Lands in the Light of Archaeological Study, 1963; S.M. Paul, W.G. Dever: Biblical Archaeology, 1973; EAEHL; A. Negev: Archaeological Encyclopaedia of the Holy Land, 1972; Ze'ev Herzog: Das Stadttor in Israel und in den Nachbarländern, 1986; U. Müller: Art. Tor, in: BRL[2], 1977, S.346-348; H. Weippert: Art. Belagerung, in BRL[2], 1977, S.37-42.

G.G.G.

FESTUS. Porcius Festus war als Nachfolger des *Felix Prokurator von Judäa. Über sein Leben vor seiner Ernennung ist nichts bekannt, er starb im Amt schon nach zwei Jahren. Bei Josephus (ant.Jud. 20,182ff und bell.Jud. 2,271) steht er in angenehmem Kontrast zu seinem Vorgänger Felix und seinem Nachfolger Albinus. In der Apg (24,27-26,32) erscheint F. jedoch nicht in einem so günstigen Licht. Obwohl er sich dem Fall des Paulus mit lobenswerter Schnelligkeit zuwandte (25,6) und von dessen Unschuld überzeugt war (26,31), meinte er, den Juden eine Gunst zu erweisen und sprach Paulus nicht frei (25,9). Daher der skandalöse Vorschlag eines neuen Verfahrens in Jerusalem. Angesichts eines Arrangements, das ihn seinen Feinden ausgeliefert hätte, war Paulus genötigt, an den Kaiser zu appellieren. Dennoch hatte Paulus F. offenbar so verblüfft, daß dieser seinen Fall Agrippa II. und Berenike vorstellte. Im folgenden Verhör stellt sich die Unschuld des Paulus klar heraus; seine Berufung wird jedoch nach Rom weitergeleitet.

F. war später in eine Anklage gegen Agrippa verwickelt, mit der sich die Vornehmsten der Juden erfolgreich vor Nero gegen die Verletzung der Heiligkeit des Tempelbezirks durch Agrippa zur Wehr setzten (Jos.Ant. 20,8.11).

Das Datum von F.' Ankunft in Judäa ist eine der Hauptschwierigkeiten in der paulinischen Chronologie. W.M. Ramsay vertritt die Meinung (Pauline Studies, S. 348ff), daß das Zeugnis des Eusebius, wenn man es richtig deute, auf 59 n.Chr. führe. Für dieses Datum spricht auch, daß sich die Münzprägung des Prokurators in diesem Jahr plötzlich änderte – ein Umstand, der am wahrscheinlichsten auf die Ankunft eines neuen Prokurators zurückzuführen ist (s. H.J. Cadbury: The Book of Acts in History, 1955, S. 9f). E.M.B.G./C.J.H.

FETT. Wie das *Blut durften auch das Eingeweidefett eines Tieres und der Fettschwanz der Schafe von den Israeliten nicht gegessen werden (3Mo 3,16f; 7,23ff). Das F. reiner Tiere wurde als *Opfer vor Gott verbrannt (2Mo 29,13.22; 3Mo 3,3ff; 4,8ff), das F. unreiner Tiere durfte nur äußerlich verwendet werden. Schon Abel opferte das F. der Erstlinge seiner Herde (1Mo 4,4). Später ist in den Bestimmungen über das Schlachten von Tieren nur noch vom Verbot des Blutes, nicht mehr vom F. die Rede (5Mo 12,15f.20-24).

FEUER. Im AT steht für F. gewöhnlich hebr. *'ēsch,* im NT griech. *pyr,* der Ausdruck, den die LXX für *'ēsch* hat. Diese Begriffe bezeichnen den Verbrennungsprozeß und seine sichtbaren Teile, wie etwa die Flamme. Die Kunst, Feuer künstlich herzustellen, war schon den Steinzeitmenschen bekannt. Dennoch wandte man damals ebenso wie noch in späteren Zeiten große Sorgfalt darauf, ein brennendes F. nicht verlöschen zu lassen, um es nicht neu entfachen zu müssen. Abraham trug brennendes F. bei sich, als er Isaak opfern sollte (1Mo 22,6), und Jes 30,14 zeigt, daß ein brennendes F. im Haushalt üblich war. Die in bibl. Zeiten gebräuchlichen Methoden, ein F. zu entfachen, waren wahrscheinlich der Gebrauch des Reibholzes, bezeugt durch die ägypt. Hieroglyphe *d'* (18. Dynastie), und das Zusammenschlagen von Feuerstein mit Pyrit, wie es für das Neolithikum belegt ist und daher vermutlich auch später zur Anwendung kam. Letztere Methode ist vielleicht in 2Makk 10,3 gemeint.

Normalerweise wurde F. für Zwecke wie Kochen und Braten (2Mo 12,8; Joh 21,9), Wärmen (Jes 44,16; Lk 22,55) und Metallverarbeitung (2Mo 32,24; Jer 6,29) verwendet; es diente in der bibl. Geschichte aber auch zur Vernichtung von Götzenbildern (2Mo 32,20; 5Mo 7,5.25), Ascheren (5Mo 12,3; LÜ: »heilige Pfähle«), Streitwagen (Jos 11,6.9) und Städten (Jos 6,24; Ri 18,27) und den Schuldigen bei zweierlei Arten von Sexualvergehen (3Mo 20,14; 21,9). F. spielte auch eine wichtige Rolle beim Gottesdienst in der Stiftshütte und im Tempel, wo es ständig gebraucht wurde, um Weihrauch und Opfertiere zu verbrennen. Das F. des Brandopferaltars war von Gott selbst entzündet worden (3Mo 9,24; 2Chr 7,1-3) und wurde stets am Brennen gehalten (3Mo 6,6). Weil dies ein F. besonderer Art war, wurden Opfer mit »fremdem Feuer« von Gott nicht angenommen (3Mo 10,1; 4Mo 3,4; 26,61). Die heidnische Praxis, Kinder als Brandopfer darzubringen, kam hin und wie-

Assyrische Truppen kochen am offenen Feuer. Relief am Palast Sanheribs, Ninive. 750–681 v.Chr.

Modell eines Mannes, der ein Holzkohlefeuer anfacht. Ägypten, Mittleres Reich, ca. 1900 v.Chr. (BM)

der auch bei den Israeliten vor (2Kön 3,27; 16,3; 17,17.31; 21,6; 23,10; 2Chr 28,3; 33,6), wurde aber von den Propheten verdammt (Mi 6,6f). Vielleicht gehörten auch Feuerbeschwörungen dazu wie jene, die man in Mesopotamien praktizierte (AfO 23/1970, S. 39-45).

Manchmal wurden Gotteserscheinungen von F. begleitet (2Mo 3,2; 13,21f; 19,18; 5Mo 4,11). Das Bild des F.s wird ebenfalls gebraucht, um Gottes Herrlichkeit (Hes 1,4.13), seine schützende Gegenwart (2Kön 6,17), seine Heiligkeit (5Mo 4,24), sein gerechtes Urteil (Sach 13,9) und seinen Zorn über die Sünde (Jes 66,15f) zu bezeichnen. Es wird auch auf den Heiligen Geist angewendet (Mt 3,11; vgl. Apg 2,3), auf prophetische Inspiration (Jer 5,14; 20,9; 23,29) und rel. Gefühl (Ps 39,4). In anderen Zusammenhängen ist F. Symbol für Sünde (Jes 9,17), Begierde (Hos 7,6) und Elend (Ps 66,12).

Literatur: R.J. Forbes: Studies in Ancient Technology 6, 1958, S. 4ff; Le Feu dans le Proche-Orient antique, 1973. T.C.M.

FEUERSÄULE s. Wolkensäule

FEUERZUNGEN s. Pfingsten

FIEBER s. Krankheit

FINGER s. Maße und Gewichte

FINSTERNIS.

I. IM WÖRTLICHEN SINN.

1. Im rein natürlichen Sinne ist auch die F. das Werk Gottes. Der regelmäßige Wechsel von Tag und Nacht (1Mo 1,2ff; Hiob 26,10; Ps 104,20) ist seine Schöpfung. Nirgends begegnet uns in der Hl. Schrift eine Spur abergläubischer Furcht vor der F. Weil die F. zur irdischen Schöpfung gehört, ist sie ebenso etwas Gutes wie das Tageslicht (1Mo 1,31). Solange die Erde steht soll nicht aufhören Tag und Nacht, das geordnete Licht und die geordnete F. (1Mo 8,22). Wie aber diese Erde nicht ewig stehen, sondern nach Vollendung der Zeit einer neuen Erde und einem neuen Himmel Platz machen soll (Offb 21,1), so sollen auch der irdische Tag und die irdische Nacht, die ja dem müden Geschöpf wohltätige Ruhe schenkt, aufhören (V. 25), und zwar samt der Sonne und dem Mond. Die Herrlichkeit des Herrn und das Lamm sollen die neue verklärte Erde erleuchten (Offb 22,5).

2. Allerdings ist die Nacht auch sehr oft ein Bild des Schreckens und des Unheils (Hiob 3,1ff; 20,26; Ps 35,6; 107,10; 112,4; Jes 5,30; 8,22; 58,10; Jer 13,16; Klgl 3,2; Mi 7,8), und Gott selbst kann zum Zwecke des Gerichts Licht in F., Heil in Unheil verwandeln (Jes 42,16; 45,7).

II. IM ÜBERTRAGENEN SINN.

Im übertragenen Sinn bedeutet F. in der Hl. Schrift den Gegensatz zu Gott, der als der Heilige und Vollkommene das lautere Licht und die einzige Lichtquelle ist (1Joh 1,5). F. ist daher Symbol der mangelnden Gotteserkenntnis, Bild für den Zustand der Heidenwelt, den Unglauben (Jes 9,1; 60,2; Lk 1,79). Die Bekehrung zum lebendigen Glauben ist darum ein Aufleuchten des göttlichen Lichtes (2Kor 4,6), ein Übergang aus der F. in das Licht des Herrn (Eph 5,8), eine Berufung aus der F. zum Licht (1Petr 2,9). Wer Christus, dem Licht der Welt, nachfolgt, wandelt nicht in der F. (Joh 8,12); wer an ihn glaubt, bleibt nicht in der F. (Joh 12,46).

2. Die F. ist die Sphäre der Sünde, der Gottesferne (Jes 5,20; Mt 6,23; Lk 11,35; Joh 1,5; 3,19; Röm 2,19; 2Kor 6,14; Eph 5,8; 1Thess 5,4; 1Joh 1,6; 2,8). Darum sind die Sünden »Werke der Finsternis« (Röm 13,12; Eph 5,11). In diesem Bereich ist Satan Herrscher, die bösen Geister sind die Mächte der F. (Apg 26,18; Lk 22,53; Kol 1,13; Eph 6,12). Der Christ als Kind des Lichtes gehört aber nicht der F. an (1Thess 5,4f).

3. Das Bestreben des Satans ist es, den Menschen in diesen Bereich der F. hineinzuziehen und dort festzuhalten. Er sucht ihn zu

verblenden, indem er ihm Gott nicht als das reine selbstlose Licht der Liebe, sondern als ein auch von Selbstsucht getrübtes Wesen darstellt (1Mo 3,4f). Sind menschliches Gewissen und Erkennen erst dadurch verdunkelt, dann wird auch der ganze Leib finster, d.h. der ganze Mensch nach Geist, Seele und Leib (Mt 6,23).

4. Weiter ist F. (Mt 8,12; 22,13; 25,30) als Ort der Verdammnis und Qual eine vom Reich des Lichtes geschiedene, in Nacht und Grauen gehüllte Behausung, »äußerste Finsternis«.

5. Das Wunder der F. während der Kreuzigung (Mt 27,45; Mk 15,33; Lk 23,44) – eine Sonnenfinsternis ist z.Zt. des Vollmonds unmöglich – weist darauf hin, daß Jesus am Kreuz in letzter Verlassenheit das Gericht über die Sünde der Welt durchlitten hat.

FISCH UND FISCHFANG.

I. FISCHARTEN UND FISCHGRÜNDE.
Die allg. hebr. Wörter für Wassertiere sind *dag* und *dagā*. Nach dem mosaischen Gesetz (3Mo 11,9-12; 5Mo 14,9f) waren Wassertiere mit Flossen und Schuppen »rein«, solche ohne diese Merkmale (z.B. Schalentiere) dagegen »unrein«. Das Tier, das Jona verschlang, wird in Jona 2,1 als »großer Fisch« bezeichnet. Mt 12,40 bedient sich desselben Ausdrucks (griech. *ketos*, »großes Seetier, Seeungeheuer«; in der LÜ 1912 mit »Walfisch« übersetzt). Nach Tob 6,2 drohte ein großer F. im Tigris, Tobias zu verschlingen. Der Fischer im Gleichnis vom Fischernetz (Mt 13,48) warf einige F.e zurück, weil sie zu klein, ungenießbar oder »unrein« waren. Der F., in dem Petrus das Zweigroschenstück (griech. *stater*; s. *Geld) fand, muß ein sehr großes Maul gehabt haben, wie der Fisch aus dem See Genezareth, der nach dem Apostel »chromis simonis« heißt. Neben dem griech. Wort für Fisch, *ichthys* (z.B. Mt 7,10), benutzt das NT auch die Verkleinerungsformen *ichthydion*, »Fischlein« (Mt 15,34; Mk 8,7; beide Stellen handeln von der Speisung der Fünftausend) und *opsarion* für den kleinen Fisch, den man mit Brot aß (Joh 6,11; 21,9). Im See Genezareth gibt es heutzutage mindestens 24 Arten von Fischen, die teilweise in großen Schwärmen auftreten.

Die Bibel erwähnt Ägypten als ein fischreiches Land (4Mo 11,5). Der See Genezareth (Lk 5,6) und Tyrus (Neh 13,16) werden ebenfalls als reiche Versorgungsquellen genannt. Im Salzwasser des Toten Meeres können keine Fische leben; Hes 47,10 sagt jedoch voraus, daß es voller Fische sein wird, wenn das Reich der Herrlichkeit kommt.

II. FISCHER UND IHRE FANGMETHODEN.
Das anstrengende Leben eines Fischers erforderte große Körperkräfte (Lk 5,2). Seine Sprache war gelegentlich ungeschliffen (Mk 14,70f). Mindestens sieben von Jesu Jüngern waren Fischer: Petrus, Andreas, wahrscheinlich Philippus, der auch aus *Betsaida (aram. für »Fischhausen«) am See Genezareth kam, Jakobus, Johannes, Thomas und Nathanael (Mt 4,18.21; Joh 1,44; 21,2). Einige davon kannten sich von ihrer gemeinsamen Arbeit her (Lk 5,7.10).

Die Bibel erwähnt Fischen mit Speer oder Harpune (Hiob 41,7; es geht um ein Krokodil), Haken (Hiob 41,1f; Jes 19,8; Mt 17,27) und *Netzen. In der Bibel kommen zwei Netzarten vor, das Wurfnetz und das Schleppnetz (Mt 4,18; Mt 13,47).

Auf dem See Genezareth benutzten die Fischer kleine Ruderboote (Joh 6,19). Die Erwähnung von Gegenwind (Mt 14,24) deutet auf ein Segel hin. Noch heute werden auf diesem See Segelboote zum Fischen verwendet (*Schiffe und Boote). Hier wurde oft nachts gefischt (Lk 5,5; Joh 21,3). Tagsüber konnten die Fischer vom Ufer oder im niedrigen Wasser ihre Netze auswerfen (Mt 4,18). Größere Netze wurden von mehreren Männern gemeinsam vom Boot aus ausgelegt (Lk 5,7). Entweder wurden die F.e ins Boot geleert (Lk 5,7), oder die Netze wurden an Land gezogen (Mt 13,48; Joh 21,8). Dann sortierte man die Fische; die verkäuflichen kamen in Körbe, die anderen warf man weg (Mt 13,48). Angeln als Sport kommt in der Bibel nicht vor.

III. VERKAUF UND ZUBEREITUNG.
In Jerusalem gab es ein Fischtor (vielleicht auf der Nordseite der Stadt), durch das die Händler ihren F. der Bevölkerung zum Kauf brach-

Ein assyrischer Mann fischt mit einer Schnur im Teich; seine Beute trägt er in einem Korb auf dem Rücken. Relief aus dem Palast Sanheribs, Kuyunjik (Ninive). Höhe 49,5 cm. 704–681 v.Chr.

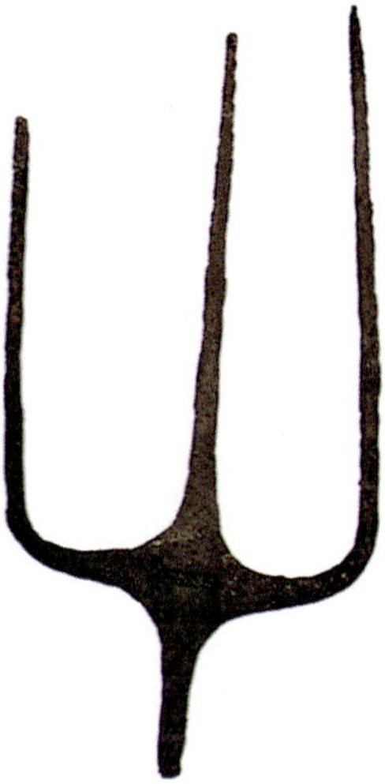

Bronzener Dreizack oder Fleischgabel, die möglicherweise in der Fischerei oder bei Opferhandlungen benutzt wurde. Höhe 35 cm. Aus Ur. (BM)

ten (Zef 1,10). Aus Neh 13,16 wissen wir, daß Fischhändler aus Tyrus nach dem Exil in der Stadt wohnten. In bibl. Zeit waren die gängigsten Zubereitungsarten für Fisch das Rösten (Joh 21,9; Tob 6,5), Pökeln und Trocknen (Tob 6,5 sinaitischer Text). Der Fisch der Händler aus Tyrus und die kleinen Fische bei der wunderbaren Speisung der 5000 und 4000 (Mt 14,17; 15,36) waren vermutlich gesalzen und getrocknet, (vgl. *Ernährung).

IV. ANBETUNG VON FISCH.
5Mo 4,18 verbietet die Herstellung von Götzenbildern mit Fischsymbolen. Die heidnische Fischgöttin Atargatis wurde in Aschkelon und bei den Nabatäern verehrt. Der Stör (griech. *oxyrhynchos*) wurde in einem Gau Ägyptens verehrt, der nach diesem F. benannt war.

V. BILDLICHE UND SYMBOLISCHE ANWENDUNGEN.
Menschen, die von einem Unglück betroffen (Pred 9,12) oder von Feinden gefangen sind (Hab 1,15), werden mit F.en im Netz verglichen. Das Fischen ist im AT ein Bild für Gottes Strafe an Völkern oder Einzelpersonen (z.B. Jer 16,16; Hes 32,3). Jesus ruft die Jünger auf, Menschenfischer zu werden (Mt 4,19). Das Reich Gottes wird mit einem Schleppnetz verglichen (Mt 13,47).

Der F. war eines der frühesten Symbole christl. Kunst. Die Buchstaben des griech. *ichthys* wurden als Akronym für *Iesous Christos Theou Hyios Soter,* »Jesus Christus, Gottes Sohn, Retter«, genommen (s. F.J. Dölger: Ichthys, 1928).

Literatur: G. Dalman: Arbeit und Sitte, 6, 1939, S. 343-370; G.S. Cansdale: Animals of Bible Lands, 1970; J.D.M. Derrett: 'Peter's Penny', in Law in the New Testament, 1970, S. 247-265; K.Galling: Art. Fisch und Fischfang, in: BRL ²1977, S. 83f. J.T.

FISCHTOR s. Jerusalem

Flachs (Linum usitatissimum). Eine der ältesten Textilpflanzen, aus der Leinen gewonnen wird. (FNH)

FLACHS. (Hebr. *pischtāh* in 2Mo 9,31; Jes 42,3; 43,17; sonst im AT *peschät;* griech. *linon,* Mt 12,20).

Überwiegend zur Herstellung von Leinen verwendet, ist F. (linum usitatissimum) die älteste Textilfaser. Die Pflanze erreicht oft die Höhe von 1 m und trägt blaue Blüten. Aus dem glänzenden Samen wird Leinöl gewonnen.

F. wurde von den Ägyptern bereits vor dem *Auszug Israels angebaut (2Mo 9,31) und von den Kanaanäern vor der Eroberung des Landes; sie trockneten F. auf ihren Dächern (Jos 2,6). Eine der Strafen Gottes zu Hoseas Zeiten war der Entzug des F.es (Hos 2,9).

Im NT wird F. nur einmal erwähnt (Mt 12,20). In diesem Zitat aus Jes 42,3 geht es um F. als schwach brennendes Material. J.D.D.

FLECHTE s. Krankheit u. Heilung

FLECKEN s. Markt

FLEDERMAUS s. Tiere

FLEISCH.

I. IM ALTEN TESTAMENT.

Die Ausdrücke für F. sind im AT *bāsār* und *sche'ēr*. Das wesentlich wichtigere Wort ist mit 273 Belegen *bāsār* (*sche'ēr*: 17 Belege). *Bāsār* – nur dieses Wort soll hier behandelt werden - bezeichnet zunächst F. im eigentlichen Sinne, d.h. die fleischliche Substanz des menschlichen oder tierischen Körpers (1Mo 41,2-4 RevEB; Hiob 2,5 u.ö.). Sodann kann mit *bāsār* der Körper insgesamt gemeint sein (3Mo 13,13; 4Mo 8,7 RevEB; u.ö.) oder auch – in der Wendung *kol-bāsār* (alles F.) – die Menschheit (z.B. Ps 65,3) bzw. die Gesamtheit der Menschen und Tiere (z.B. 1Mo 6,17) schlechthin. In der Verbindung mit einem Possessivpronomen drückt *bāsār* gelegentlich ein Verhältnis der Blutsverwandtschaft aus, so in 1Mo 37,2 RevEB: »Unser Bruder, unser Fleisch ist er«; ferner kann das Wort euphemistisch für die Schamteile stehen (2Mo 28,42 RevEB u.ö.).

Theologische Bedeutung erhält *bāsār* an den Stellen, an denen es menschliche Vergänglichkeit und Ohnmacht ausdrückt und den Menschen gegenüber Gott bei seiner Geschöpflichkeit behaftet: »Alles Fleisch ist Gras ... Aber das Wort unseres Gottes bleibt ewiglich« (Jes 40,6-8; vgl. ferner 1Mo 6,3 u.ö.). Allerdings kann *bāsār* ausnahmsweise auch theologisch positiv qualifiziert werden: In Hes 11,19 und 36,26 gehört zur Neuwerdung hinzu, daß das Herz aus Stein ausgetauscht wird gegen ein Herz aus F.

II. IM NEUEN TESTAMENT.

Der Ausdruck für F. lautet im NT *sarx*. Genau wie *bāsār* meint dieses Wort zunächst die fleischliche Substanz des Körpers, so in Lk 24,39; 1Kor 15,39; Offb 17,16; 19,18. *Sarx* kann ferner dann gebraucht werden, wenn von Abstammung, Vererbung und volksmäßiger Zugehörigkeit die Rede ist: »mein Fleisch« steht in Röm 11,14 für »meine Stammverwandten« (vgl. ferner Röm 4,1 RevEB; 9,3.5; Hebr 12,9). Als Bennennung der geschlechtlichen Vereinigung kommt *sarx* in Mt 19,5; Joh 1,13; 1Kor 6,16; Jud 7 u.ö. vor. *Pasa sarx* (»alles Fleisch« in Röm 3,20 RevEB) greift die atl. Wendung *kol-bāsār* auf und meint ebenfalls die Menschheit schlechthin.

Auch im NT ist F. ein Begriff, mit dem die Hinfälligkeit des Menschen ausgedrückt werden kann, seine Nichtigkeit Gott gegenüber; vgl. vor allem die Aufnahme des oben angeführten Jesaja-Wortes »Alles Fleisch ist wie Gras...« in 1Petr 1,24f (vgl. ferner Phil 1,22.24 u.ö.).

Die bisher angesprochenen Verwendungsweisen von F. im NT liegen ganz auf der Linie des AT. Darüber hinaus wird das Wort im NT auch noch in Bedeutungszusammenhängen gebraucht, die im AT nicht vorgebildet sind. An erster Stelle ist hier an F. als Existenzbegriff im Rahmen der paulin. Theologie zu denken; ferner ist F. ein wichtiger Begriff in der Inkarnationstheologie des JohEv.

F. als Existenzbegriff ist bei Paulus eine Sphäre, in welcher der Mensch lebt und durch die er bestimmt ist. F. ist eine aktive, transsubjektive Macht (vgl. bes. Röm 8,3), an die der natürliche Mensch verfallen ist und die über ihn herrscht. Leben im F. äußert sich darin, daß man aus dem Verfügbaren lebt und nicht aus Gott, daß man auf seine eigenen Leistungen, auf die »Werke des Gesetzes«, setzt, anstatt sich der Gnade hinzugeben. Kennzeichnend für das Leben im F. ist das »Sich-Rühmen«, mit dem negativ das »Sorgen« korrespondiert. Der fleischliche Mensch ist ferner eifersüchtig und streitsüchtig, vgl. z.B. 1Kor 3,1-4 und den Lasterkatalog in Gal 5,19-21, der eine Reihe von »Werken des Fleisches« zusammenstellt. Insgesamt ist »das Trachten des Fleisches Feindschaft gegen Gott; es unterwirft sich nicht dem Gesetz Gottes und kann es auch nicht. Wer vom F. bestimmt ist, kann Gott nicht gefallen« (Röm 8,7f).

Derjenige, der an Christus glaubt, wird nicht mehr vom F., sondern vom Geist Gottes bestimmt (vgl. Röm 8,9). So kann Paulus von sich selber sagen, daß er nun nicht mehr auf das F. vertraut (Phil 3,3). Und an anderer Stelle macht Paulus noch schärfer deutlich, welche Haltung dem F. gegenüber angemessen ist: »Alle, die zu Christus Jesus gehören, haben das Fleisch gekreuzigt« (Gal 5,24). Imperativisch formuliert ist Gal 5,16: »Laßt euch vom Geist leiten, dann werdet ihr das Begehren des Fleisches nicht erfüllen.« Das F. bleibt also, obwohl es gekreuzigt ist, eine andrängende Macht, der zu widerstehen man sich stets neu entschließen muß.

In der Inkarnationstheologie des JohEv. bezeichnet F. den Bereich konkreter menschlicher Realität, in den der Sohn Gottes herabgestiegen ist: »Das Wort [der *logos*] ist Fleisch geworden« (Joh 1,14). Inkarnationstheologie kennzeichnet auch den schwer verständlichen Abschnitt Joh 6,51c-58: Der Glaubende soll das F. Jesu essen. Diese Redeweise unterscheidet sich von der der Synoptiker und des Paulus, wo es bei der Einsetzung des *Abendmahls nicht um Jesu F., sondern um seinen Leib (*sōma*) geht, und wo nicht das Essen an sich wichtig ist, sondern das gemeinsame Essen als Darstellung des Christusleibes. Man darf diese Aussage des JohEv. jedoch keineswegs als »massiven Sakramentalismus« verkennen (in der Linie der späteren syr.-ignatianischen Abendmahlslehre); das Herrenmahl ist bei Johannes Zeichen der Inkarnation und konkreten Erfahrbarkeit des *logos*, deshalb steht hier *sarx*.

Literatur: E. Brandenburger: Fleisch und Geist. Paulus und die dualistische Weisheit, 1968; G. Gerleman: THAT I, 376-379; A. Sand: EWNT III, 549-557; J. Scharbert: Fleisch, Geist und Seele im Pentateuch, 1966; E. Schweizer, F. Baumgärtel, R. Meyer: ThWNT VII, 1964, 98-151; H.W. Wolff: Anthropologie des AT, 1973, S. 49-56; O. Michel: Erkennen dem Fleisch nach, EvTh 14/1954, S. 22-29; Ders.: Der Römerbrief, S. 183f. W.R.

FLIEGEN s. Tiere

FLÖTE s. Musik

FLUCH. Das Hauptvokabular für das Wort »fluchen, Fluch« besteht in der Bibel aus den hebr. Synonymen *'ārar, qillēl* und *'ālāh*, entsprechend den griech. *kataraomai, katara* und *epikataratos*; und dem hebr. *hächārīm* und *chērām*, analog dem griech. *anathematizō* und *anathema*.

Die Grundbedeutung der ersten Gruppe ist »Verwünschung«. Ein Mann kann einen F. ausstoßen, um einem anderen Schaden zu wünschen (Hiob 31,30; 1Mo 12,3), zur Bekräftigung eines eigenen Versprechens (1Mo 24,41; 26,28 RevEB) oder als Eid, den er als Zeuge vor dem Gesetz ablegt (1Kön 8,31; vgl. 2Mo 22,11). Wenn Gott flucht, dann entweder zur Verurteilung einer Sünde (4Mo 5,21. 23; 5Mo 29,19f) oder als sein Gericht über eine Sünde (4Mo 5,22. 24.27; Jes 24,6). Auch derjenige, der auf Grund des Gerichtes Gottes an den Folgen der Sünde leidet, wird »Fluch« genannt (4Mo 5,21.27; Jer 29,18).

Die hebr. Wurzel *chāram* bedeutet »ausschließen, absondern«. Das wird auch durch ihre Anwendung im AT bestätigt. Allg. bezeichnet dieses Wort Dinge, die der Mensch zwar gebrauchen könnte, die ihm aber bewußt vorenthalten werden.

a. 3Mo 27,29 (»gebannt«) bezieht sich wahrscheinlich auf die Todesstrafe, die nicht zu umgehen ist.

b. In Hes 44,29; 4Mo 18,14 werden Opfergaben für Gott *chērām* genannt; sie sind für rein rel. Zwecke ausgesondert. 3Mo 27,21ff stellt *chērām* neben *qodäsch* (»heilig«), um zwei Seiten derselben Sache aufzuzeigen: Der Mensch bestimmt etwas ausschließlich für Gott (*chērām*), Gott nimmt es an und kennzeichnet es als sein Eigentum *(qodäsch)*; dadurch ist es der Verfügung des Menschen entnommen.

c. Bezeichnenderweise wird das Wort auch für »völlige Zerstörung« benutzt. Als Grund dafür läßt sich manchmal der Zorn Gottes erkennen (z.B. Jes 34,5), öfter jedoch der Wille Gottes, Israel von einem verderblichen Einfluß fernzuhalten (5Mo 7,26; 20,17). Jeglicher Kontakt mit einer »gebannten Sache« übertrug deren Verunreinigung und ließ des gleichen Schicksals teilhaftig werden (Jos 6,18; 7,1.12; 22,20; vgl. 1Kön 20,42; 1Sam 15,23). *Achan und sein Haus wurden deshalb mit Jericho zerstört, aber Rahab entkam dem F. und rettete auch ihr Haus, weil sie sich mit Israel identifizierte (Jos 6,21-24; 8,26f; Ri 21,11).

d. Im geistlichen Sinne ist *chērām* die Strafe Gottes für den unbußfertigen Sünder (Mal 3,24). Hier zeigt sich auch deutlich, daß es unmöglich ist, den *chērām* aufzuheben; vgl. *Anathema.

Wie für den Hebräer ein Wort überhaupt nicht nur Schall und Rauch war, sondern eine wirkende Kraft, so sah er auch den ausgesprochenen F. als wirksam an, Schaden zuzufügen. Hinter dem Wort steht die Seele, die es gebildet hat. Ein Wort, hinter dem keine geistliche Kraft zur Durchführung steht, ist ein »bloßes Wort« (2Kön 18,20), aber wenn die Seele mächtig ist, ist auch das Wort mit dieser Macht bekleidet (Pred 8,4; 1Chr 21,4). Die Kraft des Wortes zeigte sich auch, als Jesus den Feigenbaum verfluchte, der keine Früchte trug (Mk 11,13f.20f). In Sach 5,1-4 ist der F. in Gestalt einer fliegenden Schriftrolle die wirksame Macht des Gerichtes Gottes, sie stellt die Sünder fest und fegt sie hinaus. Dem Tauben ist ein F. so gefährlich wie ein Stolperstein für den Blinden, denn er kann ihm nicht ausweichen, indem er dagegen den mächtigeren Segen Jahwes erfleht (3Mo 19,14; vgl. Ps 109,28). Daß Mose die Segenssprüche und Verfluchungen auf den Bergen *Garizim und *Ebal aussprechen läßt (5Mo 27,11ff; Jos 8,33), offenbart die gleiche dynamische Auffassung vom F. An den Grenzen Kanaans stellt Mose vor das Volk »Leben und Tod, Segen und Fluch« (5Mo 30,19). Die erste Tat des Volkes beim Betreten des verheißenen Landes ist eine Beschwörung von Segen für die Gehorsamen und F. für die Ungehorsamen (5Mo 28,2.15). Zwischen diesen beiden Polen bewegt sich Israels Leben als Nation.

Diese Wechselbeziehung zwischen Gehorsam und Segen, Ungehorsam und Verfluchung (5Mo 11,26-28; Jes 1,19f) ist Wesensbestandteil des *Bundes Gottes. Als Gottes F. auf sein ungehorsames Volk fiel, bedeutete das deshalb nicht die Auflösung, sondern gerade die Durchführung des Bundes (3Mo 26,14-45). Paulus nimmt diese Wahrheit auf, um die Erlösungslehre zu entwickeln. Das Gesetz wird zum F. für jene, die es verletzen (Gal 3,10), aber Christus hat uns von dem F. des Gesetzes erlöst, indem er für uns zum F. wurde (Gal 3,13). Gerade die Art seines Todes macht ihn zu unserem Stellvertreter, denn »Verflucht ist jeder, der am Holz hängt«. Dieses Zitat aus 5Mo 21,23, wo »verflucht bei Gott« »unter Gottes Fluch« bedeutet, hebt den F. Gottes gegen die Sünde hervor, der auf den Herrn Jesus Christus fiel und ihn so für uns zum F. machte.

Dem Jünger Jesu ist es durch das Gebot der Feindesliebe verwehrt zu fluchen. Auf Verfolgung und persönliche Anfeindung antwortet er mit Segen statt mit Fluch (Röm 12,14; 1Kor 4,12; Jak 3,10; vgl. Lk 6,27f).

Literatur: J. Pedersen: Israel, 1-2, 1926; 3-4, 1940, passim; H. Aust, D. Müller, W. Mundle, Th. Sorg: Art. Fluchen, in: TBLNT 1, 348-353; H.C. Berichts: JBL 13,1963; J.B. Payne: The Theology of the Older Testament, 1962, S. 201ff, etc.; J.B. Lightfoot: Galatians, 1880, zu 3,10.13 und S. 152-154. J.A.M.

FLÜGEL.

1. F. oder Fittiche des Vogels (Hiob 39,26; 1Mo 7,14; Pred 10,20) werden oft im übertragenen Sinn als Bild des Schutzes (5Mo 32,11; Jes 31,5; Mt 23,37), der Schwungkraft (Jes 40,31) und als Mittel der Flucht (Ps 55,7; 139,9; Offb 12,14) genannt. Beim Brandopfer von Tauben war vorgeschrieben, ihre F. zu spalten, d.h. einzureißen.

2. Flügel der Engel Gottes. Die Propheten sahen in ihren Visionen die *Cherubim mit vier F.n (Hes 1,6ff; 10,16ff), die Serafim mit sechs F.n (Jes 6,2). Die Cherubim des Gnadenthrons wurden auf Gottes Geheiß mit F.n geschaffen (2Mo 25,27-20; 37,9; 1Kön 8,7; 2Chr 3,11-13), und zwar mit der Bedeutung des Bedeckens und Schützens.

Bei der Erscheinung von Engeln auf Erden ist jedoch nie von F.n die Rede.

3. In Dan 9,27 heißt es entweder »über den Flügel (d.h. Beschirmer) der Greuel wird Verwüstung kommen«, oder »neben den Flügeln (nämlich der Cherubim) werden Greuel der Verwüstung stehen«. Dies letzte entspricht wohl am ehesten dem Zusammenhang, wenn dabei an das Allerheiligste des Tempels, das unter Antiochus IV. Epiphanes 169/68 v.Chr. verwüstet wurde, gedacht wird.

4. In dichterischer Sprache werden auch dem Wind F. oder Fittiche verliehen (Hos 4,19; 2Sam 22,11; Ps 18,11; 104,3).

FLUT s. Sintflut

FORMGESCHICHTLICHE FORSCHUNG s. Schriftauslegung, moderne Methoden

FRAU. Nach 1Mo 1,26f ist die F. dem Manne gleichwertig, aber nicht gleichartig geschaffen. Zur F. wird man nach Gottes Willen geboren und nicht, wie man heute gern annimmt (S. de Beauvoir), durch Rollenverständnis erst dazu gemacht. Wörtlich übersetzt heißt es: »Gott schuf Männliches und Weibliches.«*Mann und F. sind in ihrer Geschlechtlichkeit zum Bilde Gottes, d.h. zum Gegenüber Gottes, zur Du-Ich-Beziehung mit ihm und miteinander geschaffen, damit sie sich gegenseitig in beglückender Weise durch ihre Polarität herausfordern. Beide haben den Auftrag, zu herrschen und zu ordnen, beide empfangen den Segen, sich zu vermehren. Die F. – Eva – ist die Mutter aller Lebenden (1Mo 3,20), d.h. sie darf menschliches Leben empfangen, tragen, hüten und gestalten. Ihr Denken und Planen ist daher zuerst personbezogen.

Im zweiten Schöpfungsbericht ist die Bedürftigkeit des Mannes Anlaß zur Erschaffung der F. Sie ist die Hilfe, die dem Mann entspricht. »Hilfe« ist dabei hoch anzusetzen, vgl. Jahwe als Hilfe (5Mo 33,26; Ps 33,20 u.ö.). Also auch hier keine Zweitrangigkeit! Der Mann ist vorgeordnet, aber der F. nicht übergeordnet.

»Diese nun endlich!« (1Mo 2,23 wörtl.). Der *»isch«* (Mann) und die *»ischscha«* (Frau) gehören eng zusammen, sie sind von einem Bein und Fleisch (V. 23). »Ein Verhältnis innigster, persönlicher, geistleiblicher Gemeinschaft, womit zugleich die Monogamie als die naturgemäße, gottgewollte Form dieses Verhältnisses bezeichnet ist« (Delitzsch). Jeder empfängt sich vom andern aus Gottes Hand. Die eheliche Verbindung geschieht im gegenseitigen liebenden *Erkennen (1Mo 4,1) und Einswerden (1Mo 2,24). Um der F. willen ist das Elternhaus zu verlassen, um ihr anzuhangen (wörtl. anhaften, ankleben). In dieser Ausschließlichkeit der *Ehe wird die Würde der F. bewahrt. Durch die Sünde wird diese tiefste Verbindung gestört (1Mo 3,12). Die F. gerät unter die Not ihrer demütigenden Begierde und unter die erdrückende Herrschaft des Mannes. »Er soll dein Herr sein« ist nicht Schöpfungsordnung, sondern »Schöpfungsstörung« (Thielicke). In allen Völkern und zu allen Zeiten ist nun die F. durch sich selbst und durch den Mann entwürdigt. Weil der Mann »stärker« ist und sich entwürdigende Strukturen herausbilden, wird die F. in besonderer Weise durch die Polygamie oder im Fall der Kinderlosigkeit versklavt und verachtet. Offen zeigt das AT, wie die F. Objekt des Mannes (1Mo 12,10-13; 20,2; 26,7) und zugleich Betrügerin (1Mo 27), Beherrscherin (Ri 16,4-19; 1Kön 21,1-15) und Verführerin (1Mo 38,14-16) des Mannes ist.

Aber durch diese Not leuchtet dennoch die bleibende Schönheit der Bestimmung für Mann und F. hindurch (Hld; 1Mo 24,63ff; 1Mo 29,18-22; 1Sam 1,8; Spr 31,10-31). Es ist Gnade Gottes, nicht nur Männer, sondern in einigen Fällen auch F.en in den Dienst der Führung (*Debora: Ri 4;5) und der Prophetie (*Mirjam, *Hulda) zu berufen.

Gebote und Satzungen sollen wie Notverordnungen die F. bewahren und werden sie dann doch im rabbinischen Judentum durch Zusatzbestimmungen degradieren und vom Kult ausschließen: »Besser die Tora verbrennen, als sie einer F. in die Hand geben.« So dankt man in Israel und vielen Völkern des Alten Orients, nicht als F. geboren zu sein. Im hellen. Judentum kommt es zu Behauptungen wie: »In uns hat die Stellung des Mannes die Vernunft inne, die des Weibes aber die Sinnlichkeit« (Philo).

Jesus, gesandt zu suchen und selig zu machen, was verloren ist, bringt die Wende auch in der Stellung der Frau.

Die Gleichnisse zeigen, wie liebevoll er sich dem Alltag der F. zuwendet (Mt 13,33; Lk 15,8ff; 18,1ff). Er wagt es, mit einer F. zu reden (Joh 4,27), sie zu lehren (Lk 10,39) und ihretwegen den Sabbat zu brechen, indem er sie heilt und als Tochter Abrahams ehrt (Lk 13,10-16). Er erbarmt sich der Witwe aus Nain (Lk 7,12f) und handelt an der »unreinen« F. mit der ganzen Zartheit seiner reinen Liebe (Mk 5,25-34). F.en, beschenkt mit seiner vergebenden Liebe, dürfen sich ihm nahen (Lk 7,37-50; Mk 14,3-9). F.en folgen Jesus als Jüngerinnen nach und dienen ihm (Lk 8,1-3). Sie bleiben ihm nahe bis zum Kreuz und dürfen die ersten Zeuginnen und Botinnen des Auferstandenen sein (Joh 20 par.).

In Vollmacht legt Jesus frei, was in der Schöpfung die Beziehung von Mann und F. prägte (Mk 10,1-9). So kann von nun an Ehebruch nicht mehr mit zweierlei Maß gemessen werden. Jesus trennt die Ehebrecherin von der Sünde. Die Männer, bereit, nur die F. zu verklagen, bringen sich um ihr Geheiltwerden (Joh 8,2-11).

F.en haben teil an Jesu Erlösung nicht etwa deswegen, weil sie als F.en Gott näher wären. Jesus beruft alle, die seinen Willen tun, in sein Reich als Bruder, Schwester und Mutter (Mk 3,35). Selbst Maria, wunderbar als F. begnadet, den Erlöser zu gebären, hat keinen naturhaften Anspruch an Jesus (Mk 3,32f).

Paulus faßt zusammen, was Frucht der Lebenshingabe Jesu ist: »Hier ist nicht Mann noch Frau, denn ihr seid allesamt einer in Christus Jesus« (Gal 3,28). An den Söhnen und Töchtern erfüllt sich die Verheißung des heiligen Geistes (Apg 2,17). So kommen Tabita (Apg 9,36) und Lydia (Apg 16,14f) zur Gemeinde. F.en stehen im Dienst der Gemeinde (Priszilla: Apg 18,26 u.a.). Evodia und Syntyche haben mit Paulus für das Evangelium gekämpft (Phil 4,2f), und Phöbe, die Schwester im Glauben, ist Diakonin ihrer Gemeinde (Röm 16,1).

Wenn Paulus die F.en am Reden in der Gemeinde in Korinth hindert (1Kor 14,33-35), dann tut er das (lt. Maier) nicht in Abwertung der F., sondern zu ihrem Schutz. In der stark charismatischen Bewegung der Gemeinde lag für sie die Gefahr nahe, nach der früheren Unterdrückung nun exzentrisch abzugleiten.

Für die F. in der Gemeinde steht zugleich die Ehe im neuen Licht: Befreiung zur Natürlichkeit und zum geistlichen Leben in ihr (1Kor 7,3-5; 1Petr 3,7). Die Würde der F. hängt nicht an der Ehe. Sie hat, wenn sie so geführt wird, als Unverheiratete unmittelbaren Zugang zum Dienst für ihren Herrn (1Kor 7,32).

Die christl. *Ehe darf die Abschattung des Verhältnisses Christi zur Gemeinde sein. Damit wird sie geheiligt (vgl. im AT: Israel, die Braut Jahwes). Nun darf die F. ohne Angst dem Mann untertan sein, der Christus gehört. »Untertan« nie als Adjektiv, sondern als Verb; es geht nicht um Wertung, sondern um das »Funktionieren« des Miteinander. Dabei wird der Mann zur Verantwortung herausgefordert. Alles wird gehalten von Eph 5,21: einander untertan zu sein. »Überordnung« des Mannes ist kein ntl. Wort. Der Mann hat als Haupt seine F. zu zieren entsprechend dem, was Christus der Gemeinde tut (V. 27). Er hat bereit zu sein - wie Christus -, für die F. sein Leben hinzugeben, und die F. ist befreit, für ihren Mann ganz da zu sein (Eph 5,21-33). All das ist Hinweis auf die enge Beziehung Christi zu seiner Gemeinde; sie ist ihm untertan, aber nie von ihm unterdrückt.

Der Ausblick für Mann und F. ist jedoch das Reich Gottes, »denn das Schema (so wörtl.) dieser Welt vergeht« (1Kor 7,31). Geschlechtlichkeit verewigt sich nicht, sondern wird einst abgelöst durch Vollendung (»gleichwie Engel«, Mk 12,25). Die F. ist dabei, sie ist Miterbin der Gnade des Lebens (1Petr 3,7).

Literatur: F. Delitzsch: Neuer Commentar über die Genesis, 5. Aufl. 1887; A. Oepke: ThWNT I, 1933, 776-790; W. Neuer: Mann und Frau in christlicher Sicht, [3]1985.

K.B.

FREIGELASSENER. Der Freigelassene (griech. *apeleutheros*; latein. *libertinus*) ist der aus der Sklaverei in die Freiheit Entlassene.

1. Nach 2Mo 21,2; 5Mo 15,12-15; Jer 34,9 soll ein hebr. Sklave nach 7 Jahren und auch nach 7x7 Jahren (*Jobeljahr oder Erlaßjahr; s. *Feste, vgl. 3Mo 25,39-55) unentgeltlich in die Freiheit entlassen werden. Dieses Recht auf Freilassung wird damit begründet, daß Gott ganz Israel aus der Knechtschaft in Ägypten herausgeführt hat (3Mo 25,42.55; 5Mo 15,15). Falls aber ein Sklave freiwillig bei seinem Herrn bleiben möchte, soll dieser ihm das Ohr durchbohren (2Mo 21,5f; 5Mo 15,16f). Rabbi Jochanan ben Zakkai erklärte dieses Gebot damit, daß ein Ohr, das am Sinai die Weisung der Gottesknechtschaft Israels vernommen hatte (vgl. 3Mo 25,55), nicht jemandem gehören dürfe, der sich zum Sklavendienst für einen menschlichen Herrn verpflichtete (Tosefta B Q 7,5). Die Gottesknechtschaft, d.h. die gehorsame Beugung unter die Tora, schließt somit einen freiwilligen Sklavendienst für menschliche Herren aus.

2. Jesus verkündigte bei seiner Antrittspredigt in Nazareth (Lk 4,16-30) die Verwirklichung des Gnadenjahres des Herrn, d.h. des großen Jobeljahres, das den Gefangenen die Freiheit (*derōr*; Jes 61,1), die Lösung (*aphesis*; vgl. 5Mo 15,1f) ihrer Bande bringen soll (Lk 4,18f nach Jes 61,1f). Im Rahmen der messianischen Sendung Jesu meint dies die Losbindung von den Fesseln der Sünde und der Krankheit (vgl. Mt 1,21); eine gekrümmte, vom Satan gebundene Frau wurde zum Zeichen dafür von Jesus aus ihrer langjährigen Fesselung gelöst, d.h. geheilt und in den Stand einer freien Tochter Abrahams zurückgeführt (Lk 13,16; vgl. Joh 8,33).

3. Für Paulus hat Christus durch seinen Sühnetod und durch die Verleihung des heiligen Geistes die Verheißung für die Nachkommen Abrahams erfüllt, d.h. sie von der Knechtschaft unter dem Gesetz erlöst und sie zu freien Söhnen Gottes gemacht (Gal 4,21-5,1); ihre Befreiung bildet das Signal für die Erlösung der Schöpfung von dem Bann der Vergänglichkeit (Röm 8,19-23).

4. Paulus folgert aus dieser Tatsache nicht die Notwendigkeit, eine generelle Aufhebung der Sklaverei fordern zu müssen; aber wo einem Sklaven die Möglichkeit zur Freilassung (latein. *manumissio*) geschenkt wird, soll er von ihr um so lieber Gebrauch machen (1Kor 7,21; S. Scott Bartchy: First Century Slavery and I Corinthians 7:21, 1973). Inschriftlich bezeugt ist die Praxis, daß ein Sklave – sei es mit Hilfe eigener Mittel oder der eines Dritten - seine Freilassung dadurch erlangen konnte, daß der Gott eines Heiligtums oder auch eine Synagoge juristisch als »Käufer« fungierte (C.K. Barrett: The New Testament Background, 1961, S. 52f).

5. In Jerusalem befand sich auch eine Synagoge der »Libertiner«, d.h. von Juden, die aus röm. Sklaverei entlassen worden waren (Apg 6,9). O.B.

FREIHEIT. Die bibl. Vorstellung von F. hat als Hintergrund den Gedanken an Gefangenschaft und Sklaverei. Herrscher hielten jene gefangen, die sie für Übeltäter hielten (1Mo 39,20); ein besiegtes Volk konnte vom Eroberer versklavt werden, ein Kriegsgefangener von dem, der ihn gefangen hatte; ein einzelner, wie Josef, konnte als Sklave verkauft werden. Wenn die Bibel von F. spricht, ist immer eine frühere Leibeigenschaft oder Gefangenschaft impliziert. F. ist der glückliche Zustand, in den man aus der Knechtschaft entlassen wurde, in ein Leben voller Freude und Zufriedenheit, wie man es vorher nicht führen konnte (*Freigelassener). Diese Freiheitsidee taucht in der Hl. Schrift in ihrer gewöhnlichen säkularen Anwendung auf (z.B. Ps 105,20; Apg 26,32); sie erfährt jedoch auch eine bedeutsame theologische Entwicklung. Diese rührte von Israels Erkenntnis her, daß seine F. von der Unterwerfung durch Fremde Gottes Geschenk war. Im NT wird F. ein wichtiges theologisches Konzept zur Beschreibung der Erlösung.

I. ISRAELS FREIHEIT.

Beim *Auszug aus Ägypten befreite Gott Israel aus der Sklaverei. Von nun an sollte das Volk ihm als sein auserwähltes Volk dienen (2Mo 19,3ff; 20,1ff; 3Mo 25,55; vgl. Jes 43,21). Er brachte es in das Land, »darin Milch und Honig fließt« (2Mo 3,8; vgl. 4Mo 14,8ff; 5Mo 8,7ff), siedelte es dort an und erhielt ihm politische Unabhängigkeit und wirtschaftliches Wohlergehen, solange es keine Götzen anbetete und seine Gesetze einhielt (5Mo 28,1-14). Das heißt also, daß Israels F. nicht von eigenem militärischem oder politischem Bemühen abhing, sondern von seinem Gehorsam gegenüber Gott. Seine F. war ein übernatürlicher Segen, Jahwes Gnadengeschenk an sein auserwähltes Volk. Israel hatte es ohne eigenes Zutun erhalten; nur durch ihn war es erhältlich, und nur durch seine beständige Gunst blieb es ihm erhalten. Ungehorsam in Form von kultischen Vergehen oder sozialer Ungerechtigkeit brachte dagegen den Verlust der F. mit sich. Gott strafte sein Volk durch nationales Unglück und Versklavung (5Mo 28,25.47ff; vgl. Ri 2,14ff; 3,7ff.12ff; 4,1ff;

6,1ff); er ließ feindliche Mächte sich erheben und Israel schließlich in ein Land deportieren, wo keine Zeichen seiner Gunst zu erwarten waren (5Mo 28,64ff; Am 5; 2Kön 17,6-23; vgl. Ps 137,1-4).

Die Struktur des theologischen Freiheitsbegriffes tritt hier deutlich zutage. F. im atl. Sinne bedeutet einerseits Befreiung von Mächten, die die Menschen davon abhalten, ihren Schöpfer anzubeten und sich seiner zu erfreuen (*Erlösung), andererseits die positive Freude, mit Gott zusammen zu sein, im Bunde mit ihm, an dem Ort, an dem er sich bekundet und sie segnet. F. ist Befreiung von Sklaverei unter Mächten, die gegen Gott opponieren, und F. zur Erfüllung seiner Absichten für das Leben der Menschen. F. ist keine Errungenschaft des Menschen, sondern eine freiwillige Gnadengabe, die nur Gott verleihen kann. Darüber hinaus ist F. ein Bundes-Segen für das auserwählte Volk, solange es Gott treu ist. F. bedeutet nicht Unabhängigkeit von Gott: gerade im Dienst Gottes findet der Mensch die vollkommene F. Der Entlassung aus der Knechtschaft der Geschöpfe kann sich der Mensch nur erfreuen, wenn er ein Knecht des Schöpfers wird. Gott läßt also die Menschen frei, damit sie seine Sklaven seien. Er befreit sie, indem er sie zu sich bringt (2Mo 19,4).

Die Weissagungen des Jesaja über die Entlassung aus der Gefangenschaft und den Wiederaufbau Jerusalems gaben der rel. Auffassung von F. zusätzliche Nahrung: Diese Ereignisse sollten von einer neuen und bis dahin beispiellosen Erfahrung des freudigen und befriedigenden Zusammenseins mit Israels gnädigem Gott künden (Jes 35,3-10; 43,14-44,5; 45,14-17; 49,8-50,3; 51,17-52,12; 54; 61,1ff u.ö.; vgl. Hes 36,16-36; 37,15-28).

Da alle Angehörigen des befreiten Volkes als solche Gottes Diener waren (3Mo 25,42.55), sollten Israeliten, die sich aus bitterer Armut in die Sklaverei verdingten, nicht wie fremde Sklaven behandelt werden also nicht als Besitz aus der vererbbaren Habe ihres Herrn (3Mo 25,44ff). Nach jeweils 7 Jahren sollten sie (wenn sie nicht freiwillig auf Dauer dienen wollten), freigelassen werden zur Erinnerung daran, daß Gott Israel aus ägypt. Sklaverei befreit hat (5Mo 15,12ff; vgl. *Freigelassener). Jeremia klagte das Volk an, weil es trotz proklamierter Sklavenfreilassung hebr. Sklaven behielt (Jer 34,8-17).

II. DIE FREIHEIT EINES CHRISTEN. Der volle Freiheitsbegriff wird in den Evangelien und den Paulusbriefen entfaltet, wo *Sünde, *Satan, *Gesetz und *Tod als die Feinde gezeigt werden, von denen Gott die Seinen durch Christus befreit.

Es war Christi öffentliches Amt zu befreien. Er trat es an, indem er sich selbst als die Erfüllung von Jes 61,1f bezeichnete: »...weil er mich gesalbt hat, zu verkündigen das Evangelium den Armen; er hat mich gesandt, zu predigen den Gefangenen, daß sie frei sein sollen...« (Lk 4,16ff). Die Sehnsucht der *Zeloten nach nationaler Befreiung von Rom wurde von Christus ignoriert. Er war gekommen, um die Israeliten aus der Sklaverei Satans und der Sünde, in der er sie vorgefunden hatte (Joh 8,34-36.41-44), zu befreien, »den Fürsten dieser Welt«, den »Starken« (Mk 3,27), zu überwinden und seine Gefangenen zu befreien (Lk 10,17f). Geisteraustreibungen (Mk 3,22ff) und Heilungen (Lk 13,16) waren Teil seines Befreiungswerkes. Er nannte dies einen positiven Beweis dafür, daß das Reich Gottes (d.h. der verheißene eschatologische Zustand, in dem die Menschen tatsächlich Gottes Vergebung und Erlösung erlangen und seinem Willen unterworfen sind) tatsächlich zu den Menschen gekommen ist (Lk 11,20; vgl. Mt 12,28).

Paulus betont immer wieder, daß Christus die Gläubigen hier und jetzt von den zerstörerischen Einflüssen befreit, in deren Macht sie vorher gewesen sind: von der Sünde, jenem Tyrannen, dessen Sold der Tod ist (Röm 6,18-23), von dem Gesetz als einem Heilsweg, der die Sünde weckt und nährt (Gal 4,21ff; 5,1; Röm 6,14; 7,5-13; 8,2; 1Kor 15,56), von der dämonischen »Macht der Finsternis« (Kol 1,13), vom polytheistischen Aberglauben (1Kor 8,4-6; Gal 4,8) und von der Bürde des jüd. Zeremonienwesens (Gal 2,4). Paulus versichert, daß auch die F. von der Knechtschaft gegenüber der innewohnenden Sünde, die teilweise noch wirksam ist (Röm 7,14.23), von körperlicher Krankheit und vom Tod zu gegebener Zeit noch hinzukommen werde (Röm 8,18-21).

Diese F. ist in allen ihren Aspekten eine Gabe Christi, der durch seinen Tod sein Volk aus der Sklaverei freigekauft hat (1Kor 6,20; 7,22f; vgl. *Erlösung, *Lösegeld). Die gegenwärtige F. von Gesetz, Sünde und Tod wird den Gläubigen durch den Geist Gottes vermittelt, welcher sie durch den Glauben mit Christus verbindet (Röm 8,2; 2Kor 3,17). Befreiung bedeutet Adoption (Gal 4,5); die von der Schuld Befreiten werden Kinder Gottes und erhalten Christi Geist als Geist der Kindschaft. Er gibt ihnen die Gewißheit, daß sie wahrhaftig Gottes Kinder und Erben sind (Gal 4,6f; Röm 8,15f).

Die Antwort des Menschen auf die Gottesgabe der F. (*eleutheria*) bzw. das Mittel, durch das er sie empfängt, ist ein freies Akzeptieren der Knechtschaft (*douleia*) gegenüber Gott (Röm 6,17-22), Christus (1Kor 7,22), der Gerechtigkeit (Röm 6,18) und allen Menschen um des Evangeliums (1Kor 9,19-23) und um Jesu willen (2Kor 4,5). Die F. des Christen ist weder eine Aufhebung der Verantwortlichkeit noch eine Genehmigung für Ausschweifungen. Der Christ steht zwar im Hinblick auf seine Erlösung nicht länger »unter dem Gesetz« (Röm 6,14), aber er ist »nicht ohne Gesetz vor Gott« (1Kor 9,21; *Ethik). Das Gesetz Gottes, wie Christus selbst es auslegte und vorlebte, bleibt ein Maßstab, der Christi Willen für seine freigelassenen Knechte ausdrückt (1Kor 7,22). Christen stehen also unter dem »Gesetz Christi« (vgl. Mk 12,28ff; Joh 13,34), dem Prinzip der freiwilligen und schonungslosen Selbsthingabe zum Wohle der Menschen (1Kor 9,1-23; 10,23-33) und zur Ehre Gottes (1Kor 10,31). Dieses Leben der Liebe ist die dankbare Antwort, die das befreiende Evangelium sowohl fordert als auch hervorruft. Christl. F. ist F. zur Liebe und zum Dienst für Gott und die Menschen. Sie wird also mißbraucht, wenn sie lieblose Freizügigkeit (Gal 5,13; vgl. 1Petr 2,16; 2Petr 2,19) oder unverantwortliche Rücksichtslosigkeit (1Kor 8,9-12) entschuldigen soll.

Paulus schrieb den Brief an die *Galater, um der Bedrohung der christl. F. durch judaistische Theologie entgegenzutreten. Der Angelpunkt seines Denkens ist, daß Christus ohne des Gesetzes Werke unsere Erlösung ist. Die Judaisten wollten, daß sich auch die nicht-jüd. Christen beschneiden ließen. Paulus hielt dagegen, daß sie dann auch das ganze mosaische Gesetz einhalten müßten, um erlöst zu werden. So würde man sich jedoch durch das Gesetz zu rechtfertigen suchen, und das wäre gleichbedeutend mit einem Abfallen von der Gnade und von Christus (Gal 5,2-4). Der Christ, ob Jude oder nicht, sei frei von allem Zwang, Gesetze einhalten zu müssen, um von Gott angenommen zu werden. Als ein an Christus Glaubender ist er ja schon vorbehaltlos angenommen (Gal 3,28f); das beweist auch die Gabe des Geistes an ihn (Gal 3,2f.14; 4,6; 5,18). Für einen nichtjüd. Gläubigen gibt es keinen Grund, sich mit mosaischen Zeremonien (Beschneidung, Feiertagskalender, etc.; vgl. Gal 4,10) zu belasten, die ohnehin der vorchristl. Zeit angehören. Die erlösende Tat Christi hat ihn völlig von dem Zwang befreit, sein Heil durch das Gesetz zu suchen (Gal 3,13; 4,5; 5,1). Seine erste Aufgabe ist es nun, die von Gott geschenkte F. denen gegenüber zu verteidigen, die ihm sagen, der Glaube an Christus allein könne ihn nicht erlösen (Gal 5,1). Sodann soll er seine F. auch dazu benutzen, sich durch den Geist zu verantwortlicher Erfüllung des Gesetzes der Liebe anleiten zu lassen (Gal 5,13ff).

An anderen Stellen vertritt Paulus einen ähnlichen Standpunkt. Der Christ braucht nicht für seine Erlösung zu arbeiten. Er ist nicht an die jüd. Zeremonien, an heidnische Tabus oder Aberglauben gebunden. Es gibt einen großen Bereich zweitrangiger Dinge, in dem »alles erlaubt« ist (1Kor 6,12; 10,23). Hier muß der Christ seine F. verantwortlich gebrauchen und im Auge behalten, was angemessen und nützlich ist und das Gewissen des schwächeren Bruders nicht belastet (vgl. 1Kor 8-10; Röm 14,1-15,7).

III. »FREIER WILLE«.

Die historische Diskussion darüber, ob der sündige Mensch einen »freien Willen« hat, hat nur mittelbare Verbindung mit der bibl. Freiheitslehre. Man muß hier verschiedene Dinge unterscheiden.

1. Nimmt man den Ausdruck »freier Wille« moralisch und psychologisch, d.h. als die Kraft der ungezwungenen, spontanen, freiwilligen und daher verantwortlichen Wahl, dann setzt die Bibel voraus, daß alle Menschen – wiedergeborene und nicht-wiedergeborene gleicherweise – diese Möglichkeit besitzen.

2. Im metaphysischen Sinne meint dieser Ausdruck, daß die künftigen Handlungen eines Menschen nicht vorherbestimmt und daher im Prinzip unberechenbar sind. Die Bibel scheint eine Unbestimmbarkeit des künftigen Handelns, bezogen auf die Moral oder körperliche Konstitution des Handelnden, weder zu bestätigen noch zu bestreiten. Sie scheint jedoch vorauszusetzen, daß vor Gott kein zukünftiges Ereignis unbestimmt ist, da er alles im voraus weiß und in gewissem Sinne auch alles vorherbestimmt. (*Vorhersehung, *Prädestination)

3. Theologisch gesehen bezeichnet der Ausdruck eine natürliche Fähigkeit des nicht wiedergeborenen Menschen, gute Taten zu vollbringen oder die Einladung des Evangeliums anzunehmen. Abschnitte wie Röm 8,5-8; Eph 2,1-10; Joh 6,44 scheinen dagegen auszusagen, daß kein Mensch zum Gehorsam und zum Glauben frei ist, bevor er durch die Gnade aus der Gewalt der Sünde befreit worden ist. Alle seine Willensakte sind doch nur Handlungen im Dienste der Sünde, bis die Gnade die Macht der Sünde bricht und ihn dazu bewegt, dem Evangelium zu gehorchen (vgl. Röm 6,17-22; *Wiedergeburt).

Literatur: W. Haubeck: Loskauf durch Christus, 1985; O. Michel: Der antike und der christliche Freiheitsbegriff, in: Universitas 1/1946, S. 1-17; H. Schlier: ThWNT, II, 1935, S. 484-500. J.I.P.

FREIJAHR s. Sabbatjahr

FREISTÄDTE. Es handelte sich um Zufluchtsorte, die in 4Mo 35,9-34 und Jos 20,1-9 (wo sie namentlich aufgeführt sind) erwähnt werden, daneben in 4Mo 35,6; Jos 21,13.21. 27.32.38; 1Chr 6,42.52. Aus den Belegstellen geht hervor, daß die F. zu den Städten der Leviten zählten. 5Mo 4,41-43; 19,1-13 befassen sich mit der juristischen Einrichtung, die mit »Freistadt« bezeichnet wird (vgl. 2Mo 21,12-14).

In Israels öffentlichem Leben galt das Gesetz der Verhältnismäßigkeit zwischen Straftat und Strafe (»Vergeltung«; lex talionis s. 2Mo 21,23-25 usw.), das besonders in Fällen von Blutvergießen zum Tragen kam (s. 1Mo 9,5f; 2Mo 21,12; 3Mo 24,17 usw.; vgl. auch 5Mo 21,1-9). Zumindest im alten Israel hatte der *gō᾿ēl*, der nächste männliche Verwandte, die Pflicht, den Mörder zu bestrafen (*Blutrache). Man unterschied zwischen vorsätzlichem und unbeabsichtigtem Totschlag. Derjenige, der einen Mord vorsätzlich begangen hatte, mußte getötet werden, während einer, der unbeabsichtigt getötet hatte, in einer der Freistädte Zuflucht finden konnte. Es ist anzunehmen, daß die Einrichtung der F. in erster Linie dazu diente, Exzesse zu verhindern, die durch die Ausführung der »Blutfehde« entstehen konnten.

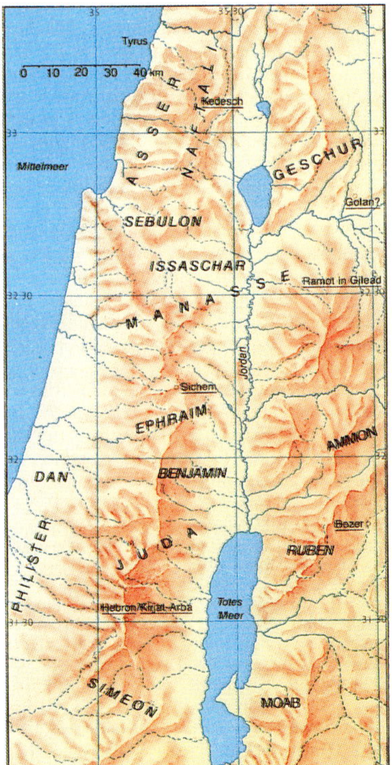

Freistädte nach Jos 20.

Im »*Bundesbuch«, der ältesten Gesetzessammlung Israels, existiert bereits eine Regelung, die sich mit dieser Angelegenheit befaßt (2Mo 21,12-14). Man kann die Tendenz dieser Regelung etwa so beschreiben: Israel kannte die alte Praxis, den *Altar des Heiligtums als Zufluchtsstätte zu betrachten, sie herrschte auch bei anderen Völkern vor. Hier wird festgelegt, daß der vorsätzliche Mörder keine Zuflucht in der Nähe des Altars finden soll, daß dies dem, der unbeabsichtigt getötet hat, aber erlaubt ist. Aber möglicherweise ist der Altar weit entfernt, überdies kann sich der Betroffene nicht ständig in der Nähe des Altars, im Heiligtum, aufhalten. Daher verkündet der Herr, daß er weitere Vorkehrungen treffen wird. Der Ausdruck »hat Gott es seiner Hand widerfahren lassen« wurde so verstanden, daß der, der nicht vorsätzlich getötet hatte, ein Instrument Gottes war, und Gott daher für seinen Schutz zu sorgen hatte. Beispiele für den Altar als Zufluchtsort findet man in 1Kön 1,50-53; 2,28-34; die Formulierungen, die beispielsweise in Ps 27,4-6; 61,4f; Ob 17 vorkommen, zeigen, daß diese Praxis in Israel wohlbekannt war.

Es bestehen charakteristische Unterschiede zwischen den zwei wichtigsten Aussagen, die die F. betreffen (4Mo 35,9ff; 5Mo 19,1ff; vgl. 5Mo 4,41-43). Für die Regelungen von 4Mo 35, die in der Ebene von Moab verkündet wurden (V. 1), ist festzuhalten: Zu gegebener Zeit sollte Israel drei Städte an der Ostseite des Jordan und drei Städte an der Westseite des Jordan benennen (V. 13ff), die zu denen der Leviten gehören sollten (V. 6). Die »Gemeinde« sollte über dem Totschläger zu Gericht sitzen (12.24). (Auch während der Wanderung durch die Wüste entschied diese Körperschaft in solchen Fällen.) In den Versen 16-23 werden Kriterien aufgestellt, die genau definieren, ob es sich um vorsätzlichen oder unbeabsichtigten Totschlag handelt. Der, der nicht vorsätzlich getötet hat, soll bis zum Tod des Hohenpriesters in der Stadt bleiben (V. 25.28.32). In diesem Zusammenhang hat der Aufenthalt in der Freistadt den Charakter von Exil oder Buße (V. 28.32). Auch die Festsetzungen der V. 30-32 sind zu beachten, mit der wichtigen Motivierung, die in den V. 33f gegeben wird: Ein vorsätzlicher Mord, der durch zwei Zeugen bewiesen ist, darf nicht ungesühnt bleiben, da er das Land »schändet«.

5Mo 4,41-43 berichtet, wie Mose »drei Städte ... jenseits des Jordans« aussonderte. 5Mo 19,1ff legt fest, daß nach der Einnahme Kanaans drei Städte auf der Westseite des Jordan ernannt werden sollen und weitere drei für den Fall einer weiteren Ausdehnung des Gebietes Israels (die letzte Regelung scheint niemals ausgeführt worden zu sein). Es wird betont, daß die Israeliten dafür sorgen sollten, daß ein Mörder, der ohne Vorsatz getötet hatte, eine Freistadt in der Nähe wissen sollte (V. 3,6ff). Um den Unterschied zwischen einem vorsätzlichen und einem unbeabsichtigten Mord deutlich zu machen, wird in V. 5 ein Beispiel gegeben. Die Ältesten am Wohnsitz des Totschlägers sollten die endgültige Entscheidung treffen (V. 12).

Gemäß Jos 20 wurden folgende F. zu Josuas Lebzeiten ernannt: Kedesch, Sichem, Kirjat-Arba (Hebron), Bezer, Ramot und Golan. Jos 20 setzt die Regelungen von 4Mo 35 und 5Mo 19 als bekannt voraus. Ein neues Merkmal ist hier, daß auch die Ältesten der Freistadt Verantwortung tragen (V. 4-5).

Über die Praxis des Asylrechts ist nichts bekannt. Außer in 1Kön 1,50-53; 2,28-34 wird es nicht erwähnt. Es ist möglich, daß mit der Festigung der Zentralgewalt das Asylrecht an Bedeutung verloren hat.

Was die Datierung dieser Abschnitte und die Geschichtlichkeit der darin enthaltenen Tatsachen betrifft, meinen Wellhausen und die Wissenschaftler, die sich ihm anschließen, folgende Entwicklung zu sehen: Ursprünglich sei das Heiligtum die Zufluchtsstätte gewesen. Im 7.Jh.v.Chr. hätten die Autoren von 5Mo, die auf eine Zentralisierung des Kultes zielten, das Asylrecht säkularisiert, die Heiligtümer durch einige Städte ersetzt und die Ältesten an die Stelle der Priester treten lassen. 4Mo 35 enthalte einen Plan, der aus der Zeit des Auszugs oder vorher stamme und nie ausgeführt worden sei. Jos 20 stamme sogar aus noch späterer Zeit. Heute sind jedoch viele Wissenschaftler der Meinung, daß die Einrichtung des Heiligtums als Zufluchtstätte aus viel früherer Zeit stammt, z.B. aus der Zeit Davids (Albright und andere).

Es gibt keinen Grund dafür, anzunehmen, daß die fraglichen Regelungen zumindest in wesentlichen Punkten nicht aus der Zeit Moses stammen. Man kann diese Frage nicht isoliert betrachten, weil sie eng mit der Datierung der Quellen verknüpft ist. Wichtig ist hierbei jedoch die Feststellung, daß die sechs namentlich genannten F. nur in alter Zeit zu Israels Gebiet gehörten. Golan war schon kurz nach Salomos Tod verloren und Bezer etwa 850 v.Chr. (vgl. *Meschastein).

Zwei Fragen ergeben sich in diesem Zusammenhang: 1. Warum mußte der, der nicht vorsätzlich getötet hatte, bis zum Tod des Hohenpriesters in der Freistadt bleiben? Eine Antwort lautet, daß seine Schuld auf den Hohenpriester übertragen und durch dessen (verfrühten) Tod gesühnt wurde. Eine ähnliche Ansicht taucht schon im Talmud auf (Makkoth 2b) und wird immer noch verteidigt, unter anderem von Nicolsky und Greenberg. Diese Ansicht ist zwar einleuchtend (vgl. 2Mo 28,36-38), aber nicht befriedigend. Man geht wohl besser davon aus, daß durch den Tod des Hohenpriesters ein bestimmter Zeitabschnitt abgeschlossen war. Vielleicht kann man in Übereinstimmung mit van Oeveren diese Ansicht auf folgende Weise ausbauen: die F. zählten zu den Städten der Leviten; so zählte derjenige, der unbeabsichtigt getötet hatte, in einem gewissen Sinn zum Stamm Levi; der Tod des Hohenpriesters, des Anführers des Stammes Levi, löste diese Verbindung. 2. Kann man in bezug auf den, der nicht vorsätzlich getötet hatte, sagen, daß hier Gnade vor Recht erging? Wahrscheinlich kann man diese Frage nicht beantworten, denn das AT unterscheidet nicht zwischen Gnade und Gerechtigkeit so wie wir es tun. Aber die Verkündung, daß die Verfügungen, die der Herr Israel gab, gut und gerecht waren (5Mo 4,6ff usw.), treffen sicherlich auf die Regelungen, die die Freistädte betreffen, zu.

Die Antwort auf diese beiden Fragen hat Einfluß auf das Ausmaß, in dem wir die Regelungen der F. als christologisch betrachten. Es ist zweifellos legitim, Christus als unsere Zuflucht zu bezeichnen. Aber eine Parallele zwischen Christus und den F. herzustellen, ist bedenklich.

Meinungen des späteren Judentums in bezug auf diese Regelungen geben die Mischna-Abhandlung Makkoth 2 und die Abhandlung im Talmud, die damit in Zusammenhang gebracht wird, wieder (vgl. Löhr, S. 34).

Literatur: N.M. Nicolsky: Das Asylrecht in Israel, ZAW 48/1930, S. 146-175; M. Löhr: Das Asylwesen im Alten Testament, 1930; C.L. Feinberg: The Cities of Refuge, BS 103/1946, S. 411-416; 104/1947, S. 35-48; W.F. Albright: Die Religion Israels im Lichte der Archäologie, [3]1956; R. de Vaux: Das Alte Testament und seine Lebensordnungen, Bd. I, [2]1964; Bd. II, [2]1966; B. van Oeveren: De Vrijsteden in het Oude Testament, 1968 (Literatur!) N.H.R.

FREMDER/FREMDLING. Die deutschen Worte »Fremder/Fremdling« stehen in der LÜ für unterschiedliche hebr. Begriffe.

1. Der Fremde oder Außenstehende.
Ein F. ist jemand, der nicht zu dem Haus oder Gemeinwesen gehört, in dem er sich befindet. Das Wort *zār* hat die Wurzel *zur*, »sich abwenden« oder »weggehen«. Es kann also einfach auf einen Außenstehenden angewendet werden (1Kön 3,18), aber auch auf jemanden, der eine Position einnimmt, die ihm nicht zusteht. Die »sittenlose Frau« in den Sprüchen ist so eine »Hergelaufene«. Man kann es auch von jemandem sagen, der nicht zur eigenen Nation gehört; dann ist es praktisch gleichbedeutend mit »Feind« (Jes 1,7; Jer 5,19; 51,51; Hes 7,21; 28,7.10; Ob 11).

2. Der Fremde oder Ausländer.
Das Wort *nokrī* kann sich einfach auf den Angehörigen einer anderen Rasse beziehen. Es kann aber auch rel. gefärbt sein, wenn andere Völker Götzenverehrung treiben. Daher durften die Israeliten auch keine Kanaanäerinnen heiraten (5Mo 7,1-6). Salomo wurde getadelt, weil er viele ausländische Frauen liebte, die ihn von Jahwe entfernten (1Kön 11,1ff). Das babylon. *Exil betrachtete man als Strafe Gottes für diesen Abfall, der sich ja auf die ganze Nation erstreckte. Daher wurde nach der Rückkehr aus dem Exil strengstens auf Einhaltung des Eheverbotes mit Ausländern geachtet. Legte *Esra dabei noch Wert auf nationale Reinheit (Esr 9-10), wurde daraus im späteren Judentum jene strikte Exklusivität, die durch die Judaisten der Urchristenheit ein starkes Hindernis für den freien Zugang von nichtjüd. Bekehrten zur Gemeinde bildete.

3. Der Schutzbürger.
Ein Schutzbürger ist jemand, der seinen ständigen Wohnsitz in einem fremden Volk hat, im Gegensatz zum »Ausländer«, der nur vorübergehend bleibt. Der hebr. Begriff für Schutzbürger lautet *gēr*, aus der Wurzel *gur*, »als Schutzbürger weilen«, das Synonym *tōschāb* steht manchmal einfach für »Siedler«. Die Israeliten selbst waren Schutzbürger in Ägypten (1Mo 15,13; 2Mo 22,20; 5Mo 10,19; 23,8), und das wurde entscheidend für ihren Umgang mit Schutzbürgern in Israel. Bei ihren Schutzbürgern konnte es sich um einen ganzen Stamm handeln wie die Gibeoniter (Jos 9) oder um die Überreste der Kanaanäer nach der Eroberung des verheißenen Landes. Deren Anzahl war allerdings beträchtlich, wie man aus Salomos Volksschätzung ersehen kann (2Chr 2,16f).

Der Schutzbürger hatte viele Rechte. Die Israeliten durften ihn nicht unterdrücken (2Mo 22,20; 23,9; 3Mo 19,23f), sondern sollten ihn nach Gottes Willen sogar lieben (5Mo 10,19). Einer der Gründe, die für die Einhaltung des Sabbat aufgeführt werden, war, daß der Schutzbürger sich erquicken konnte (2Mo 23,12). Die Nachlese im Weinberg und auf dem Erntefeld war ihm vorbehalten (3Mo 19,10; 23,22; 5Mo 24,19-21). Er sollte mit in die Freistädte fliehen können (4Mo 35,15; Jos 20,9). Ähnlich den Witwen und Waisen galt er als schutzlos; deshalb wird Gott sein Schutz und richtet seinen Unterdrücker (Ps 94,6; 146,9; Jer 7,6; 22,3; Hes 22,7.29; Sach 7,10; Mal 3,5). Der Hauptnachteil seiner Stellung war, daß er, falls er Leibeigener war, nicht an der allg. Freilassung im *Halljahr teilhatte (3Mo 25,44-46).

Was das rel. Leben angeht, so mußte er sich während des Festes der ungesäuerten Brote an das Sauerteigverbot halten (2Mo 12,19). Er durfte am Sabbat und am Versöhnungstag nicht arbeiten (2Mo 20,10; 3Mo 16,29). Ebenso wie den Israeliten war es ihm verboten, Blut zu essen (3Mo 17,10.13), ein sittenloses Leben zu führen (3Mo 18,26), Götzen anzubeten (3Mo 20,2) und den Namen Jahwes zu lästern (3Mo 24,16). Er durfte jedoch unreines Fleisch essen (5Mo 14,21) und brauchte auch das *Passafest nicht mitzufeiern; wollte er es dennoch tun, mußte er sich beschneiden lassen (2Mo 12,48). Er stand rechtlich praktisch auf derselben Stufe wie der Israelit (3Mo 24,22), und in Hesekiels Vision vom messianischen Zeitalter teilt er sogar das Erbe Israels (Hes 47,22f).

4. Im NT ist es das besondere Charakteristikum des Evangeliums, daß jene, die vom Bürgerrecht Israels ausgeschlossen und deshalb »Fremde und Schutzbürger« waren (Eph 2,12.19f), zu gemeinsamen Erben im Israel Gottes gemacht werden. In dieser Welt sind die Christen nun Fremdlinge und müssen in ihr als Schutzbürger leben (1Petr 2,11).

Literatur: J. Petersen: Israel, 3-4, 1940, S. 272f; H. Bietenhard, F.S. Rothenberg: Art. Fremd, TBLNT I, S. 370-379. H.M.C.

FREUDE. Das AT ist reich an Worten, mit denen die Israeliten ihre Freude ausdrückten. Zwölf verschiedene Verben und von ihnen abgeleitete Substantive dienen der Umschreibung der Freude Gottes, seiner Menschen und der ganzen Schöpfung.

Das meistgebrauchte Wort ist *samach*, »sich freuen« (Subst. *simcha*); häufig ist auch *gil*. Jes. 35,1f stehen die Worte *ranan*, *sis* und *gilah* nahezu synonym und einander verstärkend als Ausdruck jubelnder Freude. *chadah* bedeutet die aufrichtige Mitfreude mit dem Wohlergehen des anderen: »Jetro freute sich über all das Gute, das der Herr an Israel getan hatte« (2Mo 18,9). Das Griech. kennt die Worte *chara* (Verb *chairō*) und *angalliasis* (kommt in der LXX häufig vor und entspricht *simcha*), womit intensive Freude ausgedrückt wird.

Sowohl im AT als auch im NT ist F. ein Kennzeichen des Glaubenden und der ganzen Gemeinde. F. ist nicht nur ein Gefühl, sondern das Bewußtsein der Geborgenheit bei Gott, das sich auf Gottes Zusage gründet und seine Nähe erfährt (Ps. 16,11; Phil 4,4; Röm 15,13). Sie charakterisiert das irdische Leben eines Christen (Phil 1,25) und nimmt eschatologisch die F. des ewigen Lebens mit Christus im Himmelreich vorweg (vgl. Offb 19,7).

I. IM ALTEN TESTAMENT.
F. verbindet sich mit dem gesamten völkischen und rel. Leben Israels und artikuliert sich in fröhlichem Gesang und lauter Musik bei Festen, Opferfeiern und Thronbesteigungen (5Mo 12,6f; 1Sam 18,6; 1Kön 1,39f). Spontane F. ist vorherrschendes Merkmal der Psalmen, wo sie die gemeinsame Gottesverehrung (vorwiegend im Tempel, Ps 21,7; 43,4) ebenso wie die persönliche Anbetung (Ps 16,8f; 118,15) kennzeichnet. Jesaja verbindet F. nicht nur mit dem Kultus (vgl. Ps 126), sondern mit der Erlösung durch Gott und daher (in Ausdrücken eines den Kosmos umfassenden Jubels) mit der Vorwegnahme eines kommenden Reiches (Jes 35; 49,13; 55,12f; 61,10f). Im Frühjudentum wird die F. deshalb zum Kennzeichen der Endzeit.

II. IM NEUEN TESTAMENT.
Die synoptischen Ev. bringen F. mit der Verkündigung der frohen Botschaft vom Reich in ihren verschiedenen Formen in Zusammenhang: etwa bei der Geburt des Heilands (Lk 2,10), beim Einzug Jesu in Jerusalem (Mk 11,9f; Lk 19,37) und nach der Auferstehung (Mt 28,8). Im JohEv. vermittelt Jesus selbst diese F. (Joh 15,11; 16,24); sie wird jetzt die Folge der tiefen Gemeinschaft zwischen der Gemeinde und Jesus (vgl. Joh 16,22).

In der Apg kennzeichnet F. das Leben der Gemeinde. Sie begleitet die Ausgießung des Heiligen Geistes auf die Jünger (Apg 13,52), die Wunder, die in Christi Namen vollbracht werden (8,8), das Ereignis und den Bericht von der Bekehrung der Nichtjuden (15,3) und die Abendmahlsfeier (2,46).

Paulus verwendet *chara* in drei verschiedenen Bedeutungen. Zunächst ist ihm das Fortschreiten im Glauben bei den Gliedern des Leibes Christi – besonders derjenigen, die Paulus selbst zu Christus geführt hat -, ein Grund zur F. Er spricht von ihnen als »unsere Freude« (1Thess 2,19f; vgl. Phil 2,2). Sodann kann F. paradoxerweise auch aus dem Leiden um Christi willen entstehen (Kol 1,24; 2Kor 6,10; vgl. auch 1Petr 4,13; Hebr 10,34 u.ö.); sie kommt ja vom Herrn und nicht aus uns selbst. Schließlich ist F. eine Gabe des Heiligen Geistes (Gal 5,22); deshalb ist sie dynamisch und nicht statisch. Sie kommt aus der Liebe – Gottes Liebe und dadurch unserer eigenen – und ist deshalb in der paulin. Liste der neunfachen Frucht des Geistes eng mit der Liebe verbunden. Da sie aber eine Gabe ist, die durch Sünde unterbrochen werden kann, soll jeder Gläubige im täglichen Leben mit Christus an seiner F. anteilnehmen und sich täglich daran erfreuen, ihn zu kennen und von ihm erlöst zu sein (1Thess 5,16; Phil 3,1; 4,4; 1Petr 1,8).

Literatur: E.G. Gulin: Die Freude im Neuen Testament, 1932; J. Schniewind: Die Freude im Neuen Testament, in: Ders.: Die Freude der Buße, S. 9-18; E. Beyreuther, G. Finkenrath: Art. Freude, in: TBLNT I, S. 379-388. S.S.S./F.L.

FREUDIGKEIT.

1. Das Griech. macht wie das Dt. einen Unterschied zwischen Freude (*chara*) und F. (*parrēsia*). Freude ist der weitere Begriff, F. meint eine ihrer Wirkungen, den Freimut, die Kühnheit. Freude und F. gehören sachlich eng zusammen, sprachlich sind sie auch im Dt. getrennt (Luther übersetzt noch *freidig, Freidigkeit;* die lautliche Angleichung an Freude erscheint erst später).

2. *parrēsia* (wörtl. alles reden dürfen) ist im Griech. zunächst ein politischer Begriff. Nach Aristoteles soll jeder freie Bürger alle Kriecherei und Unterwürfigkeit ablehnen und sich in der *parrēsia* üben.

3. In der LXX kommt *parrēsia* nicht oft vor. 3Mo 26,13 wird übersetzt mit »aufrecht«, »erhobenen Hauptes«. Hiob 27,10 wird von F. Gott gegenüber gesprochen (LÜ und RevEB: »Lust haben«), d.h. von der Haltung eines Mannes, der sich nicht schuldig weiß, sondern freimütig vor Gott hintritt. Ps 94,1 steht *parrēsiazomai* für »erscheine« : Gott selbst erscheint dem Gottlosen in einer schrecklichen Freimütigkeit und Kühnheit.

4. Im Neuen Testament.

a. Das Wirken Jesu wird oft, bes. bei Joh, mit dem Begriff der F. in Verbindung gebracht. Jesus spricht in der Öffentlichkeit frei und offen (Joh 7,26; 18,20). Für sein Verhalten gegenüber seinen Gegnern ist F. geradezu charakteristisch. Freilich hebt diese F. das Geheimnis nicht auf, das über der Person Jesu lag und nur von glaubenden Jüngern geahnt werden konnte. Das freimütige Auftreten Jesu und seine Verborgenheit und Verhüllung stehen in einer Spannung zueinander, die nicht aufgelöst werden darf (vgl. Mk 5,43; 8,30-32 u.ö.).

b. Der F. des Meisters entspricht die seiner

Jünger. In der Gewißheit des Heils (Apg 4,12) hat die den Feinden und dem Tod trotzdende F. ihren Ursprung (V. 13; LÜ: »Freimut«). Diese Haltung gilt es gerade auch in Not und Leid zu bewähren: »Werft eure F. nicht weg!« (Hebr. 10,35 wörtlich).

c. Die vollmächtige Verkündigung soll in F. geschehen. Das ist des Paulus Gebetswunsch (Eph 6,19). Freimütiges Zeugnis steht unter einem göttlichen Muß (1Kor 9,16; Apg 4,20). Wer Jünger ist, muß Zeuge sein, und Zeugnis heißt freimütiges Bekenntnis. Das Verkündigen kann wohl auch nur aus Gehorsam geschehen, wenn ihm aber die F. fehlt, so fehlt ihm etwas Wesentliches. So schließt die Apg nicht von ungefähr: »Paulus lehrte von dem Herrn Jesus mit allem Freimut ungehindert« [d.h. mit aller Freudigkeit] (Apg 28,31).

d. An einigen Stellen wird von einer zukünftigen F. (LÜ: »Zuversicht«) gesprochen, von einem freien Mut, der keine Furcht vor Gott, dem Richter, kennt, weil er weiß: wer auf der Seite Jesu steht, von dem ihn nichts trennen kann (Röm 8,31ff), darf selbst am Jüngsten Tage getrosten Mutes darauf warten, daß ihm, dem begnadigten Sünder, Gott den Siegeskranz der Ehren aufsetzen wird (1Joh 3,21; 4,17; 5,14).

FREUND, FREUNDSCHAFT.

1. F., Freundschaft ist eine Bezeichnung enger zwischenmenschlicher Beziehung (1Mo 38,12; 5Mo 13,7; 1Sam 30,26; 2Sam 13,3 u.ö.). Echte F.e und Freundschaften erweisen sich in der Not (vgl. 1Sam 20,19f; 23,16ff; Sir 6,7f), und das Trauerlied Davids um seinen gefallenen F. Jonatan gehört zum Ergreifendsten und Innigsten, was über tiefe Freundschaft ausgesagt worden ist (2Sam 1,17ff). Solche Freundschaften erwähnt die Hl. Schrift öfter (2Sam 15,37; Dan 3). Freundschaften können inniger sein als verwandtschaftliche Beziehungen (vgl. Spr 17,17; 27,9); sie erhalten da ihren Wert, wo sie auf den lebendigen Gott gegründet sind, und der Herr das Fundament der Freundschaft ist (Sir 6,16f; vgl. Philippus und Nathanael, Joh 1,45ff; Paulus und Philemon, Phlm 1 u.ö.). Aber auch gemeinsame Auflehnung gegen den Christus Gottes können ein Band schlechter, verderbenbringender Freundschaften knüpfen (Lk 23,12). Die Treue verbürgt bleibende Freundschaft (Sir 27,18); Vertrauensbruch und Verrat (Ps 41,10; Jer 9,3f; Mt 26,50) heben sie auf.

2. Die Hl. Schrift gibt einigen Menschen (bes. Abraham; 2Mo 33,11; Jak 2,23) den Namen »Freund Gottes« (Ps 127,2). Diese Freundschaft schließt die Freundschaft mit der Welt aus (Jak 4,4). Gottes Freundschaft zu den Menschen beruht auf dem Dienst Jesu, der sein Leben für seine F.e läßt (Joh 15,13ff). Die Freundschaft Gottes erfordert auf seiten der Menschen Vertrauen und Glauben. »Abraham glaubte dem Herrn« (1Mo 15,6), und darum konnte er ein F. Gottes sein.

3. Im Hohenlied (Hld 1,13; 2,3.8.10 u.ö.) drückt »mein Freund« die Liebe der Braut zum Bräutigam aus.

4. Vor allem im MtEv. erscheint der Ausdruck F. öfter als Anrede (Mt 20,13; 22,12; 26,50).

FREUND DES BRÄUTIGAMS. Die hebr. Worte *rea'*, *re'äh* und *merea'*, die meistens einfach »Freund« bedeuten, haben in einigen Fällen den besonderen Sinn von »Freund des Bräutigams«, »Brautführer«. In den alten Übersetzungen von Ri 14,20 ist diese Bedeutung noch zu erkennen. Mesopotamisches Recht verbot im Falle einer nicht zustande gekommenen Hochzeit die Eheschließung zwischen dem »Freund« und der verlassenen Braut. Dies erklärt die Reaktion der Philister und Simsons auf die Heirat zwischen seiner früheren Verlobten und seinem Brautführer (Ri 14; 15,1-6). In Joh 3,29 bezeichnet sich Johannes der Täufer im übertragenen Sinn als Brautführer des Bräutigams Christus.

Literatur: A. van Selms: The best man and bride from Sumer to St. John, JNES 9/1950, S. 65-75. A.vanS.

FREUND DES KÖNIGS. Ein Ausdruck, der für verschiedene Personen gebraucht wird. Ahusat war der »Freund«, *mērēa'* Abimelechs, des Königs von Gerar (1Mo 26,26). Saul hatte einen »Freund« (*mērēa'*), dessen Namen ungenannt bleibt (2Sam 3,8 im Grundtext Einzahl). Der Arkiter Huschai war Davids »Freund« (*rē'äh*, 2Sam 15,37). Salomos »Freund« (*rē'äh*) war der Priester Sabud (1Kön 4,5); auch Bascha von Israel hatte einen »Freund« (*rēa'*) (ungenannt, 1Kön 16,11). *rēa'* ist im AT das gebräuchlichste Wort für »Freund«, *mērēa'* und *rē'äh* leiten sich davon ab. Man hat jedoch vorgeschlagen, *rē'äh* vom ägypt. *rch nsw.t*, das im Mittleren Reich (1991 – um 1650 v.Chr.) die Bedeutung »Bekannter des Königs« annahm, oder von *ruchi scharri* in den *Amarna-Briefen her zu verstehen, das weitgehend die gleiche Bedeutung hat. Während der »Freund« des Bräutigams bei Hochzeitsfeiern eine besondere Aufgabe hatte, bezieht sich der Titel »Freund des Königs« offenbar nicht auf ein bestimmtes Amt. Die besondere Stellung des »Freundes« wird jedoch daran deutlich, daß es zur gleichen Zeit nie mehr als einen gab. Ein ähnlicher Titel taucht später zur pers. Zeit auf. Themistokles wurde z.B. von Xerxes »Freund des Königs« genannt. Auch in der hellen. und röm. Zeit werden häufig »Freunde des Königs« bzw. »des Kaisers« (Joh 19,12) erwähnt, die als Berater der betreffenden Herrscher fungierten.

Literatur: R. de Vaux: Das Alte Testament und seine Lebensordnungen, I/II, 1960; 1961, S. 122-123.528; H. Donner: ZAW 73/1961, S. 269ff; T.N.D. Mettinger: Solomonic State Officials, 1971, S. 63-69; A. van Selms: The origin of the title »the king's friend«, JNES 16/1957, S. 118-123. T.C.M.

FREVEL, FREVELN. Übersetzung verschiedener hebr. und griech. Worte, die auch als »mutwilliges Sündigen, Frechheit, Boshaftigkeit, Übertretung« wiedergegeben werden (1Mo 6,11; Jes 1,13; Am 1,3.6.9. 11.13; Offb 18,5 u.ö.). In 4Mo 15,30f wird der Frevel als eine Versündigung in bewußter Empörung gegen Gott und sein Gesetz dargestellt. Für eine solche Herausforderung Gottes war im AT keine Versöhnung durch Opfer möglich.

FRIEDE. Der hebr. Begriff für F. heißt *schalom.* Seine Sprachwurzel bedeutet wörtlich übersetzt: vollkommen, unversehrt, ganz, heil. Die Bedeutung des hebr. *schalom* ist nicht deckungsgleich mit dem griech. Begriff für F.: *eirēnē.* In der LXX finden sich über zwanzig griech. Entsprechungen für das hebr. *schalom.* Das atl. *schalom* hat eine wesentlich materiellere (z.B. Ps 73,3; *schalom,* Wohlbefinden), dynamischere und umfassendere Bedeutung als das griech. Wort. *Eirēnē* ist statischer und moralischer gefärbt. Grundbedeutungen des atl. *schalom:*

1. Wohlsein, Wohlbefinden mit stark materieller Gewichtung (Ri 8,9; Ri 19,20; 1Sam 16,5).

2. Vollkommenheit, Unversehrtheit, Wohlergehen. »Hast du Frieden?« entspricht: »Geht es dir gut?« Die Antwort: »Ja, ich habe Frieden.« (z.B. 2Kön 9,22).

3. Äußere und innere Ordnung, die zu Gesundheit und Zufriedenheit führt (1Kön 5,4f).

Auf diesen Grundbedeutungen bauen sich folgende Bedeutungsschwerpunkte auf:

1. *Schalom* ist ein zwischenmenschlicher, sozialer Verhältnisbegriff, der das Verhältnis des Menschen zu Gott voraussetzt und einschließt. Völlige Lebensordnung, F. und Heil, ist nur in einer unversehrten Beziehung zu Gott und den Menschen möglich (Ri 18,6; 1Sam 20,13). So kann der Mensch »in Frieden leben«, »in Frieden gehen« und »in Frieden sterben«. F. kennzeichnet auch das Wohl, die Sicherheit und das Recht (Rechtsordnung) einer Gemeinschaft nach innen und außen, z.B. zu anderen Stämmen und Völkern (1Sam 7,14; 1Kön 5,4; 5Mo 20,10f). Diese Art F. findet ihren besonderen Ausdruck in der Grußformel »Friede sei mit dir« (Ri 19,20; 2Kön 4,23 RevEB; 2Sam 18,28), die sich zum atl. Segenswort entwickelt hat. Der Segen des Friedens wird untereinander nicht nur gewünscht, sondern einander zugeeignet.

2. *Schalom* ist im vollen Sinn ein rel. Begriff: Gabe Gottes (Ri 6,24; 1Sam 7,14; 3Mo 26,6; 4Mo 6,26; Jes 45,7; Ps 85; 55,19). Gott ist ein »Gott des Friedens«. Deshalb soll der Fromme Gottes Willen tun, um F. zu haben (Jes 48,18). Allein durch des Menschen Tun wird jedoch kein F. geschaffen. Gott muß ihn schenken. Im AT wird der Mensch selten zum Tun des F.s aufgefordert, im Gegensatz zum NT, wo Gottes Gabe und der Gehorsam des Menschen ineinander verschränkt sind. Der atl. *schalom* ist Gabe Gottes, die der Mensch im Gehorsam weitergibt und lebt (3Mo 26,6; 5Mo 28).

3. *Schalom* ist Verheißung, Ausdruck des vollen Heilszustandes des kommenden Gottesreiches (Jes 9,6; Jes 57,19; Mi 5,4; Am 9,11ff). Der *schalom* ist Völkerfriede (Jes 2,1-4), »Tierfriede« (Hos 2,20), Friede des Messias (des Gottesknechtes Jes 53,5) und Friedensbund im Geist Gottes (Hes 36,26; 37,26). Das endzeitliche Friedensreich ist nicht Wiederkehr des Paradieses, sondern Vollendung der Gnaden- und Friedensgeschichte Gottes mit seinem Volk und allen Völkern.

Das NT nimmt die Bedeutung des atl. *schalom* ganz auf. In Christus sind die Hoffnungen des AT erfüllt (Lk 2,14). Christus ist unser Friede (vgl. Mi 5,4 und Eph 2,14). In ihm findet der ganze Mensch volles Heil und vollkommenen Frieden. Das zerstörte Verhältnis des Menschen zu Gott und der Menschen untereinander ist durch Christus wieder in Ordnung gebracht, geheilt und befriedet.

Doch die *Sünde steht gegen den F. Deshalb wird der Christ ermahnt, F. zu halten. Die Gabe der Sündenvergebung stellt den F. immer wieder neu her (Röm 5,1). Friede ist Gabe und Aufgabe zugleich (Eph 2,14 und 4,3; 2Tim 2,22; 1Petr 3,11 und 5,14). So ist Leben und F. gleichzusetzen (Röm 8,6). F. auf Erden wird in Christus Wirklichkeit und den Menschen angeboten.

Der »Gott des Friedens« (1Kor 14,33) hat den Menschen »zum Frieden berufen« (1Kor 7,15). Das »Friedensreich Gottes« ist auf der Erde angebrochen (Röm 14,17). Deshalb ist der selig zu nennen, der »Frieden schafft« (Mt 5,9; Hebr 12,14). Christus allein aber bleibt der Geber des Friedens. So ist der auf Erden erfahrene und bis in die Ewigkeit reichende F. »höher als unsere Vernunft« (Phil 4,7).

F. bleibt im NT auch Verheißung. Der in Christus vollkommene F. wird erst in Ewigkeit vollendet (2Petr 3,13; Offb 21,1ff).

Den geschenkten, vollkommenen und verheißenen F. meinen die Christen auch, wenn sie sich einander diesen F. im ntl. Gruß wünschen und zusprechen (z.B. Röm 1,7; 15,33; Offb 1,4 u.ö.).

Der F. in Christus umfaßt die ganze Segensgeschichte Gottes mit dem Menschen, vom alten Friedensbund Gottes mit seinem Volk bis zur Vollendung des Friedensreiches nach der Wiederkunft Jesu Christi.

Literatur: H.-W. Gensichen, H.H. Schmid, W. Thießen, G. Delling, W. Huber: Art. Frieden, in: TRE XI, 1983, S. 599 – 646 (Literatur); W. Foerster, G.v. Rad: ThWNT II, 1935, S. 398-418; H. Beck: Art. Friede, in: TBLNT I, S. 388-394; W. Lienemann: Art. Frieden, in: EKL [3]1986, 1372-1382. B.A.

FRIEDEFÜRST s. Hoheitstitel Jesu Christi

FROMM, FRÖMMIGKEIT.

1. Im Althochdeutschen meint das Wort *fruma,* »tüchtig, brav«, den »Nutzen« (vgl. »es frommt«, »zu Nutz und Frommen«). »Fromm ist, was so ist, wie es sein soll« (F. Melzer): Das »fromme Pferd« wirft seinen Reiter nicht ab, der »fromme und getreue Knecht« (Mt 25,21) ist gewissenhaft, und der »fromme Gott« (EKG 8, 230, 383 u.ö.) ist so, wie Gott sein soll; der Vater Jesu Christi ist der einzige wahre Gott. Der fromme Mensch ist so, wie Gott ihn haben will.

2. Im AT übersetzte Luther bisweilen hebr. *chasid,* »gnädig«, »begnadigt«, »liebend« und »geliebt« mit »fromm« (von Gott: Jer 3,12; und Menschen: Ps 30,5 EÜ), und hebr. *tham,* »Vollkommenheit« (Ps 7,9 LÜ 1912) oder hebr. *jir'ah,* »Gottesfurcht« mit »Frömmigkeit«. Der Fromme ist der Gottesfürchtige, der Gott anbetet und ihm gehorcht.

3. Die griech. Begriffe *eusebēs* und *semnos* für »fromm« und *eusebeia* für »Frömmigkeit« unterscheiden sich wesensmäßig von den hebr. Worten. Die ntl. Ausdrücke hängen eng mit »verehren« zusammen. Ursprünglich bedeuten sie »scheu zurücktreten«, den »gebührenden Abstand herstellen«. Im Unterschied zum bibl. Glauben geht es dem Griechen nicht um den Gehorsam gegenüber dem einen Gott, sondern um die heilige Scheu vor Vaterland, Eltern, Staat und u.a. auch vor Gott. Dementsprechend fanden die Übersetzer der LXX im hebr. AT kein entsprechendes Wort vor und übersetzten »Furcht« mit »Frömmigkeit«, veränderten aber so den griech. Wortsinn, indem sie Furcht als Scheu vor dem Gehorsam fordernden heiligen Gott deuteten und unter Frömmigkeit Gehorsam aus Liebe zu Gott (5Mo 6,5) verstanden.

4. Im NT werden die Griechen, die dem Judentum nahestehen, »fromm« (Luther: »gottesfürchtig«) genannt (bes. in der Apg 13,26.43). Sie anerkennen den alleinigen Gott, den Gott Abrahams, und seine sittlichen (Zehn) Gebote. Paulus gebraucht in seinen Hauptbriefen das Wort *eusebēs,* »fromm«, nicht, benutzt aber im Kontrast dazu *asebēs,* »gottlos«, und unterscheidet nicht zwischen *asebeia,* »Gottlosigkeit«, und *adikia* »Unrecht«. Joh 9,31 spricht Jesus von »gottesfürchtig« (*theosebēs,* wörtl. »Gott-verehrend«) ganz im atl. Sinn: Die Frömmigkeit besteht im Tun des Willens Gottes. – In den Pastoralbriefen gebraucht Paulus das Wort häufiger anstelle von »Gottesfurcht«. Fromm sein ist nur in Gemeinschaft mit Christus möglich (2Tim 3,12). Das »Geheimnis des Glaubens« (1Tim 3,16 wörtl. »der Frömmigkeit«) wurzelt in der Menschwerdung Jesu; Paulus verwendet hier das Wort griech. *eusebeia* bewußt, um die gebührende Ehrfurcht vor dem Wunder göttlicher Liebe zu betonen.

5. Der Inhalt der Frömmigkeit ist der Gehorsam gegen Gottes Willen: 1Tim 5,4. Die Kinder sollen ihren verwitweten Müttern dankbar sein entsprechend dem 4. Gebot, indem sie für ihre Mütter sorgen. Nach 1Tim 6,6 ist die Frömmigkeit die Hingabe an Jesus, die sich an ihm genügen läßt und sich nicht an die geschaffenen Güter der Welt hängt. In 1Tim 6,11 ist die Frömmigkeit eingebettet in eine Aufzählung von christlichen Werten: »Gerechtigkeit (die Gott uns schenkt), Frömmigkeit, Glaube, Liebe, Geduld, Sanftmut«. Sie sind im Zusammenhang mit dem Gehorsam Jesu (V. 13) zu sehen. Wahrheit und Frömmigkeit gehören zusammen. Die Wahrheit muß »gemäß dem Glauben« (griech. *eusebeia,* Tit 1,1) sein. Paulus will darauf drängen, daß die Lehre, die Botschaft von Jesus, nicht rein lehrmäßig ohne Furcht sein darf. In diesem Sinn definiert Eusebius die F.: »zu dem einzigen Gott aufschauen und in Einklang mit ihm leben«.

6. Im Griech. gibt es noch ein weiteres Wort, das mit »fromm« wiedergegeben wird: *eulabēs,* »vorsichtig, behutsam, gewissenhaft«; es kommt zu der Bedeutung »ehrfürchtige Scheu« (Origenes). Die LXX nimmt das entsprechende Verb dann für »fürchten« (2Mo 3,6; 1Sam 18,29).

Im NT wird Simeon »fromm« genannt (Lk 2,25), Apg 2,5 erwähnt »gottesfürchtige

Männer« aus der *Diaspora. Das Hauptwort *eulabeia* kommt nur Hebr 5,7 und 12,28 vor. Schon die alten Übersetzungen ins Latein. waren sich über die Bedeutung nicht einig: die ältere (Hala) übersetzt: Jesus wurde errettet »aus seiner Angst« (EÜ), die jüngere (Vulgata): Jesus wurde errettet »aufgrund seiner Frömmigkeit« (LÜ: »weil er Gott in Ehren hielt«). M.H.

FRONARBEIT. Fronarbeit bedeutet Herrenarbeit (Fron ist die Genitivform des althochdeutschen *fro* »Herr«). Als Samuel den Israeliten die Rechte des Königs, den sie haben wollten, bekannt gab, nannte er neben den Beamten und Soldaten im Königsdienst und den Abgaben auch die F., die der Herrscher von seinen Untertanen fordern werde (1Sam 8,10-17). Kanaan. Texte zeigen, daß die entsprechenden Königsrechte damals in den Stadtkönigtümern der Kanaanäer überall Geltung besaßen. Samuel spricht davon, daß die Söhne der Israeliten die Äcker des Königs bearbeiten und seine Ernte einsammeln müssen (V. 12). Das wird nicht allzu viele betroffen haben und nicht als besonders drückend empfunden worden sein, weil wir nichts darüber hören. Schwerwiegender war die Ankündigung, daß der König außer Knechten und Mägden auch die besten jungen Männer mit ihren Reittieren, den Eseln, für seine Anliegen einsetzen werde (V. 16; so RevEB nach dem MT; LÜ liest nach LXX: »eure besten Rinder und eure Esel«). Diese Last bekam das Volk zu spüren beim Befestigungs- und Palastbau Davids (2Sam 5,9.11) und bei den großen Unternehmungen Salomos (Errichtung des Tempels und des Königspalastes, der Befestigungen, Vorrats- und Wagenstädte). Obwohl Salomo hier die Arbeitskräfte der im Lande verbliebenen Kanaanäer einsetzte (1Kön 9,15.17-21), die er zu Zwangsarbeitern und Unteraufsehern machte (2Chr 2,16f; 8,4-8), reichte das nicht aus; er mußte auch auf Israeliten zurückgreifen (1Kön 5,27f). Diese israel. Fronarbeiter lösten einander aber monatlich ab. Einer der so ausgehobenen Israeliten war augenscheinlich Jerobeam, der Sohn Nebats, der als freier Krieger jetzt zu Bauarbeiten gezwungen war (1Kön 11,27f). Als Salomo sah, daß er tüchtig war, übertrug er Jerobeam die Aufsicht über alle Fronarbeit des Hauses Josef, d.h. seines eigenen Stammes.

Wahrscheinlich ruhte die Last der Fronarbeiten stärker auf den 10 Stämmen Israels, die sie jedenfalls besonders drückend empfanden. Der Stamm Juda blieb dagegen wohl eher verschont, wie er auch von der Neuordnung der Reichsverwaltung (1Kön ,7-19) nicht betroffen wurde. Nach Salomos Tod forderten die 10 Stämme unter Jerobeam, der als Aufsichtführender in scharfen Gegensatz zum König geraten war, die Erleichterung der Frondienste (1Kön 12,3f). Als *Rehabeam das ablehnte, brach die offene Empörung aus. Der aufgespeicherte Haß entlud sich in der Steinigung *Adorams, des Oberaufsehers über die israelit. Fronarbeiter, den Rehabeam törichterweise als Unterhändler geschickt hatte (V. 16-18).

FROSCH s. Tiere

FROST s. Palästina

FRUCHT.

1. Begriffe.

Für Frucht bzw. Ertrag benutzt die griech. Bibel vor allem den Begriff *karpos*. An wenigen Stellen begegnet das von *gignomai*, »werden«, abgeleitete *genna*, »das Gewordene«. *karpos* ist der samenhaltige, oft mit Fruchtfleisch, Hülsen oder Spelzen umgebene, sich allg. jährlich erneuernde Teil der Pflanze. Das griech. *karpos* gibt im AT weitgehend das häufige hebr. *peri* wieder, das in etwa bedeutungsgleich ist. Daneben begegnen im AT noch Spezialausdrücke, wie *bekurah* für die ersten reifen Feigen, *zimuq* für eine Weintraube, *thenubah* für die Frucht des Feigenbaums allg., *qajiz* für Sommerfrüchte, *thebu'ah*, für Erzeugnisse der Erde usw.

2. Die Frucht in der Natur.

Das Heidentum kennt nahezu weltweit Fruchtbarkeitsriten bzw. -zauber. Durch Rituale, bei denen Geschlechtlichkeit, Blut und Opfer der Erstlingsfrüchte (tierisch, pflanzlich, z.T. auch menschlich) eine bes. Rolle spielen, wird dem mytisch personenhaft verstandenen, oft als Mutterwesen bezeichneten Land die Kraft zur *Fruchtbarkeit zuteil. Vermutlich ist das einer der Gründe, weshalb in Israel *Blut und Erstlingsfrüchte Jahwe gehören und die Geschlechtlichkeit im Gottesdienst keinen Platz hat: Ein fruchtbarkeitskultähnlicher Mißbrauch sollte vermieden werden. Denn Israel findet sich während seines Aufenthaltes im Kulturland (und schon vorher, beim Tanz um das goldene Kalb, 2Mo 32,6b) in ständiger Anfechtung durch die von den Baalen und Astarten geprägten Fruchtbarkeitskulte seiner Umwelt und muß sich damit auseinandersetzen. In der Zeit Amos', Hoseas und Jeremias geht es daran zugrunde. Es hätte lernen sollen, daß Jahwes Segen allein Regen (vgl. 1Kön 18), Korn, Wein und Öl gewährt (Hos 2,10 vgl Ps 104,13-15.27f). Dazu bedarf es keiner Sexualriten, sondern der Bundestreue und des Gehorsams vor seinem

Reife Feigen werden von einem Baum geerntet, in dem Affen sitzen. Kopie nach einem Gemälde im Grab Chnumhoteps in Beni-Hasen, Ägypten, ca. 1900 v.Chr. (BM)

Gott. Um anzuerkennen, daß Gott die Frucht des Landes wachsen läßt, werden ihm Opfer aus der Jahresernte gebracht (2Mo 34,26; Dt 26,1ff), ein fröhliches Erntefest wird gefeiert (3Mo 23,9ff.39ff; vgl. *Feste), und dem Armen wird etwas von dem Bestand des Feldes übriggelassen (3Mo 23,22). Das freudige Erntefest ist vor allem Lob der Bundestreue Gottes, der die Fruchtbarkeit des Landes gewährt (5Mo 28,1ff). Mißernten sind Strafen für Ungehorsam und Bundesbruch (5Mo 28,15ff; Jer 7,20; Hos 2,1ff; Joel 1.2).

Die Frucht des Landes dient der Nahrung von Mensch und Tier (1Mo 1,29). Dabei weiß Israel um die Naturordnung: Jede Pflanze trägt die ihr gemäße Frucht, die zugleich Same ist (1Mo 1,11). Keimen, Aufgehen, Wachsen und Fruchten sind nicht mythische Geschehen, sondern vom Schöpfer »weislich geordnete« (Ps 104,24) Naturvorgänge (vgl. Mk 4,28: »von selbst, griech. *automate* bringt die Erde hervor«). Dieses Wissen um die naturmäßige Ordnung des Wachsens und Fruchtens schlägt sich nieder in der Satzung, daß die Früchte eines Baumes erst ab dem vierten Jahr abgeerntet werden dürfen, »damit man künftig einen reicheren Ertrag einsammelt« (3Mo 19,25).

Im übertragenen Sinn spricht das AT u.a. von Kindern als »Frucht des Leibes« (1Mo 30,2; 2Mo 21,22; Ps 127,3; 132,11 etc.). Auch hier werden natürlicher Vorgang und Gottes Segenshandeln, *natura* und *creatura* sowohl unterschieden als auch zusammengesehen: Die Frucht der Natur, gleich welcher Art, ist immer zugleich Ausdruck des Schöpfersegens Gottes, der in der Natur wirkt, als auch der vom Schöpfer gewollten Naturordnung.

3. »Frucht«. Im übertragenen Sinn ist »Frucht« gleichzusetzten mit »Ertrag«, »Folge«, »Ergebnis«. Säen und Ernten werden metaphorisch für das rel.-ethische Verhalten des Menschen gebraucht (Gal 6,7), das Frucht seines Glaubens ist. Der Gerechte ist wie ein fruchtbarer Baum (Ps 1). Gott sucht Frucht der Gerechtigkeit (Jes 5,1-7). Es gibt eine Frucht der Lüge (Hos 10,13), des Mundes (Spr 12,22), der Buße (Mt 3,8), des Lichtes (Eph 5,9). Am Verhalten des Menschen und an seinem Tun zeigt sich, auf welchem Boden er steht und von woher er lebt. Das wird verdeutlicht im Bildwort vom Weinstock und den Reben (Joh 15). Frucht reift im Leben des Menschen nicht ohne sein Einwilligen und Glauben an Christus. Sie ist indes nicht sein Verdienst, denn Gott bestellt den Weinberg (Jes 5,1ff), gewährt in der Christusverbindung Kraft und Saft (Joh 15) und wirkt durch die Kraft seines Geistes in den Glaubenden (Gal 5,22 f: »Frucht des Geistes«). Doch wo die lebendige Christusverbindung besteht, da reift auch Frucht (Joh 15,5). Sie ist aber nicht Leistung des Menschen, sondern Folge der Gnade; der »Lohn« ist deshalb Belohnung, die in

dem besteht, was die Gnade schenkt: Heiligkeit und ewiges Leben (Röm 6,22). Verweigert sich der Mensch Gott, bleibt sein Leben fruchtlos, und er besteht nicht im Gericht; er verfällt dem Fluch (Jes 5,5) und dem Feuer (Joh 15,6). Paulus wendet das Bild der Frucht schließlich auf das Ergebnis seiner Missionsarbeit an (Röm 1,13; Phil 1,22). Gestalt gewinnt diese Frucht in den Zuwendungen der jungen Gemeinden an Apostel und Lehrer (1Kor 9,7; Phil 4,17; 2Tim 2,6) sowie in der Geldgabe der Gemeinden für die Armen in Jerusalem (Röm 15,28). Grundlegend ist die Einsicht: die Christuserkenntnis läßt den Menschen nicht »fruchtlos« (*akarpos*; 2Pt 1,8).

Literatur: F. Hauck: ThWNT III, 1938, S. 617-19; E. Schick: Art. Frucht, LThK², IV, 409f; A. Closs: Art. Fruchtbarkeitskult, LThK², IV, 410. H.E.

FRUCHTBARKEIT. Fruchtbarkeit gehört zu den elementaren Lebensbedürfnissen von Mensch und Tier. Der Mensch ist abhängig von der Nahrung, die die Naturkräfte aus der Erde hervorbringen, und genauso von der eigenen Fortpflanzungsfähigkeit. Dahinter steht der Segen Gottes, der in der Schöpfung sowohl Tieren wie Menschen F., Vermehrung und Verbreitung zugesprochen hat (1Mo 1,22.28). Die Anschauung vom göttlichen (kosmischen) Ursprung der F. kommt in fast allen Religionen zum Ausdruck und findet in verschiedenen Riten Gestalt.

1. Zum göttlichen Segen gehört ausdrücklich die F. von Acker und Vieh (1Mo 24,35; 26,12-14; 27,27f; 5Mo 28,3-5.8.11f). Sie hängt wesentlich von der Regelmäßigkeit der Regenzeit ab, besonders von Frühregen und Spätregen in den subtropischen Breiten Palästinas, die das ausgedorrte Land aufblühen lassen und Mensch und Tier mit frischem Wasser versorgen (3Mo 26,4; 5Mo 11,10-15; vgl. Jes 55,10). Sichtbare Auswirkungen des Segens solcher F. sind große Viehherden, Gärten mit Wein, Feigen und Oliven (Öl) und Getreidefelder mit reicher Ernte bis zum Überfluß (3Mo 26,5.10). Die Formel vom »Land, darin Milch und Honig fließt«, faßt dies alles zusammen (2Mo 3,17 u.ö.) und verdeutlicht zugleich die Segenskraft des Landes als eschatologische Gottesgabe (vgl. Sach 8,12; Mal 3,10f). Umgekehrt steht der Segen Gottes in Frage, wo der Regen ausbleibt, der Acker voller Steine und Dornen ist, wo nicht geerntet werden kann. Der Segen wandelt sich so in Fluch und wird zum Zeichen des Gerichtes (3Mo 26,16; 5Mo 11,17; 28,18.23f; 1Kön 17,1). Selbst das lebenspendende Wasser wird in der *Sintflut zum Gerichtsinstrument (1Mo 7,17.23; vgl. 2Mo 9,23-25). Der Entzug der Segenskraft hängt eng zusammen mit dem vom Menschen zu verantwortenden Verlust der Gottesnähe im Sündenfall (1Mo 3,17-19; vgl. 3Mo 26,14ff; 5Mo 28,15ff).

2. Beim Menschen zeigt sich die F. in der Zahl der Kinder. In der sozialen Situation des Alten Orients ist der gesegnete Mensch der Mann mit vielen (männlichen) Nachkommen (1Chr 4,27; 7,4; Hiob 29,5). Auf ihnen beruht seine Lebens- und Altersversorgung. Doch ist er darin abhängig von der F. der Frau (Ps 128). Dies fördert die auch im AT bezeugte Mehrehe mit Nebenfrauen (1Mo 16; 26,34; 29,21-30;24; 1Sam 1,2; 2Sam 3,2-5 u.ö.), die allerdings nur begüterten Männern möglich war (vgl. *Ehe). Die Schwagerehe andererseits setzt ein Recht der fruchtbaren Frau auf Kinder voraus (5Mo 25,5f; vgl. Mt 22,23ff). Im Segenswunsch für die Braut werden viele Kinder genannt (1Mo 24,60). Umgekehrt ist damit das Problem der Unfruchtbarkeit bzw. Kinderlosigkeit verbunden, das als Unglück und Entzug des göttlichen Segens angesehen wurde (1Mo 11,30; 30,1; 1Sam 1,5; Lk 1,7). Kinderlosigkeit, auch im Sinne späteren Verlustes der Kinder, wurde sogar zum Symbol des Gerichtes Gottes (3Mo 20,20; 2Sam 6,23; Jer 15,7; Hos 9,12). Deshalb gehört die F. der Frau wie auch des Ackers zu Gottes endzeitlichen Gaben (Jes 49,20; 54,1; Jer 3,16; 23,3; Hes 36,11), die er dort vorausnehmend schenkt, wo er rettend eingreift (2Mo 23,26; 1Sam 2,5; Ps 113,9; Lk 1,36). Wird im AT die unfruchtbare Frau wie der zur Zeugung untaugliche Mann verachtet oder sogar aus der Gemeinde ausgeschlossen (5Mo 23,2), so gehört im NT mit der Bejahung der Ehelosigkeit auch die Aufhebung dieser Ausgrenzung zu den eschatologischen Gaben (Mt 19,12; 1Kor 7,7f).

3. Schon vor dem Seßhaftwerden im verheißenen Land wurde Israel durch den Fruchtbarkeitskult der kanaan. Nachbarvölker verführt (4Mo 25). Die mehr abstrakte, bildlose Jahweverehrung konnte mit dem bildhaften Kult des Gewittergottes *Baal (oft als Stier dargestellt, vgl. 2Mo 32; 1Kön 12,28) und der Mondgöttin Ischtar (Astarte, als an die Stierhörner erinnernde Mondsichel abgebildet; vgl. Ri 2,13; 10,6; 1Sam 7,3 u.ö.) nur schwer konkurrieren. Der mit dem Seßhaftwerden verbundene *Ackerbau mit seinen Notwendigkeiten drängte zum Beachten der mythischen, mit dem jährlichen Rhythmus der Vegetation einhergehenden Riten; sie gipfelten im »Hieros Gamos«, der in der Tempelprostitution eingegangenen heiligen Ehe. Derartige Riten standen in radikalem Gegensatz zur Ausschließlichkeit des Erwählungsverhältnisses zwischen Jahwe und seinem

Volk, der die Ausschließlichkeit auch im leiblichen Bereich der Ehe entspricht. Die Propheten und einzelne reformerische Könige gingen deshalb scharf gegen solche, zeitweise auf breiter Ebene eingerissenen Bräuche vor (1Sam 2,22; 1Kön 18; 2Kön 10,18-28; 18,4; 23,4-15; Jer 3,1-5; 5,7; 13,27; Hes 16; 22; 23; Hos 4,12-19; Am 2,7f; Mi 1,7; Zef 1,4-6).

4. Im NT hat F. einen ganz anderen, aber dennoch herausragenden Stellenwert. Wie schon die Bewertung leiblicher F. zeigt, tritt die Abhängigkeit vom äußeren Ergehen zurück. F. wird nun mehr zum Bild für die geistliche Segenskraft, die auf einem im Glauben an Christus geführten Leben liegt. *Frucht ist, was aus dem Leben des Christen hervorgeht zum Lob Gottes, an Wachstum im Glauben, in der Liebe, in der Gerechtigkeit, in der Hoffnung usw., und was Gott wie ein Weingärtner von der Rebe erwartet oder wie ein Bauer als Ernte in die Scheune einbringt: verlorene Menschen sollen gerettet werden durch die Erneuerung ihres Lebens in Christus (Mt 3,8.10; 7,16; 9,38; 13,8.23; Lk 13,6; Joh 4,35f; 15,1.8.16; Gal 5,22; Eph 4,15; 5,9; Phil 1,11; Kol 1,6.10). Darin läßt Gott zeichenhaft sein Reich heranwachsen (vgl. Mt 13,31f).

Angesichts der schöpfungsgemäßen »Grenzen des Wachstums« wie der natürlichen Begrenztheit des Menschen läßt sich vom AT wie vom NT her keine unbegrenzte, auf äußeres Wachstum setzende Strategie verantworten. Verantwortlicher Umgang mit F. und Wachstum setzt ein Gegründetsein in der Liebe Gottes und ein Wissen um die letzte Abhängigkeit vom Herrn über Leben und Tod, der unser Leben will, voraus.

Literatur: H.W. Wolff: Anthropologie des Alten Testaments, 1973. C.D.St.

FRÜHREGEN s. Regen

FUCHS s. Tiere

FÜLLE. Das griech. Wort *plērōma* ist ein sächliches Hauptwort, das vom Tätigkeitswort »füllen« abgeleitet ist. Es bedeutet daher die Tätigkeit des Füllens, aber auch das Ergebnis davon, also die »Füllung« (Inhalt). Bereits im außerbibl. Gebrauch hat sich damit die übertragene Bedeutung »Fülle«, »Vollzahl«, »Gesamtheit« verbunden (vgl. Delling, ThWNT VI, S. 297ff). In LXX wird *plērōma* für hebr. *melo'* gebraucht und auf die Erde (deren Bewohner) bzw. das Meer (Fische usw.) bezogen. Gelegentlich deutet es – allerdings in seiner fem. Form – auf die F. der Zeit (Erntezeit,so Jer 5,24; Hes 5,2).

Im NT begegnet das Wort *plērōma* in technischem Sinn: es bezeichnet den Inhalt der Körbe bei der wunderbaren Speisung (Mk 6,43; 8,20) und einen Flicken (als Deckung einer Lücke) in Mk 2,21 par. Paulus zitiert in 1Kor 10,26 den Satz aus Ps 24,1 in dem üblichen Sinn: »Die Erde gehört dem Herrn und ihre Fülle« (d.h. ihre Bewohner).

Bei Paulus findet man das Wort *plērōma* häufiger. Er setzt es mit Nachdruck und gern in feierlicher, liturgisch geprägter Sprache. Dabei läßt sich einige Male die Grundbedeutung von *plērōma* klar erkennen: »So ist nun die Liebe des Gesetzes Füllung« (Röm 13,10). Der Apostel meint: Die Liebe erfüllt das Gesetz. Sie ist nämlich keine Gesinnung, sondern die Tat, die Gott haben will. Und so erfüllt diese Tat das Gesetz so, daß nichts zu fordern übrigbleibt. *Plērōma* meint hier also das Erfüllen (Infinitiv Aktiv). In Röm 11,12 liegt der passivische Sinn »vollzählig werden« nahe, weil hier als Gegenbegriff »der Rest« gegenübersteht. Erst die Vollzahl Israels also wird eschatologisch den Völkern die Vollendung des Heils bringen.

In gleicher Weise redet Röm 11,25 davon, daß die Zahl der Völker vollzählig wird, und dann das Ende kommt. Diese Bedeutung von *plērōma* liegt auch in Gal 4,4 vor. Paulus spricht nicht einfach davon, daß eine bestimmte Zeit abgelaufen, also »erfüllt« war. Dies zu sagen, hätte ein Tätigkeitswort genügt. Nun heißt es aber: »Als die Fülle der Zeit gekommen war...« Das »gekommen« nennt bereits die endzeitliche, also vollendete Tat Gottes; und von dieser her bestimmt sich der feierliche Ausdruck »die Fülle der Zeit«. Also: Gott hat mit seiner Heilstat in Christus die Zeit erfüllt – nicht, als gäbe es nun keine Zeit mehr; nicht, als sei eine Entwicklung zum Ende gekommen; sondern inhaltlich: Diese Gottestat wird nicht mehr überboten, sie erfüllt vielmehr ihrerseits alle Zeit und Geschichte. Andere Ausleger erinnern an die Ausdrucksweise der jüd. Apokalyptik, die vom »Vollmaß der Zeiten« reden kann. Aber hier steht nicht das dafür geläufige Wort »Fülle der Äonen«, und überhaupt redet der Zusammenhang nicht in Vorstellungen der Apokalyptik. Dieses Verständnis wird auch von Eph 1,10 gestützt.

Viele Ausleger vermuten, daß der Gebrauch von *plērōma* im Epheser- und im Kolosserbrief in die Auseinandersetzungen mit frühchristl. *Gnosis weise und von ihr her verstanden werden sollte. So denkt man z.B. für Kol 1,19 daran, daß die Gnosis von einer Region zwischen Himmel und Erde zu reden pflegt, in welcher die »volle Zahl« von Mittlerwesen wohnt, welche zwischen Gott und der Schöpfung vermitteln. Diese »Vollzahl«

wohnt nun, so habe Paulus sagen wollen, in Christus (vgl. R.P. Martin: Colossians and Philemon, 1974, S. 59f; 79f). Indessen spricht der Apostel in Kol 1,19, wie Delling hervorhebt (a.a.O. 301), in einer anders geprägten Ausdrucksweise. Der absolute Gebrauch von *plērōma* ist bereits in rabbinischer Literatur zu Hause, und zwar in Anlehnung an das AT: Gott »füllt« Himmel und Erde, und doch wohnt er auf seinem Berg, in seinem Heiligtum (vgl. 1Kön 8,27; Ps 68,17). In Kol 1,19 und 2,9 tritt Christus an die Stelle des Heiligtums der rabbinischen Literatur; allerdings wird damit zugleich die Erwartung des Judentums überboten. In Christus ist Gott selbst inmitten seines Volkes - Kol 1,18ff redet von der Gemeinde! – und zwar mit seiner rettenden Liebesmacht, die den Seinen das Heil bringt. Gott ist in unsere irdische Geschichte hineingegangen, hat uns alles gebracht, so daß wir vor ihm und mit ihm leben können, ewiges Leben empfangen. In beiden Stellen redet Paulus von der Einheit, in welcher Gott und Christus verbunden sind, daß Gott selbst in Christus wirkt »in seiner ganzen Fülle (1,19), seinem vollen Gottsein« (2,9; Delling, a.a.O. 302).

Auch für den Epheserbrief gilt: Es ist nicht geraten, den Gebrauch von *plērōma* im Zusammenhang mit gnostischen Vorstellungen zu verstehen. Eph 3,19 faßt das Gebet in 3,16-19 mit der Angabe des Ziels zusammen: Ihr sollt ganz mit der F. Gottes erfüllt werden, Christus soll also in euch wohnen. Hat die Gemeinde das »Maß des Erwachsenseins, das Vollmaß Christi« erreicht, sagt 4,13, dann werden die Christen nicht mehr Kindern gleich leicht beeinflußbar sein (Delling, a.a.O. 301). Zu diesem Ziel hin soll die Gemeinde aufgebaut werden. In Eph 1,23 wird die Gemeinde ihrerseits »Fülle« genannt: Der Zusammenhang zeigt, daß dabei der Leib-Christi-Gedanke aufgenommen wird. Die Gemeinde ist diejenige Gemeinschaft, die ganz und gar von dem Wirken des Christus erfüllt ist.

»Von seiner Fülle haben wir alle genommen Gnade um Gnade«, heißt es Joh 1,16. Hier nimmt F. das Wort »...voller Gnade und Wahrheit« aus V. 14 wieder auf. Vom Fleischgewordenen ist die Rede, und daß in ihm Gott selbst unter uns Menschen sein Zelt aufgeschlagen hat. Aus dieser Gottesfülle, die in ihm unter uns gegenwärtig war, haben die Zeugen, die hier reden, immer wieder Gnade und nur Gnade empfangen. Dies Wort erinnert an Kol 2,9.

Literatur: G. Delling: ThWNT VI, 1959, S. 283-309; E. Lohse: Die Briefe an die Kolosser und an Philemon, 1968, S. 97ff; C.F.D. Moule: The Epistles to the Colossians and to Philemon, CGT, 1957, Appendix IV: »A Note on Pleroma«; ders: »Fulness« and »Fill« in the New Testsament, SJT 4/1951, S. 79-86; J.A.T. Robinson: The Body, 1952, p. 65, n. 3; Vgl. auch J.B. Lightfoot: St. Paul's Epistles to the Colossians and to Philemon, 1897, S. 255.271; E. Percy: Die Probleme der Kolosser- und Epheser-Briefe, 1946; E.F. Scott: The Epistles to the Colossians, to Philemon, and to the Ephesians, 1930; F.C. Synge: The Epistle to the Ephesians, 1941; M. Barth: Ephesians, AB, 1974; R. Schippers: TBLNT, S. 407-412. H.G.

FÜLLOPFER s. Opfer

FÜRBITTE s. Gebet

FURCHT/FURCHT GOTTES.

I. FURCHT.

Furcht hat im Unterschied zur Angst immer einen Gegenstand, der sie als kognitive, psychische und auch physische Reaktion auslöst mit Begleiterscheinungen wie erhöhtem Blutdruck, Herzklopfen, erweiterten Pupillen, Schweißausbruch, Erblassen oder Erröten, Zittern usw. Biologisch gesehen stellt sich der Organismus damit auf Kampf oder Flucht ein. Auch wo F. durch die Begegnung mit dem Faszinosum im weitesten Sinne auftritt, kann es zu solchen Reaktionen kommen. Theologisch überwiegt jedoch das kognitive Verständnis der F. im Sinne einer Haltung oder Einstellung im Unterschied zu dem einer reaktiven F. Psychische und physische Begleiterscheinungen sind darin eingeschlossen. Neben der Gottesfurcht, die in beiden Teilen der Bibel eindeutig die stärkste Aufmerksamkeit findet, spricht die Bibel verschiedentlich auch von sklavischer F. und von Menschenfurcht.

1. Sklavische Furcht.

Sie ist genau genommen eine natürliche Folge der *Sünde (1Mo 3,10; Spr 28,1), wurde aber von Gott auch als Strafe verhängt (5Mo 28,67). Den Statthalter *Felix ergriff sie, als er Paulus predigen hörte (Apg 24,25); sie erfüllt auch jene, die von Christus abfallen, denn ihnen bleibt »nur ein angstvolles Warten auf das Gericht« (Hebr 10,27 (Menge-Übers.).31; vgl. Offb 21,8). Obwohl diese F. für sich genommen nichts Gutes ist, benutzt sie der Heilige *Geist dennoch zur Bekehrung der Menschen (Apg 16,29ff u.ö.).

2. Menschenfurcht.

Sie kann sich ausdrücken: (a.) als Ehrfurcht und Respekt vor Herren und Staatsdienern (1Petr 2,18; Röm 13,7); (b.) als eine blinde F. vor Menschen und ihren Taten (4Mo 14,9; Jes 8,12; Spr 29,25) und (c.) als Angst um Menschen, daß die Sünde sie verdirbt (1Kor 2,3; 2Kor 11,3; Gal 4,11). Diese Art der F. kann ebenso wie die sklavische F. durch die wahre

Liebe zu Gott überwunden werden (1Joh 4,18). Menschenfurcht im theologischen Sinn kennzeichnet menschliches Verhalten, das aus der meist unbewußten Angst geboren ist, die Zuwendung und Anerkennung von Menschen, die einem wichtig sind, zu verlieren. Solche Abhängigkeit von Menschen steht der Furcht Gottes genau entgegen.

II. FURCHT GOTTES.

1. Im AT wird für Gottesfurcht vorwiegend das Verbum *jāra',* »fürchten« (ursprüngliche Bedeutung: »zittern, beben«) mit seinen Ableitungen gebraucht.

a. Der mehr allgemeine Charakter der numinosen Furcht kommt besonders im Adjektiv *nora',* »furchtbar, furchterregend« (2Mo 15,11; 5Mo 10,21; Ps 47,3; 66,3; 76,8.13; Mal 1,14; 3,23) und im Substantiv *mora',* »das, was Schrecken einjagt« (5Mo 4,34; Jes 8,13) zum Ausdruck. Daneben stehen die Synonyme *gur/magor,* »sich fürchten, Grauen«, *chārad/charādā,* »erbeben/Beben«, *chātat/mechitta,* »erschreckt sein/Schrecken«, *pachád/páchad,* »sich fürchten, erbeben/Schrecken« u.a. Das Unfaßbare einer Gotteserscheinung (Theophanie) kann zu lähmendem Schrecken und entsetzter Flucht führen (1Mo 35,5; 2Mo 15,16; 20,18; Jos 10,10; 1Sam 14,15). Andererseits ist diese Furcht die Voraussetzung für die Beugung unter die Erscheinung Gottes und damit für den weiterführenden Aspekt der Ehrfurcht und Verehrung (vgl. 2Mo 3,6; Jes 6,5). Weil der vergängliche und sündige Mensch die Begegnung mit dem heiligen und ewigen *Gott nicht ertragen könnte (2Mo 33,20), verhüllt sich Gott barmherzig, entsühnt und richtet auf (2Mo 3,2; Jes 6,6f; Dan 10,7-12). So wandelt sich die Furcht in vertrauende Ehrfurcht (2Mo 14,31). In diesem Zusammenhang sind auch jene Stellen zu verstehen, wo Menschen im Namen Gottes aufgefordert werden, sich nicht zu fürchten (*'al tira';* 1Mo 15,1; 26,24; 46,3; 5Mo 1,29; Jos 1,9; Jes 41,10.13f; 43,1.5 u.ö.). Diese »Trostformel« hat ihre Heimat im Kultus, genauer im priesterlichen »Heilsorakel«. Das durch Mißtrauen des Menschen gebrochene Verhältnis zu Gott wird so von Gott her erneuert, und dem Menschen wird zu Wahrung der Furcht Gottes geholfen.

b. Daran schließt sich das Verständnis von F. Gottes als besondere Verpflichtung gegenüber Jahwe an. F. Gottes ist Ausdruck der Achtung, der Liebe und des Gehorsams gegenüber seinen Geboten (5Mo 4,10; 5,29; 6,2.13.24; Jos 24,14; 1Sam 12,14.24; 1Kön 8,40.43; 2Kön 17,7.25.28.32-39.41 u.ö.). Die Verbalform »Jahwe fürchten« (*jāre' 'ät Jahwe*) bezeichnet hier vorwiegend die ausschließliche »Verehrung Jahwes unter dem besonderen Aspekt der Treue zu ihm als dem Bundesgott« (J.Becker). Ähnlich ist der für die Psalmen typische Ausdruck »die Jahwe Fürchtenden« (*jir'ē Jahwe,* z.B. Ps 15,4; 22,24; 115,11.13) bzw. die »ihn/seinen Namen fürchten« (z.B. Ps. 22,26; 25,14; 31,20; 61,6; Mal 3,20) zu verstehen. Damit ist die gottesdienstliche Gemeinde und auch allg. die Schar der Gläubigen gemeint (vgl. auch 1Kön 18,3.12; 2Kön 4,1; Jer 32,39f). Gerade die Ausschließlichkeit der F. Gottes bringt umgekehrt einen Abbau sonstiger F. und Angst mit sich. Wer Gott fürchtet, muß sich nicht vor Menschen und Dingen fürchten (ihnen auch nicht aus Angst gehorchen), weil er in Gott seine Zuflucht hat (Ps 27,1; 56,5; 91; 112,1.7f; 118,4-9).

c. Von dieser mehr kultischen Bedeutung unterscheidet sich der weisheitliche Gebrauch von F.Gottes im Sinne eines »geprägten Begriffes für rechtes sittliches Verhalten« (J. Bekker; vgl. Spr 1,7.29; 2,5; 8,13; 9,10; 10,27; 14,2.26f u.ö.). Gottesfurcht kann hier synonym für »recht«, »redlich«, »gerecht«, »das Böse hassen«, »sich vom Bösen fernhalten« verwendet werden. Auch außerhalb weisheitlicher Texte läßt sich dieses ethische Verständnis der F.Gottes als »Ehrfurcht und Achtung vor den elementarsten sittlichen Normen, als deren strengen Hüter man allenthalten die Gottheit wußte« (G.v.Rad), erkennen (z.B. 1Mo 20,11; 22,12; 42,18; 2Mo 1,17.21).

2. Im NT finden sich die gleichen Aspekte von F.Gottes wie im AT; sie nehmen insgesamt jedoch keine so hervorragende Stellung ein (phobos, phobeistai). In ihrem kultischen Sinngehalt tritt die Bezeichnung ganz zurück und macht dem allgemeinen Begriff des Glaubens (*pistis, pisteuō*) Platz.

a. Der numinose Charakter begegnet nach wie vor in Theophanieerlebnissen (Mt 8,23-27; 14,22-33; 17,1-7; 28,1-10, Mk 16,8; Lk 5,1-11; 7,11-17 u.ö.), deutlich auch im Bekehrungserlebnis des Paulus (Apg 9,3-9; 22,6-11; 26,12-15). In der Apg fällt daneben der allg. Begriff der *»Gottesfürchtigen« auf – eine Bezeichnung für Heiden, die sich der Synagoge angeschlossen hatten, ohne zum Judentum überzutreten (Apg 10,2.22; 13,16.50; 17,17; 18,7).

b. Die Wirkung der numinosen F. ist, wie aus den Evangelien hervorgeht, heilsam. Wo der Mensch sich in Reue und im Sündenbekenntnis beugt (Mt 9,8; 14,33; 15,31; 19,25; 20,34; Lk 5,8; Joh 6,68f), erkennt er in Christus den ihm in Liebe begegnenden Gott. Damit wird der Schrecken durch Gotteslob, Anbetung und Nachfolge, Vertrauen und Gehorsam ersetzt. F., die nicht vertrauensvoll Gott zum Gegenstand hat, muß deshalb weichen:

»Furcht ist nicht in der Liebe« (1Joh 4,17).

c. Aus der Nachfolge ergibt sich die Verpflichtung eines dem Geber des neuen Lebens entsprechenden geistlichen Lebenswandels, auf den besonders Paulus aufmerksam macht. Bei ihm findet sich schwerpunktmäßig der ethische Begriff der F.Gottes, die das ganze Leben des Christen formen soll (Röm 13,3.7; 2Kor 5,11; 7,11; 1Tim 5,20). Das Heil in Christus ist dem Menschen nicht verfügbar. Darum gilt es zu schaffen, »daß ihr selig werdet, mit Furcht und Zittern« (Phil 2,12).

Literatur: H.R. Balz: Furcht vor Gott, EvTh 29/1969, S. 626-644; ders.: ThWNT IX, 1973, S. 186-194.201-216; J. Becker: Gottesfurcht im Alten Testament, 1965; G. Lanczkowski, K. Romanink, G. Schnurr: Art. Furcht, in: TRE XI, S.755-767; F. Riemann: Grundformen der Angst, 1961; H.-P. Stähli: THAT I, S. 765-778. C.D.St.

FÜRSPRECHER. Eine andere Übersetzung des griech. Wortes *paraklētos,* »Beistand, Anwalt«, der die Sache eines Beklagten oder Klägers vor Gericht führt, für ihn eintritt und für ihn spricht (in Joh 14,16 mit »Tröster« übersetzt). Nach 1Joh 2,1 nimmt Christus diese Stellung vor seinem himmlischen Vater ein für diejenigen, die ihm nachfolgen.

FÜRST.

1. Als F.en werden die Herrscher und obersten Führer eines Volkes, aber auch andere vornehme und leitende Männer in verschiedenen Stellungen bezeichnet (1Mo 23,6; 1Sam 2,8; Hiob 34,18f; Ps 76,13). Die genaue Bedeutung ergibt sich häufig erst aus dem Zusammenhang.

2. Aus den F.en, d.h. den Vornehmen und Obersten der einzelnen Geschlechter des israelit. Volkes (4Mo 25,14; 1Chro 4,38; 5,6; Ps 68,28) wurden die Stammesfürsten, die verantwortlichen Führer während der Wüstenwanderung, gewählt. Das sind die 12 F. Israels, die F.en der Gemeinde (4Mo 1,16.44; 31,12). Wenn der König des Gottesvolkes F. (1Sam 13,14; 1Kön 14,7; Hes 45,7) genannt wird, besagt das, daß der eigentliche König Israels der Herr selber ist. Gelegentlich heißen fremde Könige F.en (Hes 28,2), dann die Stammeshäuptlinge der Araber (1Mo 25,16; Hes 27,21), Moabiter (4Mo 22,14), Horiter (1Mo 36,30), Edomiter (V. 43). Die F.en der Philister (1Sam 29,2) sind die Beherrscher der fünf Städte *Gaza, *Aschdod, *Aschkelon, *Gat und *Ekron (Jos 13,3).

3. Ferner ist »Fürsten« vielfach die Benennung hoher Beamter und Offiziere. Das gilt für ägypt. Würdenträger (Jes 19,13), für pers. Verwaltungsbeamte und Minister (Dan 6,3; Est 1,14). Ebenso wird der Oberhofmeister des babylon. Königs (Jer 39,3) F. genannt. Die Abstammung aus fürstlichem Geschlecht kommt oft hinzu, ist aber nicht Bedingung.

4. Im Bereich geistlicher Vollmacht wird der Begriff F. in der Messiasverheißung (Dan 9,25) und in der Verkündigung des Petrus für Jesus, den »Fürst des Lebens« (Apg 3,15; 5,31), gebraucht. Von Engelfürsten hören wir Jos 5,14; Dan 10,13.21. Anderseits ist der Teufel der »Fürst dieser Welt« (Joh 12,31; 14,30; 16,11).

FUSS. Hebr. *rägäl,* mit Parallelen in anderen Sprachen des Nahen Ostens, wird gelegentlich von Gegenständen (2Mo 25,26), doch meistens von tierischen oder menschlichen Füßen bzw. Beinen und in anthropomorpher Redeweise auch von den Füßen Gottes gebraucht. Davon abgeleitet heißt es auch Schritt (1Mo 33,14 »Schritt des Viehs« und »Schritt der Kinder«). Griech. *pous* heißen die Füße von Menschen oder Tieren.

Sowohl im Hebr. als auch im Griech. bezeichnet der Fuß oft die Stellung, Bestimmung oder Neigung einer Person (Spr 6,18; 7,11; Apg 5,9); er wird dann auch in Bezug gesetzt zur Führung eines Menschen und der sorgsamen Fürsorge für ihn, wie man sie in der Regel von Gott erwartet (1Sam 2,9; Ps 66,9; Lk 1,79).

Im übertragenen Sinne bezeichnet das Wort die Niederlage eines Feindes; er ist geschlagen, wenn man »den Fuß auf seinen Nakken setzen« kann (Jos 10,24; 1Kor 15,25).

Vor jemandem auf die Füße zu fallen, drückt Huldigung oder demütiges Flehen aus (1Sam 25,24; 2Kön 4,27), zu Füßen sitzen, be-

Elamitische Gefangene küssen die Füße eines Soldaten der Armee Assurbanipals als Akt der Unterwerfung gegenüber dem Eroberer oder Oberherrn. Relief auf dem Südwest-Palast in Ninive. Ca. 645 v.Chr. (BM)

deutet Nachfolgeschaft oder lernen (Apg 22,3), jemand etwas zu Füßen legen bezeichnet ein Opfer (Apg 4,35). Das Bild vom Fuß in der Schlinge oder vom ausgleitenden Fuß steht für Unglück (Ps 73,2; Jer 18,22).

Die Notwendigkeit, die Füße zur Erfrischung und zur Reinigung zu waschen, ergab sich aus den staubigen Straßen. Das Füßewaschen war deshalb ein Zeichen der *Gastfreundschaft; es wurde normalerweise vom niedrigsten Sklaven ausgeführt (1Sam 24,41; Lk 7,44; Joh 13,5ff; vgl. Apg 13,25). Die staubigen Sandalen auszuziehen war ein Zeichen des Respekts (2Mo 3,5), aber auch der Trauer (Hes 24,17); den Staub von den Füßen zu schütteln war dagegen eine Geste der Verachtung. Vermutlich beruht sie auf dem Gedanken, daß man sich auch mit Staub an einen Ort binden konnte (Mk 6,11; vgl. 2Kön 5,17). B.O.B.

FUSSSCHEMEL. Das Wort kommt im AT siebenmal vor, jedoch nur einmal im wörtl. Sinn (2Chr 9,18); dort wird dafür das Wort *käbēsch* verwendet, sonst heißt es *h^a^dom raglajim*. Die Entsprechung im NT heißt *hypopodion tōn podōn* und kommt achtmal vor, jedoch wiederum nur einmal im wörtl. Sinne (Jak 2,3, dort steht nur *hypopodion*). Die übrigen sieben Stellen sind Zitate aus dem AT. In seinem metaphorischen Sinn bezieht sich F. auf Gott und meint die Bundeslade (1Chr 28,2), den Tempel, der die Bundeslade enthält (Ps 99,5; 132,7; Klgl 2,1); die Erde (Jes 66,1; Mt 5,35; Apg 7,49) und die Feinde des messianischen Königs (Ps 110,1; im NT sechsmal erwähnt). Der F. von Tutanchamun (1347-1338 v.Chr.) zeigt geschnitzte Darstellungen seiner Feinde. Andere Darstellungen zeigen ägypt. Könige, die ihre Füße auf die Köpfe ihrer Feinde stellen (*Fuß). M.A.M.

Auf diesem ägyptischen Fußschemel sind Gefangene dargestellt. Die Pharaonen symbolisierten auf diese Weise ihre Eroberungen, indem sie ständig ihre Feinde »unter den Füßen« hatten. (PAC)

FUSSWASCHUNG.

1. Zur F. im täglichen Leben s. *Fuß (vgl. 1Tim 5,10).

2. Die Priester im AT mußten, bevor sie in das Heiligtum eintraten, Hände und Füße waschen (2Mo 30,18ff; 40,31f), ein mahnendes Sinnbild der notwendigen Reinigung von aller Sünde vor jedem Dienst.

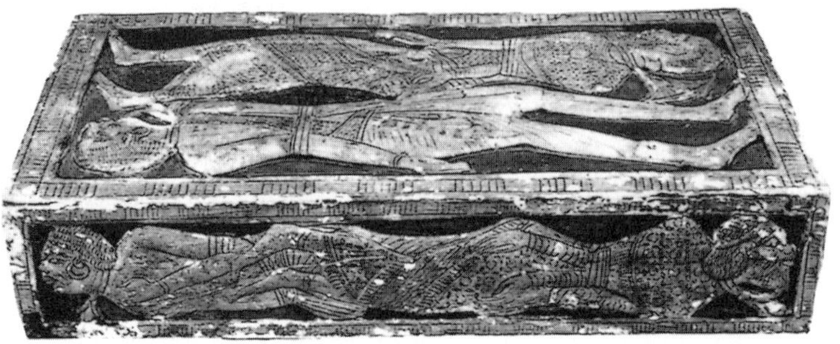

Aufwendig verzierter Fußschemel aus dem Grab des Tutanchamun. Ca. 1360 v.Chr. (RH)

3. Die F., die Jesus nach dem letzten *Abendmahl an seinen Jüngern vornahm (Joh 13,3ff), folgte auf den Rangstreit der Jünger (Lk 22,24-27). Jesus gab ihnen damit ein sichtbares Zeugnis seiner Liebe und den deutlichen Hinweis, daß in seiner Nachfolge nur das Dienen den Platz des einzelnen bestimmt. Die Antwort des Herrn auf die Weigerung des Petrus und sein folgendes Verlangen, ganz von Jesus gewaschen zu werden (Joh 13,8-10), weist auf die sinnbildliche Bedeutung der F. hin. Wie im AT die Priester sich einmal vor der Einsetzung in ihr Amt ganz zu baden (2Mo 29,4; 3Mo 8,6), vor den täglichen Verrichtungen im Heiligtum aber nur die Hände und Füße zu waschen hatten (2Mo 40,32), so bedarf der Christ, wenn er einmal durch das Bad der Wiedergeburt gegangen ist (Joh 3,5; Tit 3,5; Hebr 10,10), künftig nur noch der Reinigung von den täglichen Befleckungen durch die Welt von außen und die Sünde von innen (2Petr 1,9b; 1Joh 1,7-10; 3,3-5). Christus kann keine Gemeinschaft mit dem sündenbefleckten Menschen haben, doch kann und will er ihn reinigen. Dies legt nahe, auch die Aufforderung Jesu an die Jünger, zu tun, wie er ihnen getan hat (Joh 13,14f), auf den seelsorgerlichen Dienst zu beziehen.

Lithostroton kann eine Pflasterung aus großen flachen Steinen bezeichnen, aber auch zu einem Muster gesetzte Steine (opus sectile). (JPK)

GABBATA. In *Jerusalem hatte *Pilatus beim *Prätorium (vgl. Joh 18,28) seinen »*Richterstuhl (*bēma*) an der Stätte, die da heißt Steinpflaster (griech. *lithostrōtos*), auf hebräisch (d.h. aram.) Gabata« (Joh 19,13). Der genannte Ort trug zwei Namen mit verschiedener Bedeutung. Die griech. Bezeichnung meint hier ein Pflaster aus Kalkstein- oder Marmorplatten. Der aram. Ausdruck G. wird meist von der Wurzel *gb'*, »hoch sein«, abgeleitet und als *gabbetha'*, »Anhöhe«, gedeutet (Bill. II, 572). Gelegentlich vertritt man auch die Ableitungen *gabbachta'*, »Stirnglatze« (G. Dalman: Jesus-Jeschua, [2]1967, 13) und *gabbetha'*, »die Schüssel« (H.P. Rüger: TRE III, 1978, 604f). Beide Namen zusammen genommen weisen auf eine weite, gepflasterte Plattform, die erhöht vor dem Palast des Statthalters lag (vgl. Jos.bell.Jud. II, 301-308).

Es kann sich dabei nicht um das Kalksteinpflaster im Kloster der Zionsschwestern nordwestl. des Tempelplatzes handeln. 1. Die Festung *Antonia diente nie als Palast der röm. Statthalter (Prätorium). 2. Das Pflaster stammt erst aus dem 2.Jh.n.Chr. 3. Nach der Rekonstruktion von L.H. Vincent hätte es den Innenhof der Antonia gebildet. Laut Joh 18,28ff.33.38; 19,4f lag G. aber außerhalb des Palastes. Der Prozeß gegen Jesus fand im früheren Hasmonäer-Palast am Rand des westl. Altstadthügels gegenüber der SW-Mauer (»Klagemauer«) des Tempelplatzes statt (*Prätorium). Mit G. könnte das noch heute sichtbare Felskliff gemeint sein, an dessen Rand die sog. »Untere Wasserleitung« verlief (B. Pixner: ZDPV 95, 1979, 59.70.85). Die großen Kalksteinplatten einer westl. davon gefundenen Straße aus der Zeit *Herodes des Großen mögen uns einen Eindruck von der Beschaffenheit des Lithostroton geben.

Literatur: P. Benoit: Exegese und Theologie, 1965, 159-166; R. Schnackenburg: Das Johannesevangelium III, 1975, 305f; J. Starcky: DBS V, 1957, 398-405. R.R.

GABE, GESCHENK. Im AT werden ein Dutzend Worte für Gaben verschiedener Art verwendet. Die Opfer waren G.n für Gott (2Mo 28,38; 4Mo 18,11, usw.). In gewisser Weise waren auch die Leviten G.n für den Herrn (4Mo 18,6). Gelegentlich taucht der Gedanke auf, daß Gesundheit, Nahrung, Reichtum und Freunde G.n Gottes an die Menschen sind (Pred 3,13 RevEB; 5,18). Die Menschen brachten einander G.n zu festlichen Anlässen (Ps 45,13; Est 9,22) oder im Zusammenhang mit einer Mitgift (1Mo 34,12). G.n konnten Zeichen königlicher Großzügigkeit sein (Dan 2,6). Sie konnten aber auch einen bestimmten Zweck verfolgen, denn »das Geschenk des Menschen schafft ihm Raum« (Spr 18,16). Ja, sie konnten sogar mit unlauteren Motiven überreicht werden, so daß das Wort die Bedeutung »Bestechung« erhielt. Den Israeliten wurde geboten: »Du sollst dich nicht durch Geschenke bestechen lassen; denn Geschenke machen die Sehenden blind« (2Mo 23,8).

Im NT ist der Wortgebrauch deutlich verändert. Einige der neun griech. Worte für G. betreffen die G.n der Menschen an Gott, wie *anathēma* (Lk 21,5 LÜ: Kleinod, RevEB: Weihegeschenk) und besonders *dōron* (Mt 5,23f; 23,18f LÜ: Opfer usw.). Einige betreffen auch die G.n der Menschen füreinander, z.B. *dōron* (Offb 11,10), *doma* (Mt 7,11; Phil 4,17). Charakteristisch ist aber, daß einige Worte nur oder hauptsächlich verwendet werden, um Gottes G.n für die Menschen zu beschreiben. *dōrea* (das Wort drückt Großzügigkeit, Ehrengeschenk aus) erscheint elfmal für eine göttliche G. Dabei kann es sich um Erlösung handeln (Röm 5,15.17) oder um den Heiligen Geist (Apg 2,38), oder die Gabe bleibt undefiniert (»seine unaussprechliche Gabe«, 2Kor 9,15). Jakobus erinnert uns: »Alle gute Gabe (*dosis*) und alle vollkommene Gabe (*dōrēma*) kommt von oben herab« (Jak 1,17). Ein wichtiges Wort ist *charisma* (*Gaben des Geistes).

Teil eines Reliefs im Grab des Huy in Theben: Darbringung von Tributgaben. 18. Dynastie, ca. 1552–1306 v.Chr. (PAC)

Dieses kann für Gottes G. des ewigen Lebens (Röm 6,23) benutzt werden, aber in besonderer Weise wird es für die »Geistesgaben« verwendet. Das sind die G.n, die der Heilige Geist dem Menschen verleiht. Jeder Gläubige hat solch eine G. (1Petr 4,10), aber die einzelnen G.n werden jeweils einzelnen Menschen zugeteilt (1Kor 12,30), und Menschen, die diese G.n besitzen, sind selbst »Gaben« des auferstandenen Christus für seine Kirche (Eph 4,7ff). Die wichtigen Texte dazu sind Röm 12,6ff; 1Kor 12,4-11.28-30; 14; Eph 4,11ff. Erlösung ist die gute G. Gottes für die Menschen, und alles andere kommt aus dieser grundlegenden G. L.M.

GABEN DES GEISTES.

I. BEGRIFF UND WESEN.

Paulus verwendet zwei griech. Ausdrücke, um die Gaben des Geistes zu beschreiben: *pneumatika,* »*Geistes*gaben« (1Kor 12,1; 14,1), und *charismata,* »*Gnaden*gaben« (Röm 12,6; 1Kor 12-14). Es ist auffällig, wo und wie Paulus beide Begriffe gebraucht. Die Tatsache, daß der Begriff *pneumatika* im Sinne von Geistesgaben bei Paulus nur an zwei Stellen im 1Kor vorkommt, führt zu der Annahme, daß Paulus ihn aus dem an ihn gerichteten Brief der Korinther übernommen hat. Dafür spricht auch die Einleitungsformel (*peri de,* »betrifft«) in 1Kor 12,1, mit der Paulus auf Fragen der Korinther Bezug nimmt. Dort gab es eine Gruppe, die sich viel auf den Besitz des Heiligen Geistes einbildete und die anderen Gemeindeglieder verachtete. Nach den Vorstellungen dieser Schwärmer zeigte sich der Geistbesitz vor allem in wunderhaften Ereignissen wie Krankenheilungen, Zungenreden und deren Deutung.

Paulus greift das Stichwort *pneumatika* auf, läßt es aber sofort wieder fallen und spricht dann von *charismata,* »Gnadengaben«. Dieses Wort ist abgeleitet von *charizestai,* »Gunst erweisen«. Es hängt mit dem Begriff *charis,* »Gnade«, zusammen. Gnadengaben sind also sichtbare Auswirkungen der Gnade. Der Singular *charisma* beschreibt Gottes Gabe der Rettung durch Jesus Christus (Röm 5,15f; 6,23). Der Plural *charismata* ist Fachausdruck für die besonderen Gaben des Heiligen Geistes. Paulus betont mit diesem Begriff, daß alle Geistesgaben Gottes Geschenke sind. Was Gnadengabe ist, kann niemand mit Stolz erfüllen. Vielmehr ist Dankbarkeit gegenüber Gott angemessen.

Damit hängt auch zusammen, daß der Heilige Geist die Gnadengaben nach Gottes souveränem Willen zuteilt (1Kor 12,11). Er beschenkt die einzelnen Gläubigen mit einer oder mehreren Gaben (1Kor 12,8f; 14,5.13).

II. AUFGABE UND DAUER.

Im Römer- und im 1. Korintherbrief beschreibt Paulus im Zusammenhang mit den Gnadengaben die *Gemeinde als einen Organismus mit vielen Gliedern. Alle Glieder sind aufeinander angewiesen; keines kann für sich allein bestehen. Damit will Paulus sagen: Die Schwärmer sollen nicht so tun, als seien sie mit ihren Gaben die allein bedeutsamen Gemeindeglieder. Sie können gar nicht ohne die anderen Glieder leben.

Es ist umstritten, ob die im NT beschriebenen Gnadengaben auch heute noch von Gott verliehen werden. Aus 1Kor 13,8-12 meinen einige Ausleger entnehmen zu können, daß die Gnadengaben der Prophetie, der Zungenrede und der Erkenntnis nur in der Anfangszeit der christlichen Gemeinde von Gott geschenkt worden seien. Sie hätten sich erübrigt, nachdem der Kanon des NT (»das Vollkommene«) abgeschlossen gewesen sei. Diese Auffassung widerspricht aber dem Wortlaut von 1Kor 13,8-12. Danach gehört zu dem Vollkommenen das Schauen Gottes von Angesicht zu Angesicht (1Kor 13,12). Das geschieht erst bei der Wiederkunft Jesu und der Vollendung der Gottesherrschaft. Dann erübrigen sich alle Gnadengaben. Von der Entstehung des NT ist in 1Kor 13,8-12 nicht die Rede. Darum sind alle Gnadengaben, die im NT beschrieben werden, auch heute erfahrbar – wo und wann Gott es will. Der Herr der Gemeinde schenkt ihr seine Gnadengaben, um sie in ihrer Entwicklung zu fördern. Nicht die Gnadengabe an sich ist erstrebenswert, sondern der Dienst, der mit ihrer Hilfe in der Gemeinde getan werden kann. Damit das erreicht wird, verweist Paulus auf die Liebe (vgl. Röm 12,9-21; 1Kor 13). Gnadengaben und Liebe haben miteinander zu tun. Während Gnadengaben einzelnen Christen zugeteilt werden, ist zur Liebe jeder Christ fähig, weil sie eine Frucht des Heiligen Geistes ist (Gal 5,22). Die Liebe hilft zur richtigen Anwendung der Gnadengaben. Ohne Liebe sind die auffallendsten Gnadengaben nichts wert (1Kor 13,1-3).

III. VERBREITUNG UND MERKMALE.

Im NT gibt es verschiedene Listen von Gnadengaben: Röm 12,6-8; 1Kor 12,4-11.28-30; Eph 4,7-12. Der Vergleich dieser Listen ergibt, daß bestimmte Gnadengaben in allen Gemeinden vorkommen, während andere offenbar zu den besonderen Prägungen einer örtlichen Gemeinde gehören.

1. Gnadengaben in allen Gemeinden. Vier

Gnadengaben haben offensichtlich grundlegende Bedeutung für alle Gemeinden. Deshalb sind sie jeder Gemeinde verliehen: *Apostel, Propheten, *Lehrer und Leiter. Sie haben folgende Eigenschaften:

a. *Apostel* hießen zunächst die zwölf Jünger, die Jesus zu seinen Weggenossen erwählt und Apostel genannt hat (Mk 3,13-19). Entsprechend diesem Maßstab wird nach dem Verrat des Judas Iskariot ein anderer Jünger in den Zwölferkreis berufen: Matthias (Apg 1,15-26). Paulus hat den Anspruch erhoben, ebenfalls zum Apostel eingesetzt zu sein, weil er den auferstandenen Herrn gesehen hat und von ihm mit der Verkündigung des Evangeliums bei den Heiden beauftragt worden ist (1Kor 15,5-11; Gal 1,11-17). Unter dieser Voraussetzung sind Apostel Zeugen des Auferstandenen, die er selber zu Gründern seiner Gemeinde eingesetzt hat (Eph 2,20). Ihr Amt ist einzigartig und unwiederholbar. Ihre Lehre ist die Grundlage für die weitere Entwicklung der Gemeinde Jesu Christi (vgl. 1Joh 1,1-4).

b. *Propheten* werden oft als reine Zukunftsdeuter verstanden. Nach bibl. Verständnis sind sie das nicht. Zwar haben die Propheten des AT auch von der Zukunft gesprochen, aber wesentliche Teile ihrer Botschaft beschäftigen sich mit der Gegenwart. Sie haben etwas zu den rel., wirtschaftlichen, kulturellen und politischen Verhältnissen ihrer Zeit zu sagen. Ihre Botschaft empfangen sie durch göttliche Eingebung. Prophetie ist also ein von Gott durch Eingebung empfangenes Wort zur Lage in Vergangenheit, Gegenwart und Zukunft.

c. *Lehrer.* Im Gegensatz zur Prophetie beruht die Lehre nicht auf Eingebung. Ihre Grundlage ist die verantwortliche Auslegung der Heiligen Schrift. Die Gnadengabe der Lehrer besteht darin, bibl. Sachverhalte einprägsam, anschaulich und verständlich weitergeben zu können. Ihr Dienst ist deshalb besonders wichtig, weil die Gemeinde die Rede der Propheten kritisch beurteilen soll. Dafür braucht sie die Beschäftigung mit Gottes Wort.

d. *Leiter.* Die Führungsgaben werden mit unterschiedlichen Begriffen bezeichnet. In Korinth heißen ihre Träger »Steuerleute« (12,28: *kybernēseis*). Im Röm spricht Paulus von »Vorstehern« (*proïstamenoi*); im Eph ist von »Hirten« (*poimenoi*) die Rede (Eph 4,11; vgl. auch Apg 20,28; 1Petr 5,1-4). Die Apg und die übrigen Briefe verwenden die Begriffe »Älteste« (*presbyteroi*, z.B. Apg 20,17) und »Aufseher«, »*Bischöfe« (*episkopoia*, z.B. Phil 1,1; 1Tim 3,1-7). Wichtiger als die Bezeichnung sind die Tätigkeiten, die von Führungskräften der Gemeinde erwartet werden. Sie sollen steuern können. Sie brauchen Zielvorstellungen für den missionarischen und diakonischen Auftrag, für den Gemeindeaufbau, die Seelsorge und die Gemeindezucht (Hebr 13,17).

2. Gnadengaben in Korinth. Das in der Aufzählung 1Kor 12,8-11 erwähnte »Wort der Weisheit« ist der Prophetie, das »Wort der Erkenntnis« der Lehre zuzuordnen. Dann ergeben sich folgende für Korinth charakteristische Gaben:

a. *Glaube* als Gnadengabe kann nicht der Glaube sein, der das Heil in Jesus Christus annimmt. Denn ohne diesen Glauben gibt es keinen Zugang zu Gott (Röm 3,28). Wenn Paulus vom Glauben als Gnadengabe spricht, meint er besondere Glaubenskraft, von der die einzelnen Christen unterschiedlich viel erhalten haben (Röm 12,3).

b. *Krankenheilung* ist eine Gabe, die Paulus selbst besessen und in Korinth eingesetzt hat (2Kor 12,12). Jesus hat diese Gabe seinen Jüngern verheißen (Mk 16,15-18). Die Apg enthält viele Hinweise, wie sich diese Verheißung erfüllt hat (2,43; 3,6-9; 4,6f.22; 6,8; 8,6f; 15,12). Der Jakobusbrief beschreibt, wie den Kranken durch Gebet geholfen werden kann (5,13-15). Die Mission hat nicht zuletzt durch die Gabe der Krankenheilung starke Impulse erhalten.

c. *Kraftwirkungen* werden von Paulus im Zusammenhang mit den Heilungsgaben erwähnt. Er denkt dabei wohl an machtvolle Taten, wie sie z.B. in Apg 13,10-12 berichtet werden.

d. *Geisterunterscheidung* bekommt als Gabe eine besondere Bedeutung, wo – wie in Korinth – viel prophetisch geredet wird. Denn es gibt auch unter dem Anspruch geisterfüllter Rede manchen Irrtum. Es kommt sehr darauf an, daß die Gemeinde Jesu Christi die Stimme Gottes von der Stimme des Versuchers unterscheiden kann.

e. *Zungenrede* (griech. *glossēlalein*) sollte eigentlich Sprachenrede heißen, (vgl. *Zungenrede). Gemeint ist die Fähigkeit, Gott in einer Sprache anzubeten, die der Betende nicht gelernt hat. Diese Gabe dient vor allem demjenigen, der sie empfangen hat (1Kor 14,4). Er erhält die Fähigkeit, seiner Hingabe und Liebe zu Gott unmittelbar Ausdruck zu verleihen. Für die Gemeinde ist sie nur dann wertvoll, wenn die unverständlichen Worte übersetzt werden können (1Kor 14,13-25). Nach Paulus soll diese Gabe in Korinth diszipliniert eingesetzt werden (1Kor 14,27f).

f. *Kassierer.* Er begegnet in der Liste der Gnadengaben 1Kor 12,28. Das Wort, das Luther mit »Helfer« übersetzt (griech. *antilēmpseis*), ist ein Fachausdruck aus dem Bankgewerbe. Er bezeichnet den Kassenverwalter.

3. Gnadengaben in Rom (Röm 12,6-8). In der Gemeinde von Rom liegt der Schwerpunkt der Gnadengaben bei praktischen Dingen.

a. *Ermahnung* gibt einen vieldeutigen griech. Begriff (*parakaleō*) wieder. Er meint den dringenden Ruf zum Glauben (2Kor 5,20) ebenso wie die Mahnung an Christen, evangeliumsgemäß zu leben (Röm 12,1f) und den tröstenden Zuspruch an Leidende (Röm 15,4). Es schwingt also alles mit, was zu einer evangeliumsgemäßen Seelsorge gehört.

b. *Opfersinn.* Paulus scheut sich nicht, auch die Gemeindeglieder als Gnadengabe zu bezeichnen, die über materiellen Reichtum verfügen. Besitzende sollen damit rechnen, daß ihr Besitz Geschenk Gottes ist. Er ist gegeben, um Gott und den Menschen zu dienen.

c. *Diakonie* wird in der Liste der römischen Gnadengaben zweimal erwähnt. An der Stelle, die Luther mit »Amt« übersetzt, steht im Griech. *diakonia.* Gemeint ist praktische Hilfeleistung jeder Art. An der zweiten Stelle übersetzt Luther »übt jemand Barmherzigkeit« (Röm 12,8, griech. *ho eleōn*). Dabei ist wohl an die Betreuung alter und kranker Menschen gedacht.

4. Gnadengaben in Ephesus (Eph 4,11). Die im Brief an die Epheser erwähnten Gnadengaben kommen bis auf eine auch in den anderen Briefen vor. Zusätzlich geht es hier um die *Evangelisten* (griech. *euangelistēs*). Sie haben von Gott die Fähigkeit erhalten, das Evangelium noch nicht glaubenden Menschen in verständlicher und eindringlicher Form nahezubringen. Ihre Aufgabe ist die gemeindegründende Predigt.

Literatur: K. Berger: Art. charisma, EWNT III, 1983, S. 1002-1005; U. Brockhaus: Charisma und Amt, [2]1987; S. Großmann: Haushalter der Gnade Gottes, 1977; K. Haacker, G. Hörster: Mit Geist beschenkt, 1983; W. Lohrmann: Frucht und Gaben des Heiligen Geistes, 1978; D. Scheunemann: Und führte mich hinaus ins Weite, [2]1987; E. Schweizer, Gemeinde und Gemeindeordnung im NT, 1959. G.H.

GABRIEL. »Mann Gottes« oder »Kraft Gottes«. Einer der beiden *Engel, die die Bibel namentlich nennt. Der andere ist *Michael. G. wurde gesandt, um Daniels Vision zu deuten (Dan 8,16) und ihm die Prophetie der 70 Wochen mitzuteilen (Dan 9,21). Einige Kommentatoren meinen, auch der Engel in Dan 10,5ff sei G.

In der jüd. Literatur zwischen dem AT und dem NT ist G. einer der Erzengel, der »Engel des Angesichts«, die vor Gottes Thron stehen, ihn preisen und für die Menschen bitten (vgl. Jub 2,2; 1 QH 6,13, 1QSb4, TestLev 3,5.7; Tob 12,15; vgl. LK 1,19, Offb 8,2). Er wird entweder als einer von vier Erzengeln mit Michael, Sariel (oder Uriel) und Raphael genannt (äthHen 9,1; 1QM 9,15f; vgl. äthHen 40,6; 54,6; Sib 2,215 einige Mss; Numeri Rabba 2,10) oder als einer von sieben mit Uriel, Raphael, Raguel, Michael, Sariel (oder Saraqael) und Remiel (äthHen 20). G. ist besonders für das Paradies zuständig (äthHen 20,7). Er vernichtete die vorsintflutlichen Riesen (äthHen 10,9). Zusammen mit den anderen Erzengeln wird er beim letzten Gericht amtieren (äthHen 90,21f; vgl. 54,6; Sib 2,214-219; 1Thess 4,16; Offb 8,2). Targum und rabbinische Literatur bezeichnen die namenlosen Engel im AT oft als G. oder Michael.

Im NT kündigt G. dem *Zacharias die Geburt *Johannes des Täufers an (LK 1,11-20) und *Maria die Geburt Jesu (Lk 1,26-38). Seine Selbstbezeichnung »Ich bin Gabriel, der vor Gott steht« (Lk 1,19) kennzeichnet ihn als einen der Erzengel (vgl. Tob 12,15). R.J.B.

GAD. »Glück«.

1. Der siebte Sohn Jakobs, der erste von Leas Magd Silpa (1Mo 30, 10.11). Gad selbst hatte schon sieben Söhne, als Jakob mit seiner Familie nach Ägypten zog (1Mo 46,16). Jakob sagte den Nachkommen Gads ein bedrängtes Leben voraus, aber auch, daß sie sich zur Wehr setzen würden (1Mo 49,19). Später werden sie im Segen des Mose genannt (5Mo 33,20.21).

2. Ein Stamm Israels, der aus Gad (1.) hervorging, und das Gebiet, das er bewohnte. Der Stamm hatte zu Moses Zeiten sieben Geschlechter bzw. Sippen (4Mo 26,15-18), wurde von Eljasaf befehligt und vertreten (4Mo 1,14; 2,14; 7,42; 10,20) und stellte einen Kundschafter zur Erkundung des Landes Kanaan (4Mo 13,15). Als Israel die Ebene von Moab erreicht hatte, baten Ruben, Gad und der halbe Stamm Manasse um die Erlaubnis, im Ostjordanland siedeln zu dürfen. Sie wollten es als ihren Anteil an dem verheißenen Land nehmen, weil *Gilead für ihre beträchtlichen Herden sehr geeignet war. Mose stimmte unter der Bedingung zu, daß sie erst ihren israelit. Brüdern helfen müßten, in Westpalästina Fuß zu fassen (4Mo 32). Die Gaditen und Rubeniten bauten eilig die Städte (u.a. *Atarot) und Schafhürden wieder auf, um ihre Familien und ihr Vieh zu schützen (4Mo 32,34-38; vgl. 26.27), während sie sich rüsteten, ihren Brüdern zu helfen. Sie hielten ihr Versprechen (Jos 22,1-8). Ein Altar, den die drei Stämme am Jordan bauten, fand erst nach anfänglichem Mißverständnis die Zustimmung der

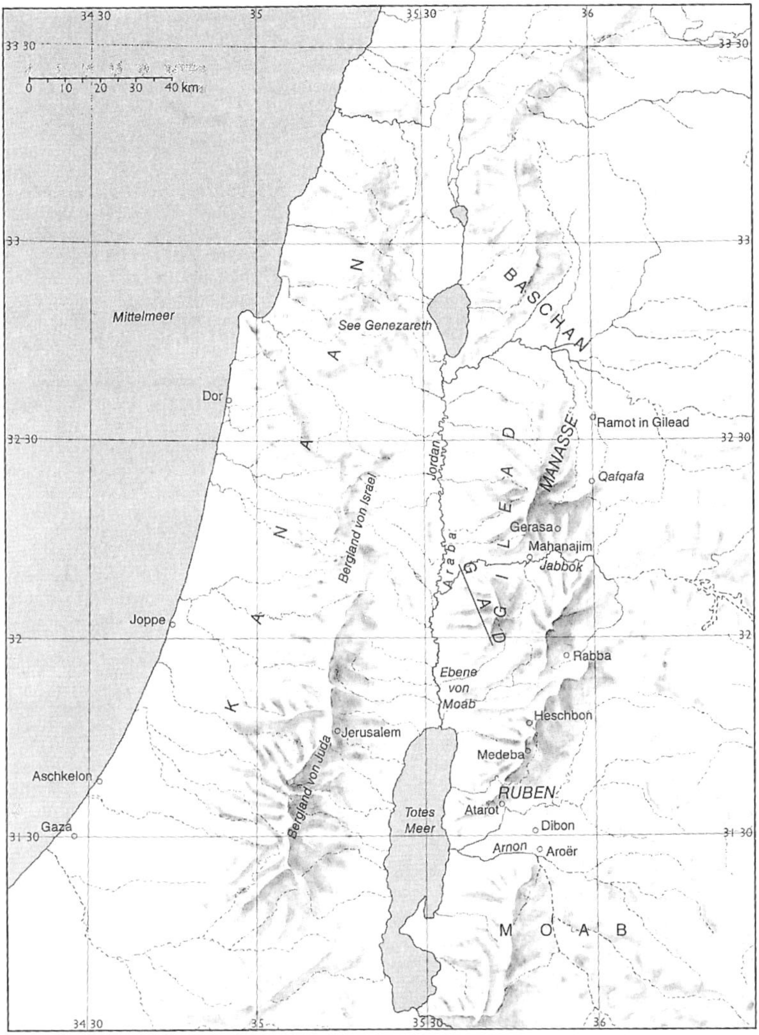

Das Gebiet des Stammes Gad.

übrigen Stämme (Jos 22,9-34). Ruben und Gad erhielten als Stammesgebiet das amoritische Königreich des Sihon: Ruben das Land zwischen *Aroër am Arnonfluß im S und einer Linie von der Jordanmündung bis Heschbon im N (Jos 13,15-23). Nördl. dieser Linie besaß Gad das ganze südl. Gilead, vom Jordantal im W bis zum Lauf des Jabbok im O (der Grenze mit Ammon) und N. An zwei Stellen reichte das Gebiet über diesen Fluß hinaus: zum einen gehörte das ganze Jordantal östl. des Jordan (vormals unter Sihon) vom Toten bis zum Galiläischen Meer (See Genezareth) dazu. Zum anderen reichte es über den NO-Winkel des Jabbok hinaus, schloß die Gegend von *Mahanajim und einen fruchtbaren

Landstrich an der Ostseite Nordgileads ein und erstreckte sich weiter über Dschebel/ Qafqafa zum strategisch wichtigen *Ramot in Gilead, das bei dem heutigen Tell Ramit, ca. 30km nordöstl. von *Gerasa liegt (vgl. Jos 13,24-28). Heschbon wurde als Wohnstätte der Leviten im Stammesgebiet Gad bestimmt (Jos 21,38f). Deshalb sollte Jos 13,16f vielleicht so lauten: »als ihr (Rubens) Gebiet: das Land von Aroër an ... mit allem ebenen Felde bei Medeba (bis) Heschbon ... « (dabei würde nur ein Buchstabe hinzugefügt, das lokative h). Dibon etc. wären dann Städte zwischen diesen Grenzpunkten, und Heschbon wäre das südlichste Gebiet Gads (vgl. RevEB).

Zweifellos litten auch die Gaditen unter den Ammoniterkämpfen im ostjordanischen Israel während der Richterzeit (z.B. Ri 10-12). Zu Sauls Zeiten waren die bewaldeten Hügel Gileads in Gad eine Zufluchtsstätte (1Sam 13,7). Der flüchtige David hatte u.a. auch Gaditen, die ihn zum König machen wollten, in seinen Reihen (1Chr 12,1.9-15.38.39). Später unterstanden auch die Gaditen Davids Verwaltung und stellten Beamte (2Sam 23,36; 24,5; 1Chr 26,32). Auf dem *Meschastein, ca. 840/830 v.Chr., erwähnt der moabitische König Mescha, daß die Gaditen schon lange im Lande Atarot lebten. Kurz darauf, in der Regierungszeit des Jehu von Israel, schlug Hasaël von Damaskus das ganze Gilead, einschließlich Gad (2Kön 10,32f). Im 8.Jh.v.Chr. scheinen sich die Siedlungen der Gaditen nordöstl. bis Baschan ausgedehnt zu haben (1Chr 5,11-17), bis Tiglatpilesar III. die Ostjordanier ins Exil brachte (2Kön 15,29; 1Chr 5,25f). Danach besetzten die Ammoniter das Land wieder (Jer 49,1-6). In Hesekiels Vision erhält Gad den südlichen Bereich der Stammesgebiete zugewiesen (48,27f). (Zur Geographie s. D. Baly: Geographisches Handbuch zur Bibel, 1973.)

3. Ein Prophet oder Seher, ein Zeitgenosse Sauls und Davids. Er riet David, Moab zu verlassen und nach Juda zu gehen (1Sam 22,5). Später gab Gott durch Gad David nach seiner Volkszählung die Möglichkeit, zwischen drei Strafen zu wählen, und befahl ihm dann, einen Altar auf Araunas Tenne zu errichten (2Sam 24,10ff; 1Chr 21). Die Ordnung für den musikalischen Dienst der Leviten im Tempel wird neben David und Nathan auch auf G. zurückgeführt (2Chr 29,25). G. schrieb eine Geschichte über Davids Regierungszeit (1Chr 29,29).

4. Eine heidnische Gottheit, die von den Kanaanitern als Gott des Glücks angebetet wurde, und der sie »einen Tisch zurichteten« (Jes 65,11). K.A.K.

GAD, TAL. Der Ort, an dem Davids Volkszählung begann, wird beschrieben als »bei Aroër, rechts von der Stadt, die in der Mitte des Tales (hebr. *nachal*) Gad liegt« (2Sam 24,5). Nach 5Mo 2,36 liegt Aroër »am Rande des Tales des Arnon«. Diese Stelle ist wahrscheinlich gemeint, da es für die Volkszählung nahelag, an der Südgrenze des Ostjordanlandes zu beginnen. Verschiedene Hss. der LXX weisen in 2Sam 24,5 Textabweichungen auf, die darauf hindeuten, daß der Text an dieser Stelle nicht fehlerfrei überliefert wurde. Die neueren Übersetzungen folgen daher meist der LXX-Lesart und lesen: »nach Gad und Jaser«. G.T.M.

GADARA. Eine hellen. Stadt der *Dekapolis ca. 10 km südöstl. des Sees *Genezareth in beherrschender Lage über dem Südufer des Jarmuk. Die reichen Ruinen beim jordanischen Ort Umm Qēs werden zur Zeit großzügig ausgegraben (U. Wagner-Lux, K.J.H. Vriezen: ZDPV 94, 1978, 135-144; 96, 1980, 48-58.158-162; 98, 1982, 153-162). Die Gebäudereste umfassen u.a. aus der röm. Zeit zwei Theater, ein Hippodrom, eine Basilika, Bäder und eine prachtvolle Säulenstraße sowie eine byzant. Kirche.

In ntl. Zeit bildete G. einen Mittelpunkt griech. Bildung, aus dem berühmte Dichter und Rhetoren wie Menippos, Meleager und Apsines, aber auch Philosophen wie der Kyniker Oinomaios und der Epikuräer Philodemos stammten (R. Riesner: Jesus als Lehrer, [3]1988, 207). Es war also nicht übertrieben, wenn G. auf Grabinschriften als »kulturliebend« gepriesen wird (Schürer 135). Der einzige Hinweis auf das Judentum bei einem gadarenischen Dichter, Meleager (2./ 1.Jh.v.Chr.), zeigt antijüd. Ironie (Anthologia Graeca V,160). G. war lange Zeit Schauplatz erbitterter jüd.-heidnischer Auseinandersetzungen. Am Beginn des 1.Jh.v.Chr. wurde G. durch den jüd. König Alexander Jannäus zerstört (vgl. Jos.bell.Jud. I, 155). Während der Zugehörigkeit zum jüd. Königreich *Herodes des Großen (30-4 v.Chr.) führten die Bewohner ständig Klage vor dem Kaiser (Jos.ant.Jud. XV, 351.354). Beim Ausbruch des jüd. Krieges (66 n.Chr.) wurde G. von den Aufständischen verwüstet (Jos.bell.Jud. II, 459), wofür sich die Bewohner später mit der Ermordung der jüd. Minderheit rächten (Jos.bell.Jud. II, 478).

Nach Mt 8,28-34 (anders Mk 5,1-20) heilte Jesus zwei Besessene am Ostufer des Sees Genezareth im »Land der Gadarener« (*chōra tōn Gadarēnōn*, Mt 8,26). Oft wird angenommen (z.B. Schürer 136), daß das Territorium von G.

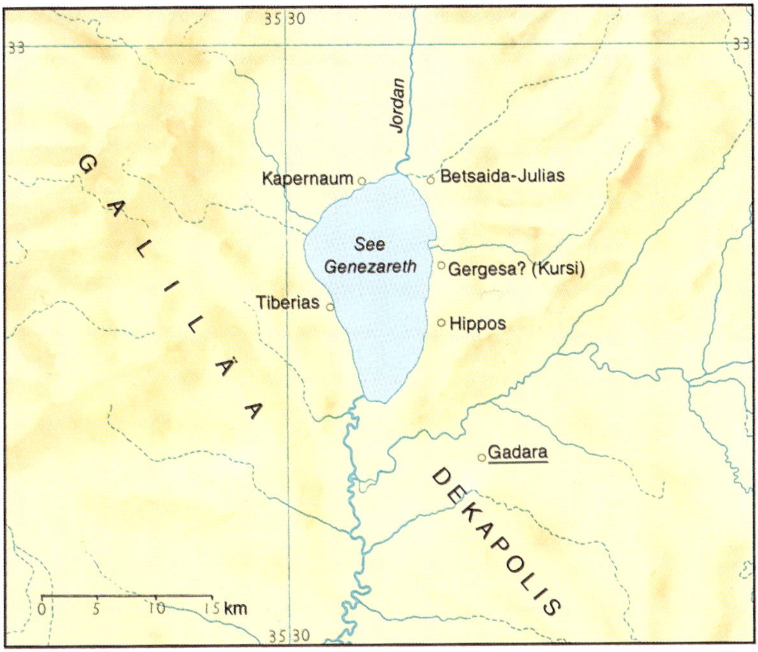

Gadara, eine Stadt im Gebiet der Dekapolis.

Gadara (Umm Qēs/Jordanien): Römische Kolonnadenstraße.(RR)

bis an den See reichte. Das ist aber nach den Grenzbeschreibungen des Josephus (bell.Jud. III, 37; Vita 42) keineswegs sicher. Schiffsspiele, von denen Münzaufschriften sprechen, müssen nicht auf dem See, sondern können auch auf dem angestauten Jarmuk stattgefunden haben (Y. Meshorer: The Coins of Eretz-Israel, 1985, 82f). Eine alte Ortsüberlieferung lokalisiert das Wunder im Gebiet von *Hippos, und vielleicht will Mt 8,28 mit dem »Land der Gadarener« nur allg. auf das heidnisch besiedelte Gebiet am Ostufer des Sees hinweisen (s. *Gerasener).

Noch zum Gebiet von G. gehörten heiße Quellen, die ca. 5 km nördl. am Nordufer des Jarmuk beim heute israelischen Hammat Gader entspringen (J. Murphy-O'Connor: The Holy Land, [2]1986, 218-221). Sie waren schon im 1.Jh.v.Chr. berühmt (Strabo XVI 2,45) und auch die Frau mit dem Blutfluß (vgl. Mk 5,25f/Lk 8,43) mag hier Heilung gesucht haben. Großartige Badeanlagen stammen aus dem 2.Jh.n.Chr., eine Synagoge aus dem 5./6.Jh.

Literatur: G. Dalman: Orte und Wege Jesu, [4]1967, 183-193; R. Rosenthal, in: A. Negev: Archäologisches Lexikon zur Bibel, 1972, 147f; E. Schürer: The history of the Jewish people, II, 1979, 132-136; U. Wagner-Lux: MB 22 (1982), 30-33. R.R.

GADARENER s. Gerasener

GAJUS. Ein latein. Vorname, der im NT mehrmals ohne weiteren Zusatz vorkommt.

1. Ein Mazedonier, der bei dem Aufruhr in Ephesus zugegen war (Apg 19,29 *Aristarch).

2. Ein Begleiter des Paulus auf dessen Weg nach Jerusalem, der zusammen mit anderen den Apostel in Troas erwartete (Apg 20,4f), vielleicht ein offizieller Delegierter seiner Gemeinde in Derbe (so nach der üblichen Lesart »Gajus von Derbe«). Es ist jedoch verlockend, der westl. Lesart »Gajus von Douberus« (einer mazedonischen Stadt) zu folgen. Außerdem könnte der Zusatz »von Derbe« auch dem Timotheus zugeordnet werden (dann käme G. aus Thessalonich). In beiden Fällen wäre er Mazedonier und möglicherweise derselbe wie 1. Beweise gibt es dafür allerdings nicht. Lukas ordnet wohl vielmehr zwei Galater (Timotheus vertritt Lystra) zwischen zwei Thessalonichern und zwei Männern aus Asien ein.

3. Ein Korinther, der von Paulus getauft wurde (1Kor 1,14). Die Gemeinde versammelte sich in seinem Haus. Paulus wohnte bei ihm während seines dritten Besuchs in Korinth (Röm 16,23). Eine Vermutung Ramsays ist heute wieder aufgegriffen worden: G. sei der Vorname von Titius *Justus gewesen (Apg 18,7). Origenes (zu Röm 16) erwähnt eine Überlieferung, daß G. der erste Bischof von Thessalonich wurde.

4. Der Empfänger des 3Joh (V. 1). Der Älteste lobt seine »Wahrheit« und Gastfreundschaft (die er erneuert wissen möchte) und erwartet, ihn bald zu sehen. J. Chapman (JThS 5, 1904, S. 366ff) meint, daß er einer von den Vorgenannten sein könnte, besonders 1. oder 3., aber seine Rekonstruktionen entspringen weitgehend Vermutungen. Die vier Stellen könnten sich ebensogut auf vier verschiedene Personen beziehen, da der Name sehr verbreitet war. A.F.W.

GALATERBRIEF.

I. INHALT.

1. Briefzuschrift mit Segenswunsch und Doxologie (1,1-5).

2. Ein anderes Evangelium gibt es nicht (1,6-9).

3. Das Evangelium, das Paulus verkündigt, kommt von Gott (1,10-2,10):

a. Paulus hat das Evangelium von Gott empfangen (1,10-12);

b. in sein von jüd. Eifer bestimmtes Leben hinein hat Gott Christus offenbart (1,13-17);

c. erst drei Jahre später besuchte Paulus Jerusalem (Petrus; Jakobus), den Gemeinden in Judäa noch unbekannt (1,18-24);

d. beim Apostelkonzil wurde sein Evangelium von den Führern der Urgemeinde anerkannt (2,1-10).

4. Das paulin. Evangelium bringt die Gerechtigkeit vor Gott durch den Glauben (2,11-21):

a. Das hat Paulus in Auseinandersetzung mit Petrus in Antiochia erwiesen (2,11-14);

b. das wissen alle christusgläubigen Juden aus dem Zeugnis der Schrift (2,15f);

c. im Glauben aber verläßt man sich auf Gottes Gnade und nicht auf Gesetzesgerechtigkeit (2,17-21).

5. Das paulin. Evangelium schenkt Gottes Heil als Zusage und befreit so von Zwang und Fluch des Gesetzes (3,1-5,12).

a. Der Erweis dafür aus dem Leben der Gemeinde ist die Gabe des Geistes (3,1-5);

b. Der Erweis aus der Schrift (3,6-18): Wie Abraham so erben auch seine wahren Kinder Gottes Segen durch den Glauben – Von Fluch und Tod, die das Gesetz bringt, erlöst Christus – Das Gesetz vermag die testamentarische Zusage des Heils nicht aufzuheben;

c. Das Gesetz soll nicht Heilsmittler zwischen Gott und Menschen sein, sondern Gottes Werkzeug, die Menschen in Gewahrsam zu halten bis Christus kommt (3,19-25);

d. Durch den Glauben an Christus und die

Taufe sind Juden und Nichtjuden Erben der Verheißung geworden (3,26-29);

e. Durch die Sendung des Sohnes Gottes und die Sendung des Geistes sind Christen nicht mehr Knechte, sondern Kinder, d.h. freie Menschen (4,1-7);

f. Will wirklich jemand in die alte Knechtschaft zurück (4,8-11)?

g. Paulus wirbt mit persönlichen Erinnerungen um die Briefempfänger (4,12-20);

h. Das Beispiel von Hagar und Sara klärt, was Juden und Christen von Gott her gesehen trennt (4,21-31);

i. Das Entweder – Oder: Freie durch Christus oder Sklaven unter dem Gesetz (5,1-12)!

6. Evangeliumsgemäße Freiheit ist erfüllter Gehorsam (5,13-6,10).

a. Das Thema: Freiheit ist Dienst in der Liebe (5,13-15);

b. Der Kampf um die Freiheit im Gehorsam (5,16-6,6): Der Kampf zwischen Fleisch und Geist – Der Wandel im Geist und die Erfüllung des Gesetzes Christi;

c. Saat und Ernte: Gott läßt sich nicht spotten (6,7-10).

7. Briefschluß: Paulus warnt noch einmal: Nur im Kreuz Christi liegt das Heil für alle Menschen (6,11-17). Gnadenzuspruch schließt ab (6,18).

II. DER BRIEF UND SEINE EMPFÄNGER. Leidenschaftlich ist dieser Brief geschrieben und zugleich höchst sachlich, Urkunde eines vom Verfasser als schlechthin grundlegend eingeschätzten Kampfes für das ihm aufgetragene Evangelium von dem gekreuzigten Gottessohn und dadurch für die Freiheit des Christusglaubens von Zwang und Fluch jedes Gesetzes; Urkunde auch für die Lösung des Christentums aus dem Judentum und zwar auf dem Boden des neu erschlossenen AT, das nicht vom Gesetz, sondern von der Zusage Gottes durch die Propheten her verstanden wird. Man kann die Bedeutung dieses Briefes für die Geschichte der christl. Kirche kaum überschätzen.

1. Die Empfänger des Briefes.
Den »Gemeinden Galatiens« gilt der Brief (1,2). Welche sind gemeint? Die Frage läßt sich deshalb nicht unbestreitbar beantworten, weil die röm. Provinz Galatien über die Landschaft Galatien hinausreicht. Die Anrede »Ihr Galater« (3,1) läßt sich am besten verstehen, wenn Paulus damit das Volk benennt, das der Landschaft Prägung und Namen gab (die sog. nordgalatische Annahme); die Einwohner der sonst noch zur Provinz gehörenden Landschaften wie Pisidien, Phrygien, Lykaonien usw. »Galater« zu nennen, erscheint schwierig. Nach Apg 16,6 und 18,23 ist Paulus zweimal in der Landschaft Galatien gewesen, und das legt auch der Ausdruck in 4,13 nahe, wo ein erster Besuch von einem weiteren zurückliegenden unterschieden wird. Diese Hinweise legen weiter die Vermutung nahe, daß der Brief aus Ephesus in der Zeit zwischen 54 und 57 geschrieben worden ist. Ausleger, die der sog. südgalatischen Annahme folgen, neigen dazu, den Brief bis in die zweite Missionsreise zurückzudatieren (s. *Galatien).

2. Die Gegner des Apostels in Galatien. Den Worten des Paulus zufolge wird man an Judenchristen denken, die der in Jerusalem unterlegenen Gruppe angehört haben oder nahestanden und die Forderung vertraten, die Beschneidung und den jüd. Festkalender um des Heils willen zu übernehmen (so nach 5,2.6.11; 4,9f; 2,1-10). Diese Leute verwirren die Gemeinden, ja hetzen sie auf (1,7; 5,12). Ihnen tritt Paulus mit dem *Anathema entgegen (1,9). Heil durch Christus und das Gesetz: das ist ein anderes Evangelium. Aber das gibt es nicht (1,7f). Diese Beobachtungen zeigen, daß die Gegner des Apostels in den galatischen Gemeinden nicht mit denen in Korinth identisch sind: Dort geht es nicht um die Forderung, daß erst das Gesetz des AT das Heil verbürgen könne und also gehalten werden müsse.

Oder hat Paulus die Gegner in Galatien nicht richtig eingeschätzt, nicht durchschaut? Könnte nicht gnostisches Denken dort wie hier der eigentliche Gegner sein? Dagegen ist zu beachten, daß Paulus keinerlei Ungewißheit hinsichtlich der Gegner erkennen läßt: Er ist es, der ihre mangelnde Konsequenz und ihr ihnen selbst vielleicht verborgenes Motiv bloßlegt (3,10; 5,11; 6,12f). Und vor allem: Der für gnostisches Denken bezeichnende Dualismus ist im G. nicht zu erkennen.

Aber führt Paulus etwa einen Krieg an zwei Fronten? Sieht er sich in Galatien zugleich pharisäisch bestimmten Judenchristen und hellen. Libertinisten gegenüber? Zuerst bekämpft er, so hat man vermutet, jene, im ermahnenden Teil des Briefes dann letztere? Diese Annahme führt irre. Aller Nachdruck liegt auf dem Kampf gegen das »andere Evangelium« bis in die Schlußworte des Briefes hinein (6,11ff). Die Mahnung, Freiheit als Dienst in der Liebe aufzufassen, versteht sich an der gleichen Front gut: Wer das Gesetz unter Zwang und Fluch zu halten sucht, kennt die Liebe nicht, die das Beste des Nächsten sucht; das Gesetz hält im Egoismus fest.

Es spricht also alles dafür, daß die Gegner des Apostels in Galatien Judenchristen mit der Forderung sind, das Gesetz als heilsnotwendig zu halten. Daß sie Beziehungen zu Jerusalem haben, ist offenkundig. Daß aber Petrus oder Jakobus auf ihrer Seite zu suchen sind, ist eine völlig abwegige Annahme (vgl. 2,7-10).

3. Der Brief: Abfassung, Eigenart. Auf welchem Wege Paulus von der Lage in den galatischen Gemeinden erfahren hat, wissen wir nicht. Sein Brief antwortet nicht auf Fragen, die an ihn gestellt worden wären. Er greift von sich aus ein.

Für die Datierung gibt es keinen sicheren Hinweis. Wahrscheinlich ist der Brief während des Aufenthalts in Ephesus geschrieben (s.o.). Er gehört dann in zeitliche Nähe zum 1Kor. Leider läßt sich das Verhältnis dieser Briefe zueinander nicht näher bestimmen. Im Unterschied zu seinen übrigen Briefen an Gemeinden beginnt Paulus hier nicht mit einem Dank an Gott für die Gemeinde und ihr Leben, sondern mit dem Ausdruck der Verwunderung und des Zorns (1,6-9). Am Schluß des Briefes fehlt die sonst übliche Grußliste. Beide Beobachtungen weisen in dieselbe Richtung: Der Verfasser ist von Sorge um die Gemeinde erfüllt und will allein der Gefahr wehren, daß das Evangelium durch Falschbrüder entstellt und die Gemeinde von Christus getrennt wird (1,6f; 2,4; 5,2-4). Über den Erfolg des Schreibens in den galatischen Gemeinden wissen wir nichts.

III. DIE VERTEIDIGUNG DES GESETZESFREIEN EVANGELIUMS IM GALATERBRIEF.

1. Der Apostel als »Quelle« des Evangeliums.
Bereits in der Briefzuschrift hebt Paulus hervor, er sei durch Jesus Christus und von Gott dem Vater her Apostel, nicht aber durch Menschen und von Menschen her (1,1). Diese Selbstkennzeichnung entfaltet er mit Nachdruck: Die Frohbotschaft, die er verkündigt, hat er nicht aus der Tradition oder dem theologischen Unterricht (1,11f). Vielmehr hat Gott selbst in sein ganz auf das Gesetz gerichtetes Leben hinein Christus offenbart, damit Paulus ihn als frohe Botschaft unter den Völkern verkündige (1,15f). Dadurch zum Apostel berufen, hat Paulus nicht Rat und Unterstützung durch die Apostel in Jerusalem gesucht, vielmehr erst nach geraumer Zeit Petrus aufgesucht (1,18). Noch viel später hat er das Evangelium vorgelegt und deren Anerkennung dafür gefunden (2,1-10). Sein Evangelium ist also nicht »von menschlicher Art« (1,11).

2. Das gesetzesfreie Evangelium ist in der Lebenserfahrung bewährt worden. In der Auseinandersetzung mit Petrus (und Barnabas) in Antiochia hat Paulus gezeigt, daß Christen dem Evangelium gemäß leben müssen, wollen sie im Glauben an Jesus Christus eines Sinnes sein (2,14). »Weil wir wissen, daß der Mensch durch Werke des Gesetzes nicht gerecht wird, sondern durch den Glauben an Jesus Christus«, wird das ganze Leben davon bestimmt (2,16). Paulus selbst wird zum Beispiel für ein Leben, in dem Christus lebt, weil er ganz im Glauben an diesen Einen lebt (2,10). Wenn aber Christus das Leben für Paulus ist, dann nicht länger das Gesetz (2,21).

Die Christen in Galatien haben es nicht anders erfahren: Gottes Geist, die Gabe der Vollendung, haben sie nicht infolge der Erfüllung des Gesetzes empfangen, sondern durch die Predigt vom Glauben (2,1-5).

3. Das gesetzesfreie Evangelium ist in der Schrift verheißen. Diese Erfahrung stimmt mit der Schrift überein: Abraham ist durch den Glauben Träger der Verheißung geworden, und Gottes Segen, die Gabe des Geistes, empfangen wiederum diejenigen, die wie Abraham glauben (3,6-9). Das Gesetz aber bringt nicht Segen, sondern Fluch über die Menschen, wenn sie nicht alles tun, was darin geboten ist. Von diesem Fluch hat Christus uns erlöst, damit, wer glaubt, den Segen empfängt (3,10-14).

Das Gesetz vermag auch die Verheißung an Abraham nicht ungültig zu machen: sie ist mit der Kraft einer testamentarischen Verfügung ergangen; Gott hat das Erbe so frei geschenkt, es wird nicht erdient (3,15-18). Ja, das Gesetz steht geradezu im Dienst der Verheißung, die man nur durch Glauben empfängt: es hält die Menschen fest, bis Christus und mit ihm der Glaube kommt. »Die Schrift hat alles eingeschlossen unter die Sünde, damit die Verheißung durch den Glauben an Jesus Christus gegeben würde denen, die glauben« (3,22). Das Gesetz ist der »Zuchtmeister« geworden auf Christus hin – ist nun Christus gekommen, stehen wir nicht mehr unter dem Gesetz (3,24f).

4. Folgerungen aus dem gesetzesfreien Evangelium.
Dieses Evangelium verbindet alle Glaubenden zur Einheit in Christus und macht sie so zu Erben der Verheißung (3,28f). Den durch Christus als Kinder Gottes angenommenen Glaubenden hat Gott auch seinen Geist geschenkt; der macht sie zu mündigen Kindern, zu Freien jedem Gesetz gegenüber (4,1-7). Nun kommt es darauf an, in dieser Freiheit zu verharren, sie nicht preiszugeben (4,8-11; 5,1-12). Festgehalten wird diese Freiheit durch den Glauben, durch welchen Christus Gestalt gewinnt in den Glaubenden (2,20; 4,19; 5,5f). Bewährt wird diese Freiheit im Dienst der Liebe, gefährdet ist sie, wenn sie als Operationsbasis für das Fleisch mißdeutet wird (5,13-15).

In der Frucht, die der Geist wirkt, kündigt sich der Sieg des Geistes über das Fleisch an, welches die schon gekreuzigt haben, die Christus angehören (5,22-24). Die erfüllen das Gesetz Christi: Sie folgen durch den Geist Gottes dem nach, der sie vom Fluch des Gesetzes erlöst hat (6,2). Christi Gesetz ist die durch den Geist gewirkte Lebensnachfolge, in welcher einer des anderen Last trägt.

5. Der Kern des gesetzesfreien Evangeliums: Die Rechtfertigung.
Gott hat durch die Sendung Christi in die Welt seine Gnade erwiesen. Er rechtfertigt diejenigen, die auf die Zusage dieser Gnade hin an Christus glauben und rettet sie endlich aus dieser Welt: diese Botschaft steckt in jedem Satz, mit dem das Evangelium verteidigt wird (4,4; 1,4; 2,16.21). Von da aus kann man Paulus in seinem Verhalten verstehen, aber auch die Art, in der er das AT zur Sprache kommen läßt, endlich auch die praktischen Hinweise, mit denen er das Leben der Christen lenken will.

IV. DER GALATERBRIEF IN DER GESCHICHTE DER KIRCHE.
Immer dann, wenn Paulus besondere Beachtung fand, rückte der Gal in den Brennpunkt der Betrachtung. So bei Victorinus Afer († um 365), bei Augustinus († 430), vor allem aber bei Luther. Er schätzte ihn sehr hoch ein, weil er in ihm die Verteidigung der Rechtfertigung aus Gnaden ohne die Werke des Gesetzes fand. 1519 und 1535 hat er seine Auslegungen des G.s auch in den Druck gegeben.

Für die Kritik am überkommenen Geschichtsbild der frühen Christenheit bekam später Gal 2,1-10 große Bedeutung. F.Ch. Baur kritisierte von hier aus die Darstellung der Apostelgeschichte und gewann hier das Schema von den beiden einander feindselig gegenüberstehenden Parteien der Apostelzeit (Baur: Paulus, 1845 bzw. 1866/67).

Für das Gespräch der aus der Reformation hervorgegangenen Kirchen mit der röm.-kath. Kirche hat der G. seine Bedeutung nicht verloren. Das Verständnis der Rechtfertigung, aber auch der Sakramente (am Beispiel der Taufe) und besonders das Verständnis des Indikativs und des Imperativs für das Leben der Christen stellt dieser Brief als Aufgabe.

Literatur: M. Luther: Auslegung des Galaterbriefs, in: Luthers Epistelauslegung, Bd. 4, 1980; A. Oepke: Der Brief des Paulus an die Galater. ThHKNT Bd. 9, 1971; J. Becker: Der Galaterbrief. NTD Bd. 8, 1981; H. Krimmer: Galater-Brief. Bibel-Kommentar Bd. 13, 1981; W. Egger: Galaterbrief. Die neue Echter Bibel, Bd. 9, 1985. H.G.

GALATIEN.

1. Das alte Reich des Volkes der Galater im N des großen Inland-Plateaus von Vorderasien, einschließlich eines großen Teils des Halystales. Eine Bevölkerungsexplosion in Mitteleuropa hatte während des 3.Jh.v.Chr. Kelten (Gallier) in dieses Gebiet gebracht. Obwohl sie nie zur Mehrheit wurden, erlangten diese keltischen Stämme die Macht und herrschten über die größeren Bevölkerungsgruppen der Phrygier und Kappadozier. Jeder der drei galatischen Stämme hatte sein Gebiet: Die Trokmer siedelten im O mit Tavium als Hauptstadt und grenzten an Kappadozien und Pontus. Die Tolistoagier bewohnten den W mit Pessinus als Hauptstadt und grenzten an Phrygien und Bithynien. Die Tektosagen lebten im mittleren Abschnitt. Ihre Hauptstadt war Ancyra.

2. Die röm. Provinz Galatia.
64 v.Chr. wurde Galatien von den Römern abhängig und erhielt nach dem Tode seines letzten Königs, Amyntas, den vollen Status einer röm. Provinz (25 v.Chr.). Die neue Provinz Galatia schloß nicht nur das alte Volksgebiet ein, sondern auch Teile von Pontus, Phrygien, Lykaonien, Pisidien, Paphlagonien und Isaurien. In der Provinz Galatia lagen auch die Orte, in denen der Apostel Paulus bei seiner ersten Missionsreise predigte: Antiochia, Ikonion, Lystra und Derbe (Apg 13-14). Die beiden letztgenannten Städte waren röm. Kolonien, die beiden erstgenannten hatte Kaiser *Claudius römisch gemacht. Viele Römer, Griechen und Juden wurden von diesen Bevölkerungszentren wegen ihrer vorteilhaften geographischen Lage angezogen.

Eine besonders schwierige Frage ergibt sich aus dem Gebrauch des Wortes »Galatien« im Gal. (1,2). Benutzt es Paulus in geographischer Bedeutung, also für das alte Volksgebiet des Reiches der Galater, oder in politischer Bedeutung, um die röm. Provinz zu kennzeichnen? Die ntl. Forschung ist hierin in zwei fast gleich große Lager gespalten (*Chronologie des NT).

Aus dem Bericht in Apg 13-14 geht klar hervor, daß Paulus Süd-G. bereiste und dort Gemeinden gründete. Hat er jemals auch in Nord-G. missioniert? Von den Befürwortern dieser These werden besonders zwei Texte angeführt. Apg 16,6 lautet: »Sie zogen aber durch Phrygien und das Land Galatien«. Vertreter der nordgalatischen These verstehen hier unter »Phrygien« das Gebiet, in dem Antiochia und Ikonion lagen, und unter »Galatien« das geographische oder Volksgebiet. Ramsay dagegen sieht in dem griech. Ausdruck *ten Phrygian kai Galatiken choran* einen

Galatien, ein altes Königreich. Zu der römischen Provinz Galatia gehörten auch Teile von Pontus, Phrygien, Lykaonien, Pisidien, Paphlagonien und Isaurien.

zusammengesetzten Begriff, der ein einziges Gebiet beschreibt: die phrygisch-galatische Region. Das Wort *chora,* »Gebiet«, war das offizielle Wort für eine der *regiones,* in die röm. Provinzen eingeteilt wurden. Ein Teil des alten Königreiches von Phrygien gehörte zu der röm. Provinz Galatia, ein anderer zur Provinz Asia. Somit kann sich Apg 16,6 auf die Teile Phrygiens beziehen, die der röm. Provinz Galatia einverleibt worden waren. Diese Interpretation wird von der folgenden Aussage in der Apg gestützt: »da ihnen vom heiligen Geist verwehrt wurde, das Wort zu predigen in der Provinz Asien«. Offenbar wollten die Missionare von Antiochia in Pisidien direkt nach W vorstoßen, was sie in die Provinz Asia gebracht hätte. Statt dessen wandten sie sich nach N gegen Bithynien, wobei sie nur einen Teil Asias berührten.

Die andere Stelle ist Apg 18,23. Hier sind die Worte umgekehrt angeordnet: »... und durchzog nacheinander das galatische Land und Phrygien und stärkte alle Jünger«. Das »galatische Land« kann sich hier auch auf »galatisch Lykaonien« beziehen, so genannt, um es vom östl. Lykaonien zu unterscheiden, welches nicht in der Provinz Galatia lag, sondern im Gebiet des Königs Antiochus (F.F. Bruce: The Book of the Acts, 1954, S. 380). »Phrygien« schließt dann wohl das galatische und asiat. Phrygien ein, da Paulus in diesem Fall nicht gehindert wurde, in Asia zu predigen. Keine dieser beiden Stellen der Apg enthält einen zwingenden Grund für die Annahme, daß Paulus je das alte Königreich im N bereiste, viel weniger, daß er dort eine ausgedehnte Mission durchführte. Das Hauptargument der Vertreter der nordgalatischen These ist dagegen der Hinweis darauf, daß Paulus die Bewohner von Pisidien, Phrygien etc. nicht gut als »Galater« angeredet haben kann (vgl. dazu *Galaterbrief II.1.).

G. wird noch an drei weiteren Stellen im NT genannt. 2Tim 4,10 (in einer Lesart steht »Gallien«) und 1Petr 1,1 beziehen sich mit großer Wahrscheinlichkeit auf die röm. Provinz. Die Entscheidung über den Ausdruck in 1Kor 16,1: »den Gemeinden in Galatien«, hängt von der Ansicht über die oben besprochenen Stellen ab.

Literatur: W.M. Ramsay: An Historical Commentary on St. Paul's Epistle to the Galatians, 1899; Kommentare zum *Galaterbrief (s. Literatur).

W.W.W.

GALGEN. (Hebr. *'ēz,* »Baum«). Aufhängen nach vollzogener Hinrichtung bedeutete im AT eine Verschärfung der Todesstrafe (1Mo 40,19; 4Mo 25,4; 2Sam 21,6.9.12f).

Der G. galt als von Gott verflucht (Gal 3,13); ein Leichnam durfte nicht über Nacht hängen bleiben, damit das Land nicht verunreinigt wurde (5Mo 21,22f; Jos 8,29; 10,26f). Auf diese Vorschrift ist die Bitte der Juden zu-

Assyrische Soldaten pfählen judäische Gefangene aus Lachisch. Relief aus der Zeit Sanheribs, Ninive, ca. 700 v.Chr. (BM)

rückzuführen, die Gekreuzigten abnehmen zu dürfen (Joh 19,31).

Haman hatte einen G. aufrichten lassen in der Absicht, Mordechai hinzurichten, starb dann aber selbst am G. (Est 2,23; 5,14; 7,10). Über die Art der Hinrichtung besteht jedoch keine Einigkeit, weil Erhängen zu jener Zeit in Persien nicht die gebräuchliche Form der Todesstrafe darstellte. Man nimmt daher an, daß das hebr. Wort »Pfahl« oder »Stange« bedeutet, wodurch der Bezug zu der damals im pers. Reich üblichen Hinrichtung durch Pfählung gegeben wäre (vgl. *Kreuz, Kreuzigung). J.D.D.

GALILÄA. (Hebr. *ha-galîl*; griech. *Galilaia*). Ursprünglich handelte es sich bei *galîl* wahrscheinlich um einen Landschaftsnamen, der vielleicht anfangs die Gegend um *Kedesch nordwestl. des Hule-Sees (Jos 21,32; 1Chr 6,61), später das ganze Gebiet des Stammes *Naftali (Jos 20,7 vgl. 2Kön 15,29) und unter *Salomo auch das südwestl. davon gelegene Land um *Kabul (1Kön 9,11) bezeichnete. Der »Bezirk der Heiden« (*gelîlha-gojim*) von Jes 8,23 meint dann schon das ganze Land zwischen dem Litani-Fluß (im heutigen Libanon) und der *Jesreel-Ebene, das im Zug der assyr. Eroberung und Kolonisierung seit 733 v.Chr. von einem Völkergemisch bewohnt wurde (2Kön 17). Hier hat der Landschaftsname die normale Bedeutung von hebr. *galîl*, »Kreis, Bezirk«, angenommen.

Im Rahmen der Landnahme besiedelte der Stamm *Naftali das Kerngebiet von G., *Asser den westl., *Sebulon und *Issaschar den südl. Gebirgsrand, *Dan das nördlichste *Jordan-Tal (Jos 19,10-40), ohne aber für lange Zeit ein geschlossenes Siedlungsgebiet zu bilden (Ri 1,30-35). Der Untergang des Nordreiches (722/21 v.Chr.) brachte durch Kriegswirren und Deportation (2Kön 17,6; Tob 1,2f vgl. Jdt 1,8) eine schwere Dezimierung der jüd. Bevölkerung. Während der makkabäischen Erhebung wurde sie dann nach *Judäa evakuiert (1Makk 5,23), vielleicht blieb aber ein Teil der Unterschicht im Land (Alt, 411-422). Der Hasmonäer Aristobul I. eroberte dann G. zurück (104/3 v.Chr.) und zwang die heidnische Bevölkerung, zum Judentum überzutreten (Jos.ant.Jud. XIII, 318f).

Nach unruhigen Jahren unter der Herrschaft der Hasmonäer erlebte G. unter *Herodes dem Großen eine Blüte. Unter seinem Sohn *Herodes Antipas (vgl. Mk 6,17-29; Lk 3,1), der die Hauptstadt von *Sepphoris nach *Tiberias verlegte (Jos.ant.Jud. XVIII, 36-38), und während dessen Regierungszeit (bis 39 n.Chr.) *Jesus öffentlich wirkte (ca. 27-30 n.Chr.), vergrößerte sich der Aufschwung sogar noch. Nach der kurzen Herrschaft von *Herodes Agrippa I. (41-44 n.Chr.) kam G. unter direkte röm. Verwaltung und wurde von Judäa aus regiert. Besonders die Mißwirtschaft des Prokurators Antonius *Felix (49/52-59 n.Chr.; vgl. Apg 23,33ff) gab der ohnehin schon vorhandenen Bewegung der *Zeloten Auftrieb (Jos.bell. Jud. II, 252ff). Sosehr sie gerade auch in G. Anhänger fanden, ist es doch nicht richtig, im Namen *Galiläer eine andere Bezeichnung für Zeloten zu sehen. Bei Ausbruch des Jüd. Krieges (66 n.Chr.) war der spätere Historiker Flavius Josephus der Führer der Aufständischen in G., wo der Widerstand aber schon 68 n.Chr. mit dem Fall der letzten zelotischen Festungen (M. Har-El: IEJ 24, 1974, 123-130) Gamala und *Gischala endete. Aus Gischala stammte nach Hieronymus (Vir Ill 5) ursprünglich die Familie des *Paulus. Hatte Rabbi Jochanan Ben Zakkai vor der Tempelzerstörung noch Zweifel an der Gesetzestreue (genauer wohl an der Übernahme pharisäischer Überlieferung) der Galiläer geäußert (jSchab 15d), so verlegten nach 70 n.Chr. bedeutende Lehrer ihre Wirksamkeit nach G. und machten vor allem Tiberias zu einem Zentrum der Gelehrsamkeit. Ab der zweiten Hälfte des 4.Jh.n.Chr. verlagerte sich ihr Schwerpunkt allerdings nach Babylonien. – Die Grenzen von G. zur Zeit Jesu werden uns von Josephus ungefähr angegeben (bell.Jud. III, 35-39). Die O-Grenze bildete nördl. der *Dekapolis-Stadt Sykthopolis (*Bet-Schean) der *Jordan, dann der See *Genezareth, schließlich wieder der Jordan bis zum Hule-See. Im N. reichte G. bis Gischala, im W bis Chabulon (*Kabul), der Grenzverlauf dazwischen ist umstritten. Im S berührte G. den Nordrand der Ebene Jesreel. Insgesamt ergab das ein Territorium von ca. 40 km Durchmesser, jeder Ort konnte in höchstens zwei Tagesmärschen erreicht werden. G. ist in drei unterschiedliche Landschaften gegliedert. Unter-G. besteht aus Hügelland mit eingestreuten Ebenen. Ober-G. war ein früher stark bewaldetes, zum Teil unwegsames Bergland, das bei *Merom bis zu 1200m ansteigt. Dagegen liegen der Jordan und der See Genezareth rund 200m unter dem Meeresspiegel. Die fruchtbaren (zum Teil vulkanischen) Böden, trockene Sommer und regenreiche Winter bei durchschnittlichen Temperaturen zwischen 13 und 22 Grad Celsius schafften hervorragende Bedingungen für eine intensive landwirtschaftliche Nutzung. Vor allem Weizen und Oliven, aber auch Wein wurden exportiert. Von einmaliger Bedeutung war die Fischerei im See *Genezareth. So galt G. in ntl. Zeit als wohlhabendes und volkreiches Land (Jos.bell.Jud. III,42f; Vita 235). Die Einwohnerzahl mag zwischen 200 000 und 300 000 gelegen haben.

Allerdings war der Wohlstand unter der Bevölkerung recht unterschiedlich verteilt. Die Gleichnisse Jesu zeichnen ein getreues Bild der sozialen Situation (J. Jeremias: Gleichnisse Jesu, [9]1984; Bösen, 189-203). Die kleine, aber sehr reiche Oberschicht bestand aus Großgrundbesitzern (Lk 12,16-21; 16,1-8 u.ö.), Großkaufleuten (Mt 13,45f) und Steuerpächtern (*Zöllner). Die relativ breite Mittelschicht umfaßte Handwerker, Kleinbauern (Mt 13,31f; Mk 4,26-29 u.ö.), Fischer (vgl. Mk 1,16-20) und Kleinpächter (Mt 13,44; Mt 21,33-35 u.ö.). Die Mehrheit der Bevölkerung gehörte aber zur Unterschicht aus Tagelöhnern (Mt 20,1-16; Lk 15,19), Sklaven (Mt 24,45), Kranken oder sonstwie Bettelarmen (Lk 14,20f; 16,20-22). Ihre Lage spitzte sich vor allem durch die Hungersnot von 46/48 n.Chr. zu (Jos.ant.Jud. XX, 51ff vgl. Apg 11,29f). Neben der rel. Ablehnung der röm. Fremdherrschaft stärkten vor allem die sozialen Gegensätze die zelotische Stimmung (Mk 12,1ff; Joh 6,1-15). Nach Josephus waren der Widerstandsgeist und die Tapferkeit der Galiläer sprichwörtlich (bell.Jud. III,41). Im G. der

Das Gebirge von Galiläa.

Zeitenwende bildeten die Nichtjuden eine Minderheit, von der sich die jüd. Bevölkerung streng geschieden wußte (Mt 15,21-28; Mk 7,24-30). Vom Standpunkt selbstbewußter Jerusalemer aus galt G. allerdings als hinterwäldlerische Provinz (Apg 2,7), suspekt schon durch seinen Dialekt (Mt 26,73 vgl. Mk 14,70), welcher die sonst für das Semitische typischen Kehllaute verschluckte (Dalman 82). Auch in rel. Hinsicht trauten manche Judäer den Galiläern nicht (Joh 7,52; Bill. I, 156-159). Nun waren Unter-G. und der Jordangraben zwar durch ein gutes Straßennetz verkehrsmäßig erschlossen, und das Alltagsleben wurde auf mannigfache Weise von der hellen. Kultur beeinflußt, religiös aber verhielt sich die galiläische Landbevölkerung ausgesprochen konservativ (Freyne 138-145). Eine große Anzahl von *Synagogen (Mt 4,23; Mk 1,39; Mt 9,35; Lk 4,14f; Bill. IV/1, 117) bezeugt den Eifer für das Gesetz. Wallfahrten hielten die Verbindung zur heiligen Stadt aufrecht (Lk 2,41) und Josephus gibt auch sonst manchen Hinweis auf die Frömmigkeit der Galiläer (F.X. Malinowski, BTB 10, 1980, 30-36). Der Pharisäismus fand Anhänger in der Mittelschicht, vor allem auch in den größeren Siedlungen am NW-Ufer des Sees Genezareth, in denen Jesus besonders intensiv wirkte. Die Behauptung eines »halb heidnischen Galiläa« (G. Bornkamm, Jesus, [12]1980, 48) ist völlig unzutreffend.

Jesus lebte vor seinem öffentlichen Auftreten in *Nazareth in Unter-G. (Mt 2,22f; 4,12f; 13,54; Mk 6,1; Lk 4,16) und auch im nahen *Kana wohnten offensichtlich Verwandte (Joh 2,1-12). Wenn Jesus sein Wirken auf G. konzentrierte (Mt 4,23; Mk 1,14.39; Lk 4,15f), so dürfte er damit eine messianische Zeichenhandlung vollzogen haben (vgl. Mt 4,12-17): Manche jüd. Kreise erwarteten im Anschluß an Jes 8,23-9,1 den Anbruch der Endzeit im N (*Hermon), wo für Israel mit der assyrischen Eroberung das Unheil begonnen hatte (R. Riesner: TyB 38, 1987, 29-63). Mittelpunkte der Verkündigungstätigkeit Jesu waren Orte am NW-Ufer des Sees Genezareth wie *Chorazin, *Betsaida und *Kapernaum (Mt 11,21-24; Lk 10,13-15). Kapernaum wurde sogar für eine Zeit sein Wohnsitz (Mt 4,12 vgl. Mk 2,1). Außer zu den Jerusalemwallfahrten, die im JohEv. geschildert sind, verließ Jesus G. erst gegen Ende seiner Wirksamkeit immer wieder, um sich in den Grenzgebieten der Gaulanitis (*Caesarea Philippi), der *Dekapolis und der Batanäa (*Betanien II) den Nachstellungen seines Landesherrn Herodes Antipas (vgl. Lk 13,31-33) zu entziehen. Mit dem »Gebirge von *Tyrus« (Mk 7,24 vgl. Mt 15,21) könnte dagegen das Bergland von Ober-G. gemeint sein, das ein klassisches Rückzugsgebiet für Verfolgte war (Meyers 694-696). Jesus verließ G. erst endgültig, nachdem es seinen Umkehrruf abgewiesen hatte (Joh 6) und nur noch der Weg des messianischen Sühneleidens in Jerusalem offenstand.

Ein Teil der Erscheinungen des Auferstandenen fand in G. statt (Mt 28,16-20; Joh 21), und so dürfte es dort schon seit frühester Zeit Christengemeinden gegeben haben (vgl. Apg 9,31), zu denen viele vorösterliche Anhänger Jesu gehörten. Im Anschluß an E. Lohmeyer (Galiläa und Jerusalem, 1936) wird ohne genügend überzeugende Argumente immer wieder der Versuch unternommen, ein von der Jerusalemer Urgemeinde völlig verschiedenes galiläisches Christentum zu behaupten. Richtig ist, daß bei Markus (vgl. 14,28; 16,7) und Matthäus (vgl. 4,12-17; 28,16-20) G. eine besondere Rolle spielt. Offenbar stammen die Evangelisten oder die vor ihnen stehenden Tradenten aus G. Außerdem ist beiden G. als erste Etappe zur Heidenmission wichtig (Ternant).

Judenchristen wohnten während des 2. und 3.Jh. vor allem in *Sepphoris und *Tiberias (A. Büchler: Studies in Jewish History, 1956, 245-274) und bis ins 4.Jh. in *Kapernaum (Bill. I, 159f). Das Heidenchristentum erhielt größeren Einfluß erst durch Kaiser Konstantin (ab 312), unter dem der geadelte Judenchrist Joseph von Tiberias wirkte (Epiphanius, Haer 30,11f). Am Konzil von Nicäa nahm nur ein galiläischer Bischof aus Zabulon (*Kabul?) teil. Ein Stück von G. war das einzige Gebiet Palästinas, das vor der großen Rückwanderung im 19.Jh. mehrheitlich jüd. besiedelt war. Heute besteht die Bevölkerung ganz G.s (rund 1 Million) etwa zur Hälfte aus Juden und Arabern, von denen viele einer christl. Kirche angehören.

Literatur: A. Alt: Kleine Schriften II, [4]1978, 361-455; W. Bösen: Galiläa, 1985; F.F. Bruce: Zeitgeschichte des NT I, [2]1986; G. Dalman: Orte und Wege Jesu, [4]1967; L.E. Elliott-Binns: Galilean Christianity, 1956; S. Freyne: Galilee from Alexander the Great to Hadrian, 1980; C. Kopp: Die heiligen Stätten der Evangelien, [2]1964; G. Kroll: Auf den Spuren Jesu, [10]1988; E.M. Meyers u.a.: Explor 3 (1977), 7-93; E.M. Meyers: ANRW II, 19/1, 1979, 686-702; W. Oehler: ZDPV 28 (1905), 1-26.49-74; B. Reicke: Ntl. Zeitgeschichte, [3]1982, 121-132; R. Riesner: Jesus als Lehrer, [3]1988, 206-210; G. Schrenk: Galiläa zur Zeit Jesu, 1941; G. Stemberger in: W.D. Davies: The Gospel and the Land, 1974, 409-438; P. Ternant: Proche Orient Chretien 30 (1981), 75-131. R.R.

GALILÄER. Aus der in Lk 13,1-3 mitgeteilten Niedermetzelung von Galiläern durch *Pilatus hat man schließen wollen (S. Zeitlin:

JQR 64, 1973/74, 189-203), daß *Galilaios* ein Parteiname für einen Teil der jüd. nationalrel. und sozialrevolutionären Aufstandsbewegung der *Zeloten gewesen sei, die gerade auch in *Galiläa Anhänger fand (M. Völkel: EWNT I, 1980, 560). Aber die dafür angeführte Ausdrucksweise des Josephus widerspricht dieser Annahme (vgl. bes. Vita 205-207). Bei ihm wie auch im NT (Mt 26,29; Mk 14,70; Lk 22,59; 23,6; Joh 4,45; Apg 1,11; 2,7; 5,37) ist G. eine rein geographische Herkunftsbezeichnung für den Bewohner der Landschaft Galiläa. Als Namen einer jüd. Religionspartei sind G. erst im 2.Jh.n.Chr. durch Justin den Märtyrer (Dial 80,4) und Hegesipp (Eus. h.e. IV, 22,7) bezeugt. Ihre Identifizierung ist genauso schwierig (A. Rubinstein: JJS 6, 1955, 26-34) wie die von G. in einem Brief (DJD II, 159-161) des jüd. Aufstandsführers Bar-Kochba (132-135 n.Chr.). Immerhin könnten bei den beiden christl. Schriftstellern wie auch in der Mischna (Jad 4,8) tatsächlich zelotische Gruppen gemeint sein.

Literatur: J.R. Armenti: JQR 72 (1981/82), 45-49; S. Freyne: NTS 26 (1980), 397-413; M. Hengel: Die Zeloten, ²1976, 57-61. R.R.

GALILÄISCHES MEER
s. Genezareth, See

GALLE. Im eigentlichen Sinn wird die G. nur Hi 16,13 und 20,25 genannt. Ihr Ausschütten auf die Erde bedeutet eine tödliche Verletzung. Wenn ein Pfeil Leber und G. durchbohrt hat, weist die aus dem Rücken dringende Spitze G.flüssigkeit auf. Der bittere Geschmack der G.flüssigkeit gibt die Grundlage für die bildliche Verwendung des Wortes (Ps 69, 22 nach LXX; Apg 8,23). Die Grenze zwischen bitterem Trank und Gift ist dabei nicht deutlich.

Der Betäubungstrank, der Jesus vor der Kreuzigung gereicht wurde, wird Mk 15,23 als Wein mit Myrrhe, Mt 27,34 als Wein (andere Lesart: Essig) mit G. vermischt angegeben. G. bezeichnet hier allg. die Bitterkeit des Trankes, Myrrhe dürfte die genauere Bezeichnung der Beimischung sein. Bei den verschiedenen Lesarten des Mt.-Verses hat offenbar der Wortlaut von Ps 69,22 in der griech. Übersetzung (LXX) eine Rolle gespielt.

GALLIM.
1. Wohl der bedeutendste Ort auf dem Weg von Jerusalem nach Geba (Jes 10,30; 1Sam 25,44). Vermutlich das heutige Chirbet Kakul, dessen Lage mit der Reihenfolge von Jes 10,30 übereinstimmt. Reste der Stadtmauer und Scherben belegen hier eine Siedlung aus israelit. Zeit (ca. 5 km nordnordöstl. von Jerusalem).

2. Ort in Juda (Jos 15,59a LXX), vermutlich das heutige Beit Dschala, 2 km nordwestl. von Bethlehem.

GALLIO. Lucius Iunius Annaeus (oder Annaeanus) Gallio war der Sohn des Rhetorikers Seneca und Bruder des Politikers und Philosophen Seneca. Ursprünglich hieß er Lucius Annaeus Novatus und erhielt den Namen G. erst bei der Adoption durch L. Iunius Gallio, einen Freund seines Vaters. Aus einer Inschrift aus Delphi (Sylloge Inscriptionum Graecarum 2³, 801) geht mit großer Sicherheit hervor, daß er 52-53 n.Chr. Prokonsul von Achaia war. In diesem Amt begegnen wir ihm in Apg 18,12ff. Somit gibt G. einen zeitlichen Fixpunkt für die Chronologie des Paulus, obwohl seine genaue Amtszeit nicht bekannt ist. Sein Bruder Seneca (Sen.epist. 104. 1; Quaest. 4a, Praef. 10f) und andere Schriftsteller (z.B. Plin.nat. 21.33; Tac.ann. 15,73; Dio Cassius 61.35; 62.25) schreiben recht positiv über ihn. Lukas berichtet, daß G. ein von den Juden gefordertes Strafverfahren gegen Paulus energisch ablehnte, weil er der Ansicht war, daß keine kriminelle Handlung vorlag. Apg. 18,17 »Gallio kümmerte sich nicht darum«, zeigt weniger sein rel. Desinteresse als sein stillschweigendes Einverständnis mit den folgenden antisemit. Handlungen. Nero zwang G. ebenso wie dessen Bruder Seneca zum Selbstmord im Jahre 65. J.H.H.

GAMALIEL. (Hebr. *gamlî'ēl*, »Belohnung Gottes«; griech. *Gamaliēl*).

1. Sohn Pedazurs und Fürst des Stammes Manasse. Er wurde von Mose ausgewählt, bei der Volkszählung in der Wüste zu helfen (4Mo 1,10; 2,20; 7,54.59; 10,23).

2. Sohn Simons und Enkel Hillels (nach später und unsicherer Überlieferung). G. war Rechtsgelehrter und Mitglied des *Sanhedrin. Mit seiner im ganzen unpolitischen und zum Ausgleich neigenden Haltung gehörte er zum liberalen Flügel der *Pharisäer, zur Schule Hillels, die gegen die Schule Schammais stand, und griff bei dem Verhör der Apostel mit kluger und überzeugender Rede ein (Apg 5,33-40). Paulus nennt ihn seinen Lehrer (Apg 22,3). G. wurde so sehr verehrt, daß man ihn »*Rabban*« (»unser Lehrer«) nannte, ein höherer Titel als »*Rabbi*« (»mein Lehrer«). (S.J. Neusner: The Rabbinic Traditions about the Pharisees before 70, 1, 1971, S. 341ff.)

Die Mischna (Sota 9,15) lautet: »Seit Rabban Gamaliel der Alte starb, hat es keine Ehrfurcht vor dem Gesetz mehr gegeben, und Reinheit und Enthaltsamkeit sind gleichzeitig ausgestorben«. Bei diesem Ansehen, das G. unter den Juden genoß, ist es nicht verwunderlich, daß es trotz früher Berichte (z.B. Clementinische Recognitionen 1.65) keine Beweise dafür gibt, daß G. je Christ wurde. J.D.D.

GARBE s. Ackerbau

GARIZIM. Der südl. von zwei Bergen, die die heutige Stadt Nablus überragen, 4 km nordwestl. des alten Sichem. Auf Arabisch heißt der Berg Dschebel et-Tor. Man hat den G. als den Berg des Segens bezeichnet, weil hier der Segen für den Gehorsam bei der feierlichen Versammlung Israels (Jos 8,30-35; vgl. 5Mo 11,29) ausgesprochen wurde (*Ebal).

Ein Felsvorsprung auf halbem Weg zur Spitze wird im Volksmund »Jotams Kanzel« genannt, von der aus er zu den Männern von Sichem gesprochen hat (Ri 9,7). Auf dem Gipfel liegen die Ruinen einer christl. Kirche aus dem 5.Jh. Vor ihr stand dort ein Jupitertempel, zu dem 300 Stufen hinaufführten, wie alte Münzen aus Nablus zeigen.

Der G. ist noch immer der heilige Berg der Samaritaner. Seit unzähligen Generationen haben sie »auf diesem Berg angebetet« (Joh 4,20) und ihn bestiegen, um das Passafest, das Pfingstfest und das Laubhüttenfest zu feiern. Nach samaritanischer Überlieferung ist der G. der Berg *Morija (1Mo 22,2) und der Ort, den Gott erwählte, um seinen Namen dort wohnen zu lassen (5Mo 12,5). Deshalb erbauten die Samaritaner mit Erlaubnis der Perser im 4.Jh.v.Chr. hier ihren Tempel, der dann von Johannes Hyrkanus zerstört wurde, als er Sichem und Umgebung ca. 128 v.Chr. eroberte.
G.T.M./F.F.B.

GARTEN. Dem Volk Gottes wurde verheißen, daß sein Leben durch das erlösende Handeln Gottes wie ein bewässerter Garten sein werde, geordnet und fruchtbar (Jes 58,11; Jer 31, 12; vgl. 4Mo 24,6).

Die Hebräer kannten aus Ägypten üppige Gemüseg. (5Mo 11,10; vgl. 4Mo 11,5; *Ernährung). Diese G. waren von einem Netz von schmalen Kanälen durchzogen, in die das Wasser aus Bewässerungsgräben gelangte oder von Hand mit Eimern eingefüllt wurde. Mit dem Fuß konnten die Seiten dieser Kanäle ganz einfach durchbrochen und neu geformt werden, um das Wasser in die gewünschte Richtung zu leiten.

In Palästina legten die Leute Gemüseg. (»Kohlgarten« 1Kön 21,2; »Same im Garten« Jes 61,11) und Obstg. (Am 9,14; Jer 29,5.28; Hld 4,16) an. G. wurden oft in Verbindung mit Weinbergen, Olivenhainen und Obstkulturen oder als Teil von diesen angelegt (Pred 2,5; Am 4,9; vgl. 1Kön 21,2). Gewürze und andere auserlesene Pflanzen prägten die königlichen und fürstlichen G. (Hld 5,1; 6,2.11 – Walnüsse; vgl. 4,12-16; Pred 2,5). Diese und andere G. waren von Mauern umgeben (vgl. Hld 4,12) und mußten bewässert werden, z.B. aus einer Quelle oder einem Teich (Hld 4,15; vgl.

Ägyptischer Landsitz: ein von Bäumen umgebener Zierteich. Gemälde aus dem Grab des Nebarun in Theben. Ca. 1400 v.Chr. (BM)

Ägyptischer Gärtner beim Wasserschöpfen. Wandgemälde aus dem Grab des Ipui in Theben. Höhe ca. 30 cm, aus der Zeit Ramses II. (1290–1224 v.Chr.). (MetNy)

Pred 2,5.6 im Gegensatz zu Jes 1,30). Zuweilen stand auch ein Sommerhaus im G. (2Kön 9,27 vgl. RevEB). Der »Garten des Königs« in Jerusalem war ein allgemein bekannter Orientierungspunkt (2Kön 25,4; Jer 39,4; 52,7; Neh 3,15). Es wird erwähnt, daß der pers. Königspalast einen Lustg. hatte (Est 1,5; 7,7.8). Auch die ägypt. und mesopotamischen Könige unterhielten kunstvolle G. Als G. war der ausgedehnte Innenhof in dem prächtigen Palast der Könige des kanaan. Ugarit (14.-13.Jh.v.Chr.) angelegt. Ausführliche Angaben über die G. in Assyrien und Babylonien sowie über viele Bäume und Pflanzen darin bietet Ebeling, Meissner und Weidner: Reallexikon der Assyriologie, 3, 1959, S. 147-150.

Gräber befanden sich zuweilen in G. (2Kön 21,18.26; Joh 19,41). In G. dürften auch heidnische Kulthandlungen im Zusammenhang mit dem Fruchtbarkeitskult in Kanaan durchgeführt worden sein (Jes 1,29; 65,3; 66,17).

Der G. *Eden war ein Ort gottgeschaffener Fruchtbarkeit (1Mo 2,8; vgl. 13,10; Jes 51,3 usw.). K.A.K.

GASTFREUNDSCHAFT. Die Verantwortung, für Reisende und Menschen in Not zu sorgen, ist in der Heiligen Schrift, wie im Orient überhaupt, weitgehend eine Selbstverständlichkeit. Obwohl sich Beispiele dafür durch die ganze Bibel ziehen, finden sich direkte Aufforderungen, gastfrei zu sein, nur an einigen Stellen im NT, und die betreffen die G. gegenüber Glaubensbrüdern.

I. IM ALTEN TESTAMENT.

Ein Vergleich mit heutigen Beduinenstämmen, unter denen die G. hoch geschätzt ist, läßt vermuten, daß die Betonung der G. im AT teilweise auf Israels nomadischen Ursprung zurückzuführen ist. Abrahams großzügige G. gegenüber den drei Fremden (1Mo 18,1-8) ist eine hervorragende Illustration des nomadischen Brauchs und wird in späteren jüd. Schriften wegen ihres exemplarischen Charakters oft erwähnt, obwohl seßhafte Gemeinschaften dem Fremden kaum weniger gastfreundlich entgegenkamen (Ri 13,15; 2Kön 4,8ff).

Die G. war im AT jedoch mehr als nur ein Brauch. Sie war auch ein Zeichen der Treue zu Gott (Hiob 31,32; Jes 58,7). Man konnte sogar Jahwe (1Mo 18,1-14) oder seine Engel (Ri 6,17-23; 13,15-21; vgl. Hebr 13,2) bewirten, während Gott seinerseits am Tag des Herrn ein Fest feiert, zu dem Gäste eingeladen werden (Zef 1,7). Die göttliche Anweisung, *Freistädte einzurichten (4Mo 35,9-35; Jos 20,1-9), und die Sorge für den Fremden (2Mo 22,20;

3Mo 19,10; 5Mo 10,19) zeigen die ganze Weite der atl. G.

Nicht für die Bedürfnisse des Reisenden zu sorgen, war ein schweres Delikt, das von Gott (5Mo 23,4.5) und Menschen (1Sam 25,2-38; Ri 8,5-17) bestraft werden konnte. Der Gebrauch des Wortes päscha', »Bundesbruch, Treubruch«, (1Sam 25,28) zeigt, wie wichtig diese Verpflichtung zur G. genommen wurde. Der einmalige Bruch der G. durch Jaël (Ri 4,11-21; 5,24-27) konnte nur wegen ihrer unbeirrbaren Loyalität zu alten Familienbindungen und zu Jahwe gutgeheißen werden.

Obwohl die G. grundsätzlich jedem Gast geboten werden sollte, galt eine besondere Verantwortung der eigenen Familie bzw. dem eigenen Volk (1Mo 29,1-14; Ri 19,10-12; Jes 58,7) sowie Gottes Dienern (2Sam 17,27-29; 1Kön 17,10ff; 2Kön 4,8ff) gegenüber. Ein zukünftiger Schwiegersohn konnte als Gast aufgenommen werden, doch ist dieser Brauch nur von den Midianitern bekannt (2Mo 2,20f). Der Friedensvertrag zwischen *Heber, dem Keniter, und *Jabin von Hazor scheint die gegenseitige Verpflichtung zur G. eingeschlossen zu haben (Ri 4,11-21).

Zur Verantwortung des Gastgebers gehörte es, für die Sicherheit und das Wohlergehen seiner Gäste zu sorgen. Das wird deutlich in den Geschichten von Lot in Sodom und von dem alten Mann in Gibea (1Mo 19,8; Ri 19,24.25). Die allgemeine Unsittlichkeit, die in Sodom und Gibea herrschte, läßt vermuten, daß die Geringschätzung der eigenen Töchter eher diesem Klima der Unmoral zuzuschreiben ist als den Bestimmungen der G.

Ein Fremder wartete in der Regel am Stadttor auf ein Angebot der G. (1Mo 19,1; Ri 19,15), doch auch der Brunnen bot die Möglichkeit eines ersten Kontakts zwischen Gast und Gastgeber (1Mo 24,14ff; 2Mo 2,20). Manchmal wurde G. als Gegenleistung für empfangene Freundlichkeit gewährt (2Mo 2,20; 2Sam 19,32-40). Brot und Wasser waren die schlichteste Mahlzeit für den Gast (5Mo 23,5; 1Kön 17,10.11), doch in der Regel blieb es nicht bei dieser kargen Kost. Den Staub der Reise wusch man von den Füßen des Gastes (1Mo 18,4; 19,2; 24,32; Ri 19,21), und manchmal salbte man sein Haupt mit Öl (Ps 23,5; Am 6,6; vgl. Lk 7,46). Das beste Essen (vgl. *Ernährung) konnte aufgetragen werden (1Mo 18,5-8; 1Sam 25,18); Fleisch, im Orient eine seltene Nahrung, wurde eigens beschafft und zubereitet (1Mo 18,7; Ri 6,19; 13,15; vgl. Lk 15,23). Rahm und Milch erfrischten den Reisenden (1Mo 18,8; Ri 5,25). Wenn nötig, wurde auch Wasser und Futter für die Tiere herbeigeholt (1Mo 24,14.32; Ri 19,21). Elisa erhielt sogar eine möblierte Unterkunft (2Kön 4,10).

II. IM NEUEN TESTAMENT.

Die im NT gebrauchten griech. Begriffe sind *philoxenia,* wörtl. »Fremdenliebe« bzw. das Adjektiv *philoxenos,* »gastfreundlich«, *xenizō,* »als Gast aufnehmen«. Auch *synagō* (Mt 25,35ff) und Ableitungen von dem Verb *lambanō* (3Joh 8) werden gelegentlich in diesem Sinne verwendet.

Viele Aspekte der atl. G. erscheinen im NT wieder. Man stellt Wasser für die Füße des Gastes zur Verfügung und salbt sein Haupt mit Öl. Das NT berichtet auch von einem Willkommenskuß und daß die Gäste beim Mahl liegen (Lk 7,44-46.49 RevEB). Das Haus Simons, des Pharisäers, scheint ein sehr offenes Haus gewesen zu sein; jedenfalls läßt die Art, wie die Anwesenheit der Frau, die Jesus salbte, ohne weiteres akzeptiert wurde, darauf schließen (Lk 7,37ff).

Offenbar bestand eine besondere Verpflichtung zur G. gegenüber den Dienern Gottes. Der Dienst Jesu auf Erden (Mk 1,29ff; 2,15ff; Lk 7,36ff; 10,38-41) und die missionarische Arbeit der Apostel (Apg 10,6ff; 16,15; 17,7) waren sehr auf die G. angewiesen, die sie erhielten. Das NT geht darin noch einen Schritt weiter, wenn es die Gewährung oder Verweigerung der G. gegenüber Jesus und seinen Nachfolgern als Zeichen der Annahme oder Ablehnung des Evangeliums ansieht (Mt 10,9-15; Lk 10,4-12), sogar beim letzten Gericht (Mt 25,34-46). Die menschliche Verpflichtung zur G. ist jedoch nicht mehr als ein schwacher Abglanz der göttlichen Freigebigkeit und G. Darauf weist Jesus hin, wenn er das Gleichnis vom großen Abendmahl erzählt (Mt 22,2ff; Lk 14,16ff) und seinen Jüngern ein Beispiel seiner G. gibt (Joh 13,1ff). Beim letzten Mahl mit seinen Jüngern führt er den Gedanken bis zum Äußersten: er, der Herr und Gastgeber gibt sein Leben, um seine Gäste zu erlösen (Mk 14,22ff; vgl. 10,45).

Die ntl. Briefe gebieten, besonders den Glaubensgenossen G. zu gewähren (z.B. Gal 6,10). Für die Situation der Christen im 1.Jh.n.Chr. waren solche Anweisungen nicht unwichtig. Durch Verfolgungen wurden viele Christen aus ihrer Heimat vertrieben und verstreut; und in manchen Fällen gab es zweifellos auch wirkliche materielle Not (Apg 8,1; 11,19). Wanderprediger waren auch eine finanzielle Belastung für die Gemeinden. Sie nahmen von der heidnischen Umwelt nichts an (3Joh 7) und fielen daher in die Verantwortung der ortsansässigen Christen (Apg 9,43; 16,15; 18,3.7), die damit gelegentlich auch gewisse Risiken auf sich nahmen (Apg 17,5-9). Manchmal wohnten Evangelisten bei Gastgebern, die früher einmal durch sie zum Glauben gekommen waren (3Joh 5-7). Falsche

Lehrer sollten jedoch abgewiesen werden (2Joh 10); Empfehlungsschreiben dienten dazu, vertrauenswürdige Brüder und Schwestern als solche auszuweisen (Röm 16,1; 2Kor 3,1). Die Gasthäuser der damaligen Zeit waren wegen ihres oft zweifelhaften Rufes für reisende Christen kaum eine geeignete Unterkunft gewesen.

G. (Röm 12,13) war für den Christen eine Pflicht; er hatte die Aufgabe, für die Bedürfnisse der Glaubensgenossen in der rechten Weise zu sorgen; doch sollte die G. darüber hinaus allen angeboten werden (Röm 12,13.14; Gal 6,10). Deshalb weist Paulus die Gemeinde in Kolossä an, Markus aufzunehmen (Kol 4,10), und verläßt sich darauf, daß Philemon ein Zimmer für ihn bereitstellen wird, wenn er aus dem Gefängnis entlassen werden wird (Phlm 22). Die Pflicht zur G. gehörte auch zu den besonderen Qualifikationen eines *Bischofs (1Tim 3,2; Tit 1,8) und einer *Witwe, die von der Gemeinde unterstützt werden sollte (1Tim 5,10).

Obwohl die G. auch ein Merkmal der griech. Kultur war und das NT ein schönes Beispiel der G. eines Nichtchristen aufweist (Apg 28,7), trägt sie im NT doch speziell christl. Charakter. Sie sollte freimütig, ohne Unwillen gewährt werden (1Petr 4,9), im Geiste brüderlicher Liebe (Hebr 13,1f). Solche Liebe (*agape*: 1Petr 4,8; vgl. Röm 12,9) ist wesentlich dem anderen zugewandt, führt zur Bereitschaft, für die Bedürfnisse des anderen zu sorgen, und kann nur deshalb weitergegeben werden, weil der Geber eine Gabe (*charisma*) von Gott erhalten hat (1Petr 4,10.11). Mit der liebevollen Fürsorge für andere in Form der G. trägt der Christ daher nur eine Dankesschuld Gott gegenüber ab.

III. DAS GASTHAUS IN BIBLISCHER ZEIT.

Im AT wird das »Gasthaus« *(mālōn)* selten erwähnt (1Mo 42,27; 43,21; 2Mo 4,24; Jer 9,1), und die wenigen Erwähnungen beschränken sich auf Orte an den Straßen, die Ägypten mit Palästina oder Midian verbanden. Nichts ist von diesen Plätzen bekannt, außer daß einer von ihnen offenbar groß genug war, um neun Reisende aufnehmen zu können (1Mo 42,27). Das griech Äquivalent für *mālōn* in der LXX, *katalyma,* weist von der Grundbedeutung des Vers *katalyō* her auf das Abschirren der Reit- und Lasttiere hin, bedeutet aber meist einfach »Unterkunft«. Das Gasthaus in Bethlehem (*katalyma*) wird vermutlich eine ziemlich einfache Bleibe gewesen sein. Da kein Name genannt ist, war es wahrscheinlich kein Gastzimmer in einem privaten Haus, sondern könnte das öffentliche Gasthaus des Dorfes gewesen sein. An anderer Stelle bezeichnet *katalyma* einen Raum in einem privaten Haus, der leihweise für das Passamahl zur Verfügung gestellt wird (Mk 14,14; Lk 22,11; vgl. Lk 19,7 *katalyō*). Das *pandocheion* von Lk 10,34 ist eine weiterentwickelte Form des Gasthauses; es stand jedem offen und bot Unterkunft für die Nacht, Essen und Bedienung für einen bestimmten Betrag. Das Wort *xenia* (von *xenos,* »Fremder«) wird für Philemons Gastzimmer und den Ort, an dem Paulus in Rom unter Hausarrest stand, gebraucht (Phlm 22; Apg 28,23).

Literatur: G. Stählin: ThWNT V, 1954, S. 17-25; A.D. Kilmer: Ugarit Forschungen 3, 1971, S. 299-309; H. Bietenhard: Art. Fremd, in: TBLNT I, S. 370-379, bes. S. 373-375. M.J.S.

GAT. Eine der fünf bedeutenden Städte der Philister, die vormals von den *Anakitern (Jos 11,22) bewohnt wurde. Ihre Bewohner werden im Hebr. *gittī* oder *gittīm* genannt (Jos 13,3), also »Gititer«. Nachdem die von den Philistern eroberte Bundeslade über die Stadt *Aschdod Unglück gebracht hatte, wurde sie nach Gat befördert, wo sie eine Beulenplage auslöste, so daß man sie nach *Ekron verlegte (1Sam 5,6-10; 6,17). Gat war die Heimat *Goliats, den David tötete (1Sam 17). Als David vor Saul floh, stellte er sich vor *Achisch, dem König von Gat, wahnsinnig, um dessen Vergeltung zu entgehen (1Sam 21,11-16). Später trat er in dessen Dienste und lebte über ein Jahr in dessen Gebiet (1Sam 27). Als David König von Juda und Israel geworden war, eroberte er Gat (1Chr 18,1). Auch danach hatte er Gititer als Freunde in seinem Gefolge, die auch während des Aufstands seines Sohnes *Absalom zu ihm hielten (2Sam 6.10.11; 15,19-22; 18,2). Eine Gruppe Gititer war unter Davids Söldnern (2Sam 15,18). Ein weiterer Gititer wird in 2Sam 21,20; 1Chr 20,6 erwähnt. Er war sehr groß und hatte je sechs Finger und Zehen.

Obwohl Achisch weiterhin als König von Gat genannt wird (1Kön 2,39), war die Stadt wahrscheinlich David untertan und gehörte offensichtlich auch in der Zeit *Rehabeams noch zu Juda, der sie befestigte (2Chr 11,8). Ende des 9.Jh. wurde sie von Hasaël von Damaskus eingenommen (2Kön 12,18), doch erlangte sie danach vermutlich ihre Unabhängigkeit wieder. Um die Mitte des 8.Jh. riß König *Usija von Juda die Mauern der Stadt ein (2Chr 26,6). Kurz darauf nennt Amos G. als Stadt der Philister (6,2); demnach könnte sie eine philistäische Enklave in Juda mit beschränkter Abhängigkeit gewesen sein. Ende des 8.Jh. wurde G. von Assyrien belagert und erobert.

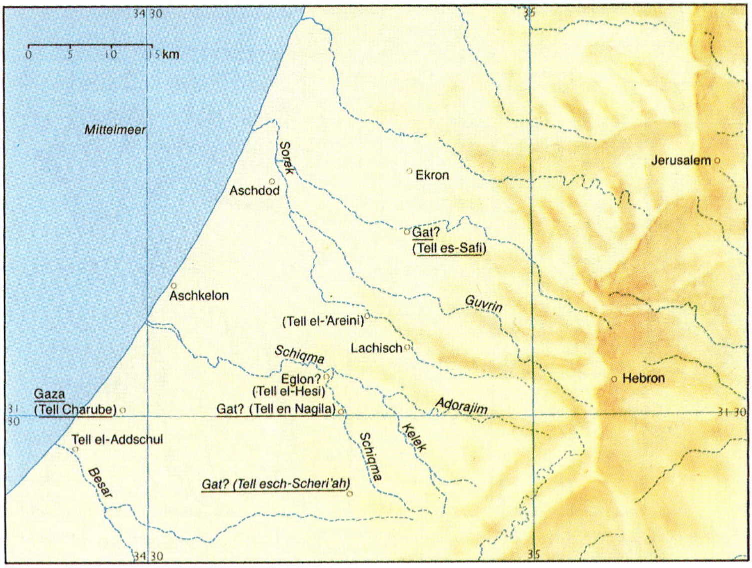

Die anzunehmenden Ortslagen der beiden bedeutenden Philisterstädte Gat und Gaza.

Die Lage von G. konnte noch nicht genau bestimmt werden. Ausgrabungen am Tell el-ʿAreini, ca. 30 km nordöstl. von Gaza, brachten keine Bestätigung. Tell esch-Scheriʿah und Tell es-Safi, sowie der angrenzende Tell en Nagila oder ʿAraq el-Menschîje kamen in Frage, bedürfen aber weiterer Forschung.

Literatur: LDB, S. 49f; 180f u.ö.; M. Clauss: Geschichte Israels, 1986, S.22.38 u.ö.; H. Weippert: Art. Gath, in: BRL², 1977, S. 85f. T.C.M.

GAT-HEFER. Hebr. *gath ha-hepher,* »Kelter des Grabens« (?), ein Ort an der Grenze zwischen *Sebulon und *Naftali (Jos 19,13), aus dem der Prophet *Jona stammte (2Kön 14,25). G. lag nach Hieronymus (PL 25, 1118f) 5km östl. von *Sepphoris und wird heute mit der Ruinenstätte Chirbet Es-Zurra' mit Siedlungsspuren aus der Zeit zwischen 1600-600 v.Chr. identifiziert (W.F. Albright: BASOR 35, 1929, 8). Eine jüd. Tradition, die wahrscheinlich schon in ntl. Zeit vorhanden war, lokalisiert das Jona-Grab unweit davon in El-Meschhed (J. Jeremias: Heiligengräber in Jesu Umwelt, 1958, 24-28). Die Moschee über dem Grab könnte der Nachfolgebau einer Synagoge sein (B. Bagatti: Antichi villaggi cristiani di Galilea, 1971, 38-41). Vielleicht wies Jesus auch deshalb so betont auf Jona hin (Mt 12,39-41; Lk 11,29-32; Mt 16,4), weil von den Propheten nur er in *Galiläa begraben war und so eine besondere Bedeutung für diese Landschaft besaß.

Literatur: F.M. Abel: Géographie de la Palestine II, ³1967, 326f; C. Kopp: HlL 92 (1960), 17-21; G. Kroll: Auf den Spuren Jesu, ¹⁰1988, 201f. R.R.

GATITER/GITITER. Beiname von Philistern (2Sam 15,18.19; 18,2) und Riesen (2Sam 21,19,20) aus der Stadt *Gat.

GAT-RIMMON. »Granatapfel-Kelter«.

1. Ort in Dan (Jos 19,45), eine Levitenstadt (1Chr 6,5). Nach neueren Ausgrabungen vermuten manche G. in Tell el-Dscherische ca. 3 km nordöstl. von Tel Aviv. Auch der weiter östl. gelegene Tell Abu Zeitun ist in Erwägung gezogen worden.

2. Levitenstadt in Manasse (Jos 21,25), in den Amarnabriefen Gitirimunima genannt, heute Rummane, 1,5 km nordwestl. von Taanach.

GAZA. Eine der fünf bedeutenden Städte der *Philister. Ursprünglich von den Awitern bewohnt, die von den aus *Kaftor einwandernden Philistern vertrieben wurden (5Mo 2,23), galt sie als südl. Grenzpunkt Kanaans an der

Wiedergabe eines Reliefs am Palast Sargons II. (722–705 v.Chr.) in Chorsabad, das den assyrischen Angriff auf Gaza darstellen könnte (721 v.Chr.).

Küste (1Mo 10,19). Josua eroberte G. (Jos 10,41) und fand, daß sich dort einige Anakiter gehalten hatten (Jos 11,21.22). Die Stadt ging Israel noch zu Josuas Zeit wieder verloren (Jos 13,3). Juda, dem die Stadt zugeteilt war (Jos 15,47), nahm G. offenbar nicht dauerhaft in Besitz (Ri 1,18 nach der LXX, deren Lesart hier mit den übrigen bibl. Angaben übereinstimmt). In der Richterzeit verkehrte *Simson mit einer Hure aus G., dessen Stadttor in Zusammenhang mit dieser Geschichte genannt wird (Ri 16,1-3). Als die Philister Simson schließlich ergriffen hatten, hielten sie ihn in G. gefangen. Und dort geschah es auch, »daß er vor ihnen seine Späße trieb« und die Säulen des Hauses einriß, so daß viele von ihnen getötet wurden (Ri 16,21-31). Man hat darauf hingewiesen, daß die Beschreibung dieser Szene – Simson zeigt Kunststücke vor einem von Säulen getragenen Gebäude mit Zuschauern auf dem Dach – an gewisse Darstellungen aus der kretischen Kultur erinnert, was im Blick auf den Ursprung der Philister ja durchaus naheläge. Als die Philister die Bundeslade erbeutet hatten, litt auch G. zusammen mit anderen Städten an der Beulenplage und opferte eine Beule und eine Maus aus Gold, um die Plage abzuwenden (1Sam 6,17).

Die Stadt lag an der großen Küstenstraße, der wichtigsten Handelsverbindung zwischen Ägypten und Syrien – Mesopotamien. Vom 8.Jh.v.Chr. an wird sie häufig in Aufzählungen assyr. Eroberungen erwähnt. Tiglatpilesar III. eroberte G. (*Cha-az-zu-tu*) 734 v.Chr., vielleicht auf Bitten von Ahas von Juda. Der Herrscher Hanno floh nach Ägypten, und Tiglatpilesar stellte sein eigenes Bildnis im Palast von G. auf. Sargon mußte 722 v.Chr. wieder gegen G. ziehen, denn Hanno war zurückgekehrt und unterstützte einen Aufstand, der von der Stadt Hamat ausging. Hanno wurde als Gefangener nach Assyrien gebracht. Danach scheint G. Assyrien treugeblieben zu sein; denn als Sanherib gegen Hiskia nach Jerusalem zog, gab er einen Teil des Gebietes, das er Juda abgenommen hatte, an Sillibel, den König von G. Die Loyalität G. wurde dann von Asarhaddon erheblich strapaziert, als dieser dem König von G. sowie zwanzig anderen Königen des hetitischen Gebietes schwere Tributzahlungen auferlegte. Zu Jeremias Zeiten wurde die Stadt von Ägypten erobert (Jer 47,1). Alexander der Große nahm G. 332 v.Chr. nach fünfmonatiger Belagerung ein. Schließlich wurde G. durch Alexander Jannäus 96 v.Chr. völlig verwüstet, wie es Amos (1,6.7), Zefanja (2,4) und Sacharja (9,5) prophezeit hatten.

Das alte G., Tell Charube, liegt in der heutigen Stadt. Kleinere Ausgrabungen zeigten, daß der Platz in der späten Bronze- und in der Eisenzeit bewohnt war. Tonscherben philistäischen Ursprungs wurden gefunden. Verschiedene Funde lassen die Bedeutung des Ortes in der hellen. und röm. Zeit erkennen. Der Prokonsul Gabinius baute die Stadt 57 v.Chr. an einem neuen Platz, südl. des alten, näher am Meer wieder auf. Apg 8,26 könnte sich sowohl auf die Straße nach G. (»die ... öde ist«) als auch auf G. selbst beziehen. Im letzteren Fall wäre im Unterschied zu der neuerbauten Stadt der alte, verlassene Ort gemeint, zu dem *Philippus gesandt wurde.

Am Tell el-Addschul, 6 km südwestl., fand F. Petrie ausgedehnte Friedhöfe und eine Stadt, die im 2.Jt.v.Chr. in Blüte stand. Viel Goldschmuck wurde in Gräbern und Gebäuden aus der Zeit um 1400 v.Chr. entdeckt. In der Nähe sind spätere Grabstätten ausgegraben worden, die die sog. Philister-Tonsärge enthielten. T.C.M./A.R.M.

GAZELLE s. Tiere

GEBA. »Hügel«. Eine Stadt, die zu Benjamin gehörte, 10 km nordöstl. von Jerusalem und 5 km von Gibea, mit dem sie nicht zu verwechseln ist; vgl. Jos 18,24 und 28; Jes 10,29. G. wurde unter Josua für die Leviten bestimmt (Jos 21,17; 1Chr. 6,45). Zwischen G. und Michmas gaben sich *Jonatan und sein Waffenträger den wachenden Philistern zu erkennen und leiteten durch ihren mutigen Angriff den Sieg über die Philister ein (1Sam 14,1ff). Zur Zeit Asas, des Königs von Juda, wurde G. befestigt und danach als nördl. Begrenzung Judas angesehen. Der Ausdruck »von Geba bis Beerscheba« bezeichnete z.Zt. Josias die N-S-Ausdehnung des Königreichs Juda, ähnlich wie »von Dan bis Beerscheba« vorher die Ausdehnung des noch ungeteilten Israel (2Kön 23,8). Nach dem Exil blieb G. bedeutend (Neh 11,31; 12,29). Die heutige Stadt Dscheba befindet sich an derselben Stelle. M.A.M.

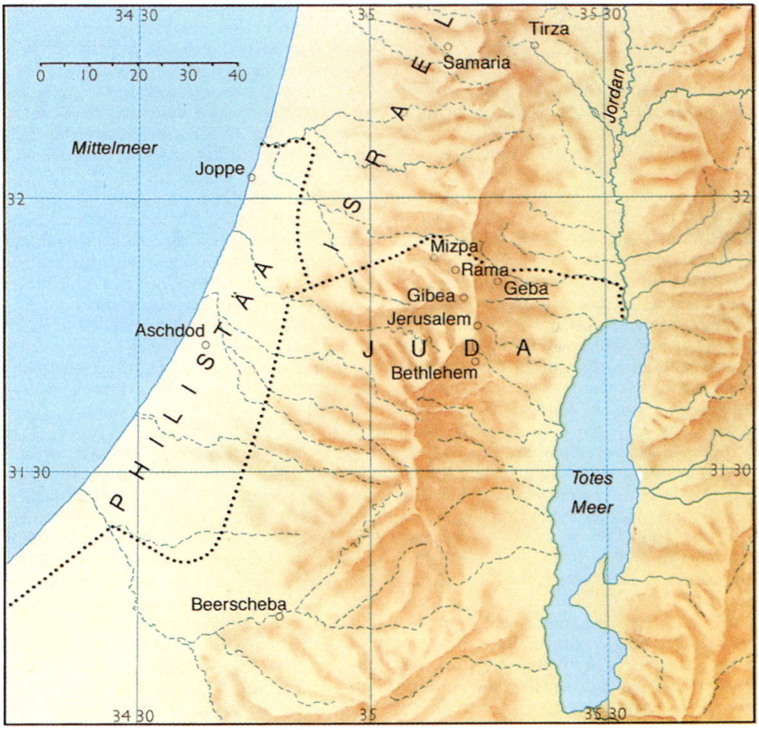

Geba, eine benjaminitische Stadt, die nach ihrer Befestigung durch den König Asa die Nordgrenze Judas markierte.

Sarkophag des Königs Ahiram von Byblos (Gebal). Länge 2,30 m. 13. Jh. v.Chr. (NMEL) (NMEL)

GEBAL.

1. Eine kanaan. und phönizische Hafenstadt, deren Ruinen bei Dschebel, 40 km nördl. von Beirut, liegen. Ihr Name, westsemit. *gebal*, akkad. *gubla*, ägypt. *kpn*, bedeutet »Hügel, Klippe«. Der griech. Name *Byblos* könnte durch die Lautverschiebung *g-b* entstanden sein oder aber darauf zurückgehen, daß die Griechen hier erstmalig Papyrus (griech. *byblos*) kennenlernten, der als Schreibmaterial aus Ägypten importiert und in G. verarbeitet wurde.

Die 1919 von M. Dunand begonnenen Ausgrabungen legten eine Stadt frei, deren Blütezeit vom Neolithikum bis zu den Kreuzzügen währte. Mitte des 3.Jt.v.Chr. war sie ein Exportzentrum für Zedernholz nach Ägypten. Als Gegenleistung wurden ägypt. Luxuswaren eingeführt. Starke Steinwälle sicherten die Stadt und umgaben Tempel, Häuser und Gräber. Ende des 3.Jt. wurde G. geplündert, erholte sich aber schnell. Ein Tempel war der Schutzgöttin der Stadt (Baalat Gebal) geweiht, ein anderer war eine Art Gedächtnisstätte, voller Obelisken zur Erinnerung an die Toten. Wahrscheinlich waren die Obelisken ursprünglich mit glatter Oberfläche und mit Inschriften versehen. Weiter fand man Dutzende von Krügen mit Bronzewaffen, Schmuck und Götzenfiguren, die als Opfer um die Tempel herum vergraben worden waren. Die Gräber der Könige von Byblos enthielten ägypt. Gefäße und Steingefäße aus der Zeit um 1800 v.Chr. In dieser Zeit scheinen Schreiber in Byblos, die in der ägypt. Schrift ausgebildet waren, eine einfachere Schrift entwickelt zu haben. Die Byblos-Hieroglyphen sind ein System von ca. achtzig Schriftzeichen. Wir kennen sie von Texten, die auf Steintafeln und Kupferplatten eingeritzt sind. Es kann sein, daß das Alphabet hier entstanden ist (*Schrift). Mit Sicherheit war es hier bis ca. 1000 v.Chr. voll entwickelt in Gebrauch. Dies ist das Datum des Steinsarges von König Ahiram mit der längsten früh-alphabetischen Inschrift, die uns erhalten ist. Andere Texte um ca. 900 v.Chr. zeigen, daß die Verbindung mit Ägypten fortbestand. Byblos verlor an Bedeutung, als die Macht von Tyrus und Sidon zunahm.

In Jos 13,5 wird G. als Teil des noch nicht eingenommenen verheißenen Landes genannt; und tatsächlich hat Israel es nie erobert oder beherrscht. Salomo warb dort Bauhandwerker für den Tempelbau an (1Kön 5,32). G.s fähige Schiffbauer werden Hes 27,9 erwähnt. Die ägypt. Erzählung von Wenamun beschreibt die Stadt um 1100 v.Chr. (ANET, S. 25-29).

2. Eine Bergregion im Ostjordanland, deren Einwohner sich mit anderen Nachbarn Israels gegen Israel verbündeten (Ps 83,8). A.R.M.

GEBET.

I. GEBET IM ALTEN TESTAMENT.
Das AT breitet eine Fülle verschiedenartiger Gebete und Gebetsformen aus. Denn Israel hat zu seinem Gott von Anfang an und immer wieder gebetet. Ja, es weiß, daß Jahwe schon vor Israels Zeit angerufen worden ist (1Mo 4,26), und es erwartete, daß die Anbetung seines Gottes einmal alle Welt erfüllen werde (Ps 96; 150,6; Jes 45,23f). So selbstverständlich war das Beten, daß Israel seinen Gott mit dem Titel »Gebets(er)hörer« (Ps 65,3 RevEB) bezeichnen konnte.

1. Begriffe. Im AT gibt es keinen umfassenden Begriff für das Gebet, sondern mehrere Ausdrücke für das Klage- und Bittgebet, für Danklied und Lobpreis. Die etwa zehn Tätigkeitswörter für »Beten« sind zumeist der Alltagssprache entnommen, wie z.B. »jemand loben« oder »um Hilfe schreien«, oder sie entstammen der Sprache bei Hofe, wie »um Gnade bitten« oder »sich ehrfurchtsvoll niederwerfen«.

2. Gebetshaltungen oder -gesten. Das »Sich-Niederwerfen« ist buchstäblich vollzogen worden. Der Beter kniete sich auf den Boden und beugte sich so tief, daß Handflächen und Stirn die Erde berührten (z.B. 1Mo 19,1; 24,26; ähnlich heute noch im Islam). Diese Haltung der Verehrung war vor Höhergestellten üblich, besonders vor dem König (2Sam 14,4.33), und fand sich als Gebetshaltung auch in anderen Religionen (5Mo 4,19 RevEB; Jes 2,8 RevEB; Dan 3,5-7). Ferner gab es das einfache Niederknien und das Stehen (1Mo 18,16; 1Kön 8,22). Das Gebet im Stehen geschah, wie auch sonst im alten Orient, mit ausgestreckten, nach oben geöffneten Händen (1Kön 8,22; Ps 141,2; Jes 1,15), vielleicht als Haltung des Empfangens gemeint. Die Be-

ter des alten Bundes bedienten sich also nicht nur ihres Mundes, sondern auch einer ritualisierten Körpersprache. Dazu kamen noch Handlungen, die wir aus der Bibel nur zum Teil erkennen können, z.B. »in Sack und Asche gehen«, Fasten, Zerreißen der Kleider bei Klagegebeten. In späterer Zeit betete man in Richtung auf Jerusalem (1Kön 8,48f; Dan 6,11). Sehr viele Gebete waren wohl mit Opferhandlungen verbunden, wie z.B. das Dankgebet (s.u.).

3. Vorkommen im Alten Testament. Gebete finden sich in fast jedem Buch des AT, Ausnahmen sind u.a. Sprüche, Prediger, Hoheslied, Ester. Die umfangreichste Sammlung bietet der Psalter, der eine Art Gebets- und Liederbuch Israels wie auch der ntl. Gemeinde ist. Auch die fünf Kapitel der Klagelieder sind ausschließlich Gebete. Das Hiobbuch ist, besonders in den Reden Hiobs, erfüllt mit Klagegebeten und Unschuldbeteuerungen (z.B. 7,11-21; 10,1-22; 14,13-22; 31) sowie mit Lob des Schöpfers (z.B. 9,5-10; 12,7-25; 26,5-14; 36,22-33; 37,1-13). Insgesamt ist das AT in fast allen Geschichts- und Prophetenbüchern durchsetzt von Gebeten bis hin zu ausführlichen Psalmen. Die herausragendsten unter ihnen sind das Lied Moses und Mirjams nach dem Durchzug durchs Schilfmeer (2Mo 15), Lied und Segen des Mose (5Mo 32f), das Lied von Debora und Barak (Ri 5), das Lied der Hanna (1Sam 2,1-10), Lieder Davids (2Sam 22; Ps 18; 1Chr 16,7-36; 29,10-19), das große Tempelweihgebet Salomos (1Kön 8,22-53; 2Chr 6,12-42), das Krankengebet Hiskias (Jes 38,3.9-20), das Gebet Jonas im Bauch des Fisches (Jona 2), Bußgebete der Gemeinde (Jes 63,7-64,11; Esr 9; Neh 9), das Gebet Daniels (Dan 9).

Bei den Propheten finden sich außer gelegentlichen Lobliedern (z.B. Jes 12; 42,10-17; Am 4,13; 5,8; 9,6; Hab 3) vor allem drei Gruppen von Gebeten:

a. das Berufungsgespräch (2Mo 3f; 1Sam 3; Jes 6; 40,6-8; Jer 1; evtl. noch Am 7,1-9; 8,1-3);

b. prophetische Klagegebete bei Mose (4Mo 11,11-15), Elia (1Kön 19,4.10.14), besonders ausführlich bei Jeremia in den sogenannten Konfessionen (Jer 11,18-23; 12,1-6; 15,10-21; 17,12-18; 18,18-23; 20,7-18), beim Gottesknecht (Jes 49,4), bei Jona (4,1-3) und schließlich bei Habakuk (1,2-4.12-17);

c. Prophetische Fürbitte (dazu s.u.).

4. Gebetsformen. Über einen solchen Reichtum Übersicht zu gewinnen, ist nicht leicht. Eine geschichtliche Darstellung empfiehlt sich nicht, weil die meisten Gebete, vor allem im Psalter, schwer zu datieren sind. Viele Gebete haben Israel wohl Jahrhunderte hindurch begleitet und sind dabei auch immer wieder abgewandelt worden. Eine Aufteilung in Alltags- oder Familiengebete einerseits und Gemeindegebete im Gottesdienst andererseits ist darum schwierig, weil die Gebete aus einem Bereich in den anderen gewandert sind: gottesdienstliche Psalmen und Teile daraus finden auch im persönlichen und »profanen« Raum Verwendung (z.B. Jes 38 und Lk 1,46-55), und umgekehrt finden familiäre Gottesdienste im Heiligtum statt (1Sam 2; Ps 116, besonders V. 18f).

Allerdings gibt es kurze Gebetsrufe, die eher dem familiären Alltag zugehören. Die sinnvollste Unterteilung ist die nach Hauptformen und Inhalten. Darum werden wir jetzt folgende Gebetsformen vorstellen: Kurze Gebetsrufe, Klage und Bitte, Dank, Vertrauen, Lob, Fürbitte.

5. Kurze Gebetsrufe. Wie sehr Israels Alltag durch das Gebet geprägt war, zeigen bereits viele atl. Personennamen, die in Wirklichkeit kurze Gebets-Sätze sind. So danken die Eltern für ihr Kind mit dem Namen »Jonatan«, d.h. »Jahwe hat gegeben« oder allgemeiner »Jischmael«, d.h. »Gott hat gehört«. Die Erzählungen des AT sind von der Väterzeit an durchsetzt mit kurzen Gebeten: Eliëser bittet um ein Zeichen vom Herrn (1Mo 24,12-14); Gideon klagt dem *Engel des Herrn die Not über die Midianiter (Ri 6,13); David bittet: »Herr, mache den Ratschlag Ahitofels zur Torheit« (2Sam 15,31b). Häufig wurde in solchen Not-Situationen ein Gelübde gesprochen, das später einzulösen war. *Hanna bittet um einen Sohn, den sie dem Herrn zu übergeben gelobt (1Sam 1,10f).

6. Klage und Bitte. Sehr viele Gebete Israels sind Klagen von einzelnen oder (nicht so häufig) der ganzen Gemeinde. Die größte Gruppe der Psalmen sind solche Klagen, die vor Gott das ganze Elend des Beters ausbreiten: Seine körperliche oder seelische Not, seine Verstricktheit in Sünde (oder auch Unschuldsbeteuerungen), seine Gottesferne, seine Bedrohung durch Feinde oder finstere Mächte. Die Klage geht zur Bitte und zu Vertrauensäußerungen über. Erstaunlich oft und recht überraschend steht am Ende der Dank. Die Psalmen 3-7 gehören zu diesem Typ; Ps 13 ist ein gutes kurzes Modell und der Christuspsalm 22 das gewaltigste Beispiel eines Klagegebets, das sich von jammervoller Klage bis zu einer großen Dankfeier bewegt.

7. Dank. Die Gebete Israels sind so variantenreich, daß sich einzelne Formtypen nur bedingt voneinander unterscheiden lassen. Es gibt eine Reihe von Psalmen, in denen der Dank vorherrscht und zwar in doppelter Weise: Erstens als direkte Anrede an den Herrn und zweitens als öffentliche Erzählung über

göttliche Rettung und Hilfe. Darum äußert sich solch ein Psalm in der 2. und 3. Person. »Ich will in dein Haus gehen und Brandopfer und meine Gelübde erfüllen... ich will erzählen, was er an mir getan hat« (Ps 66,13.16). Angeredet werden also Gott und die Teilnehmer der Dankfeier, die zum Opfern und gemeinsamen Essen zusammengekommen sind. Ps 22,23-32; 30; 66,13-20; 116; Jes 38,10-20 und Jona 2,3-10 gehören zu den Dankpsalmen. Psalm 118 enthält noch besondere liturgische Elemente.

8. Vertrauen. Eines der Elemente des Klagegebets kann auch als eigener Gebetstyp vorkommen, nämlich der Ausdruck des Vertrauens. Das bekannteste Beispiel dafür, zugleich das wohl beliebteste Gebet der Bibel überhaupt, ist der Psalm 23, in dem sich der Beter Jahwe als seinem Hirten und Gastgeber vertrauensvoll anbefiehlt. Weitere Beispiele sind Ps 4 und 16. Ein großartiges Vertrauensgebet ist Ps 73: Trotz der Anfechtung durch Feinde, trotz Unglück und vielleicht gar Tod singt der Beter: »Dennoch bleibe ich stets an dir« (V. 23).

9. Lob (Hymnen). Die zweitgrößte Gruppe neben den Klagegebeten bilden die Lobgebete (oft Hymnen genannt). Klage und Lob sind also die zwei Pole, um die atl. Beten vor allem kreist. Das erste große Lobgebet singt Israel am Schilfmeer, nachdem die Befreiung aus Ägyptens Gewalt endgültig geworden ist (2Mo 15), das zweite ist das Lied der Debora, nach dem Sieg der Stämme Israels über die Kanaanäer am Tabor (Ri 5). Typisch für das Lobgebet Israels ist die Aufforderung zum Lob: »Singet dem Herrn ein neues Lied« und die Begründung »denn er hat Wunder getan« (Ps 98,1). Es folgen die Heilstaten Gottes in Schöpfung und Geschichte (z.B. Ps 136) oder die Beschreibung seiner Herrlichkeit und Macht (z.B. die »Jahwe ist König«-Psalmen 47,93,95-99). Die Lobgebete reden von Gott meistens in der 3. Person, weil sie öffentliche Lieder oder Gebete sind: Jahwes Ruhm soll weitergesungen und -gebetet werden bis an die Enden der Erde (Ps 145-150).

10. Fürbitte. Diese finden wir in den Psalmen fast nur in der Form des Segenswunsches, der besonders häufig in den sog. Wallfahrtspsalmen (120-134) vorkommt. Dort heißt es z.B. »Der Herr behüte dich vor allem Unheil« (Ps 121,7) oder »Bringe zurück, Herr, unsere Gefangenen« (126,4) oder »Es segne dich der Herr von Zion aus« (128,5 und 134,3; vgl. noch 122,6; 125,4). Doch hat es Fürbitte sicher in der Welt der Familie gegeben, wie einige Spuren zeigen (z.B. 1Mo 25,21; 2Sam 12,16).

Zur Fürbitte besonders beauftragt aber waren die Propheten (nicht die Priester, wie viele erwarten würden). So bittet Mose für Pharao und das von Plagen heimgesuchte Ägypten (2Mo 8,4f.24-26; 9,28f; 10,17f), er bittet unter Aufbietung seines Lebens für Israel, das sich mit dem goldenen Kalb (2Mo 32,11-14.31f) oder anders (4Mo 11,2.21f; 21,7) versündigt hat. Samuel betet für das Volk Gottes (1Sam 7,5; 12,19.23) und Elisa für den Sohn der Frau von Schunem wie auch für seinen Diener (2Kön 4,32f; 6,17). Bei den Schriftpropheten wird der Fürbittedienst seltener, bleibt aber doch erkennbar. Vielleicht ist Jer 14,2-9 ein Beispiel (vgl. V. 11), jedenfalls aber Jer 37,3; 42,2.4; Hes 9,8; 11,13; Am 7,2f.5f. Ein Sonderfall schließlich ist das große Fürbittegebet Abrahams für Sodom (1Mo 18,22-32).

11. Theologie des Gebets. Die ganze Vielfalt atl. Betens konnte hier nur andeutungs-

Die babylonische Göttin Lama hebt die Hände zum Gebet. Tontafel aus Ur, Höhe ca. 13 cm, ca. 2000 v.Chr. (BM)

Darstellung eines Beters im Totenbuch der Hunefer. Ägypten, 19. Dynastie (1306–1186 v.Chr.). (RS)

weise dargestellt werden. Zum Schluß einige theologische Akzente:

a. Jahwe, der »über den Lobgebeten Israels thront« (Ps 22,4), ist Gott in Person, lebendiges, zugewandtes oder auch fernes Gegenüber, nicht metaphysischer Urgrund des Seins.

b. Beten ist darum nicht meditative Versenkung in höhere Welten oder in sich selbst, sondern direkte Anrede, klagende Bitte oder Lobpreis gegenüber dem Gott, der hört.

c. Gott erhört Gebet (Ps 65,2). Darin unterscheidet er sich von den Götzen (Ps 115,6) und von dem Gott der Philosophen. Der Gott der Bibel ist bereit, auf unsere Bitten zu antworten.

d. Beten darf darum etwas wagen. Die Gebete des AT drücken tiefste Verzweiflung und höchstes Glück vor Gott aus. Beten heißt, sich mit allen Kräften und aller Ohnmacht dem Herrn anvertrauen, ausliefern.

e. Beten ist preisendes Antworten auf die großen Heilstaten Gottes oder seine helfende Zuwendung zu seinem Volk.

f. Private Gebete sind im AT die große Ausnahme, vielmehr ist der Beter stets Glied der ganzen Familie Gottes und hineingenommen in die Lobgesänge des Volkes Gottes aller Zeiten, in die »Wolke der Zeugen«, wie das NT sagt (Hebr 12,1).

Literatur: R. Mössinger: Zur Lehre des christlichen Gebets. Gedanken über ein vernachlässigtes Thema evangelischer Theologie, 1986; C. Westermann: Ausgewählte Psalmen, übersetzt und erklärt, 1984; D. Bonhoeffer: Das Gebetbuch der Bibel, 1940. W.E.

II. DAS GEBET IM NEUEN TESTAMENT. Beten und Gebet stehen im NT, besonders bei Jesus und Paulus, in der Tradition des antiken Judentums und damit zugleich in schroffem Gegensatz zur heidnisch-hellen. Umwelt. Wurde dort das Gebet aufgrund eines Idealbildes vom Menschen, in dem Gott ist, als überflüssig angesehen (Seneca) und einer scharfen Kritik unterzogen, und herrschte vor allem in den Mysterienkulten eine große Unsicherheit bezüglich des vor der Gottheit richtigen Vollzugs des Gebets und seiner Erhörung, so gehörte das Gebet im antiken Judentum zu den selbstverständlichen Äußerungen des Frommen vor Gott. Nicht nur im Synagogengottesdienst, sondern auch im Alltag kannte das Judentum feste Gebetssitten und -zeiten, in denen das Achtzehnbittengebet (*Schmone 'Esre*) als Hauptgebet und viele andere, vor allem Dank- und Lobgebete gesprochen wurden, die allerdings immer mehr zur Formalität erstarrten und eine Teilhabe des Judentums an der allg. antiken Gebetskrise offenlegen. Die reiche, vom AT herkommende Gebetstradition des Judentums wird im NT fortgesetzt, aber unter einer gänzlich neuen Voraussetzung: Durch sein Heilshandeln in Jesus Christus erschließt sich Gott als der, zu dem Jesus betet und beten lehrt und zu dem die Gläubigen aufgrund ihres Angenommenseins mit einer vorher nie dagewesenen Gewißheit beten können.

1. Jesus. Das entscheidend Neue beim Beten Jesu ist die Anrede Gottes mit »Vater« bzw. dem aram. »Abba«, die das Judentum nicht kannte. Mit dieser Anrede bringt Jesus seine einzigartige, unmittelbare Gottesbeziehung als Sohn und damit sein uneingeschränktes Vertrauen und seinen unbedingten Gehorsam gegenüber Gott zum Ausdruck (bes. Mk 14,36). Nicht von ungefähr wurde die Abbaanrede später nicht nur vom palästin., sondern auch vom hellen. Urchristentum übernommen (Röm 8,15; Gal 4,6). Aus der Vateranrede ergibt sich, daß das Gebet für Jesus ein elementarer Bestandteil seines Sendungsauftrages war. Entsprechend hat er nicht nur selbst gebetet, sondern auch über das Gebet gelehrt.

a. Jesu Beten. Die Evangelien überliefern uns nur sehr wenige Gebete Jesu. Von daher ist unser Einblick in seine Gebetsweise und die Inhalte relativ klein: Er preist Gott für sein erwählendes Heilshandeln (Mt 11,25f par; vgl. Röm 11,33-36); er bittet Gott in notvoller Stunde um Verschonung vor dem Leidenskelch und gleichzeitig um das Geschehen des Willens Gottes, dem er sich unterordnet (Mk 14,35-39 par); er bittet für den Glauben des Petrus (Lk 22,32); und am Kreuz schließlich schreit er klagend seine Gottverlassenheit hinaus (Mt 27,46 par; vgl. Ps 22,2), bittet er um Vergebung für seine Mörder (Lk 23,34) und befiehlt sich und sein Werk in Gottes Hand (Lk 23,46). In allen diesen Gebeten greift Jesus auf traditionelle atl.-jüd. Gebetsgattungen zurück (Lobpreis, Klage, Bitte, Fürbitte) und bringt darin vor allem seine Wirksamkeit zum Heil der Menschen vor Gott zur Sprache.

Daß das Gebet für sein irdisches Wirken die entscheidende Verbindungsstelle zu seinem himmlischen Vater war, ergibt sich aus vielen, wenn auch nur kurzen Mitteilungen: Demnach hat Jesus ständig die Gebetsverbindung zu Gott gesucht, meistens alleine in der Abgeschiedenheit (Mt 14,23 par; Mk 1,35; Lk 5,16; 6,12), manchmal auch in Gegenwart der Jünger, aber nicht mit ihnen gemeinsam (Lk 9,18; 9,28f; 11,1). Er hat vor allem die Ruhe der Nacht zum Gebet bevorzugt (Mt 14,23 par; Mk 1,35; Lk 6,12). Was er im einzelnen gebetet hat, ist uns unbekannt, aber wir dürfen annehmen, daß er in seinen Gebeten sich und sein Werk Gott anvertraute und die göttliche Vollmacht dazu erhielt (vgl. Hebr 5,7).

b. Jesu Lehre vom Gebet. Jesu konkreteste und bedeutendste Belehrung über das Gebet ist selbst ein Gebet: das Vaterunser (*Gebet des Herrn; Mt 6,9-13; Lk 11,2-4). Damit ermächtigt er die Jünger zur Vateranrede Gottes und lehrt sie – entsprechend dem Hauptthema seiner Verkündigung -, um die Dinge und das Kommen des Reiches Gottes zu bitten. Außerhalb des Vaterunsers lehrt Jesus als Gebetsinhalte nur noch die Bitten um Sündenvergebung (Lk 18,13) und um Bewahrung in den apokalyptischen Drangsalen (Lk 21,36). Dabei und darüber hinaus macht er den Jüngern unmißverständlich deutlich, daß die Bitte die ihrer Stellung vor Gott angemessene Gebetsart ist. Denn wie Gott sich in Jesu Sendung den Menschen heil- und liebevoll zuwendet und sein Reich errichtet, so sollen sie ihn dementsprechend um seine reichhaltigen Gaben bitten. Sie sollen es nicht heuchlerisch, sondern im Verborgenen tun (Mt 6,5f; vgl. Mk 12,40 par; Lk 18,11f), nicht viele Worte machen (Mt 6,7), ständig und unablässig (Lk 18,1ff; 21,36), ja geradezu unverschämt und aufdringlich, dann werden sie auch erhört (Lk 11,5-8). Die Allwissenheit (Mt 6,8) und Güte (Mt 7,11 par) des himmlischen Vaters gewähren von Gottes Seite aus die Gebetserhörung, die in der Gabe von »Gutem« (Mt 7,11) bzw. des heiligen Geistes (Lk 11,13) sowie der Rechtfertigung (Lk 18,14) besteht. Für die Jünger selbst stellt Jesus Vertrauen und Zuversicht (Mt 6,7f; 7,7-11 par), ja sogar einen regelrechten Erhörungsglauben (Mk 11,24 par) als die menschliche Haltung dar, der Erhörung verheißen ist, ebenso wie dem gemeinsamen Gebet in besonderer Weise (Mt 18,19). Darüber hinaus bindet er das Gebet grundsätzlich an die Vergebungsbereitschaft des Beters (Mk 11,25) und nennt es als Mittel zum Exorzismus (Mk 9,29 par).

Jesus lehrt als der Bringer des Reiches Gottes das Bittgebet zu Gott als das dem Kommen dieses Reiches entsprechende Gebet, dessen Erhörung in Gott, dem Urheber alles Heils, beschlossen liegt.

2. Die synoptischen Evangelien und die Apostelgeschichte.

a. Markusevangelium. Im MkEv. ist keine besondere Betonung auf das Gebet gelegt. Markus erwähnt lediglich in 1,35 deutlicher als die Parallele Lk 4,42 ein Beten Jesu und bewahrt in 14,36 mit der aus hellen. Gemeindetradition stammenden Formulierung »Abba, Vater« die Erinnerung an Jesu ursprüngliche Gebetsanrede »Abba«.

b. Matthäusevangelium. Die Eigenart des MtEv. bezüglich des Gebets ist dessen Einbettung in die Bergpredigt und damit in Jesu eschatologische Ethik, wo Jesus – anders als im LkEv. – das Vaterunser lehrt (6,9-13) sowie weitere Anweisungen zum Gebet gibt (6,5-8; 7,7-11). Typisch für Mt ist auch die Erwähnung des Gebets im Zusammenhang der Gemeinderede (18,19f).

c. Lukasevangelium und Apostelgeschichte. Im lukanischen Doppelwerk ist das Gebet in auffälliger Weise thematisiert. Allein Lk bietet etwa dreimal so viele gebetsbezogene Stellen wie Mt bzw. Mk. Das beginnt mit den drei gebetartigen, im Stil der Psalmen gehaltenen Hymnen in den Kindheitsgeschichten (Magnificat 1,46-55; Benedictus 1,68-79; Nunc dimittis 2,28-32), wird fortgeführt in den Verweisen auf Jesu Beten an entscheidenden Stellen seiner Wirksamkeit (bei Taufe und Geistempfang 3,21; vor der Jüngerberufung 6,12; vor dem Petrusbekenntnis 9,18; vor der Verklärung 9,28f) und in den Gebetsparänesen im »Reisebericht« 9,51-19,27 (Gleichnisse vom bittenden Freund 11,5-8; von der bittenden Witwe 18,1-8; vom Pharisäer und Zöllner 18,9-14) und endet in der Ausgestaltung der Gethsemaneszene (22,43f) und der Überlieferung zweier weiterer Gebetsworte Jesu am Kreuz (23,34.46). Im LkEv. ist das Beten Jesu eine Funktion seiner Heilsmittlerschaft (3,21; 6,12; 9,18.28f; 11,1; 22,32; 23,34) und die Mahnung zum anhaltenden Gebet der Jünger Hilfe zum Durchhalten angesichts der Parusieverzögerung (21,36; 18,1).

In der Apg ist das Gebet nicht minder wichtig: Die Jünger verbringen die Zeit zwischen Himmelfahrt und Pfingsten im Gebet (1,14). Beten ist elementare Tätigkeit der Urgemeinde (2,42) und der Apostel (6,4), besonders bei Verfolgungen (4,24-31; 12,5.12; 16,25). Amtseinsetzungen geschehen unter Gebet (1,24f; 6,6; 13,3; 14,23), die Heidenmission beginnt mit Gebeten des Petrus (10,9; 11,5) und des Kornelius (10,2.4.30f), der Sendungsauftrag des Paulus erfolgt beim (ekstatischen) Beten (22,17-21). Mit der Ankunft des Paulus in Rom hat die Apg ihr Ziel erreicht, und es besteht Grund zum Dank (28,15) für Gottes Heilshandeln in der von der Apg geschilderten Ausbreitung des Evangeliums von Jerusalem »bis an das Ende der Erde« (1,8). Dabei erscheint das Gebet als entscheidende göttliche Gabe und menschliche Aufgabe zum Erreichen dieses Zieles.

3. Paulus. Paulus ist, insofern seine Theologie und sein Beten auf dem Heilsereignis von Kreuz und Auferstehung Christi beruhen, der erste bibl. Zeuge für das Gebet der Christen.

a. Gebetstheologie. Infolge der Berufung zum *Apostel durch den erhöhten Herrn selbst ist Jesus Christus und das in ihm vollzogene Heilsgeschehen zum Ermöglichungsgrund des Gebets bei Paulus geworden. Der Apostel drückt das aus, indem er »durch Christus« betet (Röm 1,8; 5,11; 7,25; 2Kor 1,20; Kol 3,17). Dabei tritt – im Gegensatz zu Jesus - das Dankgebet deutlich in den Vordergrund als Ausdruck der Dankbarkeit des Paulus für Gottes Heilshandeln in Christus und seine Heilserweise in den Gemeinden. Das Dankgebet ist für Paulus ein entscheidendes Instrument zur Verherrlichung Gottes (2Kor 4,15; 9,11-13) als Ziel seiner Theologie (Röm 11,33-36; 15,9-11; Gal 1,3-5). Von daher richtet der Apostel seine Gebete ausschließlich an Gott selbst (einzige Ausnahme: 2Kor 12,8) als den Urheber alles Heils und Schöpfer, der vor allem Lobpreis und Dank vom Menschen will (Röm 1,21). Das für Jesus zentrale Thema der Gebetserhörung ist bei Paulus nicht Gegenstand der Erörterung, weil er die Erhörung als

Gabe der gegenwärtigen Heilszeit (2Kor 6,2) erfährt und voraussetzt. Neu ist bei Paulus auch die Verbindung des Gebets mit dem heiligen Geist, die das Judentum so nicht kannte und Jesus nicht ansprach: Der heilige Geist treibt die Gläubigen zum Gebet (Röm 8,14f), so daß alles Beten letztlich in der Macht des Geistes geschieht (Eph 5,18-20; 6,18f), die sich besonders in der Stellvertretung vor Gott durch den Geist beim Bittgebet der unvollendeten und leidenden Gemeinde auswirkt (Röm 8,26f). Im Gebet erfahren sich die Gläubigen als Kinder Gottes (Röm 8,15f; Gal 4,6f), deren Heilsstellung nach Paulus das Gebet zu Gott »durch Christus« und »im Geist« entspricht.

b. Gebetspraxis. Paulus bringt im Gebet sein apostolisches Wirken vor Gott, indem er ihm für das bisherige Heilshandeln an den Gemeinden dankt und um weitere Gnadenerweise in ihnen bittet. Nicht nur der Apostel selbst und seine Mitarbeiter leben kontinuierlich im Gebet (1Kor 1,4; Phil 1,3f; 1Thess 1,2; Phlm 4), sondern alle Gläubigen sollen anhaltend (Röm 12,12; 1Thess 5,17; Eph 5,20; 6,18) und in allen Belangen beten (Phil 4,6; 1Thess 5,18; Eph 5,20), und zwar in erster Linie danken (1Thess 5,18; Phil 4,6; Eph 5,4.20; Kol 2,7; 3,17; 4,2), aber auch bitten (Phil 4,6; Eph 6,18; Kol 4,2) und Fürbitte für Paulus üben (Röm 15,30-32; 1Thess 5,25; 2Thess 3,1f; Eph 6,18f; Kol 4,3).

c. Gebetszeugnisse. Paulus hinterläßt keine wirklichen Gebete, wohl aber in Briefstil gekleidete, gebetsbezogene Äußerungen. Von diesen sind die einleitenden Dankgebete, mit denen er die meisten Briefe beginnt (Röm 1,8ff; 1Kor 1,4ff; Phil 1,3ff; 1Thess 1,2ff; 2Thess 1,3; Phlm 4-6; Kol 1,3ff), Mitteilungen über bereits vorausgegangene Gebete, die zum Teil den jeweiligen Briefinhalt erheblich prägen (1Kor; Phil; 1Thess). Gleiches gilt für die damit verbundenen Fürbitteberichte (Phil 1,9-11; 2Thess 1,11f; Phlm 6; Eph 1,16ff; Kol 1,9ff). Beide Gattungen haben das Heil und das geistliche Wachstum der Gemeinden zum Inhalt. Darüber hinaus bringt Paulus in Gestalt der Dankrufe (Röm 7,25; 1Kor 15,57; 2Kor 2,14; 8,16) und der Gebetswünsche (Röm 15,5f; 15,13; 1Thess 3,11-13; 5,23) Dank und (Für-)Bitte beim Diktieren (vgl. Röm 16,22) in brieflicher Form zum Ausdruck. Weitere Gebetszeugnisse des Apostels sind der Eingangs- und Schlußsegen in jedem Brief und die zahlreichen Doxologien (Röm 1,25; 9,5; 11,33-36; 2Kor 11,31; Gal 1,5; Eph 3,20f).

4. Johannes. In den johanneischen Schriften geht es bezüglich des Gebets fast ausschließlich um die Erhörung des Bittgebets. Besonders in den Abschiedsreden (Joh 13,31-16,33) sagt Jesus den Jüngern die Erhörung zu für das von nun an gewährte Gebet in seinem Namen, d.h. unter Berufung auf ihn und in seiner Vollmacht (Joh 14,13; 15,16; 16,23f.26; vgl. 1Joh 5,14f), und für das Bittgebet der in ihm Bleibenden (Joh 15,7; vgl. 1Joh 3,22; Joh 11,22). Im Gegensatz zu den synoptischen Evangelien läßt Joh den betenden Jesus nahezu ganz zurücktreten, wohl wegen seiner Christologie der Einheit mit dem Vater. Selbst in dem sonst auffällig mit den Synoptikern übereinstimmenden Passionsbericht tilgt Joh die Gebetsworte Jesu am Kreuz. Lediglich bei der Auferweckung des Lazarus berichtet er von einem Dank Jesu an Gott (Joh 11,41f). Dafür läßt er im hohenpriesterlichen Gebet (Joh 17) Jesus in besonderer Weise als Beter hervortreten, der sich und sein Werk Gott zur Verherrlichung anbefiehlt und für seine Jünger und die durch sie Glaubenden bittet.

5. Das übrige Neue Testament. Vor allem drei Schriften sind hier hinsichtlich des Gebets wichtig:

a. Im 1. Petrusbrief ist das erhörliche Gebet ein wesentliches Element der Lebensführung der Gerechten (3,12), die in der Taufe um ein gutes Gewissen bitten (3,21), die aber auch zum Gebet ermahnt werden müssen (4,8; 5,7), insbesondere die Eheleute (3,7).

b. Der Jakobusbrief mahnt ebenfalls zum Bittgebet, ohne das die Christen geistlich arm sind (4,2f). Wer dagegen im Glauben um Weisheit (1,5-8) und um die Gesundheit kranker Gemeindeglieder bittet (5,13-16a), wird die Macht des Gebets erfahren (5,16b-18).

c. In der Offenbarung des Johannes geht es hauptsächlich um die Anbetung Gottes auf seinem himmlischen Thron durch die Himmelswesen und die erretteten Gläubigen (4,9-11; 5,14; 7,11f; 11,1; 11,16-18; 14,7; 15,3f; 16,5-7; 19,4.10) – im Gegensatz zur Anbetung des satanischen Tieres (14,9-11).

6. Schluß. Das ntl. Zeugnis vom Gebet ist aufgrund unterschiedlicher heilsgeschichtlicher, historischer und theologischer Voraussetzungen sehr vielfältig. Es findet darin seine Einheit, daß es die unmittelbare Rede der von Gott angenommenen Menschen zu Gott ist als Antwort auf sein Heilshandeln in Jesus Christus.

Literatur: E. Lohmeyer: Das Vaterunser, [5]1962; C. Laymon: The Lord's Prayer in Its Biblical Setting, 1968; L. Feldkämper: Der betende Jesus als Heilsmittler nach Lukas, 1978; G.P. Wiles: Paul's Intercessory Prayers, 1974; P.T. O'Brien: Introductory Thanksgivings in the Letters of Paul, 1977; W. Thüsing: Die Bitten des johanneischen Jesus in dem Gebet Joh 17 und die Intention Jesu von Nazareth, in: Die Kirche des Anfangs, FS H. Schürmann, 1978, S. 307-338; R. Mössinger: Zur Lehre des Christlichen Gebets. Gedanken über ein vernachlässigtes Thema evangelischer Theologie, 1986. R.G.

GEBET DES HERRN.

I. TEXT UND GESTALT.

Das Gebet des Herrn/Unser-Vater (U.V.) ist uns Mt 6,9-13 und Lk 11, 2-4 überliefert, dazu noch Didache 8,2 (ca. 120 n.Chr., evtl. von Mt abhängig). Die Doxologie in Mt 6,13b fehlt in den ältesten Handschriften (bei Lk ganz). Freilich war es im Judentum üblich, solche Schlußformeln zu ergänzen; die christl. Praxis bezeugen 2Tim 4,18 (mit »erlösen von dem Bösen«) und Did 8,2. Daß der Abba-Ruf eine Art Abbreviatur des U.V. darstellt, ist möglich. Nach Röm 8,15 und Gal 4,6 ist der Ruf Ausdruck des tiefsten, geistgewirkten Zutrauens zu Gott; Mk 14,36 (Gethsemane) betont den Vorrang des Willens Gottes.

Der Lk-Text des U.V. ist kürzer als der bei Mt (5 statt 7 Bitten); Mt bringt am Ende der 1. und der 2. »Tafel« je eine weitere Bitte (zum »Willen Gottes« bzw. zur »Erlösung«). Die kürzere Fassung ist aller Wahrscheinlichkeit nach die ursprüngliche; im einzelnen Wortlaut verdient jedoch die Mt-Form überwiegend den Vorzug. Die griech. Versionen gehen offenbar auf eine gemeinsame Übersetzung zurück (Anzeichen ist das durchgängige, sonst völlig ungebräuchliche *epiousios* in der Brot-Bitte). Nach jüd. Vorbild pflegte man Gebetstexte durchaus zu variieren; bei Mt ist der Einfluß jüd. Gebetssprache in den ergänzenden Sätzen spürbar, dazu die Symbolzahl 7, während bei Lk die hellen., tägliche Lebenspraxis einwirkte. Schon früh stand das U.V. im gottesdienstlichen und privaten Gebrauch (Did 8,3). Ob Jesus seine Jünger nur eine einzige, im Wortlaut festgelegte Form lehrte oder ob er im wiederholten Gebrauch auch Varianten zuließ, wissen wir nicht. Die in den Texten erhaltene Tradition geht auf eine Version zurück, über deren aram. Urform weitgehend Übereinstimmung besteht. Wahrscheinlich verwendete Jesus die Volkssprache Aram., nicht das Hebr., das damals durchaus als Sprache für Gebete und Theologie in Geltung stand. Die aram. Urform weist in Rhythmus und Reim poetische Spuren auf. (Rekonstruktionen bei Jeremias: Theologie, 191, und Kuhn: Achtzehngebet, 32f). Der Urbestand lautet in Übersetzung etwa: »Vater! Geheiligt werde dein Name. Es komme dein Reich. Unser notwendiges/heutiges (?) Brot gib uns heute/diesen Tag (?). Und erlaß uns unsere Schulden, wie wir unseren Schuldnern erlassen (haben). Und führe uns nicht in Versuchung«. Auffällig ist die Kürze des U.V. bei einer recht weitgespannten Thematik, zumal im Vergleich mit jüd. Gebeten. Für nahezu jede Aussage gibt es dort Parallelen (Zusammenstellung durch I. Abrahams, zitiert bei T.W. Manson: The Sayings of Jesus, 1964 (1937), 167; Materialien bei Bill. I, 406-424). Mit der 1. Tafel eng verwandt ist das Qaddisch (in Übersetzung bei Jeremias, a.a.O., 192); es bittet ebenfalls um die Heiligung des Gottesnamens und die Gottesherrschaft, geht aber nicht darüber hinaus, benötigt mehr Wörter und setzt verschiedene Akzente (»zu euren Lebzeiten«, »in Eile und Bälde« usw.). Auch zur 2. Tafel ist vieles vergleichbar (im Achtzehngebet u. dgl.). Jesu Gebet wurzelt also im AT und Judentum; es grenzt sich nicht dagegen ab, sondern konzentriert sich auf das Wesentliche. Dabei läßt es zugleich einen weiteren, offeneren Verstehensraum und bringt Jesu Anliegen auf den Punkt.

II. CHARAKTER.

Das U.V. besteht neben der Anrede überwiegend aus Aufforderungen bzw. Bitten, d.h. Imperativen, zunächst in der indirekten, das logische Subjekt offen lassenden 3. Person, dann in der 2. Tafel in der direkten Anrede. Bis auf eine sind alle Bitten positiv, nur die letzte (der Urfassung) will etwas abwenden. Abweichend und bemerkenswert ist die Wendung »wie wir...« beim Schuldenerlaß. Die 1. Tafel befaßt sich mit Gottes Angelegenheiten, die 2. mit denen des Menschen; nur diese sind mit »und« verknüpft. Die Imperative lassen die Zeitfrage unbestimmt; Zeitangaben finden sich nur bei der Brotbitte, und dort bereiten sie Probleme.

Die Auslegungsgeschichte verzeichnet drei Haupttypen, die dogmatische, die ethische und die eschatologische Deutung (s. dazu Luz, 339. 352). Versuche, im U.V. ein Kompendium der christl. Lehre (u.a. der Trinität) zu sehen, gab es z.B. in der alten Kirche. Stärker verbreitet hat sich dann das ethische Verständnis, zumal bei der Füllung der ersten Tafel. Großer Beliebtheit erfreut sich heute die futurisch-eschatologische Deutung, sogar für die 2. Tafel; ihre Einseitigkeit läßt sich jedoch nicht halten. Die Auslegung braucht sich nicht auf ein Verstehensmodell festzulegen; Jesus scheint mit seinen knappen Formulierungen vieles bewußt flexibel gelassen zu haben. Die Auslegung sollte die jüd. Gebetspraxis immer wieder vergleichen, vor allem aber den Charakter des Gebets beachten, bei dem alles vor Gott gebracht wird. Wichtig ist nicht nur der Inhalt der Bitten, sondern ebenso die Beziehung zu Gott. Zugleich muß das U.V. in den Gesamtzusammenhang des Wirkens Jesu gestellt werden.

III. ANREDE UND 1. TAFEL.

Wahrscheinlich steht hinter »Vater« das vertrauliche, aber keinesfalls respektlose »Abba«.

Wie auch sonst in Jesu Verkündigung signalisiert das Symbol »Vater« Gottes Zuwendung, Liebe, Nähe, Güte und Barmherzigkeit (patriarchalische oder maskuline Zerrbilder liegen dem absolut fern). Jesus lehrt uns das Vertrauen zu Gott, das sich direkt, ohne Umschweife und in der Gewißheit an Gott wendet, daß er uns hört. Gott gibt gute Gaben, mehr als jeder irdische Vater (so betont Lk 11,5ff; bes. V. 11-13). Die erweiterte Anrede Mt 6,9 unterstreicht das Vertrauensverhältnis (»unser«), nicht die Distanz (»in den Himmeln« markiert den Unterschied zu irdischen Vätern). Das U.V. ist somit das Gebet der Kinder Gottes.

Wer soll die Heiligung des Gottesnamens und das Kommen der Gottesherrschaft bewirken? Was ist damit des näheren gemeint? Wann geschieht das? Die Doppelbitte setzt einen gegenwärtigen Mangel voraus, der offensichtlich nicht durch menschliche Anstrengungen, sondern durch Gottes Handeln behoben werden kann. Das wiederum weist auf ein größeres, nicht auf ein langsam-schrittweises Geschehen hin; inwieweit man das als »endzeitlich« bezeichnen darf, ist eine Definitionsfrage. Hinter der Bitte um Gottes Eingreifen stehen alte Erwartungen; s. bes. Hes 36, wonach Gott seinen Namen unter den Völkern dadurch heiligt, daß er sein Volk sammelt und reinigt (36,26f steht parallel zu Jer 31,31-34: »neuer Bund«). Die heilsame und gerechte Gottesherrschaft wird alles Unrecht beseitigen. Handelndes Subjekt kann nur Gott sein, ohne daß der Beter passiv bliebe; vielmehr wird er mit seiner gesamten Existenz »nach Gottes Reich und Gerechtigkeit trachten« (Mt 6,33). Jesus engt die Bitte nicht auf spezielle Ziele, bestimmte Tätigkeiten oder in zeitlicher Hinsicht ein. Vielmehr läßt er uns um das alles umgreifende Handeln Gottes bitten, wobei wir das Entscheidende Gott überlassen (dein Name und Reich). Eben das unterstreicht auch Mt 6,10b (»dein Wille geschehe...«). Die Verhältnisse im Himmel, also in Gottes Nähe (V. 9), sollen sich auf die Erde ausbreiten. Die Bitte geht wiederum von einer Mangel-, ja Entfremdungserfahrung aus. Wo Gottes Wille herrscht, da wird alles gut; das ist auf Erden noch nicht der Fall. Wer so um eine grundlegende Veränderung der Verhältnisse bittet, wird seinerseits schon jetzt alles daransetzen, Gottes Willen zu befolgen. Eine blinde Schicksalsergebenheit impliziert die Bitte nicht.

IV. 2. TAFEL.

Die 2. Tafel befaßt sich mit Brot, Schulden und Versuchung; die Aufreihung (Verknüpfung mit »und«) läßt auch bei der Brot-Bitte an eine Existenzbelastung denken. Die Bitten wissen um die Abhängigkeit des Menschen von Gottes Zuwendung. Die Brotbitte ist philologisch und sachlich schwer zu deuten. *epiousios* läßt verschiedene Interpretationen offen: existenznotwendig (aber ist das philologisch möglich?), morgig (auch das im Sinn einer sozialen Not; aber darf man dieses Brot für heute erbitten – vgl. Mt 5,34?), künftig (im eschatologischen Sinn als Mahlzeit im Reich Gottes; wiederum: darf man das für heute erbitten?), für heute, täglich (doch das ist sprachlich problematisch; Hinweise auf eine Manna-Typologie liegen nicht vor) u.a.m. Ausschalten sollte man ein sakramentales Verständnis (Eucharistie). Lag im Aram. ein Wortspiel vor (so Kuhn: Achtzehngebet, 35-37: »für den Tag«, d.h. »nur soweit es für den Tag nötig ist« und »für heute gib es uns«)? Wird zur Bescheidenheit ermahnt (wie Spr 30,8: »mein zugemessenes Brot«)? Ist die Bitte vom Erleben des Tagelöhners her formuliert (das Achtzehngebet denkt vom bäuerlichen Jahreszyklus her)? Letzte Klarheit besitzen wir nicht; aber keinesfalls darf die konkrete Bedürftigkeit übersehen werden. Das betont auch die Lk-Fassung: »täglich« statt »heute«.

Die Bitte um Vergebung geht davon aus, daß der Mensch hinter Gottes Forderungen zurückbleibt (bei Lk sachlich richtig zu »Sünden« verallgemeinert). Das Motiv ist dem Judentum geläufig (Achtzehngebet, 6. Benediktion); auffällig ist dagegen der Nachsatz. Das »wie wir« umfaßt nicht nur eine Entsprechung, sondern auch eine Begründung, aus der jedoch kein Anspruch abgeleitet werden darf. Andere Stellen (Mt 5,23-26; 6,14f; 12,1-7; 18,21-25; Lk 6,36) zeigen, wie wichtig Jesus die Barmherzigkeit war. Der Nachsatz liest sich wie ein Stachel der Erinnerung, nicht leichtfertig Vergebung zu erbitten. Über den Zeitpunkt der Vergebung ist nichts gesagt; daß sie für das Jüngste Gericht wichtig ist, ist selbstverständlich, doch muß sie keineswegs ein nur zukünftig wirksames Handeln Gottes sein. Entscheidend ist die Gewißheit, daß Gott nicht den Tod des Sünders will (Hes 33,11), sondern unsere Versäumnisse zurechtbringen möchte.

Eine eschatologische Deutung der Versuchungs-Bitte (Bewahrung in der großen Drangsal) ist problematisch; aber auch »Belastungsprobe« oder »Prüfung« im weisheitlich-pädagogischen Sinn ist wohl kaum der Haftpunkt der Bitte. Die Anfechtung ist sicher feindlich (wie auch der Nachsatz bei Mt besagt), wobei nichts direkt über das Subjekt (Satan, Menschen, eigene Begierden, Gott?) oder die Situation (Verfolgung, Schmerz, Verlust usw.) verlautet. Die Bitte geht von unserer Versuchlichkeit, Angefochtenheit und

Ungesichertheit aus. Das Verb (»führe uns«) kann kausativen (»verursache nicht«) oder permissiven (»laß nicht zu«) Charakter haben; so oder so weiß sich der Beter ohne Gottes Gnade schutzlos, lebt er doch in einer ihn bedrängenden Welt.

Wir brauchen die Erlösung vom »Bösen«, so wird bei Mt unterstrichen. Es bleibt offen, was mit »böse« gemeint ist, und wann die Erlösung erwartet wird. Für eine neutrische Deutung (das Böse) sprechen 2Tim 4,18; Did 10,5 und jüd. Vergleichstexte; das schließt jedoch eine personale (der Böse) nicht aus (vgl. z.B. Mt 13,19). In erster Linie wird also an die mancherlei Unheilserfahrungen gedacht sein; sie sind jedoch keine Zufallsprodukte, sondern entstammen der »Macht des Bösen«. Gewiß wird die endgültige Erlösung vom Bösen erst in Eschaton erfolgen; aber die Bitte hat zugleich einen starken Bezug auf die Gegenwart (s.o. zu »Versuchung«).

V. DAS FRÜHCHRISTLICHE ECHO.
Der Zusammenhang in Mt 6 und Lk 11 ist unterschiedlich. Bei Mt steht das U.V. im Rahmen der Bergpredigt und dort im Abschnitt über die Frömmigkeitspraxis (Almosen-Beten-Fasten). Hier nimmt Jesus gegen fromme Heuchelei Stellung (so auch Did 8,1-2). Was das für das U.V. bedeutet, notiert Mt 6,14f im Anschluß an die vorletzte Bitte: menschliche Unbarmherzigkeit blockiert Gottes Vergebung. An dieser Stelle ist unser Tun gefragt; hier erfolgt der Gütetest, ob wir wirklich vom Geist Gottes erfaßt sind und in diesem Geist beten. Was uns das Gebet des Herrn wert ist, zeigt sich somit an unserer Vergebungsbereitschaft. Bei Lk ist das U.V. Teil einer Gebetsunterweisung Jesu für seine Jünger; die Regelmäßigkeit wird betont: »jedesmal wenn...« (vgl. Did 8,3: dreimal am Tag), »...gib uns täglich«, »wie wir (immer wieder) vergeben«. Es folgen das Gleichnis vom bittenden Freund (11,5-8) und Worte über das Bitten (V. 9-13); Jesus macht Mut zum Bitten: Gott wird hören, sogar weit über die bestehenden menschlichen Verpflichtungen hinaus. Es wird kein besonderer Punkt des U.V. weitergeführt, sondern die Güte Gottes gegenüber dem Bittenden hervorgehoben. Wir dürfen also bitten und brauchen uns nicht zu scheuen, weil das ganze U.V. aus Bitten besteht. Wir erbitten ja nicht Beliebiges, sondern das, was Jesus uns lehrte. Im Zentrum steht also dreierlei: Gottes Güte, das Bitten und der richtige Inhalt des Bittens.

Wie 2Tim 4,18 und Did 8,2 bezeugen, ist eine doxologische Antwort der christl. Gemeinde uralt; die aus dem Judentum stammende Praxis fand folgerichtig mit der Zeit auch Eingang in die Handschriften. Die dreifach gehaltene Doxologie unterstreicht, daß der Beter alles nur von Gott erwarten kann (»denn dein ist...«). Nicht etwa wird Gott das Reich usw. zugesprochen (»dir sei«), sondern es ist sein. Das Bittgebet wendet sich an ihn als die Quelle des Lebens, an den Schöpfer, Erhalter und Erlöser der Welt. Die Doxologie preist Gott als Wahrer der rechten Herrschaft, als kraftvollen Garant des Lebens und als Inbegriff dessen, was wahrhaft Wert hat. Gegenüber allem Mangel, aller Bedrängnis, Not und Schuld auf unserer Seite steht das »in Ewigkeit« Gottes, aber nicht als unüberbrückbarer Gegensatz, sondern so, daß Gott aus seiner Fülle geben will. Das U.V. ist somit selber »Ausdruck der Gnade« (Luz, 351).

Literatur: K. Aner: Das Vaterunser in der Geschichte der evangelischen Frömmigkeit, 1924; W. Barclay: Wie sollen wir beten?, 1968; M. Brocke u.a. (Hrsg.): Das Vaterunser. Vom Gemeinsamen im Beten der Juden und Christen, [2]1980; M. Dorneich (Hrsg.): Vaterunser-Bibliographie, 1983; G. Ebeling: Vom Gebet. Predigten über das Unser-Vater, [2]1965; G.B. Ginzel: Die Bergpredigt: jüdisches und christliches Glaubensdokument, 1985, S. 89-94; J. Jeremias: Neutestamentliche Theologie I, [2]1973, S. 188-196; ders.: Das Vater-Unser im Lichte der neueren Forschung, 1962; K.G. Kuhn: Achtzehngebet und Vaterunser und der Reim, 1950; E. Lohmeyer: Das Vater-Unser, [5]1962; U. Luz: Das Evangelium nach Matthäus (EKK I), 1985, S. 332-353; T.W. Manson: The Sayings of Jesus, 1964 (1937), S. 167-171; A.de Quervain: Das Gebet, 1948, S. 101-154; A. Schlatter: Das Unser Vater, 1938; H. Schürmann: Das Gebet des Herrn als Schlüssel zum Verstehen Jesu, [6]1981; G. Strecker: Die Bergpredigt, 1984, S. 109-132; H. Thielicke: Das Gebet, das die Welt umspannt, [13]1973; H. Weder: Die »Rede der Reden«. Eine Auslegung der Bergpredigt heute, 1985, S. 173-196.W.P.

GEBETSRIEMEN. Gebetsriemen sind lederne Riemen mit Kapseln, die vier auf Pergament geschriebene Abschnitte aus der Tora enthalten (5Mo 6,4-9; 11, 13-21; 2Mo 13,1-10.11-16; vgl. Bill. IV/1, 250-276). Nur einmal werden sie in der Bibel ausdrücklich erwähnt (Mt 23,5). Jesus beschuldigt die *Pharisäer, ihre Gebetsriemen und die Quasten des (Gebetsmantel) *Tallit* extra breit bzw. lang zu machen, um ihre Frömmigkeit gegenüber den übrigen Juden herauszustreichen.

Die griech. Bezeichnung *phylaktērion* (»Schutzmittel«, »Amulett«) ist offenbar von dem Wort *phylassō* im Sinne von »das Gesetz beachten« abgeleitet (vgl. Jos.ant.Jud. IV, 213). Doch hatten die G. im Volksglauben als Amulette auch Schutzfunktion.

Das AT kennt keine G. (hebr. *tephillah*, pl. *tephillīn* »Gebet«). Auch den Samaritanern sind sie unbekannt. Erstmals werden sie im

Juden mit Gebetsschal und Gebetsriemen. (SH)

Aristeasbrief (158f; 120 v.Chr.) erwähnt. Sie gehen wahrscheinlich auf einen Brauch der Chasidäer (*chasīdīm*) im 3.Jh.v.Chr. zurück, die damit ihren Widerspruch gegen die wachsende Hellenisierung zum Ausdruck bringen wollten.

Funde aus der 4. (K.G. Kuhn, Phylakterien, 1957) und 10. Höhle (Y. Yadin, Tefilin, 1969) von *Qumran umfaßten teilweise zusätzlich den Dekalog (2Mo 20, 2ff; 5Mo 5,6ff), der später aus antichristl. Gründen aus der Synagogenliturgie ausgeschlossen wurde.

Ihre standardisierte Form haben sie erst im 2.Jh.n.Chr. erhalten. Rabbinische Bestimmungen machen genaueste Angaben über Material und Größe sowie den Umfang der in die Kapseln einzulegenden Texte. Die in 2Mo 13,16; 5Mo 6,8 und 5Mo 11,18 gegebene und noch in der LXX symbolisch verstandene Bestimmung soll damit wörtl. erfüllt werden: »So nehmt nun diese Worte zu Herzen und in eure Seele und bindet sie zum Zeichen auf eure Hand und macht sie zum Merkzeichen zwischen euren Augen«.

Nach verschiedenen Bemerkungen in der jüd. wie außerjüd. Literatur ist davon auszugehen, daß G. nur von einem Teil des Volkes, ursprünglich allerdings ständig getragen wurden. Erst die mittelalterlichen Judenverfolgungen haben zu der Einschränkung geführt, daß G. (bis heute) nur noch beim Morgengebet (außer am Sabbat) angelegt werden.

Die Riemen sind zweiteilig mit je einer Kapsel. In der Kopfkapsel sind die vier Toraabschnitte auf vier, in der Handkapsel auf einen Pergamentstreifen geschrieben (vgl. den ähnlichen Brauch der Mesusa, der Türpfostenkapsel, 5Mo 6,9). Der eine Riemen wird, dem Herzen gegenüber, um den linken Arm gebunden bis um die Finger, der andere um den Kopf mit der Kapsel auf der Stirn. Der Jude, der diesen Brauch bis heute übt, versteht dies symbolisch: »Stelle Kopf, Hand und Herz in den Dienst Gottes«. Segenssprüche, die der festen Ordnung der jüd. Gemeinde entsprechen, begleiten den Anlegevorgang: Zuerst der Armriemen *(Tephillah schel Jad)* mit Festziehen des Knotens und sieben Umwindungen, dann Festsetzen des Stirnriemens *(Tephillah schel Rosch)*, anschließend das Ende des Armriemens mit drei Umschlingungen um den Mittelfinger.

Vorläufer der ntl. G. könnten zwei Silberplättchen mit dem Priestersegen (4Mo 6,24-26) aus einem Grab des 7.Jh.v.Chr. im *Hinnomtal südlich von *Jerusalem sein (R. Riesner: Th.Beitr. 18/2, 1987, S. 104-108).

Literatur: A.H. Baumann (Hrsg.): Was jeder vom

Judentum wissen muß, 1983; G. Fohrer: Glaube und Leben im Judentum, 1979; Jüdisches Lexikon, Bd. IV/2, 1927/82; Siddur Sephat Emeth, 1956; J.H. Tigay: HTR 72 (1979), 45-53; G. Vermes: VT 9 (1959), 65-72.
C.D.St./R.R.

GEBIRGE EPHRAIM s. Ephraim

GEBIRGE JUDA s. Juda

GEBOTE, ZEHN.

I. DIE SPRACHLICHE GESTALT.

Die Zehn Gebote oder Zehn Worte (griech./latein.: Dekalog) liegen uns in zwei Fassungen vor, die nur an wenigen Punkten voneinander abweichen (2Mo 20,2-17; 5Mo 5,6-21). Die ursprüngliche Zählung und Reihenfolge ist umstritten; mit H. Gese, der sich u.a. auf den alten Papyrus Nash und Codex B der LXX stützen kann, wird neuerdings meistens diese Abfolge angenommen (die folgende, möglichst wortgetreue Übersetzung möchte den Kern des jeweiligen Gebots herausstellen und die Gliederung des Dekalogs anzeigen):

Die Worte 1 und 2 ermöglichen die personale Gottesbeziehung: **1. Nicht sollst du andere Götter haben mir ins Angesicht. 2. Nicht sollst du dir ein Götterbild machen...**

Die Worte 3 und 4 wahren den Kultus – den heiligen Ort und die heilige Zeit: **3. Nicht sollst du erheben den Namen Jahwes, deines Gottes, zu Üblem... 4. Denke an den Sabbattag, ihn zu heiligen...**

Die Worte 5 und 6 schützen die Familie, den innersten Lebenskreis: **5. Ehre deinen Vater und deine Mutter... 6. Nicht sollst du ehebrechen.**

Die Worte 7 und 8 proklamieren allgemeine Menschenrechte: **7. Nicht sollst du töten. 8. Nicht sollst du stehlen.**

Die Worte 9 und 10 schützen die Nächstenschaft (Bereich der Ortschaft): **9. Nicht sollst du aussagen gegen deinen Nächsten als Lügenzeuge. 10. Nicht sollst du begehren deines Nächsten Haus...** Von einem absoluten Gleichmaß der 10 Worte kann keine Rede sein. Neben den lapidar kurzen, sich anscheinend von selbst verstehenden Verboten 5-9 stehen andere, mit Aufzählungen, Begründungen, Strafandrohungen, Verheißungen und Sinngebungen erweiterte. Optisch fallen vor allem zwei Akzentuierungen auf:

a. 1. und 2. Wort scheinen in besonderer Weise eine Einheit zu bilden: Der dem 2. Wort folgende Kommentar (2Mo 20,5f/5Mo 5,9f) bezieht sich offensichtlich auf das 1. und das 2. Wort. Durch die mit Wort 1 eng verknüpfte Präambel (vgl. Ps 81,10f) ergibt sich eine – nicht nur formale – Spitzenstellung des ersten Wortes.

b. Worte 4 und 5 sind die einzig positiv formulierten Gebote, vielleicht nicht zufällig in der Mitte des Dekalogs und durch ihre Ausführlichkeit auch optisch Schwerpunkte im Ganzen.

II. DIE EINZELNEN GEBOTE – IHR HISTORISCHER SINN.

zu 1: Was immer den kanaan. Menschen bestürzen, erschüttern, beglücken und bedrohen mochte, so daß er eine jenseitige Mächtigkeit dahinter ahnte – in Israel stellte eine Erfahrung alle anderen buchstäblich in den Schatten: Vorisraelit. Gruppen waren aus dem Sklavenhaus Ägypten befreit worden und hatten auf dem Wüstenzug die helfende Gegenwart ihres Gottes überwältigend erfahren: Dem Gott Jahwe verdankte Israel sein Leben in Freiheit. Und es wußte vom Sinai her, daß dieser Gott wie eine liebende menschliche Person eine tiefe Beziehung »von Angesicht zu Angesicht« (5Mo 5,4) will, eine so tiefe, daß andere Beziehungen ausgeschlossen werden müssen. Das erste Wort erlöst Israel aus rel. Zwangsneurose: Israel muß sich nicht mehr ruhelos der Gunst so vieler Mächte versichern.

zu 2: Israel lernte, »daß Jahwe nie so dem Menschen zuhanden sei, wie es die Gottheit in den Ritualformen der Umwelt war, in welchen das Gottesbild bedient, bekleidet, geschmückt, gespeist, aber dann auch zu mantischer Praktik gehandhabt wurde« (Zimmerli, 104f). Ein solcher Wandel des rel. Bewußtseins ist ohne Parallele im Alten Orient: Gott wurde erkannt als lebendige, je neu begegnen wollende *Person*, verläßlich, aber nicht ausrechenbar, mit auf dem Wege, aber nie verfügbar.

zu 3: Der Name ist für den Hebräer in keinem Fall bloß Schall und Rauch. Mit seinem Namen hat Gott sein Wesen offenbart (2Mo 3,14). Mit seinem Namen, der seit Davids Zeiten auf dem Zion »wohnt«, läßt Er sich anrufen (vgl. 1Mo 4,26; 2Mo 3,15; 5Mo 12,5). An seinem Namen haftet Jahwes Ehre oder Unehre in der Welt (Hes 36,20ff). Ihn zu Üblem »erheben«, d.h. gezielt in böser Absicht aussprechen, konnte man auf manche Weise: durch ein Gelübde, das man dann nicht einlöste (vgl. 1Mo 28,20-22; 4Mo 30,2ff); durch Prophezeien ohne Auftrag (5Mo 18,20ff); indem man sich mit einem »Reinigungseid« am Heiligtum von einer schweren Beschuldigung befreite – und wußte doch: man hatte es getan (vgl. 2Mo 22,7); durch Flüche und Gotteslästerung (vgl. 2Mo 22,27). So verbittet sich Gott im 3. Wort den Mißbrauch des Kultes: scheinheiliges und heuchlerisches Getue, die Bemäntelung eigensüchtiger und die Verstärkung aggressiver Taten durch Berufung auf seinen Namen.

zu 4: Im Blick auf drei Arbeitsqualitäten – Fronarbeit; (bäuerliche) Schweißarbeit; schöpferische Arbeit – wurde in Israel ein heilsamer Zeittakt von sechs Arbeitstagen und einem Ruhetag als Gottes Wille und Gabe verkündet. Israels Umwelt hatte es anders verteilt: alle Muße den Göttern und den Herren auf Erden, alle Arbeit dem Menschen als dem Vieh der Götter, und unter den Menschen alle Arbeit den Sklaven, Frauen und anderen Untergebenen. Und nun heißt es im Jahwevolk, den eben erst dem ägypt. Frondienst Entronnenen: Ein Ruhetag für alle, die sechs Tage geschafft haben! Arbeit und Muße sind revolutionär neuverteilt, nicht mehr auf Hochgestellte und Unterdrückte, sondern auf die lineare Zeitstrecke eines jeden Menschen (N. Lohfink).

zu 5: Das 5. Wort ist wie die anderen an die *erwachsenen* Kinder, die Söhne vor allem, gerichtet. Es ist nicht gedacht als göttlicher Beistand zur Zähmung widerspenstiger Kinder, sondern: die ohne Hilfe im Alter nicht mehr lebensfähigen Eltern sollen mit allem Lebensnotwendigen – dazu zählte Nahrung, Kleidung, Wohnung und ein würdevolles Begräbnis – versorgt werden, und dies um so mehr, als es damals eine institutionelle Altersversorgung nirgends gab. Die Kinder schulden den Eltern Dank und Respekt, haben diese ihnen doch das Leben vermittelt, besonders durch die umfassende, auch rel. und berufliche Unterweisung einschließende *Erziehung, die in Israel vor allen Dingen zu einem Leben »in der Ehrfurcht vor Jahwe« hinführte (vgl. Spr 4,3f; Ps 111,10).

zu 6: Vorausgesetzt ist die »polygyne« Ehestruktur Altisraels: Mindestens theoretisch konnte ein Mann mehrere Frauen und außerdem Beziehungen zu Sklavinnen und Prostituierten haben; nicht aber galt das Entsprechende für die Frau (*Ehe). Angesprochen ist im sechsten Wort der israelit. Mann, dem die Beziehung zu einer verheirateten oder rechtlich verlobten Frau verboten wird. Das sechste Wort ist nicht in erster Linie moralisch oder sexuell gemeint, sondern sozial: Es schützt mit der Ehe den Frieden der Großfamilie, welcher die Produktion alles zum Leben Notwendigen oblag (F. Crüsemann).

zu 7: Das siebte Wort, in Israels Bewußtsein einem allgemeinen Menschenrecht entsprechend (vgl. Am 1-2), will elementar den Grundwert »Leben« sichern. Es wehrt allem gewaltsamen und ungesetzlichen Töten, einschließlich aller Machenschaften, die zum Tod eines Menschen führen. Auch auf unsere Fragen nach Todesstrafe, Selbsttötung, Sterbehilfe, Tötung ungeborenen Lebens, Notwehr, Tiertötung und Töten im Krieg fällt von diesem Gebot her Licht. Es kann jedoch nicht unmittelbar auf sie angewandt werden, da diese Fragen im AT anderswo näher geregelt oder aber überhaupt erst ein Problem der Moderne sind.

zu 8: Aus dem Sklavenhaus befreit, soll der Israelit seine elementare Freiheit nicht wieder verlieren. In diesem Sinne werden alle Arten von »Menschendiebstahl« verboten, aber auch die materielle Lebensgrundlage des Israeliten geschützt: der Erbbesitz der Familien, der immer als Leihgabe Jahwes zur Sicherung des Lebensunterhalts angesehen wurde (vgl. 2Mo 22,6-8 neben 21,16).

zu 9: Verboten wird nicht Schwindeln oder Notlüge, sondern die bewußte Falschaussage des mit großer Verantwortung belasteten Zeugen vor Gericht, die in vielen Fällen Verlust der Ehre, ja des Lebens eines »Nächsten« bedeuten konnte (vgl. 1Kön 21).

zu 10: Das Verbot des *chāmad* (»begehren«) zielt gegen die Begehrlichkeit als eine von zwei Wurzeln des sozialen Verbrechens. (Die andere ist die strukturelle Macht; vgl. Mi 2,1f). Wer »begehrte«, konnte, Recht umgehend oder Gesetzeslücken nutzend, auch im gesetzeskundigen Israel den Nächsten um seine Lebensgrundlage bringen.

III. ORT UND BEDEUTUNG DES DEKALOGS IN ALTTESTAMENTLICHER ZEIT. Viele Forscher nehmen mit guten Gründen an, daß eine solche Reihe »apodiktischer« Gebote – im Unterschied zu kasuistischen Sätzen, die einen Rechtsfall beschreiben und das Strafmaß festlegen - ihren primären »Sitz im Leben« im Gottesdienst Israels hat. Das bestätigen die Ps 50 und 81, die eine mehrstimmige und mehrphasige Liturgie darstellen, welche im Jerusalemer Heiligtum, vielleicht während des Herbstfestes (*Feste), gehalten wurde. In ihrem Verlauf kam es zu einer feierlichen Dekalog-Vorhaltung durch den prophetischen oder priesterlichen Sprecher (vgl. Ps 81,9-11; 50,16-23); so vergegenwärtigte man in periodischer Wiederkehr das Grundgesetz des Bundes-Volkes. In der grandiosen Schau von Jes 48,17-19 schafft es Israel einen umfriedeten Raum, in dem stetiger Segen fließt (»schalom«; vgl. H. Geses Bild der 5 mal 2 eine Heilssphäre absteckenden Grenzlatten; daneben behält aber auch das 2-mal-5-System seine Bedeutung: Die ersten fünf Gebote gebieten die Ehrfurcht vor Gott, der das Leben spendet, und den Eltern, die es vermitteln; die zweiten fünf gebieten die Nächstenliebe). So ist der Dekalog Gottes Gabe zum Zwecke eines geschwisterlich-friedvollen Miteinanders der *familia Dei*, zur Bewahrung der von Jahwe geschenkten Freiheit (F. Crüsemann).

Der Hauptteil des *Deuteronomiums/5. Buch Mose mit seinen Geboten, Paränesen und vor allem Gesetzen (5Mo 12-26) läßt als Anordnungsprinzip des Stoffes noch den Dekalog erkennen; darin spiegelt sich, daß er auch die Maßstäbe für Rechtssetzung und Rechtsprechung gab.

Darüber hinaus ist die Zehnzahl sowie die Symbolik der beiden Tafeln und des »Fingers Gottes« (2Mo 31,18; 32,15f; 34,1) ein Hinweis darauf, daß die abzählbaren Worte auf Lernen und Memorieren angelegt sind (vgl. Ps 50,16).

IV. ENTSTEHUNGSGESCHICHTE. RELIGIONSGESCHICHTLICHE EINORDNUNG. BLEIBENDE BEDEUTUNG

1. Radikale historische Kritik nimmt ein schrittweises Werden der Zehnerreihe an. So bestimmt C. Levin Hos 4,2 (Jer 7,9) als Verdichtung prophetischer Sozialkritik und der Dekalogbildung vorgegeben; in 2Mo 20,13-15 sieht er den Kristallisationskern des Dekalogs. Daß aber die zehn Worte nicht Maßstab der prophetischen Kritik, sondern ein spätes Kind derselben gewesen sein sollen, überzeugt schwerlich.

Freilich sieht sich auch die konservative Auslegung, die 2Mo 20,1-18; 24,3-8 als historisch-objektiven Bericht des in seinem ganzen Umfang am Sinai offenbarten, durch Mose vermittelten und als Bundesurkunde verpflichtenden Dekalogs nimmt, Schwierigkeiten gegenüber. Da der Dekalog an einigen Stellen die Lebensverhältnisse der seßhaften Bauern im Land Kanaan, nicht aber die einer durch die Wüste ziehenden Schar voraussetzt, muß man eine weit vorausgreifende Offenbarung annehmen, die erst die nächste Generation in vollem Umfang betraf.

Jedenfalls: Israel hat in den zehn Worten den Willen Gottes vernommen; es hat sie in der Realität des Alltags und der Geschichte als fraglos wahr erfahren und das voller Ehrfurcht so ausgedrückt: »Die Tafeln hatte Gott selber gemacht, und die Schrift, die auf die Tafeln eingegraben war, war Gottes Schrift« (2Mo 32,16). So hat man es gefeiert und von Generation zu Generation weitergegeben.

2. Der Dekalog hat kein außerisraelit. Vorbild und keine außerisraelit. Vorgeschichte, allenfalls formal vergleichbare Reihen in anderen Religionen. Er enthält in strenger Konzentration das Wesentliche der Religion Israels und ihrer ethischen Verflechtungen – insbesondere im 1., 2. und 4. Wort.

3. Bleibend gültig am Dekalog dürfte die »Zuordnung von Gabe und Aufgabe« (L. Perlitt) sein, aber doch auch das System der Richtungsanzeiger bzw. Warnschilder in allen Daseinsbereichen, welches den Anspruch Jahwes auf das *ganze* Leben des Menschen spiegelt. Insofern eignet sich das Zehnwort auch heute noch als Basis eines bibl. Ethos. Dies um so mehr, als Jesus seine Verbindlichkeit – in Abgrenzung zu den »menschlichen Überlieferungen« (Mk 7,8-13; 10,17-22) – bekräftigt, aber auch seinen radikalen Sinn herausgestellt hat (Mt 5,21ff.27ff.33ff; Mk 2,27). So wird von höchster Autorität bezeugt, daß jede Generation den Dekalog in die jeweilige Welt auslegen und ihn sich je neu aneignen muß. Denn das Zehnwort ist bei aller Festigkeit, sogar seiner sprachlichen Gestalt, doch auch immer neu zu dem geschichtlichen Wandel in Beziehung zu setzen. Dies ist im AT selbst dokumentiert, wenn wir nur daran denken, welchen verschiedenen Sinn Erst- und Zweitfassung dem Sabbatgebot (2Mo 20,8-11; 5Mo 5,12-15) beilegen, und wie 5Mo 5,21 die »Frau« nun dem »Haus« in der Werteskala des letzten Gebotes vorzieht. Nirgends aber wird das Gebot in seinem Kern verändert.

Literatur: F. Crüsemann: Bewahrung der Freiheit, 1983; H. Gese: Der Dekalog als Ganzheit betrachtet, in: Vom Sinai zum Zion, 1974; F.L. Hossfeld: Der Dekalog, OBO 45, 1982; Schalom Ben Chorin: Die Tafeln des Bundes, 1979; W. Zimmerli: Grundriß der alttestamentlichen Theologie, [4]1982, S. 94-122; L. Perlitt: Art. Dekalog im AT, in: TRE VIII, 1981, S. 408-413. W.G.

GEBRECHEN s. Krankheit und Heilung

GEBURT.

1. Über die der Geburt vorausgehenden inneren leiblichen Vorgänge besaßen die Israeliten die nur beschränkten Kenntnisse ihrer Zeit. Die Vorstellung, die man sich von der Empfängnis machte, drückt Hiob 10,10 so aus: »Hast du mich nicht wie Milch hingegossen und wie Käse gerinnen lassen?«. Man sah in der Frau nur ein Gefäß (vgl. 1Thess 4,4 Rev-EB) für den Samen des Mannes, aus dem allein sich in ihr das Kind entwickle. Auch daher achtete man auf die Treue der Frau, ohne den Mann der gleichen Verpflichtung ihr gegenüber zu unterwerfen (vgl. *Ehe). Die Pflege der Vielehe erklärt sich z.T. aus der Auffassung, daß das Kind sein Erbgut nur vom Vater erhalte. Bekannt war, daß normalerweise die Monatsblutung der Frau die Voraussetzung zur Empfängnis bildet (1Mo 18,11). Hos 1,8 weist darauf hin, daß die Stillzeit eine neue Empfängnis häufig erschwert. Über das Wachsen des Kindes im Mutterleib wußte

man nur wenig. In jeder Hinsicht war es ein Geheimnis (Pred 11,5), ein wunderbares Wirken Gottes im Verborgenen (Hiob 10,8-11; 31,15; Ps 139,13; Jer 1,5). Diese Stellen zeigen aber auch, daß den atl. Autoren der Gedanke ganz fern lag, das Kind im Mutterleib sei noch kein wirklicher Mensch. Das Wort *ōlēl* wird für das Kind sowohl vor wie nach der Geburt gebraucht (Ps 17,14; Klgl 2,11; Hiob 3,16). Auf die Dauer der Schwangerschaft von neun Monaten wird Lk 1,36.56f Bezug genommen; hier ist auch von Kindsbewegungen die Rede (V. 41.44).

2. Bei der G. leisteten Verwandte und Nachbarinnen (Rut 4,13f.16f; 1Sam 4,20) oder Hebammen der Mutter Hilfe. Manchmal hockte oder kauerte die Frau dabei auf Stützsteinen (2Mo 1,16 RevEB). Während der Wehen legte die Gebärende offenbar die Hände auf die Hüften (Jer 30,6). Die G. kann sich verzögern (Jes 37,3; Hos 13,13) oder so schwer sein, daß die Mutter dabei stirbt (1Mo 35,16-19; 1Sam 4,19f). Auch Fehlgeburt (Hiob 3,16; Pred 6,3; Ps 58,9; 2Mo 21,22), Absterben der Frucht im Mutterleib und Totgeburt (Jer 20,17; 4Mo 12,12) werden genannt. Häufig gebraucht man die Wehen und Schmerzen während der G., die seit dem *Sündenfall damit verbunden sind (1Mo 3,16), als bildlichen Vergleich (Jes 21,3; 26,17; Jer 49,24; Gal 4,19). Einmal wird das rettende Eingreifen des Herrn mit einer G. ohne Wehen gleichgesetzt (Jes 66,7f). Nach der glücklichen G. vergißt die Mutter ihre Nöte über der Freude an ihrem Kind (Joh 16,21), und dem Vater wird die gute Botschaft gebracht (Jer 20,15). Dem Neugeborenen schneidet man die Nabelschnur ab; dann wird es gebadet, mit Salz abgerieben und gewickelt (Hes 16,4). 5Mo 28,56f findet in einer furchtbaren Gerichtsdrohung auch die Nachgeburt Erwähnung.

3. Bald nach der G. bestimmen Vater oder Mutter den Namen des Kindes; dann und wann geben ihn auch die Nachbarinnen (Rut 4,17). Bei den Jungen ist in ntl. Zeit die Feier der Namensgebung mit der Beschneidung am 8. Tage verbunden (Lk 1,59; 2,21). Nach der G. eines Jungen gilt die Mutter sieben Tage, nach der G. eines Mädchen zwei Wochen als unrein (wie während ihrer Monatsblutung). Danach muß sie noch 33 bzw. 66, im ganzen 40 bzw. 80 Tage im Hause bleiben und anschließend ein Reinigungsopfer im Heiligtum darbringen (3Mo 12).

4. Wo Paulus von sich als einer »unzeitigen Geburt« (1Kor 15,8) spricht, gebraucht er das griech. *ektrōma*, (nicht lebensfähige) »Fehlgeburt«, das auch die LXX Hiob 3,16; Pred 6,3 verwendet.

GEDÄCHTNIS, GEDENKEN.

I. IM ALTEN TESTAMENT.

1. Von alters her gab es in Israel Tage, an denen der großen Taten Gottes, durch die er sein Volk erlöst hat, gedacht werden sollte. Das Passafest war ein Fest des Herrn, ein Gedenktag (2Mo 12,14) an die Befreiung aus der Knechtschaft in Ägypten und das gnädige Vorübergehen des Engels des Verderbens an den Häusern der Israeliten. Das G. dieser großen Erlösungstat Gottes sollte das Volk in jedem Jahr neu zu bleibender Treue und Gehorsam dem Herrn gegenüber anspornen.

2. Das »Gedenkopfer« war eine Handvoll des Speisopfers, das der Priester nehmen und auf dem Altar zum G. anzünden sollte (4Mo 5,26). Der Rauch des verbrannten Opfers sollte den, der es gebracht hatte, bei Gott in gnädige Erinnerung bringen.

3. Bisweilen wurden in Israel zur Erinnerung an einen Bund zwischen zwei Parteien oder als Versprechen gegenseitiger Treue Gedenksteine aufgerichtet. Das Volk sollte bei seinem Durchzug durch den Jordan zwölf Steine als ewiges Andenken aufrichten (Jos 4,7). *Absalom errichtete sich noch zu Lebzeiten eine Steinsäule im Königstal, weil er keinen Sohn hatte. Damit wollte er seinen Namen den Menschen im Gedächtnis halten (2Sam 18,18).

4. Immer wieder hat Gott in seinen Offenbarungen und durch die Sprüche, die Verheißungen und Trostworte der Propheten daran erinnert, wie er an seinen Bund gedachte. Umgekehrt ließ er dem Volk einschärfen, doch des Weges zu gedenken, auf dem der Herr es in das verheißene Land geleitet hatte (5Mo 8,2.18). Die Propheten werden nicht müde, das Volk an den Sabbat zu erinnern (2Mo 20,8) und daran, die Gebote Gottes im G. zu halten (4Mo 15,39). Seine Gebote sollten im Herz und in der Seele verankert sein; daß sie auf die Hand gebunden und ein Merkzeichen vor den Augen sein sollten (5Mo 6,8; 11,18), war ursprünglich wohl bildlich gemeint (*Gebetsriemen).

5. Die Dichter der Psalmen bitten den Herrn, ihrer Sünde nicht zu gedenken (Ps 25,7) und sich der Schmach zu erinnern, die ihm täglich durch die Toren widerfahre (Ps 74, 22). Sie versprachen ihrerseits, die großen Taten Gottes im Gedächtnis zu behalten (Ps 77,12).

II. IM NEUEN TESTAMENT.

Eine ähnliche Wechselbeziehung gibt es auch im NT. Paulus ermahnt die Christen, fest am Evangelium zu bleiben und sich ständig in Erinnerung zu halten, daß Jesus Christus von den Toten auferweckt wurde (2Tim 2,8). Er seinerseits gedenkt der Gemeinden in seinen Gebeten (Eph 1,16; Phil 1,3; 1Thess 1,2). Er bringt ihnen in Erinnerung, wie er mit den andern Aposteln übereingekommen ist, die Armen zu unterstützen und ihrer mit der Tat zu gedenken (Gal 2,10). Schließlich bittet Paulus die Gemeinden, seiner in der Gefangenschaft zu gedenken (Kol 4,18).

Siegel in Skarabäusform, dessen Abdruck lautet: ». . . gehört dem Gedalja, der über das Haus gesetzt ist«. Es könnte sich um den Gedalja handeln, der 587 v.Chr. von den Chaldäern zum Statthalter von Juda eingesetzt wurde (vgl. 2Kön 25,22). Lachisch, 6. Jh. v.Chr. (RM)

GEDALJA. »Jahwe ist groß«.

1. Sohn Ahikams, Enkel Schafans; er wurde durch Nebukadnezar II. 587 v.Chr. als Statthalter von Juda eingesetzt (2Kön 25,22). Zusammen mit dem Propheten Jeremia war ihm die Sorge für einige Königstöchter und die Leute, die nach dem babylon. Krieg im Lande geblieben waren, übertragen worden (Jer 41,16; 43,6). Er regierte von Mizpa aus, wo Jeremia (40,6) sowie viele Offiziere und Soldaten, die dem Feind entkommen waren, zu ihm stießen. Sie erhielten Asyl unter der Bedingung, daß sie Frieden hielten (Jer 40,7-12). Baalis, der König der *Ammoniter, ließ G. durch Jismael, einen geflohenen Offizier, umbringen (2Kön 25,25; Jer 40,14; 41,1-3). Aus Furcht vor Vergeltungsschlägen der Babylonier emigrierten noch mehr Juden nach Ägypten, obwohl Jeremia davor warnte (Jer 42). Mit dem jüd. Fastentag am 3. Tischri wird des Todes G.s gedacht. (Sach 7,5; 8,19). Ein Siegelabdruck mit der Inschrift »Besitz Gedaljas, der über dem Haus steht«, der in Lachisch gefunden wurde, bezieht sich höchstwahrscheinlich auf diese Person.

2. Sohn Jedutuns, des Leiters der Instrumentalmusik des levitischen Chors (1Chr 25,3.9).

3. Ein Priester, der zur Zeit Esras mit einer Ausländerin verheiratet war (Esr 10,18).

4. Sohn Paschhurs, ein führender Bürger Jerusalems und Gegner Jeremias (Jer 38,1.4-6).

5. Großvater des Propheten Zefanja und Enkel Hiskias (Zef 1,1). D.J.W.

GEDENKOPFER s. Opfer

GEDERA.

1. Ein Ort in der *Schefela, dem judäischen Hügelland, (Jos 15,36); wahrscheinlich Chirbet Dschudraja (M. Noth: Josua, [2]1953, S. 94) an der Nordseite des Eichgrundes, gegenüber von Socho. Chirbet Dschedireh, westl. von Latrun (L. Grollenberg), paßt nicht in den Zusammenhang.

2. Wohnort königlicher »Töpfer« (1Chr 4,23); wahrscheinlich identisch mit 1.

3. Ort in Benjamin, 1Chr. 12,5; wahrscheinlich Dschudēra, knapp 2km nordöstl. von Gibeon, oder Chirbet Dschudēra, 10 km weiter westlich. J.P.U.L.

GEDOR.

1. Eine Stadt im Hügelland Judas (Jos 15,58; vielleicht auch 1Chr 4,4); Chirbet Dschedur, 2 km westl. von Beit Ummar; möglicherweise das Bet-Gader in 1Chr 2,51 (GTT, S. 155).

2. In der Schefela nahe Socho und Sanoach. Das G. von 1Chr 4,39 könnte Nahal Hebron sein, obwohl die LXX »Gerar« liest (LDB, S. 257); aber der Zusammenhang weist wohl auf ein Gebiet weiter südöstl. hin.

3. Ort in Benjamin, 1Chr 12,8; vielleicht identisch mit *Gedera (3.).

4. Ein benjaminitischer Personenname, 1Chr 8,31; 9,37. J.P.U.L.

GEDULD. G. ist in der Bibel die von Gott ausgeübte oder geschenkte Zurückhaltung angesichts von Widerstand oder Unterdrükkung. Sie ist keine Passivität. Auf diese Weise dem Übel zu begegnen, bedarf der Initiative der Liebe Gottes und der Liebe des Christen. Im AT wird der Begriff durch hebr. *'oräk*, »Länge«, ausgedrückt. Es wird gesagt, daß Gott »lange« braucht zum Zorn oder »langsam« erzürnt, *'oräk 'apajim* (s. 2Mo 34,6; 4Mo 14,18; Neh 9,17; Ps 86,15; 103,8; 145,8; Joel 2,13; Jona 4,2). Genau derselbe Gedanke wird im griech. durch *makrothymia,* »Langmut«, ausgedrückt.

Derartige G. kennzeichnet den Umgang Gottes mit sündigen Menschen, die seinen Zorn verdienen (Jes 48,9; Hos 11,8). Sein schützendes Zeichen für den Mörder *Kain (1Mo 4,15), der Regenbogen als Zeichen seiner gnädigen Vorsehung für eine Welt, die ihre Existenz verwirkt hatte (1Mo 9,11-17; vgl. 1Petr 3,20), seine vielen Wiederherstellungen des ungehorsamen Israel (Hos 11,8f), seine Schonung *Ninives (*Jona), sein wiederholtes Ringen um Jerusalem (Mk 12,1-11; Lk 13,1-9.34; Röm 9,22), sein Aufschub der Wiederkunft Christi (2Petr 3,9) – das alles sind Ausdrucksformen seiner G. Christen sollen sich auch so verhalten (Mt 18,26. 29; 1Kor 13,4; Gal 5,22; Eph 4,2; 1Thess 5,14). Der praktische Wert der G. wird in den *Sprüchen Salomos betont: sie vermeidet Streit und fördert die weise Regelung menschlicher Konflikte, besonders bei Provokationen.

Die G. Gottes bietet Gelegenheit zur *Buße (Röm 2,4; 9,22; 2Petr 3,9). Gottes Langmut gibt eine Zeit des Aufschubs (*anochē,* Röm 2,4; 3,26) vor der letzten Offenbarung des Gerichtes Gottes (Apg 17,30f). Gebete können die Gelegenheit zur Buße verlängern (1Mo 18,22ff; 2Mo 32,30; 1Joh 5,16).

Zur christl. G. gegenüber Menschen (*makrothymia*) gehört ein gleiches Maß an G. gegenüber Dingen (*hypomonē*), d.h. G. angesichts der Bedrängnisse und Prüfungen dieser Zeit (Röm 5,3; 1Kor 13,7; Jak 1,3; 5,7-11; Offb 13,10). Gott ist es, der solche christusähnliche G. schenkt (Röm 15,5; 2Thess 3,5), und Jesus ist das große Vorbild dafür (Hebr 12,1-3). Wer so bis zum Ende ausharrt, wird durch seine G. sein Leben gewinnen (Mk 13,13; Lk 21,19; Offb 3,10).

Literatur: H. Schlier: ThWNT I, 1933, S. 360f; F. Horst: ThWNT IV,1942, S. 377-390; F. Hauck: ThWNT IV, 1942, S. 585-593; U. Falkenroth, W. Mundle: Art. Geduld, in: TBLNT, S. 459-466. J.H.

GEFANGENE. Nach der Eroberung einer Stadt wurden die Überlebenden, manchmal nur die Frauen und Kinder (5Mo 20,13f), als G. zu Sklaven gemacht (2Kön 5,2; 5Mo 21,10). Gelegentlich tötete man alle oder einige G. (2Chr 25,12; 2Kön 25,7.21). G. wurden nackt (d.h. im Untergewand) und barfuß fortgeführt (Jes 20,4), die Männer mit Hand- und Fußfesseln gebunden (Nah 3,10). Die Frauen waren schutzlos der Willkür der Soldaten ausgesetzt, die ihnen ihre »Säume aufdeckten und ihre Blöße zeigten« (Nah 3,5). Vornehme und wichtige G. wurden geblendet (2Kön 25,7), die Assyrer zogen ihnen vielfach einen Ring durch Nase oder Lippen (Jes 37,29). Am härtesten wurden g. Rebellen bestraft, denen man Hände und Füße, Nase und Ohren abschnitt (Hes 23,25) oder die Zunge ausriß. Anderen wurde die Haut abgezogen oder sie wurden gepfählt, d.h. mit dem Leib auf einen spitzen Pfahl gesteckt.

GEFANGENSCHAFT s. Exil

GEFANGENSCHAFTSBRIEFE s. Epheserbrief, Philipperbrief, Kolosserbrief, Philemonbrief, Paulus

GEFÄNGNIS.

I. IM ALTEN TESTAMENT.

Die erste Erwähnung eines Gefängnisses in der Hl. Schrift ist das G. *Josefs in Ägypten (1Mo 39,20-23). Der hebr. Text benutzt dafür einen besonderen Begriff, *bēt hasohar. Sohar* wird gewöhnlich mit anderen semit. Worten verglichen, die »Rundung« oder »Einschließung« bedeuten. Deshalb nimmt man allgemein an, daß Josefs G. eine Festung war oder in einer Festung lag. Der Vergleich des hebr. *sohar* mit dem ägypt. *T'rw,* »Silē« (heute Qantara), ist falsch, da dieses Wort tatsächlich *Tl* lautet (J. Vergote: Joseph en Égypte, 1959, S. 25-28). Es gibt jedoch das ägypt. Wort *t'rt,* das schon seit ca. 1900 v.Chr. belegt ist und »eingeschlossenes Gebäude«, »Lager«, »(Schiffs)kabine« bedeutet. Es könnte mit *sohar* in Verbindung stehen. Ägypt. G.se waren Zwangsarbeitslager, Arrestzellen; Untersuchungsgefangene wie Josef wurden ebenfalls dort verwahrt. Der Mundschenk und der Bäkker wurden in Josefs G. in *mischmār,* »Gewahrsam«, praktisch also in Hausarrest genommen (1Mo 40,2f), bis ihr Fall entschieden war. Nach der Gefangennahme durch die Philister wurde *Simson im »Haus der Gefangenen« (so wörtl. Ri 16, 21.25) eingekerkert; ein ganz ähnlicher Begriff wird auch in Pred 4,14 benutzt.

In Juda diente die Wachstube der Palastgarde (LÜ: »Wachthof«) als vorübergehendes G., etwa für *Jeremia (32,2.8.12; 33,1; 37,21; 38,28; vgl. auch Neh 3,25; 12,39). Dort und auf Privatgrundstücken konnte eine Zisterne als Verließ dienen (Jer 37, 16. 20; 38,6.13); finster und unangenehm wie es dort war, wurde dies G. ein Symbol der Knechtschaft, von der der Knecht des Herrn sein Volk erlösen soll (Jes 42,7; Apg 26,15-18; Lk 1,79). Jeremia war nicht der einzige Prophet, der für die treue Verkündigung der Botschaft Gottes eingekerkert wurde: *Asa von Juda legte den Seher Hanani in den Block (2Chr 16,10 RevEB) und *Ahab warf *Micha in den Kerker bei Wasser

Gefangene, an den Händen aneinander gefesselt, werden von assyrischen Soldaten bewacht. Einer der Gefangenen wird exekutiert. Relief am Palast Sanheribs, Ninive, ca. 690 v.Chr. (BM)

Ausländische Gefangene, unter ihnen ein bärtiger Syrer, sind mit Stricken um den Hals und an den Ellbogen gefesselt. Detail am Prunkwagen Tutanchamuns (1347–1337 v.Chr.). Blattgold auf Holz. (MetNY)

Der Gott Ningirsu, die Schutzgottheit von Lagasch, hält Kriegsgefangene in einem Netz. Detail aus der »Geierstele«, der Siegesstele des Eannatum von Lagasch. Erste Hälfte des 3. Jt. v.Chr. (MC)

und Brot (1Kön 22,27; 2Chr 18,26). Manchmal wurden besiegte Könige von den Eroberern ins G. gelegt: *Hoschea von Israel von den Assyrern (2Kön 17,4), *Jojachin von Juda von *Nebukadnezar (vgl. Jer 24,1.5; D.J. Wiseman: Chronicles of Chaldaean Kings, S. 33-35.73) und *Zedekia von Juda ebenfalls von Nebukadnezar (Jer 52,11). In Babylon war Jojachin nur einer von vielen Adligen und Kunsthandwerkern, die im königlichen Palast und seiner Umgebung unter »Hausarrest« gehalten wurden. Rationstafeln für ihn, seine fünf Söhne und viele andere Ausländer wurden in Babylon gefunden (ANET, 308b; DOTT, S. 84-86; E.F. Weidner: Mélanges R. Dussaud, 2, 1939, S. 923-935; Albright: BA 5, 1942, S. 49-55). *Ewil-Merodach gewährte ihm schließlich größere Freiheiten (2Kön 25,27.29; Jer 52,31.33). *Hesekiel (19,9) schildert, wie Jojachin in einem Käfig nach Babylon gebracht wurde. Ein viel älteres ägypt. Bild zeigt einen semit. Prinzen als Gefangenen in einem Käfig (P. Montet: L'Égypte et la Bible, 1959, S. 73, Abb. 12). K.A.K.

II. IM NEUEN TESTAMENT.
Vier griech. Worte kann man mit »Gefängnis« übersetzen. *Johannes der Täufer wurde in einem *desmōtērion*, einem »Ort der Fesseln«, gefangengehalten. Er lag in der Festung des *Herodes in Machärus in Peräa, östl. des Toten Meeres (Jos.ant.Jud. 18.119), wo zwei Verließe gefunden wurden, von denen eines noch Spuren von Fesseln erkennen läßt. *Phylakē*, ein »Ort der Bewachung«, ist der allg. gebräuchliche Begriff. Er läßt an einen Ort denken, an dem die Gefangenen streng bewacht wurden. Die Hohenpriester warfen die Apostel (Apg 5,19) in ein G. (*phylakē*), das auch *tērēsis dēmosia* genannt wird, ein »Ort öffentlicher Bewachung« (vgl. Apg 4,3).

Als Herodes *Petrus ins G. legte – es lag wahrscheinlich auf der Burg *Antonia, in der auch Paulus später festgehalten wurde (Apg 21,34; 23,32) und wird Apg 12,7 mit *oikēma*, »Haus, Raum«, bezeichnet – ließ er den Apostel ständig von vier Soldaten bewachen: zwei an ihn gekettet und zwei vor der Tür (Apg 12,3-6). Außerdem gab es wohl noch eine weitere Wache und dann das eiserne Außentor (Apg 12,10). In *Philippi wurde *Paulus im Stadtgefängnis unter der Aufsicht eines Wächters in Gewahrsam gehalten. Es gab dort einen inneren, vielleicht unterirdischen Raum mit Blöcken (Apg 16,24). Diese hatten mehrere Löcher, so daß die Beine weit auseinandergespreizt werden konnten und entsprechend schmerzten. In *Cäsarea (Maritima) war Paulus im Palast des Herodes eingekerkert (Apg 23,35); als Gefangener in Rom durfte er jedoch in einer eigenen Mietwohnung leben, während ein Soldat immer an ihn gekettet war (Apg 28,16.30). D.H.W.

GEFÄNGNISTOR s. Jerusalem

GEFÄSS.
1. Zu Gefäß im wörtlichen Sinn s. die Art. *Becher, Kelch, *Kanne, *Krug, *Pfanne, *Schale, *Schüssel, *Topf.

2. Im übertragenen Sinn werden in der Hl. Schrift auch Menschen G.e genannt (Röm 9,22ff; 2Tim 2,20f), wobei der Apostel Paulus an einen Töpfer denkt, der G.e für unterschiedliche Zwecke anfertigt. Die »Gefäße des Zorns« sind dabei die Menschen des Unglaubens und die »Gefäße der Barmherzigkeit« die durch Jesu Blut Erlösten. In 2Kor 4,7 nennt Paulus den Leib des Menschen ein G., das den kostbaren Schatz des Evangeliums und damit den Heiligen Geist beherbergt. 1Thess 4,4 wird die Frau als »Gefäß« (*skeuos*) des Mannes bezeichnet (RevEB: »daß jeder von euch sich sein eigenes Gefäß in Heiligkeit und Ehrbarkeit zu gewinnen wisse«; vgl. 1Petr 3,7: »wohnt bei ihnen mit Einsicht als bei einem schwächeren Gefäß«; s. auch *Geburt).

GEHÄNGTER s. Galgen

GEHASI. Diener *Elisas. Vielleicht ist er auch der nicht näher bezeichnete Diener in 2Kön 4,43 und 6,15f. Namentlich erwähnt wird G. nur dreimal.

In 2Kön 4 schlägt er Elisa vor, die Schunemiterin mit der Verheißung eines Sohnes zu belohnen. Später nimmt er den Stab Elisas und legt ihn auf das tote Kind in der vergeblichen Hoffnung, es dadurch ins Leben zurückzurufen.

In 2Kön 5 erwirkt G. unter falschem Vorwand Geschenke für sich, nachdem Elisa das Geschenk *Naamans für die Heilung des Aussatzes abgelehnt hatte. Als Strafe wird G. selbst mit Aussatz geschlagen. 2Kön 5,27 muß mit den Aussatzverordnungen in 3Mo 13,12f verglichen werden. Wenn diese Hautkrankheit die ganze Haut weiß werden ließ, war der Betroffene »rein« und wurde nicht ausgestoßen. Somit konnte G. weiterhin Elisa dienen.

In 2Kön 8,1-6 berichtet G. König Joram, wie der Sohn der Schunemiterin wieder lebendig wurde. Während er spricht, kommt die Frau selbst herein und bittet um die Rückgabe ihres Besitzes. J.S.W.

GEHEIMNIS.

I. IM ALTEN TESTAMENT.

Das Wort erscheint in der LXX nur in Dan 2,18f.27-30.47, wo aram. *rāz* mit griech. *mystērion* wiedergegeben ist (vgl. 4,9 bei Theodotion). In diesem Kontext bezieht sich das Wort hauptsächlich auf das, was verborgen ist und noch bekannt gemacht werden muß, wie es in dem Satz »Aber es ist ein Gott im Himmel, der kann Geheimnis offenbaren« (2,28) zum Ausdruck kommt. Die G.se, von denen Daniel in diesem Kapitel spricht, liegen im ewigen Plan Gottes und werden von ihm im voraus seinen Dienern bekannt gemacht (»was dereinst geschehen würde«, 2,29).

Daniels Gebrauch von *rāz*, »Geheimnis«, und dem Korrelat *peschar*, »Deutung«, »Auslegung«, wurde in *Qumran übernommen. Die dortige Benutzung dieser Terminologie bildet einen aufschlußreichen Hintergrund für die Anwendung des Begriffes *mystērion* im NT.

II. IM NEUEN TESTAMENT.

1. Bedeutung. Im klass. Griech. bezeichnet der Begriff *mystērion* etwas, »über das geschwiegen werden muß« (Bornkamm 810,22). Der Plural *ta mystēria* wurde vor allem gebraucht, um die heiligen Riten der griech. Mysterienreligionen, an denen nur Eingeweihte teilnehmen konnten, zu bezeichnen. Die Wurzel ist das Verb *myō*, das in erster Linie »die Lippen (oder die Augen) schließen« (latein. *mutus*, »stumm«) bedeutet. Man kann zwar mit G. auch etwas bezeichnen, wofür es keine Antwort gibt, und tut es in der heutigen Umgangssprache auch oft so. Dies ist aber nicht der Sinn, in dem *mystērion* im klass. und bibl. Griech. benutzt wird. Im NT bezeichnet *mystērion* ein G., welches offenbart wird oder schon offenbart wurde. Es ist göttlicher Natur und muß den Menschen durch Gottes Geist bekanntgemacht werden.

2. Gebrauch.

a. In den Evangelien. Das Wort *mystērion* kommt in den Evangelien nur dreimal, nämlich in Mk 4,11; Mt 13,11 (hier im Pl.); und Lk 8,10 (ebenfalls Pl.) vor. Hier bezieht sich der Begriff auf das Königreich Gottes, das nur diejenigen kennen können, denen es »gegeben« ist, eben weil es sich um Gottes Königreich handelt. Folglich ist das noch nicht offenbarte G. für jene »außerhalb« (*exō*) in »*Gleichnissen« verborgen.

b. In den paulinischen Briefen. Paulus benutzt das Wort häufig. Außer viermal in der Offb und dreimal in den synoptischen Evangelien erscheint das Wort überhaupt nur in den paulin. Briefen (21mal). *To mystērion* hat in der Theologie des Paulus eine vierfache Bedeutung.

b.a. *Es ist von Ewigkeit her*, soweit es sich auf den göttlichen Plan der Rettung, auf die *Heilsgeschichte, bezieht. Das »Geheimnis« ist die gute Nachricht, die den Inhalt der *Offenbarung Gottes darstellt (vgl. Eph 6,19). Es ist das Geheimnis Gottes selbst, dessen Brennpunkt in Christus liegt (Kol 2,2 lautet mit dem Papyrus 46, dem Codex Vaticanus u.a.: *tou mystēriou tou theou, Christou*; vgl. 1Kor 2,1, wo die Codices Vaticanus, Claromontanus und andere Handschriften allerdings *martyrion*, »Zeugnis«, statt *mystērion* lesen). Als solches ist es in Gottes ewigem Ratschluß enthalten und verborgen (Eph 3,9), »vor aller Zeit« bestimmt (1Kor 2,7) und zu Gottes Weisheit erklärt. Für den menschlichen Verstand verborgen, erwartet es doch durch die Zeiten hindurch seine Enthüllung (1Ko 2,8; Röm 16,25, wo das adjektivische Partizip *sesigēmenon* steht).

b.b. *Es ist in der Geschichte verkündet.* Dies G. ist auch das »Geheimnis Christi«, von Gott in der Person Christi geschichtlich und endgültig bekanntgemacht (Eph 1,9; 3,3f, wo das *mystērion* beschrieben wird als dem Paulus *kata apokalypsin* offenbart; vgl. Kol 1,26f; 4,3) als »die Zeit erfüllt war« (Gal 4,4). Dieses G. war es, konzentriert und offenbart in der Person des Herrn Jesus Christus, durch dessen Tod Gott uns mit sich versöhnt (2Kor 5,18f; vgl. 1Kor 2,2), dessen Verkündigung Paulus aufgetragen war (Eph 3,8f; vgl. 1Kor 4,1).

b.c. *Es wird geistlich wahrgenommen.* Wie schon in den synoptischen Evangelien zu beobachten war, wird das G. des Königreiches Gottes auf geistliche Weise wahrgenommen. Paulus bewahrt diesen Gedanken, indem er das G. Christi (dessen Mittelpunkt »die Heiden als Miterben« sind) als den Aposteln und Propheten durch den Geist offenbart ansieht (*en pneumati*, Eph 3,5; vgl. auch 1Kor 13,2; 14,2). In Übereinstimmung hiermit muß der Begriff auch verstanden werden, wenn ihn Paulus im übertragenden Sinn auf die christl. *Ehe (Eph 5,32) und den Menschen der Gesetzlosigkeit (oder Bosheit, 2Thess 2,7) bezieht. Die göttliche Bedeutung dieser »Geheimnisse« ergibt sich aus der Verbindung von Offenbarung und geistlichem Verstehen (vgl. auch Offb 17,3-7).

b.d. *Es ist letztlich eschatologisch.* Das G., offenbart in der Zeit, wartet noch auf seine göttliche Vollstreckung und Erfüllung in der Ewigkeit. Dies ist der Sinn, in dem der Begriff in Offb 10,7 verstanden werden muß: das »Geheimnis Gottes«, schon bekanntgemacht, wird »in den Tagen, wenn der siebte Engel seine Stimme erheben und seine Posaune blasen wird«, ohne Verzögerung als ganzes erfüllt werden. Das gleiche gilt für die persönliche Errettung – das »Geheimnis«, »verwandelt« zu werden, wenn die Posaune erschallt und das Sterbliche endlich dem Unsterblichen Platz macht (1Kor 15,51ff).

Der Gebrauch des Wortes Mysterium, »Geheimnis«, in bezug auf die Sakramente (Vulg. übersetzt *mystērion* mit *sacramentum*) ist erst nachbibl.

Literatur: H. Schlier: Der Brief an die Epheser, 1957, S. 60ff; G. Bornkamm: ThWNT IV, 1942, S. 809-834. S.S.S.

GEHORSAM. Dem deutschen Wort »gehorchen« entspricht das hebr. *schāmaʿbe*, wörtlich »hören auf«. LXX und NT benutzen das Verb *hypakouō* (Substantiv: *hypakoē*; Adjektiv: *hypēkoos*), ein Kompositum von *akouō*, das ebenfalls »hören« bedeutet. *Hypakouō* bedeutet wörtl. »unter-hören«. Das NT benutzt auch *eisakouō* (1Kor 14,21), wörtl. »hineinhören«, *peithomai* und *peitharcheō* (Tit 3,1). Von den beiden letzten Worten bedeutet das erste »sich überreden lassen«, das zweite »sich gehorsam verhalten«. Der Gedanke des G.s, den dieses Vokabular vermittelt, ist der des Hörens unter der Autorität oder dem Einfluß des Redners, das zur Einwilligung in seinen Anspruch führt.

Damit einer Person G. gezollt werden kann, muß diese a. ein Recht zum Befehlen haben und b. in der Lage sein, ihre Forderungen mitzuteilen. Die Pflicht des Menschen, seinem Schöpfer zu gehorchen, setzt deshalb a. Gottes Herrschaft und b. seine Offenbarung voraus. Das AT beschreibt den G. Gott gegenüber gewöhnlich als ein Gehorchen (Hören auf) entweder seiner Stimme (hier wird das Element b. betont) oder seinen Geboten (hier wird b. vorausgestzt und a. betont). Ungehorsam beschreibt das AT als ein Nicht-Hören auf die Stimme Gottes (Ps 81,12; Jer 7,24-28).

In der Hl. Schrift fordert Gott, daß seine Offenbarung als Regel für das ganze Leben des Menschen gelten soll. Der Begriff des G.s Gott gegenüber ist also weit genug, um die ganze bibl. Religion und Sittlichkeit zu umfassen. Die Bibel besteht darauf, daß einzelne, äußerliche Anbetungsakte beständigen G. im Herzen und im Verhalten nicht ersetzen können (1Sam 15,22; vgl. Jer 7,22f).

Der Ungehorsam Adams, des ersten Repräsentanten der Menschheit, und der vollkommene G. des zweiten Adam, Jesu Christi, sind entscheidende Faktoren im Schicksal eines jeden. Adams Abfall vom G. stürzte die Menschheit in Schuld, Verdammnis und Tod (Röm 5,19; 1Kor 15,22). Christi nie versagender G. »bis zum Tode« (Phil 2,8; vgl. Hebr 5,8; 10,5-10) erwirkte *Gerechtigkeit (Annahme bei Gott) und Leben (Gemeinschaft mit Gott) für alle, die an ihn glauben (Röm 5,15-19).

In Gottes Verkündigung des alten Bundes an sein Volk lag die Betonung auf dem G. als Bedingung für sein Wohlwollen (2Mo 19,5 u.ö.). In seiner Zusage des neuen Bundes lag jedoch die Betonung auf dem G. als seiner Gabe an sein Volk, damit es sich seines Wohlwollens erfreuen konnte (Jer 31,33; 32,40; vgl. Hes 36,26f; 37,23-26).

Glaube an das Evangelium und an Jesus Christus ist Gehorsam (Apg 6,7; Röm 6,17; Hebr 5,9; 1Petr 1,22), denn Gott befiehlt ihn (vgl. Joh 6,29; 1Joh 3,23). Unglaube ist Ungehorsam (Röm 10,16; 2Thess 1,8; 1Petr 2,8; 3,1; 4,17). Ein Leben im G. Gott gegenüber ist die Frucht des Glaubens (vgl. was über Abraham gesagt wird, 1Mo 22,18; Hebr 11,8.17ff; Jak 2,21ff).

Für den Christen bedeutet gehorsam zu sein, die Heiligkeit Gottes (1Petr 1,15f) und die Demut und Liebe Christi (Joh 13,14f.34f; Phil 2,5ff; Eph 4,32-5,2) nachzuahmen. Christl. G. entspringt der Dankbarkeit für die *Gnade, die der Christ empfangen hat (Röm 12,1f), nicht dem Verlangen, Verdienste zu erwerben oder sich vor Gott zu rechtfertigen. Das Halten des Gesetzes aus den letztgenannten Motiven ist in Wahrheit kein G. gegenüber Gott, sondern das Gegenteil (Röm 9,31-10,3).

G. gegenüber der von Gott eingesetzten *Autorität in der Familie (Eph 5,22; 6,1ff; vgl. 2Tim 3,2), in der *Gemeinde (Phil 2,12; Hebr 13,17) und im Staate (Mt 22,21; Röm 13,1ff; 1Petr 2,13ff; Tit 3,1) ist ein Teil des G.s, den Christen Gott schulden. Wenn jedoch die Ansprüche einander widersprechen, muß ein Christ bereit sein, Menschen ungehorsam zu sein, um Gott gehorchen zu können (vgl. Apg 5,29).

Literatur: W. Mundle: Art. Hören, in: TBLNT, S. 716-722; C. Walther: Art. Gehorsam, in: TRE XII, 1984, S. 148-157 (Lit.). J.I.P.

GEIER s. Tiere

GEIGE s. Musik

GEISSEL, GEISSELN. Den deutschen Worten »Geissel/geisseln« entsprechen folgende bibl. Begriffe:

1. Hebr. *schōth* (Hiob 5,21; Jes 10,26 u.ö.), *schothēth* (Jos 23,13), »eine Geißel«, gewöhnlich jedoch in übertragener Bedeutung gebraucht.

2. Griech. *mastigoō* (Mt 10,17; Joh 19,1 u.ö.), *mastizō* (Apg 22,25), »peitschen«, »geißeln«; *phragelloō*, latein. *flagello* (Mt 27,28; Mk 15,15) entsprechend. Die Geißelung in Mt 27,26; Mk 15,15 leitete die Vollstreckung des Urteils auf *Kreuzigung ein; das in Lk 23,16.22 von Pilatus vorgeschlagene und in Joh 19,1 ausgeführte G. *(paideuō)* ging dem Todesurteil voraus und könnte als eine mildere Strafe gemeint gewesen sein. J.D.D./ F.F.B.

GEIST, HEILIGER. Hebr. *rūach*; griech. *pneuma*.

I. DAS BEDEUTUNGSSPEKTRUM VON *RUACH* UND *PNEUMA*.

Im hebr. Denken hat *rūach* verschiedene Bedeutungen, die alle gleichermaßen wichtig sind.

1. Wind, eine unsichtbare, geheimnisvolle Kraft (1Mo 8,1; 2Mo 10,13.19; 4Mo 11,31; 1Kön 18,45; Spr 25,23; Jer 10,13; Hos 13,15; Jona 4,8), gewöhnlich mit der Vorstellung von Stärke oder zerstörerischer Gewalt verbunden (2Mo 14,21; 1Kön 19,11; Ps 48,8; 55,9; Jes 7,2; Hes 27,26; Jona 1,4).

2. Atem (Odem) oder Geist (1Mo 6,17; 7,15.22; Ps 31,6; 32,2; Pred 3,19.21; Jer 10,14 RevEB; 51,17; Hes 11,5); dieselbe geheimnisvolle Kraft, verstanden als das Leben und die Lebenskraft von Mensch (und Tier). Sie kann gestört oder in eine bestimmte Richtung gelenkt (1Mo 41,8; 4Mo 5,14.30; 1Kön 21,5; 1Chr 5,26; Jer 51,17; Dan 2,1.3 RevEB), beeinträchtigt oder geschwächt (Jos 5,1; 1Kön 10,5 RevEB; Ps 143,7; Jes 19,3 RevEB) und wiederbelebt werden (1Mo 45,27; Ri 15,19; 1Sam 30,12 RevEB). Die dynamische Kraft, die einen Menschen ausmacht, kann gering sein (sie verschwindet beim Tod), es kann aber auch eine plötzliche Aufwallung dieser Lebenskraft stattfinden.

3. Göttliche Kraft. *rūach* wird zur Beschreibung von Situationen gebraucht, in denen Menschen scheinbar außer sich geraten – nicht einfach als Ausdruck ihrer Lebenskraft, sondern aufgrund einer übernatürlichen Kraft, die von ihnen Besitz ergreift. So besonders bei den frühen charismatischen Führern, den Richtern (Ri 3,10; 6,34; 11,29; 13,25; 14, 6.19; 15,14f; vgl. 1Sam 11,6) und bei den frühen Propheten; es war dieselbe göttliche *rūach*, die sowohl die *Ekstase als auch das prophetische Reden bewirkte (4Mo 24,2; 1Sam 10,6.10; 19,20.23f).

Die genannten Kennzeichen sollten nicht als voneinander verschiedene Bedeutungen behandelt werden. Wir begegnen hier einem Bedeutungsspektrum, bei dem die verschiedenen Aspekte ineinander übergehen. Man beachte z.B. die Überschneidung zwischen 1 und 2 in Ps 78,39, zwischen 1 und 3 in 1Kön 18,12; 2Kön 2,16; Hes 3,12.14, zwischen 2 und 3 in 4Mo 5,14.30; 1Sam 16,14-16, Hos 4,12 und zwischen 1, 2 und 3 in Hes 37,9. Zumindest am Anfang sah man diese Kennzeichen einfach als Wirkungsweisen von *rūach* an. Man trennte nicht streng zwischen den einzelnen Bedeutungen. Daher darf man im hebr. Denken insbesondere nicht von einer anfänglichen Unterscheidung zwischen göttlicher und menschlicher *rūach* ausgehen; vielmehr kann von der *rūach* des Menschen einfach als von Gottes *rūach* gesprochen werden (1Mo 6,3; Hiob 27,3; 32,8; 33,4; 34,14ff; Ps 104,29f).

Außerdem wird sofort deutlich, daß der Begriff *rūach* ein »existentieller« Begriff ist. Im Zentrum steht die Erfahrung einer geheimnisvollen, ehrfurchterweckenden Kraft – der mächtigen, unsichtbaren Kraft des Windes, des Geheimnisses der Lebenskraft, der transzendenten Kraft, die verändert – das alles ist *rūach*, das alles sind Wirkungsweisen göttlicher Kraft.

Im späteren Gebrauch überwiegen die Bedeutungen »menschlicher Geist«, »Geist von Engeln oder Dämonen« und »göttlicher Geist«. Sie sind deutlicher voneinander getrennt. So wird im NT *pneuma* fast 40mal gebraucht zur Kennzeichnung jener Dimension der menschlichen Persönlichkeit, durch die eine Beziehung mit Gott möglich ist (Mk 2,8; Apg 7,59; Röm 1,9; 8,16; 1Kor 5,3-5; 1Thess 5,23; Jak 2,26). Etwas häufiger ist die Bedeutung »unreiner, böser, dämonischer Geist«, d.h. eine Kraft, die der Mensch als Not, als schmerzliche Einschränkung der vollen Gemeinschaft mit Gott und den Mitmenschen erfährt (hauptsächlich in den synoptischen Evv. und der Apg: Mt 8,16; Mk 1,23.26f; 9,25; Lk 4,36; 11,24.26; Apg 19,12f.15f; 1Tim 4,1; Offb 16,13f). Gelegentlich wird auf himmlische (gute) Geister (Apg 23,8f; Hebr 1,7.14) oder auf die Geister der Toten (Lk 24,37.39; 1Petr 3,19; Hebr 12,23; vgl. 1Kor 5,5) Bezug genommen, aber am häufigsten auf den Geist Gottes, den Heiligen Geist (mehr als 250mal). Zugleich spiegelt sich das Bedeutungsspektrum des AT noch in der Doppeldeutigkeit von Joh 3,8; 20,22; Apg 8,39; 2Thess 2,8; Offb 11,11; 13,15 wider, und es gibt mehrere Abschnitte, in denen nicht endgültig zu entscheiden ist, ob der menschliche oder der göttliche Geist gemeint ist (Mk 14,38; Lk 1,17.80; 1Kor 14,14.32; 2Kor 4,13; Eph 1,17; 2Tim 1,7; Jak 4,5; Offb 22,6).

II. KENNZEICHEN DES VORCHRISTLICHEN GEBRAUCHS.

Zunächst wurde im Verständnis von *rūach* kaum oder gar nicht zwischen »natürlich« und »übernatürlich« unterschieden. Der Wind wird poetisch als Jahwes Schnauben bezeichnet (2Mo 15,8.10; 2Sam 22,16; Ps 18,16; Jes 40,7), und die von Gott eingehauchte *rūach* des Menschen setzte man mehr oder weniger mit seiner *näphäsch* (Seele) gleich (besonders 1Mo 2,7 RevEB). *rūach* war die eine göttliche, geheimnisvolle, lebendige Kraft, die am deutlichsten im Wind oder im ekstatischen Verhalten der Propheten oder charismatischen Führer zu sehen war.

Man verstand die göttliche *rūach* zunächst mehr als physische statt als sittliche Kraft, d.h. weniger als den (Heiligen) Geist Gottes (vgl. wieder Ri 14,6.19; 15,14f). Eine *rūach* Gottes konnte einen bösen wie einen guten Zweck verfolgen (Ri 9,23; 1Sam 16,14-16; 1Kön 22,19.23).

Nach Israels Volkwerdung beruhte der Autoritätsanspruch seiner ersten Führerschaft auf besonderen Erweisen von *rūach*, von ekstatischer Kraft – so bei den Richtern (Bibelstellen vgl. oben I.3), bei *Samuel, der als »Seher« bezeichnet wurde und offensichtlich Führer einer Gruppe von ekstatischen Propheten war (1Sam 9,9.18f; 19,20.24) und bei *Saul (1Sam 11,6; vgl. 10,11f; 19,24). Zu beachten ist die Rolle, die die Musik zur Anregung der *Ekstase (und der daraus folgenden Inspiration) spielte (1Sam 10,5f; 2Kön 3,15).

In der Folgezeit werden verschiedene Schwerpunkte im Verständnis von *rūach* erkennbar. So läßt sich etwa die Tendenz beobachten, zwischen Natürlichem und Übernatürlichem, Gott und Mensch zu unterscheiden. Wie der unbefangene Anthropomorphismus im Reden von Gott zurücktritt, so wird auch *rūach* eindeutiger das, was Kennzeichen des Übernatürlichen ist, und was das Göttliche vom rein Menschlichen unterscheidet (bes. Jes 31,3; vgl. Joh 4,24). Damit wird auch ein Unterschied zwischen *rūach* und *näphäsch* erkennbar: *rūach* bezieht sich auf die unmittelbare Verbindung zwischen Mensch und Gott und kennzeichnet die auf Gott ausgerichtete Dimension der menschlichen Existenz (z.B. Esr 1,1.5; Ps 51,12; Hes 11,19), während *näphäsch* mehr zur Bezeichnung des menschlichen Bewußtseins, des persönlichen, aber rein natürlichen Lebens im Menschen, des Sitzes seiner Wünsche, Gefühle und Leidenschaften wird. Hier deutet sich bereits die schärfere paulin. Unterscheidung zwischen Natürlichem und Geistlichen an (1Kor 15,44-46).

Eine gewisse Verschiebung des Bedeutungsschwerpunktes läßt sich auch in anderem Zusammenhang beobachten: Autorität aufgrund von ekstatischem Erweis der *rūach* tritt hinter ein eher institutionalisiertes Verständnis zurück. Der Besitz des Gottesgeistes wird als etwas Dauerhaftes, als etwas, das man weitergeben kann, angesehen (4Mo 11,17; 5Mo 34,9; 2Kön 2,9.15). So galt das Salben des Königs wohl auch als ein Salben mit dem Geist (1Sam 16,13; und die Konsequenz aus Ps 89,21f; Jes 11,2; 61,1). Die Prophetie war mit dem Kult verbunden (das ergibt sich aus Jes 28,7; Jer 6,13; 23,11; es ist auch anzunehmen, daß einige Psalmen als prophetische Rede im Kult entstanden sind). Hier deutet sich die Spannung zwischen Charisma und Kult an (vgl. bes 1Kön 22,5-28; Am 7,10-17), die innerhalb der jüd.-christl. Tradition eine besondere Rolle spielt.

Was in der vorexilischen Zeit besonders auffällt, ist das eigenartige Zögern der klassischen Schriftpropheten, ihre prophetische Schau der Wirkung des Heiligen Geistes zuzuschreiben. Weder die Propheten des 8.Jh. (Am, Mi, Hos, Jes), noch die des 7.Jh. (Jer, Zeph. Na, Hab) beziehen sich auf den Geist als den Bürgen für ihre Botschaft – eine mögliche Ausnahme ist nur Mi 3,8. Sie sprechen dafür vom Wort Gottes (bes. Am 3,8; Jer 20,8) und von der Hand Gottes (Jes 8,11; Jer 15,17). Den Grund dafür kennen wir nicht. Möglicherweise stand *rūach* in Israel wie in den anderen vorderorientalischen Religionen zu sehr für das Ekstatische (vgl. Hos 9,7); vielleicht reagierten die Schriftpropheten darauf, daß Propheten und Priester im Rahmen des Kultes berufsmäßig mit dem Geist umgingen und ihn mißbrauchten (Jes 28,7; Jer 5,13; 6,13; 14,13ff u.ö.; Mi 2,11). Vielleicht wuchs aber auch schon die Einsicht, daß das Wirken der *rūach* Gottes hauptsächlich eschatologisch ausgerichtet ist (Jes 4,4).

In und nach dem Exil findet sich wieder die Bereitschaft, vom Geist zu sprechen. Die Rolle der göttlichen *rūach* als Ursprung der Prophetie wurde neu deutlich gemacht (Spr 1,23; Jes 59,21: Geist und Wort; Hes 2,2 RevEB; 3,1-4.22-24 u.ö.: Geist, Wort und Hand). Die Inspiration der frühen Propheten wurde diesem Geist zugeschrieben (Neh 9,20.30; Jes 63,11ff; Sach 7,12). Auch das Gespür für Gottes Gegenwart war offenbar stärker und wurde durch die Bezeichnung »Geist« zum Ausdruck gebracht (Ps 51,12; 143,10; Hag 2,5; Sach 4,6). In 2Chr 20,14; 24,20 wird die Verbindung zwischen Charisma und Kult erkennbar.

Daneben wird von »Geist« in mehr ethischen Zusammenhängen gesprochen. So war es der Geist, der *Bezalel und andere mit künstlerischen Fähigkeiten und handwerklichem Können ausstattete (2Mo 28,3; 31,3; 35,31). Um etwa die gleiche Zeit wurde das Adjektiv »heilig« erstmals in Verbindung mit dem Geist verwendet (Ps 51,13; Jes 63,10f; vgl. Ps 143,10).

Des weiteren wird von der Wirkung des Geistes im Blick auf die Schöpfung gesprochen (1Mo 1,2; Hiob 26,13; Ps 33,6; 104,30). In Ps 139,7f bezeichnet *rūach* die All-Gegenwart Gottes.

Aus christl. Sicht ist von besonderer Bedeutung die in der nachexilischen Zeit wachsende Erkenntnis der göttlichen *rūach* als eschatologischer Kraft, als Macht der Endzeit, als Zeichen eines neuen Zeitalters. Der Geist wird eine neue Schöpfung hervorbringen (Jes 44,3f; so auch 32,15). Die Vermittler des eschatologischen Heils werden mit Gottes Geist gesalbt sein (Jes 42,1; 61,1; und später bes. die apokryphen Psalmen Salomos 17,37). Die Menschen werden vom Geist neu geschaffen, um sich sehr viel lebendiger und unmittelbarer der Gemeinschaft mit Gott zu erfreuen (Hes 36,26f; 37; vgl. Jer 31,31-34), und der Geist wird in freier Weise über ganz Israel ausgegossen (Hes 39,29; Joel 3,1f; Sach 12,10; vgl. 4Mo 11,29).

In der Zeit zwischen dem Alten und dem Neuen Testament ist die dem Geist zugeschriebene Rolle stark abgeschwächt. In der hellen. Weisheitsliteratur nimmt der Geist keine bedeutende Stellung ein. Im Reden über die Beziehung Gott – Mensch dominiert überall die »Weisheit«, so daß »Geist« lediglich eine Weise der Beschreibung von Weisheit ist (Weish 1,4-7; 7,22-25; 9,17). Selbst die Prophetie wird eher der Weisheit als dem Heiligen Geist zugeschrieben (Weish 7,27; Sir 24,46). Bei Philo, der die jüd. Theologie mit der griech. Philosophie verbindet, ist der Heilige Geist noch immer der Geist der Prophetie; aber seine Sicht von Prophetie ist trotz teilweise von der griech. Mantik entlehnter ekstatischer Terminologie wesentlich weisheitlich bestimmt. Entsprechend wird anstelle des Geistbegriffs der stoische Begriff des Logos (d.h. die der Welt und dem Menschen innewohnende göttliche Vernunft) in seinem Denken dominierend.

In den apokalyptischen Schriften (*Apokalyptik) überwiegt der Bezug auf den menschlichen Geist im Verhältnis von drei zu eins gegenüber dem auf den Geist Gottes, und der Bezug auf Geister von Engeln und Dämonen im Verhältnis von sechs zu eins gegenüber dem auf Gottes Geist. Nur in sehr wenigen Abschnitten wird vom Heiligen Geist als dem Urheber der Inspiration gesprochen; diese seine Aufgabe gehört für die Apokalyptiker aber der Vergangenheit an (z.B. äthHen 91,1; 4Esr 14,22; Martyrium des Jesaja 5,14).

Im rabbinischen Judentum ist der Heilige Geist fast ausschließlich der Geist der Prophetie. Aber hier gehört diese Aufgabe noch deutlicher der Vergangenheit an. Die Rabbinen kamen mehr und mehr zu der Ansicht, daß Haggai, Sacharja und Maleachi die letzten Propheten waren, und daß der Heilige Geist danach fortgenommen wurde (z.B. Tosefta Sotah 13,2; früherer Ausdruck dessen in Ps 74,9; 1Makk 4,46; 14,41; vgl. 9,27; SyrBar 85,1-3). Am bemerkenswertesten ist die Art, wie der Heilige Geist in jeder Hinsicht der Tora (dem Gesetz) untergeordnet wird. Der Heilige Geist inspirierte die Tora – eine Erkenntnis, die sich auch im frühen Christentum wiederfindet (Mk 12,36; Apg 1,16; 28,25; 2Petr 1,21; Hebr 3,7; 9,8; 10,15; vgl. 2Tim 3,16). Aber für die Rabbinen bedeutet das, daß das Gesetz jetzt praktisch die einzige Offenbarung Gottes ist. Entsprechend sah man teilweise in den Schriftgelehrten die Nachfolger der Propheten. »Seit dem Tage, da der Tempel zerstört wurde, wurde die Prophetie den Propheten genommen und den Weisen (d.h. den Rabbinen) gegeben.« (bBB 12a, nach Schäfer, S. 99).

Gleichermaßen nimmt die Tora in der rabbinischen Hoffnung auf das kommende Zeitalter eine weit wichtigere Rolle ein als der Heiligen Geist. Diese reduzierte Stellung des Heiligen Geistes spiegelt sich auch in den Targumen wider, in denen andere Worte für das göttliche Handeln wichtiger werden (Memra, Schekinah). Im Babylonischen Talmud hat »Schekinah« (Herrlichkeit) das Reden vom Heiligen Geist nahezu vollständig ersetzt.

In den *Qumranschriften dagegen erlangt der Heilige Geist wieder Bedeutung, wenn von der gegenwärtigen Erfahrung die Rede ist (besonders 1QS III, 13-IV,26). Darin drückt sich die Überzeugung aus, in den letzten Tagen zu leben – eine Überzeugung, die dem eschatologischen Bewußtsein der ersten Christen ähnlich war.

III. DER HEILIGE GEIST IN DER LEHRE JOHANNES DES TÄUFERS UND IN DER VERKÜNDIGUNG JESU.

1. Zur Zeit Jesu neigte man im Judentum mehr und mehr zu der Ansicht, daß Gott entfernt vom Menschen sei, daß er der transzendente, heilige Gott, der Hohe und Erhabene sei, der in unzugänglicher Herrlichkeit wohnt. Daher scheute man sich, den Gottesnamen auch nur auszusprechen, und verwendete zunehmend indirekte Bezeichnungen: »der Name«, Engel, die Herrlichkeit, Weisheit usw. Sie ermöglichten es, von Gottes Handeln in

der Welt zu sprechen, ohne seine Transzendenz zu gefährden. In früher Zeit hatte man die Gegenwart Gottes hauptsächlich mit »Geist« ausgedrückt (aus 1Sam 16,13f und 18,12 und aus Jes 63,11f ergibt sich, daß der Geist des Herrn die Gegenwart des Herrn ist). Aber jetzt fehlte das Bewußtsein der göttlichen Gegenwart (mit Ausnahme von Qumran). Der Heilige Geist, vorwiegend als Geist der Prophetie verstanden, war in der Vergangenheit aktiv gewesen (er inspirierte die Propheten und die Tora) und würde im neuen Zeitalter der Endzeit ausgegossen werden. In der Gegenwart aber war die Geistlehre der Weisheit, dem Logos und der Tora völlig untergeordnet. Vor allem bei den Rabbinen wurde die Tora mehr und mehr zum ausschließlichen Mittelpunkt des rel. Lebens und der Autorität in Angelegenheiten des Glaubens. In dieser Umgebung erregte *Johannes der Täufer beträchtliches Aufsehen. Zwar behauptete er nicht, selbst den Heiligen Geist zu besitzen; aber er galt allgemein als Prophet (Mt 11,9f; Mk 11,32) und daher als vom Geist der Prophetie inspiriert (vgl. Lk 1,15.17). Bemerkenswerter noch war seine Botschaft. Er verkündigte, daß die Ausgießung des Geistes unmittelbar bevorstehe – der, der nach ihm komme, werde mit Heiligem Geist und mit Feuer taufen (Mt 3,11; Lk 3,16; Mk 1,8 und Joh 1,33 lassen »und Feuer« aus). Diese kraftvolle Bildersprache entsprang zum Teil den Metaphern des AT, die wiederholt vom »Ausgießen« des Heiligen Geistes sprechen (Jes 32,15; Hes 39,29; Joel 3,1; Sach 12,10) und teilweise dem für Johannes charakteristischen Ritus der Wassertaufe. Das völlige Durchtränken mit oder Untertauchen im Wasser war ein Bild für die überwältigende Wirkung des feurigen Geistes. Es war ein Ausdruck des göttlichen Gerichts (beachte die Akzentsetzung in der Botschaft von Johannes in Mt 3,7-12 und besonders die Betonung von Feuer in 3,10-12). Feuer muß aber nicht unbedingt völlig zerstören; es kann sowohl reinigen als auch zerstören (Mal 3,2f.18). Der Täufer bezog sich vermutlich auf die »messianischen Wehen«, auf die Zeit des Leidens und der Drangsal, die das kommende Zeitalter einleiten sollten – auf die »Geburtswehen des Messias« (Dan 7,19-22; 12,1; Sach 14,12-15; äth.Hen 62,4; 100,1-3; Sib 3.632-651). Im Blick auf die Parallelen in Jes 4,4; 30,27f; Dan 7,10; 1QS IV,21; 1QH III,29ff; 4Esr 13,10f ist es nicht befremdend oder überraschend, wenn Johannes davon spricht, daß man das neue Zeitalter durch das Untertauchen in einem Strom von feuriger *rûach* betritt, die den Unbußfertigen vernichtet und den Bußfertigen reinigt.

2. Jesus erregte noch größeres Aufsehen, als er verkündigte, daß das neue Zeitalter, das Reich Gottes, nicht nur unmittelbar bevorstehe, sondern durch seinen Dienst bereits wirksam sei (Mt 12,41f; 13,16f; Lk 17,20f). Die Voraussetzung dafür war eindeutig die, daß der eschatologische Geist, die Kraft der Endzeit, bereits durch ihn in einzigartigem Maße am Werk war, wie sich dies sowohl bei seinen Dämonenaustreibungen und der erfolgreichen Befreiung der durch Satan Gebundenen (Mt 12,24-32; Mk 3,22-29) als auch durch seine Verkündigung der Guten Nachricht an die Armen (Mt 5,3-10 und 11,5 in Aufnahme von Jes 61,1f) zeigte. Die Evangelisten zweifelten natürlich nicht daran, daß Jesu Dienst von Anfang an in der Kraft des Heiligen Geistes geschah (Mt 12,18; Lk 4,14.18; Joh 3,34; auch Apg 10,38). Bei Matthäus und Lukas wird dieses besondere Wirken des Heiligen Geistes in und durch Jesus bis auf seine Empfängnis zurückverfolgt (Mt 1,18; Lk 1,35). Seine Geburt wird im LukEv. außerdem mit prophetischen Äußerungen begleitet, die den Anfang vom Ende des alten Zeitalters ankündigen (Lk 1,41.67; 2,25-27.36-38). Alle vier Evangelisten stimmen darin überein, daß Jesus im Jordan eine besondere Bevollmächtigung für seinen Dienst erhielt, eine Salbung, die eng mit der Bestätigung seiner Gottessohnschaft verbunden war (Mt 3,16f; Mk 1,10f; Lk 3,22; Joh 1,33f). Daher hatte er bei den darauffolgenden Versuchungen die Kraft, seine Gewißheit zu bewahren und das, was Sohnschaft bedeutet, zu beschreiben (Mt 4,1.3f.6f; Mk 1,12f; Lk 4,1.3f.9-12.14).

Jesus setzte in seiner Botschaft deutlich andere Akzente als der Täufer – nicht nur in der Verkündigung des gegenwärtigen Gottesreiches, sondern auch in Hinsicht auf den Charakter, den er dem angebrochenen Reich zuschrieb. Er sah seine Tätigkeit mehr im Zeichen des Segens als in dem des Gerichts. Insbesondere seine Antwort auf die Frage des Täufers in Mt 11,4f scheint aus den atl. Abschnitten, auf die Jesus anspielt (Jes 29,18-20; 35,3-5; 61,1f), bewußt die Verheißung des Segens zu betonen und die Warnung vor dem Gericht, die auch enthalten ist (vgl. Lk 4,18-20), auszulassen. Als er andererseits auf das Ende seiner irdischen Mission blickte und von seinem Tod sprach, tat er dies mit Formulierungen, die wohl aus der Verkündigung des Johannes stammten (Lk 12,49f: Taufe und Feuer). Er sah seinen eigenen Tod als ein Trinken aus Gottes Zornesbecher (Mk 10,38f; 14,23f.36). Außerdem war die Verheißung des Geistes für seine Jünger von Jesus als Unterstützung für sie in der Verfolgung und Trübsal gemeint, die sie ebenso wie er erleiden würden (Mk 13,11; deutlicher in Joh 14,15-17.26;

15,26f; 16,7-15). Andererseits ist der »Heilige Geist« in Lk 11,13 ziemlich sicher eine Alternative zu dem, was in Mt 7,11 weniger genau als »Gutes« bezeichnet wird. Der auferstandene Jesus nimmt in Apg 1,5 und 11,16 die Verheißung des Täufers wieder auf (vgl. Lk 24,49; Mt 28,19).

IV. DER HEILIGE GEIST IN DER APOSTELGESCHICHTE, DEN PAULUS- UND JOHANNESBRIEFEN.

Die wichtigsten ntl. Schriften stimmen in ihrem Verständnis von Gottes Geist überein, wenn auch die Akzentsetzung unterschiedlich ist.

1. Die Gabe des Geistes kennzeichnet den Beginn christlichen Lebens.

In der Apg ist die Ausgießung des Geistes zu *Pfingsten der Zeitpunkt, an dem die Jünger zum ersten Mal an sich selbst den Beginn der »letzten Tage« erfuhren (die freie Ausgießung des eschatologischen Geistes als das typische Merkmal des neuen Zeitalters), der Zeitpunkt, an dem ihr im eigentlichen Sinne »christlicher« Glaube begann (Apg 11,17). So konzentriert sich in Apg 2,38f die Verheißung des Evangeliums, das den ersten Suchenden verkündigt wird, auf den Heiligen Geist. In anderen Missionssituationen ist der Empfang des Heiligen Geistes ein wesentliches Merkmal, an dem erkennbar wird, daß der Empfangende von Gott angenommen wurde (8,14-17; 9,17; 10,44f; 11,15-17; 18,25; 19,2.6).

Ähnlich markiert bei Paulus der Empfang des Geistes den Beginn des Lebens als Christ (Gal 3,2f) und stellt eine andere Weise dar, die Rechtfertigung zu beschreiben (1Kor 6,11; Gal 3,14; Tit 3,5-7). Ohne den Geist Christi kann man Christus nicht angehören (Röm 8,9), nur durch den Geist kann man mit Christus verbunden sein (1Kor 6,17), und an der Sohnschaft Christi kann man nicht teilhaben, ohne an seinem Geist teilzuhaben (Röm 8,14-17; Gal 4,6f).

In gleicher Weise ist in den Schriften des Johannes der »Geist von oben« die Kraft, die die Wiedergeburt bewirkt (Joh 3,3-8; 1Joh 3,9), denn der Geist ist der Lebensspender (Joh 6,63: durch das Wort Jesu). Wie ein Fluß lebendigen Wassers geht er von Christus aus und bringt dem das Leben, der kommt und glaubt (Joh 7,37-39; 4,10.14). In Joh 20,22 wird bewußt auf 1Mo 2,7 angespielt: der Geist ist der Lebensatem der neuen Schöpfung. Und in 1Joh 3,24; 4,13 ist die Gegenwart des Geistes eines der Erkennungszeichen des Lebens in Christus.

Dabei ist es wichtig zu sehen, daß die ersten Christen den Geist auch als göttliche Kraft sahen, die sich im Leben des Empfängers bemerkbar machte. Der Einfluß des Geistes ließ den Betroffenen oder den Betrachter kaum im Zweifel darüber, daß sich durch das göttliche Wirken ein bemerkenswerter Wandel vollzogen hatte. Paulus erinnert seine Leser immer wieder daran, daß der Heilige Geist am Beginn ihres Glaubens wirksam war. Für einige war dies eine überwältigende Erfahrung der Liebe Gottes gewesen (vgl. Röm 5,5); bei anderen bewirkte der Heilige Geist Freude (1Thess 1,6), Erleuchtung (2Kor 3,14-17), Befreiung (Röm 8,2; 2Kor 3,17), moralische Umwandlung (1Kor 6,9-11) oder verschiedene geistliche Gaben (1Kor 1,4-7; Gal 3,5). In der Apg gehören zu den am häufigsten erwähnten Geistesgaben die inspirierte Rede, Zungenrede, Prophetie, Lobpreis und freimütige Verkündigung des Wortes Gottes (Apg 2,4; 4,8.31; 10,46; 13,9-11; 19,6). Die Geistbegabung kann als entscheidendes Merkmal eines Christen benannt werden (Röm 8,9; 1Joh 3,24; 4,13); deswegen auch kann auf die Frage in Apg 19,2: »Habt ihr den heiligen Geist empfangen, als ihr gläubig wurdet?«, eine klare Antwort erwartet werden (vgl. Gal 3,2). Der Geist als solcher ist zwar unsichtbar, aber seine Gegenwart läßt sich dennoch entdecken in den Wirkungen aufgrund des verkündigten Wortes (1Kor 2,1-5; 1Thess 1,5).

Der Empfang des Geistes ist kein isoliertes Geschehen. Die enge Verbindung mit der Taufe als der Reinigung von Sünden und der Eingliederung in den Leib Christi wird deutlich hervorgehoben (1Kor 6,11; 12,13; 2Kor 1,22; Eph 1,13; Tit 3,5). An markanten Stationen der jungen christl. Gemeinde wird die Geistverleihung als Ereignis nach oder vor der Taufe erwähnt (Samaritaner werden Christen: Apg 8,12-17; Heiden werden Christen: Apg 10,44-48; 11,15-18; der qualitative Unterschied zwischen dem Täufer und Jesus: Apg 18,25-19,6). In Joh 3,5 sind die Taufe (»Wasser«) und die Gabe des Geistes sehr eng mit der Wiedergeburt verbunden.

Die Apg, Paulus und Johannes kennen verschiedenartige Wirkungen des Geistes, aber sie kennen keine betont zweite oder dritte Erfahrung des Geistes. Nach Lukas war Pfingsten für die Jünger keine zweite Geisteserfahrung, sondern die Erfüllung der Geistverheißung des neuen Zeitalters (Apg 1,5 und oben III.), die Geburt der Gemeinde und der Mission.

2. Der Geist als die Kraft des neuen Lebens.

Die Gabe des Geistes markiert einen Beginn, der auf eine endgültige Erfüllung wartet (Gal 3,3; Phil 1,6), den Anfang und das In-Gang-Setzen einer lebenslangen Umgestaltung in das Bild Christi, die ihr Ziel mit der Auferstehung des Leibes erreicht (2Kor 1,22; 3,18;

4,16-5,5; Eph 1,13f; 2Thess 2,13; 1Petr 1,2). Der Geist ist der »Erstling« der Ernte der Auferstehung; durch ihn beginnt Gott, seinen Anspruch auf den ganzen Menschen geltend zu machen (Röm 8,11.23; 1Kor 3,16; 6,19; 15,45-48; Gal 5,16-23).

Das Leben des Gläubigen unterscheidet sich daher qualitativ von seinem Leben vor der Bekehrung. Sein tägliches Leben wird zum Mittel, auf den Anspruch des Geistes zu antworten; dazu ist er befähigt durch die Kraft des Geistes (Röm 8,4-6.14; Gal 5,16.18.25; 6,8). Dies war für Paulus ein wesentlicher Unterschied zwischen dem Christentum und dem Judentum. Die Juden lebten durch das Gesetz – den Schatz, der durch das Wirken des Geistes in der Vergangenheit offenbart wurde. Diese Haltung führte zu Starrheit und Kasuistik, da die Offenbarung aus der Vergangenheit nicht immer den Erfordernissen der Gegenwart entsprach. Im christl. Glauben hingegen brachte der Geist eine Direktheit in die persönliche Beziehung zu Gott, die die Hoffnung Jeremias (31,31-34) erfüllte und die Anbetung wie den Gehorsam freier, lebendiger und spontaner machte (Röm 2,28f; 7,6; 8,2-4; 12,2; 2Kor 3,3.6-8.14-18; Eph 2,18; Phil 3,3).

Weil der Geist während unseres Lebens auf Erden nur den Anfang der vollen Errettung darstellt, bedeutet dies zugleich, daß es keine endgültige Erfüllung seines Werkes im Gläubigen geben kann, solange der Gläubige lebt. Wer im Geist lebt, ist im Blick auf Sinn- und Lebenserfüllung nicht mehr von dieser Welt und ihren Normen abhängig; aber er ist immer noch ein Mensch mit menschlichen Bedürfnissen. Er kennt Schwachheiten und ist Teil der menschlichen Gesellschaft. Daher resultieren aus der Begabung mit dem Geist Spannungen und Konflikte zwischen dem alten und dem neuen Leben, zwischen dem Fleisch und dem Geist (Röm 7,14-25; 8,10.12f; Gal 5,16f; vgl. Hebr 10,29). Denen, die Visionen, Offenbarungen und dergleichen für die wesentlichen Erscheinungsformen des Geistes halten, antwortet Paulus, daß Gnade nur in und durch Schwachheit ihren vollen Ausdruck findet (2Kor 12,1-10; vgl. Röm 8,26f).

Lukas und Johannes richten die Aufmerksamkeit besonders auf den missionarischen Aspekt des Lebens im Geist (Apg 7,51; 8,29.39; 10,17-19; 11,12; 13,2.4; 15,28; 16,6f; 19,21; Joh 16,8-11; 20,21-23). Der Geist ist derjenige, der für Christus zeugt (Joh 15,26; Apg 1,8; 5,32; 1Joh 5,6-8; auch 1Petr 1,12; Hebr 2,4; Offb 19,10).

3. Der Geist der Gemeinschaft und der Geist Christi.

Ein entscheidendes Merkmal des Geistes des neuen Zeitalters ist, daß er von allen Gläubigen erfahren wird und durch alle wirkt, nicht nur durch einzelne (z.B. Apg 2,17f; Röm 8,9; 1Kor 12,7.11; 1Joh 2,20; Hebr 6,4). Paulus betont gerade diese gemeinsame Teilhabe (*koinonia*) an dem einen Geist, die eine Gruppe unterschiedlicher Individuen zu einem Leib, und zwar zum Leib Christi, macht (1Kor 12,13; 2Kor 13,13; Eph 4,3f; Phil 2,1). Nur dann, wenn jedes Glied am Leibe Christi diesen Herrn durch den Geist in Wort und Tat zum Ausdruck kommen läßt, wächst der Leib der Reife in Christus entgegen (1Kor 12,12-26; Eph 4,3-16). Darum tritt Paulus sowohl für den Gebrauch aller Gaben des Geistes, wie auch – sofern sie zur Auferbauung dienen – für deren Entfaltung ein (Röm 12,3-8; 1Kor 12,4-11.27-31; Eph 5,18f; 1Thess 5,19f; vgl. Eph 4,30) und besteht darauf, daß die Gemeinde Worte und Taten, die die Autorität des Geistes für sich beanspruchen, an dem Maßstab Christi prüft (1Kor 2,12-16; 13; 14,29; 1Thess 5,19-22; vgl. 1Joh 4,1-3).

In seinen Abschiedsreden betont Jesus, daß der Jünger eine direkte Unterweisung durch den Geist, den Ratgeber, erwarten kann (Joh 14,26; 16,12f; vgl. 1Joh 2,27). Jedoch befindet sich diese Unterweisung in Übereinstimmung mit der Offenbarung in Jesus Christus und stellt somit lediglich eine Interpretation der Worte Christi dar (Joh 14,26; 16,13-15; 1Joh 2,24).

Diese Verknüpfung mit Christus ist das Charakteristikum des christlichen Verständnisses vom Heiligen Geist. Der Geist ist der Geist Christi (Apg 16,7; Röm 8,9; Gal 4,6; Phil 1,19; 1Petr 1,11; vgl. Joh 7,38f; 19,30; 20,22; Apg 2,33; Hebr 9,14; Offb 3,1; 5,6), der »andere Tröster«, der die Rolle des irdischen Jesus übernommen hat (Joh 14,16; vgl. 1Joh 2,1). Das bedeutet, daß Jesus für den Gläubigen nun im und durch den Geist gegenwärtig ist (Joh 14,16-28; 16,7; Röm 8,9f; 1Kor 6,17; 15,45; Eph 3,16f; vgl. Röm 1,4; 1Tim 3,16; 1Petr 3,18; Offb 2-3). Das Kennzeichen des Geistes ist die Anerkennung des gegenwärtigen Standes Jesu (1Joh 5,6-12) und die Tatsache, daß er den Charakter der Sohnschaft und des Auferstehungslebens Jesu im Gläubigen sichtbar macht (Röm 8,11.14-16.23; 1Kor 15,45-49; 2Kor 3,18; Gal 4,6f; 1Joh 3,2). Angesichts der Tatsache, daß sich die Gemeinde, wie auch der einzelne Gläubige stets einer Vielfalt von Geistern und damit auch einer Vermengung von heiligem und unheiligem Geist gegenüber sieht, ist die Scheidung der Geister von ausschlaggebender Bedeutung (1Kor 12,10; 1Joh 4,1-3). Maßstab dafür ist das Bekenntnis zu Jesus als dem Gekreuzigten, den Gott zum Kyrios, zum »Herrn« gemacht hat (1Kor 12,3). Der Heilige Geist allein ermöglicht die Erkenntnis, daß der scheinbar Verachtete und von Gott Verfluchte (vgl. Jes 53,4; 5Mo 21,23) um unseretwillen zum Fluch gemacht (Gal 3,13; 2Kor 5,21; vgl. Jes 53,5f) und daher auch von Gott in die Herrlichkeit erhöht wurde. Kennzeichen des Heiligen Geistes ist es, ungeachtet aller äußeren Erscheinungsformen (vgl. 1Kor 1,22: auch wenn Menschen »Zeichen« oder »Weisheit« fordern bzw. vorweisen mögen) auf diesen Herrn zu verweisen, der als der Gekreuzigte der Auferstandene, als der Schwache die Kraft Gottes ist (1Kor 1,23-31). Geist-Erfahrungen und Geist-Erweise haben sich daher daraufhin prüfen zu lassen, ob in ihnen der Heilige Geist in der Weise wirkt, daß dieser in der Hl. Schrift bezeugte Jesus Christus geehrt und verherrlicht wird.

Literatur: P. Brunner: Der Geist und die Kirche, in: ders.: Pro Ecclesia I. Ges. Aufsätze, ²1962, S. 220-224; H. Burkhardt: Die Inspiration heiliger Schriften bei Philo von Alexandrien, 1988, S. 179–185.213–219; G. Eichholz: Was heißt charismatische Gemeinde? 1.Korinther 12, TEH 77, 1960; M. Kähler: Das schriftgemäße Bekenntnis zum Geiste Christi, in: ders.: Dogmatische Zeitfragen II, ²1908, S. 193-233; H. Kleinknecht, F. Baumgärtel, W. Bieder, E. Sjöberg, E. Schweizer: ThWNT VI, 1959, S. 330-453; P. Schäfer: Die Vorstellung vom Heiligen Geist in der rabbinischen Literatur, 1972; G. Schrenk: Geist und Enthusiasmus, in: Wort und Geist. Festgabe für K. Heim (hrsg. v. A. Köberle, O. Schmitz), 1934, S. 75-97; R. Stählin: Der Herr ist der Geist, in: Kosmos und Ekklesia. FS W. Stählin (hrsg. v. H.-D. Wendland), 1953, S. 40-54; A.M. Stibbs, J.I. Packer: The Spirit within You, 1967; H. Thielicke: Theologie des Geistes. Der Evangelische Glaube III, 1978; C. Westermann: Geist im AT, Ev.Theol., 1981, S. 223–230. J.D.G.D./E.H.

GEIST, UNSAUBERER s. Satan

GEISTER IM GEFÄNGNIS. Der einzige unzweifelhafte Beleg für diesen Begriff steht in 1Petr 3,19; 4,6 stellt möglicherweise eine Anspielung dar. Die Auslegung der Kirchenväter zu 3,19f sah die Geister, die zur Zeit Noahs ungehorsam waren, als Typus der Sünder an, die vor der Fleischwerdung des Gottessohnes keine Gelegenheit hatten, das *Evangelium zu hören und *Buße zu tun. Die Zeit zwischen dem Tod und der Auferstehung Jesu wurde später - besonders in der östl. Kirche – als die Gelegenheit betrachtet, bei der Christus, durch seine Niederfahrt in ihr »Gefängnis«, diesen Geistern das ewige Leben anbot. Reikke und Dalton dagegen beziehen den Ausdruck »Geister im Gefängnis« auf die Proklamation des Sieges Christi nach seiner Passion (sei es nun mit oder ohne Angebot des ewigen Lebens) gegenüber den gefallenen *Engeln (vgl. 2Petr 2,4f; Jud 6; möglicherweise durch äthHen beeinflußt). Dafür spricht auch der unbestimmte Gebrauch von *pneumata*, »Geister«, ein Begriff, der anderswo in der Bibel nur für übernatürliche Wesen, niemals aber für verstorbene Menschen gebraucht wird.

Literatur: Bo Reicke: The Disobedient Spirits and Christian Baptism, 1946; E.G. Selwyn: The First Epistle of St. Peter, 1946, S. 314-362; W.J. Dalton: Christ's Proclamation to the Spirits, 1965. S.S.S.

GEISTESGABEN s. Gaben des Geistes

GEIZ s. Habsucht

GELD.

I. IM ALTEN TESTAMENT.

Vor der Einführung von Münzen im späten 8.Jh.v.Chr. gab es bei geschäftlichen Transaktionen eine modifizierte Form des Tauschhandels. Im Altertum galten im Vorderen Orient überall Stapelgüter als Tauschware, und zwar sowohl die verderblichen wie Wolle, Gerste, Weizen und Datteln als auch die unverderblichen wie Metalle, Holz, Wein, Honig und Vieh. Aus den Texten geht hervor, daß schon in frühester Zeit immer wieder Versuche unternommen wurden, den Wert dieser Güter aufeinander abzustimmen und festzulegen. Wohlstand wurde also am Besitz von Vieh (Hiob 1,3) und Edelmetallen gemessen. Abraham war »sehr reich an Vieh, Silber und Gold« (1Mo 13,2).

1. Metall als Tauschware.

Da Silber (hebr. *käsäph*) in Palästina (wie in Assyrien und Babylonien) das am meisten verbreitete Edelmetall war, wurde es auch am häufigsten als Zahlungsmittel gebraucht. Salomo kaufte Streitwagen für 600 Schekel (Gewicht) Silber und Pferde für 150 Schekel (1Kön 10,29; vgl. 3Mo 5,15). Seine Steuereinnahmen wurden in Silbertalenten (LÜ: Zentner) berechnet (1Kön 10,14; *Maße und Gewichte), denn Silber war in Jerusalem so gewöhnlich wie Stein (1Kön 10,27). Bis zur nachexilischen Zeit hat sich die wörtl. Bedeutung von »Schekel« als einer bestimmten Gewichtseinheit erhalten, auch als man damit schon eine Münze bezeichnete.

Silber brauchte man für den Erwerb von Grundbesitz; so kaufte Jeremia bei *Anatot für 17 Schekel (LÜ: Lot) Silber (Jer 32,9) ein Feld, Abraham für 400 Silberschekel die Höhle bei *Machpela (1Mo 23,15f), Omri für 2 Talente (LÜ: Zentner) Silber (1Kön 16,24) das Dorf und den Hügel von Samaria und David für 50 Schekel (2Sam 24,24) die Dreschtenne und die Rinder von *Arauna. Silber bildete auch die Grundlage einer Mitgift (2Mo 22,16;

Das von den Israeliten benutzte »Geld« dürfte den ringförmigen, goldenen Gegenständen entsprochen haben, die das ägyptische Wandbild aus dem Grab des Nebarmun und Ipuky in Theben wiedergibt. Ca. 1350–1300 v.Chr. (BM)

LÜ hat hier »Geld«) oder den Kaufpreis für eine Braut (Hos 3,2).

Gold, das etwas seltener zu haben war, erscheint bei Tributzahlungen häufig erst nach dem Silber. Hiskia zahlte an Sanherib 701 v.Chr. 300 Talente an Silber und 30 Talente Gold (2Kön 18,14), und Menahem zahlte die Assyrer mit 1000 Talenten an Silber aus (2Kön 15,19). Eine beherrschende Rolle spielte Gold bei zwischenstaatlichen Grenzgeschäften; Hiram zahlte 120 Talente Gold an Salomo für die galiläischen Dörfer, die dieser ihm abtrat (1Kön 9,10-14).

Bei vielen Geschäften wurde – vermutlich als Ergänzung oder Ersatz für Edelmetalle – Zahlung in Naturalien vereinbart. Mescha von Moab bot Schafe und Wolle (2Kön 3,4); Sanherib bekam von Hiskia nach Auskunft der assyr. Annalen zusätzlich zu Gold und Silber noch Edelsteine. Der Tribut von Jehu an Salmanassar III. enthielt Antimonblöcke, Blei, goldene Gefäße und seltene Früchte. Gerste (Hos 3,2), Spezereien (2Kön 20,13) oder Kleidungsstücke (2Kön 5,23) konnten Teil eines vereinbarten Kaufpreises oder Geschenks sein. Auch Kupfer galt als Währung (2Mo 35,5; 2Sam 21,16), war jedoch von geringerem Wert als Gold (Jes 60,17; LÜ: »Erz«).

Als Zahlungsmittel mußten Metalle zur Kontrolle von dem Käufer ausgewogen (hebr. *schql*, »wiegen«, daher Schekel) und von dem Verkäufer vor Zeugen überprüft werden (1Mo 23,16; Jer 32,9f). Als Norm für das Gewicht galt die lokal gebräuchliche, bezeichnet als »Silber der Stadt X« oder »das Silber nach dem Gewicht, das im Kauf gang und gäbe war« (1Mo 23,16; babylon. *kaspum scha tamqarim*). Diese Norm ist auch gemeint bei Zahlung mit »vollem Gewicht« (1Mo 43,21). Kaufleute hießen danach »Silberwieger«. Die Qualität des Metalls konnte man auch durch seine Markierung mit dem Namen des Herkunftsortes erkennen. Gold aus Ofir (1Kön 10,11) oder Parwajim (2Chr 3,6) war hoch geschätzt, während Gold und Silber manchmal als »geläutert« klassifiziert wurden.

2. Formen der Währung. Um Metalle, die als Zahlungsmittel gebraucht wurden, trans-

portabel zu machen, faßte man sie in die Gestalt von Geschmeide (oft als Armringe), von alltäglichen Gebrauchsgegenständen oder in charakteristische Formen. Abraham gab Rebekka einen Goldring von einem halben Schekel Gewicht und Armreifen von 10 Schekeln (1Mo 24,22). Gold war oft zu schmalen Barren oder Keilen (hebr. »Zungen«) verarbeitet, wie etwa das von *Achan bei Jericho gefundene Stück, welches 50 Schekel wog (Jos 7,21), oder die »Goldstücke aus Ofir« (Jes 13,12). Gold und Silber gab es auch als Barren, Gefäße, Staub (Hiob 28,6) oder abgehackte Teilchen; sie konnten geschmolzen und sofort für viele Zwecke verwendet werden. In diesen Formen vermehrte Josef die Steuereinnahmen Ägyptens (1Mo 47,14).

Auf Reisen transportierte man die kleinen Metallstücke in einem Leder- oder Stoffbeutel (1Mo 42,35; Spr 7,20); war er löchrig, konnte man das wertvolle Gut leicht verlieren (Hag 1,6). Für ein Talent Silber waren anscheinend zwei Beutel erforderlich (2Kön 5,23). Um Verluste auszuschließen, steckte man Geldbeutel oft in andere Säcke oder Behältnisse (1Mo 42,35). Silber goß man auch in kleine Tropfen, Perlen (1Sam 2,36; *'agōrā*) oder Klumpen. Vermutlich war die Zahlungseinheit von einem halben Schekel für das Heiligtum ein ungeprägter Silberklumpen (2Mo 30,12; 2Kön 12,9-16); normalerweise konnten derlei Tempelsteuern jedoch entweder in Silber oder Naturalien entrichtet werden. Kupfer transportierte man in flachen, kreisrunden Scheiben, daher das Wort *kikkar* (»Kreis«, »flaches Rundbrot«, assyr. *kakkāru*), das für »Talent«, das schwerste Gewicht, gebraucht wurde.

3. Die Einführung der Münze. Münzprägung, bei der einem Stück Metall ein Siegel eingeschlagen wird, das dem Titel und Gewicht Authentizität verleiht, so daß man es auf den Augenschein hin akzpetieren konnte, kommt etwa Mitte des 7.Jh.v.Chr. in Kleinasien auf. Obwohl schon Sanherib (ca. 701 v.Chr.) die »Prägung von Halbschekel-Stükken« erwähnt, beweist dies noch nicht, daß damit mehr als eine Technik des Bronzegusses gemeint ist; denn bis heute sind aus dieser frühen Periode in Assyrien, Kleinasien, Syrien oder Palästina keine Münzen gefunden worden. Die ersten bekannten Münzen wur-

Viertelschekel aus Silber, von jüdischen Statthaltern unter persischer Herrschaft geprägt. Die aramäische Inschrift lautet: yhd (Yehud oder Juda). Durchmesser: 16 mm. Ca. 350–332 v.Chr. (RG)

Gold-Dareike mit dem Bild Darius II., des Königs von Persien, der ein Zepter und einen Bogen hält. Durchmesser: 15 mm. Spätes 5. Jh. v.Chr. (BM)

Elektron-Klümpchen, das eventuell als Tauschmittel diente vor dem Gebrauch von Münzen. Fundort: Enkomi, Zypern. Durchmesser: 11 mm, ca. 1100 v.Chr. (BM)

Tetradrachme aus der Zeit Antiochus' VI. von Syrien (145–144 v.Chr.). Vorderseite: Porträt des Königs; Rückseite: Castor und Pollux. Durchmesser: 32 mm. (RG)

Münze mit Lilienmotiv, dem Symbol für Judäa. Aus der Zeit Antiochus' III. (138–129 v.Chr.). Durchmesser: 14 mm. (BM)

Bronzemünze des Matthias Antigonus (40–37 v.Chr.); abgebildet ist ein siebenarmiger Leuchter (Menorah). Durchmesser: 17 mm. (RG)

Bronzemünze Herodes' I. (40–4 v.Chr.), auf der ein Heroldstab, umrahmt von zwei Füllhörnern, abgebildet ist. Durchmesser: 15 mm. (RG)

Bronzemünze des Alexander Jannäus (103–76 v.Chr.), die einen Anker zeigt. Die Inschrift lautet: »von König Alexander«. Durchmesser: 15 mm. (RG)

Bronzemünze aus der Zeit des Pontius Pilatus. Vorderseite: ein Kranz umrahmt die Inschrift: Jahr 17. Rückseite: Krummstab sowie griechische Inschrift: Tiberius Caesar. Durchmesser: 15 mm, ca. 30 n.Chr. (RG)

Silberne Tetradrachme aus Tyrus. Vorderseite: Kopf des Gottes Melkart, Rückseite: Adler. Solche Münzen waren etwa von 125 v.Chr. bis 70 n.Chr. in Palästina in Umlauf. Durchmesser: 23 mm, Datierung: 37 n.Chr. (RG)

den in Elektron, einer natürlichen Gold-Silber-Legierung, in Lydien geschlagen. Herodot (1.94) schreibt die Einführung des Münzgeldes Krösus von Lydien (560-546 v.Chr.) zu, dessen Goldmünzen »Kroiseioi« hießen. Vermutlich führte Darius I. (521-485 v.Chr.) die Münze in Persien ein. Nach ihm nannte man eine dicke Goldmünze »Dareike«. Sie zeigt das Porträt des Königs, knieend oder in halber Länge, mit Pfeil und Bogen. Auf der Rückseite befand sich die Markierung des Prägestempels (s. Herodot 4.166). Diese Dareike wog 130 Gramm, der Silbersiglos oder Schekel 86,5 Gramm. Hag 1,6 (520 v.Chr.) ist der früheste bibl. Beleg für geprägtes Geld.

Die Dareike (LÜ: »Gulden«) war den Juden im Exil bekannt (Esr 2,69; 8,27; Neh 7,70f), und die Erwähnung einer Dareike für Davids Zeit (1Chr 29,7) beweist, daß der Text an dieser Stelle den Ausdruck benutzt, der zu der Zeit geläufig war, als der Bericht zusammengestellt wurde. Die Texte der Schatzkammer von Persepolis bezeugen den Wechsel in der Bezahlung der Arbeiter von Naturalien zu Geld (ca. 450 v.Chr.). Dabei legen sie für den Wert des Goldes gegenüber Silber einen Kurs von 13:1 zugrunde. Die Münzwährung breitete sich offenbar nur langsam bis Judäa aus, vielleicht wegen der auf den Münzen gezeigten Bilder. Es ist daher ungewiß, ob es sich in Neh 5,15; 10,33 bei den Silberschekeln um Gewichte wie in der vorausgehenden Zeit oder um geprägte Münzen handelt.

Phönizische Händler nahmen den Münzgebrauch rasch auf. Im 5. und 4.Jh.v.Chr. bereits arbeiteten Münzprägeanstalten in Aradus, Byblos, *Tyrus und *Sidon. Die Prägungen von Städten in Kleinasien und Griechenland sowie der Könige des ptolemäischen Ägypten und seleukidischen Syrien gelangten nach Judäa und zirkulierten dort zusammen mit den Münzen der Perserkönige. Die von den Persern eingesetzten jüd. Statthalter durften offenbar seit ca. 400 v.Chr. kleine Silbermünzen herausgeben. Das halbe Dutzend, das man gefunden hat, folgt in der Oberflächengestaltung athenischem Vorbild, schließt aber noch das Wort *yhd* (»Juda«) ein. Eine trägt dazu den Namen eines Hiskia, der vielleicht z.Zt. Alexanders des Großen Hoherpriester war.

Nach der Errichtung eines unabhängigen jüd. Staates erhielt Simon Makkabäus das Recht, Münzen zu schlagen (1Makk 15,6), machte aber wohl keinen Gebrauch davon. Münzen, die man ihm zugeschrieben hat, erwiesen sich als zur ersten und zweiten Erhebung (67-70 und 132-135 n.Chr.) gehörig. Alexander Jannäus (103-76 v.Chr.) hat wohl als erster jüd. Herrscher Münzen schlagen lassen. Es sind kleine Bronzestücke, die verschiedene Bildsymbole, seinen Namen in griech. und hebr. Schrift und manchmal die Worte »Jonathan, der Hohepriester, und die Gemeinschaft der Juden« zeigen.

Nachfolgende Könige prägten weiterhin kleine Bronzemünzen, während die röm. Oberherren sich das Recht vorbehielten, Silbermünzen zu schlagen. Nur während der jüd. Revolten wurden lokale Silbermünzen herausgegeben.

Literatur: R. de Vaux: Das Alte Testament und seine Lebensordnungen, Bd. 1, [2]1964, Bd. 2, [2]1966; E.S.G. Robinson: The Beginnings of Achaemenid Coinage, in: Numismatic Chronicle (6th Series) 18/1958, S. 187-193; Y. Meshorer: Jewish Coins of the Second Temple Period, 1967; H. Weippert: Art. Geld, in: BRL, S.88-90 (Lit.); M.R. Alföldi: Antike Numismatik, 2 Bde. (Kultur-Geschichte der Welt, 2-3; 1978); R. Göbel: Antike Numismatik, 2 Bde. (1978); Y. Meshorer: Münzen, Zeugen der Vergangenheit, 1979. D.J.W.

II. IM NEUEN TESTAMENT.

In ntl. Zeit war in Palästina G. aus drei verschiedenen Quellen in Umlauf. Es gab die offizielle Reichswährung, welche nach dem röm. Münzfuß geprägt wurde, die Provinzialwährung, die in *Antiochia und *Tyrus geprägt wurde, sich vorwiegend am alten griech. Münzfuß orientierte und hauptsächlich in Kleinasien zirkulierte, und schließlich das lokale jüd. G., vielleicht in *Cäsarea geprägt. Einigen Städten und Vasallenkönigen wurde das Recht auf Prägung eigener Bronzemünzen gewährt. Da so viele verschiedene Währungen in Umlauf waren, brauchte man natürlich Geldwechsler in Jerusalem, besonders während der Feste, wenn Juden aus allen Landesteilen herbeikamen, um ihre Kopfsteuer an das Tempelschatzamt zu entrichten. Bei diesen Gelegenheiten stellten die Geldwechsler ihre Stände im Vorhof der Heiden auf, von wo Jesus sie wegen ihrer wucherischen Praktiken vertrieb (Joh 2,15; Mt 21,12; Mk 11,15; Lk 19,45f).

Mt 10,9 läßt erkennen, daß in jenen Tagen – nicht anders als heute – Geld in drei Grundmetallen geprägt wurde, nämlich in Gold, Silber und Kupfer bzw. Bronze oder Messing. »Bronze« (griech. *chalks*) verwenden Mk 6,8 und 12,41 als allg. Bezeichnung für Geld. Aber da nur die minderwertigen Münzen, das röm. As (griech. *assarion*) und der jüd. *Lepton*, in Bronze geprägt wurden, ist »Silber« der im NT gebräuchlichere Ausdruck für Geld (griech. *argyrion*; s. Lk 9,3; Apg 8,20 u.ö.). Die am häufigsten erwähnten Silbermünzen im NT sind die attische *Tetradrachme* und der röm. *denarius*. Griech. *chryss/chrysion*, »Gold«, steht meistens für das Metall an sich, nur nicht in Mt 10,9; Apg 3,6, evtl. auch Apg 20,33; 1Petr 1,18; Jak 5,3; Mt 23,16f, obschon in diesen Fällen ebensogut goldene Gefäße und Schmuck gemeint sein können.

Andere allg. Ausdrücke für G. im NT sind die griech. Worte *chrēma*, welches »Besitz«, »Reichtum« und auch »Geld« bedeutet (Apg 4,37; 8,18.20; 24,26), *kerma*, »Kleingeld« (Joh 2,15; von griech. *keiro*, »ich schneide ab«) – fast immer sind damit Kupfermünzen gemeint – und *nomisma*, das durch Gesetz (griech. *nomos*) eingeführte Geld. Letzteres findet sich nur in Mt 22,19, wo der Ausdruck *nomisma tou kensou* die für Steuerzahlungen gültige Münze bedeutet.

1. Jüdische Münzen.

Um 140 v.Chr. gewährte Antiochus VII. dem Simon Makkabäus, »dem Priester und Ethnarchen der Juden ... das Recht, eigne Münze in deinem Land zu schlagen« (1Makk 15,6). Seit der Zeit gab es eigene jüd. Münzen, vorwiegend aus Bronze, da die Nachbarstädte reichlich Silbermünzen herstellten. Ältere jüd. Münzen wahren das zweite Gebot; darum stellen sie nur pflanzliche oder unbelebte Objekte dar. Münzen aus der Zeit der Herodianer brechen ein- oder zweimal mit dieser Regel. Sie zeigen manchmal den Kopf des regierenden Kaisers, bisweilen den des betreffenden Herodianers auf der Vorderseite (s. Wiseman, IBA, S. 86). Zur Zeit des ersten Aufstands (66-70 n.Chr.) prägten die Juden voller Stolz zum ersten Mal neben ihrem Bronze- ihr eigenes Silbergeld und gaben Silberschekel, Viertel- und Halbschekelstücke heraus. Nach dieser Revolte wurden die Tempelschätze beschlagnahmt, und so hatten die Juden während der zweiten Erhebung (132-135 n.Chr.) keine Resourcen zur Prägung ihres eigenen Silbergeldes mehr zur Verfügung. Sie feierten daher ihre Unabhängigkeit, indem sie alte Münzen fremden Ursprungs mit der Aufschrift »Befreiung Jerusalems« überprägten.

Als einzige jüd. Münze wird im NT das bronzene *lepton* erwähnt (von griech. *leptos*, »klein«, »fein«). Dies ist das Scherflein von Mk 12,42; Lk 21,2, auch »Heller« genannt in Lk 12,59, wo es für die denkbar kleinste Münze steht. Sie entsprach im Wert der Hälfte eines röm. *quadrans* und somit einem Achtel des *assarion* (s.u.). Solche Münzen wurden lokal durch den Prokurator oder Tetrachen hergestellt. Pilatus scheint auf seinen Münzen Prägungen eingeführt zu haben, die die Juden beleidigen sollten.

2. Griechische Münzen.
Hauptmünze war bei den Juden die Silberdrachme, davon kamen 100 auf eine *mna* oder Mine und 6000 auf das Talent. Um 300 v.Chr. war eine *Drachme* der Preis für ein Schaf, ein Ochse kostete 5 Drachmen (Demetrius Phalereus).

Die *Drachme* wird nur in Lk 15,8f erwähnt (LÜ: Silbergroschen). Die Frau aus dem Gleichnis hat sie vielleicht als Schmuck getragen. Ihr wurde etwa der Wert des röm. *denarius* (s.u.) zugeschrieben.

Das *Didrachmon* oder Zweidrachmenstück wurde von den Juden für den Halbschekel benutzt, der als jährliche Tempelsteuer eingefordert wurde (Mt 17,24). Diese Regelung leitete sich ab von dem Sühnegeld, welches in 2Mo 30,11-16 vorgeschrieben ist und nach Maimonides sich später zu einer regulären Kopfsteuer entwickelte (Jos.ant.Jud. 16.160). Nach dem Fall Jerusalems und der Zerstörung des Tempels war diese Steuer an den röm. Fiskus zu zahlen (Jos.bell.Jud. 7,217). Es scheint erwiesen zu sein, daß die Münzen für diese Steuer aus Tyrus stammten, denn das Gesetz des Talmud untersagte den Gebrauch antiochenischen Geldes für den Tempelschatz, nicht aus rel. Gründen, sondern weil nicht genug Silber darin enthalten war.

Der *Stater*, das *Tetradrachmon* (Vierdrachmenstück) oder Zweigroschenstück (LÜ) findet sich nur in Mt 17,27, wo es als Tempelsteuer für Jesus und Petrus dient. Da es gebräuchlicher war als das Zweidrachmenstück, haben die Juden die Tempelsteuer offenbar des öfteren zu zweit mit der Tetradrachme entrichtet. Geprägt wurde sie in Antiochia, im kappadozischen Cäsarea und in Tyrus. Pompejus setzte den Wechselkurs für Tetradrachmen aus Antiochien und Tyrus auf 4 *Denare* fest (ca. 65 v.Chr.), und Josephus erwähnt denselben Kurs für das tyrische Tetradrachmon zu seinen Lebzeiten (bell.Jud. 2.392). Tetradrachmen aus Antiochia wurden von der kaiserlichen Regierung jedoch nur für 3 Denare gehandelt. Die

Wertfaktor	Jüd. Münze	Griech.	Röm.
1	1 lepton △		1/2 quadrans
2			1 quadrans △
8			1 as △
128		1 drachme ○	1 denarius ○
512		1 stater ○	4 denarii
3.200		25 drachmai	1 aureus □
12.800		1 mna ○	100 denarii
768.000		1 talent ○	240 aurei

Die Tabelle setzt die drei zur biblischen Zeit geläufigen Währungssysteme zueinander in Beziehung. Eine Drachme, bzw. ein Denarius stellt den Tageslohn eines Arbeiters dar.
△ Bronze-/Kupfermünze ○ Silbermünze □ Goldmünze

Ein quadrans, eine kleine römische Münze, aus der Zeit des Augustus. Durchmesser: 18 mm, Datierung: 5 v.Chr. (RG)

Silberdenarius mit dem Porträt des Kaisers Tiberius (14–37): *der »Silbergroschen« aus Lk 20,24. Durchmesser: 16 mm.* (RG)

Bronzeas aus Rom mit dem Porträt des Kaisers Tiberius. Durchmesser: 30 mm, Datierung: 22–23. (RG)

Bronzesesterz, den der römische Kaiser Vespasian anläßlich der Eroberung Jerusalems und Judäas (60–70) *prägen ließ. Durchmesser: 31 mm.* (RG)

Silber-»Schekel aus Israel«, geprägt zu Beginn des ersten jüdischen Aufstandes (66–70). *Durchmesser: 17 mm.* (BM)

Silberne Tetradrachme, die den Tempel in Jerusalem zeigt mit dem Tora-Schrein. Durchmesser: 18 mm, Datierung: 132–135. (BM)

meisten Numismatiker sind sich darüber einig, daß dies die Münzen waren, in denen Judas die dreißig Silberlinge erhielt (Mt 26,15). Der Gebrauch des Begriffs *argyria hikana*, »reichlich Silbergeld«, in Mt 28,12f gab Anlaß zu der Vermutung, daß das G., mit dem der Sanhedrin die Wachen am Grab Jesu bestochen hatte, große Silberstatere waren, nicht die kleineren Drachmen oder Denare, obwohl das Adjektiv hier möglicherweise die Quantität und nicht die Größe bezeichnet.

Griech. *mna* , übersetzt mit »Pfund«, kommt im Gleichnis von Lk 19,11-27 vor.

Das *Talent* war keine Münze, sondern eine Währungseinheit. Der Wert war immer hoch, obwohl er je nach dem Anteil der verschiedenen Metalle und den unterschiedlichen Münzfüßen schwankte. Das röm.-attische Talent entsprach 240 *aurei* (s.u.). Jesus erwähnt es in zwei Gleichnissen: in Mt 18,24 ist »zehntausend Talente« (LÜ: Zentner) Metapher für eine sehr große Geldsumme, und auch in dem Gleichnis Mt 25,14-20 ist mit dem *argyrion* (V. 18) wohl das Silbertalent gemeint.

3. Römische Münzen.

Röm. Hauptmünze war, wie oben erwähnt, der *Silberdenar*. Auf den goldenen *aureus*, dessen Gewicht Julius Cäsar 49 v.Chr. auf 126,3 Gramm festlegte, kamen 25 *denarii*. Spätere Abwertungen unter Augustus und seinen Nachfolgern reduzierten das Gewicht bis auf 115 Gramm zu Neros Zeiten.

Der *Quadrans* (griech. *kodrantēs*) betrug ein Viertel der Kupfermünze *as* (s.u.). Horaz (Satiren 2,3.93) und Juvenal (7.8) erwähnen ihn als kleinste röm. Münze. Mk 12,42 erklärt, die zwei *lepta* (Scherflein) der Witwe (s.u. II.1.) entsprächen einem *quadrans*. Mt 5,26 verwendet »Quadrans« für die kleinste Münze, welche zur völligen Begleichung einer Schuld zu zahlen ist, während das LkEv. parallel dazu *lepton* (12,59) gebraucht, außer im sog. westl. Text, der mit Mt übereinstimmt.

Die Kupfermünze *as* (griech. *assarion*) war ein Viertel der bronzenen *Sesterze* und ein Sechzehntel des *Silberdenar*. Sie erscheint in Mt 10,29 und Lk 12,6 (LÜ: »Groschen«, RevEB: »Pfennig«) als Preis für zwei Sperlinge (bei Lk sind es fünf Sperlinge für 2 Groschen).

Der *denarius* (griech. *denarion*) erhielt seinen Namen (*deni*, »zehn auf einmal«) daher, daß er zunächst soviel Wert in Silber hatte wie 10 Asse aus Kupfer. Seit 217 v.Chr., als das Gewicht des As auf 28 Gramm festgesetzt wurde, war er 16 Asse wert. In der LÜ wird *denarion* mit »Silbergroschen« übersetzt.

Aus dem Gleichnis von Mt 20,1-16 geht hervor, daß ein Denar der Lohn für den Tagelöhner war. Zwei denarii waren die Summe, die der barmherzige Samariter dem Gastwirt zahlte (Lk 10,35); daran läßt sich ihre ungefähre Kaufkraft abschätzen. Offb 6,6 »ein Maß Weizen für einen denarius und drei Maß Gerste für einen denarius« zeigt die Preise während einer Hungersnot an (*Maße und Gewichte).

Nach Mt 22,19; Mk 12,15; Lk 20,24 wurde Jesus anhand dieser Münze listigerweise nach der Verpflichtung zur Steuerzahlung gefragt. Man hat Silberdenarien aus jener Zeit gefunden, auf deren Vorderseite der lorbeerumkränzte Kopf des Kaisers *Tiberius zu sehen ist und auf der Rückseite seine Mutter Livia in der Rolle der Pax mit Zweig und Zepter (s. IBA, S. 87, Abb. 90).

Der *aureus* oder *denarius aureus* (goldener Denar) war eine Goldmünze, die Julius Cäsar im Zuge seiner Finanzreformen 49 v.Chr. einführte. In der Bibel wird er nicht erwähnt, jedoch in Jos.ant.Jud. 14,147; vielleicht bezieht sich das »Gold« in Mt 10,9 auf diese Münze.

4. Geldwert.

Die Tabelle auf S. 432 setzt die drei verschiedenen Währungssysteme zueinander in Beziehung.

Literatur: K.A. Jacob: Coins and Christianity, 1959; R.G. Bratcher: 'Weights, Money, Measures and Time', The Bible Translator 10, No. 4, Oct 1959, S. 165ff; G.R. Halliday: Money Talks about the Bible, 1948; G.F. Hill: Catalogue of Greek Coins in the British Museum, vol. on Palestine, 1914; E. Rodgers: A Handy Guide to Jewish Coins, 1914; P. Romanoff: Jewish Symbols on Ancient Jewish Coins, 1944; F.A. Banks: Coins of Bible Days, 1955; A. Reifenberg: Israel's History in Coins from the Maccabees to the Roman Conquest, 1953; D. Kanael: BA 26,1965, S. 38-62; E.W. Klenowski: On Ancient Palestinian and Other Coins, 1974; Y. Meshorer: Jewish Coins of the Second Temple Period, 1967; D. Hendin: Guide to Ancient Jewish Coins, 1976; A. Spijkerman: The Coins of the Decapolis and Provincia Arabia (SBF Collectio Maior, 25), 1978; K. Matthiae, E. Schönert-Geiß: Münzen aus der urchristlichen Umwelt, 1981; J. Maltiel-Gerstenfeld: 260 Years of Ancient Jewish Coins, 1982; L. Mildenberg: The Coinage of the Bar Kochba War (Typos,6), 1984; Y. Meshorer: City-Coins of Eretz-Israel and the Decapolis in the Roman Period, 1985; Israel Numismatic Journal, Jerusalem, Bd. 4 (1980) und die folgenden Bde. D.H.W./S.M.

GELDGIER s. Habsucht

GELILOT. G. ist eine Plural-Form von *gelila*, »Umkreis, Umgebung, Bezirk« (Jos 18,17; 22,10; Hes 47,8; Joel 22,10f; vgl. *Gilgal). Es wird in Jos 18,17 als ein Fixpunkt der Grenze zwischen Juda und Benjamin genannt. In der Parallelstelle Jos 15,7 steht im hebr. Text allerdings Gilgal (s. Rev EB). Da G. und Gilgal aber nahezu die gleiche Bedeutung haben – beide sind abgeleitet von hebr. *gālal*, »rollen, wälzen« – könnten sie unterschiedliche Namen für dieselbe Örtlichkeit sein (so auch LÜ). J. Simons: GTT, S. 173, § 326, sieht in G. ein kleines Gebiet bei Jericho. Y. Aharoni: LDB, S. 269, suchte es bei Talʿat ed-Damm (Adummim-Steige), südl. vom Wādī el-Qelt (vgl. Jos 18,17). K.A.K.

GELÜBDE, GELOBEN.

1. Die ersten im AT genannten G. sind Weihegelübde (hebr. *nädär,* 1Mo 28,20ff; Ri 11,30ff; 1Sam 1,11 u.ö.). Hierbei unterstreicht der Beter die Aufrichtigkeit seiner Bitte durch das Versprechen, als Dank für die Erfüllung sich selber oder wertvollen Besitz dem Herrn hinzugeben.

nädär bezeichnet außerdem das G. der *Nasiräer (4Mo 6,2ff), das auch zweimal im NT erwähnt wird (Apg 18,18; 21,24).

2. Beim sog. Entsagungsgelübde bzw. der Ablobung (hebr. *'isār,* abgeleitet von »binden«, »fesseln«, d.h. sich eine Fessel anlegen) legt sich der Gelobende für eine von ihm selbst bestimmte Zeit auf irgendeinem Gebiet Enthaltsamkeit auf, um auf diese Art dem Herrn, frei von jeglicher körperlichen Ablenkung, besser dienen zu können (4Mo 30,3-6.11-15).

3. Jedes G. wird absolut freiwillig gegeben, und nirgends wird in der Hl. Schrift dazu aufgefordert oder ermuntert. Ernstlich wird aber davor gewarnt, einmal geleistete G. nicht zu erfüllen (5Mo 23,22-24; Ps 50,14; Pred 5,3-5; Nah 2,1). Um den Menschen vor Not und Versündigung zu bewahren, wird außerdem gewarnt, voreilig ein G. zu geben (Spr 20,25; vgl. auch *Jeftah). Kinder benötigten zur Erfüllung des G.s die Zustimmung der Eltern bzw. die Ehefrau die des Mannes. Wurde diese versagt, so galt das G. vor dem Herrn als nicht gegeben (4Mo 30,3ff).

4. Für die Erfüllung der G. bestanden weitere Gesetzesvorschriften.

a. Die Erstgeburt, sei es Mensch oder Vieh, konnte dem Herrn nicht geweiht werden, da sie bereits Eigentum Gottes war (3Mo 27,26.28).

b. Es bestand die Möglichkeit, einmal dem Herrn gelobte Menschen, Tiere, Häuser und Ländereien wieder zu »lösen«, d.h. durch eine bestimmte an das Heiligtum gegebene Geldsumme wieder loszukaufen (3Mo 27).

c. Das durch ein G. geweihte Vieh mußte absolut fehlerlos sein (Mal 1,14) und durfte nicht mit einem anderen vertauscht werden (3Mo 27,10). Geschah dennoch aus Versehen eine Verwechselung, so wurden beide Tiere geopfert.

d. Die Beschaffenheit des G.opfers ist in 4Mo 15,1-16 festgelegt.

5. Der Verfall des rel. Lebens im späteren Judentum wirkte sich auch auf das G.wesen aus. Der Mißbrauch von G.n zeigte sich z.Zt. Jesu insbesondere darin, daß sie zur Umgehung des Gebotes mißbraucht wurde (Mt 15,5ff; Mk 7,9ff).

6. Es ist bezeichnend, daß außer in Apg 18,18; 21,24 im NT nichts vom G. und dem Geloben im atl. Sinn zu finden ist. Der erlöste Christ, der das neue Leben aus Gott empfangen hat, weiß, daß er nun mit Leben und Besitz seinem Herrn gehört und darum, wie bei der Erstgeburt des AT, das dem Herrn bereits Gehörende nicht noch einmal geloben kann (vgl. 1Kor 6,19; 2Kor 5,15; Tit 2,14; 1Petr 2,9 u.ö.).

GEMEINDE.

I. DIE BEDEUTUNG DES BEGRIFFES.

1. Im profanen Bereich. Das griech. *ekklēsia,* das im NT mehr als hundertmal vorkommt, heißt in wörtl. Übersetzung »die Herausgerufene«. Im Griechentum ist dieser Begriff nie rel. verwendet worden, sondern bezeichnet die Versammlung aller freien Bürger einer Stadt – d.h. einer Minderheit -, die regelmäßig zusammengerufen wurden, um über politische Fragen zu entscheiden. So ist das Wort auch an einigen ntl. Stellen gebraucht (vgl. Apg 19,39).

2. Der bibl. Gebrauch. Das griech. *ekklēsia* wird in der LXX gebraucht, um das hebr. *qahal* zu übersetzen. Damit wird allg. eine Versammlung in Israel bezeichnet, besonders aber die Versammlung des erwählten Gottesvolkes vor seinem Gott. Sie bestand aus den Männern, die sich »vor dem Herrn« zu den jährlichen Festen versammelten (vgl. 4Mo 19,20; 27,17.22; 28,18.25; 5Mo 23,2f.9; vgl. auch Apg 7,38). Es ist die »Gemeinde Gottes«; Gott ist der Einberufende und er hat in seinem Bundesschluß am Sinai diese G. gestiftet (vgl. 2Mo 12,3; 35,1; 3Mo 24,14ff).

Im NT findet sich *ekklēsia* 114mal, davon sechsmal in der profanen oder der atl. Bedeutung. Alle anderen Stellen haben einen spezifisch christologischen Sinn: Gott in Christus ist der, der die Seinen herausruft aus Welt und Sünde und als seine G. versammelt (vgl. Röm 8,30; 2Thess 2,14 und Apg 2,40; 2Kor 6,17; Gal 1,4; Eph 1,10).

Die Christusgemeinde ist die G. der Erwählten (vgl. Joh 15,16), die er selbst heiligt als Gemeinschaft der Heiligen (vgl. Joh 17,19; auch Röm 1,7; Kol 1,12.22; 3,12; Eph 4,24) und als seinen Leib bevollmächtigt zum Dienst in dieser Welt (vgl. Röm 12,4ff; 1Kor 10,12; 12,12ff; Eph 1,23; 4,12ff; 5,30; Kol 1,18).

Jesus selbst redet in Mt 16,18 von seiner G.

und meint damit die universale G., die weltweite G. zu allen Zeiten, während er in dem Gemeindezuchtwort Mt 18,17 die örtliche, überschaubare G. im Blick hat. Diese Verwendung des Begriffes als örtliche G. ist im NT die weitaus häufigste. Der Wille des Christus steht also hinter der G. Das ist bis zur Wiederkunft Jesu Christi tragendes Fundament der Kirche und festzuhalten auch gegen den kritischen Satz des katholischen Modernisten A. Loisy: »Jesus predigte das Reich Gottes, gekommen ist die Kirche«. Im Gegenteil: Schon beim irdischen Jesus gab es wohl größere Jüngergemeinden. Wo kamen sonst die »mehr als 500 Brüder auf einmal« (vgl. 1Kor 15,6) her? Auch die Zeugnisse vom Einzug in Jerusalem mit der fraglosen Besorgung des Reittieres (»Der Herr bedarf seiner« Mk 11,3) und von der Vorbereitung des Abendmahls (»Der Meister läßt dir sagen...«; Mk 14,14) deuten auf solche G.n um Jesus hin.

Mit dem gleichen Begriff *ekklēsia* werden also im NT die welt- und zeitumgreifende Kirche, die Ortsgemeinde und sogar die Hausgemeinde (vgl. Röm 16,5; 1Kor 16,19) benannt, wobei gilt, was Ignatius von Antiochia um 110 n.Chr. (*Apostolische Väter) schreibt: »Dort, wo Jesus Christus ist, dort ist die allgemeine Kirche« (An die Smyrnäer VIII,2).

II. DIE GEMEINDE IN JERUSALEM.

1. Die Entstehung der Gemeinden. Im bibl. gefüllten Sinn erscheint G. Jesu Christi erstmals in Jerusalem nach der *Himmelfahrt Jesu und der Geistausgießung an Pfingsten. Allerdings ist Pfingsten nicht die Geburtsstunde der G., sondern die G. lebt seitdem als missionierende, zeugnisgebende G. Kern der G. ist die Jüngergemeinde des irdischen Jesus, wobei ausdrücklich auch Frauen genannt sind (vgl. Apg 1,14). Dieser Kreis von *Judenchristen prägte das Erscheinungsbild der G. in Jerusalem. Sie verstanden sich als die G. der Endzeit, der Vollendungszeit des Heiles (vgl. Joel 2,27ff; Apg 3,1-5), an der und mit der Gott seine Verheißungen erfüllt.

2. Das Wachstum der Gemeinde. Aus diesem ersten Kreis der Augen- und Ohrenzeugen des irdischen Jesus – der Keimzelle der christl. G. – erwuchs in erstaunlich kurzer Zeit eine große G. in Jerusalem. Gerade in Jerusalem wird deutlich, daß die G. Jesu Christi keine menschliche Organisationsform zur Pflege rel. Interessen ist. Vielmehr ruft Gott selbst durch das verkündigte Wort Menschen zusammen als seine G. (vgl. Röm 10,17; Apg 2,41.47; 4,4; 5,14; 6,7). Es besteht keinerlei Anlaß, den Zahlenangaben der Apg zu mißtrauen. Vielmehr wird darin die umstürzende Sprengkraft des Evangeliums deutlich. Äußerlich galt die G. in Jerusalem als eine »Sekte« (vgl. Apg 24,5.14; 28,22) innerhalb des Judentums. Diese christl. G., die »Sekte der Nazarener«, verkündigte Jesus von Nazareth als den *Messias Gottes, als den Heiland, Erretter und Erlöser. Ihn, der am Kreuz getötet wurde zur Erlösung der Menschen, hat Gott auferweckt und zum Herrn und Christus gemacht. In ihm ist der »große und offenbare Tag« des Herrn da, und dieser Jesus Christus wird wiederkommen in Macht und Herrlichkeit und das Reich Gottes sichtbar aufrichten (vgl. Apg 2,17-36).

3. Das Leben der Gemeinde. Die Glieder der Jerusalemer G. trennten sich nicht von der jüd. Kultgemeinde; sie hielten das Gesetz und nahmen an den Tempelgottesdiensten teil. Daneben aber versammelten sie sich täglich in ihren Häusern, hörten auf die Lehre der Apostel und beteten. Zentral war in den Zusammenkünften der christl. G. das Herrenmahl, das nach dem Gebot des Herrn gehalten wurde (*Abendmahl). Auch *Gütergemeinschaft verband die Glieder der G. Schon bald wurde die Fürsorge für Bedürftige (Witwen) durch gewählte *Diakone nötig, und die christl. G. wurde vorbildlich für viele Juden (vgl. Apg 2,42-47). Glied der G. wurde, wer zum Glauben an Jesus Christus kam und sich auf den Namen des dreieinigen Gottes taufen ließ. Der Herrenbruder *Jakobus mit dem jüd. Ehrennamen »der Gerechte« war Leiter der G. Daß er aus davidischem Geschlecht stammte, war für die G., die sich selber ja als messianische G. verstand, sicher wichtig. Auch spätere Gemeindeleiter kamen deshalb, soweit historische Angaben vorliegen, aus Davids Geschlecht.

4. Leiden und Zeugnis der Gemeinde. Von Anfang an wurde die judenchristl. G. von den übrigen Juden verfolgt, später offiziell aus der *Synagoge ausgeschlossen (um 80 n.Chr.) und sogar im Achtzehnbittengebet mit einem Fluch belegt. Die Apostel *Petrus und *Johannes werden vom *Sanhedrin gefangengesetzt und verwarnt (Apg 4; 5); der Diakon *Stephanus wird um seines Christuszeugnisses willen gesteinigt (vgl. Apg 7), *Jakobus, der Bruder des Johannes, im Jahr 43 durch Herodes ermordet (vgl. Apg 12) und die ganze G. hart bedrängt (vgl. Apg 8,1-3). Der Pharisäer Saulus wird dabei namentlich als Verfolger genannt. Gerade ihn aber berief der Herr zu seinem Zeugen und *Apostel mit dem besonderen Auftrag zur Verkündigung des Evangeliums unter den Heiden. Schon Petrus hatte, von Gott selbst vergewissert, den heidnischen Hauptmann *Kornelius und die Seinen getauft. Auf dem sog. *Apostelkonzil (um 49

n.Chr.) wurde dann in Jerusalem die grundsätzliche Ermöglichung der Heidenmission festgelegt (vgl. Apg 15). Auch die Verfolgten und aus Jerusalem Vertriebenen wurden zu Missionaren und predigten das Evangelium Christi durch ganz Israel bis nach Samaria (vgl. Apg 8,4ff).

Die Jerusalemer G. flüchtete vor den anrükkenden röm. Truppen nach Pella ins Ostjordanland (um 65 n.Chr.), kehrte jedoch wohl großenteils wieder nach Jerusalem zurück, als der Krieg beendet war. Als Kaiser Hadrian nach der Niederschlagung des Bar-Kochba-Aufstandes (135 n.Chr.) Jerusalem in Aelia Capitolina umbenannte und allen Juden den Aufenthalt in der Stadt verbot, wurde auch die christl. G. Jerusalems rein heidenchristl.

III. DIE GEMEINDE IN ANTIOCHIA.

1. Die heidenchristliche Missionsgemeinde. *Antiochia in Syrien, am Orontes gelegen, war einer der Zufluchtsorte von hellen. Judenchristen aus Jerusalem in der Verfolgung nach der Ermordung des Stephanus. Antiochia galt als dritte Hauptstadt des röm. Weltreiches (neben Rom und Alexandria) und hatte auch eine große jüd. Synagogengemeinde. Die aus Jerusalem geflohenen Christen und weitere aus Zypern und Kyrene verkündigten das Evangelium – nachdem sie zunächst nur unter Juden missioniert hatten – auch den Griechen. Durch Gottes Bestätigung entstand eine große, lebendige christl. G. in Antiochia. Dort wurden die Anhänger des Evangeliums Jesu Christi zum erstenmal »Christen« genannt (vgl. Apg 11,26). *Barnabas, von der G. in Jerusalem nach Antiochia geschickt, war zunächst der maßgebliche Mann. Er holte dann Paulus nach Antiochia, und beide zusammen lehrten und festigten die dortige G. (vgl. Apg 11,19ff).

Durch weitere »Propheten« aus Jerusalem (Agabus; Apg 11,27f) wurde die Verbindung zur G. in Jerusalem gestärkt, und bei einer Hungersnot unterstützten die Christen von Antiochia die Brüder und Schwestern dort. Neben Barnabas und Paulus werden ausdrücklich Simeon Niger, Luzius von Kyrene und Manaën, ein Jugendgefährte des Landesfürsten (Tetrarchen) Herodes, als Leiter der G. in Antiochia (Apg 13,1) genannt. Sie werden als *Lehrer und *Propheten bezeichnet, das waren wohl neben den *Aposteln und *Diakonen die ersten Ämter in der christl. G.

2. Die sendende, missionarische Gemeinde. Antiochia wurde zum Ausgangspunkt der gezielten Heidenmission. Die Leiter der G. bestimmten nach Gebet und Fasten nach der deutlichen Weisung des Heiligen Geistes Paulus und Barnabas unter Handauflegung für diesen Dienst (vgl. Apg 13,2f). Nach seinen beiden ersten Missionsreisen kehrte Paulus jeweils in diese Stadt zurück. Antiochia wurde so seine Heimatgemeinde.

Auch Petrus kam nach Antiochia und löste eine grundsätzliche Auseinandersetzung aus. Aus Furcht vor gesetzestreuen Judenchristen, die aus dem Umkreis des Jakobus stammten, und die ebenfalls nach Antiochia kamen, gab er – durchaus dem Gesetz entsprechend – die vorher praktizierte Tischgemeinschaft mit *Heidenchristen auf. Doch Paulus wies ihn öffentlich zurecht (vgl. Gal 2,11ff). Die Heidenmission war durch das Apostelkonzil ausdrücklich gebilligt worden (vgl. Gal 2,1-10): Wer Christ wurde, mußte nicht zuerst Jude werden. Auch Petrus ist schließlich diesen Weg mitgegangen.

IV. DIE PAULINISCHEN GEMEINDEN.

1. Gemeinde als Leib Jesu Christi. *Paulus, der bekehrte *Pharisäer, wurde in der Folge zum großen Heidenmissionar, zum Apostel für die Heiden. Auf seinen Missionsreisen gründete er G.n in den südl. Provinzen Kleinasiens, in *Mazedonien und *Griechenland, im westl. Kleinasien mit *Ephesus als Zentrum und sogar in Kreta.

Zuerst verkündigte er die Christusbotschaft – solange man es zuließ – in den Synagogen, ging dann aber auch entschlossen zu den Heiden. Es entstanden viele G.n, ausgehend von den jeweiligen Provinzhauptstädten als Missionszentren. Dabei gab es wenig organisierte Einheit; jede christl. G. war selbständig und wurde von »*Ältesten«, Presbytern, geleitet, die entweder Paulus selbst oder seine Mitarbeiter eingesetzt hatten. Die Verbindung zur Jerusalemer G. lag dem Apostel sehr am Herzen; das zeigt besonders seine »Sammlung für die Heiligen« dort (vgl. 1Kor 16,3). Obwohl Jerusalem als Ursprungsort der »geistlichen Güter« anerkannt wurde (vgl. Röm 15,27), konnte die G. dort doch keine Vorrangstellung beanspruchen.

Die Einheit der christl. G. beruhte auf dem einen *Evangelium von Jesus Christus. Er ist das Haupt der G., sowohl der Gesamt- wie auch der Einzelgemeinde. Paulus prägte für das Selbstverständnis der G. das Bild vom »Leib Christi« (vgl. Röm 12,4ff; 1Kor 12,12ff; Kol 1,18; Eph 4,3ff). Der Herr als Haupt konstituiert die G., garantiert damit auch die Einheit der G. und bestimmt von daher auch das Leben der einzelnen als Glieder an diesem Leib. Brüderliche Liebe, gegenseitige Hilfe, Demut und Dienstgemeinschaft als Begabte kennzeichnen die einzelnen Christen. Die verschiedenen Ämter sind Dienste für den Herrn. Dementsprechend sind die Charismen, die Geistesgaben, nicht Bevorzugungen einzelner, sondern Dienstgaben.

2. Die Gemeinde ist gegründet im Evangelium. Paulus als Apostel war für seine G.n Autorität. Er hatte aber nicht eine selbstangemaßte Autorität, sondern die Autorität des berufenen Apostels Jesu Christi und seines – vom Herrn selbst empfangenen (vgl. Gal 1,11ff) – *Evangeliums. Er verkündigte das Evangelium, wie er es empfangen hatte. Bekenntnisartige Zusammenfassungen (vgl. 1Kor 15,3-5; Phil 2,5ff; auch 2Kor 13,13) bezeugten das Zentrum des Glaubens; konkrete ethische Weisungen entfalteten und ordneten das Leben der G.n (vgl. Röm 12,1ff; Gal 5,19ff; Eph 4,25ff; 5; 6). Über das konkrete Leben der G.n erfahren wir nur Bruchstücke (vgl. jedoch 1Kor 11-14). In allen G.n aber war die *Taufe auf den Namen des dreieinigen Gottes als Aufnahme in die G. verbindlich; das Herrenmahl wurde nach dem Gebot des Herrn gefeiert und Predigt, *Gebet und Gesang kennzeichneten den regelmäßigen *Gottesdienst.

Zentrum des geistlichen Lebens der G. war die *Verkündigung des Wortes Gottes. Als Bibel diente das griech. AT, dem die apostolische Verkündigung – auch durch die Verlesung der Briefe des Apostels – normativ zur Seite gestellt wurde (vgl. Kol 4,16; 1Thess 5,27).

V. ANDERE GEMEINDEN.
Neben den von Paulus gegründeten G.n gab es weitere G.n, über deren Entstehung wir aber wenig Kenntnis haben. So wird nicht berichtet, wie die G. in Rom entstanden ist. Doch ist zu vermuten, daß von den Hörern der Pfingstpredigt des Petrus, von denen etliche auch aus Rom gekommen waren (vgl. Apg 2,10), eine Missionsbewegung ausging.

Die Anschrift des 1Petr zeigt, daß es G.n an der Südküste des Schwarzen Meeres und im Landesinnern (Pontus, Galatien, Kappadozien, Asien und Bithynien) gab, deren Entstehung aber unklar bleibt. Wir erfahren aus dem NT auch kaum etwas über die missionarische Wirksamkeit der anderen Apostel.

In der Offb treten uns noch die sieben westasiat. G.n entgegen, über deren Entstehung aber ebensowenig Sicheres ausgemacht werden kann.

Alle christl. G.n aber beruhten auf dem einen Bekenntnis zu Jesus als dem *kyrios*, dem »Herrn«, bezeugten die Hoffnung der *Wiederkunft Jesu Christi und lebten als Dienstgemeinschaft für das in Christus dereinst vollendete Reich Gottes.

Literatur: L. Coenen: Art. Kirche, in: TBLNT II, S. 784-799 (Lit.); C. Möller, J. Katz: Art. Gemeinde, in: TRE XII, 1984, S. 316-339 (Lit.); K.L. Schmidt: ThWNT III, 1938, S. 502-539. H.K.

GEMEINDELEITUNG. Gemeindeleitung und Gemeindeordnung der ntl. *Gemeinden gründen sich auf die Ordnungen im Volk Israel (vgl. *Ältester, *Hirte, *Lehrer, *Prophet) und entfalten sich in der apostol. Zeit den äußeren und inneren Erfordernissen des Gemeindelebens entsprechend. Darum fehlt im NT eine Aufzählung von Vorschriften für die Leitung der Gemeinden. Jesus berief unter Hinweis auf die zwölf Stämme Israels (Mt 19,28 par) die zwölf *Apostel und gab ihnen Grundsätze für ihre Leitungsfunktion.

I. DIE ZWÖLF UND PAULUS.
Die Zwölf wurden erwählt, um bei Christus zu sein (Mk 3,14). Diese persönliche Verbindung versetzte sie in die Lage, als seine Zeugen aufzutreten (Apg 1,8). Von Anfang an war ihnen Macht über unreine Geister und Krankheiten gegeben (Mt 10,1). Diese Macht wurde erneuert und erweitert, als die Verheißung des Vaters (Lk 24,49) in der Gabe des Heiligen Geistes auf sie herabkam (Apg 1,8). Bei ihrem ersten Auftrag wurden sie ausgesandt, um zu predigen (Mk 3,14), und in dem großen Missionsbefehl wurde ihnen geboten, alle Völker zu lehren (Mt 28,20). Sie erhielten Christi Vollmacht, überall zu evangelisieren und bekamen die Vollmacht zu binden und zu lösen (Mt 18,18), Sünden zu erlassen und zu behalten (Joh 20,23). Diese Formulierungen führten zu der Lehre von den Schlüsseln, die die mittelalterliche und die reformierte Theologie folgendermaßen definierte: a. der Schlüssel der Lehre, d.h. zu lehren, welches Verhalten verboten und welches erlaubt ist (dies ist die Bedeutung des Bindens und Lösens im jüd. Recht); b. Schlüssel der Gemeindezucht: Ausschluß und Exkommunikation der Unwürdigen, Aufnahme der Bußfertigen und Versöhnung mit ihnen durch den Zuspruch der Vergebung oder das Gebet um Gottes Vergebung der Sünden, die allein in Christus liegt.

Petrus erhielt diese Vollmacht als erster (Mt 16,18f), wie er auch den pastoralen Auftrag bekam, die Herde Christi zu weiden (Joh 21,15). Das geschah aber weniger auf Grund seiner persönlichen Eigenschaften als vielmehr stellvertretend für alle anderen, denn bei der Wiederholung des Auftrages in Mt 18,18 erhalten alle Jünger die Vollmacht für den Dienst der Versöhnung. Es ist nicht ein einzelner, sondern die glaubende Gemeinde, die in Christi Namen das Reich für Glaubende öffnet und es gegen den Unglauben verschließt. Trotzdem wird diese Vollmacht hauptsächlich von dem Verkündiger des Wortes ausgeübt; so kann der Prozeß der Scheidung zwischen Bekehrung und Verwerfung von der ersten Predigt des Petrus an verfolgt werden (Apg 2,37-41). Als Petrus den Christus bekannte, war sein Glaube typisch für das felsenartige Fundament, auf dem die Gemeinde gebaut ist (Mt 16,18). Das Fundament des himmlischen Jerusalems enthält aber die Namen aller Apostel (Offb 21,14; vgl. Eph 2,20). In der Anfangszeit der Kirche handelten sie als eine Körperschaft. Petrus hatte durchaus eine besondere Stellung inne (Apg 15,7; 1Kor 9,5; Gal 1,18; 2,7-9), besaß aber keinen dauerhaften Primat: während des Jerusalemer *Apostelkonzils hatte *Jakobus die Führungsrolle (Apg 15,13.19), und in Antiochia widerstand Paulus dem Petrus ins Angesicht (Gal 2,11). Die Apostel leiteten die Urgemeinde gemeinsam, in Gnade (Apg 2,42) und Gericht (Apg 5,1-11). Sie übten eine Oberaufsicht über alle Gemeinden aus, sandten zwei aus ihrer Mitte, um neue Entwicklungen in Samaria zu beaufsichtigen (Apg 8,14), und entschieden zusammen mit den Ältesten über ihr gemeinsames Verhalten in bezug auf die Aufnahme der Heiden (Apg 15). Die »Sorge für alle Gemeinden«, die zum Auftrag des Paulus gehörte (2Kor 11,28), wird durch die Zahl seiner Missionsreisen und seine umfangreiche Korrespondenz veranschaulicht.

II. NACH DER HIMMELFAHRT.

Die erste Tat der Apostel nach Christi Himmelfahrt bestand darin, die Lücke, die Judas gerissen hatte, wieder zu füllen. Dabei ließen sie Gott die Wahl treffen (Apg 1,24-26). Später wurden auch andere Personen zu den Aposteln gezählt (1Kor 9,5f; Gal 1,19). Ihre Zahl konnte aber nicht unbegrenzt erweitert werden, da für sie zwei Kriterien galten: Sie mußten Augenzeugen des Lebens Jesu sowie des Auferstandenen sein (Apg 1,22) und ihre Berufung persönlich von Christus erhalten haben ((Röm 1,1.5). Als die Arbeitslast zunahm, setzten die Apostel sieben Helfer ein (Apg 6,1-6), die von der Gemeinde gewählt und von den Aposteln eingesetzt und unter Handauflegung gesegnet wurden, um sich der Fürsorge in der Gemeinde anzunehmen. Seit der Zeit des Irenäus (gest. um 195) werden diese sieben als *Diakone angesehen. Philippus, der einzige von ihnen, dessen späteren Lebensweg wir genauer kennen, wurde jedoch ein Evangelist (Apg 21,8) mit unbegrenztem Auftrag, das Evangelium zu verkünden, und die Tätigkeit des Stephanus war dem nicht unähnlich. Gemeindeämtern mit besonderer Bezeichnung begegnen wir zuerst in den Ältesten von Jerusalem, die Unterstützungsleistungen entgegennahmen (Apg 11,30) und beim sog. Apostelkonzil dabei waren (Apg 15,6). Dieses Amt (*Ältester) wurde von der jüd. Synagoge übernommen. Die Gemeinde selbst wird in Jak 2,2 eine Synagoge genannt. Jüd. Älteste, die wahrscheinlich unter Handauflegung eingesetzt wurden, waren für die Einhaltung des Gesetzes Gottes verantwortlich und hatten die Macht, Übertreter des Gesetzes zu exkommunizieren. Das Amt des christl. Ältesten aber schloß als Dienst am Evangelium auch Pastoral- (Jak 5,14; 1Petr 5,1-3) und Predigt- (1Tim 5,17) Aufgaben mit ein. In allen Gemeinden der Provinz *Asia wurden von Paulus und Barnabas Älteste eingesetzt (Apg 14,23), und Titus wurde aufgefordert, auf Kreta dasselbe zu tun (Tit 1,5). Obwohl die Unruhen in Korinth darauf hindeuten könnten, daß in dieser Gemeinde ein Kreis von Ältesten fehlte (vgl. 1Kor 14,26), scheint doch die G. in der apostol. Zeit allg. durch einen Rat von Ältesten oder *Hirten (Pastoren) ausgeübt worden zu sein, erweitert vielleicht noch durch Propheten und Lehrer. Sie leiteten mit Hilfe von Diakonen die örtlichen Gemeinden, während die Oberaufsicht über die Gesamtkirche den Aposteln und Evangelisten oblag. Wo *Bischöfe genannt werden (Phil 1,1), bilden sie den Rat einer Ortsgemeinde, in Ephesus sind sie identisch mit den Ältesten (Apg 20,17.28). Timotheus und Titus haben die Stellung eines persönlichen Vertreters des Paulus auf dem Missionsfeld. Höchstwahrscheinlich erlangte im Laufe der Zeit einer der Ältesten den ständigen Vorsitz des Gemeinderates und erhielt dann den besonderen Titel eines Bischofs. In den Briefen des Ignatius (*Apostolische Väter) erscheint das Einzelbischofsamt als selbstverständliche Einrichtung; aber auch hier ist der Bischof immer noch der Pastor einer einzelnen Gemeinde. In der ntl. Terminologie begegnen wir auch Beschreibungen wie »jene, die euch vorstehen in dem Herrn« (*proistamenoi,* »Präsidenten«, Röm 12,8; 1Thess 5,12) oder »eure Führer« (*hegoumenoi*; Hebr 13,7.17.24; LÜ: »Lehrer«). Auch die *Engel der Gemeinden in Offb 2 und 3 kann man als Bischöfe ansehen. (Nach anderer Ansicht sind sie jedoch Personifikationen der betreffenden Gemeinden oder wirkliche Engel). Wer ein Amt bekleidet, hat Anspruch auf Ehre (1Thess 5,12f; 1Tim 5,17), Unterhalt (1Kor 9,14; Gal 6,6) und Schutz gegen leichtfertige Anschuldigungen (1Tim 5,19).

III. ALLGEMEINE GRUNDSÄTZE.

Der Lehre des NT können fünf allgemeine Grundsätze entnommen werden.

1. Alle Autorität kommt von Christus und wird in seinem Namen und Geist ausgeübt.

2. Die Demut Christi ist das Vorbild für den christl. Dienst (Mt 20,26-28).

3. Die Leitung geschieht eher gemeinschaftlich als hierarchisch (Mt 18,19; 23,8; Apg 15,28).

4. Lehre und Leitung gehören eng zusammen (1Thess 5,12).

5. Für die Verkündiger des Wortes können Helfer in der Verwaltung notwendig sein (Apg 6,2f). G.S.M.W.

GEMEINDEZUCHT s. Zucht

GEMEINSCHAFT.

I. SPRACHLICHE SINNDEUTUNG.

1. G. (griech. *koinōnia*) ist enge Verbindung, innige Beziehung; gegenseitiges Anteilhaben und Anteilgeben, wobei die gewährende oder auch die empfangende Seite mehr hervortreten kann.

2. Im Profangriech. bezeichnet G. verschiedentlich den gemeinsamen Anteil an einer Sache (z.B. gemeinsamen Unternehmungen, Rechtsverhältnissen) oder Person (Ehe, Freundschaft).

3. Im AT steht G. allein für das Verhältnis von Mensch zu Mensch (Ps 26,4; 50,18), nicht aber des Menschen zu Gott. Hier tritt sachlich der Begriff des *Bundes ein.

4. Das NT hingegen bringt G. in vielfältige und bewußte Beziehung zu Gott: 1Joh 1,3 spricht von der G. mit dem Vater und dem Sohn; 1Kor 1,9 von der Berufung zur G. seines Sohnes; 1Kor 10,16ff von der G. des Blutes und Leibes Christi sowie des Altars; in Phil 3,10 ist die Rede von der G. seiner Leiden; 2Kor 13,13 u. Phil 2,1 erwähnen die G. des Heiligen Geistes.

II. BIBLISCHE BELEUCHTUNG.

1. Grundlage der G., von der das NT spricht, ist der Mensch »in Christus« oder »Christus in uns« (2Kor 5,17; Gal 2,20) als neue Seinsbegründung, also eine wirkliche Neuschöpfung (LÜ: neue Kreatur), die in Christus Jesus gilt (Gal 6,15).

2. Die Begründung dieser G. ist reine Gottestat; sie ist im *Glauben gegebene dauernde Seins- und Lebensgemeinschaft in Gott, die sich im Gehorsam des Menschen verwirklicht.

3. Als Ausdruck christl. G. begegnen wir dem bei Paulus geläufigen Bild der Gläubigen als Glieder am *Leib Christi (1Kor 12,12ff), verwirklicht und erlebt im *Abendmahl (1Kor 10,16ff).

4. Christusgemeinschaft wird sichtbar in der G. der Christen untereinander. Als Heilige sind die Christen Glieder der im Opfer Christi begründeten *Gemeinde (Hebr 10,14). Sie leben noch in Raum und Zeit dieser *Welt (griech. *aion*), obgleich in ihnen der neue Aion schon begonnen hat (Joh 17,15f). Das bedeutet die ständige Bedrohung ihrer G. durch die Sünde, der nur durch den Wandel im Licht mit Bekenntnis und Reinigung durch das Blut Jesu begegnet werden kann (1Joh 1,6-9).

GEMÜT. Im Hebr. steht für diesen Ausdruck *Seele oder *Geist (vgl. 2Sam 17,8; Ps 34,19; Spr 17,22); im NT das griech. Wort *nous*, »*Sinn«, oder *dianoia*, »*Vernunft«, so Mt 22,37; Mk 12,30; Röm 7,23.25. In beiden Fällen beschränkt sich der Inhalt des Wortes nicht auf das menschliche Gefühlsleben und dessen Beeindruckbarkeit. G. ist nach biblischem Begriff Ursprung der Willensäußerung in der Tat (vgl. Röm 7,25). Da die göttliche Gerechtigkeit durch eigene Tat niemals erworben werden kann, bedarf es der göttlichen Erneuerung des G.s, einer Wiedergeburt (Eph 4,23; vgl. Röm 12,2). So ist das G. Sitz des neuen geistlichen Lebens eines wiedergeborenen Menschen.

GENEALOGIE s. Geschlechtsregister

GENEALOGIE JESU CHRISTI s. Geschlechtsregister Jesu Christi

GENERATION s. Geschlecht

GENESIS/1. BUCH MOSE. Die Juden nennen die ersten fünf Bücher des AT das Gesetz (Tora). Der Name der einzelnen Bücher ist von dem jeweiligen Anfangswort abgeleitet. So heißt das erste Buch Mose »Am Anfang« (hebr. *berēschīt*).

Die Übersetzer des AT ins Griech. (LXX) verwenden Überschriften, die sich auf den Inhalt der einzelnen Bücher beziehen. So bekam das erste Buch Mose den Namen Genesis, »Entstehung«.

A. Gliederung und Inhalt.

I. DIE URGESCHICHTE: KAP. 1-11.

1. Die Weltschöpfung: Kap. 1,1-2,3;

2. Die Erschaffung des Menschen und seine Vertreibung aus dem Paradies: Kap. 2,4-3,24;

3. Der Brudermord (Kain und Abel) und der Beginn der Polygamie (Lamech): Kap. 4;

4. Der Stammbaum von *Adam bis *Noah und die Verbindung der Söhne Gottes mit den Töchtern der Menschen: Kap. 5,1-6,8;

5. Die große Flut und der *Bund mit Noah: Kap. 6-9;

6. Die Völkertafel: Kap. 10;

7. Die Zerstreuung der Menschheit und der Stammbaum von *Sem bis *Abraham: Kap. 11;

II. DIE ERZVÄTER: KAP. 12-50.
1. Abraham und *Isaak: Kap. 12,1-25,18;
a. Gott spricht zu Abraham: Kap. 12,1-3;
b. Abraham gehorcht Gott: Kap. 12,4-9;
c. Abraham in Ägypten: Kap. 12,10-13,4;
d. Die Trennung zwischen Abraham und Lot: Kap. 13,5-18;
e. Die Befreiung *Lots und die Begegnung mit *Melchisedek: Kap. 14;
f. Zeichen, Glaube und Schwur: Kap. 15;
g. Sara und Hagar: Kap. 16;
h. Der Bund Gottes mit Abraham: Kap. 17;
i. Die Gottesboten in Mamre: Kap. 18,1-16;
j. Das Gericht über Sodom und Gomorra und die Rettung Lots: Kap. 18,17-19,38;
k. Abraham im Lande Gerar: Kap. 20-21;
l. Die »Opferung« Isaaks: Kap. 22;
m. Saras Tod und der Kauf eines Grundstücks bei *Hebron: Kap. 23;
n. Die letzten Lebensjahre Abrahams: Kap. 24,1-25,18;
2. *Jakob und *Esau: Kap. 25,19-36,43;
a. Die Geburt Esaus und Jakobs: Kap. 25,19-28;
b. Der erste Betrug: Kap. 25,29-34;
c. Isaak, der Erbe der Verheißung: Kap. 26;
d. Der zweite Betrug: Kap. 27;
e. Jakobs Flucht und Rückkehr: Kap. 28;
f. Stationen im Land der Väter: *Sichem, *Bethel, Migdal-Eder und Hebron: Kap. 34-35;
g. Esau und seine Nachkommen: Kap. 36;
3. *Josef: Kap. 37-50;
a. Josef im Haus seines Vaters: Kap. 37,1-11;
b. Josef und seine Brüder; Mordanschlag und Verkauf: Kap. 37,18-36;
c. Grenzfälle der Sexualethik: Schwagerehe, Prostitution und versuchte Verführung: Kap. 38,1-39,18;
d. Josef im Gefängnis: Kap. 39,19-40,23;
e. Die Träume Pharaos und die Erhöhung Josefs: Kap. 41;
f. Die Reisen der Brüder Josefs nach Ägypten: Kap. 42;
g. Jakob kommt nach Ägypten; Josef versorgt seine Familie, Jakob segnet den Pharao: Kap. 46,1-47,28;
h. Jakobs Vermächtnis: Kap. 47,29-48,22;
i. Jakobs Segen und Weissagung über seine Söhne: Kap. 49,1-27;
j. Jakobs Tod und Begräbnis; Josefs Alter und Tod: Kap. 49,28-50,26.

B. Mündliche und schriftliche Überlieferung.
Die Orientalen, die alten wie die modernen, verfügen über eine andere Gedächtniskraft als die Bewohner der sog. Westländer. Der Prophet Jeremia hatte noch nach 20 Jahren die ihm von Gott aufgetragene Prophezeiung Wort für Wort im Gedächtnis, so daß er sie zweimal Baruch, seinem Diener, diktieren konnte (Jer 36,32). Die mündliche Weitergabe war zur Zeit des AT frei von dem Verdacht des Ungenauen und Fragwürdigen. Es gab ganz bestimmte Regeln, um in geprägter und unveränderlicher Weise Gottes Botschaft von Generation zu Generation weiterzugeben (vgl. 2Mo 12,24-27; 13,8; 5Mo 4,9ff; 6,6ff.20-25; 11,19; 32,7; Jos 4,7-22; 22,24-28; Ri 6,13; Ps 44,2; 78,2-6; Jes 38,19). Im Familienkreis war der Hausvater verantwortlich für die strengen Maßstäbe bei der Weitergabe der Gottesbotschaft. Die Genauigkeit der mündlichen Tradition kann nicht hoch genug beurteilt und eingeschätzt werden.

Gleichzeitig darf nicht vergessen werden, daß Israel in eine Welt eintrat, die schon 2000 Jahre bevor Israel das von Gott versprochene Land einnehmen konnte, den Gebrauch der *Schrift kannte und in vielen Lebensbereichen benutzte. Dies gilt sowohl für *Ägypten und Mesopotamien als auch für das vorisraelit. Palästina.

Es ist anzunehmen, daß Abraham, dem Gott befohlen hatte, seine Heimat in der Hochkultur Mesopotamiens zu verlassen, lesen und schreiben konnte. Mit Sicherheit aber hatten Mose und ein Teil des Volkes in Ägypten die Schreibkunst erlernt. Ägypten verfügte damals längst über ein ausgebildetes, 26 Buchstaben umfassendes Alphabet. Durchaus denkbar ist, daß die Geschichten der Erzväter sowie einige über lange Zeiträume hinweg mündlich überlieferte Teile aus der Menschheitsgeschichte, wie sie in 1Mo 1-11 berichtet werden, bereits während des Aufenthaltes in Ägypten niedergeschrieben wurden. Keineswegs aber ist auszuschließen, daß Israel nach dem Auszug begann, ein eigenes Schrifttum zu entwickeln (Delitzsch).

Mose war durch seine Erziehung am Pharaonenhof in Wissenschaft und Geheimlehre der ägyptischen Priesterkaste eingeweiht worden (2Mo 2,10; Apg 7,22). Der Anteil, den Mose an der Niederschrift und Abfassung der Texte in den ersten Büchern der Bibel hatte, darf nicht zu niedrig angesetzt werden. Gewiß liefen im Volk Israel noch über Jahrhunderte hinweg mündliche Überlieferung und schriftliche Weitergabe nebeneinander her. Nur unerwartete archäologische Funde in Ägypten oder auf dem Sinai könnten Auskunft geben, wann die ersten Bibelteile schriftlich niedergelegt wurden. Die Genauigkeit der mündlichen Überlieferung und die sehr frühe schriftliche Fixierung bibl. Texte sind zusammengenommen ein gewaltiges Zeugnis für die Echtheit des Wortlautes der von Gott ergangenen Worte an seine Menschen. Gott selbst verlieh dem Menschen Gedächtniskraft und Schreibfertigkeit, um sein heiliges Wort für alle Zeiten zu bewahren.

C. Zeugnis und Geschichte.

Die Urgeschichte (1Mo 1-11) ist ein Einblick in die Universalgeschichte der Menschheit. Mit Abraham beginnt die Heilsgeschichte. Die Urgeschichte hat ihre letzte Fortsetzung in der Endgeschichte.

- **Universalgeschichte: 1Mo 1-11**
- **Heilsgeschichte: 1Mo 12-Offb 3**
- **Universalgeschichte: Offb 4-22:**

Die Entsprechung zwischen Urgeschichte und Endgeschichte hat ihre Auswirkung bis hinein in die Art der Darstellung und Sprache. Es ist deshalb nicht verwunderlich, wenn sich die Sprache der *Apokalyptik mit ihrem kosmischen Horizont, ihrer Zahlensymbolik, Geheimsprache und Engellehre auch in der Urgeschichte findet. Hier liegt der Schlüssel für die sachgemäße Auslegung der Zahlenangaben bei den Lebensaltern und Zeugungsangaben der Urväter der Menschheit. Die Zahlen der Ur- und Endgeschichte sind keine numerischen Größen. Gerade die kurze Lebenszeit des Henoch verbietet jegliche Art der Zahlenspekulation. Die Zahlen in der Urgeschichte drücken nichts anderes aus als eine Ganzheit. Die großen Zeitspannen, die zum Teil nahe an der Tausendergrenze liegen, sind ein Zeugnis für die ferne Vergangenheit. Die Anfänge liegen in einer Vorzeit von unfaßbaren Ausmaßen. Für den Menschen ist der Anfang nicht auszumachen. Dasselbe gilt für die Zeit des Endes. Die Zahlen der Apokalyptik geben volle, runde und ganzheitliche Epochen an; der Endpunkt aber bleibt unfaßbar und unberechenbar. Das Geheimnis, das kein Ausleger den Zahlen der Ur- und Endgeschichte entlocken darf, ist die Unvorstellbarkeit des Anfangs von Raum und Zeit und die Unberechenbarkeit ihres Endes.

Die Geschichtlichkeit der *Patriarchen (Erzväter) wird heute nur noch von einigen Forschern angezweifelt: »Man hatte früher die Historizität der Patriarchen bestritten, sie als Astralgottheiten, als alte kanaanäische Götter, als legendäre Gründer kanaanäischer Heiligtümer, als Märchengestalten oder als Figuren der Volkssage gedeutet ... Man ist sich heute weithin einig, daß es sich bei den Patriarchen in der Tat um historische Einzelgestalten handelt, auch wenn es völlig unmöglich ist, eine Patriarchenbiographie zu schreiben« (Kilian).

Die Namen der Erzväter weisen unverkennbare Beziehungen zu Personennamen auf, wie sie in einer Bevölkerungsschicht etwa im 18.Jh.v.Chr. üblich waren. Ähnliche Namen können im Zweistromland wie auch in Syrien-Palästina nachgewiesen werden.

Die Erzväter sind geschichtliche Gestalten, die mit Namen genannt werden können und von deren Leben Konkretes bekannt ist.

Außerhalb der bibl. Berichte ist aus der Zeit der Väter wenig bekannt. Von Israel selbst weiß man ohne Bibel aus dieser Zeit nur den Namen des Volkes. Er ist verzeichnet auf der Stele Merenptahs (um 1219 v.Chr.). Auf einem Siegel ist der Name *Jerobeams genannt ohne Hinweis darauf, wann dieser gelebt hat; und in assyr. Quellen finden sich die Namen der Könige *Omri, *Ahab und *Jehu. Erst im 8.Jh.v.Chr. beginnen die außerbibl. Quellen mehr zu berichten.

Die Vätergeschichten sind etwas Einzigartiges. Sie sind eine selbständige Geschichtsliteratur.

Literatur: Zur Entstehung der Bibelkritik und zur Widerlegung der Quellentheorie vgl. U. Cassuto: The Documentary Hypothesis, ²1972; H. Bräumer: Das erste Buch Mose, 1. Teil, Kapitel 1-11, Wuppertaler Studienbibel, 1983, S. 21-24; 2. Teil, Kap. 12-36, 1987.

Kommentare: U. Cassuto: A Commentary on the Book of Genesis, Part I, From Adam to Noah, ²1972; ders.: A Commentary on the Book of Genesis, Part II, From Noah to Abraham, ²1974; F. Delitzsch: Neuer Kommentar über die Genesis, 1887; J.H. Hertz (Hrsg.): The Pentateuch and Haftorahs, ²1969; S.R. Hirsch: Der Pentateuch, übersetzt und erklärt, Bd. I, Die Genesis, 1867; G.v. Rad: Das erste Buch Mose, ATD 2-4, 1961; C. Westermann: Genesis 1-11, BK AT I/1, 1974; ders.: Genesis 12-36, BK AT I/2, 1981. H.Br.

GENEZARETH, ORT. Eine Stadt *knrt* wird schon im 15.Jh.v.Chr. in einer Liste palästin. Städte erwähnt, die der ägypt. König Thutmosis III. eroberte. Nach einem ägypt. Papyrus war die Stadt später Sitz eines vom Pharao abhängigen Fürsten. Im AT wird *kinnereth* (bzw. *kinneroth*) nur ein einziges Mal als Ort an der O-Grenze von *Naftali genannt (Jos 19,35). Nach den neuen Ausgrabungen (V. Fritz, U. Hübner) kann kein Zweifel mehr daran bestehen, daß die Stadt auf dem Tell el-ʿOrēme am nordwestl. Ufer des Sees G. lag. Hier tritt das Randgebirge mit einem Felssteilufer bis an den See und sperrt die seit alters her wichtige Straße an der W-Seite (*Kapernaum IV). An dieser beherrschenden Stelle, die als deutliche Landmarke besonders vom sog. »Berg der Seligpreisungen« wahrzunehmen ist, entstand die in atl. Zeit bedeutendste Stadt am See. Sie gab sowohl der südwestl. gelegenen fruchtbaren Ebene (Jos 11,2; 1Kön 15,20) wie auch dem See (4Mo 34,11; 5Mo 3,17; Jos 12,3; 13,27) den Namen. Er ist am ehesten von einer kanaan. Gottheit

Genezareth: Westturm des Stadttors der zweiten, eisenzeitlichen israelitischen Stadt auf dem Tell El-'Orēme (Kinnereth). Die umlaufende Bank illustriert die atl. Redeweise vom »Sitzen im Tor«. (RR)

(*kn[r]t*) abzuleiten, die Hebräer konnten später *kinnōr,* »Leier«, (Form des Stadthügels?) heraushören.

Häuserreste wurden schon für die Frühe Bronzezeit (3.Jt.v.Chr.) nachgewiesen. Siedlungen in der Mittleren und Späten Bronzezeit sind bisher durch Scherben- und Gräberfunde belegt. Nach einer Siedlungslücke entstand an der Wende vom 11. zum 10.Jh.v.Chr. ein unbefestigter Ort. Vermutlich unter *Salomo wurde dann eine stark befestigte Stadt angelegt, die wohl in der Regierungszeit des *Bascha (906-883 v.Chr.) zerstört wurde, als *Ben-Hadad von Damaskus den Norden Israels eroberte (vgl. 1Kön 15,20). Die an der Wende vom 9. zum 8.Jh.v.Chr. neubegründete Stadt nahm nur noch den oberen Teil der vorhergehenden ein. Zu den beeindruckenden Gebäudefunden gehören ein an der Seeseite gelegenes Stadttor und ein Pfeilerhaus (Kaserne?). Diese jüngere eisenzeitliche Siedlung fand ihr Ende in der zweiten Hälfte des 8.Jh.v.Chr., wahrscheinlich durch den Eroberungsfeldzug des assyr. Königs *Tiglatpilesar III. im Jahr 732 v.Chr. (vgl. 2Kön 15,29). Die Stadt wurde danach aufgegeben, und nur aus hellen. Zeit (3.Jh.v.Chr.) existieren geringe Reste landwirtschaftlicher Gebäude.

In ntl. Zeit muß der Ort in die Ebene (neuhebr. *Ginnosar,* arab. *Guwēr*), von deren Fruchtbarkeit und Schönheit Josephus schwärmte (bell.Jud. III, 516-521), verlegt worden sein. Am Südfuß des Tells entspringt eine reiche Quelle (ʿEn el-Tīne), in deren Nähe röm. Bäder gefunden wurden (A.E. Mader: JPOS 13, 1933, 218). Auch ein Aquädukt, der Wasser von den Quellen bei Tabgha (Heptapegōn, s. Kapernaum IV) entlang des Steilufers heranführte (G. Edelstein: Hadashot Arkheologiyot 11, 1964, 10f), läßt auf eine Siedlung in diesem Gebiet schließen. Als Ortslagen kommen die Umgebung des frürarab. Palastes (Chirbet Chān el-Minje) ca. 0,5km südwestl. des Tell oder noch 1km weiter südl. der Tell Hunūd in Frage (ZDPV 94, 1978, 44). Der Straßenverlauf nordwestl. des Tell el-ʿOrēme wurde von einem kleinen röm. Straßenkastell (Chirbet el-Chān) kontrolliert. Leider ist diese ganze Gegend stark durch das Umspannwerk in Mitleidenschaft gezogen worden, das den Strom zum Abpumpen des Seewassers bereitstellt. Am S-Ende der Ebene G. liegt das ntl. *Magdala, in ihrer Mitte heute der Kibbuz Ginnosar. In seiner Nähe wurde 1986 ein Boot aus ntl. Zeit gefunden (*Schiffe, Schiffahrt II.).

Nach Mt 14,34; Mk 6,53 landete das Boot der Jünger nach dem Seewandel Jesu in G., wobei nicht ganz deutlich wird, ob eher ein Ort (vgl. Mt 14,35) oder die ganze Umgebung (vgl. Mk 6,55f) gemeint ist. Erst die späte byzantin. Textform denkt bei Mt 14,34 eindeutig an eine Landschaft (*eis tēn gēn G.*). Der griech. Name *Gennēsaret* und die vom Kodex Bezae (5.Jh.) bezeugte Variante *Gennēsar* (vgl. 1Makk 11,67; Jos.bell.Jud. II, 573; III, 463.503.515f; Plin.nat. V,15,2) gehen wohl auf aram. *ginnesar* zurück (H.P. Rüger, in: H. Cancik: Markus-Philologie, 1984, 77f). Man hat aber auch erwogen, ob der Namenswechsel von *kinneret* zu *ginnōsar* durch nichtsemit. griechischsprachige Neusiedler vollzogen wurde (HlL 117/2-3, 1985, 16). Ein Ort, der letzteren Namen trägt, begegnet in der rabbinischen Literatur (Bill. I, 154ff) und auch in mittelalterlichen Pilgerberichten (ELS 262-264). Allerdings unterschied ein Teil der Rabbinen G. vom atl. Kinnereth und setzte diesen Ort mit *Tiberias gleich (bMeg 6a). Diese Identifizierung wurde seit Hieronymus (Onom 173) von den Christen übernommen (Kopp 257-259).

Literatur: G. Dalman: Orte und Wege Jesu, [4]1967, 136-141; V. Fritz: ZDPV 94 (1978), 32-45; 102 (1986), 1-39; ders.: Antike Welt 17 (1986), 13-26; O. Grabar u.a.: IEJ 10 (1960), 226-243; U. Hübner: HlL 115/2-3 (1983), 2-9; 116/2-3 (1984), 20-26; 117/2-3 (1985), 11-19; R. Köppel: Bibl 13 (1932), 298-308; C. Kopp: Die heiligen Stätten der Evangelien, [2]1964, 252-259; G. Kroll: Auf den Spuren Jesu, [10]1988, 211-213; A.M. Schneider: AAS 2 (1952), 23-45. R.R.

GENEZARETH, SEE. Dieser See in *Galiläa hieß nach dem gleichnamigen Ort an seinem NW-Ufer in atl. Zeit Kinnereth (4Mo 34,11; 5Mo 3,17; Jos 12,3; 13,27), in ntl. Zeit Genezareth (Lk 5,1 vgl. Jos.bell.Jud. III,463). Matthäus und Markus sprechen vom »Meer von Galiläa« (*thalassa tēs Galilaias;* Mt 4,18; 15,29; Mtk 1,16; 7,31) oder einfach vom »Meer« (Mt 8,24.32; Mk 4,39; 5,13 u.ö.). Da

Der See Genezareth von Südwesten her gesehen. (RS)

hebr. *jam* auch den großen Binnensee bedeuten kann, weist diese Ausdrucksform auf älteste palästin. Überlieferung zurück. Der für ein gebildeteres Publikum außerhalb Palästinas schreibende Lukas verwendet dagegen die griech. Bezeichnung für See (*limnē*; Lk 5,1f; 8,22f.33). Der Name »Meer von Tiberias« (Joh 21,1 vgl. 6,1) ist für die Mitte des 1.Jh.n.Chr. ebenso möglich wie für sein Ende (vgl. Jos.bell.Jud. III,57; IV 456f). Auch in außerneutestamentlichen Quellen (Bill. I, 184-186) begegnen verschiedene Bezeichnungen (T. Zahn: Evangelium des Johannes, $^{5/6}$1921, ND 1983, 320f). Heute heißt der See offiziell auf neuhebr. wieder *jam kinnereth.*

Die Länge des Sees beträgt 21km, die Breite bis zu 12km und die Oberfläche ca. 170 km^2. Die 25 bis 30 *Stadien (5 bis 6km) in Joh 6,19 bezeichnen wohl für den Nordteil richtig die Mitte des Sees. Seine größte Tiefe liegt zwischen 42 und 48m. Durch einen neuen, schmaleren Ausfluß des *Jordan, der sich um 1000 n.Chr. bildete, stieg der Seespiegel um rund 2m auf ca. 208m unter der Meeresoberfläche an. Die Hafenanlagen aus ntl. und byzantin. Zeit liegen deshalb größtenteils unter Wasser. In der Antike war der See für seinen Fischreichtum und eine expandierende Exportindustrie berühmt, heute ist er von Überfischung bedroht. Der See dient vor allem als Süßwasserreservoir Israels. Ihm werden ständig große Wassermassen entnommen, die in einem Überlandkanal bis in den *Negeb geleitet werden. Die Ausflußmenge des Jordan hat sich deshalb drastisch verringert, und das *Tote Meer droht auszutrocknen. Das Seebecken ist Teil eines gewaltigen Grabenbruches, der über das Tote Meer hinaus bis an den Golf von Aqaba reicht. An den Rändern der Senke treten vulkanische Gesteine (Basalt) an die Erdoberfläche. Ebenfalls auf den Vulkanismus gehen zahlreiche heiße und warme Quellen zurück, von denen die bei *Tiberias, *Gadara und *Kapernaum die bekanntesten sind. Durch die tiefe Lage ist es hier im Sommer außerordentlich warm und die Temperaturschwankungen sind sehr gering. Man kann deshalb ohne weiteres im Freien übernachten (vgl. Mk 8,2). Durch die tiefeingeschnittene Lage kommt es auch zu plötzlichen atmosphärischen Fallwinden und Stürmen (vgl. Mt 8,24; Mk 4,37; Lk 8,23; Joh 6,18). Die aufgepeitschten Wellen werden am See G. besonders hoch, weil es kaum Strände gibt, an denen sie ausrollen können. Besonders berüchtigt ist der sog. *scharkije* (arab.), ein Ostwind (vgl. Mt 14,22-24; Mk 6,45-48), der vor allem in Übergangszeiten, z.B. um das Passafest herum (vgl. Mk 6,39; Joh 6,4), auftritt.

Das Bergland steigt auf der O-Seite (Golanhöhen) schroffer (vgl. Mk 5,13), im W (Obergaliläisches Bergland) etwas sanfter an. Da die Randgebirge nur an wenigen Stellen bis an den See treten, ist er von einem flachen Uferstreifen umgeben, der sich im N beim Jordaneinfluß nahe *Betsaida, im W zwischen der Fischindustriestadt *Magdala und dem Großdorf Kapernaum sowie im S zu größeren, äußerst fruchtbaren Ebenen weitet. Alle genannten Orte, neben denen noch die beherrschend über dem O-Ufer liegende *Dekapolisstadt *Hippos und das hellen. Kulturzentrum Philoteria am S-Ende zu erwähnen sind, waren in ntl. und byzantin. Zeit blühende Zentren. Nach der arab. Eroberung und besonders in der Türkenzeit verfiel das Land. Kontinuierliches Stadtleben erhielt sich nur in *Tiberias, der ehemaligen Hauptstadt des *Herodes Antipas. Viele Ortslagen gerieten in Vergessenheit und konnten erst seit dem letzten Jh. wieder identifiziert werden. Bis 1967 wurde der See von der israelisch-syrischen

Grenze durchschnitten. In neuerer Zeit versucht die israelische Verwaltung, den landwirtschaftlichen Reichtum durch Kibbuz-Siedlungen und die landschaftliche Schönheit für den Tourismus zu erschließen.

Literatur: G. Dalman: Orte und Wege Jesu, [4]1967, 115-207; G. Kroll: Auf den Spuren Jesu, [10]1988, 203-213; J. Murphy-O'Connor: Das Heilige Land, 1981, 242-244; M. Nun: Sea of Kinneret [Neuhebr.], 1977; B. Pixner: HlL 119/2-3 (1987), 1-15; O. Procksch: PJB 14 (1910), 11-31; R. Riesner: HlL 119/1 (1987), 2-6; ders.: BiKi 41 (1986), 135-138; G. Theissen: SNTU 10 (1986), 5-25. R.R.

GERA. Mit hebr. *ger,* »Schutzbürger«, zusammenhängend.

1. Sohn Belas und Enkel Benjamins (1Mo 46,21; 1Chr 8,39).

2. Sohn des Benjaminiten Ehud; er wurde von Geba nach Manahat verschleppt (1Chr 8,7).

3. Vater Ehuds, des Benjaminiten und zweiten Richters über das Volk Israel (Ri 3,15).

4. Benjaminit, Vater des *Schimi (2Sam 16,5). Möglicherweise ist mit 3. und 4. der Stammvater desselben Geschlechtes gemeint, der dann vielleicht mit dem Enkel Benjamins identisch sein könnte.

5. s. *Maße und Gewichte.

GERAR. Hebr. *gerār,* »Kreis«.

Eine alte Stadt in der Wüstenebene südl. von *Gaza (1Mo 10,19). *Abraham (1Mo 20.21) und *Isaak (1Mo 26) hielten sich dort auf, gruben Brunnen und pflegten freundschaftliche Beziehungen mit dem König von G., Abimelech, obwohl Isaak einmal mit ihm Streit bekam. Die Stadt lag im »*Philister-Land« (*'äräz pelischtūn,* 1Mo 21,32.34; s.a. 26,1.8); das muß nicht eine anachronistische Bezeichnung sein. Im frühen 9.Jh.v.Chr. war G. Schauplatz des großen Sieges *Asas von Juda über die äthiop. Invasionsarmee Serachs (2Chr 14,11-13).

Für W.M. Flinders Petrie lag G. an der Stelle des heutigen Tell Dschemme. Nach den Forschungen von D. Alon scheint aber eher Tell Abu Hureira, ein Hügel ca. 18 km südöstl. von Gaza im Wadi esch-Scheri'a in Frage zu kommen. Da es in seiner Nähe keine Überreste aus der Vor-Eisenzeit gab, hatte man auf einen natürlichen Ursprung des Hügels geschlossen. Die Untersuchungen Alons zeigten jedoch, daß er vom Chalkolithikum (3600-3150 v.Chr.) an durch die ganze Bronze- und Eisenzeit hindurch besiedelt war. Nach Ausweis des Keramikbefundes an der Oberfläche erlebte die Stadt in der Mittleren Bronzezeit (2150-1550 v.Chr.), der Periode der Patriarchen, eine Zeit der Blüte. Am ehesten aber kommt Tell el Fār'a (Süd), der größte Siedlungshügel im Übergangsbereich zwischen der Wüstenebene und dem Negeb (ca. 2,5 km südl. von Gaza), in Betracht, nachdem seine Identität mit *Scharuhen mehr als fraglich geworden ist.

Literatur: Y. Aharoni: The Land of Gerar, IEJ 6/1956, S. 26-32; vgl. F.M. Cross Jr., G.E. Wright: JBL 75/1956, S. 212-213; W.F. Albright: BASOR 163/1961, S. 48; A. Alt: Kleine Schriften zur Geschichte des Volkes Israel, III, 1959, S. 409-450; OLB 2, 1982, S. 128-137. T.C.M.

GERASA. Eine wichtige Stadt der Antike, die an Bedeutung Palmyra und Petra gleichkam. Sie lag im Transjordangebiet, in der Mitte

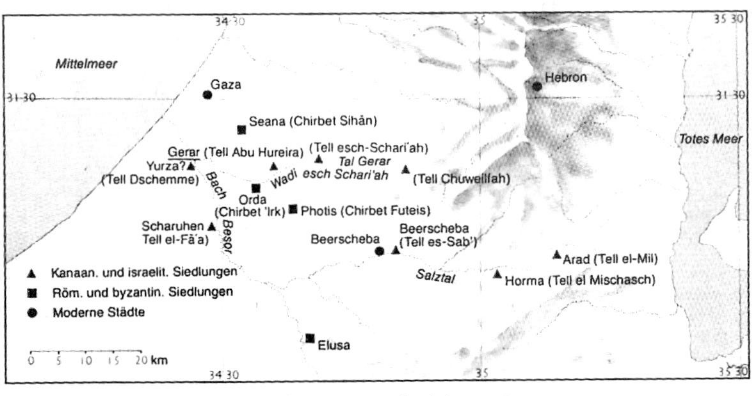

Gerar, vermutlich der heutige Tell Abu Hureira, südöstlich von Gaza.

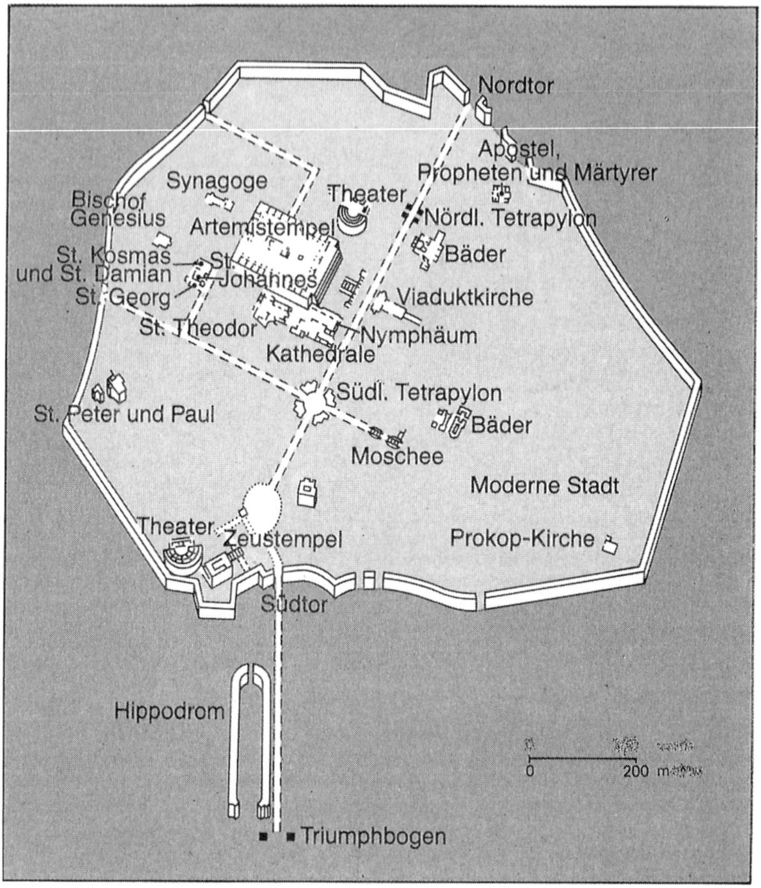

Gerasa. Der Plan zeigt die Hauptgebäude der römischen Altstadt (von einer in der zweiten Hälfte des 1. Jh. n.Chr. gebauten Mauer umgeben), später errichtete Kirchen sowie das Gebiet der modernen Stadt Jerasch.

zwischen dem Toten Meer und dem See Genezareth, ca. 30 km östl. des Jordan. Ihr Name blieb in Form von Dscherasch bis heute bewahrt. Sie ist eine der besterhaltenen röm. Provinzstädte im Nahen Osten. In der Bibel wird sie vielleicht indirekt erwähnt, und zwar in den Texten, die den Aufenthalt Jesu an der Ostseite des Sees Genezareth, im Gebiet der *Gerasener, beschreiben (Mk 5,1; Lk 8,26.37). Die Stadt liegt in einem gut bewässerten Tal; ein Fluß, der zu keiner Jahreszeit austrocknet, fließt durch G. Der Wohlstand G.s rührte wahrscheinlich von den fruchtbaren Getreidefeldern östl. der Stadt her. Nachdem sie zuerst 1806 von dem deutschen Reisenden Seetzen erwähnt wurde, besuchten sie viele Europäer. 1867 zeichnete Ch. Warren Pläne der Ruinen und fotografierte sie. 1878 entstand an der gleichen Stelle ein neues Dorf. Der Abbruch der Bauten führte zwischen den Weltkriegen unter der Aufsicht des Department of Antiquities zu beträchtlichen Erhaltungsmaßnahmen, Rekonstruktionen und Ausgrabungen. Diese Arbeiten sind noch nicht abgeschlossen. Das Ausmaß der röm. Überreste erschwert die Untersuchung früherer Perioden. G. entwickelte sich wahrscheinlich aus einem Dorf zu einer hellen. Stadt mit dem Namen

Römische Kolonnadenstraße in Jerasch (Gerasa). (RH)

Triumphbogen des Kaisers Hadrian (129–130) in Jerasch (Gerasa). (MEPHA)

Antiochia. Das geschah nach dem 4.Jh.v.Chr., als die zunehmende Sicherheit den Wohlstand ermöglichte. Der historische Ort G. wird zuerst in den Schriften des Josephus erwähnt (bell.Jud. I, 104; ant.Jud. XIII, 393-398). Er berichtet, daß Theodorus von Gadara dort am Ende des 2.Jh.v.Chr. Zuflucht suchte. Bald darauf wurde G. aber von Alexander Jannäus eingenommen, blieb bis zur Eroberung durch Pompejus 63 v.Chr. in jüd. Hand und wurde dann ein Teil der Provinz Syrien. Rom folgte der hellen. Tradition und erlaubte eine gewisse Selbstregierung. Dadurch blühte G., das nun zur *Dekapolis zählte, auf. Ein reger Handel entstand mit den Nabatäern im S. Dieser Wohlstand war so groß, daß die Stadt im 1.Jh.n.Chr. weitgehend neu erbaut wurde. In typisch röm. Stil erhielt sie eine Hauptstraße, die, von Säulen umsäumt, zu einem Forum führte. Es gab Tempel für Artemis und Zeus, zwei Theater und einen Wall, der das Ganze umschloß. Das 2.Jh.n.Chr. brachte noch größeren Wohlstand. Die erhalten gebliebenen Überreste, einschließlich eines Triumphbogens, der an den Besuch des Kaisers Hadrian 129-130 n.Chr. erinnert, sind weitgehend aus dieser Zeit. Anfang des 3.Jh. wurde die Stadt eine Kolonie, verlor aber bald darauf an Bedeutung und war zur Zeit der Kreuzritter schon lange verlassen.

Literatur: C.C. McCown: The Ladder of Progress in Palestine, 1943, S. 309-325; G. Lankester Harding: The Antiquites of Jordan, 1959, S. 78-104; E.G. Kraeling: Gerasa, City of the Decapolis, 1938; E.K. Vogel: HUCA 42/1971, S. 40-42; LDB, S. 57-131; G. Kroll: Auf den Spuren Jesu, [10]1987, S. 257-259. T.C.M.

GERASENER. Nach Mt 8,28-34; Mk 5,1-20; Lk 8,26-39 heilte Jesus auf dem Galiläa gegenüberliegenden Ostufer des Sees *Genezareth »im Land der Gadarener/Gerasener/Gergesener« (*chōra ton Gadarēnōn/Gerasēnōn/ Gergesēnōn*) einen (Mt: zwei) Besessenen, der sich bei Gräbern aufhielt (Mk 5,3; Lk 8,27). Die Dämonen fuhren in eine Schweineherde, die sich daraufhin über einen Abhang (*krēmnos*) in den See stürzte (Mt 8,32; Mk 5,13; Lk 8,33). Die heidnischen Bewohner einer naheliegenden Stadt und benachbarter Dörfer wiesen Jesus ab (Mt 8,33f; Mk 5,14-17; Lk 8,34-37), während der Geheilte in der *Dekapolis von dem Wunder erzählte (Mk 5,20).

Schon Origenes (ca. 248) hat das topographische Problem formuliert: Die Dekapolisstädte *Gadara und *Gerasa liegen weit, nämlich ca. 10 bzw. 60 km südöstl. vom See entfernt. Aufgrund einer Ortsüberlieferung hielt er »Gergesener« für die in allen Evangelien ursprüngliche Lesart (In Joann VI, 41). Der Urtext lautet aber in Mt 8,28 unzweifelhaft »Gadarener« und in Mk 5,1 »Gerasener«. Die älteste Bezeugung (Papyrus 75: 3.Jh.; Kodex Vaticanus: 4.Jh.) bietet in Lk 8,26.37 »Gerasener«. Doch halten einige Forscher auch die Lesart »Gergesener« (Kodex Sinaiticus: 4.Jh.) für ursprünglich (F.G. Lang: ZDPV 94, 1978, 146).

Nicht mehr haltbar ist nach unserem Handschriftenbefund die Annahme, die Lesart »Gerasener« sei an allen Stellen eine Verschreibung bzw. (falsche) Korrektur für »Gergesener« (T. Zahn: Matthäus, [4]1922, ND 1984, 360-364). Manche Ausleger nehmen an, daß Mk in eine in der Dekapolis handelnde Wundergeschichte irrtümlich den Namen der bekannten Stadt Gerasa einfügte (W. Schmithals: ÖTK II/1, 1979, 185). Wieder andere rechnen damit, daß ein ursprünglich bei Gerasa lokalisiertes Wunder nachträglich an den See verlegt wurde (R. Pesch, Markusevangelium I, 1976, 252-255).

Der älteste Pilgerbericht, der das Wunder bei El-Kursi an der Einmündung des Wadi Semakh in den See lokalisiert, stammt vom Beginn des 8.Jh. (ELS 311f). Die Ortsüberlieferung ist aber offenbar noch älter, denn im 5./6.Jh. wurde hier ein großes Kloster errichtet. Ursprünglicher Haftpunkt der Tradition war eine (Grab-?)Höhle im Steilhang, in die längere Zeit vor 427 n.Chr. eine kleine Kapelle eingebaut wurde, in deren Apsis sich zwölf Ehrensitze befinden (CNFI 27, 1982, 172). Da schon Origenes und Eusebius (ELS 309-311) an einen bestimmten Ort am Ostufer denken, könnte die Überlieferung auf die Judenchristen der Gegend zurückgehen. Targum Neofiti (zu 5Mo 3,14) scheint für das 2.Jh. judenchristl. Siedlungen am Ostufer vorauszusetzen. Im 6.Jh. trug die Gegend (ELS 311) den Namen Chorsia (vielleicht aram. *kursija'*, »Thron«, davon arab. *kursi*), wovon die später klar bezeugte (ELS 311ff) Verwechslung mit *Chorazin abhängen könnte, die vielleicht schon bei Hieronymus (PL 24,124) vorliegt. Traditionen aus dem 10.Jh. (ELS 278f; Dalman 181f), die aber älter sein können, verlegen die Speisung der Viertausend (Mt 15,32-39; Mk 8,1-10) und die Berufung der zwölf Jünger (Mt 10,1-4; Mk 3,13-19; Lk 6,12-16) in diese Gegend.

In ntl. Zeit bildete das Wadi Semakh die Grenze zwischen der Tetrarchie des *Philippus (vgl. Lk 3,1) und der Dekapolis. Kursi lag damit noch gerade in heidnischem Gebiet. Mindestens in spätröm. Zeit, vielleicht aber auch schon früher existierten hier eine kleine Siedlung und ein Fischereihafen (Tsaferis 41). Der Steilhang ist voller alter Grabhöhlen. Die Gegend gehörte zur Freistadt *Hippos.

Die verschiedenen Ortsnamen in der Wundergeschichte könnten mit jüd. Überlieferungen zusammenhängen, die sich an das Ostufer des Sees hefteten (A. Strus: Festschrift für L. Alonso Schökel, 1983, 383-301). Das Golanplateau oberhalb des Sees Genezareth bewohnten in vorisraelit. Zeit die *Geschuriter. Ihren Namen gibt die LXX zu 5Mo 3,14 und Jos 12,5 als *gergesei/gargasei* wieder. Seit Alexander dem Großen wurde die Gegend von griechischsprachigen Kolonisten besiedelt. Die blutige Unterwerfung unter dem jüd. König Alexander Jannäus machte 63 v.Chr. der röm. Feldherr Pompejus rückgängig (Jos.bell.Jud. I, 155f), dessen Legionen (vgl. Mk 5,9: Lk 8,30) das Schwein als Wappentier führten. Aus Hes 39,11 schlossen Rabbinen, daß sich das Grab für Gog und Magog »bis nach *Girgaschta'* im Osten des Sees von Tiberias« öffnen werde (Schir ha-Schirim Zuta I,4). Einen Orts- oder Landschaftsnamen *Gergesthan* nennt auch der gebürtige Palästiner Epiphanius (Haer 66,35) im 4.Jh. zu Mk 5,1. Der Jerusalemer Talmud (Schebi'i 36c) scheint wie Origenes den Wohnort der *Girgasiter (Gergesäer) bei Hippos zu suchen. Vielleicht war Gergesa sogar ein jüd. Name dieser Dekapolisstadt (G. Schmitt: ZDPV 91, 1975, 59-68), andere denken allerdings an den ursprünglichen Namen von Kursi (Kroll, 257f). Der Ausdruck »Gerasener« bei Mk könnte auf eine semit. Bezeichnung (*geruschīm?*, »Fremde« oder aus *ger* und *sene'i* zusammengesetzt: »verhaßte Fremde«) zurückgehen.

Vielleicht ersetzte Mt 8,28 das für seine Leser unverständliche G. durch »Gadarener«, um mit der Nennung der Bezirkshauptstadt (Toparchie) *Gadara allgemein auf den heidnischen Charakter der Gegend hinzuweisen (A.N. Sherwin-White: Roman Society, 1963, 128). Den Rabbinen galt der »Abhang von Gadara« (Bill. I, 490) als Ostgrenze Galiläas und damit des heiligen Landes. Bei allen Versuchen, den Ort des Wunders südl. von Hippos und damit näher an Gadara zu finden (Dalman 191f), handelt es sich im Gegensatz zur alten Tradition für Kursi nur um moderne Vermutungen.

Literatur: F.M. Abel: JPOS 7 (1927), 112-121; G. Dalman: Orte und Wege Jesu, [4]1967, 190-193; C. Kopp: Die heiligen Stätten der Evangelien, [2]1964, 282-287; G. Kroll: Auf den Spuren Jesu, [10]1988, 257-259; J.B. Livio: BTS 152 (1973), 6-16; R. Pesch: Der Besessene von Gerasa, 1972; V. Tsaferis: The Excavations of Kursi-Gergesa, 1983. R.R.

GERBER s. Handwerk

GERECHTIGKEIT.

I. VORBEMERKUNG.

Unser Begriff von G. deckt sich nur zum Teil mit dem, was die Bibel mit G. meint. Für uns ist G. ein regulativer Begriff: im Vordergrund steht die sogenannte austeilende und ausgleichende G. (*justitia distributiva*) mit dem Grundsatz: Jedem das Seine. Es geht dabei um das Angemessene und um die Verhältnismäßigkeit in einem Umfeld von grundsätzlicher Gleichberechtigung aller. In diesem Sinn sollen Güter gerecht verteilt und soll im Gericht gerecht geurteilt werden. Dabei gehen wir von bestimmten Grundrechten aus, vor allem vom Recht auf Erhaltung und Schutz des Lebens.

Dem gegenüber ist zu sagen, daß der bibl. Begriff der G. sich nicht an menschlichen Grundrechten orientiert und auch nicht einfach am Begriff der Verhältnismäßigkeit. Er faßt die Situation des Menschen, seines Lebens, Ergehens und Verhaltens tiefer, indem er davon ausgeht, daß der Mensch sein Leben ganz und gar Gott verdankt und darum auch mit all seinem Tun und Ergehen vollständig auf Gott angewiesen ist. So gesehen ist das allein Richtige für den Menschen dies, daß er in allem nach Gott frage, vertrauensvoll auf ihn sehe, seine Anliegen vor ihn bringe und sich gehorsam nach seinem Willen richte. Das ist seine G., die sich dann auch in einem gerechten Zusammenleben auswirkt.

Und was ist dann Gottes G., was ist von seiner Seite her das Richtige? Daß er dem Menschen alles schenke und gebe, was dieser zum Leben braucht, ihm auch zeige, wie er leben könne, ihn in diesem Sinn G. lehre und so auf rechter (*zädäk*) Straße führe (Ps 23,2). *Zädäk* ist das hebr. Grundwort für Recht, Gerechtigkeit. Im bibl. Sinn gerecht ist also der Mensch, der nach Gott fragt, der sein Antlitz sucht (Ps 24,6). Der Gegensatz zu dieser Form von G. ist darum auch nicht einfach Ungerechtigkeit, sondern radikaler: Gottlosigkeit samt allem, was sie an schuldhaftem Verhalten mit sich bringt (vgl. Ps. 1).

Die Bibel meint also mit der G. Gottes seine umfassende Lebensgabe und Lebensgnade; die menschliche G. ist die richtige Antwort darauf in Vertrauen und Gehorsam und also auch im Halten der Gebote. Diese Lebensgerechtigkeit kann der Mensch ebensowenig in die eigene Hand nehmen wie das Leben selbst. Sowenig er das Leben aufgrund seiner eigenen Leistung hat, sowenig auch die G. Erst in der späteren jüd. Verengung meinte man, man könne die Gebote und damit das Leben selbst handhaben. Aus der Gnadengerechtigkeit entstand so die Werkgerechtigkeit, gegen die Paulus und vor ihm schon Jesus selbst gekämpft hat.

Es ist also zu kurz gegriffen, wenn man meint, im bibl. Sinn gerecht sein heiße, die Gebote halten. Das ist nur dann richtig, wenn gesehen wird, daß die Gebote die Lebensbeziehung zu Gott nicht schaffen, wohl aber in der schon zuvor geschenkten Lebensbeziehung zu Gott und zueinander erhalten wollen.

Nach diesen grundsätzlichen Überlegungen wenden wir uns nun dem AT zu.

II. GERECHTIGKEIT IM ALTEN TESTAMENT.
G. meint auch im AT zuallererst nicht ein Tun des Menschen, sondern ein Verhalten und Handeln Gottes. W. Joest sagt von dieser G.: »Gottes Gerechtigkeit ist die Wirklichkeitsmacht der Gemeinschaft, die Gott den Menschen mit sich selbst gewährt, in der er ihnen Lebensrecht gibt und es mit ihrem Leben recht macht« (RGG^3 II, 1409). Gottes G. ist also zugleich seine Heilsmacht. Sie ist ein höchstes Gut, ohne das der Mensch gar nicht leben kann. Es geschieht also durch die G. Gottes, daß man das Leben hat und am Leben bleibt (vgl. Jes 41,10; Ps 36,7-10). Der Mensch ist da zuerst und immer wieder der Empfänger. Das zeigt z.B. Psalm 85. In diesem Bittgebet um neue Lebens- und Heilsgnade sind alle Gaben Gottes beisammen: Vergebung (V. 3), neue Belebung zur Freude (V. 7), Gnade, Heil, Frieden und Hilfe (V. 8-10). Dann heißt es: »Güte und Treue begegnen einander, Gerechtigkeit (*zädäk*) und Friede (*schalom*) küssen sich. Treue wächst auf der Erde und Gerechtigkeit (*zädäk*) schaut vom Himmel« (V. 11f). Dann spendet der Herr auch Segen, und das Land gibt seinen Ertrag. Wir sehen, wie Gottesgerechtigkeit und menschliche G. sich vereinen. Damit ist das Gemeinschaftsverhältnis wieder geordnet als ein Verhältnis von Leben und Gedeihen bis hin zu neuer Fruchtbarkeit der Felder. Alles ist wieder richtig, eben so, wie es sein soll (vgl. dazu auch Jes 32,17).

Wir können nun verstehen, daß die ZÜ diese Gottesgerechtigkeit öfters mit Heil, Treue, ja mit Gnade übersetzt. So in Ps 103,6: »Taten des Heils vollbringt der Herr« (LÜ: Der Herr schafft Gerechtigkeit). Ebenso V. 17: »Aber die Gnade des Herrn währt immer und ewig und seine Treue (LÜ: seine Gerechtigkeit) auf Kindeskinder bei den Frommen, die seinen Bund halten und seiner Gebote gedenken durch die Tat«.

Weil Gottes G. seine Treue und Gemeinschaftsmacht ist, bittet der Beter Gott öfters, ihn doch um seiner (Gottes!) G. willen zu erhören. So Ps 143,1: »Erhöre mich um deiner Gerechtigkeit (ZÜ: deiner Gnade) willen«. Vgl. Ps 4,2; 31,2; 35,24; 65,6; 119,40. Solche Stellen zeigen, daß die G. Gottes nicht etwas von seiner Gnade Verschiedenes ist, sondern mit ihr zusammengehört; vgl. Ps 103,17, wo diese beiden Ausdrücke synonym gebraucht werden. So kann statt Gottes G. auch seine Gnade angerufen werden, z.B. Ps 109,26: »Hilf mir nach deiner Gnade«; vgl. Hos 2,21, wo G. (*zädäk*) und Recht (*mischpät*) mit Gnade und Barmherzigkeit zusammen die göttliche Gemeinschaftsmacht prägen; ebenso Jer 9,23.

Diese G. Gottes ist das Beständige, auf das man sich unbedingt verlassen, auf das man vertrauen kann: »Deine Gerechtigkeit steht wie die ewigen Berge und dein Recht wie die große Flut« (Ps 36,7); vgl. Ps 89,15: »Gerechtigkeit und Gericht sind deines Thrones Stütze, Gnade und Treue gehen vor dir einher«; vgl. auch Ps 11,7; 33,5; 111,3; 112,9; Ps 119,137.142.144.160; 5Mo 32,4; Jes 51,8.

Die Gottesgerechtigkeit gilt nicht nur Israel, sie soll auch den Völkern verkündet werden: »Der Herr läßt sein Heil kundwerden; vor den Völkern macht er seine Gerechtigkeit offenbar« (Ps 89,2; vgl. Ps 22,32; 40,10; 71,15).

Der Gottesgerechtigkeit als Gemeinschaftsmacht soll nun die menschliche G. entsprechen als Gemeinschaftstreue. Dabei ist schon im AT Gott der eigentliche Geber auch dieser menschlichen G.: »Träufelt, ihr Himmel, von oben, und ihr Wolken, regnet Gerechtigkeit (*zädäk*). Die Erde tue sich auf und bringe Heil, und Gerechtigkeit (*zedākā*, ZÜ: Segen) wachse mit auf. Ich, der Herr, habe es geschaffen« (Jes 45,8). Die menschliche G. und die Gottesgerechtigkeit sollen einander begegnen; so entsteht und besteht der Zustand des Friedens, des Schalom (Ps 85,11); vgl. Jes 32,17: »Der Gerechtigkeit Frucht wird Friede sein, und der Ertrag der Gerechtigkeit wird ewige Stille und Sicherheit sein«. Ist G. und also Gemeinschaftstreue da, dann auch die Freude an Gott (vgl. Ps 32,11; 68,4).

Weil G. ein dynamischer Verhältnisbegriff ist, kann man gar nicht immer mit Sicherheit sagen, ob nun Gottes G. oder des Menschen G. oder gar beides in einem gemeint sei. Wir finden deshalb den Begriff auch öfters im Zusammenhang mit dem Weggedanken; der Ausdruck »Weg« meint dabei einerseits die Lebensführung und -fügung durch Gott, andererseits aber auch den Weg, den der Mensch zu gehen hat. So heißt es: »Auf dem Wege der Gerechtigkeit ist Leben« (Spr 12,28). Und von Gottes Weg: »Der Herr ist gerecht in allen seinen Wegen und gnädig in allen seinen Werken« (Ps 145,17); vgl. Hos 14,10: »Die Wege des Herrn sind richtig, und die Gerechten wandeln darauf; aber die Übertreter (ZÜ: Frevler) kommen auf ihnen zu Fall« (vgl. Ps 1,6; Spr 11,5).

Beachten wir noch, daß der hebr. Gegenbegriff zu »gerecht sein« *rascha*ʿ, »frevelhaft, schuldig sein«, heißt. Oft wird die Wortgruppe im Sinne von »Gottlosigkeit« übersetzt (vgl. Ps 1,4-6; 37,12.32; Spr 11,5). Es »ist der Ausdruck für das negative Verhalten, für üble Gedanken, Worte und Werke, ein gemeinschaftswidriges Benehmen, das zugleich die innere Disharmonie und Unruhe eines Menschen verrät« (C. van Leeuwen: THAT II, 814; vgl. dazu Jes 57,20f).

Im Gericht geht es darum, festzustellen, wer gerecht (*zadīq*) und wer *rascha'*, im Unrecht, schuldig ist (a.a.O. 817). So ist es Gott, der schließlich dem Gerechten sein Recht wird widerfahren lassen (Ps 37,5f). Gott ist der gerechte Richter (Ps 7,12; Jer 12,1).

Wir haben gesehen, daß der bibl. Begriff der G. elementar mit Leben, Lebensgewährung und Lebensordnung zu tun hat. So können wir auch verstehen, daß in den Verheißungen der kommenden Heilszeit G. eine zentrale Rolle spielt, wobei dann im NT das Leben eine Ausweitung erfährt ins ewige Leben hinein. Grundsätzlich aber kann man schon für das AT sagen, daß nur der Gerechte für sein Leben eine Zukunft hat, während dem Frevler, sofern er nicht umkehrt, keine Chance bleibt, vgl. Ps 1; 37; 92,13; Spr 2,21f; 4,18f; 10,28; Jes 60,21 und besonders Hab 2,4 ZÜ: »Siehe, der Ungerechte – seine Seele verschmachtet in ihm; der Gerechte aber wird kraft seiner Treue am Leben bleiben«; vgl. Röm 1,17; Gal 3,11; Hebr 10,38.

Die kommende Heilszeit ist aber in ganz besonderer Weise Gottes Zukunft, die Zukunft seiner G. Das gilt vor allem auch für die messianische Verheißung: »Siehe, es kommt die Zeit, spricht der Herr, daß ich dem David einen gerechten Sproß erwecken will. Der soll ein König sein, der wohl regieren und Recht und Gerechtigkeit im Lande üben wird. In seiner Zeit soll Juda geholfen werden und Israel sicher wohnen. Und dies wird sein Name sein, mit dem man ihn nennen wird: Der Herr unsere Gerechtigkeit« (*Jahwe zidkenu*, ZÜ: der Herr unser Heil), Jer 23,5f. Vgl. Jes 9,5f; 11,3-5; 32,15-18 und Sach 9,9 ZÜ: »Siehe dein König kommt zu dir, gerecht und siegreich ist er«. Die folgenden Verse zeigen, daß die G. und das Heil, das der König bringt, bis an die Enden der Erde reichen, vgl. dazu auch Jes 45,23f; Ps 98,2f; 97,6 und den messianischen Königspsalm 72.

Das Volk wird aufgerufen, dieser kommenden Gottesgerechtigkeit entgegenzugehen, indem es selbst G. übt: »Wahret das Recht und übt Gerechtigkeit; denn mein Heil ist nahe, daß es komme, und meine Gerechtigkeit, daß sie offenbart werde« (Jes 56,1; vgl. Hos 10,12; Mal 3,20; Jes 61,3.10f).

Beachten wir, wie in diesen Verheißungen und Aufrufen göttliche und menschliche G. ineinanderspielen, ohne daß ausdrücklich gesagt würde, das eine sei die Bedingung und Voraussetzung für das andere. Solche Gedanken im Sinne von »wenn, dann...« sind erst im späteren Judentum aufgekommen. Wenn wir G. üben, dann wird Gott uns den verdienten gerechten Lohn geben (latein.: *do, ut des*... Ich gebe, übe G., damit du, Gott, mir den verdienten Lohn gibst). In den genannten Prophetenstellen dagegen heißt es: Nur, indem ihr über dem Recht wacht und G. und Liebe übt, könnt ihr der kommenden Gottesgerechtigkeit richtig entgegengehen. Solange nämlich der Grundgedanke lebendig war, daß Gott aus grundloser Liebe und Gnade die Lebensgerechtigkeit schenkt und damit zugleich menschliche G. ermöglicht, erübrigte sich jede weitere Überlegung nach Grund und Voraussetzung der menschlichen G. Dieser Grundgedanke ist dann in der Bußpredigt Johannes des Täufers und Jesu wieder aufgenommen worden.

III. GERECHTIGKEIT IM NEUEN TESTAMENT.

Der atl. Begriff der G. ist im NT voll aufgenommen. Schrenk sagt: Der Begriff *dikaios*, »gerecht«, zeigt »besonders deutlich strengsten Anschluß an den atl. Bereich und sodann eine neue Überführung in die Sphäre ntl.er Heilsbestimmung« (ThWNT II, S. 189). »Das Neue liegt in der absoluten Bindung an den Sühnetod Christi, in dem Gott sich als *dikaios* (gerecht) erweist« (a.a.O. S. 190). Damit befinden wir uns bereits im Zentrum der ntl. Aussagen über die G. Gottes. Es ist die schenkende G., die im *Evangelium als Kraft Gottes zum Heil verkündet wird und die jedem gilt, der glaubt (Röm 1,16f). In diesem Sinn ist Christus uns von Gott gemacht zur Weisheit, zur G., zur Heiligung und zur Erlösung (1Kor 1,30; vgl. 2Kor 5,21). Es ist diese durch Christus geschenkte G., in der Gott sich als gerecht und eben so ganz als Gott erweist (vgl. Röm 3,26). Es ist die Gottesmacht – das Evangelium ist *dynamis theou*, »Kraft Gottes« – die sich als Gnadenmacht zum Leben zeigt (vgl. Röm 5,15-18; 6,23). Sicher hat diese Gottesgerechtigkeit auch den Charakter eines richterlichen Freispruchs (vgl. dazu *Rechtfertigung). Indem aber Gott gerechtspricht, bringt er auch zurecht. Wie schon im Alten Bund ist die Gottesgerechtigkeit eine unaufhörlich schaffende Lebensgerechtigkeit. Wie die Sünde eine Macht zum Tode ist, so ist die G. Gottes in Christus eine Macht zum Leben, die das Gottwidrige überwindet (Röm 5,16). Schrenk sagt dazu: »Es ist ein unmittelbar anrufendes und eingreifendes Gotteshandeln gemeint, das autoritativ verpflichtet und das gläubig aufnehmende Subjekt sofort in die Heilstat einbezieht, in die Gewalt der Gottesgerechtigkeit hineinstellt« (a.a.O., S. 209). Es ist die G. Gottes durch den Glauben an Christus für alle Glaubenden (Röm 3,21f). Wenn Luther Röm 1,17 »Gerechtigkeit Gottes« übersetzt mit »Gerechtigkeit, die vor Gott gilt«, so ist das als Auslegung richtig. Der Glaubende erkennt: Nur die von Gott selber bewirkte und geschenkte Lebensgerechtigkeit gilt vor ihm (vgl. Phil 3,9; Gal 2,16; 3,24).

Dieses Reden des Paulus von der Gottesgerechtigkeit in Christus wird nur dann richtig verstanden, wenn wir sehen, daß für Paulus - wie schon für Jesus – die Erfüllung des Gotteswillens, der sich vor allem im Liebesgebot zeigt, als selbstverständliche Forderung unbedingt gilt. Gerecht ist, wer das Gesetz tut (Röm 2,13), und der Glaube an Christus befähigt zum Gehorsam des Glaubens (Röm 1,5). Zu diesem Tun des Gotteswillens hat auch Jesus die Jünger energisch aufgerufen: »Ich sage euch: Wenn eure Gerechtigkeit nicht besser ist als die der Schriftgelehrten und Pharisäer, so werdet ihr nicht in das Himmelreich kommen« (Mt 5,20). U. Luz legt das so aus: »Wenn eure Gerechtigkeit nicht in meßbar höherem Maß reichlicher vorhanden ist als die der Schriftgelehrten und Pharisäer, werdet ihr nicht ins Himmelreich kommen« (U. Luz: Das Evangelium nach Matthäus, EKK, 1985, S. 240). Die »bessere« G. der Jünger bedeutet »nicht nur eine – an der Tora gemessene - quantitative Steigerung der Gesetzeserfüllung, sondern vor allem eine – an der Liebe gemessene – qualitative Intensivierung des Lebens vor Gott« (a.a.O., S. 241). Das ganze NT ist sich darin einig, daß der Gesetzesverächter keine Chance hat vor Gott (vgl. Mt 7,23; 13,41; 23,28; 24,12f; 2Kor 6,14).

Zur gottgeschenkten G. gehört unverzichtbar die Lebensfrucht der G. (vgl. Röm 14,15-17; Phil 1,11). Diese Frucht ist Frucht des Geistes (Eph 5,9), und das schließt den Totaleinsatz des Lebens nicht aus, sondern ein: 1Tim 6,11-14. Die Rettung von der Sünde durch den Tod Jesu verpflichtet und befähigt also zu einem Leben in der G. (1Petr 2,24).

Wir erinnern damit nochmals an die atl. Worte vom Weg, auf dem Gottes G. und die Lebensgerechtigkeit des Menschen verbunden sein sollen. Das Tun der G. im Dienst der Liebe ist dann ein Tun in Christus, aus seinem Geist und damit in der Gottesgemeinschaft. In dieser Gemeinschaft beweist und bewährt Gott seine Treue darin, daß er Sünde vergibt: »Wenn wir unsere Sünden bekennen, so ist er treu und gerecht, daß er uns die Sünden vergibt und reinigt uns von aller Ungerechtigkeit« (1Joh 1,9).

Mit der in Christus offenbaren Gottesgerechtigkeit wird nun auch Leben geschenkt und ermöglicht in einer Tiefe und Weite, wie das AT es höchstens ahnungsweise kannte: Gnade und G. herrschen nun nicht nur als irdisch zeitlicher Schalom, sondern darüber hinaus zum ewigen Leben (Röm 5,21). Diese Lebensgabe, in der die Liebe Gottes in Christus sich zeigt, kann auch durch irdische Not, ja selbst durch den Tod nicht mehr in Frage gestellt werden (Röm 8,30-39). So ist also in der durch Liebe tätigen Glaubensgerechtigkeit auch die Gewißheit ewigen Lebens schon gegenwärtig, nicht als selbstherrlicher Besitz, wohl aber als gewisse Hoffnung auf die eschatologische Erfüllung: »Wir warten im Geist durch den Glauben auf die Gerechtigkeit, auf die man hoffen muß« (Gal 5,5; vgl. dazu auch *Gericht).

Literatur: K. Koch, H. Merkel: Art. Gerechtigkeit, Reclams Bibellexikon, 1978, S. 163f; N.J. Hein, F. Horst, E. Schweitzer, W. Joest, F. Lau: RGG³ II, 1958, 1402–1412; K. Koch: THAT II, 1979, 507-530; G. Quell, G. Schrenk: ThWNT II, 1935, S. 176-229.
H.Sch.

GERGESENER s. Gerasener

GERICHT.

I. VORBEMERKUNG.

Wenn wir vom Gericht Gottes reden, setzen wir voraus, daß zwischen ihm und uns Menschen ein Rechtsverhältnis besteht, eine Rechtsordnung, die Gott gegeben hat, über der er wacht und die er durchsetzt, nicht zuletzt in seinem Richten. Vom Richten Gottes erwarten wir, daß es gerecht, also unparteiisch und ohne Ansehen der Person sei (vgl. Röm 2,11). Diesen grundlegenden Gedanken wird niemand widersprechen. Dennoch reichen sie nicht aus, um das Richten Gottes voll zu erfassen – vor allem deshalb, weil wir einen objektiven und unpersönlichen Begriff von Recht und *Gerechtigkeit haben. Unsere Gesetze stehen über dem Richter, und die Justitia muß mit verbundenen Augen richten. Im Gegensatz dazu hat Gottes Rechtsordnung ganz und gar persönlichen Charakter. Recht und Gerechtigkeit stehen nicht über Gott, sondern sind verankert in seinem heiligen persönlichen Willen. Dieser Wille ist zugleich liebevoll, gnädig und barmherzig. Es ergeben sich von daher für unsere Logik Spannungen, die man nicht einfach auflösen darf. Denken wir zum Beispiel an das Problem der Allversöhnung (vgl. unten). Wir wollen der Sache näherkommen, indem wir zunächst den atl. Rechtsgedanken näher ansehen.

Römischer Bronzesesterz mit dem Bild des Kaisers Vitellius, der auf dem Richterstuhl sitzt. Geprägt 69 n.Chr. Durchmesser: 33 mm. (RG)

II. GOTTES RECHT UND GOTTES RICHTEN IM ALTEN TESTAMENT. Entscheidend für das Verständnis von Gottes Gerechtigkeit und seinem Richten im AT ist das Bundesverhältnis zu seinem Volk Israel. Das Gottesrecht gehört in den Bereich des *Bundes und wird nur dort recht verstanden. Grundsätzlich kann man sagen: Recht und Bund gehören zusammen und erklären sich gegenseitig. So heißt es: »Gott stellte ihn (den Bund) auf für Jakob als Recht, für Israel als ewigen Bund« (Ps 105,10 ZÜ; vgl. 5Mo 32,4; Ps 111,7). Recht und Gerechtigkeit stärken den Gottesbund, Unrecht und Gewalttat schaden ihm. In diesen Zusammenhang gehört der Dekalog (*Gebote, Zehn). Er faßt die Bundesordnung zusammen und zeigt, daß sie sowohl ethischen als auch religiösen Charakter hat (die zweite und die erste Tafel).

Der Bund selber aber ist entstanden durch Gottes freies, ungeschuldetes Erbarmen und Lieben (2Mo 34,6f; 5Mo 7,6-8). Der Bund samt seiner Rechtsordnung ist demnach gegründet in Gottes Gnade und Liebe. Sie ist es, die über der Bundesordnung wacht und also auch richtet.

Wir stehen damit vor einer Tatsache, die rein menschlichem Rechtsdenken Mühe macht: Gnade und Recht sind im heiligen Willen Gottes geeint. »Von Gnade und Recht will ich singen und dir, Herr, Lob sagen« (Ps 101,1; vgl. Ps 89,15; Jes 30,18). So ist auch Gottes Zorn nicht etwas, das zu seiner Gnade im Gegensatz steht. Auch im Zorn zeigt sich Gottes heilige Liebe, die den Bundespartner nicht einfach laufen läßt, sondern ihn in der Heim-Suchung wieder zu sich zieht. Wir können diesen Sachverhalt gut studieren, indem wir das dafür wichtige Wort *mischpāth* untersuchen. Dieses hebr. Substantiv kommt von *schāphath*, »herrschen, richten«. Es meint aber darüber hinaus auch den Rechtsbrauch, die Rechtsnorm, den Rechtsanspruch, und schließlich kann es geradezu die Bedeutung von Gnade und Heil annehmen. Mit *mischpāth* wird im Volk der Zustand des Friedens und des Gedeihens, also des Schalom, gewahrt und gefestigt. Wo kein *mischpāth* ist, da ist auch kein Schalom und umgekehrt; vgl. Jes 2,4 und 9,6, wo es vom kommenden Friedefürsten heißt, daß er sein Reich mit Recht und Gerechtigkeit festigen wird. Herntrich sagt: »*Mischpāth* ist ein Verhältnisbegriff – ebenso wie der Begriff *zedākā* (Gerechtigkeit) -, der die Beziehungen innerhalb einer bestimmten Gemeinschaft regelt und nur von seiner Geltung in dieser Gemeinschaft her verstanden werden kann« (ThWNT III, S. 925).

Halten wir fest, daß auch die Unterscheidung von Gut und Böse für Israel in die Bundes- und Gnadenordnung Gottes hineingehörte und also nicht einfach Sache eines autonomen moralischen Gewissens war (vgl. 1Kön 3,9-11). Herntrich sagt dazu: In Gottes Antwort an Salomo »ist die Fähigkeit der Entscheidung zwischen Gut und Böse zusammengefaßt durch den Begriff *mischpāth*« (a.a.O. S. 926); vgl. Micha 3,1; 6,8 und Jes 1,17: »Lernet Gutes tun, trachtet nach Recht (*mischpāth*), helfet den Unterdrückten, schafft den Waisen Recht, führet der Witwen Sache!«. Daß man im Gericht vor allem den Benachteiligten, eben Waisen und Witwen, Armen und Fremdlingen helfen soll, das haben die Propheten oft eingeschärft (vgl. Jer 5,28; 22,15; Hes 22,29; Am 5,10-12; 8,4ff). »Der *mischpāth* bleibt nur so bestehen, daß die Stolzen erniedrigt werden und die Geringen Recht erhalten« (Herntrich a.a.O. S. 927).

Das ist auch für das Gottesrecht wichtig: In Gottes Verhalten den Schwachen gegenüber zeigt sich, wie sehr sein Richten mit seinem Erbarmen verbunden ist. So war es schon in der *Erwählung des geringen Volkes Israel (vgl. 5Mo 7,7f). Gott nimmt Partei, nun auch für die Geringen im Volk (5Mo 10,17f). In seinem Ansehen der Unansehnlichen zeigt es sich, daß Gott die Person nicht ansieht. Das gilt auch für das Jüngste Gericht. Und es gilt für die kommende Heilszeit (vgl. Hes 34,16f; Jes 2,11-22; 11,3-11). Diese Art von Ansehen der Nichtangesehenen hat Jesus aufgenommen in den *Seligpreisungen (Mt 5,1-10; vgl. auch Mt 11,25f und 1Kor 1,26-31).

Wir erkennen also, daß Gottes Nichtansehen der Person nichts zu tun hat mit den verbundenen Augen der Justitia. Gott kann sehr wohl sehen, ansehen, erwählen und Partei ergreifen, und eben darin zeigt es sich, wie sehr bei ihm Gerechtigkeit und Barmherzigkeit geeint sind. Das gilt auch für Röm 2,11 und Apg 10,34, wo die Sonderansprüche der Juden abgewiesen werden, und für 1Petr 1,17; Kol 3,25 und Eph 6,9.

Wir haben damit schon einen Blick ins NT getan und kehren jetzt nochmals zurück ins AT. Nachdem Israel erkannt hat, daß sein Gott der Schöpfer Himmels und der Erde und also der eine und alleinige Gott aller Völker ist, ist auch klar geworden, daß sein Richten (*schāphath*) und damit auch sein *mischpāth* allen Völkern gilt. Davon reden die Propheten und auch die Psalmen, z.B. Ps 96,10. 13; 98,9; 110,6. Wichtig sind in diesem Zusammenhang die Lieder vom kommenden messianischen Gottesknecht (*Knecht Gottes), der den *mischpāth* und damit das Heil Gottes zu den Völkern hinaustragen wird (vgl. Jes 42,1-4). Luther übersetzt hier mit »Recht«, ZÜ mit »Wahrheit«. Man könnte auch »Heil« übersetzen. Herntrich sagt dazu: »Das Hinausbringen des *mischpāth* bedeutet Heil für die Völker, Barmherzigkeit für die Unterdrückten, es ist die gnadenreiche Willensoffenbarung Jahwes, die einst den Bund mit Israel begründet hatte. Daß der *mischpāth* den Völkern gebracht wird, bedeutet die Ausweitung des Bundes auf die Welt« (a.a.O. S. 932).

Der *mischpāth* bedeutet also auch Heil. Schon im AT ist auch das Vergeben Gottes ein richterlicher Akt. Es hat mit seinem *schāphath*, seinem Richten zu tun. Es hebt zwar die Sünde auf, nicht aber ihren Ernst. Das zeigt sich besonders eindrücklich im Bußgebet Davids (Ps 51). Der Psalmist bittet, Gott möge ihm gnädig sein nach seiner Güte (V. 3) und sagt dann: »An dir allein habe ich gesündigt und übel vor dir getan, auf daß du recht behaltest in deinen Worten und rein dastehst, wenn du richtest« (V. 6). Vgl. dazu auch Ps 130,4 und das Lutherwort: »Vor dir niemand sich rühmen kann; des muß dich fürchten jedermann und deiner Gnade leben«.

III. GERICHT IM NEUEN TESTAMENT.
Der Ernst Gottes zeigte sich im Alten Bund gerade auch darin, daß angesichts der Sünde des Volkes dessen endgültige Verwerfung drohte (Jes 30,12-14; Jer 7,29; 52,3). Vor diesem Hintergrund muß man die Verheißung des Neuen Bundes sehen (Jer 31,31-34; Hes 37,26-28; Hos 2,19-23). Diese Verheißung hat sich in Jesus erfüllt und wird sich noch in ihm erfüllen.

1. Jesus.
Jesus ist gleichsam die Verkörperung des Neuen Bundes und damit des Gottesrechts. In ihm ist die Gottesherrschaft nahe gekommen und damit sowohl Gnade als auch Gericht Gottes. Wir sehen in den *Evangelien, wie Menschen in dieses gnädige Gericht geführt wurden, so z.B. Petrus durch den wunderbaren Fischzug, (Lk 5,1-11). Indem Jesus das Reich Gottes verkündigt, verkündigt er auch das Gericht, denn ohne Gericht kann man nicht in die Gottesherrschaft eingehen. Nur so wird der energische Aufruf zur *Buße (Mt 4,17) verständlich. Jesus weiß, daß das Gericht Gottes über jedem Menschen schwebt.

Nur vor diesem Hintergrund wird erkannt, wie unerhört Jesu Vergeben ist (vgl. Mk 2,5-12; Lk 7,36-50; Mt 18,21-35; Mt 21,31f). Dieses Vergeben ist gültig und zwar ewig gültig. Und damit ist auch klar, daß nur der bevollmächtigte Richter es aussprechen kann. Zu dieser Vollmacht, das letzte Gericht zu halten, hat Jesus sich ausdrücklich bekannt (Mt 7,22f; 16,27; 25,31-46; 26,64). M. Kähler hat deshalb Recht, wenn er sagt: »Nichts und niemand in der Menschenwelt kommt zu seinem Ende, ohne daß sich sein Schicksal an der Person Christi entschiede«. Dieses Vergeben Jesu müssen wir in unmittelbarem Zusammenhang mit seinem Tod zur Erlösung für die Vielen sehen (Mk 10,45). Sein Freispruch und die Befreiung der dem Gericht Verfallenen durch seinen Tod gehören untrennbar zusammen. Hier wie dort ist Jesus der Befreier, damit der Bund und der *mischpāth* in Person. Und darum ist sein Blut das Blut des Bundes zur Vergebung der Sünden (Mt 26,28). Beachten wir, daß das Wort vom Lösegeld für die Vielen nicht nur »zugunsten der Vielen«, sondern auch »anstelle der Vielen« meint (vgl. Joh 10,11.15). Die Lebenshingabe Jesu ruft auch uns zum ganzen Ernst des Glaubens und der Nachfolge vor Gottes heiliger Barmherzigkeit. So sagt Büchsel: »Es kann in der Gemeinde Jesu kein Glauben an Gottes vergebende Gnade mehr geben, das nicht die heilige Forderung des göttlichen Willens und das heilige Recht des göttlichen Strafens ganz ernst nähme, das Verpflichtetsein zum Gehorsam bis zum Letzten, bis zur Hingabe des Lebens« (ThWNT IV, S. 351).

2. Paulus.
Paulus hat den Ernst des göttlichen Gerichts voll erkannt und anerkannt. Das muß man sehen, weil nur so seine Gnaden- und Rechtfertigungslehre recht verstanden werden kann. Für ihn ist der Zorn Gottes heilige Realität. Gottes Zorn ist künftige Wirklichkeit im Gericht (Röm 2,5; 1Thess 1,9f), und er ist schon jetzt offenbar in der heillosen Verirrung derer, die Gott nicht die Ehre geben (Röm 1,18ff). Aber auch Gottes Güte und Geduld ist am Werk und lockt die Menschen zur Umkehr

(Röm 2,4). Mitten in der verlorenen Welt ist der gekreuzigte Christus als »Gnadenthron« (LÜ: »Sühne«) aufgerichtet (Röm 3,25f), und durch Christus ist die Verurteilung für alle, die glauben, aufgehoben (Röm 5,1; 8,1). Das ist seine Gnade, in der unsere Rettung liegt (Eph 2,5). Die Gläubigen dürfen darum der Errettung im Endgericht gewiß sein (Röm 8,31-39; 1Kor 3,15; 5,5). Die Gnadengabe Gottes ist das ewige Leben (Röm 5,21; 6,23). Die Gerechtsprechung (*Rechtfertigung) des Sünders (Röm 4,5.25) stellt in den Gehorsam des Glaubens und in den Dienst der Liebe. Nicht auf Grund seiner guten Werke darf der Glaubende dem Gericht nach den Werken getrost entgegengehen (Röm 2,6; 2Kor 5,10 vgl. Mt 25,31-46) - wenn auch nicht ohne Furcht (Phil 2,12; Röm 11,20) -, sondern allein um des Werkes Jesu Christi willen. So sagt O. Michel in seinem Kommentar (Der Brief an die Römer, [14]1978) zu Röm 2,9-11: »Auch der Glaubende geht durch das Feuer des eschatologischen Gerichtes hindurch (1Kor 3,15). Der Mensch, der auf sich selbst und sein Werk schaut, sieht die Unmöglichkeit zu bestehen. Röm 2,9f hat also die bleibende Aufgabe, jeden Selbstruhm des Menschen zu zerstören: der göttliche Maßstab wird niemals eine eigene Gerechtigkeit anerkennen. Die Glaubensgerechtigkeit aber ist die von Gott dem Menschen geschenkte Gnade, die ihn durch das eschatologische Gericht hindurchträgt und freispricht... Der göttliche Gerichtsspruch erfolgt allein auf Grund des Werkes Jesu«.

3. Johannes.

Johannes hat besonders deutlich gesehen, wie in Jesus beides volle Gegenwart ist, das Gericht und die Gnade. Er redet vom Tag des Gerichts (1Joh 4,17), an dem die Toten auferstehen (Joh 5,28f; Offb 20,11-15), und er kennt auch die Gerichtsdrohung an die Gemeinden (Offb 2,5.16.22f; 3,3.16). Das Gericht ist dem Sohn übertragen (Joh 5,22.27). Sein Wort wird am Jüngsten Tage richten (Joh 12,48). Aber Jesus ist nicht gekommen, um zu richten, sondern um zu retten (Joh 3,17; 8,15; 12,47). Wer nicht glaubt, der ist schon gerichtet (Joh 3,18f). Aber die Gläubigen kommen nicht mehr ins Gericht, sie sind vom Tod ins Leben hinübergeschritten (Joh 5,24; 1Joh 3,14). So kann man sagen, daß am Jüngsten Tag das offenbar werden wird, was schon jetzt sich entscheidet.

4. Das Jüngste Gericht und die Frage der Allversöhnung.

Es ist wichtig, daß wir auch das Weltgericht vom heiligen, persönlichen Bundeswillen Gottes her verstehen. Es wird sich nicht um die Abrechnung und Vergeltung einer gesichts- und namenlosen Rachegöttin handeln, sondern um die endgültige Aufrichtung der Gottesherrschaft und also des *mischpāth* und *schālōm* Gottes über allen Völkern. Dann werden Letzte Erste und Erste Letzte sein, Unansehnliche angesehen und alles Stolze gedemütigt vor dem Gott und seinem Christus, dem allein Ehre gebührt (vgl. Offb 11,15; 12,10f; 19,6f). Zweifellos werden auch im letzten Gericht Gericht und Gnade geeint sein, und es wird gerade dann nur durch Gnade Rettung geben (vgl. 1Petr 1,13). Aber wie dann beides verbunden sein wird, das können wir mit unserer Logik nicht ergründen. Die Optionen sind offen, und Gott behält sich in seiner Souveränität den letzten Spruch vor.

In diesem Licht müssen wir auch das Problem der Allversöhnung oder Wiederbringung aller Dinge sehen, die nach Apg 3,21 sog. Apokatastasislehre. Paulus hat das Heil für alle erwartet (1Kor 15,21ff; Röm 5,18; 11,32). Dennoch kann er von der Verdammnis der Ungehorsamen reden (Röm 2,9; 3,8; Phil 1,28; 3,19). Diese Spannung muß offengehalten werden, und deshalb kann und darf man auch die Frage der Allversöhnung nicht bündig beantworten. Auch Jesus selbst schlägt die Frage nieder und fordert auf zur Bereitschaft (Lk 13,23ff). Es handelt sich um die Verkündigung sowohl des Ernstes als auch der Gnade Gottes. Wer die Gnade ernstnimmt und den Ernst als Gnade versteht, der muß sich durch die Frage nicht beunruhigen lassen. Er weiß, daß es nicht sinnlos ist, wenn wir in der Fürbitte für alle Menschen einstehen (1Tim 2,1ff). So oder so wird das Entscheidende an jenem Tag dies sein, daß dann die Ehre und Herrlichkeit Gottes und seines Sohnes vor aller Welt offenbar werden wird (vgl. dazu auch Jes 25; 52,7-10).

Literatur: N.J. Hein, F. Horst, H. Conzelmann, P. Althaus: RGG³ II, 1958, 1415-1423; C. Andresen, P. Althaus: RGG³ VI, 1962, 1693-1696; F. Büchsel, V. Herntrich: ThWNT III, 1938, S. 920-955; F. Büchsel: ThWNT IV, 1942, S. 341-359. H.Sch.

GERSCHOM/GERSCHON.

1. Der erste Sohn Moses, in Midian geboren (2Mo 2,22; 18,3). Der Name (zu übersetzen mit »Verbannung« oder »ein Fremdling dort«) erinnert an Moses Exil. Die Söhne G.s wurden zum Stamm der Leviten gerechnet (1Chr 23,14-16).

2. Ein Nachkomme von Pinhas, dem Priester (Esr 8,2).

3. Sohn Levis (1Chr 5,27; 6,1f; hier lautet der Name Gerschon). In der Wüste transportierten die Gerschoniten Zelt, Decken, Vorhänge und Seile für Tür, Vorhof und Tor der Stiftshütte. Für diese Arbeit erhielten sie zwei

Wagen und vier Ochsen. Ihr Lagerplatz lag westl. der Stiftshütte. An männlichen Personen über einen Monat alt zählten sie 7 500; jene, die dienten (Altersgruppe 30-50 Jahre) waren 2630 (4Mo 3,17-26; 4,38-41; 7,7). Im Land Kanaan erhielten sie dreizehn Städte (Jos 21,6). Unter David hatten die gerschonitischen Familien der Asafiten und Ladaniten besondere Aufgaben beim Lobgesang und als Schatzmeister (1Chr 6,16f. 24ff; 23,1–11; 26,20f). Ebenfalls erwähnt werden Gerschoniten beim Einholen der Bundeslade nach Jerusalem (1Chr 15,7), bei den Tempelreinigungen unter Hiskia und Josia (2Chr 29,12; 35,15) sowie als diensttuende Priester unter Esra (Esr 3,10) und Nehemia (Neh 11,17). D.W.G.

GERUCH.

1. »Ein lieblicher G. für den Herrn« ist im AT eine oft wiederholte Redewendung in bezug auf Opfer, die Gott dargebracht werden (1Mo 8,21; 2Mo 29,18.25.41; 3Mo 1,9.13.17 u.ö.), und bedeutet: etwas, an dem der Herr sein Wohlgefallen hat.

2. Im Zusammenhang eines anderen Bildes (2Kor 2,14-16), bezeichnet G. die Wirkung, die von einem Menschen ausgeht. Der Anfang von V. 14 heißt wörtlich: »Gott aber sei Dank, der uns alle Zeit im Triumphzug umherführt in Christus...«. Der Triumphzug siegreicher Feldherren wurde bei den Römern stets von Gefangenen, die Weihrauchgefäße trugen, begleitet. Mit diesem Bild will Paulus sagen, daß der Gläubige als ein Besiegter Jesu Christi in der Nachfolge seines Herrn durch sein Zeugnis und seinen Lebenswandel das *Evangelium wie einen Wohlgeruch verbreitet. Von der Entscheidung der Hörer hängt es jedoch ab, ob die Botschaft Leben bewirkt oder zum Tod gereicht.

GERSTE s. Ackerbau, Ernährung

GESALBTER s. Salbung

GESANDTER.

1. Die Worte senden, G., Bote, Botschafter, Botschaft werden in der Hl. Schrift für alle Arten der persönlichen, geschäftlichen und dienstlichen bzw. amtlichen Mitteilung gebraucht, von der einfachen Ansage über die allg. Nachrichtenübermittlung bis hin zur diplomatischen oder prophetischen Botschaft besonderen Inhalts.

2. Vielfach hat der Bote lediglich eine Kunde zu überbringen (Jes 14,32; Ri 9,31; Hiob 1,14); das gilt auch für die militärische Meldung (2Sam 12,27; 18,19-32; Jer 51,31). Wo er mit einer Frage abgeschickt wird, nimmt er die Antwort mit zurück (2Kön 1,2; Lk 7,18-24). Die Verwendung eines Boten wirkt jedoch verletzend, wo ein persönlicher Empfang erwartet werden kann (2Kön 5,10f). Bei politischen Verhandlungen gehen die Boten und Abgesandten hin und her (2Sam 3,12-15; 1Kön 20,2.5.9; Neh 6,1-8). Dabei wird gelegentlich ein Brief überbracht, dessen Inhalt zugleich mündlich übermittelt wird (2Kön 19,9.14; Neh 6,5). Zur Einberufung des Volksheeres (Ri 6,35; 7,24; 1Sam 11,7) und zum Überbringen der Kriegserklärung (2Kön 14,8) werden Boten oder Botschafter verwandt. Im Perserreich verbreiten reitende Kuriere die königl. Erlasse (Est 8,10.14). Gelegentlich haben G. bestimmte Anweisungen auszuführen, militärische (Jos 6,25) oder polizeiliche Aufgaben können ihnen übertragen werden (1Sam 19,11). Dabei haben sie unter Umständen weitgehende Vollmacht für bindende Abmachungen (Jos 2). Bes. vornehme G. – Fürsten und Älteste – werden gern gewählt, wenn man eine angesehene Persönlichkeit um einen Dienst bitten läßt (4Mo 22,5.7f.15; Lk 7,3f.10).

Häufig werden politische und diplomatische Gesandtschaften erwähnt, die um Hilfe ersuchen (1Sam 11,3f.9), Verhandlungen führen (4Mo 20,14ff; 21,21; Ri 11,12.14.17; 2Chr 35,21) und Verträge abschließen (Jos 9,3-15). Sie überbringen offizielle Glückwunsch- oder Beileidsbotschaften (2Sam 10,1-5; 8,10; 2Chr 32,31) und spielen eine große Rolle in der Bündnispolitik der jüd. Reiche (2Kön 16,7; 17,4; Jes 30,4; Hes 17,15).

3. Für die G. der urchristlichen Gemeinden (2Kor 8,23; Phil 2,25) dürfen wir über die Erfüllung bestimmter Aufträge hinaus ein selbständiges Handeln annehmen, das auf Gewissen und Vertrauen gegründet ist. Botschafter sein an Christi Statt (2Kor 5,20) heißt die Grundbitte weitertragen: »Laßt euch versöhnen mit Gott!«. Das setzt im einzelnen die Bindung und Freiheit, die Freude und Kraft voraus, die der unmittelbare Auftrag des Herrn verleiht.

GESANG s. Musik, Jauchzen, Lied, Lobgesang

GESCHENK s. Gabe

GESCHICHTE s. Israel, Heilsgeschichte, Geschlecht

GESCHLECHT.

1. Der Begriff und die Institution des G.s spielte in Israel zu allen Zeiten eine große Rolle, da die politische und gesellschaftliche

Struktur des Volkes auf der Gliederung in *Stämme, Geschlechter und *Familien (Häuser) beruhte. Das gilt in besonderem Maße von der eigentlichen Stammesgeschichte Israels, aber auch von der Zeit des Königtums, der Zeit nach dem Exil und mit Einschränkung von der des NT. Ein G. war die Zusammenfassung mehrerer verwandter Familien, eine Gruppe verwandter Geschlechter konstituierte den Stamm und die verschiedenen Stämme das Volk. Das öffentliche wie das private Leben empfingen von daher ihre entscheidende Prägung.

2. Das bibl. Hebr. kennt vor allem sechs Ausdrücke, die vorwiegend oder teilweise das meinen, was wir mit G. oder ähnlich bezeichnen würden. Ihnen liegen folgende Bedeutungen zugrunde, die die Übersetzer im Deutschen sehr verschieden wiedergeben: Tausendschaft (z.B. Ri 6,15 RevEB); Haus, Vaterhaus (z.B. 1Kön 15,27 RevEB); Sippe (z.B. 5Mo 29,17 RevEB); Same, Nachkommenschaft (z.B. 1Mo 3,15); Menschenalter, Generation (z.B. 1Mo 15,16); Entstehung (z.B. 4Mo 1,20 RevEB). Die hebr. Worte haben sich gegenseitig beeinflußt, so daß der Begriff G. fließend ist.

3. Die wesentlichen hebr. Begriffsschattierungen:

a. *mischpāchāh*; eine bestimmte Abteilung des Volkes: G. als nächste Unterabteilung des Stammes (z.B. 1Sam 10,21); G. als Zusammenfassung mehrerer Familien (z.B. 1Mo 24,38); etwa gleichbedeutend mit Stamm (z.B. Ri 13,2). Auch Menschen, die nicht nur gleicher Abkunft, sondern auch gleichen Standes oder gleicher Zunft sind, werden so bezeichnet (1Chr 2,55; vgl. 1Kön 11,14; Apg 4,6; Offb 22,16).

b. *dōr*; Generation im Sinne der Zusammenfassung von Zeitgenossen (z.B. 1Mo 15,16; Pred 1,4). Es kann sich auf vergangene (Jes 58,12 »die Grundmauern vergangener Generationen wirst du aufrichten«; Hiob 8,8) und künftige (2Mo 3,15; 5Mo 29,21) Generationen beziehen oder auf die Menschen eines ganz bestimmten Zeitraums (2Mo 1,6 RevEB: »jene ganze Generation«). Auch in 1Mo 17,7.9 wird es benutzt, wo Gottes Bund mit Abraham und seinen Nachkommen angekündigt wird. Es bezeichnet auch eine bestimmte *Art* von Menschen wie »das verkehrte Geschlecht« (5Mo 32,5; vgl. Jer 7,29) oder das »Geschlecht der Gerechten« (Ps 14,5; vgl. Ps 112,2). Die aram. Entsprechung *dar* findet sich in Dan 3,33; 4,31.

Das akkad. *duru* wird für eine Generation vom Großvater zum Enkel benutzt, umfaßt also ca. 70 Jahre. Verschiedentlich wurde vorgeschlagen, einen Zeitabschnitt von 40 Jahren (so lange dauerte z.B. die Wüstenwanderung Israels) als runde *Zahl für eine Generation anzusehen. Die Wendung »von Geschlecht zu Geschlecht« bezeichnet die Zusammenfassung mehrerer Generationen und deckt sich weithin mit dem Begriff der unbegrenzten Zeit (immer, unaufhörlich, ohne Unterbrechung; z.B. 2Mo 3,15).

c. *tōledōt*; ein Wort, das in 1Mo zehnmal vorkommt (2,4; 5,1; 6,9; 10,1; 11,10.27; 25,12.19; 36,1; 37,2) und dadurch das Buch in elf Abschnitte teilt, von denen jeder ansetzt mit »das Geschlecht von...«. Es erscheint auch in 1Mo 10,32; 25,13; 36,9; 2Mo 6,16.19; 4Mo 1 12mal; 4Mo 3,1; Rut 4,18; 1Chr 1,29; 5,7; 7,2.4.9; 8,28; 9,9.34; 26,31. In 2Mo 28,10 übersetzt es LÜ mit »Alter«, RevEB mit »Geburt«. Das Wort kommt von *jalad*, »gebären, zeugen«; daher kommt wahrscheinlich die Übersetzung mit »Geschlecht«. Vom atl. Gebrauch her ist es jedoch klar, daß das Wort »Geschichte« oder »Genealogie« einer Familie bedeutet. In der LXX wird es oft durch das griech. *genesis* wiedergegeben (s. 4.c.). Der Ausdruck *biblos geneseōs Iesou Christou*, »Buch von der Geschichte Jesu Christi« in Mt 1,1 entspricht genau dem *sēphär tōledōt adam*, »Buch von Adams Geschlecht« in 1Mo 5,1.

4. Die griechischen Entsprechungen:

a. griech. *genea* wird in der LXX hauptsächlich benutzt, um hebr. *dōr* zu übersetzen und entspricht wie das hebr. Wort weitgehend dem deutschen Begriff »Generation«. Es wird für Leute gebraucht, die zu einer bestimmten Zeit leben (Mt 11,16) und in erweitertem Sinn für die Zeit selbst (Lk 1,50). Es wird auch benutzt, um die »Glieder« eines Geschlechtsregisters zu bezeichnen (Mt 1,17).

b. *genos*, »Abstammung« bezeichnet in Apg 4,6 und Offb 22,16 Menschen gleicher Abkunft und gleichen Standes. 1Petr 2,9 nennt die christl. Gemeinde *genos eklekton*, »auserwähltes Geschlecht«.

c. *genesis* wird in der LXX hauptsächlich für hebr. *tōledōt* benutzt und erscheint in gleicher Bedeutung in Mt 1,1. An anderen Stellen des NT bezeichnet es jedoch die »Geburt« (Mt 1,18; Lk 1,14; Jak 1,23 »sein leibliches Angesicht«, wörtl. »Angesicht seiner *genesis*«; Jak 3,6 »die ganze Welt«, wörtl. »Umlauf der *genesis*«).

d. *gennema*, »Kind« oder »Sprößling«; kommt in Mt 3,7; 12,34; 23,33 und Lk 3,7 in allen vier Fällen als Bestandteil des Ausdrucks »Schlangenbrut« vor.

5. Zur Geschlechtlichkeit des Menschen vgl. *Leib .

Literatur: D. Wiseman: Die Entstehung der Genesis, [4]1987; F. Büchsel: ThWNT I, 1933, S. 660f.671.681-684; R.R. Wilson: Genealogy and History in the Biblical World, 1977, S. 158-159; R. Morgenthaler: Art. Geschlecht, in: TBLNT I, S. 517-519.

T.C.M.

GESCHLECHTSREGISTER.

I. IM ALTEN TESTAMENT.

1. Allgemein.

Ein Geschlechtsregister im Sinne des AT ist eine Liste von Namen, die die Vorfahren oder Nachkommen einer oder mehrerer Personen angibt oder einfach eine Zusammenstellung der Namen von Leuten, die in einer bestimmten Situation betroffen sind. Dem deutschen Wort »Geschlechtsregister« entspricht das hebr. *jachas,* das nur in Neh 7,5 *sēphär hajachas,* »Buch des Geschlechtsregisters«, vorkommt; es bezieht sich dort auf die mit Serubbabel nach Jerusalem Zurückgekehrten. G. wird hier also nicht in dem uns geläufigen engen Sinn gebraucht, wo die Abstammung von einem Vorfahren durch die Angabe der dazwischenliegenden Personen belegt wird. Allerdings kommt es im AT doch auch häufig auf diese Art Register an. Die G. des AT finden sich hauptsächlich im *Pentateuch sowie in den Büchern *Esra, *Nehemia und *Chronik. Nur in den drei letztgenannten Büchern erscheint die Verbform von *jachas,* und zwar immer in der Form *hitjachās,* »sich in die Geschlechtsregister eintragen lassen« (Esr 2,62; 8,1.3; Neh 7,5.64; 1Chr 4,33; 5,1.7.17; 7,5.7.9.40; 9,1.22; 2Chr 12,15; 31,16-19). Der Begriff *tōledōt,* »Geschlecht«, wird in 1Mo mehr oder weniger im Sinn von »Geschlechtsgeschichte« benutzt (*Geschlecht).

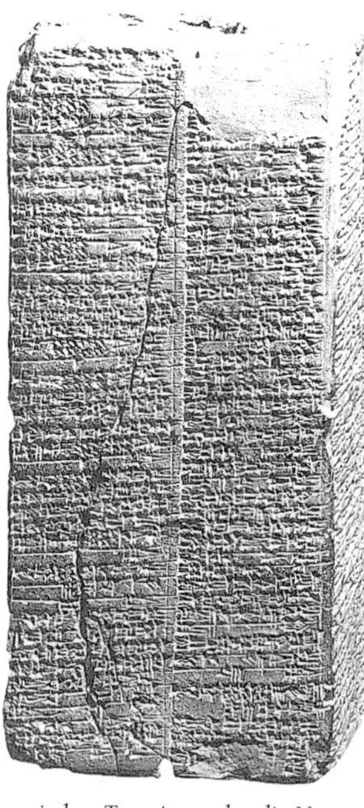

Sumerisches Tonprisma, das die Namen der zehn Könige aufführt, die »vor der Flut« regiert haben. Kisch, 1800 v.Chr. (AMO)

a. Typen von Geschlechtsregistern.

Die G. in der Bibel reichen von einer einfachen Aufzählung von Namen wie in 1Chr 1,1-4, über die gebräuchlichste Art, die die Namen mit einer Standardformel verbindet und weitere Informationen bei einigen (aber nicht allen) hinzufügt (z.B. 1Mo 5 und vgl. V. 24), bis zum umfassenden, geschichtlichen Bericht, der auf einem Gerüst von Namen aufgebaut ist, wie in den Königsbüchern.

Im AT finden sich zwei Formen von G.n. »Aufsteigende« G. gebrauchen gewöhnlich die Formel »x, der Sohn (*ben*) y's, des Sohnes z's usw.« (1Chr 6,18-23; Es 7,1-5); »absteigende« G. lauten oft »x zeugte (*jālad*) y, y zeugte z usw.« (1Mo 5; Rut 4,18-22). Die absteigenden Register können viele Informationen über Alter und Taten der einzelnen Glieder enthalten, während die aufsteigenden gewöhnlich die Vorfahren einer Person auf eine wichtige Gestalt der Vergangenheit zurückführen, wofür die Handlungen der Zwischenglieder nicht von Bedeutung sind.

b. Geschlechtsregister als Quellen der Chronologie.

Es ist unbestreitbar, daß einige G. in der Bibel verschiedene Generationen auslassen (vgl. Mt 1,1 mit 1,2-17). Z.B. fehlen in der Liste von Aarons Nachkommen in Esr 7,1-5 sechs Namen, die in 1Chr 6,3-14 genannt werden. Dies kann gut aus der Formel erklärt werden, denn das Wort *ben* bedeutet nicht nur »Sohn«, sondern auch »Enkel« und »Nachkomme«. So könnte das Verb *jālad* nicht nur »zeugen« im unmittelbaren körperlichen Sinn bedeuten, sondern auch »Vorfahre werden von« (das von diesem Verb abgeleitete Substantiv *jäläd* bedeutet in Jes 29,23 »Nachkomme«). Die Altersangabe jedes Vorfahren bei der Geburt seines Nachkommen und die Anzahl der Jahre, die er danach lebte (1Mo 5,6ff), müssen nicht gegen die Auslegung stehen, daß diese G. Zusammenfassungen sind. Der Zweck der Altersangaben könnte darin liegen, trotz der enormen Lebenslänge dieser Patriarchen deren Sterblichkeit zu betonen und damit eine Folge des Sündenfalles aufzuzeigen.

c. Gebrauch im Alten Orient.

G. sind charakteristische Merkmale der alten geschichtlichen Überlieferung. Verständlicherweise geben uns die königlichen Stammbäume die besten Beispiele, aber Berichte von Gerichtsverhandlungen über Landeigentumsrechte zeigen, daß auch viele andere

Leute solches Wissen besaßen. Assyr. Schreiber des 1.Jt.v.Chr. listeten die Könige Assyriens seit frühesten Zeiten in einer fast ununterbrochenen Linie auf, die 1000 Jahre umfaßt (ANET 3, S. 564-566). Angegeben sind auch das Verwandtschaftsverhältnis von einem zum anderen und die Länge der Regierungszeit eines jeden. Die Liste beginnt mit den Namen von »siebzehn Königen, die in Zelten wohnten«. Lange wurden sie als legendär, als Personifizierungen von Stämmen oder erfunden betrachtet. Jetzt scheinen sie eine historische Grundlage bekommen zu haben, denn ein bei *Ebla entdeckter Vertrag nennt die ersten von ihnen. Aus dem 17.Jh.v.Chr. ist eine Liste von babylon. Königen, ihren Vorfahren und Vorgängern, erhalten geblieben. Einige dieser Namen stimmen mit dem alten Teil der assyr. Königsliste überein. Noch älter ist die Liste der sumer. Könige, die ca. 1800 v.Chr. vollendet wurde. Sie nennt Könige von Süd-Babylon, die bis auf die Flut und noch weiter zurückgehen (ANET, S. 265-266). Auch hetitische, ugaritische und ägypt. Schreiber haben Königslisten unterschiedlicher Länge und Bestimmung hinterlassen.

Einige der für bibl. Geschlechtsregister typischen Merkmale können auch in diesen Listen beobachtet werden. Die Namenslisten sind von historischen oder persönlichen Bemerkungen unterbrochen, vergleichbar mit denen in 1Mo 4,21.23; 36,24; 1Chr 5,8-10 u.ö. Die sumer. Königsliste nennt einen Mes-kiaga-nuna, König von Ur, Sohn des Mes-ane-padas. Zeitgenössische Aufzeichnungen deuten aber an, daß er in Wirklichkeit der Enkel von Mes-ane-padas war und daß sein Vater A-ane-pada hieß. Entweder hat ein Schreiber den Namen des Vaters fälschlicherweise ausgelassen, weil er dem des Großvaters so ähnlich war, oder »Sohn« wird in einem weiteren Sinn gebraucht als im unmittelbar wörtlichen. Der weitere Gebrauch war im Babylon., wie in allen anderen semit. Sprachen weit verbreitet. *māru*, »Sohn«, hieß »Mitglied einer bestimmten Gruppe« und seit 1500 v.Chr. »Nachkomme von«. Der schwarze Obelisk von Salmanassar III. (858-824 v.Chr.) enthält einen interessanten Fall. Er bezeichnet *Jehu als »Sohn (*mār*) Omris«, obwohl die beiden nicht verwandt waren, sondern lediglich den gleichen Staat regierten. Ein bemerkenswertes Beispiel aus Ägypten ist der kurze Text, in dem König Tirhaka (ca. 670 v.Chr.) seinen »Vater« Sesostris III. (ca. 1870 v.Chr.) ehrt, der 1200 Jahre vor ihm lebte. In ähnlicher Weise wurde König Abdul Aziz von Saudi Arabien *Ibn* (Sohn von) *Saud* genannt, obwohl er tatsächlich der Sohn von Abd-er Rahman war, und Saud, dessen Namen er trug, 1724 verstorben war. Bei der Interpretation von alten G.n müssen also der Gebrauch von Verwandtschaftsbezeichnungen, Familien- und Dynastienamen und eine Reihe anderer Faktoren bedacht werden.

Es gibt deshalb keinen Grund anzunehmen, daß alle G. in der Bibel vollständig sein wollen. Ihr Zweck lag vielmehr darin, die Abstammung von einem oder mehreren bestimmten Vorfahren festzustellen, und dieser Zweck wurde auch erfüllt, wenn Namen ausgelassen wurden. Es ging also nicht darum, genaue Chronologien zu erstellen (*Chronologie). Es ist aber auch falsch, irgendwelche Teile von ihnen als Legende, Personifizierungen von Stämmen oder Göttern oder als pure Erfindungen abzutun; es mehren sich nämlich die Hinweise, daß sie ebenso wie ähnliche Aufzeichnungen außerhalb der Bibel auf Tatsachen basieren.

2. Geschlechtsregister des Alten Testaments.
Die wichtigsten G. des AT sind:

a. Von *Adam bis *Noah (1Mo 5; 1Chr 1,1-4). Zehn Namen, jeweils mit der Formel: »A lebte x Jahre und zeugte B. Und A lebte, nachdem er B gezeugt hatte, y Jahre und zeugte Söhne und Töchter. Und alle Tage von A betrugen z Jahre, dann starb er«. Die Zahlen für x und y differieren zwischen MT, Samaritanischem Pentateuch (SP) und LXX, obwohl in den Summen (z) eine beachtliche Übereinstimmung vorliegt: Adam 930; Set 912; Enosch 905; Kenan 910; Mahalalel 895; Jered 962 (MT, LXX), 847 (SP); Henoch 365; Metuschelach 969 (MT, LXX), 720 (SP); Lamech 777 (MT), 635 (SP), 753 (LXX); Noahs Alter bei der Flut: 600 Jahre. Da diese Liste wahrscheinlich gekürzt ist, kann sie für chronologische Zwecke nicht verwendet werden. Dieses G. erinnert an den ersten Teil der sumer. Königsliste, die zehn »große Männer« nennt, die vor der Flut regierten. Die Summe ihrer Regierungszeiten beläuft sich in einer Textfassung auf 43200 Jahre.

b. Die Nachkommen Kains (1Mo 4,17-22).

c. Die Nachkommen Noahs (1Mo 10; 1Chr 1,5-23). Tafel der Völker, die von *Sem, *Ham und *Jafet abstammten (*Völkertafel).

d. Von Sem bis Abram (1Mo 11,10-26; 1Chr 1,24-27). Zehn Namen. Ein G. mit der gleichen Terminologie wie a., nur daß MT und LXX nur die Zahlen für x und y geben, während der SP auch die Summe der Jahre (z) anführt. Die Addition der Zahlen aus MT und LXX und die Summen des SP ergeben folgende Zahlen (meistens stimmen MT und SP gegen die LXX überein): Sem 600; Arpachschad 438 (MT, SP), 565 (LXX); die LXX fügt Kainan 460 ein, der in MT und SP ausgelassen ist;

Schelach 433 (MT, SP), 460 (LXX); Eber 464 (MT), 404 (SP), 504 (LXX); Peleg 239 (MT, SP), 339 (LXX); Regu 239 (MT, SP), 330 (LXX); Serug 230 (MT, SP), 330 (LXX); Nahor 148 (MT, SP), 208 (LXX); Terach 205 (MT, LXX), 145 (SP); Abraham.

e. Die Nachkommen Abrahams durch Ketura (1Mo 25,1-4; 1Chr 1,32f), (*Arabien).

f. Die Nachkommen Nahors (1Mo 22,20-24).

g. Die Nachkommen Lots (1Mo 19,37f).

h. Die Nachkommen Ismaels (1Mo 25,12-18; 1Chr 1,29-31).

i. Die Nachkommen Esaus (1Mo 36; 1Chr 1,35-54).

j. Die Nachkommen Israels (Jakobs; 1Mo 46).

- 1.-6. durch Lea,
- 7.u.8. durch Bilha,
- 9.u.10. durch Silpa,
- 11.u.12. durch Rahel;
- 1. Ruben (1Mo 46,9; 2Mo 6,14; 4Mo 26,5-11; 1Chr 5,1-10).
- 2. Simeon (1Mo 46,10; 2Mo 6,15; 4Mo 26,12-14; 1Chr 4,24-43).
- 3. Levi (1Mo 46,11; 2Mo 6,16-26; 1Chr 5,27-6,15). Dies war ein besonders wichtiges G., da die erbliche Priesterschaft auf ihm beruhte. Die Hohenpriester stammten von Aaron ab, dessen G. in Kurzform in 2Mo 6,16-22 angegeben ist. Die Abstammung Samuels von Levi wird in 1Chr 6 bezeugt, die Esras von Aaron in Esr 7,1-5. S. auch k. unten.
- 4. Juda (1Mo 46,12; 4Mo 26,19-22; 1Chr 2,3-4, 23; 9,4). Dies war Davids Stamm (1Chr 2f), auf den auch die Königsliste von Salomo und Josia zurückgeführt wird (1Chr 3,10-15).
- 5. Issaschar (1Mo 46,13; 4Mo 26,23-25; 1Chr 7,1-5).
- 6. Sebulon (1Mo 46,14; 4Mo 26,26f).
- 7. Dan (1Mo 46,23; 4Mo 26,42f).
- 8. Naftali (1Mo 46,24; 4Mo 26,48-50; 1Chr 7,13).
- 9. Gad (1Mo 46,16; 4Mo 26,15-18; 1Chr 5,11-17).
- 10. Asser (1Mo 46,17; 4Mo 26,44-47; 1Chr 7,30-40).
- 11. Josef (1Mo 46,20; 4Mo 26,28-37; 1Chr 7,14-29), durch seine beiden Söhne Ephraim und Manasse, die von Jakob wie eigene Söhne angenommen wurden (1Mo 48,5.12; *Adoption).
- 12. Benjamin (1Mo 46,21; 4Mo 26,38-41; 1Chr 7,6-12; 8,1-40; 9,7. 35-44). Dies war der Stamm Sauls (1Chr 8.9).

Außer diesen Listen, die genealogische Beziehungen herstellen, gibt es im Zusammenhang mit bestimmten Perioden der atl. Geschichte noch einige andere Personenregister.

k. Register der Leviten (s. oben j. -3.) z.Zt. Davids (1Chr 15,4-24), Joschafats (2Chr 17,8), Hiskias (2Chr 29,12-14; 31,12-17), Josias (2Chr 34,8-13; 35,8f), Serubbabels und Jojakims (Neh 12,1-26) und Nehemias (Neh 10,2-14).

l. Register aus der Regierungszeit Davids. Seine Mitkämpfer in Ziklag (1Chr 12,1-15.21), seine Helden (2Sam 23,8-39; 1Chr 11,11-47), seine Heerführer und Stammesfürsten (1Chr 27,16-22) und seine Beamten (1Chr 27,25-31).

m. Register von Familien und Personen aus der Zeit der Rückkehr aus dem Exil und des Dienstes von *Esra und *Nehemia: die mit Serubbabel Zurückgekehrten (Neh 7,7-63; Esr 2,2-61), die mit Esra Zurückgekehrten (Esr 8,2-14), die Bauleute an der Stadtmauer Jerusalems (Neh 3,1-32), Männer, die ausländische Frauen hatten (Esr 10,18-43), die Unterzeichner des Bundes (Neh 10,1-27), die Einwohner Jerusalems (Neh 11,4-19; 1Chr 9,3-16).

II. IM NEUEN TESTAMENT.

Im NT stehen zwei G. (Mt 1,1-17; Lk 3,23-38), die beide die menschliche Abstammung Jesu, des Messias, darstellen (*Geschlechtsregister Jesu Christi). Der Begriff *biblos geneseōs*, mit dem Mt 1,1ff überschrieben ist, wird jedoch nicht mit »Geschlechtsregister« übersetzt, sondern mit »Buch von der Geschichte« (LÜ), »Stammbaum« (EÜ), »Buch des Geschlechts« (RevEB) Jesu Christi. Die LÜ spricht von »Geschlechtsregister« nur in 1Tim 1,4 und Tit 3,9, wo im Griech. *genealogia* steht. Das entsprechende Verb *genealogeō*, »die Abstammung angeben, eine Abkunft herleiten«, kommt in Hebr 7,6 vor und bezieht sich dort auf Melchisedek, der nicht von Levi abstammte. Die Stellen in 1Tim und Tit gebrauchen »Geschlechtsregister« abwertend; 1Tim im Zusammenhang mit dem Wort *mythos*, »Fabel«, und Tit mit »törichten Fragen«. Möglicherweise dachte Paulus dabei an jene Art mystischer, auf dem AT beruhender Geschichten, die man in jüd. *Apokryphen wie dem Jubiläenbuch findet, oder an die Stammbäume der Äonen, die sich in der gnostischen Literatur finden (*Gnosis). Auf die Geschlechtsregister des AT beziehen sich diese Stellen nicht.

Literatur: E.L. Curtis: HDB, 2, S. 121-137; P.W. Crannel: ISBE, 2, S. 1183-1196; W.H. Green: Primeval Chronology, BS, 1890, S. 285-303; B.B. Warfield: 'On the Antiquity...of the Human Race', PTR 9/1911, S. 1-17; E.J. Young: WThJ 12-13, 1949-51, S. 189-193; W.G. Lambert: JCS 11/1957, S. 1-14.112; A. Malamat: JAOS 88/1968, S. 163-73; R.R. Wilson: Genealogy and History in the Biblical World, 1977; M.D. Johnson: The Purpose of Biblical Genealogies, 1969. Für das NT: D. Guthrie: The Pastoral Epistles, 1957, S. 58.208. T.C.M./A.R.M.

GESCHLECHTSREGISTER JESU CHRISTI. Das NT bietet an zwei Stellen ein ausführliches Geschlechtsregister Jesu Christi. Der erste Evangelist beginnt seine Aufzählung in einer Sprache, die an 1Mo anklingt: »Das Buch des Geschlechts Jesu Christi, des Sohnes Davids, des Sohnes Abrahams«. Dann führt er die Abstammung über zweiundvierzig Generationen von Abraham bis zu Christus (Mt 1,1-17). Der dritte Evangelist berichtet unmittelbar nach der Taufe Christi: »Und Jesus war, als er auftrat, etwa dreißig Jahre alt und wurde gehalten für einen Sohn Josefs«. Dann geht er von Josef über mehr als siebzig Generationen zurück zu »Adam, dem Sohn Gottes« (Lk 3,23-38).

Die Genealogie von Adam bis Abraham muß nicht weiter untersucht werden. Sie fehlt bei Matthäus, und Lukas erhielt sie offenbar aus 1Mo 5,3-32; 11,10-26 (nach der LXX, da er in V. 36 Kenan zwischen Arpachschad und Schelach einfügt), vielleicht vermittelt durch 1Chr 1,1-4.24-27. Von Abraham bis David sind die beiden Listen praktisch identisch. Die Linie von Juda bis David basiert auf 1Chr 2,3-15 (vgl. Rut 4,18-22). Mt 1,5 fügt hinzu, daß Rahab die Mutter von Boas war (vermutlich Rahab von Jericho). Von David bis Josef gehen die Listen auseinander, denn Matthäus führt die Linie über Davids Sohn Salomo und die nachfolgenden Könige Judas bis Jojachin, während Lukas sie über Nathan, einen anderen Sohn Davids und Batsebas (1Chr 3,5), leitet und nicht über die königliche Linie. Bei Matthäus folgen Schealtiel und dessen Sohn Serubbabel dem Jojachin. Beide Namen erscheinen auch in Lk (3,27), weitere Übereinstimmung zwischen den Listen gibt es mit Ausnahme von Josef jedoch nicht.

Es ist höchst unwahrscheinlich, daß die Namen dieser oder jener Liste, die im AT nicht belegt sind, von den Evangelisten oder deren Quellen einfach erfunden wurden. Wenn man die Listen ernst nimmt, stellen sie jedoch ein Problem dar. Beide nennen Jesus einen Nachkommen Davids. Seine davidische Abstammung war während seiner öffentlichen Wirksamkeit allg. bekannt (Mk 10,47f) und wird auch vom apostolischen Zeugnis bestätigt (Röm 1,3; auch Hebr 7,14 setzt voraus, jedermann wisse, daß Jesus zum Stamme Juda gehörte). Beide Listen führen die davidische Abstammung Jesu über Josef, obwohl sie gerade in den Evangelien stehen, die keinen Zweifel daran lassen, daß Josef wohl de iure, aber nicht de facto Jesu Vater war. Das lukanische G. bestätigt dies durch die Nebenbemerkung »wurde gehalten für« in Lk 3,23, und der am besten bezeugte Text von Mt 1,16 spricht von »Josef, dem Mann der Maria, von der geboren ist Jesus, der da heißt Christus«. Selbst in der Lesart des Syrus Sinaiticus von Mt 1,16 (»Josef, mit dem die Jungfrau Maria verlobt war, zeugte Jesus...«) ist der biologische Sinn von »zeugte« durch die folgende Erzählung ausgeschlossen (V. 18-25). Es ist durchaus möglich, daß »zeugte« auch in anderen Teilen dieses G.s die rechtliche Erbfolge und weniger die tatsächliche Elternschaft meint. Wahrscheinlich will Matthäus die Sukzession zum Thron Davids auch da aufzeigen, wo die Linie nicht direkt vom Vater zum Sohn verläuft.

In diesem Fall könnte man von Lukas erwarten, daß er im Gegensatz hierzu versuchen würde, die Linie der biologischen Abstammung wiederzugeben. Deshalb haben einige Kommentatoren angenommen, daß das lukanische G. die Abstammung Jesu über seine Mutter Maria führt, obwohl dies nicht ausdrücklich angegeben wird. Es ist zwar möglich, aus den Worten Gabriels in Lk 1,32 die davidische Abstammung Marias abzuleiten. Eine Erklärung für diese Worte könnte aber auch in dem Hinweis »Josef vom Hause David« in V. 27 liegen. Nach V. 36 ist Maria eine Verwandte *Elisabeths, von der gesagt wird, sie sei »aus dem Geschlecht Aarons« (V. 5), also priesterlicher Herkunft. Die Erwähnung einer Miriam, Tochter Elis (vgl. Eli, Lk 3,23), im Talmud (y Chagiga 2,77d) bringt hier nicht weiter, denn diese Miriam steht in keiner Verbindung zur Mutter Jesu. Auf jeden Fall ist es eigenartig, daß die lukanische Liste, wenn sie die Abstammung über Maria leiten will, dies nicht klar zum Ausdruck bringt. Es ist daher wahrscheinlich, daß beide Listen das G. über Josef führen wollen. Falls Mattan, der Großvater Josefs nach Mt 1,15, derselbe ist wie Mattat, sein Großvater nach Lk 3,24, dann »müßten wir nur annehmen, daß Jakob (Josefs Vater nach Mt) ohne Nachkommen starb, so daß sein Neffe, der Sohn seines Bruders Eli (Josefs Vater nach Lk), sein Erbe wurde« (J.G. Machen: The Virgin Birth of Christ, 1932, S. 208). Die Abstammung Jesu über Josef zu führen, war insofern angemessen, als »Josef der Erbe Davids war und das Kind, obwohl ohne seine Mitwirkung geboren, wahrhaftig 'ihm' geboren wurde« (op.cit., S. 187). Eine etwas kompliziertere Darstellung, unter Heranziehung der Schwagerehe (*Ehe), gab Julius Africanus (ca. 230 n.Chr.) auf der Basis einer Überlieferung, die angeblich in der heiligen Familie aufbewahrt wurde (Eusebius h.e. I, 7).

Falls in Sach 12,12 mit Nathan der Sohn Davids gemeint ist, hatte sein Haus offenbar einen besonderen Platz in Israel, und die Tatsache, daß Jesus in Lk 3,31 zu einem seiner Nachkommen gemacht wird, könnte dann mehr bedeuten, als auf den ersten Blick zu erkennen ist. Die lukanische Liste zählt 20 oder 21 Generationen zwischen David und dem babylon. Exil und ebensoviele zwischen dem Exil und Jesus, während die Liste bei Matthäus nur 14 Generationen für jeden dieser Zeitabschnitte angibt. Bei Matthäus sind jedoch in der Zeit von David bis zum Exil mehrere Generationen erkennbar ausgelassen; in der späteren Periode könnten natürlich noch weitere weggelassen worden sein. Vielleicht war »Resa« in Lk 3,27 ursprünglich kein Personenname, sondern aram. *rescha* (»Fürst«), der Titel Serubbabels (Dann wäre es möglich, daß der nachexilische Teil der lukanischen Liste auf eine aram. Quelle zurückginge).

Der Hauptzweck beider Listen liegt darin, den Anspruch Jesu zu begründen, der Sohn Davids zu sein (*Hoheitstitel Jesu Christi). In allgemeinerem Sinn dienen sie auch dazu, seine Solidarität mit der Menschheit und enge Verbundenheit mit allen, die ihm vorangingen, zu unterstreichen. Christus und der Neue Bund sind fest mit der Zeit des Alten Bundes verknüpft. Marcion (um 140 n.Chr.), der alle Verbindungen des Christentums mit dem AT durchtrennen wollte, entfernte daher konsequenterweise das Geschlechtsregister Jesu aus seiner Ausgabe des Lukas-Evangeliums.

Literatur: J.G. Machen: The Virgin Birth of Christ, ²1932, S. 173ff.203ff; M.D. Johnson: The Purpose of the Biblical Genealogies, 1969; O. Michel: Art. Sohn, in: TBLNT II, S. 1149-1179 (Lit.). F.F.B.

GESCHUR, GESCHURITER.

1. In der Liste der Söhne Davids (2Sam 3,3; 1Chr 3,2) wird an dritter Stelle »Absalom, der Sohn der Maacha, der Tochter Talmais, des Königs von Geschur« genannt. Bei G. handelt es sich um eine aram. Stadt (2Sam 15,8) nordwestl. von *Baschan (Jos 12,5; 13,11.13).

In diese Stadt floh Absalom nach der Ermordung seines Bruders Amnon (2Sam 13,37), und David sandte Joab dorthin, um ihn wieder zurückzubringen (14,23; vgl. 2Sam 14,32; 15,8).

2. Eine »Geschuriter« genannte Gruppe, die im Negeb nahe der ägypt. Grenze lebte, wird in Jos 13,2 und 1Sam 27,8 erwähnt. F.F.B.

GESCHWÜR s. Krankheit

GESER. In vor-röm. Zeit war G. seit mindestens 1800 v.Chr. eine der bedeutendsten Städte Palästinas. Es lag strategisch günstig an der Straße von Jerusalem nach Japho auf dem nördl. Höhenrücken der *Schefela, ca. 12 km vom Hauptverkehrsweg zwischen Ägypten und Mesopotamien entfernt. Starke kanaan. Verteidigungsanlagen waren von Pharao Thutmosis III. ca. 1468 v.Chr. zerstört worden. Danach unterstand die Stadt ägypt. Kontrolle. Zehn *Amarna-Briefe aus G. zeigen, daß die Stadt im 14.Jh.v.Chr. abfallen wollte, aber schließlich doch loyal zu Ägypten hielt. Wäh-

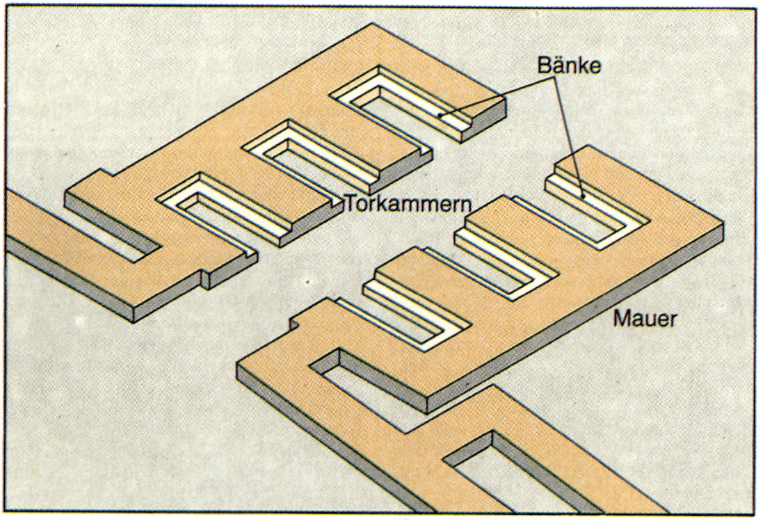

Grundriß einer Toranlage, die Salomo in Geser errichten ließ.

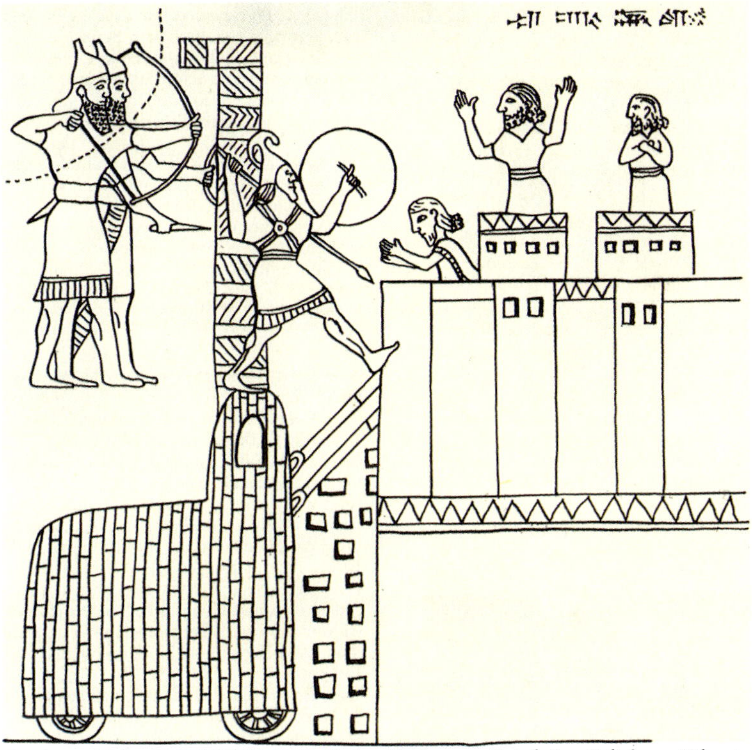

Die Armee Tiglatpilesers III. (745–727 v.Chr.) greift Geser an. Detail eines Reliefs am Südwestpalast in Nimrud.

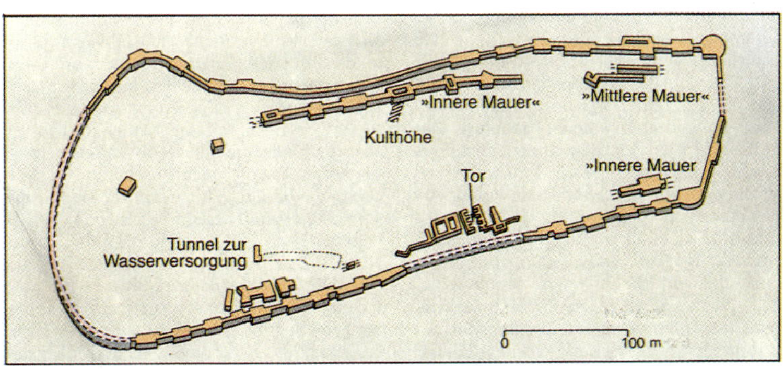

Grundriß der Befestigungsanlage der Stadt Geser.

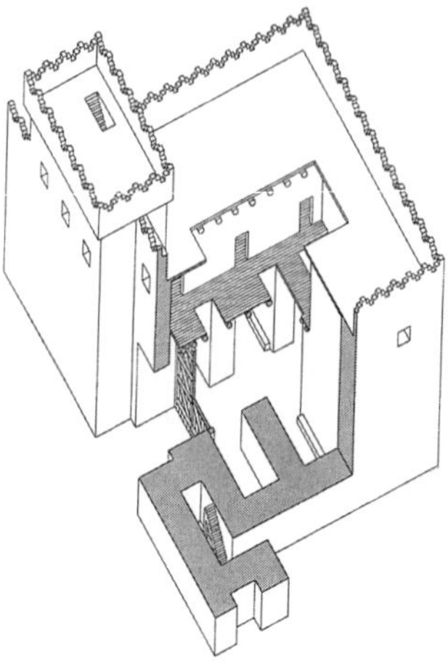

Zeichnerische Rekonstruktion des von Salomo erbauten Tors in Geser.

Monolithen (z.T. über 3 m hoch), die zu der Anlage der »Kulthöhe« in Geser gehörten. Mittlere Bronzezeit. (JLH)

rend der Landnahme der Israeliten versuchte Horam, der kanaan. König von G., *Lachisch zu helfen, wurde aber besiegt (Jos 10,33; 12,12). Obwohl die Israeliten G. nicht einnahmen (Jos 16,10; Ri 1,29), wurde sie eine der levitischen Städte im Gebiet Ephraims (Jos 21,21). Bald nach der Landnahme behauptete Pharao Merenptah (1224-1204 v.Chr.) auf seiner Stele, G. zurückgewonnen zu haben. Archäologische Befunde zeigen, daß die Stadt nach 1200 v.Chr., vermutlich unter Duldung durch die Ägypter, von Philistern kontrolliert wurde; das würde auch Davids Kämpfe in dieser Region erklären (2Sam 5,25). In israelit. Hand kam G., als der Pharao es seiner Tochter zu ihrer Heirat mit Salomo schenkte. Dieser baute die Stadt und ihre Befestigungen wieder auf (1Kön 9,15-17). Ausgrabungen (1964-73) legten ein typisch salomonisches Tor und Befestigungen frei. In diesem Bereich fanden sich auch große Mengen kalzinierter Steine – Spuren von Pharao Schischaks Angriff auf Juda ca. 918 v.Chr. (1Kön 14,25ff). Es gibt auch Hinweise auf spätere Besetzer: Perser, Seleukiden und Makkabäer. G. (Gazara) taucht in der Geschichte der Makkabäerkämpfe recht häufig auf. Als besonders interessante archäologische Funde sind der Kalender von G. und die »Kulthöhe« mit zehn Steinpfeilern (frühestens ca. 1600 v.Chr.) zu nennen.

Literatur: R.A.S. Macalister: The Excavations of Gezer, 1912; W.G. Dever (Hrsg.): Gezer I,II,IV, 1970.1974.1986, EAEHL, S. 428-443; A. Kempinski: Art. Geser, in: BRL[2], 1977, 89-93 (Lit.). G.G.G.

GESETZ.

A. Gesetz im Alten Testament.

I. DER GEBRAUCH DES WORTES.

Gesetz in Verbindung mit dem AT ist vieldeutig. So kann das NT damit das gesamte AT bezeichnen, wenn Paulus zwar Psalmen und Propheten zitiert, doch abschließend folgert: »Was das Gesetz sagt,...« (Röm 3,19; vgl. Joh 10,34; 12,34; 1Kor 14,21). Während dieser Wortgebrauch erst nach Abschluß des AT entstehen konnte, wird schon innerhalb des AT vom gesamten *Pentateuch als G. gesprochen, etwa 1Chr 16,40; 22,12 und in den sog. Torapsalmen wie Ps 1 oder Ps 119. Geht es beim ersten Gebrauch darum, daß das ganze AT trotz aller formalen und inhaltlichen Unterschiede als Einheit zu sehen ist, so fällt hinsichtlich des Pentateuchs auf, daß auf diese Weise Gesetzesordnungen und Geschichte als zusammengehörig angesehen werden. Diese Zusammengehörigkeit ist wohl schon Hos 4,6 vorausgesetzt. Erst aus dem Wissen um Gottes Handeln für Israel und seinen Anspruch an Israel ergibt sich die rechte Gotteserkenntnis. Weiter bezeichnet G. in umfassender Weise die Willensoffenbarung Jahwes an Israel, die trotz der vielfältigen Inhalte um ihres Ursprunges aus Gott willen als Einheit verstanden wird. Schließlich können auch einzelne Anweisungen als G. verstanden werden, ob schriftlich oder mündlich, ob als feststehendes Gesetzeswort oder Prophetenwort (Jes 8,16.20) oder als weisheitliche Weisung (Spr 1,8; 6,20). Überall begegnet das hebr. Wort für Gesetz: »Tora«.

II. DIE WORTBEDEUTUNG.

Gesetz ist eine unzulängliche Übersetzung des hebr. Begriffs *Tora.* Sie ist nur vom NT her erklärlich, das nicht direkt, sondern über die LXX auf das hebr. AT zurückgreift. Die LXX gibt das hebr. Wort mit *nomos,* »Gesetz«, wieder. Die hebr. Wurzel und ihr Sinn sind zwar nicht eindeutig identifizierbar, doch leitet man heute Tora weitgehend von dem Verb *jārāh* (vgl. Gesenius, 318, III.) ab, das man am besten mit »lehren«, »weisen«, »unterweisen« übersetzt. Sein Sitz im Leben ist der der weisheitlichen Pädagogik, Didaktik oder Katechetik. Vorausgesetzt ist ein persönliches Verhältnis zwischen einer lehrenden Autoritätsperson und einer anderen, die bereit ist, sich belehren bzw. unterweisen zu lassen. Diese Bereitschaft schafft eine Erwartungs- bzw. Glaubenshaltung. Diese wechselseitige personale Beziehung ist für das rechte Verständnis dessen, was Tora ist, von höchster Wichtigkeit (vgl. Wagner, S. 920f). Das G. ist also seinem Wesen nach die Israel gegebene Wegweisung Gottes zum Leben (5Mo 32,47). Ausschlaggebend ist dabei weder die Methodik der Unterweisung noch die Form oder der Inhalt des Weisungswortes, sondern sein göttlicher Ursprung und damit die ihm eignende Autorität. Diese »lebensspendende Willensäußerung Jahwes« (Liedke, Pedersen, S. 1039) ist Ausdruck der Gnade Gottes, bei dem die Quelle alles Lebens ist (vgl. Ps 36,10; Jer 2,13); sie ruft beim Menschen deshalb Freude und Lust hervor (vgl. Ps 1 und 119). Insgesamt wäre es deshalb angemessen, den Begriff »Gesetz« zu meiden und statt dessen von »Weisung« zu reden, es sei denn, man will die Verbindlichkeit betonen.

III. URSPRUNG UND WERDEN DES GESETZES.

Für das AT geht das G. in seiner Gesamtheit auf Gott zurück. Es ist Gottes Gesetz bzw., wenn Gott spricht, »mein Gebot« (vgl. Hos 4,6; 8,12). In einer besonderen, mit einer Gottesoffenbarung verbundenen Heilsveranstaltung wurde es Israel am Sinai zuteil (2Mo 19f). Das Herzstück des G.es, die »Zehn Worte, die der Herr zu euch geredet hatte mitten aus dem Feuer auf dem Berge zur Zeit der Versammlung« (5Mo 10,4 vgl. 2Mo 19), schreibt Gott mit eigenem Finger (2Mo 31,18) auf zwei Steintafeln, »um Israel zu unterweisen« (2Mo 24,12). Von »zwei Steintafeln« ist die Rede, weil Vertragstexte allgemein in zwei Exemplaren ausgefertigt wurden, je eines für die jeweiligen Bundespartner. Die zwei Tafeln zeigen also nicht eine Unterteilung der Gebote in »gottbezogene« und »menschenbezogene« an; man sollte daher nicht von »Geboten der ersten« bzw. »der zweiten Tafel« reden. Beide Tafeln enthielten den ganzen Text. Diesem Heilsereignis voraus gehen die Erwählung, die Volkwerdung und die Errettung Israels. Eingelagert ist es in die Konstituierung des *Bundes (2Mo 24,1ff), durch den Israel Gottes Volk und Jahwe Israels Gott wird. Grundlegend für das atl. Gesetzesverständnis sind deshalb die einleitenden Worte: »Ich bin Jahwe, dein Gott, der dich aus Ägypten errettet hat«. So ist das Gesetz »Erweis der Gnade, indem es zeigt, wie das Volk vor Gott lebt, weil es durch ihn lebt« (Gutbrod, S. 1031). Aber auch das als Tora bezeichnete Weisheitswort ist Gotteswort, denn die Weisheit hat ihren Ort in der Gegenwart Gottes. Deshalb hat sie ihren Anfang in der Gottesfurcht, und wer die Weisheit findet, der findet das Leben. Weisheit und G. können so zu Wechselbegriffen werden (Spr 6,23; 7,2).

Zugleich wird das G. in seiner Gesamtheit auf *Mose als den Gesetzesvermittler zurück-

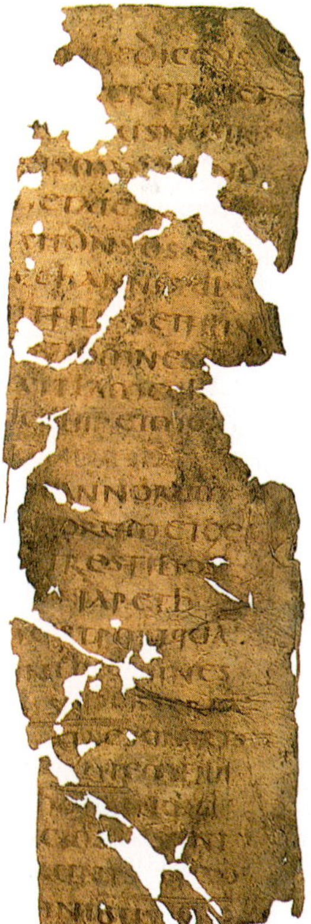

Altlateinische (vor der Vulgata entstandene) Übersetzung von 1Mo 5,4–6,2, auf Pergament geschrieben. Kodex-Pergament aus dem späten 5. Jh. n.Chr., gefunden in Oxyrhynchus, Ägypten. (BL)

geführt. Weil Gott durch ihn geredet hat wie durch keinen andern, gilt er als der größte Prophet Israels (5Mo 18,15). Zugleich gilt das G. als G. Moses (Jos 1,7; Neh 8,1 u.ö.).

Die uns in der Bibel vorliegende kanonische Gestalt darf nicht ohne weiteres mit der von Mose vermittelten Form in eins gesetzt werden. Weder ist die Sprachgestalt des bibl. Hebräisch mit der von Mose gesprochenen Sprache gleichzusetzen noch die Schrift. Der uns vorliegende Text läßt sich handschriftlich bis in die Zeit um 200 v.Chr. zurückverfolgen. Die davor liegende Text- und Überlieferungsgeschichte ist nur durch Schlußfolgerungen zu erhellen. Dabei sind die bibl. Hinweise und außerbibl. zeitgeschichtlichen Parallelen ernst zu nehmen. Wie das theologische Verständnis so ist auch die historische Standortbestimmung des G.es »ein Schlüssel für das Verständnis des Alten Testaments als ganzem« (H.H. Boecker: Dekalog, 206).

Das Buch, das Esra, der Schriftgelehrte, aus Babylon mit nach Jerusalem brachte (Esr 8,1ff), entsprach wohl im großen und ganzen unserem Pentateuch, wie ja auch der davon abgeleitete samaritanische Pentateuch dem kanonischen im wesentlichen entspricht. Bundesbuch, Kultgesetze, aber auch *deuteronomistische Gesetzestexte gehen vielfach auf »uralte« Ordnungen zurück (Würthwein, 1514). Es fragt sich nur, wann sie in die jetzige Form und Zusammenordnung gebracht wurden. Das *Deuteronomium oder eine Grundform desselben weist mindestens in die Zeit Josias zurück (2Kön 22,8ff). Die Propheten meinen nicht, dem Volk erst den Gotteswillen sagen zu müssen. Sie setzen überall die Kenntnis des Gesetzes voraus. Der Satz »Es ist dir gesagt, Mensch, was gut ist, und nichts anderes fordert der Herr, dein Gott, von dir« (Mi 6,8) ist nichts anderes als ein Hinweis auf die am Sinai geschehene Willensoffenbarung Gottes (vgl. Gutbrod 1032). Dabei ist bei den Propheten, inbesondere bei dem ältesten Schriftpropheten *Hosea, die Tora mehr als »die priesterliche Einzelunterweisung« (Hos 4,6; 8,1.12). »Das Wort meint bereits die gesamte Willenskundgebung Jahwes, die schon schriftlich fixiert ist und auf Gottes eigene Hand zurückgeht (12). Diese Willenskundgebung ist nicht Voraussetzung des Bundes, sondern Konsequenz aus dem Bunde. [. . .] Dabei kennt Hosea schon eine Vielzahl von schriftlich überlieferten Weisungen. Damit ist für die Mitte des 8.Jh. v.Chr. schriftliche Tradition des alten Bundesrechts bezeugt. Die Urkundlichkeit der Schrift bedeutet 'erhöhte Autorität'« (H.W. Wolff: Hosea, BKAT XIV/1, 1976, S. 176f.186). Insgesamt ist nicht zu übersehen, daß wir uns im Alten Orient in einem kulturellen Umfeld bewegen, in dem Bundestexte und Gesetzeskodices weniger mündlich tradiert als schriftlich festgelegt werden. Es entspricht den gattungsgemäßen Erwartungen, wenn gesagt ist, daß Mose alle Worte des Herrn niederschrieb und so »das Buch des Bundes« entstand (2Mo 24,4.7). Ähnliches wird auch vom deuteronomischen Gesetz gesagt (5Mo 31,9). Und es entspricht altorientalischer Praxis, daß der Bundestext im Heiligtum deponiert wurde (5Mo 31,26), um zu bestimmten Zeiten öffentlich verlesen zu werden (V. 10f). Man wird also davon ausgehen dürfen, daß die Passagen, von denen es gesagt ist, in Schriftgestalt bis auf Mose zurückgehen. Eine sprachliche Fortschreibung schließt das nicht aus, sondern erfordert es geradezu, wenn das G. lebendiges Gotteswort bleiben sollte. Doch wird man hinsichtlich einer möglichen sachlichen Fortschreibung des G.es G.v. Rad nicht zustimmen können, der meint: »Israel hat den Jahwewillen als äußerst beweglich verstanden, immer neu sich einstellend auf jede in religiöser oder politischer oder wirtschaftlicher Hinsicht veränderte Situation« (Theologie des AT I, 1978, S. 212). Dagegen spricht schon die Tatsache, daß die im Pentateuch vorausgesetzte Ordnung nicht die staatliche Ordnung der späteren Zeit, sondern immer nur der israelit. Stämmeverband sowie der am Sinai konstituierte Bund ist (Würthwein, 1514 unter Berufung auf Noth), daß die Propheten das G. gerade den neuen Verhältnissen ihrer Zeit nicht angleichen, sondern zurückrufen zu den ursprünglichen Ordnungen des Bodenrechts, des Prozeßrechts, des Eherechts usw. Dagegen sprechen auch die z.T. altertümlichen Ordnungen, die vorausgesetzt werden, sowie das Fehlen späterer Institutionen und heiliger Orte, wie Tempel, Zion und Königtum usw.

Neben dem schriftlich fixierten G. hat es höchstwahrscheinlich von Anfang an auch eine mündliche Gesetzesüberlieferung gegeben. Dafür spricht die Anordnung vieler Gebote in sog. Gebotsreihen (etwa der Dekalog 2Mo 20; 5Mo 5, aber auch die sog. Fluchreihen, 5Mo 27,14ff). Der hebr. Bauer *las* das G. wohl nicht, sondern »murmelte das Gesetz vor sich hin bei Tag und bei Nacht« (so Ps 1,2). Dazu waren ihm Zusammenfassungen (wie Ps 15; 24,3ff; Hes 18,5ff) eine Hilfe, wie es ja auch poetische Zusammenfassungen der Heilsgeschichte gibt, die auch zur Tora gehört (vgl. z.B. Ps 78; 106), sowie poetische Darstellungen der Schöpfung (etwa in Ps 136), die auch Bestandteil der Tora ist. Die Tora sollte eben nicht nur als Dokument in der Lade liegen, sondern als lebendiges Wort in Israel daheim sein und Leben und Wesen des Volkes prägen (vgl. 5Mo 6,20; 11,18-25).

Die unterschiedlichen Überlieferungsweisen und -orte schlagen sich möglicherweise darin nieder, daß die Gesetze im Pentateuch in weithin klar faßbaren Blöcken vorliegen, etwa der Dekalog 2Mo 20,1-17, das Bundesbuch 2Mo 21-23; Stiftshüttengesetz 2Mo 25-30; Opfergesetz 3Mo 1-7; Priester- und Reinheitsgesetz 3Mo 8-15; Heiligkeitsgesetz 3Mo 17-25; deuteronomisches Gesetz 5Mo 12-26. Daneben sind verschiedentlich zwischen Erzähltexten noch kleinere Sammlungen eingeschoben. Dieses Nebeneinander der schriftlichen und mündlichen Überlieferungen erklärt manche Überschneidungen im jetzigen Text. Wann der Pentateuch und damit das G. in der heute bekannten Form vorlagen, muß eine offene Frage bleiben.

Die Bewahrung, Überlieferung und Verkündigung der Tora war den Priestern aufgetragen. So heißt es in dem sehr alten, poetisch geformten Text des Mosesegens von den Priestern: »Die hüten dein Wort, bewahren deinen Bund; sie lehren Jakob deine Rechtssatzungen« (5Mo 33,9f). Das Priestertum versagte, wo es sich nur noch dem Opferkult widmete und die Verkündigung des G.es vernachlässigte (Hos 4,6 vgl. Mi 3,11; Zef 3,4; Hes 22,26; 7,26; Jer 18,18; Mal 2,7).

IV. WESEN UND EIGENART DES ALTTESTAMENTLICHEN GESETZES.
Diese lassen sich nur recht erfassen, wenn man zugleich das religionsgeschichtliche Umfeld beachtet. Die Rechtstraditionen des Alten Orients reichen viel weiter zurück als die des AT. Ein fragmentarischer Kodex von Ur-Nammu geht auf die 3. Dynastie von Ur aus der Zeit um 2050 v.Chr. zurück. Der sumer. Kodex von Lipit-Ischtar datiert um 1850 v.Chr. Auch der älteste akkad. Kodex aus der Stadt Eschnunna stammt aus der Zeit um 1800 v.Chr. Der bekannte Kodex Hammurabi, der manche Ähnlichkeiten mit dem G. Moses aufweist, entstand um 1700 v.Chr. oder früher. Damit sind nur einige uns bekannte Gesetzessammlungen des Alten Orients genannt. Man sollte nicht überrascht sein, daß außerbibl. Gesetzestexte so weit zurückreichen. Das Zusammenleben von Menschen hat immer schon Fragen aufgeworfen, die durch Recht und G. geregelt werden mußten. Priester und Richter fehlen deshalb in nahezu keiner menschlichen Gesellschaft. Formal und inhaltlich lassen sich zwischen außerbibl. und bibl. Gesetzestexten mancherlei Parallelen feststellen. So ist das sog. kasuistische (von latein. *casus,* »Fall«) oder Fallrecht formal dem außerbibl. verwandt. Die Sätze beginnen jeweils mit »wenn« und erzählen einen Straffall. Mögliche Variationen werden mit einem »falls« oder »ist aber« eingeführt. Daran wird dann das zu sprechende Urteil angefügt (s. 2Mo 21,18-22,2 u.ä.). Das kasuistische Recht muß keineswegs, wie A. Alt annahm, aus kanaan. Rechtspraxis übernommen sein. Wie die Zeit Elias zeigt, waren - etwa im Boden- aber auch im Prozeßrecht – kanaan. und Jahwerecht durch eine tiefe Kluft getrennt. Zudem dient das G. u.a. dazu, das Gottesvolk von den Kanaanäern und den von ihnen ausgehenden Gefährdungen abzuschirmen (Würthwein, 1515). Wenn es vergleichbare Rechtsfragen gibt, dann nicht zuletzt deshalb, weil das Leben überall in vergleichbaren Institutionen und Bahnen verläuft: in Ehe, in Besitz, im Umgang mit Grund und Boden. Und oft ergeben sich in vergleichbaren Fällen, etwa wo ein Mensch durch Leichtsinn andere in Not bringt (z.B. 2Mo 21,33 u.ö.), ähnliche Regelungen. Das weist noch nicht auf Abhängigkeiten hin. Zudem gab es in Israel eine Rechtsprechung, die durch Präzedenzfälle Vorbilder schaffte, wie sie im kasuistischen Recht vorausgesetzt werden. Das wird in dem der Gesetzgebung vorgeordneten Abschnitt (2Mo 18,15-26) deutlich: Wenn das Volk einen Streitfall hat, kommt man zu Mose. Zur Entlastung setzt er Richter ein, so daß ihm nur die schweren Fälle bleiben. Auf diese Weise tut Mose dem Volk »kund die Satzungen und Weisungen Gottes« (V. 16). Ziel des G.es und der Rechtspraxis ist aber, daß das Volk *Frieden hat (V. 23), d.h. daß es ihm wohl geht (so die Bedeutung von *schalom*), indem das Unrecht ausgeglichen und ausgegrenzt wird.

Neben der formalen und z.T. auch inhaltlichen Ähnlichkeit zwischen altorientalischem und atl. kasuistischem Recht ist auf die inhaltlichen Unterschiede zu verweisen. Nur weniges sei hier genannt, so etwa das Fehlen jeglicher Klassenjustiz im israelit. Bereich. Das Sklavenrecht ist geprägt von Barmherzigkeit. Pachtrecht fehlt. Ehescheidungsrecht ist stark eingeschränkt. Verstümmelungsstrafen fehlen und die Todesstrafe ist eingeengt. Prozeß-, Fremden-, Armenrecht usw. sind geprägt von Barmherzigkeit. Grundsätzlich ist die persönliche Blutrache ausgeschlossen. Das Strafmaß darf den Schaden nicht übersteigen, sondern muß in angemessenem Verhältnis stehen (Talionsrecht, 2Mo 21,23ff). Das israelit. Recht ist grundsätzlich von der Liebe geprägt: »Du sollst deinen Nächsten lieben wie dich selbst; ich bin der Herr« (3Mo 19,18). Viele Rechtssätze vor allem im Deuteronomium sind mit Begründungen versehen (2Mo 21,21; 5Mo 24,6; 25,3 u.ö.), die z.T. der Geschichte Israels

Torarolle, die mindestens 200 Jahre in Gebrauch war. (DJW)

entnommen sind. Ziel dieser ethischen Appelle ist die Hinführung des Menschen zur Einsicht, zum mündigen Gehorsam und zur inneren Bejahung seines Tuns. »Da sich in keinem der zahlreichen außerisraelit. Rechtskorpora solche begründenden Erklärungen finden, haben wir in ihnen etwas Spezifisches der israelit. Rechtsüberlieferung zu sehen« (v.Rad, 1976, S. 211; zu Texte- und Detailvergleichen s. H.J. Boecker, a.a.O., v.a. Kap. IV und V).

Neben dem kasuistischen Recht, das formal über den ganzen Alten Orient verbreitet ist, kennt das AT das sog. apodiktische Recht (von griech. *apodeiknymi* »setzen, bestellen, erklären, dekretieren«). Hier wird das Recht nicht von Präzedenzfällen abgeleitet, sondern von einer absoluten Autorität ohne explizite Begründung gesetzt. Die Diskussion »um diesen Bereich des alttestamentlichen Rechts ist bis heute nicht abgeschlossen«. Doch kann man uneingeschränkt sagen: es ist »urtümlich israelit.«, »volksgebunden israelit.« und »gottgebunden jahwistisch«. Mit ihm scheint man auf »einen Edelstein im großen Steinbruch der altorientalischen Religions- und Rechtsgeschichte gestoßen zu sein« (so ursprünglich A. Alt, zitiert bei Boecker, 1976, S. 166f). Trotz aller weiteren Forschung und mancherlei Zweifeln kann man nach wie vor von einer Analogielosigkeit dieser Rechtsform reden.

Die apodiktischen Gesetze begegnen im wesentlichen in drei Gattungsformen. Zunächst ist auf die sog. »prohibitiven Rechtssätze« bzw. die »Vetative« (prohibitiv: »verbietend«; Vetativ von latein. *vetare*, »verbieten, nicht gestatten, Veto einlegen«) hinzuweisen. Im Deutschen werden sie allg. mit »Du sollst nicht...« wiedergegeben. Die bekanntesten Rechtssätze dieser Art finden sich im Dekalog. Ob der ganze Dekalog ursprünglich negativ formuliert war, muß dahingestellt bleiben. 1Mo 9,6 zeigt einen positiv formulierten apodiktischen Rechtssatz ähnlich dem Gebot: »Du sollst Vater und Mutter ehren«. Gerade durch die negative Formulierung werden die Ränder des Lebens abgesteckt, jenseits derer Tod und Verderben lauern, etwa durch Mord, Ehebruch, Verleumdung usw. Diese Gebote dienen also dazu, das Verderben auszuschließen, einen Friedensraum zu schaffen und innerhalb dieses Friedensraumes dem Menschen Freiraum zum positiven sittlichen Handeln zu gewähren. Damit wird gerade nicht jede Handbewegung vorgeschrieben (v. Rad, 208). Inhaltlich erfaßt der Dekalog die allgemeinen Existenzgrundlagen des Menschseins, ein Hinweis darauf, daß »der Dekalog in allen seinen Geboten ganz elementar über dem Menschsein des Menschen« wacht (ebd. 209).

Daneben stehen die sog. »*mōt-jumāt*-Sätze«. Mit dieser grammatikalischen Form wird im Hebr. ein starker Befehl ausgedrückt: »Der muß unbedingt getötet werden«. Als Musterbeispiel für diese Rechtsform gilt 2Mo 21,12-17. Von diesen Rechtssätzen werden allg. todeswürdige Verbrechen erfaßt. In der Diskussion scheint man bislang übersehen zu haben, daß wir im Zusammenhang mit dem Schöpfungsauftrag Gottes an den Menschen in 1Mo 2,16f eine Verbindung von positivem und negativem apodiktischen Rechtssatz mit einem *mōt-jumāt*-Satz haben: Am Anfang steht das Angebot Gottes: »Du darfst (sollst) von allen Früchten des Gartens essen«, gefolgt vom Verbot: »Vom Baum der Erkenntnis sollst du nicht essen«. Das wird durch einen *mōt-jumāt*-Satz bekräftigt: »...mußt du gewiß sterben«. So ist nach bibl. Überzeugung das Verhältnis des Menschen zu Gott von Anfang an eingebettet in ein eindeutiges Rechtsverhältnis, wobei das ohne Begründung gelassene Recht Ausdruck der Souveränität und Göttlichkeit Gottes und der Geschöpflichkeit des Menschen ist, dem gesagt werden muß, was für ihn gut ist (Mi 6,8).

Eine dritte apodiktische Form bilden die sog. »*'arur*-Sätze«. Das hebr. *'arur* bedeutet »verflucht sei«. Während Fluchsätze an vielen Stellen des AT begegnen (z.B. 1Mo 3,14; 4,11 u.ö.), sind innerhalb der Gesetzeskorpora die Fluchsätze in einer auffallenden Reihe zusammengestellt (5Mo 27,15-26). Die *'arur*-Sätze erfassen vor allem heimliche Verbrechen, die nur Gott, der ins Verborgene sieht, strafen kann.

Ob wir es bei der im Du-Stil gehaltenen zwölfgliedrigen Aufzählung von Verwandtschaftsgraden, unter denen Geschlechtsgemeinschaft verboten ist (3Mo 18,7-18), mit einer weiteren Gattung apodiktischen Rechts zu tun haben, ist fraglich. Letztlich handelt es sich hier ähnlich wie beim Dekalog um sog. Prohibitivsätze.

V. DIE VIELGESTALTIGKEIT UND VIELSEITIGKEIT DES ISRAELITISCHEN GESETZES UND SEINE EINHEITLICHKEIT.
Die Vielgestaltigkeit wurde schon im Rahmen der unterschiedlichen Gesetzesgattungen besprochen. Sie schlägt sich indes auch in den verschiedenen Bezeichnungen nieder, die unter dem Oberbegriff Tora zu finden sind. So werden die Weisungen etwa *debarīm*, »Worte«, genannt. Die »Zehn Gebote« werden deshalb auch einfach die »Worte Gottes« (5Mo 5,22) genannt. Parallel dazu steht in 2Mo 24,3 der Ausdruck *mischpāthīm*, »Rechtssatzung«. Schon aus dieser Parallelsetzung ergibt sich, daß *mischpāthīm* nicht nur auf kasuistische Rechtssätze zu beziehen ist. 2Mo 24,12 stehen dann *tōrāh* und *mizwāh* gleichwertig nebeneinander. Das letztgenannte Wort leitet sich vom Verb *zāwāh*, »befehlen, anordnen, heißen« ab. Andere Begriffe sind Dekrete (*chuqōt* 2Mo 12,14 u.ö.) oder *'edōt*. Doch auch damit erschöpft sich die Begrifflichkeit nicht. Die ganze Vielfalt begegnet in Ps 119, wo zugleich deutlich wird, wie auswechselbar die Begriffe sind, auch wenn sie sich ursprünglich vielleicht einmal auf eine bestimmte Gesetzesart bezogen haben sollten.

Die Vielseitigkeit des G.es spiegelt das Bemühen wider, das ganze Leben unter die Herrschaft Gottes zu stellen. So gibt es Geschlechts- und Speisegebote, Kriegs- und Königsrecht, Boden-, Schuld-, Prozeß- und Armenrecht. Neben diesen, den weltlichen Lebensbereich betreffenden Geboten, stehen die Anweisungen für den Dienst der Priester und Leviten: Opfergesetze, Wallfahrts- und Festordnungen, Reinheitsgebote, Verbote von Wahrsagerei, Spiritismus und Okkultismus. Bei allem muß man feststellen, daß sich in der Anordnung der Gebote keine Systematik erkennen läßt. Vielmehr hat man den Eindruck einer ziemlich wahllosen Aneinanderreihung, was nicht ausschließt, daß ursprünglich eine gewisse Absicht hinter der jetzigen Anordnung stand. Und zugleich muß man feststellen, daß bei aller Vielseitigkeit eben doch nicht alle Lebensbereiche abgedeckt wurden. Das Ziel ist eben nicht eine alle Lebensfragen klärende Kasuistik, sondern die Prägung einer Lebenshaltung, eines Ethos, wie es dem Leben unter der Herrschaft und in der Furcht Gottes entspricht. Für zu klärende Rechtsfragen gab es deshalb Gerichte (Boecker, 1976, Kap. II), wobei den Unterdrückten Recht zu schaffen eine von Gott gewollte Tat ist, die letztlich allein der kommende Messiaskönig recht ausführen wird (vgl. Ps 72 und Jes 11,1ff).

Bei aller Vielseitigkeit und Vielgestaltigkeit wird doch die Einheitlichkeit der Tora gewahrt. Sie hat ihren Grund in erster Linie darin, daß Gott allein der Gebietende ist. Allen Geboten voran steht das »Ich bin Jahwe, dein Gott, der dich aus Ägypten, aus der Knechtschaft erlöst hat« (2Mo 20,1ff). Es ist der Liebeszuspruch Gottes, der durch sein G. nun die Verderbens- und Unterdrückungsmächte aus seinem befreiten Volk ausschließen will. Dem entspricht, daß das G. an keiner Stelle andere Götter und fremde Gottesdienste erlaubt. Dieser totale Ausschluß jeglichen polytheistischen Gedankens ist einzigartig israelitisch.

So wie das G. ausschließlich von Gott kommt, so umschließt es das ganze Israel. Jedes Glied des Volkes ist angesprochen. Ist die Erwählung von Anfang an korporativ, d.h. auf das Volk abzielend, so ist darin der individuelle Glaubens- und Gehorsamsanspruch, wie er spätestens in der Zeit der Schriftpropheten (vgl. der »Rest« bei Jes 10; 11 und Hes 18: Die Entscheidung des einzelnen) zur Ausprägung gelangt, mit eingeschlossen. Das an das ganze Volk verkündigte G. zielt auf den Gehorsam des einzelnen (vgl. Ps 1). Dem entspricht auch die Unbedingtheit der Forderung, die sowohl im kasuistischen wie im apodiktischen Recht zum Ausdruck kommt. Dieser wiederum steht der werbende Charakter des G.es gegenüber. Sein Ziel ist die Liebe zu Gott, die auf die Gottesliebe antwortet: Den einen Gott von ganzem Herzen lieben (5Mo 6,4f). Und das G. will nicht den äußeren Gehorsam, es zielt auf das Herz des Menschen (V. 6).

VI. GRUND UND ZIEL DES GESETZES. Der Grund des G.es ist die erwählende Liebe Gottes, der das will, was für den Menschen gut ist. Was gut für ihn ist, weiß der Mensch nicht von sich aus. Es muß ihm von Anfang an gesagt werden (Mi 6,8; vgl. 1Mo 2,16f). Wer das erkannt hat, dem ist Jahwes G. eine Freude und ständiger Grund zum Dank (Ps 119). Doch erschöpft sich das G. nicht im Interesse am guten Leben des Menschen; es zielt vielmehr darauf hin, daß der einzelne wie das Volk sich an Jahwe bindet, denn nur in der Bindung an ihn ist das Gute gut (vgl. Gutbrod, 1030). Für das AT ist das G. nicht der Weg zur Gottesgemeinschaft bzw. zur Erlösung, sondern es ist Gottes das Leben der Erlösten bewahrende Weisung. Am Anfang steht nie des Menschen, sondern immer Gottes Tat (vgl. 2Mo 20,1f). »So will das Gesetz das Verhältnis des Bundesvolkes und des einzelnen zum Bundesgott und zum Volksglied, das demselben Gott gehört, regeln auf dem Grund der Erwählung dieses Volkes seitens dieses Gottes durch Abwehr der Dinge, die dieses Verhältnis aufheben oder stören« (Gutbrod, 1031).

Wenn man diesen Grund und dieses Ziel des G.es aus den Augen verliert, kommt es zu dessen Mißbrauch. Der Gehorsam wird zum Verdienst, auf den man sein Heil als Lohn gründet. Die Einheit des Gebotes und das davon geprägte Ethos gehen verloren. Man sieht nur noch das Einzelgebot und muß es vielfältig erweitern und ausbauen, damit es keine denkbare Lebenssituation gibt, die nicht schon im voraus geregelt wäre. Anstelle der Freiheit derer, die im Bunde mit Gott stehen, tritt die Knechtschaft. Und das G., das darauf hinzielt, daß der Mensch »Liebe übt und demütig vor seinem Gott« ist (Mi 6,8; vgl. Hos 4,1; 6,6), macht ihn hart, unbarmherzig und stolz. Diesen Mißbrauch des G.es hat das NT vor Augen, wenn es negativ vom G. spricht. Er

Der Kodex Hammurabi, die Gesetze des Königs von Babylon (ca. 1792–1750 v.Chr.), eingemeißelt in eine Diorit-Stele von 2,25 m Höhe. Über dem Text ein Bild des Königs, der die Symbole für »Gerechtigkeit und Wahrheit« von dem Gott Marduk oder dem Sonnengott Schamasch empfängt. (MC)

ist nicht im ursprünglichen Sinn des G.es angelegt, sondern bahnt sich in der Spätzeit des AT oder gar erst nach Abschluß desselben an.

Wenn indes der Mensch schon in atl. Zeit am G. scheitert, d.h. sich am lebensspendenden Gotteswillen bzw. an Gott selbst den Tod holt, so liegt das nicht am G., das ja »heilig und gerecht und gut« ist (Röm 7,12), sondern am Menschen, der sich aufgrund seiner Sündhaftigkeit nicht von Gott sagen läßt, was für ihn gut ist, und sich selbst bestimmen will. Deshalb zielt das G. letztlich über sich selbst hinaus auf den Neuen Bund und den durch Gott in Christus erneuerten Menschen (Jer 31,31-34; vgl. Mk 26,28; 2Kor 5,17ff). Die Erneuerung des Menschen geschieht nur, wo Vergebung der Sünden möglich gemacht und die Kraft des Geistes Gottes erfahrbar wird, der den Willen (bibl. Herz) des Menschen erneuert (Hes 36,26ff). Sie ist gerade nicht eine im Menschen inhärente Möglichkeit (vgl. Hes 18, 30-32, wo das Unmögliche gefordert wird); Gott allein kann sie schaffen, indem er seinen Christus sendet. Erst in ihm erreicht das Gesetz sein Ziel (Röm 10,4: griech. *telos*, »Ziel, Ende«). Er bringt den Neuen Bund und mit ihm die Vergebung, die Gabe der Umkehr (Mk 1,14f; vgl. Apg 11,18) und der Gottesgemeinschaft. Indem er sich für die Sünden der vielen dahingab, brachte er das Ende des Gesetzes (Gal 3,10-14). Jetzt gilt: Wer an ihn glaubt, der ist gerecht (Röm 10,4b). Welche Bedeutung das G. als Ordnung des Sinaibundes für den Christen hat, ist vom NT und von Jesus und den Aposteln her zu erfragen.

Literatur: H.J. Boecker: Recht und Gesetz im Alten Testament und im Alten Orient, 1976; ders.: »Recht und Gesetz: Der Dekalog«, in: ders. u.a.: Altes Testament, 1983, S. 206-221; K. Gutbrod: ThWNT IV, 1942, S. 1029-1039; G. Liedke, C. Petersen: THAT II, 1032-1043; S. Wagner: ThWAT III, 920-930; E. Würthwein: RGG³ II, 1513-1515. H.E.

B. Das Gesetz im Neuen Testament.

I. JÜDISCHER HINTERGRUND.

Die Geltung des G.es im NT ist auf dem Hintergrund der Hochschätzung der Tora als Weisung Gottes im zeitgenössischen Judentum zu verstehen. Diese wurde nicht nur als Wort des Lebens und Wegweisung Gottes für Israel bewertet (5Mo 32,47), sondern auch als präexistentes Instrument der Weltschöpfung, als Inbegriff der Weisheit Gottes und als Gesetz, das für alle Völker gelten sollte, aber nur von Israel als große Gabe Gottes angenommen worden war (Aboth 3,14). Alles in der Tora, jeder Buchstabe, stammt von Gottes Hand und ist deshalb ungemein wichtig und aufschlußreich. Aber um die schriftlich überlieferte Tora recht zu verstehen, bedarf man nach pharisäischer Ansicht der mündlichen Tradition (*torah schäbe'al päh*), die ebenfalls Gottes am Sinai gegebene Offenbarung darstellt, von den Ältesten und den Propheten weitergegeben und schließlich von den rabbinischen Weisen gesammelt, geordnet und schriftlich niedergelegt wurde (Aboth, 1,1f: die mündliche Tora als Zaun um das schriftlich überlieferte Gesetz). In der endzeitlich ausgerichteten Qumrangemeinde betonte man, es müßten alle Gebote gehalten und durch intensives Studium auch die bisher noch verborgenen Dinge in der Tora Moses entdeckt werden (1QS 5,8-11). Man wollte das wahre Bundesvolk sein und »alles tun, was der Herr sagt« (vgl. 2Mo 19,8); das große Versprechen der Israeliten am Berg Sinai wurde als Gemeinschaft stiftende Verpflichtung verstanden (*jachad*, »Einung«; vgl. 2Mo 19,8 mit 1 QS 1,1ff; 5,1ff). Das Judentum zur Zeit Jesu machte keinen qualitativen Unterschied zwischen ethischen und rituellen Geboten in der Tora. Diese galt als erfüllbar, da der Mensch mit Hilfe des in ihm wohnenden guten Triebes dem bösen, zur Sünde verleitenden Trieb widerstehen kann (so die Targume zu 1Mo 4,7); andererseits bekannte der Fromme, daß auch er – bewußt oder unbewußt – oft das Gesetz übertrete.

II. DAS GESETZ IN DER LEHRE JESU.

Der Ausdruck »Gesetz« (*nomos*) bezeichnet in der Lehre Jesu gewöhnlich die fünf Bücher Mose (vgl. Mt 5,18f), während mit »dem Gesetz und den Propheten« (Mt 5,17; 7,12; 11,13; 22,40; Lk 16,16) alle »Schriften« des AT gemeint sind (vgl. Mk 14,49); bei Markus fehlt der Begriff *nomos*. Jesus sah im Gesetz die Lehre Moses (Mk 10,3f), aber auch das Gebot Gottes (Mk 7,8; Lk 2,23f). Grundsätzliche Bedeutung für das Gesetzesverständnis Jesu hat die feierliche Aussage Mt 5,17: »Ich bin nicht dazu gekommen, das Gesetz oder die Propheten aufzulösen..., sondern (sie) zu erfüllen«. Das Gesetz soll in seiner Ganzheit bestehen bleiben (Mt 5,18f). Das bedeutete einmal, daß Jesus die »Überlieferung der Alten«, d.h. die von den Pharisäern so hoch geschätzte und stets weiter entfaltete mündliche Tradition ablehnte (Mk 7,9; vgl. Mt 23); sie ist keineswegs göttliche Offenbarung, sondern Menschenlehre, die das eigentliche Gebot Gottes nicht etwa nur schützen, sondern auch aufheben kann (Mk 7,8). Zum andern betonte Jesus die Notwendigkeit, den »Willen Gottes zu tun« (Mk 3,35; Mt 7,21): Man muß die Gebote nicht nur nach ihrem Wortlaut verstehen, sondern auch hinter den Buchstaben zurückgehen; dieser will Wegweiser zum Herzen des himmlischen Vaters sein und zeigen, was ihm wohlgefällt. Beispiele dieser Art von Gebotserfüllung sind die sogenannten »Antithesen« der Bergpredigt (Mt 5,21-48). In ihnen scheint Jesus mit seinem messianisch-autoritativen »Ich aber sage euch« den von Mose den Alten verkündigten Geboten zu widersprechen, ja, einzelne von ihnen ganz aufzuheben (Mt 5,32.34.39). In Wahrheit aber will er zeigen, daß angesichts der nahen Gottesherrschaft das Gesetz im Sinne einer »besseren«, d.h. reicheren (hebr. *merubbah*) »Gerechtigkeit« vollzogen werden muß (Mt 5,20). Gemeint ist die das Verhalten Gottes kennzeichnende, helfende und heilbringende Gerechtigkeit, die in der *Basileia* (Reich Gottes) ganz geoffenbart werden wird (vgl. Mt 6,33); sie entspricht der Vollkommenheit Gottes und schließt auch die Liebe zum Feind mit ein (Mt 5,44-48). Das ganze Gesetz und die Propheten hängen an der Erfüllung des Liebesgebots, werden in diesem gleichsam zusammengefaßt (Mt 22,40); dabei fügt Jesus dem täglich rezitierten großen Imperativ der Gottesliebe (5Mo 6,5) das Gebot der Nächstenliebe als gleich wichtig (Mt 22,39) hinzu (3Mo 19,18; Mk 12,28-33 par.). Mit dem Vollzug des bis zur Feindesliebe ausgedehnten Liebesgebotes und dem Tun der besseren Gerechtigkeit wird das G. Gottes in das Leben der Gotteskinder integriert.

III. DIE ESCHATOLOGISCH-PROTOLOGISCHE BEGRÜNDUNG DES VON JESUS GELEHRTEN TORAGEHORSAMS.

Man könnte diese neue Deutung der Tora Moses als Gesetz des Neuen Bundes bezeichnen, das vor allem in der Bergpredigt zur Sprache gebracht und im eigenen, messianischen Handeln Jesu vorbildlich bewährt wurde. Angesichts des nahen Weltendes war es für Jesus wichtig, den Blick auf den »Anfang der Schöpfung« (Mk 10,6) zu richten, da in der heilen, sehr guten Ordnung vor dem Sündenfall die gute Absicht des Schöpfers, der eigentliche Wille Gottes, klar zum Ausdruck kommt. Das gilt z.B. hinsichtlich der Ehe: Was Gott von den Ehegatten erwartet, ist nicht etwa aus dem Gebot des Scheidebriefs (5Mo 24,1) abzulesen; denn dieser stellt eher eine Notverordnung dar, die wegen der Hartherzigkeit des gefallenen Menschen notwendig und von Mose erlassen wurde (Mk 10,5). Vielmehr wird am Anfang des 1. Mosebuches die Ehe als eine Stiftung Gottes geoffenbart (Mk 10,6-8 nach 1Mo 2,24), die bestehen bleiben und vom Menschen nicht aufgehoben werden soll (Mk 10,9; vgl. Mt 5,27-32). Das gleiche gilt für den Sabbat: Der Menschensohn will als »Herr über den Sabbat« (Mk 2,28) diesen keineswegs aufheben, sondern ihn in seinem schöpfungsgemäßen, ursprünglichen Sinn herausstellen und befolgt sehen. Wenn Jesus das Ährenraufen der Jünger am Sabbat verteidigt (Mk 2,23-27) und am Ruhetag die Gebrechen von Menschen heilt (Mk 3,1-6; Lk 13,10-17; 14,1-6; vgl. Joh 5,2-9), so folgt er dabei dem Vorbild seines himmlischen Vaters, der nach dem Sechs-Tage-Werk ruhte und gleichsam Atem holte (1Mo 2,1-3; 2Mo 31,17). Das Sabbatgebot wird für den Menschen zur Gabe, da der Ruhetag auch ihn Atem holen läßt und ihn an Leib und Seele erquickt. Dies ist aber nur möglich, weil Gott auch an diesem Tag für seine Geschöpfe sorgt und sie am Leben erhält. Wie der himmlische Vater, so »arbeitet« auch der Sohn am Ruhetag (Joh 5,17), indem er Gutes tut und Leben schafft (Mk 3,4), d.h. leidenden Menschen zum Heil verhilft. Auf solche Weise macht er sie zu echten Sabbatmenschen, zu wahrhaft freien Kindern Abrahams (Lk 13,16) und zu Gotteskindern, die von den Fesseln des Satans befreit sind; so wird jeder Sabbat zum Vorschein der ewigen Sabbatruhe im Gottesreich.

Freilich hat Jesus mit seiner Entscheidung, was von außen her in den Menschen komme, könne ihn nicht verunreinigen (Mk 7,18), das Verbot, unreine Speisen zu essen (*kaschruth*), aufgehoben und »alle Speisen für (rituell) rein erklärt« (7,19). Auch diese Entscheidung, die formal der Lehrtätigkeit eines rabbinischen Weisen entspricht, ihrem Inhalt nach aber etwas Neues darstellt und der missionarischen Ausbreitung des Christentums den Weg gebahnt hat, läßt sich zum heilen »Anfang der Schöpfung« in Beziehung setzen. Denn die von Gott geschaffene Kreatur war »sehr gut« (1Mo 1,31) und deshalb auch kultisch rein; erst nach dem Sündenfall wird die Unterscheidung zwischen reinen und unreinen Tieren erwähnt (1Mo 8,20). Ferner schützten zwar die Gebote für die zeremonielle Reinheit vor allem das in der Diaspora lebende Judentum, bildeten aber ein schweres Hindernis für die Sammlung des Gottesvolkes und die volle Gemeinschaft von Juden und Heiden im anbrechenden Gottesreich. Grundsätzlich haben alle Gebote, welche die Absonderung und Trennung von Menschen und Völkern befestigen, in der vom Liebesgebot normierten Ethik Jesu und auch des Paulus keine Daseinsberechtigung; denn Versöhnung und Barmherzigkeit sind Gott wohlgefälliger als das Darbringen von Opfern (Mt 5,24; 9,13; 12,7 nach Hos 6,6).

IV. DIE ERFÜLLUNG DES GESETZES DURCH DAS MESSIANISCHE WIRKEN JESU.

Gesetz und Propheten wurden nach Jesu Urteil als Hilfe zum Heil und als Weg zum ewigen Leben von Gott gegeben (Mt 19,17-19; Lk 16,31). Aber das Tun des Gotteswillens, das Leben nach der Tora des Neuen Bundes und die Erfüllung des radikal verstandenen Liebesgebots ist dem »argen« Menschen (Lk 11,13) mit seiner Herzenshärtigkeit (Mk 10,5) nicht möglich; die Forderung der Vollkommenheit überfordert ihn (Mt 19,21f). Eben deshalb hat Jesus das Gesetz und die Propheten nicht etwa nur »aufgerichtet«, d.h. als Gottes eigentliche Forderung klar herausgestellt und neu in Kraft gesetzt (vgl. Mt 5,21-48), sondern sie vor allem »erfüllt« (Mt 5,17) und dadurch »alle Gerechtigkeit erfüllt« (Mt 3,15). Wie sein Halten des Sabbats geschah diese Toraerfüllung so, daß sie als Akt der besseren, helfenden Gerechtigkeit anderen zugute kam. Denn der von den Propheten verheißene Neue Bund wird nicht etwa durch den Toragehorsam Israels verwirklicht, sondern durch den messianischen Menschensohn, der gehorsam den Willen Gottes tut und sein Leben als Lösegeld für die Vielen in den Tod gibt (Mk 10,45). Die dadurch ermöglichte Vergebung der Sünden rettet das Gottesvolk (Mt 1,21) und ermöglicht die Aufrichtung des Neuen Bundes (Mk 14,24; vgl. Jer 31,34). Mit seinem freiwilligen Sühnetod hat Jesus auch das doppelte Liebesgebot auf vollkommene Weise erfüllt (Lk 24,44; vgl. Joh 10,17f; 15,12f) und die bessere Gerechtigkeit als rettende Macht zur Geltung gebracht. Wie das atl. Gesetz in dem erlösenden Handeln Gottes an Israel begründet ist und von ihm her seine Einheit und den Ansporn zur Erfüllung erhält (2Mo 20,1ff), so wird dieses Gesetz im NT durch das Erlösungshandeln Jesu zu einer neuen Einheit geführt und im doppelten Liebesgebot zusammengefaßt. Diese Wende in der Geschichte des Gesetzesgehorsams kann so beschrieben werden, daß das Gesetz und die Propheten bis zu Johannes dem Täufer gelten, und dann die Verkündigung des Evangeliums folgt (Lk 16,16f) bzw. daß das Gesetz durch Mose gegeben wurde, die Gnade und Wahrheit aber durch Jesus Christus »geschahen« (Joh 1,17). Dabei geht es aber nicht um die Aufhebung der Tora, sondern um deren Erfüllung in der messianischen Zeit. Das Evangelium von dem in Christus geschehenen Heil bestätigt die heilsgeschichtliche Rolle der Tora: Christus hat den in Gesetz und Propheten zur Sprache gebrachten Willen Gottes uns zugut erfüllt und so auch die dort gegebenen Verheißungen verwirklicht; er hat das Volk Gottes von seinen Sünden errettet und so den Neuen Bund heraufgeführt.

Auch für den vierten Evangelisten ist das Gesetz keineswegs überholt, zumal Mose von Christus geschrieben hat und ihn im Endgericht als solchen bezeugen wird (Joh 5,45f). Spricht Jesus vor den Juden von »eurem Gesetz« (8,17; 10,34; vgl. 15,25), so bedeutet das nicht, daß für ihn selbst dieses Gesetz keine Gültigkeit habe; vielmehr ist die Tora das große Privileg Israels und sollte deshalb von ihm auch genau beachtet und getan werden (7,19). Freilich wird von Johannes nicht – wie bei den Juden - die mit der Weisheit identifizierte und als präexistent gepriesene Tora als Mittlerin der Schöpfung bezeichnet, sondern das am Anfang bei Gott befindliche göttliche Wort, der ewige, eingeborene Sohn (1,1-13). Und dessen Fleischwerdung eröffnet die Zeit, in welcher die dem Gesetz zugeschriebenen (vgl. Ps 25,10; 85,11) göttlichen Heilsgrößen *Gnade und *Wahrheit unter den Menschen Wirklichkeit werden (1,14.17), weil den Glaubenden durch die Dahingabe des Sohnes das ewige Leben angeboten wird (3,16).

Die urchristliche Jüngergemeinde hat das Heil in Christus und nicht etwa den Gesetzesgehorsam als Heilsweg verkündigt (vgl. Gal 2,16). Aber sie ist offensichtlich dem »Brauch des Landes« (*minhag ha'ares*) gefolgt und hat – wie die jüd. Landsleute und die in Jerusalem wohnenden *Essener – das ganze Gesetz, auch die Speise- und Reinheitsgebote, befolgt; deshalb war sie beim Volk hoch geachtet (Apg 2,47). So erklärt sich auch die anfängliche Weigerung des Petrus, unreine Speisen zu essen (Apg 10,14) und Nichtjuden in die christl. Gemeinde aufzunehmen (10,17ff). Aber nur eine radikal judaistische Gruppe innerhalb der Urgemeinde vertrat die Meinung, auch für die *Heidenchristen seien *Beschneidung und Gesetzesgehorsam heilsnotwendig (Apg 15,1); auf dem Jerusalemer *Apostelkonzil wurde diese Forderung jedoch abgelehnt (15,6-18). Im Interesse der Mahlgemeinschaft von Juden- und Heidenchristen wurde das sog. »Aposteldekret« erlassen (15,20), das von den Heidenchristen die Beachtung der noachitischen Gebote (darunter das Verbot von Götzenopferfleisch, Ersticktem und Blut) verlangt.

Unter Berufung auf Jesus scheinen die griech.-sprechenden Judenchristen Jerusalems, vor allem Stephanus, eine kritische Haltung gegenüber dem Gesetz eingenommen zu haben (vgl. Apg 6,13f), die offensichtlich von den Aposteln nicht geteilt wurde. In beiden Gemeinden dient das Tun des Gotteswillens dazu, die durch Christus gestiftete Gemeinschaft (*koinonia*) zu verwirklichen; das Toraverständnis der Hellenisten war wohl durch die von ihnen betriebene Heidenmission bedingt (Apg 8,4ff; 11,19-26).

V. DAS GESETZ IN DER LEHRE DES PAULUS.

Viel diskutiert und vielfach als widersprüchlich kritisiert wird das Urteil des Apostels Paulus über das Gesetz, das er vor allem im Galater- und Römerbrief äußert und erläutert. Paulus versteht unter »Gesetz« (das »Gesetz«, das »Gesetz Moses«, das »Gesetz Gottes«) die im AT enthaltenen Gebote (z.B. des Dekalogs; Röm 13,8-10) und gelegentlich das ganze AT (1Kor 14,21; Röm 3,19), also »das Gesetz und die Propheten« (Röm 3,21). Wie im Sprachgebrauch, so stimmt auch in der Sache Paulus mit dem Gesetzesverständnis Jesu weitgehend überein.

Denn auch Paulus wollte das Gesetz nicht etwa auflösen, sondern es aufrichten (Röm 3,31), d.h. es neu zur Geltung bringen. Die Tora zählt zu den großen Privilegien Israels (Röm 9,4), genauso wie die Worte der Verheißung (Röm 3,2); die Tora stammt von Gott (7,22; 9,4) und ist deshalb heilig – wie das Gebot, das heilig, gerecht und gut ist (7,12). Das Gesetz ist zum Leben gegeben (7,10); es soll die volle Gemeinschaft des Menschen mit Gott ermöglichen. Von Gesetz und Propheten ist die heilschaffende Gerechtigkeit Gottes im voraus bezeugt (Röm 3,21; vgl. 1Mo 15,6; Jes 56,1) und Gott hat durch seine Propheten das Evangelium von seinem Sohn vorausverkündigt (Röm 1,2). Wie für Jesus, so wird auch für Paulus das Gesetz durch das Liebesgebot erfüllt (Röm 13,8-10); auch wird Jesu Urteil über die Unauflöslichkeit der Ehe zur Geltung gebracht (1Kor 7,10). Jesus hat als Christus und Gottessohn den im Gesetz bekundeten Willen seines himmlischen Vaters erfüllt: Er wurde unter das Gesetz getan, damit er die unter dem Gesetz Befindlichen loskaufe und ihnen die Gotteskindschaft ermögliche (Gal 4,4; vgl. Mk 10,45). Andererseits bildet das Gesetz – gemeint sind vor allem die Reinheitsgebote – eine Mauer, die Juden und Heiden voneinander trennt und deshalb von Christus eingerissen wurde (Eph 2,14f). Für Paulus ist Christus darum »das Ende des Gesetzes zur Gerechtigkeit für jeden, der glaubt« (Röm 10,4; vgl. Gal 2,19-21; 3,13; 5,11; Eph 2,13f; Kol 2,14). Die Gerechtigkeit Gottes wird unter Ausschluß des Gesetzes offenbart (Röm 3,21), und zwar durch das Kreuz des Gottessohnes, der als Gottesknecht stellvertretend für uns gestorben ist (3,22-26). Damit wird das Streben des jüdischen Frommen, durch das Tun des Gesetzes die Gerechtigkeit vor Gott zu erlangen (»aufzurichten«, vgl. Röm 10,3), von Gott selbst eindeutig widerlegt. Durch das Tun des Gesetzes wird kein Mensch gerecht (Röm 3,20) – eine Wahrheit, die der Apostel auch in der Schrift klar bezeugt sieht (3,4.10-18). Christus hat das Gesetz insofern zu Ende geführt, als er für den Glaubenden den im Gesetz ausgesprochenen Fluch (5Mo 27,26; Gal 3,10) aufgehoben hat, einen Fluch, der den Übertreter der Gebote bedroht. Als der Gekreuzigte, ans Holz Gehängte, ist Christus nach 5Mo 21,23 von Gott verflucht, nach dem Gesetz als Missetäter verurteilt. Aber Paulus hat aufgrund des Damaskuserlebnisses erkannt, daß Jesus der Christus und als Erhöhter der von Gott Gerechtgesprochene ist. Er hat am Kreuz den uns geltenden Fluch des Gesetzes übernommen, ist für uns zum Fluch und zur Sünde geworden, damit wir von diesem Fluch befreit und von Gott als Gerechte anerkannt würden (Gal 3,13; 2Kor 5,21). Damit hat das Gesetz seine beherrschende Macht verloren: Durch den gekreuzigten Christus ist der Glaubende dem Gesetz abgestorben (Röm 7,4); die von diesem ausgehende Bedrohung trifft ihn nicht mehr.

Eine neue Zeit der Gesetzeserfüllung ist durch Christus angebrochen: die Ära des Neuen Bundes beginnt. Vom Kreuz her wird auch die wahre Bedeutung von Gesetz und Gesetzesgehorsam erhellt. Für den Apostel hatte die Tora Moses in ihrer Geschichte nie den Sinn, den Menschen dadurch zur Gerechtigkeit zu führen, daß er sich als ein Täter des Gesetzes erweist, auf Werke des Gesetzes als Frucht seiner Leistung verweisen kann. Das ist ein Mißverständnis der Tora, das der Pharisäer Paulus freilich auch als eigene Fehlleistung bekennen muß (Phil 3,6f). Wäre dieser Weg vollkommener Gesetzeserfüllung für den Menschen möglich, so müßte er ihn zum Selbstruhm führen (Röm 3,27) und ihn von Gottes Gnadenwirken unabhängig machen. Und vor allem wäre dann das Kreuz des *Messias, die Hingabe des Gottessohnes für die Menschheit überflüssig: Gäbe es eine Gerechtigkeit durch das Gesetz, so wäre Christus umsonst gestorben (Gal 2,20f). Im Interesse der Allgenugsamkeit des Kreuzes trat Paulus den judaisierenden Irrlehrern in Galatien scharf entgegen. Diese forderten die Beschneidung und den durch sie bedingten Gesetzesgehorsam auch von den Heidenchristen (Gal 5,2f). Wahrscheinlich behaupteten diese »falschen Brüder«, die von Paulus so betonte und durch Christus erfüllte Verheißung an Abraham könne Unbeschnittenen nicht zugute kommen (vgl. 1Mo 17,6.14). Der Apostel hingegen sah in solcher Lehre eine Abwertung des Kreuzes, so, als habe Gott mit dem Opfer seines Sohnes nicht alles Heilsnotwendige für uns getan. Die Erfüllung des Gesetzes scheitert an der Schwäche des Menschen, an seiner Ohnmacht gegenüber den Mächten

Sünde und Tod, die nach der Übertretung Adams in die Welt gekommen sind (Röm 5,12-21). Das Fleisch bedingt des Menschen Schwäche gegenüber Sünde und Tod und hindert ihn, das geistliche Gesetz Gottes zu tun. Das Gesetz macht ihn mit der Sünde bekannt (Röm 7,7) und weckt durch das Verbot die Begierde, es zu übertreten (7,7-9). Anstatt den Menschen vor der Macht des Satans zu schützen – das ist die jüd. Auffassung -, hat das Gesetz seine von Gott gewollte, heilsgeschichtliche Bestimmung darin, die Übertretung zu mehren (Röm 5,20), sie dem Menschen bewußt zu machen (3,20b) und ihm so seine totale Verfallenheit an die Sünde aufzuzeigen. Paulus erhärtet diese seine Lehre von der scheinbar negativen Rolle des Gesetzes vor allem durch den Hinweis auf 1Mo 3 und 4. Die Tatsache, daß das Gesetz die Begierde weckt und zur Übertretung verleitet (Röm 7,8), erhellt 1Mo 2 und 3: Das Verbot, vom Baum der Erkenntnis zu essen (2,16), ließ Eva die verbotene Frucht betrachten und begehren (3,6); die Sünde – in der Gestalt der Schlange – hatte sie getäuscht (Röm 7,11; vgl. 1Mo 3,1-5). Nicht weniger wichtig war für Paulus die Stelle 1Mo 4,7: Während die Rabbinen aus ihr folgerten, der Mensch könne mit Hilfe seines guten Triebes die Sünde beherrschen, bewies der Brudermord Kains dem Paulus, daß umgekehrt der Mensch von der Sünde überwunden wird; er kann ihrer Macht nicht widerstehen und verfällt dem Tode, der den Sold der Sünde darstellt (Röm 5,21; 6,23; vgl. 7,9f; 1Kor 15,56). Durch Adams Übertretung konnte die vor der Tür »lagernde« Sünde und mit ihr der Tod in die Welt »hereinkommen« (Röm 5,12). Ein jeder wird wie Adam schuldig, auch wenn er – wie beispielsweise Kain – nicht genau dessen Sünde wiederholt (Röm 5,14). Angesichts dieser Tatsache hat das relativ spät gegebene Gesetz die Aufgabe, die Übertretung anrechenbar zu machen (5,13), die Schuld des Menschen aufzudecken und ihn als Sünder auszuweisen: Der primäre Gebrauch des Gesetzes ist der *usus elenchticus*.

Wie Sünde und Tod den Menschen beherrschen, so hat auch das Gesetz eine versklavende Wirkung; es schließt sein Opfer wie in einem Gefängnis ein (Gal 3,23; vgl. 4,1-7.21-23; 5,1-3). Wegen dieser unheilvollen Rolle kann es der Apostel mit den »Elementargeistern der Welt« (*stoicheia tou kosmou*) vergleichen (Gal 4,3.9; Kol 2,8.20), in denen er Gestirnmächte bzw. elementare Kräfte sah, von denen sich die Gott entfremdeten Menschen bestimmen lassen.

Obwohl das Gesetz Gerechtigkeit und Leben vor Gott nicht gewähren kann, dient es doch als gute Gabe Gottes – auf indirekte Weise - dem Heil des Menschen und unterscheidet sich deshalb grundsätzlich von den verderbenden Mächten Sünde und Tod: Es hat die heilsgeschichtliche Rolle, ein Zuchtmeister auf Christus hin zu sein (Gal 3,24). Indem das Gesetz den Menschen als Sünder überführt und an seinem Heil verzweifeln läßt, bereitet es ihn auf die in der Schrift bezeugte Verheißung des Christus vor, der als Gottesknecht und Gotteslamm stellvertretend für die Sünder leidet und so die unter dem Gesetz Stehenden »loskauft« (Gal 4,4f; Jes 43,3f; 53,4f). Gerade der durch Gottes Forderung erzeugte innere Konflikt des Menschen, der in seinem Geist das Gesetz bejaht, aber sein Fleisch, seine Glieder, von einem anders gerichteten Gesetz beherrscht sieht (Röm 7,13-24), läßt die Größe der Gnade Gottes und der Erlösung durch Christus recht erkennen und schätzen (Röm 7,25; 8,1-11).

Das Gesetz wird kraft des Heiligen Geistes erfüllt. Der Christ ist kein Antinomist. Der Glaube an Christus macht frei, aber er befreit nicht etwa zu einem Leben »nach dem Fleisch« (Röm 8,12f). Der Indikativ der Gotteskindschaft (Gal 4,6f) bedingt den Imperativ, im Geist zu wandeln und die Frucht des Geistes hervorzubringen (Gal 5,22-25). Weil der Glaubende mit der Taufe auf Christus den Heiligen Geist empfängt und in den geistlichen Leib Christi inkorporiert wird (1Kor 12,12f), ist er auch dem geistlichen Gesetz Gottes gleichgerichtet. Er lebt zwar noch »im Fleisch«, handelt aber, vom Geist geleitet, mit dem Gesetz. Und weil er die Liebe Gottes in Christus glaubend erfährt und bedenkt, drängt und befähigt ihn diese Liebe dazu, das im Liebesgebot zusammengefaßte Gesetz zu erfüllen (Röm 13,8-10). Denn kein Mensch wird von nun an »nach dem Fleisch gekannt« (2Kor 5,16), d.h. mit dem Maßstab des Gesetzes gemessen und als Sünder oder Gerechter beurteilt; vielmehr erkennt der Glaubende in ihm den Bruder, für den Christus gestorben ist (2Kor 5,14f). Das neu verstandene Gesetz erscheint als hilfreiche Ordnung: Es wird zum »Gesetz Christi« (Gal 6,2), zum »Gesetz des Glaubens« (Röm 3,27), zum »Gesetze des Geistes« (Röm 8,2); es ist das im Neuen Bund aufgehobene Gesetz.

Ohne Christus erscheint das Gesetz des Alten Bundes als tötender Buchstabe, als eine in Steintafeln eingeschriebene Forderung, die nicht erfüllbar und deshalb vom Fluch bedroht ist (2Kor 3,3.6). Diese unheilvolle Wirkung sieht Paulus im Fehlen des den Menschen erleuchtenden und auch die Tora erhellenden Heiligen Geistes begründet. Als die Kraft des Neuen Bundes und des neuen Menschen enthüllt der Heilige Geist die Leben verheißende Kraft des Gesetzes, dessen prophetisches, auf Christus weisendes Zeugnis; er verhilft zur Freiheit in Christus und läßt die Herrlichkeit des Neuen Bundes erkennen (2Kor 3,16-18). Aber der Neue Bund bietet keine neue, sondern eine neu (d.h. geistlich) verstandene Tora.

Nach Gal 3,19f wurde das Gesetz durch Engel angeordnet; für Paulus ist das schon daraus ersichtlich, daß die Gesetzesübergabe eines *Mittlers in der Gestalt Moses bedurfte. Dagegen wurde die Verheißung für Abraham von Gott selbst, und zwar zeitlich lange vor dem »zwischen-eingekommenen« Gesetz gegeben (3,18f).

Auch der Hebräerbrief meint, das Gehorsam heischende Wort sei durch Engel gesprochen; allerdings werden dadurch seine Beständigkeit und Autorität nicht beeinträchtigt (2,2). Der Verfasser des Hebr, der Christus als den vollkommenen Hohenpriester bezeugt, ist vor allem an der Opfertora und den Bestimmungen für die Stiftshütte und die Priesterschaft interessiert. Sie sind nach seiner Ansicht unvollkommen und vorläufig, was das AT mit der Verheißung eines Neuen Bundes (Jer 31,31-34) und eines Priesters nach der Ordnung Melchisedeks (Ps 110,4) selbst bezeugt (Kap. 7-10). Der Verfasser des Jakobusbriefes scheint in 2,14-26 eine falsch verstandene Rechtfertigungslehre und billige Gnade zu bekämpfen, wenn er einen Glauben ohne Werke als nutzlos erklärt. Aber das darf nicht als Rückfall in gesetzliche Werkgerechtigkeit beurteilt werden. Denn das rechte Tun soll sich nach dem »vollkommenen Gesetz der Freiheit« richten (1,25); damit ist wohl vor allem die Lehre Jesu im Sinne der Bergpredigt gemeint (vgl. 2,5.10. 13f.16; 3,12; 4,3.11; 5,2).

Literatur: O. Betz: Bergpredigt und Sinaitradition, in: Jesus, der Messias Israels, WUNT 42, 1987, S. 333-386; W.D. Davies: Law in First Century Judaism; Law in the NT, in: IDB, Bd. III, 89ff; H. Hübner: Das Gesetz bei Paulus, FRLANT 119, 1980; E.P. Sanders: Paul, the Law, and the Jewish People, 1980; P. Stuhlmacher: Versöhnung, Gesetz und Gerechtigkeit, 1981.

O.B.

GESICHT s. Angesicht, Vision

GESTIK. Der Orientale benutzt körperliche Gesten viel häufiger als der Mensch im Westen. Die Bibel erwähnt deshalb erwartungs-

Mit ausgeprägter Gestik bringen Fremde eine Bitte vor einen königlichen Bediensteten. Relief aus dem Grab des Horemheb, Memphis. Höhe: 53 cm. Ca. 1343–1310 v.Chr. (PVO)

König Hammurabi in ehrfürchtiger Gebetshaltung. Vergoldete Bronzestatue, die dem amoritischen Gott (Amurru) gewidmet war. Larsa, Höhe: 20 cm. Frühes 2. Jt. v.Chr. (MC)

gemäß viele Gesten. Sie können in drei Kategorien aufgeteilt werden:

1. natürliche Körperreaktionen auf gewisse Umstände;

2. konventionelle oder Gewohnheitsgesten;

3. gewollte symbolische Handlungen.

Gesten der ersten Art sind unwillkürlich, die der zweiten werden es durch lange Gewöhnung.

Von der ersten Kategorie werden nicht viele in der Bibel berichtet. Sie erwähnt zum Beispiel nicht, daß der Geschichtenerzähler mit den Achseln zuckte oder den Kopf bewegte. Handzeichen mit unterschiedlicher Bedeutung werden in Mt 12,49 und Apg 12,17 genannt. Die Lage der Leute um Jesus brachte ihn zum Seufzen (Mk 7,34) und bewegte ihn zu Tränen (Joh 11,35).

Von konventionellen Gesten finden sich dagegen viele in der Schrift. Bei der Begrüßung eines Höhergestellten verbeugte man sich tief und küßte vielleicht seine Hand. Freunde erfaßten zum Gruß das Kinn oder den Bart des anderen und küßten ihn. Lk 7,44-46 zählt die üblichen Gesten der Gastfreundschaft auf. Verachtung wurde durch Kopfschütteln und Verziehen des Mundes ausgedrückt (Ps 22,8). Im Geschäftsleben besiegelte ein Handschlag den Handel (Spr 6,1). Bei starker Trauer wurden die Kleider zerrissen und Staub auf das Haupt gestreut. Die Kategorie der konventionellen Gesten schließt auch die Körperhaltungen bei Gebet und Segen ein (s. 2Mo 6,6; Jes 65,2).

Symbolische Handlungen bildeten einen wichtigen Bestandteil der prophetischen Verkündigung; Hesekiel vollführte sie besonders häufig, aber auch viele der Handlungen Jesu waren symbolischer Natur. Diejenigen, die er heilen wollte, berührte er oft; und er hauchte seine Jünger an, als er ihnen den Heiligen Geist eingab (Joh 20,22). Zu beachten ist auch die vielsagende Geste des Pilatus (Mt 27,24). S. auch *Fuß, *Hand, *Kopf. D.F.P.

GESUNDHEIT s. Krankheit und Heilung

GETHSEMANE. Die letzte Nacht vor seiner Verhaftung verbrachte Jesus mit dem engsten Jüngerkreis betend auf einem »Landgut«

Ein Meder hebt seine Hand an den Mund, um dadurch seiner Ehrerbietung gegenüber dem König Darius I. (521–485 v.Chr.) Ausdruck zu geben. Höhe: 2,4 m. Aus dem Persepolis-Schatz, Iran. (OIUC)

Ölbäume im Garten Gethsemane am Fuße des Ölbergs östlich von Jerusalem. (AAM)

(griech. *chōrion*) namens G. (Mt 26,36; Mk 14,32). Am wahrscheinlichsten ist das griech. *Gethsēmani* (so die Codices Vaticanus und Sinaiticus; 4.Jh.) von hebr./aram. *gath* (Kelter) und hebr. *schemanīm* (»Öle«), bzw. aram. *schemānī*, »Öl« abzuleiten (Power 632f). Die Lesart *Gessam[ani]* des Papyrus 53 (3.Jh.) könnte die Deutung *gej schemanīm*, »Tal der Öle«, (Eusebius, PG 24,285) stützen. Aber vermutlich handelt es sich im Papyrus nur um eine Assimilation (Angleichung) der Konsonanten *s* und (behauchtes) *th*, während die Deutung der Kirchenväter aus Jes 28,1-4 erwachsen ist (Hieronymus, PL 26,197). Man hat sich demnach einen von einer Feldsteinmauer eingefriedeten Ölbaumgarten vorzustellen, in dem sich nach palästin. Brauch, am ehesten in einer Höhle (Dalman 340), eine Ölpresse befand.

Nach Mt 26,30; Mk 14,26 lag G. von Jerusalem aus in Richtung des *Ölberges. Auch Lukas scheint für die Verratsnacht an eine bestimmte Stelle (*epi tou topou*) zu denken (Lk 22,40) und nennt den Ölberg als regelmäßigen Aufenthaltsort Jesu (Lk 22,39 vgl. 21,37; [Joh 8,1f]). Wenn Jesus nicht in *Betanien übernachtete, so dürfte das mit der jüd. Sitte zusammenhängen, die Passanacht in der heiligen Stadt zu verbringen, deren Gebiet zu diesem Zweck bis nach *Betfage ausgedehnt wurde (R. Pesch: Markusevangelium II, [2]1980, 379). Die genauesten Ortsangaben bietet Johannes, obwohl er den Namen G. nicht nennt. Der Garten (griech. *kēpos*) lag kurz nach einem Wegübergang über den »Winterbach *Kidron« (Joh 18,1-2) und damit am Fuß des westl. Ölbergabhanges. Joh 18,2 bestätigt, daß es sich um einen häufigeren Aufenthaltsort Jesu handelte, der allerdings nur den Jüngern bekannt war. Jüd. Lehrer liebten den Unterricht in Gärten (R. Riesner: Jesus als Lehrer, [3]1988, 356.439). Der Aufenthalt auf einem Privatgrundstück setzt voraus, daß Jesus den Eigentümer kannte und mithin offenbar mehr als einmal in Jerusalem war. Die Erwähnung des Kidron (Joh 18,1) erinnert auch an die Flucht Davids (2Sam 15,23) und daran, daß derselbe Weg Jesus bis zum Schluß offenstand.

Vielleicht bezeugt schon Origenes Mitte des 3.Jh. die Existenz einer Jerusalemer Ortstradition (PG 13, 1740). Sie wird dann im frühen 4.Jh. greifbar (ELS 533ff) und am Ende des 4.Jh. durch den Bau einer Kirche, der sog. Ecclesia elegans, bezeichnet. Reste dieser Basilika und eines Nachfolgebaues der Kreuzfahrer liegen unter der katholischen »Kirche der Nationen«. Die byzantin. Kirche war auf einen

Felsen ausgerichtet, der als die Stätte des Gebetskampfes Jesu (Lk 22,41-45) angesehen wurde (ELS 534f). Vor der heutigen Kirche stehen alte Ölbäume, von denen einer vielleicht aus dem Wurzelstock eines bei der Belagerung Jerusalems (70 n.Chr.) abgehauenen Baumes (vgl. Jos.bell.Jud. V,523) hervorgewachsen ist (Kroll, 327).

Etwa 100m nördl. der Kirche liegt eine natürliche Felsgrotte von ca. 19 x 10m Größe, die als Ort des *Judas-Verrats (Mk 14,43-52 par.) galt (ELS 533f), allerdings im Lauf der Zeit starke Veränderungen erfahren hat (V. Corbo: Ricerche Archeologice al Monte degli Ulivi, 1965, 3-58). Der archäologische Befund legt die Existenz einer Ölkelter unter dem heutigen Boden der Höhle nahe. Die Grotte hätte der Jüngerschar einen geschützten Unterschlupf geboten und manche deuten das »Heraustreten« Jesu (Joh 18,4) auf das Verlassen der Höhle (F. Rienecker: Lexikon zur Bibel, 1960, 487). Verschiedene mit diesem Ort verbundene Traditionen könnten darauf hinweisen, daß er sich noch länger im Besitz von Judenchristen befand (E. Testa: Les dossiers d'archéologie 10, 1975, 98-106). Im 4.Jh. wurde die Höhle in eine Kapelle umgewandelt und diente seit dem 5.Jh. als Begräbnisstätte. Seit dem 17.Jh. gedachte man hier der Todesangst Jesu (Kopp, 399).

Wenige Schritte westl. der Grotte befindet sich der Eingang zu einer Kreuzfahrerkirche mit einer byzantin. Unterkirche aus dem 5.Jh., die den Ort des Grabes von *Maria, der Mutter Jesu, bezeichnet. Die Lokalüberlieferung dürfte schon im judenchristl. Grundstock des apokryphen »Transitus Mariae« (ELS 753-755) vorausgesetzt sein, der bis ins 2./3.Jh. zurückreicht. Tatsächlich ist die byzantin. Kirche auf ein einzelnes Felsgrab aus dem 1.Jh.n.Chr. ausgerichtet (B. Bagatti: New Discoveries at the Tomb of Virgin Mary, 1975, 11-58). Berichte von einer Übersiedlung Marias zusammen mit dem Jünger *Johannes (vgl. Joh 19,26f) nach *Ephesus sind spät und legendär.

Reste eines alten Stufenweges auf dem Gebiet der griech.-orthodoxen Stephanuskirche im Kidrontal und auf dem Gelände der russisch-orthodoxen Magdalenenkirche oberhalb von G. bezeugen, daß ebenso wie heute auch schon in früher Zeit an dieser Stelle eine Straße das Tal überquerte. Ein rascher Fußmarsch von wenig mehr als zehn Minuten hätte Jesus durch unübersichtliches Gartengelände auf den Gipfel des Ölberges und damit an den Rand der schützenden Wüste gebracht. So unterstreicht die topographische Lage von G., wie groß für Jesus die Versuchung war, dem Leiden auszuweichen.

Literatur: G. Dalman: Orte und Wege Jesu, [4]1967, 338-346; C. Kopp: Die heiligen Stätten der Evangelien, [2]1964, 387-399; G. Kroll: Auf den Spuren Jesu, [10]1988, 321-327; J. Murphy-O'Connor: Das Heilige Land, 1981, 117-122; E. Power: DBS III, 1938, 632-659. R.R.

GETRÄNK.

1. Das gewöhnliche G. der Israeliten war *Wasser, das man aus Brunnen oder Zisternen schöpfte (Jer 2,13). Daneben trank man *Milch von Schafen und Ziegen (5Mo 32,14; Spr 27,27), *Wein (auch als Most) und berauschende Getränke. Der Wein war gegorener Traubensaft, der rein oder mit Gewürzen vermengt getrunken wurde. Außerdem kannte man ein saures Getränk, *Essig oder Weinessig mit Wasser oder Öl gemischt (Rut 2,14; Mt 27,48; Mk 15,36; Joh 19,29), bei den Römern ein Getränk der kleinen Leute, der Soldaten und Sklaven.

2. Das hebr. Wort *schēkār* bezeichnet berauschende Getränke (LÜ meist: »starkes Getränk«; 2Sam 1,15; Spr 20,1; 31,4.6; Jes 29,9 u.ö.); der Stamm *schkr* hat die Bedeutung »sich betrinken, betrunken sein«. Welche bestimmten Getränke mit *schēkār* jeweils gemeint sind, wissen wir nicht sicher. Neben dem Wein gab es noch andere gegorene Fruchtsäfte, etwa aus Äpfeln oder Datteln, vor allem aber Bier. Bekannt ist das ägypt. Bier, das aus Gerste, Weizen, wildem Safran und Salz gebraut wurde; doch auch aus Assyrien, Babylonien und Syrien ist uns Bier als verbreitetes Getränk bekannt, z.T. auch die verschiedenen Zutaten und Zubereitungsarten. Das Destillieren dagegen war noch unbekannt.

3. Die im Heiligtum dienenden Priester und die Gottgeweihten (*Nasiräer) durften weder Wein noch starkes Getränk zu sich nehmen, ebenso keinen aus Wein oder starkem Getränk hergestellten Essig (3Mo 10,9; 4Mo 6,3; vgl. Lk 1,15). Auch die Rechabiter tranken keinen Wein (Jer 35,6).

Die Hl. Schrift enthält einerseits das Lob des Weines (Ps 104,15), sie billigt das Trinken von Wein und starkem Getränk (5Mo 14,26) und berichtet das Wunder von Kana (Joh 2,1-11), andererseits aber warnt sie vor Trunkenheit und verurteilt sie (1Mo 9,20ff; Spr 31,4f; Eph 5,18).

Der Betäubungstrank, den man den Verurteilten vor der Kreuzigung reichte (Mk 15,23), wird auf den Rat von Spr 31,6 zurückgeführt.

GETREIDE s. Ackerbau, Ernährung

GEWALT s. Macht

GEWICHT s. Maße und Gewichte

GEWISSEN. Der Begriff »Gewissen« (griech. *syneidēsis*) kommt im NT dreißigmal vor – bei Paulus, in den nachpaulin. Briefen und der Apg. Das entsprechende Verb »mit jemandem wissen« (*synoida*) und reflexiv »sich einer Sache bewußt sein« (*synoida emautō*) wird nur in Apg 5,2 und 1Kor 4,4 verwendet.

Paulus übernimmt den Begriff aus seiner griech.-sprechenden Umwelt, in der das Substantiv *syneidēsis* seit dem 1.Jh.v.Chr. geläufig ist. Der Begriff »Gewissen« ist dem umgangssprachlich-volkstümlichen Bereich zuzuordnen und stellt keine spezifisch philosophische – etwa stoische – Wortschöpfung dar. Außerhalb des NT kann *syneidēsis* (oder *syneidos*) die verschiedensten Bedeutungen haben: Mitwissen mit jemandem, Bewußtsein – rational oder moralisch -, Gewissen im engeren Sinne als Bewußtsein, als Schmerz oder als Instanz im Menschen, speziell das »schlechte Gewissen«, schließlich das Innere, das »Herz«.

Im hebr. AT findet sich noch kein eigener Begriff für G. Das Phänomen ist aber durchaus bekannt. So werden die Auswirkungen des G.s feinsinnig umschrieben – z.B. in den Erzählungen des sich aus Scham versteckenden Ahnpaares (1Mo 3,8) und des den Blick senkenden Mörders *Kain (1Mo 4,5), oder in der Beschreibung der heftigen Übertragungsreaktion Davids auf die Parabel Nathans hin (2Sam 12,5). Die Funktion des G.s wird im AT dem »Herzen« zugeordnet; dieses gilt als der Sitz der Empfindungen, Affekte, Gedanken, Neigungen und Entschlüsse und somit als das Zentrum des geistig-seelischen und sittlichen Lebens. So wird in 1Sam 24,6 und 2Sam 24,10 von David gesagt, daß »ihm sein Herz schlug«, nachdem er Unrecht getan hatte, und in 1Sam 25,31 wird von dem »Anstoß des Herzens« gesprochen, der mit dem Blutvergießen verbunden ist. Als die Instanz im Menschen, die das sittliche Verhalten prüft und gegebenenfalls verwirft und als Vergehen bewußtmacht, erscheint das »Herz« in Hiob 27,6 RevEB (LÜ: »Gewissen«), 1Kön 2,44 und 8,38.

Allerdings ist das Herz als das eigentliche Innere der Persönlichkeit keinesfalls grundsätzlich mit dem G. gleichzusetzen. So wird bei der Bitte um die Erschaffung eines »reinen Herzens« in Ps 51,12 nicht nur von der Beseitigung des »Schuldgefühls«, des »schlechten Gewissens« gesprochen, sondern umfassend von der Vergebung wirkenden Reinigung und Neuschöpfung des ganzen Menschen von seinem sittlichen und religiösen Zentrum, seinem Herzen aus (vgl. Jer 31,33f; Hes 36,26f). Dieses umfassendere Verständnis von »Herz« steht teilweise auch hinter dem ntl. Gebrauch von *syneidēsis* - vor allem bei der in Anlehnung an Ps 51,12 formulierten Bitte um ein »gutes Gewissen« in 1Petr 3,21. Andererseits kann in 1Joh 3,19-21 zur Beschreibung des Gewissens auch noch wie im AT vom »Herzen« (*kardia*) statt von der *syneidēsis* gesprochen werden.

In der LXX kommt der Begriff *syneidēsis* lediglich dreimal vor: Pred 10,20 in der Bedeutung »Gedanken, Bewußtsein«, Sir 42,18 zur Bezeichnung des »Wissens«, der »Kenntnis«, oder des »Inneren des Menschen«, allein Weish 17,11 (1.Jh.v.Chr.) im Sinn von »Gewissen«. In Hiob 27,6 wird das Phänomen G. einmal mit der verbalen Wendung bezeichnet: »Ich bin mir keiner schlechten Taten bewußt«. Ansonsten werden auch in der LXX die Funktionen des G.s dem »Herzen« zugeschrieben.

Auf diesem Hintergrund kann es nicht überraschen, daß sich der Begriff G. in der Verkündigung Jesu und in den Evangelien insgesamt nicht findet (in Joh 8,9a wird von einigen Handschriften zugefügt: »und von ihrem Gewissen überführt«).

Paulus verwendet den Begriff *syneidēsis* gehäuft in 1Kor, 2Kor und Röm. Er versteht das »Gewissen« als eine Instanz im Menschen, also nicht nur als Bewußtsein oder als rein affektives, aktuelles G. im neutralen und speziell im negativen Sinn von »Gewissenspein«, »Gewissensbiß«. Diese Instanz Syneidēsis hat nach Paulus die Funktion, das eigene oder auch gelegentlich das Verhalten anderer Personen (2Kor 4,2; 5,11) nach vorgegebenen und anerkannten Normen zu kontrollieren, zu beurteilen und bewußtzumachen.

Indem die Syneidēsis das Verhalten also nicht vorschreibt, sondern vielmehr nach bestehenden Maßstäben beurteilt, ist sie nicht als »Wissen um Gut und Böse«, als »moralische Entscheidungsfähigkeit«, als »Forderung und Neigung zum Guten« oder als »zu konkretem Verhalten anhaltende sittliche Instanz« zu bestimmen. Die Syneidesis ist bei Paulus nicht »vorangehendes«, sondern »nachfolgendes Gewissen«, nicht *conscientia antecedens,* sondern *conscientia consequens.*

Allerdings beurteilt dieses dem Normenbewußtsein »folgende« G. nicht nur bereits abgeschlossene Handlungen, sondern kann auch den Vollzug der Handlung oder sogar die Planung und Entscheidungsfindung begleiten. Aber auch dann wird das G. nicht zum »vorangehenden«, weil es nicht selbst die sittliche bzw. rel. Entscheidung trifft. Die Syneidesis prüft und beurteilt vielmehr die Gedanken, Worte und Taten lediglich auf ihre Übereinstimmung mit dem generell und dann auch konkret als verpflichtend und gut Erkannten hin.

Da das Urteil der Syneidesis je nachdem positiv oder negativ, bestätigend oder verklagend ausfallen kann, ist das G. bei Paulus nicht einseitig mit dem Schuldbewußtsein und der Funktion des Richtens verbunden, sondern an sich neutral. So kann sich Paulus gegen verleumderische Anschuldigungen seiner Gegner zur Verstärkung seiner Unschuldbeteuerung auf das positive Zeugnis seines G.s berufen (Röm 9,1; 2Kor 1,12). Als unbeeinflußbare und vom Willen des Menschen unabhängige Instanz der Überwachung bestätigt die Syneidesis hier die Integrität des Apostels.

Grundsätzlich setzt Paulus die Gewissenstätigkeit bei Heiden und Gläubigen in gleicher Weise voraus (Röm 2,15), so daß *syneidēsis* kein spezifisch theologischer, sondern ein anthropologischer Begriff ist; als allgemeinmenschliches Phänomen ist das G. hier wie im übrigen NT nicht als »Stimme Gottes«, *vox dei*, oder als Heiliger Geist im Menschen verstanden.

Andererseits spricht Paulus auch nicht ausdrücklich von einer Erneuerung des G.s durch den Glauben. Erneuerungsbedürftig ist vielmehr das zugrundeliegende Normenbewußtsein und das sittlich-religiöse Urteilsvermögen, der »Sinn«, *nous* (Röm 1,28; 12,2; vgl. Eph 4,23), damit der Gläubige fähig wird, das Gute, d.h. den gültigen Willen Gottes, prüfend zu erkennen (Röm 12,2; Phil 1,9f). Wenn sich der »Sinn« der Gläubigen durch die zunehmende Erkenntnis verändert, kann es wie in Korinth vorkommen, daß etwas für die einen unbedenklich ist, was für andere auf Grund mangelnder *Erkenntnis, *gnōsis*, bzw. Gewöhnung an den früheren Götzendienst verheerende Folgen haben kann (1Kor 8,7-13; 10,25-29; *Götzenopferfleisch). Nach den bisherigen Voraussetzungen des Nous beurteilt deren G. dieses Verhalten als Götzendienst, so daß die »Schwachen« sich durch das Verhalten der »Starken« zur Sünde verleitet sehen müssen.

Obgleich das G. sowohl in Hinblick auf seine Funktion als auch in Hinsicht auf die vorausgesetzten Wertnormen prinzipiell der Fehlbarkeit und Unvollkommenheit unterworfen bleibt, ist das Urteil des G.s für den Menschen in jedem Fall verbindlich und der unmittelbaren Beeinflussung entzogen. Insoweit garantiert das G. auch die nötige Selbständigkeit und Selbstgewißheit anderen Menschen oder den eigenen unberechtigten Skrupeln gegenüber. Begrenzt und relativiert wird diese Selbstbeurteilung allerdings durch das Urteil Christi (1Kor 4,1-5), dem gegenüber sich der Glaubende in letzter Verbindlichkeit verantwortlich weiß.

Das Verhältnis des Menschen zu seinem eigenen G., das ihn unausweichlich und unvoreingenommen beurteilt, ist also das der Verantwortlichkeit, so daß die Wendung »um des Gewissens willen« die Bedeutung »aus Verantwortung, um der Verantwortlichkeit willen« annehmen kann (1Kor 10,25ff; Röm 13,5). Da der Gläubige aber gerade durch die Verantwortung vor seinem G. an seine Verantwortlichkeit Christus gegenüber erinnert wird (1Kor 4,4), bedeutet für ihn »um des Gewissens willen« letztlich »aus Verantwortung Gott gegenüber«.

Während in 1Kor, 2Kor und Röm der Begriff *syneidēsis* jeweils absolut – also ohne Beifügung – gebraucht wird, wird das G. bei den anderen ntl. Belegen meist durch ein beigeordnetes Adjektiv oder ein Genitivattribut qualifiziert. So ist Apg 23,1; 1Tim 1,5.19; 1Petr 3,16.21 und Hebr 13,18 vom »guten Gewissen«, in 1Tim 3,9; 2Tim 1,3 vom »reinen Gewissen« und in Apg 24,16 vom »unverletzten Gewissen« die Rede, womit der Bewußtseinszustand beschrieben wird, der sich als Folge des den eigenen Normen entsprechenden Verhaltens einstellt. Das G. bestätigt den rechtschaffenen und unanstößigen Wandel, der als Dienst für und vor Gott verstanden wird (Apg 23,1; 24,16). Während sich das G. auf das gesamte Verhalten bezieht, bezeichnet der Begriff »*Glaube« daneben das Festhalten an der wahren Lehre (1Tim 1,19). Die Verbindung von »gutem Gewissen« und »Glauben« (Apg 24,14-16; 1Tim 3,9) oder zusätzlich »reinem Herzen« (1Tim 1,5) umschreibt die Gesamtheit christl. Existenz.

Im Gegensatz dazu ist die vorchristliche Existenz durch das »schlechte Gewissen« (Hebr 10,22), das »Bewußtsein der Sünden« (Hebr 10,2) bestimmt; die Irrlehrer sind entsprechend »in ihrem Gewissen gebrandmarkt« (1Tim 4,2), ihr »Sinn und Gewissen ist befleckt« (Tit 1,15).

Abweichend von allen anderen ntl. Belegen wird in 1Petr 2,19 von der »Syneidesis Gottes« gesprochen, was nicht mit »Gewissen«, sondern nur mit »Bewußtsein um Gott«, »weil er Gottes eingedenk ist«, übersetzt werden sollte.

In 1Petr 3,21 schließlich kommt bei der Bitte um ein »gutes Gewissen« zugleich wieder das umfassendere atl. Verständnis vom »reinen Herzen« in den Blick (Ps 51,12). Hier, wie in Hebr 9,9.14, geht es um die Reinigung und völlige Erneuerung des ganzen Menschen von seinem »Inneren«, seinem Personenzentrum aus. Diese allein im Opfer Christi gründende neue Erschaffung des »Herzens« befähigt den Menschen, dem lebendigen Gott zu dienen (Hebr 9,14).

Literatur: H.J. Eckstein: Der Begriff Syneidesis bei Paulus, 1983; C. Maurer: ThWNT VII, 1964, S. 897-918; J. Stelzenberger: Syneidesis im NT, 1961. H.J.E.

GEWISSHEIT s. Erkennen

GEWITTER s. Donner

GIBBETON. »Hügel«.

Eine Stadt in Dan (Jos 19,44), die der levitischen Sippe Kehat gegeben wurde (Jos 21,23). Nach 1Kön 15,27; 16,15 gehörte G. den Philistern und war Schauplatz von Schlachten zwischen diesen und Nord-Israel. Hier erschlug Bascha den Nadab (1Kön 15,27), und ca. 26 Jahre später wurde hier *Omri zum König ausgerufen (1Kön 16,15f). Neben anderen Siegen seines Feldzugs von 712 v.Chr. stellte Sargon II. von Assyrien auch die Eroberung von G. an den Wänden seines Palastes dar (s. P.E. Botta: Monument de Ninive, 1849, 2, Abb. 89). Als Standort von G. wurde Tell el-Melāt, westl. von *Geser vorgeschlagen. Doch ist diese Gleichung aufzugeben zugunsten des weit bedeutenderen Rās Abu Chamid, knapp 6km nordnordöstl. von Tell el Melāt.

Literatur: R. Cohen, G. Schmidt: Drei Studien zur Archäologie und Topologie Altisraels (Beiheft zum Tübinger Atlas des Vorderen Orients, Reihe B, Nr. 44, 1980, S. 107-109. G.W.G.

GIBEA. (Hebr. *gibʿat*). Ein Substantiv, das »Hügel« bedeutet und in der Bibel auch in diesem Sinne häufig benutzt wird (z.B. 2Sam 2,25; 6,3); es wird aber auch als Ortsname gebraucht. Wegen der Ähnlichkeit mit dem Ortsnamen *geba (*Geba)* werden beide manchmal miteinander verwechselt (vgl. z.B. Ri 20,10 RevEB).

1. Eine Stadt im judäischen Bergland (Jos 15,57), wahrscheinlich das heutige el-Dscheba' bei Bethlehem.

2. Eine Stadt in Benjamin (Jos 18,28), offensichtlich nördl. von Jerusalem gelegen (Jes 10,29). Wegen eines Verbrechens ihrer Einwohner wurde sie während der Richterzeit zerstört (Ri 19,20; vgl. Hos 9,9; 10,9). Sie war berühmt als Heimatort Sauls (1Sam 10,26), – daher *gibʿat schāʾūl*, »Gibea Sauls« (1Sam 11,4) genannt – und diente Saul als Residenz während seiner Regierungszeit (1Sam 13-15; 1Sam 22,6; 23,19; 26,1). Als David König geworden war, mußte er den Gibeonitern erlauben, sieben der Nachkommen Sauls auf dem Berg bei G. zu töten, zur Sühne dafür, daß Saul versucht hatte, die Gibeoniter auszurotten (2Sam 21,1ff).

Es ist fast sicher, daß der Hügel Tell el-Fūl, ca. 6km nördl. von Jerusalem, der Ort des bibl. G. ist. Die Ausgrabungen von W.F. Albright (1922-23 und 1933) bestätigten dies. Weitere Ausgrabungen von P.W. Lapp brachten 1964 etwas andere Erkenntnisse. Da der Ort nicht an fließendem Wasser lag, konnte er bis zur Eisenzeit (1200-332 v.Chr.) auch nicht ständig besiedelt sein. Erst mit der Eisenzeit kamen im Bergland Regenwasserzisternen allg. in

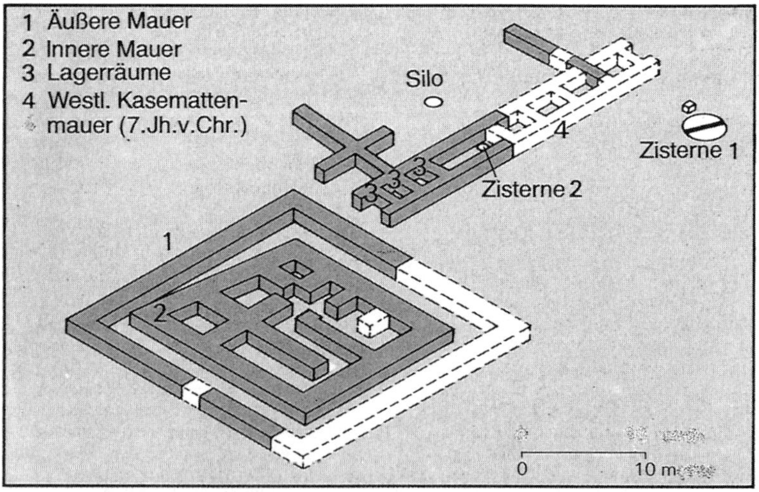

Plan der in Gibea (Tell el-Fūl) ausgegrabenen Befestigungsanlagen. 650–538 v.Chr.

Gebrauch. Die erste kleine Siedlung gehört ins 12. Jh.v.Chr. und wurde, vielleicht im Zuge des Ereignisses von Ri 19.20, zerstört. Nach einer Unterbrechung der Besiedelung entstand gegen Ende des 11.Jh.v.Chr. eine Festung, die mit einer kurzzeitigen Unterbrechung von ca. 1025-950 v.Chr. bestand. Albrights Rekonstruktion des Grundrisses stellt ein Rechteck dar mit einem Turm an jeder Ecke. Es wurde jedoch nur ein Turm gefunden, und der Grundriß der Gesamtanlage ist nach Tapps Grabungsergebnissen durchaus nicht sicher. Eine eiserne Pflugspitze belegt den Gebrauch von Eisen, das bis dahin ein Monopol der Philister war. Es gibt Hinweise darauf, daß die Festung geplündert und daraufhin für einige Jahre aufgegeben wurde, vermutlich beim Tode Sauls. Aber schon bald war der Ort wieder besetzt, vielleicht als Vorposten bei Davids Auseinandersetzungen mit Eschbaal. Als David König von Juda und Israel geworden war, muß G. an Bedeutung verloren haben. Die Ausgrabungen zeigen, daß es ungefähr 2 Jh. lang verlassen lag. Wahrscheinlich von Hiskia wurde die Festung neu mit einem Wachturm erbaut, aber bald darauf wieder zerstört (vgl. Jes 10,29), um dann im 7.Jh.v.Chr. mit einer Kasemattenmauer erneut befestigt zu werden (s. *Festungsbau und Belagerungstechnik). Nach einer Zerstörung, die den Truppen Nebukadnezars zugeschrieben wird, gab es an dieser Stelle bis ungefähr 500 v.Chr. ein recht ausgedehntes Dorf. Darauf lag der Ort wieder verlassen da, bis zur Zeit der Makkabäer ein neues Dorf entstand. Danach war G. von Zeit zu Zeit bewohnt bis zur Vertreibung aller Juden aus Jerusalem.

Literatur: W.F. Albright: AASOR 4, 1924; L.A. Sinclair: An Archaeological Study of Gibeah, AASOR 34, 1960; P.W. Lapp: BA 28/1965, S. 2-10; N.W. Lapp: BASOR 223, 1976, S. 25-42; EAEHL, 2, S. 444-446; N.L. Lapp (Hrsg.): The Third Campaign at Tell el-Ful: The Excavations of 1964, AASOR 45, 1981.

T.C.M./A.R.M.

GIBEON. G. war zur Zeit, als die Israeliten in Kanaan einfielen, eine bedeutende Stadt (Jos 9,17; 10,2). Sie wurde von Hiwitern bewohnt und offenbar von einem Ältestenrat regiert (Jos 9,11; 11,19). Nach der Eroberung von Jericho und Ai erwirkten die Gibeoniten bei Josua durch eine List ein Abkommen, das sie zu Vasallen machte. Als man ihren Betrug entdeckte, wurden sie verflucht und zu niedrigen Arbeiten verurteilt. Darauf griffen die Amoriterkönige des südl. Berglandes G. wegen seines Übertritts zu den Israeliten an. Josua kam ihm jedoch mit Heeresmacht zu Hilfe. Durch einen Hagelsturm und eine wundersame Verlängerung des Tageslichtes wurden die *Amoriter in die Flucht geschlagen (Jos 9.10; 11,19). Die Stadt wurde Benjamin zugesprochen und für die Leviten ausgesondert (Jos 18,25; 21,17). Während des Kampfes zwischen David und den Anhängern Eschbaals, des Sohnes Sauls, trafen beide Parteien bei G. aufeinander. Von jeder Seite wurden zwölf Krieger für einen Wettstreit ausgewählt. Da sie sich alle gegenseitig umbrachten, errangen Davids Männer erst nach einem allgemeinen Getümmel den Sieg (2Sam 2,12-17). »Bei dem großen Stein bei Gibeon« erstach *Joab den unachtsamen *Amasa (2Sam 20,8-10). Es mag sich bei diesem Stein nur um ein hervorstechendes Merkmal der Landschaft gehandelt haben, er könnte aber auch eine rel. Bedeutung im Zusammenhang mit der »Höhe« gehabt haben, auf der sich die Stiftshütte und der Brandopferaltar befanden, und Salomo nach seiner Thronbesteigung Gott anbetete (1Chr 16,39; 21,29; 2Chr 1,3.12; 1Kön 3,4f). Das »*Geba« in 2Sam 5,25 (so nach dem MT; s. Rev EB Fußnote) sollte auf Grund von 1Chr 14,16; Jes 28,21 und der LXX zu »Gibeon« abgeändert werden. Die Gibeoniten genossen zu Davids Zeiten immer noch ihre unter Josua erworbenen Vertragsrechte, so daß die Schuld aus dem Blutbad, das Saul unter ihnen ange-

Krughenkel mit der Inschrift »Gibeon«, Fundort: el-Dschīb. (UMUP)

Gibeon: Diese Treppe führt in den in festes Gestein geschlagenen Schacht von 11,3 m Durchmesser und 10,8 m Tiefe. Aus der Eiesenzeit. (UMUP)

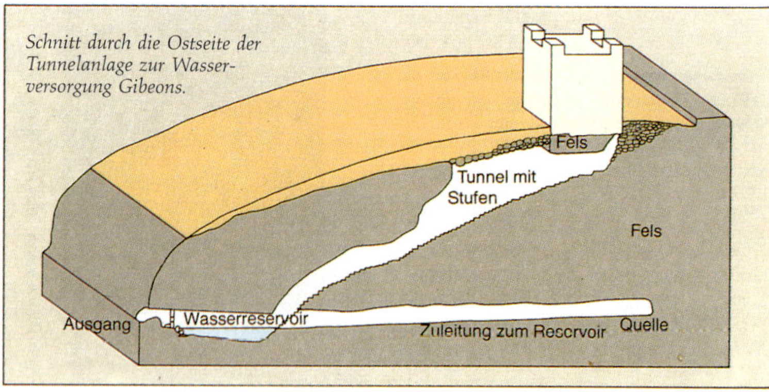

Schnitt durch die Ostseite der Tunnelanlage zur Wasserversorgung Gibeons.

Der Hügel von el-Dschīb, die Stätte des alten Gibeon. (MEPHA)

richtet hatte, nur dadurch behoben werden konnte, daß ihnen sieben Nachkommen Sauls zur Hinrichtung übergeben wurden (2Sam 21,1-11). Die enge Verbindung der Familie Sauls mit G. (1Chr 8,29f; 9,35-39) ließ seine Tat noch schlimmer erscheinen. Schischak von Ägypten zählt G. zu den von ihm eroberten Städten (ANET, S. 242; vgl. 1Kön 14,25f). »An dem großen Wasser bei Gibeon« wurden die Mörder *Gedaljas, des von Nebukadnezar eingesetzten Statthalters von Juda, eingeholt und die von ihnen genommenen Gefangenen befreit (Jer 41,11-14). Gibeoniten halfen Nehemia, die Mauern Jerusalems wieder zu errichten (Neh 3,7).

Zwischen 1956 und 1962 haben Ausgrabungen bei el-Dschīb, ca. 9km nordwestl. von Jerusalem, Reste von Städten der Frühen Bronzezeit (3150-2150 v.Chr.) und der Mittleren Bronzezeit II (1950-1550 v.Chr.) sowie der Eisenzeit von ihrem Beginn (ca. 1200 v.Chr.) bis zur Perserzeit freigelegt. Es gab dort auch während der Römerzeit eine große Ortschaft. Siedlungsreste aus der Späten Bronzezeit (1550-1200 v.Chr.), die die Zeit Josuas gewesen sein könnte, fand man nicht; Gräber aus dieser Periode zeigen jedoch an, daß es dort Leben gab. Irgendwann wohl in der Eisenzeit I (1200-1000 v.Chr.) wurde ein großer runder Schacht, in den eine Treppe spiralig hinunterführte, ca. 11 m tief in den Felsen gehauen. Weitere 13,6 m führten Stufen durch einen Tunnel zu einem Grundwasserbecken hinab; dies ist vielleicht der »Teich« von 2Sam 2,13 und das »Wasser« von Jer 41,12. Später wurde ein weiterer Tunnel gegraben, der aus der Stadt zu einer Quelle außerhalb der Mauern führte. Der Schutt im Schacht enthielt viele Henkel von Vorratskrügen, die mit Königs-Stempeln gesiegelt oder mit dem Namen des Besitzers des Ortes G. beschriftet waren.

Gibeon: Einige der 93 Stufen, die zum Wasserschacht hinabführen. (UMUP)

Die Gihon-Quelle in Jerusalem, deren Wasser durch einen von Hiskia erbauten Kanal zum Teich Siloah geführt wurde. 701 v.Chr. (SH)

In der Umgebung des Schachtes wurde ein Wirtschaftsbereich des 7.Jh.v.Chr. mit Weinkeltern und flaschenförmigen Silos aufgedeckt. Der Ausgräber deutet die Vorratsgruben als Weinkeller und sieht in G. ein Zentrum der Weinproduktion und des Weinvertriebs. Auch die Gefäßhenkel mit den Namensinschriften stellt er in diesen Zusammenhang.

Literatur: J.B. Pritchard: Hebrew Inscriptions and Stamps from Gibeon, 1959; ders.: The Water System of Gibeon, 1961; ders.: Gibeon where the Sun stood still, 1962; ders.: The Bronze Age Cemetery at Gibeon, und Winery: Defences and Soundings at Gibeon, 1964; K. Galling: Kritische Bemerkungen zur Ausgrabung von eg-gib, Bibliotheca Orientalis 22/1965, S. 242-245; R. de Vaux: RB 73/1966, S. 130-135; J.B. Prichard: Gibeon's History in the Sight of Excavation. VT.S 7/1959, S. 1-12; J. Blenkinsopp: Gibeon and Israel. MSSOTS 2, 1972. A.R.M.

GICHT s. Krankheit

GIDEON. Einer der großen *Richter Israels (Ri 6-8). Der Name leitet sich wahrscheinlich von dem Verb *gāda'* ab, das »abhauen, in Stükke brechen« bedeutet. Er befreite Israel von den midianitischen Räuberbanden, die auf ihren Kamelen von weit her ins Land einfielen und sich schnell wieder zurückziehen konnten. Sie fielen vor allem immer wieder in die Jesreelebene ein, die z.T. zum Stammesgebiet Manasses gehörte, doch auch ins südl. gelegene Gebiet Ephraims. G. war ein Sohn Joaschs aus der Sippe Abiëser vom Stamm Manasse. Nachdem er den Baal-Altar und das Ascherabild vor dem Hause seines Vaters zerstört hatte, nannte man ihn im Volk Jerubbaal, d.h. »Baal streite mit ihm« (6,32).

G. wurde persönlich durch den *Engel Jahwes zum Retter seines Volkes berufen, als er wie die andern aus Furcht vor den Midianitern heimlich in einer Weinkelter Weizen drosch. Die Berufungsgewißheit wurde ihm zuteil, als das Feuer Jahwes vor seinen Augen das auf dem Altar zubereitete Opfer verzehrte. Darauf nannte er den Altar »Jahwe ist Friede«, ein Bekenntnis zum Gott Israels, der allein seinem Volk Wohlstand und Gedeihen geben kann (6,11-24).

Als erste Tat nach seiner Berufung riß er im Auftrag Gottes den Baal-Altar und das Ascherabild seines Vaters nieder, wobei ihn nur dessen Dazwischentreten vor dem Volkszorn bewahrte. Diese Tat G.s war ein Bekenntnisakt für Jahwe und ein Lossageakt von den Fruchtbarkeitskulten, die im Lande im Namen *Baals und Ascheras getrieben wurden (6,25-32).

Mit dem Geist Jahwes erfüllt, sammelte G. das Landheer aus Asser, Sebulon und Naftali (6,33). Durch Gotteszeichen, wie sie typisch für die Führer im Kriege Jahwes sind (vgl. Jes 7,11), erlangte er die Gewißheit, daß Gott »Israel durch seine Hand retten will« (6,36). Um offensichtlich zu machen, daß Gott das Volk rettete, mußte er sein Heer von 32.000 auf 300 Mann reduzieren (7,1ff). Bei einem auf Gottes Geheiß hin unternommenen Aufklärungskommando (7,9ff) erkennt G., daß die Zeit des Überfalls gekommen ist: Gott hat die Feinde in die Hand G.s gegeben. Die Sprache dieser Erzählung ist durchweg die des Krieges Jahwes der Frühzeit. Der Sieg Israels ist durch Jahwe allein gewirkt.

Die Feinde werden demoralisiert und völlig in die Flucht geschlagen (7,19-22). Die Hinrichtung der midianitischen Könige Sebach und Zalmunna gemäß der Bannordnung der Kriege Jahwes (vgl. 1Sam 15,1ff; s. *Bann) besiegelt den Sieg (8,4-21).

Später bat Israel G., eine Erbmonarchie einzurichten. Unter Hinweis auf die Israel allein angemessene Theokratie lehnte er dieses Ansinnen ab: »Jahwe soll herrschen über euch« (8,23). Doch macht er aus der Kriegsbeute einen *Efod, mit dem Israel in der Folgezeit Abgötterei trieb. Der Sieg über Midian war so umfassend, daß Israel 40 Jahre Frieden hatte, nämlich solange G. lebte (8,28). Doch daß der Retter implizit zum Verführer wurde, unterstreicht seine ganze Vorläufigkeit.

Später erinnerte man sich der Tage G.s als einer Zeit, in der Gott sich in besonderer Weise als Retter und Befreier seines Volkes erwies. Dieses Handeln Gottes wurde zum Typus seines endzeitlichen Heilshandelns. Das Volk, das jetzt noch »im Finstern wandelt«, wird dann rühmen: »Du hast ihr drückendes Joch, die Jochstange auf ihrer Schulter und den Stecken ihres Treibers zerbrochen wie am Tage Midians. ... Solches wird tun der Eifer des Herrn Zebaoth« (Jes 9,1.3.6).

Das NT zählt G. zu den Vätern des Glaubens, die »durch den Glauben Königreiche bezwungen« haben (Hebr 11,32f). Er vertraute Gott mehr als einem starken Heer und errang mit einer Handvoll Männern den Sieg über die Bedränger des Volkes Gottes. So wurde offensichtlich, daß Gott Israel errettet und Midian in G.s Hände gegeben hatte (Ri 7,7).

*Abimelech, ein Sohn G.s griff nach der von seinem Vater aus den oben erwähnten Gründen abgelehnten Königswürde und machte *Sichem zu seiner Hauptstadt, scheiterte aber nach wenigen Jahren (Ri 9).

Literatur: E. Jenni: Art. Gideon, in: BHH I, Sp. 569f. Dort weitere Literatur und Hinweise zu Überlieferungshypothesen. H.E./J.G.G.N.

GIFT.

1. Das hebr. Wort *chēmāh* hat neben der Bedeutung »Gift« (5Mo 32,24; Hiob 6,4; Ps 58,5) häufig die von »Glut« oder »Zorn« (1Mo 27,44; 2Kön 5,12).

2. Hebr. *rōsch* (LÜ meist: Galle) bezeichnet ursprünglich eine bittere Giftpflanze (5Mo 29,17; Ps 69,22; Jer 23,15; Hos 10,4), wird jedoch auch für Schlangengift gebraucht (5Mo 32,33), vgl. *Galle.

3. G. wurde zum Vergiften der Pfeile (Hiob 6,4) oder als G.getränk (Mk 16,18) verwandt.

4. Giftige Worte (Ps 64,4) sind bittere Worte, bzw. Worte des Hasses (Ps 109,3).

5. Die menschliche Zunge ist ein »unruhiges Übel voll tödlichen Giftes« (Jak 3,8; vgl. Röm 3,13).

GIHON. »Strom«.

1. Einer der vier Flüsse des Gartens *Eden. Mit ihm hat man den Amudarja, Araks, Ganges, Nil und viele andere Flüsse identifiziert. Auf den Nil wurde geschlossen, weil sich der G. nach 1Mo 2,13 durch das Land *Kusch »windet« (*sābab*), das mit Äthiopien identifiziert wird. Es ist aber wahrscheinlicher, daß das hier genannte Kusch das Gebiet östl. von Mesopotamien ist, aus dem später die Kassiten kamen. Wenn diese Annahme stimmt, dann könnte unter den Flüssen, die aus den östl. Bergen nach Mesopotamien hinabfließen, vielleicht der Dijala oder Kercha in Frage kommen. Die Möglichkeit, daß sich die geographischen Verhältnisse geändert haben, macht jedoch jede Bestimmung ungewiß.

2. Name einer Quelle östl. von Jerusalem, an der *Salomo zum König gesalbt wurde (1Kön 1,33.38.45). *Hiskia baute einen Kanal, um das Wasser dieser Quelle zum Teich *Siloah innerhalb der Stadtmauern umzuleiten (2Chr 32,30). Die Quelle lag noch außerhalb der äußeren Mauer, die Manasse erbaute (2Chr 33,14), und könnte mit dem heutigen ʿAin Sitti Marjām (»Marienquelle«) identisch sein.

Literatur: E.A. Speiser: The Rivers of Paradise, FS J. Friedrich, 1959, S. 473-485; J. Simons: Jerusalem in the Old Testament, 1952, S. 162-188. T.C.M.

GILBOA. »Sprudelnde Quelle«?

Der Name wird entweder ohne nähere Bezeichnung benutzt oder als »Gebirge Gilboa« wiedergegeben. Es handelt sich um eine Bergkette im Gebiet von Issaschar. Hier ereignete sich der letzte Zusammenstoß zwischen Saul und den Philistern, bei dem er getötet wurde (1Sam 28,4; 31; 2Sam 1,21). Es mag erstaunen, die Philister so weit nördl. zu finden, aber die Straße von Philistäa nach Schunem konnte von Armeen leicht bewältigt werden. Die Hügel werden jetzt Dschebel Fuqūʿa genannt, aber der alte Name lebt in dem Dorf Dschelbōn fort, das zu Füßen der Hügel liegt. G.W.G.

GILEAD.

1. Sohn Machirs, des Sohnes Manasses, und Vorfahre der Sippe Gilead, die einen Hauptteil des Stammes Manasse stellte (4Mo 26,29f; 27,1; 36,1; Jos 17,1.3; 1Chr 2,21.23; 7,14-17).

2. Ein Nachkomme *Gads und Vorfahre einiger späterer Gaditen (1Chr 5,14).

3. Jeftahs Vater (Ri 11,1f).

4. Name des ganzen oder eines Teiles des Ostjordanlandes, das von den Stämmen Ruben, Gad und dem halben Stamm Manasse gehalten wurde. Geographisch gesehen war das Kernland von G. das hügelige, bewaldete Land nördl. einer Linie von Heschbon zur Nordspitze des Toten Meeres. Im N erstreckte es sich bis zu dem heutigen Fluß und Wadi Yarmuk, ging aber ca. 29 km vor dem Yarmuk in Flachland über. Der nördl. Bereich dieser Ebene ist das Gebiet von *Baschan. G. wird also durch den von O nach W verlaufenden unteren Jabbok in eine Nord- und eine Süd-Hälfte geteilt. Südl. des eigentlichen G. (d.h. südl. der Linie Heschbon – Totes Meer) bis hin zum Arnon gibt es eine hügelige Hochebene, die sich zum Getreideanbau, sowie für Viehwirtschaft eignete. Dieser Landstrich wurde manchmal auch in den Begriff »Gilead« mit

Gilead im Ostjordanland.

einbezogen. In weitester Anwendung konnte G. sogar das gesamte (israelitische) Ostjordanland bezeichnen (vgl. 5Mo 2,36 und besonders 34,1; Ri 10-12; 20,1; 2Kön 15,29). 1Sam 13,7 ist interessant, weil »Gad« dort einen Teil des Gesamtgebietes von G. bezeichnet. Als Gesamtbegriff erscheint G. auch in 2Kön 10,33. Hier schließt »das ganze Land Gilead«, also das (israelit.) Ostjordanland, Gilead (d.h. das eigentliche G. und das Land bis zum Arnon) und Baschan ein. G. im engeren Sinn, also das bewaldete Hügelland nördl. und südl. des Jabbok, ist gemeint in Jos 13,11 und 5Mo 3,10, wo es als Land zwischen den Städten der Hochebene südl. von Heschbon und Baschan im N aufgeführt wird. Auch jede der beiden Hälften des eigentlichen G. konnte den Namen G. tragen (bzgl. der Nord-Hälfte siehe 5Mo 3,15; Jos 17,1.5f). Wo genauer gesprochen wurde, nannte man das G. südl. des Jabbok (das an Gad fiel) manchmal »das halbe (Gebirge) Gilead« (5Mo 3,12; vgl. 16; Jos 12,2.5; vgl. 13,25), eine Bezeichnung, die manchmal auch für G. nördl. des Jabbok (Jos 13,31) gebraucht wurde. Die Nord-Hälfte war auch als »das übrige Gilead« bekannt (5Mo 3,13). In 5Mo 3,12.16, sowie 13 und 15 ist besonders bemerkenswert, wie volle und abgekürzte Bezeichnungen einander abwechseln. Der Gebrauch einer Bezeichnung oder eines Titels zugleich im weiten und engen Sinn oder in der vollen bzw. abgekürzten Form ist in der Antike wie auch heutzutage ein weitverbreitetes Phänomen. Bei den meisten Stellen im AT, in denen G. vorkommt, läßt eine Untersuchung des Zusammenhangs die gemeinte Nuance erkennen.

Sprichwörtlich war der »Balsam Gileads« (Jer 8,22; 46,11; vgl. 1Mo 37,25). Die reiche Bewaldung der Berge G.s wird zusammen mit dem Libanon und dem Karmel als Symbol des Wohlstandes genannt (Jer 22,6; 50,19; Sach 10,10). Es war Weideland von Ziegen (Hld 4,1; 6,5) und gab Flüchtlingen Schutz. Unter denen, die in G. Zuflucht suchten, waren Jakob, als er vor Laban floh (1Mo 31,21-54), Israeliten zur Zeit Sauls, die die Philister fürchteten (1Sam 13,7), Isch-Boschet (2Sam 2,8f) und David während Absaloms Aufstand (2Sam 17,22ff). S. auch *Ruben, *Gad, *Manasse, *Ramot in Gilead und *Mahanajim.

Literatur: D. Baly: Geographisches Handbuch zur Bibel, 1973; N. Glueck: Explorations in Eastern Palestine, 3; AASOR 18/19, 1939, S. 151-153.242-251 (Ausdehnung und Geschichte), und S. 153-242, 251ff (Archäologie); M. Ottoson: Gilead, 1969. K.A.K.

GILGAL. Der Name kann »Wagenrad«, »Scheibe«, aber auch »Steinkreis« oder »zusammengerollte Steine« von hebr. *gālal*, »rollen, wälzen«, bedeuten. Im Sinne von »rollen, wälzen« wird G. in Jos 5,9 benutzt, wo Gott Israel an die Befreiung aus Ägypten erinnert, während es in G. beschnitten wurde: »Heute habe ich die Schande Ägyptens von euch abgewälzt (*gallōtī*)« (Jos 5,9). Es gab verschiedene Orte namens G.

1. G. östl. von Jericho, zwischen Jericho und dem Jordan gelegen. Die genaue Lage G.s in diesem Gebiet ist noch ungewiß. J. Muilenburg (BASOR 140, 1955, S. 11-27) schlug unter Vorbehalt einen Ort etwas nördl. von Chirbet el-Mefdschir, ca. 2 km nordöstl. des atl. Jericho (Tell es-Sultan) vor. Für diese Lage führt Muilenburg das kombinierte Zeugnis des AT und späterer Autoren (Josephus, Eusebius, u.a.) an. Eine Probegrabung brachte Überreste aus der Frühen Eisenzeit (1200-1000 v.Chr.) zu Tage. J. Simons (GTT, S. 269-270, § 464) widersprach Muilenburg mit dem Argument, daß Chirbet el-Mefdschir eher nördl. als östl. von Jericho läge; dies ist aber kein besonders starker Einwand, da Chirbet el-Mefdschir ebenso weit östl. wie nördl. von Jericho entfernt liegt (s. Muilenburgs Karte, op.cit., Abb. I, S. 17). Zweifelsfrei ist die Lage von G. allerdings noch nicht identifiziert (vgl. Otto a.a.O.).

Nach Jos 4,19 richtete man in G. nach Überquerung des Jordan das Heerlager ein, von dem aus das Land erobert wurde. Viele der Ereignisse während der Landnahme wer-

Gilgal bei Jericho und in der Scharon-Ebene.

den hier lokalisiert: Zwölf Gedenksteine aus dem Jordan wurden errichtet, als Israel in G. das Lager aufschlug (Jos 4,20); die neue Generation, die in der Wüste aufgewachsen war, wurde hier beschnitten; man feierte das erste Passafest in Kanaan (Jos 5,9f), und das Manna hörte auf (Jos 5,11f). Von G. führte Josua Israel gegen Jericho (Jos 6,11.14ff) und das südl. Kanaan (Jos 10); hier schloß man den Bund mit den Gibeonitern. In G. begann Josua die Stammesgebiete aufzuteilen (Jos 14,6). So wurde der Brückenkopf G. sowohl zum Heerlager als auch zum Kultzentrum, an das auch die Institutionen der Richter- und der anfangenden Königszeit anknüpften. (Zur Bedeutung G.s für Josuas Strategie s. Y. Kaufmann: The Biblical Account of the Conquest of Palestine, 1953, S. 91-97, bes. S. 92.95f)

Zum Auftakt der Richterzeit geht Gottes Engel von G. nach Bochim, um das Gericht über das vergeßliche Israel einzuleiten (Ri 2,1). Bei G. kehrte Ehud um, um den Moabiterkönig Eglon zu töten und damit Israel zu befreien (Ri 3,19). Samuel besuchte G. auf seinen Rundreisen (1Sam 7,16). Nach Sauls Sieg über die Ammoniter wurde in G. sein Königtum mit Dankopfern erneuert (1Sam 11,14f; vgl. 10,8). Anschließend brachte Saul in G. voreilige Opfer dar (1Sam 13,7-14), und ebenfalls in G. trennten sich Samuel und Saul nach dessen Ungehorsam im Amalekiterkrieg für immer (1Sam 15,12-35). Nach Absaloms erfolglosem Aufstand empfingen die Juden den zurückkehrenden David in G. (2Sam 19,16.40f). Zur Zeit Ahabs und Jorams kamen Elia und Elisa an G. vorbei, bevor Elia in den Himmel aufgenommen wurde (2Kön 2,1). Es ist zwar umstritten, ob hier derselbe Ort gemeint ist oder ein anderer gleichen Namens; doch der Hinweis auf Jericho (2,4f.15) und den Jordan (2,7) spricht für das historische G. In G. bewirkte Elisa, daß die giftige Speise der Prophetenschüler genießbar wurde (2Kön 4,38ff). Möglicherweise wurde die Prophetenschule an diesem Ort um der alten Überlieferungen willen eingerichtet.

Während des 8.Jh.v.Chr., zumindest unter den Königen von Usija bis Hiskia, wurde G. zum Zentrum eines verderbten Gottesdienstes, der wie die entsprechenden Feiern in Bethel von Amos (4,4; 5,5) und Hosea (4,15; 9,15; 12,12) verworfen wurde. Die Propheten zeigen: Gott ist nicht an die Orte seiner früheren Heilstaten gebunden. Die Verbindung von Bethel und G. (die sich auch in 2Kön 2,1f widerspiegelt), wurde durch eine wichtige Straße zwischen beiden Orten gefördert (Muilenburg, op.cit., S. 13). In günstigerem Licht erscheint G. bei Micha (6,5); der Ort wird ihm zum Symbol für die bei der Wüstenwanderung und Landnahme erfahrenen Rettungs- und Wohltaten Gottes. »Von Schittim bis nach Gilgal« bedeutet: über den Jordan in das verheißene Land.

2. In Jos 15,7 (RevEB) kam die N-Grenze von Juda zumindest in Sichtweite eines G., das »gegenüber der Steige von Adummim« lag. In der parallelen Beschreibung dieser Linie als S-Grenze Benjamins (Jos 18,17) heißt der Ort *Gelilot. Ob dieses Gilgal/Gelilot jedoch dasselbe wie das bekannte G. östl. von Jericho ist, bleibt ungewiß, obwohl es nicht auszuschließen ist. Andernfalls müßte es ein anderer »Steinkreis« weiter im W sein. Vorschläge über diese Grenze können bei Simons (GTT, S. 139.140, § 314, 173, § 326) gefunden werden; er macht jedoch einen allzu freien Gebrauch von Textberichtigungen.

3. In 5Mo 11,30 bezieht sich die Wendung »Gilgal gegenüber« eher auf die kanaan. Siedlungen in der *Araba (Jordantal) als auf die Berge *Ebal und *Garizim. Wenn das so ist, handelt es sich um das historische G.; s. 1.; Vgl. GTT, S. 35, §§ 87.88.

4. Unter den von Josua geschlagenen kanaan. Königen befand sich auch »der König von Gojim zu Gilgal« (Jos 12,23), der zwischen den Königen von Dor und von Tirza genannt wird. Dieses G. könnte die Hauptstadt eines Königs sein, der über eine gemischte Bevölkerung am Rande der Küstenebene von Scharon regierte, wenn es – wie gelegentlich vorgeschlagen wurde – bei Dschildschulije, 8 km nördl. vom Turm Afek und 22 km nordöstl. von Joppe lag. Die LÜ liest allerdings mit der LXX: »der König von Völkern in Galiläa« (*gojim*, »Völker«).

5. Ob das Bet-Gilgal, aus dem Sänger zur Einweihung der Mauern Jerusalems durch Nehemia und Esra kamen, das bekannte G. (1.) bei Jericho ist, läßt sich nicht feststellen (Neh 12,29).

Literatur: K. Elliger: Art. Gilgal, in: BHH I, 572f; G. Münderlein: ThWAT II, 21-24; J. Muilenberg: »The Site of Ancient Gilgal«, BASOR 140/1955, S. 11-27; E. Otto: Art. Gilgal, in: TRE XIII, 1984, S. 268-70 (Lit.); OLB 2, S. 520-527. K.A.K./H.E.

GIRGASCHITER/GIRGASITER. Ein Stamm, der in 1Mo 10,16; 1Chr 1,14 unter den Nachkommen Kanaans aufgeführt wird und Teil der sehr gemischten Bevölkerung Kanaans ist, wie sie in der ursprünglichen Verheißung an Abraham beschrieben wird (1Mo 15,21; vgl. Neh 9,8). Als die Zeit gekommen war, wurden sie von Israel besiegt (5Mo 7,1; Jos 3,10; 24,11). Im Ugaritischen und im Punischen ist *grgsch* als Personenname belegt (s. Gordon: Ugaritic Textbook, 3, 1965, S. 381,

Nr. 619). Die G. sind wahrscheinlich nicht mit dem Volk in Kleinasien identisch, das in Annalen der Hetiter *Karkisa* und in ägypt. Berichten *krksch* genannt wird. K.A.K.

GIRSITER. Kaum bekannte, halbnomadische Sippen, die mit den *Geschuritern und *Amalekitern im NW des *Negeb in Verbindung standen und von David vernichtet wurden (1Sam 27,8), als er unter dem Philister Achisch über *Ziklag herrschte. K.A.K.

GISCHALA. Der griech. Name gibt hebr. *gūsch chālab*, »Überfluß an Fett«, wieder, ein Hinweis auf die blühende Landwirtschaft der Gegend. G. ist heute das christl.-arab. Dorf El-Dschisch in beherrschender Lage 8km nordwestl. von Safed in Ober-*Galiläa. Nach der Mischna (Ar 9,6) war G. schon zur Zeit des *Josua eine befestigte Stadt. Siedlungsspuren finden sich aus Früher Bronze-, Eisen-, Perser- sowie hellen. und röm. Zeit (Excavations and Surveys in Israel 3, 1984, 37). G. war der Heimatort des Aufstandsführers Johannes von G. (Jos.bell.Jud. II,585ff). Nach Gamala war G. die letzte Festung der *Zeloten in Galiläa, die 68 n.Chr. fiel (Jos.bell.Jud. IV,84ff). Zwei schwierige Hinweise bei Hieronymus (Vir. Ill. 5 [PL 23,646]; In Phlm 23 [PL 26,653]) lassen die Familie des *Paulus ursprünglich aus G. stammen (W. Grundmann: Die frühe Christenheit, 1983, 33). Manche Forscher nehmen eine zelotische Beeinflussung des Apostels (vgl. Gal 1,14) in seiner jüd. Vergangenheit an (K. Haacker: ThBeitr 6, 1975, 4-10). Vielleicht weisen einige Funde auf die spätere Existenz einer judenchristl. Gemeinde in G. (Bagatti 230f). Intensives jüd. Leben im 3./6.Jh.n.Chr. bezeugen zwei Synagogen (M. Avi-Yonah: EAEHL IV, 1978, 1134f). Die eine stand am Platz der heutigen Kirche, von der anderen sind bemerkenswerte Reste 2km weiter östl. erhalten.

Literatur: F.M. Abel: Géographie de la Palestine II, [3]1970, 338; B. Bagatti: Antichi villaggi cristiani di Galilea, 1971, 228-236; E.M. und C. Meyers: IEJ 28 (1978), 276-279; J. Murphy-O'Connor: The Holy Land, [2]1986, 217f. R.R.

GITTER.

1. Den Brandopferaltar der Stiftshütte umgab von unten her ein netzartiges G. bis zur halben Höhe des Altars (2Mo 27,4f; 38,4). An seinen vier Ecken waren Ringe angebracht, durch die Tragstangen gesteckt wurden (2Mo 38,5). Vgl. *Altar.

2. Das G., durch das Ahasja fiel (2Kön 1,2), ist das Geländer um das Dach oder das G. vor einem Fenster im Obergemach seines Hauses. Solche G. waren bes. vor den Fenstern angebracht, die an der Außenseite des Hauses lagen und Sicht auf die Straße gewährten (Ri 5,28; Spr 7,6; Hld 2,9). Vgl. *Haus.

3. Das »Gitterwerk« der zwei kupfernen Säulen vor dem Tempel Salomos sind aus Ketten (2Chr 3,16) geflochtene Netze, die um die »Knäufe« der Säule gelegt und mit Darstellungen von Granatäpfeln verziert waren (1Kön 7,17f; 2Kön 25,17; 2Chr 4,13; Jer 52,22).

GITTIT s. Musik

GLAS. G. wird in der Bibel kaum erwähnt und war bis zur Römerzeit ein seltener Luxus. Ihm wurde der gleiche Wert wie Gold beigemessen (Hiob 28,17; Hebr *zekukit*). Einige mit »Glas« übersetzte Stellen beziehen sich auf reflektierende Metalloberflächen, die als Spiegel benutzt wurden. Das Glasieren war schon früh bekannt und wurde bei Schmuckperlen und Backsteinen seit ca. 4000 v.Chr. angewandt. Echtes G. erscheint aber erst in der Frühen Bronzezeit (um 2600 v.Chr.).

Während der 18. ägypt. Dynastie (ca. 1552-1306 v.Chr.) imitierte eine Glasfabrik in *Amarna Stein- und Tonwaren und stellte kleine Salbengefäße her. Sie wurden entweder gegossen, oder man legte Glasfäden um einen Sandkern und erhitzte sie erneut.

Frühe, auf Kernen geformte und dekorierte Kelche, Flaschen und Schalen wurden in N-Mesopotamien (Rimah, Nuzi), Babylonien, Nordsyrien (*Alalah) und Palästina (*Megiddo) gefunden. Importierte sowie einheimische Glaswaren wurden in *Geser, *Lachisch (Späte Eisenzeit), Achsib und *Hazor

Römische Glasflaschen, in Palästina ausgegraben. Ca. 1. Jh. n.Chr. (RS)

Glasamphore im phönizischen Stil. Höhe: 16 cm. Amanthus, Zypern, 2.–1. Jt. v.Chr. (RS)

entdeckt. Vom 13.Jh. v.Chr. an werden Glasuren in hetitischen und assyr. Texten erwähnt. Die Erwähnung von *spsg*, »Glasur«, in einem Ras-Schamra-Text macht es wahrscheinlich, daß dieses Wort auch in Spr 26,23 verwandt wurde: »Wie Glasur über Tongeschirr gezogen, sind glatte Lippen und ein böses Herz« (BASOR 98, 1945, S. 21,24; jetzt umstritten, Ugarit-Forschungen 8, 1976, S. 37-40). Als Farbstoffe wurden Kobalt und Mangan benutzt. Das frühe G. war wegen der Unreinheiten in den Grundstoffen nicht sehr durchsichtig. Das Irisieren, das bei altem G. so häufig anzutreffen ist, rührt von Zersetzung und Verwitterung her.

In der Späten Eisenzeit wurden ägypt. Glasgefäße, die nun die Alabastergefäße imitierten (daher griech. *alabastron*), nach Syrien und Palästina exportiert. Phönizische Produkte, die man in Samaria und anderen Orten fand, zeigen, daß Amphoren, kleine Krüge und Aryballoi aus G. benutzt wurden.

Die hellen. Zeit brachte zusätzliche Techniken, mit denen Goldglas, Millefioriglas (Mosaiktechnik) und gefärbte Gläser hergestellt werden konnten. Entsprechende Funde konnte man an vielen Orten Palästinas machen. Das *alabastron*, das als Gabe für Jesus zerbrochen wurde, war wahrscheinlich ein langhalsiges Salbgefäß aus G., ein sogenanntes Tränenfläschchen (Mt 26,7; Mk 14,3; Lk 7,37; EÜ: »Alabastergefäß«).

Assyrisches Alabastron mit dem Namen Sargons II. Höhe: 8 cm. (BM)

Ägyptische Glasflasche in Fischform. Länge: 14 cm. Tell el-Amarna. Späte 18. Dynastie. (BM)

In der Römerzeit führte die Erfindung des Glasblasens (in Sidon?) zu einer Massenproduktion von Tafelgeschirr, das wegen seiner leichten Handhabung und geringen Herstellungskosten mit dem aus Ton und Metall gefertigten gut konkurrieren konnte. Vieles war durchsichtig oder wie auf Hochglanz poliert. Auf G. letzterer Art könnten das »gläserne *Meer« (Offb 4,6; 15,2) und das neue Jerusalem »aus reinem Gold wie durchscheinendes Glas« (Offb 21,18. 21) anspielen.

Literatur: P.P. Kohane: Antiquity and Survival 2, 1957, S. 208-224; D.B. Harden: Antiquity, 1933, S. 419-428; A.L. Oppenheim u.a.: Glass and Glassmaking in Ancient Mesopotamia, 1970; A. von Salden u.a.: Gläser der Antike, Sammlung Erwin Oppenländer, 1974; M.A. Bezborodov: Chemie und Technologie der antiken und mittelalterlichen Gläser, 1975; J. Dayton: Minerals, Metals, Glazing and Man, 1978; S. Frank: Glass and Archaeology, 1982; D. Barag: Catalogue of Western Asiatic Glass in the British Museum, Bd. I, 1985; L. Gorelik, A.J. Gwinnett: Further Investigation of the Method of Manufacture of an Ancient Near Eastern Cast Glass Vessel, Iraq 48/1986, S.15-18, Pl. I-IV; Readings in Glass History, Jerusalem, ab 1/1973; Journal of Glass Studies, ab 1/1959. D.J.W.

GLAUBE.

I. IM ALTEN TESTAMENT.

Das wichtigste hebr. Wort für glauben heißt *'āman*. Von daher stammt unser *Amen*: »das soll gelten, das soll wahr und gewiß sein«. Der Wortstamm *'āman* meint also etwas, das fest, zuverlässig, sicher ist, was eine Sache oder einen Menschen zu dem macht, was er ist und in diesem Sinn also das Verläßliche, das nicht trügt. So gebraucht man das Wort von einem verlässlichen Diener (1Sam 22,14), einem treuen Zeugen (Spr 14,5; Jes 8,2) oder einem treuen Propheten (1Sam 3,20). Und so meint das Wort auch die unbedingte Treue und Verläßlichkeit Gottes als das, was ihm entspricht, denn ein ungetreuer Gott wäre eben nicht Gott (5Mo 7,9). Häufig wird darum von der Treue Gottes gesprochen (hebr. *'ämät*) – oft zusammen mit dem hebr. Wort für Huld, Güte, Gnade, Liebe: *chäsäd* (so Ps 36,6 RevEB; 89,2f; 117,2 RevEB). Gemeint ist, daß Gott in seiner Gnade treu ist und in seiner Treue gnädig.

Wenn nun dieses Wort für G. verwendet wird, meint es nicht etwa das Verläßliche des Menschen oder des Glaubens an sich. Es meint gerade auch hier die Treue und Verläßlichkeit Gottes. »Glauben« will besagen, Gott für unbedingt treu zu halten.

Voraus ging in Israel der Erweis von Gottes machtvollem, rettendem Tun, die Erfahrung, daß er sein Wort hält und die Verheißung einlöst. Das geschah vor allem in der Errettung aus Ägypten. Es geschah aber schon an Abraham, dem Gott seine Verheißung gab (1Mo 15,6). »Im Zuspruch der Gerechtigkeit an Abraham wird anerkannt, daß sein Glaube dasjenige Verhalten ist, das der Stellung des Menschen vor Gott entspricht« (H. Wildberger: THAT I, 191). Dabei meint G. nicht einfach ein Verhalten neben anderem, als Gottesbeziehung umfaßt und prägt er vielmehr das ganze Leben mit allen seinen Äußerungen. Es ist für den atl. Menschen undenkbar, daß er zu bestimmten Bereichen der Wirklichkeit ein Verhältnis des Wissens und zu anderen – etwa zu Gott – ein Verhältnis des G.ns hätte. Er hat es in allem und jedem mit seinem Gott zu tun, mit seinem treuen Geben und seinem gnädigen Wollen, mit seinem Retten und seinem Richten. Lebensaufbau und -ordnung stehen unter Gottes liebevoller Verheißung und unter seinem gültigen Gebot. Darum ist der G. als Vertrauen auch Gehorsam. Gott glauben heißt auch seinen Geboten glauben (Ps 119,66; vgl. 2Mo 14,31; 19,9). Zu diesem Vertrauen gehört auch das Vertrauen zum gottgesandten, verläßlichen Diener Mose (vgl. 4Mo 12,7; Hebr 3,5).

Der G. ist also für den Israeliten Existenzgrundlage und einzig mögliche Existenzform. Das sagt Jesaja in dem prägnanten Spruch: »Glaubt ihr nicht, so bleibt ihr nicht« (Jes 7,9). Glauben und Bestand-Haben ist ein und dasselbe. Es gilt, sein Vertrauen allein auf Gott zu setzen, sich vor Menschen nicht zu fürchten (Jes 7,4) und sich nicht auf Menschen zu verlassen (Jer 17,5; Jes 30,15). Den G. als Existenzgrundlage meint auch das Verheißungswort Hab 2,2-4: Der Gerechte wird auf Grund seines G.s das Leben haben (vgl. Röm 1,17).

Man darf sagen, daß der atl. Mensch die moderne Daseinsangst nicht kennt, aber nicht etwa deswegen, weil er dem Leben naiv trauen würde. Gerade er weiß um die Abgründe des Daseins. Aber auch darin hat er es mit seinem Gott zu tun. Deshalb gehören für ihn Furcht und Vertrauen in spannungsvoller Einheit zusammen, vgl. 1Mo 20,11; 22,12; Jes 8,13; 11,2; Jer 32,40; Spr 1,7; Ps 19,10 (*Furcht/Furcht Gottes). Und in Furcht und Vertrauen ist auch Liebe (Ps 18,2; 31,24; 69,37). Das ist die Gesinnung, in der der Mensch Gott zugetan ist, ihm hold ist und ihm huldigt als Antwort auf Gottes Huld (vgl. Ps 31,24; 30,5).

Es gilt auch zu beachten, daß der Glaubensgedanke im AT von Haus aus nicht individualistisch gefaßt ist. Es geht um den G.n der ganzen Volks- und Bundesgemeinde. Der G. ist das dem Gottesbund gemäße Verhalten des Volkes. Erst in späterer Zeit tritt die individuelle Färbung mehr in den Vordergrund,

und man hat auch mit anderen Wörtern das ausgedrückt, was mit G. gemeint ist. Wichtig wurde das Wort *bātach,* »vertrauen, trauen, sich verlassen auf« (Ps 27,3; 31,7 RevEB; 91,2 RevEB; 112,7 RevEB) und das Wort *chāsāh,* »Zuflucht suchen, sich bergen« (Ps 2,12; 7,2; 18,3; 91,4; zu allen Stellen vgl. RevEB).

Eine Erweiterung und Vertiefung hat dann das Wort G. vor allem in Richtung der Hoffnung erfahren. Wir sehen das bei Jesaja: »Ich will auf den Herrn harren, der sein Angesicht vor dem Haus Jakob verbirgt, und will auf ihn hoffen« (8,17 RevEB; vgl. auch Jes 40,31: »Die auf den Herrn harren, wechseln die Kraft«, d.h. sie bekommen neue Kraft; ebenso Ps 42,6; 130,5f u.ö.).

II. IM NEUEN TESTAMENT.

1. Jesus.

Jesus wurzelte im AT, und er hat den G.n, wie wir ihn dort finden, bejaht. Auch für ihn ist mit dem G.n die ganze Lebenshaltung bezeichnet, das ganze Gottesverhältnis. Auch für ihn ist G. zugleich Gottesfurcht (Mt 10, 28), Gehorsam (Mt 7,21; Lk 6,46) und Vertrauen (Mt 6,32).

Jesus ist als der *Messias die volle *Offenbarung Gottes und seines Heils, und so ist auch der G. durch ihn voll geoffenbart und gebracht worden. Er hat alles, die ganze Existenz des Jüngers und Nachfolgers, auf den G.n gestellt. Im G.n, wie er ihn predigt, erwartet und ermöglicht, wendet sich der Mensch von allem widergöttlichen Wesen ab und öffnet sich ganz Gott und seiner gnädigen Herrschaft (Mt 4,17; 18,8f). Die Predigt Jesu war eine einzige gewaltige Umkehrpredigt. Er wandte sich damit an das ganze Volk, aber auch an einzelne, die er in seine Nachfolge rief. Sich Jesus anschließen hieß, ihm und seinem Gott glauben. Dem G.n hat Jesus die allergrößten Verheißungen gegeben; er hat vom G.n jede Schranke weggenommen, etwa, wenn er sagt: »Alle Dinge sind möglich dem, der da glaubt« (Mk 9,23), und: »Alles, was immer ihr im Gebet glaubend begehrt, werdet ihr empfangen« (Mt 21,22 RevEB).

Damit hat Jesus nicht Glaubenshelden heranbilden wollen. Im Gegenteil, er hat das Reich Gottes den Geringen verheißen, den Armen, den Betrübten, den Gebeugten und Hungrigen. Der G., den er erwartet und ermöglicht, ist nicht in sich selber groß. Er sieht im Gegenteil weg von sich und den eigenen Möglichkeiten und schaut hin auf die unbegrenzten Möglichkeiten Gottes.

Dieser G. hat bestimmte Kennzeichen: Er kann niemals mit Bösem einhergehen. Das kann vielleicht der »Glaube« eines Magiers, nicht jedoch der G., den Jesus seinen Jüngern schenkt. Ebenso kompromißlos wie den G.n gebietet Jesus deshalb schrankenlose Liebe, die sogar den Feind einschließt (Mt 5,44).

Zum G.n Jesu gehört weiter, daß der Nachfolger aufbricht aus allen Sicherungen des Lebens. Er soll zu radikaler Nachfolge bereit sein, die ebenso den engsten Familienbanden vorgeht wie dem natürlichen Verlangen, das eigene Leben zu bewahren und zu sichern (Lk 14,26; 9,57-62; Mt 10,39). Damit hat Jesus den Jünger aus den natürlichen Bindungen an Familie, Volk und Heimat und ebenso aus der Verwurzelung im selbstsüchtigen Leben herausgeführt. Er hat aber doch einen lebensnahen G.n gepredigt, hat den G.n auch ins geschöpfliche Leben eingesenkt, indem er zum spontanen Vertrauen auf den himmlischen Vater anleitet, der die Sperlinge schützt und nährt und die Lilien kleidet (Mt 6,25-34; 10,29-31). Jesus hat selbst seine eigenen Familienbande durchschnitten, weil ihm der Wille und die Familie Gottes vorgingen (Mk 3,31-35), hat aber andererseits auch ein ganz natürliches Leben geführt mit Essen, Trinken und Schlafen und hat am Kreuz noch liebevoll an seine Mutter gedacht (Joh 19,25-27).

Auch bei Jesus war der G., den er erwartete und ermöglichte, ein Sich-Einlassen auf seine Gabe. Die Jünger waren Zeugen seiner Machttaten, sie hörten seine macht- und liebevolle Predigt und konnten in beidem die messianische Vollmacht Jesu erkennen. Seine Taten gingen einerseits dem G.n voraus und waren glaubenweckend (Joh 2,11); andererseits aber fragte Jesus nach dem G.n als Bedingung für sein Handeln (Mt 8,10.13; 9,28; Mk 2,5; 5,36; 9,23f), und er konnte durch Unglauben gehindert werden (Mt 13,58). Vom G.n im Zusammenhang mit den Heilungen Jesu sagt J. Roloff: »Dabei handelt es sich weder um ein bloßes Vertrauen zur Macht des Wundertäters, noch um eine allgemeine Gläubigkeit im Sinn einer die Heilung vorbereitenden psychischen Prädisposition, sondern um einen Akt bedingungsloser personhafter Hinwendung zu Jesus...: Glaube ist die Haltung, die Gottes Handeln in der Erscheinung Jesu sucht und von diesem Handeln eine entscheidende Existenzwende erfährt« (Reclams Bibellexikon, 173).

Festzuhalten ist, daß Jesu Auftreten auch ein *Ärgernis enthielt. Viele Juden erwarteten von der messianischen Zeit, daß dann das G.n nicht mehr nötig sei, weil die Hilfe Gottes sichtbar und machtvoll hereinbreche. Und nun rief Jesus ebenso kompromißlos zum G.n wie die Propheten es getan hatten. Sein messianischer Anspruch, seine machtvollen Taten und seine vollmächtige Predigt waren zwar unübersehbar und stellten jeden vor die

Frage: Willst du glauben oder dich an dem geringen Menschensohn ärgern? Jesus hat ja auf Gewaltausübung verzichtet, war mittellos, dazu ohne amtliche Stellung und nicht im üblichen Sinn ein Gelehrter. Als einfacher Wanderprediger trat er auf und ging schließlich den Weg ans Kreuz. Diese Niedrigkeit war und ist bis heute eine Herausforderung für den G.n Das zeigt sich schon beim angefochtenen Täufer (Mt 11,1-6); öfters mußte Jesus auch den Kleinglauben der Jünger schelten (Mt 17,20; Mk 16,14). In der Apostelzeit führte dann der G. an Jesus auch in die Verborgenheit und ins Leiden hinein (Kol 3,3f; 2Kor 4,7-12).

Mit dem Wort G. ist alles gesagt, was Jesus jedem zumutete, der zu Jüngerschaft und Nachfolge bereit war. Wer sich rufen ließ, der entschied sich im G.n auch für Jesus selbst. Er erkannte in ihm den Messias, den Sohn Gottes und Heiland der Welt (Mt 16,16; Joh 4,42). G. hieß nun, sich ihm als dem Herrn zu unterstellen und von ihm alles zu erwarten wie von Gott selbst. Solcher G. galt schon dem irdischen Jesus, wenn er auch nicht ohne Anfechtung blieb (vgl. die Leidensgeschichte); damit war die apostol. Predigt, die zum G.n an den Gekreuzigten und Auferstandenen rief, unmittelbar vorbereitet.

2. Nach Ostern.

Es war schon zu Lebzeiten Jesu deutlich geworden, daß er in seiner Person, in seinem Reden und Tun, in seinem Weg des Gehorsams und der Liebe der eigentliche Inhalt des *Evangeliums und die Verkörperung der Gottesherrschaft war. Gott bestätigte das durch die Auferweckung seines Sohnes von den Toten. Die Auferweckung ist das Siegel Gottes unter die Lebenstat Jesu und insbesondere unter seine Hingabe in den Tod zur Sühnung unserer Sünden (Röm 4,25). Die Evangeliumsspredigt war nun Christuspredigt und Glaubenspredigt in einem. Sie rief zum G.n an den Herrn Jesus zur *Vergebung der Sünden, zur *Taufe und zum Empfang des Heiligen *Geistes (Apg 2,38; 3,18f; 16,31). G. an Jesus war zugleich G. an Gott und umgekehrt (1Thess 1,9f). Das Bekenntnis zu Jesus Christus war zugleich Bekenntnis zu Gott, der ihn von den Toten auferweckt hat (Apg 2,32; Röm 10,9). Die Bekehrten hießen zunächst einfach die Glaubenden bzw. die Gläubigen, und es war klar, welche Art G. damit gemeint war (Apg 2,44; 4,32; 2Kor 6,15 u.ö.). Die Predigt hieß »Hören vom Glauben« (*akoē pisteōs*; Gal 3,2; LÜ: »Predigt vom Glauben«) und die Gemeinde war die Gemeinde der Gläubigen bzw. der Gläubiggewordenen (Apg 2,44; 4,32).

3. Paulus.

Für Paulus ist mit »Glaube« alles gesagt, was er predigt und lehrt, wofür er kämpft und leidet, womit er leben und sterben will. Dabei wird der Ausdruck öfters absolut, also ohne Angabe des Gegenstandes gebraucht (Gal 1,23; 3,8.23). Gemeint ist jedoch immer der G. an Jesus Christus und durch ihn an Gott, den Vater (Gal 2,16).

Dabei hat Paulus keinen grundsätzlich anderen Glaubensbegriff als das AT oder Jesus. Gerade auch für ihn ist die Gottesbeziehung Glaubensbeziehung. Auch für ihn ist G. Vertrauen auf den Gott, der Wunder tut und das, was nicht ist, ins Dasein ruft (Röm 4,17). G. ist Hoffnung auf Gott, daß er zu seinem Wort steht und seine Verheißung erfüllen wird (Röm 4,18f). Er ist Gehorsam (Röm 1,5), und er ist tätig in der Liebe (Gal 5,6). Gerade auch für Paulus ist G. ohne Liebe wertlos (1Kor 13).

Paulus hat besonders intensiv über Grund und Sinn des G.ns nachgedacht sowie über das Leben im G.n. Im Zentrum des G.ns steht Jesus Christus in seinem Heils- und Sühnehandeln am Kreuz (Röm 3,21ff). Die durch unsere Sünde getrübte Beziehung zu Gott kann allein durch ihn ins Reine gebracht werden. Damit stellte sich Paulus scharf gegen den Versuch des Menschen, durch eigenes Tun des Guten Frieden mit Gott zu erlangen. Das ist gemeint, wenn man sagt, daß er den G.n gegen die Werke und die Glaubensgerechtigkeit gegen die Werkgerechtigkeit stellt. Das ist seine Rechtfertigungslehre (*Rechtfertigung). Selbstverständlich hat Paulus von den guten Werken und den Taten der Liebe nicht gering gedacht. Im Gegenteil, er fordert in allen seinen Briefen dazu auf, und er gibt dem Menschen, der ohne Liebe leben will, keine Chance vor Gott. Er bekämpft nicht das Gute, wohl aber die Meinung, man könnte damit das Heil und die Gnade Gottes erlangen. Wer so denkt, macht das Kreuz Christi zunichte.

Wer sich aber im G.n einläßt auf das Sühnegeschehen im Tod Jesu, der bezieht damit Stellung sich selbst, seiner Vergangenheit, Gegenwart und Zukunft gegenüber. Er erkennt und anerkennt, daß er sein Leben vor Gott verwirkt hat, und er nimmt es dankbar an, daß Christus für ihn eintritt. So verstanden wirkt der G. Beschämung und Reue (2Kor 7,10). Er nimmt dem Menschen jeden Eigenruhm (Röm 3,27) und alles falsche Vertrauen auf sich selbst (2Kor 1,9). Das Dasein des Glaubenden ist nun geprägt durch Christus, den Auferstandenen. Er muß nicht mehr in sich und aus sich selbst leben. Paulus sagt geradezu: »Mein Leben ist Christus« (Phil 1,21), und: »Ich lebe, doch nun nicht ich, sondern Christus lebt in mir. Denn was ich jetzt lebe im Fleisch, das lebe ich im Glauben an den

Sohn Gottes, der mich geliebt hat und sich selbst für mich dahingegeben« (Gal 2,20). Er darf nun »in Christus« sein und damit frei vom Gesetz der Sünde und des Todes (Röm 8,2). Im G.n an Christus stehen bedeutet, der unzerstörbaren Sphäre des Lebens und des Segens anzugehören (Gal 3,14). Und obwohl das Gericht nach Werken noch aussteht (2Kor 5,10), darf der Glaubende dessen gewiß sein, daß Gott ihm die himmlische Herrlichkeit bereits geschenkt hat (Röm 8,30). Damit ist auch die Stellung zur eigenen Zukunft klar. Im G.n an Christus zu stehen bedeutet Frieden und Freude trotz aller verbleibenden Not des irdischen Daseins (Röm 5,1; 8,6; 2Kor 7,4; Gal 5,22).

Sich im G.n auf das Heil in Christus einzulassen, bringt nun auch in eine ganz bestimmte Stellung Gott gegenüber. Es heißt, dem Gotteshandeln in Christus und damit dem Freispruch glauben (Röm 4,5), von Gottes Treue und Verläßlichkeit voll überzeugt sein (2Kor 1,19; 1Kor 1,9; 2Thess 3,3) und Gott die Ehre geben (Röm 4,20). So ist durch Christus der G. endgültig das geworden, was er von allem Anfang an sein sollte. Das hat Paulus gezeigt.

4. Johannes.
Für Johannes ist der G. *Erkenntnis des Sohnes Gottes. Der Glaubende erkennt sowohl den Sohn als auch den Vater, der den Sohn zum Heil der Welt gesandt hat (Joh 17,3). Er sieht die innige Gemeinschaft zwischen dem Vater und dem Sohn (Joh 3,35; 14,10). Es ist Gemeinschaft im Werk des Heils und im Bewahren der Glaubenden zum ewigen Leben (Joh 5,19ff; 10,25ff). Der G. erkennt aber auch den überzeitlichen Charakter der Wesens- und Liebesgemeinschaft zwischen Vater und Sohn. Sie liegt der Sendung des Sohnes zugrunde (Joh 1,1-18; 3,16). Sie bewährt sich im irdischen Leben Jesu, in seinem Werk und Wort (Joh 4,34; 5,17; 8,28) und sie vollendet sich in der Verherrlichung des Sohnes durch sein Leiden und seine Erhöhung (Joh 17,5).

Daß Johannes G.n und Erkennen so innig miteinander verbunden sieht, ohne eines über das andere zu stellen oder gegen das andere auszuspielen, ist das Besondere an seinem Glaubensbegriff (Joh 6,69; 8,31f; 16,30; 17,8; 1Joh 4,16). Dieses glaubende Erkennen ist keineswegs eine theoretische oder spekulative Schau, es hat im Gegenteil eminent praktisch-konkreten Charakter. Es ist in der Liebe tätige Glaubenserkenntnis (1Joh 4,10-12; Joh 15,17). Wer nicht liebt, der glaubt auch nicht und kennt Gott nicht (1Joh 4,7f). So weckt und fördert auch umgekehrt die gehorsame Tat Glaubenserkenntnis (Joh 7,17).

Der G. entsteht am Wort Jesu (Joh 4,39-42; 5,24.47) und an seinen Werken (Joh 5,36; 10,38; 12,37). Er schließt das Sehen nicht einfach aus (Joh 1,14; 4,42; 20,27; 1Joh 1,1ff), aber auch nicht unbedingt ein (Joh 20,29). So oder so stellt das Kommen Jesu vor die Glaubensentscheidung. Kommt jemand zum G.n, so zeigt sich darin das Ziehen des Vaters zum Sohn (Joh 6,44).

An den Namen des Sohnes glauben heißt, ihn aufnehmen und so Gottes Kind werden (Joh 1,12). Es heißt, aus Gott gezeugt werden (Joh 1,13; 1Joh 4,7; 5,1) und ewiges Leben haben – schon jetzt in der Zeit (Joh 3,16.36; 6,47; 11,25f; 17,3; 20,31). Wer glaubt, ist aus dem Tod ins Leben hinübergegangen (1Joh 3,14), er ist dem Gericht entnommen (Joh 3,18; 5,24) und darf der Auferweckung gewiß sein (Joh 6,44). So ist der G. zugleich Hoffnung (1Joh 3,2f) und wird schließlich durch das Schauen abgelöst (Joh 17,24).

Die Glaubenserkenntnis führt zum Bekenntnis zu Jesus als dem Christus und Sohn Gottes (Joh 9,22; 12,42; 1Joh 2,23; 4,2).

Auch Johannes betont wie Paulus die innige Verbindung zwischen dem Glaubenden und Christus. Wie Christus im Vater und der Vater in ihm ist, so darf der Glaubende in Christus sein und bleiben, und Christus will in ihm bleiben (Joh 14,20; 15,4-10; 17,23; 1Joh 2,6; 5,20).

5. Hebräerbrief.
Der Hebräerbrief zeigt Jesus Christus als den Hohenpriester und *Mittler des Neuen Bundes, der durch sein eigenes Blut uns erlöst hat (Hebr 9,11-28). Den Weg Jesu kann man nur verstehen, wenn man in die Realität des himmlischen Heiligtums blickt, in das Jesus als Priester hineingegangen ist mit seinem eigenen Blut zur Aufhebung der Sünde (Hebr 9,12.26). Dieses Heiligtum ist gegenwärtige und zugleich zukünftige Gotteswirklichkeit; die Stiftshütte mit ihrem Opferdienst war davon nur ein schwaches Abbild (Hebr 10,1).

Jesus ist der Hohepriester, zu dem die Gläubigen sich bekennen (Hebr 3,1). An diesem Bekenntnis sollen sie standhaft festhalten (Hebr 4,14) und immer wieder hinzutreten zum Thron der Gnade (V. 16). Die Erlösung von der Sünde und vom Tod ist schon volle Wirklichkeit (Hebr 2,15; 10,10.14). Zugleich ist die endgültige Rettung aber noch Hoffnungsgut (Hebr 9,28; 10,35-39). Deshalb ist das Bekenntnis zu Christus zugleich Bekenntnis der Hoffnung (Hebr 3,6; 6,11.18; 10,23), und der G. ist zugleich Standhaftigkeit und Geduld (Hebr 6,12.15; 10,36; 12,1).

Die stärksten Aussagen über das G.n finden sich in Kap. 11. Es bringt Beispiele von Menschen des G.ns, angefangen von *Abel bis zur Hure Rahab. Sie alle haben im G.n ihr Leben gewagt in eine Zukunft hinein, die noch ungewiß war, gewiß aber für ihren G.n. Von da aus kann man die Definition in V. 1 verstehen: G.n heißt Feststehen bei Erhofftem und Überführtsein von (noch) nicht gesehenen Dingen. Dieser G. ist Gewißheit und er ist zugleich Erkenntnis: »Im Glauben erkennen wir, daß die Welten durch Gottes Wort geschaffen sind, so daß aus dem Unsichtbaren das, was man sieht, entstanden ist« (V. 3).

Wichtig ist, daß die irdische und die ewige Erfüllung der Verheißung zusammengehören, wobei man auf die irdische notfalls auch verzichten kann (Hebr 11,35b-40). In gewissem Sinn sind die künftigen Heilsgüter dem G.n schon Gegenwart – so die endzeitliche Sabbatruhe (»Schon im Wort des Heils beginnt die 'Ruhe', die Vollendung, das Endgericht«; O. Michel: Der Brief an die Hebräer, [14]1985, zu Hebr 4,9-13) und das himmlische Jerusalem (Hebr 12,22).

Abschließend ist festzuhalten, daß der Hebr besonders eindringlich vor dem Rückfall in den Unglauben warnt: Hebr 3,7ff; 6,4-6; 10,26ff.

Literatur: H. Schmoldt, J. Roloff: Art. Glaube, in: Reclams Bibellexikon, 1978, 173f; H. Wildberger: THAT I, [3]1978, 177-209; R. Bultmann, A. Weiser: ThWNT VI, 1959, S. 174-230; A. Schlatter: Der Glaube im Neuen Testament, hrsg von P. Stuhlmacher, [6]1982. H.Sch.

GLAUBENSBEKENNTNIS

s. Bekenntnis

GLEICHNISSE JESU.

I. DER TEXTBEFUND.

Von Jesus sind uns viele G. überliefert; er verwendete diese Form offensichtlich gezielt für seine Verkündigung. Regelrechte Gleichniserzählungen, die über bloße Bildworte und kurze Vergleiche hinausgehen, finden wir in den synoptischen *Evangelien; das *Johannesevangelium bringt demgegenüber eine Reihe von symbolischen Aussagen (*Ich-bin-Worte Jesu), die jedoch nicht zu den eigentlichen G.n gezählt werden. In anderen Fällen stellt sich die Frage, ob eine Erzählung noch als Gleichnis gelten soll oder eine bildhafte Beschreibung jenseitiger Verhältnisse darstellt (so besonders Mt 25,31-46: Weltgericht; Lk 16,19-31: Reicher Mann und armer Lazarus). G. stehen in allen synoptischen Überlieferungssträngen, nämlich bei Markus (4,26-29 Selbstwachsende Saat – nur bei Mk; 4,3ff: Vierfaches Ackerfeld; 4,30-32: Senfkorn; 12,1-11: Böse Weingärtner; 13,28f: Feigenbaum; 13,33-37: Türhüter – diese alle mit Parallelen bei Mt und Lk), im Sondergut des Matthäus (13,24ff: Unkraut unter dem Weizen; 13,44: Schatz im Acker; 13,45f: Kostbare Perle; 13,47f: Fischnetz; 18,23-35: Schalksknecht; 20,1-16: Gütiger Arbeitsherr; 21,28-32: Ungleiche Söhne; 22,11-13: Festgewand; 25,1-13: Zehn Jungfrauen; eventuell auch 25,31-46: Weltgericht), im Sondergut des Lukasevangeliums (7,41-43: Zwei Schuldner; 10,30-37: Barmherziger Samariter; 11,5-8: Freundeshilfe bei Nacht; 12,16-21: Törichter Kornbauer; 13,6-9: Unfruchtbarer Feigenbaum; 13,24-30: Verschlossene Tür; 14,7-11: Plätze beim Gastmahl; 14,28-32: Kostenberechnung; 15,8-10: Verlorener Groschen; 15,11-32: Verlorener Sohn; 16,1-8: Ungerechter Haushalter; evtl. 16,19-31: Reicher Mann und armer Lazarus; 17,7-10: Knechtspflicht; 18,1-8: Bittende Witwe; 18,9-14: Pharisäer und Zöllner) und in der Mt und Lk gemeinsamen sogenannten Logienquelle (hier nur nach Lk aufgeführt: 6,47-49: Hausbau; 7,31-35: Spielende Kinder; evtl. 11,24-26: Unreiner Geist; 12,39f: Dieb; 12,42-46: Treuer Haushalter; 12,58f: Gang zum Richter; 13,20f: Sauerteig; 14,16-24: Großes Gastmahl; 15,4-7: Verlorenes Schaf). Insgesamt handelt es sich um nahezu 40 kürzere und längere Texte (vgl. die Zusammenstellung bei J. Jeremias; dort auch die Parallelen im Thomasevangelium; *Apokryphen des NT). Auffällig ist der hohe Sondergutanteil. Verschiedentlich sind blockhafte Sammlungen zu beobachten, so besonders in Mk 4 und Mt 13, dazu auch in den eschatologischen Abschnitten Mk 13 und Mt 24f; weniger bei Lk (am meisten noch in Lk 12).

II. DIE GESTALT DER GLEICHNISSE.

Jesus hat die Kunst der gleichnishaften Rede nicht als erster, aber zweifellos mit Meisterschaft geübt. G. und andere Formen bildhafter Rede finden wir bereits bei den *Propheten des AT (z.B. Jes 5,1-7: Weinberglied; 2Sam 12,1-7: Nathan-Parabel), in der *Apokalyptik (z.B. Dan 2,31ff), im rabbinischen und hellen. Judentum sowie in der griech. und röm. Dichtung und Rhetorik, gar nicht zu reden vom Volksmund. Die Wörter für »Gleichnis« (griech. *parabolē*, semit. *māschāl*) umfassen verschiedene Redefiguren und Anwendungsweisen, vom anschaulichen Vergleich über das Beispiel und Sprichwort bis hin zum Rätselspruch; eine feste Definition von »Gleichnis« enthalten sie nicht. Trotz des recht breiten Traditionshintergrunds besitzen Jesu G.reden [Gleichnisreden] ein eigenes und ursprüngliches Gepräge. Ihre Aussage läßt sich nur bedingt aus den verwendeten Formen, mehr jedoch aus seinem gesamten Reden, Wirken und Verhalten erschließen.

Die Geschichte der Gleichnisauslegung und -forschung zeigt eine breite Vielfalt der Aspekte. Methodische Kontrolle brachte um 1900 A. Jülicher in die Interpretation, indem er die klass. Rhetorik (Aristoteles) zugrunde legte und das Gleichnis als Verstehenshilfe ansah (Bekanntes und Anerkanntes sichert das Neue). Jede Dunkelheit ist hier fehl am Platz; deshalb wies Jülicher das allegorische Verständnis ab. Die Allegorie will nämlich »etwas anderes sagen«; sie ist eine Punkt für Punkt verschlüsselte Geschichte, die nach einer ganz anderen konstruiert wurde, die es erst zu dekodieren gilt. Dem Gleichnis eignet Offenheit und Klarheit, der Allegorie Verborgenheit. Jülicher wehrte der Willkür in der Auslegung; das ist sein größtes Verdienst. In der Folgezeit wurde sein Ansatz vielfältig weitergeführt, insbesondere in der Unterscheidung zwischen Bild- und Sachhälfte, die durch einen Vergleichspunkt verbunden sind (*tertium comparationis*), und in der Formendefinition (das Gleichnis im engeren Sinn erzählt einen typischen, regelmäßigen Fall, die Parabel einen einmaligen, ungewohnten; die Beispielerzählung bietet ein Vorbild für rechtes Verhalten). Beide Aspekte haben inzwischen jedoch Korrekturen erfahren; Bild und Sache gehen oft viel enger ineinander über, als man meinte; und »Vorbild« ist ein inhaltliches, kein formales Kriterium. Im einzelnen wurden die Einleitungsformeln (»mit der Gottesherrschaft verhält es sich wie mit...«) und Besonderheiten der Form (u.a. doppelgipflige Gleichnisse wie Lk 15,11-32, wo der Ton auf den zweiten Teil fällt) untersucht. Nach der Arbeitsweise der Archäologen versuchten mehrere Forscher, durch die Überlieferungsschichten zur Schicht des »ersten Sitzes im Leben Jesu« durchzustoßen. Dabei wurde besonders die *Eschatologie bedeutsam: Geht Jesus vom bereits angebrochenen Gottesreich aus (»realized eschatology«, C.H. Dodd), erwartet er es erst in der - obschon nahen – Zukunft, oder »realisiert sich« das Reich im Auftreten Jesu (J. Jeremias)? Wichtig wurde auch die Frage nach den Adressaten der Gleichnisse; insbesondere trat die das Evangelium verteidigende Absicht Jesu vielfach ins Blickfeld. Untersuchungen auf dieser Linie wurden von der soziologischen Milieuforschung weitergeführt, z.B. hinsichtlich der moralisch anstößig anmutenden Stoffe (vor allem Lk 16,1ff: Ungerechter Haushalter). Die formgeschichtlichen Untersuchungen beschränkten sich selbstverständlich nicht auf die griech.-röm. Analogien, sondern verglichen auch Verwendung und Material von G.n im rabbinischen Schrifttum. Die neuere Forschung hat den Umfang der Aspekte erheblich erweitert; nur stichworthaft können sie hier in Frageform angedeutet werden. Was vollzieht sich kommunikativ zwischen Erzähler und Hörer (»Verschränkung« ihrer Urteile, Identifikationspersonen)? Sind die G. als *ganze* Metaphern der Gottesherrschaft? Welche Rolle spielt die Metaphorik überhaupt, d.h. welchen Verstehenszugewinn bringt die Hereinnahme eines zusätzlichen Wirklichkeitsbereichs? Welche kreative Kraft besitzt diese Sprache? Welchen Zeichencharakter haben G., wie verbinden sie sich mit Zeichenhandlungen (Semiotik)? Inwiefern sind G. »sprachliches Handeln« (Pragmatik)? Welche Stilelemente, literaturwissenschaftlich besehen, sind in den G.n anzutreffen, speziell etwa die Ironie? Gibt es nicht doch Berührungen mit der Allegorese, nicht zuletzt durch die Verbindung mit apokalyptischen Symbolen? Welche Stoffe verwendet Jesus; muß nicht der Unterschied zwischen naturhaften Motiven (Feld, Saat usw.) und gesellschaftlichen, rechtlichen und wirtschaftlichen (z.B. Schatz, Richter, Einladung) deutlicher beachtet werden? Welche Personengruppen treten besonders hervor (z.B. Knechte)? Welche Aufschlüsse bietet die Mikrostruktur der G. (z.B. zwei und drei Personen, Frage- und Berichtform)? Welche Aufnahme und Verwendung fanden die G. in den frühen Gemeinden (nicht nur zur Predigt, Unterweisung und Ermahnung, sondern auch als Hilfen zur Deutung der Heils- und Missionsgeschichte)? Welche Rolle spielen die G. in den einzelnen *Evangelien (Redaktionsgeschichte)?

Jesu Kunst der Gleichnisrede erfordert vom Interpreten (neben einigen zeitgeschichtlichen Kenntnissen) Behutsamkeit und Differenzierungsvermögen, um mit dem Reichtum der Aspekte richtig umzugehen, d.h. sie sachgemäß zu verstehen und für die eigene Verkündigung nicht nur ihren Inhalt, sondern auch ihre Gestalt zu erfassen. Das ist keine rein formale Frage. Vielmehr liegt ein tiefer Sinn, ja, ein Geheimnis darin, daß Jesus das Mittel der Gleichnisrede so vielfältig verwandte. Diese Redeweise ist bei ihm nicht nur Erhellung, sondern zugleich auch Verhüllung; sie ist Annäherung *und* Barriere. Sie offenbart und verbirgt; sie geht auf den Alltag des Hörers ein und führt ihn in eine andere Wirklichkeit. Zweifellos gehören die G. zur Vollmacht und zum Messiasgeheimnis Jesu (s. bes. Mk 4,11f, die sogenannte Parabeltheorie).

III. DIE WELT DER GLEICHNISSE.
Jesus wählte die Stoffe seiner G. überwiegend aus seiner jüd.-palästin. Umwelt. Besonders augenfällig ist das bei den naturhaften Motiven, die das bäuerliche, dörfliche Leben wi-

derspiegeln (Saat, Unkraut, Bodenbeschaffenheit, Bäume, Früchte, Sauerteig, Hirte, Herde). Auch die gesellschaftlichen, rechtlichen und wirtschaftlichen Gegebenheiten des Dorfes finden wir vor (Schatz im Acker, Einladung, Mahlzeiten, Hochzeit, Kinderspiele, Fischerei usw.). Manchmal werden jedoch auch bewußt heidnische und ausländische Verhältnisse herangezogen (z.B. riesige Geldbeträge und Verkauf von Menschen: Mt 18,23-35). Auch bestimmte Personengruppen werden gezielt erwähnt (Samariter, Zöllner, Priester, Pharisäer). Reiche Bauern und Tagelöhner treten auf, ebenso Geldverleiher, Haushalter, Kaufleute u.a. Immer wieder werden vor allem die Problemzonen des Lebens berührt: Recht und Unrecht, Schulden und Schuldenerlaß, Enttäuschungen und Hoffnungen, Armut und Reichtum, Tod und Leben, Mißerfolg und Erfolg, Not und Hilfe, Verzweiflung und Ausweg. Mehrfach kommt es dabei zu überraschendem Verhalten, manchmal gepaart mit einer ebenfalls unerwarteten Reaktion; so z.B. der Erlaß großer Schulden und Hartherzigkeit (Mt 18,23-35), die Ablehnung einer Einladung und Aufforderung an jedermann (Lk 14,16-24), ein Übermaß in der Lohnzahlung (Mt 20,1-6). Einzelne Szenen mag Jesus direkt den Ereignissen seiner Zeit entnommen haben. Jesus tritt in die Welt seines Hörers und läßt ihn das Gleichnis miterleben, ja, zu dessen Bestandteil werden. »Würdest du nicht genauso handeln, wenn du um Hilfe gebeten wirst? Würdest du nicht auch alles verkaufen? Würdest du an dein Ende denken? Würdest du bereit sein?« Nicht immer wissen wir genau, welche Akzente und Assoziationen Jesus im Sinn hatte. Ist z.B. der Sauerteig Mt 13,33 wertneutral gemeint oder gar etwas Negatives? Betont Mk 4,26-32 den Unterschied »kleiner Anfang - großes Ergebnis« oder die Verläßlichkeit des Wachsens? Die Antwort muß jeweils im Gesamtrahmen der Botschaft und des Wirkens Jesu erforscht werden. Das gilt besonders für die Aussagen über Gott und die Gottesherrschaft; die Gesamtaussage eines G.s ist wichtiger als seine Einzelzüge. So gewiß die sog. monarchischen Figuren (Vater, König, Richter, Herr) zumeist eine besondere Transparenz für Gottes Wesen und Verhalten haben (vor allem Lk 15,11-32; Mt 20,1-16), so wenig dürfen sie einfach oder gar immer mit Gott identifiziert werden (s. z.B. Lk 18,1-8). Jedes Gleichnis ruft vielmehr für sich zum Aufmerken und führt in eine neue Begegnung mit dem Anliegen Jesu.

IV. DIE BOTSCHAFT DER GLEICHNISSE. Jesus wendet sich an Israel, das Volk Gottes. Er kann bei seinen Hörern die Kenntnis des Willens Gottes und der *Heilsgeschichte voraussetzen. Israel weiß um *Gott, um *Sünde und *Rechtfertigung, *Schuld und *Gnade, Recht und Unrecht, *Berufung und Verantwortung. Jesus konfrontiert das Gottesvolk mit seinem Schöpfer, Erlöser, Erhalter, Auftraggeber und Herrn. Die G. sind ein Teil dieses Nahebringens Gottes, das im Wirken Jesu geschieht; das Auftreten Jesu wird damit zum – wenn auch nur indirekt ausgesprochenen – Kern der Gleichniserzählungen. Die Situationen und Adressaten der Verkündigung wechseln; die G. haben deshalb unterschiedliche Zielsetzungen bzw. können von verschiedenen Gruppen unterschiedlich vernommen werden (der Pharisäer hört Lk 18,9-14 anders als der Zöllner und beide anders als der Jünger). Die herausragenden Merkmale der Botschaft der G. lassen sich wie folgt zusammenstellen:

1. Jesus ruft zum Vertrauen auf Gott. Besonders die Natur-G., die sich auf die Kraft und Verläßlichkeit des in der Schöpfung tätigen Schöpferwillens beziehen, betonen, daß Gott sich durchsetzen und seine Herrschaft vollenden wird (z.B. Mk 4,30-32: Senfkorn; Lk 13,20f: Sauerteig). An diesen vertrauenswürdigen göttlichen Vater darf sich der Beter in der Gewißheit wenden, erhört zu werden (z.B. Lk 11,5-8: Nächtliche Bitte; Lk 18,1-8: Bittende Witwe). Wichtig ist Jesus dabei die Festigung des Jüngerglaubens; vielleicht auch im Blick auf den Zweifel, ob der kleine Anfang im Wirken Jesu ausreichen könnte. Jesus verweist auf Gott; das Vertrauen richtet sich auf Gottes Verläßlichkeit und auf seinen Heilswillen: Gottes gute Herrschaft schafft sich Bahn!

2. Jesus hebt hervor, daß es sich lohnt, auf Gottes Heilshandeln einzugehen, es mit großer Freude entgegenzunehmen und sich ihm mit der ganzen Existenz hinzugeben (z.B. Mt 13,44-46: Schatz und Perle). Gott selber freut sich, wenn Menschen zu ihm zurückfinden, wenn das Verlorene wiedergefunden wird (Lk 15); seine Absicht ist die Rettung, die Vergebung (Lk 18,9-14).

3. Die barmherzige Güte Gottes gerade gegenüber den Bedürftigen und Verstoßenen kommt in den G.n als überraschendes Handeln mehrfach zur Sprache (z.B. Mt 20,1-16). Wiederholt verteidigt Jesus dabei sein Handeln an diesen Personengruppen gegen die Angriffe der Gesetzesstrengen, die in ihrer Hartherzigkeit nicht den »Balken im eigenen Auge« (Mt 7,3) sehen (Mt 18,23-35; Lk 7,41-43; 15,11-32; 18,9-14). Die Selbstgerechten sind wie die Kinder, die alle Vorschläge bemäkeln (Lk 7,31-35). Aber Gott wird sich bei der Einladung zu seinem Festmahl nicht von ih-

nen aufhalten lassen (Lk 14,16-24); »Erste« werden zu »Letzten« werden und umgekehrt (Mt 21,28-32). Gott hält nichts davon, daß wir Menschen das eschatologische Urteil vorzeitig vollziehen und unter eigene Regie nehmen (Mt 13,24-30; vgl. 13,47f). Die Rechtfertigung des Zöllners und nicht des Pharisäers (Lk 18,9-14) ist eine provokative Zurechtweisung derer, die vor Gott auf eigene Leistungen bestehen, sich an der Unvollkommenheit anderer emporziehen wollen und für die Liebe Gottes zu denen, die nicht ein noch aus wissen, kein Empfinden haben.

4. Mehrfach ruft Jesus zur Klugheit und Wachsamkeit, und zwar in verschiedener Hinsicht. Selbst vom ungerechten Haushalter (Lk 16,1-8) kann man lernen, klug und schnell zu reagieren. Wir Menschen sind Gott Rechenschaft schuldig und haben mit den anvertrauten Gaben verantwortlich umzugehen (Lk 19,12-27). Es gilt, das Leben rechtzeitig auf Gottes Zukunft einzurichten (Mt 25,1-13) und sich nicht von falschen Einflüssen bestimmen zu lassen (Mk 4,13-20). Eine besondere Rolle spielen dabei die Faktoren »Zeit« und »Reichtum«. Wir dürfen die Zeit Gottes nicht verpassen; jetzt, in der Begegnung mit Jesus, ist die Heilszeit gegenwärtig; die Zukunft dagegen ist für uns unberechenbar (z.B. Lk 12,16-21.39f.42-46; vgl. 17,20f). Gefährdet sind in besonderem Maß die Reichen (wiederum Lk 12,16-21; 16,19-31); »denn wo dein Schatz ist, da ist auch dein Herz« (Mt 6,21). Zur Klugheit gehört auch die Warnung vor dem Gefühlsüberschwang (Lk 14,28-32; vgl. 9,57-62) und vor der mangelnden Konsequenz bei der Nachfolge Jesu (Mt 7,24-27; 22,11-13; Lk 11,24-26; in der Tendenz auch 12,58f).

5. Manches in den Gleichnissen ist als modellhaftes Handeln verstehbar, das sich mehr oder minder direkt in die Praxis umsetzen läßt: Versöhnung (Lk 12,58f), Barmherzigkeit (Mt 18, 23-35; Lk 10,30-37) und Besonnenheit (Lk 12,16-21; beides zusammen: 16,19-31) sowie Demut (Lk 14,7-11; 18,9-14). Die Botschaft wird damit unmittelbar für die Ethik der Jüngerschaft wirksam.

Die Botschaft der G. braucht sich nicht auf die erste Verkündigungssituation im Leben Jesu beschränkt zu haben; es ist auch denkbar, daß Jesus die Stoffe mehrfach und unterschiedlich verwandte. In den Evangelien erhalten die G., deren Ursprungssituation oft nicht mitüberliefert wurde, ihren bestimmten Platz, wobei verschiedene Akzente zur Geltung kommen können. So z.B. betont Lk 15,4-7 die Freude über heimgekehrte Sünder, während Mt 18,12-14 die Verpflichtung gegenüber den »Kleinen« in der Gemeinde einschärft (Verlorenes Schaf). Ebenso fällt auf, daß das Gleichnis vom Gastmahl in Mt 22,2-14 anders als in Lk 14,16-24 eine Nachgeschichte besitzt (Feiertagsgewand); beide Evangelisten lesen das Gleichnis als ein Kapitel Missionsgeschichte, doch Mt hebt hervor, daß der Ruf zu Jesus eine Neugestaltung des Lebens verlangt. Die G. können weit über die Erstsituation hinaus eine kreative Kraft entfalten; man vergleiche auch die Spuren in Röm 11,16ff; 13,11ff; 1Thess 5,2ff; 2Petr 3,10; Offb 3,3; 16,15 (die Motive: Dieb, vorgerückte Nacht, Baum und Zweige). Bei der Auslegung der G. sollte man immer den Weg bis zur Erstsituation bei Jesus zurückverfolgen, damit die Bilder nicht nur für sich genommen werden, sondern Träger der Botschaft Jesu bleiben.

Literatur: E. Biser: Die Gleichnisse Jesu, 1965; C.H. Dodd: The Parables of the Kingdom, ²1961; G. Eichholz: Gleichnisse der Evangelien, ⁴1984; J. Jeremias: Die Gleichnisse Jesu, ¹⁰1984; A. Jülicher: Die Gleichnisreden Jesu, 2 Bde., 1910, ND 1963; E. Linnemann: Gleichnisse Jesu, ⁷1978; H. Thielicke: Das Bilderbuch Gottes, ⁴1963; D.O. Via: Die Gleichnisse Jesu, 1970; H. Weder: Die Gleichnisse als Metaphern, ³1984.

Spezialuntersuchungen: C.E. Carlston: The Parables of the Triple Tradition, 1975; D. Flusser: Die rabbinischen Gleichnisse und der Gleichniserzähler Jesus I, 1981; A. von Jüchen: Die Kampfgleichnisse Jesu, 1981; H. Kahlefeld: Gleichnisse und Lehrstücke im Evangelium, 1981 (1963); J.D. Kingsbury: The Parables of Jesus in Matthew 13, 1969; H.-J. Klauck: Allegorie und Allegorese in synoptischen Gleichnistexten, 1978; J. Lambrecht: Once More Astonished, The Parables of Jesus, 1981; M. Petzold: Gleichnisse Jesu und christliche Dogmatik, 1983; G. Schneider: Parusiegleichnisse im Lukas-Evangelium, 1975; T. Schramm, K. Löwenstein: Unmoralische Helden. Die anstößigen Gleichnisse Jesu, 1986; G. Sellin: Lukas als Gleichniserzähler, ZNW 65/1974, S. 166-189, 66/1975, S. 19-60; A. Weiser: Die Knechtsgleichnisse der synoptischen Evangelien, 1971.

Methodologie, Forschungsgeschichte, Sammelwerke, Sonstiges: J.D. Crossan: In Parables, The Challenge of the Historical Jesus, 1973; J. Delorme (Hrsg.): Zeichen und Gleichnisse. Evangelientexte semiotisch erklärt, 1978; H. Frankemölle: Kommunikatives Handeln in Gleichnissen Jesu, NTS 28/1982, S. 61-90; W. Harnisch: Die Metapher als heuristisches Prinzip, Neuerscheinungen zur Hermeneutik der Gleichnisreden Jesu, VF 24/1979, S. 53-89; ders. (Hrsg.): Gleichnisse Jesu, Positionen der Auslegung von Adolf Jülicher bis zur Formgeschichte (WdF 366), 1982; ders. (Hrsg.): Die neutestamentliche Gleichnisforschung im Horizont von Hermeneutik und Literaturwissenschaft (WdF 575), 1982; ders.: Die Gleichniserzählungen Jesu, 1985; E. Jüngel: Paulus und Jesus, ⁵1979, §§ 15-18; W.S. Kissinger: The Parables of Jesus, A History of Interpretation and Bibliography, 1979; W. Popkes: Die Funktion der Sendschreiben in der Johannes-Apokalypse, zugleich ein Beitrag zur Spätgeschichte der neutestamentlichen Gleichnisse, ZNW 74/1983, S. 90-107; E. Rau: Jesu Kunst der Rede vom Gott Israels (Habilitationsschrift Hamburg 1978); P. Ricoeur, E. Jüngel: Metapher. Zur Hermeneutik religiöser Sprache, 1974.

W.P.

GNADE.

I. WORTBEDEUTUNG UND -VORKOMMEN.

Im AT müssen für den Begriff der G. zwei Wörter berücksichtigt werden, nämlich das Verb *chānan* (mit dem Nomen *chēn*) und das Nomen *chäsäd* (zu dem kein Verb belegt ist). Im NT geht es um *charis* und das damit zusammengehörende Verb *charizomai.*

1. Das Verb *chānan* meint die Zuwendung zu einer Person, die sich in einem bestimmten gütigen Tun äußert (»gnädig sein«), faßt also die innere Haltung und deren Äußerung zusammen. So hat Gott dem Jakob seine gnädige Zuwendung in der Gabe seiner Kinder erwiesen (1Mo 33,5 RevEB). Das Nomen *chäsäd* meint die verläßliche Güte, wie diese innerhalb einer Gemeinschaft erwartet bzw. erhofft werden kann. Solche Güte hat ihren Ort in der Gemeinschaft zwischen Gastgeber und Gast (1Mo 19,19), zwischen Verwandten (1Mo 47,29), auch zwischen Verbündeten (1Sam 20,8 RevEB) und überhaupt zwischen Menschen, die einander verbunden sind (2Sam 16,17 RevEB).

2. Verb und Nomen werden also auch für zwischenmenschliche Verhältnisse gebraucht. Aber beide erhalten ihren geprägten Sinn dadurch, daß sie für Haltung und Tun *Gottes* an den Menschen und besonders an seinem Volk stehen (*Bund Gottes mit Israel). In mehr als drei Viertel aller Belege für *chānan* ist Gott derjenige, der gnädig ist; nicht anders steht es mit dem Nomen *chäsäd.* So werden beide Wörter am häufigsten in den Psalmen, dann bei Jeremia und in Jes 40-55 gebraucht. Auch finden sie sich an besonders wichtigen Stellen, wo von Gott selbst, seiner Art und seinem Tun geredet wird (sogenannte Prädikationen: 2Mo 34,6; Ps 103,8; 111,4 u.ö.).

3. Die LXX setzt für hebr. *chānan* griech. *eleein*, »sich erbarmen«, und für *chäsäd* bietet sie *eleos*, »Barmherzigkeit«. Dadurch betont sie die Bewegung vom Starken zum Schwachen, vom Mächtigen zum Ohnmächtigen. Für das Nomen *chēn* aber, das im hebr. AT kein besonderes Gewicht hat, bietet sie *charis.* Dieses Wort gewinnt dann im NT überragende Bedeutung, vor allem bei Paulus.

4. Im NT hat *charis* auch allgemeine Bedeutung; es kann Gunst oder Wohlgefallen heißen (LÜ: »Gnade finden in jemandes Augen« o.ä.: Lk 1,30; 2,52; vgl. 1Mo 6,8 u.ö.), also ein Ansehen meinen, das jemandem geschenkweise zugekommen ist. Aber das Wort hat durch Paulus seinen vollen Klang bekommen; bei ihm bezeichnet es den einen Erweis der Liebe Gottes zur Welt, der in Christus Wirklichkeit geworden ist. In den paulin. Briefen kommt das Wort bei weitem am häufigsten vor (mehr als drei Viertel aller Belege!). Es folgen 1Petr und Hebr; Mk und Mt haben das Wort nicht, Lk nur im nichttheologischen Sinn und Joh nur in 1,14-17.

II. GOTTES GNADE IN DER ZUSAGE UND IM GEBET DES ALTTESTAMENTLICHEN FROMMEN.

1. »Barmherzig und gnädig« (manchmal auch umgekehrt) nennt sich Gott selbst, und zwar als erste Aussage bei seiner »Vorstellung« Mose gegenüber (2Mo 34,6). Gottes G. und sein Erbarmen gehen also zusammen. Sie zeigen sich klar in seiner Geduld, in einer Fülle von Gnaden- und Treue-Erweisen, so erläutert der nächste Satz. Das aber gilt Mose und Israel gegenüber: sie haben Gott in der Geschichte so kennengelernt. Und mit diesen Worten sagt Gott sich Mose für die Zukunft zu; so soll es für Israel bleiben, darauf soll man sich verlassen können. Gottes G., also sein verläßlich hilfreiches Eingreifen zu Israels Gunsten, wird Mose zugesagt, und diese Zusage zielt auf die Zukunft, in der Israel diesem Gott vertrauen, also an ihn glauben soll. Die G., in Gottes Zuwendung zu Israel begründet, kann um dieser Zuwendung willen erhofft und erwartet werden. Israel kann von einem Gnadenerweis zum anderen weiterhoffen und -warten, gewiß gemacht durch das zusagende Wort und die bereits gewährten Gnadenerweise.

2. »Sei mir gnädig und erhöre mich!«, lautet das Gebet Ps 27,7. Und der Beter verweist darauf, daß er so redet und bittet, weil Gott ihn dazu aufgefordert hat: Er erbittet Gottes G. als Antwort auf ein Gebet, zu dem er ermächtigt ist durch Gott (V. 8).

Ein Gnadenerweis in Gestalt der Erhörung wird erfleht (Ps 4,2); Heilung wird als G. erwartet (Ps 41,5); die Sünde soll getilgt werden (Ps 51,3ff); Gott möge seinem Knecht auch Stärke verleihen (Ps 86,16). Gern weist der Beter zur Begründung seiner Bitte einfach darauf hin, daß er arm, bedrängt und überhaupt in Not ist und beruft sich so letztlich auf die Selbstzusage Gottes an Israel (vgl. Ps 6,3; 31,10; 86,3; 143,3f.12 u.ö.).

Freude und Jubel werden laut, wenn Gott dem Beter seine G. erwiesen und sein Elend angesehen hat (Ps 31,8 RevEB). Ihm gilt Lob und Dank, daß er den Beter aus G. zum Sieger über seine Feinde gemacht hat (Ps 59,11 RevEB). Und die Größe der Güte Gottes wird gerühmt, wenn er den Beter aus dem Tod errettet hat (Ps 86,13). Wohl fragt der Beter gelegentlich: »Wird man im Grabe erzählen deine Güte und deine Treue bei den Toten?« (Ps 88,12). Als Antwort wird erwartet: Nein, das geschieht nicht. Hat denn Gottes Güte und G. eine Grenze? »Deine Güte ist besser als Leben«, singt Ps 63,4. Das klingt wie eine Antwort: Gottes G. ist größer als Leben; aber wer von Gott ausgeschlossen ist, der rühmt seine G. nicht. Sie währt ja in Ewigkeit (Ps 89,3; 103,17; 138,8), und der Sänger der Klagelieder weiß, daß sie noch in der tiefsten Niedrigkeit kein Ende hat (Klgl 3,22). So hat dieser Lobpreis seinen festen Ort in der Liturgie der Gottesdienste in Israel: »Seine Güte währet ewiglich« (Ps 107,1-3; 118,1-4.29; 136). Am Jubeltage jenseits des Gerichts wird man Gott wiederum damit loben (Jer 33,11; vgl. Jes 12). Ein Anrecht auf G., das etwa gar einklagbar wäre, gibt es jedoch nicht; G. ist frei gewährt, ist Geschenk (vgl. 2Mo 33,19).

3. Gottes Gnade und die Rettung des Menschen.

Eine immer wiederkehrende Bitte in den Psalmen, nämlich das Flehen um Rettung und Hilfe, wird gern so vorgebracht, daß der Beter sich dafür auf die G. Gottes und auf die Größe seiner Güte beruft: »Sei mir gnädig nach dem Maß deiner Güte!« (Ps 51,3). »Nach deiner großen Güte erhöre mich!« (Ps 69,14). »Rette mich um deiner Güte willen!« (Ps 6,5; vgl. 31,17; 109,26; 143,12). Ähnlich oft verweist der Sänger auch darauf, daß er sich vertrauensvoll auf die G. Gottes verläßt (Ps 13,6; 52,10; 138,2 u.ö.). Sie wird der Inhalt seiner Hoffnung auf Hilfe gerade dann, wenn er sich seiner Sünden wegen selbst die Schuld an dem Unheil geben muß, das er erleidet (Ps 51,3-6; 130,3f.7; 143,1f). Gottes G. ist die einzige Hoffnung Israels, das unter den Feinden zu leiden hat (Ps 123).

III. GNADE IN DEN PAULINISCHEN BRIEFEN.

1. Einige Male bedeutet *charis* bei Paulus »Dank«: »Dank sei Gott...« (Röm 6,17; 7,25; 1Kor 15,57; 2Kor 9,15). Dieser Wortgebrauch entspricht dem, was *charis* im außerbibl. Griech. heißen kann.

2. Dasselbe Wort nimmt Paulus auf, um die Gabe zu bezeichnen, die er für die Urgemeinde in Jerusalem unter den Christen in Griechenland einsammeln läßt; hier meint das Wort »Geschenk«, »Wohltat« (2Kor 8,4.6f.19). Es wirkt sich allerdings schon aus, daß das Wort seinen Sinn von Gottes Tat in Christus her erhalten hat: Der Apostel erinnert an die G. unseres Herrn (2Kor 8,9) und daran, daß Gott es ist, der die Gemeinden mit seiner G. gesegnet und zum Geben willig gemacht hat (2Kor 9,8.14). So wird deutlich, daß G. bei Paulus »Geschenk, Gabe« meint, und zwar in dem Sinn, daß sich die Zuwendung der Menschen zueinander tathaft auswirkt.

3. Von G. spricht der Apostel auch regelmäßig innerhalb der Zuschrift seiner Briefe. Er verbindet den Ausdruck dabei mit »Frieden« (Röm 1,7; 1Kor 1,3; 2Kor 1,2; Gal 1,3 u.ö.). Im Briefschluß spricht er dagegen von G. allein (Röm 16,20.24; 1Kor 16,23; Gal 6,18; Phil 4,23 u.ö.). Sicherlich lehnt er sich in der Zuschrift an die Briefsitte seiner Zeit an, nach der man dem Empfänger »alles Gute«, bzw. »Frieden« wünscht, beides natürlich von den Göttern bzw. in der Synagoge von dem Gott Israels her. Aber Paulus füllt auch den Briefanfang mit dem Evangelium: »Gnade sei mit euch und Friede von Gott, unserm Vater, und dem Herrn Jesus Christus!« (Phil 1,2). Daß Gott durch Christus unser Vater ist und wir von ihm her G. und Frieden empfangen, sagt das Evangelium. Paulus spricht nun diese G. und diesen Frieden von Gott her auch den Empfängern seiner Briefe zu. Beide Stücke, Eingang und Schluß der Briefe, sind gottesdienstlich gestaltet; sie eignen der versammelten Gemeinde zu, was sie sagen, »Gottes Wort, das in euch wirkt, die ihr glaubt« (1Thess 2,13).

4. G. und Friede von Gott, unserm Vater, und dem Herrn Jesus Christus her gehören nicht nur liturgisch, sondern grundsätzlich theologisch zusammen, wie Röm 5,1f zeigt. »Wir haben Frieden mit Gott« heißt: »Wir haben unseren Stand in der Gnade«. Friede kennzeichnet unser Verhältnis zu Gott, in dem zuvor Feindschaft herrschte (vgl. Röm 5,10); G. bezeichnet das Geschenk, das uns unseren Stand vor Gott und Menschen gibt. Beides ist durch Jesus Christus vermittelt. Beides wird im *Glauben kraft der *Rechtfertigung lebensfüllende Wirklichkeit für uns. In diesem Zusammenhang steht der Begriff G., wie ihn Paulus geprägt hat.

5. G. ist die Antwort auf die Frage, wie der Mensch in das rechte Verhältnis zu Gott kommt. Das gilt für jeden, also für Juden wie für Nichtjuden (Röm 3,24; Gal 2,21; Eph 2,8; 2Tim 1,9; Tit 3,7). Gott rettet alle durch seine G. (vgl. II.3., die Bitten in den Ps). Diese G. aber ist Geschenk Gottes, sie schließt somit Werke, die einen Anspruch begründen sollen, aus. G. und Werke stehen in diesem Sinn widereinander. Das zeigt sich vor allem darin, daß man sich seiner Werke nicht zu rühmen vermag, daß die G. jeden Selbstruhm zunichte macht (Röm 4,4; 11,6; 2Kor 12,9; Gal 1,6; 2,21 u.ö.). Für »Werke« kann auch das Gesetz eintreten, so daß der Apostel sagen kann: »Ihr seid nicht unter dem Gesetz, sondern unter der Gnade« (Röm 6,14f). Wer durch das Gesetz, also durch die Werke, die darin gefordert werden, vor Gott recht sein will, der ist aus der G. gefallen (Gal 5,4).

6. Daß die G. in diesem Sinn G. bleibt, also

in keiner Weise verfälscht wird, dazu hilft die Tatsache, daß Gott den rettet, der glaubt. »Allein aus Gnaden« (*sola gratia*) und »allein durch den Glauben« (*sola fide*) gehören zusammen; das *sola fide* schützt die G. in ihrer Eigenart. Darum schließt auch der Glaube unter dem Gesichtspunkt der Rettung des Menschen die Werke aus. Wer glaubt, rühmt nämlich nicht sich selbst, sondern preist Gott für das, was er in seiner G. an den Glaubenden getan hat (vgl. Röm 4,16; 3,27-30; Gal 2,15-21). Wie Gott Christus als Sühnemittler für den Glauben hingestellt hat (Röm 3,25), so ist Christus auch von Gott zum Ende des Gesetzes gemacht: »Wer an den glaubt, der ist gerecht« (Röm 10,4). Der Glaube ist es, durch den und aus dem heraus Gott alle Menschen rettet. So erweist er sich als Gott aller, der Juden und der Nichtjuden (Röm 3,29).

7. Die rettende G., die man im Glauben empfängt, und in der man fortan durch den Glauben seinen Stand hat, erreicht den Menschen durch das Wort. Das *Evangelium ruft in die G. Christi hinein, und wer auf Grund des Evangeliums an Christus glaubt, wird Teilhaber an der G., wie er und weil er am Evangelium Anteil hat (Gal 1,6; Phil 1,5-7).

Diesem Gedanken Gewicht zu geben und ihn nicht eng zu fassen, dazu leitet Paulus selbst an. Denn er spricht im Blick auf sich selbst und seine Beauftragung als *Apostel von der G., die ihm gegeben ist (Röm 1,5; Gal 1,15; Eph 3,2.7f; 1Tim 1,14). In 1Kor 15,9f bezeichnet er sich selbst als Beispiel für die G. Gottes: An ihm kann man sehen, was es um die rettende G. Gottes ist. (Diesem Gedanken sind auch Gal 1,13-16 und Phil 3,4-9 gewidmet, wo Paulus auf sein vorchristliches Leben und Wirken zurückblickt.) So wird er Mithelfer dazu, daß die Christen in Korinth die G. Gottes nicht vergeblich empfangen (2Kor 6,1). Gottes Gnadenzusage hat Gestalt: Gott legt sie durch Leben und Wirken des Paulus aus (vgl. dazu auch 2Kor 2,14-17; 4,5-12).

8. Gegenüber der als Macht bezeichneten *Sünde sieht Paulus auch die G. als Macht: Wie die Sünde durch den Tod herrschte, so soll nun die G. regieren auf dem Wege über die Gerechtigkeit mit dem Ziel des ewigen Lebens (Röm 5,21). Diese Betrachtungsweise durchzieht den ganzen Abschnitt Röm 5,12-21, aber auch noch Röm 6,1 und 6,12ff. Offenbar will Paulus dadurch den alle berührenden Wandel anschaulich machen, den Christus gebracht hat: Die Herrschaft der Sünde und des Todes hat er zerbrochen und dadurch die Herrschaft der G. heraufgeführt. Ursache und Wirkung des Todes, nämlich Sünde und Verurteilung durch Gott, werden bei weitem übertroffen durch die G. Gottes, das Geschenk in der G. des einen Menschen Jesus Christus (Röm 5,15).

9. Gott rechtfertigt alle geschenkweise durch seine G. auf dem Wege über die Erlösung in Christus (Röm 3,24). Das ist atl. gesprochen: Gott hilft in seiner G., und zwar geschenkweise, ohne daß jemand irgendeinen Anspruch darauf hätte. Er tut es auf dem Weg über das Erlösungswerk Christi, d.h. so, daß er Christus in seinem Sterben für den Glauben zur Sühne gibt (Röm 3,25). Die G. Christi aber ist es, daß er, obwohl er reich ist, doch arm wurde um unseretwillen, damit wir durch seine Armut reich würden (2Kor 8,9). Die G. des Heiligen *Geistes darf man darin erkennen, daß er den Glaubenden die Gotteskindschaft verbürgt und sie so zu vertrauensvollem Beten führt (Röm 8,15; Gal 4,6f).

In 2Kor 13,13 verbindet der Apostel die G. in besonderer Weise mit Christus, mit dem Vater aber die Liebe und mit dem Heiligen Geist die gemeinsame Anteilhabe an dieser G. und dieser Liebe für alle Christen. Dadurch hat er in liturgisch gebundener Rede Gnade, Liebe und Glauben als im Handeln des dreieinigen Gottes unlöslich verbunden bezeichnet: G. und Liebe in gemeinschaftlicher Anteilhabe für alle, die Gott in Christus kraft der Wirksamkeit des Geistes glauben.

IV. GNADE IN DEN ÜBRIGEN SCHRIFTEN DES NEUEN TESTAMENTS.

1. In Joh 1,14.16 spricht der Evangelist in Anlehnung an atl. Redeweise; »... voller Gnade und Wahrheit« erinnert an 2Mo 34,6, wo Gott selbst so gekennzeichnet wird. »Von seiner Fülle haben wir alle genommen Gnade um Gnade« – dieser Satz bekennt, was alle Zeugen Jesu tatsächlich immer neu empfangen haben, nämlich einen Gnadenbeweis nach dem andern. Wenn Joh 1,17 das Gesetz, das durch Mose gegeben ist, der G. und Wahrheit gegenüberstellt, die durch Jesus Christus geworden ist, wird die Gabe des Alten Bundes jener Geschichte zugeordnet, die den Alten Bund unendlich übertrifft, weil Gott in ihr Fleisch wurde und sich so selbst gab.

2. Auch der Verfasser des Hebräerbriefs spricht in der Weise des AT von G. Er redet vom »Thron der Gnade« und erwartet von ihm her Barmherzigkeit und G. in der Zeit der Not (4,16). Vom »Geist der Gnade« ist die Rede (10,29) und davon, daß niemand hinter der G. zurückbleiben dürfe (12,15). »Das Herz wird fest durch Gnade«, heißt es 13,9: Auch damit kommt das AT zu Wort, das die G. Gottes mit seiner Treue, also mit dem, was Bestand gibt, verbindet.

3. Der 1Petr steht dem Sprachgebrauch des Paulus nahe. So werden in der Zuschrift G.

und Friede genannt (1,2). Die Christen sollen ihre Hoffnung ganz auf die G. setzen (1,13). An das AT erinnert die Aussage, daß Gott den Demütigen, also den Niedrigen, G. gibt (5,5) und daß Gott der »Gott aller Gnade« ist (5,10). Besonders betont wird der Hinweis, daß Leiden G. sein kann, wenn man unschuldig und um des Herrn willen leiden muß (2,19f). Christus selbst ist das Beispiel für solches Leiden, und sein Beispiel stärkt im Glauben an Gott (2,21-25).

V. ZUSAMMENFASSUNG.

Nur Paulus hat G. als Begriff fest geprägt. Dabei hat er sich an den Sprachgebrauch des AT angeschlossen (nicht an den der zeitgenössischen *Synagoge!). Dadurch, daß er G. durch den *Glauben und das Wort näher bestimmt, unterscheidet er sich auch von den Schriften aus *Qumran. Ihm hilft G., Gottes Tat in Christus und das dadurch für alle Menschen eröffnete neue Verhältnis zu Gott angemessen zu erfassen. Der Zusammenhang mit Gottes Wirken im AT kommt ebenfalls darin zur Sprache, daß das Christusgeschehen alle Gnadenerweise endgültig überbietet. Denn das Christusgeschehen kommt allen Menschen zugute und bringt sie durch den Glauben zum Frieden mit Gott.

Literatur: W. Zimmerli: ThWNT IX, 1973, S. 366-377; W.G. Kümmel: Die Theologie des NT, [4]1980, S. 165-184; H.H. Eßer: Art. Gnade, in: TBLNT I, S. 590-598. H.G.

GNADENGABE s. Gaben des Geistes

GNADENTHRON.

1. Hebr. *kapporät,* wörtl. »Deckplatte« (LXX: *hilastērion,* ebenso Röm 3,25) war der »Sühnedeckel« der *Bundeslade, auf dem zwei *Cherubim einander gegenüberstanden. In dem Wort »Deckplatte« steckt der Begriff »zudecken«, »sühnen« (3Mo 17,11), »mit sühnendem Opferblut bestreichen« (3Mo 16,14). Die beiden Cherubim deuten die Nähe des lebendigen Gottes an. Hier versöhnte der Hohepriester das Volk Israel mit Gott und erwirkte die Begnadigung der Sünder (darum »Gnadenthron«).

2. Im NT ist Christus von Gott zum G. oder »Sühnemittel« gemacht (Röm 3,25; LÜ: »Sühne«). Hebr. 4,16 steht G. für griech. *thronos tēs charitos,* »königlicher Richtstuhl der Gnade«. Vgl. *Opfer; *Versöhnung.

GNOSIS/GNOSTIZISMUS.

Mit Gnosis oder Gnostizismus (von griech. *gnōsis,* »Erkenntnis«) wurde bis in die neueste Zeit ausschließlich ein Korpus christl.- häretischer Lehren bezeichnet, das die Kirchenväter in den ersten christl. Jh. scharf bekämpften.

In der Forschung des 20.Jh. aber ist G. häufig in einem weiteren Sinn für jede Art rel. Denkens gebraucht worden, bei der ein Dualismus und/oder der Besitz geheimer Erkenntnisse im Mittelpunkt steht. So hat man auch die zoroastrische Religion, den Mandäismus, die hermetische Literatur, die Schriftrollen vom Toten Meer und selbst das NT mit dem Attribut »gnostisch« belegt.

Gnostische Gemme mit den Figuren Senubis (mit Löwenkopf) und Set (mit Eselskopf) nach ägyptischem Vorbild. Die griechische Umschrift weist darauf hin, daß das Schmuckstück vermutlich als Amulett verwendet wurde. Ca. 6 cm × 8 cm. Ägypten/Palästina, 2.–3. Jh. n.Chr. (BM)

I. BEGRIFFSBESTIMMUNG.
Bei dieser heute umstrittenen Frage gibt es zwei Denkschulen: Die eine wird von konservativen britischen Gelehrten wie R.McL. Wilson vertreten und plädiert für eine »enge« Auslegung (d.h., der Begriff wird auf die christl. Irrlehren des 2.Jh. beschränkt); für die andere stehen vor allem deutsche Gelehrte wie R. Bultmann und K. Rudolph, die für eine »weite« Auslegung plädieren (d.h., daß das Wort auch für andere Lehren ähnlicher Ausprägung gebraucht wird).

Die »weite« Auslegung ist problematisch, da die Begriffe »Gnosis« und »Gnostizismus« auf diese Weise eine so breitgefächerte Bedeutung erhalten, daß sie fast keinen konkreten Inhalt mehr besitzen und einfach nur den kleinsten gemeinsamen Nenner des hellen. Gedankenguts bezeichnen, in dem der Dualismus in der einen oder anderen Form ja häufig erkennbar ist.

Zugleich ist eine genauere Bestimmung des Gnostizismus aber auch problematisch. Tatsächlich bezeichneten sich einige Gruppen in der frühen Kirche (z.B. die Valentinianer und die Naassener) selbst als Gnostiker. Doch die Versuche der Kirchenväter, die Gemeinsamkeiten auch nur dieser Gruppen zu schildern, sind von Übereinstimmung weit entfernt. Irenäus charakterisierte das gnostische Lehr-Durcheinander mit den Worten: »Soviel Lehrer, so viel Erlösungen!« (Iren. haer. I, 21,1).

Trotz dieser Hindernisse für eine umfassende Definition haben diese Gruppen im 2.Jh. aus unserer Sicht jedoch so viel gemeinsam, daß wir in der Lage sind, eine ungefähre Vorstellung von den Grundsätzen der gnostischen Weltanschauung zu gewinnen.

Die gnostische Weltanschauung umfaßt den Dreischritt Gottwerdung, Weltentstehung, Erlösung. Ihre Grundlage bildet ein radikaler kosmischer Dualismus, d.h., die Überzeugung, daß die geschaffene Welt böse, von der Welt des göttlichen Geistes gänzlich getrennt und dieser entgegengesetzt ist. Der höchste Gott wohnt in der Geist-Welt in einem unzugänglichen Licht und hat mit der stofflichen Welt nichts zu tun. Die Materie wurde von einem untergeordneten Wesen geschaffen, dem Demiurg. Mit seinen Helfern, den Archonten, hält er die Menschheit in ihrer materiellen Existenz gefangen. Den einzelnen Seelen, die nach dem Tod versuchen, in die Geist-Welt aufzusteigen, versperren sie den Weg. Doch die Möglichkeit, der materiellen Welt zu entfliehen, steht auch ohnedies nicht jedem offen. Denn nur die, die einen göttlichen Funken (*pneuma*) in sich tragen, können überhaupt darauf hoffen, ihrem körperlichen Gefängnis zu entkommen. Aber auch die, für die dies zutrifft, entkommen nicht ohne weiteres, denn sie müssen zunächst die Erleuchtung der *gnosis* empfangen, durch die ihnen ihr eigener geistlicher Zustand bewußt wird: »Nicht allein das (Tauf-) Bad ist's, das befreit, sondern auch die *gnosis*: Wer waren wir, was sind wir geworden? Wo waren wir, wohinein sind wir geworfen? Wohin eilen wir, wovon werden wir erlöst? Was ist Geburt, was Wiedergeburt?« (Excerpta ex Theodoto 78,2; Übersetzung von A.M. Ritter: Alte Kirche, Kirchen- und Theologiegeschichte in Quellen I, 1977, S. 46). In den meisten der von den Kirchenvätern referierten gnostischen Systeme ist diese Erleuchtung das Werk eines göttlichen Erlösers, der verkleidet und deshalb vom Demiurgen und den Archonten unerkannt aus der Geist-Welt herabsteigt; er wird oft mit dem Jesus der Christen gleichgesetzt. Für einen Gnostiker heißt Erlösung also, daß er sich der Existenz seines göttlichen Pneumas bewußt wird und dann, als Frucht dieser Erkenntnis (*gnosis*), im Tod aus der materiellen Welt in die Geist-Welt entkommt.

Die Gnostiker selbst gossen dies alles in eine ausgesprochen mythologische Form, doch die Wirklichkeit, auf die es sich bezog, war zweifellos existentieller Natur: Der Gnostiker war auf der Suche nach seiner eigenen Identität. Die Aufgeschlossenheit für diesen Umstand veranlaßte etwa den bedeutenden Psychiater C.G. Jung, viele seiner Beobachtungen über das menschliche Wesen auf das Verständnis der antiken Gnosis zu gründen.

Vom Standpunkt des überlieferten Christentums aus erscheint das gnostische Denken als recht fremdartig. Seine mythologische Verkleidung der Erlösung führt zu einer Abwertung der geschichtlichen Ereignisse des Lebens, des Sterbens und der Auferstehung Jesu. Seine Sicht der Beziehung des Menschen zu Gott führt dazu, daß die Schlüsselstellung der Person und des Werkes Christi geleugnet wird; zugleich wird »Erlösung« im gnostischen Umfeld nicht als Befreiung von der Sünde verstanden, sondern als eine Art existentieller Selbstverwirklichung.

II. QUELLEN.
Wir kennen die gnostischen Gruppierungen aus zwei verschiedenen Quellen:

1. Die Kirchenväter.
Am wichtigsten ist hier das Werk »Entlarvung und Widerlegung der fälschlich sogenannten Gnosis« (Kurztitel: Adversus haereses, »Wider die Häresien«; abgekürzt: Iren.haer.) von Irenäus; aber auch Tertullian, Clemens von Alexandria und Hippolyt von Rom haben sich ausgiebig mit der Thematik be-

faßt. Einige dieser Schriften sind voneinander abhängig, und sie alle dienen dem gleichen Zweck. Sie sind sämtlich vom Standpunkt des rechtgläubigen, allgemeinen (katholischen) Christentums aus verfaßt worden und sollten widerlegen, was die Kirchenväter für eine Verfälschung des »ursprünglichen« apostolischen Christentums hielten, als dessen wahre Hüter sie sich selbst betrachteten. Das bedeutet, daß es sich hier um tendenziöse Arbeiten handelt und nicht um unparteiische Berichte über den gnostischen Glauben. Außerdem beruhen sie auf Wissen aus zweiter Hand. Das war natürlich unvermeidbar, da die Gnosis ihrem Wesen nach esoterisch ist und deshalb einem Nicht-Eingeweihten nicht ohne weiteres zugänglich.

Dennoch erweisen sich die Berichte der Kirchenväter, wenn man sie mit den eigenen Schriften der Gnostiker vergleicht, zwar nicht in allen Einzelheiten, aber doch im großen und ganzen als zuverlässig und gerecht.

2. Gnostische Texte.
Sie sind die weitaus wichtigsten Quellen für unser heutiges Wissen über den Gnostizismus, denn sie vermitteln uns einen direkten Einblick in die Denkweise eines Gnostikers.

Schon seit langem sind einzelne gnostische Texte bekannt; dazu zählen so wichtige Schriften wie die Pistis Sophia, die Bücher des Jeu und das Apokryphon des Johannes. Doch der größte Teil unserer unmittelbaren Kenntnis gnostischer Schriften stammt aus einem ungewöhnlichen Fund von 13 Codices, die 1945 in Oberägypten in der Nähe von *Nag Hammadi (dem antiken Chenoboskion) entdeckt wurden. Sie sind in koptischer Schrift verfaßt, gehen aber durchweg auf griech. Originale zurück. Sie gehörten zu einer Bibliothek, die eine frühchristl. Sekte zusammengestellt und schließlich um 400 n.Chr. aufgegeben hat. 52 Einzelschriften sind darin enthalten. Die Arbeit an der Veröffentlichung dieser Texte war langwierig und mühsam; erst 1978 wurde eine vollständige Faksimile-Ausgabe des Originaltextes verfügbar. Im Jahr davor hatte man eine englische Übersetzung der Texte herausgegeben, während einige Texte auch schon lange vorher durch verschiedene Artikel und Monographien bekannt geworden waren.

Mit der eigentlichen Aufgabe der Interpretation dieser Texte wird jedoch gerade erst begonnen; jedes heute über sie getroffene Urteil kann daher nur vorläufig und versuchsweise sein.

Zu den bekannteren Werken aus dem Fund von Nag Hammadi gehört eine Reihe sogenannter »Evangelien«. Beim Thomas-Evangelium handelt es sich um eine Sammlung von Herrenworten, von denen einige in den ntl. *Evangelien Parallelen besitzen. Andere wiederum sind ganz anders geartet, obwohl auch unter ihnen echte Jesusworte sein könnten. Die Sammlung als ganze ist jedenfalls von einem deutlich sektiererischen Standpunkt aus zusammengestellt worden. Das Philippus-Evangelium, das »Evangelium der Wahrheit«, das koptische Ägypter-Evangelium und das »Evangelium nach Maria« haben wenig mit den ntl. Evangelien gemein und sind von deutlich gnostischem Charakter.

Zu den Nag-Hammadi-Texten gehören auch verschiedene Sammlungen von Gebeten, Werke, die als Apokryphon (»geheimes Buch« – des Johannes und des Jakobus) bezeichnet werden, Apokalypsen (des Paulus, Jakobus, Adam, Petrus) und unterschiedlichste Beispiele für spekulative gnostische Literatur. Nicht alle Werke in dieser Bibliothek verkörpern die gleiche Art von Gnostizismus. Viele scheinen valentinianischen Ursprungs zu sein, doch das gilt eben nicht für alle. Manche sind sogar überhaupt nicht gnostisch. Der Codex VI enthält z.B. eine koptische Übersetzung eines Abschnitts aus Platons Politeia, während uns in den Lehren des Silvanus (Codex VII) und den Sprüchen des Sextus (Codex XII) zwei Beispiele für frühchristl. Weisheitsschriften erhalten geblieben sind.

Aus diesen Texten ergibt sich die wichtige Frage nach dem Wesen des Gnostizismus im Gegenüber zum Christentum. Handelte es sich wirklich um eine christl. Irrlehre, wie die Väter meinten, oder war es eine von Haus aus nichtchristl. Religion, die in gewissen Kreisen von christl. Vorstellungen überlagert wurde? Soweit man aus den Nag-Hammadi-Texten bisher erkennen kann, gab es wohl tatsächlich eine nichtchristl. Gnosis. Ein Vergleich zwischen dem Eugnostosbrief (Codex III,3) und der Sophia Jesu Christi (Codex III,4) macht dies am besten deutlich: Beide Texte ähneln einander so sehr, daß es sich um verschiedene Versionen ein- und desselben Textes handeln muß. Erstere hat die Gestalt eines religionsphilosophischen Traktats, den ein Lehrer für seine Schüler verfaßte. Letztere dagegen ist als Rede des auferstandenen Christus an seine Jünger geformt. Das sorgfältige Studium der beiden Texte hat bis jetzt gezeigt, daß der Eugnostosbrief wohl das Original darstellt, das dann als Sophia Jesu Christi christianisiert wurde. Auch andere Texte wie die Apokalypse des Adam oder die Paraphrase des Sem lassen sich als nichtchristl. Form der Gnosis erkennen. Es ist jedoch auch möglich, daß die betreffenden Schriften durch eine Übertragung ursprünglich christl. Stoffe und Texte in heidnische Anschauungen entstanden sind.

So hat man erst jüngst nachzuweisen versucht, daß der »Poimandres«, der erste Traktat des Corpus Hermeticum, nicht – wie bisher angenommen – das Musterbeispiel einer vorchristl., heidnischen Gnosis darstellt, sondern vielmehr ein paganisiertes Gegenevangelium zum sich ausbreitenden Christentum des 3.Jh.

III. DAS »BARBELO-GNOSTISCHE« SYSTEM ALS BEISPIEL.

Um ein Bild zu geben vom Aufbau eines gnostischen Systems, wählen wir hier das System der »Barbelognostiker« (so genannt nach der zentralen Figur der »Barbelo«), wie es von K. Beyschlag (Grundriß der Dogmengeschichte I, 1982, S. 128f) dargestellt wurde. Die Darstellung ist nach den drei Schwerpunkten fast aller gnostischen Systeme (Gottwerdung, Weltentstehung, Erlösung) gegliedert.

1. Gottwerdung: Aus der Selbstspiegelung des weltnegativen göttlichen Urwesens Autogenes (etwa »Selbstgewordener«) im Lichtmeer erhebt sich zunächst dessen (androgynes) »Bild« (griech. *eikōn*), die »Barbelo«; diese »erbittet« und empfängt vier weitere (feminine) pneumatische Äonen (Gedanke, Vorherwissen, Unsterblichkeit und Ewiges Leben), während der Autogenes seinerseits den pneumatischen Christus hervorbringt, dem drei maskuline Äonen beigegeben sind (Verstand, Wille, Wort [Logos]), so daß insgesamt eine erste Dekade göttlich-pneumatischer Wesen besteht. Christus wiederum emaniert, gleichsam als zweite pneumatische Generation (unterhalb der obersten Dekade) vier große Engelgeister, denen jeweils drei (feminine) Äonen zugehören. Unter den Engeln ist der erste das Wesen des »Adamas«, d.h. der »vollkommene, wahre Mensch«, das letzte dagegen die Weisheit.

2. Weltentstehung: Ohne Bindung an ihren zuständigen (maskulinen) »Syzygos« (Paargenossen) empanzipiert sich die Weisheit aus freien Stücken, d.h. aber, sie entstürzt der geschlossenen pneumatischen Äonenwelt und gebiert (als vergegenständlichte Folge ihres Falles) ein gräßliches Ungeheuer, den (mit Jahwe identischen) Jaldebaoth-Saklas (Drachenschlange mit Löwenhaupt). Von ihm gehen nicht weniger als 360 Äonen hervor, darunter die »Zwölf« des Tierkreises und die »Sieben« der Planetensphären. Der gestirnte Himmel wird also von den Barbelo-Gnostikern als eine 360fache Verriegelung empfunden. Besonders wichtig im Rahmen der Kosmogonie ist die Erschaffung des irdischen Menschen. Zunächst wird den selbstherrlichen Kosmokratoren (mit Jaldebaoth-Saklas an der Spitze) der Ruf aus der oberen Welt zuteil, daß der Gott-»Mensch« existiert. Dieser Ruf erschreckt sie derart, daß sie zusammenfahren und abwärts schauen. Da aber erscheint an der Grenze der kosmischen Sphären der obere Mensch selbst gestalthaft und wirft sein Spiegelbild auf die Urgewässer nach unten, in das die Kosmokratoren (noch immer) hinabstarren. Daraufhin beschließen die Weltherrscher, nach dem von ihnen geschauten »Bilde« (1Mo 1,26f), den irdischen Menschen zu schaffen, d.h. es kommt zunächst nur zu einem »Golem«, der aber, da er das Bild des oberen Adamas trägt, von dorther mit dem Lichtpneuma begabt wird, freilich im Gegenschlag der Archonten dafür in die materielle Leiblichkeit eingekerkert und mit Hilfe des »Widersacher-Geistes« an die sexuelle Begierde, d.h. an die fleischliche Zeugung gefesselt wird.

3. Erlösung: Wird der geschaffene Mensch also dem Widersacher-Geist der Weltschöpfermächte folgen oder wird er sein pneumatisches Wesen erkennen? Diese alternative Möglichkeit wird schon durch die beiden (entgegengesetzt gedeuteten) Paradiesbäume des »Lebens« und der »Erkenntnis« (1Mo 2,17 u. 3,22) angedeutet, allein Jaldebaoth erschafft dem Adam die Eva (mit der er sogar selbst Nachkommen zeugt), was dem Widersacher-Geist zum Übergewicht verhilft. Erst Christus bringt die Gnosis zum vollen Durchbruch. Seine Botschaft ist pneumatisch-antinomistisch zu verstehen. Hieraus haben die Barbelo-Gnostiker in der Regel asketische, zuweilen auch kultisch-sexuelle Konsequenzen gezogen.

IV. URSPRÜNGE.

Woher kam der Gnostizismus? Nach den Kirchenvätern handelte es sich um eine Entstellung des christl. Glaubens. Mit dieser Annahme wird heute jedoch kaum noch gearbeitet, da sie sich nicht mit den Tatsachen deckt. Dennoch ist man sich in der Frage nach den gnostischen Ursprüngen nicht einig. Daß diese oder jene gnostische Vorstellung den Gedanken irgendwelcher anderer Religionen nahe steht, ist unschwer zu erkennen, aber es ist äußerst schwierig, den tatsächlichen Ursprung gnostischen Denkens genauer festzustellen.

Viele sind der Meinung, daß der Gnostizismus irgendwie mit dem Judentum verbunden war; tatsächlich läßt sich nicht verkennen, daß in den gnostischen Spekulationen deutlich atl. Vorstellungen hervortreten, wenn auch immer in einem Zusammenhang, der sie aus dem Gefüge wirklich atl. Denkens herausreißt. Andere verweisen auf die Ähnlichkeiten zwischen dem Gnostizismus und jener

Spielart des Dualismus, die in den Schriften der griech. Philosophen häufig zu finden ist. Die Entdeckung eines Teilstücks von Platons Politeia in Nag Hammadi zeigt ganz sicher, daß seine Gedanken den Gnostikern zusagten; andererseits beweist es kaum, daß zwischen ihnen eine innere Verbindung bestand.

Auf der Suche nach einem anderen Ursprung des Gnostizismus hat man auch die iranische Religion in Betracht gezogen. Auch hier sind die Zeugnisse kaum schlüssig, obwohl der Gnostizismus den zyklischen Vorstellungen jener östl. Religionen zoroastrischen Ursprungs unleugbar näher steht als dem traditionellen Christentum.

Es ist also nicht möglich, die Ursprünge des Gnostizismus punktgenau auszumachen. Und in der Tat ist es unwahrscheinlich, daß er nur einen einzigen Ursprung hatte, denn das gnostische Denken ist seiner Natur nach extrem synkretistisch, und seine Anhänger waren stets bereit, ja sogar begierig, rel. Vorstellungen aus vielen unterschiedlichen Quellen für ihre eigenen Ziele zu nutzen.

V. STREITPUNKTE IN DER AUSLEGUNG DES NEUEN TESTAMENTS.

Das Studium des Gnostizismus stellt den am NT Interessierten vor zwei wichtige Probleme:

1. Die vorchristliche Gnosis.

Nach R. Reitzenstein (gefolgt von R. Bultmann und vielen anderen deutschen Gelehrten) fanden die ersten Christen, als sie das *Evangelium in die hellen. Welt trugen, bereits eine umfassende Weltanschauung vor, die griech. und oriental. Denken in sich vereinigte und die Herabkunft eines göttlichen Erlösers lehrte, der die Seelen der Menschen erretten sollte. Die ersten Christen übernahmen diese »gnostische« Anschauung und wandten sie auf ihre Jesus-Erfahrung an, so daß Jesus zum himmlischen Erlöser der Gnosis wurde. Auf diese Weise kann das NT als eine Form von christianisierter Gnosis betrachtet werden.

Die Annahme, daß die Gnosis dem Christentum voranging, ist jedoch recht problematisch. Zunächst einmal gibt es in den Texten keine Beweise dafür, weder in denen, die Reitzenstein kannte, noch in denen, die uns zusätzlich bekannt geworden sind. Die Nag-Hammadi-Texte haben zwar gezeigt, daß es außerchristl. Formen der Gnosis gab, doch das beweist noch nicht, daß es auch vorchristl. Gnosis gab.

Der Gedanke, daß das NT eine Gestalt des Gnostizismus sei, entbehrt in jedem Falle einer vernünftigen Grundlage. Zwischen den Auffassungen der Gnostiker und denen der ntl. Autoren bestehen schwerwiegende und grundlegende Unterschiede. Die Gnostiker verstanden die Zeit zyklisch; der Geschichtsbegriff war für sie bedeutungslos. Die gnostische Erlösung konnte für dieses Leben niemals von irgendeiner Bedeutung sein; es ging bei ihr lediglich um eine Flucht aus dem zeitlichen Dasein in die Welt des Geistes. Demgegenüber heben sowohl das AT als auch das NT die Wichtigkeit und die göttliche Bedeutung von Zeit und Geschichte hervor. Gott hat im Lauf der Geschichte sowohl als Schöpfer wie als Erlöser gehandelt, um sein Volk zu erretten. Während der Gnostiker Gott nur durch eine Flucht aus der Geschichte erkennen kann, kann ihn der Christ in erster Linie an seinem Handeln in der Geschichte erkennen, besonders im Leben, im Tod und in der Auferstehung Jesu Christi. Errettung im christl. Verständnis soll auch schon hier und jetzt in dieser Welt erfahren werden, nicht erst in irgendeiner ätherischen, »geistlichen« Welt.

2. Rechtgläubigkeit und Ketzerei.

Der Gnostizismus ist dennoch nicht irrelevant für das Studium des NT. In einer Reihe ntl. Schriften lassen sich nämlich Spuren »gnostischen« Denkens entdecken; am stärksten treten sie in den Glaubensanschauungen der korinthischen Gemeinde hervor, wie sie sich im 1Kor spiegeln. Diese Leute behaupteten, daß sie von den gewöhnlichen gesellschaftlichen Regeln befreit seien, da sie eine besondere »Erkenntnis« besäßen, und daß sie trotz ihres gegenwärtigen stofflichen Zustands ein höheres, »geistliches« Leben führten. Für sie war die allgemeine Toten-Auferstehung schon Vergangenheit, weil sie sie wie viele Gnostiker geistlich deuteten; und wie viele andere Gnostiker legten sie beträchtlichen Wert auf die angeblich magischen Eigenschaften der christl. Sakramente.

Vielfach wurde vermutet, daß der Kolosserbrief auf das Vorhandensein ähnlicher, wenn auch nicht völlig gleicher Ansichten in der Gemeinde von Kolossä schließen lasse, und daß die Sendschreiben an die sieben Gemeinden in Offb 2 und 3 die Existenz ähnlicher »gnostischer« Gedanken auch in anderen Gemeinden derselben Gegend Kleinasiens bestätigten. Die Pastoralbriefe verwerfen ausdrücklich »die fälschlich so genannte Gnosis« (1Tim 6,20), und auch beim 1Joh scheint eine Art »gnostischen« Denkens als Gegner im Hintergrund zu stehen.

Die ntl. Autoren selbst verurteilen dieses Gedankengut. Sie bedienen sich dabei zwar häufig der gnostischen Begriffe, machen aber deutlich, daß sie deren gnostische Inhalte nicht übernehmen. Zugleich läßt die Tatsache, daß solche Gedanken in den Kirchen verschiedener Gegenden des Römischen Reiches offenbar geläufig, wenn nicht sogar weitverbreitet waren, die Hypothese von W. Bauer glaubhaft erscheinen, daß Rechtgläubigkeit und Ketzerei im 1.Jh. noch nicht so genau gegeneinander abgegrenzt waren, wie es später durch die anti-gnostischen Väter der katholischen Kirche geschah. Dennoch kann die Annahme, daß sich bereits so frühe ntl. Schriften wie 1Kor (um 55 n.Chr.) mit der Gnosis auseinandersetzen, nicht als vollkommen gesichert bezeichnet werden. Gnostische Quellenzeugnisse, die eindeutig auf das 1.Jh.n.Chr. zurückgehen, gibt es bisher nicht. Auch die Behauptung, daß bereits der samaritanische Magier Simon (»die große Kraft Gottes«, Apg 8,9ff) um 44 n.Chr. ein gnostisches Schulhaupt gewesen sei, ist energisch bestritten worden (K. Beyschlag: Simon Magus und die christliche Gnosis, 1974). Gnosis in früh-ntl. Zeit läßt sich nur indirekt durch Auslegung der ntl. Briefe erschließen, wobei der Bezug der betreffenden Stellen auf gnostische Anschauungen nicht von allen Auslegern anerkannt wird. Es wird dagegen geltend gemacht, daß der Gnostizismus des 2.Jh. vielfach Begriffsmaterial übernommen hat, das ursprünglich keinen spezifischen »gnostischen« Sinn besaß, so daß das gnostische Verständnis verschiedener ntl. Begriffe nicht die Voraussetzung, sondern die Folge ihrer Verwendung im NT gewesen sei.

Literatur: Texte: W. Foerster: Die Gnosis, I.: Zeugnisse der Kirchenväter, ²1979; J.M. Robinson (Hrsg.): The Nag Hammadi Library in English, 1977; D.M. Scholer: Nag Hammadi Bibliography 1948-1969, 1971, jährliche Ergänzungen in NovT; W. Bauer: Rechtgläubigkeit und Ketzerei im ältesten Christentum, ²1964 mit einem Nachtrag von G. Strecker; H. Jonas: Gnosis und spätantiker Geist, I. Die mythologische Gnosis, ³1964; W. Schmithals: Die Gnosis in Korinth, ³1969; ders.: Neues Testament und Gnosis, 1984; R.McL. Wilson: The Gnostic Problem, 1958; ders.: Gnosis und das Neue Testament, 1971; E.M. Yamauchi: Pre-Christian Gnosticism, 1973; K. Berger, R.McL. Wilson: Art. Gnosis/Gnostizismus, TRE XIII, 1984, S. 519-550. J.W.D.

GOG UND MAGOG. In Hes 38,2 wird eine prophetische Weissagung gerichtet an »Gog, der im Lande Magog ist und der Fürst von *Rosch, *Meschech und Tubal«. Die LXX sieht in Magog kein Land, sondern ein Volk. Für Gog gibt es einen sinnvollen Identifizierungsvorschlag, und das ist Gyges, der König von Lydien (um 680-652 v.Chr.) – assyr. *Gugu* (s. Abb. S. 479). Magog könnte das assyr. *ma(t) gugu*, »Land von Gog«, sein. Die Verknüpfung mit Völkern, die am Rande der damals bekannten Welt lebten (Hes 38,5f; vgl. Offb

Text Assurbanipals, der den Namen des Königs von Lydien, Gugu (Gyges) erwähnt. Möglicherweise ist damit Gog (Hes 38,2) gemeint. (BM)

20,8), deutet darauf hin, daß wir es eher mit einer eschatologischen Gestalt als einem historisch verifizierbaren König o.ä. zu tun haben. Offb 20,8 und die rabbinische Literatur deuten ihn jedenfalls so. Die volkstümliche Gleichsetzung von Rosch mit Rußland, Meschech mit Moskau und Tubal mit Tobolsk in Sibirien entbehrt vom hermeneutischen Standpunkt aus jeder Grundlage, wenngleich einige der russischen Stämme zur hier gegebenen Beschreibung passen würden.

Da das in Hes 38;39 Geschaute zeitlich nicht unbedingt vor Hes 40-48 angesetzt werden muß, und die rabbinische Überlieferung Gog nach den Tagen des Messias anordnet, ergibt sich kein Widerspruch zwischen Hesekiel und der Offenbarung, so lange das Millennium in dem Sinn verstanden wird, den die Rabbiner »den Tagen des Messias« gaben. H.L.E.

GOLAN. Die nördl. *Freistadt im Ostjordanland, in Manasses Teil von Baschan gelegen (5Mo 4,43), eine Levitenstadt (Jos 21,27). Die Lage G.s ist unbekannt, könnte aber mit Sahem el-Dscholan, 22 km östl. von Afek (Hippos) identisch sein. Die Landschaft Gaulanitis wurde später nach ihr benannt. N.H.

GOLD s. Bergbau und Metallgewinnung

GOLDENES KALB s. Kalb, Goldenes

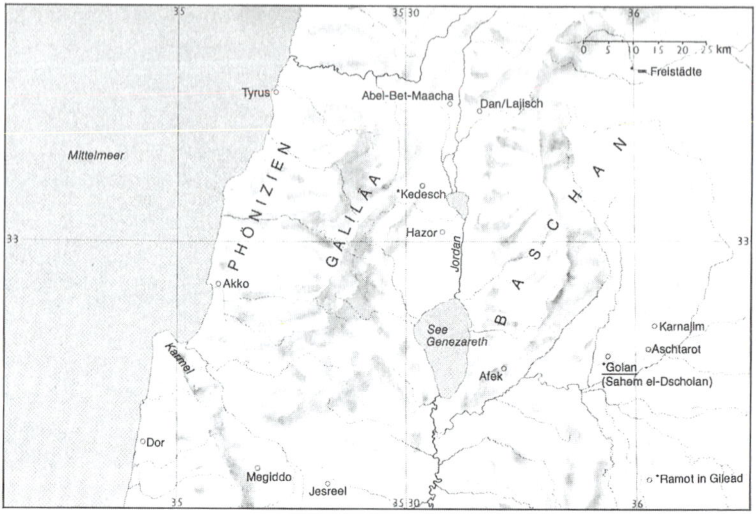

Siehe vorherige Seite: Mögliche Lage von Golan, einer der Freistädte (Jos 20).

GOLGATHA. Ort der *Kreuzigung Jesu (Mt 27,33; Mk 15,22f; Joh 19,17). Der Name G. (griech. *Golgotha*) kommt vom aram. *gulgultha'* (H.P. Rüger: TRE III, 1978, 605) und wird in den Evangelien zutreffend mit »Schädel« (*kranion*, Lk 23,33) oder »Schädelstätte« (*kraniou topos*, Mt 27,33; Mk 15,22; Joh 19,17)

Blick von der deutschen lutherischen Erlöserkirche auf die S-Fassade der Grabeskirche. Unter der größten Kuppel liegt das traditionelle Grab Jesu, unter der kleinen Kuppel unten rechts der Golgatha-Felsen. (RR)

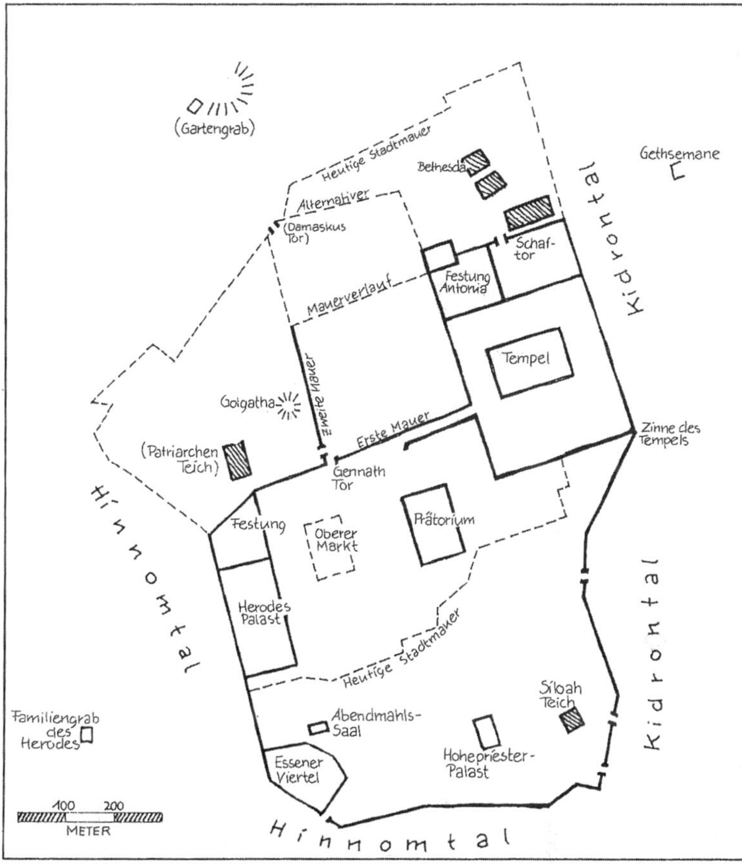

Lage Golgathas im Jerusalem der Zeit Jesu. (RR)

Die Felsformation nahe des »Gartengrabes« erinnert an einen Schädel, was zur Identifikation mit Golgatha, der »Schädelstätte« (Joh 19,17) führte. (DJW)

übersetzt. Die Bezeichnung weist auf eine schädelförmige Geländeformation. Sie lag außerhalb *Jerusalems (Mt 28,11; Joh 19,17.20 vgl. Mt 27,32; Mk 15,20) in der Nähe der Stadtmauer (Joh 19,20 vgl. Mt 27,55; Mk 15,29; Lk 23,49) und eines Tores (Hebr 13,12). Wie es röm. Hinrichtungspraxis entsprach, führte eine belebte Straße vorbei (Mt 27,39 vgl. Mk 15,29; Joh 19,20). Nicht weit von G. (Joh 19,41f) befand sich ein neues Felsgrab (Mt 27,60; Joh 19,41) in einem Garten (Joh 19,41f vgl. 20,15), das dem reichen Ratsherren *Josef von Arimathäa gehörte (Mt 27,57-61; Mk 15,43; Lk 23,50f; Joh 19,38-42). Die Gartenanlage weist auf den N der Stadt, da sich die umgebenden Steiltäler in den übrigen Richtungen nicht zur landwirtschaftlichen Nutzung eigneten (Jeremias, 3).

Wie diese Angaben zeigen, kannte die Jerusalemer Urgemeinde die Lage des leeren Grabes Jesu (vgl. Mk 15,47; Mt 27,61). Auch in der jüd. Polemik gegen die Auferstehungsbotschaft ist das vorausgesetzt (Mt 27, 62-66; 28,11-15). Von der Kreuzigung Jesu (30 n.Chr.) bis zum Bar-Kochba-Aufstand (132-135) gab es in Jerusalem mit Ausnahme der kurzen Unterbrechung des Jüd. Krieges (66-70) eine judenchristl. Gemeinde (A. Schlatter: Synagoge und Kirche, 1966, 99-173). Judenchristl. Apokryphen deuten darauf hin, daß sich das Grab im Besitz dieser Gemeinde befand, die nach 70 in einer Höhle im Golgathafelsen das Grab des Stammvaters *Adam lokalisierte (B. Bagatti, E. Testa, Il Golgota e la Croce, 1978). Die Pilgerbesuche müssen ein solches Ausmaß angenommen haben, daß der röm. Kaiser Hadrian nach 135 über G. einen Venustempel errichten ließ, um die christl. Verehrung zu verdrängen (ELS 619-627). Den Christen blieb dadurch die Ortslage bekannt, wie Berichte aus dem 2.Jh. (Melito, Passahhomilie 93) und 3.Jh. (Origenes, In Mt 27,32) zeigen. Die Kaiserinmutter Helena, die vielleicht selbst judenchristl. Herkunft war, konnte so von einer festen Ortsüberlieferung ausgehen, als sie den hadrianischen Tempel abreißen und ab 326 n.Chr. eine mächtige Basilika an dieser Stelle errichten ließ (Schlatter, Kirche und Synagoge, 144-153). Zweifel an der Echtheit der heiligen Stätten unter der sog. Grabeskirche (von den Orthodoxen zutreffender Anastasis, »Auferstehungs[kirche]« genannt) erwachten erst in der Reformationszeit aus konfessionellen Gründen. Seit dem Beginn des 19.Jh. gab es aber auch wissenschaftlich begründete Zweifel von Forschern, die wie E. Robinson mit einem Verlauf der Mauer der Zeit Jesu auf dem Zug der heutigen Altstadt-Nordmauer rechneten. Dann würde die Grabeskirche innerhalb der ntl. Stadt liegen und schiede als echt aus.

Von den vielen anderen Vorschlägen für die Lage von G. hat nur ein einziger eine gewisse Popularität behalten. Bei der Lokalisierung beim Hügel Es-Sāhira, ca. 250 m nördl. des Damaskustores, hatten bizarre allegorische Spekulationen des berühmten englischen Generals und frommen Christen C. Gordon erheblichen Einfluß (Murphy-O'Connor, 138f). Das sog. »Gartengrab« (Garden Tomb) bietet eine gute Gelegenheit, sich die Osterereignisse zu vergegenwärtigen. Einen Anspruch auf Echtheit kann es dagegen nicht erheben. Die für den Ort in Anspruch genommene Überlieferung von einem regulären jüd. Hinrichtungsplatz ist in sich widersprüchlich (C.W. Wilson: PEFQS 1902, 153f) und kaum älter als das 19.Jh. Das gezeigte Felsgrab stammt aus vorexilischer Zeit (*Königsgräber) und kommt schon allein deshalb nicht als echt in Frage (G. Barkay: BARev 12/2, 1986, 40-57).

Dagegen haben die archäologischen Arbeiten der letzten Jahre den Echtheitsanspruch der Grabeskirche in glänzender Weise unterstützt. Ihre heutige Gestalt stammt aus der Kreuzfahrerzeit, aber es waren auch immer Teile der byzantin. Basilika sichtbar und noch mehr von ihr trat bei Grabungen zu Tage. Auch die Baumaßnahmen Hadrians wurden eindrucksvoll beleuchtet. Er ließ Stützmauern errichten und das ganze Gelände bis zu 10m aufschütten. Auf der mächtigen Plattform wurden das Hauptforum der heidnischen Kolonie Aelia Capitolina und der Venustempel errichtet. Spuren der Bautätigkeit kann man nicht nur unter der Grabeskirche, sondern auch unter der lutherischen Erlöserkirche sowie besonders deutlich unter dem russisch-orthodoxen Alexander-Hospiz besichtigen.

Das ganze Gelände um die Grabeskirche gehörte zu einem riesigen Steinbruch, der bis zum 1.Jh.v.Chr. ausgebeutet wurde und dessen Ostwand die Rampe für die sog. »Zweite Mauer«, d.h. die nördl. Stadtmauer der Zeit Jesu, bildete (B.K. Schein: BA 44, 1980, 21-26). Dieser Mauerverlauf, der die Grabeskirche außerhalb läßt, wurde auch durch die Auffindung der Reste des von Josephus (bell.Jud. V, 146) erwähnten Gennath-(Garten)-Tores in der Nordwestecke des jüd. Altstadtviertels bestätigt (N. Avigad: Discovering Jerusalem, 1983, 69). Von diesem Tor, bei dem man sich die Begegnung mit *Simon von Kyrene vorstellen kann (Mt 27,32; Mk 15,21), zweigte die »Zweite Mauer« nach N ab. Durch dieses Tor führte vom sog. »Oberen Markt« eine Hauptausfallstraße nach N Richtung *Caesarea und *Japho. Bei G. handelt es sich um eine ca. 12m über die Steinbruchsohle herausragende Felsformation, die von den Arbeitern wegen der schlechten Gesteinsqualität stehen gelassen wurde. In der Ostwand des Felsens fand man die von den Judenchristen verehrte Höhle und Spuren des späteren heidnischen Kultes (C. Katsimbinis: SBFLA 27, 1977, 197-208). Zwischen G. und den in die Steinbruchwand gehauenen Gräbern, die aus der Zeit vor 70 datieren, lag ein landwirtschaftlich genutztes Gelände (L. Collas: RB 69, 1962, 100-107). Auch das unter der riesigen Kuppel der Grabeskirche gezeigte Grab Jesu hat Aussicht auf Echtheit (*Begräbnis- und Trauersitten II. 6). Doch wäre hier eine eingehende archäologische Untersuchung der unter Marmorplatten liegenden Reste sehr zu wünschen. Auch sonst birgt die Grabeskirche noch einige ungelöste Fragen wie z.B. nach dem Alter einer von einem frühen Pilger angefertigten Schiffszeichnung (G.W. Nebe: ZNW 78, 1987, 153-161) und von Mauerresten in der armenischen Krekorskapelle (M. Broshi - G. Barkay: IEJ 35, 1985, 108-128). Unsere jetzigen Kenntnisse erlauben aber schon den Schluß, daß der archäologische Befund ein eigenständiges Zeugnis für die Behauptung bildet: Jesu Grab wurde leer aufgefunden.

Literatur: D. Bahat: BARev 12/3 (1986), 26-45; V. Corbo: Il Santo Sepolcro di Gerusalemme I-III, 1981; C. Coüasnon: The Church of the Holy Sepulchre, 1974; G. Dalman: Orte und Wege Jesu, [4]1967, 364-402; F. Diez: MB 33 (1984), 28-36; J. Jeremias: Golgatha, 1926; C. Kopp: Die heiligen Stätten der Evangelien, [2]1964, 422-444; G. Kroll: Auf den Spuren Jesu, [10]1988, 355-405; J. Murphy-O'Connor: Das Heilige Land, 1981, 59-70; R. Riesner: BiKi 41 (1985), 21-26. R.R.

GOLIAT. Ein *Riese aus *Gat, der in der Armee der Philister diente (1Sam 17,4). G. könnte von jenem Überrest der Riesen (*Refaim) abstammen, die nach ihrer Zerstreuung durch die Ammoniter bei den Philistern Zuflucht suchten (5Mo 2,20f; 2Sam 21,22; vgl. G.A. Wainwright: »Early Philistine History«, VT 9/1959, S. 79f). Seine Größe wird mit »sechs Ellen und eine Handbreit« angegebenen, das sind 3,2m, wenn die Elle mit 52,5cm gemessen wird (*Maße und Gewichte) oder 2,85m, wenn die Elle 46cm ausmacht. Eine solche

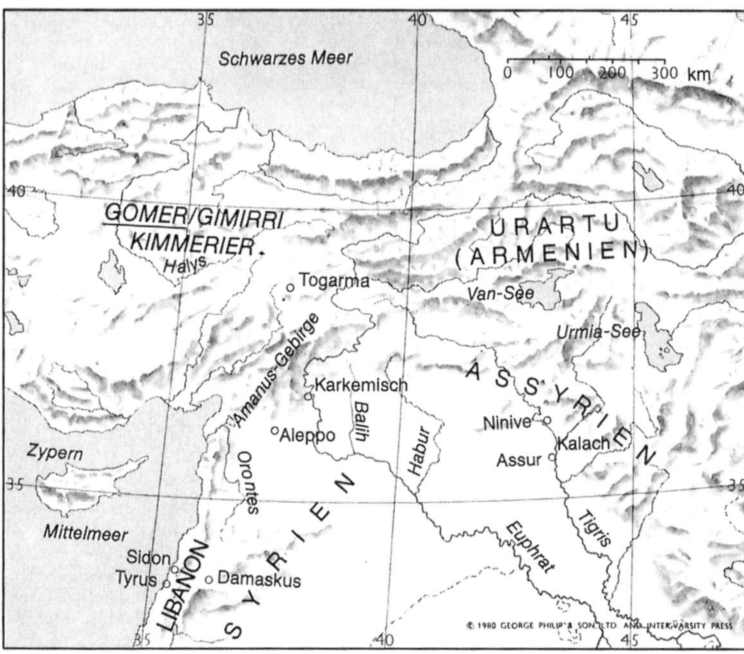

Siehe folgende Seite: Das von Gomer besetzte Land.

Größe ist sicher ein ungewöhnliches, aber doch kein unmögliches Phänomen; man hat in Palästina menschliche Skelette von ähnlicher Größe und aus ungefähr derselben Zeit gefunden.

G. wurde von *David bei Efes-Dammim getötet. Daß dieses Duell einen rel. Charakter hatte, wird deutlich in 1Sam 17,43.45 bezeugt und vielleicht auch durch die Flucht der Philister, falls sie in ihrer Überzeugung begründet war, daß der Gott Israels ihren Gott besiegt hatte (vgl. 2Sam 23,9-12; 1Chr 11,12ff). Das Schwert G.s wurde im Heiligtum zu Nob aufbewahrt. Der Priester Ahimelech gab es David, als dieser vor Saul zum König von Gat floh (1Sam 21,9–11). Dem König war diese Waffe eines Gatiters sicher ein willkommenes Geschenk.

Zwei spätere Erwähnungen des Namens G. bereiten den Forschern Schwierigkeiten. In 2Sam 21,19 wird erzählt, daß »*Elhanan, der Sohn Jaïrs aus Bethlehem ... den Goliat, den Gatiter« erschlug. In der Parallelstelle 1Chr 20,5 heißt es dagegen, daß Elhanan »den Lachmi, den Bruder Goliats, den Gatiter« erschlug. Es könnte sein, daß *Elhanan Davids ursprünglicher Name war. Andererseits hat man vorgeschlagen, daß der zweite Goliat der Sohn von Davids Gegner gewesen sein könnte. Eine vollständige Erörterung des Problems und möglicher Berichtigungen der Texte findet man bei S.R. Driver: Notes on the Hebrew Text of the Books of Samuel, 1913; und E.J. Young: IOT, 1949, S. 181f. J.J.D.

GOMER. »Vollendung«.

1. Ältester Sohn Jafets und Vater von Aschkenas, Rifat und Togarma (1Mo 10,2f). Nach Hes 38,6 gehören die Leute von G., eng verbunden mit dem »Hause Togarma«, zur Armee *Gogs. Sie sind wahrscheinlich mit den alten Gimirri (Kimmeriern) identisch, die Ende des 8.Jh.v.Chr. vom Kaukasus aus nach Urartu (Armenien) vordrangen und dadurch zu einer Bedrohung für Assyrien wurden.

2. Die Tochter Diblajims und Frau *Hoseas (Hos 1,3). Sie gebar Jesreel, Lo-Ruhama und Lo-Ammi (Hos 1). G.W.G.

GOMORRA s. Städte der Ebene

GOSAN. G. wird mit dem akkad. Guzana, dem heutigen Tell Chalāf am oberen Habor, identifiziert. Dorthin wurden 722 v.Chr. Israeliten aus Samaria deportiert (2Kön 17,6; 18,11). In seinem Brief an *Hiskia erinnert *Sanherib an die schwere Strafe, die diese assyr. Provinzhauptstadt erhielt, als sie 759 v.Chr. rebellierte (2Kön 19,12; Jes 37,12). Ausgrabungen in den Jahren 1899, 1911-13 und 1927 (M. von Oppenheim: Tell Halaf, 1933) brachten Tafeln aus dem 8.-7.Jh.v.Chr. ans Tageslicht. Sie enthielten westsemit. Namen, die die Anwesenheit der israelit. Verbannten bezeugen könnten (AfO Beiheft 6). D.J.W.

GOSCHEN.

1. Das Gebiet, das Israel und seinen Nachkommen während des Aufenthaltes in Ägypten zugewiesen wurde. Seine genaue Lage und Ausdehnung bleibt ungewiß. Es befand sich aber bestimmt in Ägypten (1Mo 47,6.27), und zwar im östl. Nildelta, denn nach 1Mo 47,6.11 ist G. identisch mit dem »Lande Ramses«, so genannt nach der Residenz Pi-Ramesse, dem bibl. Ramses, im nordöstl. Delta. Die Echtheit der topographischen Interpretationen in der LXX ist fraglich. Für das östl. Delta würde zutreffen, daß es »nahe« beim Hof in *Memphis (in der Nähe Kairos) oder Avaris (Nordostdelta) lag, wo *Josef seinem Pharao – wahrscheinlich einem Hyksos – diente (vgl. auch 1Mo 46,28f); auch die zahlreichen Gespräche Moses mit dem Pharao in Pi-Ramesse (2Mo 7-12) würden gut in diesen geographischen Rahmen passen. G. war eine beliebte Landschaft, für viele Herden gut geeignet (1Mo 46,34; 47,1.4.6.27; 50,8). Es blieb die Wohnstätte der Hebräer bis zu ihrem *Auszug und wurde deshalb von den Plagen, mit denen Gott Ägypten heimsuchte, weitgehend verschont (2Mo 8,18; 9,26). Dennoch hatten die Israeliten enge Beziehungen zu den Ägyptern in der Gegend (vgl. 2Mo 11,2f; 12,35f). Der Name *Gsmt*, der in einigen ägypt. Texten vorkommt und auf Grund der LXX-Lesart *Gesem* mit hebr. *Goschen* gleichgesetzt wurde, lautet eigentlich *Schsmt* und ist deshalb für unsere Frage irrelevant.

2. Ein Distrikt in Süd-Palästina (Jos 10,41; 11,16); wahrscheinlich kommt der Name von 3.

3. Eine Stadt in den Bergen Süd-Palästinas (Jos 15,51), wahrscheinlich nahe Zāhiriyeh gelegen, ca. 19 km südwestl. von Hebron. K.A.K.

GOTT. Das Wort ist zunächst ein Gattungsbegriff: In einer Vielzahl von Göttergestalten wird eine bestimmte durch einen Namen herausgehoben, wie etwa in der griech. Götterwelt. Dieser Hervorhebung dient auch der Artikel (»Poseidon, der Gott des Meeres«, »Hera, eine griech. Göttin«).

Das deutsche Wort »Gott«, ebenso seine Entsprechungen in den anderen germani-

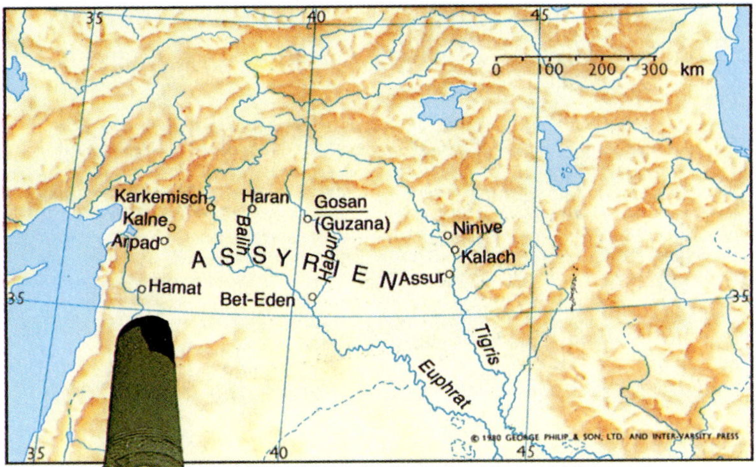

Die Lage von Gosan.

Reiter mit Schild und Schwert. Relief am Palast von Gosan. Höhe: 58 cm. 9. Jh. v.Chr. (BM)

Skulptur einer Göttin oder Königin, auf einem Löwen stehend, am Kaparu-Palast von Gosan. Höhe ca. 2,6 m. 9. Jh. v.Chr. (DJH)

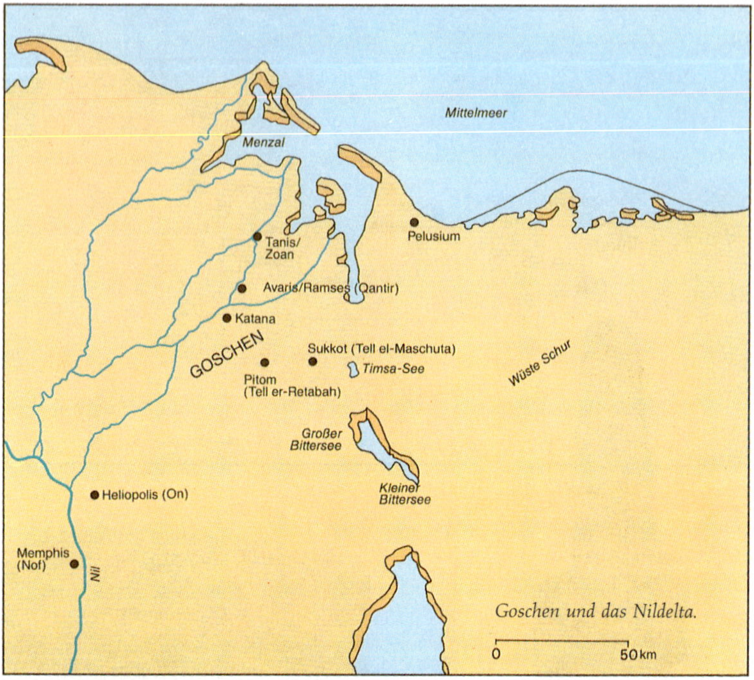

Goschen und das Nildelta.

Ausgrabungen eines »kanaanäischen« Totentempels (?), Tell el Dab'a in Goschen, Ägypten. Mittlere Bronzezeit, ca. 1650 v.Chr. (AAI)

schen Sprachen, könnte mit dem indogermanischen Zeitwort *ghu,* »anrufen«, verwandt sein, woraus eine ursprüngliche Bedeutung »angerufenes Wesen« herzuleiten wäre. Andere Wurzeln sind aber auch möglich.

In der Verwendung des Wortes ohne Artikel, wie sie im Christentum üblich geworden ist – ähnlich im Judentum und Islam, wo eine Unterscheidung von anderen Gottheiten mit der Zeit als nicht mehr notwendig empfunden wurde -, zeigt sich der Übergang zum Gebrauch des Wortes als (Eigen-)Name.

I. BIBLISCHE GRUNDLEGUNG.

1. Der Name und die Rettungstat.

Das atl. Gotteszeugnis hat in seiner Mitte einen Namen – JHWH: meist als »Jahwe« gedeutet, früher fälschlich als »Jehova« – und eine Rettungstat – die Befreiung aus Ägypten. Im Eingangsspruch der zehn *Gebote sind beide Grundelemente miteinander verbunden: »Ich bin JHWH, dein Gott, der ich dich herausgeführt habe aus Ägypten, der Stätte der Knechtschaft« (2Mo 20,2; 5Mo 5,6).

a. Für den Namen gilt die aus den Religionen bekannte Voraussetzung, daß er den Menschen den Zugang zur und die Begegnung mit der Macht der Gottheit ermöglicht (*Gottesdienst, Anrufung, *Segen), daß er andererseits als Geheimnis besonders geehrt (»geheiligt«) und vor Mißbrauch geschützt wird (2Mo 20,7; 5Mo 5,11; vgl. Mt 6,9; Lk 11,2). Aber: Was Menschen sonst von Gott oder Göttern wissen oder erwarten oder was sie zur Verehrung von Gottheiten einsetzen, das kommt in Israel allein diesem Gott JHWH zu. Er ist »heilig«: Er duldet neben sich nicht die anderen Gottwesen (2Mo 20,3; 5Mo 5,7). JHWH ist »einer« (5Mo 6,4), er verbietet aufs strengste seine Vergegenwärtigung und Verehrung in einem Kultbild (2Mo 20,4; 5Mo 5,8; 4,14-18; 27,15), wie sie in Israels Umwelt allgemein herrschend waren. So ist *Israel mit seinem Gott ein »Fremdling« (G. von Rad) unter den Religionen.

Der Name JHWH wird im AT mehr als doppelt so häufig gebraucht wie die Bezeichnung »Gott«. Seine Herkunft und ursprüngliche Bedeutung ist unbekannt. Durch den Gottesspruch bei Moses Berufung wird ein Zusammenhang mit dem hebr. Zeitwort für »sein« (*hjh*) nahegelegt (2Mo 3,14): »Ich werde sein, der ich sein werde«. Schon die griech. Bibel übersetzt hier: »Ich bin der Seiende«, was dann der (von der griech. Philosophie herkommenden) theologischen Spekulation einen willkommenen Anknüpfungspunkt bot. Ein Eigenname will aber letztlich nicht erklärt werden, sondern den Umgang mit einer bestimmten Person ermöglichen, die sich in geschichtlichen Begegnungen zu erkennen gibt, sich immer wieder aber auch verbirgt.

Das nachexilische Judentum vermeidet die Aussprache des Gottesnamens (vgl. 2Mo 20,7) und benutzt an seiner Stelle Ersatzbegriffe (»Herr« – schon in der griech. Bibelübersetzung, dann der »Heilige«, heute: der »Name«). Auch Umschreibungen (im NT etwa Offb 1,8; vgl. Hebr 13,8) oder der Gebrauch des Passivs (Mt 7,7; Lk 14,11) weisen auf den heiligen Namen.

b. Die Rettung aus der Bedrückung in Ägypten ist für Israel das Geschehen, an dem man sich in der Erinnerung (Passafest!) die Macht und Größe seines Gottes verdeutlicht: Er »führte uns aus Ägypten mit mächtiger Hand und ausgerecktem Arm und mit großem Schrecken, durch Zeichen und Wunder...« (5Mo 26,8; vgl. 6,21ff sowie 2Mo). Mit einer machtlosen kleinen Gruppe triumphiert dieser Gott über alle Gewalt des Pharao. So ist er von seinem Volk immer wieder erfahren worden. Israels Gotteszeugnis ist nicht zu trennen von seiner Geschichte als Volk. In der »Weisung« (hebr. *tora,* im Deutschen meist als *»Gesetz« wiedergegeben) erweist sich Gottes Heiligkeit, seine Barmherzigkeit mit den Geringen, den Fremden, seine eifernde Leidenschaft an denen, die sich von ihm abkehren (z.B. 5Mo 27,11-26; 30). Die Propheten verkündigen Gottes *Gericht an Israel, und zwar gerade um seiner *Erwählung willen (Am 3,2). Es ist zu beachten, daß von Gott als dem Heiligen nicht nur im Zusammenhang seines Zorneshandelns die Rede ist, sondern gerade auch dort, wo seine Liebe jedes menschliche Maß übersteigt (Hos 11,9). In Gericht und Gnade ist er der Heilige. Er »eifert« um sein Volk: 2Mo 20,5f; 5Mo 4,24 (Hebr 12,29); vgl. 2Mo 34,6f; 5Mo 7,9.

2. Der Schöpfer.

Wenn die atl. Schriften von Gott als dem Schöpfer reden – und dies nicht nur in den ersten zwei Kapiteln der Bibel -, dann geht es dabei zunächst nicht um unsere naturwissenschaftliche Frage nach der Herkunft von Materie und Leben, sondern um den Lobpreis eines jetzt wirkenden und ordnenden Herrn. Schöpfung ist nicht nur ein Anfangsgeschehen, sondern Gegenwart (Erhaltung). Ähnlich wie bei der Rettung aus Ägypten rühmen die bibl. Zeugen auch hier den Sieg Gottes über drohende Urgewalten (z.B. Ps 89,10f; 104,7). Im »zweiten Jesaja« (Jes 40-55) rücken die Schöpfungs- und Errettungsaussagen besonders eng aneinander. Beide Grundelemente gehören – neben den Gerichtsaussagen – auch in die Endzeitaussagen der Heiligen Schrift.

3. Das Zeugnis des nachexilischen Judentums.
Der Verlust der eigenen Staatlichkeit (Königtum) im Exil (586 v.Chr.) und das Ende des Priestertums in der Römerzeit (70 n.Chr.) sind tiefe Einschnitte in der Geschichte des atl. Gottesglaubens. In der Zerstreuung unter den Völkern fand Israel neue Ausdrucksformen bzw. neue Akzente seiner Besonderheit: im Synagogengottesdienst, im Studium der »Weisungen«, in der Erfüllung der Gebote im privaten Lebensraum. Das Bekenntnis der Juden zum einen Gott und seine bildlose Verehrung fanden weithin Anerkennung. Das Festhalten an dem sich in der Geschichte durchsetzenden Gott hat das jüd. Volk zum Zeugen der Hoffnung werden lassen: Gottes Handeln ist immer wieder eine verhüllte Verwirklichung seiner Gerechtigkeit; der im Verborgenen wirkende Gott wird sich aber einst auch sichtbar als Herr aller Herren erweisen (Endzeiterwartung, Messiashoffnung). In den späten Teilen des AT und den nicht in das AT aufgenommenen Schriften des frühen Judentums beschäftigen sich die Lehrer u.a. mit der unsichtbaren Wirklichkeit von Engeln, Dämonen, Satan und mit dem durch die Weltgeschichte auf das Ende hin sich vollziehenden göttlichen Plan. Das Gedankengut dieser »Offenbarungsweisheit« (*Apokalyptik), einer Erbin der klassischen Prophetie, gehört mit zu den wesentlichen Voraussetzungen des NT.

4. Gotteserkenntnis durch den Messias Jesus.
Jesus verkündigt gegenüber dem AT nicht einen neuen oder anderen Gott (das war das Mißverständnis der *Gnosis); er bestätigt vielmehr ausdrücklich die Gesetzgebung vom Sinai (Mk 10,19 par.; Mt 5,17f; 23,1-3; Lk 16,29), die *Offenbarung an die Erzväter (Mk 12,26 par.), das *Bekenntnis zu dem einen Gott und das Doppelgebot der Liebe (Mk 12,29-31), ja auch die besondere Stellung Israels unter den Völkern (Mk 7,24-30 par.; Mt 10,5; Joh 4,22). In seinem Wirken und in seinem besonderen Weg bringt Jesus einerseits weniger, als man vom *Messias erwartete (Wiederherstellung Israels als einer irdischen Gottesherrschaft), anderseits mehr: in seinen Wundertaten, im Vergebungswort an die Verlorenen, im Weg des Kreuzes (Versuchung, Gethsemane) und in der ihm durch Gott in seiner *Auferstehung bereiteten Bestätigung, die als Unterpfand eines letzten Sieges über *Sünde, *Satan und Todesmacht bezeugt wird. Aus der besonderen Vollmacht und Würde Jesu ergibt sich ein neuartiges Verstehen des AT. Jesus tritt als der Lebendige in die Herrscherwürde Gottes ein (Sitzen zur Rechten Gottes nach Ps 110). Das AT zeugt von Jesus: im Schöpfungs- und Heilshandeln (Joh 1,1; 5,39; 8,56.58; 1Kor 10,4) und im JHWH-Namen (Phil 2,11 vgl. Jes 45,23f). Jesu Gottheit wird bezeugt: Joh 20,28; Röm 9,5; Joh 10,30; 14,9; und er wird im *Gebet angerufen: Apg 7,59; 1Kor 1,2; 16,22; Offb 5,9ff; vgl. 4,11. Keine Gottesbeziehung ist ohne die Christusbeziehung mehr denkbar.

Der Heilige *Geist ist gleichzeitig Gabe (Lk 11,13; Apg 1,8) und lebendige Kraft, durch die der erhöhte Christus wirkt (Joh 14,16; Apg 2,4; 15,28). Im NT wird er noch nicht angerufen, doch ist er nicht unpersönlich, sondern persönlich beschrieben (Apg 5,3; 7,51; Eph 4,30; 1Thess 5,19). Dreiteilige Formulierungen, die eine Vorstufe zur späteren Dreieinigkeitslehre (*Trinität) bilden, finden sich Mt 28,19; 2Kor 1,21f; 13,13 u.ö.

II. ZUR GESCHICHTE DER CHRISTLICHEN GOTTESLEHRE.

1. Die dreifache Gottesaussage des Glaubens- (Tauf-)bekenntnisses wurde in den Auseinandersetzungen der Frühen Kirche zur Trinität systematisiert: Gott ist ein Wesen in drei Personen. Der Sohn wurde auf dem Konzil von Nicäa (325) als dem Vater »wesensgleich« bezeichnet. Gegen eine Verflüchtigung des Menschseins Jesu stellte das Konzil von Chalzedon (451) fest, daß er »wahrer Gott und wahrer Mensch« sei (Zweinaturenlehre).

2. Im Mittelalter wurde die Gotteslehre zu einem großen Gedankengebäude. Auf eine philosophische Grundlage (Plato, später vor allem Aristoteles) setzte man die geschichtlich geoffenbarten Wahrheiten der Bibel. Da der von den Griechen übernommene Gottesbegriff (höchstes Wesen, erste Ursache) aber Eigenschaften wie »unbegreiflich«, »unveränderlich«, »frei von Gefühlsbewegungen« mitbrachte, war in den Systemen dieser sog. Scholastik (von latein. *schola*, »Schule«) der Konflikt mit der Bibel bereits angelegt.

3. Luther wies die philosophische Spekulation über Gott zurück und brachte den »verborgenen« Gott (vgl. Jes 45,15) neu zur Geltung. Gleichzeitig wies er mit neuer Entschiedenheit auf Gottes Offenbarungshandeln in Christus hin: Hier und nirgends sonst will der allmächtige Gott von uns Menschen ergriffen sein: »Glaubst du, so hast du; glaubst du nicht, so hast du nicht«.

Gericht *und* Gnade – nicht verrechenbar gegeneinander – wurden in Luthers Auffassung die beiden entscheidenden Handlungsweisen des Gottes der Bibel. Die atl. Selbstvorstellung Gottes im JHWH-Namen (Anfang der 10 Gebote 2Mo 20) erläutert er sachgemäß durch »Gott über alle Dinge fürchten, lieben und vertrauen«.

4. Die in der »Neuzeit« – seit Kopernikus, Galilei, Descartes und Leibniz – sich vollzie-

hende Emanzipationsbewegung des Denkens, die seit der Mitte des 18.Jh. (Aufklärung) zu einer europäischen Volksbewegung wurde, hat auch in der Gottesfrage die »Vernunft« zur Herrschaft und den Offenbarungsglauben in die Verteidigungsstellung gebracht. Die »natürliche Gotteserkenntnis«, d.h. ein dem Menschen ohne besondere Offenbarung gegebenes bzw. zugängliches Wissen um Gott, das in der Theologie auch früher schon seinen Platz gehabt hatte, wurde nun besonders wichtig und zu einer Gesamtanschauung entwickelt (»Natürliche Religion« der »Deisten« in England), bei der die geschichtlich gegebene Offenbarung (»positive« Religion) als überflüssig angesehen wurde. Daß Gott erwählt und verwirft, richtet und rettet, ging dem ganzen Zeitalter weithin verloren, und übrig blieb der allgemeine Gedanke an einen »lieben Vater«, der irgendwo »überm Sternenzelt« (Fr. Schiller) wohnen mußte: eine Art »Restchristentum«, das bis in unsere Zeit reicht. Gegenbewegungen zu diesem Geist gingen vor allem vom Pietismus und von der Erweckungsbewegung aus.

Das Selbstvertrauen des Aufklärungszeitalters hat sich immer wieder als naiv erwiesen. Neben dem Fortschritt in Wissen und Weltbewältigung stehen (und mehren sich) Katastrophen, Kriege, Schulderfahrungen. Verschiedene Weltanschauungen sind aus der Aufklärung hervorgewachsen, die – im Namen der Humanität, der Freiheit, des Fortschritts – die Herrschaft über die Menschen beanspruchen. Weltweit sind Wandlungsprozesse im Gang, in denen rel. Überlieferungen zugunsten von Ideologien preisgegeben werden. Ein aus der Loslösung vom bibl. Gottesglauben sich ergebendes dämonisches Gefälle ist unverkennbar.

In einer Zeit, die sowohl die Welterkenntnis als auch die Weltbewältigung ohne Gründung im Gottesglauben zu vollziehen suchte, bedeuteten persönliche Gotteserfahrungen immer wieder entscheidende Hilfen zur Neuerschließung des Zeugnisses der Bibel. B. Pascal (1632-1662), A.H. Francke (1663-1727) und J.G. Hamann (1730-1788) sind solche Gotteszeugen an der Schwelle der Neuzeit. N.L. Graf von Zinzendorf (1700-1760) hat durch Wort und Tat bezeugt, daß es kein Christentum ohne Gemeinschaft geben kann. J. Spener (1635-1705) und J.A. Bengel (1687-1752) stehen für die Erneuerung reformatorischen Gottesglaubens aus dem Studium der Bibel.

III. ZUR GEGENWÄRTIGEN GESPRÄCHSLAGE.

1. »Moderne Theologie«.

Sofern sich das Denken grundsätzlich dem Erbe der Aufklärung verpflichtet weiß, geht man den Weg der Neuinterpretation (z.B. der Entmythologisierung) der bibl. und bekenntnismäßigen Aussagen über Gott. Das Selbst- und Weltverständnis des modernen Menschen wird in seiner Tiefe bzw. an seinen Grenzen zur bibl. Botschaft in Beziehung gesetzt. Daß der Mensch unruhig ist, daß er Angst und Sorge kennt, sind Hinweise auf den Grund seiner Existenz, d.h. auf Gott, die ihn in die Entscheidung stellen, ob er sich seinem Sein, seinem Ursprung öffnen oder sich vor ihm verschließen will. Die Lehre vom *Menschen ist hier die Grundlage des Verstehens. In einem vorgegebenen Rahmen des neuzeitlichen Wirklichkeitsverständnisses wird der Bibel nur ein begrenztes Rederecht zugestanden (R. Bultmann, P. Tillich, J. Robinson, D. Sölle, E. Jüngel). Auch humanwissenschaftlich und emanzipatorisch orientierte Ausprägungen moderner Theologie (Theologie der Befreiung, Feministische Theologie) wären hier zu nennen. Anders liegen die Dinge in einer Theologie, die biblisch und bekenntnismäßig so gebunden ist, daß sie sich offen hält für ein Wirklichkeitsverständnis, das grundlegenden biblischen Aussagen (Schöpfung, Geschichtswirken Gottes, *Wunder, unsichtbare Wirklichkeit, *Eschatologie, *Gericht, *Vollendung) entspricht und immer wieder auch die kritische Distanz zum jeweils herrschenden Wirklichkeitsverständnis zu erreichen sucht (M. Kähler, A. Schlatter, K. Heim, H.J. Iwand, C.H. Ratschow). Hier wird das Geschehensein der in der Bibel bezeugten Vorgänge festgehalten (z.B. *Auferstehung Jesu), auch wenn man im Gespräch mit den Wissenschaften oft keine einstimmige Lösung anbieten kann.

2. Begriffe der Gotteslehre.

a. Anthropomorphismus (»Menschengestaltigkeit«) ist die bildhafte Rede von Gott, in der von ihm wie von einem Menschen geredet wird: als Vater, als einem, der seinen Arm bewegt (Ps 89, 11), der sucht (Hes 34,11), der sich etwas leidtun läßt (1Mo 6,6) usw. Die Aufklärungsphilosophie aller Zeiten verwirft den Anthropomorphismus als dem »höchsten Wesen« nicht angemessen, trifft damit aber zugleich den Lebensnerv jeder Religion. In Jesus wurde Gott Mensch, nicht Begriff.

b. Metaphysik (die – nach einer Einteilung des Aristoteles - »über die Naturlehre hinausgehende« Wissenschaft) fragt nach dem »Wesen« Gottes, des Menschen usw. und überschreitet so die »sichtbare« Wirklichkeit. Ein wichtiges Gebiet der Metaphysik sind in der neueren Zeit die »Gottesbeweise«: der kosmologische, der von der Welt und ihren Gesetzmäßigkeiten auf ihren Urheber schließt; der teleologische, der die zweckmäßige Ordnung von Vorgängen in der Welt zum Anlaß für die Annahme eines ordnenden und sinngebenden Wesens nimmt; der ontologische, nach welchem dem Gottesgedanken eine Wirklichkeit entsprechen muß, weil sonst unser Denken überhaupt letztlich sinnlos wäre. I. Kant erschütterte die Metaphysik mit der These: Was über die Erfahrungswelt hinaus gedacht wird, muß deshalb, weil es sich dem Denken nahelegt, noch keinen Wirklichkeitsgehalt haben. Von hier aus ist die Skepsis mit ihrer Behauptung der Unerkennbarkeit Gottes ein Element der modernen Theologie geworden. Sie spielt auch im Denken K. Barths (Gott der »ganz andere«) und K. Heims (in seinem Zuendedenken des Relativismus) eine Rolle.

c. Monotheismus (»Ein-Gott-Glaube«) ist im strengen Sinn die Auffassung: Es gibt nur einen Gott; Gegenbegriff: Polytheismus (»Viel-Gott-Glaube«). Das erste Gebot (»...keine anderen Götter...«) bestreitet noch nicht die Existenz anderer »Götter«, verweist das Volk Israel aber ausschließlich an JHWH (ähnlich 5Mo 6,4 vgl. 1Kor 8,5f), während sich in der Prophetie des »zweiten Jesaja« ein eindeutig monotheistisches Bekenntnis findet: Nur einer verdient den Namen »Gott« (Jes 44,6; 45,5f. 14.21f. u.ö.; im NT vgl. Röm 3,30; 1Tim 2,5; Jak 2,19).

d. Natürliche Theologie. Was weiß der Mensch vor bzw. außerhalb der bibl. Offenbarung von Gott? Wie haben wir die anderen Religionen hinsichtlich ihres Wahrheitsgehaltes einzuschätzen? Die biblischen Belegstellen (Apg 14,17; 17,27f; Röm 1,19f; 2,14f) weisen darauf hin, daß es ein »natürliches« Wissen um Gott gibt, das allerdings ganz unzureichend zum Heil ist, ja in die Feindschaft gegen Gott hineingenommen werden kann (Röm 1,22). Die frühere hohe Bewertung einer natürlichen Theologie hat in der heutigen Theologie Anlaß zu schroffer Ablehnung (K. Heim, K. Barth) gegeben (anders z.B. A. Schlatter, P. Althaus). Ähnlich ging es mit dem Begriff »Religion«.

e. Theodizee (»Rechtfertigung Gottes«): Der Begriff wurde von G.W. Leibniz gebildet, der in seiner gleichnamigen Schrift (1710) diese Welt als die beste aller möglichen und Gott als ihren Schöpfer zu erweisen suchte. Der Optimismus dieser natürlichen Theologie ist immer wieder einer tiefen Skepsis gegenüber einem gerecht handelnden Gott gewichen, heute etwa in der Frage: Wie können wir nach Auschwitz von Gott reden? In der Bibel werden Fragen und Anklagen gegen Gott nicht unterdrückt (vgl. Hiob), bleiben aber im Umkreis der Verheißung, daß Gott selbst seine Wahrheit und Gerechtigkeit erweisen wird.

Literatur: H. Cremer: Die christliche Lehre von den Eigenschaften Gottes, (1897), 1983; H. Engelland: Die Wirklichkeit Gottes und die Gewißheit des Glaubens, 1966; G. Lanczbowski, W.H. Schmidt, C. Thoma, Chr. Demke: Art. Gott, in: TRE XIII, S. 601-652; G.v. Rad: Theologie des Alten Testaments, [6]1975. H.L.

GOTTESDIENST.

I. WESEN DES GOTTESDIENSTES.
Sinn und Ziel allen G.es ist die Gemeinschaft Gottes mit seinem Volk, des Herrn mit seiner Gemeinde, die im G. erneuert und bewahrt werden soll, so daß der Wille Gottes auf der Erde durch Menschen geschehen kann (Mt 6,9f) zum Lob seiner Herrlichkeit (Eph 1,12). Darum bezeichnet Paulus es als den »vernünftigen und wortgemäßen Gottesdienst« (*logikēn latreian*, Röm 12,1) der Christen, Gott ihre Leiber, d.h. ihr ganzes Wesen, als lebendiges und heiliges Opfer hinzugeben. Das bedeutet Dank für Gottes Heilshandeln und Bitte um sein weiteres Wirken am Menschen, wie z.B. Jesus den widerstrebenden Petrus bei der Fußwaschung reinigt (Joh 13,6-10). Von diesem Kern her müssen auch alle äußeren G.formen verstanden werden und ebenso die Kritik an ihnen, wenn sie leer geworden sind. »Gehorsam ist besser als Opfer« (1Sam 15,22), denn der Herr hat seinem Volk keine äußerlichen Opfervorschriften gegeben, sondern geboten: Gehorcht meinem Wort, so will ich euer Gott sein, und ihr sollt mein Volk sein (Jer 7,22f).

Im Grunde genommen kann man deshalb gar nicht vom G. als einem Gott zu leistenden Dienst sprechen, weil er, der selber Leben und Odem gibt, nichts und niemandes bedarf noch von Menschenhänden bedient wird (Apg 17,25).

II. GOTTESDIENST VOR MOSE.
In den Ur- und *Erzväterberichten sind uns Erstlingsopfer (1Mo 4,4), Brandopfer (1Mo 8,20) und Trankopfer (1Mo 35,14) bezeugt. Dazu kommt die Anrufung des Namens des Herrn (1Mo 4,26; 12,8) und die Abgabe des Zehnten (1Mo 14,20; 28,22). Den Widerspruch zwischen gottesdienstlichem Tun und innerer Haltung finden wir bei Kain (1Mo 4,3.5-7), ihre völlige Übereinstimmung bei Abraham (1Mo 22,1-18).

III. GOTTESDIENST ISRAELS UNTER DEM GESETZ.
1. Der am Sinai vom Herrn selbst eingesetzte und angeordnete G. des AT umfaßte vom einzelnen Tag (4Mo 28,3-8) über den *Sabbat (V. 9f), die Neumonde (V. 11-15), die großen Jahresfeste (4Mo 28,16-29.39) bis hin

zum Sabbat- (3Mo 25,1-7) und Erlaßjahr (V. 8-19) das ganze Leben der Israeliten (*Feste). Sein Mittelpunkt war das Heiligtum, die *Stiftshütte und der *Tempel mit der *Bundeslade. Hier dienten die *Priester und *Leviten; aber vor allem an den Festen war die ganze *Gemeinde Israels am G. beteiligt (5Mo 16,16; vgl. 1Sam 1,3-5; Lk 2,41f).

2. Dieser G. nahm seinen Anfang mit der Gesetzesverkündigung durch Mose (2Mo 24,7f; 25,1f u.ö.), die jedoch keinen ständigen Teil des G.es bildete. Sie wurde zwar von Mose am Ende seines Lebens (5Mo 1,3), von Josua (Jos 24,25), z.Zt. Joschafats (2Chr 17,7-9) und Josias (2Kön 23,2) und von Esra (Neh 8,1-8) wiederholt, doch nur an entscheidenden Abschnitten der Geschichte Israels, außerdem war sie für das Laubhüttenfest des Sabbatjahres vorgeschrieben (5Mo 31,9ff). Regelmäßige Ansprachen kannte der atl. G. nicht, dafür konnte aber die öffentliche Verkündigung der Propheten (Jer 2,1f; 7,1f) oder auch das Verlesen von Prophetensprüchen im Tempel eintreten (Jer 36,1-10).

3. Im Mittelpunkt des G.es stand das *Opfer, als Räucheropfer (2Mo 30,7f), Brand-, Speis- und Trankopfer, Dank- und Sündopfer vorgeschrieben für jeden Tag und alle Feste (4Mo 28f). Nach Abschluß der Opferhandlung, die an hohen Festen vom Schall der Trompeten begleitet war (4Mo 10,10), folgte der Segen (3Mo 9,22f; 4Mo 6,22-27). Weitere Opfer brachten der König (1Kön 3,4), das Volk (2Chr 15,11) und der einzelne (3Mo 1-5) freiwillig oder aus besonderem Anlaß dar. Mit Ausnahme von Brandopfer (5Mo 12,27) und Sündopfer (3Mo 4,11f) gehörte stets die Opfermahlzeit dazu, die die Opfernden hielten (1Sam 9,13.19.22-24). Daß sie die Heilsgemeinschaft der Essenden darstellt, wird am deutlichsten beim *Passa (2Mo 12,3-13). Ebenso sollten die Israeliten Dankopfer, *Gelübde – bzw. freiwillige Opfer (3Mo 7,15-18; 5Mo 12,5-7.11f.27), den Zehnten (5Mo 14,22-27) und die männliche Erstgeburt von Rindern und Schafen (5Mo 15,19f) vor dem Herrn essen und fröhlich sein.

4. Diese Freude des G.es kommt besonders zum Ausdruck im *Tanz (Ps 87,7; 149,3; 150,4) und im Gesang der Leviten, der von Blas-, Schlag- und Saiteninstrumenten begleitet wurde (Ps 81,3f; 1Chr 16,42; 2Chr 5,12f). Ständiges Lob- und Danklied war das »Danket dem Herrn«, das David eingeführt hatte (1Chr 16,7-36; 2Chr 20,21; vgl. Neh 11,17). In der Sammlung der *Psalmen finden sich häufig Anweisungen für den Vortrag im Tempel (vgl. Ps 4,1; 9,1; 22,1; 39,1; 53,1), aber auch z.B. zu Hab 3 (V. 19b). Die levitischen Sänger und Musiker waren *Propheten (1Chr 25,1; vgl. 2Chr 20,14); das bezieht sich einmal auf die Psalmen, die sie gedichtet haben (Ps 46,1; 50,1; 88,1 u.ö.), hat aber ebenso seine Bedeutung für ihren täglichen Dienst im Tempel.

5. Abgesehen von den Lobgesängen der Leviten gab es ein *Gebet im G. nur zu besonderen Anlässen, wie Salomos Gebet bei der Tempeleinweihung (1Kön 8,22-53) oder die Gebete Joschafats (2Chr 20,5-12) und Hiskias (2Chr 30,18-20). Auch das *Fasten war für den G. nur am Versöhnungstag vorgeschrieben (3Mo 23,27); später kamen in der babylon. Gefangenschaft die Gedenktage an die Zerstörung Jerusalems hinzu (Sach 7,3-5; 8,19).

6. Die Herrlichkeit des Heiligtums und der G. des Herrn (Ps 26,6-8; 65,5; 84,2-5.11; 27,4 statt »schöne Gottesdienste« wörtl. »Lieblichkeit« oder »Freundlichkeit«), die Freude an der Versammlung des Volkes vor seinem Gott (Ps 122,1-4) wird in den Psalmen immer wieder gerühmt. »Hoheit und Pracht sind vor ihm, Macht und Herrlichkeit in seinem Heiligtum« (Ps 96,6; 1Chr 16,27). Dem entsprechen die Sehnsucht und Erinnerung dessen, der fern vom Heiligtum ist (Ps 42,5; 43,4; 63,3) und die Klage um die Zerstörung des Tempels (Ps 74,3-7).

IV. SYNAGOGENGOTTESDIENST.
In ihren Anfängen vermutlich in die Zeit der babylon. Gefangenschaft zurückgehend, bildete sich im Spätjudentum die Form des Synagogengottesdienstes aus. Während der Tempeldienst sich in zunehmender Pracht und Fülle entfaltete (vgl. Sir 50,1-23), kam in der Synagoge das zur Geltung, was man dort vermißte. Schriftlesung und Auslegung (vgl. Lk 4,15-28) und das gesprochene Gebet, an denen sich jeder Israelit beteiligen konnte; nur der Segen blieb Priestern oder Leviten vorbehalten. Mit der Zerstörung des Tempels 70 n.Chr. trat die Synagoge an dessen Stelle als Mittelpunkt des jüd. G.es.

V. GOTTESDIENST DES NEUEN TESTAMENTS.

1. Als Jude nahm Jesus am G. seines Volkes im Tempel (Lk 2,41ff; Joh 5,1) und in der Synagoge (Mk 1,21f; Joh 18,20) teil und lehrte das Volk auch außerhalb (Mk 7,14-16). Rückhaltlos und ohne Gleichnis hat er aber nur seine Jünger gelehrt (Mk 4,34; 7,17-23; Mt 16,21; 17,22f; 20,17-19; Joh 13,31-18,1). Heuchlerisches Gebet in der Öffentlichkeit hat er scharf abgelehnt (Mt 6,5) und den Heuchler in die Einsamkeit vor Gott verwiesen (V. 6); im Jüngerkreis hat er selber frei gebetet (Mt 11,25f; Joh 17). Jesus hat sich der *Taufe unterzogen (Mt 3,13-17) und sie für seine Gemeinde ein-

gesetzt (Mt 28,18-20); er hat mit den Jüngern das *Abendmahl gefeiert und seine Wiederholung in der Gemeinde angeordnet (1Kor 11,23-26). In all dem knüpft er am Alten an, es wird aber vom Neuen durchdrungen und von innen her umgestaltet.

2. Ein entsprechender Übergang zeigt sich auch in der Urgemeinde in Jerusalem. Lehrend und betend waren die Christen täglich im Tempel (Apg 2,46; 3,1; 5,42) in der Halle Salomos (Apg 5,12), wobei aber niemand anders teilzunehmen wagte (V. 13); nur ausnahmsweise beteiligten sie sich noch einmal am Opferdienst (Apg 21,26; 24,17f). Auf der anderen Seite lebten sie auch im Alltag in enger Gemeinschaft miteinander (Apg 2,44; 6,1f), hielten in den Häusern das Abendmahl wohl als Abschluß der Hauptmahlzeit (Apg 2,42.46) und beteten gemeinsam (Apg 4,31; 12,12). Die Taufe wurde innerhalb der Gemeinde (Apg 2,41), aber auch im Beisein nur einiger Christen (Apg 10,23f.48) oder von einzelnen Evangelisten bzw. Aposteln allein vollzogen (Apg 8,36-38; 16,33). Neben den täglichen Versammlungen (vgl. auch Apg 17,11; 19,9) wird später der erste Wochentag, der Tag der Auferstehung (Mk 16,9), als Tag des Abendmahls, der Predigt (Apg 29,7.11) und der Sammlungen (1Kor 16,2) erwähnt.

3. Über allem ntl. G. steht das Wort Jesu, daß der Vater im *Geist und in der *Wahrheit angebetet werden will (Joh 4,23f). Der G. der Gemeinde wird vom Herrn selber durch seinen Geist geleitet, und wo der Geist des Herrn ist, da ist Freiheit (2Kor 3,17). Das schließt äußere oder ungefüllte Formen aus; es bedeutet aber keinesfalls, daß unkontrolliertes Gefühl oder gar ekstatische Unordnung herrscht (1Kor 14,33). Der G. soll nüchtern und im Frieden verlaufen, denn die Geister der *Propheten sind den Propheten untertan (V. 32). Paulus betont bei allem Reichtum von Psalmen, Lehre, Zungenrede und Auslegung sowie Weissagung das geordnete Nacheinander (V. 27.31). Ja, wenn während einer Weissagung der Herr einem andern eine neue Offenbarung gibt, so soll der erste aufhören und den andern reden lassen (V. 30).

Beim Gebet, zu dem auch *Fasten und Handauflegung hinzutreten können (Apg 13,2f), unterscheidet Paulus ein Beten mit dem Verstand (d.h. in verständlichen Worten) und ein Beten mit dem Geist (*Zungenrede; 1Kor 14,14f). Den gleichen Unterschied macht er beim Singen (griech. *psallō*; V. 15); danach hat es neben den Psalmen (*psalmoi*) und *Lobgesängen (*hymnoi*; Beispiele sind Eph 5,14; 1Tim 3,16 erhalten) ein dem Zungenreden entsprechendes Singen gegeben, das wahrscheinlich mit den »geistlichen Liedern« (*ōdai pneumatikai*) gemeint ist (Eph 5,19; Kol 3,16).

Die *Lehre und Ermahnung, die den Mittelpunkt des G.es bilden, gehen aus von der Schrift (Apg 17,2; 18,28; Röm 15,4; 2Tim 3,16) und den Worten Jesu (1Tim 6,3); zur Schriftlesung (1Tim 4,13) tritt die Lesung der Gemeinde- (Apg 15,30f) und Apostelbriefe (Kol 4,16; 1Thess 5,27). Während Paulus der Frau das öffentliche Lehren in der Gemeinde untersagt (1Tim 2,12; vgl. aber Tit 2,3-5), ist das beim Beten und Weissagen augenscheinlich nicht der Fall (1Kor 11,5). Das Schweigegebot 1Kor 14,34f scheint sich darüber hinaus auf ein Mitredenwollen oder Dazwischenfragen der Frauen in der Gemeindeversammlung zu beziehen.

VI. GOTTESDIENST IM HIMMEL.
Aller G. auf der Erde aber ist ein Abbild des G.es im *Himmel. Der atl. Opferdienst war ein »Schatten des Himmlischen« (Hebr 8,5), Christus ist zur Erlösung durch sein eigenes Blut in den Himmel selbst eingegangen (Hebr 9,11f.24). Die Engel sind dienstbare, wörtl. »liturgische« Geister (Hebr 1,14), die Seraphim loben Gott (Jes 6,2-4), und in den Gesichten der Offenbarung schaut Johannes das Lob und die Anbetung Gottes im Himmel (Offb 4,8-11; 5,8-14; 7,9-12; 11,15-19; 14,1-3; 15,2-4).

GOTTESFÜRCHTIGE. Bezeichnung für eine bestimmte Gruppe von Menschen, die von Geburt Heiden waren und sich zur jüd. Glaubensgemeinschaft hielten, aber nicht durch *Beschneidung als *Proselyten zum *Judentum übergetreten waren.

1. Der alttestamentliche Hintergrund.
Schon die atl. Gesetzgebung berücksichtigt von Anfang an nichtjüd. Mitbewohner des Landes *Kanaan (vgl. etwa 2Mo 12,19; 3Mo 16,29; 4Mo 15,15 u.ö.). Es ist damit zu rechnen, daß sie auch am rel. Leben Israels teilnahmen bzw. mindestens gewisse Grundsätze des Rechts (etwa die sieben noachitischen Gebote, 1Mo 9,1ff) einhalten mußten. Später kam im Bereich der jüd. *Diaspora die ansehnliche Gruppe derer hinzu, die zwar – meist aus sozialen Rücksichten – nicht zum Judentum übertraten, aber doch von der vorbildlichen Ethik der Juden, ihrem Monotheismus und ihrem Gemeinschaftsleben angezogen waren, die Gottesdienste der *Synagoge besuchten, in der Tora lasen und die Gebote hielten. Das rabbinische Judentum bewertete sie unterschiedlich, meistens jedoch ablehnend, wogegen *Proselyten als Volljuden galten.

2. Vorkommen im Neuen Testament.
Terminologisch läßt sich der Bestand in der

Apg, dem einzigen Buch des NT, in dem von G.n explizit die Rede ist, wegen sprachlicher Abweichungen nicht genau festlegen. Gesichert sind die Stellen Apg 10,2.22; 13,16.26 (*phobūmenoi ton theon*) und 16,14; 18,7 (*sebomenoi ton theon*). Die Gruppe der G.n, mit deren Anwesenheit in den Synagogen *Paulus selbstverständlich rechnen konnte (Apg 13,16.26), tritt uns vor allem in den Gestalten des *Kornelius (Apg 10,2.22) und der *Lydia (Apg 16,14f) entgegen. Ihre Bekehrungen zu Christus hatten Signalwirkung: An Kornelius wurde *Petrus deutlich gemacht, daß Gott die Unterschiede zwischen Juden und Nichtjuden nun nicht mehr ansieht; Lydia war die erste Christin in Europa. Den G.n mußte die Botschaft von Jesus naturgemäß besonders nahe gehen, ermöglichte sie ihnen doch den Weg zu Israels Gott ohne den Umweg der Zugehörigkeit zum Volk Israel. Daher ist es verständlich, daß G. bei den frühen Missionserfolgen eine große Rolle spielten. Neben den *Hellenisten (*Griechen) wurden sie zur Schlüsselgruppe, weil sie dem Evangelium treu blieben, auch wenn die Synagoge die christl. Missionare ausstieß (vgl. Apg 17,1-9) und die Heiden kein Interesse am Evangelium zeigten (vgl. Apg 17,32-34).

3. Probleme.

An diesem Punkt kam es aber sogleich zu Problemen innerhalb der jungen Christenheit. Während Paulus nach der Apg (13,38f) und dem Zeugnis seiner Briefe (Gal 3f; Eph 2 u.ö.) von den Heiden nicht den Umweg zum Heil über die Zugehörigkeit zum Bundesvolk (Beschneidung) verlangte, legte die Urgemeinde in Judäa darauf großen Wert (vgl. Apg 10,28.45; 11,3; 15,1; Gal 2,11-16). Eine Lösung des Problems brachte wiederum der Rückgriff auf die noachitischen Gebote (Apg 15,28f) sowie eine Verteilung der Missionsaufgaben. Mit der Zerschlagung der judenchristl. Gemeinden Judäas durch die Römer im Jüdischen Krieg (66-70 n.Chr.) wurde diese Frage bedeutungslos.

Literatur: F.F. Bruce: Zeitgeschichte des Neuen Testaments, Teil II (1986), S. 66ff; K.G. Kuhn: ThWNT VI, 1959, S. 727-745. H.W.N.

GOTTESKASTEN. G. (griech. *gazophylakeion*; Mt 27,6 *korbanas*) bezeichnet:

1. die Esr 8,28f; Neh 10,38ff; 13,4-9 erwähnten Kammern am Tempel, in denen der Tempelschatz aufbewahrt wurde, die sich beim herodianischen Tempel wohl an den Seiten des inneren Vorhofes befanden; vielleicht auch den Tempelschatz selbst (2Makk 3,6ff; Mt 27,6).

2. eine Reihe von 13 Gefäßen, die nach Josephus im Vorhof der Frauen des herodianischen Tempels aufgestellt waren und in die die Tempelsteuer, aber auch freiwillige Abgaben in Form von Geld und Naturalien für gottesdienstliche Zwecke eingelegt wurden. Dreimal im Jahr wurde nach dem Talmud der Inhalt dieser Opferstöcke in die Kammern gebracht, in denen der Tempelschatz aufbewahrt wurde. In der Nähe des G.s lehrte Jesus (Mk 12,41.43; Lk 21,1; Joh 8,20).

GOTTESKNECHT s. Knecht Gottes

GOTTESLÄSTERUNG s. Lästerung

GOTTESSOHN s. Sohn Gottes

GOTTESSÖHNE s. Riese

GOTTLOS. Im AT (hebr. u.a. mit *rascha'*, im ntl. Griech. mit *asebēs* wiedergegeben) vorwiegend bei Hiob, im Psalter und in den Sprüchen vorkommend, wird g. fast immer als Hauptwort gebraucht: der Gottlose, die Gottlosen. Was g. sein bedeutet (als Gegensatz zu *gerecht oder *fromm sein), das zeigt sich in dem Verhalten des G.en gegenüber Gott und in dem Verhalten Gottes gegenüber dem G.en.

I. DAS VERHALTEN DES GOTTLOSEN GEGENÜBER GOTT.

Nicht nur Gott gegenüber, sondern immer auch in einem entsprechenden Verhalten gegenüber dem Mitmenschen – ja sogar gegenüber dem Vieh (vgl. Spr 12,10) – äußert sich Gottlosigkeit entweder unverhüllt oder unter dem Deckmantel der Frömmigkeit:

1. Weil die G.en »Gott vergessen« (Ps 50,22) und meinen, Gott frage nicht danach (Ps 10,4), werden sie zu »Spöttern« (Ps 1,1), »die nach ihren eigenen gottlosen Begierden leben« (Jud 18). »Es ist keine Gottesfurcht bei ihnen« (Ps 36,2), sie verlassen sein Gesetz (Ps 119,53), denn sie hassen Zucht (Ps 50,17). »Das Herz der Gottlosen ist unbarmherzig« (Spr 12,10), sie fällen den Elenden und Armen (Ps 37,14): »Der Gottlose lauert dem Gerechten auf und gedenkt, ihn zu töten« (V. 32).

2. »Siehe, ihr fastet...und schlagt (eure Arbeiter) mit gottloser Faust« (Jes 58,4). Die G.en opfern »für eine Schandtat« (Spr 21,27). Ja sie scheuen sich nicht, seine Gebote zu verkündigen und seinen Bund zu nennen (Ps 50,16). Aber bei alledem haben sie »keinen Frieden« (Jes 48,22; 57,21): »Nahe bist du in ihrem Munde, aber ferne von ihrem Herzen« (Jer 12,2). Mit den Worten des NT: »Gottlose sind sie, mißbrauchen die Gnade unseres Gottes für ihre Ausschweifungen und verleugnen

unsern alleinigen Herrscher und Herrn Jesus Christus« (Jud. 4).

II. DAS VERHALTEN GOTTES GEGENÜBER DEM GOTTLOSEN.
Hierfür findet sich in der Bibel eine vierfache Beschreibung:

1. Nach menschlicher Anschauung bringt Gott »den Frommen um wie den Gottlosen« (Hiob 9,22). Die enttäuschende Beobachtung, daß beiden »dasselbe begegnet« (Pred 9,2) und daß hier auf Erden kein gerechtes Gericht sichtbar wird, führt zu der Einsicht (Pred 3,17): »Gott wird richten den Gerechen und den Gottlosen« - nämlich im Sinne von Mt 25,31ff.

2. Nach der Androhung des Zornes Gottes wird der G.e getötet werden: »Mit dem Odem seiner Lippen« (Jes 11,4). Gott hat »Sodom und Gomorra zu Schutt und Asche gemacht« und »damit ein Beispiel gesetzt den Gottlosen, die hernach kommen würden« (2Petr 2,6): »Gottes Zorn wird vom Himmel her offenbart über alles gottlose Wesen und Ungerechtigkeit der Menschen« (Röm 1,18). »So bestehen die Gottlosen nicht im Gericht« (Ps 1,5).

3. Nach der Verheißung der Gnade Gottes »wird er sich seiner erbarmen«, wenn der G. »sich bekehrt« (Jes 55,7): »Ich habe kein Gefallen am Tode des Gottlosen, sondern daß der Gottlose umkehre von seinem Wege und lebe« (Hes 33,11). Mit dieser Bekehrung wird von dem G.en nicht weniger verlangt, als daß er »alle Gesetze« Gottes hält (Hes 18,21): »er soll am Leben bleiben, um der Gerechtigkeit willen, die er getan hat« (Hes 18,22).

4. Nach der Erfüllung seiner Androhung und Verheißung in Christus, der »für uns Gottlose gestorben« ist (Röm 5,6), werden wir »durch ihn bewahrt werden vor dem Zorn, nachdem wir jetzt durch sein Blut gerecht geworden sind« (Röm 5,9): »Dem aber, der nicht mit Werken umgeht, glaubt aber an den, der die Gottlosen gerecht gemacht, dem wird sein Glaube gerechnet zur Gerechtigkeit« (Röm 4,5).

GÖTZE, GÖTZENDIENST.

I. DER BIBLISCHE MONOTHEISMUS.
Ein auffälliges Merkmal bibl. Frömmigkeit ist die strenge Betonung des Glaubens an den einen Gott (5Mo 6,4), den Gott Abrahams, Isaaks und Jakobs, den Gott Israels und ntl. den Vater Jesu Christi. Dieser Monotheismus steht in radikalem Gegensatz zum Polytheismus der heidnischen Umwelt, die eine ganze Reihe verschiedener Götter kennt. Deren Verehrung wird von den Vertretern des bibl. Gottes als G.ndienst gebrandmarkt. Das erste Gebot (2Mo 20,2f), die eindrückliche Polemik der Schriftpropheten und die kompromißlosen Abgrenzungen in den ntl. Briefen stehen hier auf derselben Linie. Für die vormosaische Zeit der Erzväter neigen viele Ausleger jedoch dazu, eine Art G.ndienst anzunehmen. Der spätere Monotheismus hätte sich danach aus dem Polytheismus der Anfangszeit entwikkelt.

II. DIE ETYMOLOGISCHE BEDEUTUNG.
Der deutsche Begriff G. als Abstraktbildung ist ein Äquivalent zum ntl. *eidōlolatria,* wörtl. »Bilderdienst«. Erst die sprachschöpferische Prägung durch Martin Luther hat aus dem bis dahin als »Dummkopf« und »Abbild« verstandenen Wort »Götze« (Diminutivbildung von Gott oder Koseform für Gottfried?) den »Abgott« im negativen Sinn werden lassen. G.ndienst ist Abgötterei als Verehrung von Unechtem und Unwesentlichem, speziell von heidnischen Göttern und in symbolischer Form dargestellten unsichtbaren Mächten.

III. GÖTZENDIENST IM ALTEN TESTAMENT.

1. Der Glaube Israels seit Mose.

a. In der atl. Sprachentwicklung ist ein ähnlicher Vorgang wie im Deutschen zu beobachten. Die hebr. Sprache kennt G. nicht als Abstraktbildung, sondern in konkreter Umschreibung als »fremden Göttern dienen«, »sich Götzen zuwenden« u.ä. Die Götzen werden dabei entweder als Götter (*'ēlim, 'älōhīm;* vgl. 1Mo 35,2.4; 2Mo 12,12; 15,11; 5Mo 6,14 u.ö.) ernstgenommen oder als »Nichtse« (*'älīlīm,* vgl. Ps 96,5; 1Chr 16,26) und »Abbilder« (*päsäl,* pl. *pesīlīm; 'āzabbīm; gillūlīm; mazzēbōt; terāphīm*; vgl. 1Mo 31,19.34f; 3Mo 19,4; 26,1; Ps 97,7; Jes 10,10f; Hes 30,13; Hab 2,18) verachtet.

b. Die scharfe Polemik gegen den G. bestreitet nicht die Existenz gottfremder Mächte (vgl. 1Sam 28). Die scharfen Warnungen vor Verführung zum G. haben ihren Grund (vgl. 5Mo 13,2-6; 18,9-12; vgl. 1Sam 26,19; 2Kön 5,17f). Ob es sich um »Götter« handelt oder »nur« um okkulte Praktiken, an der Existenz der Gefahr für Israel wird kein Zweifel gelassen. Dennoch haben diese Mächte mit ihrer realen Existenz keinerlei Gültigkeit für das Gottesvolk. Der Ausschließlichkeitsanspruch Jahwes läßt neben ihm keine Macht zu, die in gleicher Weise Verehrung erfahren könnte wie er (2Mo 20,3; 22,19; 23,13.24; 34,14; Ps 81,10). Die atl. Gottesvorstellung ist demzufolge weniger als monotheistisch (es gibt nur einen Gott), eher als monolatristisch (man dient nur einem Gott) zu charakterisieren. »Außer mir ist kein Heiland« (Jes 43,11) heißt eigentlich »für dich gibt es keinen anderen Retter« (vgl. Hos 13,4), aber auch »kein anderer kann so helfen wie ich«. So führt die Exklusivität der Jahweverehrung notwendig zum Monotheismus und damit auch zur Bestreitung der Existenz anderer Mächte überhaupt.

c. Der Ausschließlichkeitsanspruch Jahwes gehört von Anfang an zur Einzigartigkeit des bibl. Glaubens. Wo dieser Glaube inmitten einer polytheistischen Umwelt, sei es unter der Bevölkerung Kanaans im AT oder den hellen. Völkern des röm. Reiches im NT, vertreten wurde, konnten Konflikte nicht ausbleiben. Die wachsende Einbindung in interkulturelle Strukturen schloß auch eine wechselseitige Einflußnahme auf rel. Gebiet ein (vgl. 2Kön 16,5-18). Wenn die monotheistische Jahweverehrung in ein polytheistisches System integriert wird, wird sie zum Synkretismus verfälscht und entschärft. Umgekehrt mußte die Aufnahme kultischer Elemente aus dem heidnischen Raum in den Gottesdienst Israels zur Bedrohung des Eingottglaubens und damit auch der Einzigartigkeit des Gottesvolkes selbst werden. Entsprechend finden sich im Glauben Israels gelegentlich synkretistische Mischformen, die von der bereitwilligen Übernahme fremder Kulte über eine teilweise Aneignung und Angleichung an eigene Glaubensinhalte bis zur angepaßten Umgestaltung des eigenen Kultes reichen. So läßt sich im Einzelfall nur schwer unterscheiden, ob es sich um einen baalisierten Jahwekult oder einen Baalskult handelt, der mit Elementen des Jahweglaubens durchsetzt ist. Auf jeden Fall haben die Propheten durchaus Grund zu ihrer heftigen Polemik gegen die synkretistische Politik vieler Könige und deren Auswirkungen auf das rel. Leben des Volkes, insbesondere im Nordreich Israel. Die grundsätzliche Abgrenzung und Ablehnung jeglicher Vermischung im nachexilischen Judentum ist eine verständliche Konsequenz dieses Existenzkampfes.

d. So sehr die atl. Schriften eine kompromißlose Linie in der Durchsetzung des Ausschließlichkeitsanspruches Jahwes erkennen lassen, so wenig ist dieser Anspruch repräsentativ für die Glaubenswirklichkeit im alten Israel. Das Besondere durchzuhalten ist immer schwerer als sich an das Allgemeine anzupassen. Nicht nur die Könige Israels und Judas oder die Mächtigen der Oberschicht standen in ständiger Versuchung (vgl. 5Mo 17,17; 1Kön 11,1-8). Auch die Frömmigkeit des einfachen Volkes war mit heidnischen Bräuchen durchsetzt. Die Hinweise in den atl. Texten auf den Baalismus und die atl. wie archäologischen Zeugnisse für einen engen Zusammenhang der Jahweverehrung mit einem Ascherakult müssen in dieser Hinsicht verstanden werden. Schon während der Mosezeit ist der Baalskult zur Versuchung geworden (4Mo 25,1-9) und ab der Richterzeit zum ständigen Begleiter (Ri 2,11-13; 3,7; 8,33; 10,6; 1Sam 7,4; 1Kön 11,5; 14,15.23; 15,12; 16,31; u.ö.).

e. Der Baalismus hatte die Verehrung des westsemit. Wetter- und Fruchtbarkeitsgottes *Baal zum Zentrum. Neben dem männlichen Baal wurden auch weibliche Gottheiten verehrt: Die Fruchtbarkeitsgöttin Astarte (hebr. *ʿaschtōrät,* »Frau«) entsprach der babylon. Ischtar, die z.Zt. Jeremias als Himmelskönigin verehrt wurde (Jer 7,18; 44,17f). Die auch in Israel häufig gefundenen weiblichen Tonfiguren, bei denen die Geschlechtsmerkmale deutlich hervorgehoben sind, weisen auf den verbreiteten Einfluß dieses Kultes hin. Schon *Salomo hatte aus politischer Rücksichtnahme am Ölberg der »Göttin der Sidonier« opfern lassen und sich nicht gescheut, auch weiteren Göttern benachbarter Völker (Kemosch und Milkom/Moloch sind als lokale Ausprägungen des Baalskultes zu verstehen) Altäre zu bauen (1Kön 11,5.33; 2Kön 23,13). Die phönizisch-kanaan. Vegetationsgöttin Aschera (hebr. *ʾaschērāh*) galt als Gemahlin Baals und wurde in der Regel mit diesem zusammen verehrt. Ihr Symbol war ein Baum oder Holzpfahl als Ausdruck der den Wechsel des Jahreslaufes überstehenden Lebenskraft (die auf Inschriften der judäischen Königszeit gefundene Formel »Jahwe und seine Aschera« müßte demzufolge als eine Baalisierung Jahwes verstanden werden; vgl. jedoch Lemaire).

f. Der Fruchtbarkeitsgedanke richtete sich besonders auf das landwirtschaftliche Gedeihen. Darauf war das aus der Steppe ins Kulturland eingedrungene Israel ebenso angewiesen wie die Nachbarvölker. Am Übergang vom Steppenleben zur landwirtschaftlichen Seßhaftigkeit ist vermutlich der Ansatzpunkt für die tiefgreifende Übernahme heidnischer Bräuche zu suchen. Nicht umsonst hatte das vordringende Israel den Befehl erhalten (aber nicht eingehalten), die kanaan. Kultstätten zu zerstören (2Mo 23,24. 32f; 34,13; 4Mo 33,52; 5Mo 7,5; 12,2f). Soweit Richter und Propheten nun den zunehmenden Einfluß dieser Kulte bekämpften, ging es ihnen um die bleibende Identität und Treue des Gottes, der sie aus Ägypten und durch die Wüste in das versprochene Land geführt hatte und auch im Kulturland der ausschließliche Herr bleiben sollte.

g. Nicht nur die fremden Inhalte, auch die Glaubensformen fanden breiten Eingang in Israel, zumal sich für den Opfervorgang als solchen viele Parallelen in den anderen Kulturen fanden. Die Übernahme von Bräuchen des Menschen- bzw. Kinderopfers allerdings stand in völligem Gegensatz zur Eigenart des Jahweglaubens (3Mo 18,21; 20,2-5; 5Mo 12,31; 2Kön 16,3; 21,6; 23,10; Ps 106,37f; Jer 32,35). Ebenso bedeutete die sexuelle Hingabe im Zusammenhang der Fruchtbarkeitsriten auf den Höhenheiligtümern und selbst im Tempel (kultische Prostitution; 5Mo 23,18f; 1Kön 14,24; 2Kön 23,7; Jer 2,20; 3,2; Hos 4,12ff; Mi 1,7) einen grundsätzlichen Frevel, den die Propheten im Bild des Ehebruchs, der das Verhältnis zwischen Gott und seinem Volk belastete, bzw. als Hurerei brandmarkten (Jer 3,1ff; Hes 16; Hos 1,2; 2,2ff u.ö.). Ähnlich ist die Bewertung als »Greuel« (hebr. *tōʿēbāh*; 5Mo 7,25f u.ö.) und »abscheuliche Sache« (*schiqqūz*; 5Mo 29; 1Kön 11,5 u.ö.; der »Greuel der Verwüstung«, Dan 9,27 und Mt 24,15, bedeutet in diesem Sinn die Entweihung des Heiligtums durch ein Götzenbild) zu verstehen. Die kanaan. Höhenheiligtümer (hebr. *bāmāh*, pl. *bāmōt*) wurden von den Israeliten trotz wiederholter Kultreformen (2Kön 18,4; 23,5.8.13.15.19f) und der zunehmenden Konkurrenz zum Jerusalemer Zentralheiligtum weitergepflegt. Sie dienten nominell der Verehrung des geheimnisvoll gegenwärtig geglaubten Jahwe. Da sie aber in der Regel mit einem Opferaltar und Kultbildern des Baal (Mazzeben) und der Aschera ausgestattet waren, handelte es sich dabei eher um baalisierte Formen des Jahwekultes. Ebenso konnten heidnische Symbole bis in den Tempel vordringen (2Kön 23,4-7.11f; Hes 8,3.5.10.14.16) und forderten daher immer wieder Gottes Zorn heraus.

h. Auch andere alte heidnische Bräuche wurden weiter gepflegt: Steinmale (Mazzeben), die an heiligen Orten aufgestellt wurden; Teraphim in Gestalt geschnitzter und gegossener Gottesbilder in Säulenform oder als kleine Statuen, die als Hausgötter dienten und Orakelfunktion hatten; Stierbilder, die sich an die Symbolbilder Baals für Macht und Fruchtbarkeit anlehnten und durch Jerobeam I. Eingang in die Heiligtümer von Bethel und Dan fanden (1Kön 12,28f; das goldene Kalb von 2Mo 32 steht wohl noch unter dem Einfluß ägyptischer Vorstellungen; grundsätzlich ist mit dem Begriff »Kalb« wie beim Opfertier der Stier gemeint). Selbst der zum Ornat des Hohenpriesters gehörige *Efod (2Mo 28,6-14; 39,1-7) konnte in einer Weise mißbraucht werden, bei der die ursprüngliche Funktion nicht mehr zu erkennen war (Ri 17,5; 18,14.17f; Hos 3,4; der Zusammenhang mit dem priesterlichen Kleidungsstück ist allerdings ungeklärt). Ähnlich wurde die von Mose aufgestellte eherne Schlange (4Mo 21) als Nehuschtan in einem Kult paganisiert, der erst durch die Reform Hiskias beendet wurde (2Kön 18,4). Trotz strengen Verbotes wurden auch okkulte Praktiken in Trauerbräuchen, im Totenkult (Totenbeschwörung) und Dämonenglauben, allg. in Form von Wahrsagerei und Zauberei ausgeübt (vgl. 3Mo 19,26.31; 20,6.27; 5Mo 18,10-12; 1Sam 28,3.8; 2Kön 17,17; 21,6; 23,24).

i. Das Bilderverbot (2Mo 20,4f) ist ebenso wie die Polemik der Propheten gegen die Verehrung von Götterbildern als Konsequenz des Ausschließlichkeitsanspruchs Jahwes zu verstehen. Bei der Bilderverehrung ging es wohl nicht darum, daß die Gottheit mit dem Bild identifiziert wurde. Die Bilder waren in der Regel nur Repräsentanten der Gottheit oder der göttlichen Macht, die in ihnen verehrt wurde. Wenn Jesaja mit seiner scharfen Kritik die Götzen als menschliches Machwerk und so ihre Nichtigkeit herausstellt (Jes 44,9ff), ist damit also noch nicht der wesentliche Gegensatz getroffen, denn auch der Deckel über der Bundeslade mit den Cherubim im Allerheiligsten der Stiftshütte bzw. des Jerusalemer Tempels, überhaupt der Tempel selbst als Wohnstätte Jahwes, konnte in dieser Weise verstanden werden. Aber doch kommt damit die fundamentale Erkenntnis zum Ausdruck, daß die Götzenverehrung aus den Abgründen des menschlichen Herzens hervorgeht. Wo der Mensch versucht, unter Berufung auf unsichtbare, evtl. in symbolischen Bildern vergegenwärtigte Mächte jedweder Art sein Leben zu bewältigen, zielt sein Vertrauen an Gott und dessen Heils-Ausschließlichkeit vorbei. Er liefert sich damit auch tatsächlich dämonischen Einflüssen aus, über die aber – und darin liegt die heidnische Illusion – Gott dennoch Herr ist und bleibt (Ps 95,3; Jes 40,19-25).

2. Der Gott der Väter.

In der Forschung wird gerne ein Zusammenhang des Götzendienstes im Israel der Richter- und Königszeit mit der Religion der Erzväter in der vormosaischen Frühzeit gesehen. Wenn am Ende nach dem Exil ein perfekter, sich nach allen Seiten streng abgrenzender Monotheismus (vgl. die Reformen Nehemias, Neh 13,23ff) zu beobachten ist, liegt es nahe, eine evolutionäre Entwicklung von einfachen, niederen Formen des Polytheismus zum Monotheismus anzunehmen. Tatsächlich läßt sich bei den Erzvätern noch nichts von der strengen Exklusivität der späteren Jahwereligion erkennen. Insbesondere in den Jakobsgeschichten ist von heidnischen Bräuchen die Rede: Jakob stellte mehrfach Steinmale (*mazzēbāh*, pl. *mazzēbōt*) auf (1Mo 28,18.22;

31,13.45.51f u.ö.), wie sie auch, trotz des mosaischen Verbotes (2Mo 23,24), bei Mose selbst (2Mo 24,4) und in der Königszeit vorkommen (2Kön 17,10). Gerade die Tatsache aber, daß Mose selbst 12 Mazzeben aufrichtete, weist auf eine andere Bedeutung als die später im Zusammenhang des Baalskultes übliche hin: In den Malsteinen werden keine Götter verehrt, sie dienen vielmehr zur (mahnenden) Erinnerung an bedeutende Ereignisse (vgl. Jos 24,27; 1Sam 7,12; 2Sam 18,18). Wenn Jakob bei der Rückkehr nach Bethel sich die ganzen heidnischen Kultgegenstände seiner Angehörigen und Knechte aushändigen läßt und diese vergräbt (1Mo 35,4), kommt gerade die Unvereinbarkeit des Glaubens an den Gott, dem Jakob in Bethel begegnete, mit den Bräuchen zum Ausdruck, die Jakobs Leute aus Mesopotamien mitgebracht hatten. Das gleiche gilt auch von den Hausgötzen (*terāphīm*) Labans, die Rahel gestohlen hatte (1Mo 31,19). Wenn sie unter Vorgabe ihrer Menstruation auf diesen sitzt, werden sie insgeheim der Lächerlichkeit preisgegeben (V. 34f). Im übrigen weisen die Nuzi-Texte darauf hin, daß solche Hausgötter nicht nur eine rel., sondern auch eine rechtliche Funktion hatten, indem sie die Erbfolge des Familienbesitzes sicherten. Deshalb war Laban so intensiv daran interessiert, sie zurückzubekommen. Mit dem Vertrag, den er dann (ersatzweise) mit Jakob schloß und an den die aufgerichtete Mazzebe erinnern sollte, sicherte er sich entsprechend gegen eine mögliche Rückkehr Jakobs nach Mesopotamien ab (V. 44ff.52). So ist in der Väterreligion deutlich nur ein Gott am Werk und nichts von einer Vielzahl von Göttern und von damit verbundenen verschiedenen Kultbräuchen zu erkennen. Es ist vielmehr damit zu rechnen, daß Abraham seiner mesopotamischen Abstammung entsprechend den Hochgottglauben der El-Religion mitbrachte und dieser im Erleben des sich ihm offenbarenden Gottes unverwechselbare und konkurrenzlose Gestalt annahm. Deshalb konnten die Erzväter den einen Gott auch hinter dem ihnen in Kanaan begegnende El-Namen sehen und ihr Leben mit seiner Führung identifizieren. Da dieser Gott sich ihnen noch nicht in seiner strengen Ausschließlichkeit zeigte, konnten sie auch der heidnischen Bevölkerung (Ägyptern, »Philistern«, Hetitern, Sichemiten usw.) freier begegnen, ohne ihren Glauben dadurch gefährdet zu sehen. Die Annahme einer Evolution von animistischen oder dynamistischen Formen des Polytheismus hin zum mosaischen Monotheismus ist deshalb abwegig. Eher besteht ein Zusammenhang mit dem ursprünglichen Hochgottglauben, wie er in neueren religionswissenschaftlichen Ansätzen (Pettazoni, Widengren) als Ausgangspunkt der Religionsentwicklung gesehen wird. Der atl. Gottesglaube hat mit Entwicklung jedoch nichts zu tun. Der fundamentale Unterschied zu allen anderen Religionsformen ist und bleibt, daß der eine Gott sich offenbart und damit eine bis heute währende Geschichte angefangen hat. Daß in der Geschichte des Glaubens an diesen Gott auch fremde Elemente eingedrungen und wirksam geworden sind, konnte im Blick auf die menschliche Beeinflußbarkeit und Versuchlichkeit nicht ausbleiben. Durch alle Depravationen hindurch aber läßt er immer wieder seinen usprünglichen Willen deutlich werden. Deshalb sind die heidnischen Praktiken in der späteren Geschichte des Gottesvolkes eher als ein Absinken von der ursprünglichen Norm, aber nicht als ein Entwicklungsstadium auf einem langen Weg anzusehen, der unter vielen Mühen schließlich zum reinen Monotheismus der nachexilischen Zeit führte.

IV. GÖTZENDIENST IM NEUEN TESTAMENT.

Die ntl. Beurteilung setzt die vom AT vorgegebene Linie fort. Das Bekenntnis zu Jesus Christus als dem alleinigen und ausschließlichen Heiland der Welt greift mit universalem Anspruch nun weit über Israel hinaus. Alle religiösen Wege und Strömungen an ihm als der endgültigen Offenbarung des einen Gottes vorbei sind damit von vornherein als heidnisch verworfen und führen in ein lasterhaftes, dem Selbst verfallenen Leben (Röm 1,18-32; vgl. 1Joh 5,19-21). G. ist grundsätzlich jede Art von Lebensgestaltung, die nicht aus dem Geist Gottes, sondern dem »Fleisch« hervorgeht (Gal 5,19-21). So werden die Kulte der heidnischen Umwelt als G. verurteilt, als mit dem christl. Glauben grundsätzlich unvereinbar und vom Heil in Christus ausschließend angesehen (1Kor 5,9f; 6,9f; Gal 5,20f; 1Petr 4,3; Offb 21,8; 22,15). Auch die Macht des Geldes und des Reichtums wird unter dem Begriff des Mammon als Gegenstand des Götzendienstes bezeichnet (Mt 6,24; vgl. Sir 31,8). Deshalb können auch menschliche Laster wie Geiz, Neid, Habgier, aber auch Unzucht, Unkeuschheit usw. als Götzendienst bezeichnet werden (Eph 5,5; Kol 3,5). Insbesondere im Zusammenhang der Frage nach der Berechtigung, *Götzenopferfleisch zu essen, setzt sich Paulus mit dem G.ndienst auseinander und betont in Anlehnung an das Glaubensbekenntnis Israels (5Mo 6,4) die Nichtigkeit der G.n (1Kor 8,4-6; 10,14ff). Entscheidend gegenüber aller Furcht vor dämonischen Mächten ist das von Christus befreite und in ihm freie Gewissen (Röm 14,1ff). In der endzeitlichen Auseinandersetzung schließlich entscheidet sich das Heil an der Treue im »Festhalten der Gebote Gottes und im Glauben an Jesus« gegenüber allen Versuchungen zum G.ndienst des widergöttlichen Endzeitherrschers (Offb 14,11f; 13,14f; 15,2; 16,2; 19,20; 20,4), wie er sich in der Verehrung von Menschen, z.B. der röm. Kaiser, als Gottheiten konkretisieren konnte und kann.

V. BEURTEILUNG.

Die bibl. Aussagen lassen keinen Zweifel an der Bedrohung des Glaubenden durch dämonische Mächte, in welcher Form sie sich auch zeigen mögen. Nicht daß Gott diesen Mächten und Göttern gegenüber schwächer wäre. Sie müssen ihm vielmehr untertan sein. Aber er läßt es zu, daß Menschen versucht werden, weil er Glauben nicht erzwingt, sondern nur als Antwort auf sein Gnadenangebot erwartet. Wer umgekehrt sein Vertrauen auf andere Mächte setzt, liefert sich damit, ob er will oder nicht, auch deren Dynamik aus. Nicht aus kleinlicher Eifersucht auf diese Mächte erhebt Gott den kompromißlosen Ausschließlichkeitsanspruch, sondern weil der Mensch, wenn er sich diesen Mächten einmal ausliefert, zu ihrem willenlosen Objekt werden kann, was sich äußerlich an der Getriebenheit durch Begierden und Laster zeigt, und damit verloren geht. Nicht um den Menschen unter Druck zu setzen, ergeht das scharfe Verbot des G.ndienstes, sondern um ihn zu retten. Darin liegt das Hauptmotiv aller christl. missionarischen Bemühungen (2Kor 5,19-21). Angesichts der Diskussion um die Existenz Gottes ist von daher zu sagen: Es ist eine Illusion zu meinen, man könne zwischen Gott und Gottlosigkeit wählen; die Entscheidung fällt immer im Spannungsfeld zwischen Gott und den G.n.

Literatur: K.-H. Bernhardt: Gott und Bild, 1956; H. Brunner u.a.: Wort und Bild, 1979; O. Keel: Die Welt der altorientalischen Bildsymbolik und das Alte Testament, 1977; ders. (Hrsg.): Monotheismus im Alten Israel und seiner Umwelt, Bibl. Beiträge 14, 1980; J. Kühlewein: THAT I, 518-520; G. Lanczkowski: Art. Gott I, in: TRE XIII, 1984, S. 601-608; A. Lemaire: Who or what was Yahwe's Ashera? BAr X, 6, 1984, S. 42-51; B. Ockinga: Die Gottebenbildlichkeit im alten Ägypten und im Alten Testament, 1984; H.H. Rowley: Faith of Israel, 1956, S. 74ff; J.M. Sasson: The Worship of the Golden Calf, Ancient & Occident, 1973, S. 151ff; W.H. Schmidt: THAT I, 142-149; ders.: THAT I, 153-167; ders.: Art. Gott II, in: TRE XIII, 1984, S. 608-626; S. Schwertner: THAT I, 167-169; K. Seybold: THAT II, 1057-1060; H. Wildberger: THAT II, 556-563. C.D.St.

GÖTZENOPFERFLEISCH. Zu den Fragen, die die Korinther dem Apostel Paulus zur Entscheidung vorlegten, gehört auch das Problem des Essens von »Götzenopferfleisch«, griech. *eidolothyta*. Paulus behandelt dieses Thema in 1Kor 8 und 10,14-33. Hier soll zuerst der Hintergrund für die Frage der Korinther aufgezeigt werden.

I. HINTERGRUND.

Beim alten Opferkult, der in der griech.-röm. Welt des 1.Jh.n.Chr. der Mittelpunkt nicht nur des rel., sondern auch des häuslichen und sozialen Lebens war, wurde dem Gott im Tempel nur ein Teil des Opfers dargebracht. Der Opferhandlung folgte ein kultisches Mahl, bei dem man den Rest der geweihten Nahrung aß - entweder im Tempelbezirk oder zu Hause. Manchmal gab man das Fleisch auch zum Verkauf auf den Markt (1Kor 10,25).

Ein Zeugnis für Mahlzeiten im Tempel liefert der folgende gut bekannte Text aus einem Oxyrhynchus Papyrus, den Lietzmann als eine klare Parallele zu 1Kor 10,27 betrachtet: »Chaeremon lädt dich zum Essen am Tisch des Herrn Serapis [der Name der Gottheit] in das Serapeum ein, morgen am 15. zur 9. Stunde [15 Uhr]« (zitiert und besprochen von Chan-Hie Kim, »The Papyrus Invitation«, JBL 94/1975, S. 391-402). Eine Einladung zum Essen dieser Art, ob in den Tempel oder in ein Privathaus, war im gesellschaftlichen Leben der Stadt Korinth allgemein üblich, brachte aber für den eingeladenen Christusgläubigen ein schweres Problem mit sich. Von der Einstellung des Christen zum G. wurden in einer Weltstadt wie Korinth aber auch noch weitere Aspekte des Lebens betroffen. Die Teilnahme an öffentlichen Festen, die regelmäßig mit heidnischer Anbetung und Opfer begangen wurden, mußte bedacht werden. Mitgliedschaft in einer Gilde und damit die wirtschaftliche Position sowie das Engagement für die Öffentlichkeit waren betroffen, da eine solche Mitgliedschaft dazu führte, »im Götzentempel zu Tisch (zu) sitzen« (1Kor 8,10). Sogar der tägliche Einkauf auf dem Markt stellte für den ernsthaften Christen ein Problem dar. Da das zum Kauf angebotene Fleisch z.T. aus den Tempeln stammte, entstand die Frage: Durfte die christl. Hausfrau dieses Fleisch kaufen, das, da es von Opfertieren ohne Fehler kam, gerade das beste Fleisch auf dem Markt sein konnte? Es gab auch kostenlose Festessen im Tempelbezirk, die für die Armen ein wahrer Segen waren. Falls 1Kor 1,26 darauf hindeutet, daß einige Glieder der Gemeinde in Korinth zu den ärmeren Schichten gehörten, war es eine durchaus praktische Frage, ob sie aus diesen Mahlzeiten Nutzen ziehen durften oder nicht.

II. VERSCHIEDENE REAKTIONEN. Die Ansichten in der Gemeinde gingen an diesem Punkt weit auseinander. Eine Gruppe, die im Namen der christl. Freiheit (6,12; 10,23; vgl. 8,9) und auf der Grundlage eines angeblich höheren Wissens (*gnōsis,* 8,1f) sprach, konnte keinen Schaden darin sehen, eine Einladung zu einem kultischen Mahl anzunehmen, und keinen möglichen Grund erkennen, warum Speise, die vorher im Tempel geweiht worden war, nicht gekauft und gegessen werden sollte.

Diese Haltung wurde damit gerechtfertigt, daß das Mahl im Tempelbezirk erstens nur ein gesellschaftliches Ereignis sei und keinerlei rel. Bedeutung habe. Zweitens scheint man behauptet zu haben, daß die heidnischen Götter ja gar nicht wirklich existierten. Wir wissen, »daß es keinen Götzen gibt in der Welt und keinen Gott als den einen«, war ihre Verteidigung (8,4; wahrscheinlich aus dem Brief der Korinther an Paulus zitiert). Die Gruppe der »Schwachen« (8,9; vgl. Röm 15,1) sah die Situation jedoch anders. Voller Abscheu gegen den kleinsten Verdacht des Götzendienstes glaubten sie, daß die Dämonen hinter den Götzen weiterhin böse Einflüsse auf die Speise ausübten und sie »ansteckten«, so daß sie für den Gläubigen ungenießbar würde (8,7; vgl. Apg 10,14).

III. DIE ANTWORT DES PAULUS. Paulus beginnt seine Antwort mit einer Zustimmung zu der Aussage, »daß es ... keinen Gott als den einen« (8,4) gibt. Dieses ausdrückliche Bekenntnis zum Monotheismus bestimmt er aber sofort dadurch näher, daß er seine Leser daran erinnert, daß es sog. Götter und Herren gibt, die einen dämonischen Einfluß in der Welt ausüben. Er räumt jedoch ein, daß »für uns«, die wir einen Gott und einen Herrn anerkennen, die Macht dieser Dämonen durch das Kreuz überwunden wurde, so daß die Korinther nicht länger an sie gebunden sind (8,5f; vgl. Kol 2,15f; Gal 4,3.8f). Doch nicht alle Gläubigen in Korinth haben diese Freiheit in Christus gefunden. Ihre Lage muß bedacht werden, und ihr schwaches Gewissen darf nicht durch unüberlegte Handlungen verletzt werden (1Kor 8,7-13). Der Apostel hat aber noch ein ernsteres Wort zu diesem Thema zu sagen; darauf kommt er nach einem Exkurs über die Freiheit zur Selbstbeschränkung (Kap. 9) in Kap. 10 zu sprechen.

In Kap. 10,14ff stellt er die Bedrohung durch den *Götzendienst klar. Diese Verse zeigen die tiefere Bedeutung des *Abendmahls im Licht der Gemeinschaft mit Leib und Blut Christi (10,16) sowie die Einheit der Gemeinde als Leib Christi (10,17), aber auch den Bann, den die Dämonen auf diejenigen legen, die sie bei Götterfesten anbeten, Festen, die tatsächlich zu einem Pakt mit den Dämonen führen (10,20); sie betonen die Unmöglichkeit einer doppelten Loyalität, d.h. sowohl am Tisch des Herrn wie auch am Tisch der Dämonen sitzen zu wollen (10,21f).

Der Apostel nimmt demnach in diesem Abschnitt eine kritische Haltung gegenüber den Folgen einer Teilnahme an Festessen von Götzendienern ein (vgl. 10,14). Im Einklang mit der jüd. Lehre, die später in dem Mischna-Traktat »Abodah Zarah« (»Fremder Gottesdienst«, d.h. Götzendienst) kodifiziert wurde (vgl. 3,7), verbietet er strikt das Essen und Trinken in einem Göttertempel (10,19f; vgl. Offb. 2,14). Das beruht wohl auf einem rabbinischen Prinzip: Da ein Leichnam unter dem gleichen Dach befindliche Personen und Gegenstände (vgl. 4Mo 19,17) verunreinigt, wirken analog dazu auch das G. sowie der Verkehr mit Heiden. D.h. in einem heidnischen Haus zu weilen und mit den dort befindlichen Menschen Kontakt zu haben, macht kultisch unrein (vgl. dazu H. Danby: Mischna, S.649 n.3 zu Traktat Oholoth).

Von der Speise aber, die zunächst im Tempel dargebracht und dann zum Verbrauch angeboten wurde, sagt Paulus, daß sie aufgrund von Ps 24,1 (1Kor 10,25ff) erlaubt sei. Obwohl diese Speise in einem heidnischen Tempel geweiht worden war, darf sie gegessen werden, weil Gott sie schuf (1Tim 4,4f). Das bedeutet eine deutliche Abweichung von den rabbinischen Reinheitsvorschriften und nicht minder vom Aposteldekret (Apg 15,28f), wäre aber die praktische Anwendung des Wortes Mk 7,19: »Damit erklärte er (Jesus) alle Speisen rein« (vgl. Apg 10,15). Die einzige Forderung des Paulus besteht darin, das Liebesgebot zu halten: Ein Christ muß auf seine Freiheit, G. zu essen, verzichten, wenn das Gewissen des »schwächeren« Gläubigen verletzt und er dadurch zu Fall gebracht werden könnte (1Kor 10,28-32) oder wenn ein Heide daran Anstoß nehmen würde (10,32). Dabei wird von der Situation ausgegangen, daß ein Christ eine Einladung zu einem Essen in einem Privathaus angenommen hat (10,27). In diesem Fall darf der Gläubige die vorgesetzte Nahrung essen, ohne Fragen nach deren »Vergangenheit« zu stellen, z.B. wo sie herkomme oder ob sie in einem Götzenschrein geweiht wurde. Wenn jedoch der heidnische Gastgeber bei dem Essen die Aufmerksamkeit auf die Speise lenkt und sagt: »Das ist Opferfleisch« (*hierothyton* als heidnischer Begriff), dann muß die Speise abgelehnt werden, nicht weil sie »infiziert« oder ungenießbar ist, sondern weil sie »den Essenden in ein falsches Licht rückt und das Gewissen anderer verwirrt« (Robertson-Plummer: I Corinthians, S. 219), besonders das des heidnischen Nächsten (10,29). Diese Interpretation unterscheidet sich von der Robertson-Plummers, wonach in dem in V. 28 Sprechenden ein Heidenchrist zu sehen ist, der die Terminologie seiner vorchristl. Tage benutzt; es ist jedoch besser, den Sprecher als »einen von den Ungläubigen« in V. 27 zu betrachten. Dann schließt sich das Wort des Apostels an den Altruismus der Rabbinen an. Diese lehrten, ein frommer Jude solle den Götzendienst nicht unterstützten, damit er seinen heidnischen Nächsten nicht zum Falschen ermutige und dadurch für dessen Sünde verantwortlich würde (Aboth 5,18; Sanhedrin 7,4.10).

Literatur: Die Kommentare zum 1Kor (Robertson-Plummer, A. Schlatter, C.K. Barrett, J. Hering, F.F. Bruce, H. Conzelmann). Außerdem A. Ehrhardt: The Framework of the New Testament Stories, 1964, Kap. 12: 'Social Problems in the Early Church', S. 275-290; C.K. Barrett: NTS 11/1964-5, S. 138ff.

R.P.M.

GRAB s. Begräbnis/Trauersitten

GRAB DAVIDS s. Königsgräber

GRAB JESU s. Begräbnis/Trauersitten

GRÄBER D. KÖNIGE s. Königsgräber

GRANATAPFEL s. Ernährung

GRAS s. Pflanzen

GRENZE.

1. Nach der Hl. Schrift ist es Gott, der sowohl die Naturgrenzen zwischen Wasser und Land (Ps 104,9) wie auch die Landesgrenzen (Ps 74,17; Apg 17,26) setzt. Dabei galt schon im Anfang der Zeiten seine besondere Fürsorge dem Volke Israel (5Mo 32,8). Der Herr legte die G.n des verheißenen Landes fest (2Mo 23,31; 4Mo 24,2ff u.a.). Gott versprach, diese G.n noch zu »erweitern« (2Mo 34,24; 5Mo 12,20), was sich z.Zt. Salomos erfüllte (1Kön 5,1; 8,65).

2. Aus diesen Gründen stand die Grenzverletzung durch Versetzen der Grenzsteine und Landmarkierungen unter einem besonders schweren Fluch (5Mo 19,14; 27,17; vgl. Hiob 24,2; Hos 5,10).

3. Manchmal bezeichnet G. auch das ganze Gebiet eines Volkes (Mal 1,4f).

GREUEL. Als G. bezeichnet die Bibel Handlungen oder Dinge, die aus geistlicher und sittlicher Ablehnung heraus verabscheut werden.

So ist für Gott aller *Götzendienst (5Mo 18,9.12; Jer 44,4) und jeder Götze (1Kön 11,5.7) ein G., alle Untreue und Irrlehre (Spr 3,32; Tit 1,16); weiter Opfer und Gebet der Gottlosen, die das Gesetz mißachten (Spr 15,8; 28,9; Jes 1,13), auch Selbstgerechtigkeit und Stolz, die Gott nicht brauchen (Ps 14,1; Spr 16,5; Lk 16,15), Betrug des Nächsten (Spr 11,1; 20,10.23) und ungerechtes Gericht (Spr 17,15).

Für Menschen, die nach Gottes Gesetzen leben wollen, ist alles das ein G., was seinen Geboten widerspricht (3Mo 7,18; 18,22; Spr 29,27). Dagegen ist den Toren ein G., das Böse zu meiden, und für den Gottlosen der, der recht wandelt (Spr 13,19; 29,27). Auch unreine Tiere werden als G. bezeichnet (5Mo 14,3; Jes 66,17). S.a. *Greuelbild der Verwüstung

GREUELBILD DER VERWÜSTUNG. Dieser Ausdruck (hebr. *schiqūz schomēm*) taucht zuerst in Dan 12,11 auf, Varianten davon auch in Dan 9,27; 11,31. *schiqūz* ist ein Gegenstand, der durch seine Unreinheit anstoßerregend wirkt, auch ein Götzenbild, das bei Gott Anstoß erregt; *schiqūz schomēm* ist vermutlich ein geringschätziges Gegenstück zu *Baal schamēm*, »Herr des Himmels«: Der »Herr« ist nur ein »Greuelbild« und nicht »des Himmels«, sondern der »Verwüstung«. Der Name bezieht sich offenbar darauf, daß Antiochus IV. Epiphanes 168 v.Chr. im Tempel von Jerusalem ein Götzenbild auf den Altar stellen ließ, das in 1Makk 1,57 »Greuelbild der Verwüstung« (griech. *bdelygma erēmōseōs*) genannt wird. Nach jüd. Überlieferung befand sich darauf ein Bildnis – sehr wahrscheinlich Zeus, den Herrn des Himmels darstellend – das die Züge des Kaisers trug. Dieses Sakrileg löste »Verwüstung« aus, d.h. keine Zerstörung, sondern »wüsten Schrecken«. (Vielleicht bedeutet es auch, daß es den Tempel »wüst und leer« machte, da es Gott und seine Getreuen daraus vertrieb). In Mk 13,14; Mt 24,15 könnte von einem ähnlichen Sakrileg die Rede sein; es ist ein Zeichen für die drohende Zerstörung des Tempels (nicht die Zerstörung selbst). Man hat es als Erscheinung des *Antichristen ausgelegt (vgl. 2Thess 2,3f; bei Mk ist der Ausdruck »stehend an heiligem Ort« maskulinisch formuliert) oder als die röm. Armee, die den Tempel entweihte (vgl. Lk 21,20). Möglicherweise besteht eine Verbindung zu den Standarten der Römer, die Abbildungen des

Kaisers zum Zwecke seiner göttlichen Verehrung trugen. Diese in den Tempelbezirk zu bringen (die röm. Garnison lag neben dem Tempel) hätte ein »Greuel, das Verwüstung schafft« sein können, indem es zum Krieg und zur Verwüstung von Tempel und Stadt führte. Die Version bei Lukas betrachtet man am besten als Übersetzung für nichtjüd. Leser, denen der bibl. Ausdruck nicht geläufig sein konnte.

Literatur: G. Kittel: ThWNT II, 1935, S. 657; G.R. Beasley-Murray: A Commentary on Mark 13, 1957, S. 54-72; W.G. Kümmel: Verheißung und Erfüllung, ^{3}1956; A.L. Moore: The Parousia in the New Testament, 1966; L. Hartmann: Prophecy Interpreted, 1966; C.H. Dodd: More New Testament Studies, 1968; R.T. France: Jesus and the Old Testament, 1971. G.R.B.-M.

GRIECHEN. Um G. zu bezeichnen, werden im NT zwei Worte benutzt: *hellenes* und *hellenistai*. Der Begriff *hellenes* bezieht sich auf die Einwohner Griechenlands oder ihre Nachkommen (vgl. Apg 16,1; Röm 1,14). Das Wort wird auch praktisch gleichbedeutend mit »Heide« benutzt, um die zu kennzeichnen, die nicht jüd. Abstammung sind (vgl. Röm 10,12; Gal 3,28).

Der Begriff *hellenistai* ist umstritten. Er findet sich nur in Apg 6,1; 9,29 (wo der Codex Alexandrinus *hellenas* liest) und 11,20 (obwohl hier die andere Lesart *hellenas* wahrscheinlich vorzuziehen ist). Gegen die her-

Römische Kopie einer griechischen Büste (Original nicht mehr auffindbar) von Sokrates. (RS)

Römische Kopie einer Plato-Büste

Alexander der Große, der Begründer des hellenistischen Reiches. Bildnis aus der Zeit 350–400 n.Chr. (BM)

kömmliche Auffassung, daß die *hellenistai* griech.-sprechende Juden waren, könnte man einwenden, daß Paulus, der griech. sprach, sich selbst *hebraios* nennt (Phil 3,5), eine Bezeichnung, die in Apg 6,1 den *hellenistai* gegenübersteht (vgl. C.F.D. Moule, ExpT 70/1958-9, S.100). Als Alternativen sind vorgeschlagen worden: a. Juden, die *nur* Griech. sprachen (Moule s.o.); b. griech.-sprechende Diasporajuden, die in Palästina lebten (J.A.T. Robinson: Twelve New Testament Studies, 1962, S. 116f); c. »nonkonformistische« Juden,

Athen: Akropolis-Hügel mit Parthenon (erbaut 447–438 v.Chr.). (RVS)

die, vom Hellenismus beeinflußt, für ihre Gegnerschaft zum Tempel bekannt waren (O. Cullmann, ExpT 71/1959-60, S. 8-12, 39-43; ders.: Der johanneische Kreis, 1975).S.S.S.

GRIECHENLAND. Wer die Griechen waren, ist schwer zu beantworten. Ihre Sprache ist indo-europäisch und kommt zuerst in den mykenischen Staaten des Peloponnes im 2.Jt.v.Chr. vor (das wird durch die Entzifferung der Linear B Schrift belegt). Als die Griechen mit Beginn des 1.Jt.v.Chr. in die Geschichte eintraten, lebten sie auf beiden Seiten des Ägäischen Meeres.

Die beiden Institutionen, die für das Griechentum bezeichnend wurden, die spekulative Philosophie und die republikanische Regierungsform, erlebten eine erste Blütezeit offenbar an der ionischen Küste Kleinasiens. Ionien ist vielleicht das atl. Jawan (Jes 66,19). Das griech. Siedlungsgebiet kannte keine festen Grenzen. Die Republiken entstanden schon früh überall in der Schwarzmeerregion, Sizilien, Süd-Italien und bis nach Marseille und Spanien. Nach Alexander gab es im

Griechenland: das alte Achaja und die Provinz Mazedonien.

Athen: Erechtheion, erbaut 421–406 v.Chr. Als Säulen dienen weibliche Figuren (Karyatiden). (BPL)

O griech. Staaten bis nach Indien. Unter den Seleukiden und noch mehr unter röm. Herrschaft wurden die reichen und alten Völker Kleinasiens und der Levante systematisch in Hunderte von griech. Republiken zersplittert, so daß nur die rückständigsten Regionen unter eigenen Königen oder priesterlicher Regierung blieben. Diese politische Zersplitterung war schon immer für die Griechen charakteristisch, wie auch die daraus resultierende Beherrschung durch fremde Mächte. Griechenland war nie eine politische Einheit. »Der König von Griechenland« (Jawan, Dan 8,21) muß einer der mazedonischen Herrscher (*Mazedonien) gewesen sein, Alexander oder ein Seleukide, der die Angelegenheiten vieler, aber keinesfalls aller griech. Staaten in der Hand hatte. »Griechenland« (Hellas) in Apg 20,2 muß sich auf die röm. Provinz *Achaja beziehen, die, obwohl sie viele altgriech. Staaten umschloß, damals für den Hellenismus fast abseits lag.

Andererseits brachte die immer weiter fortschreitende Ausbreitung griech. Errungenschaften eine Einheit auf anderer Ebene. Das ganze östl. Mittelmeergebiet und weite Gebiete darüber hinaus hatten eine einheitliche Kulturstufe erreicht, die dem Hellenismus entstammte. Die prächtigen Ruinen, die heute noch in diesen Gebieten verstreut liegen, zeugen sowohl von dem Wohlstand der Staaten als auch von dem hohen kulturellen Niveau. Das Ideal eines freien und kultivierten Lebens in einer kleinen, autonomen Gemeinschaft, einst der Stolz weniger ägäischer Staaten, war nun allgemein anerkannt. *Athen war immer noch eine Stätte der Gelehrsamkeit, aber *Pergamon, *Antiochia und *Alexandria und viele andere Städte der neuen Welt machten ihr Konkurrenz oder überragten sie gar.

Die griech. Staaten sorgten nicht nur für Bildung, sondern auch für glänzende Unterhaltung; ferner hatten sie bessere Gesundheits- und Sozialdienste als die meisten Gemeinwesen ihrer Zeit. Die Zugehörigkeit zu einer solchen Republik und der Gebrauch der griech. Sprache waren Erkennungsmerkmale eines kultivierten Menschen (Apg 21,37-39). Ein solcher Mensch, gleich welcher Rasse, konnte ein Grieche oder eine Griechin genannt werden (Mk 7,26); alle anderen waren »Barbaren« (Röm 1,14; LÜ: »Nichtgriechen«). Der Begriff »Hellenisten« in Apg 6,1; 9,29 (LÜ: »griechische Juden«) zeigt, daß diese Unterscheidung sogar innerhalb der jüd. Volksgemeinschaft angewandt wurde. Der Begriff »Grieche« (*hellen*, Apg 11,20; 19,17; Röm 1,16 u.ö.) ist jedoch die normale ntl. Bezeichnung für Nicht-Juden; er ist praktisch identisch mit »Heide«. Den Synagogen waren Griechen häufig als Gäste angeschlossen (Joh 12,20; Apg 14,1; 17,4; 18,4; *Gottesfürchtige); die Exklusivität Israels als Nation wurde jedoch strengstens aufrechterhalten. Die schmerzhafte Lösung des Evangeliums aus dieser Einengung kennzeichnet die Geburt der christl. Religion in ihrer universalen Gestalt. Die Übertragung des Evangeliums vom Hebr. ins Griech. öffnete es allen zivilisierten Völkern. Dadurch entstand auch das NT.

Literatur: A.H.M. Jones: The Greek City from Alexander to Justinian, 1940; M.I. Finley: Die Griechen, [2]1983; A. Andrewes: The Greeks, 1967; M. Hengel: Judentum und Hellenismus, [2]1973. E.A.J.

GRIFFEL s. Schrift

GRIND s. Krankheit

GROSCHEN s. Geld

GRÜN, GRÜNEN. Das frische, saftige G., das im Orient schnell aufschießt, aber auch schnell der sengenden Hitze erliegt, ist ein Bild für Gesundheit und Jugendfrische. In diesem Sinn grünen besonders die Gerechten (Ps 92,13f), die Hütten der Frommen (Spr 14,11), das Volk Israel, wenn die Zeit des Gerichtes vorüber ist (Jes 27,6), so grünt aber auch die Vermessenheit des Stolzen (Hes 7,10). Das grüne Holz (Lk 23,31; vgl. Ps 1,3; Jer 17,7f) ist der Gerechte, hier Jesus, der das Gericht für die Sünde der Menschen erduldet, dürres Holz das jüd. Volk, das ihn verworfen hat und nun einem noch furchtbareren Gericht entgegengeht (vgl. 1Petr 4,18).

GRUND, GRÜNDEN.

I. IM ALTEN TESTAMENT.

Das hebr. *jasad* und seine Bildung bedeutet »den Grund, das Fundament legen« und wird im wörtlichen wie im übertragenen Sinn für alle möglichen Arten eines Fundaments benutzt, bei Gebäuden (Hiob 4,19, RevEB) ebenso wie bei Altären (2Mo 29,12 u.ö.), bei der Erde (Ps 24,2; Jes 24,18), der bewohnten Welt (Ps 18,15) und dem Himmelsgewölbe (Am 9,6), im Blick auf das zukünftige Israel (Jes 54,11), auf Zion (Jes 14,32) und die Gerechten (Spr 10,25 RevEB).

Die Grundsteinlegung (Jes 28,16), besonders beim Tempelbau (1Kön 6,37; Esr 5,16), war ein rel. Ritus. Es gibt jedoch keine sicheren archäologischen Spuren, daß es dabei auch zu Menschenopfern (oder einem sog. »Schwellenbund«) kam. Der Tod von Hiëls Sohn (1Kön 16,34) beim Wiederaufbau von

Teil der Südmauer des herodianischen Tempels in Jerusalem. 19 v.Chr. – 64 n.Chr. (JPK)

Jericho ist als eine Strafe zu deuten (Jos 6,26) und nicht als ein Opfer. Manchmal wurde das Fundament auf gewachsenem Fels oder im Sandbett gelegt. Die Grundmauern von Salomos Tempel bestanden aus großen, wertvollen, behauenen Steinblöcken (1Kön 5,32; 6,37; 7,10; vgl. 1Chr 22,2).

Die Grundmauern sind häufig das einzige, was an alter *Architektur bis heute erhalten geblieben ist. Das »Grundtor« in Jerusalem (2Chr 23,5) und das »Tor Sur« in der Parallele 2Kön 11,6 sind vielleicht ein »Roßtor« (Verschreibung aus *sūs*, »Pferd«; vgl. 2Kön 11,16).

Literatur: R.S. Ellis: Foundation-Deposits in Ancient Mesopotamia, 1968; G. Turner: Iraq 32/1970, S. 69-71. D.J.W.

II. IM NEUEN TESTAMENT.
Zwei griech. Worte werden so übersetzt:

1. *katabolē*, »ein Hinwerfen oder Hinlegen«. Alle zehn Vorkommen dieses Wortes stehen im Zusammenhang des Begriffes »Grundlegung der Welt« (z.B. Mt 13,35; Lk 11,50 LÜ: »Anfang der Welt«, »Erschaffung der Welt«).

2. *themelios*, »etwas Gelegtes«, erscheint sechzehnmal. Meistens wird es im übertragenen Sinn gebraucht. In Lk 6,48, wo von dem Mann gesprochen wird, der sein Haus auf Felsen gründete, ist es aber wörtl. gemeint. Christus wird der Grund der Kirche genannt, d.h. die wahre und einzige Basis unserer Rettung (1Kor 3,11). Er ist der *Eckstein, und die Apostel, die Treuhänder und Verbreiter seines Evangeliums, werden als der Grund angesprochen, auf dem die Gemeinde erbaut ist (Eph 2,20; vgl. Offb 21,14.19). Das Wort »Grund« wird auch auf den Dienst eines Menschen angewandt (Röm 15,20; 1Kor 3,10) sowie auf die Sicherheit des Siegels Gottes (2Tim 2,19). Die ersten Prinzipien der göttlichen Wahrheit sind der Grund, von dem der Rest abhängt (Hebr 6,1f RevEB).

Mit einem etwas anderen Wortgebrauch wird Timotheus aufgefordert, den »Reichen in dieser Welt« zu gebieten, einen guten Grund für die Zukunft zu legen (1Tim 6,19; vgl. Hebr 11,10; Mt 6,19f), indem sie alles Gott anvertrauen; das ist vielleicht im Gegensatz zu den Kaufleuten aus Ephesus gesagt, die ihre irdischen Schätze im Tempel »der großen Göttin Artemis« hinterlegten.

Literatur: K.L. Schmidt: ThWNT III, 1938, S. 63f; J. Blunck: Art. *themelios*, TBLNT, S. 328-330; H.M. Eßer: Art. *katobolē*, TBLNT; S. 1074f.

J.D.D./J.B.T.

GRUNDSTEIN s. Eckstein

GRUSS, GRÜSSEN.

1. Außerbiblisches. Der Gruß ist unter den Menschen überall auf der Welt verbreitet. Heiden (1Mo 29,11; 31,28; vgl. Mt 5,47 RevEB: »Wenn ihr allein eure Brüder grüßt, was tut ihr Besonderes? Tun nicht auch die von den Nationen dasselbe?«) grüßen sich wie Israeliten und Christen. Zum Gruß gehören neben Worten auch Gesten wie Kuß, Umar-

Siehe vorherige Seite:
Der König Ur-Namru von Nippur beteiligt sich am Ritual einer Grundsteinlegung. Ca. 2100 v.Chr. (SI)

mung, Reichen der Hand oder auch Niederknien bzw. Verbeugung (vgl. 1Mo 33,3; 42,6). So ist die bibl. Grußpraxis nicht grundsätzlich von der außerbibl. unterschieden.

2. Begriffe. Das AT beschreibt zwar Grußzeremonien, kennt aber kein spezielles Wort für G. *Schā'al leschālōm*, das gelegentlich für Grüßen benutzt wird (z.B. 1Sam 17,22), bedeutet eigentlich, nach dem Frieden bzw. nach dem Wohlbefinden zu fragen. Das griech. Verb *aspazomai* und das dazugehörige Nomen *aspasmos* scheinen als Grundbedeutung »umarmen«, »Umarmung« gehabt zu haben, sei es im erotischen, sei es im freundschaftlichen Sinne des Grüßens als Ausdruck der Zuneigung und Verbundenheit.

3. Bedeutung. Ob der Gruß ursprünglich darauf abzielte, die mit der Begegnung zweier Menschen verbundene Gefahr zu mindern oder aufzuheben (so Fitzer), sei dahingestellt. Er ist zunächst Ausdruck der Ehrerbietung. Dabei grüßt der Niedrigere den Höheren zuerst. Wer begehrt, daß man ihn auf dem Markt bzw. der Gasse grüßt (vgl. Mt 23,7 par.), demonstriert damit seine Überheblichkeit. Sodann wird durch den Gruß Gemeinschaft hergestellt. Wer den Feind grüßt, wie Jesus es fordert (Mt 5,43-48 RevEB), bezieht ihn in seine Gemeinschaft mit ein. Die Entbietung des Grußes wird somit Versöhnungszeichen (vgl. Joh 20,21). Verweigerung des Grußes ist Verweigerung der Gemeinschaft und Zeichen der Unversöhntheit (vgl. 2Joh 10f). Schließlich ist der Gruß Ausdruck der Verbundenheit und Zuneigung, was sich auch in der Gestik des Kusses (z.B. 1Sam 10,1 – hebr. *naschaq*, griech. *philema*, Röm 16,16) ausdrückt. Da mit dem Gruß eine Beziehung angeknüpft wird, ist es Boten mit wichtigem Auftrag untersagt, unterwegs andere zu grüßen. Daraus könnte ein langwieriges Gespräch werden (vgl. 2Kön 4,29; Lk 10,4).

4. Im AT besteht der Gruß meist aus Rede und Gegenrede. So grüßt Boas die Schnitter (als erster!): »Der Herr sei mit euch.« Sie antworten: »Der Herr segne dich« (Rut 2,4 u.ö.). Mit dem Zuspruch der Gegenwart Gottes verbindet sich die Zueignung von Gottes Heil und Segen. Gleiches kommt im Friedensgruß bzw. Segenswunsch zum Ausdruck (z.B. 2Kön 4,29, wo es eigentlich heißt: »Segne ihn nicht«). Dem Heilswunsch bei der Begrüßung entspricht beim Abschied die Wendung »Gehe hin in Frieden« (1Sam 1,17; 20,42 u.ö.) bzw. die umfassende Wendung »Der Herr behüte deinen Ausgang und Eingang« (Ps 121,8).

5. Das NT führt zunächst die atl. Sitte weiter. Das Grußwort ist *eirene* mit singularischer oder pluralischer Anrede (Joh 20,21) bzw. »Der Herr ist mit dir« (Lk 1,28). Dazu tritt die griech. Grußformel *chaire* (vgl. Lk 1,28), eigentlich »Freude sei dir«. Sie ist dem griech. Wort für Gnade, *charis*, bzw. für Freude, *chara*, verwandt, worauf das Wortspiel des Engelgrußes Lk 1,28-30 beruht. Für Jesus ruht im Heilsgruß, *schālōm*, bzw. *eirēnē*, eine reale Kraft. Wo der Heilsbote entsprechend aufgenommen, d.h. sein Wort als Gottes Wort vernommen wird (vgl. Mt 10,40-42), kommt das Heil über einen Menschen bzw. ein Haus, wie umgekehrt der Fluch bzw. das Blut zum Verderben über die Menschen kommt, die den Friedensgruß bzw. den Friedensboten abweisen (Lk 10,5ff; s. Windisch, S. 497). Deshalb wird auch besonders betont, daß ein Apostel eine Gemeinde grüßt (Apg 18,22; 20,1;

König Salmanassar III. von Assyrien schüttelt dem Marduk-zakir-schumi von Babylonien (linke Figur) die Hand. Es kann sich um eine Begrüßung oder einen Vertragsabschluß handeln. Relief am Palast Salmanassars in Nimrud. Höhe ca. 20 cm. Ca. 845 v.Chr. (DO)

21,6f.19). Das Grüßen der Brüder ist reale Segensmitteilung; dem Häretiker wird es deshalb versagt, wie man auch keine Gemeinschaft mit ihm herstellt (2Joh 10f).

6. Der Gruß in den Briefen. Man muß unterscheiden zwischen Grüßen, die in den Briefen (meist in sog. Grußlisten am Ende) weitergegeben oder aufgetragen werden, und den Grußformularen in der Anrede bzw. in der Formulierung des Briefschlusses. In den Briefen kommt *aspazomai* am häufigsten vor (47 gegen sonst 13 mal), und zwar in allen Briefen außer Gal, Eph, 1Tim, Jak, 2Petr, Jud und 1Joh. Die Grußlisten sind Zeichen inniger persönlicher Verbundenheit und herzlicher Zuneigung zwischen den Aposteln und den Gemeinden bzw. zwischen den Christen. Vor 70 n.Chr. wird nach den vorliegenden antiken Belegen die Sitte des Grüßenlassens nur selten geübt; die Apostel und vor allem Paulus scheinen als erste besonderen Wert darauf gelegt zu haben. Während im griech. Briefstil die Ausgestaltung des Grußes erst spät auftritt, läßt sie sich im Alten Orient bis in die Amarna-Briefe zurückverfolgen (15.Jh.v.Chr.). Paulus scheint den altorientalischen Friedensgruß mit dem griech. Grußwort *chaire* verbunden und daraus die zweiteilige Grußformel »Gnade und Friede« (1Thess 1,1) gestaltet zu haben. Dem kann dann noch der Hinweis auf den Ursprung dieser Heilsgaben hinzugefügt werden: »von Gott, unserm Vater, und dem Herrn Jesus Christus« (Gal 1,3). Dahinter steht nicht nur die »urchristl.-palästin. Glaubenshaltung«, sondern die paulin. Theologie: Die Frucht der Rechtfertigung ist der Versöhnungsfriede mit Gott (Röm 5,1f), der allerdings nur aus Gnaden, als in Jesus verwirklichte Gottesgabe (Röm 3,24f; Gal 1,4) empfangen werden kann. Der Gruß kann dann sogar wie im Schlußgruß von 2Kor 13,13 trinitarisch ausgestaltet werden: »Die Gnade unseres Herrn Jesus Christus und die Liebe Gottes und die Gemeinschaft des Heiligen Geistes sei mit euch allen.« Die sorgfältige Formulierung dieser Grußworte läßt erkennen, welches Gewicht dem Gruß zukam.

Eine besondere Ausprägung ist schließlich »der Gruß mit meiner, des Paulus, Hand. Das ist das Zeichen in allen Briefen« (2Thess 3,17; vgl. 1Kor 16,21; Kol 4,18). Wenn dieser eigenhändige Gruß nicht in allen Paulusbriefen ausdrücklich erwähnt wird, dann kann er entweder verlorengegangen oder nur am unterschiedlichen Schriftbild zu erkennen gewesen sein (vgl. Röm 16,25ff; Gal 6,11ff), oder er entsprach doch keiner festen Gewohnheit. Geht man den Grüßen nach, so zeigen sich sowohl stilistische Gebundenheit wie persönlicher Gestaltungsfreiraum. Paulus hat damit bewußt aus der Ferne die persönliche Verbindung mit den Adressaten hergestellt, wie eben die christl. Gemeinschaft neben der Verbundenheit im Glauben immer auch zur Verbundenheit der Herzen führen will.

Literatur: G. Fitzer: Art. Gruß, in: BHH I, 613f; H. Windisch: ThWNT I, 1933, S. 494-500. H.E.

GUDEGODA s. Horgidgad

GURT, GÜRTEL.
Diese Worte stehen für mehrere hebr. Begriffe und Kleidungsstücke.

Das Wort *'abneth* wird für die Zeremonialschärpe verwendet, die vor allem vom Hohenpriester und seinen Mitpriestern getragen wurde und aus Gold, blauem und rotem Purpur, Scharlach und feinem Leinen bestand (2Mo 28,4.39f; 29,9; 39,29; 3Mo 8,7.13; 16,4); sie wurde aber auch von anderen hohen Würdenträgern getragen (Jes 22,21). Die »Binde« von 2Mo 28,8.27f u.ö. ist hebr. *chēschäb*, »Kunstgewirk«, aus Gold, blauem und rotem Purpur, Scharlach und feinem gezwirnten Leinen hergestellt, offenbar ein kunstvoll gearbeiteter Gürtel für den Leibrock (*Kleidung). Der Begriff *'ēsōr* bedeutet im allg. »Lendentuch«. Ein *'ēsōr* aus rauhem Leder war das äußere Merkmal des Propheten Elia (2Kön 1,8) und seiner ntl. Entsprechung Johannes des Täufers (Mt 3,4; Mk 1,6).

Jeremia (13,1-11) wurde von Gott befohlen, ein verdorbenes Lendentuch aus Leinen zu benutzen als Symbol dafür, daß das verdorbene Juda zu nichts mehr taugte. Jahrhunderte später band sich Agabus mit dem Gürtel des Paulus Füße und Hände zum Zeichen der bevorstehenden Gefangenschaft des Paulus (Apg 21,11). Jesaja beschreibt nicht nur, daß die assyr. Truppen mit festgegürteten Lendentüchern bekleidet waren (Jes 5,27; vgl. ANEP, Abb. 236), sondern weissagte auch (11,5), daß Gerechtigkeit und Treue den Sohn Davids wie ein Lendentuch kleiden werden. Hesekiel (23,15) schildert Babylonier, die mit Gürteln oder Lendenschurzen und Turbanen (?) bekleidet waren (vgl. ANEP, Abb. 454).

chagōr, chagōrā bedeutet »Gürtel« oder »Gurt« im eigentlichen Sinn. Diese Gürtel waren oft verziert und wertvoll; zu ihnen zählen zweifellos jene, die nach Spr 31,24 zum Verkauf standen und laut Jes 3,24 vornehmen

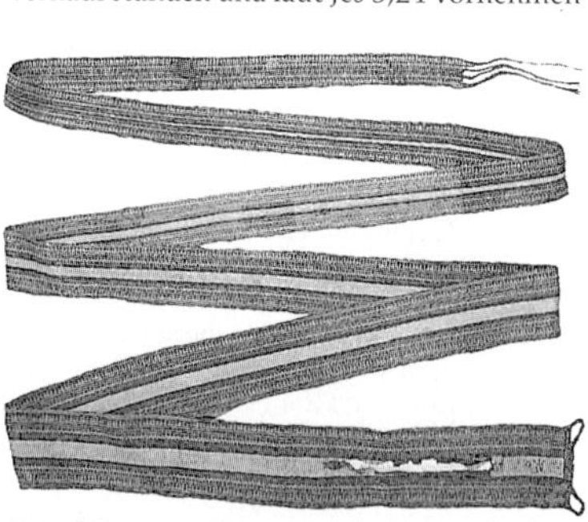

Gürtel Ramses' III., eine einfache Handweb-Arbeit. Ca. 1170 v.Chr. 20. Dynastie. (MCM)

Frauen gehörten (vgl. Dan 10,5; Offb 1,13; 15,6). Krieger trugen sie, um dem Schwert in der Scheide Halt zu geben (2Sam 20,8; vgl. 1Kön 2,5 und 2Kön 3,21 RevEB; vgl. ANEP, Abb. 173-174); sie konnten auch Teil eines Geschenks oder einer Belohnung sein (1Sam 18,4; 2Sam 18,11). Bei der Arbeit steckten Menschen ihre Kleidung häufig in den Gürtel, wie es heute noch im Nahen Osten Sitte ist.

Das Wort *mēsach*, »Gurt«, erscheint in Ps 109,19; dieses Wort ist vielleicht mit ägypt. *mdh* verwandt so wie hebr. *'abnēth* agypt. *bnd* entsprechen dürfte (T.O. Lambdin, JAOS 73/1953, S. 146.152). K.A.K.

GUT/GÜTE. Das hebr. Wort für »gut« lautet *tob* (»erfreulich«, »fröhlich«, »angenehm«) und bezeichnet hauptsächlich das, was die Sinne befriedigt, in abgeleiteter Bedeutung auch alles, was ästhetische und moralische Genugtuung gibt. Die LXX übersetzt *tob* mit *agathos*, dem gewöhnlichen griech. Wort für »gut« als physische oder moralische Qualität, manchmal auch mit *kalos* (wörtl. »schön«; deshalb im klass. sowie im bibl. Griech. »nobel«, »ehrbar«, »bewundernswert«, »wert«). Das NT hat den gleichen Sprachgebrauch und benutzt die beiden Adjektive auswechselbar (vgl. z.B. Röm 7,12.21). Paulus verwendet im Anschluß an die LXX das Substantiv *agathosynē* für die Güte des Christen mit besonderer Betonung der Wohltätigkeit (Röm 15,14; Gal 5,22; Eph 5,9; 2Thess 1,11). Er benutzt auch *chrēstotēs* für die gnädige Güte Gottes (Röm 2,4; 11,22).

Das gemeinsame Element der vielfältigen Anwendungen, die das Wort »gut« in jeder Sprache hat, ist das der Billigung – sei es für einen inneren Wert oder einen wohltuenden Effekt oder für beides. Die verschiedenen nicht-moralischen Bedeutungen, mit denen die Bibel Dinge als »gut« bezeichnet, zeigen keine Besonderheiten (z.B. »nützlich« wie Salz, Lk 14,34; vgl. Mt 5,13; »von hoher Qualität« wie Gold, 1Mo 2,12 RevEB oder Vieh 1Mo 41,26; »fruchtbar« wie Bäume, Mt 7,17, Boden Lk 8,8; u.a.). Der bibl. Begriff der sittlichen und geistlichen Güte ist jedoch durch und durch theologisch und steht in scharfem Gegensatz zur anthropozentrischen Sicht der Güte, die von den Griechen und späteren Denkern in der griech. Tradition entwickelt wurde. Diese bibl. Sicht kann wie folgt gegliedert werden.

1. Gott ist gut, denn er ist moralisch vollkommen und unendlich freigebig. Alle bibl. Gedanken über sittliche Güte gründen auf der Aussage, daß Gott gut ist. »Gut« ist in der Schrift weder eine abstrakte Eigenschaft noch

ein säkulares menschliches Ideal. »Gut« bedeutet zuerst und vorrangig, was Gott ist (»Du, Herr, bist gut«, Ps 86,5) und sodann, was er tut, schafft, befiehlt und gibt und schließlich, was er im Leben seiner Geschöpfe gutheißt. Die bibl. Verfasser beurteilen Gott nicht nach einem bereits vorhandenen Begriff der Güte. Vielmehr betrachten sie seine Vollkommenheit und wenden auf ihn das Wort an, das gewöhnlich zur Anerkennung eines Wertes gebraucht wird. Indem sie das tun, geben sie dem Wort aber eine neue, tiefere Bedeutung. Sie definieren »gut« von Gott her, nicht umgekehrt. Deshalb ist es bibl. Aussage, daß Gott, und nur Gott, vorbehaltlos gut ist (Mk 10,18 par.). Wie er die Norm der geschöpflichen Güte ist, so ist er auch ihr Richter. Menschen und Dinge sind nur insoweit gut wie sie mit dem Willen Gottes übereinstimmen. Wehe also denen, die die göttliche Wertordnung umkehren und das gut nennen, was für Gott böse ist und umgekehrt (Jes 5,20).

Im AT wird die Güte Gottes oft als Grund zum Lob und als Argument im Gebet herangezogen (vgl. 2Chr 30,18; Ps 86,5). Seine Güte erscheint in dem Guten, das er tut (Ps 119,68 RevEB), in dem wohltuenden Wirken seines guten Geistes (Neh 9, 20; Ps 143,10), in der Vielfalt seiner allumfassenden Freigebigkeit (Ps 145,9), aber am deutlichsten in seiner Freundlichkeit gegenüber den Bedürftigen und in der Treue zu seinem *Bund (Ps 25,8; 73,1 RevEB; Klgl 3,25 RevEB; Nah 1,7). Als charakteristisches Leitmotiv für Israels Anbetung zitiert Jeremia (Jer 33,11) die wiederholte Aufforderung der Psalmisten zum Lob und Dank an Gott, »denn er ist freundlich, und seine Güte währet ewiglich« (Ps 106,1; 107,1; 118,1; 136,1; vgl. Ps 100,4f; auch 1Chr 16,34; 2Chr 5,13; 7,3).

2. Die Werke Gottes sind gut, denn sie offenbaren seine Eigenschaften der Weisheit und Macht (s. Ps 104,24-31) und werden von ihm selbst gebilligt.

So war es nach der Schöpfung: »Gott sah an alles, was er gemacht hatte, und siehe, es war sehr gut« (1Mo 1,31; vgl. V. 4.10.12.18.21.25). Die ganze materielle Welt ist an sich gut, weil sie Gottes Werk ist (1Tim 4,4; vgl. Röm 14,14). In der Bibel gibt es für den manichäischen Dualismus keinen Platz (vgl. *Gnosis).

3. Die Gaben Gottes sind gut, denn sie drücken seine Freigebigkeit aus und sorgen für das Wohl ihrer Empfänger.

»Wohltuend«, »vorteilhaft« gehört zu den gewöhnlichen säkularen Bedeutungen von »gut« als Adjektiv wie »Wohlstand«, »Wohlsein« zu »Gut« als Substantiv. Die Bibel integriert diesen Gebrauch in ihre Theologie, indem sie lehrt, daß nicht nur alle Gaben Gottes in Intention und Wirkung gut sind, sondern daß auch alles Gute nichts anderes als Gottes Gabe ist (Jak 1,17; vgl. Ps 4,7). Wie es für Gott charakteristisch ist, daß er den Bedürftigen Gutes tut, so ist es auch für Jesus, den Gesalbten Gottes (Apg 10,38; vgl. Mk 3,4). Gott tut allen Menschen Gutes durch seine alltägliche Vorsehung, indem er sie mit den Segnungen der Natur überhäuft (Apg 14,17; Ps 145,9; Lk 6,35). Wie ein vollkommener Vater weiß er aber auch denen Gutes zu geben, die durch Christus seine Kinder sind (Mt 7,11). Gottes Verheißung, seinem Volk »Gutes zu tun«, ist eine umfassende Verheißung des Segens (Jer 32,40; vgl. 24,6f) so wie die Bitte, daß Gott ihnen Gutes tun möge, ein umfassendes Gebet um Segen ist (Ps 51,20 RevEB; 125,4 RevEB). In solchen Texten ist das »Gute« der versprochene Bundessegen; es ist letztlich »Heil« (vgl. Jes 52,7). Das »Gute« auf der materiellen Ebene war der verheißene Segen des Alten Bundes (mit dem »Bösen«, dem Zustand des entzogenen Segens, als seiner Alternative, 5Mo 30,15), und das »Gute« im Bereich des geistlichen Vorrechts, das »Gut« bzw. die »Güter«, deren man sich unter dem Alten Bund nicht erfreuen konnte, ist die Gabe des Neuen (Hebr. 9,11; 10,1). Beide Testamente geben jedoch Gottes Getreuen die Gewißheit, daß Gott ihnen zur rechten Zeit alles, was wirklich gut für sie ist, auch geben wird (Ps 84,11; 34,10; vgl. 85,13; Röm 8,32; Eph 1,3).

»Gut« wird als Adjektiv mit verschiedenen instrumentalen Bedeutungen im Zusammenhang mit Gottes gnädigem, dem Menschen Gutes tuenden Handeln gebraucht. Es wird vom Wort Gottes gebraucht, das Segen ankündigt, von der Hand und dem Werk Gottes, die das Gute vermitteln, von dem Verhalten, das dazu führt, daß man sich dessen erfreuen kann, und von den Tagen, in denen diese Freude erfahren wird (s. 1Kön 8,56; Jes 39,8; Jer 29,10 RevEB; Hebr 6,5; Esr 7,9 RevEB; 8,18 RevEB; Phil 1,6; 1Kön 8,36; Jer 6,16; Ps 73,28 RevEB; 1Petr 3,10; vgl. Ps 34,13).

Sogar wenn Gott seinem Volk das »Gut« des äußeren Wohlstandes entzieht und statt dessen »Böses« (Mühsal) über es bringt (vgl. Hiob 2,10), tut er ihm in gewissem Sinn immer noch etwas Gutes. Es ist für den Menschen »gut«, daß er so heimgesucht wird, denn er erhält dadurch Korrekturen, die ihm später selber nutzen (vgl. Hebr 12,10), und übt und stärkt sich in Glauben, Geduld und Gehorsam (Ps 119,67.71; vgl. Klgl 3,26f RevEB). Alles, was einen Menschen näher zu Gott bringt, ist gut für ihn. Die vorübergehende Not des Christen bewirkt von Gott her gesehen eine ewige, gewichtige Herrlichkeit (2Kor

4,17). Paulus besteht deshalb mit Recht darauf, »daß denen, die Gott lieben, alle Dinge [Trübsale eingeschlossen] zum Besten dienen« (Röm 8,28). Der Christ sollte jede Situation, und sei sie noch so unbefriedigend, als eine gute Gabe Gottes an ihn betrachten, als Ausdruck einer wohlwollenden Absicht und, wenn man sie recht gebraucht, als ein sicheres Mittel zu seinem bleibenden Vorteil.

4. Die Gebote Gottes sind gut, denn sie drücken die sittliche Vollkommenheit seines Wesens aus und zeigen uns den Weg des Segens, indem sie uns erkennen lassen, wie wir ihm gefallen können (Ps 119,39; Röm 7,12; 12,2).

Das sittliche Ziel der Bibel für den Menschen ist, den im Gesetz offenbarten Willen Gottes zu tun. Als der reiche Jüngling Christus fragte, was er Gutes tun solle, um das ewige Leben zu haben, verwies Christus ihn sofort auf den Dekalog (Mt 19,17ff). In einer gesetz- und lieblosen Welt müssen die Christen der Versuchung widerstsehen, anderen Böses mit Bösem zu vergelten; angesichts des Bösen müssen sie vielmehr das »Gute«, das das Gesetz vorschreibt, suchen und in ihrem Verhalten ausdrücken (Röm 12,9.21; 1Thess 5,15.21).

5. Gehorsam gegen Gottes Gebote ist gut, denn Gott billigt und akzeptiert ihn (1Tim 2,3), und wer ihn tut, hat einen Nutzen davon (Tit 3,8).

Unerlöste Menschen können dem Gesetz nicht gehorchen, denn sie sind »unter der Sünde« (Röm 3,9ff; 8,7f). Der böse Baum (der Mensch, wie er in Adam ist) muß erst gut gemacht werden, bevor sein Früchte gut sein können (vgl. Mt 12,33-35). Diejenigen aber, die in Christus sind, wurden von der Knechtschaft der Sünde zu dem Zweck befreit, die Gerechtigkeit zu üben, die das Gesetz vorschreibt (Röm 6,12-22). Für diesen Gehorsam, zu dem der Christ verpflichtet ist, verwendet das NT die Bezeichnung »gute Werke«. Gute Werke sind die Lebensaufgabe des Christen, dazu hat ihn Gott erlöst (Eph 2,10; Kol 1,10; 2Kor 9,8; Tit 2,14; Mt 5,14-16). Der Christ ist aufgerufen, zu allem guten Werk bereit zu sein (2Tim 2,21; Tit 3,1); wenn er »zu allem guten Werk untüchtig« erfunden wird (Tit 1,16; vgl. Jak 2,14-26), bedeutet das daher ein Verdammungsurteil über sein christliches Bekenntnis. Gute Werke sind der Schmuck des Christen (1Tim 2,10), sie gefallen Gott, und er wird sie belohnen (Eph 6,8).

Gute Werke sind in dreierlei Hinsicht gut: man tut sie a. einem richtigen Maßstab gemäß (dem bibl. Gesetz: 2Tim 3,16f), b. aus einem richtigen Motiv (Liebe und Dankbarkeit für die Erlösung: 1Thess 1,3; Hebr 6,10; vgl. Röm 12,1ff) und c. mit einem richtigen Ziel (Gottes Ehre: 1Kor 10,31; vgl. 1Kor 6,20; Mt 5,16; 1Petr 2,12). Sie nehmen die Gestalt von Liebeswerken für Gott und Menschen an, weil »die Liebe des Gesetzes Erfüllung« ist (Röm 13,8-10; vgl. Mt 22,36-40). Das bedeutet natürlich nicht, daß es für den Christen nur auf das richtige Motiv ankäme. Es geht vielmehr darum, die einzelnen Handlungen, die die Gebote vorschreiben, jeweils als Ausdruck der Liebe zu verstehen, so daß die Gebote ohne ein liebendes Herz nicht erfüllt werden können. Es ist nicht so, daß eine richtige Geisteshaltung Übertretungen des Gesetzesbuchstabens entschuldigt; vielmehr ist Buchstabentreue keine Erfüllung des Gesetzes, wo es an Liebe mangelt. Der wahrhaft gute Mensch ist nicht weniger als der wahrhaft gerechte Mensch; wie der wahrhaft gerechte Mensch den Geist wie den Buchstaben des Gesetzes beachtet (vgl. Mt 5,18-20), so beachtet der wahrhaft gute Mensch den Buchstaben wie den Geist. Der wahrhaft gute Mensch ist aber auch nicht mehr als der wahrhaft gerechte. In Röm 5,7, wo Paulus einen Moment lang den guten Menschen höher bewertet als den gerechten, spricht er die allgemeine Meinung aus und redet nicht theologisch. Die Welt meint, daß Gerechtigkeit lediglich eine negative Tugend sei und daß Freundlichkeit und Freigebigkeit, die den guten Menschen kennzeichnen, über der Gerechtigkeit stünden. Die bibl. Theologie hingegen setzt *Gerechtigkeit und Güte gleich, indem sie darauf besteht, daß das, was das *Gesetz verlangt, nichts anderes als Liebe ist.

Gute Werke sind also Werke der Liebe. In der Natur der Liebe liegt es, den Geliebten zu beschenken. Liebe zu Gott drückt sich daher im Geschenk der persönlichen Hingabe aus, koste sie, was sie wolle (vgl. Marias »gutes Werk«, Mk 14,3-6). Liebe zu den Menschen drückt sich darin aus, daß man ihnen »Gutes« tut, indem man die eigenen Mittel einbringt, um ihre Not zu lindern und ihr Wohlergehen auf jede nur mögliche Weise zu fördern (Gal 6,9f; Eph 4,29; vgl. Ps 34,15; 37,3.27). Das Armenhilfsprogramm der Jerusalemer Gemeinde (Apg 2,44f; 4,34ff) und die Sammlung des Paulus für die Heiligen (vgl. 2Kor 8f) verdeutlichen dies. Wird ein Mensch als »gut« beschrieben, so gehören dazu im weltlichen Bereich gewöhnlich die Bedeutungen »freundlich«, »großzügig« (vgl. 1Sam 25,15 RevEB; 1Petr 2,18). Auch die Bibel schließt diese Bedeutungen in die christl. Ethik ein, indem sie die Liebe Gottes und Christi zum Modell und zur Norm für die von dem Christen erwartete Freundlichkeit und Großzügigkeit macht (vgl. Eph 5,1f; Joh 13, 14.34).

Der Gläubige, der in dieser Weise das Gesetz zu erfüllen versucht, hat ein »gutes *Gewissen« (Apg 23,1; 1Tim 1,5.19; Hebr 13,18; 1Petr 3,16. 21) – nicht weil er sich selbst als sündlos vollkommen betrachtet, sondern weil er weiß, daß sein Verhältnis zu Gott richtig ist, auf wahrem *Glauben und wahrer *Buße gründet. Solch ein Christ wird seinen Mitmenschen als ein »guter Mensch« (wie Barnabas, Apg 11,24 RevEB) erscheinen.

Literatur: H.J. Stoebe: THAT I, [3]1978, 652-664; E. Beyreuther: Art. Gut, in: TBLNT I, S. 621-626; C.F.H. Henry: Christian Personal Ethics, 1957, S. 209-218; W. Neuer: Der Zusammenhang von Dogmatik und Ethik (§ 11: Gottes Gutheit), 1986. H.B./J.I.P.

GÜTERGEMEINSCHAFT. Als G. bezeichnet man das in der *Apostelgeschichte vorkommende Sozialverhalten der *Urgemeinde in Jerusalem, das in Apg 2,44f beschrieben sowie in Apg 4,32-37 positiv und in Apg 5,1-11 negativ an Beispielen konkretisiert wird. Demnach haben Christen ihren Besitz veräußert und den Erlös ganz oder teilweise der Gemeinschaft zur Verfügung gestellt, die damit für den Lebensunterhalt besonders der armen Gemeindeglieder aufkam. Zuständig für die Verwaltung der Gelder waren zunächst die *Apostel (Apg 4,37; 5,2; 6,2), später dann ein speziell hierfür eingesetztes Kollegium von Armenpflegern (*Stephanus; *Hellenisten).

Schon im 4.Jh.v.Chr. hatte der griech. Philosoph Aristoteles in seiner »Nikomachischen Ethik« (1168b) den später sprichwörtlichen Satz formuliert: »Gemeinsam ist der Besitz der Freude.« Das Gemeinschaftsideal hatte also im Griechentum durchaus seinen Nährboden. Aber auch das Judentum kannte den Gedanken der Fürsorge für Bedürftige durch freiwillige Spenden. Fest reglementiert war dagegen die Gütergemeinschaft der *Essener, wo jeder Eintrittswillige sein Vermögen beim Sektenvorstand hinterlegen und bei seinem Eintritt der Gemeinschaft übereignen mußte (1QS 1, 11ff; Jos.bell.Jud. 2,122).

Demgegenüber war die urchristl. G. auf Freiwilligkeit aufgebaut, wenn auch manches Gemeindeglied einen psychologischen Druck dazu empfinden mochte, wie das Beispiel von *Hananias und Saphira zeigt.

Drei Gründe mögen mitgespielt haben:

a. Die Urgemeinde stand in lebendiger Erwartung der Wiederkunft ihres Herrn, durch die alles Materielle wertlos werden würde.

b. Die ersten Christen nahmen intensiv Anteil aneinander, hatten also wirkliche Gemeinschaft. Sie wurden dadurch für die Bedürfnisse der Mitchristen sensibel.

c. Die Predigt Jesu mit ihrer Kritik der Bindung an den Besitz und ihrem Hinweis auf das, was wirklich zählt, wurde von ihnen unideologisch aufgenommen.

Auffällig ist, daß nach der Apg das Jerusalemer Beispiel in den heidenchristl. Gemeinden keine Schule machte. Vielleicht hatte der »Versorgungsengpaß« der Jerusalemer in den 40er Jahren und die Notwendigkeit ihrer Hilfe sie davon abgehalten. Jedenfalls bürgerte sich für die Judenchristen der Name »Ebioniten« (Arme) ein, sicher auch im Anschluß an atl. Armenfrömmigkeit in den *Psalmen. Mit dem Untergang der Urgemeinde Mitte der 60er Jahre hörte zunächst auch die G. unter Christen auf, bevor sie dann im Mönchtum neu belebt wurde.

Festzuhalten bleibt, daß die urchristl. Bruderliebe in der G. ihren materiellen Ausdruck fand. Über alle Grenzen hinweg nahm man Anteil am Ergehen des Mitchristen und war auch bereit, Eigenes zu opfern, damit alle ein Auskommen hatten. Zu fragen ist, ob Jesu Worte über das Sorgen (Mt 6,24-34) in Verbindung mit der Naherwartung jener Tage heute noch so verstanden werden können. Schon die Briefe des NT spiegeln eine veränderte Haltung zum Besitz wider.

Literatur: M. Hengel: Eigentum und Reichtum in der frühen Kirche, 1973, (bes. S. 39-42); J. Jeremias: Jerusalem zur Zeit Jesu, [3]1969, S. 142-150; R. Riesner: Apostolischer Gemeindebau, 1978; ders.: Formen gemeinsamen Lebens im NT und heute, [2]1984; H.-W. Neudorfer: Der Stephanuskreis, 1983; ders.: Die Apostelgeschichte, 1. Teil, 1986, S. 70-77. H.W.N.

HAAR. Gewöhnlich scheinen die Israeliten – Männer wie Frauen – ihr Haar bis zu einer beträchtlichen Länge getragen zu haben. 2Sam 14,26 spricht mit Bewunderung von Absaloms Haarpracht. Nur wegen des Gewichts mußte er es einmal im Jahr schneiden lassen. Friseure werden zwar erwähnt (Hes 5,1), ihre Aufgabe bestand jedoch weniger darin, das Haar zu schneiden, als es zurechtzumachen. Zur Zeit des NT war es eine »Unehre« für einen Mann, langes Haar zu tragen (1Kor 11,14), auch wenn Paulus diese Äußerung für eine Gemeinde in Griechenland machte. Die Frauen dagegen trugen ihr Haar sowohl in atl. als auch in ntl. Zeit lang und praktisch ungeschnitten. Im Talmud werden Friseure für Frauen erwähnt, aber die Wurzel des Wortes (*megaddela*) bedeutet eher »flechten« als »schneiden«. Kahlköpfigkeit war unbeliebt, vielleicht wegen ihrer möglichen Verbindung mit Aussatz (vgl. 3Mo 13), und die Anspielung der Jugendlichen auf *Elisas Kahlköpfigkeit war offensichtlich eine beabsichtigte Kränkung.

In Ägypten war es üblich, die Haare zu schneiden und den Bart abzurasieren, und *Josef mußte sich den dortigen Sitten anpassen (1Mo 41,14). Dunkles Haar wurde bei beiden Geschlechtern bewundert; graues Haar war respekteinflößend und wurde entsprechend gewürdigt (*Alter). In der Tat wird Gott selbst mit grauem (oder weißem) Haar beschrieben (Dan 7,9; vgl. Offb 1,14). *Herodes der Große andererseits bevorzugte offenbar eine jugendliche Erscheinung, denn er färbte sein Haar, als es zu ergrauen begann. Das Haar wurde auf verschiedene Arten behandelt: Simson hatte sieben Zöpfe; Frauen flochten ihr Haar häufig; Soldaten, die in die Schlacht zogen, ließen es lose hängen; ungekämmtes Haar war ein Zeichen von Trauer; zerzaustes Haar zeigte Angst und Not an. Das Scheren des Haares mußte nach bestimmten Vorschriften geschehen: das Stirnhaar durfte

Assyrischer Würdenträger mit langem, schwarzgelocktem Haar und Bart. Wandgemälde aus dem Palast von Til Barsip in Syrien. 8. Jh.v.Chr. (AP)

Das Bildnis einer unbekannten Römerin zeigt die Ende des 1., Anfang des 2. Jh.n.Chr. getragene Frisur (vgl. 1Petr 3,3) (BM)

Kunstvoll zu einem Turban frisiertes Haar. Porträtbüste der Römerin Claudia Olympias. Ca 115 n.Chr. (BM)

Der Wesir Ramose und seine Frau mit Perücken nach der Haarmode ihrer Zeit. Aus der Grabanlage des Ramose in Theben. Ca. 1385-1380 v.Chr. (BPL)

Darstellung auf einem Sarkophag: die ägyptische Prinzessin Kawit wird frisiert. ca. 2100 v.Chr. (PAC)

Statuette aus Tello, Babylonien: Die Frau trägt das Haar offen, nur im Nacken wird es von gekreuzten Bändern zusammengehalten. Höhe 22 cm, Gips. Ca. 2600 v.Chr. (MC)

niemals abgeschnitten werden (3Mo 19,27), da dies ein Merkmal bestimmter heidnischer Bräuche war (vgl. 5Mo 14,1). Bis zum heutigen Tag befolgen orthodoxe Juden diesen Brauch; kleine Jungen kann man mit kurzgeschnittenem Haar sehen, nur vor den Ohren hängen Locken herunter. Hes 44,20 instruiert die Priester, wie sie ihr Haar zu tragen haben. Der *Nasiräer durfte sein Haar für die Dauer seines Gelübdes nicht schneiden lassen und mußte es dann vollständig abscheren. Diese Rasur bedeutete Reinigung (3Mo 14,8). Ein weiterer Sonderfall war *Simson: Das Geheimnis seiner Kraft lag darin, daß er sein Haar nicht schnitt. Es galt als Zeichen der Gastfreundschaft, das Haupt eines Gastes zu salben (Lk 7,46), auch bei festlichen Anlässen wurde der Kopf oft gesalbt (vgl. Ps 45,8). Der Schwur auf das Haar (oder den Kopf) war ein Brauch, den Jesus nicht gutheißen konnte (Mt 5,36).

In Metaphern und Gleichnissen bezeichnet Haar eine nicht zu zählende Menge, Bedeutungslosigkeit und Genauigkeit (Ps 40,13; Mt 10,29f; Ri 20,16).

Literatur: L. Köhler: Der hebräische Mensch, 1980. D.F.P.

HABAKUK, BUCH.

1. Die literarische Konzeption des H.-Buches ist nicht leicht zu durchschauen, zumal der ursprüngliche Textbestand an vielen Stellen – auch an Schlüsselstellen wie 2,5 – nicht mehr zweifelsfrei geklärt werden kann.

Einigermaßen deutlich erscheint nach der Überschrift 1,1 ein doppelter Gesprächsgang: Auf die leidenschaftliche Klage des Propheten mit den aus dem Psalter bekannten »Urschreien« der Theodizee »Wie lange, Herr . . .?« und »Warum. . .?« (1,2-4) folgt eine erste Antwort Gottes (1,5-11): Das schnelle und grausame Volk der »Chaldäer« (Neubabylonier) wird Jahwe »aufstellen« mit verheerender Wirkung. Unklar bleibt der Sinn. Will das Gotteswort etwa nur die Klage bestätigen? Oder damit trösten, daß mächtige Eroberer die bisherige »Gewalt und Unterdrückung « (vgl. 1,2f) beenden werden? Wenn ja, haben dann die Chaldäer den Auftrag, Israel aus der Gewalt der Ägypter, die unter Necho II. vorübergehend (609-605 v.Chr.) noch einmal die Oberherrschaft über das Land ausübten, zu befreien? Oder sind sie zur Bestrafung israelit. Gewaltmenschen und Ausbeuter aufgeboten? Im zweiten Gesprächsgang enthüllt sich in der Klage des Propheten, daß die von Jahwe als Gerichtsvollstrecker eingesetzten Chaldäer ihren Auftrag weit überschreiten, wenn sie Menschen wie Fische im Netz wegschleppen und ohne Erbarmen ganze Völker morden (1,12-17). Die zweite Antwort Jahwes (2,2-4) besteht aus einer Anweisung zur Niederschrift der folgenden Offenbarung (2,2f) und der knapp formulierten Ansage eines doppelten Ausgangs: »Siehe, an dem Vermessenen hat meine Seele keinen Gefallen, aber der Gerechte bleibt durch seine Treue leben.« (2,4).

Bei den fünf anschließenden Weherufen (2,5-20) kann man fragen, ob sie überhaupt von Anfang an gegen die babylon. Großmacht gerichtet waren. Daß sie 2,4 entfalten, wie manche Ausleger meinen, hat keinerlei Anhalt im Text.

Teil eines Habakuk-Kommentars (1,12-2,2), aus den Schriftrollen vom Toten Meer. Der Kommentator war der Meinung, die Prophetie würde sich auf religiöse und politische Ereignisse seiner Zeit beziehen. 1. Jh.v.Chr. (JCT)

Das Buch schließt mit einem mehrphasigen liturgischen Stück, das durch eine redaktionelle Überschrift (3,1) als »Bittgebet des Propheten Habakuk« ausgewiesen ist. Sein Aufbau ist trotz der Textverderbnis an mehreren Stellen klar genug zu erkennen; die häufige Annahme einer Heterogenität oder Mehrschichtigkeit ist überflüssig, wenn man sieht, daß der Prophet selber sein wohl im Heiligtum vorgebrachtes Gebet und die darauf erlebte Gotteserscheinung niedergeschrieben hat:

a. mit einer Rückbesinnung verbundener Bittruf um Erbarmen (V.2);

b. die Epiphanie als Antwort Gottes:

V. 3-7: »Er«-Schilderung (objektiv darstellender Stil),

V. 8-15: aus der Perspektive des Propheten (Anredestil);

c. die Reaktion des Propheten auf die Epiphanie (V. 16);

d. das aus der hautnahen Erfahrung Gottes resultierende Vertrauen: in der Vision des majestätisch von Paran kommenden Gottes ist ihm die baldige Befreiung von der frevlerischen Großmacht überwältigende Gewißheit geworden (V. 17-19).

2. Am ehesten dürften diejenigen Forscher im Recht sein, welche die Prophetie des Habakuk kurz vor 600 v.Chr. ansiedeln. Noch ist die erste Eroberung Jerusalems 598 v.Chr. nicht geschehen, und noch hat Israel einen Gesalbten (3,13). Aber schon gehört die relativ glückliche Regierungszeit des Königs *Josia (bis 609 v.Chr.) der Vergangenheit an und schon grollt der Donner der Chaldäer, einer aggressiven Weltmacht, vor dunklem Horizont (1,5ff).

Die Bedeutung des Buches liegt darin, daß wir in Habakuk einmal einen Vertreter der Kultprophetie näher kennenlernen (vgl. als Indizien den Titel »Prophet« 1,1; die Art des Offenbarungsempfangs 2,1; 3,2.16; die Psalmensprache 1,2ff.12f; 3,2.18f). Hier kommt einer jener sonst nur (meist kritisch) »besprochenen« (beamteten?) Propheten selbst zu Wort, über die etwa *Jeremia und *Micha mit so großer Bitterkeit urteilten: »Wenn sie mit ihren Zähnen etwas zu beißen bekommen, rufen sie Heil; aber wenn einer nicht gibt, was sie wünschen, dann eröffnen sie den Krieg gegen ihn« (Mi 3,5f). Im Unterschied zu den »freien Propheten« wie *Amos, Jeremia und Micha erscheint Habakuk nicht als der von Jahwe Bedrängte, sondern als der Jahwe mit der Frage nach seiner Gerechtigkeit in der Weltgeschichte leidenschaftlich Bedrängende. *Offenbarung wird ihm nicht aufgezwungen; vielmehr sucht er sie mit allen Mitteln herbeizuführen: »Ich will auf meinen Wachtturm treten ... und spähe aus, um zu sehen ...« (2,1). Im Offenbarungsempfang überwiegt das visionäre Moment (1,1.5; 2,1).

Alle diese Züge weisen schon zur späteren Apokalyptik (vgl. etwa Dan 10,2-5; 12,4.6.12 mit Hab 1,2ff; 2,1-4).

Literatur: K. Ellinger: Das Buch der zwölf kleinen Propheten, ATD 25, 1975; P. Jöcken: Das Buch Habakuk. Darstellung seiner kritischen Erforschung, 1977; E. Otto: Die Theologie des Buches Habakuk, VT 35/1985, S. 274-95. W.G.

Der Fluß Habor (Heute Hābūr), der an den Ruinen von Gosan (Tell Halaf) in Syrien vorbeifließt. (JDH)

HABOR. Fluß (der heutige Habur), der das Wasser mehrerer Flüsse aus dem Mardin-Gebiet in südwestl. Richtung zum mittleren Euphrat führt. Er fließt durch die assyr. Provinz *Gosan (*nahar gōzān*, »Fluß von Gosan«), einen der Orte, an den die Israeliten von den Assyrern verbannt wurden (2Kön 17,6; 18,11; 1Chr 5,26). T.C.M.

HABSUCHT. Das Verlangen nach dem, was man nicht hat, beginnt mit der Unzufriedenheit mit dem, was man hat. Dieses selbstsüchtige Begehren ist Sünde, denn Unzufriedenheit beeinträchtigt nicht nur die Bruder- und Nächstenliebe, sondern ist auch eine Beleidigung des himmlischen Vaters, der für alle sorgt und jedem das gibt, was er zur Erhaltung des Lebens braucht (Mt 6,19-34). Ganz scharf urteilt die Bibel, daß der Habgierige ein Mensch ist, der dem Herrn abgesagt hat (Ps 10,3), ja, daß die Geldgier eine Wurzel alles Übels sei (1Tim 6,10). Weil H. Götzendienst ist (Kol 3,5), insofern als der Mensch Geld und Gut zu seinem Gott macht, soll der Christ sich davor hüten (Lk 12,15; Hebr 13,5).

Als wirksame Waffe gegen die Versuchung der H. gibt die Schrift dem Gläubigen das erste und letzte Gebot, die 4. Bitte des Vaterunsers (Mt 6,11) und die Verheißungen in Mt 6,33 und Hebr 13,5f. Wer diese Weisungen beachtet, gelangt zur Unabhängigkeit und rechten Freiheit den Menschen und dem Geld gegenüber und hat die Frömmigkeit, die zu allen Dingen nütze ist (1Tim 4,8; 6,6-8).

HACKE s. Ackerbau

HADAD. Name einer syr. Gottheit (hebr. *hadad;* akkad. *[H]ad[d]u* oder *Adad,* »Donner«), der Gott des Sturms, der in den Ras-Schamra-Texten (*Ugarit) auch *Baal genannt wird. In Aleppo gab es einen Hadad-Tempel. Die Eigennamen Hadad sowie (als dialektale Variante) Hadar sind vermutlich Abkürzungen von Namen, die mit diesem göttlichen Element zusammengesetzt sind, wie z.B. *Hadad-Eser, *Ben-Hadad, *Hadad-Rimmon. Obwohl vier Herrscher des edomitischen Königreichs diesen Namen trugen, ist damit noch nicht bewiesen, daß H. ein spezifisch edomitischer Name war.

Hadad, der syrische Sturmgott. Er steht auf einem Stier und hält Blitzbündel als Symbol seiner Macht in den Händen. Basaltstele aus Arslan Tasch, Syrien. Höhe 1,35 m. Ca. 740 v.Chr. (MC)

Bronzefigurine einer syrischen Gottheit, möglicherweise des Sturmgottes Hadad oder Rimmon (»Donnerer«). Höhe 11,4 cm. Spätes 2. Jt.v.Chr. (BM)

1. Enkel *Abrahams und Sohn *Ismaels (1Mo 25,15; 1Chr 1,30). Der Name H. aus dem MT wird durch Versionen der LXX gestützt, während »Hadar« dem syr. Text und anderen Ms-Quellen folgt.

2. Sohn Bedads, der aus Awit stammte und die Midianiter in der Ebene von Moab besiegte. Sein Nachfolger als König von Edom war Samla (1Mo 36,35f; 1Chr 1,46f).

3. Ein späterer König Edoms, der nach 1Chr 1,50 aus Pagu stammte.

4. Ein Edomiter der herrschenden Familie zur Zeit Salomos. Als kleines Kind floh er nach Paran, als Joab seine Familie ermordete, nachdem Edom von Juda erobert worden war. Er suchte Zuflucht in Ägypten, wo er die Tochter des Pharao heiratete; sein Sohn Genubat wuchs am ägypt. Hof auf. Als H. vom Tod Davids und Joabs erfuhr, kehrte er nach Edom zurück und intrigierte gegen Salomo (1Kön 11,14-22.25). D.J.W.

HADAD-ESER. Diesen aram. Eigennamen, der »[der Gott] *Hadad ist [mein] Helfer« bedeutet, trugen mindestens zwei Könige der Region Damaskus (2Sam 10,16-19; 1Chr 18,3-8).

1. Hadad-Eser, Sohn Rehobs, war König von Zoba, östl. von Hamat. Sein Gebiet umfaßte einst Teile des Flußufers des Euphrat (2Sam 8,3). Er wurde von David geschlagen, und die vergoldeten Schilde seiner Leibwache wurden zusammen mit Beute aus den Städten Tebach und Berotai aus H.s Territorium trotz des Anrückens von Ersatztruppen aus Damaskus als Trophäen nach Jerusalem gebracht. Daraufhin sandte Toï von Hamat, sein Erzfeind, Geschenke an David (V. 10). H. regierte jedoch weiter in seinem Gebiet und unterstützte später die Ammoniter in ihrem Krieg gegen David (2Sam 10,16-19; 1Chr 18,3-8). Als die Israeliten die syr. Kräfte erneut besiegten, wurde *Reson, ein Flüchtling vom Hofe H.s, König in Damaskus und intrigierte gegen Salomo (1Kön 11,23).

2. Ein H. (assyr. *Adad-'idri*), König von Damaskus, wird als einer der Verbündeten genannt, der zusammen mit *Ahab von Israel *Salmanassar III. im Jahr 853 v.Chr. bei Karkar entgegentrat (DOTT, S. 47-48). D.J.W.

HADAD-RIMMON. In Sach 12,11 wird die künftige Klage um den leidenden Messias in Jerusalem mit der »von Hadad-Rimmon im Tal von Megiddo« verglichen. Im Doppelnamen scheint der westsemit. Vegetationsgott *Hadad mit dem ihm wesensverwandten Hauptgott von *Damaskus (2Kön 5,18), *Rimmon, verschmolzen zu sein. Die beiden Namen könnten sich aber auch auf *Baal in seiner Funktion als Donnergott beziehen. Die Textvarianten zeigen, daß schon früh Verständnisschwierigkeiten bestanden. 1. Möglich wäre die Anspielung auf eine Kultklage um H.R., die aber nirgends bezeugt wird (M. Delcor). 2. Wahrscheinlicher ist eine um den bei *Megiddo gefallenen *Josia gehaltene Königsklage (2Chr 35,25). Die Möglichkeit eines Ortsnamens zeigt das *Rimmon (arab. Rummanēh) nördl. von *Nazareth (Jos 19,13). In der Tat setzt Hieronymus (PL 25,1515) H.R. mit »Maximianopolis in der Ebene von Maggedon« gleich, das der Pilger von Bordeaux (333 n.Chr.) 17 Meilen (27 km) von *Cäsarea Maritima und 10 Meilen (15 km) von *Jesreel entfernt vorfand (CSEL 39,19). Das entspricht der Lage von El-Ledschūn (von latein. *legio*) am Paß von Megiddo, wo sich später ein röm. Militärposten befand (Z. Ilan, Z. Zuck:

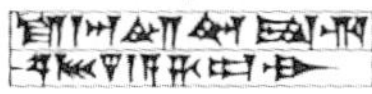

Diese Stele aus Kurch berichtet, daß Hadad-Eser (Adad-'idri), der König von Damaskus, seine Verbündeten, die mit ihm in Karkar, Syrien, gegen Salmanassar III. von Assyrien kämpften, mit 20 000 Infanteristen, 1 200 Kavalleristen sowie 1 200 Streitwagen unterstützte. Einer seiner Bündnispartner, der hier auch namentlich erwähnt wird, war Ahab von Israel (Ahabbu māt siralaia). *853 v.Chr.* (BM)

ESI 5,1986, 59f). Eine Erinnerung an den Namen H.R könnte aber auch das arab. Dorf Rummanēh 8 km südsüdöstl. von Megiddo erhalten haben.

Literatur: M. Delcor: VT 3 (1953) 67-77; H. Bardtke: BHH II, 1964, 621f; F.M. Abel: Géographie de la Palestine II, [3]1967, 340. R.R.

HADER, HADERN. Der Begriff H. bezeichnet in der Bibel:

1. Streit, Unfrieden und Feindschaft der Menschen untereinander (Spr 6,14).

2. Auflehnung des Menschen gegen Gott (1Sam 2,10; Jes 45,9).

3. Zorn Gottes dem widerstrebenden Menschen gegenüber (Jes 57,16; Ps 103,9).

HADERWASSER. (Hebr. *meribā*).

1. Quelle in der Nähe von *Kadesch, in der Wüste Zin (4Mo 27,14). Dort haderte Israel mit Mose, weil kein Wasser vorhanden war (4Mo 20,1ff). Der Ungehorsam des Mose und Aaron bei dieser Gelegenheit kostete sie das Betreten des verheißenen Landes (5Mo 32,51; Ps 106,32). Die Stätte lag an der Südgrenze Kanaans (Hes 47,19; 48,28).

2. Ein anderer Ort in der Nähe von Refidim trägt nach einem ähnlichen Ereignis ebenfalls den Namen H. (*Massa und Meriba; 2Mo 17,7).

HADONIRAM. (»Mein Herr ist erhaben«). Beamter, der während Salomos Herrschaft für die Zwangsarbeit verantwortlich war (1Kön 4,6; 5,28). Wahrscheinlich jener Adoram, der bereits während der Herrschaft Davids und Rehabeams (1Kön 12,18: »Adoram«; 2Sam 20,24: »Hadoram«; 2Chr 10,18) dafür verantwortlich war. Leute aus Israel steinigten ihn zu Tode, was den Auftakt ihrer Revolte und der Teilung der Monarchie unter Jerobeam im Jahre 922 v.Chr. bedeutete. D.W.B.

HAGAR. Semit. Name der Leibmagd *Saras, der »Flucht« bedeuten könnte (arab. *hegira*). Es ist anzunehmen, daß Abraham H. während seines Aufenthalts in Ägypten erworben hat.

Als Abraham und Sara an der Erfüllung der Verheißung (1Mo 15,2-6) eines Erben zweifelten, versuchten sie – in Übereinstimmung mit der damaligen Rechtsauffassung (belegt durch Texte aus Ur und Nuzi), aber gegen Gottes Willen – zu einem Sohn und Erben zu kommen. Sara bedrängte Abraham, einen Sohn mit ihrer Magd zu zeugen. So wurde *Ismael, der Sohn einer Sklavin (1Mo 16), geboren. Als H. schwanger war, verachtete sie ihre unfruchtbare Herrin Sara und floh vor deren Zorn in die Wüste. An einer Wasserquelle befahl Gott ihr, zu Sara zurückzukehren und versprach ihr viele Nachkommen. In Erinnerung an dieses Eingreifen Gottes nannte man den Brunnen »Brunnen des Lebendigen, der mich sieht« (*Beer Lahai Roi). Dann wurde Abraham und Sara der verheißene Sohn Isaak geboren (1Mo 21,1-7). Als Ismael Mutwillen mit Isaak trieb, befahl Gott Abraham (gegen die damaligen Sitten), H. und ihren Sohn zu vertreiben (Gordon, BA 3/1940, S. 3), denn das von Abraham ausgehende Geschlecht sollte nach Isaak benannt werden. Mit Ismael hatte Gott anderes vor (1Mo 21,12-14). In der Wüste zeigte Gott H., die den Ismael unter einen Busch gelegt hatte, um seinen Tod nicht mit ansehen zu müssen, eine Wasserstelle. Ismael wuchs in Paran (im NO des Sinai) als Jäger auf, und H. verschaffte ihm eine Frau aus ihrer ägypt. Heimat (1Mo 21,15-21).

Paulus tadelt die Gemeinde in *Galatien, weil sie nach einer »Rechtschaffenheit« trachtet, die sie durch eigene Anstrengung beim Befolgen der Gesetzesvorschriften erlangen will, anstatt fortzufahren im Glauben an Christus (Gal 3-5). Der Apostel erinnert an die Geschichte von H. und Ismael sowie an Sara und Isaak. Ismael war der durch menschliche Planung und Anstrengung geborene Sohn Abrahams und H.s, der Sklavin. Ähnlich waren auch die Juden (d.h. »das heutige Jerusalem«) »Söhne« des Sinai-Bundes; ihr Unvermögen, diesen Bund fehlerlos zu halten, verdeutlicht die Macht der Sünde und die Nichtigkeit des Versuchs, Gerechtigkeit durch eigenes Bemühen zu erlangen. Isaak war der verheißene Sohn, empfangen im Glauben, ein Geschenk der Gnade Gottes: seine Geburt versinnbildlicht den Bund der Verheißung und Gnade (vgl. 1Mo 15), und alle, die im Geist wiedergeboren sind und glauben, werden zu Isaak gerechnet. Da Isaak der wahre Erbe war, und H. und Ismael verstoßen wurden, wurde das Gesetz als begrenzte Phase in Gottes Heilsplan zu seiner Zeit durch den Bund des Glaubens ersetzt, der endgültig und ewig mit Christus geschlossen wurde (Gal 4,21-5,1). K.A.K.

HAGARITER. Ein Stamm oder Sippenverband, der östl. von *Gilead lebte und zur Zeit Sauls von Israeliten angegriffen wurde (1Chr 5,10.18-22); in Ps 83,6-8 werden die H. als Feinde Israels aufgeführt. Auf einer Inschrift von Tiglatpilesar III. (745-727 v.Chr.) werden sie in Verbindung mit aram. Stämmen erwähnt. Auch auf nabatäischen, sabäischen und anderen Inschriften taucht der Name auf. Vermutlich handelt es sich dabei um die bei Strabo, Ptolemäus und Plinius erwähnten Agraioi. Die Ähnlichkeit mit dem Namen *Hagar führte zu der Vermutung, daß sie von ihr abstammten (Ismaeliten); dies ist jedoch nicht zu belegen. R.P.G.

HAGEL. (Hebr. *barad*; griech. *chalaza*). H. entsteht bei der plötzlichen Abkühlung von mit Wasserdampf gesättigten Luftschichten. Wie alle Naturgewalten wird auch der H. in Ps 148,8 zum Lobpreis und zur Verherrlichung des Schöpfers aufgerufen.

In der Bibel erscheint der H. häufig als Strafgericht Gottes (Jes 30,30): über Pharao (2Mo 9,18.22; Ps 105,32), die Amoriter (Jos 10,11), Davids Feinde (Ps 18,13ff), Israel (Hag 2,17) und zuletzt in den Endgerichten Gottes über diese Erde (Offb 8,7; 16,21). Salmanassar V. (726-722 v.Chr. vgl. Jes 28,2.17) und Nebukadnezar (605-562 v.Chr.; vgl. Hes 13,11.13) werden wegen ihrer verheerenden Macht mit Hagelstürmen verglichen.

HAGGAI, BUCH.

I. INHALT.

Das Haggaibuch enthält vier Botschaften in zwei Kapiteln. Die erste ruft zum Bau des Tempels auf (1,1-15), die zweite spricht von der Herrlichkeit des neuen Tempels (2,1-9), die dritte von der notwendigen Heiligkeit der Bauleute (2,10-19) und die vierte enthält eine Verheißung für den Davididen *Serubbabel (2,20-23). Der Wiederaufbau des Tempels (Zweiter Tempel) bildet also das Hauptthema des Buches.

II. ABFASSUNGSZEIT UND VERFASSER.

Der Prophet Haggai (griech. *Aggaios*, latein. *Aggaeus*, auf deutsch vielleicht »meine Feste« mit der Bedeutung »der am Festtag Geborene«) war vermutlich ein Priester und trat in der Zeit vom 29. August bis zum 18. Dezember 520 v.Chr. auf, sehr wahrscheinlich sogar bis 515 v.Chr. (vgl. Esr 5,2ff; 6,14). Ob er selbst oder ein Schüler das Haggaibuch verfaßte, muß offen bleiben. Aber der Abstand von den tatsächlichen Geschehnissen kann nicht groß gewesen sein. Das Buch ist also spätestens 500 v.Chr. entstanden, eher etwas früher.

III. DIE ZEITGESCHICHTLICHE SITUATION.

539 v.Chr. hatten die Perser die Babylonier besiegt und waren zur neuen Weltmacht aufgestiegen. 538 v.Chr. erlaubte der pers. König *Kyrus die Rückkehr der Juden aus dem Exil nach Jerusalem (vgl. 2Chr 36, 22f; Esr 1,1ff). 537 v.Chr. kehrten die ersten unter Serubbabel und dem Hohenpriester Josua zurück (Esr 1-3).

Die Rückkehrer betrieben rasch den Wiederaufbau des Tempels. Offenbar waren die im Lande verbliebenen Juden weniger am Wiederaufbau interessiert, da sie sich mit der Tempelruine abgefunden hatten (vgl. Jer 41,44f; Klgl 1,4.19; 2,9; 4,13f).

Da gelang es den Samaritanern, den Tempelbau zu stoppen. Von 536 bis 520 v.Chr. ruhte die Arbeit zwangsläufig aufgrund ihrer Intrigen. Nur der Brandopferaltar war restauriert (vgl. 3,2ff; 4,1-5.24). Inzwischen wurde jedoch Serubbabel offizieller pers. »Statthalter von Juda« (Hag 1,1.14; 2,2.21) – irgendwann zwischen 530 und 520 v.Chr. Es ist bemerkenswert, daß die Perser einen solchen Mann, der Davids Nachfahre und von fürstlicher Abstammung war, zum Provinzchef ernannten. Es war jedoch pers. Gewohnheit, »den Fürsten besiegter Völker die Statthalterschaft über ihr ehemaliges Reich« zu belassen (Sellin). Übrigens bleibt es umstritten, ob Juda damals eine eigene pers. Provinz bildete oder nur eine Unterprovinz der größeren Provinz Samaria. Jedenfalls gehörte es zur 3. pers. Satrapie, die Babylonien, Syrien und Palästina umfaßte (vgl. Esr 5,3-6,13). Eine neue Situation entstand auch durch die Thronbesteigung von Darius I. Hystaspes (522-485 v.Chr.), der nach schweren Kämpfen seinen Thron behaupten konnte. Was war der innere Zustand Judas um 520 v.Chr.? Jahrelange Dürre, Mißernten, wirtschaftliche Not, Egoismus und geistliche Lähmung kennzeichneten die Lage (vgl. Hag 1,2ff.6.9ff; 2,15ff.19). In diese Lage hinein verkündete Haggai seine Botschaft.

IV. ZUR GESCHICHTE DES TEXTES UND SEINER AUSLEGUNG.

Die 1961 publizierten Funde aus dem Wadi Murabba'at bei Qumran enthalten auch Hag 1,12-2,10 und 2,12-23, also ca. zwei Drittel des hebr. Textes. Sie weichen nur an zwei Stellen (2,1; 2,3) geringfügig vom bisher bekannten hebr. Text ab. Dieser ist also außerordentlich zuverlässig.

Das Haggaibuch hat im Kanon einen festen Platz. Es steht sowohl in der hebr. wie in der griech. Bibel an 10. Stelle unter den »kleinen Propheten«. Seine kanonische Würde steht außer Zweifel.

Die Auslegungsgeschichte beginnt u.W. mit dem Sirachbuch (ca. 175 v.Chr.). In Sir 49,11f wird offensichtlich Hag 2,23 zitiert. Das 3. Esrabuch (ca. 150-100 v.Chr.) beschäf-

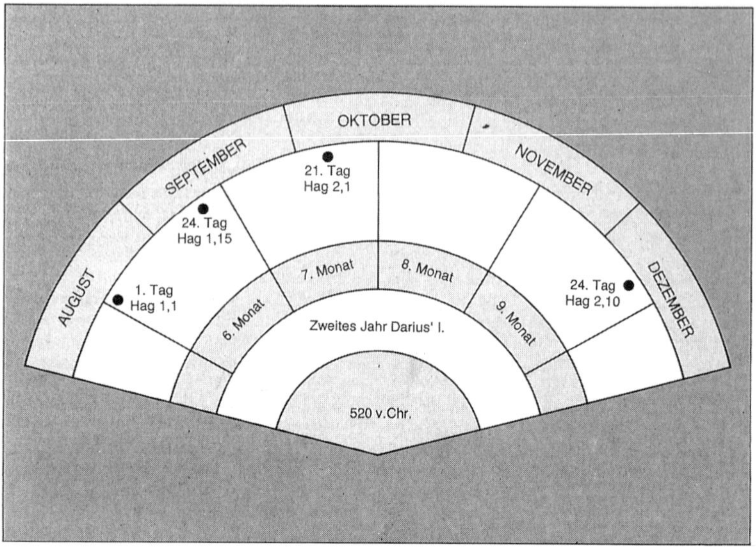

Historische Daten, denen im Buch Haggai prophetische Aussagen zugeordnet sind.

tigt sich ebenfalls mit Serubbabel (3Esr 6,26ff). Qumran und der Talmud sind an Haggai interessiert. In b Megilla 3a wird zu Dan 10,7 erklärt, damals seien Haggai, *Sacharja und *Maleachi bei *Daniel gewesen. War also Haggai selbst ein Exilierter? Neben Sacharja und Maleachi gilt Haggai als einer der letzten Propheten (b Baba batra 15a; b Megilla 3a.15a). Die Rabbinen diskutierten z.B. Hag 2,10-14 (b Pesachim 166/176).

V. DIE BEZIEHUNG ZUM NEUEN TESTAMENT.

Hag 2,6.21 wird in Hebr 12,26f als Heilige Schrift zitiert, und als echte Prophetie auf die kommende eschatologische Verwandlung gedeutet.

Möglicherweise gehen die Jesusworte in Joh 14,27 und Mt 28,20 auf Hag 2,9 bzw. 1,13 zurück.

Serubbabel gehört in die Familientafel Jesu hinein (Mt 1,12f; Lk 3,27). So hat sich Hag 2,20ff in Jesus erfüllt.

VI. WESENTLICHE THEOLOGISCHE INHALTE.

1. Erster Schwerpunkt ist der Tempelbau. Auch Esr 5,1f; 6,14 markieren Haggai als den Propheten, der maßgeblich zum Wiederaufbau des Tempels beitrug. Größter Wert wird hier darauf gelegt, daß dem Bau die Umkehr vorausgeht und heilige Menschen bauen (Hag 1,2ff.12ff; 2,10ff). Bezüglich des Tempelbaus existiert also eine Verbindung zwischen Hesekiel und Haggai.

2. Zweiter Schwerpunkt ist die *Eschatologie. Vor allem hieran knüpft dann das NT an (s.o. V.). Prophezeit werden zum einen endzeitliche Ereignisse: Erschütterung des Kosmos und der Völkerwelt, Ende der Weltreiche, Herrlichkeit des neuen Tempels, messianischer Friede (2,1ff.20ff). Prophezeit wird zum andern der messianische Erlöser: Über den Davididen Serubbabel läuft die davidische Verheißung weiter. Er ist allerdings nur »Siegelring«, der nicht verlorengeht, und nicht schon der *Messias. Der Messias soll erst noch aus seinen Nachfahren kommen (2,20ff).

3. Manche Forscher meinen, Haggai habe in 2,10-14 die Samaritaner vom Tempelbau ausgeschlossen. Haggai sei also daran schuld, daß sich die Samaritaner vom Judentum abgespalten hätten. Diese Deutung beruht jedoch auf einem Mißverständnis. Denn Hag 2,10-14 richtet sich nicht gegen die Samaritaner, sondern an die Judenschaft selbst. Der Bruch mit den Samaritanern ereignete sich erst später.

4. Haggai gehört an einen wichtigen Wendepunkt der israelit. Geschichte. Einerseits setzt er die Mosebücher und die früheren Propheten voraus (vgl. Hag 2,10-14 mit 3Mo 6,11ff; 22,4; 4Mo 19,11ff; 5Mo 28 und 30; Hag

2,23 mit Jer 22,24ff; Hag 2,17 mit Am 4,9). Andererseits bildet er zusammen mit *Sacharja den Anfang einer neuen Epoche (vgl. Esr 5,1ff; 6,14). Beide wenden sich an Serubbabel und Josua (Hag 1,1ff; 2,20ff; Sach 4,6), beide ermutigen zum Tempelbau (Hag 1-2; Sach 4), beide verkündigen den messianischen Frieden (Hag 2,9; Sach 9,9ff); beide bemühen sich um die geistliche Wiederherstellung Israels nach dem Exil. Jedoch ist Haggai der lehrhaftere von beiden. Er eröffnet zusammen mit *Maleachi (vgl. Hag 2,10ff mit Mal 1,6ff) schon die Zeit der rabbinisch-jüd. Lehrüberlieferung.

Literatur: P.R. Ackroyd: Studies in the Book of Haggai, JJS 2/1951, S. 163-176; 3/1952, S. 1-13; F.I. Andersen: Who Built the Second Temple?, ABR 6/1958, S. 1-35; A. Bentzen: Quelques remarques sur le mouvement messianique parmi les juifs aux environs de l'an 520 avant Jésus-Christ, RHPhR 10/1930, S. 493-503; K.-M. Beyse: Serubbabel und die Königserwartungen der Propheten Haggai und Sacharja. AVTRW, 52/1971; G. Buccellati: Gli Israeliti di Palestina al tempo dell'esilio, BeO, 2/1960, S. 199-209; Th. Chary: Les prophètes et le culte à partir de l'exil, BT, 111/1955; A. Fernandez: El profeta Ageo 2, 15-18 y la fundacíón del segundo templo, Bib 2/1921, S. 206-215; K. Galling: Serubbabel und der Wiederaufbau des Tempels in Jerusalem, Verbannung und Heimkehr. FS Wilhelm Rudolph, 1961, S. 67-96; A. Gelston: The Foundations of the Second Temple, VT 16/1966, S. 232-235; E. Hammershaimb: Some Aspects of Old Testament Prophecy from Isaiah to Malachi, 1966; F. Hesse: Haggai, Verbannung und Heimkehr. FS Wilhelm Rudolph, 1961, S. 109-134; F. James: Thoughts on Haggai and Zechariah, JBL 53/1934, S. 229-235; E. Janssen: Juda in der Exilszeit, FRLANT 69 (= NF, 51), 1956; K. Koch: Haggais unreines Volk, ZAW 79/1967, S. 52-66; M.-J. Lagrange: Notes sur les propheties messianiques des derniers prophètes, RB 3/1906, S. 67-83; R.A. Mason: The Purpose of the 'Editorial Framework'of the Book of Haggai, VT 27/1977, S. 413-421; H.G. May: 'This People'and 'This Nation'in Haggai, VT 18/1968, S. 190-197; F.S. North: Critical Analysis of the Book of Haggai, ZAW 68/1956, S. 25-46; A. Poebel: Chronology of Darius' First Year of Reign, AJSL 55/1938, S. 142-165; 285-314; J.W. Rothstein: Juden und Samaritaner, BWAT 3/1908; G. Sauer: Serubbabel in der Sicht Haggais und Sacharjas. Das ferne und nahe Wort. FS Leonhard Rost, hrsg. von F. Maass, 1967, S. 149-207; E. Sellin: Serubbabel, 1898; R.T. Siebeneck: The Messianism of Aggeus and Proto-Zacharias, CBQ 19/1957, S. 312-328; L. Waterman: The Camouflaged Purge of Three Messianic Conspirators, JNES 13/1954, S. 73-78. G.M.

HAHN s. Tiere

HAKELDAMA. (Griech. *Akeldamach* von aram. *haqēl demā'*, »Blutacker«). Nach der Petrus-Rede in Apg 1,18f kaufte *Judas I. vom Verratsgeld dieses Grundstück. Weil er dort offenbar eines gewaltsamen Todes starb, wur-

Blick auf das griechisch-orthodoxe Onophirius-Kloster am Südhang des Hinnom-Tals, wo Hakeldama zu suchen ist. Rechts von der Klostereinfriedung befindet sich das Gewölbe eines riesigen Massengrabes aus der Kreuzfahrerzeit. Links am Bildrand verläuft das Kidron-Tal, die Ölbaumpflanzungen in der linken unteren Ecke bezeichnen den Ort des Siloah-Teiches. (RR)

de es »Blutacker« (griech. *chōrion haimatos*) genannt. Mt 27,3-10 spricht davon, daß die Hohenpriester für das Verratsgeld »den Töpferacker als Begräbnisplatz für die Fremden [d.h. jüd. Jerusalem-Pilger]« kauften. Gemäß dieser Fassung erhielt das Grundstück seinen Namen nach dem unschuldig vergossenen Blut Jesu (Mt 27,4) und dem dafür bezahlten Blutgeld (27,6). Der Ort des Selbstmordes von Judas wird bei Mt (27,5) nicht genannt. Die Unterschiede in den beiden unabhängigen Überlieferungen haben verschiedene Gründe. Wie es volkstümlichen Erzählungen entspricht, ist der vorhandene Ortsname etwas unterschiedlich erklärt. In der Formulierung der zwei Überlieferungen wurden in verschiedener Weise atl. Wendungen benutzt, die das Ende von Gottlosen beschreiben (Benoit, 169-176). Beide Traditionen stimmen aber darin überein, daß der Name »Blutacker« im Zusammenhang mit dem Verrat des Judas aufkam. Dagegen bleibt es reine Vermutung, der Acker habe seinen Namen daher bekommen, daß er mit einem Gemisch aus Blut und Wasser von den Tempelopfern (vgl. Mischna, Joma 5,6) gedüngt worden sei (Y. Yadin, Die Tempelrolle, 1985, 150–152).

Besonders Mt zeigt Ortskenntnis (Benoit, 179-181). Beim »Töpferacker« dürfte es sich um ein Gelände in der Nähe des »Scherben-(oder Töpfer)tores« (Jer 19,1f) handeln (vgl. Mt 27,9 mit Jer 18,1-3; 32,6-15), und das weist auf den Ausgang des *Hinnom-Tals. Hier sucht auch mindestens seit dem 4. Jh. die christl. Tradition (ELS 575-580) fast ohne Schwanken H. Das Gelände dürfte durch das griech.-orthodoxe Onophrius-Kloster und ein riesiges Grabgewölbe der Kreuzfahrer-Zeit (G. Dalman: Orte und Wege Jesu, [4]1967, 351f) in etwa bezeichnet sein. In der Nähe befinden sich Stollengräber (s.*Begräbnis- und Trauersitten II.5) aus ntl. Zeit. Ein Selbstmord des Judas an einer mit seinem Verrat verbundenen Stätte scheint aus psychologischer Erfahrung nicht unmöglich. Überhaupt hafteten ja an diesem Teil des *Hinnom-Tals schaurige Erinnerungen und Erwartungen. Vielleicht denkt Apg 1,18 auch daran, daß Judas kopfüber in ein Massengrab bei H. geworfen wurde (A. Schlatter: Topographie und Geschichte Palästinas, 1893, 217f).

Literatur: C. Schick: PEFQS 24 (1892), 283-289; G. Dalman: Jerusalem und sein Gelände, 1930, 207f; C. Kopp: Stätten der Evangelien, [2]1964, 408-411; P. Benoit: Exegese und Theologie, 1965, 167-181; G. Kroll: Auf den Spuren Jesu, [10]1987, 354f; H.J. Klauck: Judas, 1987, 92–109. R.R.

HAKEN.

1. Hebr. *chāch* (Hes 29,4; 38,4), *chāchī* (2Mo 35,22: »Spangen«; 2Kön 19,28; Jes 37,29: »Zaum«; Hes 19,4.9 RevEB). Ein H. oder Ring wurde durch die Nase eines gezähmten Tieres gesteckt, um es zu führen bzw. bei einem wilden Tier, um es zu zähmen.

2. *chōchīm* (2Chr 33,11, »Nasenringe«). Assyr. Denkmäler verdeutlichen diese Methode, Gefangenen Nasenringe anzulegen.

3. *schepattayim* (Hes 40,43: »Gabelhaken«); möglicherweise ein zweizackiger Haken zum Abziehen des Fells eines Tieres; die Bedeutung ist aber ungewiß.

Fischhaken und Harpunen aus Kupfer und Bronze, die in der alten Stadt Ur nahe des Persischen Golfes gefunden wurden. Ca. 2800-2500 v.Chr. (BM)

Tirhaka von Ägypten und Äthiopien und Ba'ali von Tyrus werden als Gefangene des assyrischen Königs Asarhaddon dargestellt. Ihnen wurden Ringe durch die Nasen gezogen, an denen sie der Sieger führt. Diorit-Stele aus Zincirli, ca. 670 v.Chr. (SMB)

4. *mazmērōt*, »Winzermesser« (Jes 2,4: »Sichel«; Jes 18,5; Mi 4,3: »Sicheln«). Kleine sichelförmige Messer der Winzer, die leicht in eine Kriegswaffe umzuwandeln waren und als solche wahrscheinlich auch benutzt wurden.

5. *waw* (2Mo 26,32: »Nägel«) wird nur in Verbindung mit dem Wandbehang der *Stiftshütte gebraucht.

6. Hebr. *agmon* (Hiob 40,25: »Angel«), *chakkā* (Hiob 40,26: »Haken«; Jes 19,8: »Angeln«; Hab 1,15: »Angel«), *sinnā* und *sīrōt dūgā* (Am 4,2: »Fischhaken«) und das griech. Wort

ankistron (Mt 17,27: »Angel«) bedeuten alle »Fisch- bzw. Angelhaken«. N.H.

HAKKOZ. »Dornstrauch«.

1. Oberster der 7. Priesterabteilung z.Zt. Davids (1Chr 24,10). Glieder seines Geschlechtes kehrten mit *Serubbabel aus der babylon. Gefangenschaft heim, konnten aber ihre Abstammung nicht nachweisen und waren somit vom Priesterdienst ausgeschlossen (Esr 2,61.62; Neh 7,63.64). Nach Neh 3,4.21 scheint dieser Nachweis wenigstens einzelnen doch geglückt zu sein.

2. Nachkomme Judas (1Chr 4,8). An dieser Stelle fehlt der hebr. Artikel *ha,* darum lautet der Name nur Koz.

HALACH. Ort in Assyrien, an den die Israeliten aus Samaria verbannt wurden (2Kön 17,6; 18,11; 1Chr 5,26). Es gibt keinen Zweifel darüber, daß es sich um das assyr. Halachhu handelt, eine Stadt und einen Bezirk nordöstl. von Ninive, nach denen eines der Stadttore von Ninive benannt war. Andere Ortslagen von H. sind wenig wahrscheinlich. A.R.M.

HALHUL. (Hebr. *chalchūl,* vielleicht von *chll,* »bohren«). Ort in *Juda (Jos 15,58), nach Hieronymus (Onom 87,11f) bei *Hebron gelegen. Der Name ist durch das 7 km nördl. dieser Stadt liegende arab. Dorf H. erhalten, das die höchstgelegene Siedlung (1019 m) *Judäas bildet. In einer Moschee, der vielleicht eine byzantin. Kirche vorausging (Mader, 35-38), wird das Grab des Propheten *Jona gezeigt, das wohl schon in ntl. Zeit ein Teil der jüd. Tradition (Vit Proph 6) hier in der Grabstätte des Richters *Kenas gesucht hat (J. Jeremias: Heiligengräber in Jesu Umwelt, 1958, 88-90). Die ältere Überlieferung führt allerdings nach *Gat-Hefer in *Galiläa. Wahrscheinlich handelt es sich beim legendären Kenas-Grab um eine idumäische Überlieferung, die nach der Zwangsjudaisierung *Idumäas mit Jona verbunden wurde, um jeden prophetischen Anspruch Galiläas (vgl. Joh 7,52) abzuweisen. Etwa 1 km nördl. von H. in der Nähe des atl. *Bet Zur liegt an einem alten Straßenverlauf eine Quelle, die von der frühbyzantin. Tradition vielleicht richtig als Taufort des äthiopischen Kämmerers durch den Evangelisten *Philippus (Apg 8,26-40) bezeichnet wird (OLB 2, 715-718). Es sind nur noch spärliche Reste einer byzantin. Kirche vorhanden (Mader, 10-15).

Literatur: A.E. Mader: Altchristl. Basiliken und Lokaltraditionen in Südjudäa, 1918 (ND 1967); OLB 2, 669f. R.R.

HALLELUJA. Dies ist eine Transkription des liturgischen hebr. Rufes *hallelū-jā,* »preiset den Herrn« (Jah ist die Abkürzung von Jahwe), der 24 mal in den Psalmen auftaucht. Obwohl H. nur eine Variante von mehreren Lobesrufen ist, deutet die Tatsache, daß sie mit einer Ausnahme (Ps 135,3) immer zu Beginn oder am Schluß eines Psalms steht, deren Verfasser alle unbekannt sind und die so vermutlich zu den späteren gehören, darauf hin, daß H. ein vereinheitlichter Lobesruf bei der Anbetung im Tempel nach dem Exil geworden war. Die Psalmen, in denen H. vorkommt, kann man einteilen: 1. Ps 104-105 (am Schluß), 106 (am Anfang und Ende, wobei letzteres ein Teil der Doxologie zum vierten Psalmenbuch ist). 2. Ps 111-113 (zu Beginn), 115-117 (am Ende); mit ziemlicher Sicherheit ist die LXX-Version richtig, die Wiederholung vom Ende des Ps 113 an den Anfang von Ps 114 zu setzen und so die Reihe zu vervollständigen. 3. Ps 135, am Anfang und Ende; die LXX stellt letzteren richtigerweise an den Anfang von Ps 136. 4. Ps 146-150 zu Beginn und am Ende eines jeden Psalms.

Aus dem NT ('Alleluja', Offb 19,1.3f.6) wurde der Ruf in den christl. Gottesdienst übernommen. Die meisten der Hallelujapsalmen spielen eine besondere Rolle im Synagogengottesdienst. Ps 113-118, das ägypt. Hallel, werden am *Passafest, zu *Pfingsten sowie zum *Laubhüttenfest und zum *Tempelweihfest gesungen: die Ps 113 und 114 werden vor dem Mahl gesungen, Ps 115-118 nach dem dritten Kelch (vgl. Mk 14,26). Die Ps 135-136 werden am Sabbat gesungen, und das große Hallel (Ps 146-150), mit Ps 145, bei allen Gottesdiensten am Morgen.

H.L.E.

HALLE SALOMOS. (Griech. *stoa tou Solomōntos*). Einschiffige, über eine Länge von 400 Ellen (ca. 200 m) sich an der Ost-Mauer des herodianischen Tempelplatzes erstrekkende Säulenhalle (Jos.ant.Jud. XX, 221; bell.Jud. V, 185). Der Name könnte damit zusammenhängen, daß bei der östl. Umfassungsmauer im Gegensatz zu den übrigen das ältere Mauerwerk aus pers. oder vorexilischer Zeit sichtbar war (E.M. Laperrousaz: Syria 52, 1973, 241-259), so daß man sie *Salomo zuschrieb. Die H.S. war Heiden zugänglich, diente als Ort von Predigt und Lehre, weshalb auch Jesus (Joh 10,23) und die Apostel (Apg 3,11; 5,12) hier wirkten.

Literatur: M. Hengel: ZDPV 99 (1983), 154.

R.R.

HALLJAHR s. Sabbatjahr

HALS.

1. Das hebr. Wort *ʿōreph* wird für den Hals oder Nacken verwendet; es wird auch mit »Rücken« übersetzt, wenn es für Feinde, die umkehren und fliehen, gebraucht wird (z.B. 2Mo 23,27 RevEB). Es erscheint in der Schilderung von Konflikt- und Kampfsituationen (1Mo 49,8; Hiob 16,12) und wird bildhaft gebraucht zur Beschreibung der Harten oder Halsstarrigen, womit Unnachgiebig- oder Widerspenstigkeit gemeint sind (5Mo 31,27; 2Kön 17,14; Jes 48,4).

2. Auch der hebr. Ausdruck *gārōn* bezeichnet den H. (Jes 3,16; Hes 16,11) oder die Kehle (Ps 5,10; Jer 2,25) und somit auch die Stimme (Jes 58,1, »erhebe deine Stimme«, wörtl. »mit deiner Kehle«).

3. Das gebräuchlichste hebr. Wort für den H. allgemein ist *sawwāʾr*; für das Tragen eines Jochs, das Knechtschaft symbolisiert (1Mo 27,40; Jer 30,8); für das Tragen eines Halsbands (1Mo 41, 42); für das Um-den-Hals-Fallen bei der Umarmung (1Mo 33,4) oder für den Nacken unter dem *Fuß eines Eroberers (Jos 10,24).

4. Das griech. Wort *trachēlos* findet sich im Zusammenhang mit der Umarmung (Lk 15,20), dem Unterjochtsein (Apg 15,10) und dem Urteilsspruch Jesu (Mt 18,6). Paulus spricht davon, daß Priszilla und *Aquila »ihren Hals hingehalten haben« und spielt dabei auf die röm. Todesstrafe der Enthauptung an (Röm 16,4). Von griech. *trachēlos* kommt das Verb *trachēlizō*, »den Hals oder die Kehle darbieten«, das in Hebr 4,13 im Partizip Perfekt des Passivs im Sinn von »bloßgelegt, aufgedeckt« verwendet wird. B.O.B.

HALSSTARRIG. Im Sinne von »ungehorsam, unbeugsam, eigensinnig« wird das Bild vom Zugtier gebraucht, das den Hals nicht beugt, um sich anschirren zu lassen. Hauptsächlich wird dieses Bild auf das Volk Israel angewendet, das der Lenkung Gottes hartnäckig widerstrebt, sich seiner Führung eigenwillig entzieht (2Mo 32,9; Jer 7,26; Apg 7,51).

HAM. (Hebr. *chām*, LXX: *cham*; Etymologie ungewiß).

1. Einer der Söhne Noahs, vermutlich der zweite (1Mo 5,32; 6,10; 7,13; 9,18; 1Chr 1,4.8; vgl. 1Mo 9,20-24) und Stammvater vieler Nachkommen (*Völkertafel). In 1Chr 4,40 sowie in den Ps 78,51; 105,23.27; 106,22 wird der Name zur Bezeichnung eines Zweiges seiner Nachkommenschaft verwendet: Ägypten (*Mizrajim). Von seinem bibl. Gebrauch her bezeichnet der Ausdruck »hamitisch« – nach dem heutigen Forschungsstand – für eine Gruppe von Sprachen, darunter auch Ägypt. Diese Bezeichnung beschränkt sich auf linguistische Merkmale, eine hamitische »Rasse« weist die gegenwärtige anthropologische Forschung nicht aus. Im bibl. Sinn dürfte jedoch die genetische Abstammung impliziert sein. Aufgrund der halbnomadischen Lebensform und Ehen zwischen Angehörigen verschiedener Völker sowie sprachlichen Wandels bedeutet gemeinsame Abstammung von Ham nicht unbedingt gemeinsame Heimat, Sprache oder sogar Rasse in einer erkennbaren Form. Es gibt mehrere Erklärungen für die Verfluchung *Kanaans aufgrund dessen, was H. getan hatte (1Mo 9,20-27). Plausibel wäre die, daß Kanaan etwas getan hatte, über das nicht berichtet wird, das aber wert war, verflucht zu werden, und daß der Ausdruck »sein jüngster Sohn« (*benō haqqātān*, wörtl. »sein Sohn/Enkel, der kleine«) in V. 24 auf Kanaan bezogen sein könnte. Dies würde mit der zweimaligen Aussage übereinstimmen (V. 18 und 22), daß Ham der Vater Kanaans war.

2. Ham. Der Name einer Stadt, deren Einwohner, die Susiter, durch Kedor-Laomer zur Zeit Abrahams vernichtet wurden (1Mo 14,5). Die Ortslage ist unbekannt; man vermutet sie im Transjordanland. In der LXX (*hama autois*) wird das hebr. *behām*, »in Ham«, wie *bāhem*, »mit ihnen«, übersetzt. T.C.M.

HAMAN. Im Buch *Ester erscheint H. als Wesir des *Ahasveros (Xerxes I., 485-465 v.Chr.), der aufgrund persönlicher Rachemotive plant, die im pers. Reich wohnenden Juden an einem bestimmten Tag (13. Adar) ermorden zu lassen. H. wird durch *Ester gestürzt und an dem Galgen erhängt, den er für *Mordechai, den Vetter und Vormund Esters, hatte errichten lassen (Est 7,10). H. wird als *Agagiter (Est 3,1) bezeichnet. Sein Name kann von dem der elamitischen Gottheit Hum(b)an abgeleitet sein.

HAMAT. (Hebr. *chamat*, »Festung, Zitadelle«). Eine Stadt am Ostufer des Orontes, an einem der Haupthandelswege von Kleinasien nach S. Nach 1Mo 10,18 ist H. eine kanaan. Stadt. Zu Davids Zeit, unter König Toï, war sie Israel freundlich gesinnt (2Sam 8,9f; 1Chr 18,9f). In 2Sam 8,10 wird Toïs Sohn Joram genannt. Dies ist wahrscheinlich eine Kurzform von *Hadoram (1Chr 18,10). Salomo be-

Die befestigte Stadt Hamat wird von der Armee Salmanassars III. von Assyrien angegriffen. Ein Bronzerelief von den Toren des Tempels in Balawat bei Nimrud (Irak). Ca. 845 v.Chr. (BM)

herrschte die Stadt (2Chr 8,4), später wurde sie von Jerobeam II. (ca. 780 v.Chr., 2Kön 14,28) und Sargon II. (ca. 721 v.Chr., vgl. 2Kön 18,33f; Jes 36,18f; 37,13.18f) erobert. Ein Teil ihrer Bewohner wurde von den Assyrern in *Samaria angesiedelt, wo sie ihre Gottheit Aschima verehrten (2Kön 17,24ff). Ein dänisches Team legte zwischen 1931 und 1938 Paläste aus dem 9. und 8. Jh.v.Chr. frei (s. E. Fugmann: Hama, l'Architecture des périodes préhellénistiques, 1958). Es wurden Inschriften in hetitischen Hieroglyphen, Keilschrift und Aramäisch gefunden. Nach der babylon. Chronik holte Nebukadnezar die 605 v.Chr. aus Karkemisch fliehenden Ägypter in Hamat ein (vgl. D.J. Wiseman: Chronicles of Chaldean Kings, 1956, S. 69). In griech. und

»Hamat« (hmt), *in aramäischer Schrift in eine Elfenbeintafel geritzt, die vermutlich von Sargon II. (721-705 v.Chr.) erbeutet und nach Kelach/Nimrud gebracht wurde. 9,2 × 6,5 cm, 8. Jh.v.Chr.* (BSAI)

röm. Zeit war die Stadt unter dem Namen Epiphaneia bekannt; heute heißt sie Hama. Die Nordgrenze Israels reichte in der Idealvorstellung bis »Labo von Hamat«, das mit »dahin, wo es nach Hamat geht« wiedergegeben wurde, z.B. 4Mo 34,8; Jos 13,5; Am 6,14; vermutlich handelt es sich um das heutige Lebwe, nordnordöstl. von Baalbek, an der Wasserscheide des Beka-Tals, nahe einer Quelle des Orontes, sowie an einer Richtung N nach H. führenden Straße gelegen (vgl. R. North: Mélanges de l'Université S.Joseph, 46/1970-1, S. 71-103). J.G.G.N./A.B.R.M.

HAMAT-ZOBA s. Zoba

HAMMAT. (Hebr. *chammath,* »heiße Quelle«). Ort in *Naftali (Jos 19,35), der auch als Levitensiedlung in Jos 21,32 (Hammot-Dor) und 1Chr 6,61 (*Hammon) erwähnt wird. H. ist gleichzusetzen mit den heißen Quellen von Hammam Taberīje (neuhebr. Hammej Teverja) auf dem Gebiet des ntl. *Tiberias.

Literatur: F.M. Abel: Géographie de la Palestine II, [3]1967, 342. R.R.

HAMMER s. Waffen u. Geräte

HAMMON. (Hebr. *chamōn,* »heiße Quellen«?). Nördl. Grenzort von *Asser (Jos 19,28), der mit dem arab. Dorf Umm El-ʿAwamid, 8 km nördl. von der libanesisch-israelischen Grenze bei Rosch Ha-Niqra an der Mittelmeerküste, zu identifizieren ist. Hier fand

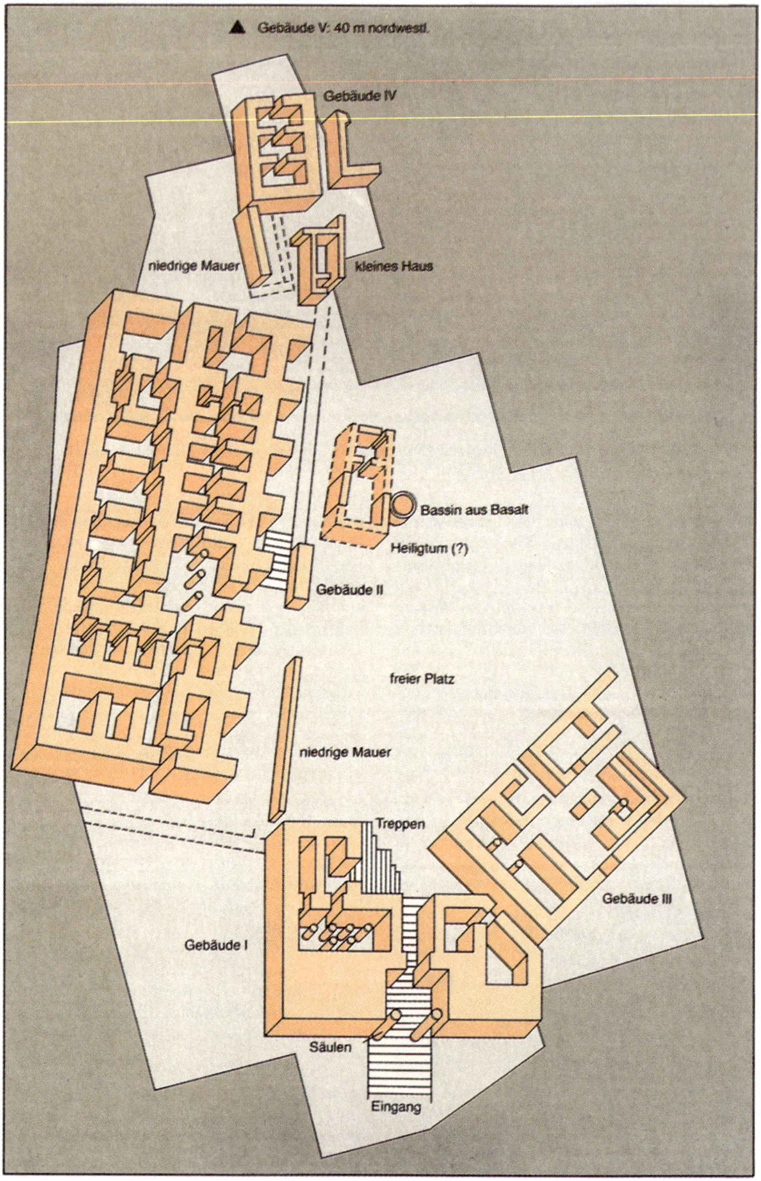

Diese Skizze zeigt die Anordnung der wichtigsten Gebäude der Zitadelle von Hamat vor ihrer Zerstörung durch Sargon II. von Assyrien.

E. Renan einen dem »Milk-Astart, dem Gott von Hammon« geweihten Stein. In 1Chr 6,61 ist das Hammot-Dor von Jos 21,32 in H. verschrieben.

Literatur: F.M. Abel: Géographie de la Palestine II, [3]1967, 342. R.R.

HAMMURABI. (Akkad. [amorit.] *Hammu-Rapi*, »[der Gott] Hammu heilt«).

1. König von Babylon, ca. 1792-1750 v.Chr., sechster König in der Linie der ersten amorit. Dynastie.

2. Der Name zweier Könige von Jamhad (Aleppo), der erste ca. 1760 v.Chr.

3. König von Kurda, Mitte des 2.Jt.v.Chr.

4. Verbreiteter Eigenname im 2.Jt.v.Chr., besonders in Obermesopotamien. Früher wurde 1. mit Amrafel (1Mo 14,1) identifiziert.

Ein Text aus *Mari berichtet, daß H. (1.) als »Herrscher von Babylon« 10 oder 15 Könige hatte, die »mit ihm gingen«, genau wie sein Zeitgenosse Rim-Sin von Larsa, während Ibal-Piel von Eschnunna 20 hatte. Aus dem gleichen Mari-Brief geht hervor, daß all diese Regenten weniger Macht besaßen als der Herrscher von Jamhad. Anfänglich wollte H. die Kontrolle über *Babylonien und die Wasser des Euphrat erlangen. Bis zum Jahr 1764 v.Chr. hatte er eine Koalition, bestehend aus Soldaten von Assur, Eschnunna und Elam, geschlagen. Im Jahr darauf besiegte er Rim-Sin und 1761 v.Chr. wurde Zimrilim von *Mari geschlagen. H. zeichnete ein besonderer Herrschaftsstil aus, mit dem er versuchte, Mesopotamien unter einem einzigen Herrscher zu vereinigen. Heute wird er als schwacher Administrator eingestuft. Eine Auswahl seiner Rechtsansichten (sie stellen keinen »Kodex« dar, z.B. fehlen Gesetze bezüglich Mord) ist überliefert auf einer Dioritstele, die 1902 bei Susa gefunden wurde. Darauf berichtet H. dem Volksgott Marduk über seine Rolle als »König der Gerechtigkeit« gegen Ende seiner Regierungszeit. Die 282 Abschnitte der Gesetze H.s decken in etwa die Bereiche Diebstahl (1-25), Eigentum (26-49), Handelsrecht (100-126), Ehe (127-161), Priesterinnen (178-184), Adoption (185-194), Körperverletzung (195-240), landwirtschaftliche Angelegenheiten (241-267), Preise und Löhne (268-277) sowie Sklaven betreffend (278-282) ab. Einige Fallbeispiele ähneln früheren Gesetzessammlungen (Ur-Nammu, Lipit-Ischtar, Eschnunna). Bestimmte Sätze aus H.s Sammlung sind inhaltlich mit atl. Texten vergleichbar, z.B. falsche Zeugen betreffend (2Mo 23,1-3; 5Mo 19,16-20), Recht von Sklaven (vgl. 2Mo 21,1f), Verlust von zur Aufbewahrung gegebenen Tieren (vgl. 2Mo 22,9-14). Eine

Dieses Bildnis aus schwarzem Granit (Diorit) zeigt vermutlich Hammurabi, den König von Babylon (ca. 1792-1750 v.Chr.). Aufgefunden in Susa, Iran. Höhe ca. 15 cm. (MC)

Reliefplatte aus Kalkstein mit einer Abbildung des Königs Hammurabi von Babylon. Der Provinzstatthalter Itur-aschdum widmete sie der Göttin (Asch)ratum. Breite 38 cm. Ca. 1760 v.Chr. (BM)

Reihe von Fällen betreffend Ehe, Scheidung und sexuelle Vergehen, z.B. die Todesstrafe für beide Seiten bei Ehebruch mit einer verheirateten Frau (vgl. 5Mo 22,22) wird ähnlich behandelt. In anderen Fällen sind die Vergehen die gleichen, die Strafen jedoch unterschiedlich, wobei die hebr. durchweg die humaneren sind. In den meisten Fällen bestehen

Unterschiede in der juristischen Behandlung, aber ein exakter Vergleich mit dem AT ist schwierig, da nur der ermittelte Tatbestand (ohne Beweise) genannt wird, gefolgt vom mündlichen Rechtsspruch. Deshalb repräsentieren die Gesetze H.s eine lokale babylon. Manifestation der Einstellung gegenüber Gesetz und Ordnung, die eine Zeitlang in einem großen Teil des alten Vorderen Orients herrschte.

Literatur: AOT, S. 380-410. D.J.W.

HAMOR. (»[männl.] Esel«). Name des Herrschers der Stadt *Sichem zur Zeit Jakobs (1Mo 33,19-34,31), von deren Einwohnern (wörtl. »Söhnen«, eine übliche semit. Wendung) *Jakob ein Stück Land erwarb (1Mo 33,18ff; Jos 24,32). Sowohl H. als auch sein Sohn Sichem fielen bei dem Blutbad, das *Simeon und *Levi an den männlichen Einwohnern der Stadt als Rache für die Schändung ihrer Schwester *Dina anrichteten. Während der Zeit der Richter war H.s Name noch immer mit Sichem verbunden (Ri 9,28). Im NT, in seiner dramatischen Rede vor dem Hohen Rat, sieht *Stephanus Abrahams Kauf der *Machpela-Höhle und Jakobs Erwerb des Landstücks bei Sichem zusammen – Merkmal einer aus dem Stegreif erzählten Geschichte Israels und kein Fehler des Lukas (Apg 7,16).

In bibl. Zeit war die Benutzung von Tiernamen für Personen wie z.B. Hamor, »Esel«, nicht ungewöhnlich. Vgl. Meranum (»Welpe«), der Name eines Arztes auf den Mari-Tafeln aus der Zeit der Patriarchen (Bottéro und Finet: Archives Royales de Mari, 15, 1954, S. 152; vgl. Mendenhall: BASOR 133, 1954, S. 26). Auch Ägypten bietet viele Beispiele dafür. Das Töten eines Esels war mitunter Teil eines Bündnisschlusses (Mendenhall, op.cit.); den Ausdruck »Söhne des Hamor« aber als »Mitglieder eines Bündnisses« zu interpretieren, wie es von Albright (Archaeology and the Religion of Israel, 1953, S. 113) vorgeschlagen wurde, ist unnötig. »Sohn« eines Ortes oder einer Person bedeutet oft lediglich ein Einwohner dieses Ortes oder ein Mitglied des Stammes zu sein, vgl. die häufige Wendung »Kinder (Söhne) Israels«, »Töchter Jerusalems«. K.A.K.

HANAN. Kurzform von Hananja.

1. Sohn Maachas, einer der Helden Davids (1Chr 11,43).

2. Benjaminit, Sohn Schaschaks (1Chr 8,23).

3. Benjaminit aus der Nachkommenschaft Sauls und Jonatans (1Chr 8,38; 9,44).

4. Sohn Jigdaljas. Seine Söhne besaßen z.Zt. Jeremias eine Kammer am Tempel (Jer 35,4).

5. Stammvater einer Familie der Tempelknechte, die mit Serubbabel aus der Verbannung zurückkehrte (Esr 2,46; Neh 7,49).

6. Levit z.Zt. Nehemias (Neh 8,7; 10,11), vielleicht derselbe wie der Sohn Sakkurs (Neh 13,13).

7. Zwei Familienhäupter, die unter Nehemia die Verpflichtung auf das Gesetz unterzeichneten (Neh 10,23.27).

HANANEL. Nach Neh 3,1 ein Turm in *Jerusalem, zwischen dem Schaf- und dem Fischtor im NO der Stadt gelegen. Er wird mit dem »Turm der Hundert« in Verbindung gebracht. Einige Gelehrte setzen sie auch gleich oder rechnen sie zu derselben Festung. Die hebr. Schreibweise lautet *chanan'ēl,* »Gott ist gnädig«.

HANANI. Kurzform von *Hananja.

1. Levit und Leiter der 18. Musikabteilung des Tempels z.Zt. Davids (1Chr 25,4.25).

2. Seher und Vater des Propheten *Jehu. *Asa hatte ihn ins Gefängnis werfen lassen, weil H. sein Bündnis mit dem heidnischen König Ben-Hadad von Syrien getadelt hatte (1Kön 16,1; 2Chr 16,7-10).

3. Bruder Nehemias, der ihm zuerst von der Not der Juden im zerstörten Jerusalem berichtete (Neh 1,2ff). Zusammen mit H., dem Burgvogt, hatte er später die oberste Befehlsgewalt in Jerusalem (Neh 7,2).

4. Priester aus dem Geschlecht Immers, der eine heidnische Frau genommen hatte (Esr 10,20).

5. Levit z.Zt. Nehemias (Neh 12,36).

HANANIAS. Griech. Form des hebr. Namens Hananja (»Jahwe ist gnädig gewesen«).

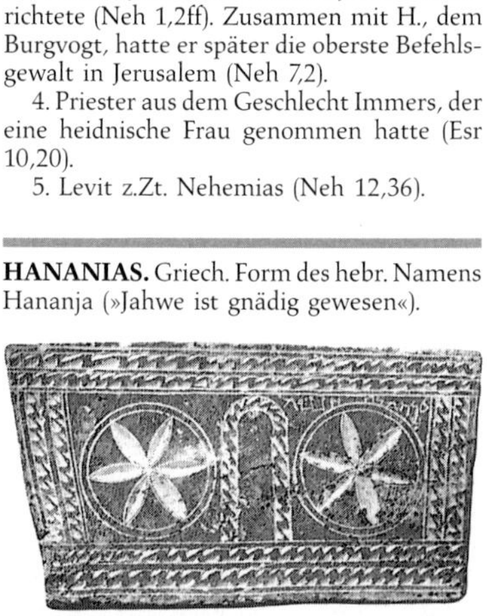

»Martha, die Tochter Hananjas« (Mrth bt Hnnyh)*: Inschrift auf einem in Jerusalem aufgefundenen Ossuar. Auf solchen Behältern für Gebeine mußte zur Identifizierung der Name des Toten stehen. 40 v.Chr.-70 n.Chr.* (JPK)

1. Apg 5,1ff: ein Glied der *Urgemeinde in Jerusalem, dessen Beitrag für die gemeinsame Kasse niedriger war, als er behauptete; er fiel tot zu Boden, als seine Unehrlichkeit aufgedeckt wurde.

2. Apg 9,10ff: ein Nachfolger Jesu in Damaskus, ein frommer Mann nach dem Gesetz, der sich mit Saulus von Tarsus unmittelbar nach dessen Bekehrung befreundete und ihm den Auftrag Christi übermittelte.

3. Apg 23,2; 24,1: H., Sohn des Nedebäus, war von 47-58 n.Chr. Hoherpriester und Präsident des *Sanhedrin zu der Zeit, als Paulus sich vor diesem Gremium zu verantworten hatte. H. war bekannt für seine Habgier. Im Jahr 66 wurde er von den Zeloten wegen seiner pro-röm. Sympathien getötet. F.F.B.

HANANJA. (»Jahwe ist gnädig gewesen«). Ein hebr. Name, der oft im AT und in seiner griech. Form *Hananias/Ananias auch in späterer Zeit auftaucht.

1. Ein Kultprophet, Sohn Asurs, dem Jeremia widerspricht (Jer 28), nachdem er öffentlich im Tempel erklärt hatte, daß in zwei Jahren – entgegen Jeremias Prophezeiung von 70 Jahren (25,12) - die Beute, die Nebukadnezar aus Jerusalem mitgenommen hatte, zurückgegeben würde, die Gefangenen zurückkehren würden und die Macht Babylons gebrochen sein würde. Er bekräftigte seine Worte, indem er als symbolische Handlung das Joch um Jeremias Hals entfernte, das dieser als Symbol der Unterwerfung unter Babylon trug (27,2f.12), und zerbrach. Jeremias Anklage »Der Herr hat dich nicht gesandt« (28,15) bewahrheitete sich durch den Tod H.s zwei Monate später.

2. Vater eines Prinzen unter Jojakim, König von Juda (Jer 36,12).

3. Großvater Jirijas, des Wachoffiziers, der Jeremia als vermeintlichen Überläufer festnahm (Jer 37,13).

4. Einer von Daniels Gefährten während der Gefangenschaft, der in Schadrach umbenannt wurde (Dan 1,6f.11.19).

5. Sohn Serubbabels (1Chr 3,19.21).

6. Ein Benjaminiter (1Chr 8,24).

7. Anführer einer der Musikgruppen, die von David für den Tempelgottesdienst bestimmt wurden (1Chr 25,4.23).

8. Hauptmann in Usijas Armee (2Chr 26,11).

9. Burgvogt, dem Nehemia die Verantwortung für Jerusalem übertrug (Neh 7,2).

10. Verschiedene Personen, die in den Aufzählungen von Esra und Nehemia auftauchen (Esr 10,28; Neh 3,8.30; 12,12.41). J.B.Tr.

HAND. Im Vergleich zum griech. Wort *cheir* (das nur mit »Hand« übersetzt wird, in zusammengesetzten Wörtern wie z.B. *cheiropoiētos*, »mit den Händen gemacht«), haben die beiden am häufigsten mit »Hand« übersetzten Begriffe im Hebr. eine sehr weite Bedeutung. *yād* wird ebenso wie *kaph* unterschiedlich übersetzt, wobei sich alle auf die primäre Bedeutung »Aushöhlung« oder »Handfläche« beziehen, die ihren Ursprung in einem Ausdruck haben, der »gebogen« oder »gekrümmt« bedeutet. *Kaph* ist ebenfalls ein Buchstabe des hebr. Alphabets, der wahrscheinlich seine Form beschreibt. Im hebr. Denken hat die H., ähnlich wie andere Körperteile, nahezu autonome Funktionen (1Sam 24,11). Die Ausgeglichenheit der Ausdrücke »meine Kräfte« und »meiner Hände Stärke« in 5Mo 8,17 sowie weitere Beispiele von Parallelismus deuten an, daß es keine absolute Autonomie bedeutete, da der ursprüngliche Bezug auf der Aktion des ganzen Individuums liegt, auch wenn die Aufmerksamkeit gleichzeitig speziell auf das ausführende Körperteil gerichtet ist (vgl. Mt 5,30). Wie der *Arm wird auch die H. (besonders die rechte) als Symbol von Macht und Gewalt gebraucht. Bei der H. jedoch geht die figurative Bedeutung noch einen Schritt weiter als bei »Arm«, s. z.B. Jos 8,19. In einigen sehr gebräuchlichen Ausdrücken wird die H. als Symbol der Macht verwendet, z.B. »in« oder »aus der Hand seiner Feinde« (Ps 31,16; Mk 14,41). Umgekehrt symbolisiert das Fallenlassen der Hände Schwäche oder Mangel an Entschlossenheit; die Hände stärken heißt, dem abzuhelfen (Jes 35,3; Ri 9,24). Linkshänder werden besonders erwähnt (Ri 3,15). Das Erheben der Hände ist ebenso ein Zeichen von Gewalt (1Kön 11,26) wie von demütiger Bitte (2Mo 9,33; 17,11; Ps 28,2), wobei die *Gestik die Tat verdeutlicht. Das Wort *kaph*, das auf die offene Handfläche hinweist, wird häufiger in letzterem Sinn verwendet. Durch einen Händedruck (Hiob 17,3; RevEB) wurde ein Vertrag geschlossen, ebenso durch das Legen der H. unter die *Hüfte (1Mo 24,9) des anderen oder das Heben der H., wie es heutzutage im Gerichtssaal gemacht wird (1Mo 14,22; 2Mo 17,16). Die Berührung durch die Hände einer Person hielt man für die Übertragung von Autorität, Macht oder Segen, wobei die rechte H. diesbezüglich bedeutsamer als die linke war; oft wurden aber beide Hände benutzt (1Mo 48,13f; 5Mo 34,9). Das Auflegen der Hände des Opfernden auf den Kopf des Opfertiers bedeutete vermutlich Identität mit dem Opfer (3Mo 1,4). Die Weitergabe des Heiligen Geistes oder das Vollbringen von

Frauen und Kinder klatschen in die Hände bei einer Prozession elamitischer Musikanten anläßlich der Thronbesteigung des Prinzen Ummanigasch, Relief am Palast Assurbanipals in Ninive. Ca. 640 v.Chr. (BM)

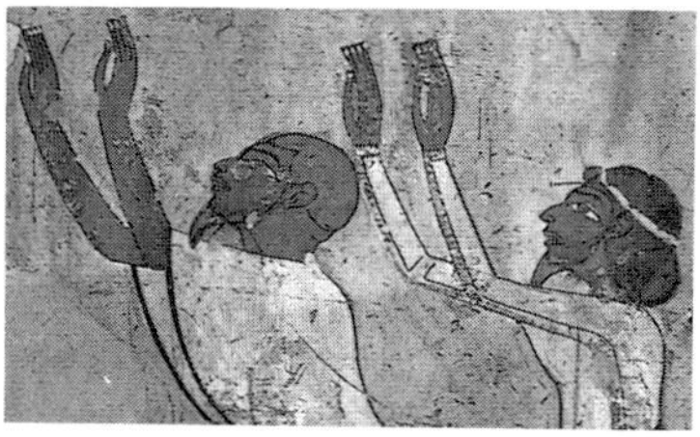

Syrische Botschafter am ägyptischen Hof erheben bittend ihre Hände. Darstellung aus dem Grab des Sebek-hotep in Theben. Ca. 1420 v.Chr. (BM)

Wundern geschieht im NT durch das Auflegen der Hände (Mk 6,5; Apg 8,17-19; 19,11 vgl. *Handauflegung). Dies ist ein Hinweis darauf, daß es im hebr. Denken, und in einem gewissen Umfang auch im NT, eine enge Beziehung zwischen »Körper« und »Geist« gab, die nach griech. Denken getrennt gesehen werden.

»Absaloms Mal« (2Sam 18,18) heißt wörtl. »Absaloms Hand«. B.O.B.

HANDAUFLEGUNG.
Handauflegung oder Erheben der Hände gehört zur Segnung (*Segen); so hat auch Jesus gesegnet (vgl. Mk 10,16; Lk 24,50). Bei Krankenheilungen hat Jesus ebenfalls die Hände aufgelegt (Mk 6,5; 8,23.25; Lk 4,40; 5,13; 13,13). Seinen Jüngern hat er befohlen, dasselbe zu tun (Mk 16,18); so wird diese Praxis auch von den ersten Christen berichtet (Apg 9,17; 28,8). Über dem allem aber bleibt klar: »Jesus Christus macht gesund« (vgl. Apg 9,34; siehe auch Apg 3,6f; 3,12ff). Die H. ist also weder magisch zu verstehen noch symbolisch, als ob von einem Menschen eine geistliche Segenskraft zum Kranken hinüberfließen würde. Glaube an den rettenden Jesus und Gesundheit sind beide durch den auferstandenen lebendigen Jesus gewirkt (vgl. Apg 3,16). Mit der H. der Nachfolger Jesu wird diese rettende Zuwendung Jesu »auf den Kopf zugesprochen«.

Die Ausgießung des Heiligen Geistes ist nicht an eine H. gebunden (vgl. Apg 10,44-48), kann sich aber mit der fürbittenden H. verbinden (vgl. Apg 8,14-19; 19,1-6). Auch hier geht es um das Erbitten und um den auf die Person gezielten Zuspruch der rettenden Zuwendung Jesu, die verläßlich ist. So wenig Menschen den Segen der Taufe vermitteln (vgl. 1Kor 1, 14ff), so wenig »vermitteln« Menschen den Segen des Heiligen Geistes durch die H.

Besonders deutlich wird die H. im Zusammenhang mit einer Einsetzung in ein geistliches Amt bezeugt: Die Leviten werden durch »die Israeliten« mittels Handauflegung zum Dienst berufen (4Mo 8,10); Josua, »in dem der Geist ist«, wird von Mose durch H. zum »Hirten« des Volkes Israel bestellt (4Mo 27,15-23). In gleicher Weise werden in der Gemeinde des Neuen Bundes die sieben Almosenpfleger, »Männer voll heiligen Geistes und Weisheit«, zum Dienst in der Gemeinde durch H. und Gebet bestellt (*Diakon); Paulus und Barnabas werden zur ersten Missionsreise durch die Gemeinde mit Gebet und H. entsandt (Apg 13,1-3). Solche Berufung zum Dienst soll nicht »zu bald« erfolgen (1Tim 5,22; vgl. 1Tim 3,6.10); es soll offensichtlich eine Zeit der Bewährung vorausgehen. Bei wem aber durch Männer mit geistlichem Durchblick besondere Gaben zum Dienst in der Gemeinde erkannt worden sind, den berufen *Älteste durch H. fürbittend und segnend zu solchem Dienst (vgl. 1Tim 1,18; 4,14). Aber auch die so erkannte, bestätigte und in Dienst genommene Gabe kann unwirksam werden, wenn sie nicht gebraucht wird (1Tim 4,14), wenn sie nicht »erweckt« wird (2Tim 1,6). Die unter H. segnend zugesprochene Dienstgabe hat es nicht mit aufsehenerregenden Wunderkräften zu tun, sondern mit dem »Geist der Kraft, der Liebe und der Besonnenheit«, der im Gegensatz steht zum »Geist der Furcht« (2Tim 1,7).

Es geht nicht an, aus der bibl. Erwähnung dieser ordinierenden H. eine Theorie zu konstruieren, daß neben der allgemeinen Ausgießung des Heiligen Geistes die H. eine »zweite Geistausgießung« und verbunden mit der Übertragung außerordentlicher Geistesgaben eine zusätzliche Geistes-»fülle« vermittele.

Literatur: E.Lohse: ThWNT IX, 1973, S. 417f. 420ff. R.S.

HANDEL UND VERKEHR.

I. HANDEL.

Handel, die professionelle Vermittlung des Gütertauschs zwischen Produzenten und Verbrauchern, wird dort möglich und nötig, wo die gesellschaftliche und technische Entwicklung Bedürfnisse weckt, die durch die autarke Hauswirtschaft nicht befriedigt werden können. Vor allem die – im Vorderen Orient um die Wende vom 4. zum 3. Jt. aufkommende – Stadtkultur schuf mit ihrer geballten und arbeitsteiligen Bevölkerung die für einen permanenten H. notwendige Nachfrage. H. war im Altertum vor allem Warenhandel, Austausch von beweglichen Gütern (einschließlich Sklaven), und beruhte bis zur Einführung des Geldes im 7. Jh. v.Chr. ausschließlich auf dem Prinzip des Warentauschs, der allerdings auch eines bestimmten Wertmessers bedurfte. Als Verrechnungsbasis, aber auch als Zahlungsmittel diente schon seit dem 3. Jt. vor allem Silber. So zahlte *Abraham beim Kauf der Höhle *Machpela 400 Schekel Silber nach dem »Kurs der Händler« (*sōhēr* : 1Mo 23,16). Neben dem Binnenhandel, der es vor allem mit dem internen Austausch von Landesprodukten, speziell Naturalien, zu tun hatte und sich im Torgebäude der städtischen Regionalzentren abspielte (1Mo 23,18; 2Kön 7,1), stand der Fernhandel mit landesfremden Produkten (insbesondere Rohstoffe, Edelmetalle und -steine, Luxusgüter, Aromata etc.), der überwiegend königliches Monopol war und durch Handelsverbindungen und -verträge abgesichert werden konnte. So räumten sich die Könige von N-Israel und *Aram (*Damaskus) in ihren Hauptstädten Handelsniederlassungen in Form von Basargassen ein (1Kön 20,34). In Hes 27,12.14.16.19.22 u.ö. ist die Rede von Depositwaren (*ʿizbōn*, »das, was man hinterläßt«), die *Tyrus in ausländischen Filialen »hinterläßt«, damit sie durch Handelsvertreter gegen einheimische Güter eingetauscht werden (in V. 13.17.19 u.ö. werden die Waren von Tyrus als *maʿărāb*, »Tauschgut« bezeichnet, vgl. W. Zimmerli, BKAT XIII/2, ²1979, 650). Zu einer partnerschaftlichen Form von Handelsverbindungen s.u.

Palästina, der südwestl. Ausläufer des »fruchtbaren Halbmonds«, ist Teil der syropalästin. Landbrücke zwischen den großen Schwemmländern Mesopotamien und Ägypten und als solcher ein ausgesprochenes Durchgangsgebiet, durchzogen von internationalen und transkontinentalen Marsch- und Handelswegen, die zugleich Bahnen des wirtschaftlichen und kulturellen Austauschs waren. Internationale Dimensionen erreichte dieser Austausch erstmals in der Frühen Bronzezeit (ca. 3150–2000 v.Chr.), dem Zeitalter der ersten Urbanisierung, in dem sich gleichzeitig mit dem Aufblühen der frühen Hochkulturen des Nil- und Zweistromlands in Palästina eine Stadtkultur entwickelte. Einen gesteigerten und neuartigen Bedarf an Rohstoffen – hartes Gestein für Statuen, Kupfer, Holz, Elfenbein, Edelsteine, Aromata u.a.m. – deckten die großen Stromoasen durch weitausgreifende Handelsbeziehungen und Expeditionen zu Wasser und zu Lande. Das Einzugsgebiet mesopotamischer Importe reichte von Afghanistan und Indien bis in die Region des Persisch-arabischen Golfs und zum Mittelmeer; ägyptische Aktivitäten erstreckten sich über das Rote Meer bis nach Punt (östl. Sudan und nördl. Äthiopien), über das Mittelmeer bis zum Libanon, dem Hauptlieferanten von Holz. Umschlaghafen war hier Gubla (Byblos, heute Dschbēl), wohin die Pharaonen des Alten Reiches ganze Flotten sog. »Byblosfahrer« (Bezeichnung auch für Schiffe auf dem Roten Meer) entsandten. Auch in Palästina ist diese Kulturepoche gekennzeichnet durch eine rege Einfuhr und ei-

Handelsstraßen in Palästina zur Zeit des Alten und Neuen Testaments. ►

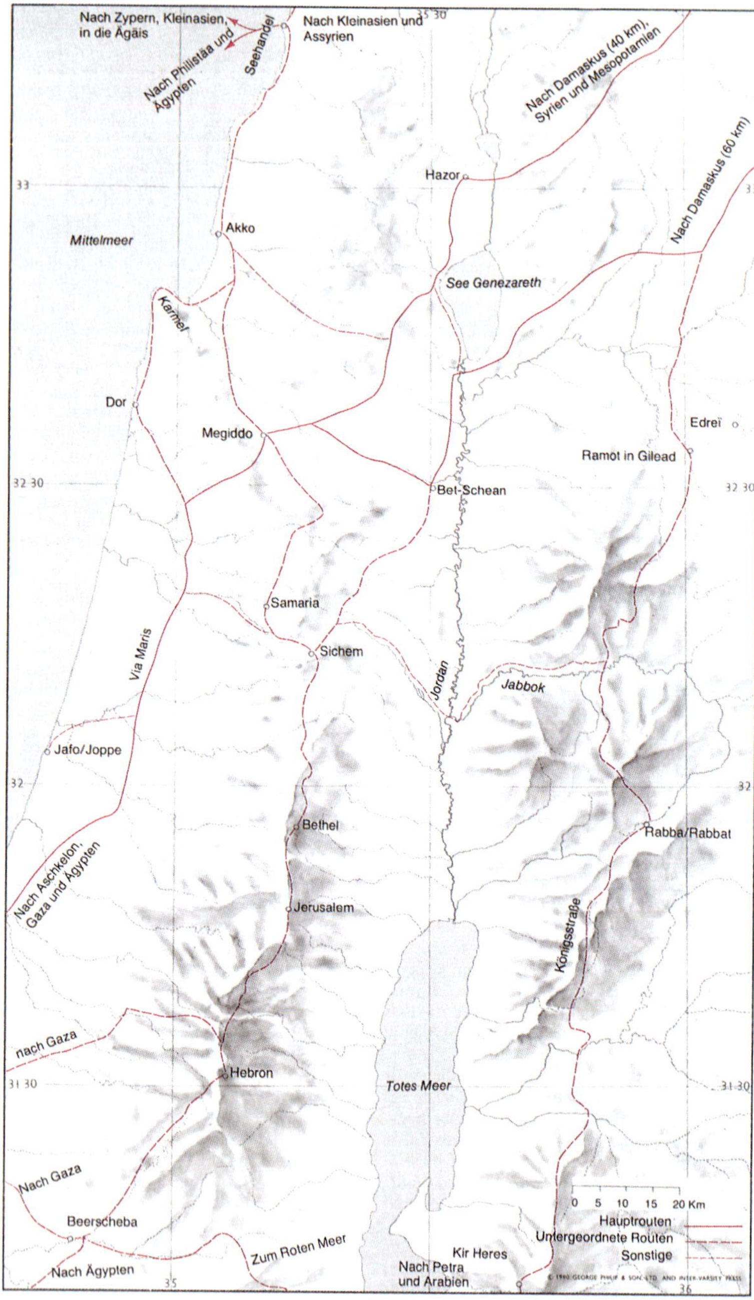
Nach Zypern, Kleinasien, in die Ägäis
Nach Philistäa und Ägypten
Seehandel
Nach Kleinasien und Assyrien
Nach Damaskus (40 km), Syrien und Mesopotamien
Nach Damaskus (60 km)
Hazor
Akko
Mittelmeer
See Genezareth
Karmel
Dor
Megiddo
Edreï
Ramot in Gilead
Bet-Schean
Samaria
Sichem
Via Maris
Jordan
Jabbok
Jafo/Joppe
Bethel
Rabba/Rabbat
Nach Aschkelon, Gaza und Ägypten
Jerusalem
Königsstraße
nach Gaza
Hebron
Totes Meer
Nach Gaza
Beerscheba
Zum Roten Meer
Nach Ägypten
Kir Heres
Nach Petra und Arabien
0 5 10 15 20 Km
Hauptrouten
Untergeordnete Routen
Sonstige
33
32 30
32
31 30
35
35 30
36

nen starken Einfluß von Gütern und handwerklichen Techniken der näheren und weiteren Umwelt; umgekehrt fand etwa palästin. Keramik ihren Weg nach Ägypten (vgl. dazu J.B. Hennessy, The Foreign Relations of Palestine during the Early Bronze Age, 1967; A. Ben-Tor, The Trade Relations of Palestine in the Early Bronce Age, JESHO 29 (1986), 1–27).

In der Mittleren und Späten Bronzezeit (ca. 2000–1200 v.Chr.) orientierte sich der mesopotamische H. vor allem nach W. Assur am oberen Tigris besaß zu Anfang des 2. Jt. v.Chr. eine Handelsniederlassung im rund 1000 km weit entfernten Kanisch (Kültepe) in Zentralanatolien, wo man vor allem Textilien und Zinn zur Herstellung von Bronze gegen Silber und Gold verkaufte. Die Tausende altassyr. Keilschrifttexte von Kültepe geben uns nicht nur Auskunft über Handelsrouten, Waren und deren Herkunfts- bzw. Zielorte, sondern auch über die Geschäftspraxis der hier ansässigen Händler und deren heimatlicher Handelshäuser. Knotenpunkt des mesopotamisch-syr. Handelsverkehrs war die Stadt *Mari (Tell Harīrī) am mittleren Euphrat. Ihre Handelspartner, denen sie vor allem Zinn lieferte, waren u.a. Hattuscha (Bogazköy) in Anatolien. *Ugarit (Rās esch-Schamra) und Gubla/Byblos an der syr. Küste, Lais/Dan (Tell el-Qādī) und *Hazor (Tell Waqqāṣ) in Nordpalästina (vgl. A. Malamat, Syro-Palestinian Destinations in a Mari Tin Inventory, IEJ 21, 1971, 31–38). Mari wiederum bezog Kupfer aus Zypern. Im 2. Jt. v.Chr. intensivierten sich auch die Handelsbeziehungen des östl. Mittelmeerraums, und mit ihnen nahm die Schiffahrt an Umfang und Bedeutung zu. Das Schwergewicht des Seehandels verlagerte sich nun auf die syr.-palästin. Küste, Zypern, *Kreta und die Ägäis. An der südsyr. Küste behauptete immer noch Gubla/Byblos seine alte Vorrangstellung. Weiter nördl. war Ugarit das Umschlagszentrum des Mittelmeerhandels. Ugarit spielte aber nicht nur eine Vermittlerrolle, sondern exportierte auch eigene Produkte – Textilien, Purpurwolle, Buchsbaum, Öl, Wein und Getreide, das bisweilen neben ägyptischem Getreide zur Abwendung von Hungersnot über See in das Hetiterreich transportiert wurde. Das Florieren des Mittelmeerhandels dokumentieren ägyptische und ugaritische Texte, aber auch die Funde »kanaanäischer« Wein- und Ölkrüge in Ägypten und nicht zuletzt die massenhafte Verbreitung mykenischer und zyprischer Keramik im gesamten ostmediterranen Bereich während der Späten Bronzezeit (ca. 1550–1200 v.Chr.). Den syr. Seehandel mit Ägypten illustriert anschaulich eine Wandmalerei im Grab der Kenamun in Theben (Zeit Amenophis III., 1402–1364 v.Chr.), die eine Flotille syr. Handelsschiffe an der Reede bzw. dem Kai des Flußhafens von Theben darstellt. Die Ladung besteht vor allem aus Gefäßen mit Öl und Wein, aber auch zwei gefleckte Buckelrinder sind dabei (ANEP 111). Nach wie vor deckte Ägypten seinen Bedarf an Holz aus den syr. Küstengebirgen; Kupfer bezog es aus Zypern, erschloß aber in der Ramessidenzeit (13.–11. Jh.) auch die Kupfervorkommen der Sinaihalbinsel. Zum H. im weiteren Sinne gehört auch der Austausch von »Geschenken« zwischen den Pharaonen der Amarnazeit (14. Jh.) und den mesopotamischen Herrschern. Ägypten lieferte neben Ebenholz und Elfenbein vor allem Gold, das im Zweistromland Verrechnungsgrundlage, aber auch direktes Zahlungsmittel geworden war; Babylonien schickte Edelsteine, vor allem Lapislazuli, Assur Pferde und Streitwagen.

Für das 1. Jt. v.Chr. gewährt uns zunächst das AT aufschlußreiche Einblicke in die Welt des H.s. Mit dem rapiden Aufstieg des davidischen Großreichs trat Israel auch in den Kreis der vorderasiatischen Handelsmächte ein. Schon David pflegte in dieser Hinsicht gute Beziehungen zu Hiram von Tyrus (2Sam 5,11 = 1Chr 14,1; 1Kön 4,15), die Salomo beträchtlich ausbaute und vertraglich absicherte (1Kön 5,26). Sie betrafen zum einen die Lieferung von Bauholz aus dem Libanon im Austausch gegen landwirtschaftliche Produkte, vor allem Weizen und Olivenöl (1Kön 5,15–32 = 2Chr 1,18; 2,1–15; 1Kön 9,10–14), zum andern eine Kooperation bei weitausgreifenden Handelsunternehmungen auf dem Roten Meer (1Kön 9,26–28; 10,11–12). Auf der Hafeninsel Ezjon-Geber (Dchezīret Farʿūn) im N des Golfs von el-ʿAqaba/*Elat ließ Salomo, gewiß mit Hilfe der Tyrer, Schiffe bauen und schickte sie, bemannt mit tyrischen und israelit. Matrosen, zum – höchstwahrscheinlich im südl. Arabien gelegenen – Goldland Ofir, woher sie Gold, Silber, Edelsteine, Edelhölzer und Affen brachten. Wahrscheinlich bezieht sich auf diese Unternehmungen auch 1Kön 10,22, wo davon die Rede ist, daß die Tarsis-Schiffe Salomos mit den Schiffen Hirams ausfuhren und drei Jahre, d.h. mindestens ein Jahr und je einen Teil von zwei weiteren Jahren unterwegs waren. Unter den importierten Handelsgütern wird hier noch *Elfenbein genannt. Eine Wiederholung dieses Unternehmens unter dem judäischen König *Joschafat scheiterte, weil die von ihm gebauten Tarsis-Schiffe schon im Hafen von Ezjon-Geber zu Bruch gingen (1Kön 22,48–50; 2Chr 20,35–37). Ein Kooperationsangebot des nordisraelit. Königs *Ahasja fand keine Gegenliebe.

Der althergebrachte kanaan. Terminus technicus für derartige Verbindungen lautet *ʰbr* (Vgl. 2Chr 20,35f). Er begegnet bereits im Reisebericht des ägyptischen Tempelbeamten Wenamun (um 1076 v.Chr.), der, um Holz für die heilige Barke des Gottes Amun gegen Stoffe, Pergament, Seile, Linsen, Trockenfisch sowie Gold- und Silbergefäße einzuhandeln, über die mittelpalästin. Hafenstadt Dor nach Gubla/Byblos segelte (vgl. TGI, ³1979, 44). – Zu Lande betrieb Salomo Transithandel mit Pferden aus Ägypten und dem zilizischen Quwe, ferner mit ägyptischen Streitwagen, die über Handelsagenten in die aramäischen Staaten bis hinauf nach Nordsyrien exportiert wurden (1Kön 10,28f).

Zur führenden mediterranen Handelsmacht stiegen seit dem Beginn des 1. Jt. die Phönizier auf, allen voran Tyrus und Sidon. Seit dem 8. Jh. gingen sie dazu über, befestigte Hafensiedlungen im Ausland anzulegen, und diese Art der Kolonisation erfaßte schließlich den gesamten Mittelmeerraum bis hin nach Spanien (vgl. K. Galling, Der Weg der Phönizier nach Tarsis in literarischer und archäologischer Sicht, ZDPV 88, 1972, 1–18.140–181; H.G. Niemeyer (Hrsg.), Phönizier im Westen. Madrider Beiträge 8, 1982). Allerdings blieben die Phönizier nicht ohne Konkurrenz. Im 8. Jh. begannen auch die griech. Seestädte mit der Anlage von Handelsstützpunkten außerhalb des Mutterlandes, so etwa an der nordsyr. Küste. Die weltweiten Verbindungen von Tyrus illustriert anschaulich Hes 27,12–24, eine Liste von Handelsländern und ihrer Waren, die in ein Klagelied über die visionär vorweggenommene Zerstörung des »Prachtschiffs Tyrus« durch *Nebukadnezar II. (605–562 v.Chr.) eingeschaltet ist. Der Bogen spannt sich vom südspanischen Tarsis (Silber, Eisen, Zinn, Blei) über Kleinasien (Sklaven, Kupfergeräte, Pferde, Maultiere) und Rhodos (Elfenbein, Ebenholz) bis nach Nordmesopotamien (kostbare Textilien, Seile), südwärts von Damaskus (Wein, Wolle) über Israel (Naturalien) und Edom (kostbare Steine und Stoffe) bis nach Arabien (Eisen, Gold, Edelsteine, Kleinvieh, Stoffe, Aromata). *Phönizien selbst war berühmt für seine Purpurfärberei. In pers. Zeit beherrschten Tyrus und Sidon weitgehend auch den Handel an der palästin. Küste, wo sie die Mehrzahl der wichtigen Häfen in Besitz hatten, z.T. dank pers. Übereignung. *Gaza war damals den Arabern zur zollfreien Nutzung überlassen; es diente ihnen als mittelmeerischer Umschlaghafen für die Güter aus Indien, Ostafrika und Südarabien, die sie über die von ihnen kontrollierte Weihrauchstraße (s.u.) heranschafften (vgl. S. Mittmann, Die Küste Palästinas bei Herodot, ZDPV 99, 1983, 130–140).

Ihre Nachfolge traten in hellen. Zeit die *Nabatäer an, die ihre Stellung bis 106 n.Chr. behaupten konnten. In Palästina erfuhr der Außenhandel unter den Ptolemäern, Seleukiden und Römern eine bedeutende Intensivierung und Internationalisierung, die vor allem den neu aufblühenden Städten zugute kamen. Wie stark aber diese Entwicklung im Zuge einer allgemeinen Hellenisierung den Lebensstil des ganzen Landes prägte, zeigt dem Archäologen etwa die Allgegenwart von Henkeln und Scherben rhodischer Weinamphoren in den hellen. Siedlungen Palästinas. Bezeichnend ist auch, was im Jerusalem der Zeit Jesu über Fernhandelsverbindungen aus aller Herren Länder zusammenkam, vor allem im Tempel und natürlich nicht ohne Vermittlung und Hilfe der weltweiten Diaspora: Getreide aus Ägypten, getrocknete Feigen aus Zypern, beides zur Bekämpfung von Hungersnot, Sklaven aus Tyrus und Sidon, aus Sidon auch Glas, Holz aus dem Libanon, kostbare Stoffe aus Babylonien und Indien, Gold, Kupfer, Eisen und Aromata aus Arabien.

Literatur: H.G. Goven: Hebrew Trade and Trade Terms in Old Testament Times, JSOR 6/1922, 1–16; J. Jeremias: Jerusalem zur Zeit Jesu, ²1958, 33–66; W. Cullican: The First Merchant Venturers. The Ancient Levant in History and Commerce, 1966; F.M. Heichelheim: An Ancient Economic History, I–III, 1958–1970; W. Helck: Die Beziehungen Ägyptens zu Vorderasien im 3. und 2. Jahrtausend v.Chr., Ägyptische Abhandlungen, Bd. 5, ²1971; W.F. Leemann: Handel, in: RLA 1972–1975, 76–90; W. Raunig: Bernstein – Weihrauch – Seide. Waren und Wege der antiken Welt, 1971; M. Hengel: Judentum und Hellenismus, WUNT 10, ²1973, bes. 61–105; K. Galling: Handel und Verkehr, BRL², 1977, 134–138; W. Helck: Handel, in: LÄ II, 1977, 943–948; W. Helck: Die Beziehungen Ägyptens und Vorderasiens zur Ägäis bis ins 7. Jahrhundert v.Chr., 1979; H. Klengel: Handel und Händler im Alten Orient, 1979 (Literatur!).

II. VERKEHR.

1. Landverkehr.

a. Straßen.

Hebr. *derek*, »Weg«, *mesillā*, »(aufgeschüttete) Straße, Fahrdamm«, griech. *hodos*, »Weg«.

Über das Straßenwesen der alten Welt gibt es bis zur röm. Zeit nur höchst unzureichende Nachrichten. Nur hier und da einmal erwähnen die Quellen die eine oder andere Straße oder erlauben die Rekonstruktion gewisser Routen. So sind für Mesopotamien einige wenige Itinerare überliefert (G. Frantz-Szabo, Itinerare, RLA V, 1976–1980, 216–220), und für die altsyr. Zeit bieten die Keilschrifttafeln von Kanisch (s.o.) aufschlußreiche Hinweise auf mesopotamisch-anatolische Handelswege (Kh. Nashef, Rekonstruktion der Reiserouten zur Zeit der altassyr. Handelsniederlassungen, Beihefte zum Tübinger Atlas des Vorderen Orients B 83, 1987).

Von besonderer Bedeutung für den internationalen und transkontinentalen Handel waren seit dem 3. Jt. v.Chr. die Weihrauchstraße, die, zumeist entlang dem Westrand der arab. Halbinsel, den Indischen Ozean mit dem Mittelmeer verband, und die Seidenstraße, die von Nordsyrien (Ausgangspunkt später *Antiochia am Orontes) über Nordmesopotamien und -persien nach China führte. Die Verbindung zwischen Ägypten und dem Zweistromland vermittelte die Straße, die zunächst an der nordsinaitischen und süd- und mittelpalästin. Küste entlangzog, sodann hinter dem Karmel zur Megiddo-Ebene hinüberlief, von wo aus man entlang der nordpalästin.-phönizischen Küste oder durch das obere Jordantal und die Biqāʿ-Hochebene (zwischen Libanon und Antilibanon) nach Mittelsyrien gelangte. Auf diesen Routen zogen die Pharaonen der 18. und 19. Dynastie nach Ausweis ihrer Inschriften bei ihren zahlreichen Asienfeldzügen nordwärts. Die Heerstraße vom Nildelta nach Palästina (ägypt. »Horusweg«; 2Mo 13,17: »Weg zum Philisterland«) stand schon zu Anfang des 3. Jt. unter der Kontrolle der Ägypter, wie eine ägyptische Straßenstation am mittleren Südrand der palästin. Küstenebene (vgl. S. Mittmann, Eretz-Israel 15, 1981, 1–9) zeigt.

Von einer staatlichen Straßenpflege und -sicherung hören wir Genaueres erst wieder im 1.Jt. v.Chr.

Der verkehrsgeographische Zusammenhalt des neuassyr. Imperiums basierte auf einem Netz von Hauptstraßen, die die offizielle Bezeichnung *ḫarrān scharri*, »Königsstraße«, trugen. Sie dienten der militärischen Sicherung, der Kontrolle des Handels, der Beförderung von Truppen, Amtsträgern und Kurieren und hielten damit vor allem die Verwaltungszentren der assyr. Provinzen mit der Zentrale des Reiches in enger und ständiger Verbindung. Diese Straßen waren offenbar nicht durchgängig befestigt, aber durch Forts und Wachthäuser geschützt, die in gewissem Umfang auch als Rast- und Pferdewechselstationen, insbesondere für den königlichen Kurierdienst, fungierten. Dieses System orientierte sich naturgemäß an längst bestehenden Routen. Das Vorhandensein vorassyr. »Königsstraßen«, d.h. von einheimischen Herrschern angelegter Straßen, bezeugen für das südl. und mittlere Ostjordanland 4Mo 20,17 und 21,22 (nach B. Oded, JNES 29, 1970, 184 Anm. 53, Anlehnung an den neuassyr. Sprachgebrauch), ferner die große Steleninschrift des Königs *Mescha von Moab (Mitte 9. Jh.), der sich Z. 26 rühmt, er habe »die aufgeschüttete Straße im Arnon(tal) gemacht«, d.h. eine Kunststraße quer durch das cañonartige Durchbruchstal des *Arnon, das *Moab zerteilte.

Literatur: A. Alt: Assyrische Königsstraßen in Palästina und Syrien, ZDPV 67, 1945, 147–159; B. Oded: Observations on Methods of Assyrian Rule in Transjordania After the Palestinian Campaign of Tiglatpileser III, JNES 29, 1970, 177–186, 181–185; K. Kessler: Untersuchungen zur historischen Topographie Nordmesopotamiens, Beihefte zum Tübinger Atlas des Vorderen Orients B 26, 1980, 183–236.

Mehr noch als das assyr. Großreich war das Weltreich der Perser auf ein reibungslos funktionierendes Kommunikationssystem angewiesen. Die achämenidischen Herrscher übernahmen das von den Assyrern und Babyloniern überkommene Verkehrsnetz, bauten es planmäßig aus und ließen die wichtigsten Strecken nach Stadien und Parasangen vermessen. Von besonderer Bedeutung und den Römern noch bekannt war die ca. 2600 km lange »Königsstraße«, die vom Reichszentrum Susa nach Mesopotamien und Kleinasien, nach Sardis, führte, gut gesichert und ausgestattet mit Karawansereien und Poststationen (Herodot V,52–54). Herodot (VIII,98) rühmt die Schnelligkeit des pers. Post- und Kurierdienstes, die im wesentlichen auf dem stafettenartigen Wechsel von Pferden und »Eilboten« (vgl. auch Est 3,12f; 8,10) im Abstand von Tagesetappen beruhte. Diese »Reiterpost« hätten die Perser »Angareion« genannt – eine Bezeichnung, die sich vom babylon. *egertu*, »Brief«, herleitet und den Zusammenhang des pers. mit dem assyr. Postwesen belegt. Der pers. Post sind wohl die visionären Reiter nachempfunden, die im ersten Nachtgesicht des Propheten Sacharja (Sach 1,8–15) »die ganze Erde begehen« (1,10f), um deren politischen Zustand zu erkunden.

Literatur: O. Bucci: L' attività legislativa del sovrano achemenide e gli archivi reali persiani, Revue Internationale des Droits de l'Antiquité 25/1978, 724–31 (zum pers. Postwesen); J. Wiesehöfer: Beobachtungen zum Handel des Achämenidenreiches, Scripta Mercaturae 2, 1980, 5–15 (zum Straßennetz).

Im Altertum sonst unerreicht war der technische Standard und geographische Umfang des röm. Straßenbaus. Seit Augustus war der Kaiser oberster Bauherr. In den Provinzen delegierte er die *cura viarum*, die Verantwortung für Bau und Instandhaltung der Straßen an Statthalter, Prokuratoren oder Sonderbeauftragte. Für die beträchtlichen Bau- und Reparaturkosten kamen hier Kommunen, Anlieger und Grundbesitzer auf. Die Konzipierung und Trassierung der Straßen oblag der Armee, die über das technische Personal zur Vermessung etc. verfügte, und folgte vor allem dem Gebot eines gradlinigen, steigungsgünstigen und kostensparenden Verlaufs. Dazu waren etwa Felsformationen zu begradigen und zu schneiden, Hanglagen gegen Rutschgefahr abzusichern, Straßenführungen in nassem Gelände zu erhöhen, Brücken zu bauen. Nicht wenige der Straßen waren befestigt durch eine Bettung unterschiedlicher Dicke und Schichtung und eine Pflaster- oder gewalzte Kiesdecke. Entlang der Straßen erster Ordnung standen in Meilenabständen (ca. 1,5 km) Meilensteine, bis zu 3 m hohe Steinsäulen mit viereckigem Sockel. Sie trugen in der Regel eine latein. – selten griech. – Inschrift, die in jedem Falle an erster Stelle, wenn nicht ausschließlich den Namen des Kaisers samt seinen Titeln nannte, dazu die Zahl der Meilen vom letzten oder bis zum nächsten größeren Ort. Nachtherbergen *(mansiones)* und Pferdewechselstationen *(mutationes)* dienten in erster Linie dem amtlichen Reise- und Nachrichtendienst *(cursus publicus)*, dem zur Orientierung Straßenkarten und Wegverzeichnisse (Itinerarien) zur Verfügung standen. Eine Anschauung von diesen Hilfsmitteln geben etwa die sog. Tabula Peutingeriana, eine Straßenkarte des spätröm. Imperiums, und das Itinerar des Pilgers von Bordeaux (333 n.Chr.). Von unschätzbarem Wert ist das ermittelte System röm. Straßen und Strecken für die historische Topographie Palästinas, weil einschlägige Quellen wie die frühchristl. Pilgerberichte oder das Onomastikon (Namenbuch) des Bischofs Euseb von Caesarea in Palästina (ca. 260/65–339/40 n.Chr.), das bibl. mit zeitgenössischen Ortsnamen kombiniert, Lageangaben mit Hilfe von Meilendistanzen der Straßen vornehmen. Paulus benutzte auf seinen Missionsreisen häufig die Römerstraßen des Reiches, so die Militärstraße durch *Pisidien und *Lykaonien (Apg 13,14.51; 14,6), die Via Egnatia durch *Mazedonien (Apg 16,12; 17,1.10) oder die Via Appia nach Rom (Apg 28,15).

Literatur: K. Miller: Itineraria Romana, ([2]1916), 1964; K. Miller: Die Peutingersche Tafel, 1962; P. Thomsen: Die römischen Meilensteine der Provinzen Syria, Arabia und Palästina, ZDPV 40, 1951, 1–103; C. Kuhl: Römische Straßen und Straßenstationen in der Umgebung von Jerusalem, Palästinajahrbuch 24/1928, 113–140; M. Avi-Yonah: Map of Roman Palestine, QDAP 5, 1936, 139–193; M. Avi-Yonah: The Development of the Roman Road System in Palestine, IEJ 1, 1950–51,54–60; A. u. M. Levi: Itineraria picta, 1967; R. Chevallier: Roman Roads, 1976; H. Donner: Pilgerfahrt ins Heilige Land, 1979; H.-Chr. Schneider: Altstraßenforschung, 1982 (Literatur!).

b. Transportmittel.

Im Verkehr des Altertums spielte das Pferd keine Rolle. Es kam im 2. Jt. v.Chr. als Zugtier für Streitwagen, im 1. Jt. allmählich auch als Reittier für Militär und Meldewesen (s.o.) in allg. Gebrauch. Die wichtigsten Trag- und Reittiere waren zunächst Esel und Maultiere, Esel auch im internationalen Karawanenverkehr. Erst gegen Ende des 2. Jt. löste den Karawanenesel weitgehend das Kamel ab, das selbst bei sommerlicher Hitze noch fünf Tage lang ohne Wasser eine Maximallast von 400 kg bis zu 50 km pro Tag befördern kann. Kamelkarawanen beschleunigten also bei vergrößerter Transportkapazität den Lastverkehr und erschlossen neue und nähere Routen durch vormals unpassierbare Wüstengebiete. Damit fand nun auch Südarabien, Umschlagsland vor allem für Aromata aus Indien und Ostafrika, über die Weihrauchstraße einen direkten und dauerhaften Anschluß an den fruchtbaren Halbmond und die Levante (Kamele bringen Güter von Saba nach Jerusalem: 1Kön 10,2; von Damaskus nach Samaria: 2Kön 8,9; von Gilead nach Ägypten: 1Mo 37,25). Dagegen hatte der von Rindern gezogene Lastwagen wegen des mangelhaften Zustands der Straßen und der geringen Ladekapazität bis in die röm. Zeit hinein für den Fernverkehr nur eine untergeordnete Bedeutung (vgl. H.-Chr. Schneider, Die Bedeutung der römischen Straßen für den Handel, Scripta Mercaturae 2/1980, 85–96). Um so größer war in dieser Hinsicht das Gewicht des Seeverkehrs.

2. Seeverkehr.

Seeschiffahrt war zunächst im wesentlichen Küstenschiffahrt. Die Schiffe segelten vor allem tagsüber in Sichtverbindung mit dem Land und seinen markanten Orientierungspunkten (Berge, Kaps etc.). Nachts gingen sie vor Anker, sofern nicht die Gestirne als Lichtspender und Richtungspunkte die Weiterfahrt erlaubten. Verlor man auf hoher See die Orientierung, wiesen mitgeführte Landvögel, etwa Krähen oder Tauben (vgl. 1Mo 8,7–12), den Weg zum festen Gestade. Spätestens im 1. Jt. war die Nautik soweit entwickelt, daß man nach den Sternen steuernd das Mittelmeer überqueren und im Atlantik bis zur südl. Hemisphäre vordringen konnte. Daß die Küstenschiffahrt daneben ihre Bedeutung behielt, zeigen die Küstenbeschreibungen. *períploi*, »Umfahrten« genannt, die seit dem 6. Jh., zuerst bei Puniern und Griechen, in Gebrauch kamen. Über die syropalästinische Küste des 4. Jh. informiert nach nautischen Gesichtspunkten (Hafenorte, z.T. mit politischer Zugehörigkeit, Flußeinfahrten, Vorgebirge etc.)

der Periplous des Pseudo-Skylax. War der Sternenhimmel bedeckt, verloren die Hochseeschiffe leicht die Richtung; und das war neben der Gefahr von Seestürmen der Grund, weshalb die Hochseeschiffahrt in der winterlichen Regenzeit, von Oktober etwa bis April, ruhte (vgl. Apg 27,9ff). Die kritische Situation, die die Nähe des Landes, besonders bei Nacht und stürmischer See, heraufbeschwören konnte, suchte man durch Ausloten der Wassertiefe zu meistern (Apg 27,14). Als Häfen dienten offene Buchten, Becken mit vorgelagerten Riffen oder Inseln als Wellenbrecher und künstliche Hafenbecken im Schutz von Molen und Mauern. Einen Hafen des letztgenannten Typs ließ Herodes der Große in seiner Neugründung *Caesarea maritima anlegen, die die Römer nicht zuletzt dank ihrer zentralen Küstenlage und ihres Hochseehafens zur Hauptstadt der röm. Prokuratur Judäa und der späteren Provinz Palästina erhoben.

Literatur: K. Lehmann, Hartleben: Die antiken Hafenanlagen des Mittelmeeres, Klio, Beiheft XIV, NF 1, (1923), 1963; A. Köster: Das antike Seewesen, (1923), 1969; C.A. Rost: Seewesen und Seehandel in der Antike, 1968; O. Keel: Vögel als Boten, OBO 14, 1977; L. Casson: Die Seefahrer der Antike, 1979; H. Müller-Karpe (Hrsg.): Zur geschichtlichen Bedeutung der frühen Seefahrt, Kolloquien zur Allgemeinen und Vergleichenden Archäologie, 1982; O. Höckmann: Antike Seefahrt, 1985. S.M.

HANDFASS s. Kultgeräte

HANDSCHRIFTEN s. Papyri und Ostraka; Schrift; Tradition

HANDSCHRIFTEN VOM TOTEN MEER s. Schriftenfunde vom Toten Meer

HANDWERK/KUNSTHANDWERK.

Die Bewohner Palästinas übten die gleichen grundlegenden H.e aus wie ihre Nachbarn. Sie konnten die meisten ihrer Gebrauchsgegenstände aus Ton, Metall, Fasern, Holz und Stein selbst herstellen. Diese Arbeiten zu verrichten war Aufgabe jedes erwachsenen Mannes. Er wurde von seiner Frau unterstützt, die zu Hause spann, webte und kochte. Durch Kontakte zu anderen, technologisch fortgeschrittenen Völkern lernten die Israeliten schnell spezialisierte Handwerke kennen und ihren Bedürfnissen anzupassen. Es gab also vermutlich immer wieder herausragende Handwerker unter ihnen, auch wenn die Archäologen bisher nur wenige Beispiele ihrer Arbeit zutage förderten.

Es gibt Hinweise darauf, daß die Israeliten Kunstfertigkeit schätzten, selber aber nicht

Assyrische Handwerker tragen Werkzeuge. Relief am Palast Sanheribs in Ninive. Ca. 690 v.Chr. (BM)

außergewöhnlich erfinderisch oder künstlerisch begabt waren. Die Fähigkeiten des Judäers Bezalel in dieser Richtung wurden als göttliche Gabe betrachtet (2Mo 31,3; 35,31; vgl. 28,3). Die Arbeit mit Eisen hatte man von den Philistern gelernt (1Sam 13,20) und die Geheimnisse des Färbens von den Phöniziern.

Die Phönizier schickten auch Konstrukteure, Vorarbeiter und Handwerker zur Unterstützung der einheimischen Arbeiter, die für Großprojekte wie den Bau von Davids Königspalast und des Tempels von Jerusalem (s.u. III.) zur Verfügung standen. Im 1.Jh.v.Chr. wurde die Kunst der Glasherstellung aus Tyrus importiert.

I. HANDWERKE UND HANDWERKERZÜNFTE.

Aus Gründen der Wirtschaftlichkeit und der Versorgung lebten die Fachhandwerker in größeren Orten und Städten und arbeiteten gewöhnlich in besonderen Vierteln wie in den heutigen Basaren (*suq*). Das führte zur Entstehung von Handwerkervereinigungen oder Zünften, »Geschlechter« genannt, die ihren Sitz manchmal in der Stadt hatten, die das Zentrum ihres Handwerks bildete. Beispiele dafür sind die Färber und Weber in Tell beit Mirsim (Eglon; vgl. 1Chr 4,21). Im nachexilischen Wohngebiet benjaminitischer Geschlechter gab es ein »Tal der Zimmerleute«

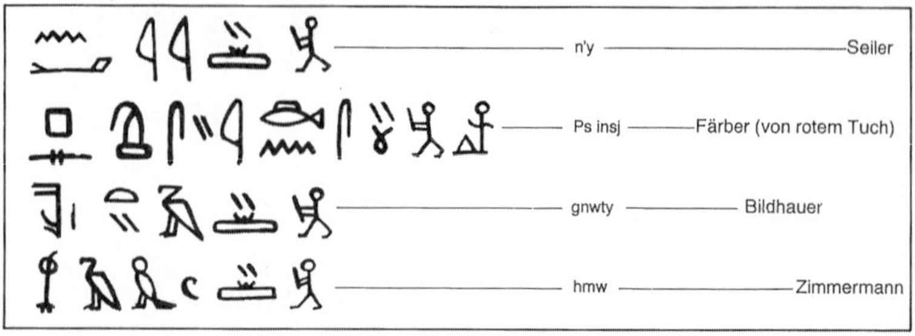

Die Bezeichnung verschiedener Handwerke im alten Ägypten in Hieroglyphen (mit Transliteration)

(1Chr 4,14; Neh 11,35); Töpfer (Mt 27,7) und Walker (2Kön 18,17) hatten eigene »Felder« außerhalb der Stadtmauern Jerusalems. Ein Zunftmitglied wurde »Sohn« seines H.s genannt (z.B. bei den Goldschmieden, Neh 3,8.31 RevEB Anm.). Zur Zeit des NT waren die Zünfte mächtige politische Gruppen, die mit kaiserlicher Lizenz arbeiteten. Demetrius führte die Zunft der Silberschmiede in Ephesus an (Apg 19,24), und die Bezeichnung Alexanders als Kupferschmied (griech. *chalkeus*) schließt seine Mitgliedschaft in solch einer Zunft ein (2Tim 4,14).

Ein allg. Ausdruck (hebr. *chārāsch*, »einer, der eingräbt, ersinnt, erfindet«) wird gleichermaßen für Handwerker oder »Kunsthandwerker« im allg. (2Mo 38,23; 2Sam 5,11) wie für Facharbeiter im Metallbereich, sei es nun Kupfer (2Chr 24,12; Jes 40,19) oder Eisen (Jes 44,12; 2Chr 24,12), benutzt. Er schloß diejenigen ein, die das Grundmetall zubereiteten und veredelten (Jer 10,9), und wurde ebenfalls verwendet für Zimmerleute (Jes 44,13; 2Kön 12,12), Steinmetze (2Sam 5,11), Steingraveure (2Mo 28,11) oder Personen, die sich auf die Herstellung von Götzenbildern spezialisiert hatten (Jes 44,9-20).

II. GRUNDWERKZEUGE.

Aus prähistorischer Zeit hat man in Palästina aus Feuerstein gefertigte Messer, Schaber und Hacken gefunden. Sie wurden lange Zeit als Grobwerkzeuge, Sicheln, bei denen die Feuersteine halbkreisförmig in Mörtel gesetzt sind, oder zum Feueranzünden verwendet. Holzwerkzeuge, Steinhammer und Stößel waren frühen Ursprungs. Sofern vorhanden, wurde meteoritisches Eisen ebenso wie einheimisches Kupfer seit ca. 6000 v.Chr. verwendet (1Mo 4,22). Kupfer wurde in Palästina seit 3200 v.Chr. regelmäßig verarbeitet; nach Ankunft der Philister, ca. 1190 v.Chr. gab es auch eine Fülle von Eisenwerkzeugen. Auf Holzgriffe gepaßte Axteisen benutzte man zum Fällen von Bäumen (5Mo 19,5), Messer (1Mo 22,6) zu allen möglichen Zwecken, das Essen eingeschlossen (Spr 30,14). Manchmal werden Werkzeuge unter den hebr. Sammelbegriffen *kelī*, »Gefäße, Instrumente«, zusammengefaßt, ähnlich kann *chäräb* Schwert, Messer oder jedes andere scharfe Schneideinstrument meinen. In ständigem Gebrauch waren eiserne Äxte (2Kön 6,5), Sägen (1Kön 7,9), Breitbeile, Hacken, Schaber, Meißel, Ahlen, Bogenbohrer und Nägel (Jer 10,3f). Ihre Spuren sind auf ausgegrabenen Objekten sichtbar.

III. ARCHÄOLOGISCHE ZEUGNISSE.

1. Der Töpfer.
Die älteste bekannte Tonware entdeckte man in N-Syrien und datiert sie auf etwa 8000 v.Chr. Doch erst seit ca. 4000 v.Chr. arbeiteten die Töpfer mit einer langsam gedrehten Scheibe; um 3000 v.Chr. wurde die schnell drehende Scheibe entwickelt. Der Töpfer, dessen Arbeit in Jer 18,3f beschrieben wird, saß auf einem Stein und betätigte mit seinen Füßen eine große, in eine Vertiefung eingelassene Stein- oder Holzscheibe, die eine höher angebrachte Steinscheibe in Bewegung setzte, auf der das Gefäß geformt wurde. Die Werkstatt eines Töpfers mit einer solchen »Scheibe« wurde in *Lachisch entdeckt (ca. 1200 v.Chr.). In *Megiddo, *Geser und *Hazor fanden sich aus der Königszeit stammende kleinere Stein- oder Tonräder, die sich in einer Steckscheibe drehten. Der Ton für feinere Gefäße oder Schlicker wurde gewonnen, indem man gröberen Ton im Wasser mit den Füßen heraustrat (Jes 41,25). (Für die Entwicklung und die verschiedenen Arten der Töpferwaren vgl. *Töpferei.) An vielen Stellen Palästinas fanden sich Brennöfen von Töpfereien, doch blieb selten mehr als der »Feuerraum« erhalten. In Megiddo lagen drei U-förmige Öfen außerhalb einer Töpferwerkstatt (8.-7. Jh.v.Chr.).

2. Der Bauarbeiter.
Die Herstellung luftgetrockneter *Ziegelsteine für den Bau einer gewöhnlichen Wohnung war Teil der Saisonarbeit des Bauern, der sein Hausdach deckte, indem er die Dachbalken mit Stroh abdeckte und Lehm darüber strich. Solche Gebäude mußten ständig ausgebessert werden. In einigen Fällen wurden in einer Schablone hergestellte Ziegelsteine auch gebrannt; dies war vermutlich die Arbeit des Töpfers. Das hebr. Wort *bānā*, »bauen«, »wiederaufbauen, ausbessern«, war in Gebrauch sowohl für Fach-, als auch für ungelernte Arbeiter (1Chr 34,11), wie man sie für die Arbeit an jedem großen Projekt gebraucht, das die Arbeit von Steinmetzen, Zimmerleuten und vielen Trägern und Hilfsarbeitern umfaßte. Große Gebäude wurden unter der Aufsicht eines »Baumeisters« (griech. *architektōn*; 1Kor 3,10) geplant und errichtet. Ein Bauplatz wurde zunächst mit einer Meßschnur (2Sam 8,2; Sach 2,5; 1Kön 7,15) oder einer leinenen Schnur (Hes 40,3), die in Ellen eingeteilt war (1Kön 7,15.23), vermessen. In hellen. Zeit verwendete man einen ebenfalls in Ellen eingeteilten Schilfrohrstab (Offb 11,1; 21,15). Meßergebnisse wurden schriftlich festgehalten und auf einem Plan eingezeichnet. Die Arbeit des Vermessers diente auch als Bild des göttlichen Gerichts (Jes 28,17; Jer 31,39).

Das Fortschreiten eines Bauwerks kontrollierte der Baumeister mit einem »Bleilot«, einer Schnur mit einem Blei- oder Zinngewicht (*ʾanak*; Am 7,7f), einem Stein (Sach 4,10) oder einem anderen schweren Gegenstand daran (hebr. *mischqälät*, LÜ: Meßschnur; 2Kön 21,13), um die vertikale Struktur zu prüfen. Dies wurde zum Bild für die Wahrheitsprüfung (Jes 28,17). Die Metapher des Bauens wird häufig verwendet: Gott baut als Baumeister die Städte Judas (Ps 69,36), das Geschlecht Davids (Ps 89,4f) und seine Stadt Jerusalem (Ps 147,2) auf. Auch die ntl. Gemeinde wird mit einem Bauwerk verglichen (1Kor 3,9; 1Petr 2,4-6). Paulus benutzt das Wort »bauen, errichten« (griech. *oikodomeō*) etwa 20mal. Die Gläubigen sind in Christus gegründet (*epoikodomeō*; Kol 2,7) und werden dementsprechend ermahnt, sich auf ihren Glauben zu erbauen (Jud 20).

3. Der Zimmermann.
Sowohl *Josef (Mt 13,55), als auch Jesus (Mk 6,3) kamen aus dem alten Zimmermannshandwerk (griech. *tektōn*). Ein Holzfacharbeiter (hebr. *charasch ʿēzīm*) führte sämtliche Zimmermannsarbeiten beim Hausbau aus:

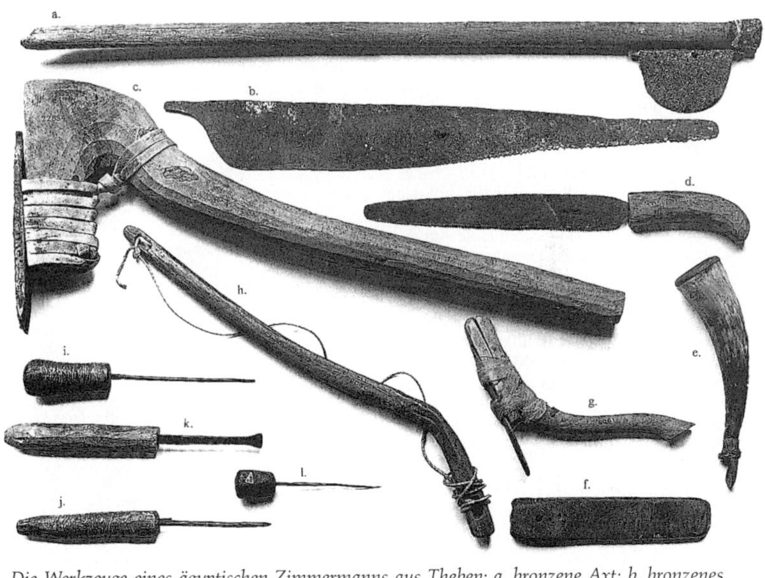

Die Werkzeuge eines ägyptischen Zimmermanns aus Theben: a. bronzene Axt; b. bronzenes Sägeblatt; c. große Krummaxt mit Bronzeblatt; d. kleine Handsäge mit Bronzeblatt; e. Horn mit Ausguß (Ölkanne); f. grüner Schleifstein; g. Modell einer Krummaxt mit Sägeblatt; h., i., j. hölzerner Drillbogen mit zwei Werkzeugen aus Metall, wahrscheinlich Bohrer; k. Bronzemeißel mit hölzernem Griff; l. Ahle aus Bronze. (BM)

Schreiner und andere Handwerker bei der Arbeit. Kopie eines ägyptischen Wandgemäldes im Grab Nebamuns und Ipukis. Theben, ca. 1380 v.Chr. (BM)

das Dach, die Türen, die Fenster und den Treppeneinbau. An Möbelstücken fertigte er Liegen, Betten, Stühle, Tische und Fußbänke. Einige Beispiele dieser Kunst sowie fein geschnitzte Schalen, Löffel und Dosen haben in den Gräbern von Jericho (ca. 1800 v.Chr.) die Zeit überdauert. Der Zimmermann fertigte auch Werkzeuge für die Landwirtschaft an wie Pflüge, Joche, Dreschschlitten (2Sam 24,22) oder Stecken (Jes 28,27f) und Bewässerungsgeräte. In den großen Städten bauten Zimmerleute, die sonst Karren herstellten, in Kriegszeiten Streitwagen (Hld 3,9). In der Levante scheint der Schiffbau ein Monopol der Phönizier geblieben zu sein. Sein Zentrum war in Tyrus, wo Schiffe aus dem Holz einheimischer Zypressen mit Zedernmasten und Eichenrudern gebaut wurden (Hes 27,5f; *Schiffe). Einige Zimmerleute fertigten auch Götzenbilder an (Jes 44,13-17). Die Holzarbeiten für die Einrichtung der Stiftshütte führten die Israeliten zwar selbst aus (2Mo 25); für den Bau von Davids Palast (2Sam 5,11) und die Einrichtung des Tempels durch Salomo wurden aus Tyrus sowohl Holz als auch erfahrene Zimmerleute gesandt. Ebenso wurde beim Bau des zweiten Tempels (Esr 3,7) verfahren, sowie möglicherweise bei den Ausbesserungsarbeiten am Tempel, von denen 2Chr 24,12 berichtet.

Nur wenige Spezialisten (2Mo31,5; 35,33) fertigten Holz-, vielleicht auch Knochen- und Elfenbeinschnitzereien an. Sie stellten die beiden Cherubim für den ersten Tempel (1Kön 6,23) sowie weitere kunsthandwerkliche Objekte her. Dafür wurden Harthölzer, Ebenholz, Sandel- und Buchsbaumholz importiert, während die einheimischen Hölzer (Zeder, Zypresse, Eiche, Esche, vgl. Jes 44,14, sowie Akazie) für die meisten Schreinerarbeiten und das Holz des Maulbeerbaums gewöhnlich für landwirtschaftliche Geräte verwendet wurden (*Pflanzen).

Zu den Werkzeugen eines Zimmermanns (Jes 44,13) gehörten ein Meßinstrument (*säräd*, LÜ: »Schnur«), Zirkel oder Stechzirkel

Holzhammer eines ägyptischen Steinmetzen. Neues Reich (1552-1070 v.Chr.). (BM)

(*mechūgā*), Breitbeil (*maqzu ʿā*), kleine Axt, (*maʿazād*), eiserne Sägen (einige zweischneidig), Feilen (Jer 10,4), Bogenbohrer und Hammer (*halmūt*, Ri 5,26; *maqqābāt*, Jes 44,12) ebenso wie verschiedene Meißel und Ahlen, von denen man einige Exemplare entdeckt hat. An Holzobjekten aus der Mittleren Bronzezeit und der israelitischen Königszeit kann man sowohl Nagel- als auch Dübelverbindungen sehen. Bis zur Römerzeit wurden auch verschiedene Arten von Holzhobeln und Schabeisen verwendet.

4. Der Steinmetz.
Stein, vom Transport und von der Bearbeitung her kostenaufwendig, wurde bei Privathäusern als Extravaganz angesehen; bei bedeutenderen öffentlichen Gebäuden wurde Stein nur sehr sparsam für wesentliche Konstruktionsteile benutzt (*Eckstein, *Architektur). Während man in Ägypten Granit, Sandstein, Quarzit und Kalkstein als Bausteine brach, war in Palästina zu diesem Zweck nur Kalkstein verfügbar. Blöcke für den Tempel wurden schon im Steinbruch bearbeitet. Der Steinmetz benutzte weitgehend die gleichen Werkzeuge wie der Zimmermann. Er sägte den Kalkstein (1Kön 7,9) und behaute ihn mit Hammer und Meißel oder einem schweren Hammer. Große Steinblöcke brach man, indem man Holzkeile mit Holzhämmern in sie hineintrieb und die Keile sich mit Wasser vollsaugen ließ, bis der Block unter der Ausdehnung zersprang. Diese Methode war im Vorderen Orient damals weit verbreitet. Harter Stein wurde durch wiederholtes Schlagen mit einem schweren Hammer aus Metall (hebr. *pathisch*) zurechtgehauen. Von einem solchen Hammer ist die Rede, wo die Wirkung von Gottes Wort (Jer 23,29) und des mächtigen Babylon (Jer 50,23) beschrieben werden soll. Der Steinmetz haute auch Gräber in die Naturhöhlen der Berge oder trieb Schächte in den Hang, von denen aus Kammern gegraben wurden (Jes 22,16). Eindrucksvolle Beispiele solcher Familiengräber fand man in Bet-Schemesch (8. Jh.v.Chr.) und um Jerusalem (8. Jh.v.Chr. und 1. Jh.v.Chr. – 2. Jh.n.Chr.). Beim Anlegen tiefer Silos oder Zisternen wie in Lachisch, Megiddo und Gibeon mußten etwa 400.000 m^3 Kalkstein in Handarbeit weggeschafft werden. Dort wie auch in den von Steinmetzen und Mineuren gegrabenen Wassertunneln sind die Spuren der Meißel noch sichtbar (*Bergbau, *Architektur, *Siloah). In der Königszeit wurden große Säulenbasen aus Stein geschnitten; ab dem 10. Jh.v.Chr. verwendete man behauenes und am Rand geglättetes Mauerwerk. In der hellen. Periode setzte man bei herodianischen Gebäuden in Jerusalem, *Machpela sowie an anderen Stätten riesige Steinblöcke ein, die so sorgfältig behauen waren, daß sie ohne Mörtel auf- bzw. aneinandergesetzt werden konnten. Noch heute ist es unmöglich, auch nur eine Messerklinge in die Fugen einzuführen. Auch im Megiddo des 9. Jh. ist solch eine sorgfältige Arbeit zu sehen. An einer Reihe von Bauwerken wie etwa auf den Stufen der Synagoge in *Kapernaum sind die Steinmetzzeichen noch zu sehen. Steinmetze wurden auch mit dem Eingravieren von Inschriften auf Steinoberflächen betraut. Dabei scheinen sie Kursivinschriften kopiert zu haben, denn Beispiele auf dem Grab des Schebna, im Siloah-Tunnel und auf dem Samaria-Fragment lassen keine Anpassung an das Schreibmaterial erkennen. Feinere Gravuren findet man auf *Siegeln.

5. Der Metallarbeiter.
In Palästina wurde Kupfer seit 3200 v.Chr. geschmolzen und gegossen. Seit 2000 v.Chr. verwendete man eher Bronze; selbst nach der Einführung von Eisen blieb dieses Metall beliebt. Salomo ließ große Werkstücke wie die Säulen für den Tempel von einem Schmied aus Tyrus aus Bronze herstellen. Dieser goß sie im Tonboden des Jordantals zwischen Sukkot und Zaretan (1Kön 7,46; 2Chr 4,17). Aufgrund seiner Härte wurde Eisen bei der Herstellung von landwirtschaftlichen Geräten und Waffen bevorzugt; doch erforderte es kompliziertere Techniken der Herstellung und Instandhaltung. Ursprünglich hatte Israel keine Kenntnis der Eisenverarbeitung und bezog seine Eisenwerkzeuge von den Philistern (1Sam 13,19-22).

Der Schmied arbeitete innerhalb der Stadt; er benutzte einen Schmelzofen, dem mit Hilfe eines Blasebalgs Luft zugeführt wurde. So wurde der Schmied allgemein als »der (die Kohlen) anbläst« bezeichnet, ein Name, der mit dem gebräuchlichen akkad. Wort *nappāhu* (Jes 54,16) verwandt ist. Kupfer und Bronze wurden in Schmelztiegeln geschmolzen (hebr. *mazreph*, Spr 17,3; 27,21) und dann in Stein- oder Tongußformen gegossen. Eisen dagegen wurde durch das Schlagen auf einem Amboß (hebr. *paʿam*, Jes 41,7) geschmiedet. Der Eisenschmied wurde demzufolge »der den Amboß schlägt« genannt, während der Bronzeschmied, der grobe Gußstücke durch Hämmern entgraten mußte, »der mit dem Hammer glättet« (Jes 41,7) hieß. Diese Handwerker konnten auch durch Löt-, Niet- und Angußverfahren komplizierte Gegenstände herstellen. Ein derartiges Objekt ist der kleine Bronzeständer aus Megiddo, der – sofern er wirklich israelit. Herkunft ist – zeigt, daß ihre technischen Fertigkeiten ebenso gut wie die ihrer Nachbarn waren.

Die Schmiede stellten eine Vielzahl von Metallgefäßen und -werkzeugen her, Pflugscharen, Spitzen von Ochsen-Treibstöcken, Gabeln, Radachsen und Beile ebenso wie kleinere Nadeln, Fibeln (ab 10.Jh.v.Chr.), Bilder, Figurinen und kleine Geräte. Die Herstellung von Messern, Dolchen, Schwertern, Lanzen, Speerspitzen und anderen Waffen (*Waffen und Geräte), macht deutlich, wie leicht dieselben Handwerker mit ihren Händen Geräte sowohl für den Krieg als auch für den Frieden herstellen konnten (Jes 2,4; Joel 4,10; Mi 4,3). Schmuck besaßen die Frauen schon seit frühesten Zeiten; für sie war es die einzige Möglichkeit, persönlichen Reichtum zu besitzen und zu bewahren. Gold- und Silberschmiede benutzten Blasrohre, um ihre kleinen Schmelzöfen anzufachen, und gossen ihre Produkte in Steatit- oder Tongußformen. Die alten Gold- und Silberschmiede arbeiteten nach dem Wachsausschmelz-, Granulierungs-, Filigran- oder cloisonne-Einlege-Verfahren.

6. Der Gerber.

Aus Leder, d.h. gegerbten Schafs- und Ziegenfellen, stellte man verschiedene Kleidungsstücke her (3Mo 13,48; 4Mo 31,20) einschließlich Sandalen und Gürteln (2Kön 1,8; Mt 3,4). Zusammengenähte Häute waren auch wegen ihrer geringen Kosten als Gefäße oder Behälter für Wasser (1Mo 21,14), Wein (Mt 9,17) und andere Flüssigkeiten (Ri 4,19) geeignet. Mitunter wurden die Häute so zusammengenäht, daß sie die Form einer Flasche hatten. Für Zelte wurde Leder nur selten verwendet (2Mo 25,5; 4Mo 4,6), dafür aber gewöhnlich für militärische Ausrüstung wie Helme, Köcher, Streitwagenzubehör, Schlingen und Schilde, wobei letztere mit Öl eingerieben wurden, damit der Bezug geschmeidig blieb und nicht einriß (2Sam 1,21; Jes 21,5). Sandalen aus Seehunds- oder Tümmlerleder (RevEB: »Delphinhaut«) waren Luxusartikel (Hes 16,10), obwohl wahrscheinlich genauso wie in Ägypten und Assyrien für Betten, Stuhlbezüge und andere Einrichtungsgegenstände feines Leder verwendet wurde. Da Gerben eine mit üblen Gerüchen verbundene Arbeit war, wurde sie zumeist außerhalb der Stadt in der Nähe eines Wasserlaufs ausgeführt. Der Besuch des Petrus bei Simon dem Gerber außerhalb von Joppe (Apg 9,43; 10,6.32) verdeutlicht, wie weit er seine Skrupel vor der Berührung mit allem kultisch Unreinen schon überwunden hatte. Die Arbeit begann damit, daß tierisches Fett mit Steinschabern oder Metallmessern vom Fell entfernt wurde. Durch Schaben, Eintauchen in Urin oder Kälken löste man die Haare ab. Dann wurde die Haut entweder geräuchert,

Ein ägyptischer Zimmermann arbeitet mit einer Krummaxt. Ca. 1400 v.Chr. (BM)

mit Öl eingerieben oder mit geeignetem Holz, Rinde oder Blättern gegerbt. Waren die Haare oder der Pelz nicht entfernt, wurde die Haut mit Alaun, das vom Toten Meer oder Ägypten stammte, behandelt, in der Sonne getrocknet und anschließend mit Öl eingerieben, um sie geschmeidig zu machen.

7. Der Färber.

Die alte Kunst des Färbens war den Israeliten seit dem Auszug aus Ägypten bekannt; Felle, die für die Stiftshütte bestimmt waren, wurden scharlachrot gefärbt mit dem Saft zerdrückter Koschenilleschildläuse, die auf Eichen lebten (2Mo 26,1.31; 36,8; 3Mo 14,4). Der schwarz-purpurne oder rotviolette »tyrische« oder »kaiserliche« Farbstoff, der aus den »Purpurschnecken« (*purpura* und *murex*) gewonnen wurde, die man an den Küsten des östlichen Mittelmeers fand, mußte fast ausschließlich von den Phöniziern bezogen werden. Er wurde zum Färben teurer Kleider verwendet, die Rang und Würde ausdrückten (Ri 8,26; Spr 31,22; Lk 16, 19; Offb 18, 12). Der Handel damit wird in Ras Schamra-Texten erwähnt (ca.14. Jh. v.Chr.). Auch beim »Purpur« im Stoff der Stiftshütte (2Mo 26,31; 28,5), im Tempelvorhang – »blauer und roter Purpur und Scharlach« sind hier Varianten desselben Farbstoffs (2Chr 3,14) – sowie in den Gewändern, die Jesus bei seinem Verhör umgelegt wurden (Joh 19,2.5) handelt es sich um diesen Farbstoff. Auf Bitten Salomos (2Chr 2,6) lehrten Handwerker aus Tyrus die Israeliten diese Technik. In *Thyatira handelte Lydia mit Stoff, der ähnlich behandelt war (Apg 16,14; s. JNES 22, 1963, S.104ff)

In Palästina wurden gelbe Farbstoffe aus gemahlener Granatapfelschale hergestellt;

die Phönizier verwendeten auch Safran und Gelbwurz. Blau gewann man aus der Indigopflanze (*Indigofera tinctoria*), die aus Syrien oder Ägypten importiert wurde und ursprünglich aus Indien stammte. Waidküpe (Färberwaid, *Isatis tinctoria*) war seit 300 v.Chr. bekannt.

In Tell beit Mirsim (Eglon) wurden sechs oder sieben Färbereien ausgegraben. Dies bedeutet, daß die Textilherstellung dort ein Haupthandwerk war. Bei Tell Amal in der Nähe von *Bet-Schean fand man viele Töpfergefäße, in denen Fadenstränge gefärbt wurden, sowie Geräte aus der Weberei, z.B. Webstuhlgewichte.

8. Der Walker.

Die Kunst, Stoff zu walken, zu reinigen und zu bleichen, war von großer Bedeutung, da Kleidung teuer war und man die Fasern vor dem Färben von ihrem natürlichen Öl oder Appreturmittel säubern mußte. Mancherorts waren der Walker und der Färber ein und dieselbe Person.

Gewöhnlich arbeitete der Walker außerhalb der Stadt an einem Wasserlauf. Er reinigte den Stoff, der unter Wasser auf einem Stein lag, durch Treten. Deshalb wurde er auch »Trampler« (hebr. *kobes*) genannt. In Jerusalem nannte man die Stätte außerhalb der Ostmauer, an der die Kleidung zum Trocknen in der Sonne ausgebreitet wurde, »Walkerfeld« (2Kön 18,17; Jes 7,3; 36,2). Nach altkirchlicher Überlieferung wurde Jakobus, der Bruder Jesu, von der Zinne des Tempels gestürzt und dann von einem Walker mit dem Holz, womit er die Stoffe preßte, erschlagen (Hegesippus von Jerusalem und Clemens von Alexandria bei Eus. h.e. II, 1,5; 12-18). Über die Kleider Christi bei der Verklärung heißt es: Sie »wurden hell und sehr weiß, wie sie kein Bleicher [griech. *gnapheus*, Tuchscherer] auf Erden so weiß machen kann« (Mk 9,3).

Zum Reinigen wurde mitunter aus Ägypten importiertes Natron (Salpeter) verwendet, das dort, mit weißem Ton vermischt, als Seife gebraucht wurde (Spr 25,20; Jer 22,22). Alkali war in Pflanzenasche reichlich vorhanden, und »Seife« (hebr. *bōrīt, kālī*) gewann man durch Verbrennen der Sodapflanze (*Salsola kali*). Bei der »Lauge der Wäscher« (Mal 3,2) handelte es sich wahrscheinlich um *bōrīt*-Asche, da Kalium und Natriumnitrat in Syrien und Palästina wohl nicht bekannt waren, obwohl sie in Babylonien gefunden wurden.

Weitere Handwerke s. *Elfenbein, *Glas, *Kosmetik, *Kunst, *Musik; *Ägypten, *Assyrien und *Babylonien.

Literatur: F. Nötscher: Biblische Altertumskunde, 1940; C. Singer (ed.): A History of Technology, 1, 1958; G.E. Wright: Biblische Archäologie, 1958, S. 191-198; R.J. Forbes: Studies in Ancient Technology, 1-8, 1955-64; A. Reifenberg: Ancient Hebrew Arts, 1950; A. Lucas: Ancient Egyptian Materials and Industries, 1962; J. Jeremias: Jerusalem zur Zeit Jesu, [3]1963; D. Strong, D. Brown: Roman Crafts, 1976.

D.J.W.

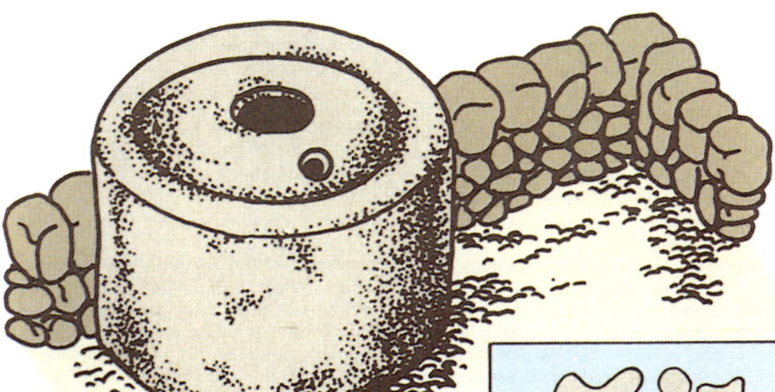

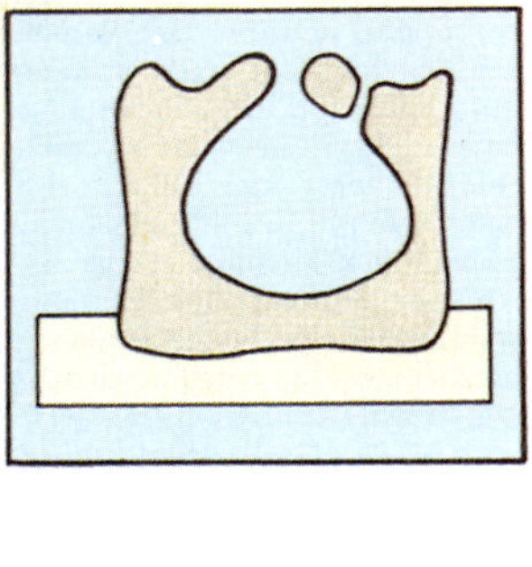

Färber-Küpe (Färbekessel) aus Tell beit Mirsim (Debir?). Der geringe Durchmesser der Öffnung auf der Oberseite deutet darauf hin, daß einzelne Fasern oder Stränge, nicht großflächige Gewebe gefärbt wurden. 7. Jh.v.Chr.

HANNA. (Hebr. *channā*, »Gnade«). Sie war die Lieblingsfrau Elkanas, eines Ephraimiters, der in Ramatajim-Zofim lebte (1Sam 1). Peninna, die zweite Frau Elkanas, die Kinder hatte, kränkte H., die keine Kinder hatte. H. gelobte, daß sie - falls sie einen Sohn gebären sollte – diesen Gott als *Nasiräer weihen würde. H. gebar einen Sohn und nannte ihn *Samuel. Ihr Lobgesang (1Sam 2,1-10) läßt vermuten, daß sie eine Prophetin war. Er enthält die erste Nennung des Königs als Messias (»sein Gesalbter«). In Marias Lobgesang nach der Ankündigung der Geburt Christi (Lk 1,46-55: »Magnificat«) finden sich Entsprechungen zu H.s Loblied. Jedes Jahr, wenn sie nach Silo kam, um zu opfern, brachte sie Samuel ein Oberkleid. Nach ihrem Sohn Samuel gebar H. noch drei Söhne und zwei Töchter (1Sam 2,19.21).

J.W.M.

HANNAS. Hannas oder Hananos, Sohn Sets, wurde 6 n.Chr. zum Hohenpriester ernannt und 15 n.Chr. abgesetzt. Im NT wird er auch noch nach 15 n.Chr. als Hoherpriester erwähnt. Dafür lassen sich drei Gründe anführen:

1. Obwohl die Römer Hohepriester absetzten und neue ernannten, sahen die Juden das Amt des Hohenpriesters als eines auf Lebenszeit an. In der *Mischna (Horajot 3.4) heißt es: Ein Hoherpriester im Amt unterscheidet sich von einem Priester, der aus seinem Hohenpriesteramt ausgeschieden ist, nur durch den Stier und den Zehnten des Efa, die am Versöhnungstag geopfert werden.

2. Der Titel »Hoherpriester« wird in der Apostelgeschichte und bei Josephus sowohl Mitgliedern der Priesterfamilien gegeben, aus denen die meisten Hohenpriester ernannt wurden, als auch jenen, die das Amt des Hohenpriesters ausübten.

3. H. hatte großen persönlichen Einfluß auf die nachfolgenden Hohenpriester. Fünf seiner Söhne sowie sein Schwiegersohn *Kaiphas wurden Hohepriester. Bei der Verhandlung gegen Jesus führte H. eine Voruntersuchung vor dem offiziellen Verhör durch Kaiphas durch (Joh 18,13-24). Wenn es bei Lk 3,2 heißt, Hohepriester waren H. und Kaiphas, so ist damit angedeutet, daß H., der Schwiegervater Kaiphas', sowohl de facto durch seinen persönlichen Einfluß als auch de jure nach strengem jüd. Recht die hohepriesterliche Gewalt mit Kaiphas teilte, obwohl letzterer der offiziell von Rom ernannte Hohepriester war (vgl. Apg 4,6).

D.R.H.

HANNATON. (Hebr. *channathōn*). Grenzort in *Sebulon (Jos 19,14) zwischen Neah (unidentifiziert) und dem Tal von Jiftach-El, wahrscheinlich das Wadi El-Malik nordwestl. von *Nazareth. Nach verschiedenen Vorschlägen hat sich jetzt die Identifizierung von A. Alt (PJB 22, 1926, 62ff) mit Tell El-Bedewīje an der Westseite der Battōf-Ebene und ca. 17 km nordwestl. des *Tabor weitgehend durchgesetzt. Die Besiedlung reicht hier bis in die Mittlere Bronzezeit zurück (W.F. Albright: BASOR 11, 1923, 11). H. lag an einer wichtigen Straße, die vom *Jordan-Tal durch Unter-*Galiläa nach *Akko an der Mittelmeerküste führte. Wie die Erwähnung in den *Amarna-Briefen (Nr. 8, 245: Hinatuna) und in den Annalen von *Tiglatpilesar III. zeigt, war H. in der Spätbronze- und Eisenzeit eine wichtige Stadt. Manche Forscher setzen H. auch mit dem Asochis (Jos.ant.Jud. XIII, 337; vita 207.233.304) der ntl. Zeit gleich.

Literatur: F.M. Abel: Géographie de la Palestine II, [3]1967, 343; C.E. Armerding: NIDBA, 1983, 227f; A. le Borgne, M. Nothmann: MB 52 (1988), 53. R.R.

HANUN. (Hebr. *chanūn*, »der Begnadigte«).

1. Sohn und Nachfolger des Ammoniterkönigs Nahasch. Er ließ die Gesandten, die David beim Thronwechsel im Gedenken an seine Freundschaft mit dem verstorbenen Herrscher nach Rabba gesandt hatte, festnehmen, ihnen den Bart halb abrasieren und die Kleidung bis zum Gürtel wegschneiden. Mit dieser schweren Beschimpfung brach er den Krieg vom Zaun, der trotz seines Bündnisses mit den Syrern in zwei Feldzügen zur völligen Niederlage der Ammoniter führte (2Sam 10,1-14; 12,26-31; 1Chr 19,1-20,3).

2. Israelit, der unter Nehemia beim Mauerbau mithalf (Neh 3,13).

3. Sohn Zalafs, der ebenfalls am Mauerbau unter Nehemia beteiligt war (Neh 3,30).

HARA. Neben *Halach, *Habor und *Gosan ein weiterer Ort, an den Tiglatpilesar III. (745-727 v.Chr.) aufständische Israeliten 734-732 v.Chr. brachte (1Chr 5,26). Ein assyr. Ort dieses Namens ist nicht bekannt. In 2Kön 17,6; 18,11 jedoch wird hebr. *hārā'* als »Städte der Meder« interpretiert; der Ausdruck, den die LXX wiedergibt, könnte das hebr. Wort *hārē*, »Berglandschaft,« meinen. D.J.W.

HARADA. »Beben, Angst, Menschenfurcht« – eine Station auf der Wüstenwanderung Israels (4Mo 33,24.25), deren genaue Lage unbekannt ist.

HARAN. (Hebr. *char(r)an;* akkad. *harrānu,* »Kreuzung«; griech. *charrhan,* Apg 7,4).

Diese Stele aus Haran zeigt König Nabonid von Babylon, der den Mondgott (Mondsichel: Sin), den Sonnengott (Scheibe mit Strahlenkranz: Schamasch) und die Göttin Ischtar (göttliche Krone) anbetet. Die darunterstehende Inschrift beschreibt den Wiederaufbau des Sin-Tempels. Höhe 1,87 m. 555-539 v.Chr. (SOAS)

1. Die Stadt liegt ca. 32 km südöstl. von Urfa (Edessa) in der Türkei am Fluß Balich, an der Hauptverbindungsstraße von Ninive nach Aleppo. *Terach lebte dort mit Abram (1Mo 11,31; vgl. Apg 7,2.4), bevor letzterer nach Kanaan auswanderte (1Mo 12,1). H. war die Heimatstadt von Isaaks Braut *Rebekka. *Jakob flüchtete vor *Esau dorthin (1Mo 29,4), heiratete *Lea und *Rahel, die Töchter *Labans, und alle seine Kinder (mit Ausnahme von Benjamin) wurden dort geboren (1Mo 29,32-30,24). H. wird in Texten aus der Ur-III-Periode (ca. 2000 v.Chr.) als Standort eines Tempels (é.hul.hul) zur Anbetung des Mondgottes *Sin erwähnt; die Besiedlung ist durch archäologische Funde bezeugt. Nach *Mari-Briefen aus dem 2.Jt.v.Chr. machte die strategische Lage der Stadt sie zum Ziel amoritischer Stämme und später zu einem assyr. Zentrum. Adadnarari I. befestigte die Stadt (ca. 1310 v.Chr.) und baute einen Tempel, der durch Tiglatpilesar I. (1117-1077 v.Chr.) verschönert wurde. H. wurde nach einem Aufstand 763 v.Chr. geplündert; ein Ereignis, das *Sanherib dazu benutzte, Jerusalem einzuschüchtern (2Kön 19,12; Jes 37,12). Die Stadt wurde von Sargon II. wiederaufgebaut, der Tempel durch Asarhaddon (675 v.Chr.) und Assurbanipal instandgesetzt und neu eingerichtet. Nach dem Fall Ninives (612 v.Chr.) wurde H. die letzte Hauptstadt Assyriens bis zur Einnahme durch die Babylonier 609 v.Chr. Das Interesse der Chaldäerdynastie an babylon. Tempeln führte zur Rekonstruktion der Sin-Tempel in H. und Ur. Im erstgenannten wurde die Mutter von Nabonidus (die 104 Jahre alt wurde), im letzteren seine Tochter zur Hohenpriesterin ernannt. H. war eine blühende Handelsstadt mit Verbindungen zu Tyrus (Hes 27,23). Der Ort, der 1951-53 und 1959 ausgegraben wurde, weist deutlich eine Besiedlung vor der assyr. Periode auf. Die vorzufindenden Ruinen stammen hauptsächlich von der röm. Stadt, in deren Nähe die Parther Crassus (53 v.Chr.) töteten, sowie von der späteren Besetzung durch sabäische und islamische Herrscher in H., damals Carrhae genannt.

2. Haran kommt auch als Personenname vor:

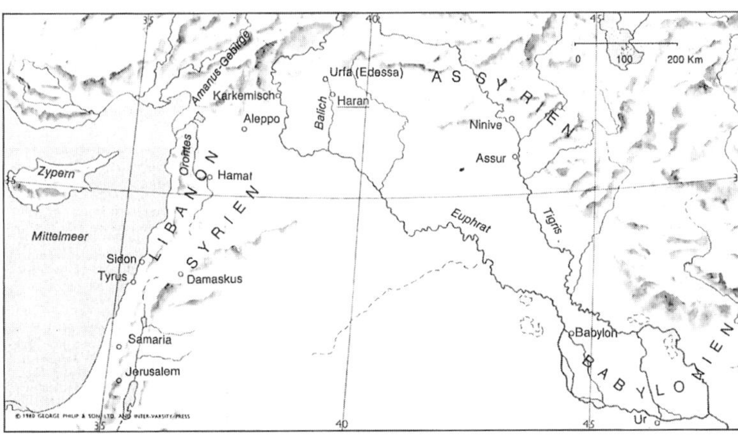

Haran (»Kreuzung« oder »Straße«) liegt an einer strategisch wichtigen Stelle zwischen Mesopotamien und dem Mittelmeer

a. Ein Sohn Terachs, ein Bruder Abrahams und Nahors, Vater von Lot, Milka und Jiska, starb in Ur (1Mo 11,26-33).

b. Ein Mann aus Juda, Sohn Kalebs, den dieser mit seiner Nebenfrau Efa hatte (1Chr 2,46).

c. Ein Levit, ein Sohn Schimis, des Gerschoniters (1Chr 23,9). D.J.W.

HARARITER. Bezeichnung für einige der Helden Davids: Schamma, der Sohn Ages (2Sam 23,11), der möglicherweise identisch ist mit Schamma (2Sam 23,11.33); Jonatan, der Sohn Schages (1Chr 11,34) und Ahiam, der Sohn Sachars (1Chr 11,35). Die Bezeichnung H. ist außerhalb der Bibel unbekannt. Sie kann die eines Stammes oder einer Stadt sein, oder einfach »Bergbewohner« bedeuten, abgeleitet von hebr. *har*, »Berg, Hügel«.T.C.M.

HÄRESIE. Das griech. Wort *hairesis* heißt eigentlich »Wahl«; diese Bedeutung hat es in der gesamten LXX. Bei klassischen Autoren jedoch kann es sich auf eine Philosophenschule beziehen, der sich bestimmte Leute angeschlossen. Ähnlich verwendet das NT den Begriff, um eine »Gruppe« zu bezeichnen, womit Eigenwille oder sektiererischer Geist angedeutet werden soll. Keine der so bezeichneten Gruppen ist aber völlig getrennt von ihrer ursprünglichen Gemeinschaft. Die *Sadduzäer (Apg 5,17: »Partei«) und *Pharisäer (Apg 15,5; 26,5) stellen Parteien innerhalb der jüd. Religionsgemeinschaft dar; derselbe Begriff wird gebraucht, um das Christentum zu beschreiben, wie es von außen gesehen wird (Apg 24,5.14; 28,22: »Sekte«). Josephus benutzt den gleichen Ausdruck, um auch die *Essener zu beschreiben, die sich von der Gemeinde abgespalten hatten (ant.Jud. 13.171; 18.18-22). Wenn Gruppen innerhalb der Gemeinde auftauchen, werden sie »Spaltungen« genannt (1Kor 11,19, wo Paulus andeutet, daß sie – wenn sie auch schlecht sind – doch etwas Gutes haben: Sie machen deutlich, wer die wahren Christen sind.). Solche Spaltungen werden als Werk des Fleisches (Gal 5,20) angesehen und hauptsächlich als Bruch der gegenseitigen Nächstenliebe, so daß der ketzerische Mensch, d.h. derjenige, der stur seine eigene Gruppe bilden oder ihr folgen will, nach zwei Ermahnungen ausgeschlossen werden muß (Tit 3,10). Der einzige ntl. Beleg von »Häresie« im Sinne von Meinungsirrtum oder *Irrlehre findet sich in 2Petr 2,1, wo darauf hingewiesen wird, daß der Erlöser selbst verleugnet wird.

Die bekanntesten unter den im NT genannten Häresien sind: Gnostizismus jüd. Typs (Kol 2,8-23) und Doketismus (1Joh 4,2f; 2Joh 7).

Literatur: H.D. Betz, A. Schindler, W. Huber: TRE XIV, 1985, S. 313-348. G.S.M.W./R.T.B.

HARFE s. Musik/-instrumente

HARMAGEDON. Nach Offb 16,16 (*Hebraisti*) ein hebr. (oder aram.) Wort. Angesichts der Wiedergabe der LXX von *Megiddo (Ri 1,27; 2Chr 35,22) mit *Magedōn* steht der Ausdruck wahrscheinlich für hebr. »Berg [har] von Megiddo«. Der strategisch wichtige Paß bei Megiddo war Schauplatz entscheidender Schlachten von Pharao Thutmosis III. (1468 v.Chr.) über die Zeit des AT (Ri 5,19: *Debora; 2Kön 9,27; 23,29: *Josia, vgl. 2Chr 35,22; Sach 12,11) bis hin zum Feldzug des englischen Generals Allenby, der 1917 Palästina eroberte. Dennoch muß man mit einer Auffassung als konkretem Ortsnamen vorsichtig sein. Der Ausdruck, der sonst nirgends belegt ist, paßt kaum zu den topographischen Gegebenheiten. Als Versammlungsort der Könige der Völker zum endzeitlichen Krieg gegen Gott (Offb 16,14-16) stellt der »Berg von Megiddo« ein Bild für die »Aufgipfelung« widergöttlicher Macht (vgl. Offb 19,19-21) und den Gegenpol (Hebr 12,22ff vgl. Offb 21,10) zum endzeitlichen Gottesberg dar. Im Hintergrund dürften die Prophetie vom endzeitlichen Kampf *Gogs auf den »Bergen Israels« (Hes 38-39), aber in jüd. Auslegungsweise verbunden, vielleicht auch Ri 5,19; Jes 14,13 und Sach 12,11 (*Hadad-Rimmon) stehen.

Literatur: J. Jeremias: ThWNT I, 1933, 467f; A. Strobel: EWNT I, 1980, 367f. R.R.

HARNISCH s. Waffen u. Geräte

HAROD. (Hebr. *charōd*, »zitternd«). Eine ergiebige Quelle am Fuß des Berges *Gilboa,

Die Harod-Quelle am Fuße des Berges Gilboa bei Jesreel. (SH)

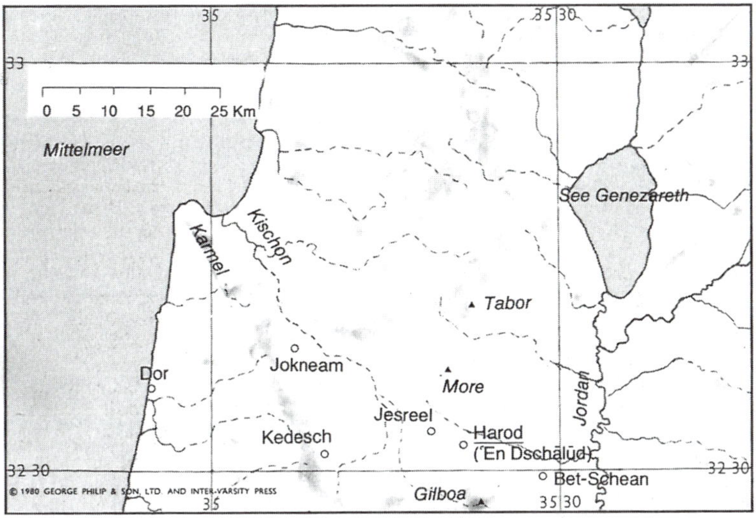

Die Lage von Harod am Fuß des Berges Gilboa.

östl. von *Jesreel, die nach O in das Tal von *Bet-Schean fließt. Hier verringerte *Gideon sein Heer in zwei Etappen von 32.000 auf 300 Soldaten (Ri 7,1-8), als er den Midianitern entgegentrat. Wahrscheinlich lagerte *Saul mit seiner Armee hier vor der verhängnisvollen Schlacht auf dem Berg Gilboa (1Sam 29,1; vgl. 31,3). Zwei von Davids »Helden«, Schamma und Elika (2Sam 23,25; 1Chr 11,27: Schammot), kamen aus H., das möglicherweise mit dem modernen 'Ain Jalud zu identifizieren ist. A.E.C.

HAROSCHET DER HEIDEN. (Hebr. *charoschet ha-gōjim*). Hier in der Gegend des *Kischon (Ri 4,13) unterhielt *Sisera sein Feldlager (Ri 4,2). Man hat an eine Flurbezeichnung (»bewaldete Höhe«?) gedacht (B. Mazar, HUCA 24, 1952/3, 80-84), aber die Verfolgung des Sisera durch *Barak bis H. spricht eher für einen Ort (Ri 4,16), dessen Lokalisierung allerdings unsicher ist. Tell ʿAmr nordwestl. von *Megiddo (W.F. Albright, JPOS 2, 1922, 54,ff) und Tell El-Harbadsch südwestl. von Haifa

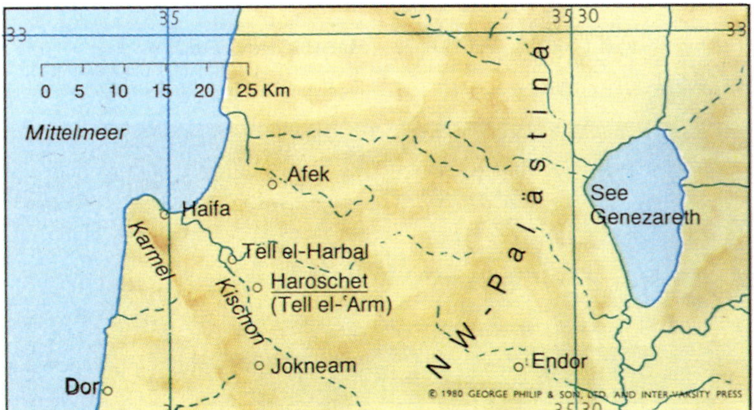

Die Lage von Haroschet.

(J. Lilley, NBD, 1962, 505), wo aber Siedlungsspuren vor dem 10. Jh.v.Chr. fehlen, wurden vorgeschlagen. Unwahrscheinlich ist eine Identifizierung mit dem Muraschti der *Amarna-Briefe (14. Jh.v.Chr.), denn dann müßte der Ort in der *Scharon-Ebene gesucht werden (E.M. Blaiklock: NIDBA, 1983, 229). Vielleicht deutet der Zusatz »der Heiden« darauf hin, daß H. in jener Zeit außerhalb des israelit. Siedlungsgebietes lag.

Literatur: E.G. Kraeling: Bible Atlas, 1956, 151; LDB, S. 231. R.R.

HARREN. In der Bibel begegnet H. auf den Herrn, auf Gott in heilsgeschichtlichem Sinne (Ps 37,9; Hab 2,3 u.ö.). Es hat die Bedeutung des geduldigen Ausschau-Haltens auf die endliche Hilfe Gottes (Ps 40,2; 42,6; Spr 20,22). H. ist so in erster Linie ein Zeichen des Glaubens. Der harrende Mensch weiß um die Wirklichkeit Gottes (Jes 25,9).

Auf den Herrn zu h. ist letztlich eine Gabe Gottes an seine Kinder. H. zu können, ist nicht das Ergebnis menschlicher Willensschulung nach Art der *Stoiker mit dem Ziel der (griech.) *ataraxia*, (latein.) *tranquillitas animi*, der unbedingten, unerschütterlichen Seelenruhe. Es ist vielmehr Wirkung und Frucht des Heiligen Geistes (Gal 5,22). Der auf Gott harrende Mensch weiß: Gott ist gegenwärtig (Ps 33,18 RevEB), er ist kein ferner Gott. H. ist das Warten darauf, daß Gott in allem Geschehen sich als der Handelnde erweist. H. ist nicht Passivität, sondern Entfaltung von Glaubenskraft: Die auf den Herrn h., haben die Verheißung ständiger Kraftzufuhr aus der Welt Gottes (Jes 40,31).

Nicht nur der Mensch, sondern auch Gott selber ist ein Harrender. Er harrt auf den Menschen, daß der sich von seiner Güte und Barmherzigkeit bewegen lasse, ihm sein Herz zu schenken und in Gehorsam seinen heiligen Willen zu tun (1Petr 3,20).

Das H. Gottes offenbart Gottes Liebe. Im Gleichnis vom Verlorenen Sohn hat Jesus selbst das göttliche H. in treffender Weise dargestellt (Lk 15,11ff).

HART, HÄRTIGKEIT.

1. Im wörtlichen Sinn bezeichnet h. die physikalische Beschaffenheit eines Gegenstandes oder Stoffes (5Mo 8,15; Jos 9,5; Dan 2,40).

2. Im übertragenen Sinn kommt h. in mehreren Varianten vor:

a. zur Bezeichnung schwerer körperlicher Arbeit (2Mo 6,9) bzw. schwerer Belastung (Steuer, Tribut, persönliche Notlage, Strafe, prophetischer Auftrag – vgl. 1Kön 12,14; Hiob 30,25; Spr 20,30; Jes 21,2);

b. als Adverb, um der Aussage eines Verbs Nachdruck zu verleihen (vgl. 1Mo 19,9; 20,18; Ri 2,15; Ps 65,4; Mt 27,13; Mk 15,3; Phil 1,23).

c. In Verbindung mit reden bedeutet es »unfreundlich, feindselig«, auf den Inhalt der Rede bezogen »schwer zu ertragen« (1Mo 42,7; 1Kön 12,13; 14,6; Spr 15,1; Mal 3,13; Joh 6,60).

d. In der Beziehung des Menschen zu Gott und göttlichen Geboten bedeutet h. »hartnäkkig, von Gott abgewandt, unzugänglich, ungläubig« (Jes 48,4; Jer 5,3; Hes 2,4; 3,7; Mk 16,14).

e. In Beziehung zu den Mitmenschen bedeutet es »unbarmherzig« (2Mo 7,14; Jes 19,4; Mt 19,8; Mk 10,5).

f. Gottes Tun wird als h. bezeichnet, wenn er strafende Gerechtigkeit ausübt (1Sam 5,7; Ps 60,5). Er scheint dem Menschen in Not unbarmherzig, wenn seine Weisheit die Hilfe zurückhält, den Bitten nicht sofort Gehör schenkt (Jes 63,15).

HASAËL. (Hebr. *chazā'ēl*, *chazāh'ēl*, »El sieht« oder »den Gott anschaut«). Ein mächtiger König Syriens (Arams), Gottes Geißel für Israel

Intarsie aus Elfenbein mit dem Namen Hasaëls, des Königs von Damaskus (844-802 v.Chr.). Aus Arslan Tasch, Syrien. (MC)

während der Herrschaft *Jorams, *Jehus und *Joahas'. *Elia wurde beauftragt, ihn als einen der drei zu salben, die dazu bestimmt waren, die Ausrottung der Baal-Anbetung, die er begonnen hatte (1Kön 19,15-17), zu beenden. Später, als Sendbote *Ben-Hadads II. zu *Elisa, erfuhr H., daß er König und ein Unterdrücker Israels werden sollte. Diese Prophezeiung setzte er rasch in die Tat um, indem er Ben-Hadad ermordete und den Thron bestieg (2Kön 8,7-15). Bei *Ramot in Gilead kämpfte er gegen Joram (2Kön 8,28f; 9,14-15), besiegte Jehu mehrmals, wobei er das Gebiet östl. des Jordan bis zum Arnontal im S (2Kön 10,32-33) verwüstete. Er fuhr mit seinen Angriffen während der Regierung des Joahas fort, und nur durch Gottes Gnade wurde Israel vor der völligen Zerstörung verschont (2Kön 13,3.22f). 2Kön 12,18f erwähnt einen syr. Einfall nach SW-Palästina, der vermutlich zum Ziel hatte, die Handelswege zu sichern. *Gat wurde eingenommen und Jerusalem bedroht. Nur durch eine Tributzahlung aus dem Tempelschatz wurde H. von der Einnahme Jerusalems abgehalten. Syriens Vormachtstellung wurde erst nach H.s Tod gebrochen, als sein Sohn, Ben-Hadad III., dreimal von *Joasch von Israel besiegt wurde (2Kön 13,24f). Als einer der syr. Herrscher, die Israel schwer bedrängten, war H. in Israels Erinnerung präsent, so daß *Amos ein halbes Jh. später bei der Gerichtsankündigung über Syrien seinen Namen erwähnt, um die Macht Syriens zu symbolisieren (Am 1,4).

H.s Name erscheint ebenfalls in keilschriftlichen assyr. Inschriften als Gegner von Salmanassar III. ab 841 v.Chr. Die Wortwahl eines Textes zeigt, daß den Assyrern nicht nur bekannt war, daß H. ein unrechtmäßiger Machthaber war (»Sohn eines Niemand«, ANET, S. 280), sondern auch, daß sein Vorgänger das Opfer einer Intrige war (Weidner: AfOL 13, 1940, S. 233f). H. muß vor 841 v.Chr. auf den Thron gelangt sein, da seine Truppen und die des Israeliten *Joram 842 bei Ramot in Gilead gegeneinander kämpften; 843 v.Chr. dürfte (nach Unger, Israel and the Arameans of Damascus, 1957, S. 75), dafür als Datum in Frage kommen. 837 v.Chr. kämpften Salmanassar III. und H. erneut gegeneinander. Danach wird 30 Jahre lang kein Zusammenstoß zwischen diesen beiden Königreichen erwähnt, bis Adadnarari III. ca. 805-802 v.Chr. den nun älter gewordenen H. durch Einschüchterung zur Unterwerfung bewegte (ANET, S. 281-282; DOTT, S. 51-52). Er sprach von ihm als *Mari'*, aram. für »Herr«. In Syrien wurde der anfangs gefürchtete H. offensichtlich als »der Herr« par excellence bekannt. Dieser Beiname wurde einfach von den

Diese Elfenbeinfigur zeigt vermutlich König Hasaël von Damaskus (844-802 v.Chr.) Aus Arslan Tasch, Syrien. (MC)

assyr. Chronisten übernommen. H. »bedrängte Israel, solange Joahas lebte« (2Kön 13,22). Letzterer regierte etwa von 818/17-802/1 v.Chr. und überlebte somit H. – zumindest um kurze Zeit. Die Beute der Assyrer aus dem Damaskus H.s umfaßte auch Elfenbeinarbeiten. Zwei Stücke trugen die Inschrift *l-mr'n Chz'l*, »gehört unserem Herrn Hasaël«; auf einem weiteren ist die Figur eines Prinzen abgebildet, möglicherweise eine Darstellung H.s selbst. J.G.G.N./K.A.K.

HASCHABJA. »Der Herr hat angerechnet« (d.h. das Wohlverhalten des Menschen).

1. Levit aus dem Geschlecht Meraris, Vorfahr Etans (1Chr 6,30).
2. Vater Asrikams, ein anderer Merariter (1Chr 9,14).
3. Sohn Jedutuns, Leiter der 12. levitischen Sängerabteilung (1Chr 25,3.19).
4. Levitischer Amtmann über das Westjordanland z.Zt. Davids (1Chr 26,30).
5. Sohn des Kemuël, Fürst des Stammes Levi z.Zt. Davids (1Chr 27,17).
6. Oberster der Leviten z.Zt. Josias (2Chr 35,9).
7. Einer der Leviten, die Esra nach Jerusalem begleiteten (Esr 8,19.24). Er ist wohl auch bei der Unterzeichnung des Bundes (Neh 10,12) und unter den Obersten der Tempelsänger genannt (Neh 12,24).
8. Oberster über den halben Bezirk Keïla z.Zt. Nehemias (Neh 3,17).
9. Levit, Nachkomme Asafs (Neh 11,22).
10. Haupt der Priesterfamilie Hilkia z.Zt. des Hohenpriesters Jojakim (Neh 12,21).

HASCHMONA. Station auf dem Wüstenzug Israels (4Mo 33,29.30). Eusebius nennt es Asemonas oder Asemon in der Nähe von *Kadesch. Trumbull meint H. in den Ruinen nahe bei Ain Kseime gefunden zu haben, 14 km nordwestl. von Kadesch.

HASE s. Tiere

HASEL s. Pflanzen

HASMONÄER s. Israel (V); Makkabäer

HASS, HASSEN. Emotionale Ablehnung, die sich steigert bis zur Vernichtung des Gehaßten. Daher ist in jeder Regung des Hasses wurzelhaft schon der Totschlag eingeschlossen (1Joh 3,15). H. ist nicht an sich gut oder böse, sondern wird es erst durch seine Motive und seinen Gegenstand. Triebhafter H. gegen Gott (Ps 81,16), Gottes Ordnung (Spr 6,16-19) und den Gerechten (Ps 34,22) ist böse. Bewußter H., d.h. strikte Ablehnung gegenüber gottlosem Wesen (Ps 45,8) und Götzendienern (Ps 31,7), ist gut; und er wird mit ganzem Ernst gefordert als Ablehnung des Eigenlebens auf dieser Welt (Joh 12,25), aller menschlichen Bindungen, wenn sie dem Willen des Herrn entgegenstehen (Lk 14,26; vgl. Mt 10,37), und alles dessen, was von der Sünde befleckt ist (Jud 23). Im AT wird dazu aufgefordert, den H. der anderen durch das eigene Verhalten zu überwinden (2Mo 23,5), und es ist verboten, den Bruder zu hassen (3Mo 19,17). Das NT verbietet dann auch den H. gegen den Feind (Mt 5,43f), denn alle Menschen sind Gegenstand der werbenden Liebe Gottes und seiner Gemeinde (1Tim 2,4).

HATTUSCH.

1. Priester, der mit *Serubbabel aus Babylon heimkehrte (Neh 12,2).
2. Nachkomme Davids, der mit Esra aus Babylon zurückkehrte (Esr 8,2).
3. Sohn Haschabnejas, der einen Teil der Mauer Jerusalems aufbaute (Neh 3,10).
4. Priester, der die Verpflichtung auf das Gesetz unterzeichnete (Neh 10,5).
5. Nachkomme Serubbabels (1Chr 3,22).

HAUPT/KOPF. Das Haupt (hebr. *rōsch*; griech. *kephalē*) wird in der Bibel nicht als Sitz des Verstandes, sondern als Quelle des Lebens angesehen (Mt 14,8.11; Joh 19.30). »Den Kopf erheben« bedeutet, selbstbewußt, zielorientiert zu leben (Ri 8,28; Ps 27,6; 1Mo 40,13, aber vgl. das Wortspiel in V. 19) oder Leben von Gott selbst zu erwarten (Ps 24,7.9 RevEB; Lk 21,28). Den Kopf mit der Hand oder mit Staub und Asche bedecken heißt, um den

Ägyptische Klageweiber bedecken den Kopf mit den Händen, während sie dem Sarg des Verstorbenen folgen. Wandgemälde im Grab von Nebamun und Ipuki in Theben. Ca. 1350-1300 v.Chr. (CP)

Als Geste der Trauer bedecken Frauen ihren Kopf mit den Händen. Darstellung auf dem Steinsarkophag des Königs Dhiram von Byblos. Länge ca. 2,30 m. Ca. 1000 v.Chr. (NMBL)

Verlust eines Lebens zu trauern (2Sam 13,19; Klgl 2,10). Haupt-sein meint Überlegenheit in Rang und Macht einem anderen gegenüber (Ri 11,11; 2Sam 22,44). Wenn aber von Christus gesprochen wird als dem H. seines Leibes, nämlich der Gemeinde (Eph 5,23; Kol 2,19) als dem H. eines jeden Mannes (1Kor 11,3), des ganzen Universums (*hyper panta,* Eph 1,22) und aller Mächte und Gewalten (Kol 2,10), aber auch wenn der Mann das H. der Frau genannt wird (1Kor 11,3; Eph 5,23; vgl. 1Mo 2,21f), dann überwiegt dabei die Grundbedeutung des Begriffs H. als des »Woher« und »um willen« des Lebens. (Schlier 678).

Die Gemeinde ist der Leib Christi, und er ist ihr H. (Eph 4,15f; Kol 1,18): die beiden kann man nicht trennen. In dieser Einheit von H. und Leib lenkt Christus, das H., das Wachsen des Leibes zu sich hin: Er ist nicht nur die Seinsquelle des Leibes (1Kor 10,16f), sondern auch die Vollendung seines Lebens (Eph 4,15f; Kol 1,19f; vgl. *Eckstein). Daher entzweit jeder Dienst für einen anderen geistlichen Mittler die lebenswichtige Verbindung zwischen den Gliedern und Christus, dem H., der die Quelle all ihres Seins ist (Kol 2,18f).

Literatur: F. Foulkes: Ephesians, TNTC, 1963, S. 65f.124.155ff; K. Munzer: TBLNT I, [4]1986, S. 634-636; H. Schlier: ThWNT III, 1938, S. 672-681; S. Bedale: ›The Meaning of kephale in the Pauline Epistles‹, JThS n.s. 5, 1954, S. 211ff; H.J. Grabathuler: Jesus Christus, Haupt der Kirche – Haupt der Welt, 1965 (Forschungsbericht). F.H.P.

HAUPTMANN. H. lautet die allg. übliche Bezeichnung für einen Anführer oder Oberbefehlshaber (4Mo 14,4; Ri 11,6), die so auch in bildlicher Rede verwendet wird (Spr 6,7).

Meist sind mit Hauptleuten die militärischen Führer (5Mo 20,9: »Heerführer«; 1Sam 17,18; 1Chr 27,3; Jes 22,3), vor allem die höheren Offiziere in Israel (2Kön 9,5; 25,2; Mk 6,21), Ägypten (2Mo 15,4), Assyrien (2Chr 32,9; Jes 36,9), Babylon (Jer 51,57) und Persien (Neh 2,9), darunter die Befehlshaber der Leibwache (1Mo 37,36; 40,3.4; 2Kön 5,8) gemeint. Der Feldherr oder Oberbefehlshaber war bei Philistern (1Mo 21,22), Kanaanäern (Ri 4,2), Syrern (2Sam 10,16; 2Kön 5,1) und Israeliten (1Sam 14,50; 2Sam 19,14; 24,2; 1Kön 4,4; 16,16; 2Kön 4,13) der »Feldhauptmann«. In Israel befehligte er das Volksaufgebot, zu dessen Einberufung ihm ein besonderer Schreiber zur Seite stand (2Kön 25,19). Die Führer einzelner Heeresabteilungen hießen Hauptleute (2Sam 18,5), ohne daß damit ein bestimmter Rang angegeben ist. Dann folgen die israelit. Offiziersränge der Hauptleute über 1000, 100 und 50 (4Mo 31,14; 1Sam 8,12; 2Sam 18,1; 2Kön 1,9; Jes 3,3). Der H. und die Hauptleute des Tempels (Lk 22,4.52; Apg 4,1; 5,24.26) sind der Befehlshaber und die Unterführer der levitischen Tempelwache in Jerusalem.

Im NT bezeichnet H. verschiedene röm. Offiziere und Zivilbeamte.

Der *Centurio* (Mt 8,5; 27,54; Mk 15,39.44; Apg 10,1; 21,32) war der Führer einer Hundertschaft (Centurie) – sechs Centurien bildeten eine röm. Kohorte. Dieser Rang gehörte noch zu den Unteroffizieren und bot im allg. keine weiteren Aufstiegsmöglichkeiten. Er wird genauer als Unterhauptmann (vgl. Apg 24,23; 27,1; 28,16) von dem obersten (Apg 23,10) oder Oberhauptmann (Apg 22,26-29; 23,17-19) unterschieden. Dieser, der *Tribunus militum* (Apg 22,24; 24,7.22) oder mit griech. Rangbezeichnung *Chiliarch* (»Befehlshaber über 1000«), führte eine Kohorte, den 10. Teil der röm. Legion. Ein Oberhauptmann war Kommandant der röm. Garnison in Jerusalem (Joh 18,12; Apg 21,31). Der oberste Hauptmann (Apg 28,16) dagegen trägt eine andere Rangbezeichnung, er ist der Befehlshaber des Lagers, hier der Prätorianerkohorte der kaiserlichen Leibwache in Rom.

Apg 16,20.35 erwähnt *Prätoren* (»Stadtrichter«), die beiden obersten Beamten, die an der Spitze einer röm. Provinzstadt (hier *Philippi) standen und jedes Jahr neu gewählt wurden.

HAURAN. (Hebr. *chawrān*). Ein Gebirge vulkanischen Ursprungs (heute arab. Dschebel Ed-Drūs) ca. 100 km östl. von der Südspitze des Sees *Genezareth am Rand der Wüste. Es ist wahrscheinlich in Ps 68,16 mit dem »Berg von *Baschan« gemeint. In der endzeitlichen Grenzbeschreibung Hes 47,16.18 bezeichnet H. die assyr. Provinz, die das Gebirge sowie

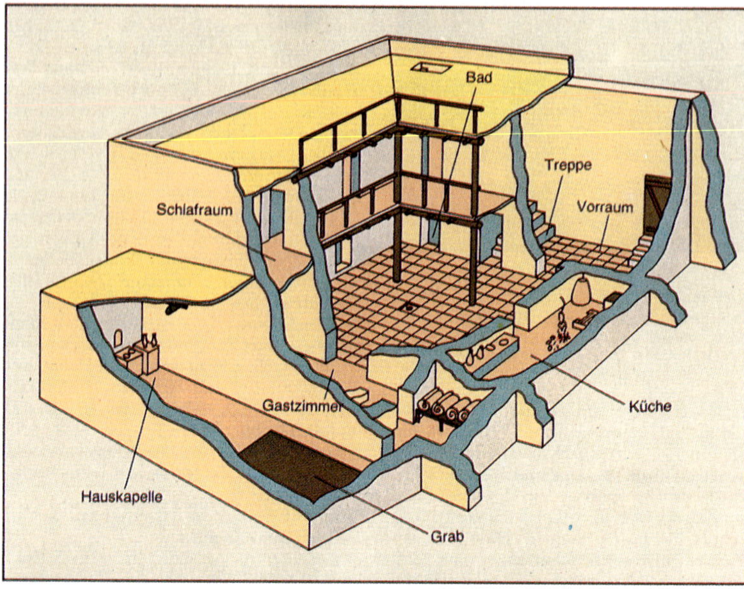

Zweistöckiges Gebäude mit gepflastertem Innenhof und einem Flachdach, das von einem Geländer umgeben ist. Schnittzeichnung eines in Ur ausgegrabenen Hauses, aus der Zeit um 1800 v.Chr.

weitere Teile von Baschan umfaßte. In röm. Zeit hieß Auranitis eine Provinz, die im wesentlichen nur aus dem Gebirge bestand. Zusammen mit Basanitis (*Baschan; *Betanien II) und *Trachonitis kam sie 23 v.Chr. an *Herodes den Großen (Jos.ant.Jud. XV, 343; bell.Jud. I, 398), nach dessen Tod (Jos.ant.Jud. XVII, 319; bell.Jud. II, 95) zur Tetrarchie des *Philippus (vgl. Lk 3,1: *Idumäa). Auf dem H. befand sich eine der jüd. Signalstationen zwischen Jerusalem und Babylonien (Mischna, Rosch Ha-Schanah 2,4). Die Gegend ist heute genauso wie im Altertum die Kornkammer Syriens.

Literatur: D. Sourdel: Les cultes de Hauran à l'époque romaine, 1952; E. Schürer: History of the Jewish people I, 1973, 336-338. R.R.

HAUS. Die hebr. und griech. Begriffe *bajit* bzw. *oikos, oikia* werden in Bezug auf verschiedene Arten von Gebäuden sowie in der Bedeutung von »Haushalt, Familie« verwendet. Vor allem im NT ist die Vorstellung vom »Haus Gottes« zu einer theologischen Konzeption entwickelt.

Architektonische Informationen in der Bibel wurden maßgeblich durch Ergebnisse archäologischer Ausgrabungen ergänzt; dennoch ist ein vollständiges Bild der Häuser, in denen die Menschen lebten, noch nicht für alle Perioden möglich.

I. IM ALTEN TESTAMENT.

Das hebr. Wort *bajit,* das über 2000mal auftaucht, hat seine Entsprechung in vielen semit. Sprachen. Es bezeichnet im AT alle Arten von Wohnanlagen von Palästen (z.B. Jer 39,8) und Tempeln (z.B. 1Kön 8,13) bis hin zu privaten Häusern (z.B. 2Mo 12,7; 5Mo 6,7) und möglicherweise sogar Zelten (1Mo 33,17). Als Baumaterial für Häuser wurden gewöhnlich Stein, Lehmziegel, Holz und Mörtel verwendet (3Mo 14, 37.39.45; Am 5,11). Oft baute man sie an die Stadtmauern (Jos 2,15). Einige waren von hervorragender Qualität (5Mo 8,12; Hag 1,4) wie Davids Zedernpalast (2Sam 7,2.7; vgl. 1Kön 7,2; Jes 22,8) oder die luxuriösen, elfenbeinverzierten Häuser von Samaria (1Kön 22,39; Am 3,15). *bajit* wird oft mit anderen Substantiven verbunden, um bestimmte Gebäude oder Gebäudeteile zu bezeichnen, z.B. Winter- und Sommerhäuser (Jer 36,11; Am 3,15), Gefängnisse (1Mo 39,20ff; 2Kön 25,27), den Harem des pers. Königs (Est 2,9ff.) und vor allem den

Tempel von Jerusalem (»Haus Gottes«, 1Chr 9,11.13.26; »Haus Jahwes«, 1Kön 7,12.40). In anderen Zumsammensetzungen wird *bajit* auch gebraucht, um die Lebensqualität oder Lebensart in einem H. oder Gebäude zu beschreiben, z.B. Annehmlichkeit, Fröhlichkeit (Hes 26,12f; Mi 2,9; Pred 7,4 RevEB), Trauer (Jer 16,5; Pred 7,2.4) und Widerspenstigkeit (Hes 2,5f). Noch weitergehend kann *bajit* das »Heim« verschiedener Tiere bezeichnen (Schwalbe, Ps 84,4; Reiher, Ps 104,17; Spinne, Hiob 8,14f; 27,18; Wildesel, Hiob 39,5f; Kalb, 1Sam 6,7.10) und für verschiedene Behälter wie etwa Riechfläschchen (Jes 3,20) oder Stangenringe (2Mo 25,27) verwendet werden. Gelegentlich bezieht es sich auf die Vergänglichkeit des menschlichen Körpers (Hiob 4,19; vgl. 2Kor 5,1-10) und selbst auf die Scheol (Hiob 38,20). Eine wichtige Bedeutung von *bajit*, die in über einem Viertel aller Belege auftritt, ist »Haushalt, Familie«, womit auch Familien, die in Zelten leben, gemeint sein

Typisches israelitisches Haus mit vier um einen Innenhof angeordneten Räumen. Schnittzeichnung nach Ausgrabungen in Tell el-Fara.

können (4Mo 16,32; 5Mo 11,6 RevEB). Die in der Bibel häufig vorkommenden Ausdrücke »Vaterhaus« und »Haus Israel« beruhen auf der Sitte, eine Familie, einen Stamm oder ein Volk nach einem Vorfahren oder Anführer zu benennen. Schließlich kann »Haus« sowohl die Personen (einschließlich der Sklaven) als auch den Besitz (1Mo 39,1f; 2Mo 20, 17; 1Kön 13,8 RevEB) eines Haushalts bezeichnen.

II. IM NEUEN TESTAMENT.

Der atl. Gebrauch des Wortes wird weitgehend auch im NT beibehalten. *oikos* erscheint sowohl in wörtlichem als auch in bildhaftem Sinn, bedeutet also neben »Haus« auch »Haushalt, Familie, Rasse«. Das seltenere Wort *oikia* ist im NT weitgehend synonym mit *oikos*, obwohl es mitunter die spezielle Bedeutung »Besitz« annimmt, etwa in dem Ausdruck »die Häuser der Witwen fressen« (Mk 12,40). Im NT begegnet »Haus« häufig als Bezeichnung des Tempels – sowohl in seiner irdischen als auch in seiner himmlischen Gestalt. Jesus sprach etwa in beiderlei Sinn von »meines Vaters Haus« (Joh 2,16; 14,2); es sollte ein Bethaus für alle Völker (Mk 11,15-17; vgl. Jes 56,7; 60,7, LXX) und nicht ein »Kaufhaus« (Joh 2,16; vgl. Sach 14,21) sein.

Eine ganz wesentliche Entfaltung des Gedankens von »Gottes Haus« ergab sich mit seiner Anwendung auf die Gemeinde (z.B. Eph 2,19-22; Hebr. 3,1-6), deren Gemeinschaftscharakter durch die Wendungen »geistliches Haus« (1Petr 2,5) und »Gottes Tempel« (1Kor 3,16; 6,19) unterstrichen wird. Im Gegensatz zu den heidnischen Tempeln und ebenso zum Steintempel von Jerusalem sind die Gläubigen »lebendige Steine« (1Petr 2,5) in einem Tempel, der von Jesus, dem Sohn Gottes (Hebr 3,3.6), gebaut wurde. In diesem Gotteshaus, dem Pfeiler der Wahrheit (1Tim 3,15), sind alle Gläubigen Priester (1Petr 2,5.9), die allzeit Opfer darbringen (Hebr. 13,15f), im Gehorsam gegen Gott und ohne Angst vor dem letzten Gericht (1Joh 4,17).

Die ntl. Rede von der Familie, dem Haus und der Hausgenossenschaft Gottes läßt sich nicht recht verstehen, wenn man nicht bedenkt, welche Rolle das Haus als Ort der Begegnung und der Gemeinschaft im frühen Christentum spielte (z.B. 2Tim 4,19; Phlm 2; 2Joh 10). Ganze Haushalte bekehrten sich zu Gott (z.B. Apg 16,34; 1Kor 1,16), und das Brotbrechen (Apg 2,46), die Evangelisation (Apg 5,41) und die Lehre (Apg 20,20) fanden »hier und dort in den Häusern« statt.

III. ARCHÄOLOGISCHER BEFUND.

1. Allgemeines.

Die überwiegende Mehrzahl der Häuser im alten Palästina wurde in befestigten Städten gebaut, obwohl es auch viele offene Filialdörfer gab. Selbst der Bauer, der die Erntezeit draußen auf dem Felde verbrachte, lebte häufig in der Stadt, und die Tennen lagen immer in der Nähe der Stadt. Große Städte konnten ein Gebiet von 8 ha (80.000 m^2) bedecken; aber die meisten Städte und Dörfer waren wohl nicht größer als 2 – 2,5 ha (20-25.000 m^2). Die Häuser standen gewöhnlich eng beieinander, besonders wenn die Stadt auf einem Hügel gebaut war und mit dem verfügbaren Raum sparsam umgegangen werden mußte. Stadtplanung kennt man bereits aus der Mitte des 3. Jt.v.Chr. Während der israelit. Periode zeigt die Anlage der Städte häufig einen zentralen Häuserkomplex, umgeben von einer Straße und einer Mauer mit daran angebauten Häusern (z.B. Tell beit Mirsim, Tell en-Nasbe). Größere Häuser standen häufig im W der Stadt, um dem Rauch und dem Staub zu entgehen, den die vornehmlich von W wehenden Winde weitertrugen. Die Fundamente variieren je nach Größe und Bedeutung des Hauses, waren aber in allen Fällen wichtig, weil heftige Regenfälle schwere Schäden verursachen konnten (vgl. Mt 7,24-27) und weil Palästina ein Erdbebengebiet ist. Die Fundamente reichten manchmal bis in den jungfräulichen Boden oder bei großen Häusern sogar bis auf das anstehende Felsgestein hinab; oft wurden aber auch die Überreste früherer Mauern und Fundamente beim Bau neuer Häuser wiederverwendet. Bei abfallendem Gelände legte man Fundamente auf ebenen Terrassen an. Häufig lieferte die Fundamentierung den Grundriß des Hauses. Es könnte sein, daß beim Legen der Fundamente auch Menschenopfer dargebracht wurden (Jos 6,26; 1Kön 16,34), aber die Zeugnisse dafür sind nur spärlich.

Die Wände privater Häuser bestanden gewöhnlich aus unbehauenen Steinen und Lehmziegeln; wo es nicht genug Steine gab, bestand das ganze Haus aus Lehmziegeln auf steinernem Fundament. Auf der Innenseite der Mauern waren die Ziegel mit wasserdichtem Mörtel überzogen – manchmal nur bis zur halben Höhe der Mauer –, während die Fußböden aus Mergelton gemacht waren, der die starke Belastung durch nackte Füße aushielt. In reicheren Häusern war der Fußboden – selbst im Hof – gepflastert. Zur Stützung der Wände wurden manchmal Wandpfeiler aus Quadersteinen an den Ecken und in regelmäßigem Abstand entlang der Wände gesetzt oder - während der mittleren und späten Königszeit – horizontal gelegte Steinpfeiler, besonders in der oberen Hälfte der Wände, eingezogen. Bis zu 1 m dick konnten die Wände

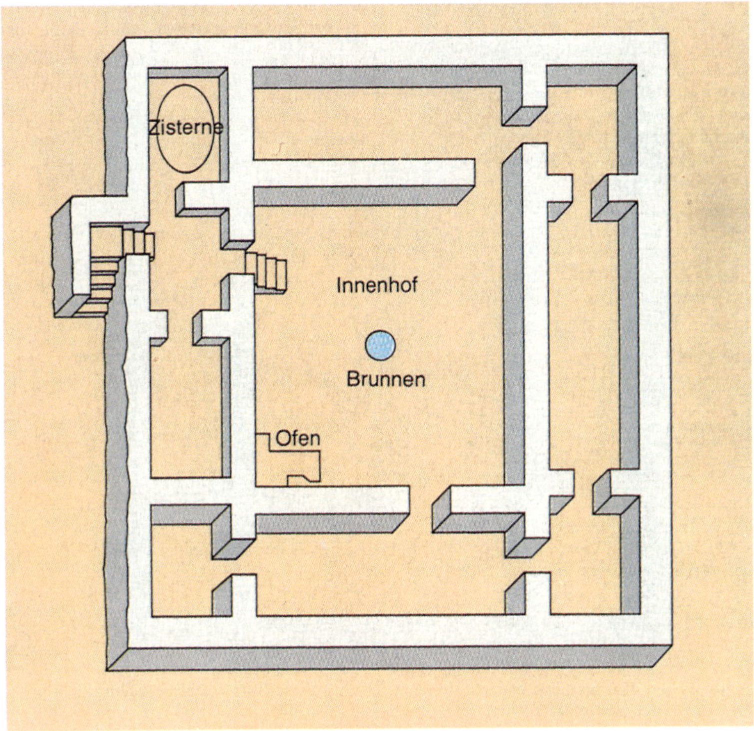

Grundriß eines Hauses in Palästina im frühen 2. Jt.v.Chr. Vom Innenhof führen Stufen zum oberen Stockwerk, wo sich die Haupt-Wohnräume befinden.

sein; Innenwände waren jedoch häufig dünner. Türen wurden in einem Rahmen, bestehend aus zwei Türpfosten, Türsturz und Stufe oder Schwelle, eingehängt. Die Türöffnung war im allg. niedriger als Menschengröße. Die Tür ging normalerweise nach innen auf; durch leistenartige Vorsprünge an Türsturz und Schwelle wurde ein Schwingen nach außen verhindert. Die Schwelle diente auch dazu, Wasser und Schmutz abzuhalten. Die Pfosten waren aus Holz (2Mo 21,6; 5Mo 15,17) oder Stein (Jes 6,4 RevEB). Die Tür konnte abgeschlossen oder verriegelt werden (vgl. 2Sam 13,17f).

Fenster kannte man in Palästina seit dem 4. Jt.v.Chr. Im Erdgeschoß waren sie selten, da während der längsten Zeit des Jahres genügend Licht durch die offene Tür hineinfiel. Wo es sie im Erdgeschoß gab, lagen sie gewöhnlich in der Wand gegenüber dem Eingang. Die Fenstergröße wurde so gering wie möglich gehalten, um die Temperatur im Sommer niedrig und im Winter hoch zu halten. Assyr. Wandreliefs der israelit. Stadt *Lachisch zeigen Fenster hoch oben in den Türmen der äußeren Stadtmauer; mehr als einmal (Jos 2,15; 1Sam 19,12) boten solche Fenster in den Stadtmauern eine Fluchtmöglichkeit. Elfenbeinschnitzereien verschiedener Herkunft, die das Gesicht einer Frau in einem Fenster mit Balustrade zeigen, haben vielleicht etwas mit den Gitterfenstern zu tun, die es nach dem AT in Außenmauern gab (Ri 5,28; 2Kön 1,2; Spr 7,6; Hld 2,9).

Viele Häuser hatten zwei Stockwerke. Da aber aus dem alten Israel kein Gebäude mit einem komplett überdachten Erdgeschoß oder einer Decke erhalten geblieben ist, ist die Originalhöhe eines Gebäudes nicht immer sicher. Oben gelegene Räume erreichte man mit Hilfe einer Treppe oder Leiter. In diesen Räumen wohnte und schlief man (vgl. 2Kön

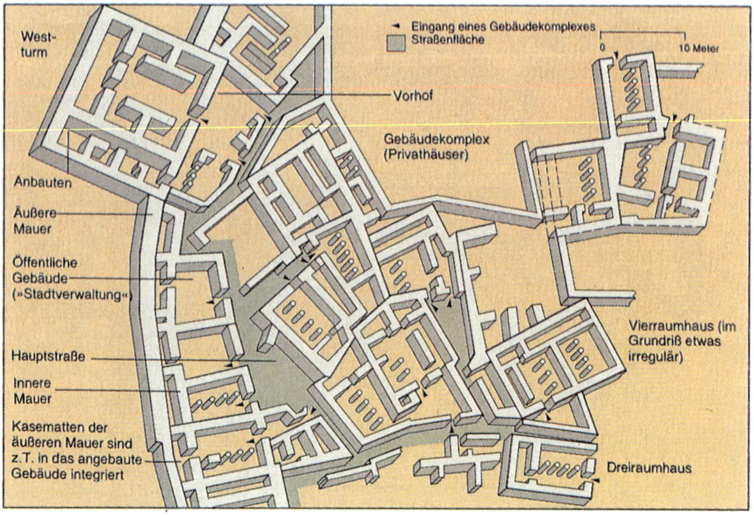

Nach Ausgrabungen im Tell beit Mirsim (Debir?) rekonstruierter Stadtplan (Palästina im 8.-7. Jh. v.Chr.). Typische Vierraumhäuser sind in Blöcken angeordnet oder schließen sich an die ringsum verlaufende Stadtmauer an.

9,13.17); auch Gäste wurden dort untergebracht (1Kön 17,19; 2Kön 4,10f). Die Dächer bestanden aus Balken, die mit Zweigen und einer dicken Lehmschicht bedeckt wurden; manchmal wurden diese Balken auch durch eine Reihe von Säulen entlang der Mitte des Raums gestützt. Man benutzte etwa 60 cm breite Steinwalzen, um den Dachbelag flach und wasserfest zu halten. Dennoch mußten die Dächer jedes Jahr vor Beginn der Regen-

Einrichtungsgegenstände und Töpferwaren aus einem Grab in Jericho. Dies dürfte die übliche Ausstattung eines wohlhabenden Haushalts gewesen sein. (JEF)

zeit neu geglättet werden, um Risse abzudichten, die in der Sommerhitze entstanden waren. Im Sommer schlief die Familie häufig auf dem Dach oder nutzte es, um Trauben, Feigen, Flachs u.a. in der Sonne zu trocknen. Nach 5Mo 22,8 mußte als Vorsichtsmaßnahme ein Geländer errichtet werden. Während der pers. Zeit baute man in Palästina schon Gewölbedächer; ebenso tauchen Ziegeldächer in vorntl. Zeit auf. Die Dachfläche war auch ein Ort der Anbetung, sei es des Baal oder »des Himmels Heer« (Jer 19, 13; Zef 1,5) oder des wahren Gottes (Apg 10,9).

2. Das Leben im Haus.

In bibl. Zeit war das Haus normalerweise ein Ort zum Wohnen, für Vorratshaltung oder auch für Wirtschafts-, Handwerks- und Handelszwecke. Es gibt Indizien dafür, daß in Häusern gefärbt, gewebt und Getreide gemahlen wurde. In Jericho wurde Getreide offenbar in engen Buden verkauft, die an die Außenmauer des Hauses angefügt waren. Der Bauer lebte mit allem, was er besaß, im Haus. Ausreichende Lebensmittelvorräte für den Winter, Tierfutter, Vorratskrüge und landwirtschaftliche Geräte – alles wurde im Haus untergebracht. Bei sehr kaltem und nassem Wetter sowie in Kriegszeiten mußte die Familie das Haus oder zumindest den Hof auch mit ihren wichtigsten Tieren teilen. Kultische Gegenstände wie Hörneraltäre, Weihrauchständer, Bronzegegenstände und Figurinen wurden ebenfalls in großer Zahl in Häusern gefunden. Viele Bewohner israelit. Städte praktizierten sicher einheimische Kulte – im Gegensatz zur offiziellen Verehrung Jahwes.

Die Möbelausstattung im Haus hing vom Reichtum seiner Bewohner ab. Arme konnten sich nur die Küchenausrüstung und Bettzeug leisten. Die Möbel, die in Elias Gästezimmer standen, waren typisch für die einer Durchschnittsfamilie (2Kön 4,10): ein Bett, ein Tisch, ein Stuhl, eine Lampe. Die Reichen schliefen in einem Bett, die Ärmsten auf einer Schilfrohrmatte auf dem Boden. Man brauchte viel Bettzeug, denn die Winter in Palästina sind kalt und feucht. Es gab Truhen für Kleider und Bettzeug. Die Möbelstücke der Reichen waren mit Elfenbeineinlagen verziert; andere imitierten dies bisweilen mit gewöhnlichen Knocheneinlagen. In die Elfenbeineinlagen wiederum waren manchmal Gold und Edelsteine eingesetzt. Auch der Handwebstuhl fehlte in vielen Häusern nicht.

Um das Haus im Winter warm zu halten, kochte man oft drinnen. Bei sehr kaltem Wetter verwendete man als Heizung ein mit glühender Holzkohle gefülltes Ton- oder Bronzebecken; dies war allerdings nicht sehr wirksam. Ein Ofen wurde in der Regel im Hof des Hauses errichtet. Er war oben hohl, konnte am Sockel einen Durchmesser von 60 cm haben und etwa 30 cm hoch sein. Aufgebaut war der Ofen aus wechselnden Schichten von Lehm und Tonscherben. Im Innern des Hauses hatte man steinere oder tönerne Vorratsbehälter. Zur Aufbewahrung der Wintervorräte wurden große Krüge verwendet, und zum Mahlen des Getreides hatte man eine Handmühle. Mehl wurde in einem Krug mit großer Halsöffnung aufbewahrt, Olivenöl in einem speziell geformten Gefäß. Häufig gab es auch eine große steinerne, in den Boden eingelassene Reibschale, auf der verschiedene Nahrungsmittel zubereitet werden konnten, indem man sie mit einem Stößel zermahlte. Hatte man keine Zisterne im Haus, benutzte man zur Wasseraufbewahrung einen großen Krug und kleinere Gefäße, um das Wasser von der Quelle zu holen. Bei Ausgrabungen wurden Kochtöpfe mit großen Öffnungen zum Umrühren des Essens gefunden sowie enghalsige zum Erhitzen von Flüssigkeiten; außerdem eine große Vielfalt von Schalen, in denen das Essen serviert wurde. Die Reichen besaßen goldenes und silbernes Geschirr und bronzene Küchenkessel. Am 6,4-6 beschreibt das luxuriöse Leben in Israel von seiner schlechtesten Seite.

3. Architekturgeschichtliche Entwicklungen.

a. Vorisraelitische Zeit.

Die ältesten Häuser in Palästina waren stabile, einräumige, meist rund oder rechteckig angelegte Bauten. Häuser mit zwei Räumen tauchen ca. 5000 v.Chr. in Jericho auf, und aus dem Chalkolithikum (um 3400 v.Chr.) sind Häuser mit künstlerischen Wandbildern erhalten geblieben. Im 3. Jt.v.Chr. waren zweiräumige, meist rechtwinklige Häuser stärker verbreitet. Das größte bekannte Haus dieser Periode steht in et-Tell (Ai); es ist ca. 18m lang und hat sogar drei gleiche rechtwinklige Räume. Apsisförmige Häuser wurden in verschiedenen Grabungsorten aus dem frühen 3. Jt. gefunden.

Beim Wiedererwachen städtischen Lebens in der Mittleren Bronzezeit gewann in Palästina das H. mit Hof eine weite Verbreitung; die Armen lebten aber weiterhin in einräumigen Hütten. Die Räume wurden an einer oder mehreren Seiten des Hofes gebaut; Räume an allen vier Seiten sind in Palästina zu dieser Zeit jedoch selten. In Tell beit Mirsim (Eglon) entdeckte man ein großes Haus etwa aus der Zeit um 1600 v.Chr., dessen Hof allein 11m x 6m maß und dessen sechs überdachte Räume auf zwei Etagen eine Fläche von ca. 140 m^2 einnahmen. Ein etwa 100 Jahre älteres, komplexeres Beispiel aus Taanach hatte 1 m dicke

So könnte die Ausstattung eines Raumes in der Mittleren Bronzezeit ausgesehen haben (Jericho). (JEF)

Wände von guter Qualität, sorgfältig verputzte Fußböden und eine Treppe im Hausinnern; das Erdgeschoß maß ca. 210 m^2.

b. Israelitische Zeit.

Wo die Israeliten kanaan. Städte wieder aufbauten, waren die Häuser von geringer Qualität, auch wenn das Niveau sich zur Zeit Davids und Salomos – teilweise aufgrund phönizischen Einflusses - rasch erhöhte. Die armseligsten Häuser, von denen viele in Tell Quasile gefunden wurden, bestanden aus einem einzigen Raum mit einem Hof. Der in der vorexilischen Zeit am weitesten verbreitete Haustyp war das sog. Vierraumhaus. Es war rechteckig und hatte eine feste Raumanordnung: drei parallele Räume mit einem in voller Breite vorgelagerten Querraum. Der zentrale »Raum« war gewöhnlich ein eingeschlossener Hof, durch den man die anderen Räume betreten konnte; die Seitenräume waren häufig zweigeteilt und durch Säulen abgetrennt. Die Qualität solcher Häuser schwankte sehr stark. Derselbe Grundriß wurde auch für monumentale und öffentliche Gebäude, z.B. in Hazor und Tell beit Mirsim verwendet.

c. Hellenistische Zeit.

Einige hellen. Städte in Palästina zeigen deutlich den Versuch einer Stadtplanung nach rechtwinkligem Muster. Die Reichen erweiterten ihre Häuser jetzt um ein Bad. Zur ntl. Zeit hatten die Wohlhabenden ein Winterparadies aus Jericho gemacht, noch luxuriöser als Pompeji – es bedeckte ein größeres Gebiet und hatte geräumige Gärten. Das reiche Haus in Palästina zur Zeit des NT war dem überall anzutreffenden röm. ähnlich. Es hatte einen äußeren Hof mit angrenzenden Räumen und dahinter einen zweiten Hof mit angrenzenden Räumen, in denen man sehr zurückgezogen leben konnte.

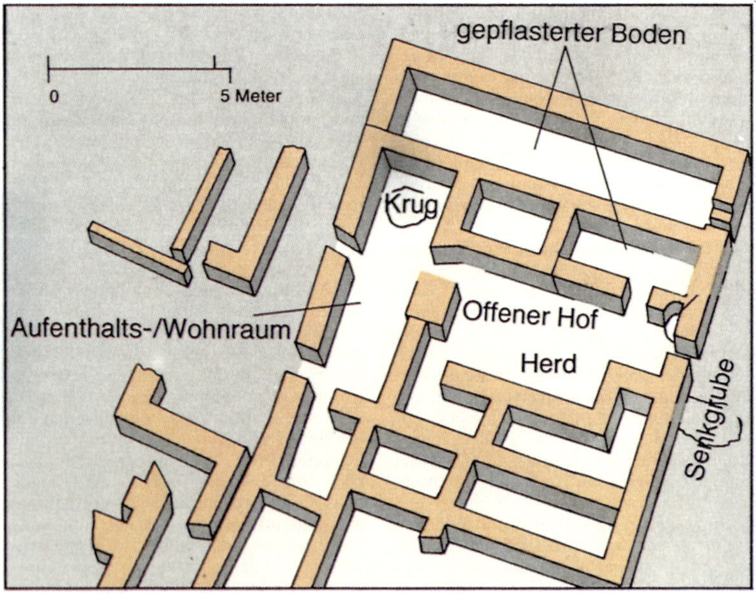

Ein typisches israelitisches Haus mit Hof, ausgegraben in Sichem (Gebäude 1727; Schicht VII), ca. 748-724 v.Chr.

d. Königspaläste.

Das AT liefert nur eine knappe Beschreibung von Salomos Palast. Der genauere Bericht über den Bau des Tempels läßt Vermutungen darüber zu, wie der Palast aussah, denn er wurde von denselben Architekten und Handwerkern entworfen und gebaut. Das Mauerwerk bestand aus sorgfältig behauenen Steinen, die in Schichten von Läufern und Bindern angeordnet waren. Für die Innendekoration benutzte man Edelhölzer. Die Ausgrabung des Gouverneurspalastes in Megiddo wirft ein Licht auf Salomos Bauprogramm. Der Palast der Omri-Dynastie in Samaria wurde wohl von phönizischen Arbeitern errichtet. Hier lebte der König getrennt von seinem Volk in einer Zitadelle mit sehr starken Mauern, zumindest teilweise abgeschirmt von der Armut eines großen Teils seiner Bevölkerung. Wundervolle Elfenbein-Einlegearbeiten sind der Beweis eines luxuriösen Lebensstils (vgl. Am 6,4-6) und stehen in deutlichem Gegensatz zu ärmeren Gebieten der Stadt. Der Palast des Herodes in Jerusalem mit seinen ausgedehnten Gärten erfüllte ebenso wie sein Winterpalast in Jericho höchste Ansprüche.

Literatur: A. Kuschke: BRL², 242-247 (Lit.!) H. Rösel: ibid. 138-141 (Lit.!); V. Fritz: Paläste während der Bronze- und Eisenzeit in Palästina, ZDPV 99, 1983, 1-42; ders.: Die syrische Bauform des Hilani und die Frage seiner Verbreitung, Damaszener Mitteilungen 1, 1983, 43-58; F.Braemer: L'architecture domestique du Levant à l'Age du Fer, 1982; H.K. Beebe: BA 31/1968, S. 38-58; Y. Shiloh: IEJ 20, 1970, S. 180-190; H.A. Hoffner, ThWAT II,1977, S. 107.116: O. Michel: ThWNT V, 1968, S. 119-134; S.M. Paul, W.G. Dever (eds.): Biblical Archaeology, 1973; A.C. Bouquet: Everyday Life in New Testament Times, 1955. M.J.S.

HAUSGEMEINDE.

1. Die »Hausgemeinde« begegnet uns in den Paulusbriefen als feststehender Begriff: *hē kat 'oikon autōn (autēs, sou) ekklesia* (Röm 16,5; 1Kor 16,19; Kol 4,15; Phlm 2). Darüber hinaus zeigt die Apostelgeschichte, daß die Jerusalemer *Urgemeinde sich nicht nur im Tempel (5,42), sondern auch »hin und her in den Häusern« versammelte (*kat 'oikon*; 2,46; 5,42; vgl. 1,13; 12,12). Dabei ist die H. neben der Pflege der Gemeinschaft der Christen untereinander auch Ort der Mahlfeier (2,46; vgl, 20,7) und der Lehre und Verkündigung des Evangeliums (5,42; vgl. 20,7.8).

2. Aus biblisch-theologischer Sicht. Mit der sichtbaren Gestaltwerdung der ntl. *Gemeinde als H. geht das geistlich-theologische Verständnis der Gemeinde als des Hauses Gottes (*oikos tou theou*; 1Tim 3,15; 1Petr 4,17) im bildhaften Sinn einher. Deutlich wird dies auch in Hebr 3,1-6, wo im Rückgriff auf 4Mo 12,7 Christus als der Sohn über Gottes Haus herausgestellt wird.

3. Aus biblisch-archäologischer Sicht. Archäologische Funde aus jüngerer Zeit veranschaulichen die Bedeutung der H.n für die junge Christenheit. In *Kapernaum hat das Haus des Petrus (vgl. Mt 8,14) wohl schon im 1. Jh. als Versammlungsraum einer Gemeinde und dann im 2. und 3.Jh. als Kirche gedient. Andere Ausgrabungen in *Nazareth, Rom und Dura-Europos zeigen ebenfalls Häuser, in denen sich vermutlich H.n versammelten (vgl.*Hauskirche).

4. Aus systematisch-theologischer Sicht. In der H. findet das allgemeine Priestertum aller Glaubenden eine angemessene Organisationsform. Die Frage nach dem Verhältnis von H. und Ortsgemeinde wird im NT dahingehend beantwortet, daß die Ortsgemeinde sich aus verschiedenen H.n zusammensetzt. Von daher stellen die aus den im Pietismus entstandenen Bibelkreisen hervorgegangenen Hauskreise eine zeitgemäße Form der H. innerhalb der Ortsgemeinde dar. Für Christen in der Verfolgungssituation findet – auch in der Gegenwart – die Kirche häufig nur in H.n ihre sichtbare Gestalt.

Literatur: O. Michel: Das Zeugnis des NT von der Gemeinde, ²1983, S. 13.14; R. Riesner: Apostolischer Gemeindebau, 1978, S. 35-43; M. Green: Evangelisation zur Zeit der ersten Christen, 1970, S. 239-257; P.J. Spener: Pia Desideria, ²1975, S. 55-61. K.W.

HAUSGENOSSEN. Der Begriff bezeichnet zunächst die Personen, die im gleichen Haus beisammen wohnen (vgl. 2Mo 3,22).

Hiob 19,15 unterscheidet jedoch zwischen dem Gesinde und den H., d.h. Familienangehörigen. Ebenso werden wir unter den H. Paschhurs seine Familie zu verstehen haben (Jer 20,6), auch Jesus gebraucht den Ausdruck im gleichen Sinn (Mt 10,36; vgl. Mi 7,6). 1Tim 5,8 gebietet dem Christen, seine H., d.h. seine Verwandten, nicht zu vernachlässigen, da er damit zugleich seinen Glauben verleugnen würde.

Mt 10,25 nennt Jesus die Jünger seine H., und Eph 2,19 bezeichnet Paulus die Gläubigen als H., d.h. Familienangehörige Gottes.

HAUSGÖTZEN.

Die Wiedergabe des hebr. *terafim* mit »Hausgötzen« ist mißverständlich und trifft nicht in jedem Fall den Sinn der im AT vorkommenden 15 Belegstellen (1Mo 31,19.34.35; Ri 17,5; 18,14.17.18.20; 1Sam

15,23; 19,13.16; 2Kö 23,24; Hes 21,26; Hos 3,4; Sach 10,2).

1. Sprachliche Herleitung: Nach neueren Erkenntnissen handelt es sich um eine hebraisierte Form des hetitisch-hurritischen Wortes *tarpich* mit der Bedeutung »Geist, Dämon« (H.A. Hoffner). Die im Hebr. nur in der Pluralform vorkommenden *terafim* können demnach als eine Art Schutzgeist im persönlich-familiären Bereich aufgefaßt werden.

2. Form und Funktion. Eine einheitliche Form und Funktion läßt sich aus den Belegstellen nicht erheben. Die Beschreibungen in 1Mo 31,30, wo Laban die *terafim* als »mein Gott« (bzw. »meine Götter«) bezeichnet (vgl. V. 32; hier stellen die *terafim* wohl Familiengötter/Idole dar, deren Besitz nach hurritischem Brauch das Recht auf Familienführung und Familienbesitz verleiht; Belege hierfür liefern Nuzi-Texte), und 1Sam 19, wo die *terafim* als Attrappe für den ruhenden David dienen (trotz der Pluralform handelt es sich offensichtlich um nur eine Figur), können so verstanden werden, als ob es sich um mehr oder weniger große Statuen oder Statuetten wohl in Menschengestalt handelt (das ergänzende Ziegenhaargeflecht in 1Sam 19,13 paßt zu dem haarlosen Kopf einer menschenartigen Figur). Nach Ri 18f aber sind *terafim* deutlich vom Götterstandbild *(päsäl umassekah)* zu unterscheiden und dürfen daher nicht damit verwechselt werden. Die übrigen Stellen weisen sämtlich auf einen mehr mantischen Zusammenhang, wonach die *terafim* zusammen mit dem *Efod zum Orakel gebraucht werden. Dies legt sich schon bei den *terafim* des Micha in Ri 18f nahe und ist auch deutlich aus der Art der Entscheidungsfindung durch Nebukadnezar (Hes 21,26) abzulesen. So werden die *terafim* eine ähnliche Bedeutung gehabt haben wie heute noch in manchen Gegenden Maskottchen, Amulette und selbst Kruzifixe, wenn Glaube und Aberglaube eine unheilige Allianz miteinander eingehen.

3. Archäologische Hinweise. Diese sind nicht eindeutig. Im Laufe der Ausgrabungen der letzten Jahre sind auch an zentralen Stellen israelit. Kultur wie in Jerusalem Ton- und Bronzefiguren verschiedener Größe gefunden worden, die mit rel. Praktiken in Verbindung gebracht werden (z.B. Frauenfiguren im Zusammenhang des Fruchtbarkeitskultes). Ob es sich dabei in jedem Fall um *terafim* handelt, muß jedoch offen bleiben.

4. Theologische Beurteilung. Sie ist im Zusammenhang des Ausschließlichkeitsanspruches des Gottes Israels durchweg negativ. Eine direkt verurteilende Darstellung findet sich nur in 1Sam 15,23; 2Kö 23,24 und Sach 10,2. Doch läßt der Zusammenhang auch der weiteren Belegstellen deutlich erkennen, daß die *terafim* zu Fehlformen des Glaubens gehören. So werden die *terafim* Labans in 1Mo 19 der Lächerlichkeit preisgegeben, indem eine Frau in ihrer (vorgeblichen) Unreinheit darauf sitzt. Die *terafim* des Micha in Ri 18f werden als Menschenwerk in einem »häuslichen Winkelkult« (Seybold) herausgestellt und sind im Zusammenhang mit dem Schnitzbild als Vorläufer des später durch Jerobeam in Dan institutionalisierten Götzendienstes in Konkurrenz zum Jerusalemer Heiligtum (1Kö 12) anzusehen. Auch die profane Verwendung der *terafim* als den schlafenden David vortäuschende Puppe in 1Sam 19 macht diese lächerlich. All diese Stellen wie insbesondere Hos 3,4 belegen das faktische und wohl auch häufige Vorkommen von *terafim* im atl. Israel vom Königshaus an bis in die einfachsten Häuser. Sie gehörten zur zum Synkretismus neigenden Mischform des Kultes genauso wie

Diese Bronzefigurine der Göttin Lama läßt an die in der Bibel erwähnten teraphim *denken, die ihrem Besitzer Schutz gewähren sollten. Aus Ur. Höhe: 10 cm, ca. 2000 v.Chr.* (BM)

die Opferbräuche oder das Königtum. Grundsätzlich läuft der Glaube Gefahr, die ausschließliche Ausrichtung auf den einen Gott zu verfehlen, wenn materielle Größen im Vordergrund stehen. Dabei kann Gott diese Größen durchaus zur Durchführung seiner eigenen Ziele benutzen (Hes 21,26) und läßt sich auch über Orakel durch den Efod (Loswerfen) befragen. Aber er läßt sich damit nicht fassen und nicht festlegen. Jahwe ist mehr und größer als alle Größen, die dem Menschen wunderbar und hilfreich erscheinen. Diese Einsicht muß, wenn Fehlentwicklungen überhandnehmen, drastisch deutlich gemacht werden. So ist es zu verstehen, daß die Kultreform des Hiskia (2Kö 18,4) sich nur auf die öffentlichen Einrichtungen mit den wichtigsten Kultgegenständen beschränkte, die Reform des Josia (2Kö 23) aber viel weitgehender war und auch in den familiären Bereich mit den Geisterbeschwörern, Zeichendeutern, *terafim* usw. (2Kö 23,24; der Zusammenhang mit spiritistischen Praktiken ist hier auffällig!) eingriff.

Wenn menschliche Initiative, Mahnung und Erinnerung (durch Propheten und Könige) nichts mehr bewegen, macht Gott selbst auf dem Weg geschichtlichen Gerichtshandelns seine Konkurrenzlosigkeit deutlich, auch dort, wo die fortgeschrittene Zeit die geläuterte Einsicht nach dem Gericht des Exils wieder vernebelt hat (Sach 10,2). Jahwes Überlegenheit und Unvergleichlichkeit im geschichtlichen Handeln an seinem Volk und an dieser Welt ist das geheime Thema aller Texte, die nüchtern und realistisch von der Tatsache heidnischer Bräuche wie den *terafim* in Israel zeugen.

Literatur: C.H. Gordon: Biblical Customs and the Nuzi Tablets, BA 3/1940, 1-12; H.A. Hoffner: BS 124/1967, 230-238; JNES 27/1968, 61-68; ThWAT I, 1973, 143; H.D. Preuß: Verspottung fremder Religionen im Alten Testament, 1971; K.Seybold: THAT II, ³1984, 1057-1060. C.D.St.

HAUSHALT s. Familie

HAUSHALTER. Die Bibel greift gelegentlich wie selbstverständlich auf früher geläufige Begriffe und Vorstellungen zurück, die wir heute nur mühsam und z.T. nur andeutungsweise wieder anschaulich rekonstruieren können. Der Begriff H. wird bei der wichtigsten Stelle (1Petr 4,10) auf die einzelnen Mitglieder einer Gemeinde und ihren Dienst untereinander angewendet; hier spiegeln sich die bürgerlichen Rechtsverhältnisse der damaligen Zeit wider:

Ein Hausbesitzer, ein ländlicher Großgrundbesitzer oder eine Kommune läßt die Verwaltung ihres Besitzes und Gutes durch andere Personen wahrnehmen; sie werden »Verwalter« genannt (das ältere Wort »Haushalter« kommt heute fast nur noch in der LÜ und der ZÜ vor). Bei der Tätigkeit eines Verwalters ist im Blick auf 1Petr 4,10 aber zu beachten, daß kaum ein Dienst im Sinne von Bewahren und Behalten vor Augen steht. Die Aufgabe des Verwalters besteht vielmehr vor allen Dingen im freien Verteilen der vorhandenen Güter.

Vgl. neben 1Kor 4,1 besonders auch Lk 12,42: »Wer ist denn der treue und kluge Verwalter, den der Herr über seine Leute setzt, damit er ihnen zur rechten Zeit gibt, was ihnen zusteht?«

Dieses Austeilen geschieht natürlich nach bestimmten Regeln und Tarifen, denn es gilt darüber Rechenschaft abzulegen: »Von Verwaltern aber verlangt man, daß sie sich als treu erweisen« (1Kor 4,2 EÜ).

Bei einem Landgut ist dabei wahrscheinlich an den Tageslohn gedacht (vgl. Mt 20,8 *epitroapos,* »Verwalter«); oder an die Essensrationen der Arbeiter (vgl. auch 1Mo 44,1 – wenn auch damals in der Umgebung eines ägypt. Vizekönigs die Verhältnisse noch einmal anders waren); oder an die Staatsgelder (Röm 16,23: »Erastus, der Stadtkämmerer«; nach 1Kor 9,17 ist dem Apostel Paulus »das Amt [eines Verwalters?] anvertraut«).

Diese gute Ordnung bei der Verteilung ohne alle Willkür ist dann sicher auch bestimmend bei der Übertragung dieser Vorstellung auf die »Verwaltung« oder »Leitung« einer Hausgemeinde (Tit 1,7). Manche Ausleger verbinden diese Funktionsbezeichnung dann auch mit dem Gedanken einer göttlichen Verwaltung der Welt (Eph 1,10; 3,2.9 u.ö.: *oikonomia*). Der dort an »Haushalter/Haushalterschaft« anklingende Begriff hat aber vermutlich mehr den umgreifenden Klang des heilsgeschichtlichen Planes Gottes mit der Welt, der durch den Auftrag seiner Boten zur Verwirklichung kommt (vgl. Kol 1,25).

Wenn es bei der Tätigkeit des Haushalters jedoch um die reichlich vorhandenen »Vorräte Gottes« geht (1Petr 4,10), dann kann es sich dabei nicht etwa um ein sparsames Umgehen mit diesen anvertrauten Gütern handeln, sondern vielmehr um ein regelrechtes »Aus-dem-Vollen-Schöpfen«! Im Zusammenhang mit 1Kor 4,1 ist aber daran zu denken, daß der Verwalter bei seiner Aufgabe gleichzeitig auch seinen »Chef« repräsentiert; darum kann der Apostel zu den Gemeindegliedern in Korinth gerade im Blick auf etwaige »Konkurrenten« sprechen:

»Ihr seht also, wie man von uns denken

muß. Wir sind Menschen, die Christus in seinen Dienst gestellt hat, um Gottes Geheimnisse zu verwalten.« (GN)

Literatur: T.A. Kantonen: Lebendige Gemeinde. Theologie der Haushalterschaft, 1958; J. Goetzmann: TBLNT I, [4]1986, S. 636-645; C. Spicq: Notes de Lexicographie Néotestamentaire Bd. 2 (OBO 22/2), 1978, S. 606-613. G.Sch.

HAUSKIRCHE. Ihre Vorgängerin hatte die christl. H. in den jüd. Haussynagogen. Der reine Wortgottesdienst der *Synagoge und ihre ursprüngliche Organisationsform als privater Religionsverein machte die gottesdienstliche Versammlung in Wohnhäusern möglich. Bereits seit den Anfängen im 2.Jh.v.Chr. wurden allerdings auch spezielle Synagogengebäude errichtet bzw. Räume in Privathäusern ausschließlich für Gemeindezwecke gebraucht. Eine ähnliche Entwicklung gab es im Christentum auch schon in vorkonstantinischer Zeit. In *Kapernaum ist die Abfolge von einem vorösterlichen Versammlungsraum über eine judenchristl. H. bis hin zu einer byzantin. Basilika des 5.Jh. eindrücklich belegt. Auf eine ausschließlich gottesdienstliche Nutzung des Raums, der zum Komplex des *Petrus-Hauses (Mk 1,29 u.ö.) gehörte, weisen schon im 1.Jh. der mehrfach erneuerte Verputz sowie die große Zahl von Tonlampen-Bruchstücken (vgl. Apg 20,8). Am Ort des Hauses, wo Jesus das letzte *Abendmahl hielt (Mk 14,15; Lk 22,12) und sich nach Ostern die Jerusalemer Urgemeinde sammelte (Apg 1,13), errichteten um 75 n.Chr. aus *Pella zurückgekehrte Judenchristen unter Simon, Sohn des *Kleopas, ein synagogenartiges Gebäude, von dem noch Reste vorhanden sind (*Obergemach). Ein vergleichbarer Bau aus dem 2./3.Jh. wird für *Nazareth angenommen. Ob sich unter der Basilika von *Emmaus Spuren einer Hauskirche aus dieser Zeit finden (J.P. Kirsch, RömQ 41, 1933, 23-28), ist sehr unsicher.

Inwieweit sich die Tradition über H.n aus ntl. Zeit unter den röm. Basiliken S. Clemente (F. Guidobaldi, San Clemente, 1978), Sta. Pudenziana (C.P. Thiede, Simon Peter, 1986, 235f), neuerdings unter S. Lorenzo in Lucina sowie an anderen Stellen (Klauck 78) auch archäologisch stützen läßt, ist ebenfalls umstritten (J.M. Petersen, VigChr 23, 1969, 264-272).

Vorbyzantin. sind aber mit Sicherheit die durch Wandmalereien als christl. erwiesenen Räume unter SS. Giovanni e Paolo (F. Mancinelli, Katakomben und Basiliken, 1981, 3-6). Das besterhaltene Beispiel einer vorkonstantinischen H. findet sich in der röm. Grenzgarnison Dura Europos am mittleren Euphrat (C.H. Kraeling, Excavations at D.-E. VIII/2: The Christian Building, 1967). In einem Privathaus wurde der Hauptwohnraum durch Abriß einer Trennmauer so erweitert, daß sich 60 bis 70 Personen versammeln konnten (A. Effenberger, Frühchristliche Kunst, 1986, 87-89). Einen kleinen Nebenraum wandelte man durch ein nach dem Vorbild des Grabes Jesu (*Begräbnis II.6.) gestaltetes Taufbecken (vgl. Röm 6,1ff) und christl. Wandmalereien in eine Taufkapelle um (Snyder 70f). Das Bekken diente kaum noch dem vollen Untertauchen von Erwachsenen (vgl. Did 7,3). Die H. wurde um 240/5 eingerichtet und 256 zerstört. Vermutlich traf sich die Gemeinde auch schon vorher in diesem Privathaus, das nach dem Umbau nur noch Gottesdienststätte war (A. von Gerkan, FS T. Klauser, 1964, 143-149). H.n gab es in Europa noch bis ins 4. und 5. Jh. hinein, Beispiele im deutschen Sprachraum dafür sind Augsburg und Mühlbach/Isar (K. Gamber, Domus Ecclesiae, 1968, 33-62). Typisch für diese Gebäude ist eine halbkreisförmige Sitzbank (der spätere *synthronos*) für die Presbyter.

Die Anmietung öffentlicher Räume scheint in der frühen Zeit eine erwähnenswerte Ausnahme gewesen zu sein (Apg 19,9 »Schule des Tyrannus«). Vor allem reichere Glieder stellten den *Hausgemeinden Versammlungsräume zur Verfügung (Apg 12,12f; 18,2f, vgl. Röm 16,5.23; 1Kor 16,19; Phlm 2; PsClemRecg 71,2). Daß es an einem Ort verschiedene Hausgemeinden geben konnte, wird zwar in Frage gestellt (M. Gielen, ZNW 77, 1986, 109-125), sollte man aber angesichts von Röm 16,5.14f nicht bestreiten. Vielleicht schon im 2.Jh. gingen H.n in den Besitz von Gemeinden über (T. Lorenzen, ThZ 43, 1987, 342). Oftmals dürften die Hausväter (vgl. 1Kor 16,15) auch Vorsteher der Hausgemeinden gewesen sein (E. Dassmann, FS T. Klauser, 1984, 82-97).

Literatur: P. Testini: Archeologia Cristiana, 1958, 547-558; W. Rordorf: ZNW 55 (1964), 110-128; B. Bagatti: The Church from the Circumcision, 1971, 112-133; R. Riesner: Apostolischer Gemeindebau, 1978, 37-41; R. Banks: Paul's Idea of Community, 1980, 33-42; H.J. Klauck: Hausgemeinde und Hauskirche, 1981; G.F. Snyder: Ante Pacem, 1985, 67-118; P. Stuhlmacher: Der Brief an Philemon, EKK 18, [2]1981, 70-75. R.R.

HAWILA. (»Kreis/Bezirk«).

1. Ein Land (hebr. *'erez*) nahe *Eden, durch welches der Fluß Pischon floß (*sābab*) und in welchem Gold, Bedolachharz und Schoham-Edelsteine gefunden wurden (1Mo 2,11-12), dessen geographische Lage aber nicht zu identifizieren ist.

2. Ein Gebiet, das im Ausdruck »von Hawila an bis nach Schur« vorkommt; es war von Ismaeliten (1Mo 25,28) und Amalekitern (1Sam 15,7) bewohnt. Deshalb lag es wahrscheinlich in der Gegend des Sinai und Nordwestarabiens

3. Ein Name, der zweimal in 1Mo 10 auftaucht: einmal als Nachkomme *Hams durch *Kusch (1Mo 10,7; 1Chr 1,9) und ein anderes Mal als Nachkomme *Sems durch *Joktan, *Eber, *Schelach und *Arpachschad (1Mo 10,29; 1Chr 1,23). Diese können vollkommen unabhängig voneinander sein. Da aber die mit ihnen verbundenen Namen auf ein mögliches Siedlungsgebiet in Südarabien und gegenüber des Bab El-Mandeb in Afrika hinweisen, kann der Name einen starken Stamm bezeichnen, der eine schwächere Gruppe absorbiert hatte. T.C.M.

HAWWOT-JAÏR s. Dörfer Jaïrs

HAZEROT. Eine Station auf dem Wüstenzug der Israeliten (4Mo 11,35; 33,17f), wo Mirjam aussätzig wurde (4Mo 12,1-16; vgl. 5Mo 1,1). H. wird allg. mit ʿAjin Chodara identifiziert, einer Oase mit Brunnen auf dem Weg vom Sinai nach Aqaba. C.D.W.

HAZOR. Ein Ortsname, der wahrscheinlich »Siedlung« oder »Dorf« bedeutet und deshalb für mehrere Orte im AT verwendet wurde. Der bedeutendste darunter war die befestigte Stadt im Gebiet von Naftali (Jos 19,36).

I. IM ALTEN TESTAMENT.

Die Stadt H. lag im N Palästinas. Bei der Eroberung war sie der Königssitz *Jabins (genannt »König von Hazor«, *melek-hāṣōr*, Jos 11,1), der ein Bündnis gegen Josua organisiert hatte. Die Israeliten vereitelten dies jedoch, Jabin wurde getötet, H. wurde zerstört und niedergebrannt (Jos 11,1-13; 12,19). H. war die einzige Stadt, die auf diese Weise - vielleicht wegen ihrer früheren Bedeutung (Jos 11,10) - niedergebrannt wurde; aber trotz dieser Zerstörung bedrohte ein späterer König mit demselben Namen, der dieses Mal den Titel

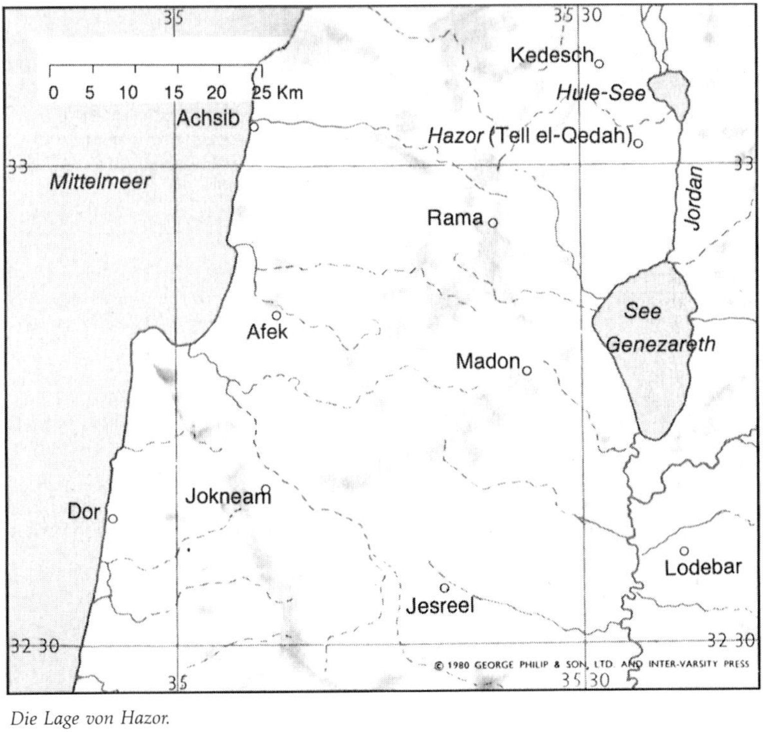

Die Lage von Hazor.

OBER-STADT	UNTER-STADT	PERIODE	MERKMALE
I	nicht mehr besiedelt	Hellenistische (3.-2. Jh.v.Chr.)	Zitadelle
II		Persische (4. Jh.v.Chr.)	Zitadelle, Bauernhäuser, Gräber
III		Assyrische (7. Jh.v.Chr.)	Zitadelle
IV		8. Jh.v.Chr.	Unbefestigte Siedlung
V		8. Jh.v.Chr.	Zerstörung durch Tiglatpilesar III., 732 v.Chr.
VI		8. Jh.v.Chr.	Stadt Jerobeams II., zerstört durch ein Erdbeben
VII		9. Jh.v.Chr.	Wiederaufbau von Teilen aus der Schicht VIII
VIII		9. Jh.v.Chr.	Dynastie der Omriden
IX		Ende 10. - Anfang 9. Jh.n.Chr.	Brand (Ben-Hadad I.)
X		Mitte 10. Jh.v.Chr.	Stadt Salomos
XI		11. Jh.v.Chr.	Israelitische Siedlung
XII		12. Jh.v.Chr.	Vorübergehend von Israeliten besiedelt
XIII	1a	13. Jh.v.Chr.	Zerstörung durch israelitische Stämme in der zweiten Hälfte des 13. Jh.v.Chr.
XIV	1b	14. Jh.v.Chr.	Amarna-Zeit
XV	2	15. Jh.v.Chr.	Thutmosis III. - Amenophis II.
Nach XVI		Mittlere Bronzezeit II-C	Gräber in der zerstörten Stadt
XVI	3	17.-16. Jh.v.Chr.	Zerstörung durch Feuer (Ahmose)
XVII	4	18.-17. Jh.v.Chr.	Gründung der Unterstadt Mitte des 18. Jh.v.Chr. (Mari-Dokumente)
Vor XVII	noch nicht gegründet	Frühe Mittlere Bronzezeit II-B	Unbefestigte Siedlung, vor allem Grabstätten, wenige Gebäude
XVIII		21.-20. Jh.v.Chr.(Mittlere Bronzezeit I)	
XIX-XX		26.-24. Jh.v.Chr.(Frühe Bronzezeit III)	Chirbet - Kerak - Kultur
XXI		27. Jh.v.Chr. (Frühe Bronzezeit II)	

Siedlungsschichten der Ober- und Unterstadt von Hazor.

»König von Kanaan« (*melek-kena'an*, Ri 4,2.24) trug, Israel zur Zeit Deboras. Obwohl Sisera, seinem Feldhauptmann, 900 Streitwagen zur Verfügung standen, konnten die Israeliten unter der Führung *Baraks ihn besiegen und Jabin vernichten (Ri 4; 1Sam 12,9). Etwa zwei Jahrhunderte später wurde H. zusammen mit *Jerusalem, *Megiddo und *Geser durch Salomo befestigt, als dieser sein Königreich aufbaute (1Kön 9,15). Im 8.Jh.v.Chr. aber, zur Zeit *Pekachs von Israel, kam Tiglatpilesar III. von Assyrien, zerstörte die Stadt und verschleppte die übrig gebliebene Bevölkerung nach Assyrien (2Kön 15,29).

II. ARCHÄOLOGISCHER BEFUND.
H. wurde 1875 von J.L. Porter mit dem verlassenen Hügel von Tell El-Qedah, etwa 8 km südwestl. vom *Hule-See in Galiläa, identifiziert. J. Garstang nahm 1928 einige Sondierungen vor; aber die ersten größeren Ausgrabungen wurden zwischen 1955 und 1958 sowie 1968-69 von einem israelischen Archäologenteam unter Y. Yadin durchgeführt. Die Stätte liegt an einem in nordöstl. Richtung zeigenden Abhang und besteht aus dem von einem Erdwall auf der W- bzw. bergaufwärts gelegenen Seite begrenzten Stadtgebiet mit einer Fläche von etwa 10 ha und einem im N daran angrenzenden Gebiet von ca. 50 ha. Die erste Siedlung wurde im 3. Jt. mit einem Erdwall auf der West- bzw. bergaufwärts liegenden Seite gegründet; die Unterstadt kam im frühen 2. Jt. v.Chr. dazu, vermutlich in der

Hyksos-Periode. Ausgrabungen lassen erkennen, daß sich die Stadt über das gesamte Gebiet ausgebreitet hatte und während ihrer Blütezeit etwa 40 000 Menschen dort gelebt haben. Einen weiteren Hinweis auf die Bedeutung der Stadt in jener Zeit lieferte die Entdeckung eines Tonkrugs mit akkad. Inschrift (die bisher älteste in Palästina entdeckte), die als *Isch-me-ilam* entziffert werden konnte, ein akkad. Eigenname, womöglich der eines mesopotam. Kaufmanns. Die Unterstadt von H. war nur etwa fünf Jahrhunderte lang bewohnt; im 13.Jh.v.Chr. wurde sie zerstört (Grabungsschicht 13). Die Forscher schreiben ihre Zerstörung *Josua zu. Unter den Überresten dieser Stadt wurden ein kanaan. Tempel sowie ein kleiner Altar gefunden. Während die Unterstadt verlassen lag, wurde der Hügel durch die Kanaanäer und anschließend durch die Israeliten wieder besiedelt. Man fand ein Stadttor und eine Kasemattenmauer aus der Zeit Salomos, die ziemlich genau denen glichen, die in *Megiddo und *Geser (vgl. 1Kön 9,15) gefunden wurden. Zeugnisse aus der späteren israelit. Periode umfassen ein öffentliches Säulenbauwerk aus der Zeit *Ahabs, eine Festung, die eine dicke Ascheschicht enthielt, in welcher man ein Bruchstück eines Weinkrugs fand, auf dem der Name Pekach steht (*pqch*), sowie weitere Zeichen gewaltsamer Zerstörung, vermutlich durch Tiglatpilesar III., der die Stadt 732 v.Chr. einnahm (2Kön 15,29).

III. AUSSERBIBLISCHE BELEGE.

Zum ersten Mal wird H. in ägypt. Verwünschungstexten aus dem 19.Jh.v.Chr. als kanaan. Stadt erwähnt, die eine Gefahr für das Reich darstellen könnte. H. erscheint in den Mari-Briefen (*ha-zu-ra*) aus dem ersten Viertel des 2.Jt. und in einem etwas späteren babylon. Text als ein bedeutendes politisches Zentrum am Weg von Mesopotamien nach Ägypten. Auf einer Tafel wird vom Herrscher als einem »König« (*scharrum*) gesprochen, ein Titel, der gewöhnlich nicht für die Herrscher von Städten verwendet wurde (vgl. Jos 11,1). H.s Bedeutung wird weiterhin angezeigt durch die Erwähnung babylon. Botschafter, die dorthin kamen. Der Name eines Königs lautete Ibni-Adad. Es handelt sich dabei um eine akkad. Form, vermutlich mit babylon. Einfluß; Kontakte bestanden auch nach N und W, was an den Geschenken des Königs an Ugarit und Kreta (Kaptara) deutlich wird. H. taucht auf den Listen der Territorien auf, die von den ägypt. Pharaonen Thutmosis III., Amenophis II. und Sethos I. im 15. und 14.Jh.v.Chr. erobert wurden.

Ein kanaanäische Stele aus Hazor zeigt Hände, die im Gebet zur Mondscheibe und -sichel erhoben sind. Höhe ca. 60 cm. 13 Jh.v.Chr. (MEPhA)

Später wird die Stadt in den *Amarna-Briefen aus dem 14.Jh. erwähnt, wobei noch immer vom Herrscher als einem König (*schar ha-zu-ra*) gesprochen wird. Schließlich taucht der Name der Stadt auf einem ägypt. Papyrus (Anastasi I.) aus dem folgenden Jh. in einem militärischen Zusammenhang auf. Auf diese Weise bestätigen Texte und Ausgrabungen die bibl. Zeugnisse bezüglich der Bedeutung dieses Ortes.

IV. WEITERE ORTE DESSELBEN NAMENS.

1. Ein Ort im S Judas (Jos 15,23), dessen Lage unbekannt ist.

2. Hazor-Hadatta, »Das neue Hazor« (Jos 15,25), ein Ort in Südjuda, dessen Lage unbekannt ist.

3. Ein anderer Name für Kerijot-Hezron (Jos 15,25) in Südjuda; die Lage ist unbekannt, vielleicht identisch mit 2.

4. Ein Ort in Benjamin (Neh 11,33), vermutlich das heutige Chirbet Hazzur.

5. Ein Gebiet, das von halbnomadischen Arabern bewohnt wurde, wird bei Jeremia erwähnt (49,28.30.33).

Literatur: Y. Yadin et al.: Hazor I, 1958; Hazor II, 1960; Hazor III-IV, 1961, Y. Yadin: Hazor (Schweich Lectures, 1970), 1972. T.C.M.

Hazor: die Reste der israelitischen Zitadelle aus dem 9.-8. Jh.v.Chr. (RS)

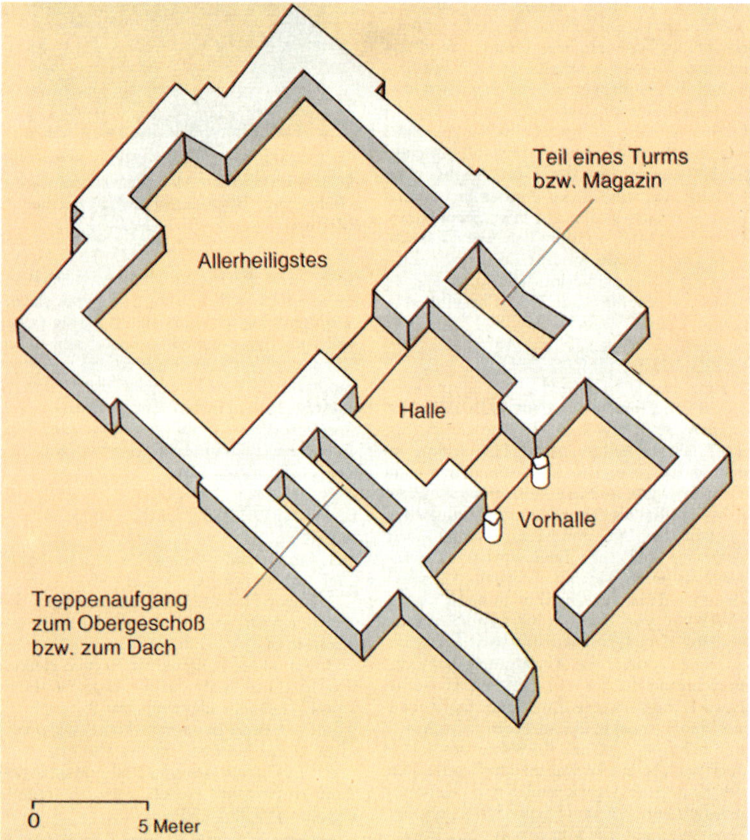

Skizze eines kanaanäischen Tempels in Hazor, der im 14. Jh.v.Chr. erbaut und ein Jh. später, möglicherweise von Josua und den Israeliten, zerstört wurde.

HEBAMME. (Hebr. *mejalledet*, »eine, die bei der Geburt hilft«). Die H. half bei der Geburt, indem sie das Neugeborene nahm, die Nabelschnur durchtrennte, es mit Wasser wusch, mit Salz abrieb und in Windeln wikkelte (Hes 16,4). Dann benachrichtigte sie den Vater (Jer 20,15). In der hebr. Überlieferung werden H.n zum ersten Mal z.Zt. Jakobs erwähnt, als sie sich um *Rahel (1Mo 35,17) und *Tamar (1Mo 38,28) kümmerten; im letzteren Fall band die H. einen roten Faden um das Handgelenk des Erstgeborenen der Zwillinge. In Mesopotamien und Ägypten sowie bei den Hebräern hockten sich die Frauen bei der Geburt oft auf zwei Steine (*'obnajim*, 2Mo 1,16 RevEB, Fußnote) oder saßen auf einem Gebärstuhl. All dies kann anhand alter Quellen verdeutlicht werden. Im ägypt. Papyrus Westcar aus der Hyksos-Periode (ca. 1700/1600 v.Chr.) wird berichtet, wie drei Göttinnen der Frau eines Priesters bei der Entbindung dreier Söhne halfen: jede nahm ein Kind in den Arm, durchtrennte die Nabelschnur, wusch es, legte es auf ein Tuch auf einer kleinen Ziegelbank und ging dann zum Vater, um ihm die Nachricht zu überbringen (M. Lichtheim, Ancient Egyptian Literature, 1, 1973, S. 220-21). Dieser Text illustriert ebenfalls Wortspiele bei der Namensgebung für die Neugeborenen wie in 1Mo und an anderen Stellen. Auf ägypt. wurden die beiden Ziegel oder Steine (und auch der Gebärstuhl) *db't*, »der (die) Ziegel« oder *mshnt* genannt, wobei dem letztgenannten Wort in der Hieroglyphenschrift ein oder zwei Ziegel oder ein Gebärstuhl (Grundriß) etc. folgte. Auf das ägypt. Wort *msi*, »gebären«, folgte häufig die Hieroglyphe einer hockenden Frau während der Geburt. In einem späteren Text wird die Figur tatsächlich auf zwei Ziegeln oder Steinen hockend abgebildet. (W. Spiegelberg, Ägyptologische Randglossen zum Alten Testament, 1904, S. 19-25; H. Rand, IEJ 20, 1970, S. 209-2112, pl. 47). K.A.K.

HEBE, HEBOPFER, HEBESCHULTER.

I. BEGRIFF.

Die H. oder das Hebopfer (hebr. *terumah*) ist eine heilige *Abgabe, die als Teil von einem Ganzen »abgehoben« wurde und dem Herrn, dem Heiligtum oder den Priestern zukam. Die rabbin. Auffassung, daß mit der Darbringung der H. allg. eine Zeremonie, ähnlich dem Weben (s. *Opfer), verbunden war, kann aus der Bibel nicht belegt werden.

II. VERSCHIEDENE HEBOPFER IM ALTEN TESTAMENT.

1. Die freiwillige Beisteuer zum Bau und zur Instandhaltung des Heiligtums bei der ersten Einrichtung des Gottesdienstes (2Mo 25,2ff; 35,5ff; 36,3ff jeweils RevEB), zum Bau und zur Reparatur des salomonischen Tempels (1Chr 29,2ff; 2Kön 12,5; 22,4ff), zum Opferdienst (2Chr 30,24) und zum Bau des zweiten Tempels (Esr 8,25 RevEB).

2. Die gesetzlich vorgeschriebene Kopfsteuer, für die jeder über 20 Jahre alte Israelit als H. jährlich einen halben Silberling für das Heiligtum zu geben hatte (2Mo 30,13ff; Mt 17,24).

3. Die H. vom Opfer. Beim Sündopfer wurden das Fett, die Nieren usw. abgehoben und auf dem Brandopferaltar angezündet (3Mo 4,8ff), beim Speisopfer wurde ein Teil mit dem ganzen Weihrauch als H. verbrannt (3Mo 2,9; 6,8; Hes 45,13). Die H. beim Dank- bzw. Friedensopfer bestand aus einem der vier Kuchen (3Mo 7,14).

4. Die Kuchenhebe bestand aus Teig, der, von dem Ganzen des Teiges abgesondert, dem Priester zu übergeben war (4Mo 15,19.21; vgl. Neh 10,38). Die jüd. Überlieferung bestimmt den Mindestumfang dieser H. mit dem 24. Teil der gesamten Teigmasse, sie wurde seit der Zerstörung des Tempels verbrannt.

5. Die Zehntenhebe der Leviten war der Zehnte von allem, was sie vom Volk als dessen Zehnten empfingen. Sie gaben diese Zehntenhebe (den Zehnten vom Zehnten) als Hebopfer an die Priester weiter (4Mo 18,26f; Neh 10,39).

6. Die Priesterhebe war die Abgabe vom Ertrag der Öl-, Wein- und Getreideernte einschließlich der Schafschur an die Priester (4Mo 18,11-13; 5Mo 18,3.4; Neh 13,5). Wo Zehnten und H. nebeneinander genannt werden, ist diese H. gemeint (2Chr 31,12; Neh 10,38-40 RevEB; Mal 3,8), an deren Genuß die ganze Familie des Priesters teilhatte (3Mo 22,1-16). Zur Sammlung und Aufbewahrung dieser H. dienten besondere Tempelzellen (2Chr 31,11; Neh 12,44; Mal 3,10), die von eigens eingesetzten Aufsehern verwaltet wurden.

7. Bei der Priesterweihe (2Mo 29; 3Mo 8) kam die sog. Hebeschulter des Einsetzungswidders auf den Altar, während die Webebrust der Weihe Aarons dem als Priester amtierenden Mose zufiel. Bei allen ferneren Priesterweihen wie beim Dankopfer erhielt der die Handlung vollziehende Priester beide Stücke (3Mo 10,14f; 7,34; vgl. 4Mo 6,20). Das hebr. *schokh* meint die rechte Hinterkeule des Opfertieres (3Mo 7,32-34), die Vorderkeule heißt hebr. *zeroa* (4Mo 6,19; 5Mo 18,3).

HEBER.

1. Nachkomme Assers, Sohn Berias (1Mo 46,17; 4Mo 26,45; 1Chr 7,31f).

2. Mann Jaëls, bekannt als H. der Keniter (Ri 4,11.17; 5,24), obwohl er getrennt von den übrigen Kenitern oder Nomadenschmieden lebte. Der Kontext deutet darauf hin, daß er ein bedeutender Mann war.

3. Nachkomme Judas, der Vater Sochos (1Chr 4,18).

4. Sohn Elpaals, ein Benjaminiter (1Chr 8,17). J.D.D.

HEBRÄER. Der Ausdruck *ʿibrī* findet sich im AT nur im Bericht über die Söhne Israels in Ägypten (1Mo 39-2Mo 10), im Gesetz zur Befreiung hebr. Diener (2Mo 21; 5Mo 15; vgl. Jer 34), in der Aufzeichnung der Gefechte zwischen Israeliten und Philistern z.Zt. Samuels und Sauls (1Sam 4; 13-14; 29) sowie in 1Mo 14,13 und Jona 1,9. Der patronymische Ausdruck »Hebräer«, *ʿibri*, für Abraham und seine Nachkommen, kann bis zu seinem Vorfahr Eber (1Mo 10,21ff; 11,14ff) zurückverfolgt werden.

Dementsprechend dient diese Bezeichnung dazu, die Abraham zuteil gewordene Offenbarung mit dem Bundesversprechen an Sem zu verbinden. Die Doxologie *Noahs, die den Bundesschluß Jahwes mit der Familie *Sems (1Mo 9,26) preist, wird in der Doxologie von *Melchisedek (1Mo 14,19-20) aufgegriffen, die Gottes Bundessegen auf Abraham, den H., d.h. den Nachkommen Sems, feiert. Daß die göttliche Gunst Abraham, dem H., in einem Konflikt zuteil wird, in dem er eine militärische Allianz mit den »Söhnen Kanaans« gegen die Kräfte eines elamitischen »Sohnes Sems« (vgl. 1Mo 10,15ff.22) bildet, deutet an, daß die von Noah angekündigte Erwählung Sems durch den Bundesschluß von den eberitischen (hebr.) Semiten (vgl. 1Mo 11,10-26) in ganz besonderer Weise erkannt wurde.

Die breite Bedeutung von *ʿibrī* in 1Mo 14,13 ist auch für 1Mo 39-2Mo 10 anzunehmen (vgl. besonders 1Mo 40,15; 43,32; 2Mo 2,11). Jedoch könnte der Gebrauch dort nicht einheitlich sein, da in 2Mo 5,1-3 (vgl. 3,18) H. und Israeliten einfach gleichgesetzt zu werden scheinen. Mose bezeichnet z.B. seine Brüder als »Hebräer« und spricht auch vom »Gott der Hebräer«.

Angesichts der nicht eindeutig festgelegten Verwendung der Bezeichnung *ʿibrī* muß das Auftauchen nicht-israelit. oder sogar nicht-abrahamitischer *ʿibrīm* in außerbibl. Texten aus der Zeit der Patriarchen und der Zeit Moses nicht überraschen. Nach einer verbreiteten Theorie sind die *ha-Bi-ru*, die in zahlreichen Texten des 2.Jt.v.Chr. erwähnt werden, solche *ʿibrīm*. Der Ausdruck *ha-Bi-ru* wird gewöhnlich als Appellativum betrachtet, das eine soziale oder Berufsgruppe bezeichnet; einige sehen aber eine ethnische Komponente in dieser Bezeichnung. Die phonetische Gleichsetzung von *ʿibrī* und *ha-Bi-ru* ist jedoch sehr umstritten. Das in den *Amarna-Briefen bestätigte Vorhandensein von *ha-Bi-ru* in Kanaan kann nicht ohne weiteres mit der israelit. *Landnahme in Zusammenhang gebracht werden.

Ausgehend von der Interpretation des Ausdrucks *ha-Bi-ru* in Dienstverträgen von *Nuzi als Appellativum, das »fremder Sklave« bedeutet, nahm man an, daß *ʿibri* in der Gesetzgebung in 2Mo 21,2 und 5Mo 15,12, deren Begriffe eng mit den Bestimmungen der *ha-Bi-ru*-Verträge übereinstimmen, keine spezifische ethnische Identität bezeichnet, sondern den Status eines Fremden, und daß deshalb *ʿäbäd ʿibrī* wie das nuzische Wort *ha-Bi-ru* »ausländischer Sklave« bedeutet. Die Interpretation von *ha-Bi-ru* in den Nuzi-Texten scheint jedoch ungenau zu sein; die bibl. Gesetzgebung beschäftigt sich mit israelit. Sklaven. 5Mo 15,12 nennt den hebr. Sklaven »deinen Bruder« (vgl. V. 3; Jer 34,9.14). Es wird eingewendet, daß 3Mo 25 einem Israeliten untersagt, was 2Mo 21 für einen *ʿäbäd ʿibrī* erlaubt. 2Mo 21,2ff erlaubt jedoch nur eine freiwillige Verlängerung eines Dienstverhältnisses, während 3Mo 25,44ff untersagt, ein Dienstverhältnis zwangsweise zu verlängern. Das Gesetz über *Sabbatjahr und Erlaßjahr in 3Mo 25 ist ein dem hebr. Sklaven gewährtes nachträgliches Privileg, das der freien Entscheidung des Sklaven auf freiwilligen, lebenslangen Dienst nachgeordnet war (2Mo 21,5f).

Es wurde behauptet, daß die *ʿibrīm* in 1Sam 13 und 14 nichtisraelit. Söldner seien (eine die *ha-Bi-ru* kennzeichnende Rolle). In 13,3-4 sind »die Hebräer« offensichtlich identisch mit »ganz Israel«. Außerdem wird in 13,6 von den »Männern Israels« gesprochen, die die Philister in 14,11 als »Hebräer« bezeichnen. 1Sam 13,19f (vgl. auch 4,5-9) bietet eine ähnliche Identifizierung der *ʿibrīm*. 1Sam 13,6f unterscheidet die *ʿibrīm* nicht von den »Männern Israels«; es werden vielmehr zwei Gruppen von Israeliten beschrieben. V. 6 bezieht sich auf die, die vom Wehrdienst ausgenommen waren und sich später in den Bergen westl. des Jordan versteckten. V. 7 bezieht sich auf Israeliten, hier »Hebräer« genannt, die von Saul ausgewählt worden waren, später aber desertierten und östl. des Jordan Zuflucht suchten (das Heer Sauls wird dezimiert:

13,2.11.15; 14,2). Selbst wenn man annimmt, daß die *ʿibrīm* in 14,21 für den Feind gekämpft haben, könnte es sich um israelit. Überläufer gehandelt haben.

Der Originaltext von V. 21 jedoch stützt die Auslegung, daß eine Anzahl H. den Mut verloren hatten, sich später aber Saul im Kampf gegen die Philister wieder anschlossen. Dabei handelt es sich um jene in 13,7 erwähnten *ʿibrīm.* Zusammen mit den Männern Israels, die sich im Gebirge von Ephraim (14,22; vgl. 13,6) verkrochen hatten, kehrten sie zurück, um die Reihen von Sauls wider Erwarten triumphierender Armee zu füllen. *ʿibrī* wird im AT also durchgehend im ethnischen Zusammenhang gebraucht. In Texten, die Äußerungen von Nicht-Israeliten wiedergeben, haftet der Erwähnung der *ʿibrī* meist ein despektierlicher Zug an. Die Vermutung, daß *ʿibrī* eine Alternative für »Israelit« darstellt in Situationen, in denen die Person kein freier Bürger auf freiem Boden ist, erscheint im Kontext der atl. Belegstellen diskutabel. Aber selbst, wenn solch eine zusätzliche Bedeutung beabsichtigt wäre, gälte sie weder grundsätzlich noch auf Dauer. Im NT findet man »Hebräer« als einen ausschließlichen Begriff für Juden, die nicht entscheidend durch die Hellenisierung beeinflußt wurden (Apg 6,1), jedoch auch als Ausdruck, der Juden generell von Nicht-Juden unterscheidet (2Kor 11,22; Phil 3,5).

Literatur: H.P. Stähli: THAT II, 31984, 200-204; M. Noth: FS für O. Procksch, 1934, S. 9ff; A. Jirku: Die Wanderungen der Hebräer im 3. und 2. vorchristlichen Jahrtausend, 1934; H. Donner: Geschichte des Volkes Israel und seiner Nachbarn in Grundzügen, Teil 1, 1984, S. 70f. M.G.K.

HEBRÄERBRIEF.

I. THEMA.

Der Hebräerbrief ist ein Sendschreiben an angefochtene Christen, die ermahnt und getröstet werden sollen (13,22). Sein Verfasser macht den Lesern deutlich:

1. Die Geschichte des Christus stellt tatsächlich den *Höhepunkt der Offenbarung* dar, die Gott im Alten Bund begonnen hat (1,1f); denn Christus hat durch sein Selbstopfer die Vergebung der Sünden für die Menschen erwirkt, den Neuen Bund vermittelt und als vollkommener Hoherpriester den Zugang zum himmlischen Heiligtum eröffnet.

2. Aus diesem Grunde gebührt es sich, zu Christus als dem Anfänger und Vollender des Glaubens aufzusehen und trotz aller Anfechtungen fest zu bleiben, um so das noch unsichtbare Ziel der himmlischen Gottesstadt zu erreichen. Die Erkenntnis der Heilsoffenbarung in Christus rechtfertigt somit die Glaubenstreue.

Ein Teil des Hebräerbriefs in Griechisch auf die Rückseite einer Papyrusrolle geschrieben, die ursprünglich eine Zusammenfassung der Römischen Geschichte des Livius enthielt. Aufgefunden in Oxyrhynchus, Ägypten. 3.-4. Jh.n.Chr. (BL)

II. FORM.

Der H. weicht insofern von der Form der Paulusbriefe ab, als er kein Präskript mit Absender und Adresse und auch kein Proömium mit einer Danksagung für die Glaubenstreue der Gemeinde enthält. Solch ein Fehlen des Präskripts ist in vorderasiatischen Briefformularen möglich (vgl. den 1. Johannesbrief). In 13,22-25 erscheint allerdings ein Briefschluß mit persönlichen Angaben, Grüßen und einem Abschiedswunsch.

Dieses Schreiben an die Hebräer wird manchmal als »Epistel« bezeichnet, d.h. als eine lehrhafte, erst nachträglich in Briefform gekleidete Abhandlung (A. Deißmann), oder als Lehrschrift (Th. Zahn) bzw. religiöser Traktat oder als Predigt-Homilie über atl. Texte, zumal sein Aufbau den Regeln der Rhetorik folgen soll (O. Michel, A. Vanhove, J. Swetnam, H. Thyen u.a.). Aber der H. ist beides: Mahnrede (13,22) und Brief (»Ich habe euch nämlich in kurzen Worten geschrieben«, ibid.). Der Briefschluß 13,22-25 ist keine spätere Hinzufügung, zumal schon in 13,18 bestimmte Elemente eines solchen Schlusses erscheinen, und der Verfasser in Abschnitten wie 5,11-14; 6,1-8; 10,32-39 auf spezielle Probleme der ihm offenbar persönlich bekannten Empfänger eingeht. Auch die Überschrift »An die Hebräer« kennzeichnet dieses Schreiben als einen Brief.

III. INHALT UND THEOLOGISCHER GEDANKENGANG.

Das **Thema** wird in 1,1-3 gegeben. In Teil I (1,4-4,13) wird die Größe der endzeitlichen Offenbarung vor allem an der erhabenen Stellung des erhöhten Gottessohnes gezeigt (Christologie).

1. **Der zur Rechten Gottes Eingesetzte** (1,13; vgl. Ps 110,1) **steht über den Engeln**, den Boten des Gotteswortes im Alten Bund (1,4-2,18). Denn er wurde mit dem einzigartigen Prädikat »Sohn« von Gott angeredet (1,4f); sein Wort hat deshalb höchste Autorität (1,3; 2,1-4).

2. Freilich geht der Erhöhung des Christus dessen **freiwillige Selbsterniedrigung** unter die Engel vorauf: Er wurde Mensch und erlitt den Tod (2,8f). Aber gerade dadurch wurde er ein vollkommener Führer zum Heil, und wegen seines Gehorsams wurde er von Gott erhöht (2,5-18). Dieser parabelartige Weg des Christus - aus der himmlischen Präexistenz in die Tiefe menschlichen Leidens und dann hinauf zum Thron Gottes – entspricht dem in Phil 2,5-11 überlieferten Bekenntnis von Jesu Präexistenz, Erniedrigung und Erhöhung. Das vielleicht schon vorpaulin. und nach Jes 53 aufgebaute »Christuslied« Phil 2,5-11 hat – wie die christologischen Ausführungen des H.s – auch paränetische Bedeutung (vgl. Phil 2,5): Gesinnung und Weg der Christen sollen durch Christus, den Anfänger und Vollender des Glaubens (12,2), bestimmt sein.

3. Grundlegend für 3,1-4,12 ist die rabbinische Regel, der letzte Erlöser (d.i. Messias) müsse wie der erste Erlöser (d.i. Mose) sein. Aber als der Herr des göttlichen Hauses ist Christus größer als Mose, der in diesem Haus als ein treuer Diener gewaltet hat (3,1-6). Außerdem war es weder Mose noch Josua gelungen, das Volk Gottes zu dem ihm verheißenen Ruheort zu bringen (nach Ps 95,5-11, der in 3,17-19 ausgelegt wird), zumal Israel sich als ungehorsam erwies (3,7-19). Diese Verheißung wurde erst durch Christus verwirklicht; er qualifiziert deshalb die Gegenwart als eine Zeit der Entscheidung (4,1-13).

In Teil II (4,14-12,29) wird der heilschaffende Dienst des Gottessohnes ausführlich beschrieben (Soteriologie). Christus hat als vollkommener Priester nach der Ordnung Melchisedeks (Ps 110,4) sich selbst für uns als Opfer dargebracht und so den Kult Israels in den Schatten gestellt.

1. Weil er gehorsam war, als Sündloser gelitten und die Sünden Vieler gesühnt hat, konnte er den freien Zugang zu Gott eröffnen (4,14-5,10). Deshalb ist es geboten, am Bekenntnis zum Gottessohn festzuhalten (4,14, vgl. Mk 8,38f) und ihm glaubend zu gehorchen (5,9).

2. Die volle Erkenntnis des priesterlichen Dienstes Christi bedeutet einen Fortschritt gegenüber den Anfangslehren und Grundartikeln des christlichen Glaubens wie Buße, Glauben an Gott, Taufe, Handauflegung, Auferstehung der Toten und Endgericht (5,11-6,3); diese bedürfen der Ergänzung durch die theologische Besinnung auf die Einmaligkeit und Einzigartigkeit der messianischen Diakonie (6,9ff).

3. Aus dem endzeitlichen, ein für allemal geschehenen Opfertod Jesu ergibt sich, daß es eine Wiederholung der Buße, eine zweite Zusendung der Vergebungsgnade für einen abgefallenen Christen, grundsätzlich nicht geben kann (6,4-8). Statt dessen werden diejenigen, die der Verheißung fest vertrauen, volle Gemeinschaft mit Gott erhalten, nachdem Christus die Bahn gebrochen hat und in das Allerheiligste des himmlischen Heiligtums als Hoherpriester eingetreten ist (6,9-20).

4. Mit diesem priesterlichen Dienst des Messias wird die Geschichte der Offenbarung Gottes vollendet und die Israel befohlene Kultordnung als vorläufige enthüllt. Das wird vom bibl. Zeugnis selbst bestätigt. Denn mit der Zusage eines ewigen Priesters nach der Ordnung Melchisedeks (Ps 110,4) wird der in der Tora gebotene Opferdienst der Leviten als zeitlich befristet eingestuft (7,1-3). Auch dadurch, daß der in 1Mo 14,17-20 erwähnte *Melchisedek, Priesterkönig von Salem, von Abraham, dem Ahnherrn der levitischen Priester, den Zehnten erhielt (7,4, vgl. 1Mo 14,18), gab Gott zu erkennen, daß das Priestertum nach der Ordnung Melchisedeks dem der levitischen Priester überlegen ist (7,4-10). Der endzeitliche Hohepriester wird nicht aus dem priesterlichen Stamm Levi, sondern aus dem königlichen Stamm Juda hervorgehen (7,14). Er ist der dem David verheißene Messias (2Sam 7,12-14), der zur Rechten Gottes thronen wird (Ps 110,1) und den Gott als »ewigen Priester nach der Ordnung Melchisedeks« anredet (7,11-28). Durch seinen Sühnetod auf Golgatha wurde der davidische Messias Jesus der Zusage aus Ps 110,4 gerecht. Im H. wird die Bedeutung des Todes Jesu dadurch hervorgehoben, daß dieser als hohepriesterliches Selbstopfer dargestellt wird: Im Allerheiligsten des himmlischen Heiligtums hat Jesus

sein eigenes Blut Gott dargebracht (8,1-9,28). Diese eine ewige Sühne schaffende Blutsprengung ermöglichte die Schließung des Neuen Bundes (Jer 31,34; vgl. 2Mo 24,8) und erweist damit den stets wiederholten Opferdienst und die Blutsprengung am Großen Versöhnungstag als nunmehr obsolet gewordenes Provisorium (10,1-18).

5. **Die paränetisch geforderte, notwendige Antwort** des Menschen auf diese endzeitliche Offenbarung **ist der Glaube**, der die Treue, das Beharren auch in Drangsalen, einschließt (10,19-12,28). Der Glaubende hält an dem Bekenntnis der Hoffnung fest und bleibt bei den Versammlungen der Gemeinde (10,19-39). Da die Vollendung des Heils, nämlich der Zugang zur Stadt Gottes und zum himmlischen Heiligtum, der Zukunft vorbehalten ist, bedarf es des Vertrauens, das man nicht wegwerfen darf (10,35), sowie eines Glaubens, der mit der Hoffnung verbunden ist und auf die noch nicht sichtbaren Heilsgüter gerichtet bleibt (11,1). Während der Kult des Alten Israel nur ein Schatten der Versöhnung durch Christus ist und der Bund mit Israel durch einen neuen vollendet wird, ist die Glaubenshaltung der Väter auch für die Christen vorbildlich. Deshalb wird diesen eine lange Reihe von Glaubenszeugen vor Augen geführt, von Abel bis zu den Märtyrern unter Antiochus Epiphanes; ja, auch der gewaltsame Tod der Apostel Petrus und Paulus (11,37) mag in der Reihe 11,4-38 enthalten sein. Das dem Glauben verheißene Ziel, nämlich das Erreichen der himmlischen Gottesstadt als des ewigen Ruheortes (11,10.13-16), wurde von diesen Frommen zwar geschaut, aber nicht erreicht; erst durch den priesterlichen Dienst Christi ist es in greifbare Nähe gerückt (11,39-12,2).

6. Die Zeugen des Alten Bundes beweisen, daß zur Glaubenstreue auch die **Bereitschaft zum Leiden** gehört. Der Christ soll es als heilsame Züchtigung des himmlischen Vaters ansehen (12,3-11); seinem Glauben wird – mit dem Kommen Gottes zum Gericht – das Schauen folgen (12,12-29). Der jetzt noch von der Welt verachtete Christ geht so den Weg seines Herrn, der außerhalb der Stadt Jerusalems litt (13,10-17); andererseits bereitet er sich in der Gemeinde der Glaubenden auf die Gemeinschaft des erlösten Gottesvolkes mit der himmlischen Gemeinde vor (13,1-9; vgl. 12,22f).

IV. DIE THEOLOGISCHE DARSTELLUNG DER JESUSTRADITION.

1. Der Verfasser des H.s steht auf dem Boden des **christologischen Bekenntnisses**, wie es in Röm 1,3f, 1Kor 15,3f und Phil 2,5-11 von den ersten Christen formuliert und vor allem von Paulus entfaltet worden ist; dieses Bekenntnis entspricht auch dem **messianischen Sendungsbewußtsein Jesu** und seinem Entschluß, das eigene Leben für die Vielen als Lösegeld dahinzugeben (Mk 10,45). Auch der in der Kraft des Geistes Zeichen, Wunder und Heilungen vollziehende Jesus der Evangelien ist im H. vorausgesetzt und erwähnt (2,3f; vgl. Apg 2,22). Dem Beispiel der anderen ntl. folgend, deutet der Verfasser dieses Briefes die Größe des Christusgeschehens mit Hilfe der Heiligen Schrift, d.h. des Alten Testaments; er hat, noch häufiger als dies in den anderen ntl. Briefen geschieht, das Gesetz, die Propheten und die Psalmen zitiert und diese auch ausgelegt (nach dem Text der griech. Bibel). Das Alte Testament war für ihn gültiges Gotteswort. Aber dieses weist über die Geschichte Gottes mit Israel hinaus auf eine Zukunft hin, die den atl. Opferkult als vorläufig erscheinen läßt. So wird das Christusgeschehen als das in der Schrift vorhergesagte, von Gott längst vorgesehene Ziel der *Heilsgeschichte erwiesen. Im H. erscheinen die schon von Jesus und von den ntl. Autoren gebrauchten Beweistexte für die Stellung des Messias vor Gott: 2Sam 7,14 (1,5), Ps 2,7 (1,5; 5,5; 7,28), Ps 8,5-7 (2,6-9), für den Weg des Gottessohnes zu den Menschen und für sein sühnendes Leiden: Jes 53 (Anspielungen in 4,15; 5,2f.8; 9,28) und Ps 22 (vorausgesetzt in 5,7-10) und schließlich für die Erhöhung des Gottessohns: Ps 110,1 (1,3.13; 8,1; 10,12); die letztere wird auch in Ps 45,7; 102,26-28 entdeckt (1,8-13). Die Darstellung des endzeitlichen Priestertums Jesu ist vor allem von Ps 110,4, der Zusage vom ewigen Priestertum nach der Ordnung Melchisedeks, inspiriert (5,6; 6,20; 7,3.11.15. 17.21.24.28); mit ihr verbunden ist die Schilderung Melchisedeks in 1Mo 14,17-20 (7,1-10). 1Mo 14,17-20 beweist dem Verfasser, daß der Priesterkönig von Salem Gestalten wie Levi und Aaron überlegen war. Denn durch seinen leiblichen Ahnherrn Abraham hatte Levi das Priestertum Melchisedeks als das eigentliche, vor Gott geltende, anerkannt; Abraham – und virtuell in ihm anwesend auch Levi – hatte dem Priesterkönig von Salem den Zehnten entrichtet (7,4; vgl. 1Mo 14,20). Für die Christologie des H.s noch bedeutsamer war die Zusage von Ps 110,4, weil sie dem zur Rechten Gottes erhöhten Herrn Davids, d.h. dem Messias, gegeben wurde (vgl. Mk 12,35-37 und 2Sam 7,12-14): Der ewig regierende Davidide und Gottessohn (2Sam 7,12ff) wird auch der ewige Priester nach der Ordnung Melchisedeks sein. Hermeneutisch bedeutsam ist der exegetische Schritt von der Inthronisationszusage (Ps

110,1), die schon für Jesus und das urchristliche Christus-Credo maßgebend war, zu Ps 110,4: Mit seinem Opfer am Kreuz hat der messianische Gottessohn Jesus sich dieser Zusage, ein ewiger Priester nach der Ordnung Melchisedeks zu sein, als würdig erwiesen: Wie Melchisedek, der »gerechte König«, ist der Messias Jesus König und Priester zugleich. Die priesterliche Rolle des messianischen Königs wurde kirchengeschichtlich wichtig für das Selbstverständnis des Vicarius Christi: Im Mittelalter wurde das Amt des Papstes theologisch und rechtlich als ein Priesterkönigtum begründet (H. Feld).

Zwei paulinische Aussagen über die Wirkung des Kreuzes Jesu werden im H. analog zum atl. Kult neu gedeutet:

a. Die Glaubenden haben durch Christus **Zugang zur Gnade Gottes** (Röm 5,1f).

b. Durch das Christusgeschehen wird die Verheißung eines **Neuen Bundes** (Jer 31,31-34; vgl. Hes 36,27-29) erfüllt (2Kor 3,4-18; vgl. Mk 14,24); der Apostel kann sich als Diener des Neuen Bundes (2Kor 3,6) und als einen Mittler der mit diesem Bund geschenkten Herrlichkeit bezeichnen (V. 10f). Der Verfasser des H.s zeigt die neue Wirklichkeit mit Hilfe eines Vergleichs: Im Alten Bund wurde der Zugang zur Gnade Gottes durch die Opfer der Priester und vor allem durch den Dienst des Hohenpriesters am Großen Versöhnungstag erlangt. Aber solche ständig wiederholten – weil nur begrenzt wirksamen – Opfer ermöglichten nicht den Übergang zur vollkommenen, von Sünden – und deshalb auch von Opfern - freien Ordnung des Neuen Bundes (Jer 31,31-34). Dieser Übergang aber wurde durch die Lebenshingabe des Gottessohnes am Kreuz erreicht, weil sie als endzeitlicher Akt definitive, die Sünden ein für allemal sühnende, Wirkung hat. Nach Hebr 10,10 hat Christus seinen Leib als Opfer dargebracht und uns so geheiligt; nach 10,10f ist er – analog zur Blutsprengung des Hohenpriesters am Großen Versöhnungstag (3Mo 16; Hebr 9,6-29; 12,12) – durch den Vorhang vor dem Allerheiligsten des himmlischen Heiligtums hindurchgegangen, und zwar »durch sein Fleisch«, d.h. aufgrund der Hingabe seines fleischlichen Leibes (10,19f; O. Hofius). Das Prädikat der Ewigkeit, das den Messias (2Sam 7,12ff) und den Priester nach der Ordnung Melchisedeks auszeichnet (Ps 110,4), wird als definitive Geltung gedeutet. Das einmalige Opfer des Messias gilt ein für allemal, bewirkt die generelle Tilgung der Sünden und ist somit Voraussetzung für die Gabe des Neuen Bundes (Jer 31,34; vgl. Hebr 8,8-12; 10,15-18, wo jeweils Jer 31,31-34 zitiert wird). Dieses Opfer ermöglicht den Zugang zu Gott und die Gemeinschaft des Volkes mit ihm (10,19f); dadurch wird Christus zum Priester nach der Ordnung Melchisedeks, zum Mittler der Ordnung des Neuen Bundes (12,24). Trotz grundsätzlicher Übereinstimmung werden hier die Akzente etwas anders gesetzt als in der Theologie des Paulus. Für Paulus bedeutet der durch Christus ermöglichte Zugang zu Gott den jetzt schon hergestellten Frieden und die Versöhnung mit ihm (Röm 5,1.10f nach Jes 53,5). Und das Kennzeichen des Neuen Bundes ist das gegenwärtige Wirken des heiligen Geistes und die vom Geist bzw. Herrn geschenkte Freiheit vom Buchstaben des Gesetzes (2Kor 3,6.17). Dagegen betont der Verfasser des H.s vor allem die heiligende Kraft des Opfers Jesu (10,14.22) und verweist den Glaubenden auf die Zukunft: Die Gemeinschaft mit Gott wird erst bei der Parusie (9,28) und dem Kommen Gottes voll verwirklicht werden (12,18-24). Das gegenwärtige Wirken des Geistes ist kaum erwähnt (6,4); die Gemeinschaft mit den Engeln in der himmlischen Gottesstadt wird erhofft (12,22-24). Das himmlische Jerusalem (12,22) ist der den Christen neu verheißene Ruheort von Ps 95 (3,7-4,7), mit dessen sichtbarer Offenbarung die Sabbatfeier der Endzeit beginnt (4,8-11; O. Hofius).

2. Die Wirkung des hohenpriesterlichen Dienstes Jesu liegt auch darin begründet, daß dieser mit seiner Selbsterniedrigung und Fleischwerdung die Menschen als Brüder annahm (2,11); gerade durch seine Solidarität konnte er viele Gotteskinder zur Herrlichkeit führen (2,9-11; vgl. Phil 2,8f). Die Kondeszendenz (Herablassung) des Messias entspricht dem Ratschluß Gottes, der nicht etwa nur in Jes 52,13-53,12, sondern auch in Ps 8,5-7 entdeckt wird (2,5-9). Wie Paulus hat unser Verfasser diesen Psalm christologisch verstanden, aber nicht nur auf die Erhöhung, sondern auch auf die Erniedrigung des Menschensohnes bezogen, der für eine kurze Zeit unter den Engeln stand (2,6f; vgl. 1Kor 15,27). Die Erniedrigung bis hin zum Kreuzestod war Voraussetzung für die folgende Erhöhung (1,3; 2,9; vgl. Phil 2,7-11) und auch für die Wirkung der messianischen Erlösung: Ein treuer Hoherpriester muß seinen Brüdern in allem gleich werden; er muß selbst den Tod erleiden, um die Macht des Todes, der Sünde und des Satans brechen zu können (2,14-18), und er muß genau so versucht werden wie seine Brüder (4,15). Diese **Gemeinschaft zwischen dem Erlöser und den zu Erlösenden** ist nicht etwa ein gnostisches Motiv, sondern eher von Jes 53,5 herzuleiten. Im H. wird diese Stelle ähnlich wie bei Paulus und im Targum verstanden: »Durch die Gemeinschaft mit ihm«

(*bachaburāto*) wird uns Heilung, d.h. Vergebung der Sünden, gewährt. Während der Targum diese Gemeinschaft als die des Toralehrers mit den Schülern versteht, und Paulus an ein Mitsterben mit Christus denkt (Röm 6,3), ist sie nach dem H. durch die *Inkarnation des Gottessohnes hergestellt worden, der als treuer Hoherpriester seinen Brüdern gleich werden muß (2,14-18).

3. Der Verfasser unseres Briefes betont den heiligenden Dienst des Christus auch deshalb, weil er die **Heiligkeit und Macht Gottes** ganz ernst nimmt: Dieser ist ein verzehrendes Feuer (12,29); schrecklich ist es, in die Hände des lebendigen Gottes zu fallen (10,31). Nicht nur Christus (9,28), sondern auch Gott kommt zum Weltgericht, und zwar – wie in der jüd. Apokalyptik (äthHen 1) – analog zur Sinaitheophanie (12,18-21): Damals hat nicht nur das Volk Israel, sondern auch Mose gezittert (12,21); viel schrecklicher noch wird die Ankunft zum Endgericht sein, bei der nicht nur die Erde, sondern auch der Himmel erschüttert werden wird (12,26). Nur diejenigen, die jetzt schon vom Blut Christi besprengt sind (12,24) und an seiner unerschütterlichen Herrschaft teilnehmen, werden bestehen können (12,28).

4. Die **Sakramente Taufe und Abendmahl** werden im H. nur kurz erwähnt. Die Taufe, der die Buße voraufgeht und die durch Handauflegung vollzogen wird, vermittelt die Himmelsgabe des heiligen Geistes (6,2-5). Wichtig ist, daß man nicht aus der Taufgnade herausfällt, da es keine Möglichkeit einer zweiten Buße gibt (6,6). Sie ist wegen der Einmaligkeit des Opfers Jesu ausgeschlossen; man kann den Sohn Gottes, der für unsere Sünden gestorben ist, nicht noch einmal kreuzigen (ibid.). Auf das **Herrenmahl** ist wohl die Aussage 13,10 zu beziehen, nach welcher die im Zelt Dienenden nicht auch vom Altar der Christen essen dürfen. Wie in 1Kor 10,18-22 wird das Herrenmahl mit einem nicht-christlichen Opfermahl verglichen; aber wie Paulus hat unser Verfasser die Ausschließlichkeit dieses Mahls betont.

5. Wichtig ist die **Haltung des Glaubens**, die Hebr 11 definiert und anhand von bibl. Zeugen illustriert wird; deren Frömmigkeit wird grundsätzlich dem Glauben zugeschrieben. E. Gräßer, H. Köster, H. Braun und andere meinen, das Glaubensverständnis im H. unterscheide sich erheblich von dem bei Jesus und Paulus, zumal in 11,1 (griech) *pistis* durch Begriffe der griech. Philosophie (z.B. *hypostasis*) definiert werde. Aber der berühmte Satz: »Es ist aber der Glaube eine feste Zuversicht des Erhofften, ein Überführtsein von Dingen, die nicht zu sehen sind« (11,1), ist eher eine preisende als definierende Erklärung des festen, auch in Zeiten der Anfechtung sich bewährenden Glaubens. Außerdem wird diese hebräisch-alttestamentlich gedacht: Schon vom Begriff her ist das Glauben (*hä'ămin*) ein Sich-Festmachen und -Gründen und daher auch ein Fest-Stehen und Bleiben (*he'amen*): Die Verkündigung vom Heil in Christus wurde bei den Hörern »festgemacht« (2,3f). Die Beschreibung des Glaubens in 11,1 steht deshalb im Einklang mit der Haltung der Glaubenszeugen in 11,4-38 sowie mit Aussagen wie Kol 1,23 und Eph 3,17, in denen ebenfalls die Festigkeit des Glaubens hervorgehoben wird; Hebr 13,9 spricht vom Herzen, das durch Gottes Gnade gefestigt ist. Während das folgenschwere Versagen und Zurückweichen des Menschen in Hebr 10,37-39 mit Hilfe von Hab 2,3f eingeschärft wird, liegt dem darauf folgenden Lobpreis des festen Glaubens die Stelle Jes 28,16 (LXX) zugrunde. In ihr verheißt Gott, er werde auf dem Zion ein festes Fundament und einen bewährten Stein legen; der (daran) Glaubende werde nicht weichen. Die Haltung des Glaubens entspricht dessen Gegenstand, dem unerschütterlichen Bauwerk Gottes, in dem man letztlich Rettung und Ruhe findet. Mit diesem Bau Gottes in Jes 28,16 findet der H. die Gottesstadt des himmlischen Jerusalem angekündigt (12,22), auf welche Glaube und Hoffnung der jüd. und der christl. Frommen gerichtet sind (11,10.14.16; 13,14).

V. DER RELIGIONSGESCHICHTLICHE HINTERGRUND DES HEBRÄERBRIEFS.

1. Im Anschluß an R. Bultmann, der die ntl. Christologie vor allem von einem **gnostischen Erlösermythos** beeinflußt sah, hat E. Käsemann (Das wandernde Gottesvolk, 1938) auch die Theologie des H.s vom Hintergrund angeblich gnostischer Spekulationen des Judentums her zu erklären versucht. Dabei hat er nicht nur das Wandern des Gottesvolkes zur Rückkehr der Seele in die himmlische Heimat in Beziehung gesetzt, sondern auch den hohepriesterlichen Dienst Jesu mit dem Selbstopfer eines himmlischen Urmensch-Hohenpriesters verglichen. Aber für die Zeit des frühen Judentums und des ntl. Christentums läßt sich kein solcher Mythos nachweisen; er fehlt auch in den neugefundenen koptisch-gnostischen Texten von *Nag Hammadi. Wie O. Hofius in wichtigen Monographien gezeigt hat, sind die Vorstellungen und Begriffe des H.s von **alttestamentlichen, apokalyptischen** und vor allem **christlichen Traditionen** und Lehren her einleuchtend zu deuten: Der Verfasser erwartete, wie seine aktualisierende Auslegung von Ps 95 zeigt, die

endzeitliche Offenbarung eines von Gott längst zubereiteten Ruheortes und einer ewigen Sabbatfeier für diejenigen, die durch das Selbstopfer Christi erlöst sind und fest bleiben. Auch das himmlische Heiligtum und der Vorhang vor dem Allerheiligsten in Hebr 8-10 sind an atl. Texten orientiert; die nach dem Vorbild des himmlischen Heiligtums angefertigte Stiftshütte (2Mo 25,9) gab dem Autor die Möglichkeit, sich den hohepriesterlichen Dienst Christi vor Gott vorzustellen (vgl. 2Mo 25-27; 3Mo 16). Schließlich wird mit diesem Dienst an die Sendung des irdischen Jesus angeknüpft. Dieser wurde nach Mk 1,24; Joh 6,69 als »der Heilige Gottes« bezeichnet – wie Aaron, das große Vorbild der Hohenpriester (vgl. Ps 106,16).

2. Nach der Entdeckung der *Schriften vom Toten Meer hat man den H. zu der jüd. Glaubensrichtung der *Essener in Beziehung gesetzt, die in diesen Handschriften zur Sprache kommen. Wie im H. findet man in den essenischen Texten die eschatologische Auslegung wichtiger Schriftstellen, z.B. 2Sam 7,12-14; Ps 2,7; Hab 2,3f; Jes 28,16; jedoch waren diese Schriftworte auch schon für Jesus und andere ntl. Autoren bedeutungsvoll. Auch haben die Essener die *Heiligung betont, da sie das Kommen Gottes zum Gericht erwarteten, und zwar als Manifestation seiner alles Unreine verzehrenden und die Welt erschütternden heiligen Majestät; dabei diente – wie in Hebr 12 – die Sinaitheophanie als Vorbild. Schließlich wurde von den Essenern der Stand und der Dienst der Priester hochgeschätzt und ein priesterlicher Messias erwartet, während man den gegenwärtigen Kult in Jerusalem kritisierte und durch einen Gottesdienst des Gebets und des Toragehorsams ersetzte (vgl. dazu Hebr 12,28; 13,10.15f). Aber die Abwertung des Opferkults im Tempel wird im H. vom Selbstopfer Christi her vollzogen; auch fehlt in der christl. Gemeinde die Gliederung in Klerus und Laien. Schließlich spielten bei den Essenern die Engel und die gottesdienstliche Gemeinschaft mit ihnen eine große Rolle. Vor allem wurde der Erzengel Michael als Beschützer der Frommen verehrt; wahrscheinlich ist dieser mit dem Namen »Melchisedek« in dem gleichnamigen Fragment aus der Höhle 11 von Qumran gemeint. H. Kosmala und Y. Yadin haben deshalb vermutet, der H. sei ursprünglich an Essener bzw. zum Christentum übergetretene Essener gerichtet gewesen; er sollte diesen zeigen, daß Christus auch den Dienst eines endzeitlichen Hohenpriesters auf vollkommene Weise versehen habe und auch höher stehe als alle Engel, einschließlich des Engelfürsten Michael. Aber die Funktion des hohenpriesterlichen Messias in Qumran ist vor allem die eines Lehrers, nicht eines Erlösers; andererseits sind dort die Engel nicht wie im H. Boten des göttlichen Worts (2,2; vgl. Apg 7,59; Gal 3,19).

3. Auch eine enge Beziehung zwischen dem Verfasser des H.s und dem jüd. Philosophen und Exegeten *Philo von Alexandria hat man aufweisen wollen (E. Ménégoz; C. Spicq), ja, im ersteren sogar einen ehemaligen Schüler Philos gesehen. Außer bestimmten Begriffen und Wendungen sei vor allem die Unterscheidung zwischen irdischen und himmlischen Gütern und die bleibende Wirklichkeit der letzteren in Philos Werken und dem H. zu finden (vgl. Hebr 11,3 mit Philo: De Conf. Ling. § 172). Beiderseits wird der Glaube betont, ferner hat auch Philo über Melchisedek spekuliert und ihn mit dem göttlichen Logos gleichgesetzt. Aber während Philo platonisch-stoisch denkt und exegesiert und keine eschatologische Ausrichtung der Heilsgeschichte kennt, sieht der Verfasser des H.s im Christusgeschehen die endzeitliche Vollendung der Offenbarung. Und die großen Gestalten des Alten Israel sind für ihn nicht allegorisch zu deutende Repräsentanten von zeitlos gültigen Tugenden wie bei Philo, sondern Träger eines Glaubens, der auf die heilsgeschichtliche Zukunft gerichtet ist. Deshalb besteht ein beträchtlicher Unterschied hinsichtlich der Einschätzung des AT und seiner Auslegung: Nach Philo enthält es die ganze Weisheit Gottes, vorausgesetzt, daß man diese mit Hilfe einer spiritualisierenden Deutung zu entdecken vermag; für den Verfasser des H.s bietet die Bibel Israels das prophetische Zeugnis von der Heilsvollendung durch Christus. Dieses bekundet direkt und indirekt die Vorläufigkeit der Kultordnung des Alten Bundes (4,6-8; 7,11; 8,7).

4. Schließlich gibt es mannigfache Berührungen zwischen dem 1. Brief des Bischofs Clemens von Rom an die Korinther und dem H.

VI. VERFASSERSCHAFT UND ZEIT DER ABFASSUNG.

Clemens von Rom scheint den H. gekannt zu haben, ebenso der etwas spätere Hirt des Hermas. Freilich hat keiner von ihnen den H. ausdrücklich zitiert oder dessen Titel genannt. Dieser wurde jedoch schon von Tertullian bezeugt (De pudicitia 20). Im 3.Jh. wurde der H. in der griech. (alexandrinischen) und der syr. Kirche als kanonisch anerkannt und als ein Brief des Paulus überliefert. Diese Einschätzung kommt auch in der Stellung des Briefs in den uns bekannten ältesten Handschriften zum Ausdruck: Im Codex Vaticanus und im Sinaiticus steht Hebr zwischen 2Thess und

1Tim; im Papyrus 46 (3.Jh.) zwischen Röm und 1Kor. In der latein. Kirche des Westens erfolgte die Anerkennung erst im 4.Jh.; der H. fehlt noch im Canon Muratori und im afrikanischen Kanon (um 360 n.Chr.). Irenäus und Hippolyt sollen die Herkunft von Paulus bestritten haben. Tertullian hielt Barnabas für den Verfasser; auch Lukas und Clemens wurden schon früh dafür in Betracht gezogen. Aber das Urteil, der Brief stamme von Paulus, setzte sich durch und blieb für lange Zeit unangefochten. Es wurde im Konzil von Trient bestätigt (Sessio IV) und von den katholischen Exegeten bis ins 20.Jh. hinein festgehalten, zum Teil allerdings auf das 13. Kapitel eingeschränkt (Vanhoye). Aber schon die alexandrinischen Theologen Pantänus, Clemens und Origenes betonten, Sprache und Stil des H.s seien nicht so schlicht wie bei Paulus (Eus.h.e.VI, 25,11-14). Den Reformatoren galt der H. nicht als paulinisch. Ihnen mißfiel die Bestreitung der zweiten Buße in 6,4-6. Deshalb stellten sie den H. zu den für weniger wichtig gehaltenen Schriften: Jak, Jud und Offb. Im 19.Jh. wurde die paulinische Herkunft mit wissenschaftlichen Argumenten bezweifelt. Außer der Verschiedenheit von Sprache und Stil gebe es theologische Unterschiede: An die Stelle der Rechtfertigung trete im H. die Heiligung; auch werde das Gesetz anders bewertet als bei Paulus. Die Hoffnung des Christen sei im H. nicht so sehr auf die Auferstehung der Toten gerichtet als vielmehr auf eine Einbürgerung in der himmlischen Gottesstadt. Der Verfasser des H.s will selbst *kein Apostel* sein; vielleicht war er der ehemalige Leiter der »Hebräer« (13,18f.23). Er hat sein Evangelium nicht unmittelbar von Christus erhalten wie Paulus (Gal 1,12), sondern wurde von denen unterwiesen, die den Herrn gehört haben (2,2-4); er rechnet sich demnach zu den Christen der zweiten Generation. Aus diesem Grunde wird die Herkunft von Paulus heute kaum noch ernstlich behauptet. Freilich erinnert nicht nur die Überschrift »An die Hebräer« an einen paulin. Gemeindebrief, sondern auch das Christuszeugnis dieses Schreibens. Man sucht deshalb auch heute noch den Verfasser *im Kreis der Mitarbeiter des Paulus,* etwa in Apollos (so schon M. Luther, heute: H. Montefiore, C. Spicq), in Lukas (schon von Origenes erwähnt, dann bei H. Grotius u.a.), in Philippus, der den Brief von Cäsarea nach Jerusalem sandte (W. Ramsey). Beachtenswert bleibt noch immer das Urteil des Origenes, ein Schüler des Paulus habe dessen Gedanken mit eigener Formulierung niedergeschrieben; wer das gewesen sei, wisse Gott allein (Eus.h.e.VI, 25,11).

Das große Thema des H.s, nämlich der hohepriesterliche Dienst Christi, findet sich auch im *Johannesevangelium angedeutet (Kap. 17); ferner wird dort – wie in Hebr 13,20 – Jesus als Hirte bezeichnet und die Sendung (Hebr 3,1: Jesus der Gesandte - *apostolos*) des Sohnes vom Vater in vielfältiger Weise ausgeführt.

VII. DIE EMPFÄNGER DES HEBRÄERBRIEFES.

1. Die Überschrift »An die Hebräer« findet sich in allen Handschriften und Übersetzungen; daß sie später hinzugesetzt sei (H. Thyen; E. Gräßer), ist bloße Vermutung. Die Bezeichnung »Hebräer« (*hebraioi*) wurde von Griechen und Römern kaum benutzt, ist aber bei Philo häufig zu finden. Im NT meint sie die hebr. bzw. aram. sprechenden Juden (Phil 3,5) oder auch die *Judenchristen (2Kor 11,22; Apg 6,1; vgl. 9,29). Schon Pantänus, der Lehrer des Clemens von Alexandria, meinte, der H. sei an die Judenchristen Palästinas gerichtet worden (Eus.h.e.VI, 14,2ff). Da aber der Verfasser selbst ein sehr gutes und bisweilen kunstvolles Griechisch schreibt und das AT in der griech. Übersetzung zitiert, müssen die Adressaten griech. sprechende Christen bzw. Juden gewesen sein. Für judenchristl. Empfänger könnte die Warnung sprechen, vom lebendigen Gott abzufallen (3,15), dann das Argument 7,11, oder die Aufforderung 13,13, aus dem Lager hinauszugehen, schließlich das Reden Gottes zu den Vätern (1,1); für *Heidenchristen passen Aussagen wie 3,12; 6,1f; 9,14; 13,4. Hinsichtlich der Überschrift »An die Hebräer« wird auch ein Spiel mit dem hebr. Verbum *ʿabar,* »hinübergehen« erwogen: Die Christen sind Menschen, die in der Welt keine bleibende Stätte haben, sondern zur zukünftigen »hinübergehen«. Durchschlagend ist keines dieser Argumente.

2. Das gilt auch für die Annahme, Essener oder ehemalige Glieder dieser jüd. Religionsgemeinschaft könnten die ursprünglichen Adressaten dieses Briefes gewesen sein. Abgesehen von den oben (V.2.) genannten Einwänden wollten die Essener als ein geistliches Heiligtum selbst das Land entsühnen (1 QS 8,6); die Botschaft vom Sühnetod Jesu hätte auf sie wohl kaum großen Eindruck gemacht.

3. Was den Bestimmungsort des H.s betrifft, hatte man besonders an Rom und z.T. an Jerusalem gedacht; auch Korinth wurde erwogen. In Rom gab es im 1.Jh.n.Chr. viele Juden, aber auch Christen, die sowohl jüd. als auch heidnischer Herkunft waren. Und wie Paulus im Römerbrief Themen erörterte, die gerade den atl.-jüd. Hintergrund des christl. Glaubens betrafen, so tut das ähnlich der H. Zur Adresse »Rom« würden auch die 13,24

erwähnten Grüße »derer von Italien« passen; diese könnten aus Rom vertriebene Judenchristen gewesen sein (J. Wettstein; F.F. Bruce, J.A.T. Robinson). Für Jerusalem als Bestimmungsort wird die Diakonie für die Heiligen (12,10) geltend gemacht sowie die Tatsache, daß die Jerusalemer Christen sich am Tempelkult beteiligten. Weniger überzeugend ist der Hinweis auf 12,22: »Ihr seid zum Berg Zion gekommen, zur Stadt des lebendigen Gottes«; denn dort ist das himmlische Jerusalem gemeint.

4. Die Zeit der Abfassung wird durch den 1. Clemensbrief (90-100 n.Chr.) begrenzt. Für eine Zeit vor 70 n.Chr. scheint zu sprechen, daß der Verfasser den Tempel in Jerusalem und den Opferkult als noch bestehend voraussetzt. Aber die Ausführungen über die jüd. Opfer und die Einrichtung des Heiligtums sind nicht im Blick auf den Jerusalemer Tempel, sondern nach der Beschreibung der Stiftshütte (2Mo 25-27) gemacht; denn diese ist das Abbild des himmlischen Heiligtums (2Mo 25,9), auf das es dem Verfasser eigentlich ankommt. Eine frühe Datierung läßt sich dennoch gut begründen (A. Strobel; J.A.T. Robinson; W. Manson): Eine Kritik an dem in der Tora befohlenen Opferkult sei sinnlos, wenn dieser nicht mehr existiere. Ferner passe die Aussage 12,4: »Noch habt ihr nicht bis aufs Blut widerstanden im Kampf gegen die Sünde« gut zur Zeit unmittelbar vor der Neronischen Verfolgung (vgl. aber 10,32).

Literatur: H. Feld: Der Hebräerbrief. EdF 228, 1985 (gute Übersicht über den Stand der Forschung). *Kommentare:* M. Luther: Vorlesung über den Hebräerbrief 1517 (WA 57); J. Calvin: In Epistolam ad Hebraeos, Genf 1549 (Corp. Ref 83); A. Schlatter: Erläuterungen zum Neuen Testament III, 1910, S. 183-338; H. Windisch: Der Hebräerbrief (HNT 14), 1913, ^{2}1931; O. Michel: Der Brief an die Hebräer, ^{12}1966; C. Spicq: L' Epitre aux Hebreux, 1952-53; F.F. Bruce: The Epistle to the Hebrews, 1969; W. Barclay: Der Brief an die Hebräer, 1970; A. Strobel: Der Brief an die Hebräer, NTD 9, 1984. *Monographien und Aufsätze:* E. Käsemann: Das wandernde Gottesvolk, 1939, ^{4}1961; E. Grässer: Der Glaube im Hebräerbrief, 1965; O. Hofius: Katapausis, 1970; ders.: Der Vorhang vor dem Thron Gottes, 1972; O. Betz: Firmness in Faith (Hebr 11:1 and Isa 28:16), in: FS A.T. Hanson, 1986.

O. B.

HEBRÄISCH. Bezeichnung für die Umgangs- und Schriftsprache des israelit. Volkes; auf H. ist – mit Ausnahme weniger aram. Teile – das AT verfaßt (2Kön 18,26.28; Jes 36,11.13; 2Chr 32,18).

Von den semitischen Sprachen, die in engem Zusammenhang mit dem H. stehen, sind uns heute das Ugaritische der Texte von Ras Schamra an der nordsyr. Küste, das Phönizische, Reste des Kanaanäischen und das Moabitische der Mescha-Inschrift bekannt. Sie bilden zusammen eine Gruppe des Nordwestsemitischen, zu dem weiterhin das Aram. gehört.

Zur Entstehung des H. vermutet man, daß es Abraham entweder schon in Kanaan angetroffen und übernommen habe, oder daß es aus der Verschmelzung seines aram. Dialektes mit dem Kanaan. erwachsen sei. Jedenfalls dürfen wir es als die Sprache Jakobs und seiner Familie bei ihrer Übersiedlung nach Ägypten betrachten. Vgl. auch 1Mo 31,47, wo Laban den Steinhaufen aram. benennt, dem Jakob den entsprechenden hebr. Namen gibt.

Eine Verwendung des H. auch in der Schrift ist von Anfang an wahrscheinlich. Das aus dem Phön. entwickelte Alphabet besteht aus 22 Konsonantenzeichen; die in unseren heutigen Texten vorhandenen Vokalpunkte sind erst von jüd. Gelehrten, den Masoreten, zwischen 600 und 800 n.Chr. der überlieferten Lesung entsprechend hinzugesetzt worden. Neben dem AT besitzen wir noch eine Reihe anderer Schriftdenkmäler: die umfangreichsten und wichtigsten sind der Kalender von *Geser um 900 v.Chr., die Ostraka (beschriebene Tonscherben s. *Papyri und Ostraka) von Samaria aus dem 8.Jh.v.Chr., die Inschrift im Siloahtunnel aus der Zeit Hiskias (um 700 v.Chr.), die *Lachisch-Briefe aus den letzten Jahren vor der Zerstörung Jerusalems (586 v.Chr.) und die Handschriften vom Toten Meer (s. *Schriftenfunde vom Toten Meer).

Wenn das H. als Schriftsprache auch bis in diese Zeit als einheitlich erscheint, so ist doch in der lebendigen Entwicklung der Umgangssprache mit manchen Dialektunterschieden zwischen den einzelnen Stämmen zu rechnen. Ein Beispiel dafür ist in Ri 12,6 (Schibbolet: Sibboleth) erhalten. Während und nach der babylon. Gefangenschaft unterlag das H. immer stärker dem Einfluß des Aram. Dies entwickelte sich allmählich zur internationalen Verkehrssprache (wie es im 2.Jt.v.Chr. das Akkadische gewesen war). Im AT sind neben einzelnen Worten an andern Stellen vor allem Teile der Bücher *Daniel und *Esra aram. geschrieben. Das H. lebte später nur noch als gottesdienstliche und Gelehrtensprache weiter.

Z.Zt. Jesu und der Apostel war das Aram. die Umgangssprache in Palästina. Sie ist auch immer gemeint, wo im NT von H., hebr. Sprache oder hebr. Namen die Rede ist (Lk 23,38; Joh 5,2; 19,13.17.20; Apg 21,40; 22,2; 26,14; Offb 9,11; 16,16). Wo Reden wörtlich wiedergegeben sind – wie Mk 5,41; 7,34; Joh 20,16 - handelt es sich um aram. Worte. Apg 6,1 unterscheidet zwischen aram. und griech. sprechenden Judenchristen.

Seit Ende des 19./ Anfang des 20. Jh. ist mit der Bewegung des Zionismus aus dem alten H. wieder eine moderne Umgangs- und Schriftsprache geworden, die heute die offizielle Landes- und Amtssprache des Staates Israel darstellt.

HEBRON. (Hebr. *chebrōn,* »Bündnis«; der ältere Name der Stadt lautet Kirjat-Arba, »Tetrapolis«). Die höchstgelegene Stadt Palästinas, 927 m über dem Meeresspiegel des Mittelmeers, 30 km südsüdwestl. von Jerusalem. Die Feststellung, daß sie »sieben Jahre vor Zoan in Ägypten gebaut wurde« (4Mo 13,22), bringt ihre Gründung mit der »Ära von Tanis« (ca. 1720 v.Chr.) in Verbindung. Abraham lebte eine beträchtliche Zeitlang in ihrer Nähe (*Mamre); in seiner Zeit zählte die dort wohnhafte Bevölkerung (»das Volk des Landes«) zu den Nachkommen Hets (*Hetiter), von denen Abraham das Feld von *Machpela mit der darauf befindlichen Höhle als Familiengrab (1Mo 23) erwarb. Dort wurden er und *Sara, *Isaak und *Rebekka sowie *Jakob und *Lea begraben (1Mo 49,31; 50,13). Nach Josephus (ant.Jud. 2.199; 3.305) wurden auch die Söhne Jakobs mit Ausnahme von Josef dort begraben. Die traditionelle Grabstätte des Patriarchen liegt innerhalb des großen *Charam el-Halīl,* des »Grundstücks des Freundes« (d.i. Abraham; vgl. Jes 41,8) mit seinem herodianischen Mauerwerk. Während der Wüstenwanderung der Israeliten erforschten die zwölf Kundschafter, die ausgesandt wurden, um über das Land Kanaan zu berichten, die Gegend von H. Zu jener Zeit war sie von »Anaks Söhnen« bevölkert (4Mo 13,22.28.

Ein Krughenkel aus dem 7. Jh.v.Chr., mit einem amtlichen Stempel versehen, der die hebräischen Wörter »königlich« und »Hebron« (lmlk,hbrn) *enthält.* (BM)

33). Nach Israels Einzug in Kanaan schloß sich Hoham, der König von H., der Koalition gegen *Gibeon an, die von Adoni-Zedek, dem König von Jerusalem, angeführt wurde. Josua tötete Hoham (Jos 10,1-27). H. selbst und das umliegende Gebiet wurde durch Kaleb von den Anakitern erobert und ihm als Familienbesitz geschenkt (Jos 14,12ff; 15,13f; Ri 1,10.20). In H. wurde David zum König von Juda (2Sam 2,4) und zwei Jahre später auch zum König von Israel (2Sam 5,3) gesalbt. Es war siebeneinhalb Jahre lang seine Hauptstadt. Später rief Absalom in dieser Stadt zum Aufstand gegen seinen Vater (2Sam 15,7ff). *Rehabeam befestigte H. (2Chr 11,10). Der Name der Stadt erscheint auf königlichen Krughenkeln, die in *Lachisch und anderen Orten gefunden wurden. Dies weist auf ihre

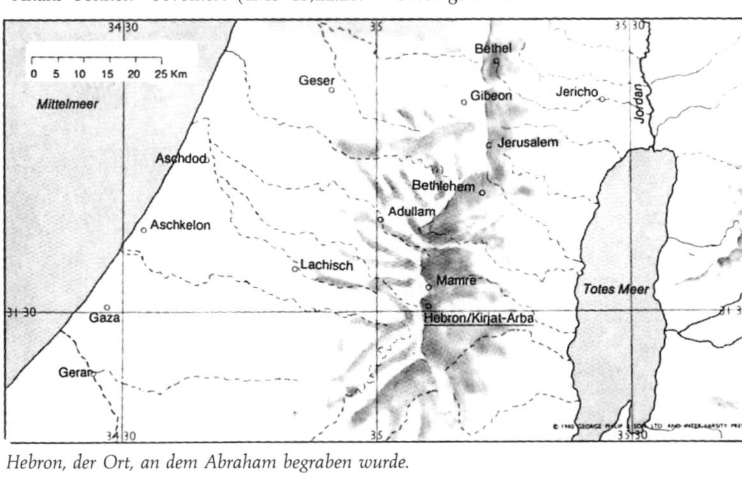

Hebron, der Ort, an dem Abraham begraben wurde.

Bedeutung als ein Verwaltungszentrum in Judäa während der Herrschaft Hiskias hin. Nach Ende der babylon. Gefangenschaft war H. einer der Orte, an dem Zurückkehrende sich niederließen (Neh 11,25; Kirjat-Arba = Hebron). Später wurde H. von Idumäern bewohnt, aus deren Hand Judas Makkabäus die Stadt eroberte (1Makk 5,65). Während des Krieges von 66-70 n.Chr. wurde H. durch Simon bar-Giora besetzt, dann aber von den Römern erstürmt und niedergebrannt (Jos.bell. Jud. 4.529,554). Unter dem Namen *el-Halīl* zählt H. zu den vier heiligen Städten der Moslems.

Literatur: D. Baly: Geographisches Handbuch zur Bibel, 1973; OLB 2, S. 670-696. F.F.B.

HEER. Anders als ihre ägypt. und mesopotamischen Nachbarn hatten die Könige von Israel und Juda offenbar kein Interesse daran, ihre militärischen Heldentaten auf Reliefs und Bildern verewigen zu lassen. Unsere Beschreibung des israelit. Militärwesens hängt deshalb weitgehend von den Berichten über Feldzüge und den sonstigen Hinweisen ab, die im AT zu finden sind.

1. Zusammensetzung. Wie man an der Geschichte von Debora und Barak sehen kann, begann die israelit. Armee als Stammesmiliz, die nur in Krisenzeiten zusammengerufen und von einem Mann mit charismatischen Eigenschaften angeführt wurde. Die organisatorische Grundlage bildete der Stammesverband, der – jedenfalls theoretisch – ein 1000 Mann starkes Kontingent stellte (1Sam 10,19). Einige Stämme erlangten wegen ihrer Fertigkeit im Umgang mit bestimmten Waffen eine besondere Berühmtheit (z.B. Ri 20,16; vgl. 1Chr 12,2). Durch Saul bekam Israel den Grundstock eines stehenden Heeres, das zu Anfang nicht mehr als 3000 Soldaten umfaßte (1Sam 13,2). Wie schon die Einführung des Königtums so erklärt sich auch die Schaffung dieser regulären Streitmacht aus der ständigen Bedrohung durch die Philister. Duelle zwischen Einzelkämpfern als Möglichkeit, übermäßiges Blutvergießen zu vermeiden, scheinen den Philistern vertrauter gewesen zu sein als den Israeliten (1Sam 17). Es wird aber auch von einem stellvertretenden Wettstreit zweier Gruppen von *ne ʿarim* (wörtl. »junge Männer«, gelegentlich auch Fachbegriff für »ausgewählte Truppen«) der Armeen Davids und Isch-Boschets (2Sam 2,12-17) berichtet. Davids Heer umfaßte sowohl reguläre Kontingente (2Sam 15,18) wie Milizkräfte. In 2Sam 23,8ff werden die befehlshabenden Offiziere in Davids Armee aufgeführt: »die Drei« und »die Dreißig«. Dies waren hauptsächlich Männer, die sich schon bewährt hatten, als David noch Anführer einer Gruppe von Freibeutern war und sich vor Saul versteckt halten mußte. Bestandteil der regulären Kontingente waren auch ägäische Söldner (Kreter und Pleter), die als königliche Leibwache fungierten (2Sam 15, 18-22; wo auch Philister aus Gat erwähnt werden). Die Miliz war in zwölf Bataillone (LÜ: »Ordnungen«) aufgeteilt, von denen jedes je einen Monat lang Dienst tat (1Chr 27, 1-15). Sollte David eine Streitwagenabteilung besessen haben, dann kann sie jedenfalls nur klein gewesen sein (vgl. 2Sam 8,3f); erst zu Salomos Zeit nahmen Streitwagen die ihnen entsprechende Stellung ein (1Kön 5,6; 10,26). Es gibt keine Belege dafür, daß Israel jemals eine nennenswerte Kavallerie besaß. Das Nordreich übernahm nach der Reichsteilung den Großteil der Streitwagen, aber schon gegen Ende des 9. Jh.v.Chr. hatten syr. Raubzüge diesen Vorteil wieder zunichte gemacht (2Kön 13,7). (*Hauptmann)

Das Lager der 10. römischen Legion, die unter Flavius Silva 72-73 n.Chr. Masada belagerte. (RP)

2. Lager. Das Lager (hebr. *machanäh*) hatte vermutlich die Form eines Kreises oder Vierecks (vgl. 4Mo 2). Der König und seine kommandierenden Generäle befanden sich in jedem Fall in der Lagermitte (1Sam 26,5). Daß die Soldaten in Zelten schliefen (hebr. *sukkot*, wörtl. »Laubhütte«; vgl. 2Sam 11,11; 1Kön 20,12.16), wird von Yadin (S. 274-275, 304-

Das Zelt des assyrischen Königs im Feldlager. Dem König wird ein Getränk angeboten, während ihm ein Bett bereitet wird. In einem benachbarten Zelt zerlegt ein Metzger ein geschlachtetes Tier. (SMB) (AMM)

310) bestritten; er liest vielmehr Sukko, d.h. einen Ortsnamen. Während eines Gefechts wurde der Troß im Lager von einer Abteilung Soldaten bewacht (1Sam 25,13). Auch Zivilisten durften das Lager betreten, um Nahrung zu bringen und Neuigkeiten auszutauschen (1Sam 17,17-30).

3. Das römische Heer. Die Hauptabteilung des röm. Heeres war die *Legion, die theoretisch aus 6000 Soldaten bestand, tatsächlich aber nur zwischen 4000 und 6000 Mann stark war. Eine Legion gliederte sich in zehn Kohorten auf und jede Kohorte in sechs Zenturien. Jeder Zenturio befehligte zwischen 70 und 100 Mann. Es gab auch Reserve-Kohorten und kleine Kavallerieeinheiten, alae genannt, die hauptsächlich aus Provinzbewohnern, jedoch nicht aus Juden, bestanden (Jos. ant. Jud. 14.204). Die Anwesenheit einer »Italischen Abteilung« (Apg 10,1) in Syrien ca 69 n.Chr. ist durch Inschriften belegt; es handelte sich dabei um eine Reserve-Kohorte, die aus röm. *Freigelassenen bestand.

4. Engelheere. Die ursprüngliche Bedeutung des atl. Ausdrucks »Herr der Heerscharen« (Jahwe *zeba'ot*) ist ungewiß; er kann sich auf Gottes Souveränität über die Heere Israels beziehen (1Sam 17,45) oder auf Engelheere unter seinem Befehl (Jos 5, 13-15; 1Kön 22,19; 2Kön 6,17). Im AT herrscht die zweite Bedeutung vor. Im letzten Kampf zwischen Gut und Böse erscheint Christus als Anführer des himmlischen Heeres (Offb 19,14), das die Heere des Tiers und der Könige auf Erden besiegt (Offb 19,19).

Literatur: Y. Yadin: The Art of Warfare in Biblical Lands, 1963; R. de Vaux: Das Alte Testament und seine Lebensordnungen, Bd. I, ² 1966; K. Elliger: Die dreißig Helden Davids, in: Kleine Schriften zum Alten Testament, 1966, S. 72-118. R.P.G.

HEERSCHAREN, HERR DER s. Namen Gottes

HEFER.

1. Sohn des *Gilead aus dem Stamm *Manasse; seine Nachkommen wurden Heferiter genannt (4Mo 26,32; 27,1).

2. Sohn Aschhurs, des Vaters von Tekoa aus dem Stamme Juda (1Chr 4,5f).

3. Ein Mecheratiter, einer der Helden Davids (1Chr 11,36).

4. »Wasserloch«. Kanaan. Königsstadt (Jos 12,17); sie gehörte zum 3. Verwaltungsbezirk Salomos (1Kön 4,10). Man sucht den Ort in Ibsar am Wadi el-Hawarit in der Saronebene oder in Tulkarm südl. von Socho.

HEIDEN. (Hebr. *gōjīm*, griech *ethnē*).

1. Beide Worte bezeichnen allg. Nationen oder Völker, haben in der Bibel aber auch die spezielle Bedeutung von Menschen, die Götzendienst treiben (2Kön 16,3; Hes 23,30), Unreinheit verkörpern (Esr 6,21) und Feinde des wahren Gottes und seines Volkes sind (Ps 79,1.10; Jer 10,25; Klgl 1,3.10; Hes 34,29; 36,7.15). Das deutsche Wort H. bedeutet ursprünglich wohl »Bewohner der Heide«, da das Christentum auf dem Lande wesentlich später und schwerer Eingang fand als in den Städten.

2. Mit der Berufung *Abrahams setzt Gott einen deutlichen Unterschied zwischen seinem auserwählten Volk und den Völkern der H. (1Mo 12,1-3). Israel ist das Volk seiner Offenbarung und Gegenwart (4Mo 14,14), das sich seiner Besonderheit gegenüber den H. stets bewußt bleiben soll (3Mo 18,24-28; 20,23; 4Mo 23,9; Hes 5,7.11; 20,32; vgl. Mt 6,7.32), das aber für alle Völker zum Segen werden wird, wenn aus ihm der *Messias kommt, dem am Ende der Zeiten auch alle Heiden dienen werden (Ps 72,11; Jes 2,2-4; 25,6-8; Sach 14,16-19).

3. Andererseits kennt das AT auch schon vorher die Offenheit einzelner H. für Gott und sein Wirken an ihnen und durch sie, z.B. bei *Jitro, dem Ratgeber und Schwiegervater Moses (2Mo 18), bei *Rut, die wie *Rahab in die Ahnenreihe Jesu aufgenommen ist (Mt 1,5), der Witwe von Zarpat (1Kön 17), *Naaman, der durch *Elisa geheilt und bekehrt wurde (2Kön 5), den Niniviten, die sich auf die Predigt des Jona hin bekehrten (Jona 3,5ff), *Kyrus, dem Gesalbten des Herrn (Jes 45,1), und anderen. Das AT berichtet nicht nur von der Verstockung Pharaos, dem Wüten *Sanheribs und dem Trotz *Nebukadnezars, sondern bereitet auch auf das Pfingstfest, auf die Ausgießung des heiligen Geistes über alles Fleisch vor (Joel 3; Apg 2).

4. Im NT wird anfänglich die Kluft zwischen Juden und H. noch nicht überbrückt. Jesus weiß sich zunächst nur zum Volk Israel gesandt (Mt 15,24) und verbietet auch seinen Jüngern, zu den H. zu gehen (Mt 10,5). Nur einzelne H. erkennen den Herrn im Glauben (Mt 8,10) und durchbrechen die Grenze (Mt 15,21-28). Nach der *Auferstehung Jesu wird das anders. Der Herr, dem alle Macht im Himmel und auf Erden gegeben ist, sendet seine *Jünger nun bis ans Ende der Welt (Mt 28,18ff; Eph 2,11-22). Petrus bekommt in einer göttlichen Offenbarung den Auftrag, zu dem heidnischen Hauptmann Kornelius nach Cäsarea zu gehen. Während seiner Verkündigung empfangen die H. den heiligen Geist, wie ihn vorher die *Judenchristen empfangen hatten (Apg 10-11). Von da an wächst die heidenchristl. Gemeinde, vor allem durch die Arbeit des Heidenapostels *Paulus (Apg 9,15; 22,21; 26,17.18; Gal 2,7), wenn auch die Einheit von Juden- und *Heidenchristen nicht ohne Schwierigkeiten bewahrt werden kann (*Apostelkonzil). Als die »eingepfropften wilden Öltriebe« bringen die H. nun gute Frucht, bis einst ihre Vollzahl in die Gemeinde Gottes eingegangen sein wird, die geistliche Blindheit von Israel weicht und dieses Volk endlich zur Erkenntnis seines *Messias kommt (Röm 11,16-27; 2Kor 3,14-16). Dann wird eine Herde und ein Hirte sein (Joh 10,16).

HEIDENCHRISTEN.

1. Die **Heidenmission** bedeutete eine entscheidende Wende in der Geschichte des Urchristentums. Jesus selbst hatte zwar seinem Volke Israel gedient (Röm 15,8; Mt 15,24), dabei jedoch auch das Heil der Völker bedacht, an ihn glaubende Heiden angenommen (Mt 8,5-13; 15,21-28) und durch die Hingabe seines Lebens »den Vielen« (=allen) die Rettung angeboten (Mk 10,45; vgl. Joh 3,16). Der universale Missionsbefehl (Mt 28, 16-20; Apg 1,8) stellt somit die sachgemäße Folgerung aus dem Kreuz und der Erhöhung Jesu dar.

2. **Paulus** erhielt schon bei seiner Berufung die Gewißheit, der erhöhte Herr habe ihn mit der Verkündigung des Evangeliums unter den Völkern beauftragt, ihn zum Apostel der Heiden gemacht (Gal 1,16; Apg 26,17f); in einer Abmachung mit Petrus wurde ihm die Aufgabe, die Missionierung der »Unbeschnittenen« zu übernehmen, offiziell zuerkannt (Gal 2,8). Auch die für den Glauben an Christus gewonnenen Heiden pflegte der Apostel weiterhin als »Völker« (LÜ: »Heiden«-griech. *ethnē*, Röm 11,13; 15,9) bzw. als »Griechen« (*hellēnes*, Röm 10,12) zu bezeichnen. Diese wurden durch den Sühnetod des Christus an das Gottesvolk angeschlossen (Eph 2,16-18; Röm

15,10-12 nach 5Mo 32,43, vgl. Jes 11,1.10) bzw. in den Ölbaum Israel eingepflanzt (Röm 11,13-24). Denn trotz seines gegenwärtigen Ungehorsams gegenüber dem Christusglauben bleibt Israel das Volk Gottes, und zwar wegen der unkündbaren Gnadengaben und der Berufung Gottes (Röm 11,29-31; vgl. Jes 55,3); es wird nicht verstoßen werden (Röm 11,2) und die ihm gegebenen heilsgeschichtlichen Vorzüge (Röm 3,1-3; 9,4f) nicht verlieren. Aber auch die Heidenchristen werden zu Erben der Zusagen Gottes an Israel und damit zu Kindern Gottes und zu seinem Volk (1Petr 2,9). Denn die dem Abraham gegebene Verheißung für die Völker (1Mo 12,1-3; 17,5f) wird durch den Sühnetod des Christus und das Angebot der Rechtfertigung allein durch den Glauben eingelöst, so daß den Heiden das Heil auch ohne die Bedingungen der Beschneidung und des Gesetzesgehorsams geschenkt werden kann. Das hatte Gott dadurch angezeigt, daß er Abraham aufgrund seines Glaubens für gerecht erklärte (1Mo 15,6), obwohl Abraham damals nicht beschnitten und gleichsam noch Heide war (vgl. 1Mo 17). Abrahams Weg zum Heil deutet demnach auf eine mögliche **Umkehrung** der erwarteten **heilsgeschichtlichen Abfolge: Juden-Heiden** (vgl. Röm 11,25). Deshalb wies Paulus die Ansicht pharisäisch beeinflußter Kreise in Jerusalem, die Beschneidung sei auch für die Heidenchristen heilsnotwendig (Apg 15,1.5), energisch zurück (Gal 2,4-6), zumal solch ein Verlangen das Vertrauen in die eschatologische Wirkung und Alleingenügsamkeit des Kreuzes erschüttern mußte.

3. Eine Regelung der **Tischgemeinschaft** zwischen den an das Gesetz gebundenen *Judenchristen und den gesetzesfreien Heidenchristen, die für gemischte Gemeinden wie *Antiochia lebensnotwendig war, wurde durch das sog. »Aposteldekret« (Apg 15,20.29) ermöglicht; den Heidenchristen wurden ethische und rituelle Minimalforderungen im Sinne der noachitischen Gebote auferlegt. Wie schwer es zunächst für die Jerusalemer Urgemeinde war, die schützende und auch isolierende Mauer der Gebote für rituelle Reinheit zu durchbrechen (vgl. Eph 2,14) und auch Heiden für die Kirche Christi zu gewinnen, zeigt die Bekehrung des äthiopischen Hofbeamten (Apg 8,26-40) und die des Hauptmanns Kornelius (Apg 10,47f); denn erst die Kraft des heiligen Geistes gab dazu den Anstoß. In größerem Stil wurde die Heidenmission nicht etwa von den Aposteln in Jerusalem, sondern von den »*Hellenisten« und von Paulus betrieben, wobei die Gemeinde in Antiochia und später die in *Thessalonich, *Korinth und *Ephesus Hilfe bot. Dennoch wurde Jerusalem als Mutterkirche und Stätte der Jesusgeschichte und -tradition auch von den Heidenchristen anerkannt, was in der Kollekte des Paulus einen sichtbaren Ausdruck fand (2Kor 8f).

Literatur: J. Jeremias: Jesu Verheißung für die Völker, 1959; L. Goppelt: Christentum und Judentum, 1954; W.L. Knox: St. Paul and the Church of the Gentiles, 1939.
O.B.

HEIL s. Erlösung

HEILAND s. Hoheitstitel Jesu

HEILEN s. Krankheit, Krankenheilung

HEILIG.

I. BEGRIFF UND BEDEUTUNG.

Im alten Israel hat man das Wesen der Heiligkeit Gottes und des Heiligen besonders stark empfunden und klar zum Ausdruck gebracht; das geschah auch im frühen Judentum und wurde von den an Christus Glaubenden auf etwas andere Weise bezeugt. Zum Begriff »heilig« (hebr. *qādōsch*, griech. *hagios*) gehören das Verbum »heiligen« (hebr. *qādasch;* griech. *hagiazein*) und das Nomen »*Heiligung« (hebr. *qiddusch;* griech. *hagiasmos*). Verwandt sind die Adjektive »(kultisch) rein« (hebr. *thāhōr;* griech. *hagnos*) und »fromm« (hebr. *chāsīd;* griech. *hosios*) sowie »heilig« (griech. *hieros*) und »ehrwürdig« (*semnos*); das Gegenteil von hebr. *qādosch* ist *chōl*, »profan«. »Heilig« ist Gott selbst und das ihm Zugehörende und Gemäße, das vom profanen, alltäglichen Bereich Abgesonderte und Abgeschiedene (das hebr. Wort *qādōsch* ist vielleicht von *qādad*, »abschneiden« herzuleiten). »Heilig« ist demnach ein Verhältnisbegriff: Der Mensch erfährt das Wesen des Heiligen bei einer Begegnung mit dem sich sichtbar und hörbar offenbarenden, ihn anrufenden oder berufenden Gott; dabei wird er sich seiner Unwürdigkeit, seiner Sünde und Schuld bewußt. Heilige Orte und Dinge sehen meist wie die profanen aus. Aber ihre Beziehung zu Gott macht sie heilig, und dadurch wird auch ihr Verhältnis zu den Geschöpfen verändert: sie sind deren Verfügungsgewalt entzogen und verlangen von ihnen eine ehrfürchtige, distanzierte Haltung.

II. GOTT UND DIE OFFENBARUNG SEINER HEILIGKEIT.

1. Heilig ist Gott in seinem unbegreiflichen Anderssein: »Ich bin Gott und nicht ein Mensch und bin der Heilige unter dir« (Hos

11,9). Seine Heiligkeit wird vom Menschen als numinose, Schaudern und Furcht erregende, lebensbedrohende Macht erfahren, die aber auch fasziniert und provoziert (R. Otto). So zeigt der von Mose geschaute brennende – aber nicht verbrennende – Dornbusch einen heiligen Ort und die Gegenwart Gottes an, und zwar auf eine Weise, die Staunen und Neugier hervorruft und zugleich ehrfürchtige Scheu gebietet (2Mo 3,2-6). Der Berg Sinai wird während der Gegenwart Gottes durch eine Grenze geschützt (2Mo 19,12). Ferner soll Mose das Volk »heiligen«. d.h. es vor dem Kommen Gottes in den Zustand ritueller Reinheit versetzen (V. 10f). Der heilige Gott ist deshalb so bedrohlich, weil alles Unheilige, d.h. Unreine und Sündige, vor ihm nicht bestehen kann (Jos 24,19f; 1Sam 6,20) und wie von Feuersglut verzehrt wird (Jes 6,3-5; 2Mo 19,10-15.21; 20,18). Weil Gott heilig ist, erscheint er dem unreinen Menschen als furchtbar (Ps 99,3 RevEB): wer ihm zu nahe tritt, büßt mit dem Verlust seines Lebens (1Sam 6,19f; 2Mo 33,20). Die Heiligkeit Gottes wirkt somit verzehrend wie der Lichtglanz seiner Herrlichkeit (Jes 10,16f); Gottes Erscheinen wird durch Donner und Blitze (2Mo 19,16-19) und durch Erdbeben angekündigt (2Mo 20,18; vgl. Hebr. 12,18–29). Furcht und Vertrauen (Jes 29,23; Ps 130,4), Sich-Niederwerfen (Sir 50,19), Anbetung (Jes 6,3) und Lobpreis sind sachgemäße Verhaltensweisen gegenüber dem heiligen Gott. Dieser tritt eifernd für seine Einzigkeit ein; der Abfall zu anderen Göttern wird schwer bestraft (Jos 24, 19f).

2. Die Heiligkeit Gottes wird aber nicht nur als Lichtglanz und überwältigende Majestät erfahren (Jes 64,1f; Hes 20,40), sondern hat auch sittliche Qualität, geht mit Gerechtigkeit einher (Jes 5,16). Sie manifestiert sich deshalb auch im Gericht an den Unterdrükkern (2Mo 15,11f; Hes 28,22; 38,16). Für das unterdrückte Israel bedeutet dies Heil und Rettung (3Mo 11,45; Ps 89,35f): der »Heilige Israels« ist der Erlöser (Jes 41,14; 43,3.14). Dieser doppelte Aspekt von Heiligkeit – a. als überirdischer Herrlichkeit und b. als Gerechtigkeit – bedeutet, daß der Mensch vor Gott seine Schuld sowohl als rituelle Unreinheit wie auch als sittliches Versagen erfährt.

III. ISRAEL ALS HEILIGES VOLK.

1. Gott offenbart seine Heiligkeit auch dadurch, daß er sich Israel als Eigentum und heiliges Volk erwählt (2Mo 19,5f; 3Mo 11,45; 5Mo 28,9f). Er ist deshalb der »Heilige Israels« (oft bei Jesaja; Hes 39,7: »Der Heilige in Israel«); er heiligt Israel kraft seiner Heiligkeit (2Mo 31,13; 3Mo 21,8). Weil Gott heilig ist, soll auch Israel heilig sein, d.h. seiner Berufung würdig leben; Sein und Sollen sind eng miteinander verbunden (3Mo 11,44; 19,2). Heiligkeit erfordert rituelle Reinheit (3Mo 11,43f), aber auch sittliche Vollkommenheit (3Mo 18-20). Als ideale Entsprechung zum heiligen Gott müßte Israel ein königliches Priestertum sein (2Mo 19,6); streng genommen ist es aber nicht fähig, dem heiligen Gott zu dienen (Jos 24,19f). Deshalb bedarf es eines »Heiligkeitsgesetzes« (3Mo 17-26), das ähnlich wie das Priestergesetz (in 2Mo-4Mo) und das deuteronomische Gesetz (5Mo 12-26) sowohl der Bewahrung der Heiligkeit dienen als auch zu ihrer Wiederherstellung, d.h. zur Tilgung von Makeln und zur Sühnung von Sünden anleiten soll. Der Zustand der Heiligkeit wird durch unreine Dinge gefährdet, z.B. durch unreine Speisen, entstellende Krankheit, sexuelle Unreinheit, Geburt und Tod. Zur Tilgung von Makeln und Sündenschuld sind Waschungen bzw. Opfer notwendig (3Mo 12-15 sowie die Kap. 6f.16).

2. Das Kultpersonal, vor allem die Priester und der Hohepriester, sollen besonders heilig und auch frei von körperlichen Mängeln sein (3Mo 21; vgl. Ps 106,16: Aaron ist der Heilige Gottes). Das Gleiche gilt von Menschen, die sich für eine bestimmte Zeit Gott weihen, so etwa die *Nasiräer (4Mo 6,2-12) oder die berufenen Gottesmänner, in denen der Geist auf ungewöhnliche Weise zugegen ist (2Kön 4,9; vgl. 1Kön 17,24).

3. Bestimmte Orte werden durch Gottes Wahl und Gegenwart geheiligt, so der Berg Sinai-Horeb (2Mo 3,5 zitiert in Apg 7,33; 2Mo 19,10-15.21). Gott wohnt in einem heiligen Tempel (Mi 1,2); nach 2Mo 15,17 wird er von Gottes Händen erbaut. Wie die Stiftshütte so trägt der Tempel den Namen »Heiligtum« (*qōdäsch* 2Mo 28,43; 1Kön 8,8). Im engeren Sinne wohnt Gott im Allerheiligsten (*qōdäsch* in 3Mo 16,2f; häufiger: *qōdäsch qōdaschīm*, vgl. 2Mo 26,33f). Auch der von Menschen nach Gottes Weisung erbaute Tempel ist heilig (Ps 65,5; 79,1). In ihm werden Gott Opfergaben dargebracht, die als »Heilige Dinge« (*qōdaschīm*) bezeichnet werden (3Mo 22,10-16).

4. Schließlich gibt es auch heilige Zeiten. Was Gott als erstes »heiligte«, war der siebente Tag, der *Sabbat: Gott segnete ihn und zeichnete ihn als geheiligt und ihm gehörend dadurch aus, daß er an ihm ruhte (1Mo 2,3; vgl. 3Mo 23,3). Deshalb soll der Sabbat auch für Israel heilig sein (2Mo 31,14), ebenso die großen *Feste, bei denen jeweils am ersten und am siebten Tag wie an jedem Sabbat eine »heilige Festversammlung« stattfinden soll (2Mo 12,16; 3Mo 23,2ff).

IV. HEILIGUNG IM FRÜHEN JUDENTUM.

1. Im Judentum spricht man von Gott als dem »Heiligen, gepriesen sei er«. Die Qumrangemeinde hat das Kommen Gottes zu Heil und Gericht erwartet und deshalb ein heiliges, rituell reines und ethisch vollkommenes Leben angestrebt, und zwar nach dem Modell der Existenz des Volkes Israel am Berg Sinai. Im rabbinischen Schrifttum erscheinen neue Nomina wie *qeduschschāh* und vor allem *qiddusch*, »Heiligung«. Sie bezeichnen den Akt, mit dem der Mensch die Heiligkeit Gottes existentiell anerkennt und vor der Welt bezeugt. Wichtig ist die Heiligung des (Gottes-) Namens (*qiddusch ha-schēm*). Durch sie weiht man sich Gott, rühmt ihn als seinen Herren, und im Konfliktfall opfert man sogar das eigene Leben für Gottes Ehre; das Martyrium ist höchster Ausdruck der Heiligung seines Namens. Ferner wird der rechtliche Vollzug einer Verlobung als »Heiligung« bezeichnet; darüber wird im Mischnatraktat Qidduschin, (»Heiligungen«) gelehrt. Auch der Vollzug ritueller Waschungen der Priester trägt diesen Namen, und als »Heiligung des Tages« gilt das Gebet, das man beim Beginn des Sabbats oder eines Feiertages spricht.

2. Wie in der ersten Bitte des Vaterunsers heiligt man lobpreisend den Namen Gottes: »Heilig bist Du und furchtbar ist Dein Name! Es gibt keinen Gott außer Dir! Gepriesen seist Du, heiliger Gott!« (so die dritte der »Achtzehn Bitten«, die den Namen *Qeduschschāh'*, »Heiligung«, trägt und die Gemeinde für das Sanctus einstimmen soll). Besonders wichtig ist das sog. Qaddisch-Gebet, eine Doxologie, die am Schluß des abendlichen Gottesdienstes an den Werktagen und am Sabbat in einem hebraisierenden Aramäisch gesprochen wird: »Gepriesen und geheiligt sei Dein großer Name!«. In der Hekhaloth-Literatur, in welcher der himmlische Gottesdienst visionär erlebt wird, spielt das Sanctus von Jes 6,3 eine wichtige Rolle.

V. HEILIGKEIT IM NEUEN TESTAMENT.

1. Auch Jesus und die Verfasser der ntl. Schriften bezeugen die Ehrfurcht Israels vor der Heiligkeit Gottes und der Gott geheiligten Personen und Dinge; jedoch gibt es einige wichtige Änderungen.

Gott ist heilig (Offb 4,8), dazu auch sein Name (Lk 1,49); letzterer soll nach der ersten Vater-Unser-Bitte mit Gottes Hilfe verherrlicht werden (Mt 6,9; Lk 11,2). Im Himmel geschieht das bereits, dort wird das Sanctus (Jes 6,3) ohne Unterlaß gesungen (Offb 4,8). Auch das Gloria der Engel (Lk 2,14) ist in seiner dreigliedrigen Form dem Sanctus nachgebildet (D. Flusser). Jesus kann Gott als »Heiligen Vater« anreden (Joh 17,11), wobei er - wie im Vaterunser- das kindliche Vertrauen mit der Ehrfurcht vor Gottes heiliger Majestät verbindet. Heilig sind die Engel (Mk 8,38par; Apg 10,22; Jud 14; Offb 14,10), und Israel ist die heilige Erstlingsgabe unter den Völkern (Röm 11,16). Heilig ist Jerusalem (Mt 4,5; 27,53; Offb 11,2), aber man sehnt sich nach dem himmlischen Jerusalem und nach dessen vollkommener Heiligkeit (Hebr 9,24; Offb 21,2.10; 22,19). Der Tempel ist heilig (Mt 24,15; Apg 6,13; 21,28), besonders das Tempelgebäude, die Stiftshütte (Hebr 8,2; 9,1f) und das Allerheiligste (Hebr 9,24f; 13,11, vgl. auch 9,12). Aber dieses Tempelhaus kann nun auch ein Bild für das lebendige Heiligtum der Gemeinde Christi sein, die vom heiligen Geist geleitet wird (1Kor 3,17; Eph 2,21). Im Rückblick erscheint der Berg der Verklärung als heilig (2Petr 1,18). Jedes Erstgeborene ist Gott heilig (Lk 2,23), ebenso das Opfer (Rom 12,1); in Mt 7,6 meint »das Heilige« (*to hagion*) das Opferfleisch. Als »heilig« wird nun auch der Bund bezeichnet (Lk 1,72) sowie das Gesetz (Röm 7,12) und das Gebot (ebd., vgl. 2 Petr 2,12), ebenso die Propheten (Lk 1,70; Apg 3,21; 2Petr 3,2) und die Apostel (Eph 3,5), ferner der Glaube (Jud 20); alle diese Größen haben mit dem heiligen Geist zu tun. Dagegen wird nicht mehr von heiligen Zeiten gesprochen.

2. Johannes der Täufer gilt als heilig und gerecht (Mk 6,20), ebenso Jesus (Apg 3,14). Vor allem wird nun Jesus als »der Heilige Gottes« bekannt (Mk 1,24; Lk 4,34; Joh 6, 69), denn er ist durch den heiligen Geist gezeugt worden (Lk 1,35) und ist mit dem Geist gesalbt (Mk 1,10–12; Lk 4,18). Als der Heilige tritt er in der Kraft dieses Geistes den unreinen Geistern entgegen (Mk 1,24), als der von Gott Geheiligte (Joh 10,36) spricht er das Leben schenkende Wort (Joh 6,6) und heiligt sich selbst als Opfer für andere (Joh 17,19). Im Gebet der Gemeinde wird er als »heiliger Knecht (Sohn)« Gottes gepriesen (Apg 4,27.30); als Herr der Gemeinde und Richter der Welt ist er der »Heilige und Wahrhaftige« (Offb 3,7). Wie bei Gott, dem »Heiligen Israels« so wird auch beim Gottessohn die Heiligkeit dadurch offenbar, daß er die Seinen erlöst und heiligt. Durch seinen Sühnetod ist Jesus für uns zur Heiligung (griech. *hagiasmos*) und zur Erlösung geworden (1Kor 1,30). Weil Christus das Gottesvolk nicht von der Macht politischer Feinde, sondern von der Knechtschaft der Sünde befreit (Mt 1,21), kann sein Erlösungswerk auch kultisch als Heiligung bzw. als Dienst des endzeitlichen Hohenpriesters beschrieben werden (Hebr 5-10; Joh 17).

3. Das Volk Israel ist zwar heilig als Erst-

lingsgabe und als Ölbaum, dessen Wurzel (nämlich Abraham) heilig ist (Röm 11,16), aber die zu Christus Gehörenden sind nun das geheiligte, von Sünden gereinigte Volk des Neuen Bundes; sie können deshalb als »Heilige« bezeichnet werden (*hoi hagioi* Röm 8,27 u.ö.). Im engeren Sinn meint Paulus mit den »Heiligen« die Mitglieder der Jerusalemer Urgemeinde (Röm 15,25f.31; 1Kor 16,1 u.ö.). Die Christen sind die von Gott einzeln »berufenen Heiligen« (Röm 1,7; 1Kor 1,2) und die durch Christus Geheiligten (*hēgiasmenoi* 1Kor 1,2; vgl. 6,11), wobei sein Blut (d.h. sein sühnender Tod) Kraft und Grund dieser Heiligung ist (Hebr 9,13f; 13,12). Die passive Verbform *hēgiasmenoi* (vgl. auch Apg 20,32; 26,18) verrät, daß die Heiligkeit des Christen ganz von Gott geschenkt (Joh 17,17) bzw. von Christus erwirkt ist, der sich für sie als Opfer heiligt (Joh 17,19). Im Ritus der Taufe wird das Heil übereignet, denn die Glaubenden werden gewaschen und geheiligt (1Kor 6,11; Eph 5,26). Dadurch wird der Getaufte zu einem Tempel des heiligen Geistes (1Kor 6,19, vgl. 2Tim 2,21).

4. Wie im AT so erfordert auch nach christl. Anschauung der Indikativ der Heiligkeit den Imperativ des heiligen Wandels (1Petr 1,16) und des heiligen Dienstes. Auf die Christen wird die Verheißung 2Mo 19,5f übertragen: Sie sind ein königliches Priestertum und ein heiliges Volk (1Petr 2,9; Offb 1,6; 5,10; 20,6). Sie sollen deshalb einen reinen und untadeligen Wandel führen (Eph 1,4; 5,27; Kol 1,22; 1Petr 1,15) und danach streben, vollkommen heilig und von aller Befleckung des Fleisches frei zu werden (2Kor 7,1); sie sollen die Herzen (Jak 4,8) und Seelen (1Petr 1,22) reinigen. Der Stand der Heiligkeit wird auch im Zusammenleben mit den Christen und Mitmenschen bewährt (2Kor 1,12): Man soll in Keuschheit leben (1Tim 5,2 RevEB) und sich der Hurerei enthalten (1Kor 6,13ff). Durch einen christlichen Ehegatten wird auch der heidnische Partner geheiligt (1Kor 7,14); d.h. es besteht kein Grund dazu, ihn als unrein und für das Zusammenleben verboten anzusehen. Auch die Kinder aus solchen gemischten Ehen sind heilig, d.h. Gott zugehörig (ebd.).

Literatur: R. Otto: Das Heilige, 1917, [17]1929; R. Asting: Die Heiligkeit im Urchristentum, 1930; E. Gaugler: Die Heiligung im Zeugnis der Hl. Schrift, 1948; F. Nötscher: Heiligkeit in den Qumranschriften, Rev Qumran 2,1959/60; D. Flusser: Sanktus und Gloria, in: FS O. Michel, 1963, S.129-152; J. A. Elliot: The Elect and the Holy, Nov Test Bd. 12, 1966. O.B.

HEILIGE SCHRIFT s. Bibel

HEILIGTUM. Die hebr. Wörter *miqdāsch* und *qōdäsch* bezeichnen einen Ort, der für die Anbetung Gottes, aber auch von Göttern reserviert ist. In der Bibel werden diese Wörter fast ausschließlich für den Ort benutzt, an dem Jahwe verehrt wird. Verwandte Sprachen wie z.B. das Kanaan. der früheren Bewohner Palästinas kennen dieselben Ausdrücke und verwenden sie zur Bezeichnung von Anbetungs- und Opferstätten. Ausgrabungen förderten eine breite Vielfalt von Heiligtümern zutage, die bis ins 4.Jt.v.Chr. zurückreichen. Das bis heute umfangreichste Material (Kultbilder und Werkzeuge) wurde in *Megiddo ausgegraben.

Israels frühestes H. war das Zelt, die *Stiftshütte, in der die *Bundeslade aufbewahrt wurde (2Mo 25,8 etc.). 2Mo 25-31 und 36-40 beschreiben die verschiedenen Teile dieser Hütte im einzelnen; 3Mo berichtet detailliert über die dort zu praktizierende Kultordnung.

Nachdem das Volk Israel in Palästina seßhaft geworden war, plante David in Jerusalem den Bau einer festen Kultstätte (1Chr 22,19; 28,19 etc.) und Salomo führte diesen Plan aus.

Während der Zeit der Könige führte der Abfall von Gott dazu, daß fremde Kultpraktiken in den Tempel gelangten. Die Propheten Hesekiel und Zefanja warfen dem Volk Gottes vor, sein H. zu entweihen (Hes 5,11; 23,39; 28,18 etc.; Zef 3,4). Israels Heiligtümer wurden zunächst an den Orten errichtet, an denen Gott seinem Volk erschienen war oder »seinen Namen wohnen ließ«. Schließlich wurde *Jerusalem das offizielle Kultzentrum (s. auch *Höhe, *Tempel).

Im NT bedeutet H. (griech. *naos*) das heilige Haus, die Wohnstätte Gottes, sowohl im wörtlichen (z.B. Mk 14,58; 15,38; Joh 2,19) als auch im übertragenen Sinn (z.B. 1Kor 3,16f; 6,19) im Unterschied zu »Tempel« (*hieron*), womit die den gesamten Tempelbezirk umfassende Anlage gemeint ist (z.B. Mk 11,11.15; Lk 2,27.46; Joh 2,14). J.A.T.

HEILIGUNG.

I. BEDEUTUNG.

Heiligung (griech. *hagiasmos* von *hagiazo*, im rabbinischen Hebräisch: *qiddūsch*) meint das Handeln, durch das der heilige Gott bestimmte Orte, Zeiten, Gegenstände und vor allem das Volk Israel aus der profanen Welt absondert und seinem Wesen angleicht. Der davon betroffene Mensch soll sich seinerseits heiligen, sich der Wahl und des Wirkens Gottes würdig erweisen, zumal er ein Werkzeug des göttlichen Heiligungswillens werden kann. H. ist ein heilsökonomisches Handeln; die H. der gefallenen Schöpfung ist Ziel und Ende der Werke Gottes. Da sie den Menschen als ganzen angeht, kann sie sowohl kultisch-rituell vollzogen werden, also die äußere Reinheit meinen, als auch die Läuterung von Herz und Sinn, Dichten und Trachten bewirken.

II. IM ALTEN TESTAMENT.

1. Im AT fehlt ein dem griech. *hagiasmos*, »Heiligung«, exakt entsprechender hebr. Begriff. Dabei ist aber die Sache der H. nicht etwa griechisch, sondern ganz alttestamentlich-jüdisch gedacht und auch im NT vor diesem Hintergrund zu verstehen. Das zeigen die im AT häufig vorkommenden Verben *qiddesch* und *hiqdîsch*, »heiligen, weihen« und »heilig halten«.

Was von Gott auf besondere Weise beansprucht wird und ihm gehören soll, muß ihm »geheiligt« werden. Er selbst hat als Abschluß der Schöpfung den 7. Tag geheiligt, d.h. ihn als Tag der Ruhe vor den anderen Wochentagen ausgezeichnet (1Mo 2,3; vgl. 2Mo 20,11). Dieser Setzung entspricht Israel dadurch, daß es den Sabbat heiligt, an ihm keine Arbeit verrichtet (2Mo 20,8f; 5Mo 5,12f). Auch Feste, Versammlungen (2Kön 10,20; Joel 2,16) bzw. Fasten (Joel 1,14) werden geheiligt, d.h. gottesdienstlich begangen. Vor allem hat Gott Israel geheiligt, es aus allen Völkern erwählt und dadurch abgesondert (3Mo 29,8; 21,8; Hes 20,12; 37,28; vgl. 2Mo 19,5f). Deshalb soll Israel selbst heilig sein (3Mo 11,44; 19,2), Gott als den Heiligen ehren (5Mo 32,51) und die ihm besonders zugeeigneten Personen, Orte und Zeiten heilig halten. Vor allem soll es als heiliges Volk (2Mo 19,6) mit seiner ganzen Existenz die Wirklichkeit seines Gottes als des Einen und Wahren vor der Welt bezeugen (Jes 43,10f).

2. Vor einer unmittelbaren Begegnung mit Gott sind besondere Maßnahmen der H., wie Waschungen und sexuelle Enthaltsamkeit, geboten (2Mo 19,10-14; Jos 7,13). Dementsprechend verhält sich Israels Heerbann (Jer 51,27f; vgl. 2Sam 11,14), denn der Kampf wird geheiligt, d.h. zum heiligen Krieg erklärt (Mi 3,5; Jer 6,4). Auch der *Nasiräer, der sich für eine bestimmte Zeit Gott geheiligt hat, gelobt Enthaltsamkeit (Ri 13,5ff; Am 2,11f; 4Mo 6,13-20). Außerdem gehört Gott alles Erstgeborene; es ist deshalb ihm zu weihen (2Mo 13,2; 34,19). Gott selbst heiligt einen Propheten wie *Jeremia (1,5), d.h. er sondert ihn schon im Mutterleib für seinen Dienst aus. *Jesaja wird vor seiner Aussendung entsühnt (6,6f). *Hesekiel verkündigt die H. Israels als großes endzeitliches Ziel, wobei ein ewiger Friedensbund geschlossen und ein wahrer Davidide eingesetzt wird (Hes 37,23-28). Gott wird dann seinen großen Namen, der von den Heiden entweiht ist, heiligen (Hes 36,23); er will seine Heiligkeit dadurch erweisen, daß er dem sündigen Menschen durch Gericht und Vergebung hindurch treu bleibt (H. Gese; vgl. Hes 20,14). In der Verkündigung der Propheten tritt die H. als Sündenvergebung und Läuterung des Herzens besonders hervor (Jer 33,8; vgl. Ps 51,12); Jesaja verbindet die Reinigung mit dem Tun der Gerechtigkeit (Jes 1,15-17).

3. Unter dem Eindruck des Exils werden Sühne und H. in der von der Forschung gewöhnlich als Priesterschrift bezeichneten Schicht des AT besonders hervorgehoben und durch rituelle Gebote und ausführliche Opfervorschriften erläutert und angeordnet. Die Anweisungen für die rituelle Reinigung (3Mo 11-15) sind durch die Heiligkeit Gottes bedingt (3Mo 17-23) und die Opfer dienen in erster Linie der H. des Menschen durch die Sühnung der Sünden. Dabei stehen die Stiftshütte (2Mo 29,43f) und später der Tempel als Stätte Gottes im Mittelpunkt (vgl. Hes 37,28); die H. ist vorwiegend an den Kult gebunden. Das Subjekt der kultischen H. ist scheinbar der Priester. Aber es sind Gottes Heiligkeit und Herrlichkeit, die durch ihn vermittelt werden und sühnend, heiligend wirken (2Mo 24,16; 29,42f; 40,34f; 3Mo 16). Die Priester selbst werden geheiligt, d.h. für ihren Dienst, bei dem sie dem heiligen Gott besonders nahe treten, geweiht (2Mo 28,41; Hes 48,11); dementsprechend sollen sie vom Volk als heilig geachtet werden (3Mo 21,8). Die Mittel der rituellen H. sind Wasser, Feuer und vor allem Blut. Höhepunkt der kultisch vollzogenen H. ist der Große Versöhnungstag, an dem der Hohepriester die Blutsprengung im Allerheiligsten vollzieht (3Mo 16,16).

4. Der Mensch kann zum Mittler der H. von Zeiten, Orten und kultischen Gegenständen werden. Stets soll aber Israel sich dessen bewußt sein, daß Gott selbst der Heiligende ist (2Mo 31,13; 3Mo 20,8ff). Er weihte die Stiftshütte, den Altar, dazu Aaron und dessen Söhne als Priester (2Mo 29,43f). Aber Mose vollzog die Investitur der letzteren, indem er sie salbte und ihnen die Hände füllte (2Mo 28,41; 29,33), und er heiligte die Stiftshütte und den Altar, die Lade und die Kultgegenstände (2Mo 30,26-29; 3Mo 8,10-13). Ebenso weihte Salomo die Mitte des Tempelhofes, an der er Opfer darbrachte (1Kön 8,64). Solche Weihe verleiht den heiligen Dingen einen unverlierbaren Charakter; wer sie berührt, »ver-

fällt dem Heiligtum« (2Mo 30,29). Auch jeder Israelit kann Gott etwas heiligen und zwar durch ein Gelübde, indem er ein eigenes Kind oder etwas von seinem Besitz dem Heiligtum übereignet (3Mo 27; Neh 12,47); davon ausgenommen ist, was ohnehin Gott gehört, so etwa das Erstgeborene oder der Zehnte. Werden geheiligte Menschen oder Dinge profanisiert, so können sie entsühnt und neu geweiht werden (3Mo 8,15; 4Mo 6,11).

5. Das große Modell solcher H. war das Sinaigeschehen. Hier erhielt Mose den Auftrag, das Volk (2Mo 19,10ff) und den Berg zu heiligen. Durch eine Begrenzung schied er den heiligen Bereich vom profanen (2Mo 19,23).

III. IM JUDENTUM.

1. Auch in den Schriften von *Qumran fehlt noch ein hebr. Nomen für »Heiligung« (*qiddūsch*), obwohl der heilige Dienst für Gott und das Land Israel, dazu die Erwartung eines heiligen Krieges, die leitenden Motive im Leben dieser Gemeinde waren. In Qumran galt die im heiligen Geist ausgelegte Tora als die Grundlage der H. Diese wurde kultisch-rituell, noch mehr aber als sittliche Erneuerung verstanden und unter dem Eindruck der Naherwartung des Endes rigoros verwirklicht. Das geschah durch eine Demokratisierung der priesterlichen Tora für die Heiligung: Tauchbad und heiliges Mahl, strenge Beachtung der heiligen Zeiten sowie sexuelle Enthaltsamkeit sind dafür kennzeichnend. Vor allem aber wurden die geistige und körperliche Kraft sowie der private Besitz dadurch geheiligt, daß man sie dem Dienst der heiligen Gemeinde weihte (Gemeinderegel, Damaskusschrift). Ein Programm für die H. ganz Israels bieten die Tempelrolle, die Kriegsrolle und die Gemeinschaftsregel.

2. Das rabbinische Judentum band die H. an den Gehorsam gegenüber der schriftlich und mündlich überlieferten Weisung (Tora, s. *Gesetz); nach rabbinischer Anschauung hatte der heilige Geist mit den letzten Propheten zu wirken aufgehört. Das hebr. Nomen *qiddūsch*, »Heiligung«, wurde geprägt und etwa für die Bestimmung des Neumonds und der Festzeiten verwendet (b Bathra 121 a). Der Sabbat wurde dadurch geheiligt, daß man bei seinem Eintreten den Qiddusch-Segen sprach und dadurch den heiligen Tag von dem profanen schied. Israels von Gott geschenkte H. erfolgte vor allem durch die Gebote (b Ber 60 a); die Schüler der Gelehrten konnten als »heiliges Volk« bezeichnet werden (b Meg 27 b). Besonders wichtig ist die »Heiligung des Namens« (*Heilig). Ferner ist bemerkenswert, daß die »Antrauung« (Heirat) als »Heiligung« (*qiddūschīn*) bezeichnet wurde: Der Vater »heiligt« seine Tochter, die er einem Mann als Ehefrau gibt (m Qid 2,1). Diese Bezeichnung der Eheschließung ist keineswegs eine Profanisierung des Wortes »Heiligung«; sie beruht vielmehr auf der Tatsache, daß Gott seinen heiligen Bund mit Israel einer Eheschließung vergleichen konnte (vgl. Hos 2; Hes 16).

IV. IM NEUEN TESTAMENT.

1. Im NT wird die H. als ein uns zuvorkommendes, unverdientes Gnadenmittel Gottes betont und das ihm entsprechende Verhalten des Glaubenden aufgezeigt. Zwei von griech. *hagios*, »heilig«, abgeleitete Verben werden verwendet: a. *hagnizein* bezeichnet die Selbstheiligung des Menschen, so die rituelle Reinigung der Juden vor einem hohen Fest (Joh 11,55) oder den Abschluß des von Paulus übernommenen Nasiräats (Apg 21,24-26; vgl. 4Mo 6,9-20), aber auch die H. von Herz und Seele (Jak 4,8; 1Petr 1,22; 1Joh 3,3). b. Weit häufiger erscheinen das Verb *hagiazein*, »heiligen«, und das davon abgeleitete Nomen *hagiasmos*, »Heiligung«; vgl. auch *hagiosynē* und *hagiotēs*, »Heiligkeit«.

Unsere H. ist von Gott gewollt (1Thess 4,3), d.h. sie gründet in Gottes heilsgeschichtlichem Plan; er hat uns nicht zur Unreinheit, sondern »zur Heiligung« berufen (ibid. 4,7). Jesus Christus ist der Mittler der H. Aber sowohl beim Wirken des irdischen Jesus als auch im Evangelium der Apostel tritt die kultische Seite der H. zurück. Da es nach Jesu Weisung nicht auf die äußere Reinheit, sondern auf die Lauterkeit des Herzens ankommt (Mk 7,18-23; vgl. Mt 5,8), und da für Paulus die Juden und Heiden trennende Scheidewand der rituellen Satzungen durch Christi Tod abgebrochen ist (Eph 2,14f), erfolgt im NT eine Reduktion und Konzentration der H.: Sie wird vor allem als Frucht der Sündenvergebung verstanden und dem sühnenden Tod des Gottessohnes zugeschrieben. Die Mittel der H., nämlich Wasser und Blut, werden zum Kreuz Christi in Beziehung gesetzt (Hebr 10,29; 13,12; vgl. Joh 19,34): Jesus hat uns durch sein Blut geheiligt (Hebr 2,11; 9,13; 13,12; vgl. 10,10.14); dadurch hat er die Verheißung, die mit seinem Namen »Jesus« gegeben war, erfüllt: Er hat das Volk Gottes von seinen Sünden gerettet (Mt 1,21). Seine Selbsthingabe hatte das Ziel, die Gemeinde zu heiligen (Eph 5,25-27); dadurch geht die Verheißung für Israel, es solle ein Königreich von Priestern und ein heiliges Volk sein (2Mo 19,5f), für die an Jesus Glaubenden in Erfüllung (1Petr 2,9; Offb 1,6; 5,10).

2. Jesus nahm die Ansicht und das Anliegen der atl.-jüd. Tradition auf, wenn er den Tempel und den Altar nicht nur als heilige,

sondern auch als heiligende Größen zu verstehen lehrte (Mt 23,17.19). Das gilt auch von der ersten Bitte des Vaterunsers, Gottes Name möge geheiligt werden (Mt 6,9; Lk 11,2; vgl. das jüdische Qaddisch-Gebet und die 3. Benediktion des Schmone Esre). Gott selbst wird dafür sorgen, daß sein Name geheiligt wird (vgl. Hes 36,23), und zwar mit der Aufrichtung seiner endzeitlichen Königsherrschaft und der sichtbaren Offenbarung seiner Macht und Herrlichkeit (vgl. Mt 6,9.13). Dadurch werden die Völker zur Anerkennung und zum Lob des wahren Gottes geführt (Hes 36,23); dies bedeutet die H. »des Namens«, aber auch die der bekennenden Menschen. Zu der atl.-jüd. Auffassung von H. tritt die christologische hinzu: Jesus hat sich als Messias ganz in die Heils- und Heiligungsökonomie Gottes einbeziehen lassen und die »Heiligung des Namens« dadurch vollzogen, daß er sein Leben als Lösegeld »für die Vielen« in den Tod gab (Mk 10,45; 4,24). Vor allem im vierten Evangelium erscheint Jesu Lebenshingabe als H.: Der Vater heiligt den Sohn (Joh 10,36), d.h. bestimmt ihn als Mittler der H. und als ein sühnendes Opfer für die sündige Menschheit (Joh 3,16). Und der Sohn heiligt sich selbst und gibt sein Leben dafür, daß die Glaubenden »durch die Wahrheit« geheiligt werden (Joh 17,17.19). Die »Wahrheit« wird in dem endzeitlichen Handeln Gottes offenbar, der nicht durch den Gehorsam der Menschen gegenüber dem Gesetz, sondern aus Gnaden die Welt heiligen will (Joh 1,17; 3,16). Auf diese Weise der H. antworten die Jünger dadurch, daß sie das Wort der Wahrheit annehmen und verkündigen (Joh 17,17f) und so - zusammen mit dem Geist der Wahrheit – Jesus in der Welt bezeugen (Joh 15,26f).

3. Paulus sieht in der H. die »Frucht« des Kreuzes (vgl. Röm 6,22). Nach Gottes heilsgeschichtlichem Beschluß ist Christus für uns »zur Weisheit und zur Gerechtigkeit und zur Heiligung und zur Erlösung geworden« (1Kor 1,30). Mit diesen prägnanten Heilsbegriffen faßt der Apostel die Botschaft von Jes 53 zusammen, die für die Darstellung von *Rechtfertigung und H. als Gnadengaben Gottes sehr wichtig war: Christus hat als der leidende Gottesknecht uns weise und gerecht gemacht (Jes 52,13; 53,11; vgl. Dan 12,3); er hat uns geheiligt, indem er uns »von unseren Verschuldungen gereinigt hat« (Jes 53,5; lies *medakke'*, vgl. LXX und Offb 1,5). Wir haben die »Frucht zur Heiligung« dadurch, daß der messianische Knecht Gottes uns von der Sünde befreit und zu »Knechten Gottes« gemacht hat (Röm 6,22). Rechtfertigung und H. gehören somit eng zusammen; denn beide werden als Frucht des Kreuzes geschenkt. Die Rechtfertigung geschieht aufgrund des Glaubens (Röm 5,1); die H. des Glaubenden beginnt konkret mit der Taufe (Röm 6,3ff). Für diese wird die rituelle Sprache zwar beibehalten. Die Taufe ist ein Bad der Wiedergeburt (Tit 3,5), sie reinigt als »Wasserbad im Wort« (Eph 5,26). Aber entscheidend ist die Reinigung des Herzens (vgl. 1Kor 6,11; Hebr 10,22). Diese beginnt damit, daß der Glaubende in Christi Tod getauft, mit ihm begraben wird und aufersteht (Röm 6,3f; 1Kor 15,3f und Jes 53), d.h. kraft des Todes Christi der Sünde abstirbt und in einem neuen Leben wandelt (Röm 6,4-6). Das Leben in der Kraft der durch Christi Tod geschenkten H. sieht konkret so aus, daß der Getaufte seine Glieder nicht mehr der Unreinheit und Gesetzlosigkeit dienstbar macht, sondern mit ihnen der Gerechtigkeit dient (Röm 6,19).

4. Im Hebräerbrief, in dem die H. besonders betont wird, erscheint Christus als der endzeitliche Hohepriester, der im himmlischen *Heiligtum sein Blut dargebracht hat (10,19-21). Dieser Dienst bewirkt mehr als die Opfer des Alten Bundes und als der Große Versöhnungstag. Durch ihn sind die Geheiligten »für immer vollendet« (Hebr 10,14); sie selbst dürfen nun mit reinen Herzen zu Gott hinzutreten (10,22).

5. Die Christen sind »Heilige« nicht aufgrund ihres eigenen Strebens, sondern als die durch Christus »Geheiligten« (1Kor 1,2; Apg 20,32; 26,18). Die H. ist noch nicht abgeschlossen, sondern wird von Gott vollendet werden (1Thess 5,23); der Christ soll in der H. »bleiben« (1Tim 5,23), im Licht »bleiben« (1Joh 2,10), der Heiligung »nachjagen« (Hebr 12,14), sich weiter heiligen (Offb 22,11). Als Kraft der H. gilt der heilige Geist (Röm 15,16; 2Thess 2,13), bzw. das Wort Gottes und das Gebet (1Tim 4,5), die Wahrheit (Joh 17,17.19).

6. Die jüd. Hochschätzung der Heirat als H. wird auch im NT sichtbar. Das gilt von der Mahnung, den Ehepartner heilig zu halten (1Thess 4,4), oder von der rechtlichen Entscheidung des Paulus, der heidnische Ehepartner sei durch den gläubigen geheiligt; ebenso seien die Kinder aus solch einer Mischehe rein (1Kor 7,14). Der Grund für die heiligende Kraft des ehelichen Zusammenlebens liegt aber jetzt in der Tatsache, daß die Liebe Christi zur Gemeinde mit einer Ehe verglichen werden kann (Eph 5,28-33), und daß die Kirche den Leib Christi darstellt, von dem Kräfte der H. ausgehen (1Kor 12,4ff).

Literatur: vgl. Literatur zu *Heilig; A. Köberle: Rechtfertigung und Heiligung. Eine biblische, theologiegeschichtliche und systematische Untersuchung, 1929; O. Betz: Rechtfertigung und Heiligung, in: G. Müller (Hrsg.): Rechtfertigung, Realismus, Universalismus in biblischer Sicht, FS für Adolf Köberle zum 80. Geburtstag, 1978, S. 30-44. O.B.

HEILLOS s. Belial

HEILSAM. Übersetzung verschiedener hebr. Worte, deren Bedeutung wörtl. etwa mit »gut« (Ps 119,66) oder »wohlgefällig« (Spr 10,32) wiederzugeben ist. H. steht hier meist im Zusammenhang mit menschlicher Rede. Im NT spricht Tit 2,11 von der »heilsamen [rettenden] Gnade Gottes« (griech. *sotērios*). Sonst hat h. stets die Bedeutung »gesund« (1Tim 1,10; 6,3 u.ö.; griech. *hygiainon*), und zwar mit Bezug auf die Lehre.

HEILSGESCHICHTE.

I. GESCHICHTE UND OFFENBARUNG.

Heilsgeschichte ist ein theologischer Begriff, der eine Beziehung der Geschichte zum Handeln Gottes ausdrückt. Gottes verborgenes Walten in der Geschichte wird aufgedeckt vom prophetischen Wort. Deshalb ist das Geschichtsbild der Bibel, das auf dieser prophetischen Erhellung beruht, ein prophetisches Geschichtsbild. Es übergreift das historisch Verifizierbare, rückschauend im Blick auf Schöpfung und Urstand, vorausschauend hinsichtlich der eschatologischen Zukunft. Aber auch theologische Aussagen über geschichtliches Geschehen gründen im offenbarenden Wort: Daß Gott Israel zu seinem Eigentumsvolk erwählt hat, kann mit historischen Methoden ebensowenig nachgewiesen werden wie die theologische Aussage, daß Jesus Gottes Sohn ist (vgl. 1Kor 2,7ff). Heilsgeschichtliche Theologie geht daher vom prophetischen Geschichtsverständnis der Bibel aus und hat dieses als ihre Grundlage aufzuarbeiten. Prophetie verkündet nicht Geschichte, sondern Gottes Handeln in der Geschichte, sie kann sich äußern in zeichenhafter Bildrede, in Visionen, in Gleichnissen, in Zeitverkürzungen und in Hervorhebungen von Einzelzügen eines Geschehens. In der Bibel selbst aber geschieht Interpretation früherer Prophetie durch die spätere, z.B. atl. Aussagen im NT, was wegweisend sein kann für die Interpretation offenbarungsgeschichtlicher biblischer Aussagen in der Verkündigung. – Die Offenbarung im Wort ist jedoch nicht ein »Wortgeschehen« über oder außerhalb der Geschichte. Das gilt zentral dort, wo das Wort Mensch geworden ist, in Jesus Christus (Joh 1,14). Es gilt aber auch für die Verheißung Israels, die unablösbar ist von der Geschichte Abrahams und seiner Nachkommen. Es gilt auch für das Gesetz Gottes, das hineingehört in die Geschichte des Mose und des Auszugs aus Ägypten. Es gilt für die Verbindung der messianischen Heilsprophetie mit dem Königshaus Davids und Jerusalem. Und es gilt schließlich für die Verbindung der universalen Heilsbotschaft des Evangeliums mit den Ereignissen von Karfreitag und Ostern und mit der Aussendung der Apostel. Die Bibel ist Offenbarungsbuch und Geschichtsbuch, und der unauflösbare Zusammenhang von prophetischem Wort und Geschichte, in der Gottes Handeln erhellt wird, ist ein wesentlicher Aspekt des Begriffs »Heilsgeschichte«.

Systematische heilsgeschichtliche Theologie war erst nach Abschluß des bibl. Kanons möglich und setzt diesen voraus. Das Wort »Heilsgeschichte« findet sich (wie der Ausdruck »Geschichte«) in der Bibel noch nicht, es ist später geprägt worden als Bezeichnung für die biblische Sicht der (historischen) Vorgänge. – Heilsgeschichtlich ist das epochale Zeitverständnis der Bibel: Die Zeit vom Sündenfall bis zum Endgericht ist der gegenwärtige bzw. der »alte« Äon. Dem ersten (atl.) Bund folgt der »neue Bund«, der im Opfer des Todes Christi gründet (Hebr 8,7-9,28).

II. DIE URGESCHICHTE.

Heilsgeschichte ist die Geschichte im Blick auf die göttlichen Verheißungen, d.h. auf das von Gott gegebene eschatologische Ziel. Aber alles Heilsgeschehen erfolgt auf dem Hintergrund einer von Sünde und Auflehnung gegen Gott geprägten Weltgeschichte. Die atl. Propheten sind nicht nur Heils-, sondern auch Gerichtspropheten. Christus, der Retter, ist gekommen, um uns aus der »gegenwärtigen bösen Weltzeit« herauszureißen (Gal 1,4). Hoffnung auf das Heil, das von Gott kommt, ist begleitet von einer pessimistischen Beurteilung des Menschen. »Alles Trachten des menschlichen Herzens ist böse immerdar« (1Mo 6,5). Alle stehen unter der Herrschaft der Sünde (Röm 3,9). Gerade die »Urgeschichte« (1Mo 1-11) unterstreicht diese Sicht. Sie geht aus dem Sündenfall hervor. Der Mensch will »sein wie Gott«, (selber) wissend, was gut und böse ist. Die Folge der Abkehr von Gott ist die Entfremdung von Mensch zu Mensch (1Mo 3,7), die Feindschaft zwischen Mensch und Tier (Schlange: 1Mo 3,13), die Abhängigkeit der Frau vom Mann (1Mo 3,16) und des Mannes von den harten Bedingungen des Kampfes um die Nahrung (1Mo 3,17ff). Der »Fluch« bleibt: Die Geschichte nach dem Fall beginnt mit dem Brudermord Kains und endet im Aufweis der allgemeinen Sündhaftigkeit (1Mo 6,5-7) und der Androhung des Unterganges und mit der Sintflut als Gericht über die damalige Menschheit. Was der Sündenfall aufdeckte, erweist sich als allgemeine Grundbefindlichkeit des Menschen (vgl. Röm 5,12-14).

Das Heil Gottes wird in der Urgeschichte bezeugt durch die Rettung Noahs (1Mo 7-8) und im Noahbund (1Mo 9). Die schöpfungsmäßige Herrschaft des Menschen über die Erde (1Mo 1,28) wird bestätigt, aber der Fluch der Entzweiung, der vom Fall her über der sündigen Welt liegt, verändert diese Herrschaft: Der Mensch verbreitet Furcht und Schrecken über die Tierwelt (1Mo 9,2). Er darf sich vom Fleisch der (ausgebluteten) Tiere nähren. Aber das Menschenleben wird geheiligt. Der Mensch ist Partner Gottes, und wer Menschen tötet, frevelt gegen Gott. Das ist das erste allgemeine Menschheitsgebot (1Mo 9,5ff). – Und die Verheißung des Noahbundes ist, daß fortan keine Sintflut mehr die Menschheit mit Vernichtung bedrohen soll, »solange die Erde steht« (1Mo 8,22-9,11).

Seit Irenäus (2.Jh.n.Chr.) wird öfter auch die Stelle 1Mo 3,15 als Heilsweissagung auf Maria bzw. Christus bezogen: »Er wird der Schlange den Kopf zertreten« (d.h. dem Satan). In der Bibel findet sich diese Auslegung nicht.

In 1Mo 10 wird die Ausbreitung der Völker »auf der Erde« geschildert, und in der Geschichte vom Turmbau (1Mo 11) wird gezeigt, wie sich auch die Völker entzweiten. Die Stadt und der Turm haben die Funktion einer Metropole; diese soll die Zerstreuung der Völker verhindern und der Glorifizierung ihrer Erbauer dienen. Der Mensch erscheint hier als Weltplaner, und er tut es ohne Gott, zu seinem eigenen Ruhm. Die Sprachverwirrung, bewirkt durch das Eingreifen Gottes, entzweit die Völker und macht die Erfüllung des Planes unmöglich. Auch in dieser Geschichte geht es letztlich um das »Sein wie Gott«, um Welt- und Zukunftsplanung und Erhöhung des eigenen Namens.

Die Urgeschichte zeigt einige Grunddaten bibl. Geschichtstheologie: Die allgemeine Sündhaftigkeit der Menschen, welche das Gericht Gottes nach sich zieht, dann die Rettung der Wenigen, die Gott treu sind, und beides hineingenommen in die Zielbestimmtheit aller Geschichte auf das endgültige Heil (und Gericht) hin.

III. DER ALTE BUND.

In mehreren atl. Texten wird rückschauend die Väterzeit bis zu Mose und zur Landnahme unter Josua als eine Zeit besonderer geschichtlicher Heilserweisungen Gottes an seinem Volk gesehen (so in Jos 24,2-15; 5Mo 6,20-24; 26,6-9, sowie Ps 78; 105; 106 und Neh 9,9-20). Israel »kennt« Gott aufgrund dieser heilsgeschichtlichen Erfahrung und auch aufgrund der geschichtlichen Offenbarung des Namens Gottes (1Mo 3,13-15). Die Gotteserfahrung ist hineingenommen in den Zusammenhang des Bundes Gottes mit dem Volk Israel, der mit Abraham beginnt. Der »*berit Abraham*«, d.h. der mit Abraham begründete Bund Gottes, der die Nachkommen Abrahams mit diesem verbindet, ist die Wurzel des Alten Testamtens, besiegelt durch das Zeichen der Beschneidung. Der Bund ist Segnung; Abraham ist bestimmt, ein Segen zu sein (1Mo 12,1ff), und die Segnung des Abrahamsbundes besteht ewig (1Mo 17,7), weil Gott treu ist, trotz der wiederholten Untreue Israels.

Der Bund, den Gott mit Mose und dem Volk schloß (2Mo 24ff), ist Erneuerung und Erweiterung des Bundes mit Abraham. Gott offenbart Mose seinen Namen, gibt sich aber als der Gott Abrahams zu erkennen (2Mo 3,6.15; 6,3) und verheißt, Israel in das Land zu führen, das er Abraham, Isaak und Jakob versprochen hat (2Mo 6,8). Aber zur Erfüllung der Landverheißung kommt das Gesetz des Bundes, das dem Volk am Sinai auferlegt wurde. Abraham war ein Volk seiner Nachkommenschaft und ein Land verheißen. Beides erfüllt sich mit der Landnahme. Aber Israel ist nicht einfach das heilige Volk in einer gottlosen Welt. Der Abfall kündet sich schon am Sinai an (2Mo 32). Aber die Androhung des Gerichts über das Volk, das den Bund bricht, und die Verheißung der Bewahrung und des Heils, wenn Israel keinen andern Göttern nachfolgt und die Satzungen des Bundes hält, ist grundlegend (3Mo 26; 5Mo 28-30). Das Einströmen syrischer Kulte, vor allem des Baalskultes, geschieht in starkem Maß nach der Teilung des Reiches Israel um 931 v.Chr.; heftige Auseinandersetzungen erfolgen zur Zeit der Propheten *Elia (1Kön 17-19.21) und *Elisa (2Kön 2-13), dann der Propheten *Hosea und *Amos (um 750 v.Chr.). Die Gerichtsdrohung der Propheten geht bis zur Androhung des Untergangs des Nordreiches Israel (Hos 1,8-9; Hos 8; Am 3,9ff; 5,16ff). Im Jahr 721 v.Chr. wurde Samaria dann auch durch die Assyrer zerstört, die Bevölkerung deportiert. Auch dem Untergang des Reiches Juda und der Zerstörung Jerusalems im Jahr 587 v.Chr. ging die prophetische Gerichtsdrohung und die Ankündigung der Katastrophe voran (Jer 1,14ff; 2; 27; Hes 4-23).

Das Heil ist gegründet im Bundesverhältnis, wie es ausgesprochen ist in der oft zitierten Bundesformel: »Ich will euer Gott sein und ihr sollt mein Volk sein« (2Mo 6,7; 3Mo 26,12; Jer 7,23; 31,33; Hes 11,20; 37,27 u.ö.). Auch wenn das Volk in den Zeiten des Abfalls den Bund gebrochen hat, so wird Gott ihn erneuern als einen ewigen Bund (Jer 31, 31ff; Hes 37,26). Der Bund ist nicht eine Naturgegebenheit, er ist geschichtlich entstanden, als ein »Gnadenverhältnis«, »begründet durch eine historische Anfangstat« (W. Eichrodt). Die Erhaltung des Volkes Israel im Altertum und nach der Vertreibung aus dem Lande (nach dem jüdischen Krieg in den Jahren 70/132 n.Chr.) ist an sich schon heilsgeschichtlicher Tatbestand.

Die Heilserwartung des Alten Testaments läßt sich hauptsächlich auf zwei Überlieferungsstränge atl. Prophetie zurückführen: auf die Tradition der Väterzeit und auf die Jerusalemer Tradition, die eng verbunden ist mit dem Königshaus Davids und mit dem Tempel. Zur ersteren gehören die auf Abraham zurückweisenden Verheißungen (Landverheißung, Segnung des Volkes) und das Bundesverständnis der Sinaiüberlieferung. Zur Jerusalemer Tradition gehören die Hoffnungen auf das künftige Jerusalem als Gottesstadt, in der Gott wohnt, d.h. im Tempel gegenwärtig ist (Jes 2,2-3; 4,5; 60; 62; Hes 40ff; Sach 8), dann insbesondere die messianischen Verheißungen, die im Anschluß an 2Sam 7,12-16 die Hoffnung auf eine künftige Zeit des Gottesfriedens verbinden mit dem von Gott erwählten Sproß aus dem Hause Davids (Ps 132; Jes 55,3-5; Jer 33,14ff; vgl. die Rufe der Menschenmenge beim Einzug Jesu in Jerusalem Mt 21,9; Mk 11,10; Joh 12,13). Aber die verschiedenen Überlieferungen werden auch verbunden, so Am 9,11ff und besonders Hes 37. Die Heilserwartung ist im Judentum noch diesseitig, nämlich Wiederherstellung des Reiches für Israel, wie es einst nach der Landnahme und insbesondere in der Zeit Davids schon bestanden hatte (vgl. die Grenzziehung und die Verteilung des Landes an die Stämme Hes 47,13-48). Allerdings tauchen Visionen einer wunderbaren Erneuerung nicht nur des Volkes, sondern auch des Landes auf (Jes 11,1-9; 35; 54,11-17; 60). Und auch die Verheißung der neuen Schöpfung findet sich bereits (Jes 65,17; 66,22). Die messianische Friedenszeit, wie überhaupt Frieden (Schalom), ist letztlich Gabe und Segnung Gottes. Wie die Gerichte, die die Propheten ankünden, Handeln Gottes sind, so ist es auch Gott, der Heil und Frieden schafft (Jes 44,23-28; 45,7; Jer 1,12; 23,20; Hes 36,36; 37,13f u.ö.). Durch Ankündigung von Heil und Endgericht erhält alle Geschichte ein Ziel. – Die Gewißheit, daß in Gericht und Heil der Wille Gottes zum Ziel kommt, ist ebenso Voraussetzung der prophetischen Verkündigung wie die andere, daß das Wort Gottes dem Menschen die Freiheit gibt, umzukehren und den Willen Gottes zu tun. Die Abwendung von Gott ist schuldhaft, Nicht-Erkennen Gottes ist Folge der Nicht-Anerkennung Gottes. Das Paradox der Spannung zwischen göttlicher Allmacht und menschlicher Freiheit wird nicht rational aufgelöst noch wird eine Gleichsetzung von göttlicher Allmacht mit dem hellen. Begriff des Schicksals (*heimarmene*) oder einem kosmischen Kausalzusammenhang versucht.

Die Heilsgeschichte ist wirklich Geschichte, in der unberechenbare Entscheidungen fallen. Das Buch Jona zeigt das beispielhaft: Jona verkündet im Auftrag Gottes, d.h. im Sinne echter Prophetie, der Stadt Ninive den Untergang innerhalb von 40 Tagen (Jona 3,4). Aber weil die Stadt Buße tut, wird sie verschont. Gerichtspredigt will zur Buße rufen, darin liegt ihre Verheißung; umgekehrt ist Heilsankündigung mit dem Bußruf verbunden (Jes 30,15; 55,6-7; Jer 4,1f; Joel 2,12f; Sach 1,3). Auch Jesus verbindet Heilsankündigung und Gerichtsdrohung mit dem Bußruf (Mk 1,15; Lk 15,7; 15,11-32, vgl. Apg 2,38; 3,19f; 5,31). Heilsgeschichtliche Prophetie enthüllt wohl eine Teleologie der Geschichte, die sich mit Begriffen wie Gottesherrschaft, Gericht, aber auch Frieden, neue Schöpfung, ewiges Leben umschreiben läßt, auch offenbart sich Gott in ihr als der Gerechte, Heilige, Barmherzige und Liebende; aber sie läßt sich nicht systematisieren und in den Rahmen eines berechenbaren Geschichtsablaufes einordnen.

IV. JESUS.

Jesu Auftreten ist (Gal 4,4) »Erfüllung« der Zeit, d.h. jetzt kam der Nachkomme Abrahams (vgl. Gal 3,10), dem die Verheißung gilt, daß durch ihn alle Völker gesegnet würden (1Mo 12,3): Die Heilszeit, die in der atl. Prophetie oft mit der Hoffnung auf den Messias, den Davidssproß, verbunden wurde. So ist Jesus auch nach den Evangelien Nachkomme Abrahams und Davids (Mt 1,1; 2,6; Lk 1,32; 1,55; 1,68ff; 2,30-32). Bei seiner Taufe (Mk 1,9-11 par.; Joh 1,32-34) empfing er die Gewißheit seiner messianischen Berufung. Er bewahrte diese Gewißheit als Geheimnis. Erst im Todesbekenntnis (Mk 14,62 par.) hat er es enthüllt in Verbindung mit der eschatologischen Aussage seines Kommens. Den Jüngern hatte er verboten zu sagen, daß er der Messias sei (Mt 16,20). Entgegen der Erwartung vieler wollte Jesus sich nicht selbst oder durch Menschen als Messias inthronisieren (Mt 21,9 par.; Joh 6,15). Der Vater selbst mußte es tun. Seine Predigt war ausgerichtet auf das nahe Kommen des Reiches Gottes (Mt 4,17; Mk 1,15), wie dieses schon Johannes der Täufer angekündigt hatte. Jesus wußte sich zu den Juden gesandt (Mt 15,24), auch die Jünger schickte er zur Mission unter die Juden (Mt 10,5f). Im

Anschluß an atl. Prophetie verkündet er die Offenbarung der Königsherrschaft Gottes (vgl. Ps 47; 99; Jes 24,23; 52,7) und zugleich das kommende Gericht über alle Welt. Die messianische Zeit bricht an: In Jesu Wirken ist das Gottesreich schon gegenwärtig (Mt 11,4ff par.; Mt 12,28 par.). An der Stellung zu seiner Person entscheidet sich jetzt, wer im Gericht in das Reich aufgenommen wird (Mt 10,32f par.; 11,6 par.; 25,31-46). Deshalb besteht das Heil nicht in der Übernahme einer Lehre, vielmehr in der Jüngerschaft, Nachfolge: beides ist personhafte Beziehung zu Jesus. Er ist es, der die Jünger in die Nachfolge beruft. Und wer die Jünger aufnimmt, der nimmt ihn auf (Mt 10,40). So entsteht Gemeinde als Wirkung seines Rufes zur Nachfolge.

Jesus ist gekommen, alle Gerechtigkeit zu erfüllen (Mt 3,15). Er bestätigt das atl. Gesetz (Mt 5,18), dessen Forderung er gegen jede Abschwächung schützt: Ihr sollt vollkommen sein wie Gott (Mt 5,48). Wer den Bruder »Narr« schimpft, ist des ewigen Feuers schuldig (Mt 5,22). Höchstes Gebot ist die Liebe zu Gott und zum Nächsten (Mk 12,28-31 par.). – Aber neben dem Gebot steht die Barmherzigkeit. Jesus hat Vollmacht, Sünden zu vergeben (Mk 2,5). Wer umkehrt zu Gott findet Barmherzigkeit (Mt 9,13; Lk 15,7.11ff, 18,3). Jesu Barmherzigkeit mündet in seiner Lebenshingabe. Er gibt »sein Leben als ein Lösegeld für viele« (Mk 10,45). Die Abendmahlsworte enthüllen das Geheimnis seines Leidens: Sein Blut wird vergossen für die vielen (Mk 26,28 par.). Die Passion gehört zum »Leben Jesu«. Die Berichte der Evangelien sind auf die Passion hin ausgerichtet. Jesu Kreuzigung ist das zentrale heilsgeschichtliche Ereignis, in dem sein irdisches Wirken endet und von dem die apostolische Missionspredigt ausgeht (Röm 3,25; 1Kor 1,23; 15,3; 1Petr 2,24; Hebr 9,15; Offb 7,14).

Nach seinem Tod trennt sich die Jüngergemeinde nicht vom Judentum. Die apostolische Verkündigung ist ein grundlegendes Zeugnis, daß Gott den Gekreuzigten vom Tode auferweckt und zum Herrn und Messias erhöht hat (Apg 2,32-36; 10,36-43; Röm 10,9; 1Kor 15,3-5; Phil 2,6-11). Die Zugehörigkeit zu seiner Gemeinde gründet wie zuvor die Jüngerschaft in der Lebensbeziehung zu ihm, der jetzt der auferstandene, erhöhte Christus ist. Weil Jesus jetzt als der auferstandene, himmlische Christus lebt, ist die Beziehung zu ihm nun Glaubensbeziehung. Eine Verkündigung, die nur das Leben und Sterben des irdischen Jesus kennte, nicht den Auferstandenen, wäre Verkündigung eines toten, nicht des lebendigen Christus. – Die judenchristl. Urgemeinde hoffte, daß Christus gemäß atl. Erwartung (Jes 60; Hes 37) das Reich für Israel wieder aufrichten würde (Apg 1,6). Aber solche Hoffnung war schon im AT begleitet vom Ruf zur Umkehr zu Gott. Deshalb predigten auch die Jünger-Apostel die Buße, damit das Heil für Israel komme (Apg 2,38f; 3,19ff). Aber nach den ersten großen Missionserfolgen nach Pfingsten setzte die Verfolgung ein (Apg 4; 5,17ff; 6,8-8,2; 12,1-5). Vor dem nahenden jüd. Krieg, der dann im Jahr 70 n.Chr. zur Zerstörung Jerusalems führte, floh die Gemeinde ins Ostjordanland. Um 80 n.Chr. wurde sie aus der jüdischen Gemeinschaft (Synagoge) ausgestoßen. Reste des Judenchristentums hielten sich noch bis ins 3. Jh.

V. DIE BESONDERE GNADENZEIT DER VÖLKERMISSION.

In Röm 3,26 spricht Paulus von der Gerechtigkeit, die in der »jetzigen Zeit« (*kairos*) den rechtfertigt, der an Jesus glaubt. Und in Röm 16,25-27; Eph 3,3; Kol 1,26; Tit 1,3 redet Paulus von dem Mysterium, welches in früheren Zeiten verborgen war, jetzt aber geoffenbart worden ist: das Geheimnis der dem Apostel anvertrauten Gnadenbotschaft des Evangeliums, das auch den Heiden, die glauben, die Verheißung des Heils in Christus gibt. Jetzt ist die Zeit der Gnadenerweisung (2Kor 6,2). Paulus war sich also bewußt, daß die Zeit der Völkermission eine heilsgeschichtliche Zeitperiode ist, die so in der atl. Prophetie nicht vorausgesagt war. Sie ist erst möglich und Wirklichkeit geworden durch Jesu Tod und Erhöhung. Der Vater hat Jesu Selbstopfer als Sühne angenommen für die Sünde aller, die an ihn glauben. Jesu Lebenshingabe, seine Auferweckung und Erhöhung sowie die Ausgießung des heiligen Geistes sind schon erfülltes Reich-Gottes-Geschehen. Aber die Vollendung durch das Gericht und die neue Schöpfung stehen noch aus und sind durch die Zwischenzeit der Weltmission aufgehalten. Die Befreiung vom Gesetz in dieser Zeit bedeutet nicht Verzicht auf die Heiligung. Aber das neue Leben, das im Glauben beginnt, bringt jetzt Früchte der Heiligung aus den Gaben des heiligen Geistes. Die Liebe, die im Gesetz Forderung war, ist nun geistliche Gabe, die heiligt (Röm 5,5; Kol 3,14; 1Petr 4,8; 1Joh 4,16). Geistliches Leben ist »Glaube, der in der Liebe tätig ist« (Gal 5,6). Durch den Geist ist die Gemeinde mit dem auferstandenen Christus, ihrem Haupt, als sein geistlicher »Leib« verbunden (Eph 1,18ff; 2,16; 4,4-6). Und in dieser Verbindung, d.h. in Christus, ist die Gemeinde schon jetzt in ihrer geschichtlichen Gestalt zugleich eschatologische Gemeinschaft, in der Künftiges schon gegenwärtig ist (Phil 3,20; Kol 3,3; Hebr 12,18f).

Gottes barmherzige Zuwendung in Christus gilt allen Menschen, Juden und Heiden (Röm 11,32), deshalb muß das Evangelium allen Menschen verkündet werden. Aber der Entscheidungscharakter des Wortes Gottes wird dadurch nicht aufgehoben. Die in Christus geschehene Heilstat wird gepredigt und im Glauben ergriffen. Wer glaubt, wird gerettet (Mk 10,5; Joh 1,12; 6,16ff; Apg 15,11; 16,32; Röm 3,28; 10,10; 1Kor 1,18-21; Gal 3,26; Eph 2,8; Hebr 11,6). Wer sich dem Glauben versagt, der steht unter dem Gericht (Joh 3,18). Diese Ankündigung ist durch die Universalität der Gnadenbotschaft nicht aufgehoben: an der Annahme oder Abweisung dieser Botschaft kündet sich die künftige Scheidung im Gericht schon gegenwärtig an. Auch Paulus verkündet das Gericht (Röm 2,5-11; 14,10ff; 2Kor 5,10; 2Tim 4,8) und er redet von jenen, die verloren gehen (1Kor 1,18; 2Kor 2,15; 4,3; 2Thess 2,9-12). Gott war (2Kor 5,19) »Welt mit sich versöhnend« (»Welt« ohne Artikel, »versöhnend« griech. Partizip Präsens); dieser Prozeß geht weiter im »Wort von der Versöhnung«, aufgrund dessen Paulus auffordert: »Laßt euch versöhnen mit Gott« (2Kor 5,20). Analog bei Joh: »Also hat Gott die Welt geliebt, daß er seinen Einziggeborenen (Sohn) dahingab, damit jeder, der glaubt, nicht verloren geht, sondern ewiges Leben hat« (Joh 3,16). Auch die Möglichkeit des Abfalls vom Glauben wird aufgezeigt (2Thess 2,3ff; 1Joh 2,15ff; 5,16; Offb 3,1-5), ohne daß eine zweite Bußgnade besteht (Hebr 6,4ff; 10,26f). Die Gewißheit, daß Christus am Ende dieser Zeit sich offenbaren wird zum Gericht, ist durchgehend die Voraussetzung der apostolischen Verkündigung (Apg 10,42; 17,31; 2Kor 5,10; Phil 2,16; 1Thess 5,2; 2Tim 4,8; 2Petr 2,9; 3,12; Offb 6,17; 16,14 u.ö.).

VI. CHRISTUS UND DIE WELT.

Schon die atl. Endzeitprophetie (Apokalyptik) kündet den »Tag« des Herrn als Endgericht an und vorher eine Zeit gottfeindlicher Erhebung der Völker und des teilweisen Abfalls Israels (Jes 24-27; Daniel; Joel; Ps 2). Im Gericht zerbirst die Welt (Jes 24,19). Auch Israel wird heimgesucht und geläutert, aber gerettet (Jes 24; Dan 7; 10-12; Joel 3-4; Sach 12-14). Im NT werden die Hauptmotive der atl. Apokalyptik beibehalten. Aber nun ist offenbart, daß Christus, zur Rechten Gottes erhöht (vgl. Ps 110), von Gott zum Herrn (*kyrios*) und Richter eingesetzt ist (Mt 24,9-41 par.; 25,31ff; Apg 10,42; 1Kor 15,20-28; 2Thess 4,1-10; Offb 20,11-15). Die Übertragung des Gerichts an den Sohn ist schon im AT angezeigt (Ps 2; vgl. Ps 110; Jes 11,4; PsSal 17). Aber Jesus Christus ist beides: der himmlische Richter und der Erlöser, der sein Leben hingab. Die Menschensohn-Worte der Evangelien sind Leidensankündigung in der Tradition von Jes 53 und Sach 12,10ff (Mk 9,31; 10,45 u.a.) und Erhöhungsaussage nach Dan 7,13-14 (vgl. Mk 8,38; 14,62; Lk 17,30 u.a.). Bei Paulus ist Christus durchgehend der für uns Gekreuzigte und der Erhöhte. Offb beschreibt den himmlischen Christus als das »Lamm«, das vor Gott für die Seinen eintritt (Offb 5,6-9), aber zugleich Richter ist (Offb 6,16-17; 21,11ff).

Nach Offb 20,1-6 geht dem Endgericht eine Friedenszeit voran, das 1000jährige Reich. Es beginnt mit der ersten Auferstehung der Toten (der Märtyrer und Zeugen Christi, Offb 20,4) und der Entmachtung Satans (Offb 20,1-3), setzt aber das Bestehen der Völkerwelt noch voraus. Das Friedensreich wird von Gott herbeigeführt, und Christus selber und die Auferstandenen regieren darin »als Könige die tausend Jahre« (Offb 20,6). Schon im AT finden sich Aussagen über eine Friedenszeit vor der neuen Schöpfung (Jes 60-62; Hes 40-48). In Offb 20 aber gilt das Heil allen Völkern, nicht nur Israel. Nach der Friedenszeit erhält Satan noch einmal Macht und verführt die Völker zum letzten Krieg gegen die Heiligen und Jerusalem: Feuer fällt vom Himmel zur Vernichtung der Welt (analog dem Wasser der Sintflut) und der »Tag« des Endgerichts ist gekommen. Wer im »Buch des Lebens« steht, wird aufgenommen in die neue Schöpfung zum ewigen Leben, Satan und die übrigen versinken im ewigen Feuer (Offb 20,11ff). Die neue Schöpfung – neuer Himmel und neue Erde – werden geschaut in den Visionen vom himmlischen Jerusalem und vom Paradies (Offb 21,1ff). Die Verheißung des Bundes ist erfüllt: Sie werden sein Volk sein und er wird ihr Gott sein (Offb 21,3). Weltende und neue Schöpfung werden aufgedeckt als eine grandiose Stufenfolge eschatologischer Geschehnisse.

Aber die gegenwärtige Zeit ist noch die Zeit der Völkermission, deren Dauer nicht zu errechnen ist. Jesus sagte: Ich bin nicht gekommen, Frieden zu bringen, sondern das Schwert bzw. die Entzweiung (Mt 10,34; Lk 12,51). Dieses Wort lehnt an Mi 7,6 (4Esr 12f) an: Jesus sieht eine Zeit allgemeiner Entzweiung kommen. Das Evangelium weckt Widerstand, Zwiespalt, Verfolgung (vgl. auch Mt 24,1-44 par). Dieser Situation entspricht auch die Aussicht in die geschichtliche Zukunft, wie sie der Offb zu entnehmen ist: Satan ist auf die Erde geworfen und verfolgt die Gemeinde Christi (Offb 12). Diese ist bedrängt und auch von innerem Abfall bedroht. Trotzdem läßt sich das Evangelium nicht aufhalten, Christus sammelt sein Volk für sein königliches und priesterliches Reich (Offb 5). Der Seher sieht die 144 000 Geretteten aus dem Volk Israel (Offb 7,1-8) und die Unzählbaren aus allen Völkern, die der Versuchung widerstehen und »mit dem Blut des Lammes« rein gemacht werden (Offb 7,9-17). Die unermeßliche Menge der Heiligen läßt an eine sehr lange Missionszeit denken, um so mehr, als die Völker und deren Herrscher das Evangelium überwiegend ablehnen. Die »Welt« ist repräsentiert durch die »große Stadt«, die die Zeugen Christi tötet (Offb 11,7ff; 17). Der gefährlichste Widersacher ist das Tier aus dem Abgrund, d.h. der Antichrist, dem Satan Macht gibt und der die Heiligen besiegt (Offb 13,7). Der Mensch (Menschensohn) kommt von oben (Offb 14,14); was von unten kommt, ist das Tier, der Drache, die satanische Macht (Offb 13,1-18). Das Tier hat sieben Köpfe, d.h. es übt seine Macht nicht nur durch einen einzigen Herrscher aus. Krieg, Gewalt, sündhaftes Tun geht vom Menschen aus, oft in Abhängigkeit von gottwidrigen Mächten. Gottes Allmacht ist nicht einfach Allwirksamkeit. Der Mensch ist frei im Rahmen der ihm schöpfungsgemäß gegebenen Freiheit und Verantwortung. Aber Gottes Allmacht bedeutet, daß alles menschliche Tun letztlich den von Gott gesetzten Zielen dienen muß. Gott kann daher auch Kriege, die Menschenwerk sind, als Werkzeuge seines Gerichts verwenden. Es ist schon »Zorn« Gottes, wenn Gott sich abwendet und Menschen ihren sündhaften Gedanken und Begierden preisgibt (vgl. Röm 1,18ff). Die Offb spricht von Gottes Zorngericht durch Kriege, Feuer, Naturkatastrophen und Krankheiten (die sieben Posaunen: Offb 8,6-9,21; sieben Zornesschalen: Offb 15,5-17,21).

Eine Chronologie der Ereignisse läßt sich kaum herstellen, denn die Offb besteht aus Visionen, die stets Aspekte des Ganzen spiegeln und ihre Aufreihung erfolgt nicht chronologisch, sondern nach der Zahl sieben, der Zahl der Schöpfungstage. Sieben ist symbolische Zahl für eine ganze Zeit, in diesem Fall für die Zeit von der Erhöhung Christi bis zum Ende dieses Äons. Die Predigt des Evangeliums und die immer neu sich ausbreitende Mission ist das Heilsgeschehen eben dieser gegenwärtigen Heilszeit.

VII. THEOLOGIE.

In der Kirche und Theologie des Altertums und bis heute hat sich das heilsgeschichtliche Verständnis der Geschichte durchgesetzt: die Überzeugung, daß Geschichte ein Ziel hat, eine Teleologie auf Heil (und auf Gericht bzw. Untergang der bösen Mächte) und daß die ganze Menschheit in den Zusammenhang dieser Teleologie hineingehört. Grundlegend für die Theologie wurden die Schwerpunkte des sog. Apostolikums; Schöpfung, Christologie, Kirche, Vollendung. – Das christliche Zeitdenken wirkte sich auch im profanen Denken aus (z.B. Jahreszählung von Christi Geburt an). Im säkularen Zeitbewußtsein wurde das zyklische, an der Natur orientierte Geschichtsdenken durch eine teleologische, auf Glück, Frieden und Gerechtigkeit weisende Vision ersetzt (Vico, Turgot, Hegel, Comte, Saint-Simon, Marx, Bloch). Vollständig konnte sich die heilsgeschichtliche Theologie in der Kirche nicht durchsetzen, weil die Kirchenlehre seit der Spätantike in bleibende Abhängigkeit von der griech. Philosophie geriet (Platon, Neuplatonismus, Aristoteles): Gott und Mensch wurden nicht mehr vom Handeln, sondern ontologisch vom »Sein« bzw. »Wesen« her verstanden und das Wandelbare auf unwandelbare Gründe zurückgeführt (ewige Ideen, lex aeterna, ewiger Ratschluß), was sich mit der biblischen Botschaft vom Handeln des lebendigen Gottes in der Geschichte nur noch beschränkt verbinden läßt.

Heilsgeschichtliche Aspekte werden betont von Irenäus (2. Jh.n.Chr.), der die Geschichte unter den drei Perioden des natürlichen Gesetzes, des mosaischen Gesetzes und des Gesetzes Christi einteilt und als ihr Ziel die Wiederherstellung des paradiesischen Urstandes sieht. Für Augustinus (354-430 n.Chr.) ist die Gemeinde Jesu Christi die eschatologische »Bürgerschaft Gottes«, deren ewige Zukunft die himmlische Polis ist. Die Gemeinde lebt aber in der Welt, dem *saeculum*, das verkörpert ist im röm. Weltreich: Eine Welt der Sünde, der Ruhmsucht und der Kriege, die keine andere Zukunft hat als ihren schließlichen Untergang. Ihr Bestes ist noch, wenn sie Recht und Frieden schützt. Gottes Heil, beginnend mit der Verheißung Abrahams, geschieht in Jesus Christus; in ihm ist es Eschatologie, d.h. es führt durch die Auferstehung in das ewige Leben. Das *saeculum* als solches hat keine Hoffnung. – Eine besondere heilsgeschichtliche Theologie entstand im reformierten Protestantismus, die dann auch Impulse an den lutherischen Pietismus weitergab. Für diese Theologie stand der »Bund« Gottes im Mittelpunkt. Sie unterschied den Werkbund (mit Adam beginnend), der Gerechtigkeit durch Werke fordert und der durch die Sünde gebrochen wurde, und den Gnadenbund, der mit Abraham begann und in Christus erfüllt wird: Er bringt das im Glauben geschenkte Heil aus Gnade. Zum Bund gehört auch das Reich Gottes, das Gott in Christus verwirklicht. Es ist schon gegenwärtig in der Geistausgießung und im Aufbau der Gemeinde als Leib Christi, aber zur Vollendung kommt es, Gott verherrlichend, in der himmlischen neuen Schöpfung. Angefangen hat diese Theologie bei Zwingli, Bullinger, auch Calvin, Hyperius, Ursinus, voll ausgebildet wurde sie durch Joh. Coccejus. Spener, J.A. Bengel und F. Chr. Oetinger knüpften an sie an, insbesondere an den Reichsgedanken. Heilsgeschichtliche Aspekte wurden im 19. Jh. betont durch G. Menken, sowie J. Chr. Hofmann, dann durch die Reich-Gottes-Theologie (R. Rothe, J. Chr. Blumhardt u.a.) und heute durch O. Cullmann.

Die heilsgeschichtliche Theologie ist biblische (nicht nur alt- bzw. neutestamentliche Theologie), weil sie gerade die verschiedenen »Zeiten«, von der Urgeschichte bis zur Vollendung, als einen Gesamtzusammenhang sieht. Sie kann das, weil sie von der prophetischen Sicht der Geschichte, die von Gottes Handeln zeugt, ausgeht. Historie ist nur Medium dieses Zeugnisses, oft nur zeichenhaft, exemplarisch, in visionären Bildern gebraucht. Heilsgeschichte könnte wieder Grundlage einer biblischen Theologie sein, die das vielgestaltige Zeugnis der Bibel als *eine* Botschaft versteht.

Literatur: C.A. Auberlen: Der Profet Daniel und die Offenbarung des Johannes, [3]1874, ND 1986; H. Bietenhard: Das tausendjährige Reich, 1955; F.F. Bruce: Zwei Testamente - eine Offenbarung, 1972; O. Cullmann: Heil als Geschichte, [2]1967; ders.: Christus und die Zeit, [2]1962; F. Flückiger: Theologie der Geschichte, 1970; L. Goppelt: Theologie des Neuen Testaments, [3]1980; W. Kamlah: Christentum und Geschichtlichkeit, 1951; K. Löwith: Weltgeschichte und Heilsgeschichte, 1953; E. Sauer: Der Triumph des Gekreuzigten, [8]1962; H. Schumacher: Das tausendjährige Königreich Christi auf Erden, 1964; H. Stadelmann (Hrsg.): Epochen der Heilsgeschichte, 1984; K.G. Steck: Die Idee der Heilsgeschichte: Hofmann-Schlatter-Cullmann, 1959. F.F.

HEILSGEWISSHEIT s. Erkennen

HEIMLICHKEIT, HEIMLICH. Heimlich und verborgen handelt, wer das Licht scheut, weil er seine böse Absicht (Mt 2,7) oder sein schändliches Tun (Eph 5,12; 2Kor 4,2) verbergen will oder sich vor anderen fürchtet (Joh 19,38). H. ist das Merkmal des Wandels in der Finsternis und das Geständnis, daß man sich seines Unrechts bewußt ist (Joh 3,20.21). Nach der Schrift sind heimlich zu halten nur die Geheimnisse des Mitmenschen (Spr 25,9), das Almosen (Mt 6,1-4) und das persönliche Gespräch mit Gott im Gebet (Mt 6,5.6). Bei den beiden letzten ist das Vergelten durch Offenbarmachen Gottes Sache (Mt 6,4). Zu Gottes H. (Mt 13,35) und heimlicher Weisheit (1Kor 2,7) s. *Geheimnis.

HEIMSUCHEN.

1. In der Bibel begegnet – bis auf Spr 19,23 – H. als ein Handeln Gottes. Gott sucht heim; d.h. er besucht die Menschen, er stellt mit ihnen Verbindungen her, er kümmert sich um sie. Dieses H. hat immer das Heil des Heimgesuchten zum Ziel, auch oder gerade wenn es ein richtendes und strafendes H. ist. So unterscheiden wir zweierlei Arten des göttlichen H.s: ein gnädiges und ein richtendes. Beide aber gehören untrennbar zusammen. Ein Mensch ohne Heimsuchung Gottes wäre in der Tat ein von Gott Verlassener.

2. Gnädiges Heimsuchen. Wenn die Stunde Gottes herbeigekommen ist, seine Verheißungen zu erfüllen, dann sucht er die auf ihn wartenden Menschen heim: Abrahams Frau *Sara (1Mo 21,1), *Hanna, die Mutter Samuels (1Sam 2,21), Israel in Ägypten (1Mo 50,24; vgl. 2Mo 3,16). So erlebt Israel in den Tagen Jesu die Zeit seiner gnädigen Heimsuchung (Lk 1,68; 7,16 LÜ jeweils: »besucht«). Es gereicht Israel zum Verderben, daß es diese Zeit nicht erkannte (Lk 19, 44). Schon die Psalmisten beteten, Gott möge sein Volk h., um es zu erhalten (vgl. Ps 89,33). Aber auch die Heiden sucht Gott heim, indem er durch die Predigt des Evangeliums sich aus ihnen ein Volk zubereitet, das ihm dient (Apg 15,14). Nicht zuletzt in den geistlichen und leiblichen Wohltaten, die er ihnen erweist (Ps 65,10), erfahren die Menschen Gottes H.

3. Richtendes Heimsuchen. Schon das AT bezeugt Gottes Langmut und Erbarmen, aber er sucht auch die Sünde heim: »der die Missetat der Väter heimsucht bis ins dritte und vierte Glied an den Kindern derer, die mich hassen« (2Mo 20,5; 4Mo 14,18). Die Übertreter wird Gott mit Schrecken, Krankheit, Krieg und Flucht h. (3Mo 26,16). Zahlreich sind im AT die Worte, die von solchem strafenden H. Gottes reden (vgl. Hiob 7,18; Ps 59,6; Jes 13,11; 24,21; Jer 6,6). Auch für dieses H. hat Gott seine bestimmten Zeiten (2Mo 32,34; Jer 46,21). Propheten sprechen von einem »Tag« (Jes 10,3) und einem »Jahr« der Heimsuchung (Jer 23,12). S.a. *Gericht.

HEIRAT s. Ehe

HELAM. Eine Stadt in Baschan, etwa 60 km östl. des Jordanabflusses aus dem See Genezareth, vermutlich das heutige Alma; der Ort, an dem David die syr. Streitkräfte unter *Hadad-Eser, verstärkt durch syr. Truppen von

Tonfigur eines Gefangenen, die mit Fluchformeln beschrieben wurde in der Absicht, dadurch die magische Vernichtung der im Text genannten Herrscher, Städte (darunter vielleicht auch Helam) und Länder zu bewirken; Ägypten. Ca. 1800 v.Chr. (ACL)

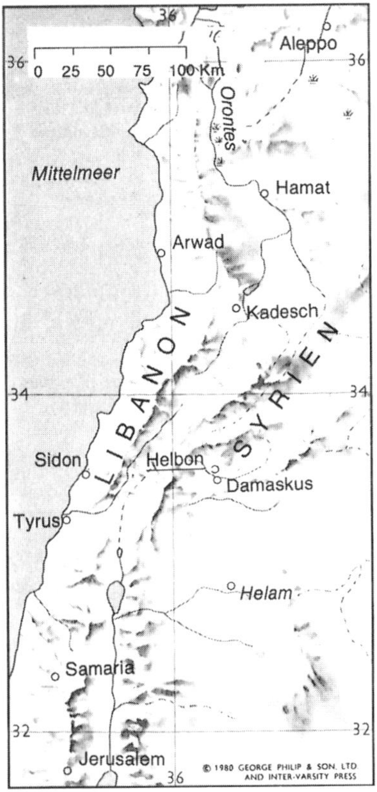

Die angenommene Ortslage von Helam und Helbon.

jenseits des Euphrats, besiegte (2Sam 10,16ff), nachdem zuvor Davids Hauptmann Joab eine ammonitisch-syr. Allianz geschlagen hatte. Die Erwähnung der griech. Form Eliam als Teil eines Ortsnamens in Hes 47,16 in der LXX ließ eine Ortslage an der Grenze zwischen Damaskus und Hamat vermuten, daneben gab es auch den Versuch, H. mit Alema (1Makk 5,26) in Zusammenhang zu bringen. R.A.H.G.

HELBON. (Hebr. *chelbōn* »fetter, fruchtbarer Ort«). Nach Hes 27,18 ein Ort, der Wein nach *Tyrus ausführte (A. R. Millard, JSS 7, 1962, 201-203). Auch antike Autoren (Poseidonius, FHG III 276; Strabo XV, 735; Athenäus I, 28) rühmen Wein und Honig aus H., das wahrscheinlich mit dem arab. Dorf Khalbun 25 km nördl. von *Damaskus, in einem Tal des Anti-*Libanon, zu identifizieren ist. Hier finden sich eine ansehnliche Felsnekropole und Spuren aus griech.-röm. Zeit. Der Schreiber des Genesis-Apokryphon aus *Qumran hat das *Hoba von 1Mo 14,15 durch H. ersetzt (1QGenAp 22,10).

Literatur: F.M. Abel – A. Barrois, RB 42, (1933) 255-262. R.R.

HELDAI. (Vgl. hebr. *cheled,* »Lebensdauer«; arab. *halada, chuldun*).

1. Nach 1Chr 27,15 war H. einer von Davids

streitbaren Helden, der im 12. Monat zum Führer einer Heeresabteilung von 24 000 Soldaten ernannt wurde. Er war Netofatiter; ein Nachfahre Judas aus dem Geschlecht Otniels (vgl. Ri 1,12-15). Der »Heled« in 1Chr 11,30 ist zweifellos dieselbe Person. Er wird ein freier Mann genannt (hebr. *gibbōr chajil,* V. 26), einer der Heerführer. Der in 2Sam 23,29 erwähnte »Heled« könnte identisch mit der o.g. Person sein.

2. Zusammen mit Tobija und Jedaja erwähnt Sach 6,10 einen Heldai; ihnen wurde – als sie aus dem Exil zurückkehrten – Gold und Silber genommen, um davon eine Krone für Jeschua, den Hohenpriester, zu machen.

HELEZ. Das hebr. Wort *chelez* könnte »Lenden«, vielleicht auch »Stärke« bedeuten.

1. Einer von Davids Helden. Der in 2Sam 23,26 erwähnte H. ist vermutlich derselbe wie der in 1Chr 11,27 und 27,10 genannte. 1Chr. 27,10 bezeichnet H. als einen von den »Söhnen Ephraims«. Es ist möglich, daß er – als Nachkomme Ephraims – als Peletiter angesehen wurde, als einer, der – ohne jegliche Verbindung zu Juda – in Bet-Pelet lebte.

2. Sohn Asarjas aus dem Stamm Juda (1Chr 2,39). F.C.F.

HELKAT. (Hebr. *chelqat,* »Feldstück«). Grenzort im S des Stammes *Asser (Jos 19,25) und Levitenstadt (Jos 21,31), die auch mit dem *Hukkok von 1Chr 6,60 gemeint ist. Früher suchte man H. in dem arab. Dorf Jerkāh, dem Arkē des Josephus (ant.Jud. V. 85; VIII, 37), 14 km nordöstl. von *Akko. A. Alt (PJB 25,1929, 38f) identifizierte dann H. mit Tel El-Harbadsch, 10 km südöstl. von Haifa, am Unterlauf des *Kischon. Doch suchen andere hier *Haroschet der Heiden. Auch Tell-El-Qassīs, ca. 8 km weiter südl. am Kischon, wurde vor-

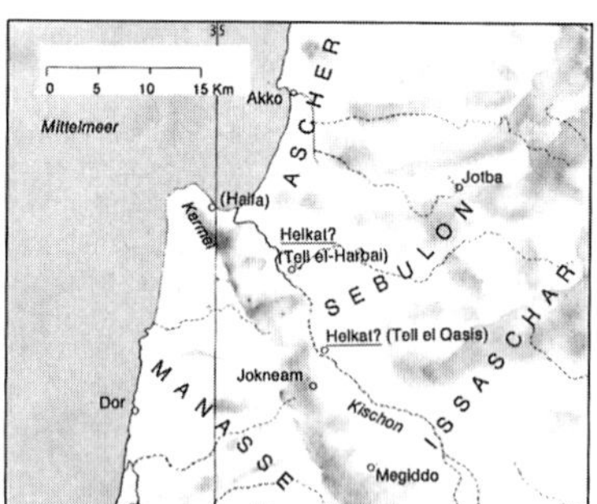

Mögliche Ortslage von Helkat.

geschlagen (Y. Aharoni, IEJ 9, 1959, 119f). Wahrscheinlich ist H. als *hrkt* in einer Ortsliste des Pharao Thutmosis III. (um 1460 v.Chr.) genannt, und das paßt besser zu einer südl. Lokalisierung.

Literatur: F.M. Abel: Géographie de la Palestine II, [3]1967, 347. R.R.

HELLENISTEN.

I. VORKOMMEN UND WORTBEDEUTUNG.

Von »Hellenisten« (griech. *hellēnistai,* LÜ: »Griechen«) ist erstmals in Apg 6,1 und Apg 9,29 die Rede (Apg 11,20 ist *hellēnas,* »Griechen«, die ursprüngliche Lesart). Die Bezeichnung lehnt sich an die politisch-kulturell-religiöse Bewegung des »Hellenismus« an, einen großangelegten Versuch, von der Zeit Alexanders des Großen und seiner Nachfolger an, östl. und westl.-griech. Kultur zu vereinigen, wobei die griech. Sprache ein wichtiges Band darstellte.

In der jüngeren Vergangenheit hat man die H. der Apostelgeschichte auf verschiedene Weise zu identifizieren versucht (als Proselyten: Schille 1967; als Qumran Nahestehende: Cullmann 1953; als Heidenchristen: Wetter 1922; als Samaritaner: Spiro-Mann 1967 u.a.). Seit einiger Zeit hat sich die älteste Meinung als wohl immer noch gültig erwiesen: Die H. waren Diasporajuden, die Griech. als Muttersprache erlernt hatten (vgl. * Diaspora).

II. DIE HELLENISTEN DER APOSTELGESCHICHTE.

In Apg 6 begegnen uns »Hellenisten« und »Hebräer« im Rahmen der Jerusalemer Urgemeinde. Waren die H. aus verschiedenen, vor allen aber rel. Gründen aus ihrer Heimat in die heilige Stadt gezogen und hatten sich dort mit Leuten gleicher Herkunft zusammengeschlossen, so waren die »Hebräer« von Geburt aramäischsprachige Juden aus Palästina. Die Sprachbarriere ist nicht zu unterschätzen, wirkte sie sich doch auch im gemeinsamen Gottesdienst sehr hindernd aus. Im sozialen Bereich der Urgemeinde kam es zu Versorgungsengpässen, wobei vielleicht jede Seite der anderen bösen Willen vorwarf. Zur Lösung des Konfliktes erhielten führende Männer der H. eine Aufgabe an der Gesamtgemeinde (die sieben »Armenpfleger« von Apg 6,5, deren Namen die Herkunft aus der Diaspora bestätigen). Da die H. durch ihre Herkunft in Theologie und Leben anders geprägt waren (geringere Einschätzung des Tempelkults, missionarischer Eifer auch für Heiden), kam es zwischen *Stephanus und radikal frommen jüd. H. zu einer Auseinandersetzung, die zu seiner Verhaftung, zum Prozeß und zur Hinrichtung (Lynchjustiz?) führte (Apg 6,8-7,60). Die Verteidigungsrede des Stephanus enthält Hinweise auf das Denken der H. Auffällig ist ihr Drang zur Heidenmission (*Philippus), ihre heilsgeschichtliche Denkweise, die Betonung des Geisteswirkens, die Zurückhaltung gegenüber Tempelkult und Gesetz, eine altertümliche Christologie und die Hochschätzung der Taufe. Damit waren Problempunkte im Verhältnis auch zum hebr. Gemeindeteil gegeben, der allerdings mit wachsender Missionstätigkeit der H. und vor allem des *Paulus sowie mit der Radikalisierung des Judentums bis hin zum jüd. Krieg 66-70 n.Chr. an Einfluß verlor. Deutlich sind die Verbindungslinien von den H. zu *Paulus, der selbst aus der Diaspora kam und durch Gottes Eingreifen vom Verfolger zum Nachfolger Christi wurde.

Literatur: H. Windisch: ThWNT II, 1935, S. 501ff; M. Hengel: Zwischen Jesus und Paulus, ZThK 72/1975, S. 151-206; H.-W. Neudorfer: Der Stephanuskreis, 1983 (Literatur!). H.W.N.

HELM s. Waffen u. Geräte

HEMAN. (»Treu«).

1. Einer der Weisen, den Salomo an Weisheit übertraf, nach 1Kön 5,11 ein Sohn Mahols; 1Chr 2,6 nennt ihn einen Sohn Serachs aus dem Geschlecht Judas.

2. Ein Kehatiter, Levit, Sohn Joels, einer der von David für das Haus des Herrn bestellten Sänger (1Chr 6,33; 15,17.19; 16,41; 25,1.4-6; 2Chr 5,12; 35,15).

3. Esrachiter, der in der Überschrift von Ps 88 genannt wird. Er könnte identisch sein mit dem unter 1. genannten. J.G.G.N.

HEMD s. Kleidung

HENA. Eine Stadt, die von ihrem Gott vor dem Ansturm der Assyrer nicht gerettet werden konnte – nach den Worten des Rabschake, des Abgesandten *Sanheribs (2Kön 18,34). In der LXX wird sie als Ana am Euphrat identifiziert. Es wurde versucht, Hena und Iwa als arab. Sternnamen und folglich als Namen von Gottheiten zu deuten. Bei Iwa handelt es sich jedoch mit ziemlicher Sicherheit um einen Ort, der mit Awa (2Kön 17,24.31) identisch ist (vgl. Karte S. 558). M.A.M.

HENNE s. Tiere

HENOCH.

1. Ein Sohn Kains (1Mo 4,17), nach dem eine Stadt benannt wurde.

2. Sohn Jereds und Vater Metuschelachs (1Mo 5,18.21). H. war ein Mann, der ein geheiligtes Leben führte und sich einer engen Gemeinschaft mit Gott erfreute (1Mo 5,22.24: »wandelte mit Gott«, vgl. 1Mo 6,9; Mi 6,8; Mal 2,6). Wie Elia (2Kön 2,11) wurde auch H. in das Reich Gottes entrückt (1Mo 5,24).

Ps 49,15f und 73,24 lassen an die Geschichte H.s denken. Das Beispiel von H.s Himmelfahrt spielt eine Rolle bei der Entstehung der

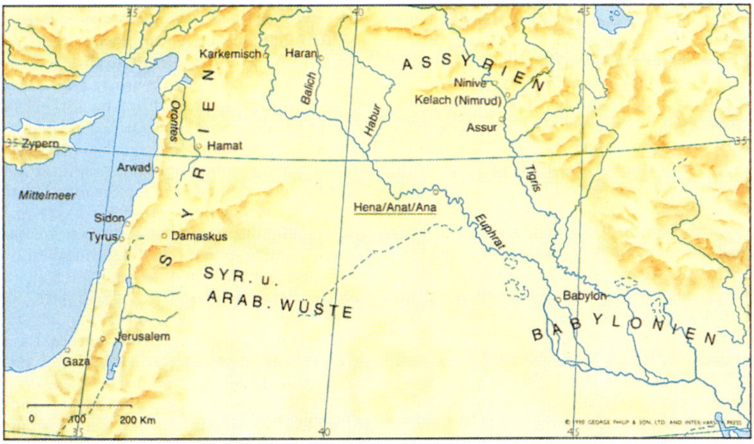

Hena (Ana) am Euphrat.

Hoffnung der Juden auf ein Leben mit Gott nach dem Tod. (Im apokryphen Buch Weish 4,10-14 wird H. ebenfalls als das herausragende Beispiel der Hoffnung eines Gerechten auf das ewige Leben beschrieben).

Hebr 11,5f führt die Himmelfahrt H.s auf seinen Glauben zurück; der Ausdruck »daß er Gott gefallen habe« ist die LXX-Übersetzung, die sonst lautet: »wandelte mit Gott« (1Mo 5,24). Jud 14f zitiert eine Prophezeiung, die in äthHen 1,9 H. selbst zugeschrieben wird.

In der zwischentestamentlichen Periode war H. eine bedeutende Gestalt (vgl. Sir 44,16; 49,16; Jub 4,14-26; 10,17 und äthHen). Wahrscheinlich wurde die Geschichte von H. in der babylon. Diaspora ausgeschmückt als Gegenstück zu jener von den weisen Männern aus vorsintflutlicher Zeit, die in der mesopotamischen Mythologie vorkommt. So wurde H. zum Begründer der Schreibkunst gemacht und als der erste weise Mann angesehen, der himmlische Offenbarungen über die Geheimnisse des Universums empfangen und diese späteren Generationen schriftlich weitergegeben haben soll. In der früheren Überlieferung werden seine wissenschaftlichen Kenntnisse hervorgehoben, die er sich auf Reisen durch den Himmel mit engelgleichen Führern erworben hat; dazu kommen astronomische, kosmographische und meteorologische Lehren sowie der in Qumran verwendete Sonnenkalender. H. soll auch Gottes Prophet gegen die gefallenen Engel gewesen sein. In einer späteren Überlieferung (2.Jh.v.Chr.) werden seine ethischen Lehren und besonders seine apokalyptischen Offenbarungen über den Verlauf der Weltgeschichte bis zum Tag des Gerichts betont. In den Gleichnissen (äthHen 37-71) wird er mit dem messianischen Sohn der Menschheit (71,14-17) identifiziert. Einige spätere jüd. Überlieferungen sahen in ihm die beinahe göttliche Figur Metatron (TPsJ, 1Mo 5,24; hebrHen). Frühe christl. apokalyptische Schriften erwarten häufig seine Rückkehr - zusammen mit *Elia – auf die Erde vor deren Ende. Das 1. Henochbuch (äthHen) zählt zu den wichtigsten zwischentestamentlichen Werken. Der vollständige Text existiert nur in äthiopisch; aber Abschnitte davon sind in griech. Sprache vorhanden, und wichtige Fragmente des aram. Originals sind nun aus den Funden von Qumran verfügbar. ÄthHen besteht aus fünf Büchern: Einleitung (1-5), angelologisches Buch (6-36), messiologisches Buch (37-71), astronomisches Buch (72-82), Geschichtsbuch (83-90), paränetisches Buch (91-105), Schluß (106-108). Die Handschriften von Qumran (vgl. *Schriftenfunde vom Toten Meer) enthalten Fragmente aller dieser Bücher außer den Gleichnissen, die nun allg. auf nicht früher als 1.Jh.n.Chr. datiert werden. In Qumran fanden sich auch Fragmente eines bislang kaum bekannten Buches der Riesen, das vermutlich das ursprünglich fünfte Buch des Henoch-Pentateuchs war und später durch die Gleichnisse (messiologisches Buch) ersetzt wurde.

Die Handschriften von Qumran tragen wesentlich zur Bestimmung der Entstehungszeit dieser Werke bei. Die ältesten Abschnitte sind das astronomische Buch (72-82) und die Kap. 6-19: Diese wurden nicht später als im 2.Jh.v.Chr., vielleicht bereits im 5.Jh.v.Chr., geschrieben. Das angelologische Buch (6-36; bes. 6-19) kann nicht später als Mitte des 1.Jh. v.Chr. geschrieben worden sein und stammt vermutlich aus der Mitte des 3.Jh.v.Chr. Das Geschichtsbuch stammt aus dem Jahr 165 oder 164 v.Chr. Das paränetische Buch (91-105) und das Buch der Riesen (ersetzt durch das messiologische Buch, 37-71) könnten Ende des 2.Jh.v.Chr. entstanden sein.

Weitere Werke unter dem Namen H. kommen aus dem christl. Zeitalter. Die Gleichnisse (äthHen 37-71), die deswegen von hohem Interesse sind, weil sie womöglich den Hintergrund für den Begriff des »Menschensohnes« in den Evangelien deutlich machen, scheinen ein jüd. Werk zu sein, auch wenn manche für einen christl. Ursprung plädieren. Das 3. Henochbuch (hebrHen) ist ein jüd. Werk, dessen Entstehungszeit umstritten ist. Das 2. Henochbuch (slavHen) ist ein spätes christl. Werk, das möglicherweise jüd. Material beinhaltet.

Literatur: P. Sacci: TRE XV, 1986, S. 42-54 (Literatur). R.J.B.

HERBERGE. Übernachtungsstätte für Reisende, die aber durch die orientalische Gastfreundschaft häufig entbehrlich war (2Mo 2,20; Ri 19,15-21; 2Kön 4,8; Apg 28,7; Hebr 13,2). Die öffentliche H. (vgl. Jer 41,17) war eine Art Schutzraum für Mensch und Tier. Ähnlich einer modernen Karawanserei bestand sie aus einem großen quadratischen Raum mit einem Brunnen in der Mitte und Räumen für die Reisenden, Kammern für das Gepäck und Ställen für das Vieh ringsherum. Die Gasträume waren ohne jegliches Mobiliar. Der Reisende breitete seinen Teppich auf dem Fußboden aus; sonst diente sein Mantel als Lager und Decke zugleich. Manchmal war ein Aufseher dort, der Nahrungsmittel verkaufte (Lk 10,34.35).

In Lk 2,7 bezeichnet das griech. Wort ganz allgemein die Unterkunft, d.h. hier vermutlich das Haus der Verwandten Josefs. Vgl. *Gastfreundschaft.

HERD. Feuerstätte des Hauses (Jes 30,14; 30,33 LÜ: Feuergrube). Es handelt sich dabei um eine runde Vertiefung im Boden, in einer Ecke des Hauses. Das Loch bzw. die Grube war meist von einer Steinreihe umgeben, auf die man den Kochtopf stellen konnte. Gebraten wurde über dem offenen Feuer. Der H. spielt für das israelit. Leben bei weitem nicht die Rolle wie für das europäische. Hes 43,15 (LÜ: Opferherd) meint wohl den Altar in Jerusalem, auf dem ständig das Opferfeuer brannte. Jes 31,9 ist mehr an das verzehrende Feuer des göttlichen Zornes gedacht.

HERDE s. Viehzucht

HERES. (»Sonne«).

1. Für »Gebirge Heres« (Ri 1,35) ist besser Har Heres, »Sonnenberg«, zu lesen. Diese Stadt ist vermutlich mit Ir-Schemesch (Jos 19,41), auch *Bet-Schemesch (Jos 15,10) genannt, identisch. Vielleicht haben wir H. aber auch im heutigen Hirsa, 2,5 km südöstl. von Jalo (*Ajalon) zu suchen.

2. Anhöhe oder Paß, über die/den *Gideon nach seinem Sieg über die *Midianiter zurückkehrte (Ri 8,13).

HERMAS. Mitglied einer Gruppe von Christen, die z.T. namentlich in Röm 16,14 gegrüßt werden. Diese Gruppe bildete wahrscheinlich eine Hausgemeinde.

Der Name H. ist eine damals weit verbreitete verkürzte Namensform. Origenes nimmt an, daß der hier gegrüßte H. der Verfasser des »Hirt des Hermas« sei (s. *Apostolische Väter), wofür er aber keine Belege anführen kann. A.F.W.

HERMENEUTIK. In der H. geht es um das Verstehen und Auslegen eines sprachlichen Textes. Das griech. Wort *hermeneuein* meint: »aussagen, deuten, auslegen, erklären«, auch »übersetzen«; bei Platon kommt H. im Sinne von »Auslegungskunst« vor. Als Methodenlehre gibt es H. aber erst seit der Neuzeit und zwar zunächst auf die Auslegung der Bibel bezogen (M. Flacius Illyricus, J.K. Dannhauer), dann auch als allgemeine Verstehenslehre (J. Clauberg, J.M. Chladenius). Die hermeneutischen Arbeiten und Entwürfe von Fr. Schleiermacher und W. Dilthey beeinflussten stark die philosophische H. im 20.Jh. (M. Heidegger, H.-G. Gadamer); von dorther empfing wiederum die »hermeneutische Theologie« (R. Bultmann, E. Fuchs, G. Ebeling u.a.) wesentliche Impulse, der es (unter den Stichworten »Entmythologisierung«, »existentiale Interpretation«) um eine zeitgemäße Interpretation der bibl. Schriften zu tun war. Um die Frage nach einer der Bibel angemessenen H. wurden und werden (besonders wieder im 19. und 20.Jh.) z.T. heftige Kontroversen geführt; das unterstreicht die zentrale Bedeutung dieser Frage.

I. BIBLISCHE GRUNDLAGEN.
Das Judentum der Zeit zwischen den beiden Testamenten besaß bereits eine ausgeführte Auslegungstechnik für die (atl.) Schrift. Mit dem Auftreten Jesu jedoch begann ein ganz neuer Kampf um die rechte Schriftauslegung. Denn schon Jesus selber bezog atl. Worte auf sich und sein Kommen (z.B. Lk 4,18-21; Mt 11,4-6) und überbot mit unerhörter Autorität atl. Gesetzesweisungen (Mt 5,21-48). Besonders das Kreuzesgeschehen wurde als Erfüllung atl. Weissagung (vor allem Jes 53) begriffen und bereits von Jesus so gelehrt (Mk 10,45; Lk 24,25-27). Daraus ergab sich die christologische Auslegung des AT, die im NT durchweg geübt wird. Sie ordnet das Kommen Jesu Christi in einen heilsgeschichtlichen Kontext ein, der die gesamte bisherige Gottesgeschichte mitumfaßt, und vermag damit die tiefere Einheit des atl. und ntl. Gotteszeugnisses zu bewahren und zu bewähren: das Christusgeschehen als die eschatologische Heilsoffenbarung des Gottes Israels bestätigt die göttliche Erwählung dieses Volkes und qualifiziert die im AT bezeugte Geschichte und das atl. Wort als Geschichte und Wort auf Christus hin. Von daher ist die atl. Schrift in ihrer Beziehung zu Jesus Christus zu sehen (»sie ist's, die von mir zeugt«, Joh 5,39), aber auch umgekehrt das Geschehen und das Wort des NT von seiner Vorgeschichte und seinem Hintergrund im Alten Bund her zu verstehen und auszulegen.

Um die rechte Lehre und Auslegung angesichts von Irrlehrern geht es an den beiden Hauptstellen, an denen das NT ausdrücklich von der Inspiration der Schrift spricht. Paulus ermutigt *Timotheus zum unbeirrten Festhalten an der apostolischen Überlieferung (2Tim 1,13f) und unter der Weisung dessen, was er bei Paulus empfangen hat, zur Beharrlichkeit in der Lehre und der Auslegung der Schrift, »die dir Weisheit geben kann zur Rettung durch den Glauben an Jesus Christus« und »die, als von Gottes Geist durchweht [*theopneustos*], nütze ist zur Lehre, zur Zurechtweisung, zur Besserung, zur Erziehung in der Gerechtigkeit« (3,15f). Zu solcher Glauben erweckenden und bewahrenden Lehre und Auslegung ist Timotheus ausdrücklich von Paulus unter *Handauflegung beauftragt und ermächtigt worden (1Tim 4,13f). Schriftauslegung ist also kein jedermann freigegebenes, beliebiges Geschäft. Gerade weil bereits in den Propheten des Alten Bundes »der Geist Christi« war und ihnen schon die kommenden Leiden und die Herrlichkeit Christi bezeugt hat (1Petr 1,11), weil daher »nie eine Prophetie aus menschlichem Willen hervorgebracht worden ist, sondern, vom heiligen Geist getrieben, Menschen im Auftrag Gottes geredet haben«, darum kann und darf das prophetische Wort der Schrift niemals »Sache eigenmächtiger Auslegung« sein (2Petr 1,20f), sondern es wird in der Gemeinde ausgelegt kraft desselben Geistes Christi und unter der leitenden und bewahrenden Autorität des apostolischen Amtes (1,16-18; 3,15f). Im Grunde wird hier bereits die Autorität der (atl.) Schrift auf das Wort des Petrus und in 3,15f auf die Paulusbriefe ausgedehnt, ein Anspruch, der dann noch viel stärker in Offb 22,19 erhoben wird. Das bedeutet für die Schriftauslegung: Weil das Menschenwort der Bibel Wort in der Kraft des heiligen Geistes ist, bleibt seine Auslegung gebunden an die Gemeinde, die im Hören auf den Geist Christi in ihren Ordnungen lebt und sein Wort verkündigt und lehrt.

II. ASPEKTE AUS DER AUSLEGUNGS-GESCHICHTE.

Die alte Kirche stand in ihrer Schriftauslegung vor einer doppelten Front: sie hatte die Einheit von Altem und Neuem Bund gegenüber dem Judentum und der Irrlehre der Gnosis zu vertreten. Vor dem Rabbinat behauptete sie die Einheit des Heilshandelns Gottes mit Hilfe ihrer christologischen Auslegung des AT, gegenüber der marcionitischen Häresie (z.B.) hielt sie am AT fest mit ihrem Bekenntnis zur Einheit von Schöpfer und Erlöser, wie es sich schon in den frühesten Glaubensbekenntnissen findet. In diesen Auseinandersetzungen bildete sich eine Lehre vom doppelten Schriftsinn heraus: die Bibel ist sowohl buchstäblich zu verstehen nach ihrem Wortsinn (sensus litteralis bzw. historicus) als auch übertragen nach ihrem geistlichen Sinn (sensus spiritualis bzw. mysticus). Der geistliche Sinn wurde entfaltet in einer typologischen und allegorischen Auslegung, wobei sich im NT die typologische Auslegung von atl. Ereignissen und Sachverhalten häufig findet (z.B. 1Kor 10,1-13), während die allegorische von atl. Worten die Ausnahme bleibt (z.B. Gal 4,24ff). Doch wurde in den folgenden Jahrhunderten (bis zur Reformation) gerade die Allegorese zur beliebtesten Methode. Sie bot die Möglichkeit zu allerlei – oft sehr wilden – Spekulationen darüber, was diese oder jene Bibelstelle (etwa die für griech. Empfinden sehr anstößigen anthropomorphen Gottesaussagen des AT) »in Wahrheit« sagen und bedeuten. Doch ebenfalls schon sehr früh trat neben die Vorliebe für die geistliche bzw. allegorische Auslegung der Schrift (z.B. bei Origenes und der »alexandrinischen Schule«) die Betonung der buchstäblichen Auslegung in historisch-philologischer Genauigkeit (so in der »antiochenischen Schule« im 4. Jh.). In Variationen zieht sich dieser Gegensatz durch die gesamte Schriftauslegung des Mittelalters. Es ist noch erwähnenswert, daß die »geistliche« Auslegung Hand in Hand ging mit einer ganz bestimmten, ursprünglich heidnischen Inspirationsvorstellung, wonach das biblische Wort auf prophetisch-ekstatische Weise vom Heiligen Geist eingegeben wurde und so ein fehlerlos-vollkommenes göttliches Buch entstand. Dieses Verständnis, unter dem Eindruck der montanistischen Schwärmerei zunächst etwas zurückgenommen, wurde von Augustin wieder aufgegriffen und erneuert: die Evangelisten etwa hätten nur geschrieben, »was sie von dem diktierenden (!) Haupt [d.i. Christus] erfuhren«. Ihre Worte sind daher stets auch Zeichen für tiefere göttliche Wahrheiten und deshalb geistlich-übertragen auszulegen.

Die H. des Mittelalters wurde beherrscht von der Lehre vom vierfachen Schriftsinn, wie sie zuerst Johannes Cassian (gest. 435) ausformulierte. Über dem buchstäblichen, historischen Sinn (*littera* oder *historia*) erheben sich, analog zu Glaube, Liebe und Hoffnung und Vergangenheit, Gegenwart und Zukunft umfassend, die drei geistlichen Sinne, nämlich *allegoria* (Heilsgeheimnis), *tropologia* (Ethik) und *anagoge* (Zukunftsverheißung). So eröffnete solche vierfache Schriftauslegung eine universale Weltsicht, die, wie es mittelalterlichem Denken entsprach, schlechthin alles im Himmel und auf Erden einbezog. Wichtigste Hilfe und Autorität der Auslegung waren die altkirchl. Väter und zunehmend auch die antiken Philosophen, allen voran Aristoteles, dessen Logik im 13.Jh. besonders in die scholastische Bibelauslegung eindrang. Nur einige wenige protestierten gegen solche »Überfremdung« der traditionellen kirchl. H. durch die Philosophie. Und hier schon wurzelt die Spannung, die in den folgenden Jahrhunderten die hermeneutische Debatte bestimmte, zwischen einer stärker kirchlich-dogmatisch ausgerichteten und einer stärker an profan-wissenschaftlichen Methoden orientierten Schriftauslegung! Zur Alternative und schließlich zum Gegensatz wurde beides in der Zeit der Aufklärung, vorbereitet von der humanistischen H., besonders der des Erasmus von Rotterdam.

Eine eindrucksvolle Einheit weist dagegen die Schriftlehre und H. M. Luthers auf. Für ihn ist die Schrift vor allem »Wort Gottes«, was ganz wörtlich zu nehmen ist: hier redet Gott selbst! Darum kann Luther nicht mehr trennen in Buchstabe und Geist, Litteral- und Spiritualsinn, sondern der einfache Buchstabensinn ist der geistliche Sinn, eben weil Gottes Geist sich an den äußeren Buchstaben und den Wortlaut der Schrift in seiner ganzen Menschlichkeit und Niedrigkeit gebunden hat (»der heilige Geist ist der allereinfältigste Schreiber und Redner«); und hier geschieht es immer wieder, daß der lebendige Gott, im Gesetz tödlich aufdeckend und richtend und im Evangelium gnädig Vergebung und Leben schenkend, zu uns spricht. Von daher hat die Schrift eine einzigartige Autorität auch gegenüber aller kirchlichen Tradition (»das Wort Gottes ist in unvergleichlicher Weise über der Kirche«). Sie ist »in sich selbst und von sich aus völlig gewiß, sehr leicht verständlich, gänzlich unverhüllt, Interpret ihrer selbst, alles und jedes prüfend, beurteilend und erhellend«. Und darum gilt es, ans Schriftstudium alle Kraft und »unsern Schweiß zu setzen«, weil nur solche Mühe »uns des Geistes der Schrift gewiß macht«, »durch den sie allein verstanden werden kann« und »der nirgends lebendiger und gegenwärtiger gefunden werden kann als in seiner Schrift, die er geschrieben hat«. Im Hören auf den Wortlaut der Schrift bekommen wir es mit dem Heiligen Geist zu tun, der allein das Schriftverständnis aufschließt und ihre rechte Auslegung ermöglicht.

Die (lutherische) Orthodoxie sah in der Schrift vor allem die offenbarte »Lehre von Gottes Wesen und Willen« (J. Gerhard), die vom Heiligen Geist den biblischen Autoren »in den Griffel diktiert worden ist« (D. Hollaz). Mit dieser Verbalinspirationslehre nahm sie die altkirchlichen und besonders augustinischen Vorstellungen wieder auf und perfektionierte sie: Die ganze Schrift (alle Sachverhalte, Worte und Buchstaben bis hin zur hebr. Vokalisation) ist vom Heiligen Geist »auf übernatürliche und außergewöhnliche Weise« den Propheten, Evangelisten und Aposteln eingegeben worden, weshalb sie in jeder Hinsicht völlig irrtumslos ist (A. Calov). Die Menschlichkeit und Geschichtlichkeit der Schrift tritt damit zurück zugunsten eines metaphysisch-rationalistischen Offenbarungsmodells.

Während die Orthodoxie die Schrift einseitig dogmatisch auslegte, verstärkte im Gegenzug die beginnende Aufklärung deren historische Erklärung (z.B. H. Grotius), wandte sich mit bibelkritischen Beobachtungen gegen die Verbalinspirationslehre, schließlich überhaupt gegen den biblischen Offenbarungsanspruch (besonders im englischen Deismus) und führte die Vernunft mit ihrer »natürlichen« Sittlichkeit als oberste Auslegungsinstanz ein (B. Spinoza). Die bibl. Offenbarung wurde relativiert als nur vorläufiges »Vehikel« zur Beförderung der allgemeinen, sittlichen Vernunftwahrheit (Lessing, Kant). In alledem verband sich historische Bibelkritik mit einem von außen an die Schrift herangetragenen Auslegungskriterium – eine Synthese, die für die H. des Neuprotestantismus wegweisend wurde. So unterschied J.S. Semler ein überzeitlich-unveränderliches »Wort Gottes«, nämlich die moralische »Lehre Christi«, die »außer und über aller Kritik steht«, von der geschichtlich gewordenen äußeren Gestalt der Schrift, die Gegenwart historisch-kritischer Untersuchung ist und das Wort Gottes nur »enthält«. Damit brauchte es zur Auslegung einen »Kanon im Kanon«, den Semler im »Geist Christi« sah (letztlich nichts anderes als die moralische Vernunft der Aufklärung).

Das hermeneutische Schema Semlers setzte sich weithin bis in unsere Gegenwart durch. Im 19.Jh. war es ein bestimmtes Religionsverständnis, das als Norm und Raster die Schriftauslegung festlegte (Fr. Schleiermacher, A. Ritschl), in der »hermeneutischen Theologie« des 20.Jh. dann ein bestimmtes Existenzverständnis, nach dem die Schrift zu interpretieren war - jeweils begleitet von intensiver historisch-kritischer Erforschung der Schriftgestalt. Was bei Luther eins war, die historische Arbeit am Wortlaut der Schrift und ihre geistliche Auslegung, das wurde nun mit Absicht geschieden: der historisch-kritischen Methodik steht die hermeneutisch-theologische Methodik gegenüber, »verbunden« nur durch einen Glaubensbegriff, der auf jegliche äußere, z.B. historische Sicherung bewußt verzichtet (so vor allem bei R. Bultmann).

Daneben behauptet sich allerdings das Erbe der pietistischen Hermeneutik, die von der Inspiration und Einheit der Schrift ausgeht, von daher die Wiedergeburt des Auslegers als die entscheidende Voraussetzung rechter Schriftauslegung betrachtet, sich aber zugleich um exegetische Genauigkeit müht (J. Rambach, J.A. Bengel). In der Nähe zur pietistischen H. stehen Einzelgänger wie J.G. Hamann, J.Chr.K.v. Hofmann oder A. Schlatter, die die Wahrnehmung der Besonderheit der Schrift und ihres geschichtlichen Gotteszeugnisses auch vor der wissenschaftlichen Kritik durchzuhalten versuchten und so eine Verbindung von allgemeiner und spezifisch bibl. H. anstrebten.

Gegenwärtig haben wir es (bei fließenden Übergängen und vielen Nuancierungen) mit etwa vier hermeneutischen Positionen zu tun:

1. Die *radikal-kritische Position* kennzeichnet ein starker historischer Skeptizismus, dessen exegetische Arbeit die Schrift in eine Unzahl von widersprüchlichen Einzelaussagen und Vorstellungen auflöst, von denen kaum noch theologische Verbindlichkeit ausgeht.

2. Die *Position der gemäßigten Kritik* ist im Bewußtsein des besonderen Offenbarungsanspruchs der Bibel offen für eine Methodenüberprüfung der Exegese und verlangt als Einstellung zu ihr wenigstens eine »kritische Sympathie« (W.G. Kümmel) oder lehrt eine »Hermeneutik des Einverständnisses mit den biblischen Texten«, die sich »an den durch die Bibel selbst gesetzten hermeneutischen Maßstäben« zu orientieren und auch die dogmatische Tradition zu beachten hat (P. Stuhlmacher). Während diese beiden Positionen, wenn auch in unterschiedlicher Weise, grundsätzlich positiv zur historisch-kritischen Schriftforschung stehen, lehnen die beiden folgenden sie grundsätzlich ab:

3. Die *neupietistische H.*, wie sie z.B. G. Maier vertritt, fordert eine »historisch-biblische Methode«, die sich sowohl der Sachkritik wie der Beurteilung der Schrift anhand eines »Kanons im Kanon« enthält, aber dennoch in gebührender Achtung und persönlicher Glaubenshaltung die Schrift gründlich erforscht.

4. Die *Position des protestantischen Fundamentalismus*, die etwa die »Chicago-Erklärung über die Irrtumslosigkeit der Bibel« ausdrückt, geht von einem fehlerlos wörtlich-inspirierten Urtext der Schrift aus, so daß es in ihr höchstens »scheinbare Unstimmigkeiten«, aber keine echten Fehler und Widersprüche geben kann; rechte Schriftauslegung muß daher in jedem Fall auf dieser dogmatischen Glaubensvoraussetzung basieren.

III. PROBLEME – SACKGASSEN – WEGE. Wenn man nun den bibl. Befund und die Auslegungsgeschichte ein wenig überblickt, zeigen sich ganz bestimmte Probleme, Sackgassen, aber auch Wege der H.

1. Geschichtsbezogenheit der Heiligen Schrift.

Ein Grundproblem in der Auslegungsgeschichte ist die häufige Vernachlässigung der Geschichtsbezogenheit des biblischen Wortes und Gotteszeugnisses. Sowohl die Allegorese wie das orthodoxe Verständnis von *Offenbarung als übernatürlicher (per Diktat) eingegebener Lehre (*doctrina*) sehen das Wesen der Schriftaussagen in zeitlosen, geistig-metaphysischen Wahrheiten. Die Grundlage allen bibl. Zeugnisses ist jedoch Gottes geschichtliches Wirken in Wort und Tat, das sein Zentrum im Heilshandeln in Jesus Christus hat. Nur aufgrund dieser Geschichte wissen wir wirklich, wer Gott ist, und auf ihr »ist der Glaube aufzubauen« (M. Luther: »Ex historia aedificanda est fides.«). Offenbarung ist eben dieses Reden und Handeln Gottes in Israel, das in Jesus Christus zum Ziel gekommen ist. Und in dieser zielgerichteten Geschichtsoffenbarung liegt auch der Zusammenhang von AT und NT begründet. Eine Auslegung, die dies nicht genügend berücksichtigt, geht am Kern der bibl. Aussage vorbei.

2. Autorität der Heiligen Schrift.

Die Autorität der Heiligen Schrift beruht daher zuerst einmal auf der Autorität der besonderen Geschichte, deren Urkunde sie ist: sie bezeugt aus unmittelbarer Nähe die geschichtliche Selbstoffenbarung Gottes, darin zugleich den Weg zum Heil und zu einem Leben nach Gottes Willen. Zur Autorität der Schrift gehört damit auch die Autorität ihrer Zeugen und Verfasser, die in besonderer Nähe zu Gottes Wirken standen, von ihm ergriffen, geläutert und verwandelt wurden und in Gottes Auftrag verkündigten (vgl. 1Joh 1). Darum ist ihr Wort auch nicht mehr nur Menschenwort, sondern »in Wahrheit Gottes Wort, das in euch wirkt, die ihr glaubt« (1Thess 2,13), und das heißt: durch sie redet Gott selbst. Hierin liegt noch einmal ganz besonders die Autorität der Heiligen Schrift: es ist die Autorität des redenden Gottes selber, der das Wort der Schrift zu seinem eigenen macht und dadurch Glauben weckt und Leben schenkt. Dieser dreifachen Autorität der Schrift entspricht die bibl. Lehre von ihrer *Inspiration: Gottes Geist war immer auch da, wo Gott in der Geschichte redete und handelte; Jesus ist der im Geist gesalbte Christus (Mk 1,10; Lk 4,18), seine Worte sind »Geist und Leben« (Joh 6,36). Der Heilige Geist war auch in den Propheten (1Petr 1,11), sprach »durch den Mund Davids« (Apg 1,16) und durch die Apostel (Apg 4,8). Und ebenso hat es die Gemeinde Jesu unter der Schrift zu allen Zeiten erfahren, daß Gottes Geist sie durchs Schriftwort ergriff, überhaupt ins Leben rief und auch erneuerte. »So halten wir dafür, daß die Schrift zwar durch den Dienst von Menschen, aber tatsächlich doch aus Gottes eigenem Mund zu uns kommt.« (J. Calvin)

3. Konsequenzen für die Auslegung der Heiligen Schrift.

Auf die Autorität des durch geschichtsbezogenes Menschenwort der Schrift in der Kraft des Heiligen Geistes redenden Gottes hat die

Kirche mit der Kanonbildung geantwortet und damit die Besonderheit und göttliche Würde dieses Wortes anerkannt. Kirchliche H. kann daher nicht mehr hinter diesen Entscheid zurückgehen und so tun, als wäre die Heilige Schrift ein Buch wie jedes andere, das allein durch allgemeine geschichtswissenschaftliche und hermeneutische Methoden auszulegen sei. Solche Auslegung stellte sich selbst außerhalb des Lebensraums der Kirche, der zugleich der Verstehensraum der Schrift ist. Denn »die heiligen Schriftsteller meinen niemand ausreichend verschmeckt zu haben, der nicht 100 Jahre mit den Propheten die Gemeinde geleitet hat...«, wie Luthers letzte Notizen sozusagen als hermeneutische Bilanz festhalten.

Die Schrift ist für die Kirche geschrieben und nur in ihr zu verstehen, sofern die Kirche aus dem Geist der Schrift lebt. Denn die andere hermeneutische Weisung Luthers will, daß die Heilige Schrift »verstanden werde durch sich selbst und ihren eigenen Geist«. Damit wird nicht eine »Hermeneutik der Wiedergeburt« gefordert; gerade in der Schriftauslegung ist der Heilige Geist nämlich nie unser Besitz, sondern immer ans Wort der Schrift gebunden. *Auslegung im Geist der Schrift hat daher aufgrund der Eigenart der Heiligen Schrift stets zwei Seiten: eine geschöpfliche und eine geistliche. Weil Gottes Geist immer auch Geschöpfliches gebraucht, kann das geschichtliche Zeugnis der Schrift vom Wirken Gottes als in Dienst genommenes Menschenwort auch auf geschöpfliche Weise wahrgenommen, verstanden und historisch nachgeprüft werden. Und hier können und sollen die entsprechenden wissenschaftlichen Disziplinen in ihren Grenzen ganz gewiß der Schriftauslegung dienen. Weil aber Gottes Offenbarung in dieser Welt immer auch in Verhüllung geschieht, und die Heilige Schrift in ihrer menschlichen Niedrigkeit daran teilhat, braucht es auch eine geistliche Weise, Gottes Weg und Wort zu erkennen, zu verstehen und im Glauben anzunehmen. Dies wird möglich, wo der Herr der Schrift selbst seinen Jüngern die Schrift öffnet und auslegt (Lk 24,25-27). Beide Seiten aber, geschöpfliche Wahrnehmung und geistliches Erkennen, gehören untrennbar zusammen, wie eben Geschichte und Wirken Gottes, Wort und Geist, Menschenwort und Gotteswort in der Heiligen Schrift untrennbar zusammengehören. Solche charakteristische Einheit von Göttlichem und Menschlichem ist aller Schriftauslegung vorgegeben. Zugleich hat die Schrift die Kraft, ihre Ausleger unversehens selber im Licht Gottes auszulegen, ihre Auslegung zum Ausgelegtwerden durch die Heilige Schrift werden zu lassen.

Literatur: G. Ebeling: Art. Hermeneutik, in: RGG[3], Bd. III, 1959, 242-262; C.v. Bormann/L. Schmidt/W. Schenk: TRE, Bd. XV, 1986, S. 108-150; P. Stuhlmacher: Vom Verstehen des Neuen Testaments, [2]1986; J. Cochlovius/W. Zimmerling: Evang. Schriftauslegung, 1987; J. Gribomont/G. Bernt/L. Hödl/H. Riedlinger: Lexikon des Mittelalters, 1980ff, Bd. 2, 41-65; M. Luther: Vorrede zur Assertio omnium articulorum... (1520), deutsch in: Evang. Schriftauslegung, hrsg. v. J. Cochlovius/W. Zimmerling, 1987, S. 23-29; K.-H. Michel: Anfänge der Bibelkritik. Quellentexte aus Orthodoxie und Aufklärung, 1985; ders.: Geschichte und Wahrheit. Von den Voraussetzungen der Schriftauslegung, in: ThBeitr 18/1987, S. 120-132; H. Lindner: Johann Georg Hamann über Bibel und Offenbarung in: ThBeitr 6/1975, S. 198-206; H. Hempelmann: Grundfragen der Schriftauslegung, 1983; A. Schlatter: Atheistische Methoden in der Theologie? neu hrsg. von H. Hempelmann, 1985; G. Maier: Heiliger Geist und Schriftauslegung, 1983. K.H.M.

HERMES. In der griech. Mythologie galt H. als Sohn des Zeus, den ihm die Nymphe Maia geboren hatte. Als kundiger und allzeit hilfsbereiter Geleiter der Reisenden führte H. auch die in die Unterwelt reisenden Seelen. In der Rolle des Sprechers und Dieners des Zeus (»Götterbote«, vgl. Apg 14,12) findet sich H. ebenso wie als Gott der Herden, der Rede- und Schreibkunst, als Meister der Vortragskunst, als der Geber guter Gelegenheiten und nicht zuletzt auch als »Beschützer« der Schelme und Diebe.

Der Name H. geht auf eine Bezeichnung von Steinmalen, Orientierungspunkten und Wegweisern zurück und bedeutet ursprünglich »der vom Steinhaufen«. Die Steinmale waren im Freien aufgestellte, vierkantige, von einem bärtigen Hermeskopf gekrönte Pfeiler (Hermen). In der Spätantike spielte H. Trismegistos (»Hermes, der dreimal Größte«, d.h. »der Allergrößte«) in den *Hermetischen Schriften die Rolle des Weisen und Gesetzgebers, dessen Weisheit in vielen Büchern niedergelegt war. K.G.

HERMETISCHE SCHRIFTEN.

Eine Literatursammlung, die mit dem Namen des »Hermes Trismegistos« (»Hermes, der dreimal Größte«) in Verbindung gebracht wird.

I. URSPRUNG UND CHARAKTER.

Die Schriften stellen eine Verschmelzung ägypt. und griech. Denkweisen dar, die oft von mystischer, persönlicher Religiosität erfüllt sind. Der hellen. Synkretismus identifizierte Thoth, den ägypt. Schreibergott, mit dem griech. *Hermes, dessen Funktionen ähnlich waren. Auf diese Weise wurde der Name des alten und weisen »Hermes Trismegistos« mit einem Großteil der magischen und astrologischen Kenntnisse der ägypt. Tempel verknüpft, die nun mit griech. Wissenschaft versetzt und in Offenbarungsform dargeboten wurden. Die Literatur dieser Art, die uns erhalten blieb, mag auf das frühe 2.Jh.v.Chr. zurückgehen.

Dauerhafteres Interesse finden jedoch die deutlicher philosophischen und religiösen Abhandlungen in griech. Sprache, die von verschiedenen unbekannten Autoren verfaßt wurden und in denen Hermes, Tat (eigentlich eine Nebenform von Thoth, aber als selbständig betrachtet), Asclepius und andere als Lehrer und Schüler auftreten. Die Abhandlungen stammen zumeist aus dem 2. und 3.Jh.n.Chr.; einige mögen auch etwas früher entstanden sein. Die wichtigsten noch vorhandenen Stükke sind eine Gruppe von achtzehn Abhandlungen (von denen eine aus Fragmenten rekonstruiert wurde), die in der christl. Manuskripttradition überliefert wurden, und ein langes, Asclepius gewidmetes Traktat, das in einer latein. Übersetzung und in der *Nag Hammadi Bibliothek auch in einer koptischen Version erhalten geblieben ist. Zusätzlich gibt es etwa 30 hermetische Fragmente in der Anthologie des Stobaeus (5.Jh.n.Chr.) und weitere bei anderen frühen Schriftstellern. Im Kodex 6 der Nag Hammadi Bibliothek sind neben der kopt. Version von Asclepius 21-29 drei weitere hermetische Schriften enthalten: Der »Authentikos Logos« (»Die maßgebliche Lehre«), ein Dialog »Über die Achtheit und Neunheit« und »Das Gebet der Danksagung«. Asclepius und die Schrift über die Achtheit und Neunheit erwähnen eigens Hermes, alle jedoch enthalten Ähnlichkeiten mit den schon vorher bekannten hermetischen Schriften. Obwohl das »Gebet« sehr kurz ist, ist es doch wertvoll, weil es die hermetischen Kultpraktiken erhellt.

Einige Abhandlungen haben die Form von Briefen; andere sind sokratische Dialoge. Der berühmteste unter ihnen, der Poimandres, ist eine Vision, die an die des Hermas erinnert (*Apostolische Väter).

II. INHALT.

In gewisser Weise kann man den Poimandres als ein typisch hermetisches Werk betrachten. In ihm macht Poimandres (vielleicht koptisch *p-emi-n-re*, »Wissen des [Sonnen]gottes«), genannt der »Geist [*Nous*] der höchsten Gewalt«, Hermes das Angebot, ihm zu offenbaren, was er wissen möchte: »die Dinge, die sind, und ihre Natur zu verstehen und Gott zu kennen«. Es folgt die Erzählung von der Weltschöpfung und vom Sündenfall des Menschen. Erstere hat Elemente, die 1Mo entnommen sind; die zweite beschreibt, wie der Archetyp Mensch, Gottes Ebenbild, eine verhängnisvolle Umarmung mit der Natur einging und folglich ein vermischtes Wesen wurde, sterblich und unsterblich zugleich. Ein Entkommen aus der Todeshand der Natur ist jedoch denen möglich, die Buße tun und die Verdorbenheit aufgeben, bis der Aufstieg der Seele mit dem Tod vollendet ist, wenn Körper, Leidenschaft, Gefühl ganz aufgegeben werden und der Mensch in Gott eingeht.

Nicht alle hermetischen Schriften sind so zusammenhängend, aber das Ziel, das im Poimandres ausgedrückt wird, und die Auffassung, die sich hier zeigt, herrschen allgemein vor. Das Ziel heißt Wissen; der sterbliche Körper ist der Fluch; Wiedergeburt (in der Abhandlung 13 enthusiastisch beschrieben), die Reinigung der Seele vom Makel der Materie, das höchste Gut: die endgültige Befreiung der Seele und die Einverleibung in Gott. Es erklingt auch ein warmer Ton der Andacht und Hingabe; der Appell an die achtlose Menschheit im Poimandres und der noch leidenschaftlichere Ruf der Abhandlung 7 sind bewegend; die gelegentlich eingestreuten Hymnen sind inbrünstig und stürmisch.

Dieser mystischen Frömmigkeit wird eine ziemlich angestaubte Philosophie hinzugefügt, die vom Ursprung her teils platonisch, teils stoisch ist, mit freier Verwendung kosmogonischer Mythen. Auch jüd. Quellen haben etwas beigesteuert, und die Sprache der LXX hallt wider. Man kann in der Tat die Meinung vertreten, daß ursprünglich jüd. Einflüsse eine Religiosität dieser Art anregten. Die verschiedenen Elemente stehen nicht immer im Zusammenhang; innerhalb der Sammlung gibt es Unvereinbarkeiten und Widersprüche. Die ganze Tendenz ist monotheistisch, aber nicht auf polemische Art. Über Zeremonie und Sakramente wird wenig gesagt. Obwohl es keinen Hinweis auf eine hermetische »Kirche« gibt, gibt es in dem Dialog von Nag Hammadi »Über die Achtheit und Neunheit« einen Bezug auf eine Bruderschaft, die aus hermetischen Heiligen bestand, und im »Gebet der Danksagung« einen Hinweis auf kultisches Küssen und das Essen von Nahrung ohne Blut.

III. DIE HERMETISCHEN SCHRIFTEN UND DIE BIBEL.

Daß die hermetischen Schriften das AT gebrauchen, ist – wie gesagt – unbestreitbar. Die Beziehung zwischen der hermetischen Religion und dem NT dagegen wird unterschiedlich eingeschätzt. Der Kirchenvater Lactantius (um 315 n.Chr.), der glaubte, daß »Hermes« in grauer Vorzeit geschrieben habe, war hocherfreut über seinen Monotheismus und die Anrede Gottes als »Vater« (Divinae Institutiones 1.6). Jüngere Schriftsteller weisen auf feinere Parallelen mit dem NT in Gedankengut und Sprache hin, von denen aber nicht alle von gleicher Bedeutung sind. Der *Logos etwa ist im hermetischen Denken gleichzeitig kosmisch und eine Aktivität der Seele, aber nicht personal. Für eine Aussage wie »Du, der Du mit einem Wort alle Dinge, die sind, geschaffen hast« (Poimandres 21) braucht kein anderer Hintergrund angenommen zu werden als 1Mo; im Original steht kein bestimmter Artikel. Auffallender sind Aussagen wie »Niemand kann vor der Wiedergeburt errettet werden« (Abhandlung 13.1), »Wer den Leib liebt, bleibt in der Dunkelheit« (Poimandres 19) und der »johanneische« Wortschatz von Licht und Dunkelheit, Leben und Tod, Glaube und Zeugnis. Ein direkter Einfluß des NT auf spätere hermetische Schriften ist nicht unmöglich, aber nicht bewiesen; direkter Einfluß der hermetischen Literatur auf das NT wäre allerdings noch schwerer zu begründen. Wie auch immer: die erhaltenen rel. hermetischen Schriften sind nahezu sicher später als der Großteil des NT entstanden und entstammen erkennbar einer feststehenden Tradition; und es mögen die Recht haben, die sagen, daß Johannes teilweise ein Publikum mit Glauben und Bildung von dieser Art vor Augen hat. Wir müssen jedoch bedenken, daß die Hermetica nur ein Beispiel zeitgenössischer Frömmigkeit sind; und zu der Sprache der Johannes-Schriften lassen sich auch im jüd., in seinem Kern bibl. Dualismus von Qumran Parallelen finden.

Was den Inhalt betrifft, so zeigt sich, daß die hermetischen Parallelen dem am nächsten stehen, was man als Nebenfragen des NT bezeichnen könnte: nämlich dem Verlauf der Erlösung und nicht so sehr ihrem Wesen und den Mitteln, mit denen sie bewirkt wird. Ihr Verständnis der Sünde als Unwissenheit oder Leidenschaft, die abgestreift werden müssen, statt als Rebellion, die der Versöhnung bedarf, ihr Sehnen nach einer Erlösung, die eine Vergöttlichung durch Vereinigung mit Gott einschließt, zeigen, daß die Antriebskräfte der Hermetiker in eine heidnische und nicht in eine bibl. Richtung gingen. Und obwohl die ethische Unterweisung der Hermetica nachdrücklich und hochgesteckt ist, läßt ihre gegenweltliche Natur der Konkretheit der biblischen Ethik keinen Raum. C.H. Dodd sagt mit Recht: Von dem reinen und unbefleckten Gottesdienst, von dem Jak 1,27 spricht, erfüllten die Hermetiker nur den zweiten, nicht den ersten Teil. (Vgl.*Gnosis).

Literatur: A.D. Nock, A.J. Festugière: Corpus Hermeticum², 4 Bde., 1960 (mit franz. Übersetzung); vgl. auch W. Scott: Hermetica, 4 Bde., 1924-36; A. J. Festugière: La Révélation d'Hermès Trismégiste, 4 Bde., 1944-49; C.H. Dodd: The Bible and the Greeks, 1935; ders.: The Interpretation of the Fourth Gospel, 1953, S. 10ff. Zu den neuen Hermetica: J. Doresse: The Secret Books of the Egyptian Gnostics, 1960, S. 275ff; L.S. Keizer: The Eighth Reveals the Ninth, 1974; The Nag Hammadi Library in English, hrsg. von J.M. Robinson, 1977. A.F.W.

HERMON. (Hebr. *chermōn,* »durch Bann [*cherem*] geweihter Berg«?). Die Mehrzahl *chermōnim* (Ps 42,7 vgl. 89,13) spielt entweder auf die drei fast gleichhohen Gipfel (bis 2814m) an oder bringt als emphatischer Plural die Größe des Berges zum Ausdruck. Dieser südl. Teil des Anti-*Libanon heißt heute arab. Dschebel Esch-Schech, »Berg des Greises«, oder Dschebel El-Teldsch, »Schneeberg«. Der H. liegt gegenwärtig im Dreiländereck Syrien – Libanon – Israel, ist von großer strategischer Bedeutung und war deshalb in den Kriegen von 1967 und 1973 hart umkämpft. Die hohen Niederschläge (1000 mm) gehen zumeist als Schnee nieder, der an geschützten Stellen das ganze Jahr über liegen bleibt. Das Schmelzwasser ist eine der Hauptursachen für die *Jordan-Quellen am Südfuß, deren stärkste bei Banyas (*Cäsarea Philippi) entspringt. Der H. war berühmt für seinen Reichtum an Wasser (Ps 133,3), Wald (Hes 27,5) und Wildtieren (Hld 4,8). Noch am Beginn des 20. Jh. kamen dort Bären vor.

Der H. ist ein Hauptsiedlungsgebiet der einer Geheimreligion anhängenden Drusen, die vielleicht von den Huräern (*Huräa) abstammen (S.Dar. PEQ 120, 1988, 26-44). Bei den *Ammonitern soll der H. Senir geheißen haben (5Mo 3,9), womit sonst im AT (Hld 4,8; 1Chr 5,23) wie auch in den Annalen Salmanassars III. (*saniru*) nur der nördl. des H. gelegene Teil des Anti-Libanon gemeint ist. Als Name bei den *Sidoniern wird Sirjon angegeben (5Mo 3,9), womit in hetitischen Texten wie offenbar auch in Jos 11,17 der gesamte Anti-Libanon bezeichnet wird. Vielleicht ist 5Mo 4,48 (*har si'ōn,* »das ist der Hermon«) daraus entstanden (P.C. Craigie: Deuteronomy, 1976, 147), aber der Ausdruck kann auch »sehr hoher Berg« heißen (KBL 919, vgl. Hiob 20,6), was vortrefflich zum H. paßt. Den vorisraelit. Bewohnern war der Berg heilig, was Namen wie *Baal-H. (Ri 3,3; 1Chr 5,23) zeigen. Der H. gehörte zum Gebiet des *Og von *Baschan (Jos 12,5), fiel dem Stamm *Manasse zu (Jos 13,11, vgl. 11,3.17; 12,1) und wurde zur nördl. Landmarke des israelit. Gebietes (5Mo 3,8; Jos 11,17; 13,5). Kanaan. Kulte sind in einem Vertrag zwischen den *Hetitern und dem Amoriter Aziru um 1350 v.Chr. erwähnt. Nach einer wahrscheinlichen Korrektur von Am 4,3 werden die Bewohner *Samarias »hermonwärts« (hebr. *ha-chermōnāh*), d.h. in Richtung Assyrien, gejagt. Nichts spricht für eine Identifizierung der Ortsbezeichnung mit Armenien. Heidnischer Götterglaube fand im H.-Gebiet bis weit in die spätröm. Zeit Anhänger, wie mehrere Tempel aus dieser Zeit belegen (S. Dar, Y. Tepper: ESI 4, 1985, 75f).

Der H. spielt in den Schriften essenisierender Gruppen eine gewisse Rolle. Er gilt als Ort des Engelsturzes von 1Mo 6,1-6 (äthHen 6,6; 13,7.9), aber auch besonderen Offenbarungsempfanges (äthHen 12-16; TestLev 2-5). Offensichtlich waren derartige Kreise auch in der Gegend ansässig (G.W.E. Nickelsburg, JBL 100, 1981, 582-590) und erwarteten hier den Anbruch der Endzeit (Riesner, 54f; *Damaskus). Das *Petrus-Bekenntnis bei *Cäsarea Philippi (Mt 16,13-19/Mk 8,27-29) führt in das H.-Gebiet. Mit dem »sehr hohen Berg« (griech. *horos hypsēlos*) der Verklärung (Mt 17,1/Mk 9,2) könnte nach der Ausdrucksweise von TestLev 2,5 (vgl. 4Q213 Z. 16f und 5Mo 4,48MT) der H. gemeint sein. Auf ihn scheint auch die früheste Tradition (Eus. In Ps 88,13 [PG 23, 1092]') zu deuten, gegen die sich aber schon seit der Mitte des 4. Jh. die Lokalisierung auf dem *Tabor durchsetzte (ELS 320ff). Aufgrund einer falschen Interpretation von Ps 41,7 nannten die byzantin. Christen den Hügel Ha-*More (Ri 7,1), ca. 7 km südl. des Tabor, H. und verbanden ihn mit einem Aufenthalt Jesu (J. Wilkinson: Egeria's Travels, 1981, 192; *Nain).

Literatur: C. Kopp: Die Heiligen Stätten der Evangelien, [2]1964, 299f; A. van den Born: Bibellexikon, [3]1982, 713; S. Dar: ESI 5 (1986), 78-81; R. Riesner: TynB 38 (1987), 54-58. R.R.

HERODES.

1. Herodes der Große, König der Juden 37-4 v.Chr., geboren ca. 73 v.Chr. Sein Vater Antipater, ein Jude idumäischer Herkunft, erlangte nach der röm. Eroberung eine sehr einflußreiche Position in Judäa und wurde 47 v.Chr. durch Julius Cäsar zum Prokurator von Judäa ernannt. Er wiederum ernannte seinen Sohn H. zum Militärpräfekten von Galiläa, und dieser zeigte seine Qualitäten mit Nachdruck, indem er die Räuberei in jener Region unterdrückte. Der röm. Gouverneur in Syrien war so beeindruckt von seiner Energie, daß er ihn zum Militärpräfekten von Coelesyrien machte. Nach der Ermordung Cäsars und dem anschließenden Bürgerkrieg genoß H. das Wohlwollen von Antonius. Als die Parther Syrien und Palästina besetzten und den Hasmonäer Antigonus auf den Thron von Judäa hoben (40-37 v.Chr.), gab der röm. Senat auf Anraten von Antonius und Octavian H. den Titel »König der Juden«. Nach drei Jahre dauernden Kämpfen, in denen H. ein König ohne Land war, konnte er den Thron besteigen und regierte Judäa 33 Jahre lange als loyaler »Freund und Verbündeter« Roms. Bis 31 v.Chr. war H.' Position trotz Antonius' Wohlwollen unsicher aufgrund der Machenschaf-

Der schneebedeckte Hermon in Nordgaliläa, 2274 m über dem Meeresspiegel, von SO aus gesehen. (SH)

Herodianische Münzen. Rechts: bronzene pruta *mit Anker, die griech. Inschrift lautet: »von König Herodes« (Herodes I., 40–4 v.Chr.). Durchmesser 11 mm. Die linke Münze bildet einen federgeschmückten Helm ab, auf ihr ist zu lesen: »von dem Ethnarchen« (Herodes Archelaus, Ethnarch von Judäa, 4 v.Chr. bis 6 n.Chr.). Durchmesser 13 mm.* (BM)

ten von Kleopatra, die Judäa und Coelesyrien zu einem ptolemäischen Königreich vereint sehen wollte. Diese Gefahr wurde durch die Schlacht bei Actium (31 v.Chr.) beseitigt, nach der H. durch Octavian (Augustus), den neuen Herrscher des röm. Reiches, in seinem Königreich bestätigt wurde. Eine andere Gefahrenquelle für H. war die Familie der Hasmonäer (s.*Makkabäer), die Ärger darüber empfan-

Herodes der Große erbaute einen seiner Paläste auf dem Masada-Felsen an der Westküste des Toten Meeres. Auf den Terrassen finden sich die Überreste seines Badehauses und der Vorratsräume. (SZC)

den, von einem, den sie als Emporkömmling betrachteten, vom Thron verdrängt worden zu sein. Obwohl er in diese Familie hineinheiratete, als er Mariamne, die Enkelin des früheren Hohenpriesters Hyrkan II., zur Frau nahm, führte sein Argwohn H. dazu, sich nach und nach der führenden hasmonäischen Überlebenden, einschließlich Mariamnes selbst (29 v.Chr.), zu entledigen.

H. befriedete die Gebiete an der Nordostgrenze, und Augustus fügte sie seinem Königreich hinzu. H. förderte die Kulturpolitik des Kaisers durch verschwenderische Bauvorhaben, nicht nur in seinem Reich, sondern auch in fremden Städten (z.B. Athen). In seinem Reich baute er *Samaria wieder auf und benannte es – nach dem Kaiser – Sebaste (griech. *Sebastos*, latein. *Augustus*); er baute den alten Stratonsturm an der Mittelmeerküste wieder auf, ließ einen künstlichen Hafen errichten und nannte die Stadt *Cäsarea (Maritima) – ebenfalls zu Ehren des Kaisers. Im ganzen Land wurden weitere Siedlungen und Festungen angelegt. In Jerusalem errichtete H. an der Westmauer einen Palast für sich selbst; nordwestl. des Tempels hatte er bereits die Burg *Antonia (benannt nach Antonius) wiederaufgebaut. Sein größtes Projekt war der Wiederaufbau des Tempels in Jerusalem, der im Jahr 21/20 v.Chr. begann. Trotz des außergewöhnlichen Aufwands, den H. beim Wiederaufbau des Tempels betrieb, gelang es

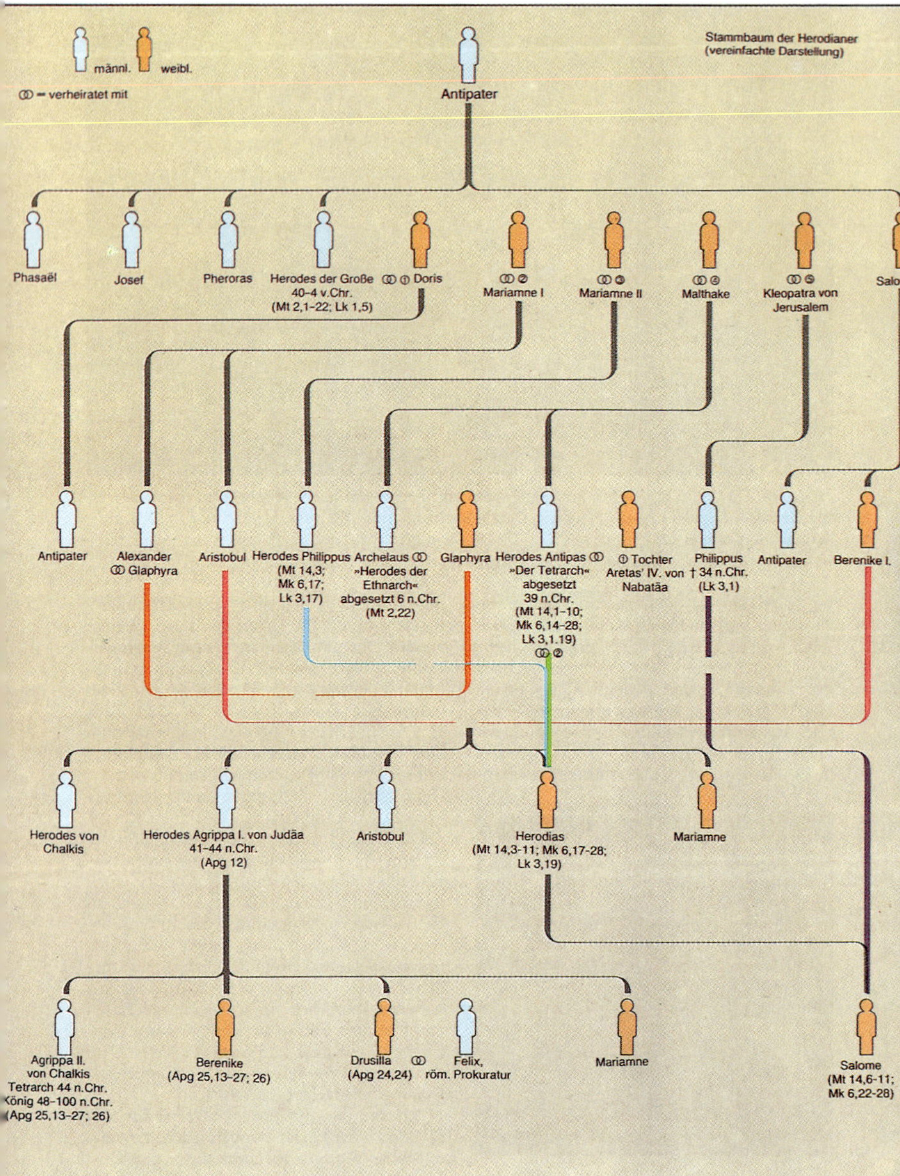
männl.
weibl.
ⓞⓞ = verheiratet mit
Antipater
Stammbaum der Herodianer
(vereinfachte Darstellung)
Phasaël
Josef
Pheroras
Herodes der Große 40–4 v.Chr. (Mt 2,1–22; Lk 1,5)
ⓞⓞ ① Doris
ⓞⓞ ② Mariamne I
ⓞⓞ ③ Mariamne II
ⓞⓞ ④ Malthake
ⓞⓞ ⑤ Kleopatra von Jerusalem
Salom
Antipater
Alexander ⓞⓞ Glaphyra
Aristobul
Herodes Philippus (Mt 14,3; Mk 6,17; Lk 3,17)
Archelaus ⓞⓞ »Herodes der Ethnarch« abgesetzt 6 n.Chr. (Mt 2,22)
Glaphyra
Herodes Antipas ⓞⓞ »Der Tetrarch« abgesetzt 39 n.Chr. (Mt 14,1–10; Mk 6,14–28; Lk 3,1.19)
ⓞⓞ ②
① Tochter Aretas' IV. von Nabatäa
Philippus † 34 n.Chr. (Lk 3,1)
Antipater
Berenike I.
Herodes von Chalkis
Herodes Agrippa I. von Judäa 41–44 n.Chr. (Apg 12)
Aristobul
Herodias (Mt 14,3-11; Mk 6,17-28; Lk 3,19)
Mariamne
Agrippa II. von Chalkis Tetrarch 44 n.Chr. König 48–100 n.Chr. (Apg 25,13–27; 26)
Berenike (Apg 25,13–27; 26)
Drusilla ⓞⓞ Felix, (Apg 24,24) röm. Prokuratur
Mariamne
Salome (Mt 14,6-11; Mk 6,22-28)

Bronzemünze des Herodes Antipas, der den Titel Tetrarch (Vierfürst) trug, geprägt während der Regierungszeit des röm. Kaisers Tiberius. Das Palmenmotiv könnte auf landwirtschaftliches Gedeihen hinweisen oder den Baum der Erkenntnis darstellen. (RG)

ihm nicht, sich bei seinen jüd. Untertanen Sympathie zu verschaffen. Seine idumäische Abstammung wurde nie vergessen. Seiner Religion nach war H. zwar Jude und sah seine Aufgabe darin, den Tempel des Gottes Israels in Jerusalem wieder zu errichten; gleichzeitig ließ er aber auch Tempel für heidnische Gottheiten erbauen. Schließlich wurde ihm auch nicht nachgesehen, daß er die Hasmonäer vollends ausgelöscht hatte. Mit diesem rigorosen Vorgehen konnte er seine familieninternen Probleme keineswegs beheben. Es gab nämlich Konflikte zwischen seinen weiblichen Verwandten und seinen Ehefrauen sowie zwischen den Kindern seiner verschiedenen Ehefrauen. Alexander und Aristobul, seine beiden Söhne, die er mit Mariamne hatte, wuchsen in Rom auf und waren seine designierten Erben. Durch ihre hasmonäische Abstammung (von seiten ihrer Mutter) waren sie annehmbar für das jüd. Volk. Aber ihre privilegierte Stellung schürte den Neid ihrer Halbbrüder, besonders von H.' ältestem Sohn Antipater, der seinen Vater gegen sie aufzubringen versuchte. Schließlich (7 v.Chr.) wurden Alexander und Aristobul für schuldig befunden, sich gegen ihren Vater verschworen zu haben, und exekutiert. Antipater zog keinen Nutzen aus ihrem Tod, denn drei Jahre später wurde auch er ein Opfer von H.' Argwohn. Er wurde nur wenige Tage vor H. eigenem Tod (4 v.Chr.) hingerichtet. H.' Argwohn tritt deutlich zutage in dem bibl. Bericht über den Besuch der drei Weisen aus dem Morgenland und die Tötung der Knaben in Bethlehem (Mt 2). Die Erinnerung an H. ist daher mehr mit blutigen Exzessen verknüpft als mit seinen administrativen Leistungen. Seinem Testament entsprechend wurde sein Königreich an drei seiner Söhne aufgeteilt: Judäa und Samaria fielen an Archelaus (Mt 2,22), Galiläa und Peräa an Antipas und die Gebiete im NO an Philippus (Lk 3,1). Dieses Vermächtnis wurde von Augustus bestätigt.

2. Archelaus – auf seinen Münzen läßt er sich als »Herodes der Ethnarch« bezeichnen. Er herrschte in Judäa »anstatt seines Vaters Herodes« (Mt 2,22) von 4 v.Chr. bis 6 n.Chr., aber ohne den Titel eines Königs. Er war H.' ältester Sohn, seine Mutter war die Samaritanerin Malthake. Archelaus hatte den schlechtesten Ruf aller Söhne H.' Er beleidigte das rel. Empfinden der Juden, als er Glaphyra heiratete, die Witwe seines Halbbruders Alexander. Er führte die Baupolitik seines Vaters fort; sein repressives Herrschen wurde jedoch unerträglich. Schließlich reiste eine Abordnung seiner Untertanen aus Judäa und Samaria nach Rom, um Augustus vor einer regelrechten Revolte zu warnen, wenn Archelaus nicht entfernt würde. Daraufhin wurde Archelaus abgesetzt und verbannt. Judäa wurde eine röm. Provinz, verwaltet von Präfekten, die vom Kaiser ernannt wurden.

3. Antipas – »Herodes der Tetrarch« (Lk 3,19) war der zweite Sohn, den H. mit Malthake hatte. Vom Königreich seines Vaters erbte er Galiläa und Peräa. In den Evv. begegnet er als der, der *Johannes den Täufer gefangennehmen und enthaupten ließ (Mk 6,14-28). Pilatus ließ Jesus nach der Gefangennahme im Verlauf des Prozesses auch vor H. Antipas bringen (Lk 23,7ff). Jesus selbst hat H. Antipas einmal als »Fuchs« bezeichnet (Lk 13,32). H. Antipas dürfte der fähigste unter den Söhnen des H. gewesen sein. Wie sein Vater war er ein großer Bauherr; die Stadt *Tiberias am See Genezareth wurde von ihm erbaut (22 n.Chr.) und erhielt ihren Namen zu Ehren des Kaisers Tiberius. H. Antipas heiratete die Tochter des nabatäischen Königs *Aretas IV., ließ sich dann aber von ihr scheiden, um *Herodias, die Frau eines seiner Halbbrüder, zu heiraten. Nach den synoptischen Evv. zog Johannes der Täufer den Zorn des Antipas auf sich, als er dessen zweite Ehe als unrechtmäßig anprangerte. Nach Josephus (ant.Jud. 18,118) scheint H. Antipas befürchtet zu haben, die Kritik Johannes des Täufers könnte bei seinen Anhängern eine Revolte auslösen. Aretas nahm dem H. Antipas die seiner Tochter zugefügte Beleidigung übel und nutzte einige Jahre später die Gelegenheit, Krieg gegen ihn zu führen (36 n.Chr.). Die Armee des H. Antipas erlitt eine schwere

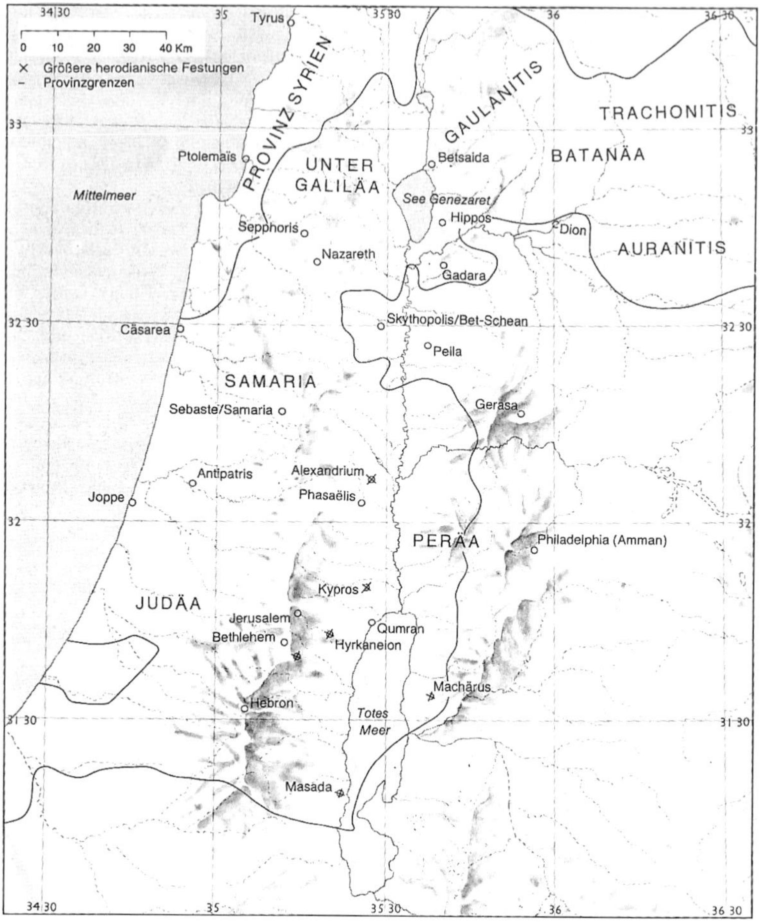

Das Königreich Herodes des Großen.

Niederlage. Josephus berichtet, daß viele die Niederlage als eine göttliche Vergeltung für die Ermordung Johannes des Täufers ansahen. Im Jahr 39 n.Chr. wurde Antipas von seinem Neffen Agrippa (s. 4.) vor Kaiser Gaius (*Caligula) als Verschwörer denunziert. Er wurde von seiner Tetrarchie abgesetzt und lebte bis zu seinem Tod im Exil.

4. Agrippa I. – »der König Herodes« (Apg 12,1). Er war ein Sohn von Aristobul und ein Enkel H. des Großen. Nach der Hinrichtung seines Vaters 7 v.Chr. wuchs er in enger Verbindung mit der kaiserlichen Familie in Rom auf. Im Jahr 23 n.Chr. mußte er wegen seiner Schulden Rom verlassen. Seine Schwester Herodias, die H. Antipas kurz zuvor geheiratet hatte, setzte sich dafür ein, daß ihm in Tiberias eine Zeitlang Schutz und Unterstützung durch seinen Onkel Antipas zuteil wurde. Er zerstritt sich jedoch mit Antipas und kehrte 36 n.Chr. nach Rom zurück. Dort beleidigte er Kaiser Tiberius und wurde gefangengenommen. Nach dessen Tod im darauffolgenden Jahr wurde er vom neuen Kaiser Gaius (*Caligula) freigelassen und empfing von diesem auch den Königstitel zusammen mit Gebieten nordöstl. von Palästina. Nach Antipas' Verbannung 39 n.Chr. kamen Gali-

läa und Peräa zu Agrippas Königreich hinzu. Als *Claudius im Jahr 41 n.Chr. röm. Kaiser wurde, erweiterte er Agrippas Königreich um Judäa und Samaria, so daß dieser nun über ein Königreich regierte, das beinahe so groß war wie das seines Großvaters. H. Agrippa warb um das Wohlwollen seiner jüd. Untertanen, die ihn als Hasmonäer (wegen seiner Großmutter Mariamne) anerkannten. Sein Vorgehen gegen die Apostel rief möglicherweise deshalb kaum Kritik hervor, weil diese zuvor Kontakte mit Nichtjuden aufgenommen hatten (Apg 12,2f; 10). Agrippas plötzlicher Tod im Alter von 54 Jahren (44 n.Chr.) wird von Lukas (Apg 12,20ff) und Josephus (ant.Jud 19.343ff) erwähnt; beide Berichte ergänzen sich.

H. Agrippa hinterließ einen Sohn, Agrippa II. (s. 5.) und zwei Töchter: Bernike (geb. 28 n.Chr.), erwähnt in Apg 25,13ff, und Drusilla (geb. 38 n.Chr.), die die dritte Frau des Prokurators Felix (vgl. Apg 24,24) wurde.

5. H. Agrippa II. – Sohn des H. Agrippa I. (s. 4.), geboren 27 n.Chr. Er wurde als zu jung befunden, um Nachfolger im Königreich seines Vaters zu werden. Später jedoch verlieh ihm der röm. Kaiser *Claudius den Königstitel zusammen mit Gebieten nördl. und nordöstl. von Palästina, die durch Kaiser Nero im Jahr 56 n.Chr. vergrößert wurden. H. Agrippa II. änderte den Namen seiner Hauptstadt Cäsarea Philippi in Neronias um als Schmeichelei an den späteren Kaiser. Von 48-66 n.Chr. hatte er das Vorrecht, die jüd. Hohenpriester zu ernennen. Auf diplomatischem Weg versuchte er, einen Krieg zwischen Juden und Römern im Jahr 66 n.Chr. zu verhindern. Als seine Bemühungen scheiterten, blieb er Rom treu und wurde mit einer weiteren Vergrößerung seines Königreichs belohnt. Apg 25, 13-26,32 berichtet, wie H. Agrippa II. und der Apostel Paulus einander begegnen.

Literatur: M. Grant: Herodes der Große, 1982; A.H.M. Jones: The Herods of Judaea, [2]1967; S. Perowne: Herodes der Große, 1957; ders.: Herodier, Römer und Juden, 1958; G. Prause: Herodes der Große. König der Juden, 1977/1980; S. Sandmel: Herodes, Bildnis eines Tyrannen, 1968; A. Schalit: König Herodes. Der Mann und sein Werk, 1969.
F.F.B.

HERODIANER. (Griech. *Herōdianoi*). Laut Mk 3,6 faßten sie zusammen mit *Pharisäern einen Todesbeschluß gegen Jesus, nach Mt 22,16/Mk 12,13 versuchten beide Gruppen ihm durch die Frage nach der Kaisersteuer eine Falle zu stellen.

a. Sprachlich kann der Ausdruck Beamte (B. Reicke, BHH II, 1964, 703) oder Anhänger (so LÜ) des herodianischen Königshauses meinen (vgl. die ähnliche Ausdrucksweise bei Jos.ant.Jud. XIV, 450; bell.Jud. I, 319), doch wäre das Bündnis einer solchen Gruppe mit Pharisäern eher erstaunlich.

b. So denken andere Forscher an eine regierungsfreundliche rel. Gruppierung, etwa die Boethusäer, die Anhänger einer unter Herodes dem Gr. eingesetzten hohepriesterlichen Familie. Dafür könnte sprechen, daß in Mk 8,15 neben dem »Sauerteig (d.h. der falschen Lehre) der Pharisäer« auch vor dem des Herodes gewarnt wird, und zwar in einem Zusammenhang (Mk 8,14-21), der an Vorschriften der Tempelrolle (11QMiqd 15,11-14) aus *Qumran erinnert (Y. Yadin, The Temple Scroll, 1983, 138f). Da die Boethusäer einige Auffassungen mit den *Essenern teilten, braucht man bei den H.n nicht notwendig (C. Daniel, RQ 6, 1967, 31-55; 7, 1970, 397-402) an Essener zu denken. Die Parallelstelle Mt 16,6 spricht vom »Sauerteig der Sadduzäer«. *Sadduzäer und Boethusäer, die sich beide vom Hohenpriester *Zaddok herleiteten, werden auch in der rabbinischen Literatur oft austauschweise gebraucht (A. Schlatter, Geschichte Israels, [3]1925, 167). Altkirchliche Nachrichten über eine jüd.-rel. Gruppe der H. sind in ihrem Wert umstritten (E. Bikerman, RB 47, 1938, 184-197).

Literatur: H.H. Rowley: JTS 41 (1940), 14-27; H. Hoehner: Herod Antipas, [2]1980, 331-342; A. van den Born: Bibellexikon, [3]1982, 715.
R.R.

HERODIAS. Die Tochter (Mk 6,17; Lk 3,19) von Aristobuls (Sohn Herodes'des Großen und Mariamnes) und Berenikes heiratete zunächst ihren Onkel Herodes Philippus (Sohn Herodes des Großen mit einer zweiten Mariamne und nicht zu verwechseln mit *Philippus, dem Tetrarchen) und dann ihren Onkel Herodes Antipas, den Tetrarchen (vgl.*Herodes). Mit ihrem ersten Mann hatte sie eine Tochter, Salome, die ihren Großonkel Philippus, den Tetrarchen heiratete. Die Identität von Herodias' Tochter in Mk 6,22ff ist ungewiß. Als Antipas 39 n.Chr. verbannt wurde, begleitete ihn H. und verzichtete auf den Gunsterweis, den Gaius der Schwester seines Freundes Agrippa (*Herodes) erbringen wollte. F.F.B.

HERR s. Namen Gottes; Hoheitstitel Jesu Christi

HERRENMAHL s. Abendmahl

HERRLICHKEIT.

I. IM ALTEN TESTAMENT.
Das hebr. Wort *kābōd* kommt vom Stamm *kābad,* »schwer sein«, und bezeichnet das, was schwer oder gewichtig macht und Ansehen verleiht. Das kann z.B. Reichtum sein (1Mo 31,1; Ps 49,17), Pracht (Est 1,1) oder Macht (Jes 16,14). Von daher hat es auch die Bedeutung von »Wert« oder »Ehre«. »Ehren« bedeutet die Gewichtigkeit, Macht oder Autorität einer Person anerkennen (1Sam 6,5; Ps 66,2; 115,1). Was einem Menschen oder einem Gegenstand Ansehen verschafft, ist seine *kābōd* im Sinne von Herrlichkeit wie z.B. die Lade die H. Israels (1Sam 4,22) und Jahwe die H. des frommen Israeliten (Ps 3,4) oder Israels (Ps 106,20; Jer 2,11) ist. Gelegentlich kann das hebr. Wort zum Synonym von »Seele« werden und insofern die Bedeutung von »Ich« annehmen (1Mo 19,6).

Im AT geht es aber vor allem um die H. Jahwes. Sie ist das, was ihm Ansehen verschafft und dem Menschen Ehrfurcht abverlangt; seine H. bewirkt vor allem seine Macht und Heiligkeit (2Mo 14,4.17; 16,7; 29,43–46; 4Mo 14,21f; 20,6–12; Jes 6,3; 35,2; 40,5; Ps 19,2; 29,3). Insofern kann mit der H. Jahwes dann die sich offenbarende Macht und die mit sichtbaren Phänomenen verbundene Gegenwart Gottes bezeichnet werden.

Im *Pentateuch ist die Rede von der H. Jahwes, die Israel beim Auszug aus Ägypten begleitete und die sich in der Wolke zeigte, die es durch die Wüste führte (2Mo 16,7.10; 40,36–38). Die H. Jahwes ließ sich auf dem Sinai nieder, wo sie Mose und Israel als Wolke sowie als leuchtendes und verzehrendes Feuer sahen (2Mo 24,15–18; 5Mo 5,24). Unverhüllt kann niemand Gottes Angesicht oder seine H. schauen und am Leben bleiben; dennoch wird Mose eine gewisse Schau gewährt (2Mo 33,18–23; vgl. auch 2Mo 34,5–8; 5Mo 5,24f).

Jahwes H. erfüllte die Stiftshütte (2Mo 40,34f) und erschien besonders zur Opferstunde (5Mo 9,6.23). Später gilt dann der Tempel als Ort, an dem die H. Gottes wohnt (1Kön 8,11; 2Chr 7,1–3). Erfüllt die H. Jahwes das Zelt oder den Tempel, kann niemand hineingehen (2Mo 40,35; 1Kön 8,11).

Andere Aussagen beziehen die H. Jahwes auf sein Wesen bzw. seinen Charakter. Jahwe ist der »König der Herrlichkeit« (Ps 24,8); seine H. erfüllt die Erde (Jes 6,3; Ps 72,19); sie ist erhaben über alle Völker und überragt den Himmel (Ps 113,4). Seine H. kann er an niemanden abtreten (Jes 42,8; 48,11). Sie wird über dem Zion erstrahlen (Jes 60,1–3.19f) und alle Völker, die seinen Namen oder seine H. früher nicht kannten, werden sie jetzt schauen (Jes 66,18f; Ps 97,6). In seiner Berufungsvision sah der Prophet *Hesekiel über einem Thron etwas wie blinkendes Kupfer, ein Gebilde wie ein Mensch, wie Feuer und strahlendes Licht: »So war die Herrlichkeit des Herrn anzusehen« (Hes 1,27f). In einer Zukunftsvision nimmt die H. Besitz von dem neuen Tempel, »der Stätte des Thrones und der Fußsohlen Gottes« (Hes 43,1–7).

II. IM NEUEN TESTAMENT.
In Übereinstimmung mit der LXX wird im NT *kābōd* mit *doxa* übersetzt. Die im profanen Griech. übliche Bedeutung von »Meinung« fehlt im NT gänzlich; die ebenfalls bezeugte Bedeutung von »Ruhm«, »Ehre« (Lk 14,10; 1Kor 11,15; 1Thess 2,6) oder »Pracht« (Mt 4,8; 6,29) findet sich gelegentlich. In den meisten Texten geht es wie im AT um die H. Gottes, die sich nun aber vor allem in der Person und im Werk Jesu Christi, dem »Abglanz seiner Herrlichkeit« (Hebr 1,3) offenbart.

In den Aussagen über die H. Gottes gibt es verschiedene Bedeutungsnuancen; auch wird das Moment der Sichtbarkeit einmal mehr und einmal weniger betont. So sahen die Hirten die H. Gottes bei der Geburt Christi; Stephanus sah sie und Jesus zur Rechten Gottes (Apg 7,55). Nach Offb 15,8 erfüllt die H. Gottes den Tempel und erleuchtet das neue Jerusalem (21,23). In den zahlreichen ntl. Doxologien wird die H. Gottes im Handeln bejahend anerkannt (Röm 4,20) bzw. als etwas Seiendes festgestellt (Lk 2,14; 19,38; Röm 11,36; 16,27; Phil 4,20; Offb 1,6; 4,9).

Von besonderer Bedeutung ist aber die Tatsache, daß das NT in ähnlicher Weise auch von der H. Christi spricht. Durch die H. des Vaters wurde Christus auferweckt (Röm 6,4) und aufgenommen in die H. (1Tim 3,16; 1Petr 1,21). Stephanus sieht den erhöhten Christus in der Sphäre der H. Gottes (Apg 7,55). Die *doxa*-Prädikationen Gottes werden auch auf Christus übertragen (1Petr 4,11; Hebr 13,21; Offb 5,12). Christus wird als »Herr der Herrlichkeit« bezeichnet (1Kor 2,8; Jak 2,1).

In den synoptischen Evv. ist von der H. Jesu vor allem im Blick auf seine Wiederkunft die Rede (Mk 8,38; 10,37; 13,26 par.; Mt 19,28; 25,31). Bei Lk kommt der Begriff auch in der Verklärungsgeschichte (9,31) vor, der Sache nach enthalten die Parallelberichte (Mk 9,2f; Mt 17,2) das gleiche. Die H., die Christus durch sein Leiden empfängt (Lk 24,26; 1Petr 1,11.21; Hebr 2,9), ist die Macht, die er mit seinem Vater teilt (Mk 8,38) und die sich am Ende der Welt offenbaren wird (Tit 2,13; 1Petr 4,13; 5,1). Insofern wird also die eschatologische Dimension der H. Christi besonders thematisiert.

Im JohEv. spricht Jesus von der H., die er beim Vater hatte, bevor die Welt war (17,5; vgl. 1,1). Die H. des fleischgewordenen *Logos (1,14) offenbart sich in seinen Wundern (*Zeichen) (2,11; 11,4.40) und in seiner gesamten irdischen Wirksamkeit, die zugleich der Verherrlichung des Vaters dient (17,4; 4,34). Vor allem durch seinen freiwillig übernommenen Tod (10,17) werden Jesus selber und der Vater verherrlicht (13,31f; 21,19; 17,1.4f).

Wie Jesus durch Leiden und Tod zur H. gelangte, so können auch die Gläubigen in der Nachfolge Jesu Anteil an seiner H. erhalten (Joh 12,26; Röm 5,2; 8,17f; 9,23; 1Petr 4,13; 5,1.4.10). Diese H. wird gelegentlich als ein himmlisches Licht (Mt 13,43) oder als Anteil an der königlichen Macht Gottes oder Christi beschrieben (Mt 19,28; Lk 22,30; 1Kor 6,2f; 1Thess 2,12; Offb 3,21). Das Wort H. dient häufig zur Charakterisierung dessen, was den Menschen als Vollendung verheißen ist.

Doch wird diese Berufung zur H. (1Thess 2,12) schon jetzt wirksam; denn die Hoffnung auf sie wird durch den Besitz des Geistes verbürgt (Röm 5,2.5); die H. wird also als schon gegenwärtiger Besitz aufgefaßt. Das zeigen auch die Aussagen, in denen H. und Rechtfertigung miteinander in Beziehung gesetzt werden (Röm 8,30). So spiegelt die gläubige Gemeinde aufgrund des Wirkens des Geistes die H. des Herrn wider (2Kor 3,18). An der H. Christi haben vor allem die Anteil, die mit Christus leiden (1Petr 4,14). Aufgrund göttlicher Berufung ist der Nachfolger Christi, der Diener des Neuen Bundes, mit H. ausgezeichnet (2Kor 3,4–11).

Literatur: S. Aalen: TBLNT I, [4]1986, 204–207; G. Kittel, G. v. Rad: ThWNT II, 1935, 235–245. H.P.

HERRSCHAFT. Neben den Begriffen »Reich« und »Reich Gottes« begegnet in der Bibel einigemale auch das Wort H.

1. Im AT scheint H. im gleichen Sinn wie Reich gebraucht zu werden. »Deine Herrschaft (hebr. *malkut*, «Königtum», dem griech. *basileia* Königsherrschaft entsprechend) währet für und für« (Ps 145,13). Wenn es in der messianischen Weissagung heißt, daß die H. »auf seiner Schulter« (nämlich des Friedefürsten) ist (Jes 9,5f), so ist es jene H. oder jenes Reich, das Christus einst am Ende in die Hände Gottes des Vaters zurücklegen wird (1Kor 15,24; vgl. Ps 103,22; Dan 6,27; Sach 9,10).

2. Im NT wird H. (griech. *kyriotes*) in strenger Abgrenzung gegen den Begriff »Reich« (griech. *basileia*) fast ausschließlich von den Engelmächten gebraucht. Wenn Paulus von der Gesamtheit aller durch Christi Vermittlung geschaffenen Dinge spricht, von dem Sichtbaren und dem Unsichtbaren, so gehören auch die himmlischen Mächte mit in dieses Bild von der Gesamtschöpfung hinein. Die vier Ausdrücke »Throne, Herrschaften, Mächte oder Gewalten« (Kol 1,16) umfassen die Wirklichkeit aller Engelmächte. In seiner Auferstehung und Himmelfahrt hat Christus sich zum Herrscher aufgeschwungen über alle H. im Himmel (Eph 1,21). Wenn er am Ende des gegenwärtigen Zeitalters selber seine Königsherrschaft dem Vater überantworten wird, wird er alle diese H. aufheben (1Kor 15,24). Paulus denkt gewiß hier vor allem an die Finsternismächte.

Nur an zwei Stellen im NT liegt ein anderer Sprachgebrauch vor. Freche Menschen »verachten die Herrschaft« (2Petr 2,10; Jud 8), d.h. sie verachten Gott und den Herrn Jesus Christus. Wie jene Finsternismächte wird auch diese Menschen das volle Gericht treffen. Vgl. *Macht/Gewalt; *Staat/Obrigkeit.

HERZ. (Hebr. *lēb* oder *lēbāh;* griech. *kardia*). Der Ausdruck wird verwendet für das Zentrum von Dingen. Es gibt wenige, aber keineswegs spezifische Verweise auf das körperliche Organ an sich; am deutlichsten 1Sam 25,37. In 2Sam 18,14 und 2Kön 9,24 scheint eine weitergehende Bedeutung im Sinne von »innere Organe« vorzuliegen; denn Absalom blieb am Leben, obwohl drei Stäbe sein »Herz« durchbohrt hatten. Diese ungenaue physiologische Definition ist typisch für das hebr. Denken bezüglich der inneren Organe. In Ps 104,15 beispielsweise wirken sich Essen und Trinken auf das »Herz« aus. Auch wenn dies physiologisch gesehen nicht stimmt, trifft es zu, wenn unter »Herz« das Innere der Menschen im weitesten Sinn verstanden wird.

Die Hebräer dachten eher von subjektiven Erfahrungen als von objektiven wissenschaftlichen Beobachtungen her und sprachen meistens vom ganzen Menschen mit all seinen physischen, psychischen und geistigen Attributen. Das H. galt als der lenkende Mittelpunkt all dieser Attribute. Es macht einen Menschen oder ein Tier zu dem, was er bzw. es ist, und lenkt all seine Taten (Spr 4,23). Charakter, Persönlichkeit, Wille, Verstand sind moderne Ausdrücke, die alle einen Teil der Bedeutung des Worts »Herz« in seinem bibl. Gebrauch widerspiegeln (vgl. jedoch *Leib).

Im AT werden (nach einer Aufstellung von H. Wheeler Robinson) die Worte *lēb* und *lēbāb* in folgenden Bedeutungen verwendet:

a. physisch oder figurativ (»Mitte«; 29mal);
b. Persönlichkeit, Innenleben oder Charakter im allg. (257mal, z.B. 2Mo 9,14; 1Sam 16,7; 1Mo 20,5);
c. emotionale Bewußtseinszustände im weitesten Sinne (166mal); Rausch (1Sam 25,36); Freude oder Leid (Ri 18,20; 1Sam 1,8); Angst (1Sam 4,13); Mut und Furcht (1Mo 42,28); Liebe (2Sam 14,1);
d. geistige Aktivitäten (204mal): Aufmerksamkeit (2Mo 7,23); Nachdenken (5Mo 7,17); Erinnerung (5Mo 4,9); Verstand (1Kön 3,9); technische Fertigkeit (2Mo 28,3);
e. Wille oder Absicht (195mal; z.B. 1Sam 2,35).

Im NT wird das Wort H. in einer ähnlichen Bedeutungsvielfalt verwendet. C. Ryder Smith schreibt dazu: »Es [das H.] verliert seinen körperlichen Bezug nicht gänzlich, denn es besteht aus ›Fleisch‹ (2Kor 3,3), aber es ist der Sitz des Willens (z.B. Mk 3,5), des Verstandes (z.B. Mk 2,6.8) und der Gefühle (z.B. Lk 24,32). Das heißt, daß ›Herz‹ von allen ntl. Begriffen der Bedeutung ›*Person‹ am nächsten kommt.« Obwohl H. auch mit Gefühlen in Verbindung gebracht wird, ist die Verbindung anderer Organe (*Eingeweide usw.) mit Emotionen doch häufiger. H. ist jedenfalls ein umfassender Begriff, und die Bibel unterscheidet nicht die rationalen oder geistigen Prozesse in der Weise, wie es die griech. Philosophie tut. C. Ryder Smith meint, daß »das erste große Gebot« vermutlich heißen soll: »Du sollst den Herrn, deinen Gott, lieben *(agapein)*, das heißt, mit deiner ganzen Seele und deinem ganzen Verstand und all deiner Kraft« (Mk 12,30.33).

Das H. als das Innere und Eigentliche des Menschen entscheidet auch darüber, wie der Mensch ist. Von Gott heißt es, daß er nicht auf das Äußere, sondern auf das H. sieht (1Sam 16,7). Als Zentrum des Menschen ist das H. auch der wichtigste »Ort« der Begegnung des Menschen mit Gott. Sicher ist das H. des Menschen böse von Jugend auf (1Mo 6,5; 8,19; Jer 17,9); der Mensch kann sein H. verhärten vor dem Anruf Gottes (Ps 95,7f), so daß Hes 11,19 von einem »steinernen Herz« sprechen kann. Was aus dem H. kommt, insofern in ihm böse Gedanken, Mord, Ehebruch, Unzucht, Diebstahl und Verleumdungen wohnen, macht den Menschen unrein (Mt 15,18f).

Die Hinwendung zu Gott verlangt eine Änderung des Herzens. »Ein zerbrochenes und zerschlagenes Herz« wird Gott nicht verschmähen (Ps 51,19). Bei dieser Bekehrung wird aber immer wieder die Initiative von Gott ausgehen. Er wird das H. der Menschen beschneiden (5Mo 30,6; Röm 2,29); David betet, daß Gott ihm ein reines H. schaffe (Ps 51,12). Jesus verheißt denen, die ein »reines Herz« haben, daß sie Gott schauen werden (Mt 5,8; vgl. auch Ps 24,4). Jeremia verheißt einen neuen Bund, dessen Besonderheit darin besteht, daß Gott das Bundesgesetz in das H. der Menschen schreiben wird (Jer 31,33). Nach Hesekiel wird Gott das H. aus Stein aus der menschlichen Brust entfernen und ein H. aus Fleisch schenken, das die Satzungen und Gebote Gottes beachtet (Hes 11,19f). Paulus sieht das in der christl. Gemeinde verwirklicht (2Kor 3,3).

Der Fromme ist mit seinem H. bei Gott (1Kön 15,14); Gottes Gesetz wohnt in seinem H. (Ps 37,31); er ist ein Mann nach dem H. Gottes (von David gesagt – 1Sam 13,14). Im NT wird an diese Aussage angeknüpft und gesagt, daß Gott seinen Geist in unser H. gegeben habe (Röm 5,5; 2Kor 1,22; Gal 4,6). Durch den Glauben soll auch Christus in den Herzen der Menschen wohnen (Eph 3,17).

Literatur: C. Ryder Smith: The Bible Doctrine of Man, 1951; H. Wheeler Robinson: The Christian Doctrine of Man, 1911; F. Baumgärtel, J. Behm: ThWNT III, 1938, 609ff; H. Köster: ThWNT VII, 1964, 548ff; Th. Sorg: TBLNT I, [4]1986, 680–683; H.-W. Wolff: Anthropologie des Alten Testaments, [4]1984. H.P.

HESCHBON. (Hebr. *cheschbōn*, »Plan, Berechnung«). Eine Stadt Moabs, die von Sihon,

Ausgrabungen am Tell Hesban (das biblische Heschbon), am Jordan. (AU)

Ostrakon (Tonscherbe), auf dem ein Ausschnitt aus einem ammonitischen Inventarverzeichnis (die Güter eines königlichen Haushalts) erhalten ist. Heschbon. 10,5 cm. 6. Jh. v.Chr. (AU)

dem König der Amoriter, eingenommen und zu seiner Residenzstadt gemacht wurde (4Mo 21,26). Nach seiner Niederlage gegen die Israeliten (21,21-24) wurde H. dem Stamm Ruben gegeben (32,37). Später erhielt sie Gad, dessen Land an das Rubens grenzte. Diese beiden sprachen sie den Leviten zu (Jos 21,39). Zur Zeit Jesajas und Jeremias, einer Epoche wirtschaftlicher Blüte, hatte Moab die Stadt H. zurückgewonnen (Jes 15,4; Jer 48,2; u.ö.), aber zur Zeit von Alexander Jannäus befand sie sich erneut in der Hand Israels (Jos.ant.Jud. 13.397). Überreste von Teichen und Kanälen sind in einem Arm des heutigen Wadi Hesbān zu sehen, an dem die Stadt lag (vgl. Hld 7,5). Ausgrabungen in Tell Hesbān haben seit 1968 Bauwerke aus der Eisenzeit, etwa von 1200 v.Chr. aufwärts, freigelegt. Es gibt aber keine Spuren aus der Späten Bronzezeit, die mit Sihon in Verbindung gebracht werden könnten. In der Nähe von H. gab es jedoch einige Stätten aus der Späten Bronzezeit. M.A.M./A.R.M.

HESEKIEL, BUCH.

I. PERSON.
Hesekiel (hebr. *jechäsqēl,* »Gott macht fest/Gott macht stark«) ist der Name des dritten der sog. großen Propheten. H., der Sohn des Busi (Hes 1,3) war Priester und Prophet zugleich (Hes 1,1-3). Mit großer Wahrscheinlichkeit wurde er 597 v.Chr. (2Kön 24,14ff) mit König *Jojachin nach Babylonien ins Exil geführt. Er hielt sich am Fluß Kebar auf. Dort wurde er fünf Jahre später zum Propheten berufen (Hes 1,2). Zur selben Zeit weissagte der Prophet Jeremia unter König *Zedekia in Jerusalem. Nach seiner Berufung zum Propheten lebte H. noch mindestens 22 Jahre (Hes 29,17) und gab Gottes Weisung an sein Volk weiter.

Über H.s Leben ist wenig bekannt. Obwohl er über detaillierte Kenntnisse des Jerusalemer Tempels und des Kultes verfügte, gibt es keinen Beleg, daß er dort auch als Priester gedient hätte. H. war verheiratet (Hes 24, 16.18); seine Frau starb, als Nebukadnezar 587 v.Chr. Jerusalem belagerte. Von Kindern H.s ist nichts bekannt. H. war der erste Prophet, der außerhalb des Landes Israel/Juda berufen wurde und seinen Auftrag ausübte. Unter den Verbannten in Babylon gab er Gottes Wort weiter durch Reden und Zeichen. Aus Hes 8,1; 14,1; 20,1; 33,30-33 geht hervor, daß Menschen in sein Haus kamen, um göttliche Weisung von ihm zu erfahren. Ob er öffentlich weissagte, ist nicht auszumachen.

II. DER GESCHICHTLICHE HINTERGRUND.
H.s Zeit kennzeichnen große politische Veränderungen in der israelit. Geschichte. Das assyr. Weltreich war zerfallen. In der Schlacht bei Karkemisch (605 v.Chr.) hatte Ägypten unter Pharao Necho – und das mit ihm paktierende Juda – eine empfindliche Niederlage durch die unter Nebukadnezar erstarkte Großmacht Babylon erlitten. Der judäische König *Jojakim (608-598 v.Chr.) nahm die neu entstandene politische Lage nicht ernst genug, sondern versuchte, sich mit dem geschwächten Ägypten aufs neue zu verbünden. Als Jojakims Nachfolger *Jojachin (598/7 v.Chr.) regierte, nahm Nebukadnezar in einer Blitzaktion Jerusalem ein. Jojachin wurde mit der Oberschicht der Bevölkerung und etlichen Handwerkern nach Babylon deportiert, an seiner Stelle wurde Zedekia zum König über Juda eingesetzt. Unter Zedekias Regierung (597-587 v.Chr.) spitzten sich die Verhältnisse noch weiter zu. Im 10. Monat des 9. Regierungsjahres Zedekias begann eine zweieinhalb Jahre währende Belagerung Jerusalems (vgl. Jer 37; 38), die am 9. Tag des 4. Monats im 11. Regierungsjahr Zedekias mit der Einnahme der Stadt endete (Jer 39,2). Die Stadt wurde 587 v.Chr. dem Erdboden gleichgemacht. Zu der Vernichtung der Stadt kam die Zerstörung des Tempels hinzu, die Auflösung der sinngebenden Lebensmitte.

III. AUFBAU DES HESEKIELBUCHS.
Die Eroberung Jerusalems durch die Babylonier (Hes 33,21f) teilt das H.-buch in zwei große Abschnitte. Im ersten Abschnitt (Hes 1-32) verkündigt H. dem Volk fast ausschließlich Buße und Gericht. Nach der Katastrophe über Jerusalem ändert sich seine Botschaft. Er spendet Trost und predigt das kommende Heil für Gottes Volk und Land:

Einleitung und Berufung (1-3)

Gericht über das Volk Israel (1-24)

1. Die Zeichen des Gerichts (4-5)
2. Das kommende Gericht (6-7)
3. Der Tempel in Jerusalem (8-11)
4. Zeichenhandlungen (12)
5. Gegen falsche Prophetie (13)
6. Gottes Antwort an Götzendiener (14)
7. Gleichnis vom unbrauchbaren Rebholz (15)
8. Jerusalem – ein treuloses Weib (16)
9. Gleichnisse (17)
10. Gott fordert Umkehr (18)
11. Klagelied um Israels Königshaus (19)
12. Israels ständiger Ungehorsam und Gottes Gericht (20-24)

Gericht über die Nationen (25-32)

1. Gegen Nachbarvölker (25)
2. Gegen Tyrus (26-28)
3. Gegen Ägypten (29-32)

Das kommende Heil (33-39)

1. Der Wächterdienst (33)
2. Israels Erneuerung (34-37)
3. Gegen Gog und Magog (38-39)

Das neue Gottesreich (40-48)

1. Der neue Tempel (40-42)
2. Der neue Gottesdienst (43-44)
3. Die neue Landverteilung und der neue Opferdienst (45-46)
4. Das neue Land (47-48)

IV. ZUR FORSCHUNG.
H. hat einen feststehenden Platz in der Liste der Väter, an denen Gott handelte, im Buch Sir aus dem 2.Jh.v.Chr. (Sir 49,10). Im 1.Jh. n.Chr. gab es jedoch Bestrebungen, das H.-buch aus dem öffentlichen Gebrauch zu nehmen. Dafür gab es drei Gründe.

a. Manche hielten Kap. 16 als für die Öffentlichkeit ungeeignet;

b. Kap. 1 und Parallelstellen fanden Verwendung in theosophischen Spekulationen (die Anhänger der Märkabah- [= Wagen] Mystik hielten sie für den Schlüssel zu allen Geheimnissen der Schöpfung);

c. Vor allem aber schienen zahlreiche Einzelheiten in den Kap. 40-48 im Widerspruch zum Gesetz Moses zu stehen, das bereits als unwandelbar galt. Die Mühen des Hananja ben Hezekiach, der die scheinbaren Diskrepanzen auflöste, garantierten H. eine öffentliche Stellung im pharisäischen Kanon.

Diese Stellung wurde selten angegriffen, und J. Skinner konnte 1898 sagen (HDB, 1, S. 817a): »Das Buch Hesekiel existiert (abgesehen von einem leicht entstellten Text) in der Form, in der es die Hand des Autors verlassen hat.... Weder die Einheit noch die Authentizität Hesekiels sind je von mehr als einer kleinen Minderheit von Gelehrten in Frage gestellt worden. Es trägt nicht nur das Gepräge eines einzigen Geistes in seinem Stil, seiner Bildersprache und seiner Denkweise, sondern ist darüber hinaus in der Anlage so klar und verständlich geordnet, daß die Überzeugung, einen einheitlichen literarischen Text vor sich zu haben, gänzlich unwiderlegbar wird.«

Trotz der Überzeugungskraft der Argumente begann sich seit 1924 die Auffassung zu wandeln. Die Angriffe auf die Einheit und die Authentizität H.s können in drei Gruppen eingeteilt werden.

1. Fragen zur Datierung des Hesekielbuchs: C.C. Torrey sah in dem Buch H. ein Pseudepigraph, geschrieben um 230 v.Chr., das die Greuel der Herrschaft Manasses beschreibt. Ein Herausgeber hätte es nicht später als 200 v.Chr. in die jetzige Form gebracht. M. Burrows kam durch linguistische Untersuchungen zu einem ähnlichen Schluß. L.E. Browne setzte seine Datierung in die Zeit Alexanders des Großen an. Im allg. wird das H.-buch als ein Komplex verstanden, der im Verlauf eines längeren Zeitabschnitts – beginnend mit der Abfassung bestimmter Einheiten durch H. – seine jetzige Gestalt fand. Die Zeitpunkte der verschiedenen Redaktionen werden recht unterschiedlich festgelegt.

2. Fragen zum Ort der Prophetien Hesekiels: Weil manche Aussagen des H.-buchs den Eindruck machen, der Prophet habe direkt zur Bevölkerung Jerusalems geredet, fragte Hentrich (Ezechielprobleme 1933), ob nicht mit einer Wirksamkeit des Propheten in Jerusalem zu rechnen sei. Und er stellte die These auf, H. sei ein Jerusalemer Prophet gewesen. Die Exulanten unter Jojachin können nicht seine Zuhörer gewesen sein. Doch dem stehen die Abschnitte des H.-buchs entgegen, die auf das Exil als Verkündigungsort hinweisen. Deshalb stellte 1934 Oesterley-Robinson (An Introduction to the Books of the Old Testament, S. 328f) die These auf: H. wirkte von 602-597 v.Chr. in Jerusalem, wurde dann nach Babylon deportiert und wirkte im Exil weiter. Andere, wie O.R. Fischer (The Unity of the Book of Ezekiel«, 1939 unveröffentlicht) und R.H. Pfeiffer (Introduction to the

Old Testament, 1941) »lösen« die Frage nach dem Ort der Weissagungen H.s, indem sie die These aufstellen: H. wurde mit Jojachin deportiert, kehrte infolge seiner Sendung zum Haus Israel wieder nach Jerusalem zurück, wo er die Greuel von Kap. 8 sieht und Jerusalems Zerstörung ansagt, um dann aufgrund eines neuen Auftrags wieder zu den Deportierten zurückzukehren.

Die Rechtfertigung dieser Auffassung ist die traditionelle Fehlinterpretation der Weissagungen H.s vor 586 v.Chr., die so verstanden wurden, als seien sie an das dem Untergang geweihte Jerusalem gerichtet. Ihre große Schwäche ist die – damit zusammenhängende - äußerst weitreichende Neuordnung des Textes des H.-buchs und das Fehlen jeder angemessenen Motivation für die Entstehung der tatsächlichen Tätigkeit H.s.

3. Fragen zur Einheit des Buches:
Indem G. Hölscher (1924) vor allem auf den Gegensatz zwischen Poesie und Prosa im H.-buch Bezug nahm, schrieb er am Ende H. selbst nur 170 Verse (hauptsächlich Poesie) von den insgesamt 1273 Versen zu, den Rest einem levitischen Herausgeber zwischen 500 und 450 v.Chr. W.A. Irwin (The Problem of Ezekiel) kam 1943 mit anderen Methoden zu ähnlichen Schlüssen. Er schrieb H. 251 echte Verse zu. Viele lehnen auch eine Autorschaft H.s in den Kap. 40-48 ab. Ihre Argumentation ist eine Aufforderung zu einer gründlicheren Exegese, aber sie hat nicht die Zustimmung der Mehrheit gefunden, obwohl redaktionelle Einfügungen zunehmend anerkannt werden.

Es ist festzustellen, daß diese intensiven kritischen Studien sich größtenteils gegenseitig aufgehoben haben. Zwar haben sie zu einem tieferen Verständnis vieler Aspekte des Buches geführt, doch bleibt die Grundhaltung im allgemeinen dieselbe wie vor 1924. Seit der Arbeit von C.G. Howie (1950) ist eine allg. Rückkehr zu eher konservativen Positionen zu bemerken. Wenige Theologen zweifeln noch daran, daß es sich um ein Werk der Exilszeit handelt, das von H. selbst verfaßt wurde. G. Fohrer zweifelt in den ersten 39 Kap., hauptsächlich auf seine subjektive Einschätzung gegründet, nur noch die Autorschaft von knapp über 100 Versen an, und auch dieser Vorbehalt berührt keine wesentlichen Teile der Botschaft des H.-buchs. Derselbe Theologe zweifelt die Autorschaft etwa der gleichen Anzahl von Versen in den letzten neun Kapiteln an; aber hier scheinen die Beweggründe in noch stärkerem Maß subjektiv zu sein.

Insgesamt scheint eine allg. Bewegung weg von der Auffassung stattzufinden, H. habe während der ersten Phase seiner Tätigkeit in Jerusalem geweissagt. Einer der Kommentare aus jüngster Zeit, (W. Zimmerli, 1979), vertritt eine im wesentlichen konservative Position. Childs (1979) betont die Würde der kanonischen Endgestalt des Textes und fordert auf, wieder nach dem Sinn der vorliegenden Endgestalt zu fragen.

V. DIE BOTSCHAFT HESEKIELS.
Da H., wie alle Propheten, von seiner Berufung her zu verstehen ist, steht dieses Ereignis am Anfang des Buchs. Charakteristisch für H. ist, daß er Gottes Wort vor allem durch Visionen empfängt und sie dann in Form von Gleichnisreden und Zeichenhandlungen weitergibt. All dies findet sich schon in Kap. 1-3 programmatisch vor.

H. wird zum Wächter über das Volk berufen (Hes 3,17ff), der im Auftrag Gottes die Sünde des Volkes – und später (Kap. 25-32) auch die Sünde der Nationen – aufzudecken hat. Die Verdeutlichung der Sünde ergeht an den einzelnen Menschen, den H. in seelsorgerlicher Weise auf seine Verantwortung anspricht. Gerichtsbotschaft und Untergangsdrohungen stehen im 1. Teil seiner Wirksamkeit (bis Kap. 32) so stark im Vordergrund, daß die Zusage von Gottes Heil fast vollständig fehlt. Gott will das Gericht bis zum Ende durchführen, denn er spricht: »Ihr sollt erfahren, daß ich der Herr bin.«

Die Sünde des Volks zeigt H. an der Art seiner Gottesdienste auf (Hes 8-11). Götzenbilder (Hes 8,3ff), Männer, die vor dem Tempel die Sonne anbeten (Hes 8,16ff), u.a. bewirken den Auszug der Herrlichkeit Gottes aus dem Tempel, der Ort der Begegnung mit Gott sein soll. Nachdem Tempel und Stadt von Gott verlassen sind, ist das Gericht unabwendbar. In Kap. 16 und 23 wird im Bild von der Ehe und ihrer Perversion, der Hurerei, besonders hart die Abwendung des Volkes von Gottes Liebe angeprangert.

Doch Gottes Gericht will nicht die Zerstörung, sondern zielt auf den Neuanfang mit Israel; es dient der Läuterung. Ohne Gemeinschaft mit Gott und ohne Gottes Gegenwart ist Leben nicht möglich. In Kap. 33-48 wird in dreifacher Weise davon gesprochen, wie dieser Neuanfang zwischen Gott und seinem Volk aussehen soll.

1. Gott sendet seinem Volk einen guten Hirten, der es sammelt und Juda und Jerusalem vereinigt (Kap. 34; 37).

2. Das Land Israel soll wieder neu bewohnt und bebaut werden und Frucht bringen (Kap. 36).

3. Die steinernen Herzen der Menschen werden von Gott durch fleischerne ersetzt (Kap. 36,26f). Der Schöpfer wirkt ein Neues

(Hes 37; Auferweckung der Totengebeine).

Der Neuanfang drückt sich für das Volk auch in einer Neuordnung des Ortes der Begegnung mit Gott, nämlich des Tempels und des Gottesdienstes, aus. Das schließt eine neue Ordnung des Landes mit ein. Erst wenn dieser Neuanfang vollzogen ist (Kap. 40-48), kehrt Gott zu seinem Volk zurück (Hes 43,2ff), ist wieder Gemeinschaft zwischen Gott und seinem Volk möglich.

Literatur: H. Brandenburg: Hesekiel, ³1982; M. Burrows: The Literary Relations of Ezekiel, 1925; B.S. Childs: Introduction to the Old Testament as Scripture, 1979; G.A. Cooke: The Book of Ezekiel, ICC, 1936; G. Fohrer und K. Galling: Ezechiel, 1955; G. Hölscher: Hesekiel: Der Dichter und das Buch, 1924; C.G. Howie: The Date and Composition of Ezekiel, 1950; W.A. Irwin: The Problem of Ezekiel, 1943; »Ezekiel Research since 1943«, VT 3, 1953, S. 54-66; J.B. Taylor: Ezekiel, TOTC, 1969; C.C. Torrey: Pseudo-Ezekiel and the Original Prophecy, 1930; W. Zimmerli: Ezechiel, BKAT XIII 1, ²1979; XIII 2, ²1979; ders.: TRE X, 1982, S. 766–781. H.L.E./Red.

HETITER. (Hebr. *chittīm, benē chet*). Das AT bezeichnet mit »Hetiter« ein großes Volk, das dem gesamten Syrien »von der Wüste bis zum Libanon und von dem großen Strom Euphrat bis an das große Meer gegen Sonnenuntergang« (Jos 1,4) seinen Namen gab, als auch eine ethnische Gruppe, die seit der Erzväterzeit bis nach der israelit. Besiedlung (1Mo 15,20; 5Mo 7,1; Ri 3,5) dort lebte und wörtlich »die Kinder Hets« (1Mo 23,3 u.ö.) genannt wurde, nach ihrem Vorfahren Het, einem Sohn Kanaans (1Mo 10,15).

Skizze der hetitischen Hauptstadt Hattusa (Bogazköi), errichtet im 16. Jh. v.Chr. durch Mursilis I.

Gebiete unter hetitischem Einfluß

Gesamtansicht der Ruinen des großen hetitischen Tempels (Tempel I) in Hattusa, der wahrscheinlich dem Wettergott geweiht war. (JDH)

Eines der großen Tore in der äußeren Mauer der hetitischen Hauptstadt Hattusa aus dem 14.–13. Jh. v.Chr. Bogazköi, Türkei. (JDH)

I. DAS REICH DER HETITER.
Das hetitische Reich wurde um 1800 v.Chr. durch ein indogermanisches Volk begründet, das sich etwa zwei Jahrhunderte zuvor in kleinasiatischen Stadtstaaten angesiedelt hatte. Den Namen »Hetiter« übernahmen sie von den Chattiern, den früheren Bewohnern ihres Siedlungsgebietes, deren Erbe in der hetitischen Kunst und Religion sowie in Namen und Titeln von Göttern und Königen klar erkennbar ist. Als sich das hetitische Reich ausweitete, wurde die Bezeichnung »Hetiter« auf die Völker und Gebiete, die es sich eingliederte, ausgedehnt. Ein früher hetitischer König, Tutchalijas I. (ca. 1720 v.Chr.), wurde – mit allem Vorbehalt – mit »Tidal, dem König von Völkern« von 1Mo 14,1 identifiziert. Um 1600 v.Chr. dehnte Chattusilis I. seine Herrschaft auf Teile Nordsyriens aus. Sein Nachfolger Mursilis I. errichtete in Hattusa (dem heutigen Bogazköi) östl. des Halys eine neue Hauptstadt, den dort 1906 entdeckten Archiven verdanken wir großenteils unsere Kenntnis der hetitischen Geschichte und Literatur. Mursilis I. eroberte Aleppo und überfiel anschließend ca. 1560 v.Chr. Babylon – ein Ereignis, das den Sturz der ersten babylon. Dynastie mit herbeiführte. König Telipinus (ca. 1480 v.Chr.) war der große hetitische Gesetzgeber. Zwischen den hetitischen Gesetzen und denen des Pentateuch bestehen auffallende Ähnlichkeiten, und zwar eher im Detail und in der Anordnung als in der Gesamtkonzeption. Während die Gesetze des Pentateuch wie die großen semit. Gesetzescorpora des Vorderen Orients die lex talionis (vgl. 2 Mo 21, 23-25) als Grundprinzip anwenden, sind die hetitischen Gesetze

Der hetitische König Warpalawas steht in anbetender Haltung vor dem Sturmgott Tarhun, der als ein Fruchtbarkeits- und Vegetationsgott dargestellt ist. Felsrelief aus Ivriz im Taurus-Gebirge. Höhe des Königs ca. 2,40 m, des Gottes 4,20 m. Spätes 8. Jh. v.Chr. (JDH)

geprägt von dem spezifisch indogermanischen Prinzip der Entschädigung (Wergeld). Auch zwischen dem Formular hetitischer Vasallitätsverträge und dem atl. Bundesformular wurden Analogien festgestellt. Weitere wichtige Berührungspunkte gibt es bei der Leviratsehe und dem Vorgehen zur Ermittlung des göttlichen Willens oder kommender Geschehnisse mit Hilfe von Teraphim und *sobot* (»vertraute Geister«).

Den Höhepunkt seiner Macht erreichte das hetitische Reich unter Suppiluliuma I. (ca. 1380-1350 v.Chr.). In seiner Provinz Kizzuwatna im SO Kleinasiens wurde zum ersten Mal im Vorderen Orient Eisen geschmolzen, und zwar in einem solchen Ausmaß, daß man mit Recht vom Beginn des Eisenzeitalters sprechen kann. Er dehnte sein Reich über Obermesopotamien und Syrien bis in den S des Libanon aus. So gerieten die H. in Konflikt mit dem ägypt. Drang nach N; die Feindseligkeiten zwischen den beiden Mächten dauerten bis 1284 v.Chr., als Chattusilis III. und Ramses II. in einem Nicht-Angriffspakt den Orontes als gemeinsame Grenze anerkannten.

Der Zusammenbruch des hetitischen Reiches um 1200 v.Chr. wurde durch feindliche Übergriffe vom W her verursacht.

II. DIE HETITISCHEN KÖNIGREICHE.
Mit dem Zusammenbruch des hetitischen Reiches wurden 24 Stadtstaaten der Tabali (»Tubal« im AT) Erben des hetitischen Stammlandes nördl. des Taurus. In Syrien behielten sieben Stadtstaaten, die zum Hetiterreich gehört hatten, den Namen »Hetiter« einige Jahrhunderte lang bei; ihre Herrscher wurden »die Könige der Hetiter« genannt. Hamat am Orontes und Karkemisch am Euphrat waren die bedeutendsten dieser sieben Städte. Hamat war mit David verbündet (2Sam 8,9ff), dessen Königreich an »Kadesch im Land der Hetiter« (2Sam 24,6; Tachtim-Chodschi) grenzte. Salomo trieb mit »allen Königen der Hetiter« Handel und verband sich durch Heirat mit ihnen (1Kön 10,28f; 11,1). Im 9. Jh.v.Chr. konnte ihre militärische Stärke die Armee von Damaskus durch bloße Gerüchte in Panik versetzen (2Kön 7,6). Im darauffolgenden Jh. jedoch wurden sie der Reihe nach durch die Assyrer bezwungen; Hamat fiel 720 v.Chr. und Karkemisch 717 (vgl. 2Kön 18,34; 19,13; Jes 10,9).

Die zeitgenössischen assyr. und babylon. Quellen (bis zur chaldäischen Dynastie) bezeichnen das gesamte Syrien (einschließlich Palästinas) regelmäßig als »Hatti-Land«; im Jahr 711 v.Chr. kann Sargon II. von dem Volk von Aschdod als »den treulosen Hatti« sprechen.

Die Sprache der sieben hetitschen Königreiche ist durch Hieroglyphentexte bekannt, die in den letzten Jahren entziffert werden konnten. Zweisprachige Inschriften in Hiero-

Luwische Hieroglyphen-Inschrift des Hetiters Wasu-Sarmas (Wassurme), des Königs von Tabal, der den Assyrern in den Jahren 738 und 732 v.Chr. Tribut leistete. Hier berichtet er über eine Schlacht gegen sieben verbündete anatolische Könige. Aus Topada, Türkei. (JDH)

glyphenhetitisch und Phönizisch, die in Karatepe in Zilizien entdeckt wurden (1946-47), trugen erheblich zur Entzifferung bei. Die Sprache dieser Texte ist nicht identisch mit der offiziellen Sprache des früheren hetitischen Reiches, die in Keilschrift geschrieben war und 1917 als indogermanische Sprache identifiziert wurde. Sie ähnelt eher der Sprache der Luvier, einer verwandten indogermanischen Sprache.

III. DIE HETITER KANAANS.

Die H. Kanaans erscheinen in der Erzväterzeit als Bewohner des Gebirges von Juda, besonders des Gebiets um Hebron. Man hat vermutet, daß sie ein Zweig der vorindogermanischen Hatti waren oder aus einem Teil des hetitischen Reiches kamen; das hetitische Reich selbst erstreckte sich nie so weit nach S. Sie könnten auch nur den Namen mit den Hetitern aus dem N gemeinsam gehabt haben. Die einfachste Erklärung wäre jedoch, daß auch hier wie in den assyr. und babylon. Urkunden mit den Hetitern die Einwohner Syriens und Palästinas gemeint sind. In 1Mo 23 sind die Hetiter die in Hebron ansässige Bevölkerung (»das Volk des Landes«), unter denen Abraham als »Fremdling und Beisasse« lebte und von denen er den Acker in *Machpela mit seiner Höhle als Erbbegräbnis erwarb. Der Bericht von diesem Kauf soll »durchdrungen sein von komplizierten Spitzfindigkeiten hetitischer Gesetze und Bräuche, die der Zeit Abrahams genau entsprechen« (M.R. Lehmann, BASOR 129, 1953, S. 18; für eine andere Auffassung s. aber G.M. Tucker, JBL 85, 1966, S. 77ff). Esau kränkte seine Eltern, als er zwei »Hetiterinnen... Töchter des Landes« (1Mo 27,46; vgl. 26,34f) heiratete – offenbar im Gebiet von Beerscheba. Nach Hes 16,3.45 hatte Jerusalem eine gemischte Bevölkerung aus Hetitern und Amoritern. Man meinte, daß der Name *Araunas, des Jebusiters (2Sam 24,16ff), hetitisch sei, und Uria, der Hetiter, der offensichtlich aus Jerusalem stammte, war einer von Davids »Helden« (2Sam 23,39). Auch Ahimelech, einer von Davids Begleitern während seiner Ächtung, wird als Hetiter bezeichnet (1Sam 26,6). Der letzte Hinweis auf die Hetiter Kanaans bezieht sich auf die Zeit Salomos (2Chr 8,7).

Literatur: O.R. Gurney: The Hittites, ^{2}1966; ders.: Some Aspects of Hittite Religion, 1976; O.R. Gurney, J. Garstang: The Geography of the Hittite Empire, 1959; S. Lloyd: Early Anatolia, 1956; L. Woolley: A Forgotten Kingdom, 1953; E. Akurgal: Hethitische Kunst, 1962; G. Walser (Hrsg.): Neuere Hethiterforschung, 1964; H.A. Hoffner: Some Contributions of Hittitology to OT Study, TynB 20, 1969, S. 29ff; ders.: The Hittites and Hurrians, in: POTT, S. 197ff; F. Cornelius: Geschichte der Hethiter, ^{3}1979; J. Lehmann: The Hittites, 1977; F. Sommer: Hethiter und Hethitisch, 1947; A. Götze: Kleinasien, ^{2}1957; J. Friedrich: Die hethitischen Gesetze, 1959. F.F.B.

HEUCHELEI, HEUCHELN, HEUCHLER.

1. Als H. ist ein Verhalten zu bezeichnen, bei dem Handlungen, Gebärden und Worte des Menschen nicht seinem Inneren entsprechen. H. kann sich in einzelnen zweckbedingten, durchaus bewußten Akten äußern, aber auch zu einem Zustand werden, dessen fortgesetzte Äußerungen fast unbewußt geworden sind.

Es gibt mehrere, in ihrer Bedeutung leicht unterschiedliche hebr. Wörter, die glatte Reden (Ps 5,10; 12,3-4) und gottlose Gesinnung bezeichnen; dabei ist die Absicht der Täuschung nicht unbedingt eingeschlossen. Das griech. Wort *hypokritēs* bedeutet zunächst »Schauspieler«, meint also einen Menschen, der eine Maske trägt und die Rolle einer anderen Person spielt.

2. Wer Menschen gegenüber heuchelt, täuscht Gefühle vor, die er nicht empfindet, um sich Vorteile zu verschaffen oder seinem Nächsten zu schaden (Spr 28,23; 29,5; Mt 22,18). Auch Petrus heuchelt, als er sich aus Menschenfurcht auf die Seite einer Autorität (Gesetz) stellt, die er in Wirklichkeit nicht mehr anerkennt (Gal 2,13).

3. Als H. Gott gegenüber bezeichnet Ps 78,36 die Hinwendung zu Gott ohne innere Umkehr. Häufig wird der Ausdruck H. im NT auf Pharisäer und Schriftgelehrte angewandt. Bei vielen von ihnen war der ursprüngliche Eifer, Gott zu dienen, verflacht und veräußerlicht. Mit einer leergewordenen Form der Frömmigkeit täuschten sie andere und sich selbst (Mt 6,2.5.16). Ja, sie erfüllten diese Form mit einem ihr fremden, gegen Gott gerichteten Geist (Mt 23,13).

Darin besteht die Gefahr aller zur Gewohnheit gewordenen Frömmigkeit, daß man sich mit der äußeren Form begnügt und dadurch dem Gericht Gottes verfällt (Mt 15,7.8; 16,3; Lk 12,1).

HEUSCHRECKE s. Tiere

HEUTE.

I. WORT UND BEGRIFF.

Im Hebr. wie auch im Griech. bedeutet das entsprechende Wort »an diesem Tage« (auch latein. *hodie* und althochdeutsch *hiu-tac*, »heute«). Gemeint ist der gegenwärtig ablaufende Tag. So ordnet Mose an: »Eßt dies heute, denn heute ist der Sabbat des Herrn« (2Mo 16,25; vgl. 2Mo 13,14; Jak 4,13 u.ö.). Natürlich kann h. auch im weiteren Sinn »zu dieser Zeit« bedeuten (z.B. Mt 11,23).

II. DAS EWIGE IM HEUTE.
Der der Vergangenheit nachtrauernde oder von ihr beschwerte, Zukunftsträumereien hingegebene oder sich vor dem Kommenden fürchtende Mensch verliert sein H. Der gegenwärtige Augenblick bleibt unerfüllt. Wenn aber das Ewige in das Zeitliche hineinragt, gewinn der Mensch sein H. zurück. In dem H. der Engelbotschaft (Lk 2,11) steht die Zeit still, ragt die Ewigkeit in die Zeit hinein. Die Hirten auf Bethlehems Feld erleben ein H., das nicht mehr vergeht. Ähnlich erging es den Zeugen der Predigt Jesu in Nazareth, als er sagte: »Heute ist dieses Wort der Schrift erfüllt vor euren Ohren« (Lk 4,21). Dieses H. eröffnet die »angenehme Zeit«, den »Tag des Heils« (2Kor 6,2). Solch ein H. erfuhren Zachäus (Lk 19,9) und der Verbrecher am Kreuz (Lk 23,43). Schon lange bevor durch den Fall des Menschen die Zeit zur Nichtigkeit wurde, hatte Gott den Einbruch der Ewigkeit in die Zeit geplant. »Du bist mein Sohn, heute habe ich dich gezeugt« (Ps 2,7 u.ö.). Auch schon im AT gewinnt die flüchtige Zeit durch Gottes Kundgebungen Ewigkeitsgehalt (2Mo 14,13; 5Mo 9,1; 11,26f; Jos 22,31; 1Sam 11,13). Dem vergänglichen H. der unerlösten Welt setzt Gott sein bleibendes H. eines langandauernden Heilstages (Jes 49,8.9) entgegen.

III. DER ENTSCHEIDUNGSCHARAKTER UNSERES HEUTE.
Das flüchtige H. der verrinnenden Lebenszeit und das bleibende H. eines langen Heilstages rufen in die Entscheidung: »Wenn ihr doch heute auf seine Stimme hören wolltet« (Ps 95,7f u.ö.). Erschwerend fällt ins Gewicht, daß diese Gnadenzeit einmal zu Ende geht. Darum ist Wachsamkeit und gegenseitige Ermahnung geboten, »solange es 'heute' heißt« (Hebr 3,13).

HEZRON. (»Schlanker«).

1. Dritter Sohn *Rubens (1Mo 46,9; 4Mo 26,6); seine Nachkommen bilden das Geschlecht der Hezroniter.

2. Sohn des *Perez und Enkel *Judas (1Mo 46,12). Seine Nachkommen, die das judäische Geschlecht der Hezroniter bilden (4Mo 26,21), werden 1Chr 2,9-3,24; 4,3-7 aufgezählt. Auch David und das judäische Königsgeschlecht gehören dazu.

3. »Hürde«. Ort an der Südgrenze Judas, westl. von Kadesch-Barnea (Jos 15,3). Die genaue Lage ist unbekannt.

HIDDEKEL s. Tigris

HIERAPOLIS. Stadt in der röm. Provinz Asia, im W des asiat. Teils der heutigen Tür-

Ungewöhnliche Felsformationen in Hierapolis (Pamukkale, Türkei), entstanden durch Kalkablagerungen aus den heißen Quellen, für die der Ort berühmt war. (SH)

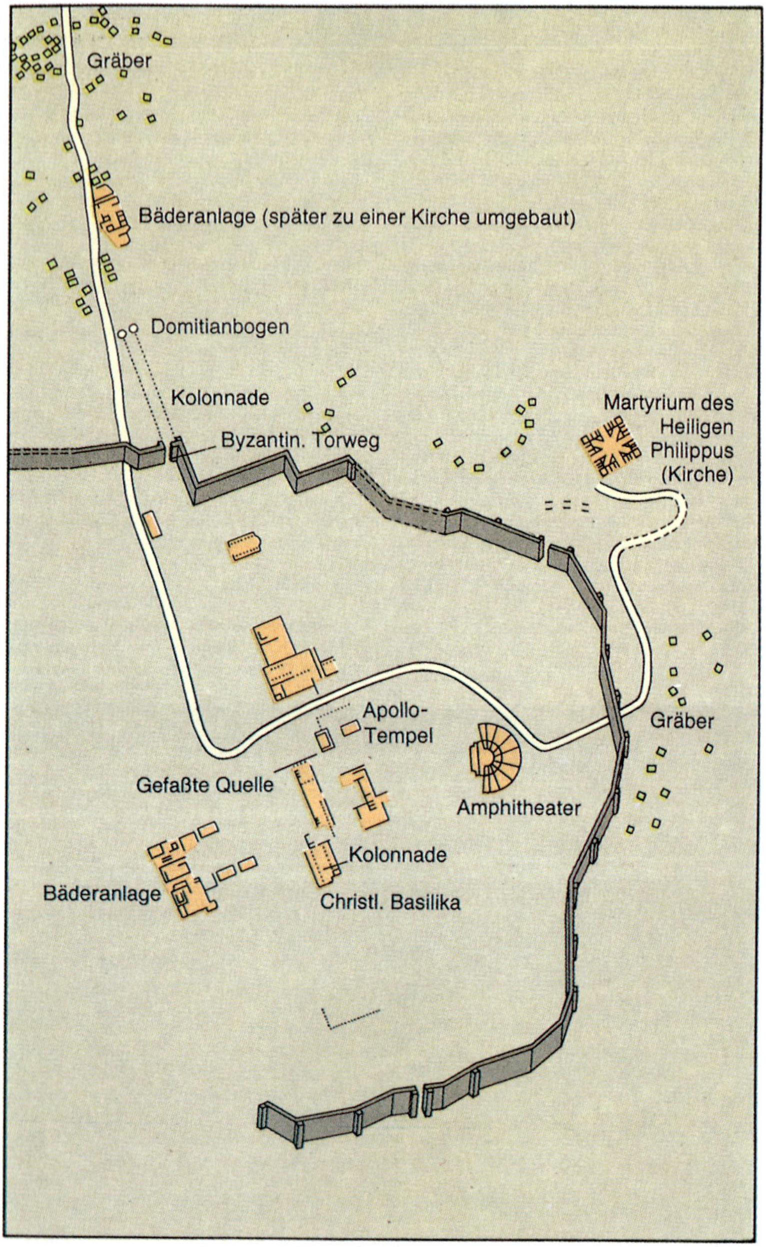

Die Anlage der alten Stadt Hierapolis.

Hierapolis in der römischen Provinz Asia.

kei. H. lag etwa 10 km nördl. von *Laodizea auf der anderen Seite des breiten Lykostals. Die Stadt war bei ergiebigen heißen Quellen errichtet worden, die bekannt waren für ihre Heilkräfte. Es gab auch eine unterirdische Öffnung, aus der plutoniumhaltiges Gas entwich, die aber später, etwa im 4.Jh.n.Chr., durch die Christen zugeschüttet wurde. Das heiße Wasser ergoß sich über terrassenartige Gesteinsformation; durch Kalkablagerungen bildeten sich weiße Klippen, die dem Ort den heutigen Namen Pamukkale (»Baumwollschloß«) gaben. Diese natürlichen Gegebenheiten machten H. (»heilige Stadt« anstatt des früheren »Hieropolis«, »Stadt des Heiligtums«) zu einem Zentrum heidnischer Bräuche, auf denen die Bedeutung der Stadt und ihr Wohlstand in erster Linie beruhten. Die Gemeinde in H. dürfte gegründet worden sein, als Paulus in Ephesus lebte (Apg 19,10), vielleicht durch Epaphras. Sie wird nur in Verbindung mit ihren engen Nachbarn *Kolossä und *Laodizea erwähnt (Kol 4,13). In Offb 3,15-16 könnten die berühmten heißen Quellen gemeint sein im Gegensatz zum kalten Wasser in Kolossä und dem lauwarmen in Laodizea. Nach Polykrates, Bischof von Ephesus ca. 190 n.Chr., den Euseb (h.e. 3.31) zitiert, wurde der Apostel Philippus in H. begraben. Jedoch werden in den Quellen Apostel und Evangelist verwechselt. Auch Papias sowie der stoische Philosoph Epiktet wurden mit der Stadt in Verbindung gebracht. M.J.S.R./C.J.H.

HILKIJA. (Hebr. *chilqījāhū,chilqījā,* »mein Besitz ist Jahwe«).

1. Vater Eljakims, des Hofmeisters Hiskias (2Kön 18,18.26.37; Jes 22,20; 36,3.22).

2. Hoherpriester während Josias Herrschaft. Bei den Ausbesserungsarbeiten am Tempel fand er das Gesetzbuch und gab es dem Schriftgelehrten Schafan. H. zählte zu der Abordnung, die der König zur Prophetin *Hulda sandte, um Gottes Willen in dieser Angelegenheit zu erfahren. Außerdem trug H. dazu bei, Josias Reform zu verwirklichen (2Kön 22-23; 2Chr 34; 35,8).

3. und 4. Leviten aus der Familie von *Merari (1Chr 6,30; 26,11).

5. Einer, der bei dem Schriftgelehrten Esra stand, als dieser das Gesetz Gottes von einer hölzernen Kanzel aus verlas (Neh 8,4).

6. Eines der »Häupter der Priester«, die mit Serubbabel nach Judäa zurückgekehrt waren (Neh 12,7.21). Möglicherweise identisch mit 5.

7. Vater des Propheten *Jeremia und Mitglied der Priesterfamilie von *Anatot (Jer 1,1). Vermutlich ein Nachkomme Abjatars, des Hohenpriesters z.Zt. Davids, der von Salomo vertrieben wurde, weil er *Adonija unterstützt hatte (1Kön 2,26). H. könnte der amtierende Priester der ländlichen Gemeinde in Anatot gewesen sein.

8. Vater Gemarjas, einer der Botschafter, die *Zedekia zu *Nebukadnezar schickte (Jer 29,3).

HIMMEL.

A. Himmel und Weltbildvorstellung.

Die bibl. Aussagen über den bzw. die H. müssen im vorab gegen Mißverständnisse abgegrenzt werden: Sie sind keine naturwissenschaftlichen Aussagen im modernen Sinn und demnach auch keinem wissenschaftlichen Weltbild oder -modell verpflichtet. Dies bedeutet einerseits, daß die verschiedenen Aussagen nicht in apologetischer Manier mit neuzeitlich-naturwissenschaftlichen Modellen des Alls harmonisiert werden dürfen; andererseits ist zu betonen, daß ein wie auch immer im einzelnen gestaltetes, mythologisches Weltbild nicht der Aussageintention der bibl. Texte entspricht: »Der oft gewagte Versuch, z.B. das babylonische Weltbild graphisch zu erfassen, ist und bleibt ein den alten Vorstellungsintentionen ferner und fremder Versuch. Wohl ist nicht daran zu zweifeln, daß die antike Weltorientierung, vom Standort der Erde ausschauend, nach einem Oben und nach einem Unten und nach dem Fernen fragt. Aber schon die Erklärung, der Himmel werde als ›drittes Stockwerk‹ gedacht, unterstellt eine starre, statische Registrierungsweise und ein Fixierungsvornehmen, das der Wirklichkeit des antiken Weltverständnisses kaum gerecht wird« (H.-J. Kraus, Theologie der Psalmen, BKAT XV/3, S. 57, vgl. a. ThWNT V, 502, 28f). Das Entscheidende ist, daß der Mensch beschreibt, was er sieht; das Wahrgenommene ergibt sein Bild von der Welt und verbindet ihn so mit allen Menschen, die von ihren natürlichen Anlagen her in derselben Art und Weise wahrnehmen. Dieses allgemeinmenschliche Weltbild (das zugleich ein Daheimsein in eben dieser so erkannten Welt ermöglicht) ist in den bibl. Himmelsaussagen vorauszusetzen. So ergibt sich aus der Perspektive des auf der Erde lebenden Menschen, daß Höhe Herrschaft und Macht (Ps 102,20; 148,1) bedeutet, während Tiefe als Strafe Gottes verstanden wird (vgl. Jes 14,12.15). Die kosmologischen Bilder sind aber zugleich ihrem Wesen nach dem Geschichtshandeln Gottes untergeordnet: Dem Geschaffenwerden von Erde und H. am Anfang der Geschichte (1Mo 1,1) stehen die Aussagen von Vergehen (Ps 102,27; Jes 51,6; Mt 24,35; Offb 20,11) und Neuschöpfung von Erde und H. (Jes 65,17; Offb 21,1) gegenüber. Als Kontinuum bleibt allein Gottes schöpferisches und damit geschichtsmächtiges Handeln, der darum immer wieder Ziel der doxologischen Aussagen über H., Erde und alles, was sie enthalten, ist. Darum werden auch H., Erde und mit ihnen alles Geschaffene aufgefordert, Gott zu loben (vgl. Ps 19,2; 69,35; 96,11); darum auch die Aussage in Hiob 15,15, daß vor Gott der geschaffene und damit der Vergänglichkeit und Sünde potentiell unterworfene H. nicht rein ist. Mit dem Bekenntnis zur Schöpfung von H. und Erde durch Gott ist weiter festgehalten, daß Gottes Sein und Wohnen nicht von ihnen abhängt. Dieser Glaube der bibl. Autoren um das Geschaffensein des ganzen Kosmos bewahrte sie davor, Gott an einen bestimmten Ort zu binden. Gott wohnt, wo er wohnen will (vgl. 1Kön 8,12f.16.27.29f; Jes 57,15). Zudem sind die Aussagen über ein Wohnen Gottes nicht zu trennen von seiner Allgegenwart, wie sie besonders Ps 139,1b-10 (vgl. auch Ps 73,23-26) ausdrückt. Hier sind die bibl. Vorstellungen von den altorientalischen und griech. scharf zu trennen, wo die Götter räumlichen Grenzen unterworfen sind, wie besonders die zahlreichen Lokalgottheiten zeigen (vgl. E. Lerle: Das Weltbild der Bibel, S. 45f). In dem so umrissenen Rahmen ist nun die Frage nach dem Ort und Wesen des H.s bzw. der H. zu stellen.

B. Zum Wortgebrauch.

I. IM ALTEN TESTAMENT.

Verschiedene hebr. Worte, die sich in ihrem Bedeutungsumfang nicht streng voneinander abgrenzen lassen, werden in dt. Übersetzungen mit »Himmel« wiedergegeben.

1. Mit 458 Belegen (420 hebr., 38 aram.; immer im Plural) ist *schāmmajim* das weitaus wichtigste. Das Wort bezeichnet den von Erde und Meer verschiedenen Raum, d.h. für den Menschen alles, was sich über der Erd- oder Wasseroberfläche befindet. Das atl. Hebr. besitzt kein Wort für »Luft«, so daß auch dieses Wortfeld z.T. mit der Vokabel *schāmmajim* abgedeckt wird (bes. deutlich an dem Ausdruck »Vögel des Himmels« [38x]; vgl.

a. 2Sam 18,9; Absalom, als er sich im Baum verfängt, schwebt »zwischen Himmel und Erde«; vgl. Hes 8,3; Sach 5,9). Wie im Dt. finden darum meteorologische und astronomische Phänomene am bzw. vom H. herab statt: Wasser (Jer 10,13), Regen (1Mo 8,2), Tau (1Mo 27,28), Reif (Hiob 38,29), Schnee (Jes 55,10), Feuer (1Mo 19,24), Staub (5Mo 28,24), Hagel (Jos 10,11) kommen vom H. herab, ebenso das Manna in der Wüste (2Mo 16,15.31ff; Ps 105,40: »Himmelsbrot«). Aus dieser menschlichen Erfahrung heraus entstand der Gedanke von Vorratskammern für den Wind (Jer 49,36; Hiob 37,9.12), Schnee und Hagel (Hiob 38,22), die am oder im H. vorgestellt wurden. Doch wurden solche Aussagen nie in einer Himmelstopographie systematisiert (wie sehr viel später in Teilen der jüd. Literatur, z.B. äthHen 14.71; BarApk = 3Bar). Es blieb bei den im übrigen sehr seltenen Bildern, zu denen noch die Fenster (1Mo 7,11; 8,2; 2Kön 7,2.19; Mal 3,10), Türen (1Mo 28,17; Ps 78,23) und Säulen (Hiob 26,11) bzw. Grundfesten des H.s gehören (2Sam 22,8). Nirgends wird im AT auch nur der Versuch unternommen, daraus eine einheitliche Vorstellung zu gewinnen. Vielmehr stehen alle diese Bilder im Zusammenhang mit Gottes schöpferischem oder (im positiven oder negativen Sinn) heimsuchenden Handeln.

Sonne, Mond und Sterne sind Phänomene am H., eben weil sie *über* dem Menschen sind (vgl. 1Mo 15,5; Jos 10,13; Hiob 38,32f; Ps 19,5b-7).

Der Gedanke an eine Mehrzahl von übereinanderliegenden H.n, wie die Pluralform von *schāmmajim* und die Wendung »Himmel des Himmels« (5Mo 10,14; 1Kön 8,27 u.ö.) nahezulegen scheinen, ist zwar angedeutet, aber im AT nirgends entfaltet. Der menschlichen Anschauung war eben nur der eine H. zugänglich. Erst sehr spät entstanden die Spekulationen über mehrere H. (die als himmlische Paläste oder Tempel verstanden wurden, vgl. TestLev, AscJes, bChag 12b, sowie die gesamte Hekhalotliteratur, zugänglich in der Reihe TSAJ, vgl. *Apokalyptik III.), von denen wir auch im NT lesen (2Kor 12,2f; Hebr 4,14). Zum H. als Wohnung Gottes vgl. C.

2. Die Himmelswölbung oder die Feste (Firmament) des H.s. Im Schöpfungsbericht (1Mo 1,6-20) wird die Erschaffung der Feste (hebr. *rāqiaʿ*, 19x im AT) erwähnt, die als Wasserscheide zwischen dem irdischen und himmlischen Ozean dient. Dabei sollte nicht an eine dicke Metallplatte o.ä. gedacht werden: Das dem Subst. *rāqiaʿ* zugrundeliegende Verb *rqʿ* bedeutet »zerstampfen« und »ausbreiten«. Das Überziehen eines Götzenbildes mit einer dünnen Goldschicht wird mit dem Wort bezeichnet (Jes 40,19).Von daher ist *rāqiaʿ* am Besten zu verstehen als »das Ausgehämmerte«, also »das Dünngemachte, das Ausgedehnte« (vgl. S.R. Külling: Fundamentum 3/1981, S. 8), mit dem der H. (als Raum oberhalb der Erde) begrenzt wird. Diese die Erde umgebende Hülle, die manchmal auch nur H. heißen kann, wird weiter mit einem ausgespannten Teppich (Ps 104,2), einem dünnen Schleier (Jes 40,22), einem durchsichtigen Gebilde aus Saphir (2Mo 24,10) oder einem gegossenen Spiegel verglichen (Hiob 37,18). Gerade diese bildhafte Sprache zeigt, daß hier nicht mit naturwissenschaftlichen Termini, sondern in hymnischen Bildern geredet wird. Über dieser Feste war Wasser (1Mo 1,7), das bei der Sintflut die Erde überschwemmte (vgl. ThWAT IV, Sp. 633ff, Art. *mabbul*).

3. Gelegentlich nehmen noch andere Wörter die Bedeutung von H. an, so vor allem *mārom* (»Höhe«), das im Sinne von »Himmelshöhe« (Ps 18,17; 102,20; 144,7) verstanden wird, und seltener *schechaqim* (»Wolken«), die als Teil des H.s für diesen selbst stehen (5Mo 33,26: H. und Wolken als Synonyma, so Jes 45,8; Jer 51,9; Ps 36,6 u.ö.; vgl. Hiob 37,18; Ps 89,7.38).

II. IM NEUEN TESTAMENT.

1. Die Himmelsvorstellung des NT ist weitgehend mit der des AT identisch. Dabei garantiert besonders das griech. Wort *ouranos* als Übersetzung für hebr. *schāmmajim* (von den 458 hebr. Belegen sind 443 mit *ouranos* übersetzt) in der LXX die Kontinuität. Die hebr. Pluralform wurde weitgehend (sinngemäß) mit einer Singularform wiedergegeben. Erst in den Makk.-büchern, der Weish und anderen AT-Apokryphen, die nicht aus dem Hebr. übersetzt, sondern ursprünglich in Griech. verfaßt waren, taucht der Plural »die Himmel« (*ouranoi*) zahlreicher auf. Es zeigt sich daran, daß erst im hellen. Zeitalter die Himmelsspekulationen mit verschiedenen Himmeln, Orten und genauer Topographie aufkamen. Damit verbunden erleben die Vorstellungen der Himmelsreise von Menschen bzw. Seelen eine deutliche Blüte (vgl. A.F. Segal: Heavenly Ascent in Hellenistic Judaism, Early Christianity and their Environment, ANRW II 23.3, 1980, 1333-1394, Lit.!); im AT bestehen hierfür nur ganz vage Ansätze (Hiob 38,22-24; Ps 139,8; Spr 30,4), die eher auf die Unmöglichkeit einer solchen Reise hinweisen. Entwicklungsansätze boten – ohne daß dies in der Intention der Texte selbst liegt – die Entrückung *Henochs und *Elias, sowie die Visionen *Hesekiels. Von den 284 *ouranos*-Stellen im NT stehen 94 im Plural; davon allein

58 Stellen bei Mt (vgl. die Wendungen »der Vater in den Himmeln« und »Königreich der Himmel«). Hier wie bei den meisten anderen Stellen dürfte das hebr. Wort für den Plural ausschlaggebend gewesen sein, wenn auch die Vorstellung von mehreren H.n im NT etwas deutlicher zutage tritt. Sie fehlt aber bezeichnenderweise in der Offb, die nach Offb 4,1f noch am ehesten eine Himmelsreise wiedergibt.

2. Wie im AT ist der H. primär alles, was sich oberhalb des Menschen befindet: Die Vögel leben unter dem H. (Mt 6,26), d.h. in der Luft, meteorologische (Mt 16,2f; Jak 5,18) und astronomische (Mt 24,29; Offb 6,13; 12,4) Phänomene haben am H. ihren Ort. Darum kann auch die Präposition *anō* (»oben«) stellvertretend für »Himmel« stehen (Joh 8,23; 11,41), ebenso wie »hinaufsteigen« (*anabainō*) für die Rückkehr Jesu zum Vater gebraucht werden kann (Joh 6,62; vgl. Joh 3,13; 6,33: das Kommen Jesu in die Welt wird dementsprechend als ein »Herabsteigen«, *katabainō*, beschrieben).

Das Weltall wird bezeichnet als »Himmel und Erde« (Mt 5,18.34f; Lk 12,56 u.ö.), bzw. als »Himmel, Erde und Meer« (Apg 4,24; Offb 14,7). In Phil 2,10 wird der Herrschaftsbereich Christi unterteilt in himmlisch, irdisch, unterirdisch. Deutlich ist hier wieder das unter A. erwähnte Erfassen der Wirklichkeit vorausgesetzt. Für den Menschen erscheint das ihn Umgebende dreigeteilt: Er steht auf der Erde, hat über sich den H. und unter sich die »Unterwelt«, die er oft mit Wasser in Verbindung bringt, da Land immer von Wasser umgeben erscheint. Dieses »Weltbild des Altertums, von dem wir getrost als dem Weltbild der menschlichen Wahrnehmung sprechen können, das auch unser Weltbild ist, wenn wir unverbildet sind, gestattet allein das vollmenschliche Verhältnis zur Welt, die geistige Erfassung der Welt« (H. Gese, Die Frage des Weltbildes, in: Zur biblischen Theologie, S. 212).

C. Der Himmel als Ort Gottes.

1. Über dem Menschen befindet sich der H., und über dem Menschen steht Gott. Der H. steht für das Hohe, Erhabene, Unendliche (Ps 102,22). »Die Wahrnehmung des Himmels ist die der Grenze zur Transzendenz« (H. Gese, a.a.O., S. 211). Weil Gott selber der Hohe, Erhabene und für den Menschen Jenseitige ist, wird Gott als der Höchste (1Mo 14,18f; Ps 83,19), als Gott des H.s (1Mo 24,3.7; Offb 11,13.16) bezeichnet, dabei wissend, daß Gott doch über allen H.n (1Kön 8,27; 2Chr 2,5; Ps 57,6; Eph 4,10) ist und zugleich unendlich nahe (Ps 34,19; 145,18). Dahinter steht die Erfahrung und Überzeugung: Wo Jahwe gegenwärtig ist, »da tut sich die himmlische Welt auf« (H.J. Kraus, a.a.O., S. 92). Himmlische und irdische Welt sind nicht getrennt voneinander, sondern eng aufeinander bezogen, einander durchdringend (Jer 23,24). Ein statisches Weltbild mit drei Stockwerken vermag diese Dynamik nicht zu erfassen.

Dennoch gilt, daß neben dem Zion besonders der Himmel als Wohnung Gottes bezeichnet wird (5Mo 4,39; Jes 63,15; Ps 2,4; 89,12 u.ö.). Gott herrscht im H. als in einem geschöpflichen Bereich. Das himmlische Geschehen ist auf die Erde gerichtet: So wie dort Gottes Herrschaft besteht und sein Wille geschieht, soll es auch auf Erden sein (Mt 6,10). Entsprechend bekennt das NT, daß Jesus als Gottes Sohn vom H. herab kam (Joh 3,13) und nach seiner Auferstehung dorthin zurückkehrte (*Himmelfahrt).

Die Bildworte vom verschlossenen (5Mo 11,17; 1Kön 8,35) oder geöffneten H. (1Mo 28,12.17; Mal 3,10; Mt 3,16f par.; Joh 1,51; Offb 19,11) spiegeln die jeweilige Erfahrung der Glaubenden mit ihrem Gott wider: Gott wird als fern und geschieden erlebt (Pred 5,1; Jes 64,1) oder als der, der vom H. herab gnädig den Menschen heimsucht (Ps 18,10; Lk 2,9-15a; Offb 21,2). Der offene H. bei Jesu Taufe ist Zeichen dafür, daß in ihm der H. offen ist für den Menschen (vgl. Joh 10,9; 14,2).

II. DER HIMMLISCHE HOFSTAAT UND TEMPEL.

1. Wo Gott ist (s.C.I.), sind auch seine Diener: Er hält mit ihnen Rat und Gericht im H. (1Kön 22,17; Dan 7,9ff); sie dienen ihm (Jes 6,3; Hes 10; Dan 7,10; Offb 4 und 5) und bitten für die Menschen vor seinem Thron (Mt 18,10; Offb 5,8). Außerdem fungieren sie als Mittler zwischen Gott und den Menschen, d.h. zwischen H. und Erde (1Mo 28,12; Ri 6,21: der Engel des Herrn wird unsichtbar, sobald er seinen Auftrag erfüllt hat; er kehrt gleichsam in die himmlische Dimension zurück; so auch Ri 13,20; vgl. Apg 7,38; Gal 3,19; Hebr 2,2).

Im AT gehört auch *Satan zum himmlischen Hofstaat, wo er als Verkläger auftritt (Hiob 1,6; Sach 3,1f). Zu seinem Anhang gehören Mächte und Gewalten (1Kor 8,5; Eph 2,2; 3,10; 6,12), die im H. (Eph 2,2: Luftraum) ihr Unwesen treiben. Das Wort Jesu über den vom H. stürzenden Satan (Lk 10,18; vgl. Offb 12,9f.13) zeigt, daß dessen Macht überwunden ist (Kol 2,10.15). Die himmlische Welt hat nur einen Herrn: Jesus Christus.

2. Von besonderer Bedeutung für das NT, speziell den Hebräerbrief, ist die Vorstellung vom himmlischen Heiligtum, dessen Abbild

die Bundeslade und später der Tempel darstellt (vgl. 2Mo 25,9.40; 26,30; Apg 7,44; Hebr 8,5). In ihm hat Jesus als Hoherpriester ein vollgültiges Opfer ein für allemal dargebracht, nachdem er die zur irdischen und damit vergänglichen Welt gehörenden H. (Plural, Hebr 1,10ff) durchschritten hat (4,14). Er hat sein Opfer im wahren Heiligtum dargebracht (9,24) und sitzt nun zur Rechten des Thrones Gottes, der sich im himmlischen Allerheiligsten befindet (vgl. 2Mo 37,1-9).

III. DER HIMMEL ALS ORT DER HEILSGÜTER UND DER ESCHATOLOGISCHEN HOFFNUNG.

Alt- und neutestamentlicher Glaube erwartet alles Heil von Gott und seinem Sohn, dem Messias. Darum ist auch das Heil dort aufbewahrt, dort zu suchen und zu finden, wo Gott selber ist. Und dies ist der H. in jenem metaphysischen Sinn, in dem er auch Gottes Wohnung ist (vgl. Mt 6,20; 19,21; Lk 6,23; Kol 3,1ff; 1Petr 1,4). Weil Christus im H. zur Rechten des Vaters sitzt, darum reden die Glaubenden von ihrem Bürgerrecht im H. (Phil 3,20; vgl. Joh 14,2), weil ihnen die Verheißung gilt, daß sie sein werden, wo ihr Herr auch ist (Joh 17,24). Sterben bedeutet, bei Christus zu sein (Phil 1,23), und darum ist es legitim zu sagen, daß die Toten in Christus im H. sind (vgl. Offb 6,9 und *Eschatologie).

Als letzter Zielpunkt christlicher Hoffnung ist der neue H. und die neue Erde genannt, wo das himmlische Jerusalem als Wohnort dienen wird und Gottes Wohnung bei den Menschen sein wird (Offb 21f).

Zum »dritten Himmel« bei Paulus (2Kor 12,2) vgl. *Paradies.

Literatur: H. Traub, G. von Rad: ThWNT V, 1954, 496-543; B. Siede, H. Bietenhard: TBLNT I, [4]1986, 683-695; U. Schoenborn: EWNT II, 1981, 1328-1338; J.A. Soggin: THAT II, [3]1984, 965-970; K. Barth, KD III/3, 486-558; E. Lerle: Das Weltbild der Bibel, 1973; H. Gese: Die Frage des Weltbildes, in: Zur biblischen Theologie, [2]1983, 202-222; H. Bietenhard: Die himmlische Welt im Urchristentum und Spätjudentum (WUNT L/2), [2]1954; O. Hofius: Katapausis. Die Vorstellung vom endzeitlichen Ruheort im Hebräerbrief (WUNT I/11), 1970; ders.: Der Vorhang vor dem Thron Gottes (WUNT I/14), 1972. R.D.

HIMMELFAHRT. Von der Himmelfahrt Jesu Christi wird in Lk 24,50-53 und Apg 1,9-11 berichtet; vgl. auch Mk 16,19. Außerdem wird sie an mehreren Stellen im NT erwähnt bzw. vorausgesetzt, so in: Joh 6,62; 20,17; Apg 1,2.22; 2,33f; 3,21; 1Kor 15,5-8; Eph 4,8-10; 1Tim 3,16; Hebr 4,14; 9,24; 1Petr 3,22. Am häufigsten werden für H. die griech. Verben *analambanō* »aufnehmen, in die Höhe nehmen« im Passiv und *anabainō* »hinaufsteigen« im Aktiv gebraucht.

Traditionsgeschichtlich knüpfen die Berichte von der H. Christi an atl. und jüd. Erzählungen über Entrückungen an. Auch in der hellen.-röm. Antike gab es Entrückungserzählungen, z.B. von Romulus und Herakles. Im AT wird von der Entrückung Elias (2Kön 2,1-12) und Henochs (1Mo 5,24) erzählt. Die jüd. Überlieferung nahm dies auf (Sir 44,16; 48,9-11; 49,14; 1Makk 2,58; äthHen 70,1-3; slHen 67) und sprach darüber hinaus von der Entrückung Esras (4Esr 14,9.49), Baruchs (syrBar 46,7; 76,1-5) und Moses (Jos.ant.Jud. 4,326). Neben Berührungen gibt es erhebliche Unterschiede zur ntl. Überlieferung über Christi H. Die Entrückung einzelner gerechter Menschen beendete ihr irdisches Leben, ohne daß sie zu sterben brauchten. Jesus dagegen war gestorben, und seine H. beendete seine Erscheinungen nach der Auferweckung.

Das Geschehen der H. Christi wurde von den Jüngern als Augenzeugen beobachtet (Apg 1,9.21f), allerdings nur, bis eine Wolke ihn ihren Blicken entzog. Die Frage, ob Lukas bei seiner Darstellung von einem Weltbild ausgeht, in dem der *Himmel, in den Jesus aufgenommen wird, als über der Erde befindlich vorgestellt ist, läßt sich so beantworten: Wenn jemand sichtbar die Erde verläßt, ist dies nur nach oben möglich. Die Wolke ist für Lukas weniger ein »Himmelsfahrzeug« als vielmehr ein Zeichen der verhüllten Gegenwart Gottes (vgl. z.B. 2Mo 24,15-28; Lk 9,34f). Wenn der Himmel als das Ziel seiner Aufnahme Jesus bis zu seiner Wiederkunft aufnimmt (Apg 3,21), so ist damit die unsichtbare Welt Gottes gemeint, nicht aber der sichtbare Himmel (Firmament) über uns.

Im Blick auf Christus selbst finden sich folgende Aspekte seiner H. in den ntl. Aussagen:

1. Die H. markiert den Abschluß einerseits des irdischen Wirkens Jesu (vgl. Apg 1,21f), andererseits der Erscheinungen nach seiner Auferweckung, durch die er sich seinen Nachfolgern gegenüber als lebendig erwies (Apg 1,2f; vgl. 1Kor 15,5-8).

2. Sie ist die Heimkehr Jesu Christi zum Vater und die Verherrlichung durch ihn (Joh 6,62; 20,17; 1Tim 3,16; 1Petr 1,20f).

3. Sie ist die Erhöhung Jesu Christi zur Rechten Gottes und die Einsetzung in seine Herrschaft (Apg 2,33-36; Mk 16,19). Er ist jetzt schon der Herr über alle irdischen, kosmischen und himmlischen Mächte (Mt 28,18; Röm 14,9; Eph 1,20-22; 1Petr 3,22). Endgültig wird er bei seiner Wiederkunft als Herr und Richter der Welt offenbar werden (Lk 21,27f; Apg 1,11; Phil 2,9-11; 3,20f; 1Thess 1,10). Daß Christus als Herr zur Rechten des allein wah-

ren Gottes erhöht wurde, unterscheidet seine H. von allen religionsgeschichtlichen Parallelen.

Für seine Gemeinde bedeutet Christi H.:

1. Durch den von ihm nach seiner H. gesandten Heiligen *Geist ist Christus überall und zu jeder Zeit gegenwärtig. Die Glaubenden werden durch die Gabe des Geistes für ihren Auftrag ausgerüstet (Lk 24,49; Joh 14,16f; 15,26f; Apg 1,8; 2,33).

2. Die Glaubenden haben seit der H. Christi den Auftrag, durch Wort und Tat Zeugen des erhöhten Herrn zu sein. Durch sie will er sein Werk auf der Erde tun. Dieser Auftrag gilt bis zu seiner Wiederkunft (Mt 24,14; 28,19f; Mk 16,15; Lk 24,46-48).

3. Seit der H. haben die Glaubenden einen Fürsprecher bei Gott, der sie versteht, für sie eintritt und ihnen hilft (Röm 8,34; Hebr 4,14-16; 7,25).

4. Die Glaubenden haben eine feste Hoffnung, weil die H. Christi seine Wiederkunft verbürgt. Wie er in den Himmel aufgefahren ist, wird er als Herr der Welt wiederkommen, um allezeit bei ihnen zu sein (Joh 14,2f; Apg 1,11; 1Thess 4,16f).

Literatur: A. Weiser, H.G. Pöhlmann: TRE XV, 1986, S. 330-341. W.H.

HIMMELREICH s. Reich Gottes

HIN s. Maße und Gewichte

HINNOM-TAL. Wenn *gē' ben-hinnōm* »Tal des Sohns des Hinnom« (Jos 15,8; 18,16; 2Kön 23,10 [Variante: »Tal der Söhne Hinnoms«]; 2Chr 28,3; 33,6; Jer 7,31f; 19,2.6; 32,35) der ursprüngliche Name dieses Tals in der Umgebung von *Jerusalem war, so dürfte er auf ei-

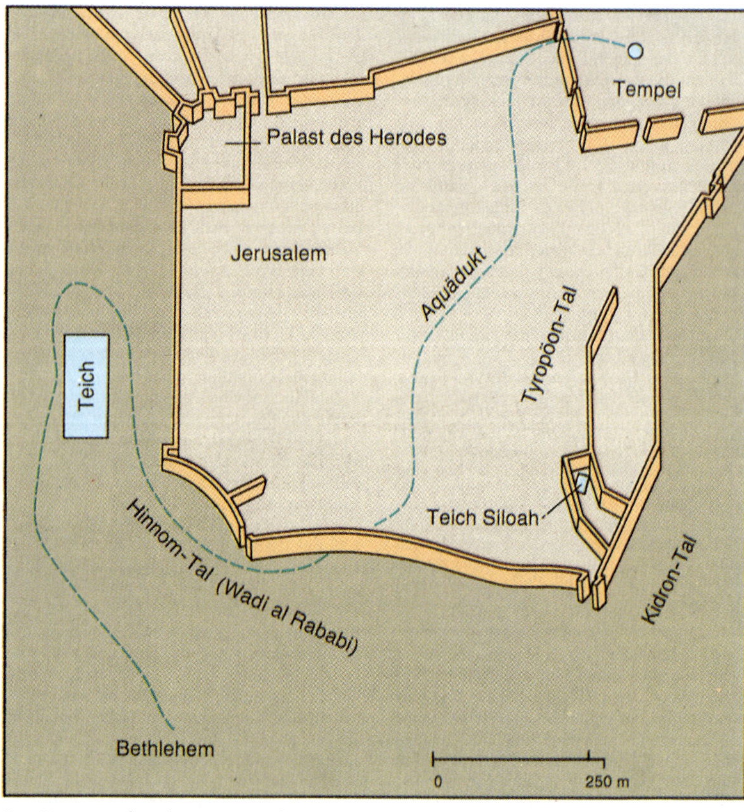

Das Hinnom-Tal (Gehenna), Jerusalem.

Blick über den Unterlauf des Hinnom-Tals, das heute zu den Grünanlagen Jerusalems zählt, nach Osten zum südlichsten Ölberg-Ausläufer (Berg des Ärgernisses). Auf der Ebene in der rechten Bildmitte liegt Hakeldama. (RR)

nen Kanaanäer der vorisraelit. Zeit zurückgehen. Ist hebr. *gē͗-hinnōm* (Varianten zu Jos 15,8; 18,16; außerdem Neh 11,30) keine bloße Verkürzung, dann wäre auch eine Ableitung von »trauern« oder »schlafen« (im Sinn von tot sein) möglich. Beides würde auf Begräbnisstätten hindeuten. Auf alle Fälle hatte der Name vorher nicht denselben negativen Klang wie später (vgl. Jer 7,32).

Eine Gleichsetzung des H.-Tals mit dem *Kidron-Tal, wie früher vorgeschlagen, ist unmöglich (J. Simons, Jerusalem, 1952, 10-12). Der H. wird immer ein Trockental (*gaj͗*) genannt, während der Kidron ein (Winter-)Bach (*nachāl*) heißt, wie es auch den heutigen Verhältnissen entspricht. Ebenfalls ausscheiden muß die Identifizierung mit dem Längstal zwischen westl. und östl. Altstadthügel, das Josephus Tyropöon, d.h. vielleicht Käsemacher-Tal, nannte (Jos.bell.Jud. V, 140). Die Grenzbeschreibung in Jos 15,8f (vgl. 18,15f) schließt das aus, da sonst Jerusalem (gegen Jos 18,28; Ri 1,21) zu *Juda und nicht zu *Benjamin gerechnet werden müßte. Für eine Gleichsetzung mit dem heute arab. Wadi er-Rabābi genannten Tal spricht vor allem auch, daß der H. vor dem Scherbentor verlief (vgl. Jer 19,2), während das Längstal zur Zeit des Propheten *Jeremia schon in die Stadtmauer einbezogen war (*Jerusalem).

Das H.-Tal beginnt beim Mamilla-Teich nordwestl. der Altstadt Jerusalem. Einige Forscher sehen im »Oberen Teich« (Jes 7,3; 36,2; 2Kön 18,17) einen möglichen Vorgänger dieses mindestens schon in herodianischer Zeit bestehenden Teichbeckens (Dalman 202f), doch wird dafür auch *Betesda vorgeschlagen. Nach einem ersten Verlauf in südöstl. Richtung begrenzt der H. als Nord-Süd-Tal die Jerusalemer Altstadt im Westen. Nahe der Biegung in eine W-O-Richtung liegt der Sultansteich, dessen Vorgänger in ntl. Zeit der »Schlangenteich« (Jos.bell.Jud. V, 108) war.

Das ganze Tal diente von der vorexilischen bis hinein in die byzantin. Zeit, teilweise auch noch danach, als Begräbnisstätte. In einer vorexilischen Grabanlage an der Südwestecke des Tals (Ketef Hinnom) wurden reiche Grabbeigaben gefunden (R. Riesner, ThBeitr 19, 1987, 104-108), darunter auch zwei Silberplättchen mit Teilen des Priestersegens aus 4Mo 6,24-26 (*Gebetsriemen). Die Kupferrolle von *Qumran (3Q15 1,1-6) nennt im nördl. Teil Schatzverstecke in Gräbern (B. Pixner, RQ 11, 1983, 342). Manche Forscher nehmen an, daß die Grabanlage für die Familie *Herodes' des Großen am Westhang oberhalb des Schlangenteiches lag (*Königsgräber). Am Ausgang des H.-Tals ist der »Blutacker« (*Hakeldama) zu suchen (Mt 24,4-6; Apg 1,18f).

Unweit der Einmündung des H. ins Kidron-Tal, gegenüber dem heutigen arab. Dorf Silwan (*Siloah), muß der *Tofet genannte Ort gelegen haben (Jer 19,2), wo unter den judäischen Königen *Ahas (2Kön 16,3; 2Chr 28,3) und *Manasse (2Kön 21,6; 2Chr 33,6) für den kanaan. Gott *Moloch Kinder durchs Feuer gehen mußten oder als Opfer verbrannt wurden (Jer 32,35). *Josia beendete diesen Kult durch die Entweihung der Stätte (2Kön 23,10). Jeremia verfluchte den Ort, der ein »Würgetal« für alle am Götzenkult Beteiligten werden sollte (Jer 7,31-34; 19,6). Manche Ausleger verbinden auch andere Gerichtsandrohungen mit dem H.-Tal und datieren sie deshalb in die Zeit nach Jeremia (Jes 30,29-33; 66,24; Joel 3,2. 12.14).

Wohl aufgrund dieser Verfluchungen beschreibt die essenernahe Schrift äthHen (Kap. 26-27), ohne den Namen zu nennen, im 2.Jh.v.Chr. den H. als »verfluchte Schlucht« (P. Riessler, Altjüd. Schrifttum, [5]1984, 355ff), wo sich das Gericht über die Gottlosen vollziehen wird (R. Riesner, BiKi 40; 1985, 71). Von solchen Erwartungen her konnte der aram. Name *gēhinnām/gēhēnna* im Judentum der ntl. Zeit zum Sinnbild für den endzeitlichen Strafort (*Hölle) werden (J. Jeremias, ThWNT I, 1933, 655f). Der Name wurde von manchen ohne örtlichen Bezug als bloßer Begriff verwendet, während andere das künftige Gericht an diesem konkreten Ort erwarteten und einige hier wohl auch den Eingang zum schon existierenden unterirdischen Strafort sahen. Jesus hat den Begriff (gräzisiert *geenna*) ebenfalls gebraucht, wenn er vom künftigen Gericht redete (Mt 5,22.29.30; Mt 18,9/Mk 9,43; Mt 10,28/Lk 12,5; Mt 23,15.33). Ob in der aus Jes 66,24 für die *gēhēnna* übernommenen Beschreibung »wo ihr Wurm nicht stirbt und ihr Feuer nicht verlöscht« (Mk 9,48) auch an beim Scherbentor gelegene Müllplätze gedacht ist, kann man fragen. Außerhalb der Worte Jesu begegnet der Ausdruck im NT nur noch im judenchristl. *Jakobus-Brief (3,6).

Literatur: L.H. Vincent: Jérusalem I, 1912, 124-134; G. Dalman: Jerusalem und sein Gelände, 1930, 199-208; J. Chaine: DBS III, 1938, 563-572; H. Kosmala: BHH II, 1964, 723; L.T. Bailey: BA 49 (1986), 187-191. R.R.

HIOB. (Hebr. *'ijjōb*). Abgesehen vom gleichnamigen Buch sowie flüchtigen Verweisen auf ihn in Hes 14,14.20; Jak 5,11 gibt es keine zuverlässigen Informationen über die Gestalt des H. Man kann nicht nachweisen, daß jüd., christl. und moslemische Legenden über H. fest in einer vorbibl. Form der Geschichte verwurzelt sind. Abgesehen von der Überlieferung der Lage von H.s Haus (s.u.), die aber auch nur eine Schlußfolgerung aus dem bibl. Text sein kann, haben wir den Eindruck populärer oder frommer Dichtung.

Wenn man den Daniel (*dānī'ēl*) in Hes 14,14 nicht mit dem Daniel (*dānijjē'l*) der Exilszeit, sondern mit der in ugarit. Inschriften erwähnten Person gleichsetzt, kann man mit einiger Gewißheit alle drei Namen in Hes 14,14 einem sehr frühen Datum zuordnen. Erscheint dieser Anhaltspunkt nicht akzeptabel, dann gibt es keinen weiteren Hinweis darauf, wann H. lebte. Die Lage des Landes Uz, in dem H. lebte, ist ungewiß. Heute tendiert man dazu, es an der Grenze Edoms anzusiedeln; einige Stellen im Buch lassen sich als edomitisch ansehen. Die Überlieferungen, nach denen das Land Uz im *Haurangebirge (*Baschan) liegt, sind jedoch weitaus wahrscheinlicher. H. war sehr wohlhabend und hatte eine hohe gesellschaftliche Position inne; darauf geht das Buch H. jedoch kaum ein, es betont vor allem H.s Position unter den Weisen. Legenden, die ihn zum König machen, entbehren historischer Grundlagen.

Mit göttlicher Erlaubnis raubte Satan H. seinen Wohlstand, seine zehn Kinder und schließlich seine Gesundheit. Es herrscht keine Übereinstimmung über die Art seiner Krankheit; am häufigsten werden Elephantiasis, Erythem und Pocken genannt. Diese Diskrepanz ergibt sich aus der poetischen Sprache, in der die Symptome geschildert werden. H.s Verwandte und Mitbürger interpretierten seinen Zustand als Strafe Gottes für schwere Sünden und warfen ihn aus der Stadt, woran der Pöbel seine besondere Freude hatte. H.s Frau schloß sich der allgemeinen Überzeugung an und drängte ihn, sein unabwendbares Ende durch das Verfluchen Gottes zu beschleunigen. Als Elifas, Bildad und Zofar, drei von H.s Freunden, ebenso wohlhabend und einflußreich wie er und auch weise Männer, seine Lage sahen, teilten sie die öffentliche Meinung und konnten nur sieben Tage lang trauernd und schweigend neben ihrem geschlagenen Freund im Müll vor den Toren der Stadt sitzen. Die Gründe, die zu H.s Qualen geführt haben könnten, werden von seinen Freunden ausführlich erörtert. Die Diskussion offenbart den Bankrott traditioneller Weisheit und Theologie angesichts eines außergewöhnlichen Schicksals. Das fehlende Verständnis seiner Freunde läßt aber H. nicht irre werden an Gott, der H. schließlich heil werden läßt, ihm zehn Kinder schenkt und seinen Reichtum verdoppelt. H.L.E.

HIOB, BUCH.

I. EIGENART, AUFBAU, INHALT.

Das Hiobbuch trägt seinen Titel nach der Hauptgestalt, dem leidenden, mit Freunden und Gott um Antwort ringenden *Hiob. In der hebr. Bibel zählt H. zu den »Schriften«, nach modernerer Einteilung zu den Lehr- oder Weisheitsbüchern des AT. Wie kaum sonst ein Buch der Bibel gilt es als große Dichtung, ja Weltliteratur. Das hat mehrere Gründe: die gewählte Sprache des Buches (110 Wörter sind im übrigen AT nicht verwendet); seine dichterische Gestalt: es ist eine Art Drama in Versen mit einem Prosa-Rahmen; seine Hauptgestalten, Hiob und seine Freunde, keine Israeliten – darin zeigt sich ein internationaler Zug des Buches; vor allem aber ist das H. mit Grundfragen des Menschseins befaßt: nach dem Sinn des Leidens und nach der Gerechtigkeit Gottes (vgl. unten, III.).

Der Aufbau des Buches ist zwar klar und übersichtlich, gibt aber auch Fragen auf.

1. Prolog (Kap. 1-2), Rahmenerzählung in Prosa: Hiobs Frömmigkeit, Glück und zwei Bewährungsproben.

2. Beginn des Hauptteils: Hiobs Klagen und Reden mit den drei Freunden Elifas von Teman, Bildad von Schuach und Zofar von Naama.

Erster Redegang (Kap. 3-11): Drei Klagen Hiobs und drei Gegenreden der Freunde.

3. Zweiter Redegang (Kap. 12-20): Drei Reden Hiobs und drei Reden der Freunde.

4. Dritter Redegang (Kap. 21-27): Zwei Reden Hiobs und zwei Reden der Freunde (Zofar antwortet nicht mehr).

5. Ein Gedicht (Kap. 28) über die Verborgenheit der Weisheit.

6. Hiobs Schlußrede (Kap. 29-31) und Herausforderung an Gott.

7. Vier Reden Elihus (Kap. 32-37) über die erzieherische Bedeutung des Leids.

8. Zwei Reden Gottes aus dem Wettersturm und zwei Antworten Hiobs (Kap. 38-42,6).

9. Epilog (42,7-17), Rahmenerzählung in Prosa (vgl. den Anfang des Buches): Hiobs Rechtfertigung und neues Glück.

Das Buch ist nach Zweier- oder Dreier-Einheiten gegliedert. Doch hinter diesem gut gegliederten Aufbau verbergen sich nicht unerhebliche Spannungen. Der Aufgabe der Bewältigung von Leid wird recht unterschiedlich entsprochen. In der Erzählung am Anfang wird die satanische Versuchung (Satan ist ein Ankläger bei Gott und nicht die böse Gegenmacht) von Hiob in beispielhafter Geduld ertragen; im dann folgenden Redenteil begehrt er auf. Er kann es nicht ertragen, daß Gott ihn, den Gerechten, leiden läßt (9,21ff; 27,2ff). Für ihn zerbricht eine Welt, die für seine Freunde anscheinend noch heil ist; nach ihnen bekommt jeder das, was er verdient, auch Hiob. Eine andere Antwort gibt Elihu, der wortreich von der heilsamen Pädagogik des Leidens (36,22) redet. Die letzte Antwort aber, die der Herr selbst gibt, als er im Wetter erscheint, redet gar nicht mehr vom Leiden, sondern hält Hiob die Wunder der Schöpfung vor, vor allem die wilden Tiere, Behemot und Leviatan.

Mit dieser Antwort in der Gotteserscheinung gibt sich der rebellische Hiob, so seltsam das auch ist, zufrieden: »Ich hatte von dir nur vom Hörensagen vernommen; aber nun hat mein Auge dich gesehen« (42,5). Daraufhin erfolgt die Rechtfertigung Hiobs und die Verurteilung seiner Freunde, Hiobs Fürbitte und das glückliche Ende des Buches. Die Frage nach dem Sinn unschuldigen Leidens wird also auf mehreren Ebenen angegangen, letztlich aber nur durch Gottes Gegenwart und Eingreifen zur Ruhe gebracht.

II. EINHEITLICHKEIT UND ENTSTEHUNG. So klar auch der Aufbau des Buches ist, die Einheitlichkeit scheint an einigen Stellen doch empfindlich gestört zu sein. Warum ist nach den ersten zwei Kapiteln vom Satan nicht mehr die Rede, wird also nicht mitgeteilt, daß er die »Wette« um Hiobs Gottesfurcht verloren hat? – Wie ist das Kapitel 28, ein Weisheitsgedicht, zwischen all den umgebenden direkten Reden zu verstehen? Soll Hiob der Sprecher sein? In den drei nächsten Kapiteln wirkt er aber gar nicht so abgeklärt wie Kap. 28. – Bei Kap. 32-37 fällt auf, daß von dem hier redenden Elihu weder vorher noch nachher die Rede ist und keiner der übrigen Sprecher auf ihn Bezug nimmt. – Schließlich ist immer wieder gefragt worden, ob die Gottesreden am Schluß nicht eine recht unbefriedigende Antwort auf Hiobs Herausforderungen seien, da sie nur die überlegene Macht und Weisheit des Schöpfers demonstrieren, auf die Hiob dann mit Schweigen und Buße reagiert.

Solche Beobachtungen zum Aufbau haben zu literarkritischen Vorschlägen in bezug auf die Entstehung des H. geführt. Danach wird die Geschlossenheit des Buches in Frage gestellt, indem der Prosarahmen (Kap. 1-2 u. 42,7-17) einem älteren »Volksbuch« zugeschrieben wird (vgl. H.-P. Müller: Das Hiobproblem, 1978, S. 36-48). Das Weisheitsgedicht (Kap. 28) und die Elihureden (Kap. 32-37) gelten als spätere Einschübe (die Diskussion zuletzt bei H.D. Preuß, Einführung in die alttestamentliche Weisheitsliteratur, 1987, S. 82-87). Selbst von den Gottesreden hieß es früher bisweilen, daß sie nicht zur ursprünglichen Hiobdichtung gehört hätten. Das wird heute jedoch weitgehend wieder verworfen (vgl. z.B. O. Keel: Jahwes Entgegnung an Hiob, 1978, S. 35-44 und passim).

Solche literarkritischen Operationen, die das Ursprüngliche von den späteren Zutaten trennen möchten, müssen in jedem Fall, gerade aber auch beim Buch H. mit größter Skepsis behandelt werden. Wir kennen weder den Autor noch die Entstehungszeit des Buches. Die Auskunft des Talmud, daß Mose der Verfasser sei (vgl. Traktat Baba batra 14-15) beruht wohl nur auf frommer Vermutung. Mose scheidet allein deswegen als Autor aus, weil die Heilsgeschichte Israels in keiner Weise erwähnt wird. Meistens wird heute eine Entstehung im 5.Jh.v.Chr. angenommen (vgl. Preuß, S. 103; R.K. Harrison: Introduction, S. 1041), weil die traditionelle Weisheit in der Krise gezeigt wird (s.u. III.), weil das Buch Jesus Sirach (49,11) Hiob nach Hesekiel und vor dem Zwölfprophetenbuch nennt, und weil sprachliche Beobachtungen aram. Einflüsse festgestellt haben. Damit ist eine lange Vorgeschichte der Hiobüberlieferung natürlich nicht ausgeschlossen. Hes 14,14. 20, die altertümlichen Züge der Rahmenerzählung sowie verwandte mesopotamische Texte aus dem 2.Jt.v.Chr. (vgl. Preuß, S. 93-99) lassen alte Überlieferungen erkennen, die in der Hiobdichtung Niederschlag gefunden haben. Zugleich muß aber betont werden, daß die jetzige Gestalt des Buches keineswegs zusammengestückelt wirkt, sondern ein einheitliches Ganzes darstellt, das in seinem Redenteil sich bis zum Höhepunkt der Gottesreden und Hiobs Antwort steigert, und dessen Rahmenerzählung integrierender und unverzichtbarer Teil des Buches ist (vgl. H. Groß, Ijob, Die Neue Echterbibel, 1986, S. 9).

III. BIBLISCH-THEOLOGISCHE BEDEUTUNG UND WIRKUNG.

Die leidenschaftlichen Fragen Hiobs drehen sich um ein Hauptproblem: Warum widerfährt ihm, dem Gottesfürchtigen, dem Gerechten, Unglück? Herkömmlich ist dieses Problem als das der Theodizee, der Rechtfertigung Gottes, bezeichnet worden. Doch handelt es sich nicht um eine philosophische, sondern um eine existentielle, unser Menschsein zutiefst bewegende Frage nach dem Leid und nach Gott. Geht es im Jeremiabuch (z.B. Kap. 20) um das Leiden des Berufenen, in Jesaja 52f wie in der Passionsgeschichte Jesu um das stellvertretende Leiden, so bei H. um das sinnlose und unverstandene Leiden des Unschuldigen, das zur Anfrage und Anklage gegenüber Gott wird. – H. gehört also in die Nähe vieler Klagepsalmen, die Gott das Leid vorhalten und um eine Wende bitten. Besonders Psalm 73 kommt H. nahe. Doch fehlt dem H. die Wende zum Vertrauen oder gar zum Lob, statt dessen zeigen sich Elemente des Rechtsstreites, die die Klagen bisweilen (z.B. 16,18-21; 31,35) in eine Art Prozeß gegen Gott umschlagen lassen. Auch die dramatische Form der Dichtung in Rede und Gegenrede unterscheidet H. von den Psalmen.

Viele Indizien, auch die fehlende Heilsgeschichte, deuten darauf hin, daß das H. von den Traditionen der atl. und darüber hinaus der altorientalischen Weisheit ausgeht. Das Weltordnungsdenken der klassischen Weisheit, wie sie sich etwa im Sprüchebuch (z.B. Kap. 10), aber auch in anderen Schriften des AT (z.B. 5Mo 28; Ps 1) niederschlägt, ist in eine tiefe Krise geraten. Ein weiteres Zeugnis für diese Krise der Weisheit ist das *Predigerbuch. Galt bisher: »Der Herr kennt den Weg der Gerechten, aber der Gottlosen Weg vergeht« (Ps 1,6), so scheint es jetzt gerade umgekehrt auf der Welt zu gehen: »Er bringt den Frommen um wie den Gottlosen« (Hiob 9,22). Die im gesamten Alten Orient anerkannten Regeln einer funktionierenden Entsprechung von Tun und Ergehen (von manchen Auslegern fälschlich als »Vergeltungsdogma« bezeichnet) sind gestört: Der Gerechte oder Fromme leidet unschuldig (Hiob 10,7; 19,6 u.ö.), und dieses Unrecht ist für Hiob unerträglich. Seine Freunde suchen gemäß dem überlieferten Tun-Ergehen-Zusammenhang nach der Schuld Hiobs, die sein Unglück herbeigeführt habe (z.B. 22,4-10). Doch für Hiob ist dieses Erklärungsmodell der klassischen Weisheit zerbrochen, und das Rätsel des Leids bleibt unerklärt, auch und gerade wenn für alle Beteiligten feststeht, daß es von Gott kommt. Doch zwischen Gott und Mensch gibt es kein einklagbares System und noch keinen Vermittler, nach dem Hiob sich sehnt (16,19; 19,25); es bleibt nichts als die unmittelbare Begegnung, die in der Gotteserscheinung und -rede am Schluß des Buches auch erfolgt.

In der Leidenschaft seines Fragens und in der Eindringlichkeit seiner Sprachgewalt ist das Buch Hiob unvergleichlich in der Bibel. Und weil es das Problem des sinnlosen Leidens aufgreift, das die Menschheit zu allen Zeiten bewegt hat, darum ist es immer wieder zu den großen Dichtungen der Menschheit gerechnet worden. Dantes »Divina Commedia« (14.Jh.), Goethes »Faust« (1808/1832) und Joseph Roths »Hiob, Roman eines einfachen Mannes« (1930) spiegeln literarisch die große Wirkung des H. zu allen Zeiten. Philosophen wie I. Kant, G.F.W. Hegel und S. Kierkegaard haben sich mit dem Hiobthema auseinandergesetzt. H. ist ein Buch des Glaubens, aber auch letzter Fragen des Menschen, und darum geht seine Bedeutung und Wirkung weit über das Volk Gottes hinaus. Das NT spricht von der vorbildlichen »Geduld Hiobs« (Jak 5,11), mehr aber noch vom Leiden Christi, zu dem seine Nachfolger berufen sind, damit sie auch an seiner Herrlichkeit teilhaben (Röm 8,17f). Erst durch Christus erweist sich also die Wahrheit des Schlusses vom H., daß Gott größer ist als unser Leid und alle Versuche, es zu deuten.

Literatur: H. Lamparter: Das Buch der Anfechtung, [5]1979; A. Weiser: Das Buch Hiob, [7]1980; G.v. Rad: Weisheit in Israel, [3]1985, S. 267-291; H.H. Rowley: Job. New Century Bible, 1970; F. Hesse: Hiob, 1978; H.-P. Müller: Das Hiobproblem, 1978; H. Groß: Ijob, Neue Echterbibel, 1986; H.D. Preuß: Einführung in die alttestamentliche Weisheitsliteratur, 1987, S. 69-113. W.E.

HIPPOS. Der griech. Name übersetzt die aram. Bezeichnung *sūsitā'*, »Pferd«. Dieses Tier ist auf den Münzen der *Dekapolis-Stadt H. abgebildet. Sie lag wohlbefestigt gegenüber von *Tiberias am O-Ufer des Sees *Genezareth als weithin sichtbare »Stadt auf dem Berge« (vgl. Mt 5,14) auf einer strategisch beherrschenden Höhe (Kal'āt El-Hūsn), welche eine wichtige Straße nach *Damaskus kontrollierte. Die Stadt wurde von den Seleukiden im 3. Jh.v.Chr. begründet, durch Alexander Jannäus erobert (Jos.ant.Jud. XIV, 75), vom röm. Feldherrn Pompejus 63 v.Chr. aber den Juden wieder weggenommen (Jos.bell.Jud. I, 156). Zur großen Enttäuschung der heidnischen Bewohner erhielt *Herodes der Große die Stadt von Kaiser *Augustus (Jos.ant.Jud. XV, 217; bell.Jud. I, 396). Die Stadt weist den typisch hellen. Bauplan auf (eine Hauptstraße mit rechtwinklig kreuzenden Nebenstraßen). Inschriftenfunde zeigen den hohen Stand griech. Bildung in H., ein Nymphäum ist Zeuge der heidnischen Religiosität. Das Territorium der Stadt reichte bis an den See (Jos.Vita 153). In der Nähe des heutigen Kibbuz En Gev wurden beträchtliche Hafenanlagen entdeckt (M. Nun, Ancient Anchorages and Harbours, 1988, 12-14). Während der Antike bedeutete der Weg über den See eine erhebliche Zeitersparnis (j Schebiit VIII 38a). In die Gegend von H. führt die Heilung des besessenen *Geraseners (Mk 5,1–10 par.). In byzantin. Zeit verfügte H. als wichtiger Bischofssitz über mindestens vier Kirchen, darunter eine Kathedrale. Nach der Niederlage der Byzantiner in der Schlacht am nahegelegenen Fluß *Jarmuk (636) wurde die Stadt aufgegeben. Der Name lebte in dem des nahegelegenen, heute zerstörten arab. Dorfes Sussijeh weiter.

Literatur: C. Epstein: EAEHL II, 1976, 521-523; E. Schürer: History of the Jewish People II, 1979, 130-132; J. Murphy-O'Connor: Das Heilige Land, 1981, 349-351. R.R.

HIRAM. König von *Tyrus und Zeitgenosse Davids und Salomos. Er regierte von 979/8-945/4 v.Chr. (nach Albright von 969-936 v.Chr.).

1. Name.

Hebr. *Hīrām* bzw. *Hīrōm* (1Kön 5,15-32), griech. *H(e)iram* (LXX) oder *Chūrām* ist ein phönizischer Name, der wahrscheinlich Ahiram (4Mo 26,38) entspricht oder eine Abkürzung davon ist und »mein Bruder ist erhaben« bedeutet, genauso wie Hiël für Ahiel steht (1Kön 16,34). H. oder Huram (-abi), war auch der Name des Kupferschmieds aus Tyrus, der mit einer Frau aus Naftali (1Kön 7,13f; 2Chr 2,12) verheiratet war und von König H. gesandt wurde, damit er Salomo helfe.

2. Beziehungen zu Juda.

H. war ein großer Bewunderer Davids (1Kön 5,15) und schickte Material und Handwerker zur Errichtung seines Palastes in Jerusalem (2Sam 5,11; 1Chr 14,1). Nach der Thronbesteigung Salomos sandte H. Botschafter, um erneut Kontakte zu knüpfen. Das Ergebnis war ein Handelsvertrag, nach dem Salomo Holz und Fachhandwerker für den Bau des neuen Tempels in Jerusalem erhielt. Als Gegenleistung bekam H. von Salomo jährliche Lieferungen an Weizen und Öl (1Kön 5,25), woran es den phönizischen Städten mangelte. Zusätzliche Zahlungen in Form von Gerste und Wein waren offensichtlich für die Unterstützung der Arbeiter aus Tyrus erforderlich, die zur Unterweisung der Israeliten geschickt wurden (2Chr 2,9ff). Unter den Fachleuten befanden sich auch solche, die vertraut waren mit der Herstellung von Textilmustern und Farbstoffen. Zwanzig Jahre später, nach der Fertigstellung des Tempels, gab Salomo H. 20 Dörfer in Galiläa, vermutlich nahe Tyrus, und erhielt dafür 120 Talente Gold (1Kön 9,10-12). Solche Grenzberichtigungsverträge zwischen Völkern sind von frühen syr. Abkommen (z.B. *Alalah) bekannt. Diese Verträge, die zum wirtschaftlichen Vorteil beider Seiten konzipiert waren, wurden durch Handelstätigkeiten ergänzt, bei denen Salomos seetüchtige *Schiffe sich H.s Flotte anschlossen, um Gold, Silber und Elfenbein, aber auch Affen und Pfauen (1Kön 10,22; 2Chr 9,21), zu importieren. Die Schiffe, die von *Ezjon-Geber nach *Ofir segelten, wurden von erfahrenen Lotsen H.s begleitet (1Kön 9,26-28; 2Chr 8,17f). Die Handelsbeziehungen *Phöniziens zur Zeit H.s umfaßten Kolonien in Nordafrika und Spanien.

3. Die Herrschaft Hirams.

Abgesehen vom AT wird die Regentschaft H.s von Josephus (ant.Jud. 8.50-54; C.Ap. 1.17f) vermerkt, gestützt auf die Historiker Menander und Dios. Nach dieser Quelle war H. (LXX: *Chiram*, griech. *Heiramos, Heiromos*) der Sohn Abi-Baals und regierte 34 Jahre lang, bevor er im Alter von 53 Jahren starb. Der Tempelbau begann in seinem elften Jahr, d.h. im vierten Jahr Salomos (1Kön 6,1). H. führte gegen Zypern Krieg, um Tributleistungen durchzusetzen, und befestigte die Insel Tyrus, auf der er Tempel zu Ehren von Astarte-Melkart (später Herkules) bauen und die älteren Tempel ausschmücken ließ.

Genau wie Eupolemos und Alexander Polyhistor berichtet auch Josephus vom Briefwechsel bezüglich des Tempelbaus zwischen H. und Salomo, der im Staatsarchiv von Tyrus aufbewahrt wurde. Josephus teilt ebenfalls mit, daß sich die beiden Könige gegenseitig Rätsel gaben, bis Salomo von einem jungen Mann aus Tyrus namens Abdemon besiegt wurde. Clemens von Alexandria und Tatian berichten, daß Salomo eine Tochter H.s heiratete; (vgl. die Aussage, daß es unter seinen Frauen auch sidonische gab, 1Kön 11,1f). D.J.W.

HIRSCH s. Tiere

HIRSE s. Ernährung

HIRTE. In der Bibel wird das Wort im eigentlichen und im übertragenen Sinn gebraucht. In beiden Fällen gilt dem Hirten Lob oder Kritik. Im Mittelpunkt steht der Aspekt des zuverlässigen Sorgens, entweder für Schafe oder für anvertraute Menschen, und zwar dann auf politischem oder geistlichem Gebiet. Homer und andere Schriftsteller bezeichnen häufig Könige und Statthalter als H.n (vgl. Ilias 1.263; 2.243 u.ö.). Dieser Gebrauch begegnet uns, freilich vertieft, in Hes 34.

Der H. übt ein wichtiges Gewerbe aus, das

Ein Hirte treibt einen Ochsen mit einem Stachelstock an. Das Relief am östl. Treppenaufgang der Säulenhalle in Persepolis, Iran, zeigt eine Prozession, bei der König Darius I. Tribut überbracht wird. Ca. 500 v.Chr. (MEPhA)

bis in die Zeit Abels zurückreicht (1Mo 4,2). In einem trockenen, steinigen Land mußte er Gras und Wasser finden (Ps 23,2), seine Herde vor Wetter und wilden Tieren beschützen und verirrte Tiere zurückholen (Hes 34,8; Mt 18,12 u.ö.). Fernab menschlicher Siedlungen trug er alles Lebensnotwendige in einer Tasche bei sich (1Sam 17,40.49) und lebte im Zelt (Hld 1,8). Manchmal standen ihm Hunde zur Verfügung (Hiob 30,1). Hielten sich H.n und Herden ständig in einer Stadt auf, dann war dies ein Zeichen für deren Entvölkerung und Untergang durch göttliches Gericht (Jer 6,3; 33,12; Zef 2,13-15). Der H. mußte jedes verlorene Schaf ersetzen (1Mo 31,39), wenn er seine Sorgepflicht verletzt hatte (2Mo 22, 10-13). Er sollte stark, zuverlässig und selbstlos sein, was für viele H.n tatsächlich zutraf. Doch fanden sich auch Raufbolde unter ihnen (2Mo 2,17.19) und solche, die ihrer Aufgabe nicht gewachsen waren (Sach 11; Nah 3,18; Jes 56,11 u.ö.).

Im AT wird Gott oft als der »Hirte Israels« bezeichnet (1Mo 49,24; Ps 23,1; 80,1), zärtlich in seiner Fürsorge (Jes 40,11), aber auch fähig, die Herde im Zorn zu zerstreuen und gnädig vergebend wieder zu sammeln (Jer 31,10). Manchmal liegt der Akzent mehr auf dem Gericht, wenn menschliche H.n und Schafe gleicherweise verurteilt und bestraft werden müssen (Jer 50,6; 51,23; Sach 13,7). Manchmal schwingt Mitleid mit, wenn die Schafe von denen verlassen wurden, die eigentlich für sie verantwortlich waren (4Mo 27,17; 1Kön 22,17; Mk 6,34 u.ö.). Direkt als H.n bezeichnet werden Mose (Jes 63,11) und – Kyrus, der heidnische Handlanger der Pläne Gottes (Jes 44,28). Eins der ernstesten Kapitel des AT ist Hes 34 mit dem Urteil über den schlechten H.n (vgl. Jer 23,1-4; 25,32-38). Sich selbst haben diese H.n versorgt, nicht die Schafe. Um selbstsüchtigen Gewinns willen haben sie sie getötet und zerstreut und ihr Hirtenamt aufgegeben. Doch Gott wird die Herde wieder sammeln und die H.n bestrafen. Einen H.n wird Gott bestellen (Hes 34,23): eine Verheißung, die Jesus auf sich bezogen hat (Joh 10).

Im NT ist Jesus der H., ja der Oberhirte (Hebr 13,20; 1Petr 2,25). In Joh 10 spricht er ausführlich darüber auf dem Hintergrund von Hes 34. Kernpunkt ist die Niedertracht derer, die nur kommen, um »zu stehlen, zu schlachten und umzubringen«, die Benutzung der »Tür« als Kennzeichen des guten H.n und die Vertrautheit der Schafe mit der Stimme ihres H.n ist zu beachten. Daraus ergeben sich die Erkenntnisse über die Person Jesu, der »die Tür« ist, und der Vergleich zwischen dem guten H.n und dem Mietling. Ebenso betont Johannes die Verbindung zwischen Christus, seinen Nachfolgern und Gott, das Hinzukommen der Schafe, die »nicht aus diesem Stall sind«, und die Abweisung derer, die in Wahrheit keine Schafe Jesu sind.

Literatur: J. Jeremias: ThWNT VI, 1959, S. 484-501.

H.W.N./R.A.S.

HISKIA. (Hebr. *chisqîjâ* oder *chisqîjâhû*, »Jahwe ist [meine] Stärke«).

1. Der 14. König von Juda, ein Sohn Ahas'. Er war 25 Jahre alt zu Beginn seiner Herrschaft und regierte 29 Jahre lang (2Kön 18,2; 2Chr 29,1). H. war fromm (2Kön 18,5) und sorgte dafür, daß die überlieferten Lehren (Spr 25,1) aufgezeichnet und bewahrt wurden. H.s Bedeutung spiegeln die drei Berichte

Ausschnitt aus dem Tonprisma Sanheribs , aus dem hervorgeht, daß der König 46 Städte und Dörfer in Juda erobert und den »Judäer Hiskia gleich einem Käfigvogel in seiner Residenz Jerusalem« eingeschlossen hat. (BM)

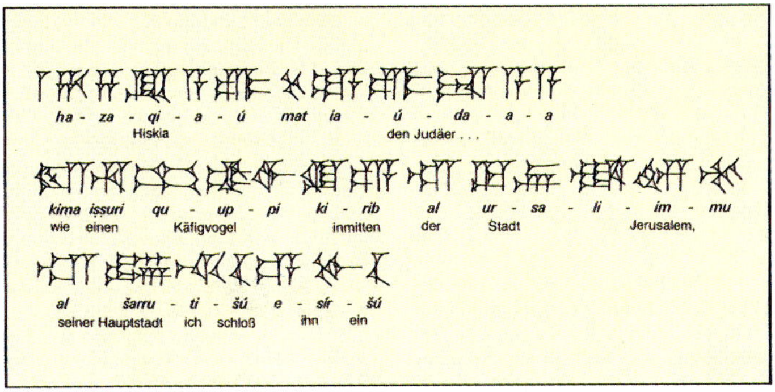

Hiskia wird namentlich auf einem Tonprisma erwähnt, das über den Feldzug Sanheribs von Assyrien gegen Jerusalem und dessen Belagerung im Jahre 701 v.Chr. berichtet.

über seine Regentschaft wider (2Kön 17-20; Jes 36-39; 2Chr 29-32). Es gibt Probleme bei der Chronologie seiner Regentschaft; er scheint von ca. 729 v.Chr. an zusammen mit Ahas regiert zu haben und ca. 716 v.Chr. alleiniger König geworden zu sein. Der Fall von Samaria (722 v.Chr.) erfolgte also im sechsten Jahr seiner Regierung (als Ko-Regent, 2Kön 18,10), während *Sanherib im 14. Jahr H.s (als alleiniger Herrscher; 2Kön 18,13) in Juda (701 v.Chr.) einfiel. Die Erkrankung des Königs und seine Genesung fanden kurz vor Sanheribs Invasion statt, als H. weitere 15 Jahre Herrschaft versprochen wurden (2Kön 20). Angesichts der heidnischen Bräuche, die seit Ahahs' Unterwerfung unter die Assyrer (vgl. Jes 2,6ff; 8,16ff) eingeführt worden waren, führte H. eine bedeutende Kultreform im ersten Jahr seiner Alleinherrschaft durch (2Chr 29,3ff). Er führte die alleinige Anbetung Jahwes im gereinigten und renovierten Tempel wieder ein, bekräftigte den *Bund zwischen Jahwe und seinem Volk und führte das Passafest wieder ein (2Chr 30). Dazu lud er auch Israeliten aus dem N ein (2Chr 30,5ff). H. zerstörte die heidnischen *Höhen in der Umgebung (2Kön 18,4; 2Chr 31,1) und zerschlug die eherne Schlange, die Mose in der Wüste gemacht hatte, die aber zu einem Götzenbild geworden war (2Kön 18,4).

H. leistete Widerstand gegenüber der assyr. Oberherrschaft und schloß sich mit Juda einer

◄
Sechsseitiges Tonprisma, auf dem in Keilschrift die frühen Feldzüge Sanheribs von Assyrien aufgezählt werden, einschließlich seines Angriffs auf Hiskia von Juda im Jahre 700 v.Chr. Höhe 38 cm. Ninive. 691 v.Chr. (BM)

anti-assyr. Erhebung an, die von Ägypten angezettelt und von *Aschdod angeführt wurde. Juda muß auf Warnungen Jesajas gehört haben (Jes 20), denn obwohl Sargon II. behauptet, er habe *ia-u-di*, »Juda«, unterworfen (vgl. DOTT, S. 61; siehe auch N. Na'aman, BASOR 214, 1974, S. 27), gibt es im AT keine Belege für eine Invasion zu jener Zeit. Als Sargon starb (705 v.Chr.), beherbergte H., der eine Gelegenheit sah, gegen Sargons Sohn Sanherib zu rebellieren, Abgesandte von *Merodach-Baladan (2Kön 20,12-19; Jes 39), dem chaldäischen Rebellen, und erhielt Zusagen auf Unterstützung von seiten Ägyptens. H. verstärkte die Schutzmaßnahmen in Jerusalem und ließ u.a. den *Siloah-Tunnel zur Sicherung der Wasserversorgung graben (2Kön 20,20; Jes 22,9ff). Sanheribs eigene Aufzeichnungen seines Feldzugs im W stellen H. als Anführer der Rebellion dar (ANET, S. 287-288; DOTT, S. 64-69). Sanherib behauptet, 46 befestigte Städte eingenommen zu haben, H. »gleich einem Käfigvogel in seiner Residenz Jerusalem« eingeschlossen zu haben, jedoch nicht, die Stadt erobert zu haben. Das AT berichtet von Jahwes Eingreifen, indem er das assyr. Heer zerstörte (2Kön 19,32-36).

Die Erwähnung *Tirhakas, des Königs von Äthiopien, in 2Kön 19,9 hat zu der Vermutung Anlaß gegeben, Sanherib habe einen zweiten Feldzug, ca. 688 v.Chr., nach Juda unternommen, da Tirhaka 701 v.Chr. zu jung gewesen sei, um daran teilzunehmen, und zu jener Zeit auch noch nicht »König« genannt wurde. Es ist jedoch erwiesen, daß er zu jenem Zeitpunkt 20-21 Jahre alt war. Möglicherweise trug Tirhaka zu dieser Zeit den Königstitel noch nicht offiziell, z.Zt. der Abfassung der Kriegsberichte war Tirhaka jedoch König gewesen (vgl. K.A. Kitchen, The Third Intermediate Period in Egypt, 1972, S. 385-386 und 823-824).

2. Oberhaupt einer Familie, die mit Esra aus dem babylon. Exil zurückkehrte (Esr 2,16; Neh 7,21), und einer derjenigen, die den neuen Bund mit Jahwe besiegelten (Neh 10,18). Sein Name wird in zwei Formen wiedergegeben, wobei Ater die akkad. Form ist. In Neh 10,18 handelt es sich um zwei verschiedene Männer. D.W.B.

HIWITER. Bezeichnung eines der Söhne Kanaans (1Mo 10,17; 1Chr 1,15) sowie früherer Einwohner Syriens und Palästinas, die neben Kanaanitern, Jebusitern, Perisitern, Girgaschitern und Amoritern (2Mo 3,8; 23,28; 5Mo 7,1) und in Verbindung mit den Arkitern, die im Libanon gelebt haben (1Mo 10,17), erwähnt werden. Hauptsiedlungsgebiet der H. sind das Libanongebirge (Ri 3,3) und die Hermonkette bis zum Tal, das nach Hamat führt (Jos 11,3), wo sie noch z.Zt. Davids lebten, der sie nach Sidon und Tyrus aufführt (2Sam 24,6f). H. wurden als Arbeiter für Salomos Bauvorhaben verpflichtet (1Kön 9,20; 2Chr 8,7). Andere wurden in Sichem angesiedelt, dessen Gründer als ein Sohn Hamors, eines H.s, beschrieben wird, der z.Zt. Jakobs (1Mo 34,2) aus der Nähe von Gibeon gekommen war (Jos 9,7; 11,19).

Oft werden die H. (hebr. *Chiwwī*; griech. *Heuaios*) mit den *Horitern (*Chorri[m]*) gleichgesetzt; man vermutet einen Schreibfehler bei den hebr. Buchstaben *w* und *r*. Die Ableitung von hebr. *hawwā*, »Zeltdorf«, ist ebenso ungewiß wie die Identifizierung der H., die an anderer Stelle nicht belegt sind.

Literatur: H.A. Hoffner: TynB 20/1060, S. 27-37. D.J.W.

HOBA. (Hebr. *chōbah*). Ort, bis zu dem *Abraham die Könige der Süd-Ebene verfolgte (1Mo 14,15). H. lag »zur Linken (d.h. nördl.) von *Damaskus«. Die Erwähnung eines griech. Chōba in Jdt 4,4; 15,4 (EÜ) trägt nichts zur Identifizierung bei. Entweder handelt es sich hier um bloße Reminiszenzen an Jos 6 und 11 (F.M. Abel: Géographie de la Palestine II, ^{3}1967, 299) oder um eine Straßenstation östl. der späteren herodianischen Festung Alexandreion im mittleren *Jordan-Tal (M. Avi-Yonah, Gazetteer of Roman Palestine, 1976, 49). Die *Amarna-Briefe (14. Jh. v.Chr.) erwähnen ein Land Ube. Manche identifizieren H. mit Tell El-Salihīje, das aber 20 km östl. von Damaskus liegt, andere mit Mischrifeh 20 km nordöstl. von Homs. Besser würde *Helbon passen, das im Genesis-Apokryphon von *Qumran für H. steht (1QGenAp 22,10). Die ganze Gegend um Damaskus scheint für manche jüd. Gruppen aufgrund des Abraham-Feldzugs mit endzeitlichen Erwartungen verbunden gewesen zu sein (R. Riesner, TynB 38, 1987, 54-58). Nach Eusebius (Onom 172,1) wohnten im H. *(Chōba)* von 1Mo 14,15 zu seiner Zeit Judenchristen. Neben der Identifizierung dieses Orts mit Helbon/Khalbun 25 km nördl. von Damaskus (A. von Harnack) wird aber auch eine solche mit Kaukāb (*Kochaba) 16 km südl. von Damaskus vertreten (B. Bagatti, LA 11, 1960/1, 295-300).

Literatur: A. von Harnack: Mission und Ausbreitung des Christentums, 1924, 636; J.A. Fitzmyer: The Genesis Apocryphon, 1971, 171. R.R.

HOBAB. (Hebr. *chōbāb*, »Geliebter«). 4Mo 10,29 spricht von »Hobab, dem Sohn Reguëls, aus Midian« als vom Schwager Moses (Ri 1,16; 4,11; vgl. 2Mo 2,18). Nach anderer Überlieferung könnte H. aber auch der Schwiegervater Moses sein (vgl. 4Mo 10,29; Ri 1,16; 4,11 jeweils RevEB). Islamische Überlieferungen identifizieren H. mit *Jitro, andere vermuten, daß Reguël und Jitro ein und dieselbe Person sind (2Mo 2,18; 3,1). Letzteres würde heißen, daß H. Moses Schwager war. J.D.D.

HOCH, ERHABEN. Der Prophet *Jesaja trat im Rahmen seiner Beauftragung (736 v.Chr) ins Tempelinnere, in die königliche Ratsversammlung Gottes (vgl. Am 3,7) ein. Dort schaute er »den Herrn sitzen auf einem hohen und erhabenen Thron« (Jes 6,1). Gott thront im Jerusalemer Tempel, im unendlichen Raum auf der Bundeslade, seinem Fußschemel, so daß Jesaja nur den Saum von Gottes Gewand sehen kann. Vor dem (qualitativ) hohen und erhabenen Gott vergeht der selber hoch sein wollende, stolze Mensch (Jes 2,6-22, bes. V. 12-14; vgl. 6,5 und nachexilisch-eschatologisch Ps 99,2; 113,4; Dan 11,12). Doch will paradoxerweise der hoch-erhabene Gott nicht die Vernichtung des Menschen, sondern »wohnt« sowohl im himmlischen *Heiligtum als auch bei den niedrig sein wollenden Menschen, die das *Gericht Gottes (i.e. Zurechtrückung) persönlich erfahren haben (Jes 57,14-19; Ps 138,6). Gottes Einwohnung bei den Menschen sieht das NT endzeitlich in der Menschwerdung Jesu verwirklicht (Joh 1,14), so daß *Paulus den Weg von Erniedrigung und Erhöhung Jesu in Jes 52f vorgezeichnet findet und wegen der in der Exilszeit durch Jes 52,13 von Jes 6,1 aufgenommenen Wendung »hoch und erhaben sein« seine eigene Beauftragung vor Damaskus im Lichte von Jes 6 nun als Schau des erhöhten »Herrn« (Jesus) bezeichnet, die ihn als »Gesandten« (*Apostel) autorisiert (1Kor 9,1f; Jes 6,8). Auch in der Johannesoffenbarung ist die Hoheit und Erhabenheit Gottes von Jes 6,1 her als selbstverständlich vorausgesetzt (Offb 4,2.9.10; 5,1.7.13; 6,16; 7,10.15; 19,4; 21,5).

Literatur: O. Betz: Wie verstehen wir das Neue Testament?, 1981, 67-71. T.P.

HOCHMUT. Das Wort kommt im AT wesentlich häufiger vor als im NT. Das hebr. Stammwort bedeutet »sich erheben« *(ga'wah* z.B. Jes 9,8) oder »überheben« (*zadon* z.B. Jer 49,16) oder »hoch sein« (z.B. *gaboah* Jes 5,15; Spr 16,5). Sehr häufig steht es im Zusammenhang mit dem Gericht Gottes, das auf den Hochmut folgt (Jes 10,12; 13,11; 16,6; Spr 16,18.19; Ps 31,24), dem der Mensch entgehen zu können glaubt. Eine Wurzel des H.s ist, sich nicht damit zufrieden zu geben, Gottes Ebenbild zu sein (1Mo 1,27), sondern »sein wollen wie Gott« (1Mo 3,5). Das führt dazu, sich selbst einen Namen machen zu wollen wie beim Turmbau zu Babel (1Mo 11,4), obwohl es doch nur einen Namen gibt, den wir zu ehren haben (2Mo 20,7) und durch den wir selig werden (Apg 4,12).

In der LXX wird meist das griech. Wort *hybris* für H. gebraucht, das wörtlich das erdrückende »Übergewicht«, die körperliche und seelische Mißhandlung besagt. Dahinter steht die theologische Deutung: Wer Gottes Ehre nicht anerkennt (Jes 13,11), erdrückt in seinem H. nur zu schnell seinen Mitmenschen. Gegen diesen H. haben sich die Propheten im Auftrag Gottes wenden müssen (Am 6,8; 8,7; Hos 5,6; 7,10). In der Weisheitsliteratur stellt sich Gott noch deutlicher schützend vor den Gerechten und Demütigen, der vom Hochmütigen bedrängt wird.

Im NT kommt das Wort »Hochmut« selten vor. Im Neuen Bund wendet sich Gott stärker gegen die Folgen des H.s, der die Gläubigen mißhandelt, z.B. in der Verfolgung (2Kor 12,10; 1Tim 1,13; vgl. 1Thess 2,2; Apg 14,5) bis hin zum Mord (Mt 22,6; vgl. Röm 1,30; 1Tim 1,13).

Der H. hat eine weitere Wurzel in der Selbstüberschätzung des Menschen, der Gottes Güte und Geduld falsch deutet, als ob Gott es nicht so genau nähme mit seinen Geboten und mit seiner Ehre. Dementsprechend begegnet im hymnischen und paränetischen Zusammenhang, d.h. in der Anbetung der Gemeinde und in der Ermahnung, der Aufruf, doch ja nicht hochmütig zu sein (Lk 1,51; vgl. dazu Ps 89,11; Mk 7,22; Röm 1,30; 2Tim 3,2).

In 1Joh 2,16 findet sich die Beobachtung, daß H., die Mißachtung Gottes, des Schöpfers, und Begierde, die Sehnsucht nach den irdischen Dingen der Schöpfung, eng miteinander zusammenhängen.

H. kann sich auch verdeckt zeigen. Wer vom christl. Glauben weiß, daß »Gott dem Demütigen Gnade« gibt (1Petr 5,5), und sich deshalb auch »demütig« verhält, muß sich fragen lassen, wie weit seine *Demut echt ist und sein Stolz ihn in der Demut überheblich macht. Gott will dem Menschen seine Persönlichkeit nicht nehmen, sondern ihm bewußt machen, daß auch sein froher Mut und sein Selbstbewußtsein Geschenk Gottes sind, zu dem der Mensch sich bekennen darf, von dem er sich aber trennen muß, wenn Gott es will und wo es um Gottes Ehre geht. M.H.

HOCHPFLASTER s. Gabbata

HOCHZEIT s. Ehe

HOFFNUNG.

I. VORBEMERKUNG.

Für christl. Verständnis gehören H. und *Glaube eng zusammen. H. weist hin auf die geschichtliche Dynamik des Glaubens; und nach der berühmten ntl. Definition (Hebr 11,1) ist der Glaube »ein zuversichtliches Rechnen mit dem Erhofften«. Dieser Zusammenhang gilt bereits im alltäglichen Sprachgebrauch: Handel und Wirtschaft etwa beruhen auf »Treu und Glauben« und: Wer arbeitet, soll sich einsetzen »auf die Hoffnung hin, daß er seinen Anteil empfangen werde« (1Kor 9,10f). Wer hofft, rechnet mit der verläßlichen Erfüllung einer empfangenen Zusage. H. ist somit ein rechtlich wirksames Vertrauen auf das Handeln dessen, von dessen Zusagen man sich praktisch abhängig macht. Das bibl. Reden von H. gewinnt seine volle Bedeutung vor dem Hintergrund des Bundes Gottes mit den Menschen, mit dem Volk Israel und der Gemeinde Jesu Christi. Zukunft erschließt sich für den Menschen im Mitgehen mit Gott durch die Zeit, H. ist deshalb nach vorne bewegter Glaube. Horizont bibl. H. ist die fortschreitende Erfüllung des heilvollen Plans Gottes im Raum der Geschichte. Ganz anders das außerbibl. Reden von H.: Die griech. Antike kennt keinen eindeutig positiven H.sbegriff. Schlechte und gute Erwartungen können wechseln. Die von Menschen entworfenen Zukunftsbilder und H.en sind äußerst trügerisch. Die griech. *elpis* beflügelt nicht, trägt vielmehr den Unterton von Beunruhigung und Unsicherheit.

II. HOFFNUNG IM ALTEN TESTAMENT.

Das hebr. Wort für H., *tiqwā*, ist abgeleitet von einem Verb, das ursprünglich bedeutet: »gespannt sein«, »sehnsüchtig aus sein«. Einige andere Verben im gleichen Bedeutungszusammenhang betonen das Moment des Wartens und »Harrens« bzw. des entschlossenen Zuflucht-Nehmens. Die meisten Belege für »hoffen« im AT finden sich in den Psalmen sowie bei den Propheten.

1. H. ist im atl. Bundesvolk bewegter Glaube, welcher konkret mit einem baldigen Kommen Gottes und mit einer von Gott gewirkten Wende zum Guten rechnet. Aktuell wird solches sehnsüchtige Ausschau-Halten nach Gott zunächst in der Not-Situation (Ps 25,1f; Jes 8,17; 25,9; 26,8); hoffendes Vertrauen auf Gott und Rechnen mit seiner Hilfe ist darüber hinaus zu allen Zeiten gefordert und angebracht (Ps 40,5; 62,9; 112,7; Jer 17,7). Denn in der Ausrichtung auf Gott empfängt der Mensch Zukunft und neue H. (Jer 29,11; 31,17 RevEB). Während ohne H. alles aus ist (Hiob 7,6f; Hes 37,11), bedeutet H. haben soviel wie Zukunft haben (Spr 23,18; 24,14). Indem der Hoffende auf Gottes Heil wartet (1Mo 49,18), geht er in der Treue Gottes vorwärts (Ps 25,5).

2. Auf Gott selbst richtet sich die H. des Gläubigen. Zwar wünscht sich der Beter die Hilfe Gottes (Ps 78,22; 119,123), Erweise seiner Güte (Ps 33,18.22; 52,10; 130,7; 147,11), Gottes tröstendes Wort und Weisung (Ps 119,81; 130,5; Jes 42,4), gleichwohl konzentriert sich dies alles auf Gott selbst: »Auf ihn hofft mein Herz, und mir ist geholfen« (Ps 28,7). Der Bundesgott, der schon den Vorvätern Treue bewies (Ps 22,5f), ist der eigentliche Grund der H., ja ist selbst Inbegriff aller Zuversicht (Ps 46,2; 61,4; 71,5). Er ist »die Hoffnung Israels« (Jer 17,13). Darum hoffen auf ihn, die seinen zuverlässigen Namen kennen (Ps 9,11).

3. Wer sich so auf den Herrn verläßt, daß er sagt: »Du bist mein Gott« (Ps 31,15), der wird gesegnet und glücklich gepriesen (Ps 40,5; Jer 17,7), da Gott wirklich sein Wort an ihm erfüllt: Der so Hoffende wird nicht beschämt (Ps 69,7; 119,116; Jes 49,23), sondern in eine ungeahnte Weite geführt (Ps 31,7ff). Weil der Herr ihm so freundlich begegnet (Klgl 3,25), ihn mit Güte und Wohltun umfängt (Ps 31,20; Jes 64,3), darum werden feindliche Angriffe ihn nicht treffen (Ps 14,6; 61,4). In wechselnden Zeiten weiß sich der Hoffende in Gottes Hand (Ps 31,16). Er bekommt neue Kraft (Jes 30,15; 40,31), wird frei von Furcht (Jes 12,2) und ist gewiß, daß ihm Gottes Erbe niemand wegnehmen kann (Ps 37,9).

4. Während ohne das Trauen auf Gott alle H. wie Rauch zergeht (Spr 10,28; Weish 5,15), baut der Glaubende auf die Verheißung: »Gott ist Israels Hilfe und Schild« (Ps 115,9). In dieser Gewißheit drückt sich die H. dann aus in Zuversicht (Ps 71,5), in Ehrfurcht vor dem Herrn (Ps 33, 18; 40,4), in stillem, aufmerksamem Warten auf ihn (Ps 37,5ff), im gespannten Ausspähen nach Gott (Ps 69,4) und im konkreten Hingeben der eigenen Wege unter die göttliche Regie (Ps 37,5).

5. Die Hoffnungsperspektive geht im AT über das Wohl des einzelnen und sogar über das Wohl Israels hinaus: Die sog. »Königspsalmen« (Ps 91ff) zeigen deutlich, daß die H. Israels auf die sichtbare Erscheinung und umfassende Durchsetzung der Heils-Herrschaft Gottes zielt. Die Weite dieses Horizontes läßt für die, die Gottes Hilfe erfahren haben, ebensowenig Stagnation zu wie für solche, die gegenwärtig etwas vom Gerichtshandeln Gottes spüren (Jes 26,8). Die Zukunft wird Gott gehören – und deshalb auch all denen, die an seinem Bund festhalten. So ist im AT »Harren auf Gott« kein Zeichen von Schwäche, vielmehr Ausdruck des »starken und getrosten Herzens« (Ps 31,25).

II. HOFFNUNG IM NEUEN TESTAMENT.

Während von H. in den Evv. unmittelbar nicht die Rede ist, findet sich der griech. Begriff *elpis* besonders häufig bei paulin. Briefen sowie in 1Petr und Hebr.

1. Wie im AT richtet sich im NT die H. vom Menschen weg auf den lebendigen Gott (2Kor 1,10; 1Tim 4,10; 5,5; 6,17; 1Petr 1,21). Näherhin ruht die christl. H. auf Jesus Christus (1Kor 15,19; 1Thess 1,3.10). Christus ist für die Apostel der eigentliche Inbegriff der H. (Kol 1,27; 1Tim 1,1). Christl. Hoffen geschieht nicht nur auf Christus hin, sondern vor allem von ihm her, ja vollzieht sich als »Hoffen im Herrn« (Phil 2,19, wie auch das Glauben: Phil 2,24). Während Abraham, der Prototyp gelebter H., auf pure Verheißung hin, ohne sichtbare Anhaltspunkte, nach Gottes Geheiß aufbricht (Röm 4,18), lebt der Christ im vollen Rundhorizont bereits verwirklichten und noch ausstehenden Handelns Gottes. Denn in Christus sind Gottes große Verheißungen schon in unvergleichlicher Weise erfüllt (Mt 12,21; 2Kor 1,20). Dies ist die durchschlagend neue Situation: Der Erhoffte ist gekommen (Röm 15,12; vgl. Jes 11,10)! Gott hat durch die Machttat der *Auferstehung Jesu Christi alle Verheißungen ratifiziert und lebendige H. aller Gläubigen initiiert (1Petr 1,3). Die »Hoffnung des Evangeliums« (Kol 1,23) ist gegenüber aller atl. die »bessere Hoffnung«, denn sie beruht auf der offenbar gewordenen »Macht des unzerstörbaren Lebens« (Hebr

7,16.19). Weil alles christl. Leben von der wirksamen Präsenz des Auferstandenen und seines Geistes geprägt ist (Röm 8,23ff; 15,13; Gal 5,5), darum ist die Erwartung nach ausstehender Verheißung völlig auf den Ton der Freude gestimmt (Röm 5,2; 12,12). Für die Gläubigen hat durch die göttliche Berufung zum Evangelium wahrhaftig ein neues Leben begonnen (Eph 1,18; 4,4; 1Petr 1,3), während die Heiden, die »fremd den Testamenten der Verheißung« und »ohne Gott in der Welt« leben, »ohne Hoffnung« sind (Eph 2,12; 1Thess 4,13).

2. In der Freude über die uns geschenkte H. (2Thess 2,16) wächst die Erwartung auf die noch ausstehenden Hoffnungsgüter: Christl. H. konzentriert sich auf die persönliche, sichtbare und herrliche Wiederkunft Jesu Christi (1Kor 1,7; 1Thess 1,3.10; Tit 2,13). Dann wird das Heil restlos erfüllt (1Thess 5,8) und die Gemeinschaft mit Christus vollendet sein (1Thess 4,13f). Dann werden die Gläubigen »ihn sehen, wie er ist« (1Joh 3,2f). Das Kommen Christi als das alles verändernde Ereignis (Phil 3,20) wird die Auferstehung des Leibes ebenso zur Folge haben wie den »neuen Himmel und die neue Erde, in welchen Gerechtigkeit wohnt« (Apg 23,6; 24,15; 26,6ff; 2Petr 3,13). Das Sichtbarwerden des Reiches Gottes läßt auch das »reiche Erbe der Heiligen« nicht im Verborgenen (Eph 1,19; Kol 1,5; Hebr 6,11f). Dieser Horizont des Reiches Gottes steht fest, und von dorther gibt es für Paulus H. bis ins Persönlichste hinein: daß Christus, der Herr der Geschichte, in jeder Situation an seinem Zeugen verherrlicht werde – nicht zuletzt auch durch Leiden (Röm 8,18; 2Kor 4,17f; Phil 1,20).

3. Weil die von Gott verbürgte H. fest im kommenden, ewigen Reich verankert ist (Hebr 6,18f), darum ist freimütige Zuversicht das Kennzeichen der Gläubigen (2Kor 3,12; Hebr 11,1). Die H., welche Christen neben dem Glauben und der Liebe als Reichgottes-Merkmal prägt (1Kor 13,13; Kol 1,4f; 1Thess 1,3), ist – wie alle Gaben Gottes – in der Gegenwart zu bewähren. Es gilt, die geschenkte H. durch alle Anfechtungen hindurch mit Eifer festzuhalten (Kol 1,23; Hebr 3,6; 6,18; 10,23). Durch die H. ist den Gläubigen der lange Atem der Geduld geschenkt (Röm 8,25; 1Kor 13,7; 1Thess 1,3; Hebr 6,11). Solche Ausdauer läßt nicht passiv werden, sondern spornt an zum »Warten und Eilen« (2Petr 3,12). H. wird zum starken Antrieb der *Heiligung, der Verähnlichung mit Jesus schon heute (1Joh 3,3). Als Alliierte der Zukunft Christi ist die christl. Gemeinde in einer Welt voller Ungewißheit und Angst dazu gerufen, Vortrupp der H. zu sein im Bekenntnis zur Herrschaft Gottes (Hebr 10,23).

Literatur: R. Bultmann, H. Rengstorf: ThWNT II, 1935, S. 515-531; W. Zimmerli: Der Mensch und seine Hoffnung im Alten Testament, 1968; E. Brunner: Das Ewige als Zukunft und Gegenwart, 1965; P. Schütz: Charisma Hoffnung. Von der Zukunft der Welt 1962; E. Hoffmann: TBLNT I, [4]1986, 722-728; H.-J. Kraus: Reich Gottes: Reich der Freiheit. Grundriß systematischer Theologie, 1975. R.F.

HOFMEISTER. Der hebr. Titel bezeichnet den obersten Verwalter und das Hofamt des Palastvorstehers (1Kön 4,6; 16,9; 18,3; 2Kön 18,18; Jes 22,15; 36,3). Über seinen Aufgabenkreis sind wir nicht weiter unterrichtet. Vermutlich war er für die Versorgung der Hofhaltung zuständig, hatte wie der entsprechende assyr. Beamte die Verantwortung für das Hofzeremoniell und vermittelte den Zutritt zum König. Auf die Bedeutung seiner Stellung weisen Jes 22,21f und die Angabe, daß Jotam während seiner Regentschaft die Pflichten des Palastvorstehers und des obersten Richters erfüllte (2Kön 15,5). Nach einem Siegelabdruck aus Lachisch trug ein *Gedalja, wahrscheinlich der Sohn Ahikams (2Kön 25,22), diesen Titel. Vgl. *Haushalter.

HOFNI und PINHAS. Die beiden Söhne *Elis, »Priester des Herrn« in *Silo (1Sam 1,3). Beide Namen kommen aus dem Ägypt. und bedeuten »Kaulquappe« bzw. »der Nubier«. Sie werden als »ruchlose Männer« beschrieben, die »nichts nach dem Herrn fragten« (1Sam 2,12). Sie mißbrauchten ihre Privilegien als Priester (s. *Priester und Leviten), verlangten mehr als den ihnen zustehenden Anteil an den Opfern und bestanden unter Androhung von Gewalt darauf, diesen, wann und wie sie ihn wollten, zu erhalten, so daß das Volk das Opfer des Herrn verachtete. Deshalb und wegen ihrer Unzüchtigkeit wurde über das Haus Elis ein Fluch ausgesprochen, zuerst von einem unbekannten Propheten (1Sam 2,27-36), später von Samuel (1Sam 3,11-14). H. u. P. starben in der Schlacht gegen die Philister bei Afek (1Sam 4,11). J.W.M.

HOFRA. *Chaʿaʿibrē Wachibrē*; griech. *Apries*, war der vierte Pharao der 26. Dynastie, der von 589 bis 570 v.Chr. herrschte. Ebenso wie bei *Schischak, *Tirhaka und *Necho läßt sich die hebr. Form *chōphraʿ* am besten von seinem Namen *(Wa)chibrē* ableiten. Ausdrücklich erwähnt wird der Pharao H. nur in Jer 44,30; aber einige Verweise auf den »Pharao« bei den Propheten meinen ihn. Kurz nach H.s Thronbesteigung erbat *Zedekia Soldaten von ihm,

Pharao Hofra (Ha'a'ibrē') bringt Schalen mit Wein als Opfergabe dar. Teil einer Stele. 589–570 v.Chr. (BM)

vermutlich um gegen *Nebukadnezar vorzugehen (Hes 17,11-21). H. marschierte während der Belagerung Jerusalems durch Nebukadnezar in Palästina ein (Jer 37,5; vielleicht auch Jer 47,1!), unterstützt von seiner Flotte (Herodot Hist. 2.161). Im Jahr 588 v.Chr. prophezeite *Hesekiel gegen die Ägypter (Hes 29,1-16) und *Jeremia sah H.s Rückzug voraus (Jer 37,7). Die Babylonier setzten die Belagerung Jerusalems gerade so lange aus, um H. zurückzuschlagen (Jer 37,11). Ob tatsächlich eine Schlacht stattfand, ist ungewiß. Nach einem Feldzug in Libyen, der katastrophal ausging, und einem Aufstand, der damit endete, daß Amasis (Ahmose) Mitregent wurde, wurde H. in der Auseinandersetzung mit Amasis getötet (vgl. Jer 44,30). K.A.K.

HÖHE. Das hebr. Wort *bāmā*, wiedergegeben mit »Höhe«, kommt im MT mehr als 100 mal vor, und zwar in zweifacher Bedeutung: als Höhe oder Anhöhe im wörtl. Sinn und im Sinn von Altar. Die zwanzig Belege, die auf nicht-kultische Verwendung Bezug nehmen, haben den Begriff H. ausschließlich in der Pluralform und in poetischen Passagen. Im Gegensatz zu anderen Wörtern für H. weckt die Pluralform *bāmōt* immer Assoziationen mit Dominanz und Kontrolle. Schlachten wurden oft an Berghängen ausgetragen; deshalb war der Besitz der H. oft gleichbedeutend mit Herrschaft über das Land (4Mo 21,28; 2Sam 1,19.25). Man nahm in Israel an, daß Gott auf den H.n »einhertritt« oder »tritt« (Am 4,13; Mi 1,3), daß er Israel (5Mo 32,13; Jes 58,14) oder einen einzelnen Menschen (2Sam 22,34; Ps 18,34; Hab 3,19) »auf die Höhen der Erde« stellt. Rundsiegel porträtieren *Baal auf den Bergen sitzend, und in den Ras Schamra-Texten (*Ugarit) wird er *rkb rpt*, »Wolkenreiter«, genannt. Sowohl die akkad. als auch die ugarit. Sprache hatten engverwandte Bezeichnungen für H. und für die mittlere Region des Körpers. Die gedankliche Verbindung von H. mit Herrschen könnte auch der Grund dafür gewesen sein, daß man dort Altäre errichtete. Es ist anzunehmen, daß Israel, trotz der Warnungen Moses (5Mo 12, etc.), nach der Landnahme die kanaan. Altäre übernahm. Mit Sicherheit verwendeten treue Anbeter Gottes *bāmōt* in der frühen Zeit der Könige. Samuel amtierte bei einem besonderen Opfer, als Saul vor geladenen Gästen gesalbt wurde (1Sam 9); später schloß sich Saul einer Gruppe von Propheten an, die in Verzückung und mit Musikbegleitung (Harfe, Pauke, Flöte und Zither) von einer H. (*bāmā*), herabkamen (1Sam 10,5). Zur Zeit Samuels hatte *Gibeon eine einzigartige Stellung inne und war be-

Die »Große Höhe« von Petra, Jordanien. Auf der Altar-Plattform mit dem Opfertisch könnten Blutopfer vollzogen worden sein. Wahrscheinlich handelt es sich um ein nabatäisches Heiligtum (2. Jh. v.Chr. – 2. Jh. n.Chr.), an dessen Stelle sich vorher ein edomitisches befand. (ARM)

kannt als die »große Höhe«. Die *Stiftshütte sowie der Bronzealtar, den *Bezalel, der Sohn Uris, gefertigt hatte, wurden dort aufbewahrt. Ebenfalls in Gibeon forderte Gott Salomo in einem Traum über den Charakter seiner Herrschaft heraus (1Kön 3; 2Chr 1). Nach der Teilung des Königreiches ca. 925 v.Chr. bildeten die *bāmōt* eine neue Gefahr für die Reinheit von Israels Glauben. Im nördl. Königreich baute *Jerobeam »Höhenheiligtümer« als Teil seiner Kampagne, die Aufmerksamkeit seiner Untertanen von Jerusalem abzulenken (1Kön 12,28-32). So verführte er Israel zur Sünde: wenn die H.n auch häufig nominell Gott geweiht waren, trugen sie doch deutlich kanaan. Merkmale: Bilder, Steinmale, Ascherapfähle – daneben gab es Prostitution und andere Fruchtbarkeitsriten. Die zwei Jahrhunderte, in denen das nördl. Königreich bestand, waren gekennzeichnet von Blutvergießen, Instabilität und Abtrünnigkeit: bibl. Geschichtsschreibung zufolge waren die H.n (*bāmōt*) eine der Hauptursachen des moralischen und rel. Niedergangs (2Kön 17,9ff). Im südl. Königreich war die Situation wenig besser. Der Höhenkult lebte unter *Rehabeam wieder auf. Versuche von *Asa und *Joschafat, dies zu unterdrücken, blieben ohne Erfolg. *Hiskia führte eine gründliche Reform durch (2Kön 18,1-8), aber sein Sohn *Manasse, der »Greuel getan hat, die ärger sind als alle Greuel, die die Amoriter getan haben, die vor ihm gewesen sind«, ließ die H.n wieder aufrichten. Unter *Josia wurde eine weitreichende Säuberung durchgeführt (2Kön 23); seine Nachfolger jedoch ließen die Altäre erneut aufstellen, bis die babylon. Armee das judäische Königreich zerschlug. Von da an ist kaum mehr etwas von Höhenheiligtümern bekannt.

Untersuchungen des Höhenkults offenbaren die Verwirrung der politischen und rel. Führungsschicht in Israel. Der *Talmud und die Rabbinen unterschieden streng zwischen »großen« und »kleinen« Höhen bzw. behaupteten, daß der Bann zeitweise aufgehoben gewesen sei. J. Wellhausen versucht, dieses Problem mit der Annahme zu lösen, das spezielle Gesetz über Heiligtümer sei bis zur Zeit Josias nicht in Kraft gewesen; das 5. Buch Mose sei lediglich ein »frommer Schwindel«. Wahrscheinlicher ist jedoch, daß Samuel, Saul und Salomo diese Altäre einfach für Gott beanspruchen wollten, ohne die synkretistischen Gefahren zu erkennen, die Mose klar gesehen hatte, und die durch die Geschichte eindrücklich bestätigt wurden.

Nach Meinung W.F. Albrights bestanden die Höhenheiligtümer hauptsächlich aus Grabaltären; jedoch weist weder ein ausgegrabener Altar noch ein bibl. Beleg auf eine Begräbnisstätte hin. P.H. Vaughan vermutet, daß *bāmōt* runde oder flache Kultplattformen waren, auf denen die kultischen Handlungen erfolgten. Auch wenn einige H.n Plattformen besaßen, scheint der Begriff eher die gesamte Kultstätte, einschließlich Altar, Steine, Gebäude etc., zu bezeichnen.

Man kann eine allmähliche Entwicklung bei der Wahl der H.n erkennen. Altäre auf H.n waren kennzeichnend für die frühe Periode (4Mo 22,41; 1Sam 9); später findet man H.n in Städten (2Kön 17,9) oder, in einem Fall, in einem Tal (Jer 7,31). Bis zum Ende der Monarchie wurde der Ausdruck H. auf viele Arten lokaler Altäre und Heiligtümer angewendet. So werden 2Kön 23 ein kleiner Toraltar, königliche Kultzentren für fremde Götter, große öffentliche Altäre und lokale ländliche Altäre als *bāmōt* bezeichnet. Altäre außerhalb von Siedlungen sind aus Naharia, *Samaria, *Jerusalem und *Petra bekannt. *bāmōt* auf Anhöhen von Städten kennt man von *Megiddo und *Arad. Altäre an tiefergelegenen Stellen in Städten findet man in *Hazor, *Dan und Jerusalem. Kleine Toraltäre sind aus Tirza und Dan bekannt. Bibl. Belege über die Struktur, den Kult und die Tendenz eines Altars, seinen Status zu ändern, lassen sich durch archäologische Entdeckungen verdeutlichen. So entsteht ein detailliertes Bild über die Zeit, in der Israel »so viele Götter wie Städte hatte« (Jer 2,28). S. *Altar.

Literatur: W.F. Albright: Supplement to VT 4, 1957, S. 242-258; L.H. Vincent: RB 55/1948, S. 245-278.438-445; P.H. Vaughan: The meaning of 'bāmā' in the Old Testament, 1974; M. Clauss: Geschichte Israels, 1986, S. 65f.194 u.ö.; H. Balz-Cochonis: Gomer. Der Höhenkult Israels im Selbstverständnis der Volksfrömmigkeit. Untersuchungen zu Hosea 4,1-5,7. EHS.T 191, 1983.

J.T.W.

HOHEITSTITEL JESU CHRISTI. Ein Titel ist eine Bezeichnung, die sich auf die spezielle Funktion einer Person bezieht oder deren besonderen Stand beschreibt und so auch die Ehrenstellung anzeigen kann, die jemandem zuerkannt werden soll. *Johannes z.B. war als »der Täufer« bekannt, weil dieser Ausdruck seine charakteristische Funktion beschrieb. Eine solche Funktion muß nicht einzigartig sein; es gab viele Menschen, die mit Formeln wie »X, der Prophet« oder »Y, der König« bezeichnet werden konnten.

Namen und Titel sind eng miteinander verbunden. Manchmal konnte zum Titel werden, was zuvor ein Name gewesen war und umgekehrt. Dies wird am Beispiel der röm. Kaiser besonders deutlich. Ursprünglich war »Caesar« der Familienname des Julius Caesar und seines adoptierten Neffen Octavian, der der erste röm. Kaiser wurde; danach wurde der Name zum Titel mit der Bedeutung »der Kaiser« (Phil 4,22; obwohl im NT meist ohne Artikel gebraucht, z.B. Mk 12,14-17, bleibt er dennoch ein Titel). Octavian selber bekam 27 v.Chr. vom röm. Senat den Titel »Augustus« verliehen; dieser bedeutet »der Erhabene« und wurde im Griech. mit »sebastos« (der »Verehrungswürdige«) wiedergegeben.

Als solcher konnte er von späteren Kaisern benutzt werden (Apg 25,21. 25); für die meisten Menschen gilt er heute jedoch als der Name des ersten Kaisers, weil man Octavian seit der Verleihung dieses Titels eben mit diesem benannte.

Die Bedeutung eines Titels kann verändert werden durch den Charakter und das Handeln einer bestimmten Person, die ihn trägt und ihm einen neuen Stempel aufdrückt. Der Aufgabenbereich eines Königs in Großbritannien z.B. hat sich im Laufe vieler Jahrhunderte so drastisch gewandelt, daß der Titel nicht mehr denselben Sinngehalt trägt, den er bei seinem anfänglichen Gebrauch hatte. Der einfache Titel »der Führer« ist so stark durch den speziellen Charakter Adolf Hitlers, der ihn als politischen Titel in Deutschland annahm, geprägt worden, daß er für eine weitere Benutzung im politischen Bereich ganz unbrauchbar geworden ist.

Schließlich kann eine Person unter Umständen auch so beschrieben werden, daß dabei klar wird: sie hat eine Stellung inne oder übt eine Funktion aus, die mit einem bestimmten Titel verbunden ist - ohne daß der Begriff selber auf sie in diesem Zusammenhang angewendet wird. So könnte man etwa von einem, der einen Thron usurpiert hat, sagen: »X war (faktisch) König, nur nicht dem Namen nach«.

Diese recht allgemeinen Überlegungen sind wichtig für eine Betrachtung der Hoheitstitel, die Jesus im NT erhält, und werden uns beim Studium dieses Themas vor manchem Trugschluß bewahren.

I. DIE FÜR JESUS WÄHREND SEINES IRDISCHEN LEBENS VERWENDETEN TITEL.

Der Name »**Jesus**« war für seinen Träger nicht eigentlich ein Titel. Er ist jedoch ein bedeutungsvoller Name: die griech. Form von »Joschua«, d.h. »Jahwe ist Heil«. Die Verfasser des NT waren sich dieser Bedeutung wohlbewußt (Mt 1,21). Der Name bezeichnete auf diese Weise die Funktion, die Jesus zugeschrieben wurde, und diese fand später in dem Titel »**Heiland**« ihren Ausdruck, der zunächst einfach eine Beschreibung der Funktion Jesu war (Apg 5,31; 13,23; Phil 3,20), dann jedoch Teil seines Würdetitels wurde (2Tim 1,10; Tit 1,4; 2Petr 1,11). »Jesus« war der persönliche Name des Heilands, und obwohl Eingeweihte bei seiner Nennung die titulare Bedeutung immer noch mithören, ist er inzwischen für viele Menschen wahrscheinlich nichts weiter mehr als ein Name. (So denkt z.B. normalerweise auch niemand mehr daran, daß Johannes »Gott ist gnädig« heißt, wenn er diesen Namen ausspricht.)

»Jesus« war in der ersten Hälfte des 1.Jh.n.Chr. kein seltener Name. Freilich ist es bezeichnend, daß er gegen Ende jenes Jahrhunderts allmählich ganz außer Gebrauch kam: für Christen war er zu heilig, als daß sie ihn als Eigennamen noch hätten benutzen wollen, für Juden zu verhaßt. Um Jesus (Christus) von anderen Trägern dieses Namens zu unterscheiden, wurde er »Jesus von Nazareth« oder »Jesus der Nazarener« genannt. Der Gebrauch dieses Ausdrucks mag angesichts der Ähnlichkeit mit dem Wort »Nasiräer« auch eine gewisse theologische Bedeutung erlangt haben.

Aufgrund seiner charakteristischen Tätigkeit war Jesus als **»Lehrer«** (**»Rabbi«**, **»Meister«**) bekannt und wurde wie jeder andere jüdische Lehrer mit diesem Titel angesprochen (Mk 4,38; 9,17.38; 10,17 u.a.). Gelegentlich, wenn nicht die Gefahr der Verwechslung mit anderen Lehrern bestand, konnte er auch einfach »der Lehrer« genannt werden (Mk 5,35; 14,14; Joh 11,28). Jüdische Lehrer wurden in der Regel mit **»Rabbi«** angesprochen (wörtl. »mein Großer«) – einer Respektsbezeichnung, die schließlich so viel wie »der verehrte (Lehrer)« bedeutete. Diese Anredeform wurde auch von den Jüngern für Jesus verwendet (Mk 9,5; 11,21; 14,45); allerdings wurde sie nicht gebraucht, um von ihm in der dritten Person zu sprechen. Bei Lk wird Jesus manchmal als **»Meister«** angeredet (*epistatēs*; Lk 5,5; 8,24 u.a.); dieser Begriff drückt den Respekt seiner Jünger und Anhänger für Jesus aus und diente vielleicht eher dazu, sein Verhältnis zu Menschengruppen zu umschreiben als das zu Einzelpersonen. Ein weiterer respektvoller Begriff war **»Herr«** (*kyrie*, der Vokativ zu *kyrios*). In den Evangelien gibt er wahrscheinlich ein ursprüngliches *rabbī* oder aram. *marī* (»mein Herr«) wieder, das eine Ehrfurchtsbezeichnung darstellte (Mk 7,28; Mt 8,2.6.8 u.a.). Obwohl sich diese Anredeform einfach auf Jesus als Respekt heischenden Lehrer beziehen mag (Lk 6,46; Joh 13,13f), besteht Grund zu der Annahme, daß Jesus manchmal in seiner Eigenschaft als Träger wunderwirkender Kräfte so angeredet wurde (G. Vermes, Jesus the Jew, 122-137). Der Begriff wird von Mt und Mk nicht zur Bezugnahme auf Jesus durch eine dritte Person benutzt (außer Mt 21,3; Mk 11,3), Lk jedoch nennt Jesus auch in erzählenden Abschnitten nicht selten »den Herrn« (Lk 7,13; 10,1.39.41 u.a). Dieser Gebrauch läßt vermuten: Lukas war sich zwar dessen wohl bewußt, daß die volle Bedeutung des Titels erst mit der Auferstehung verwirklicht würde, er wollte aber zeigen, daß Jesus auch während seines irdischen Wirkens schon mit einer ähnlichen Autorität handelte, wie er sie in vollem Maße nach der Auferstehung besaß.

Die Tatsache, daß Jesus für mehr angesehen wurde als ein gewöhnlicher jüdischer Lehrer, bringt der Begriff **»Prophet«** zum Ausdruck (Mt 21,11.46; Mk 6,15; 8,28; Lk 7,16.39; 24,19; Joh 4,19; 6,14; 7,40; 9,17). Diese Einschätzung seiner eigenen Stellung wurde von Jesus anerkannt und auch ausgesprochen (Mk 6,4; Lk 4,24; 13,33f). An sich unterschied weder der Titel »Lehrer« noch der Titel »Prophet« Jesus von anderen Lehrern und Propheten seiner Zeit – mochten das nun jüd. rel. Führer sein oder manche Gruppen von frühchristl. Gemeindeleitern (z.B. Apg 13,1). Allerdings hätte die frühe Kirche natürlich geltend gemacht, Jesus sei der Lehrer und Prophet par excellence.

Trotzdem wurde wahrscheinlich der Ausdruck »der Prophet« in manchen Fällen in einem einzigartigen Sinn verwendet. Das *Judentum erwartete das Kommen des *Elia oder einer ihm ähnlichen Gestalt, um das Ende einzuleiten, und es gab hier und da die Überlegung, ob Johannes der Täufer oder Jesus für diesen sog. eschatologischen oder letzten Propheten zu halten sei (vgl. Joh 1,21.25). In dieser Sache herrschte offensichtlich einige Unklarheit, da Johannes es abstritt, jener Prophet zu sein, während Jesus behauptete, Johannes sei tatsächlich der Elia (Mt 17,12f). Diese Unklarheit würde verschwinden, wenn sich der Hinweis in Joh 1,21.25 auf das Kommen eines letzten Propheten wie Mose bezöge (5Mo 18,15-19); Petrus identifizierte Jesus als diesen »mosaischen« Propheten (Apg 3,22-26). Dies würde es erlauben, Johannes als einen anderen Vorboten des Endes anzusehen: als Propheten wie Elia. Die Schwierigkeit mag davon herrühren, daß man im Judentum die beiden Gestalten nicht streng auseinanderhielt. Es ist wahrscheinlich, daß Jesus sich selber in der Rolle des mosaischen Propheten sah. Er gebrauchte den Titel in diesem Zusammenhang nicht, verstand sich jedoch als den, der das Werk Moses wieder in Kraft setzte und den Auftrag des Propheten erfüllte, der in Jes 61,1-3 redet. Er benutzte Abschnitte aus Jes 29,18f; 35,5f und 61,1, um sein eigenes Wirken im Sinne einer Neuschöpfung der paradiesischen Zustände während der Exoduszeit und der Wüstenwanderung zu beschreiben, d.h. im Sinne des Wirkens Moses (Lk 4,18f; 7,22). Von hier aus gesehen mag auch das Lehren Jesu, in dem er das Gesetz des Mose neu auslegte, bedeutsam sein.

Ebenso wie Jesus sein Wirken als das eines Gesetzgebers und Propheten (*Mose und *Elia/*Elisa; vgl. Lk 4,25-27) verstand, war sein Denken wahrscheinlich auch von der jüd. Vorstellung der Weisheit beeinflußt, wenn ihm auch der direkte Titel »Weisheit« in den Evv. nicht beigelegt ist (vgl. aber 1Kor 1,24.30). Im AT und in der zwischentestamentlichen Literatur begegnen wir dem Gedanken der personifizierten Weisheit als einer Helferin Gottes bei der Schöpfung und (in Gestalt des Gesetzes) als der Leiterin des Volkes Gottes (Spr 8,22-36). Der Weise par excellence war *Salomo, und es ist kein Zufall, daß Jesus den Anspruch erhob, in seinem Wirken sei Größeres als Salomo gegenwärtig (Mt 12,42). Man stellte sich vor, daß die Weisheit ihre Sendboten zu den Menschen schicke, um ihnen Gottes Wege zu enthüllen (Spr 9,3-6). Zuweilen redete Jesus so, als sei er ein solcher Sendbote (Lk 11,49-51) oder als müsse er selber mit der Weisheit identifiziert werden (Lk 13,34; vgl. Mt 23,34-37).

Die Hoffnungen der Juden galten vor allem der Aufrichtung von Gottes Herrschaft oder Reich, und diese Hoffnung verband sich oft mit der Erwartung eines Bevollmächtigten Gottes, der dessen Herrschaft ausüben sollte. Diese Gestalt sollte ein König sein, von Gott gesalbt und aus dem Geschlecht Davids stammend. Der Ausdruck **»Gesalbter«**, der zur Bezeichnung eines Königs, Priesters oder Propheten dienen konnte, wurde in der zwischentestamentlichen Zeit schließlich zum terminus technicus für diesen Bevollmächtigten Gottes, nach dem man Ausschau hielt. Das hebr. Wort lautete *maschiach*, und dieses wurde im Griech. mit **»Messias«** wiedergegeben. Das entsprechende griech. Wort für **»Gesalbter«** war *christos*; daraus entstand das deutsche Wort **»Christus«**. Da man den kommenden Herrscher als König und Sohn (d.h. Nachkommen) Davids erwartete, wurden diese beiden Begriffe ebenfalls als Titel oder Bezeichnungen für ihn gebraucht.

Es steht völlig außer Zweifel, daß Jesus von den Römern aufgrund der Anschuldigung zum Tode verurteilt wurde, er erhebe den Anspruch, der König der Juden zu sein (Mk 15,26). Die Frage ist, ob er dieses Amt ausdrücklich beansprucht oder einfach in der Rolle eines Messias gehandelt hat. Jesus hat den Messiastitel nur selten direkt in den Mund genommen. In Mk 12,35 und 13,21 (vgl. Mt 24,5) spricht er vom Messias und von Messiasprätendenten, ohne jedoch sich selbst unmittelbar als Messias zu erkennen zu geben. In Mt 23,10 und Mk 9,41 wird er als Lehrer seiner Jünger dargestellt, offensichtlich vor allem im Hinblick auf die Situation der frühen Kirche. Mt 16,20 bezieht sich lediglich auf V. 16 zurück. Daraus folgt, daß Jesus selber sich in seiner öffentlichen Verkündigung vor der Volksmenge nicht als Messias bezeichnet, sondern den Titel bestenfalls einigemale im Gespräch mit seinen Jüngern verwendet hat (vgl. Joh 4,25f). Das Gleiche gilt auch für den Titel »Sohn Davids«; die Frage nach dem Davidssohn in Mk 12,35-37 identifiziert Jesus nicht ausdrücklich mit demselben. Auch beanspruchte Jesus nicht öffentlich den Titel eines »Königs« (Mt 25,34.40 wendet sich an die Jünger). Andererseits konnten jedoch viele Handlungen Jesu als messianisch beurteilt werden. Seine Taufe mit dem Geist wurde von ihm selbst (Lk 4,18) wie auch von der frühen Kirche (Apg 4,27; 10,38) als eine Salbung angesehen. Er proklamierte die kommende Herrschaft Gottes, verband deren Ankunft eng mit seinem eigenen Wirken (Mt 12,28) und handelte mit einer Vollmacht, die den Eindruck erweckte, als stehe er an Gottes Stelle (Mk 2,7). Es ist nicht verwunderlich, daß die Frage, ob er der erwartete König sei, in der Luft lag (vgl. Joh 4,29; 7,25-31), und daß die Volksmenge ihn gern zum König gemacht hätte (Joh 6,15). Bei seinem Verhör wurde er gefragt, ob er der Messias sei, und in dieser kritischen Situation bekannte er sich nun öffentlich dazu (Mk 14,61f; vgl. Joh 18,33-38). Schon zu einem früheren Zeitpunkt hatte Petrus ihn als den Messias bezeichnet, und Jesus hatte dieses Bekenntnis nicht zurückgewiesen (Mk 8,29f); Menschen, die in ihrer Not auf seine barmherzige Hilfe hofften, redeten ihn als »Sohn Davids« an (Mk 10,47f).

Aus alledem wird ersichtlich, daß Jesus, obwohl er implizit als Messias handelte, sich doch darüber ausschwieg und sogar etwaige Hinweise auf seine Messianität zu unterdrükken suchte (Mk 8,30). Für diese Haltung hat man verschiedene Erklärungen gefunden. Wir brauchen nicht auf die Ansicht einzugehen, die Evangelisten hätten die Sachlage falsch dargestellt; Jesus sei weder von sich selbst noch von jemand anderem als Messias angesehen worden; erst nach der Auferstehung habe die Kirche ihm diesen Titel verliehen (so W. Wrede, Das Messiasgeheimnis in den Evangelien. Zugleich ein Beitrag zum Verständnis des Markusevangeliums, (1901) ³1963; dagegen: J.D.G. Dunn: TynB 21/1970, 92-117). Ein wichtiger Gesichtspunkt für eine Erklärung ist sicherlich, daß Jesu Vorstellung vom Auftrag des Messias sich erheblich von derjenigen vieler Juden unterschied, die vom Messias die Initiative zu einer politischen Erhebung und die Befreiung des Landes von den Römern erwarteten. Auch wenn es Juden gab, denen mehr das Ideal einer geistlichen Wirksamkeit des Messias vorschwebte, mußte Jesus doch vor einer Fehlinterpretation im Sinne einer politischen Messianität auf der Hut sein. (Es sollte keiner Erwähnung bedürfen, daß Jesus sich in keiner Weise der Befürwortung von Gewaltmaßnahmen anschloß, wie sie von politischen Revolutionären seiner Zeit propagiert wurde; das abschließende Wort zu diesem Thema hat M. Hengel gesprochen: War Jesus Revolutionär? 1970; vgl. ders.: Christus und die Macht, 1974).

Als weiterer Gesichtspunkt mag in Betracht kommen, daß Jesus die Messianität nicht beanspruchen wollte, bevor er sich durch seine Taten als Messias ausgewiesen hatte oder die Menschen die wahre Bedeutung seines Dienstes erkannt hatten. Auf diese Weise befreite er den Messiasgedanken von den diesseitigen, politischen Hoffnungen, die man mit ihm verband, und legte ihn wieder im Sinne der atl. Vorstellung von der machtvollen Heilstat Gottes aus.

Zweifellos vermitteln die Evv. jedoch den Eindruck, Jesus habe den Gebrauch einer anderen Bezeichnung bevorzugt: **Menschensohn** (beachte den Begriffswechsel in Mk 8,29f/31 und 14,61/62!). Dieser im Griech. ungewöhnliche Ausdruck kann nur als Übersetzung einer dem Semit. eigentümlichen Wendung entstanden sein (hebr. *ben ᾽ adam*; aram. *bar ᾽ änascha*), die entweder ein einzelnes Individuum der Gattung »Mensch« (z.B. Hes 2,1) oder die Menschheit insgesamt meint (z.B. Ps 8,5). In Dan 7,13f beschreibt diese Wendung einen, der »wie eines Menschen Sohn« (LÜ) oder »wie ein gewöhnlicher Mensch« (Erklärung in der Bibelübersetzung von H. Menge) aussah, der mit den Wolken des Himmels vor den »Alten an Tagen« (= Ewigen) gebracht wird und von ihm immerwährende Herrschaft über alle Völker empfängt. Im Aram. zur Zeit Jesu war es anscheinend möglich, diese Wendung in manchen Situationen als demütige Selbstbezeichnung zu gebrauchen; freilich gehen die Meinungen darüber auseinander, ob sie für eine Aussage benutzt wurde, die für die Menschheit im allgemeinen und deshalb auch für den Sprecher im besonderen zutraf, oder ob man mit ihr etwas aussagte, das den Sprecher allein betraf.

Die Wendung begegnet in den Worten Jesu recht häufig, und die betreffenden Stellen in den Evv. haben zu einer lebhaften Diskussion geführt. 1. Einerseits nahm man an, daß die

Bedeutung dieser Wendung sich von Dan 7,13f herleitet; in diesem Falle bezieht sie sich auf das zukünftige Kommen einer himmlischen, in apokalyptischer Symbolsprache beschriebenen Gestalt (Mk 13,26; 14,62) und auf deren Rolle beim Jüngsten Gericht (Mk 8,38; Mt 10,23; 19,28; 25,31; Lk 12,8f; 17,22-30; 18,8). Einige Forscher meinen, die frühe Kirche habe als erste diese Vorstellung benutzt, um die zukünftige Rolle Jesu zu beschreiben (so N. Perrin, A Modern Pilgrimage in New Testament Christology, 1974); andere behaupten aufgrund von Lk 12,8f, Jesus habe das Kommen einer von ihm unterschiedenen apokalyptischen Gestalt erwartet, die sein Werk rechtfertigen würde, und erst die frühe Kirche habe später Jesus selbst mit dieser zukünftigen Gestalt identifiziert (so H.E. Tödt, Der Menschensohn in der synoptischen Überlieferung, [4]1978); wieder andere meinen, Jesus habe sein eigenes zukünftiges Kommen als Menschensohn erwartet (so O. Cullmann, Die Christologie des Neuen Testaments, [5]1975).

Neben diesen »zukünftigen« Aussagen stehen andere, die von der gegenwärtigen Autorität und Erniedrigung des Menschensohnes sprechen (Mk 2,10.27f; Lk 6,22; 7,34; 9,58; 12,10; 19,10) und sein Leiden, Sterben und Auferstehen voraussagen (Mk 8,31; 9,9.12.31; 10,33f.45; 14,21.41; vgl. Lk 24,7). Es ist schwer (aber nicht unmöglich, s.u.) zu verstehen, wie solche Aussagen von dem in Dan 7,13f beschriebenen »Sohn des Menschen« gemacht werden konnten; deshalb glauben viele Ausleger, der Gebrauch der Bezeichnung »Menschensohn« in solchen Worten sei der frühen Kirche zuzuschreiben: Nachdem diese Jesus mit dem kommenden »Sohn des Menschen« gleichgesetzt hatte, sei sie dazu übergegangen, denselben Titel auch in Aussagen über sein irdisches Wirken und seine Passion zu verwenden. Andere Ausleger meinen, Jesus habe unter dem Einfluß der Weissagung vom leidenden Gottesknecht (Jes 52,13-53,12) eine eigene schöpferische Neuinterpretation der Rolle des Menschensohnes entwickelt.

2. Andererseits nehmen einige Forscher den Gebrauch von *bar ' änasch (a)* als einer aram. Selbstbezeichnung zum Ausgangspunkt und meinen, Jesus habe die Wendung lediglich benutzt, um auf sich selbst zu verweisen. Im Rahmen dieser Ansicht gelten die Aussagen in den Evv., die keinen apokalyptischen Inhalt haben und sich lediglich auf Jesus als Mensch beziehen, am ehesten als authentisch: Später erst habe der Gebrauch des Titels durch Jesus die Kirche zu Dan 7 zurückgeführt, worauf sie begann, die Lehre Jesu im Sinne der Apokalyptik zu interpretieren (G. Vermès, a.a.O., S. 160-191).

Wahrscheinlich haben manche Forscher sich dadurch irreführen lassen, daß sie beharrlich nach einem einzigen gemeinsamen Ursprung für alle Menschensohn-Worte suchten und die Mehrdeutigkeit des Begriffs nicht ernst genug nahmen. Zweifellos konnte er als Selbstbezeichnung gebraucht werden, obwohl freilich die genauen Umstände, unter denen man dies als angemessen empfand, unsicher bleiben. Gleichzeitig kann aber nicht bestritten werden, daß dem Ausdruck auch das Gewicht eines Titels zukommen konnte. C.F.D. Moule hat richtig beobachtet, daß der Gebrauch des Artikels der Wendung den Sinn verleihen kann: »der (ganz bestimmte) Menschensohn« (nämlich der in Dan 7 genannte; s. Neglected Features in the Problem of the Son of Man; in: J. Gnilka (Hrsg.), Neues Testament und Kirche, 1974, 413-428). Die Tatsache, daß diese Gestalt des Daniel'schen Menschensohnes in manchen Bereichen jüd. Denkens eine Rolle spielte, beweisen die Anklänge im äthHen und 4Esr (obwohl die Datierung der relevanten Abschnitte im äthHen bekanntlich unsicher ist). Der beste methodische Ansatz ist wohl noch immer, Dan 7,13f zum Ausgangspunkt zu nehmen und in dem dort erscheinenden Menschensohn eine Gestalt – vielleicht den Führer oder Repräsentanten Israels – zu sehen, mit der Jesus sich identifiziert. Diese Gestalt ist mit Vollmacht ausgestattet und dazu bestimmt, die Welt zu regieren; der Weg zu dieser Herrschaft aber führt durch Erniedrigung, Leiden und Verwerfung. Es ist nicht allzuschwer, Jesus zu verstehen, wenn er in dieser Weise von sich spricht – vorausgesetzt man darf annehmen, daß er seine eigene Verwerfung und darauf folgende Rechtfertigung durch Gott vorhergesehen hat. Diese Annahme wird durchaus wahrscheinlich, wenn wir folgendes in Rechnung stellen: a. Jesu realistische Einschätzung der Situation, in welcher er einen Dienst ausübte, der ihn mit den ihm feindlich gesonnenen jüd. Autoritäten in Konflikt brachte, und b. Jesu Bereitschaft, das Leben eines Frommen zu führen, wie es im AT vorgezeichnet ist – demnach also mit Ablehnung und Verfolgung zu rechnen und sein Vertrauen allein auf Gott als den Erlöser zu setzen. Dieser Typus des verfolgten Frommen begegnet uns in bestimmten Psalmen (besonders in Ps 22; 69), in den Weissagungen vom leidenden Gottesknecht und im Lebensschicksal der »Heiligen des Höchsten« bei Daniel. Wir finden es auch im Buch der Weisheit Salomos (wenngleich es zweifelhaft ist, ob dieses Werk Jesus direkt beeinflußt haben kann) und in den volkstümlichen Legenden, in denen die Juden das Schicksal der makkabäischen Märtyrer verherrlichten.

Angesichts solch eines beachtlichen Hintergrunds wäre es eher befremdlich, wenn Jesus sein Lebensschicksal nicht in diesem Sinne verstanden hätte. Andererseits blieb seine Redeweise für seine Zuhörer sicherlich rätselhaft – sie fragten nämlich: »Wer ist denn dieser Menschensohn?« (Joh 12,34). Vermutlich wählte Jesus diese Ausdrucksweise sogar bewußt als Mittel, um seinen eigenen Anspruch zu verhüllen und somit keine falschen Erwartungen zu erwecken. Sie beanspruchte zwar Autorität, eine Autorität jedoch, die von den Menschen weithin abgelehnt wurde. Indem Jesus diese Wendung vom »Menschensohn« gebrauchte, erhob er also den Anspruch, der letztgültige Beauftragte Gottes für die Menschen zu sein: zur Herrschaft bestimmt, von Israel aber verworfen, zum Leiden verurteilt, von Gott aber gerechtfertigt.

Eines der Vorbilder, welche das Verständnis Jesu von seinem Auftrag als Menschensohn mitbestimmten, war die Gestalt des »Knechtes Jahwes« (*Knecht Gottes). Dieser Titel selbst wurde von Jesus nicht benutzt. (Lediglich Mt 12,18-21 kommt einem Gebrauch des Titels schon sehr nahe: er begegnet dort in einem Zitat aus Jes 42,1-4). Trotzdem spricht vieles dafür, daß Jesus sich in der Rolle eines von Gott Beauftragten sah, der kam, um zu dienen und sein Leben als Lösegeld für viele zu geben (Mk 10,45; vgl. 14,24; Jes 53,10-12), und der deshalb »zu den Übeltätern gerechnet wurde« (Lk 22,37; vgl. Jes 53,12; R.T. France, TnyB 19/1968, 26-52).

Während die oben genannten Titel den Auftrag Jesu beschreiben, finden seine Stellung und Beziehung zu Gott ihren Ausdruck in der Bezeichnung **»Sohn Gottes«**. Der Gebrauch dieses Titels für Engel und andere himmlische Wesen scheint für seine Anwendung auf Jesus nicht von zentraler Bedeutung zu sein. Viel wichtiger ist die Art und Weise, wie er im AT benutzt wurde, um das Volk Israel im ganzen und dessen König im besonderen zu bezeichnen sowie das Verhältnis, in welchem sie zu Gott standen; es umfaßte göttliche Fürsorge und Schutz einerseits und menschlichen Dienst und Gehorsam andererseits.

Es ist möglich, daß man schon kurz vor der ntl. Zeit begann, den Messias in einem speziellen Sinne als den Sohn Gottes zu betrachten (Qumran). Auch hatte sich der Gedanke herausgebildet, daß Gott einzelnen Frommen seine besondere Fürsorge und Aufmerksamkeit zuwende.

Jesus selber war sich zweifellos einer ganz besonderen Beziehung zu Gott bewußt: er redete ihn im Gebet mit dem vertraulichen Wort »Abba« an (Mk 14,36). Eben von diesem Hintergrund her sollten wir verstehen, was Jesus meint, wenn er den Begriff »Sohn« gebraucht, um sein Verhältnis zu Gott als seinem Vater auszudrücken (Mt 11,27; Lk 10,22). Hier erhebt er den Anspruch, zwischen ihm und Gott bestehe dieselbe innige Vertrautheit wie zwischen einem Sohn und seinem Vater, so daß er allein dazu befähigt sei, Gott den Menschen zu offenbaren. Doch gibt es Geheimnisse im Plan des Vaters, die selbst dem Sohn verborgen sind (Mk 13,32). Obwohl der Volksmenge jene Anspielung nicht klar geworden sein mag, ist es wahrscheinlich, daß der Verweis auf den Sohn des Eigentümers im Gleichnis von den bösen Weingärtnern (Mk 12,6) ein verhüllter Hinweis auf Jesus selbst und sein Schicksal war. Dieses Bewußtsein von einer einzigartigen Sohnschaft geht weit über das allgemeine Gefühl eines Kindschaftsverhältnisses zu Gott hinaus, das etwa ein frommer Jude gehabt haben mag. Es wird auch erkennbar aus der Art und Weise, wie Gott selbst Jesus in den Berichten von dessen Taufe und Verklärung als seinen Sohn anspricht (Mk 9,7; 11,11), und ebenso aus der Art, wie Satan und die Dämonen ihn anreden (Mt 4,3.6; Mk 3,11; 5,7). Diese Belege zeigen, daß Jesus selbst äußerst zurückhaltend war und sein Wissen um seine einzigartige persönliche Beziehung zu Gott kaum öffentlich preisgab. Trotzdem hegten die jüd. rel. Führer offensichtlich den Verdacht, daß er Ansprüche dieser Art erhebe (Mk 14,61; Lk 22,70) – Ansprüche, die er gelegentlich vielleicht offener äußerte, als es die synoptischen Evv. vermuten lassen. Im *Johannesevangelium vollzieht sich Jesu Selbstoffenbarung mehr in der Öffentlichkeit. Dies mag jedoch darin begründet sein, daß Johannes seinen Lesern ganz bewußt die volle Tragweite des Lebens Jesu mit besonderer Deutlichkeit vor Augen stellen wollte. In dem Titel »Sohn Gottes« kommt jedenfalls am vollsten zum Ausdruck, was Jesus war.

II. DER GEBRAUCH VON HOHEITSTITELN IN DER ERSTEN ZEIT DER KIRCHE.

Ein Zeitraum von etwa 20 Jahren trennt Tod und Auferstehung Jesu von den frühesten Dokumenten des NT (den ersten Paulusbriefen), die zuverlässig datiert werden können. Zur Zeit des Paulus war der Gebrauch verschiedener Titel zur Bezeichnung Jesu schon durchaus üblich; ganz offensichtlich benutzte dieser bereits eine vorhandene, voll entwikkelte Terminologie, welche er als bekannt voraussetzen konnte und seinen Lesern nicht erst erklären mußte. Es ist jedoch schwierig, den Gebrauch der verschiedenen Titel und das mit ihnen verbundene theologische Verständnis von Jesus während dieser vorliterarischen Periode zu verfolgen. Dabei müssen wir so vorgehen, daß wir Stellen in den ntl. Schriften aufzuspüren suchen, die mit einiger Wahrscheinlichkeit einen traditionellen Gebrauch der Titel widerspiegeln; dies ist freilich ein subjektives Unterfangen und führt zu mehr oder minder glaubwürdigen Hypothesen. Man kann auch den in der Apg gegebenen Bericht über die frühe Kirche heranziehen; es muß jedoch beachtet werden, daß Lukas einige Jahre nach den Ereignissen schrieb, die er berichtet, und daß er daher unvermeidlich dazu neigte, diejenige Terminologie zu übernehmen, die seinen Lesern vertraut war. Vergleichen wir damit etwa, wie auch bei uns eine bekannte Persönlichkeit meist mit ihrem späteren Titel benannt wird, selbst wenn von ihrer früheren Lebenszeit die Rede ist. Trotzdem können wir, wenn wir die gebotene Vorsicht walten lassen, in der Erforschung der frühen Entwicklung der Jesus beigelegten Titel ein paar Schritte weiterkommen.

Einige Forscher haben mit wahrhaft erstaunlicher Kühnheit eine Folge von Stufen im christologischen Denken der frühen Kirche postuliert. Sie gehen dabei von der Annahme aus, ein ursprünglich ganz in jüd. Begriffen ausgedrücktes Verständnis von Jesus sei durch eine Interpretation abgelöst worden, die zunehmend von hellen. Denken geprägt war. Dieses wiederum sei der Kirche zunächst durch das Diasporajudentum und später direkt durch die heidnische Welt vermittelt worden (F. Hahn, R.H. Fuller). Obwohl eine generelle Entwicklung in dieser Richtung zweifellos stattfand, ist diese Hypothese nicht dazu geeignet, bestimmte Entwicklungsstufen mit irgendwelcher Sicherheit ausfindig zu machen; denn es ist klar, daß die Kirche seit ihren frühesten Tagen Einflüssen verschiedenster Art ausgesetzt war und daß wir es zudem mit dem christologischen Denken einer ganzen Reihe verschiedener, mehr oder minder selbständiger Gemeinden zu tun haben. Es ist nicht möglich, eine einfache fortlaufende Entwicklungslinie aufzuspüren, die sich durch den komplizierten Denkprozeß etwa der ersten 20 Jahre der christlichen Kirche hindurchziehen würde. So viel jedoch können wir sagen: dieser Zeitraum bewies bei der Ausbildung der Christologie eine Kreativität des Denkens, die einmalig ist (I.H. Marshall, NTS 19/1972/73, 271-287).

Es wird manchmal behauptet, das Interesse der frühen Kirche an Jesus sei ursprünglich rein funktional und nicht etwa ontologisch gewesen (O. Cullmann). Sie habe sich mehr damit befaßt, was Jesus tat, als damit, was er war, und habe keine metaphysischen Fragen nach seinem Status gestellt. Diese Alternative trennt in ihrer Schroffheit jedoch wohl etwas, das ursprünglich zusammengehörte: Funktion und Status können nicht so einfach geschieden werden. Zweifellos war der frühen Kirche wichtig, was Jesus erwirkt hatte. Aber gerade die Art des von ihm vollbrachten Werkes mußte unvermeidlich die Frage aufwerfen, in welchem Verhältnis zu Gott er von Anfang an gestanden habe; dies spiegelt sich in den Titeln wider, mit denen man ihn kennzeichnete. Innerhalb dieses Zeitraums kamen die meisten der gewöhnlichen »menschlichen« Bezeichnungen für Jesus, die man während seiner irdischen Wirksamkeit für ihn verwendet hatte, außer Gebrauch; lediglich in Erzählungen von seinem Erdenleben blieben sie weiterhin bewahrt. Titel wie »Rabbi« und »Lehrer« waren jetzt nicht mehr angemessen. Die Bezeichnung »Prophet«, die von einem tieferen Verständnis des Volkes für den Auftrag Jesu gezeugt hatte, kam ebenfalls außer Gebrauch. Zwar wurde sie weiterhin noch auf ihn angewandt (Apg 3,22f; vgl. 7,37), doch begegnet sie nicht mehr als wirklicher Titel Jesu. Überraschend ist es, daß die Wendung »Menschensohn« praktisch vollständig von der Bildfläche verschwand; als Titel findet sie sich nur noch auf den Lippen des sterbenden Stephanus (Apg 7,56). Sonst taucht »Menschensohn« lediglich noch in einem Zitat aus dem AT (Hebr 2,6: Zitat von Ps 8,5) und in einer Beschreibung Jesu in der Offb auf (1,13; 14,14; vgl. Dan 7,13f). Der Menschensohn-Gedanke war aber wahrscheinlich noch immer lebendig. Zum einen ist es möglich, daß an einer oder zwei Textstellen, wo Jesus als »der Mensch« dem ersten Menschen, Adam, gegenübergestellt wird (Röm 5,15; 1Kor 15,21.47; vgl. 1Tim 2,5) eine Übertragung des Ausdrucks »Menschensohn« in verständlicheres Griechisch vorliegt. Zum andern haben die Evv. den Gebrauch des Begriffs im Munde Jesu bewahrt. Wie bereits erwähnt, gibt es Ausleger, die behaupten, die Verwendung dieses Ausdrucks sei erst in der frühen Kirche aufgekommen, oder zumindest sei die Mehrzahl der Zeugnisse, in denen er begegne, von der frühen Kirche in Anlehnung an wenige echte Worte Jesu geschaffen worden. Solche Vermutungen sind höchst unwahrscheinlich; dennoch können wir die Möglichkeit nicht ausschließen, daß bei einigen wenigen Worten die Einfügung des Titels der frühen Kirche zuzuschreiben ist. Sehr wahrscheinlich ist dies im JohEv. der Fall, wo uns die Lehren Jesu in einer Form überliefert sind, die es uns unmöglich macht, die wirklichen Worte Jesu von dem interpretierenden Kommentar des Evangelisten zu unterscheiden und aus ihm herauszulösen. Wesentlich ist jedoch, daß die deutlichere Auslegung dessen, was der Titel »Menschensohn« beinhaltet und mit einschließt, von Johannes im Rahmen eines Evangeliums geboten wird und in Form einer Lehre, die Jesus selbst zugeschrieben wird und letztlich auf seinen eigenen Worten beruht (vgl. unten IV.). Es gibt keinen Anhaltspunkt dafür, daß die frühe Kirche den Titel »Menschensohn« unabhängig von der Jesus-Überlieferung benutzt hätte. Offensichtlich war sie der Auffassung, er werde nur als Selbstbezeichnung im Munde Jesu angemessen gebraucht (einzige Ausnahme: Apg 7,56). Er wurde auch nie zu einer Bezeichnung, die man in Bekenntnisaussagen verwendet hätte (ausgenommen vielleicht Joh 9,35).

Obwohl der Titel »Knecht Gottes« in den Evv. nicht vorkommt, haben wir gesehen, daß die damit verbundenen Motive in der Beschreibung des Heilswerkes Jesu als eines Dienstes für »die Vielen« gegenwärtig waren. Das gleiche Motiv erscheint wieder im Denken der frühen Kirche. Besonders offenkundig wird das in 1Petr 2,21-25, wo die Passion und der Tod Jesu in einer Sprache beschrieben werden, die sich an Jes 53 anlehnt. Nicht ganz so klar erkennbar ist es in einer Anzahl traditioneller Formeln bei Paulus, welche die Bedeutung des Todes Jesu zum Ausdruck bringen (Röm 4,25; 8,34; 1Kor 11,23-25; 15,3-5; Phil 2,6-11; 1Tim 2,6; J. Jeremias, ThWNT V, 698-713). Der Titel selbst (*pais*) findet sich in Apg 3,13.26; 4,27.30, wo Jesus als der Knecht Gottes vorgestellt wird, der von den Juden in den Tod dahingegeben, von Gott aber auferweckt und verherrlicht wurde, um eine Quelle des Segens für sein Volk zu sein. Wenngleich Jesus hier durch einen Titel bezeichnet wird, den auch David (Apg 4,25: *pais*) und die Propheten (Offb 11,18; 22,9: *doulos*) tragen, sind es doch vor allem die Weissagungen (Jes 42,1-4; 52,13ff), welche die frühe Kirche beeinflußt haben. Allerdings taucht der Titel »Knecht Gottes« dann bis zu den *Apostolischen Vätern nicht mehr auf. Er geriet deshalb in den Verdacht, eher eine lukanische als eine ursprüngliche Bezeichnung für Jesus zu sein. Wahrscheinlicher ist es aber, daß der Titel in der palästin. Kirche benutzt wurde und dann schließlich außer Gebrauch kam, weil er in der Form *pais* doppeldeutig war (*pais* kann »Kind«, aber auch »Knecht« bedeuten) und in der Form *doulos* (»Sklave«) nach Subordinatianismus klang (eine in der frühen Trinitätslehre auftauchende Auffassung, daß Christus dem Vater untergeordnet, also nicht schlechthin Gott, sondern bloßer Bote oder göttliche Kraft sei).

Nach der dem Petrus zugeschriebenen, am Pfingstfest gehaltenen Rede bedeutet die Auferstehung, daß Gott den Jesus, den die Juden gekreuzigt hatten, »zum Herrn und zum Christus gemacht« hatte (Apg 2,36). Dieser Text liefert den Schlüssel für die Entwicklung der christologischen Titel. Die Auferstehung war das entscheidende Ereignis, das die Nachfolger Jesu zu einer neuen Einschätzung seiner Person führte, und diese Neubewertung fanden sie mit der Verleihung des Geistes durch den erhöhten Jesus bestätigt (Apg 2,33). Jesu Anspruch, eine Art von »messianischer« Gestalt zu sein, war nun von Gott durch seine Auferweckung von den Toten beglaubigt und in seiner Wahrheit bekräftigt worden. Derjenige, der unter der sarkastischen Inschrift des Pilatus: »Der König der Juden« gestorben war, hatte sich nun als König in einem viel tieferen Sinn erwiesen. Der Titel »König« als solcher scheint jedoch nicht allzu oft benutzt worden zu sein. Es stimmt zwar, daß in der apostol. Verkündigung der König das »König-Reich Gottes« ersetzte, aber das Wort war vermutlich politisch gefährlich (Apg 17,7) und wurde deshalb möglichst vermieden (Offb 17,14; 19,16); beachtenswert ist jedoch, daß der politisch ähnlich verdächtige Titel »Herr« häufig benutzt wurde. »Messias« - ein außerhalb des hebr. Sprachraumes unverständlicher Begriff - wurde weniger durch »König«, als vielmehr durch »Christus« ersetzt. In dieser Form begann der Titel seine ursprüngliche Bedeutung »Gesalbter« zu verlieren (vgl. aber 2Kor 1,21) und mehr den Sinn von »Heiland, Retter« anzunehmen. Er wurde besonders in Aussagen über den Tod und die Auferstehung Jesu benutzt (Röm 5,6.8; 6,3-9; 8,34; 14,9; 1Kor 15,3-5; 1Petr 3,18; W. Kramer, Christ, Lord, Son of God, 1966). Jesus war der Christus als der Eine, der gestorben und auferstanden war. Obwohl »Christus« mehr und mehr statt eines Titels ein Name für Jesus wurde, schwang doch stets noch etwas von der titularen Würde mit, so daß »Christus« kaum je allein in Verbindung mit dem Titel »Herr« gebraucht wurde (z.B. in der Kombination »der Herr Christus«, Röm 16,18; Kol 3,24), sondern eher in der Form: »der Herr Jesus Christus«.

Apg 3,20f zeigt Jesus als den, der dazu bestimmt ist, am Ende der Zeit als der Christus zu erscheinen. Demzufolge wurde (bes. von F. Hahn) behauptet, die früheste Christologie der Kirche sei nur auf das zukünftige Kommen Jesu ausgerichtet gewesen, und die verschiedenen Titel »Menschensohn«, »Christus« und »Herr« hätten ursprünglich dazu gedient, die Funktion Jesu am Ende der Zeit anzuzeigen; erst später (aber immer noch in der vorliterarischen Zeit) habe man erkannt, daß der Eine, der am Ende als Christus und Herr kommen würde, schon jetzt kraft seiner Auferstehung und Erhöhung den Status eines Christus und Herrn besaß (und daß Auferstehung und Erhöhung einen bereits geltenden Status bestätigten). Diese Theorie ermangelt jeder Grundlage. Apg 3,20f kann nur bedeuten, daß der Eine, der bereits als Christus eingesetzt worden ist, am Ende der Zeit wiederkommen wird. Jesus ist nicht der Messias *designatus*, sondern *ist schon* der Messias. In der Tat konnte die frühe Kirche nur aufgrund der Auferstehung und dessen, was sie in bezug auf die Person Jesu bedeutete, zuversichtlich seine Parusie (*Wiederkunft) als Menschensohn erwarten. Folglich waren es Tod und Auferstehung, welche die Bedeutung des Ausdrucks **»Christus«** bestimmten: die christl. Botschaft war nach Ansicht des Paulus ausschließlich an dem »gekreuzigten Christus« orientiert (1Kor 1,23; 2,2). Der andere Titel, der in Apg 2,36 hervortritt, ist **»Herr«**. Durch die Auferstehung hatte Gott erwiesen, daß Jesus tatsächlich der Herr war, und aufgrund dieses Ereignisses wandte die Kirche die Worte aus Ps 110,1 auf ihn an: »Der Herr sprach zu meinem Herrn: Setze dich zu meiner Rechten, bis ich deine Feinde zum Schemel deiner Füße mache« (Apg 2,34f). Dieser Text war bereits von Jesus verwendet worden, als er lehrte, daß der Messias Davids Herr sei (Mk 12,36), und in seiner Antwort an den Hohenpriester bei seinem Prozeß (Mk 14,62). Wenn Jesus nun der Herr war, so folgte daraus als Aufgabe für die frühe Kirche, Menschen zur Anerkennung dieser Stellung Jesu zu führen. Neubekehrte wurden Glieder der Kirche durch das Bekenntnis zu Jesus als dem Herrn: »Wenn du mit deinem Munde bekennst, daß Jesus der Herr ist, und in deinem Herzen glaubst, daß ihn Gott von den Toten auferweckt hat, so wirst du gerettet« (Röm 10,9; vgl. 1Kor 12,3). Die große Bedeutung dieses Bekenntnisses wird in Phil 2,11 deutlich; der Höhepunkt des Heilsplanes Gottes ist, daß die ganze Schöpfung Jesus Christus als Herrn anerkennt. In diesem Bekenntnis mag sehr wohl ein polemischer Ton mitschwingen, denn es stellt Jesus den anderen »Herren« gegenüber, die in den Kulten der hellen. Welt verehrt wurden. Natürlich anerkannten die Juden nur einen Gott und Herrn, die Heiden jedoch beteten »viele Götter und Herren« an; im Gegenteil zu ihnen bekannten die Christen »einen Gott, den Vater,... und einen Herrn, Jesus Christus« (1Kor 8,6). Auch der röm. Kaiser wurde von seinen Untertanen als Herr ausgerufen (*dominus*), und nachfolgende Herrscher forderten in zunehmendem Maße eine totale Ergebenheit; dies sollte in späterer Zeit die Christen in schwere Gewissenskonflikte bringen.

Ein wichtiger Beleg für den frühchristl. Gebrauch des Titels »Herr« für Jesus ist der in 1Kor 16,22 auf aram. überlieferte Ausdruck »*maranatha*«. Er stellt eine Kombination von zwei Wörtern dar und bedeutet »Unser Herr, komm!«, oder: »Unser Herr ist gekommen/wird kommen«. Die Ausleger sind sich im unklaren, ob es ursprünglich ein Gebet um die Parusie Jesu als des Herrn (vgl. Offb 22,20) oder eine Verheißung seines nahen Kommens war (vgl. Phil 4,5). Die aram. Überlieferung dieses Satzes in einer griech. sprechenden Kirche beweist, daß er ursprünglich in einer aram. sprechenden Kirche benutzt wurde, d.h. wahrscheinlich schon in den frühesten Tagen der palästin. Gemeinde aufkam. Belege aus Qumran haben die Möglichkeit einer solchen Entwicklung in einer aramäischsprachigen Umgebung bestätigt (J.A. Fitzmyer, NTS 20/1073/74, 386-391).

Der letzte in diesem Abschnitt zu behandelnde Titel ist: **»Sohn Gottes«**. Er war möglicherweise besonders eng mit der Predigt des Paulus verbunden: es ist aufschlußreich, daß Apg 9,20 den Titel mit dessen Verkündigung in Verbindung bringt, und daß er sonst nur noch einmal in der Apg begegnet – in einem Zitat von Ps 2,7 in der Predigt des Paulus im pisidischen Antiochia (Apg 13,33). Hier wird die Verheißung »Du bist mein Sohn, heute habe ich dich gezeugt« von Paulus auf die Auferstehung bezogen, die als die Zeugung Jesu zu neuem Leben angesehen wird. Gemeint ist damit jedoch nicht, daß Jesus durch die Auferweckung von den Toten Gottes Sohn wurde, sondern daß Gott ihn von den Toten erweckte, weil er sein Sohn war (vgl. Weish 2,18). Der gleiche Gedanke begegnet wieder in Röm 1,3f, was allg. als vorpaulin. Formel angesehen wird, die besagt, daß Jesus durch die Auferstehung von den Toten als Sohn Gottes in Kraft eingesetzt wurde. In 1Thess 1,9f wird die Sohnschaft Jesu wieder mit der Auferstehung verbunden und diese Tatsache als Fundament für die Hoffnung auf seine Wiederkunft angesehen.

Zwei weitere Elemente scheinen in dieser frühen Periode mit dem Titel »Sohn« verbunden gewesen zu sein. Das eine ist der Gedanke der Präexistenz des Sohnes; eine Anzahl von Texten spricht davon, daß Gott seinen Sohn sandte (Joh 3,17; Röm 8,3; Gal 4,4; 1Joh 4,9f.14) und setzt dabei eindeutig voraus, daß der Sohn bei dem Vater war, ehe er in die Welt kam. Dieser Gedankengang ist (ohne die direkte Verwendung des Titels »Sohn«) ganz deutlich in dem vorpaulin. Hymnus in Phil

2,6-11 ausgesprochen (R.P. Martin, Carmen Christi, 1967). Hier erscheint Jesus als göttliche Gestalt, die ihre himmlische Existenzweise gegen eine menschliche, irdische Existenz in Niedrigkeit eintauscht. Obwohl der Hymnus davon spricht, daß er »sich selbst entäußerte«, indem er die Gestalt Gottes mit der eines Knechtes vertauschte (s. *Kenosis), zeigt die Tatsache, daß Paulus Jesus während seines Lebens und Sterbens als Sohn Gottes betrachtete, daß er den Hymnus nicht so interpretierte, als habe der Sohn seine göttliche Natur aufgegeben, um Mensch zu werden. Vielmehr »entäußerte er sich selbst, indem er die Gestalt eines Knechtes annahm. . .; und dies beinhaltete notwendig ein Verbergen seiner Herrlichkeit als göttliches Abbild, so daß er im menschlichen Fleisch als das Bild des inkarnierten [fleischgewordenen] Gottes erscheinen konnte« (R.P. Martin, a.a.O., S. 194).

Das andere mit dem Sohnestitel verbundene Element ist, daß Gott ihn zum Leiden und Sterben dahingegeben hat (Röm 4,25; 8,32; Gal 2,20; vgl. Joh 3,16). Es mag hier eine gewisse Verbindung zu dem atl. Vorbild Abrahams bestehen, der seinen Sohn Isaak dahinzugeben bereit war, um seinen Glauben und Gehorsam zu erweisen (1Mo 22,12.16). So behielt auch Gott seinen Sohn nicht zurück, sondern gab ihn freiwillig dahin, um unsere Sünden zu tilgen. Durch den Gebrauch des Titels »Sohn« wird die Größe des göttlichen Opfers um so klarer herausgestellt.

Es ist nicht sicher, zu welchem Zeitpunkt die Tradition von der jungfräulichen Geburt Jesu das christologische Denken der Kirche zu beeinflussen begann. Beide Geburtsgeschichten deuten an, daß die Umstände der Geburt Jesu zunächst verschwiegen wurden (vgl. Mt 1,9; Lk 2,19.51), und es spricht sehr wenig dafür, daß die Tradition von der jungfräulichen Geburt die Kirche beeinflußt hat, bevor sie in die Evv. übernommen wurde. In beiden Berichten wird Jesus als Sohn Gottes dargestellt (Mt 2,15; Lk 1,32.35), dessen Geburt als Sohn Marias auf das Wirken des Heiligen Geistes zurückzuführen ist; nur als der Sohn Gottes ist er qualifiziert für das Amt und die Aufgabe des Messias (Lk 1,32f). Und nicht allein dies, sondern als der Sohn Gottes kann er auch **»Immanuel«** genannt werden, »Gott mit uns«; seine Gegenwart auf Erden ist gleichbedeutend mit der Gegenwart Gottes selber. Die zwei Berichte gehen nicht ein auf die Frage nach der Beziehung zwischen der Empfängnis Jesu durch den Geist und seiner Identität mit dem präexistenten Sohn Gottes; ihnen geht es ausschließlich darum, wie der Sohn Marias als Sohn Gottes geboren werden konnte.

III. DER GEBRAUCH CHRISTOLOGISCHER TITEL BEI PAULUS.

Im vorangegangenen Abschnitt wurde deutlich, daß die entscheidenden Schritte in der Entwicklung des christologischen Vokabulars der Kirche bereits stattgefunden hatten, bevor Paulus seine Briefe schrieb. Er benutzt in ihnen ein bereits existierendes Vokabular und kann voraussetzen, daß die von ihm verwendeten Ausdrücke seinen christl. Lesern allg. bekannt sind. Demzufolge braucht nur wenig über den für Paulus charakteristischen Gebrauch der Titel gesagt zu werden. Dies mag auch damit zusammenhängen, daß er selber stark an der Entwicklung der frühkirchlichen Theologie beteiligt war und seinen eigenen Beitrag zum gemeinkirchlichen christologischen Denken bereits geleistet hatte, bevor er mit der Abfassung seiner Briefe begann. In bewußtem Gegensatz zu dem von R. Bultmann übernommenen Schema (Theologie des NT, 1952, Kap. III) lehnt es L. Goppelt daher mit Recht ab, ein »Kerygma der hellenistischen Kirche neben Paulus« darzustellen, denn dies führe schlicht zu »unhistorischen Abstraktionen«. Er verkennt zwar nicht, daß es mannigfaltige Strömungen im Denken der frühen Kirche gab, bevorzugt es jedoch, die Theologie des Paulus im Lichte der Traditionen, die er empfing, und der Situationen, in denen er wirkte, zu behandeln (L. Goppelt, Theologie des Neuen Testaments, [3]1981, 360-361).

Zwei Titel, die man in den Briefen des Paulus erwarten könnte, erscheinen dort auffälligerweise überhaupt nicht oder zumindest selten. Paulus bezeichnet Jesus als »Knecht« und verwendet die mit diesem Titel verbundenen Motive nur, wenn er traditionelles Material aufnimmt. Dagegen versteht er sich selbst und seine Mitarbeiter als Knechte Gottes (*doulos*); lediglich ein einziges Mal nennt er Jesus einen »Diener« (*diakonos*; Röm 15,8) der Beschneidung (d.h. der Juden). Auch sieht er die Rolle des Gottesknechtes in dem missionarischen Zeugnis der Kirche erfüllt (Röm 10,16f; 15,21; vgl. Apg 13,47).

Der konkrete Name **Jesus**, für sich allein gebraucht, steht bei Paulus ziemlich selten (etwa 16 Belege), obwohl er in Kombination mit anderen Begriffen natürlich häufig vorkommt. Die Hälfte der betreffenden Stellen findet sich in 2Kor 4,10-14 und 1Thess 4,14, wo Paulus davon spricht, wie Tod und Auferstehung Jesu im Leben der Gläubigen nachvollzogen werden. Im übrigen verwendet er »Jesus« hauptsächlich, wenn er davon redet, welche anderen Titel dem Träger dieses Namens zugesprochen werden sollten (1Kor 12,3; vgl. 2Kor 11,4; Phil 2,10).

Bei Paulus wurde **»Christus«** zur meistgebrauchten Bezeichnung für Jesus. Seine Botschaft war das »Evangelium Christi« (z.B. Gal 1,7), und eine nähere Betrachtung der Stellen, an denen das Wort »Christus« erscheint, bringt bereits eine paulin. Theologie in nuce ans Licht (vgl. die hervorragende Bearbeitung dieses Themas bei W. Grundmann, ThWNT IX, 536-557). Paulus übernimmt den traditionellen Gebrauch des Titels - besonders im Blick auf Tod und Auferstehung Jesu –, verwendet ihn aber vielfach auch in anderer Weise. Das charakteristisch paulin. Element tritt im Gebrauch des Ausdrucks »in Christus« zutage, durch welchen Christus als der bestimmende Faktor bezeichnet wird, der das Leben der Gläubigen prägt (J.K.S. Reid, Our Life in Christ, 1963, Kap. I). Dabei bezieht sich dieser Ausdruck weniger auf die mystische Vereinigung mit einer himmlischen Gestalt, als vielmehr auf die historischen Fakten von Kreuzigung und Auferstehung, die unsere Existenz bestimmen. So geschieht die Rechtfertigung »in Christus« (Gal 2,17); der einzelne Christ ist »ein Mensch in Christus« (2Kor 12,2), und die Gemeinden sind »in Christus« (Gal 1,22 im griech. Wortlaut); das christl. Zeugnis geschieht ebenfalls »in Christus« (1Kor 4,15; Phil 1,13 griech.; 2Kor 2,17). An jedem Punkt ist das christl. Leben durch die mit Christus faktisch gegebene neue Situation bestimmt.

Wiederholt verwendet Paulus die Kombination **»Jesus Christus«** als Titel. Manchmal begegnen die Worte in umgekehrter Reihenfolge: »Christus Jesus«; eine befriedigende Erklärung für die wechselnde Wortstellung wurde jedoch bisher nicht gefunden. Grammatikalische Gründe mögen für die Umstellung mitverantwortlich sein; auch wurde angenommen, Paulus habe durch die Voranstellung des einen oder anderen Begriffs jeweils den menschlichen Jesus oder den himmlischen, präexistenten Christus betonen wollen. Jedenfalls scheint keinerlei Unterschied zwischen dem Gebrauch des zusammengesetzten Titels »Jesus Christus« (bzw. »Christus Jesus«) und dem des einfachen Titels »Christus« zu bestehen – außer dem, daß der kombinierte Titel als emphatischer und würdevoller empfunden wurde.

Die Verwendung des Begriffs **»Herr«** durch Paulus ist im wesentlichen die gleiche wie in der vorpaulin. Kirche. Besonders hier besteht kein Grund, den Einfluß einer heidnischen Anrufung von Kultgottheiten zu beschwören, um die Eigenheiten des paulin. Gebrauchs zu erklären. Diese Hypothese hat sich – samt der damit verbundenen Behauptung, vieles in der paulin. Theologie resultiere aus der Übernahme von ursprünglich heidnischen Gedanken ins Christentum – immer klarer als unnötig und unhaltbar erwiesen (O. Cullmann, a.a.O., Kap. 7). Natürlich mußten Christen, die Jesus bereits als Herrn anerkannten, genauer bestimmen, was sie mit diesem Titel im Gegensatz zur heidnischen Verehrung anderer Herren meinten (1Kor 8,6); aber dies bedeutet noch lange nicht, daß der christl. Gebrauch des »Herr«-Titels aus dem Heidentum stamme.

Weil das Bekenntnis zu Jesus als dem Herrn das Merkmal des Christen war, und weil es für Christen keinen anderen Herrn gab, war es für Paulus natürlich, einfach von »dem Herrn« zu sprechen, wenn er Jesus bezeichnen wollte. Es ist richtig, daß derselbe Titel zur Benennung Gottes des Vaters benutzt wurde und dies zu einer gewissen Unklarheit führen kann, ob nun Gott oder Jesus gemeint ist (dies trifft besonders für die Apg zu; J.C. O'Neill, SJT 8/1955, 155-174); im allgemeinen wird »Herr« jedoch von Paulus für Gott nur in Zitaten aus dem AT gebraucht, so daß das Risiko einer Verwechslung gering ist.

Während der Titel »Christus« die Nebenbedeutung von »Heiland« bekommen hatte, drückte »Herr« vor allem die erhöhte Stellung Jesu aus, seine Herrschaft über das Universum und insbesondere über die Gläubigen, die seine Herrschaft anerkennen. Der Titel »Herr« wird daher vor allem verwendet, wo die Verpflichtung der Christen zum Gehorsam gegen Jesus zum Ausdruck gebracht wird (z.B. Röm 12,11; 1Kor 4,4f). Paulus gebraucht ihn jedoch auch in recht freier Weise, um den irdischen Jesus zu bezeichnen (1Kor 9,5), besonders in bezug auf das später so benannte »Mahl des Herrn« (1Kor 10,21; 11,23.26), oder wenn er sich auf vom irdischen Jesus gegebene Anweisungen bezieht (1Kor 7,10.25; 9,14 u.a.). Es überrascht nicht, daß die Formel »in Christus« durch die Wendung »in dem Herrn« ersetzt wird, wenn sie im Kontext von Ermahnungen und Geboten begegnet (Eph 6,1; Phil 4,2; Kol 4,17 u.a.). Trotzdem läßt sich der Gebrauch der beiden Titel nicht scharf abgrenzen, und manchmal benutzt Paulus den einen, wo wir von ihm den anderen erwarten würden.

Zusammengesetzte Benennungen, die auch den Titel »Herr« enthalten, sind bei Paulus häufig und dienen offensichtlich dazu, die so bezeichnete Person zu erhöhen. Das urchristl. Bekenntnis »Jesus (Christus) ist Herr« steht hinter der neugebildeten Wendung »der Herr Jesus Christus« (2Kor 4,5). Paulus spricht oft von »unserem Herrn« und betont damit sowohl die Notwendigkeit einer persönlichen Hingabe an Jesus, als auch die rettende Hilfe und Fürsorge Jesu für sein Volk. Diese Formel findet sich in den Eingangsgrüßen der Paulusbriefe, wo »Gott, unser Vater und der Herr Jesus Christus« als Ursprung des geistlichen Segens zusammengenommen sind. W. Grundmann (ThWNT IX, S. 553f) hat vermutet, daß hinter dieser Formel die atl. Wendung »der HERR Gott« zu suchen sei, die im christlichen Gottesdienst zu »Gott dem Vater« in dem ihm zugeordneten »Herrn Jesus Christus« umgeformt worden sei, um anzuzeigen, wer Jesus zum Herrn habe, der habe auch Gott zum Vater. Ob diese Erklärung nun richtig ist oder nicht – zwei Dinge sind jedenfalls beachtenswert: Erstens sind hier Gott, der Vater, und Jesus ganz selbstverständlich in einer Weise nebeneinandergestellt, die von einer Gleichheit des Status zeugt. Die Unterordnung Jesu unter den Vater ist zwar immer sorgfältig gewahrt (1Kor 15,28; Phil 2,11), aber kein anderes Wesen wird jemals in dieser Weise dem Vater an die Seite gestellt. Zweitens hat der atl. Gebrauch von »Herr« als Titel für Gott zweifellos die christl. Formulierung beeinflußt. Dies geht aus Phil 2,10f hervor: hier wird die Sprache von Jes 45,22-25 aufgenommen; was aber dort von Gott ausgesagt ist, wird hier auf Jesus übertragen. In ähnlicher Weise wird in Röm 10,9.13 ein Zitat aus Joel 3,5, das vom Anrufen des Namens des Herrn (d.h. Jahwes) spricht, auf Jesus angewendet. Ein solcher Sprachgebrauch ist keineswegs auf Paulus beschränkt (vgl. Joh 12,38; Hebr 1,10; 1Petr 3,14f; Jud 24f; Offb 17,14; 19,16). Wenn Paulus schließlich auf den »Tag unseres Herrn« verweist, versteht er unter dem »Herrn« hier zweifellos nicht mehr Jahwe, sondern Jesus (1Kor 1,8; 2Kor 1,14).

Ließe man sich rein von der Statistik leiten, so müßte man schließen, **»Sohn Gottes«** (mit 15 Belegen) sei für Paulus viel weniger wichtig gewesen als »Herr«, welches mindestens zehnmal so häufig in seinen Schriften auftaucht. Andererseits jedoch benutzt Paulus (wie M. Hengel, Der Sohn Gottes. Die Entstehung der Christologie und die jüdisch-hellenistische Religionsgeschichte, ²1977, Kap. 3 gezeigt hat) diesen Titel für Jesus, wenn er den Inhalt seines Evangeliums zusammenfaßt (Röm 1,3f; Gal 1,16f), und neigt dazu, ihn für wichtige Aussagen zu reservieren. Er benutzt ihn, wenn es ihm besonders um die Frage der Beziehung zwischen Gott und Jesus geht, und er hat, wie wir oben sahen, die traditionellen Aussagen aufgenommen, die davon sprechen, daß Gott seinen präexistenten Sohn in die Welt sandte und dahingab, damit er für uns sterbe. Paulus betont besonders die Tatsache, daß es das Werk des Sohnes ist, durch welches wir als Gottes Kinder angenommen werden können (Röm 8,29; Gal 4,4-6).

Noch einige andere Bezeichnungen gebraucht Paulus in diesem Zusammenhang: Jesus wird beschrieben als das *»**Ebenbild des unsichtbaren Gottes«** (Kol 1,15; vgl. 2Kor 4,4); er ist der ***Erstgeborene** aller Schöpfung (Röm 8,29; Kol 1,15-18) und der **Geliebte** (Sohn) Gottes (Eph 1,6). Diese Wendungen sollten allerdings eher als Beschreibungen Jesu denn als Titel verstanden werden. Das Gleiche gilt auch für andere Ausdrücke, die verschiedene Funktionen Jesu beschreiben, wie etwa ***Haupt** (Eph 1,22) oder sogar ***Heiland** (Phil 3,20; Eph 5,23 nach dem griech. Wortlaut).

Es ist umstritten, ob Paulus Jesus den Titel **»Gott«** zuerkannt hat. Die Auslegung von Röm 9,5 ist nicht eindeutig, der Text muß aber wahrscheinlich doch als Doxologie verstanden werden, in der Christus als Gott gepriesen wird (B.M. Metzger, in: B. Lindars/S.S. Smalley (Hrsg.): Christ and Spirit in the New Testament, 1973, 95-112). Ebenso zweideutig ist 2Thess 1,12.

In der Zeit bis zur Abfassung der Pastoralbriefe beginnt die reiche Vielfalt der Titel, die für die früheren paulin. Schriften charakteristisch war, zu verschwinden. **»Sohn Gottes«** wird gar nicht mehr verwendet. Weder **»Jesus«** noch **»Christus«** wird für sich allein gebraucht (außer in 1Tim 5,11), sondern nur in kombinierter Form, gewöhnlich in der Reihenfolge **»Christus Jesus«**. **»Herr«** dagegen wird sowohl als selbständiger Titel als auch in Verbindung mit anderen Bezeichnungen Jesu verwendet. In mehreren Fällen liegen vermutlich Beispiele von formalen Bekenntnisaussagen vor, die in feierlichem Stil formuliert sind und sich auf traditionelle Vorlagen gründen (1Tim 1,15; 2,5f; 6,13; 2Tim 1,9f; 2,8; Tit 2,11-14; 3,6). Daß Jesus hier der Titel **»Gott«** zugesprochen wird, steht außer Zweifel (Titl 2,13), und den Titel »Heiland« trägt er hier mit Gott gemeinsam (2Tim 1,10; Tit 1,4; 2,13; 3,6).

IV. DIE HOHEITSTITEL JESU IM JOHANNEISCHEN SCHRIFTTUM.

Im JohEv. begegnet ein ähnlicher Sprachgebrauch wie in den anderen Evv. Das Ev. befaßt sich mit den Taten des Menschen **»Jesus«**; die kombinierte Form **»Jesus Christus«** wird nur an zwei Stellen gebraucht, wo das Werk Jesu in seiner gesamten Bedeutung von einem nachösterlichen Standort aus betrachtet wird (Joh 1,17; 17,3 – der letztere Abschnitt ist aus der Sicht des Sohnes gesprochen, der »das Werk vollendet« hat, das ihm der Vater aufgetragen hatte). Obwohl der Ausdruck **»Herr«** häufig im Vokativ verwendet wird, um Jesus anzureden, begegnet er in der Erzählform als Bezeichnung für Jesus kaum (nur: Joh 4,1; 6,23; 11,2); das ändert sich nach der Auferstehung, die Jesus seinen neuen Status verlieh. Es ist jedoch bedeutsam, daß Jesus selber seine Stellung als die eines **»Meisters«** beschreibt (Joh 13,13f.16; 15,15.20), der seinen Untergebenen Befehle erteilen kann – obwohl er in seinen Jüngern mehr Freunde als Knechte sieht.

Besonders wichtig ist im JohEv. die Frage, ob Jesus der von den Juden und auch von den Samaritanern erwartete **»Messias«** sei. Das Ev. ist sogar zu dem Zweck geschrieben, die Leser zum Glauben an die messianische Gottessohnschaft Jesu zu führen (Joh 20,31). Im Unterschied zu den anderen Evv., in denen der Begriff »Messias« selten erscheint, wird Jesus im JohEv. klar als solcher bekannt (1,41; 4,29; 11,27); interessanterweise hat der johanneische Jesus selbst nie von sich explizit als »Messias« geredet. Andere titelähnliche Bezeichnungen, die im JohEv. für Jesus verwendet werden, sind z.B.: der »Kommende« (Joh 11,27; 12,13; vgl. Mt 11,3), der »Heilige Gottes« (Joh 6,69; vgl. Mk 1,24), der »Heiland« (Joh 4,42), das »Lamm Gottes« (Joh 1,29.36), der »Prophet« (Joh 6,14; 7,40) und der »König von Israel« (Joh 1,49; 12,13; 18,33-38; 19,3.14-22). Einige davon finden sich auch in den synoptischen Evv.

Jesu charakteristische Selbstbezeichnung »Sohn des Menschen« spielt auch im JohEv. eine wichtige Rolle. Hier erhält sie einen neuen Akzent, der in den synoptischen Evv. fehlt. Die himmlische Herkunft des Menschensohns wird hervorgehoben, sein Hinabsteigen in die Welt, seine Verherrlichung am Kreuz und seine Bedeutung als Geber des Lebens (Joh 3,13; 5,27; 6,27.53.62; 12,33.34; 13,31).

Es ist nicht notwendig, für den Gebrauch dieses Titels im JohEv. ein Mitwirken fremder Einflüsse anzunehmen. Dennoch unterscheidet sich die johanneische Sprache so deutlich von jener der synoptischen Evv., daß sich der Schluß nahelegt, die Worte, die zwar letztlich auf der wirklichen Lehre Jesu beruhen, seien vom Evangelisten oder seinen Quellen bis zu einem gewissen Grade neu gestaltet worden (S.S. Smalley, NTS 15/1968/69, 278-301).

Der wichtigste Hoheitstitel für Jesus ist im JohEv. zweifellos **»Sohn Gottes«**. Er zeigt die Innigkeit der Beziehung zwischen dem Vater und seinem präexistenten, einzigen Sohn (Joh 3,16-18); es ist ein Verhältnis gegenseitiger Liebe (Joh 3,35; 5,20) und kommt in der Weise zum Ausdruck, wie der Sohn dem Vater gehorsam ist (Joh 5,19), und dieser ihm das Amt des Richters und des Lebensbringers anvertraut (Joh 5,17-30). Die einzigartige Sohnesbeziehung Jesu zu Gott, die wir schon in den synoptischen Evv. finden, wird hier besonders klar zum Ausdruck gebracht (Joh 11,41; 12,27f; 17,1). Im wesentlichen sind es die gleichen Gedanken, die der im Prolog des Evangeliums erscheinende Titel ***Logos** (oder: Wort) beinhaltet. So eng wird der Logos mit Gott identifiziert, daß es nicht überrascht, wenn Jesus tatsächlich als »Gott« bezeichnet wird. Dies ist eindeutig im Bekenntnis des Thomas der Fall (Joh 20,28), wo die Erscheinung des auferstandenen Jesus zur Erkenntnis seines göttlichen Standes führt; außerdem wird Jesus wahrscheinlich in Joh 1,18 als »der Eingeborene« (Sohn) beschrieben, »der Gott ist und in des Vaters Schoß ist« (allerdings ist der griech. Text hier unsicher).

Schließlich ist bemerkenswert, daß das JohEv. verschiedene »Ich-bin«-Worte enthält, in denen Jesus sich Prädikate wie »der gute Hirte« oder »der wahre Weinstock« beilegt. Manchmal lautet die Formulierung auch einfach: »ich bin es« (Joh 4,26; 6,20; 8,24.28.58; 13,19). Da diese Worte die Selbstvorstellung Jahwes - etwa von Jes 43,10; 48,12 – aufnehmen, sollen sie wahrscheinlich als verhüllte Hinweise auf die Gottheit Jesu verstanden werden. Die Verwendung von Hoheitstiteln in den Johannesbriefen entspricht weitgehend derjenigen im Ev., obwohl natürlich die Art, wie vom irdischen Jesus in einem Ev. erzählt wird, verschieden ist von der Weise, wie vom auferstandenen Herrn in einem Brief geschrieben wird. Es ist eine seltsame, aber sicher unwichtige Tatsache, daß 3Joh die einzige ntl. Schrift ist, die niemals Jesus erwähnt. Im 1Joh ist **»Jesus«** oft das Subjekt von Aussagen, in denen seine Bedeutung als **»Christus«** oder **»Sohn Gottes«** zum Ausdruck gebracht wird (1Joh 2,22; 4,15; 5,1.5). Vielleicht ging es hier einfach um die Frage, ob Jesus wirklich der von den Juden erwartete Messias sei; die Forschung ist sich jedoch weitgehend einig, daß sich die Auseinandersetzung eher darum drehte, ob in Jesus eine wahre und bleibende *Inkarnation Gottes stattgefunden habe. Die Gegner des Johannes leugneten anscheinend eine wahre und dauernde Einheit zwischen dem Messias oder Sohn Gottes und Jesus (1Joh 4,2; 2Joh 7), und Johannes mußte daher betonen, daß Jesus Christus wahrhaftig in Wasser und Blut gekommen war, d.h. in seiner Taufe und seinem Tod. Deshalb benutzt er den vollen Titel »sein Sohn Jesus Christus« (1Joh 1,3; 3,23; 5,20), um den Gegenstand des christl. Glaubens zu bezeichnen. Nur der Sohn Gottes kann der **»Heiland«** der Welt sein (1Joh 4,14). Der Ausdruck **»Herr«** fehlt in den Johannesbriefen.

In der Offenbarung tritt vor allem **»Jesus«** als Bezeichnung hervor, ebenso wie im Hebräerbrief. Der vollere Titel **»Jesus Christus«**

wird nur in der Einleitung des Buches als feierliche Benennung verwendet (Offb 1,1f.5). (Der) **»Christus«** oder **»sein Christus«** kommt immerhin viermal vor (Offb 20,4.6; 11,15; 12,10) – ein Beweis dafür, daß die Vorstellung vom Messias als dem Bevollmächtigten Gottes bei der Aufrichtung seiner Herrschaft für Johannes sehr lebendig war. Der gleiche Gedanke ist auch darin erkennbar, daß die göttlichen Hoheitstitel **»König«** und **»Herr«** für beide, Gott und Jesus, gebraucht werden (Offb 15,3; 17,14; 19,16). Das bezeichnende Würdeprädikat für Jesus ist in der Offb jedoch ohne Zweifel ***»Lamm«** (*arnion*); es kommt hier 28mal vor, sonst aber nirgends (das in Joh 1,29.36; Apg 8,32 und 1Petr 1,19 gebrauchte griech. Wort lautet anders). Das Lamm verbindet die paradoxen Merkmale, geschlachtet oder geopfert (Offb 5,6) und doch zugleich der »Herr« zu sein, würdig der Anbetung (Offb 5,8). Es bekundet seinen Zorn über das Böse (Offb 6,16) und führt das Volk Gottes in der Schlacht an (Offb 17,14); und doch wirkt sein Blut als Opfer für die Sünde (Offb 7,14) und läßt die Märtyrer siegreich überwinden (Offb 12,11).

V. DIE HOHEITSTITEL JESU IM ÜBRIGEN NEUEN TESTAMENT.

Unter den übrigen Schriften des NT zeichnet sich wohl der Hebräerbrief durch einen besonders charakteristischen Gebrauch der Hoheitstitel aus. So verwendet er ganz einfach wieder den Namen **»Jesus«**, um damit den Einen zu bezeichnen, der Erniedrigung und Tod erlitt und doch von Gott erhöht wurde (Hebr 2,9; 13,12). Ebenso kann er auch einfach vom **»Herrn«** (Hebr 2,3; 7,14) oder **»Christus«** sprechen (Hebr 3,6.14 u.a. 9). Obwohl sich der Verfasser zweifellos dessen bewußt ist, daß »Christus« eigentlich »Gesalbter« heißt (Hebr 1,9), benutzt er dieses Wort doch eher wie einen Namen, der durch andere Titel erläutert werden muß. Er beschreibt Jesus als einen Urheber des Heils und des Glaubens (Hebr 2,10; 12,2) und benutzt damit einen Ausdruck, der als christologischer Titel auch sonst gebräuchlich gewesen sein mag (vgl. Apg 3,15; 5,31). Vor allem jedoch sieht er Jesus als den **»Hohenpriester«** und erläutert darum dessen Werk mit Hilfe der aus der atl. Opfertora entlehnten Begrifflichkeit. Stellt dieser Ausdruck mehr eine Beschreibung des Werkes als einen Titel Jesu dar, so ist der Begriff **»Sohn«** der bedeutsame Titel, der ihm zugrundeliegt. Erst nachdem der Verfasser die Identität Jesu als des Gottessohnes, der über die Engel und Mose erhöht ist, nachgewiesen hat, zeigt er in einem weiteren Schritt, wie gerade diese Stellung Jesus dafür qualifiziert, der Hohepriester und Mittler zwischen Gott und den Menschen zu sein. Er macht ausgiebigen Gebrauch von Ps 2,7 (Hebr 1,5; 5,5) und Ps 110,4, um den Status Jesu zu definieren. Und er betont, wie ungeheuerlich es ist, das durch solch einen erhabenen Retter erwirkte Heil zu verwerfen (Hebr 6,6; 10,29).

Bei Jakobus ist bemerkenswert, daß er nur zweimal auf den **»Herrn Jesus Christus«** verweist (Jak 1,1; 2,1); wenn er jedoch vom Kommen des Herrn spricht (Jak 5,7f), meint er zweifelsohne ebenfalls Jesus.

Im 1. Petrusbrief wird »Jesus« nirgends für sich allein als Name gebraucht, der Verfasser bevorzugt **»Jesus Christus«**. Einmal verwendet er **»Herr Jesus Christus«** in einem traditionsgeprägten Satz (1Petr 1,3). Er verweist jedoch oft auf »Christus« – und dies interessanterweise besonders im Zusammenhang mit Leiden und Sterben (1Petr 1,11.19; 2,21; 3,18 u.a.), was uns bereits oben als der charakteristische ursprüngliche Gebrauch des Titels begegnete. Ebenso spricht der Autor von dem Bekenntnis zu Christus als dem **»Herrn«** (1Petr 3,15; vgl. 2,13) in einer Weise, die wiederum an den frühen Sprachgebrauch erinnert.

Für den 2. Petrusbrief ist die Verwendung von **»Herr Jesus Christus«** kennzeichnend. Auch der Titel **»Heiland«** kommt hier häufig vor (2Petr 1,1.11; 2,20; 3,2.18), und in 2Petr 1,1 wird Jesus als **»unser Gott und Heiland«** (nach dem griech. Text, vgl. RevEB) bezeichnet. Der Sprachgebrauch des Judasbriefes ist ziemlich ähnlich wie der des 2Petr, beide Verfasser benutzen die ungewöhnliche Form *»despotes«* (**»Herr«**) für Jesus (2Petr 2,1; Jud 4), vielleicht, weil der Gedanke an den Loskauf von Sklaven im Hintergrund steht. Der Ausdruck war nicht besonders beliebt, da er an willkürlichen Despotismus erinnerte.

VI. ABSCHLUSS.

Die Lehre des NT von der Person Jesu ist nicht auf das beschränkt, was durch die hier in aller Kürze besprochenen Hoheitstitel ausgedrückt wird. Wir müßten ebenso berücksichtigen, was über den Charakter und das Handeln Jesu während seines irdischen Lebens und in seinem himmlischen Stand gesagt ist; auch wäre es wichtig, die verschiedenen Glaubensbekenntnisse und literarischen Werke in Betracht zu ziehen, die geschaffen wurden, um die Bedeutung Jesu zum Ausdruck zu bringen. Trotzdem fassen die Hoheitstitel als solche schon viel von der ntl. Lehre zusammen. Die Beschäftigung mit ihnen läßt erkennen, wie das Denken der Jünger zunächst durch ihre erste Verbindung mit Jesus während seines Erdenlebens geformt wurde, wie es dann entscheidend gefestigt wurde, als sie ihn als den auferstandenen Herrn erfuhren, und wie es schließlich im Verlauf ihrer Mission und ihrer Lehrtätigkeit in der jüd. und hellen. Welt sich entfaltete. In ganz unterschiedlicher Weise bekunden die Hoheitstitel die überragende Bedeutung Jesu als Sohn Gottes, seinen Erlösungsauftrag als Messias und Heiland und seine Ehrenstellung als der Herr.

Die frühe Kirche zog ein reiches Quellenmaterial heran, um zu erklären, wer Jesus war. Primär entnahm sie ihren Stoff dem AT, das sie als von Gott eingegebene Prophetie auf das Kommen Jesu betrachtete. Andererseits scheute sie sich nicht, auch Titel zu verwenden, die in der nicht-jüd. Welt bedeutungsvoll sein konnten. Manche Titel erwiesen sich als besser, andere als weniger geeignet; in ihrer Gesamtheit jedoch bezeugen sie die Tatsache, daß Gott in Jesus entscheidend gehandelt hat, um die Welt zu richten und zu retten, und sie rufen alle dazu auf, anzuerkennen, daß dieser Jesus in Wahrheit eins ist mit Gott und der Verehrung würdig, die Gott selber zukommt.

Literatur: O. Betz: Jesus und das Danielbuch, Bd. II: Die Menschensohnworte und die Zukunftserwartung des Paulus (Dan 7,31f), 1985; J.A. Bühner: Der Gesandte und sein Weg im vierten Evangelium, 1977; O. Cullmann: Die Christologie des Neuen Testaments, 51975; M. Hengel: Der Sohn Gottes, 21977; S. Kim: »The Son of Man« as the Son of God, WUNT 30, 1983; A. Schlatter: Die Geschichte des Christus, 21923; ders.: Die Theologie des Neuen Testaments I, Das Wort Jesu, 1909. I.H.M./O.B.

HOHEPRIESTERLICHES GEBET
s. Gebet; Johannesevangelium

HOHER RAT s. Sanhedrin

HOHERPRIESTER
s. Priester u. Leviten

HOHESLIED. Das Hohelied Salomos. Die hebr. Bezeichnung *schir hasch-schirim,* wörtl. »Lied der Lieder«, bedeutet als die höchste Steigerungsform: »Das schönste der Lieder«. So schreibt auch die griech. LXX: *Aisma asmaton* und die latein. Vulgata: *Cantus Canticorum,* von Luther zutreffend übersetzt: »Das Hohelied«. Seine Hochschätzung zeigt sich darin, daß das H. (seit dem 8.Jh.n.Chr.) als erste der bibl. Festrollen am 8. Tag des jüd. Passafestes verlesen wird.

I. KANONISIERUNG.

Das H. ist die Zusammenstellung von Liedern, die die Liebe singt. Es fand seinen Platz im bibl. Kanon aufgrund der tiefen Übereinstimmung der geschöpflichen Liebe zwischen Mann und Frau mit dem atl. Gottesglauben. Damit zeigt es sich in schroffem Gegensatz zur Vergötzung des Eros in Israels Umwelt.

Die Aufnahme in den atl. Kanon (Abschluß in der 2. Hälfte des 1.Jh.) war nicht unumstritten: Die Mischna (Yadayim 3,5) scheint anzudeuten, daß das H. nicht ohne weiteres als kanonisch akzeptiert wurde. Nachdem es von einigen Rabbinen bejaht, von anderen abgelehnt wurde, rühmt Rabbi Akiba (ca. 50-135 n.Chr.) es in Superlativen: »Die ganze Welt ist des Tages nicht wert, an dem das Hohelied Israel gegeben wurde; alle Schriften sind heilig; und das Lied der Lieder ist die allerheiligste.«

Er begründet dies allerdings durch die allegorische Auslegungsweise, die er zuerst auf das H. anwandte (s.u. V. 1.). Da das H. sich damals längst im Kanon fand, entfällt die allegorische Auslegungsmöglichkeit als Begründung für seine Aufnahme in den Kanon.

II. AUTOR UND ABFASSUNG.

Der hebr. Ausdruck *lischlōmōh* (1,1) kann »von Salomo«, aber auch »für Salomo« bedeuten. Salomos Begabung als Dichter ist in 1Kön 5,12 (vgl. Ps 42 und 127) bezeugt: In 3000 Sprüchen und 1005 Liedern nahm er die ganze Schöpfung auf. Im Buch der »Sprüche Salomos« wird die Weisheit Gottes für den Menschen und die Welt vor Augen gestellt. Im »Prediger Salomo« kommt die Nichtigkeit des von Gott abgefallenen Lebens zur Sprache.

Die Abfassungszeit des H.s zeigt regen Kontakt mit anderen Kulturen. Lehnworte aus dem Pers. (*pardes,* »Lustgarten«) und Griech. (*appiruon* von *phoreion,* »Sänfte«), Aramaismen sowie das »s« als Relativpronomen deuten evtl. auf eine späte redaktionelle Hand. Eine Datierung in die griech. Periode (300 v.Chr.) ist freilich nicht zwingend notwendig angesichts der Beweise für den Verkehr zwischen Kanaan und Ionien seit Salomos Zeit. Ebenso ist das Vorkommen von Aramaismen kein Beweis für ein spätes Abfassungsdatum.

Der Autor kennt Palästinas und Syriens Geographie vom Toten Meer bis zum Libanon. Es werden vorwiegend Orte aus dem N genannt (z.B. Scharon 2,1; Libanon 3,9; 4,8.11.15 u.ö.; Amana, Senir, Hermon 4,8; Tirza 6,4; Damaskus 7,5; Karmel 7,6). Die Beschreibung der Orte zeugt von einem Erleben der Landschaft Israels.

III. STIL- UND SPRACHFORM.

Das H. zeigt hochentwickelte Stil- und Sprachformen und kunstvolle Ausdrucksmittel hebr.-orientalischer Lyrik. Es weist bei dynamisch wechselnder Thematik eine einheitliche Wortwahl auf und deutet durch einige refrainartige Wiederholungen eine gewisse Gliederung und Steigerung zum Ende hin an (8,6f). Die zahlreichen Versuche, einen straffen Aufbau nachzuweisen, sind angesichts der Vielzahl entgegengesetzter Vorschläge als gescheitert anzusehen. Ebenso ist die lange vertretene Auffassung, es handle sich um eine Sammlung volkstümlicher Liebeslieder (J.G. Herder), durch neuere Erkenntnisse zur Kunstform hebr. Lyrik überholt.

Die Aussagen des H.s erfolgen überwiegend dialogisch oder im Selbstgespräch der beiden Liebenden. Die Gemeinschaft, in der sie leben, wird gelegentlich einbezogen: die »Töchter« und die Einwohner Jerusalems (z.B. 1,5; 2,7 etc. 3,6-11) sowie die Brüder Sulamiths (8,8f; vgl. 7,1).

Die Gestalt der Aussagen ist durch die elementare Erfahrung der Liebe bestimmt. Sie gestaltet sich vorwiegend in intensiven Sprachbildern der ebenso elementaren Alltagswelt des Hirtendaseins: die ganze Natur wird zur Sprachhelferin der Liebe in unbändiger Kraft und zugleich unübertrefflicher Zartheit - eine Verbindung, die der guten Schöpfung Gottes entspricht.

Manche Vergleichsbilder wirken in unserer Kultur fremd, ja befremdend. Ein Verstehen kann sich erschließen, wenn man jene Erfahrungswelt elementar nachzuvollziehen sucht.

IV. SINNDEUTUNG.

Der Sinn des H.s als bibl. Buch deutet sich aus dem Gesamtzusammenhang der Bibel (vgl. M. Luther: »Die Bibel legt sich selber aus«). So zeigt sich die Sprache natürlicher Liebe zwischen Mann und Frau im H. als der Vollzug des Menschseins im Sinne Gottes als Gottes »Ebenbild« (1Mo 1,26f): wie Gott aus Liebe das Leben schuf, so gibt der Mensch – als Mann und Frau - in der Liebe Leben weiter. Sie ist eine »Flamme des Herrn« (8,6), und also nach Gottes Sinn, wenn sie in Gottes Liebe gegründet und geborgen ist. Dann wird in ihr Gottes Liebe so transparent, daß sie zum Gleichnis des Himmelreiches (»Hochzeitsgleichnisse«, vgl. Mt 22,2; 25,10; Lk 12,36; Offb 19,7.9 u.a.) und der Gemeinde Jesu (Eph 5,32f) werden.

Die Sprache der Liebe, wie das H. sie zeigt, verwirklicht zudem das Ziel, mit dem der Mensch als Mann und Frau erschaffen wurde: sie sind in der »Zuwendung« zueinander zur gegenseitigen »Mitteilung«, zur Teilgabe und Teilhabe aneinander gewiesen (1Mo 2,18 hebr. wörtlich), zum geistigen Austausch des Gespräches. Dies kommt im H. vor allem seitens der Frau zum Ausdruck. In diesem Sinne ist das H. eine Sehhilfe und Sprachschule für die Liebe im Glauben, die in der Einheit des Wir die Unterscheidung im Du und im Ich wahrt und damit die Freiheit eröffnet, einander selbst zu begegnen.

Im H. kommt auch die Gefährdung der Liebe in einer von Gott abgefallenen Welt zum Ausdruck durch ein Fehlverhalten, welches die Freiheit zum Reifen bedroht. Darum werden die Wachstumsgesetze und schützenden Grenzen der Liebe sorgfältig gewahrt (vgl. 2,7.15). Auch bitteres Leid der Trennung und Schmerz über die Bosheit kommen zur Sprache (6,7f u.a.). So zeigt das H. in bibl. bestimmter Auslegung seinen Sinn, in einer helfenden und heilenden Wirkung, im Zentrum des Menschseins als Gottes Ebenbild: in der Liebe als dem höchsten aller geschöpflichen Güter (8,7b).

V. AUSLEGUNGSWEISEN.

Kaum ein Buch der Bibel hat eine solche Fülle verschiedenster und auch gegensätzlicher Auslegungen erfahren wie das H. Die Beurteilung dieser Auslegungen ergibt sich aus einer bibl. Sinndeutung des H.s. Darin wird deutlich:

1. Die Liebe Gottes und die Liebe des Menschen sind einander im Sinne der Ebenbildlichkeit wesensmäßig – und untrennbar - verbunden. Wenn eine Auslegung im H. nur die Gottesliebe herausliest, verfehlt sie die bibl. Aussage ebenso wie dann, wenn sie hier nur die Menschenliebe findet.

2. Die Liebe des Menschen ergibt sich im Sinne der Ebenbildlichkeit wesensmäßig aus der Liebe Gottes. Eine Auslegung, die die Menschenliebe als in sich »göttlich« sieht, oder die die Gottesliebe als »menschlich« auffaßt, verfehlt die Grundaussage des H.s als Buch der Bibel, von deren Gesamtzeugnis her sich der Sinn und die hohe Stellung des H.s in der Bibel ergibt. Der Wert einer Auslegungsweise zeigt sich darin, ob und wie weit sie diese bibl. Sinngebung zur Geltung bringt und dadurch dem Wortsinn dient. Insofern ist sie bibl. sachgemäß im Dienst einer bibl. wörtlichen Auslegung.

Im einzelnen finden sich vor allem folgende Auslegungstypen des H.:

1. Allegorische Auslegung.

Allegorie (von griech. *allegorein*, bzw. *allos agoreúō*, »anders sagen«) sieht in den Worten einen »höheren« bzw. »tieferen« Sinn als den wörtlichen. In der jüd.-rabbinischen Allegorese des H.s werden der Geliebte und die Geliebte auf Gott und Israel übertragen und deren Liebeserfahrung auf die Erfahrung Israels zu seiner Geschichte von den Erzvätern über den Auszug aus Ägypten, die Wüste, den Sinai, das Bundeszelt und den Tempel etc. Dies kann als Deutung der Vergangenheit des Volkes, seiner jeweiligen Gegenwart und seiner Zukunft geschehen. Als erster Allegoretiker des H.s gilt Rabbi Akiba (ca. 50-135 n.Chr.). Die christl. Auslegung des H.s hat sich – gewiß unter dem Einfluß asketischer und mystischer Einstellung – spätestens seit dem 6. Jh. ganz der allegorischen Deutung angeschlossen. Sie deutete das H. auf die Liebe Christi zur Gemeinde. Christl. Exegeten standen den Rabbinen in einer phantasievollen Interpretation der Einzelheiten in nichts nach. Luther setzte der christl. Auslegung des H.s dann die Norm, indem er die Auslegung im bibl. Gesamtzusammenhang im wörtl. grammatischen, vom Verf. gemeinten Sinne forderte (sensus historicus), »darauf sich unser Glaube ohn alles Wanken möge bauen« (WA 6,307). Daneben blieb die katholische Auslegung des H.s auf Christus und Maria bzw. die Kirche (mariologische bzw. ekklesiologische Allegorese) bestehen. Sie wirkte in der Auslegung auf Christus und die Gemeinde bis ins 19. Jh. in der reformatorischen Orthodoxie und im Pietismus weiter.

2. Typologische Auslegung.

Typologie (von griech. *typos*, »das Geprägte«) wahrt den unmittelbaren Wortsinn, doch sieht ihn zugleich geprägt von einer über ihn hinausgehenden Bedeutung, für die er als »Abschattung« bzw. »Vorschattung« einer höheren Dimension, die sich hier etwa als Urbild abbildet und so transparent und faßbar wird. Typologische Deutung sucht diesem Gesamtzusammenhang zu dienen.

In der bibl. Auslegung sucht sie vor allem ihrem Weissagungscharakter zu entsprechen. In der Auslegung des H.s, wo dieser fehlt, stellt sie die Liebe und Hingabe der Beziehung zwischen Christus und der Gemeinde heraus. (Vgl. dazu M.G. Unger, Introductory Guide to the Old Testament, 2, 1956, und die Arbeiten von W. Eichrodt und G.v. Rad).

3. Dramaturgische und ritualistische Auslegung.

Von Origines über Milton bis Franz Delitzsch findet sich der Versuch, im H. den Text eines Dramas zu erkennen. Da aber im Text selbst jeder Hinweis darauf fehlt, die Komplexität der Dialoge nicht dramaturgisch ist und im semitischen Raum Dramen unbekannt sind, ist diese Theorie wenig wahrscheinlich. Die Erforschung heutiger syr. Hochzeitssitten durch J.G. Wetzstein gab K. Budde den Anlaß, das H. als eine Sammlung von Hochzeitsliedern aufzufassen, die denen ähneln, die beim Ablauf des einwöchigen Hochzeitsritus gebraucht werden. Obschon Anklänge durch das Thema bedingt sind, ist der zeitliche Abstand von mehr als zweieinhalb Jahrtausenden zu bedenken.

4. Profane Auslegungsweisen.

Das Verständnis des H.s als bloß erotische Dichtung ist aus frühesten Anfängen bekannt. Es entnimmt das H. profanisierend seinem gesamtbibl. Deutungszusammenhang. Als profane Gegenbewegung findet sich im 19. Jh. die moralische Auslegung, welche das H. als bloße Darstellung der Ideale von Liebe und Treue versteht. Das vor allem durch J.G. Herder (1744-1803) ausgearbeitete Verständnis des H.s als Sammlung volksliederhafter Liebesdichtung versteht das Buch nicht mehr in seinem bibl. vorgegebenen Sinn. Das gilt auch für die Versuche einer religionsgeschichtlichen Auslegung, welche das H. aufgrund einiger Analogien und Anklänge zu außerisraelit. Liebesdichtung - etwa im Bereich des Tammuzkultes (vgl. Hes 8,14) – von dort ableitet und versteht (T.J. Meck).

VI. BIBLISCHE BEURTEILUNG DER AUSLEGUNGSWEISEN.

Die Vielzahl der Auslegungsweisen und die verwirrende Fülle oft gegensätzlicher Ergebnisse läßt nach deren bibl. Bewertung suchen. Bibl. Beurteilung fragt danach:

1. ob eine solche Auslegungsweise in der Bibel selbst vorgegeben ist, oder ob sie als etwas Sachfremdes von außen an die Bibel herangetragen wird;

2. ob die Auslegung im bibl. Gesamtsinn erfolgt, oder ob sie einem anderen, unbibl. Sachzusammenhang entspricht.

Zu 1: Allegorisches und typologisches Denken können der bibl. Sicht für die Bildstruktur – die Gleichnishaftigkeit und damit Vergleichsfähigkeit – der Schöpfung entsprechen. Darum finden sich Elemente beider Auslegungsweisen in der Bibel, wobei sie vielfach Mischformen eingehen. Hingegen finden sie sich dort nie als Auslegungsmethoden, die in prinzipieller und strikter Handhabung das Verständnis wissenschaftlich-methodisch erschließen sollen. Dies ist außerbibl. und sachfremd an die Bibel herangetragen.

Das allegorische Denken ist modernem Bewußtsein recht fremd und wird darum abgewehrt. In der Bibel findet es sich dagegen als eine Ausdrucksform, die unbewußte Wirklichkeit bildhaft zum Tragen bringt. Dies kennen wir etwa in Traumerfahrungen. So findet sich Allegorie z.B. in prophetischen Traumgesichten (Sacharja, Daniel) und zur Verdeutlichung des Wirklichkeitszusammenhanges zwischen Altem und Neuem Bund (z.B. 1Kor 10; Gal 4,21-31).

Das typologische Denken ist heutigem

Denken aufgrund des Bewußtseins für die Analogiestruktur der Sprache und des Denkens nachvollziehbar. Allegorische Elemente finden sich vielfach im AT und NT (z.B. Röm 5,14 wörtl.; auch häufig in Hebr).

Für die Auslegung des H.s bedeutet dies, daß allegorische und typologische Auslegungselemente zwar nicht unbibl. sind, aber im H. selbst kein Anhalt für oder Hinweis auf die Notwendigkeit gegeben ist, sie zur Erschließung des bibl. Verständnisses einzubeziehen. Hier ist das wörtl. Verstehen das eigentliche; ein übertragenes Verstehen kann sich bestenfalls am Rande im Spielraum gesamtbibl. Zusammenhänge einstellen.

Dramaturgische, ritualistische und die profane Auslegungsweise erfolgen von vornherein in einem außerbibl. Zusammenhang. Von ihnen lassen sich lediglich einige zutreffende Beobachtungen aufnehmen, falls sie ihrem außerbibl. Deutungszusammenhang entnommen werden und im bibl. Zusammenhang sachgemäße Bewertung erfahren.

Zu 2: Im bibl. Gesamtzusammenhang des H.s (s. IV.) ist zu klären, ob und wie die Ergebnisse der Auslegung ihm entsprechen: Ist die schöpfungsgemäße Verbindung zwischen Gott und dem Menschen als Mann und Frau – sowie deren sündhafte Trennung - wahrgenommen? Und ist dieser Bund zugleich in der Verordnung Gottes vor dem Menschen – in der Unterschiedlichkeit – gewahrt? Die Antwort ist von «Fall zu Fall» zu ermitteln. An ihr entscheidet sich die bibl. Sachgemäßheit der Auslegung.

Die Verbindung in der Unterscheidung ist bei der Allegorese aufgegeben, wenn sie die Abkehr von der geschöpflichen Dimension vollzieht und damit den wörtl. Sprachsinn – einschließlich der Sprache über den Körper der Liebenden – verläßt. In der typologischen Auslegung ist dies aufgrund ihres Ernstnehmens der Schöpfung – und damit des normalen Wortsinnes – die Unterschiedenheit zwischen Gott und Mensch in ihrer Prägung durch den Schöpfer eher gewährleistet. Die profanen Auslegungsweisen führen vor Augen, wie der Sinn der Auslegung verfehlt wird, wenn dem Ausleger der eigene Zugang zur bibl. Gesamtaussage fehlt: die Auslegung verfehlt das Eigentliche.

VII. ERGEBNIS.

Das H. führt – als bibl. Buch – das geschöpfliche Wunder der Liebe von Mann und Frau in ihrer Gottebenbildlichkeit vor Augen. Es gibt dem Wunder zugleich Sprache, so daß es sich in der Mitteilung der Liebe verwirklichen kann. Darin hat es eine heiligende – und zutiefst heilende – Wirkung im Brennpunkt der Gottebenbildlichkeit und ihrer Gefährdung: «Er sandte sein Wort und machte sie gesund» (Ps 107,20; Joh 17,17ff; 1Mo 3,1-13).

Literatur: H. Brandenburg: Sprüche, Prediger, Hoheslied, in: Das lebendige Wort, ²1982; H. Graf Reventlow/P. Kuhn/U. Köpf/J.M. Vincent: TRE XV, 1986, S. 499–514; W. Rudolph: Das Hohelied. KAT XVII, 1-3, 1962; G. Gerleman: Das Hohelied, BKAT XVIII, ²1981; G.v. Rad: Theologie des AT, Bd. 1, ⁸1982, Bd. 2, ⁷1980; W. Eichrodt: Theologie des AT, Bd. I. ⁸1968, Bde. II/III, ⁶1974. R.Fi./S.F.

HÖHLE. Im allg. wird das hebr. Wort *me'ārā* mit H. wiedergegeben; nur in Hiob 30,6 ist es das hebr. Wort *chōr*, (LÜ: Steinklüfte). Natürliche H.n sind keine Seltenheit in Palästina, da nahezu das gesamte Berggelände westl. des Jordan (außer eines Basaltschichtenkopfes im S von Galiläa) aus Kalkstein und Kreide besteht. Schon seit frühester Zeit wurden solche H.n als Behausungen, Verstecke und Grabstätten benutzt.

1. Behausung.

In Tell Abu Matar, südl. von *Beerscheba, wurden bemerkenswerte Höhlenwohnungen aus dem 34./33.Jh.v.Chr. ausgegraben. Große H.n waren zu mehrräumigen Wohnungen ausgeschlagen; die einzelnen Räume waren durch Gänge verbunden. Im frühen 2.Jt.v.Chr. wohnten *Lot und seine beiden Töchter nach dem Untergang von Sodom und Gomorra in einer H. (1Mo 19,39); *David und seine Streifschar benutzten die große H. bei *Adullam (1Sam 22,1; 24) und *Elia wohnte in einer H. bei Horeb (1Kön 19,9-13).

2. Zufluchtsstätte.

*Josua trieb fünf kanaan. Könige in die Enge, die sich daraufhin in einer H. bei Makkeda (Jos 10,16ff) versteckten. Auch Israeliten verbargen sich auf diese Weise vor Midianitern (Ri 6,2) und Philistern (1Sam 13,6). *Elias Freund *Obadja versteckte 100 Propheten in H.n, »hier fünfzig und da fünfzig«, vor dem Schwert *Isebels (1Kön 18,4.13); vgl. Jes 2,19; Hebr 11,38. Auch im Jordantal sowie am Toten Meer wurden Spuren in H.n gefunden, die diese als Zufluchtsorte durch die Jahrhunderte hindurch ausweisen (s. auch *Schriftenfunde vom Toten Meer).

3. Grabstätte.

Seit prähistorischer Zeit dienten H.n als Grabstätten (*Begräbnis- und Trauersitten). Beispiele in der Heiligen Schrift sind die H. von *Machpela, die von *Abraham als Erbbegräbnis erworben wurde (1Mo 23; etc.), sowie die H., in der Lazarus bestattet war, den Jesus von den Toten auferweckte (Joh 11,38).

Literatur: K.M. Kenyon: Die Bibel im Licht der Archäologie, 1980; dies.: Archäologie im Heiligen Land, 1967. K.A.K.

Sandstein-Felswände am Westufer des Toten Meeres, im Vordergrund die vierte der Qumran-Höhlen. (ARM)

HÖLLE. Das deutsche Wort H. gibt das griech. *géenna/Gehenna* wieder, das in den bibl. Schriften nur im NT begegnet (Vorkommen: 12 mal; bis auf eine Ausnahme nur bei den Synoptikern: Mt 5,22.29f; 10,28; 18,9; 23,15.33; Mk 9,43.45.47; Lk 12,5; Jak 3,6). Die LXX kennt es noch nicht.

Géenna stellt die Gräzisierung des aram. *gēhinnām* dar, das auf das hebr. *gēhinnōm*, Tal von Hinnom (Jos 15,8; 18,16; Kurzform von *gē bän(benē)hinnōm* »Tal des Sohns (der Söhne) Hinnoms«, (Jos 15,8; 2Kön 23,10) zurückgeht. Damit bezeichnete man ursprünglich ein Tal im Süden Jerusalems (heute: Wādi er-rabābi), in dem z.Zt. der Könige *Ahas (734-715 v.Chr.) und *Manasse (697-642 v.Chr.) Kinderopfer dargebracht wurden (2Kön 23,10; 1Chr 28,3; 33,6; Jer 7,31; 32,35; 3Mo 18,21; »zum Moloch hingeben«, wobei *Moloch wohl nicht einen Gott meint, sondern als Begriff für Opfer steht – vgl. WM 1/1, S. 299f). Josua ließ das Tal verunreinigen. Nach Jer 7,32; 19,6f wird es zur Stätte künftigen Gerichts.

Deshalb sieht die jüd. *Apokalyptik seit dem 2. vorchristl. Jh. hier den Ort, an dem sich nach dem Endgericht die Feuerhölle öffnet (äthHen 90,26f; 27,1ff; 54,1ff; 56,3f). Bald wurde mit Gehenna die endzeitliche Feuerhölle überhaupt bezeichnet (4Esr 7,36; syrBar 59,10; 85,13; Sib 1,103 u.ö.). Dies gilt auch für das NT. Im 1.Jh.n.Chr. verdrängt der Begriff Hölle den des Totenreichs (*scheōl; hadēs*) und wird zusätzlich auf den Strafort der Gottlosen zwischen Tod und Auferstehung bzw. Endgericht angewandt.

Das NT unterscheidet allerdings deutlich zwischen beiden. Der Hades (Totenreich) nimmt zeitlich begrenzt die Seelen der Verstorbenen *vor* der Auferstehung und dem Endgericht auf (Apg 2,27.31; Lk 16,23.26; nach 1Petr 3,19; Lk 16,23; 23,43; 2Kor 5,8 u.ö. nur die Gottlosen und nicht die Gerechten). Die Gehenna (Hölle) dagegen ist der Strafort *nach* dem Gericht und auf ewig (Mk 9,43; Mt 25,41.46). Dort werden Leib und Seele vernichtet, wohingegen im Hades der Tote leiblos existiert (Apg 2,26f. 31).

Die H. ist als bereits vorhanden gedacht (Mt 25,41). Sie tritt aber erst nach der allgemeinen Auferstehung und dem Endgericht als feuriger Abgrund in Erscheinung. In unlöschbarem Feuer (Mk 9,43) werden dort die Gottlosen (vgl. Mt 23,15: Sohn der Gehenna; Gegensatz in Mt 8,12: Söhne des Reiches), der Satan und die Dämonen nebst Tod und Totenreich vernichtet (Mt 25,41; Offb 19,20; 20,10.14f). Hinweise auf die Qualen solcher Bestrafung werden im Unterschied zur Apokalyptik und späteren kirchlichen Praxis nur sehr zurückhaltend gegeben (als Metaphern: Feuer; Finsternis: Mt 25,30; 2Petr 2,17; Tod: Offb 2,11; Gefängnis und zu bezahlende Schuld: Mt 5,25f). Ihre Erwähnung dient stets dazu, »die Gewissen wachzurütteln zur Furcht vor dem Zorn des himmlischen Richters (Mt 10,28)« (J. Jeremias). Es fehlt gleichfalls die Vorstellung des Satans als Fürsten der H., dem die Sünder zur Bestrafung übergeben werden. Vielmehr unterliegt gerade er dem vernichtenden Zorn Gottes, der in der Gehenna straft.

Letztlich unklar bleibt nach den ntl. Stellen, ob der Gottlose in der H. als vernichtet oder als endlos in jener Gottesferne existierend gedacht wird. Nach Offb 20,10 könnte man annehmen, daß in ihr mit »Teufel, Tier und falschem Propheten« auch die Gottlosen für immer gepeinigt werden. Sie werden hier jedoch nicht erwähnt. Schwierigkeiten bereitet auch die Ausdeutung von Mk 9,48. Will das bruchstückhafte Zitat aus Jes 66,24 hier wie ursprünglich im AT die ewige Qual der Menschen in der H. herausstellen oder, wie der Mk-Text es nahelegt, die H. in Erinnerung an das Hinnomtal beschreiben, den Ort immer neuer Verwesung und Bestattungsfeuer? Andere Texte weisen eher auf eine Vernichtung der Gottlosen hin (Mt 10,28; Offb 20,14f).

Keinerlei Anzeichen gibt es jedoch dafür, daß jemand, der »in die Hölle geworfen wurde«, sie je wieder verläßt. Auffallend bleibt in allen Texten die Zurückhaltung bei den Angaben zum Schicksal der endgültig Verurteilten. Gerade daraus erwuchsen der weiterfragenden und z.T. spekulierenden Theologie und Gemeinde ihre Probleme.

Literatur: J. Jeremias: ThWNT I, 1933, S. 655f; Bill., Bd. 4/2, S. 1016-1165; Zur Religions- und Kirchengeschichte: A.V. Ström, T. Rasmussen: TRE XV, 1986, S. 445-454. J.v.O.

HOMER s. Maße u. Gewichte

HOMOSEXUALITÄT. Die Bibel geht auf das Problem homosexueller Neigungen nicht näher ein, aber sie verurteilt homosexuelles Verhalten indirekt und direkt mit allem Nachdruck. In den Erzählungen von Sodom und von Gibea (1Mo 19,1-25; Ri 19,13 – 20,48) geht es keineswegs, wie etwa D.S. Bailey annimmt, nur um Bruch der Gastfreundschaft (weder der doppelte Gebrauch des Wortes »erkennen« (*jādā'*) noch das stellvertretende Angebot von Lots Töchtern bzw. der Konkubine des Leviten werden auf diese Weise ausreichend erklärt). Vielmehr handeln beide Berichte eindeutig von versuchter homosexueller Vergewaltigung.

Die Aussagekraft der Verbote der H. im mosaischen Gesetz wird oft unter Hinweis auf ihren religionsgeschichtlichen Kontext begrenzt. Homosexuelles Verhalten sei im Alten Orient mit götzendienerischer Kultprostitution verbunden gewesen (1Kön 14,24; 15,12; 22,47). Dementsprechend zielten die strengen Warnungen des levitischen Gesetzes (3Mo 18,22; 20,13) ebenfalls hauptsächlich auf den Götzendienst: das Wort »Greuel« (*tōēbāh*), das an beiden Stellen auftaucht, sei ein rel. Begriff, der häufig für abgöttische Praktiken verwendet werde. Aber diese die Schärfe der biblischen Gebote relativierende Auslegung übergeht in exegetisch unzulässiger Weise den eindeutig unkultischen Kontext der Gebote in den uns vorliegenden Texten (Eichrodt).

In Röm 1 verurteilt Paulus homosexuelle Akte sowohl zwischen Männern als auch zwischen Frauen (V. 26f). Dabei gehen seine Ausführungen insofern weiter, als er die strikte Ablehnung der H. theologisch vom Schöpfungshandeln Gottes her begründet. H. geht auf den schlechten »Tausch« zurück, den der gefallene Mensch machte, als er sich von seinem Schöpfer abwandte (V. 25f). Deshalb ist jeder homosexuelle Akt »unnatürlich« (*para physin*, V.26), d.h. er läuft der von der Schöpfung her gegebenen sexuellen Orientierung des Menschen zuwider.

In anderen Briefen verweist Paulus weitere zwei Male auf homosexuelle Praktiken. Beide Male stehen sie auf einer Liste verbotener Aktivitäten und schlagen denselben verurteilenden Ton an. In 1Kor 6,9f stehen praktizierende Homosexuelle unter den Ungerechten, die das Reich Gottes nicht erben werden (aber mit dem befreienden, Hoffnung weckenden Zusatz: »und solche sind einige von euch gewesen«). In 1Tim 1,9f erscheinen sie auf der Liste der »Ungerechten und Ungehorsamen«. Letzteres ist besonders wichtig, weil die gesamte Liste eine aktualisierte Version der zehn *Gebote darstellt. Paulus bezieht sich auf das 6. bzw. 7. Gebot (über Ehebruch) mit seinem Verweis auf »Unzüchtige« (*pornoi*) und »Knabenschänder« (*arsenokoitai*) - Wörter, die den gesamten außerehelichen Geschlechtsverkehr umfassen – ob nun hetero- oder homosexuell. Sind die zehn Gebote für immer gültig, dann wird die Bedeutung dieser Anwendung noch weiter erhöht.

Man hat angenommen, daß die Bedeutung von *arsenikoites* in 1Kor 6,9 und 1Tim 1,10 auf den »männlichen Prostituierten« (vgl. Vulg.: *masculorum concubitores*) begrenzt sei. An linguistischen Beweisen für diese Ansicht mangelt es jedoch; das Wort selbst taucht allerdings nur selten in der Literatur zur Zeit des NT auf. Es steht wohl außer Zweifel, daß Paulus das homosexuelle Verhalten (aber nicht die homosexuellen Menschen) in den allgemeinsten und theologisch umfassendsten Ausdrücken verurteilen wollte, die er kannte.

Literatur: K. Bockmühl: Homosexualität in evangelischer Sicht, 1963 (s. besonders: W. Eichrodt: H.-Andersartigkeit oder Perversion? S. 7-25); D.H. Field: The Homosexual Way – A Christian Option?, 1976; J.J. McNeill: The Church and the Homosexual, 1977; Van den Aardweg: Das Drama des gewöhnlichen Homosexuellen, 1985. D.H.F./H.B.

HONIG, HONIGWABE s. Ernährung

HOR.

1. Berg an der Grenze *Edoms, auf dem *Aaron starb (4Mo 20,22-29; 33,37-39; 5Mo 32,50), an anderer Stelle auch Moser genannt (5Mo 10,6). Der Ort lag in der Gegend von *Kadesch (4Mo 20,22; 33,37). Genauer heißt es »Hor, der Berg«, was darauf hindeutet, daß er aus der Landschaft herausragte. Josephus (ant.Jud. 4.82) meinte, der Berg H. liege in der Nähe von *Petra, und es gibt Überlieferungen, die ihn als Dschebel Nebi Harun identifizieren, einen 1460 m hohen Gipfel im W Edoms. Dieser liegt jedoch weit entfernt von Kadesch.

Mit dem Berg H. könnte auch der Dschebel Madeira gemeint sein, nordöstl. von Kadesch an der NW-Grenze Edoms gelegen, denn Israel brach vom Berg H. auf, um das Land der Edomiter zu umgehen (4Mo 21,4), und Aaron könnte dort begraben worden sein (4Mo 20,22-29). Jedoch sollte der Ort entlang dem Weg von Kadesch-Barnea nach Arad gesucht werden, weil er im Zuge dieser Reise erwähnt wird.

2. Berg an der N-Grenze Israels, wahrscheinlich einer der Gipfel des Libanongebirges in der Nähe der Küste. Nach Jos 13,4 umfaßte die N-Grenze des Landes, das noch einzunehmen war, die Region von Byblus und erstreckte sich bis nach Afek an der amoritischen Grenze. H. war also vermutlich einer der nordwestl. Gipfel des Libanongebirges nördl. von Byblus, wie z.B. Ras Schakkah (vgl. 4Mo 34,7). J.A.T.

HOREB s. Sinai

HÖREN. Das Vorkommen des Wortes H. sowohl im AT als auch im NT zeigt etwas von der Bedeutung, die es für das Verhältnis von Gott und Mensch in der Bibel hat: Einerseits stellt das H. des Menschen die Entsprechung zu der *Offenbarung des Wortes dar (vgl. ThWNT I, S. 217). Darum ist das H. die Form, in der ein Mensch Zugang zum christl. Glauben erhält (Röm 10,14).

Andererseits ist das H. und Erhören Gottes die Weise, in der er auf das betende Reden des Menschen eingeht, wodurch er sich aber auch vom Nicht-Hören der anderen menschlichen Götter und Götzen unterscheidet (1Kön 18, bes. V. 26 u. 37; 1Joh 5,14; Offb 9,20).

AT und NT sind sich darin einig, daß das H., nicht das Schauen, das Wesen des Gottesverhältnisses in der gegenwärtigen Weltzeit prägt. Für das AT zeigt sich das am eindrücklichsten an dem »Höre, Israel«, das zum täglichen Bekenntnis des rabbinischen Judentums geworden ist (5Mo 6,4). Auch die Gesichte der Propheten haben letztlich das Ziel, sie zur Predigt des Wortes Gottes zuzurüsten. Israel, die Völker, ja Himmel und Erde, sollen dieses Wort hören (2Mo 23,22; 5Mo 6,3; Jes 1,2.10; Jer 2,4; Am 7,16). »Höre des Herrn Wort« ist das Zentrum der prophetischen und der atl. Verkündigung überhaupt. »Nicht hören (wollen)« ist der entscheidende Vorwurf, den die atl. Bücher dem Menschen machen (5Mo 18,19; Jer 7,13; Hos 9,17).

Auch die ntl. Offenbarung ist »Wort«, das gehört wird, »Botschaft«, »Verkündigung« (ThWNT I, S. 220). Das gilt gerade auch deswegen, weil das Kommen Jesu Christi, sein Tun und Reden »Wort« Gottes, Anruf Gottes an den Menschen ist (vgl. die synonyme Verwendung des Ausdrucks Augen- bzw. Ohrenzeugen in Lk 1,2 und Hebr 2,3). Durch ihn hat Gott zuletzt zum Menschen geredet (Hebr 1,2).

Darin, daß die bibl. Gottesoffenbarung wesentlich Wort Gottes ist und die Antwort des Menschen im H. besteht, ist sie sowohl von den griech. Mysterien als auch von der orientalischen *Gnosis fundamental unterschieden. Bei diesen liegt der Ton darauf, daß der Mensch die Gottheit im Schauen wahrnimmt (ThWNT I, S. 217; vgl. in diesem Zusammenhang auch das atl. Bildverbot 2Mo 20,4).

I. HÖREN IM ALTEN TESTAMENT.

Im AT gibt es hauptsächlich drei Begriffe für »hören«, die verschiedene Grade des H.s zum Ausdruck bringen. Am häufigsten kommt das Wort *schāmaʿ* (mehr als 1150 mal) vor. Es meint soviel wie »zuhören«. Daneben findet sich oft das Wort *āsan*, das soviel wie »scharf zuhören« bedeutet (z.B. 4Mo 23,18; Ri 5,3; Ps 78,1; Jes 1,2.10; 8,9; 32,9; 42,23; 51,4; Jer 13,15). Schließlich gibt es das Wort *qāschab*, das soviel wie »die Ohren spitzen, aufmerken« bedeutet (1Sam 15,22). Dabei meint *schāmaʿ* neben dem H. auf seiten des Menschen (1Mo 3,10) auch das H. auf seiten Gottes (Ps 94,9).

Bezeichnend ist, daß *schāmaʿ* gleicherweise hören und gehorchen bedeutet (2Mo 24,7). Gehorchen geht aus dem rechten H. hervor und hat das Tun zur Folge. Darum hatte das Volk Israel zu Mose am Sinai gesagt: »Alles, was der Herr, unser Gott, mit dir reden wird, das wollen wir hören und tun« (5Mo 5,27). Nach dem Zeugnis des AT kommt der Mensch in Verbindung mit Gott nicht, indem er denkend oder sehend, d.h. auf idealistischem oder mystischem Wege sich bemüht, Gott zu begreifen oder wahrzunehmen. Er findet zu Gott allein dadurch, daß er auf Gottes Gebot hört und es zu erfüllen trachtet (Mi 6,8).

Selbst in der atl. Apokalyptik, in der das Schauen von Bildern aus der unsichtbaren Welt Gottes und der Zukunft in den Vordergrund tritt, ist die Vision meist mit dem H. von Worten, die sie deuten, verbunden (Dan 8,16ff u.ö.).

II. HÖREN IM NEUEN TESTAMENT.

Im NT wird durchweg nur ein Wort für H. gebraucht, das mit seinen verschiedenen Komposita etwa 430 mal vorkommt (am häufigsten in den Evv.): *akouo*.

Vom H. hängt unser Leben ab, denn der Mensch lebt von einem jeden gesprochenen Wort, das durch den Mund Gottes geht (Mt 4,4; 5Mo 8,3). Jesus selbst ist der Prototyp des hörenden Menschen. Er redet und tut nur das, was er von Gott gehört hat (Joh 5,30; 8,26; 15,15). Entsprechend ist das Ziel der Verkündigung des Evangeliums, vom rein physischen H. zur verstehenden Annahme, d.h. zum Glauben (Mt 8,10; 9,2; 17,20 u.ö.), und zum Tun (Mt 7,16. 24.26; Röm 2,13 u.ö.) zu gelangen. Dabei ist für die ntl. Autoren der Gehorsam des Glaubens (Röm 1,5; 16,26) eine Gnadengabe Gottes (Joh 6,45; 8,47), wie bereits im AT Gott das hörende Ohr und das sehende Auge schenkte (Spr 20,12). Alle, die Gott im Glauben an Jesus Christus gehorsam geworden sind (Hebr 5,9 u.ö.), d.h. wörtlich: die »darunterhören« (s.a. Röm 10,17), werden selbst Zeugen Jesu, deren Wort die nachfolgenden Generationen hören sollen (Lk 10,16; Joh 17,20).

Neben dem rechten H. gibt es ein Daneben-, ein Vorbeihören (Hebr 2,2).

Die atl. Propheten warnen vor den verhängnisvollen Folgen, wenn dem physischen H. kein H. mit dem Herzen folgt (Jes 6,9f; vgl. Lk 8,15). Das Gericht der *Verstockung ist jedoch kein willkürliches und despotisches Handeln Gottes; vielmehr ist das Nichtmehr-Hören-Können Strafe für die Unempfänglichkeit und Gleichgültigkeit des Volkes (Mt 13,13-15).

Eigentümlich ist dem NT das Ineinander von Sehen und H., das an der Person Jesu deutlich wird (Mt 11,4; 13,16; Mk 4,12 par.). Der Grund hierfür liegt darin, daß in der irdischen Wirksamkeit Jesu, insbesondere in seiner Auferstehung (1Kor 15,5ff u.ö.), die neue Welt Gottes bereits inmitten unserer vergehenden Welt angebrochen ist.

Leben in der Verbindung zu Gott besteht also darin, daß man auf Gott hört, seinen Willen tut, während das vollkommene Sehen dem Ende der Zeiten vorbehalten bleibt (1Kor 13,12).

Literatur: G. Kittel: ThWNT I, 1933, 216-225; H. Langenberg: Das hörende Herz, [2]1978; ders.: Biblische Begriffskonkordanz, [5]1979, 173-176; J. Gnilka: Zur Theologie des Hörens nach den Aussagen des NT: BiLe 2/1961, 71-81; G. Schneider: EWNT I, 1980, 126-131. P.Z.

HOR-GIDGAD. Einer der israelit. Lagerplätze in der Wüste (4Mo 33, 32.33; 5Mo 10,7). Seine Lage ist nicht bekannt, obwohl die Nähe zu *Bene-Jaakan und *Jotbata darauf hindeutet, daß er sich in den Bergen westl. des Wadi *Araba befand. Die Vermutung, daß der Name in Wadi Hadahid, welches in diesem Gebiet liegt, erhalten geblieben ist, erscheint vom linguistischen Standpunkt aus unwahrscheinlich. G.I.D.

HORI, HORITER/HURRITER. Die früheren Einwohner Edoms, die von Kedor-Laomer besiegt wurden (1Mo 14,6). Sie sollen die Nachfahren Seïrs, des Horiters (1Mo 36,20), sein und eine ethnisch von Refaïm zu unterscheidende Gruppe bilden. Sie wurden von Esaus Söhnen vertrieben (5Mo 2,12.22). Esau selbst scheint die Tochter Anas, eines horitischen Anführers (1Mo 36,25), geheiratet zu haben. Nach dem Wortlaut der LXX siedelten H. (hebr. *chōrī*, griech. *chorraios*) auch an einigen Orten in Zentralpalästina, einschließlich *Sichem (1Mo 34,2) und *Gilgal (Jos 9,6-7; LÜ dagegen: Hiwiter). Die Osthoriter können weder archäologisch noch linguistisch (semit. Eigennamen in 1Mo 36,20-30) als Hurriter identifiziert werden. Manche glauben, daß die Prä-Edomiter Höhlenbewohner (*chōr*) waren und setzen dies mit dem ägypt. Namen für Palästina (*hr* = *hurru*) gleich, der mit Israel auf der Stele Merenptahs, ca. 1225 v.Chr., angeführt ist. Die präisraelit. Jebusiter, die von Abdi-Hepa während der *Amarna-Periode beherrscht wurden, scheinen Hurriter gewesen zu sein; *Arauna (Ornan, *'rwnh*, *'wrnh*, 2Sam 24,16; *'rnn*, 1Chr 21,18) ist das hurritische Wort (*ewirne*) für »König/Herr«.

Hurritisch, eine nicht-semit. (kaukasische?) Sprache, wurde von einem Volk gesprochen, das Teil der einheimischen Bevölkerung Nordsyriens und Obermesopotamiens ca. 2300 v.Chr. war. Ab dem 18. Jh.v.Chr. ist ihre Präsenz sowohl in *Mari und *Alalah als auch in den hetitischen Archiven, in denen sich hurritische Mythen und Literatur von ca. 1500-1380 v.Chr. befinden, gut belegt. Zu jener Zeit korrespondierte das hurritische Königreich Mitanni, in dem Könige mit indo-arischen Namen herrschten, mit Ägypten (z.B. Tuschratta-Amenophis IV.) und hatte Einfluß auf Assyrien (vgl. *Nuzi). Hurritische Eigennamen finden sich im gesamten syr. Palästina (*Alalah, *Taanach, *Sichem), und einige bibl. Namen könnten hurritischer Herkunft sein: Ana, Ajja, Dischon, Schamgar, Toï und Eliab (D.J. Wiseman, JTVI 72, 1950, S. 6).

Hori war auch der Eigenname eines Edo-

Ein Brief des Königs Tusratta von Mitanni (einem Königreich, das über die Hurriter bzw. Horiter herrschte) an den Pharao Amenophis III. von Ägypten. Da das nicht-semitische Hurritisch, das sonst auch in babylonischer Keilschrift geschrieben wurde, nicht weit verbreitet war, fand der Schriftverkehr auf Babylonisch statt, weil dies die Verkehrssprache im 2. Jt. v.Chr. war. (BM)

Die »Horiter« werden im allgemeinen mit den Hurritern identifiziert, die einen Teil des Königreichs Mitanni in Nordsyrien und Mesopotamien bildeten. Diese Vase in typisch mitannischem Stil kommt aus Alalah, Nordsyrien. 15.–14. Jh. v.Chr. (BM)

miters (1Mo 36,22; 1Chr 1,39) sowie eines Simeoniters (4Mo 13,5).

Literatur: G. Wilhelm: Grundzüge der Geschichte und Kultur der Hurriter, 1982. D.J.W.

HORMA. Eine bedeutende Stadt im *Negeb, das durch Soldaten Judas und Simeons (Ri 1,17) zerstörte frühere kanaan. Zefat; ihr König war von *Josua besiegt worden (Jos 12, 14). Der israelit. Name »heilig« erinnert an das Opfer der eroberten Stadt unter einem nationalen Eid, den das Volk Israel nach einer vorher erlittenen Niederlage geleistet hatte (4Mo 21,1-3). H. stand mit *Arad in Verbindung, ist aber nicht identisch damit; vgl. Jos 12,14; Ri 1,16f. Die Reihenfolge in Jos 15,30f; 19,4f deutet an, daß H. im N des Gebietes Simeons lag, in Richtung Ziklag. W.F. Albright vermutete Tell es-Scheri'ah als den einzigen Ort in dieser Gegend mit ausgedehnten Überresten aus der späten Bronzezeit (BASOR 15,1924). In 4Mo 14,45; 5Mo 1,44 wird eine südlichere Lage in Richtung *Kadesch angedeutet bis zu dem Ort, wohin die Kanaaniter verfolgt wurden. J. Garstang vermutete Tell el-Milh (Tel Malhata), 22 km östl. von *Beerscheba (so S. Talmon, IEJ 15, 1965, S. 239; M. Kochavi, RB 79, 1972, S. 543ff; aber vgl. EAEHL, S. 771); heute jedoch scheint es wahrscheinlich, daß dies das kanaan. *Arad war (LDB, S. 185). Neuere Ausgrabungen in und bei Chirbet el-Mesas (Tel Masos), 6 km westl., förderten eine ausgedehnte israelit. Siedlung sowie Befestigungen an der Südseite aus der Mittleren Bronzezeit zutage. Diese Ortslage dürfte der Stadt H. entsprechen (Y. Aharoni, IEJ 22, 1972, S. 243; BA 39, 1976, S. 66-76). J.P.U.L.

HORN. (Hebr. *qeren*; griech. *keras*).

1. Bezeichnung für die Hörner des Widders (1Mo 22,13; Dan 8,3), des Ziegenbocks (Dan 8,5) und des Stiers (5Mo 33,17; Ps 22,21; 92,11). Das H. diente als Ölgefäß bei feierlichen Salbungen (1Sam 16,1.13; 1Kön 1,39). Das H. des Widders wurde auch als *Musikinstrument gebraucht (Jos 6,5 RevEB).

2. Die hornförmigen Vorsprünge an den vier Ecken der *Altäre in der Stiftshütte und im Tempel trugen ebenfalls die Bezeichnung H. (Ein solcher Altar wurde in *Megiddo gefunden). An diese Hörner wurde das Opferblut gestrichen (2Mo 29,12; 3Mo 4,7.18; etc.); sie galten als Zufluchtsorte (vgl. die Schicksa-

Das Widderhorn (schofar) wurde als Kriegssignal und zur Ankündigung besonderer Feste benutzt. (CP)

Ein gehörnter Altar aus Megiddo. Die vorspringenden Teile dienten ursprünglich vielleicht dazu, eine Schale mit Räucherwerk zu halten. Höhe 0,54 m. 10.–9. Jh. v.Chr. (RS)

le von *Adonija und *Joab, 1Kön 1,50ff; 2,28ff).

3. In *Zedekias Weissagungen (1Kön 22,11) sowie in *Sacharjas Vision (Sach 2,1ff) symbolisierten Hörner Macht. Häufig wird das Wort in poetischen Schriften metaphorisch gebraucht. »Alle Hörner der Gottlosen will ich abhauen. Es sollen erhöht sein die Hörner des Gerechten.« (Ps 75,11 RevEB). Er ließ Davids Sproß (Horn) aufgehen (Ps 132,17 RevEB; Hes 29,21 RevEB). Von ihm wird als »Horn meines Heils« (2Sam 22,3 RevEB; Ps 18,3 RevEB; vgl. Lk 1,69 RevEB) gesprochen. Dies kann aber auch eine Metapher sein, basierend auf dem Bild von den Hörnern des Altars als dem Ort der Sühne.

4. In den apokalyptischen Visionen in Dan 7 und 8 sowie Offb 13; 17 repräsentieren die Hörner der Tiere Herrschergestalten der jeweiligen Weltreiche. J.B.Tr.

HORNISSE s. Tiere

HORONAJIM. Stadt in *Moab (Jes 15,5; Jer 48,3.5.34), die am Fuß einer Hochebene nahe *Zoar lag. Die Inschrift in Zeile 32 auf dem *Meschastein bezieht sich darauf. Einige identifizieren H. mit El-Arak, 500 m unterhalb der Hochebene, wo es Quellen, Gärten und Höhlen gibt. Es kann sich dabei aber auch um Oronae handeln, das den Arabern von Alexander Jannäus weggenommen und dem nabatäischen König wiedergegeben wurde (Jos.ant.Jud. 13.397; 14.18). J.A.T.

HOSEA/HOSCHEA. Kurzform »(Der Herr) ist Hilfe, Rettung«.

1. Ein Sohn Nuns, der von Mose *Josua genannt wurde (4Mo 13,8.16).

2. Sohn Asasjas, Fürst des Stammes Ephraim unter David (1Chr 27,20).

3. Sohn Beeris, der Prophet (s. *Hosea, Buch).

4. Der Sohn Elas, der letzte König des israelit. Nordreiches (2Kön 15,30; 17,1-6; 18,9-12).

Er regierte 732/1-724/3 v.Chr. und kam auf dem Weg einer Verschwörung gegen Pekach, den Sohn Remaljas, den er tötete, auf den Thron. König Tiglatpilesar III. von Assyrien berichtet darüber: »Pakahah, ihren König, brachten sie zu Fall; Ausi setzte ich über sie ein.« Die Erhebung H.s fand also die Zustimmung des Assyrerkönigs. Das von den Assyrern eroberte Gebiet in Galiläa (vgl. *Pekach) und im Ostjordanland (1Chr 5,26) aber blieb verloren, Israel war nun auf Samaria und Ephraim beschränkt. Zwar tat auch H., was dem Herrn mißfiel, jedoch nicht so wie seine Vorgänger (2Kön 17,2). Vielleicht hörte er auf die Propheten, etwa seinen Namensvetter H.; aber das können wir nur vermuten. Nach 2Kön 17,3 rückte Salmanassar V. gegen ihn heran, worauf sich H. unterwarf und Tribut zahlte. H. wird beim Thronwechsel in Assyrien nach dem Tod Tiglatpilesars III. (727 v.Chr.) einen Versuch gemacht haben, durch die Verweigerung weiterer Tributzahlung seine Unabhängigkeit zurückzugewinnen. Als *Salmanassar aber König Luli von Tyrus und Sidon angriff, der am tatkräftigsten Widerstand leistete, ergab sich auch H. Bald darauf suchte er von neuem seine Lage durch Verhandlungen mit Ägypten zu verbessern und unterließ zugleich die jährliche Tributleistung an Assyrien. Das führte zu seiner Gefangennahme durch Salmanassar und zum Fall Samarias nach dreijähriger Belagerung. Israel wurde in die Verbannung geführt (2Kön 17,4-6). Von H.s weiterem Schicksal hören wir nichts mehr. Die Eroberung Samarias fiel in das 9. Regierungsjahr H.s (723/2 v.Chr.) und erfolgte demnach mindestens ein Dreivierteljahr vor dem Tode Salmanassars. Zwar rühmt sich dessen Nachfolger Sargon später dieses Sieges; aber die Bibel erwähnt Sargon in diesem Zusammenhang nicht.

5. Israelit, der unter Nehemia die Verpflichtung auf das Gesetz unterzeichnete (Neh 10,24).

HOSEA, BUCH.

I. ZEIT UND ORT DER VERKÜNDIGUNG HOSEAS.

Amos' jüngerer Zeitgenosse Hosea tritt ungefähr in dem Vierteljahrhundert von 750-725 v.Chr. auf. Der einzige Schriftprophet, der aus dem Nordreich stammte und dort auch wirkte, hat seine Landsleute durch die letzte, sehr bewegte Phase des Staates Israel begleitet.

Drei Schwerpunkte seiner Verkündigung zeichnen sich ab:

1. In den letzten Jahren des nordisraelit. Königs *Jerobeam II. († 746 v.Chr.) dürften vor allem die Worte 2,4-15 und 4,4-5,7 ergangen sein. Es war eine Zeit der Waffenruhe und des Wohlstandes. Wirtschaft und Kultus florierten. Freilich verschärften sich gerade in diesen Jahren die sozialen Gegensätze, ging die Schere zwischen Reich und Arm immer weiter auseinander, grassierte kanaan. Religiosität und gefährdete zunehmend den Jahweglauben.

2. Die Verkündigung von 5,8-9,9 spiegelt die Situation des syrisch-ephraimitischen Kriegs (733 v.Chr.; 5,8ff) und die Jahre danach. *Aram und das Nordreich hatten vergeblich versucht, den judäischen König Ahas für eine Koalition gegen Assur zu gewinnen. Daraufhin belagerte man Jerusalem mit dem Kriegsziel, einen willigeren König einzusetzen. Ahas indes rief den assyr. Großkönig zu Hilfe, und der ließ sich nicht zweimal bitten. Die Folge: Eroberung von Damaskus und Untergang des Aramäerreiches 732 v.Chr.; Eingliederung der fruchtbarsten Landstriche Nordisraels in das assyr. Provinzialsystem. Nur ein Rumpfstaat »Ephraim« bleibt vorerst bestehen.

3. In die letzten Jahre des verbleibenden Rumpfstaates mit seiner Hauptstadt Samaria fallen die in 2,16f und 9,10-14,1 aufgezeichneten Worte Hoseas. 727 v.Chr. starb der Assyrerkönig Tiglatpilesar III.; der durch eine Palastrevolution auf den Thron von Samaria gekommene Hoschea ben Ela (732-724 v.Chr.) knüpfte spätestens jetzt Kontakte mit der zweiten Großmacht, nämlich mit Assyriens Erzfeind Ägypten, und stellte die Tributzahlungen ein (vgl. 2Kön 17,4). Assur antwortete mit einer radikalen Strafaktion; nach dreijähriger Belagerung wurde die Hauptstadt Samaria erobert und der Reststaat Ephraim 722 v.Chr. ebenfalls in eine assyr. Provinz verwandelt. Die Oberschicht der Hauptstadt wurde deportiert.

II. ZUR PERSON HOSEAS.

Biographische Angaben über den Propheten, dessen Namen »Er (Jahwe) rettet« bedeutet, sind knapp. Wir erfahren gerade den Namen des Vaters: Beeri (1,1), der Frau: Gomer (1,3) und dreier Kinder (1,4ff: die Symbolnamen Jesreel, Kein-Erbarmen, Nicht-mein-Volk). Weder geographische Heimat noch Zeit und Umstände der Berufung des Propheten werden uns mitgeteilt, geschweige denn ein früherer Beruf. Die öffentlichen Auftritte des »freien, nicht. . .beamteten Sprechers« (H.W. Wolff) werden behindert und mit Spott übergossen: »Ein Narr der Prophet, verrückt (*meschūggā'*) der Geistesmann« (9,7), höhnen seine Gegner. Immerhin zeigt diese Stelle, daß

Hosea, anders als Amos, die Bezeichnung »*nābî*« (»Prophet«) für sich gelten ließ (vgl. 6,5; 9,8; 12,11.14). Das bedeutet, daß man ihn sich nicht als einen einzelgängerischen Oppositionellen vorzustellen braucht. »Er sieht sich selbst durchaus in Gemeinschaft mit anderen Propheten, vor allem als Glied einer Kette von prophetischen Jahweboten, die er bis auf Mose zurückführt.« (H.W. Wolff).

III. DER AUFBAU DES BUCHES.

Die Botenspruchformel »So spricht der HERR. . .« fehlt bei Hosea fast ganz. Das erschwert die Abgrenzung der einzelnen Verkündigungseinheiten gegeneinander. Da diese aber für ein gegliedertes und verstehendes Lesen unabdingbar ist, geben wir nachfolgend Umfang, Abfolge und Benennung der Perikopen im Kommentar von H.W. Wolff als Hilfe:

1,1: Titel des Buches; 1,2-9: Die Prophetenfamilie als Gottes Denkzeichen; 2,1-3: Der große Jesreeltag; 2,4-17: Verfahren wegen Treulosigkeit; 2,18-25: Der Tag des Neuen Bundes; 3,1-5: Wie Jahwes Liebe wirkt; 4,1-3: Rechtsstreit Jahwes mit Israel; 4,4-19: Hurengeist im Gottesdienst; 5,1-7: Der Erzieher der Unbekehrbaren; 5,8-7,16: Umkehr im Zusammenbruch?; 8,1-14: Windessaat bringt Sturmesmahd; 9,1-9: Das Ende der Festfreuden; 9,10-17: Verflogene Herrlichkeit; 10,1-8: Zerbrochene Altäre; 10,9-15: Krieg – Frucht falschen Vertrauens; 11,1-11: Konsequenz der Liebe; 12,1-15: Verrat am prophetischen Wort; 13,1-14,1: Aufruhr gegen den Retter führt zum Tode; 14,2-9: Heilung aus freier Liebe; 14,10: Der Schlußsatz des Überlieferers. Darüber hinaus kann man die Verkündigung Hoseas mit W. Rudolph in drei große Blöcke gliedern: Kap. 1-3; 4-11; 12-14.

IV. DIE BOTSCHAFT.

1. Alle Klage und Anklage, jedes Drohwort und Heilswort, das Hosea zu Israel sagt, basiert auf einer ganz bestimmten Auffassung

Stücke von Hosea 2,8–14 mit Kommentar (4Q p Hos[a]) aus der Höhle 4 von Qumran. Spätes 1. Jh. v.Chr. (RM)

des Verhältnisses zwischen Jahwe und Israel. Entzöge man Hosea diese Basis, wäre alles, was er verkündigt, ohne Überzeugungskraft. Hosea geht davon aus, daß Jahwe sich durch eine geschichtliche Heilstat aufs engste und in unverbrüchlicher Liebe Israel verbunden hat (11,1.4). Während andere Propheten das Verhältnis Jahwes zu Israel viel stärker in Kategorien des Rechts oder von Herrschaft und Gehorsam fassen, setzt Hosea eine fast partnerschaftliche Beziehung voraus, ein intimes und sehr verletzliches Vertrautsein, wie es aus dem Umgang zweier Personen miteinander erwächst. (Im hebr. Hosea-Text steht hierfür wiederholt das Verbum *jādāʿ*, »erkennen«, z.B. 2,22; 5,3f; 6,3; 8,2; 11,3; 13,4f). Von daher ist Gottes wichtigste Forderung, daß man in Israel dieser Liebesbeziehung entspreche und gegen Gott und die Mitmenschen *chäsäd* übe (4,1; 6,4.6; 12,7) – was man im Deutschen nur sehr unzureichend wiedergeben kann und am besten mit »Liebe und Treue« übersetzt. *Chäsäd* bezeichnet eine tiefe Verbundenheit zwischen Personen, die über das hinausgeht, was Recht und Pflicht ist, die nicht gesetzlich gesichert werden kann. Einen klassischen Ausdruck hat dieses Gottesverständnis in Hoseas auf das zukünftige Heil gerichtetem Wort bekommen: »Ich traue dich [Israel] mir an auf ewig; ich traue dich mir an um den Brautpreis von Gerechtigkeit und Recht, von 'Lieb und Treu' und Erbarmen. Ich traue dich mir an um den Brautpreis meiner Treue – dann wirst du Jahwe 'erkennen'« (2,21f).

Das von Hosea geprägte Ehegleichnis (2,4ff u.a.) hat freilich eine zweite Wurzel in der Auseinandersetzung mit dem kanaan. Mythos. Die kanaan. Sexualriten hängen mit der »Auffassung vom Land als Mutterschoß zusammen, der *Baals Regen als Sperma empfängt, und mit dem Kultbrauch der Heiligen Hochzeit, bei der in . . . sympathetischer bzw. imitativer Magie dieses Geschehen herbeigeführt wird, wenn Priesterin und König bzw. Kultdirne und Priester etc. sich miteinander vereinen« (J. Jeremias, S. 70). Jahwes Partnerin dagegen ist weder eine Göttin (es gibt neben ihm überhaupt keine weitere Gottheit mehr) noch Mutter Erde, sondern das Volk Israel, und seine Liebe ist nicht sexueller Natur; er liebt Israel freilich leidenschaftlich, aber eben im Sinne einer auf Dauer angelegten Lebensgemeinschaft. Darüber hinaus vergleicht Hosea Jahwes Liebe zu Israel auch mit der Liebe der Mutter, die den Säugling an ihre Wange hebt, sich zu ihm neigt und ihm zu essen gibt (vgl. 11,4 RevEB Anm.).

2. Die Hauptanklagepunkte in der Predigt Hoseas verstehen sich von daher fast von selbst. Mit immer wieder anderen Vokabeln zeiht Hosea Israel der schaudererregenden Untreue; die Schuld Israels liegt also primär auf der Beziehungsebene. Israel hat gehurt (1,2; 2,7; 3,3; 4,12-15; 9,1), will Jahwe nicht mehr kennen (2,10; 5,4; 11,3), vergaß ihn (2,15; 4,6 u.ö.), verhielt sich treulos (5,7; 6,7), täuschte (7,3; 10,13; 12,1) und betrog ihn (12,1.8), war die Falschheit in Person (10,2). Wie ein enttäuschter Ehemann steht Jahwe da; die ehebrecherische Frau ist ihren Liebhabern nachgelaufen (2,7.15; 11,2); »sie weiß es nicht, daß ich ihr gab Korn, Most und Olivensaft« (2,10). Hier wird deutlich, daß Jahwe den Wirkungsbereich des kanaan. Gottes Baal für sich beansprucht.

Der Maßstab, den Hosea anlegt, ist offensichtlich der *Dekalog, primär natürlich das erste und zweite Gebot (vgl. etwa 3,1; 8,4-6; 13,4), aber auch die ethischen Gebote (4,2). In deutlicher Akzentverlagerung zu Amos bleibt die Sozialkritik eher allgemein. *Chäsäd*, Liebe und Treue, werden in allen Lebensvollzügen vermißt (4,1); unter diesen Umständen bedeutet Jahwe der Kultbetrieb nichts (6,6, zitiert in Mt 9,13). Mit scharfen Worten nimmt Hosea die Stände ins Visier: Die Priester haben in ihrer ureigenen Aufgabe, »Gotteserkenntnis« zu vermitteln, versagt und das Volk, das doch von Leitbildern lebt und der Lehre bedarf, im Sündigen noch übertroffen (4,4ff; 5,1; 6,9).

Legitimation, Sinn und Zukunft des Königtums werden gar prinzipiell in Frage gestellt: »Von selbst machen sie Könige, wider meinen Willen« (8,4; vgl. 1,4; 3,4; 13,11). Schlimme Buhlerei schilt Hosea ihre schwankende Außenpolitik; statt bei Jahwe suchen sie Hilfe und Heilung durch Anbiederung an eine Großmacht wie Ägypten oder Assyrien: »Sie sind von sich aus hinaufgezogen nach Assur. Ein Wildesel bleibt für sich, Ephraim aber spendet Liebesgeschenke« (8,9; vgl. 5,13; 7,8ff; 10,4; 12,2).

Geschichtliche Reminiszenzen vor allem in Kap. 9-12 dienen Hosea dazu, die Schuld Israels als ein Phänomen »von Anfang an« aufzuweisen. Neben Exodus und Landnahme kommt besonders die Wüstenzeit als nur kurz währendes Glück der ersten Liebe zur Sprache (9,10; 13,5; vgl. 2,5.16f). An Ahnvater *Jakob zeigt Hosea die wurzelhafte Verderbtheit Israels (12,3ff), und Sauls Königtum war von vornherein eine Strafe Gottes (13,11). »Die theologische Bedeutung besteht darin, daß die Schuld der Gegenwart im Licht ihrer Anfänge als Schuld gegen den Gott der Liebe und Erwählung, gegen den Herrn der Heilsgeschichte aufgedeckt wird« (H.W. Wolff).

Im Kern lautet Hoseas Anklage, daß Israel Jahwe wie einen Baal feiert und Gottes Wirken damit auf die Garantierung von Fruchtbarkeit, Wohlstand und Erfolg reduziert, den eigenen Wohlstand statt den Geber der Gaben anbetet bzw. Wohlstandsanspruch mit Dankbarkeit verwechselt (J. Jeremias).

3. Das von Hosea angesagte Gericht hat den Charakter des Entzugs der Schöpfungsgaben und Heilsgüter. Kult und Königtum, ja das Land wird Israel wieder genommen werden. Assur wird das Land mit Krieg überziehen und die Bevölkerung in die Verbannung schleppen; Exodus und Landnahme wird Jahwe rückgängig machen: Israel muß nach Ägypten zurückkehren (8,13; 9,3.6; 11,5).

Ein Wiederheilwerden der zerbrochenen Beziehung ist nur durch das Gericht hindurch möglich. Jahwe trennt Israel von allen Quellen der Götzendienerei und allen Kulturgütern ab. Aber die neuerliche Wüste ist nicht nur Ort des Gerichts, sondern zugleich jener Nullpunkt, auf den Jahwe Israel zurückwirft, um die erste Liebe zu erneuern: »Drum seht, ich selbst locke sie jetzt. Ich bringe sie in die Wüste und umwerbe ihr Herz. Dann gebe ich ihr von dorther ihre Weinberge und die Ebene Achor als Tal der Hoffnung. Dorthin wird sie willig folgen wie in ihrer Jugend Tagen, wie damals, als sie aus dem Lande Ägypten heraufzog« (2,16f). So will das Gericht etwas völlig anderes als Vergeltung. Nachdem die Mahnung zur Umkehr immer wieder nichts gefruchtet hat, setzt Gott sein Liebesringen um sein Volk mit drastischeren Mitteln fort: Im Gericht versperrt er selbst den Zugang zu den Abgöttern (2,8). Das Gericht zielt auf »Umkehr« – 19mal begegnet dieses Schlüsselwort (hebr. *schūb*) bei Hosea! Schlußendlich aber stellt sich heraus, daß Israel sich nicht einmal durch Jahwes Gerichte vom unheilvollen Weg abbringen ließ (z.B. 11,7). Jetzt hilft nur noch eines: »Ich heile ihre Abtrünnigkeit, ich liebe sie aus freien Stücken«(14,5). Eine einzigartige Umkehr Gottes selbst (!), ein Umsturz in seinem Herzen (11,8) schenkt Israel das Leben: »Wie soll ich dich preisgeben, Ephraim, ich dich ausliefern, Israel? Wie kann ich dich preisgeben gleich Adma, dich wie Zebojim behandeln? Mein Herz kehrt sich gegen mich, meine Reue entbrennt mit Macht. Nicht vollstrecke ich meinen glühenden Zorn, nicht will ich wiederum Ephraim verderben. Denn Gott bin ich und nicht ein Mann, in deiner Mitte ein Heiliger. . .« (11,8f). »Damit aber weist die Hosea gewordene göttliche Offenbarung ganz deutlich hin auf den neuen Bund, der ja darauf gründet, daß Gott in Jesus Christus für die schuldige Menschheit das verdiente Gericht erleidet und der Liebe Raum gibt« (M. Holland, S. 19).

4. Daß in den symbolischen Handlungen von Kap. 1 und 3 die Frau jeweils das auf den Höhenheiligtümern fremdgehende Israel verkörpert, ist ebenso deutlich wie die Unheilsbedeutung des Sohnes »Jesreel« (vgl. 2Kön 9f) und der Töchter »Ohne Erbarmen« und »Nicht mein Volk«. Letzterer Name signalisiert den Widerruf von 2Mo 3,14; 6,7; 3Mo 26, 12! Bezüglich der Einzelheiten von Kap. 1 und 3 bleiben viele Fragen offen: »Handelt es sich um ein und dasselbe Ereignis oder zwei verschiedene, um ein und dieselbe Frau oder um zwei? Heiratete Hosea bewußt, in göttlichem Auftrag, eine Dirne oder erkannte er erst rückblickend, im Verlauf der Ehe, die Untreue seiner Frau?. . . Und welchen Sinn hat 'Huren' - eheliche Untreue, Tempelprostitution oder Teilnahme an Fremdkult, speziell an einem kanaan. Sexualritus?« (W.H. Schmidt). Viele Ausleger vermuten heute mit H.W. Wolff, daß Hosea von Gott geheißen wurde, eine jener Frauen zu heiraten, »die sich dem in Israel eingedrungenen bräutlichen Initiationsritus unterwarfen. . ., bei dem der Gottheit die Jungfrauschaft geopfert und damit Fruchtbarkeit erwartet wird« (S. 14f). Das ist eine plausible Erklärung von Kap. 1. Kap. 3 indes scheint eher von einer anderen Frau zu sprechen, und zwar von Kauf und Einsperrung einer Dirne. Diese Handlung kündigt an, daß Jahwe das hurerische Leben in Israel lahmlegen, und die mitschuldigen Institutionen, Königtum und Priestertum, zerschlagen wird.

V. DIE SPRACHE HOSEAS.

Hosea fasziniert durch eine Fülle von Bildern und durch die Art, wie er sie frei gestaltet. Offenbar ist er in allen Lebensbereichen, besonders in der Tier- und Pflanzenwelt, zuhause. Wenn er Jahwe je nach seiner Aussageabsicht als Ehemann (2,4ff), Mutter (11,1ff), Arzt (7,1;11,3 RevEB; 14,5), Hirte (13,5f), Vogelfänger (7,12) zeigt und ihn sogar mit dem Löwen (5,14; 13,7), dem Leoparden (13,7), der Bärin (13,8), dem Tau (14,6), dem Regenguß (6,3) und dem fruchtbaren Baum (14,9) vergleicht, so waren dies schon phantasievolle Metaphern; vollends mußte der Vergleich Jahwes mit »Eiter und Fäulnis« (5,12 RevEB) schockieren!

Im übrigen waltet im Hoseabuch durchgängig der Satzrhythmus: zwei- oder dreigliedriger Parallelismus membrorum (zwei bzw. drei Zeilen eines Verses sind eng aufeinander bezogen; s. *Dichtung).

VI. DIE ÜBERLIEFERUNG DER HOSEAWORTE.

Hat Hosea selber »Auftrittskizzen« seiner mündlichen Vorträge angefertigt (so H.W.

Wolff)? Oder haben seine Schüler eine frühe Niederschrift (und wohldurchdachte Komposition) seiner Worte besorgt (so J. Jeremias)? Jedenfalls rechnen die meisten Ausleger mit einer mehrschichtigen, jeweils aktualisierenden judäischen Redaktion, greifbar etwa in 1,1; 1,7; 3,5; 4,15; 5,5b; 6,11. Flüchtlinge hätten beim Untergang Samarias 722 v.Chr. Hoseas Botschaft nach Juda mitgebracht. Manche Forscher führen den relativ schlechten Textzustand auf den langen Überlieferungsweg zurück.

Im hebr. Kanon fand die Verkündigung Hoseas an erster Stelle im Zwölfprophetenbuch Platz.

VII. WIRKUNGSGESCHICHTE.

J. Jeremias faßt im Vorwort zu seinem Kommentar zusammen: »Flüchtlinge brachten Hoseas Botschaft in den Süden. Sie wurde hundert Jahre später vom jungen Jeremia entschieden aufgegriffen und bestimmte zugleich stark das deuteronomische Programm, das seinerseits wiederum weite Teile der Spätschriften des Alten Testaments prägte.«

Hosea, den das NT nicht von ungefähr öfters zitiert (vgl. z.B. Mt 2,15: Hos 11,1; MT 9,13; 12,7: Hos 6,6; Lk 23,30: Hos 10,8; Röm 9,25ff: Hos 2,1.25; 1Kor 15,55: Hos 13,14; 1Petr 2,10: Hos 1,6.9; 2,25), hat uns die Geschichte Gottes mit Israel und mit der Gemeinde Jesu als leidenschaftliche »Liebesgeschichte« verstehen gelehrt und für die Beziehung Gottes zu seinem Volk die Metapher »Ehe« in die Sprache des bibl. Glaubens eingeführt – ein bedeutsamer Schritt in der Entwicklung des personalen Gottesbegriffes.

Literatur: M. Holland: Der Prophet Hosea, 1980; J. Jeremias: Der Prophet Hosea, 1983; W. Rudolph: Hosea, 1966; H.W. Wolff: Hosea, ³1976. W.G.

HOSIANNA. Dieser Ausruf, der im NT sechsmal vorkommt (Mt 21,9 [2mal].15; Mk 11,9f; Joh 12,13; immer im Zusammenhang mit dem Einzug Jesu in Jerusalem) stammt aus Ps 118,25: das hebr. *hoschij ʿāh nāh* (in dt. Übers. mit »Hilf doch« wiedergegeben) ist ein Bittruf an Jahwe der in den Tempel kommenden Wallfahrer, auf den die Priester beim Eintritt in das Heiligtum mit der Erteilung des Segens (Ps 118,26f) antworten. Ähnliche Bittrufe an Gott (Ps 12,2; 20,10; 28,9; 60,7; 108,7) oder den König (2Sam 14,4; 2Kön 6,26) finden sich oft im AT; singulär ist aber die Verbindung *hoschij ʿāh nāh* (Imperativform mit verstärkender Partikel) von Ps 118,25.

Erst in späterer Zeit wurde Ps 118 Teil der Liturgie beim Laubhütten- und Passafest, wo das aus Ps 113-118 bestehende »Hallel« (LÜ: »Lobgesang«, vgl. Mt 26,30; Mk 14,26: Nach dem Abendmahl sang es Jesus mit seinen Jüngern) gesungen wurde. Die Prozession der Priester um den Brandopferaltar beim Laubhüttenfest war begleitet vom wiederholten Rufen des »Ach Herr, hilf doch! Ach, so hilf doch!«, das aus dem H.-Ruf von Ps 118,25 entwickelt wurde (vgl. Sukka 4,5). Das Rufen war vom Schütteln des Feststraußes begleitet, der selbst als *Hoschaʿna* bezeichnet werden konnte (b Sukka 37b). Die Wandlung des Laubhüttenfestes vom Bitt- zum Freudenfest brachte es mit sich, daß auch H. statt eines Hilferufes mehr und mehr zum Jubelruf wurde. So ist das Wort auch im NT zu verstehen, wo die Menge der galiläischen Festpilger Jesus einen triumphalen Einzug in Jerusalem bereitet, indem sie Ps 118,25f auf ihn anwendet. Da die messianische Deutung des Psalmes (und des gesamten Hallel!) im Judentum zur Zeit Jesu verbreitet war (vgl. J. Jeremias: Die Abendmahlsworte Jesu, S. 247-251; Bill. I, S. 849), und er im NT mehrfach auf Jesus bezogen wird (vgl. Mt 23,39; Lk 13,35; 19,38; Apg 4,11; 1Petr 2,7; Hebr 13,6), sollte die H.-Akklamation in der Einzugsperikope ebenfalls messianisch gedeutet werden, wie ja auch der Hinweis auf den messianischen Titel »Sohn Davids« (Mt 21,9; vgl. Joh 12,13: der König Israels) nahelegt. Bei Lk fehlt das H., weil es für griech. Leser ein unverständliches Fremdwort darststellt. Aber auch er bezeichnet den, der kommt, als König und ersetzt das H. durch »Friede sei im Himmel und Ehre in der Höhe« (Lk 19,38), das deutlich an Lk 2,14 erinnert. Somit ist auch bei ihm deutlich, daß der H.-Ruf dem gilt, der als Messias Heil und Frieden bringt. Später wird die messianische Deutung noch bei Eusebius (h.e. II, 23,14) bezeugt. Anzumerken ist noch, daß die dem hebr. Wort *hoschij ʿāh* zugrundeliegende Wurzel (»helfen«, »retten«) auch dem Namen Jesus (*Jehoschuaʿ*) zugrunde liegt. Im urchristl. Gottesdienst fand der H.-Ruf liturgische Verwendung zu Beginn des Herrenmahls, das eingeleitet wurde mit: »Es komme die Gnade und vergehe diese Welt. Hosianna dem Gott (oder Sohn) Davids« (Did 10,6).

Literatur: E. Lohse: ThWNT IX, 1973, 682-684; W. Rebell: EWNT III, 1983, 1217f; J. Jeremias: Die Abendmahlsworte Jesu, ⁴1967, 246-252; ders.: Die Muttersprache des Matthäus, in: ABBA, 1966, 258-260; Bill. I, 845-850; H.J. Kraus: Theologie der Psalmen, BKAT XV/3, 1979, 243-245. R.D.

HUFE s. Maße u. Gewichte

HUKKOK. (Hebr. *chūqoq* »Feld, Feldstück«). Nach Jos 19,34 ein Ort an der S-Grenze von

*Naftali, im allg. mit Jakūk, 8 km westl. von *Kapernaum, identifiziert. Ein moderner Kibbuz in der Nähe trägt jetzt wieder diesen Namen. Doch da die Gleichsetzung nicht ganz ohne Schwierigkeiten ist, schlägt Y. Aharoni (LDB 273.442) Khirbet El-Dschemeimeh vor. 1Chr 6,60 nennt eine Levitenstadt H. in *Asser, aber das ist so gut wie sicher ein Schreibfehler für das in der parallelen Liste Jos 21,31 genannte *Helkat, in das die LÜ deshalb korrigiert.

Literatur: F.M. Abel: Géographie de la Palestine II, [3]1967, 65. R.R.

HULDA. Diese Prophetin war die Frau Schallums, des Hüters der Kleider (entweder der priesterlichen oder königlichen Gewänder; sie lebte im zweiten (westl. ?) Bezirk Jerusalems. Nach der Auffindung des Gesetzbuchs im Haus des Herrn (2Kön 22,14; 2Chr 34,22), schickte der König *Josia den Hohenpriester Hilkija, den Schriftgelehrten Schafan und andere zu H., um den Fund von ihr begutachten zu lassen (ca. 621 v.Chr.). Sie erkannte das Buch als Wort Jahwes und prophezeite in seinem Namen Unheil gegen Jerusalem und Juda nach Josias Tod. Obwohl auch *Jeremia und *Zefanja zu jener Zeit weissagten, ist es bemerkenswert, daß H. in dieser kultischen Angelegenheit zu Rate gezogen wurde. M.B.

HUND s. Tiere

HUNDERT, TRUM DER s. Hananel

HUNGER UND DURST.

1. Im Gegensatz zum freiwilligen *Fasten sind H. und D. der von außen aufgezwungene Mangel an Speise und Trank. Das warme Klima des Vorderen Orients mit seinem regenlosen Sommer, die weiten Steppen- und Wüstengebiete machen H. und D. zu einer allg. Erfahrung (2Sam 17,29), wobei der Wassermangel besonders gefährlich ist. Man kennt auch die Täuschung des Wunschtraums: beim Erwachen sind H. und D. ungestillt wieder da (Jes 29,8). Nach überstandener Gefahr dankt man Gott, daß er gesättigt und getränkt hat (Ps 107, 5.9). Wie der Herr *Hagar und *Ismael in der Wüste (1Mo 21,15-19), *Simson nach seinem Sieg (Ri 15,18f) vor dem Verdursten bewahrte, so schafft er auch die Quellen, an denen das Wild seinen D. löscht (Ps 104,11), speist die Hungrigen (Ps 146,7; Lk 1,53) und läßt den Gerechten nicht darben (Spr 10,3).

2. Darum fordert Gott auch immer wieder auf, die Hungrigen zu speisen und die Durstigen zu tränken (Jes 21,14; 58,7.10; Hes 18,7.16; Mt 25,35.37), wobei auch der Feind mit eingeschlossen ist (Spr 25,21; Röm 12,20). Wer das unterläßt, macht sich schuldig (Mt 22,7;

Modell der Doppel- und Dreifach-Tore am herodianischen Tempel, die nach der im AT erwähnten, in Jerusalem wohnhaften Prophetin Hulda benannt waren. (JPK) (HC)

25,42.44). Die *Ammoniter und *Moabiter sind von der Gemeinde des Herrn ausgeschlossen, weil sie Israel auf seinem Weg von Ägypten nicht mit Wasser und Brot entgegengekommen sind (5Mo 23,4f). Andererseits wird ein Becher kalten Wassers nicht unbelohnt bleiben (Mt 10,42; vgl. Spr 25,25). H. und D. gehören auch zu den Entbehrungen des Apostels (1Kor 4,11; 2Kor 11,27). Paulus weiß davon, satt zu sein wie zu hungern (Phil 4,12). Zur Stillung von H. und D. ist nach dem Gesetz das Traubenpflücken und Ährenraufen auf fremdem Eigentum erlaubt (5Mo 23,25f; Mt 12,1). Man erbarmt sich sogar des quälenden D.es des Gekreuzigten (Joh 19,28f). Umso unmenschlicher ist es, dem Hungrigen die Garben zu nehmen und den, der die Kelter tritt, dürsten zu lassen (Hiob 24,10f).

3. Fehlender Regen und Mißernten bringen Hungersnöte über das Land (Lk 15,17). Abraham begab sich deshalb nach Ägypten (1Mo 12,10), und Jakob fand in den sieben Hungerjahren mit seiner ganzen Familie dort Zuflucht (1Mo 41-46). In der *Urgemeinde veranlaßte die Voraussage einer Hungersnot z.Zt. des Claudius die Heidenchristen zur Hilfe für die Gemeinde in Jerusalem (Apg 11,28-30). In Kriegszeiten herrschten H. und Schwert (Jes 51,19; Jer 5,12; 14,15), als ihre Folge auch die Pest (Jer 27,8). Einer belagerten Stadt werden H. und D. vielfach gefährlicher als die Waffen des Feindes (2Chr 32,2.4.11; 2Kön 6,25; 7,12; 25,3). Sie führen zu unvorstellbaren Zuständen: schließlich essen Frauen ihre eigenen Kinder (5Mo 28,53-57; 2Kön 6,28f; Klgl 2,19f; 4,4-9f; 5,10). Daher werden in den Weissagungen immer wieder H. und D. als Gerichtszeichen genannt (5Mo 28,48; 32,24; Jes 5,13; 65,13; Hes 5,12.16f).

4. In der Wüste entgingen die Israeliten dem Untergang durch H. und D. nur durch die Hilfe Gottes, der ihnen Wachteln, Manna und Wasser aus dem Felsen bescherte (2Mo 16; 17,1-7; 4Mo 20,1-13). Es gehörte mit zu den eindringlichsten Erfahrungen der Wüstenwanderung, daß sie in dieser Zeit nicht gedürstet noch gehungert hatten (Neh 9,15.20; Ps 78,15-20; Jes 48,21). Entsprechend kennzeichnet es die kommende Heilszeit, daß aller H. und D. gestillt werden wird (Jes 41,17f; 49,10 und Offb 7,16; Jes 55,1 und Offb 21,6; 22,17). Doch handelt es sich nicht mehr allein um die Befriedigung leiblicher Bedürfnisse. Das Wasser, das Gott auf das Durstige ausgießen will, ist sein Geist (Jes 44,3). Dieses lebendige Wasser vermittelt Jesus, und wer es empfangen hat, wird nicht mehr D. noch H. leiden (Joh 4,10-15; 6,35; 7,37-39). Auch das ungestillte Verlangen nach Gerechtigkeit (Mt 5,6; Lk 6,21), nach Gottes Wort (Am 8,11. 13) und nach Gott selber (Ps 42,3; 63,2; 143,6) wird einst gestillt. Wer aber Falsches vom Herrn verkündigt, läßt die Hungrigen aushungern und wehrt den Durstigen das Trinken (Jes 32,6).

HUR. (Hebr. *chūr,* »Kind«? s.a. *Hori/Horiter).

1. Ein Israelit, der zusammen mit Aaron Mose in der Schlacht gegen Amalek bei Refidim die Hände stützte (2Mo 17,10.12). Bevor Mose auf den Berg Sinai stieg, ordnete er an, daß H. Aaron bei etwaigen Rechtsstreitigkeiten zur Seite stehen sollte (2Mo 24,14).

2. Ein Nachkomme Kalebs (1Chr 2,19-20) und Großvater *Bezalels (2Mo 31,2; 35,30; 38,22; 1Chr 4,1; 2Chr 1,5).

3. Einer der fünf Könige der Midianiter, die mit Bileam von den Israeliten (4Mo 31,8; Jos 13,21) getötet wurden.

4. Der Vater eines von Salomos zwölf Amtsleuten (1Kön 4,8). Der Mann, dem der Distrikt im Gebirge Ephraim unterstand, wird nicht mit Namen genannt.

5. Der Vater Refajas, der beim Wiederaufbau der Mauern half und zur Zeit Nehemias Vorsteher des halben Bezirkes von Jerusalem war (Neh 3,9). T.C.M.

HURE, HUREREI. Nicht unbegründet wird die Prostitution als das älteste Gewerbe der Menschheit bezeichnet. Mit der Erschaffung des Menschen als Mann und Frau (1Mo 1,27) am Anfang ist auch eines der großen Themen gestellt, die die Menschheitsgeschichte bestimmt haben. Trotz unmißverständlicher Unvereinbarkeit mit dem Willen Gottes gehört die Prostitution zur gesellschaftlichen Wirklichkeit des Lebens im AT wie im NT.

I. ZUR ZEIT DES ALTEN TESTAMENTS.

Zur Zeit des AT gehörte die Prostitution wie selbstverständlich zu den gesellschaftlichen Gegebenheiten. Dafür gibt es mehrere Anhaltspunkte.

1. Zahlreiche sprachliche Hinweise.

Jedes ungeregelte, unrechtmäßige geschlechtliche Verhalten zwischen Mann und Frau galt als Hurerei, hebr. *zenut* (*zona,* »Hure«). Die einfache Gleichsetzung von *zānah,* »huren«, mit Verben wie »entweihen« (*hālal* 3Mo 19,29; 21,9), »sich verunreinigen« (*tāmaʾ,* Ps 106,39; Hes 20,30; 23,30; Hos 5,3) u.ä., sogar »ehebrechen« (*nāʾap,* Jer 13,27; Hos 4,13f) läßt dabei keinen Zweifel an der ethischen Einordnung. Hurerei ist vom Anspruch des göttlichen Willens her eine Schandtat, die vor Gott nicht bestehen kann und entsprechend

Syrische männliche Kultfigurine aus dem frühen 2. Jt. v.Chr. (Mittlere Bronzezeit II A), Flachguß in Metall. Höhe 23,7 cm. (BM)

schwer bestraft wird (1Mo 38,24; 3Mo 19,29; 20,6; 21,9; 5Mo 22,21; Ps 73,27).

Der göttlichen Ächtung entspricht eine menschlich-moralische in der Weisheit. Die Warnungen vor der Verführerin (Spr 2,16ff; 5,1ff; 6,20-7,27) kommen aus der Erfahrung von Liebe und Schmerz und zerbrochenen Beziehungen. Im Unterschied zum Ehebruch, der speziell die geschlechtliche Exklusivität durch den Verkehr mit einem/r Fremden durchbricht (es kann auch von der Hurerei eines Mannes gesprochen werden, 4Mo 25,1), ist Hurerei im theologisch normativen Sinn allg. als jede Art geschlechtlicher Beziehung *außerhalb* und *vor der Ehe* aufzufassen (vgl. 5Mo 22,20.21).

2. Die historischen Verhältnisse.

Neben der in allen Völkern wie Gesellschaftsschichten verbreiteten Gelegenheits- und gewerblichen Prostitution (vgl. 1Mo 38,15.24; 5Mo 22,21; Ri 19,2) war das atl. Gottesvolk besonders für die kultische Prostitution anfällig. Die Attraktivität des kanaan. Baalismus (Verehrung des männlichen Baal und der weiblichen Astarte) in Fragen agrarischer und familiärer Fruchtbarkeit (bis hin zu Menschenopfern) muß sehr groß gewesen sein. Es ist eine nüchterne Tatsache und vielfach zu belegende Erfahrung, daß der Mensch über seine Geschlechtlichkeit verführbar ist. Nur auf diesem illusionslos gezeichneten Hintergrund ist die scharfe Polemik der Propheten zu verstehen (z.B. Jer 2,24f; 3,1ff; Hes 16,15ff; 23,1ff; Hos 4,10ff), die mit der kultischen Prostitution zugleich die Untreue gegenüber dem Gott Israels brandmarken (vgl. 3Mo 20,5.6; 17,7; 4Mo 14,33; 15,39; 25,1; Ri 2,17; 8,27.33; Jes 23,17; Ps 73,27; 106,39 u.ö.). Die Berichte über einzelne Kultreformen sprechen ausdrücklich auch von der Existenz von am Tempel für solchen Dienst angestellten Dirnen und männlichen Hierodulen (1Kön 14,24; 15,12; 22,47; 2Kön 23,7), die in der Bevölkerung offensichtlich ein gewisses Ansehen genossen.

3. Die theologische Wertung.

Es gibt keinen bibl. Text, in dem die Prostitution, aus welchem Anlaß und zu welchem Zweck auch immer, gutgeheißen würde. Sowohl in Einzelfällen (1Mo 38) wie auch allg. und grundsätzlich verwickelt sich der Mensch, ob Mann oder Frau, damit in Schuld, ergeben sich daraus auch belastende menschliche Verwicklungen. Ein anschauliches Beispiel für den Zusammenhang von geschlechtlicher Verführung und Abirrung, Zerrüttung menschlicher Ordnung und der Verletzung der Heiligkeit Gottes ist Davids Ehebruch mit *Batseba und in dessen Folge die Liquidierung ihres Ehemannes *Uria (2Sam 11; vgl. Wolff, S. 253-256).

Die von Gott gewollte und bejahte Geschlechtlichkeit hat ihren Ort ausschließlich in der *Ehe als dem exklusiven, lebenslänglich intendierten Verhältnis zwischen einem

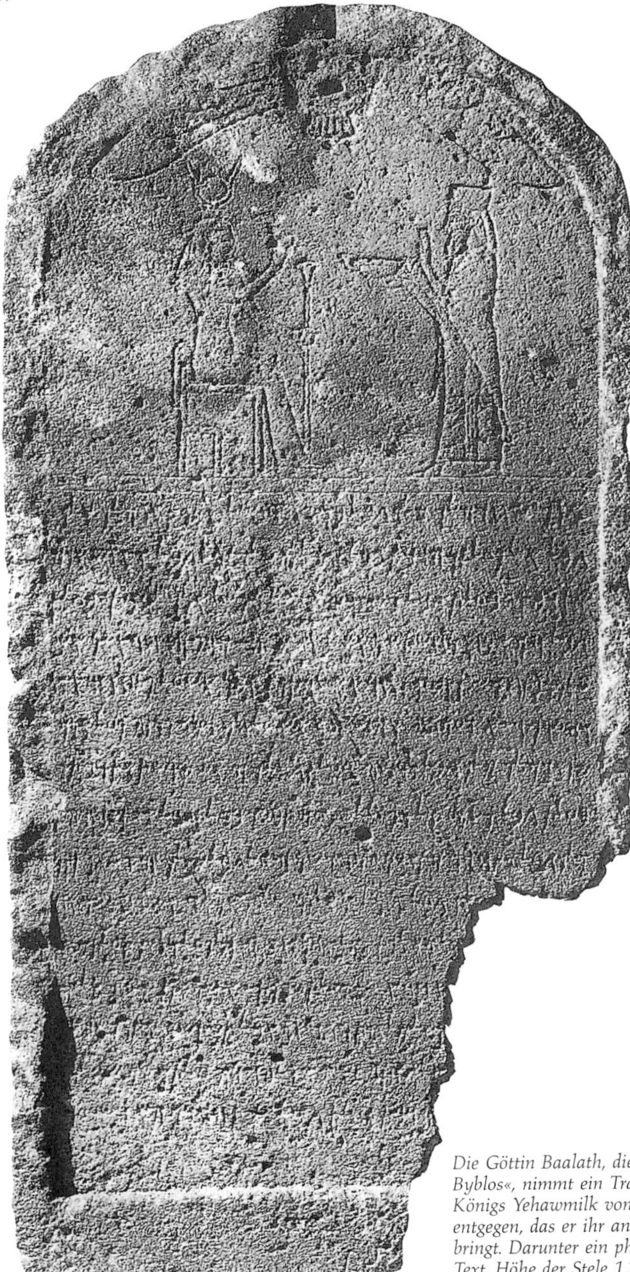

Die Göttin Baalath, die »Herrin von Byblos«, nimmt ein Trankopfer des Königs Yehawmilk von Byblos entgegen, das er ihr anbetend darbringt. Darunter ein phönizischer Text. Höhe der Stele 1,13 m. Ca. 450 v.Chr. (MC)

Mann und einer Frau. So war das 6. Gebot (2Mo 20,14) nötig, um diese von Gott gesetzte einmalige und ausschließliche Verbindung von Mann und Frau gegen ihre ständige Gefährdung und Versuchung zu schützen. Ein Einbruch in diesen Schutzraum zerstörte nicht nur die Vertrauensgemeinschaft zwischen Mensch und Mensch. Er hatte (und hat) verheerende Folgen im ganzen gesellschaftlichen Zusammenleben und löst die glaubensmäßige Rückbindung an Gott auf. Auf diese Erkenntnis stützte sich z.B. der Rat des Sehers Bileam, der so das Gottesvolk schwächen sollte (4Mo 25,1f; 31,16; vgl. Offb 2,14).

Eine mit der theologischen Wertung zusammenhängende Begründung für die Ächtung der Hurerei liegt umgekehrt auch in der individuellen und nationalen Ehre jungfräulicher Unberührtheit der unverheirateten Frau (Locher, 237).

Am prophetischen Bild der politischen Hurerei wird der enge Zusammenhang zwischen Glaube und Geschlechtlichkeit deutlich. Der Abfall des Gottesvolkes zu den kanaan. Gottheiten mit ihrem Fruchtbarkeitskult bedeutet den Treuebruch gegenüber Gott. Dies gilt aber auch insbesondere für die außenpolitischen Entscheidungen des Königs und seiner Minister. Marksteine der Geschichte Israels sind die Stationen, an denen es darum ging, entweder sich allein auf die Hilfe Gottes zu verlassen und stillzuhalten, oder aus politischer Einsicht heraus sich eigenmächtig menschliche Bündnispartner oder Fluchtwege zu suchen und Gottes Macht damit zu diskreditieren (vgl. 2Mo 14,10-14; 4Mo 13,25-14,9.39-45; Jos 6; Ri 7; 1Sam 11; 24,5-8.11; 26,8f; 2Kön 6,15f; 2Chr 35,20-24; Jes 7,1-9; 28,15f; 30,15f; 36f). Das darin zum Ausdruck kommende mangelnde Vertrauen auf die größere Macht Gottes wird von den Propheten wiederum im Bild der Hurerei gebrandmarkt. Besonders Hesekiel klagt das Volk solcher politischer Hurerei an, und auch bei Jeremia finden wir dasselbe Motiv (Jes 2,21; Jer 2,25; 3,2; 22,20; Hes 16,15.25-34.57; 23,1-21). Letztlich wird Hurerei damit zum Ausdruck für den Glaubensabfall par excellence.

II. IM NEUEN TESTAMENT.

In ntl. Zeit sah die Situation in Judäa wie im übrigen röm. Reich nicht viel anders aus:

1. Sprachliche Bedeutung.

Das griech. Wort *porneía* (davon die deutsche Ableitung »Porno«, »Pornographie«) entspricht dem hebr. *zenut* im Sinne von »Unzucht, Hurerei« (*porneúo*, »Unzucht treiben«, *porné*, »Prostituierte, Dirne«, *pórnos*, »Unzüchtiger, Hurer«) und beschreibt die verschiedenen Weisen außerehelicher sexueller Verhaltensweisen, die von der gesellschaftlichen oder rel. Norm abweichen (auch Homosexualität, Promiskuität, Pädophilie u.ä.). Im Unterschied zum umgangssprachlichen Koiné-Griechisch konnte in der jüdisch-rabbinischen Tradition *porneía/zenut* speziell auch die unerlaubten Verwandtschaftsehen nach 3Mo 18,6-18 im Sinne von Blutschande/Inzucht bezeichnen. Diese Bedeutung wird von vielen Auslegern gern hinter dem Verbotskatalog des Apostelkonzils (Apg 15,29) gesehen.

2. Historische Verhältnisse.

Auch im ntl. Judentum gab es Prostitution. Dies ergibt sich aus einzelnen Aussagen in den Evv. (Mt 21,31f; Mk 7,21; andeutungsweise Lk 7,36ff). Umgekehrt setzen die Bestimmungen des *Talmud die Tatsache der Prostitution voraus. Der Nachdruck der ntl. Belegstellen liegt jedoch auf der Auseinandersetzung des christl. Glaubens mit der hellen.-röm. Kultur im missionarischen Vordringen. Die rel. Ächtung der Hurerei im Judentum findet in diesem Raum keine Entsprechung. Insbesondere der wirtschaftliche und kulturelle Umschlagplatz der Hafenstadt *Korinth mit ihrer verbreiteten Tempelprostitution bot einen breiten Nährboden ungebundener Geschlechtlichkeit, die auch für die neu entstandene christl. Gemeinde zur Herausforderung werden konnte (1Kor 5,1ff; 6,12ff).

3. Theologische Wertung.

Die Aussagen des Paulus zur Prostitution machen unmißverständlich klar, daß Unzucht neben anderen Untugenden vom Reich Gottes ausschließt und dem Götzendienst gleichgestellt wird (1Kor 6,9f; Gal 5,19-21; vgl. Offb 21,8; 22,15). Zwischen der christl. Gemeinde und den Unzüchtigen besteht eine rigorose Trennung. Dies hängt wie in den Aussagen des AT damit zusammen, daß Geschlechtsverhalten und Gottesbeziehung zusammengehören (1Kor 6,13-19). Dabei geht es nicht um moralische Ansichten. In der Bibel wird damit das tiefe Geheimnis zum Ausdruck gebracht, daß die Einheit, Einzigkeit und Ausschließlichkeit der ehelichen Gemeinschaft von Mann und Frau in der Einheit, Einzigkeit und Ausschließlichkeit Gottes selbst begründet ist. So kann der Prophet Maleachi mit unvergleichlicher Schärfe und Prägnanz zur Treue am »Weib deiner Jugend« auffordern und sagen, daß Gott die Scheidung haßt (Mal 2,10-16; der Anfang von V. 16 ist als Ausspruch Gottes »Ich hasse die Scheidung« zu übersetzen). Der bei ihm erstmals auftretende Abstrakt-Begriff *»Bund« für die Ehe ist der gleiche, der auch das Bundes- oder Verpflichtungsverhältnis zwischen Gott und seinem Volk beschreibt. In dieser Linie ist dann schließlich das Bild der *Ehe und des Verhält-

Diese Goldfigurine der babylonischen Göttin Lama, die als Fürsprecherin galt, könnte als Amulett getragen worden sein. Frühes 2. Jt. v.Chr. (BM)

nisses von Mann und Frau in Eph 5,22f zu verstehen.

Die Trennlinie zwischen Unzüchtigen und Gemeinde ist aber durchlässig. Ein Unzüchtiger, eine Hure können zum Glauben kommen (Mt 21,31; 1Kor 6,11). Dies geht so weit, daß eine Hure im Stammbaum Jesu erscheint (Mt 1,5; vgl. Jos 2,1; Hebr 22,31; Jak 2,25). Im Unterschied zum atl.-jüd. Verständnis sind Unzüchtige nicht grundsätzlich aus der Gemeinde ausgeschlossen. Unzucht/Hurerei ist wie jede andere Sünde vergebbar (Mt 12,31). Durch die Versöhnung in Christus ist ein Neuanfang möglich, der zugleich eine Abkehr vom alten, unzüchtigen Leben bedeutet (1Kor 6,11). Insofern eröffnet das Angebot des Evangeliums, das aus der illusionslosen Wirklichkeit der gesellschaftlichen Verhältnisse keinen Hehl macht, eine hoffnungskräftige, verändernde Perspektive.

Literatur: F. Hauck, S. Schulz: ThWNT VI, 1959, 579-595; J. Kühlewein: THAT I, [4]1984, 518-520; C. Locher: Die Ehre einer Frau in Israel, 1986; H. Reißer: TBLNT II, [4]1986, 1506-1509; H.W. Wolff: Anthropologie des Alten Testaments, [2]1974. C.D.St.

HURITER s. Hiwiter

HUSAM s. Teman

HUSCHAI. Die Geschichte von H., dem Arkiter (vgl. Jos 16,2), seine Ergebenheit dem König gegenüber und seine Bereitschaft, einen gefährlichen Auftrag für ihn durchzuführen, hat modellhaften Charakter (2Sam 15, 32ff). Die Ankunft H.s auf den Höhen östl. von Jerusalem, wo David Halt machte, sowie seine erfolgreiche Mission machten den Rat *Ahitofels zur Torheit und waren die Antwort auf Davids Gebet (V. 31). In einer Liste von Davids Beamten führt der Chronist auch H. als »des Königs Freund« auf (1Chr 27,33; vgl. 2Sam 15,37). Baana, H.s Sohn, erscheint auf der Liste von Salomos Amtsleuten (1Kön 4,7.16). G.T.M.

HUSCHIM. »Die sich beeilen«.

1. Sohn Dans (1Mo 46,23), der in 4Mo 26,42 Schuham genannt wird.

2. Sohn des Benjaminiten Aher (1Chr 7,12).

3. Eine der beiden Frauen Schaharajims, die Mutter von Abitub und Elpaal (1Chr 8,8.11). G.W.G.

HÜTER. Das Wort bezeichnet zunächst den *Hirten, insbesondere den Schafhirten (1Sam 17,20; das gleiche Wort wird 1Mo 4,9 gebraucht), aber auch in übertragener Bedeutung Gott als den H. Israels (Ps 121,4). Im Hohenlied werden Hüterin und H. der Weinberge genannt (Hld 1,6; 8,11.12 LÜ: Wächter). Die Leviten, die das Heiligtum zu bewachen hatten, heißen »Hüter (an) der Schwelle« (2Kön 23,4; 1Chr 9,22.23), Torhüter (Neh 3,29; 1Chr 26,1-12; 1Chr 9,17f). Ob der H. der Kleider (2Kön 22,14) das Amt eines Kleiderverwalters im Tempel oder im Königspalast innehatte, ist unbekannt. Hofbeamte waren die pers. Haremsaufseher, die H. der Frauen und der Nebenfrauen (Est 2,8.14.15). Unter den »Hütern im Hause«, die im Alter anfangen zu zittern (Pred 12,3), werden die Hände verstanden.

HÜTTE s. Haus; Stiftshütte; Zelt

HYAZINTH s. Edelsteine

HYMENÄUS. Ein Irrlehrer, der zusammen mit *Alexander (1Tim 1,19-20) und Philetus (2Tim 2,17) genannt wird. Paulus' Übergabe von Hymenäus und Alexander an den Satan läßt an 1Kor 5,5 denken; beide Passagen wurden als Exkommunikation (d.h. Ergeben in Satans Wirkungskreis) und Auferlegung körperlicher Strafe ausgelegt. Dies ist keineswegs unvereinbar, die verbale Ähnlichkeit mit Hiob 2,6 sowie mit verschiedenen anderen erzieherischen Handlungen in der apostol. Kirche (vgl. Apg 5,3-11; 8,20-24; 13,9-11; 1Kor 11,30) lassen vermuten, daß physische Folgen zumindest eingeschlossen waren. Auf alle Fälle war die Züchtigung – wenn auch drastisch – doch gnädig und heilend in ihrer Absicht. Jedoch hatte sie noch keine Reue hervorgerufen, als 2Tim 2,17 geschrieben wurde. Die Irrlehre des H. und anderer, die im bildhaften, medizinischen Begriff mit »wie ein Brand fressend« beschrieben wird, lastete noch immer auf Paulus' Herzen. H.' Lehre bestand in einer »Vergeistigung« (Spiritualisierung) der Auferstehungslehre (einschließlich des Jüngsten Gerichts), der gegenüber das griech. Denken schon immer abgeneigt war. In *Korinth hatte es bereits ähnliche Mißverständnisse gegeben (1Kor 15,12). In der griech. Mythologie ist H. der Name des Hochzeitsgottes. A.F.W.

HYMNUS. Das griech. Wort *hymnos* wird als Bezeichnung von Liedern oder Oden verwendet, die das Lob von Göttern oder Helden zum Inhalt haben; gelegentlich benutzen es auch die LXX-Übersetzer, um das Lob Gottes in Liedform zu beschreiben, z.B. Ps 40,4; 65,1; Jes 42,10. Im NT taucht das Wort nur in Eph 5,19 und Kol 3,16 auf, als Verb *(hymneō)* in Mt 26,30 sowie in der Parallelstelle Mk 14,26 (jeweils bezogen auf das Singen des zweiten Teils des Hallel: Ps 115-118), in Apg 16,25 (wo Paulus und Silas im Gefängnis singen) und in Hebr 2,12 (ein Zitat aus Ps 22,23, LXX). Es ist jedoch klar, daß das Singen geistlicher Lieder ein Merkmal des Lebens in der apostol. Gemeinde war, wie es in 1Kor 14,15.26; Jak 5,13, den christl. Lobgesängen, aufgezeichnet von Lukas, sowie in den Doxologien an anderen Stellen im NT bezeugt wird. Sie waren spontaner Ausdruck christlicher Freude, ein Mittel der Unterweisung im Glauben (Kol 3,16) und ein integraler Bestandteil des Gottesdienstes in der Synagoge. Die Dreiteilung in Psalmen, *Lobgesänge und geistliche *Lieder *(ōdai)* kann nicht streng vorgenommen werden, da die Begriffe einander überlappen. Trotzdem kann man zwei Kompositionsstile unterscheiden. Der erste richtete sich in Form und Stil nach dem Psalm des AT und war ein christl. Gegenstück zu den psalmodischen Schriften, z.B. den Psalmen Salomos und der Zeit v.Chr. oder den Erntedanklobgesängen *(Hōdājōt)*, der *Qumran-Sekte. In diese Kategorie fallen auch die folgenden Lobgesänge: Lk 1,46-55 (Magnificat); 1,68-79 (Benedictus); 2,29-32 (Nunc Dimittis). Die zweite Gruppe besteht aus Doxologien (wie Lk 2,14; 1Tim 1,17; 6,15-16; Offb 4,8.11; 5,9.12-13; 7,12; etc.), die wohl auch in gemeinsamen Gottesdiensten gesungen wurden. Einige andere Passagen werden von Kommentatoren als Lobgesänge beschrieben, wobei die Majestät des Themas den Schreiber zu poetischer Sprache veranlaßte, z.B. 1Kor 13; Röm 8,31-39; Eph 1,3-14; Phil 2,5-11. Es ist jedoch ungewiß, ob sie vertont waren oder liturgisch vorgetragen wurden. Fragmente liturgischer oder Glaubensformeln wurden in Eph 5,14; 1Tim 3,16; 2Tim 2,11-13; Tit 3,4-7 entdeckt.

Literatur: K.H. Bartels: TBLNT II, [4]1986, 906-911; G. Delling: Der Gottesdienst im NT, 1952; C. Westermann: Das Loben Gottes in den Psalmen, 1954; G. Schille: Frühchristliche Hymnen, 1962; P.G. Walsh, C. Hannick: TRE XV, 1986, 756-770. J.B.Tr.

DAS GROSSE BIBELLEXIKON

Band 3: I – L

Herausgegeben von
Helmut Burkhardt
Fritz Grünzweig †
Fritz Laubach
Gerhard Maier

R. BROCKHAUS VERLAG WUPPERTAL
BRUNNEN VERLAG GIESSEN

IBZAN. Aus Ri 12,8-10 ist bekannt, daß I. als Nachfolger von Jeftah sieben Jahre Richter in Israel war. Nach der Schilderung seines Reichtums – er hatte dreißig Söhne – scheint er ein einflußreicher Mann gewesen zu sein. I. stammte aus *Bethlehem (in Sebulon, Jos 19,15, etwa 11 km westnordwestl. von Nazareth gelegen) und wurde dort auch begraben. In der Annahme, daß es sich um Bethlehem in Juda handelte, identifizierten ihn jüd. Kommentatoren mit *Boas. J.P.U.L.

ICH-BIN-WORTE.

I. HERKUNFT UND BEDEUTUNG.

Die Aussage: »Ich bin. . .« (griech. *Ego Eimi*; hebr.: *'Anī hū'*) im Munde Jesu ist als indirekte Offenbarung seines messianischen Sendungsbewußtseins zu verstehen. Das zeigt das entscheidende Bekenntnis: »Ich bin es« (nämlich »der Messias und Gottessohn«, Mk 14,62), auf das alle Ich-bin-Worte bezogen sind. Dieser dem Christus eigentümliche Sprachgebrauch ist hinsichtlich der Herkunft und des heilsgeschichtlichen Gewichts mit den Hoheits- bzw. Huldformeln zu vergleichen, mit denen Gott im AT durch ein »Ich bin. . .« seinen Namen und sein heilbringendes Handeln offenbart. Das zeigen vor allem die johanneischen Schriften: Nach dem vierten Ev. bezeugt sich der irdische Jesus mit den *Ego-Eimi*-Aussagen als der von Gott in die Welt gesandte Sohn und als Bringer des Heils; in der Offb bekundet sich der erhöhte Christus mit Hoheitsaussagen Gottes als der Erste und Letzte (1,17; 22,13, vgl. Jes 44,6; 48,12). Die aus gnostischen Texten (Oden Salomos, mandäisches Schrifttum) stammenden Parallelen sind erheblich später entstanden und können deshalb für die Ich-bin-Worte Jesu nicht vorausgesetzt werden.

II. ALTES TESTAMENT.

Die Hoheitsaussagen und heilsgeschichtlichen Zusagen, mit denen Gott in einem Ich-bin-Wort seine Heiligkeit, Hoheit und Hilfe für Israel im AT offenbart, sind Entfaltungen des Gottesnamens, wie er nach 2Mo 3,14 dem Mose offenbart wurde. Der durch das geheimnisvolle »Ich bin, der Ich bin« gedeutete Name JHWH meint - wie der erläuternde Kontext zeigt (2Mo 3,15-17; vgl. 6,2-8) – die Zeitüberlegenheit Gottes, ferner seine Bereitschaft, sich in der Zeit heilsgeschichtlich zu verwirklichen und Israel aus seinem Elend herauszuführen. Als der Seiende umgreift Gott die Urzeit und die Endzeit, und verwirklicht sich dadurch, daß die Welt durch sein Wort entstand, das er auch in der Endzeit sprechen wird (so Targum Neofiti zu 2Mo 3,14). In diesem Sinne wird 2Mo 3,14 auch im Lied Moses gleichsam ausgelegt (5Mo 32,39): Das »Ich, Ich bin« (*'anī anī hū'* V. 39a) bedeutet die Ewigkeit (V. 40) und die Ausschließlichkeit Gottes (V. 39b), dann seine Herrschaft über Tod und Leben (V. 39c), seine Macht, zu schlagen und zu heilen (V. 39d) und seine Unüberwindlichkeit (V. 39e.41). Auch diese Aussage wurde eschatologisch gedeutet: Wer das Leben schenkt, kann auch die Toten wieder beleben, und als Herr der Welt wird er im Endgericht offenbar (Midrasch r. zur Stelle). Vor allem hat Jesaja den Gottesnamen durch Ich-bin-Worte ausgelegt, in denen Gott auf die von ihm selbst aufgeworfene Frage: »Wer?« (40,12ff; 41,2ff; 44,7) auf dem Forum der Welt Antwort gibt, die heidnischen Götter als Nichtse verurteilt, dem gedemütigten Israel die Einzigkeit und Wirklichkeit seines Herrn vor Augen führt und ihm die baldige Erlösung durch einen neuen Exodus zusagt. In Jes 42,8 gibt Gott wie in 2Mo 3,14 seinen Namen JHWH kund, der in 43,10-13 durch ein doppeltes »Ich bin« auf den Retter und Lenker der Geschichte (V. 11, vgl. 45,21; 46,10) gedeutet wird: die Welt soll »an mich glauben und erkennen, daß ich es bin« (V. 10). Die Einzigkeit Gottes wird betont: »Vor mir ward kein Gott gebildet und nach mir wird keiner sein« (V. 10b); »Ich bin der Erste und der Letzte« (44,6; 48,12). Gott ist der Schöpfer von Himmel und Erde (48,13), »der das Licht bildet und die Finsternis schafft, der Heil wirkt und Unheil schafft« (45,7); dieser einzige Gott und Herr der Heerscharen ist »der König Israels und sein Erlöser« (44,6), der Tröster, der die Furcht vor den sterblichen Menschen vertreibt (51,12).

III. NEUES TESTAMENT.

1. Die Antwort: »Ich bin's«, die Jesus auf die Frage nach seiner Messianität und Gottessohnschaft vor Kaiphas abgelegt hat (Mk 14,62), führte zum Todesurteil. Freilich darf man dies nicht so deuten, als habe Jesus dabei den verbotenen Gottesnamen (*schem hamephōrash, 'anī wehū'*) ausgesprochen und sich dadurch des todeswürdigen Vergehens der Blasphemie schuldig gemacht; vielmehr wurde der Messiasanspruch als gotteslästerlich verurteilt. Dieses »Ego Eimi« der Passionsgeschichte wird weniger durch das »Ich bin's« beim Seewandel (Mk 6,50 par) vorbereitet als vielmehr durch die Aussagen: »Ich bin gekommen, um. . .« (bzw. »der Menschensohn ist gekommen, um. . .«; Mt 5,17; 11,19; Mk 2,17; 10,45; Lk 9,56; 19,10). Diese »Elthon-Worte« sind nicht etwa Bildung der über Jesu Wirken reflektierenden Gemeinde (R. Bult-

mann), sondern echtes Jesuszeugnis, in dem sich dieser als Gesandter vorstellt (vgl. *apestálēn* Mt 15,24) und seinen Auftrag, das am Kreuz endende Erlösungshandeln, bekanntgibt. Anders als die falschen Messiasse, die sich selbst verkündigen: »Ich bin der Christus!« (Mt 24,5), wies Jesus nur indirekt auf seine messianische Sendung hin, indem er von seinem Auftrag sprach.

2. Auch die Ich-bin-Worte des JohEv.s sind vom Botenrecht her zu verstehen (vgl. 5,24; 6,35-38); in ihnen wird das »Ich« stark betont. Das »Ego Eimi« spricht der »vom Himmel« zur Erde herabgestiegene Menschensohn (3,13), der als Gesandter den sendenden Vater vor den Menschen vertritt (6,38f; vgl. Mischna Berakhoth 5,5). Die Sendung von Gott her sowie die Tatsache, daß der göttliche *Logos auch Mittler der Weltschöpfung war (1,3), erklärt und rechtfertigt die Hoheit der Ich-bin-Worte im vierten Ev. und besonders deren bewußte Anlehnung an entsprechende Selbstaussagen Gottes im AT, vor allem bei Jesaja. Sie bilden das positive Gegenstück zu dem »Ich bin nicht«, mit dem *Johannes der Täufer bestritt, der endzeitliche Prophet oder der Messias zu sein (Joh 1,20f). Und anders als bei den Selbstaussagen Gottes bei Jesaja sind bei den meisten Ich-bin-Worten Jesu bildliche Ausdrücke als Prädikate verwendet: »Ich bin das Brot des Lebens« (6,35.41.48.51); »Ich bin das Licht der Welt« (8,15; 9,5), »die Tür zu den Schafen« (10,7.9), »der gute Hirte« (10,11.14) und »der wahre Weinstock« (15,1.5). Mit diesen Bildern bezeichnet sich Jesus als Bringer des ewigen Lebens. Hoheits- und Heilsaussage fallen zusammen; denn was Jesus nach diesen Aussagen ist, bietet er den Menschen als endzeitliche Gabe an. Der vom Vater gesandte Sohn gibt ja sich selbst für die Menschen dahin, sühnt durch seinen Tod die Sünde der Welt und schenkt damit die Gabe des ewigen Lebens, den Zugang zu Gott. Das kommt in den unbildlichen Ich-bin-Worten zum Ausdruck: »Ich bin die Auferstehung und das Leben« (11,25); »Ich bin der Weg, die Wahrheit und das Leben« (14,6). Als Mittler von Gottes Gnade führt Jesus den bei Jesaja verkündigten Heilsplan Gottes im Weltmaßstab und im Horizont der Endzeit durch (Joh 1,29; 3,16 vgl. Jes 43,25; 53,4-12; 55,1-3). Wie in Jes 43,10 erscheint in Joh 8,28; 9,9; 13,19 das absolut gebrauchte, revelatorische »Ich-bin«, vgl. Joh 8,28: »Wenn ihr den Sohn des Menschen erhöht haben werdet, dann werdet ihr erkennen, daß ich es bin und nichts von mir aus tue. . .« Gerade am Kreuz Jesu wird sichtbar, daß das »Ich bin« des Gesandten nicht etwa bei diesem halt machen, sondern zur Erkenntnis des Sendenden, des »Ich bin« Gottes (Jes 43,10), führen soll. Jesus will der *Offenbarung und Verherrlichung Gottes dienen; wer ihn gesehen und erkannt hat, der hat auch den Vater gesehen und erkannt (Joh 14,7-10).

Es ist wichtig, daß man die funktionale, durch das Botenrecht legitimierte Einheit von Gott und Messias, Vater und Sohn (vgl. 10,30; 17,21-23) auch bei den Ich-bin-Worten Jesu beachtet. Sonst könnte man diese so verstehen, als wolle Jesus sich Gott gleichmachen (Joh 5,18) und die in den atl. Ich-bin-Worten betonte Einzigkeit Gottes antasten. Allerdings hat auch das »Ich bin es«, mit dem Jesus sich zu erkennen gibt (Joh 6,20; 18,5-8), im vierten Ev. eine epiphanieartige, göttliche Gewalt: Die zu seiner Verhaftung ausgesandten Soldaten weichen vor Jesus zurück und fallen zu Boden (18,6).

3. In der Johannesoffenbarung spricht Jesus das »Ego Eimi« aufgrund seiner Erhöhung, bei der ihm »der Name über alle Namen« gegeben wurde (vgl. Phil 2,10; Jes 45,23). Die Versicherung Gottes: »Außer mir ist keiner« (Jes 44,6, vgl. 43,10; 45,5) scheint aufgehoben zu sein, seitdem der Auferstandene zur Rechten Gottes thront. Der Seher auf Patmos vernimmt zunächst das »Ich bin«, mit dem Gott sich ihm als *Alpha und Omega offenbart (1,8; vgl. Jes 44,6; 48,12). Dann aber hört er auch aus dem Munde des Menschensohns die Hoheitsaussage: »Ich bin der Erste und der Letzte« (1,17; vgl. Jes 44,6). Hinzugefügt ist »und der Lebendige« (1,18): Wie Gott in dem Ich-bin-Wort 5Mo 32,39, so ist der erhöhte Christus nicht nur lebendig in sich selbst, sondern auch ein Herr über Leben und Tod: Er hat die Schlüssel des Totenreichs (1,18; vgl. 2,23) und gibt als der Ewige – als Alpha und Omega, Anfang und Ende – aus der Quelle des Lebenswassers zu trinken (21,6, vgl. Jes 48,12; 55,1). In Offb 22,12-15 werden die bisher gemachten Ich-bin-Aussagen von Christus wiederholt (V. 13). Dabei erweist er sich als endzeitlicher Richter (V. 12.15) und Geber des ewigen Lebens (V. 14). Wie die Rabbinen das göttliche »Ich bin« in 5Mo 32,39 endzeitlich deuten konnten, so hat auch Jesu »Ego Eimi« im JohEv. und in der Offenbarung eschatologische Geltung; es offenbart den Bringer des ewigen Heils.

Literatur: J.-A. Bühner: Der Gesandte und sein Weg im 4. Evangelium , 1977; E. Schweizer: Ego Eimi. Die religionsgeschichtliche Herkunft und die theologische Bedeutung der johanneischen Bildreden, [2]1956; C.H. Dodd: The Interpretation of the Fourth Gospel, [6]1963; O. Betz: Der Paraklet, 1963.

O.B.

IDDO. Personenname, der, in Nuancen unterschiedlich artikuliert, mehrmals in der Bibel vorkommt, dessen Bedeutung und Abstammung jedoch unklar ist.

1. Vater des Ahinadab, eines der Offiziere Salomos (1Kön 4,14: *ʾiddō*).

2. Ein Levit aus dem Geschlecht Gerschon (1Chr 6,6: *ʿiddō*), aber in 6,26 Adaja genannt.

3. Ein Stammesfürst des Ostgebietes von Manasse (1Chr 27,21: *jiddō*).

4. Ein Seher und Prophet, dessen »Gesichte« dem Chronisten als Quelle dienten (2Chr 9,29: *jeʿdō*; dagegen 2Chr 12,15 und 13,22: *ʿiddo*).

5. Der Großvater des Propheten Sacharja (Sach 1,1.7: *ʿiddō*; Esr 5,1; 6,14: »Vater«, *ʿiddō*).

6. Einer derjenigen, die sich nach der Rückkehr aus dem Exil von ihren nicht-israelit. Frauen trennten (Esr 10,43: *jaddaj*).

7. Oberhaupt einer der Priesterfamilien, die mit Serubbabel nach Jerusalem zurückgekehrt waren (Neh 12,4: *ʿiddō*; 12,16: *ʿiddoj*). J.G.B.

IDUMÄA. In der LXX gibt Idoumaia oft das hebr. *Edom wieder. Während der hellen. Zeit wurde I. nur noch als Bezeichnung des edomitischen Restsiedlungsgebietes in Süd-*Judäa verwendet (1Makk 4,29; 5,65). Der Hasmonäer Johannes Hyrkanus besiegte um 128 v.Chr. die Idumäer und zwang sie durch die Beschneidung zum *Judentum überzutreten (Jos.ant.Jud. XIII. 258). Unter Persern (Diod XIX 95,2) und Syrern (2Makk 12,32-37) bildete I. eine Satrapie bzw. Eparchie, die auch die südl. *Schefela umfaßte, in röm. Zeit war es nur noch eine Toparchie *Judäas im Gebiet um *Hebron. Der vom jüd. König Alexander Jannäus 108 v.Chr. zum Strategen I.s ernannte Antipater (FHG III 417,25) gewann unter röm. Herrschaft (ab 63 v.Chr.) großen Einfluß (Jos.ant.Jud. XIV, 10). Er war idumäischer Abstammung und wurde der Vater von *Herodes dem Großen. Im jüd. Aufstand 66-70 n.Chr. nahmen Idumäer starken Anteil an den Kämpfen gegen die Römer (Jos.bell.Jud. IV, 521ff; V, 248ff). Nach dem Untergang der jüd. Selbstverwaltung verschwindet I. aus der Geschichte.

Nach Mk 3,8 kamen auch Volksmassen aus I., um Jesus zu hören. In der parallelen Aufzählung Mt 4,25 ist I. ausgelassen, entweder weil es aus atl. Sicht dem judenchristl. Evangelisten als Heidenland galt (G. Lohfink, Bergpredigt, 1988, 25-29) oder von ihm zu *Judäa gezählt wurde (vgl. Jos.bell.Jud. III, 55). Die Taufe des äthiopischen Kämmerers »auf der Straße nach *Gaza« (Apg 8,26-40) vollzog sich vermutlich auf idumäischem Gebiet (*Halhul).

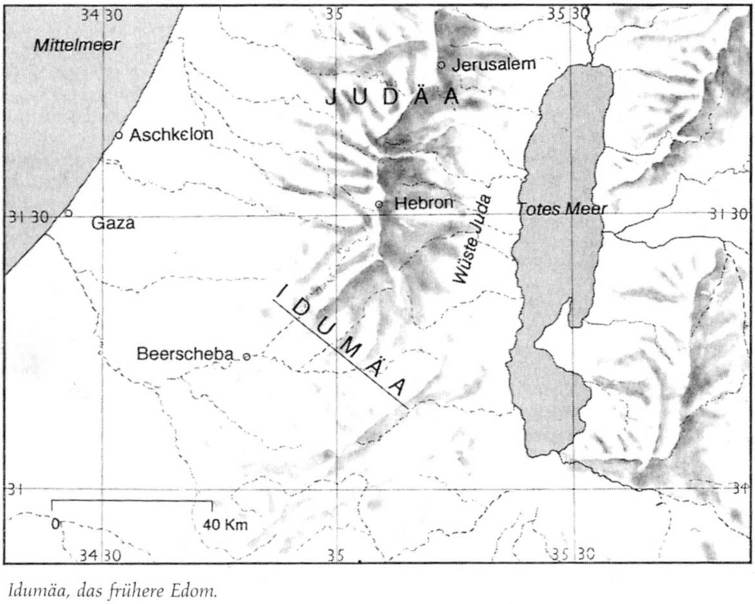

Idumäa, das frühere Edom.

Literatur: A. Robert: DBS IV, 1949, 195-199; M. Gihon: IEJ 17 (1967) 27-42; H. Donner: KIP II, 1967, 1342; A. van den Born, W. Baier: BL 768; A. Negev: Archäologisches Lexikon zur Bibel, 1972, 178. R.R.

IGEL s. Tiere

IJJAR s. Kalender

IJIM/IJE-ABARIM. »Steinhaufen«.

1. Grenzstadt im S Judas, zwischen Baala und Ezem genannt (Jos 15,29), vermutlich Der el-Ghawi, ca. 20 km nordöstl. von Beerscheba.

2. I. (4Mo 33,45) = Ije-Abarim (V. 44 und 4Mo 21,11), Station des Wüstenzuges. Wörtlich »die Hügel von Abarim«. Vielleicht das heutige Mahai, südöstl. vom Toten Meer.

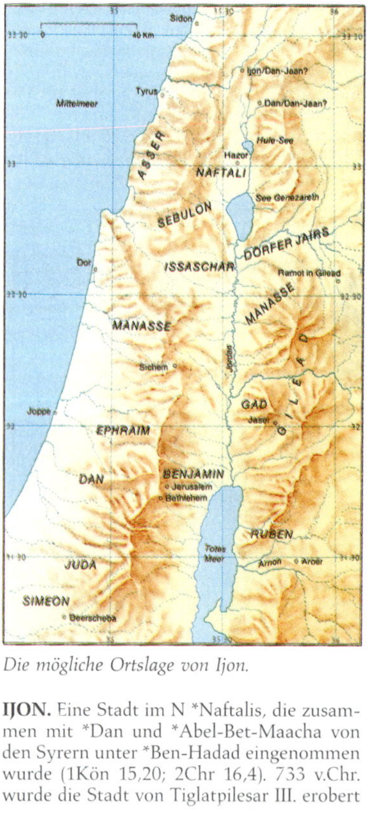

Die mögliche Ortslage von Ijon.

IJON. Eine Stadt im N *Naftalis, die zusammen mit *Dan und *Abel-Bet-Maacha von den Syrern unter *Ben-Hadad eingenommen wurde (1Kön 15,20; 2Chr 16,4). 733 v.Chr. wurde die Stadt von Tiglatpilesar III. erobert (2Kön 15,29). Möglicherweise ist I. identisch mit Dan-Jaan in 2Sam 24,5 (RevEB). Im allg. wird I. identifiziert mit Tell Dibbin, 30 km nördl. vom Hule-See. D.W.B.

IKABOD. Diesen Namen erhielt der Sohn des Pinhas bzw. Enkel Elis, als die Nachricht, daß die Philister die Bundeslade genommen hatten und Pinhas und Eli gefallen waren, bei der Schwiegertochter Elis die Geburt auslöste, in deren Verlauf sie starb. Drei Erklärungen dieser Namen sind möglich:

1. *'īkabōd* als Frageform: »wo ist die Herrlichkeit?«;

2. *'īkabōd* mit negativem Partikel »Nicht-Herrlichkeit« (vgl. Jos.ant.Jud. 5,360);

3. der Name steht für *'abī-kabōd*: »mein Vater ist die Herrlichkeit«. R.P.G.

IKONION. Eine Stadt in Kleinasien, die in Apg 13,51; 14,1 und 2Tim 3,11 als Ort erwähnt wird, an dem die Verkündigung des Paulus auf Widerstand stieß, und in Apg 16,2 als Ort, an dem Timotheus dem Paulus empfohlen wurde. I. lag am Rand eines Plateaus und war gut mit Wasser versorgt – ein produktives und reiches Gebiet. Die Stadt war phrygischen Ursprungs, ihr Name lautete Kawania: die Religion war bis in röm. Zeit hinein phrygisch: angebetet wurde eine Muttergottheit, der Eunuchen-Priester dienten. Für einige Zeit war I. die Hauptstadt *Lykaoniens. Nach politisch wechselvoller Geschichte wurde I. schließlich in das Königreich *Galatien einbezogen und etwas später in die röm. Provinz Galatia. I.s Ruhm und Ruf wuchs unter röm. Herrschaft beträchtlich: *Claudius ehrte die Stadt mit dem Titel Claudonicum, unter Hadrian wurde I. zur Ehrenkolonie (da dort selbst keine röm. Bürger lebten). Zur Zeit des NT erhielt I. die Verfassung einer hellen. Stadt, die Rechtsprechung der Versammlung

Römische Münze aus Ikonion mit einem Bild des Herakles. Durchmesser 22 mm. (RG)

Ikonion in der römischen Provinz Galatien, Kleinasien.

lag in den Händen von jährlich zu ernennenden Beamten.

Die Erwähnung I.s in Apg 14 läßt trotz der Kürze verschiedene Interpretationen zu. Der sogenannte westl. Text berichtet von zwei Angriffen auf Paulus – einen offenen und einen zweiten versteckten – nach denen der Apostel flieht. Zwei Gruppen von jüd. Führern werden erwähnt, »die Oberen der Synagoge« und die »Führer«, eine Unterscheidung, die epigraphisch zu rechtfertigen ist. Der Codex Vaticanus und sich auf ihn berufende Texte sind schwieriger und sprechen nur von einem – langen – Angriff. Hier können die Führer in V. 5 mit den Beamten der Stadt gleichgesetzt werden, wie Ramsay vorschlägt. Ob der alte Unzialtext jedoch eine schlechte Kurzfassung ist, oder der westl. Text ein Versuch zur Berichtigung eines vielleicht verfälschten Texts, ließ sich bisher nicht aufklären.

I. ist der Schauplatz der in den apokryphen Paulus- und Theklaakten berichteten Ereignisse.

Literatur: P. Vielhauer: Geschichte der urchristlichen Literatur, 1975, S. 699ff. J.N.B.

ILLYRIEN. Eine gebirgige Region nordwestl. von Mazedonien und Griechenland an der Ostküste der Adria gelegen, in etwa dem heutigen Jugoslawien und Albanien entspricht. Der Name leitet sich von der Bezeichnung eines der Stämme ab, dem die Griechen bei ihrem Vordringen nach N begegneten. Die Bewohner I.s sprachen Dialekte, auf die das moderne Albanisch zurückzuführen ist. Die Römer gerieten zunächst im 3.Jh.v.Chr. mit den Bergvölkern dieses Gebietes in Konflikt, erst im 1.Jh.n.Chr. gelang es ihnen, das Gebiet vollends einzunehmen und in die Provinzen Pannonien und Dalmatien aufzuteilen. Paulus sagt bei der Abfassung des Römerbriefes (15,19), daß ihn sein evangelistisches Wirken bis nach I. geführt hat, aber es ist nicht bekannt, wann und von woher kommend er es betreten hat (möglicherweise von Mazedonien aus, das er nach seinem Wirken in Ephesus aufsuchte, Apg 20,1). I. war das erste latein. sprechende Gebiet, das Paulus während seines apostol. Dienstes besuchte, und könnte somit der Vorbereitung für seine geplante Missionsreise in das latein. sprechende Spanien gedient haben (Röm 15,24.28).

B.F.C.A.

IMMANUEL s. Hoheitstitel Jesu

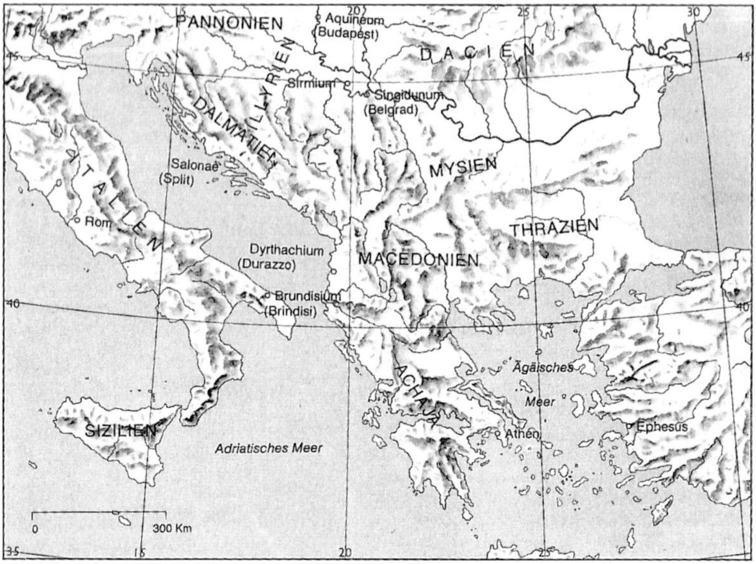

Illyrien und die umliegenden Provinzen zur Zeit des Paulus.

INDIEN.

I. FRÜHZEIT.

Hebr. *hoddu*, geht zurück auf altpersisch *hindu* (vgl. Sanskrit *sindhu*), das in Inschriften der Perserkönige Darius I. und Xerxes I. erwähnt wird. Das so bezeichnete Gebiet war derjenige Teil des Industales und der Ebenen östl. der afghanischen Berge, die Darius I. dem pers. Reich einverleibt und zu dessen Ostgrenze gemacht hatte (Herodot 3,94; 4,40.44). Nach Est 1,1; 8,9 (RevEB) reichte der Herrschaftsbereich des Ahasveros' (Xerxes I.) »von Indien bis Kusch (Äthiopien)«, *Hoddu* und *kusch*; das stimmt mit den Angaben in den altpers. Inschriften Xerxes' I. überein (vgl. die Liste der Länder in R.G. Kent: Old Persian, Grammar, Texts, Lexicon, 1953, S. 151, Z. 25, 29 und § 3, die Indien (*Hindusch*) und Äthiopien (*Kuschija*) enthält). Aber schon lange vorher, ca. 2100 v.Chr. (Ur III. Zeit), ist Handel zwischen I. und Mesopotamien durch Texte und Funde von Siegeln aus dem Industal in Mesopotamien bezeugt. Einige Historiker nehmen an, daß*Ofir das indische (S)upara bezeichnet. Aus I. stammten die Kriegselefanten, die von Alexander und seinen seleukidischen Nachfolgern verwendet wurden (vgl. 1Makk 1,17 u.ö.) In der griech.-röm. Zeit kamen viele exotische Produkte aus Indien, gewöhnlich über Südarabien und von dort entweder über das Rote Meer oder auf dem Landweg an der Westseite Arabiens (zu Reiserouten und Seeweg vgl. van Beek und Hourani: JAOS 78, 1958, S. 146-147 und 80, 1960, S. 135-139). Griech. Fürstentümer konnten sich einige Zeit in Teilen Nordwestindiens halten (vgl. W.W. Tarn: The Greeks in Bactria and India, 1938. Zu Indern in Ägypten während der griech.-röm. Zeit vgl. H.I. Bell: Cults and Creeds in Graeco-Roman Egypt, 1953, S. 48; E. Bevan: History of Egypt under the Ptolemaic Dynasty, 1927, S. 155; Modelle aus Memphis: Petrie: Memphis I, 1909, S. 16-17, Tafel 39).

II. SPÄTERE ZEIT.

Zwischen dem 1.Jh.v.Chr. und ca. 200 n.Chr. knüpften Indien und die Mittelmeerländer engere Handels- und Kulturbeziehungen, angeregt durch die röm. Nachfrage nach östl. Luxusgütern und erleichtert dadurch, daß man die Natur des Monsuns zu verstehen begann. So wurde ein regelmäßig befahrener Seeweg zu den Tamilenstädten (heute Crangamore und Kottayam), bis Madras (Sopatma) und darüber hinaus eröffnet. Dies ist der Hintergrund, vor dem man die Berichte von der Einführung des Christentums in I. betrachten muß. Die einmütige Tradition der alten südindischen Kirche führt ihre Gründung auf den Apostel Thomas zurück. Auch die gnostisierenden Thomasakten (*Apokryphen des Neuen Testaments) berichten von einer Wirksamkeit des Thomas in Indien. Inhaltlich ist die Geschichte eine reine Legende, aber J.N. Farquhar zeigt, daß sie genaue Kenntnis vom Indien des 1.Jh. widerspiegelt; er schließt daraus, daß Thomas zuerst im Punjab und später in Südindien wirkte (BJRL 11, 1926; 12, 1927). Frühe Berichte über Thomas in Indien, die eindeutig von diesen Akten unabhängig wären, sind jedoch nicht vorhanden (A. Mingana, BJRL 11/ 1926, 12, 1927). Pantinus, der Lehrer des Clemens von Alexandria, soll schon vor 180n.Chr. Missionar in I. gewesen sein und dort Christen gefunden haben, die vom Apostel Bartholomäus das MtEv. in hebr. Sprache erhalten hatten (Eus. h.e., V,10,3); vielleicht handelt es sich hier nur um eine ungenaue Beschreibung Adens oder eines anderen Teils von Arabien. Das hohe Alter der syr. Kirche Südindiens ist unbestreitbar: die Frage nach der apostolischen oder nachapostolischen Gründung muß offen bleiben. K.A.K.

INKARNATION.

I. WORTBEDEUTUNG.

Inkarnation kommt von dem latein. *in carne*, »im Fleisch«, und heißt »Fleischwerdung« oder »Menschwerdung«. Weder das Substantiv Inkarnation noch das Adjektiv inkarniert sind bibl. Ausdrücke, aber die griech. Entsprechung zu *in carne: en sarki*, »im Fleisch«, kommt in einigen wichtigen ntl. Ausführungen über die Person und das Werk Jesu Christi vor. So heißt es im Hymnus, der 1Tim 3,16 zitiert wird: »Er ist offenbart im Fleisch«. Dem Geist des Antichristen schreibt es Johannes zu, daß jemand leugnet, Jesus Christus sei »in das Fleisch gekommen« (1Joh 4,2f; 2Joh 7). Paulus sagt, daß Christus sein Versöhnungswerk »in dem Leib seines Fleisches« tat (Kol 1,22 RevEB; vgl. Eph 2,15), und daß Gott, indem er seinen Sohn »in der Gestalt des sündigen Fleisches« sandte, »die Sünde im Fleisch« verdammte (Röm 8,3). Petrus spricht von Christus als dem, der für uns »im Fleisch« gelitten hat (*sarki*, Dativ: 1Petr 3,18; 4,1). Alle diese Texte betonen unter verschiedenen Gesichtspunkten dieselbe Wahrheit: daß uns Christus gerade durch sein Kommen und Sterben »im Fleisch« erlöste. In der Theologie bezeichnet man sein Kommen als Inkarnation, sein Sterben als Sühne.

Was bedeutet *»Fleisch« in diesen Textstellen? In der Bibel hat dieses Wort (hebr. *bāsār, sche᾽ ēr*; griech. *sarx*) ursprünglich physiologische Bedeutung: »Fleisch« als der feste Stoff, der mit Blut und Knochen den körperlichen Organismus von Mensch und Tier bildet (vgl. 1Mo 2,21; Lk 24,39; 1Kor 15,50). Da das hebr. Denken Körperorgane mit seelischen Funktionen in Zusammenhang bringt, umfaßt der Begriff »Fleisch« im AT ebenso die psychologische wie die physische Seite des Menschen (vgl. die Parallelen zwischen »Fleisch« und »Herz« in Ps 73,26 und zwischen »Fleisch« und »Seele« in Ps 63,2). Das Wort hat jedoch mehr als nur anthropologische Bedeutung. In der Bibel ist Fleisch ein theologisch bedeutsames Symbol – ein Symbol für das erschaffene und abhängige Leben, das Mensch und Tier gemein ist, ein Leben, das von Gott kommt und das im Gegensatz zu Gottes eigenem Leben einen physischen Organismus zum Bestehen braucht. Daher ist »Fleisch« ein Gattungsbegriff für Mensch oder Tier oder für beide zusammen (vgl. 1Mo 6,12; 7,15.21f). Sie sind Schöpfungen Gottes, deren Leben auf der Erde nur die vergleichsweise kurze Zeit dauert, für die Gott ihnen den Atem eingibt. In diesem theologisch entwickelten Sinn ist »Fleisch« also nicht etwas, das der Mensch hat, sondern das er ist. Kreatürliche Schwäche und Vergänglichkeit sind seine Merkmale (Jes 40,6). So betrachtet ist »Fleisch« der Gegensatz zu »Geist«, der ewigen und unerschöpflichen Energie, die von Gott kommt und Gott ist (Jes 31,3; vgl. 40,6-31).

Jesu Christi Kommen und Sterben »im Fleisch« bedeutet also, daß er in der Seinsweise und unter den Bedingungen des erschaffenen körperlichen und seelischen Lebens kam und starb, oder anders ausgedrückt, daß er als Mensch starb. Das NT bekräftigt aber auch, daß er, obwohl er starb, in Ewigkeit Gott war und sein wird. I. bedeutet also, daß in gewissem Sinn Gott zum Menschen gemacht wurde, ohne sein Gottsein aufzugeben. Johannes unterstreicht dies im Prolog seines Evangeliums: »das Wort« (Gottes Schöpfungswerkzeug, das »im Anfang«, vor der Schöpfung, nicht nur »bei Gott«, sondern Gott selbst war, Joh 1,1-3) »ward Fleisch« (Joh 1,14).

II. URSPRUNG DES GLAUBENS.

Eine derartige Behauptung mag vor dem Hintergrund des atl. Monotheismus betrachtet gotteslästerlich oder unsinnig erscheinen und wurde vom orthodoxen Judentum auch immer so verstanden. Der göttliche Schöpfer war anscheinend zu seiner eigenen Schöpfung geworden – auf den ersten Blick ein theologischer Widerspruch. Woher kam die Überzeugung, die Johannes' fremdartiger Behauptung zu Grunde lag? Wie kam es zum Glauben der frühen Kirche, daß Jesus von Nazareth der fleischgewordene Gott war? Man nahm an, daß dieser Glaube nicht durch Jesu eigene Werke und Worte begründet wurde, sondern später entstand. Es wurde der Versuch unternommen, seinen Ursprung auf jüd. Theorien von einem präexistenten übermenschlichen Messias zurückzuführen oder auf polytheistische Mythen von Erlöser-Göttern, die charakteristisch für hellen. Mysterienreligionen und gnostische Kulte waren. Heute kann man davon ausgehen, daß diese Versuche fehlgeschlagen sind. Die Unterschiede zwischen diesen jüd. und heidnischen Vorstellungen und dem Christusglauben des NT sind ausnahmslos von grundsätzlicher Bedeutung und tiefer verwurzelt als die oberflächlichen Ähnlichkeiten. Es wurde auch nachgewiesen, daß der faktische Anspruch auf Göttlichkeit den meisten der unbestrittenen Worte des historischen Jesus zugrundeliegt, die in den synoptischen Evv. überliefert sind. Eine faktische Anerkennung dieses Anspruchs war auch die Grundlage des Glaubens und des Gottesdienstes der ältesten palästinischen Kirche, wie sie in den ersten Kapiteln der Apostelgeschichte beschrieben wird (deren substantielle Historizität heute kaum noch bestritten wird). Die einzige befriedigende Erklärung dafür ist, daß Jesu eigenes Leben, sein Werk, sein Tod und seine Auferstehung die Jünger schon vor seiner Himmelfahrt von seiner persönlichen Göttlichkeit überzeugte. Eben dies wird uns im Johannesevangelium berichtet (besonders Joh 20,28ff). In Übereinstimmung damit erfahren wir in der Apostelgeschichte, daß die ersten Christen zu Jesus als ihrem Herrn beteten (7,59) – sogar schon vor Pfingsten (1,24: der »Herr«, der Apostel erwählt, ist sicherlich »der Herr Jesus« aus V. 21, vgl. V. 3). Von Pfingsten an wurde in seinem Namen getauft (2,38; 8,16; 19,5). Sein Name wurde angerufen, und an seinen Namen wurde geglaubt (d.h. an ihn selbst: 3,16; 9,14; 22,16; vgl. 16,31). Jesus wurde als der eine verkündigt, der Buße und Vergebung der Sünden gibt (5,31). Selbst wenn die Göttlichkeit Jesu also nicht von Anfang an klar in Worten ausgedrückt wurde (in der Apostelgeschichte finden wir jedenfalls keinen Hinweis darauf), war sie dennoch Bestandteil des Glaubens, in dem die ersten Christen lebten und beteten: *lex orandi lex credendi*, »das Gesetz des Betens ist das Gesetz des Glaubens«. Die theologische Formulierung des Glaubens an die I. entstand später, aber der Glaube selbst existierte, wenn auch nur unzusammenhängend zum Ausdruck gebracht, in der Kirche von Anfang an.

III. STANDPUNKT DER VERFASSER DES NEUEN TESTAMENTS.

Es ist wichtig, die Natur und die Grenzen des Interesses festzustellen, das das ntl. Denken über I. bewegt. Besonders Paulus, Johannes und der Verfasser des Hebräerbriefes befassen sich mit diesem Thema vergleichsweise ausführlich. Die metaphysischen Fragen nach dem Modus der I. und die psychologischen nach dem inkarnierten Dasein, die seit dem 4.Jh.n.Chr. in der Diskussion um den Christusglauben eine große Rolle spielten, werden von den ntl. Verfassern nirgendwo genannt, geschweige denn behandelt. Ihr Interesse an Christus ist nicht philosophisch und theoretisch begründet, sondern religiös und auf das Evangelium bezogen. Für sie ist Christus kein metaphysisches Problem, sondern der göttliche Erlöser und alles, was sie über seine Person sagen, ist durch den Wunsch veranlaßt, ihn zu verherrlichen, indem sie sein Werk darstellen und dessen zentrale Bedeutung im Heilsplan Gottes geltend machen. Sie versuchen nie, das Geheimnis seiner Person zu lösen; es genügt ihnen, die I. als Tatsache zu verkünden, als Teil der großen Taten Gottes, durch die er den Sündern Erlösung bringt. Die Verfasser des NT erklären die I. nur so weit, daß sie sie als Teil des allumfassenden Planes Gottes zur Erlösung der Menschheit zeigen (s. z.B. Röm 8,3; Phil 2,6-11; Kol 1,13-22; Joh 1,18; 1Joh 1,1-2,2; und das Hauptthema im Hebr 1; 2; 4,14-5,10; 7,1-10,18).

Die Ausschließlichkeit dieses evangelischen Interesses wirft auch Licht auf die ansonsten erstaunliche Tatsache, daß das NT nirgendwo die *jungfräuliche Geburt Jesu als Zeugnis für die Verbindung von Gott und Mensch in seiner Person anführt – ein Gedankengang, der später in der Theologie ausführlich behandelt wurde. Das Schweigen der ntl. Verfasser braucht nicht, wie einige meinten, zu bedeuten, daß sie von der jungfräulichen Geburt nichts wußten. Es läßt sich ausreichend dadurch erklären, daß das Interesse an Jesus im NT um ein anderes Thema kreist, nämlich um seine Beziehung zum Heilsplan Gottes. Bewiesen wird dies durch die Art und Weise, wie die Evangelisten Matthäus und Lukas die Geschichte der jungfräulichen Geburt wiedergeben. Beide betonen nicht die einzigartige Natur der Person, die auf so wunderbare Weise geboren wurde, sondern daß Gott auf diese Weise seine lange vorhergesagte Absicht wahrmachte, sein Volk aufzusuchen und zu erlösen (vgl. Mt 1,21ff; Lk 1,31ff.68-75; 2,10f.29-32). Die einzige Bedeutung, die sie und andere Verfasser des NT in der I. sehen, ist unmittelbar soteriologisch. Die von Westcott popularisierte Spekulation der Skotisten, daß die I. zuerst der Vollendung der Schöpfung diente und erst in zweiter Linie und nebenbei der Erlösung der Sünder, findet im NT nicht die geringste Unterstützung.

Die Apostel sehen klar, daß sowohl die Göttlichkeit als auch die Menschheit Jesu von wesentlicher Bedeutung für sein Werk als Erlöser ist. Eben weil Jesus Gott der Sohn ist, müssen sie seine Offenbarung von Herz und Sinn des Vaters als vollkommen und endgültig betrachten (vgl. Joh 1,18; 14,7-10; Hebr 1,1f). Sein Tod ist der größte Beweis für Gottes Liebe zu den Sündern und für seinen Willen, Gläubige zu segnen (vgl. Joh 3,16; Röm 5,5-10; 8,32; 1Joh 4,8-10). Die apostolischen Verfasser erkennen, daß Jesu göttliche Sohnschaft die ewige Dauer, sündlose Vollkommenheit und grenzenlose Kraft seines Dienstes als Hoherpriester gewährleistet (Hebr 7,3.16.24-28). Sie wissen, daß er kraft seiner Gottheit den Teufel, den »gewappneten Starken«, der Sünder in hilfloser Knechtschaft hält (Hebr 2,14f; Offb 20,1f; vgl. Mk 3,27; Lk 10,17f; Joh 12,31f; 16,11), besiegen und vertreiben konnte. Sie sehen aber auch, daß es für den Sohn Gottes unumgänglich war, »Fleisch zu werden«, da er nur so seinen Platz als »zweiter Mensch« einnehmen konnte, durch den Gott mit der Menschheit handelt (1Kor 15,21f; 15,47ff; Röm 5,15-19); nur so konnte er zwischen Gott und Mensch vermitteln (1Tim 2,5) und nur so für Sünden sterben, denn nur Fleisch ist sterblich. Die Verbindung von »Fleisch« und Tod ist in der Tat so stark, daß das NT den Ausdruck nicht auf Christi Menschheit in ihrem verherrlichten und unvergänglichen Zustand anwendet: mit »den Tagen seines Fleisches« (Hebr 5,7 RevEB) wird Christi Zeit auf der Erde bis hin zum Kreuz bezeichnet.

Man müßte von daher erwarten, daß das NT jede Leugnung dessen, daß Jesus Christus zugleich wahrer Gott und wahrer Mensch war, als fluchwürdige und das Evangelium zerstörende Irrlehre betrachtet; und genau das trifft zu. Die einzige derartige Leugnung, die es kennt, ist die doketische Christologie (der Überlieferung nach von Kerinth begründet), die die Realität des »Fleisches« Christi verneint (1Joh 4,2f) und somit auch seinen leiblichen Tod (»Blut«, 1Joh 5,6). Johannes verurteilt dies in seinen ersten beiden Briefen als verderblichen Irrtum, der durch den Geist des Antichristen inspiriert wurde, als Verleugnung sowohl des Vaters als auch des Sohnes (1Joh 2,22-25; 4,1-6; 5,5-12; 2Joh 7,9ff). Man nimmt gewöhnlich an, daß das JohEv. die Realität von Jesu Erfahrung menschlicher Gebrechlichkeit (Müdigkeit, 4,6; Durst, 4,7; 19,28; Tränen, 11,33ff) mit dem Ziel betont, eben diesen doketischen Irrtum an der Wurzel zu treffen.

IV. ELEMENTE DER NEUTESTAMENTLICHEN LEHRE.

Der Sinn der ntl. Botschaft, daß »Jesus Christus in das Fleisch gekommen ist«, kann man unter drei Gesichtspunkten betrachten.

1. Die fleischgewordene Person.

Das NT bestimmt die Identität Jesu übereinstimmend durch den Bezug auf den einen Gott des atl. Monotheismus (vgl. 1Kor 8,4.6; 1Tim 2,5 mit Jes 43,10f; 44,6). Die grundlegende Definition ist, daß Jesus Gottes Sohn ist. Diese Bestimmung ist in Jesu eigenem Denken und Lehren verwurzelt. Das Bewußtsein, in einem einzigartigen Sinn »der Sohn« zu sein, das ihn von der übrigen Menschheit unterschied, geht mindestens auf sein dreizehntes Lebensjahr zurück (Lk 2,49). Es wurde bestätigt, als seines Vaters Stimme bei seiner Taufe vom Himmel zu ihm sprach: »Du bist mein lieber Sohn« (Mk 1,11; vgl. Mt 3,17; Lk 3,22; *agapētos*, das in allen drei Berichten vorkommt, hat die Bedeutung »einzig geliebter«: so auch in dem Gleichnis Mk 12,6; vgl. die ähnlichen Worte vom Himmel herab bei der Verklärung, Mk 9,7; Mt 17,5). Als er bei seinem Verhör unter Eid befragt wurde, ob er »der Sohn Gottes« sei (eine Formulierung, die im Munde des Hohenpriesters wahrscheinlich nicht mehr bedeutete als »davidischer Messias«), antwortete er nach dem Bericht von Markus und Lukas in einer Weise bejahend, die praktisch den Anspruch auf persönliche Göttlichkeit darstellte: *egō eimi* (so Mk 14,62; bei Lk 22,70: »ihr sagt es, *egō eimi*«). *egō eimi*, das betonte »ich bin«, waren Worte, die kein Jude in den Mund nehmen würde, denn sie drückten die Selbstvorstellung Gottes aus (2Mo 3,14). Jesus, der laut Markus diese Worte schon früher in ähnlich suggestiver Weise gebraucht hatte (Mk 6,50; vgl. 13,6; auch die lange Reihe von *egō eimi*-Worten im Johannesevangelium: Joh 4,26; 6,35; 8,12; 10,7.11; 11,25; 14,6; 15,1; 18,5ff vgl. *Ich-bin-Worte), wollte also vollständig klar machen, daß die göttliche Sohnschaft, die er beanspruchte, nichts weniger als persönliche Göttlichkeit war. Für diese »Gotteslästerung« wurde er dann auch verurteilt.

Wenn Jesus von sich als dem »Sohn« spricht, geschieht das immer in Zusammenhängen, die ihn als Gott einzigartig nah oder als von Gott einzigartig geliebt bezeichnen. In den synoptischen Evv. findet man dazu vergleichsweise wenige Stellen (Mt 11,27 und Lk 10,22; Mk 13,32 und Mt 24,36; vgl. Mk 12,1-11), viele dagegen bei Johannes, und zwar sowohl in Jesu eigenen Worten als auch im Kommentar des Evangelisten. Johannes zufolge ist Jesus Gottes »eingeborener« Sohn (*monogenēs*: 1,14.18; 3,16.18). Er lebt ewig

(8,58; vgl. 1,1f) und steht in einer unveränderlichen Beziehung vollkommener Liebe, Einheit und Gemeinschaft mit dem Vater (1,18; 8,16.29; 10,30; 16,32). Als Sohn kann er nichts von sich aus tun (5,19); er lebt, um seinen Vater zu verherrlichen (17,1.4), indem er den Willen des Vaters tut (4,34; 5,30; 8,28f). Er kam auf die Erde, weil sein Vater ihn »sandte« (42 Belege) und ihm eine Aufgabe gab, die er dort erfüllen sollte (4,34; 17,4; vgl. 19,30). Er kam in seines Vaters Namen, d.h. als sein Stellvertreter (5,43), und weil all sein Reden und Tun dem Gebot des Vaters entsprach (7,16ff; 8,26ff; 12,49f; 14,10), offenbarte sein irdisches Leben seinen Vater in vollkommener Weise (14,7ff). Wenn er sagt, daß sein Vater größer ist als er (14,28; vgl. 10,29), heißt das nicht, daß er ihm in irgendeinem wesentlichen oder nebensächlichen Punkt unterlegen ist. Vielmehr ist Unterordnung unter den Willen und die Initiative des Vaters für ihn natürlich und notwendig. Sein Vater ist größer als er, weil er in seiner Beziehung zu ihm von Natur aus immer frei und froh als sein Sohn handelt. Das heißt jedoch nicht, daß er in der Wertschätzung und Verehrung durch Menschen seinem Vater untergeordnet ist. Im Gegenteil, denn der Vater sucht die Ehre des Sohnes nicht weniger als der Sohn die des Vaters. Der Vater hat dem Sohn seine zwei großen Werke übertragen: Leben zu geben und Gericht zu halten, »damit sie alle den Sohn ehren, wie sie den Vater ehren« (5,21ff). Das bedeutet, daß der Vater alle Menschen dahin führt, wie Thomas zu handeln (20,28) und den Sohn auf die gleiche Weise wie den Vater anzuerkennen – nämlich als »meinen Herrn und Gott«.

Das NT enthält noch andere Denkrichtungen, dem Gedanken der göttlichen Sohnschaft untergeordnet, die ebenfalls die Göttlichkeit Jesu von Nazareth verkünden. Hier folgen die wichtigsten:

a. Johannes identifiziert das ewige göttliche Wort mit Gottes personhaftem Sohn Jesus Christus (Joh 1,1-18; vgl. 1Joh 1,1-3; Offb 19,13; *Logos).

b. Paulus spricht vom Sohn als dem »Ebenbild Gottes« sowohl nach der Fleischwerdung (2Kor 4,4) als auch davor (Kol 1,15). Phil 2,6 sagt er, daß Jesus vor der I. »in göttlicher Gestalt [*morphē*] war«: eine Formulierung, deren genaue Auslegung umstritten ist, die aber J.B. Phillips ziemlich sicher richtig mit den Worten wiedergibt: »immer... Gott von Natur«. Hebr. 1,3 nennt den Sohn den »Abglanz seiner [Gottes] Herrlichkeit und das Ebenbild seines Wesens«. Diese Aussagen, die in einem monotheistischen Bezugssystem gemacht wurden, das jeden Gedanken an die Existenz zweier Götter völlig ausschließt, schließen ganz eindeutig ein, (1) daß der Sohn als Person göttlich ist und ontologisch gesehen eins mit dem Vater; (2) daß der Sohn all das, was im Vater ist, vollständig verkörpert oder, negativ ausgedrückt, daß es in bezug auf Göttlichkeit oder Charakter keine Seite oder kein Teil gibt, das der Vater besitzt und der Sohn nicht.

c. Paulus kann eine atl. Weissagung, die die Anrufung des »Herrn« (Jahwe) betrifft, auf den Herrn Jesus beziehen und zeigt dadurch an, daß sie in ihm ihre wahre Erfüllung findet (Röm 10,13: Zitat aus Joel 3,5; vgl. Phil 2,10f, das sich auf Jes 45,23 bezieht). Ähnliches findet sich im Hebräerbrief, dessen Verfasser Moses Aufruf an die Engel, Gott zu dienen (5Mo 32,43 LXX, Ps 97,7) und die Aussage des Psalmisten: »Gott, dein Thron bleibt immer und ewig« (Ps 45,7) als Worte zitiert, die der Vater in bezug auf seinen Sohn gesprochen hat (Hebr 1,6.8). Das zeigt, daß beide Verfasser Jesus für göttlich halten.

d. Der ntl. Brauch, Jesus als »Herrn« zu bezeichnen – der Titel, der den Göttern der hellen. Religion gegeben (1Kor 8,5) und in der LXX zur Umschreibung des Gottesnamens gebraucht wurde - bedeutet, daß ihm implizit Göttlichkeit zugeschrieben wird.

2. Das Wesen der Inkarnation.

Als das Wort »Fleisch wurde«, hörte seine Göttlichkeit nicht auf und wurde auch nicht vermindert oder eingeschränkt. Auch seine göttlichen Aufgaben nahm es weiterhin wahr. Wir hören, daß Christus es ist, der die Schöpfung in geordnetem Dasein erhält und der alles Leben gibt und bewahrt (Kol 1,17; Hebr 1,3; Joh 1,4), und diese Funktion wurde während seiner Zeit auf Erden ganz gewiß nicht außer Kraft gesetzt. Als er in die Welt kam, »entäußerte« er sich seiner sichtbaren Herrlichkeit (Phil 2,7; Joh 17,5) und wurde in diesem Sinn »arm« (2Kor 8,9). Aber das heißt ganz und gar nicht, daß seine göttlichen Kräfte, wie die sog. *Kenosis-Theologie behauptet, geschmälert wurden. Das NT betont vielmehr, daß die Göttlichkeit des Sohnes durch die I. nicht verringert wurde. Paulus sagt: In dem Menschen Jesus Christus »wohnt die ganze Fülle der Gottheit leibhaftig« (Kol 2,9; vgl. 1,19).

Die I. des Sohnes Gottes war also keine Abschwächung seiner Göttlichkeit, sondern ein Erwerben des Menschseins. Gott der Sohn kam nicht, um einem Menschen innezuwohnen, wie es der heilige Geist später tun sollte (I. und Einwohnung gleichzusetzen ist das Wesen der nestorianischen Irrlehre). Es war vielmehr so, daß der Sohn in Person ein völlig menschliches Leben zu führen begann. Er umgab sich nicht einfach, wie Apollinaris meinte, mit einem menschlichen Körper und nahm den Platz der Seele ein. Er nahm sowohl eine menschliche Seele als auch einen menschlichen Leib an, d.h. er ging in das menschliche Seelenleben ebenso ein wie in die Leibeserfahrung. Sein Menschsein war vollständig: er wurde »der Mensch Christus Jesus« (1Tim 2,5; vgl. Gal 4,4; Hebr 2,14.17). Und sein Menschsein ist ewig. Obwohl er jetzt in den Himmel erhoben ist, »ist er weiterhin Gott und Mensch in zwei unterschiedenen Naturen und einer Person in Ewigkeit« (Westminster Shorter Catechism, Q 21; vgl. Hebr 7,24).

3. Der Stand der Inkarnation.

a. Es war ein Stand der Abhängigkeit und des Gehorsams, weil die I. die Beziehung zwischen Vater und Sohn nicht veränderte. Sie blieben in ungebrochener Gemeinschaft, indem der Sohn sagte und tat, was der Vater ihm auftrug, und in keinem Augenblick den erkannten Willen des Vaters überschritt (vgl. die erste Versuchung, Mt 4,2ff). Daß er nach seinen eigenen Worten den Zeitpunkt seiner Wiederkunft nicht kannte (Mk 13,32), sollte man nicht mit Thomas von Aquin für einen erbaulichen Vorwand halten und auch nicht als Beweis dafür nehmen, daß er sein göttliches Wissen zum Zweck der I. abgelegt hatte (Kenosis-Christologie) Es zeigt einfach, daß es nicht des Vaters Wille war, daß er dieses Wissen zu diesem Zeitpunkt haben sollte. Als Sohn wünschte er nicht, mehr zu wissen, als der Vater ihn wissen lassen wollte.

b. Es war ein Stand der Sündlosigkeit und der Tadellosigkeit, weil die I. das Wesen und den Charakter des Sohnes nicht veränderte. Daß sein ganzes Leben ohne Sünde war, ist an mehreren Stellen belegt (2Kor 5,21; 1Petr 2,22; Hebr 4,15; vgl. Mt 3,14-17; Joh 8,46; 1Joh 2,1f). Daß er von der Erbsünde ausgenommen war, ergibt sich aus der Tatsache, daß er nicht für eigene Sünden starb (vgl. Hebr 7,26), sondern stellvertretend als ein Gerechter, der den Platz der Ungerechten einnahm (vgl. 2Kor 5,21; Röm 5,16ff; Gal 3,13; 1Petr 3,18). Daß er unfehlbar war und nicht sündigen konnte, ergibt sich daraus, daß er Gott der Sohn blieb (vgl. Joh 5,19.30). Ein Abweichen vom Willen des Vaters war nach der I. so wenig möglich wie vorher. Seine Göttlichkeit war die Garantie dafür, daß er im Fleisch jene Sündlosigkeit erreichen würde, die die Voraussetzung dafür bildete, daß er als ein »unschuldiges und unbeflecktes Lamm« sein Blut vergoß (1Petr 1,19).

c. Es war ein Stand der Versuchung und des moralischen Konflikts, weil die I. einen wirklichen Eingang in die Bedingungen menschlichen sittlichen Lebens darstellte. Obwohl er, weil er Gott war, der Versuchung nicht nachgeben konnte, mußte er dennoch, weil er Mensch war, die Versuchung bekämpfen, um sie zu überwinden. Seine Göttlichkeit schützte ihn nicht vor der Versuchung, von dem Willen des Vaters abzuweichen, oder davor, die Anspannung und den Schmerz zu erleben, die wiederholte heimtückische Versuchungen in der Seele auslösen können. Sie gab ihm jedoch die Gewißheit, daß er gegen die Versuchung kämpfen und sie besiegen könne, so wie es bei den Versuchungen am Anfang seines messianischen Dienstes geschah (Mt 4,1ff). Der Verfasser des Hebräerbriefes betont, daß Jesus kraft seiner eigenen Erfahrung der Versuchung und kraft seines Wissens um die Kostspieligkeit des Gehorsams in Versuchung geratenen und irrenden Christen Mitleid erweisen und Hilfe gewähren kann (Hebr 2,18; 4,14ff; 5,2.7ff; *Jesus Christus).

Literatur: E. Brunner: Der Mittler, 1927; L. Hodgson: And was made Man, 1928; D.M. Maillie: God was in Christ, 1948; L. Berkhof: Systematic Theology, 1949, S. 305-330; G.C.Berkouwer: The Person of Christ, 1954; K. Barth, Die Kirchliche Dogmatik, I, 2, 1956, S. 134-221; V. Taylor: The Person of Christ in New Testaments, 1958; W. Pannenberg: Grundzüge der Christologie, [5]1976; C.F.D. Moule: The Origin of Christology, 1977; M. Hengel: Der Sohn Gottes, [2]1977; I.H. Marshall: Die Ursprünge der neutestamentlichen Christologie, dt. Übers. 1986.

J.I.P.

INSEKTEN s. Tiere

INSEL. Etymologisch ließe sich der hebr. Begriff aufgrund eines sinnverwandten arab. Wortes als »bewohnbares Land« deuten, zutreffend ist aber die Wiedergabe mit »Gestade« oder »Küstengebiet«. Im allg. werden im AT damit die I.n und Küsten des Mittelmeeres beschrieben. Auch der Begriff der Ferne ist miteinbegriffen, z.B. Jes 66,19; Jer 31,10. Gelegentlich scheint der Begriff für Zypern oder griech. I.n zu stehen (vgl. Jer 2,10; Jer 47,4: »Kaftor«, d.h. wahrscheinlich Kreta). In Jes 42,15 bedeutet der hebr. Begriff »trockenes Land« im Gegensatz zu Wasser. Jes 40,15 wird der Begriff parallel zu »Völkern« gebraucht und in 41,5 parallel zum »Ende der Erde«.

Im NT ist der Gebrauch eindeutig. Mehrere I.n werden erwähnt: z.B. *Zypern (Apg 4,36; 13,4; 15,39), *Kreta und Kauda (Apg 27), *Malta/Melite (Apg 28,1) und *Patmos (Offb 1,9).

J.G.G.N.

INSPIRATION.

I. BEGRIFF.

Der Begriff I. stammt aus der latein. Bibelübersetzung, in der 2Tim 3,16 so beginnt: »*Omnis scriptura divinitus inspirata*« (»alle Schrift, von Gott eingegeben,«). Vgl. dazu 2Petr 1,21: »*Spiritu sancto inspirati, locuti sunt sancti Dei homines*« (»getrieben von dem heiligen Geist, haben Menschen im Namen Gottes geredet«). Für »*divinitus inspirata*« steht im Griech. »*theopneustos*«, für »*Spiritu sancto inspirati*« steht »*hypo pneumatos hagiou pheromenoi*«. »Inspiration« bedeutet also die Eingebung, im speziellen bibl. Zusammenhang die göttliche Eingebung, die durch das Wirken des Heiligen Geistes zustande kommt.

Es sei nur kurz bemerkt, daß die Bibel auch eine I. von seiten des Bösen kennt (vgl. Joh 13,2; Apg 5,3). Wo man aber theologisch von »Inspiration« ohne nähere Erläuterungen redet, da ist die I. durch den Heiligen Geist bzw. von Gott her gemeint.

II. ZUR GESCHICHTE DER INSPIRATIONSLEHRE.

1. Sie beginnt praktisch schon im NT. Mt 5,17f; Joh 10,35 zeigen, daß Jesus die damalige Heilige Schrift Israels bis ins Kleinste hinein als inspiriert und erfüllungsmächtig verstand. Paulus ging ebenfalls von der wörtlichen I. aus (vgl. dazu III.): »Man kann nicht schriftgläubiger sein als er« (Campenhausen).

Justin, Irenäus, Tertullian setzten diese Linie fort. Auch Origenes war ein betonter Vertreter der Verbalinspiration. Ihm zufolge ist die Bibel »unter dem Anhauch des heiligen Geistes niedergeschrieben«, »ganz und gar vollkommen«, ohne Widersprüche. Weil sie von Gott stammt, spricht Origenes gerne von »göttlichen Schriften«. Augustin vertrat ebenfalls die Verbalinspiration. Er betonte vor allem die Irrtumslosigkeit und Widerspruchslosigkeit der Heiligen Schriften (*nihil in eis omnino errasse, nihil fallaciter posuisse,* Epist. 82,3,24). Das geschriebene Evangelium stellt so etwas wie den gegenwärtigen Herrn und den »Mund Christi« dar (*quasi praesentem dominum, Os Christi,* Tract in Joann 30,1; Serm 85,1,1). Sogar die Gedächtnisfehler der Apostel – die es also geben konnte! – wurden vom Heiligen Geist verursacht, um uns zu belehren. Augustin zufolge haben wir es in der Bibel mit einem Diktat des Heiligen Geistes zu tun. Damit waren die Grundlinien für das ganze Mittelalter ausgelegt. Die Widerspruchslosigkeit, Irrtumslosigkeit, Vollkommenheit, Einheit und Wahrheit der wörtlich inspirierten Bibel bildeten die Grundlage der gesamten christlichen Theologie bis zur Schwelle der Reformation.

2. Obwohl die Forscher darüber streiten, ob Luther eine Verbalinspiration vertreten hat, so ist er doch von der I. der Bibel ausgegangen. Bleiben Luthers Urteile zwiespältig, ist die Stellung Calvins umso klarer. Nach Calvin ist die ganze Bibel vom Heiligen Geist diktiert. Die menschlichen Verfasser sind lediglich »authentici Spiritus Sancti amanuenses« (Inst IV, 8,9). M. Flacius, der größte Hermeneut der lutherischen Reformation, lehrt die I. der ganzen Schrift (*Scipturam esse divinitus ... inspiratam*). Gott ist der Urheber der Schrift.

3. Die altprotestantische Orthodoxie hat die I. der Schrift bis ins Kleinste durchdacht. Sie wird getragen von der Überzeugung der Verbalinspiration (wörtliche Inspiration). Auch Nebensachen sind inspiriert, weil sie zum Verständnis des Zusammenhangs helfen. Eine ausgereifte Form dieser Verbalinspirationslehre liegt bei David Hollaz (1648-1713) vor: Alle einzelnen Worte der Schrift sind inspiriert und vom Heiligen Geist diktiert (*Omnia et singula verba, quae in s. codice lequntur, a spiritu s. prophetis et apostolis inspirata et in calamum dictata sunt*). Die I. umfaßt den Auftrag und Impuls, zu schreiben, die Vorstellung von den Dingen und die Vorstellung von den Worten.

4. Die Theologie der Aufklärung brachte darin einen radikalen Bruch. »An keinem Punkt der Dogmatik« hat die »historisch-kritische Aufklärungstheologie des 18. Jh. so radikal mit den orthodoxen Traditionen gebrochen wie hinsichtlich der Schriftlehre« (O. Merk). Schon J.A. Turretini in Genf (1671-1737) machte sich frei von der Theopneustie. Bei J.S. Semler (1725-1791) wird die Inspirationslehre völlig preisgegeben. Man verteidigt teilweise noch die Realinspiration (wesentliche Inhalte, und nur diese, sind inspiriert) oder die reine Personalinspiration (die menschlichen Verfasser sind von Gott inspirierte Menschen, aber ihre Schriften sind fehlerhaft). Beispielsweise unterschied R. Rothe (1799-1867) zwischen *Offenbarung und Schrift, hielt nur die erstere für inspiriert und sah in der Schrift Fehler und Irrtümer. Die Entwicklung ging bis dahin, daß man bei modernen Dogmatikern (z.B. W. Elert, W. Trillhaas) die altprotestantische Inspirationslehre als »Irrlehre« bezeichnete).

Was sind die Gründe dieses Bruches? a. Ein Hauptargument lautet, geschichtliche Bibelforschung und I. seien unversöhnbare Gegensätze. b. Die Schrift weise Widersprüche auf, was keine I. mehr erlaube. c. Sie sei außerdem fehlerhaft und (gelegentlich) irrtümlich.

5. Unser Überblick wäre unvollständig,

wenn wir nicht auch theologische Positionen erwähnen würden, die nach wie vor die I. der Schrift vertreten. Dazu gehört a. die bekenntnisgebundene protestantische Forschung, b. die evangelikale Bewegung (vgl. die Basis der Evangelischen Allianz von 1846) einschließlich des kontinentalen Pietismus, c. die offizielle katholische Doktrin. Noch 1964 formulierte die Instructio der Päpstlichen Bibelkommission, die I. habe die Verfasser der Evangelien »vor jedem Irrtum bewahrt« (*ab omni errore praeservabat*). Sogar das Vaticanum II bezeichnete die bibl. Bücher »als heilig und kanonisch, weil sie, unter der Einwirkung des Heiligen Geistes geschrieben (*Spiritu Sancto inspirante*), ... Gott zum Urheber haben«.

III. DIE INSPIRATION NACH DEM ZEUGNIS DER SCHRIFT.

Die entscheidende Frage lautet: Was sagt die biblische Offenbarung über sich selbst?

1. Nach dem Zeugnis des NT ist die Gesamtheit der anerkannten Heiligen Schriften Israels inspiriert. Das ergibt sich eindeutig aus 2Tim 3,16: »Alle Schrift ist von Gott eingegeben« (oder: »Jede Schriftstelle stammt aus Gottes Geist«). Also nicht nur die Verfasser oder einige wichtige Inhalte der Schrift sind inspiriert, sondern die »ganze Schrift« selbst. Deshalb kann Paulus in Röm 1,2 von »heiligen Schriften« sprechen. Allerdings bezieht sich dieses Urteil zunächst nur auf das AT.

2Petr 1,21 erklärt die I. noch genauer: »von Gott her redeten Menschen, getrieben vom Heiligen Geist«. Daraus ergibt sich dreierlei: a. »Menschen haben geredet«, keine Instrumente, in normaler menschlicher Sprache, nicht Zungenrede, Ekstase o.ä. b. Sie haben aber nicht von einem menschlichen Standpunkt her geredet, sondern »von Gott her«. D.h. von Gott gesandt, bevollmächtigt, als seine Boten. c. Diese besondere Situation schuf der »Heilige Geist«, der sie »trieb«, d.h. trug, bewegte, bewahrte und lenkte.

Im tieferen Sinne ist also Gott selbst der Urheber dieser Äußerungen – gerade in ihrer Schriftform! – gewesen. Deshalb kann Gott gelegentlich sogar als Schreiber geschildert werden (2Mo 24,12; 31,18; 32,15f). Deshalb kann die Redewendung »Gott sagt« durch die Redewendung »die Schrift sagt« ersetzt werden (vgl. Mt 22,31f; 1Kor 15,3f; Gal 3,8). Deshalb darf die Schriftform der Offenbarung nachträglich nicht verändert werden: »Ihr sollt nichts dazutun ... und nichts davontun« (5Mo 4,2; 13,1; Spr 30,6; Offb 22,18f).

Gerade die Schriftform der Offenbarung wird Josua anbefohlen (Jos 1,8). Durch schriftliche Fixierung sollen die Propheten das Weiterwirken ihrer Botschaft stützen (Jes 8,16; Jer 36,1ff; Dan 12,4). Den Propheten liegt die Tora in Schriftform vor (Hos 8,12; Mi 6,8; Mal 3,22), ja sie greifen auf schriftliche Überlieferungen früherer Propheten zurück (Dan 9,2). Auch die Psalmen setzen eine schriftlich fixierte Tora voraus (Ps 119,6.18). Insgesamt ergibt sich, daß die Bibel selbst die schriftgewordene Offenbarung als unabänderlich und als unverbrüchlich betrachtet. Vgl. Jesu Aussagen in Mt 5,17f; Joh 10,35.

Weil Gott selbst der Urheber der schriftlichen Offenbarung ist, treten in der Bibel die menschlichen Verfasser zurück. Es ist »der Herr, der durch den Propheten geredet hat« (Mt 1,22 u.ö.), es ist »die Schrift«, die etwas »sagt« oder verkündigt (1Kor 15,3f; Gal 3,8).

Es sei bemerkt, daß die alte jüd. Auslegung die soeben genannten Gesichtspunkte teilte und betonte. Wie R. Longenecker darlegt, waren alle jüd. Ausleger des 1.Jh.n.Chr. von der göttlichen I. der heiligen Schriften überzeugt. Sie glaubten, es hier mit den Worten Gottes zu tun zu haben. Deshalb war ihnen auch der mehrfache Schriftsinn möglich und geläufig.

2. Doch wie steht es mit der Inspiration des NT? Halten wir zuerst fest: Das NT bezeugt den Abschluß der Heilsoffenbarung in der Zeit Jesu und seiner Apostel (Hebr 1,1f). Es gibt keine »Fortschreibung« der Bibel oder neue heilsbegründende Offenbarung in späteren Zeiten. Deshalb müssen Christen z.B. den Koran ablehnen.

Sodann gilt es, die einzelnen Schriften des NT mit ihrem Anspruch zu hören:

Eindeutig ist der Befund bei der Johannes-Offenbarung. Mit der Aussage in 22,18f stellt sie sich auf dieselbe Stufe wie die Mose-Tora in 5Mo 4,2. Sie will also von Anfang an »heilige Schrift« sein (vgl. auch 1,1.10f; 2,1.12).

Für die Paulusbriefe bezeugt 2Petr 3,15f, daß es schon in ntl. Zeit eine Sammlung von Paulusbriefen gab, deren Umfang allerdings nicht bestimmt wird. Diese Paulusbriefe sind in von Gott gegebener Weisheit verfaßt, werden wie die Heilige Schrift zitiert und mit den »übrigen« heiligen »Schriften« auf eine Stufe gestellt.

Paulus selbst bezeichnete seine mündliche Verkündigung »nicht als Menschenwort, sondern wahrhaftig als Gottes Wort« (1Thess 2,13). Er schreibt unter der Leitung des Heiligen Geistes (1Kor 2,10.13; 7,40; 14,37; 2Kor 3,5ff; 4,13; Gal 1,8.11). Sein Selbstzeugnis stimmt also mit dem 2Petr zusammen.

Das JohEv. gestaltet seinen Anfang parallel zum Anfang der hebr. Bibel (vgl. 1,1ff mit 1Mo 1,1ff). Der Verfasser betont am Schluß, »daß sein Zeugnis wahr ist« (21,24). »Wahr« bedeutet: a. subjektiv wahr, b. objektiv wahr,

c. in Übereinstimmung mit Gott. Das Ev. betont auch die Verheißung Jesu, daß der im Jünger wirkende Geist »euch in alle Wahrheit leiten wird« (Joh 16,13; vgl. 14,26). Das JohEv. beansprucht wenigstens indirekt, auf einer Ebene mit den heiligen Schriften Israels zu stehen. Ähnliches läßt sich beim MtEv. beobachten (vgl. Mt 1,1 mit 1Mo 5,1; Mt 1,17; 23,34; 28,19). Weiter ist zu berücksichtigen, daß die Jesusworte der Evangelienüberlieferung in den übrigen Schriften des NT wie die heilige Schrift behandelt werden (vgl. z.B. 1Kor 7,10ff; 1Thess 4,15ff; 1Tim 5,18 mit Joh 18,9.32). Insgesamt kommt den Worten und Taten Jesu heilsbegründende und normierende Bedeutung zu. Jesus selbst als der messianische Geistträger ist schlechthin inspiriert (vgl. Mt 3,13ff par).

Schließlich beansprucht auch der offensichtlich allen Johannesbriefen gemeinsame Verfasser, unter Geistesleitung zu schreiben (vgl. 1Joh 1,1-4; 2,20; 4,1ff; 5,6; 3Joh 12).

Fassen wir zusammen: a. Die meisten Schriften des NT sind nach ihrer Selbstaussage inspiriert (Paulusbriefe, Johannesoffenbarung, Johannesbriefe, Jesuslogien). b. Einige Schriften lassen einen indirekten Anspruch erkennen, inspiriert zu sein (z.B. JohEv.; MtEv.). c. Mit Ausnahme des Hebräerbriefes geben sich aber auch die anderen Schriften des NT als entweder von Augenzeugen und Aposteln verfaßt (Petrusbriefe, Jakobusbrief, Judasbrief) oder als auf autoritative Augenzeugen zurückgehend (MkEv., Doppelwerk des Lk). d. Wenn später also die Kirche aufgrund des *Testimonium Spiritus Sancti internum* die I. aller kanonischen ntl. Schriften anerkannte, stand sie darin im Einklang mit der Offenbarung selbst.

IV. GRUNDLINIEN EINER BIBLISCHEN INSPIRATIONSLEHRE.

Jede Inspirationslehre rührt an ein Geheimnis, das sich nur wahren, nicht aber paragraphenmäßig entfalten läßt. Wir haben es hier mit einer pneumatischen Realität zu tun. Immerhin gibt es gewisse, von den Selbstaussagen der Schrift gebotene Grundzüge:

1. Eine biblisch orientierte Inspirationslehre kann nicht hinter die Erkenntnis zurück, daß eben die Schrift – und nicht nur ein menschlicher Verfasser! – inspiriert ist. Eine reine Personalinspirations- oder reine Realinspirationslehre verbietet sich von daher. Vielmehr müssen wir davon ausgehen, daß die ganze Schrift in ihrem ursprünglichen Wortbestand inspiriert ist.

2. Der Vorgang der I. ist selbst ein (heils-)geschichtliches Handeln Gottes. Aber dieses Handeln erfolgt »auf vielerlei Weise« (*polytropoos*, Hebr 1,1). Die I. kann also nicht mit einem Diktat gleichgesetzt werden. Zwar gibt es Fälle des Diktats (z.B. Jes 8,1 oder die Sendschreiben der Offenbarung). Aber daneben steht der Schreibbefehl, ohne daß die Niederschrift Wort für Wort diktiert ist (z.B. 2Mo 17,14; Jer 36,1f.27f; Offb 1,11). Hierbei ist die Freiheit der Wortwahl gegeben. Unter Umständen überspannt die I. einen lange dauernden Prozeß, der erst mit der Fertigstellung der betreffenden Schrift beendet ist (z.B. Jer 36,1ff). Neben den Schreibbefehl tritt die göttliche Bestätigung für ein vom Verfasser inzwischen abgeschlossenes Buch (z.B. Dan 12,4). Das Beispiel des Danielbuches ist deshalb interessant, weil es offenkundig die Archive des neubabylon. und pers. Staates benutzt. Auch dieser ganze Arbeitsprozeß wird von der I. umschlossen. Ein weiteres interessantes Beispiel bildet das Doppelwerk des Lukas. Er arbeitet mit historischen Quellen (Augenzeugen, evtl. Reisetagebücher), hat Methode (Lk 1,1-4) und ist gewissermaßen der Geschichtswissenschaftler unter den Evangelisten. Dieser Gesamtprozeß von den Quellen bis zur Endfassung aber stand unter der Leitung des Heiligen Geistes, wie die Kirche durch Aufnahme in ihren Kanon feststellte. Insgesamt läßt sich die I. als ein geschichtlicher Gesamtvorgang definieren, dessen Verlauf von Gott so gelenkt wird, daß am Ende das Gott offenbarende Wort entstanden ist.

3. Bei Anerkennung der I. der ganzen Schrift stellt sich die Frage: Wie verhalten sich hier Gotteswort und Menschenwort zueinander? Es gab immer wieder zwei Fehlwege: Betonte man allein die Aktivität des die Schrift hervorbringenden Gottesgeistes, dann wurden aus den menschlichen Verfassern leicht »Instrumente«, »Griffel«, und aus dem Gesamtvorgang wurde ein Mechanismus; betonte man aber nur die menschliche Tätigkeit, dann hatte man nur noch »die Theologie des Matthäus« usw., aber nicht mehr das Reden des lebendigen Gottes vor sich.

Halten wir fest: Die bibl. I. hat mit *Ekstase, Mechanismus u.ä. nichts zu tun. Es ist darum falsch, dem NT oder der Kirche vorzuwerfen, sie hätten sich einem ekstatischen Inspirationsverständnis verschrieben (sei nun *Philo oder ein anderer der Schuldige). Vielmehr sind die menschlichen Verfasser als Persönlichkeiten mit bewußter Aktivität, Gedächtniskraft, Sprachstil usw. von Gott in Dienst genommen. Sie bleiben Persönlichkeiten mit konkreten geschöpflichen Gaben und an konkreten Orten der Geschichte. Sie haben auch jeweils spezifische, unterschiedliche Aufträge. Ihre Einsicht, vor allem in die Konsequenzen ihrer Botschaft, blieb begrenzt (vgl. Mt 13,17;

1Petr 1,10f). Und dennoch waren sie Hörende und Gehorchende.

Andererseits haben wir ernstzunehmen, daß diese menschlichen Verfasser eben Boten und nicht Ko-Autoren der göttlichen Botschaft gewesen sind. Sie reden ja nicht »über Gott«, sondern »von Gott her« (2Petr 1,21). Gott bleibt der Sendende und der eigentlich Redende.

Von daher verbietet sich die Aufteilung der Schrift in einen menschlichen, fehlbaren »Faktor« und einen göttlichen, unfehlbaren Faktor. Der Bibel näher steht die Vorstellung einer »concursio«, bei der sich Göttliches und Menschliches komplementär verhalten. Augustin hat bereits das Richtige gesehen. Für ihn war die Bibel sowohl ganz ein Werk Gottes, als auch ganz ein Werk des Menschen. Mit ihm zusammen wird man darauf verzichten müssen, bestimmte Teile dem Menschen, und andere Teile Gott zuzuweisen. Die Bibel will ein Einheitliches und Ganzes sein, wobei sich Menschenwort und Gotteswort unauflöslich miteinander verbinden: »von Gott her redeten Menschen« (2Petr 1,21).

4. Damit stellt sich auch die Frage nach den Fehlern in der Schrift. Sie wurde schon im 2.Jh.n.Chr. innerkirchlich diskutiert (Kanon Muratori). Die Gnostiker des 2.Jh.n.Chr. (z.B. Ptolemäus) und heidnische Gegner (z.B. Porphyrius, gest. 304) behaupteten Fehler und Widersprüche in der Bibel.

Wir haben schon erwähnt, daß bis zur Reformation die Fehlerlosigkeit und Widerspruchslosigkeit der Bibel von der gesamten Kirche vertreten wurde. Typisch ist hier die Bemerkung Justins (gest. ca. 165 n.Chr.): »Ich bin schlechterdings überzeugt, daß keine andere Schriftstelle einer anderen widersprechen kann, und werde eher zugeben, daß ich das Gesagte nicht begreife« (Dial 65,2). Noch um 1700 argumentierte die protestantische Dogmatik (z.B. Calov) auf der Linie: Wenn die Schrift auch nur an einer einzigen Stelle irrt, wird die ganze Schrift unzuverlässig.

Sobald die Inspirationslehre aufgegeben wurde, behandelte man die Bibel jedoch als ein Buch mit Fehlern und Widersprüchen. Das wird schon bei Richard Simon (1638-1712) deutlich, der durch den Nachweis von bibl. Irrtümern das Schriftprinzip der Protestanten zerstören wollte. Damit war der Bibelkritik der Weg gebahnt.

Hört man die Bibel selbst, dann ist sie wahr, verläßlich (Ps 33,4), fest (2Petr 1,19), wirksam (Mt 5,18), wegweisend (Ps 119,105) und verbindlich (Joh 10,35). Man sollte von diesen offensiven bibl. Begriffen ausgehen und nicht von defensiven, wenn auch gutgemeinten, wie etwa der Irrtumslosigkeit (inerrancy). Andererseits gibt uns die Bibel kein Recht, von ihrer Fehlerhaftigkeit zu sprechen. Man findet in der Bibel keine Bibelkritik (auch und gerade nicht bei Jesus! vgl. Mt 5,17ff; Joh 10,35). Im Zusammenhang mit der Inspirationslehre ergeben sich folgende Beobachtungen: a. Bei näherer Prüfung schrumpfen die angeblichen Fehler der Schrift erheblich zusammen. b. Im Bereich des dynamisch-verwandelnden Verstehens und des ethischen Verstehens ist die Bibel fehlerlos. c. Im kognitiven Verstehenszusammenhang tauchen ernsthafte Probleme nur im Bereich der historischen Forschung auf. d. Wir müssen damit rechnen, daß Gottes Absicht gar nicht an jeder Stelle dahin ging, uns historisch zu informieren. So bleibt es ein legitimer Weg, historische Probleme offen zu lassen. – Auf jeden Fall müssen wir die Bibel sagen lassen, was sie selbst sagen will. Von ihren eigenen Zwecken her betrachtet ist sie fehlerlos. Wir müssen also, wie Luther in der Vorrede zum ersten Band seiner deutschen Schriften von 1539 bemerkte, »die Apostel und Propheten lassen auf dem Punkt sitzen und wir hinieden zu ihren Füßen hören, was sie sagen, und nicht sagen, was sie hören müssen« (WA 50,657).

Literatur: K. Aner: Die Theologie der Lessingzeit, 1929; H. Freiherr von Campenhausen: Die Entstehung der christlichen Bibel, BHTh, 39/1968; W. Elert: Morphologie des Luthertums, I, 1931; J.A. Fitzmyer: Die Wahrheit der Evangelien, SBS 1/1965; P. Gennrich: Der Kampf um die Schrift in der deutsch-evangelischen Kirche des neunzehnten Jahrhunderts, 1898; K. Girgensohn: Die Inspiration der Heiligen Schrift, ²1926; R.M. Grant: A Short History of the Interpretation of the Bible, ²1963; C.F.G. Henry: Revelation and the Bible, 1958; R.N. Longenecker: Biblical Exegesis in the Apostolic Period, 1975; I.H. Marshall: Biblical Inspiration, 1982; O. Merk: Anfänge neutestamentlicher Wissenschaft im 18. Jahrhundert, in: G. Schweiger (Hrsg.): Historische Kritik in der Theologie, Studien zur Theologie und Geistesgeschichte des Neunzehnten Jahrhunderts, 32, 1980, S. 37-59; G. Moldaenke: Schriftverständnis und Schriftdeutung im Zeitalter der Reformation, Teil I, Matthias Flacius Illyricus,FKGG 9, 1936; J.I. Packer: Beyond the Battle for the Bible, 1980; I.S. Palmer: The Authority and Doctrine of Scripture in the Thought of John Calvin, EvQ, 49/1977, S. 30-39; B. Ramm: Special Revelation and the Word of God, 1961; J. Reinhard: Die Prinzipienlehre der lutherischen Dogmatik von 1700 bis 1750, 1906; H. Schmid: Die Dogmatik der evangelisch-lutherischen Kirche, ³1853; K. Scholder: Ursprünge und Probleme der Bibelkritik im 17. Jahrhundert, FGLP, 10. Reihe, Bd. 33, 1966; G. Schrenk: ThWNT I, 1933, S. 742-773; E. Schweizer: ThWNT VI, 1959, S. 452-453; O. Semmelroth, M. Zerwick: Vaticanum II über das Wort Gottes, SBS 16, 1966; H. Steubing (Hrsg.): Bekenntnisse der Kirche, 1985; A.C. Sundberg: The Bible Canon and the Christian Doctrine of Inspiration, Interpretation 29/1975, S. 352-371; W. Trillhaas: Dogmatik, 1962.

G.M.

INTERPRETATION s. Auslegung

INWENDIGER MENSCH. Paulus gebraucht die Wendung »inwendiger Mensch« (*ho esō anthrōpos*) dreimal (Röm 7,22; 2Kor 4,16; Eph 3,16), und zwar komplementär zum »äußeren Menschen« (explizit nur 2Kor 4,16).

Der Ausdruck »inwendiger Mensch« bezeichnet in der platonischen Philosophie das mit der sittlichen Veranlagung gleichgesetzte Denkvermögen. Der »äußere Mensch« wird demgegenüber als uneigentlich abgerenzt. So bezeichnet z.B. Epiktet das Innere als den eigentlichen Menschen, als die sittlich freie Persönlichkeit. Im hellen. Judentum setzt Philo den inwendigen Menschen mit dem menschlichen Geist (*nous*) gleich, der »der Mensch im Menschen ist, und zwar der bessere im schlechteren und der unsterbliche im sterblichen« (Congr 97).

Paulus greift zwar das antithetische Begriffspaar inwendiger und äußerer Mensch auf, prägt es jedoch um. Sachlich knüpft er an den atl. Begriff »Herz« (*lēb*) an (vgl. 1Petr 3,4), der das Zentrum des bewußt lebenden Menschen bezeichnet. Gemeint ist der ganze Mensch unter dem Aspekt des Denkens und Entscheidens.

1. In Röm 7,22f steht der inwendige Mensch in Parallele zur Einsicht und zum Urteilsvermögen (*nous*) und wechselt im Kontext mit »ich«. Paulus geht es nicht um einen anthropologischen Dualismus, sondern er bezeichnet mit dem inwendigen Menschen einen Aspekt des Menschseins, der dem Gesetz Gottes freudig zustimmt (V. 16.22) und das Gute tun will (V. 19.21). Darin würde sich die Geschöpflichkeit des Menschen realisieren, doch bleibt diese Zustimmung zum Gesetz Gottes ohnmächtig der eigenen Sündhaftigkeit verfallen. Dieses Ich bzw. der inwendige Mensch ist keine allgemeine anthropologische Kategorie, sondern eine Beschreibung des frommen Menschen (vgl. z.B. Ps 119,16.47). Der inwendige Mensch in Röm 7,22 »ist der wahre Fromme Israels, der Einsicht in das Gesetz Gottes hat und es von ganzem Herzen bejaht«, aber gleichzeitig die allgemeine Verfallenheit an die Macht der Sünde immer wieder neu erfährt (O. Michel, Römer S. 235). Paulus sieht auf seine eigene Existenz als frommer Jude vor seiner Begegnung mit Christus zurück.

2. In 2Kor 4,16-18 entspricht der Gegensatz von inwendigem und äußerem Menschen dem von Unsichtbar und Sichtbar. Dieses steht unter eschatologischem Aspekt: Während das Sichtbare zeitlich und damit endlich ist, ist das Unsichtbare ewig, weil es der Auferweckung mit Jesus teilhaftig wird (V. 14). Da diese leiblich erfolgt, geht es nicht wie in der hellen. Philosophie um den Gegensatz von Seele und Körper. Unter Leiden, Bedrängnis und Schmerzen geht der äußere, natürliche Mensch mit seiner Kraft zugrunde. Gleichzeitig wird der inwendige erneuert, empfängt neue Kraft zum Leben und Dienst für die Gemeinde. Der inwendige Mensch entspricht so dem in Christus neu geschaffenen Menschen (vgl. 2Kor 5,17).

3. Ähnlich ist der Begriff in Eph 3, 16-19 gebraucht. Der Geist Gottes bewirkt, daß der inwendige Mensch an Kraft gestärkt wird. Dieses geschieht parallel zum Wohnen und Wirken Christi im Herzen. Der inwendige Mensch ist so der neue Mensch, in dem Christus mit seiner Liebe Gestalt gewinnt (V. 18f) und der seine Kraft durch Gottes Geist empfängt.

Beim inwendigen Menschen geht es also in 2Kor 4,16 und Eph 3,16 um den glaubenden neuen Menschen in Christus, während in Röm 7,22 der fromme, nicht an Christus glaubende Mensch gemeint ist, der dem Gesetz Gottes zustimmt, es aber ohnmächtig nicht erfüllen kann.

Literatur: J. Behm: ThWNT II, 1935, S. 696f; N. Walter: EWNT II, 1981, 161-164. W.H.

IRA.

1. Ein Jaïriter, der ein »Priester Davids« genannt wird (2Sam 20,26), eine schwerverständliche Bezeichnung, da er nicht zum Stamm Levi gehörte. Peschitta (syr. Bibelübersetzung) liest statt Jaïr »aus Jattir«, (Stadt im Gebiet Levi). Andererseits kann »Priester« hier auch »hoher Beamter« bedeuten oder einen Ehrentitel darstellen (vgl. 2Sam 8,18; 1Chr 18,17).

2. Ein Jattiriter, einer der Helden Davids (2Sam 23,38). Möglicherweise ist er identisch mit 1., wenn die Peschitta-Lesart korrekt ist.

3. Einer der Helden Davids, Sohn des Ikkesch aus Thekoa (2Sam 23,26). M.A.M.

IRDEN. Bezeichnung für aus Erde oder Ton hersgestellte Gegenstände. Beim Reinigungs-, Eifer- und Sündopfer waren irdene Gefäße vorgeschrieben, die z.T. nach Gebrauch zerbrochen werden mußten (3Mo 14,5; 4Mo 5,17; 3Mo 6,21). Nach Jer 32,14 dienten irdene Gefäße auch zur Aufbewahrung von Schriftstücken, um sie vor Witterungseinflüssen zu bewahren. Die *Schriftenfunde vom Toten Meer haben diese Aufbewahrungsart bestätigt. In übertragener Bedeutung steht »irdene Töpfe/Gefäße« für »gewöhnliche, leicht zerstörbare Dinge« (Klgl 4,2; 2Kor 4,7).

IRDISCH. Die Bedeutung »von dieser Erde stammend, dieser Erde im Wesen zugehörig« (vgl. *Irden) steht im Gegensatz zu »himmlisch«. In ähnlicher Weise werden die Gegensatzpaare: natürlich (fleischlich) – geistlich; verweslich – unverweslich; Adam – Christus (1Kor 15,40ff) gebraucht.

Da alles Irdische unter dem Gesetz der Sünde steht (1Kor 15,47f; Röm 5,12ff; 7,14.23), ist irdische Gesinnung stets gegen Gott gerichtet (Phil 3,18f; Jak 3,15).

IRRLEHRE.

Das griech. *hairesis* – von dem unser Fremdwort für Irrlehre, »Häresie«, stammt – meint in seiner ursprünglichen Bedeutung »Wahl«, dann aber auch das, was gewählt wurde, nämlich »Partei« bzw. die »philosophische Schule«. Es ist also eine bestimmte Lehre mit gewissem Autoritätsanspruch im Blick. So wird der Begriff auch im NT gebraucht, wenn von der »Partei« der *Pharisäer bzw. der *Sadduzäer gesprochen wird (vgl. Apg 5,17; 15,5; 26,5). Auch die christl. Gemeinde wird von außen her als eine »Partei« bzw. »Sekte« im Judentum gesehen (vgl. Apg 28,22; 24,5.14 »nach dem Weg [Vulg.: *sectam*], den sie eine hairesis nennen«).

Daß solche Parteien auch abweichende Lehren vertraten, wird im 1. Korintherbrief deutlich. Die einzelnen Gruppen dort (vgl. 1Kor 1,11ff) sind nicht nur Teile, die zur Gesamtgemeinde gehören, sondern sie setzen sich selbst absolut. Obwohl nicht ganz klar wird, wo die Abgrenzungen inhaltlich liegen, wird doch an der Berufung auf einzelne Namen, die für eine Lehre stehen, deutlich, daß es um einander widerstreitende Lehrinhalte geht.

Im Galaterbrief führt der Apostel Paulus eine Lehrauseinandersetzung mit solchen, die falsch lehren. Die Lehre - das ist das Evangelium Christi und von Christus, wie es der Apostel vom Herrn selbst empfangen hat (vgl. Gal 1,12) – steht gegen ein »anderes Evangelium« (vgl. Gal 1,6ff), wohl ein *Evangelium, das das alte Gesetz verpflichtend zur Rettung benennt. Ganz nüchtern sagt der Apostel deshalb gegen solche Irrlehrer: »Wenn jemand euch ein Evangelium predigt, anders als ihr es empfangen habt, der sei verflucht« (Gal 1,9). Solche falschen Lehrer und Irrlehrer werden auch im 1.Timotheusbrief von Paulus energisch zurechtgewiesen (vgl. 1Tim 1,3ff); ja, solche »ketzerischen« Menschen sollen nach zwei ernsthaften Ermahnungen in der Gemeinde keinen Platz mehr haben (vgl. Tit 3,10).

Zunehmende Verführung, Irrlehrer und Irrlehren kennzeichnen die »letzte Zeit«: Falsche Christusse werden viele verführen; falsche Propheten werden mit Zeichen und Wundern die Gemeinde von Christus wegbringen wollen (vgl. Mt 24,5.23f), so sagt es Jesus selbst voraus. Paulus redet betont von den I.n der letzten Zeit, die an ihren ethischen Konsequenzen deutlich werden (vgl. 2Tim 3,1-9, vgl. auch 1Tim 4,1). Ebenso spricht der Apostel Petrus das Gerichtsurteil über die falschen Lehrer und ihre I.n (vgl. 2Petr 2,1).

Das letzte Buch der Bibel zeigt die Rettung als volle Bindung an das Wort. Wer etwas wegnimmt oder dazu tut von und zum Wort der Wahrheit, setzt sein ewiges Leben auf's Spiel (vgl. Offb 22,18f). Die rechte Lehre ist bibl. gesehen nie ein theologisches System, sondern die Anerkenntnis Jesu Christi, in der der Jünger sich ihm ausliefert und gehorsam seinem und seiner Beauftragten und Bevollmächtigten Zeugenwort, wie es überliefert ist, lebt. I. verweigert die volle Anerkennung Christi und fügt seinem Evangelium menschliche Weisheit hinzu.

Literatur: L.Goppelt: Kirche und Häresie nach Paulus, Gedenkschrift W.Elert 1955; H.D. Betz, A. Schindler, W. Huber: TRE XIV, 1985, S. 313-348 (Lit.!). H.K.

ISAAK. (Hebr. *Jizchak*, »er lacht« oder »Gelächter«). Nach 1Mo 17,19 gab Gott dem Sohn, den er *Abraham und *Sara verheißen hatte, noch vor dessen Geburt diesen Namen, weil Abraham bei der Verheißung gelacht hatte (V. 17). Später wird noch von einem ungläubigen Lachen Saras berichtet, ohne daß hier der Name I. erwähnt wird (1Mo 18,12-15). Als I. geboren war, sagte Sara: »Gott hat mir ein Lachen bereitet; denn wer es hören wird, der wird über mich lachen« (1Mo 21,6). Der Name wird also mit dem Unglaublichen und Wunderbaren der Geburt I.s in Verbindung gebracht: Abraham war 100 Jahre alt und Sara 90, als I. geboren wurde (1Mo 17,17; 21,5).

I. wurde wohl in der Gegend von *Gerar oder von *Beerscheba geboren (vgl. 1Mo 20,1; 21,14.31), nach der Chronologie der Erzväterzeit um 2065 bzw. 1890 v.Chr. Am 8. Tag nach der Geburt beschnitt ihn Abraham (V. 4). Als I. entwöhnt war, wohl mit 2 oder 3 Jahren, wurde ein Festmahl gefeiert (V. 8). Sara sah dabei, daß *Ismael, der damals etwa 15-16 Jahre alt war, »Mutwillen trieb« (LÜ) mit I. (V. 9). Es gelang ihr, Abraham - nachdem Gott ihm offenbart hatte, er solle auf sie hören – zu bewegen, *Hagar mit ihrem Sohn fortzuschicken (V. 11-14; vgl. Gal 4,21-31).

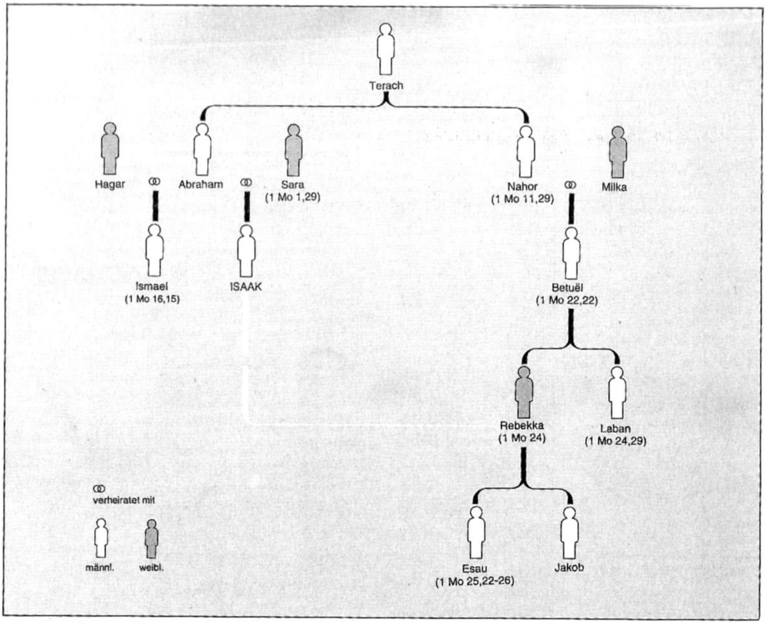

Die Familie Isaaks.

Wir wissen nicht, wie alt I. war, als Gott Abraham versuchte und von ihm forderte, seinen Sohn als Brandopfer darzubringen. Jedenfalls zeigt I. kindlichen Gehorsam und kindliches Vertrauen seinem Vater Abraham gegenüber (1Mo 22,1-19). Als I. 40 Jahre alt war, heiratet er *Rebekka, die Abrahams Knecht als Frau für I. aus Mesopotamien geholt hatte. Sie war die Tochter Betuëls, des Sohnes von Nahor und Milka, und die Schwester Labans (1Mo 24; 25,20). Sara war damals schon tot (1Mo 23; 24,67). Bei seiner ersten Begegnung mit Rebekka war I. gegen Abend aufs Feld hinausgegangen, um nachzusinnen oder zu beten (LÜ; V. 63). I. macht den Eindruck eines stillen Mannes, weniger aktiv als Abraham oder *Jakob. 20 Jahre lang blieb I.s Ehe mit Rebekka kinderlos. Dann wurden dem 60jährigen I. die Zwillinge *Esau und Jakob geboren (1Mo 25,25.26). Zu der Zeit lebte Abraham noch, 160jährig. Er starb mit 175 Jahren, und seine Söhne I. und Ismael begruben ihn in der Höhle *Machpela (V. 7-10).

Nach Abrahams Tod segnete Gott I., der damals bei dem Brunnen *Beer Lahai-Roi wohnte (V. 11). Später wird über I.s Aufenthalt bei dem Philisterkönig *Abimelech in *Gerar berichtet, wo er - wie früher Abraham – seine Frau als seine Schwester ausgab. Abimelech entdeckte den Betrug, als er sah, wie I. Rebekka liebkoste (1Mo 26,8). Diese Ereignisse dürften noch vor der Geburt von Esau und Jakob liegen; denn wir hören im gleichen Zusammenhang (V. 1-6) von einer Erscheinung des Herrn, der I. eine zahlreiche Nachkommenschaft verheißt. Danach wohl wird I. für seine Frau gebeten haben, und der Herr ließ Rebekka Mutter werden (1Mo 25,21).

Schon in Gerar wurde I. außergewöhnlich gesegnet, so daß er sehr reich wurde (1Mo 26,12-22). Bei dem folgenden Streit um die Brunnen ging er den Philistern zweimal aus dem Wege und zog über Rehobot (LÜ: »Weiter Raum«) nach Beerscheba. Dort empfing er eine Offenbarung Gottes, baute einen Altar und rief den Namen des Herrn an (V. 23-25). In Beerscheba kam Abimelech mit seinem Freund Ahuschat (*Freund des Königs) und seinem Heerführer Pichol zu I., und sie schlossen ein Bündnis miteinander (V. 26-31). Am selben Tag brachten I.s Knechte die Nachricht, daß sie einen neuen Brunnen gegraben hätten, den er Scheba (»Schwur«) nannte. Daher heißt der Ort Beerscheba (V. 32.33).

Als Greis erblindete I. Darum konnte er von Rebekka und Jakob getäuscht werden, so daß Jakob den Erstgeburtssegen erhielt, der dann auch gültig blieb (1Mo 27). Damals muß

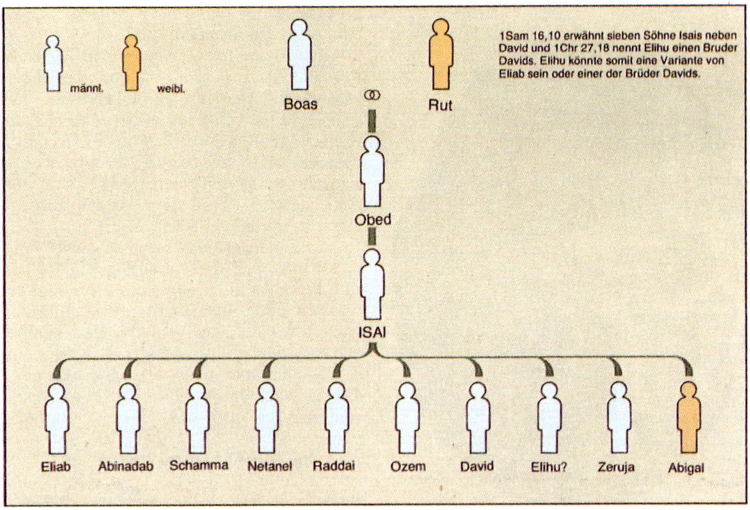

Isais Familie nach 1Chr 2,13–17.

I. 137 Jahre alt gewesen sein (vgl. 1Mo 30,25; 29,20.27; dazu 41,46; 45,6 mit 47,9). Daraus ergibt sich, daß Jakob bei der Geburt Josefs im 14. Jahr seines Aufenthalts bei Laban 91 Jahre alt war, bei seiner Flucht nach Mesopotamien also 77 und I. entsprechend 137 Jahre (vgl. 1Mo 25,26). Bemerkenswert ist, daß er trotz dieses hohen Alters noch weitere 43 Jahre lebte. 13 Jahre nach Jakobs Rückkehr aus Mesopotamien starb I. 180jährig; seine Söhne Esau und Jakob begruben ihn (1Mo 35,27-29). Vgl. auch Hebr 11,9.20.

Literatur: J.A. Stamm: Der Name Isaak. FS A.S. Schädelin, 1950, S. 33-38; C. Westermann: Genesis I,2, BKAT, 1981.

ISAI. Enkel des *Boas und Vater *Davids. Er lebte in *Bethlehem und wird im allg. als »der Bethlehemiter« bezeichnet, einmal auch als »Efratiter aus Bethlehem-Juda«. I. hatte acht Söhne (1Sam 16,10.11), von denen aber nur sieben dem Namen nach bekannt sind (1Chr 2,13-15). Der achte wird namentlich nicht genannt, weil er möglicherweise keine Nachkommen hatte, es sei denn, daß der Elihu in 1Chr 27,18 nicht mit Eliab identisch ist.

Ausleger, die alter jüd. Tradition folgen (Targ. Rut 4,22), setzen Nahasch (2Sam 17,25) mit I. gleich. Als weitere Lösungsvorschläge bieten sich an: Entweder waren Abigal und Zeruja Töchter aus einer früheren Ehe von I.s Frau mit Nahasch, oder Nahasch ist ein weiblicher Name und steht für die Mutter der Töchter. I. wird zuletzt erwähnt, als David seine Eltern zur Sicherheit nach Moab schickte (1Sam 22,3.4). M.A.M.

ISCH-BOSCHET. Man nimmt an, daß der Name (2Sam 2-4) ursprünglich Eschbaal hieß. Er wurde von Schreibern verändert, die *boschet*, »Schande«, schrieben anstelle des offensichtlich heidnischen Gottesnamens *Baal. In 1Chr 8,33; 9,39 erscheint die Form Eschbaal. In letzter Zeit wurde diese Deutung stark angezweifelt, *boschet* wird nunmehr als göttliches Attribut, »Stolz, Stärke« gedeutet. I. und Eschbaal könnten verschiedene Namen für einen Mann gewesen sein (so auch Mefiboschet und Merib-Baal; s. M. Tsevat: HUCA 46, 1975; S. 71-87). Als Sohn Sauls (»Jischwi« in 1Sam 14,49, eine verschriebene Form von Jischia, d.h. Jischbaal), wurde I. in Mahanajim außerhalb der Reichweite der Philister von Abner, dem Kommandanten seines Vaters, zum König von Israel gemacht. Als Davids Macht wuchs, versuchte Abner mit ihm zu intrigieren, wurde aber ermordet. I.s Anhänger verloren den Mut, und zwei seiner Offiziere, Rechab und Baana, ermordeten ihn während seiner Mittagsruhe (2Sam 2-4).

Der Tod I.s ermöglichte es David, dem Haus Sauls die Herrschaft über ganz Israel abzunehmen.

A.R.M.

Der Name Isebel (izbl) in phönizischen Schriftzeichen auf einem Skarabäussiegel ägyptischen Stils. Grauer Opal. 1,3 × 2,2 × 1 cm. 9.–8. Jh. v.Chr. (BM)

ISEBEL.

1. Tochter Etbaals, des Priesterkönigs von *Tyrus und Sidon. Sie war mit *Ahab verheiratet, um eine Allianz zwischen Tyrus und Israel zu festigen, durch die Ahabs Vater *Omri versucht hatte, die Feindschaft zwischen *Damaskus und *Israel auszugleichen. Ahab sorgte dafür, daß I. ihren Gott *Baal in *Samaria, ihrer neuen Heimat, weiter verehren konnte (1Kön 16,31-33).

I. hatte ein energisches Wesen und pflegte intensiv den Kult des Melkart, des tyrischen Baal; 450 seiner Propheten und 400 Propheten der Göttin Aschera wurden von ihr versorgt, als Ahab König geworden war (1Kön 18,19). Sie drang darauf, daß ihr Gott mindestens die gleichen Rechte wie der Gott Israels hatte. Daraus ergab sich der Konflikt mit dem Propheten *Elia. Auf dem Berg *Karmel wurde eine Entscheidung zwischen dem Gott Israels und Baal herbeigeführt, aus der der Gott Israels triumphierend hervorging (1Kön 18,17-40). Diese Niederlage und das Massaker an ihren Propheten verringerten I.s Eifer jedoch nicht, sie steigerten ihn vielmehr.

I.s Auffassung von absoluter Monarchie unterschied sich von der hebr. Vorstellung des Bundes zwischen Gott, König und Volk. Bei dem Geschehen um Nabots Weinberg untergrub sie in Anmaßung und Gewissenlosigkeit Ahabs Herrschaft (1Kön 21,8).

Nach Ahabs Tod hatte I. in ihrer Rolle als Königinmutter weitere 10 Jahre während der Herrschaft *Ahasjas und zu Lebzeiten *Jorams politischen Einfluß in Israel. Als Joram von Jehu getötet worden war, legte sie königliche Gewänder an (2Kön 9,30ff) und erwartete Jehu, auf dessen Befehl sie 482 v.Chr. von zwei oder drei Kämmerern aus dem Fenster gestürzt wurde (vgl. 1Kön 21,23).

2. In dem Brief an die Gemeinde in Thyatira (Offb 2,20) ist »Isebel« die Bezeichnung für eine Frau, die als Prophetin auftritt und zu Unmoral und Götzendienst unter dem Deckmantel der Religion verführt. Dies könnte sich auf eine Einzelperson oder eine Gruppe in der Gemeinde beziehen und läßt erkennen, daß der Name I. zum Inbegriff für den Abfall von Gott geworden war. M.B.

ISKARIOT s. Judas Iskariot

ISMAEL.(»Gott hört«).

1. Sohn *Abrahams und *Hagars, der ägypt. Sklavin, die Sara ihrem Mann zur Nebenfrau gegeben hatte. Als der Engel des Herrn der geflohenen Hagar (1Mo 16,6) zurückzukehren befahl, sagte er ihr vorher, daß sie einen Sohn haben würde, den sie I. nennen sollte, denn der Herr hatte ihr Elend gehört. I. würde ein »wilder Mensch« sein, seine Hand gegen alle und aller Hand gegen ihn; und allen seinen Brüdern sollte er vor dem Gesicht (d.h. zugleich: östl. von ihnen) wohnen (V. 11.12). Hagar kehrte zurück und gebar einen Sohn; Abraham, der damals 86 Jahre alt war, nannte ihn I. (V. 15.16). Mit 13 Jahren wurde I. beschnitten (1Mo 17,25). Als der dann von Sara geborene *Isaak entwöhnt wurde, spottete I. über ihn. Dieser Spott führte zu Hagars und I.s Vertreibung, die *Sara gefordert und der Gott zugestimmt hatte (1Mo 21,8-19). In der Wüste von Beerscheba umherirrend, erwartete Hagar den Tod ihres Sohnes; aber der Engel Gottes wies sie zu einem Brunnen. Als I. aufgewachsen war, wohnte er in der Wüste Paran und wurde ein Bogenschütze. Seine Mutter nahm ihm eine Frau aus ihrer Heimat Ägypten (V. 20.21). I. und Isaak begruben gemeinsam ihren Vater Abraham (1Mo 25,9). Die Söhne I.s werden V. 12-18 aufgezählt; außerdem hatte er eine Tochter, die *Esau heiratete (1Mo 28,9; 36,3). I. starb im Alter von 137 Jahren (1Mo 25,17).

2. Sohn Azels und Nachkomme Jonatans (1Chr 8,38: Jismael, vgl. dagegen RevEB; 9,44).

3. Vater des Judäers Sebadja, der z.Zt. Jo-

schafats oberster zivilrechtlicher Richter war (2Chr 29,12: Jismael, vgl. dagegen RevEB).

4. Sohn Johanans, der am Sturz Ataljas beteiligt war (2Chr 23,1: Jismael, vgl. dagegen RevEB).

5. Sohn Netanjas, des Sohnes Elischamas, ein Mann aus der judäischen Königsfamilie. Er ermordete *Gedalja, den Nebukadnezar nach der Einnahme Jerusalems zum Statthalter eingesetzt hatte (2Kön 25, 22-26; Jer 40,7-41,18 Jismael, vgl. dagegen RevEB). Zu diesem Mord hatte ihn der Ammoniterkönig Baalis angestiftet (Jer 40,14). Gleichzeitig erschlug I. die Juden, die bei Gedalja in Mizpa waren, und die dortige chaldäische Truppe (Jer 41,3). Am folgenden Tag kamen 80 Männer aus *Sichem, *Silo und *Samaria vorbei, die auf dem Weg nach Jerusalem waren; von ihnen ließ er nur 10 am Leben (V. 4-9). Danach zog er mit dem Rest des in Mizpa übriggebliebenen Volkes ab, um zu den Ammonitern auszuweichen. Aber Johanan, der Sohn Kareachs, und die Hauptleute, die ihn begleiteten, verfolgten ihn mit ihren Leuten, holten ihn am Teich bei *Gibeon ein und befreiten das weggeführte Volk. I. aber entkam mit acht Männern und brachte sich bei den Ammonitern in Sicherheit (V. 10-15).

6. Ein Priester aus dem Geschlecht Paschhur, der eine heidnische Frau genommen hatte (Esr 10,22).

ISMAELITER s. Ismael

ISRAEL. (Hebr. *jisrā'ēl,* »Gott kämpft«).

I. DER NAME ISRAEL.

1. Der neue Name wurde Jakob nach seinem nächtlichen Ringkampf bei Pnuël verliehen: »Du sollst nicht mehr Jakob heißen«, sagte sein übernatürlicher Gegner, »sondern Israel; denn du hast mit Gott und mit Menschen gekämpft [*sārītā,* von *sāra,* »kämpfen«] und hast gewonnen« (1Mo 32,29). Zu diesem Bericht vgl. Hos 12,4f, Jakob habe »im Mannesalter mit Gott gekämpft [*sāra*]. Er kämpfte [*wājjāsar,* vom gleichen Verb] mit dem Engel und siegte«. Die Umbenennung wird laut 1Mo 35,10 in Bethel bestätigt, wo der allmächtige Gott vor Jakob erscheint und sagt: »Du heißt Jakob; aber du sollst nicht mehr Jakob heißen, sondern Israel sollst du heißen. Und so nannte er ihn Israel.« Von da an taucht I. im gesamten AT auch als Synonym für Jakob auf, am häufigsten, wenn die Nachkommen des Erzvaters als »die Kinder (oder das Volk) Israel« bezeichnet werden (hebr. *benē jisrā'ēl*).

2. Das Volk, das von den 12 Söhnen Jakobs abstammt, wird als »Israel« (1Mo 34,7 u.ö.), »das Volk Israel« (2Mo 1,9 u.ö.), »die zwölf Stämme Israels« (1Mo 49,28) oder »die Israeliten« (1Mo 32,33 u.ö.) bezeichnet.

Die früheste Erwähnung dieses Volks in außerisraelischen Aufzeichnungen finden sich in einer Inschrift Merenptahs, des Pharaos von Ägypten (1224-1204 v.Chr.): »Israel liegt brach und hat kein Saatkorn« (TGI S. 39f). Die nächsten außerisraelischen Belege folgen in Inschriften Salmanassars III. von Assyrien um 853 v.Chr., der »Ahab von Israel« erwähnt (TGI S. 49f), und Meschas von Moab, dessen Siegesinschrift wiederholt auf Israel Bezug nimmt (um 840 v.Chr.), darunter auch mit der Prahlerei: »Israel ist dahin, dahin für immer« (TGI S. 51f; vgl. *Meschastein).

II. ISRAELS ANFÄNGE.

Merenptahs Erwähnung von I. fällt praktisch mit dem Beginn der Volksgeschichte zusammen, denn die Geburt I.s als Nation geschah durch den *Auszug aus Ägypten, der in Merenptahs oder seines Vaters Regierungszeit fiel. Einige Generationen zuvor waren die Ahnen I.s, Mitglieder eines Hirtenstammes, während einer Hungersnot nach Ägypten gezogen und hatten sich im Wadi Tumilat niedergelassen. Die ersten Könige der 19. Dynastie in Ägypten rekrutierten sie in großer Zahl als Zwangsarbeiter für den Bau befestigter Städte an Ägyptens NO-Grenze. Unter diesen Bedingungen hätten sie ihren Mitsklaven völlig assimiliert werden können, wäre nicht der Glaube ihrer Vorfahren durch *Mose neu erweckt worden. Der kam im Namen des Gottes ihrer Väter zu ihnen und führte sie aus Ägypten unter einer Reihe von Wundern heraus, durch die er sie lehrte, die Macht dieses Gottes, die zu ihrer Befreiung aufgeboten wurde, anzuerkennen. Unter Moses Führung zogen sie nach O über den »Weg durch die Wüste des Jam Suph«, bis sie den Ort erreichten, an dem der Gott ihrer Väter sich Mose unter seinem Bundesnamen Jahwe offenbart und ihn beauftragt hatte, sie aus Ägypten herauszuführen. Dort, am Fuß des Berges Sinai, traten sie in eine besondere Bundesbeziehung mit Jahwe ein. Durch die Errettung aus der ägypt. Sklaverei hatte er sich bereits als ihr Gott erwiesen; jetzt verpflichteten sie sich, sein Volk zu sein. Diese Verpflichtung schloß Gehorsam gegenüber den »Zehn *Geboten« ein, in denen Jahwe seinen Willen kundtat. Ihn allein sollten sie anbeten; kein Bildnis durfte seinen Platz einnehmen; sie sollten seinen Namen gebührend ehren; jeder siebte Tag war ihm vorbehalten; und in Gedanken, Worten und Werken sollten sie miteinander in einer Weise umgehen, die dem Bund angemes-

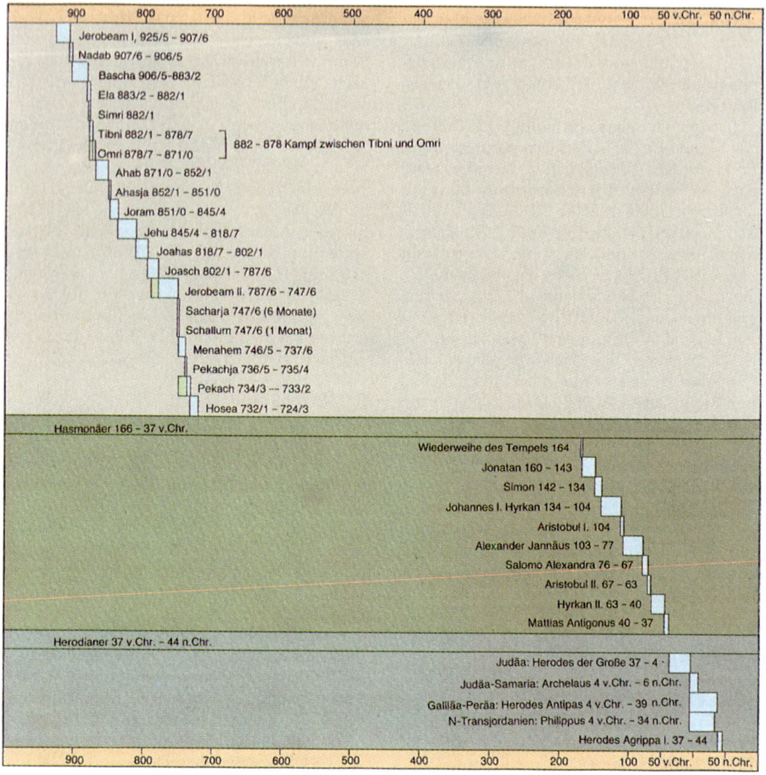

Die Könige Israels bis zur Regierungszeit von Herodes Agrippa I.

sen war, der sie zusammenschloß. Sie sollten ein für Gott auserwähltes Volk sein und auch etwas von seiner Gerechtigkeit, Gnade und Wahrheit in ihrem Leben ausdrücken.

Diese Haltung läßt sich als praktischer Monotheismus bezeichnen. Mit der Frage, ob die Götter benachbarter Völker in irgendeiner Weise existierten oder nicht, belasteten wahrscheinlich weder Mose noch seine Nachfolger ihre Gedanken; ihre Aufgabe war die Anerkennung Jahwes als erhabenen und alleinigen Gott.

Mose war nicht nur der erste und größte Gesetzgeber I.s; in seiner Person vereinigten sich die Ämter von Prophet, Priester und König. Er schlichtete ihre Streitfälle und lehrte sie die Prinzipien rel. Pflicht; er führte sie von Ägypten zum Jordan, und als er starb, ließ er nicht einen undisziplinierten Haufen von Sklavenarbeitern zurück, sondern eine wohlgeordnete Heerschar, die bereit war, Kanaan zu erobern und zu besiedeln.

Dieses Heer war, schon bevor es Kanaan in Besitz nahm, als eine Konföderation aus zwölf Stämmen organisiert, deren Zusammenhalt die gemeinsame Abstammung, aber mehr noch die gemeinsame Teilhabe am Bund mit Jahwe gewährleistete. Sichtbares Zeichen ihrer Bundeseinheit war die heilige Lade, die in einem Zelt-Heiligtum untergebracht war. Diese Lade stand im Zentrum ihres Lebens, wenn sie Halt machten, führte sie aber an, wenn sie unterwegs oder in der Schlacht waren. Sie schlossen enge Bündnisse mit anderen Nomaden, wie etwa den Kenitern (mit denen Mose durch Heirat verbunden war), den Kenisitern und den Jerachmeelitern, die anscheinend im Laufe der Zeit in den Stamm Juda integriert wurden. Möglicherweise war es ein Bündnisbruch von seiten der Amalekiter, einer weiteren Nomadenschar, der für die erbitterte Fehde verantwortlich war, die I. über viele Generationen mit ih-

Die Stämme Israels.

nen führte. Ein Bündnis mit solchen Hirtengemeinschaften unterschied sich deutlich von einem Bündnis mit der seßhaften Landbevölkerung Kanaans, deren Fruchtbarkeitskulte der reinen Anbetung Jahwes sehr abträglich waren. Ihr Bund mit Jahwe verbot den Israeliten strengstens, mit den Kanaanitern gemeinsame Sache zu machen.

Bedeutendstes Zentrum für die Stämme I.s während ihrer Wüstenzeit war Kadesch-Barnea, offensichtlich (wie der Name zeigt) ein Heiligtum und ebenso (wie sein alternativer

Name En-Mischpat zeigt) ein Ort, an dem Streitfälle verhandelt und Urteile gesprochen wurden. Nachdem sie Kadesch-Barnea verlassen hatten, drangen einige von ihnen im N zum Zentralnegeb vor, aber der Hauptteil zog südl. und östl. des Toten Meeres weiter und umging dabei die Gebiete ihrer edomitischen, ammonitischen und moabitischen Verwandten, die sich erst kurz zuvor als feste Königreiche etabliert hatten. Weiter nördl. im Transjordanland lagen die amoritischen Königreiche von *Sihon und *Og, in die sie einfielen. Die Streitkräfte von Sihon und Og wurden im Kampf vernichtet und ihre Gebiete besetzt – später als Ruben, Gad und Ost-Manasse bekannt. So wurde ein Teil der Israeliten bereits vor der Überquerung des Jordan seßhaft, um Ackerbau zu treiben.

III. DIE BESIEDLUNG KANAANS.

Der Überquerung des Jordan folgte rasch die Einnahme und Zerstörung der Festung *Jericho. Von Jericho aus drangen sie, eine befestigte Stadt nach der anderen einnehmend, ins Herz des Landes vor. Ägypten war nicht mehr in der Lage, seinen früheren kanaan. Vasallen beizustehen; lediglich die westl. Küstenstraße mit dem Paß von Megiddo als nördlichstem Punkt wurde von ihm noch kontrolliert. Aber selbst in dieser Region schob die Einwanderung der Philister (um 1190 v.Chr.) dem Vordringen ägypt. Einflusses bald einen Riegel vor.

Eine Koalition von fünf Militärgouverneuren kanaan. Festungen wollte die Israeliten daran hindern, sich vom zentralen Hügelland, wo Gibeon und die angegliederten Städte der hiwitischen Tetrapolis sich ihnen unterstellt hatten, nach S zu wenden. Als die Koalition am Paß von *Bet-Horon vernichtend geschlagen wurde, stand der S den Invasoren offen. Obwohl die Streitwagentruppen kanaan. Zitadellen sie daran hinderten, in den Ebenen zu operieren, beherrschten und besetzten die Israeliten bald die zentralen und südl. Hochebenen, ebenso das galiläische Hochland nördl. der Ebene *Jesreel.

Die Stämme, die sich im N niederließen, waren von ihren Genossen in Zentralkanaan durch eine Kette kanaan. Festungen in der Ebene Jesreel abgeriegelt, die sich vom Mittelmeer bis zum Jordan erstreckte. Noch stärker war Juda im S von den Stämmen der Mitte durch das Bollwerk Jerusalem abgeschnitten, das für 200 Jahre eine Enklave der Kanaanäer blieb.

In einem besonderen Fall vereinigten die nördl. und die zentralen Stämme ihre Streitkräfte, um sich gegen die Militärgouverneure der Ebene Jesreel zu erheben, durch die sie ständig zu Leibeigenen erniedrigt wurden. Ihr gemeinsamer Aufstand wurde in der Schlacht von *Kischon (um 1125 v.Chr.) mit Erfolg gekrönt, als ein plötzllicher Sturm die Wasserläufe über die Ufer treten ließ und die Streitwagen der Kanaanäer außer Gefecht setzte, so daß ihnen die leicht bewaffneten Israeliten einfach beikommen konnten. Doch selbst in diesem Fall, bei dem der Aufruf zum Handeln alle Stämme im N, in der Mitte und im Transjordanland erreichte, scheint Juda keine Nachricht erhalten zu haben; es war von den übrigen Stämmen total abgeschnitten.

Wenn sich die Stämme I.s – wie hier geschehen – an das Band ihres Bundes erinnerten, reichten ihre vereinten Kräfte aus, den Feinden Widerstand zu leisten. Aber gemeinsame Aktionen dieser Art waren selten. Dem Abflauen der Gefahr folgte regelmäßig eine Zeit der Anpassung an kanaan. Lebensformen. Diese Anpassung führte zu Mischehen und zur Imitation kanaan. Fruchtbarkeitsriten, so daß die Ehre, die Jahwe, dem Gott der Väger, der Israel aus Ägypten geführt und zu seinem Volk gemacht hatte, gebührte, auf Baal, den Fruchtbarkeits- und Regengott übertragen wurde. Das schwächte den Zusammenhalt des Bundes, so daß die Israeliten eine leichte Beute für ihre Gegner wurden. Nicht nur wollten die Stadtstaaten der Kanaanäer sie zu Sklaven erniedrigen; von Zeit zu Zeit hatten die Israeliten Angriffe von Stämmen jenseits des Jordan zu erdulden, von den Moabitern und Ammonitern, ihren Verwandten, aber noch verheerender waren Raubzüge von Beduinen. In diesen Zeiten der Not waren es die charismatischen Gestalten der »Richter«, nach denen die gesamte Landnahmezeit gemeinhin benannt wird, die das Volk nicht nur zum Sieg über seine Feinde führten, sondern auch zur Treue gegenüber Jahwe aufriefen.

Die massivste und hartnäckigste Bedrohung israelit. Unabhängigkeit kam jedoch aus dem W. Kurz nachdem die Israeliten den Jordan überquert hatten, ließen sich Seeräuberbanden aus der Ägäis an der Westküste Kanaans nieder und formierten sich in den fünf Stadtstaaten *Aschdod, *Aschkelon, *Ekron, *Gaza und *Gat, von einem *seren* regiert – einem der »fünf Fürsten der Philister«. Diese *Philister gingen mit den Kanaanäern Ehen ein und wurden bald selbst in Sprache und Religion zu Kanaanäern; sie bewahrten jedoch die politischen und militärischen Traditionen ihrer Heimatländer. Nachdem sie ihre Pentapolis etabliert hatten, brachten sie weitere Gebiete Kanaans unter ihre Kontrolle, einschließlich der Teile, die von Israeliten beansprucht wurden. Militärisch waren ihnen

Auf dieser Siegesstele des Königs Merenptah von Ägypten ist erstmals Israel (›Ysrail‹) genannt: die erste Erwähnung in einem außeralttestamentlichen Text. Schwarzer Granit. (KAK)

die Israeliten nicht gewachsen. Die Philister beherrschten die Kunst der Eisenverarbeitung und hielten das Monopol darin. Als die Israeliten mit dem Einsatz eiserner Geräte in der Landwirtschaft begannen, bestanden die Philister darauf, daß diese Geräte ausschließlich von philistäischen Schmieden geschärft wurden. Damit wollte man sicherstellen, daß die Israeliten kein eisernes Kriegsgerät schmiedeten, mit dem sie sich gegen ihre Lehnsherren erheben konnten.

Schließlich weiteten die Philister ihren Einfluß über die Ebene Jesreel hinaus bis zum Jordan aus. Durch ihre Vorherrschaft war zwar nicht die Existenz, wohl aber die nationale Identität der Israeliten bedroht. In jenen Tagen war *Silo im Gebiet von Ephraim Standort der Stiftshütte, wo die heilige Lade von einer Priesterschaft gehütet wurde, die ihre Abstammung auf Aaron, den Bruder Moses zurückführte. Diese Priesterschaft spielte eine führende Rolle in einem Aufstand mehrerer Stämme gegen die Philister, der völlig fehlschlug. Die Lade wurde geraubt, Silo und das Heiligtum zerstört und die gesamte Priesterschaft praktisch ausgelöscht (um 1050 v.Chr.). Alle sichtbaren Zeichen, die die Stämme I.s verbanden, waren verschwunden, und mit ihnen anscheinend auch I.s nationale Identität. Daß sie nicht verschwand, sondern vielmehr noch verstärkt wurde, war dem Charakter und Unternehmungsgeist *Samuels zu verdanken, dem größten unter den charismatischen Führern I.s zwischen *Mose und *David. Samuel vereinigte – wie Mose – die Eigenschaften von Prophet, Priester und Richter in sich, und er machte seine eigene Person zum Sammelpunkt des nationalen Lebens. Unter seiner Führung kehrte I. zur Bundestreue zurück, und mit der Rückkehr rel. Hingabe lebte auch das Nationalbewußtsein wieder auf.

Mit zunehmendem Alter Samuels wurde die Frage der Nachfolge akut. Der allg. Wunsch nach einem König wurde laut, und schließlich gab Samuel diesem Verlangen nach und ernannte den Benjaminiten *Saul zum Herrscher. Sauls Regierung begann vielversprechend mit einer prompten Antwort auf eine feindselige Machtdemonstration der

König Mescha von Moab behauptet nach seinem Angriff gegen Israel z.Zt. des Königs Ahab (Z. 7): »Israel ist dahin, dahin für immer«. Fragment einer Inschrift, gefunden in Dibon, Jordanien. Ca. 830 v.Chr.

Ammoniter sowie einem erfolgreichen Einsatz gegen die Philister im zentralen Hochland. Solange Saul Samuels Weisungen auf rel. Gebiet folgte, ging alles gut, aber Sauls Erfolge nahmen ab, sobald ein Zwist die beiden trennte. Der Tod ereilte ihn am Berg Gilboa in einer Schlacht gegen die Philister, die ein mutiger, aber vergeblicher Versuch war, die nördl. Stämme jenseits der Ebene Jesreel mit I. zu vereinigen. Die Umklammerung I.s durch die Philister war nun fester denn je (um 1010 v.Chr.).

IV. DAVID UND SALOMO.

Der Mann, der I. in die Lage setzte, das Joch der Philister abzuwerfen, war *David aus dem Stamm Juda, eine Zeitlang Heerführer unter Saul und später ein Söldner bei den Philistern. Nach Sauls Tod wurde er sogleich zum König von Juda gemacht, und zwei Jahre später berief ihn auch die Gesamtheit der Stämme I.s zu ihrem König. Durch eine Serie glanzvoller Militäroperationen fügte er den Philistern entscheidende Niederlagen zu; die Philister wurden so zu seinen Vasallen. Durch die Einnahme von Jerusalem im siebten Jahr seiner Regentschaft erhielt Davids Königreich eine starke und strategisch günstig gelegene Hauptstadt und zusätzlich einen neuen rel. Mittelpunkt. Die Bundeslade wurde aus *Kirjat-Jearim zurückgeholt und auf dem Berg Zion feierlich in einem heiligen Zelt aufgestellt, das später durch den Tempel Salomos ersetzt wurde.

Nachdem David I.s Unabhängigkeit und Vorherrschaft in Kanaan erreicht hatte, begann er durch Eroberungen und Diplomatie ein Reich aufzubauen, das von der ägypt. Grenze und dem Golf von Aqaba(*Elat, Ezjon-Geber) bis zum Oberlauf des Euphrat reichte. Dieses Reich hinterließ er seinem Sohn Salomo, der seinen Finanzhaushalt durch grandiose Bauprogramme und den Unterhalt eines glanzvollen Hofes überlastete. Zur effektiveren Nutzung der Einnahmequellen seines Reiches gliederte er es in zwölf Verwaltungsbezirke, die an die Stelle der alten Stammesgliederung traten, und erhob nicht nur hohe Steuern, sondern verordnete bei öffentlichen Vorhaben auch Zwangsarbeit, schließlich sogar für Israeliten. Diese Belastungen wurden mit der Zeit untragbar. Gegen Ende seiner Herrschaft hatten die meisten der unterworfenen Nationen ihre Unabhängigkeit zurückgewonnen, und nach seinem Tod (um 930 v.Chr.) teilten sich die Stämme I.s in zwei Königreiche - das Nordreich I., das sich von der Treue gegenüber dem Thron Davids lossagte, und das Südreich Juda, bestehend aus den Stammesgebieten von Juda und Benjamin, über die weiterhin die Nachkommen Davids und Salomos in ihrer Hauptstadt Jerusalem regierten (*Juda).

V. DAS KÖNIGREICH ISRAEL.

*Jerobeam, der Gründer der eigenständigen Monarchie im N, erhob die beiden alten heiligen Stätten *Dan (im äußersten N) und *Bethel (nahe der Grenze zu Juda) zu nationalen Heiligtümern. Die sichtbaren Sockel der dort aufgestellten goldenen Kälber verkörperten in beiden Fällen Jahwes unsichtbaren Thron. (Im Tempel von Jerusalem erfüllten die goldenen Cherubim diese Funktion.) Noch früh in Jerobeams Regierungszeit wurden beide hebr. Königreiche von den Ägyptern unter Schischak verwüstet. Da das Südreich davon offenbar stärker betroffen war, mußte das Nordreich keinen Versuch der davidischen Dynastie befürchten, die Kontrolle über ihre verlorenen Territorien zurückzugewinnen.

Eine ernsthaftere Bedrohung entwickelte sich jedoch im N. Das aram. Königreich von Damaskus, gegründet z.Zt. Salomos, begann um 900 v.Chr. mit Übergriffen auf israelit. Gebiete. Die in den folgenden 100 Jahren immer wieder ausbrechenden Konflikte brachten I. zeitweise in eine verzweifelte Lage.

Die Sicherheit des Königreichs I. wurde zudem durch häufige Palastrevolten und dynastische Wechsel beeinträchtigt. Nur die von *Omri (um 880 v.Chr.) und *Jehu (um 841 v.Chr.) gegründeten Dynastien überdauerten mehr als zwei Generationen.

Jerobeams Sohn wurde von Bascha, einem seiner Heerführer, im Jahr nach seiner Thronbesteigung ermordet; nach 20 Jahren Regierungszeit Baschas fiel auch dessen Sohn einem ähnlichen Geschick zum Opfer. Es folgten einige Jahre des Bürgerkriegs, aus dem Omri als Sieger hervorging.

Omri gründete mit *Samaria eine neue Hauptstadt seines Königreichs. Außenpolitisch stärkte er seine Position, indem er Moab im O des Toten Meeres unterwarf und eine Wirtschaftsgemeinschaft mit Phönizien bildete. Sein Sohn Ahab heiratete eine phönizische Prinzessin, *Isebel, und beendete auch die Feindschaft zwischen seinem Königreich und Juda durch eine Allianz, die bis zum Sturz der Dynastie Omris andauerte.

Der kommerzielle Nutzen aus der Verbindung mit Phönizien war groß, aber auf rel. Gebiet führte sie zur Wiedereinführung der Baalsanbetung, wobei Isebel eine führende Rolle spielte. Hauptverfechter der reinen Jahwe-Anbetung war der Prophet *Elia, der auch die Abkehr des Königs von der alten Bundestreue auf sozialem Gebiet anprangerte (vor allem im Fall Nabots, des Jesreeliters) und den

Die Königreiche Israel und Juda.

kommenden Untergang des Hauses Omri ankündigte.

Der Krieg mit Damaskus ging auch während der Herrschaft Omris und seiner Nachkommen weiter, mit Ausnahme von nur drei Jahren in Ahabs Regierungszeit, als die Könige von I., Damaskus und benachbarten Staaten ein Militärbündnis schlossen, um gegen den anrückenden assyr. König Salmanassar III. anzutreten. Sie lieferten ihm bei Karkar am Orontes eine Schlacht (853 v.Chr.), nach der er 12 Jahre lang nicht mehr in die westl. Länder einfiel. Sein Rückzug gab das Signal für den Bruch des Bündnisses und die Wiederaufnahme der Kämpfe zwischen I. und Damaskus.

Der Auslöschung des Hauses Omri durch Jehus Revolution (845 v.Chr.) folgte die Unterdrückung der offiziellen Baalsanbetung. Die Revolution wurde von den Prophetenschulen unterstützt, die keinen Grund hatten, das Haus Omri zu lieben. Aber gegenüber den Aramäern schwächte sie das Königreich I. wesentlich, und die ersten 40 Jahre der Dynastie Jehu waren für I. Jahre fortgesetzter Drangsal. Nicht nur die transjordanischen Territorien I.s, sondern auch die nördl. Provinzen wurden von den Feinden überrannt; die Aramäer drangen in die Ebene Jesreel ein und zogen entlang der Mittelmeerküste südl. bis nach Gat. I.s Lage war aussichtslos, bis der assyr. König Adad-narari III. im Jahre 803 v.Chr. in Syrien einfiel, Damaskus plünderte und tributpflichtig machte. Der damaszenische Druck auf I. ließ nach, und die Israeliten nutzten die Wendung des Schicksals aus und eroberten viele der Städte zurück, die die Aramäer ihnen genommen hatten.

In all den Jahren der Drangsal gab es einen Mann in I., dessen Mut und Vertrauen zu Jahwe niemals schwankten – der Prophet *Elisa. Mit Recht nannte ihn der König I.s auf seinem Sterbebett den »Wagen Israels und sein Gespann« (2Kön 13,14). Elisa starb mit einer Vorhersage des Sieges über die Aramäer auf seinen Lippen.

Die erste Hälfte des 8.Jh.v.Chr. bezeugt eine Rückkehr des Wohlstands in I., vor allem unter Jerobeam II., dem vierten König der Dynastie Jehus. Beide hebr. Königreiche waren frei von äußerer Bedrängnis; Damaskus war nach der rohen Behandlung durch die Assyrer zu schwach, um die Angriffe wieder aufzunehmen. Jerobeam erweiterte die Grenzen seines Reiches, und der Reichtum der Nation nahm gewaltig zu.

Aber der wachsende Wohlstand konzentrierte sich in den Händen eines relativ kleinen Teils der Bevölkerung – der wohlhabenden Händler und Landbesitzer, die sich auf Kosten der Landarbeiter bereicherten. Kleinbauern, die zuvor ihre eigenen Felder bestellt hatten, waren nun in großer Zahl gezwungen, als Leibeigene auf den immer größer werdenden Gütern ihrer reichen Nachbarn zu arbeiten und in dieser Stellung das Land, das ihnen einst selbst gehört hatte, für fremde Herren zu bestellen. Diese zunehmende Ungleichheit zwischen zwei Gruppen frei geborener Israeliten forderte Anklagen durch Propheten wie *Amos und *Hosea heraus; dies um so mehr, als die reichen Ausbeuter ihrer armen Nächsten peinlich genau auf die Einhaltung dessen achteten, was sie für ihre rel. Pflichten hielten. Die Propheten betonten unermüdlich, daß Gott von seinem Volk nicht Opfer gemästeter Tiere forderte, sondern Gerechtigkeit und Bundestreue. Weil es dem Volk daran mangelte, hatte es größeres Unheil zu erwarten als alles bisher dagewesene.

Etwa um 745 v.Chr. endete die Dynastie Jehus wie sie begonnen hatte: durch Mord und Revolution. In jenem Jahr wurde Tiglatpilesar III. König von Assyrien und begann einen Eroberungsfeldzug, der in weniger als 25 Jahren der Existenz I.s und der Unabhängigkeit Judas ein Ende setzte. Menahem von I. (um 745-738 v.Chr.) zahlte Tribut an Tiglatpilesar, aber Pekach (um 735-732 v.Chr.) verfolgte eine antiassyr. Politik und verbündete sich zu diesem Zweck mit Damaskus. Tiglatpilesar nahm Damaskus ein, schaffte die Monarchie ab und wandelte das Gebiet in eine assyr. Provinz um; die nördl. und transjordanischen Gebiete I.s wurden abgetrennt und ebenfalls zu assyr. Provinzen. Die oberen Bevölkerungsschichten dieser Gebiete wurden deportiert und durch Einwanderer aus anderen Teilen des assyr. Reiches ersetzt. Als Hosea, der letzte König I.s, auf Betreiben Ägyptens Tributzahlungen an Assyrien zurückhielt, wurde er gefangengesetzt. Seine Hauptstadt Samaria wurde 722 v.Chr. nach dreijähriger Belagerung erstürmt und zum Regierungssitz der assyr. Provinz Samaria gemacht. Bei einer weiteren Deportation gingen nach assyr. Berichten 27.290 Menschen in die Gefangenschaft; ausländische Siedler nahmen ihren Platz ein.

VI. DIE PROVINZ SAMARIA.

Die Deportation der Israeliten aus den nördl. und transjordanischen Gebieten erfolgte so gründlilch, daß diese Regionen ihren israelit. Charakter nahezu verloren. Anders in der Provinz Samaria: Die Einwanderer nahmen im Laufe der Zeit die israelit. Religion an – »die Verehrung des Gottes dieses Landes« (2Kön 17,26ff) – und verschmolzen vollständig mit den Israeliten, die nicht verschleppt worden waren. Diese *Samariter, wie die Bevölkerung der Provinz Samaria später genannt wurde, wurden jedoch von der Bevölkerung Judas im S als rassische und rel. Mischlinge verachtet, insbesondere seit dem Ende des 6.Jh.v.Chr.

Judas König *Hiskia versuchte (um 705 v.Chr.), die rel. Einheit I.s wiedererstehen zu lassen, indem er das Volk von Samaria einlud, zur Anbetung nach Jerusalem zu kommen; aber dieses Vorhaben vereitelte Sanheribs Invasion in Juda (701 v.Chr.). Erfolgreicher war das Vorgehen von Hiskias Urenkel *Josia, der den Rückgang assyr. Macht nutzte, um seine politische Souveränität und rel. Reform auf die Gebiete auszudehnen, die früher zum Reich I. gehört hatten (622 v.Chr.). Die Tatsache, daß er Pharao Nechos Vormarsch bei Megiddo zu stoppen versuchte, ist ein deutliches Zeichen für die Expansion seines Reiches. Als er dort fiel, wurden auch alle Hoffnungen auf eine Wiedervereinigung ganz I.s unter einem Fürsten aus dem Hause Davids zerstört (609 v.Chr.). Das Land I.s kam unter die Hegemonie der Ägypter, denen einige Jahre später die Babylonier folgten (Eroberung und Zerstörung Jerusalems 587 v.Chr.)

Die Babylonier scheinen die assyr. Provinzialverwaltung im W fortgesetzt zu haben. Nach der Ermordung *Gedaljas, des Statthalters über Juda unter den Babyloniern, wurde das Gebiet von Juda mit Ausnahme des Negeb (mittlerweile von Edomitern besetzt) der Provinz Samaria angegliedert (um 582 v.Chr.). In dieser Hinsicht brachte die pers. Eroberung (539 v.Chr.) keine große Veränderung mit sich. Allerdings wurde den unter Nebukadnezar deportierten Männern Judas die Rückkehr erlaubt, um sich in Jerusalem und Umgebung anzusiedeln, was nun zur eigenständigen, jedoch kleinen Provinz Judäa wurde, unter einem vom pers. König ernannten Statthalter (*Juda, V.).

Die Samariter zeigten den Rückkehrern freundliches Entgegenkommen und boten eine Zusammenarbeit beim Wiederaufbau des Jerusalemer Tempels an, aber dieses Entgegenkommen wurde von den Judäern nicht begrüßt. Sie befürchteten sicher, von der weitaus größeren Zahl der Samariter absorbiert zu werden und hatten auch ernsthafte Zweifel an deren rassischer und rel. Reinheit. Als Folge wurde der alte Graben zwischen ihnen, der in diesem Moment hätte überwunden werden können, tiefer denn je, und die Samariter nutzten jede Gelegenheit, die Judäer bei den pers. Machthabern zu denunzieren. Sie konnten zwar den Wiederaufbau des Tempels, der 538 v.Chr. von *Kyrus genehmigt worden war, nicht verhindern, aber ihre Behinderung judäischer Versuche, Jerusalem zu befestigen, war eine Zeitlang erfolgreich. Als jedoch Artaxerxes I. 445 v.Chr. *Nehemia als Statthalter nach Juda sandte, mit ausdrücklichem Auftrag zum Wiederaufbau der Mauern Jerusalems, konnten die Samariter und andere Nachbarn Judas ihren Verdruß zwar auf verschiedene Weise äußern, angesichts des königlichen Erlasses aber nichts Entscheidendes dagegen unternehmen.

Zu dieser Zeit war *Sanballat Statthalter von Samaria und blieb es viele Jahre lang. 408 v.Chr. wird er in einem Brief der jüd. Kolonie von Elephantine (*Papyri und Ostraka) in Ägypten erwähnt, die auf die Protektion der Söhne Sanballats hoffte, um vom pers. Hof die Genehmigung für den Wiederaufbau ihres Tempels zu erhalten, der zwei oder drei Jahre zuvor in einem anti-jüd. Aufstand zerstört worden war. Dieser Tempel war mehr als ein Jh. zuvor für die rel. Bedürfnisse einer jüd. Gemeinde errichtet worden, die ägypt. Könige der 26. Dynastie an der Südgrenze ihres Reiches als Sicherung gegen Übergriffe aus Äthiopien angesiedelt hatten. Vor ihrem Schreiben an Sanballats Söhne hatten die Juden Elephantines versucht, die Hilfe des Hohenpriesters in Jerusalem zu gewinnen, der ihr Gesuch jedoch nicht beachtet hatte; ohne Zweifel war er gegen die Existenz einer Konkurrenz zum Tempel in Jerusalem. Sanballats Söhne zeigten größeres Engagement – nicht überraschend angesichts der Beziehungen zwischen Samaria und Jerusalem – und bekamen die notwendige Genehmigung für den Wiederaufbau des Elephantiner Tempels.

Die Tatsache, daß sich die Elephantiner nicht an Sanballat, sondern an dessen Söhne wandten, läßt darauf schließen, daß zwar Sanballat noch immer offiziell Statthalter war, die Söhne aber, möglicherweise wegen seines Alters, viele seiner Pflichten bereits übernommen hatten.

Die Elephantine-Papyri, die uns die Informationen über diese jüd. Gemeinschaft in Ägypten geben, sind deshalb von besonderem Interesse, weil sie das Bild einer Gruppe von Juden vermitteln, die offenbar in keiner Weise von der Reform aus den Tagen Josias beeinflußt war. Dadurch bildet sie einen starken Kontrast zu den Juden, die aus dem Exil in die Gegend um Jerusalem zurückgekehrt waren und die, wie auch ihre Brüder in Babylonien, die Lektion des Exils gelernt hatten. Die aus dem Exil Zurückgekehrten zeichneten sich vor allem durch striktes Festhalten an der Tora aus, insbesondere an jenen Abschnitten, die die Unterscheidung des Volkes des Gesetzes von allen anderen Gemeinschaften zum Ziel hatten. Das Erscheinen der Juden als Volk des Gesetzes im engsten partikularistischen Sinne ist vor allem mit dem Werk *Esras verbunden, unter dem das Gesetz des Pentateuch zur anerkannten Verfassung des jüd. Tempelstaates wurde, der der Oberhoheit des pers. Hofes unterstellt war.

Das Werk Esras (der vollen Rückhalt beim Statthalter Nehemia fand) ließ es immer unwahrscheinlicher werden, daß der Graben zwischen den Samaritern und den Judäern überwunden werden könne. Einige Zeit vor 400 v.Chr. war ein Sproß der Jerusalemer hohenpriesterlichen Familie namens Manasse, der eine Tochter Sanballats geheiratet hatte, von seinem Schwiegervater zum Hohenprie-

Israel in der Zeit zwischen den Testamenten.

ster des alten Heiligtums auf dem Berg Garizim, nahe Sichem, bestellt worden, wo mit königlicher Erlaubnis ein Tempel erbaut wurde. Die damit ins Leben gerufene Konkurrenz zum Jerusalemer Kultus hat bis heute überlebt - erstaunlicherweise auf das gleiche Gesetzbuch begründet, das auch die Juden anerkennen.

VII. UNTER DEN MAZEDONIERN.

Die Eroberung des Pers. Reiches durch *Alexander den Großen brachte weder für Samaria noch für Judäa wesentliche Veränderungen. Diese Provinzen wurden nun von gräco-mazedonischen Statthaltern statt von pers. regiert, Tribut mußte nun dem neuen

Lehnsherren entrichtet werden. Die im Pers. Reich weit verstreute jüd. *Diaspora – Haman übertrieb nicht, wenn er sie gegenüber Xerxes als »zerstreut und abgesondert unter allen Völkern in allen Ländern deines Königsreichs« beschrieb (Est 3,8) – fand nun neue Siedlungszentren, vor allem in *Alexandria und *Kyrene. Hellen. Einfluß wurde bei ihnen immer deutlicher. In mancher Hinsicht war das gut; man denke vor allem an die Situation der griech.-sprechenden Juden Alexandrias, die im 3. und 2.Jh.v. Chr. die Übersetzung des Pentateuch und anderer atl. Schriften ins Griech. erforderlich und so auch der nichtjüd. Welt die Kenntnis des Gottes I.s zugänglich machte (*Texte und Übersetzungen, AT). Auf der anderen Seite gab es aber auch die Tendenz, Elemente der hellen. Kultur nachzuahmen, die mit dem Heidentum verbunden waren, und so die Unterscheidung zwischen Jahwes »erwähltem Volk« und dessen Nachbarn zu verwischen. Wie skrupellos eine bedeutende jüd. Familie sich an Lebensgewohnheiten unter der hellen. Monarchie anpassen konnte, illustriert der Bericht des Josephus über das Schicksal der Tobiaden, die sich als Steuereintreiber der Ptolemäer und später der Seleukiden bereicherten.

Zwei der Herrscherhäuser, die das Weltreich Alexanders erbten, bestimmten hauptsächlich die Geschichte I.s: die Ptolemäer in Ägypten und die Seleukiden, die Syrien und die Länder jenseits des Euphrat beherrschten. Zwischen 320 und 198 v.Chr. weitete sich die Herrschaft der Ptolemäer von Ägypten nach Asien hin aus, und zwar bis zum Libanon und an die phönizische Küste, Judäa und Samaria eingeschlossen. 198 v.Chr. hatte der Sieg der Seleukiden bei Paneas unweit der Jordanquellen zur Folge, daß Judäa und Samaria nun an Antiochia statt an Alexandria Abgaben zahlen mußten. Die Niederlage, die dem seleukidischen König Antiochus III. 190 v.Chr. durch die Römer bei Magnesia beigebracht wurde, und die hohen Reparationszahlungen, die sie ihm auferlegten, hatten für seine Untertanen einschließlich der Juden einen massiven Anstieg der Besteuerung zur Folge. Als sein Sohn Antiochus IV. versuchte, diese Situation durch die Eroberung der Herrschaft über Ägypten zu korrigieren (in zwei Feldzügen 169 und 168 v.Chr.), zwangen ihn die Römer zur Aufgabe dieser Pläne. Judäa, an der SW-Grenze seines Reichs gelegen, wurde nun zu einer Region von strategischer Bedeutung, und Antiochus meinte, daß es berechtigte Gründe gebe, an der Treue seiner jüd. Untertanen zu zweifeln. Er beschloß daher, durch schlechte Ratgeber verleitet, das jüd. Volkstum und die jüd. Religion zu beseitigen. Der Höhepunkt dieser Politik war die Einrichtung eines heidnischen Kultes – die Verehrung des Zeus Olympios (dessen Name von den Juden in »Greuelbild der Verwüstung« umgewandelt wurde, 1Makk 1,57) – im Tempel von Jerusalem im Dezember 167 v.Chr. In gleicher Manier wurde der samaritanische Tempel auf dem Garizim für die Verehrung des Zeus Xenios bestimmt.

Viele fromme Juden zogen in dieser Zeit das Martyrium dem Verleugnen ihrer Religion vor. Andere griffen gegen ihren Oberherrn zu den Waffen, unter ihnen auch Mitglieder der Priesterfamilie der Hasmonäer, angeführt von Mattatias von Modein und seinen fünf Söhnen. Sein Sohn Judas Makkabäus tat sich vor allem im Guerillakrieg hervor. Durch seine Anfangserfolge über die königlichen Truppen konnte er viele seiner Landsleute hinter sich bringen, darunter viele von den Frommen I.s, den Chasidim, die erkannten, daß passiver Widerstand angesichts der Bedrohung ihrer nationalen und rel. Existenz nicht ausreichte. Der König entsandte weitere Truppenkontingente, aber auch sie konnten gegen die unkalkulierbare Taktik des Judas und seiner Männer nichts ausrichten.

Als dem König das Scheitern seiner Politik bewußt wurde, schlug er Judas vor, Unterhändler nach Antiochia zu senden, um über Friedensbedingungen zu sprechen. Da Antiochius die Rückeroberung abtrünniger Territorien im östl. Teil seines Reiches plante, war es ihm wichtig, daß an seiner ägypt. Grenze Ruhe herrschte. Die Hauptbedingung der Juden war natürlich die vollständige Aufhebung des Verbots zur Ausübung der jüd. Religion. Dies wurde zugestanden; den Juden wurde wieder die Ausübung der Religion ihrer Väter erlaubt. Diesem Zugeständnis folgte sogleich die Reinigung des Tempels vom Götzenkult und seine erneute Weihung zur jahrhundertealten Verehrung des Gottes I.s. Die Tempelweihe gegen Ende des Jahres 165 v.Chr. (zu deren Gedenken seither das Chanukkafest gefeiert wird; vgl. Joh 10,22; *Tempelweihfest) wurde sicherlich nicht als Friedensschluß betrachtet, mag aber unter den gegebenen Umständen akzeptiert worden sein.

Es wurde jedoch rasch deutlich, daß Judas samt seinen Brüdern und Anhängern die Rückgewinnung der rel. Freiheit nicht genügte. Da sie ihren Erfolg durch Waffengewalt erzielt hatten, führten sie ihren Kampf weiter, um auch die polit. Unabhängigkeit zu erreichen. Der Tempelweihe folgte die Befestigung des Tempelberges gegenüber der Burg oder Akra (*Jerusalem, IV.), in der eine königliche Garnison lag. Judas entsandte bewaffnete Abteilungen nach Galiläa, ins Transjordanland und in andere Gebiete, in denen isolierte jüd. Gemeinden lebten, und brachte sie in die von seinen Truppen kontrollierten Teile Judäas in Sicherheit.

Über eine derartige Zunahme der Feindseligkeiten konnte die seleukidische Regierung nun nicht mehr hinwegsehen; sie mobilisierte weitere Streitkräfte gegen Judas. Dieser fiel im Frühjahr 160 v.Chr. im Kampf, und eine Zeitlang schien seine Sache verloren. Aber die Ereignisse entwickelten sich zugunsten seiner Nachfolger. Nach dem Tod Antiochus' IV. 164 v.Chr. flammten immer wieder Bürgerkriege zwischen rivalisierenden Thronanwärtern und ihren jeweiligen Mitstreitern im seleukidischen Reich auf. Jonatan, der Bruder des Judas, der die Führung der Aufständischen übernommen hatte, wartete den passenden Moment ab und erzielte durch diplomatisches Vorgehen rasche und erstaunliche Fortschritte. 152 v.Chr. ermächtigte Alexander Balas, der als Sohn Antiochus' IV. den Thron beanspruchte (die Gültigkeit dieses Anspruchs läßt sich nur schwer beurteilen), Jonatan zur Beibehaltung einer eigenen Streitmacht in Judäa und ernannte ihn zum Hohenpriester der Juden – als Gegenleistung für Jonatans Zusicherung von Unterstützung.

Die Eingriffe Antiochus' IV. in die rel. Angelegenheiten der Juden, die letztlich zum Aufstieg der Hasmonäer führten, hatten damit begonnen, daß er nach eigenem Gutdünken unter Mißachtung alter Gepflogenheiten Hohepriester ein- und absetzte. Nun empfing ein Hasmonäer die Würde des Hohenpriesters aus den Händen eines Mannes, dessen Berechtigung, sie zu verleihen, auf dem Anspruch beruhte, Sohn und Nachfolger Antiochus' IV. zu sein. So weit hatte man sich schon von den hohen Idealen, mit denen der Kampf begonnen hatte, entfernt.

Die frommen Gruppierungen, die den Hasmonäern Hilfe gewährt hatten, als es schien, daß nur deren Macht die rel. Freiheit zurückgewinnen konnte, waren nach dem Erreichen dieses Ziels geneigt, sich damit zu begnügen und standen den dynastischen Ambitionen der Hasmonäer zunehmend kritisch gegenüber. Aber kein Aspekt dieser Ambitionen erzürnte sie mehr als die hasmonäische Übernahme der Hohepriesterwürde. Einige von ihnen erkannten nur die zadokidische Hohepriesterschaft als legitim an und erwarteten den Tag, an dem wieder die Söhne Zadoks in einem gereinigten Tempel Dienst tun würden (*Schriftenfunde vom Toten Meer). Einem Zweig der zadokidischen Familie wurde die Gründung eines Tempels im ägypt. Leontopolis und die Ausübung des hohenpriesterlichen Dienstes dort erlaubt; aber ein Tempel außerhalb des Landes I. konnte von keinem *chasid* (»Frommen«) unterstützt werden, der noch Achtung vor dem Gesetz hatte.

143 v.Chr. wurde Jonatan von einem der rivalisierenden Thronprätendenten des seleukidischen Königreiches gefangengenommen und getötet, aber sein Bruder Simon trat seine Nachfolge an und führte die Juden zu völliger Unabhängigkeit vom heidnischen Joch. Diese Unabhängigkeit wurde im Mai 142 v.Chr. durch ein Reskript des seleukidischen Königs Demetrius II. gewährt, das die Juden von der Tributpflicht befreite. Simon ließ diesem diplomatischen Erfolg die Beseitigung der letzten Spuren seleukidischer Herrschaft in Gestalt der Festung von Gasara (Geser) und der Zitadelle von Jerusalem folgen. Da Demetrius sich auf einen Feldzug gegen die Parther eingelassen hatte, konnte er nichts dagegen unternehmen. Für die Freiheit und den Frieden, die Simon ihnen gebracht hatte, wurden ihm von seinen jüd. Volksgenossen außerordentliche Ehrungen zuteil. Auf einer Zusammenkunft der jüd. Volksversammlung im September 140 v.Chr. wurde beschlossen, ihn unter Berücksichtigung seiner patriotischen Verdienste sowie der seiner Brüder zum Ethnarchen oder Fürsten des Volkes, Oberbefehlshaber der Armee und erblichen Hohenpriester zu ernennen. Diese dreifache Autorität vererbte er seinen Nachkommen und Nachfolgern.

134 v.Chr. wurde Simon von seinem Schwiegersohn Ptolemäus, dem Sohn Abubs', in Jericho ermordet, der damit die Macht über Judäa zu erlangen hoffte. Johannes Hyrkan, Simons Sohn, vereitelte jedoch die Pläne des Mörders und sicherte sich die Nachfolge seines Vaters.

Der seleukidische König Antiochus VII., der in der Spätzeit Simons den Versuch unternommen hatte, erneut die Herrschaft über Judäa zu gewinnen, konnte Johannes Hyrkan in dessen ersten Regierungsjahren Tributpflicht auferlegen. Der Tod von Antiochus VII. in einer Schlacht gegen die Parther 128 v.Chr. beendete jedoch endgültig die seleukidische Oberherrschaft über Judäa.

VIII. DIE DYNASTIE DER HASMONÄER.

Im siebten Jahr des Johannes Hyrkan wurde schließlich der unabhängige Staat Judäa gegründet, 40 Jahre nachdem Antiochus IV. dessen alte Verfassung als eines autonomen Tempelstaates innerhalb des Reiches abgeschafft hatte. Der Glaube der *chasīdīm*, das militärische Genie des Judas und das staatsmännische Geschick Simons hatten den Juden, unterstützt durch die wachsende Zersplitterung und Schwäche in der seleukidischen Regierung, mehr eingebracht (was äußere Werte betraf) als sie durch Antiochus IV. verloren hatten. Es war deshalb nicht verwunderlich, daß spätere Generationen die ersten Jahre der Unabhängigkeit unter Johannes Hyrkan als eine Art goldenes Zeitalter betrachteten.

In die Zeit von Johannes Hyrkan fiel auch der endgültige Bruch zwischen der Mehrheit der *chasīdīm* und der Familie der Hasmonäer. Johannes war verärgert über ihre Einwände gegen seine Ausübung des Hohenpriesteramtes und brach mit ihnen. Seit dieser Zeit erscheinen sie in der Geschichtsschreibung als *Pharisäer, obwohl nicht sicher ist, daß sie diesen Namen (hebr. *perūschīm,* »die Abgesonderten«), wie häufig vermutet wurde, wegen ihres Rückzuges aus der Allianz mit den Hasmonäern erhielten. 50 Jahre blieben sie in Opposition zur Regierung. Jene rel. Führer, die die Regierung unterstützten und den Hohen Rat stellten, tauchen seit etwa der gleichen Zeit unter dem Namen *Sadduzäer auf.

Johannes Hyrkan nutzte die zunehmende Schwäche des seleukidischen Königreiches, um seine eigene Macht auszuweiten. Eine seiner ersten Aktionen nach der Erringung der jüd. Unabhängigkeit war die Invasion in samaritanisches Gebiet und die Belagerung Samarias, das ein Jahr standhalten konnte, dann aber erstürmt und zerstört wurde. Auch Sichem wurde eingenommen und das samaritanische Heiligtum auf dem Garizim zerstört. Die Samaritaner baten den seleukidischen König um Hilfe, aber die Römer warnten ihn vor einer Intervention. Die Hasmonäer hatten in einer früheren Phase ihrer Kämpfe einen Vertrag mit den Römern geschlossen, den Johannes nun erneuerte.

Im S seines Reiches kämpfte Johannes siegreich gegen die Idumäer und zwang ihnen die jüd. Religion und die Beschneidung auf. Er unterwarf die griech. Städte im Transjordanland und fiel in Galiläa ein.

Sein Eingreifen in Galiläa wurde von seinem Sohn und Nachfolger Aristobul I. (104-103 v.Chr.) fortgeführt, der den unterworfenen Galiläern das Judentum aufzwang, wie es sein Vater mit den Idumäern getan hatte.

Nach Josephus nahm Aristobulus den Titel »König« anstelle des Titels »Ethnarch« an, den sein Großvater und (soweit wir wissen) auch sein Vater getragen hatte, und trug ein Diadem als Zeichen seines königlichen Standes. Offensichtlich hoffte er, auf diese Weise größeres Ansehen bei seinen nichtjüd. Nachbarn zu gewinnen, während seine Münzen ihn in einer seinen jüd. Untertanen angemesseneren Sprache als »Juda der Hohepriester« auswiesen.

Aristobul starb (möglicherweise an Tuberkulose) nach einjähriger Herrschaft. Nachfolger wurde sein Bruder Alexander Jannäus (103-76 v.Chr.), der Aristobuls Witwe Salome Alexandra heiratete. Ein für das Amt des Hohenpriesters weniger geeigneter Mann als Jannäus ist kaum vorstellbar. Er absolvierte die Pflichten seines heiligen Amtes bei feierlichen Anlässen in einer Weise, die mit Absicht die Gefühle vieler seiner rel. eingestellten Untertanen verletzte (vor allem die der Pharisäer). Das Hauptziel seiner Regierung waren militärische Eroberungen. Bei der Verfolgung dieses Zieles erlitt er viele Rückschläge, aber gegen Ende seiner Regierungszeit hatte er praktisch alle jene Gebiete unter seine Kontrolle gebracht, die in der Blütezeit der israelit. Geschichte zu I. gehört hatten – auf Kosten alles dessen, was im Erbe seines Volkes geistlich wertvoll war.

Griech. Städte an der Mittelmeerküste und im Transjordanland waren seine bevorzugten Angriffsziele; eine nach der anderen belagerte und eroberte er, wobei sein rücksichtsloser Vandalismus deutlich machte, wie wenig ihn die wahren Werte der hellen. Zivilisation kümmerten. Er orientierte seinen Lebensstil am Muster der eher primitiven hellen. Duodezfürsten Westasiens. Der Unmut über ihn wuchs bei vielen seiner jüd. Untertanen so sehr, daß sie, als er 94 v.Chr. im Transjordanland durch die Nabatäer eine vernichtende Niederlage erlitten hatte, gegen ihn revoltierten und dabei sogar die Hilfe des seleukidischen Königs Demetrius III. in Anspruch nahmen. Für andere jüd. Untertanen des Jannäus war das jedoch, obwohl auch sie keine Sympathien für ihn hegten, ein unter patriotischen Gesichtspunkten unerträglicher Vorgang, daß ein seleukidischer König bei einer Revolte gegen ein Mitglied der hasmonäischen Familie zu Hilfe gerufen wurde, sie stellten sich daher auf die Seite ihres bedrängten Königs und ermöglichten ihm, den Aufstand niederzuschlagen und die seleukidischen Kontingente zu verjagen. An die Grausamkeit der Rache, die Jannäus an den Anführern der Revolte nahm (darunter offenbar auch führende Pharisäer), erinnerte man sich noch lange danach mit Schrecken.

Jannäus hinterließ das Königreich seiner Witwe Salome Alexandra, die neun Jahre als Königin regierte. Die Hohepriesterwürde verlieh sie ihrem ältesten Sohn, Hyrkan II. In einem wesentlichen Punkt widerrief sie die Politik ihrer Vorgänger: sie versöhnte sich mit den Pharisäern und hörte während ihrer gesamten Regierungszeit auf deren Rat.

Ihrem Tod im Jahre 67 v. Chr. folgte ein Bürgerkrieg zwischen den Anhängern ihrer

Söhne, Hyrkan II. und Aristobul II., die beide die Herrschaft über Judäa anstrebten. Aristobul war ein typischer hasmonäischer Fürst, ehrgeizig und aggressiv; Hyrkan dagegen war ein Schwächling, der leicht von denjenigen zu manipulieren war, die ihn aufgrund eigener Interessen unterstützten. Unter diesen war der Idumäer Antipater, dessen Vater unter Jannäus Statthalter von Idumäa gewesen war, die dominierende Persönlichkeit.

Dem Bürgerkrieg zwischen den beiden Brüdern und ihren Mitkämpfern wurde 63 v.Chr. durch die Römer Einhalt geboten – mit der Folge, daß Judäas kurzlebige Unabhängigkeit unter den Hasmonäern zu Ende ging.

IX. DIE RÖMISCHE VORHERRSCHAFT.

Im Jahre 66 v.Chr. beauftragten der Senat und das Volk von Rom Pompeius, den bedeutendsten Feldherrn jener Zeit, den Krieg, der mit Unterbrechungen seit mehr als 20 Jahren mit Mithradates, dem König von Pontus geführt wurde, erfolgreich zu beenden. Mithradates hatte sich in Vorderasien aus den Ländern des zerfallenen seleukidischen Königreiches und angrenzender Staaten ein eigenes Reich erkämpft. Pompeius brauchte nicht lange, um Mithradates zu schlagen (der auf die Krim floh und dort Selbstmord beging); danach jedoch sah sich der Römer mit der Notwendigkeit einer politischen Neuordnung Vorderasiens konfrontiert. 64 v.Chr. annektierte er Syrien als röm. Provinz und wurde von verschiedenen Gruppierungen des jüd. Staates gebeten, auch in ihre Angelegenheiten einzugreifen und den Bürgerkrieg zwischen den Söhnen des Jannäus zu beenden.

Aufgrund von Antipaters genauer Einschätzung der Lage erklärte sich Hyrkans Seite bereit, mit Rom zusammenzuarbeiten; im Frühling 63 v.Chr. öffneten sich dann die Tore Jerusalems für Pompeius. Den Tempel jedoch, der für sich befestigt war und von Anhängern Aristobuls gehalten wurde, konnten die Truppen des Pompeius erst nach dreimonatiger Belagerung einnehmen.

Judäa wurde nun Rom tributpflichtig. Es verlor die griech. Städte, die die hasmonäischen Könige erobert und annektiert hatten, und die Samaritaner wurden von der jüd. Kontrolle befreit. Hyrkan wurde als Hoherpriester und Oberster des Volkes bestätigt; weil aber die Römer ihn nicht als König anerkennen wollten, mußte er sich mit dem Titel »Ethnarch« zufrieden geben. Antipater unterstützte ihn weiterhin; er war entschlossen, die Wendung der Ereignisse für seine eigenen Interessen auszunutzen, die allerdings weitgehend (das muß eingeräumt werden) mit den Interessen Judäas zusammenfielen.

Aristobul und seine Familie versuchten ständig, einen Aufstand gegen Rom anzustiften und sich selbst dadurch die Macht in Judäa zu sichern. Viele Jahre lang blieben diese Versuche jedoch erfolglos. Die nachfolgenden röm. Statthalter hielten Judäa und Syrien fest im Griff, da diese Provinzen direkt an das rivalisierende Parther-Reich angrenzten. Die strategische Bedeutung des Gebietes läßt sich aus der Vielzahl dominierender Persönlichkeiten der röm. Geschichte ablesen, die während dieser Zeit auch in der Geschichte Judäas eine Rolle spielten – Pompeius, der es für Rom annektierte; Crassus, der 54-53 v.Chr. als syrischer Statthalter den Tempel Jerusalems und viele andere Tempel in Syrien plünderte, um Mittel für einen Krieg gegen die Parther aufzutreiben, 53 v.Chr. aber bei Carrhae von ihnen geschlagen und getötet wurde; Julius Caesar, der zum Beherrscher der röm. Welt wurde, nachdem er Pompeius 48 v.Chr. bei Pharsalus geschlagen hatte; Cassius, einer der Mörder Caesars, der als Prokonsul von Syrien ab 44 v.Chr. Judäa starke finanzielle Belastungen auferlegte; Antonius, der die östl. Provinzen beherrschte, nachdem er und Octavian die Mörder Caesars und deren Anhänger 42 v.Chr. bei Philippi besiegt hatten; und schließlich Octavian selbst, der Antonius und Kleopatra 31 v.Chr. bei Actium besiegte und anschließend als Kaiser Augustus das röm. Reich allein regierte. Während aller Wechselfälle der röm. Bürger- und Eroberungskriege hielten Antipater und seine Familie an ihrer Politik fest, jederzeit den höchsten Repräsentanten der röm. Macht im O zu unterstützen, gleichgültig wer er war und welcher Partei innerhalb des röm. Staates er angehörte. Vor allem Julius Caesar hatte Grund, für Antipaters Unterstützung im Winter 48/47 v.Chr. dankbar zu sein, als er in Alexandria belagert wurde; er verlieh nicht nur Antipater selbst, sondern allen Juden besondere Privilegien.

Dieses Vertrauen, das die Römer aus langjähriger Erfahrung in Antipaters Familie setzen konnten, wurde in besonderem Maße 40 v.Chr. bekundet, als die Parther in Syrien und Palästina einfielen und es Antigonus, dem letzten lebenden Sohn Aristobuls II., ermöglichten, den hasmonäischen Thron wieder zu besteigen und als jüd. König und Hoherpriester zu regieren. Hyrkan II. wurde verstümmelt, so daß er das Amt des Hohenpriesters niemals wieder ausüben konnte. Antipater war mittlerweile gestorben, aber man wollte auch seine Familie liquidieren. Einer seiner Söhne, Phasael, wurde gefangen und getötet; Herodes jedoch, der begabteste unter Antipaters Söhnen, entkam nach Rom, wo er vom

Goldmünze (aureus) *mit dem Bild des römischen Kaisers Vespasian (Vater von Titus, der 70 n.Chr. Jerusalem eroberte), der im Jahre 67 n.Chr. eine jüdische Revolte in Galiläa niederschlug. Durchmesser 19 mm. (RG)*

Bronzemünze (pruta) *von Hyrkanus II., dem Sohn der Königin Salome Alexandra, die ihn zum Hohenpriester machte. Seine Münzen tragen seine Titel: Hoherpriester und Haupt der Gemeinschaft der Juden. Durchmesser 14 mm. 63–40 v.Chr. (RG)*

Senat auf Betreiben von Antonius und Octavian zum König der Juden ernannt wurde. Seine Aufgabe war es jetzt, Judäa von Antigonus zurückzugewinnen (diesen hatte der röm. Befehlshaber in Syrien unbehelligt gelassen, nachdem die Parther vertrieben waren), und dann sein Königreich nach den Interessen Roms zu regieren als dessen »Freund und Verbündeter«. Die Aufgabe war nicht leicht, und ihr erfolgreicher Abschluß 37 v.Chr. durch die Eroberung Jerusalems nach einer dreimonatigen Belagerung brachte Herodes den bitteren Haß seiner neuen Untertanen ein, der trotz aller Anstrengungen seinerseits nicht zu überwinden war. Antigonus wurde in Ketten zu Antonius geschickt, der seine Hinrichtung befahl. Herodes wollte seine Position für die Juden dadurch legitimieren, daß er Mariamne heiratete, eine hasmonäische Fürstin, aber diese Heirat brachte ihm nur weitere Schwierigkeiten ein. Während der ersten sechs Jahre seiner Regierung war Herodes' Stellung nicht gesichert. Obwohl Antonius sein Freund und Schutzherr war, wollte Kleopatra – wie schon ihre ptolemäischen Vorfahren – Judäa ihrem Reich angliedern und versuchte, ihren Einfluß auf Antonius dahingehend auszunutzen. Herodes profitierte zwar außenpolitisch vom Sturz Antonius' und Kleopatras' (31 v.Chr.) und von seiner Bestätigung als König durch Augustus, aber innenpolitisch konnte er weder mit seiner Familie noch mit dem jüd. Volk Frieden gewinnen. Dennoch regierte er Judäa mit sicherer Hand und diente den Interessen Roms sogar besser als es ein röm. Statthalter getan haben könnte. (Zu näheren Einzelheiten seiner Regierung s. *Herodes, 1.).

Bronzemünze (pruta) *des Aristobul I. (104–103 v.Chr.) mit der Inschrift: »der Hohepriester Jehuda und die Gemeinschaft der Juden«. Durchmesser 14 mm. (RG)*

Als Herodes 4 v.Chr. starb, wurde das Königreich unter dreien seiner Söhne aufgeteilt. Archelaus regierte bis 6 n.Chr. als Ethnarch über Judäa und Samaria; Antipas herrschte bis 39 n.Chr. als Tetrarch über Galiläa und Peräa; Philippus erhielt als Tetrarchie das Gebiet östl. und nordöstl. des Sees Genezareth, das sein Vater im Interesse des Kaisers befriedet hatte, und regierte es bis zu seinem Tod 34 n.Chr. (*Herodes, 2.3; *Philippus, 2.)

Antipas hatte den politischen Scharfsinn seines Vaters geerbt und führte die undankbare Aufgabe weiter, die Interessen Roms in seiner Tetrarchie und den angrenzenden Gebieten zu vertreten. Archelaus dagegen besaß zwar die Brutalität, nicht aber das Genie seines Vaters und brachte seine Untertanen bald soweit, daß sie eine Eingabe an den Kaiser in Rom sandten mit der Bitte, ihn zu entfernen, um den Ausbruch eines Aufstandes zu verhindern. Archelaus wurde daraufhin abgesetzt und verbannt, seine Tetrarchie erhielt wieder den Status einer röm. Provinz dritten Grades. Damit ihr jährlicher Tribut an die kaiserliche Staatskasse festgelegt werden konnte, führte der Statthalter von Syrien, *Quirinius, eine Volkszählung in Judäa und Samaria durch. Diese Zählung provozierte den Aufstand von *Judas dem Galiläer, dessen Ideale, obwohl der Aufstand niedergeschlagen wurde, in der Partei der *Zeloten weiterlebten. Sie vertraten die Ansicht, daß Tributzahlungen an den röm. Kaiser und jeden anderen heidnischen Herrscher einem Verrat am Gott I.s gleichkomme.

Nach der Volkszählung erhielt Judäa (wie die Provinz von Judäa und Samaria genannt wurde) einen Präfekten als Statthalter. Diese Präfekten wurden vom Kaiser ernannt und waren dem Prokonsul von Syrien unterstellt. Die ersten röm. Präfekten besaßen das Recht, den Hohenpriester I.s zu ernennen – ein Privileg, das nach dem Ende der hasmonäischen Dynastie in den Händen des Herodes und anschließend des Archelaus gelegen hatte. Die Präfekten verkauften das heilige Amt dem Meistbietenden, und dementsprechend niedrig war auch sein rel. Ansehen. Kraft seines Amtes saß der Hohepriester dem *Sanhedrin vor, der die inneren Angelegenheiten des Volkes verwaltete.

Unter den frühen Präfekten ist vor allem Pontius *Pilatus durch seine Rolle im Prozeß gegen Jesus bekannt geworden; neben den ntl. Berichten stehen hier die Charakterbilder, die Josephus und Philo von ihm gezeichnet haben. Der Bau des Tempels und eines Aquädukts zur besseren Wasserversorgung Jerusalems läßt die materiellen Vorteile erkennen, die die röm. Herrschaft für die Juden mit sich brachte; daß Pilatus darauf bestand, die Kosten für diese Wasserleitung aus dem Tempelschatz zu bestreiten und so die rel. Gefühle der Juden verhöhnte, veranschaulicht einen anderen Aspekt röm. Herrschaft, der weitgehend für die Revolte des Jahres 66 n.Chr. verantwortlich war: die mangelnde Sensibilität vieler Statthalter und ihrer Beauftragten in bezug auf die rel. Gefühle der Bewohner des Landes.

Eine kurze Zeit, zwischen 41 und 44 n.Chr., war Judäa von der Verwaltung durch röm. Präfekten befreit. Herodes Agrippa I., ein Enkel Herodes' des Großen und Mariamnes hatte vom röm. Kaiser Gajus 37 n.Chr. die frühere Tetrarchie des Philippus als Königreich verliehen bekommen. Nach der Absetzung und Verbannung von Antipas (39 n.Chr.) wurden diesem Reich Galiläa und Peräa angegliedert, 41 n.Chr. kamen auf Veranlassung des röm. Kaisers Claudius noch Judäa und Samaria hinzu (*Herodes, 4). Weil er (durch Mariamne) von den Hasmonäern abstammte, war Agrippa I. bei seinen Untertanen beliebt. Sein unerwarteter Tod im Jahre 44 n.Chr. im Alter von 54 Jahren hatte jedoch zur Folge, daß die Provinz Judäa, die nun nicht nur Samaria, sondern auch Galiläa umfaßte, wieder unter die Herrschaft röm. Statthalter, jetzt *Prokuratoren genannt, fiel. Agrippas Sohn, Agrippa der Jüngere (*Herodes, 5), war zu jung, um mit der Verantwortung seines Vaters betraut zu werden. Ein Zugeständnis wurde dem jüd. Empfinden allerdings gemacht: Das Privileg zur Ernennung des Hohenpriesters, das Agrippa von den Präfekten übernommen hatte, gelangte nicht in die Hände der Prokuratoren zurück, sondern wurde zunächst Agrippas Bruder Herodes von Chalkis verliehen und später (nach dessen Tod 48 n.Chr.) Agrippa dem Jüngeren.

X. DAS ENDE DES ZWEITEN STAATSWESENS.

Innerhalb von ca. 20 Jahren nach dem Tod Herodes Agrippas I. vervielfachten sich die Schwierigkeiten in Judäa. Nach der kurzen Regierungszeit durch einen jüd. König war dem Volk die erneute Einsetzung von Prokuratoren verhaßter denn je; und diese selbst taten wenig, um die Gefühle ihrer jüd. Untertanen zu schonen. Es gab eine Serie von Aufständen, angezettelt von Pseudomessiassen wie *Theudas, der von einer Kavallerieabteilung des Prokurators Fadus (44-46 n.Chr.) getötet wurde, oder von führenden Zeloten wie Jakobus und Simon (beide Söhne von Judas dem Galiläer), die der Prokurator Tiberius Julius Alexander (46-48 n.Chr.) kreuzigen ließ. Auch die Tatsache, daß Alexander ein jüd. Renegat war, Sproß einer bedeutenden jüd. Familie aus Alexandria (Neffe Philos), konnte ihn bei den Juden Judäas nicht beliebt machen.

Während Fadus und Alexander Prokuratoren waren, wurde Judäa schwer von der in Apg 11,28 erwähnten Hungersnot getroffen. Josephus berichtet, daß Helena, die Königinmutter von Adiabene östl. des Tigris, während dieser Zeit Korn von Ägypten und Feigen in Zypern kaufte, um die hungernden Menschen in Judäa zu versorgen. Die Mitglieder der königlichen Familie von Adiabene waren die prominentesten jüd. Proselyten jener

Zeit; einige von ihnen kämpften sogar 66 n.Chr., als der Krieg gegen die Römer ausbrach, auf seiten der Juden. Unter dem Prokurator *Felix wuchs die Unzufriedenheit in Judäa. Felix hatte sich vorgenommen, die Provinz energisch von Aufständischen zu säubern. Seine harten Maßnahmen waren vorübergehend von Erfolg begleitet, stießen jedoch einen Großteil der Bevölkerung vor den Kopf, in deren Augen die Aufständischen nicht Kriminelle, sondern Patrioten waren.

Die letzten Jahre der Prokuratur des Felix waren von heftigen Auseinandersetzungen zwischen jüd. und nichtjüd. Einwohnern Cäsareas überschattet, die sich aus einem Streit über bürgerliche Privilegien entwickelt hatten. Felix sandte die Anführer beider Parteien nach Rom, um den Fall vom Kaiser entscheiden zu lassen, er selbst wurde jedoch abberufen und durch den Prokurator *Festus ersetzt (59 n.Chr.). Der Streit wurde zugunsten der Nichtjuden entschieden, und die jüd. Verärgerung über diese Entscheidung zusammen mit der Ausnutzung des Sieges seitens der Nichtjuden war einer der Faktoren, die zur Explosion im Jahre 66 n.Chr. führten.

Festus war ein relativ gerechter und milder Statthalter, aber er starb im Amt 62 n.Chr., und seine Nachfolger, Albinus und Florus, spielten durch ständige Verletzungen der nationalen und rel. Gefühle der Juden den antiröm. Extremisten in die Hände. Schließlich provozierte die Entweihung des Tempelschatzes durch Florus, der 17 Talente daraus beschlagnahmte, einen Aufstand, der unter großem Blutvergießen niedergeschlagen wurde. Die gemäßigten Teile der Bevölkerung, unterstützt vom jüngeren Agrippa, rieten zur Zurückhaltung, aber das Volk war nicht gewillt, auf sie zu hören. Sie schnitten die Verbindung zwischen der Burg Antonia und den Tempelhöfen ab, und der Tempelhauptmann, Führer der Kriegspartei in Jerusalem, setzte die kaiserliche Autorität formell ab, indem er die täglichen Opfer für den Kaiser beendete.

Florus hatte inzwischen die Kontrolle über die Ereignisse verloren, und selbst die Intervention des syr. Statthalters Cestius Gallus mit stärkeren Truppenkontingenten als sie Florus zur Verfügung standen, brachte keinen Erfolg. Gallus mußte umkehren, und seine Armee erlitt auf dem Rückzug über den Paß von Bet-Horon schwere Verluste (November 66 n.Chr.).

Die aufständischen Juden werteten dies als Erfolg und ließen sich von trügerischem Optimismus leiten. Die Politik der Extremisten schien aufzugehen: Rom konnte vor ihnen

Die Felsenfestung Masada, erbaut von Herodes dem Großen (34–4 v.Chr.), mit Blick auf das Tote Meer. Sie war der letzte Außenposten, den die Juden bei ihrem Aufstand gegen die Römer halten konnten (bis 74 n.Chr.). (SH)

nicht bestehen. Ganz Palästina war im Kriegszustand.

Vespasian jedoch, der mit der Niederschlagung der Revolte betraut wurde, ging seine Aufgabe methodisch an. Im Jahre 67 schlug er den Aufstand in Galiläa nieder. Einige der Anführer konnten allerdings nach Jerusalem fliehen, und ihre Anwesenheit dort verstärkte die inneren Zwistigkeiten, die die Stadt während der vorhergegangenen Jahre und Monate erschütterten. Im Sommer 68, als Vespasian nach Jerusalem vorrückte, kam aus Rom die Nachricht von Neros Entthronung und Tod. Der folgende Bürgerkrieg im Herzen des Weltreichs gab den Verteidigern Jerusalems neue Hoffnung; aus ihrer Sicht hatte es den Anschein, als seien Rom und das Weltreich am Rande des Zusammenbruchs und stehe Daniels 5. Reich kurz vor seiner Errichtung auf den Ruinen Roms. Von Cäsarea aus beobachtete Vespasian den Gang der Ereignisse in Rom. Am 1. Juli 69 wurde er selbst in Alexandria vom Statthalter Ägyptens zum Kaiser erklärt (von Alexander, dem gleichen abtrünnigen Juden, der zuvor Prokurator von Judäa gewesen war). Dem Beispiel Alexandrias folgten rasch Cäsarea, Antiochia und die Armeen fast aller östl. Provinzen. Vespasian kehrte nach Rom zurück, um den kaiserlichen Thron zu besteigen und überließ es seinem Sohn Titus, die Niederschlagung der Revolte in Judäa zu Ende zu bringen. Ende 69 war ganz Judäa unterworfen – mit Ausnahme von Jerusalem und drei Festungen oberhalb des Toten Meeres.

Im Frühling des Jahres 70 wurde Jerusalem eingeschlossen. Bis zum Mai war die Hälfte der Stadt in röm. Hand, aber die Verteidiger weigerten sich noch zu kapitulieren. Am 24. Juli wurde die Burg Antonia gestürmt; 12 Tage stellte man die tägl. Opfer im Tempel ein, und am 29. August wurde das Heiligtum selbst in Brand gesetzt und zerstört. Vier Wochen später hatte Titus die gesamte Stadt eingenommen. Sie wurde dem Erdboden gleichgemacht, mit Ausnahme eines Teils der West-Mauer, zu der drei Palasttürme des Herodes gehörten, die nun einer röm. Garnison als Hauptquartier dienten. Das letzte noch nicht zerschlagene Zentrum der Revolte war die fast uneinnehmbare Festung Masada, südwestl. des Toten Meeres. Eine Abteilung der Zeloten hielt dort bis zum Frühling 74 durch und zog schließlich den Massenselbstmord der drohenden Gefangennahme vor.

Judäa wurde als Provinz unter einem eigenen kaiserlichen Legaten reorganisiert, der direkt dem Kaiser verantwortlich und in keiner Weise dem Legaten von Syrien unterstellt war; im Gegensatz zu den Prokuratoren befehligten die kaiserlichen Legaten von Judäa auch eigene Legionen. Die Tempelsteuer, die Juden in der ganzen Welt für den Unterhalt des Gotteshauses in Jerusalem gezahlt hatten, wurde weiterhin erhoben, nun aber für den Unterhalt des Jupitertempels auf dem Kapitol in Rom verwendet.

Mit dem Verschwinden der Tempelhierarchie und des Sanhedrin als formeller Institution ging die größte innere Autorität für das jüd. Volk auf einen neuen Sanhedrin von Rabbinen über, zuerst geleitet von Jochanan Ben Zakkai, einem Lehrer aus der Schule Hillels. Dieser rel. Rat übte seine Kontrolle mit Hilfe der Synagogen aus und begann mit der Kodifizierung des traditionellen, mündlich überlieferten Lehrmaterials, das im Laufe der Zeit in der Mischna bis gegen Ende des 2.Jh.n.Chr. niedergeschrieben wurde. Es war in weiten Teilen das Verdienst von Jochanan Ben Zakkai, seinen Kollegen und ihren Nachfolgern, daß I.s nationale und rel. Identität den Untergang des Tempels und des 2. jüd. Staates im Jahre 70 überlebte (*Talmud und Midrasch).

S.a. *Juda; *Archäologie; *Opfer; *Gesetz usw., sowie die Artikel zu einzelnen Königen und Orten.

Literatur: M. Noth: Geschichte Israels, [9]1981; J. Bright: Geschichte Israels von den Anfängen bis zur Schwelle des Neuen Bundes, 1966; E.L. Ehrlich: A Concise History of Israel, 1962; F.F. Bruce: Zeitgeschichte des NT, 1986; R. de Vaux: The Early History of Israel, 2 Bde. 1977; S. Hermann: Geschichte Israels in alttestamentlicher Zeit, [2]1980; J.H. Hayes und J.M. Miller (Hrsg.): Israelite and Judaean History, 1977. E. Schürer: Geschichte des jüdischen Volkes im Zeitalter Jesu Christ, 3 Bde, 1901-1909; R. Kittel: Geschichte des Volkes Israel, 3 Bde. 1912-1929; A. Schlatter: Geschichte Israels von Alexander dem Großen bis Hadrian, 1925; M. Metzger: Grundriß der Geschichte Israels, [5]1979; H. Donner: Geschichte des Volkes Israel und seiner Nachbarn in Grundzügen, 1, 1984, 2, 1986; M. Clauss: Geschichte Israels. Von der Frühzeit bis zur Zerstörung Jerusalems (587 v.Chr.), 1986.

F.F.B

ISRAEL GOTTES. Paulus' Aussage: »Nicht alle sind Israeliten, die von Israel stammen« (Röm 9,6), liegt auf der gleichen Linie wie die prophetische Behauptung, daß das Volk, das den Namen *Israel zurecht trägt, nur ein kleiner »Rest« gläubiger Seelen innerhalb des Volkes Israel sein könnte. Im NT erscheint der Gedanke des »Restes« in den Predigten *Johannes des Täufers, der behauptet, daß die Abstammung von *Abraham an sich wertlos ist (Mt 3,9; Lk 3,8). Jesu Berufung von Jüngern, die eine »kleine Herde« um ihn bilden und das Reich empfangen sollten (Lk 12,32; vgl. Dan 7,22.27), kennzeichnet ihn als Gründer des neuen Israel; die zwölf *Apostel bestimmte er ausdrücklich zu Richtern der »zwölf Stämme Israels« in der neuen Welt (Mt 19,28; Lk 22,30). Die »kleine Herde« sollte durch »andere Schafe« vergrößert werden, die nicht zum jüd. »Stall« gehörten (Joh 10,16).

Ob der Ausdruck »das Israel Gottes«, der im NT nur einmal vorkommt (Gal 6,16), nur gläubige Juden bezeichnet oder gläubige Juden und Nichtjuden ohne Unterschied, ist umstritten; die zweite Annahme ist wahrscheinlicher, besonders wenn der Ausdruck als Beifügung zu »alle, die sich nach diesem Maßstab richten« aufgefaßt wird. Aber daß die Gemeinde der Jesusgläubigen ohne Rücksicht auf ihre natürliche Herkunft im ganzen NT als das neue Israel betrachtet wird, ist unbestreitbar. Sie sind »die zwölf Stämme in der Zerstreuung« (Jak 1,1), »die Fremdlinge in der Zerstreuung« (1Petr 1,1 LÜ), die in Formulierungen, die aus atl. Beschreibungen Israels entlehnt sind, als »das auserwählte Geschlecht, die königliche Priesterschaft, das heilige Volk, das Volk des Eigentums« (1Petr 2,9) benannt werden.

Aber der Grundstock dieses neuen Israel ist jüdisch (Röm 11,18). Während der größere Teil des »Israel nach dem Fleisch« zur Zeit durch eine teilweise und vorübergehende Blindheit daran gehindert ist, seine angestammte Hoffnung in Jesus zu erkennen, kommt doch die Zeit, in der ihnen die Decke von den Augen genommen wird (2Kor 3,16) und sie durch Glauben wieder eingesetzt werden als Glieder der geliebten Gemeinde. Ihre gegenwärtige Verstockung dauert nur, »bis die Fülle der Heiden zum Heil gelangt ist; und so wird ganz Israel gerettet werden« (Röm 11,25f).

Literatur: L. Gillet: Communion in the Messiah, 1942; M. Simon: Verus Israel, 1948, G. Schrenk: Was

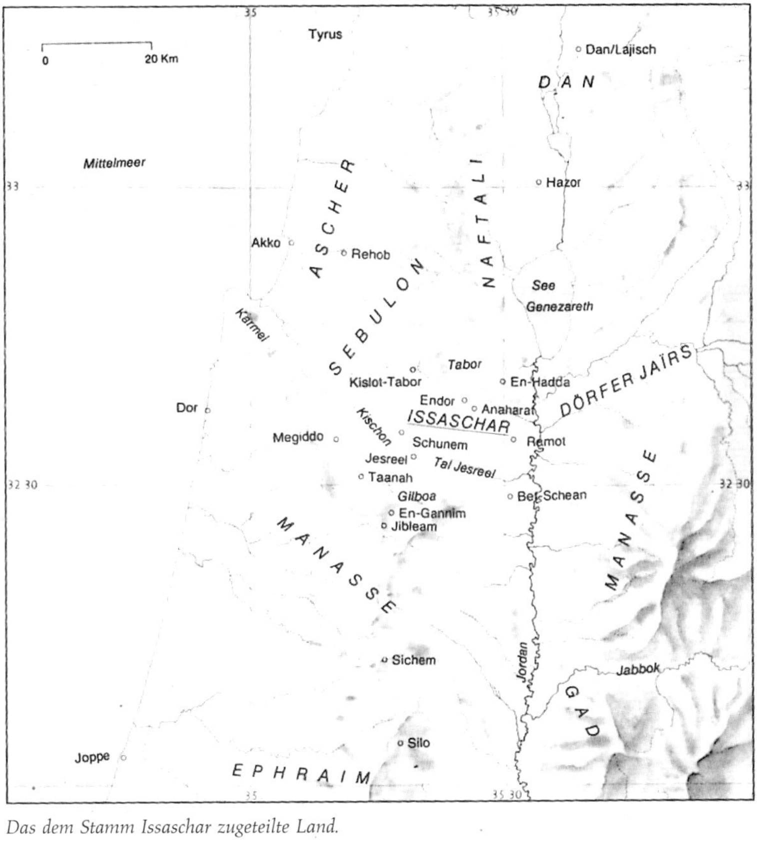

Das dem Stamm Issaschar zugeteilte Land.

Das Forum in Rom. (PP)

bedeutet »Israel Gottes«? Judaica 1949/1950; A. Oepke: Das Neue Gottesvolk, 1950; J. Munck: Paulus und die Heilsgeschichte, 1954; ders.: Christus und Israel, 1956; P. Richardson: Israel in the Apostolic Church, 1970. F.F.B.

ISSASCHAR.

1. Neunter Sohn Jakobs und fünfter Sohn Leas (1Mo 30,18; 35,23). Der Name mag eine Verbindung des hebr. *'isch*, »Mensch«, und *sākār*, »Lohn«, sein. Somit hieße I. »Lohnarbeiter«, obwohl andere eine weniger offensichtliche Verbindung mit einer verbalen Form vorschlagen, die »Möge (Gott) Gnade zeigen« bedeutet.

I.s Stammesgebiet erstreckte sich zwischen dem Gilboa-Gebirge und den Hügeln von Untergaliläa am Ostende der Ebene Jesreel. Die Grenzen lassen sich jedoch nicht exakt bestimmen. In einigen Aufstellungen (z.B. Ri 1,30) wird I. nicht erwähnt und mag zu *Sebulon gezählt worden sein (so wie *Simeon und *Juda zusammengefaßt wurden). Das nördl. Stammesgebiet von *Manasse scheint sich teilweise mit dem Gebiet I.s überlappt zu haben. Sechzehn Städte und dazugehörige Dörfer werden I. zugeschrieben.

Die enge Beziehung zwischen Sebulon und I. zeigt sich auch darin, daß sie gemeinsam durch *Mose gesegnet wurden (5Mo 33,18.19). Der hierbei erwähnte Berg ist zweifellos der *Tabor, auf dem sich ein gemeinsames Heiligtum befand.

I. spielte bei dem Feldzug, der von *Debora angeführt wurde, eine Rolle. Wahrscheinlich kam sie aus diesem Stamm (Ri 5,15), obwohl dies nicht ausdrücklich erwähnt wird (Ri 4). Die Schlacht gegen *Sisera, die auf dem Stammesgebiet I.s begann, beendete die kanaan. Vorherrschaft über die tiefer gelegenen Gebiete. Neben Debora stammte auch der weniger bedeutende Richter Tola aus I. (Ri 10,1), ebenso der Usurpator *Bascha (1Kön 15,27).

Der Segen *Jakobs (1Mo 49,14.15) wurde als Hinweis darauf angesehen, daß während der Amarna-Zeit (14.Jh.v.Chr.) Teile des Stammes I. im Lande wohnten. Diese konnten sich gegenüber den kanaan. Oberherren dadurch behaupten, daß sie ihnen ein gewisses Maß an Zwangsarbeit leisteten. Aber der in dem Segen enthaltene Vorwurf mag auch nur eine Feststellung dafür sein, daß die Menschen von I. durch materiellen Wohlstand unterwürfig und entkräftet waren. Z.Zt. Salomos war I. einer der zwölf Regierungsbezirke, die von ihm eingerichtet wurden (1Kön 4,17). Z.Zt. Davids war der Stamm für seine Weisheit bekannt (1Chr 12,32), eine Tatsache, die in der Erklärung des Talmuds wieder auftaucht, in der es heißt, daß die weisesten Mitglieder des *Sanhedrins aus I. kamen.

2. Siebter Sohn Obed-Edoms, eines levitischen Torwächters z.Zt. Davids (1Chr 26,5). A.E.C.

ITALIEN. Seit Caesar ist I. als Bezeichnung der appeninischen Halbinsel bekannt (Apg 18,2). Bereits in vorchristl. Zeit hatten sich viele Juden nach I. begeben und dort auch Gemeinden gebildet; die ältesten sind aus Rom und Puteoli bekannt. Die Vertreibung der Juden aus Rom auf Anordnung des Kaiseres *Claudius dürfte der Grund dafür gewesen sein, daß Paulus *Aquila und Priszilla in *Korinth traf (Apg 18,2). I. war das Ziel des Apostels, als er nach seiner *Berufung an den Kaiser zusammen mit anderen Gefangenen in *Cäsarea ein Schiff bestieg (Apg 27,1.6). Christen aus Puteoli nahmen Paulus auf (Apg 28,14), auf der Via Appia kamen ihm Brüder aus Rom entgegen (Apg 28,15). In Hebr 13,24 grüßen »die Brüder aus Italien« die Empfänger des Briefes.

ITAMAR. Jüngster Sohn *Aarons (2Mo 6,23; 1Chr 24,1). Er wurde mit Aaron, *Nadab, *Elihu und *Eleasar als Priester eingesetzt und geweiht (2Mo 28,1; 3Mo 8,13). Unter seiner Leitung berechneten die Leviten, wieviel Gold, Silber und Bronze zur Herstellung der Stiftshütte verwendet wurde (2Mo 38,21). I. hatte die Aufsicht über den Dienst der Gerschoniter und Merariter, denen während des Zuges durch die Wüste der Transport des heiligen Zeltes übertragen war (4Mo 4,21-33). Zu I.s Nachkommen vgl. 1Chr 24,3-6. Ein Priester seines Geschlechts wird noch nach der babylon. Gefangenschaft genannt (Esr 8,2). Das Amt des Hohenpriesters befand sich seit *Eli aus unbekannten Gründen für einige Zeit in den Händen der Nachkommen I.s. Durch die Absetzung *Abjatars fiel es mit Zadok wieder an das Geschlecht Eleasars zurück.

ITTAI. (»[Gott] ist mit mir«).

1. Anführer von 600 Männern aus *Gat, der kurz vor *Absaloms Rebellion zu David stieß. Seine Treue war so groß, daß er sich weigerte, den König zu verlassen, als dieser ihn anwies, zurückzukehren (2Sam 15,19-22). Die Bezeichnung »Gatiter« zeigt an, daß I. ein Philister war, wahrscheinlich ein »Freischär-

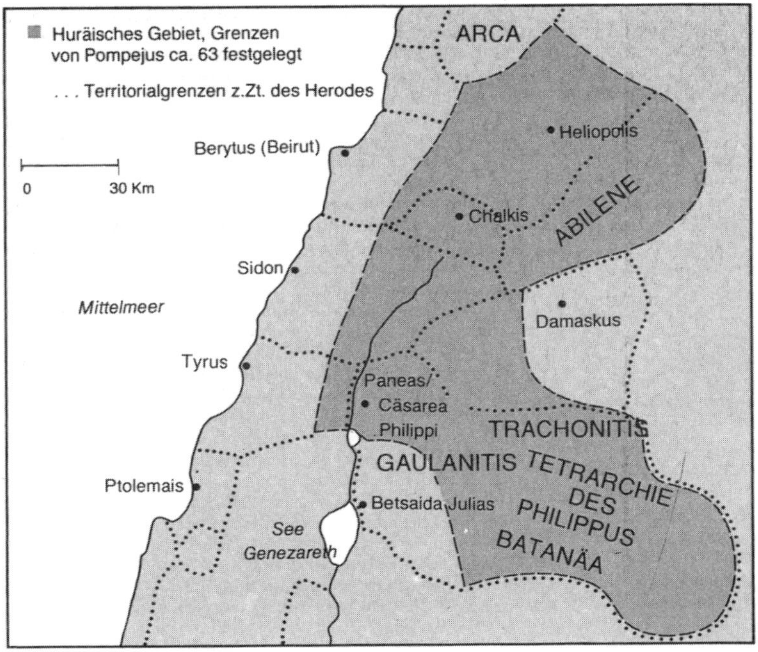

Ituräa und angrenzende Gebiete in Syrien.

ler«, der in David einen Anführer fand, der seiner Loyalität wert schien. Mit *Joab und *Abischai war er einer der drei Hauptleute Davids (2Sam 18,2).

2. Ein Benjaminiter. Einer der dreißig Helden Davids (2Sam 23,29; 1Chr 11,31).J.G.G.N.

ITURÄA. (Griech. *Itouraia*). Ein Gebiet nördl. von *Galiläa, in dem sich ein arab. Volksstamm niedergelassen hatte, dessen Ursprung man auf *Jetur, einen der zwölf Söhne *Ismaels, zurückführte (1Mo 25,15f; 1Chr 1,31). Nach 1Chr 5,19 kämpften die Israeliten bei der Landnahme im Ost-Jordanland auch gegen den Stamm Jetur. In der zweiten Hälfte des 2.Jh.v.Chr. eroberten die bisher nomadischen Ituräer einen Teil von Süd-*Syrien und ließen sich dort nieder. Der politische Mittelpunkt ihres Reiches wurde Gerrha/Chalkis, der religiöse Baalbek/Heliopolis, wo Bauten Zeugnis von der rasch voranschreitenden Hellenisierung geben. 105/4 v.Chr. eroberte der Hasmonäer Aristobul einen Teil des Landes (Jos.ant.Jud. XIII, 318), wohl Nord-Galiläa, dessen Bewohner durch Beschneidung zwangsjudaisiert wurden. Zwischen 85 und 40 v.Chr. erfuhr I. unter Ptolemäus, Sohn des Menäus, als röm. Klientelfürsten seine größte Ausdehnung (Jos.ant.Jud. XIV, 126; Strabo XVI, 2,10). Nachdem sein Nachfolger Lysanias 34 v.Chr. von Antonius hingerichtet worden war, teilten die Römer I. auf (Jos.ant.Jud. XV, 360; XVII, 189.319). Von den vier Teilen kam das Gebiet um Paneas (*Cäsarea Philippi) 20 v.Chr. an *Herodes den Großen und nach seinem Tod 4 v.Chr. an seinen Sohn *Philippus. Über *Abilene, nordwestl. von *Damaskus, herrschte unter Kaiser *Tiberius als Tetrarch *Lysanias, später (ab 41 n.Chr.) die jüd. Könige Agrippa I. und Agrippa II. (s. *Herodes; Jos.ant.Jud. XVIII, 327; XIX, 257; XX, 138). Die Ituräer galten als kriegerisches Volk (Cicero, Phil 2,212) und sind mehrfach als röm. Hilfstruppen erwähnt, so auch auf dem Grabmal eines ituräischen Bogenschützen, das man aus der ersten Hälfte des 1. Jh.n.Chr. in Mainz fand (CIL XIII, 7041). Vielleicht sind die im *Hermon-Gebiet ansässigen Drusen Nachkommen der Ituräer (S. Dar, PEQ 120, 1988, 26-44).

Wenn es in Lk 3,1 heißt, Philippus sei Tetrarch über »das ituräische und trachonitische Land« gewesen, so ist damit (wie bei *Herodes Antipas) nur ein Teil seines Herrschaftsgebiets genannt. Erwägenswert bleibt immer noch die Auffassung des Eusebius, der beide Bezeichnungen in Lk 3,1 identifizierte und auf das Gebiet der *Trachonitis bezog (onom. 110,27-29; 161,1-4). Grammatisch ist es durchaus möglich, »trachonitisches Ituräa« zu übersetzen (C.J. Hemer, Themelios 2, 1977, 84f).

Literatur: B. Kanael: BHH II, 1964, 788-790; B. Schaller: KIP II, 1967, 1492; W. Schottroff: ZDPV 88 (1982), 124-152. R.R.

JAASANJA. (»Jahwe hört«).

1. Judäischer Heerführer, Sohn eines Maachiters, der *Gedalja bei Mizpa unterstützte (2Kön 25,23; Jer 40,8). Ein Siegel, das in Mizpa (Tell en-Nasbeh) gefunden wurde, mit der Inschrift »Jaasanja, Diener des Königs«, kann zugeschrieben werden, aber der Name war häufig und wurde auf Scherben aus *Lachisch und *Arad gefunden.

2. Sohn Jirmejas, ein Oberhaupt der Rechabiter (Jer 35,3).

3. Sohn Schafans, eines Ältesten aus Israel, der Hesekiel (Hes 8,11) in einer Vision erschien, wie er Götzenbildern in Jerusalem Räucherwerk darbrachte.

4. Sohn Asurs, der von Hesekiel am Osttor des Tempels gesehen wird (Hes 11,1). D.J.W.

JABBOK. Einer der östl. Zuflüsse des Jordans, ca. 32 km nördl. des Toten Meeres. Er entspringt in der Nähe von Amman (*Rabba) in Jordanien und ist insgesamt etwa 96 km lang. Heute wird er Wadi Zerqa genannt. Er bildete die Grenze zwischen dem Gebiet der Ammoniter und dem der Gaditer und Rubeniter (5Mo 3,16), nachdem die Israeliten den Amoriter-König Sihon südl. des J. besiegt hatten (4Mo 21,21ff). Es ist der gleiche Fluß, den Jakob durchwatete (1Mo 32,23), als er mit dem Engel rang und anschließend seinen Namen änderte. Es mag sich hier um ein Wortspiel handeln: J. heißt auf hebr. *jabbōq*, während »[und]. . .rang« [*wa*]*jē'abēq* heißt. D.F.P.

JABESCH IN GILEAD. Eine israelit. Stadt östl. des Jordan in *Gilead. Die Bewohner der Stadt hatten sich geweigert, am Krieg gegen die Gileaditer teilzunehmen; dafür wurden alle Einwohner der Stadt erschlagen mit Ausnahme von 400 Mädchen im heiratsfähigen Alter, die Männern aus dem Stamm Benjamin als Frauen gegeben wurden (Ri 21,6-14). Zur Zeit des Königs *Saul wohnten Israeliten in J., und als die Stadt von den *Ammonitern belagert wurde, kam Saul ihr zu Hilfe und vertrieb die Belagerer (1Sam 11,1-13). Als Saul getötet worden war, und die Philister seinen Leichnam an der Stadtmauer von *Bet-Schean zur Schau gestellt hatten, waren es Männer aus J., die ihn wegnahmen und unter einem Baum in J. bestatteten (1Sam 31).

Eusebius berichtet, daß J. zu seiner Zeit ein Dorf war, das auf einem Hügel lag am Weg, der von *Pella nach *Gerasa führt (Eus.onom. 110,12). J.P.U.L.

JABIN. (»[Gott] nimmt wahr«).

1. König von *Hazor, Führer einer Allianz von Fürsten aus dem N, die im Kampf von Josua besiegt wurde. Josua erschlug J. anschließend (Jos 11,1-14).

2. Ein weiterer König von Hazor (Ri 4,2: »König von Kanaan«), der 20 Jahre lang die Israeliten grausam unterdrückte. Die Befreiung kam mit *Barak und *Debora, die J.s Feldhauptmann *Sisera besiegten (Ri 4,3-16); ein bemerkenswerter Sieg, der im Deboralied festgehalten ist (Ri 5). Dieser Sieg führte zur Vernichtung J.s (Ri 4,23.24), auf die in Ps 83,9 hingewiesen wird. J.D.D.

JABNE/JABNEEL. (Hebr. *jabne'ēl*, »Gott läßt bauen«).

1. Jabneel (Jos 15,11) oder Jabne (2Chr 26,6), in hellen. Zeit Jamnia genannt, ist die heutige arab. Stadt Jebna auf halbem Weg zwischen *Aschdod und Tel Aviv (*Joppe) an der großen Überlandstraße von *Ägypten nach *Damaskus. Ein bekannter Hafen (Plin.nat.V, 13,68) befand sich in der Nähe (Mīnet Rubīn, neuhebr. Jabne Jam). Der Ort, der an der Nordgrenze des *Philister-Gebietes lag, kam erst unter *Usia (ab 786 v.Chr.) an *Juda (2Chr 26,6). Judas der Makkabäer verwüstete die Stadt (2Makk 12,9), die aber erst wieder unter Alexander Jannäus (nach 103 v.Chr.) jüd. wurde (Jos.ant.Jud. XIII, 395). Sie erlebte danach mehrere Herrschaftswechsel (Jos.bell.Jud. I, 156; II, 98.167; IV, 130.444). Die Bevölkerung bestand noch in hasmonäischer Zeit vorwiegend aus Nichtjuden (2Makk 12,8), in der ntl. Epoche überwog aber offensichtlich schon das jüd. Element (Philo, Leg Gai 200-203). Nach der Zerstörung *Jerusalems (70 n.Chr.) wurde J. unter Jochanan Ben Zakkai, der den Grundstock zur Rechtssammlung der *Mischna legte, zum Mittelpunkt jüd. Schriftgelehrsamkeit. Welchen Einfluß eine hier um 90 n.Chr. stattfindende Gelehrtenversammlung auf die Bildung des jüd. Kanons und auf die Abgrenzung vom Christentum hatte, ist in der neueren Forschung sehr umstritten (J. Maier, Geschichte der jüdischen Religion, 1972, 93ff). Nach dem Bar-Kochba-Aufstand (132-135 n.Chr.) gab es in J. auch eine große Gemeinde von *Samaritanern. Vom 4. bis 7.Jh. war die Stadt Bischofssitz.

Literatur: K.D. Schunck: BHH II, 1964, 791; E. Schürer: History of the Jewish People II, 1979, 109f; OLB II, 30-37.

2. Jabneel an der Süd-Grenze von *Naftali (Jos 19,33). Nach dem Jerusalemer Talmud (Meg I, 1) Kefar Jama, das mit dem Ruinenhü-

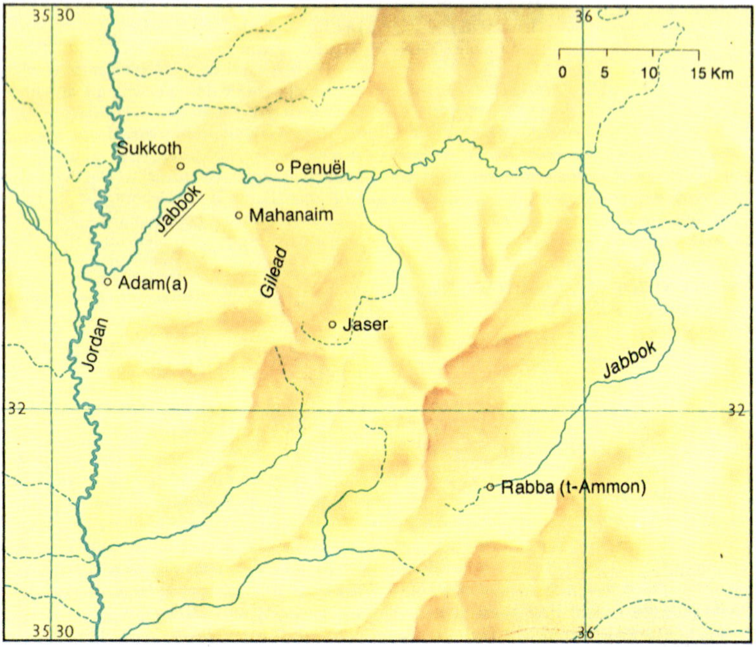

Der Jabbok.

Der Jabbok (heute: Zerqa) nahe seiner Quelle bei Amman, Jordanien. (MEPhA)

gel Kafr Dschemma (arab.), 11 km südwestl. von *Tiberias, zu identifizieren ist. Die Siedlungsspuren umfassen die ältere Eisenzeit sowie die röm., byzantin. und arab. Epoche (F.M. Abel: Géographie de la Palestine II, [3]1967, 563). Ein in der Nähe neugegründeter Kibbuz erhielt wieder den Namen J. Das von Josephus (bell.Jud. II, 573) genannte Jamnith kann kaum mit J. gleichgesetzt werden (A. Neubauer: Géographie du Talmud, 1868, 25), da es in Ober-*Galiläa lag. R.R.

JACHIN UND BOAS. Verzierte Bronzepfeiler oder -säulen, die am Eingang zum Tempel Salomos in Jerusalem aufgerichtet waren (1Kön 7,21; 2Chr 3,15-17). Als Nebukadnezar Jerusalem 587 v.Chr. einnahm, wurden sie zerbrochen und nach Babylon gebracht (2Kön 25,13).

I. BESCHREIBUNG UND KONSTRUKTION.

Die Säulen waren 18 Ellen hoch (ca. 9 m) und hatten 12 Ellen Umfang (ca. 2 m Durchmesser). Ihre Kapitelle waren 5 Ellen hoch (ca. 2,5 m; 1Kön 7,15.16). Der Chronist gibt die Höhe mit 35 Ellen an (2Chr 3,15), was wahrscheinlich der Höhe beider Säulen entspricht (1Kön 7,15: 18 Ellen pro Säule). Für das Einsetzen der Säulen in Fundamente und Kapitelle wird 1 Elle berechnet. Als der Tempel zerstört wurde, sollen die Kapitelle 3 Ellen hoch gewesen sein (2Kön 25,17); diese Verkleinerung geht wahrscheinlich auf die Zeit zurück, als Joasch (2Kön 12,6ff) oder Josia (2Kön 22,3ff) den Tempel renovierte (vgl. Jer 52,22f). Dies ist der Deutung vorzuziehen, die frühere Zahl sei falsch gelesen oder fehlerhaft überliefert worden.

Es sind schon verschiedene Versuche unternommen worden, das Kunstwerk, das hier beschrieben wird, zu veranschaulichen (1Kön 7,17-22.41.42; Jer 52,22.23). Anscheinend war das Kapitell wie vier geöffnete, umgedrehte Lotusblüten *(schuschān)*, gearbeitet, 4 Ellen breit, und darüber wie eine umgedrehte Schüssel. Diese Schüssel oder dieser Knauf war in einem Netzwerk gefaßt, das von zwei Reihen Granatäpfeln eingefaßt war.

Zwei freistehende, Jachin und Boas ähnliche Säulen, von Kapitellen gekrönt, an der Außenseite eines Tempelmodells aus Ton. Idalion, Zypern. Höhe 21 cm. Eisenzeit. Ca. 10.–9. Jh. v.Chr. (MC)

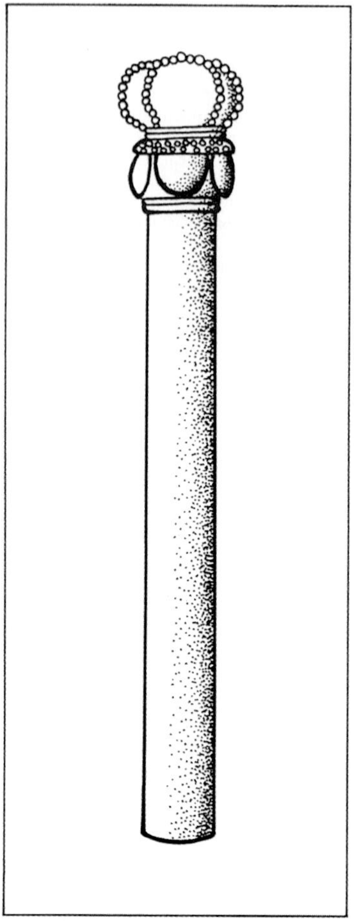

Rekonstruktion einer der beiden freistehenden Säulen am Eingang des salomonischen Tempels, die Jachin und Boas genannt wurden.

Die Säulen und Kapitelle wurden von Hiram, einem Handwerker aus Tyrus (1Kön 7,13.14), gegossen, der in dem Gebiet zwischen Sukkot und Zaretan arbeitete (1Kön 7,46). Sie waren hohl (Jer 52,21) und wurden wahrscheinlich in ähnlicher Technik gegossen wie unter Sanherib, als er große mythische Tiere in Bronze gießen ließ (ARAB, 2, 1927, S. 169; s.a. Underwood: Man 58, 1958, S. 42). Möglicherweise wurde auch eine Gießmethode wie bei mittelalterlichen Kanonenrohren angewandt.

II. ZWECK.
Obwohl der Gedanke naheliegend ist, daß die Säulen das Dach der Vorhalle trugen, erwähnt die Beschreibung im AT sie eher bei der Einrichtung anstatt bei architektonischen Elementen des Tempels. Sie sollen »vor« (1Kön 7,21; 2Chr 3,17) der Vorhalle plaziert worden sein. Es gibt auch andere Hinweise auf freistehende Säulen am Eingang von Tempelheiligtümern. Fundamente für Säulen wurden in Tempeln des 13.Jh.v.Chr. in *Hazor und Kamid el-Loz gefunden, in einem phönizischen Tempel in Kition sowie in einem israelit. Tempel in *Arad. Ob die Säulen von 1Kön 7 freistehend waren, ist nicht zu entscheiden. Das Aussehen der Säulen kann abgeleitet werden von Modellschreinen aus Ton, die in Palästina und Zypern gefunden wurden (13.-9.Jh.v.Chr.), und von Elfenbeinarbeiten, die in Arslan Tasch und Nimrud gefunden wurden. Tempelprägungen auf griech. und röm. Münzen aus Zypern und Phönizien und Beschreibungen von Herodot (hist.2.44), Strabo (3.4.170) und Lukian (De Syria dea 15.27) zeigen, daß Säulenpaare mindestens bis zum 2.Jh.v.Chr. an Tempeleingängen aufgestellt wurden.

Die Bedeutung der Säulen ist unbekannt. Vielleicht zeigen sie die göttliche Präsenz an wie die Säulen aus Feuer und Rauch es während der Wanderung des Volkes Israel durch die Wüste (2Mo 33,9; 5Mo 31,15) taten.

III. NAMEN.
Möglicherweise enthalten die Namen der Säulen eine Erinnerung an Davids Vorfahren. Mütterlicherseits erscheint der Name Jachin im Geschlecht der Simeoniter (4Mo 26,12). Zu Davids Vorfahren väterlicherseits zählt *Boas, der Mann der *Rut (Rut 2-4). Er ist der Großvater *Isais, des Vaters Davids. Wahrscheinlicher ist, daß Jachin und Boas die ersten Worte einer Inschrift sind, vielleicht: »Jahwe wird einen Thron ewiglich befestigen (Jachin)« und »In der Kraft (Boas) Jahwes soll der König frohlocken« . D.J.W./C.J.D.

JAËL. (»Wilde Ziege«). Frau des Keniters *Heber, die Mörderin *Siseras (Ri 4,17-21). Zu ihrer Zeit herrschten die Kanaanäer unter der Führung *Jabins, des Königs von *Hazor, über Israel; sein Feldhauptmann war Sisera. Beiläufig (Ri 4,11) wird die Präsenz der Keniter in Zaanannim, an der Grenze von *Naftali, erklärt. Normalerweise wurde Naftali mit dem Stamm *Juda in Zusammenhang gebracht. Ihre Fertigkeiten in der Metallbearbeitung machten die Keniter zu nützlichen Verbündeten der Kanaanäer (Ri 4,17). Nachdem die Is-

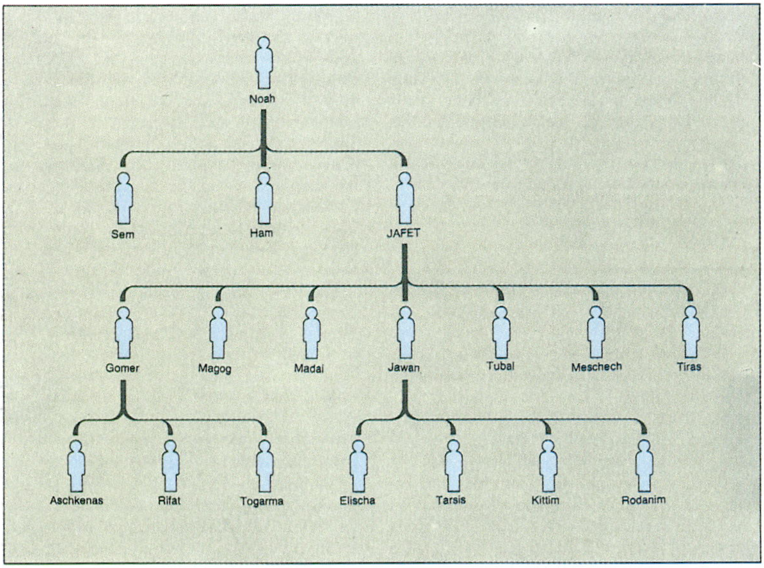

Die Familie Jafets nach 1Mo 10,1–4.

raeliten unter *Debora und *Barak den Kanaanäern eine vernichtende Niederlage zugefügt hatten, floh der Großteil der besiegten Armee nach W. Sisera jedoch, der sein Kommando aufgegeben hatte, machte sich nach N auf, wahrscheinlich, um in Hazor Schutz zu suchen. J. erkannte Siseras entscheidende Bedeutung (vgl. Ri 4,22) und bot ihm Gastfreundschaft an, die ihm Schutz garantierte. Da das Errichten der Zelte Frauenarbeit war, konnte J. ihn rasch töten, indem sie einen Zeltpflock in seine Schläfe stieß. Von einer Frau getötet zu werden, galt als Schande (vgl. Ri 9,54). So erfüllte sich Deboras Prophezeiung, daß die besondere Ehre, Sisera zu erschlagen, einer Frau zukommen würde (Ri 4,9). Der Sieg unter Debora und Barak befreite Israel auf immer von kanaan. Unterdrückung und gab Israel die Kontrolle über die strategisch wichtige *Jesreel-Ebene. Im Deboralied wurde der Sieg unsterblich gemacht (Ri 5). Man nimmt an, daß das Lied aus der gleichen Zeit stammt; es zeigt eine unbändige Freude an J.s unmoralischer Handlung (Ri 5,24-27). Obwohl man die Tat nicht gutheißen kann, darf man nicht die natürliche menschliche Reaktion der lange Zeit unterdrückten Israeliten beim Tod ihres Erzfeindes übersehen. Mehrere unwahrscheinliche Berichtigungen wurden vorgeschlagen, um den überraschenden Bezug auf J. in Ri 5,6 zu beseitigen. Das Argument dafür ist, daß, obwohl Schamagar und J. lebten, als Israel unterdrückt wurde, keiner von beiden Rettung bringen konnte. Sie wurde erst durch Deboras Mut bewirkt. A.E.C.

JAFET. (»Gott mache ihm weiten Raum«). Sohn Noahs, der meistens als letzter der drei erwähnt wird (1Mo 5,32; 6,10; 7,13; 9,18.23.27; 1Chr 1,4), aber seine Nachkommen werden als erste in 1Mo 10,2 und 1Chr 1,5-7 aufgeführt. Er war der Vorfahr einer Anzahl von Stämmen und Völkern. Die meisten von ihnen hatten Namen, die in historischer Zeit mit Gebieten im N und W des Vorderen Orients in Verbindung gebracht wurden, besonders in Anatolien und der Ägäis (*Völkertafel). J. und seine Frau waren unter den acht Menschen, die der Sintflut entgingen. Bei einem späteren Vorfall bedeckten er und Sem die Blöße ihres Vaters *Noah (1Mo 9,20ff). In seiner prophetischen Rede danach betete Noah, daß Gott J. größer machen solle, und daß »er« in den Zelten Sems wohnen und Kanaan sein Knecht sein solle (1Mo 9,27). Viele Auslegungen beziehen das »er« eher auf Gott als auf J., aber beide Deutungen sind möglich. Folgt man der letzteren Möglichkeit, mag der Hinweis zugunsten des Evangeliums sein, das zuerst zu den Nachkommen Sems gelangte und später zu den Völkern im N. J. wurde jedoch mit der griech. mythologischen Figur Iapetos, einem Sohn der Erde und des Himmels, in Verbindung gebracht, der viele Nachkommen hatte. Da der Name nicht griech. Ursprungs ist, mag er eine Form des bibl. Namens sein.

Literatur: D. Neisman: The Two Genealogies of Japheth, in: H.A. Hoffner (Hrsg.) Orient & Occident, 1973, S. 119ff; D. J. Wiseman: Genesis 10: Some Archaeological Considerations, JTVI/87, 1955, S. 14ff. T.C.M.

JAFIA. (Von hebr. *jf*, »[Gott] möge erstrahlen«).

1. Kanaan. König von *Lachisch, der bei der Landnahme von den Israeliten geschlagen wurde (Jos 10,3).

2. Ein Sohn *Davids, der in Jerusalem geboren wurde (2Sam 5,15).

3. Ein anscheinend auch schon in den *Amarna-Briefen (14. Jh.v.Chr.) als Japu erwähnter Ort im Gebiet von *Sebulon (Jos 19,12), heute das arab. Dorf Jafa, 2 km südwestl. von *Nazareth. In ntl. Zeit war J. eines der größten Dörfer in *Galiläa (Jos. vita 230), wahrscheinlich der Vorort des kleinen Weilers Nazareth. J., von Josephus im Jüdischen Aufstand befestigt (bell.Jud. II, 573), diente ihm zeitweise als Hauptquartier (vita, 270) und wurde 67 n.Chr. von den Römern in einem überaus blutigen Kampf zerstört (bell.Jud. III, 289-306). Wiederum reiches jüd. Leben bezeugen die Reste einer Synagoge aus dem 3./4. Jh. (R. Riesner: Jesus als Lehrer, [3]1988, 236). Seit dem 16. Jh. gilt J. entgegen der byzantin. Tradition (*Betsaida) als Heimatort der *Zebedäus-Söhne *Jakobus und *Johannes. Aus unbekannten Gründen ist eine legendäre Kreuzfahrer-Überlieferung (Bagatti, 125-127) aus dem 13. Jh. von Schefa Amr, ca. 20 km nordwestl. von Nazareth, nach J. verlegt worden.

Literatur: B. Bagatti: Antichi villaggi cristiani di Galilea, 1971, 96-102; D. Barag: EAEHL II, 1976, 541-543; G. Kroll: Auf den Spuren Jesu, [10]1988, 82. R.R.

JAFO s. Joppe

JAGD, JÄGER. Die Erzvätergeschichten des AT stellen die Hebräer als in erster Linie mit der Aufzucht ihrer Herden und anderer halbseßhafter landwirtschaftlicher Arbeit beschäftigt dar. Als Zeitvertreib spielte die Jagd so gut wie keine Rolle. Man betrieb sie normalerweise nur, wenn der Hunger dazu trieb oder wilde *Tiere, die im Altertum in Palästina sehr zahlreich waren (2Mo 23,29), die Sicherheit der Hebräer und ihrer Herden be-

Detail aus dem Relief von Ninive, das eine Löwenjagd zeigt.

Dieses assyrische Relief zeigt Männer, die Vögel, Kaninchen und Rotwild jagen. Palast Sargons II. in Chorsabad. Ca. 710 v.Chr. (BM)

Nilpferdjagd im ägyptischen Sumpfland. Flachrelief aus dem Grab des Wesirs Mereruka, Saqqara, Ägypten. Altes Reich, 6. Dynastie. Ca. 2350 v.Chr. (PP)

Vogelfang im ägyptischen Sumpfland. Teil eines Wandgemäldes im Grab des Nebamun, Theben. Neues Reich, 18. Dynastie. Ca. 1412–1411 v.Chr. (BM)

drohten (Ri 14,5; 1Sam 17,34). Einzelne wie Ismael (1Mo 21,20) oder Esau (1Mo 25,27) waren jedoch für ihre Verwegenheit bei der Jagd berühmt.

Im Gegensatz dazu verbrachten anscheinend die alten Mesopotamier und Ägypter beträchtlich mehr Zeit mit der J. Viele assyr. Denkmäler und Flachreliefs stellen königliche Jagden dar; das läßt auf eine lange Tradition schließen, die durchaus auf Nimrod, den gewaltigen Jäger der Urzeit (1Mo 10,8f),der Assyrien besiedelte (1Mo 10,11), zurückgehen könnte. Während die Mesopotamier Löwen und andere Raubtiere jagten, bevorzugten die Ägypter den Fang von Wild und Raubvögeln. Dabei wurden häufig Hunde und Katzen eingesetzt.

Das karge Essen der Hebräer in alter Zeit wurde gelegentlich durch Delikatessen wie Rebhuhn (vgl. 1Sam 26,20), Gazellen- und Hirschfleisch (5Mo 12,15 RevEB) bereichert. An Salomos Tafel gab es auch Rehbock (1Kön 5,3). So allgemeiner Natur sind die atl. Hinweise auf die J., daß nur wenige Tiere genauer bezeichnet werden. Fast nichts wird über Jagdmethoden oder die -kleidung des Jägers ausgesagt. In Hassuna im Irak wurde das Lager eines Jägers ausgegraben. Es enthielt Waffen, Vorratsgefäße und Werkzeuge, die auf ca. 5000v.Chr. datiert wurden. In der Bibel werden Köcher und Bogen (1Mo 27,3), Spieße (Hiob 40,31), Schleudern (1Sam 17, 40), Netze (Hiob 19,6), Schlingen der Vogelsteller (Ps 91,3 RevEB) und Fallgruben (Hes 19,8) für größere Tiere wie Bären erwähnt.

Obwohl die J. im alten Palästina durchaus keine alltägliche Angelegenheit war, waren ihre Methoden doch allen so vertraut, daß man von ihnen auch im übertragenen Sinne sprach (Hiob 18,10; Jer 5,26). Auch das NT verwendet einige wenige Jagdmetaphern (vgl.Mt 22,15;Lk 11,54; Röm 11,9 mit einem Zitat aus Ps 69,23f).

Literatur: E. W. Heaton: Everyday Life In Old Testament Times, 1956, S. 112ff; K.Galling: BRL² 1977, S.150-152. R.K.H.

JAHASIËL. (»Gott möge ansehen« [das Elend, um zu helfen]).

1. Anhänger Davids aus Benjamin, der sich ihm in Ziklag anschloß (1Chr 12,5).

2. Priester vor der Bundeslade z.Zt. Davids, der die Aufgabe hatte, Trompete zu blasen (1Chr 16,6).

3. Sohn Hebrons, ein Levit (1Chr 23,19; 24,23).

4. Sohn Secharjas, Levit aus dem Geschlecht Asaphs, der König *Joschafat den Sieg über *Moab und *Ammon ankündigte (2Chr 20,14ff).

5. Vater Schechanjas, der z.Zt. des Königs Artaxerxes aus Babylon zurückkehrte (Esr 8,5).

JAHAT.

1. Ein Sohn Reajas aus dem Geschlecht *Juda (1Chr 4,2).

2. Levit, Sohn Libnis, Nachkomme *Gerschoms (1Chr 6,5.28).

3. Levit aus dem Geschlecht der Gerschoniter, Sohn *Schimis (1Chr 23,10.11).

4. Levit, Sohn Schelomits, ein Jizhariter (1Chr 24,22).

5. Aufseher der Handwerker, die z.Z. *Josias am Tempel arbeiteten (2Chr 34,12).

JAHAZ. Ort in der Ebene von *Moab, ca. 7 km nördl. von *Dibon und gut 20 km vom O-Ufer des Toten Meeres entfernt gelegen; dort besiegte Israel den Amoriterkönig *Sihon (4Mo 21,23f; 5Mo 2,32f; Ri 11,20f). Der Ort gehörte zum Gebiet des Stammes *Ruben und wurde den meraritischen Leviten übertragen (Jos 13,18; 21,34.36). Das Gebiet ging später an Israel verloren, aber *Omri eroberte es bis nach J. zurück. Der *Mescha-Stein (Zeilen 18-20) erwähnt, daß »der König von Israel Jahaz erbaut hat, und er lebte dort, als er gegen mich kämpfte«. Mescha vertrieb die Bewohner und fügte J. seinem Herrschaftsbereich zu.

M. du Buit lokalisiert den Ort etwas abseits von der Straße durch das zentrale Hochland, nördl. vom Wadi Wali. Y. Aharoni schlägt Chirbet el-Mudejine am Rand der Wüste vor (LDB, 349.351). Die Stadt war zur Zeit Jesajas und Jeremias noch immer in der Hand der Moabiter (Jes 15,4; Jer 48,21.34). J.A.T

JAHR s. Kalender

JAHRESTAG / GEBURTSTAG. Die Nachricht von der Geburt eines Kindes, bes. eines Sohnes, war eine frohe Botschaft (Jer 20,15) und bot oft Anlaß zu einem Fest. Sowohl von den Ägyptern wie von den Persern sind uns auch jährlich wiederholte Geburtstagsfeiern bekannt (1Mo 40,20; Herodot 1,133). In hellen. Zeit wurden die Königs-, in der röm. Kaiserzeit auch die Kaisergeburtstage häufig zu großen Festen (vgl. Mt 14,6; Mk 6,21).

JAHRESZEITEN s. Kalender

JAHWE s. Namen Gottes

JAÏR (»Er läßt erleuchten/strahlen«).

1. Nachkomme *Manasses, der im Zuge von Eroberungen östl. des Jordans unter Mose mehrere Dörfer an der Grenze von *Baschan und *Gilead (4Mo 32,41) einnahm und sie »*Dörfer Jaïrs« nannte (vgl. 5Mo 3,14; 1Kön 4,13).

2. Richter, der 22 Jahre lang in Israel Recht sprach (Ri 10,3-5). Seine dreißig Söhne besaßen dreißig Städte in Gilead, mit denen der Name »Dörfer Jaïrs« in Verbindung gebracht wird; J. wurde in Kamon begraben.

3. Vater *Mordechais (Est 2,5), ein Benjaminiter.

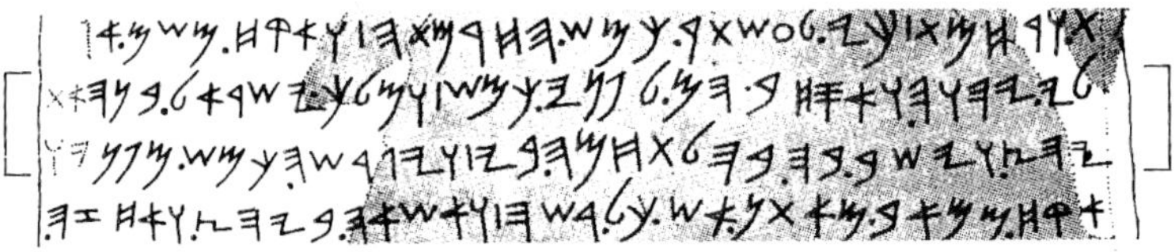

Ausschnitt aus der Inschrift der Mescha-Stele: »Der König von Israel hatte Jahaz erbaut und wohnte darin während seines Feldzugs gegen mich«. Die Moabiter behaupten hier, Jahaz von Ahab zurückerobert zu haben (Zeilen 18 und 19 der Mescha-Stele, gefunden in Diban, Jordanien. Ca. 830 v.Chr.).

4. Vater *Elhanans, eines der Helden Davids, der einen Gatiter erschlug (2Sam 21,19). M.A.M.

JAÏRUS (griech. Form von *Jaïr). Vorsteher der Synagoge, dessen Tochter von Jesus geheilt wurde (Mk 5,21-43; Lk 8,41-56; vgl. Mt 9,18-26). Der Name wird bei Mk und Lk genannt, aber nicht von Mt. Zu J.s Pflichten gehörte die Leitung des Gottesdienstes in der Synagoge und die Auswahl derer, die das Gebet leiteten, die Schriften lasen und predigten. Es gab im allg. in jeder Synagoge nur einen *archisynagōgos* (Mt beschreibt ihn einfach als *archōn*, das hier die gleiche Bedeutung hat).

J. kam zu Jesus, nachdem dieser – aus der *Dekapolis kommend - den See Genezareth überquert hatte und in der Nähe von *Kapernaum an Land gegangen war. J.' zwölfjährige Tochter lag im Sterben, und er bat Jesus, sie zu heilen. Auf dem Weg zu J.' Haus heilte Jesus die Frau, die an einer Blutung litt. Dann kam die Nachricht, daß das Mädchen tot sei. Die meisten Anwesenden waren der Ansicht, es sei nicht nötig, Jesus weiter zu bemühen, und sie spotteten über seine Bemerkung, daß das Mädchen nicht tot sei, sondern schlafe. Jesus schickt die Menschen bis auf Petrus, Jakobus, Johannes und die Eltern des Mädchens weg. Als Jesus die Hand des Kindes ergriff, erwachte es wieder zum Leben. Er befahl, ihr zu essen zu geben und nicht über diese Tat zu reden.

Vom literarischen Standpunkt her ist die Zusammenfassung der Geschichte bei Matthäus interessant. Er erweckt den Eindruck, daß das Kind schon tot war, als J. an Jesus herantrat. Bemerkenswert ist auch, daß Mk den aram. Satz *talītā kūm* überliefert. R.E.N.

JAKOB. Etwa ein Viertel des 1Mo-Buches ist der Lebensgeschichte J.s, des Vaters des erwählten Volkes, gewidmet. Schriftliche Zeugnisse aus dem 2.Jt.v.Chr. bieten umfangreiches Material über die näheren Hintergründe zu den Erzählungen von 1Mo 26-50. Obwohl damit weder die Existenz des Erzvaters noch die Historizität der Erzählung bewiesen ist, zeigt das doch, daß es sich hierbei nicht um spätere Textsammlungen mit anachronistischen, phantasiereichen Details aus der Zeit des Exils handelt, sondern um Berichte, die zu einem früheren Zeitpunkt (*Patriarchen) verfaßt wurden. Es ist unwahrscheinlich, daß eine Sammlung von Erzählungen, die die Hauptfigur an vielen Punkten auch in einem ungünstigen Licht erscheinen läßt, um eine nur in der Sage existierende Person zentriert wäre.

I. DATIERUNG.

Genaue Lebensdaten von Jakob lassen sich nicht angeben, da bibl. und außerbibl. Zeugnisse darüber unterschiedliche Angaben machen (*Chronologie des AT). Das heute zur Verfügung stehende Quellenmaterial läßt auf das 18.Jh.v.Chr. schließen. Diese Datierung würde bedeuten, daß Jakob sich vor Beginn der Hyksosdynastie, die ihr Zentrum bei Tanis im östl. Nildelta (*Zoan) hatte, nördl. von *Goschen, nicht weit vom ägypt. Hof, niedergelassen hat. Aufgrund weiterer bibl. und archäologischer Zeugnisse kann man auch davon ausgehen, daß *Abraham zwischen dem 20. und 19.Jh.v.Chr. gelebt hat.

II. BIOGRAPHIE.

Als Jakob zur Welt kam, umklammerte er die Ferse (*hebr.ʿāqāb*) seines vor ihm geborenen Zwillingsbruders *Esau (1Mo 25,26) und erhielt so den Namen »der Fersenhalter«. Eine mögliche Übersetzungsvariante von hebr. *jaaqōb* »er klammerte sich fest«, ließe an ein beabsichtigtes Wortspiel mit einem damals geläufigen Namen *jaaqōb-il*, »Gott möge beschützen« oder »Gott hat beschützt« denken. Keilschriftliche und ägypt. Dokumente dieser Zeit enthalten Personennamen mit derselben Wurzel (*ʿqb*); sie umfassen auch einige Parallelformen, die innerhalb der westsemit. Völkergruppe (*Amoriter) geläufig waren.

Eine weitere Übersetzungsmöglichkeit für die hebr. Wurzel *ʿqb* »bei der Ferse ergreifen, einholen« wäre die, daß J. seinen Bruder »verdrängte«, indem er ihn zuerst um das Erstgeburtsrecht betrog und sich dann den Segen des Vaters, der von jeher dem Erstgeborenen zustand, erschlich. Der erstgeborene Sohn erbte normalerweise mehr vom väterlichen Besitz als die anderen Kinder, mitunter zwei Drittel des gesamten Erbes (vgl. 5Mo 21,16). Außer dieser materiellen Erbschaft kam dem Haupterben auch eine besondere soziale und rel. Stellung als Haupt der Familie zu. Diese Rechtspraxis ist aus zeitgenössischen Unterlagen wie auch aus bibl. Berichten bekannt. Die kurze Erzählung über Esaus Verkauf seines Erstgeburtsrechts für ein Linsengericht an J. sagt nichts darüber aus, wie dieser Tausch bestätigt oder urkundlich festgehalten wurde. Ein Dokument aus dem 15.Jh.v.Chr. berichtet, daß ein Mann aus Assyrien das väterliche Erbe verkaufte. Aus einem Schriftstück aus dem gleichen Umfeld geht hervor, daß das mündlich gegebene Versprechen eines Mannes an seinen Sohn vor einem Gericht verbindlich war (s. ANET, S. 220). So war auch Isaaks Versprechen unwiderruflich, wie der Bibeltext betont (1Mo 27, 33f). Auf diese Weise wurde J. der Träger von Gottes Verheißung und der Er-

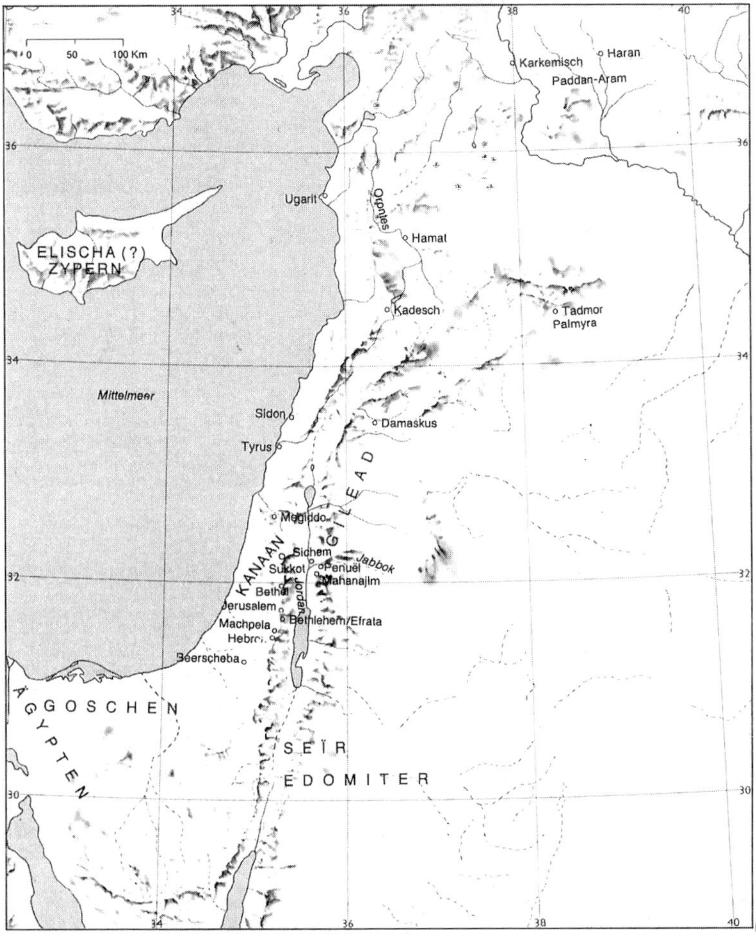

Palästina und Syrien zur Zeit Jakobs.

be des Landes Kanaan (vgl. Röm 9,10-13), während Esau ein weniger fruchtbares Land erhielt, das als *Edom bekannt wurde. *Rebekka, die Mutter der beiden, ermöglichte es J., dem Zorn Esaus zu entrinnen und nach Mesopotamien, ihre alte Heimat, zu flüchten (1Mo 28,1ff). Als Begründung führte sie die Notwendigkeit einer Heirat J.s mit einer Frau ihres Stammes an, um so Mischehen zu vermeiden, wie Esau sie mit Frauen des eigenen Volkes eingegangen war.

Die im Mittelpunkt von J.s Leben stehende Begebenheit ereignete sich während seiner Flucht Richtung N. Am Ende einer langen Tagesreise erreichte J. das Gebirge bei *Bethel, etwa 100 km von Beerscheba entfernt. Der erste Abschnitt der Flucht sollte offensichtlich so weit wie möglich von zu Hause weg führen. Es könnte sein, daß J. die Stelle, an der der Altar seines Großvaters stand, bekannt war (1Mo 12,8). Während er schlief, sah er im Traum eine Leiter, die von der Erde bis zum Himmel reichte und über der der Herr, der Gott Abrahams und Isaaks, stand. Dieser erneuerte gegenüber J. die an Abraham ergangene Verheißung und sagte ihm seinen Schutz zu. Zur Erinnerung an seinen Traum richtete J. ein Steinmal auf und weihte es, indem er Öl darüber goß (1Mo 28,11ff). Solche Gedenksteine (*Masseben) wurden des öfteren an heiligen Orten errichtet, und so sollte auch dieser Ort gekennzeichnet werden, an dem Gott sich J. offenbart hatte.

Der Bericht macht hier einen Sprung von Bethel in das Gebiet von Haran, das J. am Ende seiner Reise erreichte. Genauso wie Abrahams Knecht kam auch J. zunächst an einen Brunnen vor der Stadt. Dort begegnete ihm seine Cousine *Rahel, die ihn in das Haus seines Onkels *Laban führte, von dem er sofort herzlich aufgenommen wurde. Nach Ablauf eines Jahres erklärte sich J. bereit, seinem Onkel zu dienen, um dann nach sieben Jahren dessen Tochter Rahel heiraten zu dürfen (1Mo 29,1ff). Die Hochzeit wurde gebührend in Anwesenheit von Zeugen gefeiert, die dem mündlichen oder schriftlichen Ehevertrag beiwohnten, der in Babylonien gesetzlich erforderlich war, um einer Frau den Status einer Ehefrau zuzusichern. Als Entschuldigung dafür, daß er J. seine Tochter Lea anstatt Rahel zur Ehefrau gab, berief sich Laban auf eine althergebrachte Sitte, nach der die älteste Tochter zuerst verheiratet werden mußte. J. fügte sich Labans Willen und kam mit ihm zu der Übereinkunft, Rahel nach Abschluß der Woche (wahrscheinlich am Ende der Hochzeitsfeierlichkeiten) zu heiraten. Anstelle des Geldes, das dem Schwiegervater zukam, mußte J. diesem weitere sieben Jahre dienen (*Ehe).

Während der zwanzig Jahre, die J. in Labans Haus verbrachte, wurden ihm elf Söhne und eine Tochter geboren. Lea gebar ihm vier Söhne, während Rahel zunächst unfruchtbar blieb. Sie tröstete sich über ihren Kummer dadurch hinweg, daß sie J. ihre Magd Bilha gab und die von ihr geborenen Söhne an Kindes Statt annahm (*Adoption). Lea tat desgleichen mit ihrer Magd Silpa, die ebenfalls zwei Söhne gebar. Die Auffassung, daß eine Adoption durch die Adoptivmutter dieselbe fruchtbar mache, mag zu diesem Entschluß beigetragen haben (vgl. Sarai und Hagar, 1Mo 16,2). Lea selbst gebar zwei weitere Söhne und eine Tochter, bevor Rahel Josef zur Welt brachte. Einige der Namen von J.s Kindern kommen auch in zeitgenössischen Texten vor, obwohl von den uns bekannten bibl. Gestalten darin nichts erwähnt wird.

Haran war ein wichtiges Handelszentrum, bot aber auch fruchtbares Acker- und Weideland. Man nimmt an, daß Laban ein Haus in der Stadt hatte, das er im Sommer und zur Erntezeit bewohnte, während er im Winter seine Herden auf die Weiden ins Gebirge trieb. Als Haupt einer offensichtlich recht wohlhabenden Familie verfügte er mit Sicherheit über ein hohes Maß an Autorität im privaten wie auch im öffentlichen Bereich. Wahrscheinlich bat J. Laban, nach Hause zurückkehren zu dürfen, nachdem er vierzehn Jahre für seine beiden Ehefrauen gedient hatte und Rahel ihren ersten Sohn geboren hatte. Da er sich aber so erfolgreich um Labans Herden gekümmert hatte, ließ dieser J. nur ungern gehen (1Mo 30,25ff) und schloß mit ihm erneut einen Vertrag. In diesem versprach Laban J. alle nicht-reinrassigen Tiere, falls er weiterhin für ihn arbeiten würde. Mit dem dadurch verdienten Geld hätte J. seine Familie ernähren können, wenn Laban sein Versprechen nicht erneut gebrochen hätte und die Tiere ausgesondert hätte, die J. zustanden. Dieser jedoch, einem an ihn im Traum ergangenen Rat folgend, machte sich den Betrug des Schwiegervaters zunutze, ohne das mit ihm getroffene Abkommen zu verletzen. Der auf diese Weise von J. erworbene Reichtum erregte den Neid von Labans Söhnen, da sie den Eindruck hatten, er betrüge sie um das ihnen zustehende Erbe (1Mo 31,1). Durch einen Befehl Gottes überwand J. alle Zweifel, die ihn davon abhalten konnten, Labans Haus ohne dessen Zustimmung zu verlassen. Rahel und Lea unterstützten seinen Plan, da sie der Ansicht waren, daß ihr Vater die eigentlich ihnen zustehende Aussteuer für seine eigenen Zwecke verwendet hatte (*Ehe). So machte sich J. auf die Flucht, während Laban zur Schafschur fort war. Durch einen Vorsprung von zwei Tagen gelang es J., bis ins Gebirge *Gilead jenseits des Jordan zu gelangen, bevor ihn Laban einholen konnte (1Mo 31,22ff). Eine Verfolgungsdauer von sieben Tagen, in denen Laban über 600 km zurücklegte, kann ein Kamel durchaus durchhalten. Obwohl Laban als Grund für seine Verfolgung J.s überstürzte Abreise angab, ging es ihm eigentlich um seine gestohlenen *Hausgötzen (Teraphim). Wenn der Besitz dieser Götterbilder damals ein Symbol für die Vorherrschaft in der Familie war, so hatte Rahel diese an J. gegeben, um ihm damit eine gehobene Position zu verschaffen. Mit Hilfe eines Tricks war es ihr gelungen, die Götterbilder zurückzubehalten. Als Antwort auf Labans Vorwürfe erinnerte J. diesen an seine guten Dienste und daran, daß er alle nötigen Voraussetzungen für einen guten Schafhirten erfüllt hatte, ohne dafür belohnt worden zu sein. Wieder wurde ein Vertrag geschlossen, dessen Bedingungen Laban aufgrund seiner Position als Familienoberhaupt festsetzte: seine Töchter sollten in Zukunft immer gut von J. behandelt werden, und dieser sollte sich neben Lea und Rahel keine weitere Frau mehr nehmen. Als Erinnerung an den Vertrag wurde ein Steinmal und

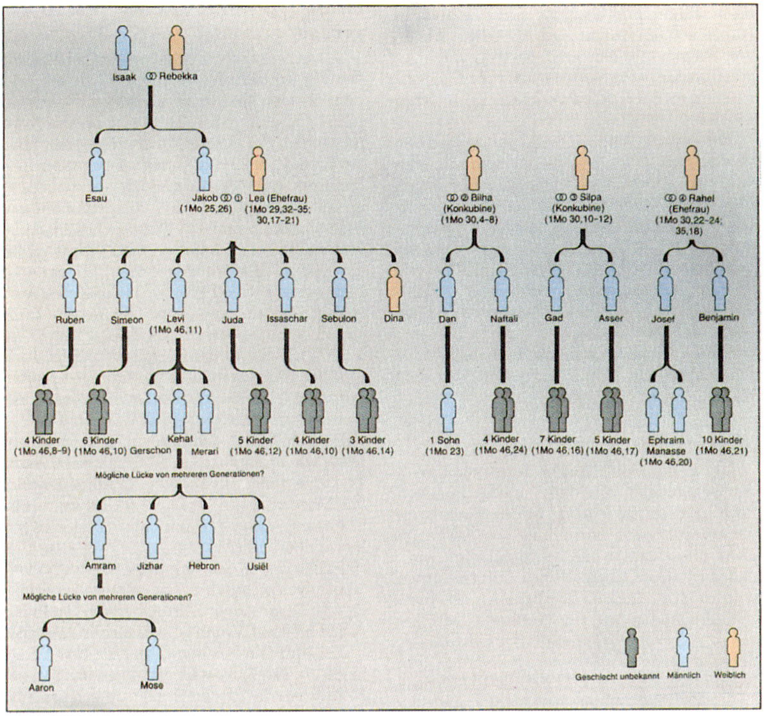

Jakob und seine Nachkommen.

ein Steinhaufen errichtet, die auch gleichzeitig als Grenzpunkt zwischen Labans und J.s Gebiet dienen sollten. Danach wurde als Zeichen des beiderseitigen guten Willens ein Schlachtopfer gebracht und ein gemeinsames Mahl gehalten (vgl.*Bund).

Am anderen Morgen zog J. weiter nach *Mahanajim, wo ihm die Engel Gottes begegneten. Danach schickte er Boten zu seinem Bruder Esau, die erkunden sollten, wie dieser ihm gesonnen war (1Mo 32,1ff). Als er sich dem Gebiet Esaus näherte, teilte er seine Leute und seinen Besitz in zwei Teile, wovon er nur den einen mit sich nahm und seinem Bruder ein großes Geschenk überbringen ließ. Dann bat er Gott um gnädige Bewahrung. Beim Überqueren des Flusses *Jabbok bei Pnuël wurde J. jedoch in einen Kampf mit einem Fremden verwickelt, der ihn besiegte, indem er J. das Hüftgelenk verrenkte. Diese Begebenheit verstand J. als Erlösung »von allem Übel« (1Mo 48,16), und der Name Israel sollte zeigen, daß J. die unheimliche Möglichkeit des Kampfes mit Gott hatte (Hos 12,4), wobei er aber unterlag, wie die Verletzung deutlich macht. Da J. Gewissensbisse durch Esaus freundliche Begrüßung nicht überwunden werden konnten, zog J. weiter nach *Sukkot, anstatt Esau zu folgen. Von Sukkot aus gelangte er in eine Stadt in der Nähe von *Sichem und erwarb dort ein Stück Land. Doch waren J. und seine Familie in diesem Gebiet bald verhaßt, nachdem seine Tochter Dina vom Sohn des Fürsten geschändet worden war und J.s Söhne dafür grausame Rache geübt hatten (1Mo 34,1ff). Gott befahl ihm daraufhin, nach Bethel zu ziehen, was wahrscheinlich außerhalb der Rechtshoheit von Sichem lag, und ihm zu dienen. Bevor die Familie weiterzog, ließ J. die Götterbilder, die er von *Paddan-Aram mitgebracht hatte, vergraben. Wie schon einmal zuvor baute J. auch hier einen Altar und goß ein Trankopfer darauf, weil Gott sich ihm hier geoffenbart hatte. Desgleichen tat er, ohne ein Trankopfer darzubringen, am Grabe Rahels bei *Efrata (1Mo 35,1-20). Nach dem Tode Isaaks (1Mo 35,28-29) machte er sich in dem Gebiet von *Hebron seßhaft und ernährte sich wie auch in Haran von Viehzucht und Ackerbau. Als er, von Hungersnot betroffen, nach Ägypten gerufen wurde, verschaffte er sich zuerst Gewißheit, ob er Beerscheba verlassen sollte (1Mo 46,1ff).

Vor seinem Tode rief J. die Söhne Josefs zu sich und segnete sie, wobei er dem jüngeren Sohn den Vorzug gab (1Mo 48). Der Segen über die zwölf Söhne J.s ist in einem poetischen Abschnitt festgehalten, der uns die Bedeutung der Namen in einer Art Wortspiel vermittelt (1Mo 49,1-17). J. starb im Alter von über 130 Jahren und wurde in der Familiengruft bei *Machpela in der Nähe von Hebron bestattet (1Mo 50,13).

Seine Nachkommen nannten sich nach ihm *Israel, ein Name, der parallel zu dem Namen J. gebraucht wird.

III. BEZÜGE IM NEUEN TESTAMENT.

Jakob, der Sohn Isaaks, begegnet uns in den Genealogien von Mt 1,2 und Lk 3,34. Von noch größerer Bedeutung ist die immer wieder auftauchende Verbindung von Abraham, Isaak und J., durch die hervorgehoben wird, daß auch J. in Gottes Reich aufgenommen wurde (Mt 8,11; Lk 13,28). Bei allen drei Synoptikern finden wir das Wort aus 2Mo 3,6: »Ich bin der Gott Abrahams, der Gott Isaaks, der Gott Jakobs« als einen Ausspruch Jesu wieder (Mt 22,32; Mk 12,26; Lk 20,37 sowie Apg 7,32). Diese eingängige Formel, die auch aus der jüd. Liturgie bekannt ist, betont die Würde Gottes und hebt hervor, daß er es war, der mit den Erzvätern einen Bund schloß und seine Verheißungen erfüllte. Petrus bedient sich fast der gleichen Formel, um seiner Verkündigung von dem, was Gott in Christus vollbracht hat, Gewicht zu verleihen (Apg 3,13). Auch Stephanus erwähnt J. mehrere Male (Apg 7,12,14-15.46), wobei er in V. 46 vom Gott J.s spricht und diesem Erzvater dadurch eine zentrale Bedeutung in der Religionsgeschichte zukommen läßt. Paulus erwähnt J. zweimal, das erste Mal, um Gottes Absichten bei seiner Erwählung hervorzuheben (er erwählte J., bevor dieser geboren war. Röm 8,11-13); das zweite Mal steht J.s Name stellvertretend für das ganze Volk (Röm 11,26). Im Hebräerbrief wird J. schließlich wegen seines großen Glaubens erwähnt (Hebr 11,9.20f).

Ein J. erscheint auch als Vater Josefs im Geschlechtsregister Jesu bei Matthäus (Mt 1,15-16).

A.R.M./L.M.

JAKOBSBRUNNEN s. Sychar

JAKOBUS.

1. Der Sohn des *Zebedäus, ein galiläischer Fischer, wurde von Jesus zusammen mit seinem Bruder *Johannes als einer der zwölf Jünger berufen (Mt 4,21 par.). J. wird – vermutlich als der Ältere - in den Evv. stets (außer Lk 8,51; 9,28) vor Johannes genannt. Gemeinsam mit *Petrus werden sie mehrfach aus dem Jüngerkreis durch die Teilnahme an besonderen Ereignissen herausgehoben: Auferweckung der Tochter des *Jaïrus (Mk 5,37 par.), *Verklärung Jesu (Mt 17,1 par.) und Gethsemane (Mk 14,33 par.). Die Zebedäussöhne wurden von Jesus *Boanerges (d.h. Donnersöhne) genannt (Mk 3,17). Vermutlich weist dies auf ihren stürmischen Eifer hin. Dieser zeigte sich in ihrer Absicht, ein samaritanisches Dorf zu vernichten, weil es Jesus nicht beherbergen wollte (Lk 9,54), und an ihrem Streben nach den Ehrenplätzen im Reich Jesu (Mk 10,35 par.; s.a. Mk 9,38 par.). Jesus kündigte ihnen in diesem Zusammenhang das Martyrium an, das J. 44 n.Chr. erlitt, als *Herodes Agrippa I. ihn mit dem Schwert hinrichten ließ (Apg 12,2).

2. Der Sohn des *Alphäus zählt in allen Apostelverzeichnissen zum Kreis der Zwölf (Mt 10,3 par.; Apg 1,13). Über ihn ist sonst nichts bekannt. Wenn er, was nicht nachweisbar ist, mit Jakobus dem Jüngeren bzw. Kleineren (*mikros*) identisch ist, so gehörte seine Mutter Maria zu den Frauen, die Jesus aus Galiläa nachfolgten (Mt 27,56 par.; Mk 16,1 par.).

3. Der Bruder Jesu stand dem Wirken Jesu wahrscheinlich wie seine Brüder Joses, Simon und Judas skeptisch gegenüber (Joh 7,5; vgl. Mk 3,21.31-35 par.). Erst nachdem der auferstandene Christus ihm erschienen war (1Kor 15,7), glaubten J. und seine Brüder an Jesus (Apg 1,14; vgl. 1Kor 9,5). J. gewann bald Autorität in der Gemeinde. Paulus lernte ihn bei seinem ersten Jerusalemer Aufenthalt um 35 n.Chr. dort kennen (Gal 1,18f). Zu dieser Zeit war Petrus noch der maßgebliche Apostel. Im Jahre 44 n.Chr. scheint J. den abwesenden Petrus vertreten zu haben (Apg 12,17). Da die Apostel wegen drohender Verfolgung und missionarischer Reisen häufig ortsabwesend waren, traten in Jerusalem die Ältesten mit J. an der Spitze als Gemeindeleitung an ihre Stelle (Apg 11,30; 12,17; 15,4). Beim *Apostelkonzil (48 n.Chr.) gelten J., Petrus und Johannes als die führenden Männer (Gal 2,9). Als Paulus um 57 n.Chr. nach Jerusalem kam, um die Kollekte seiner Missionsgemeinden zu überbringen, wurde die Gemeinde von J. und den Ältesten geleitet (Apg 21,18). Man darf die Haltung von J. nicht mit den in Gal 2,12

genannten judaistischen Scharfmachern gleichsetzen. Vielmehr war er ein Mann des Ausgleichs, der nach Apg 15,13ff das entscheidende Wort sprach, das die gesetzesfreie Heidenmission legitimierte und die Gemeinschaft von *Juden- und *Heidenchristen bewahrte. Selbst hat J. seine Frömmigkeit in Übereinstimmung mit dem atl. Gesetz gelebt und dies wohl auch von den Judenchristen gefordert. Darauf verweist der ihm nach judenchristl. Überlieferung verliehene Ehrenname »der Gerechte« (Eus.h.e. 2,23,4ff). J. fand den Tod, als nach Festus der Posten des röm. Prokurators vakant war (ca. 62 n.Chr.) und der Hohepriester Ananos II. dies ausnutzte, um die Jerusalemer Gemeinde zu verfolgen. Dabei wurden J. und einige Gemeindeglieder gesteinigt (Jos. ant. Jud. 20,200). J. gilt traditionell als der Verfasser des *Jakobusbriefs, der sich als »einen Knecht Gottes und des Herrn Jesus Christus« bezeichnet (Jak 1,1).

4. Der Vater des Apostels *Judas (nicht des Iskariot); dieser wird nur in den lukanischen Apostellisten genannt (Lk 6,16; Apg 1,13), während sonst statt seiner Thaddäus genannt ist (Mt 10,3 par.; Mk 3,18).

Literatur: K. Aland: RGG[3] III, 525f; K.H. Rengstorf: BHH II, 1964,, 799f; K. Niederwimmer: EWNT II, 1981, 411-415; E. Ruckstuhl: TRE XVI, 1987, S. 485-488. W.H.

JAKOBUSBRIEF.

I. INHALT UND GESTALT.

Der J. spricht eine Fülle von Themen an: Anfechtung, Armut und Reichtum, Vollkommenheit und Gespaltenheit, Gebet, Theodizee, Reden und Tun, Glaube und Werke, Barmherzigkeit, Lehren, Weisheit, Streit, Freundschaft zu Gott und zur Welt, Demut und Hochmut, Ungerechtigkeit, Geduld, Eid, Krankheit, Seelsorge. Das alles wird in der Form der Anrede an »(meine) Brüder« vorgebracht, überwiegend in Imperativen (statistisch einmal in jedem zweiten der 108 V.). Der warnende, mahnende, korrigierende Ton dominiert (»so nicht, Brüder!« 3,10); die Leser werden vor Selbsttäuschung und Irrtum gewarnt (z.B. 1,13 »niemand meine. . .«). Briefcharakteristika finden sich nur 1,1; sonst trägt das Schreiben eher predigthafte Züge. Ähnlich wie beim 1. Petrusbrief handelt es sich wohl um ein Rundschreiben, und zwar an das weltweit verstreute Gottesvolk: »zwölf Stämme in der Zerstreuung« (1,1, übertragen verstanden). Die Forschung hat mancherlei Wege beschritten, um Gestalt, Gliederung und Struktur des J.s zu bestimmen. Die verbreitetste Auskunft lautet, der J. sei eine paränetische Lehrschrift ohne großen inneren Zusammenhang (Kontextproblem), die sich in allgemeiner Weise an unterschiedliche Adressaten wende (Situationsproblem). Die Auskunft läßt jedoch zu viele Fragen offen und bedarf zumindest erheblicher Modifikationen. Die ebenfalls verbreitete Ansicht, der J. sei von seinem »Zentrum« (2,14-26: Glaube-Werke) her zu lesen, ist genauso einseitig. Andere Versuche setzen bei der Theorie ein, J. sei ein Midrasch (über Hos 10,2 bzw. Ps 12,1-5 oder Hiob 1-2 und 42) oder ein christianisiertes Jakobs-Testament; die Form sei dem hellen. Brief entliehen oder folge einem rhetorischen Modell. Manche Gliederungen rechnen mit 3 Teilen, andere mit 5, 7, 8, 9 bis hin zu 25. Auch diese Theorien lassen zu wünschen übrig. Eine befriedigende, allg. akzeptierte Lösung der Strukturfrage mitsamt der oft in der Tat schwierigen Gedankenfolge liegt noch nicht vor. Wahrscheinlich muß man mit einem dynamischeren, weniger statischen Textbegriff operieren, der die Traditionsverflochtenheit des J.s stärker einbezieht. Dazu zählt auch die Beobachtung, daß Kap. 1, das in gewissem Sinn eine Themenexposition bietet, und 5,7-20 einen Rahmen des Schreibens bilden. Dieser Rahmen hat in der Sache Berührungen mit anderen Traditionen (bes. 1Petr) und ist im Ton grundsätzlicher, ruhiger und eher seelsorgerlich gestaltet. Der Mittelteil (2,1-5,6) behandelt demgegenüber anscheinend aktuelle Fragen in größerer Ausführlichkeit und Direktheit.

II. QUERVERBINDUNGEN UND TRADITION.

Der J. steht in einer weitverzweigten Tradition. Wir finden mancherlei Anklänge an die weisheitliche Lehre des Judentums (Spr, Sir usw.), Berührungen mit der Bergpredigt Jesu (z.B. »Hörer und Täter«, Eidesverbot) und deutliche Parallelen zum 1Petr (bes. Jak 1 und 5). Sie könnten aus der Tradition einer Art Anfängerunterweisung stammen, die vor Anfechtungen warnte und den geraden Weg wies. Daraus erklären sich auch die rudimentären Taufspuren 1,18.21; 2,7, die in 1Petr sehr viel deutlicher sind (Sachzusammenhang Taufe und Versuchung; so neben Mt 3-4 par. auch 1Kor 10). Jedenfalls schöpft der J. aus einer breiten Überlieferung, in die er seine eigenen Akzente setzt; daraus wiederum erklärt sich am ehesten die z.T. schwierige Gedankenfolge. Vor allem aber bietet sich damit eine Lösung für den Mangel an Aussagen über Christus und das Heil an; denn solche Aussagen wären gerade der Ausgangspunkt für eine Anfängerunterweisung (der Taufe folgt die Versuchung). Die Verbindung zu paulinischem Gedankengut reicht wahrscheinlich über 2,14-26 (Glaube und Werke) hinaus, wie Vergleiche zwischen 3,13-18 (Weisheit) mit 1Kor 1-3 und Gal 5,22 sowie zwischen Jak 2,8-13 mit Gal 3-5 und Röm 13 und andere Beobachtungen zeigen. Die Adressaten des J.s scheinen sich hinter vorgeschobenen, mißbrauchten paulin. Motiven zu verstecken, die Jakobus einreißen muß. Gewiß setzt er dabei die Akzente z.T. anders als Paulus, aber er stimmt im Anliegen durchaus mit diesem überein. Beide wollen einen »Glauben, der durch die Liebe tätig ist« (Gal 5,6), und ein friedvolles, aufbauendes Christentum.

III. ABFASSUNGSVERHÄLTNISSE.

Wir erfahren kaum etwas Direktes über Verf., Adressaten und historische Situation, so daß wir auf Rückschlüsse angewiesen sind. Zwar fußt der Verfasser in jüd. Tradition, aber judenchristl. Themen (*Beschneidung, *Sabbat, Reinheitsgebote, *Jerusalem, *Tempel, *Israel) erscheinen nicht. Die Empfänger sind eher im hellen. Bereich zu suchen. Darauf verweisen neben der Angabe 1,1 und dem guten Griechisch vor allem die »paulinischen« Motive. Von Verfolgungen ist nichts zu spüren; den Empfängern geht es eher zu gut, liebäugeln sie doch mit den Einflußreichen, mißachten darüber die Bedürftigen (2,1-7.15-16), richten sich in der Welt ein und treiben Fernhandel (Kap. 4, bes. 4,13-17). Evtl. gehören sogar Großgrundbesitzer zum Sympathisantenkreis der Kirche (5,1-6). Das alles deutet auf fortgeschrittene Verhältnisse in spät- bzw. nachpaulin. Zeit im Raum der hellen. Gemeinden. Der Verfasser nennt sich lediglich »Gottes und des Herrn Jesus Christus Knecht« (1,1); die Angabe reicht für eine klare Identifizierung nicht aus. Die altkirchliche Tradition sieht in ihm den Bruder Jesu, der 62 n.Chr. als Märtyrer in Jerusalem starb. Jedenfalls sollte man aus seinem Namen kein Gegenprogramm zu Paulus herleiten; denn der Herrenbruder scheint ein Mann des Ausgleichs gewesen zu sein. Von diesem Geist ist auch unser Brief durchzogen, wann immer er des näheren fertiggestellt wurde. Daß sich der Brief ausgleichend zwischen die jüd. und christl. Gruppen während des jüd. Krieges (vor 70 n.Chr.) stellen wollte, ist wenig wahrscheinlich. Wie so oft im NT tritt der Verfasser hinter seinem Anliegen in den Hintergrund. Auch der Abfassungsort (neben Jerusalem wird u.a. Rom vorgeschlagen) bleibt uns unbekannt.

IV. DIE BOTSCHAFT.

Der J. ist ein Korrekturschreiben, keine theologische Grundlegung. Er korrigiert Mißstände in der Christenheit, die vor allem mit dem Reden zusammenhängen, und zwar dem tatenlosen wie dem verletzenden (z.B. 1,19-27; 2,15f; 3,7-18), ist doch die Zunge das problematischste Organ (3,2ff). Jakobus wendet sich an eine »Kirche der Wörter«, wo gerade das Lehrerwesen durch unbedachtes Hinzudrängen gefährdet ist (3,1f). Als Diensträger erwähnt er sonst nur noch die Ältesten, die aber eher Heilungscharisma und Seelsorge versehen (5,14ff; vgl. 1Kor 12,9.28). Die Mißstände bedrohen den Bestand der Gemeinde, wo der Arme, den doch Gott erwählt hat (2,5), mißachtet wird; sie bedrohen die Glaubwürdigkeit des Glaubens (2,1ff), die Integrität des Gebets (1,6-8; 4,1ff) und des Gottesdienstes (2,1-5; 3,8-12); man macht Gott für das eigene Versagen verantwortlich (1,13ff) und irrt von der Wahrheit ab (5,19). Die soziale Problematik, die Jakobus sehr am Herzen liegt, ist aufs engste mit theologischen, ekklesiologischen und anthropologischen Faktoren verknüpft. Eine Aufsteigermentalität unter vielen Christen opfert Frömmigkeit und Bruderschaft dem eigenen Vorteil; Nächstenliebe und Barmherzigkeit werden verletzt, der Glaube verfällt dem »Ansehen der Person«. Streit, Rücksichtlosigkeit und Verleumdung zerstören den Frieden und die Beziehung zu Gott. Jakobus will diese Mißstände beheben. Dabei ist er radikal und zugleich maßvoll. Er ruft zur Echtheit des Christseins zurück. Die Quelle der Mißstände ist der gespaltene Mensch selber (1,8), bei dem Wort und Tat, Glaube und Werk, Theorie und Liebe, Bruderschaft und Beruf, Gott und Welt usw. nicht richtig einander zugeordnet werden. Jakobus fordert keine Nivellierung der Verhältnisse, keinen totalen Besitzverzicht, sondern die liebevolle, barmherzige, friedliche Rücksichtnahme aufeinander. Deshalb geißelt er vor allem das Unrecht und den Machtmißbrauch (2,6f; 5,1-6). Bei dem allen übt Jakobus Seelsorge am Menschen, dessen Gier die Sünde gebiert (1,14f; 4,1-3), die sich zerstörerisch für ihn und seine Mitwelt auswirkt. Die Seelsorge will zurücklenken zum »Anfang« (vgl. 1,17f.21); sie orientiert sich am Menschenbild des »Ebenbildes Gottes« (3,9). Jakobus will den »integrierten Christenmenschen«; sein Schreiben ist Seelsorge und Aufruf dazu (5,19f). Die Überwindung der Gespaltenheit gelingt damit, daß wir uns vertrauensvoll, geduldig und demütig Gottes Wirken und Willen anvertrauen (1,2ff; 5,7ff). Jakobus ruft zur Gottesgewißheit (1,17); deshalb auch ist ihm das Gebet so wichtig. Die Überwindung der Gespaltenheit übersteigt jede nur individuelle Vervollkommnung; sie wirkt sich von Gottes Wesen selber her als Barmherzigkeit und

Nächstenliebe aus (1,27; 2,8-13). Wirklicher Glaube ist deshalb wirksamer Glaube (2,14-26), wobei Jakobus, genau besehen, den Glauben nicht abwerten, sondern schützen will (2,1).

Jakobus erinnert seine Leser an die Anfangsschritte des Glaubens, der sich bewähren soll. Jakobus führt sie dabei zugleich in eine Krisis, um die Echtheit des Christseins zu überprüfen; niemand täusche sich selber, schon gar nicht über Gottes Gericht (2,13; 5,7ff). Selig wird der gepriesen, der den Anfechtungen geduldig standhält (1,12; 5,11). Der Brief wird zum Test- und Korrekturschreiben; die Kirchen »haben sich dadurch ernsthaft geschädigt, daß sie Jakobus nur ganz oberflächlich Gehör gewährten« (Schlatter: Jak 8,7).

Literatur: Kommentare: G.R. Beasley-Murray: (Kl. Kasseler Bibelhilfe), 1968; P.H. Davids: NIGTC 1982; M. Dibelius: KEK 15, Ergänzungen von H. Greeven, Nachtrag von F. Hahn, [6]1984; S. Laws: BNTC, 1980; F. Mußner: HThK 13/1, [4]1981; E. Ruckstuhl: EB, 1986; A. Schlatter: [3]1984; J. Schneider: NTD 10, 1961; W. Schrage: NTD 10, [12]1980; F. Vouga: CNT 13a, 1984; H. Windisch: HNT 15, bearb. von H. Preisker, 1951;

Abhandlungen und Aufsätze: E. Baasland: Der Jakobusbrief als neutestamentliche Weisheitsschrift: StTh 36/ 1982, 119-139; P.F. Barkman: Der heile Mensch, 1968; W. Bieder: Christliche Existenz nach dem Zeugnis des Jakobusbriefes: ThZ 5/ 1949, 93-113; G. Braumann: Der theologische Hintergrund des Jakobusbriefes: ThZ 18/ 1962, 401-410; C. Burchard: Gemeinde in der strohernen Epistel, in: D. Lührmann, G. Strecker (Hrsg.): Kirche. FS G. Bornkamm, 1980, 315-328; ders.: Jakobus und Paulus, 1953; ders.: Glaube und Werke bei Paulus und Jakobus, 1961; H. Frankemölle: Gespalten oder ganz, in: H.-U. v. Brachel, N. Metter (Hrsg.): Kommunikation und Solidarität, 1985, 160-178; M. Hengel: Jakobus der Herrenbruder – der erste »Papst«?, in: E. Gräßer, O. Merk (Hrsg.): Glaube und Eschatologie. FS W.G. Kümmel, 1985, 71-104; R. Hoppe: Der theologische Hintergrund des Jakobusbriefes, 1977; E. Lohse: Glaube und Werke – zur Theologie des Jakobusbriefes: ZNW 48/ 1957, 1-22; U. Luck: Weisheit und Leiden: ThLZ 92/ 1967, 253-258; ders.: Der Jakobusbrief und die Theologie des Paulus: ThGl 61/1971, 161-179; ders.: Die Theologie des Jakobusbriefes: ZThK 81/ 1984, 1-30; G. Maier: Reich und arm, 1980; F. Mußner: »Direkte« und »indirekte« Christologie im Jakobusbrief: Cath(M) 24/ 1970, 111-116; ders.: Die Tauflehre des Jakobusbriefes, in: H. Auf der Maur, B. Kleinheyer (Hrsg.): Zeichen des Glaubens. FS B. Fischer, 1972, 61-67; W. Nauck: Freude am Leiden: ZNW 46/ 1955, 68-80; B. Noack: Jakobus wider die Reichen: StTh 18/ 1964, 10-25; R. Obermüller: Hermeneutische Themen im Jakobusbrief: Bib 53/ 1972, 234-244; W. Popkes: Adressaten, Situation und Form des Jakobusbriefs, 1986; W. Pratscher: Der Herrenbruder Jakobus und die Jakobustradition, 1985; E. Schawe: Die Ethik des Jakobusbriefes: WuA 20/ 1979, 132-138; G. Schille: Wider die Gespaltenheit des Glaubens. TheolVers IX/ 1977, 71-89; A. Schlatter: Der Glaube im Neuen Testament, [6]1982; W. Schrage: Ethik des Neuen Testaments, 1982; J. B. Soucek: Zu den Problemen des Jakobusbriefes: EvTh 18/ 1958, 460-468; J. Thomas: Anfechtung und Vorfreude: KuD 14/ 1968, 183-206; E. Trocmé: Les Eglises pauliniennes vues du dehors: Jacques 2,1 à 3,13: StudiaEvang II/ 1964, 660-669; R. Walker: Allein aus Werken: ZThK 61/ 1964, 155-192; J. Wanke: Die urchristlichen Lehrer nach dem Zeugnis des Jakobusbriefes, in: R. Schnackenburg u.a. (Hrsg.): Kirche des Anfangs. FS H. Schürmann, Freiburg 1978, 489-511; K. Weiß: Motiv und Ziel der Frömmigkeit des Jakobusbriefes: TheolVers VII/ 1976, 107-114; W.H. Wuellner: Der Jakobusbrief im Licht der Rhetorik und Textpragmatik: LingBibl 43/ 1978, 5-66; A.F. Zimmermann: Die urchristlichen Lehrer, 1984; J. Zmijewski: Christliche »Vollkommenheit«, in: A. Fuchs (Hrsg.): Studien zum Neuen Testament und seiner Umwelt A/V, 1980, 50-78. W.P.

JAMIN. (»Glück«).

1. Enkel Jakobs, Sohn Simeons; seine Nachkommen wurden Jaminiter genannt (1Mo 46,10; 2Mo 6,15; 4Mo 26,12).

2. Sohn Rams, Nachkomme des Judäers Jerachmeel (1Chr 2,27).

3. Levit z.Zt. Esras (Neh 8,7).

JANNES UND JAMBRES. Paulus spricht von bestimmten falschen, moralisch gefährlichen Lehrern, die sich der Wahrheit widersetzen wie »Jannes und Jambres« sich Moses widersetzten (2Tim 3,6-8). Diese Namen erscheinen nicht im AT, aber außerbibl. Anspielungen zeigen, daß die ägypt. Zauberer aus 2Mo 7; 8 gemeint sind. Ähnlich wie diese nutzten die von Paulus angegriffenen Lehrer abergläubische Gefühle durch eine glaubhaft dargestellte Verzerrung der Wahrheit aus.

Die Namen unbekannter Herkunft begegnen in verschiedenen Formen. Das sogenannte »Zadokitische Werk«, das jetzt zur *Qumran-Literatur gerechnet wird, läßt »Yohaneh und seinen Bruder« auf Betreiben Belials sich gegen Moses und Aaron erheben (7.19, in: R.H. Charles, Pseudepigrapha, 1913; 5.19, in: C. Rabin, The Zadokite Documents, [2]1958, S. 21); der babylon. Talmud spricht von »Yohane und Mamre« (Menahoth 85a; die Schreibung des zweiten Namens erscheint in den meisten latein. und einigen griech. Mss. von 2Tim 3,8 als »Mambres«). Für die jüd. Legende waren J. und J. wichtig, sie sprach ihnen sogar die Vaterschaft von *Bileam zu. Heidnische Quellen beziehen sich – nicht immer eindeutig – auf einen oder beide (vgl. Plin.nat. 30.1.11; Apuleius, Apologie 90; Numenius aus Apamea in Eusebius, Praep. Ev. 9.8.1), was die Bekanntheit der Geschichte widerspiegelt. Die Erwähnung der beiden Namen und die Bezugnahme auf 2Mo 7; 8 durch Paulus zeigen, daß die Gestalten zu jener Zeit allg. bekannt waren.

A.F.W.

JAREB. Name oder Beiname eines assyr. Königs, dem Israel tributpflichtig war (Hos 5,13; 10,6). Als Personennamen verstanden, könnte er sich auf Tiglatpilesar III. (745-727 v.Chr.) beziehen im Zusammenhang mit dem Versuch Menahems, die Assyrer 738 v.Chr. abzufinden, oder mit der Bitte Ahas', des Königs von Juda (742-726 v.Chr.), der assyr. König möge ihm im Krieg gegen Rezin von Syrien und Pekach von Israel (2Kön 16,7-10) beistehen.

Da der übliche bestimmte Artikel im hebr. Text hier weggelassen ist, ist anzunehmen, daß *melech jārēb* ein Titel ist, der zu übersetzen wäre mit »Kriegerischer (oder kämpferischer) König«; sieht man *malchirab* als alte Form von *melech rab,* dann handelte es sich um den gebräuchlichen assyr. Königstitel: »Großer König«. D.J.W.

JARMUK. Stärkster östl. Zufluß des *Jordan, der wenig südl. des Sees *Genezareth einmündet und merkwürdigerweise in der Bibel nie erwähnt wird, auch wenn er vermutlich in 1Mo 31,21; 2Sam 8,3 gemeint ist. Auf den Münzen der *Dekapolis-Stadt *Gadara heißt er einfach der »Fluß von Gadara«. Der in der Mischna genannte Name J., der in ähnlicher Form (*Hieromices*) bei Plinius (nat. V,74) begegnet, ist wahrscheinlich eine Semitisierung des griech. *Hieromychos,* »heilige Schlucht« (Abel I,483). Nach Joh 1,28 taufte *Johannes auch im südwestlichsten Teil der Batanäa an einem der nördl. Jordan-Zuflüsse (*Betanien II). Nach der Kupferrolle (3Q15 8,1-10,4) von *Qumran gab es Schatzverstecke der *Essener auch im Gebiet des J. (B. Pixner, RQ 11, 1983, 350-354), wahrscheinlich im Zusammenhang mit ihren Siedlungen im »Land *Damaskus«. Der heutige arab. Name des J. (Scherīʿat El-Menādire) könnte auf die Mandäer hinweisen, eine heute noch in Resten im Iran ansässige Taufsekte, die nach Ansicht vieler Forscher ursprünglich aus der Jordan-Gegend stammt (K. Rudolph, Mandäer I, 1960, 248-252) und wirre Erinnerungen an *Johannes den Täufer erhalten hat. Vielleicht besteht ein Zusammenhang der Sekte mit babylon. Juden, die *Herodes der Große in der Batanäa ansiedelte, um den jüd. Pilgerweg von Mesopotamien nach Palästina zu schützen (Jos.ant.Jud. XVII, 22-31). Eine ihrer Siedlungen war Bathyra, nicht weit von einem *Kochaba genannten Ort, in dem später essenisierende Judenchristen wohnten. Die Schutzmaßnahme des Herodes zog auch viele andere fromme Juden von überall her an (Jos.ant.Jud. XVII, 26). Das J.-Gebiet wurde seit dem Ende des 1.Jh.n.Chr. zu einem Schmelztiegel verschiedener rel. Gruppen, besonders von Sekten der *Gnosis.

Literatur: F.M. Abel: Géographie de la Palestine I, [3]1967, 171-174.483f; G. Sauer: BHH II, 1964, 804.B.P.

JARMUT.
1. Tel Yarmut (Chirbet Yarmuk) war eine bedeutende amorit. Stadt in beherrschender Position über dem Wadi Surar, 5 km südl. von Bet-Schemesch gelegen. Mauern und Keramik aus der Späten Bronzezeit deuten darauf hin, daß dort vor der Landnahme Israels auf einer Fläche von 2-3 ha 1500-2000 Menschen gewohnt haben (Jos 10,3; 15,35; Neh 11,29).

2. Eine levit. Stadt in Issaschar (Jos 21,29), sonst als Remet (Jos 19,21) oder Ramot (1Chr 6,59) bezeichnet; die Ägypter nannten das Gebiet »die Hügel von Jarmuta«. Y. Aharoni (LDB, S. 189) schlägt vor, den heutigen Ort Khokav-hajjarden, das Belvoir der Kreuzfahrerzeit, 10 km nördl. von *Bet-Schean, mit der Ortslage von J. zu identifizieren. J.P.U.L.

JASCHAR, BUCH. Bei Jos 10,13 und 2Sam 1,18 wird das Buch des Jaschar (»der Redliche«) erwähnt. Salomos Worte in 1Kön 8,12.13 findet man nach LXX, die sie nach 8,53 einordnete, »im Buch der Lieder«. Alle drei Zitate sind in poetischem Stil. Möglicherweise stammen noch mehr Zitate alter Poesie aus diesem verlorengegangen Buch. Einige Gelehrte sehen in ihm »das Buch von den Kriegen« (4Mo 21,14). Da die Zitate von Metrik, Stil und Inhalt her unterschiedlich sind und aus verschiedenen Zeiten stammen, ist es unwahrscheinlich, daß das Buch ein »nationales Epos« war; es war eher eine Liedersammlung mit kurzen historischen Einleitungen. Sie muß unter Salomo oder später entstanden sein. Der Name J. dürfte mit *Jeschurun verwandt sein. A.van S.

JASER. Stadt im ammorit. Königreich von *Sihon, die von Israel eingenommen wurde (4Mo 21,32). Ein Teil des Weidelandes wurde an den Stamm *Gad abgetreten. Später ging die Stadt an die meraritischen Familien im Stamme Levi.

Z.Zt. der Herrschaft Davids fand man »angesehene Männer« in J. (1Chr 26,31). Im Zusammenhang mit der Volkszählung Davids wird die Stadt erwähnt (2Sam 24,5). Die Moabiter gewannen die Herrschaft über J. wahrscheinlich kurz vor dem Untergang Samarias (Jes 16,8.9; Jer 48,32, wobei »das Meer« das Tote Meer meinen dürfte). Judas

Makkabäus nahm die Stadt ein und plünderte sie ca. 164 v.Chr. (1Makk 5,7.8). Die Ortslage von J. könnte mit Chirbet Gazzir am Wadi Scha ʿib identisch sein. A.R.M.

JASON. Der griech. Name des sagenhaften Führers der Argonauten war weitverbreitet, und griech. sprechende Juden scheinen ihn manchmal anstelle des ähnlich klingenden, aber auffallend jüd. Namens Jesus, d.h. Josua, gebraucht zu haben.

1. Paulus' Gastgeber in Thessalonich (Apg 17,5-9). Ein von Juden aufgewiegelter Mob stürmte sein Haus. Da man Paulus und Silas nicht finden konnte, wurden J. und einige Bekehrte ergriffen und vor dem Politarchen (dem obersten Beamten der Stadt) angeklagt, Aufwieglern Unterschlupf gewährt zu haben. Die Gefangenen wurden freigelassen, nachdem sie Bürgschaft geleistet hatten. Lukas sagt nicht, ob dazu auch das Versprechen gehörte, die Missionare nicht zu verstecken, oder ob sie damit nur versprochen hatten, die öffentliche Sicherheit zu wahren. Auf jeden Fall verließ Paulus die Stadt überstürzt (Apg 17,19) und unter Umständen, die eine baldige Rückkehr ausschlossen (vgl. 1Thess 2,18). J. war vermutlich Jude (vgl. Apg 17,2 mit 18,2-4) und wohl auch Christ (vgl. Apg 17,7).

2. Christ aus Korinth, der in Röm 16,21 Grüße sendet. »Verwandter« bedeutet hier »Mitjude« (s.a. Röm 9,3; 16,7.11). J. mag identisch sein mit 1; falls Sosopater der *Sopater aus Apg 20,4 ist, verbindet hier Paulus vielleicht zwei Mitbürger aus Mazedonien.

3. J., ein Sohn des Eleasar, war zusammen mit Eupolemus 161 v.Chr. als Gesandter des Judas Makkabäus in Rom (1Makk 8,17-21; 12,16; 14,22).

4. J. von Kyrene hat als Geschichtsschreiber über die Makkabäerkriege berichtet (2Makk 2,23). A.F.W.

JAUCHZEN. Dem deutschen Wort »Jauchzen« (abgeleitet von dem Ausruf »juch«) entspricht weder im Hebr. noch im Griech. ein genaues Äquivalent. Darum findet sich das Wort in den verschiedenen dt. Übersetzungen an unterschiedlichen Stellen und ungleich häufig. Statt »jauchzen« sind Verben wie jubeln, preisen, singen, loben u.ä. gebraucht. Auch die ganze Terminologie des Wortfeldes *Freude wird gelegentlich mit J. in Verbindung gebracht. Die zahlreichen Überschneidungen in den Wortbedeutungen sind im AT, bes. in den Psalmen und verwandten Texten, begründet, wo diese Vokabeln häufig im *parallelismus membrorum* (vgl. *Dichtung) als Synonyma auftauchen.

I. IM ALTEN TESTAMENT

1. Die wichtigsten hebr. Begriffe sind *rānan,* »jubeln« und *rāwaʿ*, »laut schreien«, davon die Substantive *rinnāh,* »Freudenruf«, (aber auch gelegentlich »Klageruf« oder »Gebetsruf«) und *terūʿāh,* »Lärm« (bes. Kriegslärm und Festlärm, daher dann auch »Jubel« und »Freude«). Seltener sind *zāhal,* (eigentlich »wiehern«, dann bei Menschen: »jubeln«, vgl. Jes 12,6; 54,1; Jer 31,7; wo die LÜ *zāhal* mit »jauchzen« übersetzt), *ʿalas,* »jubeln, frohlokken« (vgl. bes. Zef 3,14, wo das Wort parallel mit *rānan, rwʿ* und *sāmach* steht) und *gjl,* »frohlocken, jauchzen« (in Sach 9,9 parallel zu *rwʿ*).

2. Wie dieses J./Jubeln formal vorzustellen ist, zeigen ebenfalls die damit durch den *parellelismus membrorum* verbundenen Ausdrücke *sāmar,* (meist) »musizieren«, *schjr,* »singen«, *sāmach,* »sich freuen« (mit lauten Freudenäußerungen verbunden) und *machaʾ* kap, »in die Hände klatschen«, (Ps 98,9 RevEB).

Besonders die Psalmen 47, 81,2-4; 95,1-3; 96,1-3; 98,5-8; 100; 149; 150 zeigen, daß J. ein Ausdruck überströmender Freude an Gott und seinen Taten ist, wobei Musik und Gesang eine herausragende Stelle innehaben. Ort dieser Freudenfeste war vor allem, aber nicht notwendigerweise, das Jerusalemer Heiligtum, das wohl so etwas wie ein Tempelorchester besaß.

3. Das J. galt Jahwe, der in den betreffenden Psalmen vor allem als König (Ps 47; 95; 98; vgl. 1Chr 16,31-33; Zef 3,14f; Sach 9,9), Weltherrscher (Ps 98, 100), Richter (Ps 67,5; 89,15-17), Heilbringer (Ps 65; 66) und Schöpfer (Ps 89,12-14; vgl. Hiob 38,6f) gefeiert wird. Darum werden auch die ganze Schöpfung (1Chr 16,33; Ps 89,13; Jes 49,13) und alle Völker (Ps 47,2) aufgefordert, in diesen Jubel einzustimmen, besonders natürlich Israel, an dem Jahwe in besonderer Weise herrlich gehandelt hat. Im Jesajabuch ist die Befreiung Israels aus dem Exil Ursache des jauchzenden Jubels (12,6; 42,10-12; 49,13; 54,1) der Erlösten.

In 5Mo 32,43 und Jer 31,7 ist Gottes helfendes Handeln an Israel als dem Volk Gottes Grund des J.s. Gott selber ist der Bejauchzte.

4. Nach 4Mo 23,21 sieht der Seher *Bileam keine Not und Trübsal im Volk Gottes, da Gott bei ihnen ist und »Königsjubel« (M. Noth, ATD ad loc) ihm entgegenschallt, der eines Königs würdig ist. Gott als König bedeutet Heil. In Sach 9,9 wird dieser Jubel neu aufgenommen: Gott wird wieder als König bei seinem Volk einziehen als Gerechter und als Helfer. Im NT hat sich dies erfüllt,

als Jesus in Jerusalem einzog (vgl. Mt 21,5; Joh 12,15, wo immer Sach 9,9 zitiert wird). Ihm galt der Königsjubel, der sich in dem *Hosianna-Rufen äußerte.

II. IM NEUEN TESTAMENT.

Dennoch kommt im NT das dt. Wort »Jauchzen« mit einer Ausnahme (Gal 4,27 in dem Zitat von Jes 54,1) in den gängigen Übersetzungen überhaupt nicht vor (vgl. die Konkordanzen zur Übersetzung; ZÜ und LÜ). Das griech. Verb *agalliaomai*, »jauch-zen, jubeln, sich freuen«, das in der LXX-Übersetzung des Psalters meistens hebr. *rānan* wiedergibt, kommt im NT 11 mal vor (das dazugehörige Substantiv 5 mal) und wird in der LÜ fast immer mit »Freude«, »sich freuen«, »fröhlich sein« übersetzt, in der EÜ gelegentlich mit »jubeln«. Bis auf Joh 5,35 sind die Ursache dafür immer Gott, seine Hilfe und seine Taten. Besonders der eschatologischen Heilstat Gottes, die mit Jesu Geburt begann (Lk 1,14.44.47), gilt die jubelnde Freude (vgl. 1Petr 4,13; Jud 24; Offb 19,7).

Der Mensch erlangt diese Freude, indem er zum Glauben an Jesus Christus findet (Apg 16,34), und in der Gemeinde wird sie erfahren bei der Feier des *Abendmahles (vgl. Apg 2,46: *en agalliasei*). Wie im AT gehört dazu auch der »Königsjubel«, der sich im NT durch »Jesus ist Herr« (1Kor 12,3) ausdrückt.

Literatur: R. Ficker: THAT II,[2]1979, 781,786; R. Bultmann: ThWNT I,1933, 18-20. R.D.

JAWAN. Einer der Söhne *Jafets (1Mo 10,2; 1Chr 1,5) und Stammvater von *Elischa und *Tarsis, der *Kittäer und *Rodaniter (1Mo 10,4; 1Chr 1,7), die Verbindungen zu den Gebieten im N und W des Vorderen Orients haben. Es wird allgemein akzeptiert, daß dieser Name (hebr. *Jāwān*) mit dem griech. *Iōnes* gleichzusetzen ist, das als Iaones, wahrscheinlich für Iawones, bei Homer (Ilias 13.685) erscheint und sich auf das Volk bezieht, das später Ionien seinen Namen gab. Der Name erscheint auch in assyr. und achämenidischen Inschriften (Iāmanu bzw. Jauna). Jesaja erwähnt die Nachkommen Jawans (LXX: Hellas) neben Tubal als eines der Völker, das ferne Inseln und Gestade bewohnte (Jes 66,19). Z.Zt. Hesekiels trieben die Nachkommen J.s (LXX: Hellas) Handel mit Sklaven, Bronzegefäßen und Garn mit der Stadt Tyrus (Hes 27,13.19). Der Name J. («Griechenland») in den Prophezeiungen Daniels bezieht sich auf das Königreich Alexanders von Mazedonien, und bei Sach 9,13 steht der Begriff (LÜ: Griechenland; LXX: Hellenes) wahrscheinlich für die Griechen aus Seleucia. T.C.M.

Mit diesen Steinen besserten die Israeliten im 10. Jh. v.Chr. jebusitische Terrassen an der Ostseite Jerusalems aus, die Häuser trugen. (KK)

JEBUS s. Jebusiter; s. Jerusalem

JEBUSITER. Ethnischer Name eines Volkes (4Mo 13,29; Jos 11,3), das in den Bergen in der Umgebung von Jerusalem wohnte (Jos 15,8; 18,16). Als Nachkommen des dritten Sohnes *Kanaans (1Mo 10,16; 1Chr 1,14) sind die J. als eigenständige Minderheitengruppe neben Völkern wie den *Amoritern und *Hetitern aufgeführt. »Jebus« war der Name, den sie *Jerusalem, der Hauptstadt ihres Gebietes (Ri 19,10.11; 1Chr 11,4.5; Jebusi in Jos 18,16.28), gegeben hatten, »Jebusiter« hießen die Bewohner der Stadt (1Mo 15,21; 2Mo 3,8; vgl. Hes 16,3.45; Sach 9,7). Falls *Melchisedek nicht Herrscher von Jerusalem (*Salem) war, ist Adoni-Zedek (König von Jerusalem) der früheste im AT erwähnte König (Jos 10,1), der seine Verbündeten (Jos 10,5) dazu bewegte, die Stadt vor den Israeliten zu beschützen, die in das Gebiet eindrangen. Adoni-Zedek wurde mit seinen Verbündeten bei *Bet-Horon geschlagen (Jos 10,10). Nach den *Amarna-Tafeln (ca. 1400 v.Chr.) regierte in *Urusa-limmu* Abdihepa, dessen Name, wie der der späteren jebusitischen Herrscher *Arauna (2Sam 24,24) oder Ornan (1Chr 21,15), nicht semit. sondern wahrscheinlich horitisch. Jebus wurde nach der Einnahme durch die Männer von Juda niedergebrannt (Ri 1,8), doch die ursprünglichen Einwohner gewannen die Kontrolle zumindest bis zu Davids Angriff wieder zurück (2Sam 5,6). Die Jebusiter durften in Jerusalem bleiben, bis ihr Grund und Boden aufgekauft war (vgl. 1Kön 9,20f) oder die jebusitische Minderheit von den Judäern, die eine neue Stadt auf dem Berg Zion bauten, absorbiert war (Ri 1,21; 19,11). D.J.W.

JEDAJA (»Er [Gott] hat eine Wohltat erwiesen«, »Der Herr hat gewußt«, »Der Herr hat sich gekümmert [um], hat sich [jemandes] angenommen«).

1. Simeoniter, Sohn Simris (1Chr 4,37).

2. Sohn Hamurafs; er half bei der Ausbesserung der Mauer von Jerusalem (Neh 3,10).

3. Leiter der 2. Priesterabteilung z.Zt. Davids (1Chr 24,7); seine Nachkommen kehrten mit *Serubbabel aus Babylon heim (Esr 2,36; Neh 7,39).

4. Zwei Priester, die mit Serubbabel heimkehrten (Neh 12,6.7); ihre Familien werden auch in der nächsten Generation genannt (Neh 12, 19.21).

5. Jude, der z.Zt. Sacharjas noch in der Verbannung in Babylon lebte (Sach 6,10.14).

JEDIAËL. (»Von Gott gekannt«).

1. Sohn *Benjamins, Stammvater eines Geschlechts (1Chr 7,6.10.11).

2. Hauptmann aus *Manasse, der zu *David nach *Ziklag kam (1Chr 12,20), um sich ihm anzuschließen.

3. Sohn Simris,einer der Helden Davids (1Chr 11,45).

4. Sohn Meschelemjas, Torhüter z.Zt. Davids (1Chr 26,1.2).

JEDUTUN. Levit, der von David dazu bestimmt wurde, die Tempelmusik zusammen mit Heman und Asaf zu überwachen. Er ist auch unter dem Namen *Etan bekannt (1Chr 6,29 u.ö.), was möglicherweise sein Name vor der Berufung war. Eine Variation des Namens, Jeditun, erscheint mehrmals als »Ketib« (im Text des AT überlieferte, weniger gute oder fehlerhafte Lesart im Unterschied zu der am Rand vermerkten Lesart; z.B. Ps 39). Bei Ps 39 heißt es einfach »für (*l*) Jedutun«, während bei den Ps 62 und 77 »*ʿal* Jedutun« steht, was »nach« oder »über« heißen kann. Wenn letzteres richtig ist, bezeichnet J. die Familie oder die Zunft der Sänger, die nach ihm benannt war. Die Familie amtierte auch nach der Rückkehr aus der Verbannung weiter in dieser Funktion (Neh. 11,17). M.A.M.

JEFTAH. Einer der späteren (ca. 1100 v.Chr.) hebr. Richter (Ri 11,1-12,7), dessen Name (hebr. *jiptach*) wahrscheinlich eine Abkürzung von *jiptach-el* ist, »Gott öffnet [sc. die Gebärmutter]«, und als Eigenname im Sabäischen zitiert wird (NBCR, S. 267). Als Sohn einer heidnischen Prostituierten und des damals noch kinderlosen *Gilead war J. der Meinung, daß er gesetzwidrig von den jüngeren ehelichen Söhnen Gileads enterbt worden sei. Er floh in das Land Tob. Von dort aus plünderte er mit einer Streifschar, die er um sich gesammelt hatte, Ortschaften und Karawanen. Wie David mit seiner Schar (1Sam 22,2; 27,8.9; 30) mag auch J. israelit. Dörfer vor plündernden Stämmen, zu denen wohl auch die Ammoniter zählten, geschützt haben. Daher baten ihn die Ältesten von Gilead, ihr Oberbefehlshaber zu sein, als die Israeliten auf der anderen Seite des Jordans von einer großen Invasion der Ammoniter bedroht wurden. J. stimmte erst zu, als ihm versprochen wurde, daß er auch nach Ende der Kämpfe ihr Oberhaupt (d.h. Richter) sein würde. Dieses Übereinkommen wurde durch Eid in Mizpa besiegelt (Ri 11,11; 1Mo 31,48.49). J.s Versuch, die Ammoniter auf diplomatischem Weg von ihrem Vorhaben abzubringen, schlug fehl (Ri 11,12-28).

Gottes Geist gab J. Mut und Einfallsreichtum für seine Aufgabe. Er zog nach Gilead und Manasse, um zusätzliche Truppen zu beschaffen. Dann überschritt er den *Jabbok, um zum israelit. Hauptquartier in Mizpa zu gelangen. Dort schwor er, bevor er sich gegen die Ammoniter aufmachte, seinem Gott einen Eid (Ri 11,30f), wie es bei alten Völkern üblich war. Mit Absicht versprach J. Jahwe ein menschliches Opfer, er dachte wahrscheinlich an einen Sklaven, denn ein Tier hätte als Opfer eines Volksführers nicht gereicht. Die LXX-Übersetzung: *ho emporeuonomenos* (wer immer des Wegs kommt), zeigte schon vor langer Zeit, daß dies die richtige Interpretation ist. V. 31 sollte heißen: »wer immer mir entgegenkommt. . .soll dem Herrn gehören, und ich will's als Brandopfer darbringen«. J. lebte unter Heiden, die heidnischen Göttern Menschenopfer darbrachten (vgl. 2Kön 3,27), und in einer Zeit, in der Moses Gesetz wenig bekannt war und praktiziert wurde. J. mag ernsthaft – wenn auch fälschlicherweise – (3Mo 18,21; 5Mo 12,31) angenommen haben, »daß Jahwe mit einem Opfer besänftigt werden müßte, das so kostbar war wie die, die auf den Altären von Kemosch und Moloch bluteten« (F.W. Farrar).

Nachdem die Ammoniter besiegt waren (vgl. Hebr 11,32), kehrte J. triumphierend in sein Hauptquartier zurück und traf auf seine Tochter, sein einziges Kind, das eine Siegesprozession anführte (vgl. 1Sam 18,6; 2Mo 15,20). J. war voller Schmerz der Meinung, daß er seinen Schwur halten müßte, und brachte sie als Brandopfer dar. Er weihte sie nicht einem Leben im Zölibat (eine Ansicht, die erst von Rabbi Kimchi geäußert wurde), denn es gibt keinen Hinweis dafür, daß weibliche Dienerinnen in der Stiftshütte oder im Tempel Jungfrauen sein mußten. J. war mit seinen Brüdern, den Ephraimitern, so streng wie mit seinen Feinden, den Ammonitern, und mit sich selbst, was seine Tochter betraf. Die Ephraimiter waren gekränkt, weil sie an seinem Sieg nicht teilhatten und bedrohten sein Leben. J.s Reaktion war hart; die Schlacht am Jordan kostete allen 42000 Mann aus dem Stamm Ephraim das Leben (Ri 12,1-6). J.R.

JEHIËL.(»Gott möge sich lebendig/wirksam erweisen)«.

1. Levit der zweiten Ordnung, der als Sänger den Psalter spielte und mit anderen die Bundeslade nach Jerusalem geleitete. Später blieb dies sein Dienst in der Hütte, die David für die Lade als vorläufiges Heiligtum errichtet hatte (1Chr 15,18.20; 16,5).

2. Levit, Nachkomme Gerschoms, Sohn Ladans (1Chr 23,8); seine Nachkommen wurden Jehiäliter genannt (1Chr 26,21f).

3. Sohn Hachmonis z.Zt. Davids (1Chr 27,32).

4. Sohn *Joschafats, des Königs von Juda (2Chr 21,2-4).

5. Levit aus dem Geschlecht *Asafs, der unter König Joschafat weissagte (2Chr 20,14).

6. Sohn Hemans und Levit z.Zt. des Königs Hiskia (2Chr 29,14; 35,8).

7. Vorsteher im Tempel z.Zt. des Königs Josia (2Chr 35,8).

8. Vater *Obadjas, der mit *Esra aus Babylon zurückkehrte (Esr 8,9).

9. Vater Schechanjas, Sohn Elams (Esr 10,2), wohl derselbe, der seine heidnische Frau entließ, z.Zt. Esras (Esr 10,26).

10. Priester, der sich ebenfalls von seiner heidnischen Frau trennte, z.Zt. Esras (Esr 10,21).

JEHOVA s. Namen Gottes

JEHU. (Hebr. *jehū*, Bedeutung unklar; möglicherweise eine Abkürzung von *jehōhū*, »Jahwe ist er«).

1. Ein ungewöhnlich geschickter benjaminitischer Krieger aus *Anatot, der *David bei *Ziklag unterstützte (1Chr 12,3).

2. Sohn Hananis, ein Seher, der das Ende der Dynastie *Baschas voraussah (1Kön 16,1-7). Er prophezeite auch für *Joschafat (2Chr 19,2) und schrieb dessen Herrschergeschichte auf (20,34).

3. Sohn Joschafats (2Kön 9,2f), der als 10. König das Nordreich von Israel 28 Jahre regierte (ca. 842-815 v.Chr.: 2Kön 10,36) und dessen 4. Dynastie gründete.

Die rel. Abtrünnigkeit Israels nahm unter der Herrschaft von *Ahab und *Joram ein solches Ausmaß an (2Kön 8,27), daß *Elisa einen Prophetenjünger damit beauftragte, J. zum König zu salben (9,1-13). J., der sich der Unterstützung durch Jorams Armee sicher sein konnte. J. ging nach *Jesreel, wo sich der nach einer Schlacht bei *Ramot in Gilead verwundete König Joram aufhielt (8,28.29). J. tötete Joram von Juda und Ahasja, den König von Israel (9,21-27; vgl. 2Chr 22,9). Als neuer König rückte J. in Jesreel ein und ließ *Isebel umbringen. Dann löschte er alle Opponenten aus, indem er Ahabs Familie (2Kön 10,1-11) zusammen mit Mitgliedern der Familie Ahasjas, die zu Besuch weilten (2Kön 10,11-17), hinrichten ließ. Anschließend ging er daran, die göttliche Verehrung Baals auszumerzen, indem er die Priester durch eine List zu einem Treffen veranlaßte, bei dem er sie niedermetzeln und auch ihren Tempel zerstören ließ (2Kön 10, 18-28).

J. verehrte jedoch selbst die goldenen Kälber in *Bethel und *Dan (V. 29-31). Dafür wurde er bestraft, als die Syrer unter *Hasaël Teile seines Reiches annektierten. (V. 32f).

Der Schwarze Obelisk von *Salmanassar III. (858-824 v.Chr.) erwähnt Tributzahlungen von *ia-ū-a mar hu-um-ri*, »Jaw, Sohn von *Omri« (TGI, S. 50f). Diese werden allg. als Zahlungen Jehus von Israel angesehen, die im AT nicht erwähnt werden. Er oder sein Vertreter ist in gebeugter Haltung vor dem König

König Jehu von Israel (oder sein Gesandter) beugt sich nieder vor Salmanassar III. von Assyrien. Die Männer hinter Jehu bringen Tribute. Diese Kalkstein-Stele (»der Schwarze Obelisk«) stand ursprünglich in Nimrud. Ca. 840 v.Chr. (BM)

abgebildet. Jaw mag auch eine Abkürzung von Joram selbst sein (P.K. McCarter, BASOR 216, 1974, S. 5-7). In beiden Fällen wäre der Zeitpunkt 841 v.Chr. (E.R. Thiele, BASOR 222, 1976, S. 19-23). D.W.B.

JEÏËL.

1. Stammvater der Einwohner von Gibeon, ein Vorfahr König *Sauls (1Chr 9,35.36.39).
2. Levit, Torhüter und Harfenspieler z.Zt. Davids (1Chr 15,18.21; 16,5).
3. Schreiber z.Zt. des Königs Usija (2Chr 26,11).
4. Oberster aus dem Stamme *Ruben (1Chr 5,7).
5. Levit z.Zt. des Königs Hiskia (2Chr 29,13).
6. Nachkomme Adonikams, der mit Esra aus der babylon. Gefangenschaft heimkehrte (Esr 8,13).
7. Israelit, der sich von seiner heidnischen Frau trennte, z.Zt. Esras (Esr 10,43).

JERACHMEEL. (»Möge Gott Mitleid haben«).

1. Vorfahr der Jerachmeeliter, einer Sippe, die an der Südgrenze Judas wohnte, (»der Negeb der Jerachmeeliter«: 1Sam 27,10; vgl. 30,29); sie war verwandt mit den Kalebitern (vgl. 1Sam 25,3), und ihr Stammesgebiet grenzte an das der Keniter an. Wie die Kalebiter wurden sie von dem Stamm Juda absor-

»Jerachmeel, der Sohn des Königs« (ljrhm'l bn hmlk) *steht auf diesem Siegelabdruck aus Ton, der auf das späte 7. Jh. v.Chr. zu datieren ist. Möglicherweise ist hier der Jerachmeel gemeint, der Jeremias Schriftrolle verbrannte (Jer 36,26.27). 12 × 10 mm. (NA)*

biert; ihre Adoptivbeziehung zu anderen Zweigen des Stammes wird in 1Chr 2,9.25ff aufgezeigt, zusammen mit den Unterteilungen der jerachmeelitischen Sippe selbst. Sie spielen im AT eine untergeordnete Rolle.

2. Sohn von Kis (1Chr 24,29), einem Mitglied der Merariter-Sippe im Stamm Levi.
3. Mitglied der königlichen Familie Judas (Jer 36,26), das eine offizielle Position am Hof *Jojakims innehatte. F.F.B.

JEREMIA. (Hebr. *Jirmejāhū*). Bedeutung ungewiß; im AT gibt es mehrere Personen dieses Namens.

1. J., der Prophet.

a. Er entstammte einem im Gebiet des Stammes Benjamin (in *Anatot) ansässigen levitischen Priestergeschlecht. Man kann davon ausgehen, daß er daher bestens mit den Überlieferungen seines Volkes vertraut war. Über keinen der atl. Schriftpropheten sind wir so gut informiert wie über J., gewährt er uns doch einen tiefen Einblick in seine empfindsame Seele, die die Schwere seines Auftrages kaum ertragen konnte.

b. J. wurde als junger Mann von Gott berufen. Wegen seiner Jugend und Ungeübtheit in der Rede versuchte er, dem Zugriff Gottes zu entkommen (Jer 1,6f). Doch die Zusage Gottes, ihn zur »eisernen Säule« und »zur ehernen Mauer« zu machen, gab seiner Persönlichkeit eine Festigkeit, die sie von Natur aus nicht besaß.

c. Dennoch ist J. zeit seines Lebens ein Mann von hoher Sensibilität geblieben. Die ersten Kap. seines Buches zeigen einen Gott, der selbst aufs höchste innerlich betroffen ist von der Sünde seines Volkes (Jer 1,1-13). J. als sein Prophet kann darum nicht in kalter Sprache einfach das kommende Gericht verkündigen, sondern er leidet selbst am meisten unter dem, was da aus Gottes Richterhand kommen soll (z.B. Jer 4,19-22).

d. Aber J. leidet nicht nur unter der drohenden Katastrophe, die er schon als eine gegenwärtige innerlich erlebt. Da er das Gericht nicht verschweigen darf, ist er den Nachstellungen seiner Verwandten (Jer 11, 18ff), der Tempelpolizei (Jer 20, 1ff) und der falschen Propheten (Jer 26,11ff; 28,1ff), die dem Volk Heil und Frieden verkündigen und nicht auf dessen Sünde achten, ausgesetzt. In der letzten Phase seiner öffentlichen Wirksamkeit ist J. den Verfolgungen des Jerusalemer Festungskommandanten preisgegeben, der seine auf die Verteidiger demoralisierend wirkende Verkündigung dadurch unterbindet (Jer 37,11ff), daß er ihn in eine Zisterne werfen läßt. Später wird J. in eine Art Schutzhaft genommen, bis Nebukadnezars Soldaten ihn bei der Eroberung der Stadt befreien (Jer 39).

e. J. hat alle diese Erfahrungen in seinen sogenannten »Konfessionen« (Bekenntnissen) verarbeitet: Jer 11, 18-23; 12,1-15; 15,10-12.15-21; 17, 12-18; 18,18-23; 20,7-18. Der Prophet klagt vor Gott – wie es ihm der Gottesdienst seines Volkes mit seinen vielen Gebetsformularen vorgab –, wie sehr ihn sein Auftrag an die Grenze seines Menschseins geführt hat, so daß er im Begriff ist, ihn an Gott zurückzugeben. Besonders die letzte Konfession ist in ihrer Schrecklichkeit nicht zu überbieten; J. verflucht den Tag seiner Geburt und möchte als ein Ungeborener ewig im bergenden Mutterschoß sein Dasein fristen.

f. Obwohl er als von Gott berufener Prophet getreulich das Amt der Fürbitte ausübt (Jer 7,16; 11,14; 14,11), zeigt er in seiner letzten Konfession, daß er als Mensch letztlich nicht in der Lage ist, für sein Volk vor Gott einzutreten. Da, wo Jesus am Kreuz gehorsam und gottergeben seinen Vater bis zuletzt im Gebet anruft, wird der Prophet J. von einer Finsternis überfallen, die ihn an Gott verzweifeln läßt.

g. J.s Leben muß trotz aller verzweifelten Versuche, von seiner Berufung loszukommen, ganz in den Dienst für seinen Gott gestellt bleiben. Trotz allen Widerstrebens fühlt er sich mit geheimnisvoller Kraft zu dem Gott, dessen Gericht er verkündigen muß, hingezogen (Jer 15,16; 20,7). Wenn Gott sein Volk richtet, dann verläßt er es. Zum Zeichen dafür muß J. Zeit seines Lebens ehelos bleiben (Jer 16,1ff) und darf die in seinem Volk übliche Klage beim Tode eines Volksgenossen nicht mitmachen (Jer 16,5ff).

h. Nach der Eroberung Jerusalems durch die Babylonier wird J. aus der Haft befreit; es wird ihm freigestellt, ob er mit den Exulanten nach Babylon ziehen oder im Land bei den wenigen Verbliebenen leben will. Er entscheidet sich für ein Bleiben im Lande der Väter. Als der von Nebukadnezar eingesetzte Statthalter *Gedalja ermordet wird, flieht eine Reihe von Judäern aus Angst vor der Vergeltung der Babylonier nach Ägypten. Aus unerklärlichen Gründen wird der Prophet J. von diesen gezwungen, ebenfalls nach Ägypten zu flüchten. Dort prangert J. wieder den Götzendienst seines Volkes an. In Ägypten verliert sich seine Spur.

i. J. hat einen »Schreiber« gehabt, der ihm bei der Abfassung und schriftlichen Niederlegung seiner Worte behilflich war: Baruch (Jer 36,1ff). Vielleicht war dieser der einzige Mensch, der J. näher stand. Ein kleines Kapitel (Jer 45) ist ausschließlich Baruch gewidmet. Daraus ist ersichtlich, daß er mehr als nur ein Gehilfe J.s war; denn er vollzieht das, was er aufzuschreiben hat, mit innerer Trauer und Bewegung nach. Ebenso wie J. wird auch seinem Mitarbeiter geboten, angesichts der Schwere des Gerichts, das über Juda kommen wird, für sich selbst nichts Großes zu begehren (Jer 45,5). So hatte der mit dem Gerichtsleiden seines Volkes aufs Äußerste verbundene Prophet wenigstens einen Menschen, mit dem er das teilen konnte, was Gott ihm auftrug.

2. Benjaminit, der zu David in Ziklag überging, um ihn gegen Saul zu unterstützen (1Chr 12,5);

3. Zwei Männer, die zu David nach Ziklag kamen, um ihn gegen Saul zu unterstützen (1Chr 12,11.44);

4. Sippenoberhaupt aus dem Stamm Manasse (1Chr 5,24).

5. Vater der Hamutal, der Frau des Königs *Josia (639-609 v.Chr.) und Großvater des Königs *Joahas (609 v.Chr.). J. wohnte in Libna (2Kön 23,31);

6. Vater *Jaasanjas, aus dem Geschlecht der Rechabiter (Jer 35,3);

7. Priester, der mit *Serubbabel und *Jeschua aus Babylon nach Jerusalem zurückkehrte (Neh 12,1.12);

8. Priester, der sich verpflichtete, nach dem Gesetz des Nehemia zu leben (Neh 10,3). D.Sch./W.E.

JEREMIA, BUCH.

I. PERSON s. *JEREMIA.

II. ZEITGESCHICHTLICHER HINTERGRUND.

J.'s Lebenszeit fällt in eine Epoche der Geschichte des Südreiches Juda mit der Metropole Jerusalem, die hinsichtlich der politischen Umwälzungen zu den bewegtesten Zeiten der israelit. Geschichte gehört. Als Gott J. zum Propheten berief (627 v.Chr.), war *Josia (639-609 v.Chr.) schon zwölf Jahre König auf dem Davidsthron.

Das assyr. Weltreich war im Begriff zu zerfallen, weshalb sich Josia anschickte, allmählich sein Territorium nach N hin auszudehnen. Gesamtisraelit. Hoffnungen keimten im Volk wieder auf. Nach 2Chr 34,4-7 hatte Josia gleich zu Anfang seiner Regierung mit rel. Reformen begonnen. Aber erst im Jahre 622 v.Chr. begann infolge der Auffindung einer Gesetzesrolle im Jerusalemer Tempel – die in irgendeiner nicht näher feststellbaren Weise mit unserem 5. Buch Mose/*Deuteronomium in Zusammenhang stand – Josias umfassende Kultreform (2Kön 23). Er schaffte die Höhenheiligtümer ab, die eine Mischform aus Jahweglauben und Baalsfrömmigkeit (Sexualkult zur Garantie der Fruchtbarkeit des Landes) pflegten. Fortan gab es nur in Jerusalem die Möglichkeit, Gott die gebotenen Opfer darzubringen. Diese an sich lobenswerte Reform, für die ihm die Bibel auch höchstes Lob zuteil werden läßt, führte aber auch zu neuen Schwierigkeiten. Es ist wahrscheinlich, daß der »arbeitslos« gewordene »niedere Klerus«, jene oft im J.-Buch vorkommenden Prophetenscharen, nunmehr in Jerusalem am zentralen Heiligtum erschien und sich nur äußerlich der Kultreform anpaßte. Diese Prophetenscharen – sie traten immer in Massen auf - verstärkten auf sehr oberflächliche Weise eine fatale Heiligtumstheologie: wie die Kap. 7 und 26 nahelegen, lautete ihre Parole »Hier ist der Tempel des Herrn«, was bedeutete: weil Gott im Tempel ist, kann dieser Tempel auch nicht zerstört werden; darum ist auch keine Gefahr von einem »Feind aus dem Norden« (Jer 1,13 u.ö.) zu fürchten. Das Ergebnis der Reformpolitik lautete so, wie sie J. aufs schärfste verurteilen mußte: weil sich alles rel. Leben auf das zentrale Heiligtum konzentriert hatte, entstand fälschlicherweise ein Vertrauen auf den Tempel, das alle wahre Gotteserkenntnis verleugnete. J.s Urteil über die josianische Reform lautet deshalb: »Sie bekehren sich, aber nur mit halben Herzen« (Jer 3,10).

Daneben betrieb Josia eine auf territoriale Ausdehnung bedachte Konsolidierung seines an sich kleinen Reiches. Die Grenzen des ehemaligen davidischen Großreiches stand manchem Judäer wieder vor Augen. J. (vgl. Kap. 30) hat diese Expansion mit der Ansage einer kommenden inneren Erneuerung auch des Nordreiches begleitet.

Törichterweise hat Josia sich dem Pharao *Necho in der Schlacht bei *Megiddo (609 v.Chr.) entgegengestellt, obwohl dieser Palästina nur zu einem Kriegszug gegen das untergehende Assur als Durchzugsgebiet benötigte. Vielleicht erhoffte sich Josia von einem militärischen Sieg über die Ägypter eine Sicherung seiner Südgrenze. Josia erlag den schweren Verletzungen, die er in der Schlacht erlitten hatte (2Kön 23,29). Trotz aller indirekten Kritik, die J. auch an Josia hatte, beklagte er seinen Tod in echter Trauer (Jer 22,10ff).

Nach einem möglicherweise zwanzigjährigen Schweigen nimmt der Prophet nach dem Tode Josias, unter *Joahas (609 v.Chr.) und dem nach 3 Monaten von Pharao Necho an seine Stelle gesetzten *Jojakim (608-598 v.Chr.), erneut im Auftrag Gottes zu diesen Vorgängen Stellung: da das Südreich Juda nicht bereit ist, eine echte Umkehr zu Gott zu vollziehen, gibt es nur – als Antwort Gottes auf diesen Ungehorsam – ein Warten auf die Abhängigkeit vom inzwischen erstarkten babylon. Weltreich. Darum ist eine Bündnispolitik mit Ägypten zwecklos. Das einzige, was jetzt noch sinnvoll ist, ist die Beugung unter das babylon. Joch. Durch diese, den herrschenden Militärs in Jerusalem höchst unerwünschte Botschaft, setzt sich J. der Verfolgung der Mächtigen im Staat Juda aus. In der Schlacht bei *Karkemisch (605 v.Chr.) erlitten die Ägypter unter Pharao Necho eine empfindliche Niederlage durch die unter Nebukadnezar erstarkte babylon. Großmacht.

J. verkündigte nun die endgültige Vormachtstellung Nebukadnezars (Jer 25,15ff), der man sich zu beugen habe. Die Einnahme der Philisterstadt *Aschkelon sollte als ernsthafte Mahnung an Jojakim gelten (vgl. Jer 47,5ff). Aber dieser kümmerte sich nicht um die neu entstandene politische Lage, sondern versuchte sich mit dem geschwächten Ägypten aufs neue zu verbünden. Dazu trieb er eine aufwendige Hofhaltung (Jer 22,13ff) und ließ den Götzendienst auf den Höhen wieder zu (2Kön 23,37). J. kündigte ihm das Gericht Gottes und die Schändung seines Leichnams an (Jer 22,19). In Jojakims Regierungszeit beginnen die Nachstellungen J.s, die auf sein empfindsames Gemüt nachhaltig einwirkten (vgl. seine »Konfessionen«). Auch eine auf eine Schriftrolle geschriebene letzte Mahnung zur Umkehr schlug Jojakim in den Wind (Jer 36,1ff). Nach 2Chr 36,6f ist Jojakim später nach Babylon verschleppt worden; andere Stellen berichten von seinem Tod (2Kön 24,1ff).

*Jojachin (598/597 v.Chr.) folgte seinem Vater auf dem Davidsthron, regierte aber nur wenige Monate, weil Nebukadnezar die Verhältnisse nach Jojakims Tod bzw. Rücktritt endgültig regeln wollte und zu diesem Zweck in einer Blitzaktion im Jahre 597 v.Chr. nach Palästina kam und die Stadt Jerusalem kampflos einnahm. Jojachin wurde mit etlichen Handwerkern und Mitgliedern der Oberschicht nach Babylon deportiert. Zum großen Schmerz der Judäer wurde der Tempel geplündert und die heiligen Geräte abtransportiert. 36 Jahre später wurde Jojachin in Babylon begnadigt und bei der Tafel des Nachfolgers Nebukadnezars zugelassen (2Kön 25,27ff; Jer 22,24ff).

*Zedekia (597-587 v.Chr.) war der letzte Davidssohn auf dem Thron in Jerusalem. Da auch er sich nicht den Babyloniern unterwerfen wollte, kündigte J. die Zerstörung der Stadt an (Jer 21,1ff). Der König war charakterlich schwach und war dem Einfluß seiner Militärs vollends ausgeliefert. In seiner Regierungszeit erreichte die Auseinandersetzung J.s mit den falschen Propheten den Höhepunkt (Jer 28,1ff). Zedekia setzte wie seine Vorgänger auf Hilfe durch Ägypten. Darum erschien Nebukadnezar erneut vor der Stadt. Diesmal ging Jerusalem zur Verteidigung über, so daß die babylon. Streitmacht eine Belagerung begann. Während der Wochen der Belagerung kam es zu heimlichen Treffen zwischen Zedekia und dem inhaftierten Propheten J., wobei der König für sich ein günstiges Gotteswort aus dem Mund des gefangenen Propheten begehrte. J. konnte ihm nur Bekanntes sagen: durch eine Kapitulation würde das Schlimmste vermieden und Zedekia käme lebend davon. Da der König aber praktisch machtlos war, nahmen die Dinge ihren Lauf. Bei der Erstürmung der Stadt gelang es Zedekia zu flüchten; er wurde aber von Nebukadnezars Truppen eingeholt, seine Söhne wurden vor seinen Augen getötet, er selbst wurde geblendet und in Ketten nach Babylon gebracht. Fortan erscheint sein Name nicht mehr.

III. AUFBAU DES JEREMIABUCHES.

Eine Gliederung dieses umfangreichen Buches ist ein weitgehend subjektives Unternehmen. Hier sollen nur große Abschnitte hervorgehoben oder Schwerpunkte benannt werden.

Kap. 1: Jeremias Berufung;
2-6: Gottes Klage; Gerichtsankündigung über sein Volk;
7-10: falsche Vorstellungen von der Sicherheit des Tempels;
11-12: Jeremia und der Bund;
13: Warnungen;
14: Vergebliche Bitte;
15-17.20: Einsamkeit des Propheten; Klagegebete;
21-29: Könige und falsche Propheten;
29: Brief an die Exulanten der 1. Wegführung;
30-33: Künftiges Heil und neuer Bund;
32: Jeremias Ackerkauf in Anatot;
34-39: Belagerung und Zerstörung Jerusalems;
36-45: Leidenszeit Jeremias;
36: Schriftrolle Baruchs;
45: Wort an Baruch;
46-51: Weissagungen gegen andere Völker;
52: Eroberung Jerusalems (stimmt in vielem mit 2Kön 24,18ff überein).

IV. BOTSCHAFT DES JEREMIABUCHES.

1. Gottes Ehebund mit seinem Volk.

Die ersten Kap. dieses Buches lassen uns einen Blick in das Herz der Verkündigung des frühen J. tun. Er denkt in den Begrifflichkeiten und Anschauungsweisen des Bundes. In Jer 2,1 faßt er das zusammen, was er von der Überlieferung der Frühzeit seines Volkes für wichtig hielt: Treue, Liebe und gehorsame Nachfolge sind die Antwort Israels auf Gottes Gnadenwahl (»Da war Israel dem Herrn heilig. . .«). Er sieht im Gottesverhältnis seines Volkes persönliche Zuneigung ebenso wie Gehorsam als die entscheidenden Punkte für eine Beziehung zwischen Gott und seinem Volk an.

2. Des Volkes Ehebruch.

Demgegenüber ist die Wirklichkeit z.Zt. J.s ganz anders. Sein Volk hat sich den kanaan. Fruchtbarkeits- und Sexualkulten »auf den

Höhen« ergeben, um so die Garantie für ein Leben voller leiblicher Güter zu haben. J. nennt dieses Vergessen der Erlösungstat Gottes und der Bundesgesetzgebung am Sinai »Hurerei«. :»...auf allen hohen Hügeln und unter allen grünen Bäumen triebst du Hurerei« (Jer 2,20).

3. Das Angebot der Rückkehr in den gebrochenen Bund.

An sich ist die Strafe nach dem Mosegesetz bei Ehebruch eindeutig: der schuldig gewordene Gesetzesbrecher muß sterben. Doch J. verkündigt im Namen seines Gottes etwas sehr Ungewöhnliches: die Rückkehr der abtrünnig gewordenen Ehefrau Israel/Juda in den Ehebund mit Gott ist möglich. So lautet die zentrale Botschaft des frühen J.: »Kehre zurück, du abtrünniges Israel, spricht der Herr, so will ich nicht zornig auf euch blicken. Denn ich bin gnädig, spricht der Herr, und will nicht ewiglich zürnen. Allein erkenne deine Schuld, daß du wider den Herrn, deinen Gott gesündigt hast und bist hin- und hergelaufen zu den fremden Göttern unter allen grünen Bäumen, und ihr habt meiner Stimme nicht gehorcht« (Jer 3,12f). In keinem anderen Prophetenbuch ist so viel von Umkehr die Rede wie im Buch J. Und doch wird immer so von der Umkehr geredet, daß sie für das jetzt existierende Juda/Israel keine zu verwirklichende Möglichkeit mehr ist. Umkehr-Predigt ist darum Predigt von der verweigerten Umkehr. Das Erstaunliche ist, daß J. trotzdem nicht aufgehört hat, sein Volk wieder in den Bund mit Gott zu rufen.

4. Die Gabe der Umkehr und des Neuen Bundes in der Endzeit.

In Jer 3,21-25 lesen wir denn auch ein »liturgisches Formular«, für eine in der Zeit nach dem Gericht, der Endzeit, tatsächlich stattfindende radikale Umkehr des Volkes. Diese Umkehr wird erst in Jer 31,31-34 näher beschrieben und angekündigt. Das Wesen des Neuen Bundes besteht darin, daß Gottes Forderung nicht mehr wie ein unerfüllbares und darum zum Scheitern führendes Gesetz vor dem einzelnen Israeliten steht, sondern daß Gottes Prinzipien im Zuge einer Neuschaffung des gerichteten Volkes in seinem Inneren Raum gewonnen haben. Der Neue Bund schenkt eine Gotteserkenntnis, die nicht mehr mühsam gelehrt werden muß, sondern die gegeben wird, weil jeder einzelne im Volk die Erfahrung der Sündenvergebung machen wird.

5. Die Erneuerung des Königs- und Priesteramtes.

J. hat wie andere Propheten auch die bittere Erfahrung machen müssen, daß die von Gott bestallten Diener, allen voran der König auf dem Davidsthron, dann aber auch die Tempelpriesterschaft, nicht in der Lage waren, den Willen Gottes zu erkennen und zu tun. Zu der Ansage des Neuen Bundes gehört darum auch die Verheißung der Erneuerung des davidischen Königtums sowie einer neuen Priesterschaft (Jer 33,14ff). Dieses alles wird in einem durch Gottes Gnade wiederhergestellten Land stattfinden, das Gott durch das Exil von den Sünden gereinigt hat. J.s Ackerkauf in Anatot (Jer 32) weist zeichenhaft auf die kommende Neubesiedlung des Landes der Väter hin. Dann wird das aufs neue gesegnete Land wieder reiche Früchte bringen (Jer 31,1ff), die Gott wegen der Sünde seiner Bewohner jetzt zurückhalten muß.

6. Der Kampf gegen eine falsche Sicherheit.

Es sieht so aus, als habe J. nach dem großen Restaurationsprogramm des Königs Josia den Schwerpunkt seiner Botschaft für die jetzt lebende Generation verlagert. Die von den - durch Königswort aufgelösten – Höhenheiligtümern an das zentrale Heiligtum in Jerusalem gezogenen Priesterscharen hatten, als Judas Könige sich auf politische Bündnisse mit Ägypten verließen, die Meinung unterstützt, als sei nunmehr der Tempel in Jerusalem der für alle Zeiten geschützte Bergungsort, auf den man sich in Notzeiten immer zurückziehen könne. Sie verstanden die Verheißungen über die Gottesstadt so, daß auch Ungehorsam diese nicht zunichte machen würde. Gegen diese Bestrebung, sich auf den Tempel – anstatt auf den lebendigen Gott – zu verlassen, ist J. zu Felde gezogen (Jer 7; 26), indem er die Zerstörung des Tempels und der Stadt ankündigte.

7. Der Kampf gegen die Falschprophetie.

Eng mit einer maßstablos gewordenen Tempelpriesterschaft war wohl ein Typ von Prophetentum verbunden, der mit jener Hand in Hand arbeitete. Jer 23,9ff gibt davon ein anschauliches Bild. J., der zeit seines Lebens unter dem Wort Gottes gelitten hat und sich seiner Unheimlichkeit immer wieder zu entziehen suchte (was ihm letztlich aber nie gelang), kämpft gegen die oberflächliche Verkündigung jener Propheten, die nur von einem gnädigen Gott wissen, der sich selbstverständlich immer wieder seines Volkes erbarmt. Sie kennen keinen Gott, der richtet und sich im Gericht als der Heilige erweist. So sagt J. diesen Propheten über Gott: »Bin ich nur ein Gott, der nahe ist, spricht der Herr, und nicht auch ein Gott, der ferne ist?« (Jer 23,23). Während J. das Wort Gottes immer als ein seinem natürlichen Wünschen und Begehren gegenüber fremdes erfuhr, verkündigen jene Propheten »Gesichte aus ihrem Herzen«, also das, was dem natürlichen Empfinden entspricht. J. ist in dieser Auseinandersetzung nicht so aufgetreten, daß er seine Gegner hätte überzeugen können. Die Szene mit dem Falschpropheten *Hananja (Jer 28) zeigt, daß J. beim öffentlichen Auftreten auch den Kürzeren ziehen konnte. Seine Stärke lag allein im Wort Gottes, das sich einstellt, wann es Gott gefällt (Jer 15,16).

8. Die Beugung unter das babylonische Joch.

Als J. sah, daß seine Umkehrpredigt nicht die Herzen erreichte, verkündigte er im Namen seines Gottes das Züchtigungsgericht, das durch die Hand der Babylonier unter deren König Nebukadnezar vollzogen werden sollte (Jer 18; 19; 25). Dabei nennt er den Babylonier-König »meinen Knecht« (Jer 25,9): Gott ist auch der Herr der Israel/Juda feindlich gesonnenen Völker und kann sie als Werkzeug seiner Gerichte gebrauchen. J. hat sich durch diese Verkündigung die Feindschaft der Machthaber in Jersualem eingehandelt. Als er beim Anrücken der Babylonier ein einigermaßen erträgliches Geschick für die Judäer sah, wenn Juda sich ergeben würde, wurde er inhaftiert. Aber J. hielt auch in den letzten geheimen Gesprächen mit dem judäischen König Zedekia daran fest, daß die Beugung unter das babylon. Joch das Gehorsamsgebot der Stunde sei.

9. Hoffnung für die Exulanten der ersten Wegführung.

Im Jahre 597 v.Chr. erschien Nebukadnezar in einer Blitzaktion in der Stadt Jerusalem und deportierte einen Teil der führenden Bevölkerungsschicht; außerdem nahm er auch Geräte aus dem Tempel mit. Damit hatte das Gericht am Volk Gottes in Juda begonnen. J. hat aber gemäß seinem Auftrag in der Berufungsstunde das »Bauen« und »Pflanzen« nach dem »Niederreißen« und »Zerstören« verkündigt. Er wußte, daß Gott jenseits des Gerichts sich wieder seines Volkes annehmen würde. Darum sieht er die Exulanten der ersten Wegführung bereits unter dem Licht der Gnade Gottes stehen (Jer 24) und schreibt ihnen sogar einen Brief (Jer 29), in dem er sie ermuntert, in der Gefangenschaft nicht zu resignieren, sondern durch Familiengründungen den äußeren Fortbestand des Volkes zu sichern. »Denn ich weiß wohl, was ich für Gedanken über euch habe, spricht der Herr: Gedanken des Friedens und nicht des Leides, daß ich euch gebe das Ende, des ihr wartet« (Jer 29,11). Das bevorstehende Erbarmen Gottes erwartet allerdings eine klare innere Umkehr bei allen Volksgliedern (Jer 29,13f). Ohne daß J. dies ausdrücklich sagt, darf man doch davon ausgehen, daß er ähnliche Gedanken auch über die Bevölkerungsteile der zweiten, viel umfassenderen Wegführung hatte (vgl. Jer 52,31ff).

10. Das Gericht an den Gerichtswerkzeugen.

In den Kap. 46-51 seines Buches stehen Aussprüche gegen kleinere Völker in Israels Nachbarschaft, vor allem aber ausführliche Gerichtsworte über Babylon. Obwohl Gott fremde Völker als Werkzeuge zum Vollzug seines Gerichtes heranziehen kann, bedeutet dies nicht, daß die von Gott beauftragten Völker nun willkürlich ihre ungezügelte Bosheit über Gottes Volk ausgießen könnten. Sie alle haben ihr von Gott gegebenes Maß, das sie nicht überschreiten dürfen. Da sie es aber doch getan haben, stehen sie - wie Gottes Eigentumsvolk – unter dem Richterspruch des Gottes, der auch ihr Herr ist. Mit Ausnahme Babylons als dem Urbild des Antigöttlichen haben aber auch die anderen Völker Aussicht, wie Juda nach dem Gericht Gottes Erbarmen zu finden.

Literatur: R. Blanchet u.a.(Hrsg.): Jeremia. Prophet in einer Zeit der Krise, 1986; S. Herrmann: TRE XVI, 1987, S. 568-586; H.-J. Kraus: Prophetie in der Krisis – Studien zu Texten aus dem Buch Jeremia, 1964; J.Kroeker: Jeremia, [5]1982; H. Lamparter: Prophet wider Willen (Jeremia), [3]1982; G. v. Rad: Die Konfessionen Jeremias, in: Gesammelte Studien zum Alten Testament II, 1973; W. Rudolph: Jeremia. Handbuch zum AT, Bd. 12, [3]1968; D. Schneider: Der Prophet Jeremia, [3]1984; J. Schreiner: Jeremia. Die neue Echterbibel, 1981; A. Weiser: Das Buch Jeremia. ATD 20/21,[8]1981; C. Westermann: Jeremia, 1967. D.Sch.

JEREMOT.

1. Benjaminiter, Sohn Berias (1Chr 8,14).
2. Sohn Muschis, Levit aus der Nachkommenschaft Meraris (1Chr 23,23; 24,30).
3. s. *Jerimot (4)
4. Sohn Asriels, Stammesfürst über Naftali z.Zt. Davids (1Chr 27,19).
5. Drei Israeliten, die sich von ihren heidnischen Frauen trennten, z.Zt. Esras (Esr 10,26.27.29).

JERICHO. Der Name (hebr. *jerīchō* bzw. *jerēchō*) ist am ehesten von *jāreach*, »Mond«, abzuleiten (W.F. Albright, Die Religion Israels, 1956, 106). Vermutlich hängt der Name mit dem Kult des kanaan. Mondgottes zusammen. J., heute die arab. Stadt Er-Rīcha, liegt ca. 10 km nördl. des *Toten Meers und 8 km westl. des *Jordan (vgl. 4Mo 26,3.63) am O-Abfall des Gebirges *Juda (vgl. Jos 2,16.22). Mit 259 m unter dem Meeresspiegel ist J. die am tiefsten gelegene Stadt der Welt. Die Elisa-Quelle (arab. 'En Es-Sultān) mit 4500 l

Wasser pro Minute schafft mitten in der Mondlandschaft der Wüste Juda eine subtropische Oase mit üppiger Vegetation. In 2Chr 28,15 wird J. die »Palmenstadt« genannt. Manche Forscher deuten diese Bezeichnung in 5Mo 34,3; Ri 3,13 ursprünglich auf das südöstl. von *Arad gelegene *Tamar (OLB 2, 267-270), sicher ist das aber nur bei Ri 1,16.

I. DAS ALTTESTAMENTLICHE JERICHO.

Schon Eusebius unterschied drei verschiedene Städte J. aus unterschiedlicher Zeit (onom. 104, 25-31). Die älteste Siedlung (Tell Es-Sultān) liegt an der Quelle rund 2,5 km nördl. des heutigen Stadtzentrums. Von dieser ursprünglichen Siedlung wurde der Name J. auf die ganze Oase übertragen, von der uns Strabo (XVI 2,41) und besonders Josephus (bell. Jud. IV, 468-475) enthusiastische Schilderungen hinterlassen haben. Das ntl. J. (Tulūl Abu El-ʿAlāʾiq) lag 1,5 km westl. der modernen Stadt zu beiden Seiten des Wādi Qelt, durch das eine zum Teil bis heute erhaltene röm. Wasserleitung zusätzliches Wasser in die Oase bringt. Noch byzantin. Pilgerberichte beschreiben J. geradezu als Paradies (ELS 348). Die Größe der Oase veränderte sich je nach Intensität von Bewässerung und Anbau. So wuchsen während der Türkenzeit am Ende des 19. Jh. nicht einmal mehr Palmen. Nachdem während des britischen Mandats das Räuberunwesen beendet wurde, blühte J. wieder auf. Obwohl J. nicht an einem internationalen Verkehrsweg lag, besaß es doch durch die Jordan-Furten im O lokale Bedeutung als Umschlagplatz. Da es weit und breit die einzige größere Siedlung war, dient es im AT als Orientierungspunkt. Der *Nebo liegt gegenüber von J. (5Mo 32,49; 34,1). Mose ließ in den Steppen *Moabs auf der Höhe von J. das Volk lagern (4Mo 22,16), musterte die Wehrfähigen (4Mo 26,3.63) und gab seine letzten Anweisungen (4Mo 33,50ff; 35,1ff). Gegenüber

Ausgrabungen in Jericho (Schnitt 1), bis zur präkeramischen Jungsteinzeit B. Im Hintergrund der »Berg der Versuchung«. (JEF)

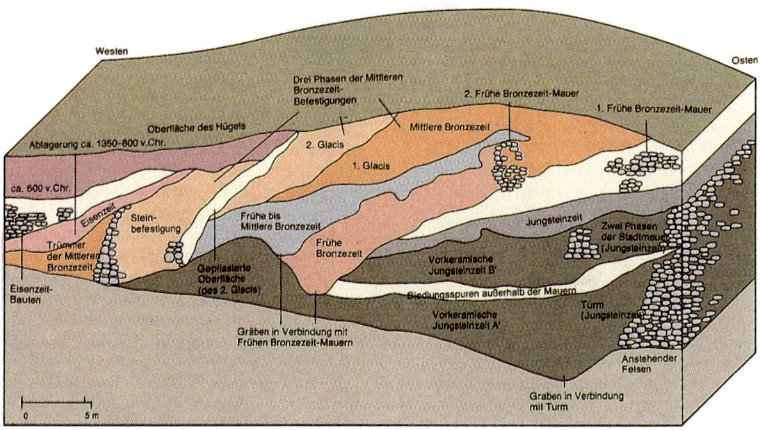

Vereinfachter Querschnitt der Ausgrabung K.M. Kenyons in Jericho, der die Erosion von Schichten aus der Mittleren Bronzezeit sowie späterer Schichten auf der Spitze des Hügels erkennen läßt.

der Stadt zogen die Israeliten laut Jos 3-5 durch den Jordan und schlugen ihr Lager bei *Gilgal östl. von J. auf (Jos 4,19).

Nach Jos 6 war J. die erste kanaan. Stadt, die durch Josua unter wunderbarer Einwirkung Gottes von den Israeliten gewaltsam eingenommen und völlig zerstört wurde. Die dem *Bann verfallene Stadt sollte unter Fluchandrohung nicht wieder aufgebaut werden (Jos 6,26). Das Gebiet wurde dem Stamm *Benjamin zugeteilt (Jos 18,21) und bildete dessen N-Grenze gegen *Ephraim (Jos 16,1.7; 18,12). Falls in Ri 3,13 mit der Palmenstadt J. gemeint sein sollte, hat der Moabiterkönig *Eglon die Ruinenstätte erobert. Ob 2Sam 10,5 eine Siedlung z.Zt. Davids voraussetzt, bleibt undeutlich. Unter *Ahab unternahm es Hiël, J. wieder aufzubauen, durch den Verlust seiner Söhne erfüllte sich an ihm nach 1Kön 16,34 Josuas Fluch. Der Wortlaut weist eher auf ein Gründungsopfer als auf einen Unfall hin (H. Muszynski, VD 46, 1968, 259-274). Wenig später existierte bei J. (2Kön 2,4f) um *Elia ein prophetischer Jüngerkreis (R. Riesner, Jesus als Lehrer, ^{3}1988, 279-282). Gegenüber von J. auf der anderen Seite des Jordan wurde der Prophet in den Himmel entrückt (2Kön 2,7-13). Das Verderbnis der Quelle unter *Elisa (2Kön 2,19-22) hat man mit zeitweiliger Radioaktivität erklärt (I.M. Blake, PEQ 99, 1967, 86-97; 102, 1970, 92-101), aber das ist schon allein geologisch umstritten (E. Mazor, PEQ 101, 1969, 46f). In der Nähe von J. wurde der fliehende König *Zedekia 587 v.Chr. von den Babyloniern gefangen genommen (2Kön 25,5). Ehemalige Bewohner von J. kehrten nach dem Exil in ihre Stadt zurück (Esr 2,34; Neh 7,36) und halfen beim Wiederaufbau der Mauern *Jerusalems (Neh 3,2). Nach aufgefundenen Krugstempeln gehörte J. während der pers. Zeit zur Satrapie Jehud (BRL^{2}, 156). Ob die Stadt von Artaxerxes III. zerstört wurde (Solinus 35,4), ist umstritten (D. Barag, BASOR 183, 1966, 6-12).

Nach einiger Unsicherheit im 19. Jh. wurde Tell Es-Sultān vor allem durch F.J. Bliss als das atl. J. identifiziert (PEFQS 1894, 176). Der Tell ist ca. 21 m hoch, 150 m breit, 350 m lang und umfaßt somit eine Fläche von rund 4 ha. Eine Probegrabung von C. Warren (1868/9) brachte keine verwertbaren Ergebnisse. Die deutsch-österreichische Kampagne unter E. Sellin und C. Watzinger (1907/9) wurde zwar genau dokumentiert (Jericho, 1913), litt aber unter der damals noch völlig unsicheren Keramikbestimmung. Die moderne archäologische Arbeit in J. begann mit dem Engländer J. Garstang (1930/36). Er stieß auf die älteste steinzeitliche Siedlungsschicht, irrte aber in der Zuweisung einer gewaltsam zerstörten Doppelmauer an Josua um 1400 v.Chr. (The Story of Jericho, 1940, teilweise korrigiert ^{2}1948). Einen neuen Abschnitt in der Archäologie Palästinas bedeuteten K.M. Kenyons ausgedehnte Grabungen. Ihre zum Teil posthum publizierten Ergebnisse (Excavations at Jericho I-V, 1960/83) ergeben folgendes Bild der Besiedlungsgeschichte:

1. Die ältesten menschlichen Spuren (vielleicht ein Quell-Heiligtum) stammen aus der mittleren Steinzeit (9. Jt.v.Chr.).

2. Darauf folgen Siedlungsreste einer vorjungsteinzeitlichen halb-nomadischen Bevölkerung.

3. Die Entdeckung einer umfangreichen vorkeramischen Siedlung der Jungsteinzeit zwischen 7000 und 5000 v.Chr. brachte J. den Ruf ein, die älteste bekannte Stadt der Welt darzustellen. Der ein oder andere Tell im Ghor (mittleres Jordantal) könnte allerdings noch älter sein. Jedenfalls stammen unsere genauesten Kenntnisse über die Steinzeit in Palästina aus J. Bereits um 7000 v.Chr. wurde die erste Mauer aus unbearbeiteten Steinen errichtet. Zu ihr gehörte ein heute noch bis zu 9 m Höhe erhaltener, imposanter Turm mit einer Innentreppe. Die Siedlung umfaßte damals schon den größten Teil des Tells und bot etwa 3000 Menschen Raum. Sorgfältig unter den Hausböden beigesetzte Schädel weisen auf einen Ahnenkult hin. Wie eine Erosionsschicht um 6000 v.Chr. zeigt, war die Besiedlung in der vorkeramischen Steinzeit allerdings einmal unterbrochen, die Gründe dafür sind unklar (K.M. Kenyon, EAEHL II 554f). In der zweiten Phase nach 6000 v.Chr. wurden Schädel mit Lehm und Muscheln wieder »lebensähnlich« gemacht.

4. Während der keramischen Jungsteinzeit wies J. keine eigentliche Stadtkultur auf, im ganzen 4. Jt. war der Tell sogar unbesiedelt.

5. Am Ende des 4. Jt. wurde J. vor allem durch eine auf Steinfundament errichtete Mauer aus luftgetrockneten Lehmziegeln zu einer Stadt der Frühbronzezeit ausgebaut. Diese Mauer weist nicht weniger als siebzehn nachgewiesene Bauphasen auf. Vor allem auch die an den Rändern des Jordangrabens vorhandene Erdbebentätigkeit (Z.H. El-Isa, SHAJ II, 1985, 229-235) dürfte immer wieder neue Reparaturen nötig gemacht haben. Diese um 2350 v.Chr. durch Feuer zerstörte Befestigung hielt J. Garstang fälschlich für die Mauern von Josuas J.

6. Am Beginn der Mittleren Bronzezeit (bis 1800 v.Chr.) war J. nur sehr schwach besiedelt, während sich in der Nähe zahlreiche Gräber finden. Die große Zahl erklärt sich aus dem Übergang zu Einzelbestattungen (T.L. Thompson, BZAW 133, 1974, 165-171).

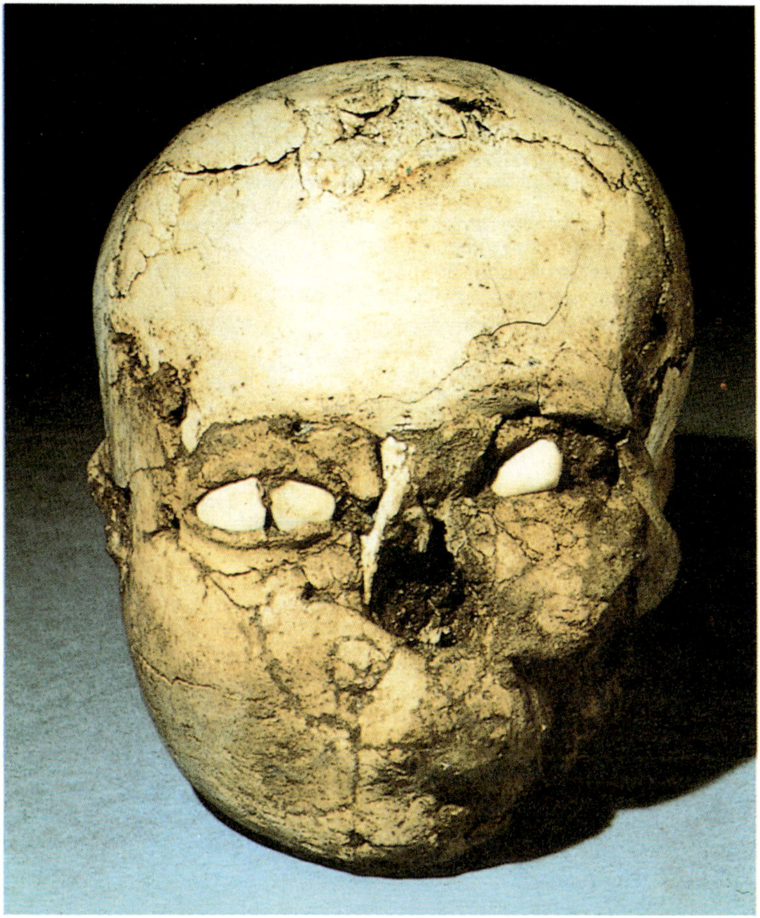

Einer von mehreren mit Gips überzogenen, bemalten Schädeln, die man in Jericho fand, vielleicht ein Hinweis auf Ahnenkult. (BM)

7. Der Ausgang der Mittleren Bronzezeit sah wieder eine stark befestigte Stadt. Die neuerrichtete Mauer umfaßte jetzt auch die Quelle am O-Hang des Tells, ein Graben bot zusätzlichen Schutz. Aus dieser Zeit stammen viele durch das heißtrockene Wüstenklima gut konservierte Einzelfunde aus Grabbeigaben wie eingelegte Schmuckkästchen, Bronzedolche, hölzerne Kämme, Alabastergefäße u.a. Nach K.M. Kenyon fand diese Stadt um 1550 v.Chr. durch einen Feldzug der Ägypter bei der Vertreibung der Hyksos ein gewaltsames Ende.

8. Danach lag der Tell etwa 150 Jahre unbewohnt da.

9. Zwischen 1400 und 1325 v.Chr. existierte in der Spätbronzezeit eine offenbar kleine Siedlung, auf die lediglich Reste eines Hauses sowie Gräber hinweisen.

10. Darauf folgt wiederum eine Siedlungslücke bis etwa 1200 v.Chr.

11. Von da an gibt es während der ganzen Eisenzeit eine schwache, aber kontinuierliche Besiedlung auf dem Tell (H. und M. Weippert, ZDPV 92, 1976, 105-148). Besonders zu nennen ist ein palastähnliches Gebäude

(10./9. Jh.), das mit den Baumaßnahmen Hiëls zusammenhängen könnte. Spätestens seit der Eisenzeit gab es auch kleinere Siedlungen außerhalb des Tells (OLB 2, 496f). Die eisenzeitl. Stadt hatte ganz offensichtlich keine Befestigung mehr und endete mit der babylon. Eroberung (587 v.Chr.).

12. In pers. Zeit (500-350 v.Chr.) existierte eine bescheidene Siedlung auf dem N-Teil des Hügels.

13. In der hellen. Epoche erlischt die Besiedlung. Es gibt nur noch einige röm. Gräber (1.Jh.n.Chr.).

14. Die letzte kleine Siedlung auf dem Tell stammt aus spätbyzantin. Zeit (6./7.Jh.n.Chr.).

Der archäologische Befund in J. stellt für den atl. *Landnahmebericht ein großes Problem dar. Der Einfall der Israeliten in *Kanaan wird entweder nach bibl. Hinweisen (Ri 11,26; 1Kön 6,1) auf um 1400 v.Chr. oder auf-

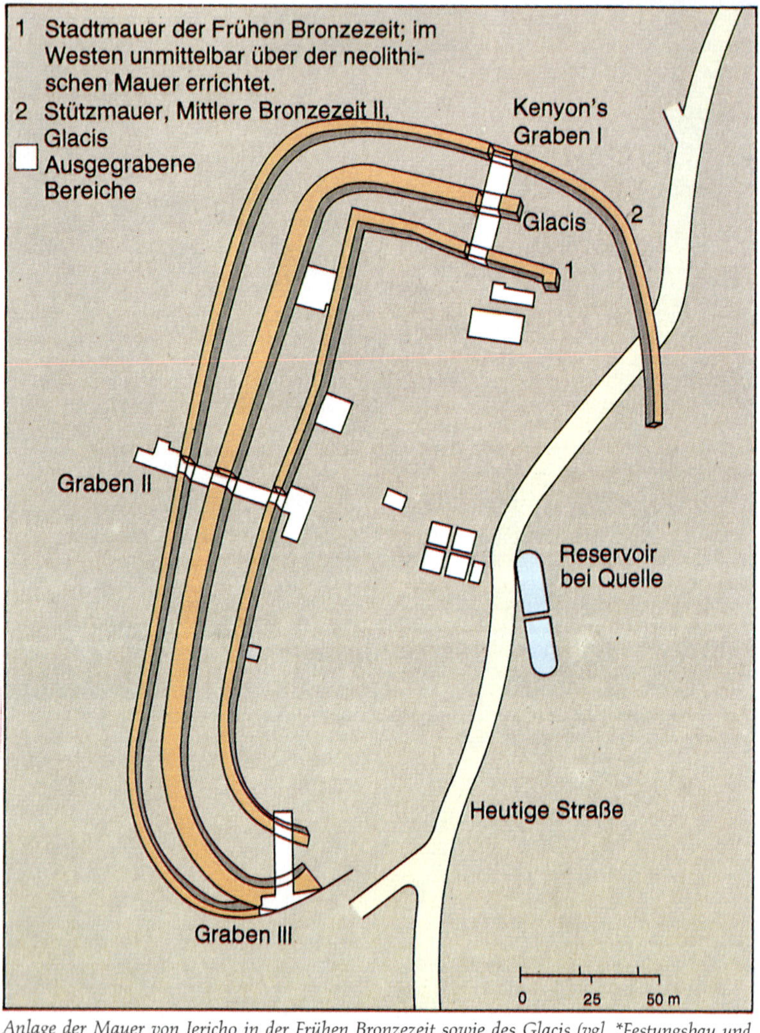

*Anlage der Mauer von Jericho in der Frühen Bronzezeit sowie des Glacis (vgl. *Festungsbau und Belagerungstechnik) in der Mittleren Bronzezeit.*

grund der Theorie von W.F. Albright (BASOR 58, 1935, 10-18) um 1250 v.Chr. datiert. Danach aber wäre J. zu Josuas Zeit entweder gerade neu besiedelt worden (9.) oder hätte gar nicht existiert (10.). Hier liegt einer der Gründe, warum heute die gemäßigt-konservative Auffassung der Albright-Schule kaum noch Anhänger findet (J.M. Miller, PEQ 109, 1977, 87-93; Diskussion in: Biblical Archaeology Today, 1985, 31-96). Vielmehr sehen sich jene Forscher bestätigt, die im Gefolge von M. Noth (Geschichte Israels, ^{6}1966, 67-82) und A. Alt (Kleine Schriften I, 1959, 89-125) in der Landnahme einen im wesentlichen friedlichen Infiltrationsprozeß von Nomaden sehen (V. Fritz, BA 50, 1987, 84-100) oder neuerdings mit einer Revolte der unterdrückten kanaan. Unterschicht rechnen (N.K. Gottwald, The Tribes of Yahweh, 1979).

Alternative, konservative Interpretationsversuche sind von sehr unterschiedlicher Qualität. Gewaltsam ist es, die Identität des atl. J. mit Tell Es-Sultān zu bestreiten (C.U. Wolf, BR 9, 1966, 42-51). Häufiger wird die Ansicht vertreten (K.A. Kitchen, IBD II, 1980, 749-751), der auch K.M. Kenyon zuneigte (Digging Up Jericho, 1957, 260f), die spärlichen spätbronzezeitl. Reste seien Spuren von Josuas J. Die Bewohner hätten entweder die Befestigung aus der Mittleren Bronzezeit weiter benutzt oder eine spätbronzezeitl. Mauer sei – wie die Siedlung aus dieser Zeit – der Erosion zum Opfer gefallen. Aber gegen die totale Erosions-Hypothese spricht, daß sich auch in den abgewaschenen Schichten am Hügelfuß keine nennenswerten Reste aus der Späten Bronzezeit finden. Außerdem bliebe dann unerklärt, warum nach ähnlichen Siedlungslücken sich dennoch Reste der Eisen-, pers. und spätbyzantin. Zeit erhalten haben.

Nun zeigt aber gerade auch am Beispiel von J. die weiter verfeinerte Keramikbestimmung, daß die Abgrenzungen von Mittlerer und Später Bronzezeit nicht so fest liegen, wie man lange dachte; auch muß mit örtlichen Abweichungen gerechnet werden (P. Bienkowski, Jericho in the Late Bronze Age, 1986). Nach B.G. Wood (Palestinian Pottery of the Late Bronze Age, 1985) zeigt ein korrigierter Keramikbefund für J., daß die in der Mittleren Bronzezeit befestigte Stadt (7.) noch am Beginn der Späten Bronzezeit bestand und erst um 1400 v.Chr. zerstört wurde. Ähnliche Umdatierungen schlägt er auch für die Zerstörungsschichten anderer Städte vor. Noch weiter geht J. Bimson, der K.M. Kenyons Zeitbestimmung der seltenen, aber für die Zerstörung des mittel- bzw. spätbronzezeitl. J.s wichtigen Bichrom-Keramik kritisiert und das Ende der Stadt in die zweite Hälfte des 15. Jh.v.Chr. ansetzt (Redating, 115-184). Seine Argumentation ist Teil einer umfassenderen These, welche in moderner Form wieder eine Frühdatierung von *Auszug und Landnahme vertritt (BAR 13/5, 1987, 40-67; 15/4 (1988), 52–55; dagegen B. Halpern, BAR 13/6, 1987, 56-61). Die spärlichen spätbronzezeitl. Reste (9.) verbindet Bimson mit dem Ansiedlungsversuch unter Eglon (Ri 3,13). So muß die wissenschaftliche Debatte über die Frühzeit der israelit. Besiedlung Kanaans weitergeführt werden.

Aber auch abgesehen von der archäologischen Problematik wirft die Überlieferung von der Eroberung J.s (Jos 6) Fragen auf. Das zwischen den *Kundschaftern und der Hure *Rahab vereinbarte Zeichen für ihre Verschonung (Jos 2,18) steht in einer gewissen Spannung zur plötzlich eintretenden wunderbaren Zerstörung, die der Bittprozession der Israeliten folgt (Jos 6,3-21). So fragte man, ob die historische Einnahme in der literarischen Form eines späteren Gedächtnisritus bei einem Fest geschildert wird. Trotz der starken Betonung des Wunderhaften in Jos 6 haben gerade auch konservative Forscher das taktische Feldherrngeschick des Josua hervorgehoben (J. Garstang, Joshua-Judges, 1931, 135-161; Y. Kaufmann, Conquest of Palestine, 1953, 91-97; K.A. Kitchen, IBD II, 750f). Besonders Y. Yadin (The Art of Warfare in Biblical Lands, 1963) und A. Malamat (BARev 8/2, 1982, 24-35) haben zu erklären versucht, wie zahlenmäßig unterlegene Nomaden befestigte Städte einnehmen konnten. So darf eine geschichtliche Bewertung weder die archäologischen Tatsachen noch den Charakter der literarischen Darstellung vernachlässigen.

Literatur: J.R. Bartlett: Jericho, 1982; K.H. Bernhardt: TRE XVI, 1987, 586-588; J. Bright: BHH II, 1964, 816-819; J.J. Bimson: Redating the Exodus and Conquest, ^{2}1981; H.J. Franken: OTS 14 (1965), 189-200; V. Fritz: Kleines Lexikon der Bibl. Archäologie, 1987, 97-100; K.M. Kenyon: EAEHL II, 1976, 550-564; dies.: Archäologie im Heiligen Land, ^{2}1976, 189-212; dies.: Die Bibel im Licht der Archäologie, 1980, 35-45; K.A. Kitchen: IBD II, 1980, 748-751; J. Murphy-O'Connor: Das Heilige Land, 1981, 256-258; A. Negev: Archäologisches Lexikon zur Bibel, 1972, 187f; J. Nelis: BL ^{2}1968, 814-818; OLB 2,492-497.532-550; K. Prag: BASOR 264, 1986, 61-72; A. Rabinovich: MB 18, 1981, 47; R. Riesner: ThBeitr 14, 1983, 79-86; W.H. Shea: ISBE II, 1982, 230-238; J.A. Thompson: NIDBA 258-261; L. Wächter: ThVers 11, 1979, 33-43.

II. DAS NEUTESTAMENTLICHE JERICHO.

Seit Alexander dem Großen (336-323 v.Chr.) war die Oase Privatbesitz des jeweiligen Herrschers. Sir 24,18 erwähnt die Rosenzucht von J. Um 160 v.Chr. erbaute der syr. General Bakchides am Ausgang des Wādi

Steinzeitlicher Turm in Jericho (Et-Tell). Der unten sichtbare Eingang führt zu einer Treppe im Inneren des Turms. (RR)

Qelt zwei Festungen (1Makk 9,50f). Auf der von ihm selbst errichteten Festung Dok nordwestl. von J. wurde Simon der Makkabäer ermordet (1Makk 16,15). Bei J. fand die Entscheidungsschlacht im Bruderkampf der letzten Hasmonäer statt (Jos.bell.Jud. I, 117-122), der die Römer ins Land rief. Von J. her eroberte Pompeius *Jerusalem (Strabo XVI, 2,40). Kleopatra bekam die Oase von ihrem Liebhaber Mark Anton geschenkt, verpachtete sie dann aber an *Herodes den Großen. Nach Kleopatras Selbstmord wurde ihm J. von Kaiser *Augustus 30 v.Chr. übergeben (Jos.bell.Jud. I, 407).

Auch hier entfaltete Herodes eine großartige Bautätigkeit. In der Nähe eines hasmonäischen Palastes (vgl. Jos.ant.Jud. VXV, 54) errichtete er am Ausgang des Wādi Qelt zu beiden Seiten des Tals einen Doppelpalast, der durch eine Brücke verbunden war. Den Palast stattete er luxuriös mit mehreren Schwimmbecken und einem Wintergarten aus (vgl. Jos.bell.Jud. I, 407). 1950ff (J.L. Kelso, D.C. Baramki, Excavations at NT Jericho, 1957; Excavations at Herodian Jericho, 1958) und 1973ff (E. Netzer, IEJ 25, 1975, 89-100; BASOR 228, 1977, 1-13) hat man diese Gebäude nach und nach freigelegt. Die Anlagen wurden durch Herodes' Nachfolger Archelaos weiter ausgebaut (vgl. Jos.ant.Jud. XVII, 340). Etwa 1km südl. des alten Tell erbaute Herodes eine Pferderennbahn (Jos.bell.Jud. I, 659), heute Tell El-Samrat (OLB 2, 512f). Noch nicht gefunden wurde unter anderem das Amphitheater des Herodes (Jos.bell.Jud. I, 667), in dem nach seinem Tod vornehme Juden umgebracht werden sollten, damit der Herrscher nicht unbeweint bliebe (Jos.bell.Jud. I, 659f). Das herodianische J. mit seinen Bauten aus netzförmigem Mauerwerk (*opus reticulatum*) bringt ein Stück augusteisches Rom nach Palästina. Besonders wichtig sind die reichen Grabfunde, darunter auch die *Begräbnis-Stätte einer Priesterfamilie namens Goliath (R. Hachlili, BAR 5/4, 1979, 28-35). Nach der Kupferrolle aus *Qumran gab es um J. besonders viele Schatzverstecke der *Essener (3Q15 5,12-7,16), was auf eine größere Zahl von Gemeinschaftssiedlungen der Sekte in dieser Gegend verweist (B. Pixner, RQ 11, 1983, 348-350).

Die wahrscheinlich zutreffende frühbyzantin. Überlieferung (ELS 170ff) verlegt die Taufe Jesu (Mt 3,13-17 par.) im Jordan an die Einmündung des Wādi El-Charrār westl. von J. (Kopp 154f). Verschiedene byzantin. Bauten (OLB 2, 527-532) bezeugen das Alter der Tradition. *Johannes der Täufer wählte wahrscheinlich diesen Ort, weil er bereits in der jüd. Überlieferung mit der Himmelfahrt des Elia (2Kön 2,5-14) verbunden war (R. Riesner, TynB 38, 1987, 35-39; *Betanien II). Als »Berg der Versuchung« (Mt 4,1-11 par.) wurde offenbar schon in frühbyzantin. Zeit (ELS 189f) der Dschebel Qarantal, der Ort der ehemaligen hasmonäischen Festung Dok (OLB 2, 550-554), bezeichnet. Auf das Alter dieser Tradition könnte auch hinweisen, daß der Jerusalemer Talmud hier ein Bauwerk annimmt, das im Verdacht des Götzendienstes steht (jAZ 39c). Möglicherweise gab es auf dem Berg eine essenische Einsiedelei (3Q15 7,11-13). Vielleicht hängt die christl. Ortsüberlieferung mit der Erinnerung zusammen, daß sich Jesus ähnlich wie ein essenischer Eremit zu gesammelter Einsamkeit in die Wüste bei J. zurückzog (J. Daniélou, Qumran und der Ursprung des Christentums, 1958, 29f). Die Versuchungsgeschichten bewahren jedenfalls Erinnerungen an wirkliche Erfahrungen Jesu am Beginn seines Wirkens (F. Neugebauer, Jesu Versuchung, 1986).

In J. traf Jesus den Generalabgabenpächter *Zachäus, der zur Oberschicht der hellen. Stadt gehörte (Lk 19,1-10). Nach Lk 18,35-43 heilte Jesus, von Galiläa kommend, vor, laut Mk 10,46-52 (vgl. Mt 20,29-34) nach J. einen Blinden. Man hat den Unterschied damit erklären wollen, daß Mt/Mk vom alten, Lk aber vom neuen J. reden (P. Ketter, Bibl 15, 1934,

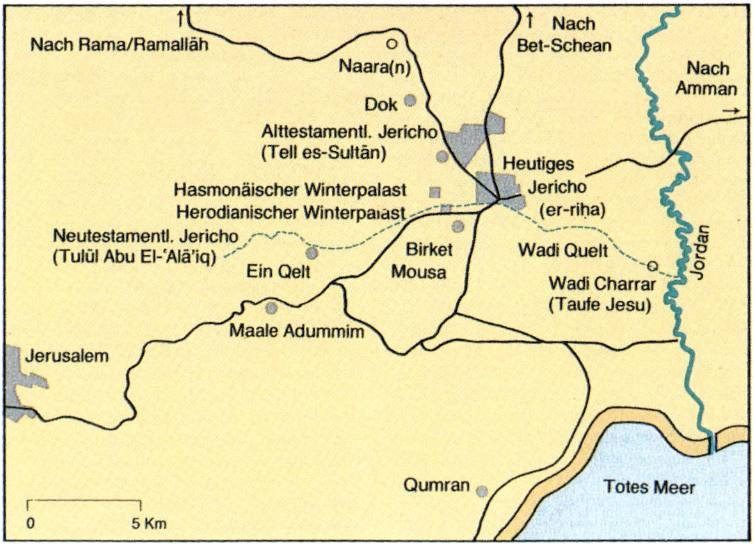

Alte Siedlungen in der Umgebung von Jericho.

Römerstraße zwischen Jericho und Jerusalem. Aufstieg nach Bachurim (2Sam 16,5). Der Blick geht nach Norden in die Wüste Juda. (RR)

411-418). Gegen diesen Harmonisierungsversuch spricht aber, daß Josephus in seiner Ausdrucksweise beide Stätten deutlich unterscheidet (Jos.bell.Jud. IV, 459), was dann die Evv. nicht täten. Eine beachtenswerte byzantin. Tradition (C. Kopp 316) lokalisiert die Heilung (wie Mt/Mk) nach dem ntl. J. am Eingang des Wādi Qelt. Durch dessen Schlucht stieg die Römerstraße nach Jerusalem empor, von der noch viele Reste zu sehen sind, auch wenn in den letzten Jahren viel zerstört worden ist und weiter zerstört wird (J. Wilkinson, BA 38, 1975, 10-23). Die erhaltene Form der Straße darf kaum früher als der Beginn des 2.Jh.n.Chr. datiert werden (R. Beauvéry, RB 64, 1957, 72-101), aber der Verlauf kann sich nicht sehr von dem der ntl. Zeit unterscheiden. Diese Straße benutzte Jesus bei seinem letzten Gang nach Jerusalem (Lk 19,11.28) und auf sie spielte er im Gleichnis vom barmherzigen Samariter an (Lk 10,30).

Wenn man den Pseudoclementinischen Recognitionen glauben darf, dann bestand schon vor 70 n.Chr. in J. eine judenchristl. Gemeinde (PsClemR 1,72). Von J. aus ließ dann Vespasian 68 n.Chr. seine Belagerungsmaschinen nach Jerusalem bringen (Jos.bell.Jud. IV, 450ff). Mischna-Texte (OLB 2,503) setzen für das 2.Jh. in J. ein reges jüd. Leben voraus, das noch bis in die byzantin. Zeit andauerte, wie zwei Synagogen in der Nähe des atl. Tell und bei Naaran zeigen (OLB 2, 518-520.555-559). Ab dem 4.Jh. war J. Bischofssitz. Die byzantin., die früh-arab. und die Kreuzfahrerstadt lagen schon im Gebiet des heutigen Ortes (OLB 2, 516-518).

Literatur: G. Dalman: Orte und Wege Jesu, [4]1967, 257-265; G. Foerster, G. Bacchi: EAEHL II, 1976, 564-575; C. Kopp: Die heiligen Stätten der Evangelien, [2]1964, 312-319; G. Kroll: Auf den Spuren Jesu, [10]1988, 289-297; OLB 2, 497-515. R.R.

JERIMOT.

1. Benjaminit, Sohn Belas (1Chr 7,7).
2. Benjaminit, Sohn Bechers (1Chr 7,8).
3. Benjaminit, der sich in Ziklag David anschloß (1Chr 12,5).
4. Sohn Hemans, levitischer Sänger z.Zt. Davids (1Chr 25,4).
5. Sohn Davids; seine Frau hieß *Abihajil und war die Tochter von Davids Bruder *Eliab. Ihre Tochter Mahalat heiratete König *Rehabeam, den Sohn Salomos (2Chr 11,18).

JEROBEAM. Die Bedeutung dieses Namens könnte lauten: »möge das Volk sich vermehren«; möglicherweise aber auch »möge er für das Volk kämpfen« d.h. gegen Rehabeams Unterdrückung.

1. Erster König von Israel nach der Teilung in Israel (Nordreich) und Juda (Südreich). Er lebte ca. 931-910 v.Chr. (1Kön 11,26-14,20; 2Chr 10,2-13,20). J., der Sohn Nebats, scheint ein reicher Landbesitzer gewesen zu sein (*gibbōr chajjil,* 1Kön 11,28); er konnte sich und andere für den Krieg ausrüsten, obwohl seine Mutter Zerua Witwe war. Als *Salomo den *Millo baute, übertrug er dem Efraimiter J. die Aufsicht über die Arbeiter der Nordstämme. Später verbannte der König Salomo – wohl aus Angst vor einer Revolte – J. nach Ägypten. Erst mit Salomos Tod endete J.s Verbannung. Der Text der LXX enthält einen zuverlässig überlieferten Midrasch (der sich teilweise auf Hadads Erfahrungen stützt, 1Kön 11,14-22). Er versucht die unvollständigen bibl. Informationen von J.s Flucht nach Ägypten zu vervollständigen. Der Nachfolger Salomos, Rehabeam, lehnte es ab, eine nachsichtigere Politik als sein Vater Salomo einzuleiten. Das führte zur Erfüllung von Ahijas Prophezeiung (1Kön 12,29ff): das Königreich wurde gespalten. Der Stamm Benjamin blieb als einziger loyal zu Juda, auf seinem Gebiet wurde eine Reihe von Grenzscharmützeln zwischen den beiden Königen (1Kön 14,30) ausgetragen. J. wurde König über die übrigen 10 Stämme Israels im Nordreich. Der Konflikt mit Juda (1Kön 15,6-7) und der politische Druck von Damaskus und den Phililsterstädten veranlaßten J., Schlüsselpositionen wie *Sichem, *Pnuël und *Tirza, die der Reihe nach als Hauptstädte dienten (1Kön 12,25; 14,17), zu befestigen.

J. lud den Zorn Gottes auf sich, als er in Dan und Bethel Höhenheiligtümer baute. Sie dienten dem Götzendienst und machten dem Tempel in Jerusalem den Rang streitig. J. besetzte sie mit einer neugebildeten Priesterschaft, die nicht zum Stamm Levi gehörte. Dabei wurde der Zeitpunkt des Laubhüttenfestes geändert (1Kön 12,31.32). Die verrufenen Kälberstatuen waren wahrscheinlich nicht Repräsentanten der Gottheit, sondern der Sockel, auf denen der unsichtbare Jahwe stehen sollte (vgl. W.F. Albright: From the Stone Age to Christinanity, [2]1957, S. 299-301). Sie bedrohten den Glauben des Bundesvolkes, indem sie eine Vermischung der Jahwe-Verehrung mit dem Fruchtbarkeitskult Baals förderten und so eine prophetische Warnung auf sich zogen (z.B. 1Kön 13,1ff: Mann Gottes; 1Kön 14,14-16: Ahija). J.s Thronbesteigung durch die Wahl des Volkes statt durch Erbrecht verurteilte das nördl. Königreich von Anfang an zu dynastischer Instabilität. J.s Königskult war seinen Nachfolgern

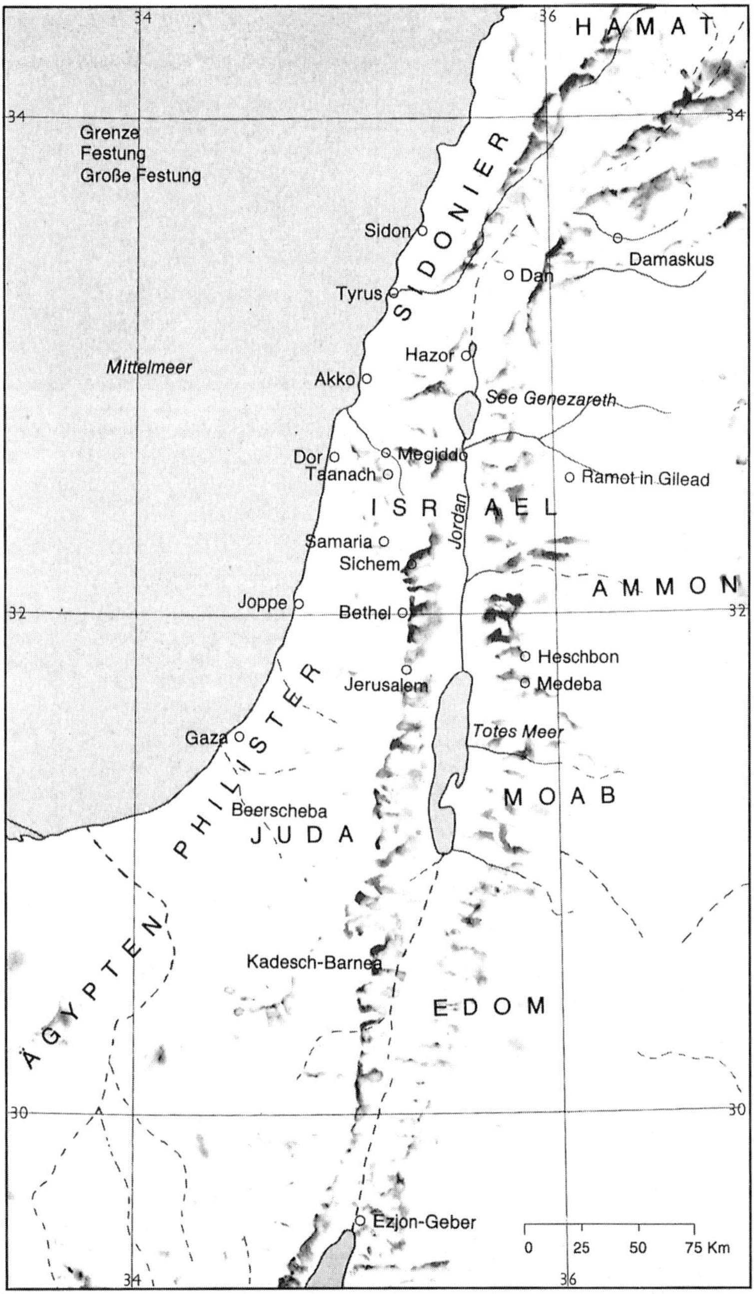
HAMAT
Grenze
Festung
Große Festung
SIDONIER
Sidon
Damaskus
Dan
Tyrus
Hazor
Mittelmeer
Akko
See Genezareth
Dor
Megiddo
Taanach
Ramot in Gilead
ISRAEL
Jordan
Samaria
Sichem
AMMON
Joppe
Bethel
Heschbon
Medeba
Jerusalem
PHILISTER
Gaza
Totes Meer
MOAB
Beerscheba
JUDA
ÄGYPTEN
Kadesch-Barnea
EDOM
Ezjon-Geber
0
25
50
75 Km
34
36
32
30

Siegel mit der Inschrift: »Eigentum Schemas, des Dieners Jerobeams« (lschm' 'bd jrb'm), vermutlich ist Jerobeam II. (787/6–747/6 v.Chr.) gemeint. Der brüllende Löwe galt als Symbol für Juda. Länge 3,8 cm. Megiddo. (IM)

Vorbild. Sie werden allg. abschätzig beurteilt, weil sie J.s Sünden (Götzendienst) fortsetzten (z.B. 1Kön 16,26).

2. Jerobeam II. (ca. 793-753 v.Chr.) Der 4. König der Dynastie Jehu und einer der berühmtesten Herrscher Israels (2Kön 14,23-29). Für ein Jahrzehnt war er Mitregent seines Vaters und führte Joaschs aggressive Expansionspolitik fort. Unterstützt durch die Feldzüge des Assyrers Adad-Nirari (805-802 v.Chr.), die das aram. Königreich zu Fall brachten, und dadurch, daß Assyrien mit Armenien beschäftigt war, konnte er Israels Grenzen fast so wiederherstellen, wie sie zu Salomos Zeiten waren, und erfüllte damit die Prophezeiung Jonas, des Sohnes Amittais (2Kön 14,25).

J.s Regierungsbefähigung, zusammen mit vergleichsweise wenig feindlichen Angriffen, brachten nie gekannten wirtschaftlichen Reichtum für das Land. Ausgrabungen in *Samaria geben einen Eindruck von der Großartigkeit der Stadt. Durch die Propheten *Amos und *Hosea wurden Luxus, Unterdrückung der Armen und der falsche Gottesdienst verurteilt (z.B. Am 5,5.7.11.12.21-26; 6,1-8; 8,4-14).

Amos' Prophezeiung des Untergangs des Nordreiches Israel (Am 7,9) bewahrheitete sich, als Schallums erfolgreicher Coup gegen Secharja (dessen Name zeigt, daß J. noch etwas Achtung vor Jahwe empfand, 2Kön 15,8-12) das Ende des Hauses Jehu bedeutete.

◄
Israel und Juda während der Regierungszeit Jerobeams II.

Literatur: M. Clauss: Geschichte Israels. Von der Frühzeit bis zur Zerstörung Jerusalems (587 v.Chr.), 1986; H. Donner: Geschichte der Völker Israel und seiner Nachbarn in Grundzügen, Teil 2, 1986; J. Bright: Geschichte Israels, 1966. D.A.H.

JEROHAM. (»Weich/zart«).

1. Levit, Großvater des Propheten Samuel (1Sam 1,1; 1Chr 6,12.19).

2. Benjaminit (1Chr 8,27).

3. Benjaminit aus Gedor, dessen zwei Söhne zu David nach Ziklag kamen (1Chr 12,8).

4. Vater des Stammesfürsten über Dan z.Zt. Davids (1Chr 27,22).

5. Vater des Obersten Asarja z.Zt. *Jojadas (2Chr 23,1).

6. Benjaminit, Vater Jibnejas, Bewohner Jerusalems (1Chr 9,8).

7. Priester in Jerusalem, Vater *Adajas (1Chr 9,12; Neh 11,12).

JERUSALEM. Die Stadt ist für die drei monotheistischen Weltreligionen Judentum, Christentum und Islam von größter Wichtigkeit. Für Juden tritt zur rel. die politische Bedeutung als Hauptstadt des wiedergegründeten Staates Israel. Als eine der schönsten der Welt gilt die Altstadt von J. Sie birgt vermutlich noch einmal so viel geschichtliche Geheimnisse wie sie der intensiven archäologischen Erforschung der vergangenen Jahrzehnte preisgegeben hat.

I. NAMEN.

Die dt. Namensform J. schließt sich an die alte semit. Bezeichnung an. Wie vieles war auch die Behauptung voreilig, J. werde in den Keilschrifturkunden von *Ebla (um 2500 v.Chr.) erwähnt (J.D. Muhly, BARev 9/6, 1983, 74). Das wäre angesichts der Gründung der Stadt am Beginn des 2.Jt.v.Chr. auch erstaunlich gewesen. Weitgehend akzeptiert ist eine Erwähnung in ägypt. Ächtungstexten des 19./18.Jh.v.Chr. als *ruschalimum* (EBB III, 791). In den *Amarna-Briefen (um 1400 v.Chr.) an den Pharao Amenophis IV. nennt der Stadtkönig Abdiheba seinen Hauptort *urusalim* (ANET 487-489). Auf assyr. Denkmälern findet sich der Name *ursalimmu* (ANET 288). Die Ableitung des Namens ist umstritten (BHH II, 821f). Die meiste Zustimmung hat die Etymologie »Gründung [*ʿir*] des [kanaan. Gottes] Schalem« gefunden.

Im AT kommt der Name rund 600 mal vor, allerdings nie im Pentateuch. Es ist aber wahrscheinlich, daß in der Endfassung der Mose-Bücher an einigen Stellen (z.B. 1Mo 14,18 [*schālēm*]; 22,2) verdeckt auf J. hingewiesen wird (U. Cassuto, Biblical and Oriental Studies I, 1973, 71-78). Die Konsonantenform des Namens ist *jrschlm*, was höchstwahrscheinlich als *jerūschālēm* ausgesprochen wurde. Die Masoreten vokalisierten den Namen allerdings wie eine Dual (Doppel)-Form als *jerūschalajīm*. So lautet auch heute die offizielle neuhebr. Bezeichnung.

Die LXX bietet als Umschrift des Namens *Ierousalēm*. Seit dem 2.Jh.v.Chr. begegnet auch die Form *Hierosolyma* (1-4Makk; Josephus u.a.). Dabei handelt es sich offenbar um eine Anspielung auf den heiligen (griech. *hieros*) Charakter der Stadt aufgrund des Tempels. Schon das AT (Jes 48,2; 52,1; Neh 11,1; Dan 9,24) spricht deshalb von J. als »Stadt der Heiligkeit« (*ʿīr haqqōdesch*). Ähnlich nennt Mt (4,5; 27,53) J. die »heilige Stadt« (*hē hagia polis*). Münzen des ersten jüd. Aufstands (66-70 n.Chr.) tragen die Umschrift *jruschl(j)m (h)qdschh*, »Jerusalem die Heilige«. Der heutige arab. Name von J. lautet Al-Quds, »die Heiligkeit«. Im NT wird fast ausschließlich (Ausnahmen sind z.B. AT-Zitate) die hellen. Form *Hierosolyma* verwendet. Nur Lk wechselt offenbar ganz bewußt ab, indem er in atl.-heilsgeschichtlichen und jüd. Zusammenhängen *Ierousalēm* gebraucht (J.K. Elliott, TRE XVI, 1987, 610f).

Nach seinen Bewohnern, den *Jebusitern (Ri 19,11, vgl. Jos 15,8; 18,16; 26), wird J. im AT auch *Jebus genannt (Ri 19,10f; 1Chr 11,4f). Dabei könnte es sich um eine Namensrückbildung aus späterer Zeit handeln, jedenfalls war das kaum die von den ursprünglichen Einwohnern gebrauchte Bezeichnung.

*Zion meinte zuerst die jebusitische und darauf die davidische Festung auf dem SO-Hügel (2Sam 5,7), später dann diesen selbst (2Chr 5,2f vgl. 1Kön 8,1). Noch später wurde der Name auf die ganze Stadt übertragen, haftete aber vor allem am Tempelberg. Mindestens seit dem 2.Jh.n.Chr. hieß der SW-Hügel Zion. Vielleicht wurde diese Namenswanderung dadurch unterstützt, daß man schon in der Makkabäer-Zeit die Davidsstadt auf dem W-Hügel suchte (Vincent-Stève I, 179ff). Das war jedenfalls die Ansicht des Josephus (bell.Jud. V, 137), die dann bis ans Ende des 19. Jh. zu falschen Auffassungen über die Topographie J.s führte.

Wohl schon 1Mo 22,2, aber dann deutlich Josephus (ant.Jud. I, 222-226) und die Rabbinen identifizieren den Berg *Morija mit dem Tempelberg. Die rabbinische Deutung (GenR 56,10) des ersten Namensbestandteils in J. von *r'h*, »ausersehen« (vgl. 1Mo 22,14), und des zweiten von *schalōm*, »Friede«, her dürfte auch im NT schon vorausgesetzt sein, wie Lk 19,42 (K.H. Rengstorf, NTD 3, [11]1966, 220) und Hebr 7,2 (als Herrscher von Schalem ist *Melchisedek »König des Friedens«) zeigen (*Königsgrund).

Literatur: G. Fohrer: ThWNT VII, 1964, 292-299; H. Kosmala: BHH II, 1964, 820-822; H. Schultz: TBLNT II, 1967, 752; L.H. Vincent, A.M. Stève: Jérusalem de l'Ancien Testament I, 1954, 1-26; II, 1956, 611-632; P. Welten: TRE XVI, 1987, 590.

II. LAGE.

J. liegt östl. der heutigen Wasserscheide zwischen dem Mittelmeer und dem *Jordan-Graben, etwa 50 km von der Küste und 25 km vom N-Ende des *Toten Meers entfernt. Die alte Wasserscheide verlief über den Skopus-Berg (814 m), die *Ölberg-Kette (bis zu 827 m) und den »Berg des Ärgernisses« (742 m) östl. der Stadt zum »Berg des Bösen Rates« (797 m), heute der Sitz der UNO im S. Durch Erosion hat sich der *Kidron-Bach einen Abfluß nach SO zum Toten Meer freigemacht.

Die Wasserscheide ist auch zugleich eine Wetterscheide. Vor allem vom Mittelmeer kommende Wolken lösen sich oft, ohne abzuregnen, über J. auf (vgl. Hos 6,4; Jes 44,22). Die durchschnittliche Regenmenge liegt zwischen 500 und 600 mm. Sie fällt fast ausschließlich in den Monaten Dezember bis Februar. In dieser Zeit kann die Temperatur auch unter 0^0C sinken, so daß es zu Schneefällen kommt. Die Sommertemperaturen schwanken zwischen 25 bis 35^0, können aber auch über 40^0 erreichen. Gefürchtet ist der heiße, oft extrem sandhaltige O-Wind, Chamsin oder arab. Scharkije genannt. Die dann manchmal bis auf 0% abfallende Luftfeuchtigkeit kann das Herz angreifen und die Menschen reizbar machen (vgl. Jona 4,8).

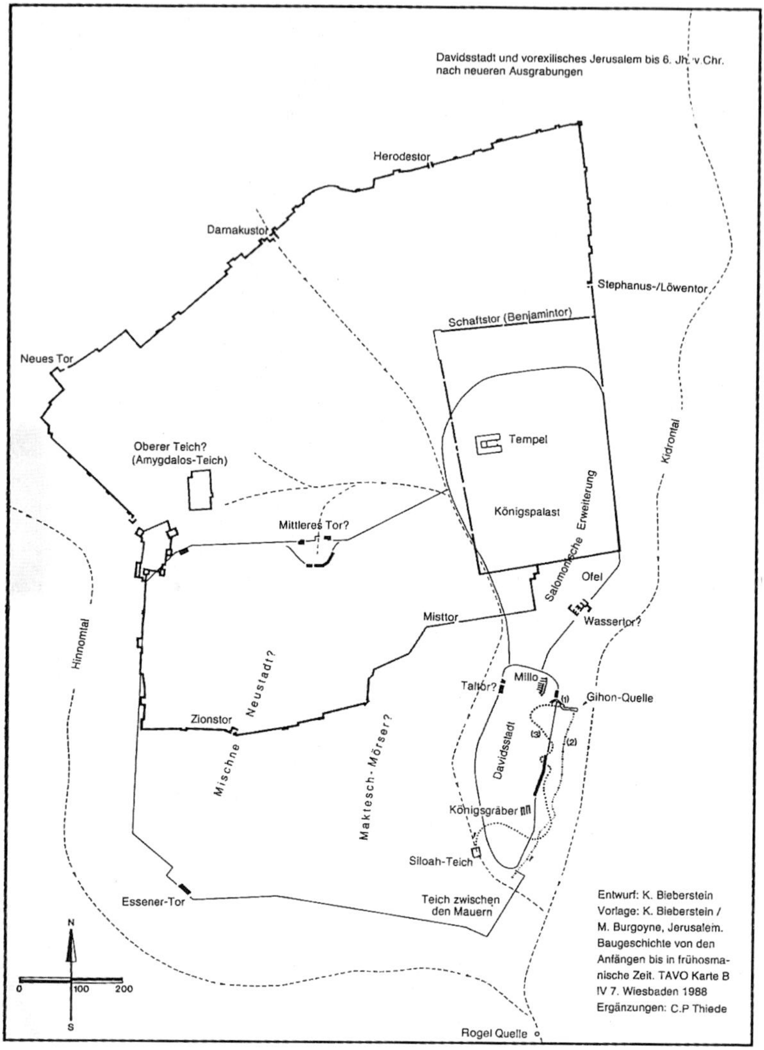

J. gehört gerade noch zum Bereich des Mittelmeerklimas. Schon jenseits des Ölbergs beginnt ein schmaler Steppengürtel, der in die Wüste Juda übergeht. Auch hinsichtlich der Vegetation (Öl- und Feigenbäume, Zypressen, Kiefern) ist J. typisch mediterran. Am Ende des Frühlings im April/Mai kann allerdings der heiße Wüstenwind das frische Grün von einem Tag auf den andern ausdörren (vgl. Jes 40,7).

In der Antike verliefen die Hauptverkehrswege zwischen Ägypten und Mesopotamien in der Küstenebene und auf dem Kamm des ostjordanischen Gebirges (»Königsweg«). J. lag aber nahe dem Kreuzungspunkt von zwei wichtigen Nebenverkehrswegen. Einer führte vom Mittelmeer über den Ölbergkamm zu den Jordanfurten östl. von *Jericho. Der andere Weg über den Kamm des Gebirges Juda, der etwas westl. der Altstadt verläuft, konnte

Wichtigkeit erlangen, wenn die Küstenstraße (z.B. durch die *Philister) oder der »Königsweg« (durch Wüstenvölker) gesperrt waren. Seine relative strategische Bedeutung erhielt J. durch die Lage auf der verhältnismäßig schmalen Kulturlandbrücke zwischen den Weltreichen am Nil und in Mesopotamien. Diese geographische Situation bedingte auch die wechselvolle politische Geschichte mit.

Die einzige ganzjährig fließende Quelle ist die Marienquelle (arab. ʿEn Sitti Marjam), die im Kidrontal etwa 9 m unter der heutigen Talsohle entspringt. Diese bibl. *Gihon-Quelle (1Kön 1,33.38 u.ö.) war der Grund für die Anlage einer andauernden Siedlung an jener Stelle. Etwa 400 m südl. des Gihon liegt die *Rogel-Quelle (arab. Bīr ʿAjjūb, »Hiobsbrunnen«). Es handelt sich um einen Grundwasserbrunnen (1Kön 1,9 u.ö.), der wahrscheinlich mit der Drachenquelle (Neh 2,13) gleichzusetzen ist. Die Wasserversorgung stellte in allen Phasen der Geschichte von J. ein großes Problem dar, dem man durch den Bau von Zisternen und Teichen sowie Kanälen und Wasserleitungen zu begegnen versuchte. Wenn Tacitus von einer Quelle auf dem Tempelberg spricht (hist. V, 12), so hängt das wahrscheinlich mit den riesigen Zisternen unter dem Tempelplatz zusammen (s.u.), die von Zeit zu Zeit ins Kidrontal abgelassen wurden.

Das Gebiet der heutigen Altstadt ist durch drei Haupttäler gegliedert. Die O-Begrenzung bildet das nach S immer tiefer eingeschnittene Kidrontal. Im W und S ist die Stadt vom *Hinnom-Tal umfaßt. Ein weiteres Tal, das nördl. des heutigen Damaskustors beginnt und wenig oberhalb der Vereinigung von Hinnom- und Kidron-Tal in das letztere mündet, teilt das Stadtgebiet in einen größeren und höheren W- sowie einen O-Hügel. Die Zweiteilung der Stadt tritt schon in den Beschreibungen von Tacitus (hist. V, 11) und Josephus (bell.Jud. V, 136) klar hervor. Der Name des Stadttales wird im AT nicht klar genannt (doch vgl. A. van Selms, ZAW 91, 1979, 170-176). Einige vermuten im *maktēsch*, »Mörser«, von Zef 1,11 den Oberteil dieses Tals. Josephus nennt es das Tyropöon-(Käsemacher?-)Tal (bell.Jud. V, 140). Die beiden O- und W-Anhöhen lassen sich jeweils noch in einen N- und S-Teil untergliedern. Auf dem niedrigsten SO-Hügel (bis zu 720 m) lag die älteste Stadt oberhalb der Gihon-Quelle. Der NO-Hügel (744 m) trug später den Tempel. Der SW-Hügel wurde zum Zion der späteren christl. Tradition, auf dem NW-Hügel (772 m) errichtete Herodes der Große eine mächtige Festung im Gebiet der heutigen Zitadelle (volkstümlich »Davidspalast«).

Während also J. an drei Seiten von verhältnismäßig tief eingeschnittenen Tälern geschützt war, bildete die N-Seite immer ein Problem für die Verteidigung. Man versuchte hier beim Mauerbau kleinere Täler einzubeziehen, die heute aufgrund absichtlicher oder bei Zerstörungen hervorgerufener Verschüttungen kaum wahrzunehmen sind. Auch die drei Haupttäler, besonders das Stadttal (arab. El-Wad), sind durch den Schutt der Jahrhunderte aufgefüllt, der an manchen Stellen eine Höhe von bis zu 30 m erreicht. Der Ausdruck »hochgebaute Stadt« stimmt nur, wenn man J. von den Tälern aus betrachtet. Vom Kamm des Gebirges Juda im W oder gar vom Ölberg im O gesehen liegt die Stadt im Tal. Für die heutige Orientierung muß man sich klar machen, daß wesentliche Teile der atl. und ntl. Stadt südl. der heutigen Altstadtmauer aus der Türkenzeit (nach 1520) liegen. Dagegen wurde der NW-Teil der heutigen Altstadt (Christl. Viertel) erst nach 41 n.Chr. von einer Mauer umfaßt.

Literatur: F.M. Abel: Géographie de la Palestine I, ³1967, 372-375; LDB; D. Amiran, A. Shachar, I. Kimhi: Urban Geography of Jerusalem, 1973; E.W. Cohn: New Ideas about Jerusalem's Topography, 1987; G. Dalman: Jerusalem und sein Gelände, 1930; Y. Karmon: Israel – Eine geographische Landeskunde, 1983, 212-233; H. Kosmala: BHH II, 1964, 823-827; G.A. Smith: Historical Geography of Jerusalem, 1907; T. Tobler: Topographie von Jerusalem I/II, 1853/4; L.H. Vincent: Jérusalem antique, 1912.

III. DIE KANAANÄISCHE STADT.

Funde von Feuersteinwerkzeugen reichen im *Refaïm-Tal südwestl. von J. weit in vorgeschichtl. Zeit zurück (O. Bar-Yosef, EAEHL II, 1976, 579f). Die ersten Siedlungsreste im Gebiet der Altstadt stammen aus dem 4.Jt.v.Chr. Schon in dieser Zeit zogen die Gihon-Quelle und die bei ihr liegenden Höhlen Menschen an. Der bisher älteste Fund eines vereinzelten Hauses läßt sich auf ca. 3000 v.Chr. datieren (Shiloh 25). Aus der Frühen Bronzezeit stammen auch Gräber auf dem SO-Hügel (L.Y. Rahmani, BA 44, 1981, 229f) sowie in Silwan (*Siloah) am O-Hang des Kidron-Tals und auf dem Ölberg. In der Mittleren Bronzezeit, etwa um 1800 v.Chr., wurde die erste ummauerte Stadt angelegt. Sie wurde erst durch K.M. Kenyon während ihrer Grabungen 1961-67 identifiziert. Wenig nördl. der Gihon-Quelle legte sie eine Mauer von ca. 2,5 m Dicke und einen Turmansatz frei, die aus teilweise grob behauenen Steinen errichtet waren (Jerusalem 81-84). Diese Mauer hat Y. Shiloh auch weiter südl. ausgegraben (City 12-26). Im selben Areal (E^1) konnte er auch Häuserreste aus dieser Zeit nachweisen (IEJ 34, 1984, 57). Ob das schon 1927/8 von J.W. Crowfoot (Excavations in the Tyropoeon Valley, 1929) gefundene Tor im Stadttal zur kanaan. Stadt gehörte, ist nicht gesichert (Otto 26-28). Der Hauptbegräbnisplatz lag während der Mittleren Bronzezeit offenbar auf dem Tempelberg (R. Gonen, BARev 11/3, 1985, 44-55). Einige der Gräber wurden in ntl. Zeit in jüd. Ritualbäder (*miqwaot*) umgewandelt.

Der wichtigste Fund aus der Späten Bronzezeit (1550-1200 v.Chr.) ist eine mächtige Terrassenkonstruktion am NO-Hang, durch die eine Plattform von über 200 m² entsteht. Vielleicht handelt es sich um den Unterbau des kanaan. Königspalasts (Shiloh 26). Manche Forscher vermuten hier auch den *Millo von 2Sam 5,9 (P. Welten, TRE XVI, 1987, 593, doch s. u.!), während andere die Konstruktion mit den Kidron-Terrassen (*sadmot qidrōn*) von 2Kön 23,4 identifizieren (L.E. Stager, JNES 41, 1982, 111-121). Die ummauerte Fläche der kanaan. Stadt betrug 4 ha und bot etwa 2000 Einwohnern Platz (M. Broshi, RB 82, 1975, 5-14). Bei der Bevölkerung handelte es sich um W-Semiten, die man zu den Kanaanäern zählen kann (vgl. 1Mo 10,16; Hes 16,3f). Das AT bezeichnet sie genauer als *Jebusiter (Jos 15,63; Ri 1,21). Ihr Stadtkönigtum reichte in der Späten Bronzezeit von *Bet-Horon bis *Keila und befand sich unter ägypt. Oberherrschaft. Auf einen gewissen Hochstand der damaligen Kultur weisen die Grabfunde, deren wichtigste auf dem Ölberg (besonders bei der Kirche Dominus Flevit) ge-

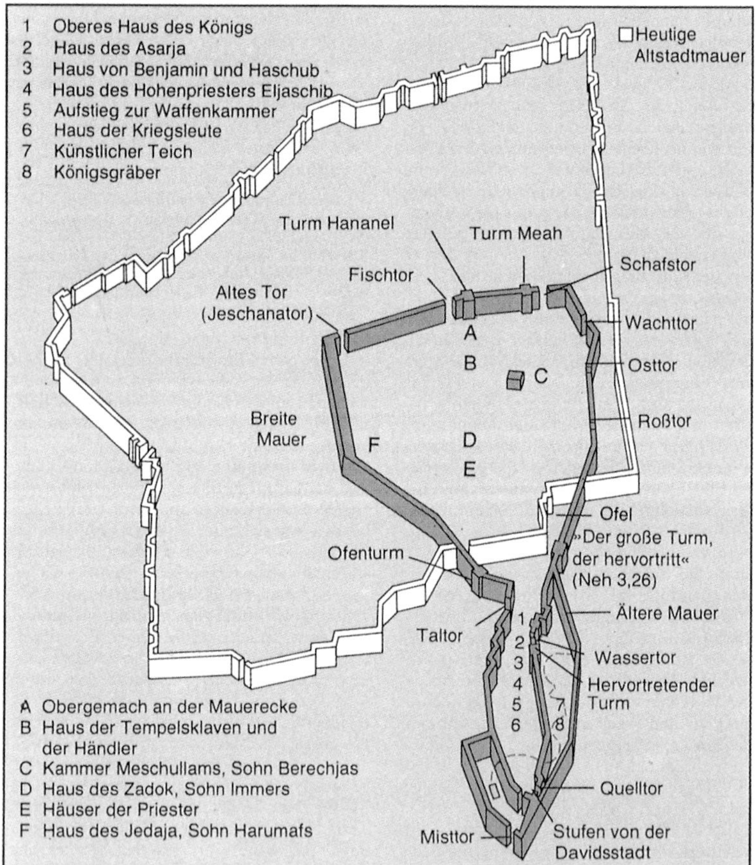

Jerusalem nach dem Wiederaufbau durch Nehemia im 5. Jh. v.Chr. (nach unsicherer Quellenlage).

macht wurden (S.J. Saller, Excavations at Dominus Flevit II, 1964).

Literatur: G. Kroll: Auf den Spuren Jesu, [10]1988, 97-106; K.M. Kenyon: Digging Up Jerusalem, 1974, 76-97; B. Mazar, K.M. Kenyon: EAEHL II, 1976, 580-597; E. Otto: Jerusalem, 1980, 21-41; Y. Shiloh: Excavations at the City of David, 1984; L.H. Vincent, M.A. Stève: Jérusalem de l'Ancien Testament II, 1956, 611-632; P. Welten: TRE XVI, 1987, 591-593.

IV. DAVID UND SALOMO.

Es scheint, daß die Israeliten trotz ihres Sieges über den Jerusalemer Stadtkönig *Adoni-Zedek und die von ihm angeführte Koalition kanaan. Fürsten (Jos 9-10) nur Teile des Stadtstaats erobern konnten (vgl. Ri 1,8). Die Stadt selbst jedenfalls blieb jebusitisch (Jos 15,63; Ri 1,21; 19,12), bis *David sie 997 v.Chr. einnahm (2Sam 5,6-8, vgl. 1Chr 11,4ff). Wahrscheinlich hatten die guten Befestigungen J. so lange standhalten lassen. Allerdings war die jebusitische Stadt in ihrer letzten Phase aufgrund der Territoriumsverluste, nicht nur durch die Israeliten, sondern auch durch die *Philister (H. Donner, Geschichte des Volkes Israel I, 1984, 173f), nicht mehr sehr mächtig und dazu außenpolitisch isoliert. Die Deutung des Eroberungsberichts, der textkritisch sehr schwierige Probleme bietet, ist untrennbar mit der Interpretation der archäologischen Entdeckungen verbunden (R. Wenning, E. Zenger, UF 14, 1982, 279-294). Am naheliegendsten scheint es immer noch, den *zinnōr* (LÜ: »Schacht«) mit dem Warren's Shaft zu identifizieren, der seinen Namen nach dem Entdecker C.W. Warren trägt. Es handelt sich um einen Treppenschacht, der innerhalb der Jebusitermauer zu einem 13 m tiefen senkrechten Schacht führt, aus dem das Wasser der Gihon-Quelle mit Eimern geschöpft werden kann (Y. Shiloh, BARev 7/4, 1981, 24-39). Schwer zu deuten (H.J. Stoebe, ZDPV 73, 1957, 73-99) ist allerdings die Wendung »an den Schacht schlagen« (*nagaʿ zinnōr*). Stieg Joab den Schacht empor? Dann müßte man in *ʿalāh zinnōr* verbessern (so LÜ). Oder entdeckte Davids Söldnerführer den verborgenen Abfluß der Quelle? Wurde ihr Wasser nach außen geleitet, dann stieg es nicht mehr im Schacht empor und konnte von den Bewohnern der Stadt nicht mehr erreicht werden (S. Loffreda, SBFLA 34, 1984, 59-72).

Zur Eroberung von J. hatte David nicht den Heerbann Israels aufgeboten, sondern bemächtigte sich der Stadt durch einen Handstreich seiner Söldner. Dadurch wurde J. persönliches Eigentum des Königs und dessen eigenständige Stellung gegenüber den Stämmen verstärkt. Wegen der Überführung der *Bundeslade nach J. (2Sam 6; 1Chr 13; 15) kam es zu einer engen Verbindung zwischen der Erwählung der Stadt als Ort des Heiligtums sowie dem Bund Gottes mit David und seinen Nachkommen (Ps 132 vgl. Ps 2,6; 110,3; 2Sam 7,11-16. S. *Jerusalem – in seiner theologischen Bedeutung).

Für seinen Palast ließ David Bauholz aus dem *Libanon kommen (2Sam 5,11; 7,2). Ob es sich um einen Neubau handelte oder nur um eine Reparatur und Erweiterung des kanaan. Königspalastes ist nicht ganz deutlich. Später errichtete David ein eigenes Haus für seine Frauen (2Sam 20,3) sowie Unterkünfte für seine Söldner (»Helden«, 2Sam 10,7; 23,8-39, vgl. Neh 3,16). Diese Gebäude lassen sich bisher nicht identifizieren, wie man überhaupt noch keine Häuserreste sicher der Zeit Davids zuschreiben kann: Aus der davidisch-salomonischen Epoche stammt eine bis zu drei Stockwerke hohe Treppenrampe am N-Ende der Jebusiterstadt (Kenyon 101-103; Shiloh 27f). Sie wurde wahrscheinlich am Ort (*Ofel) des kanaan. und späteren davidischen Königspalastes errichtet. Man darf diese mächtige Treppenstruktur mit einer Reihe von Forschern für den *Millo halten, den *Salomo erbauen ließ (1Kön 9,15.24; 11,27). Wenn es 2Sam 5,9 heißt: »David baute rings um die Burg eine Mauer vom Millo an nach innen zu«, so bedeutet das nicht, daß der Millo zu seiner Zeit schon existierte. Der Verfasser des Königsbuchs beschreibt mit diesem seinen Lesern bekannten Ortsnamen die Ausdehnung der (Reparatur-?) Arbeiten unter David.

Der Glanz der salomonischen Epoche (ca. 965-926 v.Chr.) zeigt sich auch daran, daß die Stadt auf den NO-Hügel ausgeweitet wurde. Dadurch vergrößerte sich ihre Fläche auf etwa 10 ha, und die Bevölkerungszahl wuchs auf ca. 5000 (M. Broshi, BARev 4/2, 1978, 10-12). Über den größten Teil der Bauvorhaben Salomos besitzen wir keine archäologischen Kenntnisse, da die islamischen Religionsbehörden z.Zt. keine Ausgrabungen auf dem Tempelberg erlauben. Sicher der salomonischen Zeit (vgl. 1Kön 9,15) zuweisen läßt sich eine Kasemattenmauer (Areal H) auf der N-Seite des SO-Hügels wenig oberhalb der Jebusitermauer (Kenyon, 114f). E.M. Laperrousaz (BARev 13/3, 1987, 34-44) hält das älteste sichtbare Stück der O-Mauer des Tempelplatzes für salomonisch, während es die Mehrheit der Forscher der Perserzeit zuweist (Otto, 99). Ungeklärt ist das Alter eines offenbar vorhellen. Tors unter dem gegenwärtigen früharab. »Goldenen Tor«. Dieses unterirdische Tor wurde 1969 durch Zufall entdeckt und ist jetzt leider wieder unzugänglich gemacht (J. Fleming, BARev 9/1, 1983, 24-37).

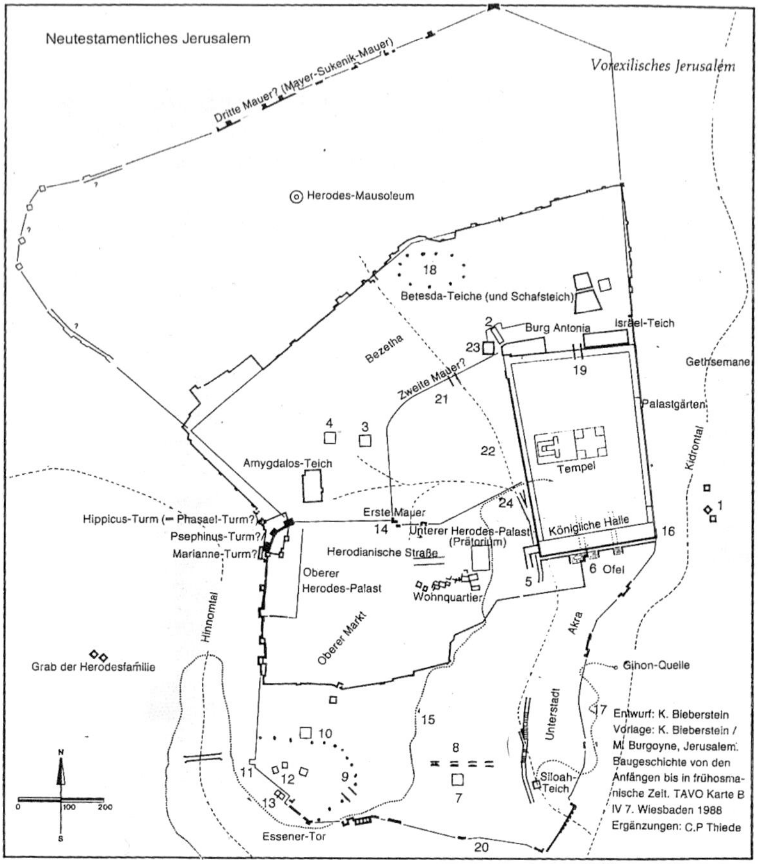

1 Hellenistische Gräber (»Grab des Absalom«)
2 Strouthion-Doppelteich
3 Golgatha
4 Grab Jesu
5 Robinson-Bogen
6 Zweifaches/ Dreifaches Tor
7 Kaiphas-Palast
8 Stufenstraße
9 Essener-Viertel
10 Abendmahlssaal
11 Bethso (nach B. Pixner)
12 Ritualbäder
13 Essenisches Doppelbad
14 Gannath/Gartentor
15 Aquädukt des Pilatus
16 »Zinne des Tempels«
17 Hiskia-Tunnel
18 Königliche Steinbrüche
19 Schaftor
20 Hakeldama (Blutacker)
21 Fischtor/Ephraimtor
22 Tyropöontal
23 Ecce-Homo-Bogen
24 Wilson-Bogen

Es wäre nicht ausgeschlossen, daß es zum vorexilischen Tempel zählte. Von den Kultgegenständen des Tempels wurde wohl das Bruchstück eines Elfenbeinzepters gefunden, das einem Priester im 8.Jh.v.Chr. gehörte und die bisher älteste bekannte Inschrift des Gottesnamens trägt (A. Lemaire, BARev 10/1, 1984, 24-29). Für eine konkrete Vorstellung von Salomos Palast und Tempel sind wir also gegenwärtig neben den bibl. Berichten (1Kön 6-7) auf vergleichbare Bauten aus der altorientalischen und da besonders der phönizischen (vgl. 1Kön 5,32; 7,13ff) Umwelt angewiesen (V. Fritz, BARev 13/4, 1987, 38-49). Um einen ersten Innenhof (1Kön 7,12) waren Gebäude wie das »Libanonwaldhaus«, offenbar eine Art Schatzkammer (vgl. 1Kön 10,16f), eine Säulenhalle mit Vorhalle sowie eine Thron- und

Gerichtshalle angeordnet (1Kön 7,1-7). An einem zweiten Innenhof, der vielleicht mit dem »inneren Hof« von 2Kön 20,4 und dem späteren »Wachthof« (2Kön 11,5f.19; Jer 32,5; Neh 3,25) identisch war, lag Salomos eigener Wohnpalast sowie der seiner ägypt. Frau (1Kön 7,8). Innerhalb dieses offensichtlich recht großen Palastkomplexes bildete der *Tempel (1Kön 6) eine Art »Palastkapelle«.

Unter Salomo wurde J. nicht nur zur Hauptstadt eines zentralistisch organisierten Reichs von beträchtlicher Größe (1Kön 4), sondern auch ein Ort, an dem zeitgenössische Kunst und Wissenschaft gepflegt wurden (1Kön 5,1-14). Man hat geradezu von einer »salomonischen Aufklärung« gesprochen (R. Riesner, Jesus als Lehrer, [3]1988, 154-159). Am Ende der Regierungszeit Salomos kam es allerdings zu rel. und sozialen Zerfallserscheinungen. Durch den großen Harem des Königs wurden Fremdkulte hoffähig (1Kön 11,1-8). Die ausgedehnten Baumaßnahmen machten Fronarbeit notwendig (1Kön 5,27-31) und führten zu Staatsverschuldung (1Kön 9,10-14) sowie überhöhten Steuern. Als Salomos Sohn *Rehabeam die Steuerlast noch erhöhen wollte, kam es 926 v.Chr. zum Abfall des N-Reichs von der Davidsdynastie (1Kön 12,1-19), bei der nur die Stämme *Juda und *Benjamin verblieben (1Kön 12,21).

Literatur: K.M. Kenyon: Digging Up Jerusalem, 1974, 98-128; H. Kosmala: BHH II, 1964, 837-841; G. Kroll: Auf den Spuren Jesu, [10]1988, 107-116; A. Malamat, in: H. Shanks, B. Mazar: Recent Archaeology in the Land of Israel, 1985, 161-172; B. Mazar: Der Berg des Herrn, 1979, 39-47.91-96.151-158; J. Murphy-O'Connor: Das Heilige Land, 1981, 107-114; E. Otto: Jerusalem, 1980, 42-60; H. Shanks: BARev 11/6 (1985) 22-38; Y. Shiloh: Excavations at the City of David, 1984; ders. in: Biblical Archaeology Today, 1985, 451-462; ders.: BARev 14/2 (1988) 14-27; J. Simons: Jerusalem in the Old Testament, 1952, 60-225; L.H. Vincent: Jérusalem Antique, 1912, 142-196; L.H. Vincent, M.A. Stève: Jérusalem de l'Ancien Testament I, 1954, 51-80.313-323; II, 1956, 373-431.633-654; P. Welten: TRE XVI, 1987, 593-595.

V. DIE HAUPTSTADT DES SÜDREICHS.

Schon im fünften Jahr Rehabeams plünderten ägypt. Truppen Tempel und königlichen Palast (1Kön 14,25f). Auch unter *Joram (847-845 v.Chr.) nahmen Philister und *Araber J. zeitweilig ein (2Chr 21,16f). In den ersten 150 Jahren nach der Reichsteilung hatte das N-Reich die stärkere Machtposition. So verlor *Amazja von *Juda den Krieg gegen *Joasch von Israel, der deshalb um 790 v.Chr. die Mauer zwischen Ephraim- und Ecktor niederreißen ließ (2Kön 14,13/2Chr 25,23). Es muß sich um N-Tore gehandelt haben, die aber nicht in den Tempelbezirk führten wie das Benjamintor (Jer 20,2). Bereits diese Angabe läßt es als möglich erscheinen, daß es schon am Beginn des 8. Jh.v.Chr. ein ummauertes Viertel auf dem W-Hügel gab. Dieser beim Fisch- (=Ephraims-)Tor gelegene Stadtteil wurde später *mischnēh*, »zweites (Viertel)« genannt (2Kön 22,14; Zef 1,10f). Weitere Baumaßnahmen werden von *Usia (781-740 v.Chr.) berichtet, der die Mauern erneuerte sowie am Eck- und Taltor neue Türme erbaute (2Chr 26,9). Sein Sohn *Jotam (740-736 v.Chr.) ließ im Tempelbereich das »Obere Tor« errichten und die Ofel-Mauern renovieren (2Chr 27,3 vgl. Jos.ant.Jud. IX, 236f). Auch auf diese Vorsorge war es zurückzuführen, daß die verbündeten Truppen Syriens und des Nordreichs 733/2 v.Chr. J. vergeblich belagerten (2Kön 16,5). Trotz der Warnung des Propheten Jesaja (Jes 7,1-9) verbündete sich aber König *Ahas (735-727 v.Chr.) mit den *Assyrern, was zur Einrichtung eines heidnischen Nebenkults im Tempel führte (2Kön 16,10-16). Die im Zusammenhang damit genannten Baumaßnahmen (2Kön 16,17f) sind schwer zu deuten.

Auch die archäologischen Funde weisen darauf hin, daß J. im 8./7.Jh.v.Chr. auf den W-Hügel ausgeweitet wurde. Die Entdeckung einer mächtigen Mauer von bis zu 7 m Breite im N-Teil des heutigen Jüd. Viertels durch N. Avigad (Jerusalem 31-60) hat endgültig die sog. minimalistische Position widerlegt, nach der die Stadt sich erst in hellen. Zeit auf den W-Hügel ausdehnte. Eine etwas spätere Mauer vom Ende des 7.Jh. v.Chr. mit einem Tor erweiterte das Stadtgebiet noch ein wenig nach N. Für eine Einbeziehung des gesamten W-Hügels durch eine bis zu den Abhängen des Hinnom-Tals reichende Mauer spricht nicht nur der notwendige Schutz für den *Siloah-Teich, sondern vor allem auch die Entdeckung vorexilischer Mauern im Gebiet der Zitadelle (H. Geva, IEJ 29, 1979, 84-91; 33, 1983, 56-58) und des Essener-Tors (B. Pixner, D. Chen, S. Margalit, ZDPV 105, 1989). Die Ausgrabungen im Armenischen Viertel (A.D. Tushingham, Excavations in Jerusalem I, 1985) können wegen des dort besonders gestörten Geländes dagegen diese Frage nicht entscheiden (S. Gibson, PEQ 119, 1987, 81-96). Die geradezu explosionsartige Ausdehnung der Stadt am Ende des 8.Jh. v.Chr. unter *Hiskia (726-697 v.Chr. vgl. Jes 22,9f; 2Chr 32,5) und wohl auch unter seinem Sohn *Manasse (696-642 v.Chr.) dürfte mit dem Zustrom von Flüchtlingen aus dem 722/1 v.Chr. gefallenen N-Reich (2Kön 17) zusammenhängen (M. Broshi, IEJ 24, 1974, 21-26). Das Stadtgebiet vervierfachte sich auf rund 40 ha, und die Bevölkerungszahl stieg auf etwa 25 000.

Auf dem O-Hügel hat man die Stadt nur wenig zwischen der jebusitischen N-Mauer

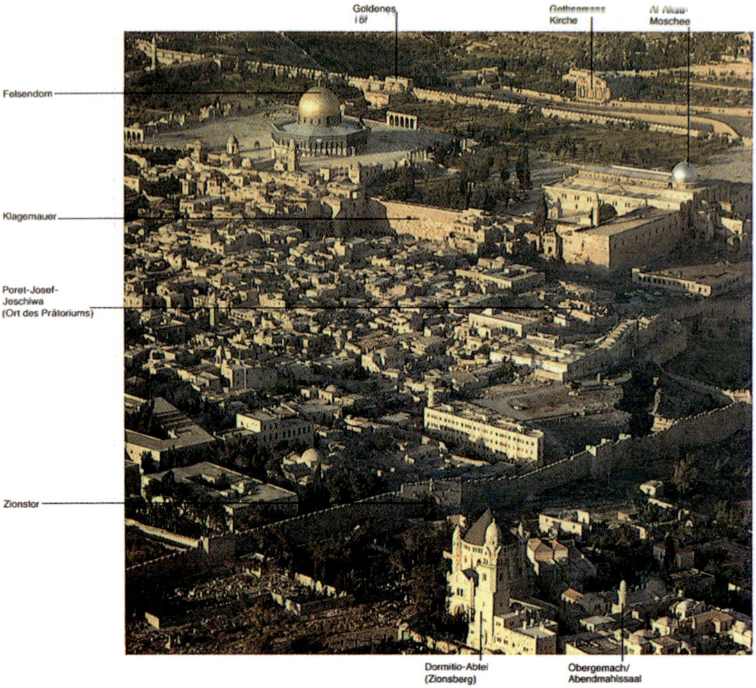

Luftaufnahme von Jerusalem. (RC)

und dem Tempelbereich erweitert (K.M. Kenyon 131). Die salomonische O-Mauer wurde aber mehrere Male erheblich repariert (Kenyon 130f; Shiloh 28). Relativ gut erhaltene Häuserreste aus dem 8./7.Jh. v.Chr. fand man in den unteren Teil der Treppenstruktur hineingebaut (H. Shanks, BARev 11/6, 1985, 27-32). Vor allem eines von ihnen (Areal G) zeigt deutliche Spuren der Zerstörung unter *Nebukadnezar 587 oder 586 v.Chr. (Kenyon 166-171; Shiloh 29) - ein eindrückliches Zeugnis für das Gericht Gottes, das die Propheten und unter ihnen besonders Jeremia voraussagten. Einzelfunde von Möbelresten, Terrakottafiguren und Säulenfragmenten (Y. Shiloh, BARev 14/2, 1988, 21) weisen auf den relativen Wohlstand der damaligen Zeit. Von besonderer Wichtigkeit war der Fund von 51 Tonsiegeln mit Namensangaben, darunter wahrscheinlich auch von Gemarjahu, Sohn des Schafan (Jer 36,9-12.25f) z.Zt. des Propheten *Jeremia (Y. Shiloh, D. Tarler, BA 49, 1986, 196-209). Vielleicht stammen auch andere auf dem Antiquitätenmarkt von J. aufgetauchte Tonsiegel zum Verschluß von Schriftstücken, wie z.B. eines von Jeremias Sekretär *Baruch, Sohn des Nerijahu (Jer 36,4), aus einem Archiv der Davidsstadt (H. Shanks, BARev 13/5, 1987, 58-65).

Um die Stadt auf eine zu erwartende assyr. Belagerung vorzubereiten, unternahm König Hiskia ein Großprojekt. Bisher wurde das Wasser aus der Gihon-Quelle durch einen etwa 400 m langen Kanal, der teils als Tunnel und teils offen in den Felsen gehauen war, in einen Teich gebracht, der wenig südl. des S-Endes der Davidsstadt lag (»Unterer Teich«, Jes 22,9). Abzugskanäle (die »stillen Wasser von Siloah«? vgl. Jes 8,6) bewässerten die Gärten im Kidrontal (vgl. 2Kön 9,27; 21,18 u.ö.). Nun ließ Hiskia einen Stollen unter der Davidsstadt schlagen, der das Wasser in einen neuen Teich zwischen Jebusiter-Mauer und neuer Stadtmauer führte (Jes 22,11; 2Chr 32,2-5; Sir 48,17; vgl. 2Kön 20,20). Die Baumaßnahme ist auch durch eine 1880 am S-Ausgang des Tunnels gefundene Inschrift bezeugt, die zu den wichtigsten Schriftdoku-

Teilweise rekonstruierte herodianische Prachttreppe, die vom Süden in die sogenannte »Königliche Halle« am Südende des Tempelplatzes führte. Im dreieckigen Schatten unterhalb der silbernen Kuppel der Al-Aksa-Moschee sieht man einen Teil des zugemauerten »Doppelten Tors«, durch das Jesus sicher mehr als einmal gegangen ist. (RR)

menten des vorexilischen Hebr. zählt und heute in Istanbul ausgestellt ist. Es handelt sich für die damalige Zeit um eine großartige Ingenieurleistung, da der Tunnel von beiden Seiten vorangetrieben wurde und die Arbeitstrupps trotz mehrmaliger Richtungsänderungen aufeinander trafen. Wenn J. 701 v.Chr. der assyr. Belagerung standhalten konnte, war das neben der vorauschauenden Planung des Königs aber vor allem dem wunderbaren Eingreifen Gottes durch eine verheerende Plage zu verdanken (2Kön 19,20-37).

Wo sich der »Obere Teich« befand, an dem Jesaja dem Ahas entgegentrat (Jes 7,3) und Hiskia mit dem Abgesandten des assyr. Königs verhandelte (2Kön 18,17/Jes 36,2), ist umstritten. Statt in den ja erst unter Hiskia angelegten Siloah-Teich (NJB 478) ist an die älteste Anlage bei *Betesda zu denken oder vielleicht auch an den sog. Hiskia-Teich nördl. der Zitadelle (K. Bieberstein, TRE XVI, 1987, nach 593), den Josephus vermutlich Amygdalos nennt (bell.Jud. V, 468). Wohl ebenfalls schon aus der vorexilischen Zeit stammt ein Teich im Kidron-Tal in der Nähe der Davidsgräber (Neh 3,16), der bei Josephus (bell.Jud. V, 145) »Salomo-Teich« heißt (D. Adan, IEJ 29, 1979, 92-100).

In vorexilischer Zeit gab es offenbar noch kein generelles Verbot von Bestattungen innerhalb J.s. So wurde eine anscheinend für Offizielle eingerichtete Nekropole am W-Hang des Stadttals auch nach dem Mauerbau des 8.Jh. v.Chr. noch weiter verwendet (Mazar, 167f). Vornehme Gräber gab es aber auch außerhalb der Stadt am W-Hang des Kidron-Tals im Bereich des heutigen arab. Dorfs Silwān (D. Ussishkin, in: Jerusalem Revealed, 63-65) und im oberen Hinnom-Tal (Avigad, 58). Vielleicht wurden am Ende der Königszeit aus Raummangel neue *Königsgräber nördl. der Stadt auf dem Gelände der heutigen École Biblique angelegt (G. Barkay, A. Kloner, BARev 12/2, 1986, 22-39; 13/4, 1987, 54-56). Besonders sensationell war die Entdeckung einer nicht ausgeraubten Grabkammer des 7.Jh. v.Chr. am SW-Hang des Hinnom-Tals (R. Riesner, ThBeitr 18, 1987, 104-108; s. *Begräbnis- und Trauersitten I.3).

Literatur: R. Amiran, in: Y. Yadin: Jerusalem Revealed, 1975, 75-78; N. Avigad: Discovering Jerusalem, 1983, 23-60; ders., in: Biblical Archaeology Today, 1985, 469-475; M. Ben-Dov: In the Shadow of the Temple, 1985, 31-56; K.M. Kenyon: Digging Up Jerusalem, 1974, 129-171; H. Kosmala: BHH II, 1964, 841f; G. Kroll: Auf den Spuren Jesu, [10]1988, 116-119; B. Mazar: Der Berg des Herrn, 1979, 48-58.91-97.158-172; ders., in: Biblical Archaeology Today, 1985, 463-468; E. Otto: Jerusalem, 1980, 61-93; Y. Shiloh: Excavations at the City of David, 1984; L.H. Vincent: Jérusalem de l'Ancien Testament II, 1956, 639-654; P. Welten: TRE XVI, 1987, 595f.

VI. DIE PERSISCHE ZEIT.

Entgegen dem Eindruck von 2Chr 36,20f/Esr 3,2 war J. nach der Zerstörung durch Nebukadnezar nicht völlig von Einwohnern verlassen, sogar der Tempeldienst wurde offenbar noch in eingeschränktem Maß fortgesetzt (Jer 41,4f). J. hatte aber aufgehört, Hauptstadt eines selbständigen Staats zu sein und gehörte jetzt zur babylon. Provinz *Samarien. Während das *Kyros-Edikt schon 538 n.Chr. den nach Babylon Verschleppten die Rückkehr erlaubte, begann der Wiederaufbau des Tempels unter dem Davididen *Serubbabel sowie den Propheten *Haggai und *Sacharja erst ab etwa 520 v.Chr. (Esr 2,68; 3,3). Der an der alten Stelle genau nach dem Vorbild des vorangegangenen errichtete Tempel (Esr 6,3-7) wurde 515 neu eingeweiht. Den ältesten sichtbaren Teil der O-Mauer des Tempelplatzes schreibt man gewöhnlich dieser Zeit zu (s.o.).

Schon unter *Nehemia wurde J. in der Mitte des 5.Jh.v.Chr. Hauptstadt der neugegründeten pers. Tempelprovinz Jehud, deren Name auf zahlreichen, auch in J. gefundenen Krughenkeln begegnet (BRL[2], 304-406). Die Bezeichnung erscheint weiter auf in J. gefundenen Münzen (Mazar, 62). Das fast völlige Fehlen selbst von Streukeramik aus pers. Zeit auf dem W-Hügel spricht gegen die heute kaum noch vertretene Ansicht (E.M. Laperrousaz, FolOr 21, 1980, 179-185), auch der W-Hügel sei damals wieder besiedelt worden. Sogar auf dem O-Hügel wurde wegen der starken Zerstörungen am Abhang des Kidron-Tals die Mauerlinie bis auf den Kamm zurückgenommen (Kenyon, 182-186; Shiloh, 29). Das Stadtgebiet betrug kaum noch 10 ha und bot rund 4500 Bewohnern Raum. Trotz dieses mehr als bescheidenen Wiederanfangs wurde J. durch die Reformen des Schriftgelehrten *Esra schnell zum rel. Mittelpunkt des sich jetzt formierenden Frühjudentums (R. Riesner, Jesus als Lehrer, [3]1988, 127-129.160-163). Die öffentliche Verlesung des Gesetzes durch Esra am Platz des Wasser-Tors enthält schon die wesentlichen Elemente des späteren *Synagogengottesdiensts (Neh 8,4-8).

Das Buch Nehemia gibt uns die ersten detaillierteren Beschreibungen von J. (Neh 2,11-15; 3,1-32; 12,27-39). Die Identifizierung der einzelnen Orientierungspunkte in Neh 3 ist nicht leicht (H.G.M. Williamson, PEQ 116, 1984, 81-88). Der Text scheint teilweise schlecht überliefert zu sein, besonders Tore können ihren Namen im Lauf der Zeit ändern, und oft fehlen archäologische Kontroll-

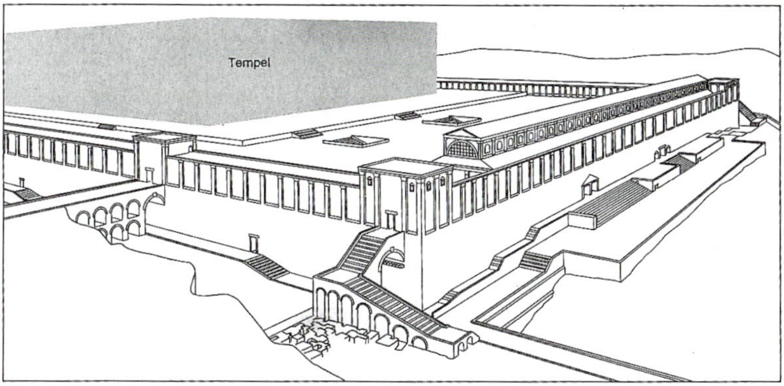

Rekonstruktion der Süd-West-Ecke des Herodianischen Tempels nach jüngsten Ausgrabungen. Ein monumentaler Treppenaufgang führt zum Portal der königlichen Stoa. Rechts sind die Hulda-Tore zu sehen.

daten. Einigkeit besteht aber weithin darüber, daß die Beschreibung in Neh 3 im N beginnt, entgegen dem Uhrzeigersinn läuft und den W-Hügel nicht umfaßt. Im NO lag das Schaftor (Neh 3,1 vgl. Joh 5,2, *Betesda), ihm folgte

Treppenpodium (»stepped structure«) in der Davidsstadt, das vermutlich Salomo am Ort des kanaanäischen und späteren davidischen Königspalasts errichtet hat. Am Fuß des Podiums wurden in der späten Königszeit Privathäuser gebaut. Rechts oben sieht man ein Stück der hellenistischen Stadtmauer. (RR)

das Fischtor (Neh 3,3 vgl. 2Chr 33,14; Zef 1,10). Beide trugen ihren Namen nach den in der Nähe stattfindenden Märkten (vgl. Neh 13,16). Wenn beim Fischtor noch besonders die Türme Meah (hebr. »hundert«) und Hananel (vgl. Jer 31,38; Sach 14,10) erwähnt werden (Neh 3,1), weist das auf die strategisch wichtige NW-Ecke hin, die später durch die Festung *Antonia gesichert wurde. Auf der W-Seite der N-Mauer lag das Jeschana-Tor (Neh 3,6; 12,39 LÜ: »altes Tor«), wohl so genannt, weil von hier eine Straße zur gleichnamigen pers. Zollstation führte. Schaf-, Fisch- und Jeschana-Tor sind wahrscheinlich mit dem vorexilischen Benjamin- (Jer 37,13; 38,7), Ephraim- (2Kön 14,13; 2Chr 25,23 vgl. Neh 8,16) und Eck-Tor (2Kön 14,13; Jer 31,38) zu identifizieren. Ob das Mittel-Tor (Jer 39,3) mit dem Fisch- bzw. Ephraimstor gleichgesetzt werden kann, ist unsicher.

Bei der südl. des Jeschana-Tors gelegenen »breiten Mauer«, bis zu (nicht an) der gebaut wurde (Neh 3,8), könnte es sich um die östl. Fortsetzung der von N. Avigad gefundenen vorexilischen Mauer handeln, die in dieser Gegend auf die ältere Mauer des Tempelbergs gestoßen sein muß. Das Taltor (Neh 3,13 vgl. 12,38; 2,13) wird meist mit dem von J.W. Crowfoot am W-Hang des Stadt-Tals aufgefundenen Tor identifiziert, dessen vorauszusetzende vorexilische Existenz (vgl. 2Chr 26,9) aber mit modernen Methoden überprüft werden müßte.

Das Mist-Tor (Neh 3,13f vgl. 2,13; 12,31) ist kaum ein von F.J. Bliss (Excavations at Jerusalem, 1898) beim Siloah-Teich freigelegtes Tor, da dieses sich in der späteren (hiskianischen?) Mauer befindet. Das Mist-Tor muß wahrscheinlich an der alleräußersten SO-Ecke der alten Davidsstadt gesucht werden. Das Quell-Tor (Neh 3,15 vgl. 12,37), entweder nach dem Siloah-Ausfluß oder noch eher nach dem Rogel-Brunnen so genannt, darf man ziemlich sicher mit einem kleinen Durchlaß gleichsetzen, den R. Weill 1923/4 fand (Cité de David II, 1947). Der von ihm entdeckte Treppenaufgang kann kaum etwas anderes sein als »die Stufen, die von der Stadt Davids herabführen« (Neh 3,15). Ebenfalls auf den SO deutet die Erwähnung der »Gräber Davids« und eines Teichs (Neh 3,16).

Da Neh 3,26 das Wassertor ausdrücklich aus dem erneuerten Mauerverlauf herausnimmt, dürfte es sich um das oberhalb der Gihon-Quelle vorauszusetzende Tor der jebusitisch-davidischen Stadt gehandelt haben (vgl. Neh 12,27). Es folgte die Ofel-Mauer (Neh 3,27). Über Roßtor (Neh 3,28) und Wacht-Tor (Neh 3,31) wissen wir nicht viel mehr, als daß sie an der O-Seite des Tempelbergs gelegen haben müssen. Wegen Neh 3,29 zwischen ihnen auch noch ein Ost-Tor anzunehmen (IBD II, 755), scheint sehr unsicher. Ob ein erst 1986 entdecktes Tor mit deutlichen Brandspuren von Nebukadnezars Eroberung unterhalb der Tempel-S-Mauer und ca. 90 m östl. der Hulda-Tore sich mit einem dieser Tore verbinden läßt, bleibt abzuwarten. (E. Mazar, ESI 5, 1987, 56-58; J. Briend, MB 52, 1988, 52).

Literatur: N. Avigad: Discovering Jerusalem, 1983, 61-63; M. Ben-Dov: In the Shadow of the Temple, 1985, 57-60; K.M. Kenyon: Digging Up Jerusalem, 1974, 172-186; H. Kosmala: BHH II, 1964, 842f; G. Kroll: Auf den Spuren Jesu, [10]1988, 119-122; B. Mazar: Der Berg des Herrn, 1979, 59-62.173-182; E. Otto: Jerusalem, 1980, 94-109; Y. Shiloh: Excavations at the City of David, 1984; J. Simons: Jerusalem in the Old Testament, 1952, 437-458; L.H. Vincent: Jérusalem de l'Ancien Testament II, 1956, 655-676; P. Welten: TRE XVI, 1987, 596f.

VII. DIE HASMONÄISCHE EPOCHE.

Die pers. Herrschaft über J. wurde 330 v.Chr. von *Alexander dem Großen beendet. Ab 302 v.Chr. gehörte die Stadt für ein volles Jh. zum Reich der ägypt. Ptolemäer. Um 200 v.Chr. wurden unter dem Hohenpriester Simon II. im Rahmen der weitreichenden jüd. Autonomie größere Bauvorhaben, darunter auch der Doppelteich bei *Betesda, durchgeführt (Sir 50,1-4). Auf die beginnende Hellenisierung der Stadt weist, daß in dieser Zeit zum ersten Mal der gräzisierte Name *Hierosolyma* auftaucht (Polybios bei Jos.ant.Jud. XII, 136). Schon zwischen 219 und 217 v.Chr. konnte der syr. Seleukide Antiochus III. nach Palästina vordringen. Er nahm wohl auch J. ein, mußte es aber nochmals den Ptolemäern überlassen (vgl. 3Makk 1,8ff). Nach der Schlacht bei Paneas (*Cäsarea Philippi) wurde J. dann ab 198 v.Chr. seleukidisch.

Als um 180 v.Chr. die Römer das Reich der Seleukiden zu bedrängen anfingen, versuchten diese den Tempelschatz in ihre Hand zu bekommen (vgl. 2Makk 3). Die vom syr. König Antiochus IV. Epiphanes (175-164 v.Chr.) betriebene Hellenisierung, d.h. die Einführung griech. Kultur und Religion, wurde durch eine einheimische Partei unterstützt, die unter Führung des Hohenpriesters Jason stand (M. Hengel, Judentum und Hellenismus, [2]1973). 175 v.Chr. erreichte er die Umwandlung von J. in eine griech. Polis mit dem Namen »Antiochia in Jerusalem« (2Makk 4,9). Macht- und wirtschaftspolitische Interessen der Oberschicht schienen über die Bindung an Gesetz und jüd. Sitte zu siegen. Mittelpunkt der Assimilationsbestrebungen war ein Gymnasium, das westl. des Tempelbezirks im Gebiet vor der heutigen Klagemauer erbaut wurde (1Makk 1,14; 2Makk 4,7-15).

Mit der Einführung des Kults des Zeus Olympios wollte Antiochus IV. die Hellenisierung vollenden (2Makk 6,1f). In J. brachen bürgerkriegsähnliche Unruhen aus. Antiochus betrat das Heiligtum und plünderte den Tempel (2Makk 5,11-26). 167 v.Chr. ließ er die Stadt zerstören und im Gebiet »der Stadt Davids« eine starke Festung (Akra) errichten, um vor allem den Tempelbereich überwachen zu können (1Makk 1,33-36). Die Lage dieser seleukidischen Akra gehört zu den schwierigsten Problemen der Topographie von J. (Otto, 115-117). Nicht mehr zu halten ist ein Ansatz im Bereich der Zitadelle. Eine Lokalisierung auf dem W-Hügel gegenüber der SW-Ecke des Tempelplatzes (Vincent II, 175-192) würde voraussetzen, daß man schon damals die Davidsstadt dort suchte (vgl. 1Makk 1,33; 4,60). Unter Berufung auf Josephus (ant.Jud. XII, 252; bell.Jud. I, 39; V, 137 u.ö.) verlegen die meisten Forscher heute die Akra auf den O-Hügel. Aber auch hier schwanken die Ansetzungen stark. Genannt werden der ganze SO-Hügel (Simons, 146-157), die vorhellen. Mauerreste an der O-Mauer des Tempelplatzes (Y. Tsafrir, in: Jerusalem Revealed, 1976, 85f) oder Mauern südl. der Hulda-Tore (Ben-Dov, 65-71). Die archäologische Identifizierung wird durch den Umstand erschwert, daß die verhaßte Burg von den Juden geschleift wurde (Jos.ant.Jud. XIII, 215).

Angesichts der Entweihung des Tempels durch Zeus- und Dionysos-Kult (2Makk 6,1ff) gewann die von den Söhnen des Priesters Mattatias angeführte Aufstandsbewegung (1Makk 2,1ff) großen Zulauf (vgl. Dan 11,31-35). Schon 164 v.Chr. konnte Judas der

Makkabäer J. erobern. Im Gedenken an die Wiedereinweihung des Tempels wurde von nun an das Chanukka-Fest (*Tempelweihe) gefeiert (1Makk 4,36-59). Wenn Judas »den Berg Zion ringsum mit hohen Mauern und starken Türmen« versah (1Makk 4,60), dann ist nach den neueren archäologischen Erkenntnissen wohl nur der O-Hügel gemeint. Die Makkabäer-Brüder Jonatan (ab 152 v.Chr.) und Simon (143-134 v.Chr.) begründeten entgegen der Davidsverheißung eine neue Dynastie der Familie Hasmon. Weil zu dieser Zeit im O-Mittelmeerraum ein Machtvakuum herrschte, konnten die Hasmonäer ihre Herrschaft erheblich ausweiten, und auch J. erstand zu neuem Glanz.

Wohl unter der Regierung von Johannes Hyrkanus I. (134-105 v.Chr.) wurde der W-Hügel wieder durch eine Mauer in die Stadt einbezogen. Wie die Funde im N des Jüd. Viertels (Avigad, 65-74), südl. der Zitadelle am W-Hang des Hinnom-Tals (M. Broshi, BA 40, 1977, 11f) und beim Essener-Tor zeigen, war sie teilweise auf dem Zug der vorexilischen Mauer errichtet. Hasmonäische Befestigungen, darunter den sog. Macalister-Turm, hat man auch auf dem O-Hügel nachgewiesen (Kenyon, 188-204; Shiloh, 20f.29f). Eine Beschreibung dieser sog. »Ersten Mauer« erhalten wir durch Josephus (bell.Jud. V, 136.142-145). Wegen der starken Umwandlung der Stadt unter *Herodes dem Großen wurden nur wenige Häuserreste, u.a. im Gebiet der Zitadelle (R. Amiran, A. Eitan, in: Jerusalem Revealed, 1976, 52-54), ausgegraben. Zahlreich sind die Funde von Münzen und Krugstempeln, die zum Teil auch den Namen von J. tragen (Avigad, 75-79). Umstritten ist die Lage des hasmonäischen Palastes (vgl. Jos.ant.Jud. XX, 189ff; bell.Jud. II, 344) auf dem W-Hügel (E.W. Cohn, Jerusalem's Topography, 1987, 73-114). Am meisten spricht für das Gelände gegenüber der SW-Ecke des Tempelplatzes, wo heute die Reste der Marien-Kirche der deutschen Kreuzritter und die neue Porat-Joseph-Jeschiwa liegen (B. Pixner, ZDPV 95, 1979, 76-78; *Prätorium). Klar zu lokalisieren ist dagegen der Felsen an der NW-Ecke des Tempelplatzes, der die Vorgängerin der Festung *Antonia, nämlich die syr. Burg Baris (Jos.ant.Jud. XV, 403f; XVIII, 90f vgl. 1Makk 13,52) trug, die ihren Namen von der »Birah, die zum Haus (Gottes) gehörte« (Neh 2,8; 7,2) erhielt. Im Gebiet der Antonia legte man in hasmonäischer Zeit Reservoirs für die Wasserversorgung an.

Das Stadtgebiet erreichte nunmehr eine Ausdehnung von über 50 ha und als Bevölkerungszahl werden um die 35 000 Einwohner geschätzt. Einen besonders guten Eindruck vom hellen. Baustil der Hasmonäer-Zeit vermitteln die Monumentalgräber im Kidron-Tal südöstl. der SO-Ecke des Tempelplatzes (Mazar, 200-202), besonders das der Priesterfamilie Hesir (vgl. 1Chr 24,15) mit seinen dorischen Säulen.

Literatur: N. Avigad: Discovering Jerusalem, 1983, 64-80; M. Ben-Dov: In the Shadow of the Temple, 1985, 61-71; K.M. Kenyon: Digging Up Jerusalem, 1974, 188-204; H. Kosmala: BHH II, 1964, 844f; B. Mazar: Der Berg des Herrn, 1979, 62-70.183f; E. Otto: Jerusalem, 1980, 110-126; U. Rappaport, in: H. Shanks: Recent Archaeology, 1985, 173-178; Y. Shiloh: Excavations at the City of David, 1984; J. Simons: Jerusalem in the Old Testament, 1952, 131-156.226-281; L.H. Vincent, M.A. Stève: Jérusalem de l'Ancien Testament II, 1956, 677-698; P. Welten: TRE XVI, 1987, 597.

VIII. DIE HERODIANISCH-NEUTESTAMENTLICHE ZEIT.

Unter König Alexander Jannäus (103-76 v.Chr.) traten in J. die Parteigegensätze zwischen den *Pharisäern und *Sadduzäern immer deutlicher hervor (Jos.ant.Jud. XIII, 227). Seiner frommen, pharisäerfreundlichen Frau Alexandra Salome gelang es nur noch kurze Zeit, das Reich zusammenzuhalten. Nach ihrem Tod (67 v.Chr.) brach ein Bürgerkrieg aus, dessen Nutznießer die Römer wurden. 63 v.Chr. eroberte Pompeius die Stadt (F.M. Abel, RB 54, 1947, 243-255). Es hatte nichts genutzt, die Brücke abzubrechen (Jos.ant.Jud. XIV, 58; bell.Jud. I, 145ff), welche Tempelplatz und W-Hügel über das Stadttal hinweg verband (Jos.ant.Jud. XV, 410; bell.Jud. II, 344).

In den Wirren nach der Ermordung Julius Cäsars (44 v.Chr.) setzte Herodes der Große auf den späteren Kaiser *Augustus, der damals noch den Namen Octavianus trug. Nach längerer Belagerung konnte Herodes 37 v.Chr. J. einnehmen (Jos.bell.Jud. I, 342ff; ant.Jud. XIV, 465ff). Spuren seines Durchbruchs wurden vermutlich im Bereich der Zitadelle gefunden (Otto, 128). Die über dreißigjährige Regierungszeit (37-4 v.Chr.) des Herodes brachte der Stadt einen enormen Aufschwung und eines der ehrgeizigsten Bauprogramme der Antike. J., wie es Jesus auf den Pilgerreisen (Lk 2,41ff) und während seines öffentlichen Wirkens sah (Joh 2,13ff; 5,1ff; 7,10ff; 8-9; Mk 11-16 par.), trug den Stempel prachtvoller herodianischer Architektur. Auch wenn noch nicht alle Bauten wie etwa Theater und Amphitheater (Jos.ant.Jud. XV, 268; bell.Jud. II, 44) lokalisiert werden konnten (Vincent,Stève III, 798f; Dalman, Gelände, 149f), hat uns doch die archäologische Arbeit, besonders seit der Wiedervereinigung von J. im Jahr 1967, eine Fülle von Einsichten vermittelt. Einen guten Eindruck vom Glanz der herodianischen Stadt kann sich der J-Besucher am nach Plänen von M. Avi-Yonah hergestellten Monumental-Modell im Holy-Land-Hotel verschaffen, auch wenn bei Einzelheiten Vorsicht angebracht ist.

Gigantisch waren die Baumaßnahmen des Herodes im Tempelbereich (M. Ben-Dov, Shadow 73-148; BARev 12/6, 1986, 40-59). Im Grunde wurde um den weitergehenden Opferbetrieb herum ein völlig neuer (dritter) *Tempel errichtet (Jos.ant.Jud. XV, 268-296; bell.Jud. V, 184-227; Mischna, Traktat Middoth). Durch ungeheure Aufschüttungen und gewaltige Mauern erhielt der Tempelplatz seine heutigen Ausmaße von rund 300 x 450 m. Die herodianische N-Begrenzung ist uns unbekannt, sie dürfte aber etwas südl. der heutigen arab. Mauer gelegen haben. Der Verlauf der O-Mauer ist mit dem der heutigen identisch, allerdings sind ältere Mauerteile nur am S-Ende (bei der sog. »Zinne des Tempels«, vgl. Mt 4,5/Lk 4,9) freigelegt worden. Von dieser SO-Ecke wurde der Herrenbruder *Jakobus herabgestürzt und in der Nähe im Kidron-Tal begraben (Eus.h.e. II, 23,12-18). Nach Josephus (bell.Jud. V, 184-189) ließ Herodes im O die ältere Mauer größtenteils stehen; Grabungen (s.o.) bestätigen das.

Großzügig ausgegraben wurde durch B. Mazar (Der Berg des Herrn, 1979; BARev 6/4, 1980, 44-59) das ganze Gebiet bei der S-Mauer. Die Grabung erfuhr fragwürdige politische und einige berechtigte archäologische Kritik (H. Shanks, BARev 12/6, 1986, 20-39). Die Ausgrabungen sind Besuchern zugänglich und umfassen aus ntl. Zeit vor allem eine teilweise erhaltene, prächtige Freitreppe aus weißem Kalkstein, die zu den Hulda-Toren (heute das zugemauerte Doppelte und Dreifache Tor) führte. Hinter ihnen lag die sog. »Königliche Säulenhalle«, von deren Pracht und Größe Josephus schwärmt (ant.Jud. XI, 411-416). In ihrem Bereich könnte sich die Tempelreinigung Jesu (Mt 21,12-17 par.) als Zeichenhandlung abgespielt haben (B. Mazar, in: D. Flusser, Die letzten Tage Jesu, 1982, 143-148). Im Bereich der SW-Ecke wurden zahlreiche Ritualbäder gefunden, die der kultischen Reinigung vor dem Tempelbesuch dienten (vgl. Joh 11,55).

An der W-Mauer unweit der SW-Ecke fällt ein Bogenansatz auf, der nach seinem Entdekker Robinson-Bogen genannt wird. Es handelte sich um einen Treppenaufgang, der die herodianische Ladenstraße im Stadttal überbrückte und auf den Tempelplatz führte. Das Gelände vor der Klagemauer dürfte in etwa den Platz anzeigen, den Josephus Xystos nennt (bell.Jud. II, 344). In der Synagoge links vor der Klagemauer und auch weiter stadteinwärts sind die Reste einer herodian. Brükke (Wilson-Bogen) zu sehen, die (wahrscheinlich als Nachfolgerin der hasmonäischen Konstruktion) das Tyropöon-Tal überspannte und den W-Hügel (»Oberer Markt« genannt, vgl. Jos.bell. V, 137) mit dem Tempelbezirk verband. Inzwischen wurde unterirdisch entlang der W-Mauer bis fast zur NW-Ecke des Tempelplatzes gegraben und der Gang im Jubiläumsjahr der Unabhängigkeit Israels (1988) auch Besuchern zugänglich gemacht. Die dabei entdeckten Zugänge in den Tempelbereich durften wegen des Einspruchs der islamischen Religionsbehörde nicht weiter erforscht werden (M.A. Zimmerman, BARev 7/3, 1981, 34-41). Aus den Untersuchungen von C.W. Warren (Underground Jerusalem, 1876) wissen wir, daß sich unter dem Tempelplatz riesige Zisternen befinden, die das für den Opferbetrieb notwendige Wasser bereitstellten. Warren berechnete ihren Inhalt auf 45-50 000 m^3.

Ob bei gelegentlichen Reparaturarbeiten auf dem Tempelplatz gefundene Mauerreste (A.S. Kaufman, BARev 9/2, 1983, 40-61) mit dem herodianischen Tempel in Verbindung stehen, kann augenblicklich nicht weiter nachgeprüft werden. Der Festungsfelsen der Antonia hat wahrscheinlich in die NW-Ecke des Tempelplatzes hereingeragt und wurde erst in arab. Zeit abgeschlagen. In diesem ganzen Gelände sind archäologische Untersuchungen durch die Anlage eines Parks unmöglich gemacht. Die kleinsten beim Bau der Tempelmauer verwandten Steine wiegen zwei Tonnen. Der größte bisher (nördl. des Wilson-Bogens) gefundene mißt 12 x 4 x 3 m und wiegt fast 400 Tonnen (M. Ben-Dov, BARev 12/6, 1986, 46). Es handelt sich zwar nicht um den größten Baustein der Antike, der wurde mit rund 970 Tonnen in Baalbek (Libanon) gefunden (R. Reich, BARev 13/3, 1987, 61f). Aber die Dimensionen der Steine rechtfertigen doch die Begeisterung der Jünger bei ihrem Anblick (Mk 13,1f). Die Fortbewegung dieser gewaltigen Quader war eine großartige Ingenieurleistung (M. Stein, BARev 7/3, 1981, 42-47).

Vielleicht schon in hasmonäischer Zeit (A. Issar, IEJ 26, 1976, 130-136), spätestens aber unter Herodes wurde eine Fernwasserleitung von den heute sog. »Teichen Salomos« südl. von *Bethlehem nach J. angelegt (A. Mazar, in: Jerusalem Revealed, 1976, 79-84; OLB 2, 729-731). Das herbeigeführte Wasser sowie auch Regenwasser (vgl. Jos.bell.Jud. V, 157) wurde in einem System von Teichen gespeichert (J. Wilkinson, PEQ 106, 1974, 33-51). Im N des Tempelplatzes waren das der Israel- und *Betesda-Teich (Joh 5,2) sowie vor der

Antonia der Strution-Teich (Jos.bell.Jud. V, 467). Wenig nordöstl. der Zitadelle liegt der Hiskia- oder Patriarchenbadeteich, den Josephus wohl als Amygdalos-(Turm?-)Teich erwähnt (bell.Jud. V, 468). Dagegen ist uns der herodianische Name des Mamilla-Teichs nordwestl. der Altstadt im israelischen Unabhängigkeitspark unbekannt. Beim Sultansteich im Hinnom-Tal westl. der Stadtmauer dürfte es sich um den Schlangenteich handeln (Jos.bell.Jud. V, 108). Der *Siloah-Tunnel mündete in den gleichnamigen Teich (Joh 9,7) im äußersten SO der Stadt. Nicht weit von den Davidsgräbern im Kidron-Tal liegt der Salomo-Teich des Josephus (bell.Jud. V, 145). Ein weiteres namentlich unbekanntes Reservoir befindet sich wenig nordöstl. des heutigen Stephans- oder Löwentors.

Nicht an Pracht sparte Herodes auch bei seinen Palästen, von denen er in J. drei besaß (Jos.ant.Jud. XV, 292). Nicht als Wohnpalast benutzt wurde die Burg Antonia (Kroll, 340-345), sie diente vor allem zur Aufnahme einer Garnison, die den riesigen Tempelplatz zu überwachen hatte (vgl. Apg 21,31ff). Ab 22 v.Chr. ließ Herodes im NW der Stadt einen völlig neuen Palast errichten (Jos.bell.Jud. I, 40,2; II, 44; V, 177-183; ant.Jud. XV, 318), der aus zwei Teilen bestand. Im NW, im Bereich der heutigen Zitadelle, wurde am höchsten Punkt der damaligen Stadt eine Festung errichtet, die durch Signalzeichen mit anderen herodianischen Fluchtburgen rings um J. in Verbindung stand (Jos.bell.Jud. V, 161-176). Hauptbestandteil waren drei gewaltige Türme, Hippikus, Mariamne und Phasael, von denen der letzte mit 90 Ellen (ca. 40 m) der höchste war. Reste dieser Festung (Kroll, 345-349) wurden 1935/48 (C.N. Johns, QDAP 14, 1950, 121-190) und ab 1968 (R. Amiran, A. Eitan, in: Jerusalem Revealed, 1975, 52-54; H. Geva, IEJ 33, 1983, 55-67) ausgegraben. Ob ein bis fast 20 m Höhe erhaltener herodianischer Turm mit Hippikus oder Phasael zu identifizieren ist, bleibt umstritten (H. Geva, IEJ 21, 1981, 57-65). Südl. der Festung lag der eigentliche Wohnpalast, von dem aber lediglich Substruktionen und Aufschüttungen für eine riesige Plattform von 300-350 x 60 m übrigblieben (D. Bahat, M. Broshi, in: Jerusalem Revealed, 1975, 55f; A.D. Tushingham, Excavations in Jerusalem I, 1985, 1-180). In diesem Palast dürfte der Besuch der Magier spielen, der etwas von der panischen Furcht ahnen läßt, die der alternde Herodes vor Umsturzversuchen hatte (Mt 2,1-12).

Nach der kurzen Regierungszeit des Herodes-Nachfolgers Archelaos (vgl. Mt 2,22) kam *Judäa ab 6 n.Chr. als röm. Provinz unter die direkte Verwaltung eines Statthalters. Ihm fielen die Königspaläste in J. zu. Allerdings residierten die Präfekten in *Cäsarea am Meer und kamen in der Regel nur zu den politisch brisanten Wallfahrtsfesten nach J. (Mt 27,15ff par.). Viele Forscher sehen im oberen Herodes-Palast die Stätte der Verurteilung Jesu durch Pilatus (Mt 21,1ff par.). Aber das *Prätorium lag im ehemaligen Hasmonäer-Palast, den Herodes nach dem Neubau offenbar zu Verwaltungszwecken benutzte (B. Pixner, ZDPV 95, 1979, 78-83). Hier hatte der König seine eigene Frau Mariamne zum Tode verurteilt (Jos.bell.Jud. I, 443; ant.Jud. XV, 229). Ob *Herodes Antipas während der Feste (vgl. Lk 23,6-12) im oberen Palast, in der Burg Antonia oder in einem eigenen Amtssitz wohnte, wissen wir nicht. Die Kreuzfahrertradition, die auf das Gebiet nördl. des Tempelplatzes weist, ist kaum brauchbar. Einen herodianischen Anbau dieses Palasts bildete vielleicht ein von N. Avigad (Discovering, 95-119) als »Palatial Mansion« bezeichnetes Gebäude mit wunderbaren Mosaiken aus derselben Schule wie die in den Herodes-Palästen von *Masada. In unmittelbarer Nähe geben gut erhaltene Häuserreste Einblick in das Leben der Jerusalemer Oberschicht (Avigad, 83-94). Eine Fülle von Bädern diente sowohl rituellen wie erholsamen Zwecken. Zu den Einzelfunden gehören Fresko-Fragmente, luxuriöse Steintische (die bisher einzigen im Palästina des NT), in griech. Stil dekoriertes Geschirr und sogar Theater-Tickets (Avigad, 145-202; BARev 9/6, 1983, 48-65). Eines der Häuser, das einem Mitglied der aus dem Babylon. Talmud (Pes 57a) bekannten Priesterfamilie Kathros gehörte (»Burnt House«), zeigt besonders deutliche Brandspuren von der Zerstörung Jerusalems 70 n.Chr. (Avigad, 120-138; BARev 9/6, 1983, 66-75). Die Frage nach dem Tagungsort des Hohen Rats (*Sanhedrin) wird dadurch erschwert, daß er seinen Sitz gerade um das Jahr des Prozesses Jesu (30 n.Chr) verlegte. Er zog aus der »Quaderhalle« im Inneren des Tempelbezirks (b Sanh 88b) in die »Läden« um (Sanh 41,2), die vermutlich mit der »Königlichen Halle« an der S-Mauer des Tempelplatzes gleichzusetzen sind.

Von der sog. »Zweiten Mauer« (Jos.bell.Jud. V, 146.158), die wahrscheinlich Herodes der Große errichtete (B.E. Schein, BA 44, 1981, 21-26), kennen wir nur den Ansatz bei einem Tor im äußersten NW des Jüd. Viertels (Avigad, 69). Es handelt sich wahrscheinlich um das von Josephus (bell.Jud. V, 146) genannte Gennath-(Garten-)Tor, wo die zweite von der ersten Mauer nach N abzweigte. Der vorauszusetzende Mauerverlauf läßt die Grabeskirche deutlich außerhalb der alten Stadt, so daß sich von hier aus keine Probleme für die Echt-

Reste eines vorexilischen Privathauses in der Davidsstadt, das Brandspuren von der Zerstörung unter Nebukadnezar (587 v.Chr.) aufweist. Links oben ein Turm der hellenistischen Stadtmauer. (RR)

heit des *Golgatha-Felsens an dieser Stelle ergeben.

Positive Ergebnisse erbrachten die archäologischen Forschungen der letzten Jahre auch für die Frage nach der Authentizität der Ortstradition über den Abendmahlssaal auf dem SW-Hügel (*Obergemach). Entgegen früheren Ansichten war er seit der Hasmonäer-Zeit wieder durch eine Mauer in die Stadt einbezogen (s.o.). In der äußersten SW-Ecke wurde in frühherodianischer Zeit ein Tor angelegt. Es handelt sich um das von Josephus (bell.Jud. V, 145) erwähnte Essener-Tor (R. Riesner, ZDPV 105, 1989, . . .). Aufgrund der aufgefundenen Architekturfragmente ist es bisher das einzige Tor der ntl. Zeit, von dem eine Rekonstruktionszeichnung angefertigt werden kann (D. Chen, ZDPV 105, 1989, Fig. 4). Seinen Namen trug das Tor nach dem in seiner Nähe liegenden Wohnviertel von *Essenern (B. Pixner, ZDPV 105, 1989, . . .), von dem u.a. Ritualbäder inner- und außerhalb der Stadtmauer erhalten sind (B. Pixner, FS B. Bagatti, 1976, 245-284; R. Riesner, ANRW II/26, 1989). In der Nähe dieses Viertels lag der erste Versammlungsort der Urgemeinde (Apg 1,13; 2,1ff), wo auch schon Jesus selbst sein letztes *Abendmahl (Mk 14,12-26 par.) gehalten hatte (R. Riesner, BiKi, 40, 1985, 64-76). Die Ortsüberlieferung wird durch einen judenchristl. Synagogalbau bezeichnet, dessen Reste im Unterteil des legendären »Davidsgrabs« erhalten sind (Kroll, 312-318).

Wenig nördl. des Abendmahlssaals wurden relativ gut erhaltene Reste vornehmer herodianischer Häuser mit Freskofragmenten gefunden (M. Broshi, in: Jerusalem Revealed, 1976, 57-60), die allerdings wieder zugeschüttet wurden. Die Tradition über die Lage des Hohepriesterlichen Palasts (Mt 26,58ff par.) in dieser Gegend (armenische Erlöserkirche) ist allerdings spät und legendär. Wahrscheinlich lag er bei der Kirche St. Peter in Gallicantu am SW-Abhang des heutigen Zionsbergs (E. Power, DBS II, 1934, 691-756). Durch dieses Gebiet führt vom *Siloah-Teich her kommend eine Stufenstraße aus ntl. Zeit.

Einer der größten Streitpunkte der Archäologie des ntl. J. ist der Verlauf der sog. »Dritten Mauer« (P. Benoit, Exégèse et Théologie IV, 1982, 292-310), die *Herodes Agrippa II. (vgl. Apg 12,1ff) nach 41 n.Chr. im N baute (Jos.bell.Jud. V, 147-155). Neuere Untersuchungen konnten im Gegensatz zu früheren (Kenyon, 238-250) im Bereich des heutigen Damaskus-Tors keine Spuren eines Tors aus der Zeit vor 70 n.Chr. nachweisen (M. Magen, Qadmoniot 17, 1984, 117-120). Aus der Zeit vor 70 n.Chr. stammen Reste einer Mauer, die 1925/7 (E.L. Sukenik, L.A. Mayer, Excavations of the Third Wall, 1931) und 1972 (S. Ben-Arieh, in: Jerusalem Revealed, 1976, 60-62) freigelegt wurden. Die Beschreibung des Josephus scheint eher auf

Ausgrabungen unterhalb vom südlichen Ende des Tempelplatzes. Links in der Mauer sieht man das zugemauerte herodianische »Dreifache Tor«. Der Blick geht nach Nordosten zum Ölberg. (RR)

diese Mauer zu passen (A. Kloner, Levant 18, 1986, 121-129). Ihr provisorischer Charakter könnte sich daraus erklären, daß Herodes auf Intervention der Römer den Bau abbrechen mußte (G. Schmitt, ZDPV 97, 1981, 153-170). Andere Interpretationen etwa als Verteidigungswall der Zeloten von 70 n.Chr. (E.W. Hamrick, BA 40, 1977, 18-23) sind weniger überzeugend (H. Shanks, BARev 13/3, 1987, 46-57).

Reiche Gräberfunde (Jerusalem Revealed, 1976, 63-74) illustrieren die ntl. Angaben zum Grab Jesu (*Begräbnis- und Trauersitten II.6). Neben den vorherrschenden Stollengräbern existieren aus der Zeit vor 70 n.Chr. auch Bankbogengräber, so auf dem Ölberg (B. Bagatti, J.T. Milik, Excavations at Dominus Flevit I, 1958). Im Gegensatz zu einem Fund aus der judäischen *Schefela (A. Kloner, Qadmoniot 19, 1966, 102-105) wurden in J. beide Gräbertypen aber noch nicht in ein und derselben Grablege nachgewiesen. Wahrscheinlich nördl. des Damaskustors an der Hauptausfallstraße nach N lag das Mausoleum *Herodes des Großen (*Königsgräber). Die monumentalste Grabanlage aus ntl. Zeit liegt noch weiter nördl. und wurde von der zum Judentum übergetretenen Königin Helena von Adiabene errichtet, die während der Hungersnot unter *Claudius (vgl. Apg 11,27) J. durch Nahrungsmittel unterstützte (Jos.ant.Jud. XX, 51f.95f). Eine andere vornehme Grabanlage, die von manchen mit der Herodes-Familie verbunden wird, liegt westl. der Altstadt beim King-David-Hotel. Dieses bietet wie das Grab der Helena ein schönes Beispiel für eine Rollsteinkonstruktion. Großes Aufsehen erregte mit Recht der Fund von Gebeinen eines Gekreuzigten im nordöstl. Vorort Givʿat Hamivtar (*Kreuz/Kreuzigung). Judenchristl. Gräber lagen im Kidron-Tal (*Begräbnis- und Trauersitten II.5) u.a. bei *Gethsemane.

Die Schätzungen über die Bevölkerung von J. in ntl. Zeit gehen auseinander. Am meisten genannt wird die Zahl von etwa 50 000 (M. Broshi, BARev 4/2, 1978, 12-14). Doch wird auch eine Größe von bis zu 200 000 Einwohnern einschließlich der Vororte vertreten (A. Byatt, PEQ, 105, 1973, 51-60). Zu den großen Wallfahrtsfesten, besonders *Passa, konnte sich die Zahl der Menschen verdrei- bis vervierfachen. Dann wurde das Stadtgebiet religionsgesetzlich ausgeweitet (*Betfage), so daß die Pilger wie Jesus und seine Jünger in Gethsemane (Mt 26,36ff) im Freien übernachten konnten (vgl. Jos.bell.Jud. II, 10-13; ant.Jud. XVII, 217).

Religiös wie wirtschaftlich war das Leben in J. durch die Existenz des Tempels geprägt (Jeremias, 142-165). Er sicherte mit seinem Opfer- und Pilgerbetrieb den Lebensunterhalt des größten Teils der Bevölkerung (M. Broshi, JJS 38, 1987, 31-37). Wenn die Hohepriesterschaft beim Prozeß gegen Jesus rasch eine aufgebrachte Volksmenge zusammenzubringen vermochte (Mt 27,15ff par.), so konnte sie dabei auch mit seiner Ansage der Tempelzerstörung (Mt 24,1f; 26,61 par.) Stimmung machen (G. Theissen, Soziologie des Urchristentums, [2]1983, 142-159). In J. ließen sich viele fromme Juden im fortgeschrittenen Alter nieder. Sie konnten durch wirtschaftliche Schwierigkeiten rasch verarmen und zur Unterschicht der in der heiligen Stadt ohnehin zahlreichen Bettler absinken. So waren viele, darunter auch Christen (vgl. Gal 2,10; 1Kor 9,1; 2Kor 8,9; Röm 15,26-28; Apg 24,17), auf auswärtige Unterstützung angewiesen. Durch die starke Präsenz einer überaus reichen Schicht aus dem Tempeladel, dem herodianischen Hof und den Großkaufleuten gab es starke soziale Gegensätze, welche revolutionäre Stimmungen anheizten (Mk 15,7). Als die *Zeloten während des ersten Jüd. Aufstands J. eroberten, war eine ihrer ersten Maßnahmen die Vernichtung der Schuldverschreibungen (Jos.bell.Jud II, 427f).

Am rel. Mittelpunkt des Judentums war der Pharisäismus sehr stark vertreten, der in der Mittelschicht der Handwerker seine Stütze hatte (Jeremias, 114-123). In J. existierte eine große Zahl von *Synagogen, die meisten von ihnen wohl nur einfache Haussynagogen (R. Riesner, Jesus als Lehrer, [3]1988, 133-137). Eine aus herodianischer Zeit stammende Stifterinschrift, die nahe den *Königsgräbern auf dem SO-Hügel gefunden wurde, könnte zu der in Apg 6,9 genannten »Synagoge der Libertiner« gehört haben (CIJ II, 332-335). Vor 70 n.Chr. war J. (vgl. Apg 5,34) auch der unumstrittene Hauptsitz jüd. Schriftgelehrsamkeit (M. Hengel, Urchristliche Geschichtsschreibung, [2]1984, 71f). So erhielt hier auch *Paulus seine höhere Ausbildung, ja wahrscheinlich hatte er schon seine Elementarschulzeit in J. (Apg 22,3) verbracht (Riesner, 241). Durch die Wallfahrten wurde die Stadt zum Bezugspunkt der gesamten jüd. Diaspora (vgl. Apg 2,9ff; 21,27). Es war deshalb auch von missionsstrategischer Bedeutung, wenn die Urgemeinde J. zu ihrem ersten Zentrum machte (Apg 1,4.8 vgl. 1Kor 14,34).

Literatur: N. Avigad: Discovering Jerusalem, 1983, 64-204; M. Avi-Yonah, in: Y. Yadin: Jerusalem Revealed, 1976, 9-13; ders., in: The World History of the Jewish People V/7, 1975, 206-249; ders.: EAEHL II, 1976, 598-610; M. Ben-Dov: In the Shadow of the Temple, 1985, 73-184; W. Bühlmann: Wie Jesus lebte, 1987, 76-122; G. Dalman: Orte und Wege Jesu, [4]1967, 277-402; J. Jeremias: Jerusalem zur Zeit Jesu, [3]1969; K.M. Kenyon: Digging Up Jerusalem, 1974, 205-255; dies.: Die Bibel im Licht der Archäologie, 1980, 89-97; C. Kopp: Die heiligen Stätten der Evangelien, [2]1964; H. Kosmala: BHH II, 1964, 844-847; G. Kroll: Auf den Spuren Jesu, [10]1988; S. Margalit, in: A.L. Eckardt: Jerusalem – City of Ages, 1987, 44-65; B. Mazar: Der Berg des Herrn, 1979, 70-86.97-140.184-210; E. Otto: Jerusalem, 1980, 127-164; S. Safrai: Die Wallfahrt im Zeitalter des Zweiten Tempels, 1981; E. Schürer: History of the Jewish People II, 1979; J. Simons: Jerusalem in the Old Testament, 1952, 35-59.282-343.459-504; H.Schultz, R. Riesner: Jesus und Jerusalem, 1978; L.H. Vincent, M.A. Stéve: Jèrusalem de l'Ancien Testament I/II, 1954/6; L.H. Vincent, F.M. Abel: Jèrusalem Nouvelle I-III, 1914/26; P. Welten: TRE XVI, 1987, 597-599; J. Wilkinson: Jerusalem as Jesus knew It, 1978.

IX. DIE SPÄTRÖMISCHE STADT.

Nach dem kurzen Zwischenspiel des Königtums von Herodes Agrippa II. (41-44 n.Chr.) kam J. mit Judäa wieder unter die direkte Herrschaft röm. Statthalter. Deren Mißwirtschaft und mangelndes Einfühlungsvermögen ließen die zelotische Stimmung anwachsen. Wie stark sie gerade auch in J. war, sehen wir 57 n.Chr. an der Verhaftung des *Paulus (Apg 21,27-23,22) und 62 n.Chr. am Martyrium des »Herrenbruders« Jakobus (Jos.ant.Jud. XX, 200; Eus. h.e. II, 23,8-19). Selbst dieser für seine Gesetzestreue bekannte Judenchrist wurde jetzt wegen seines Bekenntnisses zur Messianität Jesu als außerhalb der jüd. Gemeinschaft betrachtet. Dennoch hielt die Urgemeinde auch unter seinem Bischofsnachfolger Simon, Sohn des *Kleopas, an der Präsenz in der heiligen Stadt fest (B. Pixner, in: J. Plögel, Heilige im heiligen Land, 1982, 146-152.300-304). Erst bei Ausbruch des jüd. Kriegs (66-70 n.Chr.) verließ die Gemeinde aufgrund prophetischer Weisung (vgl. Mk 13,14ff; Offb 12,6ff) die Stadt (Eus.h.e. III, 5) und floh nach *Pella im O-Jordan-Land. Die Zerstörung J.s, die Jesus vorausgesagt hatte (Mt 23,37-39; 24,2 par.; Lk 19,41-44), wurde nicht nur von den Christen, sondern auch von vielen Juden (4 Esr; Bill. I, 945-949; II, 253f) als Gericht Gottes betrachtet.

Als 66 n.Chr. der Aufstand losbrach, sprang der Funke am *Laubhüttenfest, nicht zuletzt auch durch die vielen Pilger aus *Galiläa, sogleich auf J. über. Im Anblick der heranmarschierenden Römer kam es dann 69 n.Ch. zum Bürgerkrieg zwischen den gegensätzlichen zelotischen Fraktionen in J. (Jos.bell.Jud. IV, 135ff). Am 14. Nisan (Anfang April) 70, als J. voller *Passa-Pilger war, ließ *Vespasian die Stadt einschließen. Schon nach einmonatiger Belagerung durchbrach der Kronprinz *Titus die dritte N-Mauer (bell.Jud. V, 302) und nach nur weiteren zehn Tagen die zweite (bell.Jud. V, 331ff). Dann beschloß Titus, die Stadt auszuhungern und umgab sie deshalb (ähnlich wie in *Masada noch gut sichtbar) mit einem Wall, um jede Flucht zu unterbinden. Es kam

Blick vom Ölberg auf die SO-Ecke (sog. »Zinne des Tempels«) des Tempelplatzes. Links unterhalb der Al-Aksa-Moschee erstreckt sich ein großes Ausgrabungsgebiet, das u.a. eine herodianische Prachttreppe aus weißem Kalkstein umfaßt. Links von der Kurve der modernen Straße beginnt sich der unscheinbare Hügelsporn der Davidsstadt nach Süden herabzusenken. Die auffallende Kirche links oben (St. Peter in Callicantu) steht in der Gegend des neutestamentlichen Hohenpriester-Palastes. (RR)

aufgrund des Hungers zu unbeschreiblichen Szenen bis hin zum Kannibalismus (bell.Jud. V, 424ff). Ende Juni fiel das Hauptbollwerk der Aufständischen, die Antonia, welche sofort geschleift wurde (bell.Jud. VI, 23ff). Am 6. August begann der Angriff auf den Tempelbezirk, wobei das Heiligtum, vielleicht gegen den Willen des Titus, in Flammen aufging (bell.Jud. VI, 249ff). Einige Kultgeräte, so der Siebenarmige Leuchter und der Schaubrottisch, wurden gerettet und später im Triumphzug mitgeführt, wie noch heute am Titus-Bogen in *Rom zu sehen. Im September brach der letzte Widerstand auf dem W-Hügel zusammen (bell.Jud. VI, 392ff), wo an mehreren Stellen die Brandschicht jener Tage freigelegt wurde.

Obwohl schwer zerstört und mit einer starken röm. Garnison belegt, blieb J. auch nach 70 n.Chr. eine jüd. Siedlung. Um 73/4 n.Chr. kehrte ein Teil der Urgemeinde zurück und errichtete unter Simon Bar-Kleopha am Ort des Abendmahlssaals eine Synagogenkirche (*Obergemach). Auch wenn es einige Heidenchristen gegeben haben wird, war die Gemeinde mehrheitlich judenchristl. (Eus. DemEv III,5) und wurde von jüd.-stämmigen (vielleicht davidischen) Bischöfen (Eus.h.e. IV, 5) geleitet (A. Schlatter, Synagoge und Kirche, 1966, 99-173).

Auf seiner Orientreise 130 n.Chr., während der er auch J. besuchte (ELS 477f), beschloß Kaiser Hadrian (117-138 n.Chr.), die Stadt in eine röm. Kolonie umzuwandeln. Das war einer der wesentlichen Gründe für den Ausbruch eines Aufstands (132-135 n.Chr.), dessen Führer Simon Bar-Kochba (»Sternensohn« vgl. 4Mo 24,17) vom damals berühmtesten Schriftgelehrten Akiba zum Messias proklamiert wurde (j Taan 68d). Ob die Aufständischen auch J. erobern konnten, ist umstritten (P. Schäfer, Der Bar-Kokhba-Aufstand, 1981, 78-101), aber aufgrund der Quellen nach wie vor wahrscheinlich (S. Applebaum, in: U. Rappaport, Judaea and Rome, 1983, 242-246). Die Judenchristen beteiligten sich nicht am Aufstand und wurden deshalb von ihren Landsleuten verfolgt.

Nach dem Zusammenbruch der Erhebung wurde die Gründung der Colonia Aelia Capitolina ohne jede Rücksicht durchgeführt. Das Judentum sollte an seinem rel. Zentrum im Mark getroffen werden. Der Tempel wurde in ein heidnisches Heiligtum zu Ehren des Jupiter Capitolinus umgewandelt und mindestens eine Statue des Hadrian aufgerichtet. *Betesda funktionierte man zu einem Äskulap-Tempel um und *Siloah wahrscheinlich zu einem Nymphäum (Quell-Heiligtum). Das Aussehen der Stadt wurde drastisch verändert, indem man ihren Schwerpunkt nach N verlegte. Auf gewaltigen Aufschüttungen über *Golgatha errichteten die Römer ein W-Forum mit einem Venus-Tempel. Ein weiteres O-Forum wurde im Bereich der Antonia angelegt und mit einem Triumph-Tor, dem heutigen Ecce-Homo-Bogen, versehen. Reste eines anderen Siegesbogens sind unter dem heutigen Damaskustor erhalten. Südl. der gegenwärtigen King-David-Street (Verlauf der ehemaligen ersten N-Mauer) schlug die Legio X Fretensis ihr Lager auf, welches den ganzen Raum des Armenischen Viertels einnahm. Der Bauplan der röm. Kolonie prägt bis heute den Verlauf der Straßen in der Altstadt.

Seit dem Beginn der röm. Kolonie hatte J. einen ersten heidenchristl. Bischof Markus (Eus.h.e. V, 12). Wohl schon unter Kaiser Antoninus Pius (138-161) wurden die Bestimmungen gegen die Juden gelockert und spätestens seit den severischen Kaisern ab 193 n.Chr. gab es in Aelia wieder eine jüd. wie auch eine judenchristl. Gemeinde (B. Lifshitz, ANRW II 8, 1977, 487). Die Judenchristen konnten sich wahrscheinlich auf dem außerhalb der Kolonie liegenden SW-Hügel bis in die byzantin. Zeit als Sondergemeinschaft halten. Schon im 2.Jh.n.Chr. hören wir mit Bischof Melito von *Sardes von einem heidenchristl. J.-Pilger (Eus.h.e. IV, 26) und an der Wende vom 3. zum 4. Jh. von beträchtlichen Besuchermassen (Eus. DemEv VI, 18,23).

Literatur: N. Avigad: Discovering Jerusalem, 1983, 205f; M. Avi-Yonah: EAEHL II, 1976, 610-613; M. Ben-Dov: In the Shadow of the Temple, 1985, 185-206; E.W. Cohn: New Ideas about Jerusalem's Topography, 1987, 115-140; K.M. Kenyon: Digging Up Jerusalem, 1974, 256-264; W.H. Mare: The Archaeology of the Jerusalem Area, 1987, 201-216; B. Mazar: Der Berg des Herrn, 1979, 87-90.211-220; E. Otto: Jerusalem, 1980, 159-173; J. Wilkinson: TRE XVI, 1987, 617-619.

X. DIE BYZANTINISCHE EPOCHE.

Nachdem sich Kaiser Konstantin 312 n.Chr. dem Christentum zugewandt hatte, setzte in J. eine rege Kirchbautätigkeit ein. Als treibende Kraft erwies sich dabei die fromme Kaiserinmutter Helena, die vielleicht judenchristl. Herkunft war (B. Fischer, in: Heilige im heiligen Land, 1982, 117-121). Ab 326 n.Chr. wurden über den drei »Geehrten Höhlen« gewaltige Basiliken errichtet. So neben der Geburtskirche in *Bethlehem in J. über Golgatha die Auferstehungsbasilika und über einer als Ort der Lehre Jesu geltenden Grotte auf dem *Ölberg die Eleona-Kirche. Wenn an so wichtigen evangelischen Stätten wie *Gethsemane und dem Ort des Abendmahls erst gegen Ende des 4.Jh. Kirchen errichtet wurden, könnte das darauf hindeuten, daß sich diese Plätze bis dahin noch im Besitz von Judenchristen befanden. Erst im 5.Jh. entstanden Kirchen am Ort des *Prätoriums und des *Palasts des Hohenpriesters, die man vorher bewußt als Trümmerstätten liegengelassen hatte. So geschah es mit dem Tempelgelände wegen der Weissagungen Jesu während der gesamten byzantin. Zeit. Generell ist zu sagen, daß frühbyzantin. Ortstraditionen, die noch in Verbindung mit judenchristl. Lokalüberlieferungen stehen, ein hohes Maß an Vertrauen verdienen.

Eine nochmalige Erweiterung von J. gab es unter der Kaiserin Eudokia in der Mitte des 5.Jh. Sie ließ den S-Teil der Stadt wieder ummauern, dabei wurde eine eher »kosmetische« Mauer meist direkt über der Hasmonäer-Befestigung errichtet. Der röm. Cardo Maximus, eine Säulenstraße mit Läden in N-S-Richtung, hat man verlängert. Der Cardo wurde teilweise im Jüd. Viertel eindrucksvoll restauriert. Die größte Kirche war die im 6.Jh. unter Kaiser Justinian (527-565 n.Chr.) errichtete Hagia-Maria-Nea, die erst 1970ff wiederentdeckt worden ist. Einen einmaligen Eindruck der byzantin. Stadt in ihrer größten Ausdehnung gibt das herrliche *Madaba-Mosaik (um 560 n.Chr.). Ein kleineres Mosaik von 587 n.Chr., das vor allem die Grabeskirche zeigt, wurde 1986 in Jordanien entdeckt (M. Piccirillo, Um er-Rasas/Kastron Mefaa, 1986). In der byzantin. Zeit erlebte J. einen Höhepunkt der Pilgerreisen. Einblick in die damalige Wohnkultur geben die Ausgrabungen südl. der Tempelmauer. Abgesehen von den Wallfahrten spielte J. kirchlich eine untergeordnete Rolle. Es blieb als Bischofssitz der Metropolitie von *Cäsarea untergeordnet. Nicht zu unterschätzen ist allerdings der Einfluß J.s auf die Entwicklung der Liturgie in der Reichskirche, wobei auch judenchristl. Traditionen weitergegeben wurden (G. Kretschmar, in: Jerusalemer Heiligtumstraditionen, 1987, 29-111). Spätestens unter Kaiserin Eudokia (438 n.Chr.) wurde ein Ansiedlungsverbot für Juden in J. aufgehoben. Es existieren aber Hinweise auf eine frühere jüd. Präsenz im byzantin. J. (M. Avi-Yonah, Geschichte der Juden, 1962, 166; S.P. Brock, BSOAS 40, 1977, 267-286). Genauso wie unter Bar-Kochba blieb auch unter Kaiser Julian dem Abtrünnigen (361-363) der Versuch Episode, im Tempel wieder den jüd. Opferkult einzurichten (S.P. Brock, PEQ 108, 1976, 103-107).

Literatur: N. Avigad: Discovering Jerusalem, 1983, 208-246; M. Avi-Yonah: EAEHL II, 1976, 613-626; M. Ben-Dov: In the Shadow of the Temple, 1985, 225-272; H. Donner: Pilgerfahrt ins heilige Land, 1979; E. D. Hunt: Holy Land Pilgrimage, 1984; K.M. Kenyon: Digging Up Jerusalem, 1974, 265-274; W.H. Mare: The Archaeology of the Jerusalem Area,

1987, 217-262; B. Mazar: Der Berg des Herrn, 1979, 221-233; A. Ovadiah: Corpus of Byzantine Churches in the Holy Land, 1970; G. Stemberger: Juden und Christen im Heiligen Land. Palästina unter Konstantin und Theodosius, 1987; J. Wilkinson: Jerusalem Pilgrims before the Crusaders, 1977; ders.: TRE XVI, 1977, 619-624. R.R.

XI. DIE ISLAMISCHE PERIODE.

Im Mai 614 eroberte ein pers. Heer Jerusalem, zerstörte dabei die außerhalb der Stadtmauer gelegenen Kirchen und tötete viele Christen. Durch den Islam rel. und militärisch erstarkt, griffen die Araber auf ganz Palästina und Syrien über (636 Schlacht am Jarmuk). Unter Führung des Patriarchen Sophronius gelang die zweijährige Verteidigung J.s. Ein Vertrag mit Omar garantierte den Christen in der 638 eingenommenen Stadt Unversehrtheit und freie Glaubensausübung. Unter den Omajaden entstanden auf dem Tempelplatz der Felsendom (691/92) und die Aksa-Moschee (705-750). Auf die verehrte Felsplatte, wo die jüd. Überlieferung die Opferung Isaaks und den Altar des Priesterkönigs Melchisedek lokalisierte, wurde nun auch legendär die Himmelfahrt des Propheten Mohammed verlegt, für die in der 17. Sure eine Ortsangabe fehlt. Nach Mekka und Medina ist J. mit diesem Heiligtum (Haram es – sarif) die drittwichtigste Stadt des Islam. Die abassidische Herrschaft (nach 750) verschärfte die Lebensbedingungen der Christen. Durch Vermittlung Karls des Großen bei Kalif Harun er – Rasid erfolgte erstmals die Errichtung einer latein.-westl. Kirche mit Hospiz und Bibliothek (vor 870, Muristan bei der heutigen Erlöserkirche). Benediktinermönche setzten die Präsenz latein. Christen an diesem Ort fort (Kirche Sancta Maria Latina, 1043 zerstört). Ab 969 beherrschten die schiitischen Fatimiden Palästina. Unter Sultan al-Hakim wurde die Grabeskirche 1008 zerstört. 1072 fiel die Stadt an die türkischen Seldschuken, deren militärische Bedrohung für das byzantin. Reich neben gelegentlichen Behinderungen christl. Pilgerfahrten und sozialen Spannungen in den Herkunftsländern der Kreuzritter zu den Hauptursachen der Kreuzzüge gehörte. Die Befreiung der vom Wirken Christi gewürdigten und durch die Herrschaft der Heiden »entehrten« Stadt J. war ein zentrales Motiv der Kreuzzugsaufrufe (Papst Urban II., Bernhard von Clairvaux, u.a.). Im Verlauf des ersten Kreuzzugs (1096-1099) eroberte das abendländische Ritterheer am 15. Juli 1099 J. (Angriff vom SW und vom N, beim heutigen Herodestor) und ermordete einen Großteil der Stadtbewohner.

Die Kreuzfahrer errichteten das »lateinische Königreich von Jerusalem« (ab 1100). Zahlreiche Kirchenbauten hielten die Erinnerung an christl. Memorialstätten fest (St. Anna-Kirche am Teich *Betesda, St. Maria in Monte Sion mit dem *Obergemach). Die 1187 von Sultan Saladin eroberte Stadt wurde 1229 durch Verhandlungen Kaiser Friedrichs II. nochmals an die Christen zurückgegeben, fiel aber 1244 endgültig in den moslemischen Machtbereich. Seit 1291 stand J. unter mameluckischer Herrschaft. Die 1333 gegründete »Custodia Terrae Sanctae« begründete die Anwesenheit des Franziskanerordens in der Stadt. Die von 1516 bis 1917 währende Zugehörigkeit zum Osmanischen Reich brachte den christl. Gemeinschaften und Pilgern Duldung, aber auch Verfolgungen. 1551 wurden die Franziskaner vom Zion vertrieben. Auch Streitigkeiten zwischen den Angehörigen verschiedener christl. Konfessionen waren häufig. Die unter Sultan Suleiman dem Prächtigen (1520-1566) errichtete Stadtmauer um die Altstadt prägt das Stadtbild J.s bis in die Gegenwart.

Literatur: F. Heyer: Kirchengeschichte des Heiligen Landes, 1985, 98-175; H.E. Mayer: Geschichte der Kreuzzüge, [6]1985; E. Otto: Jerusalem, 1980, 197-226; R. Pernoud: Die Kreuzzüge in Augenzeugenberichten, [4]1977; J. Prawer: The latin Kingdom of Jerusalem, 1972; S. Runciman: Geschichte der Kreuzzüge, 3 Bde, 1958-60; G. le Strange: Palestine under the Moslems, ND 1965, 83-223.

XII. 19. UND 20. JAHRHUNDERT.

Die zeitweilige ägypt. Herrschaft über Palästina (1831-1840) erhöhte die Rechtssicherheit in J. Bis 1917 gehörte die Stadt dann wieder zum Osmanischen (türkischen) Reich. Im 19.Jh. wuchs das Interesse und Engagement europäischer Nationen und Kirchen im Heiligen Land und in J. Die Pilgerfahrten nahmen spürbar zu. Eine Intensivierung der Forschungen zur bibl. Archäologie und Topographie von J. setzte ein (E. Robinson 1838; T. Tobler 1853; C.W. Warren, 1876-1870 u.a.). Mehrere Nationen traten in Konkurrenz zu Frankreich als der traditinellen Schutzmacht für die Christen. 1837 richtete England das erste europäische Konsulat in J. ein. Verschiedene Initiativen zielten auf eine Verstärkung und Verlebendigung christl. Lebens in der Stadt. Anfangs endzeitlich begründet war die Ansiedlung der Württemberg-Templer im Stadtteil Refaim (P. Saver, Sie zog das Heilige Land, 1985). 1841 wurde das anglikanisch-preußische Bistum gegründet, u.a. mit dem 1846-1879 vom Preußenkönig Friedrich Wilhelm IV. berufenen Basler Missionsschüler Samuel Gobat. 1847 wurde das latein. Patriarchat von J. errichtet. Von der Pilgermission St. Chri-

Blick vom Arabischen Dorf Silwan über das Kidron-Tal zur Davidsstadt, die nicht mehr als die untere Bildhälfte einnimmt. Ganz rechts oberhalb der einzelstehenden Kiefer liegt das Ausgrabungsfeld von Frau Kenyon bei der Gihon-Quelle. Links reicht der freigelegte Felsen bis in den Talgrund. Die dort sichtbare quadratische Öffnung gehört zu den vorexilischen Königsgräbern. Die am weitesten links zu sehende Zypressen-Gruppe steht in der Nähe des Siloah-Ausflusses (Siloah-Teich). Die mächtige Kirche links oben (Dormitio-Abtei) bezeichnet die Gegend des Abendmahlssaals. Rechts oben sind der weiße Turm der deutschen lutherischen Erlöserkirche und daneben die Kuppel der Grabeskirche zu sehen. (RR)

schona (Basel) und anderen Missionen ausgesandte Handwerker, Architekten, Pädagogen, Mediziner und Theologen förderten die Entwicklung der Stadt. Zahlreiche Kirchbauten und diakonische Einrichtungen entstanden: Christ Church (1849, am Jaffa-Tor), Syrisches Waisenhaus (1860, eine Gründung J.L. Schnellers). Die von Kaiserswerther Diakonissen betreute Mädchenschule Thalita-Kumi wurde 1866 von C. Schick erbaut, der zu den archäologischen Pionieren in J. zählt. Die deutsche lutherische Erlöserkirche (Muristan, Architekt Adler) wurde 1898 in Anwesenheit Kaiser Wilhelms II. eingeweiht. Verhandlungen der deutschen Regierung mit Sultan Abdul Hamid II. im Vorfeld der Orientreise des Kaisers führten zur Überlassung eines Grundstücks auf dem Zion (SW-Hügel) an die deutschen Katholiken. Der »Deutsche Verein vom Heiligen Lande« errichtete dort Kirche (1910) und Kloster »Dormitio« (*Obergemach), die seit 1906 von deutschen Benediktinern betreut werden. 1903 begannen die Arbeiten an der »August-Viktoria-Stiftung« auf dem Ölberg, heute Hospital, Kirche und Sitz des »Deutschen Evangelischen Instituts für Altertumswissenschaft des Heiligen Landes«. Sein langjähriger Leiter G. Dalman (1855-1941) leistete Pionierarbeit auf dem Gebiet der bibl. Topographie und Landeskunde. Die jüd. Bewohner J.s hatten sich an der Verteidigung Jerusalems gegen die Kreuzfahrer beteiligt und waren von ihnen mit der übrigen Bevölkerung ausgerottet worden. Spätestens seit dem 13. Jh. siedelten wieder jüd. Gelehrte in der Stadt und unterhielten dort Schulen und Synagogen. Um 1800 bildeten Juden ein Viertel, um 1850 etwa die Hälfte der Stadtbevölkerung mit ansteigender Tendenz. Der jährlich am Passafest ausgesprochene Wunsch »Das kommende Jahr in Jerusalem« erhielt die Verbindung der Diaspora-Juden mit der Stadt aufrecht, deren alter Name in der von Theodor Herzl begründeten Bewegung des »Zionismus« anklingt. Die um 1880 einsetzenden Einwanderungswellen (Alijot) vor allem osteuropäischer Juden nach Palästina verstärkten den jüd. Anteil in der von Arabern und Juden gemeinsam bewohnten Stadt. Jüd. Wohngebiete entstanden auch im W und NW außerhalb der Altstadtmauern. Nach dem Sieg über die türkische Armee zog General Allenby mit britischen Truppen am 7. Dezember 1917 in die Stadt ein. Als Folge des

»Unabhängigkeitskriegs« (1948) blieb J. in einen arabischen, zu Jordanien gehörenden, und einen jüd. Sektor geteilt. Israelische Soldaten eroberten im »Sechs-Tage-Krieg« (1967) die Altstadt mit der Westmauer des Tempels (»Klagemauer«). Das jüd. Viertel der Altstadt (»Jewish Quarter«) wurde wieder aufgebaut; großzügige Ausgrabungen begannen. Im November 1977 sprach Ägyptens Staatspräsident Sadat vor der Knesset. Der Staat Israel erklärte J. am 30. Juli 1980 zu seiner unteilbaren Hauptstadt, was bisher ohne internationale Anerkennung blieb. Von den gegenwärtig rund 430 000 Einwohnern sind ca. 300 000 Juden, 100 000 Moslems und 20 000 Christen.

Literatur: D. Bahat: Jerusalem 1985, 68-87; Y. Ben-Arieh: Jerusalem in the 19th Century, 1984; A. Carmel: Christen als Pioniere im Heiligen Land, 1981; S. Elan: Deutsche in Jerusalem von der Mitte des 19. Jahrhunderts bis zum 1. Weltkrieg, 1984; M. Gilbert: Jewish History Atlas, [3]1985, 29.85; P. Gradenwitz: Das Heilige Land in Augenzeugenberichten, 1984, 30-46.119-147. O.K.

Literatur im Überblick:

1. Nachschlagewerke: M. Avi-Yonah, in: A. Negev: Archäologisches Lexikon zur Bibel, 1972, 189-194; C. Colpe: KlP II, 1967, 1141-1144; H. Donner: BRL[2], 1977, 157-165; V. Fritz: Kleines Lexikon der Biblischen Archäologie, 1987, 101-105; H. Kosmala: BHH II, 1964, 820-850; W.S. LaSor: ISBE II, 1982, 998-1032; W.H. Mare, R.K. Harrison: NIDBA, 1983, 261-270; B. Mazar, K.M. Kenyon, M. Avi-Yonah, N. Avigad: EAEHL II, 1976, 580-641; L.H. Vincent: DBS IV, 1949, 897-966; P. Welten: TRE XVI, 1987, 590-609.

2. Pläne und Karten: M. Avi-Yonah: Der Bibelatlas, 1981; D. Bahat, Jerusalem - Selected Plans of Historical Sites and Monumental Buildings, 1980; H. Donner, H. Cüppers: Die Mosaikkarte von Madeba I, 1977; M. Gilbert: Jerusalem – Illustrated History Atlas, [2]1978; J. Monson (Hrsg.): Studienatlas zur Bibel, 1983.

3. Bildbände: F.F. Bruce: Jesus (Bildführer zur Bibel), 1981; Erez Israel. Das Panorama des Heiligen Landes, 1987; H. und M. Jacoby: Halleluja Jerusalem, 1980; C. Masom, P. Alexander: Großer Bildführer zur Bibel, 1987; A. Millard: Schätze aus biblischer Zeit, 1986; Merian Heft 12/26: Jerusalem; H. Schultz, R. Riesner: Jesus und Jerusalem, 1978; J. und L. Uris: Jerusalem, 1981.

4. Geschichte: M. Avi-Yonah: Geschichte des Heiligen Landes, 1975; D. Bahat: Jerusalem – 4000 Jahre Geschichte, 1985; M. Ben-Dov, M. Naor, Z. Aner: The Western Wall, 1983; A.L. Eckardt (Hrsg.): Jerusalem - City of Ages, 1987; C. Kopp: Die heiligen Stätten der Evangelien, [2]1964; G. Kroll: Auf den Spuren Jesu, [10]1988; F. Laubscher: Geschichte einer Stadt, 1979; B. Lifshitz: ANRW II/8, 1977, 444-489; J. Madaule: Jerusalem, die heilige Stadt dreier Religionen, 1982; R.M. Mackowski: Jerusalem - City of Jesus, 1980; E. Otto: Jerusalem – die Geschichte der heiligen Stadt, 1980; F.E. Peters: Jerusalem, 1985; N.A. Silberman: Digging for God and Country, 1982; L.H. Vincent: Jérusalem antique, 1912; L. H. Vincent, M.A. Stève: Jérusalem de l'Ancien Testament I/II, 1954/6; L.H. Vincent, F.M. Abel: Jérusalem Nouvelle I-III, 1914-26.

5. Archäologie: N. Avigad: Discovering Jerusalem, 1983; B. Bagatti: Recherches sur le site du Temple, 1979; M. Ben-Dov: Jerusalem's Fortifications, 1983; ders.: In the Shadow of the Temple, 1985; P. Benoit, FS B. Bagatti I, 1976, 111-126; Biblical Archaeology Today, 1985, 435-488; F.J. Bliss, A.C. Dickie: Excavations at Jerusalem, 1898; J.W. Crowfoot, G.M. Fitzgerald: Excavations in the Tyropoeon Valley, 1929; G. Dalman: Jerusalem und sein Gelände, 1930; K.M. Kenyon: Jerusalem – Die Heilige Stadt, 1968; dies.: Digging Up Jerusalem, 1974; G. Kroll: Auf den Spuren Jesu, [10]1988; W.H. Mare: The Archaeology of the Jerusalem Area, 1987; B. Mazar: Der Berg des Herrn, 1979; H. Shanks (Hrsg.): Recent Archaeology in the Land of Israel, 1985, 129-160; Y. Shiloh: Excavations at the City of David, 1984; J. Simons: Jerusalem in the Old Testament, 1952; A. Strobel: FS O. Michel, 1974, 344-361; A.D. Tushingham: Excavations in Jerusalem I, 1985; L.H. Vincent: Jérusalem sous terre, 1911; C.W. Warren: Underground Jerusalem, 1976; R. Weill: La cité de David I/II, 1920/47; Y. Yadin (Hrsg.): Jerusalem Revealed, 1976.

6. Reiseführer: R. Gonen: Führer zu den heiligen Stätten der Christenheit, 1988; E. Gorys: Das Heilige Land, [4]1985; M. Mehling: Knaurs Kulturführer: Heiliges Land, 1986; J. Murphy-O'Connor: Das Heilige Land, 1981; H.C. Nayhauss: Heilige Stätten: Pilgerziel Jerusalem, 1988; E. Noort: Israel, 1987.

7. Bibliographie: K. Bieberstein, H. Bloedhorn: Bibliographie zur Topographie und Archäologie Jerusalems, 1989; P. Welten: TRE XVI, 1987, 602-609.

R.R.

JERUSALEM – in seiner theologischen Bedeutung.

Die Frage nach der theologischen Bedeutung von J. in der Bibel ist untrennbar mit dem weiter gehenden Thema des *Israel von Gott verheißenen und geschenkten Landes verbunden. Bibl. abgesicherte Antworten sind hier besonders wichtig, weil es um folgenschwere politische Probleme geht (C. Chapman, Wem gehört das Heilige Land?, 1984), aber auch um das christl. Verhältnis zum Judentum (O. Michel, Dienst am Wort, 1986, 169-185. 228-248).

I. JERUSALEM IM ALTEN TESTAMENT.

Mit der Überführung der *Bundeslade nach J. versuchte David, die neu eroberte Hauptstadt seines Reichs auch zum rel. Mittelpunkt zu machen und ihr durch die Anwesenheit des Heiligtums den Schutz Gottes zu sichern (2Sam 6). Gott erwies sich aber darin als der gnädig Unverfügbare, daß er durch das Wort des Propheten *Nathan den Bau eines Tempels untersagte, dafür aber David ein »Haus«, d.h. eine Familiendynastie, verhieß (2Sam 7,5-16). Nachdem der König auf Anordnung des Sehers *Gad einen provisorischen Kult einrichten durfte (2Sam 24,18-25), baute dann sein Sohn *Salomo den ersten Tempel (1Kön 5-6). Das im Zusammenhang mit der Übertragung der Bundeslade überlieferte »Gebet Salomos« (1Kön 8,22-29) wehrt einem magischen Mißverständnis der Gegenwart Gottes im Heiligtum: Es ist Unterpfand dafür, daß Israel im Gebet Gott erreichen kann. Unter dem Stichwort *Zion bestimmte von nun an die Verbindung von Tempelzusage und Davidsverheißung die Geschichte des Gottesvolkes.

In der Zeit der großen Assyrernot erneuerten *Jesaja (Jes 2,1-5; 7; 11; 37,35) und Micha (Mi 4) die Zionsverheißung. Der Glaube an die Unversehrbarkeit von J. erfuhr durch die wunderbare Bewahrung der Stadt vor *Sanherib eine ungeheure Steigerung. Man drohte zu vergessen, daß neben der Heilsverheißung auch immer die prophetische Gerichtsandrohung über das ungehorsame J. steht (Jes 3-5; 29,1-4; Mi 3 u.ö.). In der weltgeschichtlichen Umbruchszeit des Wechsels der assyr., babylon. und pers. Weltreiche gaben die Propheten im verschwindend kleinen Israel der Zionsweissagung weltweite, ja kosmische Dimensionen: Völkerkampf um J. (Mi 4,11; Joel 2; Sach 12; vgl. Ps 46,7ff; 48,5ff) und Völkerwallfahrt zum Zion (Jes 2,2-4; 60; Hag 2,7; Sach 8,22; 14,16f) zeigen, daß es über die Bewahrung Israels hinaus um die völlige Durchsetzung der Gottesherrschaft auf der ganzen Erde geht.

Die Maßnahmen des Hiskia (2Kön 18,1-4) und vollends des *Josia (2Kön 22-23) verwirklichten die Forderungen von 5Mo 12: Nun war J. nicht mehr bloß Israels Zentralheiligtum, sondern der einzige legitime Kultort. Aber wenn damit auch die Gefahr beseitigt war, daß über die Ortsheiligtümer das Heidentum eindringen konnte, so drohte jetzt ganz Israel Verderben, wenn sich in der Hauptstadt Fremdkulte breit machten. Der Prophet *Jeremia mußte dafür J. das Gericht ankündigen (Jer 7; vgl. Zef 3). Allerdings war die Überzeugung weit verbreitet, der Stadt könne nichts geschehen, da sie ja Berg (Ps 2,6; 15,1; Jes 56,7), Wohnung (Ps 9,12; 43,3; Jer 10,25) und Thron Gottes sei (Jer 3,17; Hes 43,7). Jeremias Gerichtsansage ging mit der Eroberung J.s durch *Nebukadnezar in Erfüllung, unvergessen blieb aber auch die Weissagung eines endzeitlichen Herrschers aus dem Davidshaus (Jer 23,5ff) und eines neuen Bundesschlusses in der heiligen Stadt (Jer 31,31-40). Mitten im Zusammenbruch des gegenwärtigen J. kaufte Jeremia einen Acker in *Anatot als Unterpfand für die heilvolle Zukunft der Stadt (Jer 32). Kaum irgendwo stehen Gericht und Heil für J. so unmittelbar nebeneinander.

Vom Heimweh der nach Babylon Verbannten spricht ergreifend Ps 137. Er hat auch die Zionssehnsucht des nachntl. Judentums wachgehalten. Noch heute betet der fromme Jude im dreimaligen Achtzehn-Bitten-Gebet und beim Tischsegen täglich um den Wiederaufbau J.s und die Herstellung von Davids Königtum. Die Rückkehr aus dem Exil geschah unter dem Davididen *Serubbabel (Esr 2,2; Neh 7,7), an den sich auch messianische Hoffnungen knüpften (Hag 2,22ff; Sach 4,11-14 vgl. 6,10f). Unter *Nehemia, der wohl ebenfalls davidischer Abstammung war (W.T. in der Smitten, JSJ 5, 1974, 41-47) vollzog sich der Wiederaufbau der Mauern von J. Danach hören wir merkwürdigerweise erst wieder im Zusammenhang der Familie Jesu von Davididen.

Wurde J. also nach dem Exil auch nicht zum Sitz einer erneuerten Davidsdynastie, so bekam es doch erneut seine Rolle als rel. Mittelpunkt Israels. Zeugnis davon geben die Wallfahrtspsalmen (Ps122;125). Besonders durch das Wirken des *Esra wurde der Tempel zum Sammelort der atl. Überlieferungen (R. Riesner, Jesus als Lehrer, [3]1988, 159-163). Es kam zur für den atl. Kanon grundlegenden Verbindung von gesetzlichen, prophetischen und weisheitlichen Schriften. Der Grund für die Weiterexistenz des Judentums über alle historischen Katastrophen hinweg wurde durch den nunmehr festen Bezug auf die schriftliche Tora gelegt.

Die Makkabäer-Zeit brachte gerade in J. die größte Bedrohung, sich der neuen Welteinheitskultur des Hellenismus zu assimilieren. Der militärische Kampf um die Freiheit J.s war auch eine rel. Überlebensfrage. Wie vieles wurde damals die untrennbare Bindung des Judentums an das Land der Väter theologisch tiefer begründet und so zur tragenden Überzeugung (D. Mendels, The Land of Israel as a Political Concept in Hasmonean Literatur, 1987). Wegen der illegitimen Übernahme des Hohenpriestertums durch die Hasmonäer trennten sich die *Essener vom Tempel, aber das von ihnen erwartete endzeitliche Heiligtum sollte wieder in J. stehen. Wenn Herodes der Große in J. gigantische Baumaßnahmen durchführte, dann auch mit der Absicht, durch die Pracht der gegenwärtigen heiligen Stadt von endzeitlichen Zionshoffnungen abzulenken.

Literatur: G. Fohrer: ThWNT VII, 1974; 291-318; H. Gese: Vom Sinai zum Zion, [2]1984, 113-129; J. Schreiner: Sion-Jerusalem, Jahwes Königssitz, 1963; J.J. Stamm: Der Staat Israel und die Landverheißungen der Bibel, [2]1961; G. Strecker (Hrsg.): Das Land Israel in biblischer Zeit, 1983; P. Welten: TRE XVI, 1987, 600f.

II. JERUSALEM IM NEUEN TESTAMENT.

Jesus hat über *Galiläa hinaus J. zum Zentrum seines Ringens um Israel gemacht. Mit der Ablehnung seines Umkehrrufs in der heiligen Stadt stellte er sich als letzter in die Reihe der von ihr abgewiesenen Gottesboten (Mk 12,1-12; Mt 23,34-39 par.). Nun blieb nur noch die Ansage des Gerichts über Stadt und Tempel (Mt 24,2 par.; Lk 19,41-44; 23,28-31). Aber gerade nach J., den Ort seiner vermeintlichen Verwerfung, wird er zum Endgericht zurückkehren (vgl. Mt 23,39; 26,64 par.). Jesus blieb in der Linie der atl. Prophetie, als er neben das Gericht über die heilige Stadt wegen ihres Ungehorsams die Aussicht auf künftiges Heil stellte. Mit der Ansage beim letzten *Abendmahl, erst wieder in der Gottesherrschaft von der Frucht des Weinstocks zu trinken (Mk 14,25 par.), bezog sich Jesus auf die Verheißung des endzeitlichen Dankopfermahls auf dem Zion (Jes 25,6-8). Besonders eindrücklich wird diese Zeichenhandlung, wenn Jesus sie in einem *Obergemach auf dem SW-Hügel vollzog, der damals im Gegensatz zum AT als der Zion galt. Jesu Erwartung war nicht die einer zelotischen Aufrichtung der Herrschaft Israels, sondern richtete sich wie Jes 25 ganz auf den souveränen Eingriff Gottes. Aber im irdischen J. wird der Himmel zuerst auf die Erde kommen. Wenn Jesu Kreuzigung und Auferstehung in J. geschahen, so wurde auch durch diese örtliche Festlegung deutlich, daß die atl. Heilsgeschichte in ihm seine Vollendung findet.

Obwohl sich auch in Galiläa Jesus-Gemeinden bildeten, war doch von Anfang an J. der Mittelpunkt der palästin. Urkirche. Hier in der heiligen Stadt, auf die auch die gesamte Diaspora schaute, wollte man erneut durch Wort- und Lebenszeugnis Israel für den Glauben an den Messias Jesus gewinnen (Apg 2). Für die Heiden hoffte man auf die von Jesus bestätigten (Mt 8,11f par.) großen Weissagungen von der Völkerwallfahrt (Apg 15,13-18, vgl. Am 9,11f). Erst die Verfolgung der *Hellenisten führte zu einer nennenswerten direkten Heidenmission (Apg 6-8; 11,19ff). Eine Anerkennung des Tempels als Opferstätte war allerdings auch für die konservativen Judenchristen nicht mehr möglich. Wie schon Jesus selbst (Mk 11,17 par.) galt ihnen das Heiligtum als endzeitliches Bethaus für alle Völker (Jes 56,7).

Bei aller eigenen Unabhängigkeit achtete *Paulus die Urgemeinde in J. als Hüterin der Jesus-Überlieferungen (1Kor 15,3ff), von der die gesamte christl. Verkündigung ihren Ausgang nahm Röm 15,19; 1Kor 14,36; vgl. Jes 2,3. Trotz erheblicher Spannungen hielt der Apostel durch mehrere J.-Besuche (Apg 9,26-30; 11,30; 15; 18,22; 21,15ff) und vor allem durch die Veranstaltung einer *Kollekte (Gal 2,10; 1Kor 16,1-4; Röm 15,25-32) die Verbindung mit den Jerusalemer Judenchristen und damit letztlich auch mit dem jüd. Mutterboden des Christentums (vgl. Röm 9-11) aufrecht. Wenn Paulus erwartete, daß nach der Bekehrung Israels »der Erlöser vom Zion kommt« (Röm 11,26), so darf man auch für diese Stelle annehmen: Jesus erscheint aus dem himmlischen Heiligtum, das sich am Ende an den Ort des irdischen herabsenkt (vgl. Gal 4,21-26; Phil 3,20). So ist Gott durch die Verheißung für J. nicht einfach verfügbar, aber er hält der Stadt die Treue, denn »seine Gaben und Berufung können ihn nicht gereuen« (Röm 11,29). Wie Paulus hat sein selbständiger Mitarbeiter *Lukas über dem Engagement für die Heidenmission die Hoffnung zugunsten Israels nicht aufgegeben (vgl. Apg 26,6). J. ist für ihn nicht nur die prägende Muttergemeinde der gesamten Christenheit (H.J. Klauck, Kairos 28, 1986, 129-151), auch als Stätte zukünftiger Hoffnung bleibt sie wichtig, selbst wenn das nur verhalten angedeutet wird (Apg 1,6f.11). Ein nicht ganz leicht deutbares Doppelgesicht trägt das Joh-Ev. Kein anderer Evangelist hat seine Darstellung so auf J. konzentriert und besitzt so gute Ortskenntnisse (B. Schwank, EA 57, 1981, 427-442). Gleichzeitig erscheint Jesus nach Joh an jüd. heiligen Orten, um ihren Kult in seiner Person zu vollenden und zu ersetzen (Joh 2,13-22; 5; 7). Deshalb ist der zukünftige Gottesdienst weder an den *Garizim noch an J. gebunden (Joh 4,21), sondern (»in Geist und Wahrheit« vgl. Joh 15,26) auf Jesus bezogen. Auch Johannes hält aber fest, daß die Heilsgeschichte im jüd. Gottesvolk ihren Ausgang nahm (Joh 4,22).

Die theologische Bedeutung des irdischen J. kann man so zusammenfassen:

1. Es ist durch Kreuz und Auferstehung Jesu der zentrale Ort der Heilsgeschichte und als ehemalige Stätte des Tempels gleichzeitig ein unübersehbarer Hinweis auf die untrennbare Verbindung von altem und neuem Bund.

2. Die Erforschung und der Besuch der mit dem AT und NT verbundenen konkreten Orte in J. kann uns davor bewahren, die Heilsgeschichte zu vergeistigen. Gott handelt so wirklich in der Geschichte, daß man an einigen Orten noch sehen kann, welche Steine sich bewegt haben (vgl. Lk 19,40).

3. Wenn J. heute eine vorwiegend von Juden besiedelte Stadt in einem unabhängigen Staat ist, dann liegt darin ein unübersehbares Zeichen von Gottes Treue zum alten Bundesvolk.

4. Gleichzeitig steht J. im Brennpunkt internationaler politischer Spannungen und ist im Inneren von nationalem und rel. Haß zerrissen. Kaum irgendwo wird auch die Spaltung der Christenheit so deutlich wie in der heiligen Stadt. So bedeutet das heutige J. auch

einen unübersehbaren Hinweis darauf, daß die Vollendung noch aussteht.

5. J. stellt schließlich ein konkretes Erinnerungszeichen für die Vollendung der bibl. Hoffnung dar. Welche zukünftigen Ereignisse aufgrund atl. und ntl. Prophetie mit J. zu verbinden sind, ist selbst unter evangelikalen Christen sehr umstritten. Bei der Beantwortung solcher Fragen ist größte exegetische Vorsicht und eine wirkliche Kenntnis der Zeitgeschichte nötig. So scheitert z.B. ein Versuch, Jer 31,38-40 mit der Erweiterung des modernen J. in allen Einzelheiten zusammenzubringen (J. McDowell, Bibel im Test, 1987, 456-460), an Unkenntnis der Topographie. Wenn von manchen zuversichtlich der Wiederaufbau des Tempels erwartet wird, so macht nachdenklich, daß 1948 ein wohlvorbereiteter Versuch unter dramatischen Umständen scheiterte (L. Collins, D. Lapierre, O Jerusalem, 1972, 414ff). Man kann über dieses Thema nicht reden, ohne die gesamte zukünftige Rolle Israels im NT zu bedenken (J. van Oorschot, Hoffnung für Israel, 1988). Bleiben so viele Einzelheiten noch undeutlich, J. als Erscheinungsort des wiederkommenden Christus hat eine gute bibl. Basis.

Literatur: W.D. Davies: The Gospel and the Land, 1974 (dazu kritisch: S. Talmon, D. Flusser: CNfI 25, 1975, 132-139; P. Benoit: RB 83, 1976, 591-596); J.K. Elliott: TRE XVI, 1987, 609-612; L. Hartman: EWNT II, 1981, 431-439; E. Lohse: ThWNT VII, 1964, 318-338; H. Schultz, TBLNT II, 41986, 753-757; J.C. de Young: Jerusalem in the New Testament, 1960.

III. DAS HIMMLISCHE JERUSALEM.

Schon im AT wird gelegentlich die Zukunft von J. in einer Weise geschaut, die eine rein irdische Wiederherstellung übersteigt (Jes 2,2; Mi 4,1; Hes 17,22; 40,2; Sach 14,10). Während der größere Teil des Judentums eine, wenn auch wunderbare, Ausweitung des irdischen J. erwartete (ThWNT VII, 325), begegnet in einigen Gruppen auch die Hoffnung auf ein im Himmel aufbewahrtes J., das endzeitlich offenbar werden wird (4Esr 7,26; 13,36). Offenbar war diese Erwartung vor allem in den *Essenern nahestehenden apokalyptischen Kreisen verbreitet (äthHen 90,28f; ApkBar 4,2-6). Die Tempelrolle von *Qumran enthält einen im Detail ausgeführten, aber von Hes 45-48 unterschiedenen Entwurf für das endzeitliche Heiligtum, das im irdischen J. stehen soll (vgl. auch 1QS 8,7f; 1QH 6,25; 7,8f).

Drei Schriften im NT, die am irdischen J. leiden, sprechen besonders deutlich vom himmlischen J. Paulus stellt dem irdischen J. als Sinnbild der Befangenheit im Gesetzesdienst das himmlische gegenüber (Gal 4,22-30), in dem die Christen Bürgerrecht haben, während sie in der Welt Fremdlinge sind (Phil 3,20). Vielleicht an eine judenchristl. Gruppe in J., die in der Gefahr stand, sich wieder dem jüd. Tempelgottesdienst zuzuwenden, ist der Hebräerbrief gerichtet (Hebr 13,11f). Der Verfasser erinnert seine Leser daran, daß sie schon zum himmlischen J. mit dem Gottesdienst der Engelheere gehören (Hebr 12,22f). Die Pilgersehnsucht nach dieser »bleibenden Stadt« (Hebr 13,14), zu der die Gläubigen wie Abraham sind (Hebr 11,10), hat immer wieder Dichter wie J.M. Meyfart (»Jerusalem, du hochgebaute Stadt«) oder G. Tersteegen (»Kommt Kinder, laßt uns gehen«) zu tiefen geistlichen Liedern inspiriert. Während der Tempel oft bildlich für die Kirche steht, dient das endzeitliche J. nur ausnahmsweise (Mt 5,13) als Hinweis auf die messianische Gemeinde (anders T. Holtz, Christologie der Apokalypse, 21971, 191–195; R.H. Gundry, NT 29, 1987, 254-264).

Die am stärksten ausgeführte Schilderung des himmlischen J. und gleichzeitig einer der eindrücklichsten Hoffnungstexte der Bibel überhaupt findet sich in Offb 21. Ein Hauptunterschied gegenüber vergleichbaren zeitgenössischen Beschreibungen im Judentum (Tob 13,16-18; Bill. III 850) besteht darin, daß der Seher keinen Tempel mehr schaut, »denn der Herr, der allmächtige Gott, ist ihr Tempel, er und das Lamm« (Offb 21,22). Obwohl das irdische J. in der Offb als der Ort der Verwerfung Jesu durch Israel (Offb 11,8) und auch der Verfolgung der christl. Gemeinde erscheint (Offb 11,2), wird es nicht völlig aufgegeben. Sehr wahrscheinlich ist nach Offb 14,1 der irdische *Zion der Ort, an dem das himmlische J. die Erde erreicht (vgl. Joel 3,5; Apg 2,21). Während die Straßen des himmlischen J. nur knapp erwähnt sind (Offb 21,18.21), werden die aus kostbaren Steinen errichteten Mauern und die zwölf Perlentore ausführlich geschildert (Offb 21,12-21 vgl. Jes 54,11f; 60). Die Jerusalemer Altstadt besitzt eine der schönsten Stadtmauern der Welt. Auch insofern vermag der Besuch des irdischen J. zum Gleichnis zu werden und die Freude auf das himmlische J. zu stärken. Das Hoffnungsbild der himmlischen Stadt kann Christen besonders nachdrücklich daran erinnern, daß die Vollendung der Welt keine menschliche Möglichkeit darstellt, sondern allein durch einen neuen, souveränen Schöpfungsakt Gottes herbeigeführt wird.

Literatur: H. Kosmala: BHH II, 1964, 848f; E. Lohse: ThWNT VII, 1964, 324f; M. Rissi: Die Zukunft der Welt, 1966; H. Schultz: TBLNT II,41986, 756f; G. Stählin: Wissen und Wahrheit, 1973, 85-94. R.R.

JESAJA. (Hebr. *jeschajāhū*, »Jahwe ist Heil/Hilfe«, »Jahwe rettet«). Im AT werden mehrere Männer dieses Namens erwähnt, von denen jedoch bis auf den Propheten J. sehr wenig überliefert ist.

1. Jes 1,1: Sohn eines Amoz (hebr. *amoz*, zu unterscheiden von dem Propheten *Amos: hebr. *amos*), der sonst nicht weiter bekannt ist. Gelegentlich wurde die Vermutung geäußert, er sei über eine Nebenlinie mit dem judäischen Königshaus verwandt, wobei man sich auf die Erzählungen und Orakel das J.-Buchs stützte. Eindeutig ist nur, daß J. wie selbstverständlich Zugang zum Königshaus hatte.

J. war verheiratet; in Jes 8,3 wird seine Frau »die Prophetin« genannt, vielleicht weil auch sie prophetisch wirkte. Von zwei Söhnen wird berichtet, die beide symbolische Namen trugen (Jes 8,18): Schear-Jaschub, »ein Rest wird umkehren« (Jes 7,3) und Macher-Schalal-Chasch-Bas, »Raubebald-Eilebeute« (Jes 8, 1-4).

J. wirkte unter den jüd. Königen *Usija (787-736 v.Chr.), *Jotam (756-741 v.Chr.), *Ahas (741-725 v.Chr.) und *Hiskia (725-697 v.Chr.). Er hatte eine entscheidende Gottesbegegnung (viele setzen hier erst J.s. Berufung an), »als der König Usija starb« (Jes 6,1), d.h. 736 v.Chr. Sein letztes mit ziemlicher Sicherheit zu bestimmendes Auftreten fand z.Zt. von *Sanheribs Feldzug 701 v.Chr. statt (oder ca. 688 v.Chr., wenn man einen zweiten Feldzug Sanheribs gegen Jerusalem annimmt). Der späteren Überlieferung nach soll J. unter *Manasses Herrschaft (696-642) getötet worden sein (2Kön 21,16), weil er behauptete, den Herrn gesehen zu haben (Jes 6). Doch ist es auch möglich, daß J. unter Manasses Herrschaft überlebte. Das Nichterscheinen von Manasses Namen in Jes 1,1 könnte auch darauf zurückzuführen sein, daß J. kein öffentliches Amt bekleidete, nachdem Manasse König geworden war.

J. wirkte in Juda. Er war ein Zeitgenosse des Propheten *Micha, dessen Wirksamkeit sich besonders auf das Nordreich erstreckte.

Weitere Personen mit Namen Jesaja:

2. 1Chr 3,21: Sohn *Hananjas, aus dem Geschlecht Davids.

3. 1Chr 25,3.15: Sohn Jedutuns, einer der prophetischen Männer z.Zt. Davids, die auf Harfen, Psaltern und Zimbeln spielen sollten.

4. 1Chr 26,25: Levit, Sohn des Eliëser.

5. Neh 11,7: Benjaminit, dessen Nachkomme Sallu nach der Rückkehr aus babylon. Gefangenschaft in Jerusalem wohnte.

6. Esr 8,7: Sohn Ataljas, der mit Esra aus Babel nach Israel zurückkehrte. Ri.Sch.

JESAJA, BUCH.

I. ZUR PERSON JESAJAS.

s. *Jesaja.

II. DIE ZEIT JESAJAS.

Die erste Hälfte des 8. Jh. v.Chr. war für Israel unter *Jerobeam II. (ca. 787-747 v.Chr.) und für Juda unter *Usija (790-787-736 v.Chr.) eine große Blütezeit. Sie ging großenteils auf die Schwäche des Königreichs *Aram zurück und auf das Stillhalten Assyriens an seiner W-Grenze. Usijas Herrschaft kann man als die blühendste Zeit Judas seit der Unterbrechung der Monarchie nach Salomos Tod bezeichnen. Unter Usija und *Jotam waren Reichtum und Luxus in Juda reichlich vorhanden; dies spiegelt sich in Jes 2-4 wider. Aber mit der Machtübernahme Tiglatpilesars III. (745-727 v.Chr.) in Assyrien begann dieses von neuem, den Ländern im W sein Joch aufzuzwingen. *Pekach von Israel und *Rezin von Damaskus bildeten eine Koalition gegen Assyrien und versuchten, *Ahas von Juda zu bewegen, ihr beizutreten. Als Ahas ablehnte, drohten sie, ihn abzusetzen und einen Günstling (»Sohn des Tabeal«) auf seinen Thron zu setzen (734 v.Chr.). J.s Handeln zu dieser Zeit wird in Kap. 7 beschrieben. Ahas beging die Torheit, den assyr. König um Hilfe zu bitten. So wurde Juda ein Satellitenstaat Assyriens. 732 v.Chr. nahmen die Assyrer Damaskus ein, annektierten das Gebiet Israels nördl. der Ebene Jesreel und ließen *Hosea den Rest des nördl. Königsreichs als Vasall regieren. Als er sich dagegen auflehnte, belagerte *Salmanassar V. (727-722 v.Chr.) *Samaria (723/2 v.Chr.), und sein Nachfolger *Sargon II. (721-705 v.Chr.) nahm es im Jahr seiner Machtübernahme ein. Trotzdem gab es verschiedene Freiheitsbewegungen, die sich gegen die assyr. Vorherrschaft richteten. Bei dieser Gelegenheit erhob J. seine Stimme wieder, nachdem er sich nach seinem vergeblichen Protest gegen Ahas' Außenpolitik 734 v.Chr. zurückgezogen hatte (Jes 8,16ff). Er warnte Juda, an derartigen Bewegungen teilzunehmen, besonders davor, sich auf ägypt. Hilfe zu verlassen. Nach Jes 14,28 sandten die Philister in Ahas' Todesjahr eine Delegation nach Jerusalem, um eine anti-assyr. Allianz zu arrangieren; bei dieser Gelegenheit sprach Jesaja wieder eine Warnung aus (Jes 14,29-32).

Unter *Hiskia gab es andere Bewegungen dieser Art. Erwähnenswert ist die Revolte von Aschdod, die 711 v.Chr. niedergeschlagen wurde, als die Assyrer Aschdod belagerten und einnahmen (vgl. Jes 20,1). Juda und Ägypten waren in diesen Aufstand verwikkelt. Möglicherweise sollte man Jes 18 in diese

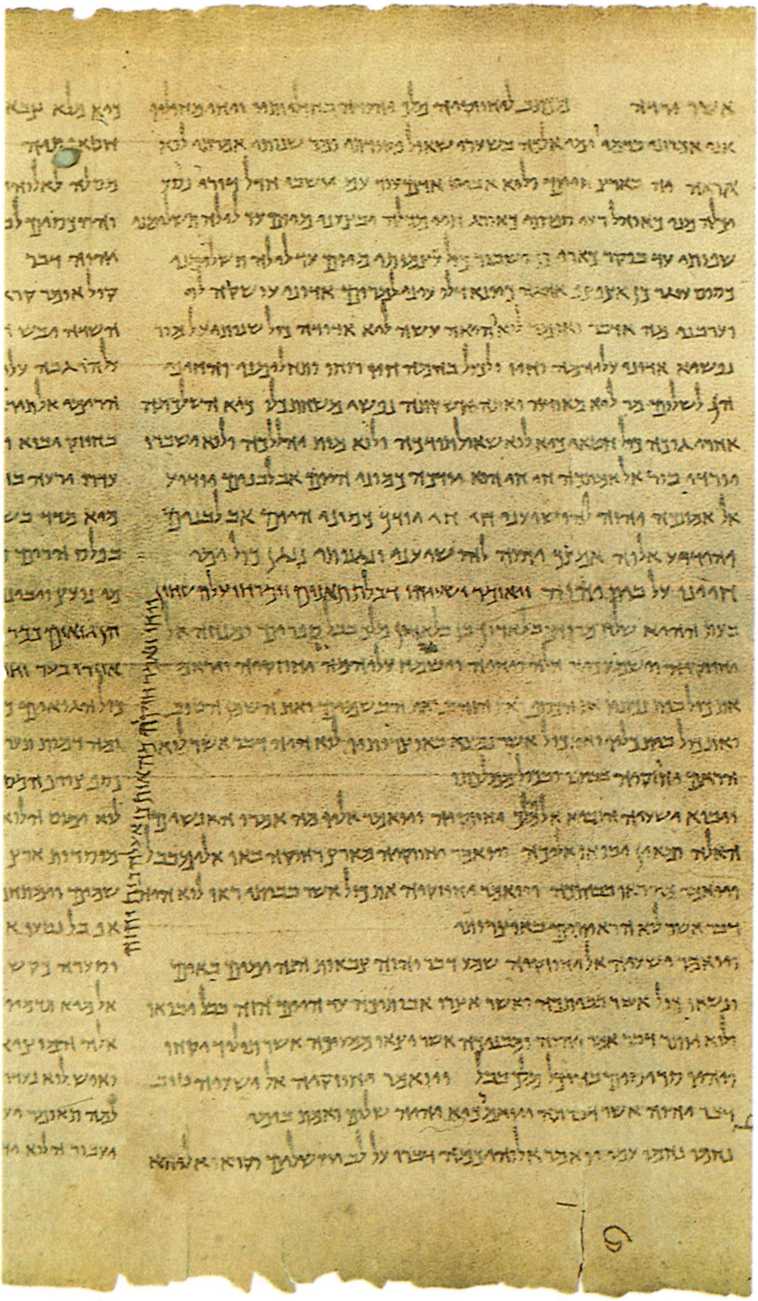

Zeit datieren; damals regierte eine äthiopische Dynastie in Ägypten. Nach Sargons Tod (705 v.Chr.) gab es überall Erhebungen gegen seinen Nachfolger Sanherib (704-681 v.Chr.). Juda war neben Israel einer der revoltierenden Staaten. Das führte 701 v.Chr. zu Sanheribs Feldzug. Das Nordreich Israel wurde erobert und die Bevölkerung nach Assyrien deportiert. Auch Juda wurde überrannt und Jerusalem belagert. Doch gelang es den Judäern, Jerusalem zu halten. Die Kap. 36-37 halten Sanheribs Bedrohung der Stadt fest, ebenso Jerusalems Befreiung sowie J.s Tätigkeit während dieser gefährlichen Zeit.

III. AUFBAU DES JESAJABUCHES.

Obwohl die einzelnen Kap. nicht in einer nach unserem Empfinden und Verständnis logischen Ordnung aufgebaut sind, kann man bestimmte Grundlinien erkennen, die eine zeitliche Aufeinanderfolge für einige Kap. nahelegen. Kap. 1-5 enthalten Prophetien aus J.s frühester Zeit, die vor der Tempelvision im Jahre 736 v.Chr. anzusetzen sind. Kap. 1 enthält darüber hinaus eine Disposition der gesamten Prophetie J.s. (Darum haben wir in Jes 2,1 auch einen bewußten Neueinsatz der Prophetenworte vor uns). Die Kap. 7,1-9,7 sind mit großer Sicherheit der Zeit um den syr.-ephraimitischen Krieg (734 v.Chr.) zuzuordnen. Kap. 18-20 führen uns in die Zeit zwischen 715-711 v.Chr., als das judäische Königshaus im Bund mit anderen palästin. Kleinstaaten versuchte, sich des assyr. Drucks zu erwehren. Die Kap. 28-37 kann man der letzten (uns bekannten) Wirkungsepoche J.s zurechnen (705-701 v.Chr.). Der Höhepunkt dieser Jahre ist die wunderbare Errettung Jerusalems von den es belagernden Assyrern unter ihrem König Sanherib.

Deutlich ist, daß die Kap. 40-55 zu einem überwiegenden Teil den Eindruck machen, als rührten sie aus der Zeit des Exils (587-538 v.Chr.). Aus den Kap. 56-66 läßt sich gut die Situation der aus dem Exil Heimgekehrten rekonstruieren. Von daher ergibt sich eine chronologische Spanne, die mehr als 200 Jahre umfaßt.

Für viele andere Kap. kann man keine genaue chronologische Einordnung vornehmen. Wenn man sich die Worte gegen die fremden Völker ansieht (Kap. 13-19), so kann man mit Ausnahme der Babylon-Kap. (13 u. 14) durchaus eine Nähe zu den Kap. 7-11 feststellen; denn auch die fremden Völker sind durch die assyr. Bedrohung in ihrer Existenz gefährdet (was aber vom Propheten als Gericht Gottes gedeutet wird).

Die Kap. 24-27, die Gottes umfassendes Gericht und die Erneuerung der Welt jenseits einer Totenauferweckung ankündigen, passen durchaus in die Abfolge der Kap. 1-23 hinein: Nachdem Gott sowohl Israel als auch den Völkern das Gericht angesagt hat (darin eingeschoben einige mehr oder weniger deutliche Heilsankündigungen), wird das Bisherige in einer Art »Grundsatzprophetie« zusammengefaßt. In den Kap. 36-39 (mit Kap. 35 als Vorwegnahme dessen, was dann in Kap. 40ff entfaltet wird) wird die Rettung der Stadt Jerusalem als Abschattung der kommenden Errettung von ganz Israel aus dem Exil erzählt. Insofern fügen sich jene Kap. sinnvoll in den Gesamtverlauf der Prophetie J.s ein.

IV. DAS PROBLEM DER VERFASSERSCHAFT.

1. Darstellung der neueren kritischen Bibelauslegung.

Allg. bekannt (und zumeist akzeptiert) ist die grobe Einteilung der 66 Kap. des J.buches in Kap. 1-39 (»Protojesaja« - erster Jesaja), Kap. 40-55 (»Deuterojesaja« – zweiter Jesaja), Kap. 56-66 (»Tritojesaja« – dritter Jesaja), wobei man jeweils verschiedene Verfasser annimmt. In den Kap. 1-39 findet man nach Ansicht der Kritiker wenige echte jesajanische Worte.

Als sekundär ausgeschieden werden vor allem: die Heilsankündigungen in Jes 2,1-4; 4,2-4 und 11,1-10. Bei Jes 9,1-6 gibt es allerdings einige Stimmen, die diese Verse J. zuerkennen wollen. Nicht jesajanisch sollen insbesondere die Sprüche gegen die Völker in Kap. 13-21 sowie die sog. »Jesaja-Apokalypse« in Kap. 24-27 sein. Ebenfalls zählt man die erzählenden Stücke Kap. 36-39 einer späteren Redaktion zu. So kommen im Grunde nur wenige Stücke auf das Konto des J., vor allem Jes 6,1-9,6 und dann Teile aus den Kap. 22;28-34. Der Hauptgrund für diese Meinung liegt darin, daß man J. als einen Gerichtspropheten ansieht: Gott richtet alles Hohe, um sich selbst als den Heiligen darzustellen. Was an Heil angekündigt wird, soll aus der späteren Redaktion und aus »Deuterojesaja« stammen.

Für die Kap. 40-55 soll ebenfalls J. als Verfasser nicht in Frage kommen. Als Indiz dafür wird der neue Stil angeführt, der in den Texten von Kap. 40-55 Verwendung findet. Man spricht heute von den Redegattungen des

Ein Teil der ältesten vollständigen Kopie des Jesaja-Buches auf Hebräisch: eine Schafleder-Rolle von 7,34 m Länge, die in Höhle 1 von Qumran am Toten Meer gefunden wurde (1Q Is^{a}). Die abgebildete Kolumne enthält Jes 38,8–40,2. 2. Jh. v.Chr. (JCT)

»Disputationswortes«, der »Gerichtsrede« und vor allem des »Heilsorakels«, die man sich allesamt im Umkreis des Diaspora-Gottesdienstes der judäischen Exilsgemeinde vorstellt. »Deuterojesaja« soll an diesen Gottesdiensten einen starken Anteil gehabt haben, so daß er von dort vor allem die Redeform des priesterlichen »Heilsorakels« übernommen habe: der Prophet spricht wie ein Priester, der den zu ihm getretenen bußfertigen Volksgliedern das Heil und die Zuwendung Gottes zuspricht (»Fürchte dich nicht. . .«, Jes 43,1ff).

Ein weiteres Argument dafür, daß in Kap. 40-55 ein anderer Verfasser spricht, soll auch die neue Sicht des von Gott Gesandten sein: in Kap. 1-39 ist es der Messias-Friedenskönig, der mit starker Hand sein Volk im erneuerten Gottesbund bewahrt, während es in Kap. 40-55 jener geheimnisvolle *Knecht Gottes ist, der schließlich durch sein stellvertretendes Leiden und Sterben die Wiederaufrichtung des Volkes Gottes (unter Einbeziehung der Völker) ermöglicht. Zweifellos ist das starke Bild vom leidenden Gottesknecht ein neues und bis dahin im AT noch nicht vorkommendes Motiv und insofern auch ein neues Element innerhalb der Jesaja-Prophetie. Aber dabei darf nicht übersehen werden, daß gerade die Aussagen über den Gottesknecht allemal den Sieg und die Aufrichtung des Gottesreiches durch den hingebungsvollen Dienst des Knechtes verkündigen. In der Aufrichtung der Gottesherrschaft haben das Bild vom messianischen Friedenskönig und das vom leidenden und schließlich siegenden Gottesknecht ihren gemeinsamen Kern.

Schließlich weist man darauf hin, daß *Kyrus, der König der Meder und Perser, der im Jahre 538 v.Chr. die Rückkehr der Judäer ermöglichte (Jes 44,28; 45,1), unmöglich von einem Propheten namentlich erwähnt worden sein kann, der kurz nach 700 v.Chr. aufhörte zu reden. Für die kritische Bibelauslegung ist das Erscheinen dieses Perserkönigs auf der Bühne der Geschichte die geschichtliche Veranlassung für »Deuterojesaja«, nunmehr mit der Gnadenbotschaft an die Exulanten zu beginnen. Würde man, wenn man an der Einheitlichkeit des Jesajabuches festhält, nicht aus J., dem Propheten, einen Vorhersager machen, der, anstatt die großen Geschichtspläne seines Gottes zu verkündigen, diese und jene Einzelheiten vorhersagt? Fest steht auf jeden Fall, daß J. Tiefenschau der Geschichte nach dem Untergang der Assyrer das Reich der Babylonier heraufkommen sah. Aber auch dieses Reich der Chaldäer sah er dem Gericht Gottes anheimgegeben (vgl. Kap. 13 u. 14). Er wußte, daß Gott Männer beauftragt, sie »salbt« und ihnen dadurch die Vollmacht und die äußeren Mittel gibt, um vorhandenen Mächten ein Ende zu bereiten und neue Reiche zu gründen. Der Name des Kyrus ist nicht so sehr mit dem Verlauf der Sätze verbunden, daß er nicht auch fehlen könnte: was über »Kyrus« gesagt ist, kann auch von einem anderen von Gott beauftragten Herrscher gesagt werden. Mit anderen Worten: es ist denkbar, daß im Zuge der Endredaktion der Rolle durch Schüler der Name des Kyrus in den Text hineinkam. Der theologischen Grundlinie nach ist aber der Auftrag dieses Herrschers von J. angekündigt worden. Auch dieses Argument, das aus der Erwähnung jenes Perserkönigs Schlüsse für die Autorschaft zieht, kann nicht das hergeben, was die kritische Bibelauslegung ihm entnimmt.

Wie Kap. 6 eindrucksvoll zeigt, ist J. im gottesdienstlichen Leben seines Volkes zu Hause. Wenn wir uns von hier aus klarmachen, daß die prophetische Tiefenschau J.s ihn mit den kommenden Bedingungen und Situationen seines Volkes derart einsmachte, daß er ihre künftigen Lebensbedingungen schon in sich selbst mitvollzog, dann ist es nicht schwer, sich vorzustellen, wie sehr er von dem Gedanken betroffen war, daß sein Volk in der Gefangenschaft nur noch den Gottesdienst haben würde. Darum redet er ab Kap. 40 oft wie einer, der an diesem Gottesdienst der Exilierten teilnimmt. Somit erübrigt sich auch das Argument, die andere Sprache verrate einen anderen Autor.

Deutlich ist der Einschnitt nach Jes 55,13. Es scheint ein neuer Ton in der Sprache des Propheten hörbar zu werden – nunmehr geht es nicht nur um Gottes Handeln (wie hauptsächlich in Jes 40-55), sondern um »Gerechtigkeit«, die das Volk üben soll (Jes 56,1) und die sich im Halten des Sabbats (Jes 56,6) niederschlägt. Überhaupt fällt die Aufteilung der Gemeinde in »Gerechte« und »Frevler« auf (Jes 57). Schließlich ist auch die Ankündigung von Gottes herrlichem Zug durch die Wüste zu einer Aufforderung an Menschen geworden, alle Steine und Anstöße aus dem Weg zu räumen (Jes 57,14). Besonders aus den eben skizzierten Gründen glaubt die kritische Bibelauslegung, daß der Abschnitt Jes 56-66 insgesamt nicht mehr auf der Höhe der deuterojesajanischen Gnadenbotschaft stehe, sondern die gänzlich andere Situation nach der Rückkehr der Exulanten vor Augen habe. Die neue Situation in der alten Heimat sei von einer aufkommenden ängstlichen Gesetzlichkeit geprägt, die in das nunmehr entstehende Judentum vorausweise. Die von der kritischen Forschung früher je und dann behauptete Zusammengehörigkeit von Jes 40-66 ist heute durchweg aufgegeben worden.

Man nennt daher den dritten Teil des Buches J. »Tritojesaja« (dritter Jesaja). Im Unterschied zu »Deuterojesaja« erkennt man in ihm aber keine Einzelpersönlichkeit als Verf., sondern sieht darin eine Sammlung von nachexilischen Texten aus verschiedenen Zeiten.

Doch die vollständige Loslösung der Kap. 56-66 von den Kap. 40-55 kann auch von der kritischen Bibelauslegung nicht durchgehalten werden. In dem Mittelstück (Kap. 60-62) findet sie deutliche Anklänge an »Deuterojesaja«, was die Vielzahl der Heilsworte angeht. Zwar ist dieses Mittelstück von »Volksklageliedern« gerahmt (Jes 59,1-14 und Jes 63,7-64,11), die man sich durchaus in der Zeit nach dem kümmerlichen Neuanfang in Jerusalem entstanden vorstellen kann, aber es ist zu bedenken, daß die vielen Heilsworte bei »Deuterojesaja« auch Klagegottesdienste während der Exilszeit in Babylon zum Hintergrund haben. Nun hat man gesagt, daß die in Kap. 60-62 wiedergegebenen starken Visionen von der Herrlichkeit Jerusalems das Nichtvorhandensein dieses Glanzes in der geschichtlichen Wirklichkeit zur Voraussetzung haben. Jedoch ist seit Jes 2,1-4 klar, daß die Erwartung der neuen Gottesstadt als eines Zentrums für die Völker zur ursprünglichen Verkündigung J.s gehört. Weil J. auch den Neuanfang jenseits des Gerichtes in seiner prophetischen Schau gesehen hat, wird man die Kap. 56-66 als eine Weisung für die Zeit nach der Rückkehr aus dem Exil ansehen können. Man darf daraus jedoch nicht die Berechtigung ableiten, sie als mit den vorangegangenen Texteinheiten inhaltlich unvereinbar darzustellen.Es ist auch richtig beobachtet, daß die Mahnungen, verbunden mit Anweisungen für den konkreten Gehorsam in diesen letzten Kap. (abgesehen von dem Mittelstück Jes 60-62) vorherrschen. Aber auch der von der Forschung hochgeschätzte »Deuterojesaja« kennt die Mahnung, zwar nicht so konkretisiert in Richtung auf den praktischen Gehorsam, sondern eher grundsätzlich. So ruft er die Generation im Exil zum Hören und Sehen auf (Jes 43,8; 49,18; 51,1 u.ö.). In dieser Situation ging es noch nicht um die Bewährung der Befreiung durch Gott im Alltag. Es kam auf die grundlegende Hinwendung zum gnädigen Gott an, die sich zunächst an einer einzigen Stelle konkretisieren sollte, nämlich indem der Auszug aus Babylon im Gehorsam vollzogen wird (Jes 48,20). Bei aller Unterschiedlichkeit der Blöcke Jes 40-55 und Jes 56-66 sollte diese innere Einheit nicht übersehen werden. Sie wird auch je und dann von der kritischen Bibelauslegung gesehen. Man hilft sich dann mit der Behauptung, daß sich »Tritojesaja« (wiewohl keine Einzelperson) in einer Schülerschaft zu »Deuterojesaja« befunden habe.

Seit Jes 1,28ff ist jedoch eindeutig, daß die kommende Errettung, die Gott allein herbeiführen wird, den konkreten Gehorsam nach sich ziehen muß. Mit anderen Worten: es gibt auch nach der Offenbarung von Gottes allumfassendem Heil und der Heimführung der Gefangenen in das Land der Väter die Möglichkeit, daß man sich Gott entzieht und dann erst recht seinem endgültigen Gericht verfällt. Was J. im grundlegenden und seine Botschaft zusammenfassenden Abschnitt Kap. 1,1-2,5 gesagt hat, wird in den späteren Kap. nur noch entfaltet.

Von daher darf man die in Jes 56ff häufig begegnende Aufteilung der Gemeinde in »Gerechte« und »Frevler« nicht als eine Verengung der universalistischen Heilsbotschaft der Kap. 40-55 verstehen. Die Rückführung der heilsuniversalistischen Stücke auf eine direkte Schülerschaft von »Deuterojesaja« und der ermahnenden Texte auf einen gesetzlichengen Autorenkreis erübrigt sich dadurch.

2. Argumente für Jesaja als Autor des Jesaja-Prophetenbuches.

a. Unter der Autorschaft eines bibl. Buches verstehen wir nicht einfach das Anfertigen eines Manuskriptes durch die in der Buchüberschrift genannte Persönlichkeit. Nach Jes 8,16 hatte J. Schüler, die das von ihm Gehörte und Geschaute überlieferten, also den Grundbestand bewahrten, schließlich die Gnadenbotschaft z.Zt. des babylon. Exils gleichsam »novelliert« wieder »herausgaben«, die J. ihnen schon vorher offenbart hatte. So kann J. mit seinem Schülerkreis, der mindestens bis zum Exil anzunehmen ist, als eine geistige Einheit gesehen werden.

b. Die Tatsache, daß der wohl wichtigste atl. Abschnitt, nämlich Jes 40-55, nicht mit einem namentlich genannten Propheten in Verbindung gebracht wird, will uns unmißverständlich zeigen, daß diese Kap. (ebenso dann auch Jes 56-66) mit Jes 1-39 in Zusammenhang gelesen werden wollen. Von daher legt sich eine einheitliche Verfasserschaft, nämlich die des J., des Sohnes des Amoz, von selbst nahe.

c. Die für uns älteste Handschrift der J.-Rolle aus den Höhlenfunden von Qumran ist etwa in das Jahr 120 v.Chr. zu datieren. Sie enthält nicht die geringsten Spuren von einer Zusammensetzung der Rolle durch eine Vielfalt von Bearbeitungen. Hätten diese wirklich stattgefunden, so hätte die in jeder Beziehung auf Sorgfalt bedachte rel. Gruppe der Qumran-Essener davon irgendeine Notiz überliefert.

d. Wenn schon im 1. Kap. (z.B. 1,27) das Gericht, das J. verkündigen soll, mit der kommenden Heilsabsicht Gottes begründet ist, dann erwartet man logischerweise auch ausführlichere Worte über das Heil, das kommen soll. Darum gehören die Kap. 40-66 auch aus inneren Gründen mit zur ursprünglichen Prophetie J.s hinzu. Unterschiede im Stil erklären sich nicht nur durch die verschiedenen Zeitepochen, in denen J. wirkte, sondern vielmehr aus den unterschiedlichen Situationen, für die er sprach.

e. Daß im NT kein atl. Prophet so häufig zitiert wird wie J., und zwar durchgängig als ein einziger Autor, rundet die Reihe der Argumente für eine jesajanische Autorschaft der Kap. 1-66 ab.

V. DIE BOTSCHAFT JESAJAS.

1. Entgegen der landläufigen Meinung sollte man in Kap. 6 nicht J.s erstmalige Berufung zum Propheten erkennen wollen, weil Jes 1,1 deutlich sagt, daß er schon vor dem Todesjahr des Königs Usija, nämlich z.Zt. des Königs Jotam (756-741 v.Chr.) gesprochen hat. König Jotam konnte zwar später seine Regierung nicht mehr aktiv ausüben, weil er vom Aussatz befallen war – darum war sein Sohn Usija schon zu seinen Lebzeiten Mitregent –, doch wird man davon ausgehen können, daß in seiner aktiven Königszeit J. angesichts eines Rüstungs- und Befestigungsbestrebens Judas seine kritische Stimme erhob und den Hochmut Judas ankreidete (Jes 1-3). Damit steht J. ganz in der Linie der testamentarischen Verfügung des Mose, wie sie uns im 5.Buch Mose (Deuteronomium) überliefert wurde: wer Gott ungehorsam ist, steht unter dem Fluch Gottes und wird dem Gericht anheimgegeben. In dieser ersten Zeit der Wirksamkeit J.s, die man zeitlich nicht genau bestimmen kann, herrscht die Anklage vor, die noch auf Besserung wartet (Jes 1,18f). Erst im Todesjahr des Usija im Jahre 736 v.Chr. erhält J. den Auftrag, sein Volk durch die Verkündigung des Zornes Gottes auf das kommende Gericht hin zu verschließen (Jes 6,1ff). Und noch viel später wird ihm in einer erneuten Beauftragung geboten, die Verkündigung der Gnade Gottes zu beginnen (Jes 40ff).

2. Wie sehr die beiden großen Teile des Buches J. innerlich zusammengehören, erkennen wir, wenn wir uns dem Brennpunkt der Verkündigung J.s zuwenden, nämlich seiner Botschaft von dem »Heiligen Israels«. Das gottesdienstliche Bekenntnis der Erhabenheit, Macht, Unvergleichlichkeit und Richtervollmacht Gottes wird von J. in jener bekannten Tempelvision (Jes 6) als ein persönliches Widerfahrnis erlebt. Im Licht dieser sich offenbarenden Heiligkeit und Herrlichkeit Gottes erkennt J. seine eigene Sünde und seine Verflochtenheit in die Sünde seines Volkes. Die Demütigung, die er als das Ziel des richterlichen Handelns Gottes seinem Volk ansagt, erfährt er in bestürzender Weise zuerst an sich selbst. Die Heiligkeit Gottes verzehrt wie ein Feuer alles, was der Mensch in angemaßter Selbstherrlichkeit in seinem Leben zum Zuge kommen lassen will (Jes 5,24; 33,14). Im kommenden Gericht stellt Gott seine von seinem Volk entehrte Hoheit und Heiligkeit wieder her (Jes 5,15f). Aber gerade dies wollen J.s Zeitgenossen nicht hören: er soll sie in Ruhe lassen mit dem Heiligen Israels (Jes 30,11). – Das Besondere an der Heiligkeit Gottes liegt nun darin, daß der »Heilige Israels« gerade infolge des Gerichtes als solcher – nämlich als Heiliger - wieder gesucht und gefürchtet wird. Der »Heilige Israels« wird wieder heilig im Gericht und darum in neuer Weise als der Gott Israels verehrt! Darauf weisen Stellen wie Jes 10,20; 17,7; 29,19 hin. Hier liegen auch die Wurzeln für die Heilsankündigung im zweiten Teil des Buches. Denn es fällt auf, daß sich dort der »Heilige Israels« als der Retter und Erlöser seines Volkes ankündigt (Jes 41,14; 43,3; 47,4; 49,7; 54; 55,5; 60,9). Im Begriff der Heiligkeit Gottes sind also Gericht und Gnade zusammengeschlossen. Nun wird der »Heilige Israels« zugleich der Heilige für die Völker, indem er auch sie richtet – und sich schließlich ihrer erbarmt.

3. Es geht eine Linie von der pointierten Verkündigung dieser Heiligkeit Gottes in Gericht und Gnade hin zur Unterstreichung der Alleinigkeit Gottes in Kap.40,12ff; 43,10ff; 44; 45; 46. Der Gott, der sich an »seinem Tag« als der einzig Hohe und Erhabene erweist, der alles Hohe, das Menschen in ihrer Verblendung aufgebaut haben, niederreißt, kann nicht vor den Götzen der Völker kapitulieren. Zweifellos ist der Götzendienst schon immer die große Sünde Israels gewesen, aber sie zeigt sich im ersten Teil des Buches mehr als politische Sünde: der Götze ist das Paktieren mit der ausländischen Macht z.B. mit Ägypten. Während des Exils aber treten die imponierenden Götterbilder Babylons in den Gesichtskreis Israels. Hier geht die Versuchung durch das Götzenbild anders vor sich: aus lauter Verzagtheit und Unfähigkeit, das Wort des verheißenden Gottes aufzunehmen, erliegt das Volk mehr oder weniger der Faszination der sichtbaren, greifbaren Bilder. Angesichts dieser Versuchung verkündigt J. der Generation im Exil Gottes ausschließlichen Anspruch, der einzige und wahre Gott zu sein (Jes 43,11). Israel hat die Stimme seines einzigen Gottes zu hören – der auch der einzige Gott für die Völker ist –, der in seiner Heilig-

keit keine andere Macht neben sich dulden kann. Dann erweisen sich auch die Hersteller der Götzenbilder als Toren, und ihre Arbeit, die der Prophet in allen technischen Details nachzeichnet, wird als sinnlose Tätigkeit entlarvt (Jes 44,9ff).

4. Dieser einzige, heilige Gott macht Geschichte. Darin unterscheidet er sich von allen Götzen. Gott hat einen »Plan«, einen »Ratschluß« gefaßt, den er in der Geschichte seines Eigentumsvolkes, aber auch in der Geschichte der Völker verwirklicht. Dieser Begriff ist normalerweise in der Politik beheimatet, weil Staaten zur Aufrechterhaltung eines geregelten öffentlichen Lebens Pläne schmieden und auch durchführen (Jes 8,14; 19,11). Auch das Juda der Zeit J.s geht mit politisch-militärischen Plänen um und sucht in der von Assyrien gefährdeten Zeit Unterstützung bei den philistäischen Stadtstaaten, in Ägypten und in Äthiopien. Judas Sünde ist es, daß es diese Pläne ohne seinen Gott macht (Jes 29,15; 30,1). Gottes Plan aber ist wunderbar (Jes 28,29), vor ihm erschrecken die Völker (Jes 19,17). So wollte Gott durch das Aufkommen der assyr. Macht die Kleinstaaten im palästin. Raum erschüttern, um sein erwähltes Volk aufs neue mit sich zu verbinden. Darum war es nicht angemessen, wenn die Könige Judas sich aus Angst vor Assyrien um militärische Bündnisse bemühten; das widersprach dem Plan und dem Ratschluß Gottes. Über diesen Plan Gottes kann man nicht spekulieren, man hat ihn vielmehr im Glauben anzunehmen. Dies zeigt J. an der Begegnung mit dem König Ahas (Jes 7,9). Diesen von Juda geforderten Glauben kann er auch als Stillesein und Hoffen bezeichnen (Jes 30,15). Nichts anderes hat J. von Hiskia erwartet während der assyr. Belagerung im Jahre 701 v.Chr. durch Sanherib.

Doch Juda hat sich nicht glaubend und hoffend in diesen Plan seines Gottes hineingefunden. Darum muß Gott sein Volk richten, indem er es schließlich in das Exil führen läßt. Doch der Plan Gottes sieht vor, daß mitten im Gericht etwas Neues geschieht (Jes 43,18f). Dieses Neue ist nicht mit dem zu vergleichen, was früher in Israel geschah. Und doch wird dieses Neue mit Worten angesagt, die Israel aus dem früheren Heilshandeln seines Gottes kennt. Es sind die Verheißungen eines neuen Exodus. Wie damals, als Israel dem Pharao durch das Meer und durch die Wüste entkam, so soll Israel jetzt den Babyloniern durch die Wüste entkommen (Jes 48,20ff). Wie unter Mose, so wird das Volk auch jetzt wunderbar auf diesem Weg in das Land der Väter geleitet. Dazu muß Gott seine Schöpfung in Bewegung bringen, damit sie seinem Volk die Bedingungen einer erfolgreichen Heimkehr liefert.

5. Es ist hoch bedeutsam, daß bei diesem »zweiten Exodus« - ähnlich wie schon beim ersten – grundlegende Aussagen über Gottes Schöpfervollmacht formuliert werden (Jes 45,12). Sie umfaßt gleichermaßen Erde und Himmel. Aber sie umfaßt ebenso die menschliche Geschichte und die Unheils- und Heilsgeschichte seines Volkes. Gottes Herrschaft über Natur und Geschichte bilden eine innere Einheit: das ist die Auslegung der Heiligkeit Gottes!

6. Doch das Erschütternde geschieht, daß auch die Exilsgeneration, die Gott in solch einer neuen und wunderbaren Weise anredet, unfähig ist, das Handeln Gottes wahrzunehmen. Sie ist in Blindheit befangen (Jes 43,8). Man gewinnt den Eindruck, daß die Kraft des Wortes Gottes (wie es die »Rahmung« des zweiten Buchteils zeigt; Jes 40,8; 55,11) in der Exils-Generation keineswegs zu ihrer letzten Auswirkung kommt. Furcht, Zagen, Resignation und Protest sind noch nicht überwunden. Und das ändert sich auch nach der Heimkehr in das Land der Väter nicht! Die Verstockung, die J. aufgetragen bekam (Jes 6,9), ist immer noch nicht aufgehoben. Obwohl nach Jes 40,2 die Strafe für die Sünde vorbei ist, ist die Sünde als Macht und als die das Leben bestimmende Realität noch nicht aufgehoben. Darum ergeht in Jes 43, 22ff eine scharfe Erinnerung an Israels Sünde, aber auch zugleich die Ankündigung ihrer Vergebung. Nicht anders ist die Situation nach dem Exil, wie Kap. 59 zeigt: neue Verschuldungen sind zwischen Gott und sein Volk getreten. Vergebung der Sünden bedeutet noch nicht das Ende des Sündigens! So wird auch die Züchtigung jenseits des Gerichtes immer wieder neu Wirklichkeit.

7. Wir schauen noch einmal zurück: Wenn J. als einziger Prophet im AT in derart umfassender Weise das Gericht (Jes 1-39), den Neuanfang (Jes 40-55) und die praktische Bewährung nach diesem Neuanfang (Jes 56-66) im Blick hat, dann fragt man sich, ob die ständig aufs neue erwähnte und beklagte Sünde Israels das Letzte ist, was J. zu sagen hat. Gibt es zu dem Problem der immer wieder von neuem geschehenden Sünde keine tiefere Antwort als die, daß sie immer wieder von neuem vergeben werden muß? Nun stoßen wir bei J. auf etwas gänzlich Neues, das zuvor im AT noch nicht gesagt worden ist: die Schau vom stellvertretenden Leiden und Sterben des Gottesknechtes. Zunächst sah J. die Erneuerung des Gottesvolkes aus dem Gericht heraus im Rahmen der Erneuerung des davidischen Königtums. Kap. 9 und 11 zeigen, daß der kommende Gesalbte das Reich des Stammvaters David wieder aufrichten, zu-

gleich aber seine Herrschaft über die ganze Welt und die ganze Kreatur ausdehnen wird. Dieses ist nur möglich, weil der kommende *Messias durch die Salbung mit dem Geist Gottes zu völligem Gehorsam gegenüber Gott fähig ist. Und zum Messias gehört die Stadt des Messias. Daher durchzieht die Weissagung über die Erneuerung der Gottesstadt nach ihrer Zerstörung das ganze Buch (Jes 2,1ff; 4,2ff; 60ff). Aber wie ist es möglich, daß etwas wirklich Neues geschehen wird? Man kann es nur der Einwirkung einer göttlichen Inspiration zuschreiben, wenn J. das Königsamt in einem neuen Licht sieht: der kommende Geistgesalbte ist darin ein königlicher Mensch, daß er die Schuld Israels und der ganzen Welt auf sich nimmt wie ein Knecht und damit den Grundstein zu einer buchstäblich »neuen Welt« legt (Jes 53,1ff).

8. Daß die Völker ebenfalls im Blick dieses stellvertretenden Handelns stehen, ist einmal durch die weltumspannende Messias-Herrschaft im ersten Teil des Buches vorbereitet worden. Zum anderen aber ist es auch in der Erkenntnis über die Schwere der Schuld der Völker begründet, die Gott zum Teil als Werkzeug des Gerichtes dienten, sich aber darin versündigten. Darum sind die Gerichtssprüche über die Völker (Jes 13ff) nicht das Letzte, was über sie zu sagen ist. Macht man sich die weltverändernde Tat des Gottesknechtes deutlich und erkennt man, daß sein Leben jenseits seines mit der Sünde der ganzen Welt beladenen Todes von grundsätzlich neuer Qualität ist, dann erscheinen auch die Kap. 24-27 in einem neuen Licht.

9. Das universale Weltgericht mit der Hoffnung auf eine Totenauferstehung ist eine Konsequenz der universalen Versöhnungstat des Gottesknechtes. Das Weltgericht bekommt durch den Gottesknecht einen neuen Stellenwert. Wenn er die Sünden der Vielen trägt, kann es sich beim Weltgericht nicht um eine Weise der Vergeltung handeln, bei der die Frommen belohnt und die Ungerechten bestraft werden. Es kommt auf die Stellung der Völker zum Handeln Gottes an, ob sie sich entschlossen dem Gott Israels und seinem Volk zuwenden. Wenn die Auferstehung der Toten im Blick ist, dann ist auch die Herrschaft des die Sünden der ganzen Welt tragenden Gesalbten keine bloße Verlängerung der üblichen irdischen Machtausübung. Dann ist sie eine Herrschaft von gänzlich neuer Qualität. Sich Löwen, die Gras fressen, vorzustellen, ist dann auch keine unüberwindliche Schwierigkeit mehr. Das ist die Hoffnung auf den neuen Himmel und die neue Erde, die daher konsequenterweise am Ende dieses gewaltigen Prophetenbuches steht (Jes 65,17). Und zuletzt: der Gehorsam der Erlösten, der in den Kap. 56ff im Blick ist, ist in aller seiner Vorläufigkeit und Bruchstückhaftigkeit aufgehoben in der Erwartung des abschließenden Werkes Gottes.

VI. DAS JESAJABUCH IM NEUEN TESTAMENT.

1. Neben dem Buch der Psalmen ist das J.-Buch das im NT am meisten zitierte atl. Buch. In erster Linie geschieht die Aufnahme J.s. durch die zitierten Messiasverheißungen. Mt 1,22f. deutet die Ankündigung der Geburt eines Immanuel (=Gott ist mit uns) auf den Jesus, der von der Jungfrau Maria geboren wurde (vgl. ebenso Jes 9,5f, das die Königsherrschaft Jesu umschreibt Lk 1,32).

2. Aber der kommende Messias ist ein Herrscher, der seine Herrschaft aufgrund seines Knechtsdienstes verliehen bekommt. Die Geistsalbung macht den Gottgesandten zum Knecht. Jes 11,2 und Jes 42,1ff werden bei der Taufe Jesu durch Johannes erfüllt (vgl. Mt 3,17; Mt 12,17ff; auch Mt 17,5). Wenn der Apostel Paulus in 1Kor 15,3f das in allen Gemeinden verbindliche Grunddatum des Glaubens wiedergibt (»Christus ist für unsere Sünden gestorben nach der Schrift . . . und auferstanden am dritten Tage nach der Schrift«), so bezieht sich dies auf Jes 53,4f.10f. Auch Einzelheiten aus der Passionsgeschichte finden sich schon in Jes 53, dort besonders in V.7 (geduldiges Leiden). Doch nicht nur die Sünden, sondern auch die Krankheiten der Menschen hat Jesus als der Gottesknecht auf sich genommen (vgl. Mt 8,17). Die Gabe der Heilung hat Jesus in Erfüllung von Jes 35,5ff innegehabt.

3. Das J.-Buch hilft auch zur Deutung des »Mißerfolges«, den Jesus im Laufe seiner Wirksamkeit als Gottesknecht zu tragen hatte. Die Reich-Gottes-Botschaft, besonders anschaulich in den Gleichnissen verkündigt, bewirkt bei den Zeitgenossen Jesu das genaue Gegenteil von dem, was sie eigentlich bezwecken sollte. Sie verstockt die Hörer Jesu. Damit liegt Jesus auf der gleichen Linie wie J. zu seiner Zeit, der den Auftrag hatte, seine Zeitgenossen für die Gnadenbotschaft zu »verschließen« (womit wir das Wort »verstokken« wiedergeben; vgl. Jes 6,9ff). Dieses »Verschließen« meint aber kein endgültiges Gericht, sondern einen zeitlich befristeten Verschluß für Gottes Gnadenbotschaft (aufgrund einer allgemeinen Unbußfertigkeit). So hat auch Paulus in Röm 11,8 die Blindheit Israels (die ebenfalls später wieder aufgehoben wird) gedeutet unter Berufung auf den Verstokkungsauftrag, den J. bekommen hatte. J. wird der große atl. Bürge für Gottes Gericht (vgl.

die Übernahme des Bildes vom unfruchtbaren Weinberg aus Jes 5 in Mt 21,33 im Gleichnis von den bösen Weingärtnern).

4. Der Abschnitt in Jes 40 mit der Ankündigung des Wüstenzuges Gottes und der Aufforderung zu einer angemessenen Wegbereitung des sich offenbarenden Gottes ist in der Person und der Botschaft *Johannes des Täufers noch einmal Wirklichkeit geworden. Allerdings liegen die Akzente nun etwas anders: J. sah, daß in der Wüste ein Weg für den mit seinem Volk heimkehrenden Gott bereitet werden soll, während Johannes der Täufer seinerseits schon in der Wüste sich aufhielt und die Wegbereitung als eine umfassende Buße verkündigte. In der Person des Täufers kommt die ganze Struktur des J.-Buches wieder zum Vorschein: Bevor Gott endgültig handelt, kündigt er das an.

5. Es gibt weiterhin enge Beziehungen zwischen den Schlußkapiteln der Johannes-Offenbarung (Gottesstadt, neuer Himmel und neue Erde, Offb 21-22) und den Schlußkapiteln des J.-Buches (Jes 60-66). Die Königsherrschaft des aus dem Leiden und Sterben kommenden Messias ist nicht ohne die Erneuerung der Gottesstadt denkbar, und diese Gottesstadt hat ihr Wesen in der Gegenwart der Herrlichkeit Gottes. Die Vorstellung, daß es vor dem Endgericht ein Völkergericht und eine die Völker umgreifende weltweite Katastrophe gibt, (Off 17-19) ist aus Jes 24-27 entnommen).

6. Schließlich weist das J.-Buch auch auf die Hinkehr der Völker zum Gott Israels hin. Indem Gott sein Volk richtet und dabei seine Herrlichkeit offenbart, beginnen auch die Völker nach Gott zu fragen (vgl. Jes 2,1-4): Weil der Gottesknecht schließlich stellvertretend für »die Vielen« in den Tod geht, haben auch die Völker einen Zugang zu Gott, zu seinem Volk und zu seiner Stadt. Das schafft die Voraussetzung für die Wiederaufnahme von Jes 45,22f durch Jesus nach Mt 28,18ff, die das missionarische Handeln der Kirche bedingte und bedingt.

Literatur: Franz Delitzsch: Jesaja, (^{3}1879) 1984; Edward J. Young: The Book of Jesaja, 1965, 3 Bde.; D. Schneider: Jesaja, 1988ff; O. Kaiser: Der Prophet Jesaja 1-12, ^{5}1981; ders.: Der Prophet Jesaja 13-39, ^{3}1984; C. Westermann: Das Buch Jesaja Kapitel 40-66, ^{4}1981; J. Kroeker, Jesaja, 1961; O. Kaiser: TRE XVI,1987, S.636-658; H.Wildenberger: Jesaja 1-12. BKAT X,1, ^{2}1980; ders.: Jesaja 13-27. BKAT X,2,1978; ders.: Jesaja 28-39. BKAT X,3, 1982; K.Elliger: Jesaja 40-45. BKAT XI,1, 1978. D.Sch.

JESCHUA. Dies ist eine spätere Form des Namens Josua (dieselbe Person wird bei Nehemia und Esra Jeschua genannt, bei Haggai und Sacharja Josua). Es gibt Zweifel über die Anzahl der Namensträger, aber die nachfolgenden kann man unterscheiden.

1. Oberhaupt einer Priestersippe (1Chr 24,11).

2. Levit, der bei Hiskias Neuordnung der Versorgung der Priester und Leviten erwähnt wird (2Chr 31,15).

3. Hoherpriester, der zusammen mit anderen die Israeliten aus Babylon zurückführte (Esr 2,2 u.ö.).

4. Mann aus *Pahat-Moab, der mit Serubbabel und anderen aus der Gefangenschaft zurückkehrte (Esr 2,6).

5. Oberhaupt eines Priestergeschlechts, das mit den »Söhnen Jedajas« in Verbindung gebracht wird (Esr 2,36).

6. J., Sohn des Asanja (Neh 10,10).

7. Eines der Oberhäupter der Leviten (Neh 12,24).

8. Vater Esers, Vorsteher von Mizpa (Neh 3,19). J. ist auch ein Ortsname in Juda (Neh 11,26), der mit Schema (Jos 15,26; 19,2) gleichgesetzt wird. L.M.

JESCHURUN. (»Der Aufrechte« oder nach LXX »der Geliebte«). Eine poetische Variante des Namens Israel (5Mo 32,15; 33,5.26). J. wird für den erwählten Knecht Gottes gebraucht (Jes 44,2), das entsprechende griech. Wort steht in der LXX für Jesus (Eph 1,6) und für die Kirche (Kol 3,12; 1Thess 1,4; Jud 1). Möglicherweise ist der Name auch als »Volk des Gesetzes« zu interpretieren (vgl. D.J. Wiseman: Vox Evangelica 8, 1973, S. 14). D.W.B.

JESREEL. (Hebr. *jisre᾽ ēl*, »Gott sät ein«).

1. Stadt in den Bergen Judas (Jos 15,56); Geburtsort Ahinoams, einer der Frauen Davids (1Sam 25,43).

2. Stadt im Stammesgebiet von Issaschar; in der nach ihr benannten Ebene gelegen (Jos 19,18; Hos 1,5). Die Stadt und ihre Umgebung sind mit wichtigen Ereignissen aus der Geschichte Israels verknüpft. An der Quelle bei J. versammelten sich die Israeliten vor ihrem Angriff auf die Philister bei Gilboa (1Sam 29,1). J. war Teil von *Isch-Boschets kurzlebigem Königreich (2Sam 2,8ff), war Verwaltungsbezirk Salomos (1Kön 4,12) und Schauplatz der tragischen Ereignisse um Nabot und seinem Weinberg (1Kön 21,2ff). Hier wurde *Joram, als er sich von seinen Kriegsverletzungen erholen wollte (2Kön 8,29), von *Jehu erschlagen. Seine Leiche wurde bezeichnenderweise auf den Weinberg geworfen (2Kön 9,24-26), den sich *Ahab und *Isebel auf unrechtmäßige Weise angeeignet hatten (1Kön

Jesreel, eine Alluvialebene in der Form eines Dreiecks nordwestl. des Jesreel-Tales.

21). Danach wurden auf Jehus Betreiben Isebel selbst (2Kön 9,30-37) und Mitglieder des Hofes Ahabs getötet (2Kön 10,1-11). J. wird mit dem heutigen Zer'in gleichgesetzt, ungefähr 90 km nördl. von Jerusalem.

3. Symbolischer Name des ältesten Sohnes *Hoseas (Hos 1,4) und Israels (Hos 2,24).

4. Judäer, Sohn Hurs (1Chr 4,3). J.D.D.

JESUS CHRISTUS.

Ein allgemeiner Artikel zum Leben und zur Lehre Jesu Christi kann einzelne Ereignisse und Themen nur kurz berühren. Von den zahlreichen Verweisen auf Artikel zu speziellen Themen (am Ende der Abschnitte und im Text) sollte daher ausgiebig Gebrauch gemacht werden.

I. DIE QUELLEN.

1. Nichtchristliche Quellen.

Von frühen Angaben, die den Anspruch erheben können, von christl. Quellen unabhängig zu sein, sind nur sehr wenige erhalten. Die einzige direkte Erwähnung durch einen röm. Historiker ist eine bloße Notiz über die Hinrichtung Jesu auf Befehl des Pontius Pilatus in Judäa während der Herrschaft des Tiberius (Tac. Ann. 15,22). Andere frühe Nachrichten über Christen in röm. Quellen erwähnen Jesus nicht als historische Gestalt. Der jüd. Historiker *Josephus bietet nur einen Kurzbericht über Jesus, der allg. als christl. überarbeitet angesehen wird. Der ursprüngliche Text bezeichnete Jesus wahrscheinlich als angesehenen Wundertäter und Lehrer, der eine beachtliche Gefolgschaft anzog und durch Kreuzigung unter Pilatus hingerichtet wurde; aber sogar diese Angaben werden in Frage gestellt (Jos.ant.Jud 18,64). Eine Anzahl ziemlich dunkler Stellen im Talmud, deren Bezugnahme auf Jesus in den meisten Fällen nur hypothetisch ist, trägt keine genaueren historischen Informationen bei, außer daß Jesus am Vorabend des Passa nach angemessener Verhandlung gehängt wurde als Zauberer und als einer, der »Israel in die Irre führte« (San 43a). Nichtchristl. Angaben beweisen also das Faktum von Jesu Existenz, seine Beliebtheit beim Volk, seine Hinrichtung und die ungefähre

Die Jesreel-Ebene von Taanach (Ruinenfeld) aus gesehen. (RS)

Datierung (Pilatus war 26-36 n.Chr. im Amt).

2. Christliche Quellen.

a. Zahlreiche Berichte über Leben und Lehre Jesu gibt es außerhalb des NT in frühchristl. Schriften (*Apokryphen NT). Einige sind eindeutig legendenhaft und wollen die Lücken in den Berichten der kanonischen Evv. füllen oder das wunderhafte Element erhöhen. Andere sind offensichtlich mit der Absicht verfaßt, gnostische und andere abweichende Ansichten zu verbreiten. Einige dieser Werke entstanden recht früh (im frühen 2. Jh.), das meiste ihres historisch glaubwürdigen Materials basiert jedoch eindeutig auf den kanonischen Evv. Nur das »Thomasevangelium« soll nach allg. Ansicht möglicherweise unabhängige, authentische Überlieferung bewahren; viele seiner Worte sind jedoch durch den Gnostizismus (*Gnosis) beeinflußt, bzw. weisen Parallelen in den kanonischen Evv. auf.

b. Für unser Bild von Jesus sind wir also praktisch fast ganz auf die vier kanonischen Evv. angewiesen. Die restlichen Schriften des NT bieten nur einige isolierte Worte und Traditionen (z.B. Apg 20,35; 1Kor 11,23-25).

Die Zuverlässigkeit der Evv. als historische Quellen ist stark umstritten. Ihr primärer Zweck ist eindeutig mehr als eine bloße Aufzählung von Fakten; es ist aber nicht so eindeutig, daß ihre zugegebenermaßen »werbende« Absicht notwendigerweise ihre historische Exaktheit in Frage stellt. Studiert man die Evv. im Lichte vergleichbarer Literatur ihrer Zeit, besonders dessen, was über jüd. Überlieferungsgrundsätze bekannt ist, so stellt sich heraus, daß es zwar eine beachtliche Freiheit hinsichtlich der Auswahl und des Wortlauts von Logien und Erzählstoff gab, so daß die eigenen Gedanken und Absichten eines jeden Verfassers in der Weise der Zusammenstellung zutage treten, daß aber die Evangelisten vor allem bemüht waren, eine sorgfältig bewahrte Überlieferung der Worte und Taten Jesu weiterzugeben. Vgl. weiterhin

*Evangelien, die Artikel zu den einzelnen Evangelien, *Tradition, und *Texte und Übersetzungen.

II. ÄUSSERE VERHÄLTNISSE.

1. Die Zeit.

Jesus wurde kurz vor dem Tode *Herodes des Großen (4 v.Chr.) geboren (Mt 2,1.13-15); das exakte Datum kann nicht festgelegt werden. Sein öffentliches Wirken begann, als er »etwa dreißig Jahre alt« war (Lk 3,23); dies war einige Zeit nach dem Beginn der Tätigkeit *Johannes des Täufers etwa 28 n.Chr.(Lk 3,1ff). Die Dauer seines Wirkens ist wiederum nicht genau festzustellen, eine Zeit von rund drei Jahren wird jedoch allg. angenommen (aufgrund der beiden in Mk 2,23 und 6,39 vor dem letzten Passa angegebenen Frühjahre und der drei Passafeste von Joh 2,13; 6,4; 12,1). Dies würde für die Kreuzigung eine Datierung auf etwa 33 n.Chr. ergeben; wenn die Evv. angeben, daß das Passafest im Jahr der Kreuzigung (14./15. Nisan) auf einen Freitag fiel (obwohl auch dies umstritten ist (vgl. *Abendmahl), so würde die astronomische Berechnung für 33 n.Chr. diese Datierung unterstützen. Sicherheit über die genauen Daten ist jedoch nicht zu erlangen.(*Chronologie des NT).

2. Der Ort.

Praktisch das gesamte öffentliche Wirken Jesu fand in *Palästina statt. Nur wenige Reisen in das Gebiet außerhalb Palästinas werden berichtet, z.B. nach *Phönizien und in die *Dekapolis (Mk 7,24.31) sowie nach *Cäsarea Philippi am Südhang des Hermongebirges (Mk 8,27). Jesus begegnete Johannes dem Täufer zuerst im Jordantal, und das Joh-Ev. berichtet von einer frühen Tätigkeit Jesu in diesem Gebiet und in *Judäa (Joh 1,28-43; 2,13-4.3), die vor der Gefangennahme des Johannes datiert (3,24; 4,1-3); nach ihr begann die galiläische Wirksamkeit (Mk 1,14). Von da an war also das Hauptwirkungsgebiet *Galiläa, unterbrochen von Reisen nach Jerusalem, die Johannes mit Festen in Zusammenhang bringt, bis zum letzten Passabesuch.

3. Historische Situation.

a. Palästina hatte zur Zeit der Geburt Jesu etwa 60 Jahre unter röm. Herrschaft gestanden. Es handelte sich um eine indirekte Herrschaftsausübung durch einheimische Fürsten, unter denen Herodes der Große der berühmteste war. Die Aufteilung seines Königreiches unter seine Söhne brachte drei regionale Herrscher an die Macht, von denen *Herodes Antipas, der Tetrarch von Galiläa und Peräa, während der gesamten Wirksamkeit Jesu im Amt blieb. Das ist der Herodes, dem wir in den Evv. (außerhalb der Kindheitsgeschichten) begegnen. Archelaos, der Judäa und Samaria übernahm, wurde nach 10 Jahren Mißregierung abgesetzt, und sein Gebiet wurde direkt der kaiserlichen Herrschaft in der Person eines römischen Präfekten unterstellt, der dem Statthalter der Provinz Syrien verantwortlich war. Der Präfekt z.Zt. des Wirkens Jesu war Pontius *Pilatus.

Die röm. Herrschaft brachte den unterworfenen Völkern zwar Vorteile, war aber nicht beliebt. Besonderen Anstoß erregte das Steuersystem, das die ohnehin hohen offiziellen Abgaben durch die inoffizielle Profitmacherei der *Zöllner weiter in die Höhe trieb. Diese wurden daher zu einer gefürchteten und verhaßten Gruppe – einerseits als Ausbeuter, andererseits als Kollaborateure der Besatzungsmacht. Der Hauptgrund für den Unwillen gegen die Römer war jedoch die Tatsache, daß man ihnen politisch unterworfen war – eine Lage also, die viele als unvereinbar empfanden mit dem Status Israels als Volk Gottes.

b. Die verschiedenen jüd. Reaktionen auf diese Situation lassen sich an den Stellungnahmen der »Parteien« ablesen, die sich zu dieser Zeit im *Judentum herausgebildet hatten. Die priesterlichen *Sadduzzäer, die zusammen mit der Laienvertretung der »Ältesten« die reale Herrschaft über die Juden unter der röm. Besatzung ausübten (*Sanhedrin), scheinen mehr an der Erhaltung des status quo und der korrekten Beachtung des Tempelrituals als an irgendeinem ideologischen Widerstand gegen die römische Herrschaft interessiert gewesen zu sein. Die *Pharisäer, obwohl in manchen Fällen geneigt, Widerstandsbewegungen zu unterstützen, kümmerten sich hauptsächlich um das Gesetz und die komplizierte Aufgabe seiner rigorosen Anwendung auf das tägliche Leben. Die *Essener verzichteten ganz auf politisches und soziales Engagement zugunsten einer klösterlichen Zurückgezogenheit. (Die *Schriftrollen vom Toten Meer bieten das lebendige Zeugnis einer solchen separatistischen Gruppe in *Qumran.) Es gab aber auch eine starke und volkstümliche Bewegung des politischen Aktivismus (*Zeloten; der Name einer solchen, später im 1. Jh. auftretenden Gruppe wird oft – etwas ungenau – gebraucht, um ganz allg. die verschiedenen Parteien zu bezeichnen, die diesen Standpunkt vertraten), besonders seit der fehlgeschlagenen Revolte des Judas von Galiläa, die durch die Volkszählung (*Schätzung) 6 v.Chr. ausgelöst wurde. Einzelne Ausbrüche von Widerstandskämpfen, besonders in Galiläa, führten schließlich zu dem Jüdischen Krieg 66-70 n. Chr.

c. Galiläa, die Heimatprovinz Jesu, war in mancher Hinsicht von Judäa, dem jüd. Kernland, verschieden. Seine Bevölkerung, bis kurz zuvor noch großenteils heidnisch und geographisch von Judäa durch das feindliche Territorium Samarias getrennt, wurde von den judäischen Juden als rel. fragwürdig, wenn nicht gar noch halb heidnisch verachtet. Der deutliche nördl. Akzent ließ einen Galiläer in Jerusalems Gesellschaft sofort auffallen. Dieser unterschiedliche Hintergrund könnte ein bedeutsamer Faktor in Jesu Umgang mit den jüd. Autoritäten gewesen sein. Das gilt auch für sein Ansehen bei den Römern, für die »galiläisch« fast gleichbedeutend mit »aufständisch« war.

d. Die Sprachen Palästinas im 1. Jh.n.Chr. bilden ein komplexes Problem. Es ist ziemlich klar, daß sowohl Aram. als auch Hebr. und Griech. gesprochen wurde. Aram. war höchstwahrscheinlich Jesu Muttersprache; ein Galiläer hatte aber auch mit ziemlicher Sicherheit brauchbare Griechischkenntnisse, und Hebr. (in einer dem späteren Mischna-Hebräisch ähnlichen Form) könnte gut die Verständigungsbasis für Jesu Diskussionen mit den rel. Autoritäten in Jerusalem gewesen sein.

III. JESU GEBURT UND KINDHEIT.

Einzelheiten der Geburt Jesu sind nur in den Evv. nach Matthäus und Lukas aufgezeichnet, wobei jedes Ev. offensichtlich verschiedene Quellen benutzt: Matthäus konzentriert sich mehr auf den Anteil *Josefs an den Ereignissen, während Lukas eine eingehende Kenntnis der Erlebnisse *Marias zeigt sowie der ihrer Verwandten *Elisabeth, der Mutter Johannes des Täufers, die nach allg. Ansicht – direkt oder indirekt – nur von Maria selbst stammen kann. Es ist daher umso bemerkenswerter, daß die beiden Evv. mit ihren voneinander unabhängigen Quellen hinsichtlich des entscheidenden Faktums übereinstimmen: des übernatürlichen Ursprungs der Geburt Jesu, ohne Mitwirkung eines menschlichen Vaters (*Jungfrauengeburt).

Die Umstände der Geburt und Kindheit Jesu stehen in auffallendem Kontrast zur übernatürlichen Weise seiner Empfängnis. Er wurde im Stall eines überfüllten Dorfwirtshauses geboren und wuchs in einem ganz normalen Heim in dem unbedeutenden galiläischen Dorf *Nazareth auf, das zuvor noch nie schriftlich erwähnt worden war. Seine Familie gehörte wohl der Schicht an, die wir »Mittelstand« nennen würden; der »Zimmermann« (in Wirklichkeit eher eine Art Bauunternehmer) war ein qualifizierter Handwerker, der vermutlich auch Arbeiter beschäftigte und eine respektable Persönlichkeit im Dorfleben darstellte (*Handwerk und Kunsthandwerk). Die Evangelienberichte lassen jedoch erkennen, daß die Familie nicht sehr wohlhabend war (Lk 2,24; vgl. 3Mo 12,8), und die Gleichnisse Jesu spiegeln gelegentlich die Erfahrung eines Heims wieder, in dem Komfort und Geld beschränkt waren (vgl. Lk 11,5-10; 15, 8-10). Die Tatsache, daß Josef nach den Geburts- und Kindheitsberichten nicht mehr erwähnt wird und Jesus im Dorf als »Marias Sohn« (Mk 6,3) bezeichnet wurde, nimmt man oftmals als Hinweis dafür, daß Josef in der Jugend Jesu starb und Jesus als den ältesten Sohn zurückließ, der das Familiengeschäft führen und seine vier jüngeren Brüder und eine unbekannte Anzahl von Schwestern versorgen mußte (Mk 6,3).

Unter diesen Umständen konnte Jesus nicht nach höherer Bildung streben. Seine profunde Kenntnis der atl. Schriften zeigt, daß er die übliche Ausbildung eines jüd. Kindes in der dörflichen Synagogenschule (*Synagoge/Schule) erhielt. Die einzige in den Evv. bewahrte Erzählung aus seiner Kindheit läßt eine ungewöhnliche Begabung für rel. Diskussionen erkennen (Lk 2, 42-50). Darüberhinaus wissen wir von Jesu Kindheit nichts, obwohl seine spätere Verkündigung zeigt, daß er mit den Ereignissen und Charakteren des täglichen Lebens auf dem Lande wohlvertraut war.

IV. DER BEGINN DES ÖFFENTLICHEN WIRKENS.

1. Johannes der Täufer.

Den Anlaß zum Heraustreten Jesu aus der Verborgenheit bildete die Wirksamkeit Johannes des Täufers, eines judäischen Verwandten Jesu, der als Asket in der judäischen Wüste aufgewachsen war. Sein Ruf zur Buße angesichts des nahen Gottesgerichtes bewog große Volksmengen dazu, sich von ihm im Jordan taufen zu lassen. Unter diesen Männern der Täuferbewegung fand Jesus – mit aktiver Unterstützung durch Johannes – seine ersten Jünger (Joh 1,35-42). Johannes erkannte in Jesus den Richter, dessen Kommen er angekündigt hatte (Mk 3,11f u.ö.). Obwohl die Art, wie Jesus später seinen Auftrag ausführte, bei ihm einige Zweifel weckte (Mt 11,2-3), scheint Johannes diese Anerkennung nicht zurückgenommen zu haben, wenn auch einige seiner Jünger während der ganzen Zeit eine Sonderexistenz weiterführten (Apg. 18,24f; 19,1-5).

2. Die Taufe Jesu.

Jesu Taufe durch Johannes war dasjenige Ereignis, das besonders deutlich den Beginn seines Wirkens bezeichnete. Warum Jesus sich einer Taufe unterwarf, deren ausdrückliche Sinngebung die Buße zur Vergebung der Sünde war, ist viel diskutiert worden. Chri-

Orte, an denen Jesus öffentlich wirkte.

sten sind sich (in der Linie des NT, z.B. Joh 8,46; Hebr. 4,15; 1Petr 2,22) darüber einig, daß es nicht ein Bewußtsein persönlicher *Sünde war, das Jesus dazu trieb. Wahrscheinlicher ist die Erklärung, daß er sich mit dem identifizieren wollte, wofür Johannes eintrat: ein »Bekenntnis« zu dem gereinigten und erneuerten Israel, das Johannes forderte und dessen Ideale ein wichtiges Element in Jesu eigener Predigt bilden sollten. Darüberhinaus versetzte er sich durch seine Identifikation mit denen, die dem Bußruf des Johannes folgten, in die Lage, Repräsentant dieser Menschen zu sein.

Seine eigene rätselhafte Erklärung: »So gebührt es uns, alle Gerechtigkeit zu erfüllen« (Mt 3,15), könnte dafür sprechen, daß er seine Sendung von der des Gottesknechts (*Knecht Gottes) her verstand, der durch sein Leiden für sein Volk »die Vielen« dazu führen sollte, daß sie als gerecht vor Gott anerkannt würden (Jes 53,11). Was auch immer Jesu eigene Absicht war- seine Taufe führte faktisch zu einer entscheidenden Offenbarung seiner zukünftigen Aufgabe (Mk 1,10f). Das sichtbare Herabkommen des Heiligen Geistes (*Geist, heiliger) auf ihn bezeichnete ihn als den in Jes 11,2; 42,1 und 61,1 verheißenen Erlöser, während eine Stimme vom Himmel ihn mit an Ps 2,7 und Jes 42,1 erinnernden Worten ansprach, von denen die ersteren den Gesalbten des Herrn als dessen Sohn anreden und die letzteren den Knecht vorstellen, der von Gott berufen ist, sein Volk zu erlösen. Auf diese Weise sind mehrere bedeutsame Stränge messianischer Hoffnung des AT miteinander verflochten, und die entscheidende Rolle Jesu im Erlösungsplan Gottes zeichnet sich deutlich ab.

3. Die Versuchung Jesu.

Die gleich darauf folgende *Versuchung (Mt 4,1-11; Lk 4,1.13) war im Grunde ein Ausloten dessen, was es bedeutete, der »Sohn Gottes« zu sein, als der er soeben bei seiner Taufe proklamiert worden war. »Bist du Gottes Sohn. . .« ist das Thema der Herausforderungen, und eine nähere Betrachtung der Antworten Jesu zeigt, daß ihr Zielpunkt weniger die Weise war, in der sein Wirken vollzogen werden sollte, als vielmehr seine eigene Beziehung zu Gott. Die Versuchung, Steine in Brot zu verwandeln, sollte die Fürsorge und Weisheit seines Vaters in Frage stellen und anzweifeln, ob er auch für diese Zeit des Fastens sorge. Die Versuchung, sich von der Zinne des Tempels hinabzuwerfen, sollte den Vater zwingen, den Schutz seines Sohnes unter Beweis zu stellen, statt daß seine Fürsorge im Vertrauen angenommen wurde. Die dritte Versuchung sollte die notwendige unerschütterliche Treue des Sohnes gegenüber seinem Vater ins Wanken bringen. Die drei Erwiderungen Jesu sind aus 5Mo 6-8 entnommen; sie verweisen auf die Lektionen, die das Volk Israel aus seinen Erfahrungen in der Wüste lernen sollte, und wollen verdeutlichen, daß nun Jesus die Rolle des Volkes als Sohn Gottes übernimmt und sich durch seine Standhaftigkeit in Situationen, in denen Israel versagte, als wahrer Sohn erweist.

Die Begegnung mit dem Satan, die eine lange Zeit der Zurückgezogenheit nahe beim Jordantal abschloß, diente also dazu, Jesu Verständnis von seiner einzigartigen Stellung als Sohn Gottes, das als ein Schlüssel für die Durchführung seines Auftrags angesehen werden muß, zu festigen. Es wird nirgends gesagt, daß diese Versuchungen die einzigen waren, denen Jesus in seinem Leben ausgesetzt war (vgl. Hebr 4,15) – nicht einmal, daß diese typisch waren. Sie standen im Brennpunkt einer entscheidenden Zeitspanne, die der Vorbereitung für Jesu Lebensaufgabe diente.

4. Der Wechsel nach Galiläa.

Nun begann die öffentliche Wirksamkeit Jesu, und zwar zunächst anscheinend im Jordantal, wobei – wie bei Johannes – das Taufen im Mittelpunkt stand (Joh 3,22; 4,1f). Jesus erschien vielen als ein zweiter Täufer, und bald kam eine gewisse Rivalität zwischen den beiden Gruppen der Jünger auf, obwohl Johannes dies nicht fördern wollte (Joh 3,26-30). Diese Art des Wirkens wurde jedoch bald beendet, einmal durch Jesu wachsende Popularität, die auch den Behörden bekannt wurde, besonders aber durch die Verhaftung Johannes des Täufers durch Herodes Antipas. Diese erfolgte einerseits wegen seiner Kritik an der Heirat des Antipas – so berichten die Evv. – andererseits, wie Josephus bemerkt, wegen des Verdachts politischer Unruhestiftung – eine Anklage, die ebenso leicht das Wirken Jesu bedrohen konnte. In dieser Situation zog sich Jesus in seine Heimatregion Galiläa zurück und änderte die Art seines Wirkens: Er wurde ein Wanderprediger und vollzog Heilungswunder. Wir erfahren von keiner Tauftätigkeit Jesu mehr (vgl. II.2. zur geographischen Lage seiner Wirkungsstätten).

V. MERKMALE DES ÖFFENTLICHEN WIRKENS JESU.

1. Sein Lebensstil.

Trotz seiner »mittelständischen« Herkunft (vgl.III) wählte Jesus eine Lebensweise ohne jede finanzielle Absicherung. Er und seine Jünger lebten von den Beiträgen und der Gastfreundschaft derer, die sein Wirken unterstützten (Mt 10,8-11; Lk 8,3; 10,38-42). Er lehrte sie, im Blick auf materielle Bedürfnisse Gott zu vertrauen (Mt 6,24-34), und forderte von einem Anwärter auf die Nachfolge, all seinen Besitz wegzugeben (Mk 10,17-22). Er hatte mit seinen Jüngern eine gemeinsame Kasse (Joh 12,6; 13,29), die aber nur für ihre elementaren Bedürfnisse ausreichte. Armut war für Jesus keine Katastrophe (Lk 6,20f.24; Mk 10,23-31). Er war unverheiratet und ohne festen Wohnsitz. So war er frei, predigend und heilend in Palästina umherzuziehen.

In der ersten Zeit seines Wirkens wurde er eingeladen, in *Synagogen als Gastlehrer zu sprechen (Mk 1,29. 39; Mt 9,35; Lk 4,16-27). Später wird das Lehren in einer Synagoge jedoch nicht mehr erwähnt (weil seine radikale Lehre unannehmbar erschien?), dagegen lehrte Jesus die Volksmenge unter freiem Himmel und widmete seine Zeit zunehmend der Unterweisung seines engsten Jüngerkreises.

2. Seine Jünger.

Wie andere jüd. Lehrer, so sammelte auch Jesus eine Gruppe von *Jüngern. Die »Volksmenge« kam und ging, lauschte Jesus eifrig, trat aber nicht in eine verbindliche Nachfolge. Die »Jünger« waren solche, die mehr oder weniger ihr ganzes Schicksal mit ihm verbanden und ihn auf seinen Reisen begleiteten. Aus diesen Nachfolgern wählte Jesus einen inneren Kreis von »Zwölf« (oft *»Apostel« genannt, obwohl der Begriff im NT nicht auf sie beschränkt ist), und aus diesen Zwölf wurde noch eine besondere Gruppe, bestehend aus *Petrus, *Jakobus und *Johannes, bei mehreren bedeutsamen Gelegenheiten als Jesu engste Begleiter ausersehen.

Die *Nachfolge bestand in einer vorbehaltlosen und exklusiven Hingabe an Jesus. Zu ihr gehörte – zumindest für den inneren Kreis – die Annahme seines Lebensstils (jedoch nicht das endgültige Verlassen von Haus und Familie, wie der Fall des Petrus zeigt: Mt 1,29-31; 1Kor 9,5) und die Bereitschaft, um seinetwillen Verfolgung und Ausgestoßensein zu erleiden (Mt 10,16-39). Es spricht für die Autorität und Anziehungskraft Jesu und seiner Lehre, daß er dennoch Menschen in seine Nachfolge rufen und erwarten konnte, ernstgenommen zu werden. Die Mehrzahl seiner Jünger waren Galiläer. Vom inneren Kreis stammten wahrscheinlich alle aus Galiläa außer *Judas Iskariot (sofern sein Name »Mann aus Kerijot« bedeutet). Nach Charakter und Herkunft waren sie jedoch sehr verschieden – angefangen vom pessimistischen *Thomas bis zum impulsiven *Petrus, und von *Matthäus dem Zöllner (und daher Angestellten der romtreuen Regierung) bis zu *Simon dem »Zeloten«. Eine solche Gruppe zusammengehalten und sie zum Fundament der größten Religion der Welt gemacht zu haben – schon das ist eine nicht geringe Leistung Jesu.

3. Seine soziale Haltung.

Ein immer wieder vorgebrachter Einwand der jüd. Oberschicht gegen Jesus war seine Gewohnheit, mit zweifelhaften Leuten, besonders mit »Zöllnern und Sündern«, den Außenseitern der anständigen Gesellschaft, Umgang zu pflegen. Daß er mit ihnen sogar Mahlzeiten hielt, war besonders anstößig. Jesus verteidigte sein Handeln jedoch als unverzichtbar für seinen Dienst, der ihn an alle Notleidenden wies, ungeachtet ihres sozialen Standes (Mk 2,17; vgl. Lk 15,1-2 und die Fortsetzung). Er wandte sich Frauen von zweifelhaftem Ruf, die von anderen gemieden wurden, freundlich zu und sprach mit ihnen (Lk 7.36-50; Joh 4,7ff); ja, er fand sogar bei *Samaritanern, den traditionellen Feinden der Juden, gastliche Aufnahme (Joh 4,39-42; Lk 17, 11-19). Sein Gleichnis vom barmherzigen Samariter (Lk 10,29-37) ist ein gewagter Angriff auf das althergebrachte jüd. Vorurteil. Mit Heiden kam Jesus nur selten in Berührung, aber die wenigen direkten Kontakte hatten ein positives Ergebnis (Mt 8,5-13; 15,22-28); auch seine Lehre machte deutlich, daß er Heiden nicht als minderwertig betrachtete, sondern ihnen einen Platz neben den Juden in Gottes Heilsplan zuwies (Mt 8,11.12; Lk 4,25-27). Diese Weigerung, sich durch konventionelle gesellschaftliche Schranken behindern zu lassen, kennzeichnet auch seine Beziehung zu Reichen und Armen. Die meisten seiner engsten Jünger scheinen der gleichen sozialen Schicht angehört zu haben wie er (sie waren hauptsächlich Fischer, die Boote besaßen und Arbeiter beschäftigten; Mk 1,20). Seine Predigt wurde dennoch von den Armen anerkennend aufgenommen (z.B. Mt 11,5), während er andererseits auch wohlhabende und einflußreiche Nachfolger hatte (z.B. *Nikodemus und *Josef von Arimatäa; Joh 19,38-42) und auch in gutsituierten Kreisen verkehrte (Lk 7,36; 14,1ff). Er war offensichtlich von Reichtum und Armut an sich unbeeindruckt (Mk 12,41-44; Lk 12,13-21). Von seinen Nachfolgern forderte Jesus die gleiche Unbekümmertheit gegenüber künstlichen Schranken (Lk 14,7-14) und verdammte streng eine gleichgültige Vernachlässigung der weniger Glücklichen (Lk 16.19-31).

In all dem ging es Jesus um die wirkliche – leibliche und geistliche – Not derer, denen er begegnete, und um solcher Not abzuhelfen, konnte er sich ohne Bedenken über Konventionen und Tabus hinwegsetzen.

4. Diskussionen über das Gesetz. Auseinandersetzungen Jesu mit den jüd. rel. Führern, besonders den *Schriftgelehrten und *Pharisäern, nehmen einen großen Teil der Evangelienberichte ein. Jesus besaß keine formelle Schriftgelehrtenausbildung (Joh 7,15); seine Lehrweise und sein Jüngerkreis jedoch ließen ihn in der Rolle eines *Rabbi erscheinen, und er wurde auch manchmal als solcher angeredet. Der Inhalt seiner Lehre allerdings trennte ihn in vielen Punkten von der herkömmlichen Schriftgelehrsamkeit und bildete einen wichtigen Grund für die Feindschaft, die schließlich zu seinem Tod führte.

Eine zentrale Frage war die der Autorität. Zur Debatte stand nicht die Autorität des atl. Gesetzes an sich, sondern die Vollmacht, es zu interpretieren (*Gesetz im AT/ im NT). Die Tradition der Schriftgelehrten hatte ein komplexes und ständig wachsendes Gebäude mündlich überlieferter Lehre geschaffen, das die präzise Anwendung des Gesetzes auf die kleinsten Bereiche des täglichen Lebens regelte, und diese Tradition wurde selbst als autoritativ angesehen. Streitfragen legte man durch Berufung auf frühere Lehrer bei. Demgegenüber achtete Jesus Regeln der rabbinischen Überlieferung, die sich nicht klar im AT fanden, gering und zitierte niemals eine andere Autorität als sich selbst (und natürlich das AT); man beachte seine Formel: »Ihr habt gehört ... Ich aber sage euch ...« (Mt 5,21f. 27f.31f u.ö.). Die kontroversen Punkte sind sehr deutlich in der Diskussion über Verunreinigung (Mk 7,1-23) zu sehen, in der Jesus Pharisäer und Schriftgelehrte explizit der Umgehung atl. Forderungen aufgrund selbstgemachter Regeln anklagt und die Frage ritueller Verunreinigung als relativ unwichtig beiseiteschiebt; ebenso in den zahlreichen Zusammenstößen wegen der Einhaltung des *Sabbats (z.B. Mk 2,23-3,6; Lk 13,10-17), einem der besonders sorgfältig regulierten Gebiete schriftgelehrter Überlieferung. Hier brach Jesus durch das Dickicht der Gesetzgebung hindurch die Bahn zu der eigentlichen Intention des Sabbats und beanspruchte für sich das Recht, zu bestimmen, wie der Sabbat richtig geheiligt werde.

Die Reihe der sechs Antithesen in der *Bergpredigt (Mt 5,21-48) illustriert ebenfalls Jesu radikale Gesetzesauslegung: er geht über den Wortlaut einer Vorschrift hinaus und schaut auf die Gesinnung, die hinter einer Handlung steht; er bewertet Grundsätze höher als Einzelgebote, und dies um so viel, daß er letztere sogar außer Kraft zu setzen scheint (Mt 5,38f). Diese radikale Haltung in Gesetzesfragen ließ Jesus zu einer Gefahr für den Stand der Schriftgelehrten werden, und die Aufnahme seiner Ansichten beim Volk machte es notwendig, ihn zu beseitigen. Der Konflikt wurde offenbar leidenschaftlich ausgetragen; beide Seiten benutzen eine sehr starke Sprache (Mk 3,22; Mt 23,1-36). Es war mehr die kleinliche Gesetzlichkeit der maßgeblichen Schriftgelehrten als ihre Tradition selbst, die Jesus in Frage stellte.

5. Seine Wunder.

Christl. und nichtchristl. Quellen bezeugen, daß Jesus seinen Zeitgenossen als Wundertäter bekannt war. Bei der Mehrzahl der uns berichteten *Wunder handelt es sich um wunderbare Heilungen; die Evv. stellen das Heilen – oft einer größeren Zahl von Menschen – als ein durchgehendes Merkmal des Wirkens Jesu dar (Mk 1,32-34; 3,7-11; 6,55f; Lk 7,21-23). Oft sind mit seinen Heilungswundern Exorzismen verbunden (obwohl sie gewöhnlich sorgfältig davon unterschieden werden, z.B. Mk 1,32-34; Lk 13,32; vgl. *Satan). Beide Arten des Heilshandelns wurden auch von seinen Jüngern erwartet, als sie in seinem Namen auszogen (Mk 6,13; Mt 10,8). Sie sind unerläßlich mit Jesu Predigt verbunden als Aspekte eines umfassenden Angriffs auf die Mächte des Bösen - in ihrer körperlichen wie in ihrer geistlichen Manifestation. Heilen und Exorzismus gehörten zum Handeln göttlicher Männer im Judentum des 1.Jh., aber von keiner zeitgenössischen Gestalt wird eine auch nur annähernd so intensive Heilungstätigkeit berichtet wie von Jesus (*Krankheit; *Krankenheilung). Die Art der Leiden, die er heilte, ist sehr vielfältig: sie reichen von Lähmungen bis zur Blindheit, vom Aussatz bis zum abgetrennten Ohr. Auch sind drei Fälle berichtet, in denen Jesus soeben Verstorbene ins Leben zurückrief. Anders als manche zeitgenössischen Exorzisten gebrauchte er kaum ein oder gar kein Ritual; ein bloßes Befehlswort war oftmals das einzige Mittel (Mt 8,8f.16). Der überwältigende Eindruck, den Jesus hinterließ, war der: er besitzt einfach Vollmacht über körperliche und geistliche Übel und erbarmt sich über Notleidende. Sein Heilungswirken war keine Werbung um Anerkennung, auch war es nicht primär dazu bestimmt, etwas zu beweisen, sondern es war die spontane Antwort seines Erbarmens auf menschliche Not, wo er ihr begegnete. Die Zahl der anderen Wunder Jesu (»Natur«-Wunder) ist verhältnismäßig gering, aber auch bei ihnen läßt sich in den meisten Fällen dasselbe Motiv des Handelns erkennen: eine spontane und unbefangene Reaktion auf eine bedrückende Not – so bei der Speisung hungriger Volksmengen, dem Beschaffen von Wein in einer Notlage, der Versorgung mit Fischen nach einer Nacht vergeblicher Arbeit und der Stillung eines Sturmes auf dem See. Daß Jesus solche Probleme mit Wundern löste, war weniger eine bewußte Demonstration von Macht als vielmehr eine natürliche Handlung, Auswirkung seiner Person und seiner Sendung. Nur das Wandeln auf dem Wasser und das plötzliche Verdorren des Feigenbaums sind wohl eher vollzogen worden, um das Wesen seiner Person und seines Auftrags zu lehren als einer bestimmten Not zu begegnen. Die Wunder sind daher nicht der Beweis für die göttliche Natur Jesu, obwohl sie diese voraussetzen. Sie sind unerläßlicher Teil eines umfassenden

Dienstes der *Erlösung und der Besiegung des Bösen.

6. Seine politische Haltung.

Die Anklage, aufgrund der Jesus schließlich verurteilt wurde, lautete auf politischen Aufruhr (Lk 23,2): er habe beansprucht, »König der Juden« zu sein. Obwohl dieser Titel in seinen Reden nie vorkommt, sprach Jesus doch oft vom »Reich Gottes« als dem Ziel seiner Sendung (vgl. VII.4.); eine solche Sprache war – besonders in Galiläa – offen für eine nationalistische Mißdeutung. Die anfängliche Begeisterung für ihn entsprang wohl zum guten Teil der Hoffnung, er würde einen Aufstand gegen Rom anführen – einer Hoffnung, die in dem vergeblichen Versuch gipfelte, ihm den Titel eines »Königs« aufzuzwingen (Joh 6,14f). Nach dieser Begebenheit scheint die Unterstützung für ihn nachgelassen zu haben, und er verwendete mehr Zeit darauf, seine Jünger über die wahre Natur seines Dienstes zu belehren.

Einige moderne Autoren haben zu zeigen versucht, daß Jesu Absichten tatsächlich politischer Art gewesen seien und daß die geistliche Natur seines Königtums eine später erfundene Eintragung in die Evv. darstelle, die seine wahren revolutionären Ziele vertuschen sollte. Sicherlich war Jesus politischen und sozialen Problemen gegenüber nicht so blind, wie manche pietistischen Christen gemeint haben; aber diese einseitige politisch-revolutionäre Sicht würde eine grundsätzliche Revision der Evv. auf äußerst dünner Grundlage bedeuten. Der Jesus der Evv. war sorgfältig darauf bedacht, Mißverständnisse hinsichtlich des Wesens seiner Sendung zu korrigieren (Mk 8,27-38; 12,35-37; 14,61f). Er vermied Publicity und öffentliche Auftritte bis zur letzten Woche seines Wirkens. Er weigerte sich auch, den nationalistischen Standpunkt zu unterstützen, als er über die Berechtigung der röm. Steuerabgaben befragt wurde (Mk 12,13-17), und der röm. Präfekt sprach ihn von der Anklage des Aufruhrs frei (Lk 23,13-16). Jesu offen ausgesprochene Kritik an der jüd. Nation seiner Tage, die er wegen ihrer Ablehnung der Boten Gottes ihrem endgültigen Gericht in Gestalt der nahen Zerstörung Jerusalems entgegengehen sah (Lk 11,47-51; 13,25-35 u.ö.), ist mit nationalistischen Sympathien ganz unvereinbar. Die Umstände seines Wirkens setzen ihn unvermeidlich politischen Verdächtigungen aus; es liegt jedoch klar zutage, daß er selbst andere Absichten hatte, wenn auch einige seiner Nachfolger erwarteten, er werde eine nationalistische Rolle übernehmen (*Messias).

VI. DAS ENDE DES WIRKENS JESU.

1.Die letzte Woche in Jerusalem. Jesus unternahm seinen letzten Besuch in Jerusalem in voller Absicht mit dem Wissen, daß er zur endgültigen Konfrontation mit den Behörden führen und in seinem eigenen Tod gipfeln würde (Lk 13,33; 18,31-33). Dieser Besuch fand zur Zeit des *Passa statt, als Jerusalem voll von Pilgern war und die Themen von Tod und Erlösung das Bewußtsein beherrschten. Einige Ereignisse sind dabei von besonderer Bedeutung.

a. Der Einzug.

Jesu Ankunft in Jerusalem war mit Absicht dramatisch. Anstatt unbemerkt inmitten Tausender von Pilgern anzukommen, inszenierte er einen aufsehenerregenden Ritt in die Stadt auf einem Esel; dabei grüßten ihn seine Jünger und andere Pilger mit *»Hosianna«-Rufen (Mk 11,1-10). Das war ein sichtbarer Hinweis auf Sach 9,9f, die prophetische Ankündigung des auf einem Esel in Jerusalem einziehenden Königs. Die Absicht des Einzugs war eindeutig, einen messianischen Anspruch zu erheben. Von der Volksmenge, unter der viele frühere Anhänger Jesu aus Galiläa gewesen sein mögen, wurde er auch so verstanden. Die Weissagung spricht zwar von einem Friedenskönig, aber viele interpretierten diese Handlung wohl eher in einem militanten, nationalistischen Sinn.

b. Die Tempelreinigung.

Auch eine der ersten Taten Jesu bei seiner Ankunft war eine bewußte Zeichenhandlung. Er jagte die Händler aus dem Tempelbereich, die dort zur Passazeit mit offizieller Genehmigung der priesterlichen Behörden Opfertiere und die offizielle Währung feilboten (Mk 11,15-18). Diese Handlung brachte nicht nur Jesu Ablehnung der rel. Führung und deren Einstellung zum Gottesdienst zum Ausdruck. Sie erinnerte auch unvermeidlich an Worte wie Mal 3,1-4 und Sach. 14,21 und unterstrich somit noch deutlicher seinen messianischen Anspruch. (Es muß übrigens beachtet werden, daß das Objekt der »Gewaltaktion« Jesu nicht die röm.Regierung war, sondern die jüd. Führung; die Tempelreinigung war also nicht Ausdruck nationalistischen Kämpfertums.)

c. Streitgespräche.

Jene Woche war durch eine Reihe von Gesprächen mit den rel. Führern gekennzeichnet. Einige besonders charakteristische Streitgespräche sind auch aufgezeichnet worden. Sie betreffen die Herkunft von Jesu Vollmacht (Mk 11,27-33), seine Haltung zur röm. Steuerpflicht (Mk 12, 13-17), das größte Gebot (Mk 12,28-34) und die Stellung des Messias als »Sohn Davids« (Mk 12,35-37). Solche

Streitgespräche wurden öffentlich geführt, da Jesus im Tempelbezirk lehrte, und ihr Ziel war es, ihm entweder blasphemische oder politisch verwerfliche Aussagen zu entlocken, die man gegen ihn verwenden konnte. Jesus vermied Antworten, die ihn belasten konnten, vermochte aber dennoch wichtige Lehren zu erteilen. Er machte darüber hinaus seine Ablehnung der gegenwärtigen Führung Israels deutlich, und zwar im Gleichnis von den bösen Weingärtnern (Mk 12,1-12) und ganz besonders in der fortgesetzten Polemik gegen Schriftgelehrte und Pharisäer (Mt 23). Er sagte auch noch genauer und mehr ins Einzelne gehend die kommende Zerstörung Jerusalems und des Tempels voraus (Mk 13).

d. Das letzte Mahl.

Dieses »Abschiedsmahl« war ebenfalls eine im voraus geplante (Mk 14,2-6) und vorsätzliche Handlung. Es stellte in gewissem Sinn ein *Passamahl dar, obwohl es, in der Voraussicht, daß es am nächsten Abend zu spät sein würde, möglicherweise einen Tag vor dem offiziellen Festtermin gehalten wurde (s. *Abendmahl III.). Während des Mahles gab Jesus seinen engsten Jüngern wichtige letzte Anweisungen angesichts seines nahe bevorstehenden Abscheidens und offenbarte auch, daß er durch einen aus ihren Reihen verraten werden würde (obwohl er den Verräter nicht genau identifizierte, außer vielleicht gegenüber Johannes: Joh 13, 23-26).

Den Höhepunkt des Mahles aber bildete das symbolische Mitteilen von Brot und Wein, die er als Zeichen dafür gab, daß sein bevorstehender Tod eine Erlösungstat für seine Jünger (und über sie hinaus für »viele«) sein sollte. Diese symbolische Handlung (vollzogen im Ablauf der vom Erlösungsgedanken geprägten Passafeier) war die klarste Aussage, die Jesus je über die sühnende Wirkung seines Todes gemacht hat; deshalb wurde sie auch zu Recht, wie er es selbst bestimmt hatte, der Mittelpunkt des Gottesdienstes seiner Nachfolger. Sie setzte auch allen Zweifeln ein Ende, die seine Jünger vielleicht noch daran haben mochten, ob seine Hingabe in den Tod wirklich der Wille seines himmlischen Vaters für ihn war.

2. Gerichtsverhandlung und Tod.

Jesus wurde in aller Stille nachts am Fuße des *Ölbergs gefangengenommen. Judas als eingeweihter Informant ermöglichte es den Behörden, ihn unter den Tausenden von Pilgern herauszufinden, die an diesem Berghang übernachteten. Jesus lehnte es ab, sich der Verhaftung zu entziehen oder zu widersetzen und nahm sie nach seinem Hingabegebet in *Gethsemane als Willen Gottes an.

Eine Reihe von Verhören während dieser Nacht und des folgenden Morgens (Freitag) bildete den sogenannten *»Prozeß Jesu«. Ein erstes, vermutlich ganz inoffizielles Verhör vor dem ehemaligen Hohenpriester *Hannas (Joh 18,12-23) brachte kein formelles Ergebnis. Es folgten zwei Vernehmungen vor *Kaiphas und dem Hohen Rat, die eine nachts und die andere am frühen Morgen. Die erstere war vermutlich ein hastig einberufenes, vorläufiges Verhör, die letztere eine Versammlung des gesamten Hohen Rates, die die Ergebnisse der ersten Vernehmung bestätigte und einen formellen Urteilsspruch des Inhalts fällte, daß Jesus der Blasphemie schuldig sei. Was genau als seine Gotteslästerung angesehen wurde, ist nicht sicher, aber gewiß waren die Annahme des Messiastitels und die Anspielung auf Ps 110,1 und Dan 7,13, durch die Jesus seine zukünftige Rechtfertigung und Herrschergewalt vorhersagte, die entscheidenden Faktoren. Auf Gotteslästerung stand nach jüd. Recht die Todesstrafe. Deren Verhängung war jedoch zu jener Zeit dem röm. Präfekten vorbehalten (vgl. *Prozeß Jesu); außerdem war Gotteslästerung nach röm. Recht kein zulässiger Grund für eine Anklage. Jesus wurde deshalb *Pilatus unter der Anklage der Volksaufwiegelung überstellt, die auf den Gebrauch des Titels »König der Juden« gegründet wurde. Daß es Pilatus widerstrebte, Jesus einer Schuld zu überführen, ist hauptsächlich auf seine Abneigung gegen seine jüd. Untertanen und deren rel. Anliegen zurückzuführen. Die Erkenntnis, daß die Anklage künstlich aufgebaut und Jesu Laufbahn nicht die eines politischen Revolutionärs gewesen war, konnte seinen Widerwillen nur verstärken. Aber seine Versuche, ein Urteil zu vermeiden, etwa den Fall an Herodes Antipas zu übergeben (Lk 23,6-12), oder durch das Angebot, Jesus aufgrund der traditionellen Passaamnestie freizulassen (Mk 15,6-15), durch eine Übergabe zur Geißelung (*Geißel) ohne Vollzug der Todesstrafe (Joh 19,1-5) und durch eine schlichte Erklärung der Unschuld Jesu (Lk 23,22 u.ö.) sich der Sachen zu entledigen, erwiesen sich angesichts einer arrangierten Kundgebung des Hasses gegen Jesus sämtlich als erfolglos. Entscheidend war das Beharren der jüd. Führer auf dem Standpunkt, eine Bedrohung der röm. Regierung könne nicht ignoriert werden; es enthielt zugleich die Drohung, eine Nichtverurteilung Jesu werde den Vorgesetzten des Pilatus gemeldet (Joh 19,12). Jesus wurde zur Kreuzigung verurteilt (vgl. *Kreuz/ Kreuzigung). Sie war die Todesstrafe für einen kriminellen Sklaven oder auch für einen Aufrührer gegen die kaiserliche Macht. Die öffentlich zur Schau gestellten Todesqualen waren bewußt als Abschreckungsmittel gegen andere potentielle Aufrührer gedacht. Jesu Kreuzigung war nicht ungewöhnlich in der Art, wie sie durchgeführt wurde. Das Ungewöhnliche an ihr war, wie er sie ertrug. Trotz der brutalen Grausamkeit der röm. Geißelung, der Verspottung durch die Soldaten, trotz der Last des schweren Kreuzesbalkens und der Kreuzigung selbst ist der Inhalt der am Kreuz gesprochenen Worte Vergebung und Sorge für andere und ein Gebet zu seinem Vater (*Worte Jesu am Kreuz). Seine Haltung beeindruckte den röm. Hauptmann (Mk 15, 39; vgl. Lk 23,47) und sogar einen der Mitgekreuzigten (Lk 23,40-42).

Ungewöhnlich war auch die Schnelligkeit und Plötzlichkeit seines Todes; Gekreuzigte starben sehr selten noch am gleichen Tag, und dann auch nur nach einer längeren Zeit zunehmender Bewußtlosigkeit. Jesus starb schnell und offenbar durch einen bewußten Willensakt (Lk 23,46; vgl. Joh 19,30). Sein letzter Ruf: »Es ist vollbracht« (Joh 19,30) zeigt ihn nicht als ein Opfer der Geschehnisse, sondern in voller Herrschaft über die Situation, als zielbewußt Handelnden in einem Drama von entscheidender Bedeutung.

Jesu Begräbnis paßt ebenfalls nicht in den üblichen Rahmen und verrät, wieviel Rückhalt er doch noch in einflußreichen Kreisen hatte. Die Leichname Gekreuzigter blieben normalerweise unbestattet. Das Felsengrab des Josef von Arimatäa war vermutlich eines von vielen in der näheren Umgebung (*Begräbnis- und Trauersitten).

3. Auferstehung und Himmelfahrt.

Daß Jesu Grab an dem der Kreuzigung folgenden Sonntagmorgen leer vorgefunden wurde, wird in unterschiedlicher Weise von allen vier Evv. bezeugt und kann historisch nicht ernsthaft angefochten werden. Erklärungen dieser Tatsache, die ohne eine buchstäbliche *Auferstehung seines Leibes auskommen wollen, sind gänzlich spekulativ und haben noch mehr handfeste Einwände gegen sich als die Tatsache, die sie anfechten wollen.

Die Evv. und Paulus (1Kor 15) bezeugen zusammengenommen wahrscheinlich elf verschiedene Begegnungen mit dem auferstanden Jesus in der Zeit unmittelbar nach jenem Sonntagmorgen. Daß es Begegnungen vielfältiger Art waren, daß sie meist ganz unerwartet eintraten und ganz unterschiedlichen Gruppen zuteil wurden (von Einzelpersonen bis zu einer Gruppe von mehr als 500) – das alles macht es unmöglich, sie als Halluzinationen abzutun. Die Schwierigkeit, sie alle miteinander in Einklang zu bringen, läßt es ganz unwahrscheinlich erscheinen, daß es sich hier um irgendeine wohlüberlegte, abgekartete Sache zum Zwecke eines frommen Betruges gehandelt haben sollte. (Dasselbe gilt für die Berichte von der Auffindung des leeren Grabes).

Aus diesen Gründen gelangten die Christen zu der Überzeugung, daß Jesus leiblich vom Grab auferstanden ist – mit einem Körper, der von zeitlichen und räumlichen Schranken befreit war (er konnte durch verschlossene Türen gehen, plötzlich erscheinen und verschwinden), aber der doch physisch ganz real war, Brot brechen und essen und sogar mit einem Gärtner oder einem Wandergefährten verwechselt werden konnte.

Einige Wochen lang erschien Jesus auf diese Weise wiederholt seinen Jüngern: Er lebte nicht mit ihnen zusammen oder reiste mit ihnen, sondern kam zu ihnen in einzelnen Begegnungen. Nachdem er sie so von seinem Sieg über den Tod überzeugt und ihnen versichert hatte, daß sie auch weiterhin auf seine Gegenwart und Hilfe vertrauen konnten, auch wenn er physisch abwesend war, verließ er sie in einer Weise, die deutlich zeigte, daß seine leibliche Gegenwart nicht länger notwendig war (Apg 1,9-11; *Himmelfahrt). Es war ihre zukünftige Aufgabe, den Dienst weiterzuführen, den er begonnen hatte und in dem er immer im Geist bei ihnen sein würde (Mt 28, 18-20).

VII. DIE LEHRE JESU.

Jesu Lehre läßt sich nicht leicht in systematischer Form darstellen; sie wurde von ihm nicht als geordnete Abhandlung entfaltet, sondern in sehr vielfältigen Situationen und Begegnungen des realen Lebens. In einem Artikel dieser Art können wir nur bestimmte Schlüsselthemen und Schwerpunkte seines Lehrens herausgreifen und uns auf diejenigen konzentrieren, die in seiner Zeit und im Judentum des 1.Jh. besonders markant und unerwartet waren.

1. Formen des Lehrens.

Formal hat Jesu Lehrweise viel mit den Methoden gemeinsam, die von den jüd. Lehrern angewandt wurden. Seine Argumentation mit Schriftworten, seine ethischen Ermahnungen, seine Verhaltensregeln, seine Gleichnisse und seine eschatologischen Weissagungen haben, was ihre Lehrmethoden betrifft, sämtlich Parallelen im rabbinischen oder sektiererischen Judentum jener Zeit. Dies gilt auch für die rhythmische oder manchmal poetische Form, in die ein Teil seiner Lehre gegossen war und die eine Hilfe für das Memorieren darstellte. Es ist der Ton und der Inhalt seiner Lehre, was deren Einmaligkeit ausmacht. Während z.B. das Gleichnis eine verbreitete und anerkannte Lehrform darstellte (*Gleichnisse Jesu), gibt es in der jüd.

Literatur nichts, das der Lebendigkeit, der Variationsbreite und der bloßen Zahl von Jesu Gleichnissen, viel weniger noch dem lehrmäßigen und ethischen Gewicht, das sie besitzen, gleichkäme.

Es ist charakteristisch für die Lehre Jesu, daß sie nicht in einem akademischen Rahmen (etwa einer Vorlesung vergleichbar) vorgetragen wurde. Sie erwuchs aus persönlichen Begegnungen, Fragen von Suchenden, Diskussionen mit den rel. Autoritäten (die gewöhnlich den Anstoß dazu gaben), und der Notwendigkeit, seine Jünger angesichts seines eigenen, nahe bevorstehenden Leidens und Sterbens und ihrer Aufgabe, seinen Dienst danach fortzuführen, zu unterweisen. Obwohl Jesus die Volksmenge tatsächlich »lehrte«, oft stundenlang (z.B.Mk 6,34f), tragen so sorgfältig aufgebaute Reden, wie wir sie in den Evv. finden (z.B. die *Bergpredigt und die Reden im *Johannesevangelium), eher die Merkmale einer späteren Zusammenstellung von Worten Jesu als von wörtlichen Aufzeichnungen wirklicher Ansprachen.

Besonders charakteristisch für Jesu Lehrweise sind Epigramme, einprägsame Formulierungen, die oft absichtliche Übertreibungen und Paradoxien benutzen, um etwas überzeugend herauszustellen (z.B. Mk 10,25; 12,17; Lk 9,24.58.60.62). Illustrationen sind häufig und anschaulich. Manchmal verwandte er visuelle Hilfmittel oder Zeichenhandlungen (z.B. Mt 18,2; Joh 13,1-15). Jesu Lehren kann niemals eintönig gewesen sein und ist deshalb viel einprägsamer als eine mehr formelle oder stilisierte Lehrweise, vor allem jedoch ist es nie rein theoretisch, sondern lebensbezogen.

2. Der Gebrauch des Alten Testaments.

Jesus gründete seine Lehre auf das AT. Seine in den Evv. aufgezeichneten Worte enthalten mehr als 40 wörtliche Zitate aus dem AT, etwa 60 klare Anspielungen oder andere Bezugnahmen auf atl. Abschnitte sowie gut über 100 weitere mögliche Anklänge an das AT, bei denen schwer zu sagen ist, ob sie beabsichtigt waren oder ob das Denken Jesu einfach von atl. Worten und Gedanken so erfüllt war, daß er sich unwillkürlich in einer Art und Weise ausdrückte, die an das AT erinnert. Jesus benutzte das AT bei allen Themen seiner Lehre. Er besprach dessen gesetzliche und ethische Forderungen und nahm sie als Ausgangsbasis für sein eigenes ethisches Lehren (z.B. Mt 5,17-48; Mk 10,2-9; 12,28-31). Er gebrauchte auch dessen historische Berichte, um bestimmte Aspekte seiner eigenen Lehre zu veranschaulichen (z.B. Mk 2,25f; Mt 12,40-42; 24,37-39). In Streitgesprächen mit den rel. Führern berief er sich normalerweise auf das AT als letzte Autorität und schalt sie manchmal ob ihres Unvermögens, dessen grundlegende Prinzipien zu erfassen (z.B. Mk 7,6-13; 12,24; Mt. 12,3-7). Besonders jedoch in den Aussagen über die Natur seiner eigenen Person und Sendung macht Jesus vom AT Gebrauch, und zwar in ganz verschiedener Weise.

Manchmal zitiert er einfach klare atl. Weissagungen, um zu zeigen, daß sie nun in ihm ihre Erfüllung finden. Viele von ihnen sind Vorhersagen des kommenden *Messias, und ihre Deutung auf Jesus kann einen Christen nicht überraschen (zum Einzelnen s.u.: 7.). Aber viele der Abschnitte, auf die Jesus sich in diesem Zusammenhang bezieht, erwähnen nicht einen Messias, sondern nur Gott selbst als kommenden Richter und Erlöser. So bezieht sich z.B. Mt 11,5 auf Jes 35,5f; Lk 19,10 auf Hes 34,16.22; Lk 22,20 auf Jer 31,31; auch diese Prophetenworte sieht Jesus in seinem Kommen erfüllt. Noch bemerkenswerter ist, daß auch viele Passagen, die in keiner Weise prophetisch, sondern bloß Berichte von historischen Personen, Ereignissen usw. sind, dennoch als Vorbilder aufgenommen werden, die in seinem Wirken »erfüllt« sind (z.B. Mt 12,40-42, wo auf Jona und Salomo Bezug genommen ist; Mt 4,4.7.10 bezogen auf die Wüstenerfahrungen Israels in 5Mo 8,3; 6,16.13; und Mk 12,10, wo Ps 118, 22f zitiert wird). Diese letztgenannte Weise, das AT zu gebrauchen, wird im übrigen NT (besonders im Hebr) noch weiter entwickelt und ist allgemein als *»Typologie« bekannt. Zahlreiche beiläufige Anspielungen in der gesamten Lehre Jesu zeigen, daß er in seinem Wirken nicht nur die expliziten Weissagungen des AT »erfüllt« sah, sondern zugleich den ganzen Plan des Heilshandelns Gottes in der Geschichte Israels, das im AT berichtet wird.

3. Die Zeit der Erfüllung.

Die ersten Worte, die aus Jesu galiläischer Wirksamkeit aufgezeichnet sind, bieten eine konzentrierte Aussage über die Grundvoraussetzung seiner gesamten Lehre: »Die Zeit ist erfüllt, und das Reich Gottes ist herbeigekommen« (Mk 1,15). Das LkEv. nennt als zentrale Aussage Jesu bei seinem ersten öffentlichen Auftreten die Behauptung: »Heute ist dieses Schriftwort [Jes 61,1f] erfüllt vor euren Ohren« (Lk 4,21). Während seines gesamten Wirkens ist dieses Merkmal gegenwärtiger Erfüllung von zentraler Bedeutung. Es war die Ankunft des Messias, das Kommen des von den Juden seit langem erwarteten Tages Jahwes, die Erfüllung aller Hoffnungen des AT (vgl.7.). Obwohl er den Titel »Messias« nicht offen gebrauchte (vgl.7. und *Messias), stritt er nie ab, daß dies seine Rolle sei, und als Johannes der Täufer ihn direkt danach fragte, antwortete er mit einer klaren Bestätigung (Mt 11,2-6: eine Anspielung auf Jes 35,5f; 61,1).

Das Kommen Jesu bedeutet somit nach seiner eigenen Lehre den Beginn eines neuen Zeitalters. Die vielen Jahrhunderte der Erwartung weichen nun der Erfüllung. Jesu Gebrauch der Typologie (vgl. 2.) sieht sein Wirken nicht einfach als Wiederholung des vorausgegangenen Geschichtshandelns Gottes, sondern als dessen Höhepunkt. Dieses ist jetzt die letzte und definitive Tat Gottes und eröffnet die verheißenen Tage des Heils (und des Gerichts). In Jesus selbst, in seinem Lehren und besonders im rettenden Dienst seines Leidens, seines Todes und seiner Rechtfertigung ist alles Handeln Gottes an den Menschen fortan zusammengefaßt. Wo diese zentrale Bedeutung Jesu nicht erkannt wird, muß ein gut Teil seiner Lehre unverstanden bleiben. Er bestätigt nicht nur, was im AT bereits da war, sondern bringt das, worauf das AT vorauswies und worin seine Aufgabe erfüllt wird. Von nun an kann das AT selbst nur noch christologisch recht verstanden werden.

Somit gestattet es Jesus nicht, die Erfüllung der Prophetie im Weltgeschehen zu suchen und sein Wirken dabei auszuklammern. Er selbst ist der Brennpunkt der Erfüllung, und diese Erfüllung ist mit seinem Kommen bereits eingetreten.

Diese wichtige Bedeutung Jesu wird in seiner Ankündigung eines »Neuen *Bundes« beim letzten Abendmahl zusammengefaßt (Lk 22,20; 1Kor 11,25). Der mit Israel am Sinai geschlossene Bund (2Mo 24 u.ö.) wird nun, wie Jeremia vorausgesagt hatte (Jer 31,31-34), durch einen neuen Bund abgelöst, der durch den Opfertod Jesu aufgerichtet wird. Ein neues Zeitalter hat begonnen.

4. Das Reich Gottes.

Dieser Gedanke der gegenwärtigen Erfüllung und eines neuen Zeitalters tritt besonders in Jesu Lehre vom Reich Gottes zutage. Er gebrauchte den Begriff in sehr verschiedenen Zusammenhängen, so daß sein Inhalt sorgfältig differenziert werden muß. Der Begriff bezeichnet die Souveränität Gottes, die Situation, in der Gott herrscht und die Zügel in der Hand hat. Obwohl Gott einerseits immer regiert, ist es ebenso eine Tatsache, daß der Mensch seine Herrschaft ablehnt und gegen ihn rebelliert. Das »Kommen des Reiches Gottes« bezeichnet daher die praktische Verwirklichung der Herrschaft Gottes in menschlichen Belangen, und dieses Kommen des Reiches war es, was Jesus zu Beginn seines Wirkens ausrief (Mk 1,15). Andere Worte bekräftigen die Botschaft, daß sein Kommen bereits die Herrschaft Gottes in Kraft gesetzt habe (z.B. Mt 12,28; Lk 17,20f). So konnte er davon sprechen, daß Menschen in das Reich Gottes »hineinkommen« oder es »empfangen« (Mk 10,15.23-25; Lk 12,31; 16,16), und seinen Jüngern versichern: »Das Reich Gottes ist euer« (Lk 6,20; vgl. Mt 5,3.10).

Andererseits ist das Reich Gottes in einem wichtigen Sinn noch Zukunft: es wird »kommen mit Kraft« (Mk 9,1; vgl. Mt 6,10; Lk 19,11; 22,18). Denn die Annahme der Souveränität Gottes, die durch Jesu Wirken allen Menschen angeboten wurde und die sich in der Erfahrung derer schon verwirklichte, die ihm nachfolgten (in diesem Sinne war das Reich Gottes bereits gegenwärtig), würde eines Tages weltweites Ereignis werden – nämlich dann, wenn alle Menschen an jedem Ort die Herrschaft Gottes anerkennen würden.

Diese zukünftige *Vollendung ist der äußerste Horizont der Proklamation des Reiches Gottes durch Jesus, aber sie ist nur der endgültige Abschluß eines Prozesses, der bereits mit Jesu irdischem Wirken begonnen hat. Um ein neues Zeitalter zu bringen, ist Jesus gekommen: es ist das Zeitalter der Herrschaft Gottes. Wo einzelne Menschen auf seine Verkündigung eingehen, wird diese Herrschaft aufgerichtet. Das »Schon jetzt« und das »Noch nicht« finden sich zu einem großartigen Geschichtspanorama zusammen, dessen Höhepunkt noch aussteht. In seinem Zentrum jedoch steht Jesus selbst, denn nur in der Annahme seiner Lehre und durch den Glauben an sein Erlösungswerk kann ein Mensch wieder zu einer echten Verbundenheit mit Gott gelangen und in das Reich Gottes »hineinkommen«.

5. Gott der Vater.

In das Reich Gottes hineinzukommen heißt also im Grunde, Gottes Herrschaft anzuerkennen. Und das erfordert ein neues Verhältnis zu Gott. Deshalb lehrte Jesus seine Nachfolger, die durch sein Wirken in das Reich Gottes hineinkamen, Gott als ihren Vater anzusehen. Dieses sehr persönliche Bild des Verhältnisses eines Jüngers zu Gott begegnet in den Evv. sehr häufig und gehört zu den markantesten und neuartigsten Zügen der Lehre Jesu. Er lehrte sie, Gott als unseren »Vater im Himmel« anzusprechen (Mt 6,9; *Gebet des Herrn), und in ganz praktischen Dingen wie Nahrung und Kleidung auf seine väterliche Fürsorge und Versorgung zu vertrauen, denn »euer himmlischer Vater weiß, daß ihr all dessen bedürfet« (Mt 6,25-34). Sie können ihrem Vater zutrauen, er werde sie beschützen und mit allen guten Dingen versorgen (Mt 10,28-31; 7,7-11). Als Kinder ihres Vaters müssen sie versuchen zu sein wie er: vollkommen (Mt 5,43-48).

Jesu Lehre über das Vatersein Gottes ist daher keine allg. Aussage über Gottes Wohlwollen gegenüber seiner Schöpfung, sondern meint ein besonderes Liebes- und Vertrauensverhältnis, zu dem nur diejenigen gelangen, die in das Reich Gottes gekommen sind. Es steht zu einem vagen Universalismus genauso im Gegensatz wie zu einer rein formalen Religiosität. Es ist eine exklusive und höchst persönliche Beziehung. Doch wenn schon Jesu Lehre von Gott als dem Vater seiner Jünger etwas Neues darstellte, so war sein Anspruch, selbst in einem noch exklusiveren Sinn der Sohn Gottes zu sein, noch bemerkenswerter. Er redet Gott regelmäßig mit »Vater« oder »mein Vater« an und setzt damit eine Intimität voraus, wie sie in der jüd. Religion vorher noch niemals vorgekommen war (vgl. J. Jeremias, Abba, 1966).

Im JohEv. betrifft die überwiegende Anzahl der Bezugnahmen auf Gott als den Vater (und es sind gut über 100) den Vater Jesu. Die Exklusivität dieser Beziehung zeigt sich in der Tatsache, daß Jesus sich nicht einmal mit seinen Jüngern in der Weise verbunden sah, daß sie alle Söhne Gottes in demselben Sinne seien: wenn er »unser Vater« sagt, schloß er sich selbst in das »unser« nie mit ein, sondern sprach vielmehr von »meinem« Vater und von »eurem« Vater. Mt 11,27 faßt das Verhältnis zusammen: »Alles ist mir übergeben von meinem Vater; und niemand kennt den Sohn als nur der Vater; und niemand kennt den Vater als nur der Sohn und wem es der Sohn offenbaren will«.

So gibt es zwei verschiedene Weisen, mit Gott als dem Vater verbunden zu sein: dort die wesenhafte Einheit von Vater und Sohn, die das exklusive Vorrecht Jesu ist; hier das Privileg des Jüngers, in das nur Jesus ihn einsetzen kann, Gott als seinen Vater im Himmel zu erkennen und ihm zu vertrauen. In Jesu Lehre findet sich kein Hinweis auf eine allgemeiner verstandene Vaterschaft Gottes, die alle Menschen umfassen würde.

6. Die Ethik des Reiches Gottes. Jesu Angriff auf den Legalismus und seine Tendenz, persönliche Notlagen über konventionelle Regeln zu stellen (vgl.V.3.4.), spiegeln sich auch in der Ethik, die er für seine Nachfolger entfaltet. Sie bringt keine Abschwächung der moralischen Forderung; das Leitbild ist Vollkommenheit (Mt 5,48). Die Gerechtigkeit, die er fordert, ist größer als die des pedantischsten Legalisten (Mt 5,20). Ihre Größe liegt jedoch nicht in einer weiteren Vermehrung der Anzahl von Verhaltensregeln (tatsächlich hat Jesus keinen Versuch gemacht, eine vollständige Ethik für alle Lebensgebiete zu entwerfen), sondern in einer tiefgreifenden Kritik der Motive und der Grundhaltung. Es gibt zwar immer noch Einzelgebote (die *Bergpredigt enthält viele davon), Jesu Forderung konzentriert sich jedoch auf das die Heilung bestimmende Denken (z.B. Mt 5,21-28; Mk 7,14-23). Am bemerkenswertesten in seiner Lehre ist der zentrale Platz, den er der Liebe zuweist (z.B. Mk 12,28-34; vgl. Lk 6,27-35; Mt 7,12; Joh 13,34f; 15,12-17 u.ö.). Damit die Liebes-Forderung nicht in Sentimentalität abgleitet, wird der barmherzige Samariter als ein Beispiel der im Handeln tätigen Liebe vorgestellt (Lk 10,25-37) und das selbstlose Dienen zum Kriterium wahrer Größe erhoben (Mk 10,42-45).

Eine solche praktische Liebe muß unvermeidlich Auswirkungen auf die soziale Haltung und Handlungsweise haben. Soweit die Evv. berichten, entwickelte Jesus ebensowenig spezielle Vorschläge zu einer Gesellschaftsreform wie er sich an politischer Agitation beteiligte (vgl.V.6.). Aber sowohl sein Leben (vgl.V.1.3.) als auch seine Lehre sind dazu angetan, ein bequemes Hinnehmen des sozioökonomischen status quo zu untergraben. Besonders seine Hochschätzung der Armut (Lk 6,20-25; Mk 10,17-31; Mt 6,19-24) und seine Aufforderung zu uneingeschränker Freigebigkeit (Lk 6,34f; 12,33; 14,12-14; Mk 10,41) schaffen die Grundlage – wenn nicht sogar das gedankliche Gerüst – für eine recht radikale Sozialethik, (vgl. R.T. France, »God and Mammon: the practical relevance of the teaching of Jesus«; EQ 51/1979, 3ff).

Jüngerschaft ist somit eine ernsthafte und völlige Hingabe, die einen drastischen Verzicht – nicht nur auf materiellen Besitz, sondern auch auf gutes Ansehen und verwandtschaftliche Beziehung - bedeuten kann (Mk 10,28-31; Mt 10,34-39). Sie ist nichts für Halbherzige (Lk 9,62). Sie erfordert vielmehr eine totale Umorientierung, so daß Gott und nicht der Mensch zum Angelpunkt im Leben und Denken eines Menschen wird (Mt 6,33 und der gesamte Komplex Mt 6) und der beherrschende Beweggrund nicht die Aussicht auf Belohnung durch Menschen oder auch durch Gott ist, sondern die Dankbarkeit für die vergebende Gnade Gottes (Mt 18,23-35; Lk 7,36-47).

Es ist vor allem diese Neuorientierung – weniger sind es besondere ethische Einzelregeln –, die die Ethik Jesu als radikal heraushebt im Vergleich zum Legalismus oder Humanismus, der die besten rel. Systeme seiner Zeit kennzeichnete.

7. Der Sendungsauftrag Jesu.

Wir haben gesehen, daß Jesus sich selbst als denjenigen ansah, der beim Heraufführen des Reiches Gottes die zentrale Rolle spielte. In seinem Wirken sollten die Hoffnungen des AT ihre Erfüllung finden. Mit anderen Worten: er war der *Messias.

Doch hat Jesus selber die Messianität kaum jemals unter Benutzung dieses Titels beansprucht. Die einzige Begebenheit, bei der er aus eigener Initiative diesen Anspruch erhob, spielte sich außerhalb des jüd. Gebiets ab (Joh 4,25f). Wenn andere ihn als Messias (»Christus«) bezeichneten, so akzeptierte er dies, war aber selber sorgsam bemüht, den Titel an sich zu vermeiden, und benutzte statt dessen regelmäßig die Bezeichnung »Menschensohn« (Mk 8,29-33; 14,61f; *Messias II.1.) Die populäre jüd. Messiashoffnung war fest an ein politisches und nationalistisches Verständnis des kommenden Erlösungstages gebunden, während Jesus keine derartigen politischen Absichten hatte (vgl. V.6.). Er selbst verstand seine Sendung als Messias in einem Sinne, den das populäre Judentum unter diesem Namen nicht erkannt hätte; so war schon der Titel an sich problematisch.

Aber obwohl Jesus den Titel des »Messias« vermied (und ebenso die politisch noch mehr belastende Bezeichnung »Sohn Davids«, die zwar andere für ihn gebrauchten, die er aber nie für sich benutzte), verwies er doch ausdrücklich auf manche Gestalten der atl. Weissagungen und sah sie in seinem Wirken erfüllt. Vier oder fünf solcher Vorbilder treten in seiner Lehre besonders hervor, und die Auswahl ist höchst aufschlußreich. Er war der in Ps 110,1 vorgestellte »Herr Davids« (Mk 12,35-37; 14,62), der niedrige und verworfene Hirte/König, der einigemale in Sach 9-13 begegnet (Mt 21,1-11; 24,30, 26,31), der leidende Gottesknecht aus Jes 53 (Mk 10,45; 14,24; Lk 22,37; *Knecht Gottes, II.1.) und die mit diesem verwandte Gestalt des Gesalbten des Herrn in Jes 61,1 (Lk 4,18ff; Mt 11,4f) sowie der gerechtfertigte und inthronisierte »Menschensohn« von Dan 7,13f (Mk 8,38; 13,26; 14,62; Mt 19,28; 25,31; 28,18). Das Gewicht liegt also, außer im Falle von Dan 7,13f (vgl. dazu unten: 9.), sehr stark auf dem Leiden, dem Verworfensein und Sterben, auf einer eher niedrigen als beherrschenden Stellung.

Sogar die in Mk 12,35-37 erzählte Debatte über Ps 110,1 soll vor allem dazu dienen, Jesus von dem Titel »Sohn Davids« mit seinen politischen Implikationen zu distanzieren; die beherrschende atl. messianische Gestalt, ein König wie David, taucht sonst in Jesu Auswahl nicht auf, sondern wird abgelöst durch das Bild des Leidens und der Erniedrigung. Aus diesem Grunde wohl bezeichnete Jesus sich selbst in der Regel als »Menschensohn«. Andere Titel hatten bereits einen klar definierten, meist nationalistischen Inhalt, aber »Menschensohn« war im normalen Judentum nicht als messianischer Titel gebräuchlich (obwohl Dan 7,13f oft als messianische Prophetie angesehen wurde, ohne jedoch den Titel als solchen zu benutzen). Dieser ziemlich rätselhafte Ausdruck (vgl. Joh 12,34) ermöglichte es Jesus, seine eigene Vorstellung von der messianischen Sendung näher zu bestimmen. (Vgl. weiter *Messias, II.1.; *Hoheitstitel Jesu Christi.)

Die Notwendigkeit seines Leidens und Sterbens ist ein durchgehendes Thema der Lehre Jesu (bes. Mk 8,31; 9,31; 10,33f; aber auch Mk 9,12; 10,38.45; 12, 6-8; 14, 8.21-25; Mt 26,54; Lk 7,25; 9,31; 12,50; 133,32f; 22,37; Joh. 10,11-15; 12,23-25 etc.); oftmals wird betont, daß es so geschehen muß, weil es geschrieben steht.

Der Zweck dieses Leidens und Sterbens ist ganz eindeutig in den Bezugnahmen auf Jes. 53 aufgedeckt. Dort ist von dem Dienst des Gottesknechts die Rede, der für die Sünden seines Volkes leidet, um ihretwillen stirbt und so »vielen Gerechtigkeit schafft«; auf diese Weise sollte auch Jesus »sein Leben geben als Lösegeld für viele« (Mk 10,45), und sein »Blut des Bundes« sollte »vergossen werden für viele zur Vergebung der Sünden« (Mt 26,28). Dies ist Opferterminologie: Ziel des Todes Jesu war, das letztgültige Opfer zu sein, das die Vergebung der Sünden und die Wiederherstellung der Gemeinschaft zwischen Gott und Mensch ermöglichen und so die Auflehnung des Menschen beenden und das Reich Gottes herbeiführen würde. Diese Erlösungstheologie begegnet in Jesu Lehre nur selten und andeutungsweise, die Richtung dorthin ist jedoch unverkennbar. In der Folgezeit wurde sie in der weiter entwickelten Theologie des Paulus und der anderen ntl. Verfasser aufgenommen, (vgl. *Versöhnung; *Erlösung.)

8. Das Volk Gottes.

Es wird oft behauptet, daß Jesus keine Kirche gründen wollte. Sofern man unter »Kirche« eine formale, hierarchische Organisation versteht, ist dies zweifellos richtig. Das Verständnis von Jesu Sendung jedoch, wie es oben skizziert wurde, schließt unumgänglich die Schaffung einer neuen Gemeinschaft derer mit ein, die durch sein erlösendes Opfer Zugang zum Reich Gottes erlangt haben. Diese Gemeinschaft, die sich zunächst auf die ihn unmittelbar umgebende Gruppe seiner Jünger begrenzte, aber dazu bestimmt war, ungeachtet des völkischen oder sozialen Hintergrundes alle zu umfassen, die seine Verkündigung annahmen, spielt in seiner Lehre eine bedeutende Rolle.

Das Wort »Kirche« oder »Gemeinde« (*ekklēsia*) begegnet nur zweimal in den Evv. In

Mt 18,17 bezieht es sich auf eine örtliche Gruppe von Nachfolgern Jesu, die unter ihren Mitgliedern Streitfälle zu schlichten hat, während Mt 16,18 die ntl. Sicht einer universalen Kirche als ständiger Repräsentantin Jesu auf Erden vorschattet. Aber auch andere Begriffe enthalten denselben Gedanken einer umgrenzten Gemeinschaft: z.B. Gottes »kleine Herde« (Lk 12,32; vgl. Mk 14,27; Joh 10,16), seine Familie (Mk 3,34f; 10,29f; Mt 10,25) und die Gäste bei seinem Festmahl (Mk 2,19; Mt 8,11f; 22,1-14).

Bis dahin war Israel als Nation das besondere Volk Gottes gewesen. Nun lehrte Jesus, daß das wahre Volk Gottes sowohl weiter als auch enger als Israel gefaßt sein werde: Heiden werden einen Platz bei dem Festmahl bekommen, einige Juden hingegen nicht (Mt 8,11f; vgl. Mt 22,1-10). Johannes der Täufer hatte vor dem Irrtum gewarnt, daß Jude-Sein an sich schon eine Erlösungsgarantie sei (Mt 3,8-10), und Jesus nahm dieses Thema auf. In vielen Bildern und Anspielungen wird der Eindruck vermittelt, daß das wahre Israel nun auf Jesus selbst (s. o. 3.; ebenso IV.3.) und auf diejenigen, die seinen Bußruf annehmen, begrenzt ist. Diese Überzeugung – in der Erwählung von zwölf Jüngern zur Gründungsgemeinde symbolisch angezeigt (vgl. bes. Mt 19,28) und in der Aufrichtung eines »neuen Bundes« ausgedrückt (Lk 22,20 etc.) – macht verständlich, weshalb Jesus, der doch sein eigenes Wirken bewußt auf Israel beschränkte (Mt 10,5f; 15,24), seine Jünger nach seiner Auferstehung aussenden konnte, um aus allen Völkern Nachfolger zu berufen (Mt 28,19; Lk 24,47; Apg 1,8) und ein Gottesvolk zu bilden, das von allen Enden der Erde her zusammengeführt ist (Mk 13,27). (*Israel Gottes.)

9. Die Zukunft.

Jesus erwartete ein zukünftiges »Kommen des Reiches Gottes« (vgl. o.4.). Auf welche Weise und wann genau er es erwartete, ist jedoch nicht systematisch geklärt und steht verschiedenen Interpretationen offen. Von folgenden Stufen innerhalb dieses Vollendungsprozesses scheint Jesus jedoch deutlich gesprochen zu haben:

a. Jesus sagte mehrmals voraus, daß er nach seinem Leiden die Kraft und Regierungsgewalt des »Menschensohnes« von Dan 7,13f empfangen werde (s.o.7.). Für welche Zeit dieser ihn rechtfertigende Akt erwartet wurde, ist nicht immer deutlich, aber in Mt 28,18 – nach seiner Auferstehung – behauptet Jesus, diese Vorhersage sei schon erfüllt. Mk 14,62 scheint ebenfalls eine unmittelbar bevorstehende ihn rechtfertigende, Erhöhung in den Blick zu fassen, welche seine Richter selbst miterleben sollen.

b. Ein zukünftiges Ereignis, das Jesus klar und wiederholt vorhersagte, ist die Zerstörung Jerusalems und seines Tempels (Mk 13,2 und die folgende Rede; Lk 21,20ff; vgl. auch Mt 23,37-39; Lk 23,28-31). Sie wird als unvermeidliches Resultat der jüd. Ablehnung von Gottes letzter Einladung dargestellt (Lk 13,34f; 19,41-44; vgl. Mt 22,7), und sie wird über die jetzige Generation kommen (Mt 23,36; Mk 13,30). Es ist wahrscheinlich, daß einige von Jesu Worten über das »Kommen des Menschensohnes« (wieder in Aufnahme von Dan 7,13f) sich – zumindest teilweise – eher auf dieses Ereignis beziehen als auf sein zweites Kommen, zumal auch sie eine Erfüllung zu Zeiten der gegenwärtigen Generation im Blick haben (Mk 8,38-9,1; Mt 10,23; Mk 13,26.30). Dieser Gerichtsakt wäre dann eine weitere Manifestation seiner Rechtfertigung und Erhöhung. Es herrscht keine Übereinstimmung darüber, inwieweit sich die Ölbergrede auf die Zerstörung des Tempels bezieht, mit der sie anhebt, und inwieweit auf eine fernere Zukunft. Sicher aber nimmt das Schicksal Jerusalems einen hervorragenden Platz in Jesu Zukunftserwartungen ein und wird im Zusammenhang mit seinem eigenen Wirken gesehen.

c. Andererseits wird Dan 7,13f auch auf das letzte Gericht gedeutet (Mt 25,31-34; vgl. Mt 19,28). Dieser »Tag des Gerichts«, am umfassendsten in Mt 25,31ff gezeichnet, wird in Jesu Verkündigung häufig erwähnt und gilt sowohl Einzelpersonen als auch Gemeinschaften und Völkern (z.B. Mt 10,15.32f; 11,22-24; 12,36. 41f). Auch in diesem letzten Gericht spielt Jesus eine zentrale Rolle.

d. Jesus weissagte auch sein eigenes zweites Kommen bzw. seine *parousia* (der Begriff begegnet in den Evv. nur Mt 24,3.27.37.39), manchmal auch »Tag des Menschensohnes« genannt. Diese Parusie wird so unverkennbar und so weltweit sichtbar sein wie ein Blitz (Lk 17,24). Sie wird plötzlich und ganz unerwartet kommen (Mt 24,37-44; Lk 17,26-35) und erfordert ständige Bereitschaft (Mt 24,42-51; 25, 1-13). Ihr Zeitpunkt kann nicht vorausberechnet werden; sogar Jesus selber nahm nicht für sich in Anspruch, ihn zu kennen (Mk 13,32).

Diese vier Aspekte der Lehre Jesu von der Zukunft gehen ineinander über, so daß es nicht immer möglich ist zu sagen, welcher genau gemeint ist. Allg. jedoch repräsentiert a. einen konstanten Zustand seit der Auferstehung, bezieht sich b. auf ein spezielles, innerhalb einer Generation erwartetes zukünftiges Ereignis, und bilden c. und d. zwei Aspekte der letzten Erfüllung, wenn das Reich Gottes vollständig aufgerichtet wird; alle aber sind bezogen auf Jesu bleibende Stellung als erhöhter und inthronisierter »Menschensohn«. Exegetische Differenzen über die Zugehörigkeit spezieller Stellen sollten nicht diese durchgehende Grundstruktur in Jesu Sicht vom kommenden Reich Gottes verdunkeln dürfen. Ein solches Verständnis seiner Lehre gibt der Annahme keinen Raum, Jesus habe das Ende der Welt in sehr naher Zukunft erwartet; es bietet die Gewähr dafür, daß sein Aufruf zum ständigen Bereitsein für uns heute genauso bindend ist wie für jene, die ihn zuerst hörten (*Eschatologie).

Literatur: O. Betz: Was wissen wir von Jesus, [2]1967; ders.: Probleme des Prozesses Jesu, in: ANRW II, 25, 1, 1981; ders.: Jesus der Messias Israels, WUNT 42, 1987; M. Black: An Aramaic Approach to the Gospels and Acts, [3]1967; J. Blinzler: Der Prozeß Jesu, [4]1969; F.F. Bruce: Zeitgeschichte des Neuen Testaments, 1986; G. Dalman: Jesus - Jeshua. Die drei Sprachen Jesu. (1922) 1967; A. Edersheim: The Life and Times of Jesus the Messiah, 2 Bde., 1883 (wichtig für den jüd. Hintergrund); R.T. France: The Man They Crucified: a Portrait of Jesus, 1975; ders.: Jesus and the Old Testament, 1971; W. Grimm: Die Verkündigung Jesu und Deutero Jesaja, 1981; M.Hengel: War Jesus Revolutionär?,1973; O. Hofius: Jesu Tischgemeinschaft mit den Sündern, 1967; J. Jeremias: Die Abendmahlsworte Jesu, [4]1967; ders.: Neutestamentliche Theologie I: Die Verkündigung Jesu, [2]1973; ders.: Die Gleichnisse Jesu, [9]1974; ders.: Abba. Studien zur neutestamentlichen Theologie und Zeitgeschichte, 1966; J. Klausner: Jesus of Nazareth, 1929 (eine jüdische Studie); I.H. Marshall: I believe in the historical Jesus, 1977; R. Riesner: Jesus als Lehrer, WUNT 2/7 [3]1987; E. Stauffer: Jesus war ganz anders, 1967; P. Stuhlmacher: Das Evangelium der Versöhnung in Christus, 1979. R.T.F./ O.B.

JETER (»Über's Maß, Überfluß« – nach Koehler – oder Kurzform: »Er [Gott] ist reichlich gewesen, hat mit Überfluß gegeben« – so Noth).

1. Ältester Sohn *Gideons (Ri 8,20).

2. Sohn Jadas, ein Judäer, der kinderlos starb (1Chr 2,32).

3. Weiterer Judäer, Sohn *Esras (1Chr 4,17).

4. Mann aus dem Stamm Asser (1Chr 7,38), augenscheinlich identisch mit Jitram, dem Sohn Zofachs in V. 37.

5. Vater *Amasas, des Heerführers Absaloms (1Kön 2,5.32), ein Ismaeliter (1Chr 2,17). 2Sam 17,25 wird er als Israeliter bezeichnet, doch das ist wahrscheinlich ein Schreibfehler.

JIBLEAM. Kanaan. Stadt im nördl. Grenzland von *Manasse, deren Gebiet sich bis nach (nicht »in«) Issaschar erstreckte (Jos 17,11). Während der israelit. Besiedlung wurden die kanaan. Einwohner unterworfen, aber nicht vertrieben (Ri 1,27). J. ist wahrscheinlich mit der levitischen Stadt Bileam aus 1Chr 6,70 identisch. J. taucht in ägypt. Listen als *Ybr'm* auf. Heute befindet sich hier Chirbet Bil ʿameh, ca. 16 km südöstl. von *Megiddo an der Straße nach *Bet-Schean (2Kön 9,27). K.A.K.

JISCHIJA. (Vielleicht: »Der Herr möge vergessen machen«).

1. Sohn Jisrachjas, Urenkel *Issaschars (1Chr 7,3).

2. Benjaminit, der sich David in Ziklag anschloß (1Chr 12,7).

3. Levit aus dem Geschlecht Kehats (1Chr 23,20; 24,25).

4. Sohn Rehabjas, Nachkomme Moses (1Chr 24,21; vgl. 23,17).

5. Nachkomme Harims; er trennte sich z.Zt. Esras von seiner heidnischen Frau (Esr 10,31).

JITRO. Moses Schwiegervater *Reguel (2Mo 2,18), der Priester in Midian, der in 2Mo 3,1; 4,18; 18,1-27 Jitro genannt wird. Er brachte *Zippora und ihre Söhne zum Berg Horeb, um dort Mose zu treffen. Zum Dank für die Erlösung Israels brachte J. ein Opfer für Jahwe dar (2Mo 18,1-12). Hier riet er Mose auch, die Rechtsprechung einem anderen zu übertragen, weil die Arbeitsbelastung für Mose zu groß geworden war (2Mo 18,13ff). Mose überredete J.s Sohn *Hobab beim Aufbruch vom Sinai, sich den Israeliten anzuschließen (4Mo 10,29). In Ri 1,16 und 4,11 wird »Hobab der Keniter« Moses »*chotēn*« genannt, vielleicht ein weitgefaßter Begriff für »Verwandter«. Der einzige Hinweis für J.s kenitische Abstammung wird uns in Ri 1,16 und 4,11 gegeben. Der Name J. dürfte »Überlegenheit« bedeuten. J.P.U.L.

JOAB. (»Jahwe ist Vater«).

1. Sohn der Zeruja, der Halbschwester *Davids, und Bruder *Abischais und *Asaëls (2Sam 2,18). Der Name seines Vaters, der in Bethlehem begraben war (2Sam 2,32), wird nicht genannt. Alle drei Brüder gehörten zu Davids Vertrauten. Zum ersten Mal wird J. erwähnt, als er mit seinen Brüdern Asaël und Abischai Davids Armee bei *Helkat-Hazzurim gegen *Isch-Boschets Rebellenverband unter *Abner zum Sieg führte (2Sam 2,12-17). Auf der Flucht tötete Abner J.s Bruder Asaël in Notwehr und wurde später selbst von J. heimtückisch ermordet, scheinbar aus Blutrache (2Sam 2,23; 3,27.30), aber wahrscheinlich auch, weil Abners neuentdeckte

Jibleam im Gebiet Manasses (Chirbet Bel'ameh).

Treue zu David ihn mit einem möglichen Rivalen im Ringen um die Gunst des Königs konfrontierte.

David war wegen dieses Mordes über seinen Neffen verärgert, er betrauerte Abner als »Fürsten und Großen« und prophezeite, daß Gott den Mörder strafen werde (2Sam 3,31-39). Zunächst aber wurde J. nach Einnahme der jebusitischen Burg Zion zum Hauptmann (Oberbefehlshaber) des Heeres Davids ernannt (2Sam 5,8; 1Chr 11,6.8).

J. erwies sich als geschickter Befehlshaber, der bei der Etablierung der Monarchie sehr hilfreich war, aber sein Charakter war zwiespältig. Abgesehen von seinen eigenen Gewalttätigkeiten und seinem Opportunismus, ist seine Grausamkeit z.B. daran erkennbar, wie schnell er Davids Mordplan im Blick auf *Uria umsetzte (2Sam 11,6-25). J. konnte jedoch auch großmütig sein, z.B. als er zeigte, daß er David die Einnahme von Rabba verdankte (2Sam 12,26-31). Bemerkenswert und überraschend ist die Tatsache, daß J. – allerdings vergeblich – versuchte, David von einer Volkszählung abzubringen (2Sam 24,2-4).

Bei einer anderen Gelegenheit spielte J. die Rolle des Friedensstifters und versöhnte David und Absalom (2Sam 14,23.31-33), aber später, als Absaloms Schuld offensichtlich war, half er, ihn zu töten (2Sam 18,14-33), trotz Davids ausdrücklichem Befehl, das Leben des jungen Mannes zu schonen. Danach setzte David *Amasa als Befehlshaber an J.s Stelle ein (2Sam 19,14), aber der findige J. warf Schebas Revolte nieder und ergriff die erste Gelegenheit, den neuen Befehlshaber zu ermorden, der sich als ungeeignet erwiesen hatte (2Sam 20,3-33). Danach scheint J. wieder für einige Zeit in der Gunst des Königs gestanden zu haben (2Sam 20,22; 24,2).

Am Ende der Herrschaft Davids schwankte J.s Treue zum König, und mit *Abjatar und anderen unterstützte er *Adonija, der den Thron für sich beanspruchte (1Kön 1,5-53). Er mißachtete damit Davids Beschluß, daß Salomo sein Nachfolger werden sollte (1Kön 2,28). Dieses eine Mal war J. auf der falschen Seite und bezahlte schließlich dafür – auf Anordnung Davids – mit dem Leben, als er - mit Salomos stillschweigender Duldung – von *Benaja vor dem Altar in *Gibeon ermordet wurde, wohin er zum Schutz geflohen war (1Kön 2,28-34).

2. Judäer, Sohn des Secharja (1Chr 4,14; vgl. Neh 11,35); J. war der Stammvater des Tals der Zimmerleute.

3. Eine Familie, die mit *Serubbabel aus dem Exil zurückkehrte (Esr 2,6; Neh 7,11). Wahrscheinlich ist der J. in Esr 8,9 die gleiche Person. J.D.D.

JOACH. (»Der Herr ist Bruder«).

1. Sohn *Asafs, Kanzler des Königs *Hiskia (2Kön 18,18.26.37; Jes 36,3.22).

2. Levit, Sohn Simmas aus dem Geschlecht *Gerschoms (1Chr 6,6).

3. Sohn *Obed-Edoms, des Türhüters vor dem Heiligtum z.Zt. Davids (1Chr 26,4).

4. Sohn Simmas und Vater Edens, Levit z.Zt. König Hiskias (2Chr 29,12).

5. Der Sohn des *Joahas war Kanzler des Königs *Josia (2Chr 34,8).

JOAHAS. (»Jahwe hat ergriffen«).

1. Andere Namensform von *Ahasja, bei der der göttliche Name vorangestellt statt angehängt ist (s. *Ahasja). J. hieß einer der Söhne des Königs *Joram (ca. 840-841 v.Chr.; 2Chr 21,17; 25,23).

2. Sohn *Jehus; 11. König des Nordreiches Israel. J. behielt die Verehrung heidnischer Götter bei. Das bestrafte Jahwe mit wiederholtem Heranrücken der Syrer unter *Hasaël und dessen Sohn *Ben-Hadad (2Chr 13,2.3). Schließlich war J.' Heer so erschöpft, daß er Jahwe um Hilfe bat (2Kön 13,4; vgl. V. 22). Doch eine grundlegende Abkehr von den »Sünden Jerobeams« fand nicht statt (2Kön 13,6). J. wurde in Samaria begraben. Sein Sohn *Joasch folgte ihm auf den Thron (2Kön 13,9).

3. Sohn *Josias (1Chr 3,15), der nach dem Tod seines Vaters in Megiddo 18. König von Juda wurde (609 v.Chr.; 2Kön 23,30). Nach einer Regierungszeit von drei Monaten wurde er von Pharao *Necho in dessen Hauptquartier nach Ribla in Hamat verschleppt, dann nach Ägypten; dort starb er (2Kön 3,33.34). Jeremia nannte ihn *Schallum (Jer 22,11.12; vgl. 1Chr 3,15), ein Hinweis darauf, daß J. sein Herrschername war. D.W.B.

Die »Joasch«-Stele an der linken Seite des Altars. (BSAI)

JOASCH. (»Jahwe hat gegeben«).

1. Vater *Gideons; Mitglied des Abiësriter-Zweiges im Stamm *Manasse, der in *Ofra lebte (Ri 6,11-32). J. betete *Baal und *Aschera an und hatte dafür seinen eigenen Altar, den Gideon auf Jahwes Geheiß zerstörte und durch einen Altar für Jahwe ersetzte (Ri 6,25-27). J. schützte seinen Sohn vor den Bewohnern von Ofra, indem er zu ihnen sagte: »Ist Baal Gott, so streite er für sich selbst, weil sein Altar niedergerissen ist.« Möglicherweise war es J., der Gideon in Jerubbaal umbenannte (Ri 6,32).

2. Benjaminitischer Krieger, der David unterstützte, obwohl er ein Verwandter Sauls war (1Chr 12,1-3).

3. »Sohn« König *Ahabs, zu dem der Prophet *Micha ins Gefängnis gebracht wurde, nachdem er Ahab durch eine ungünstige Prophezeiung verärgert hatte (1Kön 22,26; 2Chr 18,25f). Möglicherweise meint hier »Sohn des

Dieser Keilschrifttext erwähnt »Joahas von Juda« als einen, der Tiglatpilesar III. von Assyrien Tribut leistet (2Kön 16,7f). Nimrud, um 734 v.Chr. (BM)

Der Text auf dieser Stele enthält den Namen des israelitischen Königs Joasch (Ja'asu), was belegt, daß Israel zusammen mit anderen Stadtstaaten König Adadnarari III. von Assyrien um 796 v.Chr. Tribut entrichtete. Aus dem assyrischen Tempel in Tell Rimah, NW-Irak. (BSAI)

Königs« einen Beamtentitel und keinen Verwandtschaftsgrad.

4. Sohn *Ahasjas, achter König von Juda (ca. 837-800 v.Chr.). Als *Atalja, die Königinmutter, beim Tod ihres Sohnes *Ahasja die königliche Familie auslöschte, versteckte seine Tante Joscheba J. sechs Jahre lang unter dem Schutz ihres Mannes *Jojada, des Hohenpriesters (2Kön 11,1-6; 2Chr 22,10-12). Im Alter von sieben Jahren wurde er von Jojada zum König ausgerufen, Atalja wurde hingerichtet (2Kön 11,7-20; 2Chr 23,1-15).

J.s Regierungszeit dauerte 40 Jahre (2Kön 12,2), wobei Ataljas sechsjährige Herrschaft dazugerechnet worden sein mag. J. baute den Tempel mit Hilfe Jojadas wieder auf (2Kön 12,5-16; 2Chr 24,4-14), gestattete aber die erneute Ausübung heidnischer Praktiken nach Jojadas Tod (2Chr 24,17. 18). Als er daraufhin von Secharja, dem Sohn Jojadas, gerügt wurde, ließ er zu, daß dieser vom Volk getötet wurde (2Chr 24,20-22). Um einer syr. Invasion unter *Hasaël zuvorzukommen, bestach er König Hasaël von Aram mit dem Tempelschatz (2Kön 12,18.19). J. wurde bei einem Umsturzversuch seiner Offiziere getötet (2Kön 12,21.22; 2Chr 24,25.26).

Sein Sohn Amazja folgte J. als König von Juda.

5. Sohn *Joahas'; 12. König von Israel, der ca. von 801-786 v.Chr. regierte (2Kön 13,10). Israel wurde während seiner Regierungszeit von drei Seiten her bedrängt. Eine Stele von Adad-Nirari III. von Rimah verzeichnet, daß ihm 796 v.Chr. Tribut von »Ju'usu von Samaria« gezollt wurde (S. Page, Iraq 30, 1968, S. 139ff, vgl. A. Malamat, BASOR 204, 1971, 37ff, was die Lesart des Namens betrifft). Die Aramäer unterdrückten Israel, aber J. konnte verlorengegangenes Gebiet wiedergewinnen (2Kön 13,22-25). J. wurde dabei von dem alternden Propheten *Elisa unterstützt (V. 14-19). J. gelang es, die *Edomiter im *Salztal zu schlagen und die Stadt *Sela einzunehmen. *Amazja, der König von Juda, forderte J. heraus und wurde von ihm besiegt. J. plünderte Jerusalem und nahm Geiseln mit (2Kön 14,8-14; 2Chr 25,17-24). D.W.B.

JOBAB.

1. Jüngster der dreizehn Söhne Joktans (1Mo 10,29; 1Chr 1,23).

2. König von Edom, Sohn Serachs von Bozra (1Mo 26,33.34; 1Chr 1,44.45).

3. Nordkanaan. König zu Madon, den Josua besiegte (Jos 11,1-15).

4. Benjaminit, Sohn Saharaims, ein Familienhaupt in Moab (1Chr 8,9).

5. Benjaminit, Sohn Elpaals, Familienhaupt in Jerusalem (1Chr 8,18).

JOBELJAHR s. Sabbatjahr

JOCH. Als J. wird der Holzbalken oder Rahmen bezeichnet, mit dem zwei Tiere vor den Pflug oder Wagen zusammengespannt werden. Von daher kann J. auch das Gespann selbst, d.h. zwei Ochsen oder Rinder meinen (1Kön 19,19.21; Hiob 1,3; Jer 51,23; Lk 14,19). Das J. wird mit Stricken befestigt, durch Knoten, die zum Abschirren gelöst werden müssen (Jes 58,6). Das Gesetz verbietet, ungleiche Tiere z.B. ein Rind und ein Esel, in ein J. zu spannen (5Mo 22,10). Die Tagesleistung eines J.s Rinder beim Pflügen bildet das Flächenmaß des Ackers (1Sam 14,14; vgl. *Maße und Gewichte). Kühe, die zum Opfer dienen sollen, dürfen noch nie im J. gezogen (4Mo 19,2; 5Mo 21,3), d.h. noch nicht den Menschen gedient haben (vgl. 1Sam 6,7).

Am häufigsten wird das J. als Bild der Herrschaft verwendet. Jeremia geht zum Zeichen der kommenden Herrschaft Babylons öffentlich mit einem J. auf dem Hals umher. Als der falsche Prophet *Hananja das hölzerne J. als Ankündigung der Befreiung zerbricht (vgl. 3Mo 26,13; Hes 30,18; Nah 1,13), läßt Gott ein eisernes J., eine umso härtere, übermächtige Herrschaft voraussagen (Jer 27; 28; vgl. 5Mo 28,48). Ein Volk erringt die Unabhängigkeit, wenn es das fremde J. gewaltsam vom Halse reißt (1Mo 27,40) oder wenn das J. von ihm genommen wird (Jes 14,25). Das drückt zugleich aus, daß die Befreiung nicht aus eigener Kraft geschieht. J. bedeutet aber nicht nur ungerechte oder fremde Herrschaft, die zu schwer und hart ist, um ertragen werden zu können (1Kön 12,4; Jes 47,6), sondern ebenso die gerechte und sanfte Herrschaft Gottes (Mt 11,29.30). Dieses J. hat Israel immer wieder zerbrochen, weil es den Götzendienst nicht lassen wollte (Jer 2,20; 5,5). Auch Paulus warnt die Gläubigen, nicht mit Andersartigen, nämlich Ungläubigen, im selben J. zu ziehen (2Kor 6,14). Die Arbeits- oder Lebensgemeinschaft mit Ungläubigen darf nicht zum J. werden, d.h. dahin führen, daß der Gläubige in seinem Handeln von den gottlosen Maßstäben des anderen abhängig wird. Mit dem Bild des J.s spielt Paulus hier wahrscheinlich auf 5Mo 22,10 an.

Das J. in der Jugend tragen, heißt: dem Herrn früh gehorchen lernen (Klgl 3,27). In Apg 15,10; Gal 5,1 ist mit J. die Herrschaft der Gesetzesvorschriften gemeint. Mit »Sklaven unter dem Joch« sind leibeigene Sklaven gemeint (1Tim 6,1).

JOCHEBED. (»Jahwe ist Ruhm«?). Mutter *Moses, *Aarons und *Mirjams (2Mo 6,20; 4Mo 26,59). Sie war eine Tochter *Levis und heiratete ihren Neffen *Amram. Nach der LXX-Fassung von 2Mo 6,20 waren sie Cousin und Cousine. J.G.G.N.

JOEL. (»Jahwe ist Gott«).

1. Sohn Petuëls, der Prophet; s. *Joel-Buch.

2. Levit, Vorfahr des Propheten *Samuel (1Chr 6,21; vgl. V. 18).

3. Erstgeborener Sohn des Propheten *Samuel, der sich als Richter zu Beerscheba als bestechlich erwies, ebenso wie sein Bruder Abija (1Sam 8,1-3). J. war der Vater des levitischen Sängers *Heman (1Chr 6,18; 15,17).

4. Vater Schemajas (1Chr 5,4).

5. Gaditer, der zu *Gilead in *Baschan wohnte (1Chr 5,12).

6. Sohn Jisrachjas, aus dem Geschlecht *Issaschar (1Chr 7,3).

7. Bruder eines Nathan, einer der Helden z.Zt. Davids (1Chr 11,38).

8. Oberster z.Zt. Davids aus der Sippe der gerschonitischen Leviten (1Chr 15,7), der wohl mit J., dem Sohn Ladans, identisch ist (1Chr 23,8). Dieser J. war einer der Aufseher über die Schätze des Hauses Gottes (1Chr 26,22).

9. Sohn Pedajas, Stammesfürst über Westmanasse z.Zt. Davids (1Chr 27,20).

10. Sohn Joschibjas, ein Simeoniter (1Chr 4,35).

11. Sohn *Asarjas, Levit z.Zt. *Hiskias (2Chr 29,12).

12. Israelit, der sich nach der Rückkehr aus dem Exil von seiner heidnischen Frau trennte (Esr 10,43).

13. Sohn Sichris, der nach der Rückkehr aus dem babylon. Exil in Jerusalem wohnte (Neh 11,9).

JOEL, BUCH.

I. INHALT UND AUFBAU.

Das Thema des Buches J. ist der Tag des Herrn und sein nahe bevorstehendes Kommen (1,15; 2,1.11; 3,4: 4,14). J. besteht aus zwei Hauptteilen. Kap. 1-2 haben die Gerichtsbedeutung des Tages des Herrn für Israel im Blick. Kap. 3-4 schauen in fernere Zeit (3,1: ». . .nach diesem. . .«) und lassen die Ereignisse aus Kap. 1-2 Vorbedeutung gewinnen für größere, endgültige Ereignisse. Außerdem stellt dieser zweite große Hauptabschnitt die Gerichtsbedeutung des Tages des Herrn für die Heidenvölker dar.

Am Ende beider Teile steht eine große Heilsverheißung für Israel mit der Verheißung der Gotteserkenntnis (2,27; 4,17).

Die Einleitung (1,1-4) bezieht sich auf die gesamte Prophetenschrift und ist dreigeteilt. V. 1 weist die Rede des Propheten Joel als Wort des Herrn aus, V. 2 und 3 rufen auf zum Hören und Weitererzählen der ungeheuerlichen Botschaft von noch nie Dagewesenem. V. 4 ist quasi das Motto für den Tag des Herrn: es gibt kein Entrinnen (vgl. Am 5,19). Am Anfang des mit V. 5 beginnenden ersten Abschnittes stehen zwei Unheilsworte (V. 5-7 und V. 8-9) mit einem Weckruf und dessen Begründung. Das erste Unheilswort betrifft die Verwüstung des Landes durch ein mächtiges Volk, womit vordergründig zunächst ein Heuschreckenheer gemeint ist. Das zweite Unheilswort trifft Israel in seiner Beziehung zu Gott: der Opferdienst im Tempel ist nicht mehr möglich. In V. 10-12 und V. 16-18 werden die Folgen der Katastrophe ausgemalt: Dürre und Hungersnot. Dazwischen steht V. 13-15, ein Fastenaufruf mit V. 15 als Höhepunkt, einem Weheruf aufgrund der Nähe des Tages des Herrn. Das Kap. gipfelt in einem Gebet des Propheten (V. 19f).

Kap. 2 ist wie ein zweiter Durchgang und gleichzeitig eine Steigerung von Kap. 1. Das mächtige Volk aus 1,6 wird in 2,1-11 wie ein kriegerisches Heer, das eine vernichtende Wirkung ausübt, gezeichnet; ähnlich wie Heuschrecken, ähnlich auch wie eine feindliche Armee, aber doch viel schlimmer. Himmel und Erde erbeben, Sonne und Mond verfinstern sich. Gott selbst ist es, der dieses Heer befehligt.

Der nun folgende Ruf zur Umkehr (V. 12-13) ist der Zielpunkt der ersten beiden Kapitel. Durch eine Bekehrung von ganzem Herzen wird vielleicht eine Wende eintreten (V. 14). Parallel zu Kap. 1 findet sich auch in Kap. 2 ein Aufruf zum Fasten (V. 15-17). Den ersten Abschluß bildet eine große Heilszusage (V. 18-27), in der die bisher beschriebene Not in ihr Gegenteil verkehrt wird. Dürre und Hunger werden zu Fruchtbarkeit und Überfluß.

In Kap. 3 wird die Ausgießung des Geistes, die im AT immer nur an einzelnen geschah, für alles Fleisch angekündigt; hier als weiteres Vorzeichen des Tages des Herrn.

Das letzte Kap. handelt von der endgültigen Wende am Tage des Herrn. Mit beißendem Sarkasmus werden die Heidenvölker aufgerufen zur Generalmobilmachung gegen Israel. Aber letztlich ist es der Herr selbst, der sie im Tal Joschafat (»Jahwe richtet«) zusammengebracht hat, um sie zu richten wegen des Unrechts, das sie an seinem Erbe Israel getan haben (s. *Joschafat, Tal).

Besonders erwähnt werden in einem Zwischenabschnitt (V. 4-8) *Tyrus, *Sidon und die *Philister mit ihren Untaten an Isrsaeliten.

Das Buch J. endet mit der Zusage von immerwährendem Heil für Juda und Jerusalem (V. 17-21). Eine Quelle wird im Tempel entspringen (vgl. Hes 47; Sach 14,8). Aber Ägypten und Edom wird Verwüstung angekündigt.

II. ABFASSUNGSZEIT.

Von Joel (»Jahwe ist Gott«) wissen wir nur seinen Namen und den seines Vater Petuël (1,1). Eine zeitliche Einordnung seines Auftretens wird uns nicht gegeben. Auch gewinnt man hierfür aus dem Inhalt des Buches keine eindeutigen Hinweise. Traditionell wurde J. zu den ältesten Schriftpropheten gezählt und in das 8.Jh.v.Chr. datiert. Die neueren Vorschläge differieren sehr stark zwischen dem 9.Jh.v.Chr. und dem 3.Jh.v.Chr. Eine schwache Mehrheit der Forscher findet sich bei der Datierung um 400 v.Chr. Die Gründe gegen eine Ansetzung Joels als Zeitgenossen von *Amos und *Hosea sind hauptsächlich folgende: Joel 3,2; 4,2, 4,17 setzen Exilierung und eine Be-

Kahlfraß durch einen Heuschreckenschwarm (vgl. Joel 1,1–12). (S)

satzung Jerusalems voraus; Joels Abhängigkeit von älterer Prophetie, z.B. Jes 13; Jer 4-6; die Bedeutung von Ältesten und Priestern (1,2.13f; 2,16f); das Vorhandensein von Tempel und Stadtmauer (z.B. 2,7; 2,17); das tägliche Speis- und Trankopfer (z.B. 1,9); der Sprachgebrauch. Alle diese Argumente jedoch sind letztlich nicht zwingend und bedürfen einer erneuten Überprüfung.

Am schwerwiegendsten ist das erste Argument, Exilierung und Besatzung Jerusalems seien schon erlebte Tatsachen. Aber wir wissen nicht mehr, welche konkreten Ereignisse an den o.g. Stellen gemeint sein können. Außerdem stößt man in Prophetenschriften immer wieder auf das Phänomen, daß noch zukünftige Begebenheiten wie schon geschehen erscheinen (vgl. z.B. Am 9,14). Auch sind die angeblichen Bezugnahmen auf andere Propheten umgekehrt denkbar. Die weiter angeführten Beobachtungen können alle auch für das 8.Jh.v.Chr. zutreffen. Das Sprachargument schließlich steht ebenfalls auf schwachen Füßen, denn es betrifft nur zwei sog. Aramaismen, und gerade dieses sprachliche Problem ist z.Zt. wieder offen. Des weiteren kann bei allen nachexilischen Datierungsversuchen nicht befriedigend erklärt werden, wer der »Nördliche« (2,20) sein soll. Auch ist schwer verstehbar, warum J. nur die älteren Feinde Israels nennt, die Philister (vgl. Am 1,6), Tyrus (vgl. Am 1,9), Sidon, Ägypten und Edom (vgl. Am 1,11). So kann man es weiterhin für denkbar halten, daß der Prophet im 8. Jh.v.Chr. auftrat, vielleicht um 750 v.Chr., dem Jahr des Regierungsantritts von Tiglatpilesar III., dem großen Assyrerkönig, der sein Reich zur Weltmacht ausbaute. Bereits 740 v.Chr. besetzte er den Nordteil Syriens, 733 v.Chr. eroberte er fast ganz Israel und deportierte die Oberschicht des Landes. So wäre die tödliche Bedrohung, der glimpfliche Ausgang und die Verschonung Judas und Jerusalems eine erste Erfüllung von Joels Prophetie.

III. BOTSCHAFT.

So wenig umfangreich das Buch J. auch ist, so unglaublich inhaltsreich ist es doch. Ein Bogen der Geschichte Gottes mit seinem Erbe Israel und mit der Völkerwelt spannt sich von der Zeit der Propheten bis ins Eschaton.

Das Gericht Gottes beginnt bei seinem eigenen Volk. Die Mittel des Gerichtes erscheinen als böse Mächte, als Empörer gegen Gott, sind aber gleichzeitig seine Werkzeuge (2,11). Auch der große Feind, der sich mit seinem Großtun (2,20) hervortut und der mit seiner Vermessenheit als Typos für Satan verstanden werden kann, ist in Gottes Hand. Der Wendepunkt für das Gottesvolk ist die Buße, die Umkehr zum Herrn von ganzem Herzen; rituelle Frömmigkeit allein wird von Gott abgelehnt (2,12f; vgl. Am 5,21ff).

Die Perspektive und das Ziel aller Heimsuchungen ist das Heil, das Erkenntnis und Lob Gottes beinhaltet (2,26f; 4,17; vgl. 1Kor 13,12). Wie die atl. Prophetie überhaupt, so sieht auch die Prophetie Joels die Unglücksfälle wie Heuschreckenplage, Hunger, Krieg nicht als nebeneinanderstehende Einzelereignisse, sondern als Vorboten, mehr noch, Präfigurationen des einen, letzten, großen Gerichts. Gott antwortet durch sie auf die Gottlosigkeit der Menschen; auch die Kreatur ist in Mitleidenschaft gezogen (1,18.20; 2,22; vgl. auch Röm 8,22).

Schon mehrfach hat sich in der Geschichte die Prophetie Joels erfüllt, aber der eine letzte »Tag der Abrechnung« steht noch aus (vgl. z.B. Mk 13,24-37). Die bisherigen Katastrophen sind deshalb aber nicht nur Chiffre oder Modell hierfür, sondern sie sind Geburtswehen des jüngsten Gerichts (vgl. Mt 24,3-14). Darum nennt Joel diese auch zeitlich getrennten Geschehnisse den »Tag des Herrn«, der nahe bevorsteht (1,15; 2,1; 4,14).

Die prophetische Sprache ist sehr bildreich und verbietet von vorneherein ein Verständnis auf nur einer Ebene. So läßt z.B. die Beschreibung der Raupen, der Heuschrecken, der Käfer und des Geschmeisses in 1,4 ahnen, daß auch noch anderes gemeint sein kann, ebenso wie »Weinstock« und »Feigenbaum« in 1,7 nicht nur die Pflanze, sondern Gottes Volk meinen.

Joel 3 wird im Neuen Testament von Petrus in der Pfingstpredigt aufgegriffen (Apg 2,16-21), die Ausgießung des Geistes ist der Beginn des letzten Aktes der Weltgeschichte. 3,5, die Errettung durch Anrufen des Namens des Herrn, wird auch in Röm 10,13 aufgenommen.

Die Völker werden am Tag der Abrechnung gerichtet. Der Maßstab ist dabei ihr Verhältnis zum Volk Gottes und damit zu Gott selbst (4,2; vgl. Mt 25,31-46).

Zusammengefaßt lauten die Grundaussagen des Buches J.:

1. Gott lenkt die Weltgeschichte und führt sie an sein Ziel. Diese Linie läßt sich durch die ganze Bibel ziehen bis hin zur Offenbarung des Johannes.

2. Joel zeigt Gott als den Gott des Gerichts und der Gnade, als den zornigen und den gnädigen Gott.

3. Im Mittelpunkt steht der Ruf zur Umkehr.

4. Das Ziel Gottes ist Rettung und Heil für alle, die den Namen des Herrn anrufen. Von

Joel 3,5 führt ein Weg zu Apg 4,12, zu dem Heil allein durch den Namen Jesu Christi.

Literatur: H. Brandenburg: Die kleinen Propheten I, [3]1982; H. Frey: Das Buch der Kirche in der Weltwende, [6]1977; W. Rudolph: Joel-Amos-Obadja-Jona, KAT XIII 2, 1971; H.W. Wolff: Dodekapropheton 2, Joel, Amos, BKAT XIV,2, [3]1985; G.W. Ahlström: Joel and the Temple Cult of Jerusalem, VT. S XXI, 1971; W.S. Prinsloo: The Theology of the Book of Joel, BZAW, 163, 1985; J. Jeremias, TRE, XVII, 1987, 91-97. U.We.

JOHANAN.(»Jahwe ist gnädig/barmherzig«).

1. Ein Sohn Kareachs, ein jüd. Hauptmann, der *Gedalja bei seiner Berufung zum Statthalter nach dem Fall Jerusalems unterstützte (2Kön 25,23; Jer 40,8), erbot sich, Jismael, der Gedaljas Ermordnung plante, zu töten (Jer 40,13-16). Das Angebot wurde zurückgewiesen, die Warnung ignoriert, und Jismael konnte seinen Mordplan ausführen. J. verfolgte ihn, rettete die Menschen, die Jismael gefangen genommen hatte (Jer 41,11-16), und brachte sie – gegen den Rat Jeremias, der sich den Flüchtenden anschloß - nach Ägypten (Jer 43,1-7), wo er sie vor der zu erwartenden Rache der Babylonier, die Gedalja eingesetzt hatten, sicher glaubte.

2. Ältester Sohn *Josias, des Königs von Juda (1Chr 3,15).

3. Sohn Eljoënais (1Chr 3,24), ein Nachkomme Serubbabels.

4. Levit, Enkel des Ahimaaz (1Chr 5,35).

5. Benjaminit, der sich David in Ziklag anschloß (1Chr 12,4).

6. Ephraimit, Vater des *Asarja (2Chr 28,12, im Hebr. heißt er »Jehohanan«).

7. Sohn Katans, Rückkehrer aus der babylon. Gefangenschaft z.Zt. des Artaxerxes (Esr 8,12).

8. Hoherpriester z.Zt. *Jojakims, Sohn Eljaschibs (Neh 12,22.23).

9. Gaditer, der zu David überlief (1Chr 12,13).

10. Torhüter aus dem Geschlecht Korachs, Sohn Meschelemjas (1Chr 26,3).

11. Judäer; einflußreicher Mitarbeiter König *Joschafats (2Chr 17,15).

12. Israelit, der nach der Rückkehr aus Babylon eine heidnische Frau geheiratet hatte (Esr 10,28).

13. Sohn Eljaschibs, der z.Zt. Esras im Tempel eine Kammer besaß (Esr 10,6).

14. Sohn Tobijas, des Gegners Nehemias (Neh 6,18.19).

15. Priester, Oberster des Geschlechts von Amarja (Neh 12,13).

16. Sohn Resas, Enkel *Serubbabels; Vorfahr Jesu (Lk 3,27). J.D.D.

JOHANNES. (Griech. Form des hebr.*Jōchānān* »Jahwe ist gnädig/barmherzig«).

1. Der Vater des Simon Petrus. Die LÜ nennt ihn manchmal Jona (Mt 16,17); in Joh 1,42; 21,15-17 haben die guten Hss. Johannes.

2. Mitglied eines Hohenpriestergeschlechts z.Zt. der Apostel (Apg 4,6).

3. J. Markus s. *Markus.

4. s. *Johannes der Apostel.

5. s. *Johannes der Täufer.

Johannes (»Jehohanan«), ein jüdischer Name, als Inschrift auf einem in Jerusalem gefundenen Ossuarium aus der Zeit zwischen 40 v.Chr. bis 135 n.Chr. (JPK)

JOHANNES, APOSTEL. Unsere Informationen über J. stammen aus dem NT und den Schriften der Kirchenväter. Seine Bedeutung für die christl. Theologie ist sehr hoch einzuschätzen, wenngleich mit seiner Person manche noch offenen Fragestellungen verbunden sind.

I. IM NEUEN TESTAMENT.

1. In den Evv. begegnet uns J., der vermutlich ein Sohn des *Zebedäus und der jüngere Bruder des *Jakobus war, als einer der *Jünger Jesu (Mt 4,21f par.; Mt 10,2 par.), dessen Berufung besonders berichtet wird. Sein Vater betrieb ein Fischereiunternehmen am See *Genezareth, vermutlich bei *Kapernaum. Die beiden Brüder erhielten (wegen ihres stürmischen Temperaments?) von Jesus den Beinamen *»Boanerges« (»Söhne des Donners« Mk 3,17). Sie waren es, die ein samaritanisches Dorf vernichten wollten, weil es Jesus die Aufnahme verweigert hatte (Lk 9,54). Womöglich meinten sie, eine besondere Stellung innerhalb des Zwölferkreises innezuhaben, weswegen sie von Jesus besondere Auszeichnung erwarteten (Mt 20,20ff; Mk 10,37). Auch ihre Mutter gehörte zum Kreis um Jesus.

Daß Jesus den Apostel J. wertschätzte, zeigt die Tatsache, daß er zum engsten Kreis um ihn zählte. Mehrmals wird berichtet, J. habe mit *Petrus und seinem Bruder *Jakobus zusammen wichtige Erlebnisse mit seinem Herrn geteilt: die Erweckung der Tochter des *Jairus (Mk 5,37), die *Verklärung Jesu (Mt 17,1ff) und den Gebetskampf Jesu im Garten *Gethsemane (Mt 26,37). Zusammen mit Petrus sandte ihn Jesus zur Vorbereitung des letzten *Passamahls aus (Lk 22,8). Im *JohEv. wird J. namentlich nicht erwähnt (vgl. aber Joh 21,2!). Zusammen mit den Frauen und Petrus gehörte J. aber zu den ersten Auferstehungszeugen, wenn er mit dem »Lieblingsjünger« Jesu zu identifizieren ist.

2. Damit ist als Hauptproblem der Johannesforschung bereits die Frage nach seiner Identifizierung genannt. Ist der Apostel J. identisch mit dem Verfasser des JohEv., der *Johannesbriefe und der *Offenbarung des Johannes oder wenigstens eines Teils dieser Schriften? War er jener namenlose Jünger des Täufers Johannes von Joh 1,35ff? Die einzigen Hinweise im NT sind: a. der »Lieblingsjünger« Jesu (Joh 13,23; 19,26), der – wenn nicht ein völlig Unbekannter – nur der *Zebedaide sein kann; b. die Hinweise auf Augenzeugenschaft in Evangelium und Briefen. Völlige Sicherheit ist hier nicht zu erzielen.

Unklar sind auch die familiären Zusammenhänge. Man hat vermutet, daß *Salome die Mutter des J. war (aufgrund von Mt 27,56 und Mk 16,1 sowie Joh 19,25 und Mk 15,40). Sie wäre dann eine Schwester der Mutter Jesu und die Zebedaiden folglich Jesu Vettern. Auch hier bleiben letzte Fragezeichen.

3. Auch in der Urchristenheit, von der die *Apostelgeschichte berichtet, spielte J. eine Rolle. Eng verbunden mit Petrus stand er im Brennpunkt der Auseinandersetzung mit dem *Judentum Jerusalems. Mutig in Wort und Tat (Apg 4), dürften diese beiden wohl als die Hauptvertreter der christl. Gemeinde gegolten haben. Die einfachen Fischer vom See Genezareth im halbheidnischen *Galiläa verblüfften die Jerusalemer Autoritäten durch ihr vollmächtiges Auftreten (Apg 4,13). Später wurde J. von der Urgemeinde mit Visitationsauftrag in die von *Philippus neugegründete Gemeinde der Samaritaner geschickt (Apg 8,14). Im Auftrag der anderen Apostel legten er und Petrus den Samaritanern, die durch *Philippus bekehrt worden waren, die Hände auf, so daß sie den Heiligen Geist empfingen (Apg 8,14ff). Noch um die Mitte der 40er Jahre galt J. als eine »Säule« der Urgemeinde (Gal 2,9).

4. Wenn J. der Verfasser der Briefe und der Offenbarung ist, worauf auch Apg 4,13 zu weisen scheint, dann wäre er in der 2. Hälfte des 1. Jh. mit seelsorgerlichen und gemeindeleitenden Aufgaben betraut gewesen. Vermutlich hat es ihn nach Kleinasien verschlagen, von wo aus er auf die Insel *Patmos verbannt wurde (Offb 1,9).

II. BEI DEN KIRCHENVÄTERN.

Mehr Informationen über den Apostel J. bieten die Schriften der Kirchenväter. Ein frühes Märtyrerschicksal, von dem ein (unzuverlässiger) Zweig der Kirchenväter berichtet, dürfte angesichts des Fehlens konkreter Hinweise und des Vorhandenseins einer anderslautenden Meinung im NT kaum anzunehmen sein. Bei Georgios Hamartolos, einem Chronisten aus dem 9.Jh. und in der »Christlichen Geschichte« des Philippus von Side (um 430 n.Chr.), von der ein wichtiges Fragment 1889 durch C. de Boor entdeckt wurde, findet sich eine Nachricht über Papias, der um 115 n.Chr. Bischof von *Hierapolis in Kleinasien war. Darin wird behauptet, Papias sage im zweiten Buch seiner »Auslegungen der Herrenworte«, daß beide Söhne des Zebedäus in Erfüllung der Weissagung Jesu (Mk 10,39) von Juden ermordet wurden. Eine gewisse Unterstützung scheint Philippus von Side durch eine um 375 n.Chr. geschriebene syr. Märtyrerliste zu bekommen, in der zum 27. Dezember eingetragen ist: »Johannes und Jakobus, die Apostel, in Jerusalem«. In einem Heiligenkalender von Karthago aus dem Jahr 505 lautet der Eintrag am selben Tag »Johannes der Täufer und der Apostel Jakobus, den Herodes tötete«. Da der Täufer in diesem Kalender bereits am 24. Juni genannt wird, hat man angenommen, daß der Eintrag vom 27. Dezember ursprünglich ebenso wie in der syr. Märtyrerliste dem Apostel Johannes galt. Es ist jedoch sehr zweifelhaft, ob das syr. Martyrologium eine von der griech. sprechenden Kirche unabhängige alte Überlieferung bewahrt hat. Immerhin überliefert noch das vermutlich recht späte JohEv. ein Herrenwort, das auf ein langes Leben des Johannes schließen läßt (Joh 21,22). Auch der gemeinsame Tag der beiden Apostel Jakobus und J. in alten Märtyrerkalendern beweist nicht, daß beide zugleich gestorben sind. Ebenso bedeutet das Wort vom Trinken des Kelches Christi und vom Getauftwerden mit der Taufe Christi nicht notwendigerweise, daß beiden ein gewaltsames Ende bestimmt war.

Dagegen weiß ein breiter, zeitlich weit zurückgehender und vermutlich auf zuverlässigeren Quellen beruhender Strang der altkirchlichen Literatur davon zu berichten, daß J. später (seit wann?) in *Ephesus gewirkt habe (so etwa Irenäus, Polykrates, die Monarchianerprologe, Hieronymus u.a.). Dort stand er in Auseinandersetzungen mit dem Irrlehrer Kerinth. Die Verbannung nach *Patmos dürfte unter Kaiser *Domitian (81-96 n.Chr.) gewesen sein. Nach Georgius Monachus wurde J. von dessen Nachfolger *Nerva von der Insel zurückgerufen und in Ephesus angesiedelt. Nach Irenäus lebte J. bis zur Regierungszeit Kaiser *Trajans (98-117 n.Chr.). Bischof Polykrates von Ephesus (um 190 n.Chr.) fügt hinzu, daß J. in Ephesus entschlief, nachdem er Zeuge (griech. *martys*) und Lehrer gewesen sei (Eus. h. e. III,31,3). Papias von Hierapolis hatte J. noch selbst gehört.

Hieronymus wiederholt die Überlieferung, daß J. bis ins hohe Alter in Ephesus lebte, und berichtet darüber hinaus, daß er, als er zu den Versammlungen getragen werden mußte, ständig wiederholte: »Kinder, liebet einander.« Das einzige Zeugnis, das gegen die Überlieferung vom Aufenthalt des Apostels J. in Ephesus sprechen könnte, ist negativer Art. Demnach sei es auffällig in der uns erhaltenen Literatur aus dem Kleinasien der ersten Hälfte des 2.Jh., vor allem in den Ignatiusbriefen und im Polykarpbrief (*Apostolische Väter), daß J. nicht an einer einzigen Stelle erwähnt wird, wenn er wirklich, wie die Schriftsteller am Ende des 2.Jh. behaupten, sich lange Zeit in Ephesus aufgehalten und großen Einfluß ausgeübt hat. Aber auch wenn das Fehlen von Hinweisen auf J. auffällig ist, kann es doch lediglich ein Zeichen dafür sein, daß »sein Ansehen und sein Einfluß am Anfang und am Ende des Jahrhunderts unterschiedlich waren« (so V.H. Stanton: The Gospels as Historical Documents, I, S. 236). Auf jeden Fall reicht der Einwand nicht aus, um die später so fest verankerte Überlieferung zu erschüttern. Westcott kam zu dem Resultat, daß »nichts in der frühen Kirchengeschichte besser bezeugt sei als der Aufenthalt und die Arbeit von Johannes in Ephesus«. Zwar schrieb Westcott dies, bevor die Zeugnisse für einen frühen Märtyrertod des Johannes gesammelt wurden, aber diese Zeugnisse sind – wie wir gesehen haben – nicht ausreichend und verläßlich genug, um die bestimmten Aussagen des Mannes zu widerlegen, der das Bischofsamt in Ephesus Ende jenes Jahrhunderts bekleidete (Polykrates).

Literatur: Eusebius von Caesarea: Kirchengeschichte, hrsg. und eingeleitet von H. Kraft, 21981; F.F. Bruce: Die Glaubwürdigkeit der Schriften des Neuen Testaments, 21984; O. Cullmann: Der johanneische Kreis, 1975; Th. Zahn: Forschungen zur Geschichte des neutestamentlichen Kanons und der altkirchlichen Literatur, VI, 1900. H.W.N.

JOHANNES, TÄUFER.

Als Sohn eines schon bejahrten Paares, des Priesters *Zacharias und seiner Gattin *Elisabeth, wurde J. ca. 7 v.Chr. in einer Stadt in Juda, wohl in *Kerem, (Lk 1,39) geboren. Die Zeit vor seiner öffentlichen Wirksamkeit verbrachte J. in der *Wüste (Lk 1,80). Dort erging ca. 27 n.Chr. der Ruf an ihn, als *Prophet zu wirken (Lk 3,2). Der Täufer ist ca. 34 Jahre alt, als er aus der Verborgenheit hervortritt (Mt 3,1) und als Prediger in der Wüste *Judäa beginnt. Aus den verschiedenen bibl. Angaben ergibt sich, daß hier das Land am unteren *Jordan gemeint ist, vermutlich in der Nähe der Stelle, wo die Straße von Jerusalem ins Ostjordanland in einer Furt den Jordan querte (vgl. zur Lokalisierung aber auch *Betanien II; Joh 1,28).

Z.Zt. Jesu erwarteten viele Juden den Anbruch der Heilszeit von Geschehnissen in der Wüste, vermutlich auch die *Essener und Einsiedler, die sich dort niederließen. Nach Hos 2,16 führt Gott *Israel zu einer neuen Heilszeit noch einmal in die Wüste (vgl. Jer 2,2f). In der Wüste geschahen viele Wunder der Mosezeit. Auch Jes 40,3 kündigt einen Heilsweg durch die Wüste an. *David erfuhr Gottes Hilfe in der Wüste Judäa. Dort erfochten die *Makkabäer im 2. Jh.v.Chr. ihre Siege. Die Wüste Judäa am unteren Jordan hat noch eine besondere Bedeutung. Hier ist nach 2Kön

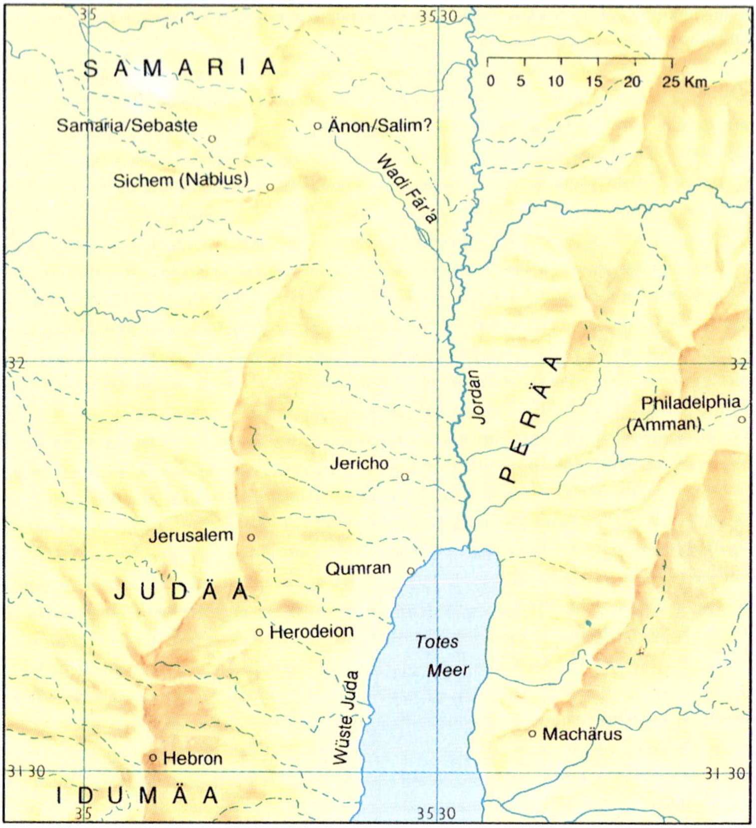

Das Gebiet, in dem Johannes der Täufer wirkte.

2,6ff *Elia zum Himmel gefahren. Tritt J. gerade hier auf, so zeigt er damit, daß er Elias Werk fortsetzt und der verheißene Elia von Mal 3,23 ist.

In seiner äußeren Erscheinung repräsentierte J. prophetische Einfachheit. Nach Mt 3,4 trug er ein Gewand aus Kamelhaaren (härene Kleidung ist die Kleidung der Büßenden und Armen) und einen ledernen Gürtel um seine Hüften (wie Elia nach 2Kön 1,8). Auch seine Nahrung war von einer Art, daß er kein Geld brauchte, um sie zu erwerben: Heuschrecken und wilder Honig.

J. kam nicht zu den Menschen, sondern die Menschen »gingen zu ihm hinaus« (Mt 3,5). Die Aufzählung »*Jerusalem« – »ganz Judäa« - »die ganze Jordangegend« (in Mt 3,5) macht das breite Echo deutlich, das J. fand. Es zeigt aber auch etwas von der Stärke und Sehnsucht jüd. Messiaserwartung.

Was erwarteten die Menschen vom Täufer? Sie erlebten J. als Prediger und konnten von ihm getauft werden, wobei sie ihre *Sünden bekannten. Von der Predigttätigkeit J.' berichtet neben den vier Evangelisten auch der jüd. Schriftsteller *Josephus (ant.Jud. XVIII 116-119). Mt 3,2 faßt die Johannespredigt zusammen: »Tut Buße! Denn die Gottesherrschaft ist nahe herbeigekommen.« »Bekehrt euch!« ist der Ruf der Propheten, seit Israel auf Abwegen ging (z.B. Jer 3,6-14; Hes 33,11f; Hos 14,2; Joel 2,12f; Jona 3,8; Mal 3,24). Für die Hinkehr zu Gott und die Abkehr vom Weg der Sünde hat aber J. eine neue Begründung: »die Gottesherrschaft/das Himmelreich ist nahe herbeigekommen«. Umkehr ist notwendig, weil der, der an Gottes *Reich teilhaben will, rein sein muß. Somit ist die Täuferbotschaft beides: Frohbotschaft und Gerichtsaussage. (Genauso lautet Jesu Botschaft nach Mt 4,17). J. redet jedoch nicht von der Vertreibung der Römer. Er sagt auch nichts über die Verwandlung sozialer Strukturen oder die Entfernung der *Herodianer. Er stellt nur eines heraus: die Sünde muß entfernt werden.

Wer dazu bereit war, seine Sünden zu bekennen, konnte durch J. getauft werden (Mt 3,6). Was der Täufer tat, war in der Geschichte Israels vorbereitet. So besaß das Sündenbekenntnis in Israel eine lange Tradition (vgl. 2Mo 32,30ff; 3Mo 4-5; Dan 9,4ff; Ps 32; 51). Die Priester wuschen sich vor ihrem heiligen Dienst (vgl. 2Mo 29,4; 30,17ff; 40,3Of; 3Mo 8,6; 16,4). Wenn ein Heide sich bekehrte, wurde er untergetaucht. Strikten Vorschriften unterlagen die Reinigungsbäder, die die Essener mehrfach am Tag nahmen. Doch J. ist, soweit uns bekannt ist, in der Geschichte Israels der erste, der andere zur Taufe untertauchte. Früher mußte man sich selbst untertauchen, um rein zu werden (2Kön 5,10ff). Auch die Essener vollzogen die Reinigungsbäder an sich selbst (1QS III,9; CD X,11; Jos.bell.Jud. II, 128.145-50); auch mußten sie ihre Waschungen wiederholen, während die Taufe des Johannes einmalig war.

Nach Mt 3,7 (s.a. Mk 1,5; Lk 3,7) kamen »viele« von den *Pharisäern und *Sadduzäern »zur Taufe«. Überraschenderweise wird in den bibl. Berichten nicht von Essenern berichtet, die sich taufen ließen, obwohl diese sehr nahe bei den Taufstellen lebten. Vermutlich haben sie infolge ihrer Lehre von der Vorherbestimmung (vgl. v.a. 1QH XV, 12-20) nicht daran geglaubt, daß das ganze Volk zu Gott umkehren könne. Auch hierin unterscheidet sich J. von dieser jüd. Gruppe. Außerdem zogen die Essener die Menschen aus der Welt heraus, in klosterartige *Gemeinschaften hinein, anstatt sie wie J. und Jesus zur Bewährung in die Welt hineinzusenden (vgl. Mk 3,14; Lk 3.8-14). Aber auch von Sadduzäern und Pharisäern grenzt sich J. ab. Durch die Anrede »Schlangenbrut« (Mt 3,7) werden die pharisäischen und sadduzäischen Führer als Verführer und Sünder gebrandmarkt, für die es nur den Weg der Umkehr gibt. Zu einer echten Umkehr gehört jedoch die ihr entsprechende Frucht. Nicht die äußere Zugehörigkeit, nicht die Tradition entscheidet über das Verhältnis zu Gott, sondern die vollzogene Umkehr (Mt 3,8-10).

Die *Taufe des J. geschieht mit Wasser. Sie besteht in einer handgreiflichen *Reinigung, die zugleich die innere Reinigung symbolisiert, so daß Israel bereit wird, den kommenden Herrn zu empfangen. Doch eines konnte J. nicht: neues Leben von Gott vermitteln. Hierin unterscheidet sich seine Taufe von der durch Jesus gewirkten Taufe »mit dem heiligen Geist und mit Feuer« (Mt 3,11; vgl. Joh 1,33). Auf diesen *Messias zielen Taufe und Predigt J.', auf den Messias, der sowohl den Geretteten das Reich verschafft als auch Gericht hält.

Unter denen, die zu J. kamen, um sich taufen zu lassen, war Jesus. Jeder Bericht über Jesu Wirken beginnt bei dessen Begegnung mit J. (s. Mt 3,1ff; Mk 1,2ff; Lk 3,21-23; Joh 1,6ff; auch Simon *Petrus, Apg 10,37ff; *Paulus, Apg 13,23ff). Der Taufe Jesu ging ein Gespräch zwischen beiden voraus (von dem nur Mt 3,14f berichtet). J. hält Jesus entgegen, daß die Taufe Jesu durch ihn gegen das Gottesrecht verstoße: »Ich habe es nötig, von dir getauft zu werden.« Damit drückt der Täufer aus, daß Jesus näher bei Gott steht als er, Jesus der Messias ist, dessen Ankunft J. verkündet hat: »der, der nach mir kommt, ist vor mir gewesen, denn er war eher als ich«. In allen vier Evv. wird diese Verkündigung J.' weitergegeben Mt 3,11; Mk 1,7; Lk 3,16; Joh 1,27.30.

J. beugte sich unter Gottes Willen und taufte Jesus. Nach Joh 1,32 konnte er dabei auch einen Blick über die irdische Welt hinaus tun, als »sich. . .der Himmel auftat« (Mt 3,16).

Die Evv. bezeugen den Beginn der öffentlichen Wirksamkeit Jesu nach seiner Taufe durch J. Manches deutet darauf hin, daß die Zeit des gleichzeitigen Wirkens Jesu und J.' kurz war. Jesus scheint nach Lk 4,1.14 bald nach *Galiläa gezogen zu sein.

J.' Tätigkeit beschränkte sich nicht auf das Jordantal. Nach Joh 3,23 wirkte er in der Zeit nach der Taufe Jesu jordanaufwärts in *Änon, »weil dort viel Wasser war«. Vielleicht gab es noch einen anderen Grund für den Ortswechsel; einiges spricht für die Vermutung, daß J. *Herodes Antipas ausweichen wollte. Nach seinem Aufenthalt in Änon muß J. dennoch in das Territorium des *Herodes Antipas, wahrscheinlich nach *Peräa, zurückgekehrt sein. Hier erregte er bei dem Herrscher den Verdacht, der Führer einer Massenbewegung mit unbekannten Zielen zu sein (Jos. ant.Jud. XVIII, 116-17; vgl. Mt 14,5). J. widersprach vom AT her der Scheidung und dem Ehebruch des Herodes Antipas und der *Herodias. Dadurch zog er die Feindschaft des Paares, besonders den Haß der Frau, auf sich. Schließlich wurde J. in der peräischen Festung von *Machärus gefangengesetzt. Seine Lage im Gefängnis war dazu angetan, ihn in Zweifel zu stürzen. Denn die »Werke des Christus« waren insgesamt andere als er wohl selbst erwartet hatte. Er sprach (Mt 3,10.12) von der »Axt« an der Wurzel, von der »Worfschaufel« des Kommenden und vom Gericht dieses Messias über die »Spreu«. Aber Jesus übte unbegreifliches Erbarmen, ging in Niedrigkeit durch Galiläa, predigte und warb in Israel und bereitete seine Jünger nicht auf Triumph, sondern auf Haß, Fluch, Beschimpfung, Leiden und Martyrium vor. Mit seinen Zweifeln schickte J. seine Jünger zu Jesus (Mt 11,2ff), um sich zu vergewissern.

Jesus macht Mt 11,11 die höchste Aussage über J.: es gebe keinen größeren unter den Menschen als J. Damit stellt ihn Jesus noch über *Mose und Elia. Denn er ist das letzte und wichtigste Glied in der Reihe der Propheten. Er stand als Bindeglied zwischen Altem und Neuem *Bund.

In Mt 14,6-12; Mk 6,24-29 wird die Enthauptung J.' geschildert. Sie muß auf der Burg *Machärus stattgefunden haben, denn der Wunsch der Tochter der Herodias: »Gib mir hier auf einer Schale den Kopf Johannes des Täufers« (Mt 14,8) konnte ihr umgehend erfüllt werden (vgl. Jos.ant.Jud. XVIII, 16-19). Damit starb J. den Tod des Propheten, der die Menschen – und das schließt den Herrscher mit ein – mit Gottes Willen konfrontiert hatte.

Seine Jünger begruben J.' Leichnam und einige von ihnen haben sich womöglich Jesus angeschlossen (Mt 14,12). Es ist anzunehmen, daß beim Tod J.' eine Spaltung in seiner Jüngerschaft entstand. Die frühe Gemeinde sieht sich später mit der Taufpraxis der Johannesjünger konfrontiert (Apg 19,1-7). Daraus kann man schließen, daß ein Teil seiner Anhänger auch weiterhin zusammengeblieben war; möglicherweise haben sie die Taufsekte der *Mandäer beeinflußt, die noch heute im Irak anzutreffen ist.

Die Nachwirkung des J. fand ihre bis heute gesellschaftlich bedeutsamste Ausformung im ca. 1099 gegründeten Johanniterorden, dem »Ritterlichen Orden St. Johannis vom Spital zu Jerusalem«, der seit der Reformation in Johanniter (evang.) und Malteser (kath.) getrennt ist. Die bekanntesten Einrichtungen dieses der Diakonie und dem »Kampf gegen den Unglauben« verpflichteten Ritterordens sind die Johanniter-Unfallhilfe (JUH) bzw. der Malteser-Hilfsdienst (MHD).

In der Kunstgeschichte gehört J. zu den am häufigsten dargestellten Personen aus dem Umfeld des frühen Christentums. Eine Sonderstellung nimmt der Isenheimer Altar des Mathis Grünewald ein: Dort steht J. – gegen die Geschichte – neben dem *Kreuz und verweist auf den Gekreuzigten als den, der wachsen muß (Joh 3,30). Die Bildform der »Deesis« zeigt seit dem 12. Jh. typologisch J. neben *Maria zu Seiten des Weltenrichters Christus.

Literatur: F.F. Bruce: Johannes der Täufer, in: ders., Zeitgeschichte des Neuen Testaments, 1986, I, S. 157-67; O. Dietz: Eine Stimme in der Wüste, 1979; R. Hiestand: Die Anfänge der Johanniter, in: J. Fleckenstein/M. Hellmann (Hrsg.): Die geistlichen Ritterorden Europas, 1980, S. 31-80; F.-A. v. Metzsch: Johannes der Täufer. Darstellungen in der bildenden Kunst, 1989; B. Reicke: The Historical Setting of John's Baptism, in: E.P. Sanders (Hrsg.), Jesus, the Gospels and the Church. Essays in Honor of W.R. Farmer, 1987, S. 209-24; J.A.T. Robinson: The Priority of John, 1985, S. 158-89; H.H. Rowley: The Baptism of John and the Qumran Sect, in: A.J.B. Higgins (Hrsg.), New Testament Essays in Honour of Th.W. Manson, 1959, S. 218-29.

Ri.Sch./C.P.Th.

JOHANNESBRIEFE.

I. DER JOHANNEISCHE TRADITIONSKREIS.

Sprachgestalt und Thematik von 1-3 Joh zeigen eine große Nähe zum JohEv. Wir erkennen eine Tradition, die unter der Bindung an einen Zeugen, der sie verbürgt (Joh 21,24a), von einem ganzen Kreis (21,24b) weitergegeben wird. Weitergabe, Vertiefung und Entfaltung bilden für diesen Kreis eine Einheit, sind also keine Gegensätze.

Man spricht heute gerne von einer »johanneischen Schule« (Culpepper), die einen eigenen Stil entwickelt und pflegt. Das bedeutet, daß als »Verfasser« nicht mit einer Einzelperson, sondern mit einem Schulkreis gerechnet werden muß. Andererseits wird in den johanneischen Schriften nicht nur historisch, sondern auch literarisch eine Einzelperson erkennbar. Der »Älteste« aus 2 und 3Joh ist zweifellos als Einzelperson zu verstehen. Die Bezeichnung *»Ältester« aber verweist auf Traditionsbildung, die mit einer klaren Autoritätsregelung verbunden ist. Als »Ältester« verbürgt er die Tradition innerhalb eines Kreises und eines Gemeindeverbandes, der dieser Tradition verpflichtet ist.

Die Grundanliegen der drei J. laufen wohl parallel. Hinter den beiden kleineren Briefen erkennen wir eine Einzelperson, die auch als Verfasser des ersten Briefes anzusehen ist und sich für die Leitung des Gemeindekreises sowie die Bewahrung und Auslegung der Tradition verantwortlich weiß. Was literarisch gelten mag, das gilt aber auch in Fragen der Autorität: Der Älteste steht innerhalb eines Tradentenkreises, der sein Zeugnis bestätigt und weiterhin als glaubwürdig verbürgt.

II. ZUR LITERARISCHEN FORM DER BRIEFE.

2 und 3Joh sind echte Briefe, die den Platz eines normalen Papyrusblattes (ca. 20 mal 25 cm) beanspruchen. Sie haben Adresse und Briefschluß, sind also formal mit antiken Briefdokumenten vergleichbar. Dem 1Joh dagegen fehlen alle Kennzeichen eines echten Briefes. Er stellt ein Lehr- und Mahnschreiben dar, das der Verfasser an seine Gemeinde bzw. seinen Gemeindekreis in einer konkreten Situation richtet.

III. SPRACHE UND DENKSTIL.

Der Verfasser schreibt ein Griechisch, in dem semit. Sprach- und Denkformen deutlich durchscheinen. Einzelne Grundthesen, die bekenntnisartig formuliert sind, werden in assoziierenden Denkschritten weiterentfaltet. Dabei werden sie vertieft, indem sie teilweise schlußfolgernd, teilweise wiederholend, teilweise antithetisch nebeneinandergestellt werden. Wichtig ist, wie Lehre und Ermahnung in einem endzeitlichen Bezugsfeld einander zugeordnet werden. Die Erkenntnis, daß die Gemeinde in der »letzten Stunde« (1Joh 2,18) und damit in besonderer Anfechtung steht, läßt die Ermahnung wichtig werden. Aus dem Zuspruch der Liebe und der Gabe der Gotteskindschaft (3,1), deren Erfüllung gleichwohl noch aussteht (3,2f), folgen die Auseinandersetzung mit der Unreinheit und der Kampf mit der Sünde (3,4ff). Der Dualismus der johanneischen Schriften ist alttestamentlich-ethisch und als solcher zugleich eschatologisch. In der letzten Stunde wachsen sowohl Glaube als auch Irrlehre lehrmäßig und ethisch in ihre volle und deutlich erkennbare Gestalt hinein. Hier werden Parallelen zur apokalyptischen Entfaltung der Geschichtsschau erkennbar (*Apokalyptik).

Wichtig ist zu sehen, in welcher Weise der Verfasser des 1Joh bibl. Motive und historische Jesustradition in Erinnerung ruft, weitergibt und gleichzeitig auf die aktuelle Auseinandersetzung hin vertieft. Neben den Rückverweis auf die Geschichte Jesu als den »Anfang« der johanneischen Tradition (1,1ff) tritt der Verweis auf den Schöpfungsbeginn, so daß z.B. 2,13f gar nicht so recht deutlich wird, welcher »Anfang« gemeint ist. Den ganzen 1Joh durchziehen Motive aus 1Mo 1-4. Zum Denken an den »Anfang« (1,1; vgl. 2,14 u.a.) gehört auch der Gegensatz »Licht-Finsternis« (1,5ff; 2,8ff u.a.; 1Mo 1,3f). Das Bedenken des »Anfangs«, der durch die Geschichte Jesu Christi gegeben und für die johanneische Tradition unwiderruflich geworden ist (1,1ff), wird mit dem Bedenken des Schöpfungs-Anfangs verbunden. Damit hat der Kreis einen Schlüssel zum Verständnis der gegenwärtigen Auseinandersetzungen, aber auch des Bösen und seines Geheimnisses. Dem entspricht auch der Verweis auf den Bruderhaß der Irrlehrer, der auf dem Hintergrund der Auseinandersetzung von Kain und Abel verstanden und expliziert wird (1Joh 3,11ff). Auch die Bezeichnung des Bösen als »Menschenmörder von Anfang an« ist als Rückverweis auf 1Mo 2-4 zu erkennen. Religionsgeschichtlich verweisen diese Bezüge deutlich auf ein Denken, das im Rahmen frühjüd. Mystik steht; auch priesterliche Züge sind unverkennbar (1,9; 2,2; 4,10).

Hier liegt ein bisher vernachlässigter Schlüssel zum johanneischen Denken. In der Schöpfungs- und Sündenfallgeschichte wird ein »prophetischer« Verweis auf die zwei Abstammungen (vgl. 3,9f) erkannt, aus denen die johanneische Gemeinde bzw. die Irrlehrer stammen. Und doch handelt es sich nicht um einen geschichtslosen, allein an der ewigen Vorherbestimmung orientierten Dualismus, der Gottes- und Teufelskinder als von vornherein vorherbestimmt ansieht. Wird gesagt, daß die Glieder der johanneischen Gemeinde »vom Tod ins Leben hinübergegangen« sind (3,14; vgl. Joh 5,24), so ist damit auf einen geschichtlichen Vorgang hingewiesen. Darum kann von ihnen gesagt werden, daß Gottes »Lebenskeim« (Samen, griech. *sperma*) in ihnen bleibt (3,9 RevEB; LÜ: »Gottes Kinder«). Es geht um den Vorgang einer neuen Zeugung, die zwar Gott allein zum Urheber hat und die allein aus dem Tod ins Leben hineinführt, die sich aber dennoch in einem menschlichen, geschichtlichen Prozeß verwirklicht. Sie bewirkt die ethische Neuausrichtung, auch wenn der Kampf mit der Sünde bleibt und das Angewiesensein auf Reinigung, Vergebung, Umkehr und die Fürbitte Jesu nicht dahinfällt. Die Neuschöpfung ist da, die Verwandlung aber steht noch aus. Diese Spannung gehört grundlegend zum Geheimnis jenes Denkens, das uns in den johanneischen Briefen entgegentritt.

IV. DAS GEGENÜBER DER JOHANNESBRIEFE.

Deutlich ist, daß hinter den J.n konkrete und schwerste Auseinandersetzungen stehen. Die Irrlehrer entstammen dem eigenen Gemeindeverband, kommen also selbst aus dem johanneischen Traditionskreis (2,19). Wir können damit rechnen, daß sie Eigenarten johanneischen Denkens weitergetragen, andere Ansätze überspitzt haben. Sie scheinen aber folgende Grundeinsichten johanneischer Christologie zu leugnen:

- die Einheit zwischen Jesus und Christus (2,22a)
- die Einheit zwischen Vater und Sohn (2,22b)
- Jesus Christus ist im Fleisch gekommen (4,2; vgl. 2Joh 7)
- Jesus Christus ist durch Wasser und Blut gekommen (1Joh 5,6).

Sie berufen sich dabei auf Erkenntnis, die ihnen durch einen »prophetischen« Geist zugekommen ist (4,1ff). Ihre Behauptung, durch Jesus »im Licht« zu sein (2,9; vgl. 1,6f), widerspricht ihrer konkreten Lebensführung, die vom »Haß« gegen den Bruder gekennzeichnet ist. Sie scheinen zu denken, daß sie frei von Sünde sind (1,8.10) und die Reinigung durch Jesu Blut und seine Fürsprache nicht (mehr?) nötig haben.

Die Auseinandersetzung, die in 1Joh 4,1ff (vgl. 2Joh 7) anklingt, scheint den Kernpunkt zu bilden. Unter Berufung auf Geisterfahrung und damit in prophetischer Autorität wird das Kommen Jesu Christi »in/im Fleisch« geleugnet. Man muß zwar noch keinen ausgebildeten Doketismus dahinter sehen; der Ansatz dazu ist aber da. Doketismus ist eine »Schein-Christologie«, die Meinung, daß der göttliche Christus nicht gänzlich oder nur scheinbar Fleisch angenommen habe und Mensch geworden sei; damit wird die Identität des göttlichen Christus mit dem irdischen Jesus geleugnet. Für Johannes aber ist dieser Ansatz schon eindeutig und außerdem eschatologisch qualifiziert: Der in der Tradition bereits angekündigte und also auch erwartete Irrlehrer (Verführer) und Antichrist (es handelt sich um mehr als nur um eine Einzelperson; 2,18) meldet sich in dieser Bewegung bereits erkennbar und unwiderruflich an.

Kap. 4,1ff macht auch deutlich, daß diese Irrlehre sich als prophetische Bewegung versteht und durch die Aussendung von »Propheten in alle Welt« eine intensive Werbetätigkeit ausübt. 2 und 3Joh geben konkreten Einblick in Fragen, die mit dieser Werbe-Bewegung gegeben sind.

Die doketische Christologie der Irrlehrer ist mit einer doketischen Ethik verbunden. Durch geistliche Erkenntnis meinten die Irrlehrer, den gewöhnlichen Christen überlegen zu sein (vgl. 2,20.27; 2Joh 9). Haben wir es mit einer Vorform von *Gnosis (»Erkenntnis«) zu tun, jener später weit verbreiteten geistig-rel. Bewegung, die von der Scheidung zwischen dem Geist und der Materie ausgeht? Wenn nach der Meinung der Irrlehrer der Geist uns von der sündlichen Materie, also dem Leib, löst, dann ist auch der Kampf gegen die Sünde im Leib nicht mehr nötig. Möglicherweise leugneten sie auch, die Erlösung durch den Tod Jesu Christi zu brauchen. Auf jeden Fall behaupteten sie, sündlos zu sein (1,8.10). Doch welcher Sündenbegriff der Irrlehrer verbirgt sich hinter diesen Aussagen? Haben sie im Sinn der späteren Gnosis bereits Sünde als »Verhaftet-Sein« an Materie, also an Leiblichkeit verstanden, während Johannes in ihr eine an Gottes Gebot verwiesene ethische Kategorie sieht (3,4.7f)? Unter dieser Voraussetzung wären ihre Aussagen und Argumente einigermaßen nachvollziehbar, wenn wir auch zugeben müssen, daß die Aussagen des Briefes nur annähernd und vorläufig ein Bild der Gegner nachzeichnen lassen. Deutlich ist jedoch: Johannes stellt dem christologischen Bekenntnis (4,2) das ethische Bekenntnis (3,10 u.ö.) gleichwertig als Erkenntnis-Regel zur Seite: »Daran sind die Kinder Gottes und die Kinder des Teufels zu erkennen: Jeder, der nicht Gerechtigkeit tut, stammt nicht von Gott, und (ebenso), wer seinen Bruder nicht liebt.«

Lassen sich die Irrlehrer historisch einordnen? Zwei Irrlehren der frühen Christenheit stehen der Gruppe, mit der die johanneischen Gemeinden zu tun haben, sehr nahe. Ignatius von Antiochia (um 110) kämpft in mehreren seiner Briefe (vgl. Ign.Smyrn. 1-3; Trall. 9-10) gegen Doketen, die eine »Schein«-Christologie vertreten und leben: Jesus ist nicht von einer Jungfrau geboren worden, hat nicht am Kreuz gelitten und ist nach der Auferstehung nicht erschienen. Bei aller Parallelität reichen die Texte nicht aus, hier historisch eine Identität anzunehmen.

Zwischen 100 und 125 n.Chr. (oder bereits Ende des 1. Jh.?) wirkten der Gnostiker Kerinth und seine Anhänger im kleinasiatischen Christentum (vgl. Irenäus, haer. III, 26,1). Für ihn war Jesus ein guter Mensch, dem der leidensunfähige himmlische Christus in Form einer Taube von der Taufe ab bis kurz vor der Kreuzigung innewohnte (vgl. Neugebauer, 28ff; Klijn/Reinink, 3ff).

Sicherlich richten sich Thesen, daß Jesus der Christus bzw. der Sohn *ist* und eben nicht nur während einer Periode seines Lebens *war*, gegen solche Anschauungen. Unser Wissen vom konkreten Hintergrund der johanneischen Gemeinden und ihrer Auseinandersetzungen lassen aber auch da keine letzten Schlüsse zu.

V. DER INHALT DES 1. JOHANNESBRIEFES.

Bedingt durch den johanneischen Denkstil verweigert sich der Brief dem Versuch einer linear-logischen Analyse. Der eine Konfliktpunkt, der zum Anlaß dieses Schreibens geworden ist, wird in immer neuen Anläufen von verschiedenen Seiten her betrachtet.

Der Brief beginnt mit einem Vorwort (1,1-4), das auf den Inhalt, das Ziel und die geschichtlich-sinnenhafte Gebundenheit des johanneischen Zeugnisses verweist. Die Gemeinschaft untereinander wird durch dieses Zeugnis gewahrt.

Die Aussage: »Gott ist Licht. Keine Finsternis ist in ihm« (1,5), wird feierlich auf Jesus zurückgeführt und bestimmt als erste These den folgenden Abschnitt (1,5-2,17). Das Gegensatzpaar Licht-Finsternis wird auf die Situation hin angewandt, indem konkrete Antithesen vorgestellt werden: »Wenn wir sagen. . .« So werden an die Aussage über Gottes Geheimnis Sätze über die Selbsteinschätzung des Christen und sein Verhältnis zur Sünde angeschlossen. Bewältigung der Sünde ist möglich. Sie vollzieht sich aber nur durch Wahrheit, Bekenntnis, Vergebung und Reinigung aufgrund dessen, daß Jesus das »Sühnopfer« für die Sünden der ganzen Welt ist.

Mit 2,3 wird das Verhältnis zwischen Erkenntnis und dem Halten der Gebote eingeführt. Gotteserkenntnis ist Trug, wenn sie sich nicht im Halten der Gebote zeigt (2,3-6). Gebote aber hat der johanneische Kreis keine neuen, sondern nur das alte »neue Gebot« der Bruderliebe (2,7-11). Das ethische Verhalten (die Bruderliebe bzw. der Bruderhaß) zeigt, ob Licht oder Finsternis einen Menschen bzw. einen Gemeindekreis bestimmen. Die Voraussetzung des johanneischen Schreibens aber besteht gerade darin, daß hier eine konkrete Scheidung eingetreten ist: ». . . ihr *habt*«. Damit ist das Verhältnis zwischen Gemeinde und Welt klar bestimmt, auch wenn es weiterhin umfochten bleibt (2,12-17).

In 2,18 kann man eine neue These sehen, die sich aber bereits angekündigt hat: »Kinder, es ist die letzte Stunde.« Auch hier wird die Gemeinde auf die Tradition (»wie ihr gehört habt«) und auf die gegenwärtige Erfahrung (»so sind jetzt wirklich viele Widerchristen aufgetreten«) verwiesen. Beide zusammen ermöglichen Erkenntnis des eschatologischen Umbruchs, der sich nun vollzieht. Nun werden Behauptungen der Irrlehrer zurückgewiesen, daß ihnen besondere Erkenntnis zuteil geworden sei, die es zu erwerben gelte. Nein, mit der ergangenen Salbung ist dem Gemeindeglied »*alle* Erkenntnis« (2,20; vgl. 27; oder soll es heißen: »in *allen* ist die Erkenntnis«?) gegeben. Der Inhalt dieser besonderen »Erkenntnis« wird in den christologischen Abwehrsätzen (2,22f) greifbar: »Jesus ist der Christus.« Was aufgetragen bleibt, ist nur noch das Bleiben im Wort Jesu und das Warten auf seine Zusage hin, bis Jesus sich bei seiner Wiederkunft zeigen wird (2,18-29).

Von zentraler Bedeutung scheint 3,1-10 zu sein. Die »doppelte Abstammung« der Gemeinde von Gott bzw. der Irrlehrer vom Teufel wird als »Zeugung« erfaßt (vgl. 3,9 »Lebenskeim«, *sperma*; LÜ: »Kinder«). Der Begriff der Gottes-Kindschaft hängt an der Tatsache des *Ursprungs* in einer *Zeugung*. Damit aber ist gegeben: Einerseits der ethische Ansporn zur Reinigung in der Spannungszeit vor der eschatologischen Vollendung. Das paulinische »schon jetzt – noch nicht« tritt hier in anderer Denkform vor uns: Die Wirklichkeit wird zugesprochen (3,1), auch wenn die Verwandlung noch aussteht (3,2). Hinter 3,4-10 scheinen konkrete gegnerische Thesen zu stehen. Haben sie behauptet, daß durch die göttliche Neuzeugung der Mensch so erneuert werde, daß er von Sünde nicht mehr berührt werden kann? Kann also auch eine Sünde, die er *tut*, ihn nicht mehr berühren? Nein, sagt Johannes, auch das Tun berührt mich noch und am Tun zeigt sich, wer ich bin.

Löst man den Abschnitt von seinem aktuellen Hintergrund, dann klingt 3,9 so, als ob ein aus Gott gezeugter Christ nicht mehr sündigen kann. Und wenn er sündigt? Ist er dann noch nicht aus Gott gezeugt? Der 1Joh zeigt aber sonst, daß er um die bleibende Verführbarkeit des Christen noch weiß, ja die Sündlosigkeit geradezu als Lüge hinstellt; sonst würden Stellen wie 2,1f.15; 3,3 u.a. sinnlos. Gemeint ist hier, daß das uns immer noch verborgene neue Menschsein, das uns durch Gottes Zeugung jetzt schon zugesprochen ist, nicht in die Sünde führt, also nicht die Tat der Sünde als Freiheit von der Sünde feiern kann.

In 3,11-18 wird das ethische Verhalten anhand der Kainsgeschichte vertieft.

Die Zuversicht trotz der Spannung, in der die Gemeinde durch die eschatologische Situation gestellt ist, wird in 3,19-24 näher begründet: Gottes Zusage, Gebetserhörung, Halten der Gebote, Bleiben in ihm. Dazu kommt die Gabe des Geistes. Sie ist das Siegel für das Bleiben Jesu in den Seinen.

Mit 4,1 beginnt ein neuer Abschnitt, der auf konkretes Geschehen Bezug nimmt. Die Irrlehre wird als Bewegung gekennzeichnet, die ihre Botschaft durch verschiedene Sendboten verbreitet, die als Propheten auftreten und sich auf eine Unmittelbarkeit des Geistes berufen. Prüfung des Geistes ist erforderlich, benötigt aber ein Kriterium. Als Kriterium wird ein der Situation dieser Herausforderung entsprechendes Bekenntnis formuliert: »Jesus Christus ist im Fleisch gekommen.« Der Stellenwert dieser Auseinandersetzung wird geklärt: Es geht um das letzte Geheimnis von Christ und Widerchrist; ja das Auftreten dieses Geistes, der die volle Menschwerdung Christi leugnet, kennzeichnet den Anbruch antichristlicher Zeit (4,1-3). Was sich hier vollzieht, ist aus zwei Ursprüngen heraus zu begreifen: »Ihr stammt von Gott. . .« (4,4), »Sie stammen von der Welt. . .« (4,5). Was geschichtlich nebeneinander und gegeneinander steht, hat eine tiefere Dimension. Mit dem *Ursprung* ist eine *Einwohnung* gegeben, die letztlich entscheidend ist: »Der in euch ist größer als der in der Welt« (4,4). Was geschieht, das ist Ausgestaltung eines Geheimnisses in konkreten geschichtlichen Prozessen (4,1-5).

Wie aber gestaltet sich Gottes Geheimnis in den Menschen, die »von ihm stammen«? Es ist die Eingestaltung der Liebe Gottes in die Gestalt der Gemeinde hinein. Wie in 1,5 wird auch hier zunächst ein Satz über Gott vorangestellt, der dann in das Leben der Menschen hinein entfaltet wird und werden muß: »Gott ist Liebe« (4,8). Daß es in diesem Satz (und so im ganzen johanneischen Denken!) nicht um (philosophische) *Wesensbestimmung*, sondern um *Bekenntnis* als Antwort auf geschichtliches Gotteshandeln geht, zeigt 4,9. Liebe zeigt sich am konkreten Tun, an der Sendung des Sohnes als Sühnopfer.

Das für Johannes typische Wort *epiphanein*, das unsere Übersetzungen gewöhnlich mit »offenbaren« übersetzen, heißt eigentlich »aufscheinen lassen«, d.h. dem sinnhaften Wahrnehmen zugänglich machen. Es geht nicht um innere Prozesse, die von den Sinnen gelöst wären. Durch die Sinne und in Vertiefung ihrer Funktionen macht Gott sich dem Menschen wahrnehmbar.

Die Liebe wird als Beziehungsbegriff in die Weite und die Tiefe entfaltet: von Gott zu uns, von uns zu ihm, von uns zu den Brüdern; auch zeitlich: von uns zum Gericht. Nicht nur Bezüge, sondern auch Antithesen: Liebe und Furcht bzw. Liebe und Bruderhaß schließen sich aus. Zur Front gegen die Irrlehrer gehört, daß Liebe Gebot Jesu ist (4,7-21).

Der lebendige Bezug der johanneischen Tradition zur geschichtlichen Gestalt Jesu wird nicht nur in 1,1-4 behauptet, sondern scheint überraschend oft im 1Joh durch. 1,5 nimmt ein Wort Jesu auf; mit dem Liebesgebot wird ein Gebot Jesu zitiert (2,7f; vgl. Joh 13,34), während in 4,21 auf das Doppelgebot der Liebe verwiesen wird (Mt 22,36-40).

5,1-5 setzt den Gedanken vertiefend fort: Glaube, Liebe, Halten der Gebote und Überwindung der Welt bilden eine Einheit und sind Kennzeichen des »Ursprungs« aus Gott. Diese Einheit ist für das Verständnis des Glaubensbegriffs in 5,4 zu beachten.

5,6-12 wird der Argumentationsgang durch das Stichwort »Zeugnis« weitergeführt. »Zeugnis« ist eine biblisch-rechtliche Kategorie, die für das johanneische Erkenntnisdenken grundlegend ist: Das Zeugnis von zwei oder drei Zeugen gilt juristisch als Beweis (Joh 8,17 u.ö.; vgl. 5Mo 17,6; 19,15). Hinter 5,6 könnte das Argument der Gegner stehen, der himmlische Sohn Gottes sei zwar in der Taufe über Jesus gekommen, habe ihn aber vor dem Tod verlassen. Insofern ist er »im Wasser« gekommen. Johannes nennt als zweiten Zeugen »das Blut«, den Kreuzestod Jesu. Der dritte Zeuge ist »der Geist«, der als das Lebenswasser durch Jesu Tod und Auferstehung gegeben ist (vgl. Joh 7,39).

Das Zeugnis Gottes für seinen Sohn besteht im prophetischen Wort Gottes in der Schrift (vgl. Joh 5,37ff), das das Leben als Gabe verheißt, indem Gott seinen eigenen Sohn gibt. Und darum steht die These in 5,12 nach rechtlichen Kategorien fest: »Wer den Sohn hat, der hat das Leben. Wer den Sohn Gottes nicht hat, der hat das Leben nicht.«

5,13-15 machen deutlich, wie für johanneisches Denken Erkenntnis und Gebetszuversicht nahtlos zusammenhängen. Mit 5,16-21 schließt die Schrift etwas überraschend, indem für die Gebetszuversicht ein Spezialfall und seine Grenze durchdacht werden: Die Fürbitte für Sünder soll geübt werden. Aber sie hat ihre Grenze da, wo es um »Sünde zum Tode« geht. Gemeint ist im Zusammenhang des 1Joh wohl der Abfall vom johanneischen Bekenntnis und Gemeindeverband. So schließt der Brief mit dem Hinweis auf die Tiefe und auf die Bedeutung der Kluft, die sich auftut zwischen der Gemeinde, die aus Gott stammt, und der Welt, die vom Bösen herkommt und beherrscht wird.

VI. HINTERGRUND UND INHALT DES 2. UND 3. JOHANNESBRIEFES.

Falsche Lehrer reisten von Gemeinde zu Gemeinde und brachten als neue, vom Geist eingegebene »Erkenntnis« (griech. *Gnosis*), daß der Sohn Gottes gar nicht Fleisch, d.h. Mensch geworden war (vgl. 2Joh 7 mit 1Joh 4,3). Die Spaltung von der Mutterkirche, die sich im ersten Brief schon zeigt, scheint nun vollzogen. Ist es so, daß weite Teile des johanneischen Gemeindeverbandes den Irrlehrern folgten?

Im Gegensatz zum sog. ersten Brief handelt es sich hier um echte Briefe. Geschrieben sind sie von einem, der sich »der Älteste« nennt. Der **zweite Brief** richtet sich an »die auserwählte Herrin und ihre Kinder« (1-3), ein Deckname für eine Gemeinde (»Herrin«: die Gemeinde des Herrn; »ihre Kinder«: die Mitglieder der Gemeinde; vgl. zur symbolischen Anrede 1Petr 5,13). Der Brief bringt zunächst die Bestärkung im Liebesgebot (4-6). Erst daraus folgernd kommt der Hinweis auf den Irrlehrer, den Widerchrist, der Christi Menschwerdung leugnet. Dem folgt die Ermahnung zur Standhaftigkeit, die mit dem Hinweis, solche Sendboten nicht aufzunehmen, ja nicht einmal zu grüßen, verbunden ist (7-11).

Der Brief schließt mit der Hoffnung, durch persönliche Gemeinschaft »vollkommene Freude« zu erfahren (12; vgl. 1Joh 1,4).

Der **dritte Brief** ist an *Gajus, eine Einzelperson, gerichtet. Dieser hat Freunde des »Ältesten« aufgenommen (3-8), während *Diotrephes, der der Erste (der Gemeindeleiter? oder der Leiter einer Nachbargemeinde?) sein will, sich diesen widersetzt und sie aus der Gemeinde hinausstößt (9f). Damit gerät er in direkten Widerspruch zum Ältesten. Wahrscheinlich erkennen wir hier die Schwierigkeiten, die das Verhältnis innerhalb eines solchen Gemeindeverbands zwischen Einzelgemeinde und Muttergemeinde mit sich brachte. Diotrephes scheint sich das Recht des *»Bischofs« vorbehalten und sich gegen die Einmischung einer »Kirchenleitung« gewehrt zu haben.

Nach der Mahnung, dem Guten und nicht dem Bösen nachzufolgen, und einem Lob des *Demetrius (wahrscheinlich ein Bote des Ältesten und Überbringer des Briefes), schließt der Brief mit Grüßen.

VII. KREIS, ÄUSSERES ZEUGNIS, ORT UND ZEIT DER ABFASSUNG DER JOHANNESBRIEFE.

Unsere Kenntnis des frühen Christentums und speziell des johanneischen Christentums ist so fragmentarisch, die historischen Schlüsse aus den einzelnen Texten sind so verschieden möglich, daß sich nur etwas Vorläufiges sagen läßt. 1Joh 1,1-4 verweist deutlich auf die Augenzeugenschaft dessen, der hinter der johanneischen Tradition steht. Der Verweis gilt sicherlich dem sogenannten Lieblingsjünger Jesu (Joh 19,35; 21,7.20-24; vgl. 13,23; 20,2). Läßt sich aus dem Text schließen, daß er noch lebt, also Verfasser der Briefe ist? Man wird es annehmen können, solange kein anderer Grund das Gegenteil nahelegt. Zur Abfassung vgl. Art. Johannesevangelium, Zur Verfasserfrage.

Nach Eusebius wurde der 1Joh von Polykarp von Smyrna (um 110) zitiert und war Papias (ca. 140) und Justin (um 150-160) bekannt. Von Irenäus von Lyon (ca. 180; haer. II, 17.5.8), dem muratorischen Kanon (180-200; 26ff) und Clemens von Alexandria (um 200) wurde er als Werk des Evangelisten Johannes akzeptiert. Nach Eusebius wurde seine Echtheit nie in Frage gestellt. Die schwache äußere Bezeugung des 2 und 3Joh kann gut mit dem geringen Umfang dieser Briefe erklärt werden.

Die Datierung hängt an vielen Fragen, die durch den Zusammenhang mit dem JohEv. bzw. der Offenbarung noch weiter kompliziert werden. Denkt man für das JohEv. an eine Entstehungszeit um 80 bis etwa 90, dann sind die Briefe wohl einige Zeit später geschrieben. Der zweite und der dritte Brief reflektieren eine fortgeschrittene und verschärfte Situation.

Die Frage des Abfassungsortes hängt an dem Bild, das man sich von der Geschichte der johanneischen Gemeinden machen kann. Haben sie zunächst als judenchristl. Gemeinden in relativer Distanz zur Jerusalemer Mutterkirche im nördl. Ostjordanland (Batanäa, Gaulanitis) also im Herrschaftsbereich Herodes Agrippas II. (53-92) gelebt (Wengst)? Die alten Nachrichten, die von Ephesus als Sitz des johanneischen Kreises sprechen, könnten eine spätere Stufe reflektieren, als – vielleicht durch den Bruch des johanneischen Christentums mit dem Judentum – die Situation auch in diesem Landesteil unzumutbar wurde und große Teile – vielleicht sogar der Gemeindekern – nach Ephesus auswanderten. Dann könnten die Briefe, trotz ihres stark judenchristl. Hintergrundes, um 95-100 in Ephesus geschrieben sein. Waren es *Heidenchristen aus dem Hinterland von Ephesus, die die johanneische Tradition so anders verstanden und interpretierten? Man muß sich deutlich vor Augen halten, daß alle diese Angaben hypothetische Größen bleiben, abhängig vom gegenwärtigen Stand unserer historischen Erkenntnis.

Literatur: Kommentare: H. Balz, W. Schrage: NTD 10, [13]1986; R. Bultmann: KEK XIV, [8]1969; F. F. Bruce: (1970) 1983; E. Ruckstuhl: Neue Echter Bibel, Kommentar zum NT, Lieferung 17-19, 1985; R. Schnackenburg: HThK XIII/3, [7]1984; K. Wengst: ÖTKNT Bd. 16, 1978;

Monographien: K. Wengst: Häresie und Orthodoxie im Spiegel des ersten Johannesbriefes, 1976; vgl. die Literaturangaben beim Artikel *Johannesevangelium.

W.B.S.

JOHANNESEVANGELIUM

Ein allgemein anerkanntes Bild des Johannesevangeliums (JohEv.) zu zeichnen ist unmöglich. Kaum sonst innerhalb des NT sind Fragen bis in Details hinein so kontrovers. Das hängt zunächst mit der verschiedenartigen Bewertung und Einordnung historischer Beobachtungen zusammen. Dazu kommt, daß wir über die Verhältnisse und die Beziehungen der verschiedenen Gruppen des Ur-

Das Johannesevangelium auf Griechisch (6,58–64 und 6,64–71). Papyruskodex Bodmer II, kopiert um 200 n.Chr. (FMB)

christentums in Palästina und in Syrien des ersten Jh. zu wenig wissen. Das JohEv. spricht in konkrete Verhältnisse und Auseinandersetzungen hinein.

I. DIE ZIELANGABE DES JOHANNES-EVANGELIUMS.

Das JohEv. hat einen eindeutigen Aufriß:

Kap. 1 – 12: Jesu öffentliche Wirksamkeit;

Kap. 13 – 17: Jesu Wirksamkeit im Jüngerkreis;

Kap. 18 – 20(21): Jesu Leiden, Tod und Auferstehung.

Bei näherem Zusehen fallen dabei zwei Stellen auf, die literarisch eine Schlüsselfunktion besitzen: In 12,37ff faßt der Evangelist mit dem Stichwort »Zeichen« deutend die öffentliche Wirksamkeit Jesu zusammen. Dasselbe geschieht dann nochmals in 20,30f. Hier wird deutlich und gleichzeitig sehr differenziert das Ziel des ganzen Ev.s angegeben: Von der Wirksamkeit Jesu werden einzig seine Taten hervorgehoben: »Noch viele andere Zeichen tat Jesus. . .«. Der Zeugenkreis, der rechtlich für diese Taten Jesu einstehen kann, wird angegeben: ». . .vor seinen Jüngern«. Gleichzeitig aber wird deutlich, daß die vorliegende Schrift bloß eine Auswahl der Taten Jesu nennen und keine Gesamtdarstellung der Wirksamkeit Jesu (im Unterschied zu den Synoptikern?) geben will. Für diese Auswahl wird ein klares Kriterium genannt, mit dem gleichzeitig das Ziel des JohEv.s markiert ist: Das Bekenntnis »Jesus ist der Christus und zwar als der Sohn Gottes« wird durch die Zeichentaten Jesu, die in diesem Ev. ausgewählt sind und von den Jüngern (rechtlich!) bezeugt werden können, als glaubwürdig erwiesen. In diesem an das offensichtlich umkämpfte Bekenntnis gebundenen Glauben (es geht also um die inhaltliche Seite!) ist der Gemeinde das Heilsgut des »Lebens« im Namen Jesu gegeben. Im Grunde spitzt sich alles auf den Zeichenbegriff zu.

II. DER BEGRIFF »ZEICHEN«.

1. Bereits im AT und in seinem religionsgeschichtlichen Umfeld wird der Begriff »Zeichen« präzis und differenziert verwendet: Zum Zeichen wird ein Ereignis, wenn es zuvor angekündigt und mit einem genauen Informationsgehalt verbunden wird (vgl. Mt 26,48). Solche »Zeichen« können in wunderhaften, aber auch in alltäglichen Handlungen bestehen. Theologisch wichtig wird der Begriff dadurch, daß bereits im AT und verstärkt im zeitgenössischen Judentum die Fähigkeit, »Zeichen anzusagen«, die natürlicherweise nicht vorauszusehen waren, immer stärker zur Legitimation *prophetischer* Sendung erklärt wird (vgl. 1 Sam 10,1-9; 5 Mo 13,1ff; bSanh 89b; weiteres Material s. *Zeichen). Parallel dazu gilt, daß vom kommenden *Messias*, der vom kommenden Propheten deutlich unterschieden werden muß, zwar Wunder (Machttaten, griech. *dynameis*), nie jedoch »Zeichen« erwartet werden.

Geradezu auffallend ist es nun, wie die synoptischen Evn. den Begriff »Zeichen« für die Taten Jesu nicht nur vermeiden, sondern ausdrücklich zurückweisen (vgl. Mt 12,38 par.; 16,1-4 par.). Wenn nun gerade dieser Begriff bei Johannes zu einem zentralen christologischen Begriff wird, dann muß das seine Gründe haben.

2. Es scheint so zu sein, daß Johannes den Zeichenbegriff für die Taten Jesu aus der Auseinandersetzung, in der er steht, übernommen hat. Er kann das, weil auch die Taten Jesu angekündigt waren (vom Vater in den Schriften; vgl. 5,36-39) und nun eingetroffen sind. Insofern also sind Jesu Taten wirklich Zeichen.

Aber der Informationsgehalt, der mit diesen Zeichentaten verbunden ist, scheint umkämpft. Die Verbindung, die zwischen Zeichen und der erwarteten Sendung des Propheten besteht, wird bei Johannes zurückgewiesen. Die Mitte der Darstellung der öffentlichen Wirksamkeit Jesu (Kap. 1-12) bilden deutlich die Speisung der 5000 in Galiläa (6,1-15) und die anschließende Rede (6,22-71). Keine andere Tat Jesu erinnert deutlicher an ein Mosewunder, an die Speisung durch Manna. Dieser Schluß wird »als sie dieses Zeichen sahen« tatsächlich gezogen: »Dieser ist in Wahrheit der Prophet, der in die Welt kommen soll« (6,14). Nicht nur das Ausweichen Jesu (6,15), sondern auch die ganze nachfolgende Rede zeigt, daß Jesus nicht der Prophet, nicht der neue Mose ist. Er ist das eschatologische Manna, das Gott verteilt, ja er ist der, der sich selbst als »Brot des Lebens« für die Welt dahingibt (6,32ff.51b). Dasselbe gilt auch für die übrigen Zeichentaten Jesu. Sie erweisen ihn nicht als den kommenden Mose, sondern als den Christus, der als der davidische Messias der »Sohn Gottes« ist.

Wie sehr die Erwartung des davidischen Messias mit der Erwartung von Heilungen und Rettungswundern verbunden war, zeigen u.a. Jes 11,2: »Geist der Kraft(taten)«; 42,7: »Blindenheilung«; 61,1f: »Heilung«; Sach 6,12f: »Tempelbau«. Vgl. auch den engen Zusammenhang zwischen der Anrede »Davidssohn« und der Bitte um Heilung in Mk 10,47f; Mt 9,27; 20,30; 15,22 sowie Mt 12,13 und 21,14f.

III. ZUR HISTORISCHEN SITUATION.

Nach diesen Beobachtungen ist wohl auch die Zielformulierung des JohEv.s zu lesen: Jesus ist der Christus, der Sohn Gottes – und nicht der Prophet wie Mose! Das sollen und können ausgerechnet die Taten Jesu erweisen. Das aber setzt voraus, daß es im Umkreis des JohEv.s christl. Gruppen gab, die Jesus unter Berufung auf seine als Zeichen aufgefaßten Taten als den »Prophet[en], der in die Welt kommen soll« (6,14!), verstanden haben.

Haben sie damit die Gemeinden auch zur aktiven Teilnahme am politischen Befreiungskampf führen wollen? Politische Töne sind auch sonst, vor allem im lukanischen Werk, durchaus zu vernehmen (vgl. Lk 9,54f; 16,16b; 24,21; Apg 1,6). Einzelne Züge im JohEv. lassen erahnen, wie stark die Auseinandersetzung mit der unmittelbar politischen Frage gewesen sein muß (neben Joh 6 v.a. 8,30ff: die Abgrenzung von einem zelotischen Freiheitsbegriff; Joh 10,1ff: die Abgrenzung Jesu von zelotischen Führern, »Räuber« als Fachterminus für Zelotenführer bei Jos.bell.Jud. 2,264; vgl. Hengel, Zeloten 25-47; 11,47ff und 18,30: die politische Motivation des Todesbeschlusses; 18,33-19,22: die genaue Klärung, in welchem Sinn Jesu Königtum zu verstehen ist). Von Josephus wissen wir zudem, daß Führer des jüd. Widerstandes im Verlauf des Freiheitskampfes gegen Rom ganze Dörfer vernichteten, die sich dem aktiven Widerstand gegen Rom nicht angeschlossen hatten. Solche Auseinandersetzungen könnten den Hintergrund bilden, in den hinein das JohEv. seine Darstellung der Geschichte Jesu entfaltet.

IV. DAS GEGENÜBER DES JOHANNES.

1. In der Auslegung hat man immer wieder danach gefragt, ob Johannes sich an Menschen außerhalb der Gemeinde wendet, also ein missionarisches Ziel verfolgt, oder ob er sich an Gemeinden richtet, die er stärken will. Die Auffassung, daß es dem JohEv. (20,30f) um den Erweis der Glaubwürdigkeit eines genau umschriebenen Bekenntnisses geht, läßt nun viel stärker an umkämpfte Gemeinden denken, die in ihrer Auffassung, wie die Sendung Jesu zu verstehen sei, gestärkt werden müssen. Wer aber ist dieses Gegenüber, gegen das angekämpft wird?

2. Auffallend ist, daß sowohl für das JohEv. wie für sein Gegenüber die Geltung des bibl. Wortes festzustehen scheint. Gerungen wird nur noch darum, wer auf dieses Wort zurecht seine Hoffnung setzen kann (5,37-39.45-47; vgl. auch die vielen direkten und indirekten Bezugnahmen auf Stellen des AT).

3. Auffallend ist auch, wie die Rolle des Petrus im JohEv. gezeichnet wird. Die Autorität des Petrus wird durchaus festgehalten, während die Eigenständigkeit, ja in gewissem Sinn der Vorrang des Lieblingsjüngers und seiner Tradition im Gegenüber zu Petrus gewahrt werden soll (13,23ff; 19,25-27 im Gegenüber zur Verleugnung des Petrus? – vgl. mit 18,15; 20,1-10; 21,20-23). Ist Petrus bzw. die Tradition, die sich auf Petrus beruft, in den Konflikt, den das JohEv. voraussetzt, hineingezogen? Es ist immerhin zu beachten, daß in

einer späteren und historisch schwer einzuordnenden judenchristl. Tradition von Petrus die Auffassung vertreten wird, Jesus sei »der wahre Prophet« (vgl. Bittner, Jesu Zeichen, 50, Literatur!).

V. DER »LIEBLINGSJÜNGER«.

Das JohEv. ist Deutung von Jesu Wirksamkeit, Tod und Leben in der Form eines Geschichtsberichtes, der sich auf das Zeugnis des Jüngers, den Jesus liebte (21,20.24), stützt. Wer war dieser Jünger? An folgenden Stellen wird er erwähnt, auch wenn das nicht immer ausdrücklich oder formal gleich geschieht: namenlos (1,35–40; 19,35; 21,2.24); Jünger, den Jesus lieb hatte (13,23–26; 19,26f; 20,2ff; 21,7.20); der andere Jünger (20,2–8).

Geht man von diesen Stellen aus, dann ergibt sich folgendes Bild: Er war bei der ersten Begegnung mit Jesus, aus der sich die Jüngerbewegung ergeben hat, ebenso mit dabei (1,35ff), wie er bei der letzten Begegnung mit dabei ist. Während der öffentlichen Wirksamkeit Jesu jedoch taucht er nie auf. Erst ab Kap. 13 ist er wieder da. Auch hier wird seine Gestalt so gezeichnet, daß ständig sein Verhältnis zu Petrus bestimmt wird. Er liegt beim Abschiedsmahl an der Brust Jesu. Wenn der »andere Jünger« von 18,15f mit dem Lieblingsjünger identisch ist, begleitet er Jesus bis zur Gefangennahme und dann zum Hof des Hohenpriesters, bei dem er bekannt ist. Der Lieblingsjünger ist Zeuge der Kreuzigung, eilt am Ostermorgen zum Grab und kommt bereits dort zum Glauben (20,8). In Kap. 21 wird dann in einem Wort des Auferstandenen seine Stellung zu Petrus bestimmt.

Wer war nun der »Lieblingsjünger«? Man hat in ihm traditionell Johannes, den Zebedäussohn, gesehen. Eine Schwierigkeit für diese Gleichsetzung besteht darin, daß er in 21,2.7 von den Zebedaiden deutlich unterschieden zu sein scheint. Welche Hinweise haben wir noch? Wenn er nach 18,15 mit dem Hohenpriester bekannt war, gehört er wohl nach Jerusalem. Das könnte dann gut das reiche Sondergut über die Wirksamkeit Jesu in Jerusalem erklären. Nach 13,23.25 und 21,10 handelt es sich um den Jünger, der während des Abschiedsmahls Jesu den Ehrenplatz einnahm. Nehmen wir an, daß es sich dabei um das auch von den Synoptikern berichtete Abendmahl und dabei um das Passamahl handelte, dann stellt sich sofort die Frage nach dem Todesdatum bzw. der Chronologie der letzten Tage Jesu. Jesus ist nach Joh 19,31 am Rüsttag des Passafestes gestorben. Da das Abschiedsmahl Jesu nach der synoptischen Überlieferung als Passamahl gefeiert wurde (Mk 14,14 par.), ergibt sich ein scheinbarer Widerspruch. Er kann sich nur so lösen, daß Jesus mit seinen Jüngern das Passamahl nach dem damals verbreiteten priesterlichen Kalender der Essener gefeiert hat, also zu einem anderen Zeitpunkt als dem des offiziellen Kalenders. Wir wissen heute, daß die Urgemeinde ihren Sitz innerhalb des Essenerviertels hatte, also besondere Beziehungen zu den Essenern besaß (vgl. Riesner, Essener). Das macht den Erklärungsversuch wahrscheinlich, daß der Ort des letzten Abendmahls Jesu das Gästehaus der Essener in Jerusalem war. Damit gewinnt die These, die im »Lieblingsjünger« den Verwalter und Wirt des essenischen Gästehauses sieht, der Mitglied der essenischen Gemeinschaft, damit wohl auch ehelos und vielleicht auch Priester war (vgl. Ruckstuhl, Jünger), einige Wahrscheinlichkeit.

In der Forschung hat man die Gestalt des Lieblingsjüngers neben Johannes, dem Apostel, auch mit Lazarus, Matthias u.a. identifiziert. Der Vorschlag, in ihm eine symbolhaft gemeinte »ideale« Gestalt (Träger des apostolischen Zeugnisses, Heidenchristentum, johanneisches Prophetentum usw.) zu sehen, ist angesichts der konkreten Züge und des Konkurrenzverhältnisses zu Petrus nicht annehmbar.

VI. VERFASSERSCHAFT UND ENTSTEHUNGSZEIT.

Die traditionelle Sicht identifiziert Johannes, den Sohn des Zebedäus und Apostel mit dem Lieblingsjünger und sieht in ihm den Verfasser des JohEv.s. Zum ersten Mal (ca. 180) finden wir sie bei Irenäus (Adv. Haer. III,1.1f). Johannes, der Herrenjünger, der auch an seiner Brust gelegen hatte, habe selbst das Ev. herausgegeben, als er in Ephesus in Asien weilte (vgl. Polykrates in Eus.h.e. V,24,2ff und Clemens von Alexandria, der eine Tradition kleinasiatischer Presbyter weitergibt in Eus.h.e. VI,14,7; II,15,1). Das JohEv. wird in diesen Zeugnissen zeitlich hinter und sachlich über die Synoptiker gesetzt. Johannes habe die Lücke, derzufolge den Synoptikern die Erzählung vom Anfang des Wirkens Jesu fehlt, schließen wollen (Eus.h.e. II,24,7,11). Der von der kleinasiatischen Tradition unabhängige Kanon Muratori (röm. Tradition) und der antimarcionitische Prolog zum JohEv. ergeben ziemlich genau dasselbe Bild. Auch die Wirksamkeit des Apostels in Ephesus wird von verschiedenartigen Traditionen dieser Zeit bezeugt. Da auch diese Traditionen historisch nicht voneinander abhängen, haben wir eine Wirksamkeit des Johannes in Kleinasien anzunehmen.

So geschlossen einerseits das Bild ist, das

im Verfasser des JohEv.s den Zebedaiden sieht, der mit dem Lieblingsjünger identifiziert wird, so umkämpft waren doch Verfasserschaft und Kanonizität bis zum Anfang des 3. Jh. Gnostische Irrlehrer (vor allem aus der valentinianischen Gnosis) haben sich in erster Linie auf das JohEv. berufen.

Nun kennen wir aus den Fragmenten, die Eusebius aus dem umfangreichen Werk des Papias überliefert (h.e. III,39,1-7), einen weiteren Johannes. Papias nennt ihn Johannes, den Ältesten (Presbyter), der zwar auch ein persönlicher Jünger Jesu war, den er aber vom Johannes des engsten Jüngerkreises deutlich unterscheidet. Eine ganze Reihe von Forschern haben in diesem Ältesten den Verfasser der Johannesbriefe und des JohEv.s gesehen. Diesem Ältesten schrieb nun Eusebius zwar die Abfassung der Offenbarung, nicht jedoch die des JohEv.s zu.

Wir können also feststellen, daß die altkirchliche Tradition in großer Einhelligkeit das JohEv. dem Zebedaiden Johannes zuschreibt und es in seiner späten Wirksamkeit in Ephesus für den kleinasiatischen Gemeindekreis geschrieben sein läßt.

Einige innere Gründe scheinen diese Meinung zu stützen. Sprache (ein gutes, aber semitisierendes Griechisch; vgl. Schlatter, Sprache und Heimat), genaue Kenntnis der Topographie (B. Schwank) und der rel. Verhältnisse z. Zt. Jesu erweisen den Verfasser eindeutig als Palästiner. Daß der Adressatenkreis außerhalb Palästinas zu suchen ist, scheinen die Stellen zu bestätigen, an denen hebr. und aram. Worte übersetzt (z.B. 1,38.41f; 9,7; 19,13.17; 20,16) und Ortsangaben erklärt werden (1,28; 4,5; 6,1; 11,1.54). Dazu tritt endlich die auffallende Tatsache, daß das Ev. – mit Ausnahme von 21,2 – nie von den Zebedaiden spricht, die doch nach dem Zeugnis der synoptischen Evv. zum engsten Jüngerkreis gehört haben (vgl. Mk 5,37; 9,2; 14,33). Unabhängig davon, wie man in der Verfasserfrage entscheidet, muß dieses Schweigen erklärt werden. Die Gründe, die im Verfasser des JohEv.s den Jünger und Apostel Johannes sehen, sind nach wie vor gewichtig. (Schnackenburg, Kommentar I, 63-76; Robinson)

Und doch bleiben Fragen. Würden die oben genannten Beobachtungen stimmen, die im »Lieblingsjünger« den Hausvater des essenischen Gästehauses in Jerusalem sehen, dann wäre danach zu fragen, welche Rolle dieser »Lieblingsjünger« innerhalb der johanneischen Tradition gehabt hat und in welchem Verhältnis er zum Apostel Johannes stand. Außerdem erkennen wir im johanneischen Denken eine ganze Reihe priesterlicher Denkformen, die so den synoptischen Evv. fremd sind, jedoch sehr gut ins Bild eines priesterlich geschulten Lieblingsjüngers passen. Polykrates (Bischof von Ephesus, Ende 2. Jh.) berichtet (Eus.h.e. III, 31.3; V, 24.2), der Lieblingsjünger Johannes sei ein Priester gewesen, der den (hohe-?)priesterlichen Stirnschild [Mitra, griech. *petalon*] getragen habe und in Ephesus begraben liege (vgl. Bruce, Men and Moviments, 126ff). Verbindet sich das priesterliche Denken auch noch mit einer Kenntnis ekstatischer Traditionen und Fähigkeiten, dann könnte sich daraus die Eigenheit johanneischer Schau Jesu im Gegenüber zur synoptischen Tradition erklären: Hier schaut ein Zeuge, der durch seine Kenntnis und seine Fähigkeit an Jesus anderes und in gewissem Sinne »mehr« und »tiefer« sieht als das für den übrigen Jüngerkreis gelten kann: Jesus ist der, der in der himmlischen Welt zuhause ist und aus ihr heraus in die irdische Wirklichkeit kommt und vom Vater Kunde gibt (1,18; vgl. 3,10-13 u.ö.). Endlich verweist die christologische Zielformulierung (20,30f) mit ihrem zeitgeschichtlichen Kontext genau in die Verhältnisse und in die Auseinandersetzungen, die wir aus Palästina kennen, kaum jedoch nach Kleinasien. Einige Stellen (z.B. 12,34) und besonders der Prolog lassen sich aber als Abgrenzung gegen Irrlehrer verstehen, wie sie nach der altkirchlichen Überlieferung Kerinth, der Gegner des Johannes in Ephesus, vertrat (Neugebauer).

Mehr läßt sich im Moment, bedingt durch unser begrenztes historisches Wahrnehmen, schwerlich ausmachen. Wie hängt Johannes, der Zebedaide mit dem priesterlichen Lieblingsjünger zusammen? Vielleicht können uns neue, genauere Beobachtungen zeigen, daß es sich hierbei gar nicht um Alternativen handelt. Vgl. J.V. Andersen, Studia Theologica, Vol. 19 (1965), 22-29.

Die Schwierigkeiten, die sich in der Frage nach der Entstehungszeit ergeben, sind damit schon angeklungen. Auf der einen Seite haben wir im JohEv. eigenständige Traditionen vor uns, denen größtes Alter und größter historischer Wert zukommt. Ihnen ist unmittelbare Nähe zu den Ereignissen nicht abzusprechen. Das hat dazu geführt, daß man mit einigem Recht sogar vom JohEv. als dem ältesten Ev. gesprochen hat (Robinson). Richtig ist auch, daß die Bemerkungen, die auf einen drohenden Ausschluß der Christen aus der Synagoge hinweisen (9,22; 12,42; 16,2), historisch nicht einfach auf die sog. Synode in Jamnia (um 90 n.Chr.) hinweisen, sondern durchaus eine frühere Zeit widerspiegeln können. Aber das Alter von Überlieferungen ist noch nicht einfach identisch mit dem Alter der Abfassung des Ev.s selber. Die altkirchliche Tradition jedenfalls legt die Entstehung des JohEv.s in die letzten Lebensjahre des Johannes. Spätestens im letzten Jahrzehnt des 1. Jh. hat es seine endgültige Gestalt gefunden.

Wir rechnen damit, daß das JohEv. das Traditionsmaterial der aramäischsprechenden Urgemeinde Jerusalems bewahrt hat. Dem widerspricht auch der Hinweis auf die Heimat der johanneischen Gemeinden im südsyrischen Raum nicht. Seit Jahrhunderten waren jüd. Gruppen, die in Palästina Schwierigkeiten hatten (Gruppen mit priesterlich-ekstatischer Tradition, die in Gegensatz zum Jerusalemer Tempel gerieten, z.B. Henochkreise, Täufergruppen, frühes Essenertum), in dieses politisch von Jerusalem unabhängige Gebiet ausgewandert. Das bedeutete schon für das Judentum, daß die ältesten palästin. Traditionen in Südsyrien aufbewahrt wurden. Analoges scheint für den johanneischen Gemeindekreis zu gelten. Wir rechnen daher beim JohEv. mit der sprachlichen Fixierung ältester palästin. Traditionen des aramäischsprechenden Urchristentums (vgl. immer noch Burney, Aramaic Origin) im südsyrischen Raum. Zieht man die altkirchliche Tradition von der ephesinischen Heimat des JohEv.s in Betracht, wird man höchstens von einer kleinasiatischen Ausprägung sprechen (vgl. XI).

VII. DER HINTERGRUND JOHANNEISCHEN DENKENS.

Die späte Datierung des JohEv hängt aber nicht zuletzt zusammen mit der Bewertung der johanneischen Christologie. Man meint bis heute oft, bei den Synoptikern eine einfache und also »ursprüngliche« Christologie vor sich zu haben, die erst später durch die Kirche denkerisch weiterentwickelt worden sei. Johannes vertritt demnach eine sehr späte »hohe« Christologie. Dieses Argument ist aber nur dann einleuchtend, wenn man ein solches Entwicklungsmodell zugrundelegt. Dann braucht es einen möglichst großen zeitlichen Rahmen, in dem diese »Entwicklung« vor sich gegangen ist. Doch dieses Entwicklungsmodell ist in letzter Zeit immer fraglicher geworden. Wie, wenn hinter Johannes nicht eine spätere, sondern eine sehr alte Denkform steht, die von Anfang an zu der der Synoptiker parallel steht?

Welcher Denkhintergrund steht nun hinter dem Johannesevangelium? An Vorschlägen mangelt es in der Forschungsgeschichte keineswegs. Waren es die frühen Gnostiker? Von ihnen wurde das JohEv. geschätzt, weil es ihrem griech. Denkgeist so gut zu entsprechen schien. Später hat man das JohEv. dann in Verbindung mit der Mystik gesehen und in die Nähe hellen. Spekulationen gerückt. Eine breite Auslegungstradition erkennt die große Nähe zur atl. Weisheitstradition. Erst spät hat man die tiefe Verwurzelung des JohEv.s im Judentum erkennen gelernt.

Zunächst ist das JohEv. aber verwurzelt im frühen Christentum. Wir wissen noch immer viel zu wenig über Gestalt und Gruppierungen des Urchristentums der ersten Zeit. Aber trotz allen Verschiedenheiten steht Johannes unbestritten im vielfältigen Strom der urchristl. Tradition. Er weiß von Jesu Menschwerdung, von seiner Sendung durch den Vater, von seinem Tod am Kreuz für die Welt, von seiner Auferstehung, von der Sendung des Heiligen Geistes usw. Hinter dem JohEv. aber stehen besondere Denkformen des *Judentums, die in Kreisen des *Judenchristentums selbstverständlich übernommen wurden und noch lange sehr lebendig gewesen sein müssen. Einerseits kennt Johannes eine reiche Auswahl atl. Themen, Verheißungen, Bilder usw. (Schöpfung, Sinai: 1,1-18; Väterverheißung: 4,12; Menschensohn, Auferstehung, Passa und Manna, Gesetz, messianische Traditionen usw.). Wie seine Gegner erkennt er die verbindliche Geltung des AT an und zeigt Kenntnis jüd.-exegetischer Traditionen und hermeneutischer Regeln des Judentums. Dazu kommt die Kenntnis zahlreicher Details der Topographie (*Jerusalem, *Samaria und *Galiläa), des jüd. Festkalenders und rel. Gebräuche.

Aber das Judentum z.Zt. des Urchristentums war vielfältig. Einerseits kennt Johannes Diskussionen, die uns aus dem pharisäischen Judentum bekannt sind (Frage um die Sabbat-Heiligung: 5,17; Zusammenhang von Manna und Gesetz: 6,45; der verborgene Messias: 7,27). Seit der Entdeckung der Qumran-Rollen hat man aber auch vielfältige Parallelen zwischen Johannes und dem Denken und dem Sprachgebrauch der *Essener erkannt: der Dualismus zwischen Licht und Finsternis; zwischen der Gemeinde, die sich als Endzeitgemeinde versteht, und der »Welt«; die Begabung mit dem Heiligen Geist usw. Das alles sind Grundgedanken, die je auf ihre Weise den Essenern und dem JohEv. zugrundeliegen. Aber die unbestreitbare Nähe kann die bleibende und auch grundlegende Differenz nicht überdecken (Vgl. J.H. Charlesworth, John and Qumran, 1972).

Eine Reihe von Forschern (J. Bowman, E.D. Freed, W.A. Meeks, G.W. Buchanan) haben auf eine grosse Nähe zwischen dem JohEv. und den Samaritanern hingewiesen.

Was uns in den Qumranschriften schriftlich faßbar wird, ist eine priesterliche Denkform. Sie unterscheidet sich deutlich von der des Pharisäismus, in Einzelheiten auch von dem Priestertum, das z.Zt. Jesu die Priesterschaft am Jerusalemer Tempel stellte, war aber wohl in weiten Teilen des Judentums verbreitet. Vieles, was uns aus Strömungen des sog. »esoterischen« Judentums bekannt ist, scheint ursprünglich integraler Bestandteil des priesterlichen jüd. Denkens gewesen zu sein. Das mag auch für das Judentum zutreffen, das uns in den Quellen der Samaritaner, der Oden Salomos, der Mandäer u.a. greifbar wird. Wir haben zu lernen, daß das Judentum z.Zt. Jesu weiter und vielfältiger war, als uns das aus der Optik einer späteren Zeit, in der das pharisäisch-rabbinische Judentum dominierte, erscheint.

Der priesterliche Grundgehalt johanneischen Denkens zeigt sich an vielen Einzelheiten: in der Aufmerksamkeit auf Reinheitsfragen (2,6) und den Ort der Anbetung (2,10ff; 4,20ff; 15,3), die beide durch das Kommen des Messias Jesus verwandelt werden; in der Tatsache, daß im Messias nicht nur der Erbauer des Tempels (2,29; vgl. Sach 6,12 und 2 Sam 7,12f), sondern auch der eschatologische Geber von Geist und Reinheit vor den Menschen steht (7,37-39; 14,16f; vgl. Hes 36,25-27; 47,1-12 u.ö.); im Messias Jesus berühren sich himmlische und irdische Welt. Die himmlische Welt wird für den, der sehen kann, erfahrbar, wird »Geist und Wahrheit« (4,24). Die im Tempel »wohnende« und dem Menschen wahrnehmbare Offenbarungsgestalt Gottes hat nach den priesterlichen Traditionen des AT zwei Formen: Gottes »Name« (5 Mo 12,11; 14,23 u.ö.; vgl. 12,5.21; 14,24 ua.; Joh 17,6) und Gottes »Herrlichkeit« (Hes 1,26-28; 2,12.23; 8,2-4; 10,4f u.ö. Joh 2,11; 12,41 und 1,14). Jesus ist der »Menschen-Sohn«, d.h. Gottes Offenbarungsgestalt als »Mensch« (Hes 1,26ff; Dan 7,3ff). Jesus selbst aber ist nach Johannes eben diese Herrlichkeit (12,41; 1,14) und offenbart, indem er sich den Menschen zeigt, den Namen Gottes (17,6; vgl. *Ich-bin-Worte). Und so tauchen auch in Joh 17,1-26, dem sog. hohepriesterlichen Gebet, die drei Grundbegriffe priesterlichen Denkens in merkwürdiger Zusammenstellung auf: Name, Herrlichkeit und Heiligkeit/Heiligung. Was Gott in seinem himmlischen Heiligtum ist, das wird er nun für die irdische Welt anschaubar an Jesus und inmitten seiner Gemeinde: in seiner Herrlichkeit, in der Offenbarung seines Namens und in der Heiligung derer, die zum Messias Jesus gehören.

Nicht identisch, aber doch damit zusammenhängend sind die ekstatischen Überlieferungen, die bei Johannes erkennbar werden. Jesus ist der einzige, der von der himmlischen Welt Kunde bringt (1,18), der selbst von der himmlischen Welt herabgestiegen ist (3,13ff) und der den Vater allezeit sieht (5,19). In ihm kommt die »Herrlichkeit Gottes« in menschlicher Gestalt, also als »Menschensohn« anschaubar in diese Welt (12,41; 1,14; vgl. 12,23.34). Ja, den Jüngern wird versprochen, daß sie Jesus als Menschensohn und so als das Urbild des wahren, von Gott erwählten Israel in seiner Verbindung mit der himmlischen Welt »sehen« werden (1,51).

Diese Einzelheiten verweisen auf einen judenchristl. Kreis mit priesterlichem Grundcharakter, der um ekstatische Tempeltraditionen und ein Sehen der himmlischen Welt weiß, diese Traditionen aber im geschichtlichen Kommen Jesu als des Sohnes Davids, des Messias Israels, endzeitlich erfüllt sieht. Bei bleibenden Differenzen sind Parallelen zu Qumran, den Täuferkreisen (Henoch-Literatur) und den Oden Salomos nicht zu übersehen.

VIII. JOHANNEISCHE CHRISTOLOGIE.

Wir haben die johanneische Christologie in einer Gestalt vor uns, die in der konkreten Auseinandersetzung mit einer politisch motivierten Propheten-Christologie formuliert ist (s.o.). Man muß daher die Grundgestalt johanneischer Christologie von ihrer polemischen Zuspitzung im JohEv. zu unterscheiden versuchen.

In der aktuellen Ausformung liegt der Höhepunkt johanneischer Christologie darin, daß in Jesus der Christus, der Sohn Gottes, geglaubt wird (20,30f). Damit wird die davidische Messianologie (2Sam 7,12ff u.ö.) mit Hilfe der Zeichen-Konzeption gegen die prophetische Sendungskonzeption, die sich auf Mose (5Mo 18,15.18) beruft und unmittelbar politisch (im Sinn einer »Befreiungs-Theologie«) zugespitzt ist, gestellt.

Das zeigt sich deutlich daran, daß die Bezeichnung Jesu als »Prophet« im Ev. zwar erwogen, aber nie positiv und reflektiert auf Jesus bezogen wird (7,40.52; v.a. 6,14f; vgl. auch 4,19 mit 4,25 bzw. 9,17 mit 9,35.38. Die Bezeichnung als Prophet wird zur Erkenntnis des Messias bzw. des Menschensohns hin vertieft). Anders ist es bei der Bezeichnung Jesu als »König«. Auch sie wird für Jesus verwendet (1,49; 12,13.14-16 [Ps 118,25 und Sach 9,9]; v.a. im Passionsbericht 18,33-19,22 und 6,14f). Der Passionsbericht nimmt gegen eine unmittelbar politische Interpretation dieses Titels deutlich Stellung (vgl. 18,36), ohne ihn jedoch zurückzuweisen. Nach dem Zeugnis des Josephus ist deutlich, daß der Königstitel einem Mitglied des davidischen Hauses vorbehalten war (vgl. Jos.ant.Jud. 14,41. 386.403f; Jos.bell.Jud. 2,53.90f). Das ist ein Indiz, daß auch das JohEv. um die davidische Herkunft Jesu weiß (6,14f).

Auch die Erörterung der »Freiheit« in 8,30ff muß auf diesem Hintergrund verstanden werden. Außer den politischen Freiheitskämpfern hätte wohl niemand eine Aussage wie 8,33 gewagt, stand doch Israel seit langer Zeit unter politischer Fremdherrschaft. Erst wenn man unter »Freiheit« einen politischen Begriff erkennt, gewinnt die Auseinandersetzung ihre Schärfe. Münzfunde und Belege bei Josephus und den Rabbinen zeigen zudem, daß z.Zt. Jesu »Freiheit« ein zentrales politisches Schlagwort war (verstanden als politische Befreiung).

Jenseits der unmittelbaren Zuspitzung johanneischer Christologie spielt für Johannes die Frage nach der »Stunde« Jesu (2,4; 7,6.30; 8,20; 12,23; 13,1) eine entscheidende Rolle. Jesus geht einen Weg, auf dem er intensiv nach der »Stunde«, die für ihn von Gott kommt, Ausschau hält (vgl. v.a. 7,1-10). Mit der Frage der Griechen (12,20ff) ist sie für ihn gekommen. Was steht dahinter? Nach Jes 11,10 werden »an jenem Tag«, an dem Gott den Messias (11,1ff) als »Panier der Völker« aufrichten, und d.h. nach der aram. Sprachgestalt »kreuzigen« lassen wird (Jes 11,12), »die Heiden nach ihm fragen« (11,10). Eben das geschieht durch die Frage der »Griechen« (Joh 12,20ff) – und daran erkennt Jesus seine Stunde (Joh 12,23) und auch die genaue Art seines Todes (12,33; vgl. 18,32; 3,14 und 8,28; im Aram. ist »erhöhen« = »kreuzigen«). Durch dieses Handeln wird Gott selbst sein zerstreutes Volk aus den Völkern »sammeln« und »loskaufen« (Jes 11,11; vgl. Joh 11,51f; 10,14ff). Hinter der johanneischen Christologie steht deutlich die davidische Messianologie: er ist der vom Geist begabte eschatologische »Sohn Gottes« (2Sam 7,14; Jes 11,1ff u.ö.).

Das Verständnis Jesu als »Sohn Gottes« ist Johannes wichtig, weil er so die Christologie gegen eine unmittelbar politische Ausdeutung abgrenzen kann. Dazu aber nimmt er noch eine Vielzahl anderer Traditionen auf, die er in seine Christologie integriert. Einmal knüpft er an Jakob-Israel-Traditionen an (1,45-51 und auch 2,1-11; vgl. 2,11 mit TgPsJ Gen 27,25). Im Rahmen der jüdischen Jakobstraditionen bedeutet das, daß in Jesus das »Urbild« des wahren Jakob-Israel, der in der himmlischen Welt am Thron Gottes aufbewahrt ist, vor den Menschen steht (1,51; vgl. TgGen 28,12ff und die Verbindung mit Hes 1,26ff und 1Mo 1,26ff; wahrscheinlich steht dahinter mystische Tradition, wie sie uns literarisch erst aus späterer Zeit, hebr Henoch/ Metatron, deutlich erkennbar wird; damit sind sehr frühe Vor-Formen der jüd. Märkabah- Tradition vorausgesetzt. Wahrscheinlich handelt es sich dabei um altes priesterliches Wissen, wie es uns z.B. in liturgischen Fragmenten aus Qumran [4QSl; vgl. auch Stellen in den Oden Salomos] greifbar wird).

Diese Jakob-Israel-Tradition aber ist bei ihm unmittelbar mit der Menschensohntradition verbunden (1,51) und verrät die Kenntnis ekstatischer Wirklichkeit. Die unmittelbare Verbindung und der Austausch zwischen himmlischer und irdischer Welt wird an Jesus als dem Menschensohn für die Jünger anschaubar. Auch sonst sehen wir, daß christologische Argumentationen in der Bezeichnung Jesu als »Menschensohn« ihren Höhepunkt erfahren (3,13f; 9,17.35ff; 12,23.34). Menschensohn, das aber ist Gottes »Thron-Herrlichkeit«, die in menschlicher Gestalt wahrnehmbar wird (Hes 1,26-29 u.ö.) und so als Gottes Offenbarungsgestalt, als himmlischer »Menschensohn« die Rolle des irdischen, des davidischen Messias-Königs übernehmen wird (Dan 7,13ff; vgl. dazu Bittner, Gott, Menschensohn, Davidssohn). Als Menschensohn ist Jesus der in seiner Identität vorläufig verborgene davidische Messias (12,34; vgl. 7,26f), geht den Weg durchs Leiden (12,23f) und ist gleichzeitig der schon gegenwärtige und gleichzeitig kommende Weltenrichter in der Vollmacht Gottes (5,27).

So verbinden sich die Elemente johanneischer Christologie zu einer Einheit: Jesus ist die himmlische Herrlichkeit, die von Jesaja visionär geschaut worden war (12,41), ist die Herrlichkeit, die er nun auch anschaubar macht (2,11; vgl. 1,14 und 17,1.4 u.ö.), ist der Name Gottes, der in ihm als Mensch erscheint (17,6 u.ö.; vgl. *Ich-bin-Worte). Es ist genau umgekehrt, wie man oftmals in der Forschung vermutet hat: hier wird nicht der irdische Jesus nachträglich von der Gemeinde verherrlicht; er wird geschaut als himmlische Herrlichkeit Gottes, die »historisch« in unsere Welt kommt und in ihr anschaubar (1,14), ja »angreifbar« wurde (1Joh 1,1ff). Einzelne Züge lassen vermuten, daß auch durch diese Entfaltung bewußte Abgrenzungen vollzogen werden: Nur Jesus bringt Kunde von der himmlischen Welt, da nur er »im Schoß des Vaters sitzt« (1,18); niemand hat Gott bzw. seine Gestalt jemals gesehen bzw. seine Stimme gehört (5,37; 1,18), ja niemand ist wahrhaft in den Himmel hinaufgestiegen (3,13). Wir erkennen hier die Nähe zu ekstatischen Gruppen, die aus eigener Erfahrung himmlisches Wissen für sich beanspruchen. Es handelt sich hier um priesterliches Wissen und um Erfahrung, die die Grundlage des Tempelgottesdienstes bilden. Der Tempel mit seinem Gottesdienst ist das Tor, an dem die himmlische Welt die irdische berührt und verwandelt.

Aber nun wird deutlich, wie gerade diese Tempeltraditionen sich für Johannes organisch mit der Christologie verbinden. Johannes kommt von der Schau des himmlischen Tempels her. Er erkennt in der Gestalt des irdischen Jesus in seiner historischen Sendung vom Vater die himmlische Urgestalt des wahren »Jakob-Israel«, die himmlische »Herrlichkeit«, den einwohnenden »Namen« Gottes, den »Menschensohn«. Und so erkennt und beschreibt er nun den irdischen Jesus und sieht, daß in seinem »Leib« der neue, der eschatologische Tempel schon da ist, von dem Reinigung, Heiligung und Geistbegabung für die Jünger kommen (7,37ff; vgl. 2,21; 15,2f; 17,17.19). Damit werden, verborgen und doch wirklich, die Reinheitsvorschriften durch die messianische Fülle abgelöst (2,1-11), der irdische Tempel durch den im Messias gekommenen eschatologischen Tempel (2,13-22), der in der Auferstehung neu »errichtet« wird (2,19ff), ja jeder Anbetungsort wird im Messias, der »Geist und Wahrheit« selbst ist und gibt, abgelöst (4,23-26).

Auffallend ist nun, wie Johannes die christologischen Aussagen, vor allem die Sohnes-Christologie, in die Rechtsvorstellungen des jüd. Gesandtenrechtes einzeichnet (vgl. Bühner). Im irdischen Jesus erkennt er den davidischen Messias, den Sohn Gottes als den himmlischen Gesandten, den Sohn vom Vater, in dem Gott als der Vater selbst seine Gegenwart aufleuchten läßt. Der Weg beginnt oben, in der himmlischen Welt, und führt über den Abstieg wieder zum Aufstieg. Entscheidend ist die Grundlage des Botenrechtes: »Der Gesandte eines Menschen gilt (rechtlich) wie dieser selbst« (z.B. mBer V,5 usw.; vgl. Bühner, 209ff). Der Gesandte wird damit zum »Repräsentanten« des Senders. Damit ist auch die rechtliche Grundlage für die Identifikationsformeln gegeben, die Jesus volle Göttlichkeit zuschreiben (z.B. Joh 10,30; 14,9 u.ö., vgl. *Ich- bin-Worte). In Jesus als dem Gesandten ist Gott als Vater im Sohn rechtlich gegenwärtig und anschaubar, obwohl er von ihm unterschieden bleibt.

Eng mit der Christologie verbunden ist bei Johannes der Geistgedanke. Gott selber ist der »Geist« (4,24), der in Jesus als »Geist und Wahrheit« in dieser Welt erscheint. Jesus ist als Messias nicht nur Träger des Geistes und seiner Gaben (Weisheit, Einsicht = Menschenkenntnis, [Wunder-] Kraft, Rechtsfindung usw., vgl. Jes 11,1ff), sondern auch der Geber des Geistes (7,37ff; vgl. Hes. 47,1ff), durch den die neue Welt als Neuschöpfung Wirklichkeit wird (3,5ff). Der Geist ist aber als »Geist der Wahrheit« auch »Paraklet« (Fürsprecher, Anwalt, Beistand 14,16f.26; 15,26; 16,7-11; vgl. 16,13-15). Nach 14,16f repräsentiert er auf neue Weise die Gegenwart Jesu, indem er »lehrt und erinnert« (14,26), Jesu Wirken also vergegenwärtigt und vertieft. Der rechtliche Charakter, der in dieser Vorstellung liegt, wird in 15,26 und 16,7-11 (vgl. Mk 13,9-13) deutlich.

Wieviele dieser Einzelkonzeptionen, die hier zur Einheit geworden sind, gehen auf Johannes den Täufer und seinen Jüngerkreis zurück (1,35ff)? Soweit wir sehen, stand der Täufer offensichtlich in lebendigem Kontakt zu alten priesterlichen Traditionen. Die Verbindung zwischen der Gottessohnschaft des Messias und seiner bleibenden Geistbegabung wird ausdrücklich mit dem Täufer-Zeugnis in Zusammenhang gebracht (1,32). Der Täuferkreis, dem womöglich auch der Lieblingsjünger angehört hat (vgl. 1,35.40f nach anderer Lesart), könnte gut die Brücke zwischen priesterlicher und urchristl. Tradition gebildet haben (vgl. auch Apg 6,7). Verbindungen zwischen beiden Kreisen sind auch sonst bezeugt (Joh 3,22ff; 4,1f).

Nach wie vor umstritten ist die Stellung des »Prologs« (1,1-18) zum übrigen JohEv. Ist er Schlüssel für das Ev., oder ist er aus ganz anderer Situation heraus später angefügt? Verschiedene Fragen sind nach wie vor ungelöst. Wo liegt der Höhepunkt dieses Textes? Hat er eine antidoketische Ausrichtung (»das Wort wurde *Fleisch*« V. 14), oder herrscht vielmehr die Antithese gegen Mose (V. 18) vor? Tatsache ist, daß hervorgehobene Themen des Prologs wie die Bezeichnung Jesu als präexistentes »Wort Gottes« im Ev. nicht mehr auftauchen, andererseits Hauptthemen des Ev.s im Prolog nicht wiederzufinden sind. Das scheint die These nahezulegen, daß der Prolog eine andere Situation voraussetzt als das Ev. Und doch sind Sprache und Vorstellungswelt johanneisch. Die Vorstellung der Präexistenz der Weisheit als (Schöpfungsmittler-) »Wort« bei Gott ist aus der Weisheitstheologie (Spr 8,22-31) bekannt, die dieses Wort allerdings mit dem Gesetz des Mose verbindet (Sir 24).

Zur Auffassung, daß die johanneische Christologie Spiegelbild der Auseinandersetzungen ist, in denen die johanneische Gemeinde stand, vgl. XI.

IX. EINZELTHEMEN JOHANNEISCHER VERKÜNDIGUNG.

Die johanneische Verkündigung unterscheidet sich in ihrer Begrifflichkeit teilweise sehr stark von der synoptischen. Heilsgut ist das »Leben« (20,31), das dem Glaubenden gegeben wird. Damit ist das Lieblingswort für die Erlösung genannt (vgl. 14,6), die Jesus als

Heilsgabe und Ziel seiner Sendung weitergibt (10,10).

Als »Leben« und »Licht« steht Jesus in Gegensatz zur »Welt« (8,12; vgl. 14,27; 16,33; 15,18ff u.ö.). Der Dualismus zwischen dem Jüngerkreis und der »Welt« ist gebunden an die Sendung Jesu und ethisch ausgeprägt (vgl. 1Joh). Darin liegt eine bleibende Differenz zu Formen eines prinzipiellen Dualismus.

Die Aussagen, die von der Gegenwart des letzten Tages (4,23; 5,25) und damit des letzten Gerichtes im Kommen Jesu (vgl. 5,24ff; 3,19-21) sprechen, haben in der Forschung (Bultmann u.a.) dazu geführt, daß man von einer realisierten Eschatologie sprach: In der Begegnung mit Jesus realisiert sich bereits das endgültige Gericht Gottes. So richtig diese Beobachtung ist, so wenig ist zu übersehen, daß Johannes weiterhin von einer kommenden Stunde bzw. dem kommenden Gericht (5,28f; 6,39f.44.57; 12,48) und der noch ausstehenden Ankunft Jesu (14,3; 21,23) weiß. Kein anderes Ev. betont so stark die Differenz zwischen der Zeit vor und nach Ostern (2,22; 7,39; 12,16.32; 16,12f.23f). Johannes weiß um die zukünftige Vollendung der Geschichte. Daß er darüber anders spricht, hat seinen Grund darin, daß er keine Gesamtdarstellung der Wirksamkeit und der Verkündigung Jesu geben will (vgl. Bittner, Geschichte und Eschatologie).

Der Ausdruck »Gemeinde/Kirche« kommt bei Johannes nicht vor. Die Sache aber ist so deutlich wie in keinem anderen Ev. ausgedrückt. Jesus ist als der »Hirte« die Erfüllung der Erwartung des AT. Nach Hes 34, 11f.23 wird Gott selbst Hirte über seine Herde werden, indem er seinen Knecht David zum Hirten bestellt. So ist Jesu Messianität mit dem Gemeindegedanken, der »Herde«, verbunden (10,1ff) und gleichzeitig gegen die (zelotischen) Führer im Freiheitskampf gegen Rom abgegrenzt (10,8ff). Jesus führt die Seinen nicht in den Tod wie die falschen Hirten, sondern geht freiwillig und stellvertretend für sie in den Tod (10,11-18). Im »Bleiben« in oder bei Jesus bzw. in seinem Wort mitten in aller Anfechtung liegt das Geheimnis der Gemeinde begründet (8,30; 10,27ff; 15,1-10 u.ö.). Die Grundregel, auf die Jesus die Seinen verpflichtet, ist die Bruderliebe, durch die die Gemeinde verbunden sein soll. Sie wird zum »neuen Gebot« (13,34; vgl. 1Joh 1,7-11; 3,11ff). In diesem Gebot sind die übrigen Gebote gültig aufgenommen und nach dem Vorbild des Handelns Jesu (Joh 13,1ff) erneuert. Diese Liebe aber ist Frucht und bleibendes Kennzeichen der Liebe zu Jesus (14,15.21.23), ist also auch Halten der Gebote (vgl. Röm 13,8ff).

Der Anteil, den Jesus den Seinen durch die Gegenwart des Heiligen Geistes gibt, zeigt sich in einer außerordentlichen Zuversicht im Gebet (14,13f; 15,7.16b; 16,23f; vgl. 1Joh 5,14f) bzw. im Vorrecht, »im Namen Jesu« (d.h. im Recht des Gesandten, den, der ihn gesandt hat, vollgültig zu verteten; 20,21ff) zu handeln (vgl. z.B. 14,12). Dieses Recht hängt mit dem »Bleiben« der Jünger in Jesus oder dem Bleiben Jesu in ihnen (15,4 u.ö.) bzw. der Einwohnung von Vater und Sohn in dem, der Jesus liebt und sein Wort hält (14,23), zusammen. Die Sendung der Gemeinde geht (zeitlich) über den irdischen Auftrag Jesu hinaus (17,15.20f), setzt aber die Sendung Jesu fort (20,21; vgl. 17,23; 14,12).

X. VERHÄLTNIS ZU DEN SYNOPTIKERN.

Lange Zeit stand die Forschung unter der Frage, ob und inwiefern der Stoff des JohEv.s mit dem synoptischen Überlieferungsmaterial zusammenhängt. Hat Johannes diese Überlieferung gekannt? Wenn ja, in welcher Form? Nimmt er zu Einzelheiten korrigierend Stellung?

Fest steht, daß Johannes innerhalb einer reichen urchristl. Tradition steht, aus der er seine Kenntnis bezieht. Wo historische Angaben auftauchen, da ist er nicht nur gut informiert, sondern auch bis in Details hinein präzis. Spannungen zu topographischen Angaben der Synoptiker bestehen: z.B. Anfang der galiläischen Wirksamkeit in *Kana, nicht in *Kapernaum; Herkunft des Petrus aus *Betsaida, nicht aus Kapernaum. In der Passionsüberlieferung fällt die Parallele zur Tradition, die bei Lukas verarbeitet wird, auf. Eindeutige literarische Abhängigkeiten lassen sich aber weder hier noch bei den oft diskutierten Parallelen (vgl. 4,46-54 mit Mt 8,5-13 par.; 6,1-15 mit Mt 14,13-21 par.; 6,16-21 mit Mt 14,22-27 par.) erweisen. Die synoptische und die johanneische Tradition beruht auf je eigenen Überlieferungsprozessen, die unter verschiedenen Gesichtspunkten stehen. Wo Spannungen auftauchen, da ist mit eigenständigem und historisch hohem Wert der johanneischen Überlieferung zu rechnen.

Der Aufriß der Geschichte Jesu scheint sich von dem der Synoptiker deutlich zu unterscheiden. Und doch sind zunächst im großen Rahmen die Parallelen dominierend. Beide erkennen in der Wirksamkeit Johannes des Täufers die entscheidende Vorstufe, von der die Wirksamkeit Jesu nicht zu trennen ist. Beide wissen davon, daß die Tätigkeit Jesu in Galiläa begann, daß es nach der Speisung am See Genezareth zum Umbruch kam, der auf den entscheidenden Konflikt in Jerusalem zutrieb. In der Darstellung der letzten Tage in Jerusalem besteht dann große Parallelität zwischen beiden Traditionen.

Die Hauptdifferenz scheint darin zu bestehen, daß Johannes die Geschichte Jesu mit dem jüd. Festkalender verbindet und von verschiedenen Aufenthalten Jesu in Jerusalem berichtet (z.B. 2,13.23; 12,1: *Passa; 5,1: Fest der Juden; 7,1ff: *Laubhüttenfest; 10,22: *Tempelweihfest). Je nachdem, wie man die Feste identifiziert, kommt man dadurch zu einer Wirksamkeit über zwei bis drei Jahre. Der Aufriß der Synoptiker weiß nur von *einem* Zug Jesu nach Jerusalem. Woran liegt das? Details zeigen, daß auch die synoptische Tradition mit verschiedenen Aufenthalten Jesu in Jerusalem rechnet (z.B. Mt 23,37/Lk 13,34; vgl. Riesner, Jesus als Lehrer, 237f). Die synoptische Tradition stellte das in ihr verarbeitete Material zwar nicht ausschließlich, aber doch stärker nach sachlichen Gesichtspunkten zusammen als Johannes, bei dem der Versuch, eine geschichtliche Ordnung zu bewahren, deutlicher ist.

Zum Problem werden Texte, in denen die johanneische Darstellung der synoptischen widerspricht. Manche »Widersprüche« sind nur scheinbar und lösen sich bei genauerer Untersuchung auf (z.B. Frage des Abendmahls-Datums bzw. des Todestages Jesu; vgl. dazu V.; der Lieblingsjünger; Verhältnis zwischen 4,46ff und den synoptischen Parallelen usw.). Manche Spannungen bleiben bis heute: Hat Johannes die Tempelreinigung aus theologischen Gründen an den Anfang der Wirksamkeit Jesu gerückt? Aber es gibt sonst keine Hinweise darauf, daß Johannes mit der Überlieferung so verfahren ist.

Entscheidender ist die Frage nach der unterschiedlichen Sprache. Bestimmte Themen und Leitworte, die für die synoptische Darstellung der Verkündigung Jesu zentral sind (z.B. Reich Gottes, Dämonen, Umkehr) fehlen beinahe oder ganz, während andere erscheinen (z.B. Wahrheit, Leben, Licht/Finsternis, Welt usw.). Einige Begriffe sind parallel, doch sind auch da Differenzen nicht zu übersehen.

Die synoptische Darstellung der Worte Jesu scheint auf einem ganz bestimmten Vorgang zu beruhen. Jesus hat im Stil der Lehrer seiner Zeit Ergebnisse seiner öffentlichen wie seiner Jüngerlehre geformt und als Überlieferung seinen Jüngern anvertraut. Die synoptischen Jesusworte sind zum großen Teil Verdichtungen, hinter denen längere Erörterungen und Schulgespräche stehen.

Die johanneische Darstellung hat einen ganz anderen Stil. Sie will weniger die Ergebnisse der Gespräche Jesu in der Öffentlichkeit bzw. im Jüngerkreis wiedergeben, sondern deren Verlauf darstellen. Tatsächlich lassen sich Themen und Einzelworte der johanneischen Tradition als Umformungen synoptischer Jesusworte verstehen. Die Hypothese, die johanneischen Jesusworte stellten eine späte Form des Nachdenkens über die Jesustradition dar, bleibt schwierig. Waren denn Johannes die Grenzen zwischen dem Wort Jesu und dem eigenen Nachdenken unwichtig? Sind denn mit dem »Erinnern« an die Worte Jesu (2,22; 14,26; vgl. 12,16) Neubildungen aus Eingebung des Geistes verstanden? Das würde dem, was wir sonst vom Umgang mit Tradition wissen, widersprechen und ist auch für Johannes nicht vorauszusetzen.

Daß die johanneische Tradition auch in ihrer sprachlichen Form nicht von Jesus gelöst werden kann, darauf machen die »johanneischen Bruchsteine« der synoptischen Überlieferung (z.B. Mt 11,25-27) unübersehbar aufmerksam und sollten im Urteil vorsichtig machen.

XI. ZUR LITERARISCHEN ENTSTEHUNG DES JOHANNESEVANGELIUMS.

Bis zum Ende des 19. Jh. wurde das JohEv. als Einheit gelesen, ohne darin ein Problem zu sehen. Mit dem Beginn der kritischen Exegese hat man immer mehr gelernt, Spannungen und Abbrüche im Text zu entdecken und Umstellung zu vermuten. Die Annahme, das JohEv. sei in einem Zug geschrieben, hat man aufgegeben. Vorstufen werden vermutet.

Die wichtigste Hypothese ist die »Semeia-Quellen-Hypothese«. Sie setzt an der Zählung der Zeichen (griech. *sēmeia*) Jesu an. Die Hochzeit zu Kana wird 2,11 als erstes, die Heilung in 4,54 als zweites Zeichen gezählt. Da 2,23 jedoch von weiteren Zeichen die Rede ist, ergebe sich, daß die Zählung einer Quelle entstamme, die vom Ev. übernommen worden sei. Diese Hypothese, die durch den Kommentar von Rudolf Bultmann (weitergeführt z.B. von R. Fortna und J. Becker; vgl. Bittner, Zeichen 2ff) umfassende Wirkung bekam, verband sich aber mit einem weiteren, zentralen Argument: Diese »Zeichen-Quelle« müsse eine Evangelienschrift gewesen sein, die eine primitive Wunderchristologie vertreten habe. Jesus werde durch seine Wunder als der Messias erwiesen. Johannes habe diese Christologie bekämpft. Da Johannes der Gemeinde dieses Zeichen- Evangelium aber nicht mehr habe wegnehmen können, habe er es in seine Evangelienschrift eingebaut, um sie dadurch zu entkräften. Das Hauptargument ist also nicht literarisch, sondern christologisch: Es bestehe eine unausgleichbare Spannung zwischen der Christologie des JohEv.s und dem der »Zeichenquelle«.

Die Grundpfeiler dieser Hypothese sind

schwer erschüttert. Die Zählung der Zeichen in 2,11 und 4,54 bezieht sich deutlich auf Kana in Galiläa, so daß kein Widerspruch zu 2,23 besteht. Das Argument, die Quelle unterscheide sich im Stil deutlich von dem des Evangelisten, ist wohl endgültig widerlegt (Schweizer, Ruckstuhl u. a. gegen Fortna). Nachdem also das Stilargument, das die Semeia-Quellen-Hypothese stützen sollte, gegenstandslos geworden istwird nun auch zunehmend das christologische Argument fraglich (Brown, Ringen um die Gemeinde; vgl. umfassend Bittner, Zeichen). Daß das JohEv. christologische Spitzenaussagen der Quelle, die es doch radikal bekämpft, unkorrigiert übernimmt, (12,37ff; 20,30f), ist völlig unwahrscheinlich.

Zur Hypothese der »Zeichenquelle« tritt die Hypothese einer »Reden-Quelle«, aus der das Material der großen Jesus-Reden stammen soll (Bultmann). Doch mit dem Wegfall der Semeia-Quellen-Hypothese (vgl. auch Heekerens) fallen gleichzeitig die Argumente, die für die eigenständige Existenz einer Reden-Quelle sprechen. Es ist auch nicht so, daß diese Reden die Zeichen Jesu korrigierend kommentieren; denn gerade Joh 2,1ff und 4,46ff werden nicht durch Reden kommentiert, während wichtige Reden (z.B. 7,14ff; 8,12ff; 10,1ff) keinen Bezug auf Zeichentaten Jesu nehmen.

Verschiedene Details zeigen, daß hinter dem JohEv. ein reiches Maß fest geformter, mündlicher Traditionen steht, aus denen ausgewählt worden ist. Das JohEv. ist nicht isoliert vom Strom urchristl. Jesusüberlieferung. Seine Traditionen haben großes Alter und stehen parallel zu denen, die hinter den Synoptikern stehen; sie hängen wurzelhaft-geschichtlich mit diesen zusammen, sind aber von ihnen in ihrer weiteren Geschichte zumindest literarisch unabhängig (vgl. Dodd, Historical Tradition).

Nun haben sich in den letzten Jahren deutlich neue Ansätze artikuliert, die aus dem Schema literarischer Quellen herausführen sollen. Das JohEv. wird als Spiegel geschichtlicher Auseinandersetzungen um die Christologie aufgefaßt, die sich in den johanneischen Gemeinden abgespielt haben. Dieses christologisch entworfene und geschichtlich dargestellte »Schichtenmodell« (vgl. M.L. Martyn, R.E. Brown) setzt voraus, daß die urchristl. Gemeinden die ihr bekannten Jesustraditionen nur in dem Maß wichtig genommen haben, als sie sie für ihre aktuellen Auseinandersetzungen »auswerten« konnten. Es handelt sich um »Bedürfnis-Hypothesen«, die sich einseitig an den vorausgesetzten aktuellen Gemeinde-Situationen orientieren. Damit wird das JohEv. nicht mehr als Darstellung der Geschichte Jesu und seiner Verkündigung, sondern der Gemeinde und ihres Selbstverständnisses verstanden. Einzelne christologische Themen, die im JohEv. auftauchen, werden als Belege geschichtlich voneinander zu unterscheidender Spannungen innerhalb der johanneischen Gemeinden aufgefaßt und nun zu einem historischen Bild eben dieser Geschichte verarbeitet.

Dieses Modell arbeitet mit einer ganzen Reihe von Voraussetzungen, die weder historisch noch methodisch begründbar sind. Hier werden Grenzen zwischen dem Anlaß der Evangelien-Abfassung, der durchaus aus aktueller Situation erwächst, und der Entstehung von Tradition, die geschichtliches Wissen zu bewahren und weiterzugeben hat, vermischt. Die damit vorausgesetzte Meinung, die urchristl. Gemeinden hätten kein Bewußtsein für die Differenz zwischen historischer Überlieferung und eigenem Bedürfnis gehabt, widerspricht allem geschichtlichem Wissen der damaligen Zeit und auch dem expliziten Zeugnis der johanneischen Tradition.

Wir rechnen damit, daß Johannes zu eigenständig geprägten urchristl. Traditionen Zugang hatte, die in seinem Ev. verarbeitet sind. Daß er Quellen-Schriften benützt hat, ist nicht zu erweisen. Dagegen ist mit verschiedenen Stadien der Entstehung zu rechnen. Deutlich ist das bei den beiden Abschnitten 7,53-8,11 (Ehebrecherin) und 5,3b-4 (Bewegung des Wassers). Beide Texte fehlen in den besten Handschriften, obwohl sie selbst alte Traditionen wiedergeben. Zu vermuten ist auch, daß Kapitel 21 einen Nachtrag darstellt, das JohEv. also einmal mit 20,31 geendet hat. Inhaltliche und stilistische Argumente machen aber deutlich, daß Kap 21 aus derselben Tradition wie das Ev. stammt. Schwieriger ist die Frage nach dem Prolog (1,1-8). Wichtige Themen des Prologs werden im Ev. nicht mehr aufgenommen, während Grundthemen des Ev.s im Prolog nicht anklingen. Aber auch der Prolog gehört deutlich in den Strom johanneischer Tradition.

Schwieriger sind Beobachtungen, daß einzelne Verse und Abschnitte ursprünglich an einem anderen Ort gestanden haben. So soll sich 7,23 auf 5,1-18 beziehen. Gehört darum Kapitel 6 vor Kapitel 5? Knüpft 7,15-24 an 5,47 an? Der Abschnitt 12,44-50 wird von manchen Textzeugen nach 12,36a eingefügt, so daß das Kapitel mit der Abschlußbemerkung des Evangelisten schließt. Verschiedene Vorschläge wurden für die Abschiedsreden (Kap 13 – 17) bzw. für die Passionsgeschichte gemacht.

So sehr Einzelbeobachtungen richtig sind,

ist doch die Annahme großer Umstellungen zu weit gegriffen. Johannes hat oft und bewußt Teile seiner Traditionen in andere Abschnitte hinübergenommen, um so übergreifende Zusammenhänge deutlich herauszustellen. An einzelnen Stellen wird man statt mit Umstellungen eher mit späteren Erweiterungen rechnen. So knüpft z.B. 18,1 direkt an 14,31 an. Die literarischen Probleme des JohEv.s werden vielleicht lösbar sein, wenn wir tieferen Einblick in die Geschichte und die Auseinandersetzungen der urchristl. Gemeinden in Jerusalem und Südsyrien gewinnen. (vgl. dazu VI.).

XII. »GNOSIS« UND JOHANNES-EVANGELIUM.

Immer wieder wurde ein Zusammenhang zwischen johanneischem und gnostischem Denken sowohl behauptet als auch energisch bestritten. Es sind allerdings sowohl religionsgeschichtlicher Ursprung als auch Entstehungszeit der *Gnosis nach wie vor heftig umstritten. Vor allem sind die Definitionen, was man unter Gnosis zu verstehen bzw. wie man ausgebildete Gnosis von Vorformen gnostischen Denkens zu unterscheiden habe, keineswegs einheitlich.

Daß es gnostische Systeme vor Johannes gegeben hat, legen die Quellen bisher in keinem Fall nahe. Auch von »Vorstufen« zu sprechen ist schwierig. Es sind eher Ansätze da, die später eklektisch aufgegriffen und zu Systemen verarbeitet wurden, ihrerseits aber nicht zwingend zur Gnosis führen mußten. Die Parallelen zwischen dem JohEv. und späteren Entwürfen der Gnosis sind nicht Grund genug, hypothetisch eine vorjohanneische Gnosis anzunehmen. Es scheint eher umgekehrt zu sein, daß sich die spätere Gnosis gerne der johanneischen Tradition bedient hat.

In der Forschung hat man im Zusammenhang des JohEv.s bisher der Gnosis sehr große, der jüd. Mystik dagegen sehr geringe Aufmerksamkeit geschenkt. Durch Funde in Qumran (z.B. Teile von Liturgien in 4QSl) wird deutlich, daß Vorformen späterer Mystik wesentlich älter sind als bisher angenommen. Sie gehören eindeutig in vorchristl. Zeit und religionsgeschichtlich in das priesterliche Umfeld, von dem aus wir das JohEv. zu verstehen haben. Damit ergibt sich ein neues Bild. Wirklichkeitsschau und Erlösungsauffassung des JohEv.s ist nicht gnostisch auf »Erkenntnis« ausgerichtet, sondern hat priesterlich-ekstatische Wurzeln und ist auf »Schau« hin ausgerichtet. Zwischen diesen Denkansätzen liegen tiefere Unterschiede, als man wohl bisher angenommen hat. Auch eine ganze Reihe von judenchristl. Quellen, die in diesem Zusammenhang stehen (z.B. Oden Salomos), müssen von daher neu bewertet werden.

Literatur: Wichtige Kommentare:
R. Bultmann: Das Evangelium des Johannes [20]1978; A. Schlatter: Das Evangelium nach Johannes, [4]1975; R. Schnackenburg: Das Johannesevangelium, 4 Bde. 1965ff; Th. Zahn: Das Evangelium des Johannes, ([5/6]1921), 1983;

Monographien und Aufsätze (Auswahl): Ch. K. Barrett: Das Johannesevangelium und das Judentum, 1970; J. Becker: Wunder und Christologie, in: A. Suhl: Der Wunderbegriff im Neuen Testament, 1980, 435-463; O. Betz: Der Messias, 1987; W.J. Bittner: Gott – Menschensohn – Davidssohn, Freiburger Zeitschrift für Philosophie und Theologie 32/1985, 343-372; ders.: Geschichte und Eschatologie im Johannesevangelium, in: H. Stadelmann: Glaube und Geschichte, 1986, 154-180; ders.: Jesu Zeichen im Johannesevangelium, WUNT II/26, 1987; J. Bowman: The Fourth Gospel and the Jews, 1975; R. E. Brown: The Community of the Beloved Disciple, 1979, (dt. gekürzt: Ringen um die Gemeinde, 1982); F.F. Bruce: Men and Movements in the Primitive Church, 1979; J.A. Bühner: Der Gesandte und sein Weg im 4. Evangelium. WUNT II/2, 1977; ders.: Denkstrukturen im Johannesevangelium, ThBeitr 13/1982, 224-231; C.F. Burney: The Aramaic Origin of the Fourth Gospel, 1922; J.D.G. Dunn: Let John be John, in: P. Stuhlmacher: Das Evangelium und die Evangelien, 1983, 309-339; R.T. Fortna: The Gospel of Signs, 1970; H.-P. Heekerens: Die Zeichenquelle der johanneischen Redaktion, 1984; M. Hengel: Der Sohn Gottes, [2]1977; S. Kim: »The 'Son of Man'« as the Son of God, 1983; O. Michel: Dienst am Wort, 1986; F. Neugebauer: Die Entstehung des Johannesevangeliums, 1968; R. Riesner: Jesus als Lehrer, [3]1988; ders.: Essener und Urkirche in Jerusalem, BiKi 40/1985, 64-76; ders.: Jesus and the Essene Quarter of Jerusalem, in: Charlesworth (ed.): Jesus and the Dead Sea Scrolls (erscheint in Kürze); ders.: Bethany beyond the Jordan (Joh 1:28) - Topography, Theology and History in the Fourth Gospel, TynB 38/1987, 29-63; J. A. T. Robinson: The Priority of John, 1985; ders.: Wann entstand das Neue Testament? 1986; E. Ruckstuhl: Die literarische Einheit des Johannesevangeliums, (1951) 1988; ders.: Zur Chronologie der Leidensgeschichte Jesu, SNTU 10/1985, 27-61; ders.: Der Jünger, den Jesus liebte. Geschichtliche Umrisse, BiKi 40/1985, 77-83; ders.: Der Jünger, den Jesus liebte, SNTU 11/1986, 131-167; A. Schlatter: Die Kirche Jerusalems vom Jahr 70 bis 130, in: ders.: Synagoge und Kirche bis zum Barkochba-Aufstand, 1966, 99-173; ders.: Die Sprache und Heimat des vierten Evangelisten, 1902; B Schwank: Ortskenntnisse im Vierten Evangelium?, EA 57/1981, 427-442; A. Strobel: Die Stunde der Wahrheit, 1980. W.B.S.

JOJACHIN. (Hebr. *jehojakin*, »Jahwe wird errichten«; in 1Chr 3,16: »Jechonja«, vgl. Mt 1,11.12; Jer 22,24.28: »Konja«).

J. wurde nach dem Aufstand und Tod seines Vaters *Jojakim von den Babyloniern (*Nebukadnezar) zum König von Juda ernannt (6. Dez. 598 v.Chr.). Seine kurze Herrschaft von 3 Monaten und 10 Tagen (2Chr 36,9; Jos.ant.Jud. 10.98) wird in 2Kön 24,6-8; 2Chr

Der Text auf dieser in Babylon gefundenen Tafel erwähnt »Jojachin, König von Juda« und seine Söhne als Empfänger von Lebensmittelrationen, die an Gefangene ausgegeben wurden. Breite 9,5 cm. 593 v.Chr. (SMB)

36,9.10 beschrieben. Sie ist dadurch gekennzeichnet, daß er »tat, was dem Herrn mißfiel« (2Chr 36,9). Der Prophet *Jeremia sagte das Ende seiner Herrschaft und der Dynastie voraus (Jer 22,24-30). Nach Josephus (Jos.ant.Jud. 10,99) besann sich Nebukadnezar eines anderen und kehrte zurück, um Jerusalem zu belagern. Er verschleppte den 18jährigen König, seine Mutter Nehuschta, seine Familie und die jüd. Oberschicht in die Gefangenschaft nach Babylon. Dieses historische Ereignis wird sowohl im AT (2Kön 24,10-16; 2Chr 36,10) als auch in der babylon. Chronik beschrieben. Die Stadt Jerusalem fiel am 16. März 597 n.Chr. und J.s junger Onkel Mattanja (*Zedekia) wurde zum Nachfolger bestimmt (2Kön 24, 17; 2Chr 36,10).

In Babylon wurde J. als königliche Geisel behandelt. Auf babylon. Tafeln, datiert zwischen 595 und 570 v.Chr., wird er (Ja'u-kīn) mit seinen fünf Söhnen als Empfänger von Verpflegung am Hof aufgeführt (E.F. Weidner, Mélanges syriens offerts M. René Dussaud, 2, 1939, S. 923ff; TGI, S. 78f). Möglicherweise verwaltete während seiner Gefangenschaft ein Haushofmeister, *Eljakim, J.s Besitzungen in Juda, wenn das Siegel mit der Inschrift »Eljakim, Diener von Jawkin« richtig gedeutet wird (DOTT, S. 224). Die Juden in Babylon berechneten die Jahre nach der Dauer von J.s Gefangenschaft (Hes 1,2). Nach dem Tod Nebukadnezars erwies Amel-Marduk (*Ewil-Merodach) 561 v.Chr. J. besonderes Wohlwollen, entließ ihn aus dem Gefängnis und ließ ihn mit an seiner Tafel speisen (2Kön 25,27-30; Jer 52,31-34). J.s ältester Sohn Schealtiël (1Chr 3,17), der Vater *Serubbabels, wurde 598 v.Chr. geboren. Weitere Söhne, Malkiram, Schenazzar, Jekamja, Hoschama und Nedabja, werden in 1Chr 3,18 genannt. D.J.W.

JOJADA. (Hebr. *jehōjādāʿ*, »Jahwe weiß«) – ein beliebter Name z.Zt. des AT.

1. Vater Benajas (2Sam 8,18), ein Held aus Kabzeel im Negeb (1Chr 11,22); Benaja war ein Offizier Davids.

2. Führer der Aaroniter, der David bei Hebron unterstützte (1Chr 12,28).

3. Sohn des Benaja und Enkel J.s, ein Ratgeber Davids (1Chr 27,34).

4. Hoherpriester am Tempel von Jerusalem unter den Königen *Ahasja, *Atalja und *Joasch. Er heiratete Joscheba, die Schwester des Königs Ahasja (2Chr 22,11), und spielte eine bedeutende Rolle in der Politik. Nach dem Tod Ahasjas vereitelte er den Versuch der Königinmutter Atalja, »alle aus dem königlichen Geschlecht« umzubringen. Er und seine Frau versteckten ihren Neffen Joasch sechs Jahre im Tempelbereich, nachdem Atalja den Thron an sich gerissen hatte (2Chr 22,12; 2Kön 11,3). Im Zuge eines Staatsstreichs holte J. Joasch als den rechtmäßigen Herrscher Judas aus dem Versteck (2Chr 23,1ff; 2Kön 11,4ff). Zu seinem Schutz wurde ein Vertrag geschlossen, ein weiterer bei Joaschs Ernennung zum König (2Kön 11,17). Solange Joasch minderjährig war, regierte J. in seinem Namen. Er zerstörte die Heiligtümer Baals und reorganisierte den Levitendienst. Er half bei der Wahl der zwei Frauen für Joasch zur Sicherung der königlichen Nachfolge (2Chr 24,3). Nach einem Tadel von Joasch selbst setzte er den Tempel wieder instand (2Kön 12,7ff). Als J. im Alter von 130 Jahren starb, wurde er in Anerkennung seiner politischen Verdienste im königlichen Grab beigesetzt (2Chr 24,15f).

5. Priester in Jerusalem vor dem Exil z.Zt. Jeremias (Jer 29,26); J.s Amt hatte *Schemaja übernommen.

6. Sohn Paseachs, der mit Nehemia aus der Verbannung zurückkehrte und einen Beitrag zum Wiederaufbau leistete (Neh 3,6). M.B.

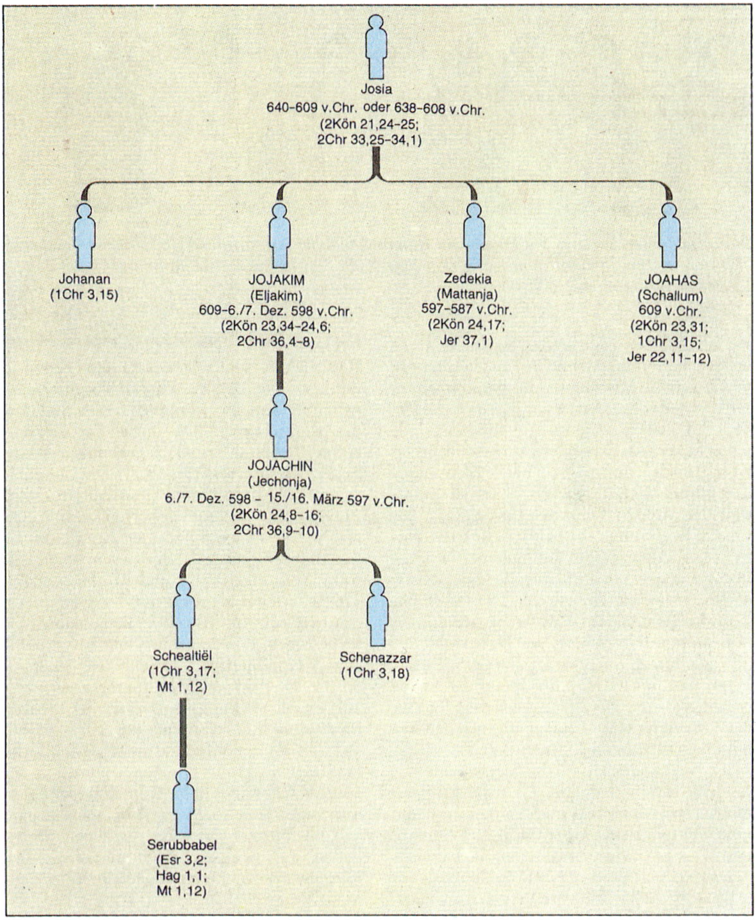

Verwandtschaftsverhältnis zwischen Joahas, Jojachin und Jojakim.

JOJAKIM. (Hebr. *Jehōjāqīm,* »Jahwe hat errichtet«; vgl. 3Esr 1,37-39). König von Juda (609-598 v.Chr.), Sohn *Josias (639-609 v.Chr.) und älterer Bruder *Joahas', dessen Platz er auf Anordnung des Pharaos Necho II. von Ägypten einnahm. Sein Name wurde zum Zeichen seiner Abhängigkeit in Eljakim geändert (2Kön 23,34; 2Chr 36,4). Seine Regierungszeit ist in 2Kön 23,34-24,6; 2Chr 36,4-8 aufgezeichnet und steht als letzte Eintragung in der – nicht mehr feststellbaren – »Chronik der Könige von Juda« (2Kön 24,5). Um die ägypt. Abgaben zahlen zu können, erhob er hohe Grundsteuern (2Kön 23,35). Mit Zwangsarbeitern baute er kostspielige Gebäude (Jer 22,13-17); J. wird als tyrannischer und habsüchtiger Herrscher beschrieben. Der rel. Zerfall unter seiner Regierung ist von den zeitgenössischen Propheten *Jeremia und *Habakuk aufgezeichnet worden. Josias Reformen gerieten in Vergessenheit, man kehrte zum Götzendienst zurück und führte ägypt. Götterbilder und Zeremonien ein (Hes 8,5-17). J. vergoß viel unschuldiges Blut (2Kön 24,4) und ließ den Propheten Uria ermorden,

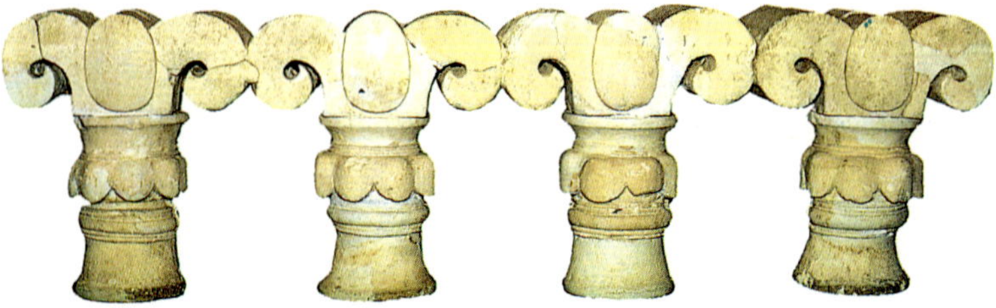

Balustrade eines Fensters am Palast von Ramat Rahel bei Jerusalem. Möglicherweise handelt es sich um das von Jojakim, dem König von Juda (608–598 v.Chr.) errichtete Bauwerk, auf das Jer 22,13–17 Bezug nimmt. (IM)

weil er sich ihm widersetzte (Jer 26,20.21). Er bekämpfte Jeremia (Jer 36,36) und verbrannte persönlich die Schriftrolle, aus der ihm Jehudi die Worte des Propheten vorgelesen hatte (Jer 36,23). J. war »ungerecht und von Natur aus schlecht, er war weder ehrfurchtsvoll gegen Gott noch gütig zu den Menschen« (Jos.ant.Jud. 10.83), d.h., er folgte der Tradition der Sünden Manasses (2Kön 24,3). Im vierten Regierungsjahr J.s (605 v.Chr.) besiegte *Nebukadnezar die Ägypter bei *Karkemisch und gewann die Kontrolle über Palästina bis zur ägypt. Grenze (Jer 25,1; 46,2); im darauffolgenden Jahr erschien J. zusammen mit anderen Herrschern vor Nebukadnezar, um sich ihm zu unterwerfen (Jer 36,9-29; babylon. Chronik). Drei Jahre später, zweifellos ermutigt durch die ägypt. Niederlage gegen die Babylonier 601 v.Chr., aber gegen den Rat Jeremias, rebellierte J. gegen Babylon (2Kön 24,1). Nebukadnezar schritt zuerst nicht ein, sondern sandte babylon. Garnisonstruppen mit Syrern, Moabitern und Ammonitern, die Juda überfallen sollten (2Kön 24,2). 3 Monate und 10 Tage bevor Jerusalem an die babylon. Belagerer fiel, starb J. mit 36 Jahren (am 6. Dez. 598 v.Chr.) auf dem Weg in die Gefangenschaft (2Chr 36,6). Nebukadnezar ließ seine Leiche außerhalb der Stadtmauern hinwerfen (Jos.ant.Jud. 10.97), wie es Jeremia prophezeit hatte (Jer 22,28f). 2Kön 24,6 findet sich kein Hinweis auf ein Begräbnis. J.s Sohn *Jojachin war sein Nachfolger als König von Juda. D.J.W.

JOKMEAM. (Hebr. *joqmeʿām*, »das Volk möge aufrichten«). Nach 1Chr 6,53 eine Levitenstadt in *Ephraim, wahrscheinlich eine Verschreibung für das im Hebr. sehr ähnlich aussehende *Kibzaim aus der parallelen Liste in Jos 21,22 (W. Rudolph, Chronikbücher, 1955, 62). In 1Kön 4,12 ist J. eine andere Namensform für *Jokneam. R.R.

JOKNEAM. (Hebr. *joqneʿām*). Eine schon in der Liste (Nr. 113) des Pharao Thutmosis III. genannte kanaan. Königsstadt am Südhang des *Karmel (Jos 12,22). J. lag an der Südgrenze von *Sebulon, der »Bach gegenüber« könnte der *Kischon sein (Jos 19,11). Der Ort zählte zu den Levitenstädten dieses Stammes (Jos 21,34). Unter *Salomo gehörte J. zum 5. Gau (1Kön 4,12: *joqmeʿām*), dessen Grenze der alten Stammesgrenze gefolgt zu sein scheint. In röm. Zeit hieß J. Cammona (Eus. onom. 116,21). An der Identität mit Tell Qēmun, ca. 12 km nördl. von *Megiddo, kann kein Zweifel bestehen. 1977 begannen hier Ausgrabungen (A. Ben-Tor, IEJ 28, 1978, 57-82; 29, 1979, 65-83; 33, 1983, 30-54). Streukeramik weist auf einen Siedlungsbeginn in der Späten Bronzezeit hin. Während des 10. Jh.v.Chr., wohl unter Salomo, hat man eine starke Stadtmauer erbaut. Die Stadt wurde in der zweiten Hälfte des 8. Jh.v.Chr. von den Assyrern (vgl. 2Kön 15,29) zerstört, danach bald als unbefestigter Ort wieder besiedelt, ab der hellen. Zeit aber nur noch sporadisch. Die Kreuzfahrer errichteten hier die Festung Caymont (Mons Cain).

Literatur: F.M. Abel: Géographie de la Palestine II, ³1967, 365f; M. Noth: Josua, ³1971, 115; V. Fritz: Kleines Lexikon der biblischen Archäologie, 1987, 105f. R.R.

JONA. Hebr. Eigenname, der »Taube« bedeutet. Die ntl. Form des Namens ist normalerweise Jonas.

1. Prophet unter der Regierung *Jerobeams II. von Israel im 8. Jh.v.Chr. J. kam aus Gat-Hefer, einer Stadt in der Nähe Nazareths. Sein Vater hieß Amittai. J. sagte die Gebietsvergrößerung Jerobeams auf Kosten Syriens voraus (2Kön 14,25). Dieser J. ist auch die zentrale Gestalt des Buches, das seinen Namen trägt, s. *Jona, Buch.

Die Lage von Jokneam in Sebulon.

2. Vater des Simon Petrus nach Mt 16,17. Einige Handschriften nennen ihn in Joh 1,42; 21,15ff auch Jona, aber die besser bezeugte Lesart ist hier »Johannes«. D.F.P.

JONA, BUCH.

I. INHALT UND ERZÄHLDUKTUS.

Für das Verständnis des J., einer Perle atl. Erzählkunst, ist es wichtig, Jona 1,1; 3,1 und 4,1 als strukturbildende Einsätze zu erkennen. Sie gliedern das Geschehen in drei Akte:

- Kap. 1,1-2,11: Der verweigerte Botengang;
- Kap. 3: Der gehorsam vollbrachte Botengang;
- Kap. 4: Der Nachhilfeunterricht für einen Propheten.

1. Dem Auftrag Jahwes, der bösen Weltstadt *Ninive das Gericht anzukündigen, entzieht sich der Prophet durch Flucht: Ein Schiff soll ihn nach Tarsis in Spanien (?), also in eine möglichst weit entfernte Stadt in der Gegenrichtung bringen (Jona 1,1-3). Im hereinbrechenden Seesturm wird der Prophet mit der gestörten Jahwebeziehung zum »Störenfried«: Die Besatzung kann sich nur retten, indem sie diesen schwersten Ballast über Bord wirft. In ihrer Not, die die Besatzung auf Jahwes Zorn über J. zurückführt, im Hilferuf zu Jahwe und im Dankopfer nach der erfahrenen Rettung werden die heidnischen Matrosen, den frommen Betern Israels gleich, zu wirklichen Jahwe-Bekennern. Eine paradoxe Situation! Denn mit Jahwes Propheten geht es im Gegenzug Stufe um Stufe bergab. Nach Jafo war J. »hinabgestiegen«, dann ins Unterste des Schiffes, danach in den Tiefschlaf; schließlich wird er in die Meerestiefe geworfen und vom großen Fisch verschlungen. Tiefer geht es nicht mehr! In dieser »tiefen Not« freilich findet J. zurück. Das bezeugt ein Dankpsalm, wie er im Psalter stehen könnte (Jona 2,3-10).

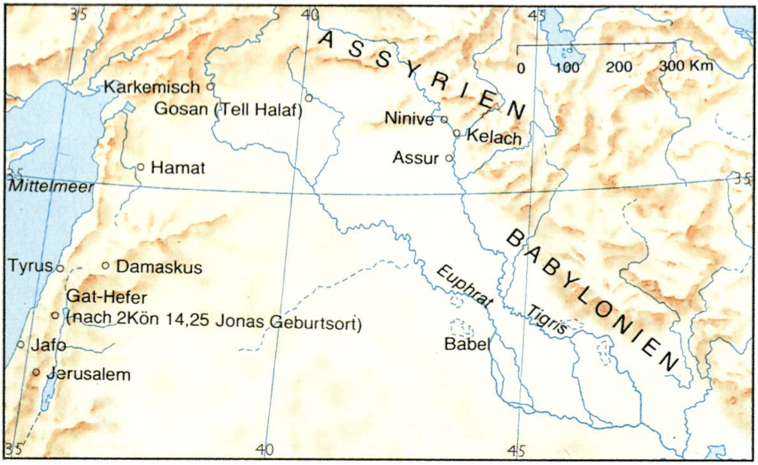

Der Wirkungsbereich des Propheten Jona.

Nach drei Tagen und Nächten speit der Fisch Jona ans Land. Damit ist Jona durch die Todeskrise hindurch gerettet und als Prophet »wiedergeboren«.

2. Dem zweiten Anruf Jahwes folgt Jona aufs Wort (freilich ohne inneres Ein-Verständnis; um dieses bemüht sich Gottes »Nachhilfeunterricht« im letzten Akt).

Vor das innere Auge des Lesers wird in dichtgeraffter Form die idealtypische Geschichte eines Gotteswortes gemalt, das Erfolg hat. Der Bote macht sich auf den (weiten, mühevollen und gefährlichen) Weg, überall in der von Gewalt triefenden Hauptstadt Assurs das Gericht anzudrohen. Die Botschaft läßt einen befristeten Raum von 40 Tagen, und ihn nutzen die Niniviten zu einer allumfassenden Umkehr mit einem Aufgebot aller den Israeliten bekannten Bußriten. Der König, erster Widerpart und Ansprechpartner des Propheten, geht als primus inter pares in der Buße voran! Als Folge davon hält Gott das angekündigte Unheil zurück.

3. Jona indes blickt scheel, weil Gott so gütig ist (vgl. zu Jona 4,1.4 Mt 20,15. Daß ein Prophet mit seiner Rolle unter Umständen nicht einig geht, zeigt sich u.a. auch in der Verkündigung Jeremias.) Das israelit. Glaubensbekenntnis ist Jona wohlbekannt (Jona 4,2 = 2Mo 34,6; Ps 103,8 u.ö.), aber innerlich akzeptieren kann er es nicht. Seinen Todeswunsch nimmt Gott freilich nicht für bare Münze, sondern will ihm aufs neue zurechthelfen. Wie vordem den Fisch, so »bestellt« der Schöpfer eine schattenspendende Staude, um sie Jona schon am nächsten Tag durch einen ebenso prompt »bestellten« Wurm wieder zu entziehen. Jona bedauert die Staude und verfällt in Wut und Selbstmitleid. Er liefert damit Jahwe das entscheidende Argument, um »vom Geringeren auf das Größere« zu schließen: »Und mich dürfte Ninive nicht dauern, die große Stadt, in der es mehr als hundertzwanzigtausend Menschen gibt, die zwischen rechts und links nicht zu unterscheiden wissen, und viele Tiere?« (Jona 4,11).

II. VERFASSER, ZEIT UND ORT. EIGENART DES JONABUCHS.

Unbestritten in der Auslegungsgeschichte ist, daß sich die Erzählung auf den in 2Kön 14,23-27 erwähnten »nationalen Heilspropheten« Jona bezieht, der zur Zeit *Jerobeams II. (787-747 v.Chr.) im Nordreich wirkte.

Kontrovers verhandelt wird die Frage, ob das Jona als geistgewirkte Lehrdichtung oder als zuverlässiger Bericht über tatsächliches Geschehen verstanden werden will. Die unten zur Lektüre empfohlenen Kommentare von H.W. Wolff und G. Maier repräsentieren zwei konträre Positionen; fast alle Jona-Interpretationen lassen sich einem dieser beiden Auslegungstypen zuweisen.

1. Nach H.W. Wolff beweisen Wortschatz, Stil und Erzählmotive, daß das Büchlein erst in nachexilischer Zeit, von einem uns unbekannten Autor, abgefaßt ist. Die offene Frage, mit der das Lehrstück endet, sei charakteristisch für die Absicht, die der humorvolle Autor mit seiner »satirischen Novelle« verfolge: »Der Erzähler macht Jona zum Sprecher jenes mürrischen Gemurmels unter den Gottes-

fürchtigen der nachexilischen Zeit, die es unsinnig finden, Gott weiter zu dienen, und nutzlos, nach seinen Geboten zu fragen (Mal 3,14), nachdem man angesichts des Glückes der Bösen vergeblich fragt: 'Wo bleibt der Gott des Gerichts?'« (S. 149f). Alle, die wie Jona (unter vorgegebener oder tatsächlicher Theodizeenot) sich trotzig weigern, die »Gedanken Gottes zu denken« (Mk 8,33; vgl. Jes 55,8ff), will der Erzähler mit zarter Freundlichkeit und liebevoller Ironie für Gottes umfassende Güte gewinnen.

2. Demgegenüber vertritt G. Maier ein historisches Verständnis des J. Es handele sich um einen Bericht, den der Prophet Jona, Sohn Amittais (2Kön 14,25), entweder selber oder

Jona 3,2–4,1 – Teil einer Schriftrolle mit dem Text der Kleinen Propheten. Gefunden in Murabba'at, Judäa. Originallänge 4,9 m. 1. Jh. n.Chr. (RM)

durch einen Schreiber abfaßte. Er hat das Wirken und das Erleben des Propheten zum Gegenstand. Die Berichte über Elia und Elisa sind die nächsten formalen Parallelen. »Uns scheint, daß die Erinnerung an die Ereignisse im Buch noch recht lebendig ist und die Abfassung wohl noch im 8.Jh. erfolgte.« (S. 26).

Über den Abfassungszweck urteilt G. Maier: »Fassen wir J. . . . als geschichtlichen Bericht auf, dann sind wir nicht mehr gezwungen, alles auf einen bestimmten Lehrzweck zu verengen. . . Vielmehr haben in einem geschichtlichen Bericht verschiedene Aussagen und Interessen ihren Platz und ihre Berechtigung. So ist es denkbar, daß J. mit diesem Bericht eine Rechtfertigung seines Wirkens in Ninive geben wollte. Darüber hinaus konnte sein Bericht antworten auf die bedrängende Frage, warum der Herr das heidnische Assyrien nicht zerschlug, und zugleich eine warnende Leuchte für Israel werden, den Weg der Umkehr und des Gehorsams nicht zu verlassen.« (S. 28)

Ihren Platz hat die Jonaerzählung weit vorn im Zwölfprophetenbuch erhalten, das Jesus Sirach (ca. 180 v.Chr.) abgeschlossen vorliegt (Sir 49,10).

Das NT sieht Jesu Tod und Auferstehung in Jonas dreitägigem Aufenthalt im Fischbauch vorabgebildet (Mt 12,40). Jesus selber vergleicht seine eschatologische Umkehrpredigt mit der des Jona: »Die Männer von Ninive werden beim Gericht gegen diese Generation auftreten und sie verurteilen; denn sie haben sich nach der Predigt des Jona bekehrt. Hier aber ist einer, der mehr ist als Jona.« (Mt 12,41).

Literatur: G.H. Cohn: Das Buch Jona im Lichte der biblischen Erzählkunst, SSN 12, 1969; H.W. Wolff: BKAT XIV 3, 1977; G. Maier: Der Prophet Jona, 1976.

W.G.

JONADAB. (»Jahwe ist großzügig/erweist sich willig«).

1. Sohn Schammas, eines Bruders Davids. J. ermöglichte es Davids Sohn Amnon, seine Halbschwester *Tamar zu vergewaltigen (2Sam 13,3-19). J.s Kenntnis von Amnons Tod scheint auf Mittäterschaft hinzuweisen, obwohl er sein erklärter Freund war (2Sam 13,30-33).

2. Keniter, Sohn Rechabs (1Chr 2,55; Jer 35,6). Er verbot seiner Sippe, Landwirtschaft zu betreiben, Weinberge zu besitzen und ihre Erträge zu verbrauchen und an festen Orten zu wohnen (Jer 35,6-10). Aber dies mag nur die Kodifizierung schon bestehender Praxis gewesen sein. J. war ein eifriger Verehrer Jahwes und half *Jehu, die Verehrung des Götzen Baal zu unterdrücken (2Kön 10,15.23).

M.A.M.

JONATAN. (Hebr. *jehonātān* oder *jonātān*, »Jahwe hat gegeben«).

1. Sohn Gerschoms (Ri 17;18), Nachkomme Moses (oder nach anderem hebr. Text: Manasses). J. wurde von dem Ephraimiter Micha angestellt, um als Priester den Götzendienst auf dem Gebirge Ephraim zu leiten; später wurde er Priester und Begründer einer Priesterfamilie der Daniter, »bis sie aus dem Land gefangen weggeführt wurden« (Ri 18,30).

2. Ältester Sohn *Sauls und seiner Frau Ahinoam (1Sam 14,49.50); er war der rechtmäßige Erbe seines Vaters, was seine Loyalität und Liebe zu David, dem Nachfolger Sauls, um so bewundernswerter macht (1Sam 20,31ff). J. begann den Kampf gegen die Philister zu Gibea (1Sam 13,3). Seine Tapferkeit und sein Mut als Krieger, an die Davids Klagelied erinnert (2Sam 1,22), zeigen sich deutlich bei seinem Angriff auf eine Garnison der Philister bei Michmas und Geba; ein Vorfall, der zeigt, daß J. Loyalität nicht nur anbieten, sondern auch erwecken konnte (1Sam 14,7). Man erinnert sich jedoch besonders wegen seiner eigenen Treue zu David an ihn; eine Treue, die erschwert wird, weil sie im Gegensatz steht zu seiner Liebe und zu seiner Pflicht gegenüber Saul, seinem Vater, dem Monarchen. Je mehr der König, von Gott verlassen und ein Opfer zunehmender Ängste und Leidenschaften, Haß gegen den »Mann nach Gottes Herzen« entwickelte, der sein Nachfolger werden sollte, desto mehr wurde J., als er dem Bruderpakt treu blieb, den er mit David nach Goliats Tod geschlossen hatte (1Sam 18,1-4), zu Widerstand und Betrug gegenüber seinem Vater getrieben. J. setzte auch sein Leben dafür auf's Spiel (1Sam 19,1-7; 20). Die Trennungsszene zwischen den beiden Freunden ist bewegend. J. scheint seinen Vater auf den beiden Feldzügen gegen David nach Engedi (1Sam 24) und Hachila (1Sam 26) nicht begleitet zu haben. Bei dem Sieg der Philister über Israel am Berg Gilboa wird J. zusammen mit seinem Vater und den Brüdern (1Sam 31,2) getötet.

3. Onkel Davids (1Chr 27,32), der, falls hebr. *dōd* auch mit »Neffe« zu übersetzen ist, derselbe J. ist, der nach 2Sam 21,21.22 und 1Chr 20,6.7 einen Riesen erschlug, der sechs Finger und sechs Zehen hatte.

4. Sohn des Priesters *Abjatar; zusammen mit Ahimaaz, dem Sohn des Priesters Zadok, hielt J. während Absaloms Aufstand gegen David die Verbindung zwischen Davids Freund *Huschai in Jerusalem und dem geflohenen König David aufrecht (2Sam 15,36; 17,15-22). Nach 1Kön 1,41-49 brachte er

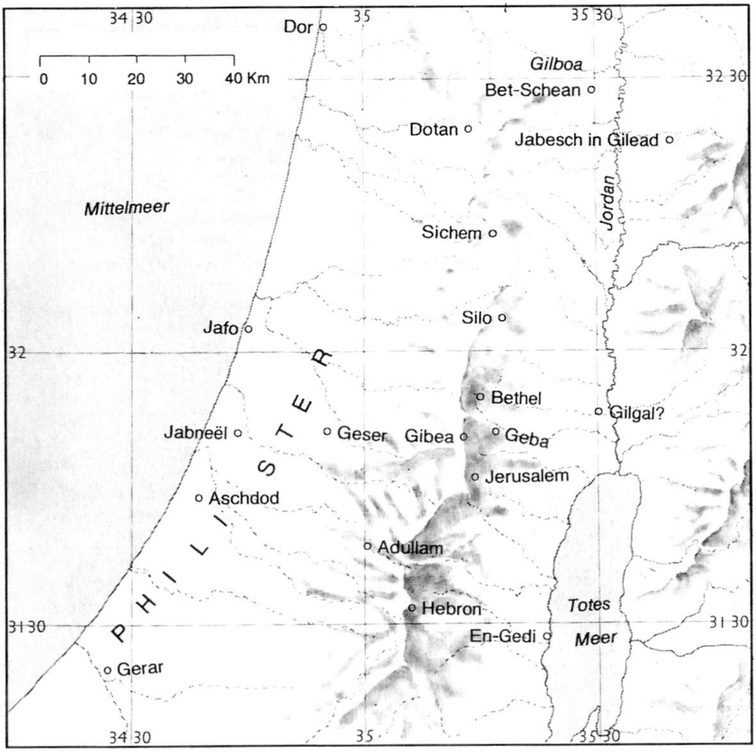

Orte, die mit der Person und der Zeit Jonatans in Zusammenhang stehen.

*Adonija die Nachricht von Salomos Einsetzung zum Nachfolger Davids.

5. Held Davids, Sohn Schages, des Harariters (2Sam 23,32; 1Chr 11,34).

6. Sohn Jadas aus dem Geschlecht Juda (1Chr 2,32.33).

7. Sohn Usijas, Davids Vorratsverwalter in Stadt und Land (1Chr 27,25).

8. Levit z.Zt. des Königs *Joschafat (2Chr 17,8).

9. Schreiber unter König *Zedekia, in dessen Haus der Prophet *Jeremia gefangen gehalten wurde (Jer 37,15.20; 38,26).

10. Sohn Kareachs, einer der Juden, die nach der Eroberung Jerusalems durch die Babylonier zu Gedalja nach Mizpa kamen (Jer 40,8).

11. Oberster des Priestergeschlechts Malluch (Neh 12,14) und Bilga (Neh 12,18) z.Zt. des Hohenpriesters Jojakim.

12. Vater des Priesters Secharja, der z.Zt. Nehemias die Trompete blies (Neh 12,35).

13. Vater Ebeds, der mit *Esra aus Babylon nach Israel zurückkehrte (Esr 8,6).

14. Sohn Asaëls, der sich Esra widersetzte, als dieser die Mischehen auflösen wollte (Esr 10,15). T.H.J./Ri.Sch.

JOPPE. (Hebr. *jāphōʾ* von *jāphāʾ* »schön sein«, griech. *Joppē*). Heute die arab. Vorstadt Jaffa südl. vom 1909 in den Stranddünen gegründeten Tel Aviv. Hier springt ein bis zu 36 m hoher Felshügel an der sonst schnurgeraden Sandküste vor. Felsklippen bilden einen natürlichen Wellenbrecher von bis zu 120 m Länge. So entstand ein allerdings von N-Winden (vgl. Jos.bell.Jud. III, 419ff) gefährdeter Hafen. Die Wichtigkeit von J. war durch seine Lage an der großen Überlandstraße von *Ägypten nach *Damaskus gegeben sowie dadurch, daß es der nächste Hafen für das 56 km ostsüdöstl. gelegene *Jerusalem war. Eine Reihe ständig fließender Quel-

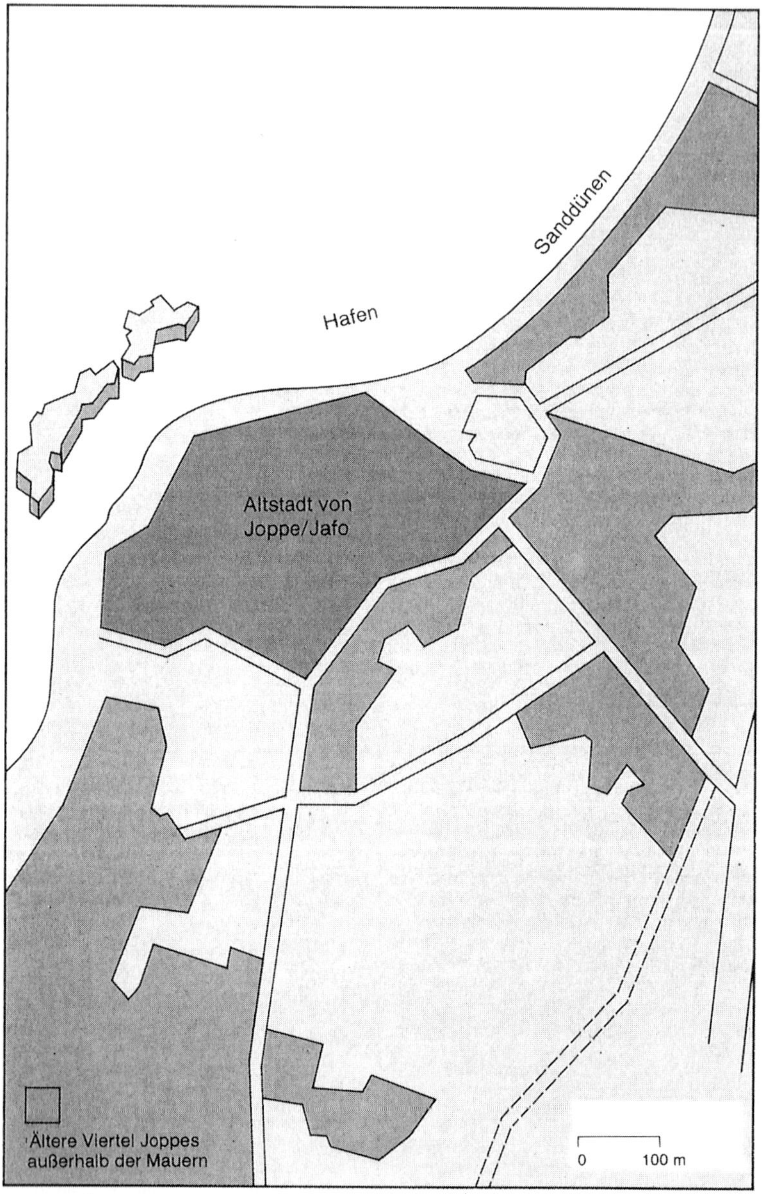

Die Lage des Hafens und der Altstadt von Joppe.

len machten eine größere Siedlung möglich.

Während einzelne menschliche Spuren bis in das 5. Jt.v.Chr. zurückreichen, finden sich Zeichen kontinuierlicher Besiedlung seit der Mittleren Bronzezeit (17. Jh.v.Chr.). J. wurde im 15. Jh. von Pharao Thutmosis III. erobert und ist im 14. Jh. zweimal in den *Amarna-Briefen sowie im 13. Jh. im Papyrus Anastasi (ANET 478) als ägypt. Festung erwähnt. Aus der Zeit von Pharao *Ramses II. (1279-1213 v.Chr.) wurden ansehnliche Architekturfragmente mit seinem Namen gefunden. Noch in vorphilistäische Zeit gehört wohl auch der Tempel einer löwenartigen Gottheit (EAEHL 540). Eine Zerstörungsschicht aus dem dritten Viertel des 13. Jh. wird von den Ausgräbern einem Einfall von Seevölkern zugeschrieben, eine weitere vom Ende desselben Jh. geht vielleicht auf Pharao Merenptah zurück. Die Siedlung der *Philister war eher bescheiden.

Nach Jos 19,46 (»Jerakon mit dem Gebiet gegenüber von Jafo«) lag J. offenbar außerhalb des vom Stamm *Dan beanspruchten Gebiets. J. wird als Holzhafen für den Bau des ersten (2Chr 2,15; vgl. 1Kön 5,22-26) und zweiten Tempels (Esr 3,7) sowie als Ausgangspunkt der Flucht *Jonas über das Meer (Jona 1,3) erwähnt, gehörte also seit der frühen Königszeit zum Großreich Israel. Vielleicht wurden die Libanon-Zedern aber auch nach Tell Qasile geflößt (B. Mazar, IEJ 16, 1966, 282f). Hier, wenig nördl. der Mündung des Jarkon ins Mittelmeer, befand sich seit philistäischer Zeit eine Siedlung (T. Dothan, I. Dunayevski, A. Mazar, EAEHL IV, 1978, 963-975), deren Landwirtschaft und Handel auch unter Israel prosperierte (E. Yamauchi, NIDBA 442f). 701 v.Chr. eroberte der Assyrerkönig *Sanherib (ANET 287) J. Schon im 7. Jh.v.Chr. bestanden Beziehungen zu *Griechenland. Aufgrund der Legende von Perseus und Andromeda wurde ein Felsen im Meer vor J. als die Stelle bezeichnet, wo die mythische Heldin angekettet war (Plin. nat. V., 14, 69). Die Perser verliehen den Hafen im 5. Jh.v.Chr. an den König Eschmunazar von *Sidon, der in seiner Sarkophaginschrift (ANET 505) J. wegen seines Kornreichtums (vgl. 1Kön 5,25) rühmt. Ansehnliche Ruinen, darunter wohl auch ein Tempel, zeigen die Bedeutung der Stadt in pers. Zeit.

Die Blüte J.s setzte sich in der hellen. Epoche fort, was neben den Ausgrabungen auch die Briefe des Geschäftsmannes Zenon (um 250 v.Chr.) beweisen. Aus dieser Zeit stammt ein zypriotischen Tempeln verwandter Kultbau. J. war in den *Makkabäer-Kriegen stark umkämpft (2Makk 12,3-6; 1Makk 10,75f). Der Hasmonäer Jonatan eroberte 146 v.Chr. die Stadt (1Makk 12,33f), und sein Bruder Simon vertrieb die heidnischen Einwohner (1Makk 13,11; 15,35; Jos.ant.Jud. XIII, 202). Nun besaß der neugegründete jüd. Staat einen Zugang zum Meer (1Makk 14,34 vgl. 14,5), über den vor allem der Verkehr in die ägypt. *Diaspora lief (Aristeas-Brief § 115). Der röm. Feldherr Pompeius eroberte 63 v.Chr. J. und übergab es den wieder vorhandenen nichtjüd. Bewohnern (Jos.bell.Jud. I, 156ff), doch Cäsar erstattete J. zwischen 48 und 44 v.Chr. an die Juden zurück (Jos.ant.Jud. XIV, 205). *Herodes der Große begann hier 37 v.Chr. seinen Eroberungsfeldzug Palästinas (Jos.ant.Jud. XIV, 396f). Durch den Ausbau von *Cäsarea Maritima verlor J. unter Herodes' Herrschaft viel von der früheren Bedeutung. Nach dem Tod des Archelaos (6 n.Chr.) bis zum Beginn des jüd. Aufstandes gehörte J. zur röm. Provinz *Judäa. 66 n.Chr. eroberte Cestius Gallus die rebellierende Stadt und rottete ihre Bevölkerung aus (Jos.bell.Jud. II, 507ff). Nach der Rückeroberung störten die Aufständischen von hier aus die Getreidelieferungen von Ägypten nach Rom. 67 n.Chr. nahmen die Römer J. im Handstreich, die in Schiffen Fliehenden versanken in einem N-Sturm (Jos.bell.Jud. III., 414-431). Auf den Ruinen der Stadt errichtete Kaiser *Vespasian die Kolonie Flavia Joppa. Zum Andenken an die Vernichtung der jüd. Flotte (S. Tolkowsky, PEFQS 60, 1928, 153-163) schlugen die flavischen Herrscher Münzen mit den Aufschriften »Judaea Navalis« und »Victoria Navalis«. Wie Gräberfunde zeigen, existierte aber selbst während dieser Epoche in J. ein starkes jüd. Bevölkerungselement.

In J. gab es schon in früher Zeit eine christl. Gemeinde. Die offenbar zur dortigen Witwengemeinschaft (*Obergemach) gehörige *Tabita wurde von *Petrus vom Tod auferweckt (Apg 9,36-42). Daß diese Jüngerin (*mathētria*) auch den griech. Namen Dorkas, »Gazelle«, trug (Apg 9,36), weist auf die sonst ebenfalls deutliche starke Hellenisierung der Juden von J. Wenn Petrus bei seiner Evangelisationstätigkeit in Judäa auch bis J. gelangte und sich längere Zeit im Haus von *Simon dem Gerber aufhielt (Apg 9,43), das am Meer lag (Apg 10,6), so kommt damit schon die Ausbreitung des Christentums in den gesamten Mittelmeerraum in den Blick. Einen Durchbruch zur Heidenmission bedeutete es dann, als dem Apostel auf dem Dach jenes Hauses durch eine Vision klar wurde, daß er der Einladung des heidnischen Zenturio *Kornelius nach Cäsarea Maritima folgen sollte (Apg 10,1-23 vgl. 11,5-11). Nach der Chronologie der Apg (vgl. 12,20ff) war das vor 43 n.Chr.

Die byzantin. Stadt (Eus. onom. 110,24)

war seit dem 4. Jh.n.Chr. Bischofssitz. Ein Pilgerbericht aus dem 6.Jh. erwähnt das Grab der Tabita (CChr 152). Ein solches, das allerdings aus dem 3. Jh.n.Chr. stammt, wird heute 1,5 km südl. vor Jaffa im Hof der russisch-orthodoxen St. Petrus-Kirche gezeigt. Immerhin liegt es im Gebiet des röm. Friedhofs (1.-4. Jh.n.Chr.) und der arab. Name Dschebel Dabita könnte wenigstens für die Gegend auf eine ältere Tradition hinweisen (OLB 2,28). Ein Pilgerbericht des 8. Jh. kennt am Ort der Auferweckung Tabitas eine Petruskirche, die in der Kreuzfahrerzeit einen Nachfolgebau hatte; die heutige Kirche stammt aus dem 17. Jh. Auf dem Vorplatz dieser franziskanischen Petrus-Kirche ist in einer offenen Grabung u.a. ein Privathaus aus ntl. Zeit zu sehen. Es verfügte über ein Becken für rituelle Waschungen (vgl. Mk 7,3f; Lk 7,44), der jüd. Besitzer trug einen griech. Namen (Ariston). Auch andere Grabungsareale sowie ein Museum geben einen guten Einblick in die Geschichte J.s. Am Ort einer Moschee aus dem 18. Jh. soll das »Haus Simons des Gerbers am Meer« (Apg 10,6) gestanden haben. In dieser Gegend suchten es auch schon die Kreuzfahrer. Ob sie dabei einer älteren Überlieferung folgten, ist bei der in ihrer Zeit blühenden Legendenbildung sehr fraglich. So sollen von J. aus die drei Weisen aus dem Morgenland vor Herodes nach Tarsus geflohen sein. *Jakobus, Sohn des *Zebedäus, wurde angeblich in J. enthauptet (vgl. Apg 12,1f) und sein Körper durch Engel ins armenische Kloster nach *Jerusalem gebracht (OLB 2,22).

Literatur: S. Tolkowsky: The Gateway of Palestine, 1924; J. Kaplan: BA 35 (1972), 66-95; H. und J. Kaplan: EAEHL II, 1976, 532-541; B. Bagatti: Antichi villaggi cristiani di Samaria, 1979, 177-182; J. Murphy-O'Connor: Das Heilige Land, 1981, 354-357; OLB 2, 1982, 12-28; E.M. Yamauchi: NIDBA, 1983, 271-273. R.R.

JORAM. (»Jahwe ist erhaben«).

1. König von Israel, 851-845 v.Chr.; letzter Herrscher der Dynastie *Omri (2Kön 1,17-9,25). J. war ein Sohn *Ahabs und *Isebels. Obwohl man von ihm sagt, daß er einen Teil der heidnischen Gottesverehrung Israels abschaffte, folgte er insgesamt doch den unorthodoxen Bräuchen seiner Vorgänger im Nordreich (2Kön 3,1-3). J. kämpfte die Rebellion der Moabiter, der Vasallen Israels, nieder (*Mescha-Stein) und errang einen eindrucksvollen, aber nicht endgültigen Sieg (2Kön 3,4-27). Später wurde er in einer Schlacht mit den Syrern (*Aram) verwundet (2Kön 8,28.29). Der Konflikt zwischen Israel und Syrien steht mehrmals auch im Hintergrund, wenn der Prophet *Elisa auf den »König Israels« Bezug nimmt (2Kön 5,1-8; 6,8-23; 6,24-7,20; vgl. 8,1-6). J. wurde von *Jehu getötet, als er sich von einer Verwundung in seiner Hauptstadt Jesreel erholte. Sein Nachfolger wurde *Jehu (2Kön 9,10). Die Ermordung J.s geschah auf Betreiben Elisas hin, der sie als Beginn des letzten Gerichts Gottes über Ahab und Isebel angekündigt hatte, die immer noch lebten und dem Bösen in Jesreel Vorschub leisteten (2Kön 9,7-10.22). Die Ermordung J.s und die Ausrottung des Hauses Ahab war eine weitere Erfüllung der Prophezeiung Elisas im Blick auf Ahab und Isebel (2Kön 9,24-26.30-37; vgl. 1Kön 21,17-29).

2. König von Juda 847-845 v.Chr. (2Kön 8,16-24; 2Chr 21). Er war Sohn und Nachfolger *Joschafats, kehrte aber die Politik seines gottesfürchtigen Vaters um. Er heiratete *Atalja, eine Tochter des Königs Ahab von Israel und somit eine Schwester des Königs J. von Israel (851-845 v.Chr.; s.1.). Dies führte in Israel zu der gleichen gottlosen Regierung wie sie von Ahab und Isebel her bekannt war. Während J.s Regierungszeit befreiten sich Edom und Libna aus ihrer Abhängigkeit von Juda, Philister und Araber drangen in sein Königreich ein und plünderten es. J. starb an einer Krankheit und »ging dahin unbedauert« (2Chr 21,20); sein Sohn Ahasja wurde sein Nachfolger in Juda (2Chr 22,1).

3. Prinz aus Hamat (2Sam 8,9-12). Nach 1Chr 18,9-11 soll sein richtiger Name Hadoram gewesen sein.

4. Priester z.Zt. Joschafats (2Chr 17,8).

5. Sohn Jesajas, Levit z.Zt. Davids (1Chr 26,25). J.E.G.

JORDAN. Der Jordangraben stellt geophysikalisch eine Besonderheit dar. Aus einem Grabenbruch entstanden, ist er die tiefste Depression des kontinentalen Erdreliefs. Die drei Quellflüsse des J. sammeln sich im (weitgehend trockengelegten) Hule-See etwa 70 m über dem Meeresspiegel. Etwa 15 km weiter südl. bei der Einmündung in den See *Genezareth verläuft der Fluß bereits etwa 200 m unter dem Meeresspiegel, seine Einmündung in das Tote Meer liegt etwa 390 m unter NN. Der J. (hebr. *yarden*) ist der größte Fluß in Palästina, der ganzjährig Wasser führt. Die direkte Entfernung zwischen dem Hule-See und dem Toten Meer beträgt ca. 110 km, die Länge des J. erreicht aber wegen des mäandernden Verlaufs etwa 300 km.

I. ARCHÄOLOGISCHER BEFUND.

Archäologische Fundstätten im Jordantal belgen, daß es sich hier um eines der ältesten

Das »Zor«, das »Dickicht des Jordans« (Jer 12,5). (CP)

Gebiete städtischer Besiedlung handelt. Der natufzeitliche Übergang von der jägerischen zur städtischen Lebensform dürfte sich um 7000 v.Chr. vollzogen haben. Ein Bevölkerung, die Keramik produzierte, erscheint etwa 5000 v.Chr., die spätneolithische Keramik der (Jungsteinzeit-B-Kultur) läßt erstmals Verbindungen mit anderen Siedlungsstätten des Jordantals und im N des »Fruchtbaren Halbmondes« erkennen. Kupfer kam im Chalkolithikum (ca. 4500-3200 v.Chr.) in Gebrauch, z.B. in Teleilat Ghassul, etwas nördl. des Toten Meeres. In Ghassul lassen sich drei Besiedlungsschichten des 4. Jt.s nachweisen, die auf einen mit Hilfe von Bewässerungstechnik betriebenen Ackerbau schließen lassen. Die Ghassul-Kultur findet sich an vielen Stellen in Palästina, dominierend aber im Jordantal, z.B. in Mefdschir, Abu Habil, Dschiftlik, *Bet-Schean, En-Gedi, Tell esch-Schune und südl. des Sees Genezareth.

Gegen Ende des 4.Jt.s kamen mindestens drei Bevölkerungsgruppen in das Jordantal, drangen von N her in die Jesreelebene vor, wo

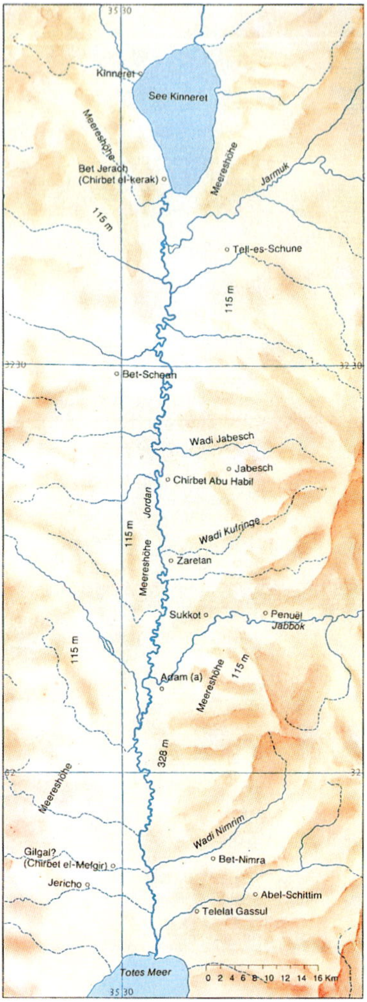

Das Jordantal in alttestamentlicher Zeit.

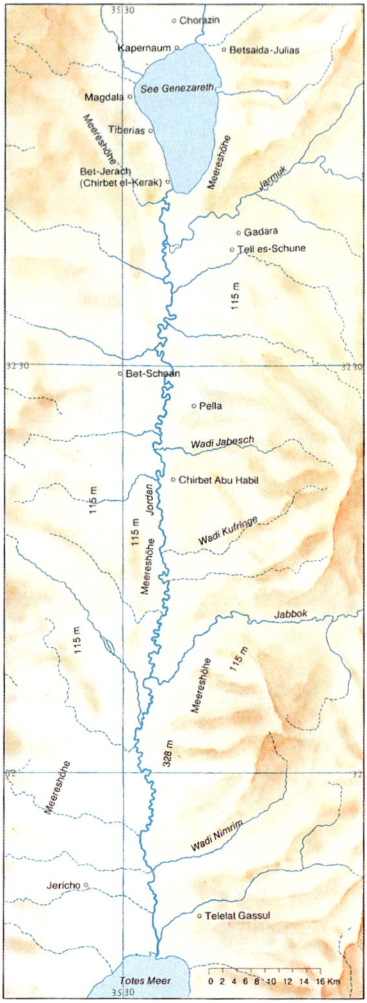

Das Jordantal in neutestamentlicher Zeit.

sie sich in unbefestigten Dörfern niederließen, und von O her über Jericho in das Gebirgsland. Diese Zeit bezeichnet K.M. Kenyon als proto-urban. In der darauffolgenden Epoche entstanden Stadtstaaten im Jordantal, z.B. *Jericho im S, *Bet-Schean im mittleren Bereich und Bet-Yerah (Chirbet el-Kerak) im N. Diese befestigten Städte trieben Handel mit Ägypten und Mesopotamien.

Etwa 2200 v.Chr. drangen »amorit.« Nomaden in das Tal ein und zerstörten viele der städtischen Zentren. Möglicherweise waren diese Nomaden Teil einer größeren Völkerwanderung zwischen 2300 und 1900 v.Chr., d.h. etwa bis zum Beginn der Mittleren Bronzezeit. Mit dem Vordringen der Hyksos-Kultur aus dem N geht der Bau komplizierter, tief gestaffelter Verteidigungsanlagen in Städten wie Jericho einher. Nach dem Sieg der Ägypter über die Hyksos wurden die großen befestigten Städte des

Jordantals wie Bet-Schean und Hazor wieder aufgebaut und mit ägypt. Garnisonstruppen besetzt. Um die Wende von der Bronze- zur Eisenzeit drangen die Israeliten vom Jordantal her nach Palästina vor. Für die Zerstörung der Städte Hazor, Debir und Lachisch gibt es archäologische Belege, für die Einnahme Jerichos durch Josua liegen jedoch keine eindeutigen archäologischen Befunde vor.

II. TOPOGRAPHISCHE MERKMALE.
1. Das Hule-Becken.

Das Jordantal beginnt am Fuß des Berges *Hermon (2774m), aus dessen Kalksteinuntergrund die Quellflüsse des J. entspringen. Die Einwohner von Dan, dem nördlichsten Grenzort Israels, kontrollierten den wichtigen Handelsweg nach Syrien; im Segen Jakobs werden sie mit einer Schlange bzw. einer Otter verglichen (1Mo 49,17). Weiter südlich schließt sich das Hule-Becken an, eine Senke von etwa 5 x 15 km Größe. Lavaströme blokkierten das Tal, und in die so gebildete Basaltbarre von etwa 15 km Länge hat der J. ein schluchtartiges Bett mit einem Gefälle von ca. 280 m hineingeschnitten. Auf einem westlichen Randplateau, von dem aus das Hule-Becken zu überblicken ist, lag die große kanaan. Stadt *Hazor.

2. Der See Genezareth.

Südl. der Basaltbarre, etwa 213 m unter dem Meeresspiegel, fließt der J. in den See *Genezareth, der etwa ca. 21 km lang und bis zu 13 km breit ist. Nach der weitgehenden Trockenlegung des Hule-Sees ist er der einzige Süßwassersee Palästinas und zudem durch Fischreichtum ausgezeichnet. Seine größte Tiefe beträgt 50 m. Von der jahreszeitlich wechselnden Temperaturschichtung des Wassers und der entsprechenden Vertikalbewegung der Fische her ist die Aufforderung Jesu an die Fischer zu verstehen, die Netze dort auszuwerfen, »wo es tief ist« (Lk 5,4). Die Methoden des Fischfangs, von denen die Evv. sprechen, werden auch heute noch praktiziert: mit dem Angelhaken (Mt 17,27), mit dem runden Netz (Mt 4,18; Mk 1,16), mit dem Schleppnetz, das vom Boot ausgebracht wird (Mt 13,47f), mit Tiefseenetzen (Mt 4,18f; Mk 1,19f) und mit Hilfe von zwei Booten (Lk 5,10).

Z. Zt. Jesu war das Seeufer relativ dicht besiedelt. Jesu Gerichtsworte werden über die kultivierte Stadtbevölkerung von *Chorazin, *Betsaida und *Kapernaum ausgesprochen (Mt 11,20-24), in deren Synagogen jüd. Leben pulsierte (Mt 12,9; Mk 1,21; 3,1; 5,22; Lk 4,31; 6,6; 8,41). *Jairus, der Vorsteher der Synagoge, lebte dort (Mk 5,22), ebenso der Zenturio, der den Juden eine Synagoge hatte bauen lassen (Lk 7,5), und Levi, der Zollbeamte (Mt 9,9; Mk 2,14; Lk 5,27). Östl. von Kapernaum befand sich *Betsaida, von dort kamen *Philippus, *Andreas und *Petrus (Jh 1,44). An der Ostküste des Sees lag das dünner besiedelte Gebiet der Gadarener, wo die Heiden Schweine züchteten (Lk 8,32). Der See, die steil abfallenden Felsen, das karge Land und die Distelfelder geben den Hintergrund für das Gleichnis vom Sämann (Mk 4,1-10), während im Frühling die Blütenteppiche aus Narzissen, Anemonen und Iris besonders eindrucksvoll sind.

Die umgebenden Berge, besonders die im W, beherrschen das Panorama. Sie spielen eine wichtige Rolle bei der Predigttätigkeit Jesu. Hier lehrte er seine Jünger (Mt 5,1) und erschien ihnen als der auferstandene Herr (Mt 28,16). An der NO-Ecke des Sees geschah wahrscheinlich die Speisung der Fünftausend (Lk 9,10-17).

3. Das antike und südl. Jordantal.

Es erstreckt sich etwa 110 km zwischen dem See Genezareth und dem Toten Meer. Ungefähr 8 km südl. des Abflusses aus dem See Genezareth mündet von O her der *Jarmuk in den J. und verdoppelt dessen Wassermenge. Das Flußbett hat eine stellenweise bis zu 50m tiefe Rinne in den Talgrund eingegraben. Sie heißt auf arab. wegen ihrer dichten Ufervegetation ez-Zor »das Dickicht«, die breite Talsohle darüber el-Ghor »die Niederung«. In diesem Abschnitt sind deutlich drei geologische Zonen zu unterscheiden: die breite Oberterrasse der Pleozänschicht, die tiefere Terrasse der Quartärschicht und der gelegentlich überflutete schmale Uferstreifen entlang des Flußbettes, eingefaßt von den zerfurchten Abhängen der Quattara (Mergelbänke). Mehr als der J. selbst bilden Quattara und Zor zusammen eine natürliche Barriere (Jos 22,25). Die Nordhälfte des Ghor ist eine weite, kultivierte Fläche, in der Mitte verengt sich das Tal bis auf wenige Kilometer. Nach S hin wird der Jordangraben immer arider und unfruchtbarer, am Toten Meer gibt es im Jahresdurchschnitt nur 50 mm Niederschlag. Das Ödland der Quattara aus Mergel und Ton ist grotesk geformt und fällt steil zur Sohle der Jordanrinne ab. Der Zor, der von abwechslungsreicher Vegetation bedeckt ist, steht dazu in starkem Kontrast, daher rührt wohl auch der Name *gā'ōn hayyardēn* (»Dickicht des Jordans« oder »Pracht des Jordans«; Jer 12,5; 49,19; 50,44; Sach 11,3; vgl. Ps 47,5; 59,12). Die schmalen Uferstreifen, die im Frühjahr teilweise überflutet sind (Jos 3,15), dienen wilden Tieren als Aufenthaltsort; so ist die Frage zu verstehen: »Wenn du schon im Land, wo keine Gefahr ist, Sicherheit suchst, was willst du tun im Dickicht des Jordans?« (Jer 12,5).

Zwischen dem Jarmuk und dem Jabbok führen neun weitere Flüsse von O her dem J. ganzjährig Wasser zu. Deshalb ist vor allem die Ostseite des Ghor besiedelt: dort lagen Sukkot, Zafon, und Pella. Auf den Wasserreichtum ist auch der Anblick zurückzuführen, der sich Lot bot: »wie der Garten des Herrn« (1Mo 13,10). Zwischen Sukkot und Zaretan ließ *Salomo Kupfer verhütten (1Kön 7,46; 2Chr 4,17). In diesem Abschnitt des Jordantals gibt es eine Reihe von Furten, bis zur Zeit der röm. Besatzung wurden keine Brücken über den J. geschlagen. In der Nähe der Einmündung des Jabbok überquerten *Abraham und *Jakob den Fluß (1Mo 32,10), ebenso die Midianiter, die von *Gideon verfolgt wurden (Ri 7,24; 8,4f); zweimal überquerte *David den J. während der Rebellion *Absaloms (2Sam 17,22f; 19,15ff). Zwischen der Jabbokmündung und dem Toten Meer ist es wegen der Tiefe und schnelleren Strömung jedoch schwieriger, den Fluß zu überqueren. Die Stelle, an der das Volk Israel den J. durchquerte, lag auf der Breite von Jericho (Jos 3; 4; Ps 114,3.5). Zwischen der Jabbokmündung und Bet-Nimra hat der J. auf 26km keine Zuflüsse (Jes 15,6), und es gibt dort nur wenige Ortschaften. In der Nähe von Quellen finden sich westl. des J. Oasenstädte wie Jericho östl. des J., im Steppengebiet von Moab» (4Mo 20,1f) lag Schittim, von wo aus die *Kundschafter des Volkes Israel gesandt worden waren, um das verheißene Land und die Stadt Jericho zu erkunden (Jos 2,1f).

Literatur: D. Baly: Geographisches Handbuch zur Bibel, 1973; N. Glueck: The River Jordan, 1946; Y. Karmon: Israel. Eine geographische Landeskunde, Wissenschaftliche Länderkunden, Bd. 22, 1983, S.126-139; K.M. Kenyon: Digging up Jericho, 1957; G. Kroll: Auf den Spuren Jesu, [10]1988; M. Noth: Der Jordan in der alten Geschichte Palästinas, ZDPV 72, 1956, S.123-148; E. Orni, E.Efrat: Geographie Israels, 1966, 78-101; R.Riesner: Die Mauern von Jericho, ThBeitr 14/1983, S.79-86; E.B. Smick: Archaeology of the Jordan Valley, 1973. J.M.H.

JOSABAD. (»Der Herr hat beschenkt«).

1. Gederatiter, der in Ziklag zu David kam (1Chr 12,5).

2. Zwei der Manassiten, die sich auf dem Weg von Afek nach Ziklag David anschlossen (1Chr 12,21).

3. Levit z.Zt. des Königs *Hiskia (2Chr 31,13).

4. Oberster der Leviten z.Zt. des Königs *Josia (2Chr 35,9).

5. Sohn Jeschuas, Levit z.Zt. *Esras (Esr 8,33). Weitere Leviten des gleichen Namens werden noch Esr 10,23; Neh 8,7; 11,16 genannt, ohne daß wir entscheiden können, um wieviel verschiedene Personen es sich handelt.

6. Priester, der eine heidnische Frau genommen hatte (Esr 10,22).

JOSCHAFAT. (Hebr. *jehōschāpāt*, »Jahwe hat gerichtet«).

1. Sohn Ahiluds, Beamter unter David und Salomo (2Sam 8,16; 20,24; 1Kön 4,3; 1Chr 18,15).

2. Sohn Paruachs, einer von zwölf Amtleuten, die von Salomo über Israel eingesetzt wurden (1Kön 4,17; vgl. V. 7).

3. Sohn und Nachfolger *Asas als vierter König von Juda (873-849 v.Chr.). J. rüstete Juda gegen Angriffe, indem er Städte im N befestigte und mit Garnisonstruppen belegte (2Chr 17,2.12-19). Er brach auch mit der bisherigen Praxis, indem er einen Gleichheitspakt mit *Ahab von Israel einging und eine von Ahabs Töchtern, *Atalja, mit seinem Sohn *Joram verheiratete (2Chr 18,1; vgl. 21,6; 2Kön 8,18). Diese neue Allianz hatte Auswirkungen auf andere Völker, einschließlich der Philister und Araber, die J. Tribut leisteten (2Chr 17,10.11). Aber die Verbindung mit dem abtrünnigen Israel führte nach J.s Tod fast zu Judas Ruin (2Kön 11,1-3).

J.s Regierungszeit zeichnet sich aus durch das Festhalten an Jahwes Weisungen (1Kön 22,42; 2Chr 20,32). Er rottete die heidnische Gottesverehrung aus (1Kön 22,43.46) und stellte Wanderlehrer zur Verfügung, die das Gesetz Moses predigten (2Chr 17,7-9). Er gestaltete das Rechtssystem neu, indem er in Städten mit Schlüsselpositionen Richter ernannte und ein Appellationsgericht in Jerusalem einrichtete (2Chr 19,4-11).

4. Vater *Jehus, des 10. Königs von Israel (2Kön 9,2). D.W.B.

JOSCHAFAT, TAL. Diesen Namen gibt der Prophet *Joel dem Ort des letzten Gerichts (Joel 4,2.12). In beiden Versen wird »Joschafat« (d.h. »Jahwe hat gerichtet«) mit Aussagen verknüpft, daß Gott richten wird (hebr. *schāpat*). Daher ist es möglich, daß das »Tal Joschafat« ähnlich wie das »Tal der Entscheidung« (Joel 4,14) symbolisch für Gottes Strafgericht steht und keine geographische Angabe sein soll.

Zur Identifikation des Tales J. gibt es verschiedene Vorschläge: Manche Ausleger gehen davon aus, daß Joel nicht an einen bestimmten Ort dachte; z.B. übersetzt Targum Jonathan diesen Namen mit »Ebene der rich-

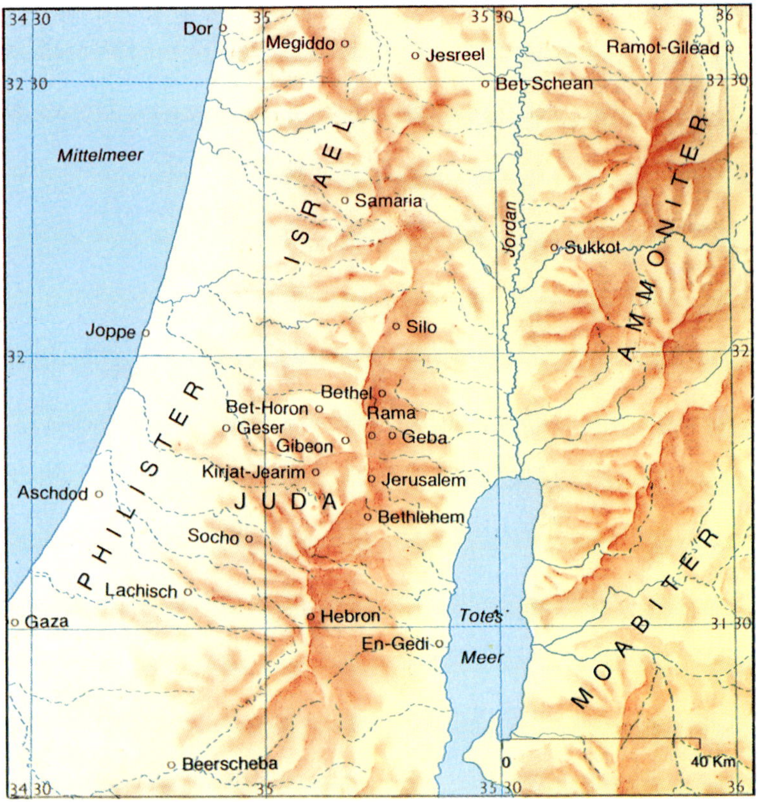

Juda unter dem König Joschafat.

terlichen Entscheidung«, und Theodotion gibt ihn als »Ort des Strafgerichts« wieder. Da Joel den geographischen Begriff »Tal« benutzt, glaubt aber die Mehrzahl der Forscher, daß ein bestimmter Ort gemeint ist. Ibn Ezra schlägt das Tal von Beracha vor, südl. von Bethlehem, wo Joschafats Truppen sich nach dem Sieg über ihre Feinde sammelten (2Chr 20,26); aber Sach 14 verlegt den Ort des Strafgerichts in die Nähe von Jerusalem, und nach äthHen 53,1 versammeln sich alle zum Strafgericht in einem tiefen Tal nahe dem Tal Hinnom. Jüd., christl. und moslemische Tradition identifiziert den Ort des jüngsten Gerichts mit dem *Kidron-Tal zwischen Jerusalem und dem Ölberg. Daher wurden dort viele Menschen begraben, Moslems besonders am Westhang, Juden am Osthang des Tales. Ein griech.-röm. Grab am Osthang wurde fälschlicherweise für das Grab des Königs Joschafat gehalten. Schon z.Zt. des Pilgers von Bordeaux (333 n.Chr.) und Eusebius' Onomasticon (»Koilas«) wurde der Name Joschafat mit diesem Tal in Verbindung gebracht. Einige wenden dagegen ein, daß Joel das Wort »weites Tal« benutzt, während das Kidron-Tal »Bergschlucht« genannt wird. Andere identifizieren das Tal J. mit dem »Königsgrund« (2Sam 18,18), ein Tal, das von NW her in das Kidron-Tal mündet (so C.F. Keil, E.G. Kraeling), oder mit dem *Hinnomtal westl. und südl. von Jerusalem (so G.W. Wade). J.T.

JOSCHOBAM.

1. J., der Sohn Hachmonis, war einer der Helden Davids (1Chr 11,11);

2. J., ein Korachiter, war Davids Mitkämpfer in Ziklag in der Auseinandersetzung mit *Saul (1Chr 12,7);

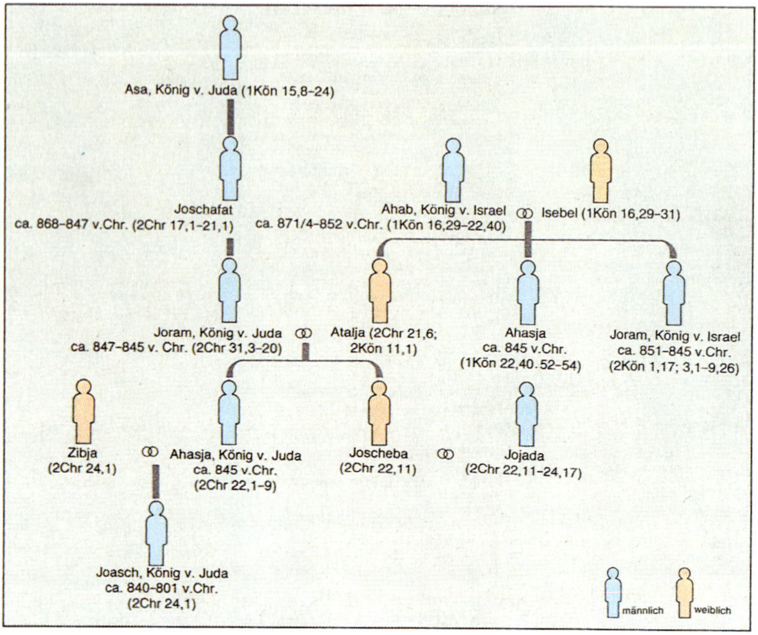

Der Stammbaum Jorams und Joschafats.

3. J., der Sohn Sabdiels, war der »Erste aller Hauptleute des Heeres« z.Zt. *Salomos (1Chr 27,2.3). Sollte er mit 1. identisch sein, müßte man dessen Beinamen (»Sohn Hachmonis«) auf den Stammvater der Familie (vgl. V. 32) beziehen. J. ist gleichzusetzen mit Joscheb-Baschebet (LÜ: Jischbaal), einem Tachkemoniter (vgl. 2Sam 23,8 RevEB, Anm.).

JOSEF. Der Name J. bedeutet: »Er möge hinzufügen« (noch andere Kinder).

I. JOSEF. DER SOHN JAKOBS UND RAHELS.

J. ist der erstgeborene Sohn *Rahels, der von *Jakob bevorzugten Frau. Als Rahel nach langer Unfruchtbarkeit endlich einen Sohn zur Welt brachte, begrüßte sie diesen mit dem Dank- und Bittgebet: Gott hat meine Schmach weggenommen! Jahwe gebe mir noch einen anderen Sohn (1Mo 30,23.24). Die beiden Zeitwörter im Doppelruf Rahels lauten »wegnehmen« (hebr. *'asaph*) und »hinzufügen« (hebr. *jāsaph*). J. ist für Rahel der Wegnehmer ihrer Schmach der Kinderlosigkeit und zugleich der gewünschte »Mehrer«, d.h. der, der als erster einen zweiten mit sich bringen möge.

J. wurde noch während des Aufenthaltes Jakobs bei *Laban geboren, und zwar ca. sechs Jahre vor dem Wegzug Jakobs aus Paddan-Aram (vgl. 1Mo 30,23f mit 1Mo 31,41). Das Leben J.s wird entfaltet in der sogenannten »Josefsgeschichte« (1Mo 37-50).

Die Erzählungen im 1. Buch Mose halten sich nahezu alle in den Grenzen eines Umfangs von ungefähr 20-30 Versen. Die Josefsgeschichte hat dagegen 392 Verse und ist eine in sich abgeschlossene Einheit.

Das Hauptthema der Josefsgeschichte ist »die Hand Gottes, die alle Wirrnisse menschlicher Schuld zu einem gnädigen Ende führen will« (G.v. Rad, Josephsgeschichte, S. 36). Nach J.s eigenen Worten war es Gott, der ihn nach Ägypten »geschickt« hat, nicht seine Brüder. Das Ziel der Führungen Gottes ist die »Lebenserhaltung«, die schließlich zu einem »großen Entrinnen« führt (vgl. 1Mo 45,4-8).

Die Josefsgeschichte ist die Vorbereitung des Auszugs des Volkes Israel aus Ägypten. Sie erzählt, wie das Volk nach Ägypten gekommen war, bis es durch Jahwe, den Gott der Väter, aus Ägypten herausgeführt wurde.

Die Josefsgeschichte gliedert sich in sieben Teile:

1. Josef im Hause seines Vaters (37,1-17).

Jakob bevorzugte Josef. Er liebte ihn mehr als seine anderen Söhne und ließ ihm ein königliches Kleid anfertigen (37,3f, vgl. 2Sam 13,18f), so daß J. Neid und Ehrfurcht bei seinen Brüdern erregte (37,4). J. selbst war ausgezeichnet durch Träume, die ihm eine glänzende Zukunft voraussagten (37,5-11).

Die Träume J.s waren Gleichnisträume.

a. Der Garbentraum handelt von J. und seinen Brüdern. J. und seine Brüder waren mit dem Binden von Garben beschäftigt. Eine Garbe richtete sich auf, blieb stehen, die anderen verneigten sich vor ihr. Die Brüder verstanden den Traum. Sie sagten: »Du möchtest wohl gern König über uns sein« (37,8).

b. Der Traum von Sonne, Mond und Sternen handelte nicht nur von den Brüdern, son-

So wie Josef kamen viele Asiaten aus Palästina mit Händlern nach Ägypten. Dieses Wandgemälde zeigt Ibscha, den »Herrscher eines fremden Landes«, der ein buntes, knielanges Gewand trägt und sich an der Spitze einer Karawane befindet, die Chnumhotep III. von Ägypten Kosmetika überbringt. Aus dem Grab des Chnumhotep, Beni Hasan. Ca. 1890 v.Chr. (PAC)

dern bezog Vater und Mutter mit ein. Jakob fand es anmaßend, daß die Eltern sich vor J. verneigen sollten. Er maß dem Traum aber eine solche Wichtigkeit zu, daß er ihn im Gedächtnis behielt (37,11).

2. Der Verkauf des Josef (37,18-36).

Die Träume erregten den Neid und die Mißgunst der Brüder. Die Brüder waren entschlossen, J. zu töten. *Ruben verhinderte diesen Plan. Auf den Rat *Judas hin verkauften sie ihren Bruder nach Ägypten (37,26f; 45,4). Als Käufer bzw. als Weiterverkäufer in Ägypten werden einmal Ismaeliter, ein anderes Mal Midianiter genannt. »Ismaeliter« kann eine allg. Bezeichnung für Wüstenstämme sein. Die »Midianiter« waren ein Bruderstamm der ismaelitischen Wüstenstämme, d.h. die Bezeichnung Ismaeliter schließt die Midianiter ein. So kann es einmal heißen, die Midianiter verkauften J. an Potifar (37,36), zum anderen, Potifar kaufte J. von den Ismaelitern (39,1).

Als J. sich seinen Brüdern zu erkennen gab, sagte er: »Ich bin es, den ihr nach Ägypten verkauft habt« (45,4). Das hebr. Wort für »verkaufen«, *mākar*, kann im AT auch so viel bedeuten wie »preisgeben«, »verstoßen«, ohne daß an einen Geschäftsvorgang zu denken ist (vgl. 5Mo 32,30; Ri 2,14; 3,8; 4,2; 10,7; 1Sam 12,9; Jes 50,1; Hes 30,12).

Nachdem die Brüder J. verstoßen hatten, versuchten sie durch ein Täuschungsmanöver ihre Schandtat zu verdecken. Sie verwischten ihre Spuren dadurch, daß sie den blutbefleckten Rock J.s zuerst in andere Häuser schickten, bis er schließlich zu Jakob kam. Jakob zerriß seine Kleider und weigerte sich, irgendeinen Trost anzunehmen.

3. Josef im Hause Potifars (39,1-20).

Es war etwa um das Jahr 1600 v.Chr., als J. nach Ägypten verkauft wurde. Sein Aufenthalt in Ägypten fällt in die Zeit der Hyksosdynastie (1785-1540 v.Chr.). Die Hyksos kamen aus dem N über die syr.-palästin. Landbrücke. Die Mehrzahl der auf den Hyksos-Skarabäen erwähnten Namen erscheint in semit. Sprache. Der Name »Hyksos« bedeutet »Herrscher der Fremdländer« und sagt nichts über ihre Herkunft aus. In Ägypten wird er seit der 12. Dynastie (1991-1785 v.Chr.) gebraucht, um »asiatische Häuptlinge« zu bezeichnen. Da es keine Berichte über eine gewaltsame Eroberung Ägyptens durch die Hyksos gibt, ist an eine lange Zeit der Unterwanderung zu denken. Ein letzter Einwanderungsschub ermöglichte den Hyksos die Übernahme der Herrschaft in Ägypten von 1785-1540 v.Chr. Diese Periode wird das Zweite Zwischenreich genannt. Mit den Hyksos kam ein Strom fremder Einflüsse in das sich sonst streng abschließende Ägypten, und zwar auf allen Gebieten, selbst in der Sprache und Schrift.

Potifar war ein hoher Beamter am Hof eines der Hyksospharaonen. Sein Titel war »Oberster der Schlächter«, d.h. ihm unterstanden die Gerichtsbarkeit, die Leibwache und das Gefängnis. Außerdem heißt es von Potifar, er war »Kämmerer Pharaos« (39,1). »Kämmerer« (hebr. *sārīs*) heißt wörtl. übersetzt »Verschnittener« bzw. »Eunuch«. Eunuchen sind an ägypt. Höfen erst spät bezeugt (vgl. Apg 8,27). Bei den Hyksos jedoch ist eine »Mischung von asiatischen und ägyptischen Gebräuchen« (Montet, S. 117f) anzunehmen. An ihren Höfen gab es Eunuchen. Das Verschnittensein Potifars ist eine Erklärung für das Verhalten seiner Frau. Ihre Aufdringlichkeit stimmt damit überein, daß in Ägypten die Frauen als leichtfertig und untreu galten (Montet, S. 124).

Die alte ägypt. Weisheit rät den Männern: »Willst du die Freundschaft dauern lassen in deinem Hause, in dem du Zutritt hast, als Herr oder als Bruder oder als Freund, an welchem Ort du auch eintrittst, hüte dich, den Frauen zu nahen. Ein Ort, wo sie sind, ist nicht gut« (Erman, S. 92f). Als Potifars Frau nicht von J. abließ, floh dieser, »um nicht der Versuchung zu erliegen« (B. Jacob, S. 730). J.s Handeln war Flucht vor der Unzucht (vgl. 1Kor 6,18-20).

Ungefähr gleichzeitig mit der versuchten Verführung J.s durch die Frau des Potifars sind die Ereignisse zwischen *Juda und *Tamar (1Mo 38). Wie die versuchte Verführung, so sind die Schwagerehe (Levirat), und die Notprostitution (*Prostitution) Grenzfälle der Sexualethik. Im AT sind Mann und Frau in den Familienverband eingeordnet. Der eheliche Verkehr ist sorgfältig geregelt (3Mo 18). Grenzfälle der Sexualethik ereignen sich in der Regel außerhalb der Großfamilie.

4. Josef im Gefängnis (39,21-40,23).

Die Anklage J.s durch die Frau Potifars und das Vorzeigen seines Rockes als Indiz hätten ausgereicht, J. hinrichten zu lassen. Es ist anzunehmen, daß Potifar den wahren Sachverhalt ahnte, denn er ließ J. nur gefangennehmen. Im Gefängnis ereignete sich dasselbe wie in Potifars Haus: »Jahwe war mit Josef« (1Mo 39,2). Jahwe verschaffte J. die Zuneigung aller. Der Oberste im Gefängnis hatte Vertrauen zu J. Zwei hohen Hofbeamten, dem Vorsteher der Mundschenke und dem Bäcker, deutete J. ihre Träume. Es waren Berufsträume. Aus dem Traum des Mundschenks liest J. dessen Unschuld heraus, den des Bäckers deutet er als Straftraum. Der Deutung J.s entsprechend wurde der Mundschenk wieder in

Josef wurde vom Pharao mit einem hohen Amt (1Mo 41,42) betraut. Diesen feierlichen Akt gibt die Darstellung aus dem Grab des Paser wieder, die dessen Einsetzung als Wesir Sethos' I. darstellt. Theben, ca. 1300 v.Chr.

sein Amt eingesetzt, der Bäcker wurde hingerichtet.

Der Mundschenk verlor J. aus dem Gedächtnis. Als aber der Pharao träumte und keiner seine Träume deuten konnte, brachte der Mundschenk J. ins Gespräch.

5. Die Weisheit Josefs und seine Einsetzung zum Wesir (41,1-57).

An den Hof gerufen, deutete J. dem Pharao die beiden Königsträume. Dabei zog er aus den inhaltlich verwandten Träumen die Nutzanwendung. J. erkannte, daß die Träume Pharaos keine Wunschträume waren, die von einem Gegensatz durchkreuzt werden, sondern Wahrträume. J. übersetzte die schon vorliegenden Erkenntnisse des Zukünftigen aus der Bildersprache des Traumes. Die Weisheit J.s übertraf die Kenntnisse der vom Pharao an den Hof gerufenen Weisen. Pharao sprach zu J. »es gibt keinen, der so einsichtig und weise wäre wie du« (41,39).

Pharao überträgt J. die Autorität des Wesirs. Er übergibt ihm den Siegelring, das Gewand aus Leinen, wie es die Priester trugen, die Goldkette, das Ehrenzeichen des Vorstehers der Richter und den zweiten Staatswagen. Mit dem Heroldsruf *Abrek*, »Freund des Königs« (Delitzsch, S. 469), gab er die Macht J.s im Reich bekannt. J. bekommt den Namen Zafenat Paneach, d.h. »der, der den Schlüssel zum Geheimnisvollen hat« (Hirsch, S. 542). J. heiratet Asenat, die Priestertochter aus On. Diese bringt ihm zwei Söhne, Manasse und Ephraim, zur Welt.

6. Die Reisen der Brüder nach Ägypten (42-45).

Nachdem sich die Hungersnot, der J. durch die Anlage von Vorräten in Kornspeichern Einhalt gebieten konnte, auch auf die syr.-palästin. Landbrücke ausgebreitet hatte, zogen zehn der Brüder J.s nach Ägypten, um Getreide zu kaufen. Es ist anzunehmen, daß J. die Brüder bereits erwartet und von vornherein spezielle Anweisungen gegeben hatte. J. war entschlossen, die Brüder zu prüfen. Er wollte sie nicht bestrafen, auch handelte er nicht aus niedriger Rachsucht. Alles, was er tat, hatte das eine Ziel, zu verhindern, daß das einmal Geschehene sich noch einmal wiederholte. Die Prüfungen J.s sollen das jetzige Wesen der Brüder erkennen lassen. Zu diesem Zweck beschuldigt er die Brüder der Spionage, behält *Simeon als Gefangenen zurück und verlangt, daß sie bei ihrer nächsten Reise *Benjamin mit nach Ägypten bringen. An dem Verhalten der Brüder Benjamin gegenüber will J. erkennen, ob die Brüder sich gewandelt haben. J. läßt in Benjamins Sack einen Becher verstekken. Es war kein Wertstück aus Gold, sondern ein Silberbecher, zu dem J. einen persönlichen Bezug hatte. J. pflegte aus diesem Becher zu trinken (44,5). In den meisten Übersetzungen heißt es außerdem: »Josef pflegte aus ihm wahrzusagen« (44,5). Diese Übersetzung und Annahme, J. habe sich an der Wahrsagerei in Form der Hydromantie beteiligt, ist nicht zwingend. Das Wort für wahrsagen (hebr. *nāchasch*) kann auch soviel heißen wie »auf einen Nebenumstand Gewicht legen, sich darum sorgen«. Dann heißt der Text: Das ist doch der Becher, aus dem mein Herr trinkt, und er wird darin (d.h. in seinem Verschwinden) ein übles Zeichen sehen (vgl. B. Jacob, S. 793ff). Die Brüder lassen Benjamin nicht im Stich. Sie kehren geschlossen zu J. zurück. Juda erklärt sich in einer großartigen Rede (44,18-34) bereit, stellvertretend für Benjamin zu leiden. Daraufhin gibt sich J. zu erkennen. Die Brüder kehren zu ihrem Vater zurück und überbringen ihm die Einladung des Pharao, nach Ägypten zu ziehen.

7. Jakob in Ägypten (46-50).

Jakob und seine Söhne bekommen das Land *Goschen vom Pharao zugewiesen (46,34). Es ist das beste Weideland Ägyptens (vgl. Hertz, S. 171). Im Land Goschen wurden Jakob und seine Söhne zu einem großen Volk (47,27). Jakob starb im Alter von 147 Jahren (47,28). Vor seinem Tod nahm er J. das Versprechen ab, ihn nicht in Ägypten, sondern im Land seiner Väter zu begraben (47,29). Dann segnete er Ephraim und Manasse, die Söhne J.s, und nahm diese an Kindes Statt an (48). Schließlich segnete Jakob alle seine Söhne (49).

J. starb in Ägypten im Alter von 110 Jahren (50,22.26). Zuvor ließ er die Söhne Israels schwören: »Wenn Gott sich dereinst euer gnädig annehmen wird, dann sollt ihr meine Gebeine von hier mitnehmen« (50,25).

II. SONSTIGES VORKOMMEN DES NAMENS JOSEF ZUR ZEIT DES ALTEN TESTAMENTS.

1. J. aus dem Stamm *Issaschar war der Vater Jigals. Jigal wurde von Mose als Vertreter seines Stammes entsandt, um Kanaan auszukundschaften (4Mo 13,7).

2. J., ein Nachkomme *Asafs, war Vorsteher der 1. Sängerklasse (1Chr 25,2.9).

3. J., ein Israelit aus den Söhnen Sakkais, gehörte zu denen, die ihre fremdländischen Frauen verstießen (Esr 10,42).

4. J., das Haupt der Priesterfamilie Schebanja z.Zt. des Hohenpriesters *Jojakim (Neh 12,14).

5. J., der Simeoniter war ein Ahnherr Judits (Jdt 8,1).

6. J., ein Sohn Sacharjas, nahm mit Judas Makkabäus am Feldzug gegen Nikanor teil (2Mak 8,22).

7. J. heißen zwei Ahnherren Jesu (Lk 3,24.30).

III. JOSEF AUS DEM HAUSE DAVIDS.

J., der Nährvater Jesu, war ein Nachkomme Davids (Mt 1,20; Lk 1, 27; 2,4; 3,31). Er war der Bräutigam *Marias (Mt 1,18-20.24f). J. stammte aus *Bethlehem (Lk 2,4) und wohnte in *Nazareth (Mt 2,23; Lk 2,4.39.51).

In die Geschichte ging J. ein als »Zimmermann« (Mt 13,55). Das Wort im Urtext heißt wörtlich übersetzt »Bauhandwerker« (griech. *tekton*). J. baute Häuser aus Lehm und Stein. Er machte Höhlen bewohnbar und versah sie mit Vorbauten, er schlug Treppen in den Fels und Vertiefungen in den Stein. Die Bezeichnung »Zimmermann« entstand erst im Mittelalter, da zu jener Zeit Häuser aus Holzfachwerk errichtet wurden.

Die Heimatstadt J.s, Bethlehem, war bekannt als Stadt der Bauhandwerker und Steinmetzen, die von dort aus in das ganze Land gerufen wurden. Unverheiratete Bauhandwerker hielten sich oft lange in anderen Gebieten Palästinas auf. So ist es zu erklären, daß J. aus Bethlehem in Nazareth arbeitete. Dort wurde ihm Maria als Verlobte versprochen. Bei der Anordnung der Schätzung hatte J. Maria bereits geheiratet. Zur Steuerschätzung aber mußte er in seinen Heimatort ziehen. Dort ließ er sich mit Maria, seiner Frau, in die Steuerlisten eintragen. Sie machten sich, obwohl Maria hochschwanger war, auf den Weg von Nazareth nach Bethlehem.

Als J. von der Schwangerschaft Marias hörte, suchte er zunächst einen Ausweg. Von zwei Möglichkeiten wollte J. keinen Gebrauch machen: von einer Anzeige und vom Scheidebrief. J. hätte Maria verklagen und ihre Bestrafung fordern können. Die gesetzliche Strafe für die Untreue der Braut war die Steinigung (5Mo 22,23f; Joh 8,1-11). Als Tochter aus priesterlichem Geschlecht (vgl. Lk 1,36) hätte Maria nach damaligem Recht mit einer verschärften Strafe rechnen müssen. Sie wäre verbrannt worden.

Der Scheidebrief ist die öffentliche Entlassung der Frau aus der Ehe bzw. der Verlobten aus dem Eheversprechen. Eine Entlassene aber war damals eine lebenslänglich Gezeichnete. Ihre Ehre war für immer angetastet.

J. fand einen anderen Ausweg: Er entschied sich für das heimliche Verlassen Marias. Er stellte Maria weder vor Gericht, noch brachte er sie in Schande. Er entschloß sich, Maria in

Josef mit dem Jesusknaben. Ikone aus dem Mönchskloster auf Patmos. Nicht datiert – Frühe Neuzeit. (HK)

aller Stille (»heimlich«, Mt 1,19) zu verlassen. Damit nahm er selbst die Schuld auf sich. Bei der heimlichen Trennung treffen die härtesten Urteile nicht Maria, sondern J. Jesus aber wäre als uneheliches Kind einer verlassenen Braut geboren worden. In Gottes Augen war der Plan J.s falsch! Der so gut scheinende Ausweg war nicht Gottes Weg. J. war im Begriff, sich selbst aufzugeben, nur um Maria nicht den Richtern auszuliefern. Da griff Gott ein und redete zu J. im Traum (Mt 1,20ff).

Der Traum J.s unterscheidet sich von den Träumen, in denen Gott zu Heiden sprach. Gott gibt J. im Traum nicht nur einen Auftrag, sondern erklärt ihm auch das wunderbare Geschehen: »was sie empfangen hat, das ist von dem heiligen Geist« (Mt 1,20). Im Traum eröffnet Gott J. ein neues Verstehen. Dazu kommt ein zweites Unterscheidungsmerkmal des Traumes J.s von den Träumen der Heiden: J. erscheint im Traum ein Bote Gottes. Wenn Gott in Träumen zu Heiden spricht, werden keine Engelerscheinungen erwähnt. Durch Engel redet Gott im Traum nur zu Glaubenden. Im Traum zeigt der Gottesbote J. den Weg, den er gehen soll. Er spricht: »Nimm Maria, deine Verlobte, als Ehefrau zu dir« (Mt 1,20). Mit diesen Worten wird J. als Vater Jesu eingesetzt. J. tut, was der Engel ihm aufgetragen hat (Mt, 1,24). Der Sohn Gottes wird adoptiert von einem Handwerker. Er wird ein Kind einer einfachen, in Nazareth wohnenden Familie und so vor dem Schicksal einer Halbwaisen bewahrt. J. übernimmt dem Kind gegenüber die Pflichten eines Vaters.

Durch die Adoption Jesu durch J. bekommt Jesus das Recht eines leiblichen Sohnes J.s. Jesus ist hineingenommen in das Geschlecht Davids. Maria, eine Verwandte der *Elisabeth und des *Zacharias (Lk 1,36), gehörte zu der von Aaron ausgehenden priesterlichen Linie. J. aber war ein Nachkomme Davids (Mt 1,20; vgl. Lk 3,23.31). J. wurde der Nährvater Jesu und trug so zur Erfüllung der Verheißung bei, die dem Hause Davids gegeben war. Jesus war durch die im Gehorsam vollzogene Adoption durch J. unanfechtbar in den Stammbaum des Hauses Davids eingefügt. Mit Jesus war der erwartete und ersehnte Messias, der »Sproß aus dem Hause Davids«, gekommen (2Sam 7,12-16; Ps 132,17; Jer 23,5; 33,15; Röm 15,12; Offb 5,5; 22,16).

Im Unterschied zu Maria tritt J. während des öffentlichen Wirkens Jesu nicht mehr auf.

IV. SONSTIGES VORKOMMEN DES NAMENS JOSEF IM NEUEN TESTAMENT.

1. J. hieß einer der Brüder Jesu. Neben J. werden als Brüder Jesu außerdem genannt: Jakobus, Simon und Juda (Mt 13,55; 27,56; Mk 6,3).

2. J. von Arimatäa war ein Mitglied des Hohen Rates (*Sanhedrin), ein reicher Mann und ein geheimer Jünger Jesu. Von Pilatus erhielt er den Leichnam Jesu und bestattet ihn in seinem eigenen Grab (Mt 27,57-60; Mk 15,43-46; Lk 23,50-53; Joh 19,38-42).

3. J., genannt Barsabbas, mit dem Beinamen Justus. Er bewarb sich neben *Matthias um die Nachfolge des *Judas Iskariot im Jüngerkreis (Apg 1,23).

4. J. ein Levit aus Zypern, der von den Aposteln den Beinamen *Barnabas erhielt (Apg 4,36). Er war ein Vetter des Johannes Markus (Kol 4,10).

Literatur: F. Delitzsch: Genesis, 1887; J.H. Hertz (Hrsg.): The Pentateuch and Haftorahs, ²1961; S.R. Hirsch: Der Pentateuch, 1. Teil, Die Genesis, 1867; G. von Rad: Das erste Buch Mose (Genesis), ATD 2–4, ⁶1961; ders.: Die Josephsgeschichte, in: Gottes Wirken in Israel, 1974; C. Westermann: Genesis (37–50), BKAT I/3., 1982; A. Erman: Ägypten und Ägyptisches Leben im Altertum, neu bearbeitet von H. Ranke, 1923; P. Montet: Das alte Ägypten und die Bibel, o.J.; E. Otto: Ägypten, der Weg des Pharaonenreiches, ⁵1979; L. Schmidt: TRE XVII, 1987, 255–258. H.Br.

JOSEPHUS, FLAVIUS.

J., 37/38 n.Chr. bis etwa 100, jüd. General und Schriftsteller, stammte aus einer Familie des Jerusalemer Priesteradels. Er wurde rabbinisch erzogen und will schon mit 14 Jahren so gelehrt gewesen sein, daß Hohepriester und Vornehme Jerusalems seinen Rat einholten. Mit 16 hat er angeblich nacheinander die Lehren der *Pharisäer, *Sadduzäer und *Essener studiert und danach drei Jahre in der Wüste mit einem Einsiedler namens Bannus gelebt. 19jährig schloß er sich den Pharisäern an und wandte sich der Politik zu. Im Jahre 64 reiste er nach Rom und erreichte dort die Freilassung einiger Priester. 66 kehrte er nach Judäa zurück; im selben Jahr begann der jüd. Aufstand gegen Rom. Nach J.' eigenen Angaben riet er gegen den Krieg – wie viele Juden der Oberschicht. Nach den jüd. Anfangserfolgen schloß J. sich aber der Revolution an und wurde zum Oberbefehlshaber zelotischer Gruppen um Johannes von Gischala, die seiner Entschlossenheit, wohl mit Recht, mißtrauten. Als *Vespasian mit drei Legionen und Hilfstruppen im Frühjahr 67 in Galiläa einrückte, floh die jüd. Armee unter J. kampflos. J. verschanzte sich schließlich mit einem Großteil seiner Truppen in der Festung Jotabata. Diese fiel nach 47-tägiger Belagerung, J. versteckte sich mit 40 anderen in einer Zisterne. Einem gemeinsamen Selbstmordbeschluß entzog er sich in undurchsichtiger Weise, ergab sich den Römern und weissagte Vespasian die Kaiserwürde. Die Prophezeiung traf 69 ein, J. wurde freigelassen und führte seitdem den Gentilnamen seines kaiserlichen Patrons Flavius. Auf Seiten der Römer kehrte J. mit *Titus nach Judäa zurück. Während der Belagerung Jerusalems wurde er eingesetzt, um die Verteidiger zur Kapitulation zu überreden. Nach Kriegsende erhielt er ein Landgut. J. ließ sich in Rom nieder und lebte in einem Haus des Kaisers etwa 30 Jahre von einer kaiserlichen Pension und den Erträgen seines Landbesitzes als Literat. J. war viermal verheiratet, von seinen 5 Söhnen lebten, als er seine Autobiographie verfaßte, noch drei.

Werke:

1. »Über den jüdischen Krieg« (De bello iudaico), in 7 Büchern, vollendet auf Griechisch zwischen 75 und 79, schildert Aufstieg und Untergang des jüd. Staates vom Aufstand der Makkabäer bis 73 n.Chr. Buch I-II: Knappe Darstellung der Geschichte bis zum Ausbruch des Krieges mit Rom (66 n.Chr.); III: Die Ereignisse in Galiläa; IV: Die Eroberung Judäas; V-VI: Der Höhepunkt, Belagerung und Zerstörung Jerusalems; VII: Das tragische Ende. Die Darstellung der Zeit bis 6 n.Chr. (I,31-II,116) geht wahrscheinlich auf die Weltgeschichte des Nikolaus von Damaskus, einen Freund und Ratgeber *Herodes des Großen, zurück (Tendenz: Positive Schilderung des Herodes); die Quelle ist – mitunter recht ungeschickt – gekürzt. Die Darstellung der Zeit von 6-66 ist lückenhaft. Für die Zeit danach konnte J. auf seine Erinnerung, eigene Aufzeichnungen und die Kriegstagebücher von Vespasian und Titus zurückgreifen. Tendenzen sind: Positive Darstellung des jüd. Volkes und der Oberschicht (Die Schuld am Krieg wird einer Gruppe von Fanatikern angelastet), Romfreundlichkeit, Verherrlichung von Vespasian und Titus, Apologie des eigenen Handelns. Diese Tendenzen stören teilweise den tragischen Aufbau. Der griech. Fassung ging eine verschollene aram. Darstellung des Krieges voraus, die vermutlich als röm. Propagandaschrift an die Juden des Ostens gesandt worden war. Der griech. »Krieg« wurde mit Hilfe von Mitarbeitern verfaßt und ist das stilistisch beste Werk des J. Als Geschichtsquelle vor allem für die Zeit ab 66 ist der Bericht des Augenzeugen trotz der teilweise tendenziösen Darstellung von unersetzlichem Wert.

2. »Die jüdische Archäologie« (Antiquitates Iudaicae), in 20 Büchern, erschienen 93/94, ist ein kompilatorisches Werk über die Geschichte des jüd. Volkes von der Schöpfung der Welt bis zum Ausbruch des jüd. Krieges (66 n.Chr.). Buch I-X: Die Geschichte bis zum babylon. Exil; XI-XII: Rückkehr, Herrschaft der Perser und Makedonier bis zum Makkabäeraufstand; XIII-XIV: Herrschaft und Untergang der Hasmonäer; XV-XVII: Herodes und Archelaos; XVIII-XX: Die Herrschaft der Römer bis zum Kriegsbeginn. Buch I-XIII, 212 geht hauptsächlich auf die bibl. Bücher (meist LXX), den Aristeasbrief und 1Makk zurück, unter Einschaltung von bestätigenden oder ergänzenden Zeugnissen griech. Historiker und zahlreicher Legenden, vielleicht aus der alexandrinischen Gelehrtentradition übernommen. Danach, bis XVII, sind Strabo, Nikolaus von Damaskus und eine weitere Herodesbiographie die Hauptquellen, durch andere Quellen, Legenden etc. erweitert (besonders wichtig: offizielle Dokumente). In den drei letzten Büchern wurden zumindest ein röm. Geschichtswerk, eine Hohepriesterliste, Dokumente und mündliche Überlieferung benutzt. Ähnlich wie im »Krieg« ist die frühere Geschichte gerafft, je näher J. an die eigene Zeit kommt, desto breiter und ausführlicher erzählt er. Das Werk ist apologetisch: Bei grundsätzlicher Anerkennung von Moral und Wertvorstellungen der politisch überlegenen griech.-röm. Kultur wird in einer hellen. literarischen Form (vgl. die »Römische Archäologie« in 20 Büchern des Dionysius von Halikarnassus) die Altehrwürdigkeit und Philanthropie des Judentums betont. Einige anstößi-

ge Geschichten (1Mo 38, 2Mo 32, 4Mo 12) werden weggelassen. J. will der griech. lesenden Welt zeigen, daß nur die von dem Gesetzgeber Mose gegebene soziale Ordnung, die auf Gott zurückgeht, wahres menschliches Glück ermöglicht.

3. »Das Leben des Josephus« (Vita), als Anhang an die Archäologie publiziert (aber vielleicht erst späteren Datums), ist ein autobiographischer Bericht, der in seinem Hauptteil (28-413) dazu dient, das Verhalten des J. während des Krieges in Galiläa (66/67) zu verteidigen, nachdem J. sich – vor allem in seiner Romfreundlichkeit – durch eine verschollene Schrift des Justus von Tiberias über den jüdischen Krieg persönlich angegriffen fühlte. Die Darstellung weicht von der im »Krieg« ab, einiges ist stark beschönigt. Stilistisch ist es das schwächste Werk des J.

4. »An die Griechen« oder »Über das hohe Alter des jüdischen Volkes« (Contra Apionem), geschrieben nach 93, ist eine Apologie des Judentums (vgl. oben 2.). I,1-56: Über die jüd. Geschichtsschreibung im Vergleich zur griech. (älter und wahrer); I,57-218: Beweise der Altehrwürdigkeit des jüd. Volkes aus nichtjüd. Schriften; II,1-144: Widerlegung antijüd. Angriffe (des alexandrinischen Grammatikers Apion und anderer); II,145ff: Über das jüd. Gesetz im Vergleich mit griech. Verfassungen. Das Werk stellt jüd. Theologie und das Judentum in hellen. rationaler Form dar; wertvoll ist es vor allem wegen der Sammlung von Zitaten antijüd. Polemik und als Beispiel antiker jüd. Apologetik.

Literatur: Textausgaben: Flavius Josephus: Opera. (hrsg. von B. Niese, 1885-95) ²1955 (6 Bde. u. Index); H.St.J. Thackeray et al.: 1926-65 (Loeb Classical Library, 9 Bde., mit engl. Übers.); Flavius Josephus: De Bello Judaico. Der Jüdische Krieg. griech./deutsch, hrsg. und mit Anm. versehen von O. Michel, O. Bauernfeind, ab 1962; Flavius Josephus: Jüdische Altertümer. Übers. von H. Clementz, ⁶1985; L.A. Feldmann: Josephus and Modern Scholarship (1937-1980), 1984 (kritisch kommentiert); G. Hölscher: Pauly-Wissowa, RE 9,2, Sp. 1934-2000; R. Laqueur: Der jüdische Historiker Flavius Josephus, 1920; H.St.J. Thackeray: Josephus, The Man and the Historian, (1926) 1967; T. Rajak: Josephus, the Historian and his Society, 1983. G.L.

JOSES. (Griech. Form des hebr. Namens Josef).

1. Einer der Brüder Jesu (Mk 6,3). Die besseren Hss. bieten seinen Namen als Josef.

2. Nach Apg 4,36 hieß *Barnabas ursprünglich J. Auch hier haben die besseren Hss. Josef.

3. Sohn der *Maria und Bruder des jüngeren *Jakobus (Mt 27,56; Mk 15,40).

JOSIA. (Hebr. *jōschijjāhū*, bzw. als *jōschijjā*, »Möge Jahwe geben«).

1. 17. König von Juda. Der Sohn *Amons und Enkel *Manasses wurde vom »Volk des Landes« im Alter von 8 Jahren nach der Ermordung seines Vaters zum König gemacht (639-609 v.Chr.; 2Kön 21,24-25,1; 2Chr 33,25-34,1).

Die Macht Assyriens, das noch die Oberherrschaft über Juda hatte, war im Begriff zu zerfallen. Deshalb schickte sich J. an, sein Territorium nach N hin auszudehnen. Nach 2Chr 24,4-7 wandte sich J. gleich zu Anfang seiner Regierungszeit wieder zu Jahwe und führte rel. Reformen durch. Aber erst im Jahre 622 v.Chr. begann infolge der Auffindung einer Gesetzesrolle im Jerusalemer Tempel - die in einer nicht näher feststellbaren Weise mit dem *Deuteronomium/5. Buch Mose, in Zusammenhang stand – J.s umfassende Kultreform (2Kön 23). Er schaffte die Höhenheiligtümer ab, wo eine Mischform aus Jahweglauben und Baalsfrömmigkeit (Sexualkult zur Garantie der Fruchtbarkeit des Landes) gepflegt wurde. Er und sein Volk schlossen einen neuen Bund mit Jahwe (2Kön 23,1-3; 2Chr 34,29-33), wobei die Gesetzesrolle als allg. Gesetzgebung anerkannt wurde. J. ließ auch das Passafest in seit den Tagen Samuels nicht mehr gekanntem großen Stil feiern (2Kön 23,21-23; 2Chr 35,1-19). Fortan gab es nur in Jerusalem die Möglichkeit, Gott die gebotenen Opfer darzubringen. Diese an sich lobenswerte Reform, für die ihm die Bibel auch höchstes Lob zuteil werden läßt, führte aber auch zu neuen Schwierigkeiten. Es ist anzunehmen, daß der »arbeitslos« gewordene »niedere Klerus«, jene oft im Jeremia-Buch erwähnten Prophetenscharen, nunmehr in Jerusalem am zentralen Heiligtum erschien und sich nur äußerlich der Kultreform anpaßte. Diese »Propheten« – sie traten immer in Massen auf – verstärkten auf sehr oberflächliche Weise eine fatale Heiligtumstheologie.

Das Ergebnis der Reformpolitik J.s mußte der zu dieser Zeit wirkende Prophet *Jeremia aufs schärfste verurteilen (Jer 7; 26). 609 v.Chr. kam *Necho II. von Ägypten von dem ägypt. Außenposten in Megiddo aus den Assyrern in Haran zu Hilfe (A.K. Grayson, Assyrian and Babylonian Chronicles, 1975, S. 96, 11.66-69). Der Assyrerkönig war von Babyloniern und Medern aus seiner Hauptstadt vertrieben worden. Obwohl Necho II. Palästina nur als Durchzugsgebiet benötigte, sah J. Ägypten als Bedrohung seines eigenen Königreiches an und trat ihm in Megiddo entgegen. Vielleicht erhoffte sich J. von einem militärischen Sieg über die Ägypter eine Sicherung seiner Südgrenze. J. wurde jedoch schwer verletzt und starb in Jerusalem (2Kön 23,29.39; 2Chr 35,20-24).

2. Sohn *Zefanjas, der z.Zt. *Sacharjas lebte (Sach 6,10). D.W.B.

JOSUA.

1. Josua, der Sohn Nuns, ein Enkel *Elischamas, aus dem Stamm Ephraim (1Chr 7,27) wurde von seiner Familie *hōschea*, »Heil/Rettung« genannt (4Mo 13,8). Dieser Name taucht im Stamm Ephraim wiederholt auf (1Chr 27,20; 2Kön 17,1; Hos 1,1). *Mose fügte den Namen Gottes hinzu und nannte ihn *Jehōschua*, »Jahwe ist Heil/Rettung« (5Mo 32,44; 2Mo 33,11 u.a.), was im Deutschen normalerweise mit Josua wiedergegeben wird. Der griech. Name Jesus spiegelt die aram. Kurzform *jēschūᶜ* wider (vgl. Neh 3,19, u.ö.).

Z.Zt. des Auszugs aus Ägypten war J. ein junger Mann (2Mo 33,11). Mose wählte ihn zum persönlichen Gehilfen und gab ihm Befehlsgewalt über eine Abteilung der noch nicht organisierten Stämme, die die plündernden Amalekiter abzuwehren hatte (2Mo 17,8ff). Als Vertreter der Ephraimiten bei der Erkundung Kanaans (4Mo 13-14) unterstützte J. *Kalebs Empfehlung, mit der Invasion zu beginnen. Kaleb, der Ältere und die führende Persönlichkeit, wird in diesem Zusammenhang manchmal allein genannt. Aber es ist unwahrscheinlich, daß es eine Version dieser Episode gab, die J. ausschließt, oder daß ein späterer Historiker leugnete oder nicht davon wußte, daß J. auch dem Fluch über das ungläubige Volk entkam.

Als Mose am Sinai allein vor dem Herrn stand, hielt J. Wache (2Mo 24,13ff). In der Stiftshütte lernte er, dem Herrn zu dienen. In den folgenden Jahren kam zweifellos etwas von Moses Geduld und Sanftmut zu J.s Tapferkeit hinzu (2Mo 24,13; 32,17f; 33,11; 4Mo 11,27f). Am Jordan wurde J. formell zu Moses militärischem Nachfolger geweiht, gleichrangig mit dem Priester *Eleasar (4Mo 27,18ff; 34,17; vgl. 5Mo 3,21ff; 31, wo J.s Position besonders betont wird). Zu dem Zeitpunkt war J. wahrscheinlich 70 Jahre alt.

J. besetzte das Gebiet von *Gilgal und baute die Stellung aus, kämpfte erfolgreich gegen kanaan. Bündnisse und führte weitere Operationen an, solange gemeinsames Vorgehen Israels erforderlich war. Die Besiedlung des Landes hing von der Initiative der Stämme ab. J. wollte sie in Silo, wo das Nationalheiligtum eingerichtet wurde (Jos 22), durch eine formale Aufteilung der Gebiete erreichen.

Am Ende seines Lebens versammelte er alle Stämme Israels zu einem Landtag nach *Sichem (Jos 24). J. starb mit 110 Jahren und wurde in Timnat-Serach begraben.

2. Josua ben Josedech (bei Esr und Neh im hebr. Text Jeschua genannt) war Hoherpriester z.Zt. des Wiederaufbaus von 537 v.Chr. an. Unter ihm wurde der Altar wiederhergestellt und der Tempel eingeweiht. Er wurde prophetisch der »Zweig«, »Sproß« oder »Schößling« (Sach 6,12) genannt.

3. Josua von *Bet-Schemesch, der Besitzer des Feldes, auf dem die Bundeslade abgeladen wurde, als die Philister sie an Israel zurücksandten (1Sam 6,14).

4. Stadtoberster von Jerusalem z.Zt. des Königs *Josia (2Kön 23,8). J.P.U.L.

JOSUA, BUCH. Josua schildert das Eindringen der Stämme Israels unter Josua in Kanaan, die sog. Landnahme (Kap. 1-12), Landverteilung (13-22), Abschiedsrede Josuas, Bundeserneuerung in Sichem und Josuas Tod (23f). Die Erkundung des Landes, der Übergang über den Jordan, die Errichtung des Lagers und eines Brückenkopfes bei Gilgal und Jericho, das Vordringen in das Bergland um Ai und Bethel, die damit verbundene Niederlage und der anschließende Sieg sowie das Bündnis mit den Gibeoniten werden breit ausgemalt. Es sind exemplarische Ereignisse. Die Eroberung des S und des N werden nur summarisch dargestellt. Der 1. Teil schließt mit der Feststellung: »So nahm Josua das ganze Land ein« (11,23) und zählt die unterworfenen Könige auf (12). Der 2. Teil öffnet mit der Feststellung, daß noch viel Land einzunehmen bleibt (13,1) und der Aufzählung der in kanaan. Hand verbliebenen Gebiete. Auffällig detailliert werden der Besitz Judas, die Nie-

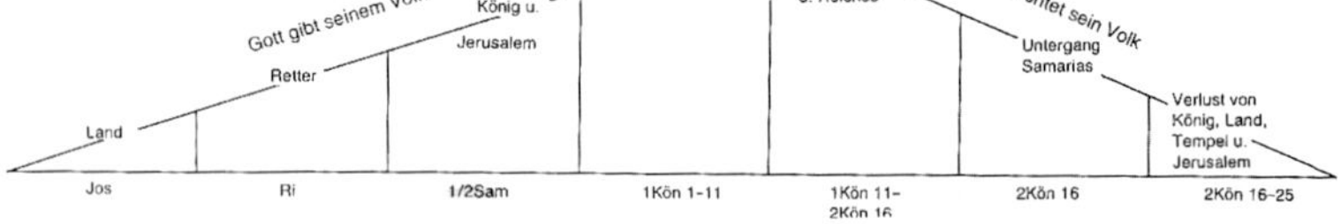

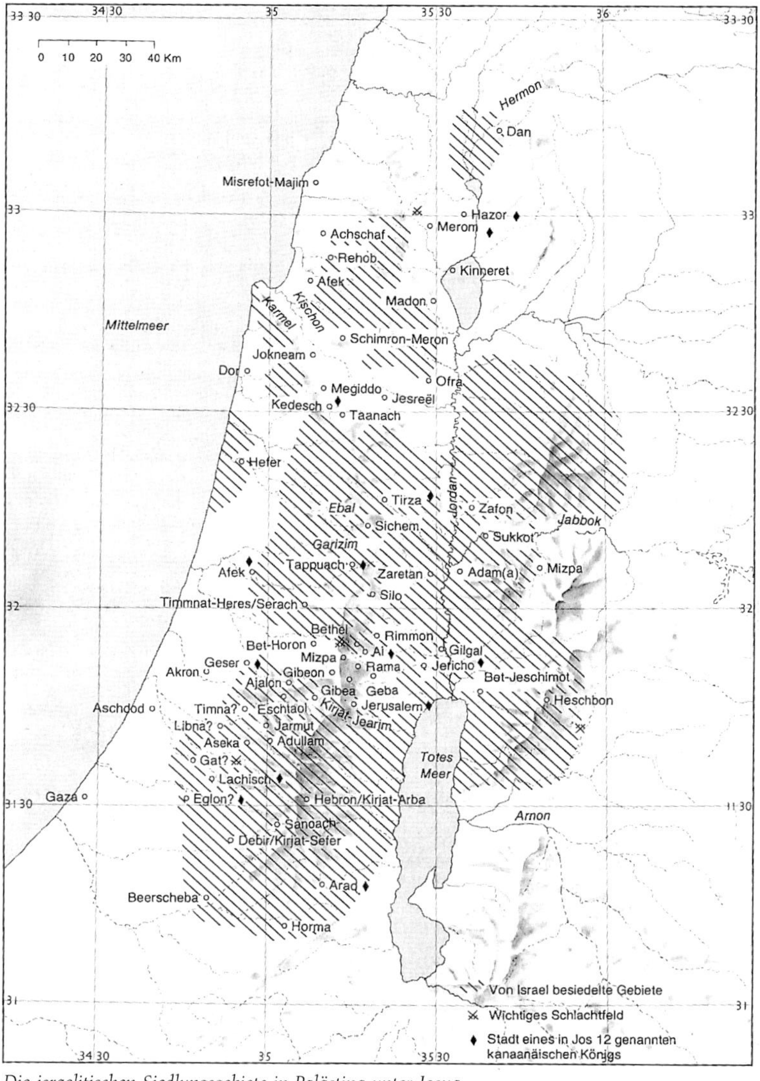

Die israelitischen Siedlungsgebiete in Palästina unter Josua.

derlassung der Keniter in Hebron, das Erbe der Josefstämme und Benjamins beschrieben. Das Erbe der übrigen Stämme wird nur summarisch aufgezählt. Mit der Nennung der Freistädte und der Levitenstädte sowie der Erzählung von der Rückkehr der Ostjordanstämme endet der 2. Teil. Den Abschluß bildet Josuas geistliches Testament, das mit dem Bundesschluß bei Sichem gekrönt wird. Mit der Niederlassung in Kanaan wurde die Verheißung Gottes an die Väter eingelöst. Der Herr gab ihnen Ruhe, wie er den Vätern geschworen hatte (21,43-45; 23,14).

A. Inhaltsübersicht.

I. LANDNAHME (1,1-12,24).

1. Die Vorbereitung (1,1-5,15): Amtseinführung Josuas, Kundschafter, Überquerung des Jordan, Beschneidung und Passa im Lager bei Gilgal.

2. Ausbau des Brückenkopfes (6,1-8,35): Eroberung Jerichos, Niederlage und Sieg bei Ai, Gesetzesverkündigung und Bundesschluß bei Sichem.

3. Einnahme des restlichen Landes (9,1-12,24): Bündnis mit den Gibeoniten, Eroberung des Südens und des Nordens sowie Auflistung der unterworfenen Könige.

II. LANDVERTEILUNG (13,1-22,34).

1. Auflistung uneroberter Gebiete und Verteilung des Ostjordanlandes unter Mose (13,1-33).

2. Verteilung des Westjordanlandes (14,1-19,51): Zuweisung an das Haus Kaleb (Keniter), den Stamm Juda, die Josefstämme und Benjamin sowie die restlichen 6 Stämme.

3. Sonderbestimmungen (20,1-22,34): Freistädte, Levitenstädte, Rückkehr und Verpflichtung der Ostjordanstämme.

III. JOSUAS VERMÄCHTNIS UND TOD (23,1-24,33).

1. Josuas theologische Schlußermahnung (23,1-16).

2. Historischer Rückblick und Bundesschluß in Sichem (24,1-28).

3. Josuas und Eleasars Tod; Bestattung der Gebeine Josefs (24,29-33).

B. Platz im Kanon, Zielsetzung und Darstellungsweise.

In der hebr. Bibel eröffnet Jos die Reihe der vorderen Propheten, zu denen weiterhin Ri, 1/2Sam und 1/2Kön zählen. Diese Unterteilung der Prophetenschriften in vordere (*nebi'im ri'schonim*) und hintere Propheten (*nebi'im 'ächaronim*: Jes, Jer, Hes und die Zwölf [kleinen Propheten]) stammt aus dem Mittelalter. Die Bezeichnung erklärt der Babylonische Talmud (Baba Batra 14b/15a) so, daß diese Schriften von Propheten abgefaßt sind. Doch auch vom Inhalt her erklärt sie sich. Die ganze hier geschilderte Geschichte Israels ist von Propheten begleitet, die dem Volk Gottes in jeder Situation das jeweils aktuelle Gotteswort mitteilen. Am Gehorsam bzw. Ungehorsam gegenüber dem Gesetz und dem prophetischen Gotteswort entscheidet sich, ob Israel im Lande bleibt oder der Gabe des Landes verlustig geht (vgl. Jos 23,15f; 2Kön 17,13.23). Das ist nicht eine Theologie der Gesetzlichkeit, denn aller Gesetzesbefolgung voraus geht die Erwählung und Erlösung des Volkes (2Mo 20,1) und die unverdiente Gabe des Landes (5Mo 7,7; 9,4). Der geforderte Gehorsam ist nichts anderes als »die eigentlich selbstverständliche Antwort auf Gottes vorlaufendes Heilshandeln und Folge der Liebe und Furcht Gottes« (O. Kaiser, 137). Zudem handelt es sich um Geschichtsschreibung unter prophetischer Perspektive: Es wird gezeigt, wie sich Gottes Wort in der Geschichte in Gnade und Gericht verwirklicht. Dabei behandeln die vorderen Propheten ein zusammenhängendes Thema: Israels Weg von der Landgabe zum Landverlust. In beidem bewährt sich Gottes Treue zu seinem Wort.

Trotz der Integration in das größere Ganze eignet Jos (und Ri) eine unübersehbare Selbständigkeit und innere Geschlossenheit. Sie bilden die Brücke zwischen Mosezeit und nachfolgender Geschichte. Die Gabe der Tora ist mit 5Mo abgeschlossen. Ihr ist nichts hinzuzufügen; sie ist zu befolgen (Jos 1,8; 8,31.34). Moses Werk, der Auszug, findet mit dem Einzug in Kanaan seinen Abschluß. Wüstenwanderung und wunderbare Ernährung gehen mit Passa und erstem Mahl vom Getreide des Landes zu Ende (5,10ff). Die Verheißung an die Väter wird eingelöst (21,43ff). Aufgrund dieser Verflechtung versuchte man Jos dem Pentateuch zuzuordnen und sprach vom Hexateuch (vor allem G.v. Rad). Doch die Zeit der Gewährung der Tora ist eine in sich geschlossene Größe, und auch Jos schildert ein in sich abgeschlossenes Geschehen: die Inbesitznahme des verheißenen Landes von Josuas Amtsantritt bis zu seinem Tod. Bei der zielstrebig angelegten Darstellung geht es sowohl um das Werk Josuas als auch um die Tat Gottes, der durch ihn dem Volk die verheißene Gabe des Landes zueignet: Der Herr hat es gegeben und sie nahmen's ein (1,6ff; 6,16b; 21,43f; 24,8.12f). Man sollte also weniger von »Landnahme« als von »Landgabe« reden. So war alles eingetreten, was der Herr dem Hause Israel verkündigt hatte (21,45; 23,14).

Die Tatsache, daß Gott der Geber des Landes ist, bestimmt die Darstellung des Buches Jos. In den exemplarischen Kapiteln 5-8 wird deutlich, daß das Volk die Gabe Gottes nur soweit einnehmen kann, wie es der Weisung Gottes folgt. Wird der Bund übertreten (7,15), ist Gott nicht mit seinem Volk (7,12), und es kann seine Feinde nicht überwinden. Deshalb muß Israel das Gesetz Moses immer wieder hören und vor Augen haben (8,30ff). Eine Verbindung mit Bewohnern des Landes ist nur möglich, wo diese sich unter Bund und Weisung Gottes stellen (Kap. 9). Die summarische Darstellung in Kap. 10 und 11 will das

Bild abrunden und zeigen, daß Josua das ganze Land einnimmt (11,23), weil Gott für Israel streitet (10,14). Auch die Landzuweisung geschieht auf Geheiß Gottes (14,1ff). Wenn die Stämme ihr jeweiliges Gebiet als Erbteil zugesprochen bekommen, so wird damit unterstrichen, daß Gott der Eigentümer des Landes bleibt (3Mo 25,23). Das Land ist eine an den Geber gebundene Gnadengabe, deren Israel verlustig geht, wenn es sich von dem Geber lossagt (Jos 23,15f). Deshalb steht am Schluß die Bundeserneuerung mit dem Bekenntnis: Jahwe ist unser Gott; ihm wollen wir dienen (24,18ff).

C. Abfassung, Quellen und Entstehungszeit.

Josua ist nicht Verfasser, sondern Zentralgestalt des Buches. Es ist wie die anderen Geschichtsbücher des AT anonym. Aufgrund seiner Nähe zum Pentateuch versuchte man seit Wellhausen die vermuteten Pentateuchquellen auch bei Jos nachzuweisen (vor allem Eißfeldt, Rudolph, Weiser, Fohrer u.a.). Bei der konkreten Quellenzuweisung gingen die Ansichten aber so weit auseinander, daß dieser Versuch heute als gescheitert anzusehen ist. Die literarkritischen Thesen des Pentateuch bewähren sich nicht bei Jos (M. Noth, Josua VIII). Indes spricht die Schrift selbst von zugrundeliegenden Quellen. Zu erwähnen sind zunächst Niederschriften Josuas (24,26), das Buch des Gesetzes (24,26; 1,8) und das »Buch des Redlichen« (10,13 vgl. 2Sam 1,18). Auch hinter den Landverteilungslisten (Kap. 13ff) darf man alte Überlieferungen vermuten. Die im ersten Teil des Buches verschiedentlich begegnende Bemerkung »bis auf diesen Tag« (10,27; 8,29; 7,26; 4,9) macht zudem deutlich, daß hier Erzählungen aus alter Zeit, höchstwahrscheinlich der unmittelbaren Landnahmezeit erhalten sind (R. Rendtorff, Das Alte Testament, 1983). Wann sie erstmals schriftliche Gestalt erhielten, muß wohl offenbleiben. In den vorderen Propheten wird allg. auf ältere Quellen verwiesen (z.B. 1Kön 11,41), und das unterstreicht den historischen Wert dieser Schriften. Wann die verschiedenen Überlieferungen erstmals zu einem Ganzen zusammengefügt wurden, ist nicht genau festzustellen. Da Jerusalem für den Verfasser des Buches Jos noch in Jebusiterhand ist und nirgendwo sich ein Hinweis auf ein entstehendes Königtum findet, darf man annehmen, daß das spätestens in der ausgehenden Richterzeit – vielleicht durch Samuel – geschah. Die heutige Gestalt des Buches geht wahrscheinlich auf eine spätere Bearbeitung zurück, die allg. der sog. »deuteronomistischen Schule« zugeschrieben wird. Ob diese Männer nur eine »deueronomistische Bearbeitung« vornahmen oder die vorderen Propheten zu einem »Deuteronomistischen Geschichtswerk« zusammenfügten, und wie tief die Eingriffe im einzelnen gingen, ist umstritten. Fest steht, daß zwischen 5Mo und Jos eine sachliche, sprachliche und theologische Verbindung besteht, und daß wir von Jos bis 2Kön eine fortlaufende Geschichte haben, die ihre letzte Gestalt erst nach Abschluß der berichteten Ereignisse, d.h. nach 560 v.Chr. erhalten haben kann (vgl. 2Kön 25,27-30). Da aber über Alter und Herkunft des 5. Mosebuches die Akten noch nicht geschlossen sind (O. Kaiser, S. 134), und weil auch damit zu rechnen ist, daß einzelne Teile schon vorher abgeschlossen wurden und die theologischen Einsichten spätestens zur Zeit der frühen Schriftpropheten vorlagen, darf man einen erheblichen Teil der sog. »deuteronomistischen Bearbeitung« in der Zeit Hiskias ansetzen (Rendtorff, S. 194-199). Zu dieser Zeit ist auch das Vorliegen älteren Quellenmaterials noch erklärbar, was nach dem Untergang Samarias und Jerusalems problematisch erscheint. Die »Männer Hiskias« (Spr 25,1) sammelten und ordneten auch sonstige alte Überlieferungen.

D. Historische Bewertung.

Das »deuteronomistische Geschichtswerk« ist als ganzes ein Ruf zur Umkehr aus der Zeit nach dem Untergang Judas und Jerusalems. Es will zeigen, daß die nationale Katastrophe nicht auf eine Schwäche Gottes, sondern auf die Untreue des Volkes zurückzuführen ist (2Kön 17,7ff). Am Ende setzt es mit der Freilassung Jojachins ein Zeichen der Hoffnung. Auch wo Gott sein Volk züchtigen muß (2Sam 7,14f), steht er zum Bund mit den Vätern und wird neues Heil setzen. Die bibl. Geschichtsbücher wollen nicht historische Dokumente im modernen Sinn sein, sondern Lob Gottes und Verkündigung seiner Taten als Zuspruch und Anspruch an sein Volk. Diese Gesamtintention bestimmt Auswahl, Anordnung und Kommentierung des Materials. Das bedeutet nicht, daß die berichteten Ereignisse ungeschichtlich seien. »Der historische Wert eines solchen biblischen Buches ist wesentlich größer, als es uns vor einem Menschenalter vorkam« (Hertzberg, S. 10). Aufgrund der archäologischen Untersuchungen der letzten Jahre (vgl. etwa die Grabungsarbeiten bei Hazor oder die wahrscheinliche Auffindung des Altars Josuas auf dem Ebal durch Prof. Mazar) besteht kein Anlaß mehr zu dem überspitzten Skeptizismus, wie er vor allem die Geschichtsschreibung von M. Noth

Josua	4 Mo	5 Mo	Inhalt	Anmerkungen
1,1-9		31	Amtseinführung Josuas	Besonders 5Mo 31,6-7f; 12b; 23
1,3-4		11,24	Grenzen des Landes	Kleine Formulierungs-unterschiede
1,12-15	32	3,18f	Die Ostjordanstämme	Starke Ankläge an 5 Mo doch auch klare Abweichungen
8,30-35		11,29-32; 27	Gesetzesverlesung in Sichem	Jos kürzt ab, erwähnt aber Lade und Fremdlinge
12,1-6	21,21-35	2,26-3,17; 4,45-49	Eroberung des Ostjordanlandes	5Mo 3,1f = 4Mo 21,33f. Verwandtschaft im Ausdruck zwischen Jos und 5Mo
13,6-7	34,13.17		». . . so teile nun dies Land«	Verben anders
13,8-12; 15-31	32,33-42	2,36; 3,8ff	Besiedlung des Ostjordanlandes	Unterschiedliche Beschreibung Aroër in 5Mo und Jos
13,14.33	18,24	1,28-36	Kein Erbteil für Levi	Vgl. 5Mo 18,1f.
14,1	34,17		Josua und Eleasar	Vgl. Jos 19,51
14,6ff.	14,24	1,28-36	Kalebs Erbe	
15,1-4	34,3-5		Grenze nach Süden	»Euer« in Jos 15,4 wie in 4Mo 34,3
17,3-6	27,1-11		Erbtöchter	
18,4-10	34,13-29		Aufteilung des restlichen Landes	4Mo nennt 10 »Fürsten«, Jos 21 »Schreiber«.
20	35,9-29	19,1-13	Freistädte	Jos erweitert die Aufnahme-bedingen sehr knapp
20,8		4,41-43	Freistädte im Ostjordanland	
21	35,2-8		Levitenstädte	
23,3		1,30	»Gott hat für euch gestritten«	Vgl. 2Mo 14,14
23,6		5,32	»weicht nicht ab«	
23,8		10,20 etc.	»dem Herrn . . . anhangt«	»sollen nicht gehört werden«, v.7; vgl. 2Mo 23,13
23,13	35,55		»zum Stachel in eueren Augen«	seninim nur hier.

Abschnitte aus dem 4. und 5. Mosebuch, auf die im Buch Josua Bezug genommen wird.

kennzeichnet. Er will in den Darstellungen des ersten Teils von Jos ausschließlich ätiologische Sagen erkennen, die zwar alten Datums, aber dennoch historisch wertlos seien, da sie lediglich Erklärungsversuche für bestimmte Gebräuche bzw. Erscheinungen darstellten, die spätere Generationen erdacht haben (vgl. Geschichte Israels, S. 79 u.ö.). Zudem hat J. Bright die methodischen Schwächen des Nothschen Ansatzes aufgedeckt. Das besagt nicht, daß alle Probleme ausgeräumt seien. Um die Zerstörung Jerichos und die Einnahme Ais ranken sich z.B. noch manche Fragen (A. Millard, Schätze aus biblischer Zeit, 1986, S. 96-100). Die Archäologie kann die bibl. Überlieferung nicht beweisen, da sie selbst nicht eindeutig ist, doch kann sie ihr größere Wahrscheinlichkeit verleihen (Bright, S. 93). Hinsichtlich der eigentlichen Vorgänge bei der Landnahme konkurrieren die Infiltrations-, Invasions- und Revolutionshypothese miteinander. Nach der Infiltrationshypothese (M. Noth, Geschichte Israels, ^{7}1969, S. 68) »hat sich die Landnahme im großen ganzen in einer ziemlich stillen und friedlichen Weise vollzogen«. Das Zusammenfinden der Stämme und ihre Vereinigung zu dem einen Volk Israel vollzog sich erst im Lande. Im Zuge des Weidewechsels ließen sich die israelitischen Halbnomaden zuerst in den dünner besiedelten Landesteilen nieder, weideten dann auch die abgeernteten Äcker ab, um sich schließlich für dauernd im Lande festzusetzen. Das alles ohne Gewaltanwendung in einem Vorgang von längerer Dauer. Nach der Invasionshypothese drang Israel unter Josua gewaltsam in das Land ein und eroberte es in einem Zuge. Bei der Revolutionshypothese (vor allem G. Mendenhall) geht man davon aus, daß die Stämme Israels nicht von außen eindrangen, sondern daß es sich um eine soziale Auseinandersetzung handelte, bei der die sozial benachteiligten Bevölkerungselemente gegen die herrschende Stadtbevölkerung unter Berufung auf den »Jahwismus« revoltierten. Insgesamt scheint die Landnahme ein komplexer Vorgang gewesen zu sein, bei dem der Großteil der Stämme unter Josua über den Jordan in einem kriegerischen Unternehmen in das Land eindrang und sich festsetzte; kleinere Stammesgruppen scheinen von S her eingedrungen zu sein (s. 4Mo 21,3; Ri 1,16f). Gelegentlich scheint es auch zum Zusammenschluß mit im Lande lebenden Bevölkerungsgruppen gekommen zu sein (vgl. Jos 9 und das Gebiet um Sichem, das anscheinend ohne Kampfhandlung eingenommen wurde, 8,30ff). Insgesamt ist die Landnahme eine Übergangssituation, deren Einschätzung wesentlich davon beeinflußt wird, wie man die vorausgehende und die folgende Epoche sieht. Entscheidend ist, daß das Volk am Sinai als Gottes Volk konstituiert wurde und daß der dortige Bundesschluß für Israels Glauben und Leben maßgebend ist, daß es unter Josua in das Land eindrang und sich festsetzte und daß die Zugehörigkeit zu Israel sich daran entschied, ob man in den Bund mit Jahwe eintrat. Die Darstellung in Ri 1 ist nicht ein zweiter Landnahmebericht, sondern setzt die Anwesenheit Israels im Lande voraus. In Jos ist einmal die Rede davon, daß Josua das ganze Land im Kampfe eingenommen hat (11,16.19.23). Dann wieder heißt es, daß noch viel Land einzunehmen bleibt (13,1.13; 15,63; 17,13 u.ö.). Die scheinbare Diskrepanz, die dem ursprünglichen Autor nicht entgangen sein kann, erklärt sich so, daß Josua das Volk tatsächlich ins Land brachte und *de jure* das Ganze in Besitz nahm. Die Liste in Kap. 12 unterstreicht das (vgl. Gutbrod, 99). *De facto* muß Israel das ihm Zugeeignete erst noch ergreifen, was sich lange hinziehen und zur ernsthaften Erprobung seines Glaubens werden wird.

E. Theologische Perspektiven; Geistliche Dimensionen.

Josua führt Jahwes Kriege (nicht: Heilige Kriege), deren entscheidendes Merkmal ist, daß Gott selbst für sein Volk streitet (Jos 10,14; 2Mo 14,14) und daß sie nicht der Ausbreitung des Glaubens, sondern der Einnahme des dem Volk von Gott zugesprochenen Landes dienen. Der eigentlich Handelnde ist Jahwe. Schon vor der Schlacht hat er das Land und seine Bewohner Israel in die Hände gegeben (2,24; 6,2.16; 8,1.18; 10,8.19). Er verwirrt die Feinde, daß sie feige werden (2Mo 15,14-16; Jos 2,24; 10,2 u.ö.), bietet die Elemente im Kampf auf (10,11; 24,7) und bringt so das Volk in das Land (24,8). Das Volk schließt sich im Glauben und Gehorsam Jahwe an. Die Beute steht unter dem Bann; sie gehört Jahwe; das Volk darf sich daran nicht vergreifen (6,18). Zentrale Elemente aus dem Bereich des Krieges Jahwes werden traditionsgeschichtlich durch die ganze Bibel weitergeführt und dabei biblisch-theologisch umgestaltet, vertieft und entfaltet. Gottes Eintreten für die Seinen mündet in der Rechtfertigung des Sünders als alles überragende Gnadentat Gottes. So tritt der Gottesknecht für die Seinen unter Hingabe seines Lebens ein (Jes 53), und Jesus erschließt den Seinen die Gnadengabe Gottes durch die Hingabe seines Leibes und Blutes. Ist im AT die »Gabe« bzw. das Erbe (Ps 16,5f) das Land, ist es im NT das ewige Leben (vgl. z.B. Röm 6,23; 8,17; 1Petr 1,4ff). Die Zueignung des Landes an Israel ist wie die des ewigen Lebens Gnadenakt Gottes. Durch das ganze AT und NT hindurch prägen Glaube und Gehorsam das Verhältnis des Menschen zu Gott. Wo sie verweigert werden, kann auch die Gabe Gottes nicht empfangen bzw. behalten werden (Jos 7f; vgl. Jes 7,9), denn es geht immer in erster Linie um den Geber. Durch den Krieg trifft Gottes Gericht die Bewohner des Landes. Der Gerichtsaspekt wird im Zuge der traditionsgeschichtlichen Weiterführung der Motive nicht ausgeblendet. Im AT erscheinen die sprachlichen Motive wieder in der Beschreibung des »Tages Jahwes«, der ursprünglich der Tag der Offenbarung der Macht Gottes über seine Feinde ist, aber im Rahmen der Prophetie und Apokalyptik zum universalen Gerichtstag über alle gottwidrigen Mächte wird (z.B. Jes 13; Joel 1; 2). In diesem Sinne erscheinen die den Sieg Jahwes begleitenden Phänomene auch in den Wiederkunftsreden Jesu (Mt 24; Mk 13) und in der Offb. So zeigt sich im Krieg Jahwes Gott selbst als Herr und Richter der Völker. Israel ist in diesem Falle sein Gerichtswerkzeug, wie Gott im Verlauf der Geschichte immer wieder Völker als Gerichtswerkzeuge über andere Völker gebraucht hat. Diese Völker können ebenfalls dem Gericht Gottes verfallen, wenn sie sich wider Gott erheben (vgl. Jes 10,5-27; Hab 2,5ff). Bei seinem letzten Gericht wird Gott sich nicht menschlicher Mittel bedienen, sondern unmittelbar eingreifen, denn nur er kann richten ohne schuldig zu werden. So zeigt sich insgesamt eine Strukturgleichheit zwischen Gottes Handeln in Jos und seinem Wirken im NT.

Daneben gilt allgemein: »Es ist geschrieben uns zur Warnung, auf die das Ende der Zeiten gekommen ist« (1Kor 10,11). In diesem Sinne bezeugt Jos Gottes Treue zu seinem Bund und den Verheißungen. Es zeigt, wie es zum Versagen des Volkes kommt (Jos 7), wie Israel in seinem Ungehorsam schon den Grund für den späteren Abfall legt (17,13; 18,3), und daß Gottes Volk nur da vorangehen kann, wo es im Glauben, im Gehorsam und in der Zucht des Lebens wandelt. Die dem Volk zugesagte Ruhe wird indes nur unvollständig erreicht (Jos 11,23; vgl. Ps 95,11; Hebr 4,1-11); sie wird dadurch zum Typus der in Christus angebotenen Ruhe wie auch Rahab (Jos 2) zum Typus des durch den Glauben an Christus Gerechtfertigten wird (Hebr 11,31). So bezeugt Jos zwar insgesamt die Einlösung der Verheißung Gottes an die Väter im irdischen Bereich. Damit erschöpft sich jedoch die Verheißung nicht, sondern sie weitet sich zu neuen Dimensionen, die ihre letzte Erfüllung in Christus und seinem Reich finden. Die Diskussion über historische Sachverhalte darf den theologischen Gehalt, die traditionsgeschichtliche Kraft und die seelsorgerlichen Perspektiven von Jos nicht überlagern.

F. Text und Übersetzungen.

Der hebr. Text ist gut erhalten. Die LXX zeigt Abweichungen, die aber vermutlich nur zum geringen Teil auf eine vom masoretischen Text abweichende Vorlage zurückgehen.

Literatur: Text: A.G. Auld: Joshua, the Hebrew and Greek Texts, in: Studies in the Historical Books of the OT, hrsg. von J.A. Emerton, SVT 30, 1979, S. 1ff.

Kommentare: H.J. Blaire: BKB I, 1980, S. 277-304; K. Gutbrod: Das Buch vom Lande Gottes, BAT 10, [4]1986; H.W. Hertzberg: Die Bücher Josua, Richter, Ruth, ATD 9, [5]1974; M. Noth: Das Buch Josua, HAT 7, [3]1971;

Einzelstudien zur Geschichte: A. Alt: Kleine Schriften I, [4]1968, II, [4]1977; J. Bright: Altisrael in der neueren Geschichtsschreibung, AThANT 40, 1961; G. Mendenhall: »The Hebrew Conquest in Palestine«, BA 25/1962, 66-87; M. Weippert: Die Landnahme der israelitischen Stämme in der neueren wissenschaftlichen Diskussion, 1967; G. Schmitt: Der Landtag von Sichem. Arbeiten zur Theologie I, 15, 1964.

Zum Krieg Jahwes: G. von Rad: Der heilige Krieg im alten Israel, [5]1969; R. de Vaux: »Der heilige Krieg«. Das Alte Testament, und seine Lebensordnungen, [2]1966, 69-84.

Zum Deuteronomistischen Geschichtswerk: O. Kaiser: »Das Problem des Deuteronomistischen Geschichtswerkes«, in: Einleitung in das Alte Testament [5]1984, 172-178; H.W. Wolff: »Das Kerygma des deuteronomistischen Geschichtswerks«, in: Gesammelte Studien zum Alten Testament, TB 22, 308-324. H.E.

JOTA. Das Jota ist der »kleinste Buchstabe«, Mt 5,18 (LÜ, EÜ): *iōta hen ē mia keraia ou mē parelthē apo tou nomou,* »es soll auch nicht ein Jota oder ein Strichelchen von dem Gesetz vergehen« (RevEB). Seit Aeneas Tacticus (367 v.Chr. General im Arkadischen Bund) ist das Jota als ausgeschriebenes Wort auch umgangssprachlich als kleinster griech. Buchstabe geläufig. Hier geht das Wort Jesu aber auch auf den kleinsten Buchstaben der hebr. Schrift zurück, das *yôd.*

Die Unveränderbarkeit bzw. die Gefahr von Veränderungen selbst des kleinsten Buchstaben des Gesetzes wurde rabbinisches Gedankengut, so im Midrasch (Haggada Bereschit 75,2 (51a): »Ein Yod von dir wird in Ewigkeit nicht vergehen«; vgl. auch Leviticus Rabba 19,2).

Der zweite Teil der Aussage Jesu, der eine modifizierte Parallele in Lk 16,17 hat, verweist auf das Strichelchen, *keraia,* das, im übertragenen Sinne, für eine geringfügige Sache auch in der profangriech. Literatur des 1. Jh. nachgewiesen ist (Dion Chrysostomos, Plutarch; vgl. zuvor auch Philo, In Flaccum 131–33). Im technischen Sinne bezeichnet *keraia* einen kleinen Haken oder Strich an einem Buchstaben, oder ein Akzentzeichen. In der hebr. Schrift kann damit der Buchstabe *wāw* oder eher eine kleine Serife (LÜ: Tüpfelchen) gemeint sein, die ähnlich dem griech. *keraia* als Unterscheidungsmerkmal dient.

Die Unverletzlichkeit des von und in Jesus erfüllten Gesetzes (es wird diskutiert, ob hier nur die Tora oder das ganze AT gemeint ist), selbst im kleinsten ist dadurch differenziert, daß eine Grenze gesetzt wird (»Bis Himmel und Erde vergehen«, Mt 5,18a), während Jesus von seiner eigenen Lehre sagt, daß sie über das Vergehen von Himmel und Erde hinaus bleiben wird (Mt 24,35; Mk 13,31; Lk 21,33).

Literatur: D. Barends: Lexicon Aineium, 1955; R. T. France: Matthew, 1985, 114–15; W. Grundmann: Das Evangelium nach Matthäus, [4]1975, 146–48; G. Schwarz: *iōta hen ē mia keraia* (Matthäus 5,18), ZNW 66, 1975, 268f. C.P.Th.

JOTAM. (»Jahwe ist vollkommen«).

1. Jüngstes der 70 ehelichen Kinder Jerubbaals (*Gideon) und einziger Überlebender des Massakers, das *Abimelech an seinen Brüdern verübte. Durch das Gleichnis der Bäume, die den Brombeerstrauch zum König wählten (eine Ehre, die vorher von der Zeder, dem Olivenbaum und der Weinrebe abgelehnt wurde), warnte J. die Sichemiter vor Abimelech (Ri 9,5ff). Die Warnung blieb un-

beachtet, und der Fluch, den er aussprach (Ri 5,20), erfüllte sich drei Jahre später (Ri 9,57).

2. Sohn *Usias (Mt 1,9) und Vater *Ahas'; 12. König von Juda. J. begann seine Herrschaft als Mitregent ca. 756 v.Chr. Als man erkannt hatte, daß sein Vater an Lepra litt (2Kön 15,5) war J. bis 741 v.Chr. alleiniger Herrscher (*Chronologie des Alten Testaments). Als gottesfürchtiger Mann baute J. das hohe Tor des Tempels, befestigte und vergrößerte das Gebiet Judas und unterwarf die Ammoniter (2Kön 15,32-38; 2Chr 27,3-6).

3. Sohn Jahdais und Nachkomme Kalebs (1Chr 2,47). J.D.D.

JOTBA. (Von hebr. *jtb*, »gut sein«). Nach einer historisch unsicheren Nachricht der Mischna (Arak 9,6) war der Heimatort von Meschullemet, der Mutter des Königs *Amon von *Juda (2Kön 21,19), schon unter *Josua ein befestigter Ort. Um 734 v.Chr. wurde er von *Tiglatpilesar III. erobert (ANET 283). J. ist mit Chirbet Dschefat, ca. 10 km nördl. von *Sepphoris, zu identifizieren, wo die Besiedlung bis in die Späte Bronzezeit zurückreicht (W.F. Albright, JBL 58, 1939, 184f). Hier, nicht weit vom ntl. *Kana in *Galiläa, bestand auf einem nach fast allen Seiten abfallenden Berg die starke Festung Jotapata, deren Namen im heutigen Kibbuz Jodefat weiterlebt. Der Ort war ein Zentrum des antiröm. Aufstandes (Jos.bell.Jud. III, 141-288). Noch jetzt sind eindrucksvolle Zisternen zu sehen. In einer von ihnen hielt sich Josephus versteckt, ehe er sich 67 n.Chr. Vespasian ergab (bell.Jud. III. 316-338). Vielleicht noch vor dem Bar-Kochba-Aufstand wurde J. Sitz einer der 24 Priesterklassen (G. Dalman: Orte und Wege Jesu, [4]1967, 112) und bis mindestens ins 3. Jh. hinein war es ein jüd. Ort (b Zeb 110b; Meila 13b).

Literatur: F.M. Abel: Géographie de la Palestine II, [3]1967, 366; B. Schaller: KlP II, 1967, 1444; A. Negev: Archäologisches Lexikon zur Bibel, 1972, 197f.

R.R.

JOTBATA. (»Gut sein«). Lagerplatz der Israeliten auf ihrer Wanderung durch die Wüste (4Mo 33,33.34); 5Mo 10,7 schildert J. als ein »Land mit Wasserbächen«. Daher wird J. entweder mit ʿAin Tābah in der *Araba nördl. von *Elat oder (mit größerer Wahrscheinlichkeit) mit Tuwēbe, ca. 11 km südl. von Elat an der Westküste des Golfs von Aqaba (vgl. LDB, 205) gleichgesetzt. W.O.

JUDA.

I. JAKOBS SOHN.

Der vierte Sohn Jakobs und Leas (1Mo 29,35) wurde Juda (hebr. *jehūdāh*) genannt. Der Name wird abgeleitet von *jādah* »loben, preisen«. In 1Mo 49,8 findet sich das Wortspiel zu dieser Bedeutung. J. nahm eine führende Rolle unter seinen Brüdern ein. Er beteiligte sich nicht an der Rache, die *Simeon und *Levi für ihre Schwester Dina an Sichem nahmen (1Mo 34). Von ihm kommt der Vorschlag, Josef zu verkaufen anstatt zu töten (1Mo 37,26f). J. heiratete die Tochter des Kanaaniters Schua, die ihm die Söhne Er, Onan und Schela gebar (1Mo 38). Bei der zweiten Reise der Jakobssöhne nach Ägypten bürgte J. seinem Vater für Benjamin. Er bot an, an Benjamins Stelle Josefs Sklave zu werden. (1Mo 43,8f; 44,18-34). J. war Jakob vorausgesandt worden, als dieser zu Josef zog (1Mo 46,28). Als Jakob seine Söhne segnet, wird J. eine besondere Verheißung zugesprochen (1Mo 49,8ff). Sein Sohn Perez, den ihm seine Schwiegertochter Tamar gebar, wurde der Stammvater Davids und so auch Jesu (1Mo 38,12ff; Rut 4,18-22; 1Chr 2,5.9-16; Lk 3,33).

II. ANDERE PERSONEN DIESES NAMENS.

Nach der babylon. Gefangenschaft wurde J. zu einem beliebten Namen unter den Juden. Das AT erwähnt einen levitischen Zeitgenossen Esras (Esr 10,23), der seine Ehe mit einer heidnischen Frau auflöste; unter Nehemia einen führenden Benjaminiter (Neh 11,9); einen Leviten bei der Rückkehr unter Serubbabel (Neh 12, 8); einen Oberen (Neh 12, 34) und einen Priester unter Nehemia (Neh 12,36). Im NT wird der Name in hellenisierter Form als *Judas wiedergegeben.

III. DER STAMM JUDA.

1. Vom Auszug aus Ägypten bis Saul.

J. spielt in der Geschichte des Auszugs aus Ägypten keine besondere Rolle, obwohl erwähnt wird, daß er die Vorhut anführte (4Mo 2,9). In den Zahlen der zwei Volkszählungen aus dieser Zeit gibt es keinen bedeutenden Unterschied (4Mo 1,27; 26,22).

Achan, ein Mitglied des Stammes J., war die Ursache für Israels Niederlage vor Ai (Jos 7). Dies mag der Grund für J.s Sonderauftrag gewesen sein, einen unabhängigen Angriff auf die Kanaanäer anzuführen (Ri 1,1f). Es wird keine Erklärung dafür gegeben, aber es ist klar, daß J. seinen Anteil nicht durch das Los in Silo zugeteilt bekam (Jos 18,1-10), sondern vor der Eroberung (Ri 1,3); vgl. die ähnliche Behandlung Ephraims und des Halbstam-

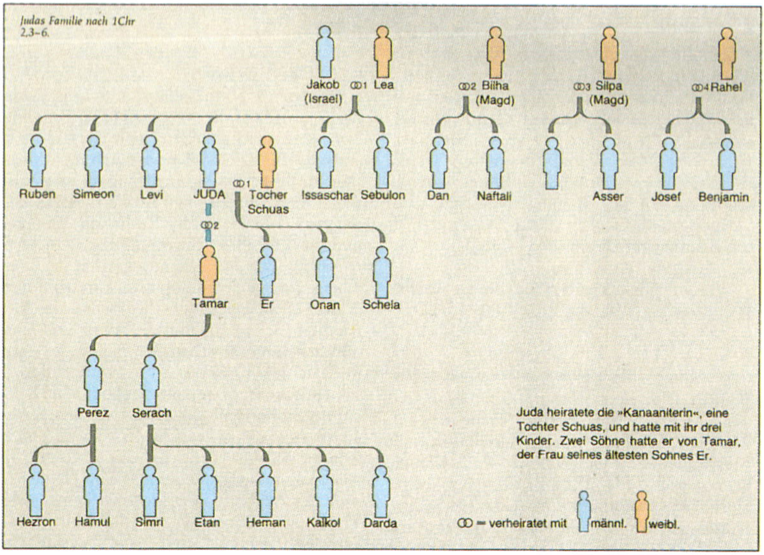

Judas Familie nach 1Chr 2,3-6.

mes Manasse (Jos 16-17). Sein Stammesgebiet wurde im N von den Gebieten *Dans und *Benjamins begrenzt und verlief annähernd östl. und westl. vom Nordende des Toten Meeres, südl. von Jerusalem und der gibeonitischen Tetrapolis bis zum Mittelmeer. Seine West- und Ostgrenzen waren die Küstenebene und das Tote Meer; es erstreckte sich nach S, soweit Ackerbau möglich war (vgl. Jos 15).

J. überrannte zuerst den größten Teil der Küstenebene: Die Philister versuchten jedoch wieder, sich dort festzusetzen (Ri 1,18.19; 3,3; Jos 11,22; 13,2f). Da J. freiwillig den besten Teil des ihm zugeteilten Gebietes an Simeon abgab (Jos 19,1.9), kann man annehmen, daß er hoffte, Simeon als Puffer zwischen sich und der nicht eroberten Küstenebene zu haben.

Das Problem, Jerusalem nicht halten zu können (Ri 1,8.21), und die Existenz der nur zum Teil abhängigen gibeonitischen Tetrapolis (Jos 9; 2Sam 21,1f) bildeten eine psychologische Grenze zwischen J. und den Zentralstämmen. Obwohl Kontakt aufrecht erhalten wurde (vgl. Ri 19,10-13), scheint sich J. immer mehr nach Hebron im S orientiert zu haben als zum Heiligtum in Silo. J. stellte zwar den ersten Richter, Otniel (Ri 3,9-11), und beteiligte sich an dem Kampf gegen Benjamin (Ri 20,18), aber man erwartete offenbar nicht, daß er sich am Kampf gegen Jabin und Sisera beteiligte (Ri 5). Daher wandte sich J., als er den Philistern gegenüber tributpflichtig geworden war (Ri 15,11), nicht an die anderen Stämme. Diese scheinen daran auch keinerlei Anteil genommen zu haben.

Die Trennung scheint allg. anerkannt worden zu ein, denn zu Sauls Zeit wird J.s Anteil getrennt aufgeführt (1Sam 11,8; 15,4; 17,52; 18,16).

2. Unter David und Salomo.

Nach Sauls Tod setzte sich diese Spaltung fort, als David in Hebron zum »König über das Haus Juda« gekrönt wurde (2Sam 2,4). A. Alt hat wahrscheinlich recht mit seiner Behauptung, daß die Krönung Davids als König über »ganz Israel« (2Sam 5,1-5) diesen zum König eines Doppelkönigreiches machte, in dem J. seine getrennte Identität wahrte. Während Absaloms Rebellion scheint J. Neutralität gewahrt zu haben, während das Nordreich sich dem Rebellen anschloß.

Es gibt keinen Beweis dafür, daß Salomo J. im Vergleich zu den anderen Stämmen favorisiert hätte (vgl. 1Kön 4,19 RevEB, Fußnote).

IV. DAS KÖNIGREICH JUDA.

1. Seine Beziehung zu Israel.

Wenn A. Alts Auffassung richtig ist, handelten J. und Israel, indem sie verschiedene Könige akzeptierten, in Übereinstimmung mit ihren Rechten als selbständige politische Einheiten. Abgesehen von Jerobeam scheinen die Könige Israels nicht die Zerstörung J.s gewollt zu haben (vgl. 2Kön 14,13f). Die Prophe-

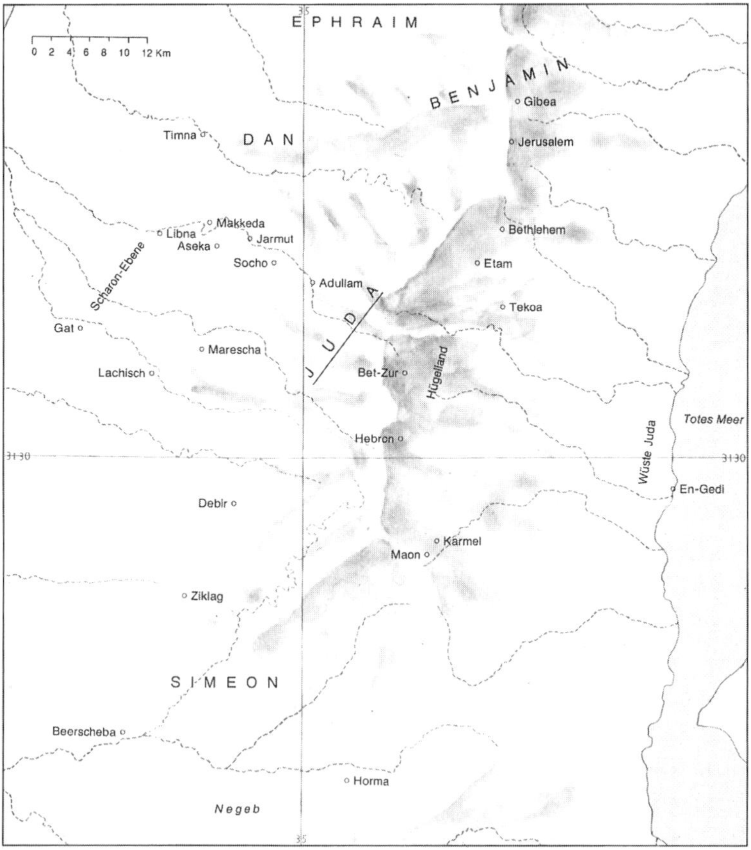

Das dem Stamm Juda zugeteilte Land.

Die Situation Judas zur Zeit des Propheten Jeremia und die hebräische Schrift zu jener Zeit dokumentieren die Lachisch-Briefe. Ca. 590 v.Chr. (IA)

Das Königreich Juda.

ten bestritten nie das Existenzrecht Israels, obwohl sie die Zeit voraussahen, in der es wieder zu »David« zurückfinden würde.

Bei der Trennung vom Nordreich scheint sich für J. das Erbe von *Salomos Reichtümern vorteilhaft ausgewirkt zu haben, obwohl es, verglichen mit dem Nordreich, weniger fruchtbares Land und eine geringere Bevölkerungszahl hatte. Auch wenn bisweilen das Gegenteil behauptet wird, gibt es keinen Beweis dafür, daß *Rehabeam später das prophetische Verbot Schemajas mißachtet (1Kön 12,22-24) und Jerobeam angegriffen hätte. Der Verdacht, *Schischak wollte mit seinem

Angriff auf J. (1Kön 14,25f) seinen Verbündeten Jerobeam unterstützen, läßt sich nicht erhärten. Durch den Überfall Schischaks verlor J. den Reichtum, den Salomo zusammengetragen hatte, und war somit Israel nun ständig materiell unterlegen, obwohl Israel auch unter Schischaks Angriff zu leiden hatte. J. war offensichtlich für sein eigenes Gedeihen auf ein reiches Israel angewiesen.

J.s politische Bedeutung zeigt sich auch darin, daß er *Edom soweit zu kontrollieren vermochte, wie es für die Sicherung des Handelsweges zum Golf von Aqaba notwendig war. *Rehabeam unternahm keinen Versuch, den ohnehin geringen Einfluß seines Vaters auf das Gebiet zu stabilisieren. *Joschafat scheint das Land zunächst völlig unterworfen zu haben (1Kön 22,47), mußte aber später einen Vasallenkönig einsetzen (2Kön 3,9). Edom erlangte unter Joschafats Sohn *Joram die Unabhängigkeit wieder (2Kön 8,20-22). *Amazja eroberte Edom ungefähr ein halbes Jh. später zurück (2Kön 14,7), und erst 60 Jahre später, unter *Ahas' Herrschaft, gewann Edom seine Selbständigkeit zurück (2Kön 16,6). Danach scheint J. keinen weiteren Versuch unternommen zu haben, Edom zu erobern.

Ein entscheidender Sieg *Abijas stellte das Gleichgewicht zwischen den Königreichen J. und Israel wieder her (2Chr 13). *Asa, dem der fähige Bascha gegenüberstand, konnte das Reich nur aufrechterhalten, indem er sich mit *Ben-Hadad, dem König von Damaskus, verbündete (1Kön 15,18-20). Die Dynastie *Omris, die sich durch den Machtzuwachs von *Damaskus und mehr noch durch *Assyrien bedroht sah, schloß Frieden mit J., der später durch die Heirat *Ataljas, der Tochter *Ahabs (vielleicht auch seine Schwester; 2Kön 8,26), mit Joram besiegelt wurde. Man behauptet zwar, daß J. zu jener Zeit Israels Vasall gewesen sei, wahrscheinlicher ist jedoch, daß Joschafat Israel als Puffer zwischen seinem Reich und Assyrien haben wollte Dies ist die naheliegende Erklärung dafür, warum J. nicht auf der Liste der Feinde *Salmanassars steht. J. scheint mit Ausnahme der Schlacht von Ramot in Gilead (1Kön 22,1-38) nur Beobachter gewesen zu sein, während Israel und Damaskus sich gegenseitig die Existenz streitig machten. Daher fühlte sich Joschafat am Ende seiner langen Herrschaft stark genug, Ahasjas Aufforderung abzulehnen, zu einem gemeinsamen Unternehmen nach Ofir aufzubrechen, nachdem das erste fehlgeschlagen war (1Kön 22,48f; vgl. 2Chr 20,35-37). Das annähernde Gleichgewicht der Kräfte zwischen beiden Königreichen zu jener Zeit zeigt sich auch darin, daß *Jehu nicht wagte, seine Anti-Baal-Kampagne auf J. auszudehnen, obwohl er *Ahasja von J. getötet hatte (2Kön 9,27). Auf der anderen Seite versuchte Atalja nicht, den Tod ihres Sohnes zu rächen.

In dem Jahrhundert zwischen Jehus Thronbesteigung und dem Tod Jerobeams II. und Usias hielten Not und Wohlergehen J.s und Israels Schritt. Der Wohlstand trat im S wahrscheinlich etwas später als im N ein, wie sich auch die Erkenntnis der Nichtigkeit des Reichtums etwas später einstellte.

2. Bedrohungen von außen.

Bis zum Zusammenbruch Israels ist die Geschichte J.s nicht von äußerer Bedrohung bestimmt. Schischaks Invasion war ein letztes Aufflackern der Macht Ägyptens, die die vorrückenden Assyrer in die Defensive zwangen. Die Philister waren so geschwächt, daß sie J. nur angriffen, als es selbst unter *Joram (2Chr 21,16) und *Ahas (2Chr 28,28) am schwächsten war. Auf der Höhe seiner Macht, als *Hasaël Israel fast zerstört hatte, wurde *Joasch Damaskus tributpflichtig, wenn auch nur auf kurze Dauer. Ernsthaft bedrohlich waren in dieser Zeit nur jene plötzlichen Bewegungen, die von den Nomaden und Halbnomaden der Wüste ausgingen. Serach, »der Kuschiter« (2Chr 14,9), war wahrscheinlich ein Araber (vgl. 1Mo 10,7) und kein Äthiopier, d.h. Sudanese. Eine weitere Bedrohung ging von den überraschenden Einfällen der Bewohner der transjordanischen Steppe aus (2Chr 20,1.10).

3. Juda und Assyrien.

Wie oben erwähnt, scheinen die früheren Angriffe Assyriens J. nicht berührt zu haben. Als Damaskus und Israel Ahas angriffen (2Kön 16,5), war dies ein letzter verzweifelter Versuch, die im W ehemals mächtigen Staaten gegen das Vorrücken Tiglatpilesars III. zu vereinigen. Es gibt keinen Grund anzunehmen, daß J. von den Assyrern bedroht wurde, denn wenn sie Ägypten herausfordern wollten, würden sie es kaum durch vorzeitiges Vorrücken an seine Grenze im O alarmiert haben. Durch die Anerkennung der assyr. Oberhoheit besiegelte Ahas das Schicksal J.s (2Kön 16; Jes 7). Auf der einen Seite blieb J. Vasall, bis sich das herannahende Schicksal Assyriens (612 v.Chr.) vorhersehen ließ; auf der anderen Seite wurde es in Intrigen, die von Ägypten ausgingen, verwickelt und litt darunter. *Hiskias Revolte 705 v.Chr., die vier Jahre später von Sanherib niedergeworfen wurde, reduzierte J. auf einen Bruchteil seiner früheren Größe (Jes 1,4-9). Ein Großteil der Bevölkerung ging zugrunde oder wurde als Gefangene verschleppt. Ein großer Teil des Landes ging verloren, fiel dann aber doch wieder an J. zurück, was unberechtigte Hoffnungen weckte (vgl. J. Bright: A History of Israel, ^{2}1972, S. 282-286,296-308; DOTT, S. 64-70).

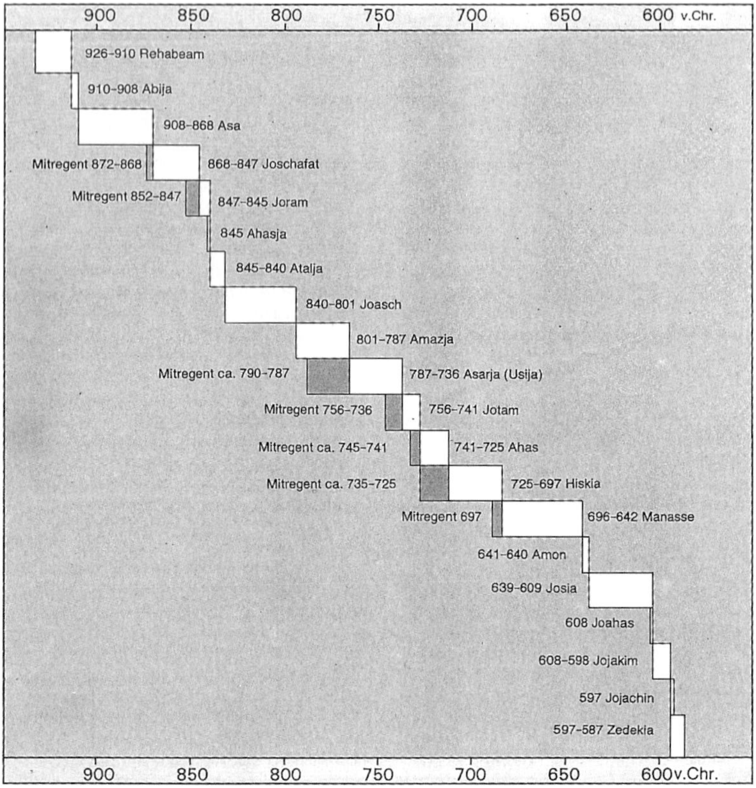

Regierungszeiten der Könige von Juda.

4. Erneuerung und Niedergang.

Eine Erneuerung rel. und nationaler Gefühle unter dem jungen König *Josia begann kurz nach Assurbanipals Tod (631 v.Chr.), als die Schwäche Assyriens offensichtlich wurde. Die Reformschritte, auf die 2Chr 34,3.8 hinweisen, zeigen, wie eng verknüpft Religion und Politik waren, da jeder Schritt für sich gesehen eine Zurückweisung der assyr. Religion und damit der politischen Kontrolle war. Auf der Höhe der Reform 621 v.Chr. war Josia unabhängig, obwohl er wahrscheinlich formal Assyrien noch tributpflichtig war. Er übernahm die assyr. Provinzen Samaria und Ostgaliläa mit oder ohne Zustimmung des Oberherren (2Chr 34,6) und gewann das Gebiet zurück, das Hiskia als Strafe für seine Rebellion verloren hatte. Ungewiß ist, ob das Vordringen der Skythen, das Assyrien den tödlichen Stoß versetzte, Auswirkungen auf J. hatte oder es überhaupt erreichte.

Es gibt kein Anzeichen dafür, daß Josia dem Feldzug des Pharao *Psammetich, den dieser zur Unterstützung Assyriens 616 v.Chr. führte, Widerstand leistete, aber als Pharao *Necho 609 v.Chr. wieder angriff, sah Josia aufgrund der veränderten internationalen Lage keine andere Chance, J.s Unabhängigkeit zu wahren, und nahm den Kampf auf. Er starb jedoch in der Schlacht bei *Megiddo. Für die Vermutung, daß er im Bündnis mit der immer mehr in den Vordergrund tretenden Macht *Babylon gehandelt hätte, gibt es keinen Beleg, obwohl dies nicht ganz auszuschließen ist.

Nach seinem Sieg entthronte Ägypten Josias Sohn *Joahas und ersetzte ihn durch seinen Bruder *Jojakim, der jedoch die babylon. Oberherrschaft bald nach *Nebukadnezars

Sieg bei Karkemisch (605 v.Chr.) akzeptieren mußte (Dan 1,1; 2Kön 24,1). 601 v.Chr. wurde Nebukadnezar von Pharao Necho in einer Schlacht nahe der ägypt. Grenze Einhalt geboten. Beim Rückzug Nebukadnezars nach Babylon rebellierte Jojakim. J. wurde von babylon. Truppen und Hilfstruppen verwüstet (2Kön 24,2). Jojakim starb im Dezember 598 v.Chr., bevor ihn die volle Strafe für seine Rebellion traf, die Todesursache ist unbekannt. *Jojachin, sein 18jähriger Sohn, übergab Jerusalem am 16. März 597 v.Chr. an Nebukadnezar.

Sein Onkel *Zedekia wurde der letzte König von J., aber er rebellierte 589 v.Chr. gegen die Baylonier. Im Januar 588 v.Chr. stand das babylon. Heer vor den Mauern Jerusalems. Im Juli 587 v.Chr. wurden die Mauern erstürmt, Zedekia wurde gefangengenommen; seine Söhne wurden vor seinen Augen erschlagen, anschließend wurde er geblendet und in Ketten nach Babylonien geführt. Einen Monat später wurde Jerusalem mit dem salomonischen Tempel niedergebrannt, die Mauern geschleift.

5. Exil (597-538 v.Chr.).

Abgesehen von einer nicht genannten Zahl Gefangener, die in die Sklaverei verkauft wurden, ließ Nebukadnezar 597 v.Chr. die Oberschicht der Bevölkerung wegführen (2Kön 24,14; Jer 52,28; die unterschiedlichen Angaben gehen auf verschiedene Gruppen von Gefangenen zurück). Einige wenige, einschließlich der königlichen Familie, wurden »Gäste« Nebukadnezars in Babylon. Andere, z.B. *Hesekiel, wurden in Babylon angesiedelt, wo sie anscheinend volle Freiheit hatten, außer dem Recht, ihren Wohnort zu wechseln. Ausgebildete Handwerker wurden zu mobilen Arbeiterkolonnen zusammengefaßt, die Nebukadnezar bei seinen Bauvorhaben einsetzte. Die Zerstörung Jerusalems ließ die Gesamtzahl der Gefangenen ansteigen (2Kön 25,11), und Jer 52,29 zeigt, daß es noch eine weitere Gruppe gab, die für die Verbannung bestimmt war. Der Mord an Gedalja, den Nebukadnezar zum Statthalter von J. gemacht hatte, führte zu einer größeren Flucht nach Ägypten (2Kön 25,25f; Jer 41,1-43,7). Als Strafe dafür fand 582 v.Chr. eine weitere Deportation nach Babylon statt (Jer 52,30).

Anschließend lag J. fast leer und verlassen da (s. W.F. Albright, S. 140-142). Das Gebiet südl. einer Linie zwischen Bet-Zur und *Hebron, das wohl 597 v.Chr. von J. getrennt worden war, besiedelten nach und nach Edomiter. Für J. war dieses Gebiet daher verloren bis zur Einnahme durch *Johannes Hyrkanus nach 129 v.Chr. und dessen erzwungener Judaisierung der Bevölkerung. Das Restgebiet wurde dem Statthalter von Samaria unterstellt.

V. JUDA NACH DEM EXIL.

1. Erneuerung.

Babylon fiel 539 v.Chr. an *Kyrus, im Jahr danach befahl er den Wiederaufbau des Tempels von Jerusalem (Esr 6,3-5). Dies war von dem Versprechen begleitet, daß die Verbannten und ihre Nachkommen zurückkehren durften (Esr 1,2-4). Die Namensliste in Esr 2, die insgesamt etwa 43 000 Personen umfaßt, könnte die Zeit von 538-522 v.Chr. umfassen.

Scheschbazar, ein Mitglied der davidischen Königsfamilie, scheint Kyrus' Beauftragter zur Überwachung des Wiederaufbaus des Tempels gewesen zu sein; er wird nach der Fundamentlegung zurückgekehrt (oder gestorben?) sein (Esr 5,14.16). Es gibt keinen Anhaltspunkt dafür, daß J. bis zur Zeit *Nehemias politisch von Samaria getrennt war; der Titel »Statthalter«, der Scheschbazar gegeben wurde, gibt eindeutig den hebr. Begriff *pächāh* wieder. *Serubbabel als rechtmäßiger Erbe des königlichen Hauses, scheint keine offizielle Stellung innegehabt zu haben, der Titel *pächāh* war wahrscheinlich eine Ehrenbezeichnung (Hag 1,1; 2,21; auffallend ist, daß er Esr 5,3-17 nicht erscheint). Andere jüd. Führer, die von den *Persern eingesetzt wurden, trugen den Titel *pächāh* in den folgenden Jahrzehnten.

Z.Zt. *Esras in der zweiten Hälfte des 4.Jh. war klar geworden, daß politische Unabhängigkeit und Erneuerung der Monarchie Davids allenfalls für die fernere Zukunft zu erhoffen waren. Esra versuchte, die Juden nicht mehr zu einem Nationalstaat vielmehr zu einer rel. »Gemeinde« zu sammeln. Die Umstände, daß Judäa unter den Persern politisch unbedeutend war und weithin Frieden im Land herrschte, begünstigten die anhaltende Unterweisung des Volkes in der Tora. Die einzige politische Unruhe zu dieser Zeit könnte eine Deportation nach Babylon und Hyrkania dargestellt haben, ein Ereignis, über das indes Ungewißheit besteht (vgl. Jos.c.Ap. 1.194).

2. Das Ende Judas.

Die Feldzüge *Alexanders dürften Judäa kaum betroffen haben, aber die Gründung der Stadt *Alexandria lockte viele aus Judäa an. Alexandria konkurrierte bald mit den Metropolen Babylons und Persiens und überholte sie an Reichtum und Einfluß. Die Aufteilung von Alexanders Reich unter seine Generäle hatte zur Folge, daß Palästina zu einem Streitobjekt zwischen *Syrien und Ägypten wurde. Bis 198 v.Chr. war es in der Hand der ägypt. Ptolemäer, wurde dann aber Teil des syr.-*seleukidischen Reiches.

Die Extravaganz der reichen hellenisierten

Oberschicht Jerusalems, zum großen Teil Priester, und die unausgewogenen Bemühungen von *Antiochus Epiphanes (175-163 v.Chr.), sein Reich zu hellenisieren, die zum Verbot der Beschneidung und des Sabbats führten und die Verehrung griech. Götter forderten, schafften ein Bündnis aus rel. Eifer und unterschwellig vorhandenem Nationalismus. Die Juden erreichten zunächst rel. Autonomie und dann politische Freiheit (140 v.Chr) zum ersten Mal wieder seit Josia. 76 v.Chr. reichten die Grenzen des Landes von *Dan bis *Beerscheba. (Zur Geschichte dieses Aufstiegs und plötzlichen Zusammenbruchs s. *Israel.) Als die Römer die letzten Überreste politischer Unabhängigkeit 70 n.Chr. zerstörten, und bes. nach dem Niederwerfen der Revolte Bar Kochbas 135 n.Chr. hörte Judäa auf, jüd. Land zu sein, aber der Name J. in der Form »Jude« wurde zum Namen aller, die in der ganzen Welt verstreut waren und an dem Gesetz Moses festhielten, unabhängig von ihrem Stammes- oder nationalen Ursprung.

Literatur: John Bright: A History of Israel, [2]1972; A.R. Millard: »The Meaning of the Name Judah«, ZAW 86, 1974, S. 246f; J.A. Montgomery, H.S. Gehman: The Books of Kings, ICC, 1951; W.O.E. Oesterley: A History of Israel, [2]1932; F.F. Bruce: Israel and the Nations, 1963; H. Donner: Geschichte des Volkes Israel und seiner Nachbarn. I,1984, II,1986; S. Herrmann: Geschichte Israels in alttestamentlicher Zeit, [2]1980; E. Janssen: Juda in der Exilszeit. Ein Beitrag zur Frage der Entstehung des Judentums. FRLANT 69, 1956; H. Spieckermann: Juda unter Assur in der Sargonidenzeit. FRLANT 129, 1982; A. Alt: Die Staatenbildung der Israeliten in Palästina, Kleine Schriften Bd. 2, 1953, S. 1-65; W.F. Albright: The Archaeology of Palestine, [2]1954. H.L.E.

JUDÄA. Der griech. Name *hē Ioudaia,* zu dem eigentlich immer *chōra,* »Land«, zu ergänzen wäre (Mk 1,5: »das judäische Land«), dürfte von der aram. Herkunftsbezeichnung *jehūdaj* abgeleitet sein. Das Adjektiv *Ioudaios/ia* begegnet zuerst bei dem Aristoteles-Schüler Klearchos um 350 v.Chr. (nach Jos.c.Ap. I, 179), in der LXX wird es nur in den Apokryphen gebraucht. Ein Vergleich von 1 und 2Makk zeigt, daß der von Nichtjuden geprägte Sprachgebrauch sich zögernd – und zwar zuerst bei hellenisierten Juden – durchsetzte (K.G. Kuhn, ThWNT III, 1938, 361-366). Im NT wird *Ioudaia* wie ein Hauptwort als geographischer Eigenname verwandt. In der vorntl. Literatur (Bauer, Wb 749) und dann vor allem bei Josephus (Bachmann, 69-71) begegnet J. in zwei verschiedenen Bedeutungen:

1. J. kann in engerem Sinn geographisch das Gebiet des ehemaligen Südreichs meinen, das hauptsächlich aus dem Stamm *Juda bestand. Bei der Rückwanderung von Juden aus dem babylon. Exil wurde ein Gebiet wiederbesiedelt, das im O vom *Jordan, im S durch *Idumäa, im W von *Lydda und im N durch Ramatajim (*Arimatäa) begrenzt war.

2. In einer weiteren Bedeutung kann J. aber auch für das gesamte von Juden bewohnte oder beherrschte Gebiet Palästinas gebraucht werden. An welches Gebiet dabei jeweils gedacht ist, wurde von der wechselvollen Geschichte zwischen *Nehemia und Bar-Kochba mitbeeinflußt.

Z.Zt. der Rückwanderung (ab 538 v.Chr.) war das alte Stammesgebiet Judas mit dem Zentrum *Jerusalem *Samaria unterstellt. Unter Nehemia (445-433) erhoben es die *Perser zur eigenständigen Provinz (*medinah;* vgl. Esr 2,1). Münzen der spätpers. und frühhellen. Zeit tragen die Aufschrift *jehūd* oder *jehūdāh* (A. Kindler, D. Jeselsohn, IEJ 24, 1974, 73-78). Die Hasmonäer konnten in der zweiten Hälfte des 2. Jh.v.Chr. das Gebiet des neuen selbständigen jüd. Staats im N und im Ostjordanland erheblich erweitern (1Makk 5,45; 7,10; 11,28.34; 12,38). Nach der Neuordnung der Verhältnisse durch den röm. Feldherrn Pompeius (64 v.Chr.) verblieben allerdings nur noch *Peräa und *Galiläa bei J., das vom Hasmonäer Hyrkanus II. als *Hoherpriester ohne Königstitel regiert wurde (Jos.ant.Jud. XIV, 73-75; bell.Jud. I, 153-155). *Herodes der Große (37-4 v.Chr.) konnte sein Herrschaftsgebiet von Roms Gnaden noch einmal auf die Größe des Hasmonäerreichs ausweiten (Jos.ant.Jud. XV, 217; bell.Jud. I, 396; vgl. Lk 1,5). Aber nach der Verbannung seines Sohnes Archelaos 6 n.Chr. (vgl. Mt 2,22) kam J. zusammen mit Samaria und Idumäa als Sonderverwaltungsgebiet unter einem Präfekten (Landpfleger), der in *Cäsarea Maritima residierte, bis 41 n.Chr. unter direkte röm. Verwaltung (Jos.ant.Jud. XVII, 355; XVIII 2; bell.Jud. II, 117 vgl. Lk 3,1). Einer der Statthalter war Pontius *Pilatus (26-36 n.Chr.). Nach der kurzen Wiederherstellung des herodianischen Reichs unter *Agrippa I. (41-44 n.Chr. vgl. Lk 12,19) gelangte J., diesmal zusammen mit Galiläa, erneut unter röm. Prokuratoren wie *Felix und *Festus (Jos.ant.Jud. XIX, 354-366; bell.Jud. II, 220; vgl. Apg 23,24; 24,27). Die Mißgriffe der Statthalter verstärkten die Aufstandsbewegung der *Zeloten, die sich schließlich im ersten jüd. Krieg (66-70) entlud und mit der Zerstörung Jerusalems endete. Zwischen 70 und 135 n.Chr. war J. eine eigene röm. Provinz mit Statthaltern in senatorischem Rang. Der pseudomessianische Bar-Kochba-Aufstand blieb auf J. beschränkt. Nach seinem Scheitern wurde J. der röm. Provinz Syria-Palaestina eingegliedert und hörte damit auf, als eigenständige politische Größe zu bestehen.

Bei Mt, Mk und Joh sowie größtenteils auch bei Lk liegt der engere geographische Gebrauch von J. vor. Das zeigt sich u.a. daran, daß entsprechende Wendungen (Betz, 468f) oft an das AT anklingen, am deutlichsten Lk 1,39 (vgl. 2Sam 2,1 und auch Lk 2,4; 21,21): »in eine Stadt Judas« (*Kerem), aber auch z.B. »Jerusalem und (ganz) Judäa« (Mt 3,5; 4,25 vgl. 2Kön 24,20; Sach 14,21). *Johannes der Täufer stammte aus dem »Bergland (*oreinē*) von Judäa« (Lk 1,65), womit wohl die unmittelbare Umgebung von Jerusalem gemeint sein dürfte (vgl. Plin.nat.V, 14). Jesus wurde »im *Bethlehem Judäas« (Mt 2,1.5 vgl. Ri 17,7; Rut 1,2; Lk 2,4) geboren. Der Täufer wirkte in der »Wüste von Judäa« (Mt 3,1 vgl. Ri 1,16; Ps 63,1; Jes 40,3), wo sie an den *Jordan stößt (Mt 3,5f), d.h. in der Umgebung von *Jericho. An der Einmündung des von O kommenden Wadi El-Charrār lokalisiert eine wahrscheinlich zutreffende Überlieferung (C. Kopp, Die heiligen Stätten der Evangelien, [2]1964, 153-166) auch die Taufe Jesu (Mt 3,13-17).

Nach Mt und Mk kommt Jesus erst am Ende seines öffentlichen Wirkens zum letzten Passa nach J. Lk 4,44 scheint schon eine vorherige Tätigkeit dort anzudeuten (vgl. auch Mt 23,37), jedenfalls hatte Jesus auch Zuhörer aus J. (Mt 4,25; Mk 3,7; Lk 6,17 vgl. Lk 5,17). Lk 7,17 verlegt den Ort *Nain nicht von Galiläa (vgl. 7,11 mit 7,1) nach J., sondern sagt nur, daß die Nachricht über die unmittelbare Umgebung hinaus auch dorthin gelangte (Bachmann, 109-112). Wenn Lk vorgeworfen wird, er lasse J. direkt an Galiläa grenzen, so bedeutet das eine Überinterpretation von Lk 17,11 und Apg 9,31 (Hengel, 177). Bei Joh ist J. der wichtigste Schauplatz des Wirkens Jesu, den er nur gelegentlich nach Galiläa verläßt (Joh 3,22; 4,3.47.54; 7,1.3; 11,7). Im vierten Evangelium könnte die betonte Feindschaft »der Juden (*Ioudaioi*)« auch eine geographische Färbung (Judäer) haben (M. Lowe, NovT 18, 1976, 101-130). Ob mit »Judäa jenseits des Jordans« (Mt 19,1 vgl. Mk 10,1) das J. gegenüber liegende, jüd. besiedelte Peräa gemeint sein soll, scheint sehr fraglich (*Betanien II). Nach der Endzeitrede Jesu bildet J. den Mittelpunkt apokalyptischer Bedrängnis (Mt 24,16/Mk 13,14/Lk 21,21 vgl. 1Makk 2,28).

Wie oft bei Lk ein erweiterter Gebrauch von J. vorliegt, ist im einzelnen umstritten. Die engere Bedeutung muß man überall annehmen, wo J. neben Samaria oder Galiläa genannt wird (Apg 1,8; 8,1; 9,31). An anderen Stellen macht sie der geographische Kontext wahrscheinlich: Von J. mit dem für Juden weisungsgebenden Zentrum Jerusalem (Apg 28,21) gehen urchristl. Propheten (Apg 11,29; 21,10), judaisierende Eiferer (Apg 11,1ff; 15,1), aber auch die Missionstätigkeit des *Paulus (26,20) aus. Eindeutig ist der erweiterte Sinn in Lk 23,5 und Apg 10,37 (vgl. Apg 10,39 »das Land der Juden«), wo Jesu Wirken in J. von Galiläa her beginnt. Möglich ist die weitere Bedeutung auch in Lk 1,5 (Königreich Herodes' des Großen) und 3,1 (röm. Territorium). Daß Paulus J. im engeren Sinn gebraucht, liegt nahe (1Thess 2,14; Gal 1,22; 2Kor 1,16; Röm 15,31), läßt sich aber nicht sicher entscheiden.

Ein besonderes Problem stellt, wie schon die Textvarianten bei den Kirchenvätern (Armenien, Syrien, Indien) zeigen, die Nennung von J. in Apg 2,9 dar, die schlecht in die Aufzählung von Herkunftsländern der gerade in Jerusalem weilenden Juden paßt. Viele Ausleger rechnen hier deshalb mit einem späteren Zusatz. Das wäre unnötig, wenn in der – wohl aus vorlukanischer Tradition stammenden – Liste J. das nordsyr. Gebiet Ja'udi (vgl. 2Kön 14,28?) meinen würde (O. Eißfeldt, Kleine Schriften IV, 1968, 99-131). Für eine solche Deutung spricht der geographische Zusammenhang (*Mesopotamien, J., *Kappadozien).

Literatur: B. Kanael: IEJ 7 (1957), 98-106; W. Nauck: BHH II, 1964, 901; E. Schürer: History of the Jewish People I, 1973; M. Bachmann: Jerusalem und der Tempel, 1980, 67-131; O. Betz: EWNT II, 1981, 468-470; M. Hengel: ZDPV 99 (1983), 151f; F.F. Bruce: Zeitgeschichte des NT I/II, ND 1986; R. Riesner: TynB 38 (1987), 48-53. R.R.

JUDA, GEBIRGE/WÜSTE.

1. Das Gebirge J. wird im O vom Toten Meer, im W von der *Schefela (Küstenebene) bzw. dem Reich der Philister begrenzt. Im S endet es etwa 25 km südl. von *Hebron, nördl. von *Jerusalem setzt es sich im Gebirge Ephraim fort.

2. Das Gebirge hat die Form eines Daches, das steil zum Toten Meer hin abfällt (dieses Gebiet heißt auch Wüste Juda) und nach W wesentlich flacher in die fruchtbare Talebene der Schefela übergeht. Der Dachfirst, das judäische Bergland, ist stellenweise nur 1-3 km breit. Im südl. Teil, dem Bergland von Hebron, erreicht das Gebirge J. eine Höhe von etwa 900 m. Nördl. von Hebron liegt seine höchste Erhebung, der Dschebel el Batrak (1025 m). Der nördl. Teil, das Bergland um Bethlehem und Jerusalem, ist etwa 750 m hoch, darüber erhebt sich der Ölberg mit 812 m. Im N Jerusalems rechnet man das Gebiet bis zur Höhe el-Asur (1011 m) zwischen Silo und Bethel meist noch zum Gebirge J., dann geht es ins Gebirge Ephraim und ins Hügelland von Samaria über.

Die kahlen Hügel der »Wüste Juda« zwischen Jerusalem und dem Toten Meer. (ZR)

JUDAS. (Griech. Form des hebr. »Juda«).

1. Bruder des Herrn (Mt 13,55; Mk 6,3). Vielleicht der Autor des *Judasbriefes, der sich selbst »Bruder von Jakobus« nennt (*Brüder Jesu).

2. Sohn des Jakobus und einer der zwölf Apostel (Lk 6,16), auch Thaddäus genannt (Mt 10,3; Mk 3,18; in manchen Handschriften steht Lebbaios: Mt 10,3). Einige betrachten ihn als den Verfasser des Judasbriefes.

3. *Judas Iskariot.

4. Ein Galiläer, der nach Josephus (Jos.ant.Jud. 18,3) in Gamala geboren wurde. Er führte einen Aufstand gegen die Römer an (Apg 5,37), den Josephus auf 6 n.Chr. datiert. *Quirinius besiegte die Rebellen, J. wurde erschlagen.

»Judas (Jehuda)*, der Sohn des Johannes (Jehohanan), des Sohnes des Jethro* (Jethua)*«. Inschrift auf einem Ossuar aus Jerusalem. 40 v.Chr. bis 70 n.Chr. (JPK)*

5. Jude, in dessen Haus Paulus in Damaskus wohnte (Apg 9,11).

6. Ein bewährtes Mitglied der Jerusalemer Gemeinde mit dem Zunamen Barsabbas, der zusammen mit *Silas von den Ältesten gewählt wurde, um Paulus und Barnabas nach Antiochia zu begleiten, um dort die Entscheidung der Apostel über die Frage der Beschneidung (*Apostelkonzil) mitzuteilen (Apg 15,22-33). J.D.D.

JUDASBRIEF.

I. AUFBAU DES BRIEFES.

Der Brief ist in sechs Teile gegliedert:
1-2: Eingangsgruß;
3-4: Anlaß und Ziel des Briefes;
5-7: Drei alttestamentliche Gerichtsbeispiele;
8-16: Schilderung der Verführer;
17-23: Rat und Weisung an die Gemeinde;
24-25: Abschließende Doxologie;

II. VERFASSER, DATIERUNG UND KANONIZITÄT.

Der J. zählt zu den sog. *»Katholischen Briefen« des NT. Der Autor dieses kurzen Schreibens stellt sich vor als »Judas, ein Knecht Jesu Christi und Bruder des *Jakobus« (V. 1). In der frühen Kirche gab es nur einen Jakobus, auf den man sich in dieser Weise, ohne nähere Bestimmung, beziehen konnte: den »Bruder des Herrn«, wie er in Gal 1,19 genannt wird. Dies deutet hin auf eine Identifikation des Autors mit dem Judas, der in Mt 13,55 und Mk 6,3 zu den *Brüdern Jesu gezählt wird. Über sein Leben ist nichts Näheres bekannt. Zwei Enkelsöhne des Judas wurden Hegesipp zufolge von *Domitian (81-96 n.Chr.) vernommen und dann entlassen, als er hörte, daß sie dem Haus Davids entstammten (Eus.h.e. 3,20,1-6).

Die Zeit der Entstehung des Briefes ist ebenso wie die Verfasserschaft in der Forschung umstritten. Mit Vorbehalt darf er auf die zweite Hälfte des 1. Jh.n.Chr. datiert werden, noch vor dem Tod des Jakobus (nach Josephus, ant.Jud. 20, 200-201 wohl 61/62 n.Chr.; vgl. E.E. Ellis). Ausdrückliche Benutzung des Jud finden wir gegen Ende des 2. Jh. u.a. bei Tertullian (De cultu feminarum 1,3) und im Kanon Muratori, wenig später bei Clemens von Alexandria (Paidagogos 3,8,44; Stromateis 3,2,11; Judas-Kommentar GCS 3, 206-09); Anspielungen auf Jud gibt es aber schon Anfang des 2. Jh. in der Didache (2,7; 3,6) und im Barnabas-Brief (2,10) sowie bei Polycarp, Phil 3,2; 11,4 (s. *Apostolische Väter). Dennoch war die Kanonizität des Briefes einige Zeit umstritten (vgl. Eus. h.e. 2,23, 25). Der Jud ist schon in bohairisch-sahikischen NT-Übersetzungen (Ende 2. Jh.) sowie im p [72] und im p [78] (beide 3. Jh.) enthalten.

III. ANLASS UND ZWECK DES BRIEFES.

Judas hatte ursprünglich eine Abhandlung über »unser aller Heil« (V. 3) geplant, als er sich genötigt sah, eine polemische Auseinandersetzung aufzunehmen, um den apostol. Glauben zu verteidigen. Diese Rechtfertigung war durch das beunruhigende Vordringen einiger in die Gemeinden einbrechender Irrlehren notwendig geworden. Im diesem Falle ging es nicht um eine asketische Lehrmeinung wie jene, die Paulus im *Kolosserbrief angreift, sondern um eine Haltung, die sich wohl auf die Lehre des Paulus von der christl. Freiheit berufen hat, diese Freiheit jedoch als Freizügigkeit fehlinterpretierte und als »Vorwand für das Fleisch« (vgl. Gal 5,13) mißbrauchte. Dies wird angedeutet durch Judas' Beschreibung der betreffenden Irrlehrer als »gottlose Menschen, die die Gnade unseres Gottes dazu mißbrauchen, ein zügelloses Leben zu führen, und die Jesus Christus, unseren einzigen Herrscher und Herrn, verleugnen« (V. 4).

IV. INHALT.

Unter den Christen, an die Judas schreibt, gab es solche, die sich den Zugang zur Gemeinde nicht auf rechtmäßige Weise, d.h. durch Buße und Glauben, erworben hatten (V. 4: »nebeneingeschlichen«). Sie verbinden mit der Berufung auf Gottes Gnade die wilde, zuchtlose Befriedigung ihrer Triebe (V. 4: »Ausschweifung«; V. 8: »beflecken das Fleisch«; V. 16: »nach ihren Begierden wandeln«). Auch geben sie nicht zu, daß Jesus der Herr der Gemeinde ist (V. 4). Sie lästerten gegen die, die Herrlichkeit haben (V. 8). Das machte die Gemeinschaft mit ihnen unmöglich, schloß sie aus der Gemeinde aus. An drei Beispielen aus dem AT (5-7) wird Gottes Richtersein vor Augen gestellt. Das erste Beispiel weist auf das aus Ägypten ausgezogene murrende Israel auf der Wüstenwanderung hin (4Mo 14,35), um aufzuzeigen, daß keine noch so reiche Erfahrung der Gnade Gottes die Sünde straflos macht und Gottes Gerichtsernst wegwischen kann. Trotz, Murren und Mißtrauen läßt er nicht zu. Das zweite Beispiel, die Engel, die menschliche Frauen begehrten (1Mo 6,1-4), dient denen als Warnung, die sich der Unreinheit ergaben. Denn Empfangenes muß bewahrt werden; sonst entsteht aus dem großen Vorzug der tiefe Fall. Das dritte Beispiel, Sodom und Gomorra (1Mo 18,20; 19,5-7), macht sichtbar, was die

Ausschweifung von Gott zu erwarten hat. Obwohl Gottes Ernst in der Schrift deutlich bezeugt ist, gehen die Neuerer in der Gemeinde denselben Weg. Ganz anders der Erzengel Michael (9), der nicht einmal den Teufel zu lästern wagte (5Mo 34,6; Sach 3,2). Michael nimmt das Gericht gegen ihn nicht in die eigene Hand, sondern ehrt Gott als den alleinigen Richter. Die neuen Lehrer dagegen werfen mit ihren lästernden Urteilen ohne Scheu um sich (10). Ihren großen Worten mißt Judas keine Bedeutung zu. Denn ein Wissen, das uns die Sinne zuleiten, haben auch die Tiere. Nochmals werden (V. 11) drei Gestalten aus der Schrift zusammengestellt, an denen mit besonderem Ernst deutlich wird, was Sünde ist und was aus ihr entsteht: *Kain (1Mo 4,8), *Bileam (4Mo 22,34; 31,16) und die Rotte *Korach (4Mo 16). Kain erhob sich aus Neid und Haß gegen den Bruder und wurde deswegen aus Gottes Nähe gewiesen, wurde unstet und flüchtig. Bileam wollte Israel verderben, weil es ihn reute, den Lohn zu verlieren, den ihm seine Weissagung eintragen sollte. Die Rotte Korach lehnte sich gegen Mose auf und stritt mit ihm um Ehre und Herrlichkeit. Alle diese Fehlhaltungen treffen auch auf die neuen Christen zu, die in die Gemeinde eingedrungen sind. Sie werden deshalb auch bei den Liebesmahlen zur Gefahr für die Gemeinde, weil sie hier für ihre neue Frömmigkeit werben (12a).

Judas stellt die Unfruchtbarkeit der Irrlehrer (»sie weiden sich selbst«, 12a) durch beredte Gleichnisse dar (12b; 13). Sie haben den anderen nichts zu geben, was ihnen heilsam wäre und echte Erkenntnis Gottes vermittelte. Sie machen großen Lärm, geben hohe Versprechungen und fordern für sich Unterwerfung und Verehrung. Das Urteil, das sie erwartet, wurde schon durch Henoch vorhergesagt (14f; vgl. äthHen 1,9). Die Weissagung der Apostel rechnet das Auftreten von Irrlehrern und die Zerrüttung der Gemeinde zu den Zeichen der letzten Zeit (17-18; vgl. 2Petr 3,23; 1Tim 4,1). Weil sich die Irrlehrer hoch über die Christen erheben, droht die Einheit der Gemeinde zu zerbrechen (19). Doch gegen alle, die der Sünde der falschen Geistlichkeit verfallen, hat die Gemeinde barmherzig zu bleiben (22). Aber die Barmherzigkeit hat je nach der Haltung der Irrenden eine spezifische Aufgabe. Die, die noch zweifeln, haben sich noch nicht ganz von der Wahrheit getrennt. Da soll die Gemeinde zugreifen und zu ihrer Rettung beitragen. Aber wenn die Irrenden in ihrer Sünde hart geworden sind, kann man sie nicht mehr retten. Auch mit ihnen soll zwar nicht unbarmherzig umgegangen werden, doch soll man sich vor der Nähe zu ihnen hüten (23). Den Christen zur Ermutigung schließt Judas mit einer Doxologie, dem lobpreisenden Aufblick zu Jesus Christus, der trotz allem Schweren und Gefährlichen seine Gemeinde behüten und zu seinem Ziel führen wird. Deshalb steht im Jud beides nebeneinander: Sünden, die in der Gemeinde geschehen können und die Gottes Gericht trifft, aber auch der sichere Heilsstand der Gemeinde, die behütet und zum Ziel geführt wird.

Literatur: R. Bauckham: Jude, 2 Peter, 1983; C. Bigg: The Epistles of St. Peter and St. Jude, ²1902; E.E. Ellis: Prophecy and Hermeneutic in Jude, in: ders., Prophecy and Hermeneutic in Early Christianity, 1978, 223-36; H. Frankemölle: 1. und 2. Petrusbrief, Judasbrief, 1987; E. Fuchs/P. Reymond: La deuxiéme épître de Saint Pierre. L'épître de Saint Jude, ²1988; M. Green: 2 Peter and Jude, ²1987; W. Grundmann: Der Brief des Judas und der zweite Brief des Petrus, ³1986; R. Heiligenthal: Der Judasbrief. Aspekte der Forschung in den letzten Jahrzehnten, ThR 51, 1986, 117-29; U. Holmer/W. de Boor: Die Briefe des Petrus und Judas, ⁴1982; J.N.D. Kelly: The Epistles of Peter and Jude, 1969; F. Maier: Der Judasbrief. Seine Echtheit, Abfassungszeit und Leser, 1906; B. Reicke: The Epistles of James, Peter and Jude, 1964; J.A.T. Robinson: Die Petrusbriefe und der Judasbrief, in: ders., Wann entstand das Neue Testament, 1986, 149-210; K.H. Schelkle: Der Judasbrief bei den Kirchenvätern, in: Abraham unser Vater, FS O. Michel, 1963, 40-16; ders.: Die Petrusbriefe. Der Judasbrief, ⁵1980; G. Sellin: Die Häretiker des Judasbriefes, ZNW 77, 1986, 206-25; F. Spitta: Der zweite Brief des Petrus und der Brief des Judas, 1885; G. Wohlenberg: Der erste und zweite Petrusbrief und der Judasbrief, ³1923. F.F.B./C.P.Th.

JUDAS ISKARIOT.

I. NAME UND HERKUNFT.

In der synoptischen Aufstellung der zwölf *Apostel, die Jesus »bei sich haben« wollte (Mk 3,14), erscheint J.' Name immer zuletzt, meistens zusammen mit einem entehrenden Stigma (z.B. »der ihn verriet«, Mk 3,19; Mt 10,4; Lk 6,16; vgl. Joh 18,2.5). Wir können ihn mit Jerobeam I. im AT vergleichen, der mit Schrecken als der erwähnt wird, »der Israel sündigen gemacht hat«.

Das Wort »Iskariot« wird J.' Namen in den synoptischen Texten und in Joh 12,4 angehängt, während in den anderen Hinweisen von Johannes die Texte beträchtliche Unterschiede aufweisen. In Joh 6,71 und Joh 13,26 wird ein Simon Iskariot als J.' Vater erwähnt. In Joh 13,2.26 wird von einem Simon als Vater des J. gesprochen. Iskariot wird näher erklärt durch die Hinzufügung *apo Karjōtū* (in selteneren Lesarten von Joh 6,71; 12,4; 13,2.26; 14,22). Diese zusätzlichen Informationen, die Johannes bietet, bestätigen die Ableitung von »Iskariot« von dem hebr. *'isch qerījōt,* »ein Mann aus Kerijot«. Kerijot liegt nach Jer 48,24 und Am 2,2 in Moab, aber es gibt auch eine mögliche Gleichsetzung mit Kerijot-Hezron (Jos 15,25), 19 km südl. von Hebron. Diese geographische Erklärung ist der Ansicht vorzuziehen, die das Wort über eine aram. Form auf *sikarios,* »ein Mörder«, zurückführt (vgl. Apg 21,38) und damit in J. einen Anhänger der Zelotenbewegung sieht, (O. Cullmann, ^{2}1961, S. 15f; dagegen M. Hengel, 1961, S. 49).

II. LEBEN.

J. Iskariot war der Schatzmeister der Apostel (Joh 13,29), während ein anderer Text des Joh von ihm als Dieb spricht (12,6), evtl. aus dem Grund, weil er das Geld, das ihm anvertraut war, veruntreute.

Die letzten Abschnitte der Evv. werden überschattet durch den Verrat dieses »Einen von den Zwölf«, wie er wiederholt genannt wird (Mk 14,10; 14,20; Joh 6,71; 12,4). U. übte Kritik an Maria, die die Füße Jesu mit kostbarer Salbe salbte (Joh 12,3-6). Der Kommentar des Evangelisten will die Habgier des Judas betonen, der nur den Preis der Salbe sah und nicht die Handlung, die Jesus lobte (Mk 14,6). Im Anschluß an diesen Vorfall in *Betanien ging J. zum Hohenpriester und verriet Jesus (Mt 26,14-16; Mk 14,10.11; Lk 22,3-6). Markus berichtet nur von der Tatsache des Verrats und fügt hinzu, daß J. von den Priestern Geld versprochen wurde.

Matthäus gibt den Betrag an, möglicherweise ein Angeld auf eine vereinbarte Summe (mit einer unausgesprochenen Anspielung auf Sach 11,12 und vielleicht auf 2Mo 21,32; vgl. Mt 27,9), und nimmt Bezug auf Jer 32,9. Lukas gibt die tiefe Bedeutung der Handlung wieder, wenn er berichtet, daß der *Satan in den Verräter hineinfuhr und diese ruchlose Sünde anregte (vgl. Joh 13,2.27). Alle Synoptiker stimmen darin überein, daß J. beschloß, eine günstige Gelegenheit abzuwarten, um Jesus »persönlich« an seine Feinde auszuliefern, d.h. heimlich mit List (für diese Wiedergabe in Lk 22,6; Mk 14,1.2; s. J. Jeremias, Die Abendmahlsworte Jesu, ^{4}1967, S. 72).

Diese Gelegenheit bot sich an dem Abend, an dem Jesus sich mit den Zwölf zum letzten Mahl im Obergemach eines Hauses versammelte (Mk 14,17ff par.). Mit prophetischem Blick sieht Jesus die Tat des Verräters voraus. Im Bericht bei Mk wird Judas nicht namentlich erwähnt, und es scheint allgemeine Verwirrung gegeben zu haben, was die Identität des Verräters betraf. Den Dialog in Mt 25,25ff könnte man sich im Flüsterton vorstellen, während der Bericht bei Joh die Tradition aus erster Hand bewahrt, mit der Frage des geliebten Jüngers und Jesu Handlung mit dem Passabrot.

Danach übernahm Satan die Kontrolle über den Mann, der sein Gefangener geworden war, und J. ging hinaus in die Nacht (Joh 13,27-30).

Der Plan für die Verhaftung Jesu, für die alle Vorkehrungen getroffen waren, wurde ausgeführt. Das Geheimnis, das J. verriet, war offensichtlich der Treffpunkt in *Gethsemane. Die Gruppe Soldaten, von J. angeführt, kam zu Jesus. Das Erkennungszeichen war eine Ironie in sich. »Den, den ich küssen werde, ergreift.« Damit war das Werk des Verräters vollbracht.

Mt 27,3-10 berichtet von J.' trauriger Reue. Der Bericht in Apg 1,18 und das groteske Zeugnis von Papias, Frag. 3, das von Apollinaris von Laodizea bewahrt wurde, vervollständigen die Hinweise auf das Ende des J. Papias erzählt, wie J.' Körper anschwoll (dies kann eine mögliche Bedeutung von Apg 1,18 für »vornüberstürzen« sein) und er auf seinem eigenen Land starb. Es gab mehrere Versuche, die Berichte in Einklang zu bringen (z.B. Augustinus' Vorschlag, daß der Strick riß und J. durch den Fall starb entsprechend Apg 1,18; auf diese Weise wurde der Bericht bei Matthäus und der der Apg vereinigt). Aber schlimmer noch als die schrecklichen Einzelheiten dieser Berichte ist das einfache, sachliche Urteil in Apg 1,25: »diesen Dienst und das Apostelamt. . ., das Judas verlassen hat, um an den Ort zu gehen, wohin er gehört«. Der Apostel war ein Abtrünniger geworden und hatte das Schicksal erlitten, das ein solcher Mensch verdient.

Der Mensch J. stellt vor Fragen. Es ist schwer zu sagen, ob ihn allein die Geldgier trieb – was aber im NT nicht ausdrücklich gesagt ist. Oder ob er einer aus der Zelotenbewegung war, der enttäuscht war, weil er auf ein irdisches Königreich Jesu und eine entscheidende Stellung dabei hoffte. In Joh 13,2.27 steht allein die Erklärung, daß der Satan in J. gefahren ist.

Literatur: O. Cullmann: Der zwölfte Apostel: Vorträge und Aufsätze. 1925-1962, hrsg. v. K. Fröhlich, 1966, S. 214-222; ders.: Der Staat im Neuen Testament, ^{2}1961; M. Hengel: Die Zeloten, 1961; A. Schlatter: Der Evangelist Matthäus, 1929; ders.: Das Evangelium des Lukas, ^{2}1960; J. Schniewind: Das Evangelium nach Markus, NTD 1, ^{7}1956; ders.: Das Evangelium nach Matthäus, NTD 2, ^{7}1954; Th. Zahn: Das Evangelium des Johannes ($^{5/6}$1921), 1983; F. Schulthess: Zur Sprache der Evangelien. ZNW 21/1922, S. 216-258; K. Lüthi: Judas Iskarioth in der Geschichte der Auslegung von der Reformation bis zur Gegenwart, 1955. R.P.M.

JUDENCHRISTEN.

1. Die J. konnten von Paulus als *hoi ek peritomēs,* »die aus der Beschneidung«, als Christen jüd. Herkunft, bezeichnet werden (Gal 2,12); er sprach auch von den »Armen (*ptōchoi*) unter den Heiligen in Jerusalem« (Röm 15,26, vgl. Gal 2,19). In Apg 9,2 erscheint die Bezeichnung *hoi tēs hodon ontes,* »die zum Weg Gehörenden«, wobei »der Weg« (Apg 19,9.23; 22,4; 24,14, RevEB) die christl. Glaubenshaltung und vor allem Lebensweise meint. Von den Juden wurden sie später *nozrūn,* »Nazarener« genannt (12. Bitte des Achtzehn-Bitten-Gebets). Als Selbstbezeichnung kommt »die Armen« (*'aebjōnīm,* daher Ebjoniten) in Frage; der Name »Christen« (Apg 11,26; 26,28; 1Petr 4,16, vgl. Tac.ann. XV, 44: »Chrestiani«) ist ein Latinismus und eine Fremdbezeichnung.

Die J. wollten von sich aus keine besondere Glaubensrichtung oder Sekte sein. Sie führten das gesetzlich geregelte Leben frommer Juden und hielten sich an die Reinheits- und Speisegebote (vgl. Apg 10,14). Aber der Gesetzesgehorsam galt ihnen nicht als Weg, die Gerechtigkeit vor Gott zu erlangen (vgl. Gal 2,16; Apg 15,10f), und der Tempel in Jerusalem diente ihnen nur als Stätte des Gebets (Apg 3,1).

2. In der Apostelgeschichte werden zwei Gruppen von Judenchristen erwähnt, die sich schon sehr früh in Jerusalem herausgebildet hatten:

a. die »Hebräer« (*hebraioi,* Apg 6,1), d.h. die hebr. und aram. sprechenden Christen vorwiegend palästinischer Herkunft. Die Leitung über sie hatten die zwölf *Apostel und mehrere *Älteste/Presbyter (Apg 15,6). Sie hielten nicht nur an der »Lehre der Apostel« fest, sondern praktizierten auch die von Jesus mit seinen Jüngern vorgelebte *Gütergemeinschaft und feierten durch eben diese Gütergemeinschaft ermöglichte Gemeinschaftsmahle, das »Brotbrechen« (Apg 2,42). Der Verzicht auf privates Eigentum hat wohl auch zur Bezeichnung »die Armen« geführt.

b. Daneben gab es die Gruppe der »*Hellenisten« (*hellēnistai,* Apg 6,1; 9,29; als Text-Variante auch in 11,20), d.h. der griech. sprechenden J. Nach Apg 6,1 hatten sie sich wegen der unzureichenden Versorgung ihrer Witwen eine eigene Organisation gegeben. Dafür maßgebend war wohl auch der sprachliche Unterschied, der sich – abgesehen von der ausdrücklichen Bezeichnung »Hellenisten« – auch schon im Pfingstbericht andeutet (Apg 2,5-12): Die nach Jerusalem verzogenen Juden aus der *Diaspora beherrschten das Hebr. und Aram. nicht mehr bzw. nicht in ausreichendem Maße. Sie hatten deshalb in Jerusalem eigene Synagogen eingerichtet, in denen Gottesdienst und Lehre auf griech. abgehalten wurden (vgl. Apg 6,9; 24,12). Analog dazu hielten die Hellenisten eine eigene Mahlfeier; dafür wurden sieben Diakone bestellt (Apg 6,3).

3. Während die »Hebräer« im »*Obergemach« ihren Versammlungsraum hatten (Apg 1,13), kamen die »Hellenisten« wohl im Haus der *Maria, der Mutter des *Markus, zusammen (Apg 12,12). Wahrscheinlich befanden sich diese Stätten in der Nähe des Essenerviertels im SW Jerusalems.

4. Beide Gruppen waren missionarisch tätig, und zwar zunächst unter ihren jüd. Landsleuten (vgl. Apg 3-5; 8; 10-11). Nach der Hinrichtung des *Stephanus und der darauf einsetzenden *Verfolgung begannen die Hellenisten in *Samaria, dem palästin. Küstengebiet, in Syrien und auch in Zypern mit der Verkündigung des Evangeliums, wobei es dann auch zur Missionierung der Heiden, vor allem in Antiochia, kam (Apg 11,20 lies: *hellēnas;* 13,1ff). Während der Glaube an Kreuz und Auferstehung Jesu die gemeinsame Grundlage bildete (vgl. 1Kor 15,1-5; Röm 1,3f), war das Verhältnis zum *Judentum verschieden: Bei den »Hebräern« urteilten pharisäisch beeinflußte Kreise, die *Beschneidung der *Heidenchristen und damit auch der Gesetzesgehorsam seien heilsnotwendig (Apg 15,1.5, vgl. Justin Dial. c.Tr. 47,3); auch lehnten sie die Tischgemeinschaft mit den gesetzesfreien Heidenchristen ab (vgl. Gal 2,12). Auf der anderen Seite konnte der Hellenist Stephanus sogar die Grundpfeiler des Judentums, nämlich das Gesetz Moses und den Tempelkult, kritisieren (Apg 6,1.13f). Durch den jüd. Aufstand gegen Rom (66-70 n.Chr.) und den Bar-Kochba-Krieg (132-135 n.Chr.) wurden die J. in Palästina schwer in Mitleidenschaft gezogen (Eus.h.e. III, 5-8).

Literatur: M. Hengel: Juden, Griechen und Barbaren, 1976; J. Daniélou: Theologie du Judéochristianisme, 1958; R. Riesner: Essener und Urkirche in Jerusalem, in: BiKi 2/1985, S. 64-76; Brian Capper: In der Hand des Ananias, in: Rev Qumran 46 (1986), S. 223-237. O.B.

JUDENTUM. Der Begriff faßt verschiedene Formen von Religion der Juden etwa seit der Perserzeit zusammen, nachdem im babylon. Exil und danach Nachkommen der ehemals im Tempelstaat Juda lebenden Personen sich als die Erben der alten Religion Israels verstanden und organisierten. Der Begriff hat ethnische – aber nicht rassische - Konnotationen. Jude ist, wer von einer jüd. Mutter geboren ist (diese traditionelle Definition hat ihren Ursprung vielleicht schon in der Perserzeit), oder wer durch einen Ritus zum J. übergetreten ist. Und er hat juristische Implikationen: Juden hatten Privilegien oder waren rechtlich benachteiligt. In den sozialpolitischen und juristischen Sonderstellungen der Juden gegenüber den Angehörigen anderer Religionen findet der Begriff J. auch am ehesten seine Berechtigung; religionswissenschaftlich ist eine Einheit weniger faßbar.

Für das J. der Jahrhunderte um Christi Geburt findet sich manchmal der Ausdruck »Spätjudentum«. Der Ausdruck ist irreführend, weil er suggeriert, das J. hätte danach keine nennenswerte Geschichte mehr gehabt. Die Geschichte des J.s erstreckt sich von der Antike bis in die Gegenwart. Dieser Artikel beschränkt sich auf eine Darstellung der Geschichte des antiken J.s.

538 v.Chr., im ersten Jahr nach der Eroberung Babylons durch die Perser, verfügte Kyros II. die Heimkehr der deportierten Judäer, die Wiedererrichtung des Jerusalemer Tempels und die Wiederaufnahme des Kultes (Esr 1; 6,3-5). Etwa 18 Jahre lang lag dann die Statthalterschaft der Provinz Jehud noch in der Hand der davidischen Dynastie, danach wurden Gouverneure vom pers. Hof eingesetzt und die Selbstverwaltung der Tempelstaatprovinz, soweit sie möglich war, wurde vom Hohenpriester und einem Rat von Notabeln ausgeübt. Während des Tempelbaus kam es zu Auseinandersetzungen zwischen den Heimkehrern und Teilen der Landesbevölkerung, die sich am Aufbau und damit an der späteren Wirtschafts- und Verwaltungsmacht des Tempels beteiligen wollten (Esr 4). In den Nachbarprovinzen – *Ostjordanland und *Samaria – gab es ebenfalls Jahweverehrer, die am Tempel interessiert waren. Eine teilweise Integration dieser Gruppen wurde dann unter Esra und *Nehemia (etwa ab Mitte des 5. Jh.v.Chr.) zurückgedrängt, die eine »jüdisch« separatistische Religionspolitik durchsetzten, während gleichzeitig die ursprüngliche Heimkehrergemeinde durch neue Heimkehrerwellen verstärkt wurde. Ehen mit nicht-»jüdischen« Frauen (solche, die nicht zur Gruppe der Heimkehrer gehörten; es ist nicht gesagt, daß sie alle eine wesentlich andere Religion hatten) wurden aufgelöst, die Frauen mit den Kindern weggeschickt (Esr 10; Neh 13,23ff). Die Ausgrenzung der Einwohner Samarias führte später (vermutlich im 4. Jh.v.Chr.) dazu, daß die Samariter einen eigenen Tempel auf dem Berg Garizim errichteten und den Kult in Jerusalem für ungültig erklärten.

Die Reformation unter Esra und Nehemia war im wesentlichen eine konservative Restauration auf der Grundlage eines schriftlichen Gesetzes, das Esra nach Jerusalem mitbrachte (Esr 7,14) und das wohl mit dem Pentateuch (Tora) oder zumindest mit dessen juristisch relevanten Teilen identisch war (Neh 8,1; »das Buch der Tora des Mose«). Beide handelten in pers. Auftrag; die Tora war somit pers. – staatlich anerkanntes Recht für Juden. Die Privilegien der priesterlichen Oberschicht wurden ausgebaut, der Kult und die verschiedenen Tempelsteuern organisiert (Neh 10,33ff; 12,44ff; 13,10ff), das Justizwesen gemäß der Tora geregelt (Esr 7,25f) und ein Schuldenerlaß durchgeführt (Neh 5). Die Tora, als Offenbarung des göttlichen Willens und als Entscheidungsgrundlage in Rechtssachen trat an die Stellen, die vor dem Exil im wesentlichen Prophetie, Priesterlehren, Rechtstraditionen eingenommen hatten. Außerdem existierten wohl das sog. deuteronomistische Geschichtswerk (Jos bis 2Kön) und die meisten Prophetenbücher. Heilige Schriften wurden ein wesentlicher Bestandteil der jüd. Religion, und sie waren Grundlage der Rechtssprechung. Dies hatte eine Konsequenz: Die Tora deckte nur einen Teil des Rechts ab; für juristische Entscheidungen, für die Auslegung der Tora und Anpassung an die jeweiligen Gegebenheiten wurden Schriftgelehrte nötig, die die Schriften und Traditionen studierten, Recht sprechen und lehren konnten. Das Ideal eines professionellen Schriftgelehrten zeichnet das Buch Jesus Sirach (*Ecclesiasticus*, 38,25-39,15), dessen Verfasser – Anfang des 2. Jh.v.Chr. – selbst ein Schriftgelehrter war (Sir, Vorrede, 1-4).

Nach der Eroberung Persiens durch *Alexander den Großen in der Zeit der Diadochenreiche herrschten in Palästina zunächst die Ptolemäer, ab 198 v.Chr. die Seleukiden. Die hellen. Kultur beeinflußte zunehmend Verwaltung, Wirtschaft und Lebensstil in den Städten. Vor allem unter den Seleukiden ergriff sie auch Teile der jüd. Oberschicht und aufstrebenden Mittelschicht, die wohl in der Angleichung an die Kultur der politisch Herrschenden auch persönliche Vorteile sahen. Unter dem seleukidischen Herrscher Antiochus IV. Epiphanes (175-164) kam es zur Krise. Jeschua (er hellenisierte seinen Namen zu *Jason), ein Bruder des Hohenpriesters Onias III., bot (etwa 174) Antiochus eine hohe Summe für das Hohepriesteramt und erhielt es. Er ließ in Jerusalem ein Gymnasium einrichten, Wettspiele wurden abgehalten, Jerusalemer konnten das Bürgerrecht von Antiochia erwerben (2Makk 4). Das frühere, noch von Antiochus III. (223-187) bestätigte Recht der Juden, nach ihren »väterlichen Gesetzen« (schriftliche Tora und Überlieferung der

Schriftgelehrten) zu leben, war damit in einigen Bereichen praktisch aufgehoben – zugunsten der hellenophilen Kreise. Ein Menelaos, der nicht aus der hohepriesterlichen Familie war, erhielt 171 ebenfalls für Geld das Hohepriesteramt. In den darauffolgenden Unruhen, in die Antiochus eingriff (es kam zu einem Blutbad in Jerusalem, der Tempelschatz wurde konfisziert), formierte sich der Widerstand der traditionelleren Juden, was 167 eine Religionsverfolgung auslöste: Im Tempel wurde ein hellen. Kult eingeführt; Beschneidung, Halten des Sabbats, Besitz einer Torarolle waren bei Todesstrafe verboten (2Makk 6; Dan 11,30-35). Auf dem Land trieben dazuhin die hohen Steuern die Bevölkerung in unzugängliche Gebiete und in den Widerstand, und es kam zum Aufstand unter Führung der Makkabäer (Hasmonäer), in welchem die *Chasidim* (Asidäer, die »Frommen«, eine Gemeinschaft, die die Tradition der Schriftgelehrten aufrecht erhielt; 1Makk 2,42; 2Makk 14,6) eine bedeutende Rolle spielten. Der Aufstand führte schließlich zum Erfolg: 150 v.Chr. kam es zu einem Kompromiß mit den Seleukiden, ein Hasmonäer wurde seleukidischer Statthalter und Hoherpriester, ab 141 v.Chr. herrschten die Hasmonäer souverän, das Hohepriesteramt wurde – entgegen der Tradition - in der hasmonäischen Familie erblich.

In der griech. sprechenden Diaspora gestaltete sich die Begegnung des J.s mit dem Hellenismus weniger konfliktreich, hier gab es auch keine vergleichbaren sozialen und politischen Gegensätze. Etwa 160 v.Chr. gründete Onias IV., Sohn des oben erwähnten Hohenpriesters Onias III., einen Tempel in der Gegend von Heliopolis in Ägypten, dessen Kult bis 73 n.Chr. bestand, aber anscheinend nur von den Juden der näheren Umgebung beachtet wurde. In Alexandria entwickelte sich eine blühende jüd.-griech. Gelehrten- und Literatentradition. Schon im frühen 3. Jh.v.Chr. war hier der Pentateuch ins Griech. übersetzt worden - möglicherweise das erste große Übersetzungswerk der Weltliteratur (LXX). Zu Reibereien und (z.T.) zu schweren kriegerischen Auseinandersetzungen mit der nichtjüd. Bevölkerung kam es erst später unter der Römerherrschaft, als die verschiedenen Bevölkerungsteile in neue rechtliche und wirtschaftliche Konkurrenzen traten.

In Palästina regierten die Hasmonäer bis zur Eroberung Jerusalems durch Pompeius (63 v.Chr.). Das Herrschaftsgebiet wurde über *Judäa hinaus allmählich beträchtlich erweitert und die Bevölkerung in den eroberten Gebieten oft gezwungen, zum J. überzutreten. Galiläa im N und Idumäa im S wurden so jüd. Daß die Hasmonäer als Hohepriester nicht aus der traditionellen hohenpriesterlichen Familie waren und teilweise den üblichen hellen. Herrschaftsstil annahmen, hatte innenpolitisch-rel. Folgen: Die *Chasidim* (s.o.) dürften sich schon seit 162 mehr und mehr von den Hasmonäern und ihren politischen Zielen getrennt haben. Etwa Mitte des 2. Jh.v.Chr. sagte sich eine Gruppe mit Endzeiterwartungen, die sich als Angehörige eines »Neuen Bundes« sahen, vom Tempelkult und dessen »Frevelpriester« los und gründete eine klosterartige Gemeinschaft in *Qumran, die wahrscheinlich in den Rahmen der in dieser Zeit erstmals bezeugten *Essener gehört. Jetzt werden auch die *Pharisäer erwähnt, charakterisiert durch das Bestreben, ein Leben gemäß der Tora in der traditionellen Interpretation der Schriftgelehrten zu führen. Manche von ihnen hatten vermutlich vorher zu den *Chasidim* gehört. Von dem jüd. Staat, der weniger nach der Tora (einschließlich der mündlichen Überlieferung) und mehr nach zeitgemäßen politischen Gesichtspunkten geleitet wurde, distanzierten sie sich weitgehend oder waren in der Opposition - außer wenn sie von einem Herrscher favorisiert wurden (wie von Salome Alexandra, 76-67 v.Chr.). Politisch und damit auch theologisch standen ihnen die *Sadduzäer gegenüber, die die gesamte mündliche Tradition ablehnten und nur die schriftliche Tora als autoritativ anerkannten. Dies bedeutet, daß für die Sadduzäer das öffentliche und private Leben nicht im selben Maß wie für die Pharisäer durch die rel. Überlieferung geregelt war. Die Verwaltung des Staates konnte weitgehend durch politische und ökonomische Interessen bestimmt werden – wenn auch im Rahmen der schriftlichen Tora, welche ziemlich wörtlich interpretiert wurde. Außerdem lehnten sie mit der mündlichen Tradition auch die reich entwickelte Engel- und Dämonenlehre ab sowie die Auferstehung samt der damit zusammenhängenden messianischen Eschatologie. Letzteres dürfte sich wieder auf ihren politischen Standpunkt ausgewirkt haben, denn die Aufstände der Römerzeit nährten sich nicht zuletzt auch von eschatologischen Hoffnungen. Aus soziologischer Sicht war der Gegensatz zwischen Sadduzäern und Pharisäern ähnlich dem, der bis zum Makkabäeraufstand zwischen den hellenisierenden jüd. Kreisen und den traditionelleren Frommen bestanden hatte: Die Sadduzäer waren eine relativ kleine Gruppe, die aus Teilen der priesterlichen Aristokratie und der wohlhabenden Oberschicht bestand; von den Pharisäern kamen auch viele aus der Mittelschicht, sie hatten die meisten Anhänger im Volk. Beide Gruppen waren in der »Gerusia« vertreten, einem Rat mit juristischen, administrativen und Regierungsfunktionen, der sich aus dem Notablengremium der Perserzeit entwickelt hatte; unter den Römern hieß dieses Gremium *Sanhedrin (Synedrion).

Die erwähnten rel. Parteien bestanden auch unter der Römerherrschaft (ab 63 v.Chr.) bis zum jüd. Krieg von 66-70 n.Chr. Nach dem Tode des röm. Vasallenkönigs Herodes des Großen (37-4 v.Chr.) gewannen Organisationen von Freiheitskämpfern so an Bedeutung, daß Josephus, die Hauptquelle für diese Zeit, ihre rel.-politische Ideologie als »vierte Philosophie« bezeichnet (neben Essenern, Pharisäern, Sadduzäern); am nächsten standen sie den Pharisäern. Im Widerstand gegen die Volkszählung unter Quirinus (6/7 n.Chr., vgl. – anachronistisch – Lk 2,1-3) sammelte Judas der Galiläer Aktivisten um sich, auf die die »Sikarier« zurückgehen dürften (latein. *sica*, »Krummdolch«), bekannt wegen ihrer Attentate auf Römer und Kollaborateure. In und um Jerusalem während des Aufstandes gegen Rom (66-70) hatten als Zeloten bezeichnete, deutlich antiaristokratisch eingestellte Gruppen (sie wählten auch einen Hohenpriester im Losverfahren), entscheidenen Einfluß auf den Verlauf der Dinge. Gemeinsam waren wohl allen Aktivisten eine politisch radikale Interpretation der Tora (»nur Gott allein ist der Herr Israels«) und akute eschatologische Hoffnungen. Hand in Hand mit der Zuspitzung der politischen Situation kam es anscheinend zu einer Zunahme prophetischer Bewegungen verschiedenen Charakters: *Johannes der Täufer um 30 n.Chr., Theudas um 45, ein »Ägypter« in den 50er Jahren (vgl. Apg 21,38) und andere. Um 30 n.Chr. entstand auch die Gemeinschaft um den »Messias«, Lehrer und Wundertäter Jesus von Nazareth, die sich nicht in die politisch-messianischen Bewegungen einreihen läßt. Später wurden auch Nichtjuden aufgenommen; nach dem Aufstand unter Hadrian (132-135 n.Chr.) wurde sie hauptsächlich von Anhängern getragen, die keine Juden (nach röm. und jüd. Rechtsauffassung) waren, und die Judenchristen wurden damit nicht nur im J., sondern auch im Christentum zu einer Minderheit.

Mit der Zerstörung des Tempels endete eine Epoche der jüd. Geschichte, die »Zeit des zweiten Tempels« (538 v.Chr.-70 n.Chr.). Das Ende des Tempelkults und des Tempels als Wirtschaftsmacht brachte die Priester zwar nicht um alle Einnahmen, aber um ihre Bedeutung. Die Auflösung des Sanhedrins und der jüd. Selbstverwaltung entmachtete auch die Sadduzäer. Die zelotischen Gruppen waren politisch gescheitert und weitgehend vernichtet oder zerstreut. Die Siedlung in Qumran war von den Römern erobert worden, die Essener verschwanden von der Bildfläche. Religionspolitisch handlungsfähig blieben auf die Dauer nur die Christen und die Pharisäer. Die griech. sprechende Diaspora verwaltete sich teilweise noch lokal nach jüd. Recht und produzierte noch einige literarische und apologetische Werke (s. z.B. Josephus), aber 115 kam es zu blutigen Aufständen der Juden in Libyen, Ägypten, Zypern, in deren Folge die Juden in diesen Gebieten weitgehend ausgerottet wurden, und das griech. Diasporajudentum insgesamt seine eigenständige kulturelle Bedeutung innerhalb des J.s großenteils verlor. 132, unter Hadrian, kam es in Judäa noch einmal zu einer großen - messianischen – Rebellion unter Führung des Simon ben Kosiba (Bar Kochba, »Sohn des Sterns« – eine messianische Bezeichnung in Anspielung an 4Mo 24,17ff). Auf den Sieg der röm. Truppen (135) folgte eine Religionsverfolgung (bis 138) in Palästina, mit Verbot der Sabbatfeier, der Beschneidung (dies auch außerhalb Palästinas), der Ordination und des Schulbetriebs. Jerusalem wurde eine römische Kolonie mit dem Namen Aelia Capitolina, Juden wurde das Betreten der Stadt verboten. Damit war klar, daß es auf lange Zeit keinen Tempel mehr geben würde.

Die Pharisäer und unter diesen vor allem die Schriftgelehrten - ab 70 mit dem Titel »Rabbi« oder, seltener, »Rabban« – formten nach den beiden Katastrophen von 70 und 135 das J. Um 70, in der Überlieferung nach einer Flucht aus dem belagerten Jerusalem, gründete Rabban Jochanan ben Zakkai in Jamnia (*Jabne, in der Küstenebene) mit röm. Erlaubnis eine Schule, wo die mündlich tradierte Überlieferung weitergegeben werden konnte, und unter seinem Vorsitz bildete sich ein Gerichtshof (*Bet Din*), in gewissem Sinn eine Fortsetzung des Sanhedrins, wo so wichtige Dinge wie die Ordnung des Kalenders oder Fragen, die mit dem Aufhören des Tempelkults zusammenhingen, autoritativ entschieden werden konnten. Von den zwei auf Schammai und Hillel (beide letztes Drittel des 1. Jh.v.Chr.) zurückgehenden Schulen, deren zum Teil unterschiedliche Entscheidungen in Fragen des Rechts und des rel. Brauchs überliefert waren, setzte sich allmählich die Schule Hillels durch; das Haupt der hillelitischen Schule mit dem Titel »Nasi« (»Patriarch«, »Präsident«) wurde dann später, bis 425, zum offiziellen Repräsentanten der im röm. Reich lebenden Juden. In der Zeit nach 70 wurde die Synagogenliturgie entwickelt, der Kanon der heiligen Schriften wurde festgelegt (Prediger und Hoheslied wurden aufgenommen, Jesus

Sirach und alles später Geschriebene, was natürlich auch die Evv. betraf, ausgeschlossen), der Text wurde standardisiert, Aquila stellte eine diesem Text entsprechende neue griech. Übersetzung der heiligen Schriften her, und Rabbi Akiba – so jedenfalls die Überlieferung – systematisierte die *Halacha* thematisch in sechs Ordnungen mit je zahlreichen Traktaten. *Halacha* ist die das juristische und rel. Leben betreffende Lehre im Gegensatz zur *Haggada,* deren Inhalt historischer, legendärer, wissenschaftlicher, theologischer oder ethischer Art ist. Das Werk von Sammlung, Ordnung und Vereinheitlichung wurde nach 135 in Galiläa fortgesetzt. Um 200 redigierte Rabbi Jehuda ha-Nasi (»Rabbi«) die halachische Überlieferung auf der Basis der Lehre (*Mischna) Rabbi Meirs, eines Schülers von Rabbi Akiba, und diese von »Rabbi« redigierte Mischna (Überlieferung, Lehre) setzte sich durch, so daß schließlich alle rabbinischen Schulen einen einheitlichen Codex besaßen, nach dem die Halacha gelernt werden konnte. Tradiert wurden die Mischna und andere rabbinische »Literatur« in erster Linie mündlich durch Auswendiglernen.

Babylonien hatte eigene Schultraditionen besessen, über deren Besonderheiten wenig bekannt ist. Schon in vorchristl. Zeit bestanden Kontakte zu den Schulen in Palästina, und mit der Zeit setzten sich die palästin. Traditionen durch. Kurz nach 200 wurde die Mischna »Rabbis« auch in Babylonien die Grundlage des Halachastudiums, die Einheit des rabbinischen J.s war damit gewährleistet.

Um 220 endet in der Sicht der rabbinischen Religionsgeschichte die Zeit der Tannaiten (Lehrer), und es folgt die amoräische Periode, die Zeit der Kommentatoren der tannaitischen Lehre. In dieser Zeit entstand in Palästina und in Babylonien je ein *Talmud, bestehend aus der *Mischna* und der *Gemara* (»Vollendung« – Erklärungen und Diskussionen zu den Sätzen der Mischna, nebst Ergänzungen, »Baraitot«, durch alte Traditionen, die nicht in die Mischna aufgenommen waren). Der – nicht zu allen Mischnatraktaten existierende – palästinische Talmud wurde Anfang des 5. Jh. redigiert, der – vollständige – babylonische war Anfang des 6.Jh. abgeschlossen. Außerdem wurde altes, nicht in der Mischna enthaltenes halachisches Material in der *Tosefta* (»Ergänzung«) gesammelt, und exegetische Werke (*Midraschim*) wurden tradiert oder neu geschaffen.

Die Herrschaft des Christentums brachte für die Juden im röm. Reich vor allem ab 400 deutliche Verschlechterungen ihrer rechtlichen Stellung. In Babylonien kam es, nachdem der Zoroastrismus Staatsreligion im Sassanidenreich geworden war, ab der 2. Hälfte des 3. Jh. gelegentlich zu Verfolgungen. Unter dem Kalifen Omar I. (634-644) wurden Syrien, Palästina und das Sassanidenreich von den Arabern erobert; die tolerantere Haltung der islamischen Herrscher ermöglichte dem J. eine neue Blütezeit.

Literatur: Encyclopaedia Judaica (16 Bde.), 1971; P.R. Achroyd: Israel under Babylon and Persia, 1970; S.W. Baron: A Social and Religious History of the Jews (bisher 18 Bde., Bd. 1 u. 2: »Ancient Times«), 1952ff; E. Bickermann: Der Gott der Makkabäer, 1937; E.R. Goodennough: Jewish Symbols in the Graeco-Roman Period (13 Bde.), 1953ff; M. Grant: The Jews in the Roman World, 1973; M. Hengel: Judentum und Hellenismus, 21973; ders.: Juden, Griechen und Barbaren, 1976; ders.: Die Zeloten, 21976; R.A. Horsley: 'The Zealots', NT 28, 1986, 159-192; ders.: J. Hanson: Bandits, Prophets and Messiahs: Popular Movements at the Time of Jesus, 1986; L. Jacobs: A Jewish Theology, 1973; J. Maier, P. Schäfer: Kleines Lexikon des Judentums, 1981; J. Maier: Grundzüge der Geschichte des Judentums im Altertum, 1981; G.F. Moore: Judaism in the First Centuries of the Christian Era. The Age of the Tannaim (3 Bde.), 1927ff; J. Neuner: A History of the Jews in Babylonia (5 Bde.), 1965ff; ders.: Judaism in Society, 1984; ders.: Ancient Judaism and Modern Category-Formation, 1986; A. Schalit: König Herodes, der Mann und sein Werk, 1969; S. Schechter: Aspects of Rabbinic Theology, 21961; E. Schürer: The History of the Jewish People in the Age of Jesus Christ (175 B.C. – A.D. 135), 1973ff (Quellen, Literatur); R.M. Seltzer: Jewish People, Jewish Thought, 1980; A.H. Silver: A History of Messianic Speculation in Israel from the First through the Seventeenth Centuries, (1927) 1959; E.M. Smallwood: The Jews under Roman Rule from Pompey to Diocletian, 1976; H.L. Strack, G. Stemberger: Einleitung in Talmud und Midrasch, 71982.
G.L.

JUDITH s. Apokryphen (AT)

JUGEND. Zeitlich exakt voneinander unterschiedene Lebensphasen, wie sie die moderne Entwicklungspsychologie kennt, finden sich in der Bibel nicht. Dennoch werden auch hier mehrere Lebensabschnitte vorausgesetzt: In 5Mo 32,25 und Ps 148,12 sind es drei (Kindheit, Jugendzeit und Alter), in Hes 9,6 und Jer 51,22 vier (Kindheit, Jugendzeit, Erwachsenenalter und Alter) und in Jer 6,11 fünf (Kindheit, Jugendzeit, Erwachsenenalter, Alter und hohes Alter). Die Begriffe für die Heranwachsenden lauten an den genannten Stellen *bāchūr* »Jüngling« bzw. *betūlā* »Jungfrau«. Daneben können für Jüngling auch *naʿar* und *jäläd* stehen.

Eine den angeführten atl. Stellen vergleichbare ntl. Stelle ist 1Joh 2,12-14; hier werden drei Lebensstufen unterschieden (Kindheit, Jugend und Erwachsenenalter), wobei als Begriff für die Heranwachsenden *neaniskos,*

»Jüngling«, steht. Genau wie für das AT können wir auch für das NT nicht angeben, bis wann die Jugendzeit reichte. Möglicherweise konnte noch ein Mann von 40 Jahren als *neaniskos* bzw. *neanias* (so der Begriff für »Jüngling« in der Apg) bezeichnet werden.

Die Bewertung der Jugendzeit und des Heranwachsenden ist in der Bibel nicht einheitlich. Dem Heranwachsenden können einerseits bereits wichtige Aufgaben anvertraut werden, andererseits weiß die Bibel aber auch von der Unreife und Eigensinnigkeit der Jugend. Jeremia wird schon im jugendlichen Alter zum Propheten berufen (Jer 1,4ff) und Timotheus hat bereits als junger Mann eine wichtige Stellung in der Gemeinde inne; ausdrücklich wird gesagt, daß ihn keiner seiner Jugend wegen geringachten soll (1Tim 4,12). Demgegenüber setzt Jes 3,4f voraus, daß dann, wenn die Jugend ans Regieren kommt, das Chaos über das Volk hereinbricht. In Ri 8,20 wird deutlich, daß für den Jugendlichen Unentschlossenheit typisch ist. Und in Joh 21,18 wird die Erfahrung zum Ausdruck gebracht, daß man in der Jugend unbelehrbar ist und eigene Wege geht; die Jugend ist eine Zeit, in der man in besonderer Weise zur Sünde neigt (vgl. Ps 25,7; Hiob 13,26). Daß bei den Sünden der Jugend vor allem an sexuelle Verfehlungen zu denken ist, lehren Hes 23,3 (wo vom Unzuchttreiben in der Jugend die Rede ist) und 2Tim 2,22 (»Fliehe die Begierden der Jugend«).

Der jüd. Vater, der gemäß der patriarchalischen Ordnung stärker der Herr seiner Kinder war als ein Vater im heutigen Sinne, unterwies seine Söhne von früher Kindheit an im Gesetz; in bezug auf seine Töchter war es seine Hauptaufgabe, sie so zu behüten, daß sie ohne Schande verheiratet werden konnten. Ab 13 Jahren war der heranwachsende Knabe für die Einhaltung der Gebote selber verantwortlich; der gute Trieb in ihm galt von nun an als stark genug, um dem bösen Trieb widerstehen zu können.

Hart waren die Strafen für den heranwachsenden Sohn, wenn er den Eltern nicht gehorchte. Häufig wurde von der körperlichen Züchtigung Gebrauch gemacht (Spr 13,24: »Wer seine Rute schont, der haßt seinen Sohn«), und selbst die Todesstrafe konnte für einen störrischen Sohn von seinen Eltern bei den Ältesten der Stadt beantragt werden (5Mo 21,18-21). Als Normalfall scheinen die atl. Schriften allerdings vorauszusetzen, daß Kinder gehorsam sind und ihren sittlichen Pflichten den Eltern gegenüber nachkommen. Einzugehen ist bei der Behandlung der Jugendzeit auch auf die Eheschließung, da in der Regel sehr früh, in jugendlichem Alter, geheiratet wurde. Der Bräutigam war oft erst 18 Jahre alt, die Braut 12-14 Jahre. Die Eheschließung wurde bereits gültig mit der vollzogenen Verlobung, folglich galt eine Verlobte, deren Bräutigam vor der Hochzeit starb, als Witwe. Aufgelöst werden konnte eine Verlobung nur durch einen Scheidebrief. Ehelosigkeit gab es sehr selten, da sie dem Schöpfungsbefehl, fruchtbar zu sein und sich die Erde untertan zu machen (2Mo 1,28) widersprach.

Literatur: W. Jentsch: Urchristliches Erziehungsdenken, 1951; G. Schneider: EWNT II, 1981, S. 1136-1139; H.W. Wolff: Anthropologie des AT, 1973. W.R.

JULIUS. Familienname der Cäsaren, der seit deren Machtübernahme weitverbreitet war aufgrund des Brauches, neuen Bürgern den Namen des Beamten zu geben, unter dessen Schirmherrschaft der Familie politische Rechte gewährt wurden. Der *Hauptmann (Zenturio), der Paulus nach Rom begleitete (Apg 27,1), dürfte von seiner Funktion, jedoch nicht von seiner Abstammung her, zu jener Klasse der Julier gehört haben, da wohl kein adliges Mitglied des Julier-Hauses in diesem Rang gedient haben würde. Seine Einheit (die »Augusteische Kohorte«, s. *Heer) könnte (nach Mommsen und Ramsay) für den regulären Kurierdienst zuständig gewesen sein. Der Begriff entspricht genau der »cohors Augusta«, die aus Inschriften bekannt ist. Daß sie eine Hilfs- (d.h nichtbürgerliche) Truppe war und daher wohl kaum als Eskorte für einen Römer gedient haben würde, ist kein ernsthafter Einwand, da der Hauptmann selbst offenbar ein Bürger war. Unabhängig davon, ob er zur Beförderung politische Rechte erhalten hat oder von der Legion zur Hilfstruppe abgestellt wurde, gehörte der Hauptmann wie Paulus zu der stolzen und wachsenden Gruppe neuer Bürgerfamilien, die die röm. Staatskunst im Osten geschaffen hat. E.A.J.

JÜNGER. Ein Jünger (griech. *mathētēs* von *manthanō*, »lernen«) ist ursprünglich der Schüler eines Lehrers. Der entsprechende hebr. Begriff *limmūd* ist im AT selten (Jes 8,16; 50,4; 54,13 vgl. Jer 13,23); in den rabbinischen Schriften jedoch ist der *talmīd* (vgl. 1Chr 25,8) ein gebräuchlicher Begriff für den Schüler eines Rabbi, bei dem er die traditionelle Überlieferung studiert. In der griech. Welt waren die Philosophen in ähnlicher Weise von Schülern umgeben. Da Schüler oft auch die besonderen Ansichten ihrer Lehrer übernehmen, bezeichnet der Begriff auch die Anhänger einer bestimmten Lehrmeinung in Philosophie oder Religion.

Der jüd. Gebrauch des Begriffs ist im NT für die J. der Pharisäer belegt (Mk 2,18). Die Juden betrachteten sich letztlich als J. Moses (Joh 9,28), weil dessen Lehre die Grundlage der rabbinischen Unterweisung darstellte. Die Nachfolger *Johannes des Täufers waren als seine J. bekannt (Mk 2,18; Joh 1,35). Der Ausdruck wurde wahrscheinlich auf die eng mit ihm Verbundenen angewandt. Sie beteten und fasteten nach seinen Anweisungen (Mk 2,18; Lk 11,1); einige kümmerten sich auch um ihn während seiner Gefangenschaft und sorgten für seine Beerdigung (Mt 11,2-7; Mk 6,29).

Obwohl Jesus (wie Johannes) kein offiziell anerkannter Lehrer war (Joh 7,14f), war er bei dem Volk doch als Lehrer oder Rabbi bekannt (Mk 9,5; 11,21; Joh 3,2). Seine Anhänger bezeichnete man als J. Das Wort kann auf alle bezogen werden, die auf seine Botschaft eingingen (Mt 5,1; Lk 6,17; 19,37), oder auch nur auf die, die ihn auf seinen Reisen begleiteten (Mk 6,35; Lk 8,2f; 10,1), besonders aber auf die zwölf *Apostel (Mk 3,14). Jüngerschaft gründete auf einem Ruf Jesu (Mk 1,16-20; 2,13f; Lk 9,59-62, sogar Lk 9,57f setzt Jesu Einladung voraus). Sie schloß persönliche Bindung an ihn ein, die sich in der *Nachfolge und in vollkommener Treue ausdrückte (Mk 8,34-38; Lk 14,26-33). In zumindest einigen Fällen bedeutete sie auch: Verlassen der Heimat, Aufgabe von Beruf und Besitz im wörtlichen Sinn (Mk 10,21. 28), in jedem Fall jedoch die Bereitschaft, Jesu Ansprüche an die erste Stelle zu setzen. Diese Haltung ging weit über das hinaus, was eine normale Schüler-Lehrer-Beziehung ausmachte und gab dem Wort »Jünger« einen neuen Sinn. Glaube an Jesus und Bindung an ihn bestimmen das Geschick des Menschen beim Jüngsten Gericht (Lk 12,8f).

Die J. wurden von Jesus unterrichtet und dazu berufen, als seine Repräsentanten seine Botschaft zu verkünden, Dämonen auszutreiben und Kranke zu heilen (Mk 3,14f). Obwohl dieses Wirken hauptsächlich den zwölf Aposteln aufgetragen war, blieb es doch nicht auf sie beschränkt (Mk 5,19; 9,38-41; Lk 10,1-16).

Nach Lukas hießen die Mitglieder der Urgemeinde »Jünger« (Apg 6,1f u.ö.). Das zeigt, daß diejenigen, die J. des irdischen Jesus waren, den Kern der Gemeinde bildeten, und daß die Beziehung zwischen dem irdischen Jesus und seinen Jüngern das grundlegende Muster bildete für die Beziehung zwischen dem auferstandenen Herrn und den Gliedern seiner Gemeinde. Das Wort Jünger taucht jedoch außerhalb der Evv. und der Apostelgeschichte nicht mehr auf. Andere Verfasser des NT gebrauchen eine Vielfalt von Begrifffen (Gläubige, Heilige, Brüder), um das Besondere der Jüngerschaft nach Ostern adäquat auszudrücken.

Literatur: K.H. Rengstorf: ThWNT IV, 1942, S. 417-464; E. Schweizer: Erniedrigung und Erhöhung bei Jesus und seinen Nachfolgern, [2]1962; M. Hengel: Nachfolge und Charisma, 1968; R. Riesner: Jesus als Lehrer, [3]1988, S. 408ff. I.H.M.

JUNGFRAU. Das hebr. *betūlā* stammt von einer Wurzel, die »teilen« bedeutet und das gebräuchliche Wort für eine Frau ist, die noch keinen Geschlechtsverkehr hatte (griech. *parthenos*). Metaphorisch wird es für Völker und Ortsnamen verwendet, z.B. für Israel (Jer 18,13; 31,4.21; Am 5,2); die jungfräuliche Tochter Zion (Jes 37,22); Juda (Klgl 1,15); Sidon (Jes 23,12); Babel (Jes 47,1); Ägypten (Jer 46,11). Das andre hebr. Wort *ʿalmā* stammt von einer Wurzel, die »sexuell reif sein« bedeutet und sich auf eine Frau im heiratsfähigen Alter bezieht, die noch keine Kinder hat, aber verheiratet sein kann. Es kommt im AT siebenmal vor und wird übersetzt mit »Jungfrau« (Jes 7,14; Hld 6,8; Ps 68,26); »Mädchen« (Hld 1,3; 2Mo 2,8; 1Mo 24,43) und »Weib« (Spr 30,19). Die griech. Entsprechung ist meistens *neanis*, »junge Frau«, aber in 1Mo 24,43 (für Rebekka) und in Jes 7,14 wird *parthenos* gebraucht. Daher wurde der Abschnitt in Jes 7 seit frühchristl. Zeit als Prophezeiung der *jungfräulichen Geburt Christi angesehen (Mt 1,23).

Die ursprüngliche Bedeutung von Jesajas Zeichen für Ahas ist wahrscheinlich, daß in weniger als 9 Monaten (Lesart der LÜ, EÜ: »schwanger und wird. . .gebären«) sich das Blatt wenden würde und einem Kind der Name Immanuel, »Gott ist mit uns«, gegeben würde. Die messianische Interpretation basiert auf der Übereinstimmung zwischen dem Namen Immanuel, der knapp und präzise den Glauben der frühen Christen an die Gottheit Christi ausdrückt, und der LXX-Wiedergabe »die Jungfrau *[he parthenos]* wird schwanger sein und einen Sohn gebären«, die eine legitime Übersetzung des Hebr. ist. Sie bringt jedoch in das Zeichen für Ahas die Andeutung hinein, daß die Mutter Immanuels eine bestimmte Frau sei, die z.Zt. der Niederschrift des Jesaja-Abschnitts noch eine J. war (d.h. in mindestens 9 Monaten würde ein Sohn Immanuel genannt werden). So bietet sich Mt und der frühen Kirche die Gelegenheit, eine bemerkenswerte wörtliche Übereinstimmung mit dem Geschehen bei der Geburt Jesu Christi zu sehen. J.B.Tr.

JUNGFRAUENGEBURT. Im Apostolischen Glaubensbekenntnis bekennen alle Christen der Welt von Jesus Christus: »geboren von der Jungfrau Maria«. Hauptbelegstellen für die Lehre von der J. sind Mt 1,18-25 und Lk 1,26-38; 2,1-7. Die beiden Berichte sind in ihrer Überlieferung voneinander unabhängig. Beide bezeugen, daß Christus ohne Mitwirkung eines menschlichen Vaters durch den Heiligen Geist gezeugt wurde (Mt 1,20; Lk 1,35). Matthäus legt darauf Wert, daß Christus in die Familie Josefs hineingeboren wurde und damit ein Nachkomme Davids ist (Mt 1,1-17; 13,55). Die Empfängnis des Kindes bleibt ein Geheimnis, sie wird in der Erzählung nicht erwähnt. In ntl. Zeit wurde die Empfängnis auf einen Zeitpunkt drei Monate vor der Feststellung der Schwangerschaft datiert. Aus den rechtlichen Schritten, zu denen sich *Josef veranlaßt sah, kann man folgern, daß er einen anderen Mann als Vater des zu erwartenden Kindes ansah. Durch einen Traum wird ihm aber von Gottes Bote die Wahrheit offenbart: Marias Schwangerschaft ist auf das Wirken des Heiligen Geistes zurückzuführen. Die Geburt Jesu »von der Jungfrau Maria« wird weiter durch die Bemerkung in Vers 25 bestätigt, daß Josef sie nicht »erkannte« (RevEB; vgl. 1Mo 4,1), bis Jesus geboren wurde. Durch die Namengebung erkennt Josef die Vaterschaft nach menschlichem Recht an (vgl. 1Mo 21,3). Matthäus zeigt mit dem ersten seiner elf Erfüllungszitate (V. 22f) an, daß die Hoffnung des atl. Bundesvolkes auf einen Retter aus Davids Stamm erfüllt ist. Schon sein Name »Jesus« offenbart das Wesen seiner Befreiungstat: Er soll Israel aus seinen Sünden retten. Auch der hellen. gebildete Lukas spielt auf die Worte von Jes 7,14 in der damals gängigen griech. Übersetzung an (1,31) und weist den Leser auf die atl. Verheißungen hin, indem er auf Bethlehem und die davidische Herkunft Josefs eingeht (Lk 1,27; 2,4). Er stellt aber im Gegensatz zu Matthäus die Geburt Jesu in einen weltgeschichtlichen Rahmen hinein (2,1). Lukas weist in 1,27 direkt darauf hin, daß Maria Jungfrau war. Anders als Matthäus schildert Lukas den Dialog des Engels mit Maria und nicht mit Josef. Vers 34 bestätigt die Jungfräulichkeit Marias, kann aber nicht als Gelübde ewiger Jungfräulichkeit interpretiert werden. Bei Lukas wird das Geheimnis der jungfräulichen Empfängnis Christi als »Kommen« des Heiligen Geistes über Maria ausgesagt (Lk 1,35). Vom »Kommen« des Geistes beim Pfingstgeschehen spricht in ähnlicher Weise Apg 1,8. Eventuell steht hinter dieser Redewendung Jes 32,15. In Parallele zu dieser Aussage steht die zweite, daß die Kraft des Höchsten Maria »überschatten« wird. Dieser Begriff wird auch gebraucht, wenn von Gottes Anwesenheit in der Wolke über der Stiftshütte die Rede ist (2Mo 40,35). Jesu Empfängnis kann also nicht mit Redewendungen aus dem geschlechtlichen Bereich, sondern nur in Begriffen der Einwohnung Gottes durch den Geist in Maria verständlich gemacht werden. Bei Lukas wird nun die Gottessohnschaft Christi in einen ursächlichen Zusammenhang mit der Jungfrauengeburt gebracht (Lk 1,35, vgl. V.32). Der Gottessohn-Titel drückt das Wesen der Person aus, der dieser Titel beigelegt wird. Das »Heilige«, das Maria gebären wird, ist als das Göttliche bzw. das Gottgehörige zu verstehen. Die jungfräuliche Empfängnis Jesu wird im NT nur an den beiden Stellen bei Matthäus und Lukas erwähnt. Das Fehlen weiterer Belege kann nicht als Zeugnis für oder gegen die Jungfrauengeburt vorgebracht werden. Die Andeutung einer vaterlosen Geburt, in Joh 8,41 von Gegnern Jesu angesprochen, weist zumindest auf Gerüchte hin, die über die angeblich uneheliche Geburt Jesu im Umlauf waren. Klar ist das Zeugnis des NT jedoch im Blick auf Jesu Sein bei Gott, bevor er Mensch wurde (Phil 2,6-11; Kol 1,16; Hebr 2,7; Joh 1,1-18). Umstritten ist in der Wissenschaft die Frage, ob die jüd. Apologetik Jesu Geburt auf ein außereheliches Verhältnis der Maria mit einem Legionär Panthera zurückführt (vgl. babylon. Talmud Schabbat 104b, Sanhedrin 67a; jer. T. Schabbat XIV, 4; Tosefta Chullin II,22-24; gegen eine Deutung auf Christus: J. Maier). Der heidnische Christengegner Celsus (Origenes, Contra Celsum I,32-37) jedenfalls behauptet, Panthera sei der uneheliche Vater Christi gewesen.

Das apokryphe Protevangelium des Jakobus (2.Jh.) ist das erste Zeugnis für die Behauptung, die Jungfräulichkeit der Maria sei auch durch den Geburtsvorgang nicht verletzt worden (19,3-20,1). Diese Lehre gehört bis heute zum Inhalt des katholischen Begriffs der J. Daraus entwickelte sich die katholische Lehre von der Jungfräulichkeit Marias vor, in und nach der Geburt Jesu. Auf evangelischer Seite wird die Jungfräulichkeit Marias überwiegend auf Empfängnis und Geburt Jesu bezogen. Doch sogar in den lutherischen Bekenntnisschriften wird zweimal die Überzeugung vertreten, daß Maria immerwährende Jungfrau geblieben sei (Schmalkaldische Artikel I,4, latein. »semper virgo«; Formula Concordiae, SD VIII, BSLK S. 1024). Die sog. religionsgeschichtlichen »Parallelen« zur J. aus der Umwelt des NT erweisen sich bei näherer Untersuchung nicht als Hintergrund für das analogielose Geschehen, das im NT berichtet wird. Als Handeln Gottes kann die jungfräuliche Empfängnis nur im Vergleich mit dem atl. Gedanken der »Schechinah« (Einwohnung) Jahwes, z.B. in der Wolke oder in der Stiftshütte, gesehen werden. Das NT geht aber auch in diesem Fall über das atl. Vorbild hinaus. Die Lehre von der J. hat für die Menschwerdung Christi große Bedeutung. Karl Barth versteht die J. als »Zeichen der Fleischwerdung des Wortes, auf daß ihr wisset, daß wir es hier mit der freien Gnade zu tun haben« (Credo, S.65). Das Wunder ist ein Zeichen für das Geheimnis Jesu Christi: Er ist wahrhaftlicher Mensch und wahrhaftiger Gott.

Literatur: K. Barth: Credo, 1935, [7]1948; Bekenntnisschriften der ev.-luth. Kirche, 1986; G. Delling: ThWNT V, 1954, S. 824-835; H. Denzinger-A. Schönmetzer: Enchiridion Symbolorum, 1976, Nr. 502, 503, 533, 1880, 2800; R.H. Gundry: Matthew, A Commentary on His Literary and Theological Art, 1982; J. Maier: Jesus von Nazareth in der talmudischen Überlieferung, 1978; I.H. Marshall: The Gospel of Luke, 1978; E. Pax: LThK Bd.5, 1210ff.; H.L. Strack/P. Billerbeck: Das Evangelium nach Matthäus, 1982. J.E.

JUNIA(S). Im Röm 16,7 grüßt *Paulus »Andronikus und Junias, meine Stammverwandten und Mitgefangenen, die berühmt sind unter den Aposteln und schon vor mir in Christus gewesen sind« (LÜ). Der größte Teil der altkirchlichen Überlieferung (F.X. Pölzl, Mitarbeiter des Weltapostels, 1911, 391) hat hier den zeitgenössisch sehr gut bezeugten Frauennamen Junia gefunden (Julia in Pap. 46 [um 200] ist ein Schreibfehler; vgl. Röm 16,15). Dann wären Andronikus und Junia wohl wie die vorher erwähnten Priska und *Aquila (Röm 16,3) ein Ehepaar gewesen. Offenbar schon Origenes (In Epist. ad Rom. 10,21ff [PG 14, 1280ff]), dann (wie an der Akzentsetzung ersichtlich) ab dem 9./10. Jh. fast die ganze handschriftliche Überlieferung und schließlich die meisten neuzeitlichen Ausleger mit wenigen Ausnahmen (z.B. M.J. Lagrange, Épitre aux Romains, [2]1922, 366) rechneten hier dagegen mit einem Männernamen Junias. Er ist allerdings nicht belegt, und man müßte die sonst nicht bezeugte Verkürzung eines Namens wie Junianus annehmen. Das scheint angesichts des Patrobas (eigentlich Patrobios) von Röm 16,14 nicht unmöglich. Heute neigt man aber mehrheitlich zum Frauennamen und will daraus Folgerungen für das kirchliche *Amt ziehen (B. Brooten, in: E. Moltmann-Wendel, Frauenbefreiung, [2]1978, 148-151). Abgesehen von der keineswegs eindeutig geklärten Namensform (P. Lampe, ZNW 76, 1985, 132-134) sind noch zwei weitere Fragen zu bedenken: Gehörten die beiden Genannten zum *Apostel-Kreis (vgl. Gal 1,19; 1Kor 15,7) oder waren sie (nach einer möglichen Übersetzung) in dessen Augen geachtet (Th. Zahn, Der Brief des Paulus an die Römer, [2]1910, 608)? Auch ist nicht gewiß, ob *apostolos* hier nur allg. Gemeindegesandter heißt (vgl. 2Kor 8,23; Phil 2,25), oder ob es um das von Paulus enger umschriebene Amt des »Apostels Jesu Christi« geht. Origenes erwog die Zugehörigkeit zum Kreis der 72 *Jünger (Lk 10,1), aber es ist nicht deutlich, daß er dabei einer Überlieferung folgt (PG 14, 1280). In der späteren griech.-byzantin. Liturgie-Überlieferung wird nur Andronikus zu den 72 gezählt, während Junia ihn nachösterlich als Mitarbeiterin begleitet haben soll (PG 117,461). Nicht ganz sicher ist auch, was hier der Ausdruck »Stammverwandter« (griech. *syggenēs*) bedeutet. Es kann sich um Blutsverwandte im weiteren (Juden) oder engeren Sinn (z.B. Benjaminiten, vgl. Phil 3,5) handeln, auch eine übertragene Bedeutung wie »Vertrauter« ist nicht völlig auszuschließen (Fabrega, 49f). Aber ihre Zugehörigkeit zur christl. Gemeinde noch vor Paulus macht eine jüd. Herkunft doch überaus wahrscheinlich (O. Michel, Der Brief an die Römer, [5]1978, 475f).

Literatur: W.H. Ollrog: Paulus und seine Mitarbeiter, 1979, 51f; U. Wilckens: Der Brief an die Römer, EKK VI/3, 1982, 135f; V. Fabrega: JbAC 27/8 (1984/5) 47-64; R.R. Schulz: ET 98 (1987), 108-110. R.R.

JUSTUS. (Griech. *Ioustos*, latein.: der »Gerechte«). Im Fall der *Judenchristen unter 1. und 2. handelt es sich um einen Beinamen, der wohl auf die hebr. Ehrenbezeichnung *zaddīq* (griech. *dikaios*) zurückgeht und unter Juden und Proselyten häufig vorkommt.

1. Beiname des *Josef Barsabas (Apg 1,23);

2. Jesus, genannt Justus (Kol 4,11);

3. Beiname eines Heidenchristen in *Korinth (Apg 18,7), der Titius (Kodex Vaticanus, 4. Jh.) oder Titus (Kodex Sinaiticus, 4. Jh.) hieß. In sein an die Synagoge gebautes Haus zog *Paulus nach der Abwendung von der jüd. Gemeinde. J. zählte vor seiner Bekehrung offenbar zum Kreis der mit dem Judentum sympathisierenden *Gottesfürchtigen und gehörte nachher zum kleinen, aber einflußreichen wohlhabenderen Teil der christl. Gemeinde (G. Theißen, Studien zur Soziologie des Urchristentums [2]1983, 252). Eine Identifizierung mit dem Apostelmitarbeiter *Titus, wie Chrysostomus annahm, ist wegen Gal 2,1-10 nicht möglich (F.X. Pölzl, Mitarbeiter des Weltapostels Paulus, 1911, 105). Aufgrund von Röm 16,23 hat man J. mit *Gajus identifi-

zieren wollen (E.J. Goodspeed, JBL 69, 1950, 382ff), aber dieser wird eher in Apg 19,29 genannt. Auch muß Paulus bei seinem späteren Aufenthalt in Korinth nicht denselben Gastgeber gehabt haben.

Literatur: J.B. Lightfoot: Colossians, (1879) 1982, 238. R.R.

JUTTA. (Hebr. *jūttah*, »ebener Ort«). Eine befestigte Priesterstadt in *Juda (Jos 15,55; 21,16), heute das große arab. Dorf J., ca. 10 km südl. von *Hebron. Manche suchten hier aufgrund von Lk 1,39 («eine Stadt Judas») den Geburtsort von *Johannes dem Täufer (Th. Zahn, Das Evangelium des Lucas, [4]1920, ND 1988, 91-96). Aber eine Verschreibung von *tt* zu *d* ist philologisch schwer möglich. Vor allem gibt es für J. keinerlei Tradition, während *Kerem (Ain Karim westl. von Jerusalem) eine alte Ortsüberlieferung besitzt. Noch im 4. Jh. war J. ein jüd. Dorf (Eus.onom. 108,8f).

Literatur: F.M. Abel: Géographie de la Palestine II, [3]1967, 366f; OLB II, 750. R.R.

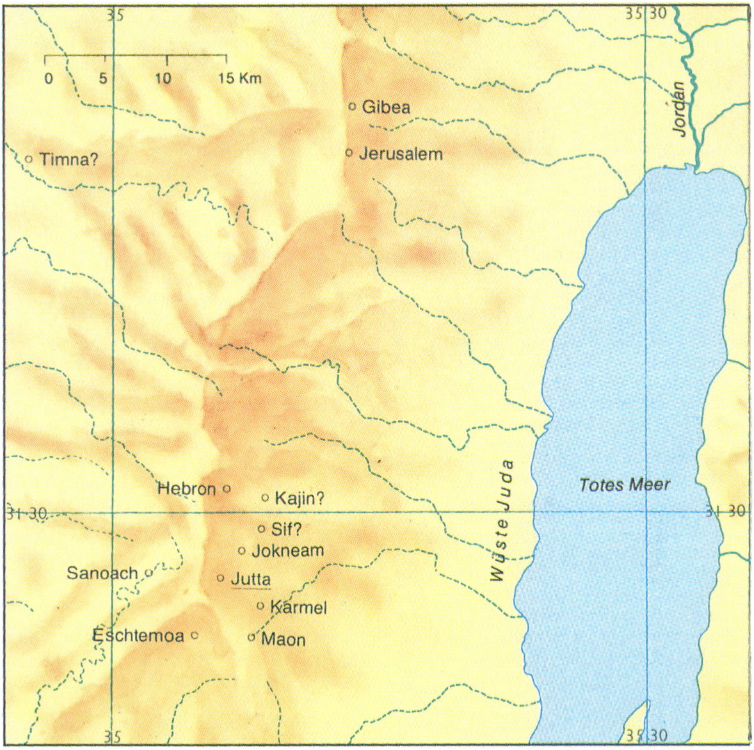

Die Lage von Jutta (heute: Jatta).

KABUL. Ein Ort an der W-Grenze von *Asser (Jos 19,27), der wie zwanzig andere Städte von *Salomo aufgrund von Finanzschwierigkeiten an König *Hiram von *Tyrus abgetreten wurde (1Kön 9,11-13). Ob 2Chr 8,2 denselben Vorgang gerade umgekehrt schildert, ist umstritten (W. Rudolph, Chronikbücher, 1955, 219). Möglich wäre, daß Hiram bei der Einverleibung des Küstengebiets von Asser auf den kleinen, relativ unbedeutenden Inlandstreifen um K. (»Land Kabul« 1Kön 9,13?) verzichtete (LDB, 317f). In 1Kön 9,13 wird K. volkstümlich von hebr. *ke-bal,* »wie nichts«, gedeutet. Nach Josephus wäre der Name *Chabalōn* vom Phönizischen im Sinn von »unangenehm« abgeleitet (ant.Jud. VIII, 142), und in der rabbinischen Literatur werden noch andere Erklärungen gegeben. In ntl. Zeit war K. (*Chaboulōn*) der westlichste Punkt von Unter-*Galiläa (Jos.bell.Jud. III, 38). Wahrscheinlich ist K. auch mit dem reichen, befestigten Ort *Zaboulōn* (Jos.bell.Jud. II, 503f) gemeint (vgl. Jos. vita 213.234), der die jüd. Grenze gegenüber dem Gebiet von *Ptolemais bildete. Derselbe Name begegnet als Bezeichnung des einzigen galiläischen Bischofssitzes zur Zeit des Konzils von Nicäa (325 n.Chr.). Die Ortslage bezeichnet heute das arab. Dorf *Kābūl,* ca. 15 km südöstl. von *Akko/Ptolemais, wo Keramikfunde auf einen Siedlungsbeginn in der Bronzezeit hindeuten (A. Alt, PJB 25, 1929, 43).

Literatur: F.M. Abel: Géographie de la Palestine II, [3]1967, 287; A. Negev: Archäologisches Lexikon zur Bibel, 1972, 198; M. Avi-Yonah: Gazetteer of Roman Palestine, 1976, 48. R.R.

KADESCH.

1. Kadesch-Barnea. Ein Ort im NO der Sinaihalbinsel: eine Quelle, eine Siedlung und ein Wüstengebiet (Ps 29,8). Als Kedor-Laomer und seine Verbündeten durch das Transjordanland nach S marschierten, zogen sie über das Seïrgebirge bis nach El-Paran und von dort nach En-Mischpat (d.i. Kadesch). Sie unterwarfen die Amalekiter und besiegten danach die Könige der *Städte der Ebene am Toten Meer (1Mo 14,5-9). Der flüchtenden *Hagar begegnet Gott bei der Quelle *Beer-lachai-roi »zwischen Kadesch und Bered« auf dem Weg nach Schur (1Mo 16,7.14). Auch nach 1Mo 20,1 lag K. an dieser Straße. Die Israeliten hielten sich bei ihrer Wüstenwanderung mehrmals in der Gegend von K. am Rande der Wüste von Paran und Zin auf (4Mo 13,26; 20,1; 5Mo 1,19.46). Von dort sandte Mose *Kundschafter nach Kanaan. Über das Seïrgebirge ist der Ort vom Horeb oder Sinai aus in elf Tagen zu erreichen (5Mo 1,2; Y. Aharoni, The Holy Land: Antiquity and Survival, 2,2/3, S. 289f.293).

In K. wurde Israel wegen seines Zweifels an der Zusage Gottes, ihm das gelobte Land zu geben, verurteilt, 40 Jahre durch die Wüste zu ziehen, bis eine neue Generation herangewachsen war (4Mo 14,32-35; vgl. 5Mo 2,14). Nach einiger Zeit kehrte Israel nach K. zurück (4Mo 33,36-37), wo *Mirjam begraben wurde (4Mo 20,1). Damals versagte auch Mose Gott die Ehre, als er Wasser aus dem Felsen schlug; deshalb durfte er das verheißene Land nicht betreten (4Mo 20,10-13; 27,14; 5Mo 32,51). Auch sandte er von dort vergeblich Boten zum König von Edom, um für Israel die Durchzugserlaubnis zu erlangen (4Mo 20,14-21; Ri 11,16-17). K.-Barnea bildete später den Südzipfel der SW-Grenze Judas, die dort nach W und dann nach NW biegt, um entlang dem »Bach Ägyptens« (4Mo 34,3-5; Jos 15,2-4) das Mittelmeer zu erreichen. Auch Hesekiel (47,19; 48,28) erwähnt K. als Grenzort.

K.-Barnea wird oft mit der Quelle ʿAin Qudeis, etwa 110 km südwestl. der Südspitze des Toten Meers oder 80 km südwestl. von Beerscheba, identifiziert, deren Wassermenge allerdings unbedeutend ist. Bei ʿAin Qudeirat, etwa 8 km nordwestl. von ʿAin Qudeis gibt es mehr Wasser und Vegetation, daher ist die Identifikation mit K. Barnea wahrscheinlicher (s. Aharoni, op.cit., S. 295-296). Vermutlich lagerten die Israeliten bei den Quellen, deren bedeutendste Qudeirat ist. Die Ortslage von Qudeirat/Qudeis stimmt mit den topographischen Angaben des bibl. Berichts überein. (E.K. Vogel, Bibliography of Holy Land Sites, 1974, S. 6; Y. Aharoni in: B. Rothenberg, Gods Wilderness, 1961, S. 121ff; T.L. Thompson, The Settlement of Sinai and the Negev in the Bronze Age, 1975).

2. Kedesch in Jos 15,23 im Südzipfel *Judas ist vermutlich mit K.-Barnea identisch (vgl. 15,3; s. *Kedesch 1.).

Schließlich ist die Berichtigung von Tachtim-Hodschi (nach MT) in 2Sam 24,6 in »das Land der Hetiter nach Kadesch zu« (nach LXX) nicht überzeugend, da das K. am Orontes zu Davids Zeit längst keine Bedeutung mehr hatte.

Literatur: OLB II, 177-185; LDB, 56-60. K.A.K.

KADMIËL. (Hebr. *qadmiʾel,* »Gott/El ist der erste/von alters her«). Name eines Leviten, der mit *Serubbabel aus der babylon. Gefangenschaft zurückkehrte (Esr 2,40; Neh 7,43; 12,8.24) und mit dem Beginn des Tempelneubaus (Esr 3,9), dem Tag der nationalen Buße (Neh 9,4-5) und der Besiegelung des Bundes (Neh 10,10) befaßt war. J.G.G.N.

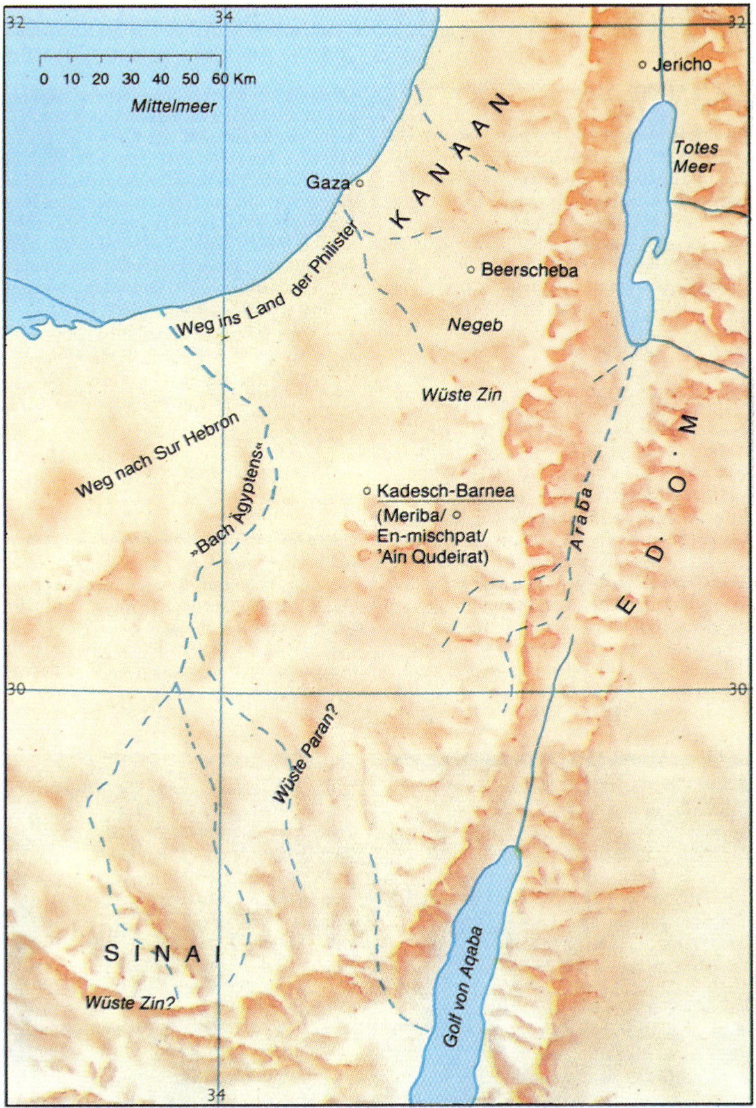

Die wahrscheinliche Lage von Kadesch-Barnea (das heutige 'Ain Qudeirat).

KADMONITER. Ein Volk, dessen Name (*qadmōni*) der Form nach identisch ist mit dem Adjektiv *qadmōni,* »östlich« (z.B. Hes 47,18). Deshalb könnte der Name einfach »die Östlichen« bedeuten und eine andere Bezeichnung für *bene-qādām* »Kinder des Ostens« sein. Das Wort erscheint nur einmal als Name (1Mo 15,19 mit bestimmtem Artikel) in der Liste der Völker, die von Abraham abstammen. T.C.M.

KÄFER s. Tiere

KAFTOR. Heimat der Kaftoriter (5Mo 2,23), ein Volk, das in der Völkertafel genannt wird, und dort wie die Kasluhiter zu den Vorfahren der *Philister zählt (1Mo 10,14; 1Chr 1,12). K. war das Land, aus dem die Philister kamen (Jer 47,4; Am 9,7), und es sind vermutlich die Philister als frühere Bewohner K.s, auf die 5Mo 2,23 Bezug nimmt. Vermutlich ist der bibl. Name gleichzusetzen mit dem ugaritischen *kptr* und dem *kap-ta-ra* aus einem Schultext aus Assur, der auf einen Text aus dem 2.Jt. v.Chr. zurückgehen könnte. Viele Gelehrte meinen, daß das ägypt. *kftyw* auch dieses Volk bezeichnet, das aller Wahrscheinlichkeit nach von *Kreta kommt. Auf dem Höhepunkt seiner Macht im 2.Jt.v.Chr. kontrollierte das minoische Kreta einen Großteil des Mittelmeerraumes. Dies paßt zu der bibl. Beschreibung von K. als »'*ij*«, ein Begriff, der sowohl »Insel« als auch »Küste« bedeutet. West-Asien wurde in der Kunst und auf anderen Gebieten vom Mittelmeerraum beeinflußt. Das erklärt den Gebrauch der Bezeichnung K. für eine architektonische Form, offenbar für ein Säulenkapitell, das in der LÜ mit »Knauf« (2Mo 25,31-36; 37,17-22; Am 9,1; Zef 2,14) übersetzt wird. T.C.M.

KAHL. In Israel galt Kahlköpfigkeit bei Mann (2Kön 23; vgl. 2Sam 10,4) und Frau (Jes 3,17.24; vgl. 1Kor 11,5.6) als häßlich und schimpflich und wurde entsprechend verspottet. Daneben ist der kahlgeschorene Kopf Zeichen tiefer Trauer (5Mo 21,12f; Jes 22,12; Jer 7,29; 16,6; Hes 7,18; 27,31; Am 8,10; Mi 1,16 u.ö.; s. *Begräbnis- und Trauersitten), bei den Männern kommt noch das Rasieren des Bartes hinzu (Jes 15,2; Jer 48,37; vgl. 41,5). Besondere heidnische Formen dieses Brauchs, bei denen man nur bestimmte Stellen des Haupt- bzw. Barthaares abschor, waren den Israeliten als dem *Volk Gottes verboten (5Mo 14,1; 3Mo 19,27). Für die Priester wird dieses Verbot noch näher bestimmt (3Mo 21,5; Hes 44,20).

Kahlscheren des Hauptes gehörte weiter zur Beendigung des *Nasiräergelübdes (4Mo 6,9.18; vgl. Apg 18,18; 21,24). Bei der Levitenweihe (4Mo 8,7) und zur Reinigung des Aussätzigen (3Mo 14,8) wurde der ganze Körper kahlgeschoren.

KAIN. (Hebr. *qajin*).

1. Ältester Sohn von Adam und Eva (1Mo 4,1), bei dessen Geburt Eva sagte: »Ich habe einen Mann gewonnen.« Da es unwahrscheinlich ist, daß dieser Bericht ursprünglich in hebr. abgefaßt wurde, kann die Stichhaltigkeit des Wortspieles nicht beurteilt werden. Man kann auch aus den Etymologien des Na-

Der Thronsaal des bronzezeitlichen, minoischen Palastes in Knossos, Kreta (vermutlich das biblische Kaftor). Weitgehend rekonstruiert, ca. 1450–1400 v.Chr. (Spätminoisch II). (PAC)

mens keine Rückschlüsse ziehen. K. war Bauer (1Mo 4,2). *Abel, sein Bruder, war Hirte. Da K. »vom Bösen stammte« (*ek tou ponērou*, 1Joh 3,12) und nicht nach dem Willen Gottes lebte (Hebr 11,4), wurde sein Opfer (*minchā*) verworfen (1Mo 4,3-7). Daraufhin tötete er Abel (1Mo 4,8). Gott bestrafte K., indem er ihn zu einem unsteten Wanderer, vielleicht einem Nomaden, im Lande Nod machte (1Mo 4,9-16). Um ihn vor Ermordung zu schützen, machte Gott selber ein »Zeichen« (*'oth*, »Zeichen, Merkmal«, vgl. 1Mo 9,12-13) »an« (*le*) ihn. Die Art des »Zeichens« ist unbekannt. K. war *Henochs Vater. Zum Konflikt zwischen K. und Abel hat man Parallelen aus der sumer. Literatur herangezogen, in denen Streitgespräche über die jeweiligen Vorzüge des Ackerbaus bzw. der Viehzucht erörtert werden. Aber keiner der Texte spricht davon, daß der Bauer den Hirten tötet.

2. Der Name einer Stadt, geschrieben mit bestimmtem Artikel (*haqqajin*) im S des Gebiets von Juda (Jos 15,57). Vermutlich ist der Ort mit dem heutigen Chirbet Jaqin im SO von Hebron identisch, (s. A. Alt, Palästina-Jahrbuch 22/1926, S. 76f). T.C.M.

KAIPHAS. Josef, genannt K., wurde Hoherpriester 18 n.Chr. und von Vitellius, dem Statthalter in Syrien, 36 n.Chr. wieder abgesetzt (Mt 26,57; Lk 3,1f; Joh 11,49; Apg 4,6). Als Schwiegersohn von Hannas (Joh 18,13) scheint er eng mit diesem zusammengearbeitet zu haben. Er amtierte als Hoherpriester beim Prozeß gegen Jesus und während der in den ersten Kap. der Apg erwähnten Verfolgungen. D.R.H.

KAISER. Das NT entstand in einer Welt, die zum röm. Kaiserreich gehörte. Der Bezug zwischen *Heilsgeschichte und Profangeschichte wird besonders in den lukanischen Schriften hergestellt (z.B. Lk 2,1; 3,1; 20,22; Apg 25,21.25.26; 26,32).

Der Name *Caesar ist schon in der Zeit des Augustus (31 v.Chr. - 14 n.Chr.) zum Titel für das Oberhaupt des röm. Reichs geworden. Das lag begründet in der Legitimierung Octavians (Augustus) als Princeps nach der *Adoption durch seinen Großonkel Gajus Julius Caesar. Aus dem Eigennamen war eine Herrscherbezeichnung geworden. Die K. leiteten ihre Rechtsstellung entweder aus einem (wirklichen oder fiktiven) Senatsauftrag oder aus monarchischen Doktrinen der hellen. Königreiche ab.

K. in ntl. Zeit waren *Augustus (31 v.Chr.-14 n.Chr.), *Tiberius (14-37 n.Chr.), Gajus *Caligula (37-41), *Claudius (41-54), *Nero (54-68), Galba/*Otho (68–69), *Vespasian (69-79), *Titus (79-81) und *Domitian (81-96), *Nerva (96–98), *Trajan (98–117). Im NT werden von ihnen erwähnt: Augustus (Lk 2,1), Tiberius (Lk 3,1, er ist auch Mt 22,17; Mk 12,14; Lk 20,22; Joh 19,12 gemeint), Claudius (Apg 18,2) und Nero (Apg 25,12.25.26; 26,32), ohne daß hier dessen Name ausdrücklich genannt ist. Apg 25,25 wird der K. unter einem weiteren Ehrentitel als »Sebastos« (Verehrungswürdiger), erwähnt. Die K. haben – mit Ausnahme Caligulas – die von Caesar den Juden eingeräumten rel. Rechte geachtet; nur sollte im Tempel ein Kaiseropfer dargebracht und – nach 70 n.Chr. – eine Kopfsteuer entrichtet werden. Von dieser rel. Toleranz profitierte die Kirche auch nach der neronischen Verfolgung, bis Domitian (81–96) und Trajan (96-117) den *Kaiserkult gegen sie ausspielten.

Das Judentum war in Kaisertreue und in *Zeloten gespalten in seiner Einstellung zum röm. Kaisertum. Zu den ntl. Aussagen s. *Staat/Obrigkeit. Ri.Sch.

KAISERKULT. Der K. ist eine röm. Form der orientalischen und hellen. Herrscherverehrung.

Der röm. Staat, repräsentiert durch den Senat, verlieh, nachdem ein Kaiser verstorben war, durch die *consecratio* (»Vergöttlichung«) göttliche Ehre (Tac.ann. 15,74). Der K. geht auf *Augustus (31 v.Chr. – 14. n.Chr.) zurück. Der ermordete Caesar (100-44 v.Chr) war zum *Divus* erklärt worden, worauf sich sein Adoptivsohn Augustus als *Divi Filius* (»Sohn des Göttlichen«) bezeichnete. Augustus wurde 29 v.Chr. in die Liste der altröm. Staatsgötter aufgenommen. In jedem Haus sollte dem Geist des im Kaiser erschienenen Göttlichen geopfert werden. Augustus erlaubte, daß ihm – zusammen mit der Göttin »Rama« – in den Provinzen Tempel gebaut wurden, die einen eigenen Kult pflegten. Unter seinen Nachfolgern weiteten *Caligula (37-41 n.Chr.), *Nero (54-68 n.Chr.) und *Domitian (81-96 n.Chr.) den K. aus. Sie errichteten sich selbst Tempel. Caligula ließ darin sein Bild aufstellen. Als er auch im Tempel in Jerusalem sein Bild aufrichten lassen wollte, stieß er auf erbitterten Widerstand der jüd. Bevölkerung. Nero ließ sich als »Gott« anreden (Dio Cass. 63,1ff). Die Griechen gaben ihm den Titel »junger Sonnengott der Griechen«, »Zeusbefreier für ewig« (Ditt. Syll. ^{3}814). Auch Domitian legte großes Gewicht auf göttliche Ehren. Seine Erlasse begannen mit der von ihm geprägten Titulatur: »Unser Herr und Gott befiehlt, daß...

geschehe« (Sueton, Dom. 13). Auf seinen Reichsmünzen ließ er sich als Jupiter darstellen.

Der jungen christl. Kirche blieb die Auseinandersetzung mit dem K. nicht erspart. Zwar akzeptierte sie grundsätzlich die Vertreter politischer Macht, doch den Anspruch der göttl. Verehrung eines Menschen mußte sie ablehnen. Dies führte zu Verfolgungen der christl. Kirche, die in den verschiedenen Provinzen des röm. Reichs mit unterschiedlicher Härte durchgeführt wurden (s.a. *Staat/Obrigkeit).

Literatur: J. Moreau: Die Christenverfolgungen im Römischen Reich, 1961; J. Speigl: Der römische Staat und die Christen, 1970; R.M. Grant: Christen als Bürger im Römischen Reich, 1981. Ri.Sch.

KALB, GOLDENES.

1. Das goldene Götzenbild, das *Aaron und die Israeliten nach dem Auszug am *Sinai herstellten, während Mose auf dem Berg war. Als Mose sah, daß sie es mit Opfern, Gelagen und Orgien als Gott verehrten, zerstörte er es (2Mo 32,1-8.18-24.35; 5Mo 9,16.21; Neh 9,18; Ps 106,19-20; Apg 7,41). Es gibt Ansätze, dieses Götzenbild als eine Nachbildung des ägypt. Apis-Stiers von Memphis (s. IBA, S. 39, Taf.33) oder des Mnevis-Stiers von Heliopolis zu erklären, aber diese waren zu weit von *Goschen entfernt, um den Hebräern wirklich vertraut gewesen zu sein. Im Ost-Delta gab es allerdings auch Stierkulte, die die Hebräer später am Sinai nachgeahmt haben

Die ägyptische Gottheit Apis, das Stierkalb von Memfis. Länge 15 cm. 4. Jh. v.Chr. (BM)

könnten. Im SW von Goschen (Tumilat-Gebiet) gab es im 10. unterägypt. Bezirk mit dem Namen »Schwarzer Stier« eine Mischform aus der Horus-Anbetung und einem Stier- oder Kalbkult. Weiter nördl. und entlang der NW-Grenze von Goschen selber besaß der 11. unterägypt. Bezirk ebenfalls einen mit der Horus-Anbetung verknüpften Stierkult; darüber hinaus gibt es noch weitere Belege (s. E. Otto, Beiträge zur Geschichte der Stierkulte in Ägypten, 1938, S. 6-8.32f). In Ägypten galt der Stier oder das Kalb als Symbol der Fruchtbarkeit in der Natur und der körperlichen Kraft (vgl. Otto, op.cit., S. 1f.24f u.ö.) und konnte wie anderswo im Nahen Osten mit der Anbetung der Himmelsgestirne verbunden werden. (Vgl. Wainwright, JEA 19, 1933, S. 42-52, besonders S. 44-46. Für bestimmte Vorbehalte s. Otto, op.cit., S. 7; vgl. Apg 7,41f)

Im nahen *Kanaan war der Bulle oder das Kalb das Tier *Baals oder *Hadads, des Sturmgottes, des Gottes der Fruchtbarkeit und der Vegetation. Es symbolisierte wie in Ägypten Fruchtbarkeit und Kraft. Beachtet man die engen Verbindungen zwischen Kanaan und dem ägypt. Ost-Delta (*Ägypten, *Mose) und die Anwesenheit vieler Semiten im Delta neben den Israeliten, dann ist es möglich, den Götzendienst am Sinai als eine Mischform der ägypt. und kanaan. Stier- und Kalbkulte mit ihrer Betonung von natürlicher Kraft und Fruchtbarkeit zu sehen. Jedenfalls bedeutet die Verehrung des Kalbes eine Herabsetzung des Gottes Israels (vgl. »Fest des HERRN«, 2Mo 32,5) zu einem amoralischen (zum Unmoralischen neigenden) Naturgott, entsprechend den Göttern der benachbarten Völker. Das hieß, daß er dann allzu leicht mit den Baalen identifiziert werden konnte. Jahwe lehnte es ab, sich mit dem Gott des Kalbes gleichsetzen zu lassen. Er verurteilte den Kult als die Anbetung eines »anderen Gottes« und daher als Götzendienst (2Mo 32,8).

2. Bei der Reichsteilung wollte Israels erster König, *Jerobeam I., der großen Anziehungskraft des Tempels von Jerusalem in Juda entgegenwirken. Er ließ zwei goldene Kälber in *Bethel und *Dan errichten, wo künftig die Zentren der Anbetung Jahwes durch Israel (1Kön 12,28-32; 2Kön 17,16; 2Chr 11,14-15; 13,8) sein sollten. In Syrien-Palästina stellte man den Gott Baal oder Hadad gewöhnlich als auf einem Stier oder Kalb, dem Sinnbild seiner Fruchtbarkeits- und Körperkraft, stehende Gestalt dar (s. ANEP, S. 170, 179). Jerobeams Tat hatte dieselben verheerenden Folgen wie die Aarons und des Volkes: Die Herabwürdigung Jahwes zu einem Naturgott und daher seine Identifikation mit den Baalen Kanaans. Hiermit verbunden war eine Akzentverschiebung von Rechtschaffenheit, Gerechtigkeit und einem beispielhaften moralischen Standard zu rein physischen und materiellen Erwägungen, tendierend zu Unmoral mit einem rel. Hintergrund, mit sozialer Zersetzung und dem völligen Verlust jeglichen Gespürs für die göttlich bestimmte Mission seines auserwählten Volkes. All dies gehörte zu dem Götzendienst, der die »Sünde Jerobeams, des Sohnes Nebats«, war.

*Jehu (2Kön 10,28f) beseitigte zwar die offensichtliche und ausdrückliche Baalsanbetung in Israel, nicht aber die Kälber eines baalisierten Jahwe. Hosea (8,5f; 13,2f) prophezeite das nahe Ende einer solchen »Anbetung«. K.A.K.

KALEB.

1. Dritter Sohn Hezrons, des Sohnes Perez', Jerachmeels jüngster Bruder: »Keluvai« (1Chr 2,9). Von ihm wird in 1Chr 2,18ff eine Abstammungslinie über Efrata zu *Bezalel gezogen, dem Haupthandwerker von Mose; in 2,24 zu den Siedlern von Tekoa; in 2,50ff zu den Siedlern von *Kirjat-Jearim, Bethlehem, Netofa, Zora, Eschtaol, Bet-Gader u.a. (die in 2,55 genannten kinitischen Familien sind möglicherweise entfernt verwandt).

2. »Bruder von Jerachmeel« (1Chr 2,42), vermutlich derselbe wie 1, von dem eine Abstammungslinie gezogen wurde zu den Städten Sif, Maon und Bet-Zur (auch die Namen Hebron und Tappuach erscheinen). Diese Liste mag sich teilweise auf K. 3, den Vater von Achsa (V. 49), beziehen.

3. K. ben Jefunne, ein Mann aus dem Stamm Juda, dessen Treue bei der Meuterei in Kadesch ihn vor dem dort ausgesprochenen Fluch bewahrte (4Mo 14,24). Er erhielt bei der Verteilung des Westjordanlandes Hebron als Erbteil (Jos 14,12-14; 15,13-17). Aus Jos 14,6; 1Chr 4,13-15 geht hervor, daß er ein Kenasiter war. Nabal war sein Nachkomme. J.P.U.L.

KALENDER.

I. IM ALTEN TESTAMENT.

Es gibt keine genaue hebr. Entsprechung für das latein. *calendarium*. Der Jahresablauf wurde im allg. unter Bezug auf die Monate, den Saat-Ernte-Zyklus in der Landwirtschaft oder wichtige Festtage bestimmt.

1. Das Jahr (hebr. *schana* – so benannt nach dem Wechsel oder der Aufeinanderfolge der Jahreszeiten) begann ursprünglich mit dem siebten (Herbst)Monat Tischri (2Mo 23,16; 34,22), der Zeit, die auch den Anfang des Sabbatjahres markierte (3Mo 25,8-10). In Ägyp-

ten haben sich die Hebräer wahrscheinlich nach dem Sonnenjahr gerichtet, das 12 Monate umfaßte. Jeder Monat hatte 30 Tage, dazu kamen zusätzlich 5 Tage, d.h. es waren insgesamt 365 Tage (Herodot, 2.4). Danach folgte das hebr. Jahr dem westsemit. K. mit 12 Mondmonaten pro Jahr (1Kön 4,7; 1Chr 27,1-15). Es ist unklar, ob der Jahresanfang aus rituellen Gründen ins Frühjahr (Nisan) verlegt wurde, da es einige Belege dafür gibt, daß für Verwaltungszwecke das Jahr vom Herbstmonat Tischri an gerechnet wurde (*Chronologie des Alten Testaments).

2. Der Monat (s. Abb.). Das hebr. Jahr bestand aus zwölf Mondmonaten, die begannen, wenn die dünne Sichel des Neumonds zum ersten Mal bei Sonnenuntergang sichtbar wurde. Der Tag des Neumondes war heilig. Ein Monat (hebr. *yerach*, *»Mond«) wurde mit 29/30 Tagen berechnet, so daß das Mondjahr ungefähr 11 Tage kürzer war als das Sonnenjahr. Deshalb war es notwendig, von Zeit zu Zeit einen dreizehnten Monat einzuschieben, damit der Neujahrstag nicht vor das Frühjahr fiel (März-April). Es gibt keine genauen Einzelheiten, wie die Hebräer das an den Zyklen von Saat und Ernte orientierte Jahr mit dem Mondjahr in Einklang brachten. Vielleicht schalteten sie einen zweiten Adar (zwölften Monat) oder Elul (sechsten Monat) im Mondzyklus von 3, 6, 11, 14, 17 oder 19 Jahren dazwischen. Es scheint auch möglich, daß man Monate nach dem Adar einschob (4Mo 9,11; 2Chr 30,2.3; vgl. 1Kön 12,32.33), vielleicht auch nach dem Nisan (vgl. 2Chr 30,2ff), wie es in Mesopotamien üblich war. Ein K., der sich streng nach dem Sonnenjahr richtete, liegt dem Jubiläenbuch (ca. 105 v.Chr.) zugrunde (vgl. äthHen 72-82). Die Beobachtung der Herbst-Tagundnachtgleiche, »Ausgang des Jahres« (s. 2Mo 23,16), und der Frühlings-Tagundnachtgleiche, »als das Jahr um war« (2Kön 20,26 RevEB; 2Chr 36,10 RevEB), war wichtig für die Fixierung des Jahres und damit der Feiertage. Das Jahr begann also mit dem Neumond, der dem Frühlingsäquinoktium am nächsten war, wenn die Sonne im Widder stand (Jos.ant.Jud. 3.201) und das Passafest am vierzehnten Tag des Nisan mit dem ersten Vollmond zusammenfiel (2Mo 12,2-6). Die ersten Monatsnamen waren wahrscheinlich in Palästina gebräuchliche Bezeichnungen der Jahreszeiten und unterschieden sich von den Monatsbezeichnungen in Texten aus Syrien (Ras-Schamra, Alahah, Mari). Einige sind auch aus dem Phönizischen bekannt. Abib, »Reife des Korns« (2Mo 13,4); Siw (1Kön 6,1.37); Etanim (1Kön 8,2) und Bul (1Kön 6,38), deren Bedeutung unbekannt ist, sind die einzigen noch vorhandenen Namen aus dieser Zeit. Zu allen Zeiten wurden Monate gezählt; erster (2Mo 12,2), zweiter (1Mo 7,11), dritter (2Mo 19,1), vierter (2Kön 25,3), fünfter (4Mo 33,38), sechster (1Chr 27,9), siebter (1Mo 8,4), achter (Sach 1,1), neunter (Esr 10,9), zehnter (1Mo 8,5), elfter (5Mo 1,3), zwölfter (Est 3,7). Nach dem Exil wurden die Monatsnamen des babylon. K.s übernommen (s. Abb.).

3. Die Jahreszeiten – das Jahr in der Landwirtschaft. Obwohl die Hebräer einen K. benutzten, der auf Mondmonaten basierte, bestimmten sie als Bauern die Zeit eher in bezug auf die Jahreszeit als nach den Monatsnamen – oder -zahlen. So konnte das Jahr, das sich in Palästina in die Trockenzeit (April-September) und die Regenzeit (Oktober-März) einteilen läßt, unterteilt werden in »Saat« (November-Dezember) und »Ernte« (April-Juni; 1Mo 8,22). Weiter wurde unterteilt in: »Weizen-« (1Mo 30,12; Ri 15,1) oder »Gerstenernte« (2Sam 21,9; Rut 1,22) für März-April; »Zeit des Pflügens und Erntens« (2Mo 34,21) für März und »Zeit der Weintrauben« (4Mo 13,20) für den Monat *Tammuz* (Juni-Juli). »Die ersten Regen« (gestützt auf den alten Staatskalender, der im Monat *Tischri* begann) fielen im September-Oktober, die »späteren Regen« im März-April. Die »Sommerfrucht« (*qājis*) von August-September gab dem »Sommer« seinen Namen, der auch »Hitze« genannt wurde. Die Monate *Tebet* und *Schebat* waren die »kalten« Monate. Mit diesen atl. Angaben läßt sich der »Kalender« vergleichen, der etwas ungelenk von einem Schuljungen im 10.Jh.v.Chr. auf Stein geschrieben worden ist, wahrscheinlich ein Palimpsest, der 1908 in *Gezer gefunden wurde. Der Text, dessen Übersetzung schwierig ist, listet Arbeiten auf, die Bauern im Laufe von 12 Monaten, beginnend im Herbst, zu verrichten haben: »Zwei Monate der Lagerung. Zwei Monate der Saat. Zwei Monate des Wachsens im Frühjahr. Monat des Flachsraufens. Monat der Gerstenernte. Monat, wenn alles (andere) geerntet wird. Zwei Monate des Beschneidens (von Wein). Monat der Sommerfrucht« (vgl. DOTT, S. 201-203).

4. Andere Möglichkeiten der Zeitrechnung nehmen bestimmte »Zeiten« oder einen Festtag als Orientierung (*ʿiddān*, Dan 7,25; *mōʿēd*, Dan 12,7; *zemān*, Pred 3,1; Neh 2,6; vgl. Ps 104,27). Historische Ereignisse werden normalerweise nach den Regierungsjahren von Königen datiert oder nach entscheidenden nationalen Ereignissen (der Aufenthalt in Ägypten; der Auszug aus Ägypten, 2Mo 12,40); der Bau des ersten Tempels (1Kön 6,1); oder die 70jährige Gefangenschaft in Babylon

(Hes 33,21); oder das Erdbeben unter der Herrschaft Usias (Am 1,1; Sach 14,5). D.J.W.

II. ZWISCHEN DEN TESTAMENTEN.

Das »Jahr der griech. Herrschaft« (1Makk 1,10) bezeichnet die seleukidische Ära, die offiziell am ersten Tag des mazedonischen Monats Dios (September/Oktober) 312 v.Chr. begann. Dieser Zeitrechnung folgt 1Makk, obwohl in einigen Quellen des Buches (unter dem Einfluß babylon. Zählung, die das Jahr vom Nisan an rechnete) dieser Zeitraum vom März/April 311 v.Chr. an gerechnet wird.

III. IM NEUEN TESTAMENT.

Zeitangaben beziehen sich im NT gelegentlich auf nichtjüd. Herrscher. Das ausführlichste Beispiel findet sich bei Lk 3,1f; das öffentliche Wirken *Johannes des Täufers beginnt demnach »im 15. Jahr der Herrschaft des Kaisers Tiberius« (d.h. 27-28 n.Chr. nach der Berechnung, die unter dem vorhergehenden seleukidischen Reich beibehalten worden war und in dem ein neues Regierungsjahr im September/Oktober beginnen sollte); daneben wird aber auch verwiesen auf weltliche oder geistliche Herrscher in Judäa und benachbarten Gebieten. (Vgl. die Datierung in bezug auf die Kaiser *Augustus, Lk 2,1, und *Claudius, Apg 11,28, die Provinzstatthalter Quirinius, Lk 2,2, und Gallio, Apg 18,12, und Herodes, König der Juden, Mt 2,1; Lk 1,5). Meistens berechneten die Schreiber des NT die Zeit jedoch nach dem laufenden jüd. K. (oder Kalendern). Dies unterstreichen Hinweise auf jüd. Feiertage und andere heilige Anlässe, besonders im vierten Evangelium; vgl. Joh 2,13.23 (Passafest); 5,1 (Fest); 6,4 (Passafest); 7,2 (Laubhüttenfest; in V. 37: »am letzten Tag des Festes« ist der achte Tag gemeint; vgl. 3Mo 23,26; 4Mo 29,35; Neh 8,18); 10,22 (Tempelweihfest am 25. Tag des Kislew; vgl. 1Makk 4,59); 11,55ff (Passafest). Vgl. auch Mt 26,2; Mk 14,1; Lk 22,1 (Passafest und Tag der ungesäuerten Brote); Apg 2,1 (Pfingsten); 12,3f (Passafest und Tag der Ungesäuerten

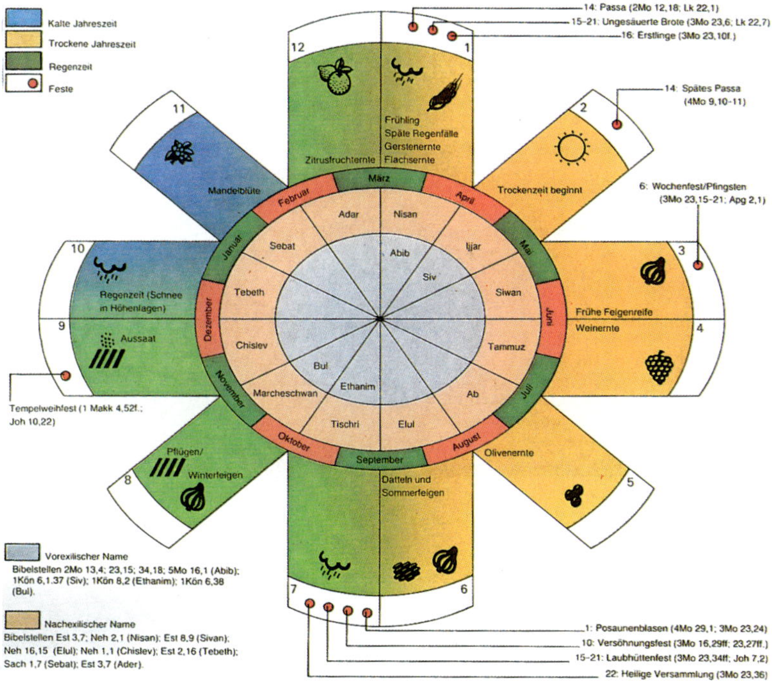

Darstellung des israelischen Kalenders mit den Jahreszeiten und Festen und ihren heutigen Entsprechungen.

Hebräischer Kalender mit Aufzählung der verschiedenen landwirtschaftlichen Aufgaben des Jahres. Aus Geser. Höhe 11 cm. 10. Jh. n.Chr. (PEF)

Brote); 20,6 (Tag der Ungesäuerten Brote); 20,16 (Pfingsten); 27,9 (wo »das Fasten« den Versöhnungstag bezeichnet; zu dieser Zeit wurde die Schiffahrt auf dem Mittelmeer wegen des Winters eingestellt); 1Kor 16,8 (Pfingsten).

Als Wochentage wird der Sabbat oft erwähnt. Der »zweiterste Sabbat« (Lk 6,1 Rev-EB Fußnote) ist wahrscheinlich ein Fachausdruck, dessen Bedeutung nicht mehr mit Sicherheit bestimmt werden kann. Freitag ist der »Rüsttag« (griech. *paraskeuē*), »der Tag vor dem Sabbat« (griech. *prosabbaton*; Mk 15,42; vgl. Joh 19,31); der »Rüsttag für das Passafest« (Joh 19,14) bedeutet »Freitag in der Passawoche« (griech. *paraskeuē tou pascha*). Der »erste

Tag der Woche« (griech. *mia sabbatou* oder *mia tōn sabbaton*, d.h. ein Tag nach dem Sabbat) erhält eine neue Bedeutung, da er der Auferstehungstag war (vgl. neben den Auferstehungsberichten in den Evv. Apg 20,7; 1Kor 16,2); er wurde auch »der Tag des Herrn« genannt (griech. *kyriakē hēmera*) in Offb 1,10. Im allg. folgte der jüd. K. z.Zt. des NT (mindestens vor 70 n.Chr.) der sadduzäischen Zeitrechnung, nach der sich auch die Gottesdienste im Tempel richteten. So war Pfingsten der fünfzigste Tag nach der Darbringung der ersten Gerstengabe als Schwingopfer, d.h. der fünfzigste Tag (einschließlich) nach dem ersten Sonntag nach Passa (vgl. 3Mo 23,15f); daher fiel es immer auf einen Sonntag wie im christl. K. Die pharisäische Zeitrechnung, die nach 70 n.Chr. zugrundegelegt wurde, interpretiert »Sabbat« in 3Mo 23,25 als Fest der Ungesäuerten Brote und nicht des wöchentlichen Sabbats; in diesem Fall fiel Pfingsten immer auf den gleichen Monatstag (eine wichtige Überlegung für die, in deren Augen es der Jahrestag der Gesetzgebung war), aber nicht auf den gleichen Wochentag. Wichtiger noch als die geringfügigen Unterschiede im Kalender zwischen Sadduzäern und Pharisäern war die Spaltung zwischen Sadduzäern und Pharisäern einerseits und jenen auf der anderen Seite, die dem »sektiererischen« K. folgten, bekannt aus dem Jubiläenbuch und aus der Qumran-Literatur. Falls Jesus und seine Jünger diesem K. folgten, läßt sich erklären, warum sie das Passafest vor Jesu Verhaftung abhielten, während die Hohenpriester und ihre Gefolgsleute es erst nach der Kreuzigung feierten (Joh 18,28). F.F.B.

KALK, KALKSTEIN. Kalkgestein kommt in Palästina häufig vor. Wo jedoch die Bibel von K. spricht, ist gebrannter und gelöschter K. gemeint. Der Kalkstein wurde nach dem Abbau zerkleinert (vgl. Jes 27,9), mit trockenem Buschwerk in abwechselnden Schichten in eine Mulde von etwa 1 m Tiefe gelegt und das ganze danach angezündet (vgl. Jes 33,12). Darauf deckte man die Mulde wie einen Kohlenmeiler mit Grasnarbe zu und ließ nur eine kleine Öffnung für Luftzufuhr und Rauchabzug. Nach dem Brennvorgang wurde der K. mit Wasser gelöscht.

Gelöschter K. ergab mit Lehm, Ton, Asche oder Stroh vermischt, Mörtel, der als Binde- und Verputzmasse beim Mauerbau verwendet wurde, sofern man sich nicht mit Lehmmasse begnügte, die Steine oder Ziegel lose aufeinandersetzte oder in kalksteinarmen Gebieten reinen Asphalt oder ein Lehm-Asphaltgemisch benützte.

Ein ähnliches Gemisch, dem allerdings mehr Wasser zugesetzt wurde, verwendete man beim Verputzen von Mauern und Wänden, um sie wetterfest zu machen und ihnen einen weißen Anstrich zu geben (Tünche, Bewurf: 3Mo 14,41; Hes 13,10ff; 22,28; Dan 5,5). Vom Übertünchen rissiger Wände her wird die getünchte Wand auch zum Bild für den falschen Schein (Apg 23,3).

Nach 5Mo 27,2-4 wurden gelegentlich Gedenksteine mit K. überzogen und dann beschrieben. Wahrscheinlich wurden die Schriftzeichen in den Kalküberzug eingeritzt.

Im NT erfahren wir, daß Gräber einen weißen Kalkanstrich erhielten (Mt 23,27), um sie weithin sichtbar zu machen. Dadurch sollte verhütet werden, daß man sich durch Berühren verunreinigte.

Menschengebeine, die zu K. verbrannt werden (Jes 33,12; Am 2,1) dienen als Bild für die völlige Vernichtung.

KALMÜS s. Kräuter und Gewürze

KALNE, KALNO.
1. Eine Stadt, die von Nimrod im Land Schinar (1Mo 10,10) gegründet wurde. Da keine Stadt dieses Namens in Babylon bekannt ist, schlagen einige Forscher das hebr. *kullānā*, »sie alle« vor. Dies könnte eine zusammenfassende Redewendung sein, die solche alten Städte wie Ur und Nippur (im Talmud b mit K. identifiziert) mit einschloß. Diejenigen, die K. in Nordmesopotamien lokalisieren, setzen sie mit 2. und ebenso mit Kanne gleich, einer Siedlung, die zusammen mit *Haran und *Eden als Handelspartner von Tyrus erwähnt wird (Hes 27,23), deren Lage am mittleren Euphrat angenommen wird.

2. Mit aram. Städten verbundener Ortsname in Jes 10,9, Am 6,2 (LXX »alle« – s. 1.). Eine Stadt Kullania wird in assyr. Tributlisten erwähnt. Sie steht in Verbindung mit Arpad. Das heutige Kullan Köy liegt 16 km südöstl. von Arpad (AISL 51, 1935, S. 189-191).D.J.W.

KAMEL s. Tiere

KÄMMERER s. Eunuch

KAMOS s. Kemosch

KAMPF/KÄMPFEN. Das Leben eines Christen ist K. Er beginnt bereits mit dem Schritt auf den schmalen Pfad des Glaubens (Lk 13,24) und ist dann Kennzeichen der *Nachfolge Christi (Phil 1,30; 1Tim 6,12). Dieser K. des Glaubens muß unterschieden werden vom K. ums Dasein und allen kriegerischen Auseinandersetzungen zwischen Menschen und Völkern. Er ist der einzig als »gut« qualifizierte K. (1Tim 6,12; 2Tim 4,7), »weil er der einzige Kampf ist, der Gott völlig auf seiner Seite hat, und weil er der einzige Kampf ist, der von einem bereits völlig errungenen Siege ausgeht« (Binde, 88). Dementsprechend unterscheidet die Bibel auch begrifflich zwischen Krieg/Streit und K.

I. BEGRIFFLICHE UNTERSCHEIDUNG.

1. K. als kriegerische Auseinandersetzung ganzer Gruppen wird im AT in der Regel durch die Wortgruppe *lacham*, »kämpfen«, »streiten«, im NT durch die Wortgruppe *polemos/polemeō* ausgedrückt und im Deutschen meist mit *»Krieg« oder »Streit« übersetzt. Für den persönlichen Zwist wird die Wortgruppe *machē/machomai* gebraucht. Beide Wortgruppen erscheinen nie als Begriffe für den geistlichen K. des Christen. Dieser soll gerade nicht streitsüchtig (*amachos*) sein. Der Herr selbst und seine Engel werden den letzten großen Streit (*polemos*) gegen Satan und die, die ihm nachfolgen, führen (Offb 2,16; 12,7 u.ö.).

2. Für den geistlichen K. des Christen verwendet das NT drei Begriffe, die alle aus der Sprache des Wettkampfes stammen.

a. Am häufigsten findet sich die Wortgruppe »*agōn/agōnizomai*« (15 mal), die ursprünglich »Versammlungsort (für den Wettkampf)«, dann »Wettkampf« und schließlich übertragen »Anstrengung«, »Mühe«, »Gefahr« bedeutet. Damit ist der bewußte Einsatz aller Kräfte zum Erreichen eines Zieles gemeint (1Kor 9,25).

b. Daß dieses Ziel nur durch Leiden erreicht werden kann, darauf weist die Wortgruppe »*athlēsis/athlēo*« (5 mal) hin. Das Verbum bedeutet »(wett)kämpfen« und übertragen »sich mühen«, »Mühsal erdulden«, »leiden« (Phil 1,27; 4,3; 2Tim 2,5; Hebr 10,32).

c. Nur einmal (Eph 6,12) taucht der Begriff *palē*, »(Ring)kampf« auf, der ursprünglich bei dem klassischen, aus fünf Kämpfen bestehenden Pentathlon den letzten K. bezeichnet. Damit ist der Ernst und Entscheidungscharakter dieses K.es ausgedrückt.

II. BEDEUTUNG.

Der K. des Glaubens ist in mehrfacher Hinsicht ein besonderer K. Dies – und daß er nicht mit einem Glaubenskrieg verwechselt werden kann – wird über die begriffliche Unterscheidung hinaus deutlich, wenn man sich die Ziele, die Mittel und die Gegner des K.es vor Augen hält:

1. Die Ziele: Nicht gegen, sondern für die anderen! Als ein K. für die anderen ist das erste Ziel des K.es die Ausbreitung des Evangeliums (Phil 1,27; 4,3; 1Thess 2,2). Als solcher soll dieser K. »nicht töten, sondern lebendigmachen, nicht verwunden, sondern heilen, nicht berauben, sondern beschenken« (Dannenbaum, 60). Dann ist es ein K. (Kol 2,1f) darum, daß jeder Mensch, der durch die enge Pforte des Glaubens getreten ist (Lk 13,24), seine Vollkommenheit ganz und ausschließlich in Christus hat (Kol 1,28-2,3). Nicht das eigene Heil steht im Vordergrund, sondern das aller Berufenen Gottes. Als Verheißung für einen solchen K. wartet der Siegeskranz, die Krone der Gerechtigkeit (2Tim 2,5; 4,7) auf den Kämpfenden.

2. Die Mittel: Nicht fleischlich, sondern geistlich! Die Waffen des K.es sind nicht fleischlich, sondern geistlich (2Kor 10,4; vgl. Joh 18,36). Auch ein guter Zweck heiligt nicht falsche Mittel. Den Siegespreis erhält nur, wer nach den vom Herold verkündeten Spielregeln kämpft (*nomimōs*, 2Tim 2,5). So ist der gute K. (1Tim 6,12) dadurch als »gut« qualifiziert, daß er Frucht des Geistes zum Ziel hat (vgl. Gal 5,22), unter Leiden durchgestanden wird (Phil 1,30; Hebr 10,32) und im Gebet unterstützt wird (Röm 15,30; Kol 4,12). Ein solcher K. erwartet das Entscheidende von Gott und darf teilhaben an dem durch Christus am Kreuz bereits errungenen Sieg. Trotzdem macht Paulus deutlich, daß der ganze Einsatz des Kämpfers und sein äußerster Verzicht vonnöten ist (1Kor 9,24-27). Nicht in der Art mönchischer Askese, die den Leib in Mißachtung niederschlägt, sondern in der Weise des Sportlers oder des Soldaten (2Tim 2,4). Sie müssen ihren Leib, ja den ganzen Menschen, völlig in der Gewalt haben, um das jeweilige Ziel zu erreichen. Dazu sind *Nüchternheit (2Tim 4,5) und Übung (1Tim 4,7) erforderlich.

3. Die Gegner: Nicht Menschen, sondern Sünde und Satan! Gegner sind letztlich nicht die Menschen (»Fleisch und Blut«, Eph 6,12), sondern zum einen »die Sünde, die uns ständig umstrickt« (Hebr 12,1.2) und zum anderen »die überirdischen Mächte und Gewalten, die finsteren Beherrscher dieser Welt, die Geistesmächte der Bosheit« (Eph 6,12). Der geistliche Kämpfer sieht die Wirklichkeit Satans hinter den Widerständen in dieser Welt und weiß deshalb, daß er aus eigener Kraft mit menschlichen Waffen nicht siegen kann. Aber er weiß auch um den, der Sünde und Satan bereits besiegt hat, Jesus Christus, und daß er von ihm »geistliche Waffen« holen kann (Eph 6,13ff), mit denen er dann auch siegen kann (2Kor 10,4f; s.a.*Mitarbeiter).

Literatur: J. Kühlwein: THAT II, [2]1979, 674; G. Weihmeier: ibid, 277; A.S. van der Woude: ibid, 502; A. Ringwald, K. Dahn, H.-G. Link, W. Günther: TBLNT II, [4]1986, 769-775. M.F.P.

KANA. Wahrscheinlich von hebr. *qānāh*, »Schilfrohr« (EWNT II, 1981, 613).

1. Nach Jos 19,28 ein Ort an der N-Grenze von *Asser, der auch in einer Eroberungsliste des Pharao *Ramses II. (ANET 256) genannt wird (LDB, 190). Heute das arab. Dorf Qāna, 10 km südöstl. von *Tyrus (Abel, II, 412).

2. Zur Unterscheidung von diesem K. heißt der ntl. Ort immer »Kana in *Galiläa« (Joh 2,1.12; 4,46; 21,2). Hier vollbrachte Jesus nach Joh 2,1-12 sein erstes *Zeichen, indem er Wasser in Wein wandelte. Die Fülle des *Weins ist Hinweis auf den Anbruch der Heilszeit (vgl. 1Mo 49,11f; Jes 25,6; Joel 2,19; 4,18). Auch das zweite Zeichen des Johannes-Evangeliums, die Heilung des Sohns eines Königlichen (Beamten?, Militärs?, vgl. Mt 8,5-13/Lk 7,1-10) in *Kapernaum ist mit K. verbunden, da sich Jesus während der Fernheilung hier aufhielt (Joh 4,46-54). Aus K. stammte nach Joh 21,2 *Nathanael (vgl. Joh 1,46-49). Dagegen irrte Hesychius (PG 93, 1405), wenn er K. für die Heimat von *Simon Kananäus hielt. Der unterscheidende Zuname *Kananaios* (Mt 10,3/Mk 3,18) ist, wie die Parallelstellen Lk 6,15/Apg 1,13 (*zēlōtēs*) zeigen, von aram. *qan'ānā'*, »Eiferer« (*Zelot), abgeleitet (M. Hengel, Die Zeloten, [2]1976, 72f). Josephus nennt mehrere Orte mit Namen K., davon aber nur einen in Galiläa (Vita 86). Die hebr. Schreibweise des Orts (*qānāh*) kennen wir aus einer Liste von Priestersiedlungen, die nach dem Bar-Kochba-Aufstand für K. die Familie Eljaschib bezeugt (Dalman, 110f). Ob Eusebius das ntl. K. bei Tyrus suchte (onom. 116,5) ist nicht ganz klar, da vielleicht auch das galiläische K. in Asser lag (Abel II, 412). Hieronymus in seiner Übersetzung des Onomastikon jedenfalls unterscheidet beide K. (Onom. 117,3-7).

a. Der heute von Pilgern als K. besuchte Ort ist das arab. Großdorf Kafr Kenna, 6 km nördl. von *Nazareth. Man findet hier von der Bronze- bis zur Neuzeit ununterbrochene Siedlungsspuren (LA 15, 1964/5, 269-290). Aufgrund der Lage zwischen *Gat-Hefer und *Rimmon ist Kafr Kenna nach der Ortsliste Jos 19,13 vielleicht mit dem sonst unbekannten Eth-Kazin im Stamm *Sebulon zu identifizieren (Abel, II, 63). Beim rund 3 km nordöstl. von Kafr Kenna gelegenen Chirbet Kenna mit Siedlungsresten aus der röm. Zeit (LA 15, 1964/5, 264f) könnte es sich um Garis handeln (C. Möller, G. Schmitt, Siedlungen Palästinas, 1976, 67f), wo Josephus sein Feldlager aufschlug (vita 395.412). Seit seiner ersten Erwähnung (1047) wird Kafr Kenna bis in die Kreuzfahrerzeit hinein immer nur mit

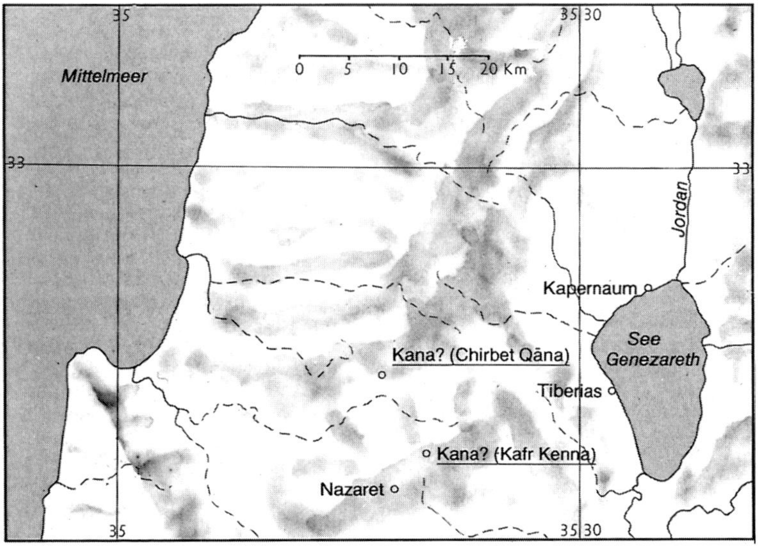

Die Lage des neutestamentlichen Kana.

dem Grab des Propheten *Jona, das heute noch 2 km südwestl. bei El-Meschhed (*Gat-Hefer) verehrt wird, verbunden, nie aber mit dem Hochzeitswunder (Kopp, Stätten, 191). Die Kreuzfahrer suchten K. einhellig in Chīrbet Qānā (2.b.), und es wäre eine völlige Ausnahme, wenn man im 17. Jh. zu einer älteren zutreffenden Lokalisierung zurückgekehrt wäre. Damals verlegten die Griechisch-Orthodoxen das Wunder hierher und die Franziskaner folgten, wenn auch zögernd (Kopp, Stätten, 194f). Dabei dürfte die philologisch unmögliche (S. Klein, Beiträge zur Geographie und Geschichte Galiläas, 1909, 57) Gleichsetzung der Namen Kafr Kenna (»Dorf der Schwiegertochter«) und *Qānāh* eine Rolle gespielt haben. Auch archäologische Untersuchungen haben keine Bestätigung der Ortsansetzung gebracht. Beim Bau der Franziskaner-Kirche (1883) anstelle einer Moschee hat man Reste eines synagogalen Gebäudes aus dem 4./5. Jh. gefunden (F. Hüttenmeister, G. Reeg, BTAVO B 12/1, 1977, 246-249), darunter auch eine Stifterinschrift für Jose, Sohn des Tanchum (CIJ II 987). Da in Karm Er-Ras, ca. 500 m weiter nordwestl., ebenfalls verstreute Reste eines synagogalen Gebäudes gefunden wurden (LA 15, 1964/5, 265-269), hat man für die Synagoge unter der Franziskanerkirche eine judenchristl. Herkunft angenommen (B. Bagatti, Antichi villaggi cristiani di Galilea, 1971, 42-48). Aber ohne zusätzliche Evidenz bleibt das eine bloße Annahme. Neuere Grabungen links von der Kirche (S. Loffreda, LA 19, 1969, 328-348) haben weder klare Reste eines Gebäudes aus dem 1.Jh. noch eindeutige Spuren der nach den Pilgerberichten zu erwartenden Kirche ergeben. Die älteren Funde sind teilweise in den Kirchbau einbezogen, so auch die Stifterinschrift im Fußboden. Am Ort einer anderen Moschee errichteten die Franziskaner eine weitere Kirche. Sie gilt heute als »Haus des Bartholomäus«, den eine mittelalterliche Tradition unzutreffend mit Nathanael identifiziert (R. Schnackenburg, Johannesevangelium I, ^{5}1981, 313). Auch wenn Mosaikfunde auf ein älteres, rel. Zwecken dienendes Gebäude weisen könnten (LA 15, 1964/5, 281), fehlt hier doch jede Ortsüberlieferung.

b. Die überwiegende Mehrheit der modernen Forscher lokalisiert K. in Chīrbet Qānā rund 14 km nördl. von Nazareth am Nordrand der Battof-Ebene, die in röm. Zeit *campus Asochis* hieß (M. Avi-Yonah, Gazetteer of Roman Palestine, 1976, 33). Hier hat sich der alte Name erhalten und in der teilweise sehr fruchtbaren, aber an manchen Stellen auch versumpften Ebene wachsen unterhalb des Tell Schilfrohre. Der Ort wird zum ersten Mal auf einem Eroberungsrelief (ANET, 283) von *Tiglatpilesar III. (732 v.Chr., vgl. 2Kön 16,9) genannt (LDB, 390). Eine Siedlung gab es auf dem Hügel mindestens seit 1200 v.Chr. (A. Alt, PJB 23, 1927, 47), einen florierenden Ort aber vor allem vom 1. bis 6. Jh.n.Chr. (J.F. Strange, IEJ 32, 1982, 255). Spärlich sind die Oberflächenfunde aus früharab. und Kreuzfahrer-Zeit. Danach scheint das Leben hier weitgehend aufgehört zu haben. K. lag auf halbem Weg an der wichtigen Römerstraße (vgl. Jos. vita, 394ff) von *Ptolemais (*Akko) am Mittelmeer nach Taricheä (*Magdala) am See *Genezareth (BZ 23, 1979, 284). Andere Stichstraßen führten zu den wichtigen Orten Garabe und Asochis sowie zur ehemaligen galiläischen Landeshauptstadt *Sepphoris. Vor allem bewachte K. den Aufstieg zur bedeutenden Festung Jotapata (*Jotba). So ist verständlich, daß Josephus während des ersten jüd. Aufstandes (66/7 n.Chr.) hier zeitweise sein Hauptquartier aufschlug (vita, 86). Die byzantin. Pilgerberichte sind oft nicht klar (ELS, 206f), können aber alle auf Chīrbet Qānā bezogen werden (Kopp, Stätten, 189-191). Wenn der Pilger von Piacenza (570 n.Chr.) eine Quelle nennt, wie sie in Kafr Kenna vorhanden ist, aber in Chīrbet Qānā fehlt, so kann er auch eine Zisterne meinen. Der Tell ist mit einem Netz großer und kleiner Zisternen überzogen. Spuren eines rel. Gebäudes, ob Synagoge, Kirche oder Tempel, konnten bisher nicht nachgewiesen werden. Datierung und Deutung eines großen Gebäudekomplexes in N-S-Richtung auf dem Gipfel des Hügels und anderer Bauten (LA 15, 1964/5, 252-263) sind noch nicht klar. Spärliche Reste eines Kolumbariums (Behälter für die Urnen von Feuerbestattungen) weisen zeitlich unbestimmt auf die Anwesenheit einer heidnischen Gruppe. Wie die Ansiedlung von Priestern zeigt, war K. aber mindestens nach 135 n.Chr. ein jüd. geprägter Ort (s.o.). Eine Grotte am Südfuß des Hügels bezeichnen Inschriftenreste (LA 15, 1964/5, 256-260) als die in der Kreuzfahrer-Zeit verehrte Höhle des Weinwunders (Kopp, Stätten, 192f). Eine ältere Verehrung ist möglich (BZ 23, 1979, 280f), aber auch hier könnten nur eingehendere archäologische Untersuchungen weiteren Aufschluß geben.

3. Das Tal von K., das die S-Grenze von *Manasse gegen *Ephraim bildete (Jos 16,8; 17,9), ist das heutige Wādi Qānā zwischen *Tappuach und *Afek (*Antipatris), das in den Jarkon mündet (LDB, 270).

Literatur: F.M. Abel: Géographie de la Palestine II, ^{3}1967, 291f.412f; B. Bagatti: LA 15 (1964/5), 251-292; G. Dalman: Orte und Wege Jesu, ^{4}1967, 108-114; A. Henry: TSF 1/1969, 8-14; 1/1970, 16-20; C. Kopp: Das Kana des Evangeliums, 1940; ders.: Die heiligen Stätten der Evangelien, ^{2}1964, 184-195; G. Kroll: Auf den Spuren Jesu, [10]1988, 179-183; R.A. Mackowski: BZ 23 (1979), 278-284; O. Michel: Dienst am Wort, 1986, 148-153; A. Negev: Archäologisches Lexikon zur Bibel, 1972, 201f; R. Riesner: BiKi 43 (1988), 69-71. R.R.

KANAAN. Sohn *Hams, Enkel Noahs, der Ham verfluchte (1Mo 9,18.22-27). In 1Mo 10,15-19 werden elf Geschlechter aufgezählt als seine Nachkommen, die, wie geschichtlich belegt ist, vor allem Phönizien und besonders Syrien-Palästina bewohnten, (s. *Kanaan, Land). K.A.K.

KANAAN, KANAANÄER/KANAANITER. Name eines semit.-sprachigen Volkes und seines Territoriums in Syrien-Palästina.

I. DER NAME.

Der Name K. (hebr. *kena'an*) wird traditionell mit dem des Stammvaters K. in Verbindung gebracht. Das besagt sowohl 1Mo 10,15-19 als auch die kanaan.-phöniz. Überlieferung, die auf Sanchunjathon zurückgeht und von Philo von Byblus bewahrt wurde. Nach griech. und phönizischen Quellen bezieht sich der Name K. auf die Kanaaniter/Phönizier (W.F. Albright: The Role of the Canaanites in the History of Civilization, in: BANE, 1961, S. 328-362). Die Bedeutung des Wortes K. ist umstritten. Früher hat man es gerne mit Wörtern für »Purpurfarbe«, besonders im Hurritischen, in Verbindung gebracht (so E.A. Speisser, Language 12, 1936, S. 124); diese Ableitung ist jedoch von B. Landsberger (JCS 21, 1967, S. 106f) widerlegt worden.

II. DIE AUSDEHNUNG KANAANS.

In der Bibel und in außerbibl. Texten hat der Begriff K. drei verschiedene Bedeutungen:

1. Von Hause aus bezeichnet K. das Land und die Bewohner der syr.-palästin. Küste, besonders des eigentlichen Phönizien. Das geht hervor aus 1Mo 10,15-19, wo neben Sidon, dem »Erstgeborenen« K.s (vgl. Jes 23,11f) auch die Arkiter, Siniter, Arwaditer, Zemariter und Hamatiter, letztere im Orontestal, genannt werden. Nach 4Mo 13,29 (vgl. Jos 5,1; 11,1-3) wohnen die Kanaaniter am Meer und am Jordan, während die *Hetiter, *Jebusiter und *Amoriter auf dem Gebirge leben. Die Inschrift des Idrimi von *Alalah (15. Jh.v.Chr.)

Festlich gekleideter kanaanitischer Gefangener aus Syrien, dargestellt auf einer ägyptischen Fayencekachel. Höhe 25,5 cm. 1195–1164 v.Chr. (Ramses III.). (OIUC)

erwähnt die Flucht dieses Königs nach Ammia im Land K. (S. Smith: The Statue of Idrimi, 1949, S. 72-73; ANET, S. 557-558).

2. Im weiteren Sinne kann sich Kanaan(iter) auch auf das Hinterland, auf Syrien-Palästina im allg. beziehen. Daher schließt 1Mo 10,15-19 auch die Hetiter, Jebusiter, Amoriter, Girgaschiter und *Hiwiter mit ein in die »Geschlechter der Kanaaniter« (V. 18). Dieses größere Gebiet umfaßte nach V. 19 den Küstenstreifen von *Sidon bis *Gaza, erstreckte sich landeinwärts bis zu den Städten Sodom, Gomorra (*Städte der Ebene), *Adma und *Zebojim am Toten Meer und reichte (nordwärts ?) bis nach Lescha (genaue Lage unbekannt). S. auch 4Mo 34,1-2 mit der ausführlichen Grenzbeschreibung in den Versen 3-12. Ri 4,2.23f nennt *Jabin von *Hazor »König von Kanaan«. Dieser erweiterte Sprachgebrauch findet sich auch in frühen außerbibl. Texten. In den *Amarnabriefen (14.Jh.v.Chr.) verwenden die Könige von Babylon und anderer Staaten »Kanaan« manchmal für die syr.-palästin. Gebiete Ägyptens im allg. Und die ägypt. Papyri Anastasi IIIA (Z. 5-6) und IV 16, Z. 4) aus dem 13.Jh.v.Chr. erwähnen »kanaanäische Sklaven aus Huru« (d.i. Syrien-Palästina; R.A. Caminos, Late Egyptian Miscelanies, 1954, S. 117.200).

3. Der Ausdruck Kanaan(iter) kann auch die spezielle Bedeutung »Kaufmann, Händler« haben, war doch der Handel eine typisch kanaan. Tätigkeit. In der hebr. Bibel findet sich diese Bedeutung in Hiob 40,30; Spr 31,24; Jes 23,8; Hes 16,29; 17,4; Hos 12,8; Zef 1,11 und Sach 14,21. Eine Stele des Pharao Amenophis II. (1438-1412 v.Chr.) führt unter seinen syr. Gefangenen »550 maryannu /adlige Streitwagenkämpfer, 240 ihrer Frauen, 540 *kn'nw*, 232 Fürstensöhne und 323 Fürstentöchter« auf (ANET, S. 246). Daraus schließt B. Maisler (BASOR 102, 1946, S. 9), daß die »540 *kn'nw* (d.i. Kanaaniter)«, die sich in so großer Gesellschaft befinden, zum »Kaufmannsadel der Küsten- und Handelsstädte Syriens und Palästinas« gehörten; das ist jedoch ungewiß.

III. DIE SPRACHE.

Die Frage, was »Kanaanäisch« ist und was nicht, ist immer noch umstritten. Innerhalb der größeren Gruppe der nordwestsemit. Sprachen und Dialekte können das bibl. Hebr. (vgl. Jes 19,18) und die westsemit. Glossen und Begriffe in den Amarnabriefen zu Recht mit dem Moabitischen und Phönizischen als »Südkanaanäisch« bezeichnet werden. Selbständig, aber verwandt sind Aramäisch und Ja'udisch. Zwischen diesen beiden Gruppen steht das Ugaritische. Manche betrachten letzteres als eine selbständige nordwestsemit. Sprache. Andere halten es für Kanaanäisch und ordnen es wie das Hebr. ein. Im Ugaritischen selber läßt sich eine Sprachentwicklung beobachten. Danach ist das Ugaritische des 14./13. Jh.v.Chr. dem Hebr. näher als die Sprache der großen Epen (W.F. Albright, BASOR 150, 1958, S. 36-38). Deshalb kann man mit allem Vorbehalt das Südkanaanäische (Hebr. usw.), das Nordkanaanäische (Ugaritisch) und das Aram. unter dem Begriff nordwestsemit. Sprachen zusammenfassen. (Zu dieser Frage vgl. S. Moscati, The Semites in Ancient History, 1959, S. 97-100, der - ziemlich radikal – auf den Begriff »Kanaanäisch« verzichten möchte, und J. Friedrich, Scientia 84, 1949, S. 220-223). Texte aus der nordsyr. Stadt Ebla sind in einem Dialekt geschrieben, der nach dem Entzifferer G. Pettinato, der ihn »Paläokanaanäisch« nennt, westsemit. zu sein und Ähnlichkeiten mit dem Südkanaanäischen zu haben scheint (Orientalia N.S. 44, 1975, S. 361-374, bes. 376ff; s. *Sprache des AT).

IV. KANAANÄISCHE GESCHICHTE.

Die Anwesenheit semit. sprechender Völker in Palästina im 3.Jt.v.Chr. ist bisher nur durch zwei semit. Ortsnamen in einem Text aus jener Zeit explizit belegt: *Ndi'*, das das Element *'il(u)*, »Gott«, enthält, und *n..k..*, das mit *'ayin*, »Quelle«, beginnt. Beide Namen erscheinen auf einer ägypt. Grabszene der 5./6. Dynastie um 2400 v.Chr.

Dennoch ist die Frage, ob dies auf die Anwesenheit von Kanaanitern in Palästina hinweist und wann diese dorthin gekommen sind, noch ungelöst. Sicher ist nur, daß um 2000 v.Chr. Kanaaniter in Syrien-Palästina wohnten und um 2300 v.Chr. in Ebla/Nordsyrien ein nordwestsemit. Sprachelement bildeten.

Im 2. Jt.v.Chr. war Syrien-Palästina in eine Anzahl kanaan. Stadtstaaten aufgeteilt. Aus dem 19./18. Jh. sind viele Orts- und Herrschernamen in den ägypt. Ächtungstexten aufgeführt. (Über die Organisation einiger palästin. Staaten in dieser Zeit s. A. van Selms, Studies on the Book of Genesis, OTS 12, 1958, S. 192-197).

In der Zeit von ungefähr 1500-1380 v.Chr. gehörten diese Kleinstaaten zum asiat. Teil des ägypt. Reiches. Im 14. Jh.v.Chr. gerieten die im N gelegenen unter hetitische Vorherrschaft, während die im S formell weiterhin zu Ägypten gehörten. Im frühen 13. Jh. erlangte Ägypten die Kontrolle über Palästina und die syr. Küste wieder zurück (die Hetiter behielten N – und Mittelsyrien), aber auch diese Kontrolle verschwand allmählich (s. H. Klengel: Geschichte Syriens 1-3, 1965-1970). So

Tarsus
Karkemisch
Amanos-Gebirge
Alalah
Aleppo
Ebla
Ugarit
Hamat
Arwad
Qatna
Orontes
Zemar?
Kadesch
Mittelmeer
Gebal/Byblus
Libanon-Gebirge
Sidon
Damaskus
Tyrus
Hazor
KANAAN
Megiddo
Taanach
Bet-Schean
Dotan
Sichem
Jabbok
Bethel
Ai
Jordan
Jerusalem
Adullam
Bethlehem
Mamre
Gaza
Lachisch
Hebron
Beërscheba
PHILISTER
NEGEB
Salztal
Mögliche Lage von
Sodom und Gomorra
0 25 50 75 100 Km
34
36
38
32

hatten sich die Israeliten im späten 13. Jh. mit den Kanaanitern, aber - abgesehen von dem erfolglosen Feldzug Merenptahs – nicht mit den Ägyptern auseinanderzusetzen. Die Eroberung K.s durch Ramses III. war in Wirklichkeit nur ein Vorstoß entlang der Küste und auf den Hauptstraßen.

Am Ende des 13. Jh.v.Chr. wurden die kanaan. Stadtstaaten von politischen Unruhen erschüttert. Nach dem *Josuabuch drangen die Israeliten unter Josua über den Jordan in Palästina ein, erlangten die Kontrolle über das Bergland und besiegten eine Reihe kanaan. Könige. Für die Hebräer war die Eroberung K.s die Erfüllung einer Verheißung an ihre Vorväter (1Mo 17,8; 28,4.13f; 2Mo 6,2-8). Sie sollten das Gebiet der Völker des Landes, die Gott vor ihnen her hinaustreiben würde, in Besitz nehmen und ihnen gegenüber keine Gnade üben (vgl. 5Mo 7,1-6). Dieser Auftrag war nach 5Mo begründet in dem göttlichen Urteil über die beständige Bosheit der betreffenden Völker (vgl. 5Mo 9,5), nicht aber in irgendeinem Vorzug Israels.

In der Zwischenzeit hatten die Seevölker (einschließlich der Philister) das Hetiterreich zerstört und waren durch Syrien und Palästina gezogen. An der ägypt. Grenze wurden sie von Ramses III. abgewehrt. Manche von ihnen, vor allem die Philister, ließen sich an der palästin. Küste nieder. Schließlich drangen in diesem und dem folgenden Jahrhundert immer mehr Aramäer in das Innere Syriens vor. Infolgedessen herrschten die Kanaaniter nur noch im eigentlichen Phönizien mit seinen Häfen und in einigen isolierten Fürstentümern. Vom 12. Jh.v.Chr. an entwickelten sich die bronzezeitl. Kanaaniter in ihrer neuen, beengten Situation zu den seefahrenden Phöniziern des 1. Jt. Ihr Zentrum bildete das berühmte Königreich von Sidon und Tyrus. (Zur Geschichte der Kanaaniter, bes. zu ihrem Fortbestehen als Phönizier, s. W.F. Albright: BANE, S. 328-362).

V. KANAANÄISCHE KULTUR.

Unser Wissen über die kanaan. Kultur stammt aus zwei Hauptquellen: zum einen aus Texten in alphabetischer und babylon. Keilschrift, die in *Ugarit (Ras Schamra an der syr. Küste) und an einigen anderen Orten gefunden wurden; zum anderen aus Gegenständen und Überresten, die bei Ausgrabungen von Städten und Grabanlagen zutage gekommen sind.

1. Kanaanäische Gesellschaft.

Die meisten kanaan. Stadtstaaten waren Monarchien. Der König besaß umfassende Macht im Blick auf militärische Ernennungen und Zwangsaushebungen, auf Einziehung von Ländereien und ihre Verleihung für geleistete Dienste; er hatte Anspruch auf Abgaben, einschließlich Zehnten, Zöllen, Grundsteuern usw., sowie auf Fronarbeit. Das ergibt sich aus den Texten von Alalah (18.-15. Jh.v.Chr.) und Ugarit (14.-13. Jh.v.Chr.; s. I. Mendelsohn, BASOR 143, 1956, S. 17-22) und spiegelt sich wider in Samuels Verurteilung des Königtums (1Sam 8; um 1050 v.Chr.). Militärische, rel. und wirtschaftliche Angelegenheiten unterstanden direkt dem König. Daneben war die Königin eine wichtige Persönlichkeit, an die hohe Beamte sich gelegentlich wandten. Der Hof war in größeren Staaten wie Ugarit vorzüglich organisiert (dazu vgl. A.F. Rainey: The Social Stratification of Ugarit, 1962).

Die Keimzelle der Gesellschaft bildete die Familie. Für die Periode des 19.-15. Jh.v.Chr. zeigen die großen Epen aus Ugarit die Hauptzüge des Familienlebens (A. van Selms, Marriage and Family Life in Ugaritic Literatur, 1954). Was das 14. und 13. Jh. angeht, liefern Rechtsurkunden weitere Informationen. Zu den größeren sozialen Einheiten zählten neben den Städten mit den ihnen assoziierten Dörfern (C. Virollaud: Syria 21, 1940, S. 123-151; C.H. Gordon: Ugaritic Literature, 1954, S. 124), wozu man die Verteilung der Städte mit ihren Dörfern in Jos 13ff vergleichen kann, vor allem die zahlreichen Gilden. Diese umfaßten die Erzeuger von Grundnahrungsmitteln (Hirten, Vogelfänger, Fleischer und Bäcker), Handwerker (mit Kupfer oder Bronze und Silber arbeitende Schmiede, Töpfer, Bildhauer, Haus-, Boot- und Wagenbauer) und Händler, die sowohl im örtlichen als auch im Fernhandel tätig waren. Ebenso waren Priester und anderes Kultpersonal (s.u.), aber auch Musiker in Gilden oder Verbänden organisiert. Auch gab es verschiedene Klassen von Kriegern. Mehrere in Palästina gefundene beschriftete Speerspitzen gehörten vielleicht spätkanaan. Söldnertruppen aus dem 12. und 11. Jh.v.Chr., ähnlich denen, welche nach Ri 4 von einem *Sisera oder *Jabin befehligt wurden. Sie verdeutlichen darüber hinaus den uneingeschränkten Gebrauch der frühen westsemit. Alphabet-Schrift. Man nimmt an, daß es in der kanaan. Gesellschaft Palästinas im 12. Jh.v.Chr. eine scharfe Trennung zwischen den Patriziern der Oberschicht und den halbfreien Leibeigenen der Unterschicht gab. Der Unterschied zu den insgesamt recht niedrig gestellten homogenen Israeliten zeigt sich vielleicht hier und dort in Ausgrabungsbefunden.

2. Literatur.

Die kanaan. Literatur ist hauptsächlich durch nordkanaan. Texte aus Ugarit belegt.

Dazu gehört das umfangreiche, leider nur bruchstückhaft überlieferte Baal-Epos (Taten und Schicksal des Baal/Hadad), die Aqhat-Sage (Geschicke des einzigen Sohns des guten Königs Dan'el), die Geschichte von König Keret (seiner Familie beraubt, gewinnt er durch Eroberung eine neue Frau und erregt den Zorn der Götter) und zahlreiche andere Fragmente. Alle diese Texte stammen in der vorliegenden Gestalt aus dem 14./13. Jh.v.Chr. Die erhabene Poesie der frühen Epen mit ihrem charakteristischen Vokabular und ihren festen Redewendungen beweist den archaisierenden Charakter eines Teils der atl. Dichtung. Vollständige Übersetzungen der wichtigsten Texte, die für die kanaan. Religion außerordentlich aufschlußreich sind, finden sich bei C.H. Gordon, Ugaritic Literature, 1949; G.R. Driver, Canaanite Myths and Legends, 1956; A. Jirku, Kanaanäische Mythen und Epen aus Ras Schamra-Ugarit, 1962; J. Aistleitner, Die mythologischen und kultischen Texte aus Ras Schamra, 1964; A. Caquot, M. Sznycer, A. Herdner, Textes Ougaritiques I, 1974, Auszüge in ANET, S. 129-155 sowie bei W. Beyerlin, Religionsgeschichtliches Textbuch zum Alten Testament, 1975, S. 205-243.

3. Religion.

Die Kanaaniter hatten ein umfangreiches Pantheon, an dessen Spitze der Göttervater El stand. Prominenter waren jedoch *Baal (»Herr«), d.h. der Sturmgott Hadad, und *Dagon, denen in Ugarit und anderwärts Tempel geweiht waren. Von den Göttinnen sind vor allem *Aschera, die Gemahlin Els, sowie *Astarte (Aschtoret) und Anat zu nennen; letztere traten fast ausschließlich in Verbindung mit Baal auf und galten als Göttinnen der Liebe und des Krieges. Kothar-und-Chasis war (wie Hephaistos und Vulcanus bei Griechen bzw. Römern) Handwerker-Gott. Daneben gab es zahlreiche untergeordnete Götter und Göttinnen.

Tempelanlagen fanden sich in Palästina in *Bet-Schean, *Megiddo, *Lachisch, *Sichem und besonders in *Hazor, in Syrien in Qatna, Alalah und Ugarit. Die ugarit. Texte erwähnen eine Vielzahl von Tieren, die den Göttern geopfert wurden: Rinder, Schafe (Widder und Lämmer) und Vögel, einschließlich Tauben. Dazu kamen natürlich Trankopfer. Ausgrabungen von Tierknochen an verschiedenen Orten Palästinas bestätigen dieses Bild.

Für Ugarit ist der Titel Hoherpriester (*rb khnm*) belegt. Daß die *qdschm* der Ugarittexte männliche Kultprostituierte (LÜ: Tempelhurer) waren, ist gut möglich; jedenfalls waren die *qdschm* ein integrierender Bestandteil der kanaan. Religion, während sie in Israel verboten waren (5Mo 23,18f). Menschenopfer in der kanaan. Religion des 2. Jt. haben sich bisher nicht archäologisch einwandfrei nachweisen lassen. Die Ugarittexte und ägypt. Urkunden semit. Ursprungs zeigen deutlich, daß Sexus und Eros in der kanaan. Religion eine nicht unwesentliche Rolle spielten. Das macht es verständlich, daß Israel mit seinem einzigartigen Auftrag sich politisch und religiös gegenüber dem Kanaanitertum abgrenzte, erklärt aber auch, wieso die kanaan. Kultur während fast aller Epochen der Geschichte des alten Israel eine außerordentlich starke Anziehung auf israelit. Einzelne und Gruppen ausübte.

Literatur: W.F. Albright: Die Religion Israels im Lichte der archäologischen Ausgrabungen, 1956;

Bronzefigurine einer kanaanitischen Gottheit aus Ugarit mit vergoldeter Kopfbedeckung und Silberauflage auf dem Körper. Höhe 17,9 cm. 15.–14. Jh. v.Chr. (MC)

H. Gese: Die Religion Altsyriens, 1970; H. Ringgren: Die Religionen des Alten Orients, 1979; H. Donner: Geschichte des Volkes Israel und seiner Nachbarn in Grundzügen, I, 1984, II, 1986. H.P.R.

KANDAKE. Name oder – zutreffender – Titel der äthiopischen Königin, deren Minister (»Kämmerer«) sich durch den Dienst des *Philippus bekehrte (Apg 8,27). Zur Größe ihres Königreiches, das vermutlich eher in Obernubien (Meroe) als im heutigen Äthiopien lag, s. *Äthiopien. Herrscherinnen, vermutlich Königin-Mütter, die diesen Titel während der hellen. Periode trugen, sind in der Literatur gut belegt, z.B. Pseudo-Callistenes (3.18), Strabo (17.820), Plinius (nat. 6.186). D.A.H.

KANINCHEN s. Tiere

KANNE. Stadt, die in Handelsbeziehungen mit *Tyrus stand (Hes 27,23). Sie wird mit *Haran und *Eden in Mesopotamien zusammen genannt, mehr wissen wir nicht über ihre Lage. Man hat in K. auch eine andere Namensform für Chalne oder Kalno vermutet.

KANON (AT).

I. UMFANG.

1. Die heutige **hebr. Bibel** (AT) enthält folgende Bücher: 5 Bücher Mose – Josua – Richter – die beiden Samuelbücher – die beiden Königsbücher – Jesaja – Jeremia – Hesekiel – Hosea- Joel - Amos – Obadja – Jona – Micha – Nahum – Habakuk – Zefanja – Haggai - Sacharja – Maleachi – Psalmen – Hiob – Sprüche – Rut - Hoheslied – Prediger (Kohelet) – Klagelieder – Ester – Daniel - Esra/Nehemia – die beiden Chronikbücher. Nach unserer heutigen Zählweise sind das 39 Bücher.

Dieser Umfang deckt sich mit dem atl. Kanon der reformatorischen Kirchen. Doch befolgt die evangelische Bibel (z.B. Lutherbibel; Revidierte Elberfelder Bibel) eine andere Anordnung. Sie fügt das Buch Rut hinter Richter ein, stellt die Chronikbücher hinter die Königsbücher, ordnet Esra, Nehemia und Ester nach den Chronikbüchern ein, zieht Hiob vor die Psalmen, setzt nach den Psalmen zuerst mit den Sprüchen, dann mit dem Prediger und dem Hohenlied fort und läßt erst jetzt die Propheten beginnen, wobei Daniel hinter Hesekiel und die Klagelieder nach Jeremia eingeordnet werden. Den Schluß bilden die sog. »Kleinen Propheten«, wobei deren Reihenfolge dieselbe ist wie in der hebr. Bibel.

2. Wieder anders verfährt die **griech. Bibel** (LXX), die die Grundlage der heutigen katholischen Bibel bildet. Sie weist folgende Reihenfolge auf: 5 Bücher Mose – Josua – Richter – Rut - 4 Königsbücher (1 und 2Sam, 1 und 2Kön) – die beiden Chronikbücher (Paralipomena) – Esra (mit Nehemia) – Ester (einschließlich von Zusätzen gegenüber der hebr. Bibel) - *Judit* – *Tobit* (Tobias) – zwei *Makkabäerbücher* – Psalmen – Proverbia (Sprüche) – Prediger (Kohelet, Ecclesiastes) – Hoheslied – Hiob – *Weisheit Salomos* – *Sirach* – Hosea – Amos – Micha – Joel – Obadja – Jona – Nahum – Habakuk – Zefanja – Haggai – Sacharja – Maleachi - Jesaja – Jeremia – *Baruch* – Klagelieder – *Brief des Jeremia* – Hesekiel – Daniel (einschließlich von Zusätzen gegenüber der hebr. Bibel: Susanna, Bel, Drache, Gebet Asarjas, Gesang der drei Männer im Feuerofen). Die griech. Bibel zählt also mehr Bücher (nämlich 46) als die hebr.

3. Sowohl der *verschieden große Umfang* als auch die *unterschiedliche Anordnung der Bücher* in der hebr., evangelischen und katholischen Bibel sind verwirrend. Hinzu kommen noch die unterschiedlichen Bezeichnungen für einzelne Bücher.

Die Verwirrung löst sich, wenn man erkennt, daß es – abgesehen von der unterschiedlichen Anordnung – nur zwei Grundmodelle gibt: die hebr. und die griech. Bibel.

Die zweite grundlegende Beoachtung ist die, daß die griech. Bibel eine spätere Erweiterung der hebr. Bibel darstellt. Die hebr. Bibel ist also eindeutig der Grundstock des AT.

4. Was in der griech. Bibel über diesen Grundstock hinausgeht, nennt man in der evangelischen Kirche **»Apokryphen«**, in der katholischen Kirche dagegen »deuterokanonische« Bücher (inspirierte bibl. Bücher zweiter Ordnung). Jedoch ist zu beachten, daß die katholische Kirche ebenfalls von »Apokryphen« spricht. Diese katholischen Apokryphen sind jedoch andere als die der evangelischen Kirche. Es handelt sich hier um Bücher, die teilweise von früheren Kirchenschriftstellern benutzt, aber von der ganzen Kirche nie als bibl. Bücher anerkannt wurden (3. Esra, 3. und 4. Makkabäer, Oden, Psalmen Salomos).

Es empfiehlt sich, im folgenden vom eindeutigen Grundstock, nämlich der hebr. Bibel, auszugehen.

II. ZUR GESCHICHTE DES HEBRÄISCHEN BIBELKANONS.

Wie entstand der hebr. Bibelkanon?

1. Um diese Frage zu beantworten, griffen bisher viele Wissenschaftler auf eine »Synode von Jamnia« (oder *Jabne) zurück, die um 95 n.Chr. stattgefunden haben soll. Erst auf dieser »Synode« sei der jüd. Kanon zu einem Abschluß gelangt.

Das Alte Testament: Gruppierung der Bücher

Hebräische Bibel		Christliche Bibel
I Das Gesetz (Pentateuch)	1.Mose	1.Mose
	2.Mose	2.Mose
	3.Mose	3.Mose
	4.Mose	4.Mose
	5.Mose	5.Mose
II Die Propheten	Josua	Josua
	Richter	Richter
	Samuel	Rut
	Könige	1./2. Samuel
	Jesaja	1./2. Könige
	Jeremia	1./2. Chronik
	Hesekiel	Esra
	Hosea	Nehemia
	Joel	Ester
	Amos	Hiob
	Obadja	Psalmen
	Jona	Sprüche
	Micha	Prediger
	Nahum	Hoheslied
	Habakuk	Jesaja
	Zefania	Jeremia
	Haggai	Klagelieder
	Sacharja	Hesekiel
	Maleachi	Daniel
III Die Schriftwerke (Hagiographa)	Psalmen	Hosea
	Sprüche	Joel
	Hiob	Amos
	Hoheslied	Obadja
	Rut	Jona
	Klagelieder	Micha
	Prediger	Nahum
	Ester	Habakuk
	Daniel	Zefanja
	Esra	Haggai
	Nehemia	Sacharja
	Chronik	Maleachi

- Das Gesetz
- Die Propheten
- Weisheitsschriften
- Geschichtliche Schriften

*Vgl. auch *Apokryphen (AT)*

Reihenfolge der (kanonischen) Bücher des AT nach der hebräischen Bibel und den christlichen Bibelausgaben.

Neue Forschungen haben jedoch gezeigt, daß a. in Jamnia zwar ein jüd.-pharisäisches Lehrhaus existierte, aber keine »Synode« stattgefunden hat, und daß b. der jüd. Kanon schon vor Errichtung dieses Lehrhauses abgeschlossen war (so z.B. I.H. Eybers, S.Z. Leiman, J.P. Lewis, P. Schäfer). Die Annahme einer solchen Synode gehört also zu den »fundamentalen Irrtümern« (S.Z. Leiman).

2. Bei der Beantwortung unserer Frage setzt man besser bei *__Josephus__ an, einem jüd. Schriftsteller aus der Zeit des Paulus (geb. 37/38 n.Chr., † ca. 100 n.Chr.).

Dieser sagt in seiner Schrift Contra Apionem, vermutlich 95 n.Chr.: »Nicht Zehntausende einander widersprechender und widerstreitender Bücher gibt es bei uns [d.h. den Juden], sondern nur 22 Bücher, die die Beschreibung des ganzen Zeitraumes [jüd. Geschichte] enthalten; sie werden mit Recht für glaubwürdig angesehen. Zu ihnen gehören die fünf Bücher Moses... Vom Tode des Mose bis zu Artaxerxes, der nach Xerxes als König der Perser regierte, haben die nachmosaischen Propheten die Begebenheiten ihrer Zeit in 13 Büchern aufgezeichnet. Die übrigen vier [Bücher] enthalten Loblieder auf Gott und Lebensregeln für die Menschen. Von Artaxerxes bis in unsere Zeit ist zwar alles und jedes aufgezeichnet, doch es verdient nicht die gleiche Glaubwürdigkeit wie das Vorhergehende, da die genaue Nachfolgeschaft der Propheten fehlt.« Josephus setzt hinzu, daß bisher niemand gewagt habe, bei diesen 22 Büchern etwas hinzuzufügen oder wegzunehmen oder umzustellen (c.Ap. I, 38-42. Nach der Übersetzung von Rudolf Meyer).

Kann man Josephus Glauben schenken, dann besagen seine Feststellungen folgendes: a. der jüd. Kanon liegt zu seiner Zeit bereits fest; b. er ist Heilige Schrift, an der niemand etwas verändern darf (vgl. 5Mo 4,2; Offb 22,18f); c. er wurde auch tatsächlich nicht verändert; d. in diesem Kanon gibt es keine Widersprüche; e. er enthält 22 Bücher; f. er weist drei Abteilungen auf: Tora (Mosegesetz), Propheten, übrige Schriften (Ketabim oder Hagiografen). Letzteres entspricht dem heutigen jüd.-hebr. Kanon, der in die Tora (5 Bücher Moses), die Propheten (von Josua bis Maleachi) und die sog. »Schriften« (Ketubim, von den Psalmen bis zu den Chronikbüchern) gegliedert ist.

Über die 22 Bücher, die Josephus hier erwähnt, besteht weitgehend Einigkeit in der Forschung. Die ersten fünf sind ja dem Mose zugewiesen. Die 13 prophetischen Bücher bestehen aus: Josua – Richter und Rut – Samuelbücher – Königsbücher – Jesaja - Jeremia und Klagelieder – Hesekiel – Hiob – Zwölfprophetenbuch (von Hosea bis Maleachi) – Daniel – Chronik – Esra – Ester. Die vier übrigen Schriften setzen sich aus Psalmen, Sprüche (Proverbia), Prediger (Kohelet) und Hoheslied zusammen.

Auch wenn die Reihenfolge teilweise anders ist, decken sich die 22 Bücher des Josephus doch genau mit dem heutigen hebr. Kanon. Ausdrücklich spricht Josephus von einem Kanon *aller* Juden, und nicht nur dem Kanon einer bestimmten Religionspartei, z.B. der Pharisäer.

3. Die Ergebnisse, die wir bei Josephus ca. 95 n.Chr. gewonnen haben, werden bestätigt durch den **4. Esra**. Zwar spricht diese Schrift, die ca. 80-100 n.Chr. entstanden ist, von 24 bibl. Büchern. Aber sehr wahrscheinlich zählt 4. Esra 14,44ff, Rut und Klagelieder extra, so daß im Endergebnis derselbe Kanon vor unseren Augen steht wie bei Josephus.

4. Der jüdische Philosoph **Philo** (geb. ca. 15/10 v.Chr., † ca. 45/50 n.Chr.), ein Zeitgenosse Jesu, kann ebenfalls die Darstellung des Josephus bestätigen (De vita contemplativa 24).

5. Eine letzte Bestätigung erbringt das **NT**. Jesus und Paulus setzen einen festen Kanon heiliger Schriften voraus (Joh 5,39; Röm 1,2; 1Kor 15,3f). Lk 24,44 läßt die typische hebr. Dreiteilung dieses Kanons erkennen: Mosetora – Propheten - Psalmen, stellvertretend für die »Schriften« (Ketubim oder Hagiografen; vgl. auch Lk 24,27). In Mt 23,35 beginnt Jesus mit einem Beispiel aus dem ersten Buch des heutigen hebr. Kanons (Abel, 1Mo 4,8ff) und schließt mit einem Beispiel aus dem letzten Buch des heutigen hebr. Kanons (Sacharja, 2Chr 24,20ff). Daraus kann man den Schluß ziehen, daß Jesus die hebr. Bibel im selben Umfang benutzte, wie wir sie heute vorfinden (auch wenn die Reihenfolge der Bücher z.T. abweichen mochte).

Festzuhalten ist: Alle Anhaltspunkte deuten darauf hin, daß der hebr. Kanon bereits zur Zeit Jesu und seiner Apostel abgeschlossen war. Daß man in *Qumran auch andere Bücher als die bibl. benutzte, ist dagegen kein Einwand. Zweitens hat sich ergeben, daß der damalige hebr. Kanon aus denselben Büchern bestand wie der heutige hebr. Kanon.

6. Wie alt ist nun dieser hebr. Kanon? Betrachtet man das um 175 v.Chr. entstandene **Sirachbuch**, dann macht man dort ähnliche Beobachtungen wie bei Josephus und im NT. Das Lob der Väter in Sir 44-49 beginnt nämlich mit Beispielen aus dem 1. Mosebuch und endet mit Nehemia (49,15). Wenn man annehmen darf, daß Ester aus dogmatischen Gründen (Abneigung des Priesters Ben Sira gegen das Purimfest?) weggelassen wurde,

hätten wir im Sirachbuch dieselbe Abfolge wie bei den mosaischen und prophetischen Büchern des Josephus, nämlich von der Urzeit bis in die Zeit des Artaxerxes (Neh 2,1ff). Wir hätten auch eine Parallele zu Jesus in Mt 23,35 vor uns.

Obwohl eine letzte Gewißheit fehlt, so ist doch die Vermutung begründet, daß der hebr. Kanon schon z.Zt. des Siraziden derselbe war wie z.Zt. des NT. Das wird durch die Dreiteilung Mosetora – Propheten – Ketubim in der um 130 v.Chr. geschriebenen Vorrede nur bestätigt.

7. Dieser Annahme scheint nun das **Danielbuch** zu widersprechen. Denn viele Forscher datieren es auf ca. 165 v.Chr. Wie soll aber der hebr. Kanon schon um 175 v.Chr. abgeschlossen gewesen sein, wenn das Danielbuch erst um 165 v.Chr. entstanden ist? Selbst Forscher wie I.H. Eybers und S.Z. Leiman setzen deshalb den Abschluß der Ketubim bzw. des ganzen hebr. Kanons in die Zeit um 160 v.Chr.

In Wirklichkeit ist jedoch das Danielbuch weit früher (6. oder 5. Jh. v.Chr.) entstanden. Das ergibt sich a. aus Josephus, der berichtet, man habe dieses Buch *Alexander dem Großen gezeigt (ant.Jud. XI, 337); b. aus den Qumranschriften, die Daniel wie andere atl. Propheten behandeln; c. dem 1. Makkabäerbuch, das in 2,51-61 Daniel und seine Freunde wie Gestalten einer weit zurückliegenden Vergangenheit erwähnt; d. aus dem Anspruch des Buches selbst, das die letzte Offenbarung auf 536 v.Chr. datiert (Dan 10,1).

Das Danielbuch steht also einer früheren Ansetzung des hebr. Kanons nicht im Wege.

8. Am besten prüft man die **Entstehung der einzelnen Abteilungen des hebr. Kanons** jeweils für sich.

Nach dem bibl. Selbstzeugnis hat **Mose** selbst für die Aufbewahrung seiner Schriften Sorge getragen (5Mo 31,9ff.24ff). Josua hatte sie bereits vorliegen und benutzte sie (Jos 1,8; 8,30ff; 23,6). Von daher kann man annehmen, daß die Abfassung der 5 Bücher Moses schon in die mosaische Zeit fällt. Damit stimmt zusammen, daß David dem Salomo auftrug, das Gesetz Moses zu beachten (1Kön 2,3), und daß nach dem Bericht der Königsbücher schon zur Zeit der frühen Könige das Mosegesetz einschließlich des 5. Mosebuches angewandt wurde (z.B. 2Kön 14,6 z.Zt. *Amazjas, der etwa 801-787 v.Chr. regierte). Damit stimmt weiter zusammen, daß Propheten des 8. und 7. Jh.v.Chr. offensichtlich das Mosegesetz in Schriftform vorliegen haben (Hos 8,12f; Jer 8,8f). So rechnet denn auch die frühe jüd. Auslegung mit einer Abfassung durch Mose (Sir 45,1ff; Philo, De specialibus legibus IV,61; Jos.ant.Jud. IV, 194ff; c.Ap. I,38ff; vgl. Joh 5,46f; Lk 16,31; 24,27.44). Moderne Forscher wenden dagegen ein, daß nach 2Kön 22,8ff und 2Chr 34,14ff das *Deuteronomium (5. Mosebuch) erst zur Zeit *Josias entstanden sei, also ca. 630-620 v.Chr. Denn dieses Buch sei es, das man damals aufgefunden habe, und zwar als ein bisher unbekanntes Buch. Diese Ansicht widerstreitet aber aufs heftigste dem atl. Bericht. Denn **2Kön 22,13** besagt ganz klar, daß »unsere Väter nicht den Worten dieses Buches gehorcht haben«. Dasselbe besagt **2Chr 34,21**. Es ist also so gewesen, daß man das in 2Kön 22 und 2Chr 34 erwähnte Buch während der fast 60-jährigen gottlosen Regierungszeit des *Manasse und *Amon vergessen hatte. Das »Buch« ist weit älter als die Zeit Josias. Es darf auch nicht einfach mit dem 5. Mosebuch gleichgesetzt werden, sondern bezeichnet sehr wahrscheinlich das gesamte Gesetz - »Buch« des Mose.

Insgesamt haben wir also keinen Grund, an der Abfassung der 5 Mosebücher während der mosaischen Zeit zu zweifeln. Vgl. noch Esr 3,2; Neh 8,1ff; 10,29ff; 13,1ff; Mal 3,22.

9. Wann wurde der **Prophetenkanon** abgeschlossen? ***Jesaja** im 8. und ***Jeremia** im 7./6. Jh.v.Chr. hinterließen schriftliche Aufzeichnungen (Jes 8,16; Jer 29,1ff; 36,1ff). ***Daniel** hatte schon im 6. Jh.v.Chr. Jeremia-Schriftrollen vorliegen (Dan 9,2). 520 v.Chr. griff ***Haggai** ebenfalls auf jeremianische Aussagen zurück (vgl. Jer 22,24ff mit Hag 2,23). Daniel hat sein Buch als geschlossene Größe hinterlassen (Dan 12,4). Ca. 480-450 v.Chr. wirkte der letzte alttestamentliche Prophet, *Maleachi. Um 400 v.Chr. scheint also der Prophetenkanon der hebr. Bibel fertig vorzuliegen.

10. Schwieriger ist die Frage zu beantworten, wann die **»Schriften«** (Ketubim oder Hagiografen) abgeschlossen wurden. Da das von vielen Rabbinen hochgeschätzte Sirachbuch nicht mehr in den hebr. Kanon aufgenommen wurde (vgl. Tosefta Jadajim 2,13) und auch keine spätere Schrift dort erscheint, kann man vermuten, daß der sog. Schriftenkanon etwa um 200 v.Chr. abgeschlossen war. Dies bleibt jedoch eine Vermutung. Immerhin wird sie durch 2Makk 2,13-15 gestützt.

11. Zusammenfassung: Die uns verfügbaren Nachrichten weisen darauf hin, daß der **hebr. Bibelkanon**, der heute noch von Juden und reformatorischen Kirchen benutzt wird, bereits um **200 v.Chr.** fertig vorlag. Er ist sukzessive entstanden: zuerst die Tora in mosaischer Zeit, dann die Propheten (von Josua bis Maleachi) bis etwa 400 v.Chr., und schließlich die »Schriften« (Ketubim) bis etwa 200 v.Chr. Danach wechselte nur noch die Reihenfolge der bibl. Bücher.

III. ZUR GESCHICHTE DER GRIECHISCHEN BIBEL UND DER APOKRYPHEN.

1. Seit dem 3. Jh.v.Chr. wurde die atl. Bibel von Juden in die damalige Weltsprache Griech. übersetzt. Dabei kam der jüd. Gemeinde in *Alexandria eine zentrale Rolle zu. Von den »siebzig (oder zweiundsiebzig) Ältesten«, die in Alexandria diese Übersetzung durchgeführt haben sollen, erhielt die griech. Bibel den Namen **Septuaginta** (»Siebzig«, abgekürzt LXX).

2. Die Einzelheiten sind aber unklar. Es gibt offensichtlich keine genau faßbare Abgrenzung des griech. Bibelkanons. I.H. Eybers bemerkte deshalb, niemand wisse, was überhaupt in der LXX gestanden habe.

3. Vor allem ist das Schicksal und die Wertung derjenigen Bücher unsicher, welche von den reformatorischen Kirchen ***Apokryphen** genannt werden. Das gilt auch hinsichtlich der frühen Christen. Im NT werden die Apokryphen nirgends als Schrift zitiert. Das Henochbuch, das in Jud 14 zitiert wird, ist keine Apokryphe, sondern höchstens ein Pseudepigraphon (Schrift unter falscher Verfasserangabe). Dasselbe gilt für die Himmelfahrt Mosis, falls diese in Jud 4 zitiert würde, und für die Elia-Apokalypse, falls diese von Paulus in 1Kor 2,9 benutzt würde (was ziemlich unwahrscheinlich ist). Woher 1Kor 9,10 stammt, wissen wir nicht. Auch in der Zeit nach dem NT ist es schwer zu sagen, wie die Christen die »Apokryphen« bewertet haben. Z.B. besaßen Melito von Sardes (2. Jh.n.Chr.), Origenes (3. Jh.n.Chr.) und Hieronymus (4./5. Jh.n.Chr.) im AT denselben Kanon wie die Juden, also ohne die Apokryphen. Das Konzil von Laodizea (363 oder 400 n.Chr.) bestimmte den Kanon ohne die Apokryphen als den maßgeblichen Kanon des AT. Erst das Konzil von Trient hat im Jahre 1546 die sog. Apokryphen in den Kanon aufgenommen. Es fällt jedoch auf, daß das Vaticanum II in seiner Konstitution »über das Wort Gottes« den Umfang des atl. Kanons offen ließ (Kap. 4).

4. Auch wenn Forscher wie A.C. Sundberg fordern, daß die reformatorischen Kirchen ihre Kanon-Entscheidung revidieren und die Apokryphen in ihre Bibel aufnehmen müßten, besteht kein Grund zu einer solchen Kanonrevision.

Einer Aufnahme der Apokryphen stehen nach wie vor drei Gründe entgegen: a. Sie sind im Kanon Jesu und seiner Apostel als Heilige Schrift nicht nachzuweisen; b. sie sind durch ihre Geschichte als nachträgliche Erweiterungen des hebr. Kanons charakterisiert und damit in ihrem Wert sehr unsicher; c. die Geschichte hat ferner gezeigt, daß eine wahre christl. Kirche auch ohne die Apokryphen entstehen kann.

Es muß deshalb bei Luthers Urteil bleiben, wonach die Apokryphen »der Heiligen Schrift nicht gleich gehalten, aber doch nützlich und gut zu lesen sind«.

IV. DER KANON DES ALTEN TESTAMENTS IN DER CHRISTLICHEN BIBEL.

1. Die **Bekenntnisschriften** äußern sich gelegentlich über den Kanon des AT.

So sagt die lutherische Confessio Virtembergica von 1552: »Heilige Schrift nennen wir diejenigen kanonischen Bücher des Alten und Neuen Testaments, über deren Geltung in der Kirche niemals ein Zweifel bestanden hat.« (Art. XXX). Damit waren die sog. Apokryphen aus dem Bibelkanon ausgeschieden und der hebr. Kanon (AT) zur bekenntnismäßigen Grundlage erhoben.

Die reformierten Bekenntnisse gehen noch einen Schritt weiter. Die Confessio Gallicana von 1559, die auf einen Entwurf Calvins zurückgeht, formuliert in Art. 3: »Diese ganze Heilige Schrift ist enthalten in den kanonischen Büchern des Alten und Neuen Testaments.« Dann folgt eine Aufzählung der atl. und ntl. Bücher, wobei die atl. Bücher ebenso angeordnet sind wie in unserer lutherischen Bibelübersetzung, also von den Mosebüchern bis zu Maleachi. In Art. 4 wird dann festgestellt: »Wir erkennen an, daß diese Bücher kanonisch sind und die sichere Regel unseres Glaubens.« Daraus ergibt sich: a. Alle Bücher des AT und des NT haben dieselbe kanonische Würde. Das AT ist also nicht etwa »deuterokanonisch« (kanonisch zweiter Ordnung). b. Alle Bücher des AT und des NT sind in gleicher Weise inspiriert (Art. 5: »Wir glauben, daß das in diesen Büchern enthaltene Wort von Gott ausgegangen ist«). c. Die hier nicht erwähnten Bücher, nämlich die Apokryphen, bleiben von der kanonischen Würde und von der Inspiration ausgeschlossen.

Auf dieser Linie fahren die späteren reformierten Bekenntnisse fort. Auch das anglikanische Bekenntnis von 1571, die 39 Artikel, zählt in Art. 6 die kanonischen Bücher des AT auf und scheidet die Apokryphen aus dem Kanon aus. Zum AT bemerkt es in Art. 7 ausdrücklich: »Das Alte Testament widerspricht dem Neuen nicht.« Damit wird der Kirche die Aufgabe gestellt, beide Testamente gleichwertig auszulegen und als Einheit zu begreifen. Schon 1566 hatte die Confessio Helvetica Posterior davon gesprochen, »daß die kanonischen Schriften der heiligen Propheten und Apostel beider Testamente das wahre Wort Gottes sind« (1. Kap.).

Im Westminster-Bekenntnis von 1647 finden wir erneut eine Aufzählung der Bücher des Alten und des Neuen Testaments, die Betonung ihrer Inspiration und auch die Feststellung, daß sie alle gemeinsam zur »Richtschnur von Glauben und Leben« dienen (Kap. 1). Ebenso deutlich wird dort die Inspiration und kanonische Würde der Apokryphen verneint: »Die Bücher, die gemeinhin Apokryphen genannt werden, sind, weil sie nicht von Gott eingegeben sind, kein Teil des Kanons der Schrift.«

Wir können diese Linie bis zur Basis der Evangelischen Allianz von 1846 verfolgen, deren erste Bestimmung lautet: (Wir glauben an) »Die göttliche Inspiration, Autorität, und Allgenugsamkeit der Heiligen Schriften.« Ja, sie läßt sich auch im 2. Artikel der Lausanner Verpflichtung von 1974 aufweisen. Dort heißt es: »Wir bekräftigen die göttliche Inspiration, die gewißmachende Wahrheit und Autorität der alt- und neutestamentlichen Schriften in ihrer Gesamtheit als das einzige geschriebene Wort Gottes.«

2. Auf katholischer Seite entspricht diesen reformatorischen Bekenntnissen die Entscheidung des **Tridentinum** (Konzil von Trient) von 1546. Auch hier werden »alle Bücher des Alten und des Neuen Testaments« grundsätzlich auf dieselbe Ebene gestellt, »denn« – so bemerkt das Tridentinum – »der eine Gott ist ja der Verfasser von beiden«. Eine zweite Gemeinsamkeit bezüglich der reformatorischen Bekenntnisschriften liegt darin, daß alle kanonischen Bücher des AT und NT aufgezählt werden.

Der Unterschied liegt in der Behandlung der Apokryphen. Diese wurden in Trient beim Kanon des AT mit aufgezählt. Sodann traf das Tridentinum folgende Entscheidung: »Wer aber diese ganzen Bücher mit allen ihren Teilen, so wie sie in der katholischen Kirche seit je gelesen werden und in der alten lateinischen Vulgata-Ausgabe enthalten sind, [also einschließlich der Apokryphen!] nicht als heilig und kanonisch anerkennt. . ., der sei verdammt.« Der Katholik ist also verpflichtet, an die Inspiration und kanonische Würde der Apokryphen zu glauben.

3. Macht man nun den Versuch, die **Gemeinsamkeit** der **reformatorischen** und **katholischen Kirche** zu beschreiben, dann besteht in folgenden Punkten eine Übereinstimmung: a. Nur eine festumrissene Anzahl von Büchern hat das Recht, im Kanon der christl. Bibel zu stehen. b. Alle diese Bücher sind inspiriert. c. Der Kanon des AT ist keineswegs zweitrangig gegenüber dem Kanon des NT. d. Der »Minimalkanon« des AT in der evangelischen Bibel kann nicht weiter verringert werden; d.h. diese Bücher müssen auf jeden Fall in einem christl. Kanon des AT enthalten sein.

Strittig ist nur, ob dieser »Minimalkanon« ausgedehnt und durch die Apokryphen ergänzt werden muß. Auch die katholische Kirche macht hier insofern einen Vorbehalt, als sie die Apokryphen nur als Bücher »zweiter Ordnung« (deuterokanonisch) behandelt. Daß die reformatorischen Kirchen ihrerseits keinen Grund haben, die Apokryphen des AT als kanonisch anzuerkennen, wurde oben unter III.4. ausgeführt.

4. Gelegentlich hat es **Versuche** gegeben, das **AT aus der christlichen Bibel zu entfernen**. Z.B. lehnte es der Irrlehrer Marcion im 2. Jh.n.Chr. ab, das AT als von Gott eingegeben zu betrachten. Er wies es vielmehr dem »Demiurgen«, dem Judengott und Schöpfer dieser Welt, zu, der nicht mit dem wahren Gott identisch sei. Während der Zeit der Aufklärung geriet das AT häufig in ein sehr negatives Licht. Der Theologe J.S. Semler (1725-1791) wollte sich mit einem »Auszug« aus dem AT begnügen, was in der Praxis auf die Abschaffung des atl. Kanons hinausgelaufen wäre. Aus ganz anderen Motiven haben die sog. »Deutschen Christen« im Dritten Reich gegen das AT Front gemacht. Doch alle diese Anläufe sind gescheitert.

5. Aus der Tatsache, daß der Kanon des AT zum Gesamtkanon der christl. Bibel gehört, ergeben sich weitreichende **Folgerungen**:

a. Auf diese Weise besitzen Christen und Juden eine gemeinsame Bibel, eben soweit es das AT betrifft. Der heilsgeschichtliche Zusammenhang zwischen dem Gottesvolk des Alten Bundes und dem Gottesvolk des Neuen Bundes wird damit eindrucksvoll dokumentiert. Solange wir das AT im Kanon haben, können wir diesen Zusammenhang mit Israel niemals auflösen.

b. Das Miteinander von AT und NT verpflichtet uns, die Einheit der Bibel aufzuspüren und festzuhalten. Wo christliche Theologen das AT im Widerspruch zum NT sehen, stellen sie sich in einen Gegensatz zur früheren Christenheit und zu den Entscheidungen der Kirche, ja sogar in einen Gegensatz zum NT selbst (vgl. 2Tim 3,16; 2Petr 1,21; Röm 1,2; 1Kor 15,3-5).

c. Die Anwesenheit des AT in unserer christl. Bibel nötigt uns, auch das AT als Wort Gottes auszulegen, nicht nur als Dokument einer vergangenen Religionsgeschichte. Vgl. das Urteil des Paulus in 1Kor 10,11, wonach das AT »uns zur Warnung geschrieben« ist, sowie die Aussage in Hebr 1,1, wonach »Gott vorzeiten zu den Vätern geredet hat durch die Propheten«. Wer sagt, daß es im AT Kapitel oder ganze Bücher gebe, denen jede Bedeutung für uns Christen abgehe, der löst die Einheit der beiden Testamente nachträglich wieder auf.

d. Erst das AT ermöglicht uns einen genügenden Einblick in die Heilsgeschichte. Das AT weist uns auf die Notwendigkeit eines Neuen Bundes hin, es führt uns in seiner Prophetie auf Christus zu, ja es informiert uns über Gottes Weg mit der Menschheit seit den Tagen der Schöpfung. So wird es ein einzigartiger Beleg für die göttliche Sendung Jesu Christi.

e. Allerdings muß das AT im Lichte des NT verstanden werden. Der sog. hermeneutische Schlüssel (Schlüssel des Bibelverständnisses) liegt also im NT. Erst die Erfüllung deckt den ganzen Sinn der Verheißung auf. Erst der auf Erden erschienene Gottessohn zeigt uns, was der wahre Wille Gottes ist. Und doch wird das NT nicht zur Antithese des AT. Das AT bleibt vielmehr der von Gott bestätigte Pädagoge auf Christus hin (Gal 3,24) und das von Jesus dankbar gepriesene Wort des Vaters, von dem Jesus sagen konnte, es würde nicht der kleinste Buchstabe vergehen, »bis daß es alles geschieht« (Mt 5,18).

Literatur: F.F. Bruce: The Canon of Scripture, 1988; I.H. Eybers: Some Remarks about the Canon of the Old Testament, Theologia Evangelica (University of South Africa), VIII, 1975, S. 88-177; F. Hesse: Das Alte Testament als Buch der Kirche, 1966; J.L. Koole: Die Gestaltung des alttestamentlichen Kanons, 1977, S. 224-238; S.Z. Leiman: The Canonization of Hebrew Scripture, The Talmudic and Midrastic Evidence, 1976; J.P. Lewis: What Do We Mean By Jabneh?, JBR, 32/1964, S. 125-132; R. Meyer: ThWNT, III, 1938, 979-987; A. Oepke: ThWNT, III, 1938, 959-979; S. Pedersen: Die Kanonfrage als historisches und theologisches Problem, StTh, 31/1977, S. 83-136; P. Schäfer: Die sogenannte Synode von Jamnia, Judaica, 31/1975, S. 54-64.116-124; G. Schrenk: ThWNT, I, 1933, 742-773; O. Semmelroth, M. Zerwick: Vaticanum II über das Wort Gottes, SBS, 16/1966; A.C. Sundberg: The Bible Canon and the Christian Doctrine of Inspiration, Interpretation, 29/1975, S. 352-371. G.M.

KANON (NT).

Die Kanongeschichte des NT umfaßt mehrere Jahrhunderte. Die uns verfügbaren geschichtlichen Fakten sind seit langem bekannt und weithin unstrittig, abgesehen von gelegentlichen Datierungsproblemen. Im wesentlichen gleichen sich deshalb die Darstellungen dieses besonderen Stückes der Kirchengeschichte. Schwieriger ist dagegen zu erfassen, was dabei an Beweggründen, Zielsetzungen, Notwendigkeiten, Interessen und Ansichten mitspielte, hängt doch die Kanongeschichte eng mit dem Verständnis von Schrift, Kirche, Glaube, Autorität, Tradition und Theologie zusammen. Die Frühe Kirche ließ sich erstaunlich viel Zeit bei der Kanonbildung; einerseits gab es relativ früh einen festen Grundstock an allgemein anerkannten Schriften, andererseits zog sich die Festlegung der am Ende 27 Bücher noch über Jahrhunderte hin. Wichtig ist also zu verstehen, was die Kanonwerdung bedeutete und was sich damit verband. Es mag dem Verständnis helfen, den geschichtlichen Verlauf von seinem Abschluß her zurückzuverfolgen (nicht ihn wie üblicherweise chronologisch nachzuzeichnen).

I. DIE ABSCHLUSSPHASE DER KANONBILDUNG.

Athanasius von Alexandria legte sich 367 n.Chr. in seinem 39. Osterfestbrief auf die heutigen 27 Bücher fest (4 Evangelien, Apg, dann die 7 Katholischen Briefe!, 14 Paulusbriefe, d.h. mit Hebr und Joh-Offenbarung). Sie seien die »Heilsquellen«; nur in ihnen werde »die Lehre der Seligkeit verkündet«; andere dagegen seien nicht »kanonisiert«, dienten aber zum Vorlesen an Neulinge (Weisheit, Sirach, Ester, Judit, Tobias, Didache, Hirt des Hermas). Davon zu unterscheiden seien Machwerke und Fälschungen der Ketzer. Teilweise der Einfachheit halber gilt 367 weithin als Abschlußdatum des ntl. Kanons; genau besehen war aber das, was Athanasius unternahm, weder ganz neu noch das letzte Wort. Neu war die Verwendung des Wortes »Kanon«, und wirkungsgeschichtlich entscheidend war die Autorität des Autors, die eine lange dauernde Unklarheit beenden half. Die Festlegung durch Athanasius wirkte sich zudem regional unterschiedlich aus, denn sein Einfluß erstreckte sich außer auf Ägypten vor allem auf den Westen. Erhebliche Teile der Ostkirche folgten noch längere Zeit der Linie des Eusebius von Cäsarea (s.u.), dessen Liste zwar mit der des Athanasius praktisch identisch war, aber gegenüber der Offenbarung des Johannes Skepsis zeigte; diese blieb im Osten bis ins 10. Jh. umstritten. In der latein. Westkirche erfolgte die Festlegung gegen Ende des 4. Jh. in mehreren Stufen, wobei der Einfluß des Ostens spürbar ist (Athanasius, Hieronymus u.a.) und die Nordafrikaner sich etwas mehr Zeit ließen (Synoden: 382 Rom, 393 Hippo Regius, 397 Karthago). Im Westen war statt der Joh-Offenbarung der Hebräerbrief umstritten; schließlich wurde er den Paulusbriefen zugeschlagen. In Syrien dauerte die Angleichung an die griech. Kirche bis ins frühe 5. Jh. Hier wurde die Evangelienharmonie Tatians (Diatessaron) nur langsam durch die vier »getrennten« Evangelien verdrängt. Noch schwerer hatten es Joh-Offenbarung und die vier kleinen Katholischen Briefe (2Petr, 2-3Joh, Jud). Zudem spaltete sich die syr. Kirche (Nestorianer), was zu unterschiedlichen Kanones führte. Was bedeu-

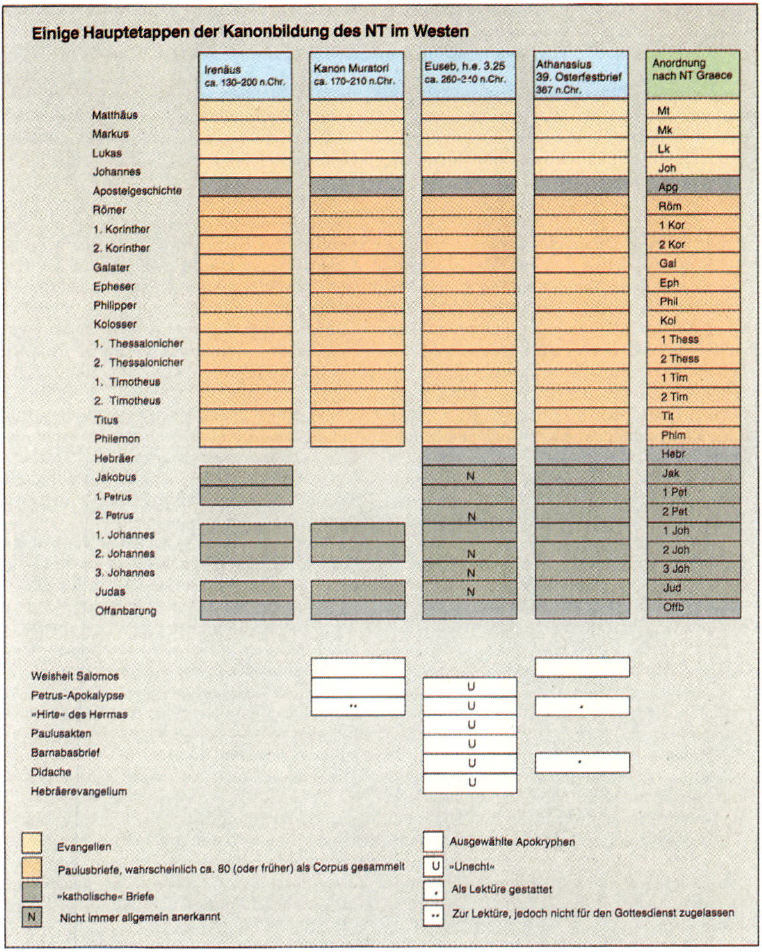

tete der »Abschluß des Kanons«? Am ehesten bedeutete er eine klärende Entscheidung, und zwar in der Umgrenzung. Die wesentliche Substanz des NT und dessen Geltung standen längst fest; dazu zählten: Mt, Mk, Lk, Joh (Syrien bildet mit dem Diatessaron einen Sonderfall), Apg, 13-14 Paulusbriefe (Problem: Hebr), 1Petr, 1Joh, nicht unumstritten: Jak, im Osten umstritten: Joh-Offenbarung. Zur Debatte stand die Geltung der übrigen ntl. Bücher (neben Hebr, Offb und z.T. Jak, bes. 2Petr, 2-3Joh, Jud) und einiger anderer altkirchlicher Schriften (1-2Clem, Didache, Barnabas, Hirt des Hermas; s. *Apostolische Väter). Hier existierte seit langem ein Unsicherheitsfeld. Die Kanonisierung bedeutete zunächst eine klärende »Auflistung«, damit aber auch eine Kennzeichnung als verbindliche Lehr- und Glaubensgrundlage. Eine solche Grundlage existierte gewiß bereits, aber die Einheitlichkeit von Glaube, Lehre, Kirche und Gottesdienst verlangte nach Eindeutigkeit. Praktische Fragen traten hinzu, vor allem die Textfestlegung für die großen Bibelabschriften in der Zeit der beginnenden Reichskirche. (Der Codex Sinaiticus um 350 z.B. enthält nach Offb noch Barn und Hermas, der Codex Alexandrinus aus dem 5. Jh. noch 1 u. 2Clem). Die Begrenzung diente zudem der Abgrenzung gegenüber allerlei ketzerischen Schriften, die nach wie vor im Umlauf waren; doch diese Entscheidung barg in sich selber keine Probleme. Es bedurfte, auf's Ganze gesehen, nur noch der klärenden Entscheidung, genauer: einer Art Ratifikation von herangereiften Entscheidungen.

II. DIE PHASE DES REIFENS.

Die Kirche hatte mit den Verhältnissen, wie sie vor der Kanonfestlegung bestanden, etwa 150 Jahre gelebt und anscheinend auch recht gut leben können. Seit dem Ausgang des 2.Jh.s stand das NT im W wie O (abgesehen von Syrien) in seinen wesentlichen Teilen fest. Das älteste erhaltene Verzeichnis der ntl. Schriften, der sog. Kanon Muratori (Ende 2.Jh., Rom), nennt die 4 Evv. (wobei er die Augenzeugenschaft erwähnt), Apg, Paulusbriefe an 7 Gemeinden (Symbolzahl) und an 4 Einzelpersonen (Phlm, Tit, 1-2Tim), 3 Kathol. Briefe (Jud, zwei Joh-Briefe), Weisheit Salomos (!), Offenbarung des Johannes und des Petrus (letztere werde aber nicht in allen Kirchen gelesen). Hermas möge man lesen, aber nicht im öffentlichen Gottesdienst; er sei nämlich erst vor kurzem entstanden, also nicht apostolisch. Darüber hinaus verwirft das Verzeichnis andere (häretische) Schriften.

Etwa der gleichen Ansicht sind Irenäus (seit 178 Bischof zu Lyon), Clemens Alexandrinus († ca. 215) und Tertullian (ca. 150-225). Alle nennen die 4 Evv. (für Irenäus eine Symbolzahl), dazu die Paulusbriefe (13 bei Irenäus und Tertullian, 14 bei Clem. Alex., d.h. Hebr. gilt ihm als paulinisch) und die Apg. Während für Irenäus das Übrige noch nicht feststeht, akzeptieren Clem.Alex. und Tert. wohl auch 1Petr, 1Joh, Jud und Offb. Es fehlen also einige Katholische Briefe (darunter Jak.). Der Alexandriner hat dafür noch andere Schriften (neben Barn, 1.Clem, Did, Herm. u.a. die Petrusapokalypse).

Im Laufe des 3. und des frühen 4. Jh. wandelte sich das Bild im großen Ganzen nicht. Die Autorität der Evv., der Paulusbriefe und der Apg stand längst fest. Die großen Katholischen Briefe (1Petr, 1Joh) hatten sich dazugesellt, die kleinen (2Petr, 2 u. 3Joh, Jud) gewannen in ihrem Gefolge zunehmend an Geltung. Mehr Zeit brauchte Jak, von dem es erst ab ca. 200 sichere Bezeugungen gibt, zuerst in Palästina und Ägypten, während der W und Syrien länger zögerten. Die bereits erwähnte Problematik des Hebr im W und der Offb im O reicht weit zurück. Beim Hebr ließ die offene Verfasserschaft Zweifel aufkommen; Barnabas, Clemens und Lukas wurden zeitweilig als Autor erwogen, bis sich von Alexandria her die Zuweisung an Paulus durchsetzte und die apostolische Herkunft gesichert wurde. Daneben erwies sich die Frage der zweiten Buße als hinderlich (vgl. Hebr 6,4-8 und die rigorose Praxis der Montanisten und Novatianer). Auch bei der Offb schufen Verfasserschaft und ketzerische Verwendung Probleme. Schon früher war sie (wie die anderen Joh-Schriften) durch allzu große Beliebtheit bei Ketzern ins Zwielicht geraten. Gegenüber Montanisten und anderen extremen Apokalyptikern drängte man die Offenbarungs-Literatur zurück; so erwähnt Origenes die sog. Petrus-Offenbarung gar nicht mehr, während Clem.Alex. sie noch kommentiert hatte. Dionysius, 247-265 Bischof zu Alexandria, wies die Joh-Offb aufgrund eines sprachlichen, stilistischen und inhaltlichen Vergleichs einem anderen Verfasser zu als dem des Ev.s und der drei Briefe. Beide Aspekte, ketzerische Verwendung und Verfasserfrage, brachten der Offb im O für lange Zeit Schwierigkeiten.

Während also der Grundstock des Kanons recht klar dastand, bedurfte es an den Rändern noch der Ausreifung. Der Reifungsvorgang war nicht nur ein theologischer, sondern auch ein kirchlicher. Die allgemeine Anerkennung bestimmter Schriften setzt einen Konsens voraus, der in der damaligen Lage (einschließlich Verfolgungen) quer über alle Provinzgrenzen und ohne den Konsens tragende Organe keineswegs leicht zu erreichen war, sondern wachsen mußte. Wesentliche Hilfe leisteten die Gelehrten Origenes (ca. 185-254) und Eusebius von Cäsarea (ca. 260-340), die nach Art der klassischen Literaturwissenschaft System hineinbrachten. Origenes erstellte eine dreifache Klassifizierung, und zwar nach dem Grundsatz der allgemeinen oder mehrheitlichen Anerkennung in der gesamten Kirche.

1. Allgemein akzeptiert: 4 Evv., 13 Paulusbriefe, 1Petr, 1Joh, Apg und Offb (!); dazu aber auch Barn;

2. Umstritten: 2Petr, 2-3Joh, Hebr, Jud; ferner Hermas und Didache, evtl. auch das sog. Hebräer-Ev.(!).

3. Fälschungen (Ägypter-, Thomas-Evangelium usw.). Eusebius' Klassifizierung geht ähnliche Wege.

zu 1. Allgemein anerkannt sind auch hier: 4 Evv., Apg, 14 Paulusbriefe (mit Hebr), 1Petr, 1Joh.

Die umstrittenen Schriften seien zu unterteilen:

zu 2: a. mehrheitlich anerkannt: Jak, Jud, 2Petr, 2-3Joh,

b. unechte Schriften: darunter Hermas, Petrus-Offenbarung, Barn.

Die dritte Gruppe enthält auch hier eindeutig abgelehnte Fälschungen, die in Charakter, Form und Inhalt nicht apostolisch und orthodox seien. Unschlüssig war sich Eusebius über die Offb; sie erscheint sowohl in Gruppe 1 als auch in 2.b. Davon abgesehen bilden die Gruppen 1 und 2.a jedoch bereits unser NT; es bedurfte dann nur noch der klärenden Entscheidung. Der Konsens war langsam, aber gründlich gereift. Man orientierte sich an gewachsenen, bewährten Überzeugungen in der Kirche. Diese wiederum folgten vor allem den Kriterien des Alters (Herkunft aus der Apostelzeit) und der Echtheit (evangeliumsgemäßer Inhalt); aber auch praktische Aspekte (Universalität der Aussage bei den kleinen Briefen; Gebrauch in den Kirchen) wirkten mit. Ein festes oder gar starres Regelwerk wurde dafür jedoch nicht entwickelt.

III. DIE PHASE DER AUSEINANDERSETZUNGEN.

Auch im 3. und 4. Jh. spielte die Abgrenzung gegen Häresien noch eine Rolle; die Kanongeschichte wurde davon jedoch am stärksten im 2.Jh. beeinflußt. Ja, die wichtigsten Weggabelungen der Kanonbildung fallen in diese Zeit, in der eine von der Sache her durchaus stetige Entwicklung in die Turbulenzen von Quertreibereien geriet.

Zur stetigen, folgerichtigen Entwicklung gehörte dreierlei:

1. Die mit zunehmendem geschichtlichen Abstand wachsende Bedeutung der christl. Anfangsphase und deren Autorität (die »Worte des Herrn« und der Apostel);

2. die Formierung eines »neuen« Testaments neben dem »alten«;

3. das Vordringen der »Schrift« gegenüber der zwar lebendigen, aber immer weniger kontrollierbaren mündlichen Überlieferung.

Diese drei Faktoren beeinflußten sich gegenseitig. Das oberste Interesse galt naturgemäß der Jesus-Tradition, den »Herrenworten«, »dem Evangelium« bzw. »den *Evangelien«: so schon um 115 n.Chr. (Ignatius), dann in der Didache (ca. 120, nach J.A.T. Robinson schon 40-60), bei Papias (ca. 110/30), im 2.Clemensbrief (ca. 130/40), bei Barnabas (ca. 130/35, nach J.A.T. Robinson schon ca. 75) und in Polykarps Philipperbrief (Datierung schwierig, z.T. um 115, z.T. evtl. aber auch erst 20-30 Jahre später). Zwar rühmte Papias noch die mündliche Tradition, aber wie andere betonte er Verläßlichkeit und Alter aufgrund der Augenzeugenschaft der Jünger. Bezeichnungen wie »der Herr sagt«, »im Evangelium«, »die Schrift«, »es steht geschrieben« überlagern sich. Justin der Märtyrer († ca. 165) erwähnt »Apostelmemoiren« (Evv.), die im Gottesdienst vorgelesen würden; sie stammten »von den Aposteln oder deren Nachfolgern«. Der Evangeliumsteil (unsere 4 Evv.) des NT formierte sich stetig als höchste Autorität für die Christen. Die Erstellung einer Evangelienharmonie durch Tatian (ca. 175) kann u.U. als Anzeichen dafür gedeutet werden, daß sich die Tradition noch nicht völlig verfestigt hatte, könnte aber auch als ein didaktisches, missionarisches oder seelsorgerliches Unternehmen anzusehen sein, das die unangefochtene Autorität der vier Evv. bereits voraussetzt; auf jeden Fall blieb sie eine Ausnahme. Seit ca. 150 genießen die 4 Evv. weithin dasselbe kanonische Ansehen wie das AT. Dazu gesellte sich ebenfalls seit dem Beginn des 2. Jh. das »Apostolikon«, hauptsächlich die Paulusbriefe; die Apg bildete eine inhaltliche Klammer zwischen beiden. Man hatte schon früh Paulusbriefe gesammelt; Paulus' Autorität wurde um 150 zeitweilig zwar in Mitleidenschaft gezogen (s.u.), aber seit ca. 180 steht das Apostelwort faktisch ebenbürtig neben den Evv. Dazu rechnen auch 1Petr, 1Joh (beide schon Papias und Polykarp bekannt) und Offb (so Papias und Justin).

Die Entwicklung wurde durch zwei Tendenzen gekreuzt; die eine drängte zu einem viel weiteren, die andere zu einem kurzen Kanon. Das 2. Jh. zeitigte mancherlei gnostische, apokalyptische und ekstatisch-pneumatische Bewegungen. Die Rolle des prophetisch-ekstatisch redenden Geistes geriet dabei in Mißkredit (Montanismus). Geheimlehren und -offenbarungen kamen in größerer Zahl in Umlauf, wie Funde von regelrechten Bibliotheken (*Nag Hammadi) belegen. Unter Gnostikern war besonders die »Extrabelehrung« der Jünger durch Jesus beliebt; sie rechneten mit einem Mehr an Offenbarung, wobei das Offenbarungsverständnis stark zeitlos und esoterisch war, obschon auch Berührungen mit der allg.-kirchlichen Evv.-Tradition existierten (z.B. Evangelium des Thomas, des Philippus, der Wahrheit usw.). Zu diesen theologisch abweichenden Schriften kamen volkstümliche (z.B. Paulus-, Petrus-, Johannes-Akten u.a.), abgesehen von den sog. *Apostolischen Vätern (Did, 1-2 Clem, Barn, Herm) und dem judenchristl. Schrifttum. Diese ganze Flut mußte eingedämmt werden; in der sog. Großkirche hielt man sich deshalb an die bewährte Überlieferung. Zeitweilig geriet in diesem Zusammenhang Joh ins Zwielicht; die antimontanistischen sog. Aloger verwarfen um 170 JohEv. und Offb als angebliche Produkte des Gnostikers Kerinth, weil Joh bei den Gnostikern geschätzt wurde. Auf der anderen Seite geriet Paulus zeitweise ins Problemfeld, weil sich Markion vor allem auf ihn berief. Markion propagierte (um 140) einen Kurzkanon: Lk und 10 Paulusbriefe (ohne 1-2 Tim, Tit), zugleich unter Ablehnung des AT, weil dessen Gott ein anderer als der von Jesus und Paulus verkündigte sei; aufgrund dieser Theologie »bereinigte« Markion auch die Schriften seines Kanons. Markion schuf nicht als erster einen Kanon; er konnte auf bereits vorliegende Sammlungen zurückgreifen. Aber indem er ein bestimmtes Prinzip verfocht, forderte er eine abgrenzende und klarstellende Reaktion heraus.

Die Kanonbildung im 2. Jh. war somit eine Geschichte von Gebrauch und Mißbrauch, von Sammlung und Sichtung, vom richtigen Maß zwischen Zuviel und Zuwenig, von Auseinandersetzungen zur Rechten und Linken, von Offenheit und Festigkeit. Angesichts der zu leistenden Aufgaben und der Probleme ist die Kontinuität und Gradlinigkeit erstaunlich. Man wußte um einen eisernen Bestand an bewährtem Material, dem man sich anvertraute und das man als zweiten Teil der Bibel zur Anerkennung brachte. Diese Entwicklung ist nur verständlich, wenn die Basis der ntl. Kanonbildung bereits im 1.Jh. lag.

IV. DIE ENTSTEHUNGSPHASE.

Die Datierung der Schriften des NT ist in manchen Fällen unsicher; über 100 braucht man jedoch kaum hinauszugehen. Leider fehlen uns für diesen Zeitraum viele Informationen. So wissen wir nicht genau, wann es zur Sammlung der drei (Synoptiker) oder vier Evv. kam; 1Clem (96 in Rom, nach J.A.T. Robinson schon Anfang 60), Ignatius (um 115) und Did (ca. 120 oder schon 40-60) äußern sich darüber unklar, anders dagegen erst Papias (ca. 110/130). Für längere Zeit gab es noch mündliche Jesus-Tradition; doch ab ca. 125 ist mit einem ziemlich festen 4-Evv.-Teil zu rechnen. Diese 4 Evv. (Mt, Mk, Lk, Joh) hatten in der sog. Großkirche nie ernsthafte Konkurrenz; nur Gnostiker und Judenchristen (über die wir wenig wissen; Hebräer-Evangelium?) gingen zum Teil andere Wege. Wichtig ist zudem, daß die Autorität Jesu absolut unangefochten war; der Inhalt selber rief also zur Kanonisierung der Evv. Das »Wort des Herrn« stellte sich nicht nur neben das AT, sondern leitete auch dessen Auslegung (Mt 5), ist doch Christus die Erfüllung des alten Bundes (z.B. Mt 1-3; 5,17-20; Lk 24; Apg 2; 2Kor 1; Gal 3; Eph 1; 1Petr 1; Hebr). Das NT entwickelte sich als »Christusbuch« (H. von Campenhausen). Die Evv. dienten verschiedenen Zwecken in den Gemeinden (Lesung im Gottesdienst, Unterweisung, Verkündigung, Mission, Apologetik). Unabhängig von ihrer endgültigen Abfassung bahnte sich diese Entwicklung an, etwa wenn Paulus Weisungen des Herrn anführen kann (1Kor 7,10.25; 9,14), Streit- und Schulgespräche Jesu zusammengestellt wurden (z.B. Mk 2,1-3,6), Bergpredigtmaterial vielfältig verwendet und die Passion nach Ablauf (Mk 14-16 par.) und Bedeutung (1Kor 15,1ff) sehr früh berichtet wurde.

Aus dem Apostelteil des NT sind wir am besten über die Paulusbriefe informiert. Sie waren nicht nur situative Gelegenheitsschriften, sondern »schriftlich fixierte, adressierte apostolische Rede« mit Autoritätsanspruch (Berger). Paulus war sich genau bewußt, was *Evangelium ist und was nicht (Gal 1; 2Kor 11); und er wußte dabei um die unaustauschbare Rolle der *Apostel als Auferstehungszeugen (1Kor 9 und 15). Auch der Geistbesitz spielte eine Rolle (1Kor 7,40). Die Briefe wurden in den Gemeinden vorgelesen und zwischen ihnen ausgetauscht (1Thess 5,27; Kol 4,16 u.ö.). Wahrscheinlich kam es in diesem Zusammenhang bald zu Briefsammlungen (2Petr 3,15f), doch dürfte sich erst gegen das Jahrhundertende ein »Paulus-Kanon« (evtl. noch ohne die Pastoralbriefe, s. Markion) abzeichnen. Für die Heranbildung des gesamten Apostelteils wirkten noch eine Reihe weiterer Faktoren mit: Aufnahme von Predigt- und Katechesematerial (Hebr, 1Petr, Jak) und von hymnisch-liturgischem Gut (Eph, Kol, Offb), Darlegung des sich fortsetzenden Heilsplans Gottes (Apg) und immer wieder Weisung für die christl. Lebensgestaltung. All das wurde den Gemeinden nicht zur beliebigen Auswahl, sondern in der Gewißheit der notwendigen Orientierung vermittelt. Auch der Apostelteil drängte also von seiner Entstehung her zur verbindlichen Übernahme.

V. GESAMTWÜRDIGUNG.

Die Geschichte des ntl. Kanons erstreckt sich über eine recht lange Zeit. Der Mangel an Eile läßt auf ein großes Maß an Konsens, Kontinuität und Vertrauen schließen. Das Vertrauen war nur möglich, weil sehr früh ein Grundstock anerkannter verbindlicher Orientierung heranwuchs. Die Lage wurde dadurch erleichtert, daß die Kirche wegen des AT nie ohne heilige Schrift dastand. Die Kirche vertraute sich dem Bewährten an; sie schuf nicht den Kanon in einem Entscheidungsakt eigenen Rechtes, sondern bekannte sich zu dem, was ihr aus ihrer Gründungszeit »übergeben« worden war. Der Rückbezug zum Ursprünglichen im zeitlichen wie inhaltlichen Sinn bildete deshalb das wesentliche Kriterium für die Kanonisierung, ohne daß spezielle Offenbarungs- oder Inspirationstheorien entwickelt werden mußten. Selbstverständlich bedurfte es für die Kanonisierung der Entscheidungsträger, deren Wort Geltung fand. Aber der Abschluß erfolgte durchaus in mehreren Etappen, nicht in einem einzigen gesamtkirchlichen Akt. Neben der »Apostolizität« (Dokument des Ursprungs samt »Nähe zum Herrn«) achteten die Entscheidungsträger auf die »Universalität«, d.h. den kirchlichen Konsens.

Die ntl. Kanonbildung ging den Weg zwischen Kurz- und Weitkanon. Das Achten auf das Ursprüngliche verwehrte eine Verengung im Sinn Markions ebenso wie eine die Integrität vernachlässigende Aufnahmefreudigkeit nach Art der Gnostiker oder der Vulgärfrömmigkeit. Zu beiden Seiten hin diente der Kanon als verbindlicher Orientierungsrahmen. Der Rahmen ließ durchaus eine Spannweite bestehen (vier verschiedene Evv., Röm 13 und Offb 13, Paulus und Jakobus usw.); man erkannte auch so die Einheit des NT, ohne im Stil Tatians eine Evangelienharmonie vorzuziehen. Man kann nicht anders, als die Weisheit, die Umsicht und den Mut der frühen Kirche bei ihrer Auswahl zu bewundern; niemand könnte eine bessere treffen.

Die Erstellung des Orientierungsrahmens schuf keine neue Praxis des Umgangs mit den ntl. Schriften; sie dienten auch vorher schon der Lehre, dem Gottesdienst usw. Das Neue der Kanonisierung bildete die »Definition des Rahmens, um klarzustellen, wo die Heilsquellen« (Athanasius) fließen und wo nicht.

Literatur: P.R. Ackroyd, C.F. Evans (Hrsg.): The Cambridge History of the Bibel, I 1978 (1970); K. Aland: Das Problem des neutestamentlichen Kanons, in: ders.: Studien zur Überlieferung des Neuen Testaments und seines Textes, 1967, S. 1-23; K. Berger: Apostelbrief und apostolische Rede, ZNW 65/1974, S. 190-231; H. Burkhardt: Motive und Maßstäbe der Kanonbildung nach dem Canon Muratori, ThZ, 30/1974, S. 207-211; H.v. Campenhausen: Die Entstehung der christlichen Bibel, 1968; O. Cullmann: Die Tradition und die Festlegung des Kanons durch die Kirche des 2. Jahrhunderts, in: ders.: Die Tradition als exegetisches, historisches und theologisches Problem, 1954, S. 42-54; E. Flesseman-van Leer: Prinzipien der Sammlung und Ausscheidung bei der Bildung des Kanons, ZThK 61/1964, S. 404-420; I. Frank: Der Sinn der Kanonbildung, 1971; E. Hennecke, W. Schneemelcher: Neutestamentliche Apokryphen, I, ⁴1968, II, ⁴1971; W.G. Kümmel: Einleitung in das Neue Testament, ²1983, §§ 35-37; ders.: Notwendigkeit und Grenze des neutestamentlichen Kanons, in: ders.: Heilsgeschehen und Geschichte, 1965, S. 230-259; B.M. Metzger: The Canon of the New Testament, Its Origin, Devalopment and Significance, 1987; K.-H. Ohlig: Die theologische Begründung des neutestamentlichen Kanons in der alten Kirche, 1972; A. Sand: Kanon. Von den Anfängen bis zum Fragmentum Muratorianum (Handbuch der Dogmengeschichte, hrsg. v. M. Schmaus u.a., I, 3a/1) 1974; A.C. Sundberg: Towards a Revised History of the New Testament Canon, in: F.L. Cross (Hrsg.): Studia Evangelica IV, 1968, S. 452-461; A. Wikenhauser, J. Schmid: Einleitung in das Neue Testament, ⁶1972, §§ 4-10; Th. Zahn: Geschichte des neutestamentlichen Kanons, I, 1888/89, II, 1890/92; ders.: Grundriß der Geschichte des Neutestamentlichen Kanons, (²1904) ³1985. W.P.

KAPERNAUM.

1. Name und Lage.

Die meisten ntl. Handschriften lesen *Kapharnaoum,* was eine Umschrift des hebr. Namens *kephar nachūm* »Dorf des Nahum« darstellt, wie er sich auch in einem rabbin. Kommentar (Kohelet Rabbah) zu Pred 1,8 und 7,26 findet (Bill. I, 159f). Josephus nennt die Quelle von *Kapharnaoum* (bell.Jud. III, 517) und auch den Ort selbst, wobei hier die vorzuziehende

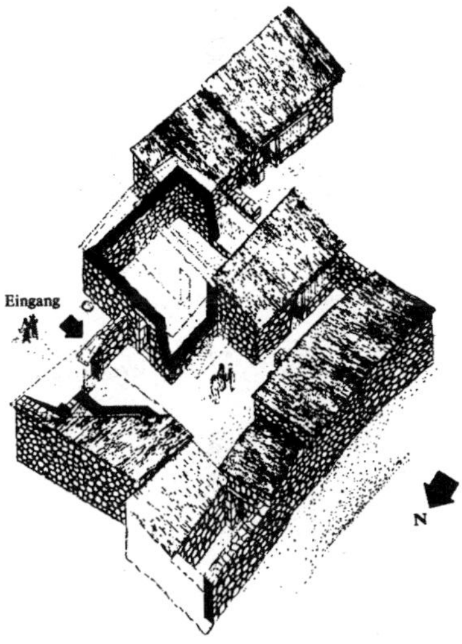

Rekonstruktionszeichnung des Hauses aus dem 1. Jh., das Petrus gehört haben könnte. Wie die meisten Häuser dieser römischen Zeit bestand es aus einer Ansammlung von Räumen, die sich um zwei Innenhöfe gruppierten. Der Mittelhof diente als Familienküche. Tiere könnten in dem anderen Hof gehalten worden sein. Der größte Raum des Hauses, hier schwarz umrandet, wurde später der Zentralraum einer Hauskirche. Zu dieser Zeit wurde in den Raum ein zweigeschossiger Gewölbebogen gebaut, um das beeindruckend hohe Dach zu stützen. © Museum of the Studium Biblicum Franciscanum.

»Insel II« in Kapernaum, mit Wänden, Fensterrahmen und einem Hof im Vordergrund. Gebaut aus lokalem Basaltgestein. Ständige Bewohnung vom 1. Jh. v.Chr. bis zum 7. Jh. n.Chr. (JPK)

Kapernaum/Petrus-Haus: Blick über das dreifache Oktogon des byzantin. Memorialbaus in Richtung See. Das mittlere Oktogon (mit einem die Mosaiken schützenden Blechdach) steht über dem Wohnhaus der ntl. Zeit. (RR)

Die rekonstruierte Synagoge in Tell Hum (Kapernaum), 4. Jh., errichtet über der Synagoge aus der Zeit Jesu (Mk 1,21). (RP)

Lesart *Kepharnakōn* (vita 403) das hebr. Chet mit k wiedergibt. Minuskelhandschriften des NT, die von der lokal (vielleicht antiochenisch) bedingten Namensform des Kodex Alexandrinus (5. Jh.) abhängig sind, bieten *Kapernaoum.* Über die latein. Bibelübersetzung *(Capernaum)* kam dieser Name in die LÜ. Ein Zusammenhang der Ortsbezeichnung mit dem atl. Propheten *Nahum ist äußerst unwahrscheinlich, da dessen Grab erst im 16. Jh. vereinzelt in K. angenommen wurde (J. Jeremias, Heiligengräber in Jesu Umwelt, 1958, 100f). Der arab. Name der Ruinenstätte (Tell Chūm) hängt nicht mit dem alten hebr. zusammen, sondern mit dem Grab des R. Tanchum, das man im Mittelalter in K. verehrte. Die wahrscheinlich legendäre Grabtradition dürfte an den alten Ortsnamen angeknüpft haben (C. Möller, G. Schmitt, Siedlungen Palästinas, 1976, 128).

Das ganze NW-Ufer des Sees *Genezareth war nach der Kreuzfahrerzeit für christl. Pilger wegen der Malariagefahr (vgl. Mk 1,30) und der Unsicherheit durch Räuber kaum erreichbar. So brachen hier im Gegensatz zu *Jerusalem die Ortsüberlieferungen ab. Die Identifizierung von K. blieb deshalb während des ganzen 19. Jh. schwankend, und eine öfter vertretene Lokalisierung war Chīrbet Minje bei *Genezareth (Kopp, 216. 229f). Heute kann kein Zweifel mehr daran bestehen, daß K. mit Tell Chūm gleichzusetzen ist. Schon die Angaben der Evangelien und des Josephus weisen darauf hin. K. lag a. am Seeufer (Mt 4,13), b. nahe einer politischen Grenze, die eine Zollstation (griech. *telōnion,* Mk 2,14) und einen Militärposten (Mt 8,5-13/Lk 7,1-10) nötig machte, sowie c. nicht weit von Genezareth (Mk 6,53; Joh 6,22.59). Daß K. der dem *Jordan am nächsten gelegene Ort des galiläischen NW-Seeufers war, geht auch aus Josephus hervor, der von Julias (*Betsaida) sogleich über den Fluß in Richtung *Magdala nach K. gelangte (vita 403). Mit dieser Lage stimmen die Pilgerberichte aus der byzantin. und Kreuzfahrerzeit, ja sogar noch solche aus dem 17. Jh. (ELS 296-304) überein.

1838 identifizierte der amerikanische Topograph E. Robinson herumliegende Trümmer als Bestandteile einer *Synagoge, machte aber auch den Zweifel an der Lage von K. einflußreich (Biblical Researches in Palestine II, ^{11}1874, 403-408). 1866 führte der englische Forscher C.W. Wilson die erste kleine Grabung durch. In den folgenden Jahren wurden die Trümmer von den Bewohnern von *Tiberias und durch Beduinen schwer geplündert, bis es 1894 G. Baldi gelang, den größten Teil des Ruinenfelds für die Franziskaner-Kustodie zu erwerben. 1905 gruben die deutschen Forscher H. Kohl und C. Watzinger die Synagoge aus und veröffentlichten eine Rekonstruktion (Antike Synagogen in Galiläa, 1916, 204-206). 1921 entdeckte der Franziskaner G. Orfali südl. der Synagoge eine oktogonale byzantin. Kirche, später begann er mit der Rekonstruktion der Synagoge, die wohl die eindrucksvollste in ganz *Galiläa ist. Seit 1968 führen die beiden Franziskaner-Archäologen V. Corbo und S. Loffreda systematische Ausgrabungen durch, die noch nicht abgeschlossen sind, aber schon jetzt eine Fülle wichtiger Erkenntnisse vermittelt haben. 1978 fingen auf dem griech.-orthodoxen Gelände nordöstl. der Synagoge Grabungen unter der Leitung von V. Tsaferis an, die ebenfalls fortgesetzt werden.

2. Der Ort.

Einzelfunde aus der Stein- und Bronzezeit bezeugen eine sporadische Besiedlung (V. Corbo, S. Loffreda, SBFLA 35, 1985, 375-390). Frühe Gebäudereste sind bisher nur aus dem 13. Jh.v.Chr. nachgewiesen. Die eigentliche Geschichte von K. beginnt nach dem Exil mit Funden aus dem 5. Jh.v.Chr. (V. Corbo, SBFLA 34, 1984, 371-384). Diese pers. Siedlung breitete sich in hellen. Zeit ab dem 2. Jh.v.Chr. wesentlich weiter aus. Während der beiden jüd. Aufstände (66-70 und 132-135 n.Chr.) erlitt K. keine nennenswerten Zerstörungen. Während der Hauptblüte in der byzantin. Zeit zog sich der Ort etwa 1 km am See hin und reichte bis zu 200 m ins Land hinein. Auf etwa 6 ha mögen 1500 Menschen gewohnt haben. Während des Persereinfalls (614) oder bei der arab. Eroberung (638) wurde K. zerstört. Das Gelände um die Synagoge hat man damals aufgegeben, aber auf dem griech.-orthodoxen Gelände einen neuen Ort errichtet. Dieser erlebte einen wirtschaftlichen Abstieg und wurde noch vor der Ankunft der Kreuzfahrer in der Mitte des 10. Jh. von den moslemischen Bewohnern aufgegeben. Die europäischen Reisenden ab dem 18. Jh. fanden nur noch ein paar ärmliche Fischerhütten und die Zelte der Beduinen.

Der ntl. Ort war nach hellen. Vorbild einem einigermaßen regelmäßigen Bauplan folgend angelegt. Die auch für Wagen befahrbaren Hauptstraßen verlaufen alle in N-S-Richtung zum See. Sie werden rechtwinklig von engen Gassen geschnitten. So entstehen Wohninseln, die alle ein ähnliches Aussehen haben. Sie bestehen aus mehreren kleinen Häusern, die aus unbehauenen Basaltsteinen gemauert sind. Die Gebäude liegen um einen gepflasterten Innenhof gruppiert, zu dem sich auch Fenster öffnen. Auf den Höfen spielte sich das tägliche Leben ab, wie Öfen und Mühleneinrichtungen zeigen. Die Häuser dienten als Schlaf- und Lagerräume. Die höchstens 3 m hohen Mauern trugen ein Dach aus einem Stock- und Schilfgeflecht, das durch Lehm stabilisiert war stabilisiert war. So setzt es zutreffend Markus (2,4) voraus, der wohl auch hier petrinischer Überlieferung folgt. Dagegen hat sich Lukas die Szene wohl wie in einer hellen. Stadt mit einem Zigeldach vorgestellt (5,19). Auf diese Dächer konnte man oft über Treppen gelangen (vgl. Lk 5,19), von denen einige noch erhalten sind. Die Wohninseln boten einer ganzen Großfamilie Platz (vgl. Mk 1,29-31). Wegen der Nähe des Sees gab es keine gesonderten hygienischen Einrichtungen und auch keine Zisternen.

Auch wenn sich K. nicht mit den hellen. *Dekapolis-Städten vergleichen läßt, war es doch ein vergleichsweise wohlhabendes Großdorf. Es besaß ausgedehnte Hafenanlagen für den damals sehr ertragreichen Fischfang (M. Nun, Ancient Anchorages and Harbours, 1988, 24-26). Bei den Ausgrabungen hat man zwei Angelhaken (vgl. Mt 17, 27) gefunden (Loffreda, Recovering 57). Vielleicht wurden an der Zollstation vor allem die hohen Abgaben der Fischer für ihren Fang eingezogen (W.H. Wuellner, Fishers of Men, 1967, 23f. 43f). Die Landwirtschaft muß vergleichsweise hochentwickelt gewesen sein. Es wurden zahlreiche Ölpressen und Getreidemühlen gefunden, für die K. ein Herstellungsort war. Einen anderen Handwerkszweig stellte die Produktion von Glaswaren dar, von denen eine ganze Reihe unversehrt gefunden wurden (S. Loffreda, SBFLA 34, 1984, 385-408). An einer der Hauptstraßen hat man offenbar Läden ausgegraben.

Anscheinend durch einen Streifen unbe-

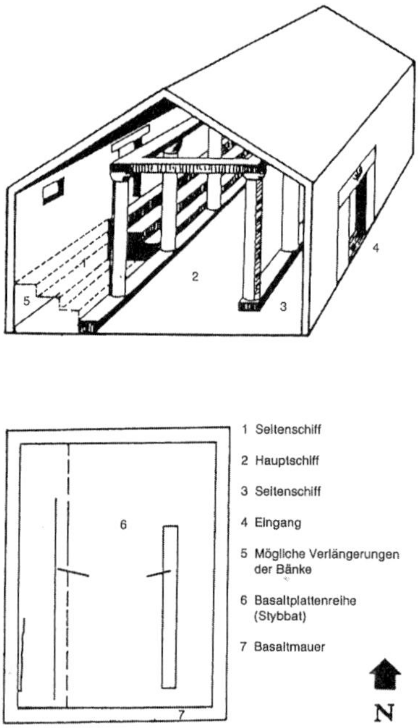

Rekonstruktionszeichnung der alten Synagoge in der Entwicklung vom 1.–3. Jh.

bauten Geländes vom jüd. Dorf getrennt (vgl. Lk 7,6) liegt ein aus behauenen Steinen gemauerter größerer Gebäudekomplex mit röm. Bädern, den der Ausgräber V. Tsaferis dem 1. Jh.n.Chr. zuweist (ESI 4, 1986, 59). Hier könnte am ehesten der Posten der heidnischen Garnison zu suchen sein (R. Riesner, BiKi 42, 1987, 172f). Ein aufgefundener Meilenstein beweist, daß zumindest unter Hadrian (117-138 n.Chr.) eine kaiserliche Straße K. passierte (Loffreda, Recovering, 18-20). An dieser Straße lag auch ein jüd. Mausoleum aus dem 1. oder 2. Jh.n.Chr. (V. Corbo, SBFLA 27, 1977, 145-155). Neben fünf dekorierten Steinsärgen enthielt das Grab auch an den Wänden acht Stollen (hebr. *kokīm*) für die Aufnahme von Gebeinkästen (*Begräbnis- und Trauersitten).

Jesus machte K. in der ersten Zeit seines Wirkens zu seinem Wohnsitz (Mt 4,13-17; vgl. Joh 2,12), um von hier aus mit seiner Predigt ganz Galiläa zu erreichen (R. Riesner, Jesus als Lehrer, [3]1988, 353f). K. wurde so zu »seiner Stadt« (Mt 9,1). Nachdem Jesu Umkehrruf abgewiesen wurde (sog. »galiläische Krise«), sprach er wie über *Chorazin und *Betsaida auch über K. den Weheruf aus (Mt 11,20-24/Lk 10,13-15). Manchmal wird die heutige Zerstörung K.s mit dieser Gerichtsandrohung verbunden (J. McDowell, Bibel im Test, 1987, 454-456). Aber dagegen spricht der archäologische Befund. Die allmähliche Aufgabe von K. im 10. Jh. als Erfüllung der Gerichtsansage Jesu zu verstehen, ist ein allzu mechanisches Verständnis von Prophetie. In der Tat redet der Weheruf auch vom Geschick der Hörer Jesu im Jüngsten Gericht, ohne daß eine innergeschichtliche Wirkung zwingend eingeschlossen wäre. Zwei Stätten des Ortes sind besonders mit dem Wirken Jesu verbunden: das Haus des *Petrus und die *Synagoge. Da offensichtlich während der ganzen vorbyzantin. Zeit auch *Judenchristen in K. wohnten, verdienen die byzantin. Ortsüberlieferungen Vertrauen. Und in der Tat können sie durch die modernen archäologischen Entdekkungen unterstützt werden.

3. Das Petrus-Haus.

Es wird mehrfach in den Evangelien erwähnt (Mt 9,27-31; Mk 1,29; 2,1; 3,20; 9,33) und bereits dort als eine Art erste *Hauskirche dargestellt (H.J. Klauck, Hausgemeinde und Hauskirche, 1981, 56-61; A. Lancelotti, La Terra Santa, 1983, ...). Bei ihrem Besuch in K. (383 n.Chr.) fand die spanische Pilgernonne Egeria das Haus des Apostels noch stehen, aber in eine Hauskirche (*domus ecclesiae*) umgewandelt (ELS 299). Ob es sich dabei um den Kirchbau des judenchristl. Konvertiten Josef von Tiberias unter Kaiser Konstantin handelte (Epiphanius, Haer. XXX, 4,1 PG 41,425) oder ob dieser Bau in Tabgha errichtet war (s.u. 5.), ist umstritten.

Die von Egeria erwähnte Hauskirche fanden die Ausgräber im Bereich der achteckigen byzantin. Kirche aus dem 5. Jh. Dieser Bau mit seinen ineinander liegenden drei Oktogonen war nicht für die Versammlung einer Gemeinde bestimmt, sondern sollte als Memorialbau die Erinnerung an eine wichtige Stätte wachhalten, wobei es sich hier nur um das traditionelle Petrus-Haus handeln kann. Das mittlere Mauerachteck steht genau über einem Haus, das auch im 1. Jh.n.Chr. schon existierte. Dieses Haus bildete auch den Mittelpunkt der Hauskirche des 4. Jh. Sie bestand aus einer hohen Mauer, für die einige andere Wohnhäuser zerstört werden mußten. Der zentrale Raum erhielt ein stabiles Dach, das durch einen neueingezogenen Mauerbogen gestützt wurde. Der ganze Komplex erinnert an die Anlage des Jerusalemer Tempels (Loffreda, Recovering, 63). Vielleicht war die hohe Einfriedung eine Art Ghetto-Mauer, mit der sich die judenchristl. Restgemeinde von den Byzantinern absondern wollte.

Der Zentralraum wies auch schon vor dem 4. Jh. gegenüber allen bisher in K. aufgefundenen Gebäuden charakteristische Unterschiede auf. Der Raum war ursprünglich fast quadratisch (ca. 8 x 8 m). Der Zugang in der Nähe der NW-Ecke des Hauses ist noch teilweise erhalten. Ab der zweiten Hälfte des 1. Jh. n.Chr. unterschied sich der Zentralraum dadurch von anderen Häusern, daß er einen mindestens sechsmal erneuerten festen Fußboden erhielt, auch wurden die Wände weiß verputzt. Im Gegensatz zu anderen Räumen und früheren Wohnphasen fanden sich in diesen Fußbodenschichten keine Bruchstücke von Haushaltsgeräten, wohl aber ungeheuer zahlreiche von herodianischen Tonlampen. Schon das weist auf einen judenchristl. Gemeinderaum, in dem Lichter eine wichtige Rolle spielten (vgl. Apg 29,7f). Der rel. Charakter des Raums wird in den nächsten beiden Jh. vollends deutlich. Es wurden u.a. viele Graffiti gefunden, deren älteste bis an den Beginn des 3. Jh. zurückreichen (E. Testa, Cafarnao IV, 1972). Mehrere Male erscheint der Name Jesu und zweimal auch der des Petrus. Die Inschriften sind griech. (110), aramäisch (10), altsyrisch (9) und latein. abgefaßt, was auf einen regen Pilgerverkehr hinweist. Eine altsyrische Inschrift bietet ein Fragment von syrBar 4,9-15, ein judenchristl. Einschub in eine apokryphe jüd. Schrift, der vom *Abendmahl handelt. Unter den Symbolen finden sich Kreuze, Christusmonogramme und auch ein Boot.

Ursprünglich hieß wohl die gesamte Wohninsel »Haus des Petrus«. Vielleicht war mit dem besonders geehrten Raum sogar eine Erinnerung an den Aufenthaltsort Jesu verbunden. Vor dem einzigen Eingang im O der Wohninsel befand sich nicht nur die Straße, sondern ein kleiner Platz. Hier kann man sich vorstellen, daß sich fast »die ganze Stadt an der Tür versammelte« (Mk 1,33). Tatsächlich nicht weit vom Petrus-Haus, wie es Mk 1,29 vorauszusetzen scheint, liegt die Synagoge (vgl. Mk 1,21-28).

4. Die Synagoge.

Schon ihre Untersuchung durch Kohl und Watzinger hatte ergeben, daß sie nicht aus der ntl. Zeit stammen konnte, auch wenn das noch von einigen vertreten wurde (G. Orfali, Capharnaüm, 1922, 74-76). Zu den Überraschungen der modernen Ausgrabungen gehörte, daß die Synagoge noch später datiert werden muß als das Ende des 2. Jh.n.Chr. Reiche Münzfunde unter den Böden legen ihren Bau an das Ende des 4. Jh. fest. Der sich im O anschließende, teilweise überdachte Hof, wahrscheinlich das Lehrhaus (hebr. *bejt ha-midrasch*), wurde erst um die Mitte des 5. Jh. hinzugefügt. Die Spätdatierung wird zwar noch von einigen Forschern (z.B. G. Foerster, in: L.I. Levine, Ancient Synagogues, 1981, 57-59) bestritten, ist aber auch durch die verwendeten byzantin. Maßverhältnisse zusätzlich gesichert (D. Chen, SBFLA 28, 1978, 193-202; ZDPV 102, 1986, 134-143). Andere Synagogen in Galiläa, so z.B. in *Chorazin, werden ebenfalls zunehmend spät datiert, was zeigt, daß die Juden auch in byzantin. Zeit Gottesdiensträume errichten durften.

Die dreischiffige, byzantin. Synagoge aus prächtigem weißem Kalkstein ist auf den Mauern eines älteren Basaltsteinbaus erbaut, der geringfügig anders ausgerichtet war. Es handelt sich ebenfalls um eine Synagoge, nach der aufgefundenen Keramik wahrscheinlich aus dem 3. Jh. (S. Loffreda, BeO 26, 1984, 103-114). Unter den Seitenschiffen der beiden Synagogen hat man die Reste von Privathäusern gefunden. Dagegen wurde der Platz unter den Hauptschiffen im 1. Jh.n.Chr. geräumt und mit einem Pflaster versehen, das größer ist als das aller Innenhöfe. Wahrscheinlich haben wir es hier mit dem Boden der Synagoge zu tun, die der heidnische Centurio zur Zeit Jesu errichtete oder ausbaute (Lk 7,5). Das älteste Gebäude kann einen Raum von 8 x 20m umfaßt haben und war vermutlich ein eher bescheidenes Gebäude. Ob ein Stein mit eingraviertem siebenarmigem Leuchter und Widderhorn (hebr. *schofar*), der an anderer Stelle gefunden wurde, von einer der beiden älteren Synagogen stammt, ist noch unklar.

5. Die Quelle.

Sie wird von Josephus erwähnt (bell.Jud. III, 517). Es kann sich dabei nur um die ergiebigen, teilweise warmen und mineralhaltigen Quellen von Tabgha, 2 km südwestl. von K., handeln. Der Name ist eine arab. Verballhornung von griech. *Heptapegōn*, »Siebenquell«. Das warme Wasser zieht besonders nachts, wenn der See auskühlt, die Fische an. So war hier schon immer ein guter Fischgrund, wie auch ein kleiner antiker Hafen zeigt (M. Nun, Ancient Anchorages, 1988, 22). In unmittelbarer Nähe führte die später »Via Maris« (vgl. Mt 4,15) genannte Überlandstraße vorbei, die Ägypten mit *Damaskus verband. Die unmittelbare Umgebung der Quellen ist wegen des felsigen Untergrunds für landwirtschaftliche Nutzung ungeeignet. Alles das machte Tabgha zu einem günstigen Versammlungsort für größere Volksmengen.

In der Tat trifft hier schon im 4. Jh. Egeria auf drei Ortsüberlieferungen aus dem Wirken Jesu (ELS 281f). Bei einer heute noch sichtbaren Felstreppe in den See wurde die Erscheinung des Auferstandenen vor Petrus und anderen Jüngern nach Joh 21 lokalisiert. Eine kleine Kirche, in der ein Fels als Altar diente (vgl. Joh 21,9), wurde hier schon im 4. Jh. errichtet. Ihren Platz nimmt heute eine kleine Franziskanerkirche ein. Am Rand der sich anschließenden kleinen fruchtbaren Ebene wurde ein Felsen als derjenige bezeichnet, auf welchen der Herr bei der wunderbaren Speisung der Fünftausend (Mk 6,30-44) die fünf Brote und zwei Fische gelegt hatte. Auch hier errichtete man schon im 4. Jh. eine einfache Kirche, die im 5. Jh. durch eine byzantin. Basilika ersetzt wurde, welche die schönsten Mosaiken des heiligen Landes mit Pflanzen- und Tiermotiven enthält (J. Shenhav, BARev 10/3, 1984, 22-31). Diese byzantin. Kirche wurde in den letzten Jahren durch den deutschen Verein vom Heiligen Land nach antiken Vorbildern wiederaufgebaut. Als Erinnerungsort der Seligpreisungen fand schon Egeria eine Höhle bezeichnet, bei der es nur um die etwa 200 m östl. der Brotvermehrungskirche liegende sog. Hiobshöhle gehen kann (B. Pixner, BA 48, 1985, 203). Später wanderte der Ort der Bergpredigt weiter den Berg hinauf (Kopp, 259-269), und heute wird ihrer bei einer modernen Kirche auf seiner Höhe gedacht. Da es in K. Judenchristen gab, die Ortsüberlieferungen bewahren konnten, sind auch die Traditionen von Tabgha ernsthaft zu prüfen. Vielleicht wird der Siebenquell in den Evangelien unter den Namen *Dalmanuta (Mk 8,10) und Magadan (Mt 15,39) erwähnt.

Etwa auf halbem Weg zwischen K. und Tabgha liegt eine kleine Bucht, deren Ufer ein natürliches halbkreisförmiges Theater bilden, das nach modernen Untersuchungen eine ausgesprochen gute Akustik besitzt (B.C. Crisler, BA 39, 1976, 135–138). Hier könnte man sich eine Predigt Jesu wie die von Lk 5,1ff vorstellen.

Literatur: N. Avigad: EAEHL I, 1975, 286-290; W. Bösen: Galiläa, 1985, 83-96; J.A. Comber: CBQ 39 (1977), 497–504; V. Corbo, SBFLA 36 (1986), 297-308; V. Corbo, S. Loffreda, A. Spijkerman, E. Testa: Cafarnao I-IV, 1972/5; G. Dalman: Orte und Wege Jesu, [4]1967, 142-163; V. Fritz: Kleines Lexikon der Biblischen Archäologie, 1987, 109-111; R. Gonen: Führer zu den Heiligen Stätten, 1988, 75-79; C. Kopp: Die heiligen Stätten der Evangelien, [2]1964, 215-229.259-281; G. Kroll: Auf den Spuren Jesu, [10]1988, 214-223; S. Loffreda: Die Heiligtümer von Tabgha, 1978; ders.: Ein Besuch in Kapharnaum, 1978; ders.: Recovering Capharnaum, 1985; J. Murphy-O'Connor: Das Heilige Land, 1981, 208-212; A. Niccacci: SOC 18 (1985), 231-256; B. Pixner: BA 48 (1985), 196-206; ders.: MB (1985), 32-36; R. Riesner: BiKi 39 (1984), 136-138; 41 (1985), 133-135; B. Sapir, D. Ne'eman: Capernaum, 1967; A.M. Schneider: Die Brotvermehrungskirche, 1934; J.F. Strange, H. Shanks, in: C.P. Thiede (Hrsg.): Das Petrusbild in der neueren Forschung, 1987, 145-62; dies.: BARev 9/6 (1983), 24-31; V. Tsaferis: BA 46 (1983), 198-206. R.R.

KAPITELL s. Säule

KAPPADOZIEN. Eine Hochlandprovinz, stellenweise bis zu 900 m über NN im O Kleinasiens, begrenzt im S durch das Taurusgebirge, im O durch den Euphrat und im N durch *Pontus; der genaue Grenzverlauf ist jedoch ungewiß. Nach dem Tod des Archelaus ernannte *Tiberius K. 17 n.Chr. zur röm. Provinz. 70 n.Chr. vereinigte Vespasian diese mit Armenien zu einem der großen Grenzbollwerke des röm. Reiches. Unter späteren Kaisern, besonders *Trajan, nahmen die Bedeutung und Größe der Provinz erheblich zu. Sie lieferte beträchtlichte Mengen an Schafen und Pferden. Der Handelsweg zwischen Zentralasien und den Häfen am Schwarzen Meer führte durch K.; das Gebiet war von Tarsus aus durch die Zilizische Pforte leicht erreichbar. Juden aus K. hielten sich am Pfingstfest in Jerusalem auf (Apg 2,9). Einige der in der Zerstreuung lebenden Gläubigen, an die Petrus schrieb, lebten in K. (1Petr 1,1). J.W.M.

KARKEMISCH. Die Stadt (heute Jerablus) kontrollierte den wichtigsten Übergang über den Euphrat, etwa 100 km nordöstl. von Aleppo. Ein Text aus dem 18. Jh. v.Chr. erwähnt K. zuerst als unabhängiges Han-

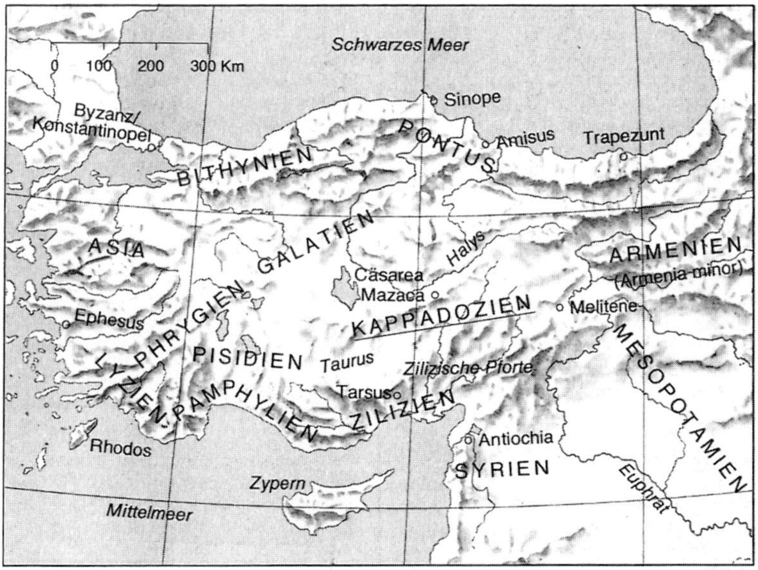

Kappadozien, eine Provinz des röm. Reiches im östl. Kleinasien.

delszentrum (*Mari, *Alalah). Als syr. Stadtstaat verbündete K. sich im 2. Jt. mit *Ugarit und anderen Staaten (Mitanni) und existierte nach Ini-Tesub (um 1100 v.Chr.) als neohethitischer Staat, bis Pisiris 717 v.Chr. von Sargon II. besiegt wurde. Darauf wurde K. einer assyr. Provinz angegliedert. Jes 10,9 erwähnt dieses Ereignis. 609 v.Chr. rückte Necho II. von Ägypten über *Megiddo vor, um K. zurückzuerobern (2Chr 35,20). Die Stadt diente dann seiner Armee als Ausgangsbasis für Angriffe auf die Babylonier. Im Mai/Juni 605 v.Chr. führte Nebukadnezar II. seine Truppen in einem Überraschungsangriff in die Stadt. Die Ägypter wurden in einem Kampf Mann gegen Mann in und außerhalb der Stadt vernichtend geschlagen (Jer 46,2) und bis nach Hamat verfolgt. Einzelheiten über diese Schlacht, die den Babyloniern die Kontrolle über den W brachte, sind in der Babylon. Chronik festgehalten.

Ausgrabungen brachten 1912 und 1914 hetitische Skulpturen, Teile einer Palastanlage, Spuren jener Schlacht sowie einer weiteren babylon. Eroberung ans Tageslicht.

Literatur: D.G. Hogarth, C.L. Wooley: Carchemisch, 3 Bde., 1914-52; H.A. Hoffner: ZPEB, 1, 1975, 752-54. D.J.W.

KARMEL. (»Gartenland«, »fruchtbares Land«). Mit dieser Bedeutung kommt das Wort im Hebr. häufig vor (vgl. Jes 16,10; Jer 4,26; 2Kön 19,23; 2Chr 26,10). Es kann sogar für frische Getreideähren verwendet werden, wie in 3Mo 2,14; 23,14. So erhielt das Kalksteingebirge seinen Namen vermutlich von dem üppigen Buschwerk und dem Waldbestand, die es bedeckten. Im AT tragen zwei Orte diesen Namen.

1. Eine etwa 50 km lange Hügelkette, die sich von der S-Küste der Bucht von Akko südöstl. erstreckt bis zur Ebene von Dotan. Strenggenommen ist der K. die höchste Erhebung der Hügelketten (530 m). Die Hügelkette verläuft etwa 20 km landeinwärts und bildet eine Grenze des Stammesgebiets Asser (Jos 19,26). Diese stark bewachsene und wenig bewohnte Region konnte über zwei Hauptpässe bei *Jokneam und *Megiddo und einen kleineren bei *Taanach überquert werden. Zwischen den ersten beiden Pässen sind die Hügel niedriger und weniger fruchtbar, weisen aber steile Abhänge auf. Die wichtige N-S-Verbindung liegt auf der O-Seite des K. und führt durch die Ebene von Dotan. Das wegen der hohen Niederschläge üppige Wachstum auf dem K. ist bezeugt in Am 1,2; 9,3; Mi 7,14; Nah 1,4; Hld 7,6 mit einem treffenden Vergleich mit dichtem Haar. Die drohende Gestalt *Nebukadnezars von Babylon, der gegen Ägypten zog, wird mit den felsigen Höhen des Karmel und des Tabor verglichen (Jer 46,18).

Zu den Feinden, die Josua besiegte, gehörte auch »der König von Jokneam am Karmel« (Jos 12,22). Am K. forderte *Elia im Namen seines Gottes die Propheten des Baal und der Aschera, der von *Isebel propagierten Götzen, heraus und errang einen eindrucksvollen Sieg über sie (1Kön 18, 1-19,2). Der Text macht deutlich, daß die Götter Isebels in Verruf kamen. Da Isebel aus *Tyrus stammte, handelt es sich bei Baal wahrscheinlich um den dort verehrten Hauptgott Baal-Melkart. Sein Kult breitete sich auch in Aram aus. Baal wurde noch 200 n.Chr. auf dem K. als »Zeus Heliopolites Carmel« angebetet. Nach Elia nennen die Araber den Berg noch heute Dschebel mar Elias. Auch Elias Nachfolger Elisa hielt sich am K. auf (2Kön 2,25; 4,25).

2. Stadt in Juda (Jos 15,55), heute Chirbet el-Karmil (bzw. Kermel oder Kurmul), etwa 12 km südsüdöstl. von *Hebron, in einer hügeligen, ländlichen Gegend gelegen (Baly, S. 164), ideal für die Herden, die Nabal dort z.Zt. Davids weidete (1Sam 25). Nabals Frau *Abigajil war eine Karmeliterin; Hezro, einer der Leibwächter Davids (2Sam 23,35; 1Chr 11,37) stammte wahrscheinlich von dort. Saul kam dort nach der Schlacht gegen die Amalekiter vorbei und ließ ein Siegeszeichen errichten (1Sam 15,12).

Literatur: D. Baly: Geographisches Handbuch zur Bibel, 1973; LDB, 23f, 240f. D.J.W.

Bewaldete Hügel in der Karmel-Kette. (FNH)

KARMI. Der Name läßt an das hebr. Wort für »Weinberg« denken.

1. *Rubens vierter Sohn (1Mo 46,9), der Stammvater der Karmiter (4Mo 26,6).

2. Sohn Sabdis aus dem Stamme *Juda und Vater *Achans (Jos 7,1; 1Chr 2,7).

KARTA. (»Stadt«?). Nach Jos 21,34 eine Levitenstadt in *Sebulon. Die Annahme einer irrtümlichen Wiederholung von *Kartan aus Jos 21,32 (LDB, 311) wird nicht von allen Forschern geteilt. Viele identifizieren K. mit der vom Pilger von Bordeaux 333 n.Chr. erwähnten röm. Straßenstation Certha (CSEL 39,19), die im Gebiet der Kreuzfahrerfestung Atlit, 15 km südl. des *Karmel-Vorgebirges am Mittelmeer, angenommen wird (F.M. Abel: Géographie de la Palestine II, ³1967, 414). Die Funde reichen hier von der Mittleren Bronze- bis zur Römerzeit und umfassen vor allem auch am Tell Megadim Reste einer antiken Poststation (C.N. Johns, EAEHL I, 1975, 130-140). Da aber fraglich ist, ob *Sebulon bis an das Meer heranreichte, denken andere an den Trümmerhügel von El-Artije (A. Negev: Archäologisches Lexikon zur Bibel, 1972, 210). R.R.

KARTAN. Levitenstadt in *Naftali (Jos 21,32), die in der Parallelliste 1Chr 6,61 *Kirjatajim heißt, was eine Dualform von hebr. *qērēt*, »Stadt«, sein könnte (W. Rudolph: Chronikbücher, 1955, 62). Vielleicht mit Chirbet El-Qurējē, 11 km westnordwestl. von Kedesch Naftali (*Kedesch 4), zu identifizieren. (F.M. Abel: Géographie de la Palestine II, ³1967, 415). Falls man K. für denselben Ort wie *Rakkat in Jos, 19,35 hält, wäre es im S bei *Tiberias zu suchen. R.R.

KASUISTIK s. Gesetz

KATHOLISCHE BRIEFE. Als Sammelbegriff umfaßt »katholische Briefe«, heute oft auch »allgemeine« oder »Kirchenbriefe« genannt, die sieben Sendschreiben des NT, die nicht nach ihren Empfängern, sondern nach ihren Verfassern bezeichnet werden: *Jak, *1-2Petr, *1-3Joh, *Jud.

Katholikos erscheint als Wort nicht im griech. NT; erst spätere Handschriften (der Kodex P, 9. Jh., für Jak; ansonsten nur wenige Minuskeln) fügen es den Überschriften der sieben Briefe hinzu. Als Terminus technicus findet sich *katholikē epistolē* zuerst bei Apollonius von Ephesus (ca. 197 n.Chr.), einem Anti-Montanisten, der dem Montanisten Themiso(n) vorwirft, »in Nachahmung des Apostels« einen »katholischen Brief« verfaßt zu haben (Eus. h.e. 5,18,5). Aus dem Kontext geht hervor, daß der Brief des Themiso(n) an die Kirche als ganze, nicht nur an die Montanisten gerichtet war, der Begriff *katholikos* auch hier also wie im profanen Gebrauch »allgemein« und »allgemeingültig« meint. Welchen Apostel Themiso(n) nachahmte, ist nicht überliefert; T. Barnes (Expositor 6/8, 1903, S. 40-62) vermutet den *2Petr. Bis ins 4. Jh. ist mit »katholischen Briefen« noch nicht die geschlossene Einheit der sieben gemeint. Clemens von Alexandria (Strom. 6,97,3, verfaßt ca. 200 n.Chr.) bezeichnet noch den Brief des Jerusalemer *Apostelkonzils, Apg 15, 23-29, als *katholikē*. Auch Origines, der alle sieben nennt und als apostolisch und kanonisch akzeptiert (Homilie in Jos 7,1, verfaßt ca. 240 n.Chr.), kann an anderer Stelle den von ihm ansonsten nicht als kanonisch angesehenen *Barnabas-Brief als *katholikē epistolē* bezeichnen (Contra Celsum 1,63). Erst mit der Kirchengeschichte des Euseb (zwischen 296 und 326 n.Chr.) setzt sich der Begriff auch im heutigen Sinne durch (h.e. 2,23,25; 6,14,1). Euseb gibt dem Begriff dabei auch die Bedeutung von »authentisch«, »anerkannt« mit; so kann er schreiben, daß die Petrusakten, das Petrusevangelium, die Petruspredigt (*Kerygma Petrou*) und die Petrusapokalypse anders als 1 und 2 Petr »soviel wir wissen, nie zu den katholischen Schriften gezählt wurden« (h.e. 3,3,2). Der gleiche Euseb kann allerdings auch die Briefe des Dionysius von Korinth († ca. 170 n.Chr.) als »katholische Briefe an die Kirchen« bezeichnen (h.e. 4,23,1).

Man grenzt heute den Begriff »katholische Briefe« zu sehr ein, wenn man ihn auf die allgemeine Kirche, auf eine allgemeine Leserschaft beziehen will. 2 und 3 Joh würden in diese Definition nicht hineinpassen; auch 1Petr wendet sich nach eigenem Bekunden an eine begrenzte Leserschaft, und ursprünglich dürfte das auch für die anderen gegolten haben, ohne daß wir heute die Adressaten noch einwandfrei identifizieren könnten. Die Zusammenstellung der nicht-paulinischen Briefe (mit Ausnahme des lange mit Paulus oder seinem Umkreis in Verbindung gebrachten *Hebräerbriefs) ist »allgemeiner«, umfassender vielleicht auch im Sinne Augustins, der die Formel fand, daß die katholischen Briefe der Apostel den Glauben nur in Verbindung *mit* Werken sähen, während Paulus ihn eher *ohne* Werke hervorhebe (De fide et operibus 14,21). Eine solche Deutung konnte ihre äußere Rechtfertigung später auch in der Abfolge der Briefe des NT entdecken: während das Corpus Paulinum mit dem *Römerbrief beginnt, steht bis heute in der griech. und latein. Bibel an erster Stelle der katholischen Briefe der *Jakobusbrief. (Eine Ausnahme machen hier die Listen, die aufgrund der kirchengeschichtlichen Bedeutung des *Petrus seine Briefe vor Jak stellen: Konzil von Karthago, 397 n.Chr.; Decretum Gelasianum, 5./6. Jh., u.a.; im 5. und 6. Jh. wurden gelegentlich 1-3Joh an die erste Stelle gesetzt.)

Literatur: B.M. Metzger: The Canon of the New Testament. Its Origin, Development and Significance, 1987; Th. Zahn: Grundriß der Geschichte des Neutestamentlichen Kanons, [3]1985. C.P.Th.

KATTAT. Ein Ort in *Sebulon (Jos 19,15), am ehesten an seiner W-Grenze (M. Noth: Josua, [3]1971, 116). Nach dem Jerusalemer Talmud (j Meg I,1) Qetonith, das mit Chirbet Qotēna, 8 km südwestl. von Tell Qemūn (*Jokneam), zu identifizieren ist (F.M. Abel: Géographie de la Palestine II, [3]1967, 415). Manche setzen K. allerdings mit dem *Kitron von Ri 1,30 gleich. R.R.

KAUF. Der K. ist ein Rechtsgeschäft, das im kleineren persönlichen Rahmen wie im größeren des *Handels stattfindet und schon sehr früh in der Geschichte Israels bekannt ist. Unter Zeugen, die in der Regel in der Kaufurkunde mit erwähnt werden, wird mündlich oder schriftlich (vgl. Jer 32,10ff) ein Kaufpreis in *Geld (vgl. 1Mo 23,15; Jer 32,10) oder einem Sach- bzw. Naturalwert festgelegt, für den der gekaufte Gegenstand in den Besitz des Käufers übergeht; vgl. die anschauliche Schilderung des Grundstückskaufes Abrahams (1Mo 23,4ff). Neben Grundstücken, Lebensmitteln (2Kön 7,1) und Kleidung (Spr 31,24) sind auch Rechte und Ansprüche verkauft worden, wie die Geschichte Jakobs (1Mo 25,31ff) zeigt. Das AT erwähnt auch den Verkauf von Menschen als Sklaven (vgl. 1Mo 37,36; 2Mo 21,2). Zum Brautpreis bei der Hochzeit vgl. *Ehe.

In den Städten gibt es Straßenverkäufer, aber auch ansässige Händler oder Krämer für Gewürze, Lebensmittel, Bekleidung, Waffen, Öl (vgl. Jer 13,1; Mt 25,9; Mk 16,1; Lk 22,36; Joh 4,8). Getreide und Lebensmittel werden meist auf dem Markt am Tor feilgeboten (2Kön 7,1), es gibt aber auch in der Art des orientalischen Bazars offene Verkaufsbuden in den Straßen, oft an einem Platz gesammelt (vgl. 1Kön 20,34). So gehört K. und Handel zu den Selbstverständlichkeiten des täglichen Lebens (Lk 17,28; Offb 13,17). Der Käufer geht unter Umständen ein Wagnis ein, um dafür einen größeren Wert zu erlangen (vgl. Mt 13,36). Vor der Versuchung, beim K. durch falsche Waage, Gewichte oder Maße zu übervorteilen, warnen die Propheten (Mi 6,10f; Hos 12,8). Für den Christen gilt die Mahnung, auch im Handel treu und zuverlässig zu sein (1Thess 4,6). Im bildlichen Sinn wird davon gesprochen, daß Gott sein Volk in Feindeshand verkauft, d.h. dem Feind zum Eigentum, zur Verfügung übergeben hat (Ri 2,14) oder daß der Mensch unter die Sünde, d.h. unter ihre Herrschaft, verkauft ist (Röm 7,14). Umgekehrt kann dann auch vom Loskauf des Volkes gesprochen werden (Jes 52,3; vgl. *Lösegeld).

Ebenso wird die Weisheit als Gut genannt, das des K.s wert ist (Spr 17, 16; 23,23). Der K. des weißen Kleides der Gerechtigkeit wird empfohlen (Offb 3,18) und sogar das Himmelreich im Bilde der Perle als im eigentlichen und tiefsten Sinne kaufenswert bezeichnet (Mt 13,45f), was heißt, daß der Mensch allen Besitz einsetzen, ja sich selbst hingeben soll, um Anteil an den Gütern Gottes zu erhalten.

KEDAR. (»Schwarz«, »schwärzlich«?).

1. Sohn Ismaels (1Mo 25,13; 1Chr 1,29), Vorfahr des gleichnamigen Stammes.

2. Nomadenstamm in der syr.-arab. Wüste von Palästina bis Mesopotamien. Im 8. Jh. v.Chr. war K. in S-Babylon (I. Ephʿal, JAOS 94/1974, S. 112) bekannt, Jesaja prophezeite seinen Untergang (Jes 21,16-17). Der Stamm errichtete »Dörfer« (Jes 42, 11), wahrscheinlich einfache Lager (H.M. Orlinsky, JAOS 59, 1939, S. 22ff) aus schwarzen Zelten (Hld 1,5). Als Besitzer großer Herden (Jes 60,7) pflegte der Stamm Handel mit *Tyrus (Hes 27,21). Geographisch waren Kittim (Zypern) im W, im Mittelmeer, und K. im O, in der Wüste, entgegengesetzte Pole (Jer 2,10). Das Leben bei den »Zelten Kedars« erschien dem Psalmisten als ein barbarisches Exil (Ps 120,5).

Ähnlich wie die Nebajot und andere arab. Stämme gerieten die Kedariter mit Assurbanipal im 7. Jh.v.Chr. in Konflikt (W. Weippert, Welt des Orients 7, 1973-74, S. 67). Wie jene wurden sie 599 v.Chr. von Nebukadnezar II. von Babylon angegriffen (vgl. D.J. Wiseman, Chronicles of Chaldaean Kings, 1956, S. 32), was Jeremia vorhergesagt hatte (Jer 49, 28). In der pers. Periode kontrollierten mehrere Könige von K. nacheinander ein Gebiet, durch das die wichtige Landroute von Palästina nach Ägypten führte, und galten bei den pers. Herrschern als deren Bewacher. Einer der Könige von K. war Geschem (Gaschmu) – ein Gegner Nehemias (Neh 6,1-6); Geschems Sohn Qaynu wird auf einer silbernen Schale aus einem Heiligtum im ägypt. Ost-Delta »König von Kedar« genannt (s. I. Rabinowitz, JNES 15, 1956, S. 1-9, Tab. 7; W.J. Dumbrell, BASOR 203, 1971, S. 33-44; A. Lemaire, RB 81/1974, S. 63-72). K.A.K.

KEDESCH. (Von hebr. *kdsch,* »heilig sein«). Name mehrerer Orte, an denen vermutlich alte Heiligtümer standen, und die zum Teil schwer voneinander zu unterscheiden sind.

1. Ein Ort im S von *Juda an der Grenze zu *Edom (Jos 15,23), heute meist mit *Kadesch-Barnea identifiziert.

2. In 1Chr 6,57 ersetzt die gersonitische Levitenstadt K. das *Kisjon von Jos 21,28 (vgl. 19,20) in der parallelen Ortsliste des Stammes *Issaschar. Vielleicht wird der Ort auch in einer Eroberungsliste des ägypt. Pharao Thutmosis III. (15. Jh.v.Chr.) genannt (M. Noth: Josua, [3]1971, 129). Wenn man dieses K. mit den meisten heutigen Forschern bei Tell Abu Qudēs auf halbem Weg zwischen *Taanach und *Megiddo ansetzt, dann könnte es auch mit der kanaan. Königsstadt K. (Jos 12,22) zu identifizieren sein, die am ehesten in der Gegend der *Jesreel-Ebene zu suchen ist (Noth, 72f). Tell Abu Qudēs war außer einer schwächeren Besiedlung in pers., hellen. und röm. Zeit zwischen der ersten Hälfte des 8. und dem 14. Jh. v.Chr. ein stattlicher Ort, der jeweils in der ersten Hälfte des 12. und 8. Jh. (durch die Assyrer?) zerstört wurde. Ein Weihrauchopfer-Altar in einem großen Langraum belegt einen Kultort der israelit. Zeit. Dieser Befund führte den Ausgräber dazu, das K. von Ri 4,11 hier zu suchen (E. Stern, EAEHL III, 1977, 702f).

3. Nach Ri 4,11 sammelte *Barak in K. »nicht weit von der Eiche von *Zaanannim« Truppen aus den Stämmen *Sebulon und *Naftali (4,9f) zur Schlacht gegen *Sisera in der Gegend des *Tabor (4,12ff). Eine aufgrund dieser Ortsangaben sehr befriedigende Lokalisierung ist Chīrbet El-Qadīsch, östl. von *Jabneel auf den Randbergen am S-Ende des

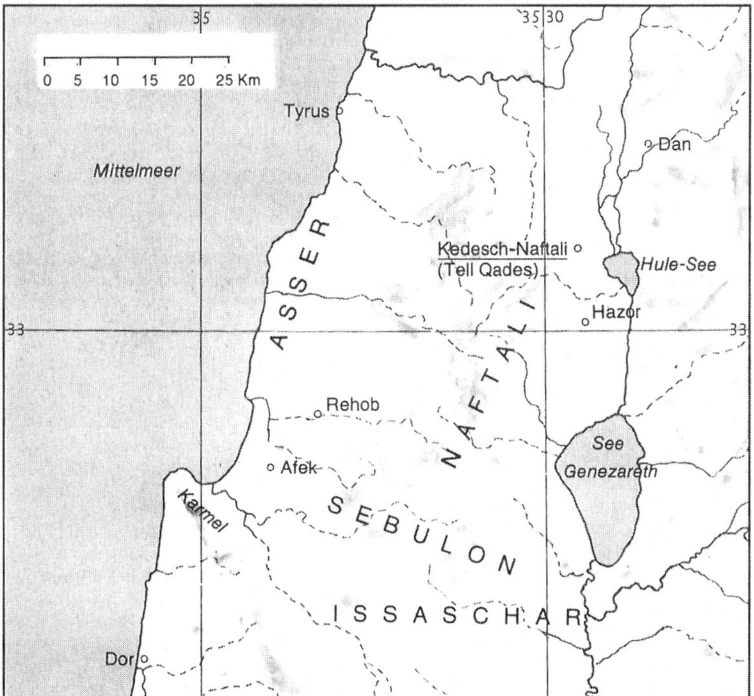

Kedesch in Naftali (das heutige Tell Qades).

Sees *Genezareth, mit vielen Funden aus israelit. Zeit (LDB 232f). Dagegen werden die topographischen Angaben bei einer Identifizierung mit dem unter 4. behandelten K. unverständlich, auch wenn diese Ansicht immer noch vertreten wird (D.J. Wiseman: IBD II, 1980, 847). Eher schon könnte die als »Kedesch in Naftali« bezeichnete Heimat des Barak (Ri 4,6) mit diesem Ort gemeint sein. Aber der Zusammenhang spricht doch eher für 3., denn auch Chīrbet El-Qadīsch liegt in Naftali. Gegen eine Identifizierung von Baraks Heimatort mit 2. kann man einwenden, daß die Israeliten sich angesichts des feindlichen Streitwagenheers (Ri 4,3) kaum in der Ebene *Jesreel gesammelt hätten.

4. Wohl der Unterscheidung von den anderen Orten dient der Name »Kedesch in Galiläa (hebr. *galīl*) auf dem Gebirge Naftalis« (Jos 20,7 vgl. 21,32; 1Chr 6,61). Die Stadt wurde den Leviten zugeteilt (Jos 21,32) und als Freistadt ausgewiesen (Jos 20,7). Nach der Ortsliste von Jos 19,37 lag dieses K. im N von Naftali. Wahrscheinlich bezeichnete der Landschaftsname *galīl* ursprünglich nur die Gegend um dieses K. (*Galiläa). K. lag an einer Hauptstraße und wurde 734 v.Chr. von *Tiglatpilesar III. als eine der ersten israelit. Städte erobert (2Kön 15,29 vgl. Tob 1,2). Auch eine der wichtigsten Schlachten der *Makkabäer gegen Demetrius II. von *Zilizien fand hier (*Kēdes en tē Galilaia*) um 145 v.Chr. statt (1Makk 11,63. 73). In ntl. Zeit war K. (griech. *Kedasa*) ein tyrischer Grenzort gegen Galiläa (Jos.ant.Jud. XIII, 154), dessen Bewohner in starker Feindschaft zu den Juden standen (Jos.bell.Jud. IV, 105) und am Beginn des Aufstands 66 n.Chr. von ihnen ausgerottet wurden (Jos.bell.Jud. II, 459f). Beim Belagerungsfeldzug gegen *Gischala schlug Titus hier sein Lager auf (Jos.bell.Jud. IV, 104). Es mag sein, daß Jesus auf seiner Wanderung in tyrisches Gebiet (Mt 15,21/Mk 7,24) die Straße an K. vorbei benutzte (B. Pixner, HlL 119/2-3, 1987, 6.10). Die Erzählung von der *Syro-Phönizierin (Mt 15,22-28/Mk 7,25-30) spiegelt die Spannungen im tyrisch-galiläischen Grenzgebiet (G. Theissen, ZNW 75, 1984, 202-225) wider. Noch Eusebius war die Ortslage bekannt (onom. 116,11).

Der Name blieb durch die arab. Siedlung Qades, 10 km nordwestl. von *Hazor, erhalten, die im Mittelalter eine Art Zentrum von Ober-Galiläa bildete, im 18. Jh. zurückging und im israelischen Unabhängigkeitskrieg zerstört wurde. Bei der ehemaligen arab. Ortslage reichen die Siedlungsspuren bis in die Eisenzeit zurück. Auf einem südl. davon gelegenen Tell, der später als Dreschplatz diente, beginnt die Besiedlung in der Frühen Bronzezeit (Y. Aharoni, EAEHL II, 1976, 406-408). Am Fuß der beiden Tells entspringt eine starke Quelle, und in ihrer Nähe liegen imposante Ruinen eines Mausoleums und eines spätröm. Tempels, dessen Architekturelemente zum besten gehören, was wir aus dem 2./3. Jh.n.Chr. aus dem O-Teil des Römerreichs kennen (A. Ovadiah, ESI 2, 1984, 88; 3, 1985, 92).

Literatur: F.M. Abel: Géographie de la Palestine II, ^{3}1967, 415f; G. Dalman: Orte und Wege Jesu, ^{4}1967, 212-214; A. Negev: Archäologisches Lexikon zur Bibel, 1972, 211f; N.L. Lapp, in: Harper's Bible Dictionary, 1985, 523. R.R.

KEGILA. Stadt in der *Schefela in *Juda (Jos 15,44), die David gegen die Philister verteidigte (1Sam 23,1-13). Ein Teil ihrer Einwohner beteiligte sich nach Rückkehr aus der babylon. Gefangenschaft am Aufbau der Stadt Jerusalem (Neh 3,17.18 RevEB; im Urtext beide Male dasselbe Wort: *qäʿilāh*). Gewöhnlich setzt man K. mit Chīrbet Kila am Wadi es-Sur gleich (etwa 13 km nordwestl. von Hebron). Zwischen zwei Seitentälern erhebt sich hier ein steiler Hügel. Auf seiner ziemlich ebenen Fläche, die auch von dem Bergrücken, zu dem der Hügel gehört, noch durch eine 17 m tiefe Einsenkung getrennt ist, lag die alte Stadt, 108 m lang und 105 m breit. Auf den Hängen fand man Scherben aus der Königszeit. Eine Quelle im Tal gibt reichlich Wasser.

KEHAT, KEHATITER. K., der zweite Sohn *Levis, war der Stammvater einer der drei großen levitischen Familien. Zu seinem »Haus« zählten Amram, Jizhar, Hebron und Usiel. *Mose und *Aaron waren Amramiter (2Mo 6,18). In der Wüste trugen die Kehatiter die Möbel und Geräte der Stiftshütte. Sie lagerten auf der Südseite der Stiftshütte. Die männlichen Mitglieder der Sippe, die älter als einen Monat waren, zählten 8600; im Dienst (d.h. im Alter zwischen 30 und 50 Jahren) standen 2750 (4Mo 3,27-32; 4,36). Nach der Landnahme erhielten die K., die als Nachkommen Aarons Priester waren, dreizehn Städte, den übrigen K.n wurden zehn Städte zugeteilt (Jos 21,4-5). Im Zuge der Neuordnung der Dienste durch David übernahmen die K. eine Vielzahl von Ämtern, u.a. auch einen Teil des Singens im Tempel (1Chr 6,39-46; vgl. 9,32f; 26,23-32). Die K. werden im Zusammenhang mit *Joschafat, *Hiskia und *Josia erwähnt (2Chr 20,19; 29,12; 34,12) und bei der Rückkehr aus dem Exil (vgl. Esr 2,42 mit 1Chr 9,17-19; die Korachiter waren Kehatiter; s.a. *Korach). D.W.G.

Elfenbeingeschnitzter, ursprünglich mit Blattgold bedeckter Frauenkopf. Wahrscheinlich Teil der Ausschmückung des Palastmobiliars. Bekannt als »Mona Lisa« des alten Irak. Kelach, ca. 8. Jh. v.Chr. (SI)

KEHELATA. »Einberufung, Versammlung, Volksgemeinde«, Station Israels auf dem Wüstenweg (4Mo 33,22.23) zwischen Rissa und dem Gebirge Schefer vielleicht mit Makhelot identisch (vgl. LXX).

KEIL s. Handwerk

KEILSCHRIFT s. Schrift

KELACH. Eine von *Nimrod in Assyrien (1Mo 10,11f) gegründete Stadt. Das assyr. *Kalhu* (heute Nimrud) liegt 40 km südl. von *Ninive am O-Ufer des *Tigris. Die Ausgrabungen von Sir H. Layard 1845-48, der British School of Archaeology 1949-63 sowie der irakischen Regierung zusammen mit polnischen Expeditionen 1970-76 erhellen die Geschichte der Stadt von der prähistorischen bis

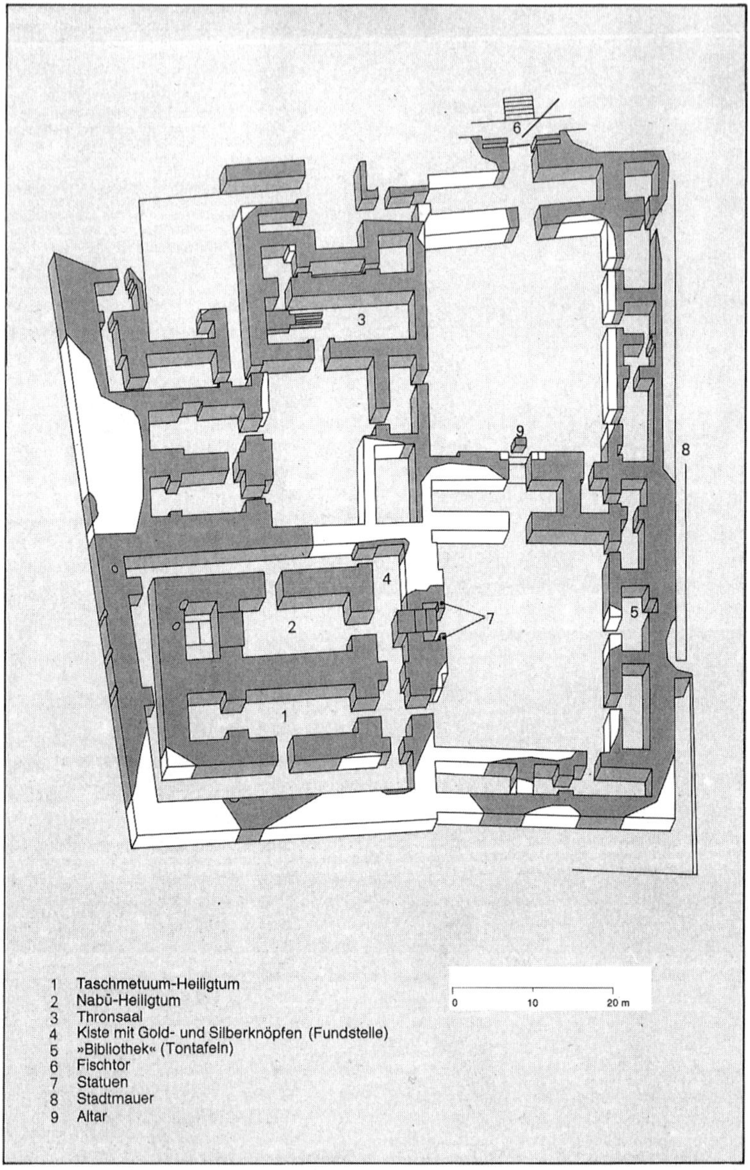

Grundriß des Nabu-Tempels in Kelach.

Stele Assurbanipals II. errichtet zur Feier der Eröffnung des Palastes von Kelach (Nimrud), ca. 876 v.Chr. (BSAI)

Blick über die Ausgrabungen in Kelach, mit der Zikkurat und dem Palast Assurnasirpals II. (DJW)

Reste des Tempelturms (Zikkurat) von Kelach. (DJW)

in die hellen. Zeit. Sondierungen zeigen frühe Einflüsse aus dem S, bevor die Hauptzitadelle (550 x 370 m) von Salmanassar I. (um 1250 v.Chr.) und nochmals von Assurnasirpal II. (879 v.Chr.) wieder aufgebaut wurde. Die Stadt umfaßte damals etwa 40 km^2 und hatte etwa 60000 Einwohner. Von K. aus griff Salmanassar III. Syrien an. Sein Schwarzer Obelisk, der von *Jehus Unterwerfung berichtet, und Stelen, die *Ahab erwähnen, standen ursprünglich auf dem Hauptplatz. Inschriften berichten über Tiglatpilesars III. und Sargons II. Angriffe auf Israel und Juda von diesem assyr. Militärstützpunkt aus. Eine Liste aram. Personennamen belegt wohl die Anwesenheit von (angesiedelten) Gefangenen. Sargon II., der Eroberer *Samarias, lagerte seine Beute in K. Asarhaddon ließ hier seinen Palast bauen und seine Vasallenverträge mit unterworfenen Völkern auf Tafeln aufzeichnen, die im Nabu-Tempel aufgestellt wurden. Viele der Skulpturen, Elfenbeinschnitzereien, Metallgegenstände und Waffen, die in der Zitadelle und in den Mannschaftsunterkünften der Burg Salmanassars in der äußeren Stadt gefunden wurden, zeigen die Pracht der Beutestücke aus Syrien und Palästina sowie die Macht der assyr. Armee. 612 v.Chr. fiel K. in die Hände der Meder und Babylonier.

Literatur: S. Lloyd: Die Archäologie Mesopotamiens, 1981, 247ff. D.J.W.

KELCH s. Becher

KELLER s. Haus

KELTER s. Wein

KEMOSCH. Gott der Moabiter (4Mo 21,29; Jer 48,46), der auch von König Mescha in seiner Inschrift (*Mescha-Stele) genannt wird. Mescha suchte die Hilfe des Götzen im Kampf gegen Israel durch das Opfer seines eigenen Sohnes zu gewinnen (2Kön 3,27). *Salomo baute ein Höhenheiligtum für K., das *Josia zerstörte (1Kön 11,7.33; 2Kön 23,13). Nach assyr. Keilinschriften wurden auch Eigennamen mit dem Gottesnamen K. gebildet. *Sanherib erwähnt auf seinem sechsseitigen Tonprisma (II,52) Kam-mu-su-na-ad-bi als König von *Moab. Auffällig ist, daß Jeftah (Ri 11,24) K. den Gott der *Ammoniter nennt; diese haben demnach zu der Zeit den Nationalgott Moabs ebenfalls verehrt.

KEMUËL.

1. Sohn *Nahors, des Bruders Abrahams; Stammvater der Aramäer (1Mo 22,20f).

2. Sohn Schiftans und Fürst des Stammes Ephraim, der mitverantwortlich war für die Verteilung des Landes Kanaan (4Mo 34,24).

3. Vater Haschabjas, eines Stammesfürsten der Leviten unter David (1Chr 27,17).

KENAS.

1. Enkel *Esaus; edomit. Stammeshäuptling (1Mo 36,11.15.42). Manche Kommentatoren meinen, daß K. der Vorfahr der Kenasiter war.

2. Bruder *Kalebs und Vater *Otniels und Serajas (Jos 15,17; Ri 1,13; 3,9.11; 1Chr 4,13).

3. Enkel Kalebs, Sohn Elas (1Chr 4,15). R.A.H.G.

KENASITER. (Hebr. *qenissī*). Eine bedeutende edomitische Sippe, die ihre Abstammung über *Kenas von Elifas, *Esaus ältestem Sohn, herleitet (1Mo 36,11.15.42; 1Chr 1,36-53). Sie schloß sich teilweise dem Stamm Juda an; 1Chr 4,13ff erwähnt ihren Beitrag zur Geschichte Israels. V. 15 ist schwierig; womöglich lautet die ursprüngliche Lesart so: ». . .[Namen verloren]; diese waren die Söhne Kenas«. Auf *Kalebs kenasitische Abstammung wird durch die Bezugnahme auf Jefunne verwiesen (4Mo 32, 12; Jos 14,6.14). »Otniel, Sohn des Kenas« (z.B. Ri 1,13; 3,9.11) bedeutet vielleicht nur »Otniel, der Kenasiter«. Sonst wäre dieser Kenas Kalebs jüngerer Bruder und Otniel sein Neffe. Kalebs Geschichte läßt darauf schließen, daß seine Familie bereits vor dem Auszug einen festen Platz im Stamm Juda hatte (vgl. 4Mo 13,6); daher könnten sich Jefunnes Vorfahren dem Stamm zuerst angeschlossen haben.

1Mo 15,19 nennt die K. zusammen mit neun Völkern, die das Abraham verheißene Land bewohnen. Zu dem Land, das offenbar nach Siedlungen, die nach Abrahams Zeit entstanden, bestimmt wurde, gehört der *Negeb, jedoch kein Teil von Edom selbst (vgl. 5Mo 2,5). J.P.U.L.

KENAT. (Hebr. *qenāt*, »Besitz«). Eine Stadt im N des *Ostjordanlandes, die Nobach von den Amoritern eroberte. Er gab ihr seinen Namen (4Mo 32, 42). Später wurde K. von Geschur und Aram eingenommen (1Chr 2,23). Der Name erscheint in mehreren ägypt. Texten aus dem 2. Jt.v.Chr. (vgl. LDB, 179 u.ö.). K. wird gewöhnlich mit den ausgedehnten Ruinen bei Kanatha, etwa 25 km nordöstl. von *Bozra, identifiziert, während F.-M. Abel (Géographie de la Palestine II, 417) und M. Noth, (vgl. PJB 37/1941, 80f) unter Bezugnahme auf Ri 8,11 eine Lage westl. oder nordwestl. des heutigen Amman vorziehen. J.D.D./G.I.D.

KENCHREÄ. Heute Kechries, 11 km südwestl. von *Korinth, am Saronischen Golf. Der griech. Name *Kegchreai* soll auf Kenchreias zurückgehen, einen Sohn des Meeresgottes Poseidon mit der Nymphe Peirene. K. war der östl. Hafen von Korinth, von dem aus der Seeverkehr nach *Athen, Kleinasien, *Syrien und *Ägypten ging. K. nahm am großen Aufschwung von Korinth in röm. Zeit teil. Beide Städte wurden durch eine Pflasterstraße verbunden, die von Gräbern gesäumt war und teilweise noch sichtbar ist. Einen natürlich vorhandenen Hafen, der wohl schon in der griech. Epoche genutzt wurde, hat man unter den Römern durch je eine große N- und S-Mole wesentlich verbessert. Die alte griech. Stadt, die noch kaum angegraben ist, lag auf einer Anhöhe im NW, der Ort der ntl. Zeit direkt am Hafen. Nach der »Beschreibung Griechenlands« des Pausanias gab es in K. neben einer berühmten Bronzestatue des Poseidon Heiligtümer der Aphrodite und Isis sowie des Heilungsgottes Asklepios (II, 2,4). Der größte Teil der Hafenanlagen befindet sich heute unter Wasser, da sich die Küste (zum Teil aufgrund von Erdbebentätigkeit) abgesenkt hat. 1963ff wurde in K. unter Einsatz der Unterwasser-Archäologie ausgegraben. Bei der NW-Mole liegt auf dem Land ein röm. Bau, bei dem es sich vermutlich um den Aphrodite-Tempel handelt, der wohl auch mit dem Heiligtum auf Akrokorinth zusammenhing. Bei der S-Mole ist ein ehemaliges Isis-Heiligtum sichtbar, das Ende des 4. Jh. in eine christl. Basilika umgewandelt wurde. Schon unter Wasser liegen ein weiterer vermutlicher Tempel sowie bedeutende Glasmosaiken. Von den fünf Erwähnungen K.s in der Antike finden sich zwei im NT. Wahrscheinlich von Korinth aus entstand in K. eine christl. Gemeinde, in der *Phoebe, die offenbar aus der Oberschicht stammte, als Diakonisse Dienst tat (Röm 16,1). In K. unterzog sich Paulus am Ende seines über achtzehnmonatigen Aufenthalts in Korinth (vgl. Apg 18,11; ca. 50-52 n.Chr.) einem Nasiräat und brach dann von hier aus mit *Aquila und Priszilla nach Syrien auf.

Literatur: W. Michaelis: ZNW 25 (1926), 144-154; J.G. Hawthorne: Archaeology 18 (1965), 191-200; R.V. Schoder: Das antike Griechenland aus der Luft, 1975, 111-113; R. Scranton, J.W. Shaw, L. Ibrahim: Kenchreai. Eastern Port of Corinth I, 1978; J. Wiseman: The Land of the Ancient Corinthians, 1978, 64-69; J. Murphy-O'Connor: St. Paul's Corinth, 1983, 17-22. R.R.

KENITER. Die K. waren ein midianitischer Stamm (4Mo 10,29; Ri 1,16; 4,11). Das midianitisch-kenitische Gebiet lag südöstl. vom Golf von Aqaba. Die K. erscheinen zum ersten Mal als Bewohner Kanaans z.Zt. der Erzväter (1Mo 15,19). Später wird Mose der Schwiegersohn des K. Reguel (2Mo 2,18ff). Mose fordert dessen Sohn *Hobab auf, die Israeliten ins verheißene Land zu begleiten (4Mo 10,29). K. zogen mit dem Stamm Juda nach Kanaan (Ri 1,16; 1Sam 27,10) und lebten im Südteil Kanaans südl. von Arad (Ri 1,16). Saul verschonte sie im Krieg gegen die Amalekiter (1Sam 15,6). David pflegte Freundschaft mit ihnen (1Sam 30,29). Die Rechabiter, die am Wiederaufbau Jerusalems nach dem Exil beteiligt waren (Neh 3,14), waren kenitischer Herkunft (1Chr 2,55).

Mitunter wird eine sog. K.-Hypothese vertreten, nach der die K., die gerne als wandernde Schmiede aufgefaßt werden (nach dem arab. *kain*, »Schmied«), zu den ersten Anhängern des Jahwedienstes gehört haben sollen. Mose habe seine rel. Kenntnisse erst in Midian von seinem Schwiegervater, der Priester war, erworben, worauf Israel am Sinai den Gott der K. als seinen Gott übernommen hätte. In der Bibel ist davon keine Rede, und die Erscheinung in 2Mo 3 erweckt durchaus nicht den Eindruck, als ob Mose dem Gott der K. begegnete. J.A.M.

KENNEN. Das hebr. *jāda'*, das die LXX mit *ginoskein* übersetzt, hat die Bedeutung »Kennen, Wissen, Erkennen«. Vom Kennenlernen und Wahrnehmen geht es zur Kenntnis und dann zum tieferen Eindringen in das Wesen der Dinge: zur Erkenntnis. Der allmächtige und zugleich allwissende Gott kennt den Menschen, d.h. er weiß um die offene und verborgene Wirklichkeit des Menschen, und seine Taten sind ihm bekannt (2Mo 33,12; 1Kön 8,39; Hiob 23,10; Ps 1,6; 37,18; 103,14; Joh 2,24). Das ist für den Menschen Grund zur Buße und zur Demut (Ps 103,14; 139,1; Jes 1,3; vgl. die Sendschreiben der Offb, die mit dem ernsten »Ich kenne deine Werke« beginnen: Offb 2,2.9.13.19; 3,1.8.15), weil Gott nicht nur die offenkundigen schlechten Taten, sondern auch die heimliche Schande und unerkannte Sünde kennt und ans Licht bringt. Das ist aber zugleich auch Grund zur Freude und Dankbarkeit (Nah 1,7), denn die Tatsache, daß Gott die Not kennt, ist der erste Schritt zu ihrer Behebung.

Die Kenntnis von Gott, die Adam aus dem Paradies mitnahm, ging in dem Maße und überall dort verloren, wo Menschen sich von

Gott abwandten. Ebenso wurde in Israel die aus den Offenbarungen auf dem Wüstenzug gewonnene Kenntnis Gottes durch den Götzendienst verwischt (Ri 2,10; Jes 1,3; Jer 31,32ff). Doch was Gott in Jer 31,34 verheißen hat, ist in Jesus erfüllt worden (Hebr 8,11): durch die *Offenbarung Gottes in Jesus Christus ist es dem Menschen möglich geworden, Gott in Wahrheit zu erkennen (1Tim 3,16; Joh 14,7-9). Diese Kenntnis Gottes ist kein Vorrecht der Klugen und Weisen, sie ist allen zugänglich, und sogar in besonderer Weise den Törichten dieser Welt (1Kor 1,26-31), die zur echten Weisheit berufen und gekommen sind (Jer 9,22f; s.a. *Erkennen).

KENOSIS. Der Begriff ist abgeleitet von dem griech. Verb *heauton ekenōsen* (»er entäußerte sich selbst«, Phil 2,7) und kennzeichnet bestimmte Positionen in der Lehre von der Person Christi innerhalb der protestantischen Theologie, denen daran lag, die wahre Menschheit Christi zur Geltung zu bringen.

Unter Voraussetzung der Trinitätslehre, der Lehre von den zwei Naturen Christi und der lutherischen Lehre von der *communicatio idiomatum* (der Lehre von der Teilhabe der menschlichen Natur Christi an den Eigenschaften der göttlichen Natur und umgekehrt) stellte sich die Frage, wie das Menschsein Christi so gedacht werden kann, daß es als wahrhaft menschliches Sein zur Geltung kommt und nicht sozusagen von der Gottheit Christi aufgesaugt wird, oder, nach einer anderen Seite gewendet: wie das Jesusbild der Evangelien im Rahmen der Zwei-Naturen-Lehre der Christologie ernsthaft Raum findet.

Führende Vertreter der **älteren Kenotik** im 17. Jh. sind die Gießener Theologen Balthasar Mentzer und Justus Feuerborn. Sie vertreten die Auffassung, daß Christus im Stande der Erniedrigung sich hinsichtlich seiner menschlichen Natur *des Gebrauchs* der göttlichen Eigenschaften (vor allem ist an Allmacht, Allgegenwart und Allwissenheit gedacht) entäußert, wiewohl er sie auch hinsichtlich seiner menschlichen Natur *besitzt.* Demgegenüber vertreten die Tübinger Matthias Hafenreffer, Lukas Osiander und Theodor Thummius (»Kryptiker«) die Auffassung, Christus habe seiner menschlichen Natur nach die göttlichen Eigenschaften wohl gebraucht, aber nur im Verborgenen. Die *Wunder gelten beiden Schulen als Ausnahmen, in denen Christus seiner menschlichen Natur nach öffentlich von den göttlichen Eigenschaften Gebrauch macht.

Die **neuere Kenotik** entsteht um die Mitte des 19. Jh., zu einem wesentlichen Teil wohl unter der Herausforderung durch die These von David Friedrich Strauß, das Christusbild der Evangelien sei als Mythos zu verstehen. Demgegenüber versuchen die kenotischen Ansätze nun vom überlieferten christologischen Dogma aus darzutun, daß der Gottmensch als ein wirklicher, geschichtlicher Mensch zu verstehen sei, dessen Persönlichkeit und Bewußtsein sich ganz in menschlicher Weise entwickelt haben. Die K. wird nun nicht mehr wie in der älteren Kenotik als Werk des Menschgewordenen seiner menschlichen Natur nach verstanden, sondern als Tat der zweiten Person der Gottheit vor bzw. bei der Menschwerdung. Es ist dann sozusagen eine auf menschliche Dimensionen reduzierte göttliche Natur, die in die Einigung mit der menschlichen Natur eingeht. Im einzelnen wurde dieser Ansatz in mancherlei unterschiedlichen Weisen durchgeführt und war von großem Einfluß auf das spätere christologische und theologische Denken. Hauptvertreter sind Gottfried Thomasius (der wesentliche Urheber dieser Denkrichtung), Wolfgang Friedrich Geß, Johann Christian Konrad von Hofmann, Karl Theodor Albert Liebner, Johann Heinrich August Ebrard und Franz Hermann Reinhold Frank.

Während bei der älteren Kenotik die Gefahr besteht, daß die Einheit der Person Christi in die Differenz zwischen der göttlichen Natur und der sich des Gebrauchs der göttlichen Eigenschaften entäußernden menschlichen Natur zerfällt, entsteht bei den neueren kenotischen Theorien das Problem, ob so denn überhaupt noch die volle Gottheit von Christus ausgesagt werden kann. Andererseits ist das Anliegen, das bibl. Bild des Menschen Jesus und das bibl. Zeugnis von der Kondeszendenz und Selbsterniedrigung Gottes in die Beschränktheit unseres menschlichen Daseins hinein deutlicher zur Geltung zu bringen als dies in den älteren Formen der Christologie geschieht, aller Anerkennung wert. Es zeigt sich hier die grundsätzliche Schwierigkeit, die der Fixierung des kirchlichen Dogmas im Verhältnis zum bibl. Zeugnis bleibend anhaftet: die dogmatischen Formulierungen können nicht die ganze Fülle des bibl. Zeugnisses in sich aufnehmen. Die Einheit von menschlicher Abhängigkeit und göttlicher Vollmacht Jesu, wie sie uns im NT vor Augen gestellt wird (z.B. Joh 5,19-23.26f), übersteigt die begrifflichen Möglichkeiten der Lehre von den zwei Naturen Christi.

Literatur: O. Bensow: Die Lehre von der Kenose, 1903; M. Breidert: Die kenotische Christologie des 19. Jahrhunderts, 1977; P. Althaus: Die christliche Wahrheit, [8]1969, S. 451-455. H.Ha.

KEPHAS s. Petrus

KEREM. Der in der LXX-Liste der Städte Judas (Jos 15,59 LXX) genannte Ort (griech. *Karem*) ist identisch mit dem Bet Kerem (hebr. *bejt kerem*) von Jer 6,1 und Neh 3,14 (wo es als Wohnsitz des *Rechabiters *Malkija erscheint).

1. Wegen Jer 6,1 (Nähe zu *Thekoa; vgl. Hieronymus, CCL 74, 63) und der Ortsbeschreibung der Kupferrolle von *Qumran (3Q15 10,5f) ist K. beim Kibbuz Ramat Rahel ca. 3 km südl. von *Jerusalem zu suchen (DJD III 268). Dort bestanden nacheinander ein königlich israelit. Landgut (9./7. Jh. v.Chr.), ein pers. Verwaltungssitz (vgl. Neh 3,14), eine röm. Kolonie sowie aufgrund einer alten judenchristl. Legende (Hennecke-Schneemelcher I, 286f) ab ca. 450 n.Chr. eine Kirche zum Gedenken des Rastplatzes (griech. *kathisma*) *Marias. Die Ebene von *bejt kerem* erscheint in den Qumran-Schriften (1QGenAp 22,14 vgl. 1Mo 14,17f) sowie in der Mischna (Mid 3,4) und dürfte den Ostteil der Ebene von *Refaīm meinen.

Literatur: Y. Aharoni: EAEHL IV, 1978, 1000-1009; OLB 2, 1982, S. 596-606.

2. Früher wurde K. mit dem arab. Dorf *ʿaīn karīm*, heute die jüd. Siedlung En-Kerem, 7 km westl. von Jerusalem identifiziert (F.M. Abel, Géographie de la Palestine II, [3]1967, 295f). Hierher verlegt die älteste, ab dem Beginn des 6. Jh. greifbare Lokaltradition (ELS 44ff) den Geburtsort von *Johannes dem Täufer. Zwei byzantin. Kirchen (4. Jh.) bezeugen eine noch ältere Verehrung und die Ortsüberlieferung könnte schon hinter den judenchristl. Legenden des Protevangeliums (Hennecke-Schneemelcher I, 289) aus dem 2. Jh. stehen. Die Ortslage paßt gut zur Beschreibung in Lk 1,39: Maria geht zu *Elisabeth »in das Bergland (griech. *oreinē*) in eine Stadt Judas«. Das griech. Wort bezeichnet den Distrikt um Jerusalem (Plin.nat. V, 14). Lk 1,65 zeigt, daß der Ort in *Judäa (griech. *Ioudaia*) lag. Wenn Lukas in 1,39 die semit. klingende Form *Iouda* wählte, so könnte das eine Anspielung auf 2Sam 2,1 sein. Hier den Namen der Priesterstadt *Jutta (Jos 15,55; 21,16), 10 km südl. von Hebron, zu sehen (Th. Zahn, Das Evangelium des Lucas, [4]1920, 93-96), ist schon philologisch schwer möglich. Die Ortslage westl. von Jerusalem war in ntl. Zeit besiedelt und vielleicht deuten Funde auf die Anwesenheit von *Judenchristen. Die Entdekkung einer Venus-Statue könnte auf ein heidnisches Heiligtum hinweisen, das wie in *Bethlehem oder auf *Golgatha die christl. Verehrung verdrängen sollte.

Literatur: B. Bagatti: Il Santuario della Visitazione, 1948; B. Bagatti, E. Alliata: SBFLA 36 (1986), 277-296; C. Kopp: Die heiligen Stätten der Evangelien, [2]1964, 130-137; M. Küchler: Heiliges Land 9 (1981), 54-59; S.J. Saller, Discoveries at St. John's – ʿEin Karim, 1946. R.R.

KERIJOT-HEZRON. (»Hürden-Städte«?). Im Stamm *Juda im Gebiet des *Negeb gelegener Ort, den ein in der altsyr. Übersetzung fehlender Zusatz als *Hazor identifiziert (Jos 15, 25). K. ist wahrscheinlich mit Qarjetēn, 8 km nördl. von *Arad, gleichzusetzen, das heute neuhebr. Hurva Qerijot heißt. Einige, z.T. alte Handschriften (zu Joh 6,72; 12,4; 13,2.26; 14,22) nennen *Judas Iskariot, den Verräter Jesu, den Mann »aus K.« *apo Karyōthou*. Es wäre dann ein hebr. *ʾīsch qerīōth* vorauszusetzen. Deshalb nehmen manche Forscher an, daß er der einzige uns bekannte Zwölferjünger aus *Judäa war. Legendär dürfte die Nachricht des Epiphanius Hagiopolita sein, Judas habe aus Skara (d.h. *Sychar) gestammt (PG 120,210).

Literatur: G. Sauer: BHH II, 1964, 934; R. Schnakkenburg: Johannesevangelium II, [4]1985, 113f. R.R.

KERKER. Der Begriff bezeichnet im wörtlichen Sinn ein festes *Gefängnis (1Mo 39,20; Jer 32,2; 37,16; 38,9; 1Kön 22,27; Mt 11,2); im übertragenen Sinn steht K. für die Notlage des Frommen (Ps 142,8), die Verbannung nach Babylon (Jes 42,7; Jer 29,14; LÜ: Gefangenschaft; RevEB: Geschick) oder als Bild für Gottes endzeitliches Gericht (Jes 24,21f).

KERKERTOR s. Jerusalem

KESSEL. Es gibt verschiedene hebr. Begriffe, die topfartige Gefäße zum Kochen, vielleicht auch zum Braten von Fleisch bezeichnen. K. aus Kupfer (1Kön 7,38) fanden im Tempel Verwendung (1Sam 2,14; Hiob 41,12; 1Kön 7,38; 2Chr 4,6.14). Diese K. wurden u.a. auch auf fahrbare bronzene Gestelle (1Kön 7,27ff) aufgesetzt.

K. wurden nicht nur im sakralen Raum verwendet, sondern auch zum alltäglichen, profanen Kochen (Sach 14,20f; Hiob 41,12).

KETTE. Mit ehernen K.n wurden Gefangene gefesselt (Ri 16,21; 2Kön 25,7; 2Chr 33,11; 36,6). Dabei handelte es sich um Fußfesseln, die aus zwei durch einen kurzen Metallstab verbundenen Ringen bestanden, oberhalb der Knöchel angebracht wurden und nur kurze

Schritte erlaubten. Außerdem werden Handfesseln erwähnt (Jer 40,4; Apg 12,6.7); sie sind wohl auch in Apg 21,33; Eph 6,20; 2Tim 1,16 gemeint. Besessene oder Wahnsinnige band man mit K.n (Mt 5,3.4; Lk 8,29; vgl. Dan 4,20). Hes 19,4 meint mit K.n Nasen- bzw. Lippenringe, an denen man Gefangene führte.

Goldene K.n fanden sich an der *Brusttasche des Hohenpriesters (2Mo 28,22ff) und als Schmuck im Tempel (2Chr 3,5 RevEB), auch das Allerheiligste und die ehernen Säulen hatten K.n als Verzierung (V. 16 RevEB; vgl. *Jachin u. Boas I). Silberne K.n werden Jes 40,19 bei Götzenbildern erwähnt (s.a. *Schmuck).

KETURA. (Hebr. *qeṭūrā*, »die Duftende«). *Abrahams zweite Frau nach dem Tode *Saras, die ihm Simran, Jokschan, Medan, Midian, Jischbak und Schuach gebar, die die Vorfahren einer Anzahl nordarab. Völker waren (1Mo 25,1-4; 1Chr 1,32-33). T.C.M.

KETZEREI s. Häresie

KEUSCH, KEUSCHHEIT. Unter Keuschheit versteht die Bibel die Lauterkeit des Charakters und der Beweggründe, die Durchsichtigkeit von Geist und Seele in Liebe, Treue und Wahrhaftigkeit, im engeren Sinn die Beherrschung des Leibes vor allem im Blick auf das Geschlechtsleben aus solcher Haltung heraus. Das AT spricht zwar von der Sache (1Mo 39,7-12; 2Mo 20,14; 3Mo 20,10-23; Hiob 31,1), doch steht hier (in LÜ) nirgends das Wort K., sondern nur »rein« (Ps 51,12). Die Worte K. und Keuschheit kommen nur im NT vor als Übersetzung verschiedener griech. Wörter. In der Revision der LÜ wurde K. z.T. mit »Reinheit«, »Enthaltsamkeit«, »Lauterkeit«, »Anstand« wiedergegeben.

1. Griech. *hagnos, hagnotēs, hagnizō* und *hagneia* bezeichnen vor allem die sittliche Reinheit, Lauterkeit und Tadellosigkeit (2Kor 6,6; Phil 4,8; 1Tim 4,12; Tit 2,5; 1Petr 1,22; 3,2; Jak 3,17; 4,8; 1Joh 3,3; 2Kor 7,11: »unschuldig«; 2Kor 11,2: »keusch« im engeren Sinn).

Daneben kann *hagnizō* auch die atl. kultische Reinheit (vgl. *Rein/Unrein) bezeichnen (Joh 11,55; Apg 21,24.26; 24,18). Bei den griech. Wörtern *egkratēs* und *egkrateia* ist die zur K. nötige Selbstbeherrschung stärker betont (Apg 24,25; Tit 1,8; 2Petr 1,6). Das zugehörige Verb übersetzt LÜ mit »enthalten« in allgemeiner (1Kor 9,25) wie eingegrenzter Bedeutung (1Kor 7,9). Gal 5,23 steht *egkrateia* als Frucht des Geistes im Gegensatz zu Ehebruch, Hurerei, Unreinigkeit, Unzucht, Saufen und Fressen (V. 19f).

Unkeusch, d.h. zuchtlos (griech. *akratēs*; 2Tim 3,3) und Unkeuschheit (*akrasia*; 1Kor 7,5), d.h. Unenthaltsamkeit, Mangel an Selbstbeherrschung, beziehen sich nur auf *Ehe und Geschlechtlichkeit.

2. Im Gegensatz zur griech. Philosophie (für die ntl. Zeit sind besonders wichtig die Anfänge der *Gnosis; vgl. Kol 2,21-23), die den Leib und Liebestrieb als minderwertig, als Kerker der Seele und als böses Prinzip an sich ansieht, bezeugt die Bibel, daß in diesen Gaben Gottes Schöpferweisheit und Schöpfermacht offenbar wird (Hiob 10,8; Ps 139,14) und der Mensch sie dankbar empfangen soll (1Tim 4,3-5; Pred 9,9). Freilich muß er dabei in den Grenzen des Gotteswortes und -gebotes bleiben. Für verdienstliche Askese ist neben der Heilsgabe in Christus kein Platz mehr (Gal 5,4). M.H./Red.

KIBROT-HATTAAWA. (Hebr. *qibrōt hatt'awā*, »Lustgräber, Gräber der Gier«). Ein Lagerplatz der Israeliten, eine Tagereise von der Wüste Sinai entfernt. Als das Volk Fleisch zum Essen begehrt und Wachteln vom Herrn geschickt bekommen hatte, wurde es dort von einer Seuche überfallen, an der viele starben (4Mo 11,31-34; 33,16; 5Mo 9,22; vgl. Ps 78,27-31). Manche haben vermutet, daß das Ereignis am Tabera (4Mo 11,1-3) am gleichen Ort stattfand wie das von Kibrot-Hattaawa, aber 5Mo 9,22 scheint dagegen zu sprechen. Grollenberg identifiziert den Ort mit Ruweis el-Ebeirig, nordöstl. vom Berg Sinai. J.D.D.

KIBZAJIM. (Hebr. *qibzajim*). Eine Levitenstadt in *Ephraim (Jos 21,22). Nicht Tell Abu Qabūs, sondern vielleicht das heutige arab. Dorf Qusēn westl. von *Sichem (F.M. Abel, Géographie de la Palestine II, ^{3}1967, 417), wahrscheinlich aber ein Ort unbekannter Lage (M. Noth, Josua, ^{3}1971, 128). In 1Chr 6,53 ist K. wahrscheinlich in *Jokmeam verschrieben. R.R.

KIDRON. (Hebr. *nachalī qidrōna* von *qdr* »dunkel, glühend sein«). So lautet heute neuhebr. der Name jenes Tals, das aus dem Zusammenfluß mehrerer Wadis nördl. der Altstadt von *Jerusalem entsteht. Es verläuft dann immer tiefer eingeschnitten in N-S-Richtung zwischen der Altstadt und dem *Ölberg im O. Darauf windet es sich durch die Wüste *Juda, um in den N-Teil des *Toten Meers zu mün-

Die hellenistische Grabanlage der Priesterfamilie Mesir im Kidrontal. (RR)

den. Arab. heißt der oberste Abschnitt (nach dem Mariengrab bei *Gethsemane) Wādi Sitt Mirjām, der folgende kurze Teil beim Dorf Silwān (*Siloah) Wādi Silwān, die Forsetzung Wādi En-Nār (Feuertal) und der unterste Lauf (nach dem berühmten griech.-orthodoxen Kloster) Wādi Mar Sāba. In bibl. Zeit hieß nur der oberste Abschnitt K. Er ist durch starke Trümmeraufschüttungen weniger tief eingeschnitten als früher, und auch die Wasserrinne hat sich um durchschnittlich 30m weiter nach O verlagert. Im K.tal entsprang zwar am O-Rand der Davidsstadt die ständig fließende *Gihon-Quelle. Aber schon die Ableitungen des Wassers in jebusitischer und israelischer Zeit verhinderten, daß es nach S abfloß. So bedeutet *nachal*, das die LXX und Josephus (ant.Jud. VIII, 17) gelegentlich mit *cheimarros* wiedergeben, einen »Winterbach«. Natürliche Rückhaltebecken im obersten Teil mögen dafür gesorgt haben, daß nach starken Winterregenfällen ein Rinnsal länger als nur ein paar Stunden durch das K.tal floß. Manchmal heißt der K. im AT einfach der *nachal* (2Chr 33,14; Neh 2,15), während Josephus meist vom »Tal« (*pharagx*) des K. spricht (ant.Jud. IX, 151; bell.Jud. V, 147 u.ö.). *David überquerte bei seiner Flucht aus der heiligen Stadt den K., um *Jericho zu erreichen (2Sam 15,23). Das K.tal bildete die O-Grenze des Jerusalemer Stadtgebiets (1Kön 2,36f). Weil das Tal als Begräbnisplatz für das einfache Volk diente (2Kön 23,6), ließen fromme Könige hier die Götzenbilder aus dem Tempel verbrennen (1Kön 15,13; 2Kön 23,4.6; 2Chr 29,16). Die in diesem Zusammenhang genannten K.-Terrassen (hebr. *sadmot qidrōn*) wurden sehr wahrscheinlich am NO-Abhang der Davidsstadt wiederentdeckt (*Millo).

In der Prophetie des *Jeremia ist der K. auch die O-Grenze der endzeitlichen Stadt (Jer 31,40). *Hesekiel sieht unter der Tempelschwelle eine Quelle entspringen, die – wohl doch durch den K. (W.R. Farmer, BA 19, 1956, 17ff) – bis ins Tote Meer sprudelt (Hes 47,1–12). Dieselbe Vorstellung steht vermutlich auch hinter Sach 14,8. Vielleicht geht es schon auf eine ältere jüd./judenchristl. Überlieferung zurück, wenn der Pilger von Bordeaux (333 n.Chr.) das K.tal mit dem Tal *Joschafat

Kidrontal. Blick auf die sog. »Zinne des Tempels«. Links das hasmonäische Grabdenkmal, das heute volkstümlich »Absalomsgrab« heißt. (RR)

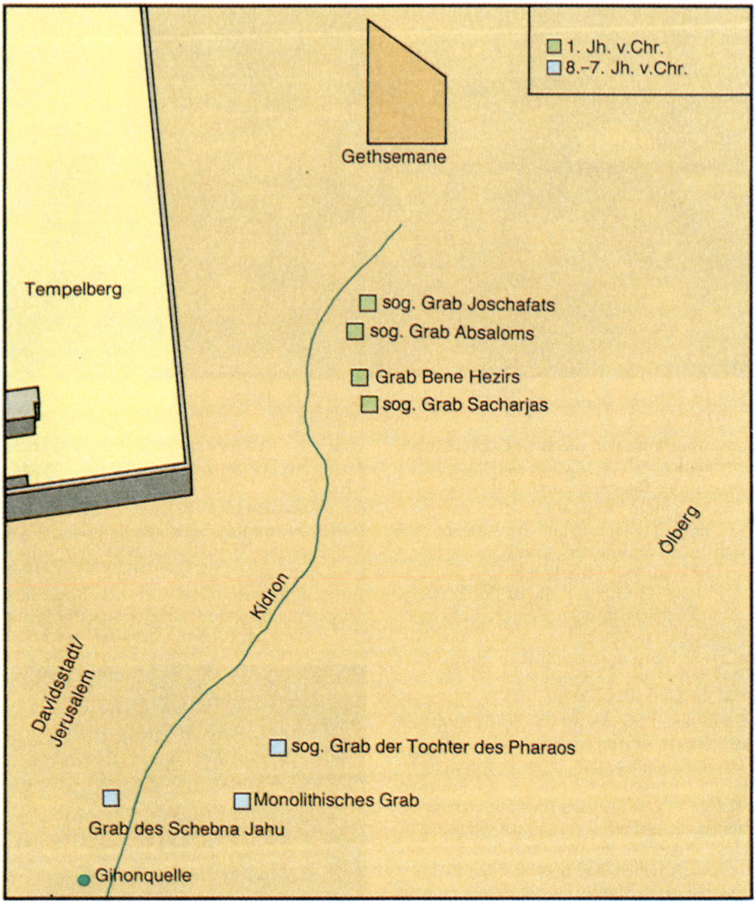

Das Kidrontal im Osten von Jerusalem. Der Ostabhang war ein bevorzugter Begräbnisort.

identifiziert (CSEL 39, 23), in dem sich nach Joel 4,2.12 das Gericht über die Heiden vollziehen soll. Schon Euseb setzt den K. mit diesem Tal gleich, verwechselt es aber noch zusätzlich mit dem *Hinnom-Tal (onom. 70,2–4; 170,8–10). Wenn mit dem Tal Joschafat ein konkreter Ort bei Jerusalem gemeint ist, dann am ehesten der *Königsgrund (1Mo 14,17), wo vielleicht auch das »Tal der Schauung« (Jes 22,5) zu suchen ist. Vermutlich hat es schon in vorntl. Zeit in verschiedenen jüd. Gruppen unterschiedliche Ansichten über die endzeitlichen Gerichtsorte in Jerusalem gegeben. Daß zumindest manche Juden dem K.tal eine besondere Bedeutung beimaßen, ist wegen Hes 41,1ff und Sach 14,8 (vgl. 14,4) wahrscheinlich. Anscheinend war es für *Essener (3Q 15; 10,15–11,10) und dann später auch für Judenchristen ein bevorzugter Begräbnisplatz (B. Pixner, RQ 11, 1983, 355f). Judenchristl. Gräber fand man bei *Gethsemane und weiter unten im K.tal (*Begräbnis- und Trauersitten II.5). In der rabbin. Literatur spielt der K. allerdings eine völlig unbedeutende Rolle (Bill. II, 567).

Joh 18,1 berichtet, daß Jesus in der letzten Nacht vor der Verhaftung vom *Obergemach herkommend den K. überschritt. Damit wird in typologischer Weise an die Flucht des Messiasahnen David erinnert. Doch weist die

Erwähnung des »Winterbaches Kidron« (*cheimarros tou Kedrōn*) und vor allem des Gartens (*kēpos*; Joh 18,2; vgl. Lk 21,37; Joh 8,1), der nach den Synoptikern mit Gethsemane zu identifizieren ist (Mt 26,36/Mk 14,32), auf gute Ortskenntnis hin (B. Schwank, EA 57, 1981, 436). Nach Treppenfunden auf dem Gebiet der griech.-orthodoxen Stephanus-Kirche zu schließen, überquerte unmittelbar nördl. von Gethsemane ein Weg vom »Goldenen Tor« (O-Tor des Tempelplatzes?) herkommend den K. (B. Bagatti, Recherches sur le site du Temple, 1979, 15). Falls damals schon der K. als Tal Joschafat galt, dann steht vielleicht das Wort Jesu über das Eingreifen der Engelheere in Gethsemane (Mt 26,53, vgl. Joel 4,9) mit dieser Ortsüberlieferung in Verbindung (A. Carr, Exp. VI/5, 1902, 215–217). J. Jeremias nahm an, das Grab des Propheten *Sacharja habe sich ebenso wie das des *Haggai im K.tal befunden (Heiligengräber in Jesu Umwelt, 1958, 67–72). Dann könnte das Zitat aus Sach 13,7 beim Weg nach Gethsemane (Mt 26,30–32/Mk 14,26–28) auch davon angeregt sein. Das hellen. Monumentalgrab der Priesterfamilie Hezir gegenüber der SO-Ecke des Tempelplatzes wird allerdings erst seit dem 4. Jh.n.Chr. für das Grab des Sacharja gehalten. Mit den im Judentum und Christentum wie auch im Islam vertretenen Vorstellungen über die endzeitliche Bedeutung des K.tals ist zu erklären, daß es bis heute als bevorzugter Bestattungsort dient.

Literatur: F.M. Abel: Géographie de la Palestine I, [3]1967, 400f; B.C. Chapman: NIDBA 1983, 279f; G. Dalman: Jerusalem und sein Gelände, 1930, 159–189; ders.: Orte und Wege Jesu, [4]1967, 338f; H.E. Hutchbury: PEQ 93 (1961), 101–113; H. Kosmala: BHH II, 1964, 946f; J. Murphy-O'Connor: Das Heilige Land, 1981, 107–114; R. Schnackenburg: Johannesevangelium III, [5]1986, 250. R.R.

KIND, KINDSCHAFT. Die jüd. Einstellung zum K. läßt sich am besten dadurch verdeutlichen, daß man sie kontrastiert mit der Einstellung zum K. in der hellen.-röm. Antike. Hier war die Kindheit ein Lebensalter, in dem man erheblichen sozialen Gefahren ausgesetzt war. Der Familienvater (*pater familias*) übte über seine Kinder unumschränkte Macht aus. Er entschied nach der Geburt über das Schicksal des Kindes: hob er es nicht vom Boden auf, durfte es nicht aufgezogen werden; es wurde dann verkauft oder getötet. Auf den Sklavenmärkten gab es regelrechte Spezialmärkte für Kinder. Häufig wurden Kinder zur Prostitution gezwungen, oder sie wurden verstümmelt und zum Betteln benutzt, manchmal gerieten sie auch in vornehme Familien, um hier den Kindern des Hauses als lebendiges Spielzeug zu dienen.

Im *Judentum, das extrem kinderlieb war (vgl. Ps 127; 128), waren Kinder nicht in derselben Weise gefährdet wie in der hellen.-röm. Antike. Kinder auszusetzen war verboten. Wirtschaftliche Notsituationen konnten freilich dazu führen, daß auch jüd. Kinder verkauft wurden, und zwar in die Schuldknechtschaft (vgl. Mt 18,25). Und dem störrischen, widerspenstigen Sohn drohte die Todesstrafe, wenngleich sie auch nicht (um Willkür auszuschließen) allein vom Vater verhängt werden durfte, sondern in Übereinstimmung mit den Ältesten der Stadt (5Mo 21,18-21).

Als erstrebenswert galt es, sehr viele Kinder zu haben, und zwar vor allem Söhne. So wird *Rebekka beim Abschied von ihrer Familie mit folgenden Worten gesegnet: »Du unsere Schwester, wachse zu viel tausendmal tausend« (1Mo 24,60; vgl. ferner Hiob 5,25; Spr 17,6). Dementsprechend galt Unfruchtbarkeit als Schande und schwere Prüfung durch Gott (1Mo 20,18; 30,1f; 1Sam 1,5-7; Jes 47,9). Die Säuglingssterblichkeit dürfte in Israel hoch gewesen sein. Das läßt sich aus 3Mo 27,6 schließen, wo es um eine geldliche Taxierung verschiedener Personengruppen geht im Zusammenhang mit der Möglichkeit, rel. Gelübde durch Geldzahlungen abzulösen. Dabei wird deutlich, daß ein K. bis zu einem Monat noch keinen Wert hat – zu groß ist das Risiko, daß es sterben kann.

Am 8. Tag nach der Geburt fanden *Beschneidung und Namensgebung statt (1Mo 17,12; Lk 1,59; 2,21). Die ersten Jahre lagen in der Verantwortung der Mutter (Spr 6,20; 31,1), die das Kind lange stillte (nach 2Makk 7,28 drei Jahre). Später übernahm dann der Vater die Erziehung der Söhne, die er im Gesetz unterwies und sie ein Handwerk lehrte. Die Töchter blieben bis zu ihrer Heirat bei der Mutter und halfen ihr bei der Führung des Haushaltes. Den Kindern war es vom Gesetz her aufgetragen, die Eltern zu ehren (2Mo 20,12 u.ö.). In der Haustafelethik des NT kehrt diese Verpflichtung wieder, verbunden mit der mahnenden Anrede an die Väter, ihre Kinder nicht zum Zorn zu reizen bzw. zu verbittern (Eph 6,1-4; Kol 3,20 vgl. hier die spezifisch christl. Begründung »denn das ist wohlgefällig in dem Herrn«).

Neben der allg. Redeweise vom K., in der es in seiner konkreten Existenz angesprochen wird, findet sich in der Bibel auch eine übertragene, metaphorische Redeweise. So wird Israel der erstgeborene Sohn Jahwes genannt (2Mo 4,22; Jer 31,9), der sein Lieblingskind ist (Jer 31,20). Jahwe hat Israel getragen, wie man sein K. trägt (5Mo 1,31). Auch das NT bedient sich in vielfacher Weise der Kind-Metaphorik. In 1Petr 2,2 werden die neu zur Gemeinde Hinzugekommenen mit neugeborenen Kindern verglichen; wie diese nach Milch verlangen, sollen die neu Hinzugekommenen Appetit nach geistlichen Gütern entwickeln. Besonders ausführlich bedient sich Paulus der Kind-Thematik. Häufig bezeichnet er mit »Kind« (griech. *teknon*) von ihm bekehrte Christen (1Kor 4,14.17; 2Kor 12,14; Gal 4,19; Phil 2,22; 1Thess 2,7.11f; Phlm 10) und sieht sich damit als Vater (oder auch als Mutter, Gal 4,19; 1Thess 2,7) der Gläubigen.

Großes theologisches Gewicht hat die metaphorische Redeweise vom K. an jenen ntl. Stellen, an denen es um Gotteskindschaft geht. Vorgebildet ist dieses Theologumenon im AT. Ist hier allerdings der Kindschaftsgedanke eher ein Motiv von nebengeordneter Bedeutung, und wird hier das Volk als Ganzes als Sohn bzw. Kind bezeichnet (vgl. die oben bereits genannten Stellen 2Mo 4,22; 5Mo 1,31; Jer 31,9.20 u.ö.), so rückt bei Jesus die Gotteskindschaft ins Zentrum der Verkündigung und wird bei ihm vom einzelnen Menschen ausgesagt (vgl. bes. Mt 5,45 und die Bezeichnung Gottes als Vater in Jesu gesamter Botschaft; diese Gottesbezeichnung schließt den Gedanken der Kindschaft mit ein).

Von Jesus läuft eine Linie zu Paulus und Johannes, bei denen der Kindschaftsgedanke weiter ausgearbeitet ist mit jeweils unterschiedlichen Schwerpunkten. Die entscheidenden Stellen bei Paulus zur Kindschaft bzw. Sohnschaft (griech. *hyiothesia*) sind Röm 8,14-25 und Gal 4,4-7. Der Begriff hat bei Paulus eine gewisse Nähe zur Rechtfertigung und bezeichnet den Stand, in den die Glaubenden versetzt sind, wobei in Röm 8,23 das volle Offenbarwerden der *hyiothesia* allerdings erst für das Eschaton (zukünftige Zeit) erwartet wird. Dem Begriff eignet also eine eigentümliche Doppelheit, er fügt sich ein in die paulinische Dialektik von »Schon und Noch-nicht«. – In den johanneischen Schriften findet sich der Begriff *hyiothesia* selbst nicht, sondern das Motiv der Kindschaft wird durch die Wendung *tekna theou*, »Kinder Gottes« entfaltet (Joh 1,12; 11,52; 1Joh 3,1f u.ö.). Im Zusammenhang der Kindschaft steht auch das Bild von der Wiedergeburt (Joh 3). Zu verstehen ist das johanneische Kindschaftsmotiv mit seinem starken Akzent auf der Gegenwärtigkeit des Heils im Gesamtzusammenhang der johanneischen Eschatologie, in der die Erfahrung des gegenwärtigen Heils die noch ausstehende unerfüllte Zukunft fast zu verdrängen scheint.

Literatur: B. Byrne: »Sons of God« – »Seed of Abraham«. A Study of the Idea of the Sonship of God of All Christians in Paul against the Jewish Background, 1979; G. Delling: Die »Söhne (Kinder) Gottes« im Neuen Testament, in: Die Kirche des Anfangs (FS H. Schürmann), 1978, S. 615-631; G. Haufe: Das Kind im Neuen Testament, ThLZ 104/1979, 625-638; J. Jeremias: Neutestamentliche Theologie I, [3]1979, S. 174-196; S. Légasse: Jésus et l'enfant, 1969; G. Schneider: EWNT III, 1983, 817-820; W. Stegemann: Lasset die Kinder zu mir kommen. Sozialgeschichtliche Aspekte des Kinderevangeliums, in: W. Schottroff, W. Stegemann (Hrsg.): Traditionen der Befreiung. Bd. 1, 1980, S. 114-144; R. de Vaux: Das AT und seine Lebensordnungen I, [2]1964, S. 78-95. W.R.

KINNERET s. Genezareth

KIR. Name für einen Verbannungsort für die Syrer (2Kön 16,9; Am 1,5) und für ein Land (nicht unbedingt damit identisch), aus dem Jahwe sie hergeführt hat (Am 9,7). Vielleicht war es nicht ihre ursprüngliche Heimat, sondern ein Land, das sie früher eine Zeitlang bewohnten, ähnlich wie die Israeliten Ägypten bewohnten und die Philister in Kaftor. In Jes 22,6 wird Kir parallel mit Elam genannt. Ein Ort dieses Namens ist im Altertum unbekannt. Da Kir einfach »Stadt« bedeutet, muß es nicht unbedingt ein Eigenname sein. Die LXX benutzt in keinem der Abschnitte einen Eigennamen, sondern übersetzt »von einer Grube« (Am 9,7, griech. *ek bothrou*), »genannt wie ein Verbündeter« (Am 1,5, griech. *epiklētos*) und »Versammlung« (Jes 22,6, griech. *synagōgē*); es sind mögliche Übersetzungen eines hebr. Textes ohne Interpunktion. Die Vulgata folgt Symmachus' falscher Identifikation mit *Kyrene. Kir wurde auch zu »Koa« verändert und sollte angeblich Gutium in den kurdischen Bergen sein (vgl. Hes 23,23; Jes 22,5-6).
A.R.M.

KIRCHE s. Gemeinde

KIRCHENVÄTER, SCHRIFTEN DER s. Apostolische Väter

KIR-HERES. Eine befestigte Stadt im S von *Moab, angegriffen, aber nicht eingenommen von den Königen von Israel, Juda und Edom (2Kön 3,25). Während der Belagerung opferte König *Mescha von Moab seinen ältesten Sohn »zum Brandopfer auf der Mauer«.

Der hebr. Name (*qīr charāschät*) bedeutet »die Mauer aus Tonscherben«. Die LXX setzt in Jes 16,11 das hebr. *qīr chadeschet*, »die neue Stadt«, voraus. Normalerweise heißt die Stadt »Kir in Moab« (Jes 15,1). Manche Schreiber sehen in Jer 48,36-37a ein Wortspiel, in dem K. gleichgesetzt wird mit »bald« (hebr. *qor-*

chā). Man meinte, daß der ursprüngliche moabitische Name *QRCHH* lautete, vermutlich die Stadt, auf die sich die *Mescha-Stele (Z. 22ff) bezieht. Dort errichtete Mescha ein Kemosch-Heiligtum und ließ ein Gebäude erstellen. Dann wäre die Stadt in der Nähe von *Dibon zu suchen.

Die meisten Schreiber jedoch identifizieren K. nach der Targum-Überlieferung mit Kerak in Moab. In diesem Fall wäre der Ort auf einem strategisch bedeutsamen Felsen errichtet gewesen, 1027 m über dem Meeresspiegel, umgeben von tiefen Tälern, etwa 18 km östl. vom Toten Meer und 24 km südl. vom Arnon-Fluß. Heute krönt eine mittelalterliche Burg diesen Berg. J.A.T.

KIRJATAJIM. Dualform des hebr. *qirjā*, »Stadt«. K. bedeutet daher »doppelte Stadt«. In der Bibel werden zwei Städte mit diesem Namen erwähnt.

1. Ort in dem *Ruben zugeteilten Gebiet (Jos 13,8f), der von den Rubenitern erobert und neu aufgebaut worden ist (4Mo 32,37). Es ist möglich, daß die Ebene K., die in dem Bericht über Kedor-Laomers Einfall z.Zt. Abrahams erwähnt wird (1Mo 14,5), sich auf diese Ortslage bezieht, obwohl das hebr. *schāwēh* ein seltenes Wort ist, dessen Bedeutung nicht sicher ist. Die Stadt war später in der Hand der Moabiter (Jer 48,1.23; Hes 25,9). Im 9. Jh.v.Chr. wird in einer Inschrift des Königs *Mescha von Moab die Stadt *qrjtn* (Z. 10) erwähnt, die von ihm wieder aufgebaut wurde. Daher kann sie nicht länger als drei Jh. unter israelit. Kontrolle gewesen sein. Die Stadt liegt vermutlich nahe dem heutigen El Quraijāt, etwa 10 km nordwestl. von *Dibon in Jordanien, aber ihre Lage ist bisher nicht genau ermittelt worden (vgl. H. Donner und W. Röllig, Kanaanäische und aramäische Inschriften, 1962-4, S. 174-175).

2. Levitische Stadt in *Naftali (1Chr 6,61), möglicherweise gleichzusetzen mit *Kartan aus Jos 21,32. Die genaue Lage von K. ist unbekannt. T.C.M.

KIRJAT-ARBA. (Hebr. *qirjat 'arba'*, »Stadt der Vier« d.h. Tetrapolis), ein früherer Name *Hebrons. Nach Jos 14,15 war sie »die Heimat der Anakiter« (so LXX; MT wandelt das numerische *'arba'*, »vier«, in einen Eigennamen um). Der Name K. erscheint einmal in der Geschichte von *Abraham (1Mo 23,2) und einige Male im Zuge der Landnahme (Jos 14,15; 15,54; 20,7; Ri 1,10); danach wurde er offensichtlich nicht mehr verwendet. Man hat versucht, ihn in der Zeit nach dem Exil wieder in Erinnerung zu rufen (Neh 11,25), aber mit der idumäischen Besetzung des Ortes kurz darauf verschwand der alte Name völlig. F.F.B.

KIRJAT JEARIM. (Hebr. *qirjat je'arīm*, »Wälderstadt«). Der Ort kann zweifelsfrei auf dem Tell El-Azhar ca. 500 m nordwestl. des arab. Dorfs Abu Gosch lokalisiert werden, das 13 km nordwestl. von *Jerusalem nahe der modernen Hauptstraße nach Tel Aviv liegt. In der Nähe gab es schon in der vorkeramischen Jungsteinzeit (7. Jt.v.Chr.) eine Siedlung mit einfachen rechteckigen Steinhäusern (M. Lechevallier, Abu Gosh et Beisamoun, 1978).

Der Name K. ist typisch kanaan. Herkunft. Der Ort bildete zusammen mit *Gibeon, Kefira und Beerot (Jos 9,17) einen Vierstädtebund, dem es durch List gelang, sich den einwandernden Israeliten anzuschließen (Jos 9,3-18). Die Bewohner dieser Tetrapolis waren *Hiwiter (Jos 9,7 vgl. 11,19), die wohl aus *Zilizien in der SO-Türkei zugewandert waren. Der Unterschied der Hiwiter zu den übrigen Kanaanäern zeigte sich an der politischen Organisation: Sie wurden von einem Ältestengremium und nicht von einem König regiert. Die spätbronzezeitl. Hiwiter-Siedlung ist durch Scherben- und Terrakottafunde auf dem Tell belegt (OLB II,795). *Saul versuchte, die Mitglieder des gibeonitischen Bundes trotz ihres Bündnisses mit Israel auszurotten (2Sam 21,2 vgl. 4,2f). Wohl auch aus diesem Grund schloß sich K. an *Juda an (vgl. 2Chr 2,50-53). Die strategisch wichtige Höhe, die mit ihren 750 m einen weiten Blick über das Land ermöglicht, bildete einen judäischen Vorposten an der Dreistämme-Ecke Juda/Benjamin/Dan (Jos 15, 9.60; 18,12-15).

Der für K. ebenfalls gebrauchte Name Kirjat Baal (Jos 15,60; 18,14) geht wahrscheinlich auf ein altes kanaan. Heiligtum Baalah (vgl. Jos 15,9f) zurück, das in der Nähe der Stadt lag. Am Ort dieses Heiligtums stand die *Bundeslade (1Chr 13,6 vgl. 1Sam 6,1), ehe sie *David nach Jerusalem brachte. Im Namen des Tell El-Azhar und auch des islam. Heiligtums Nebi El-'Azeir in Abu Gosch könnte sich eine Erinnerung an *Eleasar, Sohn des *Aminadab, erhalten haben, dem die Aufsicht über die Bundeslade (1Sam 7,1) übertragen war (L.H. Vincent, RB 15,1906, 287). Zur Zeit des *Jeremia war K. die Heimat des Propheten *Uria, der gegen den pro-ägypt. König *Jojakim weissagte, von Ägypten nach Jerusalem verschleppt wurde und den Märtyrertod starb (Jer 26,20-23). Aus dem Exil kehrten auch Bewohner von K. zurück (Esr 2,25; Neh 7,29). Einzelfunde belegen, daß die Siedlung durch die hellen. und röm. Zeit bis zum ersten Jüd. Aufstand (66-70 n.Chr.) existierte. Nach des-

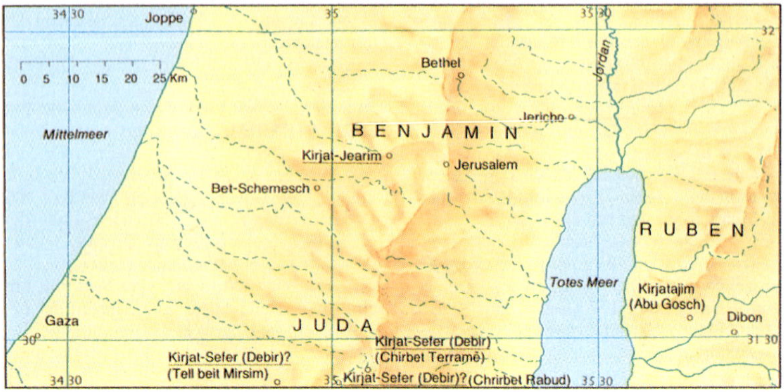

Die möglichen Lagen von Kirjatajim, Kirjat-Sefer (Debir) und Kirjat-Jearim.

sen Niederschlagung errichtete hier an der strategisch wichtigen Straße von Jerusalem nach *Emmaus-Nikopolis (M. Fisher, ZDPV 103, 1987, 117-136) die 10. Legion eine Straßenstation, von der noch ein 20 x 16 m großes Wasserbassin erhalten ist.

Auch in frühbyzantin. Zeit war die Lage von K. (griech. *Kariathiareim*) wohlbekannt (Eus.onom. 48,23; 144, 25). Die Byzantiner errichteten im 5. Jh. auf dem Tell eine dreischiffige Basilika (Theophaneia 22, 1970, 18f), in der noch im 8. Jh. ein Fest der Bundeslade gefeiert wurde (CSCO 205, 19). Als die Kreuzfahrer kamen, fanden sie noch den Namen (latein. *Cariathiarim*). Sie errichteten ein Kastell und mit dem röm. Reservoir als Krypta eine Kirche (R. de Vaux, Abu Gosh, 1950). Wegen der Entfernung nach Jerusalem (ca. 60 Stadien) lokalisierte man dann hier das Emmaus von Lk 24,13-25, ehe es nach El-Kubebe wechselte (ELS 714ff). Die Kreuzfahrerkirche dient seit 1873 wieder dem christl. Gottesdienst. Am Ort der byzantin. Basilika wurde 1924 eine neue Kirche zu Ehren *Marias, »der Lade des Neuen Bundes« (vgl. Lk 1,35 mit 4Mo 9,18-22) erbaut. Seit dem 16. Jh. hat der Name der Quelle ʿEn Et-Tut die Pilger veranlaßt, Jeremias Heimatort *Anatot fälschlich in K. zu suchen. Das Dorf Abu Gosch hieß früher arab. Karjet El-ʿIneb und wurde erst im 18./19. Jh. nach einem dort herrschenden gefürchteten Tscherkessen-Scheich umbenannt. Die alte arab. Bezeichnung »Traubenstadt« hat 1920 von der 1 km nordöstl. gegründeten jüd. Kibbuz Qirjat-ʿAnavim übernommen. Heute trägt die Gegend aufgrund großzügiger israelischer Aufforstungen den Namen »Waldlandschaft« (hebr. *sede jaʿar*, Ps 132,6 vgl. Jos 15,10) wieder zurecht.

Literatur: LDB 362-364; M. Avi-Yonah: EAEHL I, 1975, 3-8; F.M. Abel: Géographie de la Palestine II, ^{3}1967, 419-421; M.H. Heicksen: NIDBA, 1983, 280f; J. Murphy-O'Connor: Das Heilige Land, 1981, 149f; A. Negev: Archäologisches Lexikon zur Bibel, 1972, 10.216; OLB II, 793–802. R.R.

KISCH. (Hebr. *qīsch*, »Bogen«, »Macht«). 1. Benjaminiter, Sohn Abiëls und Vater König Sauls (1Sam 9,1; 14,51; vgl. Apg 13,21).

Ohrringe vom Tell Ingharre, einem der Hügel des alten Kisch. Wahrscheinlich parthisch (3. Jh. v.Chr. – 1. Jh. n.Chr. (AMO)

In Kisch wurde eine gebrannte Ton-Figurine des Götterboten Papsukkal gefunden. 7. Jh. v.Chr. (AMO)

2. Sohn Jeïëls und Maachas (1Chr 8,30), vielleicht der Onkel von 1.
3. Levit, Enkel Meraris (1Chr 23,21).
4. Ein Levit, Sohn Abdis, ein Merariter, der an der Reinigung des Tempels z.Zt. Hiskias beteiligt war (2Chr 29,12).
5. Benjaminit, Urgroßvater von *Mordechai (Est 2,5).
6. Hauptstadt eines Stadtstaates 20 km östl. von Babylon (heute Tell el-Ochēmir), in der nach sumer. Überlieferung (Königsliste) die erste Dynastie nach der Flut herrschte. Sie konkurrierte mit *Erech und hatte ihre Blütezeit um 3200-3000 v.Chr., als sie mit dem legendären Etana und König Akka, der Gilgamesch bekämpfte, verbunden war. Es gibt Dokumente aus der frühen Zeit der Besiedlung und aus dem 2.Jt. Ein französisches Team (1914) und eine gemeinsame Expedition des Ashmolean Museum (Oxford) und des Field Museum (Chicago) führten Ausgrabungen durch (1922-33). Dabei stieß man auf Paläste, Tontafeln sowie eine größere Flutablagerung, die auf etwa 3300 v.Chr. datiert wird. D.J.W.

KISCHJON. (Hebr. *qischjōn*). Levitenstadt (Jos 21,28) in *Issaschar (Jos 19, 20). Nach den im Zusammenhang genannten Orten am ehesten im Gebiet der *Jesreel-Ebene gelegen. In 1Chr 6,57 steht dafür *Kedesch. Möglich wäre ein Schreibfehler (W. Rudolph: Chronikbücher, 1955, 62). Aber wenn man, wie es wahrscheinlicher ist, K. nicht mit Khirbet Qasjōn (LDB 164), sondern mit Tell Abu Qudēs (*Kedesch 2) identifiziert, dann hat der MT von 1Chr hier einen anderen Namen für denselben Ort aufbewahrt. R.R.

KISCHON. Fluß (heute Nahr el-Muqatta'), der in der Hügelkette von *Gilboa entspringt, in der Ebene von *Jesreel versickert und östl. vom Karmel in der Bucht von Akko ins Mittelmeer mündet. Der K. fließt in nordwestl. Richtung, parallel zu der Bergkette, die sich von *Samaria zum *Karmel erstreckt, in deren NO die Pässe *Taanach, *Megiddo und *Jok- neam liegen. Der Name K. wird nicht oft gebraucht, da der Fluß manchmal durch den Hinweis auf eine der anliegenden Städte benannt wird. So wird er vermutlich zum ersten Mal in Jos 19,11 erwähnt, wo der »Bach, der gegenüber von Jokneam fließt«, das Stammesgebiet von Sebulon begrenzt, obwohl in diesem Fall nur auf einen kleinen Abschnitt des Flusses in der Nähe von Jokneam Bezug genommen wird.

Die bekannteste Erwähnung des Flusses ist verbunden mit dem Sieg der Israeliten unter Barak über die Syrer unter Sisera (Ri 4-5; Ps 83,10). Siseras Streitkräfte waren schwer bewaffnet mit Streitwagen in der Ebene aufmarschiert. Die Israeliten griffen von den Bergen südwestl. vom Fluß aus an. Ihren Erfolg verdankten sie in großem Maße dem Fluß, der Hochwasser führte und den Boden der Ebene so tief gemacht hatten, daß die Streitwagen Siseras steckenblieben und nutzlos waren.

Das Deboralied nennt den Fluß »die Wasser Megiddos« (Ri 5,19). Aufgrund der Tatsache, daß Megiddo in diesem Bericht sonst nicht erwähnt wird, vermutet Albright, daß es zu dieser Zeit in Trümmern lag, während Taanach blühte. Die Ausgrabungen von Megiddo haben eine Besiedlungslücke um 1125 v.Chr. zwischen den Stufen VII und VI gezeigt. Es könnte sein, daß der israelit. Sieg während dieser Periode oder um 1125 v.Chr. anzusetzen ist.

Dann wird der Fluß K. erwähnt, als *Elia die Propheten Baals nach der Auseinandersetzung auf dem Karmel tötete (1Kön 18,40). Die Bezeichnung Bach (*nachal*) spielt darauf an, daß die lange Trockenheit, die den Ereignissen vorausging, den Fluß bis auf ein kleines Rinnsal ausgetrocknet hatte. Der Regen, der folgte, muß die Spuren der Hinrichtung weggewaschen haben. T.C.M.

KISLOT. (Hebr. *kesūlōth*). Das »Gebiet von Kislot-Tabor« lag an der O-Grenze von *Sebulon (Jos 19,12), aber außerhalb des Stammesgebiets (M. Noth, Josua, [3]1971, 113). Daher ist K. auch mit dem K. bei *Sunem in *Issaschar (Jos 19,18) zu identifizieren. Vielleicht ist *Tabor in 1Chr 6,62 eine verkürzte Form von K. (W. Rudolph, Chronikbücher, 1955, 62f). In ntl. Zeit lag der Ort (griech. *Exalōth*) an der S-Grenze von *Galiläa (Jos.bell.Jud. III, 39; vgl. vita 227). Eusebius gibt eine genaue Beschreibung seiner Lage (onom. 28,22 vgl. 22,3), die uns erlaubt, K. mit dem arab. Dorf Iksāl, 6 km südöstl. von *Nazareth, gleichzusetzen, das den ursprünglichen Namen bewahrt hat (LD,B 123f). Die alte Ortslage ist am ehesten bei Et-Tīreh zu suchen. Auch die rabbin. Quellen (GenR 212b) haben die Erinnerung an K. erhalten (G. Dalman, Orte und Wege Jesu, [4]1967, 205). Die reichsten Funde stammen aus der hellen. bis byzantin. Zeit. Im 6. Jh. war K. ein galiläischer Bischofssitz.

Literatur: F.M. Abel: Géographie de la Palestine II, [3]1967, 229; B. Bagatti: Antichi villaggi cristiani di Galilea, 1971, 256-261. R.R.

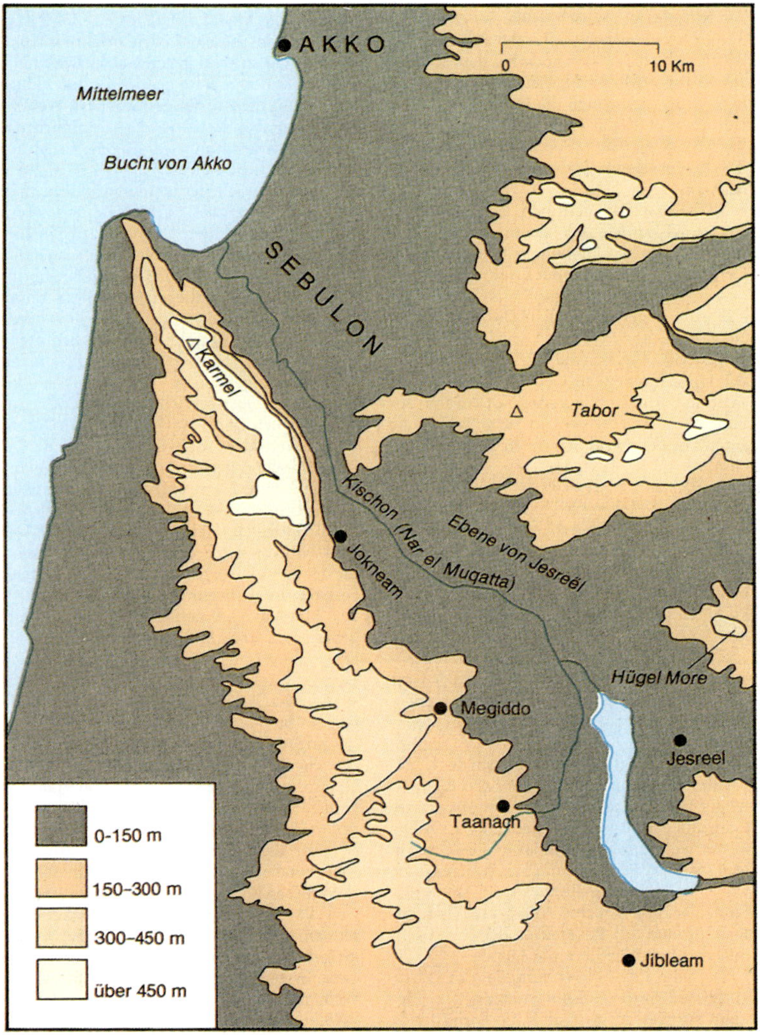

Der Lauf des Kischon.

KITRON. Kanaan. Stadt, welche der Stamm *Sebulon nicht einnehmen konnte (Ri 1,30). Eine Identifizierung mit dem *Kattat von Jos 19,15 (F.M. Abel, Géographie de la Palestine II, ^{3}1967, 415) ist unwahrscheinlich. K. muß man eher auf einem Tell am NW-Rand der *Jesreel-Ebene suchen (LDB, 245).

R.R.

KITTÄER. Die K. sind Nachkommen Javans (1Mo 10,4; 1Chr 1,7 hebr. *kittīm*). Ursprünglich scheint der Name zu der Stadt Kition (heute: Larnaka) an der S-Küste *Zyperns zu gehören. Er bezeichnet dann die ganze Insel (Jes 23,1.12), deren Einwohner von den Phöniziern ebenfalls Kitti genannt werden, kann aber auch andere Inseln und Küstenstriche des Mittelmeers einschließen (Jer 2,10; Hes 27,6). Genauere geographische Beziehungen lassen sich weder hier noch bei den Schiffen aus Kittim (4Mo 24,24; Dan 11,30) festlegen. In Jer 2,10 bezeichnen die Inseln der Kittäer den W, wie *Kedar für den O steht.

KLAGE.

1. Es entspricht dem bibl. Realismus, daß bes. im AT der Mensch in seiner ganzen körperlich-seelischen Hinfälligkeit gesehen wird. Der Mensch kann trotz der Erfahrung der Nähe Gottes in tiefe Verlassenheits- und Todeserfahrungen geführt werden. Die menschliche Neigung, Gott zu verlassen, wird schonunglos aufgedeckt. Zugleich aber treten von Gott erwählte Menschen im Gebet vor sein Angesicht und bringen ihre ganze Not vor ihm zur Sprache – das geschieht in Form der K., die gerade in den *Psalmen einen weiten Raum einnimmt.

2. Aber auch in den Geschichtsbüchern des AT hat die K. ihren Ort. Die K. beginnt, weil der Fromme ein Mißverhältnis zwischen dem, was Gott ihm einmal zugesagt hat, und dem, was er erfährt, erkennt. So steht Abraham klagend vor Gott: »Mir hast du keine Nachkommen gegeben; und siehe, einer von meinen Knechten wird mein Erbe sein« (1Mo 15,3). Die K. und die Berufung gehören zusammen! So steht Mose mehrmals vor Gott und klagt über Gottes angedrohtes Gericht nach der vollbrachten Erlösungstat am Schilfmeer.

3. Bei der Notklage – einer Form der K. neben der Totenklage – finden wir drei Elemente: der sich beklagende Beter, der angeklagte Gott und der verklagte Feind (z.B. Ps 13). Die K. ist kein bloßes Jammern, sondern ein Mensch steht vor Gott und beruft sich auf die von Gott zugesagte Bundestreue. Die K. im Sinne der Bitte um eine Wende geht dem Beter nie ohne das Bekenntnis der Zuversicht und den Lobpreis über die Lippen.

4. Beim Propheten *Jeremia (Jer 15,10; 20,14ff) ist die Verzweiflung unter dem erfolglosen Auftrag so groß, daß die Form der K. verlassen und das Fluchwort – unter Umgehung einer Anrede Gottes – angestimmt wird. Zu diesem alle übliche Frömmigkeit sprengenden Verhalten schweigt die Bibel – obwohl dies sicher nicht gebilligt wird. Doch entspricht auch dies der realistischen Sicht, die die Menschen des Alten Bundes in ihrer dem Irdischen ausgesetzten Seinsweise haben.

5. Von der Notklage ist die Totenklage zu unterscheiden. Einerseits drückt sich hierdurch der Protest der Lebenden gegenüber der dunklen Macht des Todes aus. Weil man Gott nur in diesem Leben erfahren kann, bäumt man sich auf gegen Gottes Ratschluß. Auf der anderen Seite gehört die Totenklage zur Ehrung dessen, der gestorben ist. Wer ohne K. begraben wird, wird nachträglich dadurch noch verunehrt (Jer 25,33). In der Totenklage erhebt sich der Schrei: Ach! Weh! Die normalen Kleider werden abgelegt, man hüllt sich in grobes Sackleinen und streut Asche auf das Haupt. Dennocht gibt es hier eine Grenze: es ist in Israel den Klagenden nicht erlaubt, sich Schnittwunden beizubringen, wie es die umliegenden Völker taten, oder sich über den Augen kahl zu scheren (5Mo 14,1; vgl. *Begräbnis- und Trauersitten).

6. Die Totenklage wird von den Propheten sehr häufig gebraucht, um dem Volk das kommende Gottesgericht drastisch vor Augen zu stellen. In der Aufforderung zur Totenklage nimmt der Prophet das kommende Gericht als schon gegenwärtig erfahrbares vorweg. Indem die Hörer anfangen, die Totenklage anzustimmen, stimmen sie dem Gerichtsurteil Gottes zu (Hes 19; Am 5,16f u.ö.). Das Heil wird von den Propheten oft als Wegnahme der Totenklage geschildert, der Reigen der Feiernden darf beginnen.

7. Mit dem Kommen Jesu wird den Trauergebräuchen stark Einhalt geboten (Lk 9,59f). Doch damit ist der Ritus der Totenklage noch nicht aus der Lebenspraxis der ersten Christen ausgeschieden. Nach dem Tod des Märtyrers *Stephanus wird dieser von gottesfürchtigen Männern beweint, die sicherlich zur christl. Gemeinde gehören (Apg 8,2). Ebenso beweinen die Christen von *Jafo die Frau Tabita (Tabea), weil sie von ihnen gegangen ist (Apg 9,39). Durch den Sieg Jesu Christi ist zwar der Grund zur K. weggenommen; weil aber dieser Sieg noch nicht in allen Bereichen dieser Welt offenbar geworden ist, und weil die Christen sich nach der Vollendung sehnen, durchzieht auch die K. immer wieder ihr Leben. Nach Röm 8,26 seufzt der Heilige Geist in den Glaubenden. Erst in der neuen Welt, die mit der Wiederkunft Jesu Christi Wirklichkeit wird, sind Tränen, Leid, Geschrei und Schmerz endgültig vorbei (Offb 21,4). D.Sch.

KLAGELIEDER.

I. NAME UND STELLUNG IM KANON.

»Klagelieder« ist die wörtliche Übersetzung des hebr. Begriffes *Qinōt* (2Chr 35,25; Talmud b. Baba batra 15a; vgl. *threnoi* in der LXX und *threni* bzw. *lamentationes* in der Vulgata). Danach sei das Klagelied des Propheten

Fragment aus dem Klagelieder-Text, gefunden in Höhle IV von Qumran. (4Q Lam.) (RM)

Jeremia auf den toten König *Josia unter den »Qinōt« schriftlich festgehalten. Diese hat man traditionellerweise mit dem bibl. Buch Klgl gleichgesetzt. Dem entgegen lautet der Name im hebr. AT (MT) *echa* und meint den Klageschrei, der drei der fünf Lieder einleitet (Klgl 1,1; 2,1; 4,1). Der Inhalt des hebr. Textes läßt keinerlei Rückschlüsse auf einen Zusammenhang mit dem Tod Josias zu. Erst ein Vorwort in der LXX vor Klgl 1,1 bringt die Abfassung mit dem Propheten Jeremia und dem Untergang Jerusalems in Zusammenhang, so daß der Name Jeremia später in den Titel aufgenommen wurde. In LXX folgen die Klgl unmittelbar auf das Jeremiabuch, während sie sich im MT als eine der fünf »Festrollen« (Megillot) fast am Ende des AT im dritten Teil des Kanons finden, den sog. »Schriften« oder »Hagiographen«, entsprechend ihrer Funktion, am nationalen Gedenktag an die Zerstörung Jerusalems 587 v.Chr. und 70 n.Chr. im Synagogengottesdienst verlesen zu werden.

Der Talmud (b. Baba batra 14b) zeigt, daß die Reihenfolge der einzelnen Schriften keineswegs von Anfang an feststand. Durch mehrere antike Schriftsteller ist die Zusammenordnung der Klgl mit Jer auch für den jüd. Kanon in vortalmudischer Zeit belegt. Damit vertritt die Anordnung in der LXX im Vergleich zum talmudischen Zeitalter eine ältere Tradition, die eine gewisse Vertrauenswürdigkeit besitzt. Darin liegt die älteste uns greifbare Tradition vor. So sehr der Wortlaut des MT in höherem Maße zuverlässig erscheint als der der LXX, so wenig ist dessen kanonische Einordnung unter die Hagiographen (poetische Schriften des AT, 3. Teil des atl. Kanons) die ursprüngliche.

II. DER GESCHICHTLICHE HINTERGRUND UND DIE PERSON DES PROPHETEN JEREMIA.

Der Vorspann in der LXX verknüpft die Abfassung der Klgl mit dem Untergang Jerusalems im Jahre 587 v.Chr. Das Geschehen der letzten Jahrzehnte des Königsreichs Juda bis zur Zerstörung der Stadt und der Wegführung großer Bevölkerungsteile ins Exil durch die Babylonier (vgl. 2Kön 22-25) hängt eng mit dem Schicksal Jeremias zusammen. Die Botschaft des Propheten in dieser Zeit macht deutlich, daß der König und die verantwortlichen Führer des Volkes nach dem Tode Josias ihre Politik am Willen Gottes vorbei trieben. Der Prophet konnte den Abfall nicht verhindern und wurde selbst in das Gericht mit hineingerissen (vgl. Jer 1,13-19). Das diplomatische Taktieren zwischen den Interessen der Großmächte und den eigenen Machtvorstellungen zwang Juda zunächst in ein Vasallenverhältnis gegenüber Ägypten und dann gegenüber Babylonien. Schließlich führte *Jojakims mangelnde Vasallentreue gegenüber dem babylon. Großkönig *Nebukadnezar zur ersten Einnahme Jerusalems am 16. März 597 v.Chr.

Unter Zedekias Regierung spitzten sich die Verhältnisse immer mehr zu. Im zehnten Monat des neunten Regierungsjahres *Zedekias begann eine zweieinhalb Jahre währende Belagerung Jerusalems (Stoll, Untergang, S. 88; vgl. Jer 37; 38), die am neunten Tag des vierten Monats im elften Regierungsjahr Zedekias mit der Einnahme der Stadt endete (Jer 39,2). Für die wenigen Überlebenden brachten die folgenden Tage und Wochen bitterstes Elend. Die Stadt wurde dem Erdboden gleichgemacht, jegliches Weiterleben war extrem erschwert. Hunger, Seuchen und Zwangsarbeit mußten die Letzten zermürben. Die Katastrophe in Zerstörung und Verlust der Heimat war dazuhin mit der Auflösung der sinngebenden Lebensmitte im Jerusalemer Tempel und dem damit zusammenhängenden Gottesglauben verbunden. Gottes Gericht war total. All dies wird aus den Klgl deutlich.

Jeremia gehörte zu den wenigen Überlebenden der Katastrophe Jerusalems. Diesen Besitzlosen (Jer 39,10) wurden vom nun herrenlosen Land Äcker und Weinberge zugewiesen, die sie neu kultivieren sollten. Die Vorräte waren aufgebraucht, die Felder verwahrlost. Erst zwei Monate später, im Herbst, konnte geerntet werden. So blieb der Hunger auch nach der Katastrophe zunächst ein Hauptproblem.

Nach der Ermordung des von den Babyloniern eingesetzten jüd. Statthalters *Gedalja durch Jismael, ein Glied der judäischen Königsfamilie (Jer 40,13-41,2), fürchteten die Übriggebliebenen nun eine weitere Strafmaßnahme der Babylonier, da Jismael auch die anwesenden babylon. Garnisonssoldaten umgebracht hatte. Allen gegenteiligen Aufforderungen und Ermutigungen durch den Propheten Jeremia zum Trotz setzten sie sich nach Ägypten ab und zwangen Jeremia, mitzuziehen.

Jeremias Verschleppung ist nur verständlich, wenn der Prophet für die Übriggebliebenen eine lebenswichtige Funktion wahrnahm. Er war offensichtlich ihr Gewährsmann für die Kontinuität des traditionellen Glaubens über den Zusammenbruch der Institutionen hinweg. Gerade die Tatsache, daß alles so gekommen war, hat die Glaubwürdigkeit und Autorität des Propheten gefördert. Jetzt waren sie bereit, ihm abzunehmen, was sie früher zurückgewiesen und an ihm bekämpft hatten. Allerdings wieder nur in der ersten Betroffenheit. Ihre eigenwillige Flucht gegen die göttliche Warnung Jeremias zeigt, daß der Prophet mit seinem Ruf zur Umkehr nicht in die Tiefe der Herzen vorgedrungen war.

Der Baruchbericht (Jer 37-45) liefert keine Einzelheiten über Jeremias Ergehen in jenen Tagen nach der Einnahme der Stadt bis zur überstürzten Flucht nach Ägypten. Es ist jedoch anzunehmen, daß der Prophet nach dem Zusammenbruch sich genauso um sein Volk bemüht und gekümmert hat wie früher, so wie er auch mit ihm gelitten hatte und nach wie vor litt. Dieses geistliche Bemühen und Mitleiden entspricht genau dem Duktus der Klgl. Von den Auslegern werden sie allg. der Zeit nach dem Untergang Jerusalems zugewiesen. Ihr theologisches Anliegen in Verbindung mit der unmittelbaren Trauersituation paßt mit dem Bemühen Jeremias nach der Katastrophe zeitlich und inhaltlich genau zusammen. Die traditionelle Zuordnung der Klgl zu dem Propheten hat deshalb einen berechtigten Grund.

III. ABFASSUNGSZEIT UND VERFASSER.

Die Flucht der Übriggebliebenen nach Ägypten scheint nur ungefähr zwei Monate nach der Zerstörung Jerusalems erfolgt zu sein (Jer 41,1). Mit dem »siebten Monat«, dem Herbstmonat »Tischri«, begann ein neues (Regierungs-)Jahr. Die Annahme, daß die Ermordung Gedaljas erst gut ein Jahr nach der Einnahme Jerusalems stattgefunden habe, ist wegen des nahtlosen Erzählungszusammenhangs in Jer 40; 41 nicht wahrscheinlich. Die zugespitzte Situation schwerster Not, wie sie aus Klgl 5 zu erheben ist, kann nur innerhalb dieser kurzen Zeit von knapp zwei Monaten nach der Einnahme der Stadt zutreffend verstanden werden. Mit der reichen Wein- und Obsternte im September/Oktober hatte sich die Lage zu sehr entspannt, um mit der Beschreibung in Kap. 5 zusammenzupassen. Auch hatte es die babylon. Besatzung, mit der Gedalja ja kooperierte, nicht auf die Unterdrückung allen Lebens abgesehen. Wenn sich Kap. 5 nicht auf die Zeit nach der Flucht nach Ägypten beziehen und die Abfassung damit den Letzten, die dennoch im Lande zurückgeblieben sind, zugeschrieben werden soll, bleibt nur die Zeit von drei Monaten zwischen der Eroberung der Stadt und der Flucht nach Ägypten für die ursprüngliche Abfassung.

Insbesondere die Zeit zwischen der Einnahme im vierten und der Zerstörung im fünften Monat (2Kön 25,3.8; Jer 52,6.12) muß für die Übriggebliebenen unerträglich gewesen sein. In dieser Zeit waren sie ständig von Übergriffen feindlicher Soldaten bedroht und mußten damit rechnen, noch zu den letzten zu gehören, die vor dem Abmarsch des Großheeres noch hingerichtet oder in die Kolonne der Gefangenen eingegliedert werden (2Kön 25,11.18-21; Jer 39,9; 40,1; 52,15.24-27.34).

Die Erwähnung der achtzig Pilger aus *Sichem, *Silo und *Samaria, die nach Jerusalem unterwegs waren und wie Gedalja von Jismael ermordet wurden (Jer 41,4f), zeigt, daß an der Stätte des zerstörten Tempels Buß- und Klagegottesdienste gehalten wurden, bei denen Trauergesänge im Mittelpunkt standen. In diesen Klageliedern wurde der Untergang der Stadt und des Tempels genauso beklagt wie das leidvolle Ergehen der Bevölkerung. Es ist davon auszugehen, daß die Klgl bei solchen Gottesdiensten in der Zeit unmittelbar nach der Einnahme der Stadt ihren Ort hatten. Solche gottesdienstähnlichen Trauerversammlungen werden, wie die einzigartige Bedeutung der Gottesstadt und des Tempels für die Judäer nahelegt, schon gleich nach der Einnahme zustandegekommen sein. Deshalb hat sich das notvolle Erleben in den Tagen nach Einnahme der Stadt entsprechend in den Gesängen niedergeschlagen. Es lebt dort so unmittelbar auf, daß Vergangenheit und Gegenwart nicht auseinanderzuhalten sind.

In dieser Zeitspanne der ungefähr zwei Monate nach Einnahme und Zerstörung der Stadt ist die Abfassung der Klgl anzusetzen. Der erste Ansatz könnte sogar noch in dem Monat zwischen Einnahme und Zerstörung angenommen werden (Stoll, Klagelieder, S. 25). Ab dem siebten Monat mit der Ernte hatte sich die Situation so verändert, daß sie nicht mehr mit den Bildern der Klgl zusammenpaßt. Auch theologisch ergab sich mit der Ermordung Gedaljas und dem Abzug nach Ägypten eine völlig neue Lage, die den Inhalt der Klgl auf den Kopf stellt. Nur in der unmittelbar nachhaltigen Wirkung der Katastrophe Jerusalems haben die Klgl einen sinnvollen Grund.

Angesichts der Liebe der Bevölkerung zu ihrer Stadt und ihrer Mitverantwortung für die Ereignisse ist es naheliegend, daß einer das Konzept der Klage in die Hand nahm und die anderen in den Gesängen leitete – zur Erkenntnis ihrer Schuld und zur Umkehr. Dafür war Jeremia geradezu prädisponiert. Ihm mußte man nunmehr beschämt Glauben schenken, nachdem er ja das drohende Gericht über einen Zeitraum von ungefähr vierzig Jahren hinweg immer wieder angekündigt hatte.

Eine weitreichende Umbesinnung nach dem totalen Zusammenbruch blieb weithin aus und ist wohl nur bei den wenigen Überlebenden in der Zeit unmittelbar nach dem Untergang zu erwarten. Nach der Ermordung Gedaljas jedenfalls setzte sich der Rest gegen die Warnung Jeremias nach Ägypten ab mit der Begründung, nicht die Verehrung der »Himmelskönigin« sei schuld am ganzen Desaster, sondern gerade weil man sie nicht genug verehrt habe (Jer 41-44; bes. 44,15-18). Damit können die Klgl, soweit sie als Gebetslieder des in seiner Lebenswurzel getroffenen Volkes verstanden werden, immer nur den Teil des Volkes repräsentieren, der sich in die von Jeremia erwartete Umkehrbewegung hineinnehmen ließ. Schon wenige Monate nach dem Untergang Jerusalems waren freilich keine Beter mehr da, die als Augenzeugen an der Stätte des zerstörten Heiligtums hätten Trauerfeiern abhalten können. Nur die Gruppe der Überlebenden in den ersten zwei Monaten nach der Katastrophe, zu der auch Jeremia gehörte, kommt so als der Kreis in Frage, in dem die Gebete ihren Ursprung hatten. Die Umkehrbewegung, die neue Hinwendung zu Gott, die Ausschließlichkeit der Verehrung, die ihm gilt, die Bereitschaft, die Schrecken der Katastrophe als sein prägendes und läuterndes Gericht anzunehmen, das alles sind Erkenntnisse und Einstellungen, die keine unmittelbare natürliche Antwort auf den Untergang sein können, sondern auf einen geistlichen Lehrer zurückzuführen sind. In diesem Sinne sind die Klgl als das pädagogische und zugleich seelsorgerliche Bemühen des Propheten Jeremia anzusehen, seinem Volk nach dem Gericht zurechtzuhelfen.

Die alte Tradition vom Zusammenhang der Klgl mit dem Propheten Jeremia kann man sich in solch pädagogisch-seelsorgerlichem Sinn begründet vorstellen, auch wenn genauere Anhaltspunkte dafür fehlen. Seit dem Kommentar von Hermann von der Haardt (1712), der die fünf Gebete *Daniel, Schadrach, Meschach, *Abed-Nego und König *Jojachin zuschrieb, hat sich der Zweifel an der Verfasserschaft Jeremias weithin durchgesetzt. Gründe dafür seien Widersprüche zwischen den prophetischen Aussagen im Jeremiabuch und denen der Klgl, eine sprachliche Nähe zu manchen Aussagen im Hesekielbuch, eine andere theologische Wertung des Tempel(kult)s, die allzu künstliche Form der Akrostichen und fehlende Parallelen vieler sprachlicher Wendungen und Ausdrücke im Jeremiabuch. Diese Abweichungen können jedoch auch aus der besonderen Situation und manchen weitergehenden Gemeinsamkeiten in der damaligen Kultur begründet werden und sind nicht zwingend für eine fremde Verfasserschaft, gibt es doch auch eine ganze Reihe auffälliger Gemeinsamkeiten in Stil, Inhalt und Form der Verkündigung zwischen Jer und Klgl (vgl. bes. die sog. »Konfessionen Jeremias« mit Klgl 3; Jer 8,23 mit Klgl 1,2.16; 2,11.18.19; 3,48.49.51; 5,17). Viele Worte und Formulierungen verbinden Klgl und die poetischen Teile bei Jer (»Schrecken um und um«: Klgl 2,22; Jer 6,25; 20,3.10; 46,5; 49,29; vgl. Ps 31,14; »meine Augen strömen von Tränen«: Klgl 1,16; 2,11.18; 3,48; Jer 8,23;

9,17; 13,17; 14,17; »Zusammenbruch«: Klgl 2,11.13; 3,47.48; 4,10; Jer 4,6.20; 6,1.14; 8,11.21; 10,19.20; 14,17; 30,12.15; 48,3.5; 50,22; 51,54; die Formel »Zusammenbruch der Tochter meines Volkes« gibt es nur in Klgl 2,11; 3,48; 4,10 und Jer 8,11.21; vgl. Jer 6,14 u.ö.). Die Selbstaussage des Mannes, »der Elend sah« (Klgl 3,1), hat man von jeher auf den Autor bezogen und den engen Zusammenhang mit den Leiden Jeremias betont (vgl. Klgl 3,5.7.53 mit Jer 38). Gerade Jeremia hat die Leiden des Gerichtes an Jerusalem in ganz besonderer Weise, an vorderster Stelle und stellvertretend durchgemacht. Deshalb hat nur er das Recht, so von sich zu sprechen. Weder die Besonderheiten noch die Gemeinsamkeiten sprechen darum gegen Jer als Verfasser der Klgl.

IV. DIE POETISCHE FORM.

Die Klgl gehören wie die Psalmen zu den poetischen Teilen des AT. Bei allen offenen Fragen in der Erforschung der Gesetzmäßigkeiten hebr. Poesie läßt sich auch bei den Klgl deutlich der sog. »Parallelismus membrorum« (Parallelität der Satzglieder) erkennen. Insbesondere hebt sich der Sprachrhythmus der Totenklage von dem anderer poetischer Gattungen ab. Die Klgl gehören zu den sog. alphabetischen Akrostichen, in denen jede Strophe in der Reihenfolge der 22 Buchstaben des hebr. Alphabets mit einem neuen Buchstaben beginnt (vgl. Ps 9/10; 25; u.ö.). Mehrere Verse werden durch den gleichen Anfangsbuchstaben zu einer Strophe zusammengebunden. Neben dem Zweizeiler (Klgl 4) treten so auch Dreizeiler (Klgl 1; 2; 3) auf. Besonders kunstvoll erscheint Kap. 3, in dem nicht nur das erste Wort einer Strophe, sondern jeder der drei Teilverse mit dem gleichen Buchstaben beginnt. Im Unterschied dazu ist in Kap. 5 die poetische Form zurückgenommen. Hier umfassen die Strophen jeweils nur eine Zeile ohne akrostichische Bindung. An diese erinnert jedoch die Anzahl von 22 Versen, so daß die einheitliche Form darin erhalten bleibt. Gattungsmäßig ist Kap. 3 als Klagelied eines einzelnen anzusehen, Kap. 1; 2; 4 zählen zur Gattung der Totenklage (»Qinah«; vgl. Budde), durchzogen mit Elementen der Volksklage, und Kap. 5 zählt zur Gattung des Volksklageliedes. Letztere gehörte »denkbar eng und fest zusammen mit solchen schweren Erfahrungen des Volkes, einer Stadt oder einer Landschaft« (Westermann, Psalter, S. 30; dort weiteres zu den Gattungsformen).

Im Unterschied zum heutigen Leser oder Hörer waren die atl. Hörer und Sänger mit den Regeln hebr. Poesie aufs engste vertraut. So haben die Alten bei ihren täglichen Zusammenkünften im Tor (vgl. Köhler, S. 86ff) ihre Weisheit in poetische Spruchform gebracht. Die gottesdienstlichen Lieder und Gebete, die von der Gemeinde gemeinsam oder im Wechsel gesprochen oder gesungen wurden, waren ganz nach diesen Regeln gestaltet und boten damit auch für das auswendige und gemeinsame Sprechen eine zusätzliche Unterstützung. Umgekehrt muß gerade die kunstvolle sprachliche Form solcher Gebete als Hinweis auf den gottesdienstlichen Gebrauch verstanden werden. Dies entsprach den ganz anders gearteten kulturellen Voraussetzungen der Menschen des AT (vgl. Latacz, S. 13ff zu den parallelen Ergebnissen der Homerforschung). Aus diesem Grunde wäre es verfehlt, die äußere Form der Klgl als nachträgliche künstlerische Überarbeitung anzusehen. Ebenso ist große Zurückhaltung am Platz mit der Feststellung sog. Regelabweichungen, sei es, daß eine Zeile länger scheint als andere und scheinbar überschüssige Worte enthält, sei es, daß eine Strophe zusätzliche oder ausgefallene Zeilen einschließt. Solange die Regeln der hebr. Poesie nicht genau geklärt sind, sind endgültige Urteile unzulässig.

V. EINHEIT, AUFBAU UND INHALT.

Alle fünf Kap. bilden eine unauflösliche Einheit, angezeigt durch das gemeinsame Thema der Bewältigung des Untergangs Jerusalems und die durchgehende poetische Form. Zunächst bildet jedes Kap. für sich als Gebetslied ein geschlossenes Ganzes von inhaltlich wie formal eigenem Charakter. Der formal verbindende Rahmen ist die »akrostichische Form« (s.o.). Die Anzahl von 22 Strophen, entsprechend der Anzahl der Buchstaben im hebr. Alphabet, bringt die Abgeschlossenheit der einzelnen Lieder zum Ausdruck. Auch Kap. 5, das nicht mehr streng poetisch gebunden ist, ist davon nicht ausgenommen. Angesichts der wohldurchdachten Gesamtgestaltung muß mit der Möglichkeit gerechnet werden, daß der Aufbau aller fünf Lieder die Rücknahme poetischer Gestaltungskraft hier bewußt vorsieht. Auch hinter der Verkehrung der Reihenfolge der Buchstaben »Ajin« und »Pe« in Kap. 2-4, den mittleren drei der insgesamt fünf Lieder, wird ein bewußt gestaltetes Element zu sehen sein.

Die Strophen von Kap. 1-3 sind jeweils dreizeilig, jede Zeile im Parallelismus membrorum nach dem Rhythmus der »Qināh« gestaltet. In Kap. 1 und 2 beginnt jede dreizeilige Strophe mit dem nächsten Buchstaben des Alphabets. In Kap. 3 dagegen hat auch jede einzelne Zeile einer Strophe den gleichen Anfangsbuchstaben, was sich auch in der Zählung der Verse bemerkbar macht. Entsprechend der Dreizeiligkeit erhöht sich die Anzahl der Verse auf 66. Somit erfreut sich dieses Kapitel eines gesteigerten poetischen Ausdrucks. Im Vergleich dazu nimmt Kap. 4 die poetische Ausdrucksform merklich zurück. Die einzelnen Strophen umfassen nur noch zwei Zeilen. Wenn in Kap. 5 schließlich nur noch einzeilige Strophen vorliegen, ist die Vermutung fast zwingend, in dieser Rücknahme ein gezieltes Gestaltungsmittel zu sehen. Der Intensität in der äußeren Form entspricht die innere der Klageaussagen. Eindeutig erweist sich Kap. 3 damit als der formale Höhepunkt der fünf Lieder. Theologisch nimmt Klgl 3,22-23 (-39) die zentrale Stellung ein, von der her die ganze Klage aufgefangen und auf einen tragenden Grund gestellt wird. Die kunstvolle Form mit dem pyramidenartigen Gesamtaufbau (Naegelsbach; Kaiser) ist demnach nicht nur im gemeinsamen gottesdienstlichen Sprechen begründet, sondern noch mehr bedachte inhaltliche Gestaltungshilfe. Am Ende der durchbuchstabierten Klagegebete ist auch die Klage an sich inhaltlich wie formal am Ende und in Gottes Hände übergeben (Klgl 5,19-22). Auch mathematische Gesichtspunkte scheinen bei der Gestaltung eine Rolle gespielt zu haben, insofern Kap. 3 das mittlere der 5 Lieder darstellt. Auch die versmäßige Einteilung in Kap. 1 zwischen der Klage Jerusalems und der der Gemeinde deutet darauf hin. Die beobachtete Steigerung des sprachlichen Ausdrucks von Kap. 1 zu Kap. 3 und dessen Rücknahme von Kap. 3 zu Kap. 5 findet sogar innerhalb von Kap. 3 eine inhaltliche Entsprechung. Somit wird Kap. 3 zum Zentrum, zur theologischen Hauptaussage des ganzen Buches. Diese dem westl. Denken ungewohnte Denkstruktur entspricht der natürlichen Situation der Leidtragenden, die keinen linearen Prozeß darstellt, sondern um das tief einschneidende Erleben kreist. Das einmalige Aussprechen genügt nicht. Es muß auf die Dauer bis in die letzten Konsequenzen hinein durchdacht, durchlebt, durchlitten und bewältigt werden. So findet sich im kunstvollen Aufbau der Klgl auch eine seelsorgerliche Komponente.

In Kap. 1 erscheint Jerusalem in der Gestalt einer Witwe (V. 1), die von der klagenden Gemeinde als einsame und kinderlose betrauert wird. Umgekehrt trauert sie selbst um die zerstörte Stadt und ihre Bewohner wie um ihre Kinder (V. 5f.15f.18-20). In V. 1-11 wird Jerusalems Schicksal gewissermaßen von außen her beklagt. Vom Standpunkt eines mitleidenden Berichterstatters aus wird die Stadt als vom Tod Betroffene betrauert, fast so als ob sie selbst gestorben wäre. Hinter diesem Beter ist wohl die gottesdienstliche Gemeinde zu sehen, die am Ort des zerstörten Heiligtums zusammenkam. In V. 12-22 dagegen spricht Jerusalem selbst in der ersten Person. Es tritt auf in der Gestalt einer Frau, die völlig gezeichnet ist von ihrem Leid. Beide Teile nehmen jeweils die Hälfte des Gesamtgebets ein und stellen miteinander eine Einheit dar.

In Kap. 2 ist die Person des Klagenden nicht eindeutig. Es kann sich um die trauernde Gemeinde handeln, die in der zerstörten Stadt einen Gedenk- und Trauergottesdienst hält. Eher aber ist ein einzelner anzunehmen, der das grausige Geschehen als erbarmungslose Durchführung des Gerichtes Gottes zu fassen versucht (V. 1-10), erschüttert Jerusalem personhaft anspricht und zur Anrufung Gottes auffordert (V. 11-19). In V. 20-22 antwortet die Stadt mit der Anrufung Gottes. Auch dieser Teil ist wie im ersten Klagelied als von einem Teil der Gemeinde vorgetragen zu denken.

Kap. 3 ist im Unterschied zu den vorherigen Gebetsliedern die Klage eines einzelnen. Was Stadt und Volk als Ganzes durchgemacht haben, wird am Beispiel eines bestimmten Menschen veranschaulicht, der – seinem Leiden nach – als Soldat an vorderster Front gestanden hatte, dessen Not aber individuelle Züge trägt. Das einsam erlebte Leid hat so immer Teil am Leiden eines Menschen überhaupt.

Der erste Teil ist von der Klage des Mannes erfüllt (V. 1-18), die sich – wie in ähnlichen Psalmen – in Dankbarkeit umwandelt. Vertrauensvoll bekennt er sich zu Jahwe und beruft sich gegen allen Augenschein auf dessen bleibende Treue und Huld (V. 19-24). Im zweiten Teil geht die Klage über in eine Besinnung über die Bedeutung des Leidens überhaupt für den Lernprozeß, den der einzelne auf seinem Glaubensweg durchmacht (V. 25-33). Das lehrhafte Anliegen des Verfassers gegenüber seinen Mitbetern ist nicht zu übersehen und auch am unpersönlichen Stil zu erkennen, der sich vom ersten und dritten Teil unterscheidet. Seine grundsätzlichen Gedanken finden dann in der Erkenntnis ihren Höhepunkt, daß das Israel zugefügte empörende Unrecht immer noch der Verfügungsgewalt Gottes untersteht (V. 34-39). Die Folgerung daraus ist nicht, Gott anzuklagen, sondern angesichts der eigenen Sünde sich selbst (V. 39). Diese Forderung wird im dritten Teil von einer betenden und klagenden Gemeinde aufgenommen, wobei der Wechsel vom einzelnen Ich (V. 1-24.48-66) zum gemeinsamen Wir (V. 40-47) auffällt. Ab V. 48 wandelt sich das Bekenntnis der Gemeinde dann wieder zum Klage- und Dankgebet des einzelnen, das als vierter Teil das Kap. schließt.

In Kap. 4 wird das tiefeingeprägte Leiderleben nicht mehr nur metaphorisch in Bildern geschildert. Die grausige Wirklichkeit selbst wird nun in größerem Umfang beim Namen genannt. Im Aufbau der Klgl ist vielleicht gerade damit der Höhepunkt der Klage und zugleich die Spitze der theologischen Aussagen überwunden.

V. 1-11 weisen einen parallelen Aufbau auf. Sowohl V. 1.2 als auch V. 7.8 fassen die Trauer um die Jerusalemer Bevölkerung in Worte. Dabei wechseln sich Bildworte mit der ungeschminkten Darstellung der Wirklichkeit ab. Sowohl V. 3-5 als auch V. 9.10 stellen die unbarmherzigen Auswirkungen des Hungers während der Belagerung dar, wobei das Schicksal der kleinen Kinder im Mittelpunkt steht (V. 3.4 und V. 10). Sowohl V. 6 als auch V. 11 schließt die vorangegangene Darstellung mit einer theologischen Feststellung ab. Im zweiten größeren Abschnitt V. 12-20 geht es um die Begründung dafür, daß das Unmögliche (V. 12) geschehen konnte. Der erste Grund ist die Blutschuld der Priester und Propheten (V. 13-16) und der zweite das falsche und deshalb enttäuschte Vertrauen auf menschliche Hilfe (V. 17-20). V. 21.22 kündigt für Edom Vergeltung, für Zion dagegen Heil an.

Kap. 5 ist der Form nach ein Volksklagelied. Am Anfang steht die Anrufung Gottes (V. 1), es folgen Klage mit Anklage Gottes, Wir-Klage und Feindklage mit Schilderung der Not der Heimatlosigkeit, Schutzlosigkeit, Rechtlosigkeit, Unterdrückung, der gegenwärtigen Lebensbedrohung und Entehrung und den Auswirkungen auf das Gemüt (V. 2-18), Bekenntnis der Zuversicht (V. 19) und Bitte um Gottes Zuwendung und helfendes Eingreifen (V. 21). Letztlich wird die Größe und Heiligkeit Gottes damit herausgestellt und seine Treue zu seinem Volk vergewissert. Nach dem Höhepunkt mit der Erkenntnis und dem Bekenntnis zu Jahwes bleibender Gnade (Klgl 3,22-24) haben sich die Wellen mit dem gemäßigteren Ton und der Zweizeiligkeit der Verse in Kap. 4 immer mehr gelegt. Jetzt kommen sie mit dem weicheren Rhythmus und den Einzeilern vollends zur Ruhe bis hin zum Bekenntnis zur bleibenden Beständigkeit Jahwes über allem Unbeständigen und Aufreibenden des ergangenen Gerichtes (V. 19).

VI. THEOLOGISCHE AUSSAGE.

In den Klgl findet sich die gleiche theologische Konzentration wie in anderen Texten aus der Exils- und Nachexilszeit, deren Funktion es u.a. ist, zur Bewältigung der Katastrophe des Exils mit ihrem radikalen Umbruch im politischen, gesellschaftlichen und kultisch-kulturellen Bereich beizutragen. Die Verkündigung der Propheten konzentriert sich dabei nicht auf die politischen Fehler, sondern auf das Verhältnis des Volkes zu seinem Gott als dem entscheidenden Faktor. Dieses spiegelt sich in den zwischenmenschlichen Beziehungen wider, in Kultur, Gesellschaft und Politik.

Die einzelnen Ereignisse, die in der schmerzlichen und belastenden Erinnerung ganz konkret zur Sprache kommen, sind nicht das Entscheidende. Der durchgehende Tenor ist: Du, Gott, hast es getan. Gott hat nicht nur zugelassen, daß der judäische Staat in die Hand der Feinde fiel; er selbst wurde zum Feind, hat sich der politisch-militärischen Schachzüge des neubabylon. Großkönigs *Nebukadnezar und seines Heeres als Werkzeug bedient. Nicht Menschen machen Geschichte, sondern Gott. Daraus ergeben sich entscheidende Schlußfolgerungen für das Geschichtsverständnis. Schon in den Klgl, in denen es hauptsächlich um das Schicksal des Gottesvolkes selbst geht, zeichnet sich die Botschaft der apokalyptischen Bücher der Bibel ab, in denen Gott als der Lenker der Weltgeschichte hervorgehoben wird. Im Unterschied zur Verkündigung der Apokalyptiker kehrt Gottes Zorn sich jedoch gegen sein eigenes Volk, indem er nicht nur fremde, böse Gewalt zuläßt, die am Ende überwunden wird (vgl. Dan 7,25-27; 8,24.25; aber auch Dan 11,36) und die damit doch Gottes Heils- und Geschichtsplan erfüllen muß, sondern in erzieherischer Absicht handelt. Gottes Volk bedarf angesichts seiner fortwährenden Untreue und der Verfehlung seiner göttlichen Bestimmung der Läuterung – gerade in seiner Sonderstellung als das geheiligte und auserwählte Volk. Dabei will er den Menschen nicht erdrücken (Klgl 3,33). Gottes Zorn hat eine heilsame und heilende Funktion. Darin wird das auserwählte Volk auch für die Völker zum Beispiel. Diese Linie läßt sich zum stellvertretenden Sühnetod Jesu am Kreuz, wo dieser Zorn für alle Menschen zum Ziel gekommen ist, fortführen: Gott will den der Sünde und dem Tod verfallenen Menschen dahin führen, ein neuer Mensch zu werden.

Am Beispiel der hinter ihnen liegenden Katastrophe zeigen die Klgl, wie die Bewältigung fundamentalen Leids nicht in Selbstmitleid, Groll und Verbitterung enden muß, sondern damit zu tun hat, daß man sich ihm stellt und man sich gerade dem zuwendet, dem man die Schuld dafür gibt, und lernbereit die eigene Vergangenheit selbstkritisch unter die Lupe nimmt. Selbst das schlimmste Gericht, wie die Beter es hinter sich haben, wird so in der Einsicht um die eigene Schuld zu einem guten, in dem Gott sich als der Herrliche und immer noch Barmherzige erweist. Im Unterschied zu Fatalismus und Schicksalsglaube bringen solche Umkehr und das aktive Rechnen mit Gott und seinem konkreten Eingreifen in die Geschichte stets Neues und Hoffnungsvolles aus sich hervor.

Literatur: D. Bahat: Jerusalem, 4000 Jahre Geschichte der Heiligen Stadt, 1985; J. Begrich: Zur hebräischen Metrik, ThR 1932, S. 67-89; K. Budde: Das hebräische Klagelied, ZAW 2/1882, S. 1-52; 3/1883, S. 299f; 50/1932, S. 306-308; H. Donner: Geschichte des Volkes Israel und seiner Nachbarn in Grundzügen, Grundrisse zum Alten Testament, I,1984/ II,1986; G. Fohrer: Glaube und Leben im Judentum, 1979; W.R. Garr: The Qinah. A Study of Poetic Meter, Syntax and Style, ZAW 95/1983, S. 54-75; R.K. Harrison: Jeremiah and Lamentations, TOTC, Leicester 1977; S. Herrmann: Geschichte Israels in alttestamentlicher Zeit, 1973; D. Hillers: Lamentations. The Anchor Bible, 1972; F. Horst: Die Kennzeichen der hebräischen Poesie, ThR 1953, S. 97-121; H. Jahnow: Das hebräische Leichenlied im Rahmen der Völkerdichtung, BZAW 36/1923; W.C. Kaiser jr.: A Biblical Approach to Personal Suffering, 1980; C.F. Keil: Biblischer Commentar über den Propheten Jeremia und die Klagelieder, 1872; L. Köhler: Der hebräische Mensch, (1953), 1976; H.-J. Kraus: Gottesdienst in Israel. Grundriß einer alttestamentlichen Kultgeschichte, ^{2}1962; ders.: Klagelieder (Threni), BKAT XX, ^{2}1968; H. Lamparter: Das Buch der Sehnsucht. Das Buch Ruth. Das Hohe Lied. Die Klagelieder, BAT 16/II, 1962; W.F. Lanahan: The Speaking Voice in the Book of Lamentations, JBL 93/1974, S. 41-49; J. Latacz: Perspektiven der Gräzistik, Sonderdruck der Stiftung »Humanismus heute« des Landes Baden-Württemberg, 1984; M. Löhr: Alphabetische und alphabetisierende Lieder im Alten Testament, ZAW 25/1905, S. 173-198; F. Mayer: Die Klagelieder Jeremias. Ein Evangelium für Mühselige und Beladene, 1934; C.W.E. Naegelsbach: Theologisch-homiletisches Bibelwerk, hrsg. von J.P. Lange, Teil 15, 1868; M. Noth: Die Katastrophe von Jerusalem im Jahre 587 v.Chr. und ihre Bedeutung für Israel, in: Gesammelte Studien zum Alten Testament, ^{3}1966, S. 346-371; B. Oded: Judah and the Exile, in: J.H. Hayes, J.M. Miller (Eds.): Israelite and Judaean History, 1977, S. 435-488; G. von Rad: Gerichtsdoxologie; in: ders.: Gesammelte Studien zum Alten Testament II, 1973, S. 245-254; W. Rudolph: Das Buch Ruth, Das Hohe Lied, Die Klagelieder, KAT XVII/3, 1962, S. 187-263; K. Schubert: Die Kultur der Juden im Altertum, 1970/1977/1980; C.D. Stoll: Die Klagelieder, 1986; ders.: Der Untergang Jerusalems - 587 oder 586 v.Chr.? in: JET 1987, S. 71-107; J.A. Thompson: The Book of Jeremiah, 1980; A. Weiser: Klagelieder, übersetzt und erklärt. ATD 16, ^{2}1967, S. 295-369; C. Westermann: Jeremia und Klagelieder, 1956; ders.: Der Psalter, 1967; D.J. Wiseman: Chronicles Museum, 1956; H.W. Wolff: Anthropologie des Alten Testaments, (1973), ^{2}1974. C.D.St.

KLARHEIT. Mit dem Begriff »Klarheit« wird in der LÜ an zwei Stellen (Lk 2,9; Apg 22,11) das griech. Wort *doxa* übersetzt, das 165 mal im NT vorkommt. Meist wird *doxa* mit Herrlichkeit (z.B. Joh 17,5; 1Petr 1,7), *Ehre (z.B. Lk 2,14; Joh 5,41.44), Verherrlichung (so Joh 11,4), *Verklärung (Mk 9,2-8 par.) und Ansehen (Apg 4,29) wiedergegeben. Die LÜ von 1914 übersetzt in 1Kor 15,41 und Offb 18,1 noch »Klarheit«, wo in der Revision von 1984 »Glanz« steht. 2Kor 3,7-18; 4,4-6 wird mit »Herrlichkeit« übersetzt, Lk 9,31f steht »verherrlicht«. So bleiben als Belege für K. Apg 22,11 und Lk 2,9. Die Verkündigung des Gottesboten an die Hirten (Lk 2,9) ereignet sich im Glanz von Gottes K., die das strahlend Reine der sichtbar gewordenen Gottesherrlichkeit wiedergibt. Bei seiner Berufung vor Damaskus umstrahlte Paulus ein Licht, dessen Glanz heller war als die Sonne, und aus dem Christus sprach; woraufhin Paulus nicht mehr sehen konnte und nach Damaskus geführt werden mußte (Apg 22,11; vgl. 26,13 und 1Tim 6,16).

Literatur: H. Baltensweiler: Die Verklärung Jesu, 1959; E. Fascher: RGG^{3} III, 273-275; H. Hegermann: EWNT I, 1980, 832-841; G.v. Rad, G. Kittel: ThWNT II, 1935, 235-258; R. Schnackenburg: LThK III, 532-534; M. Weinfeld: ThWAT IV, 1984, 23-40. J.E.

KLAUE. (Hebr. *parsāh*, von »trennen, zerreißen, abbrechen«, im weiteren Sinn »spalten«). Die (gespaltene) K. oder der Huf eines Tieres (Hes 32,13) steht (pars pro toto) für das Tier selbst (2Mo 10,26). Wiederkäuende Tiere mit gespaltenen K.n wie Rinder, Schafe, Ziegen, Rehe etc. galten nach dem Gesetz als rein (3Mo 11,3; 5Mo 14,4-6) und durften gegessen und geopfert werden. Die K.n werden zerrissen, um an das dazwischen befindliche Fleisch zu gelangen. In Sach 11,16 und Ps 69,32 ist dieses »Zerreißen« ein Bild für die Habgier. »Eherne Klauen« sind ein Bild für vernichtende Macht (Dan 7,19; Mi 4,13).

KLEIDUNG. Das AT gibt keine detaillierte Beschreibung der verschiedenen Bekleidungsarten in Palästina. Dennoch vermitteln ägypt., babylon. und hetitische Zeugnisse eine gute Vorstellung der damaligen Kleidung. Im Grab des Chnumhotep in Beni-Hasan (Ägypten) ist eine Prozession von Asiaten dargestellt, die Augenschminke nach Ägypten liefert. Die dargestellten Personen tragen lebhaft gemusterte, bunte Gewänder. Das läßt darauf schließen, wie Abraham und andere Nomaden etwa z.Zt. der 12. ägypt. Dynastie gekleidet waren. 1Mo 3,7.21 bringt den Ursprung der Kleidung mit dem Schamgefühl in Verbindung. Es ist eine Schande, nackt zu sein (1Mo 9,22-23), was besonders das Schicksal von Gefangenen und Flüchtlingen war (Jes 20,4; Am 2,16; Mk 14,52). Kinder liefen jedoch bis zur Pubertät nackt herum. Die

Syrische Tributbringer in hemdartiger Kleidung (hebr. ketonet*), die bis zu den Knöcheln reichte. Eine umgelegte Tuchrolle bildete die äußere Bekleidung (hebr.* simlach*). 1,32 × 1,12 m. Theben, Zeit Thutmoses' IV. (1412–1402 v.Chr.). (BM)*

wichtigsten Kleidungsstücke scheinen eine Art Lendentuch oder Hüftschurz, ein langes oder kurzes Hemd bzw. Hemdkleid, ein Obergewand und ein Umhang gewesen zu sein. Hinzu kommen Gürtel, Kopfbedeckung, Schleier und Sandalen.

1. Männerkleidung. Es gibt ein paar Hinweise auf einen Hüftschurz (*'ēzōr*), der von der Taille bis zu den Knien reicht. Dies war wohl während der Mittleren und Späten Bronzezeit die übliche Bekleidung. In der Späten Bronzezeit verschwand er langsam als bürgerliches Gewand, blieb jedoch militärische Bekleidung (Hes 23,15; Jes 5,27). Eine ähnlich einfache Kleidung bildeten Tierfelle und härener Mantel oder Umhang (Sach 13,4; 2Kön 1,8; Mt 3,4), die nur von Propheten oder armen Leuten (Sir 40,4) oder zum Zeichen der Buße getragen wurden. Nur die Priester mußten Hüften und Schenkel durch Hosen bedekken (2Mo 28,42; 39,28). Ansonsten war die Hose im AT und im alten Vorderen Orient unbekannt, außer bei den Persern (pers. *schalwār;* hebr. *sarbāl;* vgl. Dan 3,21.27). Das

Ein Geschenk – Tuch oder Kleidung – wird als Tribut dargebracht. Bas-Relief, nördl. Treppe des Apadarna, Persepolis. Achämenidisch, Zeit des Xerxes. 485–465 v.Chr. (RH)

Halb-Nomadische, »asiatische« Schmiede aus Palästina. Die mehrfarbigen Kleidungsstücke der Schmiede heben sich von der einfachen weißen Bekleidung der Ägypter ab. Grab Chnumhoteps III., ca. 1890 v.Chr. (PAC)

Römischer Bürger mit Toga über der Tunika; ca. 1. Jh. n.Chr. (RS)

Kaiser Nerva in vollem militärischen Ornat. (RS)

Mit Quasten gesäumtes Gewand des Königs Asarhaddon von Assyrien (681–669 v.Chr.). Ausschnitt aus einer Diorit-Stele, deren Höhe ca. 3,2 m beträgt. (SMB)

Jüdische Gefangene, Frauen und Kinder, mit langem Gewand. Reliefdarstellung der Kapitulation von Lachisch vor Sanherib, 701 v.Chr. Ninive, frühes 7. Jh. v.Chr. (MH)

Reich verzierte Kleidung des Königs Marduk-nādin-ahhē von Babylon. Dargestellt auf einem Grenzstein. 1116–1101 v.Chr. (BM)

Hemd, das in der Späten Bronzezeit und während der Eisenzeit die übliche Bekleidung war, heißt in der Bibel wohl *kuttōnet* (griech. *chiton*). Man trug es direkt auf der Haut, es reichte bis zu den Knien oder Knöcheln. Hergestellt wurde es mit und ohne Ärmel, kurz oder lang. Während der Arbeit oder beim Laufen wurde das Hemd hochgegürtet (2Mo 12,11; 2Kön 4,29). Die Bibel erwähnt auch ein *kuttōnet passīm*, ein spezielles Obergewand (LÜ: Rock, 1Mo 37,3.23.32), das auch von einer Prinzessin getragen wurde (2Sam 13,18-19). Es war vielleicht ein buntes Wickelgewand, ähnlich einem Plaid, das spiralförmig um den

Elamitischer Bogenschütze der persischen Leibwache in zeremoniellem Gewand. Glasierte Ziegel, Höhe 1,85 m. Susa 5. Jh. v.Chr. (SMB)

Körper geschlungen wurde (vgl. die Abb. S. 1224, die syr. Gesandte vor Pharao Thutmoses IV. zeigt). Das Hemd, das vermutlich darunter getragen wurde, war wohl der *sādin* (Ri 14,12; Spr 31,24; Jes 3,23; LXX: *sindon*). Zu dieser Art Gewand gehörte vielleicht auch der *meʿīl*, der gewöhnlich zum Zeichen der Trauer zerrissen wurde (Esr 9,3; Hiob 1,20; 2,12). Bedeutende Männer wie Jonatan (1Sam 18,4), Samuel (1Sam 2,19; 15,27; 28,14), Saul (1Sam

Assyrische Wandbemalung aus einer königlichen Provinzresidenz. Til Barsib/Kār Salmanassar (heute: Tell Achmar), 8. Jh. v.Chr. (AP)

*»Judäer« in typischer Kleidung, dargestellt auf dem »Schwarzen Obelisken« Salmanassars III., der *Jehu, König von Israel erwähnt. Kelach (Nimrud), 858–824 v.Chr. (BM)*

Königlicher Faltenrock und Robe aus feinem Leinen, getragen von König Amenophis I. (1527–1506 v.Chr.). Wandbemalung aus Theben, ca. 1150 v.Chr. (BM)

Robe aus feinem Leinen, getragen von Königin Ahmose-Nefertati (ca. 1550 v.Chr.). Wandbemalung aus Theben, ca. 1150 v.Chr. (BM)

Verzierter Rock Assurbanipals (668–627 v.Chr.). Relief einer Löwenjagd, Ninive. (BM)

Sumerische Frau beim Gottesdienst. Sie trägt ein kiltartiges Gewand, kaunakes, *das aus Stoff- oder Wollstreifen gefertigt ist, vermutlich eine herkömmliche Darstellung des Schaffells. Der typische Stil läßt die rechte Schulter frei. Mari, ca. 2900–2461 v.Chr. (SI)*

24,5.12), Hiob und seine Freunde (Hiob 1,20; 2,12) und Esra (Esr 9,3) trugen es. Der gewöhnliche Mantel wird normalerweise im Hebr. *simlā* genannt. Er kann mit der »*ʿabāje*«, der heutigen Fellachen (Bauern) gleichgesetzt werden. Er ist ein rechteckiges Stück Stoff, das über eine oder über beide Schultern geworfen wird. Auf beiden Seiten sind Öffnungen für die Arme. Einen solchen Umhang besaß jeder. Man konnte ihn nicht pfänden, da er nachts als Decke diente (2Mo 22,25-26; 5Mo 24,12). Zur Arbeit legte man ihn ab (Mt 24,18; Mk 10,50). Auch gebrauchte man ihn zum Tragen von Gegenständen aller Art (2Mo 12,34; Ri 8,25; 2Kön 4,39; Hag 2,12). Von einem aus kostbarem Material hergestellten Mantel *ʾadderet* berichtet Jos 7,21.24. Dieses Kleidungsstück trug der König (Jona 3,6), es findet sich aber auch bei Propheten (1Kön 19,13.19; 2Kön 2,13f). Die Bezeichnung für diesen Mantel kommt in der Alltagssprache jedoch nicht vor, sie findet sich auch im späten Hebr. nicht mehr. Als Kopfbedeckung trugen die Israeliten wohl ein gefaltetes Stück Stoff zum Schutz vor der Sonne, das gelegentlich auch zum Turban gewickelt wurde (hebr. *migbāʿōt,* »hohe Mützen«, 2Mo 28,40; 3Mo 8,13; hebr. *pʿer* »Hauben«, Jes 3,20 und »leinene Hauben«, Hes 44,18). Angesehene Männer und Frauen trugen später den *sanīph* (»Kopftücher«, »Krone«, Jes 3,232; 62,3), ein um den Kopf gewickeltes Stück Stoff.

Arme gingen gewöhnlich barfuß. Man kannte jedoch Sandalen (vgl. 5Mo 25,10; Am 2,6; 8,6). Die Sohlen (*neʿālīm*) bestanden aus Leder oder Holz und wurden mit Riemen am Fuß befestigt (hebr. *serōk,* 1Mo 14,23; Jes. 5,27; Mk 1,7; Lk 3,16). Sandalen wurden nicht im Haus getragen.

2. Frauenkleidung. Frauen trugen im wesentlichen dasselbe wie Männer. Doch muß der Unterschied erkennbar gewesen sein, denn es war den Männern verboten, Frauenkleidung zu tragen und umgekehrt (5Mo 22,5). Der Unterschied liegt wohl in feinerem Material, mehr Farben und dem Gebrauch eines Schleiers und einer Art Kopftuch (hebr. *mitpachat,* »Tücher«, Jes 3,23, »Tuch«, Rut 3,15), das auch zum Tragen von Lasten benutzt werden konnte. Meistens trugen die israelit. Frauen »Hemd« (hebr. *kuttōnet*) und »Mantel« (hebr. *simlā*). Aus feinerem Stoff war das Unterkleid (hebr. *sadīn,* Spr 31,24; Jes 3,23). Zu Festen trugen sie kostbarere Kleidung (1Tim 2,9). Hüften- und Lendenbekleidung wurde nicht getragen. Angesehene Damen trugen eine lange Schleppe oder einen Schleier (Jes 47,2; Nah 3,5). Die Jes 3,18ff genannten Kleidungsstücke lassen sich heute nicht mehr im einzelnen identifizieren.

3. Kleidung zu besonderen Anlässen. Festliche Kleidung unterschied sich von der alltäglichen nur durch kostbareres Material (1Mo 27,15; Mt 22,11-12; Lk 15,22). Die Farbe war vorzugsweise weiß (Pred 9,8; Mk 9,3;

Bekleidung eines assyrischen Königs (Sargon II., 722–705 v.Chr.) und seiner Gefolgsleute. Rekonstruktion. Chorsabad. Höhe der mittleren Figur 3 m. (AP)

Offb 3,4). Begehrt waren Gewebe aus Byssus, Scharlach und Purpur (Spr 31,22; Sir 6,30; Jer 4,30). Frauen schmückten ihre Kleidung gerne mit Gold und Silber (2Sam 1,24; Ps 45, 10.14-15; Hes 16,10.13; s. *Schmuck). Trauer- und Bußkleiung (*saq*) bestand aus »härenem Tuch« ähnlich dem Mantel der Propheten. Man trug sie mit einem Gürtel und manchmal auf dem nackten Leib (1Mo 37,34; »Sack«, 2Sam 3,31; 1Kön 21,27; 2Kön 6,30).

4. Priesterkleidung. Das älteste priesterliche Kleidungsstück scheint der *'ēphōd bad* gewesen zu sein, vermutlich ein einfaches Lendentuch (2Sam 6,14.20). Die Priester von Nod waren als Männer bekannt, die den »leinenen Priesterschurz« trugen (1Sam 22,18). Samuel (1Sam 2,18) und David (2Sam 6,14) trugen einen einfachen leinenen *Efod. Dieser muß unterschieden werden von dem Efod des Hohenpriesters, der aus kostbarem Material war (Byssus: *schēsch*), verziert mit Gold, Purpur und Scharlach. Dieses Kleidungsstück reichte von der Brust bis zu den Hüften. Er wurde von zwei Schulterbändern gehalten und um die Hüfte festgebunden (2Mo 39,1-26). Es wird auch ein Efod erwähnt, der bei Orakeln verwendet und im Tempel aufbewahrt wurde (1Sam 21,10). Die Priester trugen während des Gottesdienstes ein Tuch, das Hüften und Lenden bedeckte (2Mo 28,42-43; 3Mo 16,4), und ein langes, besticktes, leinenes Unterkleid mit Ärmeln (2Mo 28,40; 39,27), dazu einen schön gearbeiteten Gürtel aus gezwirntem Leinen, blauem und rotem Purpur und Scharlach (2Mo 28,40; 39,29; vgl. Nötscher: Bibl. Altertumskunde, 1940). Die Priester trugen außerdem einen Kopfbund (hebr. *misnephet*, 2Mo 28,4.37.39; 29,6; 39,28). Wie in *Ägypten und *Babylonien war es den Priestern verboten, im Dienst wollene Kleidung (Hes 44,17) und im Tempel Sandalen zu tragen (2Mo 3,5; vgl. 29,20).

Literatur: M.G. Houston: Ancient Egyptian and Persian Costume and Decoration, 1954; ANEP, Abb. 1-66; I. Benzinger: Hebräische Archäologie, 1927; S. Bertmann: Tasseled Garments in the Ancient East Mediterranean, BA 24, 1961, 119–128; H. Bonnet: Die ägyptische Tracht bis zum Ende des neuen Reiches, 1917, ND 1964; G. Dalman: Arbeit und Sitte in Palästina, V, 1937, ND 1964, S. 199–362; E. Haulotte: Symbolique du vêtement selon la Bible, 1966; B. Hrouda: Die Kulturgeschichte des assyrischen Flachbildes, 1965, S. 21–50.141–143; J.B. Pritchard: Syrians as Pictured in the Paintings of the Theban Tombs, BASOR 122, 1951, 36–41; Ph.J. Watson: Costume of Old Testament Peoples, 1987; H. Weippert: BRL², 185–188. C.D.W.

KLEOPAS. Kurzform des griech. Namens Kleopatros, der offenbar für den semit. Namen Klōpas eintreten konnte (Bauer, Wb 858f.863f). Philologisch kaum haltbar ist die früher oft vertretene Gleichsetzung von Klopas und *Alphäus (Mt 10,3 par.). Beides sind nämlich Gräzisierungen verschiedener semit. Namen (*Qlōpā'* bzw. *Chalpaj/Chalāph*). K. war einer der beiden Jünger, denen der Auferstandene auf dem Weg nach *Emmaus begegnete (Lk 24,18), wo sie offenbar zu Hause waren (Lk 24,29). Unter den Frauen beim Kreuz nennt Joh 19,25 eine »Maria des Klopas« (*Maria hē tou Klōpa*). K. kann hier den Vater, Sohn, Mann oder Bruder meinen. Nach dem sonstigen ntl. Sprachgebrauch kommen am ehesten Sohn oder Mann in Frage. Laut Eusebius (h.e. III, 32,4) war diese Maria die Frau des Klopas, und so entscheiden sich auch die meisten modernen Forscher, die außerdem wie Eusebius Klopas und K. identifizieren. Nach dem judenchristl. Schriftsteller Hegesipp (um 180 n.Chr.) war K. ein Bruder des *Josef und damit ein Onkel Jesu (Eus.h.e. III, 11; 32; IV, 22). Sein Sohn Symeon wurde nach *Jakobus, dem »Herrenbruder«, zweiter Bischof von *Jerusalem. Gemäß einer schon von Origenes (cCels II, 62.68 u.ö.) bezeugten Überlieferung war er der ungenannte Begleiter des K. nach Emmaus (Th. Zahn, Lucas, 3/4 1920 [ND 1988], 711-713). Das setzt vielleicht auch die Textvariante Lk 24,34 voraus. Nach A. Schlatter wäre Symeon der Sohn des K. ein Gewährsmann für die lukanische Auferstehungsgeschichte (Kirche und Synagoge, 1966, 111-118).

Literatur: J. Blinzler: Die Brüder und Schwestern Jesu, [2]1967, 111-118; R. Schnackenburg: Johannesevangelium III, [4]1982, 321f; B. Pixner, in: J.G. Plöger, J. Schreiner: Heilige im heiligen Land, 1982, 300-304. R.R.

KLIMA s. Palästina

KLOPAS s. Kleopas

KLUFT s. Höhle

KLUG, KLUGHEIT. Mit K. geben die Bibelübersetzungen im AT, z.T. abweichend voneinander, Formen und Ableitungen der hebr. Worte *bājan,* »einsehen, verstehen«, *chākam,* »weise sein«, *jādāc,* »erkennen, wissen«, *ʿāram,* »schlau, listig sein« und *sākal,* »klug, einsichtig sein«, wieder. Auch im Hebr. sind diese Begriffe nicht mehr scharf voneinander abzugrenzen und ergänzen sich häufig in paralleler Stellung (synonymer parallelismus membrorum). Im NT liegt meistens das griech. Wort *pais* zugrunde. K. gehört in das Bedeutungsumfeld des Begriffs »Weisheit«; der Gegenbegriff ist »Torheit«. K. meint ein zweckmäßiges Handeln, das die Situation richtig einschätzt, alle Möglichkeiten ausnutzt und sein Ziel erreicht, z.T. auch mittels einer List. Als derart »kluge und weise« Menschen werden dargestellt *Joseph (1Mo 41,39), *Abigail (1Sam 25,3.33), *Salomo (1Kön 2,6.9; 3,9ff; 5,9ff), die Frau aus Tekoa (2Sam 14), *Rehabeam (2Chr 11,23) und verschiedene Personen in Gleichnissen Jesu (Mt 7,24; 24,45ff; 25,1ff; Lk 14,28ff; 16,1-8 der unehrliche Verwalter!). Die atl. Weisheitsliteratur versteht unter K. eine Lebensführung, in der dem Menschen durch Erkenntnis der natürlichen und sozialen Ordnungen und Gesetzmäßigkeiten und die Einfügung in dieselben Leben gelingt. Ihm wird unter Rückgriff auf Lebenserfahrungen und rationale Argumente in vielen Einzelsentenzen unterbreitet, wie er k. werden und damit das wahre Leben erlangen kann (Spr 10,5.19; 11,12; 12,23; 13,10.16; 14,8.15; 15,5; 22,3 u.ö.; s.a. Weish und Sir). Zwar wird in diesem Traditionsbereich die K. bzw. Weisheit auch als Gabe Gottes verstanden (z.B. Spr 2,6; Hiob 35,11; vgl. auch 2Chr 9,23; Weish 7,7) und ihr Zusammenhang mit der Furcht Jahwes mehrfach hervorgehoben (Spr 1,7; 9,10; 10,27; 14,26f; 15,16.23; 16,6; 19,23; 22,4; 23,17f; 24,21f; 28,14; 31,10; vgl. auch Ps 111,10), sie wird jedoch nicht in Beziehung gesetzt zur Heilsgeschichte oder den Geboten Jahwes (anders: Ps 119,104.130; Sir 19,21). Hier liegt eine Grenze weisheitlichen Denkens vor.

Im NT wird die K. auch dem Christen für seine Lebensführung nahegelegt (Mt 7,24; 10,16; 24,45; 25,13; Eph 5,15-17), wobei der Kontext diese in der eschatologischen Situation der Jünger an den Willen Gottes bindet.

Wird K. damit in beiden Testamenten zumeist positiv gewertet, wird vor einer selbstherrlichen menschlichen K., die sich über den Willen Gottes hinwegsetzt, gewarnt bzw. das Gericht Gottes angesagt (Hiob 5,13; Spr 3,5-8; Jes 5,21-24; 10,12ff; 29,13-16; 44,25; Röm 12,16; 1Kor 3,18ff). Die Grenze aller menschlichen K. und Weisheit zeigen Mt 11,25 und 1Kor 1,18ff auf: die Heilsbedeutung Jesu und der Heilswille Gottes ist nur in der glaubenden Annahme der Offenbarung Gottes zugänglich, die aller menschlichen K. entgegen steht.

Literatur: J. Goetzmann: TBLNT I, [4]1986, 534-538; G. von Rad: Weisheit in Israel, [3]1985; H.D. Preuß: Einführung in die alttestamentliche Weisheitsliteratur, 1987. F.Fe.

KNABE.

1. K. ist im AT zumeist die Übersetzung von *naʿar,* seltener von *jäläd. Naʿar* bezeichnet Säuglinge (2Mo 2,6; 1Sam 1,22; 4,21), Kleinkinder (Jes 7,16; 8,4), Kinder (1Mo 22,5.12; Ri 8,14; 2Kön 2,23; 4,18ff), Jugendliche (1Sam 17f; 2Sam 13,32; Jes 40,30) und den heiratsfähigen jungen Mann (1Mo 34,19). Der Gegenbegriff ist *sāqēn,* »alt, Alter«; das Oppositionspaar *naʿar* und *sāqēn* meint die Gesamtheit der betreffenden Menschenmenge (Stilmittel des Merismus; 1Mo 19,4; 2Mo 10,9; Jos 6,21; Ps 148,12; Jes 20,4; Jer 51,22). Bezeichnet K. also eindeutig jugendliches Alter – der hundertjährige K. in Jes 65,20 ist Kennzeichen der Heilszeit –, so läßt sich weder eine eindeutige Obergrenze ausmachen, noch deckt sich der Begriff mit einer bestimmten Altersstufe, wie die voneinander abweichenden Einteilungen der Lebensphasen in Est 3,13; Jer 6,11; 44,7; 51,22 zeigen. Wichtiger als das Alter ist der mit *naʿar* bezeichnete Rechtsstatus des ledigen, unmündigen und damit vom Familienvater abhängigen jungen Menschen. Zeichnet den K.n einerseits Kraft und Schnelligkeit aus (Jes 40,30), so wird doch häufiger seine Hilflosigkeit (1Mo 21,16) und Unfähigkeit hervorgehoben (2Kön 4,18ff; Jes 7,16; 8,4; Klgl 5,13). Weisheitliche Texte betonen die Notwendigkeit der Erziehung und Belehrung des K.n wegen seiner mangelnden Reife und Erfahrung (Spr 1,4; 7,7.22f; 22,6.15; 23,13f; 29,15). Daher eignet sich der K. nicht für Führungsaufgaben (Pred 10,16f; vgl. Jes 3,4). Die besondere Erwählung junger Menschen (*Gideon, *Simson, *Saul, *David) stellt die Wirksamkeit

Jahwes heraus, auf den der Erfolg der Unternehmungen zurückzuführen ist. Daß Absalom in 2Sam 18,5.29 von David ein K. genannt wird, soll wohl dessen Aufstand verharmlosen, um eine möglichst milde Bestrafung zu erreichen. Die Selbstbezeichnung Salomos als »kleinen Knaben« in 1Kön 3,7 ist als formelhafte Demuts- und Selbsterniedrigungsaussage zu werten (vgl. 2Chr 13,7). Daß Jeremia sich einen *na'ar* nennt (Jer 1,6), beinhaltet wohl auch das Eingeständnis der Unfähigkeit für die prophetische Aufgabe, könnte aber von Jer 16,1-4 her auch bedeuten, daß Jeremia noch unmündig und damit nicht zum öffentlichen Reden berechtigt war, er somit »seine Vollmacht einzig und allein durch Jahwes Auftrag und Sendung selbst« erhält (Stähli, 129). Der hebr. Begriff *na'ar* bezeichnet auch den *Knecht in Rut 2,5ff und 2Sam 9,2; 19,18 gar den Gutsverwalter. Häufig ist die Verwendung von *na'ar* als militärischem Fachausdruck. In der Regel geht es hier um erfahrene (Berufs-)Soldaten (1Sam 21,2-10; 2Sam 2,12-17; 1Kön 20 u.ö.).

2. Im NT wird meistens *pais* durch K. wiedergegeben und meint Kinder verschiedenen Alters (Mt 2,16; 17,18; Lk 8,42; Joh 4,51; 6,9: *paidarion*). Der zwölfjährige »Knabe Jesus« setzt die Lehrer im Tempel in Erstaunen und erweist sich von Kindheit an als der menschgewordene Gottessohn (Lk 2,41ff). Eutychus wird sowohl *pais* wie auch *neanias* (Jüngling) genannt (Apg 20,9.12).

Literatur: J. Conrad: Die junge Generation im Alten Testament. Möglichkeiten und Grundzüge einer Beurteilung. AzTh I/42, 1970; H.-P. Stähli: Knabe – Jüngling – Knecht. Untersuchungen zum Begriff na'ar im Alten Testament, 1978; H.F. Fuhs: ThWAT, V 1986, 507-518 (Literatur!). F.Fe.

KNECHT, KNECHTSCHAFT.

I. IM ALTEN TESTAMENT.

1. Einleitung.

Nach röm. Recht waren Sklaven (männlichen oder weiblichen Geschlechts) Personen ohne Persönlichkeitsrechte; wie über jeden anderen persönlichen Besitz konnten ihre Besitzer (Herren) über sie verfügen und sich ihrer Arbeitskraft bedienen. Im Vorderen Orient z.Zt. der Bibel konnten Sklaven allerdings gewisse (Gewohnheits-)Rechte erwerben. Dazu gehörte das Recht auf Besitz (selbst von anderen Sklaven) und das Recht, ein eigenes Geschäft zu führen, obwohl man unter der Kontrolle eines Herrn stand. Im ganzen Vorderen Orient ist die Knechtschaft seit frühester Zeit belegt und verdankt ihre Existenz und Fortdauer hauptsächlich wirtschaftlichen Faktoren.

2. Wege in die Knechtschaft.

a. Durch Gefangennahme.

Gefangene, besonders Kriegsgefangene, wurden gewöhnlich in die Sklaverei verkauft (der König von Sodom erhob Anspruch auf die Gefangenen, 1Mo 14,21; s.a. 4Mo 31,9; 5Mo 20,14; 21,10ff; Ri 5,30; 1Sam 4,9; 2Kön 5,2; 2Chr 28,8.10ff), ein Vorgehen, das so alt ist wie die schriftlichen Belege selber und zurückreicht bis um 3000 v.Chr. und wohl noch weiter (vgl. I. Mendelsohn, Slavery in the Ancient Near East, 1949, S. 1-3).

b. Durch Kauf.

Sklaven konnte man einfach von ihren Besitzern oder von Sklavenhändlern erwerben (vgl. 1Mo 17,12-13.27; Pred 2,7). Das Gesetz erlaubte den Hebräern, im eigenen Land oder im Ausland ausländische Sklaven von Ausländern zu kaufen (3Mo 25,44-46). Im Altertum verkaufte man Sklaven zusammen mit anderen Gütern von Land zu Land. Entsprechend verkauften die Midianiter und Ismaeliter *Josef an einen hohen ägypt. Beamten (1Mo 37,36; 39,1). Über die phönizische Stadt *Tyrus lief der Ankauf von Sklaven und Kupferwaren aus Kleinasien (Hes 27,13); die Bewohner von Tyrus verkauften aber auch Juden an Griechen und forderten somit ein göttliches Strafgericht heraus (Joel 4,4-8). (Zu der großen Zahl semit. Sklaven, die zur Zeit Josefs, wohl hauptsächlich durch Handel, nach Ägypten kamen, s. *Josef; zum babylon. Handel mit ausländischen Sklaven, der z.B. über Tyrus abgewickelt wurde, s. Mendelsohn, op.cit., S. 3-5).

c. Durch Geburt.

Die »im Hause« (ihres Besitzers) geborenen Kinder von Sklaven gingen in seinen Besitz über. Solche Menschen werden in der Bibel seit der Zeit der Erzväter erwähnt (1Mo 15,3; 17,12-13.27; Pred 2,7; Jer 2,14) und ebenso in mesopotamischen Dokumenten (Mendelsohn, op.cit., S. 57-58).

d. Zum Zwecke der Entschädigung.

Wenn ein überführter Dieb keinen Schadenersatz leisten und seine Strafe nicht bezahlen konnte, war es möglich, ihn als Sklaven zu verkaufen (2Mo 22,2; vgl. eine ähnliche Bestimmung im Kodex Hammurabi §§ 53-54; AOT; S. 388).

e. Durch Zahlungsverzug.

Bankrotte Schuldner wurden oft gezwungen, ihre Kinder als Sklaven zu verkaufen, oder ihre Kinder wurden von dem Gläubiger als Sklaven genommen (2Kön 4,1; Neh 5,5.8). Der zahlungsunfähige Schuldner wurde gewöhnlich mit seiner Frau und Familie Sklave seines Gläubigers. Drei Jahre lang stellte er seine Arbeitskraft in dessen Dienst, um die Schuld abzuarbeiten und dann wieder frei zu sein (so der Kodex hammurabi, § 117: AOT, S. 392). Dies scheint der Hintergrund zu sein für das Gesetz in 2Mo 21,2-6 (und 7-11) und in 5Mo 15,12-18, nach dem ein hebr. Sklave sechs Jahre lang arbeiten mußte, also doppelt so lange, verglichen mit den drei Jahren im Kodex Hammurabi (vgl. Mendelsohn, S. 32-33). Bei seiner Freilassung wurde es ihm freilich materiell ermöglicht, einen Neuanfang zu machen (s.u. 4.). Zahlungsunfähigkeit war im Orient zur bibl. Zeit ein Hauptgrund für das Absinken auf den Sklavenstatus (Mendelsohn, S. 23, 26-29).

f. Durch Selbstverkauf.

Der freiwillige Verkauf in die Sklaverei, d.h. in die Abhängigkeit von einem anderen, um der Armut zu entgehen, kam häufiger vor (vgl. Mendelsohn, S. 14-19). 3Mo 25,39-43.47ff trug dem Rechenschaft, bestimmte aber das Erlaßjahr zur Freilassung (bei ausländischen Besitzern noch eher).

g. Durch Raub.

Auf die Entführung eines Menschen und seine Erniedrigung zum Sklaven stand sowohl im Kodex Hammurabi (§ 14; AOT, S. 384) als auch im Gesetz Moses (2Mo 21,16; 5Mo 24,7) die Todesstrafe. Die Brüder Josefs hatten sich eines solchen Vergehens schuldig gemacht (1Mo 37,27f; 45,4). Es ist daher verständlich, daß sie später »entsetzt« waren und Zuspruch brauchten (1Mo 45,3.5; vgl. 1Mo 50,15).

3. Preis von Sklaven.

Der Preis der Sklaven variierte je nach Umständen und Geschlecht, Alter und Konstitution des Sklaven, aber im Laufe der Geschichte stieg der Durchschnittspreis der Sklaven wie der Preis anderer Handelsgüter. Eine Sklavin im gebärfähigen Alter war z.B. mehr wert als ein Sklave. Im späten 3.Jt.v.Chr. lag der Durchschnittspreis eines Sklaven in Mesopotamien (Akkad und 3. Ur-Dynastie) bei 10-15 Silberschekeln (Hinweise in Mendelsohn, S. 117-155). Um 1700 v.Chr. wurde Josef für 20 Silberschekel an die Ismaeliter verkauft (1Mo 37,28), was dem üblichen Preis zur Zeit der Erzväter entsprach. Ein Drittel einer Mine betrug (um 1750 v.Chr.) 20 Schekel nach dem Kodex Hammurabi (§ 116, 214, 252; AOT, S. 392, 402), nach zeitgenössischen altbabylon. Tafeln (vgl. Mendelsohn,) und nach Texten von Mari (G. Boyer, Archives Royales de Mari, 8, 1958, S. 23, Nr. 10, Z. 1-4). Etwa um 1500 v.Chr. lag der Durchschnittspreis in Nuzi bei 20 Schekeln (B.L. Eichler, Indenture at Nuzi, 1973, S. 16-18,87) und konnte im 14./13. Jh.v.Chr. in Ugarit in Nord-Syrien 20, 30 oder 40 Schekel betragen (Mendelsohn, S. 118-155; J. Nougayrol, Palais Royal d'Ugarit, 3, 1955, S. 228), ein Preis, der gut zu vergleichen ist mit den 30 Schekeln in 2Mo 21,32. Unter den Assyrern, Babyloniern und Persern stieg der Durchschnittspreis für einen Sklaven auf 50-60 Schekel, stellenweise 90-120 Schekel (Mendelsohn, S. 117f.155). Mit 50 Schekeln hatten in assyr. Zeit (vgl. 2Kön 15,20) die vornehmen Israeliten unter Menahem ihren Wert als Sklaven zu bezahlen, um der Deportation nach Assyrien zu entgehen (D.J. Wiseman, Iraq 15, 1953, S. 135; JTVI 87, 1955, S. 28). Die stetig steigenden Durchschnittspreise für Sklaven sowohl in bibl. wie in außerbibl. Berichten lassen annehmen, daß erstere auf genauer Überlieferung aus dem frühen und späten 2. Jt. sowie dem frühen 1. Jt.v.Chr. beruhen.

4. Im Besitz von Privatleuten befindliche Sklaven in Israel.

a. Hebräische Sklaven.

Das Gesetz versuchte (wie der Kodex Hammurabi fünf Jh. früher) das Risiko zu vermeiden, daß unter wirtschaftlichem Druck auf kleine Bauern eine ganze Bevölkerungsschicht in die Sklaverei und Leibeigenschaft abrutschte, indem es die Dienstdauer für zahlungsunfähige Schuldner auf sechs Jahre begrenzte. Bei ihrer Freilassung mußten sie ein ausreichendes Vermögen für einen Neubeginn erhalten (2Mo 21,2-6; 5Mo 15,12-18). War ein Mann bereits verheiratet, nahm er seine Frau mit in die Sklaverei. War er jedoch unverheiratet und erhielt eine Frau von seinem Herrn, so gehörten Frau und Kinder weiter dem Herrn. Wenn er dauernd im Dienst seines Herrn und bei seiner Familie bleiben wollte, konnte er das tun (2Mo 21,6; 5Mo 15,16f). Im Erlaßjahr wurde er auf jeden Fall freigelassen (3Mo 25,40) wegen der Wiederherstellung des Erbes (3Mo 25,28), auch wenn er bereit war, für immer bei seinem Herrn zu bleiben. Zahlungsunfähige Schuldner in zeitlich begrenzter Knechtschaft, ähnlich jenen in 2Mo 21,2ff, meint wahrscheinlich 2Mo 21,26f; eine Körperverletzung, die einen nicht zu ersetzenden Schaden hinterließ, löste die Schuld ab und befreite sofort vom Gläubiger/Herrn (Mendelsohn, S. 87-88). Zur Zeit Jeremias mißbrauchten der König und die Reichen das Gesetz des Erlaßjahres schamlos, indem sie ihre Sklaven nur freiließen, um sie anschließend wieder zu ergreifen. Wegen dieser betrügerischen Praxis wurden sie scharf verurteilt (Jer 34,8-17). Ein Hebräer, der sich freiwillig in die Sklaverei verkaufte, um der Armut zu entgehen, mußte seinem Herrn bis zum Erlaßjahr dienen. Dann war er frei (3Mo 25,39-43) und erhielt sein Erbe zurück (3Mo 25,28). War sein Herr jedoch ein Ausländer, konnte er jederzeit vor dem Erlaßjahr seine Freiheit erkaufen oder durch einen Verwandten ausgelöst werden (3Mo 25,47-55). Für

Sklavinnen gab es besondere Gesetze. Daß die Sklavin ihrem Herrn anstelle dessen kinderloser Frau Kinder gebären konnte, wird sowohl durch die Geschichte der Erzväter (1Mo 16) wie durch die Keilschriftdokumente z.B. aus Ur belegt (Wiseman, JTVI 88, 1956, S. 124). Wurde ein hebr. Mädchen als Sklavin verkauft (2Mo 21,7-11), so war ihr rechtlicher Status sorgfältig geschützt: sie konnte ihren Herrn oder seinen Sohn heiraten (und wurde bei Ablehnung freigelassen); sie konnte auch eine angemessen unterstützte Konkubine werden. Kam ihr Herr seinen Unterhaltsverpflichtungen nicht nach, war sie frei. In Mesopotamien waren solche Verträge gewöhnlich härter und enthielten oft keinerlei Schutz (vgl. Mendelsohn, S. 10ff.87).

b. Ausländische Sklaven.

Im Gegensatz zu hebr. Sklaven konnten diese lebenslang versklavt und mit anderem Familienbesitz weitergegeben werden (3Mo 25,44-46). Sie gehörten jedoch nach dem Beispiel der Erzväter zum Volk Israel (*Beschneidung, 1Mo 17,10-14.27) und nahmen an den Festen (2Mo 12,44; Passa; 5Mo 16,11.14) und an der Sabbatruhe (2Mo 20,10; 23,12) teil. Eine kriegsgefangene Frau konnte von einem Hebräer zur Frau genommen werden, womit ihr Sklavenstatus endete. Wurde sie später von ihrem Mann geschieden, blieb sie frei (5Mo 21,10-14).

c. Allgemeine Bedingungen.

Die Behandlung der Sklaven hing vom Charakter ihrer Herren ab. Es konnte sich ein Verhältnis des Vertrauens (vgl. 1Mo 24; 39,1-6) und der Zuneigung (5Mo 15,16) entwickeln, aber es gab auch strenge oder gar tödliche Züchtigung (vgl. 2Mo 21,20f); unrechtmäßige Tötung wurde aber bestraft (2Mo 21,20; 3Mo 24,17.22). Es ist gut möglich, wenngleich nicht erwiesen, daß die hebr. Sklaven ähnlich den babylon. ein äußeres Zeichen ihrer Knechtschaft trugen (Mendelsohn, S. 49). Unter bestimmten Umständen konnten Sklaven Recht verlangen (Hiob 31,13) oder vor Gericht gehen (Mendelsohn, S. 65, 70, 72); es geschah aber auch, daß sie, wie der von David geschonte Ägypter, im Krankheitsfall von einem gleichgültigen Herren aufgegeben wurden (1Sam 30,13). Zur Zeit der Erzväter konnte ein kinderloser Herr einen Haussklaven adoptieren und ihn zu seinem Erben machen, wie dies von *Abraham und *Eliëser vor *Ismaels und *Isaaks Geburt berichtet wird (1Mo 15,3); eine solche Praxis belegen auch keilschriftliche Dokumente aus Ur (vgl. Wiseman, JTVI 88, 1956, S. 124).

Die vorhandenen Dokumente bezeugen, daß in der ganzen alten Geschichte zahlreiche Menschen versucht haben, sich durch Flucht der Sklaverei zu entziehen. Diejenigen, die ihnen dabei halfen und ihren Plänen Vorschub leisteten, mußten mit Strafe rechnen (Mendelsohn, S. 58ff). Für Sklaven, die in ein anderes Land flohen, galten andere Maßstäbe. Manche Staaten hatten die Auslieferung entlaufener Sklaven vertraglich vereinbart. Das könnte erklären, warum Schimi ohne Probleme zwei entlaufene Sklaven von König Achisch von *Gat im Philisterland zurückerhielt (1Kön 2,39-40). Manche Staaten verfügten jedoch zeitweise auch, daß ihre eigenen Landsleute, die im Ausland Sklaven waren, bei Rückkehr in die Heimat frei sein sollten und nicht ausgeliefert würden. Das war auch von Hammurabi von Babylon festgelegt worden (Kodex § 280; AOT, S. 406; vgl. Mendelsohn, S. 63-64, 75, 77-78). Diese Auffassung könnte 5Mo 23,16f zugrundeliegen (Mendelsohn, S. 63f).

d. Freilassung.

Nach dem hebr. Gesetz mußte ein versklavter Schuldner nach sechs Jahren (2Mo 21,2; 5Mo 15,12.18) oder als Ausgleich für erlittene Ungerechtigkeit (2Mo 21,26-27) freigelassen werden. Ein Mädchen konnte freigekauft oder freigelassen werden, wenn sie abgelehnt wurde oder die Arbeitsbedingungen nicht ehrbar waren (2Mo 21,8.11). Ein Hebräer, der sich selbst als Sklave verkauft hatte, mußte im Erlaßjahr freigelassen werden; er konnte aber auch jederzeit von einem ausländischen Herrn freigekauft werden (3Mo 25,39-43.47-55). Eine Gefangene konnte durch Heirat eine freie Frau werden (5Mo 21,10-14). Nach 1Chr 2,34f hatte der Hebräer Scheschan keine Söhne. So verheiratete er seine Tochter mit seinem ägypt. Sklaven Jarha, um seinen Familienbestand zu sichern. Es ist höchst wahrscheinlich, daß Jarha unter diesen Umständen freigelassen wurde (Mendelsohn, S. 57), wie auch Eliëser von Damaskus (1Mo 15,3), wenn er nicht als Erbe Abrahams von Ismael und dann von Isaak ersetzt worden wäre. Der hebr. Begriff, der anzeigt, daß jemand »frei« ist, nicht (oder nicht mehr) Sklave (z.B. 2Mo 21,2.5.26-27; 5Mo 15,12f.18; Hiob 3,19; Jer 34,8-11.14.16 etc.) ist *chophschī*. Er hat eine lange Geschichte im alten Orient und erscheint als *chupschu* in Keilschrifttexten vom 18. bis 7. Jh.v.Chr. Er bezieht sich gewöhnlich auf freie Bürger, die kleine Landbesitzer, Pächter oder gemietete Arbeiter waren. Wurde ein Hebräer freigelassen, zählte er zu dieser Klasse. Er wurde ein kleiner Landbesitzer, wenn er sein Erbe zurückerhielt (im Erlaßjahr), Pächter oder Arbeiter auf dem Land anderer (Mendelsohn, S. 74-91).

5. Staats- und Tempelsklaven.

a. Staatssklaverei in Israel.

Diese wurde in sehr begrenztem Umfang praktiziert. David verlangte von den gefangenen Amoritern Zwangsarbeit (2Sam 12,31). Salomo zog die überlebenden Nachkommen der Völker Kanaans zu einer staatlichen Arbeitstruppe ein, jedoch keine Israeliten (s. 1Kön 9,15,21-22: »Fronleute« bzw. »Träger«, »Steinhauer«: 2Chr 2,17). Die Israeliten leisteten nur im Libanon turnusmäßig Fronarbeit (1Kön 5,15f). Die bekannten Kupferminen nahe *Ezjon-Geber (Elat) dürften mit kanaan. und ammonitisch/edomitischen Sklaven betrieben worden sein (N. Glueck, BASOR 79, 1940, S. 4-5; Mendelsohn, S. 95; Haran, VT 11, 1961, S. 162). Solcher Einsatz von Kriegsgefangenen war im ganzen Nahen Osten üblich. In anderen Ländern außerhalb Israels wurden Kriegsgefangene und Sklaven bisweilen auch vom Staat übernommen (Mendelsohn, S. 92-99).

b. Tempelsklaven in Israel.

Nach dem Krieg gegen Midian hatte Mose einen Teil der erbeuteten Güter, aber auch einen Teil der Gefangenen auszusondern, damit sie dem Hohenpriester und den Leviten zum Dienst im Heiligtum zur Verfügung standen (4Mo 31,28.30.47). Dazu kamen die von Josua verschonten Gibeoniter, die »Holzhauer und Wasserschöpfer« für das Haus und den Altar des Herrn wurden (Jos 9,3-27), d.h. Diener für die Stiftshütte und deren Personal. Auch David und seine Beamten bestimmten Ausländer (Nethinim) zu ähnlichen Diensten für die Leviten, die im Tempel dienten. Manche von deren Nachkommen kehrten mit Esra aus der Verbannung zurück (Esr 8,20). Dazu kamen »Salomos Sklaven« (Esr 2,58). Hesekiel (44,6-9) erinnert daran, daß diesen unbeschnittenen Dienern ein Platz im Tempeldienst gegeben worden war, der ihnen nicht zustand. Unter Nehemia (Neh 3,26a.31) lebten einige von ihnen in Jerusalem und halfen beim Wiederaufbau der Mauer.

6. Schlußfolgerung.

Im allg. weht ein humaner Geist durch die atl. Gesetze und Ordnungen bezüglich Knechtschaft, wie sich in den wiederholten Befehlen Gottes, nicht unbarmherzig mit einem Mitisraeliten zu verfahren, zeigt (z.B. 3Mo 25,43.46.53.55; 5Mo 15,14f). Selbst wenn das hebr. Gesetz am allg. Erbe der alten semit. Welt teilhat, so gibt es hier doch eine einzigartige Fürsorge im Namen Gottes für solche Menschen, die ihrem juristischen Status nach keine Persönlichkeitsrechte besaßen. Das fehlt in den Gesetzen Babylons und Assyriens. Außerdem sollte nicht vergessen werden, daß die Wirtschaft im alten Vorderen Orient niemals in beträchtlichem Maß oder gar hauptsächlich auf Sklavenarbeit basierte wie das im »klassischen« oder späteren Griechenland der Fall war (vgl. Mendelsohn, S. 111f, 116f, 121; I.J. Gelb, FS für S.N. Kramer, 1976, S. 195-207 über Statistiken und Vergleiche; vgl. F.I. Andersen, Buried History II, 1975, S. 191-194). Hiob (31,13-15) vertritt im AT die Vorstellung von der Gleichheit aller Menschen vor ihrem Schöpfergott, welchen Standes sie auch sind.

II. IM NEUEN TESTAMENT.

1. Systeme der Sklaverei in ntl. Zeit.

Nach dem Talmud zu schließen wurde jüd. Sklaverei immer von der starken nationalen Einheit des Volkes bestimmt. Man unterschied scharf zwischen jüd. und heidnischen Sklaven. Die ersteren unterlagen der Sabbatjahrfreilassung, und alle jüd. Gemeinschaften hatten die Verantwortung, ihre Landsleute, die bei Heiden Sklaven waren, loszukaufen. Daher kannte man keinen wesentlichen Unterschied zwischen Unfreien und Freien. Das ganze Volk sah sich gleichzeitig als Knecht Jahwes. Im Gegensatz dazu wurde die griech. Sklaverei durch die klassische Theorie einer postulierten, naturgegebenen Sklavenklasse gerechtfertigt. Da strenggenommen nur die Angehörigen der Bürgerklasse als Menschen galten, waren Sklaven nicht mehr als Vieh. Obwohl diese Vorstellung nur in den seltenen Fällen, wo gesunder Menschenverstand und Humanität versagten, in die Praxis umgesetzt wurde, bleibt die Tatsache, daß die Sklaverei im gesamten klassischen Altertum einfach selbstverständlich war, selbst bei denen, die sich für Verbesserungen einsetzten. Zu verschiedenen Zeiten und je nach den Orten unterschieden sich Ausmaß und Ausprägung der Sklaverei beträchtlich. Die heutige Sicht ist geprägt von den Schrecken der Sklaverei in Italien und Sizilien in den zwei Jh. zwischen den Punischen Kriegen und Augustus, die durch eine Reihe von Sklavenrevolten gesteigert wurden. Die Sklaverei in dieser Form war ein Nebenprodukt der schnellen röm. Eroberung des Mittelmeerraumes. Das Überangebot an Sklaven ergab sich aus den zahllosen Kriegsgefangenen. In ntl. Zeit gab es wenig große Kriegszüge. Die fast ausschließlich von Sklaven betriebene Landwirtschaft war geradezu typisch röm. In Ägypten z.B. gab es fast überhaupt keine Sklaven in der Landwirtschaft. Das Land wurde von einer freien Bauernschaft unter bürokratischer Oberaufsicht bestellt. In Kleinasien und Syrien gab es große Tempelgüter, deren Pächter sich in einer gewissen Art von Leibeigenschaft befanden. Nach den Gleichnissen Jesu zu urteilen, wurden die Sklaven in Palästina mehr in der Verwaltung der Landwirtschaftsbetriebe beschäftigt, während die Arbeiter als Tagelöhner je nach Arbeitsanfall beschäftigt wurden. Häusliche und öffentliche Sklaverei waren die am meisten verbreiteten Formen. Im ersten Fall wurden die Sklaven als Zeichen des Reichtums gekauft und beschäftigt. Gab es nur einen oder zwei Sklaven, arbeiteten sie neben ihrem Herrn an denselben Aufgaben. In Athen unterschieden sich Sklaven auf den Straßen nicht von den Freien, und das vertraute Verhältnis der Sklaven zu ihren Herren war ein ergiebiges Komödienthema. In Rom beschäftigten die vornehmen Häuser zahlreiche Sklaven zum reinen Luxus. Ihre Arbeit war hochspezialisiert und körperlich kaum anstrengend. Öffentliche Sklaven besaßen aufgrund ihrer Stellung beträchtliche Selbständigkeit und Anerkennung. Sie übernahmen während der Abwesenheit eines Beamten alle Arten von Aufgaben, in manchen Fällen sogar die Polizeigewalt. Sklaven waren oft auch als Ärzte oder Erzieher tätig.

Die Hauptursachen, in Knechtschaft zu geraten, waren: (1) Geburt, abhängig von der Gesetzgebung des jeweiligen Staates bezüglich der Elternschaft von Sklaven; (2) die weitverbreitete Praxis der Aussetzung unerwünschter Kinder, die dann demjenigen zur Verfügung standen, der sie aufzog; (3) der Verkauf der eigenen Kinder in die Sklaverei; (4) freiwillige Sklaverei zur Lösung z.B. des Schuldenproblems; (5) Sklaverei im Rahmen des Strafvollzugs; (6) Menschenraub und Piraterie; (7) Handel und Verkehr an den röm. Grenzen. Der Grad der Versklavung war unterschiedlich, und es ist unmöglich, den Anteil der Sklaven an der Bevölkerung zu berechnen. Er mag bis zu einem Drittel der Bevölkerung Roms und der großen Metropolen des Ostens ausgemacht haben. In bäuerlichen Gebieten betrug er jedoch nur einen kleinen Teil davon. Wenn sein Besitzer es wollte, konnte ein Sklave jederzeit freigelassen werden. In Rom geschah dies gewöhnlich durch Testament. Der Großzügigkeit der Besitzer mußte jedoch Grenzen gesetzt werden, um eine allzu schnelle Vermischung der röm. Bürger mit Personen ausländischer Abstammung zu verhindern.

In den griech. Staaten gab es zwei Möglichkeiten, daß sich Sklaven selbst freikaufen konnten. Die gesetzliche Unzuständigkeit des Sklaven wurde dadurch überwunden, daß das Besitzrecht theoretisch einem Gott übertragen wurde. Die Freilassung als Entgelt für einen Arbeitsvertrag bedeutete vielfach nur, daß der Sklave dieselbe Arbeit weiter tat, obwohl er jetzt nach dem Gesetz frei war. Die Bedingungen der Sklaverei wurden in ntl. Zeit entschärft. Obwohl Sklaven keine Rechtspersonen waren, erkannten ihre Besitzer, daß sie besser arbeiteten, je mehr sich ihre Bedingungen denen der Freiheit annäherten. Eigentum und Eheschließung wurden normalerweise erlaubt. Das wachsende Gefühl für Humanität verurteilte Grausamkeit, und in manchen Fällen gab es entsprechende Kontrollen. In Ägypten z.B. war der Tod eines Sklaven Gegenstand einer Überprüfung. Während in griech. Staaten freigelassene Sklaven ausländische Mitbürger ihrer früheren Herren wurden, erhielten sie in Rom nach ihrer Freilassung automatisch die Staatsbürgerschaft. So bewirkte der starke Zustrom von Sklaven nach Italien, besonders in den letzten 2 Jh.v.Chr., die Internationalisierung der röm. Republik und griff damit der Regierungspolitik der allmählichen Ausweitung der Staatsbürgerschaft voraus.

2. Die Haltung des Neuen Testaments gegenüber der Sklaverei.

Die zwölf Jünger Jesu standen offensichtlich außerhalb des Sklavensystems. Sie waren weder Sklaven noch Sklavenbesitzer. Knechtschaft erscheint jedoch häufig in den Gleichnissen (z.B. Mt 21,34; 22,3), weil die königlichen und fürstlichen Haushalte, zu denen sie gehörte, einen Vergleich zum Reich Gottes lieferten. Jesus bezeichnete die Beziehung seiner Jünger zu ihm wiederholt als die von Knechten zu ihrem Herrn (z.B. Mt 10,24; Joh 13,16). Gleichzeitig betonte er die Unzulänglichkeit dieses Vergleichs. Die Jünger waren sozusagen *Freigelassene und hatten das Vorrecht einer größeren Vertrautheit mit Jesus (Joh 15,15). Andererseits übernahm Jesus zu ihrer Bestürzung selber die Rolle eines Knechtes (Joh 13,4-17), um sie zum gegenseitigen Dienst zu ermutigen.

Außerhalb Palästinas bildeten sich Gemeinden häufig in Form von Hausgemeinden. Zu ihren Mitgliedern gehörten sowohl Herren wie auch Knechte. Knechtschaft war eine der menschlichen Trennungen, die in der neuen Gemeinschaft Christi bedeutungslos wurden (1Kor 7,22; Gal 3,28). Das führte anscheinend zu Emanzipationsbestrebungen (1Kor 7,20) und bei einigen sogar zu unverantwortlichen Aktivitäten (1Tim 6,1ff). Paulus war nicht gegen Freilassung, wenn sie möglich war (1Kor 7,21), bemühte sich aber auch, keinen Druck auf die Besitzer von Sklaven auszuüben, auch wenn sein Gefühl es anders wollte (Phlm 8.14). Das geschah nicht nur aus dem praktischen Grund, die Gemeinden nicht der Kritik auszusetzen (1Tim 6,1f), sondern weil prinzipiell jeder menschliche Stand von Gott bestimmt ist (1Kor 7,20). Sklaven sollten deshalb danach trachten, Gott durch ihren Dienst zu gefallen (Eph 6,5-8; Kol 3,22). Der brüderliche Bund mit einem gläubigen Herrn war ein weiterer Grund, diesem gut zu dienen

(1Tim 6,2). Andererseits sollte für den Herrn das brüderliche Gefühl ausschlaggebend sein (Phlm 16). Er sollte seine Sklaven maßvoll (Eph 6,9) und gerecht (Kol 4,1) behandeln.

Die Tatsache, daß Haussklaverei – die einzige Art, auf die sich das NT bezieht – für gewöhnlich von Freundlichkeit und Zuneigung bestimmt wurde, wird bei ihrem bildhaften Gebrauch im »Haushalt Gottes« (Eph 2,19) impliziert. Die Apostel sind Gottes Haushalter (1Kor 4,1; Tit 1,7; 1Petr 4,10) und sogar einfache Knechte (Röm 1,1; Phil 1,1). Den gesetzlichen Charakter des »Jochs der Knechtschaft« (Gal 5,1) vergaß man freilich nicht; die Freilassung der Sklaven und Aufnahme in die Familie ihrer Herren stehen am Schluß dieses Gedankenganges (Röm 8,15-17; Gal 4,5-7). So hielten die Apostel die Sklaverei sowohl praktisch als auch theoretisch für einen Teil einer zeitlich bedingten Ordnung. Die Bruderschaft der Kinder Gottes betrachtete letztlich alle ihre Mitglieder als Freigelassene durch Gottes Gnade.

Literatur: N. Brockmeyer: Antike Sklaverei, 1979; W.L. Westermann: The Slave Systems of Greek and Roman Antiquity, 1955; M.I. Finley: Die Sklaverei in der Antike, 1981; J. Jeremias: Jerusalem zur Zeit Jesu, ³1963; I. Mendelsohn: Sklavery in the Ancient Near East, 1949; J. Vogt: Sklaverei und Humanität, ²1972. E.A.J.

KNECHT GOTTES.

I. ZUM BEGRIFF.

Das hebr. Wort für Knecht (*äbäd*) bedeutet »Sklave«, »Diener«, »Untertan«, »Beamter«, »Vasall«, aber auch »Verehrer Gottes«. Bezeichnet wird also ein Unterordnungs- und Abhängigkeitsverhältnis, das aber meistens auch ein Vertrauensverhältnis ist (vgl. der Knecht Abrahams: 1Mo 24). So sind die »Knechte des Königs« seine obersten Beamten, die eine persönliche Bindung an den König haben und in seine Familienverhältnisse mit einbezogen sind (vgl. z.B. 1Sam 25,40; 1Kön 1,47). Gott gegenüber kann die Gemeinde als »Knechte des Herrn« zum Lob aufgefordert werden (Ps 113,1). Sonst aber wurden hervorragende Männer Gottes als »Knecht des Herrn« bezeichnet: *Abraham, *Isaak und *Jakob, *Mose, *David, *Hiob und die Propheten (z.B. Jes 44,26). »Knecht des Herrn« ist also der Ehrentitel des von Gott zum besonderen Werkzeug Erwählten. In den Kap. 40-55 des Jesajabuches nennt Gott durch seinen Propheten das Volk Israel »mein[en] Knecht« (z.B. Jes 42,8-9; 44,1-2). Damit soll herausgestellt werden, daß der Herr sich dieses Volk als sein Eigentum erwählt hat, daß er es sich jetzt aus dem babylon. Exil wieder freigekauft und neu berufen hat als Zeugen (Jes 43,10) seines befreienden Handelns. Die Übersetzung »Knecht« Gottes gibt also die Fülle des Begriffs nicht wieder. Gemeint ist mit *äbäd* der ausgewählte Beauftragte.

II. DIE TEXTE.

Nun sind aber seit langer Zeit (am präzisesten durch Bernhard Duhm, 1892) vier Texte aus Jes 40-55 herausgestellt worden, die den Knecht des Herrn in geheimnisvoller Weise vorstellen. Er erscheint als eine Einzelgestalt, die einen besonderen göttlichen Auftrag an Israel und den Völkern erfüllt, leidet, sich aber nicht dagegen wehrt, schließlich für »unsere« Sünden stirbt und von Gott erhöht wird.

Duhm und viele nach ihm meinten, diese »Lieder« von ihrer Umgebung lösen und einem anderen »Dichter« zuweisen zu sollen (vgl. seinen Jesajakommentar 1892, S. 284f). Die heutige Forschung neigt eher dazu, in Jesaja selbst den Verf. zu sehen und Duhms Hypothese den Abschied zu geben (so z.B. T.N.D. Mettinger, A Farewell to the Servant Songs, Lund 1983). Im folgenden die von Duhm herausgestellten Texte, die u.U. an Zahl oder Umfang noch erweitert werden müssen:

Jes 42,1-4: Ein Präsentationswerk, in dem Gott selbst der Welt seinen Knecht vorstellt. Er ist erwählt und besitzt sein Wohlgefallen. Der Geist ruht auf ihm wie auf den Königen (z.B. 1Sam 16,13; Jes 11,2) und sein Auftrag ist, weltweit das »Recht« (dreimal!) und die »Weisung« Gottes zu den Völkern zu bringen, also eine neue Friedensordnung zu wirken (vgl. »Bund«, Jes 42,6). Auffällig ist die Art und Weise, in der der Knecht arbeiten soll, nämlich ohne Lärm (4,2) und mit Rücksicht auf die Schwachen, Geknickten (42,3).

Jes 49,1-6: Ein Berufungsbericht des Knechtes Gottes. Der Knecht teilt den Völkern mit, daß er (wie z.B. der Prophet Jeremia, Jer 1,5) von Mutterleib an berufen ist, und die Waffe seines Dienstes der Mund sei (Jes 49, 2); auch das verweist auf einen prophetischen Auftrag. Der Name des Knechtes ist »Israel« (!) und das Ziel seiner Arbeit ist die Verherrlichung Gottes (49,3). Die Vergeblichkeit seiner Arbeit läßt ihn fast resignieren (49,4). Aber der Herr erneuert seinen Auftrag und weitet ihn aus von Israel auf die Völkerwelt (49,5f; auch Jeremia erfährt auf seine Klagen hin eine erneute Beauftragung, z.B. Jer 15,10-21).

Jes 50,4-9: Wieder hören wir die Stimme des Knechtes (vgl. Jes 50,10), dieses Mal in einer Art Vertrauenspsalm (vgl. Ps 23). Doch noch mehr als an den Psalter erinnert dieser Text an die Propheten Jeremia (z.B. Jer 11,19-21; 20,10-12) und Hesekiel (z.B. Hes 3,8), die um ihrer Berufung willen leiden. Dieser

Knecht bzw. »Jünger« hat sich dem Auftrag des geduldigen Hörens und der Seelsorge an den Müden nicht entzogen (Jes 50,4-5); er mußte dafür Prügel und Beschimpfung erdulden. Aber er verläßt sich auf die Hilfe und Rechtfertigung Gottes und vertraut – in einer großartigen Sprache formuliert – der Gewißheit (die z.T. von Paulus in Röm 8,33f aufgenommen ist), daß er über seine Widersacher triumphieren wird.

Jes 52,13-53,12: Der vierte Text vom Schicksal des Knechtes Gottes ist der bekannteste, umfangreichste, aber auch der am schwierigsten zu deutende. Im ganzen AT steht dieser Abschnitt in einsamer Größe da, sofern er vom Leiden für andere, also von stellvertretendem Aufsichnehmen der Folgen unserer Sünden, spricht: »Fürwahr, er trug unsere Krankheit. . .«. Hier wird zweifellos etwas Unüberbietbares von tiefster Erniedrigung und Leidensqualen wie aber auch einer letzten Überwindung und weltweiten Rehabilitierung des Knechtes Gottes gesagt. Der Form nach wechselt eine ankündigende Gottesrede im Rahmen (52,13-15; 53,11-12) mit den Wir-Stimmen einer Gemeinde, die den Weg des Knechtes und die eigene Schuld bezeugt (53,1-10). Der Text ist sehr schwierig zu übersetzen, und seine Auslegung hat von den Zeiten des NT an (Apg 8,30-35) bis heute die Ausleger immer wieder große Mühe gekostet. In den ersten 3 Versen (Jes 52,13-15) verheißt Gott die Erhöhung und internationale Bestätigung seines einst so häßlichen und verabscheuten Knechtes. Von Jes 53,1 an erzählt eine Gruppe von Augenzeugen den Leidensweg des verachteten und kranken Knechtes. Sie bekennt, daß seine Schmerzen nichts anderes waren als unsere Krankheit, die Übernahme der Folgen unserer Sünden. Wir aber sind jetzt im Frieden, sind geheilt. Von 53,7 ab könnte ein anderer Sprecher reden, weil von einem »Wir« nichts mehr verlautet und anstatt einer Krankheit eher ein Prozeß geschildert wird mit Folter (53,7), gewalttätigem Gericht (53,8), unwürdigem Grab (9,53). Der Knecht ist geradezu das »personifizierte Leiden«, der »Schmerzensmann«, der doch alles willig leidet, wie ein Schaf in der Hand des Metzgers (53,7, vgl. Jer 11, 19). Betont wird aber, daß alle diese unsäglichen Leiden vom Herrn auferlegt sind (Jes 53,6.10) und seinem Plan entsprechen. Zum Schluß spricht der Herr noch einmal und proklamiert die »Heilsbedeutung« des Knechtes: er macht viele gerecht, weil er ihre Sünden getragen hat. Seine eigene Ehre und sein Besitz wurden wieder hergestellt. Gott belohnt ihn großzügig, weil er für die Übeltäter sein Leben gegeben hat.

Dieser Knecht ist geradezu das Gegenbild eines prächtigen Zukunftskönigs, von einem leidenden Messias sagt das AT nichts. Manches bleibt zu fragen, z.B. ob hier wirklich von Tod und Auferstehung die Rede ist. Doch die Rede vom stellvertretenden Leiden und Tragen der Sünde anderer tritt umso klarer hervor.

III. DIE IDENTITÄT DES KNECHTES.

Die Frage des äthiopischen Kämmerers an Philippus: »Ich bitte dich, von wem redet der Prophet das, von sich selber oder von jemand anderem?« (Apg 8,34), hat die Ausleger immer wieder bewegt und gerade in unserem Jh. etwa 600 Fachbeiträge herausgefordert. (Vgl. die Zusammenfassung bei H. Haag, 1985) Es gibt kaum ein bibl. Problem, das so heftig diskutiert wurde und so wenig übereinstimmende Lösungen gefunden hat.

1. Kollektive Deutung: In Jes 49,3 wird der Knecht des Herrn mit »Israel« identifiziert, und die textkritischen Korrekturen vieler Ausleger überzeugen nicht. In Jes 40-55 wird der Knecht (19 Belege) fast immer mit dem Volk Israel identifiziert (s.o. unter I.). Wenn sich nun der Knecht aber an Israel wenden soll (z.B. Jes 49,5f), dann ist es immerhin möglich, daß ein Teil Israels (z.B. eine Rückwanderergruppe oder Prophetenschule) sich an das ganze Volk wenden soll. Diese kollektive Deutung befriedigt allerdings umso weniger, je mehr die individuellen Züge des Knechtes hervortreten, z.B. beim vierten Text. Die kollektive Deutung ist besonders im Judentum zu finden, wird aber auch von vielen christl. Auslegern vertreten.

2. Die individuelle Deutung ist im christl. Raum aus christologischen Gründen meistens bevorzugt worden und ist durch die Duhm'sche Herauslösung der vier »Lieder« aus dem Kontext noch verstärkt worden. Bei der Frage, welche Einzelgestalt der damalige Prophet denn wohl vor Augen gehabt hat, gehen die Meinungen meist auseinander zwischen einer königlichen Gestalt (David, Kyrus, Jojachim, Serubbabel, der Messias) oder einer prophetischen (Mose, Jeremia, ein unbekannter Prophet oder Jesaja). Heute denken viele Ausleger an Jesaja selbst (autobiographische Deutung), schreiben dann aber Jes 52/53 einer Schülergruppe dieses Propheten zu.

3. Die mythisch-kultische Deutung von sterbenden und auferstehenden Göttergestalten im Alten Orient her (z.B. Tammuz) wird heute kaum noch vertreten.

4. Die einleuchtendste Deutung scheint nach wie vor die der »corporate personality« zu sein. Mit dem modernen Ausdruck »korporative Persönlichkeit« (zuerst verwandt von

H.W. Robinson, 1926) soll das typische atl. Denken auf einen Begriff gebracht werden, nachdem eine Gemeinschaft (Volk, Familie) durch ein Individuum oder eine »Rest«-gruppe vollgültig vertreten werden kann. Wie also Jakob oder David für ganz Israel stehen können, so auch der Knecht des Herrn. Einmal ist er ganz Israel wie an den meisten Stellen bei Jes 40-55 und besonders deutlich in Jes 49,3; dann aber auch eine Einzelgestalt, in der sich Israels wahre Sendung konzentriert. Diese Einzelgestalt, die besonders in Jes 52,13-53,12 hervortritt, ist aber keine vorfindliche, sondern eine erwartete Gestalt: sie wird einmal Israels Auftrag und Leiden zur Vollendung bringen, nämlich stellvertretend als Repräsentant des Volkes Gottes. Diese Deutung, die die kollektiven und individuellen Züge des Knechtes verbindet, wird außer im angelsächsischen Raum (z.B. H.H. Rowley) auch in Deutschland vertreten, und C. Westermanns Auffassung, daß vom Knecht zugleich offenbarend und verbergend geredet werde (Kommentar S. 20f), ist dieser Deutung verwandt.

IV. BIBLISCH-THEOLOGISCHE BEDEUTUNG UND WIRKUNG.

Im AT liegen allenfalls in Jes 61,1ff und Dan 12,3 (vgl. noch Sir 48,10) Anspielungen auf die Texte vom Gottesknecht vor. Das Judentum kann, nach allem, was wir wissen, kaum etwas mit den Texten vom Gottesknecht anfangen. Vom 11. Jh. an bis heute wird zunehmend der leidende Knecht Gottes mit dem Schicksal des jüd. Volkes identifiziert (kollektive Deutung). Je stärker die Juden verfolgt wurden, um so eher sahen sie sich in der Gestalt des Knechtes nach Jes 53 präfiguriert.

Das NT bezeugt unzweideutig, daß Jesus der Knecht Gottes des Jesajabuches ist, wie folgende Zitierungen zeigen: Mt 8,17 (Jes 53,4), Mt 12,18-21 (Jes 42,1-4), Lk 22,37 (Jes 53,12), Apg 8,32-35 (Jes 53,7-8), 1Petr 2,22-25 (Jes 53,6.9.11), Hebr 9,28 (Jes 53,12). – Unter den Auslegern sehr umstritten ist allerdings die Frage, ob Jesus selbst sich als den Gottesknecht gesehen habe. Die meisten deutschen Exegeten des NT halten die Deutung des Redens und Sterbens Jesu mit Hilfe der Texte vom Gottesknecht für Gemeindeüberlieferung (z.B. R. Bultmann, F. Hahn, E. Lohse, E. Schweizer). Sie verweisen darauf, daß allenfalls Apg 3,13.26; 4,27.30 den Titel »Knecht Gottes« für Jesus verwenden und die älteste Form der Passionsberichte Jesu Tod wohl nicht als Sühnetod gedeutet habe (z.B. G. Schneider). Die früheste Deutung des Weges Jesu sei vielmehr durch andere Hoheitstitel des AT erfolgt wie Menschensohn, Herr, Messias = Christus, Sohn Gottes. - Demgegenüber haben Forscher wie H.W. Wolff, J. Jeremias, M. Hengel, P. Stuhlmacher u.a. mit Nachdruck darauf verwiesen, daß sich in der Passionsüberlieferung ein authentisches Jesuswort finde, das ohne Jes 53 nicht so formuliert wäre: ». . .der Menschensohn ist nicht gekommen, daß er sich dienen lasse, sondern daß er diene und gebe sein Leben zu einer Erlösung für viele« (Mt 20,28; Mk 14, 22-25). Danach sind Leiden und Sterben Jesu doch von Anfang an von Jes 53 her verstanden worden. – Vor allem aber sind die Person und das ganze Werk Jesu von den Gottesknechtsworten im Jesajabuch her gesehen worden. Das zeigt sich im Gotteswort über seiner Taufe und Verklärung (Mt 3,17; 17,5; vgl. Jes 42,1), bei seiner Antrittspredigt in Nazareth (Lk 4,16-21; vgl. Jes 42,7; 61,1f) und im Erfüllungswort bei seinen Heilungen (Mt 12,15-21; vgl. Jes 42,1-4).

Literatur: H. Frey: Das Buch der Weltpolitik Gottes, 1954, [7]1985; H. Haag: Der Gottesknecht bei Deuterojesaja, 1985; P. Stuhlmacher: Existenzstellvertretung für die Vielen: Mk 10,45 (Mt 20,28), in: Werden und Wirken des AT (FS C. Westermann), hrsg. von R. Alberts u.a., 1980, S. 412-427; C. Westermann: Das Buch Jesaja, Kap. 40-66 ATD 19, [5]1986; H.W. Wolff: Jesaja 53 im Urchristentum, (1950), [4]1984. W.E.

KNECHTSGESTALT s. Knecht Gottes; s. Kenosis

KNIE, KNIEN. Das Niederknien, der Kniefall vor einem anderen, drückt Bitte (1Kön 1,23; 2Kön 1,13; Mk 1, 40; 10,17), Ehrung (Est 3,2.5), Anbetung (Ps 95,6; Jes 44,16.17), aber auch Spott (Mt 27,29) aus. Wer sich weigert, das K. zu beugen, versagt dem Menschen (Est 3,2) oder Götzen (1Kön 19,18; Röm 11,4) die Ehre. Vor Gott aber werden sich einst aller K. beugen und damit seine Herrschaft anerkennen (Ps 22,30; Jes 45,23; Röm 14,11; Phil 2,10). Vgl. *Gebet.

Das Beben (Schlottern, Straucheln) der K. ist Bild für Schwäche, Angst und Unsicherheit (Hiob 4,4; Ps 109, 24; Jes 35,3; Hes 7,17; 21,12; Nah 2,11; Hebr 12,12). Auf den Knien freundlich gehalten wird das Kind, das die Pflege und den Schutz der Mutter genießt (Jes 66,12).

KOCHABA. Der christl. Schriftsteller Julius Afrikanus gibt am Beginn des 3. Jh. eine ältere Überlieferung wieder: »Die wegen ihrer Beziehung zur Familie des Erlösers 'Herrenverwandte' (griech. *desposynoi*) genannt werden, haben sich von den jüd. Dörfern *Nazareth und Kochaba über das ganze Land ausgebreitet« (Eus.h.e. I, 7,14). Da Nazareth offenbar eine Neugründung der Davidsfamilie war und einen messianischen Namen trug (»Sproßdorf«, vgl. Jes 11,1: *nezer*), kann man dasselbe für K. fragen, dessen Name »Sterndorf« dann auf die *Bileams-Weissagung in 4Mo 24,17 hinweisen würde: »Es wird ein Stern (*kōchāb*) aufgehen aus Jakob«. Diese Verheißung war in *Qumran lebendig (CD 7,12-21) und scheint besonders an der Gegend um *Damaskus gehaftet zu haben (J. Daniélou. Primitive Christian Symbols, 1964, 102-123). Nach Justin (Mitte des 2. Jh.) kamen die Magier (Mt 2,1-12) aus der um Damaskus gelegenen Landschaft *Arabien (Dial 106,4 vgl. 78,2.10). Für K. kommen mehrere Orte in Frage.

1. Kaukab El-Hawā (neuhebr. *Kōchāb HaJarden)*, ca. 17 km südöstl. des *Tabor, heute die rekonstruierte Kreuzfahrer-Festung Belvoir (J. Murphy-O'Connor, Das Heilige Land, 1981, 177f) mit herrlicher Sicht in das *Ostjordanland. In ntl. Zeit existierte hier ca. 700 m südöstl. ein kleiner jüd. Ort, der bis ins 4. Jh. bewohnt war und auch eine Synagoge besaß (M. Ben-Dov, EAEHL I, 1975, 179f).

2. Kaukab, ein arab. Dorf, 15 km nördl. von Nazareth und 6 km westsüdwestl. von *Kana, wo offenbar ebenfalls Verwandte Jesu lebten (Joh 2,1f). Der Keramikbefund deutet auf eine Siedlung schon in röm. Zeit (A. Saarisalo, JPOS 9, 1929, 40), die nach O ausgerichtete Moschee steht vielleicht am Ort einer früheren Kirche (B. Bagatti, Antichi villaggi cristiani di Galilea, 1971, 121-125).

3. Epiphanius von Salamis nennt Ende des 4. Jh. ein Dorf Kōkābe (Chōchābe) als Wohnort von rechtgläubigen (Nazoräern) und häretischen (essenisierenden Ebioniten) Judenchristen (Haer 29,7; 30,2.18), heute der gleichnamige kleine Ort Kaukab, zwischen den Quellflüssen des *Jarmuk Rukkad und Allan in Syrien nahe der Grenze zu Jordanien gelegen. In dieser südwestlichsten »Ecke der Batanäa« (Eus.onom. 18,6; 113,2; 136,3; *Baschan) lag wahrscheinlich ein Wirkungsort von *Johannes dem Täufer, und es gab hier Gruppen seiner Anhänger (*Betanien II). Zumindest im 4. Jh.n.Chr. existierte in der Nähe (Tsil) auch eine Siedlung von *Samaritanern; Einzelfunde in der Umgebung weisen auf eine stärkere Präsenz von Judenchristen (Bagatti 291f). Eine Inschrift aus Tafas (CIJ II Nr. 861) könnte eine judenchristl. Synagoge erwähnen (A. Alt, PJB 25, 1929, 89-95).

4. Ein arab. Dorf Kaukab liegt 15 km südwestl. von Damaskus. Hierher verlegt eine mittelalterliche Tradition die Bekehrung des *Paulus, welche die ältere byzantin. aber nahe an Damaskus sucht (O.F. Meinardus, BA 44, 1981, 58f). Man hat gefragt, ob eine ältere Überlieferung von einem Aufenthalt des Apostels bei den Judenchristen in *Arabien (Gal 1,17) am Ursprung stehen könnte (J. Daniélou, Geschichte der Kirche I, 1963, 54). Auf ältere Verehrung mögen die Reste einer byzantin. Kirche hinweisen; Keramikfunde deuten auf eine Besiedlung schon in hellen. Zeit (Bagatti 295-299).

5. Um ein weiteres K. dürfte es sich bei dem von Eusebius (onom. 172,1-3) genannten Chōbah handeln, wo ebenfalls Judenchristen wohnten. Der Ort ist als das *Hoba von 1Mo 14,15 nach dem Genesis-Apokryphon von Qumran (1QGenAp 22,10) mit *Helbon zu identifizieren. Da dieses nördl. von Damaskus liegt, kann man Chōbah nicht mit 4. gleichsetzen (so Bagatti).

Falls es sich bei allen oder wenigstens einigen der K. genannten Orten um Gründungen der Davidsfamilie handeln sollte, würden sich einige interessante Perspektiven ergeben:

a. Man könnte fragen, ob die Ansiedlung von Davididen in *Galiläa statt von S (*Bethlehem) sich nicht vor allem von N aus Babylonien (vgl. 2Kön 25,27ff) über Damaskus und die Pilgerstraße (Jos.ant.Jud. XVII, 23-27) durch die Batanäa vollzog.

b. Die Gegend um Damaskus war vor allem in der Erwartung essenisierender jüd. Gruppen mit dem Anbruch der Endzeit verbunden (*Hermon).

c. Die Herrenverwandten lebten in einem Gebiet, in dem auch jüd. Randgruppen vor allem essenisierender, täuferischer, aber auch samaritanischer Art wohnten.

d. In dieser Gegend, besonders im nördl. Transjordanien (*Pella) konnte es nach den Enttäuschungen der jüd. Aufstände von 66-70 und 132-135 unter Juden und Judenchristen leicht zur Ausbildung von Sekten einer dualistischen und synkretistischen *Gnosis kommen. Falls Dositheus, der Begründer der samaritanischen Gnosis (J. Fossum, The Name of God, 1985, 45-75), der ein Lehrer von *Simon Magus gewesen und auch Beziehungen zum Täufer gehabt haben soll, mit dem Dosetai der rabbin. Überlieferung (PesR 16) identisch wäre (J. Daniélou, Qumran, 1958, 126f), dann stammte er aus einem (transjordanischen?) K. Das ist aber schon aus chronologischen Gründen sehr unwahrscheinlich.

Literatur: A. von Harnack: Mission und Ausbreitung des Christentums, 1924, 633-638; H.J. Schoeps: Theologie und Geschichte des Judenchristentums, 1949, 270-277; B. Bagatti: SBFLA 11 (1960/1), 288-300; B. Pixner: Bethlehem, 1980, 9f; R. Riesner: TynB 38 (1987), 59f. B.P./R.R.

KOCHEN.

1. Das hebr. Wort für K. wird vereinzelt auch für Backen (2Sam 13,8) und Braten

(5Mo 16,7; 2Chr 35,13; LÜ: kochten. . .am Feuer) verwendet. Sonst bezeichnet es das Garmachen eines Gerichtes in einer siedenden Flüssigkeit (2Mo 23,19; Hes 24,3ff).

Am häufigsten wird das K. von Fleisch erwähnt (3Mo 8,31; 1Sam 2, 13; 2Chr 35,13b; vgl. Ri 6,19), das Braten war seltener (vgl. 2Mo 12,9; 1Sam 2,15; Jes 44,16). Doch gehörte der Fleischgenuß keineswegs zum Alltag (vgl. Am 6,4; Lk 15,29.30), meist handelt es sich um die Opfermahlzeit (2Mo 29,31; 4Mo 6,19; 5Mo 16,7). Im allg. kochte man Gemüsegerichte (1Mo 25,29.34; 2Kön 4,38; Spr 15,17). Am Sabbat waren K. und Braten verboten (vgl. 2Mo 16,23; 35,3). 2. Das AT kennt wenigstens vier hebr. Bezeichnungen für Gefäße zum K. (3Mo 7,9; 1Sam 2,14; 2Kön 4,38; Mi 3,3), über deren Unterschiede wir allerdings nichts sagen können. Bei den Ausgrabungen fanden sich neben den topf- oder schüsselartigen Tongefäßen vereinzelt auch solche aus Metall (vgl. Hes 24,6.11.12).

3. Köche oder Köchinnen konnten sich nur reiche Haushalte leisten (1Sam 9,23f; 8,13). Das hebr. Wort für Koch bedeutet in erster Linie Schlächter; er war also vornehmlich mit der Zubereitung von Fleisch betraut. Das Schlachten und Zerlegen der Tiere scheint Sache des Hausvaters und seiner Knechte gewesen zu sein, während es Aufgabe der Hausfrau und der Mägde war, das Fleisch zu k. (1Mo 18,6f; Lk 15,23). Besondere Kochhäuser (LÜ: Küchen) und Herde werden nur beim Tempel Hesekiels ausdrücklich erwähnt (Hes 46,20-24). Zum Herausheben des Fleisches aus dem Kessel benützte man eine dreizinkige Gabel (1Sam 2,13).

KÖCHER s. s. Waffen und Geräte

KOHLE.

1. In der Bibel wird unter K. (LÜ auch oft: »Glut«) meistens Holzkohle verstanden (Jes 44,14. 15.19; Spr 26, 21). Die Verwendung von Steinkohle ist für Palästina in bibl. Zeiten nicht nachgewiesen, wenngleich es Kohlevorkommen im Libanon gibt. Wegen des Mangels an festem Holz wurde die Holzkohle vor allem aus Reisig und Gestrüpp gewonnen (Ps 120,4; vgl. EÜ: Ginsterkohlen). Sie diente zum Wärmen (Jes 47,14; Jer 36,22; Joh 18,18); Kochen, Backen und Braten (Jes 44,19; Hes 24,11), Entzünden von Räucherwerk (3Mo 16,12) und wurde bei der Metallverarbeitung gebraucht (Jes 44,12; 54,16). Zumeist jedoch begnügte man sich damit, Reisig, trockene Pflanzen und Mist zu verbrennen (Jes 44,15; Hes 15,2.4.6; Ps 58,10; Pred 7,6; Hes 4,12.15; Mt 6,30).

In Jes 6,6 ist möglicherweise nicht von glühender K. die Rede, sondern von einem heißen Stein, wie er zum Backen oder Rösten verwandt wurde (ZÜ). Nach ihm benannte man auch das geröstete Brot (1Kön 19,6; vgl. EÜ: ein Brotfladen, auf heißen Steinen 'gebacken').

2. Glühende K. spielt häufig im übertragenen Sinn und in Vergleichen eine Rolle. Das machtvolle Eingreifen Gottes wird mit Kohleglut verglichen (2Sam 22,9.13; Ps 18,9.13f; LÜ: Blitze; Ps 140,11), ebenso der Atem des Leviatan (Hiob 41,13; LÜ: Lohe). Hesekiel schaut in seiner Berufungsvision zwischen und unter den Cheruben flammende K.n (Hes 1,13; 10,2). Wer den letzten Sproß eines Geschlechtes beseitigt, löscht seine Kohle aus (2Sam 14,7 RevEB). Wer seinem Feind Gutes tut, sammelt feurige K.n auf dessen Haupt (Spr 25,22; Röm 12,20).

KOHORTE s. Hauptmann; s. Heer; s. Julius; s. Kornelius

KOLLEKTE. Mit der Sammlung (griech. *logeia*), die Paulus in seinen nicht-jüdischen Gemeinden zur Linderung der Armut der Gemeinde in Jerusalem organisierte, befaßte er sich in den zwei Jahren vor seinem letzten Jerusalembesuch (57 n.Chr.) zunehmend.

I. HINTERGRUND.

Auf dem Jerusalemer Konzil (um 46 n.Chr.) war vereinbart worden, daß *Paulus und *Barnabas die Heidenmission weiterführen sollten, während sich die Führer der Jerusalemer Gemeinde auf die Missionierung der Juden konzentrieren wollten (Gal 2,1-10). Die Leiter der Jerusalemer Gemeinde baten Paulus und Barnabas jedoch, weiter »der Armen« zu gedenken – eine verständliche Bitte, wenn man an die Hungerhilfe denkt, die die Gemeinde von Antiochia den Gläubigen in Jerusalem durch Barnabas und Paulus hatte zukommen lassen (Apg 11,30). Bei der Weitergabe dieser Bitte fügt Paulus hinzu, daß er ihr selber besondere Beachtung schenkt. Bei seiner Mission in den Provinzen im O und W der Ägäis vergaß er sie nicht. In den letzten Jahren seiner Tätigkeit dort setzte er sich in den Gemeinden von *Galatien, *Asia, *Mazedonien und *Achaja sehr für die Organisierung eines Hilfsfonds für Jerusalem ein.

II. HINWEISE IN DEN KORINTHERBRIEFEN.

Über diesen Hilfsfonds erfahren wir zuerst aus Paulus' Anweisungen an die korinthischen Christen (1Kor 16,1-4). Sie hatten etwas davon gehört und wollten mehr darüber wissen. Aus den Worten des Paulus sehen wir, daß er den Gemeinden in Galatien bereits ähnliche Anweisungen gegeben hatte – vermutlich im Spätsommer 52 n.Chr., als er auf dem Weg von Judäa und Syrien nach Ephesus »durch das galatische Land und Phrygien« gekommen war (Apg 18,22ff). Dank der Korintherbriefe des Paulus sind Einzelheiten über die Organisation des Fonds bekannt.

Nach Paulus' Anweisungen an die Gemeinde in Korinth sollte jeder Haushaltsvorstand 12 Monate lang wöchentlich einen bestimmten Teil seines Einkommens beiseitelegen, damit der Beitrag der Gemeinde im Frühjahr des kommenden Jahres von Abgesandten der Gemeinde nach Jerusalem gebracht werden konnte. Die Spannungen, die sich kurz darauf zwischen vielen korinthischen Christen und Paulus entwickelten, haben möglicherweise zum Nachlassen ihres Eifers für diese gute Sache geführt. Das nächste Mal, als Paulus diesbezüglich an sie schrieb (nach einer Versöhnung aufgrund des strengen Briefes, den er ihnen durch Titus geschickt hatte), ging er davon aus, daß sie nach dem Empfang seiner Anweisungen regelmäßig Geld für den Fonds beiseitegelegt hatten. Er berichtet ihnen, daß er ihre Bereitwilligkeit den mazedonischen Gemeinden als Beispiel vorgehalten hat. Wenn man jedoch zwischen den Zeilen liest, merkt man, daß Paulus sich nicht ganz sicher ist, ob die Korinther seine Anweisungen befolgt haben. Daher schickt er Titus mit zwei Begleitern nach Korinth, um der Gemeinde bei dem Abschluß der K. zu helfen (2Kor 8,16-24). Manche Gemeindemitglieder empfanden dies vermutlich als moralischen Druck: sie sagten, er sei »heimtückisch« gewesen und habe sie mit »Hinterlist« gefangen (2Kor 12,16).

Als Paulus Titus und seine Begleiter in dieser Sache nach Korinth schickte, war er selber in Mazedonien, um den Gemeinden in jener Provinz zu helfen, ihren Anteil zu vervollständigen. Die mazedonischen Gemeinden waren durch eine Zeit uns unbekannter Schwierigkeiten gegangen. Dadurch besaßen sie jetzt – wenn überhaupt – nur noch das absolut Lebensnotwendige. Paulus meinte, daß er sie schwerlich bitten konnte, Mitchristen zu unterstützen, denen es ähnlich erging. Aber sie bestanden darauf, ihren Beitrag zu leisten, und Paulus war über dieses Zeichen göttlicher Gnade in ihrem Leben sehr bewegt (2Kor 8,1-5). Er äußert sich in seinem Brief sehr lobend über sie, um die Korinther zu ermutigen, ebenso großzügig von ihrem beträchtlichen Reichtum zu geben wie die Mazedonier in ihrer Armut.

III. HINWEISE IM RÖMERBRIEF.

Der Römerbrief enthält einen weiteren Hinweis auf den Unterstützungsfonds. Dieser Hinweis ist besonders informativ, weil er in einem Brief an eine nicht von Paulus gegründete Gemeinde steht, die er deshalb nicht in den Entwurf seines Hilfsfonds mit einbezogen hatte, und die tatsächlich noch gar nichts davon wußte. Als Paulus den Christen in Rom schrieb, daß er sie auf seiner Reise nach Spanien besuchen wollte, sagte er ihnen, daß die Sammlung vor Antritt seiner Reise nach W abgeschlossen sein müßte (Röm 15,25-28). Hier erhalten wir noch weitere Einsichten in die Motivation, die der K. zugrundelag. Die Stärkung der Gemeinschaft zwischen der Gemeinde in Jerusalem und den nicht-jüd. Gemeinden war Paulus ein wesentliches Anliegen, und die Einrichtung des Unterstützungsfonds diente weitgehend diesem Ziel. Er wußte, daß viele Mitglieder der Jerusalemer Gemeinde mit Mißtrauen auf die unabhängige Durchführung seiner Heidenmission blickten. Tatsächlich drangen wiederholt Juden aus Judäa in sein Missionsgebiet ein, die auf die eine oder andere Weise versuchten, seine Autorität zu untergraben und die Maßstäbe der *Judenchristen von Jerusalem den *Heidenchristen aufzuerlegen. Paulus verurteilte diese Juden, aber er hütete sich, die Gemeinde von Jerusalem oder ihre Ältesten zu kritisieren. Andererseits konnten viele Heidenchristen die Vorstellung nicht ertragen, daß sie in irgendeiner Form der Gemeinde von Jerusalem zu Dank verpflichtet waren. Paulus war eifrig bemüht, ihnen ihre tatsächliche Verpflichtung gegenüber Jerusalem vor Augen zu führen. Er selber hatte niemals zur Jerusalemer Gemeinde gehört und betonte nachdrücklich, weder sein Evangelium noch seinen Auftrag von dieser Gemeinde erhalten zu haben. Dennoch nahm sie seines Erachtens als die Muttergemeinde des Volkes Gottes einen einmaligen Platz in der christl. Gemeinschaft ein. Er war überzeugt, daß sein Wirken als Apostel sinnlos würde, wenn er von der Gemeinschaft mit der Jerusalemer Gemeinde abgeschnitten wäre.

Was hätte besser dazu beitragen können, die Verdächtigungen, die in der Jerusalemer Gemeinde über Paulus und seine Heidenmission gehegt wurden, zu beseitigen, als das sichtbare Zeugnis des Segens Gottes auf der Mission, das Paulus den Gläubigen in Jerusalem entgegenhalten wollte? Hierbei meinte Paulus nicht nur die finanzielle Gabe, die das praktische Interesse der heidenchristl. Gemeinden in Jerusalem bezeugte, sondern auch die Abgesandten jener Gemeinden, die die Gabe überbrachten. In dem Brief an seine

Freunde in Korinth vertritt Paulus die Ansicht, daß ihre Jerusalemer Mitchristen zu einem tiefen Gefühl brüderlicher Zuneigung bewegt würden »wegen der überschwenglichen Gnade Gottes bei euch« (2Kor 9,14). Die tatsächliche Beseitigung ihres ganzen Mißtrauens war aber keine ausgemachte Sache – Paulus bittet die röm. Christen, sich ihm im Gebet anzuschließen, damit sein Dienst für Jerusalem den Heiligen willkommen sei (Röm 15,31). Paulus sah das Erscheinen der Heidenchristen in Jerusalem mit ihren Gaben womöglich als eine zumindest zeichenhafte Erfüllung der Prophezeiung, daß der »Reichtum der Völker« nach Jerusalem käme und »aus allen Völkern dem Herrn zum Weihegeschenk« dargebracht würde auf seinem »heiligen Berg« (Jes 60,5; 66,20). Diese Prophezeiung, die Paulus vor Augen hatte, war auch der Jerusalemer Gemeindeleitung bekannt, nur zog sie daraus andere Schlußfolgerungen. Im ursprünglichen Kontext ist der Reichtum der Nationen ein Tribut, den die Heiden nach Jerusalem bringen im Wissen um dessen Vorrangstellung. Für Paulus stellten die Beiträge seiner Gemeinden zum Jerusalemer Hilfsfonds eine freiwillige Gabe dar, einen Ausdruck christl. Barmherzigkeit und Dankbarkeit. Aber es ist möglich, daß die Empfänger die Gaben statt dessen als Tribut betrachteten, den die Heiden dem Sohn Davids schuldeten.

Selbst »die Ungläubigen in Judäa«, von denen Paulus einigen Widerstand erwartete (Röm 15,31), dürften durch das sichtbare Zeugnis so vieler Gläubiger aus heidnischen Ländern in ihrer Mitte beeindruckt gewesen sein. Wir wissen, daß Paulus gerade zu der Zeit, als er mit Gläubigen aus kleinasiatischen Gemeinden und deren Gaben nach Galiläa reisen wollte, über die Beziehung zwischen seiner Heidenmission und der letztendlichen Errettung Israels im göttlichen Heilsplan nachdachte, ein Thema, über das er im Brief an die Römer handelt.

IV. VERSCHWIEGENHEIT DER APOSTELGESCHICHTE.

Zu den Abgesandten der Gemeinden, die einen Beitrag leisteten, gehörten vermutlich alle Mitreisenden des Paulus aus Korinth oder Philippi, die in Apg 20,4 genannt sind: *Sopater aus *Beröa, *Aristarch und Sekundus aus *Thessalonich, *Gajus aus *Derbe und *Timotheus (ursprünglich aus *Lystra) sowie *Tychikus und *Trophimus aus der Provinz *Asia (von dem letzteren wissen wir aus Apg 21,29, daß er ein Heidenchrist aus *Ephesus war). Es wäre unklug, dem Fehlen eines korinthischen Namens in der Liste negative Bedeutung beizumessen. Die Liste ist möglicherweise nicht vollständig; sie könnte sich auf diejenigen beschränken, die von anderen Orten nach Korinth gereist waren, um sich Paulus anzuschließen. Paulus hatte einige Wochen bei seinem Gastgeber Gajus und anderen korinthischen Freunden verbracht; darüber hinaus hatte er gerade den röm. Christen berichtet, wie Gemeinden in Mazedonien und Achaja sich entschlossen hatten, zum Jerusalemer Unterstützungsfonds beizutragen. Für Paulus war Achaja identisch mit Korinth und den umliegenden Orten, und es gibt im Römerbrief nicht den geringsten Hinweis darauf, daß »Achaja« seinen Entschluß nicht ausgeführt hat. Es ist durchaus möglich, daß (ungeachtet eines gewissen Unwillens über das Verhalten des Paulus, der Titus mit dem Auftrag sandte, bei der Durchführung der Sammlung zu helfen) die korinthische Gemeinde Titus bat, ihre Gabe nach Jerusalem zu bringen. Wenn das der Fall ist, dann wird Titus hier aus demselben Grund nicht erwähnt wie in der gesamten Apg. Von der Gemeinde in *Philippi wird kein Abgesandter aufgeführt. Vielleicht fungierte der Erzähler selber als Abgesandter.

Als Paulus und seine Gefährten Jerusalem erreichten, wurden sie von Jakobus und den anderen Ältesten der Muttergemeinde empfangen, die sie willkommen hießen und die mitgebrachten Geschenke vermutlich dankbar annahmen. Das Adverb »vermutlich« ist notwendig, weil die Apg absolutes Stillschweigen über die K. wahrt, außer an der Stelle, wo Paulus zu seiner Verteidigung vor *Felix anführt, daß er nach Jerusalem gekommen sei, »um Almosen für mein Volk zu überbringen und zu opfern« (Apg 24,7).

Das nahezu völlige Schweigen des Lukas über dieses Thema mag apologetische Gründe haben. Abgesehen von dem ausdrücklichen Hinweis, daß es keinen Beweis für die Anschuldigung gab, Paulus habe die Heiligkeit des Tempels verletzt, hätte der Inhalt seiner Verteidigungsrede vor Felix mehr Bedeutung im Blick auf sein späteres Erscheinen vor dem kaiserlichen Gericht in Rom als im Blick auf sein Erscheinen vor dem Statthalter von Judäa. Das könnte auch für den Hinweis auf »Almosen und Opfer« gelten. Wenn nicht länger behauptet werden kann, daß die Apg als Verteidigungsrede des Paulus vor dem Kaiser geschrieben wurde, oder um als Dokument beim Fall zu dienen, dann bleibt die Möglichkeit, daß Lukas Material dieser Art als Quellenmaterial für die Apg benutzte. Die ausdrückliche oder implizierte Anschuldigung, daß Paulus für ein sektiererisches Ziel Geld abgezweigt habe, das zur Erhaltung des Tempels oder zur Linderung der Not der Judäer insgesamt hätte dienen sollen, sowie die Anschuldigung, daß er als »Rädelsführer der Nazarener« Unruhe stiftete bei den jüd. Bevölkerungsgruppen in der gesamten röm. Welt, wäre viel relevanter gewesen für einen Prozeß vor dem Kaiser als für einen Fall, der unter die Jurisdiktion des Felix fiel. Eine falsche Darstellung von Sinn und Zweck der K. war wohl der Inhalt der Anklage, die die Gegner des Paulus vorbereitet hatten. Dies könnte die Ursache für die Verschwiegenheit des Lukas in der Apg sein.

Literatur: D.Georgi: Die Geschichte der Kollekte des Paulus für Jerusalem, 1965; K. Holl: Der Kirchenbegriff des Paulus in seinem Verhältnis zu dem der Urgemeinden, in: Gesammelte Aufsätze zur Kirchengeschichte, [2]1928, S.47ff; F.F. Bruce: Zeitgeschichte des NT, 1986. F.F.B.

KOLOSSÄ. Stadt in der röm. Provinz *Asia, im W der heutigen Türkei. K. lag im Lykostal ca. 15 km östl. von *Laodizea am Fuße des 2571m hohen Honag Dag und der dort entspringenden Quellen. Daher hatte K. ausreichenden Wasservorrat. Ursprünglich liefen in K. die Handelsstraßen von *Sardes und *Ephesus zusammen. In der lydischen und pers. Zeit war K. eine wichtige Stadt, verlor aber an Einfluß, als die Handelsstraße über Sardes nach *Pergamon weiter westl. zu der aufstrebenden Neugründung *Laodizea verlegt wurde. Die Ortslage von K. ist heute nur noch an einigen in den Feldern aufragenden Säulen und an Zisternenresten erkennbar; sie liegt nahe bei Honaz, 16 km östl. der Stadt Denizli.

Als Paulus sich in Ephesus aufhielt (Apg 19,10), dürfte in K. das Evangelium schon verkündet worden sein, möglicherweise durch *Epaphras, der ein Kolosser war (Kol 1,7; 4,12-13). Paulus hatte K. offensichtlich noch nicht besucht, als er seinen Brief schrieb (Kol 2,1), aber sein Wunsch, die Gemeinde dort zu sehen (Phlm 22), könnte sich später erfüllt haben. *Philemon (Phlm 1) und sein Sklave *Onesimus (Kol 4,9; Phlm 10) gehörten zur ersten Gemeinde in K., was allerdings aus Phlm nicht direkt, sondern nur aus dem Vergleich mit Kol erschlossen werden kann. Die Vermischung jüd., griech. und phrygischer Elemente unter der Stadtbevölkerung gab es vermutlich auch in der christl. Gemeinde; dies würde die Art von spekulativen Irrlehren verständlich machen, die Paulus durch seinen Brief widerlegen wollte.

Die Umgebung von K. wurde durch ein Erdbeben vernichtet, das Tacitus auf 60 n.Chr.

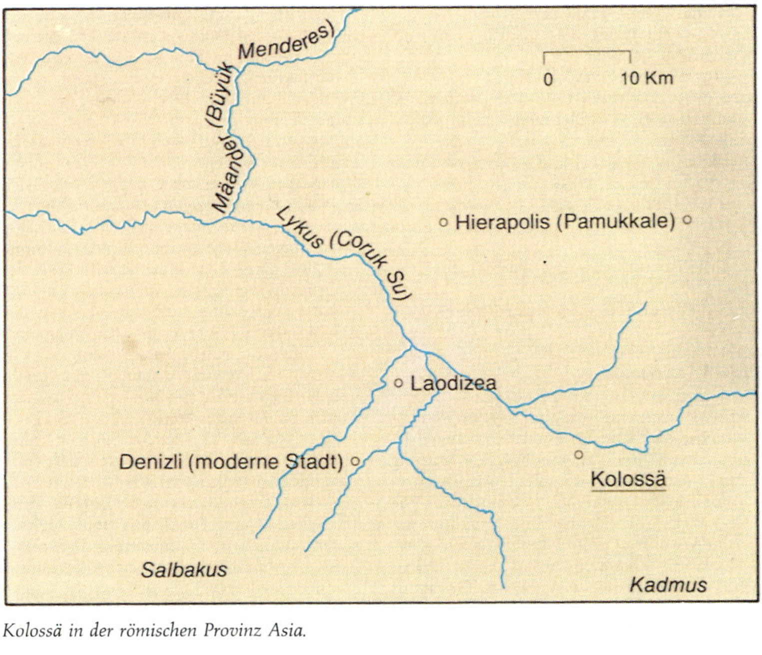

Kolossä in der römischen Provinz Asia.

datiert (Ann. 14.27). Paulus' Brief an die Gemeinde in K. enthält keinen Hinweis darauf, was annehmen läßt, daß er geschrieben wurde, bevor die Nachricht von dem Unglück die Stadt Rom erreichte. E.M.B.G./C.J.H.

KOLOSSERBRIEF.

I. INHALT.

1. Briefzuschrift mit Segenswunsch (1,1f).

2. Eingangsteil (1,3-29).

a. Dank an Gott für sein Wirken in Kolossä (1,3-8).

b. Fürbitte um reiche Erkenntnis Christi (1,9-12).

c. Entfaltung des Evangeliums im Ton des Gotteslobs: (1,13-29): Christus-Lob (13-20) – Lob Gottes für die Rettung der Gemeinde (21-23) – Lob Gottes für den Segen im Wirken des Apostels (24-29).

3. Ermunterung und Unterweisung der Gemeinde (2,1-4,6).

a. Mahnung, bei der überkommenen Wahrheit zu bleiben (2,1-7);

b. Warnung vor Verführung durch Philosophie: Christus erfüllt alles (2,8-15);

c. Mahnung, sich in allen Dingen an Christus zu halten (2,16-19);

d. Christen sind mit Christus der Welt gestorben und leben Gott (2,20-3,4).

e. Darum gilt: Ablegen, was Gottes nicht würdig ist (3,5-11) und

f. Christus anziehen (3,12-17)!

g. Christl. Haustafel (3,18-4,1): Frauen und Männer (18f) – Kinder und Eltern (20f) – Sklaven und Herren (3,2-4,1).

h. Mahnung zu Gebet und weisem Verhalten gegenüber der Welt (4,2-6).

4. Schlußteil (4,7-18).

a. Der Bote Tychikus und sein Begleiter Onesimus (7-9).

b. Grußliste mit Anweisungen bzgl. des Briefes (10-17).

c. Schlußgruß und Gnadenzuspruch (18).

II. DER BRIEF UND SEINE EMPFÄNGER.

1. Die Empfänger des Briefes.

* Kolossä war eine Stadt in Phrygien, am Lykos gelegen. Sie gehörte mit den benachbarten *Laodizea und *Hierapolis (2,1; 4,13ff) eng zusammen. Paulus war mit den Christen in Kolossä nicht persönlich bekannt (2,1). Die Gemeinde war offenbar von Epaphras gegründet worden (1,7). Zu dieser Gemeinde gehörte wohl *Philemon, dessen Sklave *Onesimus ihm entlaufen war. Diesen Onesimus schickte Paulus nun zusammen mit dem Briefboten Tychikus zurück (4,7-9). Auch an die Gemeinde in Laodizea hat Paulus geschrieben. Die beiden Gemeinden sollten die Briefe untereinander austauschen (4,15f).

Der K. läßt erkennen, daß die Empfänger durch irreführende philosophische Propaganda in Gefahr sind: Der Apostel warnt sie eindringlich vor möglicher Verführung und mahnt sie, fest bei Christus und der erkannten Wahrheit zu bleiben (2,4-19).

2. Der Brief an die Kolosser.

Der wichtigste Unterschied des K.s zum Epheserbrief besteht in folgendem: im K. ringt Paulus um die Christen in Kolossä und um deren Treue im Glauben an Christus. Dieses Schreiben ist darum auch in einem engeren Sinn als der Epheserbrief wie ein Brief gestaltet: Der Verfasser geht auf die Lage der Empfänger ein, grüßte sie mit Namen, ermuntert einzelne (4,10-17) und hebt hervor, wie er mit ihnen verbunden ist (1,24). Somit ist der K. ein Mahn- und Unterweisungsschreiben. Der Stil, in dem er abgefaßt ist, erinnert stark an den des Epheserbriefs: Auch hier begegnen lange Satzperioden, zahlreiche Relativsätze und Partizipialkonstruktionen; der Ausdruck ist bisweilen geradezu hymnisch. Damit ist – wie beim Eph – die Frage gestellt, ob der K. wirklich von Paulus verfaßt ist.

3. Die Verfasserfrage.

Hymnisch geformte Stücke im K. sind in sich freilich kein Grund zur Annahme, daß der Brief nicht von Paulus stamme. Das meinen auch Ausleger, die Paulus nicht für den Verfasser halten (z.B. Conzelmann). Denn solche Verse sind durch die Überlieferung der Christenheit schon geprägt; sich an sie zu halten, dazu mahnt der Verfasser (2,6). Schwerer wiegen für jene Ausleger andere Beobachtungen: Die Bedeutung mancher Begriffe habe sich gegenüber den übrigen Paulusbriefen verschoben. »Fleisch« meine im K. eine Substanz, sonst hingegen die gottfeindliche Bestimmtheit des Menschen. Statt der Termini der Rechtfertigung begegne im K. die Wendung von der »Vergebung der Sünden« (1,14): womöglich als ein Ersatz für jene (Conzelmann)? Allerdings sind solche Verschiebungen nicht schlüssig nachgewiesen; denn Paulus spricht von der Sünde oder den Sünden durchaus im Zusammenhang des Werkes Christi, der Erlösung (vgl. Röm 3,23-26; 5,6-8; 1Kor 15,3f), und auch dann, wenn er die Rechtfertigung verdeutlichen will (Röm 4,6-8), wenn auch auf dem Grunde von atl. Zitaten. Und »Fleisch« hat auch für Paulus einen zugleich gegenständlichen Sinn (nicht nur: Bestimmtheit); man darf diese Nuancen nicht gegeneinander stellen (vgl. 2Kor 5,16).

Deutlich ist ein gewisser Unterschied der Aussagen zur Taufe in Kol 2,11ff.20-3,4 und in Röm 6,3-11. Nach dem Römerbrief sind wir mit Christus gestorben und werden mit ihm gewiß auferweckt werden; nach dem K. sind wir gestorben und mit Christus auferstanden. Dort ist alles am Christus-Geschehen festgemacht (»wir wissen«, »wir glauben«, »wir werden an seiner Auferstehung teilhaben«); hier hat Gott uns lebendig gemacht mit Christus durch die Vergebung der Sünden (2,13). Aber auch im K. gilt: Unser Leben ist mit Christus verborgen bei Gott (3,3 vgl. Röm 6,11 »haltet dafür«, nämlich gegen den Augenschein) und soll erst künftig offenbar werden (3,4).

Diese Unterschiede bestehen in der Ausdrucksweise, und diese wiederum ist offenbar durch die Auffassungen mitbedingt, gegen die sich der Verfasser wehrt. In der Sache dagegen besteht kein Unterschied.

Endlich aber ist der Verfasser des K.s ein Gefangener (4,3.10.18; vgl. 1,24) wie auch im Eph und Phlm, ferner im Phil. Dieser Umstand bindet diese Briefe zusammen. Paulus dürfte auch den K. aus der Gefangenschaft in Rom um das Jahr 60 n.Chr. geschrieben haben.

III. DIE PHILOSOPHIE IN KOLOSSÄ.

Paulus sieht die Christen in Kolossä durch Philosophie, leeren Trug und Menschenlehre gefährdet; sie könnten sich dadurch verführen lassen und sich von Christus entfernen (2,8). Offenbar erkennt er zwei Punkte als besonders wichtig und zugleich gefährlich: a. Gewisse Leute lehren in Kolossä, daß die Fülle der Gottheit in den Grundelementen der Welt gefaßt sei. b. Daraus ergibt sich, daß man in Übereinstimmung mit diesen Grundelementen sein Leben gestalten muß, und dabei kommt allerlei besonderen Frömmigkeitsübungen wie Fasten und Beobachten besonderer Tage Gewicht zu. Der Apostel geht auf diese Auffassungen und deren Hintergründe nicht näher ein. Sie lassen sich nur schwer rekonstruieren; offenbar sind stoische Anschauungen eine besondere Verbindung mit rel.-synkretistischen Elementen eingegangen. Derartige Verbindungen kann man durchaus voraussetzen, auch wenn sie nicht genauer bezeugt und uns daher undeutlich sind. In diesem Jh. feiert der Synkretismus überall Triumphe; und leicht gibt er sich philosophisch überhöht. Vielleicht spricht im K. wirklich schon eine frühe gnostische Anschauung mit. Die Neigung zur Askese scheint der gnostischen Leibfeindlichkeit bzw. der Abwertung des Leiblichen verwandt.

Paulus tritt solchen Auffassungen im K. dadurch entgegen, daß er die Christen unterweist und erinnert, daß sie mit Christus bereits dieser Welt abgestorben sind in der Taufe und daß sie fest gegründet sind in ihm, der selbst der Eine ist, in dem die Fülle der Gottheit leibhaftig (!) wohnt (2,9ff). Diese Unterweisung aus aktuellem Anlaß bereitet er im Eingangsteil des K.s seelsorgerlich und theologisch vor: Das Christuslied in 1,15-18 stellt den Herrn rühmend als den Einen vor die Gemeinde hin, den Gott zu seinem Bild gemacht und als Mittler der Schöpfung bestellt hat. Er erinnert die Gemeinde daran, was sie selbst durch das Werk des Christus gewonnen hat, und wie er, der Apostel unter dem Segen des Herrn getan hat, was ihm aufgetragen war: Christus, die Gemeinde und der Apostel, sind bereits der feste Gegengrund gegen alle Verführung durch Menschenlehre. Diese Weise, um der Gefahr in Kolossä zu begegnen, deutet übrigens auch auf die Verfasserschaft des Paulus hin, denn so baut er auch im 1.Korintherbrief seine Unterweisung auf, wenn er das Evangelium unter den Stichworten »Herr«, »Gemeinde«, »Apostel« entfaltet (1Kor 1,18-2,5).

IV. DER KOLOSSERBRIEF IN DER GESCHICHTE DER KIRCHE.

Für das Verständnis des K.s ist es wichtig, darauf zu achten, daß in den Gebieten von Phrygien und Lydien, zu ersterem zählt Kolossä, Gedanken von Schuld und Sühne verbreitet gewesen sind (Lohmeyer). Das bestätigen Zeugnisse aus dem 1.Jh.

Bedeutsam wurde der K. besonders in der Reformation. Die Warnung vor der Philosophie, die sich in 2,8 findet, hat die Reformatoren bewegt. Sie verstanden diese Warnung sogleich grundsätzlich, also gegen jede Art von Philosophie und Menschenlehre in den Dingen des Glaubens gerichtet. Ihnen ging es um die Verfremdung der Bibel durch ein Denken in den Bahnen der aristotelischen Philosophie. Sie sprachen dann gern von »Sophisterei« und meinten damit vor allem die Theologie der Scholastsik. Die Auslegung des K.s durch Melanchthon war lange Zeit wegweisend für das Verständnis des Briefes (1523). Daneben liegt die Bedeutung des K.s bis in die Gegenwart besonders in seiner Lehre von Christus. Daß in ihm Gott sein Ebenbild unter den Menschen aufgerichtet hat (1,15); daß er Mittler der Schöpfung ist (1,16-18); daß er so das Haupt und der Erste in Kosmos und Gemeinde ist (1,19ff): das ist im K. nachdrücklich bezeugt.

Bedeutung hat der K. auch für die Lehre über die Kirche. Hier wird die Kirche unter Christus analog zum Kosmos unter demselben Herrn gesehen – zugleich ein Unterschied zu den sonst weithin gleichlaufenden Aussagen im Epheserbrief. Auch im K. findet man den Gedanken des Leibes Christi (1,18).

Literatur: W. Barclay: Brief an die Kolosser, [7]1985; W. de Boor: Die Briefe des Paulus an die Philipper und an die Kolosser, [9]1982; H. Conzelmann: Der Epheser- und der Kolosserbrief, [16]1985; E. Lohmeyer: Die Briefe an die Philipper, Kolosser und an Philemon, 1964; E. Lohse: Die Briefe an die Kolosser und an Philemon, 1968; A. Schlatter: Die Briefe an die Galater, Epheser, Kolosser und Philemon, 1975; ders.: Paulus, der Bote Jesu. Eine Deutung seiner Briefe an die Korinther, [4]1969. H.G.

KÖNIG, KÖNIGTUM. Der Ursprung der Wörter *mäläk* im Hebr. und *basileus* im Griech. ist unklar. Ersteres erscheint in allen semit. Sprachen, aber nicht immer mit der gleichen Bedeutung. Letzteres könnte aus einer alten ägäischen Sprache stammen.

In Ägypten. Im alten Vorderen Orient gab es das Königsamt seit frühester Zeit. In *Ägypten wurde es sogar ab dem Tage der Schöpfung datiert. Pharao war Gott und Sohn eines Gottes, aber nur in seiner Eigenschaft als König. Ansonsten war er ein Mensch mit menschlichen Eigenschaften. Als Sohn des Schöpfergottes sollte er die Ordnung der Welt aufrechterhalten. Als Hirte sollte er sich um das Wohl seines Volkes bemühen.

In Mesopotamien. In *Mesopotamien wurde das Königtum eingeführt, um verschiedenen Notständen wie z.B. Krieg, Naturkatastrophen, etc., besser begegnen zu können. Schon sehr früh erwählte die Volksvertretung in Sumer einen König (*lugal*, »großer Mann«), der beauftragt wurde, alles Notwendige zu tun, um solche Mißstände zu beseitigen. Erst am Ende der ersten dynastischen Periode wurde der Titel König als Bezeichnung eines weitreichenden politischen Amtes verwendet.

Im Gegensatz zum Pharao waren die mesopotamischen Könige keine Götter, obwohl einige Herrscher zwischen 2300-1500 v.Chr. göttliche Determinative vor ihre Namen setzten. Warum sie das taten, kann nicht befriedigend erklärt werden. Der König war Mensch, aber er war der erwählte Diener der Götter. Somit hatte das Königtum göttlichen Ursprung.

Der assyr. König war Hoherpriester des Gottes *Assur. Deshalb konnte er den Kultus und den Tempeldienst zu seinen Gunsten beeinflussen. Im Krieg war er der Führer der Armee. Im Frieden hatte er hauptsächlich soziale Funktionen. Er war der Gesetzgeber und für die judizielle und soziale Gerechtigkeit verantwortlich. Auch diplomatische und kommerzielle Beziehungen zu anderen Ländern sah der König als einen Teil seiner Aufgaben an.

In Ugarit. Der König in Ugarit galt als der Sohn des Gottes El und war verantwortlich für Ruhe und Ordnung. Obwohl er kein Gott war, hatte er doch göttlichen Status, denn als König mußte es ihm möglich sein, sich frei zwischen göttlichen und menschlichen Sphären zu bewegen. Durch ihn flossen göttliche Kraft und Segen hin zur Menschheit. Die Thronfolge war wahrscheinlich dynastisch geregelt. Der König besaß die Autorität, seine Untergebenen von einer Gesellschaftsschicht in eine andere zu befördern. Als der ideale Herrscher kümmerte er sich um die Schwachen, Unterdrückten und Witwen. Da er auch der oberste Richter war, wurde von ihm absolute Gerechtigkeit erwartet.

In Kleinasien. Wie die mesopotamischen Könige waren auch die hetitischen die Geliebten der Götter. Ihre Autorität wurde durch den Adel sehr begrenzt, der unter gewissen Umständen über den König zu Gericht sitzen konnte.

In Persien. Der pers. König regierte als primus inter pares. Er stand als Haupt den sieben einflußreichsten Stämmen vor und hielt ständige Verbindung mit den führenden Stammesleuten.

In Griechenland. Im klassischen Griechenland bezeichnete *basileus* den legalen Erbherrscher. Er bestimmte das Leben des Volkes durch seine Gerechtigkeit oder Ungerechtigkeit. Es bestand aber ein Unterschied zum Tyrannen oder Usurpator. Die Macht des Königs stammte von Zeus. Unter Plato gab es eine Bewegung, die den König als einen »Wohltäter« ansah, dessen Willen Gesetz war. Das führte zu der Vorstellung eines »Gott-Königs« bei *Alexander dem Großen und den Cäsaren.

Der Ursprung des Königtums in Israel. Das Königtum im alten Israel hatte seinen Ursprung in den Verheißungen Gottes an die Patriarchen (1Mo 17,6.16; 35,11; 49,10). Bevor ein König in Israel herrschte, hatte Mose die Rechte und Pflichten des Königs schriftlich schon festgelegt (5Mo 17,14-20). Daß Samuel sich später gegen die Errichtung eines Königtums in Israel wehrte, hat seinen Grund in der Verwerfung der Theokratie durch das Volk (1Sam 8,4-8), nicht in der Schaffung eines Königtums (L. Eslinger, »Viewpoints and Point of View in 1. Samuel 8-12«, JSOT 26/1983, 61-76). Denn schon Moses Aufgaben konnten mit denen eines Königs verglichen werden. Auch die sich immer wiederholende Vorankündigung des zukünftigen *Messias, der als König par excellence regieren wird, widerspricht dem Gedanken, daß das Königtum nicht gottgewollt war. Welche Bedeutung die Monarchie in ökonomischer und

»Investitur eines Königs«. Teil einer großflächigen Wandbemalung aus dem Palast von Mari, Syrien. Der König empfängt von der Göttin Ischtar Stab und Ring, Symbole der Herrschaftsautorität des Gesetzes und des Rechts. 18. Jh. v.Chr. (AP)

sozialer Hinsicht für Israel haben würde, wird in 1Sam 8,11-17 deutlich zum Ausdruck gebracht.

Das Königtum Sauls. Das atl. Königtum beginnt mit *Saul (um 1025 v.Chr.). Am Anfang war er nur – wie viele Richter – ein charismatischer Führer in Zeiten der Bedrängnis (1Sam 8,20; 11,6). Auch seine Erwählung gleicht der Berufung verschiedener Richter. Somit bildet das Königtum Sauls einen Übergang von der Zeit der Richter zum etablierten Königtum Davids und Salomos. Saul scheint sich hauptsächlich auf seinen Stamm *Benjamin gestützt zu haben (1Sam 22,6-8). Mit dem etablierten Königtum hatte er Hofhaltung, Verwaltung sowie die militärische Führung des gesamten Israel gemeinsam (1Sam 14,52; 17,19; 18,13; 21,8; 22,7.17), jedoch in einem wesentlich kleineren Rahmen. *Samuel blieb zeitlebens die geistliche Autorität.

Das Königtum Davids. Mit dem Königtum Davids (ca. 1006-966 v.Chr.) fängt eine neue und andersartige Dynastie an. Er hatte als König nicht nur eine politische, sondern auch eine geistliche Funktion (2Sam 6,12ff; 1Chr 15,27; 16,2). Diese lag aber außerhalb des mosaischen Gesetzes einer levitischen Priesterschaft. David war Priester nach der Art *Melchisedeks (1Mo 14,18-20; Ps 110,4) und stand in direktem Kontinuum der Verheißungen Abrahams (1Chr 15-17; A. Johnson, Sacral Kingship in Ancient Israel. 1955, 27-46). Im NT wird dieses Kontinuum auf Christus ausgeweitet (Mt 1,1; 21,9; 22,41-46; Hebr 7,8ff).

Wie Saul, so wurde auch David von Samuel im Auftrag Gottes zum König gesalbt (1Sam 16). Erst später, nach dem Tode Sauls und nach dem Tode seines Sohnes *Isch-Boschet, empfängt der König die Königsgewalt aus der Hand der Stämme (2Sam 2,1-4; 5,1-4). Der König war der Oberbefehlshaber der Streitkräfte (2Sam 5,6; 1Kön 11,15ff) und wohl auch oberster Richter (2Sam 12,1-6; 14,4-7; 15,2; 1Kön 3,16-28). Die Hofhaltung wurde vergrößert (2Sam 5,13; 9,13; 19,33-36). Ein Berufsheer mit Elitetruppen wurde aufgestellt (2Sam 23,8-39). Die Leibwache bestand vorwiegend aus Ausländern, die den König auf seinen militärischen Unternehmungen begleiteten (2Sam 15,18). Sie spielte auch eine wichtige Rolle bei der Krönung Salomos (1Kön 1,38) und *Joaschs (2Kön 11,4ff).

Die Administration des Reiches wurde zentralisiert (2Sam 8,15-18). Zur Verwaltung gehörten der Kommandeur der Leibwache, der Kommandeur der Armee, der königliche Herold, der königliche Sekretär, der Hohepriester, der Fronvogt und der Hofpriester (2Sam 20,23-26). Einen geringeren Beamtenstatus hatten die Verwalter der königlichen

Güter (1Chr 27,25-31). Zwei dieser Ämter bedürfen der Interpretation.

Der königliche Herold war nach ägypt. Vorbild einer der wichtigsten Minister des Königs. Er war nicht nur der Chef des Protokolls, sondern teilte dem König auch mit, was in der Bevölkerung vor sich ging und verkündete dem Volk die Edikte des Königs. Er begleitete den König auf seinen Reisen, war für dessen Sicherheit verantwortlich und inspizierte im voraus die Aufenthaltsorte des Königs.

Der königliche Sekretär war Staats- sowie Privatsekretär des Königs. Er war für die in- und ausländische Korrespondenz zuständig. Es ist durchaus möglich, daß er, nach ägypt. Vorbild, einer der Siegelbewahrer war.

Manchmal wird bezweifelt, daß David einen Fronvogt hatte, aber bei richtiger Interpretation von 2Sam 12,31 wird deutlich, daß David die Ammoniter zur Fronarbeit zwang.

Der König ist der Gesalbte des Herrn (1Sam 10,1; 16,10-13; 24,7; 2Sam 1,14; 1Kön 1,38f). Als Hirte weidet er Gottes Volk (2Sam 5,2) und nimmt sich der Armen und Rechtlosen an (2Sam 14,17; 1Kön 2,1ff). Der König sollte Gottes Herrschaft auf Erden repräsentieren (Ps 2,7) und ein Vorbild der Treue zu Jahwe sein (5Mo 17,18-20; 2Sam 12,14). Deshalb wurde er auch von den Propheten getadelt, wenn er das Recht beugte oder das Volk zum Götzendienst anregte (2Sam 11,2-12,14; 1Kön 18,17f). Jedoch hörten die Könige oft nicht auf die Botschaft der Propheten.

Durch den Bund, den Gott mit David schloß, wurde der Dynastie Davids eine uneingeschränkte, immer währende Königsherrschaft verheißen (2Sam 7,12-16). Dadurch wurde jeder davidische Herrscher zum potentiellen *Messias (*David). In der prophetischen Literatur wird der Messias als Nachkomme Davids beschrieben, der Gerechtigkeit und Recht bringen wird (Jes 8,23-9,6; 11,1-9; 16,1-5; 32,1-8; 55,1-5; Jer 23,5f; 30,8f; Hes 34,23f; 37,24f).

Das Königtum Salomos. Salomo (ca. 966–926 v.Chr.) festigte das Reich, das sein Vater ihm hinterlassen hatte (1Kön 5,1). Seine Hofhaltung erreichte altorientalische Ausmaße (1Kön 5,2- 14; 11,3). Das Heer rüstete er mit Streitwagen aus und stationierte es in gut befestigten Garnisonstädten (1Kön 5,6; 9,17-19; 10,26).

Das Reich wurde in zwölf Regierungsbezirke eingeteilt, die nicht mit den Stammesgebieten identisch waren. Daher wurden sie nicht von Stammesfürsten, sondern von königlichen Statthaltern verwaltet (1Kön 4,7ff), die von einem Oberstatthalter beaufsichtigt wurden (1Kön 4,5). Für die Hofverwaltung war ein Palastvorsteher verantwortlich (1Kön 4,6; 18,3.18; s.a. Jes 22,15). Wie David, so hatte auch Salomo Ratgeber (2Sam 15,12.37; 1Kön 4,5; 1Chr 27,33), einen Staatssekretär (1Kön 4,3; LÜ: »Kanzler«) und einen königlichen Herold. Obwohl das Königtum in Israel unter Salomo seinen äußeren Höhepunkt erreichte, fing doch mit ihm der innere Verfall an (1Kön 10,14-11,13), der in der Reichsteilung (ca. 926/5 v.Chr.) gipfelte. Von jener Zeit an gab es zwei Königreiche, das Nordreich und das Südreich. Letzteres wurde bis zu seiner Zerstörung (586 v.Chr.) von einem davidischen Herrscher regiert. Im Nordreich kam es zu keiner dauerhaften Dynastiebildung. Mit der Eroberung *Samarias (722 v.Chr.) endete die Selbständigkeit des Nordreiches.

Das Königtum Gottes. Die Königswürde und -macht wird auch Gott zuerkannt. Er wird immer und ewig König sein (1Mo 15,18; Ps 145,13; 146,10; Dan 4,31-6,27). Er sitzt auf einem Thron (Ps 33,14; 103,19) und ist vom himmlischen Heer umgeben (1Kön 22,19). Seine Herrschaft erstreckt sich über die gesamte Erde (2Kön 19,15; 1Chr 29,11-12; Ps 47,3.8). Irdische Herrscher werden von ihm ein- und abgesetzt (Dan 4,29; 5,20f). Seine Herrschaft ist gekennzeichnet von königlicher Macht und Pracht (Ps 96,13; 99,4). Deshalb soll er von allen Menschen gepriesen und gefürchtet werden (Ps 98,6ff; Jes 6,5; Jer 7,7-10).

Gott ist nicht nur allgemein der König der Erde, sondern speziell der König Israels (5Mo 33,5; 1Sam 12,12; Ps 10,16; Jes 33,22). Sein Thron ist im Tempel (Jes 6,1). Er wohnt in Jerusalem (Ps 46,5f). Israel war das Königreich Gottes (2Mo 19,6; 1Chr 17,14), dort setzte er seine Könige ein und ab (1Sam 15,11.35; 16,1; 2Chr 1,8-11).

Neben dieser allgemeinen und speziellen Königsherrschaft Gottes gibt es auch eine zukünftige. Sie ist mit dem Messias und dem Menschensohn unauslöslich verknüpft (2Sam 7,12-16; Jes 9,5f; Dan 7,13f; vgl. Dan 2, 44).

Eine Anzahl der Königspsalmen wird immer wieder benutzt, um aufzuzeigen, daß das Königtum Gottes jedes Jahr zum Neujahrsfest im Tempel gefeiert wurde analog zu einem babylon. Brauch. Einige meinen sogar, der hebr. König sei als ein gottähnliches Wesen betrachtet und bei dem Neujahrsfest mit dem sterbenden und auferstehenden Fruchtbarkeitsgott gleichgesetzt worden. Für diese Auffassungen gibt es keine Anhaltspunkte im AT. Die Propheten wären dem auf das heftigste entgegengetreten.

Das Königtum Jesu Christi. Die Geschlechtsregister in Mt 1,1-17 und Lk 3,23-38 machen deutlich, daß Jesus aus dem davidischen Königshaus stammte. Er wurde geboren, um der König der Juden zu sein (Mt 2,2; Lk 2,11; Joh 1,49; 18,37). Mit seiner Botschaft, die mit der Proklamation begann: »Das Reich Gottes ist herbeigekommen« (Mk 1,15) unterstreicht er seinen königlichen Anspruch. Er lehnte jedoch weltliche Macht ab, denn sein Reich war nicht von dieser Welt (Joh 18,36). Um in dieses Reich Gottes eintreten zu können, ist es notwendig, eine Sinnesänderung vorzunehmen und sich Christus anzuschließen (Mk 1,15-20). Das Lebensziel sollte das Königreich sein und nicht mehr die alltäglichen Dinge des Lebens (Mt 6,33; Lk 12,31). Wer so lebt, hat jetzt schon teil am Königreich Christi (Lk 12,32). Neben dieser inneren Königsherrschaft proklamierte Christus auch ein irdisches Königtum. Deshalb wurde er von den Juden gekreuzigt (Mk 15,2.9.12.18. 26.32). Dieses irdische Königtum ist jetzt noch zukünftig (Lk 22,29f; Apg 1,3-8). Christus wird es aufrichten, wenn er mit den Seinen wiederkommt, um auf dieser Erde mit Recht und Gerechtigkeit zu herrschen (Offb 1,7f; 19,6.14f; 20,4.6; 22,5).

Literatur: A. Alt: »Das Königtum in den Reichen Israel und Juda«. Kleine Schriften II, 1964, S. 116-134; K.H. Bernhardt: Das Problem der altorientalischen Königsideologie im Alten Testament, 1961, S. 57-66; 291-300; H. Donner: RGG[3], III, 1709-1712; A. Bentzen: King and Messiah, 1955; M. Buber: Königtum Gottes, 1956; G. Buccellati: Cities and Nations of Ancient Syria, 1967; J. Bright: Geschichte Israels, 1966; J. Coppens: Le messianisme royal, 1968; F. Crüsemann: Der Widerstand gegen das Königtum, 1978; J.H. Eaton: Kingship and the Psalms, JSOT Suppl., 1987; O. Eißfeldt: »Jahwe als König.« Kleine Schriften I, 1962, S.172-193; H.L. Ellison: The Centrality of the Messianic Idea for the Old Testament, 1953; I. Engnell: Studies in Divine Kingship in the Ancient Near East, 1943; H. Frankfort: Kingship and the Gods, 1958; J. Gray: The Biblical Doctrine of the Reign of God, 1979; J.F. Healey: »The Immortality of the King: Ugarit and the Psalms«, Or. 53/1984, 245-254; T. Ishida: The Royal Dynasties in Ancient Israel, BZAW 142/1977; A.R. Johnson: Sacral Kingship in Ancient Israel, 1967; H.-J. Krauss: Die Königsherrschaft Gottes im Alten Testament, 1951; W.G. Lambert: Iraq 25/1963, S.189f; T.G.N. Mettinger: Salo-

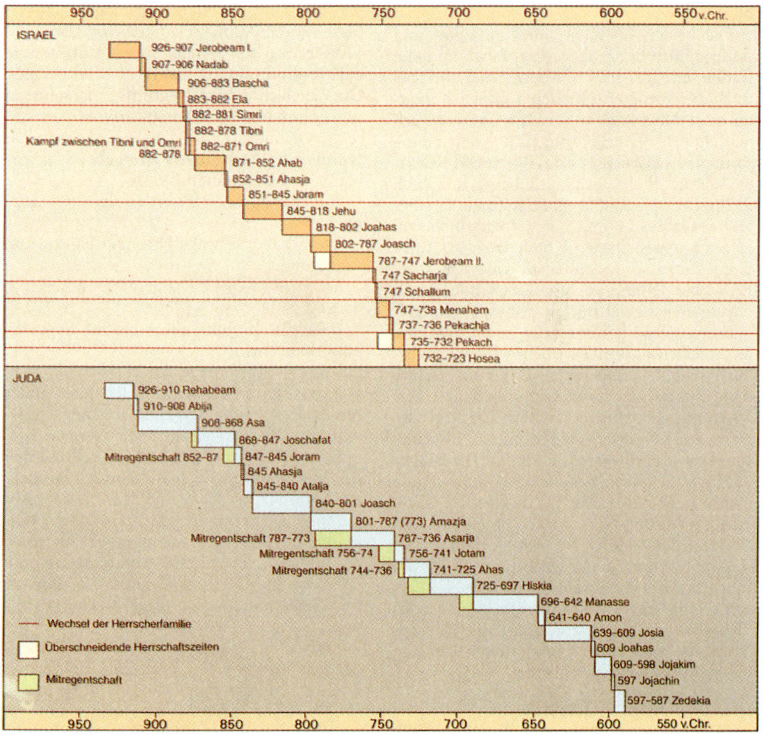

Chronologische Tabelle der Könige von Israel und Juda

monic State Officials, 1971; D. Michel: »Studien zu den sogenannten Thronbesteigungspsalmen«, VT 6/1956, 40-68; S. Mowinkel: He That Cometh, 1959; M. Noth: »Gott, König, Volk im Alten Testament«, ZThK 47/1950, 157-191; ders.: Gesammelte Studien zum AT, 1975, S.188-229; G.v. Rad: ThWNT I, 1933, 563-69; A.F. Rainey: »The Kingdom of Ugarit«, The Biblical Archaeologist Reader 3, 1970, 76-99; H. Ringgren: »König und Messias«, ZAW 64/1952, 120-147; H. Ringgren, K. Seybold, Fabry: ThWAT IV, 1984, 926-957; W.H. Schmidt: Königtum Gottes in Ugarit und Israel, BZAW 80/1966; K. Seybold: Das davidische Königreich im Zeugnis der Propethen, 1972; W.v. Soden: »Gibt es ein Zeugnis dafür, daß die Babylonier an die Wiederauferstehung Marduks geglaubt haben?« ZA 51/1955, 130-166; ZA 52/1957, 224-234; J.A. Soggin: Das Königtum in Israel, BZAW 104/1967; S. Talmon: King, Cult and Calendar in Ancient Israel, 1986; R. de Vaux: »Le roi d'Israel, vassal de Jahvé«, Bible et Orient, 1967, 287-301; ders.: Das Alte Testament und seine Lebensordnungen I, [2]1964. H.Pe.

KÖNIGE, BÜCHER.

I. PLATZ IM KANON UND BEZEICHNUNG.

Die beiden K.-Bücher sind das elfte und zwölfte Buch in der deutschen Bibel. Im hebr. Kanon bringen sie als fünftes und sechstes Buch der Vorderen Propheten diesen Kanonteil zum Abschluß. Im hebr. Text, wo sie auch den Namen »Könige« tragen, formten sie ursprünglich ein Buch. Die das Buch beschließende Masora findet sich auch heute nur nach 2Kön. Die Teilung begegnet erstmals in einer Hss. des Jahres 1448 und dann in der Bibel von Felix Pratensis aus den Jahren 1517/18. Allerdings haben schon früher die Übersetzer der LXX eine Teilung vorgenommen und die so entstandenen zwei Bücher mit den *Samuelbüchern verbunden, indem sie sie im Anschluß an dieselben als 3. und 4. Buch von den Königsherrschaften bezeichneten. Die Vulg. wählte dann ebenfalls die Bezeichnung »Könige«. Wie 2Sam mit dem Hinweis auf den Tod Sauls beginnt, so 2Kön mit dem Hinweis: ». . . als Ahab tot war.« Durch diese Teilung der K.-Bücher wird allerdings der Bericht über *Ahasja auseinandergerissen (1Kön 22,52-54 und 2Kön 1,1-18). Während das Wirken *Elias in 1Kön 17-19.21 geschildert wird, erfolgt die Darstellung seiner Entrückung in 2Kön 2. Bei *Elisa hingegen wird die Berufung 1Kön 19,19-21 erzählt, sein eigentliches Wirken aber erst in 2Kön dargestellt (2,1-9,3; 13,14-21). Es empfiehlt sich bei der Erarbeitung dieser Schriften die Teilung einfach zu übergehen.

II. INHALT UND AUFBAU.

Die K.-Bücher skizzieren die Geschichte des Königtums in Israel und Juda vom Regierungsantritt Salomos (965 v.Chr.) bis zum Untergang Israels (723/2) bzw. Judas (587/6 v.Chr.). Am Schluß wird noch die Begnadigung des judäischen Königs *Jojachin durch *Ewil-Merodach (561 v.Chr.) berichtet. Sie umfassen also einen Zeitraum von über 400 Jahren, von der goldenen salomonischen Zeit bis zur totalen Katastrophe. Die Darstellung kann bei einzelnen Königen äußerst gerafft sein, so daß nur die nackten Regierungsdaten genannt werden, etwa bei *Joahas (2Kön 23, 31-33) oder bei *Jerobeam II. (2Kön 14,23-29), obwohl dieser 40 Jahre regierte und Israel nochmals zu einer politischen und wirtschaftlichen Blüte führte. Anderen Königen, die politisch vielleicht von geringerem Format waren, wird weiter Raum zugebilligt, wie etwa *Ahab (1Kön 16,29-2Kön 1,1). Was interessiert, sind weniger die politischen und wirtschaftlichen Leistungen, sondern wie der einzelne König zum Gott Israels stand. Israel steht und fällt nicht mit dem politischen Geschick des jeweiligen Königs, sondern sein Bestand ist gebunden an seinen Stand vor Jahwe, dem Gott Israels. So gilt, abgesehen von Salomo, die Aufmerksamkeit vor allem der Schilderung des Abfalls vom Glauben bzw. der Restauration des wahren Gottesdienstes. Die Geschichte des Königtums in Israel ist in den politischen Raum eingebettete Geschichte des Glaubens. Unter diesem Gesichtspunkt wurden die Materialien weitgehend ausgewählt und zusammengestellt.

Im Überblick ergibt sich folgende Grobgliederung:

1Kön 1-11: Salomos Thronbesteigung und Regierung

1Kön 12-2Kön17: Die geteilten Reiche Juda und Israel

2Kön 18-25: Juda allein bis zur Begnadigung Jojachins.

Salomos Herrschaft wird wie die keines anderen Königs in Juda und Israel ausführlich gewürdigt. Die Darstellung seines Regierungsantritts (1Kön 1,1-2,12) bildet den Abschluß der Thronfolgegeschichte (*Samuel, Bücher). Als *Adonija, der *Joab und den Priester *Abjatar für sich gewonnen hatte, sich an der *Gihonquelle zum König ausrufen ließ, entschied der alternde David auf Veranlassung von *Batseba und *Nathan: »Salomo . . . soll nach mir König sein, und er soll für mich auf meinem Thron sitzen« (1Kön 1,30). Als das bekannt wurde, flohen die Anhänger Adonijas, der sich nur durch Flucht an den Altar retten konnte. Mit dem Tode Davids wird berichtet: »Und Salomo saß auf dem Thron seines Vaters David, und seine Herrschaft hatte festen Bestand« (1Kön 2,12). 1Kön 2,13-46 wird die weitere Festigung seiner Herrschaft geschildert: Salomo schaltete Adonija, Abjatar und *Joab, dessen führende Parteigänger, sowie *Schimi, einen letzten Vertreter der Saulspartei, aus. Abschließend wird nochmals betont: »Und das Königtum wurde gefestigt durch Salomos Hand« (1Kön 2,46b).

1Kön 3-10 wird die Pracht- und Machtentfaltung Salomos ausgemalt. Dem König wird aufgrund seiner Bitte von Gott Weisheit gewährt (1Kön 3,1-15), die er dann im Rahmen der Rechtsprechung (1Kön 3,16-28), in der Erforschung der Natur und der Schaffung von Literatur (1Kön 5,9-13) bewährt. Die Weisheit Salomos wird weltbekannt (1Kön 5,14) und zieht Bewunderer wie die Königin von Saba von den äußersten Enden der damals bekannten Welt an (1Kön 10,1-13). Unter Salomo kommt es sowohl zu einer inneren Neuordnung des Reiches durch Verwaltungs- (1Kön 4,1-20) und Finanzreformen (1Kön 5,1-3.7f; 9,15-23) als auch zur Sicherung der Grenzen durch allgemeine Anerkennung seiner Herrschaft und Tributleistungen durch die Nachbarstaaten (1Kön 5,1) und durch den Ausbau des Heeres (1Kön 5,6; 10, 26ff). Die Folge waren äußere und innere Sicherheit, »so daß Juda und Israel sicher wohnten, jeder unter seinem Weinstock und seinem Feigenbaum, von Dan bis Beerscheba« (1Kön 5,5) und allgemeiner Wohlstand: »Juda aber und Israel waren zahlreich wie der Sand am Meer, und sie aßen und tranken und waren fröhlich« (1Kön 4,20). Im Zuge großer Bauunternehmungen kam es zum Ausbau der Wirtschaftsbeziehungen mit *Tyrus (1Kön 5,15-32; 9,10-14) und in späterer Zeit sogar zu gemeinsamen Fernhandelsunternehmungen (1Kön 9,26-28; 10,14f. 22ff). Im Zentrum der Bemühungen Salomos stehen die zwanzig Jahre währenden großen Bauprojekte (1Kön 9,10). Alle anderen Maßnahmen bilden dazu nur den Rahmen, wie schon durch den Aufbau deutlich wird. Und obwohl der Bau des Palastes mit 13 Jahren fast doppelt so lange dauerte (1Kön 7,1-12) wie der sieben Jahre in Anspruch nehmende Tempelbau (1Kön 6,38), gilt dem Tempel und seiner Ausstattung die primäre Aufmerksamkeit (1Kön 5,14-6,38; 7,13-51). Das wird noch unterstrichen durch die Beschreibung der Tempelweihe und durch das Tempelweihgebet (1Kön 8). Nun, da Gott in einem Haus inmitten seines Volkes wohnt, hat auch das Volk selbst Ruhe gefunden und Gottes Wort ist eingelöst: »Es ist nicht eins dahingefallen von allen seinen guten Worten, die er geredet hat durch seinen Knecht Mose« (1Kön 8,56). Damit ist eine Klimax der Geschichte Israels erreicht. In der zweiten Gotteserscheinung und der Mahnung an Salomo (1Kön 9,1-9) klingen schon der sich anbahnende Abfall (1Kön 9) sowie der Zerfall des Reiches, der Verlust des Landes (1Kön 9,7) und der Untergang des Tempels (1Kön 9,8) an. Das letzte Urteil über Salomo orientiert sich nicht an seinen politischen, wirtschaftlichen und kulturellen Leistungen, sondern an seinem Glauben: »Der Herr aber wurde zornig über Salomo, daß er sein Herz von dem Herrn, dem Gott Israels, abgewandt hatte« (1Kön 11,9). Der Abfall war die Folge einer der Weisung Jahwes zuwiderhandelnden Heiratspolitik. Die Folgen waren Aufstände an den Grenzen (1Kön 11,14-25) sowie Aufruhr im Inneren (1Kön 11,26-40), der schließlich – nach Salomos Tod (1Kön 11,35; 12,1ff) – zum Abfall der Nordstämme führte (1Kön 12). Dabei werden in Prophetenart die politischen Geschehnisse als Handeln Gottes verstanden: »Der Herr erweckte Salomo einen Widersacher« (1Kön 11,14.23). Ja, der Prophet Ahija von Silo unterstützt sogar den inneren Widerstand, indem er Jerobeam in einer vergewissernden Zeichenhandlung zehn Stämme zuspricht und eine Dynastiebildung neben dem Hause Davids in Aussicht stellt (1Kön 11,29-40; bes. V. 31.38).

Kein anderer König wird so ausführlich geschildert, kein anderer prägte die Vorstellung Israels so nachhaltig wie Salomo. An seine Gerechtigkeit und die Weite seiner Herrschaft (Ps 72), an seine Pracht (Ps 45; Mt 6,29) und seine Weisheit (Spr und Pred; Mt 12,42) wird erinnert. Und der Friede und Wohlstand seiner Zeit werden Symbol eschatologischer Seligkeit (Mi 4,4; Sach 3,10).

Im weiteren Verlauf der K.-Bücher werden zwar alle 20 auf Salomo folgenden Könige Judas und Israels erwähnt, doch nur wenige werden ausführlich gewürdigt.

Von herausragender Bedeutung erschienen dem Verfasser zunächst die Reichsteilung unter *Rehabeam und die Errichtung des Nordreiches unter Jerobeam (1Kön 12,1-24). Die Reichsteilung mag zwar durch das politische Ungeschick Rehabeams und den infolge des Fronzwangs aufgestauten Haß veranlaßt sein, aber gerade so verwirklichte sich Gottes Vorsatz: »So hörte der König nicht auf das Volk; denn so war es bestimmt von dem Herrn, damit er sein Wort wahr machte, das er durch Ahija von Silo geredet hatte« (1Kön 12,15). Und als man sich rüstet, um die abgefallenen Nordstämme mit Gewalt zu unterwerfen, wird der Kriegszug vom Propheten Schemaja untersagt mit dem Hinweis: »denn das alles ist von mir geschehen« (1Kön 12,24).

Mit der Errichtung des Nordreiches geht die Einrichtung von Opferstätten in Bethel und Dan einher (1Kön 12,25ff). Damit ist ein

Tatbestand geschaffen, der das ganze weitere Geschick des Nordreiches bestimmt. Die »Sünde Jerobeams« (1Kön 14,16; vgl. z.B. 15,26; 16,26.31) vererbt sich von König zu König, weshalb Jerobeam und sein Geschlecht nach dem Wort des Propheten Ahija von Silo dem Urteil Gottes anheimfällt (1Kön 14,1-20).

Das Nordreich hat von Anfang an keine Verheißung, Bestand zu haben (1Kön 13,2f). Eine Dynastie folgt auf die andere und meist bahnt sich das neue Herrschergeschlecht den Weg zur Macht durch einen mit einem Blutbad verbundenen Putsch (vgl. z.B. 1Kön 15,25-16,22).

Ein weiterer Schwerpunkt ist die Schilderung der Regierungszeit Ahabs (1Kön 16,29-2Kön 1,1) und seiner Nachkommen (1Kön 22,52-2Kön 10,14). Der Grund dafür ist, daß es nun in Israel zu einer Steigerung der »Sünde Jerobeams« kommt. In einer politischen Heirat verbindet sich Ahab mit Isebel, der sidonischen Königstochter, die den Baalsdienst offiziell in Israel einführt (1Kön 16,31-33) und zum Staatskult macht (2Kön 10,18-28 zeigt, daß in Samarien ein staatliches Baalszentrum war). Die Baalspropheten werden auf Staatskosten versorgt (1Kön 18,19), die Jahwepropheten aktiv bis aufs Messer verfolgt (1Kön 18,3f.13). Das führt dazu, daß das alte Boden- und Prozeßrecht Israels (3Mo 25) mit Füßen getreten wird, wie die Geschichte von Nabots Weinberg zeigt (1Kön 21). Hier bahnen sich die Verhältnisse an, die hundert Jahre später die Propheten *Amos und *Hosea geißeln. In dieser Situation macht *Elia durch das Gottesurteil auf dem Karmel die Frage, wer denn nun in Israel Gott sei, zur Staatsaktion (1Kön 18). Außenpolitisch hat Israel sich in dieser Zeit vor allem gegen den von Aram ausgehenden Druck zu wehren (1Kön 22; 2Kön 6,8ff).

Schließlilch wird die Machtergreifung *Jehus breit geschildert, weil er das durch Elia angekündigte Gericht am Hause Ahabs vollzieht (2Kön 10,1ff vgl. 2Kön 21,21ff) und den Baalsdienst in Israel ausrottet (2Kön 10,15-19). Von den weiteren politischen Ereignissen seiner Herrschaft wird nichts berichtet, außer »zur selben Zeit fing der Herr an, Stücke von Israel abzutrennen« (2Kön 10,32).

Bislang wurden die Könige in Juda nur am Rande erwähnt. Die Verhältnisse in Jerusalem interessieren nun zum einen, weil durch einen Putsch die in Jerusalem regierende Schwester Ahabs, *Atalja, die sich die Ausrottung des Davidshauses zum Ziel gesetzt hatte, gestürzt wird (2Kön 11), und zum andern, weil der unter ihrer Herrschaft vernachlässigte Tempel unter Joasch restauriert wird (2Kön 12).

Die glanzvolle und lange Herrschaft Jerobeams II. (787-747 v.Chr.) wird nur mit wenigen Sätzen bedacht (2Kön 14,23-29). Auch die sich unter dem Druck des erstarkenden Assur tumultartig entwickelnden Verhältnisse in Samarien, wo in 15 Jahren 5 Könige jeweils durch blutige Aufstände an die Macht kommen, werden nur kurz skizziert (2Kön 15,8-31). Die letzten 10 Jahre des Nordreichs, die dreijährige Belagerung Samarias und dessen schließlicher Untergang werden auf kürzestem Raum abgehandelt (2Kön 17,1-6). Um so ausführlicher gerät der im Rückblick geschriebene theologische Kommentar zum Untergang des Nordreichs, der zeigt, daß dieser Untergang von Israel verschuldet und die Einlösung des von Gott durch seine Knechte, die Propheten, ergangenen Wortes war (17,7-23). Gleiches gilt für die Beschreibung der Entstehung des Volkes der Samariter (17,24-41).

Von nun an gilt: Juda allein. Die 50jährige Regierungszeit *Usijas (787-736 v.Chr.) wird nur im Vorbeigehen erwähnt (2Kön 15,1-7), wohingegen *Ahas von größerem Interesse ist (2Kön 16), denn im Rahmen einer Allianz mit dem König von Assur im syrisch-ephraimitischen Krieg (734 v.Chr., vgl. Jes 7) unterwirft er, der doch Jahwes Sohn und Knecht ist (2Sam 7,14; Ps 2,7), sich dem König von Assur als dessen »Sohn und Knecht« (2Kön 16,7), läßt einen dem Gott Assurs geweihten Altar im Tempel von Jerusalem aufstellen, opfert darauf und gebietet, den Altar Jahwes auf die Seite zu stellen (2Kön 16,10-18).

Von noch größerem Interesse ist die Herrschaft *Hiskias (2Kön 18-20): Er reformiert den Gottesdienst (2Kön 18,3f) und »er vertraute dem Herrn, dem Gott Israels, so daß unter allen Königen von Juda seinesgleichen nach ihm nicht war noch vor ihm gewesen ist« (2Kön 18,5). Dieser Glaube bewährt sich während der Belagerung Jerusalems durch *Sanherib (2Kön 18,13-19,37) und in seiner Krankheit (2Kön 20,1-11).

Die 55jährige Herrschaft *Manasses und die zweijährige *Amons (2Kön 21) interessiert um des Gegenteils willen; nämlich des totalen Abfalls, durch den das Ende des Staates Judas besiegelt wird (2Kön 21,10ff).

Ähnlich wie Hiskia wird auch die Gestalt Josias nochmals ins helle Licht gerückt: Er ist der König, unter dem der Tempel restauriert wird, und im Zusammenhang damit findet man das Buch des Gesetzes, aufgrund dessen es zu einer umfangreichen Reformation des Gottesdienstes und des Staatswesens Judas kommt (2Kön 22,1-24,6).

Was bleibt, ist der Abgesang, die letzten 30 Jahre des Staates Juda, Jerusalems und des

Tempels, in denen drei Könige, *Jojakim, *Jojachin und *Zedekia eigentlich schon nicht mehr regieren, sondern nur noch versuchen, in der Einklammerung zwischen der neuen Großmacht Babel und Ägypten über die Runden zu kommen (2Kön 24,8-25,21). Es überrascht, wie knapp der Untergang Jerusalems und des Tempels geschildert wird. Die äußeren Geschehnisse interessieren wenig. Wie ein Nachwort nehmen sich die Episode von der Statthalterschaft *Gedaljas (2Kön 25,22-26) und die Erwähnung von der Freilassung *Jojachins aus (2Kön 25,27-30), wobei das letzte Geschehen gerade darum bedeutsam ist, weil damit signalisiert wird, daß Gottes Zusage an das Davidsgeschlecht (2Sam 7,16) über den Bestand des judäischen Staatswesens hinaus gilt.

In die Geschichte der Könige eingebettet sind Prophetengeschichten. Als Warner und Mahner waren die Propheten ständige Begleiter der Könige von Juda und Israel, angefangen vom Regierungsantritt Salomos, bei dem Nathan eine nicht unwesentliche Rolle zufällt (1Kön 1). Im folgenden werden nur die auffälligsten Prophetengestalten genannt:

Ahija von Silo – 1Kön 11,29-39; 14,1-16;
Der ungenannte Mann Gottes – 1Kön 13;
Jehu, der Sohn des Hanani – 1Kön 16,1.7.12;
Elia – 1Kön 17-19; 21; 2Kön 1,1-2,18;
Elisa – 1Kön 19,19-21; 2Kön 2,1-9,3; 13,14-21;
Jesaja – 2Kön 19,20;
Hulda – 2Kön 22,14-20;

Daneben werden im Zusammenhang mit Elia ungenannte Jahwepropheten erwähnt, die der Verfolgung Isebels zum Opfer fielen (1Kön 18,4), und im Rahmen der Elisageschichten begegnen sog. Prophetenjünger, die sich anscheinend in Schulen zusammengetan hatten (z.B. 2Kön 6; 9,1ff). Gerade im Wirken Elias, Michas ben Jimlas mußte deutlich werden, daß Jahwe, der Gott Israels, für alle Bereiche des Lebens zuständig ist: ob für Regen oder Landrecht, ob für Sieg im Krieg, für Krankheit, ja selbst für die Befreiung von Aussatz und für die Überwindung des Todes. Er macht giftige Speise unwirksam und Eisen schwimmend. Er erbarmt sich der Armen und nimmt sich der Elenden im Lande an. Es geht grundsätzlich um die Allmacht und die Einzigkeit Jahwes, die radikale Durchsetzung des Ersten Gebots und die bedingungslose Gültigkeit des Gottesrechtes (vgl. G. von Rad, Theologie des Alten Testaments II, 1975, S. 24-40). Auch z.Zt. Manasses treten Propheten auf, die namentlich nicht genannt werden (2Kön 21,10), und obwohl betont wird, daß Jahwes »Knechte, die Propheten« die ständigen Begleiter des Volkes Gottes waren, fällt auf, daß eine ganze Anzahl sog. Schriftpropheten wie *Jeremia, *Amos, *Hosea, *Micha von Moreschet, *Obadja, *Nahum, *Habakuk, *Zefanja, deren Wirken in die von den K.-Büchern beschriebe Zeit fällt, nicht erwähnt werden. Auch das ist ein Hinweis auf die fragmentarische, von bestimmten Interessen geleitete Auswahl des Materials und der Darstellung.

Im ganzen gesehen sind die K.-Bücher sehr verschieden von den Samuel-Büchern. Lange Erzähleinheiten fehlen fast völlig, und eine eindeutige Gliederung ist nur schwer erkennbar. Ein Rahmenwerk mit nahezu stereotypen Einleitungs- und Abschlußnotizen über die einzelnen Könige gewährleistet den Zusammenhalt des Materials und vermittelt den Eindruck einer fortlaufenden Geschichtsdarstellung. Eine erste Andeutung dieser Rahmennotizen begegnet 1Kön 2,10f im Zusammenhang mit dem Tod Davids, eine Weiterführung 1Kön 11,41ff, wo vom Ende Salomos berichtet wird. Voll ausgebaut finden sie sich ab Jerobeam und Rehabeam (1Kön 14,19-21; vgl. 29-31; 15,1-2 u.ö.).

Die Einleitungen enthalten maximal – und das nur bei den judäischen Königen – 5 Glieder:

1. die synchronistische Datierung des Regierungsantritts des jeweiligen Königs, wodurch der Regierungsantritt des Königs des einen Reiches nach dem Regierungsjahr des Königs des anderen Reiches gezählt wird. Zugleich wird damit die Zusammengehörigkeit der beiden Reiche ausgedrückt. Sich daraus ergebende Probleme für die Chronologie Israels sind unter *Chronologie des AT besprochen.

2. Das Alter des Königs bei der Thronbesteigung (nur bei bestimmten judäischen Königen, etwa *Joschafat, 1Kön 22,42; nicht bei Abija und Asa, 1Kön 15,1f.9f).

3. Feststellung der Regierungsjahre, wobei nicht eindeutig geklärt ist, ob das sog. Thronbesteigungsjahr, das allg. kein volles Jahr war, mitgezählt wird.

4. Der Name der Königsmutter – nur bei judäischen Königen – wohl dadurch begründet, daß die Könige mehrere Frauen hatten.

5. Das Urteil über die Frömmigkeit des Königs, das bei den Herrschern des Nordreichs durchweg negativ ausfällt, weil sie in der »Sünde Jerobeams« verharrten. Bei den Königen Judas finden sich auch positive Urteile, die aber außer bei Hiskia (2Kön 18,3-6) und Josia (2Kön 22,2; 23,25) eingeschränkt werden, weil sie die »Höhen« nicht entfernten (1Kön 15, 14 u.ö.). In diesem Zusammenhang finden sich auch Rückbezüge auf David, das

Vorbild, an dem die Könige gemessen werden (1Kön 15,3.11 u.ö.) bzw. als Begründung dafür, daß Jahwe Juda noch bestehen läßt (1Kön 11,12f; 15,4; 2Kön 8,19 u.ö.).

Die Schlußbemerkungen haben allgemein 4 Glieder:

1. Den Hinweis auf die Quellen, in dem sich weitere Information über Leben und Werk des jeweiligen Königs befinden. Einzelne Leistungen werden gelegentlich stichwortartig angedeutet (1Kön 11,41; 14,19.29; 15,7 u.ö.).

2. Die Nachricht über den Tod des Königs, meist in Gestalt der Formel »legte sich zu seinen Vätern« (1Kön 14,31).

3. Eine Notiz über die Begräbnisstätte bei den Vätern - allerdings nur bei den judäischen Königen (1Kön 14,31).

4. Im allg. die Nennung des Nachfolgers: ». . . wurde König an seiner Statt.«

Dieses Schema wird nicht starr durchgehalten. Die Einleitung fehlt bei *Jerobeam I. und *Jehu; statt dessen steht eine ausführliche Erzählung über ihren Weg zum Thron. Bei *Atalja fehlt der gesamte Rahmen, ein Hinweis darauf, daß sie nicht unter die Könige Judas gezählt wurde. Wenn die Könige deportiert wurden bzw. ausführlich über ihr Ende erzählt wird, fehlt die Schlußbemerkung (s. z.B. 2Kön 25 für *Zedekia; 2Kön 9,23f für *Joram). Aus all dem ist ersichtlich, daß diese Bemerkungen nicht einfach übernommen, sondern bewußt gestaltet werden.

III. ENTSTEHUNG DER KÖNIGEBÜCHER.

Die K.-Bücher schließen das *Deuteronomistische Geschichtswerk ab. Zur Entstehungszeit gilt das dort und bei den *Samuel-Büchern Gesagte.

Hinsichtlich der Entstehungsgeschichte konkurrieren im wesentlichen drei Hypothesen miteinander. Hölscher, Eißfeldt u.a. gehen davon aus, daß die Pentateuchquellen sich in die K.-Bücher hinein fortsetzten; man geht von einem hypothetischen vordeuteronomischen Königsbuch aus, das bis zur Entstehungszeit der jeweiligen Quellen (zwischen ca. 950 und 750 v.Chr.) reichte, aber nicht rekonstruierbar ist. Diese Sicht ist heute weitgehend überholt.

Jepsen rechnet mit einer die Zeit von David bis Hiskia umfassenden synchronistischen, vordeuteronomischen Königschronik, die im wesentlichen das oben skizzierte Rahmenwerk umfaßte. Nach 587 v.Chr. wurde sie im Vollzug einer priesterlichen, nebiistischen (der deuteronomischen) und levitischen Bearbeitung auf den heutigen Stand aufgefüllt. Nachdem man heute mit drei und mehr redaktionellen Bearbeitungen rechnet, wird diese Sicht wieder favorisiert (s. O. Kaiser, Einleitung in das Alte Testament, 1984; S. 167). Man muß sich indes fragen, von welchem theologischen Interesse ein rein synchronistischer Rahmen gewesen wäre. Zudem zieht sich gerade dieser Rahmen bis ans Ende durch, ist in einheitlicher Sprache gefaßt und von daher fast nur vom Ende her erklärbar.

Am einfachsten und überzeugendsten ist die von M. Noth vertretene Auffassung, wonach der oder die Verf. der K.-Bücher mit dem oder denen des Deuteronomistischen Geschichtswerkes identisch sind, wobei eine vorläufige, bis zum Untergang des Nordreiches reichende Fassung nicht ausgeschlossen ist.

Offensichtlich hatten der oder die Verfasser Zugang zu Quellen. Ausdrücklich erwähnt werden die »Chronik von Salomo« (1Kön 11,41), die »Chronik der Könige von Israel« (1Kön 14,19 u.ö.) und die »Chronik der Könige von Juda« (1Kön 14,29 u.ö.). Diese »Chronik« ist nicht mit den *Chronik-Büchern gleichzusetzen. Vermutlich handelte es sich um Tage- oder Jahrbücher, die an den Königshöfen geführt und in den Archiven verwahrt wurden. Daß bei *Hoschea, dem letzten König des Nordreichs, dieses Jahrbuch nicht mehr erwähnt wird (vgl. 2Kön 15,31: Pekach; 2Kön 17,1-6: Hoschea), mag damit zusammenhängen, daß in den Wirren des Untergangs diese Chronik nicht mehr weitergeführt werden konnte. Freilich fehlt bei Hoschea überhaupt die Schlußnotiz. Möglicherweise wurden diese Geschichtsunterlagen von Flüchtenden mit nach Juda überführt, wo sie den Verfassern der K.-Bücher zur Verfügung standen, so daß dann auch die entsprechenden synchronistischen Notizen entstehen konnten.

Daneben standen vermutlich nicht ausdrücklich erwähnte Vorlagen zur Verfügung. Die Tempelbeschreibung könnte sehr wohl auf Architektenakten zurückgehen. Die Elia- und Elisaerzählungen bilden in sich geschlossene Zyklen (2Chr 21,12 spricht von einem Brief Elias). Es ist sehr wohl möglich, daß auch die anderen Prophetenerzählungen in den Prophetenschulen geformt und weitergereicht wurden. 2Kön 19,1-20,11 ist weitgehend mit Jes 37,1-38,8 identisch, 2Kön 25,22-26 mit Jer 40,5-41,3 und 2Kön 25,27-30 mit Jer 52,31-34. Aus diesen Vorlagen wurde je nach Bedarf Material übernommen, wie es der Zielsetzung der oder des Verfasser(s) diente, denn diese Geschichte des Königtums in Israel und Juda will nicht nur Geschehen festhalten, sondern eine bestimmte theologische Botschaft vermitteln: sie ist Glaubens- bzw. Reichgottesgeschichte. Wie planvoll die K.-Bücher gestaltet sind, zeigt sich nicht nur am durchgehend verwendeten Rahmenschema, sondern auch an den konsequent durchgehaltenen Themen.

IV. THEOLOGISCHE LEITGEDANKEN.

Man wird kaum nur von einem theologischen Schwerpunkt sprechen können, und die Reihenfolge der nachfolgenden Aufzählung ist nicht als Wertung zu verstehen.

Ein wesentliches Element liegt in dem Schema von Weissagung und Erfüllung. Das Wort Gottes erweist sich in der Geschichte als wirkmächtig und verläßlich. Das gilt schon im Blick auf die Entstehung des Tempels (1Kön 8,56). Das gilt hinsichtlich der Ankündigungen der Propheten, deren Eintreffen bewußt festgestellt wird. So ist die Herrschaft Salomos und der Tempelbau Einlösung und Weissagung Nathans (1Kön 8,20 vgl. 2Sam 7,12). Die Weissagung des Propheten Ahija von Silo (1Kön 11,29-39) wird 1Kön 12,15 als erfüllt dargestellt: ». . . so war es bestimmt von dem Herrn, damit er sein Wort wahr machte, das er durch Ahija von Silo geredet hatte«. Und Ahijas Ankündigung von 1Kön 14,6ff ist 1Kön 15,29 eingelöst. Die Weissagung des Propheten Jehu gegen Bascha (1Kön 16,1-4) wird V. 12 als erfüllt aufgeführt. Elias Gerichtswort an Ahab (1Kön 21,20.24ff) wird durch Jehu eingelöst (2Kön 9,7-10), und die Einlösung wird 2Kön 10,17 ausdrücklich vermerkt. Auch Elias Wort an Ahab (1Kön 21,19) erfüllt sich (1Kön 34-38), und Elias Gerichtsankündigung an Ahasja (2Kön 1,6) geht unmittelbar in Erfüllung: »So starb Ahasja nach dem Wort des Herrn, das Elia geredet hatte« (2Kön 1,17). Man kann weiter hinweisen auf die Einlösung des Wortes Jesajas an Hiskia (2Kön 20,17; s. 24,13), des Wortes der namenlosen Propheten an Manasse (2Kön 21,10ff vgl. 24,2), des Wortes der Hulda an Josia (2Kön 22,15ff; vgl. 2Kön 23,30; 24,20). Die Geschichte Israels ist nur vom Wort Jahwes her zu verstehen. Wie er in der Mitteilung der Heilsgaben zu seinem Wort stand, so auch im Hereinbrechen der Katastrophe. Jahwes Wort läuft schnell (Ps 147,15) und erreicht sein Ziel – auch im Gericht (2Kön 17,23). Selbst im Gericht blieb Gott sich und seinem Wort treu.

Die gleiche Treue Gottes zeigt sich, als er David eine Leuchte in Jerusalem bewahrt, indem er den Nachfolgern »einen Stamm« beläßt (1Kön 11,13.36). Daran wird gerade bei den Königen erinnert, die nicht in den Wegen Davids wandeln (1Kön 15,4; 2Kön 8,19). Dabei wird ausdrücklich darauf verwiesen, daß das um Davids und um Jerusalems willen geschieht. Diese Treue Gottes zeigt sich schließlich in der Begnadigung Jojachins, an der deutlich wird, daß das Davidshaus auch dann weiter besteht, wenn Staat und Hauptstadt verloren sind. So bewahrheitet sich das Wort: »Für ewig steht die Gnade fest« (Ps 89,3; vgl. 2Sam 7,16).

Weiter wird durchgehend nach der Frömmigkeit der Könige gefragt. Dabei stehen alle Könige des Nordreichs unter dem Verdikt, daß sie an der Sünde Jerobeams festgehalten haben. Die Könige des Südreichs werden an David gemessen, und das Urteil fällt unterschiedlich aus. Aber in dieser durchgehenden Linie wird deutlich, daß der Untergang Israels und Judas letztlich weder durch die weltpolitischen Machtkonstellationen noch durch das politische Ungeschick, sondern durch das rel. Versagen seiner Könige begründet ist. Deshalb wird über die politischen Errungenschaften der Könige allg. nur insoweit informiert, wie sie mit ihrer Frömmigkeit im Zusammenhang stehen.

Letztlich konzentriert sich das Interesse auf den Tempel und den damit verbundenen Gottesdienst in Jerusalem. Der Tempel kann zwar Jahwe nicht einschließen, den selbst der Himmel und aller Himmel Himmel nicht fassen können (1Kön 8,27). Aber Gott hat zugesagt, seinen Namen im Tempel wohnen zu lassen (1Kön 8,29). Das ist ein ausgesprochener Gnadenerweis Gottes, denn an dieser Stätte läßt er sich finden (1Kön 8,31ff): im Gebet, in der Buße, zur Vergebung u.a. Deshalb werden die Gefährdung, die Pervertierung, aber auch die Reinigung und Restaurierung des Tempels und des Gottesdienstes ausführlich besprochen, denn Israels Geschick hängt engstens mit seiner Stellung zum Tempel, der Stätte der Gegenwart Jahwes unter seinem Volk, zusammen. Für die Beurteilung der Könige des Nordreichs ist deren Festhalten an mit dem Tempel konkurrierenden Kultstätten (die Sünde Jerobeams) das entscheidende Kriterium, denn es kommt einer Verachtung der sich im Tempel manifestierenden Gnadengegenwart Gottes gleich. So wird im Tempelweihegebet schon der spätere Untergang von Staat, Stadt und Tempel, der Verlust des Landes und das Exil ins Auge gefaßt, aber auch die Vergebung und die mögliche Rückkehr ins Land (1Kön 8,46-51; vgl. dazu 2Kön 21,7f).

Während die K.-Bücher so insgesamt die Geschichte des Niedergangs beschreiben und aufzeigen, daß die Schuld bei den Königen und dem Volk und nicht bei Gott liegt, verkündigen sie zugleich die Treue Gottes, die über das Gericht hinaus gilt, rufen zur Umkehr und wirken Hoffnung auf ein neues Gnadenwerk Gottes (vgl. Jes 40,1ff).

Von daher erschließt sich auch die Bedeutung dieses Werkes für die bibl. Theologie als ganzes, für das Verständnis des AT und für die Verkündigung der Kirche.

Die K.-Bücher bilden den historischen Hintergrund, auf dem die Schriftpropheten erst das rechte Profil erhalten, ähnlich wie die Apostelgeschichte im NT den historischen Hintergrund für die Pauluskorrespondenz abgibt. Sie zeigen, wie der Gott Israels nicht ein ferner, sondern ein naher Gott ist, der sich hineinbegibt in die Geschichte seines Volkes und der Völker; er ist der in der Geschichte handelnde Gott. Diesbezüglich stimmen sie, die den Vorderen Propheten im hebr. Kanon zugehören, mit der Botschaft der Hinteren Propheten überein. Sie zeigen letztlich, wie Gottes Macht eine in der Geschichte handelnde ist und in Gericht und Gnade verläßlich ist. Für das Volk Gottes ist deshalb nicht das entscheidend, »was gemeinhin die Geschichte mit Lärm erfüllt«. »Entscheidend über Leben und Tod des Gottesvolkes ist Gottes in die Geschichte gesprochenes Wort. Diese deuteronomistische Geschichtstheologie hat zuerst das Phänomen der [*]Heilsgeschichte klar formuliert, nämlich als eines Geschichtsverlaufes, der durch fortgesetzt hineingesprochenes, richtendes und rettendes Gotteswort gestaltet und auf seine Erfüllung hingeführt wird« (G. von Rad: Theologie des Alten Testaments I, 1978, S. 355f). Dazu dienen die einzelnen Gestalten gerade der ausführlicher erzählenden Partie als Beispiele für die Seelsorge.

Literatur: J. Begrich: Die Chronologie der Könige von Israel und Juda und die Quellen des Rahmens der Königsbücher, BHTh 3, 1929; W. Dietrich: Prophetie und Geschichte. Eine redaktionsgeschichtliche Untersuchung zum deuteronomitischen Geschichtswerk, FRLANT 108, 1972; J. Fichtner: Das erste Buch von den Königen, BAT 12/I, 1964; K.D. Frikke: Das zweite Buch von den Königen, BAT 12/II, 1972; G. Hölscher: Das Buch der Könige, seine Quellen und seine Redaktion, in: FS H. Gunkel: FRLANT 36, 1923; H.D. Hoffmann: Reform und Reformen. Untersuchungen zu einem Grundthema der deuteronomistischen Geschichtsschreibung, AThANT 66, 1980; E. Jenni: Zwei Jahrzehnte Forschungen an den Büchern Josua bis Könige, VII Königsbücher, ThR NF 27/1961, S. 142ff; A. Jepsen: Die Quellen des Königsbuches, 1965; M. Noth: Überlieferungsgeschichtliche Studien, 1967, S. 66ff; G. von Rad: Die deuteronomistische Geschichtstheologie in den Königsbüchern, in: Deuteronomium-Studien, FRLANT 58, 1958; ders.: Theologie des Alten Testaments I, NA 1987, II, NA 1987; W.S. La Sor: 1. und 2. Könige, BKB I, 1980, S. 385-442; E. Würthwein: Das erste Buch der Könige, ATD 11/1, 1985; ders.: Die Bücher der Könige. 1Kön 17-2Kön 25, ATD 11/2, 1985. H.E.

KÖNIGIN. (Hebr. *malkā*, griech. *basilissa*). Das Wort »Königin« wird in der Bibel wenig gebraucht. Es wird zur Beschreibung von selbständig regierenden Frauen außerhalb Palästinas verwendet, Beispiele dafür sind die Königin von Saba (1Kön 10,1; vgl. Mt 12,42; Lk 11,31) und *Kandake, die K. von Äthiopien (Apg 8,27).

In demselben Sinn wird das Wort in Israels Geschichte einmal verwendet für *Atalja, die sich widerrechtlich den Thron Judas angeeignet hatte und sechs Jahre lang regierte (2Kön 11,3). In der nachbibl. jüd. Geschichte regierte Salome Alexandra (76-67 v.Chr.), die Witwe des Alexander Jannäus, neun Jahre lang nach ihrem Mann als K.

Normalerweise befaßte sich die Frau des herrschenden Monarchen nicht selbst mit Staatsgeschäften. Zu den Ausnahmen zählen *Batseba (1Kön 1,15-31) und *Isebel (1Kön 21). Sowohl in Israel/Juda als auch in den umliegenden Ländern war die K.-Mutter die wichtigste Frau im Palast. Sie ragte unter den Frauen am Hofe hervor und saß gekrönt (Jer 13,18) zur Rechten des Königs (Batseba: 1Kön 2,19). In Judas Geschichte wird die K.-Mutter immer mit Namen genannt. Ein König konnte viele Frauen haben, aber er hatte nur eine Mutter, und er war verpflichtet, sie zu ehren (2Mo 20,12). Daß ihre Position mehr war als eine Ehrenstellung, geht aus dem Bericht über *Maacha hervor, die nicht nur während der Regierung ihres Sohnes *Abija, sondern auch während der ihres Enkels *Asa K.-Mutter war, bis dieser sie wegen Götzenverehrung absetzte (1Kön 15, 2.10.13; 2Chr 15,16). Die chaldäische K. aus Dan 5,10 war vermutlich die K.-Mutter; dasselbe könnte für die pers. K. aus Neh 2,6 zutreffen. M.B.

KÖNIGREICH s. König; s. Reich Gottes

KÖNIGSGRÄBER. Von *David bis *Ahas wurden die Könige *Judas in der Davidsstadt begraben (1Kön 2,10; 11,43; 14,31; 15,8.24; 22,51; 2Kön 8,24; 9,28; 12,22; 14,20; 15,7.38; 16,20). Doch hat man *Joram, *Joasch, *Asarja und *Ahas offenbar nicht direkt im königlichen Erbbegräbnis, sondern in dessen Nähe bestattet (2Chr 21,20; 24,25; 26,23; 28,27). Die Beschreibung in Neh 3,15f (*Jerusalem, VI) erlaubt eine verhältnismäßig genaue Lokalisierung der Begräbnisstätte. Sie lag auf dem S-Teil des südöstl. Altstadthügels nach dessen O-Mauer und damit zum *Kidron-Tal hin. In dieser Gegend, etwa 110 m nördl. des *Siloah-Ausflusses fand R. Weill 1913/4 drei große, waagrechte Grabschächte, deren längster 15 m mißt (La cité de David, I, 1920, 35-44.157-173). Nur noch spärliche Kalkputzstreifen und die Ansätze einer Holzbalkendecke sind zu erkennen. Da dieser Gräbertyp

Jerusalem/Davidsstadt: Diese beiden Schächte gehörten nach Ansicht der meisten Forscher zu den Gräbern der Könige von Juda. Auf dem Gelände im Vordergrund wurde die berühmte Theodotus-Inschrift gefunden, die zu einer Synagoge aus vorchristlicher Zeit gehörte. Vielleicht handelt es sich um dieselbe Synagoge, die in Apg 6,9 die der »Libertiner« genannt wird. (RR)

im syr.-palästin. Raum singulär ist, hat man an ägypt. Einfluß gedacht (A. Kuschke, BRL², 127). Die ganze Umgebung wurde nach dem Bar-Kochba-Aufstand durch röm. Steinbrucharbeiten absichtlich zerstört.

Um 133 v.Chr. versuchten der hasmonäische König Johannes Hyrkanus und später dann *Herodes der Große, die königliche Grablege zu plündern (Jos.ant.Jud. VII, 393f; XIII, 249; XVI, 179-183; bell. Jud. I, 61). Herodes errichtete unter großem Aufwand ein Sühnedenkmal aus weißem Stein (ant. Jud. XVI, 182), das kurz vor dem Bar-Kochba-Aufstand einstürzte (Dio Cassius LXIX, 14). Das Interesse der ntl. Zeit an den K.n illustriert ein Ossuar (kleiner Gebeinkasten), das 1931 im russischen Museum am *Ölberg auftauchte. Nach der Inschrift handelte es sich um die Zweitbestattung des Königs Asarja/Usija (EAEHL II, 1976, 631). Eine selbstverständliche Kenntnis des Ortes setzen die Schrift »Prophetenleben« (P. Riessler, Altjüd. Schrifttum, ⁵1984, 874f), das NT (Apg 2,29) und auch die rabbinische Literatur (Bill. II, 619) voraus, welche die Lage der Gräber innerhalb der Stadt erklären mußte. Nach dem Bar-Kochba-Krieg und der starken Zerstörung Jerusalems ging die Erinnerung verloren. Die jüd. Überlieferung und ihr folgend die christl. (Eus. onom. 42,12; Pilger von Bordeaux, CSEL 39,25) suchten die K. nun in *Bethlehem. Im 10. Jh. wurde das Davidsgrab aufgrund eines falschen Verständnisses von Apg 2,29 an den Ort des Abendmahlssaales (*Obergemach) verlegt (R. Riesner, BARev 9/6, 1983, 20.80f), wo es noch heute orthodoxe Juden, Muslims und unkritische christl. Pilger besuchen.

König *Hiskia wurde nicht im Erbbegräbnis, sondern »am Aufstieg zu den Gräbern der Nachkommen Davids« (2Chr 32,33), also etwas tiefer zum Kidron-Tal zu, beigesetzt. Ca. 80 m südl. der anderen drei Gräber entdeckte R. Weill 1923/4 ein weiteres, bei dem es sich um das Hiskia-Grab handeln könnte (La cité de David II, 1947, 112-127). Nach dem babylon. Talmud (BQ 16b) wurde über diesem Grab eine Jeschiwah (rabbin. Akademie) gebaut. In der Nähe der drei Königsgräber fand Weill die berühmte Theodotos-Inschrift (CIJ II, 332-335), die vielleicht zur »*Synagoge der Libertiner« gehörte (Apg 6,9). Am Beginn des 4. Jh. n.Chr. bezeichnete man eines der monumentalen hellen. Gräber im Kidron-Tal als das des Hiskia (CSEL 39,23). Heute wird das nördlichste dieser Gräber volkstümlich dem *Absalom (vgl. 2Sam 18,18) zugeschrieben.

Die Könige *Manasse und *Amon sind »im Garten Usas« bestattet worden (2Kön 21,18.26). Nach Hes 43, 7-9 lag diese Grabanlage in der Nähe des *Tempels. Sie wird wahrscheinlich von Jospehus (bell. Jud. V, 147) als die »Königlichen Höhlen« in der Nähe der dritten N-Mauer von Jerusalem erwähnt (A. Kloner, Levant 18, 1986, 121-129). Es könnte sich um die prächtigen vorexilischen Gräber im Bereich der École Biblique handeln (G. Barkay, A. Kloner, BARev 12/2, 1986, 22-39). Zu diesem Gräberkomplex gehört auch das sog. Gartengrab »Garden Tomb« (ebd. 40-57), das schon allein aus diesem Grund nicht das Grab Jesu (*Begräbnis- und Trauersitten II.6.) sein kann (R. Riesner, BiKi 40, 1985, 21-26).

Eine immer zugängliche mächtige Grabanlage rund 500 m nördl. des heutigen Damaskustors wurde am Beginn des 19. Jh. von manchen für die K. gehalten und heißt auch heute noch (zur Verwirrung der Touristen) »Tombs of the Kings«. Durch eine 1863 entdeckte Inschrift kann die Nekropole als jene der zum Judentum konvertierten Königin Helena von Adiabene identifiziert werden, die Jerusalem zur Zeit der Hungersnot unter *Claudius (vgl. Apg 11,28) mit Nahrungsmitteln versorgte (Jos. ant. Jud. XX, 51f.95f). Josephus nennt dieses Grab bei der Mitte der dritten N-Mauer (bell. Jud. V, 147), was mit dem archäologischen Befund übereinstimmt. Das Helena-Grab gehört zu den beeindruckendsten Monumenten des ntl. Jerusalem (J. Murphy-O'Connor, Das Heilige Land, 1981, 135-137), auch wenn die ganze Pracht der Außenfassaden erst auf Rekonstruktionszeichnungen deutlich wird (N. Avigad, in: Y. Yadin, Jerusalem Revealed, 1976, 19f).

Jospehus nennt in Jerusalem zweimal ein »(Grab)-Denkmal des *Herodes« (bell. Jud. V, 108.507), ohne es allerdings näher zu beschreiben. Seine Ortsangabe könnte auf eine vornehme Familiengrabanlage mit Rollstein (L.H. Vincent, M.A. Stève, Jérusalem de l'Ancien Testament I, 1954, 342-346) beim King-David-Hotel passen (G. Dalman, Jerusalem, 1930, 142f). Wahrscheinlicher aber ist das Herodes-Mausoleum rund 300 m nördl. des Damaskustors an der Hauptausfallstraße nach N zu suchen. Dort befindet sich ein schon im letzten Jh. entdeckter doppelter Rundbau von 28 bzw. 12 m Durchmesser (C. Schick, ZDPV 2, 1879, 102-104). Er läßt sich ins 1. Jh. v.Chr. datieren, war aus dem in Palästina bisher nur von den herodianischen Königspalästen *Jerichos bekannten netzförmigen Mauerwerk (*opus reticulatum*) errichtet und gleicht dem *Augustus-Mausoleum in Rom (E. Netzer, IEJ 33, 1983, 163-175; BARev 9/3, 1983, 52-59). Begraben wurde Herodes der Große allerdings nicht in Jersualem, sondern auf der Festung Herodium südöstl. von *Bethlehem (Jos. ant.Jud. XVII, 199; bell. Jud. I, 673). Das Grab ist wohl kaum im mächtigen O-Turm der Burg zu finden, sondern eher in einem Gebäude am W-Ende des für die Bestattungsfeierlichkeiten angelegten Paradeplatzes am Fuß des Festungshügels (E. Netzer, BARev 9/3, 1983, 31-51). Alle K. weisen letztlich auf die Vergänglichkeit menschlicher Macht und Größe hin. Nur das leere Grab des verworfenen Judenkönigs Jesus bezeugt den Triumph unzerstörbaren, göttlichen Lebens.

Literatur: N. Avigad: EAEHL II, 1976, 631-636; K. Galling: BRL, 1937, 247; J. Jeremias: Heiligengräber in Jesu Umwelt, 1958, 53-61; S. Krauss: PEQ 79, 1947, 102-112; N. Heutger: BiKi 41, 1986, 85f; R. Riesner, BiKi 41, 1986, 17f; H. Shanks: BARev 13/4, 1987, 54-56; S. Yeivin: JNES 7 (1948) 30-45. R.R.

KÖNIGSGRUND. (Hebr. *ʿēmäk ham-mäläk*). So bezeichnet ein erklärender Zusatz in 1Mo 14,17 die Ebene (*ʿēmäk*) Schawe, wo sich *Melchisedek und *Abraham trafen. Im K. bei *Jerusalem ließ sich *Absalom ein Grabdenkmal bauen (2Sam 18,18). 1Mo 14,17 setzt also offenbar Jerusalem und das *Salem des Melchisedek gleich. Nach Josephus (ant. Jud. VII, 243) lag der K. etwa 370 m nördl. von Jerusalem. Dafür könnte sprechen, daß sich die späteren *Königsgräber in dieser Richtung befanden. Vermutlich ist der K. auch mit dem »Tal der Schauung« (Jes 22,5) zu identifizieren (so das Targum Jeruschalmi zu 1Mo 14,17), denn die assyr. Streitwagen (vgl. Jes 22,7) konnten nur nördl. der Stadt auffahren. Weiter dürfte mit dem K. auch die »Ebene Joschafat«(s. *Joschafat, Tal) gleichzusetzen sein, deren Name der Prophet *Joel volkstümlich als »Ebene des Richtens (hebr. *schaphat*)« deutete (Joel 4,2.14). Mindestens seit Eusebius (onom. 70,2-4; 170,8-10) wird aber die Ebene Joschafat im *Kidron-Tal gesucht. Das Genesis-Apokryphon von *Qumran (1QGenAp 22,13f) scheint den K. südl. von Jerusalem bei Ramat Rachel (*Kerem) zu suchen (J.A. Fitzmyer, Genesis Apocryphon, 1971, 173f). Es ist umstritten, ob das Ha-Schawe der Kupferrolle von Qumran (3Q15 8,10-13) damit zu identifizieren ist (Y. Yadin, Temple Scroll I, 1983, 302f) oder einen Ort (vgl. 1QGenAp 21,29) in der Gegend von *Damaskus meint (B. Pixner, RQ 11, 1983, 351). Mindestens die byzantin. Tradition (ELS 214-217) hat das Salem des Melchisedek südl. von *Bet Schean gesucht (*Änon).

Literatur: G. Dalman: Jerusalem und sein Gelände, 1930, 91-94; F.M. Abel: Géographie de la Palestine I, [3]1967, 402f; LDB, 144f (unbegründete Gleichsetzung mit *Kirjatajim in *Ruben). R.R.

KONVERSION s. Bekehrung

KOPF s. Haupt

KOR s. Maße und Gewichte

KORALLEN s. Edelsteine

KORACH. (Hebr. *qorach,* »Kahlheit«/ »Glatze«?).

1. Fürst über *Edom, Sohn *Esaus (1Mo 36,5.14.18; 1Chr 1,35).

2. Fürst über Edom, Sohn *Elifas' (1Mo 36,16). Da der Name in 1Mo 36,11 und 1Chr 1,36 ausgelassen wird, halten manche 1Mo 36,16 für eine Glosse.

3. Sohn Hebrons (1Chr 2,43).

4. Enkel *Kehats und Vorfahr einer Gruppe von Tempelmusikern (»Söhne Korachs«), die in der Überschrift von 12 Psalmen (Ps 42-49; 84; 85; 87; 88) erwähnt werden (1Chr 6,22).

5. Levit. Kehatiter aus dem Hause von Jizhar (4Mo 16; Jud 11), vielleicht mit 4. identisch. Mit Datan, dessen Bruder Abiram und einem anderen Rubeniter namens On rebellierte er während der Wüstenwanderung gegen Mose und Aaron. 4Mo 16 berichtet über Unzufriedenheit aus folgenden Gründen: Mose und Aaron hätten sich über den Rest von Israel erhoben (V. 3.13); zweitens hätte Mose darin versagt, Israel in das verheißene Land zu führen (V. 14), und drittens hätten er und Aaron sich das Priesteramt angemaßt (V. 7-11). Als die Rebellen Weihrauch opfern wollten, entbrannte der Zorn Gottes gegen das ganze Volk. Mose und Aaron traten für das Volk ein; die Rotte K. starb, indem sich die Erde auftat und sie verschlang; die 250 Männer, die das Räucherwerk opfern wollten, kamen im Feuer um (vgl. 4Mo 26,10; 5Mo 11,6; Ps 106,17). T.H.J.

KORB. Folgende hebr. Worte werden mit K. übersetzt und bezeichnen verschiedene Arten von Körben:

1. *dūd,* ein runder Last- bzw. Tragekorb, groß genug, um einen menschlichen Kopf aufzunehmen (2Kön 10,7), normalerweise jedoch zum Transport von Feigen usw. gebraucht (Ps 81,7; Jer 24,1-2).

2. *thänä'* (Lehnwort aus dem Ägypt. *dnyt,* »Korb«), als Haushaltsgegenstand für das Lagern von Erzeugnissen verwendet (5Mo 26,2.4), parallel zum Backtrog (5Mo 28,5.17).

3. *kelūb,* K. mit durchbrochenem Flechtwerk, in dem in der Vision des *Amos das Obst lag (Am 8,1); er wurde ursprünglich jedoch als Vogelfalle benutzt (wie in Jer 5,26).

4. *sal,* ein flacher, offener Weiden- oder Bastkorb zum Tragen von Brot oder Feldfrüchten (2Mo 29,3.23.32; 3Mo 8,2.26.31; 4Mo 6,15.17.19; Ri 6,19). Der Bäcker des Pharao träumte, daß er drei mit Weißbrot gefüllte K. auf dem Kopf trug (1Mo 40,16).

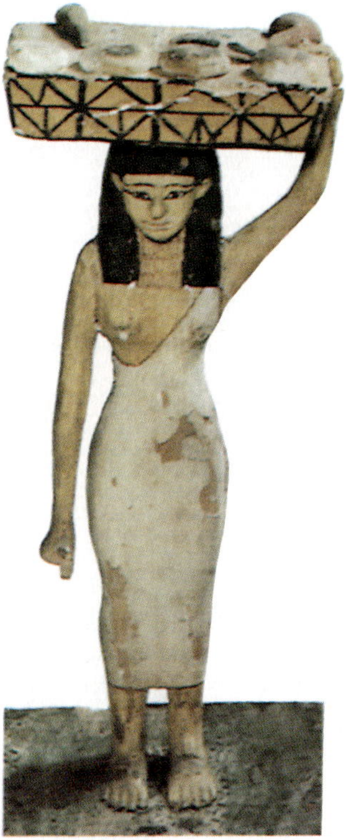

Mit Brotlaiben gefüllter, von einer ägyptischen Dienerin getragener Korb, zur »Versorgung« der Toten. Holz, Grabbeigabe, Höhe 38 cm, Mittleres Reich, ca. 1900 v.Chr. (BM)

Im Griech. begegnen zwei Ausdrücke, die mit »Korb« wiedergegeben werden, z.B. wird der Unterschied zwischen der Speisung der Fünf- bzw. der Viertausend betont durch den Gebrauch des griech. Wortes *kophinos* (großer, fester Tragekorb) in dem ersten Wunder (Mt 14, 20; 16,9; Mk 6,43; 8,19; Lk 9,17; Joh 6,13) und des griech. Wortes *spyris* (runder, geflochtener K.) bei der Speisung der 4000 (Mt 15,37; 16,10; Mk 8,8.20). Beide Worte bezeichnen einen Geschenkkorb; *kophinos* kommt auch sonst im jüd. Kontext vor. Mit *spyris* wird auch das Gefäß bezeichnet, in dem Paulus über die Mauer in Damaskus herabgelassen wurde (Apg 9,25; parallel zum griech. *sarganē,* einem geflochtenen Behälter, 2Kor 11,33). *spyris* ist ein größeres Gefäß als der K., der mit *kophinos* bezeichnet wird. A.R.M.

Ägyptischer Fruchtkorb. 17. Dynastie, Länge ca. 20 cm, ca. 1400 v.Chr. (BM)

Korb mit Perücke, Kamm und Schöpfkrug, aus einem Grab der Mittleren Bronzezeit in Jericho, 1900–1600/1550 v.Chr. (JEF)

KORES/KYRUS. (Hebr./aram. *kōräsch*; elamit./alt-pers. *kūrusch*; babylon. *kurasch*). Pers. Könige der Achämeniden-Dynastie. »Kyrus« war viell. ein alter Dynastie-Name.

1. K. I. (645-602 v.Chr.) war ein Zeitgenosse *Assurbanipals von Assyrien (668-631 v.Chr.) und König der Stadt Anschan (E.F. Weidner, Kyros I., ein Zeitgenosse Assurbanipals, Archiv für Orientforschung, 1931, 1ff).

2. K. II. (der Große), Enkel von K. I., Sohn Kambyses' I. (600-559 v.Chr.) und der medischen Prinzessin Mandane, kam um 559 v.Chr. auf den Thron. 553 v.Chr. besiegte er den Vater seiner Mutter, König Astyages von Medien, seinen Oberherrn, nahm Ekbatana ein und gründete das pers. (achämenidische) Reich. Er nannte sich »König der Meder« und »König von Elam« (A.K. Grayson, Babylonian Historical-Literary Texts, 1975, S. 31). K. besiegte König Krösus von *Lydien und marschierte 547 v.Chr. durch Assyrien. 546 v.Chr. eroberte K. *Sardes und unterwarf die griech. Städe Ioniens. Einige Jahre später bedrohte er Babylon, aber erst am 16. Oktober 539 v.Chr. eroberten die Perser unter Gobryas die Stadt. Dazu hatten sie den Fluß umgeleitet und waren in einem Überraschungsangriff durch das trockene Flußbett in die Stadt eingedrungen (Babylon. Chronicle, ANET, S. 366; DOTT, S. 82, Herodot, 1.189-191; vgl. Dan 5,30). Siebzehn Tage später betrat K. selbst die Stadt im Triumphzug. Er nahm den Titel »König aller Länder« an, sein Sohn Kambyses den Titel »König von Babylon«. K. behandelte die Tempel, Feste und Riten mit Respekt, und die babylon. Priesterschaft begrüßte den neuen Herrscher mit Jubel.

Wie das AT zeichnen Inschriften K. als einen sympathischen Herrscher. In seinem ersten Jahr (538 v.Chr.) verabschiedete er ein Gesetz, durch das er »alle Einwohner (Verbannte) sammelte und sie nach Hause zurückschickte«. K. erlaubte auch den Juden wieder heimzukehren. Alle geraubten Geräte des Tempels wurden zurückgegeben (Esr 1,1-8), die Juden durften ihren Tempel wieder aufbauen und seine Einrichtung erneuern (Esr 6,3). Über 42 000 Juden machten von dem Erlaß Gebrauch und wanderten nach Palästina

Das mutmaßliche »Grab des Kyrus« (Kyrus II., persischer König ca. 559–529 v.Chr.). Das Grabmal ist aus mit Eisenklammern verbundenen Kalksandsteinblöcken erbaut, Pasargadae. Fundament: 14,6 × 13,4 m. (MEPHA)

Der Kyrus-Zylinder. Der Bericht schildert, wie Kyrus Babylon kampflos eroberte und die Untaten seiner Vorgänger wiedergutmachte, indem er Gefangene aus Babylon in ihre Heimatländer zurückschickte und bei der Wiederherstellung von Tempeln half. Dieser Erlaß schloß die Juden ein. Gebrannter Ton, Länge 25 cm. Babylon, 536 v.Chr. (BM)

zurück. Damit erfüllten sich die Worte über K., den Hirten Jahwes, der seinen Willen vollendet (Jes 44,28) über den Gesalbten Jahwes (Jes 45,1) und den Gerechten (Jes 42,1). Jes 48,14-15 wird K. sogar als der erwartet, den Jahwe aus dem O gerufen hat und liebt. In demselben Gesetz von 538 v.Chr. setzte K. die einheimischen Gottheiten wieder in ihrem neu erbauten Tempel ein (Kyrus-Zylinder: ANET, S. 316; DOTT, S. 92-94; Esr 6,1ff). Bis zu jener Zeit war es im Orient nicht Sitte gewesen, die Götter der unterworfenen Völker zu achten. K. unterschied sich weiterhin von anderen Herrschern darin, daß er seine Gegner schonte.

Daniel erlebte die drei ersten Regierungsjahre des K. »geehrt« in Babylon (Dan 1,21; 6,29; 10,1), scheint sich dann aber in der pers. Hauptstadt Susa aufgehalten zu haben (Jos.ant.Jud. 10.249; Dan 8,2). K.' Sohn und zeitweiser Mitregent Kambyses II. wurde 530 v.Chr. sein Nachfolger, nachdem K. im Kampf mit den Massageten, die immer wieder die NO-Flanke seines Reichs bedrängen, den Tod gefunden hatte.

Literatur: Acta Iranica, 1st Series, 1974, 1-3; Fischer Weltgeschichte, hrsg. von E. Cassin, J. Bottéro, J. Vercoutter, Bd. 4: Die Altorientalischen Reiche III, 1967; Bd. 5: Griechen und Perser, 1965; G. Maier: Der Prophet Daniel, 1982. D.J.W.

KORIANDER s. Kräuter und Gewürze

KORINTH. (Griech. *Korinthos*).

1. Lage.

Die Stadt lag am W-Ende der Landbrücke (Isthmus), welche die Halbinsel Peloponnes mit dem griech. Festland verbindet. K. war etwa 3 km vom Meer entfernt auf einer rund 60 m hohen Terrasse erbaut, die von dem steilen Burgfelsen Akrokorinthos (575 m) überragt wird. Am korinthischen Golf, rund 2,5 km nördl., lag der Hafen von Lechäon, 14 km entfernt im O am Saronischen Golf *Kenchreä. Die antike Straße zwischen den beiden Häfen führte durch K. (Wiseman, Land, 64). Die Stadt kontrollierte somit nicht nur den Verkehr vom übrigen Griechenland in den Peleponnes, sondern auch zwischen den beiden Meerzungen. Westl. der Stadt erstreckt sich am Nemea-Fluß eine überaus fruchtbare Ebene, die sogar Cicero in seinem Werk über die landwirtschaftlichen Gesetze erwähnte (Leg Agr I, 5; II, 51). Bis heute heißt eine bestimmte Rosinensorte »Korinthen«. Landwirtschaftliche Bilder (z.B. 1Kor 9,7–11; 2Kor 9,6) waren also den städtischen Lesern der Korintherbriefe durchaus vertraut. Seinen sprichwörtlichen Reichtum verdankte K. allerdings nicht dem Ackerbau, sondern der ungeheuer verkehrsgünstigen Lage.

Der kürzeste Weg von *Italien nach Kleinasien, ja in den gesamten östl. Mittelmeerraum (*Ägypten, *Syrien, *Palästina) führte über den Isthmus. Diese Verkehrsverbindung war um so wichtiger, als die S-Spitze des Peloponnes für ihre Stürme berüchtigt war. Schon im 6. Jh. v.Chr. unter dem Tyrannen Periander gab es die Absicht, die ca. 7km breite Landenge zu durchstechen (Diog Laert, I, 99). Dieser Plan wurde von König Demetrius von *Makedonien im 4. Jh. v.Chr. (Strabo I, 3,11), von Cäsar (Sueton, Julius 44) und Kaiser *Caligula

(Sueton, Gaius 21) wieder erwogen. Aber erst unter *Nero hat man 66/67 n.Chr. tatsächlich mit den Arbeiten begonnen (Sueton, Nero 19). Soviel wir wissen, war er dabei der Erfinder des effektvollen »ersten Spatenstichs«. Mit einer Hacke brach der Kaiser als erster die Erde auf. Die wirkliche Arbeit hatten dann die Praetorianer und besonders Kriegsgefangene des Jüd. Aufstands (Jos. bell. Jud. III, 540) zu verrichten. Mit dem Tod Neros 68 n.Chr. wurde auch dieser Versuch aufgegeben. Einen für kleine Hochseeschiffe befahrbaren Kanal hat man erst in den Jahren 1881-93 angelegt. Anscheinend schon Periander ließ eine gepflasterte Straße (griech. *diolkos*; Strabo VIII, 6,22) über den Isthmus bauen. In Rillen liefen hölzerne Wagen, auf denen sogar kleine Schiffe befördert werden konnten (Plin. nat. IV, 10).

2. Vorneutestamentliche Geschichte.
Einzelfunde gibt es bereits aus neolithischer und frühhelladischer, recht spärlich auch aus mykenischer Zeit. Eine erste bescheidene Stadt wurde um 900 v.Chr. von Dorern aus Argos gegründet. Ab etwa 750 v.Chr. beginnt mit dem Zeitalter der griech. Kolonisation ein deutlicher Aufschwung. Noch im selben Jh. wurden von K. aus die Kolonien Kerkyra auf Korfu und Syrakus auf *Sizilien gegründet. Schon die erste literarische Erwähnung in der Homer zugeschriebenen Ilias (II, 570) hebt den Reichtum der Stadt hervor. Zu einer großen Blüte kam es während der Tyrannenherrschaft im 6. Jh. v.Chr. In den Perser-Kriegen des 5. Jh. v.Chr. spielte K. eine wichtige Rolle, geriet danach aber in den Schatten von *Athen. Ein erneuter wirtschaftlicher Aufschwung begann im 4. Jh. v.Chr., den auch die Eroberung durch Philipp von Makedonien, den Vater *Alexanders des Großen, nicht unterbrach. Philipp machte K. 338 v.Chr. sogar zum Sitz eines von ihm geschaffenen Bundes aller griech. Staaten. In dieser Zeit dürfte K. mit rund 50 000 Menschen die größte Stadt Griechenlands überhaupt gewesen sein. Der Historiker Xenophon und der kynische Philosoph Diogenes zählten zu ihren Einwohnern.

Die starke Stellung von K. machte allerdings auch einen Zusammenstoß mit dem imperialistisch ausgreifenden *Rom unausweichlich. 146 v.Chr. zerstörte der Konsul Mummius die Stadt völlig und entvölkerte sie durch Mord und Sklaverei. Allerdings waren im 1. Jh. v.Chr. einige der vertriebenen Bewohner wieder zurückgekehrt (Cicero, Tusc. III, 53), die wohl die alten geschichtlichen und rel. Überlieferungen wachhielten. Kurz vor seiner Ermordung gründete Cäsar 44 v.Chr. (Appian VIII, 136) K. neu als röm. Kolonie mit dem offiziellen Namen *Colonia Laus Iulia Corinthiensis.* Schon bald zog die aufstrebende Stadt nicht bloß Veteranen und *Freigelassene, sondern auch Unternehmungslustige aus ganz Griechenland und aus dem übrigen Römerreich an. Nach *Philo von Alexandria zu schließen, besaß K. um 41 n.Chr. eine der stärksten Judengemeinden Griechenlands (Leg 281). Bereits 142 v.Chr. ist eine jüd. Ansiedlung in Sikyon nahe K. bezeugt (1Makk 15,23).

Durch Kaiser *Augustus wurde K. dann 27 v.Chr. zur Hauptstadt der senatorischen Provinz *Achaja erhoben (Strabo XVII, 3,25). 15 n.Chr. allerdings schlug *Tiberius Achaja zur imperatorischen Provinz Mysien (Tac.ann. I, 76,4; 80,1). 44 n.Chr. stellte dann *Claudius wieder die alte Ordnung her (Dio XL, 24,1). 77 n.Chr. wurde K. wie später noch oft von einem schweren Erdbeben verwüstet (ANRW VII/1, 506). Über den Wiederaufbau hinaus hat man im 2. Jh. n.Chr. viele völlig neue Gebäude errichtet. Am Ende dieses Jh. besuchte Pausanias die Stadt und hinterließ uns die ausführlichste Beschreibung von K., die wir aus der Antike besitzen (II, 1,1-5,5). Kürzere Darstellungen entstanden um die Zeitenwende von dem Geographen Strabo (VIII, 6,20-23) und vor 69 n.Chr. von Plinius dem Älteren (Plin. nat. IV, 9-11).

3. Die neutestamentliche Stadt.
Als Paulus nach K. kam, war die Mauer der griech. Stadt wiedererrichtet. Die Befestigung umfaßte auch den Burgberg und schützte die Straße zum Hafen Lechäon auf beiden Seiten. Mit ca. 10 km Länge umschlossen die Mauern ein Areal von rund 4 km^2, so daß K. die flächenmäßig größte Stadt Griechenlands war. Die Einwohnerzahl können wir deswegen nicht schätzen, weil unbekannt ist, wieviele Gebiete damals unbebaut blieben. Seit 1896 wird K. von der American School of Classical Studies in Athen systematisch archäologisch erforscht. Das ausgegrabene Gebiet beträgt zwar nur etwa ein Hundertstel der Fläche, umfaßt aber mit der Agora und den sie umgebenden Bauten den wichtigsten Teil der Stadt.

Von den Gebäuden, die Paulus sah, seien nur einige hervorgehoben. Die große Zahl der bekannten Tempel illustriert, von wie verschiedenen falschen Göttern sich Mitglieder der Gemeinde K.s zum Glauben an Jesus gewandt hatten (vgl. 1Kor 8,4-6). Allein an der W-Seite der Agora waren Heiligtümer für die Tyche (Schicksalsgöttin), Herakles, Poseidon, alle Götter (Pantheon) und die Aphrodite aufgereiht. Das Wahrzeichen der Stadt war das Apollo-Heiligtum, das aus dem 6. Jh. v.Chr. stammt und so zu den ältesten Tempeln Griechenlands gehört. Obwohl von seinen ursprünglich 38 Säulen nur noch sieben stehen,

Ruinen von Korinth. Vorn die gepflasterte Lechäon-Straße (die Hafenstadt Lechäon lag 5 km nördl. von Korinth); im Hintergrund (südwestlich) Akrokorinth. (ARM)

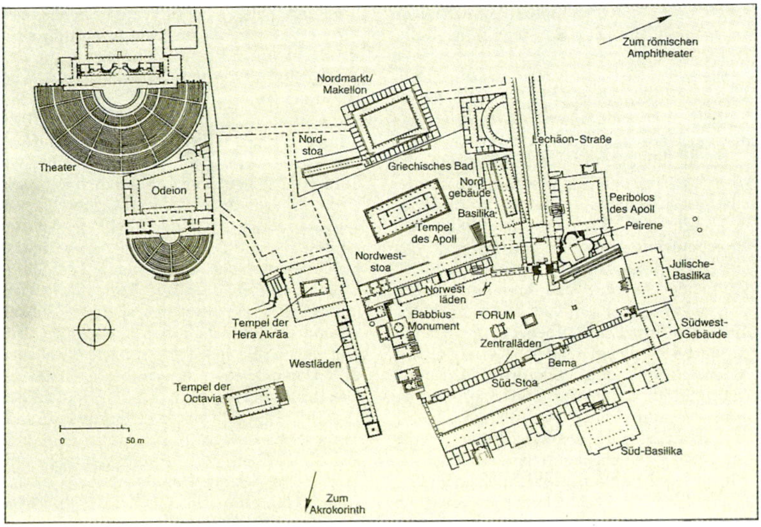

Plan von Korinth in dem von den Römern 44 v.Chr. gestalteten Ausbau, der Elemente der griechischen Stadt von ca. 540 v.Chr. berücksichtigte.

bleibt er bis heute ein überaus beeindruckendes Bauwerk.

Mittelpunkt der Stadt war der zentrale Marktplatz (Agora), der bei der sog. Heiligen und der Peirene-Quelle angelegt wurde. Die südl. Stoa, eine Säulenhalle von 165 m Länge, war eines der größten und prächtigsten Bauwerke des antiken Griechenland. Bei der Gründung der röm. Kolonie hat man sie in der alten Form wieder aufgebaut. Ungefähr um den Besuch des Apostels herum wurden die Läden südl. davon zum Teil in öffentliche Räume wie Büros und Sitzungszimmer umgewandelt. Ebenfalls z.Zt. des Paulus existierten auch schon die NW-Stoa und die Zentralläden, welche die Agora in zwei verschieden große Abschnitte aufteilen. Etwa die Mitte dieser Zentralläden nimmt eine große gemauerte Tribüne (griech. *bema*) ein, die früher durch ihre Verkleidung mit weißem und blauem Marmor einen prachtvollen Anblick geboten haben muß (E. Dinkler, Der Bema zu Korinth, 1944). Vielleicht hat der damalige Bauboom die vom Apostel in 1Kor 3,10–13 verwandten Bilder mit veranlaßt (Furnish, 16f). Paulus zeigt hier eine verhältnismäßig gute Kenntnis der architektonischen Fachsprache (H. Shanor, NTS 34, 1988, 461–471).

Das Theater konnte rund 18 000 Zuschauer fassen, was uns eine Mindestzahl für die damaligen Bewohner gibt. Vielleicht erklangen hier auch Bronzeglocken, wie sie Paulus in 1Kor 13,1 erwähnt (W. Harris, BARev 8/1982, 38-41). Jedenfalls war K. für seine Bronzeartikel berühmt, die unter reichen Römern eine geradezu krankhafte Sammelleidenschaft hervorriefen (J. Murphy-O'Connor, RB 90, 1983, 23-36). Zu den archäologisch belegten Objekten gehören auch Bronzespiegel (vgl. 1Kor 13,8–12; 2Kor 3,18). Eines der Tore des Tempels in *Jerusalem, das sog. Nikanor-Tor, war aus korinthischer Bronze gearbeitet, wie Josephus (bell. Jud. V 201) und die Mischna (Midd 2,3) übereinstimmend bezeugen. Etwa 1 km nordwestl. der Agora lag das Amphitheater. Wenn Paulus von Gladiatorenspielen mit wilden Tieren sprach (1Kor 15,32), so kannten die Korinther solche aus eigener Anschauung.

Einen Eindruck vom Wohlstand der Stadt vermag die aufwendig gepflasterte Lechäon-Straße zu geben. Aus einer gelegentlichen Bemerkung Plutarchs geht hervor, daß K. das Bankenzentrum Griechenlands war (Murphy-O'Connor, 105). Welchen Reichtum manche hier aufgehäuft hatten, sieht man daran, daß der Präsident der Isthmischen Spiele oftmals die ganze Stadt verköstigte (Plutarch, Quaest Conv VIII, 4,1).

4. Paulus in Korinth.
Schon vor der Ankunft des Apostels gab es in K. Judenchristen wie Priszilla und *Aquila, die 49 n.Chr. von Kaiser *Claudius aus Rom ausgewiesen wurden (Apg 18,2). Als Paulus nicht lange danach in die Stadt kam, begann er seine Predigt in der *Synagoge (Apg 18,4), wo er zwar den Vorsteher *Krispus, aber sonst nicht viele andere Juden gewinnen konnte (Apg 18,5-8). Das wichtigste archäologische Zeugnis für die Anwesenheit von Juden in K. ist ein Türsturz mit der bruchstückhaften Inschrift »Synagoge der Hebräer« (BHH II, 988). Er wurde in der Nähe der Propyläen, d.h. des Eingangstors der Lechäon-Straße auf die Agora, gefunden. Es ist leider nicht möglich, aufgrund der sehr plump ausgeführten Buchstaben das Alter der Inschrift zu bestimmen. Meist nimmt man die nachntl. Zeit an, doch ist auch nicht ausgeschlossen, daß die Oberschwelle schon zur ersten Synagoge der Stadt gehörte (Murphy-O'Connor, 78f). Wohl auch von einer Synagoge stammt ein zweites Architekturfragment. Das Bruchstück eines Marmorgesimses, das dem 5. Jh. n.Chr. zugewiesen wird (Furnish, 26), zeigt jüd. Symbole (drei siebenarmige Leuchter, hebr. *menorōth*). Wahrscheinlich bei Amtsantritt des neuen Prokonsuls (diesen Titel gebraucht Apg 18,12 zutreffend) *Gallio im Jahr 51 n.Chr. wurde Paulus von Mitjuden verklagt (Apg 18,13f). Wegen des tumultartigen Verlaufs (Apg 18,17) kann die Verhandlung nur im Freien beim Bema (Apg 18,12) auf der Agora stattgefunden haben. Darauf weist auch eine kleine dreischiffige byzantin. Basilika, die im 10. Jh. an dieser Stelle errichtet wurde. Gallio wies die Klage ab, machte dabei aber aus seiner antisemit. Einstellung keinen Hehl (Apg 18,14-17), die er mit seinem Philosophen-Bruder Seneca teilte. Meist nimmt man an, daß Paulus von *Ephesus aus einen sogenannten »Zwischenbesuch« in K. unternahm (vgl. 2Kor 1,23-2,1; 12,14; 13,1f), doch ist diese Ansicht keineswegs zwingend (N. Hyldahl, ZNW 64, 1973, 289-306). Gesichert scheint dagegen, daß der Apostel vor seiner letzten Reise nach Jerusalem im Jahr 57 n.Chr. noch einmal die Stadt besuchte (Apg 20,1f vgl. 2Kor 9,5; 12,14).

Durch den vermutlich rund anderthalbjährigen (Apg 18,11) Aufenthalt des Paulus in K. entstand eine ganz überwiegend heidenchristl. Gemeinde. Noch rund sieben Jahre nach ihrer Gründung konnte sie sich in einem einzigen Privathaus, dem des *Gaius, versammeln (Röm 16,23 vgl. 1Kor 14,23). Aus der Zeit des Paulus kennen wir bisher in K. nur ein einziges Privathaus, die Anaploga-Villa nahe des W-Tors der Stadt (ANRW VII/1, 528; S.G. Miller, Hesp 41, 1972, 332-354). Sie gleicht in ihren Abmessungen den Häusern anderer wohlhabender Bürger, wie wir sie etwa aus der Reichshauptstadt kennen. Danach kann die korinthische Gemeinde damals kaum mehr als fünfzig Glieder gehabt haben (Murphy-O'Connor, 155-158). Wenn uns die beiden *Korinther-Briefe vierzehn Namen von Christen nennen (Theissen, 255f), so kennen wir damit also einen beträchtlichen Teil der Gemeinde!

Obwohl die Christengemeinde nicht sehr groß war, wurde sie doch durch Gruppenbildung in ihrer Einheit bedroht (1Kor 1,10-16). Das hing wohl auch damit zusammen, daß man sich über die Vollversammlungen hinaus in einzelnen Hauskreisen traf. Die sichtbar werdenden theologischen Differenzen wurden durch das gesellschaftliche Umfeld mit beeinflußt. In K. waren die sozialen Gegensätze kraß ausgeprägt wie in nur wenigen anderen Großstädten des Reichs. Die christl. Gemeinde bestand zwar in ihrer Mehrheit aus Angehörigen der unteren Schichten (1Kor 1,26-28), aber gerade die wenigen Wohlhabenden und Gebildeten waren ganz offensichtlich tonangebend (Theissen, 256f). Eines dieser führenden Mitglieder ist sehr wahrscheinlich auch inschriftlich bezeugt (Theissen, 240-245). *Erastus, den Röm 16, 23 als Stadtrentmeister (*oikonomos tēs poleōs*) bezeichnet (vgl. Apg 19,22; 2Tim 4,20), wurde offenbar später ein noch höherer Verwaltungsbeamter, nämlich Ädil. Als Dank für diese Beförderung ließ er etwas westl. vom Theater ein Pflaster legen, wie eine dort gefundene Inschrift bezeugt (J.H. Kent, Corinth VIII/ 3, 1966, 99). Für die Identifizierung spricht, daß Erastus kein sehr häufiger Name ist, und wir auch keinen weiteren korinthischen Beamten kennen, der so hieß (Furnish, 20f). Für den beträchtlichen Reichtum einiger Gemeindeglieder spricht auch die Gegenüberstellung von 22Kor 8,14 und 8,1–7.

Die starken sozialen Spannungen standen auch mit hinter den Gemeindekonflikten, für die Paulus vom Evangelium her Lösungen suchte. Reichere Gemeindemitglieder, die frei über ihre Zeit verfügen konnten, kamen früher zu den Gemeindeversammlungen und wurden dort von den gleichfalls wohlhabenden Gastgebern besonders zuvorkommend bewirtet (vgl. 1Kor 11,18-22.33f). Für die angesehenen Gemeindeglieder bedeutete die Teilnahme an Gastmählern in Tempeln, bei denen politische Fragen erörtert und Geschäfte abgeschlossen wurden, eine gesellschaftliche Verpflichtung, der sie sich kaum entziehen konnten (vgl. 1Kor 8,10). Das Asklepios-Heiligtum im N der Stadt vermag anschaulich zu machen, wie an solchen Orten Religion, Geschäft und Erholung untrennbar verbunden waren (Murphy-O'Connor, 161-167). Fleisch war für Ärmere nur erschwinglich, wenn es sich um solches aus heidnischen Opfern handelte (vgl. 1Kor 8-10). In K. ist dieser spezielle Fleischmarkt (griech. *makellon*, 1Kor 10,25) wahrscheinlich nördl. des Apollo-Tempels zu suchen (H.J. Cadbury, JBL 53, 1934, 134-141; F.J. de Waele, AJA 34, 1930, 432-454). Dieser N-Markt stammt jedenfalls aus der Zeit des Tiberius.

Ein besonderes Problem bildete in K. die Prostitution. Während die Auseinandersetzung mit der Hurerei (griech. *porneia*) in den anderen paulin. Briefen nur eine untergeordnete Rolle spielt, steht sie in 1Kor 5,11 sowie 6,9 an der Spitze von Lasterkatalogen und wird in 6,12-20 ausführlich behandelt. Der Apostel kann hier zwar auch einige kritische Überlegungen stoischer Philosophen aufgreifen, begründet seine Ablehnung aber letztlich von der Existenz in Christus her (Elliger, 243-246). Man hat neuerdings in Frage gestellt, daß es in K. ein besonders ausgeprägtes Dirnenunwesen gab. Aber dagegen spricht schon allein, daß ein Verb *korinthiazesthai* als Spezialausdruck für »kuppeln« usw. gebildet wurde (Eustathius zu Ilias II, 570). Strabo nennt neben dem Handel und dem Touristenverkehr der Isthmischen Spiele die Prostitution als die wichtigste Einnahmequelle der Stadt (VIII, 6,20). Schon Platon sagte einfach »korinthisches Mädchen«, wenn er »Dirne« meinte (Resp 404D). Während für die griech. Zeit Tempelprostitution beim Aphrodite-Heiligtum auf Akrokorinthos nach wie vor wahrscheinlich ist (Elliger, 237-242), haben wir für die ntl. Zeit keinen Beleg. Es besteht daher auch kein Grund, die paulin. Ablehnung der Homosexualität (1Kor 6,9) nur als Absage an heidnische Kultpraktiken zu verstehen.

Das paulin. Bild vom Wettlauf (1Kor 9,24-27) findet in K. eine eindrückliche Veranschaulichung. Am O-Rand der Agora wurden Startlöcher gefunden, die allerdings schon aus der griech. Zeit stammen und während des Wirkens des Apostels bereits nicht mehr zu sehen waren. Zwischen 7 v. und 3 n.Chr. erhielt K. die Ausrichtung der Spiele in Isthmia (E.R. Gebhard, The Theatre at Isthmia, 1973), an der O-Mündung des heutigen Kanals, zurück, die den Olympischen Spielen nur wenig nachstanden. Hier waren auch Boxkämpfe zu sehen (1Kor 9,26). Wie weit in K. emanzipatorische Bestrebungen fortgeschritten waren (vgl. 1Kor 11,2-16), zeigt sich daran, daß bei den Isthmischen Spielen auch weibliche Lenkerinnen von Kampfwagen auftraten (Ditt 802). Da in Isthmia ein Siegeskranz aus getrockneten Blättern verliehen wurde (O. Bro-

Blick über den Apollo-Tempel zum Burgberg von Korinth (Akrokorinthos). *Bei den Läden im Vordergrund kann es sich um den von Paulus* (1Kor 10,25) *erwähnten Fleischmarkt* (makellon) *handeln.* (CR)

neer, HTR 64, 1971, 186), dürfte der »verwelkliche Kranz« von 1Kor 9,25 eine direkte Anspielung darauf sein (O. Broneer, BA 25, 1962, 1-31). Durch manchen Besucher der Wettkampfveranstaltungen mag sich auch der christl. Glaube in andere Teile Griechenlands verbreitet haben. Die Isthmischen Spiele fanden im Frühjahr 49 und 51 n.Chr. statt, also gerade um die Zeit, als Paulus in K. war.

Die Spiele boten Paulus eine Verdienstmöglichkeit als »Zeltmacher« (*skēnopoios*; Apg 18,3), denn viele der Besucher kampierten in Zelten. Wenn der Apostel es in K. ebenfalls vorzog, seinen Lebensunterhalt durch eigene Arbeit zu verdienen, anstatt sich von der Gemeinde versorgen zu lassen (vgl. 1Kor 9,3-19), so geschah das auch, um nicht mit den vielen, oftmals dubiosen Wanderphilosophen verwechselt zu werden. Er wollte nicht zu denen gehören, die das »Wort Gottes verhökern« (2Kor 2,17: *kapēleuein*). Er mochte sich auch nicht selbst empfehlen. Neben den damals üblichen Empfehlungsbriefen (vgl. Apg 18,27) nennt der Apostel noch steinerne Ehrentafeln (2Kor 3,1-3). An ihnen herrschte gerade in K. kein Mangel (Murphy-O'Connor, 170-172). Man könnte sich gut vorstellen, daß Paulus einen der kleinen Zentralläden (ca. 4 x 4 m) auf der Agora mietete. Diese halboffenen Läden boten einem Lederarbeiter wie ihm gute Geschäfts- und Kontaktmöglichkeiten (R.F. Hock, CBQ 41, 1979, 438-450). Am Ende des 1. Jh. wohnten ein Stoiker wie Dio Chrysostomus, aber auch ein wandernder Wundertäter wie Apollonius von Tyana zeitweise in K. Wundersucht und Erkenntnisleidenschaft gab es aber auch schon z.Zt. des Apostels (vgl. 1Kor 1,22).

5. Die nachneutestamentliche Zeit.

Am Ende des 1. Jh. richtete Clemens, der damalige Bischof der Gemeinde in Rom, ein Schreiben an die korinthischen Christen, das zeigt, wie sie noch immer zu Streit und Spaltungen neigten (1Clem 1-3; 44-47). Für das 2. Jh. sind dann in K. Bischöfe sicher bezeugt (R. Janin, DHGE XIII, 876ff). 267 wurde die Stadt von den Herulern verwüstet, 395 von den Goten unter Alarich. Aus dem 5. Jh. stammen drei byzantin. Kirchen. Eine von ihnen, die im Hafengebiet von Lechäon liegt, ist mit 200 m Länge die größte Kirche Griechenlands überhaupt. 521 zerstörte ein Erdbeben K., das Kaiser Justinian sogleich wieder aufbauen ließ. Ein Sklaveneinfall bereitete dann der antiken Stadt ein Ende. Heute halten die moderne Stadt Neakorinthos am Korinthischen Golf und das Dorf Palaiokorinthos in der Nähe des Ausgrabungsgebiets den alten Namen wach. Weltweit bekannt aber wurde K. durch die beiden Briefe, die der Apostel Paulus an die dortige Gemeinde schrieb und die wie kaum ein anderes Schreiben des NT Einblick in die konkreten Probleme der ersten städtischen Christen geben.

Literatur: W. Baird: The Corinthian Church, 1964; C.K. Barrett: Essays on Paul, 1982, 1-59; O. Broneer: Isthmia II: Topography und Architecture, 1973; ders.: BA 14, 1951, 78-96; R. Carpenter: AJA 33 (1929), 345-360; W. Elliger: Paulus in Griechenland, ^{2}1987, 200-251; G.D. Fee: The First Epistle to the Corinthians, 1987, 1-14; V.P. Furnish: BARev 15/3 (1988), 14–27; R.M. Grant: BHH II, 1964, 988-990; N. Hugédé: Saint Paul et la Grèce, 1982, 159-221; J.H. Kent: Corinth VIII/3: The Inscriptions, 1966; F. Kolb: Die Stadt im Altertum 1984, 75-95; W.L. Lane, in: R.K. Harrison: Major Cities of the Biblical World, 1985, 83-05; M. Lang: Cure and Cult in Ancient Corinth, 1977; W.A. Meeks: The First Urban Christians, 1983; S.E. Johnson: Paul the Apostle and His Cities, 1987, 94-105; J. Murphy-O'Connor: St. Paul's Corinth. Texts and Archaeology, 1983; ders.: BA 47 (1984), 147-159; E. Meyer: KlP III, 1969, 301-305; N. Papahazis: Das antike Korinth, 1977; A. Schreiber: Die Gemeinde in Korinth, 1977; G. Theissen: Studien zur Soziologie des Urchristentums, ^{2}1983, 231-317; F.J. de Waele: Corinth and St. Paul, 1961; ders.: BL^{3}, 1982, 976-978; J. Wiseman: The Land of the Ancient Corinthians, 1978; ders.: ANRW VII/1, 1979, 438-548. Von der American School of Classical Studies in Athen sind bisher 27 Bände über die Ausgrabungen erschienen: Corinth. Results of Excavations 1929-75. Sehr knapp zusammengefaßt in einem Führer: Ancient Corinth, ^{6}1960. R.R.

KORINTHERBRIEFE.

I. INHALT.

1. Korintherbrief.

a. Briefeingang mit Segenswunsch (1,1-3);

b. Dank für Gottes Gaben im Leben der Gemeinde (1,4-9);

c. Nachrichten aus Korinth: Gruppenbildung in der Gemeinde verdunkelt, was allein wichtig ist (1,10-17).

1. Das Wort vom Kreuz und die Weisheit der Welt (1,18-4,13).

a. Grundlegung: Das Wort vom Kreuz rettet, die Weisheit läßt verlorengehen (1,18-25);

b. Erweis aus der Erfahrung der Gemeinde (1,26-31);

c. dann aus der Eigenart der Missionspredigt (2,1-5).

d. Das Wort vom Kreuz enthüllt Gottes Weisheit (2,6-16).

e. Gruppenbildung ist Zeichen von Unreife (3,1-4).

f. Paulus und Apollos sind Mitarbeiter Gottes (3,5-17);

g. wer sich zu ihnen recht einstellen will, muß den Auftrag Gottes ansehen, den sie haben (3,18-4,5);

h. dann sieht man, daß ihre Gaben, ihre Mühen und Leiden dem Aufbau der Gemeinde dienen (4,6-13).

2. Antwort auf Anfragen aus der Gemeinde (4,14-11,1).

a. Paulus hat Timotheus geschickt, um seine eigene Ankunft in Korinth vorzubereiten (4,14-21).

b. Ein Blutschänder soll aus der Gemeinde ausgeschlossen werden (1,5-5);

c. so soll die Gemeinde von offenbaren Sündern gereinigt werden, nicht aber aus der Welt auswandern! (5,6-13).

d. Christen sollen ihr Recht gegen den Bruder nicht vor heidnischen Gerichten suchen (6,1-8).

e. Warnung: Ins Gottesreich geht nur ein, wer Christus angehört (6,9-11)!

f. Wer aber Christus durch den Geist zugehört, darf und kann nicht Hurerei treiben (6,12-20).

g. Anweisungen für Eheleute und »Versprochene«: Die Berufung durch das Evangelium macht den Menschen in der Ehe und in anderen Ordnungen des Lebens frei, löst diese aber nicht auf; ehelos mag bleiben, wer die Gabe dazu hat (7,1-40).

h. Die Freiheit, an heidnischen Opfermahlzeiten teilzunehmen, hat ihre Grenze am Gewissen des Bruders (8,1-13).

i. Paulus selbst als Beispiel für rechte Lebensweise: Nicht die eigene richtige Erkenntnis baut die Gemeinde auf, sondern die Liebe, die diese Erkenntnis nicht zu Lasten des Bruders durchsetzt (9,1-23).

j. Im Bild vom Wettkampf und der dafür nötigen Askese bekommt das Beispiel des Apostels allgemeine verpflichtende Bedeutung (9,24-26).

k. Das Beispiel des alten Israel beim Zug durch die Wüste warnt die Christenheit vor gleicher Verblendung: Wer befreit ist, ist darum doch nicht sein eigener Herr (10,1-13)!

l. Gemeinsame Anteilhabe am Herrenmahl schließt Teilhabe am Götzenopfermahl aus (10,14-22).

m. Die Losung für Christen: Alles zur Ehre Gottes, niemandem zum Ärgernis (10,23-11,1)!

3. Ordnung des Gottesdienstes und der Geistesgaben (11,2-14,40).

a. Zur Kopfbedeckung der Frauen im Gottesdienst (11,2-16).

b. Zur Ordnung der Feier des Herrenmahles (11,17-33):

Die Liebe darf nicht verletzt werden (17-22); im Mahl gibt sich Christus selbst (23-26); durch Selbstprüfung und durch Unterscheidung von allen sonstigen Mahlzeiten soll die Mahlfeier in Glaube und Liebe begangen werden (26-33).

c. Zu den Geistesgaben (12,1-14,40):

Grundlegung (12,1-31): Der Geist wird am Bekenntnis zu Christus erkannt (1-3); er ist der eine Geber in vielen unterschiedlichen Gaben (4-11); er gibt diese zum Dienst untereinander (Bild: Glieder am Leib, (12-31).

d. Die höchste Gabe ist die Liebe (13,1-13): Ohne sie zählt nichts (1-3); sie gibt alles (4-7); sie bringt zur Vollendung (8-13).

e. Die besonderen Geistesgaben in Korinth (14,1-40):
Prophetische Rede und Zungenrede, ihr Gewinn für den Aufbau der Gemeinde (1-25); nötige Ordnung für die Übung dieser Gaben (26-36); abschließende Mahnung (37-40).

4. Werden die Toten auferstehen? (15,1-58).

a. Das eine Evangelium bringt den Auferstehungsglauben mit sich, weil es Jesu Auferweckung von den Toten verkündigt (15,1-11).

b. Wäre Christus nicht auferstanden, wäre unser Glaube umsonst (15,12-19).

c. Er ist aber auferstanden und hat dadurch die Auferstehung aller eröffnet (15,20-28).

d. Darum leben Christen aus der Gewißheit der Auferstehung (15,29-34).

e. Wie die Toten im Gefolge Christi auferstehen werden (15,35-49).

f. Abschließende Vergewisserung (15,50-58).

5. Briefschluß.

a. Aufruf zur Sammlung für Jerusalem (16,1-4).

b. Reisepläne des Apostels (16,5-9).

c. Grüße und Wünsche (16,10-20).

d. Liturgisch geformter Briefschluß (16,21-24).

2. Korintherbrief.

a. Briefeingang mit Segenswunsch (1,1f).

b. Lob des Erbarmens Gottes: Er hat den Apostel aus Todesnot gerettet (1,3-11).

1. Paulus verteidigt sich gegen Vorwürfe (1,12-2,11).

a. Der Apostel ist nicht unwahrhaftig oder unlauter (1,12-14).

b. Nicht leichtfertig, sondern um die Korinther zu schonen, hat er seine Pläne geändert (1,15-2,1).

c. Aus großer innerer Not heraus hat er einen Brief unter Tränen an die Gemeinde geschrieben (2,2-4).

d. Paulus bittet darum, den Anlaß dieser Not als erledigt anzusehen (2,5-11).

2. Vom Dienst des Apostels Christi (2,12-6,10).

a. Die Verkündigung des Evangeliums gleicht einem Siegeszug (2,12-17).

b. Ein Beispiel dafür ist auch die Gemeinde in Korinth, weil man an ihr das Wirken des Christusgeistes erkennen kann (3,1-3).

c. Durch die Verkündigung der Apostel schafft Gott Gerechtigkeit und Leben dort, wo das Gesetz des Alten Bundes Tod wirkte (3,4-18).

d. Die Apostel verkündigen den Gekreuzigten und sind Zeugen der Herrlichkeit Gottes im Angesicht des Christus (4,1-6).

e. In den Leiden der Apostel wird Christi Tod für die Gemeinde erkennbar, im überwindenden Glauben aber sein Leben (4,7-18).

f. Der Glaube weiß, daß wir jetzt noch wie in der Fremde leben müssen, daß aber die Heimat, auf die wir warten, bereitet ist (5,1-10).

g. Was die Apostel Christi tun und leiden, hat einen Grund: die Liebe Christi (5,11-15).

h. So sind sie »Botschafter an Christi Statt« und rufen in seinem Namen zur Versöhnung (5,16-21).

i. Gott hat sie in Tun und Leiden zu Mitarbeitern gemacht, damit niemand die Gnade Gottes versäume (6,1-10).

3. Mahnung und Klärung (6,11-7,16).

a. Herzliche Anrede an die Korinther (6,11-13).

b. Mahnung: Nicht gemeinsame Sache mit dem Unglauben machen! (6,14-7,1)

c. Liebe und Zutrauen des Apostels zur Gemeinde in Korinth und die guten Nachrichten durch Titus (7,2-7).

d. Danach hat Paulus die Gemeinde in Traurigkeit versetzt durch seinen früheren Brief, aber diese hat nun Umkehr und Trost bewirkt (7,8-16).

4. Die Sammlung für die Heiligen in Jerusalem (8,1-9,15).

a. Das Beispiel der Gemeinden in Mazedonien (8,1-6); der Sinn der Sammlung: vom eigenen Reichtum an Gottes Gaben denen helfen, die Not leiden (8,7-15); Titus und ein weiterer Bruder sollen die Sammlung vollenden (8,16-24).

b. Paulus ist gewiß, die Korinther werden mit gutem Willen eine reichliche Gabe bereithalten (9,1-5); denn Gott verheißt ja reichen Segen denen, die gern geben (9,6-15).

5. Die Person des Apostels und sein Dienst (10,1-12,13).

a. Führt Paulus wirklich sein Leben in der Weise des Fleisches (10,1-6)?

b. Nein, aber die Korinther urteilen nach dem Augenschein (10,7-18).

c. So nötigen sie Paulus, sich selbst einmal zu rühmen: Er eifert um die Gemeinde mit dem Eifer Gottes (11,1-4); braucht den Vergleich mit den Überaposteln nicht zu fürchten, im Gegenteil (11,5-15); rühmt sich nun – der Blindheit der Gemeinde wegen – auch seiner Leiden in Verfolgungen um des Evangeliums willen (11,16-33); schließlich rühmt er sich auch der Offenbarungen, die ihm Christus gewährt hat: Das Wort des Erhöhten macht allen Ruhm zunichte außer den Ruhm der Gnade (12,1-10); Abschluß dieses Rühmens (12,11-13).

6. Briefschluß (12,14-13,13).

a. Paulus ist bereit, wieder nach Korinth zu kommen; doch soll jeder zusehen, daß dieses Wiedersehen nicht neuen Kummer bringt (12,14-13,4).

b. Die Gemeindeglieder sollen prüfen, ob sie im Glauben stehen; Paulus wird es bei seinem Kommen an der Vollmacht nicht fehlen lassen, die der Herr ihm gegeben hat (13,5-10).

c. Schlußmahnung und Gruß; Segenswunsch (13,11-13).

II. DIE ERSTE CHRISTENGEMEINDE IN KORINTH.

1. Die Umwelt.

Das glanzvolle alte *Korinth war 146 v.Chr. von den Römern zerstört worden. Erst Caesar ließ die Stadt als röm. Kolonie wieder neu aufbauen. Die günstige Lage an zwei Meeren – im W der Hafen Lechäon, im O der Hafen *Kenchreä – ließ die Stadt rasch aufblühen und zu überregionaler Bedeutung aufsteigen. Im Jahr 27 v.Chr. wurde Korinth Sitz des Prokonsuls der senatorischen Provinz *Achaja. Ein Bild vom Leben und Treiben in dieser Stadt geben die Nachrichten einiger antiker Schriftsteller und die Ausgrabungen, die den Besucher die Ausmaße der röm. Stadt mit Markt, Hallen und Bädern klar erkennen lassen. Die Bevölkerung war buntgemischt; neben Römern und Griechen lebten Orientalen und besonders Juden dort, wie Apg 18,2ff erzählt. Die Einwohner der Stadt verbindet hellen. Lebensart: der Wettstreit, immer der erste sein zu wollen, und die Lust an der Lebensklugheit machen dem Apostel gerade hier zu schaffen (1Kor 12; 14; 1-4).

2. Die Anfänge der Gemeinde.

Von *Athen kommt Paulus im Spätherbst 49 n.Chr. nach Korinth. Er trifft dort *Aquila und Priszilla und findet bei ihnen Arbeit und Unterkunft (Apg 18,1-3). Zunächst wirkt er nur an den Sabbaten in der Synagoge und gewinnt Juden und Griechen für den Glauben. Als *Silas und *Timotheus ihm Geldgaben aus Mazedonien bringen, widmet er sich ausschließlich der Verkündigung (Apg 18,5). Es kommt zum Bruch mit der Synagogengemeinde; im Haus des Titius Justus findet Paulus eine neue Wirkungsstätte. Die Gemeinde wächst. Eineinhalb Jahre kann er ungestört wirken. Ein Tumult, hervorgerufen durch die Judenschaft, macht dem ein Ende: Man zerrt Paulus vor den neuen Prokonsul *Gallio und verklagt ihn als Staatsfeind (Frühsommer 51 n.Chr.; Apg 18,12). Der erklärt die Sache für einen innerjüd. Streit und weist die Klage damit ab. Aber Paulus verläßt mit Aquila und Priszilla Korinth und reist nach *Ephesus (Apg 18,12ff). Nach seinem Fortgang kommt Apollos, ein Judenchrist aus Alexandria, geistbegabt und redegewandt, in die Stadt und setzt die Arbeit in Korinth fort (Apg 18,24-19,1). Während dessen Wirksamkeit wächst die Gemeinde weiter (1Kor 1,4-9). Als Paulus den 1Kor schreibt – im Frühjahr 54 (?) oder 55 (?) n.Chr. in Ephesus –, ist auch Apollos nicht mehr in Korinth (1Kor 16,8.12). Mündliche Nachrichten aus Korinth und schriftliche Anfragen der Gemeinden veranlassen Paulus, den 1Kor zu schreiben. Leute aus dem Hause der *Chloë berichten ihm über Gruppenbildungen, die er für schlimm ansieht. Schriftlich fragt man nach einer christl. Lebensführung in der Ehe (1Kor 7,1). Paulus wurde mit Fragen betreffend den vom heidnischen Kult geprägten Alltag (1Kor 8,1) und im Blick auf die *Gaben des Geistes (1Kor 12,1) konfrontiert. Den 2Kor schrieb Paulus vermutlich im Frühherbst des Jahres 55 n.Chr. von Mazedonien aus (vgl. 2Kor 12,2f und Apg 20,13). Zwischen diesen beiden Briefen liegen für den Apostel und die Gemeinde notvolle Ereignisse: Die Sendung des Timotheus (vgl. 1Kor 4,17; 16,10) hat keinen großen Erfolg gehabt. Timotheus scheint dem Apostel schlechte Nachrichten über den zunehmenden Vertrauensverfall zwischen der Gemeinde und dem Apostel mitgebracht zu haben. Danach ist Paulus wohl bald von Ephesus nach Korinth gereist. Doch diesen Besuch muß er nach kurzer Zeit enttäuscht abbrechen. Ein Teil der Gemeinde versagt ihm den Gehorsam und die Anerkennung (vgl. 2Kor 10,1.10). Paulus reist ab und schreibt den (nicht mehr erhaltenen) »Tränenbrief« (vgl. 2Kor 2,4; 7,8ff). Besonders ein Vorfall in der Gemeinde, der auch den Apostel persönlich tief verleumdete, wird darin angesprochen und die schonungslose Bestrafung des Schuldigen gefordert (vgl. 2Kor 2,5ff; 7,11f). Überbringer dieses Briefes war *Titus (vgl. 2Kor 2,13; 7,6; 7,13ff). Paulus wartet auf die Nachrichten, die Titus bringt und reist diesem nach *Troas (vgl. 2Kor 2,13) entgegen. Als er ihn dort nicht trifft, bricht er eine hoffnungsvolle Evangelisation ab (vgl. 2Kor 2,13) und reist weiter nach Mazedonien. Dort trifft er Titus, der gute Nachrichten bringt (vgl. 2Kor 7,6f).

Die Gemeinde in Korinth hat den Schuldigen bestraft (vgl. 2Kor 2,5ff) und ist, wenigstens zum großen Teil, wieder bereit zur vollen Gemeinschaft mit ihrem Apostel (vgl. 2Kor 7,4; 7,7). Noch aber gibt es Widersacher gegen ihn in Korinth (vgl. 2Kor 10,2; 11,5; 11,13ff; 12,11; 12,21; 13,2). Gegen sie will der Apostel nun mit ganzer Strenge vorgehen, um die Gemeinde wieder zu reinigen und tüchtig zu machen. Zur Vorbereitung seines Besuches und der Durchführung der Geldsammlung für Jerusalem sendet er noch einmal Titus mit zwei Brüdern nach Korinth, die auch diesen Brief überbringen (vgl. 2Kor 8,6; 8,16f; 22ff).

Daß es sich beim zweiten Korintherbrief um *einen* Brief handelt, wird von vielen Auslegern bestritten, denn Paulus hat mehr Briefe an die Korinther geschrieben, als uns erhalten sind.

a. 1Kor 5,9-13 spricht von einem Brief, der davor warnt, mit Leuten Gemeinschaft zu halten, die in groben Sünden leben (Brief »A«). Weil er mißverstanden worden war, verdeutlicht Paulus, daß er christl. Brüder gemeint hatte. Einige Ausleger nehmen an, dieser Brief sei in 2Kor 6,14-7,1 teilweise erhalten.

b. 2Kor 2,3f; 7,8 reden von einem »Schmerzensbrief«, der nicht mit 1Kor identisch sein kann (wegen Inhalt und Ton) und dem 2Kor vorhergehen muß (Brief »C«). Manche Ausleger vermuten, daß der Hauptteil dieses Briefes in 2Kor 10-13 enthalten ist.

Aus diesen Angaben folgt, daß Paulus vier Briefe an die Korinther geschrieben hat, unser 1Kor ist Brief »B«, 2Kor Brief »D«.

Einige Ausleger nehmen außerdem an, daß 2Kor 2,14-7,14 Teil eines weiteren Briefes ist, der vor dem »Schmerzensbrief« geschrieben war, weil Paulus hier überzeugt ist, mit seinen Worten Zustimmung zu finden und das vertraute Verhältnis zur Gemeinde wiederzugewinnen (2Kor 6,11f; 7,4). Davon wieder höbe sich ein »Versöhnungsbrief« ab, dem 2Kor 1,1-2,13; 7,5-16 angehören müßten, wahrscheinlich auch 2Kor 8 mit der Sendung des Titus nach Korinth (so Bornkamm). Der 2Kor bietet sich diesen Auslegern als eine Sammlung von Brieffragmenten an. Zwei Hinweise stützen ihre Annahme: Bei den *Apostolischen Vätern an der Wende des 1. zum 2. Jh. (1Clem, Ignatius, Polykarp) wird der 1Kor reichlich, der 2Kor nicht zitiert. Außerdem entspricht es urchristl. Brauch, Warnungen vor Irrlehrern an den Schluß zu setzen, weil ihr Auftreten zu den Zeichen der Endzeit gehört.

Diese Aufteilungen des 2Kor bleiben Hypothesen. Ihnen steht der Befund der Handschriften entgegen, die uns den Brief so bieten, wie er jetzt von Kap. 1 bis Kap. 13 vor uns liegt. Teile des Briefes, die später eingeschoben und zugesetzt wurden, lassen sich nicht erkennen. Titus ist in 2Kor 2,13; 7,6; 7,13.14; 8,6.16.23 und 12,18 eingeführt, ohne daß deutlich gemacht werden kann, daß hier große zeitliche Abstände vorliegen.

Mit dem Hinweis auf die Änderung des Tones von Kap. 10-13 zu den vorhergehenden Kap. wird die Einheitlichkeit des 2Kor in Frage gestellt. Kap. 10-13 könnten unmöglich nach den freudigen Sätzen in Kap. 7 geschrieben worden sein. Aber die Kap. 10ff setzen deutlich voraus, daß der Friede zwischen der Gemeinde und Paulus wiederhergestellt ist. Ab Kap. 10 sind hauptsächlich die erbitterten Widersacher des Apostels angeredet. Ihnen begegnet er in schroffem Ernst. Ein anderer Hinweis, daß bei Paulus ein solcher Wechsel des Tons innerhalb eines Briefes möglich ist, findet sich in der Veränderung von Röm 9,1 gegenüber Röm 8,38f.

III. DIE SCHWIERIGKEITEN IN KORINTH – HINTERGRÜNDE UND ZUSAMMENHÄNGE.

1. Im **1Kor** geht es vor allem um die Auferbauung der Gemeinde als Leib Christi.

Paulus sieht sie in Gefahr durch die »Spaltungen« (1,10; 11,18); weiter durch die Meinung, »daß wir alle die Erkenntnis haben« (8,1); daß man übersieht, daß sich »der Geist zum Nutzen aller« offenbart (12,7), und daß man Christus nicht einmütig bekennt (1,10). Diesen Mißständen will er durch seinen Brief wehren.

a. Gegen allen Selbstruhm des Menschen und besonders jeden Versuch, die persönlichen Begabungen eines der »Mitarbeiter Gottes« gegen Mängel oder Schwächen eines anderen unter ihnen auszuspielen und so den einen zu verachten und den anderen im Überschwang zur Leitfigur zu erheben, der man sich zugehörig weiß, setzt Paulus »das Wort vom Kreuz« (1,18-4,21).

b. Zeigt sich in solcher Begeisterung für die persönlichen Vorzüge eines Menschen bereits eine Art von Schwärmerei, so auch in der mangelnden Klarheit, wie man mit bösem Frevel umgeht (5,1-5), ob man sein Recht gegen den Bruder vor heidnischem Gericht erstreiten soll (6,1-8), und in der Losung: »Alles ist mir erlaubt« (6,12). Christen vergessen, daß sie nicht sich gehören, sondern »teuer erkauft« sind (6,20)!

c. Wie blind eine Erkenntnis ist, die den Bruder übersieht, macht Paulus, die überheblichen Korinther beschämend, einsichtig. Sie fassen Freiheit ichbezogen auf, verletzen so die Liebe und richten trotz »richtiger« Erkenntnis den Bruder zugrunde (6,8). Daß der Kern christlicher Freiheit Liebe ist, dafür gibt

Paulus selbst das Beispiel (6,9). Die Losung: »Alles ist erlaubt« wird ergänzt: »Niemand suche das Seine, sondern was dem andern dient« (10,23f).

d. Auch die Gaben des Geistes, die in Korinth reichlich geschenkt sind, werden mißbraucht, wenn sie nicht als Aufgabe am Bruder und damit als Mittel zur Auferbauung der Gemeinde erkannt werden. Schwärmerei setzt sich darüber hinweg, besonders wenn man meint, man sei schon satt und reich und herrsche im Gottesreich (12-14; vgl. 4,8).

e. Gegen die Auffassung, man lebe jetzt schon dank der reichen Begabungen im Leben der Auferstehung und habe nicht mehr auf die Auferweckung der Toten zu warten, beruft sich Paulus auf das eine Evangelium, das alle Apostel einmütig verkündigen (15,1-11). Auch damit bekämpft er jene Schwärmerei, die sich in unterschiedlicher Gestalt meldet, aber Glauben, Liebe und Hoffnung nicht wirklich erfaßt hat.

Die Schwärmerei gibt Askese und Libertinismus Raum. Die Gründe für beides können aus dem Streben nach höherer Erkenntnis oder aus dualistisch geprägter Leibverachtung kommen: Darin zeigt sich die besondere Gefahr, die dem Evangelium aus hellen. Lebensverständnis erwächst.

Daß man hier mit einer Frühform der später vertrauten *Gnosis zu rechnen hat, ist recht unwahrscheinlich. Alles, was Paulus sagt, läßt sich ohne diese Annahme hinreichend verstehen. Er spricht so konkret und typisch zugleich, daß gleiches Lebensverständnis heute unmittelbar getroffen wird.

2. Im **2Kor** geht es – sieht man von den Kap. 8 und 9 ab – um den Dienst des Apostels. Paulus legt grundsätzlich dar, welcher Art dieser Dienst ist (2,12-6,10), und verteidigt sich gegen Angriffe auf seine Person (10-12).

a. »Botschafter an Christi Statt«, so lautet die wichtigste Auskunft (5,20). Der Herr selbst bittet durch seinen Abgesandten: »Laßt euch versöhnen mit Gott!« Gerade im leidenden, bedrängten und verfolgten Apostel soll daher der Herr selbst gesucht und erkannt werden (4,7ff). Die Gemeinden, die durch seinen Dienst entstehen, sind ein Brief Christi und empfehlen das Evangelium jedermann als das Wort des Lebens und der Zuversicht zu Gott (3).

b. »Laß dir an meiner Gnade genügen; denn meine Kraft ist in den Schwachen mächtig«, hat der Herr seinem Apostel, Paulus, gesagt (12,9). Er ist zum Beispiel für die Gnade Gottes geworden. Damit verteidigt er sich gegenüber allen, denen diese Gnade nicht ein und alles ist.

Erwartet man von Paulus, daß er mit Begabungen und Fähigkeiten glänzt, hält man ihm vor, daß andere sich vor ihm durch Abkunft aus dem Judentum und Eifer für die Ausbreitung des Glaubens auszeichnen, so entgegnet er allein mit dem Hinweis auf das Evangelium, obwohl er – auch an jenen Maßstäben gemessen – besser bestehen kann als seine Gegner.

Die Gegner, die Paulus gelegentlich »Überapostel«, aber auch »falsche Apostel« nennt, kommen sicher aus der Judenchristenheit (11,5.13). Ob sie mit denen zusammenhängen, die in den Gemeinden Galatiens Unruhe stifteten, läßt sich nicht klar erkennen: ihr Angriff richtet sich hier gegen Paulus und seinen apostol. Dienst; dort wird außerdem die Forderung nach Beschneidung erhoben, wovon bei Paulus nichts gesagt ist. Wie die Briefe des Apostels in Korinth aufgenommen worden sind, und ob sich das Verhältnis der Gemeinde zu ihm so gestaltet hat, wie er es hoffte, wissen wir nicht. Denn auch die Angaben über Besuche in Korinth geben uns keine hinreichende Klarheit: 1Kor 16,10 wird Timotheus' Besuch angekündigt; Paulus selbst spricht 2Kor 1,23 und 2,1 von einem eigenen Besuch, der von Kummer gekennzeichnet war; und was hat Titus ausrichten können, als Paulus ihn in Mazedonien wiedersah (2Kor 2,13; 7,5)? Ist es ihm gelungen, die Anschuldigungen, die ein Ungenannter gegen Paulus erhoben hatte, wirkungsvoll zu widerlegen (2Kor 2,5ff)? Oder hat er die Spaltungen in der Gemeinde überwinden können (2Kor 10-12)?

IV. AUSLEGUNGSGESCHICHTE.

Ethisch-praktische Gesichtspunkte haben die Auslegung der Korintherbriefe von der Zeit der Frühen Kirche an bestimmt (Chrysostomus; Cyrill; Ambrosiaster). Die Reformatoren richteten die Aufmerksamkeit auf die Seelsorge, mit der Paulus seine Gemeinde leitete (Calvin; Melanchthon). Historisch-kritische Arbeit fand besonders in diesen Briefen das Material, durch Tendenzkritik ein neues Bild von den Strömungen in der frühen Christenheit zu zeichnen (F.C. Baur): Wie aus dem Gegensatz von juden- und heidenchristl. Verständnis des Evangeliums die Kirche der kommenden Jahrhunderte wuchs. Nach zahlreichen Untersuchungen zu Einzelfragen hat sich in jüngster Zeit Besonnenheit bei der Beurteilung umstrittener Fragen durchgesetzt und so den Weg zu nüchterner Auslegung eröffnet, bei der das Wort des Apostels sich heute kräftig erweist.

Literatur: W. de Boor: Der erste Brief des Paulus an die Korinther, [8]1984; ders.: Der zweite Brief des Paulus an die Korinther, [6]1985; E. Fascher: Der erste

Brief des Paulus an die Korinther, ThHK VII, 1., 1980; H. Krimmer: Erster Korintherbrief, 1985; ders.: Zweiter Korintherbrief, 1987; A. Schlatter: Die Korintherbriefe, (NA) 1983; ders.: Paulus der Bote Jesu, (1934) 1956; H.D. Wendland: Die Briefe an die Korinther, NTD 7, 15 1980; G. Bornkamm: Paulus, 4 1979; ders.: Die Vorgeschichte des sog. zweiten Korintherbriefes, in: Gesammelte Aufsätze, Bd. IV, 1971, S.162-194; D. Georgi: Die Gegner des Paulus im 2. Korintherbrief, WMANT11, 1964; W. Schmithals: Die Gnosis in Korinth, FRLANT 66, 1965.

H.G./Red.

KORN s. Ackerbau, Nahrungsmittel

KORNELIUS. Röm. Zenturio in *Cäsarea Maritima; der erste namentlich bekannte röm. *Heide, der Christ wurde (Apg 10,1-11,18).

Seit Publius Cornelius Sulla 82 v.Chr. 10 000 Sklaven entlassen und in seine *gens Cornelia* aufgenommen hatte, war C/Kornelius ein gebräuchliches *nomen gentile* (zum röm. Namenssystem vgl. *Pudens). In welcher Weise der ntl. K., von dem weitere Namen nicht überliefert sind, zu diesem größten röm. Patriziergeschlecht gehörte, welchem Zweig er zuzurechnen ist (Scipio, Sulla, Lentulus, Nepos o.a.; auch der Historiker Tacitus war ein Cornelius), ist ungeklärt. Als Zenturio (im griech. Text Apg 10,1: *hekatontarchēs*; vgl. Lk 7,2; 23,47; Apg 27,1; anderswo, z.B. Mt 8,5; 27,5 auch *hekatontarchos*; Mk 15,39: *kentyriōn*) war er »Kompaniechef« einer Hundertschaft (die meist nur aus achtzig Mann bestand). Eine *Legion hatte bis in die Zeit des NT sechzig, später neunundfünfzig Zenturionen, ranghöchster war der *primipilus*. Sechs, mitunter zehn Zenturien bildeten eine Kohorte; die Zenturie des K. gehörte zur Italischen Kohorte, einer Auxiliarkohorte, die möglicherweise als *Cohors II Italica Civium Romanorum* durch eine Inschrift aus neronischer Zeit für das benachbarte Syrien bezeugt ist (H. Dessau, Inscriptiones Latinae Selectae, Nr. 9168; »Proculus Rabili f. Col. Philadel. mil. optio coh. II Italic. c. R. Fa[us]tini ex vexil. sagit. exer. Syriaci stip. VII vixit an. XXVI Apuleius frater f.c.«).

Interessant ist hier auch, daß der *optio* Proculus, Sohn des Rabilus (Rabbel, nabatäischer Eigenname; *Nabatäa/Nabatäer), ursprünglich in Philadelphia (*Rabba) ansässig war (vgl. aber auch die Inschriften CIL VI 3528 und CIl XI 6117). Ort und Datum dieser Bezeugung haben gelegentlich zur Bezweiflung der historischen Authentizität der K.-Episode geführt (jüngst wieder bei G. Lüdemann). Gleichwohl ist wahrscheinlich, daß gerade diese Kohorte häufig verlegt wurde (die Inschrift wurde in Österreich gefunden, in Carnuntum bei Petronell; vgl. darüber hinaus auch M. Hengel; Jos.ant.Jud. 19, 364-66); auch gibt es keine inneren Anhaltspunkte für eine Unwahrscheinlichkeit des lukanischen Berichts: abgesehen davon, daß die datierte Inschrift die frühere Existenz der Kohorte keineswegs ausschließen darf, hat sich gezeigt, daß in *Judäa z.Zt. des K. Auxiliarkohorten (keine ganzen Legionen) fest stationiert waren. Da nach der Chronologie der Ereignisse des NT die K.-Episode vor 41/42 n.Chr. liegen dürfte (d.h. einige Zeit vor der Gefangenschaft des Petrus in Jerusalem unter *Herodes Agrippa I., Apg 12,1-3), erübrigt sich auch der einschränkende Hinweis darauf, daß während Agrippas Herrschaft über Judäa (41-44 n.Chr.) dort keine röm. Einheiten stationiert gewesen sein sollen (E. Haenchen). Zu erwägen bliebe auch gegen Haenchen, ob unter den fünf Kohorten, die Josephus neben der aus Caesarea und Sebaste rekrutierten und in Caesarea stationierten Schwadron eigens erwähnt (Jos. ant. Jud. 19, 365), nicht doch auch die Italische gewesen sein könnte; so stünde selbst eine hypothetische Datierung der K.-Episode auf die Herrschaft des Herodes Agrippa I. über Judäa, die er ohnehin mit seiner Rückkehr aus Rom erst im Frühjahr 41 antrat (vgl. Jos. ant. Jud. 19,292), nicht im Gegensatz zu den lukanischen Angaben. Wie jeder Zenturio trug K. einen Rebstock (*vitis*) und einen quergestellten Helmbusch (*crista transversa*) sowie Beinschienen (*ocreae*) und einen Goldring (*anulus aureus*) als Zeichen seines Ranges bzw. seiner Disziplinargewalt. Nach Tacitus (hist. 2,89,2) war ranghohen Zenturionen außerdem gestattet, bei Paraden in weißem Gewand (*candida vestis*) zu erscheinen, wodurch sie Offizieren aus dem Ritterstand gleichgestellt waren (ansonsten stand ihnen als Umhang das purpurfarbene *paludamentum* zu). K. genoß in Caesarea, dem Sitz der röm. Verwaltung von Judäa, offenbar hohes Ansehen auch unter der jüd. Bevölkerung (Apg 10, 22). Lukas beschreibt ihn als *»fromm und *gottesfürchtig« (*eusebēs kai phoboumenos ton theon*, Apg 10,2) und bezeichnet ihn damit als einen Heiden, der von den Juden akzeptiert wurde, da er sich an jüd. Gepflogenheiten hielt (Verehrung nur eines *Gottes, in Grenzen auch Synagogenbesuch, *Sabbat-Beachtung, Einhaltung der Speisegebote (s. *Ernährung), Verzicht auf Bilder- und Statuenverehrung; Apg 10,2: *Gebet zu Gott und *Almosengeben), auch wenn er noch kein beschnittener *Proselyt war (vgl. Apg 11,3). So gab es denn auch keine volle Gemeinschaft zwischen K. und den Juden Cäsareas; die rel. Skepsis, die in *Palästina den

*Gottesfürchtigen trotz allem entgegengebracht wurde, schlägt sich auch in der Reaktion der *judenchristl. Gemeinde in *Jerusalem auf den Bericht des *Petrus nach vollzogener Konversion (s. *Bekehrung) des K. zum christl. *Glauben nieder (Apg 11,2f; s.a. 10.28.45). I.H. Marshall vermutet daher, daß K. schon vor seiner Stationierung in Cäsarea in der liberaleren *Diaspora zum »Gottesfürchtigen« geworden war. Daß die Hinwendung zu jüd. Glaubensformen in *Rom fast zur Mode werden konnte, ironisiert der röm. Satiriker Juvenal (ca. 58 bis ca. 128 n.Chr.) in seinen *Saturae* (14,96-106).

Da K. mit seinem ganzen Haushalt und Freunden Christ wurde (Apg 10,24.27; 44-48; 11,15-17), dürften wir es hier mit dem Entstehen der ersten *heidenchristl. *Hauskirche zu tun haben.

Literatur: A. Bludau: Die Militärverhältnisse in Caesarea im neutestamentlichen Zeitalter, ThPM 17, 1906, 136-43; F.F. Bruce: Chronological Questions in the Acts of the Apostles, BJRL 68/2, 1986, 273-95; E. Haenchen: Die Apostelgeschichte, [16]1977; M. Hengel: Der Historiker Lukas und die Geographie Palästinas in der Apostelgeschichte, ZDPV 99, 1983, 147-83; M. Junkelmann: Die Legionen des Augustus. Der römische Soldat im archäologischen Experiment, 1986; F. Lundgreen: Das palästinische Heerwesen in der neutestamentlichen Zeit, PJ 17, 1921, 46-63; G. Lüdemann: Das frühe Christentum nach den Traditionen der Apostelgeschichte. Ein Kommentar, 1987; I.H. Marshall: The Acts of the Apostles, 1980; J.A. Overmann: The God-Fearers: Some Neglected Features, JSNT 32/1988, 17–26; A.N. Sherwin-White: Roman Society and Roman Law in the New Testament, 1963; C. Schneider: Der Hauptmann am Kreuz, ZNW 33, 1934, 1-17; C.P. Thiede: Simon Peter – From Galilee to Rome, [2]1988, 140-48. C.P.Th.

KORNHAUS, KORNSTADT. Bezeichnung für einen Getreidespeicher oder Behälter für Lebensmittelvorräte (Jer 50,26; Joel 1,17); von 2 – 3 m Durchmesser, der sich nach oben verjüngte und an seiner Spitze eine Öffnung zum Einfüllen besaß. Für das Kornhaus des Tempels steht auch die allgemeinere Bezeichnung Vorratshaus (1Chr 26,15.17; Mal 3,10). Die staatlichen Kornmagazine des Pharao in Ägypten (1Mo 41,35.56), das Lagern von Getreidevorräten und die Buchführung darüber, die zu den Aufgaben der »Aufseher über die Kornhäuser« zählte, sind aus Wandmalereien, Grabmodellen und Inschriften gut bekannt.

Aus verwaltungstechnischen und militärischen Gründen wählte man gern bestimmte Städte zur Errichtung von größeren Magazinen. Die Israeliten mußten dem Pharao die Städte *Pitom und *Ramses zu Vorratsstädten ausbauen, als Stützpunkte für die Feldzüge und die ägypt. Herrschaft in Syrien und Palästina (2Mo 1,11). Ebenso errichtete Salomo beim Ausbau seines Reiches Städte mit Kornspeichern (1Kön 9,19; Chr 8,4.6). Solche Distriktshauptstädte mit Magazinen für Korn und andere Naturalabgaben waren außer den hier genannten nach den Ausgrabungen auch *Lachisch und *Bet-Schemesch. In der Kasemattenbauweise (vgl. *Festungsbau und Belagerungstechnik) der Stadtmauern von *Debir, Bet-Schemesch, *Geser, Tell Qasile (nördl. von Jafo) und *Hazor hat man ebenfalls einen Hinweis darauf gesehen, daß es sich hier um Vorratsstädte handelt. Die Abteilungen innerhalb der Mauer sind z.T. erst später mit Schutt aufgefüllt worden, ursprünglich wurden sie als Vorratsräume benutzt. Rehabeam (2Chr 11,11) und später Joschafat (2Chr 17,12) und Hiskia (2Chr 32, 28f) setzten diese Politik fort. Auch aus Israel hören wir von solchen Kornstädten (2Chr 16,4).

KORNMASS s. Maße und Gewichte

KOSEBA s. Achsib

KOSMETIK UND PARFÜM.

I. EINLEITUNG.

1. Definition.

Unter Kosmetika wird hier die ganze Palette der Zubereitungen aus pulverisierten Mineralien, pflanzlichen Ölen und Extrakten sowie Tierfetten verstanden, die seit Urzeiten zur Erhaltung, Verschönerung oder Wiederherstellung der äußeren Erscheinung (»optische Kosmetika«) oder zur Erzeugung angenehmer Düfte (»duftende Kosmetika«) gebraucht wurden.

2. Kosmetikgefäße und -hilfsmittel.

Die Bibel sagt wenig über die Dosen, Phiolen, Flaschen, Löffel und anderen Kosmetikutensilien, die aus der Archäologie bekannt sind. Neben den »Riechfläschchen« aus Jes 3,20 (die Übersetzung ist nicht gesichert) wird nur noch die Flasche mit kostbarem Salb- oder Parfümöl erwähnt, mit dem die Sünderin Jesu Haupt salbte (Lk 7,37; vgl. Mt 26,7; Mk 14,3). Aber in den ausgegrabenen israelit. Städten sind viele kleine, gemusterte Kosmetikschälchen aus Stein zutage getreten. In den meisten Perioden dienten kleine Keramikkännchen oder -flaschen wohl als Parfümbehälter. Aus Lachisch stammt eine prächtige Salbölflasche aus Elfenbein (14./13. Jh. v.Chr.). Die vornehmen ägypt. Frauen bevorzugten kunstvolle Kosmetiklöffel oder -schalen aus Elfenbein in der Form von Lotosblüten, Schwimmerinnen, Enten usw. Diese Geräte

Wandbemalung im Grabe des User-Het mit einem ägyptischen Friseur, der das Haar eines Rekruten Amenhoteps II. (1447–1421 v.Chr.) richtet. (PAC)

wurden manchmal auch in Palästina verwendet. Für die Augenkosmetik gab es viele kleine Dosen und Röhren; die Farbe trug man mit einem Stäbchen oder Spachtel (*spatula*) aus Elfenbein, Knochen oder Bronze auf. In Ägypten fand sich eine große Zahl solcher Gefäße und spatulae. (* Spiegel)

3. Körperpflege.

Im gesamten bibl. Orient war die Anwendung von Salböl, um die von der Sonne ausgetrocknete Haut zu pflegen, fast ebenso wichtig wie Essen und Trinken. Der Gebrauch von Salböl war allgemein üblich, außer in der Trauerzeit (5Mo 28,40; Rut 3,3; 2Sam 12,20; vgl. Mt 6,17). Ein sicher ungewöhnlicher Vorfall ist das Kleiden, Speisen und Salben der aus Kriegsgefangenschaft entlassenen Judäer z.Zt. des Königs Ahas (um 730 v.Chr.), wie es 2Chr 28,15 beschreibt. Wer zum Luxus neigte, benutzte teure Öle (Am 6,6), nach Spr 21,17 ein sicherer Weg, sein Geld loszuwerden.

Außerbibl. Quellen bestätigen das bibl. Bild. Im ramessidischen Ägypten (13. Jh. v.Chr.) erwähnt ein Papyrus 600 Hin »Salböl« für eine Gruppe Arbeiter; anderen Arbeitern wurde »Öl, sich zu salben, dreimal im Monat« bzw. »ihre Kornration und ihr Salböl« zugeteilt (siehe R.A. Caminos, Late Egyptian Miscellanies, 1954, S. 307f.312.470). Derselben Situation begegnet man spätestens seit dem 18. Jh. v.Chr. in Mesopotamien. Die orientalischen Kosmetika dienten, das ist noch einmal zu betonen, ebensosehr der Körper- wie der Schönheitspflege. (s. die Öl-Austeilungs-Texte von Mari, J. Bottéro, Archives Royales de Mari, 7, Texte 5-85).

II. PARFÜMEURE UND PARFÜMHERSTELLUNG.

In 1Sam 8,13 beschreibt Samuel einen typischen König, »wie ihn alle Heiden haben«, der die Dienste von Parfümeuren, Köchen und Bäckern in Anspruch nimmt. Drei Aspekte dieser Textstelle finden in außerbibl. Quellen eine nähere Erläuterung: die Existenz von Palastparfümerien, die Verbindung von Parfümherstellung und Kochen und der hebr. Grundbegriff *rqch.*

1. Königliche Parfümerien.

Der große Palast in Mari am mittleren Euphrat (18. Jh. v.Chr.) hatte eine eigene Parfümerie, das bīt-raqqi, das große Mengen verschiedener Salben für die Würdenträger und Soldaten des Königs sowie die Parfüme für die Körperpflege, Rituale, Festtage und königlichen Festessen lieferte. Siehe J. Bottéro, Archives Royales de Mari, 7, 1957, Textes économiques et Administratifs, S. 3-27 (Texte 5-85), 176-183 (die verschiedenen Öle), 183-184 (große Mengen), 274, n2, und S. 360 (bīt-raqqi).

2. Herstellungsmethoden.

Die gemeinsame Nennung von Parfümeuren,

Köchen und Bäckern in 1Sam 8,13 entspricht den damaligen Herstellungsmethoden. Die Arbeitsweise des Parfümeurs ähnelte stark der des Kochs. Das Parfüm von Blumen und anderen pflanzlichen Aromaträgern konnte auf drei verschiedene Arten gewonnen und haltbar gemacht werden. a. die Enfleurage: Einlegen der Blüten in Fett unter wiederholter Erneuerung der Pflanzenteile. b. die Mazeration: Eintauchen der Blüten usw. in heißes Fett oder Öl bei 65°C. Dies war die verbreitetste und dem Kochen ähnlichste Art. c. das Auspressen: Ausquetschen der duftenden Säfte durch Pressen der Blüten usw. in einem Beutel. Öl aus Myrrhe und anderen Gummi-Harzen gewann man durch Erhitzen in einem fettartigen »Fixier«-Öl oder -Fett (mit Wasser, um Aromaverflüchtigung zu vermeiden); die Duftstoffe der Myrrhe oder anderer Harze gingen dabei in das Öl bzw. Fett über, das schließlich als flüssiges Parfüm abgeschöpft werden konnte. (Zu diesem Prozeß s. R.J. Forbes, Studies in Ancient Technology, 3, 1955, S. 9-10 und Anm. sowie A. Lucas, JEA 23, 1937, S. 29-30,32-33). Die nordkanaan. Texte aus Ugarit erwähnen »Öl des Parfümeurs« (*schmn rqch*; s. Gordon, Ugaritic Literature, 1949, S. 130) und enthalten Angaben wie »10 Log Öl«, »3 Log Parfüm« (*tlt lg rqch*; s. Gordon, Ugaritic Textbook, 3, 1965, S. 427, Nr. 1354 - 14./13. Jh. v.Chr.; dieselbe Maßeinheit (Log) wird in 3Mo 14,10.12.15.21.24 verwendet, LÜ: Becher; s. *Maße und Gewichte).

Diese dem Kochen mit Fetten sehr ähnlichen Prozesse werden manchmal in ägypt. Grabmalereien des 15. Jh. v.Chr. dargestellt. Sie zeigen Menschen, die das Gemisch in erhitzte Pfannen gießen, es darin umrühren oder Weihrauch zu phantasievollen Formen modellieren. (Typische Beispiele zeigen Davies, JEA 26, 1940, Tafel 22 mit S. 133 und Forbes, op.cit., S. 13, Abb. 1). Daß bei der Parfümherstellung gekocht wurde, belegen deutlich ein ägypt. Begriff für »Parfümeur« (*pssgnn*, wörtl. »Kocher von Salböl«) und die Erwähnung von Feuer in den ausführlichen Kosmetikrezepten Assyriens (dazu s. E. Ebeling, Parfümrezepte und Kultische Texte aus Assur, 1950).

3. Die rqch-Terminologie.

Das Partizip *roqeach* bezeichnet in 2Mo 30.25.35; 37,29 den »Parfümeur« (LÜ: Salbenbereiter); in 1Chr 9,30 bezieht es sich auf Priester, die, von David beauftragt, Parfümsalben für die Stiftshütte herstellten. Es erscheint auch in Pred 10,1, wo es mit dem oben zitierten ugaritischen *schmn rqch* identisch ist. *raqqach*, weibl. *raqqacha*, ist das Substantiv für »Berufsparfümeur«; die weibliche Form findet

Hölzerner Toiletten-Kasten aus Ägypten, mit Ebenholzfurnier und Elfenbeintäfelung sowie blauer Glasur ausgeschmückt. Theben, 18. Dynastie, ca. 1400 v.Chr. (BM)

man 1Sam 8,13, die männliche Neh 3,8: »Hananja, ein Mitglied (wörtl. Sohn) der Parfümeur(gilde)« (vgl. Mendelsohn, BASOR 80, 1940, S. 18). Wörter für »Parfüm« sind: *roqach* (2Mo 30,25. 35, RevEB: würzige Mischung), *riqquach*, »Salbe« (Jes 57,9), *räqach*, »gewürzter (Wein)« (Hld 8,2, s. *Ernährung), *märqach* »Duft-« oder »Würzkraut« (Hld 5,13). *Meruqqachim* in der Wendung »gemischt nach der Kunst der Salbenmischung« (2Chr 16,14 RevEB), ist ein passives Partizip; *mirqachat* bedeutet »Salbenmischung« oder »Parfüm« (1Chr 9,30, 2Mo 30,25, LÜ: »Salböl«); *märqacha* bezeichnet den Salbentopf (Hiob 41, 23, vgl. RevEB; und vielleicht Hes 24,10 in einem unklaren Zusammenhang).

III. OPTISCHE KOSMETIKA.

1. Bemalung von Gesicht und Körper.

Seit frühester Zeit ummalten die orientalischen Frauen ihre Augen und färbten die Augenbrauen dunkel mit Mineralpasten, die gewöhnlich schwarz waren. Zuerst geschah dies v.a. aus medizinischen bzw. magischen Gründen (um die Augen vor starkem Sonnenlicht oder Krankheiten zu schützen), bald aber wurde es vorwiegend zu einer weiblichen Mode, die die Augen größer erscheinen und stärker zur Geltung kommen ließ. Die Sitte ist für Ägypten, Palästina und Mesopotamien belegt.

Königin *Isebel (9. Jh.v.Chr.) soll solche K. gebraucht haben. 2Kön 9,30 vermerkt, daß sie ihre Augen mit Augenschminke (*puk*) behandelte und ihr Haupt schmückte, bevor sie an das Fenster trat, aus dem sie dann auf Jehus Befehl in den Tod gestürzt wurde. Mehr als zwei Jh. später beschrieben zwei judäische Propheten das götzendienerische Volk, das seinem Gott die Treue brach, als eine Frau, die sich für ihre außerehelichen Liebhaber zurechtmacht. Jeremia (4,30) sagt: »Du vergrößerst deine Augen mit Schminke« (*puk*; RevEB), und Hesekiel (23,40) tadelt: »Du hast deine Augen geschminkt« (*kachal*; RevEB). Vgl. auch Kerenhappuch, den Namen von Hiobs dritter Tochter (42,14), »Schminkhörnchen«, d.h. Quelle der Schönheit. Die Augenfarbe stellte man her aus feingemahlenen Mineralien, die mit Wasser oder Harz zu einer Paste verrührt wurden, so daß man sie in einem Gefäß aufbewahren und mit dem Finger oder einem Spatel auftragen konnte (s.o. I. 2.).

Die verwendeten Mineralien: Zur Römerzeit verwendete man eine Antimonmasse für die Augenkosmetik. Das latein. Wort für Antimonsulfid und dann auch für Antimon selbst ist Stibium. Leider hat das dazu geführt, daß die altorientalischen Augenfarben oft mehr oder weniger pauschal als Antimon oder Stibium bezeichnet werden, großenteils fälschlich. In Ägypten wurde der grüne Malachit bald durch schwarze Augenfarbe (ägypt. *msdmt*) ersetzt. Analysen vieler ausgegrabener Proben haben ergeben, daß diese hauptsächlich aus Galenit (Bleiglanz), nie aus Antimon bestanden. (S.A. Lucas, Ancient Egyptian Materials and Industries, 1962, S. 80-84. 195-199). In Mesopotamien nannten die Babylonier ihre schwarze Augenfarbe *guhlu*. Man vermutet dahinter Galenit oder Antimon/Stibium. (Für das erste s. Forbes, Studies in Ancient Technology, 3, S. 18, der keinen Beweis für seine Ansicht beibringt; für das zweite s. R.C. Thompson, Dictionary of Assyrian Chemistry and Geology, 1936, S. 49-51, wo die Beweise nicht stichhaltig sind). Das babylon. *guhlu* entspricht dem hebr. *kachal*, »(die Augen) schminken« und wurde als *kohl*

Doppelkamm aus Elfenbein, verziert mit einem Löwen und Bäumen. Kämme dieser Art waren im ganzen Alten Orient gebräuchlich. Kanaanitisch, aus Megiddo. 7,4 × 10,2 cm. 1350–1150 v.Chr. (OIUC)

»Augenfarbe« ins Arab. übernommen. Das heutige arab. *kohl* ist oft nur angefeuchteter Ruß; es kann Galenit enthalten, aber kein Antimon (vgl. Lucas, 101). Das hebr. *puk*, »Augenfarbe«, war daher wohl eher Galenit als Antimon. Und entsprechend waren die *'abne puk* im Tempelschatz (1Chr 29,2) wohl »Galenitbrocken«. Die Erwähnung von *puk* in Jes 54,11 (»Siehe, ich lege deine Steine in *puk*«) könnte auf die Verwendung von (pulverisiertem) Galenit als Teil eines (dunkelfarbigen) Klebstoffes (z.B. Harz) für die Fassung von Edelsteinen hinweisen. (Zur Verwendung von Harz und pulverisierten Mineralien für getönte Juwelenfassungen usw. s. Lucas, S. 12f).

In Ägypten könnte der häufig in Gräbern gefundene rote Ocker (rotes Eisenoxyd) als Rouge zur Färbung der Wangen gedient haben (Lucas, 104). Ägypt. Frauen benutzten auch Puderquasten (Forbes, 20) und Lippenpinsel. Im Altertum wurden die Blätter der duftenden Hennapflanze (s.u. IV 1.) gemahlen, um einen roten Farbstoff für Füße, Hände, Nägel und Haare zu gewinnen (Lucas, 107). In Mesopotamien benutzten die Sumerer als Gesichtspuder gelben Ocker mit dem klangvollen Namen »goldener Lehm« oder »Gesichtsblüte«; die Babylonier verwendeten gewöhnlich roten Ocker (Forbes, 20). Derlei modische Bräuche gefielen zweifellos auch koketten israelit. Frauen wie denen in Jes. 3,18-26.

2. Frisuren und Verjüngungsmittel.

Frisuren waren Teil altorientalischer Moden. In Ägypten kümmerten sich fachkundige Friseure um die Frisuren (und Perücken) der Vornehmen. Auch Mesopotamien hatte seine Frisurmoden (vgl. B. Meissner, Babylonien und Assyrien, 1, 1920, S. 410-411; RA 48, 1954, S. 113-129, 169-177; 49, S. 9ff). Auch Kanaan und Israel bieten Beispiele verschiedener Frisuren mit langen oder kurzen Locken (s. G.E. Wright, Biblical Archaeology, 1957, S. 191 und Abb. 136-137.72). In diesem Zusammenhang ist Jesajas Hohn (3,24: »eine Glatze statt lockigen Haars«) und das »Schmücken des Hauptes« bei Isebel (2Kön 9,30) zu verstehen. Reich verzierte Kämme waren beliebt (s. z.B. ANEP, S. 21, Abb. 67). Die Männer der semit. Welt (im Gegensatz zu Ägypten) liebten prächtige Bärte und pflegten ihre Haare (vgl. Simsons sieben Zöpfe, LÜ: Locken, Ri 16,13.19). Barbiere und Rasiermesser waren in atl. Zeit durchaus bekannt (z.B. Hes 5,1) und gleichermaßen im Alten Orient (ANEP, S. 24, Abb. 80-83). Verjüngungsmittel zur Behebung von Alterserscheinungen waren sehr gefragt. Unter den Rezepten der medizinischen Papyri aus Ägypten befindet sich eines mit dem hoffnungsvollen Titel »Buch zur Umwandlung eines alten Mannes in einen jungen«; andere befassen sich mit der Verbesserung des Aussehens (s. die Wiedergaben in Forbes, 15-17).

IV. »DUFTENDE KOSMETIKA« ZUM PERSÖNLICHEN GEBRAUCH.

1. Parfüme im Hohenlied.

Für »Salböl« oder »Salbe« wird manchmal einfach das hebr. *schämän*, »Öl« gebraucht (1,3; 4,10). Das hebr. *reach*, »Duft«, kann sich auf den Duft von Parfümen oder Salben (1,3), aber auch auf natürliche Düfte (2,13) beziehen. Die in 1,12; 4,13f genannte Narde entspricht hier sehr wahrscheinlich dem *lardu* der assyr.-babylon. Inschriften, der Wurzel des Ingwergrases Cymbopogon schoenanthus, vielleicht aus Arabien importiert (s. R.C. Thompson, Dictionary of Assyrian Botany, 1949, S. 17), während das im NT erwähnte »unverfälschte, kostbare Nardenöl« (Mk 14,3; Joh 12,3) vermutlich das aus dem Wurzelstock des Nardostachys jatamansi, einer Pflanze des Himalajagebietes, gewonnene indische Nardenöl war, ein für das röm. Palästina sehr teurer Importartikel. Zu Myrrhe (1,13; 3,6; 4,6; 5,1) und flüssiger Myrrhe (5,5.13) s.u. V. 1., zu Weihrauch s.u. V. 2. Die Ausdrücke »Myrrhenberge«, »Weihrauchhügel« und »Balsamberge« (4,6; 8,14) weisen vielleicht auf die (auch in ägypt. Texten erwähnten) Terrassen hin, auf denen die entsprechenden Bäume wuchsen. Die Zyperblumen (hebr. *kophär*) in 1,14; 4,13; 7,12 sind die in aufrechtstehenden Trauben wachsenden Blüten des Hennastrauchs (Lawsonia alba). Aus den Blättern dieses Strauches wurde ein kosmetisch verwendeter gelbroter Farbstoff gewonnen (vgl. Lucas, 107, 355-357). Mit dem hebr. *karkom* in 4,14 (gewöhnlich mit »Safran« übersetzt) könnten der Safrankrokus (Crocus sativus) oder die Gelbwurz (Curcuma Longa) oder beide gemeint sein. Aus den getrockneten Blütenstempeln des Safrankrokus gewann man das gelbe Safranöl, das auch zum Färben von Kleidern und Speisen diente. Mit Wasser vermischt, war es im Altertum ein beliebtes Parfüm, mit dem man Kleider und Wohnräume besprengte. Der aus der Gelbwurz gewonnene Farbstoff fand ähnliche Verwendung (vgl. auch Thompson, 160f, und die Hinweise auf assyr. *azupiranu* und *kurkanu*). Zu Kalmus und Zimt (4,14) s.u. V. 1.; *s.a. Aloe, *Kräuter und Gewürze.

2. Andere Belege.

Das hebr. *bosäm*, im engeren Sinne Balsamöl vom Balsamstrauch, wird oft auch in der erweiterten Bedeutung »Parfüm« oder

Israelitischer Kosmetiklöffel aus Elfenbein. Der Griff ist mit umgekehrter Palmette verziert, möglicherweise eine stilisierte Darstellung des Lebensbaumes. Zeit Jerobeams II., ca. 750 v.Chr. (YY)

»Gewürz« gebraucht, so gewiß in Jes 3,24; 1Kön 10,2.10 (unter den Gaben der Königin von Saba), 2Kön 20,13 (unter den Schätzen Hiskias) und Hld 4,10.14.16. Kosmetische Einreibungen und Massagen sind wahrscheinlich mit dem hebr. *tamruq* gemeint (Est 2,3, RevEB: Schönheitsmittel, LÜ: daß man ihre Schönheit pflege), wodurch Ester und andere junge Frauen sich auf die Begegnung mit dem König Ahasveros vorbereiteten. Eine Bezeichnung für parfümiertes Hautöl war *schämän tob* (Pred 7,1; Hld 1,3; LÜ: gute Salbe); sie entspricht dem assyr. Begriff *schamnu tābu*, der bereits von einem Würdenträger in einer Mari-Tafel (18. Jh. v.Chr.) verwendet wurde, der es verlangte, um sich damit einzureiben (C.F. Jean, Archiv Orientalni 17,1, 1949, S. 329, A179, 1.6). Parfüme wurden auf Kleider (Ps 45,9) und Betten (Spr 7,17) gesprengt; parfümiertes Öl (*schämän tob*) wurde über das Haupt gegossen (vgl. die Salbung Aarons, Ps 133). Bei der Beerdigung von Vornehmen wurden Parfüme oder Gewürze verbrannt (2Chr 16,14).

V. SAKRALE DUFTMITTEL.

1. Das heilige Salböl.

Das heilige Salböl wurde aus verschiedenen Duftstoffen und Olivenöl hergestellt. Es diente zur Salbung der Stiftshütte und ihrer Geräte sowie der aaronitischen Priester bei ihrer Einsetzung, nicht zum profanen Gebrauch (2Mo 30,22-33). Mehrere seiner Bestandteile können identifiziert werden. Myrrhe, hebr. *mor*, ist ein duftendes Schleim-Harz des Strauches Balsamodendron (Commiphora) myrrha aus Süd-Arabien und Somalia. Das Harz enthält 7-8 % ätherische Öle mit starkem Duft. Indem man diese Substanz zusammen mit einem Fixieröl erhitzte und die leichteren Bestandteile abschöpfte, gewann man ein flüssiges Parfüm (s.o. II 2). Dieses flüssige Myrrheparfüm ist wohl mit der »flüssigen Myrrhe« in Hld 5,5.13, vielleicht auch mit der »feinsten Myrrhe« (*mar deror*) in 2Mo 30,23 gemeint und ist vermutlich auch das *schmn mr* in kanaan. Ugarittexten (14./13. Jh.; Gordon, Ugaritic Literature, 1949, S. 130: Texte 12 u. 97, Z. 2, 8, 14 und 120, Z. 15) und im gleichzeitigen Amarnabrief Nr. 25, IV, 51 (*schaman murri*). Das hebr. Wort *mor* ist somit früh, nicht »spät«, wie irrtümlich (BDB, 600b) behauptet wird. Das ägypt. *ʿntjw*, »Myrrhe«, wurde ebenfalls in dieser flüssigen Form zur Salbung und in der Medizin verwendet (Belege bei Erman und Grapow, Wörterbuch der Aegyptischen Sprache, I, S. 206, 7). Diese Art flüssiger Myrrhe ist die echte Stakte (Lucas, JEA 23, 1937, S. 29-33; Thompson, Dictionary of Assyrian Botany, S. 340).

Was mit dem »wohlriechenden Zimt« *qinnemon-bäsäm* (2Mo 30,23; vgl. Spr 7,17; Hld 4,14) gemeint ist, ist nicht genau festzustellen. Es gibt keinen förmlichen Beweis dafür, daß sich dieser Ausdruck auf das aus Ceylon stammende Cinnamomom zeylanicum bezieht. Auch andere Pflanzen mit aromatischer Rinde oder Holz aus dieser Zimt/Kassia-Gruppe wären denkbar (vgl. Thompson, 189f). Ob das ägypt. *tj-schps*-Holz Zimt ist (Forbes, Studies in Ancient Technology, 3, S. 8, Tafel II, und Lucas, 354, implizit), ist völlig unsicher. S.a. Kassia unten. (Zu duftenden Kosmetikhölzern in Ägypten (Proben) s. Lucas, 119; Schamschi-Adad I. von Assyrien verlangte sie ebenfalls; s. G. Dossin, Archives Royales de Mari, 1, Nr. 88, 27-30 – *isu riqu*).

Mit »Kalmus« (LÜ) oder »Würzrohr« (RevEB) wird das hebr. *qeneh bosäm* in 2Mo 30,23 übersetzt. Seine Gleichsetzung mit dem »köstlichen Gewürz aus fernen Landen« (Jer 6,20, und mit dem »Kalmus« aus Hes 27, 19), *qanä tob*, ist nicht sicher. Letzteres ist sehr wahrscheinlich das *qanu tābu*, das in assyr.-babylon. Texten ab dem 18. Jh. v.Chr. vorkommt (für das von Mari s. C.F. Jean, Archiv Orientální 17,1, 1949, S. 328). Es handelt sich hier wohl um den Acorus calamus, der eine aromatische Stielwurzel hat (s. Thompson, 20f). Auch die im Neuen Reich Ägyptens (15.-12. Jh. v.Chr.) erwähnte duftende *knn*-Pflanze wird mit dem Acorus calamus identifiziert (G. Jéquier, Bulletin de l'Institut Français d' Archéologie Orientale 19, 1922, S. 44-45, 259; Caminos, Late-Egyptian Miscellanies, 1954, S. 209 - *knnj*-Öl). Tatsächlich fand man im Grab Tutenchamuns derartige Pflanzenstengel in einem Gefäß mit einer Aufschrift »Parfüm« (um 1340 v.Chr.; Lucas, S. 119). Die »50 Talente Rohr«, die neben anderen aromatischen Substanzen auf einer ugaritischen Tafel aufgeführt werden (Gordon, Ugaritic Literature, S. 130, Text 120:9-10), könnten Würzrohr sein, aber wohl kaum Zimt (Sukenik, Tarbiz 18, 1947, S. 126; s. Gordon, Ugaritic Textbook, 3, 1965, S. 479, Nr. 2244).

Schließlich gibt es das als Kassia (LÜ) bzw. Zimtblüte (RevEB) übersetzte hebr. *qidda* in 2Mo 30,24 und Hes 27,19 (LÜ hier: Kalmus). Was seine tatsächliche Identität auch sein mag, so ist doch ziemlich sicher, daß *qidda* dem ägypt. *qdt* im Papyrus Harris I (um 1160 v.Chr.) entspricht (so Forbes, 8, Taf. II). Die Bedeutung des anderen hebr. Wortes, das mit »Kassia« übersetzt wird, *qesiʿa* (Ps 45,9), ist noch unklarer. Wenn seine Bedeutung dem arab. *salīcha* »geschält« entspricht, und dies wiederum dem assyr.-babylon. *kasi sīri* (wie Thompson, 191, vermutet), dann könnte es vielleicht das assyr. *qulqullānu,* im heutigen Arab. *qulqul,* die Cassia tora, sein, deren getrocknete Blüten verwendet wurden (Thompson, 188-192). Vgl. den Namen von Hiobs zweiter Tochter (Hiob 42,14). (*Kräuter und Gewürze).

2. Das heilige Räucherwerk.

Zur Bedeutung des Räucherwerks, das nach seiner Verwendung auch »Weihrauch« genannt wird, s. *Weihrauch. Hier geht es nur um seine Zusammensetzung. Das allg. hebr. Wort für *Räucherwerk ist *qetorät,* ein Wort, das auch im Ägypten des 12. Jh.v.Chr. als Lehnwort auftaucht (Erman und Grapow, Wörterbuch der Aegyptischen Sprache, 5, S. 82,3). In dem heiligen Räucherwerk von 2Mo 30,34-38 sind die letzten zwei Bestandteile leicht zu identifizieren. Der eine, hebr. *chälbena,* ist ziemlich sicher das Harz des Galbanumstrauchs, Ferula galbaniflua Boiss., der in Persien wächst und seit dem 3. Jt. in Mesopotamien bekannt war (babylon. *buluchchum*) (s. Thompson, 342-344; W. von Soden, Akkadisches Handwörterbuch, I, 1965, S. 101 und Belege). Weihrauch, hebr. *lebona,* »weiß«, verdankt seinen Namen dem Umstand, daß er das weißeste aller zur Herstellung von Räucherwerk verwendeten Gummiharze ist. Er stammt von der Boswellia carteri, einem Strauch, der in Süd-Arabien und Somalia wächst, und ist das klassische Olibanum. Die ägypt. Königin Hatschepsut hat offensichtlich um 1490 v.Chr. solche Sträucher nach Ägypten gebracht. In Tutenchamuns Grab (um 1340 v.Chr.) fand man kleine Weihrauchkugeln. (Lucas, 111-113).

Das hebr. *nataph,* »Tropfen«, wird von der LXX mit Stakte übersetzt; aber zur richtigen Stakte s.o. V. 1.: Myrrhe. Der Name »Tropfen« läßt eine natürliche Absonderung, die für Weihrauch verwendbar war, vermuten – vielleicht Storax, das Harz des Storaxstrauchs (vgl. dazu Lucas, 116; Thompson, 340-342), oder auch Balsam von Gilead, das Harz des Balsambaumes, Commiphora opobalsamum (dazu Thompson, S. 363-364).

Der an zweiter Stelle genannte Begriff, hebr. *schechelät,* ist ziemlich unklar. Die LXX übersetzt Onyx (»Nagel«, »Kralle«); daher übersetzen EÜ und RevEB »Räucherklaue«, das sind die Schalen einer Schneckenart, die beim Verbrennen einen intensiven Geruch erzeugen. Aber vielleicht war es auch ein Pflanzenprodukt, das *schichiltu* in der assyr. Medizin (aram. *schichla*; Thompson, Dictionary of Assyrian Chemistry, 1936, S. 73 und Anm.1); dagegen wohl kaum das assyr. *sachle,* »Kresse« (Thompson, Dictionary of Assyrian Botany, 1949, S. 55-61). Doch das *schhlt,* das in den ugarit. Texten 12 und 97 unter verschiedenen Aromastoffen und Nahrungsmitteln genannt wird (Gordon, Ugaritic Literature, S. 130, 1.4; Ugaritic Textbook, 3, S. 488, N. 2397) könnte sehr wohl das hebr. *schechelät* und sogar das bereits erwähnte assyr. *schichiltu* und aram. *schichla* sein. Eine weitergehende Lösung wäre im Augenblick zu gewagt. K.A.K.

KRAFT. Mit dem Begriff K. werden in der Bibel verschiedene hebr. (*ʾon, geburah, seroaʿ, chajil, koach, meʾod, ʿos, ʿäsrah, tuschijjah*) und griech. (*bia, dynamis, ischys, kratos*) Ausdrükke wiedergegeben. Die dt. Übersetzungen verwenden für diese hebr. oder griech. Worte neben K. auch Vermögen, Stärke, Macht, Pracht, Gewalt, Beistand, Hilfe, Stütze, Wucht u.a. Im Deutschen meint K. die Stärke, das Leistungsvermögen, die physischen oder geistigen Möglichkeiten eines Gegenstands, eines Tieres, eines Menschen oder auch Gottes. Im Gegensatz zur *Macht, die ausgeübt wird, die eine Wirkung z.B. der K. oder Stärke ist, verfügt man über K. oder Stärke auch dann, wenn man sie nicht einsetzt. Im Gegensatz zur Macht ist K. nicht übertragbar, sondern gehört zum »Kräftigen«.

1. K. ist ein **Merkmal des Wesens Gottes**. Ihm allein ist K. in ihrer Gesamtheit eigen, so daß *dynamis* ohne jeden Zusatz als Ausdruck für Gott selbst stehen kann (Mt 26,64). Bei der Erschaffung von Himmel und Erde wurde Gottes große K. (Jer 32,17; s.a. Ps 68,34; Jer 10,12) erkennbar. Seitdem ist Gottes unsichtbares Wesen, seine ewige K. und Gottheit in den Werken der Schöpfung allen Menschen sichtbar (Röm 1,20). Die Gestirne (Jes 40,26), die Berge (Ps 65, 7), das Meer (Ps 74,13) sind Zeugen seiner K. In der Geschichte wurde für Israel Gottes K. besonders erfahrbar, als er sein Volk aus Ägypten »mit großer Kraft« herausführte (2Mo 32,11; 2Kön 17,36 u.ö.). Gott zeigt seine K. in seiner gnädigen Hilfe (5Mo 4,37; 2Chr 25,8), aber auch in seinen Gerichten (2Mo 9,16; Ps 21,14). Im Lob Gottes nimmt Gottes K. ihren festen Platz ein (u.a. Hiob 37,23; Ps 18,33; 21,14; 27,1; 65,7; 138,3; 147,5; Mt 6,13; Offb 4,11; 19,1).

2. Gottes Kraft ist dem verheißenen Messias, dem **Sohn Gottes**, eigen. Jesus Christus hatte in der »Kraft des Herrn« (Lk 5,17; vgl. 6,19; 8,46; Apg 10,38) den unsauberen Geistern geboten (Lk 4,36). Hierbei ist, wie schon im AT (Mi 3,8; vgl. Lk 1,17), Gottes Geist die K. im Sohn (Lk 4,14). Gottes K. erweist sich in der Auferstehung Jesu Christi, der, wenn auch in Schwachheit gekreuzigt, doch in der K. Gottes lebt (2Kor 13,4; vgl. Mt 22,29f). Jesus ist als »Sohn Gottes in Kraft« eingesetzt (Röm 1,4). Ihn und »die Kraft seiner Auferstehung« gilt es zu erkennen (Phil 3,10). Am Ende der Tage werden alle Geschlechter auf Erden den Menschensohn kommen sehen »mit großer Kraft und Herrlichkeit« (Mt 24,30; vgl. Offb 5,12f).

3. Mit seiner Kraft rüstet Gott die **Menschen** aus (Ps 18,33); er gibt der Seele große K. (Ps 138,3) und ist des Lebens K. (Ps 27,1). Gott gibt »dem Müden Kraft und Stärke«, (Jes 41,29) und »die auf den Herrn harren, kriegen neue Kraft« (Jes 41,31). Den Heiligen Geist, die K. Gottes (Lk 24,49), hat Jesus Christus seiner Gemeinde verheißen. Seine Kraft befähigt dazu, Zeuge Jesu Christi zu sein »bis an das Ende der Erde« (Apg 1,8). So kann *Stephanus, der der erste Märtyrer wurde, als Mensch »voll Gnade und Kraft« bezeichnet werden (Apg 6,8). Jüngern Jesu hat Gott nicht den Geist der Furcht, sondern den Geist der K. gegeben (2Tim 1,7). Sie will gerade im Falle menschlicher Schwachheit mächtig werden (2Kor 12,9). Das Evangelium (Röm 1,16), das Wort vom Kreuz (1Kor 1,18) ist eine K. Gottes für die, die gerettet werden. Kräftig und lebendig ist Gottes Wort (Hebr 1,3; 4,12). Menschliches Wort dagegen kann aufgeblasen, ohne K. sein (1Kor 4,19). Gottes Reich dagegen zeichnet sich nicht durch leere Worte, durch bloßen Schein aus, sondern durch Gottes K. Deshalb sollen Nachfolger Jesu Christi nicht auf irdisch-menschliche K. vertrauen, sondern auf Gottes K., mit der er sie ausrüstet und sie beschenkt, wenn er darum gebeten wird.

KRANKENHEILUNG

1. Sprachliches:

Die hebr. Wurzel *rpʿ* meint wohl ursprünglich »flicken, ausbessern, zusammennähen«, also einen ursprünglichen Zustand der Ganzheit wieder herstellen. In diesem Sinn wird der Begriff dann auch für die vor allem wundärztliche Tätigkeit gebraucht und zum Fachwort für Heilung. Häufigstes Parallelwort ist *chbsch,* »verbinden«. Im Griech. wechseln *therapeúō* und *iáomai* scheinbar ab. *therapeúō* bedeutet ursprünglich »dienen« und kommt im Griechentum auch innerhalb rel. Kontexte vor (Göttern dienen: anbeten). Der Dienst gegenüber Menschen meint allg. pflegendes und bedienendes Handeln und insofern das Handeln eines Arztes als Pfleger. Erst auf diesem Weg wird *therapeúō* auch mit dem gewünschten bzw. erreichten Ergebnis dieser Pflege, eben der Heilung, verbunden. Demgegenüber bezeichnet *iáomai* nur die effektive Heilung, entweder durch ärztliches Handeln oder durch göttliches Eingreifen; *hygiaínō/hygiés* bezeichnen den (leiblich) heilen Zustand.

2. Im Alten Testament.

Die dem modernen Menschen wichtige Unterscheidung von Krankheiten nach ihrem Erscheinungsbild (vgl. *Krankheit) ist für den atl. Menschen weithin belanglos. Entscheidend ist der Einblick in das Wesen der Krankheit (hebr. *holī*). Sie ist als »Schwäche-Zustand« definiert durch die Abwesenheit einer natürlicherweise vorhandenen und zu erwartenden Lebenskraft, eines Normalzustandes heilen Lebens (*schālōm*).

Natürlich weiß auch das AT um »natürliche« Ursachen von Krankheit und kennt auch »natürliche« Heilmittel (Balsam/Salbe, Jer 8,22; 46,11; 51, 8; Apotheker erst in Sir 38,8). Aber der Zusammenhang, der zwischen Krankheit und Schuld als Abwendung von Gott, von Jahwe als dem Herren seines Bundesvolkes, von seinen Geboten gesehen wird, prägt die bibl. Auffassung von Krankheit und damit auch die Frage nach der Heilung. Weil Schuld und Sünde in der Welt sind und immer mehr überhand nehmen, wird die »natürliche« Lebenszeit des Menschen beschränkt.

Diese Auffassung erklärt auch den weitgespannten metaphorischen Sprachgebrauch. Als Krankheiten werden die äußeren Katastrophen bezeichnet, in denen Gottes Gericht über das ganze Volk hereinbricht und ihm »Wunden« schlägt (Hos 5,13; Jes 19,22; 30,26; Jer 6,14; 30,13.17;33,6; u.ö.). Damit ist auch der Weg zur Heilung klar: Umkehr zu Jahwe und seinen Geboten, Abkehr von allen eigenen Wegen. Nur Gott selbst kann »den Abfall Israels heilen« (Jer 3,22; Hos 14,5; vgl. Jes 6,10; 57,18).

Damit wird klar, daß die Frage der Krankheit und der Heilung direkt zur atl. Gottesauffassung hinführt. Gott ist souveräner Herr der Geschichte. Er führt die Völker auf seinen Wegen in *Gnade und *Gericht, in *Erwählung und Verwerfung (Jes 45,1-7; 43,8-13 u.ö.). Er ist der Herr auch über den Einzelnen. Auch dessen Schuld zieht Gottes Gericht in Form von Krankheit auf sich (vgl. *Mirjam, 4Mo 12,9ff; vgl. 1Mo 20,17; 12,17; 3 Mo 26,16.25; 3Mo 28,27.35). Gerade im Gegenüber zu den Göttern der Völker zeigt Gott sich als der, der »tötet und lebendig macht« (5Mo 32,39; 1 Sam 2,6). Er allein ist es, der heilen kann. Hier liegt der größere Zusammenhang, aus dem heraus Heilung gleichbedeutend neben Vergebung gestellt und gleichzeitig unablösbar im Gottesbild verankert wird (2Mo 15,6; Ps 10,3,3; 147,3; 2Chr 16,12). Die Bitte um Heilung wird mit dem Sündenbekenntnis verbunden (Ps 41,5; vgl. 32,1-5; 38; 102,1ff), ja Vergebung wird als Voraussetzung der Heilung bezeichnet (2Chr 7,14; 36,16). Heilung ist umfassend verstanden. Der Mensch ist nicht nur Leib, sondern leibhafte Existenz in seiner Beziehung zu Gott, zum *Nächsten und zu sich selbst. Heilung betrifft damit alle drei Beziehungsbereiche, die zwar unterschieden, aber nicht voneinander getrennt werden können. Insofern werden Heilung, Umkehr zu Gott und (sozial) gerechtes Handeln gegenüber dem Nächsten zur Einheit. Von dieser dreifachen Einheit ist die bibl. Auffassung von Krankheit und Heilung geprägt. Gottes Werkzeuge bei der Heilung im Geschichtsverlauf sind die Propheten durch ihr Wort und ihre Zeichenhandlungen (Jes 38,2.5; 1Kön 17,21; 2Kön 4,34; 20,7). Königen kommt im Alten Orient Heilungsfunktion zu, nicht aber in Israel (2Kön 5,7). Heilung gehört im großen Unterschied zum altorientalischen Umfeld (Ägypten!) auch nicht zur kultischen Funktion des Priesters. Die Heilungssuche bei Ärzten (handelt es sich dabei um ausländische Ärzte, evtl. sogar an Jahwe-feindlichen Kultstätten? vgl. 2Chr 16,12) wird zum Ausdruck des Abfalles von Jahwe.

Eine besondere Ausprägung gewinnt die Erwartung der Heilung in Jes 52,13-53,12. Der Zusammenhang von Krankheit und Schuld, von Heilung und Vergebung wird ausdrücklich hervorgehoben (53,4ff). Doch verkehrt Gottes Handeln die Verhältnisse in ihr Gegenteil. Die vermeintlich Gesunden werden durch den unschuldigen Knecht, der ihre Krankheit auf sich nimmt, vertreten. Die »Sünde des Volkes« ist Ursache seiner Krankheit (53,8). Heilung geschieht durch von Gott verordnete, stellvertretende Übernahme der Strafe (53,5) in der Form der Krankheit: »durch seine Wunden sind wir geheilt«.

Die Frage nach Krankheit und Heilung taucht – neben ihrer zentralen Einbettung in die Gottesauffassung – in weiteren theologisch wesentlichen Ausprägungen auf: Die *Weisheitslehre* neigt dazu, den Zusammenhang zwischen Sünde und Krankheit zu individualisieren. Das damit verbundene Kausalitätsdenken eröffnet der Beobachtung wesentliche Einsichten. Verwendet man diese Grundeinsicht als allg. geltendes Erklärungsprinzip, wird sie zum schweren Problem. Nicht in jedem Fall weist Wohlergehen auf Treue zu Jahwe, nicht immer weist Krankheit und Leiden auf Sünde hin (Hiob; Ps 73).

Die Gottesauffassung der Bibel ist darin einzigartig, daß sie in Jahwe den *einzigen* Herrn sieht, in dessen Hand Böses und Gutes liegt (vgl. Jes 45,7). Die Bibel hat keine dualistische Gottes- und Weltanschauung. Sie rechnet nicht mit zwei Mächten oder Prinzipien, die einander gegenüberstehen. Auch *das Böse* gehört in die Schöpfung, steht ihr nicht selbständig gegenüber. Hier differenziert das AT aber immer weiter und entfaltet einen in der Geschichte sich auswirkenden Dualismus. *Satan steht als Widersacher (der Menschen; nicht Gottes!) im Thronrat als Verkläger (Hiob 1,6ff; 2,1ff; Sach 3,1ff), muß aber für sein Handeln Gottes Zustimmung einholen und die ihm gesetzten Grenzen einhalten. Je länger desto tiefer hat Israel erkannt, daß dem Bösen ein geschichtlicher Freiraum gegeben ist, in dem es sich gegen Gott entfalten und zu geschichtlich vollständiger Größe auswachsen kann, ohne daß deshalb Gott die Herrschaft über die Geschichte entgleitet. *Das Böse wird zunehmend in seiner Personhaftigkeit erkannt und zugleich als Geist, als Macht und als geistiges Herrschaftssystem verstanden.* Damit bekommt die Frage nach Krankheit und Heilung einerseits einen vertieften, eschatologischen Charakter, während andererseits die Auseinandersetzung mit Krankheit als Teil des eschatologischen Kampfes um die Überwindung des Bösen erkannt wird.

Daraus wird verständlich, daß Heilung in der *eschatologischen Hoffnung* des AT ein zentraler Platz zukommt. Gottes kommendes Heil (vgl. *Reich Gottes), d.h. die eschatologische Überwindung des Bösen und der endgültige Herrschaftsantritt Gottes als König bringt auch körperliche Heilung: »Dann werden die Blinden sehen, die Lahmen gehen, den Blinden wird das Augenlicht geschenkt« (Jes 25,6-8; 29,17f; 33,24; 35,4-7; 42,6-7; 61,1f u.ö.). Kommendes Heil schien ohne körperliche Heilung unvorstellbar (vgl. u.a. äth.Hen 5,8f; 15,5-7; 93,3; Jub 23,26-30; syrBar 29,8f; 73,1f; 4Esr 7,28; 7,121; 8,52ff; slHen 65,9).

Traditionsgeschichtlich ist diese Hoffnung eng mit der *Erwartung des davidischen Messias* verbunden, der nach Jes 11,2 u.a. Träger des »Geistes der Kraft« (zu Wundern!) sein wird. Die messianisch verstandenen Hinweise auf den kommenden Gottesboten bei Jesaja präzisieren das Bild: die Wunder des Messias werden seine Heilungstaten und Befreiungstaten sein. Unter der »Befreiung der Gefangenen« und dem »Lösen der Bande« (Jes 61,1) wurden Befreiung von bösen Geistern (11QMelch), wahrscheinlich auch Reinigung vom Aussatz (als dem »erstgebornen Sohn des Todes«) und Totenerweckung (Lösung von den »Banden des Todes«) verstanden – vgl. die Anrufung Jesu als »Sohn Davids« – immer im Zusammenhang mit der Erwartung von Heilung: Mk 10,47f; Mt 9,27; 12,13; 20,30; 21,14f (vgl. Bittner, Jesu Zeichen, 136 ff).

3. Heilungen Jesu.

Jesus greift in seiner Botschaft die Hoffnung des AT auf. Er ist der Freudenbote (Jes 52,7), der die gute Botschaft bringt: »Gott hat seine Herrschaft als König angetreten« (Mt 4,17 par.). Nach der Ankündigung des Propheten (Jes 61,11) aber war der Freudenbote nicht nur an seiner Botschaft, sondern an seinen helfenden Taten erkennbar. Jesus hat diese doppelte Ausrichtung seiner Sendung bewußt aufgenommen (Lk 4,18ff) und durchgehalten. Er kam, zu predigen und zu heilen (Lk 4,31-44). Seine Heilungen, seine helfenden Taten und seine Befreiungen aus dämonischen Bindungen sind, auf dem Hintergrund des AT, unwiderlegbare Zeichen der mit ihm hereinbrechenden Herrschaft Gottes.

Jesus war dabei nicht einfach ein »Wunderheiler«. Er hat nach Glauben gesucht und, wo er ihn bei Menschen fand, ihn als Gabe des Vaters erkannt, auf die hin er sein Heil schenken konnte (Mt 8,10; 15,28; Joh 5,19f; vgl. Mk 6,5f). Wir kennen aus der jüd. und heidnischen Antike sowohl Beschwörer wie Gebetshelfer. Von beiden hebt sich Jesu Tätigkeit auffallend ab. Es werden keine Beschwörungsformeln, sondern nur kurze Befehlsworte gebraucht. Der Hauptmann von Kapernaum erkennt, daß hier jemand mit »Befehlsgewalt« (*exousia*) unter den Menschen steht. Keine der Handlungen Jesu läßt sich mit magischen Praktiken vergleichen. An die Stelle von Beschwörung und magischen Vorstellungen treten Befehlswort, in schweren Fällen Gebet und Fasten (Mk 9,29 par.). Daß Jesu Heilungen als »Krafttaten« (*dynámeis*) bezeichnet werden, hängt mit der bibl. Sprache (Jes 11,2: Geist der Kraft) zusammen. Hier kommt sofort die Frage auf, in wessen Kraft Jesus seine Taten tut. Er hat selbst deutlich gemacht, daß es in seinemTun um Kampfhandlungen geht. Satan als der »Starke« wird vom Stärkeren »gebunden«, damit ihm der »Hausrat« geraubt werden kann (Mk 3,22-27). Gerade diese Aussage aber stellt Jesus gegen den Vorwurf, er treibe Zauberei in der Kraft »Beelzebuls«, also des Bösen. Der bibl. Bericht unterscheidet Jesu Handeln grundsätzlich von aller Zauberei. Zwischen den Kräften Gottes und den Kräften des Bösen gibt es keinen Übergang, keine Versöhnung. In der Kraft Gottes besiegt Jesus die Kräfte des Bösen – gerade in seinen Heilungen und Befreiungen.

Auffallend ist, daß Jesus auch nicht in die Nähe der jüd. Gebetsheiler (z.B. Choni, der Kreiszieher, mTaan 3,7; Chanina ben Dosa, bBEr 34b) zu stellen ist. Seine Heilungen sind Ausdruck seiner Befehlsgewalt, seiner eschatologischen Sendung, seiner steten Verbindung zum Vater, nicht aber seiner Gebetsvollmacht. Nur Joh 11,41f wird von einem Gebet Jesu im Zusammenhang einer Heilung berichtet: Jesus schützt durch die öffentliche Anrufung des Vaters seine Tat gegen den Vorwurf der Zauberei. Gerade die Differenz zu Magie und Gebetsheilung läßt erkennen, daß in Jesus Gott selbst als Herr über Krankheit, Leiden und Tod unter den Menschen steht. Daß es sich dabei nicht um Interpretation der Evangelisten handelt, machen sie selbst deutlich, indem sie das Echo des Volkes, ja sogar der Gegner Jesu wiedergeben. Auch die spätere jüd. und heidnische antichristl. Polemik hat, sofern sie noch historisches Wissen besaß, die Tatsache, daß Jesus und die frühen Christen geheilt haben, nicht bestritten (z.B. Eleasar ben Dama, TChull 2,22; jAbZar 2,40b; bAbZar 27b).

Auffallend und gleichzeitig Anlaß zum Anstoß war, daß Jesus *am Sabbat* geheilt hat (z.B. Mk 3,1-6; Lk 13,10-17; 14, 1-6; als Konflikt besonders deutlich bei Johannes herausgestellt: 5,1-17; 7,22-24; 9,1-40). Nach dem (nur pharisäischen?) Religionsgesetz schien das verboten (vgl. Lk 13, 14). Gerade der *Sabbat war in der Erinnerung an die Schöpfung (1Mo 2,1-3) und als Hinweis auf die eschatologische Erlösung (Jes 61,1f) der hervorragende Tag, an dem die »Vollendung« der Schöpfung Wirklichkeit werden sollte.

Eine feste *äußere Form* der Heilung hat Jesus nicht gekannt. Bloßes Befehlswort, Berührungen, Handauflegung, dazu Fernheilungen werden genannt, ohne daß eine Regel feststellbar wäre.

Bezeichnend für den Dienst Jesu ist, daß er *alle* heilte, die zu ihm kamen oder zu ihm gebracht worden sind (Mt 8,16; Lk 4,40; Apg 10,38). Keinen hat er weggeschickt, an keinem haben seine Macht und sein Wille zum Helfen versagt. Bei keinem hat er die Bitte um Heilung als ungehörig zurückgewiesen (auch Joh 4,48 ist positiv zu verstehen; vgl. Bittner, Jesu Zeichen, 122f). Einmal scheint Jesus gezögert zu haben: bei der Bitte der syrophönizischen Frau (Mt 15, 21ff). Das hat seinen Grund nicht in der Person der Frau, auch nicht in Jesu Unwilligkeit, sondern in der Begrenzung seines Auftrages zunächst auf Israel (Mt 15,24; vgl. 10,51). Dahinter steht Jes 49,1-6: Erst angesichts des Scheiterns an Israel wird der Auftragsbereich auf die Völker erweitert (Mt 28,18ff; vgl. Bittner, Heilung 42f).

4. Der Heilungsdienst der Jünger Jesu.

Die Evv. bezeugen einmütig, daß Jesus seine Jünger nach einer ersten Zeit der Begleitung zum eigenen Heilungsdienst beauftragt, begabt und ausgesandt hat (vgl. Mk 3,14ff mit 6,7f; Mt 10,2ff; Lk 9,11f). Der Auftragsbereich der Jünger war wie der Jesu auf »die verlorenen Schafe des Hauses Israel« beschränkt (Mt 10,5; 15,24). Die lukanische Tradition weiß davon, daß Jesus auch den weiteren Jüngerkreis der 70 (72?) ausgesandt hat. Der Auftrag Jesu enthält dieselben Elemente, die seinen Dienst prägen: die Proklamation der Herrschaft Gottes und die helfenden Taten, die Gottes Herrschaftsrecht zeichenhaft sichtbar werden lassen: »Heilet Kranke, wecket Tote auf, machet Aussätzige rein, treibt Dämonen aus« (Mt 10,8).

5. Heiler in der frühchristlichen Gemeinde.

Auch nach Tod und Auferstehung Jesu geht der Dienst der Heilung der Gemeinde weiter. Während der Missionsbefehl bei *Markus* (16,15-20) von Heilungen als den Zeichen spricht, die den Weg und Dienst der Glaubenden begleiten werden, nennt der Auftrag des Auferstandenen an die Jünger bei *Matthäus* (28,18-2) Heilungen nur indirekt. Mit »lehret sie alles halten, was ich euch befohlen habe« wird auf die Aussendungsrede in Kap. 10 zurückverwiesen. Die dort angeführten inhaltlichen Bestimmungen – also auch der Auftrag zur Heilung – sollen weitergegeben werden. Nur die Einschränkung des Geltungsbereiches auf Israel wird aufgehoben. Die Sendung gilt aller Welt, also nun auch den Heidenvölkern.

Auch *Johannes* läßt auf seine Weise erkennen, daß er um den Heilungsdienst durch die Jünger Jesu weiß. Hat Jesus seine Taten als »(Schöpfungs-)Werke« verstanden, die der Vater durch sein Tun »wirkt« (5,17.19f; 9,4), so wird der Dienst der Jünger auch diesen Teil fortsetzen, ja gar überbieten: Wer an mich glaubt, der wird die Werke, die ich tue, auch tun und wird größere als diese tun« (14,12; vgl. 20,21).

Die Darstellung der Frühzeit der Kirche durch die *Apostelgeschichte* macht deutlich, daß Heilungen zum hervorragenden Dienst der frühen Kirche gehört haben. Werden Taten des Petrus einzeln erwähnt (3,1ff; 5,15f; 9,32ff.36ff – Totenerweckung), so erscheinen die Apostel als Vollzieher des Heilungsauftrages in summarischen Berichten (2,43; 5,12). In welcher Weise die ganze Gemeinde den Heilungsdienst als Teil ihrer Sendung und gleichzeitig als Handeln des erhöhten Herrn in ihrer Mitte aufgefaßt hat, macht das Gebet der Gemeinde in 4,23ff (bes. 4,29f) deutlich. Lukas hebt besonders hervor, daß Heilung in der Gemeinde nicht in eigener Vollmacht, sondern in der abgeleiteten Vollmacht Jesu geschieht, also »im Namen Jesu« (vgl. Apg 3,6. 16; 4,29 u.ö.; vgl. Lk 10,17).

Wichtig ist, daß der Heilungsdienst schon früh über den engeren Jünger- und Apostelkreis hinausgeht und zentraler *Bestandteil des missionarischen Vorstoßes* wird (Stephanus, 6,8; Philippus, 8,6; vgl. Barnabas, 14,3).

Daß Heilungen auch im Dienst des Apostels *Paulus* eine wesentliche Rolle gespielt haben, sagen nicht nur die Apostelgeschichte (14,3; 14,8ff; 16,16ff; 19,11ff; 20,7ff, Totenerweckung; 28,8ff), sondern ebenfalls die paulin. Briefe (Röm 15,18f; 2Kor 12,12). Paulus verweist auch auf den »Erweis des Geistes und der Kraft« (1Kor 2,4; 1Thess 1,5). Damit nimmt er den hebr. Begriff »Wunderkraft« (*gbr*) auf, der auch in den synoptischen Evv. Hauptbegriff für die Heilungstaten Jesu ist (*dynámeis*). Daß Heilungen auch für die *paulinischen Gemeinden* zum gemeindlichen Auftrag gehörten, erweist 1Kor 12,9.28. Auch die Tradition des *Hebräerbriefes* spricht davon, daß der Weg des Evangeliums von Gott selbst durch begleitende Zeichen und Wunder bestätigt worden ist (2,4; vgl. Mk 16, 15.20). Die detaillierteste Anweisung für einen Heilungsdienst gibt *Jakobus* (5,14-16). Sie zeigt, daß sich die Gemeinde vor der Krankheit nicht kampflos zurückziehen darf, sondern ihr im Vertrauen zu Gott, der aus Krankheitsnot retten kann und retten will, betend zu begegnen hat.

6. Theologische Grundfragen.

a. Bei aller Differenziertheit macht die bibl. Botschaft deutlich, daß die Zusammengehörigkeit von *Heil* und *Heilung* in Gottes Willen, den Menschen als sein Ebenbild zu erlösen, tief verwurzelt ist. Im Kommen Jesu wird *Gottes Wille* zur Heilung geschichtliches Ereignis, das sich in der Sendung der Kirche fortsetzt.

b. Heilungen gehören mit der Ankündigung, daß Gottes Herrschaft anbricht, zum zentralen *Auftrag* der Gemeinde. Wir haben von *einem* Auftrag zu sprechen, der in zwei Elemente zerfällt: Predigt und Heilungstätigkeit. Es gibt keinen bibl. Hinweis, daß die Gemeinde von einem Element dieses Auftrages je dispensiert worden ist. Alle bibl. Texte, die auf den Auftrag der Kirche verweisen, enthalten in irgendeiner Form neben dem Auftrag zur Predigt auch den Auftrag zur Heilung.

c. Es ist darum auch nicht angemessen, die Frage nach der Heilung primär unter dem *Blickwinkel der Gaben des Geistes* zu betrachten. Zunächst ist Heilung Auftrag der Gemeinde, auch wenn dieser Auftrag durch die Verleihung von besonderen Gaben (vgl. 1Kor 12,9.28) in der Gemeinde »spezialisiert« werden kann. Heilungsdienst aber ist nicht von Gaben, sondern vom Auftrag Jesu abhängig.

d. Innerhalb der *eschatologischen Geschichtsschau* der Bibel bleiben die Heilungen Anzeichen der mit Jesus anbrechenden Herrschaft Gottes. Sie weisen auf Gottes Königtum und die damit verbundene umfassende Überwindung des Bösen hin. So sehr diese in Jesus Christus *schon* Wirklichkeit ist, so sehr ist sie vor der Parusie *noch nicht* in Kraft durchgesetzt. Bis zur *Wiederkunft Jesu erscheinen Heilungen zwar als zu erwartende Zeichen, aber noch nicht als »Normalfall«.

e. Die ntl. Berichte unterscheiden einerseits deutlich zwischen *Krankheit* und *Besessenheit*, also auch zwischen Heilung und Befreiung, ohne andererseits beide streng voneinander zu scheiden.

f. Wird den Jüngern und damit den Gemeinden der Auftrag zur Heilung gegeben, so bleibt dieser Auftrag an Jesus gebunden. Er geschieht durch Gebet und also im Recht, *»im Namen Jesu«* zu bitten und zu handeln (Lk, Apg, Joh). Heilung ist also Funktion der Gemeinde. Subjekt allen Heilens aber bleibt Jesus selbst.

g. Entgegen dem neuzeitlichen Sprachgebrauch wird in der bibl. Sprache zwischen *Krankheiten* und *Leiden* streng unterschieden. Unter Leiden werden Verfolgungen, Schmähungen und handfeste Nachteile verstanden, die einen Christen um Jesu willen treffen können (Hebr 10,32f; 1Petr 2,19-25; 4,12), nicht aber Krankheiten. Die bibl. Hinweise, der Weg der Christen werde vom Leiden begleitet sein (Apg 14,22; Mt 10,38f par.; 16,24 par.), sind also nicht auf Krankheiten zu beziehen.

h. Ist *Paulus* eine Ausnahme? Bei ihm scheint eine Krankheit zum Dienstauftrag gehört zu haben (2Kor 12,7-10; ist es Krankheit?). Doch auch hier steht die Bitte um Heilung (dreimal) im Vordergrund. Der Verbleib seiner Schwachheit wird durch ein Offenbarungswort Gottes begründet und einsichtig gemacht, also nicht durch ausbleibende Heilung gefolgert.

i. Daß Krankheit im Leben eines Menschen *läuternde Wirkung* hat, mag seelsorgerlich im Einzelfall zutreffen, hat aber im Handeln Jesu und in der bibl. Auffassung von Krankheit und Heilung keine direkte Begründung.

Literatur: W. Bittner: Heilung, Zeichen der Herrschaft Gottes, 1984 (Literatur); ders.: Jesu Zeichen im Johannesevangelium, WUNT II/26, 1987; H. Doeberts: Das Charisma der Krankenheilung, 1960; J. Hempel, O. Michel: BHH II, 1964, 678ff; M. Marsch: Heilen. Biblische Grundlagen des Heilungsauftrages der Kirche, 1983; H.J. Stoebe: THAT II, 1979, 803ff. W.B.S.

KRANKHEIT.

I. EINLEITUNG.

Die Erörterung von Gesundheit, Krankheit, Heilung und Tod in der Bibel wird begrenzt durch:

1. Die Zielsetzung der Bibel, die theologisch, nicht medizinisch ist. Nur die Einzelheiten, die im Gesamtzusammenhang des Weges Gottes zu den Menschen wichtig sind, werden genannt. So reicht z.B. die Mitteilung, daß ein Knecht »gelähmt« war und »große Qualen litt« (Mt 8,6). Wesentlich war die Schwere der K. und der Prognose im Gegensatz zu der Größe der Heilung und göttlichen Macht Christi. Diese K. könnte ein Beispiel von Poliomyelitis mit Atmungslähmungen gewesen sein. Wie bei den meisten K.en in der Bibel war diese Angabe unnötig, selbst wenn sie bekannt gewesen wäre. Es gibt keine Hinweise für eine genaue medizinische Begründung der K. des Knechtes, obwohl manche Krankheitsfälle im AT und NT auf einer anderen Ebene geistlich erklärt werden, z.B. Lk 13,11-16.

2. Das damalige medizinische Wissen. Beschreibungen waren einfach und meist auf das Sichtbare (z.B. Geschwür, Schwellung, Blutung) und/oder das für den Beobachter (Fieber) oder den Patienten (Ruhr, Lähmung) Fühlbare beschränkt.

3. Krankheitsbilder, die sich ständig ändern. Dies gilt besonders für K. mit mikrobiologischem Ursprung. »Pest« bezieht sich auf jede epidemische K. und ist nicht mit der heu-

tigen Yersinia pestis gleichzusetzen. Andere blieben vielleicht jahrhundertelang unverändert. So ist z.B. die Erblindung bei Trachom im Nahen Osten noch häufig und war in bibl. Zeit wohl noch häufiger. Außerdem haben sich die Begriffe zur Beschreibung von K.en selbst in den letzten Jh. erheblich verändert. Trotzdem beruhen die bibl. Krankheitsberichte auf beobachteten Tatsachen. Ernsthafte und ehrliche Männer, zumeist ohne medizinische Kenntnisse, schrieben das, was sie beobachteten, so gut wie möglich auf. Wir haben sie als gewissenhafte Zeugen ernst zu nehmen. Außerdem war das Niveau der medizinischen Behandlung an sich sowie der öffentlichen Hygiene (s.u.) höher als bei den damaligen benachbarten Kulturen.

II. MEDIZINISCHE AUSDRÜCKE.

1. Einige allg. (nicht-medizinische) Begriffe zur Beschreibung von K., Heilung und Gesundheit.

a. Im Alten Testament: Das hebr. *chālā* wird gebraucht für »schwach sein« (Substantive *cholī* und *machalā*) und bedeutet allg. den Mangel oder die Abwesenheit der natürlichen Lebenskraft eines Menschen, unabhängig von ihrer Ursache (physisch oder psychisch); ebenso *madweh* (5Mo 7,15; 28,61) und *dābār* (Ps 41,8), was »eine Sache« (d.h. böse Sache) bedeutet. *rāpā'* (heilen) ist sehr gebräuchlich für Heilung und wird in 1Mo 50,2 (zweimal) für »Arzt« gebraucht (2Chr 16,12, Hiob 13,4; Jer 8,22). Andere atl. Begriffe schließen *chājā* (wiederbeleben) und *schūb* (wiederherstellen) ein. Die Worte für Gesundheit werden im AT selten, und dann immer bildlich gebraucht (z.B. Jer 30,17; 33,6; Ps 42,11; Spr 12,18).

b. Im Neuen Testament: K. wird gewöhnlich durch die griech. Substantive *astheneia* (Schwachheit), *malakia* (Unglück) – nur dreimal bei Mt benutzt – oder die Verben *astheneō* (schwächen) oder *kakōs echein* (wörtl. »es schlecht haben«) und einmal (Jak 5,15) *kamnō* (krank sein, schmerzen) beschrieben. Das Adjektiv *arrhōstos* (nicht kräftig) wird viermal gebraucht (z.B. Mk 6,13); *mastix* (ein Schlag) wird nicht nur wörtl., sondern auch bildlich für K. verwendet – s.u. Pest. Die gebräuchlichsten nicht-fachlichen Ausdrücke für Heilung und Gesundheit sind *ischyō* (stark sein) und *hygiainō* (gesund sein), während *sōzō* und *diasōzō* (retten) sowohl für körperliche wie geistige Heilungen verwendet werden (s.u. Lepra). *stereoō* (aufrichten, stark machen) wird in Apg 3,16 gebraucht, wo auch *holoklēria* (vollkommene Gesundheit) erscheint, was möglicherweise aktive Wiederherstellung zum normalen Leben sowie physisches Wohlsein anzeigt.

2. Einige Fachausdrücke zur Beschreibung von Krankheit und Heiligung im Neuen Testament.

Obwohl *nosos* (Krankheit) ein spezifischer Ausdruck ist, wurde er nur für K. allg., nicht für Einzelfälle benutzt (z.B. Mt 4,23; 8,17; Lk 4,40; 6,17; Apg 19,12 usw.). Zu spezifischeren Ausdrücken s.u. Die Verben für heilen sind *therapeuō* (pflegen), *iaomai* (heilen) und *apokathistēmi* (wiederherstellen). Die medizinische Fachsprache von Lukas und sein diskretes Schweigen über das Versagen seiner Kollegen bei der Behandlung der blutflüssigen Frau (vgl. Lk 8,43 mit Mk 5,26; s.u. Ausfluß, Blutfluß und Menstruation) weist hin auf seine medizinische Ausbildung. Nur Lukas zitiert »Arzt, hilf dir selber« (4,23). *ripsan* (niederwerfen; Lk 4,35) ist ein medizinischer Ausdruck zur Beschreibung epileptischer Krämpfe; auch *blaptein* (verletzen) ist ein medizinischer Fachausdruck (F.R.W. Stott, Men with a Message). *lēros* (Geschwätz; Lk 24,11) ist ein medizinischer Ausdruck zur Beschreibung des zusammenhanglosen Geredes eines fiebernden oder geisteskranken Patienten (W. Barclay, Commentary on Luke).

3. Weitere medizinische Ausdrücke.

Ausfluß; Blutfluß. Abgesehen von der allgemeineren Bedeutung von »Ausfluß« benutzt die Bibel das Wort auch im Zusammenhang mit K. In 3Mo 15,2ff bezeichnet das hebr. *zōb* eine Eiterung, die den Betroffenen rituell unrein machte. In 3Mo 12,7; Mt 9,20; Mk 5,25; Lk 8,43f, verweisen das hebr. *māqōr* und griech. *rhysis* und *haimorrhoeō* (das letztere wird in 3Mo 15,33 gebraucht, LXX) auf einen Blutfluß hin. Es ist möglich, daß die Frau aus Lk 8,43 eine Menorrhagie hatte, s.u. Menstruation.

Aussatz. Das übliche, so übersetzte atl. Wort ist *sāra'at* (3Mo 12-14). Die LXX übersetzt es mit Lepra, das auch im NT verwendet wird. Beide Ausdrücke waren unspezifisch, laienhaft und ohne die Genauigkeit des heutigen Wortes »Lepra«, einer Infektion durch Mycobacterium leprae. *sāra'at* ist hauptsächlich ein Wort, das rituelle Unreinheit oder Beschmutzung durch das Vorhandensein farbiger Flecken beschreibt. Dasselbe Wort wurde gebraucht zur Beschreibung menschlicher Hautkrankheit (3Mo 13,1-46), Verfärbung von Wolle, Leder, Leinen (V. 47-59) und sogar von Hauswänden (14,33-57). Daher dürfte *sāra'at* nicht wirkliche Lepra bezeichnet haben (obwohl diese dazugehört haben könnte). Das Wort »Aussatz« erscheint im NT nur in den Evv. und wurde nur für menschliche K. gebraucht. Der Beweis für die Unreinheit, auf der die Diagnose basierte, hing ab vom Vorhandensein pigmentloser (blasser) Hautflekken oder verfärbter oder dunkler Flecken auf der Oberfläche von Gegenständen. Manche der in 3Mo 13-14 beschriebenen Züge treten bei Lepra nicht auf. Manche lassen andere Zustände vermuten wie eine an eine Eiterbeule anschließende Wundrose (3Mo 13,19), Infektion infolge einer Verbrennung (V. 24), eitrige Hautentzündung (V. 36) usw. Aussatz ist ein sich so langsam entwickelnder Prozeß, daß man ihn nicht in den 7 Tagen aus 3Mo 13,4-6 erkennen konnte. Zweifellos gab es um 600 v.Chr. Lepra in Indien und um 400 v.Chr. in Europa. Es gibt keinen Beleg aus der Zeit des AT oder gar des Auszuges aus Ägypten, obwohl es sie mit Sicherheit zur Zeit des NT gab. (Für eine genaue Untersuchung zu diesem Thema s. S.G. Browne, Leprosy in the Bible).

Blindheit. Hebr. *ʿiwwēr,* »geschlossen« oder »zusammengezogen«, und das verwandte *ʿiwwārōn, ʿawweret* und *sanwērīm,* »Blindheit«, griech. *typhlos.* Blindheit war in bibl. Zeit im ganzen Nahen Osten üblich. Vermutlich waren verschiedene Krankheiten dafür verantwortlich. Trachom könnte, wie heute noch in manchen Teilen, häufig aufgetreten sein und Blindheit im Säuglingsalter verursacht haben. Genorrhöe der Mutter kann die Augen des Kindes während der Geburt infizieren und zur Blindheit führen. Manchmal hielt man Blindheit für eine Strafe Gottes, wie in 5Mo 28,28-29. Markus beschreibt die faszinierende Begebenheit eines zweistufigen Wunders Jesu an einem Blinden (Mk 8,22-25) in Betsaida. Beim ersten Wunder führte Jesus den Blinden aus dem Dorf, legte Speichel auf seine Augen, und jener konnte »sehen«. Vermutlich weil er keine Vorstellung vom Sehen hatte, konnte er die Bilder, die er sah, jedoch nicht interpretieren (V. 24). »Menschen« sahen wie »Bäume« aus; das ist ein bekanntes Phänomen bei solchen, die nie sehen konnten und dann durch Operation das Sehvermögen erlangen. Jesus wirkte darauf ein weiteres Wunder. Wiederum auf eine einfache Berührung hin »sah er alles deutlich« (V. 25). Hätte der Mann einmal »sehen« gelernt und wäre dann blind geworden, wäre das zweite Wunder nicht notwendig gewesen (vgl. Mt 9,27-31; 12,22; 20,29-34; 21,14).

Brand. Hebr. *sārebet,* eine »Verbrennung« oder »Versengung«. Zweimal verwendet für eine Hautstörung (3Mo 13,24.28) und einmal bildlich (Spr 16,27). Es ist nicht klar, ob es sich hier um einen tatsächlichen Brand durch Feuer oder einfach eine Hautstörung mit brennendem Empfinden handelt.

Darmvorfall. Joram (2Chr 21,15.18-19) wurde »mit einer unheilbaren Krankheit« in seinen Gedärmen geschlagen. Nach zwei Jahren traten seine Gedärme heraus und er starb »unter schlimmen Schmerzen« (*tachalūʾīm* – ein Pluralwort, das an keiner anderen Stelle so übersetzt wird; in Jer 16,4 wird es mit »böser Krankheit« und in Ps 103,3 mit »Gebrechen« übersetzt). Es war höchstwahrscheinlich chronische Ruhr, die, wenn sie sehr ernst und langandauernd ist, gelegentlich durch einen Dickdarmvorfall erschwert werden kann, der zu einer Darminvagination führt. Das könnte der Grund für diesen schmerzhaften Tod gewesen sein.

Eiterbeule. Hebr. *sechīn,* »brennend«; ein allg. Begriff, den das AT für verschiedene Arten örtlicher Entzündungen verwendet. Zu den »Blattern« s. *Plagen Ägyptens. 3Mo 13, 18-24 erwähnt Eiterbeulen im Zusammenhang mit dem, was dort als Aussatz bezeichnet wird, während Hiobs Geschwüre (2,7), die man verschieden diagnostiziert hat, möglicherweise tuberkulöse Lepra waren. »Das ägyptische Geschwür« von Kopf bis Fuß (5Mo 28,27.35) war vermutlich eine der vorwiegend in Ägypten vorkommenden Hautkrankheiten (vgl. Plin. nat. 26.5) wie epidemische Geschwüre oder bösartige Pusteln. Hiskias Geschwür (2Kön 20,7; Jes 38,21) war vermutlich ein Karbunkel.

Entzündung. Hebr. *dalleqet* (nur 5Mo 28,22). Die Schmerzen durch Schwindsucht, Fieber und Entzündung und durch das Klima (Hitze und Trockenheit) bildeten zusammen eine schreckliche Aussicht. Die Begriffe sind zu vage, um eine medizinisch genaue Interpretation zu erlauben.

Epilepsie. Griech. *selēniazomai,* »mondsüchtig sein«, erscheint zweimal (Mt 4,24; 17,15). Man glaubte, daß sich die Schwere der Epilepsie nach dem Mondverlauf richtete. Der in Mt 17,15 beschriebene Junge hatte scheinbar eine typische »Grand-mal«-Epilepsie (vgl. Mk 9,17-29; Lk 9,38-42). Außerdem war er wohl von Dämonen besessen, ein Zustand, der möglicherweise von Epilepsie unterschieden wurde (Mt 4,24).

Fieber. Hebr. *qaddachat,* »brennende Hitze« (5Mo 28,22); griech. *pyretos,* »feurige Hitze« (Lk 4,38; Joh 4,52; Apg 28,8 usw.). Ein allg. Ausdruck, der für verschiedene Leiden gebraucht wird, die eine erhöhte Temperatur bewirken. Lukas (4,38) beschreibt, daß die Schwiegermutter von Petrus »hohes Fieber« hatte. Das weist darauf hin, daß er im Gegensatz zu Mt (8,14) und Mk (1,30) die unterschiedlichen Temperaturhöhen und den Ernst ihres Zustandes erkannte.

Geburt. Obwohl die Entbindung ein normaler und gesunder Vorgang ist, erscheint es angemessen, ihn hier aufzunehmen. Geburtshilfe lag in der Hand von Frauen, die vermutlich beträchtliche Erfahrung, wahrscheinlich aber wenig medizinisches Fachwissen und kaum Ausbildung hatten (1Mo 38,27-30; 2Mo 1,15-21; Hes 16,4-5). Zum Geburtsstuhl (2Mo 1,16, hebr. *'obnajim,* wörtl. »Doppelstein«, was vermutlich seinen Ursprung anzeigt) wie er in Ägypten üblich war, s. *Hebamme.

Geisteskrankheit. Mehrere unterschiedliche, unspezifische Worte werden gebraucht. Die wichtigeren sind: Hebr. *hōlēlā, hōlēlūt,* »Torheit, Tollheit oder Prahlerei« (Pred 1,17; 2,12; 7,25; 9,3; 10,13). Hebr. *schiggā'ōn,* »Verrücktheit«, »Irrsinn«; Verrücktheit als Strafe Gottes (5Mo 28,28; Sach 12,4). Griech. *anoia,* »Vernunftlosigkeit«, die zu Torheit (2Tim 3,9) oder Raserei (Lk 6,11) führt. In keinem Fall ist im modernen Sinn eine geistige Krankheit, sondern unausgeglichenes Verhalten gemeint. Griech. *paraphronia,* »Torheit« (2Kor 11,23; 2Petr 2,16). Griech. *mania* (Apg 26, 25). Paulus sagte, er habe keine (wörtl.) Manie bekommen, nachdem Festus ihn der Raserei (*mainomai*) beschuldigt habe (vgl. Joh 10,20).

Die wiederholten Anfälle von Geisteskrankheit bei *Saul und der ernsthafte Anfall bei *Nebukadnezar sind mit einiger Ausführlichkeit geschildert. Saul (1Sam) hatte viele Gaben, aber er war in mancher Hinsicht einseitig. Z.B. war er sehr von der Meinung anderer abhängig. Er war wiederholt depressiven Stimmungen unterworfen. In seinem späteren Leben hatte er Wahnvorstellungen und war reizbar, was ältere Depressionspatienten charakterisiert, obwohl Mordneigungen wie die seinen bei Depressionen eher ungewöhnlich sind. Läßt sein Freitod auf das Krankheitsbild eines depressiven Neurotikers schließen? Nebukadnezar, agil und jähzornig, besaß eine übermanische Persönlichkeit, d.h. eine Neigung, eine manisch-depressive Psychose zu entwickeln. Seine Krankheit (Dan 4,28f) dauerte lange und trat auf, als er vermutlich Mitte der Fünfzig war. Obwohl er sein Bewußtsein behielt, war er zum Regieren völlig unfähig. Es gibt keinen Hinweis auf eine organische Ursache. Er erholte sich aber am Ende (V. 33) völlig. Heute würde man vielleicht von einer rückblickenden Melancholie sprechen.

Geschwulst. Hebr. *jabbelet* (3Mo 22,22; vgl. LXX *myrmēkiōnta*). Gehört zu einer Liste von Makeln, die ein Tier für das Opfer des Herrn ungeeignet machten. Gemäß der jüd. Tradition meint das hebr. Wort »an Warzen leiden«.

Jucken. Hebr. *cheres,* »Hitze, Jucken«. Ein Hautzustand, vermutlich einem Ekzem ähnlich; gehört zu den Plagen (»die nicht geheilt werden können«), womit die Ungehorsamen bestraft wurden (5Mo 28,27). Es gibt keine Angaben für eine medizinisch genaue Identifikation. Hebr. *neteq* (3Mo 13,30-37; 14,54). Ein allg. Ausdruck, wahrscheinlich ein störender Hautausschlag, manchmal für ein Zeichen von Lepra gehalten, s.a. Krätze.

Krätze, Pusteln. Hautkrankheiten sind im Orient häufig, und es ist oft schwierig, die in der Bibel erwähnten genau zu identifizieren und voneinander zu unterscheiden. »Krätze« z.B. steht für vier verschiedene hebr. Worte. *gārāb,* 5Mo 28,27; 3Mo 21,20; 22,22 (LXX *psora;* Vulg. *scabies*). Zu diesen Flüchen zur Strafe für die Ungehorsamen gehörte offensichtlich eine chronische Krankheit, die den Kopf mit einer dicken Kruste überzog und manchmal den ganzen Körper bedeckte. Sie wurde für unheilbar gehalten. *jallepet,* »schorfig« (LXX: *leichēn*). Ein Makel, die einen Mann zum Priesteramt (3Mo 21,20) aber auch ein Tier zum Opfer (3Mo 22,22) ungeeignet machte. Es könnte eine andere Form von *gārāb* sein. *sappachat,* »Fleck«, (3Mo 13,2; 14,56). *mispachat,* (3Mo 13,6-8). Eine Verbform (*sippach*) steht in Jes 3,17: »den Scheitel kahl machen«.

Lähmung, Ohnmacht. Die griech. Worte für einen Gelähmten, *paralytikos* (z.B. Mt 4,24; 9,2; Mk 2,3) und gelähmt sein, *paralyomai* (z.B. Lk 5, 18.24; Apg 8,7; 9,33) sind ähnlich und unspezifisch. Manche Arten von Lähmung in bibl. Zeit waren eindeutig nicht lebensgefährlich, da Patienten ungeachtet ihrer Lähmung viele Jahre überlebten. Der Knecht des Hauptmanns (Mt 8,6) war gelähmt und »litt fürchterliche Qual«. Das könnte eine Beschreibung der gefürchteten Atmungslähmung bei manchen Arten von spinaler Kinderlähmung sein.

Menstruation. Hebr. *dāwā* oder *dāweh,* »krank«, »menstruierend« (3Mo 12,2.5; 15,33; 18,19; 20,18). Dieser normale, physiologische Zug in der fruchtbaren Lebensphase der Frau machte sie rituell unrein. Vermutlich litt die blutflüssige Frau (Mk 5,25; Lk 8,43: *rhysei haimatos,* »ein Blutfluß«; Mt 9,20: *haimorrhoeō,* »den Blutfluß haben«; das zweite Wort wurde in griech. medizinischen Schriften und in der LXX in 3Mo 15,33 für »menstruierend« verwendet) an Menorrhagia, einer K., bei der der menstruelle Blutfluß unnormal lange dauert – in ihrem Fall 12 Jahre – und Anämie verursacht haben könnte.

Pest, Seuche. Hebr. *deber,* »Pest, Seuche«. Dieses Wort bedeutet ursprünglich »Vernichtung«, wird aber umfassend für alle Arten von Unglück gebraucht, oft im Zusammenhang mit Schwert und Hungersnot (diese drei Übel gehen gewöhnlich Hand in Hand, vgl. Jer 14,12; Hes 6,11 usw.) und mit göttlicher Strafe. Es beschreibt auch die ansteckende Seuche, die 70 000 Israeliten tötete, nachdem David das Volk gezählt hatte (2Sam 24,15; vgl.

Jos.ant.Jud. 7.326) und ist vermutlich dasselbe Unglück, das 185 000 Männer Sanheribs vernichtete (2Kön 19,35; Jes 37,36). Dasselbe Wort findet sich in Salomos Weihegebet (1Kön 8,37; 2Chr 6,28) und wird in unüblicher Weise gebraucht zur Beschreibung der Wirkung Gottes auf den Tod in Hos 13,14. Als »Viehseuche« übersetzt meint es eine Tierkrankheit (2Mo 9,3; vgl. Ps 78,50). Hebr. *maggēpā*, »Seuche, Qual« (2Mo 9,14; Sach 14,12 usw.). Hebr. *makkā*, »quälend; schlagend« (3Mo 26,21; Jer 19,8 usw.). Hebr. *nēgaʿ*, »Berührung, Schlag, Qual«. Das Wort wird oft mit Aussatz in Verbindung gebracht (3Mo 13-14), kennzeichnet aber jedes große Unglück oder Elend (Ps 91,10 u.ö.) oder innere Krankheit (1Kön 8,38). Hebr. *negep*, »Fehltritt, Seuche« (2Mo 12,13; Jos 22,17 u.ö.). Griech. *mastix*, »Plage, Geißel, Seuche« (Mk 3,10; 5,29.34; Lk 7,21). Dies wird als allg. Bezeichnung für K. gebraucht. Griech. *loimos*, »Plage, Seuche« (Mt 24,7 in einzelnen Handschriften; Lk 21,11; vgl. Jos.bell.Jud. 6.421). In beiden Bibelstellen steht es mit Hungersnot (griech. *limos*) in Verbindung. Griech. *plēgē*, »Stoß, Seuche«. Dieses Wort wird so nur in Offb (9,20; 11,6 usw.) übersetzt in Verbindung mit dem Gericht, das über die Bösen kommt.

Ruhr. Die Übersetzung für griech. *dysenteria*, ein von Herodot, Plato, Aristoteles u.a. gebrauchter medizinischer Fachausdruck; die Infektionskrankheit, von der Paulus den Vater des Publius heilte (Apg 28,8). Man hat vermutet, daß die »unheilbare Krankheit« der Gedärme, mit der Gott *Joram belegte, eine chronische Amöbenruhr war (2Chr 21,15.18-19).

Schwindsucht. Hebr. *schahepet*, »abnehmen«. Erscheint in 3Mo 26,16; 5Mo 28,22. Hier ist die Bedeutung nicht völlig klar. Es könnte sich um Tuberkulose, Krebs oder zahlreiche andere Krankheiten mit begleitender Abmagerung handeln. Als die Kinder Israels in Ägypten waren, gab es dort Tuberkulose (D. Morse et al., Tuberculosis in Ancient Egypt).

Stummheit. Hebr. *ʾillēm*, »stumm, gebunden, festgebunden«, *dūmān*, »still«, *ʾālam*, »stumm, gebunden, festgebunden sein«. Griech. *alalos*, »sprachlos«, *aphōnos*, »stimmlos«, und sehr gebräuchlich *kōphos*, »stumpf, stumm oder taub«. Diese Krankheit erscheint in der ganzen bibl. Geschichte. Ihr kann keine spezielle Ursache zugeschrieben werden. Manchmal war es Zeichen der Besessenheit durch Dämonen (z.B. Mt 9,32.35; 12,22). Zacharias war zeitweilig stumm (Lk 1,20.22.64) durch ein Handeln Gottes aufgrund seines Unglaubens. Der taube Mann aus Mk 7,32 war mit großer Wahrscheinlichkeit nicht stumm, obwohl er der »Taubstumme« genannt wird.

Taubheit. Hebr. *chērēsch*, »still«; griech. *kōphos*, »abgestumpft, unempfindlich, stumm«. Die Israeliten mußten freundlich sein zu Tauben (3Mo 19,14). Jesaja prophezeite, daß der Taube hören sollte (29,18; 35,5; 42,18). Diese Prophezeiung wurde durch Jesus erfüllt (Mt 11,5; Mk 7,37). Ein von Jesus geheilter Mann war taub und hatte einen Sprachfehler (*mogilalos*, »Sprechen mit Schwierigkeit«, Mk 7,32). Dieser war wohl seiner Taubheit, aber offenbar auch einem mechanischen Fehler zuzuschreiben, wie der Ausdruck »die Fessel seiner Zunge« vermuten läßt. Es war zweifellos bedeutsam, daß sein Gehör zuerst geheilt wurde. Manche Gelehrte meinen, der Mann sei taubstumm gewesen, aber das Griech. legt das nicht nahe. Wahrscheinlicher ist, daß er Geräusche machen konnte. Diese formten jedoch, da er sie (oder die Worte anderer Menschen) nicht hören konnte, keine normale Sprache. Zacharias war zeitweise taubstumm (Lk 1,20.22.64).

Tumor. Die Philister in Aschdod eroberten die Bundeslade, und der Herr »schlug sie mit bösen Beulen« (hebr. *ʿopālīm*, »Tumor« oder »Beule«, 1Sam 5,6). Die Grundbedeutung des hebr. Wortes ist »aufschwellen«, daher der Name des Berges *Ofel in *Jerusalem. Das Wort könnte ein medizinischer Fachausdruck sein. Als die Bundeslade nach Gat gebracht wurde, brachen bei Jung und Alt Beulen aus (5,9), und viele starben (5,11-12). Nach sieben Monaten wurde die Bundeslade nach Israel zurückgebracht mit den goldenen Abbildern von fünf Beulen und fünf »Mäusen« (hebr. *ʿakbar*), ein ungenaues Wort, das »fressend« bedeutet und sich auf Mäuse, Ratten und Wüstenmäuse bezieht, die im Nahen Osten häufig sind (G.S. Cansdale, Animals of Bible Lands). Sowohl Ratten wie Wüstenmäuse sind bekannt als Überträger von Erregern der Beulenpest. Die Beschreibung, wie sich eine Seuche entlang der Handelswege ausbreitet und beulenartige Schwellungen oder Tumore sowie eine manchmal lebensgefährliche Krankheit verursacht, vergleicht diesen Vorgang mit vielen Mäusen, die das Getreide verderben, (6,5), was auf Beulenpest hinweisen könnte. Es ist möglich, daß auch die siebzig Toten in Bet-Schemesch ihr erlagen, »weil sie (in?) die Bundeslade des Herrn schauten« (6,19). Die Erklärung für die Anzahl der (fünf Mäuse- und Beulen-) Abbilder bietet 6,16-18.

Unfruchtbarkeit. Wenn eine Frau keine Kinder hatte, war das im Orient nicht nur eine traurige Sache, sondern eine Schande, die zur Scheidung führen konnte. Das ist der Grund für Saras verzweifeltes Lachen (1Mo 18,12), Hannas stilles Gebet (1Sam 1,10ff), Rahels leidenschaftliche Alternative von Kindern oder Tod (1Mo 30,1) und Elisabeths Ausruf, daß Gott ihre Schande von ihr genommen habe (Lk 1,25). Der Schrecken des kommenden Gerichtes über Jerusalem wird betont durch die unglaubliche Feststellung: »Gesegnet sind die Unfruchtbaren . . .« (Lk 23,29). Man glaubte, die Gabe von Kindern oder ihr Nichtbesitz sei ein Zeichen von Gottes Segen bzw. Fluch (2Mo 23,26; 5Mo 7,14), was auch für die Fruchtbarkeit oder Unfruchtbarkeit des Landes galt (Ps 107,33-34).

Verdorrte Hand. Griech. *xēros* (Mt 12,10; Lk 6,6.8), »trocken, verdorrt«, kennzeichnet eine Hand, bei der die Muskeln gelähmt und zurückgebildet sind, wobei das betroffene Glied kürzer und dünner als normal ist – ein chronischer Zustand, der in bibl. Zeit als unheilbar galt. Manche halten es für eine späte Komplikation der Kinderlähmung. Lukas berichtet, daß die rechte Hand des Mannes betroffen war.

Wassersucht. Griech. *hydrōpikos,* »voller Wasser« (Lk 14,2). Wassersucht (Aszites) ist an sich keine K., sondern Zeichen einer Herz-, Nieren- oder Leberstörung.

III. DIE BEHANDLUNG DER KRANKHEIT.

Die Therapien der Bibel sind die zu jener Zeit üblichen und werden in allg. Ausdrücken beschrieben, z.B. Spr 17,22; Jer 46,11. Lokale Anwendungen werden häufig für Wunden genannt (Jes 1,6; Jer 8,22; 51,8). Für die Eiterbeule von Hiskia empfahl Jesaja einen »Feigenkuchen« (Jes 38,21). Der barmherzige Samariter gebrauchte Wein und Öl (Lk 10,34). Solche Behandlung ist jedoch oft erfolglos, wie im Falle der blutflüssigen Frau (Mk 5,26). Oder der Zustand an sich ist unheilbar, wie bei *Mefiboschet (2Sam 4,4). Der Hinweis auf einige Krankheiten in 5Mo 28,27 enthält eine gewisse Verzweiflung. Es überrascht nicht, daß die Behandlung manchmal mit Aberglauben verbunden war wie bei Leas und Rahels Versuch, sexuelles Verlangen bei Unfruchtbarkeit durch Liebesäpfel zu steigern (1Mo 30,14-16). Wein wird zweimal als Medikament und Anregungsmittel erwähnt (Spr 31,6; 1Tim 5,23). Das Wort Arzt wird kaum gebraucht, beinhaltet aber weitgehend das uns bekannte Berufsbild (hebr. *rāpā,* z.B. 2Mo 15,26; Jer 8,22; griech. *iatros,* Mk 5,26; Lk 8,43). Asa wird verurteilt (2Chr 16,12), weil er »Ärzte« befragt hat. Es könnte sich dabei um heidnische Priester handeln, die mit ihrer Behandlung unter die Abhängigkeit fremder Götter führen. Der Grund der Verurteilung war, daß »er nicht den Herrn suchte«. Hiob verurteilt seine Tröster als »unnütze Ärzte« (Hiob 13,4). Im NT werden Ärzte von Christus zweimal sprichwörtl. erwähnt (Lk 4,23; 5,31). Sie werden bei der Begebenheit mit der blutflüssigen Frau genannt (Lk 8,43). Paulus bezeichnet Lukas als »den geliebten Arzt« (Kol 4,14).

Die jüd. Religion unterschied sich von den meisten heidnischen dadurch, daß das Amt des Priesters und das des Arztes praktisch streng getrennt waren. Die Feststellung der Diagnose, ob es sich um Aussatz handelte oder nicht, war eine Ausnahme, da es sich dabei um eine kultische Unreinheit handelte (3Mo 13,9-17; Lk 17,14). Propheten wurden nach der Prognose gefragt (s. z.B. 1Kön 14,1-13; 2Kön 1,1-4; 8,9; Jes 38,1.21). Eine primitive Form von Knocheneinrichtungen wird in Hes 30,21 erwähnt. Es ist bemerkenswert, daß die medizinische Praxis sich in ihren wesentlichen Teilen in den Jh., in denen die in der Bibel beschriebenen Ereignisse stattfanden, so wenig veränderten, daß es möglich ist, von der gesamten Periode zu sprechen, als sei es eine relativ begrenzte Zeit. Es gab darin, im Unterschied zur babylon. und ägypt. Heilkunde, kaum ein Element, das im modernen Sinn als wissenschaftlich bezeichnet werden könnte.

IV. HYGIENE UND SANITÄRE EINRICHTUNGEN.

Die jüd. Medizin übertraf die der zeitgenössischen Völker u.a. aufgrund der bemerkenswerten mosaischen Hygienegesetze (vgl. 3Mo 15). Obwohl im allg. von einem Gesetzeskodex gesprochen wird, sind die einzelnen Gesetze über den Pentateuch verstreut. Man darf dabei nicht vergessen, daß das, was wir heute als Hygiene bezeichnen, für Israel in den Zusammenhang der kultisch gedachten Reinheitsvorschriften fiel. Nicht die Gesundheit, sondern die Reinheit, also die Fähigkeit zur Teilnahme am Gottesdienst, war das höchste Ziel. Wichtig ist das vor allem für die bibl. Bewertung der Lepra, des Aussatzes, der nicht als K., sondern als Unreinheit bezeichnet wird. Die Grenze zwischen K. und Unreinheit wird für die Bibel sehr scharf gezogen. Und doch ist der im modernen Sinn »hygienische« Aspekt der kultisch gedachten Reinheitsvorschriften nicht zu übersehen. Die Juden hätten die Zeit in der Wüste und die vielen anderen Schicksalsschläge, die sie erlitten, ohne diese Gesetze vielleicht nicht überlebt. Sie befassen sich mit der öffentlichen Hygiene, der Wasserversorgung, der Abwasserbeseitigung, der Kontrolle und Auswahl der Nahrung und Kontrolle der Infektionskrankheiten. Das Interessanteste an diesen Gesetzen ist, daß sie ein Wissen implizieren, das die Israeliten unter den Gegebenheiten des Auszuges und der Wüstenwanderung schwerlich selber entdeckt haben konnten, z.B. das Verbot, Fleisch von Schweinen und eines natürlichen Todes gestorbenen Tieren zu essen, das Vergraben oder Verbrennen von Exkrementen und das Wissen um den ansteckenden Charakter mancher K.en. Das Verbrennen von Exkrementen (2Mo 29,14) war eine besonders kluge Vorschrift für ein wanderndes Volk, da zum gründlichen Vergraben keine Zeit bestand. Die Verbreitung von K. wurde dadurch wirksam vermieden. Das Wort »Quarantäne« geht zurück auf die jüd. Handhabung einer Absonderungsperiode von 40 Tagen bei Patienten mit unbekannter K. (3Mo 12,1-4). Dies wurde von den Italienern wegen der relativen Immunität der Juden gegenüber bestimmten K.n im 14. Jh. übernommen. In mancherlei Hinsicht hat die bibl. Sichtweise von K. und Gesundheit die moderne medizinische Praxis beeinflußt. Sie ist vielleicht moderner, als allg. angenommen wird. Die Geschichte vom barmherzigen Samariter (Lk 10,30-37) bietet ein Pflegeideal, das die medizinischen und para-medizinischen Berufe immer inspiriert hat und Selbstlosigkeit und Fürsorge symbolisiert. Man findet in der Bibel praktisch nichts über das Heilmittel »Familie«, obwohl bei den Juden das Ideal der Ehe sehr hoch im Kurs steht.

V. DÄMONISCHE BESESSENHEIT.

Das außergewöhnliche Phänomen der dämonischen Besessenheit, seit der apostol. Zeit beinahe ohne Parallele, ist eindeutig eine Erscheinung sui generis. Den Berichten nach trat es zur Zeit Christi häufiger auf als zu irgendeiner anderen Zeit. (Vgl. den Bericht über Saul: »ein böser Geist vom Herrn quälte ihn«, 1Sam 16,14-15). Es scheint, als ob Satan zu jener Zeit besonders aktiv gewesen sei, um die Wirkungen der Wunder Christi und seiner Apostel zu unterlaufen. Dämonische Besessenheit war real und kann nicht einfach als geläufige Interpretation rein physischer oder geistiger Gebrechen von unwissenden (aber ernsthaften) Menschen »erklärt« werden. Jesus selber stellte diese Diagnose und nahm sie von anderen an.

Diejenigen, die von »Dämonen besessen waren« (griech. *daimonizomenos,* »dämonisiert«) konnten von dem innewohnenden Geist als Sprachrohr gebraucht werden; sie besaßen oft begleitende körperliche Anzeichen wie Stummheit (Mt 9,32), Blindheit (Mt 12,22), Epilepsie (Lk 9,37-43) oder geistige Verwirrung (Mk 5,1-20). Insbesondere waren sie in der Lage, die Gottheit Jesu zu erkennen, und wußten, daß sie seiner Autorität unterworfen waren. Trotzdem kann man dämonische Besessenheit nicht zweifelsfrei mit Epilepsie oder geistiger Verwirrung im allg. identifzieren, und sie werden von den Synoptikern und in der Apg (5,16) auch unterschieden. Jesus beauftragte die Jünger, die Kranken »zu heilen«, (*therapeuō*), aber die Dämonen und unreinen Geister »auszutreiben«, (*ekballō*), wie Jesus den unreinen Geist »bedrohte«, d.h. tadelte (*epitimaō*) und den Knaben »heilte« (*iaomai*). Dabei legt er nahe, daß die Anwesenheit des unreinen Geistes (der »getadelt« wurde) mit der körperlichen oder geistigen Krankheit - vermutlich Epilepsie –, die geheilt wurde, wohl in Verbindung gebracht wurde, aber davon unterscheidbar blieb. Es gibt unterschiedliche Grade der Besessenheit, wie es sich bei dem Mädchen zeigt, das »von einem bösen Geist übel geplagt« wurde (*kakos daimonizetai;* Mt 15,22). Zwischen dem Mann mit einem »unreinen Geist« (Mk 5,2), dem »Besessenen« (*daimonizomenos;* Mk 5, 15-16) oder dem Mann, der »von Dämonen besessen gewesen war« (V. 18), wie derselbe Mann beschrieben wird, gibt es keinen bemerkenswerten Unterschied.

V. DIE BIBLISCHE SICHT VON KRANKHEIT.

Die Themen von Leiden und K. in der Bibel stehen in engem Zusammenhang mit den Fragen nach dem Wesen und Ursprung des Bösen selber. Leiden ist eine menschliche Erfahrung mit unterschiedlichen Ursachen und eine der Folgen menschlicher Sünde. Im Falle des Leidens durch K. ist die Verbindung gewöhnlich nicht offensichtlich, obwohl die K. manchmal in direktem Zusammenhang steht. Aus dem Bericht über den Sündenfall des Menschen wird deutlich, daß der Mensch kurz darauf Unsicherheit, Furcht und Schmerz kannte (1Mo 3,16.17). Hier wird *ʿissābôn* besser mit »Schmerz« übersetzt, und zwar geistlicher Schmerz (1Mo 4,13). Der direkte Zusammenhang von Sünde und Leiden wird schnell komplexer, aber den Völkern, die Gott im allg. gehorsam waren, wurde Freiheit von K. versprochen (2Mo 15,25-16; 3Mo 26,14-16; 5Mo 7,12-16 und Kap. 28, besonders V. 22.27.58-61). Andererseits ist die Pest eines der drei schmerzhaften Gerichte über das Volk Gottes (Jer 24,10; 32,24; Hes 14,21) und andere Völker, z.B. Philister (1Sam 5,6) und Assyrer (2Kön 19,35). Es gibt Stellen wie Ps 119,67, wo der Sünder selber einbezogen ist, und den Fall des geheilten hilflosen Mannes (Joh 5,1-16), wo sein eigener Fehler vielleicht impliziert wird (V. 14). Davids Sünde bewirkte Trübsal für andere (2Sam 24,15-17). Insgesamt ist menschliches Leiden durch K. oder etwas anderes die Wirkung der geistlichen Kränklichkeit der menschlichen Gesellschaft auf den einzelnen. In Hiob 1 ist etwas von der Aktivität Satans zu sehen. Das wird auch deutlich in Apg 10,38, wo die Kranken als solche bezeichnet werden, die in der Gewalt des Teufels waren. Christus selber sprach von der Frau, die »der Satan gebunden hielt« (Lk 13,16).

Gott steht jedoch nicht hilflos dabei. Leiden wird manchmal als Strafe benutzt. Das kann auf nationaler Ebene geschehen. Es ist aber auch im Einzelfall möglich, wie bei *Mose (2Mo 4,24), *Mirjam (4Mo 12,10), *Usija (2Chr 26,16-21), *Jerobeam (2Chr 13,20), *Gehasi (2Kön 5,25-27), *Hananias und Saphira (Apg 5,5.10), *Herodes (Apg 12,21-23) und Elymas (Apg 13,11). Wesentlich mehr Einzelheiten gibt es über den schöpferischen Gebrauch des Leidens (Hebr 12,6-11), wie bei *Jakob, der, nachdem ihm Gott eine K. auferlegt hatte, lernte, Gott ganz zu vertrauen, und geistlich heranreifte, um seinem neuen Namen Israel gerecht zu werden (1Mo 32,24-32). Hiskias K. zeigte seinen Glauben an Gott und fällt vermutlich in diese Kategorie (2Kön 20,1-7). Das Buch Hiob zeigt, daß der wahre Zweck die Beziehung eines Menschen zu Gott ist, nicht seine Haltung gegenüber seiner K. Es geht darum, daß der Mensch Gottes Ehre dient, die von Satan in Frage gestellt wird, geht also über seine individuelle Existenz hinaus. Das AT verneint grundsätzlich die mit großem Geschick von Hiobs »Tröstern« vertretene Ansicht, daß es immer eine Verbindung zwischen persönlichem Leid und persönlicher Sünde gibt. Nach Verwerfung der nur teilweise richtigen Ansicht, daß der Grund für die Existenz des Leidens erzieherischer Natur sei, zeichnet das Buch Hiob das großartige Bild des getrösteten, gerechtfertigten und gesegneten Hiob. Wichtig ist die Erkenntnis, daß die bibl. Sichtweise kein reiner Dualismus ist. Vielmehr zeigt sie das Leiden im Licht der Ewigkeit und in der Beziehung zu einem Gott, der souverän ist und dennoch aufgrund seiner Liebe zu den Menschen Nachsicht übt in seinem Handeln mit der Welt (2Petr 3,9). Die ntl. Schreiber waren sich der sie umgebenden Sorgen und Schmerzen bewußt und schauten daher aus nach der letzten Vollendung, wenn kein Leiden mehr sein wird (Röm 8,18; Offb 21,4). Diese Vorstellung unterscheidet sich von der griech. Idee, daß dem Körper das Böse und dem Geist das Gute innewohne. Die bibl. Sicht der Vergänglichkeit und dennoch der Würde des Leibes findet man deutlich in 2Kor, besonders Kap. 5,1-10 (vgl. auch 1Kor 6,15). Sie ist integrierter Bestandteil des ganzen Menschen und Ausdruck seiner Persönlichkeit.

Literatur: G. Stählin: ThWNT I, 1933, 488ff; A. Oepke: ThWNT IV, 1942, 1084ff; E. Stiglmayr, N.H. Soe, D. Rössler: RGG³, IV, 36ff; s.Literatur bei *Krankenheilung. D.T./W.B.S.

KRAUT s. Kräuter und Gewürze; s. Pflanzen

KRÄUTER UND GEWÜRZE. Hier wird im allg. Sinne von eßbaren, kulinarisch oder medizinisch verwendbaren Pflanzen gesprochen, obwohl Kräuter strenggenommen nur nichthölzerne ein- oder mehrjährige Pflanzen mit jährlich wechseldem Blattwerk sind. Ergänzende Informationen finden sich in den Artikeln *Ernährung, *Kosmetik und *Pflanzen.

Im AT bezeichnet *desche*ʾ normalerweise Gras; *chāsīr*, *ʿēeb* und das weniger übliche *jārāq* (5Mo 11,10; 1Kön 21,2; Spr 15,17) können »Gras«, aber auch »Kräuter« oder »Gemüse« bedeuten. *ʾōrōt* (2Kön 4,39) wird mit »Rankengewächs« (LÜ) oder »Koloquinten« (RevEB) übersetzt. Das NT gebraucht *chortos* für Weidegras, *lachanon* für Kräuter im üblichen Sinn.

Gewürze sind aromatische, von den Völkern im Nahen Osten von alters her sehr geschätzte pflanzliche Substanzen. Gewürzkarawanen bahnten sehr früh die Handelsrouten von N-Indien nach Sumer, Akkad und Ägypten, die später ein wichtiger Faktor im kulturellen Austausch wurden. Viele Gewürze wurden von Mesopotamien und Indien nach Palästina gebracht, einige der gebräuchlichen Produkte wurden in Palästina selbst gewonnen. Zur Zeit des AT wurde der palästin. Gewürzhandel sorgfältig geschützt. Salomo zog beträchtliche Einnahmen aus der Besteuerung der durch sein Territorium ziehenden Karawanen.

Kreuzkümmel, Dill, Zimt und Minze wurden bei der Zubereitung von Speisen (Hes 24,10) und zum Würzen von Wein (Hld 8,2) verwendet. Zur Herstellung von *Weihrauch zu Opferzwecken benötigte man reinen Weihrauch (Harzabsonderungen bestimmter Boswellia-Bäume), Stakte, Galbanum, Balsam und süßes Rohr (2Mo 30,34), während Substanzen wie Kassia, Aloe und Lavendel zu kosmetischen Zwecken verwendet wurden (Est 2,12; Hld 4,14; Mk 14,3; Joh 12,3).

Zu den Vorbereitungen einer Bestattung gehörte es, Gewürze als eine Art Einbalsamierung in die Totengewänder zu legen. Das waren Mixturen aus Myrrhe und Aloe (Joh 19,39) oder, allgemeiner gebräuchlich, »Öle und Salben« (Lk 23,56). Diese hemmten zwar

Myrrhe (Commiphora myrrha). *Das rötliche Harz wird durch Einritzen der Zweige gewonnen.* (FNH)

nicht die Verwesung, dienten aber als Deodorants und Desinfektionsmittel.

Aloe (hebr. *'ahālīm*, Spr 7,17; »Aloebäume« 4Mo 24,6; *'ahālōt* in Ps 45,9; Hld 4,14) ist vermutlich das Adlerholz (Aquilaria agallocha), das heute in Ost-Bengalen, Malakka und Teilen Chinas vorkommt. Die aus Aloeholz gewonnenen Auszüge dienten in bibl. Zeit zur Parfümierung von Gewändern und Betten. Aloebäume wuchsen nie in bibl. Ländern. Ihre Erwähnung in 4Mo 24,6 läßt eher auf die Wertschätzung als auf tatsächliches Vorkommen schließen. Aloeholzauszüge wurden bei der Einbalsamierung von Leichen verwendet (Joh 19,39).

Aloe vera bzw. Aloe barbadensis ist eine völlig andere, lilienartige Pflanze, die ursprünglich im Yemen vorkommt und heute im Mittelmeerraum weit verbreitet ist. Nicht aloinhaltige Extrakte aus ihren fleischigen, schwertähnlichen Blättern werden in der Kosmetik und bei Verbrennungen angewandt.

Balsam (hebr. *serī, sorī*; LXX: *rhētinē*), dessen natürliche Vorkommensgebiete Arabien, Nubien, Somalia und Äthiopien sind, wurde nach Ägypten und Tyrus exportiert (1Mo 37,25; 43,11; Hes 27,17). Vom 11. -17. Jh. wurde der Balsambaum zur Balsamgewinnung in Ägypten und Palästina angebaut. Berühmt für seine Heilkräfte (Jer 46,11) und oft zu kosmetischen Zwecken gebraucht, galt Balsam auch als Symbol für die Befreiung von nationaler Not (Jer 8,22; 51,8). Balsam war vermutlich ein aromatisches Gummiharz (Gemisch aus wasserquellbarem Gummi, alkohollöslichem Harz und ätherischem Öl). Die ursprüngliche Bedeutung des Wortes ist unklar und kann heute keiner Pflanze zugeordnet werden. Manche verstehen unter dem *sorī* aus 1Mo 37,25 ein Gummiharz, ein Produkt des Strauches Pistacia lentiscus, das in Palästina gewöhnlich zu Heilungszwecken und von den Arabern zum Würzen von Kaffee und Süßigkeiten sowie als kaubares Harz verwendet wird. Autoren des Altertums gebrauchten den Namen »Balsam aus Gilead« für das heute als Mekkabalsam bekannte Harz der Commiphora opobalsamum, das noch immer von Arabien nach Ägypten exportiert wird. Das Gummi (hebr. *nekōt*) aus 1Mo 37,25; 43,11 könnte auch die Absonderung der Zweige des kleinen Dornbusches Astragalus gummifer sein (Tragant-Gummi). Er wächst auf den trockenen Hängen des Iran und der Türkei und gehört zur Familie der Schmetterlingsblütler (Erbsen).

Bittere Kräuter (hebr. *merōrīm*; griech. *pikrides*). Bitterkräuter als Teil des Passamahles (2Mo 12,8; 4Mo 9,11) wurden gewöhnlich nach dem Passalamm gegessen. Diese Kräuter werden nicht einzeln genannt. Die Mischna

Minze (Menta), *eine Gewürzpflanze, die von den Pharisäern verzehntet wurde.* (FNH)

Raute (Ruta graveolens) *war eines der von den Pharisäern verzehnteten Kräuter. Die Blätter der Pflanze enthalten ein ätherisches Öl, das als krampflösend gilt.* (FNH)

Henna (Lawsonia inermis), *ein Strauch, dessen getrocknete Blätter für kosmetische Zwecke (Färben der Haare und der Haut) verwendet wurden.* (FNH)

identifiziert sie aber als Lattich, Chicorée, Mannstreu, Meerettich und Saudistel, obwohl vielleicht nicht alle in bibl. Zeit verfügbar waren. Obschon hebr. *merōrīm* an anderer Stelle für »Bitterkeit« benutzt wird (vgl. Klgl 3,15), erinnerten die schnell zubereiteten Passakräuter die Israeliten an die Eile, in der sie Ägypten verließen, nicht an die bittere Unterdrückung dort.

Dill (griech. *anēthon*). Eine einjährige, doldenblütige Pflanze (Anethum graveolens) mit zierlich geteilten Blättern und kleinen gelbgrünen Blüten. Die Früchte und Blätter wurden im Altertum weithin zu kulinarischen und medizinischen Zwecken verwendet.

Gileadbalsam (hebr. *nāṭāph;* griech. *staktē*). Bestandteil des Räucherwerks (2Mo 30,34). Der hebr. Name läßt an »tropfen« denken, und so leitet man seinen Ursprung von der Absonderung in Form von Tropfen ab. Zwei Pflanzen kommen hierfür in Frage: der Gilead-Balsam (Commiphora opobalsamum), der ungeachtet seines Namens aus Süd-Arabien stammt, oder der Amberbaum (Liquidambar orientalis) bzw. Storaxbaum aus dem Hügelland Palästinas. Der Gilead-Balsam ist ein stark verzweigter Busch mit schmalen, dreiseitigen Blättern. Das Harz des Amber- oder Storaxbaums nennt man Styrax oder Storax. Bei beiden Pflanzen wird das Harz gewonnen, indem man die Zweige anritzt. Neben Liquidambar orientalis, der auf Zypern, Rhodos und in der Türkei wächst, kämen noch weitere Styrax-Arten in Frage, die

Koriander (Coriandrum sativum) *besitzt als Gewürz auch einen gewissen Heilwert.* (FNH)

Dill (Anethum graveolens), *dessen Samen ebenfalls von den Pharisäern verzehntet wurden.* (FNH)

wertvolle Benzoeharze liefern (Styrax tonkinensis: Siambenzoe oder Styrax benzoin: Sumatra-Benzoe), wobei nicht auszuschließen ist, daß diese Harze ebenfalls Eingang nach Palästina gefunden haben.

Henna. Ein Strauch (Lawsonia inermis; hebr. *kōpher*, Hld 1,14; 4,13), der milde klimatische Bedingungen wie in En-Gedi, wo Salomo Weingärten hatte, bevorzugt. Seine duftenden weißen Blüten wurden unter Freunden ausgetauscht. Seine pulverisierten Blätter verarbeitete man im Altertum zu einer kosmetischen Paste. Sie gab der Haut, besonders den Handflächen, aber auch Männerbärten und sogar den Mähnen und Schwänzen der Pferde, ein gelbes Aussehen. Heidnische Frauen, die als Kriegsgefangene von hebr. Männern geheiratet wurden, mußten zuvor sämtliche Spuren des kosmetischen Gebrauchs von Henna entfernen, da die orange bis hellgelbe Färbung heidnische Assoziationen weckte.

Kassia (hebr. *qiddā*; 2Mo 30,24; »Zimt«: Hes 27,19; *qesī'ot*, Ps 45,9). Diese beiden hebr. Worte beziehen sich nach traditioneller Ansicht auf die Rinde des Cinnamomum cassia (Chinesischer Zimt). Da dies aber ein fernöstl. Baum ist, ist es unwahrscheinlich, daß damit die duftende, aromatische Substanz des Salböls aus 2Mo 30,24 gemeint war. Das Wort »Kassia« war vermutlich in alter Zeit wie andere Pflanzenprodukte (z.B. Ebenholz) einer bestimmten Substanz zugeordnet. Später wurde es wohl auf ein anderes, einfacher zu erlangendes Produkt mit ähnlichen oder besseren Eigenschaften übertragen. Kassia und Zimt waren Duftstoffe, die die Römer bei Beerdigungen benutzten (zu einer Zeit, als die östl. Handelsstraßen angelegt waren und man die Produkte benutzte, die heute unter diesem Namen bekannt sind).

Koriander (hebr. *gad*, 2Mo 16,31; 4Mo 11,7). Diese kleine, doldenblütige, im Mittelmeerraum heimische, einjährige Pflanze (Coriandrum sativum) wurde bereits um 1550 v.Chr. zu kulinarischen und medizinischen Zwecken verwendet. Ihre aromatischen Früchte sind grau-gelb und eingeschlossen in eine kugelförmige Frucht von ca. 4 mm Durchmesser.

Kreuzkümmel (hebr. *kammōn*, griech. *kyminon*). Aromatische Früchte des Cuminum cyminum, einer in Westasien heimischen Pflanze, die seit frühester Zeit angebaut wird. In Geschmack und Aussehen dem Kümmel ähnlich, wird er zur Würzung von Speisen verwendet, besonders während des Fastens. Er soll auch medizinische Eigenschaften haben. Die Pflanze wird auch heute noch vorsichtig mit Stöcken gedroschen, um die kleinen, zerbrechlichen Samen nicht zu beschädigen (Jes 28,27). Die Schriftgelehrten und Pharisäer, die auch beim Kreuzkümmel auf die Entrichtung des Zehnten sorgsam achteten, wurden von Jesus beschuldigt, darüber wichtigere Angelegenheiten zu vernachlässigen (Mt 23,23).

Lavendel (hebr. *nērd*; griech. *nardos*). Das duftende Öl, das in Hld 1,12; 4,13f (Narde) als Parfüm erwähnt wird, ist sehr wahrscheinlich identisch mit dem *lardu* der assyr.-babylon. Inschriften, das aus dem Kamelgras (Cymbopogon schoenanthus) in den Wüsten Arabiens und Nordafrikas gewonnen wurde.

Lavendel wird im NT (Mk 14,3; Joh 12,3) als »unverfälscht« beschrieben. Man nimmt an, daß dieses Parfüm aus dem Öl der Wurzeln von Nardostachys jatamansi, einer angenehmer duftenden Verwandten des Baldrian, gewonnen wurde. Es stammt aus dem Himalaya und wird dort noch immer zur Haarpflege gebraucht.

Minze (griech. *hēdyosmon*, Mt 23,23; Lk 11,42). Viele Arten der Gattung Minze (Labiatae) sind wohlriechend, wahrscheinlich aber ist die Roßminze, eine Art der Mentha (M. longifolia), gemeint. Das ist eine winterharte Pflanze, etwa 40 cm hoch mit malvenfarbigen, quirlständigen Blüten. Die charakteristisch duftenden ätherischen Öle der Minze machen diese zu einer nützlichen Zutat. Ntl. Belege illustrieren jedoch nur die Skrupellosigkeit der Pharisäer, die selbst die gewöhnlichsten Gartenkräuter verzehnteten.

Myrrhe (akkad. *murru*; hebr. *mōr*) bezeichnet die harzige Absonderung aus Einschnitten in Ästen und Zweigen eines niedrigen Buschbaumes, entweder Commiphora myrrha (früher Balsamodendron myrrha) oder des eng verwandten Commiphora kataf. Beide Arten stammen aus Süd-Arabien und benachbarten Teilen Afrikas. Der Saft sickert in Form von »Tränen« aus den Wunden und verhärtet zu einem öligen, gelb-braunen Harz. Myrrhe war ein Bestandteil des heiligen Salböls (2Mo 30,23-33). Sie wurde wegen ihrer aromatischen Eigenschaften geschätzt (Ps 45,9; Spr 7,17; Hld 3,6; 4,14; 5,5.13), fand bei der Schönheitspflege Verwendung (Est 2,12) und diente zur Kosmetikherstellung. Die Weisen brachten dem neugeborenen Jesus Myrrhe als Geschenk (Mt 2,11); bei der Kreuzigung war sie Bestandteil des Schmerzmittels, das Jesus angeboten wurde (Mk 15,23). Bei Jesu Begräbnis wurde Myrrhe zusammen mit Aloe zu einer Art Einbalsamierung verwendet (Joh 19,39).

Die »Myrrhe« aus 1Mo 37,25; 43,11 (hebr. *lōt*), die von ismaelitischen Händlern nach Ägypten gebracht wurde, war vermutlich ein

Aloe (Aloe vera) *stammt aus dem Yemen und kommt im gesamten Mittelmeerraum vor.* (FNH)

Cistusharz, gewonnen von den Zistrosen (Cistus laurifolius oder C. creticus bzw. C. villosus). Das sind immergrüne Dornenbüsche mit großen weißen oder rosafarbenen, rosenähnlichen Blüten.

Safran (hebr. *karkōm,* LXX: *krokos,* Hld 4,14). Diese teure Substanz wird aus den Blüten von Crocus sativus, einer in Griechenland und Kleinasien heimischen Pflanze, gewonnen. Es werden nur die orangen Griffel und Blütennarben gesammelt, getrocknet und abgepackt. Im Altertum wurde Safran zur Färbung von Nahrungsmitteln verwendet. Man gebrauchte ihn auch therapeutisch als menstruationsförderndes, anregendes und krampflösendes Mittel. Die alten Ägypter benutzten eine andere Pflanze, Saflor (Carthamus tinctorius), die einen dem Safran ähnlichen Farbstoff zur Färbung der Grabkleidung der Mumien lieferte.

Schwarzer Kümmel (hebr. *qezach*). Die Nigella sativa oder Mußkatnußblume ist eine

Einige Arten der Zistrose sondern ein penetrant riechendes Harz ab, das für medizinische Zwecke und bei der Parfümherstellung verwendet wurde. (FNH)

einjährige Pflanze mit feingefiederten Blättern und schwarzen Samen. Ihre trockenen Früchte wurden vorsichtig mit Stöcken aufgeschlagen (Jes 28,27), um eine Beschädigung der aromatischen, ölhaltigen Samen zu vermeiden, die bereits bei den Griechen und Römern und noch heute zur Würzung von Brot und als Mittel gegen Blähungen benutzt werden. S.a. Dill.

Stakte (hebr. *nātāph*; griech. *staktē*). Bestandteil des Räucherwerks (2Mo 30,34). Der hebr. Name läßt an »tropfen« denken, und so leitet man seinen Ursprung von der Absonderung in Form von Tropfen ab. Zwei Pflanzen kommen hierfür in Frage: der Gilead-Balsam (Commiphora gileadensis), der ungeachtet seines Namens aus Süd-Arabien stammt, und der Styrax (Styrax officinalis) aus dem Hügelland Palästinas. Der Gilead-Balsam, auch als Mekkabalsam bekannt, ist ein Busch mit zahlreichen Zweigen und schmalen, dreiseitigen Blättern. Der Styrax ist ein kleiner Baum mit weißen Blüten. Bei beiden wird das Harz gewonnen, indem man die Zweige abschneidet. Liquidambar orientalis, auch als Styrax/Starax bekannt, kommt kaum in Frage, da der Baum auf Zypern, Rhodos und in der Türkei wächst.

Süßes Rohr (hebr. *qāneh*; Jes 43,23; »köstliches Gewürz«, Jer 6,20). Die ganzen, getrockneten Wurzelstöcke des gemeinen süßen Kalmus (Acorus calamus), einer Sumpfpflanze der Arumgattung, wurden im Altertum als »süßes Rohr« gehandelt. Sie dienten als Stärkungs- und Anregungsmittel. Aus der klimatisch milden Zone Asiens wurde die Pflanze in Bereiche rauheren Klimas eingeführt. Das Zuckerrohr, mit dem das süße Rohr auch identifiziert wurde, gelangte erst in der Zeit nach dem AT nach O.

Zimt (hebr. *qinnāmōn*; griech. *kinnamōmon*). Traditionell das Produkt des Cinnamomun zeylanicum, einer Pflanze der Lorbeerfamilie, die auf Ceylon und Java angebaut wird. Vielleicht aber wurde Zimt, wie Kassia, von einer noch nicht identifizierten Pflanze gewonnen, die den Israeliten im Sinai leichter zur Verfügung stand. Zimt war ein Bestandteil des »heiligen Salböls« (2Mo 30,23), wurde aber auch benutzt, um das Bett zu parfümieren (Spr 7,17), war zur Zeit Salomos hoch geschätzt (Hld 4,14) und zählte zu den wertvollen Handelswaren des »großen Babylon« (Offb 18,13).

Literatur: M. Zohary: Pflanzen der Bibel, ²1986.

F.N.H.

KREATUR. (latein. *creator*; »Schöpfer, Erzeuger«, *creare*, »ins Dasein rufen/erschaffen«).

Luther benutzt den Begriff in seiner Bibelübersetzung nur im NT für die griech. Worte *ktisis* und *ktisma*. Der Begriff K. schließt alles Geschaffene mit ein: Himmel und Erde, Son-

Babylonische Keilschrifttafel mit dem ersten Teil des Atranasīs-Epos, der die Schöpfung des Menschen beschreibt (zur Entlastung der Götter von der Landarbeit). Kopie ca. 1635 v.Chr., Höhe 25 cm. (BM)

ne, Mond und Sterne, Sturm und Wasser, Steine und alle lebendigen Naturteile einschließlich des Menschen. K. verweist auf einen bestimmten Aspekt alles Geschaffenen: Es ist von Gott hervorgebracht, mit einer Bestimmung (Sinn) versehen und wird von ihm erhalten und zur Erfüllung seiner Bestimmung (Sinnes) geführt.

Der bibl. Sachverhalt, der mit dem Begriff K. ausgesagt wird, ist also folgender: Gott hat die K.en aus dem Nichts gerufen (Ps 102,26-28; 104,29; 5Mo 32,39; vgl. Hiob 34,14f) und auf ein Ziel hin bestimmt (z.B. 1Mo 1; Ps 104,10f.14f.19ff). K. verdankt sich dem göttlichen Handeln nicht nur in ihrem Anfang, in ihrem Sein, sondern auch in ihrer Besonderheit, ihrem So-Sein, das durch das Ziel bestimmt ist (Joh 1,3). Anfang wie Ziel ist Gott, Gott ist alles in allem (1Kor 15,28).

Das Kreatursein alles Geschaffenen entgöttert die Welt, indem es sie von mythisch-magischen Kräften befreit. In den K.en erscheint vielmehr Gottes wirkende Gegenwart, seine fortwährende Schöpfung (vgl. z.B. Jes 43,16-21; 2Petr 3,5-7). So zeugen die K.en in ihrer Größe und Schönheit von ihrem Schöpfer (z.B. Ps 95,4f; 89,38; Weish 13,5). Ihre jeweilige Besonderheit ehrt den Schöpfer (z.B. Ps 69,35; 104) und dient ihm (z.B. Jes 43,16-21). Umgekehrt lassen die Götzenbilder als K.en des Menschen ihre vergänglichen Hersteller erkennen (Röm 1,20-25). Das K.sein des Menschen ist in seiner Besonderheit durch die Zielbestimmung in 1Mo 1,26-28 gegeben. Seine Kreatürlichkeit hört mit der *Sünde nicht auf, sondern bedarf der *Erlösung. Sünde bedeutet zwar den Versuch des Menschen, sein K.sein zu leugnen und sich von seinem Schöpfer zu lösen, sich gleichsam in sich selbst zu verkrümmen, aber damit muß der Mensch aufgrund seines K.seins scheitern und bedarf also der Befreiung aus dieser »Selbstverkrümmung«, so daß er eine neue K. wird (2Kor 5,17; Gal 6,15; Kol 1,15). Die übrige K. ist von der Sünde des Menschen mitbetroffen, indem der Mensch auch ihr K.sein leugnet und sie für die eigenen Zwecke mißbraucht bis hin zur Vergötzung der K. (Röm 1,20-25). So leidet alle K. und soll befreit werden zur herrlichen Freiheit der Kinder Gottes (Röm 8,19-22; vgl. 2Petr 3,10-13). Diese Freiheit besteht in ihrer Bindung an den Schöpfer (Joh 1,3), also in ihrem K.sein. Die Kreatürlichkeit ist somit Grundlage für Schöpfung, Erlösung und Vollendung. U.K.

KRETA. (Griech. *Krēte*). K., angeblich eine Tochter der Europa und des Asterios, ist mit 8331 km² die größte Insel Griechenlands, die fünftgrößte des Mittelmeeres, die südlichste Europas. 256 km lang und 15-57 km breit, gleicht sie in ihrer äußeren Gestalt einer Schnecke, die von O nach W kriecht. Am Südrand der Ägäis liegend bildet K. das Hauptglied eines gebirgigen Inselbogens, der sich von der SO-Spitze des Peloponnes über Kithyra, K., Karpathos und Rhodos bis nach Kleinasien erstreckt. Beherrscht von vier mächtigen Gebirgsmassiven (von W nach O: Weiße Berge 2452 m, Idagebirge 2456 m, Lassithigebirge 2148 m, Sitiagebirge 1476 m), die sich flach nach N zur Ägäis hin absenken und öffnen, mit ihrem steilen, unzugänglichen Gebirgsland aber dem Libyschen Meer und Afrika den Rücken zukehren. Die fruchtbaren Tiefebenen im N und die Messara in Zentralkreta bieten sich zu intensiver landwirtschaftlicher Nutzung an.

K. gilt als »Wiege« der abendländischen Kultur; Spuren menschlicher Besiedlung aus dem 5. Jt. v.Chr. finden sich auf der Insel, deren Vorgeschichte schon mit dem Neolithikum beginnt. Die von englischen Ausgräbern um 1900 wieder ans Tageslicht gebrachten architektonischen Formen, Wandmalereien und Vasen zeigen eine Kultur von hohem Alter und großer Vollkommenheit. Mehrere Tausend Linear B-Texte aus Knossos, Pylos und anderen Orten (erst 1952 von Michael Ventris

Ruinen des minoischen Palastes von Knossos, Kreta. Teil des Stierfreskos am Nordeingang. Bronzezeit, 1700–1570 v.Chr. (MH)

entziffert) »beweisen, daß in Kreta seit 1450 v.Chr. Griechisch gesprochen wurde« und »daß die Griechen für ihre Sprache eine Schrift hatten, bevor sie um 900 von den Phöniziern das Alphabet übernahmen« (Haag, 52). Es zeigte sich auch, daß Kreta Handelsbeziehungen mit der Ägäis, der syr. Küste und vor allem mit Ägypten unterhalten hatte. Ägypt. Gegenstände, die auf K., und kretische Dinge, die in Ägypten gefunden wurden, ermöglichen eine gesicherte Datierung der Entwicklungsstufen der kretischen Kultur, die unter dem legendären Priesterkönig Minos, der ein Sohn des Zeus und der Europa gewesen sein soll, ihre Hochblüte erreichte. Sir A. Evans bezeichnet seine Zeit als das »Goldene Zeitalter« einer frühgriech. kretisch-mykenischen bzw. achäischen Kultur. Doch bei Minos handelt es sich vermutlich nicht um eine Einzelpersönlichkeit, sondern in Analogie zu Ägypten um eine Herrscherdynastie.

Nach Evans vollzog sich die Entfaltung dieser Kultur in drei Perioden zwischen 2800-1100 v.Chr.; Nikolaus Platon hingegen kommt 1962 aufgrund seiner Forschungen zu vier Epochen: der Vorpalastzeit (2600-2000), der Älteren Palastzeit (2000-1700), der Jüngeren Palastzeit (1450-1400) und der Nachpalastzeit (1400-1100).

Im AT begegnet uns K. unter dem Namen Kaftor (1Mo 10,14; 5Mo 2,23; Jer 47,4 u.ö.). Nach 2Sam 8,18; 15,18; 23,23 gehören die Kreter und Peleter, d.h. Kreter und Philister (vgl. *Kreter und Pleter) zu den »Helden Davids«. Als königliche Leibwache sind sie im »Haus der Helden« untergebracht. Im Kriege waren sie seine hervorragendsten Kämpfer (vgl. 2Sam 10,7f).

In vorchristl. Zeit lebten auch schon Juden in Gortyna und an anderen Orten K.s (1Makk 15,23; vgl. Jos.ant.Jud. XVII, 12,1; bell.Jud. II, 7,1). Gortyna (Gortis) war schon in minoischer Zeit besiedelt. Von der Bedeutung dieser Stadt, die in der hellen.-röm. Zeit eine führende Rolle spielte, zeugen die Ausgrabungen großartiger Bauten, die mit Abstand zu den wichtigsten der ganzen Insel gehören. »Das Prunkstück, das dabei zu Tage gefördert wurde«, ist »die Gesetzestafel der Stadt aus dem Ende des 5. Jh. v.Chr. Mit 1700 Schriftzeichen, 10 m lang und 3,5 m hoch noch genau so klar leserlich wie vor 2500 Jahren, eines der wichtigsten Dokumente zum Leben Kretas vor der römischen Besetzung« (R. Bryans). Als Zeugen des Pfingstwunders (Apg 2,11) brachten kretische Juden eine erste Kenntnis des Christentums in ihre Heimat. Im Herbst des Jahres 59 n.Chr. betrat Paulus als röm. Gefangener auf einem alexandrinischen Schiff, das im Hafen von *kaloi limenes* anlegte, erstmals kretischen Boden (Apg 27,8f). Nach seiner röm. Gefangenschaft kommt der Apostel ein zweites Mal nach K. und läßt dort seinen »Sohn« Titus zurück, damit er »vollends ausrichten« solle, »was noch fehlt« (Tit 1,5). Und dafür gab er ihm offenbar auf Grund eigener Erfahrungen mit jüd. »Schwätzern und Schwindlern« und dem Charakter der Kreter, wie ihn schon der kretische Dichter Epimenides im 6. Jh. v.Chr. beschrieben hat, eingehende pastorale Anweisungen (Tit 1,10ff). Nach örtlicher Überlieferung starb Titus hochbetagt als erster Bischof von Gortyna. So wurde Gortis, die alte kretische Hauptstadt in der fruchtbaren Messara-Ebene (ein »Brotkorb Roms«) das erste christl. Zentrum der röm. Provinz

Kreta-Cyrenaica. An die Tätigkeit des Titus in Gortyna erinnert die dreischiffige Basilika aus dem 5./6. Jh., die sicher auf den Fundamenten eines früheren christl. Gebäudes errichtet wurde. Sie gilt als eines der bedeutendsten christl. Baudenkmäler der Insel.

Literatur: R. Bryans: Kreta, [5]1980; K. Gallas: Kreta, 1974; H. Haag: BiBe, Heft 2, 1962; M./L. Schmidt di Simoni: Kreta, [2]1981. A.D.

KRETER UND PLETER. Leibwächtereinheit *Davids (2Sam 8,18; 15,18; 20,7.23; 1Kön 1,38.44; 1Chr 18,17). Ihr Anführer war *Benaja, der Sohn *Jojadas, dessen Amtseinsetzung 2Sam 23,22f berichtet. Nach Luther wird »Krethi und Plethi« seit dem 18. Jh. in der Literatur (G.A. Bürger, C. Zelter u.a.) und umgangssprachlich für eine gemischte, willkürlich zusammengewürfelte Gesellschaft oder Schar gebraucht.

Das hebr. *hakkeretī we-happeletī* (LXX: *ho kereththi kai ho pheletti,* aber auch zahlreiche Varianten; Vulg.: *Cherethi et Felethi*) ist in seiner Herkunft nicht eindeutig geklärt. Die »Plethi« erscheinen stets nur im Zusammenhang mit den »Krethi«, diese jedoch auch allein (1Sam 30,14; Hes 25,16; Zef 2,5), und zwar so, daß man sie als aus *Kreta stammende Nachbarn der *Philister im *Negeb begreift. Dorthin könnten sie um 1200 v.Chr. während der sog. Seevölker-Bewegung gekommen sein. Fraglich ist, ob »Plethi« nur ein assonierender Analogreim auf »Krethi« ist oder tatsächlich einen eigenen Volksstamm meint, so daß »Plethi« für die Philister (hebr. *Pelischtī*) stehen könnte, die ebenfalls zumindest vorübergehend auf Kreta (*Kaftor) beheimatet gewesen waren (Jer 47,4; Am 9,7). Ohne überzeugen zu können, ist auch der Vorschlag gemacht worden, hinter »Krethi« hebr. *karat* (»abschlagen«, vgl. das Wortspiel in Hes 25,16!) und hinter »Plethi« hebr. *palat* (»weglaufen«) zu vermuten und damit die

Kreta und das östliche Mittelmeer in alttestamentlicher Zeit

Leibgarde Davids als den röm. Liktoren vergleichbare »Scharfrichter« und »Läufer« zu sehen. Auf jeden Fall war es nicht ungewöhnlich, eine Leibgarde aus Fremdstämmigen zu bilden. So hatte auch Jojada einen Trupp Karer bei sich (2Kön 11,4.19; eine Kĕtib-Lesart bietet schon in 2Sam 20,23 statt der Krethi die Karer).

Die »Krethi und Plethi« standen während der Aufstände *Absaloms, *Schebas und *Adonijas treu zu David und waren anwesend, als *Salomo zum König gesalbt wurde. Aus der Tatsache, daß sie danach im AT nicht mehr vorkommen, hat man geschlossen, daß ihre Funktion auf persönlicher Loyalität zu David beruhte und mit seinem Tode endete.

Literatur: Jüdisches Lexikon, Bd. III, 1929, 892–93; M. Noth: Könige, BKAT IX 1, [2]1983, 25–26; R. de Vaux: Lex Institutions de l'Ancien Testament, I, 1958, 189; II, 1960, 17–19. C.P.Th.

KREUZ/KREUZIGUNG. Archäologisch.

Das griech. Wort *stauros* (Verb: *stauroun;* latein *crux,* Verb: *crucifigere*) meint ursprünglich einen aufrecht stehenden Pfahl, dann aber auch das Folter- und Hinrichtungsinstrument. Im NT wird das Wort ausschließlich in letzterem Sinn gebraucht. Es weist auf den menschlichen Zug in der Ethik des AT, wenn dort die K.strafe unbekannt ist. Es war deshalb ein unerhörter Vorfall, als der hasmonäische König Alexander Jannäus (103-76 v.Chr.) 800 pharisäische Rebellen kreuzigen ließ (Jos. ant. Jud. XIII, 380), was von ihren essenischen Gegnern (4QpNah 1,7f vgl. 11QMiqd 64,6-9) aber offenbar gebilligt wurde (O. Betz, ANRW II 25/1, 1982, 603-612). Nur die Körper bereits Hingerichteter wurden nach dem AT zur Abschreckung und als Zeichen ihrer Verwerfung durch Gott an einen Baum gehängt (5Mo 21,22f vgl. Jos 10,26; Gal 3,13). Diese atl. Praxis führte im NT zur Redeweise vom K. als »Baum/Holz« (griech. *xylon*) zum Zeichen der Erniedrigung Jesu (Apg 5,30; 10,39; 13,29; 1Petr 2,24). Den ersten Hörern des »Wortes vom Kreuz« (griech. *logos tou staurou,* 1Kor 1,18) waren Kreuzigungen aus eigener Anschauung oder durch Erzählungen bekannt. »Ärgernis« (griech. *skandalon*) und »Torheit« (griech. *mōria*) des K.es (1Kor 1,23) lagen nicht bloß auf denkerischem Gebiet, sondern hingen zutiefst mit dem Charakter dieser unendlich grausamen Hinrichtungsart zusammen.

Man nimmt weithin an, daß die Kreuzigung von den Persern erfunden wurde (vgl. Herodot I, 128,2 u.ö.). Die LXX hat das Aufhängen (hebr. *talāh*) des *Haman in Est 7,10 als Kreuzigen (griech. *stauroun*) verstanden. Da die menschliche Grausamkeit universell ist, wurde das K. aber vielleicht auch schon bei anderen Völkern zur Hinrichtung angewandt. Alexander der Große bediente sich auf seinen Eroberungszügen dieser Strafe und auch für Griechenland ist sie bezeugt. Während der Punischen Kriege (3./2. Jh. v.Chr.) übernahmen die Römer die Kreuzigung von den Karthagern. Die Römer erkannten bald die ungeheure Abschreckungswirkung im Dienst ihrer imperialistischen Politik. Die Kreuzigung wurde massenweise gegen Sklaven, Straßenräuber und rebellierende Unterworfene, besonders auch in *Judäa (Jos. ant. Jud. XVIII, 259; XX, 129 u.ö.) angewendet. Röm. Bürger waren von dieser Hinrichtungsart ausgenommen, allerdings nicht unbedingt in Fällen von schwerem Landesverrat.

Der Schauder vor dieser Todesstrafe spiegelt sich auch in der Tatsache, daß uns aus der Antike keine ausführlicheren Beschreibungen einer Kreuzigung überliefert sind. Trotz ihrer Brutalität wurde sie aber praktisch von niemandem in Frage gestellt. Erst Kaiser Konstantin schaffte sie nach seiner Hinwendung zum Christentum 315 n.Chr. ab. Einmalig in der antiken Literatur ist die kurze Schilderung bei Seneca (4-65 n.Chr.), in der sich die Sätze finden: »Er stirbt Glied für Glied und haucht seine Seele tropfenweise aus« (Dial III, 2,2). Im Grund sind die Passionsgeschichten der Evv. die längsten antiken Darstellungen einer Kreuzigung (Hengel, Crucifixion 25). Das K. galt noch vor der Tierhetze und der Verbrennung als schlimmste (*summum supplicium*) röm. Todesstrafe (Cicero, In Verrem I, 5,168). Origenes faßte die antike Abscheu in der Wendung »der entstellendste Tod des Kreuzes (*mors turpissima curcis*)« zusammen (in Mt 27, 22ff; GCS 38,259).

Der Beitrag der Archäologie zu unserer Kenntnis der Kreuzigung ist bisher sehr begrenzt. Die 1966 veröffentlichte Tabula Puteolana (2,8-10) zählt bei der Kreuzigung verwendete Werkzeuge auf (G. Zaninotto, Shroud Spectrum 25, 1987, 3-12). Ebenfalls aus dem *Puteoli des 1. Jh.n.Chr. kennen wir ein K.-Graffito in einer Taverne (U.M. Fasola, in: La Sindone e la Scienza, [2]1979, 75f. 328f). Bekannt ist das Graffito vom Palatin in *Rom aus der Zeit um 200 n.Chr., das einen Gekreuzigten mit Eselskopf zeigt (Kroll, 368). Entgegen einer neuen Hypothese von M. Canciani handelt es sich dabei nicht um ein Zeichen der Göttlichkeit, sondern um Spott des antiken Antisemitismus, der auch die ersten Christen traf. 1968 fand ein archäologisches Team unter V. Tsaferis in Givat Ha-Mivtar (Ammunition Hill) nördl. der Altstadt von *Jerusalem

in einem Gebeinkasten die Knochen eines Gekreuzigten (IEJ 20, 1970, 18-32). Er hieß Jehochanan (*Johannes) Ben-Hazkul, war zwischen Mitte und Ende Zwanzig und wurde in der Zeitspanne von 7 bis 66 n.Chr. hingerichtet. Der ersten medizinischen Analyse (N. Haas, IEJ 20, 1970, 38-59) ist bald in Details (Y. Yadin, IEJ 23, 1973, 18-22; H.W. Kuhn, ZNW 69, 1978, 118-222) und neuerdings sehr grundsätzlich widersprochen worden (J. Zias, E. Sekeles, IEJ 35, 1985, 22-27; BA 48, 1985, 190f). Die Diskussion darüber dauert an (E. Nitowski, BARev 12/4, 1986, 67f; G. Zaninotto, Jehohanan, Cruciario di Gerusalemme, 1986) und deshalb sind alle Rekonstruktionsversuche vorläufig. Unbezweifelbar ist allerdings, daß ein ca. 10 cm langer Nagel seitlich durch den rechten Fersenknochen getrieben wurde. Auch angesichts anderer antiker Zeugnisse für die Annagelung (Philo, Somn II, 213; Plutarch, Mor 499D; Plin. nat. XXVIII, 41,46 usw.) ist es unverständlich, wie noch moderne Forscher von der Kreuzigung als einer »ihrem Wesen nach unblutigen Angelegenheit« sprechen können (E. Brandenburger, TBLNT II, 1969, 826). Die nachträgliche Bestattung der Gebeine Jehochanans setzt voraus, daß er auch vorher schon nicht in einem Massengrab verscharrt war (*Begräbnis und Trauersitten II).

Die Ausführung einer röm. Kreuzigung war sehr unterschiedlich, da Einzelheiten dem jeweiligen Sadismus des Exekutionskommandos überlassen blieben (vgl. Mt 27,27-31/Mk 15,16-20). Dem Urteilsspruch (*ibis in crucem*, »Du wirst an das Kreuz gehen!«) folgte in der Regel (vgl. Mt 20,19) die *Geißelung (*flagellatio*) mit Lederpeitschen, in die Bleistücke oder scharfkantige Knochensplitter geflochten waren. Bei Jesus wurde die Geißelung vorweggenommen (Joh 19,1 vgl. Mt 27,26/Mk 15,15). Schon allein diese barbarische Strafe konnte zum Tod führen. Sie war dafür verantwortlich, daß Jesus sein K. nicht den ganzen Weg bis zur Hinrichtungsstätte tragen konnte (Mt 27,32 par., doch vgl. Joh 19,17). Neben dem einfachen Pfahl (*crux simplex*) gab es das T-förmige (*crux commissa*, Antonius-K.), X-förmige (*crux decussata*, Andreas-K.) und das †-förmige K. (*crux immissa*). Die älteste Überlieferung nennt für das K. Jesu die letztere Form (Iren. haer. I, 24,4). Dafür spricht auch die älteste, noch aus dem 1. Jh. stammende, christl. K.darstellung aus Herkulaneum (s.u.) und die Befestigung des *titulus* (griech. *titlos*) über dem Haupt Jesu (Mt 27,37/ Mk 15, 26/Lk 23,38/Joh 19,19-22). Diese Tafel mit dem Schuldspruch wurde dem Delinquenten um den Hals gehängt oder vorangetragen. Der Kreuzweg führte zur Abschreckung oft über besonders belebte Straßen und Plätze (Quintilian, Decl. 274; Jos. bell. Jud. II, 246 vgl. 2Makk 6,10). Aus demselben Grund wurden für die Kreuzigung öffentliche Stätten wie Theater, Marktplätze oder große Ausfallstraßen bevorzugt (Zaninotto, Crocifissione, 29-33). Letzteres traf auf Jesu Kreuzigungsstätte *Golgatha zu (Mt 27,39; vgl. Mk 15,29; Joh 19,20). Oftmals waren die senkrechten Pfähle schon am Hinrichtungsort eingerammt, so daß der Verurteilte nur noch den Querbalken (*patibulum*) zu tragen hatte. Doch kann man nicht ausschließen, daß manchmal auch das ganze K. geschleppt werden mußte. Vielleicht griff Jesus eine grimmige Parole der *Zeloten auf (A. Schlatter, Matthäus, 1929, 350f), wenn er die Martyriumsbereitschaft seiner Nachfolger als Aufladen des Kreuzes bezeichnete (Mt 10,38 par.).

Zur Kreuzigung wurde der Verurteilte nackt ausgezogen (Mt 27,35 par.), aber aus Rücksicht auf jüd. Empfinden dürften die Römer einen Lendenschurz zugestanden haben (Blinzler, 366). Ein Zugeständnis war auch die

Spendung eines betäubenden Tranks durch mitleidige Frauen (Bill. I, 1037, vgl. Lk 23,27), den Jesus allerdings zurückwies (Mk 15,23/Mt 27,34), um in vollem Bewußtsein zu sterben. Der Verurteilte mußte die Arme ausstrecken (vgl. Joh 21,18), wurde mit ihnen am Querbalken befestigt und dann hochgezogen (vgl. Joh 3,14; 8,28). In der Regel befand sich der Gekreuzigte nur wenig über der Erde, doch wird gelegentlich auch von besonders hohen Schaukreuzen berichtet (Sueton, Galba 9). Das K. Jesu scheint eher hoch gewesen zu sein (vgl. Mt 27,48/Mk 15,36). Bei der Annagelung, wie sie Joh 20,25 (vgl. Lk 24,39f) voraussetzt, wurden die Nägel wohl durch die Handwurzel oder zwischen Elle und Speiche hindurch getrieben. Die aus der christl. Kunstgeschichte vertraute Annagelung in der Mitte der Handflächen ist wegen des Körpergewichts anatomisch nicht möglich. Der Nagel konnte höchstens noch zwischen Mittelhand- und Handwurzelknochen durchgeschlagen werden (Zugibe, Cross, 56-77). Schon allein die Verletzung hochempfindlicher Nerven verursachte bei der geringsten Bewegung, ja bei einem Windhauch unerträgliche Schmerzen. Die Einzelheiten sind so entsetzlich, daß selbst die bloße Lektüre von Berichten über Kreuzigungen, wie sie in Konzentrationslagern des 20. Jh. vorkamen, kaum zu ertragen ist.

Den Gekreuzigten quälten furchtbarer Durst (vgl. Joh 19,28-30), rasende Kopfschmerzen, hohes Fieber und peinigende Angstzustände. Aufgrund der schweren Verletzungen und des starken Blutverlusts kam es oft zu Schockzuständen, die in einem Zusammenbruch des Kreislaufs endeten. Die Hängelage führte zu Atemnot, und der Gepeinigte konnte dem Erstickungstod nur entgehen, indem er sich immer wieder unter unsäglichen Qualen aufrichtete. Um den Todeskampf zu verlängern, dachte man sich als grausame Hilfe den Sitzpflock (*sedile*) aus, der wahrscheinlich auch an Jesu K. angebracht war (Justin, Dial 91,2). Dagegen ist ein Fußbrett (*suppedaneum*) nur sehr selten bezeugt (W. Bulst, in: Sindone, [2]1979, 37f). Wollte man den Tod beschleunigen, mußte das Hochziehen verhindert werden. Da nach dem jüd. Gesetz die Bestattung der Verurteilten noch vor der Nacht geschehen sollte (Joh 19,31 vgl. 5Mo 21,22f), brach man den beiden Mitgekreuzigten, nicht aber Jesus (Joh 19,31-34), die Unterschenkel (*crurifragium*).

Auch im Sterben Jesu sind seine volle Menschlichkeit und sein göttliches Geheimnis untrennbar verbunden. Es ist daher verständlich, wenn manche nur eine übernatürliche Ursache für den Tod Jesu gelten lassen wollen (N.W. Sharpe, BS 87, 1931, 423–452; vgl. Blinzler, 372f.381). Doch können medizinische Überlegungen nicht grundsätzlich ausgeschlossen werden (W.D. Edwards, W.J. Gabel, F.E. Hosmer, Journal of the American Medical Society 255, 1986, 1455–1463), wenn sie unseren begrenzten Wissensstand respektieren und für das Geheimnis Jesu offen bleiben.

Besonders dem vierten Evangelisten waren bereits die näheren Umstände des Todes Jesu wichtig. Wenn er das Austreten von »Wasser und Blut« nach dem auf Jesu Sterben folgenden Lanzenstich feststellt (Joh 19,34), so liegt ihm an der Tatsächlichkeit seines Todes (vgl. 1Joh 4,2f; 5,5-8), auch wenn nebenbei noch Geist- und Sakramentssymbolik eine Rolle spielen mag (vgl. Joh 7,37-39). Für das Phänomen gibt es mehrere medizinische Erklärungsmöglichkeiten (W. Bulst, H. Pfeiffer, Das Turiner Grabtuch, 1987, 40-42; Czerwinski, 107f), die populäre Scheintod-Hypothesen überflüssig machen.

Angesichts des antiken Schauders vor dem K. wäre es nicht erstaunlich, wenn die frühen Christen es nicht als Symbol gebraucht hätten. Tatsächlich besagte eine weitreichende Forschungsmeinung, dazu sei es erst nach der Vision des K.es als Siegeszeichen unter Kaiser Konstantin gekommen (Dinkler). Doch stehen dem andere Beobachtungen gegenüber. Das K. von Herkulaneum bei Pompeji (zerstört durch den Ausbruch des Vesuv 79 n.Chr.) ist wahrscheinlich doch christl. (L. Falanga, La Croce di Ercolano, 1981; L.W. Barnard, FS für B. Reicke I, 1984, 15–27). Christl. Texte des 2. und 3. Jh. weisen auf die Verwendung von K.symbolik (J. Daniélou, Primitive Christian Symbols, 1964, 136-146). In den ntl. Papyri P^{66} und P^{75} (um 200 n.Chr.) erscheint in den Worten für Kreuz/kreuzigen das Zeichen – P (Finegan, 253f). Ein weites Feld sind die judenchristl. Kryptogramme (Geheimzeichen), auch wenn hier die Entschlüsselung naturgemäß schwierig ist (Testa). Meistens wird das K. mit anderen Symbolen wie Anker, Mast usw. kombiniert (Sauser, 219-22). Vielleicht gibt es eine jüd. Vorgeschichte des christl. K.symbols (Finegan, 223-228). Der letzte hebr. Buchstabe Taw (alte Schreibweise X) könnte schon in *Qumran-Handschriften (z.B. 1QJes [a]) ein eschatologisches Symbol darstellen (vgl. Hes 9,3-8).

Mit seiner Kreuzigung teilte Jesus das Los von Abertausenden in der Antike. Allein 6000 K.e säumten nach dem Spartakus-Aufstand die Via Appia zwischen *Rom und Capua (Appian, Bell. Civ. I, 120). So sehr es kein Zufall war, daß Jesus gerade den Tod erleiden mußte, der damals als der schändlichste und grausamste galt, so wenig kann man die Einzigartigkeit seines Sterbens allein von daher begründen. Manche Opfer hielten die Tortur mehrere Tag lang aus. Es ist aber für uns nicht zu ermessen, was es für den *Sohn Gottes bedeutete, in äußerster menschlicher Erniedrigung, ja Gottverlassenheit (Mt 27,46/Mk 15,34) zu sterben. Unauswechselbar wird das K. Jesu durch die Person dessen, der daran hängt: »Er, der in göttlicher Gestalt war... wurde gehorsam bis zum Tod, ja zum Tod am Kreuz« (Phil 2,6-8). Hier liegt der eigentliche Skandal, der es unmöglich macht, das K. Jesu lediglich als Beispiel universellen menschlichen Leidens zu sehen. In all diesem Elend aber ist das K. der tiefste Beweis dafür, wie weit Gottes Liebe zu gehen bereit ist. Von dieser Liebe beginnen wir mehr zu ahnen, wenn wir uns das Leiden Jesu vergegenwärtigen, sei es mit Hilfe historischen Anschauungsmaterials oder in der Meditation von Passionsbildern und -liedern.

Literatur: Archäologie: J. Blinzler: Der Prozeß Jesu, [4]1969, 357-384; S. Czerwinski: FTA 4, 1986, 65-122; J.A. Fitzmyer, in: To Advance the Gospel, 1981, 125-146; M. Hengel: FS E. Käsemann, 1976, 125-184; ders.: Crucifixion, 1977; G. Kroll: Auf den Spuren Jesu, [10]1988, 252-268; H.W. Kuhn: ANRW II 25,2, 1982, 648-793; A. O'Raihilly: The Crucified, 1985; J. Schneider: ThWNT VII, 1964, 572-580; V. Tsaferis: BARev 11/1 (1985), 44-53; G. Zaninotto: La tecnica della crocifissione Romana, o. J. (1982); ders.: in: La Sindone, 1986, 83-102. Medizin: P. Barbet: A Doctor at Calvary, 1963; R. Gilly: Passion de Jésus, 1985; L. Malantrucco, G. delle Site, in: La Sindone, 1983, 243–248; R. Schmittlein: Umstände und Ursache von Jesu Tod, 1951; K.J. Schulte: Berliner Medizin 14 (1963), 177-185. 210-220; F.T. Zugibe: The Cross and the Shroud, 1982; ders.: Canadian Society of Forensic Science 17 (1984), 1-13.

Symbolik: E. Dinkler, in: Signum Crucis, 1967, 1-76; J. Finegan: The Archaeology of the New Testament, 1969, 220-260; E. Sauser: Frühchristliche Kunst, 1966, 218-289; G.F. Snyder: Ante Pacem, 1985, 26-29; E. Testa: Il simbolismo dei Giudeo-Cristiani, 1962, 230-360; ders, in: B. Bagatti, Il Golgota e la Croce, 1978, 69-154. R.R.

KREUZ/KREUZIGUNG. Theologisch.

Das K. des Messias und Gottessohnes steht in der Mitte des ntl. Evangeliums; für *Paulus stellt es dessen alleiniges Thema dar (1Kor 2,2; vgl. 1,18.23). Das K. ist das Geheimnis der heilsgeschichtlich wirkenden Weisheit Gottes und das entscheidende Merkmal des christl. Glaubens. Die theologische Bedeutung der Dahingabe Jesu wurde mit Hilfe der Schrift herausgearbeitet; dabei spielten die auf die Kreuzigung bezogene Stelle 5Mo 21,22f und das messianisch verstandene Lied vom leidenden Gottesknecht Jes 52,13-53,12 (*Knecht Gottes) eine entscheidende Rolle. Vor allem aber dienten die Leidensankündigungen des irdischen Jesus als historische und theologische Grundlage für das *Evangelium vom K., das schon von der Urgemeinde verkündigt und dann vor allem durch den Apostel Paulus entfaltet wurde.

I. 5Mo 21,22f: Das Kreuz Jesu und der Fluch des Gesetzes.

1. In Gal 3,13f wird die Kreuzigung Jesu in das Licht von 5Mo 21,23 (*qilelat 'älōhīm talūj*) gestellt: »Jeder ans Holz Gehängte ist verflucht.« Das geschah auch in der Verkündigung der Urgemeinde (Apg 5,30; 10,39; vgl. 1Petr 2,24). In der jüd. Polemik gegen das Evangelium galt Jesus als der *Talūj*, »der (ans Holz) Gehängte«, d.h. der Gekreuzigte war als solcher von Gott verflucht. Diese auf die Kreuzigung bezogene Auslegung von 5Mo 21,22f steht im Gegensatz zu der in der Mischna (Sanhedrin 6,4) vertretenen Auffassung der Pharisäer (s.o.). Aber sie wird auch in der erst vor kurzem entdeckten Tempelrolle von Qumran (11 Q Miqd) geboten. In der Tempelrolle ist 5Mo 21,22f ausführlich kommentiert (64,7-13). Dabei wird betont, mit dem Aufhängen an das Holz sei die Vollstrekkung eines Todesurteils unter der Mitwirkung von fünf Zeugen zu verstehen (Z. 8f, beachte die Reihenfolge: Aufhängen-Sterben); diese Hinrichtung kommt der Kreuzigung gleich. Zu verhängen sei solche Strafe im Falle eines hochverräterischen Handelns an Israel, das an eine heidnische Nation ausgeliefert (Z. 7f) oder von einem ins Ausland geflohenen Verbrecher feierlich verflucht wird (Z. 9f). Diese beiden im AT noch unbekannten Vergehen wurden wohl dem mehrdeutigen Ausdruck »Fluch Gottes« (*qilelat 'älōhīm*) in 5Mo 21,23 entnommen: Verrat und Verfluchung des Gottesvolkes sind Akte der Verfluchung Gottes, der Blasphemie, die den schmachvollen und grausamen Tod der Aufhängung an das Holz, d.h. der Kreuzigung, verdient. Daß diese Todesstrafe auch in jüd. Kreisen gelegentlich vollzogen wurde, beweist der von Josephus berichtete Fall der Kreuzigung von 800 Pharisäern durch den Hasmonäerkönig Alexander Jannäus (bell. Jud. 1,79f; ant. Jud. 13,380f, vgl. 4 Qp Nah 1,7f), aber auch die dunkle Nachricht von der Aufhängung von 80 »Hexen« in Aschkelon durch Schimon bän Schätach (m Sanh 6,4).

2. Von diesem Hintergrund her fällt auf wichtige ntl. Aussagen zum *Prozeß Jesu und zu seiner Kreuzigung neues Licht. Wenn nach Joh 11,50 der Hohepriester Kaiphas im Interesse von Volk und Tempel den Tod eines Menschen fordert, so legt er das messianische Wirken Jesu im Sinne von 11 Q Miqd 64,7f als

hochverräterisch aus; die angemessene Bestrafung wäre nach der sadduzäischen Auslegung von 5Mo 21,22f das Kreuz. Das gleiche denken die Juden, die nach Joh 19,7 vor *Pilatus sagen: »Wir haben ein Gesetz, und nach dem Gesetz muß er sterben, weil er sich zum Sohn Gottes gemacht hat.« Das damit gemeinte Gesetz kann nur 5Mo 21,22f sein, und der von den Juden geforderte Tod ist der Tod am K. (Joh 19,15). Jesu Anspruch, der messianische König Israels (V. 15) bzw. der Sohn Gottes (V. 7) zu sein, galt als Blasphemie und als Hochverrat. Dementsprechend hat der Hohepriester beim Verhör Jesu nach Mk 14, 61-64 den Messiasanspruch Jesu als eine Gotteslästerung verurteilt, die den Tod verdient. Bei einer Auslieferung Jesu an das Gericht des röm. Statthalters war die Kreuzesstrafe zu erwarten, da ein jüd. Messiasprätendent als ein Anstifter zum Aufruhr (*seditio*) gelten konnte, der rechtlich dem bewaffneten Straßenräuber und dem Guerillakämpfer gleichgestellt wurde; die Strafe für solche Vergehen war der Tod am K.

3. In der Tempelrolle sind neben den Gott Fluchenden bzw. von Gott Verfluchten auch von Menschen verfluchte, am Holz aufzuhängende Verbrecher erwähnt (64,12). Mk 15, 29-31 berichtet von einer »Verfluchung«, d.h. Lästerung des gekreuzigten Jesus auf Golgatha. Manche Zuschauer wiederholen spottend die zur Verurteilung führenden Anklagen der Tempelzerstörung (15,29 vgl. 14,58) und des Messiasanspruchs (15,32 vgl. 14,60-62). Ursprünglich mag damit beabsichtigt gewesen sein, Jesus kurz vor seinem Tod zu einem Erkennen und Bekennen seiner Schuld zu bewegen. Denn nach m Sanhedrin 6,2 soll ein zum Tod Verurteilter kurz vor der Hinrichtung ein Sündenbekenntnis ablegen, nach dem sein Tod als Sühne für seine Schuld angerechnet und ihm dadurch das Leben in der kommenden Welt ermöglicht werden soll. Jesus aber bat als Gerechter und Fürbitter für die Gottlosen (vgl. Jes 53,12), der Vater möge den Henkern vergeben (Lk 23,24), und versprach dem seine Schuld bekennenden, mit ihm gekreuzigten Übeltäter die Teilnahme an der kommenden Welt (Lk 23,40-43). Und die Theophanieerscheinungen – Finsternis (Mk 15,33), Erdbeben (Mt 27,51) und Zerreißen des Tempelvorhangs (Mk 15,38) – sind ein Zeugnis Gottes für den Gerechten, vergleichbar dem Zeugnis der Himmelsstimme beim Martyrium Rabbi Aqibas (b Berakhoth 61 b).

4. Einem Juden mußte das Evangelium vom gekreuzigten Messias ein Ärgernis sein und zudem als gotteslästerliche Lehre gelten (vgl. 1Kor 1,23; Gal 5,11). Die bloße Tatsache der Kreuzigung erscheint im Licht von 5Mo 21,23 als das endgültige »Nein« Gottes zum messianischen Anspruch Jesu. Das geht auch aus dem Verhalten des Paulus hervor. Der eifernde Pharisäer und Gegner der Kirche hat aufgrund von 5Mo 21,22f das Bekenntnis zu Jesus Christus als Gotteslästerung verstanden. Aber durch die sichtbare Erscheinung des erhöhten Herrn vor Damaskus wurde ihm die wahre Bedeutung des Kreuzes Jesu und die christl. Auslegung von 5Mo 21,22f deutlich: Als ein ans Holz Gehängter war Christus in der Tat von Gott verflucht. Aber er hat als der Gerechte und als Sohn Gottes diesen Fluch stellvertretend für uns Sünder auf sich genommen und uns dadurch vom Fluch des Gesetzes losgekauft (Gal 3,13). Auf Golgatha vollzog Gott zu unseren Gunsten einen »seligen Tausch«: Er hat »den, der von keiner Sünde wußte (vgl. Jes 53,9), für uns zur Sünde gemacht, damit wir durch ihn die Gerechtigkeit Gottes würden« (2Kor 5,21). Weil der Tod Jesu keine Sühne (*kapparā*) für den Gekreuzigten sein konnte, stellte ihn Gott aus Gnaden als ein Sühnemittel (*hilastērion*) für alle Menschen dar, die sich glaubend zu dieser Heilstat bekennen (Röm 3,24f); Christus hat »unsere Sünden selber an seinem Leibe an das Holz hinaufgetragen, damit wir von den Sünden loskämen und der Gerechtigkeit lebten« (1Petr 2,24).

II. Jesaja 52,13-53,12: Das Kreuz Jesu als Zeichen der Versöhnung und Entsühnung der Welt.

1. Die zuletzt erwähnten Stellen 1Petr 2,24 und 2Kor 5,21 sind auch von Jes 53 maßgeblich bestimmt, und der Abschnitt 2Kor 5,14-21 läßt erkennen, daß das neue Verstehen des Kreuzes bei Paulus gerade auch mit Hilfe der Weissagung vom leidenden Gottesknecht zustandekommen konnte. Die paulin. Ausführungen zur Bedeutung des Kreuzes Jesu werden auf dem Hintergrund von Jes 53 einsichtig:

a. Der Tod des Einen rettet alle: »die Vielen« (2Kor 5,14f; vgl. Jes 53,12);

b. Gott hat die ihm entfremdete Welt durch Christus mit sich versöhnt und deren Übertretungen nicht angerechnet (V. 18f; vgl. Eph 2,16; Kol 1,20). Denn die Züchtigung des Gottesknechts bewirkt nach Jes 53,5 »unseren Frieden«, d.h. die Versöhnung mit Gott (vgl. Röm. 5,1.10);

c. Die Verurteilung dessen, der von keiner Sünde wußte (vgl. Jes 53,9), führt zur Gerechtigkeit, Rechtfertigung der Vielen (V. 21, vgl. Jes 53, 11);

d. Das Wort vom Kreuz Christi (vgl. 1Kor 1,18) wurde unter uns von Gott als »Wort von der Versöhnung« aufgerichtet (V. 19f), so wie nach Jes 53,1 das Leiden des Gottesknechtes in einer frohen Botschaft (so das Targum) verkündigt werden kann.

Von daher ist eine neue Deutung des vielumstrittenen Wortes 2Kor 5,16 möglich. Das für den Apostel nunmehr überholte »fleischliche Erkennen« des Christus bedeutet keine Absage an den historischen Jesus (so W. Bousset; R. Bultmann u.a.). Vielmehr will Paulus sagen, er habe das vorher von ihm geteilte jüd., d.h. fleischliche (vordergründige) Verstehen Jesu überwunden: Am Holz des Kreuzes hing kein falscher Messias, kein zu Recht bestrafter Sünder; vielmehr wurden auf Golgatha die Liebe Christi (V. 14) und der Versöhnungswille Gottes manifest (V. 18-21). Eine analoge Wendung vom Irrtum zur Wahrheit muß bei den prophetischen Verkündigern des leidenden Gottesknechtes vor sich gegangen sein (vgl. Jes 53,3-5): dieser war keineswegs wegen seiner eigenen Schuld von Gott geschlagen und geplagt, sondern wegen unserer Sünden durchbohrt. Dabei mag der Apostel die Wendung »wegen unserer Sünden durchbohrt« (*mehōlal*; Jes 53,5) auch als »wegen unserer Sünden verflucht« (*meqōlal*, vgl. 11 Q Miqd 64,12; Gal 3,13f) verstanden haben; denn auch das Targum hat *mehōlal* in Jes 53,5 nicht als »durchbohrt« übersetzt.

2. Greift man auf Jes 53 als auf ein vorausverkündigtes Christus- und Kreuzesevangelium zurück, so lassen sich falsche Fragen und Alternativen vermeiden: Bedeutet das K. Christi Stellvertretung oder Sühne? Ist die Gerechtigkeit Gottes eine *iustitia activa* oder *passiva*? Hatte Paulus ein anderes Gottesbild als Jesus, der nur den liebenden Gott verkündigt haben soll? Außerdem kann man erkennen, daß die Theologie des Kreuzes im Wort und Wirken des irdischen Jesus verankert ist und von den Aposteln sachgemäß entfaltet wurde. Jesus hat die Notwendigkeit seines Leidens klar erkannt und sie gerade von Jes 53 her als schriftgemäß verkündigt. Als messianischer Menschensohn orientierte er sein Verhalten am Vorbild des Gottesknechts. Deshalb wollte er sich nicht bedienen lassen (vgl. Dan 7,14), sondern dienen und sein Leben als Lösegeld für die vielen (d.h. alle) in den Tod geben (Mk 10,45 par.). In dieser zentralen Aussage sind die Stellen Jes 43,4f (W. Grimm) und Jes 53,12 (S. Kim), die stellvertretende Lebenshingabe und das Bild des Loskaufs (griech. *lytron anti*: hebr. *kophär tachat*), miteinander verbunden: Die unter der Sünde Versklavten und dem Tod Verhafteten werden »losgekauft«. Paulus hat diesen Gedanken in 1Kor 6,20; 7,23 aufgenommen. Der Loskauf sowie die Verbindung von Jes 43 und 53 werden eindrucksvoll auch in 1Petr 1,18f zur Geltung gebracht (vgl. Lösegeld). Vor allem stellen die beim letzten Mahl gesprochenen Gabeworte zu Brot und Wein die beste, von Jesus selbst gebotene und an Jes 53 orientierte theologische Deutung seines Kreuzes dar: Im voraus gab der Christus Anteil an der Frucht seines Todes, an seinem Blut, das er mit dem »Ausschütten seiner Seele« vergoß (vgl. Jes 53,12), und an seinem Leib, »mit dem er unsere Sünden selber an das Holz hinauftrug« (1Petr 2,24; vgl. das Verteilen in Jes 53,12; Mk 14,22-24 par.). Auch in Geschichten wie der von der Verklärung Jesu (Mk 9,2-13 par., vgl. Jes 52,13; 53,12) und von seiner Salbung in Betanien (Mk 14,3-9, vgl. Jes 52,14 *mischchat, maschach*) wird das Leiden des Christus im Sinne von Jes 53 angekündigt. Diese in der Geschichte Jesu gegebene Vorausdarstellung von Art und Notwendigkeit seines Leidens wurde von den Gemeinden dadurch bestätigt und ergänzt, daß man bei der Feier des Herrenmahls »den Tod des Herrn verkündigte, bis daß er kommt« (1Kor 11,26). Wenn bei der theologischen Deutung des Kreuzes eher allg. Begriffe wie »Tod«, »Sterben«, »Leiden«, »Dahingegeben-Werden« gebraucht wurden (vgl. 1Kor 11,26; Röm 6,3-9; Phil 3,10; 1Thess 4,14; 5,10; 1Kor 15,3; Röm 5,6.8), so mag dies auch der Sprache von Jes 53 (auch Targum) zuzuschreiben sein; gemeint ist jedoch immer die »Tötung Jesu« (2Kor 4,10) am K. Daß Jesus selbst mit einem Tod am K. gerechnet hat, geht aus den Nachfolge-Worten vom »Aufnehmen« (Mk 8,34; Mt 16,24) bzw. vom »Nehmen« (Mt 10,38) und »Tragen« (Lk 14,27) des K.es hervor; in Mt 20,19; 26,2 sind die Leidensankündigungen auf den Kreuzestod hin präzisiert. Die Leidensangaben Jesu sind ebenfalls auf Jes 53 bezogen und enthalten von daher den nicht explizit ausgesprochenen Sinn des »Für uns«, des stellvertretenden und sühnenden Todes. Das Bekenntnis der ersten Christen bejaht die in den Leidensankündigungen angesagte Notwendigkeit des Leidens und der Auferstehung des Messias und stellt sie als die grundlegenden, von Gott gewollten und herbeigeführten Heilstatsachen dar (vgl. 1Kor 15,3f).

3. Die an Jes 53 orientierte Deutung des Kreuzes Jesu als des endgeschichtlichen Erlösungs- und Versöhnungshandelns Gottes wurde im Licht der Ostererfahrung und unter der Leitung des Heiligen Geistes schon früh vollzogen und den Gemeinden tradiert. Das läßt sich an vorpaulinischen, bekenntnisartigen Sätzen wie Röm 4,24f erkennen (vgl. Tg-Jes 53,5.11f) oder auch an der Schilderung des Christusweges in Phil 2,6-11: Aus Hoheit und Herrlichkeit geht der Gottessohn hinab in die Niederung des menschlichen Daseins, bis hin

zum schmachvollen Tod am K. (V. 6-8, vgl. Jes 52,13-53,9). Eben deshalb wird er dann von Gott über alle Maßen erhöht (vgl. Jes 52,13), und zwar in die gottgleiche Stellung eines himmlischen Herrn (V. 9-11, vgl. Jes 53,10-12). Ferner wird in der von Paulus als fester Tradition übernommenen Summe des Evangeliums (1Kor 15,1-5) die Botschaft von Jes 53 als erfüllt bezeugt: Das Sterben Christi für unsere Sünden (vgl. Jes 53,4f.12), sein Begrabenwerden (vgl. Jes 53,99) und seine Auferwekkung am dritten Tag (vgl. Hos 6,2; Jes 53,10f) sind schriftgemäß, weil von Jesaja vorhergesagt. K. und *Auferstehung bilden demnach eine feste Einheit; auch die Erscheinungen des Auferstandenen (griech. *ōphthē;* hebr. *nir'ā,* 1Kor 15,4ff) erinnern an das Schauen (*ra'ā*) des Gottesknechts nach Jes 52,15. Das gilt auch von der paulin. Einführung der Christustradition in 15,1f: der Apostel bezeichnet sie als den Inhalt des Evangeliums, das man glauben muß; dies gilt ebenso von der im Targum als »Evangelium« interpretierten Kunde vom Gottesknecht (Jes 53,1).

4. Auch Paulus hat schon früh das K. zur Mitte seiner Verkündigung gemacht. Das zeigt u.a. auch die Art, wie man in den Gemeinden Judäas die Lebenswende des Apostels und dessen Verkündigung schlagwortartig beschrieben hat: Der ehemalige »Verfolger predigt jetzt als frohe Botschaft den Glauben, den er einst verwüstet hat« (Gal 1,23). Die Wendung »den Glauben als frohe Botschaft verkündigen« ist nach Jes 53,1 gebildet (vgl. auch Gal 3,2); außerdem wird in Gal 1,23 ein Wortspiel zwischen dem »Zerstörer« (*maschmīd*) und dem »Verkündiger« (*maschmī'a,* nach Jes 53,1; 52,7) des Glaubens gemacht.

Das »Evangelium« (1Kor 15,1f; Röm 1,16 u.a.) ist identisch mit dem »Wort vom Kreuz« (1Kor 1,18) und als solches von Jes 53,1 hergeleitet (*shemū'ā = besōrethā* im Targum; vgl. den Parallelismus von *maschmī'a* und *mebasser* in Jes 52,7). Die Themasätze für die beiden größten Briefe des Paulus, nämlich Röm 1,16 und 1Kor 1,18, offenbaren, daß die schreckliche Tatsache vom Kreuz des Messias als frohe Botschaft verkündigt werden konnte, weil dessen Tod wie das Leiden des Gottesknechts »für uns« geschah, uns von der Last der Sünde und des Todes befreit. Deshalb ist dieses Evangelium eine Gotteskraft (vgl. Röm 1,16; 1Kor 1,18.24.25; 2,4f); dem entspricht, daß nach Jes 53,1 die Botschaft vom Gottesknecht zur Offenbarung des »Arms des Herrn« parallel gestellt werden kann. Die Tatsache, daß die prophetische Kunde vom stellvertretenden Leiden des Gottesknechts durch das Evangelium von K., Auferstehung und Erhöhung des Christus bestätigt, als endzeitlich erfüllt gepredigt wurde, tritt in Röm 10,16 deutlich hervor; Paulus vergleicht den Gehorsam gegenüber seinem Evangelium mit dem Glauben an die Kunde von Jes 53,1; Gottesknechtslied und Christusgeschehen gehören zusammen wie Verheißung und Erfüllung. Aus Röm 10,16 ergibt sich ferner, daß der Gehorsam gegenüber dem Evangelium dem Glauben an die Kunde vom Gottesknecht in Jes 53,1 entspricht. Die paulin. Wendung vom »Gehorsam des Glaubens« (Röm 1,5; vgl. 15,18; 16,19; 1Thess 1,8) ist wohl aus dem Begriff *schemū'ā,* »Kunde«, in Jes 53,1 abgeleitet; das Verbum *schama'* heißt sowohl »hören« als auch »gehorchen« (vgl. auch die Wendung »Kunde des Glaubens« in Gal 3,2). Weil es für die Vernunft des Menschen und für die Weisheit der Welt schlechterdings unbegreiflich ist, daß Gott seine rettende Macht im Leiden seines Knechtes und am K. des Messias offenbart, schließt der Glaube an solche Botschaft auch den Gehorsam mit ein. Wie Jesu Lebenshingabe als ein Akt des Gehorsams gegenüber Gott verkündigt wird (Phil 2,8; Röm 5,18f), ist auch der Glaube an das Wort vom K. Gottes Gabe und unsere gehorsame Tat.

5. Paulus betont, daß der Christus für unsere Sünden gestorben ist (1Kor 15,3); er spricht vom »Kreuz des Christus« (Gal 6,12; vgl. 1Kor 1,23; Gal 3,1; 5,24; 6,12.14; Phil 3,18). Denn nur das K. des Messias und Gottessohnes hat heilsgeschichtlichen Wert, kann eine Offenbarung der rettenden Macht und Gerechtigkeit Gottes sein. Deshalb ist es im Interesse einer *theologia crucis* wichtig, daß der irdische Jesus ein messianisches Sendungsbewußtsein besaß und daß er sich als der gehorsame Sohn Gottes von Anfang an für den Weg des Leidens entschied (vgl. Mk 2,20).

6. In Jes 53 werden Gesetz und Gesetzesgehorsam nicht erwähnt; vielmehr führt das Leiden des gerechten Gottesknechts zur Rechtfertigung der Vielen (V. 11), die sich als gerettete Sünder verstehen (V. 5). Der Knecht tritt auch als ein Fürsprecher für die Frevler ein (V. 12; vgl. Röm 8,34; 1Joh 2,1). Deshalb kann die nach Röm 3,21 von dem Gesetz und den Propheten bezeugte Offenbarung der Gerechtigkeit Gottes, die Rechtfertigung ohne Gesetzeswerke allein aus Gnaden (vgl. Röm 3,24), vor allem in Jes 53 (vgl. auch 56,1) gefunden werden. Für den Glaubenden ist von daher Christus das »Ende des Gesetzes« (Röm 10,4), weil durch das K. die Bedrohung des Sünders durch Fluch und Tod (Gal 3,10) aufgehoben ist. Nach Kol 2,14 hat Gott den Schuldbrief, der unsere Übertretungen dokumentiert, ans K. geheftet und so annulliert; dadurch sind auch Sünde und Tod für den Glaubenden entmachtet. In Eph 2,14-16 wird

die Wirkung des K.es als ein Durchbruch durch die Mauer des Gesetzes und durch die Schranke der (Reinheits-)Gebote bezeichnet, der die Vereinigung von Juden und Heiden ermöglicht. Im Hintergrund dieser Aussage steht das mit der Todesstrafe bedrohte Verbot, die von Mose auf dem Berg Sinai gezogene Grenze zwischen Gott und dem Volk Israel zu durchbrechen; auch an die Schranke zwischen dem Vorhof der Heiden und den Vorhöfen Israels im Tempel ist wohl gedacht. Mit seinem Tod am K. hat Jesus für uns den Zugang zu Gott eröffnet (vgl. Röm 5,2); dieses Thema wird im Hebräerbrief ausführlich behandelt (*Hebräerbrief).

7. Die sühnende, sündentilgende Wirkung des Todes Jesu wird analog zum Opferkult im Tempel und vor allem zur Blutsprengung am Großen Versöhnungstag dem am K. vergossenen Blut zugeschrieben (vgl. Kol 1,20: »Das Blut seines Kreuzes«). Durch das Blut Christi hat Gott eine Sühne aufgerichtet (Röm 3,25), uns durch sein Blut gerechtfertigt (Röm 5,9); das Blut Jesu »erlöst uns von unseren Sünden« (Offb 1,5; vgl. 5,9; Apg 20,28), »reinigt uns von aller Sünde« (1Joh 1,7). Hier mag Jes 53,5 im Hintergrund stehen: Der Knecht wurde »um unserer Verschuldungen willen zerschlagen« (*medukkā'*); dieses selten gewordene Verb ließ sich mit dem geläufigen aram. Wort *dikkā'/zikkā'*, »reinigen« verbinden, wie das in der LXX und im Targum zu Jes 53,10 geschah. Auch das »Ausschütten der Seele« in Jes 53,12 sowie der Vergleich des Gottesknechts mit einem Lamm, das zur Schlachtbank geführt wird (53,7), haben die Lehre vom sühnenden Blut Christi beeinflußt: Nach 1Petr 1,18f (vgl. 2,22-25) hat uns Christus als ein makelloses Lamm durch sein teures Blut von Sünden losgekauft. Der Seher der Offenbarung schaut Christus als Lamm, das geschlachtet ward (5,6.12; 13,8). Johannes der Täufer bezeichnet Jesus als »das Lamm Gottes, das der Welt Sünde trägt« (Joh 1,29); für Paulus ist Christus »als unser Passalamm geschlachtet« (1Kor 5,7; vgl. *Lamm Gottes). Diese Bilder sind summarische Vergegenwärtigung der Heilsbedeutung des Kreuzes, wie sie besonders prägnant und theologisch vollendet in 1Kor 1,30 geboten wird: Am K. ist Christus »für uns zur Weisheit von Gott zur Gerechtigkeit, zur Heiligung und zur Erlösung geworden«, damit ist auch Jes 53 zusammengefaßt und für die theologische Deutung des Golgathageschehens verwendet. Die universale Geltung des K.es hat Paulus dadurch verdeutlicht, daß er in Röm 5,12-21 Christus als letzten Adam dem ersten Adam gegenüberstellt: Die verhängnisvollen Folgen des Ungehorsams des ersten Menschen, nämlich das Hereinkommen von Sünde und Tod, werden durch den Gehorsam Christi aufgehoben. Damit sind auch die Voraussetzungen für den Übergang vom alten zum neuen Bund geschaffen (1Kor 11,25; 2Kor 3,6; vgl. Jer 31,34).

8. Aufgrund von K. und Auferstehung des Christus wird eine besondere Gemeinschaft der Glaubenden mit Christus gebildet. Sie beginnt für den einzelnen Christen mit der Taufe: Diese bedeutet ein Getauftwerden auf seinen Tod (Röm 6,3), ein mit ihm Begraben-Werden und ein Auferstehen in ein Leben, das von der Herrschaft der Sünde frei ist (Röm 6,4; vgl. 7,4; 8,17; 2Tim 2,11f; 2Kor 4,10). Paulus spricht auch von einer »Gemeinschaft mit den Leiden Jesu« (Phil 3,10). Er mag dabei an Jes 53,5 gedacht haben: »Durch seine Wunde (*bachabūratō*) wird uns Heilung, d.h. Vergebung der Sünde, zuteil«; das hebr. Wort *chabūrā*, »Wunde«, meint in ntl. Zeit vor allem »Genossenschaft, Gemeinschaft«. Ähnlich hat es auch das Targum verstanden, jedoch dabei an die Gemeinschaft mit dem die Tora lehrenden Messias gedacht (vgl. zu Jes 53,5; Jes 9,5; Tg O zu Gen 49,11; Ps Sal 17,42; Mt 23,37). Für Paulus ermöglicht die Gemeinschaft mit dem am K. gestorbenen und erhöhten Herrn das Leben und Leiden in einer ungläubigen Welt und den Dienst als Glied am Leibe Christi. (Unklar bleibt die Rede von einer »Mystik« des Apostels Paulus bzw. von einer »mystischen« Gemeinschaft des Christen mit seinem Herrn.)

9. Schließlich bezeichnet die paulin. Wendung »in Christus« die Gemeinschaft mit dem gekreuzigten und erhöhten Herrn. Auch sie mag auf Jes 53 hinweisen. Denn sie erscheint des öfteren in Aussagen, die auf das Lied vom Gottesknecht gegründet sind (vgl. Phil 2,5ff; 1Kor 1,30; 2Kor 5,16f. 19). Die Mehrdeutigkeit der paulin. Verwendung der griech. Präposition *en* (hebr. *be*, »in, durch«) konnte die Entstehung der Wendung »in Christus« begünstigen, was etwa in 2Kor 5,21 sichtbar wird: Gott hat am K. den Sündlosen für uns zur Sünde gemacht, damit wir »in ihm«, d.h. »in« bzw. »durch« Christus zur Gerechtigkeit Gottes würden. Das »in Christus« wäre dann ein besonders knapper Hinweis auf die Heilsbedeutung des K.es und die durch es geschaffene neue Wirklichkeit des Glaubenden: »In Christus« ist er eine neue Kreatur (2Kor 5,17). Anschaulich und konkret wird das Sein »in Christus« von Jes 53 her, vor allem, wenn man etwa dessen christologische Anwendung in 1Kor 1,30 oder 2Kor 5,21 bedenkt.

III. Auch im **Johannesevangelium** wird die Deutung des Kreuzes Jesu mit Hilfe von Jes 53 vollzogen, jedoch werden auch andere Schriftworte und Bilder verwendet.

Knochenreste eines Gekreuzigten, gefunden in einem Grab in Jerusalem. Sichtbar sind die Sprungbeine, die von einem Nagel durchbohrt sind. 1. Jh. n.Chr. (JLH)

1. Jesus ist »das Lamm Gottes, das der Welt Sünde trägt« (1,29). Er wird dabei nicht nur mit dem Gottesknecht von Jes 53,7 verglichen, sondern ist auch das wahre Passalamm (vgl. 19,36 mit 2Mo 12,46): Nach der Chronologie des vierten Ev.s starb Jesus am Rüsttag des *Passa (19,14.31), d.h. zur Zeit, in der im Tempel die Passalämmer geschlachtet wurden. Jesus ist schließlich das von Gott zum Opfer ausersehene Lamm von 1Mo 22,8.

2. Johannes versteht die Kreuzigung Jesu als dessen Erhöhung (3,14; 8,28; 12,32.34). Dabei denkt er an Jes 52,13 (LXX), wonach der Gottesknecht »sehr erhöht und verherrlicht werden wird«. Er versteht diese Erhöhung in einem doppelten Sinn: Der von Menschen ans K. Gehängte ist »von der Erde erhöht« (vgl. 12,32f). Aber wie den Gottesknecht so hat auch Gott ihn erhöht und verherrlicht. Am K. vollendet Jesus sein rettendes Werk (19,30) und offenbart die Liebesmacht Gottes (12,28; 13,31). Auch an die »Erhöhung« der ehernen Schlange durch Mose wird erinnert (4Mo 21,8f): Wer damals zu diesem Zeichen hinaufsah, konnte sein Leben aus Todesnot retten (4Mo 21,9); mit dem glaubenden Aufsehen auf den am K. erhöhten Christus wird das ewige Leben gewonnen (Joh 3,14f; vgl. 19,35-37). Sach 12,10 wird schließlich auf Golgatha erfüllt (19,37): Aus dem durchstochenen Leib Jesu flossen Wasser und Blut (19,34). Sie sind Zeichen für den Geist der Gnade und des Flehens, den Gott ausgießt und in den Sakramenten von Taufe und Abendmahl schenkt (vgl. Joh 19,37 mit Sach 12,10a).

Als der von der Erde Erhöhte will Jesus alle Menschen zu sich ziehen (Joh 12,32); durch seinen sühnenden Tod führt er sie aus dem Herrschaftsbereich von Sünde und Tod in den des ewigen Lebens (mit dem Verbum »ziehen« wird wohl eine weitere heilsgeschichtliche Deutung des Ausdrucks *mischchat me'īsch* in Jes 52,14 gegeben).

3. Der Ruf des Sterbenden: »Es ist vollbracht!« (Joh 19,30) bedeutet, daß das K. den Höhepunkt des messianischen Wirkens Jesu darstellt. Die mit den Bildern von Wasser, Brot, Licht angekündigte Gnadengabe des ewigen Lebens ist nunmehr verfügbar. Durch die Dahingabe seines Sohnes, durch dessen sühnenden Tod, hat Gott sie der Welt angeboten (Joh 3,16; vgl. Mk 10,45). Auch der Friede mit Gott ist nunmehr gewonnen. Im Aram. lautet der Ruf: »Es ist vollbracht!« *meschallam*: Gott hat durch den Tod seines Sohnes mit den Menschen Frieden (*schalom*) gemacht, die Welt durch Christus mit sich versöhnt (vgl. 2Kor 5,18-21; Jes 53,5). Deshalb verspricht der scheidende Jesus den Jüngern, er werde ihnen seinen Frieden geben (14,27), und der Auferstandene entbietet ihnen zweimal den Friedensgruß (20,19.21): Sein Vater ist auch ihr Vater, sein Gott ihr Gott (20,17).

4. Die Kreuzigung bedeutet nach Joh 2,19-21, daß der Tempel des Leibes Jesu niedergerissen wird. Dieser Tempel ist das wahre Heiligtum, weil in ihm der göttliche *Logos Wohnung genommen hat (1,14). Jesus selbst baut diesen niedergerissenen Tempel in drei Tagen wieder auf (2,19). Am Abend des Ostertages erscheint der Auferstandene, der kurz davor zum Vater aufgefahren ist (20,17), den Jüngern in seinem neuen Leib, der aber weiterhin die Male des Kreuzestodes aufweist (20,19f.25.27).

Literatur: O. Betz: Wie verstehen wir das Neue Testament?, 1981; ders.: Probleme des Prozesses Jesu, ANRW II, 25,1, 1982; ders.: Jesus, der Messias Israels, 1987; W. Grimm: Die Verkündigung Jesu und Deutero Jesaja, ²1981; S. Kim: The Origin of Paul's Gospel, 1981; ders.: »The 'Son of Man'« as the Son of God, 1983; R. Riesner: Jesus als Lehrer, ³1988. O.B.

KRIEG.

Hebr. *milchāmāh*, 313mal im AT, von *lācham*, »kämpfen«; vgl. arab. *lachama*, »eng aufstellen«, was sich auf eine Armee in Schlachtordnung bezieht, griech. *polemos*, im NT 18mal gebraucht.

I. DIE STRATEGISCHE BEDEUTUNG PALÄSTINAS.

Palästina bildete eine Achse zwischen *Mesopotamien und *Ägypten. Auch die große arab. Wüste zwischen diesen beiden alten Zivilisationszentren sorgte dafür, daß deren Kontakt weitgehend via Palästina ablief. Dieser Kontakt war häufig feindlicher Natur, so daß Palästina in den letzten zwei Jahrtausenden v.Chr. häufig zum Schauplatz von Kämpfen und zur Kriegsbeute wurde. Dazu kommt noch, daß das Volk Israel selbst sein Territorium durch einen Eroberungskrieg gewann und sich danach gegen die *Philister verteidigen mußte, die Israels Eigentumsanspruch auf *Kanaan anfochten. Auch Davids territoriale Gewinne jenseits der Grenzen Israels geschahen natürlich nicht ohne militärisches Engagement. Die Zeit des Großreiches war jedoch nur von kurzer Dauer, und die geteilten Reiche Juda und Israel mußten sich bald gegen ihre unmittelbaren Nachbarn und zuletzt gegen die Übermacht Assyriens und Babyloniens verteidigen. Es verwundert daher nicht, daß im AT so oft von Krieg die Rede ist.

II. KRIEG UND RELIGION.

Im Vorderen Orient war der Krieg gewöhnlich ein heiliges Unternehmen, in dem die Ehre des nationalen Gottes auf dem Spiel stand. Oberflächlich betrachtet ähnelt die Vorstellung der atl. Verfasser von den Kriegen Israels dieser Auffassung. Der Unterschied bestand darin, daß Israels Gott transzendent war und nicht mit dem Schicksal seines Volkes stand oder fiel. Trotzdem ist er »der Gott des Heeres Israels« (1Sam 17,45) und weit mehr an den Kämpfen seines Volkes beteiligt, als man es von Marduk von Assur jemals glaubte (vgl. 2Chr 20,22). Gott selber wird als »Kriegsmann« beschrieben (2Mo 15,3; Jes 42,13), und einer seiner Titel ist »Herr der Heerscharen«. Das kann sich sowohl auf das himmlische Heer (1Kön 22,19) wie auf die israelit. Armeen (1Sam 17,45) beziehen. Gott führte die Truppen Israels in den K. (Ri 4,14), und das älteste Verzeichnis der Siege Israels nannte man »das Buch von den Kriegen des Herrn« (4Mo 21,14). In der Tat war Israel sich in jedem Stadium der Kriegsvorbereitungen seiner Abhängigkeit von Gott bewußt. Zuerst befragte man den Herrn, ob es der geeignete Moment für einen Angriff war (2Sam 5,23f), dann mußten Opfer gebracht werden. Das Opfern scheint so wichtig gewesen zu sein, daß Saul sich in seiner Verzweiflung priesterliche Rechte anmaßte, damit die Schlacht erst begann, nachdem die Gunst des Herrn gesucht worden war (1Sam 13,8-12). Der Schlachtruf hatte rel. Bedeutung (Ri 7,18.20) und begrüßte außerdem die Gegenwart Gottes, die in der *Bundeslade symbolisiert war (1Sam 4,5-7; vgl. die Art, in der die Ankunft der Lade in Jerusalem gefeiert wurde: 2Sam 6,15). Weil Gott gegenwärtig war, konnten die Israeliten mit Siegeszuversicht in die Schlacht ziehen (Ri 3,28; 1Chr 5,22), selbst wenn Naturkräfte zu Hilfe gerufen werden mußten, um den Sieg zu sichern (Jos 10,11-14).

Nach der Schlacht kam es oft vor, daß die Israeliten den *Bann vollzogen (hebr. *chäräm*). Das bedeutete, daß eine ganze Stadt oder ein Land, das Volk samt seinen Besitztümern, für Gott in Beschlag genommen wurden. Ein Israelit durfte nichts und niemanden von einem Ort, der unter dem Bann stand, für seinen persönlichen Bedarf an sich nehmen; Ungehorsam zog die schrecklichsten Folgen nach sich (Jos 7; 1Sam 15). Nicht immer war der Bann so umfassend wie im Falle Jerichos (Jos 6,18-24), aber stets wurde das Recht Gottes am Ertrag des Sieges geltend gemacht. Der Bann war Gottes Art der Vergeltung für »die Missetat der Amoriter« (1Mo 15,16) und ist wesentlich für die atl. Vorstellung vom »heiligen Krieg«. Wenn unter den Israeliten selber heidnische Tendenzen sichtbar wurden, mußte an den Betroffenen in gleicher Weise der Bann vollstreckt werden (5Mo 13,13-19). Und wenn das ganze Volk Gott mißfiel, wie es ja oft geschah, dann konnten gerade die Heiden, die Gott zuvor bestraft hatte, die Werkzeuge seiner Vergeltung sein (Jes 10,5f; Hab 1,5-11). Am Ende der Monarchie kündigte Gott sogar an, daß er selber auf der Seite der Babylonier gegen Juda kämpfen werde (Jer 21,5-7). Längere Zeit jedoch hatte die prophetische Gemeinde die Hoffnung auf eine Zukunft, gekennzeichnet von der Ausrottung des K.s von der Erde und der Eröffnung einer neuen Zeit des Friedens durch den davidischen »Friedefürsten« (Jes 9,5f; vgl. Jes 2,4; Mi 4,3).

III. METHODEN DER KRIEGSFÜHRUNG.

Bevor Israel eine stehende Armee besaß, wurde die Volksmiliz durch Trompeten (Ri 3,27) oder Botschafter (1Sam 11,7) von überallher zusammengerufen. Vor einem Angriff ließen die Israeliten die Lage möglichst durch *Kundschafter klären (Jos 2; 2Kön 6,8-12). Da es keine Kriegserklärung gab, war der Angreifer meist im Vorteil. Gewöhnlich wurden die Feldzüge im Frühling durchgeführt, wenn die Straßen passierbar waren (2Sam 11,1). Die Taktik hing natürlich vom Gelände und der Anzahl der beteiligten Kämpfer ab, aber im allg. waren die israelit. Befehlshaber zumindest in Verteidigungsfällen in der Lage, ihre bessere Kenntnis der örtlichen Gegebenheiten auszunutzen. Im Falle eines Frontalangriffes, wie beim Kampf zwischen Josia und Pharao *Necho bei *Meggido, scheinen die Israeliten nicht so geschickt gewesen zu sein.

signale wurden außer durch Trompeten auch durch Feuerzeichen gegeben; das bezeugt ein Ostrakon aus *Lachisch. Alle konventionellen Methoden der Kriegsführung kommen auch im AT vor: Überfall (1Sam 14), Belagerung (1Kön 20,1) und Hinterhalt (Jos 8; s.a. (*Heer; *Waffen und Geräte).

IV. KRIEG IM NEUEN TESTAMENT.

Die Ausbreitung des Reiches Christi durch militärische Mittel ist eindeutig nicht Teil des ntl. Leitbildes. »Mein Reich ist nicht von dieser Welt. Wäre mein Reich von dieser Welt, würden meine Diener kämpfen« (Joh 18,36), war das Prinzip, das Jesus vor Pilatus verkündete. Und seine Worte an Petrus (Mt 26,52) werfen einen gewissen Schatten auf die Anwendung von Gewalt – wie die Umstände auch immer sein mögen. Aber der Christ ist Bürger zweier Welten und hat beiden gegenüber Pflichten. Spannungen zwischen den gegensätzlichen Forderungen sind unausweichlich, besonders weil die weltliche Obrigkeit von Gott eingesetzt ist und »das Schwert nicht umsonst trägt« (Röm 13,4). Als sein Leben in Jerusalem bedroht war (Apg 21), berief Paulus sich nicht nur auf sein röm. Bürgerrecht, sondern unterstellte sich auch dem Schutz der röm. Truppen. Außerdem hielt man Frömmigkeit durchaus nicht für unvereinbar mit einem militärischen Beruf: Jene Soldaten, die sich bei *Johannes dem Täufer nach ihrer höheren Pflicht erkundigten, wurden nicht dazu ermutigt, zu desertieren (s. Apg 10,1f; Lk 3,14). In der Frühen Kirche wurde ein militärischer Beruf bei einem Christen gewöhnlich mißbilligt. Dies geschah auch deshalb, weil der Militärdienst mit der Beteiligung am röm. Lagerkult (Mithrasreligion) verbunden war. Tertullians Meinung ist typisch, wenn er sagt, daß der Beruf des Söldners mit dem Christsein unvereinbar ist, obwohl er Ausnahmen für die gelten ließ, die bereits vor ihrer Bekehrung im militärischen Dienst standen.

Der Kampf des Christen ist vor allem ein geistlicher Kampf. Er verfügt über alle Waffen, die er zur Erlangung des Sieges braucht (Eph 6,10-20). Daraus folgt, daß er militärisch diszipliniert sein sollte, und deshalb sind zahlreiche ntl. Gebote und Verbote in militärische Sprache (vgl. 1Tim 1,18; 1Petr 5,9) und Bilder aus dem Militärischen (vgl. 2Tim 2,3f; 1Petr 2,11) gefaßt. Die Entscheidungsschlacht wurde auf *Golgatha gewonnen (Kol 2,15). Deshalb liegt die Betonung in Abschnitten wie Eph 6,10-20 nicht so sehr auf der Eroberung neuer Gebiete wie auf der Verteidigung des bereits Gewonnenen. Der letzte und vollständige Sieg wird erlangt, wenn sich Christus am Ende der Zeit vom Himmel her offenbaren wird (2Thess 1,7-10). Der Endkampf zwischen Christus und den Mächten der Finsternis wird in Offb 16; 19 und 20 beschrieben. Die entscheidende Schlacht wird gemäß Offb 16,16 bei *Harmagedon stattfinden. Die wahrscheinlichste Erklärung dieses Namens ist die, die ihn mit dem Berg (hebr. *har*) von Megiddo(n) in Verbindung bringt. Megiddo war in der Geschichte Schauplatz vieler großer Schlachten (vgl. 2Chr 35,22), und sein Erscheinen in einem apokalyptischen Kontext ist daher sehr passend. Für die Feinde Christi bedeutet dieser Kampf Vernichtung (Offb 19,17-21). Aber Ps 110 und eine Vielzahl atl. Stellen werden auf diese Weise ihre Erfüllung finden, wenn das Zeitalter der messianischen Herrschaft beginnt. Die Vorzeichen dieses herrlichen Zeitalters werden in der Tat »Kriege und Kriegsgeschrei« (Mt 24,6) sein. Wenn aber der Messias regiert, wird »seine Herrschaft groß und des Friedens kein Ende sein« (Jes 9,6).

V. DIE KRIEGSROLLE VON QUMRAN.

Zu den ersten Schriften, die am Toten Meer gefunden wurden (*Schriftenfunde vom Toten Meer), gehört auch eine mit dem Titel »Der Krieg der Söhne des Lichtes gegen die Söhne der Finsternis«. Sie stammt ohne Zweifel von den Qumranessenern und enthält in Erwartung eines lang andauernden Krieges zwischen den Mächten des Guten – repräsentiert durch die Sektenmitglieder – und den Mächten des Bösen Anweisungen für die ersteren. Der erwartete K. wird in Übereinstimmung mit allen von Mose aufgezeichneten Kriegsgesetzen geführt werden. Obwohl der Sieg von Gott vorherbestimmt ist, wird es doch ernsthafte Rückschläge geben. Führend unter den »Söhnen der Finsternis« sind die »Kittim«, die man mit ziemlicher Sicherheit mit den Römern gleichsetzen muß. Diese Rolle ist wohl ein eher exotisches Produkt rel. motivierter Literatur z.Zt. der röm. Vorherrschaft in Palästina, einer Zeit, in der die *Apokalyptik hoch im Kurs stand und die messianische Erwartung ihren Höhepunkt erreichte.

Literatur: A. von Harnack: Militia Christi, 1905; G. von Rad: Der heilige Krieg im alten Israel, 1951; W. Bienert: Krieg, Kriegsdienst und Kriegsdienstverweigerung nach der Botschaft des NT, 1952, [2]1985; Y. Yadin: The Scroll of the War of the Sons of Light against the Sons of Darkness, 1962; ders.: The Art of Warfare in Biblical Lands, 1963; R. de Vaux: Das Alte Testament und seine Lebensordnungen, Bd. I, [2]1964, Bd. II, [2]1966. R.P.G.

KRIEGSGESCHREI. Es soll im Kampf die eigenen Krieger ermutigen und dem Gegner Furcht einflößen (Jos 6,5.10.16.20; vgl. 2Mo

32,17f). Außerdem dient es als Erkennungszeichen für Freund und Feind (vgl. 1Kön 22,32f; 2Chr 18,31f).

Bethlehem/Geburtskirche: Ursprünglich galt die ganze hier sichtbare Seitenhöhle der Geburtsgrotte als die Krippe von Lk 2,7.12. Erst später schuf man den marmorverkleideten Trog auf der rechten Seite. (RR)

KRIPPE. Mehrfach ist eine Futter-K. (Hebr. 'ebūs) im AT erwähnt (Hiob 39,9; Spr 14,4; Jes 1,3). In den Pferdeställen von *Megiddo wurden Futtertröge aus Kalkstein freigelegt, eine gemauerte K. aus der Zeit um 1200 v.Chr. fand sich in *Lachisch in einer Höhle. Nach Lk 2,7 legte *Maria den neugeborenen Jesus in eine K. (griech. *phatnē*). Ein Holzkasten auf Füßen war in Palästina nicht gebräuchlich und kam erst durch Franziskus von Assisi in die christl. Tradition. Die Rabbinen unterschieden bewegliche und bodenfeste K.n. Die in der Geburtskirche von *Bethlehem noch im 4. Jh. gezeigte Felsrinne mit einer Lehmmauer (ELS 89) paßt gut ins ntl. Palästina. Da die K. nach Lk 2,12 ein besonderes Erkennungszeichen für die Hirten war, und schon Origenes um 250 die Verehrung der K. bezeugt (c.Cels I, 51; ELS 84), kann die Ortsüberlieferung zutreffen. Weil in Jes 1,3 Ochse und Esel an der K. das Gegenbild zum treulosen Gottesvolk darstellen, kamen sie von dort aus in die christl. Ikonographie.

Literatur: G. Dalman: Orte und Wege Jesu, [4]1967, 42-48; M. Hengel: ThWNT IX, 1973, 51-57; E.M. Blaiklock: NIDBA 299. R.R.

KRISTALL s. Edelstein

KRIT. (Hebr. *kerijt*). Ein Winterbach (*nachāl*), in dessen Tal sich *Elia bei seiner Flucht vor König *Ahab verbarg (1Kön 17,3.5). Nach dem Zusammenhang befand er sich in Transjordanien und darum scheidet der neuere Vorschlag des Wadi Qelt, westl. von *Jericho, aus. Nach der Pilgerin Egeria (384 n.Chr.) handelte es sich um das Wadi El-Jabis (CSEL 39,58) in der Gegend von Elias Heimat *Tisbe. Das Wadi mündet gegenüber von *Änon, einem Taufort *Johannes des Täufers. In diesem damals wohl unter dem Einfluß von *Damaskus stehenden Gebiet wäre der Prophet vor Nachstellungen sicher gewesen (M. Rehm, Das erste Buch der Könige, 1979, 171). Wenn ab dem 6. Jh. das Wadi El-Charrār, östl. von Jericho, mit dem Bach K. identifiziert wird, so hat hier wohl eine ältere Überlieferung von der Himmelfahrt des Elia (*Betanien II) die Ortsbezeichnung nachgezogen.

Literatur: F.M. Abel: Géographie de la Palestine I, [3]1967, 484f; R. Riesner: TynB 38 (1987), 36. R.R.

KRONE. Ein oft reich verzierter Kopfschmuck, getragen von Königen und anderen hochgestellten Personen.

I. IM ALTEN TESTAMENT.

Die K. des Hohenpriesters war ein goldenes Stirnblatt, auf dem »Heilig dem Herrn« stand. Sie war mit einer blauen Schnur an seiner Mitra bzw. seinem Turban befestigt und war das Kennzeichen der Weihe (2Mo 29,6;

Assurbanipal, König von Assyrien (669–627 v.Chr.), mit der königlichen, verzierten Kopfbedeckung, möglicherweise einer Art Turban, der um eine Kappe gewickelt wurde (Fes). (BM)

Krone Ramses' III., eine ungewöhnliche Verbindung der unterägyptischen roten Krone mit Doppelfedern. Grab von Amenkirchopschef, Tal der Königinnen, ca. 1170 v.Chr. (PAC)

39,30f; 3Mo 8,9; 21,12). Nach dem Exil, 520 v.Chr., erhielt Sacharja (6,10-14) von Gott den Auftrag, goldene und silberne K.n zu machen und sie auf das Haupt des Hohenpriesters Jeschua zu setzen. Später bewahrte man diese K.n als Zeichen für Gottes Gunst im Tempel auf. Vielleicht wurden sie als Verbindung des priesterlichen und königlichen Amtes in einer Person zu einer Doppelkrone verbunden. Unter den Königskronen stellte Davids Goldkrone das Emblem seiner von Gott gegebenen Königsherrschaft dar (Ps 21,4; vgl. 132,18; zur Rücknahme von Gottes Gabe – und Krone! – vgl. Ps 89,40; Hes 21,31). Von *Joaschs Krönung wird ausdrücklich berichtet (2Kön 11,12 und 2Chr 23,11). David erbeutete die goldene, mit einem Edelstein besetzte K. des Königs (oder des Gottes Milkom) von Ammon, die einen Zentner wog (2Sam 12,30; 1Chr 20,2). Ammonitische Statuen zeigen Könige oder Götter mit großen, hohen K.n (s. F.F. Bruce, Israel and the Nations, 1969, Taf. 1). Zu mit Edelsteinen besetzten K.n vgl. Sach 9,16 RevEB. Die königliche K. von Wasti, der Frau des Ahasveros (Est 1,11), wurde Ester aufs Haupt gesetzt (2,17), und auch zur königlichen Tracht, mit der *Mordechai schließlich geehrt wurde, gehörte eine große goldene K. (Est 6,8; 8,15). Außer zum Kennzeichen der Königsherrschaft (Spr 27,24) wurde die Krone zum Sinnbild von Ehre und Herrlichkeit (Hiob 19,9; Jes 28,5; 62,3; Jer 13,18; Klgl 5,16; Spr 4,9; 12,4; 14,24; 16,31; 17,6), manchmal auch des Stolzes (Hiob 31,36; Jes 28,1.3). In der Welt der Bibel gibt es eine große Vielfalt von K. In *Ägypten trugen Könige und Götter hohe, kunstvoll gearbeitete K.n verschiedenster

Krone, wie sie König Marduk-nādin-ahhe von Babylon trug. Darstellung auf einem Grenzstein im Zusammenhang mit einer Landzuweisung. 1116–1101 v.Chr. (BM)

Kronen auf dem ägyptischen Relief im Tempel des Seti, Abydos, ca. 1300 v.Chr. (PAC)

König Darius I. von Persien (521–486 v.Chr.) mit Krone. Relief in Bisitun, Iran.

Bedeutungen wie auch einfache Goldreifen oder Diademe. Typisch ist die große Doppelkrone, Symbol der Vereinigung von Unter- und Oberägypten: die rote K. Unterägyptens (flache Kappe, mit einer Spirale vorne und einer hohen Spitze hinten) und darüber die weiße K. Oberägyptens (hoch, kegelförmig, mit einem Knauf am oberen Ende). Die Diademe des Pharaos hatten vorne immer den Uräus, die königliche Kobra. In Mesopotamien trugen die assyr. Könige eine kegelförmige Kappe, die mit farbigen Stickbändern oder kostbaren Steinen geschmückt war, oder ein schlichtes Diadem. Die babylon. Könige dagegen trugen eine gekrümmte Mitra, die in einer Spitze endete; (s. H. Frankfort, Art and Architecture of the Ancient Orient, 1954, Taf. 87-89; 95; 109-110; 114; 116; 120). Ausgrabungen in Palästina haben eine Reihe von Goldreifen oder Diademen ans Licht gebracht; eine davon aus Blattgold mit einem Muster aus Punkten (s. in W.M.F. Petrie, Ancient Gaza III, 1933, Taf. 14:6,15. Weitere Beispiele in BRL ^{2}1977, S. 105.113f.121.) K.A.K.

II. IM NEUEN TESTAMENT.

Hier müssen zwei Worte behandelt werden. Das wichtigere ist *stephanos*, das strenggenommen einen Kranz oder einen Reif bezeichnet. Es wird für die Dornenkrone Christi verwendet. »Dornen« sind im Griech. ein ebenso allg. Begriff wie im Deutschen; deshalb ist es unmöglich, die verwendete Pflanze genau zu bestimmen. Klar ist aber, daß diese »Krone« ein Spottsymbol für Königtum, vielleicht auch Göttlichkeit, war (s. H.St.J. Hart, JTS n.s.3, S. 66-75). Obwohl *stephanos* durchaus eine Königskrone bezeichnen kann (Offb 6,2.8), wurde es doch häufiger für den Lorbeerkranz verwendet, den der Sieger bei Wettspielen erhielt, oder für eine Festgirlande bei Jubelfeiern. Dieser Gebrauch liegt den meisten ntl. Stellen zugrunde. So erinnert Paulus die Korinther daran, daß Athleten »um einen vergänglichen Kranz« kämpfen, und er fügt hinzu: »wir aber um einen unvergänglichen« (1Kor 9,25). Wer nach der K. trachtet, muß »nach Vorschrift kämpfen« (2Tim 2,5 ZÜ). Manchmal erhält der Christ seine K. schon hier und jetzt. Paulus z.B. betrachtete die von ihm Bekehrten als seine K. oder seinen Ruhmeskranz (Phil 4,1; 1Thess 2,19). Normalerweise geschieht es jedoch erst nach dem Tod, daß »der Herr, der gerechte Richter, mir an jenem Tag die Krone der Gerechtigkeit geben wird« (2Tim 4,8). Es wird von der »Krone des Lebens« (Jak 1,12; Offb 2,10) und der »unvergänglichen Krone der Herrlichkeit« (1Petr 5,4) gesprochen. Die K. kann auch verlorengehen, denn die Christen werden ermahnt, sie festzuhalten, damit sie ihnen nicht genommen wird (Offb 3,11). Gott hat den Menschen mit »Preis und Ehre« gekrönt (Hebr 2,7), und von Jesus wird das gleiche gesagt; allerdings geschah seine Krönung »durch das Leiden des Todes«; »denn durch die Gnade Gottes sollte er für alle den Tod schmecken« (Hebr 2,9). Griech. *diadema* kommt selten vor (Offb 12,3; 13,1; 19,12). Im NT steht der Begriff immer als Symbol für Königtum oder Ehre. L.M.

KRÖTE s. Tiere

KRUG. Vorrats- und Transportgefäß in verschiedenen Formen und Größen, für das mehrere hebr. und griech. Bezeichnungen gebraucht werden.

Der normale Vorrats-K. ist henkellos, zwischen 60 und 120 cm hoch, faßt etwa 20-50 Liter und wird, da er meist eine gewölbte Unterseite hat, zum festen Stand in den Boden bzw. eine Stellage eingesenkt. Er dient zur Aufbewahrung von Mehl, Wasser, Wein, Öl und Getreide.

Andere Formen haben an der Oberseite einen, häufiger zwei Handgriffe, weil man sie – auf Kopf oder Schulter getragen – zur Beförderung des Wassers vom *Brunnen ins Haus benutzte (1Mo 24,15; 1Kön 18,34; RevEB: »Eimer«; Joh 4,28; RevEB: »Wasserkrug«), aber auch als Vorratsgefäß (1Kön 17,12). Solche Krüge hatten auch Gideons 300 Männer (Ri 7,16) bei sich. Das Wasserholen in Krügen war Sache der Frauen, ein Mann, der einen K. trug, erregte Aufmerksamkeit (Mk 14,13; Lk 22,10).

Normalerweise kaum zu tragen sind die aus Stein gehauenen Gefäße, die sich vor oder im Hause zur Aufbewahrung des Wassers für die Waschungen vor und nach Tisch befanden (Joh 2,6ff); ihr Fassungsvermögen geht oft noch über 100 Liter hinaus (vgl. *Maße und Gewichte).

Wichtig ist, daß die Krüge in israelit. Zeit öfter Stempel auf den Henkeln trugen, die sie als Gefäße für Abgaben kennzeichneten. Man hat einen Teil dieser Stempel aber auch als Warenzeichen für Krüge aus königlichen Töpfereien (vgl. 1Chr 4,23) gedeutet. In *Lachisch fand man ein Gefäß mit einem königlichen Eichvermerk.

Mehr flaschenartige Form haben die 1Kön 14,3; 17,12; 2Kön 9,1; Jer 19,1.10 erwähnten Gefäße, in denen man Honig oder Öl aufbewahrte. Auch kennt man unter einer dieser Bezeichnungen eine irdene, später auch metallene flache Feldflasche mit zwei Henkeln (1Sam 26,11; 1Kön 19,6).

KUCHEN.

1. Als K. wird Backwerk aus ungesäuertem Teig (1Mo 19,3; 2Mo 12,39) bezeichnet, das schnell zubereitet werden konnte (1Mo 18,6). Der Teig besteht aus Semmel- oder Feinmehl (*Mehl) und Öl (3Mo 2,4; vgl. 1Kön 17,12.13); daher wird auch vom Ölkuchen gesprochen (vgl. 2Mo 29,23 mit V. 2; 4Mo 11,8). Durch den Zusatz von Öl unterscheidet sich der K. vom ungesäuerten Brot und ungesäuerten Fladen, der nur mit Öl bestrichen wurde (4Mo 6,15). Gebacken wurde im *Ofen (3Mo 2,4), auf heißen Steinen (1Kön 19,6 vgl. RevEB) oder in der heißen Asche. Beim Backen mußte man den K. rechtzeitig umwenden (vgl. Hos 7,8; *Brot).

2. Abweichungen von der üblichen Form flacher runder Scheiben sind zweimal angedeutet. Die K., die Tamar für *Amnon bereitete, hatten nach dem hebr. Wort vielleicht Herzform (2Sam 13.6.8.10), und die K. zur Verehrung der heidnischen Himmelskönigin (Jer 7,18) »wurden gebacken, um ein Bild von ihr zu machen« (Jer 44,19), »um sie nachzubilden« (RevEB).

3. Ob der Brotkuchen (2Sam 6,19) und die Gerstenfladen (Hes 4,12) aus ungesäuertem Teig bestanden, wird nicht gesagt: 3Mo 7,13 werden aber auch K. von gesäuertem Brot erwähnt. Bei dem K. V. 12b handelt es sich um mit Öl eingerührten, ungebackenen Weizengrieß. Die Schaubrote, die nach Josephus aus ungesäuertem Teig gebacken wurden, werden ebenfalls als K. bezeichnet (3Mo 24,5); jeder Laib enthielt zwei Zehntel Efa (vgl. *Maße und Gewichte) Semmelmehl.

4. Z.Zt. Davids werden wiederholt Feigen- und Rosinenkuchen erwähnt (1Sam 25,18; 30,12; 2Sam 16,1; 1Chr 12,41). Sie bestanden aus getrockneten und zusammengepreßten Früchten. Nach Hos 3,1 spielten Rosinenkuchen auch eine Rolle im Götzendienst.

KÜMMEL s. Kräuter und Gewürze

KUH s. Tiere

KULON. (Griech. *Koulon*). Nach der LXX-Liste von Jos 15,59 (vgl. auch Hieronymus, In Mich 5,2), die hier ursprünglicher als der MT sein dürfte, ein Ort im 10. Gau von *Juda mit der Hauptstadt *Bethlehem (M. Noth, Josua, [3]1971, 99). Die Lage ist unbekannt (LDB, 369). Es spricht nichts dafür, K. mit einer späteren röm. Veteranensiedlung (*colonia*) bei *Moza (OLB II, 790) westl. von *Jerusalem zu identifizieren. R.R.

KULTGERÄTE.

1. Das AT berichtet von einer Vielzahl unterschiedlicher K. Neben den *Altären spielten die *Ascheren und *Masseben besonders im Höhenkult eine wichtige Rolle. Im Jerusalemer Tempel gab es auch das Eherne Meer (*Meer, ehernes), die Kesselwagen, den Schaubrottisch und die *Bundeslade. Für die Orakelbefragung wurden das *Efod, die Terafim (*Hausgötzen), sowie die *Urim und Tummim benützt. Daneben nennt schon der Tempelbaubericht Töpfe, Schaufeln und Sprengschalen (1Kön 7,40.45) sowie Schüsseln, Messer, Pfannen und Feuerbecken (1Kön 7,50) als Tempelinventar. Viele dieser meist aus Edelmetall gefertigten K. wurden bei der Zerstörung des Jerusalemer Tempels 587 v.Chr. von den Babyloniern entwendet und nach Babel gebracht (2Kön 25,14f; 2Chr 36,18). Dort wurden sie aufbewahrt und den Juden nach dem babylon. Exil für den neuerrichteten Tempel zurückgegeben (Esr 1,9-11). Einige der Kultgeräte des Herodianischen Tempels zeigt ein Relief am Titusbogen in Rom. Dort sind u.a. der Schaubrottisch, die *Menora und Trompeten abgebildet.

Die in den bibl. Texten erwähnten Töpfe,

*Dieser Weihrauchständer des 9. Jh. v.Chr. wurde in Beerscheba bei den Resten einer kleinen Plattform (*bama, *Höhenheiligtum) gefunden, im Bereich des Stadttores der Strata IV–V.* (TAU)

Bronze-Gestell für ein großes Becken oder eine Pfanne, mit einem Mann, der einen Kupferbarren in Form einer Tierhaut trägt. Zypern, 12. Jh. v.Chr. (MH)

Schaufeln, Schüsseln, Becher und Schalen wurden im Rahmen der verschiedenen Opfer und Opfermahlzeiten verwendet. Auch bei Ausgrabungen in Tempeln konnten zahlreiche Gefäßtypen nachgewiesen werden, die von ihrer Form her ebensogut als Haushaltsgeräte bezeichnet werden könnten. Im sog. Grabentempel in *Lachisch (Schicht II; Späte Bronzezeit) entdeckte man allein 798 Gefäße verschiedenster Art, die nichts ausgesprochen Kultisches aufweisen. Andererseits läßt sich auch bei einigen Funden aus einem Tempel nicht mehr genau unterscheiden, ob sie im Kult verwendet wurden oder aber Weihegaben eines Kultteilnehmers darstellen. Auf dem Podest des spätbronzezeitlichen Tempels in Tell Mevorakh wurden beispielsweise Lampen, Pfeilspitzen, Perlen, Spielsteine, Ohrringe, Messer, Zymbeln, Schalen und ein Rollsiegel gefunden; wahrscheinlich handelt es sich dabei um Gaben aus dem Bereich der Gemeinde. Im folgenden werden solche archäologisch nachgewiesene K. behandelt, bei denen die außergewöhnliche Form auf eine besondere Bedeutung innerhalb des Kults schließen läßt.

2. Einige Geräte lassen sich nur im chalkolithischen Kult nachweisen. Hierzu gehören

zahlreiche in einer Höhle im Nahal Mischmar gefundene kupferne »Kronen«, Keulenköpfe, »Zepter«, Beile und Meißel, die vielleicht im Rahmen einer Prozession im nahegelegenen Heiligtum von En-Gedi benützt wurden. Im Golan und nördl. Jordanien wurden in Privathäusern etwa 15-50 cm hohe pfeilerförmige Basaltstatuen gefunden, bei denen nur die Augen, Ohren und – besonders betont – die Nase ausgearbeitet sind. Auf den leicht vertieften Oberflächen wurden vielleicht dem Hausgott, der durch diese Statuen dargestellt werden soll, vegetabile Opfergaben dargebracht.

3. Vom Chalkolithikum bis zur späten Eisenzeit sind im gesamten Vorderen Orient hohe zylindrische Kultständer belegt. Diese Tongefäße wurden meist als Räucherständer bezeichnet, doch ist diese Funktion nur für einige wenige Exemplare gesichert. Ikonographische Darstellungen aus dem alten Orient zeigen, daß diese Ständer daneben auch als Stützen für Tischplatten, als Libationsgefäße, als »Blumentöpfe« für heilige Bäume oder als Untersatz für Lampen und Schalen gedient haben können. Meist sind die Ständer oben und unten offen. Einige Exemplare weisen anmodellierte Schalen auf, während nur für auffallend wenige Ständer passende Einsatzschalen gefunden wurden. Ein derartiger Einsatz aus Megiddo verengt sich zur Mitte hin trichterförmig und belegt damit die Verwendung als Libationsgefäß. In Nahariya, Byblos, Tell Qasile, *Megiddo, *Bet-Schean, *Hazor und *Ai wurden mittelbronze- bis eisenzeitliche Kultständer mit reliefierten antropomorphen und tierischen Darstellungen gefunden.

4. Aus dem früheisenzeitlichen *Taanach (12.-10. Jh. v.Chr.) stammen insgesamt drei rechteckige Tonständer mit einer flachen, leicht vertieften Oberfläche. Sie sind mit zahlreichen mythologischen Motiven verziert. Diese Kultständer dienten entweder für Libationen oder zum Abstellen kleinerer Kultgeräte (z.B. Opferschalen). Ähnlich war wohl die Funktion der dreistöckigen, leicht abgestuften Tonhäuschen aus Bet-Schean und Dibon. Sie sind mit männlichen und weiblichen Figurinen, Vögeln und sich durch die Öffnungen windenden Schlangen verziert. Rollsiegelabrollungen zeigen zweistöckige transportable Altäre, auf deren Absatz kleinere Kultgeräte abgestellt werden konnten.

Ihnen ähnlich sind ca. 30 cm hohe Hausmodelle, die in einigen Heiligtümern in unmittelbarer Nähe der zentralen Podeste gefunden wurden. Im *Ostjordanland wurden sie auch in Gräbern entdeckt. Architektonische Details machen deutlich, daß es sich dabei um Tempelmodelle handelt. Einige Exemplare weisen (freistehende) Säulen vor dem Eingang auf, wie es auch bei den beiden Säulen *Jachin und Boas vor dem Jerusalemer Tempel der Fall war. Bei einem Fundstück sind statt der Säulen Göttinnen oder Priesterinnen abgebildet. Die Funktion dieser Tempelmodelle ist bislang noch nicht geklärt. Einige Forscher vermuten, daß in ihnen Götterfigurinen aufgestellt werden konnten, doch ist dies noch durch keinen archäologischen Fund gesichert.

5. Aus dem spätbronze- und eisenzeitlichen Zypern, aber auch aus Ugarit, Megiddo, Bet-Schean und Tell es-Saʿidiye sind drei- und vierfüßige Metallständer bekannt, die teilweise auch mit Rädern versehen und somit fahrbar waren. Die vierfüßigen Exemplare weisen meist auf den Seitenflächen noch ikonographische Darstellungen auf. In die oben angebrachte Randleiste konnten Flüssigkeitsbehälter eingesetzt werden. Eine sidonische Münze zeigt einen solchen Metallwagen, aus dessen Oberteil vier Zweige ragen. Abgesehen von der Größe stellen diese Metallständer die nächsten archäologischen Parallelen zu den Kesselwagen des salomonischen Tempels her.

6. Einzelne Gefäße, die mit großer Wahrscheinlichkeit im Zusammenhang mit Libationen stehen, sind im Mittelmeergebiet und - vornehmlich in der Nähe der Küste – in Palästina belegt. Hierzu gehören z.B. im mittelbronzezeitlichen Nahariya gefundene Miniaturnäpfe, die stets in Siebenergruppen kreisförmig zusammengefügt wurden. An vielen Grabungsorten fand man meist in kultischem Kontext ringförmige Hohlgefäße, an deren Oberseite mehrere teils mit Tierdarstellungen und Pflanzenmotiven verzierte Miniaturvasen befestigt waren (sog. *Kernoi*). Diese Gefäßtypen sind seit der Späten Bronzezeit auch in Palästina belegt. Vielleicht wurden in den Röhren verschiedene flüssige Substanzen gemischt, die dann in einem Libationsopfer der Gottheit überbracht wurden. Daneben gibt es oft tierförmige Gefäße mit einem Ein- und Ausguß. Die dargestellten Tiere weisen eine große Vielfalt auf; u.a. sind Vögel, Igel, Schildkröten und Rinder belegt. Ebenfalls für Libationen wurden Spitzrhyta (Rhyton: trinkhornartiges Spendengefäß) verwendet, die ursprünglich im Mittelmeergebiet beheimatet waren.

7. In den Tempeln des spätbronzezeitlichen Hazor entdeckte man basaltene Opferplatten mit rechteckigen Vertiefungen, die wahrscheinlich für Libationsopfer verwendet wurden. Töpferscheiben, Backplatten und Werkzeuge für Metallarbeiten belegen, daß in den Tempeln z.T. auch handwerkliche Erzeugnisse

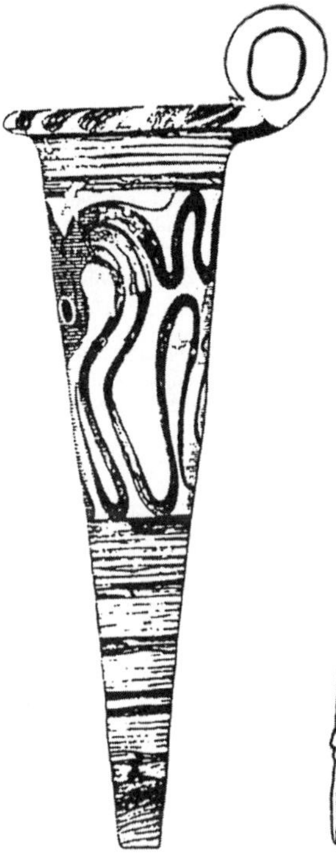

Rhyton aus Kamid el-Loz

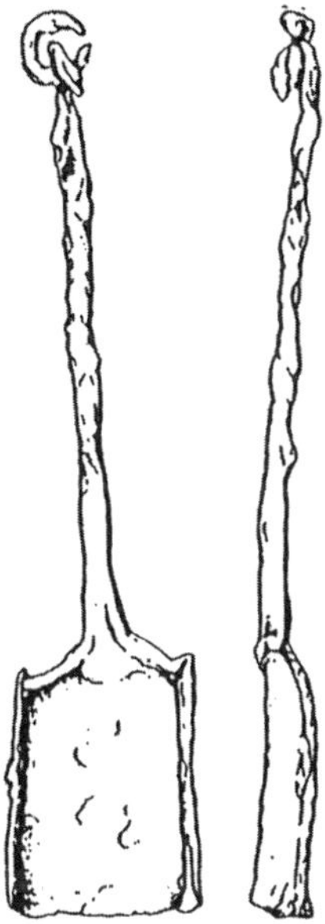

Ascheschaufeln aus Dan

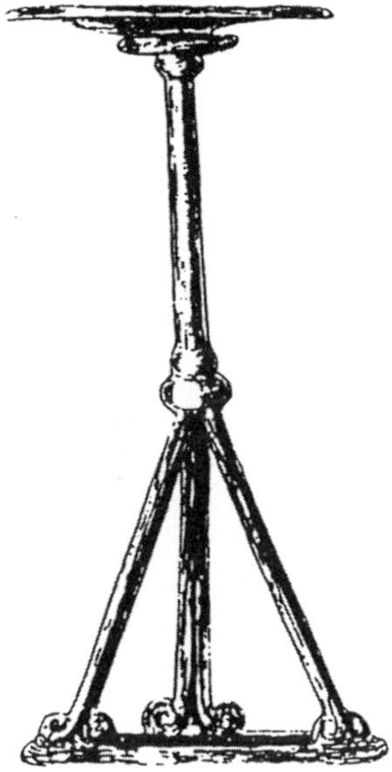

Bronzener Leuchter aus Megiddo

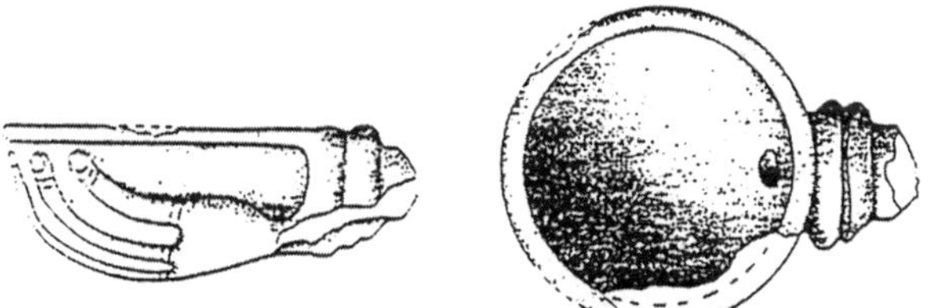

Syrische Salbschale aus Hazor

Dreizack aus Lachisch

für den Bedarf des Kults oder für den Privatkult der Gemeinde erstellt wurden.

8. Aus Syrien, Palästina, Zypern, Griechenland und den punischen Ansiedlungen sind seit der Späten Bronzezeit tönerne Gesichtsmasken mit Augen- und Mundöffnungen bekannt. Steinerne Exemplare reichen sogar bis in das Neolithikum zurück. Viele der Tonmasken sind allerdings für ein menschliches Gesicht zu klein. Ihre genaue Verwendung ist noch immer nicht geklärt. Einige Forscher wollen in ihnen die atl. Terafim (1Mo 31,19. 34f; Ri 17,5; 18,14.17.18.20 u.ö.) sehen.

9. In 1Sam 2,13 wird erwähnt, daß der Diener des Priesters am Heiligtum in *Silo mit einem Dreizack Fleischstücke als Priesterlohn aus den verschiedenen Kesseln, in denen das Fleisch des Gemeinschaftsopfers gekocht wurde, herausfischte. Obwohl die bei Ausgrabungen im Vorderen Orient gefundenen Dreizacke auch als Harpune oder Waffe verwendet werden konnten, lassen sich einige Exemplare mit großer Wahrscheinlichkeit als K. bestimmen; allerdings wurde kein einziges Exemplar bislang in einem Tempel entdeckt. Die bislang bekannten Dreizacke datieren in das 14.-10. Jh. v.Chr. und stammen aus Palästina (Akko, Lachisch, Chirbet Dschedur), Syrien (Ugarit) und Zypern (Hala Sultan Tekke). Die Zinken sind teilweise bis zu 60 cm lang und belegen das Interesse der Priester, einen möglichst großen Anteil am Opfertier zu erhalten. In späterer Zeit wurde der Priesterlohn anders geregelt (vgl. 5Mo 18,3), so daß die Dreizacke an Bedeutung verloren.

Zum Entfernen der Ascheschichten auf dem Brandopfer- und Räucheropferaltar verwendete man Schaufeln, die in der Regel einen langen, in sich gedrehten Stiel aufwiesen. Solche Schaufeln wurden in Megiddo, Dan und Bet-Schemesch (Späte Bronze- und Eisenzeit) sowie in Tell es-Seba (*Beerscheba; hellen. Zeit) gefunden. Ähnliche Schaufeln sind aus Syrien, Zypern und Sardinien bekannt.

In ntl. Zeit waren über das ganze röm. Reich bronzene Räucherschaufeln mit kleinen Füßchen für das Räucheropfer verbreitet.

10. Meist aus Steatit waren kleine Schalen mit einem Zapfen an einer Seite und einer häufig handförmig gestalteten Unterseite gefertigt. Diese Fundstücke wurden vor allem in Syrien und Mesopotamien entdeckt, sind aber innerhalb Palästinas auch in En Gev, Evron bei Akko, Hazor, Megiddo, Tell Beit Mirsim, Tell Deir Alla, Tell Zeror und Kinneret gefunden worden. Während sie früher meist wegen ihrer Ähnlichkeit mit den ägypt. Räucherarmen als Räuchergerät angesehen wurden, hat sich inzwischen gezeigt, daß keines der Exemplare Brandspuren aufweist; sie müssen deshalb als Salbschalen angesehen werden. An dem Zapfen wurde ein Ledersack befestigt, in dem das Salböl aufbewahrt wurde. Möglicherweise wurde mit solchen Geräten die Königssalbung vorgenommen.

11. Aus dem Bereich der privaten Frömmigkeit stammen tassen- und kästchenförmige Räuchergeräte, die im Westjordanland nahezu ausnahmslos in Privathäusern gefunden wurden, während sie im Ostjordanland auch in Gräbern belegt sind. Die tassenförmigen Gefäße (englisch »tripod cups«) tauchen in der Späten Bronzezeit in Syrien und im Libanon auf, lassen sich dann ab etwa 1000 v.Chr. im Nordreich Israel nachweisen und sind ab etwa 800 v.Chr. auch im Südreich Juda verbreitet. Wahrscheinlich wurde mit Hilfe dieser Gefäße auch auf den Kulthöhen geräuchert. Ab etwa 700 v.Chr. treten dann die kästchenförmigen Räuchergeräte auf und verdrängen allmählich ihre Vorläufer. Die ältesten Exemplare dieses Typs stammen aus Kleinasien und N-Mesopotamien und lassen sich bis ins 3. Jt. v.Chr. zurückverfolgen. Im 1. Jt. v.Chr. waren sie auch in Mesopotamien und S-Arabien weit verbreitet.

Literatur: zu 2: C. Epstein: Basalt Pillar Figurines from the Golan, IEJ 25/1975, 193-201; P. Bar-Adon: The Cave of the Treasure. The Finds from the Caves in Nahal Mishmar, 1980;

zu 3: H.G. May: Material Remains of the Megiddo Cult, 1935; A. Mazar: Excavations at Tell Qasile I, 1980; C. Meyers: The Tabernacle Mernorah, 1976;

zu 4: P.W. Lapp: The 1968 Excavation at Tell Ta'annek, BASOR 195/1969, 44; A. Rowe: The Four Canaanite Temples of Beth-Shan. Part I. The Temples and Cult Objects, 1940; R. Echt: Das Hausmodell KL 81:1 und sein kulturgeschichtlicher Kontext, in: R. Hachmann (Hrsg.): Kamid el-Loz 1977-1981, 1986, 101-122; S.S. Weinberg: A Moabite Shrine Group, MUSE 12/1978, 30-48; W. Khayata: Ein Altar in Form eines Tonhäuschens im Museum zu Aleppo, Acta Praehistorica et Archaelogica 5/6/1974/75, 171-174;

zu 5: H. Matthäus: Metallgefäße und Gefäßuntersätze der Bronzezeit der geometrischen und archaischen Periode auf Cypern, 1985, 299-340; W. Zwikkel: Die Kesselwagen im salomonischen Tempel, Ugarit-Forschungen 18/1986, 459-461;

zu 6: A. Mazar: Excavations at Tell Qasile I, 1980, 101-112;

zu 7: Y. Yadin: Hazor. Die Wiederentdeckung der Zitadelle Salomos, 1976;

zu 8: S. Schroer: In Israel gab es Bilder. Nachrichten von darstellender Kunst im Alten Testament, 1987, 146-149;

zu 9: R.M. Boehmer: Die Kleinfunde von Bogazköy, 1972, 139-143; A. Biran: The Dancer from Dan, the Empty Tomb and the Altar Room, IEJ 36/1986, 168-187; Y. Yadin: The Finds of the Bar Kochba Period in the Cave of the Letters, 1963, 48-58; M. Narkis: The Snuff-Shovel as a Jewish Symbol, JPOS 15/1935, 14-28;

zu 10: U. Hübner: Die Löwenschale vom Tell el-'Oreme, Liber Annuus 35/1985, 307-312;
zu 11: J.B. Pritchard: On the Use of the Tripod Cup, Ugaritica VI/1969, 427-434; M. O'Dwyer Shea: The Small Cuboid Incense Burner of the Ancient Near East, Levant 15/1983, 76-109. W.Z.

KUNDSCHAFTER.

I. DER SEMANTISCHE BEFUND IM ALTEN TESTAMENT.

Das deutsche Substantiv K. hat im atl. Hebr. keine eigenständige nominale Entsprechung; es ist vielmehr die Wiedergabe einer Partizipialform des Verbums *rāgal,* »umherlaufen«, das die Masse der Belegstellen für die dt. Übersetzung aller Verbformen bietet, weshalb hier die verbalen Formen von »auskundschaften, erkunden« untersucht werden müssen. Das betrifft vier Verben, die mit »auskundschaften«, bzw. »erkunden« übersetzt werden können: 1. *rāgal,* 2. *chāqar,* 3. *tūr,* 4. *chāphar.*

1. *rāgal:* »umherlaufen« ist als Verb Sekundärbildung, abgeleitet von dem Nomen *rägäl,* »Fuß«, und erhält seine spezielle Bedeutung entweder aus seinem Kontext oder aus besonderen Wortverbindungen, so z.B. »mit seiner Zunge umherlaufen«, was meint: mit verleumderischer Zunge, also »verleumden« (2Sam 19,28; Ps 15,3). Sonst wird *rāgal* in der Bedeutung verwendet »[ein Land/eine Stadt] abwandern [und dabei] auskundschaften« (4Mo 21,32; 5Mo 1,24; Jos 6,25; 7,2; 14,7; Ri 18,2.14.17; 2Sam 10,3; 1Chr 19,3: als konjugiertes Verb »auskundschaften«; 1Mo 42,9. 11.14.16.30f.34; Jos 2,1; 6,22f; 1Sam 26,4 in unmittelbarer militärischer Bedeutung als »Kundschafter«). Einen Sonderfall stellt 2Sam 15,10 dar, wo ZÜ das Partizip von *rāgal* mit K. übersetzt, wo es sich aber eher um Geheimboten handelt, die einen Umsturz bekanntgeben sollen. Mit den K.n aber verbindet sie einerseits die Tatsache, daß sie ihren Auftrag heimlich ausführen müssen, andererseits, daß sie eine Entfernung überbrücken müssen. Eben das aber wirft ein charakteristisches Licht auf das Wesen des Kundschaftens im semantischen Hof von *rāgal.* Der Vorgang des (unbeobachteten) Gehens ist offenbar konstitutiv für das Verständnis der von dem Verb ragal herkommenden Bedeutung »auskundschaften«, bzw. K.

2. *chāqar,* »erforschen, auskundschaften«; im militärischen Sinn von einer Stadt: 2Sam 10,3; von einem Land: Ri 18,2; 1Chr 19,3; ein Land nach gefallenen Feinden absuchen: Hes 39,14 (die überwiegende Anzahl der Belegstellen zeigt eine Verwendung des Wortes im übertragenen Sinn, die hier nicht mitbedacht wird). An den drei erstgenannten Stellen steht *chāqar* parallel zu *rāgal* (»umhergehen, um auszukundschaften«), wodurch *chāqar* geradezu zum Synonym für *rāgal* wird. Das bestätigt Hes 39,14, wo sich *chāqar* (hier in der Bedeutung »ein Land durchsuchen«) ebenfalls in Verbindung mit Verben des Gehens (»umherziehen«, »Durchreisende«) befindet. Dort also, wo *chāqar* »auskundschaften« bedeutet, wird es durch den parallelen Wortgebrauch im Sinn von *rāgal* näher bestimmt: »zu Fuß« Erkundigungen einholen.

3. *tūr:* »erforschen, auskundschaften« hängt etymologisch mit dem akkad. *tarū* »beständig ausschauen« zusammen. Von den insgesamt 16 Belegstellen finden sich allein 11 in 4Mo 13f (K.-Sendung! Allerdings ist gerade hier das Substantiv K. nicht belegt). Für *tūr* in der Bedeutung »auskundschaften« ist sowohl von der Etymologie als auch von den verschiedenen Textzusammenhängen her der Vorgang des Beobachtens, des Ausspähens oder Observierens konstitutiv für seine besondere semantische Komponente (vgl. deutsch: »Späher«). Das gilt für 4Mo 13f, wo die K. das mitbringen, was ihnen »in die Augen fiel«: eine riesige Traube aus dem Traubental (13,23). Doch hatte man ebenso die anderen augenfälligen, und zwar erschreckenden Phänomene, Riesenstädte und Riesenmenschen »gesehen« (13,28). Aber auch wenn Jahwe in eigener Person, als K. für sein Volk einen Rastplatz in der Wüste (4Mo 10,33; 5Mo 1,33) oder gar das verheißene Land auskundschaftet, ist ein optischer Vorgang vorausgesetzt. Dies gilt ebenso von den K.n in Ri 1,23, die *Bethel observieren. Dabei »sehen« sie (V. 24) einen Bürger der Stadt, der ihnen schließlich einen geheimen Zugang in die Stadt zeigt (wörtl. »sie . . . sehen läßt«). An den o.g. Stellen prägt den K. und seine Tätigkeit nicht das Überbrücken einer Distanz, wie es mit 1. erkennbar war, sondern das in-Augenschein-Nehmen eines Gebietes, sei es zum Zweck des Ausruhens, sei es zu dem einer Eroberung.

4. *chāphar:* »scharren (von einem Pferd), graben (einen Brunnen), nachspüren, auskundschaften«; in letzterer Bedeutung nur 5Mo 1,22; Jos 2,2f. In Jos 2,2f fürchtet der Stadtkönig von Jericho die Spionage der hebr. K. Seine fast hysterische Reaktion einer dreitägigen Verfolgung kündigt sich bereits in der Bezeichnung der Tätigkeit der K. an: »das ganze Land zu durchgraben *(chāphar),* sind sie gekommen« – eine völlige Überschätzung dessen, was zwei Nomaden im Kulturland leisten können, was aber Rahabs Charakterisierung der Stimmung in Jericho unterstreicht: »in keinem (von uns) blieb noch Mut euch ge-

genüber« (V. 11). Auskundschaften wird hier in einem speziellen Sinn als Arbeit verstanden, die etwas mit Scharren, Graben oder gar mit Durchwühlen zu tun hat (vgl. dt. »Wühlarbeit«, auch im übertragenen Sinn). Die bisherige Untersuchung hat drei Teilaspekte erkennen lassen, unter denen die Aufgabe des K.s im AT verstanden und semantisch zugeordnet wurde: den Aspekt des Gehens, des Sehens, des Wühlens. Während für das dt. Wort K. der Vorgang des Hörens konstitutiv ist, lassen die semantischen Zuweisungen im AT die das Kundschaften jeweils konkret charakterisierende Arbeit der Füße, der Augen, der Hände erkennen. Die hebr. Sprache differenziert also je nach dem speziellen Erfordernis, dem der K. sich gegenübersieht, so daß von daher bestimmte Textstellen in einem speziellen Licht erscheinen können und verstanden werden müssen (vgl. z.B. Jos 2,2f; Ri 1,23; 18,2.14.17). Auffallend ist endlich, daß das Verb als Partizip ausschließlich in der Pluralform begegnet. Das zeigt: Den Spion im modernen Sinn, der als Einzelgänger arbeitet, ja arbeiten muß, kennt das AT nicht. Ebensowenig vertreten die K. eine Berufssparte. Aufträge für K. ergeben sich ad hoc aus einer Situation und werden an nicht näher bezeichnete Zivilisten oder Krieger vergeben (in 4Mo 13,2 sind es Sprecher oder Häupter der Stämme; Jos 6,22: »junge Männer«; Ri 18,2: »tapfere Männer«), die für den jeweiligen Auftrag offenbar als geeignet erscheinen. Im Vordergrund steht nicht eine Titelbezeichnung, sondern die Aufgabe und die Sache des Auskundschaftens, ein Wesensmerkmal, das durch das Fehlen eines selbständigen Nomens und den entsprechenden partizipialen Gebrauch »Auskundschaftende« unterstrichen wird.

II. ANLÄSSE UND AKTIONSBEREICHE

Die Anlässe, die eine Entsendung von K.n nötig erscheinen ließen, waren überwiegend militärischer Natur. Dabei beschränkt sich der Einsatz von K.n auf den historischen Rahmen der Landnahme- bis frühen Königszeit. Für den geschichtlichen Bereich nach der Konsolidierung des Staatswesens durch David, das nicht mehr vom Heerbann, sondern einem schlagkräftigen stehenden Heer geschützt wird, ist der militärische Einsatz von K.n nicht mehr belegt. K. erscheinen also in einer geschichtlichen Periode als notwendiges militärisches Instrument, in der die Stämme dem Gegner an Bewaffnung und Taktik nichts Gleichwertiges entgegenzusetzen haben und somit einen direkten Angriff auf die durch Mauern und ein Ritterheer mit gepanzerten Kampfwagen geschützten kanaan. Städte scheuen müssen. Aus der Notwendigkeit, die eigene kampftechnische Unterlegenheit durch K. auszugleichen, ergeben sich deren Aufgaben. Es gilt, schlecht befestigte oder geschützte Grenzabschnitte, die »Blöße« eines Landes, auszuspähen (1Mo 42,9f); militärische Anlagen in Augenschein zu nehmen (4Mo 13,19.28; Jos 2,2f); die mögliche Truppenstärke abzuschätzen (4Mo 13,18; Jos 7,3); Geheimzugänge in befestigte Städte zu entdecken (Ri 1,24f; evtl. 2Sam 5,7f); die Verteidigungsbereitschaft der Bevölkerung zu prüfen (Ri 18,10); ggf. auch Verräter zu finden (Ri 1,24f; davon freilich, daß in Jos 2 eine »ursprüngliche Fassung« den Verrat der Stadt Jericho durch Rahab erzählt habe, läßt der Text selbst nichts erkennen). Auch für die militärische Abwehr wurden K. ausgesandt. Sie hatten das Aufmarschgebiet der feindlichen Truppen und speziell den Standort des gegnerischen »Hauptquartiers« zu bestimmen (1Sam 26,3f). In einem nur mittelbaren Zusammenhang mit kriegerischen Aktionen steht die Aufgabe von K.n, für ihr Volk oder ihren Stamm den zu ziehenden Weg zu erkunden (5Mo 1,22; Ri 18) sowie Recherchen über die Lebensmöglichkeiten in dem zu besiedelnden Gebiet einzuholen (4Mo 13,20.23; 14,7; 5Mo 1,25; Ri 18,9f). Einen besonderen Ausnahme- und Glücksfall stellt wohl 4Mo 21,32 dar, wo die K. ihren Spionageauftrag in der Stadt Jaser mit deren Eroberung krönen. Daß im Alten Orient mit militärischer Aufklärung durch fremde Mächte und Gruppen als einer stets möglichen Bedrohung gerechnet wurde, zeigten sowohl *Josefs (fingierte) Verdächtigung seiner Brüder als K. (1Mo 42,9-37) wie auch die verhängnisvolle Fehleinschätzung eines Jerusalemer Höflichkeitsbesuches in Ammon als eines getarnten Spionageunternehmens (2Sam 10,3; 1Chr 19,3).

III. THEOLOGISCHE BEOBACHTUNGEN.

1. Jos 2, die K. in Jericho: Hier fällt auf, daß der Text die eigentliche Arbeit der K. mit keinem Satz erwähnt. Die K. haben sich auf den Weg gemacht, um militärische Geheimnisse auszuspionieren, und erhalten Informationen ganz anderer Art: »Jahwe, euer Gott, ist Gott oben im Himmel und unten auf der Erde« (V. 11). Das Land, das zu besiedeln die Stämme sich anschicken, gehört Jahwe, der Israel aus Ägypten gerettet hat, und der deshalb von den Kanaanäern als einzig wahrer Gott erkannt wird. Dementsprechend fassen die K. das Ergebnis ihres Auftrages zusammen: »Jahwe hat das ganze Land in unsere Hand gegeben«, nämlich als Gott oben im Himmel und unten auf der Erde, der als solcher Herr des Landes und Herr der Geschichte ist und somit der einzig wahre Akteur in dem ganzen

Landnahmeunternehmen. So bestätigen die K. mit ihrem Auftrag, was Josua bereits in Kap. 1,3 von Gott zugesagt bekommen hatte: »Jeden Ort, den eure Fußsohlen betreten werden – euch habe ich ihn gegeben«.

2. Hes 20,6, Jahwe als K.: Auf dem Hintergrund der Untreue der Israeliten und »der Greuel ihrer Väter« (V. 4) erinnert Jahwe daran, daß er es war, der – im Anschluß an die Rettung aus Ägypten und die Gabe seines Bundesrechts am Sinai – seinem Volk das »Land, das von Milch und Honig überfließt« mit eigenen Augen »ausgekundschaftet« (s. I.3) hatte. In offenbar bewußter Anspielung auf die berühmte Kundschaftergeschichte aus 4Mo 13f greift Hesekiel hier den entsprechenden Terminus »auskundschaften« auf, der die Landsuche der 12 K. charakterisierte, um unmißverständlich klarzumachen: Es gibt nichts, was Israel nicht seinem Gott Jahwe verdankt. Rettung, Erwählung und Übereignung des Heilsgutes »verheißenes Land« gehen monokausal auf Jahwe zurück. In diesem Sinn sind auch 4Mo 10,33 und 5Mo 1,33 zu verstehen, wo in der Wüste, also bereits bevor Israel im verheißenen Land endgültig »zur Ruhe« kommt, das »Auskundschaften« von »Ruheplätzen« als Jahwes ureigenes Handeln erscheint. Nicht K. sind es, die Gottes Verheißung an die Väter den Söhnen in Erfüllung gehen lassen, sondern es ist ausschließlich der Gott Israels, Jahwe, der seinem Volk Leben im Zustand des Heils ermöglicht. B.Br.

KUNST. In ihrer langen Geschichte wurden Palästina und Syrien von verschiedenen Völkern bewohnt. Es ist daher nicht einfach, hebr. oder jüd. Kunst von der ägypt., syr., mesopotam. oder phön. Kunst zu unterscheiden oder die spätere jüd. Kunst von hellen. und griech.-röm. Importprodukten, Imitationen und Einflüssen. In jeder Periode kann man jedoch bestimmte örtliche Stilmerkmale feststellen, die sich einem archäologischen Kunstwerk zuordnen lassen.

I. PRÄHISTORISCHE KUNST.

Knochenschnitzereien der Natuf-Stufe aus dem Karmelgebiet (um 8000 v.Chr.), ein geschnitzter Sichelgriff, eine mit roter Ockerfarbe auf Kalkstein gemalte Gazelle oder die Verzierung von Totenschädeln mit Muschelschalen, eine im vorkeramischen neolithischen Jericho geübte Praxis (um 6500 v.Chr.), sind, zusammen mit Figurinen und Votivfiguren, Zeugnisse einer langen Kunstgeschichte. Die frühesten noch bestehenden Wandmalereien findet man in Teleilat Ghassul im Jordantal (um 3500 v.Chr.). Bei einem bunten Fresko gruppieren sich geometrische Muster um einen achteckigen Stern und werden von Figuren und Drachen (?) umgeben. Daneben gibt es die Abbildung eines Vogels oder einer Gruppe von Menschen, die (wahrscheinlich eine Gottheit) anbeten. Der Stil erinnert an den des zeitgenössischen Assyrien (Tell Halaf). Die neolithische Bevölkerung Jerichos verzierte auch rotgebrannte Keramik mit geometrischen Mustern. Anderswo wurden Elfenbein und Knochen zu kostbaren Gegenständen wie Figuren und Möbeln verarbeitet (z.B. Abu Matar, um 3900-3300 v.Chr.).

Durchbrochene Elfenbeinplatte mit eingelegten Glasaugen. Wahrscheinlich eine Möbelintarsie. Aus Megiddo. Höhe ca. 20 cm. Frühes 12. Jh. v.Chr. (OIUC)

Wandgemälde zweier assyrischer königlicher Beamter, aus Tell Barsip, Syrien. 8. Jh. v.Chr. (AP)

Ossuar (Behältnis für Totengebeine) aus Jerusalem, mit dem charakteristischen Zickzackrahmenwerk und den Hexagonen (sog. Rosetten). Solche Funde verdeutlichen, daß jüdische Begräbnisse in Jerusalem zu jener Zeit das spätere Sammeln der Gebeine berücksichtigten. Zwischen 40 v.Chr. und 135 n.Chr. (JPK)

Sterbende Löwin, von einem Jagdpfeil in ihrem Rücken gelähmt. Herausragendes Beispiel der assyrischen Kunstfertigkeit bei der Darstellung von Tieren. Palast des Assurbanipal, Ninive, ca. 640 v.Chr. (BM)

II. KANAANÄISCHE KUNST
(ca. 3000-1200 v.Chr.).

Man muß sie gemäß ihren regionalen Entwicklungen untersuchen. Diese reichen von der zierlich bearbeiteten Statue von Tell Mardich (Ebla) und dem ziselierten Silberbecher von Ain Samijeh (beide zeigen mesopotam. Einflüsse) bis zu den örtlichen Versionen der Figurinen und Statuen. Metallfiguren aus Byblos, aber auch Elfenbeineinlegearbeiten und -schnitzereien aus dem Grab in El Jisr (Mittlere Bronzezeit II, ca. 2000-1550 v.Chr.) zeigen, wie groß der Einfluß Ägyptens war, während die Reliefsäulen aus Basalt vom Jarimlimpalast von *Alalah (18. Jh. v.Chr.) den in Anatolien und Palästina (*Hazor) gefundenen

Fragment eines Wandgemäldes aus dem Palast des Zimri-Lim in Mari. Eine übergroße göttliche Figur leitet eine Prozession, in der der König einen Opferstier führt. (MC)

gleichen. Jarimlims Standbild scheint wie die spätere Skulptur der sitzenden Gestalt von Idrimi von Alalah (um 1460 v.Chr.) sumer. Abstammung zu sein.

In der Späten Bronzezeit (ca. 1550-1200 v.Chr.) gibt es bei den Skulpturen viele Mischformen, z.B. bei den Baal-Stelen, die eine Mischung aus ägypt. (Haltung und ein Teil der Kleidung), anatolischen (Helm und Haartracht) und syr. (Gewand) Formen sind. Elfenbeinschnitzereien aus dieser Zeit hat man sowohl mit der mykenischen wie der mesopotamischen Kunst verglichen. Eine schön gearbeitete Goldplatte aus Ugarit verwendet mythologische Motive. Gegen Ende dieser Periode erscheinen eine Anzahl von Reliefs nach der Tradition der Reliefstelen von Bet-Schean (unter ägypt. Einfluß) sowie Votivtafeln, die dem örtlichen Gott Mekal von Chirbet Balu'a (Transjordanland) geweiht sind. Zu diesen Götzenbildern zählen eine goldüberzogene Bronzestatue aus Megiddo und sorgfältig gearbeitete Elfenbeinschnitzereien aus *Lachisch, Tell el-Farah oder Megiddo (12. Jh.). Aus dieser Zeit stammt auch häufig vorkommende bemalte Keramik mit örtlichen Motiven. Manche Motive waren aber bereits aus Syrien und Mesopotamien bekannt. Eine charakteristische Spiral- und »Vogel«-Dekoration kennzeichnet die Krüge und Krater der an der Küste ansässigen Philister.

III. HEBRÄISCHE KUNST
(ca. 1200-586 v.Chr.).

Die Landnahme der Israeliten scheint die einheimischen Produkte, die im gesamten Nahen Osten im Rückgang begriffen waren, wenig beeinflußt zu haben. Die Israeliten hatten anscheinend keine besonderen eigenen Formen, wenngleich sie die Kunst und das Kunsthandwerk wohl schätzten. Sie hatten sich kostbare ägypt. Juwelen geben lassen (2Mo 12,35) und kurz nach dem Auszug Gold und Silber zur Herstellung eines Stierbildes nach ägypt. Vorbild benutzt (2Mo 32,2-4). Sie gaben ihre Kostbarkeiten, um die Stiftshütte zu schmücken, die errichtet wurde unter Anleitung von Bezalel aus dem Stamm Juda, der ein geschickter Handwerker im Umgang mit Holz, Metall und Edelsteinen war (2Mo 35, 30-33). Mit wachsendem Wohlstand unter David und Salomo ließen die Hebräer ihre eigenen Handwerker durch phönizische Künstler ausbilden. Daß die Pläne für den Bau von Davids Palast und Salomos Tempel in Jerusalem die königliche Zustimmung fanden, könnte darauf hinweisen, daß sich der hebr. Geschmack nicht wesentlich von dem der syro-phönizischen Nachbarn unterschied.

Das zweite Gebot, das die Herstellung eines »Bildnisses oder Gleichnisses« von dem, »was oben im Himmel... unten auf Erden und im Wasser ist«, verbot (2Mo 20,4), verurteilte nicht die Kunst, sondern den vielleicht daraus resultierenden Götzendienst (V. 5). In der Praxis scheint das Gebot so ausgelegt worden zu sein, daß nur die Darstellung der menschlichen Gestalt verboten war, und es sind bisher auch keine Figuren gefunden worden, die eindeutig hebr. oder jüd. Ursprungs wären. Der Tempel und die Stiftshütte waren mit geflügelten Löwen mit Menschenköpfen (Cherubim), Greifen, Palmzweigen, Blüten- und Baummustern geschmückt. Daneben findet man Figuren und Symbole ägypt. Stils, Vögel, Reptilien und eine Vielzahl von Tieren (Löwen, Stiere) und Mustern (z.B. Guillochen) bei der Tempeldekoration (1Kön 6,18), bei zeitgenössischen Elfenbeinarbeiten aus Samaria und Hazor und bei den Mustern auf Keramik und Siegeln. Könige und wohlhabende Bürger beschäftigten Handwerker, um ihre Häuser zu verschönern (1Kön 22,39). Wo das verurteilt wird, geschieht es wegen der Unangemessenheit solchen Überflusses, der Ausdruck von Egoismus war, während das Haus Gottes und der Gottesdienst vernachlässigt wurden (Am 3,15; Ps 45,8; Hag 1,4). Man darf nicht vergessen, daß die Hebräer durch die Förderung von *Musik, *Dichtung und Rhetorik ein hohes Niveau »künstlerischen Ausdrucks« erreichten, der die spätere Kunst tiefgreifend beeinflußte.

IV. KUNSTARTEN.

1. Malerei.

Da die Ägypter und Amoriter (z.B. das Investiturfresko von Mari) gewöhnlich auf verputzte Wände malten, ist es möglich, daß auch die Hebräer dies getan haben, obwohl man bisher nur wenige Beispiele kennt. Man hat bei Ausgrabungen Farben gefunden (s.a. *Handwerk/Kunsthandwerk). Roter Ocker (hebr. *schāschēr*) wurde für Malereien auf Wänden und Holz benutzt (Jer 22,14; Hes 23,14). Oholiab (6. Jh.) sah Chaldäer, in Zinnoberrot auf eine Wand gemalt (*māschach*, »bestreichen, salben«; Hes 23,14).

2. Holzschnitzereien.

Bezalel und sein Helfer Oholiab leiteten die Holzschnitzarbeiten (*harōschet ez*) für die Stiftshütte, wozu auch Säulen mit geschnitzten Kapitellen (2Mo 36,38; 35,33) und ein gehörnter Altar mit Gitterwerk (38,1-4) gehörten. Salomos Tempel hatte ein Dach aus Zypressenbalken mit Palmen- und Blumenmustern (2Chr 3,5). Innen war er mit Zedernholz getäfelt (1Kön 6,15.16). Wände und Türen zierten Schnitzereien (*miqlā'ōt*) mit einem Muster aus Lotosknospen und Lilien oder

Aus Onyx geschnitzte Schale, beschriftet mit dem Namen Asarhaddons, des Königs von Assyrien. Ca. 675 v.Chr. (BM)

dreifachen Straußenfedern, die eine Tripelblume bildeten. Auch gab es Palmenmuster und Darstellungen von Cherubim (1Kön 6,18.29). Die Türen aus Ölbaumholz zeigten ähnliche, geschnitzte (*chāqā*) oder in Intagliowerk ausgeführte Muster (V. 32-35). Das Ganze war, wie oft bei feinen Holz- oder Elfenbeinarbeiten, mit Gold überzogen. Da Harthölzer wie Sandel- und Ebenholz importiert werden mußten (1Kön 10,11) und fähige Schnitzer selten waren, hielt man Vertäfelungen (*sāphan*), erlesenes Holzwerk und geschnitzte Fenster für eine extravagante Zurschaustellung von Reichtum (Jer 22,14; Hag 1,4). Hesekiels Tempel hatte geschnitzte Paneele mit doppelgesichtigen Cherubim, die sich mit Palmen und jungen Löwen abwechselten. Die Außentüren waren umkleidet (*schehīph*; Hes 41,16-26). In den »Amoritergräbern« Jerichos fand man geschnitzte Möbel und andere Holzgegenstände wie Kästen, Löffel und Gefäße. Da ägypt. Holzschnitzerei (um 2000-500 v.Chr.) sowohl bei großen wie bei Miniaturarbeiten ein Niveau erreichte, das man in Europa erst in der Renaissance kannte, dürften diese Arbeiten bei reichen Hebräern geschätzt gewesen sein.

3. Elfenbeinschnitzereien.

Bereits im 34.-33. Jh. v.Chr. (Abu Matar) wurden in Palästina Elfenbein und Knochen zu kostbaren Gegenständen, Figuren und Möbeln verarbeitet. Es wurde eingeritzt (meist in Platten), als Plastik geformt oder als offene Arbeit oder Relief geschnitten. Zu den »kanaanäischen« Elfenbeinarbeiten gehören eine Salbenvase in der Form einer Frau mit einem handförmigen (Lachisch, 14. Jh. v.Chr.) oder Hathor-köpfigen Stöpsel (Hazor, 13. Jh. v.Chr.), ein Salblöffel in der Form einer schwimmenden Frau, die eine Ente fängt (Tell Beit Mirsim) und einige Juwelenkästchen mit Darstellungen menschlicher Gestalten. Nach einer Zeit des Rückgangs in der Kunst zeigen geschnitzte Platten aus Megiddo (vermutlich einheimische Arbeiten, 12.-10. Jh.) lebendige Szenen: z.B. sitzt der König auf einem Thron,

Mosaikstandarte aus Muscheln, rotem Kalkstein und Lapislazuli in Bitumen. Detail einer Kriegsszene mit einem sumerischen Wagen. Aus dem königlichen Friedhof von Ur, Mesopotamien, ca. 2500 v.Chr. (BM)

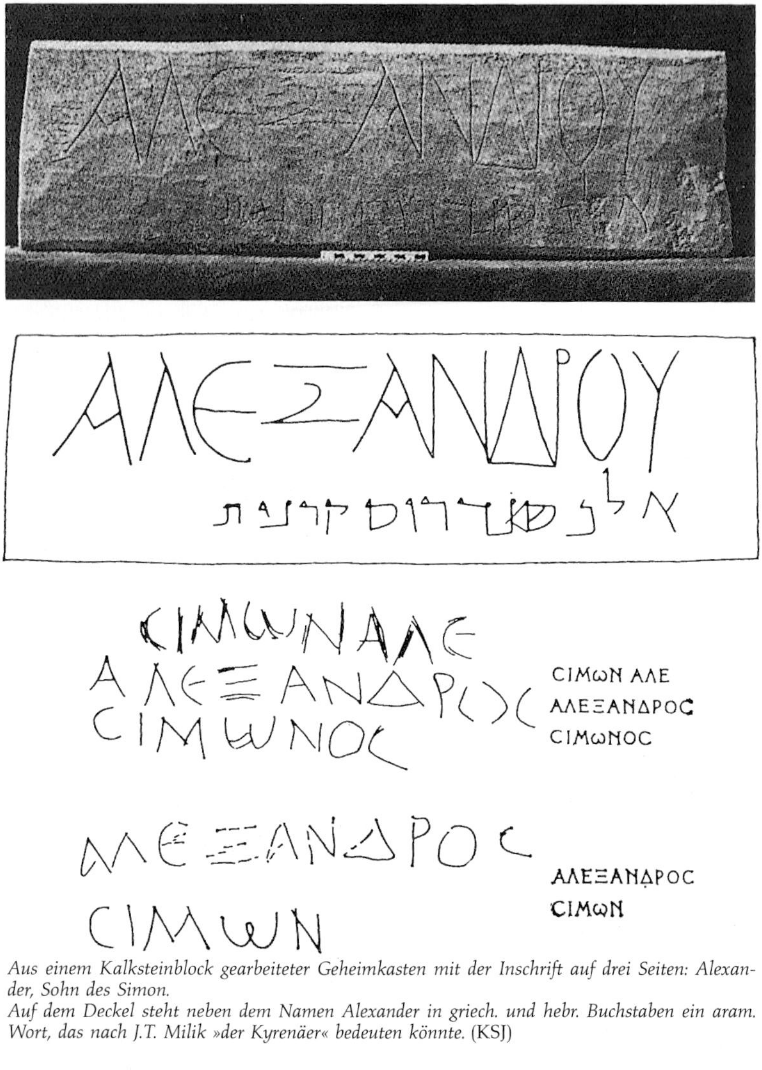

Aus einem Kalksteinblock gearbeiteter Geheimkasten mit der Inschrift auf drei Seiten: Alexander, Sohn des Simon.
Auf dem Deckel steht neben dem Namen Alexander in griech. und hebr. Buchstaben ein aram. Wort, das nach J.T. Milik »der Kyrenäer« bedeuten könnte. (KSJ)

der dem später für Salomo gefertigten ähnlich gewesen sein muß (2Chr 9,17-18), und empfängt Tribut.

In Samaria gefundene Elfenbeinarbeiten aus der Zeit Ahabs zeigen den Einfluß der phönizischen Kunst mit ihren ägypt., syro-hetitischen und assyr. Elementen. Sie ähneln stark den in Arslan Tasch (Syrien) und Nimrud (Irak) gefundenen, zeitgenössischen Arbeiten und könnten aus derselben »Schule« oder Handwerksgilde stammen. Manche sind mit Gold überzogen oder haben Einlagen aus Gold, Lapislazuli, bunten Steinen und Glas. Zu den üblichen Mustern gehören Lotosblumen und die Cherubim, die bereits bei der Holzschnitzerei und verwandter Kunst erwähnt wurden; Darstellungen eines Frauenkopfes (Astarte?) an einem Fenster, liegende und säugende Tiere sowie »ägyptische« Figuren und Symbole, besonders der knieende Knabe Horus. Eine Kosmetikpalette mit passendem Gefäß israelit. Herkunft aus Hazor (8. Jh.) zeigt ein einfaches Schraffurmuster.

4. Plastik.

Man fand nur wenige Plastiken aus der »kanaanäischen« Periode (ca. 3150-1300 v.Chr.). Der sitzende Baal aus Basalt, die grob geritzte Stele mit einem Paar ausgestreckter Hände, die Altäre von Hazor und die sich schlangenartig windende Göttin auf einer Stele aus Beit Mirsim sowie die schön gearbeiteten Füße einer Statue aus Hazor (13. Jh.) zeigen, daß sowohl gute wie mittelmäßige Künstler dort am Werk waren. Eine steinerne Weihrauchkelle in Form einer Hand, die eine Schale umfaßt, aus derselben Stadt (8. Jh.) hat Ähnlichkeiten mit zeitgenössischer assyr. Kunst. Der Kopfstein im Wasserschacht von *Lachisch (9. Jh. v.Chr.), gearbeitet wie das Bild eines bärtigen Mannes, zeigt, daß die Bevölkerung Palästinas immer Phantasie hatte. Aber nur wenig blieb erhalten, und Kunstwerke ihrer Nachbarn (z.B. der mit Plastiken versehene Sarkophag von Ahiram aus Byblos) sind besser bekannt. Die gewundenen Kapitelle aus *Megiddo und *Samaria, Vorläufer des ionischen Typs, ähnelten vermutlich denen am Tempel. In der makkabäischen Periode schnitzten jüd. Dekorateure die Früchte des Landes (Trauben, Zitronenbaum und Akanthusblätter), Symbole, die man auch auf Münzen findet (*Geld). Eine besondere Handwerkergilde fertigte Ossuarien an; man hat in Jerusalem mehrere solcher Kästchen entdeckt, auf denen sechseckige Sterne, Rosetten, Blumen und auch architektonische Muster eingraviert sind.

5. Siegelherstellung.

Rollsiegel, Skarabäen und Stempel aus Palästina tragen typisch phöniz. Motive, wie sie auf Elfenbeinarbeiten gefunden wurden, obwohl hier die geflügelte Scheibe und der geflügelte Skarabäus häufiger vorkommen. Bis zur Königszeit wurde oft eine menschliche Gestalt eingraviert, und die Einarbeitung des Eigennamens scheint in Israel gebräuchlicher gewesen zu sein als bei seinen Nachbarn. Bildliche Darstellungen sind auf judäischen Siegeln selten, was ein zunehmendes Bewußtsein des rel. Verbotes anzeigen könnte (vgl. 3.).

6. Metallarbeiten.

Es gibt Anhaltspunkte dafür, daß die Hebräer große Kunstfertigkeit im Umgang mit Metall hatten. Davon zeugt eine Miniaturstatuette aus Bronze. Sie stammt aus Megiddo und ist durchbrochen gearbeitet. Sie zeigt die Anrufung eines sitzenden Gottes (um 1000 v.Chr.). Das Gewicht des »Ehernen Meeres« in Salomos Tempel wird auf 23000 kg geschätzt. Die Stärke der Wand aus gegossener Bronze betrug 8 cm, der Durchmesser 4,6 m und die Höhe 2,3 m, der Rand war verziert. Es ruhte auf dem Rücken von zwölf gegossenen Ochsen, die in vier Dreiergruppen angeordnet waren (1Kön 7,23ff). Das Becken faßte womöglich 50000 l Wasser und muß ein bemerkenswertes technisches Werk gewesen sein (s.a. *Jachin und Boas). D.J.W.

KUPFER s. Bergbau und Metallgewinnung

Fayence-Kachel mit einem dunkelhäutigen (kuschitischen) Gefangenen, Höhe 25 cm. Aus dem Tempel Ramses' III. in Medinet Habu, West-Theben, ca. 1170 v.Chr. (OIUC)

KUSCH.
1. Ältester Sohn *Hams (1Mo 10,6-8; 1Chr 1,8-10), Stammvater arab. Völker, Vorfahr *Nimrods.
2. Benjaminit und Gegner Davids (Ps 7,1).

KUSCHI.
1. Vorfahr des Jehudi, der z.Zt. Jeremias lebte (Jer 36,14).
2. Vater des Propheten Zefanja (Zef 1,1).

KUSS. Übliche Begrüßung im Orient. Das Wort erscheint im AT als Zeichen der Zuneigung zwischen Verwandten (z.B. 1Mo 29,11; 33,4), als Ausdruck von Liebe (Hld 1,2) oder Lust (Spr 7,13), vielleicht auch als Zeichen der Huldigung (1Sam 10,1). Das Küssen von »Gottes Gesalbtem«, ist möglicherweise wie in Ps 2,11 ein rel. oder kultischer Ritus, analog jenen Riten bei Götzenkulten: eine Kußhand zuwerfen (Hiob 31,27) oder das Küssen eines Götzenbilds (1Kön 19,18; Hos 13,2) ist ein Akt rel. Anbetung. Im NT wird das Verb *phileō* gebraucht; es drückt Freundschaft oder Zuneigung aus (z.B. Judas, Mt 26,48). Dessen stärkere Form ist *kataphileō* (z.B. Lk 7,38; 15,20; Apg 20, 37). Der »heilige Kuß« (Röm 16,16) oder der »Kuß der Liebe« (1Petr 5,14), der später in die Kirchenliturgie Eingang fand, war Ausdruck christl. Liebe innerhalb der Gemeinde und vermutlich auf das eigene Geschlecht begrenzt (vgl. Apostol. Konst. 2.57,12; vgl. W. Günther: TBLNT II, 901-903, bes. III,3). E.E.E.

KYRENE. Von Dorern gegründete Hafenstadt in N-Afrika, deren Reichtum vor allem auf dem Handel mit Korn, Wolle, Datteln und Silphium (Gewürz- und Heilkraut der Korbblättergattung) beruhte. Im 3. Jh. v.Chr. wurde die Stadt Teil des Ptolemäerreiches. 96 v.Chr. fiel sie Rom zu und wurde 74 v.Chr. eine Provinz. *Josephus zitiert die Aussage von Strabo, daß K. die Ansiedlung von Juden förderte, und daß die Juden eine der vier anerkannten Klassen der Stadtbevölkerung bildeten (Jos.ant.Jud. 14.114). Josephus erwähnt einen jüd. Aufstand zur Zeit Sullas, und Dio Cassius (68) erwähnt einen weiteren Aufstand zur Zeit *Trajans. Zu der jüd. Gemeinde gehörten Simon, der das Kreuz trug (Mk 15,21 par.), einige der Missionare in *Antiochia (Apg 11,20) und der antiochenische Lehrer Luzius. Leute aus der Gegend von K.

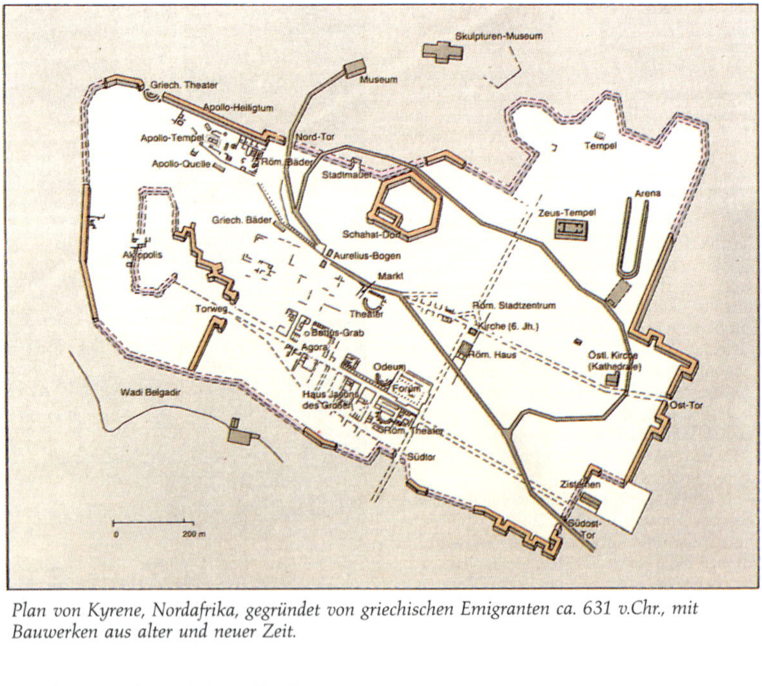

Plan von Kyrene, Nordafrika, gegründet von griechischen Emigranten ca. 631 v.Chr., mit Bauwerken aus alter und neuer Zeit.

waren auch auf dem Pfingstfest in Jerusalem vertreten (Apg 2,10) und besaßen offensichtlich ganz oder teilweise eine Synagoge in Jerusalem (Apg 6,9).

Literatur: P. Romanelli: La Civenaica Romana, 1943; A. Rowe, D. Buttle, J. Cray: Cyrenaican Expeditions of the University of Manchester, 1956; J. Reynolds: JTS n.s. 11/1960, S. 284ff. J.H.H.

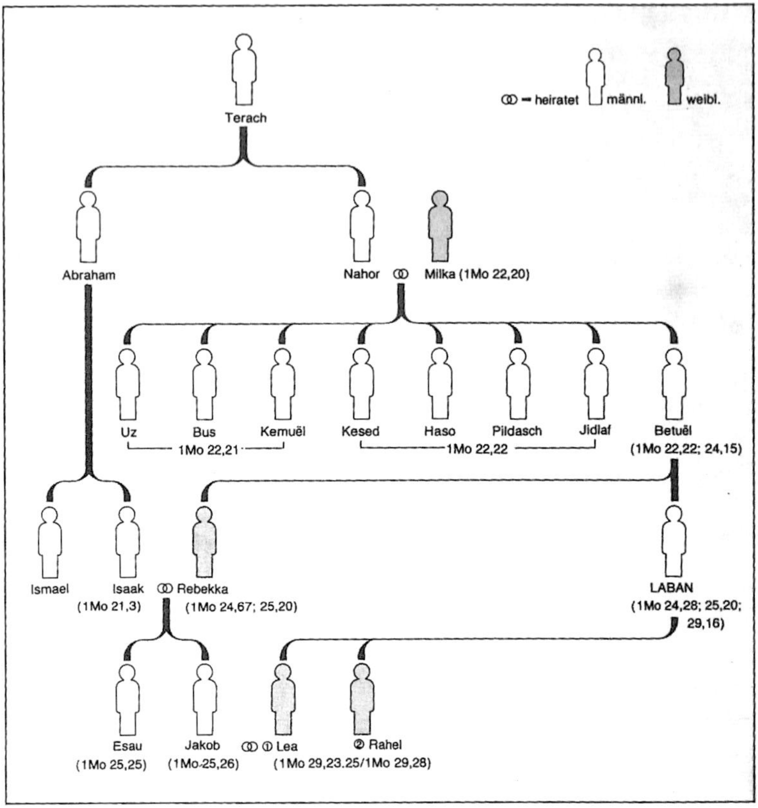

Die Familie Labans

LABAN. (»Weiß«).

1. Enkel von Abrahams Bruder *Nahor (1Mo 22,20-23), Sohn Betuëls (1Mo 28,5), Bruder *Rebekkas (1Mo 24,47ff) und Schwiegervater *Jakobs (1Mo 27,43; 28,2). L.s Familie war in *Haran, in der Stadt Nahors (1Mo 24,10), geblieben. Die Volksverwandtschaft wurde aber durch Isaak und Jakob aufrechterhalten, die ihre Frauen dort fanden. Als Bruder Rebekkas hatte L. über ihre Heirat mit zu entscheiden (1Mo 24,29.50f). L. hatte mehrere Söhne (1Mo 30,35; 31,1) und die Töchter *Lea und *Rahel (1Mo 29,16). Zu ihm flüchtete Jakob, als er sich durch Esaus Rache bedroht sah (1Mo 27,43ff).

Es gab beträchtliche Differenzen zwischen den haranitischen und palästinischen Volksgruppen. L. wird als Aramäer bezeichnet (1Mo 28,5; 31, 20). Er pflegte einen Heiratsbrauch, der Jakob unbekannt war: die jüngere Tochter kann erst dann heiraten, wenn die ältere verheiratet ist (1Mo 29,26). L. war großzügig in seiner Gastfreundschaft. Daneben hatte er aber einige ungute Wesenszüge. Er diente fremden Göttern (1Mo 31,19; vgl. V. 53), obwohl er das Handeln Jahwes anerkannte (1Mo 24,50-51). Weiterhin wurden bei L. in seinem Umgang mit Jakob Doppelzüngigkeit und Egoismus sichtbar. Er nutzte Jakobs Liebe zu Rahel aus, um ihn 14 Jahre bei sich für seine Braut arbeiten zu lassen. Als Jakob schließlich nach 20jährigem Dienst mit seiner Familie und seinem erworbenen Besitz nach Palästina zog, verfolgte ihn L. zwar, wurde jedoch in einem Traum davor gewarnt, Jakob und den Seinen etwas anzutun (1Mo 31,24). Er schloß einen Bund bzw. Vertrag mit Jakob (1Mo 31,44-54) und kehrte wieder in seine Heimat zurück (1Mo 32,1).

2. Ein unbekannter Ort »jenseits des Jordans in der Wüste« (5Mo 1,1), der vermutlich in der Ebene von *Moab lag und womöglich identisch ist mit *Libna, einem Rastplatz des Volkes Israel in der Wüste (4Mo 33,20f).M.J.S.

LACHEN. (Hebr. *zāchaq, sāchaq, sechōq;* griech. *gelaō).* L. kann in der Bibel Ausdruck von Freude und Sicherheit, Spott und Überlegenheit sein. Als L. eines Menschen, der sich für überlegen hält, kommt es u.a. in 1Mo 17,17; 18,12-15; 21,6 vor. Gottes L., sein Spott über die Menschen, die nicht nach ihm fragen (Ps 2,4; 37,13; 59,9), ist eine Bildrede, die sein überlegenes Verhalten mit dem des Menschen vergleicht (vgl. Hiob 30,1). Gegen die vermeintliche Sicherheit der lachenden, feiernden, wohlhabenden Menschen, die Gott nicht suchen, wenden sich Pred 2,2; 3,4; 7,3.6; 10,19; Lk 6,25; Jak 4,9. Umkehr, Trauer über die Sünde und Verlangen nach Weisheit sollte an seine Stelle treten. Die *Freude über Gottes eschatologische Hilfe kommt in Hiob 8,21; Ps 126,2; Lk 6,21 zum Ausdruck. Gott wendet das Leid seiner Frommen, er beendet ihre trauernde Klage und trocknet ihre Tränen (s.a. *Begräbnis- und Trauersitten, *Spott, *Weinen).

Literatur: H. Balz, G. Schneider: EWNT I, 1980, 577-578; W. Elert: Das Lachen in der Kirchengeschichte, in: Ein Lehrer der Kirche, 1967, 184-189; F.C. Grant: RGG³ IV, 195; F.F. Hvidberg: Weeping and Laughter in the Old Testament, 1962; K.H. Rengstorf: ThWNT I, 1933, 656-660; W. Thiede: Das verheißene Lachen. Humor in theologischer Perspektive, 1986. J.E.

LACHISCH. (Hebr. *lākīsch;* LXX: *Lachis*). Eine große, befestigte Stadt, die mit dem heutigen Tell ed-Duweir, 40 km südwestl. von Jerusalem, identifiziert wird. Die Identifikation ist allerdings umstritten. Der Siedlungshügel wurde 1932-38 von der Wellcome Marston Archaeological Expedition und seit 1966 von der Universität Tel Aviv teilweise freigelegt.

Man geht davon aus, daß dieses Gebiet mindestens seit dem 8. Jt. v.Chr. von Höhlenbewohnern besiedelt war. Aber erst seit ca. 2500 v.Chr. war der Hügel, der den heutigen Tell ed-Duweir bildet, bewohnt. Um ca. 1750 v.Chr. wurde die Stadt mit einem Wall aus Stampferde befestigt, der steil in einen Graben am Fuß des Tells abfiel. Während dieser Periode dienten die umliegenden Höhlen als Gräber.

In Amarna wurden Briefe (Nr. 328,329) zweier Herrscher von L., Jabni'ilu und Zimredda, gefunden. In einem weiteren Brief (Nr. 288) klagt Abdiheba, König von Jerusalem, Zimredda des Paktierens mit den 'Apiru an, während ein Brief, der bei Tell el-Hesi gefunden wurde, besagt, daß er einen Vertrag mit König Schipti-Ba'lu geschlossen hatte. Eine Folge von Tempeln, die zwischen 1550 u. 1200 v.Chr. benutzt wurden und im Graben nordwestl. des Tells lagen, lassen die rel. Praktiken der Kanaanäer erkennen. Der Altar bestand aus unbehauenen Steinen (vgl. Jos 8,31), Treppenstufen führten zu ihm hinauf (vgl. 2Mo 20,24ff). Die Opfergaben wurden in Schalen gelegt, die auf den gemauerten Wandbänken im Tempel standen. Über 100 Lampen lagen rings um das Gebäude verstreut. Man fand sehr viele Knochen junger Schafe oder Ziegen. Fast alle identifizierbaren Knochen stammen vom rechten Vorderfuß, der im isralit. Kult den Anteil des Priesters am Dankopfer ausmachte (3Mo 7,32). Jafia, der König von L., gehörte zum Amoriter-Bündnis, dessen Mitglieder bei Gibeon gegen Josua kämpften (Jos 10,3.5). Er wurde nach Josuas Sieg bei Makkedar (Jos 10,22-27) hingerichtet. Darauf fiel L. an Josua (Jos 10,31f). Obwohl es Hinweise auf die Zerstörung der Stadt um 1200 v.Chr. gibt, wird vom AT nicht unbedingt Josua dafür verantwortlich gemacht (s. Jos 11,12). Eine mögliche Erklärung für die Ascheschicht, die die spätbronzezeitl. Stadt bedeckt, wäre ein ägypt. Überfall auf Palästina.

Vermutlich besetzten die Israeliten die Stätte während der Richterzeit. Aus dieser Zeit gibt es außer einigen Gräbern wenig Material vom Tell. In einem Grab von ca. 1000 v.Chr. waren zwei Leichen mit zahlreichen Gegenständen bestattet worden, darunter ein eiserner Dreizack, vielleicht ein Beispiel für die »Gabel mit drei Zacken« (hebr. *mazlēg;* 1Sam 2,13), die bei der Opferung verwendet wurde. Auf dem Tell wurde ein kleiner Raum ausgegraben, der auf ca. 925 v.Chr. datiert wird. Er enthielt zahlreiche Kultgegenstände, darunter einen Altar, eine *Massebe und einen Räucherständer. In der Nähe wurden Teile von Figurinen gefunden. Dies alles deutet auf ein Weiterleben der kanaan. Religion in Israel hin. Darauf könnte der Prophet *Micha Bezug nehmen (Mi 1,13), wenn er sagt, daß L. »für die Tochter Zion der Anfang zur Sünde« sei.

*Rehabeam baute die Stadt nach einem völlig neuen Grundplan wieder auf (2Chr 11,5-10), als Teil eines umfassenden Verteidigungssystems gegenüber Ägypten. Die Stadt hatte ein großes Verwaltungsgebäude. *Amazja suchte Zuflucht in L., als er vor Aufständischen aus Jerusalem floh. Sie verfolgten ihn und töteten ihn dort (2Kön 14,19; 2Chr

Lachisch Ostrakon IV: ein Brief Hoschajahus, des Kommandanten eines vorgeschobenen Postens, an Jausch, den kommandierenden Offizier in Lachisch. Hoschajahus berichtet, daß er nach Signalen aus Lachisch Ausschau hält, da er diejenigen aus Aseka nicht mehr sehen kann (vgl. Jer 34,7). Ca. 558–587 v.Chr. (IA)

25,27). Zwei Mauern umgaben die Stadt. Die innere, sechs Meter dicke Mauer war auf der Kante des Scheitelplateaus errichtet, die zweite Mauer 16 Meter tiefer am Abhang, den sie abstützte. Ein großes Sechskammertor in der inneren Mauer führte zu einer ummauerten Rampe, die sich im rechten Winkel am Abhang des Tells hinunterzog bis zu einem zweiten Tor. Dieses Befestigungsssystem scheint in einem Relief aus Sanheribs Palast in Ninive abgebildet zu sein (jetzt im BrM). Das Relief zeigt Sanheribs Belagerung und Eroberung der Stadt L. im Jahre 701 v.Chr. In der Nähe des Tors fanden sich Pfeilspitzen, Teile von Schuppenpanzern, Schleudersteine und eine assyr. Helmraupe als Zeugnisse dieser Schlacht, außerdem eine mächtige, aus Steinen aufgeschüttete Sturmrampe, die vom Fuß des etwa 40 m hohen Hügels bis an die Mauer heranführte, gegen deren Innenseite die Belagerten hier eine Erdrampe aufführten. Die Stadt selbst wurde durch die Assyrer dem Erdboden gleichgemacht, eine Schutt- und Ascheschicht überzieht die Siedlungsfläche. Durch die Einnahme von L. unterband Sanherib jegliche ägypt. Unterstützung für Jerusalem, wohin er Boten sandte, die Hiskia zur Übergabe der Stadt auffordern sollten (2Kön 18,17; 19,8; Jes 36,2; 37,8).

Nach seinem Fall wurde L. von einem assyr. Statthalter verwaltet, zu dessen Aufgaben zählte, Abgaben von Philistäa zu erheben. Ein großes Gebäude, auf dessen Grundmau-

Lachisch wird von König Sanherib von Assyrien im Jahre 701 v.Chr. belagert. Steinrelief aus dem Palast Sanheribs in Ninive. Höhe ca. 1,77 m. Ca. 690 v.Chr. (BM)

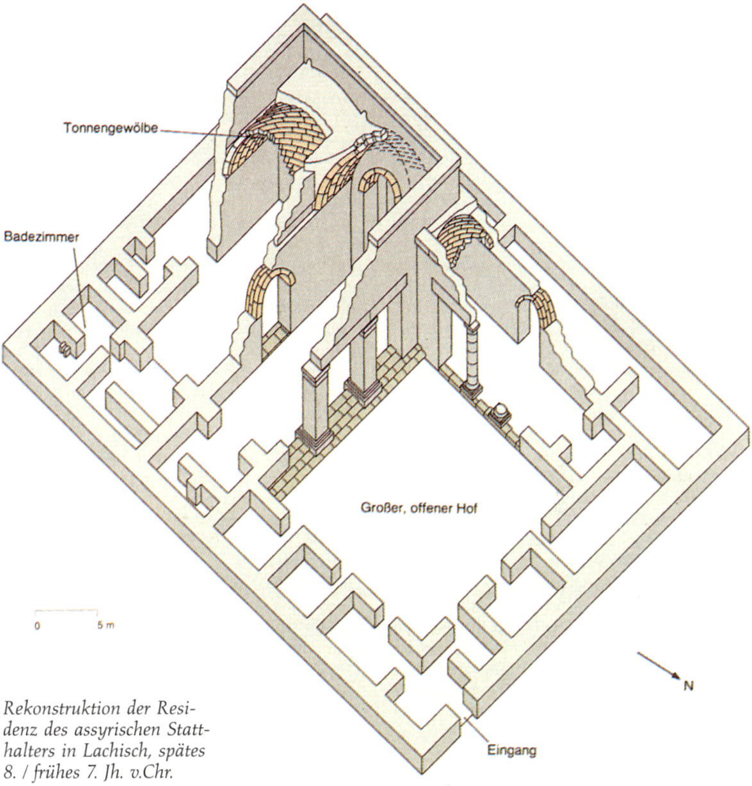

Rekonstruktion der Residenz des assyrischen Statthalters in Lachisch, spätes 8. / frühes 7. Jh. v.Chr.

ern in pers. Zeit ein Palast erstand, diente offenbar als Residenz des Statthalters. Die Mauern und Tore wurden wiedererrichtet, von der Stadt selbst aber konnten die Archäologen bisher nur wenig freilegen. Weder die Bibel noch die babylon. Chronik erwähnen eine Zerstörung von L. während Nebukadnezars frühen Feldzügen nach Palästina. Es wur-

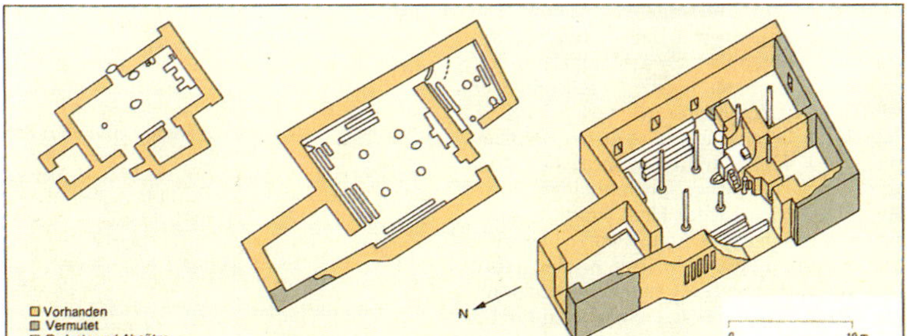

Rekonstruktion und Plan der Entwicklung des kanaanitischen (spätbronzezeitlichen) Tempels (»Fosse Temple«) am Fuß des Westabhangs in Lachisch. Ca. 1470 v.Chr. bis 1200 v.Chr.

de jedoch 588-587 v.Chr. zusammen mit dem übrigen Juda zerstört. L. und Aseka bildeten damals die einzigen befestigten Außenposten Jerusalems (Jer 34,7).

L. wurde erneut besiedelt von zurückgekehrten Israeliten (Neh 11,30). Man fand zwar nur wenige Wohnungen aus dieser Zeit, aber zwei Tempel, die einander und einem weit älteren Tempel in Arad auffallend ähneln. Während der pers. und griech. Zeit war die Stadt mit einer Mauer umgeben, danach war sie verlassen.

In L. wurden Inschriften aus der Bronzezeit entdeckt. Auf einem Dolch von ca. 1700 v.Chr. waren pictographische Inschriften eingeritzt. Protokanaan. Schriftzeichen finden sich auf einer Tonscherbe von ca. 1600 v.Chr. sowie einem Kessel und einer Schale von ca. 1250 v.Chr.

Zahlreiche Inschriften stammen aus der Zeit der judäischen Königszeit, die überaus wichtig für die Geschichte der hebr. Schrift sind. So fanden sich die ersten fünf Buchstaben des hebr. Alphabets in einer Treppenstufe eines großen Gebäudes von 800 v.Chr. eingeritzt. Ein Siegelabdruck erscheint auf einer Bulle von L., die Spuren von Papyrusfasern auf der Rückseite aufweist und damit anzeigt, daß sie ein gerolltes Papyrusdokument versiegelt hatte. Das Siegel trägt den Namen Gedaljas, des königlichen Haushofmeisters (»der über dem Hause [ist]«); wahrscheinlich handelt es sich um den durch Nebukadnezar eingesetzten Gouverneur von Juda (2Kön 25,22; Jer 40,11-12). Gefunden wurden noch weitere Tonbullen und viele Krughenkel, die Siegelabdrücke mit hebr. Namen tragen. Im Torgebäude entdeckte man insgesamt 21 Ostraka (beschriftete Tonscherben), die während der letzten Wochen vor Nebukadnezars Eroberung (588-587 v.Chr.) beschrieben worden waren. Obwohl es sich um bibl. Hebr. handelt, ist die Kursivschrift auf vielen Ostraka bis zur Unleserlichkeit zerstört. Die lesbaren Exemplare sind der Briefwechsel des untergeordneten Beamten Hoschajahu mit seinem Vorgesetzten Jausch. Hoschajahu war für einen Außenposten verantwortlich, Jausch der befehlshabende Offizier der Garnison in L. Hoschajuhu beginnt seinen Brief mit dem Gruß »Möge Jahwe meinen Herrn heute Nachrichten des Heils hören lassen«, bevor er mit dem geschäftlichen Teil beginnt. Dieser besteht bei den meisten Briefen darin, den Vorwurf zu entkräften, daß er vertrauliche Briefe des Königs gelesen habe. In Brief II antwortet er mit Worten, die dem Wortwechsel zwischen Mefi-Boschet und David ähneln (2Sam 9,8): »An meinen Herrn Jausch. Es möge hören lassen Jahwe meinen Herrn heilvolle Nachricht gerade jetzt, gerade jetzt! Wer ist dein Knecht, der Hund, daß mein Herr gedacht hat an seinen Knecht? Möge Jahwe strafen, die sich auf etwas einlassen, wovon du nicht unterrichtet bist« (TGI, S. 75). Es wurde vermutet, daß die Ostraka jeweils bis zu einer Verhandlung im Torgebäude aufbewahrt wurden. Aber wahrscheinlicher ist, daß die Militärkommandantur, an die die Briefe gesandt worden waren, in dem Torgebäude ihren Sitz hatte. Brief IV schließt mit den Worten: »Und mein Herr soll wissen, daß wir auf die Signale von Lachisch achten, gemäß allen Anweisungen, die mein Herr gibt, jedoch sehen wir nicht (die Zeichen von) Aseka« (TGI, S. 77). Dies erinnert an die von Jeremia beschriebene Situation (Jer 34,7), als Aseka, L. und Jerusalem als einzige der befestigten Städte Judas übriggeblieben waren. Aseka lag 11 km nordöstl. von L. So könnte die Tatsache, daß Hoschajahu ihre Signale nicht sehen konnte, darauf hindeuten, daß die Stadt bereits gefallen war. Briefe III und XVI beziehen sich auf »den Propheten«. Wer dies war, ist umstritten. Denkbar wäre Jeremia oder aber Uria, der während Jojakims Regierung nach Ägypten floh (Jer 26,20-22). Dies würde aber eine entsprechende Rückdatierung der Briefe erfordern. Andere denken hier an einen unbekannten Propheten. In jedem Falle zeigt der Brief, daß im alten Israel Propheten Anerkennung genossen und Anteil nahmen an den Staatsangelegenheiten. Brief III erwähnt u.a. eine Reise des Generals Konijahu nach Ägypten. Dies könnte einen letzten verzweifelten Versuch Zedekias darstellen, ägypt. Unterstützung zu finden, um den bevorstehenden babylon. Angriff abzuwehren.

Literatur: H. Torczyner, O. Tufnell u.a.: Lachish I-IV, 1938-1958; O. Tufnell: Lachish, in: D.W. Thomas (Hrsg.): Archaeology and Old Testament Study, 1967, S. 296-309; Y. Aharoni: Trial Excavations in the 'Solar Shrine'at Lachish, Preliminary Report, JEJ 18, 1968, S. 157-169; ders.: Investigations at Lachish, V: The Sanctuary and the Residency, 1975; D. Ussishkin: Excavations at Tel Lachish 1973-1977, Tel Aviv 5, 1978, S. 1-97; ders.: Excavations at Tel Lachish 1978-1983, Tel Aviv 10, 1983, 97-181; ders.: The Conquest of Lachish by Sennacherib, 1982; Zur Lokalisierung:G.W. Ahlström: Is Tell ed-Duweir Ancient Lachish?, PEQ 112, 1980, S. 7-9; G.I. Davies: Tell ed-Duweir = Ancient Lachish: A Response to G.W. Ahlström, PEQ 114, 1982, S.25-28; G.W. Ahlström: Tell ed-Duweir: Lachish or Libnah?, PEQ 115, 1983, S. 103-104; G.I. Davies: Tell ed-Duweir: Not Libnah but Lachish, PEQ 117, 1985, S. 92-96; G.W. Ahlström: Lachis: Still a Problem, PEQ 117, 1985, S. 97-99; A.F. Rainy: Watching out for the Signal Fires of Lachish, PEQ 119, 1987, S. 149-151. C.J.D.

LADE s. Bundeslade

LAGER. Zu den einzelnen Lagerorten der Israeliten auf der Wanderung von Ägypten nach Kanaan vgl. *Wüstenzug/-wanderung.

1. Über die Lagerordnung der Israeliten auf dem Marsch durch die Wüste sind uns genaue Vorschriften erhalten (4Mo 2; 3,23.29.35.38). Die Stiftshütte als Ort der Gegenwart Gottes bildete den Mittelpunkt des L.s (4Mo 2,2). Um sie herum gruppierten sich die Stämme, je drei nach den vier Himmelsrichtungen. Im O lagerten die Stämme Juda, Issaschar und Sebulon, im S die Stämme Ruben, Simeon und Gad, im W die Stämme Ephraim, Manasse und Benjamin und im N die Stämme Dan, Asser und Naftali. In der gleichen Reihenfolge, wie sie sich lagerten, brachen sie auch zum Marsch auf (4Mo 10,11-28). Die einzelnen Stämme waren wieder nach ihren Sippen geordnet (4Mo 2,2). Zwischen ihnen und der Stiftshütte war der Platz der Leviten (V. 17). Die *Kehatiter, die die heiligen Geräte trugen, lagerten im S (4Mo 3,29.31), die Gerschoniter (V. 23-26) und Merariter (V. 33-37), die für den Transport des Zeltes und Vorhofs verantwortlich waren, im W bzw. N. Vor dem Eingang der Stiftshütte im O schlugen Mose sowie Aaron und seine Söhne ihre Zelte auf (V. 38).

2. Die Wolke des Herrn bezeichnete den Israeliten die Stelle, an der sie lagern sollten; wenn sie sich erhob, war das das Zeichen zum Aufbruch (4Mo 9,15-23). Trompetensignale der Priester setzten das Volk in Marsch (4Mo 10,2.5-8). Unter dem Schutz des Herrn, um den Mose jedesmal bat (V. 35), zog die Bundeslade voraus und wies den Weg (V. 33). Seit dem Bundesschluß hatte Israel ständig – im L. (4Mo 9,15) und unterwegs (4Mo 10,34) in der Wolken- oder Feuersäule – die Gegenwart des Herrn vor Augen (4Mo 14,14).

3. Die Gegenwart des heiligen Gottes forderte aber auch die Heiligkeit und Reinheit des Volkes (5Mo 23,15). Alles Unreine mußte das L., den Raum der Lebensgemeinschaft mit dem Herrn, verlassen (3Mo 13,46; 4Mo 5,1-4; 5Mo 23,11ff).

Das Sündopfer wurde vor dem L. verbrannt (2Mo 29,14; vgl. Hebr 13,11-13), auch das Todesurteil wurde außerhalb vollstreckt (3Mo 24,14). Wer sich verunreinigt hatte, durfte erst nach vollzogener Reinigung das L. wieder betreten (4Mo 31,19-24).

Das Hinausgehen aus dem L. in Hebr 13,13 bedeutet das Verlassen der Lebensgemeinschaft Israels um Jesu willen.

LAKKUM. (Hebr. *laqqūm*). Nach Jos 19,33 ein Ort an der S-Grenze von *Naftali (M. Noth, Josua, ³1971, 121), vermutlich Chirbet El-Mansūra, westl. vom Ausfluß des *Jordan aus dem See *Genezareth. Die Ortslage beherrscht das Grenz-Wadi Fedschās (F.M. Abel, Géographie de la Palestine II, ³1967, 368). Der Name war noch in talmudischer Zeit bekannt (j Meg 77a) und lebte in der arab. Geländebezeichnung Tajjaret Ed-Delaqē weiter. R.R.

LAMECH. (Hebr. *lämäch*, wahrscheinlich abgeleitet von einem arab. Wort mit der Bedeutung »starker junger Mann«).

1. Nachkomme *Kains (1Mo 4,18f), der die Polygamie einführte. Einer seiner Söhne war Tubal-Kain, der erste Erz- und Eisenschmied. L.s Lied in 1Mo 4,23f wird als »Schwertballade« bezeichnet, die die von seinem Sohn erfundenen Kriegswaffen verherrlicht. Er brüstet sich vor seinen Frauen Ada und Zilla damit, daß er Männer getötet habe. Wegen der Stärke seiner Waffen glaubt er, Gottes Schutz nicht mehr wie Kain nötig zu haben. Möglicherweise bezog sich Jesus auf diese Stelle, als er statt Rache Vergebung forderte.

2. Nachkomme *Sets, Sohn Metuschelachs und Vater *Noahs (1Mo 5,25-31; 1Chr 1,3; Lk 3,26). J.G.G.N.

LAMM.

1. Das L. bezeichnet das Junge eines Schafes bis zum vollendeten ersten Jahr. Das Hebr. hat kein Wort, das unserem »Schaf« entspricht. *'ajil* heißt »Widder«, *rāchēl* »Mutterschaf«. Für L. findet man die Wörter *käbäs* (junger Widder), *thālāh* (neugeborenes L.), *säh* und *gedī* (das Junge des Schafes oder der Ziege).

2. In Israel und Mesopotamien stellt das Schaf (besonders das männliche L.) das weitaus häufigste Opfer dar. Die Verwendung der Opfertiere setzt gewöhnlich eine bestimmte Qualität des Tieres voraus, die durch die Attribute »männlich, fehlerlos, einjährig« (2Mo 12,5) bezeichnet wird. Weibliche Tiere werden selten als Opfer dargebracht (3Mo 4,32ff). Der Fettschwanz gehört zu den Stücken, die beim Opfer der Gottheit vorbehalten sind (3Mo 3,6-11).

3. Häufig wird das Motiv Hirte/Herde aufgegriffen, wobei neben der engen Zutraulichkeit von Mensch und Tier der Mut und die Kraft des Hirten steht. Jahwe, der Hirte seines Volkes (Ps 23), weidet die Schar seiner Herde; Lämmer trägt er im Gewandbausch (Jes 40,11). Nicht nur Israel als Ganzes wird als L. bezeichnet, auch der einzelne vergleicht sein Schicksal mit dem eines nichtsahnend zum Schlachten geführten Lammes (Jer 11,19; vgl.

Jes 53,7). Im zukünftigen Friedensreich weiden Lämmer und Wölfe nebeneinander (Jes 11,6).

4. Das NT verwendet für L. die Wörter *amnos, arnion* und *arēn*. Fast ausnahmslos stehen die Wörter in christologischen Bezügen. Einzig in Joh 21,15 wird die Gemeinde als *arnion* bezeichnet. Das Wort *arēn* begegnet im Bildwort von den Lämmern und Wölfen (Lk 10,3).

Literatur: S. Schulz: BHH II, 1964, 1945f; G. Dautzenberg: EWNT I, 1980, 168-172; Ch. Dohmen: ThWAT IV, 1984, 45-54; OLB I, 1984, 109-112.
W.Bm.

LAMM GOTTES. Der erhöhte Christus wird in der Offb 28mal Lamm (*arnion*) genannt. Die entsprechenden Texte schildern ihn als Erlöser und Weltherrscher. Die Bezeichnung Jesu als Lamm (*amnos*) Gottes kommt im NT jedoch nur zweimal vor (Joh 1,29.36). In beiden Fällen verweist *Johannes der Täufer mit diesen Worten seine Jünger auf Jesus. Joh 1,29 hat zu »Lamm Gottes« den erklärenden Zusatz: »das der Welt Sünde trägt.«

Daß im JohEv. an Jesu Kreuzestod als Erlösungstat gedacht ist, liegt nahe (vgl. Joh 19,14; 1Kor 5,7). Dennoch ist die Herkunft und die genaue Bedeutung der symbolischen Bezeichnung »Lamm Gottes« umstritten. Eine Erklärung besagt, daß hier durch eine Anknüpfung an Jes 53,7 (»... und tat seinen Mund nicht auf wie ein Lamm, das zur Schlachtbank geführt wird«) Jesus als der leidende *Knecht Gottes vorgestellt werde, der »die Sünde der Vielen« trägt (53,12). Andere Exegeten nehmen eine aram. Vorform dieses Textes des Johannes an, in der das Wort *taljā'* gebraucht worden sei, das sowohl Lamm als auch Diener, Knecht bedeuten kann. Der Ausdruck »Lamm Gottes« dürfe aber dennoch nicht als Fehlübersetzung mißverstanden werden; vielmehr sei Jesu Tod im JohEv. mit der Schlachtung der Passalämmer in Verbindung gebracht worden. Jesus stirbt nach dem JohEv. zu der Stunde, da im Tempel die Passalämmer geschlachtet werden. Man hat auch versucht, »Lamm Gottes« allein aus der Bedeutung des Passalammes und dem jüd. Brauch, täglich im Tempel zwei Lämmer zu opfern, abzuleiten. Doch wird auch die Meinung, in dem Titel »Lamm Gottes« seien eine christl. »Passa-Theologie« und der Sinngehalt von »Knecht Gottes« (Jes 53) kombiniert worden, weiterhin vertreten (Schnackenburg).

Daß der so interpretierte Ausdruck »Lamm Gottes« gerade dem Täufer zugeschrieben wird, wäre ein anderes Problem der entsprechenden Texte. Die Vorstellung eines leidenden, sterbenden und dadurch die Welt erlösenden *Messias scheint schlecht mit dem von den Synoptikern wiedergegebenen messianischen Zeugnis des Täufers zusammenzupassen. Diese Schwierigkeit löst sich aber, wenn man bedenkt, daß im JohEv. häufig der geschichtliche Bericht mit der christl. Deutung verbunden wird. Mit dem Titel Lamm Gottes wurde, ausgehend vom Zeugnis des Johannes, zugleich das Besondere der Messianität Jesu herausgestellt.

Das Gotteslamm hat als die wohl älteste symbolische Darstellung Christi in der Kunstgeschichte eine bedeutende Rolle gespielt. In der Comodilla-Katakombe in *Rom (3. Jh. n.Chr.) ist es (nach Mk 6,41) mit erhobenem Fuße die Brote des Mahls segnend zu sehen; Apsismosaike, Fresken und Sarkophage zeigen das Lamm Gottes seit dem 4. Jh. in verschiedensten Formen (mit Kreuz, Kreuzesfahne, Kelch, Nimbus, Christusmonogramm usw.). Zur Durchsetzung des Lamm-Symbols trug auch eine Papst Sergius I. (687-701) zugeschriebene Anordnung bei, in der Meßliturgie die Worte »Agnus Dei qui tollis peccata mundi, miserere nobis« (Lamm Gottes, das du hinwegnimmst die Sünden der Welt, erbarme dich unser) zu singen. Das »Agnus Dei« ist als Gesang der Messe so auch in die Musikgeschichte eingegangen und bis in die Gegenwart von zahlreichen Komponisten vertont worden. In der evang. Abendmahlsliturgie hat es seinen festen Platz (»Christe, du Lamm Gottes«, »O Lamm Gottes unschuldig«, usw.).

Literatur: C.K. Barrett: The Lamb of God, NTS 1, 1953/54, S. 210-19; R. Bergemeier: Die Buchrolle und das Lamm (Apk 5 und 10), ZNW 76, 1985, S. 225-42; C.H. Dodd: Interpretation of the Fourth Gospel, 1963, S. 230-38; J. Jeremias: ThWNT I, 1933, 342-44; ders.: ThWNT I, 1933, 344-45; F. Nikolaschg: Das Lamm als Christussymbol in den Schriften der Väter, 1963.
H.P.

LAMPE, LEUCHTER.

I. KONSTRUKTION UND ENTWICKLUNG.

Schmale, offene Tonschalen mit einer oder mehreren leichten Ausbuchtungen, die man als L.n erkennen kann (hebr. *nēr*; griech. *lychnos, lampas*), tauchen zuerst in der Mittleren Bronzezeit (2150-1550 v.Chr.) auf. Diese einfache Form wurde durchgängig auch während der Eisenzeit (1200-332 v.Chr.) benutzt, wobei die Ausbuchtung immer ausgeprägter wurde. Der letzte Entwicklungsschritt geschah dann in der hellen. Zeit. Die griech. L.nform war mit einem nach innen gewölbten Rand vollkommen geschlossen und hatte nur noch ein kleines Loch in der Mitte, durch das man Öl nachfüllen konnte (vgl. Mt 25,4).

Schnabellampe aus Juda. Durchmesser 12,5 cm. Eisenzeit II, ca. 700 v.Chr. (ARM)

Lampe aus einem Grab in Jericho. Größter Durchmesser 11,85 cm. Mittlere Bronzezeit II B, ca. 1650 v.Chr. (SAOS)

Durch die Verwendung von Schablonen – eine für das Unter- und eine für das Oberteil – wurde eine Massenproduktion dieser L.n möglich. Für die hellen. L.n ist eine sehr lange Tülle für den Docht charakteristisch; während der röm. Zeit wurde sie jedoch verkürzt. Manchmal hatten die L.n zusätzlich kleine Henkel. Die Schablonen für die Oberteile hatten häufig Aufdrucke mit Blumen- oder anderen Mustern. Während der röm. Periode waren die Deckel weit und konkav geformt und zeigten reliefartige Bilder. Ab dem 3. Jh. n. Chr. bestand die Dekoration aus christl. Symbolen wie Kreuz, Fisch, Alpha und Omega. Demgegenüber ist der siebenarmige Leuchter (*Menora) kennzeichnend für die jüd. L.n. Die Durchschnittslampe aus dem Palästina der ntl. Zeit war flach und rund, hatte ein relativ großes Einfülloch und eine Tülle für den Docht, der in das Lampeninnere hinein reichte.

Die L.n konnten in der Hand getragen bzw. auf ein Regal oder auf einen Ständer, »Leuchter«, gestellt werden (hebr. *menorah;* 2Kön 4,10; aram. *näberaschtā,* Dan 5,5; griech. *lychnia,* Mt 5,15). In den meisten Häusern wurde ein einfacher Holzständer benutzt. Einige L.n aus der Eisenzeit hatten jedoch einen massiven Fuß oder einen separaten hohen Sockel. Wo stärkeres Licht gebraucht wurde, verwendete man L.n mit mehreren Dochten. So wurden in Palästina aus dieser Zeit und aus früheren Perioden L.n mit sieben Schnäbeln gefunden. Aus röm. Zeit sind L.n mit Vorrichtungen für mehrere Dochte bekannt.

Die Tonformen wurden in Metall nachgebildet. Aus atl. Zeit sind allerdings nur wenige erhalten geblieben. In der Stiftshütte stand ein kunstvoll gestalteter goldener Leuchter (2Mo 25,31ff). Von beiden Seiten des Fußes gingen drei Arme aus, die in blumenförmigen L.nfassungen endeten. Auch der Fuß selbst trug eine Lampenfassung. Hebr. Beschreibungen dieses Leuchters werden durch Darstellungen auf makkabäischen Münzen, durch eine Zeichnung auf Stein aus der herodianischen Zeit, die in Jerusalem gefunden wurde, und durch ein Relief auf dem Titusbogen in Rom bestätigt. Man darf annehmen, daß das Muster aus dem 2. Buch Mose überall als verbindlich galt. Zehn ähnliche Leuchter wurden für den Tempel Salomos hergestellt (1Kön 7,49).

Die oben beschriebenen L.n brannten mit Olivenöl oder Fett und konnten für ca. 2-4 Stunden Licht geben. Es scheint, als ob der Docht, der aus Flachs oder anderen Fasern bestand (hebr. *pischtäh;* Jes 42,3; 43,17), an manchen Stellen eingekniffen wurde. Nachts ließ man die L.n zum Teil ausgehen, zum Teil ließ man sie brennen (1Sam 3,3; Spr 31,18).

Außenlampen standen in Tongefäßen. Aus der Zeit vor der röm. Periode sind dafür jedoch keine Beispiele bekannt. Sie waren kuppelförmig mit einem flachen Boden, einem Henkel oben und einer Öffnung für das Licht an einer Seite. So etwa könnten die »Leuchten« (RevEB) aus Joh 18,3 (griech. *phanos;* LÜ: »Fackeln«) ausgesehen haben, möglicherweise waren sie bereits in weiter entwickelter Form aus Metall. Das griech. *phanos* kann auch »Fackel« bedeuten, und das könnte an dieser Stelle auch gemeint sein. Zu früherer Zeit hatten z.B. die Männer Gideons Fackeln (hebr. *lappīd;* Ri 7,16).

II. SYMBOLISCHER GEBRAUCH.

In Gräbern wurden von jeher L.n angebracht, die zunächst dazu dienten, die Grabkammer zu erleuchten, zugleich aber auch als

Vierschnabelige Lampe aus einem Grab in Jericho. Größter Durchmesser 14,25 cm. Mittlere Bronzezeit I, ca. 1900 v.Chr. (SAOS)

Siebenschnabelige Lampe aus einem Grab in Jericho. Größter Durchmesser 9,7 cm. Mittlere Bronzezeit II, ca. 1700 v.Chr. (SAOS)

Keramiklampe, mit der Menora (dem siebenarmigen Leuchter) verziert. 2.–3. Jh. n.Chr. (MEPhA)

Diese Lampe mit ihrem offenen Becken ist ein ungewöhnliches Beispiel für sieben »Schnauzen« (vgl. Sach 4,2). Sie zeigt die seltene Entwicklungsform aus der früheren, verbreiteten offenen Tellerlampe. Länge 26,7 cm. Palästina, 2. Jh. n.Chr. (BM)

Symbol des Lebens galten. So wird im AT der Ausdruck »seine Leuchte« bildlich gebraucht (Hiob 21,17; Spr 20,20; 24,20; vgl. 2Sam 21,17; 1Kön 11,36 u.ö.). Von ihrer Funktion her galt die L. als ein Symbol der Freude, des Wohlergehens und der Wegweisung, (vgl. Ps 119,105; 2Sam 22,29; Spr 6,23 und Eigennamen wie Neria, »Der Herr ist mein Licht«).

Frühe Eisenzeit-Lampe aus Geser, ca. 900 v.Chr. (BM)

Literatur: D.M. Bailey: Greek and Roman Pottery Lamps, 1963; R.H. Smith: BA 27/1964, 1-31.101-124; 29/1966, 2-27. A.R.M.

III. SYMBOLISCHE UND ANDERE BEDEUTUNG IM NEUEN TESTAMENT.

Im NT nach der LÜ erscheint das Wort »Lampe« fünfmal, wobei es meistens die Übersetzung von griech. *lampas*, einmal auch von *lychnos* ist. In Offb 4,5; 8,10 übersetzt LÜ das griech. *lampas* mit »Fackel«. Auch im Gleichnis von den Jungfrauen (Mt 25,1-13) sollte man statt L.n »Fackeln« lesen. Die normale L. war für den innerhäuslichen Gebrauch bestimmt. Für eine Hochzeit hingegen wurde (und wird auch mitunter heute noch) eine *Fackel gebraucht. Die Stoffetzen, die dazu als Brennmaterial dienten, mußten vorher in Öl getränkt werden. Es sieht so aus, als ob die törichten Jungfrauen überhaupt kein Öl hatten (V. 3). Ihre Fackeln gingen also, nachdem sie sie angezündet hatten, sofort wieder aus (V. 8). Die klugen Jungfrauen hatten Öl in separaten Gefäßen mitgenommen, so daß sie es bei Bedarf benutzen konnten. Der Unterschied zwischen den beiden Gruppen von Jungfrauen besteht offenbar nicht in der Ölmenge, die sie hatten, sondern darin, ob sie überhaupt Öl besaßen oder nicht.

Lychnos wird regelmäßig symbolisch gebraucht. Das *Licht muß auf einen Leuchter gestellt werden, um allen zu leuchten, die im Hause sind (Mt 5,15). *Johannes der Täufer war »ein brennendes und scheinendes Licht« (Joh 5,35), das gekommen war, um von dem Licht (griech. *phos*) zu zeugen (Joh 1,7), das Christus ist. In Mt 6,22 wird das Auge das »Licht des Leibes« genannt, weil es das Licht von außen empfängt.

Lychnia gibt LÜ mit »Leuchter« wieder. Die sieben kleinasiatischen Gemeinden in der Offenbarung des Johannes (Offb 1,12f.20; 2,1.5) und die zwei Zeugen (Offb 11,4) werden durch Leuchter symbolisiert, die dem Leuchter in der Stiftshütte ähnlich sind (Hebr 9,2). R.E.N.

LANDNAHME.

Die Einnahme des Landes *Kanaan bedeutete die Erfüllung der Verheißung Gottes an *Abraham und seine Nachfahren (1Mo 12,7) sowie die Vollendung der göttlichen Zusage an *Mose in Ägypten (2Mo 3,8). Mit der L. konstituiert sich der spätere Staat Israel als Nation und wird zu einem politischen und wirtschaftlichen Faktor im palästin. Raum bis zur Zerstörung des Nordreiches *Israel im Jahre 722 v.Chr. durch die Assyrer (2Kön 17) bzw. des Südreiches *Juda im Jahre 587 v.Chr. durch die Babylonier (2Kön 24.25). Nach dem Exil spielte der jüd. Staat keine große Rolle mehr.

I. DER BIBLISCHE BEFUND.

Nachdem sich das Volk Israel aus dem Gebiet von *Kadesch aufgemacht hatte und in Richtung »Gelobtes Land« gezogen war, kam es an den Berg Hor im Grenzgebiet der Edomiter. Dort stirbt *Aaron und wird 30 Tage lang beweint (4Mo 20,22-29; 33,38). Nach mehreren Aufenthalten erreicht das Volk das Territorium Sihons, des Königs der *Amoriter. Als ihnen der Durchzug durch das Gebiet verweigert wird, erobern die Israeliten das Gebiet Sihons vom *Arnon bis zum *Jabbok mit der Hauptstadt *Heschbon. Auch das Gebiet nördl. des Jabbok, *Gilead und *Baschan, wird eingenommen (4Mo 21,21-35). Die so gewonnenen Siedlungsgebiete östl. des Jordan werden unter den Stammesangehörigen der Stämme *Gad, *Ruben und dem halben Stamm Manasse aufgeteilt (4Mo 32,33). Auf dem Berg *Nebo wirft Mose am Ende seines Lebens und seines Auftrages einen Blick auf das »Gelobte Land«. Gott hatte ihm den Zutritt in das Land verwehrt (5Mo 34,1-5).

Unter der Führung von *Josua, dem Nachfolger Moses, überschreiten die Israeliten den *Jordan. Priester tragen die Lade des Bundes, die dem Volk die Gegenwart Gottes zusichert, voran (Jos 3,14-17). Durch ein wundersames Eingreifen Gottes wird *Jericho im Jordangraben erobert, zerstört und verbrannt (Jos 6,1-21). Danach zieht Josua auf das Gebirge nach Ai. Die Stadt ereilt das gleiche Schicksal wie Jericho (Jos 8,1-29).

In einem Feldzug nach S wird eine Koalition von fünf amoritischen Stadtstaaten, die der König von Jerusalem anführt, zerschlagen. Die Könige werden getötet, alle strategisch wichtigen Städte des Südens fallen (Jos 10). Das ganze Land von Kadesch im S und *Gaza im W bis nach Gibeon im N wird nun von Israel kontrolliert (Jos 10,41).

Ein zweiter Feldzug führt Josua in den N des Landes. Dort zerschlägt er die militärische Koalition, an deren Spitze *Jabin, der König von *Hazor, steht (Jos 11,1-15). Die Einwohner des Landes – Kanaaniter, Hetiter, Hiwiter, Perisiter, Girgasiter, Amoriter und Jebusiter (Jos 3,10) – werden vertrieben. Auch die Gruppe der Enakiter, die die *Kundschafter so mutlos gemacht hatte (4Mo 13,33), wird ausgerottet (Jos 11,21.22). Das von Israel kontrollierte Gebiet weitete sich bis zum Berg *Hermon im N aus (Jos 11,16.17). Obwohl nicht alle Teile des Landes erobert wurden, das gesamte Siedlungsgebiet nicht unterworfen werden konnte (Jos 13,1ff), wird das Land unter den Stämmen durch das *Los aufgeteilt (Jos 14,2): Juda (Jos 15), Ephraim und Manasse (Jos 16-17), Benjamin (Jos 18,11-28), Simeon (Jos 19,1-9), Sebulon (Jos 19,10-16), Issaschar (Jos 19,17-23), Asser (Jos 19,24–31), Naftali (Jos 19,32-39) und Dan (Jos 19,40-48). Die Leviten erhalten kein Stammland, ihnen werden 48 Städte mit Weideland im Gebiet der übrigen Stämme zugesprochen (Jos 21,41). Obwohl die L. abgeschlossen erscheint (Jos 21,43-45), ist die militärische Eroberung noch längst nicht beendet. Das Buch Richter gibt Zeugnis von den immer wieder aufflammenden Kämpfen. Die eigentliche Konstitution des Staates Israel wird erst bei der Gründung der davidisch-salomonischen Monarchie gegeben sein.

Die bibl. Chronologie (1Kön 6,1; Ri 11,26; *Chronologie AT) setzt den Beginn der L. auf den Beginn des 14. Jh. v.Chr.

Für die Deutung der Ereignisse, wie sie in 5Mo, Jos und auch in Ri beschrieben werden, sind in der Vergangenheit verschiedene Modelle entwickelt worden.

Das erste Modell denkt nicht an eine einheitliche Invasion, sondern an mehrere Einwanderungswellen von Nomadenstämmen aus der Wüste. Diese kamen zu verschiedenen Zeiten und aus verschiedenen Richtungen (S und O). Eine dieser Gruppen stand unter der Führung von Mose. Die unterschiedlichen Nomadengruppen verschmolzen im Zuge ihrer Seßhaftwerdung zu »Israel«. Die Auseinandersetzung mit den Einwohnern des Landes verlief teils friedlich, teils kriegerisch.

Ein anderes Modell erklärt die L. mit der stufenweisen Entwicklung von Kleinvieh züchtenden Halbnomaden aus den Steppen- und Wüstenrändern zu seßhaften Bauern. Dieser Prozeß vollzog sich zunächst friedlich und ohne daß die kanaan. Bewohner wesentlich davon berührt wurden. Diese allmähliche Infiltration der israelit. Stämme über eine längere Dauer hinweg in das kanaan. Kulturland war ein Vorgang aus räumlich und zeitlich voneinander getrennten Stammesbewegungen, begleitet von militärischen Auseinandersetzungen. Eine Modifikation dieses Modells interpretiert die Ereignisse als eine Symbiose von Israeliten mit der städtischen Bevölkerung. Bei den Israeliten habe es sich um Kulturlandnomaden gehandelt, bei denen sich Zeiten nomadischer Existenz mit Abschnitten relativer Seßhaftigkeit abwechselten. Ihre Lebensräume waren die an das Kulturland angrenzenden Gebiete. Sie hatten enge wirtschaftliche Beziehungen zu der ansässigen Bevölkerung. Mit dem Zusammenbruch des kanaan. Stadtstaatensystems ließen sich die Israeliten dauerhaft nieder, was zu militärischen Konflikten führte.

Ein dritter Versuch geht von dem Ansatz aus, daß nicht externe Impulse die politische Struktur Kanaans veränderten, sondern eine innere Revolution. Der Gegensatz zwischen Städtern und Landbewohnern weitete sich zu einem Aufstand gegen die Städte aus. Eine Gruppe von ägypt. Fremdarbeitern, die Moseschar, unterstützte diese Revolte. Die L. war keine Entwicklung, die von außen durch militärische Aktionen herbeigeführt wurde, sondern eine soziale Umschichtung und Reorganisation innerhalb der kanaan. Stadtstaaten.

II. ARCHÄOLOGISCHER BEFUND.

Palästina war in der Späten Bronzezeit (1550-1200 v.Chr.) eine ägypt. Provinz, die nach dem Stadtstaatensystem organisiert war. Ein König oder Gouverneur regierte die Stadt und kontrollierte das umliegende Territorium. Da die Küstenwege den Zugang nach Syrien und zum Gebiet des »fruchtbaren Halbmondes« gewährleisteten, wurden diese durch ägypt. Militärposten gesichert.

Die Hegemonie Ägyptens in Palästina und Syrien in der Epoche der 17. und 18. Dynastie begann im 14. Jh. v.Chr. wieder zu bröckeln. Innere Wirren und die Schwächung der ägypt. Macht in Asien ermöglichten es nomadischen und halbnomadischen Gruppen – wie den Hapiru oder den Schasu – von S und O her in das kanaan. Kulturland vorzustoßen und sich dort festzusetzen. In diesem Zusammenhang sind die Briefe palästin. und syr. Vasallen, die in dem Tell el-*Amarna-Archiv in Ägypten gefunden wurden, von Bedeutung.

Das Eindringen der Seevölker in die Küstengebiete Palästinas bricht die Vorherrschaft der Ägypter auch in diesem Raum. Zu diesen Seevölkern gehören die Philister, die sich in der südpalästin. Küstenebene ansiedeln und zu einem Widersacher Israels für eine lange Zeit werden.

Die zweite Hälfte der Späten Bronzezeit (14.-13. Jh. v.Chr.) weist in Palästina ein abruptes Ende der materiellen Kultur der kanaan. Stadtstaaten auf. Mit dem Einbruch verschiedenster Wandergruppen und vor allem der israelit. Stämme veränderte sich die politische und wirtschaftliche Situation. Während sich die Philister in den längst vorhandenen Städten der Küstenebene ansiedelten, wurden zunächst die Gebirgsregionen für die Israeliten von Bedeutung (z.B. Ai). Dort setzten sie sich zuerst fest. Die beiden Feldzüge in südl. und nördl. Richtung zu Beginn der L. wurden geführt, um die Macht der Stadtstaaten zu brechen. Die für die Israeliten zu starken Städte wurden umgangen. Die ehemaligen Nomaden siedelten sich allmählich in kleinen Siedlungen und Gehöften an.

Der Übergang vom Nomadentum zur Seßhaftwerdung im Zuge der L. ist kein abrupter Wechsel gewesen. Während eines Zeitraums von mehreren hundert Jahren vollzog sich dieser Wandel, begleitet von immerwährenden Auseinandersetzungen mit der einheimischen Bevölkerung. Nachdem sich Israel in den dünner besiedelten Gebirgsregionen etabliert hatte, wagte es sich langsam in das traditionelle Kulturland vor, dessen Zentren seit ältester Zeit in den Ebenen entlang der Küste, in der Gegend um *Jesreel und im Jordangraben lagen.

Einen Hinweis auf die Festigung und größere Einheit des israelitischen Stämmeverbandes finden wir auf der Siegesstele des Pharao Merenptah (um 1220 v.Chr.). In Zeile 27 rühmt sich der Pharao, im Zusammenhang mit der Eroberung palästin. Städte auch »Israel« vernichtet zu haben. Israel wird hier im Gegensatz zu den anderen palästin. Namen, die mit dem Zeichen für »Fremdland« näher bestimmt werden, mit dem Zeichen für »Fremdvolk« identifiziert.

Mit dem Beginn der Eisenzeit (um 1200 v.Chr.) zeichnet sich ein Wechsel in der Baukultur Kanaans ab. Die etablierten und befestigten Städte, die sich durch entwickelte Baustrukturen ausgezeichnet haben, werden von primitiveren Formen abgelöst. Es scheint, als ob die Israeliten ihre eigene Baukultur im Zuge der L. und ihrer Seßhaftwerdung entwickelt haben.

Literatur: H. Donner: Geschichte des Volkes Israel und seiner Nachbarn in Grundzügen (ATD Ergänzungsreihe 4/1), 1984, S. 117-145; M. Weippert: Die Landnahme der israelitischen Stämme in der neueren Diskussion, FRLANT 92/1967; M. Noth: Geschichte Israels, 9 1981, S. 67-82; Y. Aharoni: Nothing Early and Nothing Late: Re-Writing Israel's Conquest, BA 39/1986, S. 55-76; V. Fritz: Conquest or Settlement, BA 50/1987, S. 84-100; Y. Yadin: Is the Biblical Account of the Israelite Conquest of Canaan Historically Reliable?, BAR 8:2/1982, S. 16-23; G.E. Mendenhall: The Hebrew Conquest of Palestine, BA 25/1962, S. 66-87; Sh. Yeivin: The Israelite Conquest of Canaan, 1971. F.N.

LANDPFLEGER, -VOGT
s. Prokurator

LANZE s. Waffen und Geräte

LAODIZEA. Eine Stadt im südwestl. Phrygien, in der röm. Provinz Asia, im W der heutigen Türkei. Die Stadt wurde von dem Seleukidenherrscher Antiochus II. im 3. Jh. v.Chr. gegründet und nach seiner Frau Laodizea benannt. L. lag im fruchtbaren Tal des Lykos (eines Nebenflusses des Mäander), in der Nähe von *Hierapolis und *Kolossae. L. wurde durch die zusätzliche Bezeichnung »am Lykos« von anderen Städten gleichen Namens unterschieden. Die Stadt lag an einem wichtigen Verkehrsknotenpunkt: eine der Haupt-

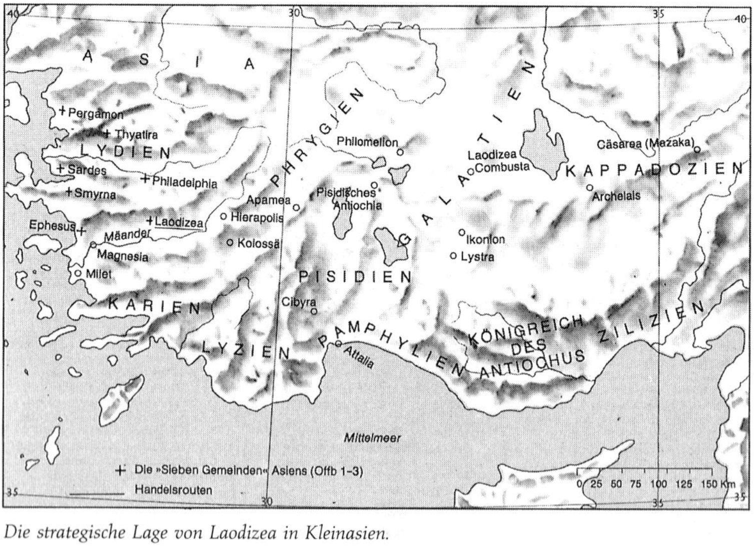

Die strategische Lage von Laodizea in Kleinasien.

Antike Wasserleitung bei Laodizea. Aus Steinblöcken gefertigt, ca. 1 m Durchmesser, durch Ablagerungen stellenweise verstopft. (CH)

straßen durch Kleinasien führte von den 160 km westl. von L. gelegenen Häfen *Milet und *Ephesus über L. nach Syrien. Die andere Straße verband *Pergamon über L. mit Attalia an der S-Küste.

Die günstige Lage machte L. zu einem reichen Handelszentrum, insbesondere während der röm. Regierungszeit. Nachdem L. 60 n.Chr. durch ein Erdbeben zerstört wurde (Tac.ann. 14,27), konnte die Stadt es sich leisten, ohne finanzielle Unterstützung durch den Kaiser *Nero an den Wiederaufbau zu gehen. Die Ruinen von zwei Theatern und von Tempeln sind heute noch zu sehen. L. war ein wichtiges Bank- und Handelszentrum (s. Cicero, ad Fam. 3.5.4 etc.). L.s Haupterzeugnis waren Gewänder aus glänzender schwarzer Wolle (Strabo, 12.8.16 – 578). Außerdem war L. ein bekanntes Zentrum für Augenheilkunde.

Aufgrund ihrer geographischen Lage fehlte der Stadt eine ausreichende, ständige Trinkwasserversorgung. Aus der Gegend südl. der Stadt wurde Wasser herangeführt, das vermutlich lauwarm dort ankam. Die Reste eines Aquädukts sind heute noch im Ruinenfeld erkennbar. L. wurde aus unbekannten Gründen verlassen; eine neue Stadt (Denizli) wurde in der Nähe aufgebaut. In L. muß schon früh das Evangelium verkündet worden sein. Vielleicht geschah das durch Epaphras (Kol 4,12f) zu der Zeit, als Paulus in Ephesus lebte (Apg 19,10). Obwohl Paulus die Gemeinde von L. erwähnt (Kol 2,1; 4,13-16), weist nichts darauf hin, daß er sie auch besucht hat. Offensichtlich stand die Gemeinde in enger Verbindung mit den Christen in Hierapolis und Kolossä. Der »Brief aus Laodizea«, der in Kol 4,16 erwähnt wird, ist uns nicht erhalten. Das letzte Sendschreiben an die sieben Gemeinden in Kleinasien (Offb 3,14-22) ist an L. adressiert, weil die sieben Gemeinden geographisch im Uhrzeigersinn aufgeführt werden. Die bilderreiche Sprache dieses Sendschreibens enthält gezielte Anspielungen auf den Charakter der Stadt. Bei allem Reichtum konnte sich L. weder der Heilkraft des heißen Wassers seiner Nachbarstadt *Hierapolis rühmen, noch der erfrischenden Wirkung der kalten Quellen, die in der Nähe, in Kolossä, entsprangen. Mit dem Bild des lauwarmen Wassers wird die Gemeinde wegen ihrer Lauheit getadelt. »Er, der 'Amen' heißt«, rügt vor allem ihre Selbstzufriedenheit. In L. meint man, nichts und niemanden zu brauchen. In Wirklichkeit aber ist die Gemeinde geistlich arm, nackt und blind. Sie braucht »Gold«, »weiße Kleider« und »Augensalbe« dringender als ihre Bankiers, Stoffhändler und Ärzte.

Literatur: W.M. Ramsay: The Letters to the Seven Churches of Asia, 1904; M.J.S. Rudnick, E.M.B. Green: ExpT 69, 1957/58, S. 176ff; C.J. Hemer: Buried History 11/1975, S. 175-190; E.M. Blaiklock: Cities of the NT, 1965, 124-128; W. White, Jr.: ZPEB, 3/1975, 877-79. M.J.S.R./C.J.H.

LASA/KALLIRRHOË (ez-Zāra).

1. Die antike Ortslage der röm.-byzantin. Siedlung und Badestadt Kallirrhoë findet sich im Gebiet der Oase von ez-Zāra, etwa 1,5 km südl. der Mündung des Wadi Zerqa Mā'īn in unmittelbarer Strandnähe des Toten Meeres. Verschiedene antike Schriftsteller belegen ihre Bedeutung als Kur- und Badestadt schon in frühjüd.-herodianischer Zeit, vermutlich zunächst bis zum tragischen Einschnitt des röm.-jüd. Krieges. Plinius (nat. 5,72) erwähnt die heißen Quellen (*calidus fons medicae salubritatis*) und rühmt ihre medizinische Kraft. Josephus kommt des näheren (bell.Jud. I, 33,5 § 656-658; ant.Jud. XVII, 6,5Ä§ 168-173) auf einen Kuraufenthalt Herodes des Großen zu sprechen, der zum Ende seines Lebens hin (5/4 v.Chr.) den Ort aufgesucht hat, um Linderung und Befreiung von verschiedenen lästigen Krankheiten zu suchen. Obschon es beim abschließenden Ölbad zu einem Herzinfarkt kam und wenig später in Jericho der Tod nicht mehr aufgehalten werden konnte, muß im großen und ganzen mit einem gewissen Erfolg des ärztlichen Bemühens vor Ort gerechnet werden. Auch spätere jüd. und christl. Quellen kommen weiterhin auf die offenbar im 4. bis 6. Jh. n.Chr. erneut florierende Badestadt zu sprechen. Man war damals geneigt, sie mit Lescha (1Mo 10,19) gleichzusetzen. Wichtig ist vor allem das bildhafte Zeugnis der Ende des 19. Jh. freigelegten *Medeba-Karte, die eine Vignette bietet mit wenigstens drei Badebecken inmitten einer idyllischen Landschaft am Toten Meer, dazu näher bezeichnet als *Therma Kallirhoes* (»Thermen von Kallirrhoë«). Es scheint, daß der Ort bis zum Beginn der arab. Zeit eine gewisse Bedeutung besaß und wegen seiner heilkräftigen Wasser immer wieder aufgesucht wurde.

2. Zur Wiederentdeckung der antiken Siedlung Kallirrhoë kam es im frühen 19. Jh. Der deutsche Orientreisende U.J. Seetzen durchstreifte die Gegend im Januar 1807. Später wurde vor allem H.B. Tristram im Jahre

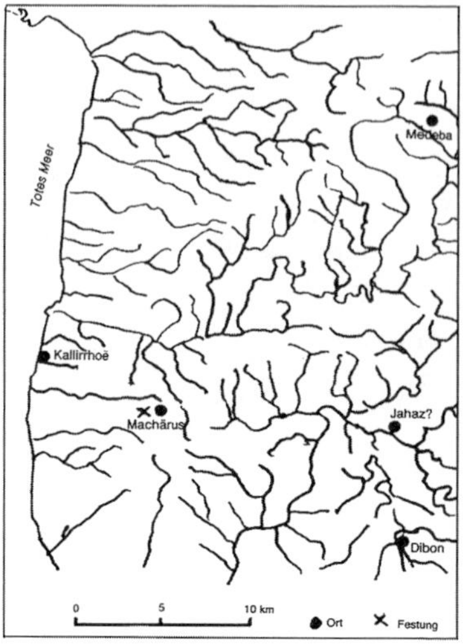

Die Lage von Lasa/Kallirrhoë am Toten Meer.

1872 auf verschiedene nicht unbedeutende Ruinen in Strandnähe aufmerksam. Spätere Reisende preisen die reiche Flora und Fauna der Oase, deren Abgelegenheit und Unzugänglichkeit dazu führte, daß ihre wissenschaftliche Erforschung erst in den 60er Jahren unseres Jh. begann. Besonders hervorhebenswert sind die Forschungsarbeiten des Deutschen Evangelischen Instituts für Altertumswissenschaft (Jerusalem), dessen Lehrkurse das Gebiet mehrfach vom W her zu Schiff aufgesucht haben (H. Donner, M. Noth). Früh wurde eine Reihe von Arbeiten veröffentlicht (u.a. H. Donner, H. Schult, A. Strobel), die seit 1984 Anlaß waren, eingehende Geländeaufnahmen und Ausgrabungen seitens des Instituts vorzunehmen (Leitung A. Strobel). Die Kenntnisse über die topographischen, geodätischen (W. Böser) und archäologischen Gegebenheiten (Chr. Clamer) wurden dadurch wesentlich erweitert. Aufgenommen wurde im Verlauf mehrerer Kampagnen das gesamte Gelände der wasser- und vegetationsreichen Oase, die amphitheatralisch vom Küstengebirge umrahmt wird. Erst seit den 80er Jahren wurde das Gebiet über eine Schnellstraße erreichbar, die in Kürze das gesamte Ostufer des Toten Meeres – bis dahin nur schwer zugänglich – für den Reiseverkehr erschließen wird.

3. Aus der Vielzahl von Beobachtungen und Erkenntnissen der verschiedenen Survey- und Grabungskampagnen heben wir

hervor: die Reste einer in ihren Ursprüngen jüd.-röm. Hafenanlage mit einer Länge von ca. 150 m, ein größeres Terrassengebäude (ca. 80 x 40 m), vermutlich eine röm.-herodianische Villenanlage, später in röm.-byzantin. Zeit umgebaut zu einem zentralen Badehaus (mit einem größeren Badebecken), dem im Stadtplan (hippodamisch ?) eine Wohnzeile in Hanglage zugeordnet werden muß. Unweit entfernt in Strandnähe findet sich ein größeres Felsbecken, das vermutlich auch die Darstellung der Medeba-Karte bestimmt hat. Im Umfeld der zentralen Ortslage stößt man auf weitere Gebäude und mehrere Kanäle, die Beweis sind für eine gewisse landwirtschaftliche Autarkie der abgelegenen antiken Siedlung. Der Eingrenzung und dem natürlichen Schutz der Siedlung (vor wilden Tieren) diente eine umfängliche km-lange Mauerkonstruktion, die das weite Gelände halbkreisförmig eingeschlossen hat. Die frühe Bedeutung des Hafens auch für die im Hinterland (700 m über NN) gelegene Staatsfestung *Machärus (heute: el-Mishneqa) bei Mukawer folgert sich aus einer jüngst im einzelnen untersuchten Straßenverbindung, die beide Ortslagen ebenso zentral wie bequem verbunden hat. Eine weitere wichtige Straße führte über das Wadi Zerqa Māʿīn auf der östl. Plateaustufe nach N zum Jordantal (mit Livias und Jericho). Nach S hin finden sich am Ostufer des Toten Meeres weitere antike Ortslagen (Farmhäuser und Villen), die Beweis sind für die allgemeine Erschließung der Küste schon in röm.-byzantin. Zeit.

Nicht haltbar ist die bis in jüngste Zeit hinein immer wieder erwogene Gleichsetzung der Siedlung mit Zereth Schahar (Jos 13,19).

Literatur: H. Donner: Kallirrhoë, ZDPV 79, 1963, 59-89; A. Strobel: Zur Ortslage von Kallirrhoë, ZDPV 82, 1966, 149-161; H. Schult: Zwei Häfen aus römischer Zeit am Toten Meer, ZDPV 82, 1966, 139-148; A. Strobel-Chr. Clamer: Excavations at ez-Zāra, ADAJ 30, 1986, 381-384 (mit Fotos). A.St.

LASCHARON s. Scharon

LAST. Der Begriff L. wird ca. 80 mal gebraucht, um die hebr. Worte *massāʾ, sābal, jāhab, ʾaguddāh* und die griech. Worte *baros, phortion, gomos* zu übersetzen. Die Begriffe haben nur leichte Bedeutungsunterschiede und scheinen manchmal austauschbar zu sein.

Mit L. wird bezeichnet, was der Esel (2Mo 23,5) oder das Kamel (2Kön 8,9) trägt, was die Lastträger schleppen (1Kön 5,29) und was am Sabbat nicht getragen werden darf (Jer 17,21). Im übertragenen Sinn steht L. für etwas, was den Körper oder den Geist belastet (z.B. Zef 3, 18), für die Gesamtverantwortung für ein Volk (4Mo 11,17), für Gottes schweres Gericht (Jes 13), für Arbeit, Gebundenheit, Leiden und Furcht (Ps 81,7; Mt 20,12), für die Gesetze Christi (Mt 11,20; Offb 2,24), für die Zeremonien der Menschen (Mt 23,4; Apg 15,28), für die Tagesarbeit (Mt 20,12), für die Unterdrükkung durch die Besatzungsmacht (Jes 10,27; 14, 25), aber auch für alles, was anderen Menschen das Leben erschwert (Gal 6,2).

LÄSTERN, LÄSTERUNG. L. ist ein gegen Gott oder Menschen gerichtetes Reden oder Handeln, das Verachtung, Verhöhnung, Herabsetzung und Schmähung ausdrückt. Das dt. Wort ist dabei die Übersetzung verschiedener hebr. und griech. Ausdrücke mit ähnlichen Bedeutungen (im AT: *nāʾaz, chārap, giddēp, nāqab, qillēl, chillēl*; im NT: *blasphēmeō, loidoreō*, »lästern«, »verschmähen«, »verwerfen«, »verhöhnen«, »entweihen«, »verfluchen« u.a.).

1. Im Alten Testament.

Im AT ist die L. Gottes verboten (2Mo 22,27); Gotteslästerer sollen nach einem besonderen Ritus gesteinigt werden (3Mo 24,14-16; vgl. 1Kön 21,10.13). Nicht nur verbale Beschimpfung des Namens Gottes (3Mo 24,11; Ps 74,10.18), auch Ungehorsam ist L.: Unzufriedenheit und Rebellion gegen die von Gott eingesetzten Führer Mose und Aaron (4Mo 14,11; 16,30), Verwerfung des Gesetzes (Jes 5,24), Abwendung von Gott (Jes 1,4) und Bundesbruch durch fremde Kulte (5Mo 31,20; Hes 20,27). Ebenso kann scheinbar nicht gegen Gott gerichtetes Handeln letztlich L. Gottes darstellen: so die Bedrückung des Volkes Gottes (Jes 52,5), die Einschüchterung Hiskias durch Sanherib (2Kön 19,22/Jes 37,23), die Vergewaltigung des »Armen«, der unter Gottes besonderem Schutz steht (Spr 14,31). L. Gottes gilt geradezu als Charakteristikum des Gottlosen (Ps 10,3.13; 44,17; 73,8; 74,10.18; 139,20). Wenn (vor allem in den Klagepsalmen) von L. gegen Menschen die Rede ist, handelt es sich um üble Nachrede, Verleumdung und Spott (Ps 31,14; 35,15f).

2. Im rabbinischen Judentum.

Das rabbin. Judentum kennt drei Arten von L.: Gotteslästerung im weiteren Sinn, d.h. das Reden »gegen die Tora in frecher Weise« (SNum § 112(33a) zu 4Mo 15,30f), Götzendienst (ebd.) und Gotteslästerung im engeren Sinn, d.h. eigentliche Beschimpfung des Jahwenamens (bPes 93b; SLev 422a zu 3Mo 24,11ff), wobei dieser deutlich ausgesprochen sein muß (Sanh 7,5).

3. Im Neuen Testament.

Wenn Jesus für sich die Vollmacht der Sündenvergebung in Anspruch nimmt, stellt dies für die Pharisäer eine L. Gottes dar, weil er sich damit ein Recht anmaße, das nur Gott zukommt (Mk 2,7 par.). So führt denn auch Jesu Zeugnis von der Gottessohnschaft zum endgültigen Todesurteil durch den Hohen Rat (Mt 26,65; vgl. Joh 8,59; 10,31-39). Stephanus wird L. gegen Mose (d.h. das atl. Gesetz) und Gott vorgeworfen (Apg 6,11), seine Verteidigungsrede wird ebenfalls als Gotteslästerung empfunden, so daß er gesteinigt wird (Apg 7,58). Doch ist gerade die Verwerfung Jesu und seines messianischen Anspruchs L. (Mt 27,39 par.; Lk 22,65; 23,39). Überhaupt wird der Widerspruch der Ungläubigen gegen das *Evangelium als L. bezeichnet (Apg 13,45; 18,6; 1Tim 1,13; 1Petr 4,4; in diesem Sinn wohl auch 2Petr 2,10-12/Jud 8-10). Als Boten des Evangeliums sind Paulus und seine Mitarbeiter ihr besonders ausgesetzt (1Kor 4,13). L. Gottes ist in besonderem Maß Attribut der antichristl. Macht (Offb 13,1.6; 17,3) und der unbußfertigen Menschen (Offb 16,9.11.21). Dagegen ermahnen die sog. »Lasterkataloge« des NT die Christen, nicht zu lästern (Eph 4,31; Kol 3,8; Tit 3,2) und auch keinen Anlaß zur L. zu geben (1Tim 5,14; 6,1; Tit 2,5); Lästerer sind vom Reich Gottes ausgeschlossen (1Kor 6,10). L. durch Christen ist Abfall vom Glauben (1Tim 1,20); die L. (des Jesusnamens, wohl im Sinn von 1Kor 12,3), zu der Saulus die Christen treiben wollte (Apg 26,11), ist identisch mit der Abwendung vom Glauben an Jesus.

4. Blasphemie.

Das Fremdwort »Blasphemie«, im klass. und ntl. Griech. auch profan verwendet als »Verleumdung, Schmähung« (von Menschen, Tit 3,2), bezeichnet seit den Kirchenvätern ausschließlich Gotteslästerung.

5. Lästerung des Heiligen Geistes.

Wie alle Sünden kann auch L. vergeben werden (Mk 3,28), sogar die L. gegen Jesus (Mt 12,32; Lk 12,10). Davon ausgenommen ist jedoch die L. gegen den Heiligen Geist, für die es keine Möglichkeit der Vergebung gibt (Mt 12,31f; Mk 3,29; Lk 12,10). Unter dieser schwerwiegenden Sünde »kann unmöglich das Aussprechen irgendeiner Formel, in der das Wort *pneuma* vorkommt, verstanden sein, sondern allein die bewußte, frevelhafte Zurückstoßung der auf den Menschen zukommenden heilenden und rettenden Kraft und Gnade Gottes. Nur wer sich der Vergebung widersetzt, ist von ihr ausgeschlossen«. (H.W. Beyer, 623).

Literatur: L. Ruppert: ThWAT V, 1986, 129ff; E. Kutsch: ThWAT III, 1982, 223ff; J. Scharbert: ThWAT V, 1986, 589ff; H.W. Beyer: ThWNT I, 1933, 620ff; H. Währisch, W. Mundle: TBLNT II, [4]1986, 1069ff; Bill. I, [8]1982, 1008ff; S.H. Blank: The Curse, Blasphemy, the Spell and the Oath, HUCA 23 (1950-51), 73-96.

B.H.

LAUBHÜTTE s. Zelt

LAUBHÜTTENFEST.

1. Das Laubhüttenfest ist das letzte der drei Wallfahrtsfeste, bei denen man in Israel vor Gott »erschien« und ihm dankbar die Erstlinge der Ernte als Opfergabe darbrachte (2Mo 23,14ff; 5Mo 16,16f). Die wichtigsten Bestimmungen für dieses herbstliche Fest finden sich in 2Mo 23,16; 34, 22; 3Mo 23,33-43; 4Mo 29,12-38; 5Mo 16,13–15; vgl. Sach 14,16; Neh 8,14-18. Der Name »Fest der Hütten« (*chag ha-sukkōt*) kommt daher, daß man für dieses Fest Hütten aus belaubten Zweigen errichtet, in denen die männlichen Glieder der Familie während der Feiertage wohnen (vgl. Neh 8,14-18; Suk 4,1). Das wird in 3Mo 23,42f damit begründet, daß Gott die Israeliten während der Herausführung aus Ägypten in Hütten wohnen ließ, so wie er selbst in der Stiftshütte mit seinem Volk umherzog (vgl. 2Sam 7,6; 1Chr 17,5).

2. Ursprünglich galt dieses Fest der Feier des Erntens (*chag ha-qāzīr*; 2Mo 23,16) und des Sammelns (*chag ha-'āsip*, 2Mo 23,16; 34,22) der Baumfrüchte, vor allem der Oliven und der Trauben der Weinberge, des Ertrags für Tenne und Kelter (2Mo 23,16; 34,22; 5Mo 16,13-15); dabei sollten alle fröhlich sein (5Mo 16,14). Zeitlich fiel dieses Erntefest mit der Wende des Jahres zusammen (2Mo 23,16; 34,22). Später hat man dafür die 7 (8) Tage vom 15.-21. (22.) des 7. Monats (Etanim bzw. Tischri) festgesetzt. Am ersten und letzten (8.) Tag wurde eine Festversammlung gehalten (3Mo 23,34-36).

3. Wie bei den anderen Wallfahrtsfesten wurde auch für das L. zusätzlich eine heilsgeschichtliche Begründung gegeben und der Herausführung aus Ägypten gedacht (3Mo 23,43). Die Bezeichnung »das Fest« (*hä-chāg*, 1Kön 8,2) bzw. »das Fest des Herrn« (*chag Jahwe*, 3Mo 23,39; Ri 21,19) spricht für dessen große Bedeutung; ebenso die Tatsache, daß man an diesem letzten Fest des Segens des ganzen Jahres gedachte (5Mo 16,15) und später für die einzelnen Feiertage eine große Zahl verschiedener Opfer vorschrieb (4Mo 29,12-38); für Josephus war es »das heiligste und größte Fest bei den Hebräern« (Jos.ant.Jud. 8,100).

4. Diese hervorragende Stellung des L.s hat einzelne Forscher dazu veranlaßt, es mit weiteren theologischen Themen zu verbinden, so mit der »Thronbesteigung Jahwes« analog

Laubhütte, in der der Besitzer des Feldes übernachtet, um die Ernte vor Dieben zu schützen. (ZR)

zum babylon. Neujahrsfest (S. Mowinckel) oder mit der Bundeserneuerung (A. Weiser); auch als »königliches Zionsfest« wurde es inhaltlich näher bestimmt (H.-J. Kraus). All dies bleibt letztlich hypothetisch. Immerhin hat Salomo an diesem Fest den Tempel eingeweiht (1Kön 8,1ff; vgl. 2Makk 10,1ff) und Esra dem Volk das Gesetz vorgelesen und es erneut auf den Bund verpflichtet (Neh 8,14-18; vgl. 5Mo 31,10f). Andererseits wurde in Qumran und bei den Rabbinen der Bundeserneuerung bzw. Sinaigesetzgebung am Pfingstfest gedacht.

5. Im frühen Judentum wurde das L. immer stärker an Jerusalem gebunden (vgl. Sach 14,16). Nach Neh 8, 14-18 hat es die israelit. Kultgemeinde in Laubhütten gefeiert, die man auf den Höfen und Dächern Jerusalems und im äußeren Vorhof des Tempels erstellte. In der Tempelrolle der Qumrangemeinde werden nicht nur die verschiedenen Opfer an den jeweiligen Feiertagen genau vorgeschrieben (TR 27-29), sondern es sind auch im Plan für den idealen Tempel Balkengerüste auf dem Dach der äußeren (20 m hohen) Umfassungsmauer des Tempels vorgesehen, in die dann die Laubhütten für die 12 Stämme eingebaut werden sollen (TR 42,10-17).

6. Einen Höhepunkt der im Mischnatraktat Sukkoth (SUK) geschilderten Feier des L.s in Jerusalem bildet der 7. Tag, an dem man die Weidenzweige für den Feststrauß (*lulab*) abschnitt, und an dem die Priester in feierlicher Prozession siebenmal um den Brandopferaltar herumgingen (Suk 4,1-7). Ferner wurde an allen Feiertagen dieses Festes eine Wasserspende auf dem Brandopferaltar dargebracht, mit der man gesegnete Regengüsse für den Herbst erbitten wollte (Suk 4,9; T Sukka 3,18). Wenn Jesus nach Joh 7,2ff zum L. (*skēnopēgia*) nach Jerusalem hinaufzog und sich dort an dessen letztem und großem Tag einladend als Spender von Wasser für die Dürstenden vorstellte (vgl. Joh 7,37; Jes 55,1f), so mag er dies auch im Blick auf die Wasserspende im Tempel getan haben.

Literatur: E. Kutsch: Das Herbstfest in Israel (Diss.masch. 1955,); H.-J. Kraus: Gottesdienst in Israel, ²1962, 79ff; Bill. II, 774-812. O.B.

LÄUFER. Dringende Nachrichten wurden in der antiken Welt von schnellen (Hiob 9,25; Pred 9,11) Läufern (hebr. *rāz/rāzīm*) überbracht (2Sam 18,19-27; Jer 51,31). Sie gehörten oftmals zur königlichen Leibwache (1Sam 22,17; 1Kön 14,27) und mußten vor dem Wagen des Königs herlaufen (1Sam 8,11; 2Sam 15,1; 1Kön 1,5). Berufsmäßige Botenläufer brachten Briefe in die Städte Israels (2Chr 30,6.10) oder in die pers. Provinzen (Est 3,13), deren straff organisierter reitender Botendienst (Est 8, 10.14) bekannt war (Hdt. Hist. VIII, 98). Die besondere Verbindung von Laufen und prophetischer Sendung deutet sich bei *Elia an, der vom *Karmel bis nach *Jesreel vor dem Wagen des Königs Ahab herlief (1Kön 18,46). Es verwundert, wenn Jahwe die Propheten nicht sendet und sie dennoch laufen, er nicht redet und sie dennoch als Propheten auftreten und reden (Jer 23,21; 8,6). Jahwe sendet seine Weisung zur Erde und sein Wort läuft schnell (Ps 147, 15; 2Thess 3,1), trifft auf willige Aufnahme: »Ich laufe den Weg deiner Gebote« (Ps 119,32). Der L. ist der eilfertige Gehorsame, der in seiner gesamten Lebenshaltung den Geboten Jahwes Ausdruck und Gestalt verleiht, d.h. in ihnen »wandelt«. Dies bestätigt sich dort, wo Paulus das Bild vom Stadionläufer (griech. *trechō*, »laufen«) aufnimmt (1Kor 9,24-27), das nur als Illustration des eilfertigen Gehorsams und der entschlossenen Zielorientierung verständlich ist, weil für die Christen nicht gelten kann, daß nur einer das Ziel erreicht, sondern daß alle im Gericht bestehen werden. Wie bei allen griech. Spielen war der Wettlauf auch bei den Isthmischen Spielen in *Korinth der populärste Wettkampf, weshalb das Bild vom L. den Korinthern lebendig vor Augen gestanden haben muß. Der atl. Hintergrund deutet sich auch dort an, wo rückblickend mit »Lauf« (griech. *dromos*) ein individuelles Menschenleben bezeichnet wird, das sich im Gehorsam gegenüber dem Auftrag Gottes verzehrt hat und dessen Ende erwartet wird (Apg 20,24), unmittelbar bevorsteht (2Tim 4,7) oder bereits erfolgt ist (Apg 13,25). Wenn Hebr 6,20 Jesus den »Vorläufer für uns« (griech. *prodromos hyper hēmōn*) nennt, so zeigt sich hier der priesterlich-sakrale Hintergrund, denn Jesus ist nicht nur das Vorbild für die im Glaubensgehorsam geduldig Laufenden (Hebr 12,1f), vielmehr wurde durch seinen bis zum Ziel durchgeführten Lauf das »Laufen« derer, die ihm gehorchen, ermöglicht. M.Br.

LAUGE. Das hebr. Wort *nätär* (Spr 25,20; Jer 2,22; RevEB: »Natron«) bezeichnet die Soda (Natriumkarbonat), die sich kristallisiert als sog. Trona am Rande der ägypt. Natronseen findet und dort früh zu verschiedenen Zwekken gewonnen wurde. Sodalauge diente als Reinigungsmittel; aus Soda und Öl machte man Seife (Jer 2,22). Säure macht Soda unbrauchbar (vgl. Spr 25,20). Aus dem Zusammenhang dieser Stelle hat man vermutet, daß die Bezeichnung *nätär* auch das Natron (Natriumbikarbonat) umfaßt, das mit Säure zusammen heftig aufbraust.

LAUTE s. Musik

LAUTER, LAUTERKEIT, LÄUTERN.
1. Die Bedeutung von L. zeigt bes. deutlich der griech. Begriff *eilikrinäs* (LXX u. NT), der aus den Wortstämmen »Sonne« und »prüfen« zusammengesetzt ist; L. heißt also »von der Sonne/ im Licht der Sonne geprüft«. L. ist demnach ein Mensch, dessen Tun die Sonne ohne Gefahr für ihn ans Licht bringen kann. Solches bezeugt Paulus von sich und seiner Predigt: 2Kor 1,12; 2,17. Er betet für die Gemeinde, daß sie am großen Gerichtstage »lauter« dastehen möge: Phil 1,10; 2,15. Der 2. Petrusbrief will der Gemeinde helfen, auf dem Fundament der Apostel und Propheten zu einer Klarheit der Erkenntnis und des Wandels zu kommen, die in den kommenden schweren Anfechtungen standhält: 2Petr 3,1. 1Petr. 2,2 steht ein sinnverwandtes Wort, das mit »unverfälscht« übersetzt wird.

2. Der Begriff »läutern« wird in der Bibel angewandt in bezug auf:

a. Metalle, die durch Feuer geschmolzen und gereinigt werden (Ps 66,10; Jes 48,10; Sach 13,9).

b. Menschen, die Gott zubereitet durch Prüfungen und Leidenswege, um zu erkennen, ob ihr Glaube rein, standhaft, geduldig und liebevoll ist: Ps 17,3; 66,10; Jes 48,10; Dan 12,10.

c. Gottes Wort (Ps 119,140), wobei aber durchläutert nur »rein«, nicht »gereinigt« bedeutet (vgl. Ps 12,7).

LAZARUS AUS BETANIEN. Leser des NT kennen die zwei Schwestern aus *Betanien, aber sie wissen kaum etwas über ihren Bruder Lazarus. Die Theorie, daß er der reiche Jüngling gewesen sei, ist nicht mehr als eine bloße Vermutung. (Diese Theorie erscheint erstmalig in einem apokryphen Einschub zwischen V. 34 und 35 in Mk 10, der in einem Clemens von Alexandria zugeschriebenen Brief als Beleg angeführt wird; s. M. Smith, Clement of Alexandria and a Secret Gospel of Mark, 1973). L. erscheint in dem Evangelium nicht wegen auffallender Charakterqualitäten oder überragender Leistungen, sondern einzig wegen des Wunders, das an ihm geschah. Vielleicht war er ein ganz durchschnittlicher Mann, der kaum über sein Heimatdorf hinaus bekannt war. Wenn behauptet wird, die Jünger hätten mit L. ein Abkommen getroffen, er solle seinen Tod vortäuschen, damit Jesus ihn vom vermeintlichen Tode auferwecken könne und damit berühmt würde, und daß Jesus diesem Betrug zugestimmt habe, ist das allenfalls der Gewaltakt eines erfinderischen Skeptizismus. Die Erzählung klingt wie ein authentischer, nüchterner und überzeugender Bericht.

Der erste Teil von Joh 11 liest sich wie ein Augen- und Ohrenzeugenbericht: Einer, der sich mit Jesus östl. vom Jordan aufgehalten hat, wundert sich, warum er dort zwei Tage blieb, nachdem er von der Krankheit des L. gehört hatte (V. 6). Der Zeuge kann eindrucksvolle Aussprüche Jesu wiedergeben, wie etwa den von der Stundenzahl (V. 9) oder den gewaltigen Ausspruch, der in V. 25 berichtet wird. Er kennt die genaue Entfernung zwischen Betanien und Jerusalem, weil er diese Straße oft gegangen ist (V. 18). Die Worte, die Thomas und die anderen Jünger gesprochen haben, kann er wiedergeben (V. 8.12-16). All dies sind Hinweise darauf, daß das vierte Evangelium von jemand stammt, der die Taten Jesu gesehen und seine Worte gehört hat; jemand, der vertraut war mit den Gedanken, Ängsten und Schwierigkeiten der Jünger, weil er mit größter Wahrscheinlichkeit einer von ihnen war und uns Informationen aus erster Hand liefert. Da er die Begebenheiten im ersten Teil des Kap. vertrauenswürdig und nüchtern berichtet, besteht kein Anlaß, ihn der Übertreibung zu verdächtigen, wenn er vom Grab des L. berichtet. Das apokryphe Petrusevangelium mit seiner phantastischen Erzählung der Auferstehung Jesu zeigt uns, was erfinderischer Menschengeist zustandebringt, wenn er versucht, ein Ereignis zu beschreiben, das nie ein Mensch gesehen hat. Demgegenüber beweist die Nüchternheit des Auferweckungsberichts von L., daß hier ein Zeuge genau das beschreibt, was und wie er es gesehen hat. Die Geschichte enthält – so A.T. Olmstead – »Einzelheiten, die nur ein Augenzeuge berichtet. Sie ist in ihrer Form den literarischen Wundergeschichten vollkommen unähnlich. Angesichts zahlreicher Hinweise in sehr zuverlässigen Quellen, die Ereignisse nur konstatieren, darf der Historiker sie nur wiederholen, ohne psychologische oder andere Erklärungen zu suchen« (Jesus in the Light of History, 1942, S. 206).

Wäre es einleuchtend, daß ein Autor, der sich skeptischen Theorien verpflichtet weiß, mirakulöse Details verbreiten wollte, die Jesus schildern, wie er weint, kurz bevor er L. aus dem Grab ruft? Daß das Weinen Jesu erwähnt wird, darf als indirekter Beweis der Authentizität der Erzählung angesehen werden, denn »ein kalter, hartherziger Mensch, der von den Toten auferweckt, würde in den Bereich der Fiktion gehören« (E.W. Hengstenberg).

Es darf mit Recht gesagt werden, daß das Schweigen der Erzählung ebenso eindrucksvoll ist wie ihr Reden. Es wird nicht ein einziges Wort von L. wiedergegeben. Nichts wird uns gesagt über seine Erfahrung während »dieser vier Tage«, keine Enthüllungen werden gemacht über die Lebensbedingungen in der anderen Welt.

Fragen nach der Beziehung zwischen diesem L. und dem L. in Lk 16,19ff, der nicht von den Toten zurückkam, sind aufgeworfen, aber bisher nicht gelöst worden. Die Aussage in Joh 12,10f, daß die Hohenpriester die Ermordung des L. planten, weil so viele Menschen aufgrund der Auferweckung an Jesus glaubten, ist ein Beispiel für die Warnung in Lk 16,31: »Hören sie Mose und die Propheten nicht, so werden sie sich auch nicht überzeugen lassen, wenn jemand von den Toten auferstünde.«

Literatur: W. de Boor: Das Evangelium des Johannes, 2. Teil, WStB, 1970; G. Maier: Johannes-Evangelium, 1. Teil, 1984; J.N. Sanders: »Those whom Jesus loved«, NTS 1, 1954/5, S. 29-41. A.R./F.F.B.

LEA. (Hebr. *lē'āh*, »wilde Kuh«?). Die ältere Tochter des Aramäers *Laban. Durch seinen Betrug wurde sie *Jakobs Frau aufgrund des örtl. Brauches, daß die jüngere Tochter nicht vor der älteren heiraten durfte (1Mo 29,21-30). Sie war verständlicherweise eifersüchtig auf ihre attraktivere Schwester *Rahel.

Als Mutter von Ruben, Simeon, Levi, Juda, Issaschar, Sebulon und Dina wurde L. wie Rahel als Mitbegründerin des Hauses Israel verehrt (Rut 4,11). Sie verbündete sich mit Jakob und Rahel gegen Laban (1Mo 31,14ff). Als Jakobs Familie mit ihrem ganzen Besitz Esau entgegenzog, wurde L. ein Platz in der Mitte des Zuges zugewiesen (1Mo 33,2).

L. wurde in der Höhle *Machpela in *Hebron begraben, vermutlich vor Jakobs Reise nach Ägypten (1Mo 49,31). M.B.

LEBEN.

A. Im Alten Testament.

I. BEGRIFFE UND VORSTELLUNGEN.

1. Das Wort »Leben« (hebr. *chaj*, pl. *chajjim*) enthält den Gedanken der Aktivität. Leben ist das, »was sich regt« (1Mo 7,21f; Ps 69,35; vgl. Apg 17,28) im Gegensatz zu dem entspannten, ruhenden oder trägen Zustand des Nicht-Lebenden (vgl. Röm 7,8; Jak 2,17.20). Fließendes Wasser ist »lebendig« (1Mo 26,19) und eine schnelle Geburt ist ein Zeichen für die Lebenskraft der Mutter (2Mo 1,19). Die häufige Pluralform unterstreicht die Intensität der Idee. L. wird verbunden mit Licht, Glück, Fülle, Ordnung und aktivem Sein (Ps 27,1; Hiob

33,25ff; Spr 3,16; 1Mo 1), im Gegensatz zu Dunkelheit, Unglück, Leere, Chaos und Schweigen, den Charakteristika des Todes und des unbelebten Seins (Pred 11,8; Ps 115,17).

2. Die *Seele (hebr. *näphäsch*) als das Sein oder das »Selbst« eignet gleichermaßen dem Menschen und dem Tier, den Lebendigen und den Toten (wörtl. »zu keiner toten Seele« 3Mo 21,11; Hiob 12,10; vgl. Offb 16,3 RevEB). Doch der eigentliche sinnvolle Zustand ist »lebendige Seele« (*näphäsch chajjāh,* 1Mo 2,7), und das Wort kann daher auch einfach »Lebewesen« bedeuten. Sterben heißt, seine Seele aushauchen; und wiederbeleben heißt, sie zurückkehren lassen (Jer 15,9 RevEB; 1Kön 17,21 wörtl.: »Laß seine Seele ... zurückkehren«; vgl. Apg 20,10 RevEB); nach einem anderen Bild wird sie, da ihr Sitz im Blut ist, beim Tode ausgeschüttet (3Mo 17,11 RevEB; Klgl 2, 12 RevEB; Jes 53,12 RevEB). Obwohl es heißen kann, daß die Seele im vergossenen Blut weiter existiert (Offb 6,9 RevEB; 1Mo 4,10; 9,4 RevEB) oder korporativ in jemandes Namen oder seinen Nachkommen, so gehören »das Leben« und das »Selbst« des Menschen so eng zusammen, daß »das Leben verlieren« praktisch bedeutet »sein Selbst verlieren« (Pedersen, S. 151ff; Hiob 2,4; Hes 18).

3. Ähnlich können auch Geist (hebr. *rūach*) oder der Atem (*neschāmāh*) als auch, was die Lebenden von den Toten unterscheidet, mit »Leben« wiedergegeben werden (1Sam 30,12 wörtl. »kehrte sein Geist zu ihm zurück«; Hiob 27,3). Sterben heißt, seinen Atem oder Geist zu verlieren (Hiob 27,3; Ps 104,29f; vgl. Mt 27,50 RevEB). Und Wiederbeleben kann daher auch heißen, Geist oder Atem »zurückkehren« lassen (vgl. Lk 8,55; Offb 11,11; 13,15 RevEB).

4. Das Leben ist dem Menschen als psychosomatische Einheit gegeben, in der »unsere Unterscheidungen zwischen physischem, intellektuellem und psychischem Leben nicht existieren« (von Allmen S. 231f). Nach atl. Vorstellung kann der Mensch daher als beseelter Körper beschrieben werden (Robinson S. 7). So kommt Seele parallel vor zu Fleisch oder Leib (Ps 63,2 RevEB; vgl. Mt 6,25 wörtl. »sorgt nicht um eure Seele«), zu Leben (Hiob 33,28 RevEB) und zu Geist (Ps 77,3f RevEB; vgl. Lk 1,46f). Alle diese Begriffe werden als das Selbst oder »Ich« gesehen. Es ist das »Ich«, das lebt – und das stirbt (vgl. 1Mo 7,21; Hes 18,4).

II. LEBEN ZUM TODE.

1. Was kann der Mensch geben für sein Leben (Hiob 2,4, vgl. Mk 8,37)? Er ist nicht nur ein zu einer Einheit gewordenes Wesen, sondern ein Wesen, das vom Tode bedroht ist – sterblich (Hiob 14,1), abgeschnitten vom Baum des Lebens (1Mo 3,24). Seine Existenz ist wie das geschnittene Gras oder der Tau des Morgens (Hiob 7,9; Ps 39,5f; 90,5f, vgl. 1Petr 1,24; Jak 4,14). Der Tod ist schon mitten im Leben am Werk, so daß das Leben ein Kampf gegen die Auflösung durch den Tod ist, wie Ebbe und Flut; man besitzt es immer nur in höherem oder geringerem Maße. Der müde Sklave soll sich am Sabbat ausruhen, um wieder neu »be-lebt« zu werden (2Mo 23,12 LÜ: »erquicken«). Befreiung von Krankheit, von einem Feind oder von Kummer ist Befreiung vom Tod; krank oder in Not zu sein heißt, in der Scheol zu sein (Ps 30,3f RevEB; 116,3 RevEB; vgl. Ps 72,20; 86,13). Nicht daß diese Zustände mit dem Tod gleichgesetzt würden, aber alles, was das Leben bedroht, wird immer auch als Angriff des Todes auf die Seele aufgefaßt. In diesem Sinne »starben« Adam und Eva, als sie ungehorsam waren (1Mo 2,17). Abimelech, der sich Gottes Zorn zuzieht, ist ein »toter Mann« (1Mo 20,3). Jona (Jona 2,2 RevEB) im Bauch des Fisches ist »in der Scheol«. Wer vom Tode bedroht ist, kann schon im Machtbereich des Todes gesehen werden (vgl. Lk 9,60).

2. Ebenso ist ein langes Leben als Gabe der Weisheit oder Gottes (Spr 3,16; 5Mo 5,16) meist gleichbedeutend mit dem guten Leben. »Siehe, ich habe dir heute vorgelegt das Leben und das Gute, den Tod und das Böse« (5Mo 30,15). Der Wunsch: »Lang lebe der König!« (1Sam 10,24) meint nicht einfach langes Leben, sondern ein Regiment des Friedens, des Wohlstands und Sieges. So ist der Tod des Gerechten in hohem *Alter und »lebenssatt« ein Segen, da hier ein Leben zur Fülle gelangt ist und eine von Gott gesegnete Nachkommenschaft für die Erhaltung des Namens sorgt (1Mo 25,8; 4Mo 23,10; Hiob 42,17).

3. Dennoch ist das gegenwärtige Leben ein Leben zum Tode. »Wo ist jemand, der da lebt und den Tod nicht sähe, der seine Seele errette aus des Todes Hand?« (Ps 89,49). Der Mensch wurde aus Ton geformt; er stirbt und wird wieder Staub (1Mo 3,19; Hiob 10,9; Ps 104,29; Pred 12,7). Man kann weiter »leben« in seinem Namen oder in seiner Nachkommenschaft (Ps 72,17; Jes 66,22); und beide werden in einem recht realen Sinne als eine Verlängerung der eigenen Seele betrachtet (Pedersen, S. 254ff). Aber das persönliche Leben endet, so daß das persönliche Sein nicht mehr zum »Land der Lebendigen« gehört (vgl. Ps 52,7; Jer 11,19). Zu leben bedeutet, von meinem Leben zu sprechen; im Tode gehen die Pläne des Menschen zugrunde, er kehrt zurück zur gemeinsamen Erde und wird zum

Todesschlaf bei seinen Vätern versammelt (1Mo 25,8; 37,35; 5Mo 31,16). Das Ende eines Menschen ist »wie Wasser, das auf die Erde gegossen wird und das man nicht wieder sammeln kann« (2Sam 14,14).

4. Der Tod ist nicht einfach das momentane Geschehen des Sterbens, sondern der Zustand des Tot-Seins, d.h. die Scheol. Die Scheol ist »im Staub« (Hiob 17,13ff); von daher spricht man wohl von ihr am besten generisch als vom »Grab«. Als Synonym für Tod ist sie der gemeinsame Endpunkt und der abschließende Gleichmacher für alles Leben: für Menschen und Tiere, Gerechte und Böse, Kluge und Törichte (Hiob 3, 13ff; Ps 49; Pred 2,14; 3,19). Sie ist ein Zustand des Schlafens, der Ruhe, der Dunkelheit, des Schweigens, ohne Gedanken oder Erinnerung (Hiob 3,16f; 17,13ff; Ps 6,6; Pred 9,5.10), der Ort, an dem man Gott nicht dankt, und von dem man nicht zurückkehrt (2Sam 12,23; Hiob 7,9; Ps 30,10; Jes 38,18). Der Tod ist wie ein unersättliches Ungeheuer, und man erwartet ihn (außer in der tiefsten Not) mit Furcht (Hab 2,5; vgl. 2Sam 22,5f). An einigen Stellen wird die Scheol als großes Grab dargestellt, wo es zwischen Maden ein kraftloses Geisterdasein gibt (Hes 31-32; Jes 14,4ff), ein Ort, von dem der Geist eines Menschen heraufgerufen werden kann (1Sam 28,8ff). Während die ersten beiden Bibelstellen offensichtlich poetische Darstellungen sind, weist die Szene mit der Seherin von Endor auf eine offenbar übliche – wenn auch verbotene – Praktik hin. Sie ist aber nicht charakteristisch für das AT, das Leben und Tod sonst vielmehr als unvereinbare Gegensätze sieht (gegen Johnson, S. 89). Obwohl die Scheol nicht unbedingt Nicht-Existenz bedeutet, so ist sie doch das Ende sinnvoller Existenz und »faktische Auslöschung« (Johnson, S. 93). »Die Wege zu Ruhm und Herrlichkeit führen nur zum Grab«, und dieses Ende des menschlichen L.s läßt das Motto des Predigers entstehen: »Es ist alles ganz eitel, spricht der Prediger, ganz eitel« (Pred 12,8; Ps 89,48). Diesem Sieg des Todes aber stellt das AT eine hoffnungsvolle Antwort entgegen; sie liegt nicht in der Natur des Menschen, sondern in der Kraft des lebendigen Gottes.

III. DER LEBENDIGE GOTT.

1. Die verbreitete Schwurformel »So wahr der Herr lebt« (vgl. 4Mo 14,21.28; 1Sam 14,39) unterstreicht, daß Gott ein redender und handelnder Gott ist, weil er »der lebendige Gott« ist. Diese Eigenschaft unterscheidet Jahwe von allen Götzen und bestätigt nicht nur, daß er selbst der Lebendige ist, sondern weist darüber hinaus auf seine schöpferische Kraft und sein vorausschauendes Handeln hin (Jos 3,10; Jer 10,10; Jes 46,5ff). Er ist der Ursprung und der Erhalter allen Lebens, die Quelle lebendigen Wassers (Jer 17,13; Ps 36,9f). Er gibt dem Menschen den Lebensatem, er erlöst aus der Scheol und führt auf den Weg des Lebens (1Mo 2,7; Ps 16,10f; vgl. Spr 5,5f). Gott ist der Gott, der lebendig macht und tötet (1Mo 6,17; 5Mo 32,39; Ri 13,3.23; 1Sam 2,6; 2Kön 5,7).

2. Die Abhängigkeit menschlichen Lebens von Gott ist so groß, daß der Geist und Lebensatem des Menschen auch als »Hauch von Gott« und »Geist Gottes« bezeichnet werden kann (Hiob 27,3; 33,4; 1Mo 6,3; Jes 42,5). Gott gab Israel in der Wüste Manna, um ihm zu zeigen, daß auch das physische Leben erhalten wird »von allem, was aus dem Mund des Herrn geht« (5Mo 8,3; vgl. Mt 4,4; Lk 12,15.20f). Gott gibt Lebensatem, und der Mensch lebt (1Mo 2,7; vgl. Offb 11,11); wenn Gott »seinen Geist und Odem an sich zöge, so würde alles Fleisch miteinander vergehen und der Mensch würde wieder zu Staub werden« (Hiob 34,14f; vgl. Pred 12,7; Ps 90,3; 104,29f). Das menschliche Leben ist also Leihgabe, nach Gottes Wohlgefallen verliehen. Wahres L. besteht daher nicht im vergänglichen, wenn auch wohlhabenden Leben des Gottlosen, sondern darin, daß Gott »allezeit meines Herzens Trost und mein Teil« ist (Ps 73,17.26). Das L. eines Menschen ist geborgen, wenn es eingebunden ist »im Bündlein der Lebendigen bei dem Herrn«, seinem Gott (1Sam 25,29).

3. Weil L. ein »Leben in der Beziehung zu Gott« ist, sind L. und Tod auch ethische Alternativen. Das Schicksal des einzelnen und der Nation – ob es Segen und L. oder Unglück und Tod beinhaltet - ist abhängig von des Menschen Gerechtigkeit oder Sünde, von dem Gehorsam oder Ungehorsam Jahwe gegenüber (5Mo 30,15ff; Ri 2,18ff; Hes 18). Der Tod, generell gesehen – wenn er überhaupt generell gesehen wird –, gilt als Gericht über die Sünde; wegen seines Ungehorsams wurde der Mensch abgetrennt vom »Baum des Lebens« (1Mo 48). Gerechtigkeit führt zum L. und Ungerechtigkeit zum Tode (vgl. Ps 73,17; Spr 11,19), auch wenn das nicht immer so aussieht. Gerechtigkeit ist ein »Weg des Lebens«; durch sie wird der Mensch von den Schrecken der Scheol errettet (Am 5,4.14; Spr 6,23; Hab 2,4f).

4. Gott hat keine Beziehung zur Scheol oder zu ihren Bewohnern. Aber dies darf nicht so verstanden werden, als ob Gott keine Macht über die Scheol hätte. Grundlegend für den atl. Glauben ist, daß Jahwe, der lebendige Gott, auch über die Toten und über die Scheol regiert. Heilung (2Kön 5,7.14), Totenaufer-

weckung (1Kön 17,20ff; 2Kön 4,16.33ff), die Rettung Israels vor dem Untergang als Nation (Ri 7,2ff; Hos 13,14; Hes 37); das Aufkeimen neuen Lebens in einer unfruchtbaren Frau (1Mo 17,15ff; Ri 13,2f; 1Sam 1,11.19f; 2,6) – dies alles offenbart die Macht Gottes über die Scheol, denn auch die Krankheiten sind Einbrüche des Todes ins Leben, denen Gott seine Auferstehungskraft entgegensetzt.

Während Gottes Macht, Menschen aus der Scheol zu erretten, im ganzen AT zumindest implizit vorausgesetzt wird, kommt seine Absicht, dies zu tun, nur an wenigen Stellen zum Ausdruck (vgl. Jes 25,8; 26,19; Hiob 19,26; Ps 16,8-11; 49,15f; Dan 12,2). Wo es jedoch gesagt wird, da ist diese Überzeugung voll entwickelt und offenbar nicht neu (W.O.E. Oesterley, Jews and Judaism during the Greek Period, 1941, S. 183). Sie hängt zusammen mit zwei anderen Überzeugungen und ist vielleicht eine Folgerung daraus:

a. Gottes ausdrücklich ausgesprochene Beziehung zu dem gestorbenen Gerechten und

b. die Erlösung des Volkes Israel durch Gott, verstanden im Rahmen der »korporativen Persönlichkeit«, in der die Wirklichkeit des einzelnen in der Wirklichkeit des Ganzen aufgehoben und erhalten wird. Später greift Jesus – ebenso wie die anderen Rabbinen – den ersten Gedanken als Schlüssel zum rechten Verständnis des AT auf (Mt 22,31f; Lk 20,37f; vgl. Bill. 1, S. 893ff):

a. Gott sagt zu Mose »Ich bin der Gott Abrahams«;

b. Abraham ist in der Scheol;

c. Gott ist der Gott der Lebendigen und hat keine Beziehung zum Scheol;

d. daher ist zu schließen, daß Gott Abraham aus der Scheol auferwecken wird.

5. Das Auferstehungsleben wird (wie im Spätjudentum) materialistisch beschrieben. Es ist erneuertes Leben, in dem das »Leben« (d.h. Wohlstand, Frieden und Fülle) gesteigert ist und die Schrecken der Scheol gebannt sind (Jes 27; vgl. Offb 21-22). Seine Verwirklichung (Jes 26,19; Dan 12,2) gehört zu der zukünftigen messianischen Erlösung und ist, als neugeschaffenes Leben, ausschließlich das Ergebnis des souveränen und gnädigen Handelns Gottes. Gott, der durch sein schöpferisches Wort den Menschen ins L. gerufen hat, wird einst durch die *Auferstehung den Staub wieder ins L. rufen.

B. Im Neuen Testament.

I. BEGRIFFE UND VORSTELLUNGEN.

1. Das griech. Wort *bios* bedeutet sowohl »Lebenslauf« als auch »Lebensunterhalt« (Mk 12,44 RevEB; 1Tim 2,2; 1Joh 3,17 RevEB Anm.). Das andere griech. Wort für Leben, *zōē*, bezeichnet im NT besonders (und in den johanneischen Schriften durchweg) das Auferstehungsleben; daneben bedeutet es aber auch allg. »Lebenslauf« (Lk 16,25; Phil 1,20), das Seelenleben oder die natürliche Lebenskraft (Apg 8,33; 17,25; Phil 1,20; 1Tim 4,8; vgl. Joh 4,50) und die Lebensdauer (Jak 4,14). Die Begriffe »Seele«, *psychē*, und »Geist«, *pneuma*, behalten auch im NT ihre Doppelbedeutung »Selbst« bzw. »Leben«. Ebenso wie mit »Leben« ist auch mit »Seele« einfach »das Sein« oder »natürliches Leben« gemeint (Mk 8,36; vgl. Lk 9,25). Die Seele kann bis zum Auferstehungsleben bewahrt bleiben (Joh 12,25), aber zunächst ist sie identisch mit dem natürlichen L., das man beim Tode verliert (Mt 2,20; Joh 15,13; Apg 20,10; 1Joh 3,14) oder, noch wichtiger, mit dem adamitischen L., dem L. des alten Äons, dem L. unter Gottes Gericht (Lk 12,20; vgl. 1Kor 2,14; 15,44ff; Jak 3,15). »Geist« kann zwar auch, wie im alten Israel, das Lebensprinzip des adamitischen L.s bezeichnen (Joh 19,30 RevEB; Apg 7,59), wird jedoch meistens mit dem Auferstehungsleben assoziiert. Als solches steht es dann im Gegensatz zu dem natürlichen oder »seelischen« L., das ein L. unter dem Gericht ist (vgl. Jud 19; Joh 6,63; 1Kor 15,44f RevEB).

2. Ebenso wie im AT ist das L. und das Sein des Menschen, auch wenn es unter verschiedenen Aspekten betrachtet werden kann, eine psychosomatische Einheit. Der griech. Dualismus zwischen Seele und Leib tritt im Gleichnis Lk 16,19ff hervor; das ist aber nicht im Einklang mit der gesamten Schau und Lehre des NT.

II. LEBEN UNTER DEM SCHATTEN DES TODES.

1. Die atl. Sicht wird fortgesetzt:

a. L. ist eine Leihgabe, vergänglich, abhängig von Gott, und in seiner Hand (vgl. Mt 4,4). Der Mensch kann sein seelisches L. weder verlängern noch zerstören (Mt 6,25ff; Lk 12,25; Jak 4,14f). Gott kann es entweder verwerfen oder es zum Auferstehungsleben auferwecken (Mt 10,28; Lk 12,20; 1Kor 15,44; 1Joh 5,16; vgl. Jak 5,20).

b. Das L. ist wie Ebbe und Flut. Echtes L. bedeutet, in Gesundheit zu leben (Joh 4,50).

2. In radikaler Weiterentwicklung atl. Gedanken rückt die ethische Qualität des L.s in seiner Beziehung zu Gott ins Zentrum. Jemand, der in Verbindung mit Gott steht, kann, obwohl er tot ist, als lebendig betrachtet werden (Lk 20,38). Andererseits ist ein Gott entfremdetes L. überhaupt kein wirkliches L. (Eph 4,18f). Jemand, der so lebt, kann als »tot« angesehen werden (Lk 9,60; Röm

8,10; 1Joh 3,14; Offb 3,1; vgl. Lk 15,24). Einem solchen L., auch wenn es noch als solches bezeichnet wird, wird das wirkliche L. gegenübergestellt (1Kor 15,19; 1Tim 6,19). Das natürliche L. gewinnt Bedeutung nur vom neuen Äon her (Gal 2,22; Phil 1,22; 1Tim 4,8).

3. Der Ruf Johannes des Täufers: »Tut Buße« bildet den Auftakt des NT (Mt 3,2; vgl. Apg 11,18; 17,30f). Alles Leben steht unter dem nah bevorstehenden Gericht; und von jedem, der am Leben der neuen Welt teilhaben möchte, wird eine Entscheidung gefordert. Kriminelle, die sich todeswürdiger Verbrechen schuldig gemacht haben, gelten keineswegs als spezielle Sünder: »Wenn ihr nicht Buße tut, werdet ihr alle genauso umkommen« (Lk 13,3). Ebensowenig kann der Mensch sich auf seinen Reichtum als auf ein besonderes Zeichen der Gnade Gottes verlassen. Auf der Höhe menschlicher Sorglosigkeit spricht Gott: »Du Narr, diese Nacht wird man deine Seele von dir fordern« (Lk 12,20). Neben dieser (atl.) Sicht, daß der physische Tod das Gericht über das natürliche oder seelische L. ist, verlagert sich der Gerichtsgedanke jetzt häufiger auf die Parusie (Mt 24,36ff; 25,31ff), die Auferstehung zum Gericht (Joh 5,28), den zweiten Tod (Offb 21,8), wobei Gott »Seele und Leib« in der *Hölle vernichtet (Mt 10,28). Das natürliche oder seelische L. (*psychē*), im Gegensatz zum Auferstehungsleben (*zōē*), ist adamitisches L., L. unter dem Gericht, das ohne *zōē* zugrunde gehen muß (Joh 3,16). So ist denn auch der natürliche oder »seelische« Mensch ein Mensch, dessen L. auf den untergehenden alten Äon ausgerichtet ist. Der natürliche oder »seelische« Leib steht unter dem Einfluß der Scheol-Macht, die den alten Äon bestimmt (1Kor 2,14; 15,44; Jak 3,15; Jud 19).

4. Das Gericht des Todes ist stellvertretend an Jesus Christus vollzogen worden, dem eschatologischen Adam (1Kor 15,45), der »zur Sünde gemacht« wurde und freiwillig der Scheol seine Seele preisgab als ein »Lösegeld« (Mk 10,45; Joh 10,15; 2Kor 5,21; vgl. Mk 14,34; Jes 53,6.10; Apg 8,32ff; 1Petr 2,24), um der Welt das Auferstehungsleben zu geben (Joh 6,51). Aber die Seele Christi ist nicht in der Scheol geblieben. Durch seinen Auferstehungssieg nimmt er sein Leben zurück (Apg 2,31; Joh 10,17f). Kraft seines »unzerstörbaren Lebens« wird er zum »lebendigmachenden Geist«, der an seinem Sieg und *Auferstehungsleben seinen Auserwählten Anteil gibt (Hebr 7,3.16; 1Kor 15,45; Eph 4,8; Joh 5,21; 17,2). Dadurch hebt Christus für immer die Drohung der Scheol für die Menschenseele auf.

5. Das L. der Seele braucht nun nicht mehr preisgegeben werden. Wer es liebt oder es zu erhalten versucht, wird es verlieren. Wenn jemand es aber für Christus, das Evangelium oder die Glaubensgeschwister verliert oder aufgibt, wird er es erhalten und in das Auferstehungsleben hinein aufgehoben werden (Mk 8,35f; Joh 12,25; 1Joh 3,16; 2Kor 12,15; Phil 2,30; Offb 12,11). An Christus zu glauben oder einen Sünder zu bekehren, bedeutet, seine Seele vom Tode zu erretten (Hebr 10,39; Jak 1,21; 5,20; 1Petr 1,9 RevEB). Ein Mensch, der glaubt, wird nie wirklich sterben (Joh 8,51f; 11,26; vgl. Joh 10,28; Mk 9,1); denn in Christus wird der Tod verwandelt in ein zeitlich begrenztes »Schlafen in Christus« (1Thess 4,14; vgl. Mk 5,39; Joh 11,11). Sowohl das natürliche oder »seelische« L. als auch das Auferstehungsleben sind das L. des Selbst, des ganzen Menschen. Letzteres verdrängt das Erstere nicht, sondern erhält und verwandelt es.

III. AUFERSTEHUNGSLEBEN.

1. Die atl. Vorstellung vom guten L. findet im NT eine eschatologische Erfüllung als Auferstehungsleben (*zōē*). Weil es das allein wahre L. ist, kann es auch einfach als »Leben« bezeichnet werden (Apg 5,20; 11,18; Röm 5,17; 2Petr 1,3; 1Joh 5,16). Es wird in Verbindung gebracht mit Licht (Joh 8,12), Herrlichkeit (1Petr 5,1.4; vgl. Jak 1,12), Ehre (Röm 2,7), Fülle (Joh 10,10), Unvergänglichkeit (2Tim 1,10), Auferstehung und ewigem Leben (Joh 6,40; 11,25), dem Reich Gottes (Kol 1,13; Mt 25), mit Heiligkeit (Röm 6,22f), Freude (1Thess 2,19), Geist (Joh 6,63; vgl. 1Kor 15,45) und Unzerstörbarem (Hebr 7,16; 1Petr 1,23). Dem werden Finsternis (Kol 1,13), Trübsal (Röm 2,9), Tod (1Joh 3,14), Sterblichkeit (2Kor 5,4), Untergang (Mt 7,13f), Gericht (Joh 5,28f), Verderben (Gal 6,8), Zorn (Röm 2,7f; Joh 3,36) und ewige Strafe (Mt 25,46) gegenübergestellt. Das L. zu haben, bedeutet zu »bleiben« (Joh 6,27; 15,5). Es nicht zu haben, heißt, zu verdorren (Joh 15,6), als vertrockneter Ast verbrannt zu werden (Mt 7,19) und in der Hölle zugrundezugehen (Mt 10,28; Mk 9,43ff; Offb 20,14f).

2. Wie auch im AT ist L. letztlich das L. Gottes, des Ewiglebenden (Röm 5,21; Offb 4,9). Er hat das L. in sich selber und besitzt allein Unsterblichkeit (Joh 5,26; 1Tim 6,16). Er kann lebendig machen und er kann töten (Röm 4,17; 2Kor 1,9; 1Tim 6,13; Mt 10,28f; Jak 4,14f; Lk 12,20).

3. Das L. Gottes ist in Jesus Christus offenbar. In den synoptischen Evv. verheißt Jesus seinen Jüngern das Auferstehungsleben (Mk 8,34ff; 9,42ff; 10,29f; Mt 25,46) und offenbart seine Macht, es zu verleihen: heilen heißt »Leben retten« (Lk 6,9) und »Leben geben« (Mk

5,23). Die Scheol selbst wird beraubt durch das schöpferische Wort Christi (Mk 5, 39ff; Lk 7,14f; vgl. Joh 11,43).

Das vierte Ev. und die ntl. Briefe, stärker von der Auferstehung Christi bestimmt, heben das noch mehr hervor. Christus ist »wahrer Gott« und »das ewige Leben« (1Joh 5,20; Joh 1,4; 14,6). Er ist »der Fürst des Lebens« (Apg 3,15), dem der Vater gegeben hat, »Leben in sich selber« zu haben (Joh 5,26). Er ist »die Auferstehung und das Leben« (Joh 11,25), »das Brot des Lebens« (Joh 6,35) und seine Worte sind »Geist und Leben« (Joh 6,63). Durch seine Auferstehung erweist er sich als Herr und Richter der Lebendigen und der Toten (Mt 25,31ff; Mk 14,62; Joh 5,27ff; Apg 10,42; 17,31; Röm 10,9f; 14,9; 2Tim 4,1; vgl. 1Petr 4,5; Offb 11,18). Schon während seines irdischen Wirkens hat Jesus als Messias und Gottessohn sich dafür eingesetzt, den endzeitlichen Triumph des göttlichen L.s über die Macht des Todes zeichenhaft vorwegzunehmen; das tat er vor allem in seinen Heilungswundern. Auch am Sabbat hielt er es für geboten, »Leben zu retten« (*psychēn sōsai*, Mk 3,4) und »wiederherzustellen« (Mk 3,5), was unter der Herrschaft von Sünde und Tod geschädigt war und wahres L. beeinträchtigte. Denn der Sabbat ist der Tag, an dem der Mensch ruht und »Leben einholt« (2Mo 23,12), so wie das Gott selbst vorbildlich tat und noch immer tut (2Mo 31,17). Gerade durch sein heilendes, L. restaurierendes Handeln am Ruhetag erwies sich Jesus als »Herr auch über den Sabbat« (Mk 2,28). Nach dem vierten Ev. hat er dieses für die Juden befremdliche und als Sabbatbruch verurteilte Tun (vgl. Mk 3,6) mit dem Hinweis auf den göttlichen Vater verteidigt, der »bis jetzt arbeitet« (5,17): Gott sorgt immerzu und – trotz des Arbeitsverbots – auch am Ruhetag für seine Geschöpfe, um diesen den Gewinn neuer Lebenskraft zu ermöglichen; denn der Sabbat ist ja um des Menschen willen geschaffen (Mk 2,27). Auch Gott will am Sabbat Atem holen; er zieht »seine Seele [Leben] zurück«, rekreiert sie (*napasch* Niphal, 2Mo 31,17). Er hat das L. in sich (Joh 5,26), und aus der Fülle dieses L.s schenkt er L. gerade auch am Ruhetag. Die Form *wajjinnapesch* (Niphal, 2Mo 31,17) kann auch als Piel gelesen werden, *wījnappesch:* Gott »gibt Leben«, atmet L. aus am Sabbat, erneuert und erhält das L. der Kreatur. An dieser schöpferischen, L. schenkenden Arbeit beteiligt er auch den Sohn: Der Vater hat »auch dem Sohn gegeben, Leben zu haben in ihm selbst« (Joh 5,26). Das bedeutet eine revolutionäre Wendung, einen Sieg des Lebens in der messianischen Zeit: Der Menschensohn empfängt von Gott nicht etwa Herrschaft, Macht und Ehre, um die Völker zu beherrschen (vgl. Dan 7,14), sondern die Kraft, L. zu geben wie Gott selbst. Bei dieser Lebensübergabe an den Sohn hat der vierte Evangelist wohl an 1Mo 1,26; 2,7 gedacht: Der ewige *Logos wird an der Erschaffung des Menschen mitbeteiligt (vgl. 1Mo 1,26: »Lasset uns Menschen machen!«); als der Auferstandende haucht er die Jünger mit dem Geist des L.s an, so wie Gott dem ersten Menschen den Lebensodem gab (Joh 20,22; vgl. 1Mo 2,7). Deshalb hat Jesus auch am Sabbat L. gerettet und erneuert (Mk 3,4f), so etwa bei dem Mann mit der »vertrockneten«, leblosen Hand (Mk 3,1-6 par.) oder bei dem gelähmten und bewegungsunfähigen Mann am Teich Betesda (Joh 5,1ff). Dabei verströmte er das göttliche L., das er in sich selbst hat. Das ganze vierte Ev. offenbart Jesus als den Gottessohn, der mit den Gaben Wasser, Brot und Licht L. schenkt. Dieses L. ist das ewige L., und der Sabbat als ein Tag lebenschaffender Arbeit des Christus wird zum Vorschein des Tags des Menschensohnes und der Auferweckung der Toten (Joh 5,24-29). Lebensbringer ist Jesus vor allem dadurch, daß er sein L. für die Menschen in den Tod gibt (Joh 10,18) und die Sünden als die Ursache des Todes auf sich nimmt und wegträgt (Joh 1,29; vgl. Mk 10,45; Joh 3,16). Eben darum wird er am endzeitlichen Schöpfungswerk der Totenerweckung beteiligt: »Denn wie der Vater die Toten aufweckt und lebendig macht, so macht auch der Sohn lebendig, welche er will« (Joh 5,21). Die Kraft des ewigen L.s ist der Heilige Geist (Joh 6,63), den der Fleischgewordene bei seiner Taufe im Jordan als bleibende, auf ihm ruhende Gottesgabe erhalten hat (Joh 1,31. 33; vgl. Jes 11,2). Durch die Auferstehung Jesu Christi ist das unvergängliche L. in der Geschichte dieser Welt Ereignis geworden. Seine Auferstehung wird die Grundlage für die Auferstehung; und die Auferstehung aller muß von der Auferstehung Jesu her verstanden werden (vgl. 1Kor 15; Kol 3,4; 1Joh 3,2). Die Auferstehungshoffnung beruht nicht nur, wie im AT, auf prophetischer Vision oder auf logischen Schlußfolgerungen aus Gottes Bundesbeziehungen. Sie kann auch nicht mehr nur als erneuertes L. aus der Scheol aufgefaßt werden. Auferstehungsleben erhält jetzt seinen Sinn von seinem Vorbild Jesus Christus her (Röm 8,29).

4. So ist für den Menschen wahres L. in Jesus Christus begründet, der »zum Geist« wurde, »der lebendig macht« (1Kor 15,45; vgl. Joh 6,63; 2Kor 3,17). Das Zentrum des Evangeliums ist, daß er, der tot war, in Ewigkeit lebt (Apg 2,31ff; 1Kor 15,3ff; Offb 1,5.18). Kraft seines unzerstörbaren L.s gibt er der Welt das L. (Hebr 7,16; Joh 6,33). Wäre Christus nicht

von den Toten auferstanden, müßte der Tod eines Christen als Schlußstrich bezeichnet werden (1Kor 15,18.32). Nun ist Christus aber auferstanden und hat die »Schlüssel zur Scheol«; denn der Tod konnte ihn nicht überwältigen und ebensowenig kann er die Gemeinde Christi überwältigen (Mt 16,18; Offb 1,18). Und Jesu L. wird dem Gläubigen zuteil durch Buße, Glauben und Taufe (Apg 11,18; Joh 3,16; 11,25f; Röm 6,4). Durch dieses L. wird man »gerettet« (Röm 5,10). Im Tod Jesu Christi und in seiner Auferstehung dringt Gott radikal in die Welt des Menschen ein, um ihn die tödliche Wirkung der Sünde und die Größe der Gnade eines neuen L.s erkennen zu lassen – das ist ein unergründlicher, unerwarteter und frei geschenkter Akt der Rettung.

5. Ebenso wie das adamitische L. wird auch das Auferstehungsleben durch Gottes schöpferisches Wort verliehen und erhalten. Der Mensch verfügt nicht darüber, er kann lediglich dieses L. eingehen, es ererben oder empfangen (Mk 9,43ff; 10,17.30; Tit 3,7; 1Petr 3,7). Durch böse Taten oder Zurückweisung des Evangeliums kann er sich selber des L.s als unwürdig erweisen (Apg 13,46; vgl. Röm 1,32); andererseits kann er durch den Geist Dinge vollbringen, die zum ewigen L. führen (Mk 10,17ff; Joh 5,28f; Röm 2,7; 2Kor 5,10; Gal 5,22; 6,8). Solches Tun ist jedoch nur durch eine Beziehung zu Christus im Glauben möglich (Röm 1,17; Joh 20,31). Der Glaube an Christus vermittelt das L. (Joh 6,53f; Röm 6,23; Kol 3,3; 1Joh 3,14; 5,13).

Gott gibt das L. wem er will (Joh 1,13; 5,21), denen, die dafür bestimmt sind und deren Namen im »Buch des Lebens« stehen (Apg 13,48; Röm 9,11; Phil 4,3; Offb 17,8; 20,12ff) seit Grundlegung der Welt. Das neue L. ist Auferstehung, Wiedergeburt, ein souveräner und gnädiger Akt des Schöpfers (Joh 5,24f; Röm 6,4; Kol 3,1ff; Eph 2,1ff; Joh 1,13).

6. In den synoptischen Evv. wird dieses L. stets als zukünftig beschrieben und in Verbindung mit dem kommenden Reich Gottes gesehen (Mk 10,17.23; 9,43.47; Mt 25,46). Der Weg, der dorthin führt, ist durch die Sünde blockiert und wird nur von wenigen gefunden; und doch: das L. zu erreichen ist das höchste Ziel und eines jeden Opfers wert (Mk 9,42ff; Mt 7,14; 13,44f); denn nur so kann die Seele des Menschen erhalten werden (Mk 8,34ff; vgl. Joh 12,25).

7. In den johanneischen und paulinischen Schriften setzt sich diese auf die Wiederkunft Christi ausgerichtete Sicht fort (Joh 5,24.28f; 6,40; 11,24; 14,3.6.19; Röm 5,10; 6,22; 2Kor 5,4ff; 13,4; Phil 3,10f; vgl. 1Kor 15,52ff). Andererseits wird hier das Auferstehungsleben aber auch als schon gegenwärtiger Besitz des Gläubigen angesehen. In der Bekehrung zu Christus dringt der Mensch vom Tod zum L. hindurch (1Joh 3,14; vgl. Joh 5,24; Eph 2,1ff). Es kann daher sogar in der Vergangenheitsform davon gesprochen werden, daß die Gläubigen »mit Christus gekreuzigt« und »mit Christus lebendig gemacht« worden sind, daß sie in das Reich Christi »versetzt« worden sind, ja, daß sie mit ihm »verherrlicht« worden, für den Himmel auserkoren sind (Gal 2,19f; Eph 2,5f; Kol 1,13; Röm 8,30). Doch wird dies bei Paulus (und wohl auch bei Johannes) immer als eine korporative Teilhabe am Tod und an der Auferstehung Christi gesehen (Röm 6,4; 8,2; 2Tim 1,1; vgl. Joh 6,33.51ff), die uns durch den Heiligen Geist gewährt wird, das »Unterpfand« oder die »Anzahlung« für das L. im neuen Zeitalter (vgl. 2Kor 4,12; 5,5). Unser L. ist verborgen mit Christus in Gott (Kol 3,3); das L. zu haben bedeutet einfach, Christus zu haben (1Joh 5,11f). Für den Einzelnen wird das Auferstehungsleben jetzt schon verwirklicht in Form einer ethischen Erneuerung und inneren Verwandlung (Röm 8,10; 12,1; Gal 5,22f; Kol 3,1ff. 9f; Eph 4,18ff); doch das Selbst in seiner Sterblichkeit bleibt dem Tod unterworfen. Nur in der Parusie wird die Sterblichkeit »verschlungen vom Leben« und die Macht der Scheol überwunden (1Kor 15,26.52ff; 2Kor 5,4; vgl. Offb 20,13f). In der Gegenwart manifestiert sich der Sieg nur in Jesus Christus »als dem Erstling unter denen, die entschlafen sind«, »dem Erstgeborenen unter vielen Brüdern« (1Kor 15,20; Röm 8,29). Ebenso wie im alten Israel findet das Todesproblem keine Lösung in philosophischer Spekulation über die Unsterblichkeit oder in dem Schattenleben der Scheol, sondern gerade in der Erlösung aus der Scheol. Ein Kind Gottes zu sein bedeutet, ein Kind der Auferstehung zu sein (Lk 20,36). Und der auferstandene Sohn Gottes läßt seine Gemeinde an diesem Sieg teilhaben. Ebenso wie in Adam alle Menschen sterben müssen, so werden durch Christus alle zum L. auferweckt werden (1Kor 15,22).

Auferstehungsleben ist leibliches L., ein L. des ganzen Menschen (Lk 24,39ff; Joh 5,28f; 1Kor 15; Phil 3,21; Offb 20,13). Es bedeutet, bei Christus zu sein (Joh 14,3; Kol 3,4; 1Thess 4,17), Gott ganz von Angesicht zu sehen (1Kor 13,12; 2Kor 5,7; 1Joh 3,2; Offb 22,4), in das Reich Gottes einzutreten (Mt 25,34.46), die Erfüllung der Verheißung von »Gerechtigkeit und Friede und Freude in dem Heiligen Geist« zu erleben (Röm 14,17; vgl. Offb 21-22), wo alle Schrecken des Todes beseitigt sind.

Auferstehungsleben wird »mein Leben« sein. Die Kontinuität der Person besteht jedoch nicht in der immerwährenden Monade (Leibniz) oder in Platons dem Leib entfliehender Seele. Sie ruht in Gott, »denn Ihm leben sie alle« (Lk 20,38), er ist der Gott, »der die Toten lebendig macht und das, was nicht ist, ruft, daß es sei« (Röm 4,17).

Literatur: O. Betz: Jesus und das Danielbuch, Bd. II: Die Menschensohnworte Jesu und die Zukunftserwartung des Paulus (Dan 7,13-14), S. 37-64; ders., W.Grimm: Wesen und Wirklichkeit der Wunder Jesu, 1977; W. Grimm: Der Ruhetag, Sinngehalt einer fast vergessenen Gottesgabe, 1980. E.E.E./O.B.

LEBER. Dieses Wort findet sich nur im AT. Das hebr. *kābēd* stammt von der Wurzel »schwer sein«, bzw. im übertragenen Sinn: »geehrt werden«; daher ist die L. das schwere Organ. Das Wort kommt 14 mal vor, davon bezieht es sich 11 mal in 2Mo und 3Mo auf die L. eines Opfertieres. Der »Lappen an der Leber« (2Mo 29,13), der jeweils mit den Nieren zusammen erwähnt wird, wurde auf dem Altar verbrannt. Bei Josephus findet sich eine Liste der Teile, die auf dem Altar verbrannt wurden (Jos.ant.Jud. 3.229): die Nieren, die Lappen und das Fett, das an den Leberlappen hing.

Es ist jedoch unwahrscheinlich, daß sich der »Lappen«, *jōtärät,* auf einen Leberlappen bezieht, vermutlich jedoch auf das umgebende Fett oder möglicherweise auch auf die Bauchspeicheldrüse. Wörtl. bedeutet der Ausdruck »Überrest« oder »Anhang«. Von daher kann man nicht direkt sagen, ob die L. selber auf dem Altar verbrannt wurde so wie etwa das innere Fett oder die Nieren. Bei Hesekiel (Hes 21,26) erscheint die L. als Hilfsmittel zum Wahrsagen wegen ihrer inneren Maserung. Viele Tonmodelle von L.n, die zu diesem Zweck hergestellt worden waren, wurden im Vorderen Orient ausgegraben. Ein ähnlicher Brauch war bei den Etruskern bekannt, von wo aus er zu den Römern kam (latein. *haru-*

Tonmodell einer Schafsleber aus Babylonien, mit »Omina« für den Gebrauch von Wahrsagern beschriftet. 13,3 × 8,3 cm, 1830–1530 v.Chr. (BM)

Nachbildung eines in Jerusalem gefundenen Ziegels mit dem Stempel der Legio X. Fretensis, der 10. röm. Legion, die an der Eroberung Jerusalems im Jahre 70 n.Chr. beteiligt war und anschließend die ständige Besatzung Judäas bildete. (Vgl. Jos.bell.Jud. 5,69.269; 7,17; Dio Cassius, Römische Geschichte 55, 23, 3.) (RP)

spex, »Eingeweideschauer«). Neben Hes 21,26 bezeichnet L. in der bildlichen Sprache von Spr 7,23 und Klgl 2,11 den Sitz und das Zentrum des Lebens (vgl. *Herz, *Nieren). B.O.B.

LEDER s. Handwerk

LEGION. Griech. *legiōn* (von latein. *legio*), kommt im NT viermal vor. Die L. war die Hauptabteilung der röm. Armee, und umfaßte zwischen 4000 und 6000 Mann. Sie war in 10 Kohorten unterteilt, diese wiederum in je sechs Zenturien. Manchmal wurde eine kleine Kavallerie-Division (latein. *ala*) aus ca. 120 Leuten gebildet.

Im 1. Jh. v.Chr. standen in Syrien normalerweise drei bis vier L.en. Bis zum Ausbruch des jüd. Aufstandes (66 n.Chr.) leisteten Hilfskohorten Polizeidienste in Palästina.

Das Wort L. wird im NT dazu verwendet, eine große Anzahl zu beschreiben, wie in Mt 26,53 (Engel) und in Mk 5,9.15; Lk 8,30 (die Dämonen, die den besessenen Gerasener beherrschten). R.P.G.

LEHRAMT. Ein eigenständiges und offizielles L. bildete sich erst im nachexilischen *Judentum in Gestalt des Standes der *Schriftgelehrten heraus, und zwar im Zuge der Auseinandersetzung mit den Einflüssen der hellen. Kultur. Das NT kennt die Bindung der Gemeinde an Jesus Christus als ihren einzigen *Lehrer (Mt 23,8-10) und davon abgeleitet die Bindung an die *Lehre der Apostel (Apg 2,42; Röm 6,17; 16,17; Gal 1,6-9; 1Thess 2,15; 3,6). Dabei ist die Lehre stets eine integrierte Teilfunktion im Gesamtzusammenhang der Wortverkündigung und der Gemeindegründung bzw. des Gemeindeaufbaus und der Gemeindeleitung. Entsprechend weisen nur wenige Stellen des NT auf ein eigenes Amt der Lehre hin (*Lehrer, IV.); dieses dient dann der

Die 22. römische Legion (aus Alexandria, vgl. Tac.hist. 5,1) wurde zeitweise von Caelius kommandiert, der auf dieser Grabstele des 1. Jh. n.Chr. dargestellt ist. (RS)

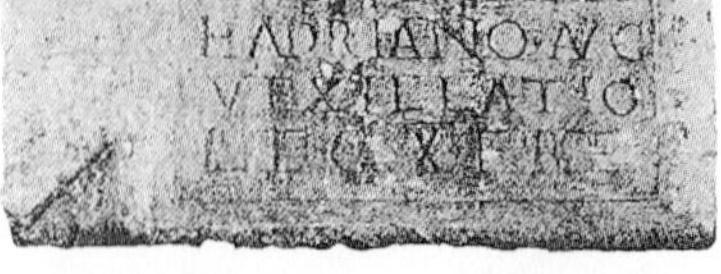

Inschrift der Legio X Fretensis auf dem Aquädukt in Cäsarea (M). (AEHL)

Unterweisung der Gemeinde im Willen und Plan Gottes unter Voraussetzung des *Evangeliums als vorgegebener Grundlage. Wo das L. mit den Leitungsämtern verknüpft ist, verbindet sich damit auch der Kampf um die rechte Lehre und eine gewisse Aufsichtsfunktion über die Lehre in der Gemeinde (Apg 20,28-31; Tit 2,1-10, vgl. 1Tim 1,3; 1Petr 5,2f). Dabei wird aber keinem Amt als solchem die Vollmacht zugewiesen, letztgültig und verbindlich über die Lehre zu entscheiden. Die Empfänger der Pastoralbriefe sollen die ihnen aufgetragene Aufsicht über die Lehre nicht als Inhaber eines kirchlichen Amtes, sondern als Beauftragte des Apostels ausüben. Und auch der Apostel selbst ist der Gemeinde gegenüber kein Machthaber, sondern tritt als Ermahnender, Zurechtweisender, Lehrender, an ihre Einsicht, ihre Erkenntnis und ihren Gehorsam Appellierender vor sie hin (2Kor 1,24; Galaterbrief; Kol 2; vgl. 1Petr 5,3); dabei ist auch die *Gemeinde als Gesamtheit keine Instanz, die letztlich über die Lehre entscheiden könnte, sondern bleibt unter das ihr verkündigte und vorgehaltene Wort gestellt. Insofern vollzieht sich der Kampf um die rechte Lehre jenseits institutioneller Abgesichertheit. Amtsträger und Gemeinde bleiben an das unvertretbare Lehren Christi und des Geistes gewiesen (Joh 16,13-15; 1Joh 2,20f.27).

Über der Gemeinde des Alten wie des Neuen Bundes steht die eschatologische Perspektive, daß der Dienst der Lehre aufhören wird, weil alle Glieder der Gemeinde selbst in der vollen *Erkenntnis Gottes stehen werden (Jer 31,33f; 1Kor 13,8ff; vgl. Joh 16,22f).

Zum Ganzen vgl. *Lehre und *Lehrer. H.Ha.

LEHRE. (Neben Lehre und lehren sind weitere Stichworte in der LÜ: belehren, Belehrung, unterrichten, unterweisen, Unterweisung, z.T. auch kundtun).

I. IM ALTEN TESTAMENT.

Im AT sind es vorwiegend drei Bereiche, in denen L. eine wesentliche Rolle spielt:

1. Es ist Aufgabe des Familienvaters, der nachwachsenden Generation eine elementare Einführung in die Grundlagen von Israels Existenz zu geben, vor allem wohl anläßlich der *Feste Israels. Inhalt dieser Elementarlehre sind einerseits die grundlegenden Taten Gottes an seinem Volk (2Mo 12,26f; 13,8), andererseits die Gebote Gottes (5Mo 6,6f; 11,18f) und ihr Zusammenhang mit seiner Rettungstat (5Mo 6,20-25).

2. Aufgabe der Priester ist es, das Volk im Willen Gottes, im kultischen und allgemeinen Recht zu unterweisen, vielfach in unmittelbarem Zusammenhang mit konkreten Rechtsentscheidungen (3Mo 10,10f; 5Mo 17,8-13; 2Chr 17,7-9; Hes 44,23). Vernachlässigung oder falsche Ausübung dieser Lehraufgabe führt dazu, daß das Volk die Beziehung zu seinem Gott verliert und von ihm abfällt (5Mo 13,6; 2Chr 15,3; Jes 9,14; 29,13; Hes 22,26; Hos 4,1.4-6).

3. Weisheitslehrer unterrichten ihre Schüler in Fragen praktischer Lebensklugheit (Spr 4,1ff; 13,14; Pred 12,9; Hiob 8,8ff). Auch diese L. steht aber letztlich unter der Frage nach dem Willen und Gebot Gottes (Pred 12,13f; Spr 1,7; 9,10).

4. Auf dieser Grundlage wird auch der Rückblick auf Israels Geschichte zum Gegenstand lehrhafter Betrachtung in weisheitlichem Stil (5Mo 32; Ps 78).

5. In zusammenfassender Perspektive dient L. dazu, ihren Hörer auf rechtem Weg zu leiten (2Mo 18,20; 1Sam 12,23; 2Chr 6,27; Ps 25,4.9; 51,15; Jes 2,3), ihm die Furcht Gottes (Ps 34,12; Tob 1,10) und Erkenntnis Gottes (Hos 4,1.6; Jer 31,34) zu vermitteln.

6. Vor allem auf weisheitlichem Hintergrund bildet sich verbreitet ein Sprachgebrauch heraus, der von »Lehre« schlechthin spricht und sie preist, ohne einen bestimmten Inhalt oder Gegenstand dieser L. zu nennen (Spr 4,19; 9,9; 16,16.21-23); so sehr erscheint das Belehrtwerden selbst als ein lebenswichtiges Gut. Dabei bleibt aber bewußt, daß alles auf den rechten Inhalt der L. ankommt, damit sie nicht in die Irre führt (Ps 119,37; Spr 19,27; Sir 16,24; 21,12-23; 39,1-15).

II. IM NACHEXILISCHEN JUDENTUM.

Im nachexilischen Judentum wird die L. zur Sache eines autorisierten Standes von *Schriftgelehrten. Auf der Grundlage, daß nunmehr »das Gesetz« als fest umrissener Schriftenkanon vorliegt, wird L. zur Schriftauslegung nach festen Regeln. Freilich nicht im Sinne einer Beschränkung auf die expliziten Inhalte der Schrift, sondern so, daß die L. umfassend allen Orientierungsbedürfnissen zu dienen hat, daß aber alle ihre Inhalte durch geregelte Auslegungsmethoden auf die Schrift zurückgeführt und begründet werden müssen.

III. IM NEUEN TESTAMENT.

1. Die Evv. stellen das Lehren als einen wesentlichen Bestandteil des Wirkens Jesu dar. Aufgrund der überlieferten Worte Jesu lassen sich auch Inhalte und thematische Schwerpunkte seines Lehrens benennen: das Kommen der Herrschaft Gottes (Mk 1,15; Mt 13), der Wille Gottes (Mt 5,17-48; Lk 10,25-37), die Nähe und Fürsorge Gottes (Mt 6; 10,28-

31) usw. Es ist aber auffällig, wie weitgehend die Evv. vom Lehren Jesu absolut sprechen, ohne Angabe eines Inhalts. Darin spiegelt sich zweierlei:

a. Jesu L. erschöpft sich nicht darin, dem Hörer bestimmte Inhalte zu vermitteln; durch die Inhalte seiner L. will Jesus seine Hörer *ganz* in die Gegenwart und unter den Willen Gottes stellen: Es geht nicht nur darum, *etwas* von ihm zu lernen, sondern sich schlechthin von ihm lehren zu lassen.

b. Entsprechend sieht die ntl. Gemeinde Jesus als den *Lehrer schlechthin, neben dem es keinen anderen gibt (vgl. Mt 23,8-10). Die Auseinandersetzung Jesu mit den Schriftgelehrten (Mt 16,1-12; 19,1-9; 22,15-46; 23,1-36; Mk 7,1-23) wurzelt in der eben angedeuteten Grundausrichtung seiner L.; der hier aufbrechende Gegensatz schließt zwar die Auseinandersetzung um einzelne Lehrinhalte ein, greift aber tiefer und betrifft die letzten Grundvoraussetzungen der L. (vgl. Mt 7,28) und des Lebens (Mt 23,1-36; Mk 7,6-13).

2. In der Apostelgeschichte ist »Lehre« ein zusammenfassender Begriff für die christl. Verkündigung im ganzen (Apg 2,42; 5,28; 13,12; 17,19). Ähnlich kann der Begriff auch in den Pastoralbriefen (1Tim 6,1; Tit 2,10) und – allerdings in anderer, auf die Bindung der Gemeinde an die L. zielender Akzentuierung - im Römerbrief (6,17; 16,17) verwendet werden.

3. Der Begriff kann aber auch eine spezielle Gabe und Aufgabe meinen, die im Zusammenwirken mit anderen Gaben dem inneren Aufbau der Gemeinde dient (1Kor 1,5; 14,6.26; 1Tim 3,2; 5,17; 2Tim 4,2; Tit 2,7) und darin etwa von der Missionspredigt zu unterscheiden ist. Die ntl. Briefe sind in gewisser Weise selbst Beispiele solcher L.; an verschiedenen Stellen ermöglichen sie uns auch einen gewissen Einblick in zentrale Themen und Inhalte grundlegender Gemeindeunterweisung in ntl. Zeit (z.B. 1Kor 15,3-5; 1Thess 1,9f; Tit 2,11-15; Hebr 6,1f). Zur L. gehört dabei wesentlich auch die Auslegung des AT (2Tim 3,16; vgl. 1Kor 15,3-5; Gal 4,21-31).

4. In der L. steht für die Gemeinde Wesentliches auf dem Spiel: sie ist gefährdet durch fremde, falsche, menschliche L.n, die sie vom Evangelium Gottes abbringen und auf Irrwege führen (Eph 4,14; Kol 2,8.22; 1Tim 4,1; 5,13; Tit 1,11; Hebr 13,9). Demgegenüber gilt es, an der L. festzuhalten, die die Gemeinde vom Apostel empfangen hat (2Thess 2,15; 3,6; vgl. Gal 1,6-9). Die Pflege und Bewahrung der rechten L. ist in besonderer Weise ein Anliegen der Pastoralbriefe (1Tim 4,6.16; 6,3f; 2Tim 1,13; 4,2f; Tit 1,9; 2,1.7). (S.a. *Irrlehre).

IV. ZUSAMMENFASSUNG.

Lehre ist durch die ganze Bibel hindurch nicht vom Akt des Lehrens und Gelehrtwerdens zu trennen. Sie ist nicht eine für sich bestehende theoretische Wahrheit, nicht ein bloßer wahrer Gedankeninhalt. L. ist ein Geschehen; sie trägt in konkreter Unterweisung ihre Wahrheit in das Leben der Hörer hinein, damit es durch sie gestaltet werde (vgl. Röm 15,4; 2Tim 3,16). Dabei spricht die L. nicht nur und nicht primär den Intellekt an, sondern den Willen bzw. den Menschen als ganzen (freilich auch nicht unter Umgehung des Intellekts!). Ihr Inhalt ist darum entscheidend, weil er die inhaltliche Bestimmung dieses Geschehens ist: an ihm entscheidet sich die rechte oder in die Irre führende Ausrichtung des Lebens der Gemeinde und des einzelnen Christen.

Literatur: K.H. Rengstorf: ThWNT II, 1935, S. 138-168; ders.: ThWNT IV, 1943, S. 392-465; W. Bittner: EGL, [2]1986, S. 325f; J. Schniewind: Theologie und Seelsorge, in: ders.: Zur Erneuerung des Christenstandes, 1966, S. 58-64. H.Ha.

LEHRER.

I. IM ALTEN TESTAMENT.

Das AT kennt zwar das Lehren als eine wichtige Aufgabe der Priesterschaft, aber keinen besonderen Stand von Lehrern und Lernenden. Wohl sind die Weisen L. des Volkes, und ihr Verhältnis zu denen, die von ihnen lernen, wird im Bild des Verhältnisses von Vater und Sohn dargestellt (Spr 1,8; 3,1; 4,1.20; 5,1.7 u.ö.); aber sie haben dabei kein offizielles Amt, und ihre Lehre zielt auf alle, die von ihnen lernen wollen, und nicht auf einen besonderen Kreis von Schülern und Anhängern. – In aller rechten menschlichen Lehre geht es letztlich um die Unterweisung im Willen Gottes, wie er im Gesetz offenbart ist, und auch Weisheit wird als eine Gabe Gottes zur Leitung der Menschen angesehen (Spr 2,6; Pred 2,26). Darum steht über allem Lehren von Menschen Gott selbst als der eigentliche L. seines Volkes (2Chr 6,27; Ps 25,4.9; 71,17; 90,12; 119,7.12.66.102; Jes 30,20f; 48,17f) und aller Völker (Jes 2,3; Jer 16,21). Diese Linie hält sich auch im NT durch (Mt 23,8-10; Joh 6,44-47; 7,16f; 8,28; 14,26; 16,13-15; 1Joh 2,20f.27; Gal 1,11; 1Kor 2,13; 1Thess 4,9).

II. IM NACHEXILISCHEN JUDENTUM.

Das Schriftgelehrtentum des nachexilischen Judentums übernimmt die Bildung von *Jüngergemeinden, wie sie in den hellen. Philosophenschulen üblich war, und macht sie der Bewahrung des väterlichen Glaubens dienstbar. Der Schüler ist ganz dem L. untergeordnet und ihm Dienst und Gehorsam schuldig. Er bewahrt die Lehre seines Meisters und überliefert sie weiter, so daß eine feste Traditionskette entsteht, die sich in letzter Instanz auf Mose als den grundlegenden L. Israels zurückführt (vgl. Mt 23,2; Joh 9,28f). Autorisiertes Glied des Standes der Schriftgelehrten wird der Schüler erst durch eine formelle Ordination unter *Handauflegung.

III. IM NEUEN TESTAMENT.

Jesus lehrte in der Form, wie sie bei den Schriftgelehrten üblich war, und sammelte wie sie einen Kreis von Jüngern um sich; dementsprechend wird er auch allg. als »Lehrer« (bzw. »Rabbi«; LÜ: »Meister«) angeredet. Dabei unterscheidet ihn aber dreierlei von den Schriftgelehrten:

1. Er hat nicht die vorgeschriebene Ausbildung durchlaufen und ist durch keine Ordination legitimiert (Joh 7, 15; vgl. Mt 13,54-57 par.).

2. Er bezieht sich mit seiner Lehre zwar immer wieder auf die Schrift und erkennt ihre Autorität an, aber er tritt nicht als Tradent der von Mose überkommenen Lehre auf, sondern lehrt in eigener Vollmacht und stellt sich dabei auch pointiert in ein Gegenüber zu Mose (Mk 2,18-28; 12,13-17; Mt 5,21-48; 7,28f).

3. Er erzieht seine Jünger nicht in erster Linie zu Schriftgelehrten, die eine Lehre weiterzugeben haben, sondern er zielt mit seiner Lehre darauf, die Menschen für das Kommen des Reiches Gottes zu öffnen und sie in die unverstellte Gegenwart Gottes zu rücken, so daß sie bereit werden, sich im ganzen Gehorsam auf den Willen Gottes und in zuversichtlichem Glauben auf Gottes Güte und Fürsorge einzulassen (Mt 5-7; 19,3-9; 12,49f; 25,31-46; Lk 13,22-30; 11,5-13; 17,5f). So werden die Jünger Jesu nicht selbst zu L. und Tradenten einer neuen Lehrtradition, für die sie sich auf ihn als das Schulhaupt berufen könnten, vielmehr gilt in der ntl. Gemeinde Jesus als der einzige von Gott autorisierte L., dessen Autorität sich mit keiner Autorität irgendeines Nachfolgers verbinden läßt (vgl. Mt 23,8-10; s.a. *Lehre, III).

In der **Apostelgeschichte** wird die Wortverkündigung der Apostel analog zur Tätigkeit Jesu als ein Lehren beschrieben (Apg 2,42; 4,2.18; 5,21.25.28.42 u.ö.). Von einer Lehrtätigkeit des Paulus ist auch in den Briefen die Rede (1Kor 4,17; Kol 1, 28; 1Thess 4,1; 1Tim 2,7; 2Tim 1,11). An einigen Stellen werden L. als Inhaber eines besonderen Dienstes in der Gemeinde erwähnt (Apg 13,1; Röm 12,7; 1Kor 12,28f; Eph 4,11; Jak 3,1; vgl. auch Gal 6,6; 2Tim 2,2); bezüglich des Inhalts ihrer Tätigkeit wurden verschiedene Möglichkeiten vermutet bzw. erschlossen: Paränese (auf Christus ausgerichtete) Auslegung des AT, Pflege und Weitergabe von Jesustradition und Bekenntnisformeln. Sicherlich handelte es sich nicht um ein Amt, das eigene Befugnisse zu verbindlichen Lehrentscheidungen gehabt hätte. In den *Pastoralbriefen, für die die Bewahrung der rechten Lehre und die Ausscheidung falscher Lehre ein wichtiges Anliegen ist, ist die Lehre wesentlich als Aufgabe des *Bischofsamtes und des unter apostolischem Auftrag stehenden Briefempfängers gesehen (1Tim 1,3ff; 3,2; 4,11.13; 2Tim 2,2; 2,24; Tit 2,7; 3,8); und auch in Eph 4,11 ist wohl mit »Hirten und Lehrer« ein einziger Dienst gemeint.

Literatur: K.H. Rengstorf: ThWNT II, 1935, 150-162; ders.: ThWNT IV, 1943, 417-464; G. Harder: BHH II, 1964, 1064-1066; R. Riesner: Jesus als Lehrer, [3]1988; H. Greven: Propheten, Lehrer, Vorsteher bei Paulus, in: ZNW 44/1952-53, S. 1-43; H. Schürmann: ». . .und Lehrer«, in: ders.: Orientierungen am Neuen Testament, 1978, S. 116-156; A.F. Zimmermann: Die urchristlichen Lehrer, [2]1987. H.Ha.

LEIB/KÖRPER. Das hebr. Wort für Leib, Körper, Fleisch, *bāsār,*wird im AT sowohl für das Tier wie für den Menschen gebraucht. Es beschreibt die Leiblichkeit der Lebewesen. Den gleichen Sinn hat das griech. Wort *sōma* im NT und auch die deutsche Wiedergabe mit Leib, Körper. Es werden aber mit diesem Begriff jeweils ganz unterschiedliche Aussagen über den Menschen gemacht, je nachdem, in welchem Zusammenhang er verwendet wird. Interessant ist, daß das deutsche Wort »Leib« ursprünglich »Leben« bedeutet hat; das zeigt sich in Zusammensetzungen wie »leibeigen« und »Leibrente«, sowie im englischen Wort *life,* »Leben«.

I. IM ALTEN TESTAMENT.

1. Das hebr. *bāsār* meint zuerst einmal den sichtbaren Körper des Menschen bzw. des Tieres. Es gehört wesenhaft zum Menschen, daß er eine körperliche Gestalt hat (*Mensch). Das wird ohne jede Abwertung festgestellt. Im Gegenteil: es gibt im AT eine unbefangene Freude an der Schönheit des Menschen. Von Saul wird ausdrücklich vermerkt, daß »niemand unter den Israeliten so schön wie er« war (1Sam 9,2). Ebenso gilt das von David (1Sam 16,12.18). In besonderer Weise beschreibt das Hohelied begeistert den Körper des geliebten Mannes (Hld 5,10-14) und des geliebten Mädchens (Hld 7,2-6 u.a.). So kennt das AT eine ganz unverdorbene Freude am menschlichen Körper. Allerdings ist äußerliche Schönheit kein Maßstab zur Beurteilung eines Menschen: »Lieblich und schön sein ist nichts; ein Weib, das den Herrn fürchtet, soll man loben« (Spr 31,30).

2. Das AT weist aber auch auf die andere Seite der menschlichen Leiblichkeit hin: sie macht die Begrenztheit des menschlichen Lebens offenbar. Der Körper wird mit zunehmendem Alter welk, und nach dem *Tod wird der Mensch wieder zu Erde (1Mo 3,19). Er ist eben nur *Fleisch (Ps 78,39). Darum ist es töricht, sich auf Fleisch, d.h. auf Menschen in ihrer begrenzten Macht, zu verlassen (Jer 17,5). Das AT weiß um diese Versuchung, auf natürliche Kräfte zu bauen und sich von menschlicher Macht blenden zu lassen. Gerade die körperliche Kraft des Menschen kann Anlaß sein, Gott zu vergessen. Wenn aber die Schwachheit seines Leibes den Menschen einholt, wird er Gott wieder suchen: ». . . darum kommt alles Fleisch zu dir. Unsere Missetat drückt uns hart, du wollest unsere Sünde vergeben« (Ps 65,3f). So umschreibt das hebr. Wort *bāsār* den ganzen Menschen auch in seiner Schuld, Schwachheit und Begrenztheit (Ps 63,2).

3. Sein Körper gibt dem Menschen die Organe, mit denen er Gott begegnen kann. Er hat ein Ohr, mit dem er auf Gottes Rede achten kann. »Gott der Herr hat mir das Ohr geöffnet« (Jes 50,5). Im *Hören auf sein Wort wird Gott erlebt, wird seine Weisung und Kraft empfangen. Im Hören auf Gott ist der Mensch erst wirklich Mensch. Und mit dem Mund kann er zu Gott sprechen, kann vor ihm klagen und ihn bitten, ihn loben und preisen. »Herr, tu meine Lippen auf, daß mein Mund deinen Ruhm verkündige« (Ps 51,17). Darin liegt der entscheidende Unterschied zum Tier, daß der Mensch mit Gott ins Gespräch kommen kann und darf. Die Möglichkeit solchen Gesprächs ist ganz konkret körperlich gegeben, mit Ohr und Mund und einem *Herzen, das verstehen kann. Darum kann das AT nicht gering vom Körper des Menschen denken. Gott hat ihn so geschaffen und mit der Möglichkeit begabt, ihm begegnen zu können.

4. Zudem weiß das AT um die Verflochtenheit von seelischem und körperlichem Erleben. Was ein Mensch seelisch empfindet, äußert sich auch körperlich, und körperliche Vorgänge drücken sich auch seelisch aus. Ps 73,26: »Wenn mir gleich Leib und Seele verschmachtet . . .«, zeigt, wie unlösbar beides ineinanderwirkt, in schweren wie auch in guten Erlebnissen: »Mein Leib und Seele freuen sich in dem lebendigen Gott« (Ps 84, 3). So wird der Mensch als Ganzheit von Leib und *Seele gesehen, und in solcher Einheit ist er offen zu Gott hin, auf ihn angewiesen.

II. IM NEUEN TESTAMENT.

Die Aussagen des NT gehen grundsätzlich in die gleiche Richtung. Das griech. Wort *sōma* meint ebenfalls nicht nur den Körper des Menschen als einen Teil von ihm, sondern den ganzen Menschen als körperliche Person.

1. Besonders bei *Paulus spielt das Wort eine wichtige Rolle. Hier wird es zum zentralen Begriff für das persönliche Ich des einzelnen Menschen. Von der Art und Weise, wie er mit seinem Körper umgeht, wird sein ganzes Wesen geprägt. Von sich aus hat der Mensch seinen Leib in den Dienst der *Sünde gestellt (Röm 6, 19); darum wird er von der Sünde beherrscht (Röm 6,6). Er ist den körperlichen Begierden verfallen (Röm 6,12; *Begehren). Paulus deckt vom *Kreuz Jesu her die völlige Gebundenheit des Menschen unter die Macht der Sünde auf, die sich im körperlichen Leben auswirkt. Das Kreuz Jesu aber richtet und tötet den Leib, erlöst ihn so vom Ungehorsam (Röm 6,6). Die Macht der Sünde ist damit gebrochen. Darum kann der Christ sein Leben ganz unter die Herrschaft Jesu Christi geben (Röm 6,13). Daß der Christ frei von der Macht der Sünde ist, zeigt sich gerade in einem neuen Umgang mit den Schwächen und Begierden seines körperlichen Lebens (Röm 13,13f). Er lebt konzentriert wie ein Sportler: »Ich bezwinge meinen Leib und zähme ihn« (1Kor 9,27). Diese Körperbeherrschung wird z.B. konkretisiert im Umgang mit Essen und Trinken, mit Geschlechtlichkeit und Gefühlen (Röm 13,13), mit Arbeit und Ruhe, Wachen und Schlafen (Mk 14,37) und in bezug auf Bindungen jeglicher Art (1Kor 6,12). Der Leib mit seinen Kräften und Fähigkeiten wird bewußt zum *Opfer hingegeben (Röm 12,2). So bekommt er eine neue Ausrichtung: »der Leib für den Herrn«, und eine neue Würde: »der Herr für den Leib« (1Kor 6,13). Auch die Aussagen des Paulus über leibliche Enthaltsamkeit oder Ehelosigkeit (1Kor 7) rühren keineswegs von einer leibfeindlichen Einstellung her, sondern meinen einen besonderen Verzicht um der besonderen Sache des Reiches Gottes willen. Die »christliche« Leibfeindlichkeit stammt in Wahrheit aus dem Griechentum. Besonders der Philosoph Platon (427-347 v.Chr.) gewann großen Einfluß mit seiner Lehre, daß der Leib das Gefängnis der Seele sei, die erst mit dem Tod von dieser unwürdigen Fessel frei würde und als unsterbliche in die obere, göttliche Welt zurückkehre. Mit dieser Vorstellung wurde die bibl. Sicht des Menschen als körperlich-seelische Einheit auseinandergerissen, die Seele als gottähnliche Größe verselbständigt und der Leib als bloß irdische Hülle der Seele abgewertet. Für den Christen gilt vielmehr die höchste Aussage, die überhaupt vom menschlichen Körper gemacht werden kann: er darf »Tempel des heiligen Geistes« sein (1Kor 6,19f).

2. Dennoch bleibt der Leib der kreatürlichen Begrenztheit unterworfen, er bekommt

die Auswirkungen von Sünden und das Leid von Krankheiten zu spüren, er ist dem Tod verfallen (Röm 7,24). So wartet er noch auf die vollkommene *Erlösung (Röm 8,23), die Gott in der Auferweckung der Toten schaffen wird. In der *Auferstehung erhält der Mensch einen neuen Leib (1Kor 15,35ff) gleich dem verherrlichten Leib Jesu Christi (Phil 3,21).

Paulus gebraucht den Ausdruck Leib weiterhin auch bildlich für die organische Einheit der *Gemeinde Jesu (Röm 12,5; 1Kor 12,12ff) und für die Verbundenheit der Gemeinde mit ihrem Herrn (Eph 4,15f; Kol 2,19). K.H.M.

LEIB CHRISTI. Der Begriff »Leib Christi« (*sōma Christou*) begegnet im NT ausschließlich in Briefen, deren Absenderangaben den Namen des Paulus tragen. Dabei lassen sich drei Bedeutungsvarianten unterscheiden, die jedoch miteinander in engem Zusammenhang stehen.

1. Leib Christi als Kreuzesleib.

Durch den Tod am Kreuz, in den Christus seinen Leib hingegeben hat, hat er die Gemeinde in das Heil Gottes gestellt, damit sie für Gott fruchtbar und heilig lebt (Röm 7,4; Kol 1,22; vgl. Hebr 10,10; zur Redeweise vom Leichnam Jesu als »Leib Jesu« bzw. »des Herrn Jesus« vgl. Mk 15,43 par.; Lk 24,3; Joh 20,12).

2. Leib Christi als der im Herrenmahl gegenwärtige Kreuzesleib.

Der am Kreuz das Heil bewirkende Leib Christi wird beim Herrenmahl der Gemeinde zuteil. Er ist für sie in den Tod gegeben (1Kor 11,24), und sein Genuß in Gestalt des Brotes bedeutet nicht nur Andenken und Verkündigung des Todes Jesu (11,24.26), sondern auch und vor allem Gemeinschaft (*koinōnia*) mit und Teilhabe (*metecho*) an Jesu sühnendem Sterben (10,16f; vgl. Röm 6,3-6 bzgl. der Taufe). Dieser in der Heilsverbindung mit Christus erhaltende Segen (vgl. 1Kor 10,16) geht vom Herrenmahl aber nur aus, wenn dabei der Leib Christi von normaler Speise unterschieden, d.h. unter Achtung der Heilstat Christi am Kreuz das Brot eingenommen wird (11,29), da andernfalls Züchtigung durch Gott erfolgt (11,32).

3. Der Leib Christi als Symbol für die Gemeinde bzw. die Kirche.

a. Erster Korintherbrief und Römerbrief.

Zur Redeweise von der Gemeinde als Leib dürfte Paulus durch die Anschauung des Christusleibes beim Herrenmahl gelangt sein. Denn aus der *Gemeinschaft mit dem einen Leib Christi* folgert der Apostel das *Ein-Leib-Sein* aller das Herrenmahl Feiernden, d.h. der Gemeinde (1Kor 10,16f). Dabei verrät die parallele Formulierung »*ein* Brot, *ein* Leib«, zu dem die Teilhabe an dem einen Brot zusammenschließt (V. 17), daß der Ausdruck »*ein* Leib« symbolhaft die Einheit der Gemeinde beschreibt.

Inwieweit diese Einheit der Gemeinde »in Christus« gewährleistet ist, die Gemeinde also den Leib *Christi* bildet, verdeutlicht 1Kor 12,12-27. Dabei ist vor allem die Deutung der grundlegenden Aussagen in V. 12f sehr umstritten, weshalb alles Folgende nur unter einem gewissen Vorbehalt gesagt werden kann. Zunächst einmal ist festzustellen, daß V. 12 – entgegen der Auffassung vieler Exegeten – nicht auf die Identität von Christus und dem Leib abzielt und von daher auch die weithin vertretene Gleichsetzung: Christus = Leib Christi = Kirche unzulässig ist (in diese Richtung könnte man den Vers aufgrund des unvollständig formulierten Schlusses: »so auch der Christus«, interpretieren). Vielmehr hat Paulus bei der Sache, die er mit dem Bild des menschlichen Leibes vergleicht, die *Gemeinde* als Einheit »in Christus« in der Vielheit ihrer Glieder vor Augen und nicht Christus selbst als Leib, den die Gemeinde bildet, wie der Duktus des Abschnitts deutlich zeigt. Vermutlich hat der Apostel V. 12 nicht – wie man erwarten sollte – mit »so auch der Leib Christi« abgeschlossen, um nicht als Vergleichspunkt eines Bildes wiederum ein Bild zu erhalten. Demzufolge dürfte der Vers sinngemäß wie folgt aufzulösen sein: ... so hat auch der Christus viele Glieder (vgl. 1Kor 6,15), die aber, obgleich viele, *ein* Leib sind. Paulus kommt es dabei auf die – nicht substantielle, sondern relationale – *Zugehörigkeit* der Glieder zu Christus an, wodurch der Leib Christi erst konstituiert wird.

Das zeigt V. 13, allerdings wiederum mit einer exegetischen Schwierigkeit: *Eis hen sōma ebaptisthēmen* dürfte - entgegen der Auffassung der Mehrzahl der Exegeten – nicht mit »*in einen* (bereits vorhandenen) Leib *hinein*getauft« zu übersetzen sein, sondern mit »*zu einem* Leib getauft«. Denn andernfalls bräuchte Paulus die Einheit des Leibes nicht mehr mit der Einheit des Geistes zu begründen; sie wäre ja als der *eine* Kreuzesleib Christi, in den hinein die Gläubigen getauft würden, bereits vorgegeben. (Wie sollte außerdem die Teilhabe am Kreuzesleib Christi im Herrenmahl – 1Kor 10,16f - gedacht sein, wenn die Christen ohnehin in diesen Leib bereits einverleibt wären?) Der Leib Christi ist also das *Ergebnis* von Geistverleihung und Taufe der einzelnen Gläubigen, deren neue, »in Christus« gewonnene Identität nun derart Gestalt gewinnt, daß sie als Glieder Christi *einen* Leib »in Christus« bilden. Anders ist Christsein für Paulus nicht möglich. Dabei ist ihm die Einheit des Leibes gewährleistet in der Einheit des Geistes, sie entsteht durch Taufe und Geistverleihung und wird erhalten, aktualisiert, sichtbar und erfahrbar im Herrenmahl.

In diesem einen Leib sind alle ethnischen und soziologischen Unterschiede zu einer organischen Einheit verbunden (V. 13; vgl. Gal 3,28), in der jedem Glied eine spezifische und für die Gesamtheit des Leibes als *Dienstgemeinschaft* unentbehrliche Funktion zukommt (V. 14-26). Das Bild, mit dem dieser Sachverhalt verdeutlicht wird, hat Paulus sehr wahrscheinlich dem stoischen Organismusgedanken entlehnt (vgl. die Fabel des Menenius Agrippa nach T. Livius 2,32, wo die soziologische Gemeinschaft des röm. Volkes mit einem Leib und dem Verhältnis seiner Glieder zueinander verglichen wird).

Der Apostel nennt diese Dienstgemeinschaft deswegen »Leib Christi« (V. 27), weil er seine Identität nur von seinen Gliedern »in Christus« her gewinnt. Denn die Taufe »auf Christus« führt zur Einheit der Glieder »in Christus« (Gal 3,28), im Geist Christi realisiert sich die Verbindung der Glieder mit Christus (1Kor 6,17), und im Herrenmahl werden die Glieder immer wieder neu vom Heilsgeschehen in Christus her als ein Leib konstituiert. Die Gemeinde ist Leib Christi als Dienstgemeinschaft der verschiedenen Glieder nur »in Christus«, nur in der ständigen Bezogenheit auf ihn und in der Verbundenheit mit ihm. Deswegen nennt Paulus sie in Röm 12,5 auch ausdrücklich »*ein* Leib in Christus«. Leib Christi ist für ihn also »weder eine bloße Metapher für die *Gemeinde* noch ein Synonym für *Christus*, sondern eine Interpretation des *In-Christus-Seins*« als »eine *leib*-hafte Wirklichkeit, die im gegenseitigen Dienst der In-Christus-Seienden zu sich selbst kommt« (Merklein, 339f, Hervorhebung im Original). Aus diesem Grund hat für den Apostel die Rede vom Leib Christi ihren angestammten Ort in der Paränese (Röm 12,4f; 1Kor 10,16f; 12,12-27).

b. Kolosserbrief.

Das ändert sich im Kol, wo vom Leib Christi auch in lehrhaftem Kontext gesprochen wird und gegenüber 1Kor und Röm unverkennbar eine Weiterentwicklung stattgefunden hat: Die Kirche als der eine Leib Christi ist *als solche* zum Gegenstand der Reflexion geworden, und zwar in dreierlei Hinsicht: Erstens ist vom Leib Christi – im Gegensatz zu 1Kor und Röm – primär im Sinne der Universalkirche die Rede (1,18.24; 2,19) und nur noch sekundär im Hinblick auf die konkrete Ortsgemeinde (3,15). Zweitens ist das Haupt nicht mehr nur eines von vielen Gliedern des Leibes (so 1Kor 12,21), sondern Christus selbst als der dem Leib übergeordnete Herr (1,18; 2,19). Drittens erscheint neu der Gedanke des Wachstums des Leibes, das von Christus als dem Haupt aus vonstatten geht (2,19).

Um diese Weiterentwicklung der Leib-Christi-Vorstellung im Kol zu erklären, ist es nicht erforderlich, den Brief einem anonymen Verfasser zuzuschreiben, denn alle drei Punkte erweisen sich als durchaus paulinisch:

– Die Universalkirche ist zweifellos bereits in Röm 12,4f mit im Blick.

– Das Bild vom Hauptsein Christi über den Leib ist grundgelegt in dem Gedanken seines Herrseins über die Gemeinde (1Kor 12,5).

– Die Vorstellung vom Wachstum des Leibes entspricht dem Bild vom Wachstum der Gemeinde als Gottes Acker (1Kor 3,6-9).

c. Epheserbrief.

Im Eph, der aus sprachlichen und vor allem inhaltlichen Gründen als wahrscheinlich deuteropaulinisch angesehen wird, ist die Leib-Christi-Konzeption schließlich zu umfassender Dichte und Komplexität entwickelt. Dabei dürfte der Kol dem Verfasser vorgelegen haben, denn viele Redeweisen des Eph lassen sich als Weiterführung des Kol verstehen. So ist Christus das Haupt des Leibes in seiner Herrscherstellung als Haupt über das All (1,22f; im Kol als Schöpfungsmittler 1,15-18), und der Leib ist Christi Fülle selbst, mit der er das All erfüllt (1,23), d.h.: »Innerhalb des das All umfassenden Herrschaftsbereiches Christi ist die Kirche ... der von Gottes Heils- und Segenskräften erfüllte Raum« (Schnackenburg, 316); im Kol findet sich nur die Aussage, daß die Gläubigen in Christus »Erfüllte« sind (2,10). Entscheidend weitergeführt wird das in Kol 2,19 vorgegebene Bild vom Wachstum des Leibes. Dieses von Christus als dem Haupt selbst gewirkte Wachstum findet sein Ziel in der in Liebe sich vollziehenden »Erbauung« des Leibes (4,15f), zu deren Zweck auch bestimmte Funktionsträger innerhalb der Kirche eingesetzt sind (4,11f). Völlig neu ist gegenüber dem Kol die Qualifizierung des Leibes Christi als die eine Kirche aus Juden und Heiden mit ihrer christologisch-soteriologischen Fundierung im Kreuzestod und -leib Christi (2,15f; vgl. 5,23) und darüber hinaus die Verbindung mit weiteren Symbolen bzw. Begriffen der Kirche: Fülle Christi (1,23), neuer Mensch (2,15f), Bau (4,12), Braut und Ehefrau Christi (5,23-33).

d. Aussageintention des Symbols.

Die Aussageintention, mit der das Symbol des Leibes Christi ekklesiologisch eingesetzt wird, dürfte dahingehend zusammenzufassen sein, daß Paulus auf die Einheit der Glieder der jeweiligen Ortsgemeinde als Dienstgemeinschaft »in Christus« abzielt und ferner im Kol andeutet, was im Eph dann in voller Breite entfaltet wird: die Einheit der weltweiten Kirche in ihrer unlöslichen und existenzbegründenden Verbindung mit Christus, und ihre Unterordnung unter ihr Haupt, Christus, zu dem sie unaufhaltsam in der Liebe hinwachsen soll, um die ihr von Gott in seinem Heilsplan zugedachte Funktion, der Welt sein Heil kundzutun, sinn- und machtvoll ausüben zu können (vgl. 1,9f.22f; 3,10f).

e. Religionsgeschichtliche Fragen.

Die religionsgeschichtliche Herleitung des Verständnisses der Kirche bzw. der Gemeinde als Leib Christi ist äußerst umstritten. Ableitungen sind versucht worden aus der stoischen Weltvorstellung, aus dem gnostischen Urmensch-Erlöser-Mythus, aus der hellen.-jüd. Weisheitsspekulation, aus dem jüd. Stammvatergedanken, genauerhin der »corporate personality«, und aus der in der Antike allg. verbreiteten Allgottvorstellung. Bislang ist allerdings noch keine lückenlose religionsgeschichtliche Erklärung des Symbols erfolgt. Vieles spricht dafür, daß Paulus aus dem Gedanken der gemeinsamen Teilhabe aller Gemeindeglieder am Leib Christi im Herrenmahl die Redeweise von der Gemeinde selbst als dem einen Leib Christi bzw. in Christus gefolgert haben dürfte (1Kor 10,16f; vgl. oben). Ob ihm bei der weiteren Entfaltung neben dem Organismusgedanken noch weitere Vorstellungen vor Augen standen, ist nicht eindeutig zu erheben, zumal im Kol eine (kosmische) Ausweitung der Konzeption erfolgt. Beim Eph tendiert die Forschung dahin, eine Anlehnung an die Allgottvorstellung, vor allem in ihrer Ausprägung bei Philo von Alexandria, anzunehmen.

Literatur: K. Berger, C. Colpe: Religionsgeschichtliches Textbuch zum Neuen Testament, NTD Textreihe 1, 1987, 248f. 280f.283; H. Conzelmann: Der erste Brief an die Korinther: KEK 5, [11]1969; ders.: Grundriß der Theologie des Neuen Testaments, bearbeitet von A. Lindemann, [4]1987, 295-299; J. Ernst: Pleroma und Pleroma Christi. Geschichte und Deutung eines Begriffs der paulinischen Antilegomena, BU 5, 1970, 105-120.154-190; L. Fazekas: Gemeinde als Leib Christi im Epheserbrief, 1982; K.M. Fischer: Tendenz und Absicht des Epheserbriefes, FRLANT 111, 1973, 48-78; L. Goppelt: Theologie des Neuen Testaments, hrsg. von J. Roloff, [3]1978, 475f; F. Hahn, K. Kertelge, R. Schnackenburg: Einheit der Kirche. Grundlegung im Neuen Testament, QD 84, 1979, 35-46.63-67.73-78.98-108; E. Käsemann: Das theologische Problem des Motivs vom Leibe Christi, in: ders.: Paulinische Perspektiven, 1969, 178-210; W.G. Kümmel: Einleitung in das Neue Testament, [21]1983, 302.314-320; ders.: Die Theologie des Neuen Testaments nach seinen Hauptzeugen Jesus, Paulus, Johannes, GNT 3, [4]1980, 185-189; F. Lang: Die Briefe an die Korinther, NTD 7, [16]1986; H. Merklein: Entstehung und Gehalt des paulinischen Leib-Christi-Gedankens, in: ders.: Studien zu Jesus und Paulus, WUNT 43, 1987, 319-344; E. Percy: Der Leib Christi in den paulinischen Homologumena und Antilegomena, 1942; H. Schlier: Grundzüge einer paulinischen Theologie, 1978, 194-200; R. Schnackenburg: Der Brief an die Epheser, EKK 10, 1982; E. Schweizer: Der Brief an die Kolosser, EKK 12, [2]1980; ders.: Die Kirche als Leib Christi in den paulinischen Homologumena, in: ders.: Neotestamentica. Deutsche und englische Aufsätze 1951-1963, 1963, 272-292; ders.: Die Kirche als Leib Christi in den paulinischen Antilegomena, in: ders.: Neotestamentica, 293-316; ders.: EWNT 3, 775-779; ders.: ThWNT VII, 1964, 1064-1079; S. Wibbing: TBLNT II, [4]1986, 872f; U. Wilckens: Der Brief an die Römer. 3. Teilband: Röm 12-16, EKK 6/3, 1982. R.G.

LEIBWACHE s. Wache

LEICHE, LEICHNAM. Bezeichnung für den leblosen – im Gegensatz zu den »Gebeinen« schon länger Verstorbener – jedoch noch erhaltenen Körper eines Menschen (1Kön 13,24f.29f; 2Kön 19,35; Jes 37,36; Nah 3,3; Apg 9,40 u.ö.). Der Leichnam wurde noch am Todestag begraben (5Mo 21,23; Jos 8,29; Joh 19,31); so sollte vermieden werden, daß die ihm anhaftende Unreinheit sich auf das Land überträgt. Unbegraben sein ist Zeichen der Gottverlassenheit, des Gerichts (3Mo 26,30; 5Mo 28,26; 1Sam 17,46; u.ö.). Als Gottes Gericht über ganz Israel wird die Preisgabe ihrer Leichname an Vögel und Tiere des Feldes 5Mo 28,26 angedroht; auch von Jeremia wird dasselbe mehrmals angekündigt (Jer 7,33; 16,4; 19,7). Bei der Kreuzigung Jesu sorgten *Josef von Arimathäa und *Nikodemus (Mk 15,43ff par.; Joh 19,38ff) dafür, daß Jesu Leichnam abgenommen und ins Grab gelegt wurde, bevor der Festtag begann.

In 3Mo 26,30; Hes 6,4.5 wird gedroht, die erschlagenen Götzendiener auf ihre Götzen und vor ihre Bilder zu werfen. Durch die Leichname sollten die Götzenaltäre verunreinigt werden. König *Josia verwirklichte diese Drohung bei seiner Zerstörung der israelit. Höhenheiligtümer (2Kön 23,15-20). (Vgl. *Begräbnis- und Trauersitten.)

LEID, LEIDEN.

1. Vom Ursprung des Leidens.

L. hat es in der Welt, die nach Gottes Urteil »sehr gut« war (1Mo 1,31), nicht gegeben. Durch den Schritt, mit dem sich der Mensch von Gott trennte, brachte er sein Leben unter das *Gericht Gottes, unter die Macht und Drohung des Todes (1Mo 2,17; 3,19): Und weil er als *Bild Gottes in der Schöpfung stand (1Mo 1; 2), leiden die übrigen Geschöpfe mit (Röm 8,18-23). Werden und Vergehen, Leben und Tod, sind nun die durch Gott bestimmte Ordnung (1Mo 3,17-19). Sie sind ein Anzeichen dafür, daß der gesamte Kosmos dem Gericht Gottes entgegengeht. So finden im L. zunächst die Gottferne menschlichen Lebens, insbesondere aber - für die, die sich zu Gott halten und von ihm gehalten werden - das Zerwürfnis zwischen Gott und seiner Welt ihren Ausdruck. Unter Gottes Gericht wirkt im Leiden die Welt des Todes in unser Leben hinein, am stärksten da, wo der Tod durch das neue Leben seine Macht zu verlieren droht; so wird tiefstes L. in den Leidenspsalmen geradezu mit »Tod« gleichgesetzt (Ps 18,5f; 22,16; 56,14; 116,3.8). Der Mensch kann sich daraus aus eigener Kraft nicht befreien; der Zugang zu der Welt, in der kein L. und kein Tod ist, zum *»Paradies«, ist ihm verschlossen (1Mo 3,24). Wenn die Bibel vom Menschen spricht, sieht sie ihn zutiefst als den Menschen im L., der – bewußt oder unbewußt – der Erlösung harrt.

2. Vom Charakter des Leidens.

a. Das L. trifft unser ganzes Menschsein: den Leib (z.B. in organischer Krankheit, in Verfolgung und Gefangenschaft), die Seele (z.B. im Leid des Herzens um den Verlust lieber Mitmenschen) und den Geist (z.B. in der Frage nach dem Sinn des Lebens und der Gerechtigkeit Gottes). *Hiob, der Urtyp des Leidenden, hat alle diese Formen des L.s erfahren. Neben ihm stehen Menschen wie David (Tod seiner Söhne), der Sänger des 73. Psalms, der Prediger Salomo, der Apostel Paulus (2Kor 11,23-29) und die Gemeinde der Erwählten, wie die Offenbarung sie uns zeigt (Offb 6,9-11; 17,6; 18,24).

b. Über den Charakter des Leidens gibt auch der griech. Sprachgebrauch im NT Aufschluß. Es finden sich vorwiegend die beiden Ausdrücke »Kraftlosigkeit, Schwäche« (*astheneia*) und »Erleiden« (*pathēma*). Sie bezeichnen zwei Seiten derselben Sache: der Mensch ist kraftlos, ohne Widerstandskraft. Deswegen muß er das Wirken einer fremden Macht erleiden, die sein Leben schmälert und hinrafft. Dieser Zustand macht offenbar, was des Menschen Leben als ganzes bestimmt: er ist nicht sein eigener Herr, sondern anderen Mächten ausgeliefert. Wo er dies erkennt, fällt die Entscheidung über die weitere Richtung seines Lebens: ob er Gott anklagt und sich von ihm abwendet, sich also unter die Macht des Bösen stellt (Offb 16,9), oder ob er sein L. als aus Gottes Hand kommend erkennt (Ps 39,12; 94,12; Hebr 12,6; Offb 3,19), als eine Gelegenheit, sich mit seinem L. völlig dieser Hand zu ergeben, von ihr allein Hilfe zu erhoffen (Ps 38; Ps 66,10-12).

c. Urheber des L.s und des Todes ist, wie das Buch Hiob beispielhaft zeigt, der *Satan, der Böse (Hiob 2,4ff; vgl. auch 2Kor 12,7; 1Petr 5,8f). Gott läßt das zerstörerische Wirken anderer zu als Gericht über die Sünde (Jer 21,5ff), zur Läuterung (Jes 48,10), ja als Bewahrung vor Sünde (2Kor 12,7; vgl. auch 1Petr 4,1). Gerade auf dem Hintergrund des Buches Hiob zeigt sich der geheimnisvolle Sinn der Austreibung aus dem Paradies in die Welt des L.s und des Todes, »auf daß er nicht . . . breche von dem Baum des Lebens und esse und lebe ewiglich« (1Mo 3,22): Gott stellt den Menschen unter das Gericht und läßt ihn die Folgen seines Abfalls erfahren in L. und Tod; aber es bleibt noch Raum, diese Gottferne zu überwinden.

3. Von der Überwindung des Leidens.

a. Das Kommen des Sohnes Gottes ins Fleisch (Joh 1,14) zur Erlösung der Menschen (Lk 4,17-21) aus Gottferne und L. ist zunächst ein Schritt in die Tiefe des L.s (Hebr 12,2). Er sah diesen Weg als ein göttliches Muß über seinem Leben (Mt 16,21 u.ö.), in dem er den unter dem Gericht Gottes stehenden Menschen gleich wurde (Hebr 2,14-18). So gab er sich in freiwilligem Gehorsam ganz in die Abhängigkeit von seinem Vater (Hebr 5,7f; Phil 2,8) und wurde – ohne Notwendigkeit, weil ohne Sünde – der mit-leidende Bruder aller Menschen (Hebr 4,14f). Aber dies alles geschieht zur Erfüllung des göttlichen Willens: was von ihm in der Schrift gesagt wird, mußte erfüllt werden (Lk 24,44). Was das bedeutet, zeigt Jes 52,13-53,12: »Die Strafe liegt auf ihm, auf daß wir Frieden hätten.« So vollzieht Gott an ihm sein Gericht über den Menschen in L. und Tod (2Kor 5,21), aber mit diesem Tod und der ihm folgenden Auferweckung ist nun dem Teufel wie dem Tod die Macht genommen (2Tim 1,10; Hebr 2,14f). Daß Jesus von Sünde, L., Krankheit und Tod heilt – vor seinem Todesleiden auf Golgatha als »Zeichen« der Rettung, nach der Auferstehung durch die Gabe des *Lebens aus Gott –, ist die Frucht seines Sieges über den »Fürsten dieser Welt«, »der des Todes Gewalt hatte« (Joh 12,31; Hebr 2,14; Offb 7,13ff). Der in seiner Person Auferstehung und Leben ist (Joh 11, 25), konnte nicht im Tode bleiben (Apg 2,24). Wer an ihn glaubt, der hat Teil an der Überwindung von Sünde, L. und Tod (Röm 6,3-11).

b. Wie aber der Auferstandene die Wundmale seines Kreuzestodes trägt, so stellt die Gemeinschaft mit ihm zugleich in die »Gemeinschaft seiner Leiden« (Phil 3,10). Das gilt für die Zeit, in der diese Welt des L.s und des Todes noch nicht abgetan ist, für den einzelnen wie für die Gemeinde, den Leib Christi (Kol 1,24). In dieser Welt bleibt das Leiden als eine Schule des Gehorsams und der Bewährung im Glauben (2Kor 1,8f; 4,7-12). Aus der Gemeinschaft der Leiden Christi aber erwächst auch die Teilhabe an seiner Auferstehung (Phil 3,10f).

So stellt Gott denen, die in der Gemeinschaft mit Christus leiden, die Aufgabe, »darunterzubleiben« (griech. *hypomonē*, LÜ: Geduld) und in der eigenen Schwäche Gottes Kraft zu ihrem vollen Maße und Ziel kommen zu lassen (2Kor 12,9). Geduld und Glaube in allen Verfolgungen und Bedrängnissen sind Anzeichen dafür, des Reiches Gottes gewürdigt zu werden (2Thess 1,5). Und sie lehren erkennen, daß alle Leiden dieser Zeit in keinem Vergleich stehen zu der Herrlichkeit, die der Gemeinde Gottes offenbart werden soll (Röm 8,18).

c. Wenn auch bis jetzt in dieser Welt des L.s und des Todes noch nicht offenbar ist, was die Überwindung des Todes am *Kreuz von Golgatha bedeutet (2Kor 5,7), so erfährt und bezeugt es doch die Gemeinde aus dem ihr gegebenen Wort der göttlichen Offenbarung, daß in Christus Himmel und Erde einmal so erneuert werden, daß »kein Leid mehr sein wird« (Offb 21,4; vgl. auch Offb 7,17; Jes 25,8; 35,10; 65,19).

LEIHEN s. Schuld

LEINEN. Das hebr. Wort *schēsch* bedeutet »feines Leinen«. Folgende hebr. Wörter werden mit »Leinen« übersetzt: *bad, pischtāh, būz* und *'ēthūn* (vgl. ägypt. *'idmy*). Das Wort *pischtāh* meint eigentlich Flachs, aus dem Leinen gewonnen wird. Schon im 14. Jh. v.Chr. wurde

Leinentuch, als Hülle oder »Einband« für eine Qumranrolle gebraucht. Wahrscheinlich an Ort und Stelle auf einem Webstuhl mit Kettengewichten hergestellt. Die abgeschnittenen Ränder wurden durch Eindrehen und Umsäumen gesichert. 33,6 × 26,7 cm, 1. Jh. n.Chr. (BM)

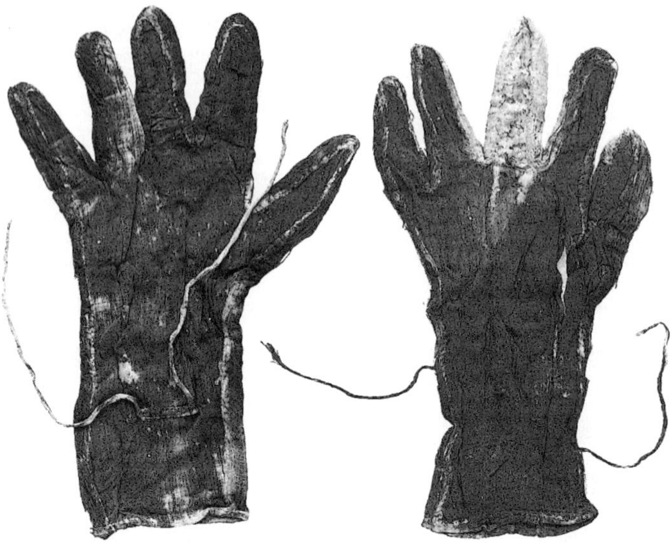

Leinenhandschuhe des Königs Tutenchamun; Tal der Könige, Theben, Grab des Tutenchamun, ca. 1340 v.Chr. (GIO)

das Wort *pischtāh*, bzw. Plural *pischtīm* im Ugarit. für L. gebraucht. *buz* taucht nur in späteren Büchern auf (vgl. griech. *byssos*). In den deutschen Übersetzungen werden folgende griech. Wörter mit L. übersetzt: *sindōn, othonion* und *linon.*

Nach entsprechender Aufbereitung läßt sich aus den Samen der Flachspflanze (*Linum usitatissimum*) Leinöl gewinnen. Die Fasern der Flachspflanzen werden gesponnen und zu Gewebe verarbeitet (Spr 31,1.2). In Palästina wurde zu bibl. Zeit Flachs nie in großem Ausmaß angepflanzt. Nach 2Mo 9,31; Hos 2,7 und evtl. Jos 2,6 wurde er jedoch von alters her kultiviert. Einen außerbibl. Beleg bietet der Geser-Kalender (ca. 1000 v.Chr.), der einen Monat des »Sichelns (?) des Flachses« erwähnt (AOT, 444). Der große Flachsanbauer und -exporteur war Ägypten. Spr 7,16 (RevEB) spricht von buntem ägypt. L. Rotes L. war im alten Ägypten besonders kostbar und wurde »Königsleinen« genannt. Wahrscheinlich wurde von frühester Zeit an L. (vgl. die ägypt. Wörter *ss* und *'idmy* als mögliche Lehnwörter im Hebr. und Kanaan.) von den Bewohnern Palästinas aus Ägypten importiert. Aus ägypt. Dokumenten wissen wir, daß über Jh. hinweg L. von Ägypten nach Phönizien (vgl. auch Hes 27,7) und besonders nach Byblos exportiert wurde.

Das Tragen von Leinengewändern war in atl. Zeit für die Priester vorgeschrieben (2Mo 28,39). Mantel, Turban und Gürtel mußten aus feinem L. sein. Dies ist (nach Hes 44,17f) wegen der Kühle des Materials vorgeschrieben. Der Hohepriester trug einen wollenen Übermantel, aber am Großen Versöhnungstag war er in Leinen gekleidet (3Mo 16,4.23). Aus dem aus Ägypten mitgebrachten L. stellten die Israeliten die zehn Teppiche der Stiftshütte her (2Mo 26,1), den Vorhang (2Mo 26,31) und die Decke für den Eingang des Zeltes (2Mo 26,36). Samuel trug einen Priesterschurz aus L. (1Sam 2,18). David tanzte vor der Bundeslade in einem leinenen Priesterschurz (2Sam 6,14). Möglicherweise wurde das Tragen von L. mit Personen assoziiert, die speziell berufen waren, z.B. der Mann mit dem Schreibzeug (Hes 9,2) und der Mann, den Daniel sah (Dan 10,5; 12,6-7). Leinwand und feines L. galten als kostbare Geschenke des Mannes an die Frau, die er liebte. In Hes 16, 10.13 spricht der Herr zu Jerusalem wie ein Ehemann zu seiner Frau und erinnert sie daran, wie er sie mit Leinwand und kostbarem L. gekleidet hat. Aus Spr 31,22 wird deutlich, daß der Gebrauch von Leinwand bei Frauen sehr geschätzt war (z.B. für Stickereiarbeiten). Das hebr. Wort *būz* bezeichnet in den späteren atl. Büchern Stoffe, die reiche und bedeutende Leute trugen. So kam z.B. Mordechai mit einem Mantel aus feinem L.

zum pers. König (Est 8,15). L. wurde daneben auch zur Herstellung von Segeln und zum Schutz kostbarer Teppiche gebraucht.

Im NT kommt das Wort L. nur selten vor. Das Gleichnis vom reichen Mann und armen Lazarus beschreibt den Reichen als mit kostbarem L. (griech. *byssos*) und Purpur bekleidet (Lk 16,19). Der junge Mann, der Jesus nach Gethsemane folgte, verlor sein Leinengewand (oder Laken) auf der Flucht (Mk 14,51). Nach Mt 27,59 par. wurde der Leichnam Jesu in L. gewickelt. Die Braut des Lammes ist nach Offb 19,8 mit kostbarem L. bekleidet, das die Gerechtigkeit der Heiligen symbolisiert. In Offb 19,14 wird das eschatologische Heer als mit weißem, reinem L. angetan beschrieben. F.C.F.

LENDEN.

1. Der Teil von Rücken und Seiten zwischen dem Hüftknochen und den untersten Rippen. Die Bibel kennt verschiedene hebr. Worte für L., die z.T. auch die Hüft- und Gesäßgegend mit einschließen. LÜ gibt sie daher manchmal auch mit »Hüfte« wieder (z.B. 1Mo 24,2; 32,26.32; 47,29; 2Mo 28,42; 4Mo 5,21).

Die L. werden häufig in Verbindung mit dem Gürtel (2Mo 12,11; 1Kön 2,5; 2Kön 1,8; Mt 3,4) oder dem Schwertgurt (2Mo 32,27) genannt, der sie umspannt, dem ganzen Körper Halt gibt und zugleich die weite Kleidung zusammenfaßt (1Kön 18,46). Daher ist das Gürten der L. auch ein Bild des Aufbruchs, der Bereitschaft (Hiob 38,3; Jer 1,17; Eph 6,14; 1Petr 1,13). Die Trauerkleidung wurde ebenfalls um die L. angelegt (1Mo 37,34; 1Kön 20,32; Jes 20,2; Am 8,10), ließ also vermutlich den Oberkörper frei.

2. »Aus den Lenden kommen« ist verhüllender Ausdruck für die Zeugung (1Mo 35,11; 46,26; 1Kön 8,19; Hebr 7,5.10; Ri 8,30 s. RevEB). Die Frucht der L. (Apg 2,30 s. RevEB) ist leibliche Nachkommenschaft. Von diesem Zusammenhang her ist wohl auch das freche Wort *Rehabeams in 1Kön 12,10 zu verstehen.

LEOPARD s. Tiere

LESEN. Mit L. werden das hebr. Wort *qārā'*, »rufen«, »laut vorlesen« und das griech. Wort *anaginoskein* »erkennen«, »vor-lesen« übersetzt.

Die Fähigkeit des L.s ist abhängig von der Entwicklung der Schrift. Die Entwicklung der Alphabetschrift, die durch einen Fund in Ugarit für die Zeit um 1400 v.Chr. (Noth, 193f) und durch Inschriften in Byblos sowie für Palästina durch beschriftete Pfeilspitzen aus der Gegend von Bethlehem aus der Zeit um 1100 v.Chr. nachgewiesen ist (Noth, 191), bot gegenüber den komplizierten Hieroglyphen- und Keilschriftsystemen die Möglichkeit einer wesentlich weiteren Verbreitung der Lesefähigkeit.

Inschriften und Tonscherben (Ostraka) belegen Schreiben und L. in Palästina seit etwa 1000 v.Chr., damit beinahe für die gesamte Zeit israelit. Herrschaft im Land. Der Bericht des Wen-Amon, der Papyruslieferungen von Ägypten nach Syrien für die Zeit um 1100 v.Chr. bezeugt, läßt darauf schließen, daß auch in Israel dieses leicht zerstörbare Material verwendet wurde.

Dokumente aus dem Wirtschafts- und Militärbereich weisen darauf hin, daß die Lesefähigkeit schon recht früh nicht mehr auf den Kreis professioneller Schreiber (neben Hofschreibern, 2Sam 8,17; 20,25; 1Kön 4,3 u.ö., auch Priester, Jer 29,29, und Privatsekretäre wie Baruch, Jer 36) beschränkt, sondern einem weiteren Kreis zugänglich war (Millard; darauf könnten auch Ri 8,14; Jes 8,1f; Hab 2,2 sowie 5Mo 6,9; 11,20 hinweisen). Zugleich sagt Jes 29,12f, daß längst nicht jeder l. kann.

In der bibl. Tradition spielt das Schreiben und L. erstmals im Zusammenhang mit dem Auszug aus Ägypten und dem Bundesschluß am Sinai eine Rolle (2Mo 17,14; 24,4.7). Der Wille Jahwes wird im »Buch des Bundes« (2Mo 24,4.7), das im jetzigen redaktionellen Kontext die Rechtssammlung 2Mo 21,1-23,33 meint, niedergelegt und der Volksgemeinde vorgelesen. Die sog. josianische Reform (s. *Josia) am Ende des 7. Jh. v.Chr. beginnt mit der Auffindung und Verlesung eines Buches – manche vermuten heute eine Urform des 5. Buches Mose – zunächst vor dem König Josia, dann auch vor der Volksgemeinde in Jerusalem (2Kön 22-23; vgl. hierzu auch das sog. Königsgesetz, 5Mo 17,14-20).

In ähnlicher Weise lesen *Esra und einige Leviten nach der Rückkehr aus dem babylon. Exil dem Volk bei einem Fest aus dem »Buch mit dem Gesetz des Mose« vor und erklären dessen Sinn (Neh 8,1-8; der *sēphär tōrat mōschāh*, »das Buch des Gesetzes des Mose« erscheint in diesem Text schon als festumrissene Größe, in seiner Verbindung mit Mose schlägt sich die u.a. in 5Mo 31,9 greifbare Tradition nieder).

Gerade im babylon. Exil erwiesen sich Schreiben und L. als überlebenswichtig, ermöglichten sie doch die Sammlung, Redigierung und das neue Bedenken der mitgebrachten Traditionen, was den jüd. Exulanten (Golah) die Katastrophe zu überstehen half. Ein wichtiger Schritt auf dem Weg zur »Buchreligion« wurde hier geleistet. Schon früh steht, wie die Targume bezeugen, die Lesung aus der Tora und den Propheten im Mittelpunkt des Synagogengottesdienstes (vgl. auch Lk 4,16; Apg 13,27). Das L. der Tora wird zum Inbegriff des rel. Lebens, wofür die wohl relativ späten Torapsalmen 1 (V. 2: *hāgah*, »murmelnd lesen«), 19,8-11 und 119 stehen.

Jesus kann immer wieder wie selbstverständlich auf das L. des »Gesetzes« oder der Propheten verweisen (Mk 2,23-28 par.; 12,10 par.; 12,26 par.; Mt 21,16.42; Lk 10,26).

In den christl. Gemeinden hat das L. der Heiligen Schrift von Anfang an eine große Rolle gespielt, wie der häufige Rückgriff auf das AT in den Paulusbriefen, im MtEv. und im Hebräerbrief zeigt. Neben dem AT wurden auch die Briefe, wohl bei den Zusammenkünften, vorgelesen (2Kor 3,2; Kol 4,16; 1Tim 4,13, wo es wohl um die Schrift geht; 2Petr 3,15f).

Ganz im Sinne Jesu (Joh 5,39) las man das AT in der Überzeugung, ihn selbst dort bezeugt zu finden. Die Predigthörer in Beröa kamen durch das Forschen (*anakrino*) in den Heiligen Schriften zum Glauben an Jesus (Apg 17,11f).

Literatur: M. Noth: Die Welt des Alten Testaments, 1974; J. Friedrich: Geschichte der Schrift, 1966; J. Millard: The Practice of Writing in Ancient Israel, in: BA 35 (1972), S. 98-111. F.Fe.

LEUCHTER s. Lampe

LEUGNEN s. Verleugnen

LEVI.

1. Dritter Sohn *Jakobs und *Leas (1Mo 29,34). Der hebr. Name *lēwī* wird hier mit der Wurzel *lāwā*, »sich jemand anschließen« verbunden; ein Wortspiel findet sich dazu in 4Mo 18,2.4.

Außer den Ereignissen, die allen Söhnen Jakobs gemeinsam waren, ist uns als einzige Begebenheit aus L.s Leben bekannt, daß er zusammen mit *Simeon die Stadt *Sichem überfiel (1Mo 34,25f). Sie töteten alle Männer, um die Vergewaltigung ihrer Schwester Dina zu rächen. Im Segen Jakobs wird den Nachkommen der beiden Brüder Zerstreuung verheißen (1Mo 49,5-7). Für den Stamm L. verwandelte sich dieser Fluch später in Segen (2Mo 32,26-29; 5Mo 33,8-11). Mit Jakob zog L. nach Ägypten (1Mo 46,1). Seine Söhne waren Gerschon, Kehat und Merari (1Mo 46,11). L. starb im Alter von 137 Jahren (2Mo 6,16).

2. Sohn des Alphäus, einer der 12 Jünger, der auch den Namen Matthäus trug (Mk 2,14).

3. Personen aus dem Stammbaum Jesu (Lk 3,24.29). H.L.E./Red.

LEVIATAN. Dies ist die Übertragung eines hebr. Wortes, das nur an fünf Stellen im AT auftaucht. Es wird von der Wurzel *lāwah* hergeleitet (vgl. arab. *lāwa*, »Krümmung, Drehung«). Danach wäre, die wörtl. Bedeutung »der Gewundene«, d.h. »sich selbst in Falten legend«. Einige Wissenschaftler sind der Ansicht, es handle sich um ein fremdes Lehnwort von möglicherweise babylon. Herkunft. Sein Kontext im AT deutet auf eine Art Wasserungeheuer hin. In Ps 104,26 (RevEB) stammt es eindeutig aus dem Meer, von daher wird an einen Wal oder auch an einen Delphin gedacht. In Jes 27,1 wird L. zweimal symbolisch gebraucht und bezieht sich auf die Reiche Assyrien (die »flüchtige« Schlange ist der schnellfließende Tigris) und Babylonien (die »gewundene« Schlange ist der Euphrat). In Ps 74,14 taucht es in Zusammenhang mit dem Pharao und dem Exodus auf in Parallele zu dem hebr. Wort *tannīn*, »Meer-« oder »Flußungeheuer«.

Im Buch Hiob kommt der L. zweimal vor. In Hiob 3,8 wird dahinter allg. der Drache vermutet, dem nach alter Volksmythologie die Finsternis zugeschrieben wurde, weil er seine Schlingen um die Sonne warf. Die längste Beschreibung des L. hat Hiob 40,25-41,26. Hier stimmen die meisten Ausleger darin überein, daß das Wesen ein Krokodil ist (*Tiere). Dagegen wurde eingewendet, daß ein Krokodil nicht als unangreifbar geschildert worden wäre und daß es im AT keinen Hinweis auf Krokodile in Palästina gibt. Jedoch hat der Autor vermutlich an das Nilkrokodil gedacht, die Beschreibung der Unbesiegbarkeit des Wesens wäre von daher eine rhetorische. Eine alternative Deutung sieht den L. als mythisches Monster, das eventuell mit der babylon. Muttergöttin Tiamat identifiziert werden könnte, die nach dem Schöpfungsepos gegen Marduk kämpft und »Zaubersprüche zitiert und Zauberformeln ausstößt«. Das Wort ist mit dem ugaritischen *ltn*, der Bezeichnung für das siebenköpfige Monster, verwandt, dessen Beschreibung als »flüchtige Schlange/gewundene Schlange« an die Ausdrucksweise von Jes 27,1 erinnert. D.G.S.

LEVITEN s. Priester u. Leviten

LEVITIKUS/3. BUCH MOSE.

A. Name des Buches.

Das 3. Buch Mose wird fachspezifisch als »Levitikus« bezeichnet. Dieses Wort wurde aus der latein. Übersetzung übernommen

(Vulg.: *Leviticus*, »Priester«) und ist nicht die hebr. Bezeichnung (*wajjiqrā'*, »er rief«) für das Buch. Ursprünglich kommt der Name aus dem Griech. (LXX: *leuitikon, leueitikon*). Die syr. Übersetzung (Peschitta) bezeichnet 3Mo als »Buch der Priester«, wahrscheinlich weil es die Funktion und den Inhalt der priesterlichen Aufgaben beschreibt. Im Grunde genommen schildert das Buch den israelitischen Gottesdienst. Deshalb sind die darin enthaltenen Vorschriften gültig für das gesamte Israel. Nur einige kleinere Abschnitte lassen sich speziell auf die Priester anwenden (Kap. 8-10; 16,1-28; 21-22), an einigen Stellen (Kap. 10,10; 14,57; 15,31) wird auf deren pädagogische Rolle hingewiesen. Die Priester des mosaischen Bundes waren vom Stamm Levi.

B. Aufbau und Inhalt des Buches.

I. DIE OPFERGESETZE – Kap. 1-7.

1. Weisungen für den israelitischen Bürger (1,1-6,7; vgl. Mt 5,26) hinsichtlich des:
a. Brandopfers (*'ōlāh*): 1;
b. Speisopfers (*minchāh*): 2;
c. Dankopfers (*schelāmīm*): 3;
d. Sündopfers (*hattā't*): 4,1-5,13;
e. Schuldopfers (*'āschām*): 5,14-26;

2. Weisungen für den Priester (6,1-7,38) hinsichtlich des:
a. Brandopfers: 6,1-6;
b. Speisopfers: 6,7-11;
c. täglich. priesterl. Speisopfers: 6,12-16;
d. Sündopfers: 6,17-23;
e. Schuldopfers: 7,1-10;
f. Dankopfers: 7,11-36;
g. Zusammenfassung: 7,37-38.

II. DIE INSTITUTION DES PRIESTERTUMS – Kap. 8-10.

1. Priesterweihe: 8;
a. Befehl zur Priesterweihe: 8, 1-3;
b. Weihe der Priester: 8,4-36;
2. Erste Amtshandlungen: 9;
3. Bestrafung der falschen Amtshandlungen: 10,1-11;
4. Verantwortungsbewußte Amtshandlung: 10,12-20.

III. DIE REINHEITSGESETZE – Kap. 11-16.

1. Reine und unreine Tiere: 11;
2. Kultische Rein- und Unreinheit der Wöchnerin: 12;
3. Diagnose und Therapie des Aussatzes: 13-14;
4. Kultische Rein- und Unreinheit bei Ausfluß: 15;
5. Entsühnung des Heiligtums und des Volkes: 16 (der Große Versöhnungstag).

IV: DIE HEILIGKEITSGESETZE – Kap. 17-25.

Die Heiligkeit:
1. des Blutes: 17;
2. der Ehe (deshalb Verbot heidnischer Sexualpraktiken): 18;
3. Gottes, der Eltern, des Sabbats, der Opfer, des Nächsten, des Landes: 19;
4. verschiedener Gesetze: 20;
5. der Priester: 21;
6. der Opfer: 22;
7. der Feste: 23;
8. der Stiftshütte: 24,1-9;
9. des Lagers: 24,10-23;
10. des Grundbesitzes und der Schuldner: 25;
11. der Gelübde: 27.

V. WEISUNGEN FÜR DAS VOLK – Kap. 26.

Gehorsam bringt Segen, Ungehorsam bringt Fluch.

VI. HINWEISE.

Wie aus der Einteilung ersichtlich ist, besteht das Buch hauptsächlich aus kultischen und ethischen Verordnungen, die dem Volk Israel am Berg Sinai gegeben worden waren. Nach den Zeitangaben in 2Mo 40,17 und 4Mo 1,1 geschah dies im Verlauf eines Monats. Unter dem Sinaibund war das Volk aufgerufen worden, »ein Königreich von Priestern und ein heiliges Volk« zu werden (2Mo 19,6). Die Kapitel 1-16 behandeln fast ausschließlich die priesterliche Verantwortung, während in den Kapiteln 17-27 das Volk hauptsächlich zum heiligen Leben aufgerufen wird, denn der Herr, sein Gott, war heilig (19,2; 20,7.8.26; 21,6.8.15.23; 22,9.16.32). Dabei ist es bezeichnend, daß alle Verordnungen in einen narrativen Rahmen eingebettet sind.

Die meisten Kapitel beginnen mit dem Satz: »Der Herr redete mit Mose (und/oder Aaron) und sprach . . .«, worauf der göttliche Auftrag folgt, eingeleitet mit einem Imperativ (z.B. rede, befiehl, etc.). Daran schließt sich eine göttliche Weisung von unterschiedlicher Länge an (s. 1,1-3,17; 4,1-5,26; 6,1-11.12-16.17-7,21; 7,22-27.28-38; 8,1-4 (10,8-11); 11,1-47; 12,1-8; 15,1-33; 16,1-34; 17,1-16; 18,1-30; 19,1-37; 20,1-27; 21,1-24; 22,1-16.17-33; 23,1-8.9-22.23-32.33-44; 24,1-9.13-23; 25,1-26,46; 27,1-34).

Ein wichtiger Hinweis auf die Homogenität des Buches sind die Themen, die im ersten sowie auch im zweiten Teil des Buches vorkommen. Blutgenuß wird in 3,17; 7,26f und in 17,10-12 verboten. Der Sinn der blutigen Opfer, von denen in den Kap. 7-11 die Rede ist, wird in 17,11 erklärt. Verordnungen hinsichtlich der Unreinheit werden in 7,21 und in den

Kap. 11-15 gegeben. In 10,10; 11,1-47 und 20,25 wird ein Unterschied zwischen rein und unrein gemacht (vgl. Kap. 11-15 und 18-20). Kap. 16,1 weist auf die Strafe hin, mit der man rechnen muß, wenn man die Wohnung Gottes verunreinigt (15,31); außerdem weist es zurück auf Kap. 10,1f.

In 11,44f; 19,2; 20,7; 21,1-22,16 wird geboten, daß Israel heilig sein soll, weil der Herr heilig ist. In Kap. 7,37f sowie 25,1 ist der Ort angegeben, an dem der Herr zu Mose sprach. Die Aussage in 17,2: »Dies ist's, was der Herr geboten hat . . .« findet sich bereits in 8,5.

3Mo ist die Fortsetzung des 2. Mose-Buches. Letzteres endet mit dem Bericht über die Aufstellung der Stiftshütte. Zu der Funktion der Stiftshütte gehört, daß die Priester die verschiedenen Opfer auf ihren Altären darbringen. Welche Opfer wann und bei welcher Art von Vergehen gebracht werden sollen, wird in 3Mo 1-7 erläutert. Das 8. Kap. beschreibt die in 2Mo 29 angeordnete Priesterweihe. Grundlegende Bestimmungen aus 2Mo werden in 3Mo 26 wieder aufgegriffen (vgl. 3Mo 26,1 mit 2Mo 20,4f; 3Mo 26,2 mit 2Mo 31,12ff). Segen wird verheißen bei Erfüllung der am Sinai gegebenen Gesetze (26,3-13), aber Fluch bei Nichterfüllung (26,14-38). In Kap. 26,39-45 werden die Worte aus 2Mo 6,2-8 wiederholt.

Die o.g. Ausführungen zeigen, daß 3Mo ein gut organisiertes, zusammenhängendes Ganzes bildet.

C. Verfasser und Abfassungszeit.

Der Autor selbst wird im Buch nicht genannt, obwohl sehr oft gesagt wird, daß der Herr zu Mose oder Aaron oder zu beiden sprach. Die Aufforderung, das vom Herrn Gehörte niederzuschreiben, wie sie in 2Mo 17,14; 24,4 und 34,27 vorkommt, fehlt jedoch in 3Mo. Es steht allerdings an drei signifikanten Stellen, daß der Herr alle Gesetze, Gebote und Satzungen Mose auf dem Berg Sinai gegeben hatte. Dies geschah einmal nach den kultischen und ethischen Verordnungen (7,37-38; 25,1), dann nach dem Segen und Fluch (26,46) und zuletzt am Ende des Buches (27,34). Das alles besagt aber nicht, daß Mose der Verfasser des Buches sein muß, sondern bringt lediglich zum Ausdruck, daß sich die in dem Buch beschriebenen Ereignisse z.Zt. Moses zugetragen haben. Aus diesem Grund ist es nicht verwunderlich, wenn jüd. und christl. Traditionen eine mosaische Verfasserschaft annehmen.

Folgende Sachverhalte sprechen für eine Abfassung des Buches z.Zt. Moses und gegen eine exilische oder nach-exilische Abfassung:

I. HINWEISE INNERHALB DES BUCHES.

Die Zeit der Wüstenwanderung des Volkes Israel wird nicht nur zu Beginn jeder Kategorie von Gesetzen erwähnt, sondern oft auch in den Gesetzen selbst angedeutet. Die Opfer werden innerhalb der Stiftshütte dargebracht und nicht im Tempel (Kap. 1-17). Aussätzige müssen sich außerhalb des Lagers aufhalten und nicht außerhalb der Stadt (13,46). Die Israeliten leben alle in der Nähe der Stiftshütte und nicht im Lande verstreut (17,1-9). Gesetze, die nur für seßhafte Israeliten gelten, werden im allg. mit dem Hinweis eingeleitet, daß der Herr Israel noch in das Land Kanaan bringen wird (14,34; 18,3; 23,10; 25,2). Ein Vergleich zwischen 2Mo 40,1.7 und 4Mo 1,1 macht deutlich, daß die Gesetze und Verordnungen in 3Mo während des ersten Monats des zweiten Jahres nach dem Auszug gegeben worden waren.

Das Buch bietet keine Lösungen für die Probleme des Volkes in der exilischen oder nachexilischen Zeit. So wird eines der Kardinalprobleme der nachexilischen Zeit, die Mischehe (Esr 9-10; Neh 13,23ff), in dem ausführlichen Abschnitt über die Ehe (3Mo 18.20) nicht erwähnt. 3Mo idealisiert das Amt des Hohenpriesters; z.Zt. Nehemias (Neh 13) ist dieser gegen die rel. Reform.

II. HINWEISE AUSSERHALB DES BUCHES.

Außerbibl. Dokumente der Priestergilde des alten Vorderen Orients sind grundsätzlich früher anzusetzen als die anderen, da von frühester Zeit an der Tempel und die Priester das Leben des Volkes bestimmten. 3Mo zeigt wenig Evidenz einer Revision der alten priesterlichen Terminologie. Verschiedene Ausdrücke und Abschnitte (5,14ff; 19,20; 21; 25,35-45; 27,12) konnten erst richtig verstanden werden, nachdem man Keilschrifttexte aus dem 18.-15. Jh. v.Chr. hinzugezogen hatte (E.A. Speiser, »Leviticus and the Critics.« Oriental and Biblical Studies. 1967, S. 123-142; A. Hurvitz, »The Evidence of Language in Dating the Priestly Code.« RB 81, 1974, 24-57).

Medizinische Anweisungen sind aus Sumer und Babylonien bekannt sowie auch – mindestens vom 2. Jt. v.Chr. an – aus Ägypten.

Weder das Opfersystem noch die Stiftshütte noch der Festkalender müssen eine späte Entwicklung in Israel sein, wie von manchen Kritikern behauptet wird. Bei einem Vergleich mit den Opfersystemen, Gottesbehausungen und Festkalendern der umliegenden Völker des frühen Israel wirken die in 2Mo und 3Mo beschriebenen Kulte, Kultstätten und Festkalender sehr bescheiden, ja fast schon primitiv, und waren von daher für ein herumziehendes Volk geradezu ideal (K.A. Kitchen, The Bible In Its World. 1977, S. 85-86; J.C. Moyer, »Hittite and Israelite, Cultic Practices: A Selected Comparison.« Scripture in Context II. 1983, 19-38; B.A. Levine, In the Presence of the Lord. 1974, S. 8-20.102.115-117.123-127.128-132. CIS I, 145. 166; R. de Vaux, Das Alte Testament und seine Lebensordnungen II, 1960, S. 280-289).

Die Hinweise innerhalb und außerhalb des Buches sprechen nicht für die Wahrscheinlichkeit einer Spätdatierung. Dagegen weisen die oben genannten Ausführungen auf eine sehr frühe Abfassungszeit hin. Die Hinweise innerhalb des Buches lassen auf eine Abfassung zur Zeit Moses schließen.

D. Lehre des Buches.

Nur indem das Volk seine äußere und innere Heiligkeit wahrte, konnte es erwarten, daß Gott in seiner Mitte wohnen bleiben und die Verheißungen, die er im Bund versprochen hatte, erfüllen würde.

Die Verordnungen über die unterschiedlichen Opfer gingen von einer Voraussetzung aus: Der Mensch ist ein Sünder. Um Vergebung für seine Sünden zu erlangen, bedurfte es eines lebendigen Opfers, das die Priester für ihn vor Gott darbrachten.

Die Priester waren nicht nur verpflichtet, die Verordnungen und Gesetze des Kultus einzuhalten, sie waren auch verpflichtet, ein Leben der moralischen Reinheit und der geistlichen Hingabe zu leben, um so für das Volk Israel ein Vorbild der göttlichen Heiligkeit zu sein. Die Aufgabe des Priesters betraf aber nicht nur den Dienst am Heiligtum, er sollte vielmehr das Volk Gottes die Gebote lehren, insbesondere den Unterschied zwischen heilig/unheilig und rein/unrein. Dieser sah folgendermaßen aus: *Heilig ist Gott und alles, was ihm gehört (11,44f; 19,2; 20,26). Sein Name ist heilig (22,2.32). Er kann durch Götzendienst (18,21), Meineid (19,12) und andere Sünden (21,6; 22,2) entheiligt werden. Heiligkeit gehört zum Wesen Gottes. Was Gott geweiht wird, wird heilig, z.B: der Anteil des Priesters am Opfer, die Stiftshütte mit ihrer Einrichtung, der Sabbat und die anderen rel. Feiertage, ein einzelner Mensch, aber auch im allg. Sinn das gesamte Volk (2Mo 40,9; 29,36; 30,29; 3Mo 23; 21,6ff; 20,26). Heiligkeit bedeutet »imitatio dei«, *Nachahmung Gottes – ein Leben in Frömmigkeit.

Israel sollte Gottes Heiligkeit widerspiegeln, indem es sich von allem trennte, was unheilig war. Die Heiligkeit des Volkes war aber nicht ein Prozeß, sondern ein Status, den es seit der Befreiung von Ägypten innehatte. Dadurch, daß Israel die göttlichen Gebote hielt, zeigte es seinen Status als heilige Nation (22,31-33; 19,2). Diesen Status galt es aber nicht nur in seiner Verbindung mit Gott zu zeigen, sondern auch in seiner Verbindung zu den Mitmenschen. Das Verhältnis der Israeliten zueinander wie auch Fremden gegenüber sollte von der Liebe bestimmt sein (19,18. 34). Dieses Gebot der Liebe war nicht nur als eine Idee gedacht, sondern sollte sich in hilfreichen Taten äußern (24,16.22; 25,35-58; 19,9-10). Deshalb sind Handlungen, die einem anderen schaden könnten, verboten (19,14.16-18.33).

Unheilig: »profan« wäre hier ein besserer Ausdruck. Die profanen Dinge kann man in zwei Kategorien einteilen: rein und unrein. Die reinen Objekte werden heilig, wenn sie Gott geweiht werden; die unreinen können nicht geheiligt werden.

Rein sind Gegenstände oder Lebewesen entweder von Natur aus (s.a. die Liste der Tiere in Kap. 11) oder dadurch, daß sie mit Feuer oder Wasser rein gemacht wurden. Somit beinhaltet der Ausdruck zwei Bedeutungen. Zum einen ist der ursprüngliche Zustand von Dingen oder Lebewesen, die nicht von innen her (intrinsisch) unrein sind, rein. Zum anderen beschreibt er auch den Status von Gegenständen oder Personen, die nach einer Verschmutzung rein gewaschen worden sind.

Unrein können Dinge und Lebewesen von Natur aus sein. Diese Unreinheit kann nicht abgewaschen werden, ist jedoch nicht ansteckend. So können unreine Tiere ihre Unreinheit nicht an andere weitergeben. Solche Tiere dürfen einfach nicht gegessen werden.

Es gibt vorübergehende Unreinheiten, die folgenschwerer sind und eine Reinigung erfordern. Einige davon sind ansteckend. Entsprechend der verschiedenen Arten von vorübergehender Unreinheit sind die Reinigungsriten unterschiedlich.

Unreines und Heiliges schließen sich gegenseitig aus (7,20f; 22,3). Gott hatte seine Wohnung, die Stiftshütte, im Lager der Israeliten errichten lassen. Das bedeutete, der Heilige wohnte unter den Unreinen, die ständig der Reinigung durch Opfer und Waschungen bedurften. Da die heiligen Dinge durch die Unreinheit der Menschen unrein wurden, mußte die Wohnung Gottes einmal im Jahr am Versöhnungstag gereinigt werden (15,31; 16,16.19).

Die Opfer waren dazu da, die Beziehung zwischen Gott und dem einzelnen, aber auch dem ganzen Volk, nach einer vorgefallenen Sünde wiederherzustellen. Der Bund vom Sinai enthielt die Ordnungen für das Leben untereinander und mit Gott. Wenn irgend etwas, wie z.B. Tod, Krankheit oder Sünde, dieses Gefüge durchbrach, so bedeutete dies eine

Gefahr für die gesamte Volksgemeinschaft. Durch die Opfer konnte die Ordnung und Harmonie innerhalb des Volkes und gegenüber Gott wieder aufgerichtet werden. Für die verschiedenen Arten von Sünden und Verunreinigungen waren korrelierende (in Wechselbeziehung stehende) Opfer vorgeschrieben.

Das Blut der Tieropfer wurde benutzt, um Gegenstände – besonders die des Heiligtums – zu reinigen und damit zu heiligen. Die Opfer mußten, um wirksam zu sein, genau nach bestimmten Gesetzesvorschriften dargebracht werden. Es reichte aber nicht, nur den Buchstaben des Gesetzes zu erfüllen. Die Propheten und Psalmisten haben wiederholt darauf hingewiesen, daß zu einem wirksamen Opfer die Abkehr von der Sünde und die Hinwendung zu Gott dazu gehören (1Sam 15,22-23; Ps 51,18-19; Jes 1,1-19; Hos 6,6; Mi 6,6-8).

Der Sinai-Bund, der alle diese Gesetze enthielt, hatte seinen Ursprung im Willen Gottes. Für den Israeliten war es ein Zeichen von Treue den Bundesverpflichtungen gegenüber, wenn er diese Gesetze und Verordnungen, wie sie in 3Mo beschrieben sind, einhielt. Die Bundesverpflichtungen, also die Gesetze, wurden den Israeliten gegeben, nachdem Gott sie aus der Knechtschaft Ägyptens befreit hatte. Aus diesem Grund waren sie nicht als ein Mittel der Erlösung gemeint. Wenn in 3Mo von dem Auszug die Rede ist, dann dient dies als Motivation für das Halten der Gesetze (11,45; 18,3; 23,43; 19,43).

Weil Gott das Volk Israel aus Ägypten befreit hatte, waren die Israeliten nicht frei zu tun, was sie wollten. Als eine heilige Nation mußten sie sich von Sünde rein halten. Wenn sie Gottes Ordnungen nicht befolgten, seine Gebote vergaßen und ihren eigenen Weg gingen, dann konnte Gott sein ungehorsames Volk bestrafen (26,24.28; vgl. Am 3,2). Es würde Dinge erleben, die von allen Völkern des Altertums gefürchtet wurden: Krankheit, Trockenheit, hohe Kindersterblichkeit, Hungersnot, Fremdherrschaft oder Deportation in fremde Länder. Die Absicht einer Strafe Gottes, wie sie in den Flüchen zum Ausdruck kommt (Kap. 26), war es, Israel zur Abkehr von dem eigenen Weg und zur Umkehr zu Gott zu bewegen (26,18.21.23.27). Der Segen Gottes für sein Volk hängt von dessen Gehorsam ab. Ungehorsam mündet nicht in totale Ablehnung, sondern in ein fortwährendes göttliches Gericht.

E. Bezug zum Neuen Testament.

Der in 3Mo beschriebene Kultus wird im NT christologisch interpretiert. Das Alte ist ein Vorbild auf das Neue. Besonders der Hebräerbrief nimmt in seiner Auseinandersetzung zwischen altem und neuem Bund wiederholt Bezug auf 3Mo. Christus wird als das endgültige Opfer dargestellt, das die levitischen Opfer nach 3Mo für immer abgelöst hat (Hebr 9,14.24-28; 10,14). Da Christus sowie die Schreiber des NT seinen stellvertretenden Opfertod in Zusammenhang mit dem altisraelitischen Kultus verstanden, ist es notwendig, dieses Opfersystem zu verstehen.

Das hohepriesterliche Amt Christi ist dem Amt Aarons weit überlegen, da Jesus sündlos war und nicht für sich selbst Opfer darbringen mußte (Hebr 7,26-28; 4,14-5,10). Diese beiden großen Themen im Hebräerbrief sind aber nicht die einzige Erwähnung von 3Mo im NT. Jesus selbst zitiert 3Mo 19,18 als das zweite Hauptgebot des AT-Gesetzes, das noch heute Gültigkeit besitzt (Mt 5, 43; 19,19; 22,39; Mk 12,31; Lk 10, 27; Röm 13,9; Gal 5,14).

Weitere ntl. Schriftstellen, die die Kenntnis des 3Mo-Buches voraussetzen, sind u.a.: Mt 8,2-4; 27,51; 2Kor 6,16; 1Petr 1,16; 2,9.

Literatur: Kommentare: H. Cazelles: Le Levitique Bible de Jerusalem, [3]1972; K. Elliger: Leviticus, 1966; W.H. Gispen: Het Boek Leviticus, 1950; R.K. Harrison: Leviticus, 1980; P. Heinisch: Leviticus, 1935; C.F. Keil: Leviticus, Numeri und Deuteronomium, [3]1987; M. Noth: Das dritte Buch Mose, Leviticus, [5]1986; N.H. Snaith: Leviticus, 1967; G.J. Wenham: Leviticus, 1978;

Einleitungen: B. Childs: Introduction to the Old Testament as Scripture, 1979; R.K. Harrison: Introduction to the Old Testament, 1970; O. Kaiser: Einleitung in das Alte Testament, [5]1984; R. Rendtorff: Das Alte Testament, [2]1985;

Monographien: A. Cody: A History of Old Testament Priesthood, 1969; G.B. Gray: Sacrifice in the Old Testament, 1971; H. Graf Reventlow: Das Heiligkeitsgesetz formgeschichtlich untersucht, 1961; M. Haran: Temples and Temple Service in Ancient Israel, 1978; J.Y. Kaufmann: The Religion of Israel from its Beginning to the Babylonian Exile, 1969; F.D. Kidner: Sacrifice in the OT, 1952; R. Kilian: Literarkritische und formgeschichtliche Untersuchung des Heiligkeitsgesetzes, 1963; W. Kornfeld: Studien zum Heiligkeitsgesetz, 1963; S.R. Külling: Zur Datierung der »Genesis P-Stücke«, 1964; J. Milgrom: Studies in Levitical Terminology, 1970; ders.: Cult and Conscience, 1976; W. Paschen: Rein und Unrein. Untersuchung zur biblischen Wortgeschichte, 1970; R. Rendtorff: Die Gesetze in der Priesterschaft, [2]1963; ders.: Studien zur Geschichte des Opfers im alten Israel, 1967; J.-M. de Tarragon: Le culte à Ugarit d'aprés les textes de la pratique en cunéiformes alphabétiques, 1980; R.J. Thompson: Penitence and Sacrifice in Early Israel Outside Levitical Law, 1963; R. de Vaux: Le Sacrifice dans L'Ancien Testament, 1964; J.G. Vink: The Date and Origin of the Priestly Code in the Old Testament, 1969;

Artikel: P.J. Bidd: Priestly Instruction in Pre-Exilic Israel, VT 23, 1973, 11-14; J. Gray: Cultic Affinities between Israel and Ras-Shamra, ZAW 62, 1949/50, 207-220; M. Haran: The Divine Presence in the Israelite Cult and the Cultic Institutions, Bib 50, 1969,

Das Libanon-Gebirge.

251-267; J.Y. Kaufmann: Der Kalender und das Alter des Priestercodex, VT 4, 1954, 307-313; ders.: Probleme der israelitischen jüdischen Religionsgeschichte, ZAW 48, 1930, 23ff; B.A. Levine: Ugaritic Descriptive Rituals, JCS 17, 1963, 105-111; J. Milgrom: The Biblical Diet Laws as an Ethical System. Int 17, 1963, 288-301; ders.: The Alleged Wave Offering in Israel and in the Ancient Near East, IEJ 22, 1972, 33-38; W. Thiel: Erwägungen zum Alter des Heiligkeitsgesetzes, ZAW 81, 1969, 40-73; L. Urie: Sacrifice Among the West Semites, PEQ 81, 1949, 67-82; H. Wenschkewitz: Die Spiritualisierung der Kultusbegriffe Tempel, Priester und Opfer im Neuen Testament, Angelos 4, 1932, 70-230; J. Wilkinson: Leprosy and Leviticus: The Problem of Description and Identification, SJT 30, 1977, 153-169; P. Wurster: Zur Charakteristik und Geschichte des Priestercodex und Heiligkeitsgesetzes, ZAW 4, 1884, 112-133; Z. Zevit: Converging Lines of Evidence Bearing on the Date of P, ZAW 94, 1982, 481ff; W. Zimmerli: Heiligkeit nach dem sogenannten Heiligkeitsgesetz, VT 30, 1980, 493-512. H.Pe.

LIBANON. »Das weiße Gebirge«. Höchstes und bekanntestes Gebirge Syriens, benannt nach seinen schneebedeckten Gipfeln (vgl. Jer 18,14). Die im N über 3000 m hohe Bergkette erstreckt sich 170 km längs der Mittelmeerküste zwischen Tyrus und Arwad. Nach Jos 13,5 gehörte der L. zum verheißenen Land, lag aber meist jenseits der israelit. N-Grenze. Das Gebirge war reich an Wild (2Kön 14,9; Hab 2,17), Wäldern (Jes 40,16; 60,13;

Zedern auf dem Libanon. (RS)

Schneebedeckte Bergkette im Libanon mit Zedern bei Kadesch. (MEPhA)

Ps 72,16) und Quellen (Hld 4, 15). Berühmt waren seine Zedern (Jes 2,13; Hes 17,3). Vom L. holte Salomo Bauholz und Steine für den Tempel- und Palastbau (1Kön 5,20. 28ff).

Östl. vom L. liegt die Tallandschaft Zölesyrien oder der Bekaa, an deren O-Seite sich die Kette des Antilibanon mit dem *Hermon erhebt.

LIBERTINER s. Freigelassene

LIBNA.

1. Eine bedeutende Stadt in der *Schefela, der Ebene zwischen dem Gebirge Juda und dem Mittelmeer. L. war von Josua eingenommen und dann den Priestern übereignet worden (Jos 10,29f; 15,42; 21,13). Sie fiel von König *Joram (850-844 v.Chr.; 2Kön 8,22) ab. Später wurde L. von *Sanherib (704-681 v.Chr.) belagert (2Kön 19,8.35). L. war der Geburtsort von König *Josias (640-609 v.Chr.) Frau Hamutal (2Kön 23,30f; 24,18). Die von Bliss und Macalister vorgeschlagene Identifizierung L.s mit Tel es-Safi (das Blanchegarde der Kreuzfahrer), das auf einem Kalksteinausläufer 7 km westl. von Aseka liegt, wird inzwischen weithin bestritten. Sanherib wäre kaum daran vorübergezogen, um zuerst *Lachisch anzugreifen, und Jos 15,42 deutet auf eine Ortschaft weiter südöstl. Es gibt wenig Alternativen. Tel Bornat (W.F. Albright, BASOR 15, S. 19) ist zu klein; Tel Judeideh (Tel Goded), nördl. des Beit-Guvrin-Beckens wäre möglich, ist aber nicht gesichert (vgl. Kallai-Kleinmann, VT 8, 1958, 155; G.E. Wright, BA 34, 971,81-85).

2. Ein nicht identifizierter Lagerplatz der Israeliten während ihrer Wüstenwanderung (4Mo 33,20; evtl. auch 5Mo 1,1). J.P.U.L.

LIBNI.

1. Sohn Gerschons und Bruder Schimis, der in 2Mo 6,17; 4Mo 3,18; 1Chr 6,2.5 erwähnt wird. In 1Chr 6,29 steht L. unter den Söhnen Meraris. Die Nachkommen L.s, die »Libniter«, werden als Stamm in 4Mo 3,21; 26,58 erwähnt. »Ladan« in 1Chr 23,7f; 26,21 ist identisch mit L.

2. Levit, Nachkomme Meraris und Sohn Machlis (1Chr 6,14).

LIBYEN. Es taucht erstmalig als *Rbw* (»Libu«) in ägypt. Texten aus dem 13.-12. Jh. v.Chr. auf als feindlicher libyscher Stamm (A.H. Gardiner »Ancient Egyptian Onomastica« 1, 1947, S. 121-122). *Libu* wurde in der Form *lūbīm* der hebr. Ausdruck für L. und die Libyer. *Libys* lautet der allg. griech. Ausdruck für »Libyer«, d.h. für das Land und das Volk westl. von

Das antike Libyen und seine Nachbarn.

Ägypten. Von daher umfassen der hebr. und griech. Ausdruck noch andere libysche Stämme außer dem Stamm »Rbw«. Während des 12.-8. Jh. v.Chr. kamen die Libyer als Reiter, Siedler oder Soldaten in der ägypt. Armee nach Ägypten. Daher rührt die Berühmtheit der Libyer in der Streitmacht *Schischaks (2Chr 12,3), *Serachs (vgl. 2Chr 14,9 mit 16,8) und bei den Truppen der äthiop. Pharaonen, die No-Amon (Theben) nicht vor der assyr. Verwüstung schützen konnten (Nah 3,9). Dan 11,43 kommt ebenfalls auf diese Ereignisse zu sprechen. K.A.K.

LICHT.

1. L. (hebr. *'ōr*, griech. *phōs*), die physische Ursache, durch die etwas sichtbar wird, ist der Gegensatz zu *Finsternis. Die Bibel und auch das rabbinische Schrifttum gebrauchen das Wort L. häufig.

a. L. entsteht durch die freie Schöpfertat Gottes (1Mo 1,3-5) am ersten Schöpfungstag, noch bevor am vierten Tag Lichtquellen, die »Lichter an der Feste des Himmels« (V. 14ff) genannt werden. Gott selbst ist also der »Vater der Lichter« (Jak 1,17).

b. In bildlichen Redewendungen kommt das Wort L. vor, z.B. »redet im Licht« (Mt 10,27), was bedeutet: das sollt ihr vor der Öffentlichkeit bekennen, oder: »wer Arges tut, der haßt das Licht« (Joh 3,20), d.h. der Übeltäter lebt in Angst, seine Taten der Kenntnis anderer preiszugeben.

c. Im übertragenen Sinne wird mit L. bezeichnet, was L. ausstrahlt, also Lichtträger, Leuchtkörper, Fackel, *Lampe, Leuchter. Zuweilen wird L. genannt, was vom L. bestrahlt wird: »was offenbar wird, das ist Licht« (Eph 5,14). »Offenbar« aber ist der Gläubige, der durch die göttliche Offenbarung zu einem L. und Träger der göttlichen Zeugnisse über die Welt geworden ist: »Ihr seid das Licht der Welt« (Mt 5,14).

d. In der rabbinischen Literatur findet sich der Ausdruck L.:

- im ethischen Sinne für alles, was der *Sünde abgewandt oder entgegengesetzt ist, bes. für die Werke der Lauterkeit, Gerechtigkeit und Wahrheit;
- im heilsgeschichtlichen Sinne für Glück, Freude, Heil, Erlösung;
- speziell als L. des *Messias, das ihn umleuchtet, das er den Gerechten bringt, sowie als Messiasname schlechthin.

2. Biblische Sinndeutung.

Im Sprachgebrauch der Bibel ist L. – besonders in den Briefen des Paulus und bei Johannes – ein theologischer Begriff. Gott ist es, der sich als der Herr erweist über L. und Finsternis; er ist es, der das L. macht und die Finsternis schafft, so wie er Frieden gibt und das Übel schafft (Jes 45,7). L. bezeichnet Gott und die Sphäre des Göttlichen. Im Prolog des JohEv.s (Joh 1,1-18) treten Wort und L. in Wechselbeziehung. Das Wort macht den Menschen zum Hörenden, das L. hingegen gewährt ihm die Wahrnehmung, aus der die Erkenntnis entsteht. L. ist jene höchste Gabe Gottes, die dem Leben erst die bewußte, erkennende Innerlichkeit und Geistlichkeit verleiht. So nennt Eph 5,9 als »Frucht des Lichts«: »Güte und Gerechtigkeit und Wahrheit.«

a. »Gott ist Licht« (1Joh 1,5): in diesem Bild für Gottes Wesen ist zusammengefaßt, was Johannes der Gemeinde zu verkünden hat. Gott wird L. genannt, weil er die lautere *Wahrheit und Allwissenheit ist; »er offenbart, was tief und verborgen ist; er weiß, was in der Finsternis liegt, denn bei ihm ist lauter Licht« (Dan 2,22).

b. Gott ist nicht nur sich selbst wesenhaftes L., sondern läßt auch sein Volk teilhaben an seiner lichten Wesenheit; er erhebt über die Seinen das L. seines Antlitzes (4Mo 6,25; Ps 4,7) als Erweis seiner Güte und Erbarmung (vgl. Ps 89,16). So wird Gott L. genannt, weil er den Menschen zum Himmel voranleuchtet (vgl. 2Sam 22,29; Ps 27,1; Jes 60,3.19; 1Joh 1,5), und die Weisung Gottes ist das »Licht der Völker« (Jes 51,4; vgl. Ps 119,105).

c. Jesus als Sohn des Vaters ist der »Abglanz seiner Herrlichkeit und das Ebenbild seines Wesens« (Hebr 1,3). In Jesus Christus ist *Leben und L. (Joh 1,4), wobei diese beiden Begriffe gleichgesetzt werden. Jesus bezeichnet sich als das »Licht der Welt« und sichert denen, die ihm nachfolgen, das »Licht des Lebens« zu (Joh 8,12). Er fordert auf zum Wandel im L. und zum Glauben an das L., damit wir »des Lichtes Kinder« werden (Joh 12,36).

d. Wie Christus wird auch die Gemeinde, sein Leib (Eph 1,22f), als L. bezeichnet (Mt 5,14; Eph 5,8). Das weist darauf hin, daß der Wandel im L. (1Joh 1,7-9) in seinem Gegensatz zum Weg ohne Gott (vgl. Hiob 24, 13) auch das *Bekenntnis vor Menschen und die Seelsorge mit einschließt (Joh 3,20; Eph 5,13; Hebr 13,17). Wer sich selbst richtet, d.h. sich als schuldig bekennt, den wird Gott nicht mehr richten (1Kor 11, 31), während er das im Finstern Verborgene im Endgericht ans L. bringen und den Rat der Herzen offenbaren wird (1Kor 4,5).

e. Im himmlischen *Jerusalem, wenn unser Glaube erfüllt sein wird in unmittelbarer Gottesschau, sehen wir in Gottes L. das L. (Ps 36,10), denn Gott ist wesenhaftes L., von Grund auf Vollkommenheit, Wahrheit und Weisheit. Durchdrungen vom Gotteslicht der

Klarheit und Reinheit, werden wir in seinem L. ihn erkennen als die Ursache der Ursachen, als die Ursache seiner selbst, und werden im L. dieser Erkenntnis selig sein, erleuchtet von der Herrlichkeit Gottes (Offb 21,23ff).

LICHT UND RECHT s. Urim und Tummim

LIEBE.

I. IM ALTEN TESTAMENT.

1. Die Bedeutung des Begriffs.

L. benennt im AT die den Menschen bestimmende Grundkraft in Wille und Gefühl, die ihn in seinen Beziehungen zu Gott und den anderen Menschen antreibt. In verschiedenen hebr. Begriffen wird differenziert zwischen der L. als geschlechtlichem Begehren, als Bestimmung der familiären Bindung, der L. als Beschreibung freundschaftlicher Zuneigung bis hin zur L. als der Begegnungshaltung des Glaubenden gegenüber Gott.

2. Die Liebe Gottes.

Gottes L. ist eine freie, erwählende L., auf die keiner einen Anspruch hat; so lautet die atl. Grundaussage. In solcher L. hat Gott Israel erwählt (vgl. 5Mo 7,7f; Hos 11,1.3). Erwählung und L., in dieser Zusammenstellung, bezeugen die Gottesliebe als Retterliebe. Gott ist zu Israel wie ein liebender Vater und will dieses Volk, das er wie einen erstgeborenen Sohn liebt, aus seiner Not retten (vgl. Jer 31,3-11). Seine L. zu Israel ist erbarmende L., wie die L. einer Mutter, die ihr Kind tröstet (vgl. Jes 66,13). Doch ist die L. Gottes, die Israel erwählt hat, nur konzentrierter Ausdruck seines umfassenden Retterwillens. Schon die Schöpfung ist Liebestun Gottes: Er bereitet dem Menschen, seinem Ebenbild, den Lebens- und Entfaltungsraum. Auch im Sündenfall und seinen zerstörenden Folgen scheint die L. Gottes durch: Die Menschen sterben nicht auf der Stelle; Gott macht ihnen Röcke aus Fellen; der Acker wird verflucht, nicht der Mensch; Gott gibt die Verheißung eines Retters (vgl. 1Mo 3,15).

Die Erwählung Israels in *Abraham ist der konzentrierte Angriff der Gottesliebe zum Heil der Menschen gegen das ausufernde Böse, denn in Abraham sollen alle Geschlechter auf Erden (zeitlich und räumlich) gesegnet werden. Auch die Gebote Gottes sind Erweis seiner L., denn sie wollen nicht Leben pressen und zwingen, sondern erfülltes Leben ermöglichen. Sie sind keine Zwangsmaßnahmen, sondern Schutzräume zur Lebensentfaltung. Gott ist zu Israel ein liebender und deshalb erziehender Vater (5Mo 8,5). An Israel und durch Israel sollen endlich alle Völker die L. Gottes ablesen und erfahren können (vgl. 1Mo 12,1-3; 5Mo 33,3; Jes 42,6).

Gottes L. zu Israel ist eine L. durch Enttäuschungen, Schmerz und Leiden hindurch, denn sein Volk verläßt ihn immer wieder im Ungehorsam (vgl. Jes 1,2ff). Doch Israels Untreue hebt Gottes L. und Treue nicht auf. Er bewahrt seinem Volk – auch durch Gerichte hindurch – seine L. und gibt ihm darin die Verheißung der Rettung. In Hosea 1-3 wird diese Leidensgeschichte der L. Gottes zu seinem Volk am Beispiel einer ungetreuen Ehefrau, die ihr Ehemann doch nicht fallen läßt, eindrücklich entfaltet. Hier (vgl. Hos 11) leuchtet das auf, was dann im NT klar bezeugt wird (vgl. 1Joh 4,16): Das Wesen Gottes ist L.

3. Du sollst lieben . . .

L. ist im bibl. Sinn nicht zuerst Gefühl, sondern tätiger Wille und hingebende Treue. L. ist ein Tun. Deshalb kann solche L. geboten werden (vgl. 5Mo 6,5). Israels Antwort auf Gottes Rettung, auf sein L.-Tun, soll Gehorsam, geübte L. gegenüber Gottes Willen sein. Auch schon das AT sieht mit diesem: »Du sollst lieben, Gott deinen Herrn . . .« (5Mo 6,5) den Gehorsam als Ermöglichung persönlicher, engster Hingabe an Gott. Gott lieben heißt, in allen seinen Wegen wandeln und seinen Geboten gehorchen (vgl. 5Mo 10,12; Jos 22,5). Darin erlebt der Gehorsame die Freude der Gemeinschaft mit Gott und seine rettende Hilfe (vgl. Ps 18,2ff; Ps 116,1ff; Jer 2,2). Israel kann Gott lieben, weil er dieses Volk zuerst in L. erwählt hat.

Diese L. bestimmt aber auch die Lebensverhältnisse der Glieder des Gottesvolkes untereinander. Auch da ist das Gebot »Du sollst deinen Nächsten lieben wie dich selbst« (3Mo 19,18) begründet in dem »Ich bin der Herr«, und beschreibt ein Liebe-Tun. Wohl ist zunächst der »Nächste« (vgl. 5Mo 22,1-4), der Volksgenosse, im Blick, dann aber auch das liebende Tun gegenüber dem Fremdling (vgl. 3Mo 19,33f) und sogar die hilfreiche Tat gegenüber dem Feind (vgl. 2Mo 23,4f; Spr 25,21) geboten.

II. IM NEUEN TESTAMENT.

1. Die verschiedenen Begriffe.

Im Griech. werden gemäß den verschiedenen Ausprägungen der L. unterschiedliche Worte verwendet. *Philia* bezeichnet vornehmlich die Zuneigung blutsmäßiger Beziehungen; *Eros* hat die sinnliche L. im Blick, während *Agape* das allgemeinste Wort für L. ist. Das NT verwendet *Agape* hauptsächlich für die Beziehung zwischen Gott und dem Menschen und nimmt darin die atl. Linie der

Gottesliebe auf, vertieft sie und weitet sie aus.

2. Gottes Liebe zur Welt.

An Jesus Christus, dem Gottessohn, wird klar, daß auch die ntl. Grundlage aller L. das erwählende Liebeshandeln Gottes ist, das in Christus nicht nur Israel gilt, sondern auf alle Menschen ausgeweitet ist (vgl. Joh 3,16). »Gott ist Liebe« (1Joh 4,16) ist eine universale Aussage und gilt als Retterliebe der ganzen Welt (vgl. auch 1Tim 2,4). Die Grundlage dieser Gottesliebe zur Welt ist die L. des Vaters zum Sohn (vgl. Mk 12,6; Joh 15,9). Diese L. des Vaters befähigt den Sohn in und zu seinem Rettungswerk (vgl. Joh 3,35).

Jesus Christus lebt diese L. Gottes zur Welt. Seine Taten, Heilungen, Wunder, Totenauferweckungen sowie seine Verkündigung verdeutlichen und vergewissern die L. Gottes. Solche L. ist Retterliebe und Sünderliebe, wie das Gleichnis vom verlorenen Sohn zutiefst einprägsam verkündigt (vgl. Lk 15,11ff). Gott liebt in Jesus Christus nicht das Liebenswerte, sondern die Sünder, uns Sünder, sogar als wir noch »Feinde waren« (vgl. Röm 5,10). Die L. zum Sünder besiegelt der Sohn Gottes mit seinem Tod am Kreuz. Dort nimmt er unsere Strafe auf sich und versöhnt die Menschen mit Gott. Und der Vater bestätigt und besiegelt dieses Tun der L., indem er den Sohn auferweckt von den Toten und zum Erstling der neuen Schöpfung setzt. Dabei ist die Gottesliebe nicht allgemein, sondern immer personal und individuell; sie meint den einzelnen Menschen ganz persönlich und ruft den einzelnen in die Liebesgemeinschaft der Nachfolge Jesu Christi: In 1Kor 13, dem sogenannten Hohenlied der L., wird die Person Jesu Christi vor Augen gemalt. Er ist so, wie es von der »Liebe« gesagt wird. Jedes einzelne Wort ist durch sein Leben, Reden und Tun gedeckt. In dem Christuslied Phil 2,5ff wird das Liebenshandeln Gottes von Ewigkeit her in seiner geschichtlichen Wirklichkeit an dem »Lebensweg« Jesu Christi gepriesen. Gottes L. ist persönlich und trifft den Menschen deshalb auch als Person.

3. Das Doppelgebot der Liebe.

Dem Jünger Jesu ist die L. geboten (vgl. Mt 22,36ff). L. meint bibl. nie nur einen emotionalen Bereich; die christl. L. geht vom Willen aus und wird gelebt im Tun. Dabei ist das Tun ein Leben im Gehorsam gegenüber dem bibl. Wort. Jesus zu lieben heißt, seine Gebote zu halten (vgl. Joh 14,15). Denn die L. ist des Gesetzes Erfüllung (vgl. Röm 13,10). Das Gesetz, die Gebote Gottes, sind dem Glaubenden keine Zwangsanweisungen mehr, die er nur unter Strafandrohung befolgt; für den Jünger ist es Herzensanliegen, seinem Herrn zuliebe zu leben, aus L. seinen Willen zu tun. Erst der Jünger kann nämlich auch erkennen, daß die Gebote der L. Gottes entspringen; Gott will damit Leben ermöglichen, Leben schützen, Leben zur vollen Entfaltung kommen lassen, ja, die Gebote Gottes leiten zu der Christusbegegnung, zum vollen, d.h. ewigen Leben; die Gebote Gottes nehmen uns in Verwahrung auf den Glauben hin, das Gesetz ist Zuchtmeister auf den Christus zu (vgl. Gal 3,23ff).

»Du sollst Gott lieben«, damit ist die Ermöglichung für den Jünger mitgesetzt. Was das Gesetz unter Strafandrohung fordert, das wirkt im Glaubenden der Geist Gottes (vgl. Gal 5,22f). L. zu Gott ist deshalb nicht rel. Pflicht, sondern die neue Wirklichkeit des Geistbegabten, des Wiedergeborenen, des Kindes Gottes. Wirklichkeit freilich, die ich wollen soll, die ich tun kann, in der ich wachsen darf. Diese Gottesliebe wird kenntlich in ihrer horizontalen Auswirkung. Wer Gott liebt, liebt auch den Bruder (vgl. 1Joh 3,17; 4,20f).

Die Bruderliebe ist die neue Lebensform der Gemeinde Jesu Christi. Der Herr selbst hat sie geboten; sie ist Kennzeichen wahrer Jüngerschaft (vgl. Joh 13,34f; 1Joh 4,21; auch Gal 6,2). Die brüderliche L. ist ein Tun. Die Urgemeinde lebt solche L. in Lebens-, Güter- und Gottesdienstgemeinschaft vor (vgl. Apg 2,42-47). Die brüderliche L. ist tragende L., die auch Sünde deutlich benennt (vgl. Mt 18,15ff), die Lasten des andern mitträgt (Gal 6,2), um den Bruder ringt (vgl. Gal 6,1), mit dem Bruder leidet und sich mit ihm freut (vgl. 1Kor 12,26). Solche L. ist nicht unsere Möglichkeit, sondern vielmehr *die* Frucht des Geistes (vgl. Gal 5,22), ohne die alle anderen Gaben nichts sind (vgl. 1Kor 13,1-3).

Solche L. ist auch nicht auf den Bruder beschränkt. Sie erreicht in helfendem Tun und werbendem Zeugnis auch den Nächsten, nämlich den, der mir in meinem unmittelbaren Lebensbereich begegnet (vgl. Lk 10,25ff). Jesus sieht solche geistgewirkte L. auch als den Maßstab für die Begegnung mit dem Feind und dem Verfolger (vgl. Mt 5,44ff; Lk 6,27ff). Gerade dabei gilt: L. kann geboten werden, weil sie die Lebenswirklichkeit des Jüngers in der Kraft des Heiligen Geistes sein darf.

Ein Christ ist ein zur L. Erweckter, zur L. Befähigter und in Gottes L. Geborgener. H.K.

LIEBESMAHL s. Abendmahl

LIED.

I. EINFÜHRUNG.

1. Lied und Sprache.

Die Fähigkeit des Menschen, sich durch *Sprache anderen mitzuteilen und Wirklichkeit zu beschreiben, zu beeinflussen und neu zu setzen, also schöpferisch zu sein, ist das größte Geschenk, das der Schöpfer seinem Geschöpf gegeben hat. Er läßt den Menschen teilhaben an seiner Macht, was der Bericht über die Namensgebung der Tiere im Paradies hervorhebt. Wer das Wort hat, hat Macht. Im Wort bemächtigt sich der Sprecher des Angesprochenen. Indem er etwas oder jemand anspricht oder bespricht, teilt er seine Sicht darüber mit und beeinflußt so - ob er will oder nicht – seine Hörer oder Leser. Die beiden Pole der Wortmächtigkeit sind Segnen und Fluchen: Großmachen und Gutes wünschen, oder Kleinmachen und Böses herbeischwören. Je eindrücklicher das Wort, desto tiefer die Wirkung. Darum der Versuch, die Wirkung des Wortes zu steigern, indem es in bestimmte Formen gebracht oder bei besonderen Anlässen gesagt wird. Worte wollen wirken. Dazu dient in bestimmten Situationen in hervorragender Weise die *Dichtung. Und hierzu gehört dann auch das L. als eine besonders eindrucksvolle Form des Sprechens.

2. Funktionen des Liedes.

Die Möglichkeiten menschlicher Sprache werden im L. gesteigert und bereichert. Dies zeigt das »Prahllied« (G. v. Rad, ATD ad loc.) Lamechs in 1Mo 4,23b.24, wo das erste Lied, das von einem Menschen überliefert ist, zugleich ein Ausdruck menschlicher Brutalität und Sünde ist: das Lied bereitet Handlungen vor, indem es maßlose Rache verherrlicht und in des Menschen Hand legt (vgl. dagegen: 5Mo 32,35 und Offb 15,3: das »Lied des Lammes« zur Verherrlichung der Gerechtigkeit Gottes). Auch 1Mo 4,21 (Lamechs Sohn Jubal als Stammvater der »Zither- und Flötenspieler«) zeigt, daß Musik und Gesang von Urzeit an dem Menschen eigen ist. Dabei ist zu beachten, daß das L. im bibl. Denken nicht Kunst um der Kunst willen ist, sondern eine bestimmte Funktion hat. Es dient dem »Binden und Entbinden von Kraft« (C. Westermann, RGG^3 IV, 1201) und »war in bibl. Zeit ein wesentlicher, unentbehrlicher Bestandteil des gesamten Lebens, für den einzelnen wie für die Gemeinschaft« (ders., BHH II, 1086). Die Beziehung des gesamten Lebens auf Gott führte dazu, daß eine scharfe Trennung zwischen geistlichen und weltlichen Liedern oft nicht zu ziehen ist (vgl. z.B. Ps 45: »Hochzeitslied eines Königs«).

Eine kleine, bei weitem nicht vollständige Liste von »profanen« Liedern gibt W.J. Martin (*Dichtung). Weitere Bereiche, wo Lieder wichtig waren, sind Krieg (Kampf- und Siegeslieder, vgl. z.B. Ri 5), der Jerusalemer Hof des Königs (vgl. 2Sam 19,35; 23,1), wo seit Davids Königsherrschaft »das bewußt gepflegte Singen und Dichten von Liedern einen wichtigen Faktor des kulturellen Lebens bildete« (BHH II., 1091) und natürlich der *Gottesdienst. Das Singen von Liedern wurde schon im AT als Opfer der Lippen (Hos 14,3; vgl. auch Ps 51,17-19) verstanden (so auch in *Qumran, wo keine Tieropfer möglich waren, 1QS 9,4f; 10,6.8.14; vgl. auch TestLevi 3,8 und TestGad 7,2), das NT nimmt diesen Gedanken auf (Hebr 13,15), der bis heute in den Gesangbüchern der christl. Kirchen lebendig ist (vgl. EKG 346,3). Einzelne Sammlungen von Liedern sind in der Bibel enthalten: Das *Hohelied, eine Sammlung von Liebes- und Hochzeitsliedern, die *Klagelieder und der *Psalter, der eine Fülle verschiedener Liedgattungen und -sammlungen enthält. Die LXX enthält nach dem Psalter eine Sammlung von Gebeten und Liedern aus dem AT und NT, die unter dem Stichwort *odai*, »Lieder«, zusammengefaßt sind. Diese Sammlung macht wie der Psalter ein Phänomen deutlich, das für das Verständnis der bibl. Lieder entscheidend ist: Gedicht und L. sind nicht zu trennen. Die Psalmen z.B. können als Lieder, Gedichte oder Gebete bezeichnet werden. Besonders ihre Überschriften zeigen, wie hier die begrifflichen Grenzen verschwimmen (vgl. Ps 72,20: Abschluß der *tephīllōt*, »Gebete« Davids; zahlreiche Davidspsalmen sind aber in der Überschrift als *schīr*, »Lied«, oder *mismōr*, »Lied, Psalm«, bezeichnet; das Psalmbuch als Ganzes heißt in der hebr. Bibel *tehīlīm*, »Loblieder, Preislieder, Hymnen«). Der Grund dafür liegt in der Rolle der Poesie in Israel und überhaupt im Vorderen Orient: »Es besteht Grund zu der Annahme, daß ein Priesterspruch am Heiligtum oder eine Prophetenrede an die Gemeinde, ja sogar politische Parolen in der Regel rhythmisch gefaßt waren und rhythmisch gefaßt sein mußten. Während für uns öffentliche Rede und Dichtung zweierlei sind, war es für die Israeliten offenbar anders. Während die moderne westliche Gesellschaft letzte Wahrheiten prosaisch zur Sprache bringt, sei es in einer philosophischen Schrift oder in kirchlicher Verkündigung, und Gedichte nach unsrer Meinung nur sinnbildlich davon reden, vermag der alte Orient die tiefen Fragen des menschlichen Daseins nur poetisch zu erörtern. Poesie entsteht weithin nicht durch absichtliches Komponieren nach ästhetischen Regeln, sondern aus sprachlichem Gefühl. Wahrscheinlich traute man darüber hinaus der gebundenen Sprache eine größere Wirkungskraft zu als der gewöhnlichen.

Weiter ist zu bedenken, daß der Semit viel schneller von Prosa zur Poesie überwechselt als unsereiner« (K. Koch, Was ist Formgeschichte?, ²1967, S. 119). So entstanden vielfach aus der jeweiligen Situation heraus kurze, ein- oder zweizeilige Volkslieder (wie z.B. 2Mo 15,21; 4Mo 10,35f; 21,17f; Ri 16,23f; 1Sam 18,7; auch einzelne hymnische Elemente in den ntl. Briefen und der Offb sind wohl Teile im und für den Gottesdienst entstandener L.er), die von den Anwesenden aufgenommen, instrumental oder durch Klatschen begleitet und wiederholt wurden. Neben diese spontane Form des Liedes tritt das planmäßig gearbeitete und komponierte L. bzw. Gedicht des Dichters. In der ganzen Bibel finden sich zahlreiche Beispiele, wie Menschen in Situationen intensiver Gottesbegegnung ihre Gefühle in Liedform ausdrückten (z.B. 2Mo 15,1.20f; Ri 5; 1Sam 2,1-10; Jona 2,2-10; Lk 1,46-55.68-79; 2,29-32). Die Befähigung dazu wird als eine Begabung mit dem Geist Gottes verstanden (vgl. 2Sam 23,2; 1Kön 5,9-14; Lk 1,67; Apg 1,16; Eph 5,19; Kol 3,16). Wie dem frühen Christentum (vgl. Mk 12,36) galt in Teilen des Judentums z.Zt. Jesu besonders David als inspirierter Prophet, wie wir aus einer Psalmenrolle der Höhle 11 von Qumran wissen. Dort wird von David gesagt, daß er 4050 Psalmen gedichtet hat, aufgeteilt in 3600 Hymnen (*tehillīm*), 446 Lieder (*schīr*) und 4 Lieder »die über Besessenen zu spielen sind« (vgl. 1Sam 16,4), und »alle redete er durch Inspiration, die ihm vom Höchsten gegeben war« (11 QPs[a] XXVII, 4-11, auch als 11 QDav Comp bezeichnet).

II. ZUM WORTGEBRAUCH.

1. Im Alten Testament.

a. Die häufigste Wortwurzel für »singen« und damit verbundenen Ausdrücken ist *schjr*; das Subst. *schīr* »Gesang, Lied« kommt im AT 77mal vor (42mal in den Psalmen, davon 30mal in den Überschriften), *schīrāh* (»einzelnes, bestimmtes Lied«) 13mal. Mit letzterem Ausdruck werden bezeichnet: 2Mo 15,1: Meerlied; 4Mo 21,17: Brunnenlied; 5Mo 31,19.21f.30 und 32,44: das Lied des Mose; das Weinberglied Jes 5,1 und das Spottlied auf eine Hafendirne in Jes 23,15f. Die letzten beiden Stellen sind die einzigen rein profanen Lieder, während Ps 18,1 (2Sam 22,1) ein Davidspsalm so bezeichnet ist und in Am 8,3 die Tempellieder. Hier wie bei den anderen Vorkommen der Wurzel ist deutlich, daß es bei *schjr* nicht um ein nur auf ästhetische Wirkung ausgerichtetes Singen geht, sondern um eine poetisch geformte Anrede Gottes, meist in Form des Lobes, die in der Regel von Musikinstrumenten begleitet vorzustellen ist. Besondere Beachtung verdient die Gruppe der sog. Wallfahrtslieder (Ps 120-134; alle tragen die Überschrift *schīr hammaʿalōt*), die eine Art »Wallfahrtsliederbuch« (H.J. Kraus) darstellen, das den Zionpilger während seiner Zeit in Jerusalem begleiten und als »Vade mecum« (K. Seybold) geistlich leiten sollte. Die Bedeutung des Zion für die Lieder Israels zeigen ferner Ps 137,3 und 1Chr 6,16; 25,6.

Die LXX übersetzt das Verb meist mit *adō*, das Substantiv mit *ōdē*; letzteres gelegentlich auch mit *asma, hymnos* oder *psalmos*.

b. Ähnlich wichtig ist die Wurzel *smr*, »singen, spielen«. Das Verb kommt 45mal im AT vor, bis auf 4mal immer im Psalter (die 4 Ausnahmen: Ri 5,3; 2Sam 22,50; Jes 12,5; 1Chr 16,9 aber in psalmenähnlichem Kontext), und wird fast ausschließlich als Aufruf zum Lobpreis gebraucht. Die Substantive *sāmīr* (6mal) und *simrāh* (7mal, beide mit der Bedeutung »Lied, Gesang«) können ebenfalls profane (z.B. 2Sam 23,1: Volkslieder zu Ehren Davids) oder geistliche Lieder (Am 5,23: Lieder beim Opfergottesdienst) bezeichnen. Das von derselben Wurzel abgeleitete *mismōr* (»Gesang mit instrumentaler Begleitung«) begegnet 57mal, und zwar ausschließlich in den Psalmenüberschriften. In der LXX wird die Wurzel *smr* überwiegend mit *psallō* »singen, lobsingen«, im klass. Griech. eigentlich: »ein Saiteninstrument zupfen/spielen, zur Harfe singen«, wiedergegeben.

c. Zu diesen beiden Wurzeln kommen seltener gebrauchte Vokabeln für L. Als »Kunstlied« im Sinne von »kunstvoll gestaltetem Lied« ist nach H.J. Kraus das in den Psalmenüberschriften häufige (Ps 32,42; 44f; 52-55; 74; 78; 88f; 142 und Ps 47,8) *maskīl* zu verstehen. Das »'Kunstlied' sucht das treffende, erhebende, mächtige Wort, das dem besungenen und gepriesenen Gegenstande angemessen ist« (H.J. Kraus, BK XV/1, S. 20).

In Ps 7,1 steht einzig im AT das Wort *schiggājōn* als Bezeichnung für einen Psalm, den David Jahwe sang. Gemeint ist wahrscheinlich ein »erregtes Klagelied« (ebd.). Zweifelhaft ist weiter die Überschrift der Ps 16; 56-60: *miktām*, die Kraus (a.a.O. S. 19) nach der LXX (»Steleninschrift«) als »Gedicht oder Lied, das ein Geschehen unauslöschlich festhält« (wie Hiob 19,23f beschrieben), verstehen will.

2. Im Neuen Testament.

Auch im Bereich des Liedes zeigt sich das NT vielfach und eng mit dem AT verbunden, sowohl von der Terminologie her als auch inhaltlich. Trotz griech. Begriffe finden wir im NT keinen Versuch, den Stil der griech. Götterhymnen nachzuahmen, die ein strenges, von den betonten und unbetonten Silben abhängiges Metrum besaßen. Als Vorbilder wirkten vielmehr die atl. Psalmen, die als Christusprophetie ja ohnehin eine immense

Rolle für das Urchristentum spielten. Die LXX stellte die sprachlich-sachliche Verbindung her. Von ihr bekannte Begriffe wie *psalmos,* »Lied, Loblied, Psalm«, *hymnos,* »Hymnus, Lobgesang«, und *ōdē,* »Lied«, bezeichnen auch die ntl. Lieder, wobei die drei Begriffe nicht unterschiedliche Liedgattungen meinen (vgl. Eph 5,19 und Kol 3,16), sondern den geistgeschenkten Reichtum im Gottesdienst wiedergeben.

Bei *psalmos* (7mal im NT) ist zu beachten, daß hier ein doppelter Wortgebrauch vorliegt: Es bezeichnet zum einen den einzelnen atl. Psalm (Apg 13,33) bzw. den Psalter als Teil des AT (Lk 20,42; 24,44; Apg 1,20) und zum anderen die vom Geist gewirkte Neudichtung, die der Erbauung der Gemeinde im Gottesdienst dient (so in 1Kor 14,26; Eph 5,19; Kol 3,16).

III. DIE BEDEUTUNG DES LIEDES FÜR DEN GOTTESDIENST.

Thema aller geistlichen Lieder der Bibel ist Gott und sein Handeln. Davon wird in der Gemeinde mittels L. berichtet und Gott zugleich singend gedankt. Das Hebr. kennt kein eigentliches Wort für »danken«; wo es im Dt. vorkommt, hat der bibl. Text oft »loben«. Das Lob geschah in Form des Liedes.

1. Im Alten Testament und in der intertestamentaren Zeit.

a. Zwar wissen wir nur sehr wenig über die Einzelheiten des atl. Gottesdienstes, aber daß darin Lieder und Gesang eine herausragende Stellung innehatten, ergibt sich außer aus dem Psalter zweifelsfrei aus Am 5,21-23 und den zahlreichen Angaben der Chronikbücher über die levitischen Sängergilden (vgl. 1Chr 13,8; 15,16-22; 25; 2Chr 5,12f; 29,25-30 u.ö.).

b. Daran ändert sich auch nichts in der sog. intertestamentaren Zeit, wie 1Makk 4,54; 2Makk 1,30 Josephus und Philo belegen (vgl. ThWNT VIII, 499f). Unabhängig vom Tempelgottesdienst entstehen in dieser Zeit zahlreiche neue Lieder und -sammlungen (vgl. JSHRZ Bd. IV, und J.H. Charlesworth, The Old Testament Pseudepigrapha Bd. II, 1985, S. 607-771: Prayers, Psalms and Odes). Besondere Bedeutung haben hier zwei Sammlungen aus *Qumran, die sog. »Loblieder« oder »Hodajot-Lieder« (1QH), die zumindest teilweise vom Gründer der Qumran-Gemeinschaft aus dem 2. Jh. v.Chr. stammen. Die über 30 Lieder sind Weiterentwicklungen der bibl. Dankpsalmen (Text und Übers. bei E. Lohse, Die Texte aus Qumran, [3]1981, S. 109-175). Die andere Gruppe sind die »Lieder für das Sabbatopfer« (4QSirShabb und 11QSirShabb), die der *Essenergemeinde als Ersatz für den im Gesetz Moses beschriebenen Tempelgottesdienst dienten. Die Lieder sind ein Versuch, am himmlischen Gottesdienst der Engel teilzunehmen, sich durch das Singen gleichsam in den Himmel zu versetzen. (Text und Übers. bei C. Newson, Songs of the Sabbath Sacrifice: A Critical Edition, Harvard Semitic Studies 5,1985). In reicher Fülle bieten die Texte der jüd. Hekhalot-Mystik Weiterentwicklungen dieser Gedanken. Wie stark diese Tradition war, zeigen ähnliche Vorstellungen im Hebräerbrief und Offb 4; 5.

2. Im Neuen Testament.

a. Eine wirkliche Beschreibung eines urchristl. Gottesdienstes gibt es im NT nicht. Dennoch reichen die unter II. 2. genannten Stellen aus für folgenden Befund: »1. Das gottesdienstliche Lied besaß in den Versammlungen der urchristlichen Missionsgemeinden eine wesentliche Bedeutung und war ein konstitutiver Teil derselben. 2. Es handelte sich dabei durchaus nicht nur um traditionelle Gesänge, sondern wohl mindestens ebenso häufig um spontane Dichtungen. Sie wurden nicht als bloße menschliche Schöpfungen betrachtet, sondern als Werke des Heiligen Geistes. 3. Inhaltlich war das gottesdienstliche Lied in erster Linie bestimmt durch das in Christus vollbrachte Heilsgeschehen, d.h. es stellte sich überwiegend als Christushymnus dar. 4. Seiner Form nach war es wohl, bei aller Vielfalt der Möglichkeiten, ein 'Psalm', d.h. es fehlte ihm die strenge Metrik des griechischen religiösen Hymnus« (M. Hengel, a.a.O., S. 5). Offb 4 und 5 schildern einen »himmlischen Gottesdienst vor dem Throne Gottes« (ebd.), ebenfalls mit Liedfragmenten, die denen der urchristl. Gottesdienste ähnlich sein dürften.

Die Anmerkung Apg 2,46 über die Abendmahlsfeiern »mit Jubel« (*en agalliasei,* vgl. *Jauchzen) läßt ferner vermuten, daß von Anfang an auch bei diesen Gelegenheiten das Singen geistgewirkter Lieder dazugehörte.

b. Die Bestimmung von Liedern innerhalb der ntl. Schriften ist aufgrund des fehlenden Metrums nicht völlig eindeutig, zumal die Abgrenzung gegenüber Akklamationen, Benediktionen, Doxologien und Bekenntnisformeln schwierig bleibt. Ein Konsens besteht weitgehend bei Joh 1,1-18; Phil 2,5-11; Kol 1,15-20; 1Tim 3,16; 1Petr 2,21-24; Hebr 1,1-4. Dazu kommen noch folgende ernsthaft erwogene Texte: Röm 11,33-36; Eph 1,20-23; 2,14-18; 1Petr 3,18-22; Offb 5,9-13; 15,3f; 19,5-8.

Hypothetisch bleiben aber alle Versuche, den genauen Umfang der Lieder herauszuarbeiten. Sehr wahrscheinlich ist, daß viele Lieder von Anfang an im Wechselgesang gesungen wurden, wobei zwei Arten zu unterscheiden sind: Entweder der Vorsänger singt vor und die Gemeinde wiederholt es, oder zwei Gruppen singen im Wechsel.

c. Das »neue Lied«.

In dieser Gestalt findet sich der Ausdruck schon im AT als Aufforderung (Ps 33,3; 96,1; 98,1; 144,9; Jes 42,10 u.ö.), Gott für seine neuen Taten mit einem neuen L. zu danken. Das alte L. war nicht länger ausreichend, weil Gott Neues und Wunderbares geschaffen hat. Im gleichen Sinn ist dieser Gedanke in Offb 5,9 und 14,3 verwendet: Die eschatologische Erneuerung der Schöpfung durch den Messias Gottes ist Ursache des neuen Liedes, denn »über den Inhalt prosaisch formulierter Bekenntnisformeln hinaus drängte der Geist dazu, im 'neuen Lied' des Christushymnus Neues, Gewagteres, Größeres auszusprechen, weil die menschliche Sprache aufgrund ihrer Erdenschwere Gott immer zu wenig zutraut. Der Geist suchte wie im alten Israel bei David, den Propheten, aber auch bei den Griechen, die poetisch gebundene Form, um hyperbolisch Dinge zu sagen, die für die Sprache der Prosa noch nicht reif waren, die man nur in der Form preisender Erzählung des Liedes, im gottbegeisterten Singen zur Sprache bringen konnte« (M. Hengel, a.a.O., S. 22). Wesentlich ist, daß die ganz überwiegende Anzahl aller ntl. und frühchristl. Stücke mit hymnischem Charakter nicht mehr auf Gott den Vater bezogen sind (wie die atl. Hymnen), sondern das Heilswerk Jesu im L. nacherzählen. So sind die Christuspsalmen inhaltlich und nicht formal als »neues Lied« zu verstehen.

3. In der nachapostolischen Zeit.

Aus allem, was wir über diese Zeit wissen, geht hervor, daß Lieder immer wichtiger Bestandteil der christl. Gottesdienste waren (vgl. Plin.epist. X, 96,7; IgnRö 2,2; IgnEph 4,1f; Eus.h.e. V, 28,5). Doch hörte im 2. Jh. das freie, spontan vom Geist inspirierte Singen auf, weil Gnostiker und andere Häretiker bevorzugt dieses Medium benützten, um ihre Lehren in die Gemeinden zu tragen (vgl. Eus.h.e. VII, 30,10f; M. Hengel, a.a.O., S. 14). Statt dessen wurden wieder die bibl. Lieder, besonders die Psalmen, als »Gesangbuch« verwendet. So erklärt es sich auch, daß aus dieser Zeit zwar eine reiche Anzahl gnostischer Lieder und Hymnen bekannt ist, aber nur sehr wenig kirchliches Liedgut (IgnEph 7,2; 19,1ff enthält hymnische Texte; eine Sammlung und Besprechung aller einschlägigen Texte für das 2. und 3. Jh. bietet M. Hengel a.a.O.).

Literatur: EWNT III, 1983, 1208f; H. Balz: EWNT III, 1983, 1183-1186; H. Bardtke: RGG³, V, 596-602; Ch. Barth: ThWAT II, 1977, 603-612; K.-H. Bartels: TBLNT II, ⁴1986, 906-911; R. Deichgräber: Gotteshymnus und Christushymnus in der frühen Christenheit, StUNT 5, 1967; G. Delling: ThWNT VIII, 1969, 492-506; R. Ficker: THAT II, ³1984, 895-898; K.E. Grözinger: Musik und Gesang in der Theologie der frühen jüdischen Literatur, TSAJ 3, 1982; M. Hengel: Hymnus und Christologie, in: Wort in der Zeit, FS K.H. Rengstorf, 1980, 1-23; ders.: Das Christuslied im frühesten Gottesdienst, in: Weisheit Gottes - Weisheit der Welt, FS Kardinal Ratzinger, 1987, 357-404; H.J. Kraus: Psalmen, BKAT XV/1, ⁵1978, bes. §§ 1-5 der Einleitung; M. Rutenfranz: EWNT III, 1983, 938-940; H. Schlier: ThWNT I, 1933, 163-165; K. Seybold: Die Wallfahrtspsalmen, BThSt 3, 1978; ders.: Die Psalmen, 1986; C. Westermann: RGG³ IV, 1201-1205; ders.: BHH II, 1086-1093. R.D.

LILIE s. Pflanzen

LINKE, LINKS s. Rechts/Links

LINSE s. Ernährung

LINUS. (Griech. *Linos*). Alter griech. Eigenname, abgeleitet aus der gleichlautenden Bezeichnung für ein Lied zur Weinernte (Homer, Ilias 18, 569-72); personifiziert als Sohn des Apoll und Lehrer des Herakles. Plinius d.Ä. nennt diesen L. als Musterbeispiel eines Komponisten und Kitharaspielers (Hist. nat. 7, 204; abgeschlossen 77 n.Chr.).

Im NT (2Tim 4,21) ist L. mit Eubulus, *Pudens und Klaudia von *Paulus namentlich als ein Mitchrist genannt, der Grüße an Timotheus sendet. Der wahrscheinlich in *Rom geschriebene *2. Timotheusbrief läßt L. als vertrautes und wohl auch führendes Mitglied der röm. Gemeinde erscheinen. Irenäus (Iren. 3,3,3; ca. 180 n.Chr.) bietet die älteste uns erhaltene Zusatzinformation: Er kennzeichnet L. als den ersten *»Bischof« von Rom nach *Petrus, von diesem selbst in sein Amt eingeführt. Diese Angabe setzte sich trotz einer Abweichung bei Tertullian, der Clemens als Petrus-Nachfolger nennt (De praescriptione haereticorum 32, ca. 200 n.Chr.) allg. durch. Euseb (h.e. 3,2; ca. 325 n.Chr.) bestätigt diese Angabe und betont wie Irenäus ausdrücklich die Identität mit dem L. des 2. Timotheusbriefs. In h.e. 3,13 ergänzt er, daß L. nach zwölf Amtsjahren während des zweiten Jahres des Kaisers *Titus (25. Juni 79 bis 24. Juni 80) Anenclet zu seinem Nachfolger machte. Im Rückschluß ermöglichen diese Daten auch eine Aussage über den Tod des Petrus (2. Halbjahr 67, spätestens Mitte 68), die Hieronymus' Fassung des Chronikons des Euseb bestätigt, in dem der Tod des Petrus auf das 14. Jahr *Neros (14. Oktober 67 bis 9. Juni 68) datiert wird. Die präzisen Angaben Eusebs sind späteren Berechnungen gewichen, die – vom irrtümlichen Petrus-Todesjahr 64 ausgehend – den Tod des L. ins Jahr 76 verlegten. Nach dem Liber Pontificalis (6. Jh.) stammte L. aus der Regio Tusciae. In den Apostolischen Konstitutionen 7, 46 (ca. 380 n.Chr.) findet sich die

Angabe, daß er ein Sohn der Klaudia war, was wohl auf die Klaudia der Grußliste 2Tim 4,21 schließen lassen soll. Später kam die Hypothese auf, auch der Pudens dieser Liste stehe in verwandtschaftlicher Beziehung und könnte der Vater des L. gewesen sein. Solche Überlegungen fanden ihren Anlaß auch darin, daß alle drei Namen in den Epigrammen des zeitgenössischen spanischen, aber lange in Rom ansässigen Dichters Martial (ca. 40-102 n.Chr.) erscheinen: 1,76 (Linus); 1,31 (Pudens); 4,13 (Pudens und Klaudia). Eine glaubhafte Beziehung der Personen Martials zu denen des 2. Timotheusbriefs ist jedoch noch nicht hergestellt worden. In der Kunstgeschichte erscheint L. vergleichsweise selten. Ein Fresko des 11. Jh. in San Pietro a Grado bei Pisa zeigt ihn beim Begräbnis des Petrus. Die röm.-katholische Kirche führte L. bis 1969 als Märtyrer-Heiligen; sein Festtag war der 23. September. C.P.Th.

LIPPE. Sowohl das hebr. Wort *sāpāh*, als auch (weniger häufig) das griech. Wort *cheilos* bezeichnen nicht nur die menschliche L., sondern auch den Strand, die Küste des Meeres oder das Ufer eines Flusses (1Mo 22,17; 41,3; Hebr 11,12). Das hebr. Wort bezeichnet auch den Saum eines Gewandes (2Mo 28,26); seine primäre Bedeutung jedoch ist L. Ein anderes hebr. Wort, *sāpām*, bezieht sich auf die Oberlippe oder den Schnurrbart; deswegen auf den Schnurrbart, weil er die L. bedeckt, so wie die Hand oder das Kleid, als Zeichen des Kummers oder der Scham (3Mo 13,45) die L. bedecken können (vgl. die Bemerkung zum Bedecken des Gesichtes in 2Sam 19,5).

In bezug auf die L.n finden wir klare Beispiele über die hebr. Sprechweise, wobei die Organe selber zu fühlen und zu handeln scheinen, was teilweise auf das Pars-Pro-Toto-Denken, teilweise aber auf die physiologische Unkenntnis des Nervensystems zurückgeht. Die Verbindung zwischen L. und Geist bzw. dem Herzen kommt in Spr 16,23 zum Ausdruck.

Die L.n sprechen nicht nur (Hiob 27,4), sie lobsingen laut vor Freude (Ps 71,23), zittern vor Furcht (Hab 3, 16), bewahren die Erkenntnis (Spr 5, 2), preisen (Ps 63,4), verantworten sich (Hiob 13,6) und besitzen ethische Qualitäten wie Vertrauenswürdigkeit oder Gerechtigkeit. Im Gegensatz dazu können sie auch sündigen oder lügen (Hiob 2,10; Spr 12,19 RevEB; 16,13 RevEB). Die Parallele zu *Zunge oder *Mund liegt in der Natur der Sache, so daß sie auch weitgehend im gleichen Sinne gebraucht werden (Ps 34,14; 51,17). Ebenso wie Zunge oder Mund kann L. auf Rede oder Sprache (1Mo 11,1; Hiob 12,20; Jes 19,18) übertragen werden. B.O.B.

LIST.

1. In der Jakobsüberlieferung (1Mo 30,25-43) ist L. im positiven Sinn gemeint: der Einsatz geistiger Kraft seitens des Schwächeren gegenüber dem Mächtigeren. Das hebr. Wort *ʿārūm*, »listig«, hat in der alten Weisheit die Bedeutung von »schlau« (Spr 12,23; LÜ: verständig; RevEB: klug), wird aber in der späteren Weisheit auch negativ im Sinne von »Verschlagenheit« verstanden (Hiob 5,12f; LÜ, RevEB: klug).

2. Das im NT verwendete Wort *dolos*, »List, Betrug« bezeichnet in der atl. Tradition den Gott abgewandten, trügerischen Menschen, der heimtückische Machenschaften einsetzt. Die Weisheitsliteratur verwendet dafür ganz verschiedene Wörter (Spr 12,5. 20; 16,28; Weish 1,5; 4,11). In den Ps ist das Treiben der Feinde im Reden und Handeln als listig, falsch, heimtückisch charakterisiert (36,2-5).

3. Auf dem Hintergrund der atl. Tradition vom leidenden Gerechten wird in der Passionsgeschichte darauf hingewiesen, daß die Gegner Jesu beabsichtigten, ihn »mit List« gefangenzunehmen (Mk 14,1 par.). In der Apg wird das glaubensfeindliche Verhalten des Zauberers Elymas als das eines Menschen »voll aller List« charakterisiert (13,8-10).

4. In den ntl. Lasterkatalogen kennzeichnet L. den in Gottlosigkeit, Ungerechtigkeit und Bosheit lebenden Menschen (Mk 7,22; Röm 1,18-32).

5. Bei Paulus steht die L. auch als Kennzeichen »falscher Apostel« (2Kor 4,2; 11,3f.13). Die Verkündigung des Apostels erfolgt »ohne List« (1Thess 2,3).

6. Zweimal taucht im NT das Wort *methodeia*, »trügerisches Spiel, listige Anschläge«, auf (Eph 4,14; 6,11); es bezeichnet ein arglistiges Vorgehen, welches zum Irrtum führt.

7. Im Sinn von Täuschung, Verführung, Trug steht im NT auch *apatē* (Mk 4,19; Eph 4,22; 5,6; 2Thess 2,10).

Literatur: A. Oepke: ThWNT I, 1933, 383f; W. Michaelis: ThWNT V, 1954, 106-108; S. Wibbing: BHH II, 1964, 1095; O. Keel: Feinde und Gottesleugner, 1969, 155-215; W. Bühlmann: Vom rechten Reden und Schweigen, 1976, 232f; L. Oberlinner: EWNT I, 1980, 830-832. W.Bm.

LOB. Im AT sind die gebräuchlichsten Wörter für L. *hālal*, dessen ursprüngliche Bedeutung mit »Krach machen« verbunden war, *jādah*, das ursprünglich die Körperbewegung und die Gestik, die ein L. begleitet, bezeichnete, und *sāmar*, das das L. Gottes durch Gesang und Instrumente bezeichnet. Im NT ist *eucharistein* (wörtl. »dankbar sein«) am gebräuchlichsten. Es betont eine stärkere Innigkeit des Lobenden mit der gelobten Person als das mehr formale *eulogein*, »preisen«.

Die ganze Bibel ist voll von Ausbrüchen des Lobes. Sie entstehen spontan aus einer »Grundstimmung« der Freude, die das Leben des Volkes Gottes kennzeichnet. Gott hat Freude und Wohlgefallen an seinen Schöpfungswerken (1Mo 1; Ps 104,31; Spr 8,30-31). Alle Geschöpfe, einschließlich der Engel, drücken ihre Freude im L. aus (Hiob 38,4-7; Offb 4,6-11). Der Mensch wurde geschaffen, um sich an Gottes Werken zu erfreuen (Ps 90,14), und erfüllt seine Bestimmung, wenn er Gottes Gaben bejaht (Pred 8,15; 9,7; 11,9; Phil 4,4).

Das Kommen des Reiches Gottes mitten in diese Welt hinein wird gekennzeichnet durch die Erneuerung der Freude und des Lobes bei Gottes Volk und bei der gesamten Kreatur (Jes 9,2; Ps 96,11-13; Offb 5,9-14; Lk 2,13-14). Ein Vorgeschmack dessen wird im Ritus und im Gottesdienst des Tempels erfahrbar, wo aus reiner Freude über die erlösende Gegenwart Gottes L. aufbricht (5Mo 27,7; 4Mo 10,10; 3Mo 23,40). Gott wird auf der Erde gelobt für das Werk der Schöpfung und der Erlösung (Ps 24; 136); hierin spiegelt sich das irdische Abbild des himmlischen Lobes wider (Offb 4,11; 5,9-10). Von daher ist das L. Gottes ein Kennzeichen des Volkes Gottes (1Petr 2,9; Eph 1,3-14; Phil 1,11). Charakteristisch für die Heiden ist die Verweigerung des Lobes Gottes (Röm 1,21; Offb 16,9). Der Akt des Lobens schließt die innige Gemeinschaft mit demjenigen, der gelobt wird, ein. »Von daher ist Lob nicht nur der Ausdruck, sondern die Erfüllung der Freude – es ist praktizierte Vollendung ... Mit seiner Aufforderung, ihn zu preisen, lädt Gott uns ein, mit ihm zur Freude zu gelangen« (C.S. Lewis, Reflections on the Psalms, 1958, S. 95).

Außerdem wird das L. Gottes häufig nachdrücklich als eine Pflicht des Menschen dargestellt, die nicht von einer Stimmung, einem Gefühl oder den Umständen abhängt (vgl. Hiob 1,21). Das »vor dem Herrn fröhlich sein« ist ein Teil des angeordneten Rituals im öffentlichen Leben seines Volkes (5Mo 12,7; 16,11f). Darin spornen sich Menschen gegenseitig zum L. an oder ermahnen einander. Es gibt Psalmen, in denen das L. des einzelnen ausgedrückt wird, aber immer war das Bewußtsein vorhanden, daß innerhalb der Versammlung das Loben am besten verwirklicht werden kann (Ps 22,23f; 34,3f; 35,18). Dort bringt es nicht nur Dank und Ehre Gott dar (Ps 50,23), sondern wird auch zum Zeugnis für Gottes Volk (Ps 51,12-15).

Die Leviten trafen aufwendige Vorbereitungen für die Durchführung des Lobes Gottes im Tempel. In der Liturgie und in heiligen Prozessionen »mit Frohlocken und Danken« (Ps 42, 5) wurden die Psalmen gesungen. Der Gesang war vermutlich antiphonisch, mit zwei Chören oder mit Solist und Chor. Der Tanz, der von alters her Ausdruck des Lobes war (2Mo 15,20; 2Sam 6,14), wurde ebenfalls im Tempel gepflegt (Ps 149,3; 150,4). Ps 150 zählt Musikinstrumente auf, die zum L. Gottes verwendet wurden (*Musik und Musikinstrumente). Auch die ersten Christen drückten ihre Freude durch ihre Teilnahme am Tempelgottesdienst aus (Lk 24,53; Apg 3,1). Aber ihre Erfahrung eines neuen Lebens in Christus strebte nach neuen Formen des Lobes (Mk 2, 22). Freude war die vorherrschende Stimmung des christl. Lebens; und so wurde der liturgische Gottesdienst und das L., das ja von der Freude inspiriert wurde, nirgendwo beschrieben oder vorgeschrieben, denn es wurde für selbstverständlich gehalten. Menschen, die die heilende und reinigende Kraft Jesu erfahren hatten, brachen in spontanes L. aus (Lk 18,43; Mk 2,12). Ebenso gibt es in der apostol. Gemeinde zahlreiche Beispiele spontanen Lobes, wo Menschen anfingen, die Macht und Güte Gottes in Christus zu sehen und zu erfassen (Apg 2,46f; 3,8; 11,18; 16,25; Eph 1,1-14).

Die Psalmen wurden zweifellos verwendet, um das L. der frühen Kirche auszudrücken (Kol 3,16; vgl. Mt 26,30). Es gab aber auch neue christl. Hymnen (vgl. Offb 5,9-14), worauf in Kol 3,16 und in 1Kor 14,26 Bezug genommen wird. Wir haben Beispiele solcher Inspirationen zu neuen Formen des Lobes im Magnificat, Benedictus und Nunc Dimittis (Lk 1,46-55.68-79; 2,29-32). An anderen ntl. Stellen haben wir Beispiele des liturgischen Lobes der frühen Kirche. Von seiner literarischen Form und seinem Inhalt her scheint Phil 2,6-11 als Lobhymnus auf Christus geschaffen und rezitiert worden zu sein. Vermutlich haben wir in Stellen wie 1Tim 3,16 Wiedergaben oder Zitate alter Hymnen. Die Doxologien in der Offenbarung (vgl. Offb 1,4-7; 5,9-14; 15,3-4) dürften in Gottesdiensten benutzt worden sein, um das L. der Versammlung auszudrücken.

Bemerkenswert ist auch die enge Verbindung zwischen L. und Opfer. Im Opferritus des AT gab es ebenso wie für die Sühnung einen Platz für das Dankopfer (vgl. 3Mo 7,11-21). Dankbarkeit sollte das grundlegende Motiv für die Darbringung der Erstlingsgaben zum Altar sein (5Mo 26,1-11). Ein Opfer, das

Gott gefällt, ist das Darbringen des Lobes als eine Frucht der Lippen (Hebr 13,15; Hos 14,2; Ps 119,108). In der priesterlichen Selbstdarbringung Jesu hat dieser Aspekt der Danksagung seinen Platz (Mk 14,22-23.26; Joh 17,1-2; Mt 11,25-27). Das Leben der Christen sollte dementsprechend eine dankbare Selbsthingabe sein (Röm 12,1) in Erfüllung ihrer königlichen Priesterschaft (Offb 1,5-6; 1Petr 2,9). So verbindet ein solches Opfer der Selbsthingabe im Leben der Christen ganz real inmitten des Leides L. und Leiden miteinander (Phil 2,17). Danksagung heiligt nicht nur das Leiden, sondern alle Aspekte des christl. Lebens (1Tim 4,4-5; 1Kor 10,30-31; 1Thess 5,16-18). So sollte ein Gebet, wie sorgenbeladen es auch sein mag, immer auch L. enthalten (Phil 4,6).

Literatur: C. Westermann: THAT I, ^{3}1978, 493-502; ders.: Lob und Klage in den Psalmen, ^{6}1983; H. Bärend: BBW 1982, S. 245–249. R.S.W.

LOBGESANG. In Mt 26,30 par. Mk 14,26 ist vom L. (so die LÜ für griech. *hymnēsantes*) die Rede, den Jesus mit seinen Jüngern nach der Einsetzung des *Abendmahls gesungen hat. Weil das Abendmahl ein Passamahl war, ist es am wahrscheinlichsten, hinter diesem L. das jüd. »Hallel« zu sehen. Der Ausdruck bezeichnet die liturgische Verwendung der Ps 113-118. Während der Zeit des Jerusalemer Tempels waren sie Bestandteil der Festtagsliturgie bei den Wallfahrtsfesten, ebenso bei einigen anderen Feiertagen. An bestimmten Tagen wurden Ps 115,1-11 und 116,1-11 ausgelassen. Man spricht dann vom »halben« oder »kleinen Hallel«. Am *Passafest wurde das Hallel bei der Schlachtung der Passaopfer rezitiert, als Ausdruck des Dankes für die Wundertaten beim *Auszug aus Ägypten (daher auch der Name »ägypt. Hallel«, vgl. Ber 56a). Bei der häuslichen Passamahlfeier wird es in zwei Teilen gesungen bzw. rezitiert: Ps 113 und 114 vor der eigentlichen Mahlzeit, Ps 115-118 folgten dem Dankgebet nach der Mahlzeit. Gesungen wird entweder von allen Tischgenossen gemeinsam (so wohl Jesus zusammen mit den Jüngern) oder im Wechselgesang, wobei einer als Vorsänger fungiert (vgl. *Lied).

Literatur: Bill. IV, 1, 45f.69-73; M.E. Jernensky: Encyclopaedia Judaica VII, 1931, 875f. R.D.

LOBOPFER s. Opfer

LOD/LYDDA. Ort am Rand der *Scharon-Ebene (vgl. Apg 9,35), etwa 18 km südöstl. von Tel Aviv, an der Straße von *Jafo nach *Jerusalem (vgl. Apg 9,32.38) in der Nähe des heutigen israelischen Großflughafens. L. ist schon in einer Liste (Nr. 64) des Pharao Thutmosis III. (15. Jh. v.Chr.) erwähnt. Laut 1Chr 8,12 wurde es von dem Benjaminiten Schemer gegründet und nach dem Exil wiederbesiedelt (Esr 2,33; Neh 7,32; 11,35). Es ist allerdings unsicher, ob die Gegend von L. in pers. Zeit zur Tempelprovinz Jehud gehörte (LDB, 431f). Seit der hellen. Zeit trug L. den Namen Lydda. Während des Makkabäer-Aufstands wurde es von *Samaria abgetrennt (145 v.Chr.) und kam unter jüd. Herrschaft (1Makk 11,34.57). Unter den Römern hatte L. im 1. Jh. v.Chr. eine wechselvolle Geschichte (Jos.ant.Jud. XIV, 208.275). In ntl. Zeit war es ein großer jüd. Ort (Jos.bell. Jud. II, 515; ant.Jud. XX, 130) und Sitz einer Toparchie (Jos.bell.Jud. III, 55; Plin.nat. V. 14,70). Schon früh (vor 44 n.Chr.) gab es hier eine christl. Gemeinde (Apg 9,32). Altkirchliche Nachrichten über eine Gründung durch *Josef von Arimathäa oder einen Jesus-Jünger namens Zenas sind unsicher (Bagatti 160). Während seiner erfolgreichen Evangelisationstätigkeit in der Scharon-Ebene heilte Petrus in L. den gelähmten Äneas (Apg 9,33-35), dessen Namen auf die Hellenisierung der dortigen Juden hinweist. Während des jüd. Aufstands wurde L. 66 n.Chr. zerstört (Jos.bell.Jud. II, 515), aber schon zwei Jahre später siedelte Kaiser Vespasian hier friedlich gesinnte Juden an (Jos.bell.Jud. IV, 444). Für einige Zeit wurde der Ort ein Zentrum jüd. Gelehrsamkeit, auch Rabbi Akiba hielt sich hier auf (bell.Jud. II, 693). Vielleicht hat man während der Zeit Domitians (81-96 n.Chr.) Rabbi Eliezer Ben Hyrkanus wegen des Verdachts christl. Neigungen vor ein röm. Gericht gestellt (A. Schlatter, Kirche und Synagoge, 1966, 103-106). Unter Septimius Severus (193-211 n.Chr.) wurde L. röm. Kolonie und hieß Diospolis. Der Name setzte sich aber auf Dauer nicht durch, denn die Araber nannten es El-Ludd, heute heißt es wieder L. In byzantin. Zeit wurde L. Bischofssitz, und hier fand das Verhör des Pelagius statt (451 n.Chr.). Im 5. Jh. hat man zu Ehren des heiligen Georg eine Kirche errichtet, als dessen Geburts- und Begräbnisort L. galt. Nach einer schwer faßbaren Legende (J.G. Plöger, Heilige im heiligen Land, 1982, 98-103) starb er als röm. Soldat während der diokletianischen Verfolgung (303-305) den Märtyrertod. Unter dem Namen El-Khader (der Grüne) vermischten sich in der moslemischen Legende Züge des heiligen Georg und des *Elia. Anstelle der zerstörten Basilika errichteten die Kreuzfahrer im 12. Jh. eine befestigte Kathedrale. Durch die engl. Kreuzritter unter Richard Löwenherz wurde Georg zum Nationalpatron Englands (seit 1222). Über dem zerstörten Kreuzfahrerbau steht eine Moschee, in welche Architekturteile der älteren Kirchen einbezogen sind. In der 1973 daneben errichteten griech.-orthodoxen Kirche sind in der Krypta Teile des Kreuzfahrer- und im Hof solche des byzantin. Baus zu sehen. Nicht weit von L., ca. 11 km südwestl., liegt Modein (R. Hanhart, BHH II, 1964, 1232) die Heimat der *Makkabäer-Familie (1Makk 2,1), der Ausgangspunkt ihres Aufstands gegen *Antiochus IV. (1Makk 2,23) und schließlich ihre Grabstätte (1Makk 13,25-30).

Literatur: F.M. Abel: Géographie de la Palestine, [3]1967, 370; C. Möller, G. Schmitt: Siedlungen Palästinas nach Flavius Josephus, 1976, 131; M. Hengel: ZDPV 99 (1983), 170; B. Bagatti: Antichi villaggi cristiani di Samaria, 1979, 160-169; R. Gonen: Führer zu den Heiligen Stätten der Christenheit, 1988, 182f.

R.R.

LODEBAR. »Ohne Worte«. Ort östl. des Jordan (2Sam 9,4; 17,27; Jos 13, 26). Vielleicht das heutige Umm ed-Dabar südl. vom Wadi el Arab, einem linken Nebenfluß des Jordan südl. vom *Jarmuk.

Dort lebte Mefi-Boschet, der Sohn Jonatans, bevor ihn David zu sich an den Hof holen ließ (2Sam 9,4ff). Aus L. stammte Macher, der Sohn Ammiëls, der David auf seiner Flucht vor Absalom zu Hilfe kam (1Sam 17,27; s.a.*Debir 3). J.D.D.

LÖFFEL. (Hebr. *kappōt*, »hohle Hände«). L. werden in der Bibel nur als Geräte des Heiligtums genannt (4Mo 4,7; 7,13f; 1Kön 7,50; 2Kön 25,14; 2Chr 4,22). Vermutlich handelt es sich um kleine, mit Handgriffen versehene Schalen, in denen das Räucherwerk auf den Räucheraltar gebracht wurde.

LOG s. Maße und Gewichte

LOGOS.

I. WORTBEDEUTUNG.

Das griech. Wort *logos*, das im außerbibl. Griech. eine große Bedeutungsvielfalt aufweist (s. dazu ThWNT IV, S. 73f; 76ff), ist im NT – wie schon in der LXX – ganz überwiegend in der Bedeutung »Wort« gebraucht. Besonderes Gewicht kommt dabei dem Ausdruck »das Wort Gottes« bzw. »das Wort des Herrn« zu, für den auch die Kurzform »das Wort« stehen kann. Der Ausdruck bezeichnet vor allem folgende Größen:

1. einzelne Gottesworte des AT (Mk 7,13 par.; Joh 10,35; Röm 9,6 – Paulus hat hier die Segensverheißung von 1Mo 12,2f im Blick);

2. die Botschaft Jesu (Mk 2,2; 4,33; Lk 5,1; 8,11.21; 11,28);

3. das Offenbarungswort Jesu Christi, das die »Wahrheit« Gottes und damit das »ewige Leben« erschließt (Joh 17,6.14.17; vgl. 3,34; 5,38; 6,63.68; 15,3);

4. das zunächst von den *Aposteln und dann auch von den frühchristl. Predigern und *Lehrern verkündigte *Evangelium von Jesus Christus und dem in ihm beschlossenen Heil (Mk 16,20; Lk 1,2; Apg 4,29.31; 6,2.4.7; 8,4.14.25; 10,36 u.ö.; 1Kor 14,36; 2Kor 2,17; 4,2; Gal 6,6; Phil 1,14; Kol 1,25; 1Thess 1,6.8; 2,13; 2Thess 3,1; 2Tim 2,9; 4,2; Tit 1,3; 2,5; 1Petr 1,23; 2,8; 1Joh 1,10; 2,5.14; Hebr 13, 7; Offb 1,9; 6,9; 20,4).

An drei Stellen des NT findet sich ein ganz eigentümlicher Gebrauch des Begriffs *logos*, insofern hier Jesus Christus selbst als das »Wort« bezeichnet wird: Joh 1,1-18 (V. 1.14); 1Joh 1,1; Offb 19,13.

II. JOHANNES 1,1–18.

1. Dem Prolog des JohEv.s (Joh 1, 1-18) liegt ein Hymnus zugrunde, der zu jenen frühchristl. »Psalmen und Liedern« gehört, die »Christus, das Wort Gottes, besingen, indem sie seine Gottheit verkündigen« (Eus.h.e. V, 28,5). Der Hymnus umfaßt folgende Verse: 1-5; 9-12b (». . . Gottes Kinder zu werden«), 14 und 16. Der Evangelist hat diesen Hymnus an vier Stellen durch Anmerkungen kommentiert (V. 6-8; V. 12c.13; V. 15; V. 17.18); in den Wortlaut des Hymnus selbst hat er jedoch nicht eingegriffen und schon dadurch dokumentiert, daß er sich dessen Aussagen voll und ganz zu eigen macht.

2. Thema des Hymnus – und entsprechend auch des Prologs – ist der *Logos* Jesus Christus, seine Person und sein Werk. Dabei handeln die V. 1-9 von dem präexistenten, die V. 10ff von dem menschgewordenen L.

a. Die ersten Sätze des Hymnus (V. 1.2) sprechen von dem ewigen Sein des L. und beschreiben es als ewiges Sein in der personalen Zugehörigkeit zu Gott und in der vollkommenen Wesensidentität mit Gott. Der L. ist zwar nicht personidentisch mit Gott, dem Vater; er ist aber wie dieser wahrer und wirklicher Gott (V. 1c). In V. 3 schreitet die Betrachtung weiter von dem Gott-Sein des L. zu seinem Schöpfer-Sein: Er, der selbst nicht auf die Seite der Kreatur gehört, ist der Schöpfungsmittler, dem alles Geschaffene sein Dasein verdankt (vgl. Kol 1,16; Hebr 1,2). Aus dieser Schöpfungsmittlerschaft folgt notwendig, daß die ganze Schöpfung - und also auch jeder Mensch! – unter dem Herrschaftsanspruch des L. steht. Die kosmologischen Aussagen von V. 4f kennzeichnen sodann (unter Bezugnahme auf 1Mo 1,3-5) den L. als das Lebensprinzip der Schöpfung. Durch ihn, der als das »Licht« die chaotische Finsternis ein für allemal in ihre Grenzen gewiesen hat, wird alles Geschaffene kontinuierlich im Sein erhalten und bewahrt. V. 9 führt diesen Gedanken anthropologisch weiter: Als das »wahre« Licht, das »jeden Menschen erleuchtet«, ist der L. der Spender und Erhalter allen menschlichen Lebens.

b. Mit V. 10 wendet sich der Hymnus dem Kommen des L. in die Welt und seiner Gegenwart in der Welt zu. In V. 10f ist zunächst von der Abweisung des menschgewordenen L. durch die ungläubige Welt die Rede (die Welt »erkannte ihn nicht«, V. 10c, bedeutet: sie »wollte nichts von ihm wissen«). Dem stellen die durch V. 12c.13 sachgemäß erläuterten Sätze V. 12a.b die positive Aussage entgegen, daß es aufgrund göttlicher Erwählung doch Menschen gab, die den L. im Glauben »aufnahmen« und von ihm das Geschenk der Gotteskindschaft empfingen. Die damit angesprochene glaubende Gemeinde ergreift in der bekennenden »Wir«-Rede von V. 14.16 das Wort. Diese »Wir«-Rede, die den Höhepunkt des Hymnus bildet, spricht von dem Wunder der Menschwerdung des ewigen göttlichen L. als dem Wunder der heilvollen Gegenwart Gottes »unter uns«. Der L. wurde »Fleisch«, d.h. ein wirklicher und sterblicher Mensch, dessen Weg in den Tod führen sollte (dieser Gedanke ist in dem Begriff »Fleisch« mit enthalten!). In dem Fleischgewordenen aber schaute die glaubende Gemeinde die göttliche »Herrlichkeit«, die dem einen und einzigen »Sohn« des »Vaters« eignet; und aus seiner Heilsfülle empfing sie überreiche und unerschöpfliche Gnade - nämlich, wie der vierte Evangelist dann sagen wird, die Gabe des »ewigen Lebens« (s. Joh 3,15f; 10, 10b.28; 17,2 u.ö.).

3. Der religionsgeschichtliche Hintergrund des Hymnus und des in ihm begegnenden »Logos«-Begriffs ist weder in griech.-philosophischen »Logos«-Anschauungen (s. dazu ThWNT IV, S. 79ff) noch in der *Gnosis zu suchen. Er liegt vielmehr in der atl.-frühjüd. Weisheitslehre, wie sie vor allem in Spr 8,22ff; Sir 24,1ff; Weish 7,22ff; Bar 3,9ff und äthHen 42,1f zu Wort kommt. In diesen Texten erscheint die göttliche »Weisheit« (griech. *sophia*) als eine Hypostase, d.h. als ein neben Gott stehendes und sein Wollen und Wirken repräsentierendes Mittlerwesen. Von der »Weisheit« wird u.a. gesagt, daß sie bereits vor der Weltschöpfung bei Gott weilt (Spr 8,22ff; Sir 24,4; Weish 9,4), am Schöpfungswerk beteiligt ist (Spr 8, 27ff; Weish 8,4f; 9,1f.9), auf der Erde erscheint (Bar 3,38; vgl. Weish 9,10), von den Menschen abgewiesen wird (äthHen 42,1f) und in Israel Wohnung nimmt (Sir 24,7ff). Die »Weisheit« kann dann im hellen. Judentum mit dem »Wort« Gottes gleichgesetzt werden – so z.B. in Weish 9,1f (vgl. auch Weish 7,23; 9,4.10 mit Weish 18,15) und bei Philo von Alexandria (ca. 20 v.Chr. bis 50 n.Chr.). Diese Identifizierung setzt voraus, daß auch das göttliche »Wort« als eine Hypostase aufgefaßt wird. Bereits atl. Texte wie Jes 55,10f; Ps 107,20; 147,15 beschreiben das »Wort« Gottes als eine von Gott ausgesandte und in seinem Auftrag handelnde Größe. Hier sind die Ansätze greifbar, aus denen im hellen. Judentum die Vorstellung des personifizierten »Logos« Gottes entwickelt wurde (s. dazu besonders Hab 3,5 LXX; Weish 18,14-16).

4. Der Logos-Hymnus von Joh 1 setzt die atl.-frühjüd. Weisheitslehre zwar voraus, seine entscheidenden Aussagen haben in dieser Tradition jedoch keine Entsprechung und sind dort auch nicht vorgeprägt: zum einen das ewige *Gott-Sein* des streng als göttliche Person gedachten L. (die »Weisheit« ist dagegen als ein Geschöpf, Spr 8,22ff; Sir 2,4; 24,8f, oder als eine Emanation Gottes, Weish 7,25f, verstanden); zum andern die *Inkarnation* des L. und seine geschichtliche, auf den Tod zugehende Existenz. Erst wenn man diese beiden Aussagen bedenkt, wird deutlich, aus welchem theologischen Grund der Hymnus den »Logos«-Begriff aufgenommen hat. Der Evangelist selbst hat diesen Grund mit dem kommentierenden Satz 1,18 in Klarheit namhaft gemacht: Jesus Christus, der menschgewordene Gottessohn, ist der »Logos«, weil er – und er allein – den Vater »offenbart« (vgl. Joh 12,45; 14,9). In ihm tritt der lebendige Gott, der seinem Wesen nach bislang unerkennbar geblieben ist (vgl. Joh 6,46), auf den Plan – und zwar so, daß er sich selbst den Menschen erschließt und mitteilt. Das heißt: Jesus Christus *bringt* nicht nur, sondern er *ist* in seiner Person und in seinem Werk die volle und endgültige Heilsoffenbarung Gottes – die rettende Zuwendung des Schöpfers zu seinen verlorenen Geschöpfen.

III. 1 JOHANNES 1,1ff.

Dem Prolog des JohEv.s sind die Aussagen von 1Joh 1,1ff verpflichtet. Wird Jesus Christus hier »das Wort des Lebens« genannt (V. 1), so ist damit knapp zusammengefaßt, was die V. 1-3 insgesamt zur Sprache bringen: Der menschgewordene Sohn Gottes, in dem Gott sich in personhafter Weise den Menschen zuwendet, gibt den Glaubenden, was er selbst aufgrund seines uranfänglichen Seins beim

Vater und seiner wesenhaften Einheit mit dem Vater in Fülle in sich trägt: das »ewige Leben« (vgl. 5,11f.13). Im Glauben an den von den apostol. Zeugen verkündigten Gottessohn gewinnt der Mensch so die »Gemeinschaft« mit dem lebendigen Gott selbst.

Der Verf. des 1Joh bezeugt nicht bloß die *Inkarnation des L. (»das Leben ist *erschienen,*« V. 2; vgl. 3,5.8), sondern er betont auch mit Nachdruck deren Realität (»was wir mit unseren Augen *gesehen* . . . und unsere Hände *angefaßt* haben«, V. 1). Er wendet sich damit gegen doketische Irrlehrer (2,18; 4,1f), die bestreiten, daß der Sohn Gottes ein wirklicher Mensch geworden und als solcher am Kreuz gestorben ist (2,22f; 4,2f; 5,6a).

IV. OFFENBARUNG 19,11–21.

Während das Wort »Logos« in Joh 1,1ff und in 1Joh 1,1 den präexistenten und menschgewordenen Gottessohn bezeichnet, in dem die Fülle des Heils beschlossen liegt, findet sich im Kontext der apokalyptischen Vision von Offb 19,11-21 eine entschieden anders akzentuierte Verwendung des »Logos«-Begriffs: Der zum Weltgericht erscheinende Christus, der die Feinde Gottes mit dem aus seinem Mund hervorgehenden Schwert vernichtet (V. 15.21), trägt den Namen »das Wort Gottes« (V. 13). Hier liegt zum einen der Gedanke des richtenden und tötenden Wortes Gottes vor, wie er bereits im AT (z.B. Jer 5,14; 23,29; Hos 6,5) und dann auch Hebr 4,12 belegt ist. Zum andern besteht – insbesondere was die Personifizierung des Wortes Gottes anlangt – ein deutlicher traditionsgeschichtlicher Zusammenhang zwischen Offb 19,13 und Weish 18,14-16. Der weisheitliche Text schildert nämlich, wie Gottes »allmächtiges Wort« (V. 15) als ein »unerbittlicher Krieger« vom königlichen Thron im Himmel herabfährt, um »als scharfes Schwert« den unwiderruflichen Befehl Gottes auf der Erde auszuführen und die Erstgeburt der Ägypter zu töten. Wenn der Weltrichter nach Offb 19,13 den Namen »das Wort Gottes« trägt, so besagt das, daß die gottfeindliche Welt in der Person des wiederkehrenden Christus definitiv der Macht des tödlichen Gerichtswortes Gottes begegnen wird.

Literatur: H. Gese: Der Johannesprolog, in: Zur biblischen Theologie, [2]1983, S. 152-201; O. Hofius: Struktur und Gedankengang des Logos-Hymnus in Joh 1,1-18, ZNW 78/1987, S. 1-25; J. Jeremias: Zum Logos-Problem, ZNW 59/1968, S. 82-85; R. Schnackenburg: Das Johannesevangelium I, 1965 ([4]1978), S. 197-269 (weitere Lit. ebd. VI, 1984, S. 190ff.201ff); K. Wengst: Der erste, zweite und dritte Brief des Johannes, 1978, S. 31-45; G. Maier: Johannes-Evangelium 1. Teil, 1984. O.H.

LOHN. Der Begriff kommt in der Bibel in doppeltem Sinn vor:

1. Entlohnung.

Jede Arbeit muß bezahlt werden. Der Taglöhner soll noch am gleichen Tag seine Entlohnung empfangen (5Mo 24,14f; Jer 22,13). Er soll nicht leiden müssen. Auch Jesus spricht davon, daß ein Arbeiter seine Entlohnung bekommen soll (Luk 10,7; vgl. 1Tim 5,18; Joh 4,36; s.a. Jak 5,4). Getadelt wird, wenn die Priester ihren Dienst nur wegen der Entlohnung tun (Mi 3,11). Um diesem Vorwurf zu entgehen, verzichtet Paulus auf den L. der Verkündigung (1Kor 9,15-18), betont aber, daß er das freiwillig tut und jeder Diener am Wort Geld empfangen darf (1Kor 9,7-14; vgl. das deutsche Wort »Lohn«, das in seiner indogermanischen Wurzel »erbeuten« und »genießen« bedeutet). Im rel. Bereich weiß das AT um den Zusammenhang zwischen Tun und Ergehen des Menschen. *Lea empfängt ihren Sohn *Issaschar als Gotteslohn (1Mo 30,18; vgl. Ps 127,3). Auch die Sünde trägt ihre Strafe, ihren L. in sich (vgl. Am 1,3-2,16; Ps 19,2). Jesus weiß um den L., den wir empfangen, wenn wir andere lieben (Mt 5,46), Heuchler haben ihn schon; sie sind gesehen und bewundert worden (Mt 6,2). Von der Entlohnung ist zu unterscheiden

2. Belohnung.

Manche Bibelstelle erweckt den Anschein, als ob wir durch unser Tun bei Gott L. bekämen. So spricht Jesus unbefangen vom L. des Propheten oder des Gerechten (Mt 10,41f). Die Antwort liegt in dem Geheimnis: Gott ist wie ein souveräner Herr, der über seine Knechte bestimmen kann. Er belohnt, ohne daß er festgelegt wäre durch irgendeine geleistete Arbeit. Er schenkt (Ps 127,3), so wie Jesus im Gleichnis von den Arbeitern im Weinberg (Mt 20,1-16) in freier Entscheidung allen Arbeitern die gleiche Summe »schenkt«; er entlohnt nicht, er belohnt. Die Belohnung hat ihre Wurzel allein in dem Wesen Gottes, der so gütig ist (Mt 20,15). Gott fordert Gehorsam, da gibt es keinen Anspruch auf L. Aber aus Güte will er sogar den kleinsten Dienst belohnen (Mt 10,42), und zwar im Himmel (Lk 6,23.35). Beachte W. Löhes Satz: »Mein Lohn ist, daß ich darf.«

Paulus hat diese Gedanken begrifflich neu formuliert. Von der Gnade Jesu herkommend erkennt Paulus: Gott gibt »Lob« (Röm 2,29), »Herrlichkeit«, »Ehre«, »unvergängliches Leben« (Röm 2,7), den »Siegespreis der himmlischen Berufung« (Phil 3,14). All das ist nicht L., sondern unberechenbare Belohnung. Wir verdienen nur den Tod. Aber die Gnade schenkt, was sie fordert.

Der Gnade entsprechend verzichtet der Christ auf Entlohnung. Wer zu stolz ist, sich vom gnädigen Gott beschenken zu lassen, dem geht es wie dem Hochzeitsgast, der das hochzeitliche Gewand ausschlug. Belohnung ist verheißen für den Tag der Wiederkunft Jesu (Offb 11,18 »die Zeit, den Lohn zu geben deinen Knechten«; Offb 22,12 »ich komme bald und mein Lohn mit mir«).

Worin besteht der L.? Gott sagt es zu Abraham klar: »Ich bin dein sehr großer Lohn« (1Mo 15,1; vgl. Jes 40,10; vgl. auch die Worte vom »Erbteil«: »Wenn mir gleich Leib und Seele verschmachtet, so bist du doch, Gott, allezeit meines Herzens Trost und mein Teil« Ps 73,26). Daß Gott unser Lohn ist, seine Liebe, seine Gemeinschaft, das kann nur der Glaube fassen, hoffen und davon leben. M.H.

LOS s. Urim und Tummim

LÖSEGELD. Im AT ist L. (*kōphär*) ein Mittel, um gefährdetes oder verwirktes Leben vor dem Tod zu retten. So kann dem Eigentümer eines Rindes, das einen Menschen durch die Mitschuld des Eigentümers tödlich verletzt hat, statt der Todesstrafe ein L. auferlegt werden (2Mo 21,28-30). Dies ist eine Ersatzzahlung für das Leben des Schuldigen, auch wenn es der Familie des Getöteten zugute kommt. Das L. tritt an die Stelle des eigentlich verwirkten Lebens; es ist als Existenzstellvertretung verstanden.

In Jes 43,3f will Gott selbst andere Völker als L. für Israel geben, damit sein Volk die Freiheit zurückgewinnt und in die Heimat zurückkehren kann. Das L. ist der Preis für den Loskauf aus dem babylon. Exil, das als Sklaverei angesehen wurde. Umgekehrt kann kein Mensch Gott ein ausreichendes L. bezahlen, um sich vom Tod loszukaufen (Ps 49,8f).

Im frühen Judentum sind diese beiden Stellen auf das Endgericht ausgelegt worden: Kein Mensch kann Gott dann ein L. für sich darbieten (Ps 49,8f), aber Gott gibt die Heidenvölker an Israels Statt als L. der Verdammnis preis (Jes 43,3f). Jesus bestätigt die erste Aussage, daß niemand Gott einen Gegenwert für sein Leben geben kann (Mk 8,36f). Doch werden nicht die Völker an Israels Statt dem Tod preisgegeben, sondern Jesus selbst gibt sein Leben freiwillig als L. in den Tod, und zwar nicht nur für Israel, sondern für »die Vielen«, d.h. für alle Menschen (Mt 20,28; Mk 10, 45). Der von Jesus stellvertretend erlittene Tod am Kreuz ist das L. für alle Menschen, die ihr Leben auf Grund ihrer Sünde verwirkt haben und deshalb eigentlich nur den Tod im Gericht Gottes zu erwarten haben (vgl. 1Tim 2,5f).

Literatur: (s.a. Literatur zu *Erlösung); K. Kertelge: EWNT II, 1981, 901-905; P. Stuhlmacher: Existenzstellvertretung für die Vielen: Mk 10,45, in: Werden und Wirken des AT, FS C. Westermann, hrsg. v. R. Albertz u.a., 1980, S. 412-427; B. Janowski: Auslösung des verwirkten Lebens, ZThK 79/1982, S. 25-59. W.H.

LÖSEN. (Hebr. *pādah, gā'al,* griech. *lyō, lytroomai*).

I. IM ALTEN TESTAMENT.

1. Wörtliches Verständnis.

In Israels Rechtsordnungen ist in mehreren Fällen angegeben, wie ein Loskauf von Verbindlichkeiten möglich ist.

Unter Hinweis auf den *Auszug Israels aus Ägypten hat Gott auf alle Erstgeburt von Mensch und Tier ein Anrecht (2Mo 13,1f u.a.). Mit welchem Gegenwert diese Erstgeburt im speziellen Fall ausgelöst werden kann, wird 2Mo 13,13ff; 34,19f; 4Mo 18,15f näher erläutert. Der Zehnte an Früchten (3Mo 27,31) oder an dem Herrn geweihten Dingen (V. 15.19) konnte unter bestimmten Voraussetzungen gelöst, d.h. in Geldgaben umgewandelt werden.

Hatte ein Israelit aus Not seinen Besitz oder sich selbst als Knecht verkauft, so sollte sein nächster Verwandter als Löser (hebr. *gō'ēl*, s. *Erbe), für ihn eintreten und den verkauften Besitz oder Menschen einlösen (3Mo 25,24-34.47-55). Dazu konnte auch die Verpflichtung zur Levirats- oder Schwagerehe treten (vgl.*Boas, *Rut).

2. Übertragene Bedeutung.

Gott selber tritt als Löser auf, der Israel von dem, der um ihrer Sünden willen ein Anrecht auf das Volk hat, loskauft (Jes 52,3; vgl. 50,1). Er tut das, weil er die Menschen mehr liebt, als das der nächste Blutverwandte tun könnte. Gott ist dazu nach dem Gesetz des Blutes nicht verpflichtet, sondern tut es freiwillig. So wird er zum *gō'ēl*: »Erlöser« (s.*Erlösung).

II. IM NEUEN TESTAMENT.

L. kommt im NT vor allem im übertragenen Sinn vor: Gott ist in Jesus Christus Löser und Erlöser von Sünden (Mk 2,5.9 u.a.), Krankheit (Lk 13,16) und Tod (vgl. 1Kor 15,54ff).

Mt 16,19; 18,18 bezeichnet mit L. – im Gegensatz zum Binden und Belassen der Sünde – das Losbinden eines Menschen von Sünde und Schuld.

LOT. (Hebr. *lōth,* »Verhüllung/Schleier«). Sohn Harans, Neffe Abrahams. Außer dem Bericht über sein Leben in 1Mo und im

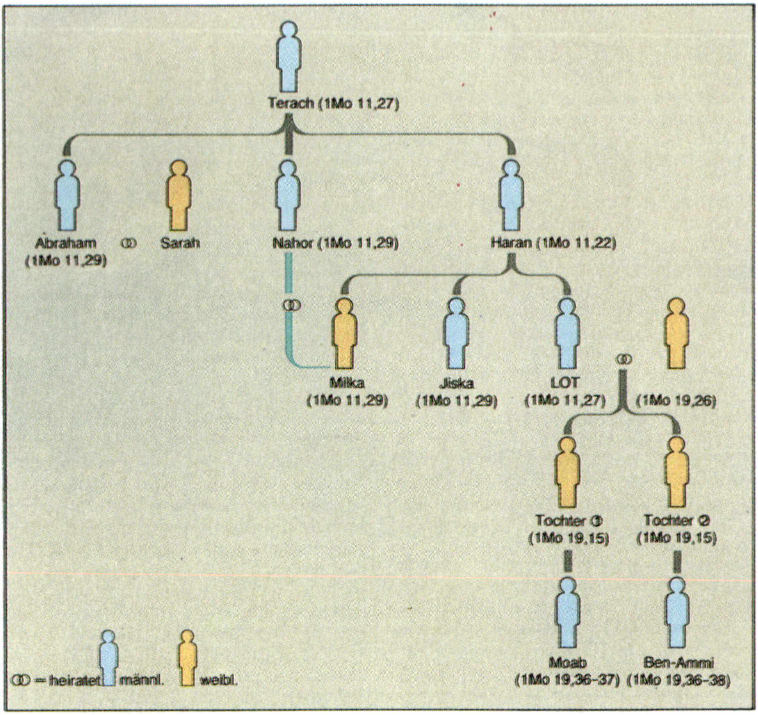

Die Familie Lots.

Zusammenhang mit seinen Nachkommen kommt sein Name im AT nicht vor (5Mo 2,9; Ps 83,9). Im NT wird er in Lk 17,28-32 und 2Petr 2,7f erwähnt.

L. begleitete Terach, Abraham und Sara auf ihrer Reise von Ur in Chaldäa nach Haran. Dann zog er mit Abraham und Sara weiter nach Kanaan, hinab nach Ägypten und wieder nach Kanaan zurück (1Mo 11,31; 12,4-5; 13,1). Danach konnten sie nicht mehr zusammenbleiben, weil auch L. viel Vieh besaß. Abraham ließ ihn sich einen Teil Kanaans auswählen. L. wählte das gut bewässerte Jordantal und zog nach Sodom (1Mo 13,8-13), litt dort aber unter dem, was er an Ausschweifungen und Zuchtlosigkeiten bei seinen Mitbürgern täglich sehen und hören mußte (2Petr 2,7f). Abraham befreite L., als er mit seiner Habe bei kriegerischen Auseinandersetzungen verschleppt worden war (1Mo 14,14-16).

Beim Untergang Sodoms rettete Gott L. durch zwei Engel, weil Gott Abrahams gedachte (1Mo 19,29), der um der Gerechten willen um die Stadt gerungen hatte (1Mo 18,16-33).

L.s Frau, die sich während der Flucht trotz des Verbots noch einmal nach Sodom umsah, wurde zur Salzsäule (1Mo 19,27.26).

L. blieb zuerst in Zoar, zog dann aber mit seinen beiden Töchtern aufs Gebirge (1Mo 19,30). Aus dem blutschänderischen Umgang L.s mit seinen beiden Töchtern, die ihn betrunken gemacht hatten, gingen zwei Söhne hervor: Moab (»Wasser«, d.h. Same, Nachkomme des Vaters), der Sohn der älteren Tochter, wurde der Stammvater der *Moabiter; von Ben-Ammi (»Kind meines Volkes«), dem Sohn der jüngeren Tochter, stammen die *Ammoniter ab (1Mo 19,31-38; vgl. 5Mo 2,9.19; Ps 83,9).

Jesus vergleicht die Zeit vor seiner Wiederkunft mit dem Verhalten der Leute in Sodom z.Zt. L.s (Lk 17,28-30). In 2Petr 2,7f wird ausdrücklich L.s Gerechtigkeit hervorgehoben, die sich darin äußerte, daß er

Die Reisen Lots, des Neffen Abrahams.

nicht am ausschweifenden Leben der Leute in Sodom teilhatte. G.W.G./Red.

LÖWE s. Tiere

LÖWE VON JUDA. Die abgekürzte Form eines messianischen Titels Christi in Offb 5,5: »der Löwe aus dem Stamm Juda«. Als offensichtliche Anspielung auf 1Mo 49,9 »Juda ist ein junger Löwe«, beschreibt dieser Titel Christus als den Inbegriff des Mutes, der Macht und der Wildheit des Stammes Juda. Wie ein Löwe umschleicht Satan die Heiligen (1Petr 5,8), aber Christus ist der siegende Löwe, der würdig ist, die sieben Siegel des Gerichtes zu öffnen (Offb 5-8). Der Gebrauch des Ausdrucks »Löwe« im Zusammenhang mit dem Gericht mag auf Stellen wie Jes 38,13; Klgl 3,10; Hos 5,14; 13,8 hinweisen, wo Gottes Gericht mit dem Angriff eines Löwen verglichen wird. Äthiopische Herrscher, die davon überzeugt waren, daß sie von Juda als Nachfahren Salomos und der Königin von Saba abstammten, eigneten sich diesen Titel an (»siegender Löwe Juda«). D.A.H.

Der Löwe war in Juda und Assyrien ein Symbol des Königtums und erscheint auf Siegeln der königlichen Verwaltung. Dieser Abdruck zeigt Assurbanipal, König von Assyrien, der als Ausdruck seiner königlichen Macht einen Löwen tötet. Aus Ninive, Durchmesser des Siegels 1,75 cm, ca. 650 v.Chr. (BM)

LUD, LUDIM. Nach 1Mo 10,22 und 1Chr 1,17 ist Lud ein Nachkomme *Sems. Josephus (ant.Jud. 1,144) erwähnt die Lydier (*Lydien) als dessen Nachfahren. Der Bericht Herodots über die Lyder (Hist. 50.7) schließt Luds semit. Abstammung nicht aus. In Jes 66,19 wird ein heidnisches Volk mit dem Namen Lud erwähnt. Nach Hes 27,10 und 30,5 sind die Lyder mit Persern und Libyern aliiert. Neubabylon. Annalen erwähnen *Ludu* als Aliierten.

Die Luditer (Ludim) erscheinen in 1Mo 10,13 und 1Chr 1,11 als Nachkommen Hams und in Jer 46,9 als bogentragende Hilfstruppe Ägyptens. Hier dürfte es sich um ein unbekanntes afrikanisches Volk handeln, wenngleich einige Fachleute Ludim in Lubim (Libyen) und die Singularform zu Lub korrigieren. K.L.Mck.

LÜGE, LÜGEN. (Hebr. *ʾāwän, kāsab, kachasch, schäqär,* griech. *pseudos* und Derivate).

Mit den Worten »Lüge«, »Lügen« werden verschiedene Worte aus dem Hebr. und Griech. im Deutschen wiedergegeben. Vom Inhalt her können auch die Bedeutungen

»Verleugnung«, »Verstellung«, »Täuschung«, »Untreue« und »Vertragsbruch« gemeint sein. Als gegensätzliche Begriffe stehen ihnen »Wahrheit«, »Gerechtigkeit«, »Recht«, »Treue« und »Beständigkeit« gegenüber.

»Lüge« ist zuerst die Wortlüge: Unwahres wird ausgesagt, vor allem im täglichen Umgang der Menschen untereinander (3Mo 19,11; Spr 30,8; Ri 16,10; Dan 11,27). Sodann ist die L. vor Gericht gemeint (Spr 6,19; 19,9; 21,28). Dem lügenden Zeugen steht der treue Zeuge gegenüber, der die Wahrheit sagt (1Kor 15,15; vgl. Mt 26; Joh 18). Neben das lügnerische Wort tritt die Tat der L.: die Täuschung, die Untreue und der Vertragsbruch (vgl. 1Mo 21,23). Mi 2,11 spricht von der verwerflichen Lügenpredigt, die beim Volk Gefallen finden will. Das untreue Volk Israel bricht seinen Bund mit Gott; Kennzeichen dieses Bundesbruchs ist die Lüge (Jer 6,13; 23,14). Falsche Propheten führen L. im Mund (Jer 14,14; 29,31) und vollbringen lügenhafte Zeichen und Wunder (2Thess 2,9). Der Götzendienst fällt ebenso unter das Urteil »Lüge« (Jer 16,19) wie der falsche Eid (Sach 5,4). Auch die Verleugnung des Petrus ist an dieser Stelle zu nennen (Mt 26,34.69-75).

Gott ist wahr, treu und gerecht, er lügt nicht (Hebr 6,18) und unterscheidet sich gerade darin von den Menschen (4Mo 23,19). Gott ist wahrhaftig, alle Menschen dagegen sind Lügner (Ps 116,11; Röm 3,4). Der Mensch in seiner Verkehrtheit liebt die L. (Ps 4,3; Spr 30,8; Apg 5,1-11; Offb 21,8.27; 22,15). Denn hinter den Taten und Worten des lügenhaften Menschen wird der Einflußbereich dessen sichtbar, der »Vater der Lüge« und »Antichrist« genannt wird (Joh 8,44; Apg 5,3; 1Joh 2,22). Deshalb ergeht der Aufruf an die Gläubigen, die L. abzulegen und die Wahrheit zu reden (Eph 4,25). Sie sollen sich dadurch dem Gott, der treu, beständig und wahr ist, gleichgestalten lassen (Spr 13,5; Kol 3,9; 1Joh 2,21).

Literatur: U. Becker, H.G. Link: TBLNT II, [4]1986, 917-921; H. Conzelmann: ThWNT IX, 1973, 590-599; H. Gießen, H. Balz, J. Beutler: EWNT III, 1983, 1187-1195; M. Heuberger-Gloor: BBW, 1982, S. 250-252; M.A. Klopfenstein: Die Lüge nach dem Alten Testament, 1964; ders.: THAT I, [4]1984, 817-823.825-828; II, [3]1984, 1010-1019; R. Mosis: ThWAT IV, 1984, 111-130; K.D. Schunck: ThWAT IV, 141-145. J.E.

LUKAS.

1. Lukas im Neuen Testament.

L. (griech. *Loukas*) ist eine Verkleinerungsform des griech. männlichen Vornamens Lukios (griech. *Loukios,* latein. *Lucius*). Im NT kommt der Name an zwei (bzw. drei) Stellen vor: In Kol 4,14 findet sich in der Liste der nach Kolossä grüßenden Paulusbegleiter »Lukas, der Arzt, der Geliebte«, in Phlm 24 wird L. ebenfalls im Rahmen der Grußliste als Mitarbeiter des Paulus genannt. Zu Apg 20,13 gibt es eine wohl ins frühe 2. Jh. n.Chr. zurückreichende, abweichende Lesart, in der es heißt: »Aber ich, Lukas, und jene, die bei mir waren, gingen an Bord.« Sie wird kaum ursprünglich sein, zeigt aber, wie alt die Tradition ist, L. als den Verfasser der Apg zu identifizieren. Mehr Anspruch auf Originalität kann eine andere Stelle erheben: In Röm 16,21 grüßt ein »Lukios« die röm. Gemeinde. Schon der Kirchenvater Origenes hat angenommen, daß sich hinter dem Namen die latein. Form für »Lukas« verbirgt. Das könnte in der Tat zutreffen.

2. Die ältesten Quellen.

Der ntl. Befund zeigt uns nicht mehr, als daß sich unter den Mitarbeitern und Reisebegleitern des Paulus ein gewisser L. befunden hat, der offenbar Paulus' Wertschätzung genoß. Die alten Schriften der Kirchenväter gehen einen Schritt weiter. Irenäus schreibt (um 180 n.Chr.), L. sei ein Nachfolger des Paulus gewesen und habe das von jenem verkündigte Evangelium in einem Buch aufgeschrieben (adv. haer. III, 1,1). In dem etwa gleich alten Canon Muratori findet sich dieselbe Meinung. Die ältesten Evangelienprologe fügen hinzu, L. sei aus dem syr. Antiochia gewesen, sei ehelos geblieben und 84jährig in Böotien gestorben. Mangels weiterer Quellen entziehen sich die Einzelheiten einer Nachprüfung, jedoch gibt es nirgendwo eine Alternativtradition. Mithin können wir von der Zuverlässigkeit der Aussagen ausgehen.

3. Das lukanische Doppelwerk.

Stammt das LkEv. von dem Paulusbegleiter und Arzt, so haben wir ihm auch die damit untrennbar verbundene sog. »Apostelgeschichte« zu verdanken (vgl. Apg 1,1f). Man hat längst versucht, diese Vermutung durch sekundäre Überlegungen zu erhärten. So ging man mit unterschiedlichem Ergebnis der Frage nach, ob beide Werke deutlich die medizinischen Kenntnisse eines Arztes verraten. Jedenfalls sprechen keine gewichtigen Argumente dagegen. Auch weisen uns die sog. »Wir-Berichte« in Apg auf einen Verfasser aus der Begleitung des Paulus.

4. Lukas als Historiker und Literat.

In Stil, Aufbau und Inhalt seines Werkes gibt sich L. als Gebildeter seiner Zeit zu erkennen. Das Vorwort (Lk 1,1-4) paßt sich dem Stil der damaligen Historiker an. Es verrät, daß L. nicht irgendeinen Bericht über Jesus und die Urgemeinde niedergeschrieben hat, sondern daß er Quellenstudium betrieben, Augenzeugen befragt und das so Erhobene einer kritischen Sichtung unterzogen hat. Dazu hatte er ja durchaus Gelegenheit. Heutige Historiker stellen ihn ebenbürtig neben die Großen der antiken Geschichtsschreibung, nur, daß er Größeres als sie zu berichten hatte. Aber auch als Theologe verdient L. Beachtung, wie ein Blick in sein Doppelwerk zeigt.

Literatur: I.H. Marshall: Luke – Historian and Theologian, 1970; J. Roloff: Die Apostelgeschichte, NTD 5, 1981; H.-W. Neudorfer: Apostelgeschichte 1986. H.W.N.

LUKASEVANGELIUM.

I. AUFBAU DES EVANGELIUMS.

Der Aufbau des LkEv.s ist – wie auch der Apg des Lukas – geographisch und chronologisch orientiert. Im Vergleich mit den beiden anderen *Synoptikern fällt auf, daß *Lukas sein Doppelwerk durch das **Vorwort** (Lk 1,1-4) ausdrücklich als Resultat von Nachforschungen und Quellenauswertung verstanden wissen möchte. Mit Matthäus teilt er das Interesse an Jesu Herkunft und frühem Wirken, worüber er in den **Vorgeschichten** berichtet. Die Übereinstimmung im groben Aufbau mit den beiden anderen synoptischen Evv. erklärt sich am einfachsten daraus, daß alle drei dem Leben Jesu entlanggingen. Lk hat darüber hinaus einen **Reisebericht** (Lk 9,51-19,10) eingeschoben. Hier werden bes. Jesu Kontakte zu den halbheidnischen Samaritern und zu den Heiden hervorgehoben. Dies ist verständlich, schreibt Lukas doch offensichtlich für nichtjüd. Leser (*Theophilus). Sein Ev. läßt sich so gliedern:

1,1-4: Vorwort;
1,5-2,52: Vorgeschichten;
3,1-4,13: Vorbereitung des Auftretens Jesu;
4,14-9,50: Jesu Wirken in Galiläa;
9,51-19,10: Auf dem Weg nach Jerusalem;

Griechische Handschrift, Papyrus p[45] (Papyrus-Kodex Chester Beatty I), frühes 3. Jh. Der p[45] enthält fragmentarisch die vier Evangelien und die Apostelgeschichte. Hier das Fragment mit Lk 9,45–10,1. (CBL)

19,11-21,38: Jesu Wirken in Jerusalem;
22,1-24,53: Seine Passion und Auferstehung.

II. QUELLEN.

Der Verfasser des Ev.s gibt in Lk 1,1 an, daß er bereits Berichte über Jesus vorgefunden habe. Stellt er sein Ev. in eine Reihe mit ihnen, so kann man mit Recht vermuten, daß es sich hierbei um **schriftliche Quellen** gehandelt hat. Lukas hat jedoch die Mühe nicht gescheut, den Vorlagen kritisch nachzugehen und ihre Zuverlässigkeit zu überprüfen. Dazu hatte Lukas als Begleiter des *Paulus genügend Gelegenheit. Er selbst gibt sich durch sein Vorwort (1,1-4), das literarischen Vorbildern der großen antiken Geschichtsschreibung ähnlich ist, als einer zu erkennen, der auf gleichem wissenschaftlichen Niveau wie jene arbeitet. Zugleich legt sein Vorwort nahe, daß er auch auf **mündliche Quellen** zurückgegriffen hat, nämlich auf die Berichte jener Augenzeugen, die er 1,2 erwähnt.

Besteht bis hierher weitgehend Einigkeit unter den Forschern, so bleibt die Frage, welche schriftlichen Quellen Lukas benützt hat, sehr umstritten. Die Mehrzahl geht heute davon aus, daß Lukas das nach ihrer Meinung älteste erhaltene Ev., das des *Markus, und eine weitere, von Markus kaum benutzte Redequelle Q verwertet habe. In jüngster Zeit haben aber einige Forscher darauf hingewiesen, daß die Bedeutung der mündlichen Überlieferung weit höher einzuschätzen ist, als bisher angenommen (in Skandinavien etwa B. Gerhardsson und H. Riesenfeld, in Deutschland O. Betz und R. Riesner). Vor allem geben die sog. »minor agreements« zu denken, also textliche Übereinstimmungen zwischen den Evv. des Matthäus und des Lukas gegen die Version des Markus. Es ist anzunehmen, daß die Entstehungs- und Überlieferungsgeschichte der Synoptiker komplizierter verlaufen ist, als die sog. »Zwei-Quellen-Theorie« annimmt (s.a. *Evangelien). Auch ergaben sich in jüngster Zeit neue Einsichten über das Verhältnis der Synoptiker zu den Quellen des *JohEv.s. Insgesamt müssen wir davon ausgehen, daß Lukas zwar mündliche und schriftliche Quellen verarbeitet hat, daß wir sie aber nicht mehr im einzelnen identifizieren können. Der synoptische Vergleich ergibt jedoch hilfreiche Einzelerkenntnisse, die eine endgültige Klärung der Gesamtfrage aber nicht erlauben.

III. VERFASSER, ZEIT UND ORT DER ABFASSUNG.

LkEv. und Apg sind deutlich als das Werk eines Verfassers zu erkennen (Apg 1,1). Traditionell wird spätestens und unwidersprochen seit dem 2. Jh. der Arzt und Paulusbegleiter *Lukas als Autor angegeben (vgl. Kol 4,14; Phlm 24; vielleicht Röm 16,21). Der Kirchenvater Irenäus von Lyon schreibt (um 180 n.Chr.), Lukas habe das von *Paulus verkündigte *Evangelium in einem Buch aufgeschrieben (Iren., adv. haer. III 1,1). In den ältesten Prologen zu den Evv. lesen wir, Lukas sei aus dem syr. *Antiochia gewesen und in hohem Alter in Böotien gestorben. Erst in neuerer Zeit wurde die Meinung angefochten.

Versuche, den Verfasser anhand seiner Berichte als Mediziner zu identifizieren oder diese Ansicht zu widerlegen, haben zu keinem überzeugenden Ergebnis geführt. Jedenfalls hat die Annahme einiges für sich, der Verfasser des Lukas sei ein Begleiter des Paulus gewesen (vgl. die »Wir-Berichte« der Apg). Hat er wirklich das von Paulus verkündigte Evangelium in Buchform aufgeschrieben, so hat er sich historisch wie theologisch dem Apostel nicht sklavisch verpflichtet gefühlt. Das zeigen mindestens die Übereinstimmungen mit den anderen Evv. Insgesamt wird es hilfreich sein, davon auszugehen, daß der Arzt Lukas, der Mitarbeiter des Paulus, das Doppelwerk geschrieben hat. Ob er - wie manche vermuten – mit einem dritten Werk über das weitere Ergehen des Apostels seine Darstellung abgeschlossen hat oder abschließen wollte, bleibt überaus fraglich.

Eng mit der Frage nach der Verfasserschaft und den Quellen des LkEv.s verwoben ist die Frage nach der Zeit der Abfassung. Frühestmöglicher Termin könnten unter Einbeziehung des Prologs, der einen gewissen zeitlichen Abstand zur Lebenszeit Jesu impliziert, etwa die 50er Jahre des 1. Jh. sein. Apg 1,1f legt nahe, die Abfassung von Lk und Apg zeitlich nicht zu weit auseinanderzuziehen, da Lukas beide für denselben Personenkreis schrieb. Widmung an eine einflußreiche Persönlichkeit (Theophilus) und sachliche Darstellung des Verhaltens der Römer und der Juden gegenüber Jesus legen die Vermutung nahe, Lukas habe sein Werk als eine Art Verteidigungsschrift für den gerade angeklagten Apostel Paulus geschrieben, um zu zeigen, wie ungefährlich das Christentum dem röm. Imperium sei. Diese Ansicht wird untermauert durch die Tatsache, daß die Apg ohne eigentlichen Höhepunkt endet, und zwar mit der Situation des Paulus im röm. Hausarrest. Hätte der Verf. zu diesem Zeitpunkt schon vom Märtyrertod seines »Helden« gewußt, so wäre kaum begreiflich, daß er ihn verschweigt, gleichwohl aber das Martyrium des *Stephanus in größter Breite schildert (Apg 7,54-60). Da aber der Tod des Paulus unter

*Nero etwa in die Jahre 66-68 fallen muß, dürfen wir vermuten, daß Lukas sein Werk vorher abgeschlossen hat. Die äußeren Möglichkeiten dazu standen ihm während des Verweilens in Rom zur Verfügung.

Gegen diese Annahme wird seit langem eingewandt, daß Lukas zum einen das MkEv. schon vorgefunden hat, das nach dieser Meinung erst kurz vor 70 geschrieben wurde, und daß er zum andern schon auf den Untergang Jerusalems im Jahre 70 zurückblickt (Lk 21,20ff; so etwa W.G. Kümmel, Einleitung in das Neue Testament, [17]1973, S. 119). Kümmel sieht in Lk 21,20.24 eine erst im Rückblick auf das schon geschehene Ereignis nachträglich gestaltete und Jesus in den Mund gelegte Weissagung. Dasselbe gilt nach seiner Ansicht auch für Lk 19,43f, weil diese Drohweissagung genau den späteren Schilderungen über Belagerung und Zerstörung der Stadt entspricht. Sieht man es so, dann wird eine hermeneutische Voraussetzung (nämlich die, daß *Jesus keine wirklichen Weissagungen zugetraut werden können) zum Kriterium der Datierung des LkEv.s. Da freilich ist mit großer Vorsicht vorzugehen. Denn zum einen kann nach neueren Forschungen das MkEv. (in einer Vorform des heutigen Textes?) schon wesentlich früher entstanden sein, und zum andern enthält die Bibel eine ganze Reihe sehr präziser Weissagungen, die unbestreitbar erfüllt wurden. Wir werden kaum fehlgehen, wenn wir die Abfassung des LkEv.s in die Zeit der Untersuchungshaft des Paulus in Rom Anfang der 60er Jahre legen.

Für den Ort der Abfassung bieten uns die Quellen keine Hinweise. Vom Adressaten und auch von inhaltlichen Gründen her ist davon auszugehen, daß das LkEv. jedenfalls außerhalb des palästin. Raumes geschrieben wurde, sehr wahrscheinlich in Rom.

IV. ZWECK DES EVANGELIUMS.

Im Prolog gibt Lukas den Zweck seiner Schrift an: Er widmet sie einem gewissen Theophilus, der wohl ein wohlhabender und damit sicher auch einflußreicher Mann gewesen sein muß; denn mit der Widmung war nach damaliger Sitte die Verpflichtung verbunden, das Werk durch Veröffentlichung (Abschreiben- und Verbreitenlassen) einem größeren Publikum zugänglich zu machen. Ob er nach Lk 1,4 bereits ein im Evangelium unterrichteter und getaufter Christ war, der nun zusätzliche, zuverlässige Informationen erhielt, oder ob er (vielleicht im Zusammenhang mit einem staatlichen Amt, das er innehatte und durch das er mit dem Paulusprozeß zu tun hatte) nur unzuverlässige Informationen über die Christen hatte, die Lukas ergänzen wollte, läßt sich nicht sicher sagen. Beides wäre möglich. Jedenfalls signalisiert Lukas nach Art antiker Geschichtsschreiber, daß er kein novellistisches Werk, keinen Jesusroman schreiben wollte, sondern solide historische Informationen weitergab. Im Vergleich mit dem »Missionsevangelium« des Markus möchte das LkEv. zwar auch der Verbreitung der Frohen Botschaft dienen (vgl. die Bedeutung der Wortgruppe *euangelion* im LkEv.!), möchte aber auch bestehenden Glauben stärken und der Heilsvergewisserung bes. der Nichtjuden dienen.

V. THEOLOGISCHE AKZENTE.

Die theologischen Eigenarten des LkEv.s erkennen wir am besten an den Textstücken, die es im Unterschied zu den anderen Evv. bietet (»Sondergut«), an manchen ihm eigentümlichen Formulierungen sowie an bestimmten, deutlich erkennbaren redaktionellen Bemerkungen (etwa Lk 1,1-4). Auf sechs Akzentsetzungen sei hingewiesen:

1. Die Frohe Botschaft vom Heil der Welt.

Schon ein Blick in die Konkordanz zeigt, daß Lukas im Vergleich mit den übrigen Evv. besonders oft von der Verkündigung der Frohen Botschaft (*euangelizomai*) und vom Heil (*soteria*) spricht. Programmatisch kommt in der Botschaft der Engel an die Hirten (Lk 2) die heilschaffende Kraft des Kommens Jesu zum Ausdruck. Sie reflektiert, was die Verkündigung *Johannes des Täufers, Jesu und der frühen Kirche ausmacht. Lukas steht terminologisch und theologisch darin sehr dicht bei Paulus: Er berichtet vom Weg des Heils zu den Menschen in der Geschichte.

2. Lukas als Evangelist der Heilsgeschichte.

*Heilsgeschichte nennt man die Geschichte des Heilshandelns Gottes in und an der Menschheit. Sie ist der Vollzug des göttlichen Heilsplans und setzt bereits früh im AT ein (vor allem 1Mo 12,1-3), zieht sich wie ein roter Faden hindurch bis ins NT. Die enge Verflechtung der Weltgeschichte mit Gottes Heilsgeschichte macht Lukas in Lk 3,1f deutlich, dem sog. »heilsgeschichtlichen Synchronismus«. Hier verwebt er die Fäden der Weltgeschichte (Regierungszeit der damals Mächtigen) mit dem Faden der Heilsgeschichte (hier: Auftreten des Täufers Johannes). Es wird deutlich, daß und wie Gott Menschen gebraucht, um seinen Heilswillen durchzuführen. Das Gebot des Kaisers veranlaßt, daß Jesus in *Bethlehem geboren und so die atl. Verheißung erfüllt wird (Lk 2,1). Lukas zeigt aber auch, daß Jesu Leben und Sterben mit dem AT übereinstimmt (vgl. Lk 24,25-27.45-48), und daß sich die mit Israel begonnene Heilsgeschichte in der christl. Gemeinde fort-

Der griechische Text von Lk, 16,16–21. p^{75} (Papyrus-Kodex Bodmer XIV/XV), spätes 2. Jh. Der p^{75} enthält weite Teile des Lukas- und des Johannes-Evangeliums und ist neben dem p^{69} (spätes 2. / frühes 3. Jh.) das bisher älteste bekannte Handschriftenfragment des LkEv.s. (FMB)

setzt. Lukas, der Heidenchrist, steht – wie auch seine gute Kenntnis des griech. AT zeigt – fest auf dem Boden des AT.

3. Die Betonung des Wirkens des Heiligen Geistes.

Auch hier lehrt ein Blick in die Konkordanz, wie wichtig für Lukas das Wirken des Gottesgeistes in der Geschichte Jesu und der Urgemeinde ist. An allen Schlüsselstellen des Berichts kommt er vor (vgl. Lk 1,35; 4,1.14.18; 24,49 u.ö.; ebenso in der Apg etwa 8,29; 16,7; 19,21 u.ö.). Durch seinen Geist leitet der erhöhte Herr seine Gemeinden auch nach seiner Erhöhung zum Vater.

4. »Dieser nimmt die Sünder an!«

Was die *Pharisäer Jesus zum Vorwurf machen (Lk 15,1f), ist ein Kennzeichen des Wirkens Jesu nach Lukas. Jesus wendet sich besonders denen zu, die von den Frommen Israels schon abgeschrieben waren. Vor allem in den Verlorenengleichnissen (Lk 15) erklärt Jesus sein Verhalten mit der Liebe des Vaters, der seine Geschöpfe für so wertvoll hält, daß er sie nicht einfach aufgeben kann. Jesus weiß sich zu den Verlorenen gesandt, weil sie ihn brauchen. Er selbst zeigt, daß diese Sendung auf atl. Verheißung beruht (Lk 4,18). In den Menschen sieht er solche, die seine Hilfe dankbar annehmen (Lk 17,11ff), und solche, die sie nicht zu brauchen meinen.

5. Arm und reich.

Das LkEv. wurde ein »soziales Evangelium« genannt, weil Jesus sich hier auf die Seite der Armen und Unterdrückten stelle im Kampf gegen die reichen Ausbeuter. In Wirklichkeit zeigt eine genaue Untersuchung der Texte aber, daß Jesus die Reichen nicht wegen ihres Reichseins angreift, sondern weil sie sich auf ihren Reichtum verlassen und von ihm her Sicherheit und Glück erhoffen (etwa Lk 12,16-21: der reiche Kornbauer). »Arm« ist jeder, der keine menschliche Hilfe zu erwarten hat (Lk 18,1-8) und sich in seiner Not zu Gott flüchtet. So kann auch ein materiell Reicher »arm« und ein materiell Armer »reich« sein! Hinzu kommt, daß irdischer Reichtum nicht nur als Gabe, sondern auch als Aufgabe verstanden werden muß (Lk 16,19-31). Jesus ändert die sozialen Verhältnisse, indem er das Verhältnis zu Gott und damit auch die Einstellung zum Mitmenschen ändert.

6. Jesu Tod nach dem Lukasevangelium.

Im LkEv. steht die Deutung des Todes Jesu als Sühne für unsere Sünden weniger im Zentrum als etwa in der – Lukas natürlich bekannten – Verkündigung des Paulus. Nach Lukas wird im Sterben Jesu die Schuld der Vertreter Israels bes. gezeigt, während *Pilatus Jesus freispricht. Dies führt für den Evangelisten wie auch für Paulus zu einer vorläufigen Verwerfung Israels. Der Weg der Frohen Botschaft zu den Heiden ist durch die Ablehnung des Gottessohnes durch die Juden frei geworden. Lukas wird ihn in seiner Apg dann ausführlich beschreiben und auch dort immer wieder das Verhalten der Juden in den *Diasporasynagogen drastisch darstellen. Jedoch gehört für Lukas Jesu Tod auch in Gottes Heilsplan. Die politischen Erlösungshoffnungen selbst im engsten Jüngerkreis macht Jesus selbst zunichte (vgl. Lk 24,21).

VI. ZUSAMMENFASSUNG.

Das Ev. nach Lukas stimmt im Aufbau und in den wesentlichen Inhalten mit den anderen, vor allem den synoptischen Evv., überein. Lukas, der für die Heiden schreibt, hebt einige Punkte deutlich hervor. Er überliefert uns Taten und Worte Jesu, die die anderen nicht in ihre Schriften aufgenommen haben. Das ganze Ev. zeigt uns Jesus als den Heiland der Verlorenen. In seinem heilsgeschichtlichen Denken zeigt sich Lukas dem AT tief verbunden.

Literatur: J. Jeremias: Die Sprache des Lukasevangeliums, 1980; I.H. Marshall: Luke – Historian and Theologian, 1970; A. Schlatter: Das Evangelium des Lukas, [3]1975; Kommentare: H. Schürmann: Das Lukasevangelium. Kap 1-9,50, HThK III/1, [3]1984; E. Schweizer: Das Evangelium nach Lukas, NTD 3, [19]1986; G. Schneider: Das Evangelium nach Lukas, ÖTKNT 3/1 und 3/2, [2]1984; W. Grundmann: Das Evangelium nach Lukas, ThHK III, [10]1984; W. Schmithals: Das Evangelium nach Lukas, ZBK 3.1, 1980. H.W.N.

LUS. (Hebr. *lūs*, »Mandelbaum«). Ursprünglicher Name des Ortes, den *Jakob *Bethel nannte, als er nahe bei der Stadt geschlafen und von der Himmelsleiter geträumt hatte (1Mo 28,19; 35,6; 48,3). Es war mehr das Gebiet in der Nähe der Stadt, in der sich Jakob aufgehalten hatte, als die Stadt selber, das den Namen Bethel erhielt (Jos 16,2). Aber der Name wurde später auch auf die Stadt übertragen (Jos 18,13; Ri 1,23). Als die Israeliten z.Zt. der *Landnahme die Stadt einnahmen, zwangen sie einen Kanaanäer, ihnen als Preis für sein Leben den Eingang zur Stadt zu zeigen. Dafür erhielt er freien Abzug mit seiner ganzen Familie. Er flüchtete in das »Land der Hetiter« und gründete dort eine neue Stadt mit dem Namen L. (Ri 1,23-26). T.C.M.

LUST, GELÜSTEN. L. ist zunächst weder gut noch böse. Auch Gott hat L., Freude, Wohlgefallen an Handlungen und Menschen (Hos 6,6; 2Sam 22,20). L. wird gut oder böse je nach dem, worauf sie sich richtet.

Die L. des Menschen gefällt Gott, wenn sie sich auf das Gute richtet: auf Gott selbst (Hiob 22,26; Ps 37,4; Jes 58,14), auf die Werke Gottes (Ps 111,2 RevEB; LÜ: Freude), auf sein Gesetz (Ps 1,2; 119,16 RevEB; LÜ: Freude), auf die Wahrheit (Ps 51,8 RevEB; LÜ: dir gefällt Wahrheit), auf das Zusammensein mit Christus in der Herrlichkeit (Phil 1,23). Verderblich ist die auf das Böse gerichtete L., die Schaden tut (Spr 12,12), sich im Zanken (1Kor 11,16) und im Spott (Spr 1,22) befriedigt und damit Gottes Ordnungen stört.

Im NT erscheint die L. im bösen Sinn als Mittel der Gott widerstrebenden Mächte, die Lebensführung des Menschen in ihrem Sinne zu bestimmen. Solche Mächte sind: *Satan (Joh 8,44), Fleisch (Gal 5,16 RevEB), Welt (1Joh 2,17) und das eigne Ich (Jak 1,14 RevEB). Wer seine L. von diesen Mächten beherrschen läßt, findet keine Befriedigung, sondern nur eine Steigerung der L. bis zur alle Ordnung durchbrechenden *Begierde (Röm 1,21-32).

Das Gesetz verbietet dem Menschen nicht nur die sündige Tat, sondern auch die L., die zur Sünde drängt (Röm 7,7 RevEB). Am Verbot aber weckt die Sünde die Begierde zur Übertretung (V. 8). Ist die L. erregt, so braucht sich nur die Gelegenheit zu bieten, um die Sünde zur Tat werden zu lassen (Jak 1,15). Diese Wirkung des Gesetzes kann nur überwunden werden im radikalen Durchbruch zum Wandel im Geist Gottes (Röm 8,1.14; Gal 5,16 RevEB), also durch die Wiedergeburt, die von den gottfeindlichen Mächten und Lüsten befreit. Wo der Geist über das Fleisch siegt (Gal 5,16-25), da richtet das von Gott geschenkte neue Herz seine L. im Gehorsam ganz auf den Herrn (Hes 36,26f). (s.a. *Begierde, *Freude)

LUSTGRÄBER s. Kibrot-Hattaawa

LUZIFER s. Satan

LYDDA s. Lod

LYDIA. Eine Frau aus *Thyatira in *Lydien, die durch die missionarische Predigt des Paulus als erste in *Philippi gläubig wurde und Silas, Lukas und ihm Gastfreundschaft gewährte (Apg 16,14f.40). L. kann eine adjektivische Form (»die lydische Frau«) sein (solche ethnischen Namen waren verbreitet), aber ebenso ein Eigenname (z.B. Horaz, Od. 1,8; 3.9). L. war offensichtlich eine angesehene Frau (vgl. Apg 17,4.12), stand einem Haushalt vor und war von daher entweder verwitwet oder verheiratet. Die lydische Purpurfarbe, mit der sie handelte, war berühmt (vgl. Homer, Ilias 4.14). L. war jüd. Proselytin und pflegte sowohl das Gebet als auch am Sabbat die Waschungen am Fluß. Ihre Anlehnung an den jüd. Glauben ging möglicherweise zurück auf die jüd. Kolonie in Thyatira. Denn dort siedelte sich auch die christl. Gemeinde an (vgl. Offb 1,11; 2,18-29). L. könnte zwar in der Empfehlung des Paulus in Phil 4,3 eingeschlossen sein, aber da sie namentlich unerwähnt bleibt, wäre auch denkbar, daß sie inzwischen verstorben war oder die Stadt verlassen hatte. Ihre Gastfreundschaft wurde in der dortigen Gemeinde zur Tradition (vgl. Phil 1,5; 4,10). B.F.H.

LYDIEN. Ein Gebiet Kleinasiens, das sich zwischen den fruchtbaren, hochzivilisierten Flußtälern von Kayster und Hermus erstreckt

Ein Gold-Stater *aus Lydien, dem ersten Land, das Münzen prägte. Metallklumpen einheitlicher Größe wurden mit Prägestempeln markiert. Durchmesser 15 mm, ca. 600 v.Chr.* (RG)

und in den Tmolus-Bergen bis zu einer Höhe von 2000 m aufragt. Sein natürlicher Reichtum und die Lage an der von der Küste ins Innere Kleinasiens führenden Handelsstraße ließ die Städte *Sardes, *Thyatira und *Philadelphia zu bedeutenden Handelszentren aufblühen. L. grenzte an *Mysien, *Phrygien und Karien. Die Küstenstädte (darunter *Smyrna und *Ephesus) wurden zeitweise als lydische, zeitweise als griech. bezeichnet.

Die Herkunft der lydischen Bevölkerung ist unbekannt, sie könnte jedoch semit. Elemente haben (*Lud). Kroisus, der letzte König von L., beherrschte ganz Kleinasien, bevor er durch *Kores/Kyrus, den Perser, 546 v.Chr. besiegt wurde. Das Gebiet von L. wurde in der Folgezeit von Alexander und seinen Nachfolgern beherrscht. Es wurde Teil des attalischen Königreiches von Pergamon. 133 v.Chr. wurde L. dann ein Teil der röm. Provinz Asia. Lydische Inschriften aus dem 4. Jh. v.Chr. wurden entdeckt, aber zu Beginn des christl. Zeitalters war Griech. die allg. Sprache geworden, so daß Lydisch kaum mehr gesprochen wurde (nach dem Urteil Strabos). L. war das erste Land, das im 7./6. Jh. v.Chr. Münzgeld verwendete. Außerdem kamen aus L. einige Neuerungen in musikalischer Hinsicht.

Literatur: A.H.M. Jones: The Cities in the Eastern Roman Provinces, 1971; H.W. Hoehner: ZPEB 3/1975, S. 1011-13. K.L.Mck.

LYKAONIEN. Ein Gebiet im südl. Zentral-Kleinasien, das seinen Namen von den dort siedelnden Lykaoniern hat, die in der Geschichtsschreibung von Xenophon an (frühes 4. Jh. v.Chr.) erwähnt werden. Das Besiedlungsprogramm, das Pompejus im westl. Kleinasien durchführte (64 v.Chr.), teilte den westl. Teil L.s *Zilizien zu, den östl. Teil *Kappadozien, und den nördl. Teil *Galatien, das 25 v.Chr. röm. Provinz wurde. Das östl. L. wurde später unabhängig von Kappadozien und war von 37 n.Chr. an als *Lycaonia Antiochiana* ein Teil des Königreiches von Antiochus, des Klientelkönigs von Kommagene. Im NT bezeichnet L. die Region, die zur Provinz Galatien (*Lycaonia Galatica*) gehörte. *Lystra und *Derbe werden in Apg 14,6 als »Städte Lykaoniens« bezeichnet. Der Kontext hier besagt, daß *Ikonion auf der phrygischen Seite der regionalen Grenze lag, die Lycaonia Galatica von Phrygia Galatica trennte. Diese geographische Bemerkung läßt u.a. die historische Zuverlässigkeit der Apostelgeschichte erkennen. Paulus und Barnabas hörten in Lystra, nahe dem heutigen Hatunsaray, die einheimische Bevölkerung »auf lykaonisch« sprechen (Apg 14,11, griech. *lykaonisti*).

In diesem Gebiet konnten lykaonische Eigennamen auf Inschriften identifiziert werden, so z.B. eine in Sedasa, die eine Hermesstatue als Gabe an Zeus ausweist (vgl. Apg 14,12). Als Paulus und Barnabas Lystra verlassen hatten, nach Derbe (nahe beim heutigen Dorf Kerti Hüyük gelegen) gekommen waren und dort eine Gemeinde gegründet hatten, kehrten sie auf demselben Weg zurück.

Literatur: W.M. Ramsay: Historical Commentary on Galatians, 1899, S. 185f; 215ff; A.H.M. Jones: The Cities of the Eastern Roman Provinces, 1971, S. 75-109; B. Van Elderen: »Some Archaeological Observations on Paul's First Missionary Journey« in: Apostolic History and the Gospel, hrsg. von W.W. Gasque, R.P. Martin, 1970, S. 156-161. F.F.B.

LYNKURER s. Edelsteine

LYSANIAS. Nach Lk 3,1 im 15. Jahr des *Tiberius (26/7 n.Chr.) *Tetrarch (Viertelfürst) von *Abilene, dem Gebiet um die Stadt Abila am S-Ende des Anti-*Libanon nordwestl. von *Damaskus. Man hat an den 34 v.Chr. auf Betreiben Kleopatras durch Antonius hingerichteten König von *Ituräa (Jos.ant.Jud XIV, 330; XV, 92) gedacht und Lukas einen historischen Irrtum vorgeworfen (J. Wellhausen, Evangelium Lucae, 1904, 4). Aber schon die Hinweise des Josephus auf das »Abila des Lysanias« (ant.Jud. XIX, 275; XX, 138; vgl. bell.Jud.II, 215.247; ant.Jud. XVIII, 237) zeigen, daß es einen späteren Tetrarchen dieses Namens gegeben haben muß. Das wird bestätigt durch eine in die Jahre zwischen 14 und 29 n.Chr. datierbare Stifterinschrift aus einem Tempel in Abila, die von einem Freigelassenen des »Tetrarchen Lysanias« stammt (CIG 4521). Eine weitere Inschrift nennt zwei Mitglieder derselben Familie aus verschiedenen Generationen mit Namen L. (CIG 4523). Ob Münzen mit der Umschrift »Lysanias, Tetrarch und Hoherpriester« vom älteren oder jüngeren Herrscher stammen, ist unsicher. Als Gründe für die Erwähnung eines sonst im Ev. keine Rolle spielenden Territoriums wurden entweder seine Einbeziehung in jüd. Gebiet (37 n.Chr.) unter Herodes *Agrippa I. genannt (Jos.ant.Jud. XVIII, 237) oder eine Herkunft des Evangelisten *Lukas aus *Syrien.

Literatur: R. Savignac: RB 9 (1912), 533-540; H.S. Cronin: JTS 18 (1917), 147-151; J.M. Creed: St. Luke, 1953, 307-309; E. Schürer: History of the Jewish People I, 1973, 565-569; I.H. Marshall: Gospel of Luke, 1978, 134; W.H. Mare: NIDBA 294; G. Kroll: Auf den Spuren Jesu, [10]1988, 154. R.R.

LYSTRA. In ntl. Zeit eine Stadt auf der Hochebene von *Lykaonien, heute der einsame Tell Zoldera, etwa 2 km nördl. des Dorfes Hatunsaray. Am Fuß des Tells liegen bei einer Quelle alte Säulen; in die Pfeiler einer Brücke über dem Fluß Köprü Tschai sind Steine mit latein. Inschriften eingemauert. Die Stadt wurde von Augustus als Ausgangspunkt einer der röm. Kolonien bestimmt, die der neuen Provinz Galatien Rückhalt bieten sollten. Die Abgelegenheit und Nähe zu den unbesiedelten, südl. der Stadt gelegenen Bergen lassen Verteidigungsabsichten erkennen. Von den latein. sprechenden Siedlern zeugen Inschriften mit Buchstaben von beachtlicher Größe. Wenn es die Sicherheit des Ortes war, die Paulus und Barnabas auf ihrem hastigen Rückzug aus *Ikonion (Apg 14,6) zu diesem Ort hinzog, so sahen sie sich getäuscht. Der abergläubische Versuch, die Apostel wie Götter anzubeten, gegen den sie sich verwahrten, schlug in Feindschaft um, so daß Paulus gesteinigt wurde (V. 19). Es gibt keinen Hinweis auf eine röm. Ordnung oder ein röm. Gesetz. Das NT weist die Stadt auch nicht als röm. Kolonie aus. Je-

Die Lage von Lystra und weiteren Orten in Lykaonien, die Paulus besuchte.

denfalls gab es dort eine Bevölkerungsgruppe, die nicht griech., sondern lykaonisch sprach (V. 11), daneben aber auch Gruppen von Griechen und Juden (Apg 16,1). Trotzdem wuchs in L. eine Gemeinde (Apg 14,20-23), aus der *Timotheus, der treueste Mitarbeiter (»Sohn«), des Paulus kam (falls er nicht, was auch möglich wäre, aus dem nahegelegenen Derbe, Apg 16,1-2, stammte). E.A.J.

Vermutlich eine Münze des Lysanias, des Königs der Ituräer. Durchmesser 118 mm, 30–36 v.Chr. (RG)

LYZIEN. Ein kleines Gebiet an der S-Küste Kleinasiens. Geographische Merkmale sind das breite Flußtal des Xanthos und Berge, die über 3000 m aufragen. In L. liegen die Seehäfen *Patara und *Myra (Apg 21,1; 27,5). Obwohl einige Inschriften und Skulpturen erhalten sind, ist die Herkunft der Bevölkerung L.s ungewiß. Von allen Völkern des westl. Kleinasien konnte L. allein den lydischen Königen widerstehen, unterlag jedoch 546 v.Chr. den Persern.

Im folgenden Jh. wurde L. von den Griechen befreit, stand unter dem Einfluß griech. Zivilisation und ergab sich im Laufe der Zeit freiwillig *Alexander. L. nahm die griech. Sprache und Schrift an und wurde im 3. und 2. Jh. v.Chr., als es unter röm. Schutzherrschaft kam, vollends hellenisiert. 43 n.Chr. gliederte *Claudius L. der Provinz *Pamphylien an, was *Nero offensichtlich wieder rückgängig machte, denn Vespasian machte L. von neuem zu einer Provinz (Sueton, Vespasian 8). Durch alle diese Veränderungen hindurch bewahrte der lyzische Städtebund jedoch einen gewissen Zusammenhalt. K.L.Mck.

Die römische Provinz Lyzien.